Hess/Schlochauer/Glaubitz   Kommentar zum
                            Betriebsverfassungsgesetz

Kommentar zum Betriebsverfassungsgesetz

4. Auflage

von

Dr. Harald Hess
Dr. Ursula Schlochauer
Werner Glaubitz

begründet von

Dr. Ernst-Gerhard Erdmann
Claus Jürging
Dr. Karl-Udo Kammann

fortgeführt von

Dr. Karl-Udo Kammann
Dr. Harald Hess
Dr. Ursula Schlochauer

Luchterhand

Die Deutsche Bibliothek – CIP-Einheitsaufnahme
Hess, Harald:
Kommentar zum Betriebsverfassungsgesetz/von Harald Hess;
Ursula Schlochauer; Werner Glaubitz. Begr. von Ernst-
Gerhard Erdmann . . . Fortgef. von Karl-Udo Kammann . . . –
4. Aufl. – Neuwied; Berlin; Kriftel: Luchterhand, 1993

Frühere Ausg. u. d. T.: Kammann, Karl-Udo: Kommentar zum
Betriebsverfassungsgesetz
ISBN 3-472-00169-0
NE: Schlochauer, Ursula:; Glaubitz, Werner:; Erdmann, Ernst-Gerhard
[Begr.]

Alle Rechte vorbehalten.
© 1993 by Hermann Luchterhand Verlag GmbH & Co. KG., Neuwied, Kriftel, Berlin.
Das Werk einschließlich aller seiner Teile ist urheberrechtlich geschützt.
Jede Verwertung außerhalb der engen Grenzen des Urheberrechtsgesetzes ist ohne Zustimmung des Verlages unzulässig und strafbar. Das gilt insbesondere für Vervielfältigungen, Übersetzungen, Mikroverfilmungen und die Einspeicherung und Verarbeitung in elektronischen Systemen.
Satz: Fotosatz Froitzheim, Bonn.
Druck: Druck- und Verlags-Gesellschaft mbH, Darmstadt.
Printed in Germany, Januar 1993.

Vorwort zur 4. Auflage

Die Autoren setzen die Kommentierung von 1986 fort. Dabei werden die seit der dritten Auflage erschienenen Monographien und Kommentare zum Betriebsverfassungsrecht eingearbeitet. Literatur und Rechtsprechung sind bis Juli 1992 berücksichtigt.
An der Überarbeitung der §§ 99–105 für die 4. Auflage hat Frau Charlotte Venema mitgewirkt.
Bei der Endabstimmung des Entscheidungsregisters wurden wir von der »Juris GmbH« in Saarbrücken unterstützt.

Hess/Schlochauer/Glaubitz   im August 1992

Vorwort zur 3. Auflage

Dr. Karl-Udo Kammann, unser verehrter Kollege, ist leider sehr früh verstorben. Er hat als letzter Begründer des Kommentars Erdmann/Jürging/Kammann aus dem Jahre 1972 an der zweiten Auflage mitgewirkt und entscheidend zu der Herausgabe beitragen.
Die jetzigen Autoren setzen die Kommentierung vom Jahre 1979 mit einer Überarbeitung fort, in der die seit der zweiten Auflage erheblich vermehrte betriebsverfassungsrechtliche Literatur und Rechtsprechung ausgewertet werden. Die Vorgänge sind bis zum Mai 1985 berücksichtigt.
An dem von Herrn Dr. Hess bearbeiteten Teil hat Frau Rechtsanwältin Monika Gotters mitgewirkt. Der Verfasser dankt ihr für diese Unterstützung.

Hess/Schlochauer/Glaubitz   im Juli 1985

Vorwort zur 2. Auflage

Der vorliegende Kommentar stellt eine völlige Neubearbeitung und Neugestaltung des mit Inkrafttreten des Betriebsverfassungsgesetzes im Jahre 1972 erschienenen Kommentars von Erdmann/Jürging/Kammann dar. Die Neufassung von Kammann/Hess/Schlochauer knüpft an die bewährte Tradition seines Vorgängers an. Die neuen Autoren haben sich entschlossen, den jeweils von ihnen verfaßten Teil des Kommentars namentlich zu kennzeichnen, ohne damit den Charakter eines Gemeinschaftswerkes leugnen zu wollen. Möge der Kommentar wiederum der Praxis ein willkommener Helfer sein. Rechtsprechung und Literatur wurden bis Ende 1978 berücksichtigt.

Kammann/Hess/Schlochauer   im Mai 1979

Verzeichnis der Bearbeiter der einzelnen Abschnitte

In diesem Kommentar haben bearbeitet:

Einleitung: Hess/Schlochauer/Glaubitz
§§   1–   6 Hess
§§   7– 25 Schlochauer
§§ 26– 59 Glaubitz
§§ 60– 73 Schlochauer
§§ 74– 86 Hess
§§ 87– 89 Glaubitz
§§ 90– 95 Schlochauer
§§ 96– 98 Glaubitz
§§ 99–105 Schlochauer
§§ 106–132 Hess
Gesetz über den Sozialplan im Konkurs- und Vergleichsverfahren – Hess

Zitiervorschlag:

Hess/Schlochauer/Glaubitz § 87 Rz. 3

Inhaltsübersicht

Vorworte	V
Verzeichnis der Bearbeiter	VI
Literaturverzeichnis	XIII
Abkürzungsverzeichnis	XXI
Gesetzestext	1
Einleitung	59
Kommentar	63
Kommentar zum Konkurssozialplangesetz	1751

Erster Teil: Allgemeine Vorschriften

§ 1	Errichtung von Betriebsräten	91
§ 2	Stellung der Gewerkschaften und Vereinigungen der Arbeitgeber	101
§ 3	Zustimmungsbedürftige Tarifverträge	143
§ 4	Nebenbetriebe und Betriebsteile	150
§ 5	Arbeitnehmer	159
§ 6	Arbeiter und Angestellte	200

Zweiter Teil: Betriebsrat, Betriebsversammlung, Gesamt- und Konzernbetriebsrat

Erster Abschnitt: Zusammensetzung und Wahl des Betriebsrats

§ 7	Wahlberechtigung	205
§ 8	Wählbarkeit	215
§ 9	Zahl der Betriebsratsmitglieder	225
§ 10	Vertretung der Minderheitsgruppen	232
§ 11	Ermäßigte Zahl der Betriebsratsmitglieder	238
§ 12	Abweichende Verteilung der Betriebsratssitze	240
§ 13	Zeitpunkt der Betriebsratswahlen	246
§ 14	Wahlvorschriften	256
§ 15	Zusammensetzung nach Beschäftigungsarten und Geschlechtern	273
§ 16	Bestellung des Wahlvorstands	275
§ 17	Wahl des Wahlvorstands	288
§ 18	Vorbereitung und Durchführung der Wahl	293
§ 18 a	Zuordnung der leitenden Angestellten bei Wahlen	300
§ 19	Wahlanfechtung	307
§ 20	Wahlschutz und Wahlkosten	325

Zweiter Abschnitt: Amtszeit des Betriebsrats

§ 21	Amtszeit	340
§ 22	Weiterführung der Geschäfte des Betriebsrats	349

Inhaltsübersicht

§ 23	Verletzung gesetzlicher Pflichten	352
§ 24	Erlöschen der Mitgliedschaft	377
§ 25	Ersatzmitglieder	386

Dritter Abschnitt: Geschäftsführung des Betriebsrats
§ 26	Vorsitzender	396
§ 27	Betriebsausschuß	412
§ 28	Übertragung von Aufgaben auf weitere Ausschüsse	427
§ 29	Einberufung der Sitzungen	435
§ 30	Betriebsratssitzungen	448
§ 31	Teilnahme der Gewerkschaften	455
§ 32	Teilnahme der Schwerbehindertenvertretung	462
§ 33	Beschlüsse des Betriebsrats	467
§ 34	Sitzungsniederschrift	476
§ 35	Aussetzung von Beschlüssen	482
§ 36	Geschäftsordnung	489
§ 37	Ehrenamtliche Tätigkeit, Arbeitsversäumnis	493
§ 38	Freistellungen	557
§ 39	Sprechstunden	576
§ 40	Kosten und Sachaufwand des Betriebsrats	584
§ 41	Umlageverbot	614

Vierter Abschnitt: Betriebsversammlung
§ 42	Zusammensetzung, Teilversammlung, Abteilungsversammlung	617
§ 43	Regelmäßige Betriebs- und Abteilungsversammlungen	635
§ 44	Zeitpunkt und Verdienstausfall	648
§ 45	Themen der Betriebs- und Abteilungsversammlungen	663
§ 46	Beauftragte der Verbände	672

Fünfter Abschnitt: Gesamtbetriebsrat
§ 47	Voraussetzungen der Errichtung, Mitgliederzahl, Stimmengewicht	677
§ 48	Ausschluß von Gesamtbetriebsratsmitgliedern	696
§ 49	Erlöschen der Mitgliedschaft	699
§ 50	Zuständigkeit	703
§ 51	Geschäftsführung	717
§ 52	Teilnahme der Gesamtschwerbehindertenvertretung	731
§ 53	Betriebsräteversammlung	733

Sechster Abschnitt: Konzernbetriebsrat
§ 54	Errichtung des Konzernbetriebsrats	741
§ 55	Zusammensetzung des Konzernbetriebsrats, Stimmengewicht	750
§ 56	Ausschluß von Konzernbetriebsratsmitgliedern	755
§ 57	Erlöschen der Mitgliedschaft	757
§ 58	Zuständigkeit	760
§ 59	Geschäftsführung	766

Dritter Teil: Jugend- und Auszubildendenvertretung

Erster Abschnitt: Betriebliche Jugend- und Auszubildendenvertretung
§ 60	Errichtung und Aufgabe	777
§ 61	Wahlberechtigung und Wählbarkeit	783
§ 62	Zahl der Jugend- und Auszubildendenvertreter, Zusammensetzung der Jugend- und Auszubildendenvertretung	785
§ 63	Wahlvorschriften	788
§ 64	Zeitpunkt der Wahlen und Amtszeit	792
§ 65	Geschäftsführung	795
§ 66	Aussetzung von Beschlüssen des Betriebsrats	801
§ 67	Teilnahme an Betriebsratssitzungen	803
§ 68	Teilnahme an gemeinsamen Besprechungen	810
§ 69	Sprechstunden	811
§ 70	Allgemeine Aufgaben	815
§ 71	Jugend- und Auszubildendenversammlung	822

Zweiter Abschnitt: Gesamt-Jugend- und Auszubildendenvertretung
§ 72	Voraussetzung der Errichtung, Mitgliederzahl, Stimmengewicht	828
§ 73	Geschäftsführung und Geltung sonstiger Vorschriften	833

Vierter Teil: Mitwirkung und Mitbestimmung der Arbeitnehmer

Erster Abschnitt: Allgemeines
§ 74	Grundsätze für die Zusammenarbeit	839
§ 75	Grundsätze für die Behandlung der Betriebsangehörigen	852
§ 76	Einigungsstelle	861
§ 76 a	Kosten der Einigungsstelle	884
§ 77	Durchführung gemeinsamer Beschlüsse, Betriebsvereinbarungen	894
§ 78	Schutzbestimmungen	956
§ 78 a	Schutz Auszubildender in besonderen Fällen	963
§ 79	Geheimhaltungspflicht	974
§ 80	Allgemeine Aufgaben	981

Zweiter Abschnitt: Mitwirkungs- und Beschwerderecht des Arbeitnehmers
§ 81	Unterrichtungs- und Erörterungspflicht des Arbeitgebers	1009
§ 82	Anhörungs- und Erörterungsrecht des Arbeitnehmers	1011
§ 83	Einsicht in die Personalakten	1015
§ 84	Beschwerderecht	1022
§ 85	Behandlung von Beschwerden durch den Betriebsrat	1025
§ 86	Ergänzende Vereinbarungen	1029

Dritter Abschnitt: Soziale Angelegenheiten
§ 87	Mitbestimmungsrechte	1031
§ 88	Freiwillige Betriebsvereinbarungen	1244
§ 89	Arbeitsschutz	1248

Inhaltsübersicht

Vierter Abschnitt: Gestaltung von Arbeitsplatz, Arbeitsablauf
und Arbeitsumgebung
§ 90	Unterrichtungs- und Beratungsrechte	1258
§ 91	Mitbestimmungsrecht	1271

Fünfter Abschnitt: Personelle Angelegenheiten

Erster Unterabschnitt: Allgemeine personelle Angelegenheiten
§ 92	Personalplanung	1278
§ 93	Ausschreibung von Arbeitsplätzen	1291
§ 94	Personalfragebogen, Beurteilungsgrundsätze	1297
§ 95	Auswahlrichtlinien	1312

Zweiter Unterabschnitt: Berufsbildung
§ 96	Förderung der Berufsbildung	1328
§ 97	Einrichtungen und Maßnahmen der Berufsbildung	1334
§ 98	Durchführung betrieblicher Bildungsmaßnahmen	1336

Dritter Unterabschnitt: Personelle Einzelmaßnahmen
§ 99	Mitbestimmung bei personellen Einzelmaßnahmen	1351
§ 100	Vorläufige personelle Maßnahmen	1416
§ 101	Zwangsgeld	1430
§ 102	Mitbestimmung bei Kündigungen	1434
§ 103	Außerordentliche Kündigung in besonderen Fällen	1517
§ 104	Entfernung betriebsstörender Arbeitnehmer	1545
§ 105	Leitende Angestellte	1553

Sechster Abschnitt: Wirtschaftliche Angelegenheiten

Erster Unterabschnitt: Unterrichtung in wirtschaftlichen Angelegenheiten
§ 106	Wirtschaftsausschuß	1559
§ 107	Bestellung und Zusammensetzung des Wirtschaftsausschusses	1573
§ 108	Sitzungen	1581
§ 109	Beilegung von Meinungsverschiedenheiten	1591
§ 110	Unterrichtung der Arbeitnehmer	1595

Zweiter Unterabschnitt: Betriebsänderungen
§ 111	Betriebsänderungen	1598
§ 112	Interessenausgleich über die Betriebsänderung, Sozialplan	1624
§ 112 a	Erzwingbarer Sozialplan bei Personalabbau, Neugründungen	1659
§ 113	Nachteilsausgleich	1662

Fünfter Teil: Besondere Vorschriften für einzelne Betriebsarten

Erster Abschnitt: Seeschiffahrt
§ 114	Grundsätze	1675
§ 115	Bordvertretung	1680
§ 116	Seebetriebsrat	1690

Zweiter Abschnitt: Luftfahrt
§ 117   Geltung für die Luftfahrt   1702

Dritter Abschnitt: Tendenzbetriebe und Religionsgemeinschaften
§ 118   Geltung für Tendenzbetriebe und Religionsgemeinschaften   1706

Sechster Teil: Straf- und Bußgeldvorschriften

§ 119   Straftaten gegen Betriebsverfassungsorgane und ihre Mitglieder   1729
§ 120   Verletzung von Geheimnissen   1734
§ 121   Ordnungswidrigkeiten   1739

Siebenter Teil: Änderung von Gesetzen

Von einer Kommentierung des Siebenten Teiles (§§ 122–124)
wurde abgesehen.

Achter Teil: Übergangs- und Schlußvorschriften

§ 125   Erstmalige Wahlen nach diesem Gesetz   1743
§ 126   Ermächtigung zum Erlaß von Wahlordnungen   1744
§ 127   Verweisungen   1745
§ 128   Bestehende abweichende Tarifverträge   1746
§ 129   Außerkrafttreten von Vorschriften   1746
§ 130   Öffentlicher Dienst   1747
§ 131   Berlin-Klausel   1749
§ 132   Inkrafttreten   1749

Anhang

Kommentar zum Gesetz über den Sozialplan im Konkurs- und
Vergleichsverfahren   1751

Entscheidungsregister   1775

Sachverzeichnis   2013

Literaturverzeichnis

Apitzsch/Kleber/Schumann, Betriebsverfassungsgesetz 90 – Der Konflikt um eine andere Betriebsverfassung, Köln 1988.
Arbeitgeberverband der hessischen Metallindustrie e. V., Das neue Betriebsverfassungsgesetz, 2. Auflage, Frankfurt a. M. 1972.
Arbeitsring Chemie, Betriebsverfassungsgesetz 1972, Wiesbaden 1972.
Auffarth/Müller, Kommentar zum Kündigungsschutzgesetz, Berlin/Frankfurt a. M. 1960.
Bauer, Sprecherausschußgesetz, München 1989.
Baumbach/Hueck, Aktiengesetz, Kommentar, 13. Auflage, München 1968.
Baumbach/Hueck, GmbH-Gesetz, 15. Auflage, München 1985.
Baumbach/Lauterbach/Alberts/Hartmann, Zivilprozeßordnung, 49. Auflage, München 1991.
Becker/Etzel/Friedrich/Gröninger/Hillebrecht/Rost/Weigand/Weller/Wolf/Wolff, Gemeinschaftskommentar zum Kündigungsschutzgesetz und sonstigen kündigungsschutzrechtlichen Vorschriften, 3. Auflage, Neuwied/Darmstadt 1989.
Becker/Wulfgramm, Kommentar zum Arbeitnehmerüberlassungsgesetz, 3. Auflage, Neuwied 1986.
BGB-RGRK, Bürgerliches Gesetzbuch, Kommentar, hrsg. von Reichsgerichtsräten und Bundesrichtern, 11. Auflage, Berlin 1959–1970; 12. Auflage, Berlin/ New York 1974 ff.
BGB-RGRK, Das Bürgerliche Gesetzbuch mit besonderer Berücksichtigung der Rechtsprechung des Reichsgerichts und des Bundesgerichtshofs, 12. Auflage, Berlin/New York 1974.
Biedenkopf, Grenzen der Tarifautonomie, Karlsruhe 1964.
Bitzer, Die Wahl der Betriebsvertretungen, Köln 1972.
Bleistein, Die neue Betriebsverfassung, Bonn 1972.
Bleistein, Kommentar zum Betriebsverfassungsgesetz, 3. Auflage, Bonn 1977.
Bleistein, Mitbestimmung im Betrieb, Bonn 1972.
Blomeyer/Otto, Gesetz zur Verbesserung der betrieblichen Altersversorgung, München 1984.
Blume, Normen und Wirklichkeit einer Betriebsverfassung, Tübingen 1964.
Bobrowski/Gaul, Das Arbeitsrecht im Betrieb von der Einstellung bis zur Entlassung, begründet von Paul Bobrowski, seit der 3. Auflage weitergeführt von Dieter Gaul Bd. I und II, 7. Auflage, Heidelberg 1979.
Bohn, Das Betriebsverfassungsgesetz vom 11. Oktober 1952, 4. Auflage, Düsseldorf 1962.
Bohn/Dutti, Betriebsverfassungsgesetz vom 15. Januar 1972 und Wahlordnung nebst Erläuterungen für die betriebliche Praxis, Düsseldorf 1974.
Bohn/Schlicht, Betriebsverfassungsgesetz vom 15. Januar 1972 und Wahlordnung vom 16. Januar 1972, Kommentar für die betriebliche Praxis, 3. Auflage, Düsseldorf 1982.
Bonner Kommentar, Kommentar zum Bonner Grundgesetz, bearbeitet von Hans Jürgen Abraham u. a., Loseblattsammlung, Hamburg 1950 ff.
Borgward/Fischer, Sprecherausschußgesetz für leitende Angestellte, 2. Auflage, Wiesbaden 1990.

Literaturverzeichnis

Brecht, Kommentar zum Betriebsverfassungsgesetz mit Wahlordnung, Herne/ Berlin 1972.
Brox/Rüthers, Arbeitskampfrecht, 2. Auflage, Berlin/Köln/Mainz 1982.
Buchner, Die Betriebsänderung eine unternehmerische Entscheidung?, Köln 1984.
Bührig, Handbuch der Betriebsverfassung, Köln 1953.
Bulla/Buchner, Mutterschutzgesetz, Kommentar, begründet von Gustav Adolf Bulla, fortgeführt von Herbert Buchner, 5. Auflage, München 1976.
Bundesvereinigung, Bundesvereinigung der Deutschen Arbeitgeberverbände e.V., Das neue Betriebsverfassungsgesetz, Köln 1972.
Däubler, Das Arbeitsrecht, 2 Bde., 11. Auflage, Reinbeck bei Hamburg 1990.
Däubler, Gewerkschaftsrechte im Betrieb, 6. Auflage, Neuwied/Darmstadt 1990.
Däubler, Schulung und Fortbildung von Betriebsratsmitgliedern und Jugendvertretern nach § 37 BetrVG, 3. Auflage, Köln 1978.
Däubler/Kittner/Klebe/Schneider, Betriebsverfassungsgesetz mit Wahlordnung, Kommentar für die Praxis, 3. Auflage, Köln 1992.
Denecke/Neumann/Biebl, Arbeitszeitordnung, Kommentar, begründet von Johannes Denecke, fortgeführt von Dirk Neumann und Josef Biebl, 11. Auflage, München 1991.
Dersch/Neumann, Bundesurlaubsgesetz, Kommentar von Hermann Dersch, fortgeführt von Dirk Neumann, 7. Auflage, München 1990.
Dietz, Kommentar zum Betriebsverfassungsgesetz, 4. Auflage, München/Berlin 1967.
Dietz, Personalvertretungsgesetz mit Wahlordnung, Kommentar, München/Berlin 1976.
Dietz/Nikisch, Kommentar zum Arbeitsgerichtsgesetz, München/Berlin 1954.
Dietz/Richardi, Betriebsverfassungsgesetz, Kommentar, 6. Auflage, München 1981.
Dietz/Richardi, Kommentar zum Bundespersonalvertretungsgesetz, 2 Bde., 2. Auflage, München 1978.
Dütz, Arbeitsrecht, München 1990.
Engels, Die Wahl von Sprecherausschüssen der leitenden Angestellten, Heidelberg 1990.
Enneccerus/Nipperdey, Allgemeiner Teil des Bürgerlichen Rechts, 15. Auflage, Tübingen 1959.
Erdmann, Betriebsverfassungsgesetz, 2. Auflage, Neuwied 1954.
Erdmann/Jürging/Kammann, Betriebsverfassungsgesetz, Kommentar für die Praxis, Neuwied 1972.
Erman, Handkommentar zum Bürgerlichen Gesetzbuch, 8. Auflage, Münster 1989.
Etzel, Arbeitsrecht der Bundesrepublik Deutschland, Herne/Berlin 1971.
Etzel, Betriebsverfassungsgesetz, Eine systematische Darstellung, 3. Auflage, Neuwied/Darmstadt 1982.
Fabricius, Relativität der Rechtsfähigkeit, ein Beitrag zur Theorie und Praxis des privaten Personenrechts, München 1963.
Fabricius, Unternehmensrechtsreform und Mitbestimmung in einer sozialen Marktwirtschaft, Stuttgart/Berlin/Köln/Mainz 1982.
Fabricius/Kraft/Thiele/Wiese, Gemeinschaftskommentar zum Betriebsverfassungsgesetz, 4. Auflage, Neuwied/Darmstadt, Bd. 1 1987, Bd. 2 1990, Nachtrag 1991.

Literaturverzeichnis

Fabricius/Matthes/Naendrup/Rumpff/Schneider/Westerath, Gemeinschaftskommentar zum Mitbestimmungsgesetz, Neuwied/Darmstadt, Loseblattsammlung 1976ff.
Fitting/Auffarth, Betriebsverfassungsgesetz, Kommentar, 10. Auflage, München 1972.
Fitting/Auffarth/Kaiser, Betriebsverfassungsgesetz, Handkommentar, 14. Auflage, München 1984.
Fitting/Auffarth/Kaiser/Heither, Betriebsverfassungsgesetz mit Wahlordnung, Handkommentar, 17. Auflage, München 1992.
Fitting/Kraegeloh/Auffahrt, Betriebsverfassungsgesetz nebst Wahlordnung, Handkommentar für die Praxis, 9. Auflage, Berlin/Frankfurt a. M. 1970.
Fitting/Wlotzke/Wißmann, Mitbestimmungsgesetz, Kommentar, 2. Auflage, München 1978.
Floretta/Strasser, Kommentar zum Arbeitsverfassungsgesetz, Wien 1975.
Flume, Allgemeiner Teil des Bürgerlichen Rechts, Bd. I/1: Die Personengesellschaft, Berlin/Heidelberg/New York 1977; Bd. II: Das Rechtsgeschäft, 3. Auflage, Berlin/Heidelberg/New York 1979.
Franßen/Haesen, Arbeitnehmerüberlassungsgesetz, Kommentar, Karlsruhe 1974.
Frauenkron, Betriebsverfassungsgesetz mit Gesetzestext und Wahlordnung, Grundriß für Studium und Praxis, Bonn 1980.
Frauenkron, Kommentar zum Betriebsverfassungsgesetz, Stuttgart/Berlin/Köln/Mainz 1972.
Fredebeul/Krebs, Recht der Berufsbildung, Bielefeld 1982.
Gagel/Friedrich-Marczyk/Pitschas/Richter/Steinmeyer/Wieczorek, Arbeitsförderungsgesetz, Kommentar, Loseblattausgabe, München 1978ff.
Galperin, Das Betriebsverfassungsgesetz 1972, Leitfaden für die Praxis, Heidelberg 1972.
Galperin, Der Regierungsentwurf eines neuen Betriebsverfassungsgesetzes, Düsseldorf 1971.
Galperin/Löwisch, Kommentar zum Betriebsverfassungsgesetz, 2 Bde., 6. Auflage, Heidelberg 1982.
Galperin/Siebert, Kommentar zum Betriebsverfassungsgesetz, 6. Auflage, Heidelberg 1963.
Gamillscheg, Arbeitsrecht, 2 Bde., (Prüfe dein Wissen Heft 14), 7. Auflage, München 1987.
Gamillscheg, Arbeitsrecht, Band I: Individualarbeitsrecht, 7. Auflage, München 1987; Band II: Kollektives Arbeitsrecht, 6. Auflage, München 1984.
Gaul, Aktuelles Arbeitsrecht, Leverkusen 1990.
Gaul, Das Arbeitsrecht im Betrieb, 2 Bde., 8. Auflage, Heidelberg 1986.
Germelmann/Prütting, Kommentar zum ArbGG, München 1990.
Geßler/Hefermehl/Eckardt/Kropff, Aktiengesetz, Kommentar, 6 Bde., München 1973/74.
Gnade/Kehrmann/Schneider/Blanke, Betriebsverfassungsgesetz, Kommentar für die Praxis, 2. Auflage, Köln 1983.
Gnade/Kehrmann/Schneider/Blanke/Klebe, Basiskommentar zum Betriebsverfassungsgesetez, Köln 1989.
Großmann/Schneider, Arbeitsrecht, 7. Auflage, Bonn 1990.
Grunsky, Arbeitsgerichtsgesetz, Kommentar, 6. Auflage, München 1990.
Halberstadt, Das neue Recht der Betriebsräte, Bad Godesberg 1972.

Literaturverzeichnis

Halberstadt, Mitwirkung und Mitbestimmung des Arbeitnehmers, Freiburg 1972.
Halberstadt/Zander, Handbuch zum Betriebsverfassungsrecht, 2. Auflage, Köln 1972.
Hamann/Lenz, Das Grundgesetz, Kommentar, 3. Auflage, Neuwied/Berlin 1970.
Hanau/Adomeit, Arbeitsrecht, 9. Auflage, Frankfurt a. M. 1988.
Hanau/Ulmer, Kommentar zum Mitbestimmungsgesetz, München 1981.
Hässler, Die Geschäftsführung des Betriebsrats, 5. Auflage, Heidelberg 1984.
Hautmann/Schmitt, Das neue Betriebsverfassungsgesetz mit der neuen Wahlordnung, Ein Leitfaden für die Praxis, München 1972.
Heinze, Personalplanung, Einstellung und Kündigung, Stuttgart 1982.
Herschel/Lorenz, Jugendarbeitsschutzgesetz, Kommentar, 2. Auflage, Heidelberg 1984.
Herschel/Löwisch, Kündigungsschutzgesetz, 6. Auflage, Heidelberg 1984.
Hess/Marienhagen, Betriebsratswahlen, Übersicht mit Gesetzestext und Mustern, 7. Auflage, Heidelberg 1972.
Hofe, Betriebliche Mitbestimmung und Humanisierung der Arbeit, Königstein/Taunus 1978.
Höfer/Abt, Gesetz zur Verbesserung der betrieblichen Altersversorgung, Kommentar, 2. Auflage, München 1982.
Hoffmann/Lehmann/Weinmann, Kommentar zum Mitbestimmungsgesetz, München 1978.
Holland, Teilzeitarbeit, München 1988.
Horle/Wronka, Bundesdatenschutzgesetz, Bad Godesberg 1977.
von Hoyningen-Huene, Betriebsverfassungsrecht, 2. Auflage, München 1990.
Hromadka, Die Betriebsverfassung, Köln 1991.
Hueck, Kündigungsschutzgesetz, Kommentar von Alfred Hueck, bearbeitet von Götz Hueck, 10. Auflage, München 1980.
Hueck/Nipperdey, Grundriß des Arbeitsrechts, 5. Auflage, Berlin/Frankfurt a. M. 1970.
Hueck/Nipperdey, Lehrbuch des Arbeitsrechts, Berlin/Frankfurt a.M., Bd. I, 7. Auflage 1963; Bd. II/1, 7. Auflage 1967; Bd. II/2, unter Mitarbeit von Franz Jürgen Säcker, 7. Auflage 1970.
Hueck/Nipperdey/Dietz, Kommentar zum Gesetz zur Ordnung der nationalen Arbeit und Gesetz zur Ordnung der Arbeit in öffentlichen Verwaltungen und Betrieben, 4. Auflage, München/Berlin 1943.
Jacobi, Grundlehren des Arbeitsrechts, Leipzig 1927.
Jahnke, Tarifautonomie und Mitbestimmung, München 1984.
Jeiter, Das neue Gerätesicherheitsgesetz, München 1980.
Jung/Cramer, Schwerbehindertengesetz, 3. Auflage, München 1987.
Kammann/Hess/Schlochauer, Betriebsverfassungsgesetz, Kommentar für die Praxis, Neuwied/Darmstadt 1979.
Kaskel, Arbeitsrecht, 3. Auflage, Berlin 1928.
Kaskel/Dersch, Arbeitsrecht, 5. Auflage, Berlin/Göttingen/Heidelberg 1957.
Kittner/Fuchs/Zachert, Arbeitnehmervertreter im Aufsichtsrat, 2 Bde., 3. Auflage, Köln 1986.
Kliemt, Die Praxis des Betriebsverfassungsgesetzes im Dienstleistungsbereich, Tübingen 1971.
Kliesch/Nöthlichs/Wagner, Arbeitssicherheitsgesetz, Berlin 1978.
Klinkhammer, Mitbestimmung in Gemeinschaftsunternehmen, Berlin 1977.

Literaturverzeichnis

Klosterkemper, Das Zugangsrecht der Gewerkschaften zum Betrieb, Königstein/ Taunus 1980.
Konzen, Betriebsverfassungsrechtliche Leistungspflichten des Arbeitgebers, Köln/Berlin 1984.
Kreutz, Grenzen der Betriebsautonomie, München 1979.
Kroll, Datenschutz im Arbeitsverhältnis, Königstein 1981.
Küchenhoff, Betriebsverfassungsgesetz, Kommentar, 3. Auflage, Münster 1979.
Kuhn/Sabottig/Schneider/Thiel/Wehner, Bundespersonalvertretungsgesetz, Kommentar für die Praxis, Köln 1975.
Laux, Die Antrags- und Beteiligungsbefugnis im arbeitsgerichtlichen Beschlußverfahren, Neuwied/Darmstadt 1985.
Leiss/Wurl, Rationelle Betriebsratsarbeit, 3. Auflage, Neuwied/Darmstadt 1990.
Lieb, Arbeitsrecht, 4. Auflage, Heidelberg 1989.
Löwisch, Arbeitsrecht, 3. Auflage, Düsseldorf 1991.
Löwisch, Betriebsverfassungsgesetz, 2. Auflage, Heidelberg 1989.
Löwisch (Hrsg.), Schlichtungs- und Arbeitskampfrecht, Wiesbaden 1989.
Mager/Wisskirchen, Betriebsverfassungsgesetz vom 11. Oktober 1952, Gesetzestext, Rechtsprechung, Erläuterungen, Loseblattausgabe, Köln 1971.
Mager/Wisskirchen, Betriebsverfassungsgesetz vom 15. Januar 1972, Bergisch-Gladbach 1972.
Maunz/Dürig/Herzog/Scholz, Grundgesetz, Kommentar, 3 Bde., Loseblattwerk, München 1973ff.
Meilicke/Meilicke, Kommentar zum Mitbestimmungsgesetz 1976, 2. Auflage, Heidelberg 1976.
Meisel, Arbeitsrecht in der betrieblichen Praxis, 5. Auflage, Köln 1988.
Meisel, Die Mitwirkung und Mitbestimmung des Betriebsrats in personellen Angelegenheiten, 5. Auflage, Heidelberg 1984.
Meisel/Hiersemann, Arbeitszeitordnung, 2. Auflage, München 1987.
Meissinger, Kommentar zum Betriebsverfassungsgesetz, München 1952.
Meissinger/Raumer, Das Bayerische Betriebsrätegesetz vom 25. Oktober 1950, Kommentar, 2. Auflage, München 1951.
Monjau, Betriebsverfassungsgesetz mit Einführung und Erläuterungen, Köln 1952.
Müller/Lehmann, Kommentar zum Mitbestimmungsgesetz, Heidelberg 1952.
Münchener Kommentar, Kommentar zum Bürgerlichen Gesetzbuch, hrsg. von Kurt Rebmann und Franz Jürgen Säcker, 7 Bde., 2. Auflage, München 1984ff.
Natzel, Berufsbildungsrecht, 3. Auflage, Stuttgart 1982.
Neumann-Duesberg, Betriebsverfassungsrecht, Lehrbuch, Berlin 1960.
Nikisch, Arbeitsrecht, Band I, 3. Auflage, Tübingen 1961; Bd. II, 2. Auflage, Tübingen 1959; Bd. III, 2. Auflage, Tübingen 1966.
Palandt, Bürgerliches Gesetzbuch, Kommentar, 51. Auflage, München 1992.
Peltzer, Betriebsverfassungsgesetz, Labor Management Relations Act, *Deutsch-Englischer-Kommentar,* 3. Auflage, Frankfurt a. M. 1983.
Pünnel, Die Einigungsstelle des BetrVG 1972, 3. Auflage, Neuwied/Darmstadt 1990.
Radke/Mayr, Betriebsverfassungsgesetz vom 11. Oktober 1952 mit Erläuterungen und praktischen Beispielen, Schwenningen 1953.
Raiser, Mitbestimmungsgesetz nebst Wahlordnungen, Kommentar, 2. Auflage, Berlin/New York 1984.

Literaturverzeichnis

Reuter/Streckel, Grundfragen der betriebsverfassungsrechtlichen Mitbestimmung, Frankfurt a. M. 1973.
Rewolle, Schwerbehindertengesetz, Handkommentar, Loseblattausgabe, Düsseldorf 1974 ff.
Rewolle/Bader, Kündigungsschutzgesetz, Kommentar, Loseblattsammlung, Frankfurt a. M.
Richardi, Fälle und Lösungen nach höchstrichterlichen Entscheidungen – Arbeitsrecht, 3. Auflage, Karlsruhe/Heidelberg 1976.
Richardi, Kollektivgewalt und Individualwille bei der Gestaltung des Arbeitsverhältnisses, München 1968.
Richardi, Konzernzugehörigkeit eines Gemeinschaftsunternehmens nach dem Mitbestimmungsgesetz, Heidelberg 1977.
Richardi, Recht der Betriebs- und Unternehmensmitbestimmung, Band 1: Grundriß, 2. Auflage, Heidelberg/Karlsruhe 1979; Band 2: Examinatorium, 2. Auflage, Heidelberg/Karlsruhe 1979.
Richardi, Sozialplan und Konkurs (Schriftenreihe Der Betrieb), Düsseldorf 1975.
RKW-Handbuch, Personalplanung, hrsg. vom Rationalisierungskuratorium der deutschen Wirtschaft e. V., 2. Auflage, Neuwied/Darmstadt 1990.
Rohlfing/Rewolle, Arbeitsgerichtsgesetz, Kommentar, Frankfurt 1988.
Rumpff, Mitbestimmung in wirtschaftlichen Angelegenheiten, 3. Auflage, Heidelberg 1990.
Säcker, Die Wahlordnungen zum Mitbestimmungsgesetz. Gesellschafts-, konzern- und arbeitsrechtliche Vorfragen und wahlorganisationsrechtliche Hauptprobleme des Wahlverfahrens, München 1978.
Säcker, Informationsrechte der Betriebs- und Aufsichtsratsmitglieder und Geheimsphäre des Unternehmens, Heidelberg 1979.
Säcker, Aktuelle Probleme und Reform des Betriebsverfassungsrechts, Bd. 2: Betriebsvereinbarungen und Einigungsstellengespräche zu mitbestimmungspflichtigen Regelungsgegenständen, Köln 1989.
Sahmer, Kommentar zum Betriebsverfassungsgesetz, Loseblattsammlung, Frankfurt a. M. 1978 ff.
Sandmann/Marschall, Arbeitnehmerüberlassungsgesetz, Kommentar, Loseblattsammlung, Frankfurt a. M. 1972 ff.
Schaub, Arbeitsrechts-Handbuch, 7. Auflage, München 1992.
Schlüpers-Oehmen, Betriebsverfassung bei Auslandstätigkeit, Köln 1984.
Schmidt-Bleibtreu/Klein, Kommentar zum Grundgesetz für die Bundesrepublik Deutschland, 7. Auflage, Neuwied/Darmstadt 1990.
Schnorr von Carolsfeld, Arbeitsrecht, 2. Auflage, Göttingen 1984.
Schubel/Engelbrecht, Kommentar zum Gesetz über die gewerbsmäßige Arbeitnehmerüberlassung, Heidelberg 1973.
Schwerdtner, Arbeitsrecht Bd. I, Individualarbeitsrecht (Juristischer Studienkurs), München 1976.
Siebert/Degen/Becker, Betriebsverfassungsgesetz, Kommentar für die Praxis, 6. Auflage 1987.
Simitis/Dammann/Mallmann/Reh, Kommentar zum Bundesdatenschutzgesetz, Baden-Baden 1978.
Sinzheimer, Grundzüge des Arbeitsrechts, 2. Auflage, Jena 1927.
Soergel/Siebert, Kommentar zum Bürgerlichen Gesetzbuch, 12. Auflage, Stuttgart/Berlin/Köln/Mainz 1987 ff.

Söllner, Arbeitsrecht, 7. Auflage, Stuttgart 1981.
Stahlhacke/Bleistein, Kommentar zur Gewerbeordnung, Loseblattausgabe, Neuwied/Darmstadt.
Staudinger, J. von Staudingers Kommentar zum Bürgerlichen Gesetzbuch, 12. Auflage, Berlin 1978 ff.
Stege/Weinspach, Betriebsverfassungsgesetz 1972, 6. Auflage, Köln 1990.
Strasser, Die Betriebsvereinbarung nach österreichischem und deutschem Recht, Wien 1957.
Trappe, Kündigung und Kündigungsschutz im Arbeitsrecht, 2. Auflage, Herne/Berlin 1969.
Volmer/Gaul, Arbeitnehmererfindungsgesetz, Kommentar, 2. Auflage, München 1983.
Weiss, Betriebsverfassungsgesetz, 2. Auflage, Baden-Baden 1980.
Wiedemann/Stumpf, Tarifvertragsgesetz, Kommentar, begründet von Alfred Hueck und Hans Carl Nipperdey, 5. Auflage, München 1977.
Wiese, Das Initiativrecht nach dem Betriebsverfassungsgesetz, Neuwied/Darmstadt 1977.
Wilrodt/Neumann, Schwerbehindertengesetz, Kommentar, begründet von Hermann Wilrodt und Otfried Gotzen, fortgeführt von Dirk Neumann, 7. Auflage, München 1988.
Wlotzke, Betriebsverfassungsgesetz, 32. Auflage, München 1991.
Wlotzke/Schwedes/Lorenz, Das neue Arbeitsgerichtsgesetz 1979, Düsseldorf/Frankfurt a. M. 1979.
Wohlgemuth, Datenschutz für Arbeitnehmer, 2. Auflage, Neuwied/Darmstadt 1988.
Wolff/Bachof, Verwaltungsrecht I, 9. Auflage, München 1974; Verwaltungsrecht II, 4. Auflage, München 1976.
Zachert, Betriebliche Mitbestimmung, Köln 1979.
Zöllner/Loritz, Arbeitsrecht, 4. Auflage, München 1992.

Abkürzungsverzeichnis

a. A.	anderer Ansicht
a. a. O.	am angegebenen Ort
abl.	ablehnend
ABlBayAM	Amtsblatt des Bayerischen Staatsministeriums für Arbeit und soziale Fürsorge bzw. Sozialordnung, München
Abs.	Absatz
abw.	abweichend
AcP	Archiv für die civilistische Praxis (Zeitschrift)
a. E.	am Ende
a. F.	alte Fassung
AFG	Arbeitsförderungsgesetz
AG	Die Aktiengesellschaft (Zeitschrift)
AktG	Aktiengesetz
AllgBergG	Allgemeines Berggesetz für die Preußischen Staaten von 1865
allg. M.	allgemeine Meinung
Alt.	Alternative
a. M.	anderer Meinung
amtl.	amtlich
amtl. Begr.	amtliche Begründung
Amtsbl.	Amtsblatt
Anh.	Anhang
Anm.	Anmerkung
AOG	Gesetz zur Ordnung der nationalen Arbeit
AöR	Archiv des öffentlichen Rechts (Zeitschrift)
AP	Arbeitsrechtliche Praxis (Nachschlagwerk des Bundesarbeitsgerichts)
ArbGeb.	Der Arbeitgeber (Zeitschrift)
ArbG	Arbeitsgericht
ArbGG	Arbeitsgerichtsgesetz
AR-Blattei	Arbeitsrechtsblattei
ArbnErfG	Gesetz über Arbeitnehmererfindungen
ArbPlSchuG	Gesetz über den Schutz des Arbeitsplatzes bei Einberufung zum Wehrdienst (Arbeitsplatzschutzgesetz)
ArbR	Arbeitsrecht (Zeitschrift)
ArbRGegw	Das Arbeitsrecht der Gegenwart, Jahrbuch für das gesamte Arbeitsrecht und die Arbeitsgerichtsbarkeit, Berlin (= JArbR)
ArbRPr	Arbeitsrechtspraxis (Zeitschrift)
ArbStoffVO	Arbeitsstoffverordnung
ArbuSozPol.	Arbeit und Sozialpolitik (Zeitschrift)
ArbuSozR	Arbeits- und Sozialrecht, Mitteilungsblatt des Arbeitsministeriums Baden-Württemberg

Abkürzungsverzeichnis

ArbVG	Arbeitsverfassungsgesetz vom 14. Dezember 1973 (Österreich)
Arg.	Argument aus
ARS	Arbeitsrechtssammlung, Entscheidungen des Reichsarbeitsgerichts, der Landesarbeitsgerichte und Arbeitsgerichte
ArSt.	Arbeitsrecht in Stichworten
Art.	Artikel
ASiG	Gesetz über Betriebsärzte, Sicherheitsingenieure und andere Fachkräfte für Arbeitssicherheit (Arbeitssicherheitsgesetz)
aufgeh.	aufgehoben
Aufl.	Auflage
AÜG	Gesetz zur Regelung der gewerbsmäßigen Arbeitnehmer-Überlassung (Arbeitnehmer-Überlassungsgesetz)
AuR	Arbeit und Recht (Zeitschrift)
AVAVG	Gesetz über die Arbeitsvermittlung und die Arbeitslosenversicherung vom 16. Juli 1927 in der Fassung der Bekanntmachung vom 3. April 1957
AVG	Angestelltenversicherungsgesetz
AVO	Ausführungsverordnung
AWD	Außenwirtschaftsdienst (Zeitschrift)
Az.	Aktenzeichen
AZO	Arbeitszeitordnung
BABl.	Bundesarbeitsblatt
BAG	Bundesarbeitsgericht
BAGE	Entscheidungen des Bundesarbeitsgerichts, Amtliche Sammlung
BAnz.	Bundesanzeiger
BAT	Bundesangestelltentarifvertrag
BayOBLG	Bayerisches Oberstes Landgericht
BayVBl.	Bayerische Verwaltungsblätter, München
BayVGH	Bayerischer Verwaltungsgerichtshof
BBahnG	Bundesbahngesetz vom 13. Dezember 1951
BB	Der Betriebs-Berater (Zeitschrift)
BBiG	Berufsbildungsgesetz
Bd.	Band
BDA	Bundesvereinigung der Deutschen Arbeitgeberverbände
BDA-BetrVG	Bundesvereinigung der Deutschen Arbeitgeberverbände: Das neue Betriebsverfassungsgesetz, Köln, Januar 1972
BDSG	Gesetz zum Schutz vor Mißbrauch personenbezogener Daten bei der Datenverarbeitung (Bundesdatenschutzgesetz) vom 27. Januar 1977
Begr.	Begründung
Beil.	Beilage

Abkürzungsverzeichnis

BenshSlg.	Entscheidungen des Reichsarbeitsgerichts und der Landesarbeitsgerichte, verlegt bei Bensheimer (ab 1934: Arbeitsrechtssammlung-ARS), Mannheim-Berlin-Leipzig
Bergfreiheit	Zeitschrift für den deutschen Bergbau, Organ des Verbandes Oberer Bergbeamten, Essen
BetrAVG	Gesetz zur Verbesserung der betrieblichen Altersversorgung vom 19. Dezember 1974
Bem.	Bemerkung
bes.	besonders, besondere
bestr.	bestritten
betr.	betreffend
BetrR	Der Betriebsrat, Mitteilungen für die Betriebsräte der IG Chemie-Papier-Keramik
BetrVerf.	Die Betriebsverfassung (Zeitschrift bis 1959)
BetrVG	Betriebsverfassungsgesetz vom 15. Januar 1972
BetrVG 1952	Betriebsverfassungsgesetz vom 11. Oktober 1952
BfA	Bundesversicherungsanstalt für Angestellte
BFH	Bundesfinanzhof
BG	Berufsgenossenschaft
BGB	Bürgerliches Gesetzbuch
BGBl. I, II, III	Bundesgesetzblatt Teil I, II, III
BGH	Bundesgerichtshof
BGHZ	Entscheidungen des Bundesgerichtshofs in Zivilsachen, Amtliche Sammlung
Bl.	Blatt
BlStSozArbR	Blätter für Steuerrecht, Sozialversicherung und Arbeitsrecht (Zeitschrift)
BPersVG	Bundespersonalvertretungsgesetz
BPersVWO	Wahlordnung zum Bundespersonalvertretungsgesetz vom 29. September 1974
BR-Drucks.	Verhandlungen des Deutschen Bundesrates, Drucksachen
BRG	Betriebsrätegesetz
BR-Prot.	stenographische Berichte (Protokolle) über die Sitzungen des Deutschen Bundesrates
BSG	Bundessozialgericht
BSHG	Bundessozialhilfegesetz in der Fassung der Bekanntmachung vom 13. Februar 1976
BSeuchG	Bundesseuchengesetz
Bsp.	Beispiel
BT-Drucks.	Verhandlungen des Deutschen Bundestages, Drucksachen
BT-Prot.	stenographische Berichte (Protokolle) über die Sitzungen des Deutschen Bundestages
BUrlG	Bundesurlaubsgesetz
BUV	Betriebs- und Unternehmensverfassung (Zeitschrift)
BVerfG	Bundesverfassungsgericht

Abkürzungsverzeichnis

BVerfGE	Entscheidungen des Bundesverfassungsgerichts, Amtliche Sammlung
BVerfGG	Gesetz über das Bundesverfassungsgericht in der Fassung der Bekanntmachung vom 3. Februar 1971
BVerwG	Bundesverwaltungsgericht
BVerwGE	Entscheidungen des Bundesverwaltungsgerichts, Amtliche Sammlung
bzw.	beziehungsweise
DAG	Deutsche Angestelltengewerkschaft
DAR	Deutsches Arbeitsrecht (1933–1945) Mannheim-Berlin-Leipzig
DB	Der Betrieb (Zeitschrift)
DDR	Deutsche Demokratische Republik
ders.	derselbe
dgl.	dergleichen, desgleichen
d. h.	das heißt
dies.	dieselben
Diss.	Dissertation
DJT	Deutscher Juristentag
DLA	Der Leitende Angestellte (Zeitschrift)
DRdA	Das Recht der Arbeit, Wien
DSWR	Datenverarbeitung in Steuer, Wirtschaft und Recht (Zeitschrift)
DuR	Demokratie und Recht (Zeitschrift)
DVBl.	Deutsches Verwaltungsblatt
DVO	Durchführungsverordnung
E	Entwurf
EG	Einführungsgesetz
EGAktG	Einführungsgesetz zum Aktiengesetz vom 6. September 1965
EGStGB	Einführungsgesetz zum Strafgesetzbuch vom 2. März 1974
EhfG	Entwicklungshelfer-Gesetz vom 18. Juni 1969
Einf.	Einführung
Einl.	Einleitung
EntschKal.	Entscheidungskalender, Arbeits- und Sozialrecht, Verwaltungsrecht
entspr.	entsprechend
Entw.	Entwurf
Erl.	Erläuterung
ESVGH	Entscheidungssammlung des Hessischen und des Württemberg-Badischen Verwaltungsgerichtshofes
etc.	et cetera
EuGH	Europäischer Gerichtshof
e. V.	eingetragener Verein
evtl.	eventuell
EWG	Europäische Wirtschaftsgemeinschaft

EzA	Entscheidungssammlung zum Arbeitsrecht, Neuwied
f.	folgende
Fn.	Fußnote
Forts.	Fortsetzung
FS	Festschrift
-G	-gesetz
GBl.	Gesetzblatt
GemeindeO Bayern	Gemeindeordnung für den Freistaat Bayern in der Fassung der Bekanntmachung vom 31. Mai 1978
GenG	Genossenschaftsgesetz in der Fassung der Bekanntmachung vom 20. Mai 1898
gem.	gemäß
GewMH	Gewerkschaftliche Monatshefte
GewO	Gewerbeordnung
GG	Grundgesetz
ggf.	gegebenenfalls
GmbH	Gesellschaft mit beschränkter Haftung
GmbHG	Gesetz betreffend die Gesellschaften mit beschränkter Haftung
grdsl.	grundsätzlich
GS	Großer Senat
GVBl.	Gesetz- und Verordnungsblatt
GWB	Gesetz gegen Wettbewerbsbeschränkungen in der Fassung der Bekanntmachung vom 24. September 1980
HAG	Heimarbeitsgesetz vom 14. März 1951 in der Fassung des Heimarbeitsänderungsgesetzes vom 29. Oktober 1974
HAG	Heimarbeitsgesetz
Halbs.	Halbsatz
HandwO	Handwerksordnung
Hdb.	Handbuch
HDSW	Handwörterbuch der Sozialwissenschaften, 12 Bde., Stuttgart, Tübingen und Göttingen 1956–1965
HessPersVG	Hessisches Personalvertretungsgesetz in der Fassung vom 2. Januar 1979
HGB	Handelsgesetzbuch vom 10. Mai 1897
h. L.	herrschende Lehre
h. M.	herrschende Meinung
HRR	Höchstrichterliche Rechtsprechung (Entscheidungssammlung)
Hrsg., hrsg.	Herausgeber, herausgegeben
HzA	Handbuch zum Arbeitsrecht
IAO, ILO	Internationale Arbeits-Organisation
i. d. F.	in der Fassung

Abkürzungsverzeichnis

i. d. R.	in der Regel
i. e. S.	im engeren Sinne
insbes.	insbesondere
i. S.	im Sinne
i. S. d.	im Sinne des
i. V. m.	in Verbindung mit
JA	Juristische Arbeitsblätter
JArbR	Das Arbeitsrecht der Gegenwart. Jahrbuch für das gesamte Arbeitsrecht und die Arbeitsgerichtsbarkeit
JArbSchG	Jugendarbeitsschutzgesetz
Jg.	Jahrgang
Jh.	Jahrhundert
JR	Juristische Rundschau (Zeitschrift)
JurA	Juristische Analysen, Frankfurt a. M.
JurJB	Juristen-Jahrbuch, Köln
JuS	Juristische Schulung (Zeitschrift)
JW	Juristische Wochenschrift (Zeitschrift)
JZ	Juristenzeitung (Zeitschrift)
Kap.	Kapital
KG	Kommanditgesellschaft
KGaA	Kommanditgesellschaft auf Aktien
KJ	Kritische Justiz (Zeitschrift)
KO	Konkursordnung
Komm.	Kommentar
kr.	kritisch
KRG Nr. 22	Kontrollratsgesetz Nr. 22 (Betriebsrätegesetz)
krit.	kritisch
KSchG	Kündigungsschutzgesetz in der Fassung der Bekanntmachung vom 25. August 1969
KTS	Konkurs-, Treuhand- und Schiedsgerichtswesen, Zeitschrift für alle Fragen des Konkurs-, Vergleichs- und Treuhandwesens sowie der Zwangsversteigerung und -verwaltung, Köln-Berlin-Bonn-München
LAG	Landesarbeitsgericht
LFG	Lohnfortzahlungsgesetz
lfd.	laufend
LG	Landgericht
Lit.	Literatur
lit.	Buchstabe
LS	Leitsatz
LVO	Landesverordnung
MDR	Monatszeitschrift für deutsches Recht (Zeitschrift)
MindArbG	Gesetz über die Festsetzung von Mindestarbeitsbedingungen
MitbestErgG	Gesetz zur Ergänzung des Gesetzes über die Mitbe-

Abkürzungsverzeichnis

	stimmung der Arbeitnehmer in den Aufsichtsräten und Vorständen der Unternehmen des Bergbaus und der Eisen und Stahl erzeugenden Industrie
MitbestFortgG	Gesetz über die befristete Fortgeltung der Mitbestimmung in bisher den Mitbestimmungsgesetzen unterliegenden Unternehmen
MitbestG	Gesetz über die Mitbestimmung der Arbeitnehmer
Mitbestimmung	Die Mitbestimmung (Zeitschrift)
MitGespr.	Das Mitbestimmungsgespräch (Zeitschrift)
Mitt.	Mitteilung
Montan-MitbestG	Gesetz über die Mitbestimmung der Arbeitnehmer in den Aufsichtsräten und Vorständen der Unternehmen des Bergbaus und der Eisen und Stahl erzeugenden Industrie
MTB	Manteltarifvertrag für Arbeiter des Bundes
MTV	Manteltarifvertrag
MuA	Mensch und Arbeit, München (ab 1971: Personal)
MuSchG	Gesetz zum Schutz der erwerbstätigen Mutter (Mutterschutzgesetz)
m.w.N.	mit weiteren Nachweisen
NdsPersVG	Personalvertretungsgesetz für das Land Niedersachsen in der Fassung vom 24. April 1972
NF	neue Folge
n.F.	neue Fassung
NJW	Neue Juristische Wochenschrift (Zeitschrift)
Nr.	Nummer
NWB	Neue Wirtschaftsbriefe, Herne
NZfAR	Neue Zeitschrift für Arbeitsrecht, Mannheim-Berlin-Leipzig (1921–1933)
o.a.	oben angegeben
o.ä.	oder ähnlich
ÖTV	Gewerkschaft öffentliche Dienste, Transport und Verkehr
o.g.	oben genannt
OHG	offene Handelsgesellschaft
o.J.	ohne Jahresangabe
OLG	Oberlandesgericht
Ordo	Jahrbuch für die Ordnung von Wirtschaft und Gesellschaft, Düsseldorf und München 1948ff.
OVG	Oberverwaltungsgericht
OWiG	Gesetz über Ordnungswidrigkeiten
Personalvertretung	Die Personalvertretung (Zeitschrift)
PersVG	Personalvertretungsgesetz
PersV	Die Personalvertretung, Berlin, Bielefeld und München
PersVG 1955	Personalvertretungsgesetz vom 5. August 1955

Abkürzungsverzeichnis

PersVG Bad.-Württ.	Personalvertretungsgesetz für Baden-Württemberg in der Fassung vom 1. Oktober 1975
PersVG Bayern	Bayerisches Personalvertretungsgesetz vom 29. April 1974
PersVG Rheinl.-Pf.	Personalvertretungsgesetz für Rheinland-Pfalz vom 5. Juli 1977
PersVG Schlesw.-Holst.	Personalvertretungsgesetz für das Land Schleswig-Holstein vom 17. Januar 1974
PostvwG	Gesetz über die Verwaltung der Deutschen Bundespost vom 24. Juli 1953
Prot.	Protokoll
Quelle	Die Quelle (Zeitschrift)
-R	-recht
RABl.	Reicharbeitsblatt (Zeitschrift)
RAG	Reichsarbeitsgericht
RAGE	Entscheidungen des Reichsarbeitsgerichts, Amtliche Sammlung
RdA	Recht der Arbeit (Zeitschrift)
Rdn., Rdnr.	Randnote, Randnummer
REFA	vormals Reichsausschuß für Arbeitsvermittlung bzw. Reichsausschuß für Arbeitsstudien, jetzt Verband für Arbeitsstudien e. V., Darmstadt
RefE	Referentenentwurf
Reg.E., RegEntw.	Regierungsentwurf
Rev.	Revision
RG	Reichsgericht
RGBl.	Reichsgesetzblatt
RGSt.	Entscheidungen des Reichsgerichts in Strafsachen, amtliche Sammlung
RGZ	Entscheidungen des Reichsgerichts in Zivilsachen, amtliche Sammlung
rkr.	rechtskräftig
r. Sp.	rechte Spalte
Rspr.	Rechtsprechung
RVA	Reichsversicherungsamt
RVO	Reichsversicherungsordnung in der Fassung der Bekanntmachung vom 15. Dezember 1924
Rz.	Randziffer
s.	siehe
S.	Satz oder Seite
s. a.	siehe auch
SAE	Sammlung arbeitsrechtlicher Entscheidungen
SchwbG	Schwerbehindertengesetz
SchwbWO	Erste Verordnung zur Durchführung des Schwerbehindertengesetzes (Wahlordnung Schwerbehindertengesetz) vom 22. Juli 1975

Abkürzungsverzeichnis

SeemG	Seemannsgesetz vom 26. Juli 1957
SGB IV	Sozialgesetzbuch – Gemeinsame Vorschriften für die Sozialversicherung, Viertes Buch vom 23. Dezember 1976
s. o.	siehe oben
sog.	sogenannt
SozFort	Sozialer Fortschritt; Unabhängige Zeitschrift für Sozialpolitik, Berlin
SozPr.	Soziale Praxis und Archiv für Volkswohlfahrt (bis 1945), Jena
Sp.	Spalte
StGB	Strafgesetzbuch
str.	streitig
st. Rspr.	ständige Rechtsprechung
s. u.	siehe unten
Tab.	Tabelle
teilw.	teilweise
TVG	Tarifvertragsgesetz
u. a.	unter anderem
u. ä.	und ähnliche(s)
ULA	Union der leitenden Angestellten
Union	Die Union (Zeitschrift)
umstr.	umstritten
unstr.	unstreitig
unveröff.	unveröffentlicht
usw.	und so weiter
u. U.	unter Umständen
UVV	Unfallverhütungsvorschrift
VAG	Versicherungsaufsichtsgesetz in der Fassung vom 6. Juni 1931
VELA	Vereinigung der leitenden Angestellten
VermBG	Drittes Gesetz zur Förderung der Vermögensbildung der Arbeitnehmer (Vermögensbildungsgesetz)
VersammlungsG	Gesetz über Versammlungen und Aufzüge (Versammlungsgesetz) in der Fassung der Bekanntmachung vom 15. November 1978
VerschollenheitsG	Verschollenheitsgesetz vom 15. Januar 1951
VerwA	Verwaltungsarchiv, Zeitschrift für Verwaltungslehre, Verwaltungsrecht und Verwaltungspolitik, Köln-Berlin-Bonn-München
VerwG	Verwaltungsgericht
vgl.	vergleiche
VO	Verordnung
Vorbem.	Vorbemerkung
VwGO	Verwaltungsgerichtsordnung vom 21. Januar 1960
VwVfG	Verwaltungsverfahrensgesetz vom 25. Mai 1976

Abkürzungsverzeichnis

WeimRV, WRV	Weimarer Reichsverfassung vom 11. August 1919
WdA	Welt der Arbeit (Zeitschrift)
WiR	Wirtschaftsrecht, Beiträge und Berichte aus dem Gesamtbereich des Wirtschaftsrechts, Athenäum
WM	Wertpapiermitteilungen (Zeitschrift)
WO	Wahlordnung zum Betriebsverfassungsgesetz 1972
WO 1953	Wahlordnung zum Betriebsverfassungsgesetz 1953
WoBauG	Wohnungsbaugesetz
WOMitbestG	Wahlordnungen zum Mitbestimmungsgesetz 1976, Erste Wahlordnung zum Mitbestimmungsgesetz (1. WOMitbestG), Zweite Wahlordnung zum Mitbestimmungsgesetz (2. WOMitbestG) und Dritte Wahlordnung zum Mitbestimmungsgesetz (3. WOMitbestG) vom 23. Juni 1977
WOS	Zweite Verordnung zur Durchführung des Betriebsverfassungsgesetzes (Wahlordnung Seeschiffahrt – WOS) vom 24. Oktober 1972
Wo z. PersVG	Wahlordnung zum Personalvertretungsgesetz vom 4. November 1955
WPflG	Wehrpflichtgesetz
WpG	Die Wirtschaftsprüfung (Zeitschrift)
WWIMitt	Mitteilungen des Wirtschaftswissenschaftlichen Institutes der Gewerkschaften (Zeitschrift)
ZAS	Zeitschrift für Arbeitsrecht und Sozialrecht, Wien
z. B.	zum Beispiel
ZBR	Zeitschrift für Beamtenrecht, Stuttgart-Köln
ZDG	Gesetz über den Zivildienst der Kriegsdienstverweigerer in der Fassung der Bekanntmachung vom 9. August 1973 (Zivildienstgesetz)
ZevKR	Zeitschrift für evangelisches Kirchenrecht, Tübingen
ZfA	Zeitschrift für Arbeitsrecht, Köln-Berlin-Bonn-München
ZfGenW	Zeitschrift für das gesamte Genossenschaftswesen
ZfSozR	Zeitschrift für Sozialreform
ZfV	Zeitschrift für Versicherungswesen, Hamburg
ZGR	Zeitschrift für Unternehmens- und Gesellschaftsrecht, Frankfurt a. M.
ZgStW	Zeitschrift für die gesamten Staatswissenschaften, Tübingen
ZHR	Zeitschrift für das gesamte Handelsrecht und Wirtschaftsrecht, Heidelberg
Ziff.	Ziffer
ZMR	Zeitschrift für Miet- und Raumrecht
ZPO	Zivilprozeßordnung
ZRP	Zeitschrift für Rechtspolitik
ZStW	Zeitschrift für die gesamte Strafrechtswissenschaft, Berlin
zust.	zustimmend

z. T.	zum Teil
zutr.	zutreffend
ZVersWiss.	Zeitschrift für die gesamte Versicherungswissenschaft, Karlsruhe und Berlin
ZZP	Zeitschrift für Zivilprozeß, Köln-Berlin-Bonn-München
z. Zt.	zur Zeit

Gesetzestext

Betriebsverfassungsgesetz

vom 15. Januar 1972 (BGBl. I S. 13)

geändert durch das Gesetz zum Schutze in Ausbildung befindlicher Mitglieder von Betriebsverfassungsorganen vom 18. 1. 1974 (BGBl. I S. 85), geändert durch Artikel 238 des Einführungsgesetzes zum Strafgesetzbuch vom 2. 3. 1974 (BGBl. I S. 469), ergänzt und geändert durch Artikel 2 des Beschäftigungsförderungsgesetzes 1985 vom 26. 4. 1985 (BGBl. I S. 710), geändert durch Artikel 3 des ersten Gesetzes des Schwerbehindertengesetzes vom 24. 7. 1986 (BGBl. I S. 1110), geändert durch das Gesetz zur Bildung von Jugend- und Auszubildendenvertretungen in den Betrieben vom 13. 7. 1988 (BGBl. I S. 1034), geändert durch Artikel 1 des Gesetzes zur Veränderung des Betriebsverfassungsgesetzes, über Sprecherausschüsse der leitenden Angestellten und zur Sicherung der Montanmitbestimmung vom 20. 12. 1988 (BGBl. I S. 2312); Bekanntmachung der Neufassung (BGBl. 1989 I S. 1, 902), geändert durch Gesetz vom 18. 12. 1989 (BGBl. I 2386), ergänzt durch Artikel 3, Satz 2 über die Schaffung einer Währungs-, Wirtschafts- und Sozialunion zwischen der Bundesrepublik Deutschland und der Deutschen Demokratischen Republik vom 18. 5. 1990 (BGBl. II S. 587, GBGl. I S. 332), ergänzt durch den Einigungsvertrag vom 31. 8. 1990 (BGBl. II S. 889); dazu Gesetz vom 23. 9. 1990 (BGBl. II S. 885).

Erster Teil
Allgemeine Vorschriften

§ 1 Errichtung von Betriebsräten

In Betrieben mit in der Regel mindestens fünf ständigen wahlberechtigten Arbeitnehmern, von denen drei wählbar sind, werden Betriebsräte gewählt.

§ 2 Stellung der Gewerkschaften und Vereinigungen der Arbeitgeber

(1) Arbeitgeber und Betriebsrat arbeiten unter Beachtung der geltenden Tarifverträge vertrauensvoll und im Zusammenwirken mit den im Betrieb vertretenen Gewerkschaften und Arbeitgebervereinigungen zum Wohl der Arbeitnehmer und des Betriebs zusammen.
(2) Zur Wahrnehmung der in diesem Gesetz genannten Aufgaben und Befugnisse der im Betrieb vertretenen Gewerkschaften ist deren Beauftragten nach Unterrichtung des Arbeitgebers oder seines Vertreters Zugang zum Betrieb zu gewähren, soweit dem nicht unumgängliche Notwendigkeiten des Betriebsablaufs, zwingende Sicherheitsvorschriften oder der Schutz von Betriebsgeheimnissen entgegenstehen.
(3) Die Aufgaben der Gewerkschaften und der Vereinigungen der Arbeitgeber, insbesondere die Wahrnehmung der Interessen ihrer Mitglieder, werden durch dieses Gesetz nicht berührt.

Gesetzestext

§ 3 Zustimmungsbedürftige Tarifverträge

(1) Durch Tarifvertrag können bestimmt werden:
1. zusätzliche betriebsverfassungsrechtliche Vertretungen der Arbeitnehmer bestimmter Beschäftigungsarten oder Arbeitsbereiche (Arbeitsgruppen), wenn dies nach den Verhältnissen der vom Tarifvertrag erfaßten Betriebe der zweckmäßigeren Gestaltung der Zusammenarbeit des Betriebsrats mit den Arbeitnehmern dient;
2. die Errichtung einer anderen Vertretung der Arbeitnehmer für Betriebe, in denen wegen ihrer Eigenart der Errichtung von Betriebsräten besondere Schwierigkeiten entgegenstehen;
3. von § 4 abweichende Regelungen über die Zuordnung von Betriebsteilen und Nebenbetrieben, soweit dadurch die Bildung von Vertretungen der Arbeitnehmer erleichtert wird.

(2) Tarifverträge nach Absatz 1 bedürfen insoweit der Zustimmung der obersten Arbeitsbehörde des Landes, bei Tarifverträgen, deren Geltungsbereich mehrere Länder berührt, der Zustimmung des Bundesministers für Arbeit und Sozialordnung. Vor der Entscheidung über die Zustimmung ist Arbeitgebern und Arbeitnehmern, die von dem Tarifvertrag betroffen werden, den an der Entscheidung über die Zustimmung interessierten Gewerkschaften und Vereinigungen der Arbeitgeber sowie den obersten Arbeitsbehörden der Länder, auf deren Bereich sich der Tarifvertrag erstreckt, Gelegenheit zur schriftlichen Stellungnahme sowie zur Äußerung in einer mündlichen und öffentlichen Verhandlung zu geben.

(3) Mit dem Inkrafttreten eines Tarifvertrags nach Absatz 1 Nr. 2 endet die Amtszeit der Betriebsräte, die in den vom Tarifvertrag erfaßten Betrieben bestehen; eine solche durch Tarifvertrag errichtete Vertretung der Arbeitnehmer hat die Befugnisse und Pflichten eines Betriebsrats.

§ 4 Nebenbetriebe und Betriebsteile

Betriebsteile gelten als selbständige Betriebe, wenn sie die Voraussetzungen des § 1 erfüllen und
1. räumlich weit vom Hauptbetrieb entfernt
   oder
2. durch Aufgabenbereich und Organisation eigenständig sind.

Soweit Nebenbetriebe die Voraussetzungen des § 1 nicht erfüllen, sind sie dem Hauptbetrieb zuzuordnen.

§ 5 Arbeitnehmer

(1) Arbeitnehmer im Sinne dieses Gesetzes sind Arbeiter und Angestellte einschließlich der zu ihrer Berufsausbildung Beschäftigten.
(2) Als Arbeitnehmer im Sinne dieses Gesetzes gelten nicht
1. in Betrieben einer juristischen Person die Mitglieder des Organs, das zur gesetzlichen Vertretung der juristischen Person berufen ist;
2. die Gesellschafter einer offenen Handelsgesellschaft oder die Mitglieder einer anderen Personengesamtheit, soweit sie durch Gesetz, Satzung oder Gesell-

schaftsvertrag zur Vertretung der Personengesamtheit oder zur Geschäftsführung berufen sind, in deren Betrieben;
3. Personen, deren Beschäftigung nicht in erster Linie ihrem Erwerb dient, sondern vorwiegend durch Beweggründe karitativer oder religiöser Art bestimmt ist;
4. Personen, deren Beschäftigung nicht in erster Linie ihrem Erwerb dient und die vorwiegend zu ihrer Heilung, Wiedereingewöhnung, sittlichen Besserung oder Erziehung beschäftigt werden;
5. der Ehegatte, Verwandte und Verschwägerte ersten Grades, die in häuslicher Gemeinschaft mit dem Arbeitgeber leben.

(3) Dieses Gesetz findet, soweit in ihm nicht ausdrücklich etwas anderes bestimmt ist, keine Anwendung auf leitende Angestellte. Leitender Angestellter ist, wer nach Arbeitsvertrag und Stellung im Unternehmen oder im Betrieb
1. zur selbständigen Einstellung und Entlassung von im Betrieb oder in der Betriebsabteilung beschäftigten Arbeitnehmern berechtigt ist oder
2. Generalvollmacht oder Prokura hat und die Prokura auch im Verhältnis zum Arbeitgeber nicht unbedeutend ist oder
3. regelmäßig sonstige Aufgaben wahrnimmt, die für den Bestand und die Entwicklung des Unternehmens oder eines Betriebs von Bedeutung sind und deren Erfüllung besondere Erfahrungen und Kenntnisse voraussetzt, wenn er dabei entweder die Entscheidungen im wesentlichen frei von Weisungen trifft oder sie maßgeblich beeinflußt; dies kann auch bei Vorgaben insbesondere aufgrund von Rechtsvorschriften, Plänen oder Richtlinien sowie bei Zusammenarbeit mit anderen leitenden Angestellten gegeben sein.

(4) Leitender Angestellter nach Absatz 3 Nr. 3 ist im Zweifel, wer
1. aus Anlaß der letzten Wahl des Betriebsrats, des Sprecherausschusses oder von Aufsichtsratsmitgliedern der Arbeitnehmer oder durch rechtskräftige gerichtliche Entscheidung den leitenden Angestellten zugeordnet worden ist oder
2. einer Leitungsebene angehört, auf der in dem Unternehmen überwiegend leitende Angestellte vertreten sind, oder
3. ein regelmäßiges Jahresarbeitsentgelt erhält, das für leitende Angestellte in dem Unternehmen üblich ist, oder
4. falls auch bei der Anwendung der Nummer 3 noch Zweifel bleiben, ein regelmäßiges Jahresarbeitsentgelt erhält, das das Dreifache der Bezugsgröße nach § 18 des Vierten Buches Sozialgesetzbuch überschreitet.

§ 6 Arbeiter und Angestellte

(1) Arbeiter im Sinne dieses Gesetzes sind Arbeitnehmer einschließlich der zu ihrer Berufsausbildung Beschäftigten, die eine arbeiterrentenversicherungspflichtige Beschäftigung ausüben, auch wenn sie nicht versicherungspflichtig sind. Als Arbeiter gelten auch die in Heimarbeit Beschäftigten, die in der Hauptsache für den Betrieb arbeiten.

(2) Angestellte im Sinne dieses Gesetzes sind Arbeitnehmer, die eine durch das Sechste Buch Sozialgesetzbuch als Angestelltentätigkeit bezeichnete Beschäftigung ausüben, auch wenn sie nicht versicherungspflichtig sind. Als Angestellte gelten auch Beschäftigte, die sich in Ausbildung zu einem Angestelltenberuf befinden, sowie

Gesetzestext

die in Heimarbeit Beschäftigten, die in der Hauptsache für den Betrieb Angestelltentätigkeit verrichten.

Zweiter Teil
Betriebsrat, Betriebsversammlung, Gesamt- und Konzernbetriebsrat

Erster Abschnitt
Zusammensetzung und Wahl des Betriebsrats

§ 7 Wahlberechtigung

Wahlberechtigt sind alle Arbeitnehmer, die das 18. Lebensjahr vollendet haben.

§ 8 Wählbarkeit

(1) Wählbar sind alle Wahlberechtigten, die sechs Monate dem Betrieb angehören oder als in Heimarbeit Beschäftigte in der Hauptsache für den Betrieb gearbeitet haben. Auf diese sechsmonatige Betriebszugehörigkeit werden Zeiten angerechnet, in denen der Arbeitnehmer unmittelbar vorher einem anderen Betrieb desselben Unternehmens oder Konzerns (§ 18 Abs. 1 des Aktiengesetzes) angehört hat. Nicht wählbar ist, wer infolge strafgerichtlicher Verurteilung die Fähigkeit, Rechte aus öffentlichen Wahlen zu erlangen, nicht besitzt.

(2) Besteht der Betrieb weniger als sechs Monate, so sind abweichend von der Vorschrift in Absatz 1 über die sechsmonatige Betriebszugehörigkeit diejenigen Arbeitnehmer wählbar, die bei der Einleitung der Betriebsratswahl im Betrieb beschäftigt sind und die übrigen Voraussetzungen für die Wählbarkeit erfüllen.

§ 9 Zahl der Betriebsratsmitglieder

Der Betriebsrat besteht in Betrieben mit in der Regel
- 5 bis 20 wahlberechtigten Arbeitnehmern aus einer Person,
- 21 bis 50 wahlberechtigten Arbeitnehmern aus 3 Mitgliedern,
- 51 wahlberechtigten Arbeitnehmern
- bis 150 Arbeitnehmern aus 5 Mitgliedern,
- 151 bis 300 Arbeitnehmern aus 7 Mitgliedern,
- 301 bis 600 Arbeitnehmern aus 9 Mitgliedern,
- 601 bis 1 000 Arbeitnehmern aus 11 Mitgliedern,
- 1 001 bis 2 000 Arbeitnehmern aus 15 Mitgliedern,
- 2 001 bis 3 000 Arbeitnehmern aus 19 Mitgliedern,
- 3 001 bis 4 000 Arbeitnehmern aus 23 Mitgliedern,
- 4 001 bis 5 000 Arbeitnehmern aus 27 Mitgliedern,
- 5 001 bis 7 000 Arbeitnehmern aus 29 Mitgliedern,
- 7 001 bis 9 000 Arbeitnehmern aus 31 Mitgliedern.

In Betrieben mit mehr als 9000 Arbeitnehmern erhöht sich die Zahl der Mitglieder des Betriebsrats für je angefangene weitere 3000 Arbeitnehmer um 2 Mitglieder.

§ 10 Vertretung der Minderheitsgruppen

(1) Arbeiter und Angestellte müssen entsprechend ihrem zahlenmäßigen Verhältnis im Betriebsrat vertreten sein, wenn dieser aus mindestens drei Mitgliedern besteht.
(2) Die Minderheitsgruppe erhält mindestens bei
       bis zu   50 Gruppenangehörigen 1 Vertreter,
  51 bis   200 Gruppenangehörigen 2 Vertreter,
 201 bis   600 Gruppenangehörigen 3 Vertreter,
 601 bis 1000 Gruppenangehörigen 4 Vertreter,
1001 bis 3000 Gruppenangehörigen 5 Vertreter,
3001 bis 5000 Gruppenangehörigen 6 Vertreter,
5001 bis 9000 Gruppenangehörigen 7 Vertreter,
9001 bis 15000 Gruppenangehörigen 8 Vertreter,
über   15000 Gruppenangehörigen 9 Vertreter.
(3) Eine Minderheitsgruppe erhält keine Vertretung, wenn ihr nicht mehr als fünf Arbeitnehmer angehören und diese nicht mehr als ein Zwanzigstel der Arbeitnehmer des Betriebs darstellen.

§ 11 Ermäßigte Zahl der Betriebsratsmitglieder

Hat ein Betrieb nicht die ausreichende Zahl von wählbaren Arbeitnehmern, so ist die Zahl der Betriebsratsmitglieder der nächstniedrigeren Betriebsgröße zugrunde zu legen.

§ 12 Abweichende Verteilung der Betriebsratssitze

(1) Die Verteilung der Mitglieder des Betriebsrats auf die Gruppen kann abweichend von § 10 geregelt werden, wenn beide Gruppen dies vor der Wahl in getrennten und geheimen Abstimmungen beschließen.
(2) Jede Gruppe kann auch Angehörige der anderen Gruppe wählen. In diesem Fall gelten die Gewählten insoweit als Angehörige derjenigen Gruppe, die sie gewählt hat. Dies gilt auch für Ersatzmitglieder.

§ 13 Zeitpunkt der Betriebsratswahlen

(1) Die regelmäßigen Betriebsratswahlen finden alle vier Jahre in der Zeit vom 1. März bis 31. Mai statt. Sie sind zeitgleich mit den regelmäßigen Wahlen nach § 5 Abs. 1 des Sprecherausschußgesetzes einzuleiten.
(2) Außerhalb dieser Zeit ist der Betriebsrat zu wählen, wenn
1. mit Ablauf von 24 Monaten, vom Tage der Wahl an gerechnet, die Zahl der

Gesetzestext

regelmäßig beschäftigten Arbeitnehmer um die Hälfte, mindestens aber um fünfzig, gestiegen oder gesunken ist,
2. die Gesamtzahl der Betriebsratsmitglieder nach Eintreten sämtlicher Ersatzmitglieder unter die vorgeschriebene Zahl der Betriebsratsmitglieder gesunken ist,
3. der Betriebsrat mit der Mehrheit seiner Mitglieder seinen Rücktritt beschlossen hat,
4. die Betriebsratswahl mit Erfolg angefochten worden ist,
5. der Betriebsrat durch eine gerichtliche Entscheidung aufgelöst ist oder
6. im Betrieb ein Betriebsrat nicht besteht.
(3) Hat außerhalb des für die regelmäßigen Betriebsratswahlen festgelegten Zeitraums eine Betriebsratswahl stattgefunden, so ist der Betriebsrat in dem auf die Wahl folgenden nächsten Zeitraum der regelmäßigen Betriebsratswahlen neu zu wählen. Hat die Amtszeit des Betriebsrats zu Beginn des für die regelmäßigen Betriebsratswahlen festgelegten Zeitraums noch nicht ein Jahr betragen, so ist der Betriebsrat in dem übernächsten Zeitraum der regelmäßigen Betriebsratswahlen neu zu wählen.

Anhang

Vertrag zwischen der Bundesrepublik Deutschland und der Deutschen Demokratischen Republik über die Herstellung der Einheit Deutschlands

– Einigungsvertrag –

Anlage I, Kapitel VIII, Sachgebiet A,
Abschnitt III, Nr. 12 b:

Zu § 13 wird festgelegt:

Die erstmaligen Betriebsratswahlen nach dem Betriebsverfassungsgesetz finden bis zum 30. Juni 1991 statt. Betriebsräte oder Arbeitnehmervertretungen, die vor dem 31. Oktober 1990 nach demokratischen Grundsätzen von der Belegschaft in geheimer Abstimmung gewählt worden sind, bleiben bis zur Wahl eines neuen Betriebsrates nach dem Betriebsverfassungsgesetz, längstens bis zum 30. Juni 1991, im Amt. Sie nehmen die den Betriebsräten nach dem Betriebsvefassungsgesetz und anderen Gesetzen zustehenden Rechte und Pflichten wahr. Dies gilt nicht in den Betrieben, in denen nach dem Betriebsverfassungsgesetz kein Betriebsrat zu wählen ist.

§ 14 Wahlvorschriften

(1) Der Betriebsrat wird in geheimer und unmittelbarer Wahl gewählt.
(2) Besteht der Betriebsrat aus mehr als einer Person, so wählen die Arbeiter und Angestellten ihre Vertreter in getrennten Wahlgängen, es sei denn, daß die wahlberechtigten Angehörigen beider Gruppen vor der Neuwahl in getrennten, geheimen Abstimmungen die gemeinsame Wahl beschließen.

(3) Die Wahl erfolgt nach den Grundsätzen der Verhältniswahl; wird nur ein Wahlvorschlag eingereicht, so erfolgt die Wahl nach den Grundsätzen der Mehrheitswahl.
(4) In Betrieben, deren Betriebsrat aus einer Person besteht, wird dieser mit einfacher Stimmenmehrheit gewählt; das gleiche gilt für Gruppen, denen nur ein Vertreter im Betriebsrat zusteht. In den Fällen des Satzes 1 ist in einem getrennten Wahlgang ein Ersatzmitglied zu wählen.
(5) Zur Wahl des Betriebsrats können die wahlberechtigten Arbeitnehmer und die im Betrieb vertretenen Gewerkschaften Wahlvorschläge machen.
(6) Jeder Wahlvorschlag der Arbeitnehmer muß von mindestens einem Zwanzigstel der wahlberechtigten Gruppenangehörigen, jedoch von mindestens drei wahlberechtigten Gruppenangehörigen unterzeichnet sein; in Betrieben mit in der Regel bis zu zwanzig wahlberechtigten Arbeitnehmern genügt die Unterzeichnung durch zwei Wahlberechtigte, bei bis zu zwanzig wahlberechtigten Gruppenangehörigen genügt die Unterzeichnung durch zwei wahlberechtigte Gruppenangehörige. In jedem Fall genügt die Unterzeichnung durch fünfzig wahlberechtigte Gruppenangehörige.
(7) Ist nach Absatz 2 gemeinsame Wahl beschlossen worden, so muß jeder Wahlvorschlag von mindestens einem Zwanzigstel der wahlberechtigten Arbeitnehmer unterzeichnet sein; Absatz 6 Satz 1 erster Halbsatz und Satz 2 gilt entsprechend.
(8) Jeder Wahlvorschlag einer Gewerkschaft muß von zwei Beauftragten unterzeichnet sein.

§ 15 Zusammensetzung nach Beschäftigungsarten und Geschlechtern

(1) Der Betriebsrat soll sich möglichst aus Arbeitnehmern der einzelnen Betriebsabteilungen und der unselbständigen Nebenbetriebe zusammensetzen. Dabei sollen möglichst auch Vertreter der verschiedenen Beschäftigungsarten der im Betrieb tätigen Arbeitnehmer berücksichtigt werden.
(2) Die Geschlechter sollen entsprechend ihrem zahlenmäßigen Verhältnis vertreten sein.

§ 16 Bestellung des Wahlvorstands

(1) Spätestens zehn Wochen vor Ablauf seiner Amtszeit bestellt der Betriebsrat einen aus drei Wahlberechtigten bestehenden Wahlvorstand und einen von ihnen als Vorsitzenden. Der Betriebsrat kann die Zahl der Wahlvorstandsmitglieder erhöhen, wenn dies zur ordnungsgemäßen Durchführung der Wahl erforderlich ist. Der Wahlvorstand muß in jedem Fall aus einer ungeraden Zahl von Mitgliedern bestehen. Für jedes Mitglied des Wahlvorstands kann für den Fall seiner Verhinderung ein Ersatzmitglied bestellt werden. In Betrieben mit Arbeitern und Angestellten müssen im Wahlvorstand beide Gruppen vertreten sein. Jede im Betrieb vertretene Gewerkschaft kann zusätzlich einen dem Betrieb angehörenden Beauftragten als nicht stimmberechtigtes Mitglied in den Wahlvorstand entsenden, sofern ihr nicht ein stimmberechtigtes Wahlvorstandsmitglied angehört.
(2) Besteht acht Wochen vor Ablauf der Amtszeit des Betriebsrats kein Wahlvorstand, so bestellt ihn das Arbeitsgericht auf Antrag von mindestens drei Wahlbe-

Gesetzestext

rechtigten oder einer im Betrieb vertretenen Gewerkschaft; Absatz 1 gilt entsprechend. In dem Antrag können Vorschläge für die Zusammensetzung des Wahlvorstands gemacht werden. Das Arbeitsgericht kann für Betriebe mit in der Regel mehr als zwanzig wahlberechtigten Arbeitnehmern auch Mitglieder einer im Betrieb vertretenen Gewerkschaft, die nicht Arbeitnehmer des Betriebs sind, zu Mitgliedern des Wahlvorstands bestellen, wenn dies zur ordnungsgemäßen Durchführung der Wahl erforderlich ist.

§ 17 Wahl des Wahlvorstands

(1) Besteht in einem Betrieb, der die Voraussetzungen des § 1 erfüllt, kein Betriebsrat, so wird in einer Betriebsversammlung von der Mehrheit der anwesenden Arbeitnehmer ein Wahlvorstand gewählt. § 16 Abs. 1 gilt entsprechend.
(2) Zu dieser Betriebsversammlung können drei wahlberechtigte Arbeitnehmer des Betriebs oder eine im Betrieb vertretene Gewerkschaft einladen und Vorschläge für die Zusammensetzung des Wahlvorstands machen.
(3) Findet trotz Einladung keine Betriebsversammlung statt oder wählt die Betriebsversammlung keinen Wahlvorstand, so bestellt ihn das Arbeitsgericht auf Antrag von mindestens drei wahlbrechtigten Arbeitnehmern oder einer im Betrieb vertretenen Gewerkschaft. § 16 Abs. 2 gilt entsprechend.

§ 18 Vorbereitung und Durchführung der Wahl

(1) Der Wahlvorstand hat die Wahl unverzüglich einzuleiten, sie durchzuführen und das Wahlergebnis festzustellen. Kommt der Wahlvorstand dieser Verpflichtung nicht nach, so ersetzt ihn das Arbeitsgericht auf Antrag von mindestens drei wahlberechtigten Arbeitnehmern oder einer im Betrieb vertretenen Gewerkschaft. § 16 Abs. 2 gilt entsprechend.
(2) Ist zweifelhaft, ob ein Nebenbetrieb oder ein Betriebsteil selbständig oder dem Hauptbetrieb zuzuordnen ist, so können der Arbeitgeber, jeder beteiligte Betriebsrat, jeder beteiligte Wahlvorstand oder eine im Betrieb vertretene Gewerkschaft vor der Wahl eine Entscheidung des Arbeitsgerichts beantragen.
(3) Unverzüglich nach Abschluß der Wahl nimmt der Wahlvorstand öffentlich die Auszählung der Stimmen vor, stellt deren Ergebnis in einer Niederschrift fest und gibt es den Arbeitnehmern des Betriebs bekannt. Dem Arbeitgeber und den im Betrieb vertretenen Gewerkschaften ist eine Abschrift der Wahlniederschrift zu übersenden.

§ 18 a Zuordnung der leitenden Angestellten bei Wahlen

(1) Sind die Wahlen nach § 13 Abs. 1 und nach § 5 Abs. 1 des Sprecherausschußgesetzes zeitgleich einzuleiten, so haben sich die Wahlvorstände unverzüglich nach Aufstellung der Wählerlisten, spätestens jedoch zwei Wochen vor Einleitung der Wahlen, gegenseitig darüber zu unterrichten, welche Angestellten sie den leitenden Angestellten zugeordnet haben; dies gilt auch, wenn die Wahlen ohne Bestehen einer gesetzlichen Verpflichtung zeitgleich eingeleitet werden. Soweit zwi-

schen den Wahlvorständen kein Einvernehmen über die Zuordnung besteht, haben sie in gemeinsamer Sitzung eine Einigung zu versuchen. Soweit eine Einigung zustande kommt, sind die Angestellten entsprechend ihrer Zuordnung in die jeweilige Wählerliste einzutragen.
(2) Soweit eine Einigung nicht zustande kommt, hat ein Vermittler spätestens eine Woche vor Einleitung der Wahlen erneut eine Verständigung der Wahlvorstände über die Zuordnung zu versuchen. Der Arbeitgeber hat den Vermittler auf dessen Verlangen zu unterstützen, insbesondere die erforderlichen Auskünfte zu erteilen und die erforderlichen Unterlagen zur Verfügung zu stellen. Bleibt der Verständigungsversuch erfolglos, so entscheidet der Vermittler nach Beratung mit dem Arbeitgeber. Absatz 1 Satz 3 gilt entsprechend.
(3) Auf die Person des Vermittlers müssen sich die Wahlvorstände einigen. Zum Vermittler kann nur ein Beschäftigter des Betriebs oder eines anderen Betriebs des Unternehmens oder Konzerns oder der Arbeitgeber bestellt werden. Kommt eine Einigung nicht zustande, so schlagen die Wahlvorstände je eine Person als Vermittler vor; durch Los wird entschieden, wer als Vermittler tätig wird.
(4) Wird mit der Wahl nach § 13 Abs. 1 oder 2 nicht zeitgleich eine Wahl nach dem Sprecherausschußgesetz eingeleitet, so hat der Wahlvorstand den Sprecherausschuß entsprechend Absatz 1 Satz 1 erster Halbsatz zu unterrichten. Soweit kein Einvernehmen über die Zuordnung besteht, hat der Sprecherausschuß Mitglieder zu benennen, die anstelle des Wahlvorstands an dem Zuordnungsverfahren teilnehmen. Wird mit der Wahl nach § 5 Abs. 1 oder 2 des Sprecherausschußgesetzes nicht zeitgleich eine Wahl nach diesem Gesetz eingeleitet, so gelten die Sätze 1 und 2 für den Betriebsrat entsprechend.
(5) Durch die Zuordnung wird der Rechtsweg nicht ausgeschlossen. Die Anfechtung der Betriebsratswahl oder der Wahl nach dem Sprecherausschußgesetz ist ausgeschlossen, soweit sie darauf gestützt wird, die Zuordnung sei fehlerhaft erfolgt. Satz 2 gilt nicht, soweit die Zuordnung offensichtlich fehlerhaft ist.

§ 19 Wahlanfechtung

(1) Die Wahl kann beim Arbeitsgericht angefochten werden, wenn gegen wesentliche Vorschriften über das Wahlrecht, die Wählbarkeit oder das Wahlverfahren verstoßen worden ist und eine Berichtigung nicht erfolgt ist, es sei denn, daß durch den Verstoß das Wahlergebnis nicht geändert oder beeinflußt werden konnte.
(2) Zur Anfechtung berechtigt sind mindestens drei Wahlberechtigte, eine im Betrieb vertretene Gewerkschaft oder der Arbeitgeber. Die Wahlanfechtung ist nur binnen einer Frist von zwei Wochen, vom Tage der Bekanntgabe des Wahlergebnisses an gerechnet, zulässig.

§ 20 Wahlschutz und Wahlkosten

(1) Niemand darf die Wahl des Betriebsrats behindern. Insbesondere darf kein Arbeitnehmer in der Ausübung des aktiven und passiven Wahlrechts beschränkt werden.
(2) Niemand darf die Wahl des Betriebsrats durch Zufügung oder Androhung von Nachteilen oder durch Gewährung oder Versprechen von Vorteilen beeinflussen.

Gesetzestext

(3) Die Kosten der Wahl trägt der Arbeitgeber. Versäumnis von Arbeitszeit, die zur Ausübung des Wahlrechts, zur Betätigung im Wahlvorstand oder zur Tätigkeit als Vermittler (§ 18 a) erforderlich ist, berechtigt den Arbeitgeber nicht zur Minderung des Arbeitsentgelts.

Zweiter Abschnitt
Amtszeit des Betriebsrats

§ 21 Amtszeit

Die regelmäßige Amtszeit des Betriebsrats beträgt vier Jahre. Die Amtszeit beginnt mit der Bekanntgabe des Wahlergebnisses oder, wenn zu diesem Zeitpunkt noch ein Betriebsrat besteht, mit Ablauf von dessen Amtszeit. Die Amtszeit endet spätestens am 31. Mai des Jahres, in dem nach § 13 Abs. 1 die regelmäßigen Betriebsratswahlen stattfinden. In dem Fall des § 13 Abs. 3 Satz 2 endet die Amtszeit spätestens am 31. Mai des Jahres, in dem der Betriebsrat neu zu wählen ist. In den Fällen des § 13 Abs. 2 Nr. 1 und 2 endet die Amtszeit mit der Bekanntgabe des Wahlergebnisses des neu gewählten Betriebsrats.

§ 22 Weiterführung der Geschäfte des Betriebsrats

In den Fällen des § 13 Abs. 2 Nr. 1 bis 3 führt der Betriebsrat die Geschäfte weiter, bis der neue Betriebsrat gewählt und das Wahlergebnis bekanntgegeben ist.

§ 23 Verletzung gesetzlicher Pflichten

(1) Mindestens ein Viertel der wahlberechtigten Arbeitnehmer, der Arbeitgeber oder eine im Betrieb vertretene Gewerkschaft können beim Arbeitsgericht den Ausschluß eines Mitglieds aus dem Betriebsrat oder die Auflösung des Betriebsrats wegen grober Verletzung seiner gesetzlichen Pflichten beantragen. Der Ausschluß eines Mitglieds kann auch vom Betriebsrat beantragt werden.
(2) Wird der Betriebsrat aufgelöst, so setzt das Arbeitsgericht unverzüglich einen Wahlvorstand für die Neuwahl ein. § 16 Abs. 2 gilt entsprechend.
(3) Der Betriebsrat oder eine im Betrieb vertretene Gewerkschaft können bei groben Verstößen des Arbeitgebers gegen seine Verpflichtungen aus diesem Gesetz beim Arbeitsgericht beantragen, dem Arbeitgeber aufzugeben, eine Handlung zu unterlassen, die Vornahme einer Handlung zu dulden oder eine Handlung vorzunehmen. Handelt der Arbeitgeber der ihm durch rechtskräftige gerichtliche Entscheidung auferlegten Verpflichtung zuwider, eine Handlung zu unterlassen oder die Vornahme einer Handlung zu dulden, so ist er auf Antrag vom Arbeitsgericht wegen einer jeden Zuwiderhandlung nach vorheriger Androhung zu einem Ordnungsgeld zu verurteilen. Führt der Arbeitgeber die ihm durch eine rechtskräftige gerichtliche Entscheidung auferlegte Handlung nicht durch, so ist auf Antrag vom Arbeitsgericht zu erkennen, daß er zur Vornahme der Handlung durch Zwangsgeld anzuhalten sei. Antragsberechtigt sind der Betriebsrat oder eine im

Betrieb vertretene Gewerkschaft. Das Höchstmaß des Ordnungsgeldes und Zwangsgeldes beträgt 20000 Deutsche Mark.

§ 24 Erlöschen der Mitgliedschaft

(1) Die Mitgliedschaft im Betriebsrat erlischt durch
1. Ablauf der Amtszeit,
2. Niederlegung des Betriebsratsamtes,
3. Beendigung des Arbeitsverhältnisses,
4. Verlust der Wählbarkeit,
5. Ausschluß aus dem Betriebsrat oder Auflösung des Betriebsrats auf Grund einer gerichtlichen Entscheidung,
6. gerichtliche Entscheidung über die Feststellung der Nichtwählbarkeit nach Ablauf der in § 19 Abs. 2 bezeichneten Frist, es sei denn, der Mangel liegt nicht mehr vor.

(2) Bei einem Wechsel der Gruppenzugehörigkeit bleibt das Betriebsratsmitglied Vertreter der Gruppe, für die es gewählt ist. Dies gilt auch für Ersatzmitglieder.

§ 25 Ersatzmitglieder

(1) Scheidet ein Mitglied des Betriebsrats aus, so rückt ein Ersatzmitglied nach. Dies gilt entsprechend für die Stellvertretung eines zeitweilig verhinderten Mitglieds des Betriebsrats.

(2) Die Ersatzmitglieder werden der Reihe nach aus den nichtgewählten Arbeitnehmern derjenigen Vorschlagslisten entnommen, denen die zu ersetzenden Mitglieder angehören. Ist eine Vorschlagsliste erschöpft, so ist das Ersatzmitglied derjenigen Vorschlagsliste zu entnehmen, auf die nach den Grundsätzen der Verhältniswahl der nächste Sitz entfallen würde. Ist das ausgeschiedene oder verhinderte Mitglied nach den Grundsätzen der Mehrheitswahl gewählt, so bestimmt sich die Reihenfolge der Ersatzmitglieder unter Berücksichtigung der §§ 10 und 12 nach der Höhe der erreichten Stimmenzahlen.

(3) In den Fällen des § 14 Abs. 4 findet Absatz 1 mit der Maßgabe Anwendung, daß das gewählte Ersatzmitglied nachrückt oder die Stellvertretung übernimmt.

Dritter Abschnitt
Geschäftsführung des Betriebsrats

§ 26 Vorsitzender

(1) Der Betriebsrat wählt aus seiner Mitte den Vorsitzenden und dessen Stellvertreter. Besteht der Betriebsrat aus Vertretern beider Gruppen, so sollen der Vorsitzende und sein Stellvertreter nicht derselben Gruppe angehören.

(2) Gehört jeder Gruppe im Betriebsrat mindestens ein Drittel der Mitglieder an, so schlägt jede Gruppe aus ihrer Mitte je ein Mitglied für den Vorsitz vor. Der

Gesetzestext

Betriebsrat wählt aus den beiden Vorgeschlagenen den Vorsitzenden des Betriebsrats und dessen Stellvertreter.
(3) Der Vorsitzende des Betriebsrats oder im Fall seiner Verhinderung sein Stellvertreter vertritt den Betriebsrat im Rahmen der von ihm gefaßten Beschlüsse. Zur Entgegennahme von Erklärungen, die dem Betriebsrat gegenüber abzugeben sind, ist der Vorsitzende des Betriebsrats oder im Fall seiner Verhinderung sein Stellvertreter berechtigt.

§ 27 Betriebsausschuß

(1) Hat ein Betriebsrat neun oder mehr Mitglieder, so bildet er einen Betriebsausschuß. Der Betriebsausschuß besteht aus dem Vorsitzenden des Betriebsrats, dessen Stellvertreter und bei Betriebsräten mit
 9 bis 15 Mitgliedern aus 3 weiteren Ausschußmitgliedern,
19 bis 23 Mitgliedern aus 5 weiteren Ausschußmitgliedern,
27 bis 35 Mitgliedern aus 7 weiteren Ausschußmitgliedern,
37 oder mehr Mitgliedern aus 9 weiteren Ausschußmitgliedern.
Die weiteren Ausschußmitglieder werden vom Betriebsrat aus seiner Mitte in geheimer Wahl und nach den Grundsätzen der Verhältniswahl gewählt. Wird nur ein Wahlvorschlag gemacht, so erfolgt die Wahl nach den Grundsätzen der Mehrheitswahl. Sind die weiteren Ausschußmitglieder nach den Grundsätzen der Verhältniswahl gewählt, so erfolgt die Abberufung durch Beschluß des Betriebsrats, der in geheimer Abstimmung gefaßt wird und einer Mehrheit von drei Vierteln der Stimmen der Mitglieder des Betriebsrats bedarf.
(2) Der Betriebsausschuß muß aus Angehörigen der im Betriebsrat vertretenen Gruppen entsprechend dem Verhältnis ihrer Vertretung im Betriebsrat bestehen. Die Gruppen müssen mindestens durch ein Mitglied vertreten sein. Ist der Betriebsrat nach § 14 Abs. 2 in getrennten Wahlgängen gewählt worden und gehören jeder Gruppe mehr als ein Zehntel der Mitglieder des Betriebsrats, jedoch mindestens drei Mitglieder an, so wählt jede Gruppe ihren Vertreter für den Betriebsausschuß; dies gilt auch, wenn der Betriebsrat nach § 14 Abs. 2 in gemeinsamer Wahl gewählt worden ist und jeder Gruppe im Betriebsrat mindestens ein Drittel der Mitglieder angehört. Für die Wahl der Gruppenvertreter gilt Absatz 1 Satz 3 und 4 entsprechend; ist von einer Gruppe nur ein Vertreter für den Betriebsausschuß zu wählen, so wird dieser mit einfacher Stimmenmehrheit gewählt. Für die Abberufung der von einer Gruppe gewählten Vertreter für den Betriebsausschuß gilt Absatz 1 Satz 5 entsprechend mit der Maßgabe, daß der Beschluß von der Gruppe gefaßt wird.
(3) Der Betriebsausschuß führt die laufenden Geschäfte des Betriebsrats. Der Betriebsrat kann dem Betriebsausschuß mit der Mehrheit der Stimmen seiner Mitglieder Aufgaben zur selbständigen Erledigung übertragen; dies gilt nicht für den Abschluß von Betriebsvereinbarungen. Die Übertragung bedarf der Schriftform. Die Sätze 2 und 3 gelten entsprechend für den Widerruf der Übertragung von Aufgaben.
(4) Betriebsräte mit weniger als neun Mitgliedern können die laufenden Geschäfte auf den Vorsitzenden des Betriebsrats oder andere Betriebsratsmitglieder übertragen.

§ 28 Übertragung von Aufgaben auf weitere Ausschüsse

(1) Ist ein Betriebsausschuß gebildet, so kann der Betriebsrat weitere Ausschüsse bilden und ihnen bestimmte Aufgaben übertragen. Für die Wahl und Abberufung der Ausschußmitglieder gilt § 27 Abs. 1 Satz 3 bis 5 entsprechend. Soweit den Ausschüssen bestimmte Aufgaben zur selbständigen Erledigung übertragen werden, gilt § 27 Abs. 3 Satz 2 bis 4 entsprechend.
(2) Für die Zusammensetzung der Ausschüsse sowie die Wahl und Abberufung der Ausschußmitglieder durch die Gruppen gilt § 27 Abs. 2 entsprechend. § 27 Abs. 2 Satz 1 und 2 gilt nicht, soweit dem Ausschuß Aufgaben übertragen sind, die nur eine Gruppe betreffen. Ist eine Gruppe nur durch ein Mitglied im Betriebsrat vertreten, so können diesem die Aufgaben nach Satz 2 übertagen werden.
(3) Die Absätze 1 und 2 gelten entsprechend für die Übertragung von Aufgaben zur selbständigen Entscheidung auf Mitglieder des Betriebsrats in Ausschüssen, deren Mitglieder vom Betriebsrat und vom Arbeitgeber benannt werden.

§ 29 Einberufung der Sitzungen

(1) Vor Ablauf einer Woche nach dem Wahltag hat der Wahlvorstand die Mitglieder des Betriebsrats zu der nach § 26 Abs. 1 und 2 vorgeschriebenen Wahl einzuberufen. Der Vorsitzende des Wahlvorstands leitet die Sitzung, bis der Betriebsrat aus seiner Mitte einen Wahlleiter bestellt hat.
(2) Die weiteren Sitzungen beruft der Vorsitzende des Betriebsrats ein. Er setzt die Tagesordnung fest und leitet die Verhandlung. Der Vorsitzende hat die Mitglieder des Betriebsrats zu den Sitzungen rechtzeitig unter Mitteilung der Tagesordnung zu laden. Dies gilt auch für die Schwerbehindertenvertretung sowie für die Jugend- und Auszubildendenvertreter, soweit sie ein Recht auf Teilnahme an der Betriebsratssitzung haben. Kann ein Mitglied des Betriebsrats oder der Jugend- und Auszubildendenvertretung an der Sitzung nicht teilnehmen, so soll es dies unter Angabe der Gründe unverzüglich dem Vorsitzenden mitteilen. Der Vorsitzende hat für ein verhindertes Betriebsratsmitglied oder für einen verhinderten Jugend- und Auszubildendenvertreter das Ersatzmitglied zu laden.
(3) Der Vorsitzende hat eine Sitzung einzuberufen und den Gegenstand, dessen Beratung beantragt ist, auf die Tagesordnung zu setzen, wenn dies ein Viertel der Mitglieder des Betriebsrats oder der Arbeitgeber beantragt. Ein solcher Antrag kann auch von der Mehrheit der Vertreter einer Gruppe gestellt werden, wenn diese Gruppe im Betriebsrat durch mindestens zwei Mitglieder vertreten ist.
(4) Der Arbeitgeber nimmt an den Sitzungen, die auf sein Verlangen anberaumt sind, und an den Sitzungen, zu denen er ausdrücklich eingeladen ist, teil. Er kann einen Vertreter der Vereinigung der Arbeitgeber, der er angehört, hinzuziehen.

Gesetzestext

§ 30 Betriebsratssitzungen

Die Sitzungen des Betriebsrats finden in der Regel während der Arbeitszeit statt. Der Betriebsrat hat bei der Ansetzung von Betriebsratssitzungen auf die betrieblichen Notwendigkeiten Rücksicht zu nehmen. Der Arbeitgeber ist vom Zeitpunkt der Sitzung vorher zu verständigen. Die Sitzungen des Betriebsrats sind nicht öffentlich.

§ 31 Teilnahme der Gewerkschaften

Auf Antrag von einem Viertel der Mitglieder oder der Mehrheit einer Gruppe des Betriebsrats kann ein Beauftragter einer im Betriebsrat vertretenen Gewerkschaft an den Sitzungen beratend teilnehmen; in diesem Falle sind der Zeitpunkt der Sitzung und die Tagesordnung der Gewerkschaft rechtzeitig mitzuteilen.

§ 32 Teilnahme der Schwerbehindertenvertretung

Die Schwerbehindertenvertretung (§ 24 des Schwerbehindertengesetzes) kann an allen Sitzungen des Betriebsrats beratend teilnehmen.

§ 33 Beschlüsse des Betriebsrats

(1) Die Beschlüsse des Betriebsrats werden, soweit in diesem Gesetz nichts anderes bestimmt ist, mit der Mehrheit der Stimmen der anwesenden Mitglieder gefaßt. Bei Stimmengleichheit ist ein Antrag abgelehnt.
(2) Der Betriebsrat ist nur beschlußfähig, wenn mindestens die Hälfte der Betriebsratsmitglieder an der Beschlußfassung teilnimmt; Stellvertretung durch Ersatzmitglieder ist zulässig.
(3) Nimmt die Jugend- und Auszubildendenvertretung an der Beschlußfassung teil, so werden die Stimmen der Jugend- und Auszubildendenvertretung bei der Feststellung der Stimmenmehrheit mitgezählt.

§ 34 Sitzungsniederschrift

(1) Über jede Verhandlung des Betriebsrats ist eine Niederschrift aufzunehmen, die mindestens den Wortlaut der Beschlüsse und die Stimmenmehrheit, mit der sie gefaßt sind, enthält. Die Niederschrift ist von dem Vorsitzenden und einem weiteren Mitglied zu unterzeichnen. Der Niederschrift ist eine Anwesenheitsliste beizufügen, in die sich jeder Teilnehmer eigenhändig einzutragen hat.
(2) Hat der Arbeitgeber oder ein Beauftragter einer Gewerkschaft an der Sitzung teilgenommen, so ist ihm der entsprechende Teil der Niederschrift abschriftlich auszuhändigen. Einwendungen gegen die Niederschrift sind unverzüglich schriftlich zu erheben; sie sind der Niederschrift beizufügen.

(3) Die Mitglieder des Betriebsrats haben das Recht, die Unterlagen des Betriebsrats und seiner Ausschüsse jederzeit einzusehen.

§ 35 Aussetzung von Beschlüssen

(1) Erachtet die Mehrheit der Vertreter einer Gruppe oder der Jugend- und Auszubildendenvertretung einen Beschluß des Betriebsrats als eine erhebliche Beeinträchtigung wichtiger Interessen der durch sie vertretenen Arbeitnehmer, so ist auf ihren Antrag der Beschluß auf die Dauer von einer Woche vom Zeitpunkt der Beschlußfassung an auszusetzen, damit in dieser Frist eine Verständigung, gegebenenfalls mit Hilfe der im Betrieb vertretenen Gewerkschaften, versucht werden kann.
(2) Nach Ablauf der Frist ist über die Angelegenheit neu zu beschließen. Wird der erste Beschluß bestätigt, so kann der Antrag auf Aussetzung nicht wiederholt werden; dies gilt auch, wenn der erste Beschluß nur unerheblich geändert wird.
(3) Die Absätze 1 und 2 gelten entsprechend, wenn die Schwerbehindertenvertretung einen Beschluß des Betriebsrats als eine erhebliche Beeinträchtigung wichtiger Interessen der Schwerbehinderten erachtet.

§ 36 Geschäftsordnung

Sonstige Bestimmungen über die Geschäftsführung sollen in einer schriftlichen Geschäftsordnung getroffen werden, die der Betriebsrat mit der Mehrheit der Stimmen seiner Mitglieder beschließt.

§ 37 Ehrenamtliche Tätigkeit, Arbeitsversäumnis

(1) Die Mitglieder des Betriebsrats führen ihr Amt unentgeltlich als Ehrenamt.
(2) Mitglieder des Betriebsrats sind von ihrer beruflichen Tätigkeit ohne Minderung des Arbeitsentgelts zu befreien, wenn und soweit es nach Umfang und Art des Betriebs zur ordnungsgemäßen Durchführung ihrer Aufgaben erforderlich ist.
(3) Zum Ausgleich für Betriebsratstätigkeit, die aus betriebsbedingten Gründen außerhalb der Arbeitszeit durchzuführen ist, hat das Betriebsratsmitglied Anspruch auf entsprechende Arbeitsbefreiung unter Fortzahlung des Arbeitsentgelts. Die Arbeitsbefreiung ist vor Ablauf eines Monats zu gewähren; ist dies aus betriebsbedingten Gründen nicht möglich, so ist die aufgewendete Zeit wie Mehrarbeit zu vergüten.
(4) Das Arbeitsentgelt von Mitgliedern des Betriebsrats darf einschließlich eines Zeitraums von einem Jahr nach Beendigung der Amtszeit nicht geringer bemessen werden als das Arbeitsentgelt vergleichbarer Arbeitnehmer mit betriebsüblicher beruflicher Entwicklung. Dies gilt auch für allgemeine Zuwendungen des Arbeitgebers.
(5) Soweit nicht zwingende betriebliche Notwendigkeiten entgegenstehen, dürfen Mitglieder des Betriebsrats einschließlich eines Zeitraums von einem Jahr nach

Gesetzestext

Beendigung der Amtszeit nur mit Tätigkeiten beschäftigt werden, die den Tätigkeiten der in Absatz 4 genannten Arbeitnehmer gleichwertig sind.
(6) Absatz 2 gilt entsprechend für die Teilnahme an Schulungs- und Bildungsveranstaltungen, soweit diese Kenntnisse vermitteln, die für die Arbeit des Betriebsrats erforderlich sind. Der Betriebsrat hat bei der Festlegung der zeitlichen Lage der Teilnahme an Schulungs- und Bildungsveranstaltungen die betrieblichen Notwendigkeiten zu berücksichtigen. Er hat dem Arbeitgeber die Teilnahme und die zeitliche Lage der Schulungs- und Bildungsveranstaltungen rechtzeitig bekanntzugeben. Hält der Arbeitgeber die betrieblichen Notwendigkeiten für nicht ausreichend berücksichtigt, so kann er die Einigungsstelle anrufen. Der Spruch der Einigungsstelle ersetzt die Einigung zwischen Arbeitgeber und Betriebsrat.
(7) Unbeschadet der Vorschrift des Absatzes 6 hat jedes Mitglied des Betriebsrats während seiner regelmäßigen Amtszeit Anspruch auf bezahlte Freistellung für insgesamt drei Wochen zur Teilnahme an Schulungs- und Bildungsveranstaltungen, die von der zuständigen obersten Arbeitsbehörde des Landes nach Beratung mit den Spitzenorganisationen der Gewerkschaften und der Arbeitgeberverbände als geeignet anerkannt sind. Der Anspruch nach Satz 1 erhöht sich für Arbeitnehmer, die erstmals das Amt eines Betriebsratsmitglieds übernehmen und auch nicht zuvor Jugend- und Auszubildendenvertreter waren, auf vier Wochen. Absatz 6 Satz 2 bis 5 findet Anwendung.

§ 38 Freistellungen

(1) Von ihrer beruflichen Tätigkeit sind mindestens freizustellen in Betrieben mit in der Regel

300 bis 600 Arbeitnehmern	1 Betriebsratsmitglied,
601 bis 1 000 Arbeitnehmern	2 Betriebsratsmitglieder,
1 001 bis 2 000 Arbeitnehmern	3 Betriebsratsmitglieder,
2 001 bis 3 000 Arbeitnehmern	4 Betriebsratsmitglieder,
3 001 bis 4 000 Arbeitnehmern	5 Betriebsratsmitglieder,
4 001 bis 5 000 Arbeitnehmern	6 Betriebsratsmitglieder,
5 001 bis 6 000 Arbeitnehmern	7 Betriebsratsmitglieder,
6 001 bis 7 000 Arbeitnehmern	8 Betriebsratsmitglieder,
7 001 bis 8 000 Arbeitnehmern	9 Betriebsratsmitglieder,
8 001 bis 9 000 Arbeitnehmern	10 Betriebsratsmitglieder,
9 001 bis 10 000 Arbeitnehmern	11 Betriebsratsmitglieder.

In Betrieben mit über 10 000 Arbeitnehmern ist für je angefangene weitere 2 000 Arbeitnehmer ein weiteres Betriebsratsmitglied freizustellen. Durch Tarifvertrag oder Betriebsvereinbarung können anderweitige Regelungen über die Freistellung vereinbart werden.
(2) Die freizustellenden Betriebsratsmitglieder werden nach Beratung mit dem Arbeitgeber vom Betriebsrat aus seiner Mitte in geheimer Wahl und nach den Grundsätzen der Verhältniswahl gewählt. Wird nur ein Wahlvorschlag gemacht, so erfolgt die Wahl nach den Grundsätzen der Mehrheitswahl; ist nur ein Betriebsratsmitglied freizustellen, so wird dieses mit einfacher Stimmenmehrheit gewählt. Die Gruppen sind entsprechend dem Verhältnis ihrer Vertretung im Betriebsrat

zu berücksichtigen. Gehört jeder Gruppe im Betriebsrat mindestens ein Drittel der Mitglieder an, so wählt jede Gruppe die auf sie entfallenden freizustellenden Betriebsratsmitglieder; die Sätze 1 und 2 gelten entsprechend. Der Betriebsrat hat die Namen der Freizustellenden dem Arbeitgeber bekanntzugeben. Hält der Arbeitgeber eine Freistellung für sachlich nicht vertretbar, so kann er innerhalb einer Frist von zwei Wochen nach der Bekanntgabe die Einigungsstelle anrufen. Der Spruch der Einigungsstelle ersetzt die Einigung zwischen Arbeitgeber und Betriebsrat. Bestätigt die Einigungsstelle die Bedenken des Arbeitgebers, so hat sie bei der Bestimmung eines anderen freizustellenden Betriebsratsmitglieds auch den Minderheitenschutz im Sinne der Sätze 1 bis 3 zu beachten. Ruft der Arbeitgeber die Einigungsstelle nicht an, so gilt sein Einverständnis mit den Freistellungen nach Ablauf der zweiwöchigen Frist als erteilt. Für die Abberufung gilt § 27 Abs. 1 Satz 5 und Abs. 2 Satz 5 entsprechend.
(3) Der Zeitraum für die Weiterzahlung des nach § 37 Abs. 4 zu bemessenden Arbeitsentgelts und für die Beschäftigung nach § 37 Abs. 5 erhöht sich für Mitglieder des Betriebsrats, die drei volle aufeinanderfolgende Amtszeiten freigestellt waren, auf zwei Jahre nach Ablauf der Amtszeit.
(4) Freigestellte Betriebsratsmitglieder dürfen von inner- und außerbetrieblichen Maßnahmen der Berufsbildung nicht ausgeschlossen werden. Innerhalb eines Jahres nach Beendigung der Freistellung eines Betriebsratsmitglieds ist diesem im Rahmen der Möglichkeiten des Betriebs Gelegenheit zu geben, eine wegen der Freistellung unterbliebene betriebsübliche berufliche Entwicklung nachzuholen. Für Mitglieder des Betriebsrats, die drei volle aufeinanderfolgende Amtszeiten freigestellt waren, erhöht sich der Zeitraum nach Satz 2 auf zwei Jahre.

§ 39 Sprechstunden

(1) Der Betriebsrat kann während der Arbeitszeit Sprechstunden einrichten. Zeit und Ort sind mit dem Arbeitgeber zu vereinbaren. Kommt eine Einigung nicht zustande, so entscheidet die Einigungsstelle. Der Spruch der Einigungsstelle ersetzt die Einigung zwischen Arbeitgeber und Betriebsrat.
(2) Führt die Jugendvertretung keine eigenen Sprechstunden durch, so kann an den Sprechstunden des Betriebsrats ein Mitglied der Jugendvertretung zur Beratung jugendlicher Arbeitnehmer teilnehmen.
(3) Versäumnis von Arbeitszeit, die zum Besuch der Sprechstunden oder durch sonstige Inanspruchnahme des Betriebsrats erforderlich ist, berechtigt den Arbeitgeber nicht zur Minderung des Arbeitsentgelts des Arbeitnehmers.

§ 40 Kosten und Sachaufwand des Betriebsrats

(1) Die durch die Tätigkeit des Betriebsrats entstehenden Kosten trägt der Arbeitgeber.
(2) Für die Sitzungen, die Sprechstunden und die laufende Geschäftsführung hat der Arbeitgeber in erforderlichem Umfang Räume, sachliche Mittel und Büropersonal zur Verfügung zu stellen.

Gesetzestext

§ 41 Umlageverbot

Die Erhebung und Leistung von Beiträgen der Arbeitnehmer für Zwecke des Betriebsrats ist unzulässig.

Vierter Abschnitt
Betriebsversammlung

§ 42 Zusammensetzung, Teilversammlung, Abteilungsversammlung

(1) Die Betriebsversammlung besteht aus den Arbeitnehmern des Betriebs; sie wird von dem Vorsitzenden des Betriebsrats geleitet. Sie ist nicht öffentlich. Kann wegen der Eigenart des Betriebs eine Versammlung aller Arbeitnehmer zum gleichen Zeitpunkt nicht stattfinden, so sind Teilversammlungen durchzuführen.
(2) Arbeitnehmer organisatorisch oder räumlich abgegrenzter Betriebsteile sind vom Betriebsrat zu Abteilungsversammlungen zusammenzufassen, wenn dies für die Erörterung der besonderen Belange der Arbeitnehmer erforderlich ist. Die Abteilungsversammlung wird von einem Mitglied des Betriebsrats geleitet, das möglichst einem beteiligten Betriebsteil als Arbeitnehmer angehört. Absatz 1 Satz 2 und 3 gilt entsprechend.

§ 43 Regelmäßige Betriebs- und Abteilungsversammlungen

(1) Der Betriebsrat hat einmal in jedem Kalendervierteljahr eine Betriebsversammlung einzuberufen und in ihr einen Tätigkeitsbericht zu erstatten. Liegen die Voraussetzungen des § 42 Abs. 2 Satz 1 vor, so hat der Betriebsrat in jedem Kalenderjahr zwei der in Satz 1 genannten Betriebsversammlungen als Abteilungsversammlungen durchzuführen. Die Abteilungsversammlungen sollen möglichst gleichzeitig stattfinden. Der Betriebsrat kann in jedem Kalenderhalbjahr eine weitere Betriebsversammlung oder, wenn die Voraussetzungen des § 42 Abs. 2 Satz 1 vorliegen, einmal weitere Abteilungsversammlungen durchführen, wenn dies aus besonderen Gründen zweckmäßig erscheint.
(2) Der Arbeitgeber ist zu den Betriebs- und Abteilungsversammlungen unter Mitteilung der Tagesordnung einzuladen. Er ist berechtigt, in den Versammlungen zu sprechen. Der Arbeitgeber oder sein Vertreter hat mindestens einmal in jedem Kalenderjahr in einer Betriebsversammlung über das Personal- und Sozialwesen des Betriebs und über die wirtschaftliche Lage und Entwicklung des Betriebs zu berichten, soweit dadurch nicht Betriebs- oder Geschäftsgeheimnisse gefährdet werden.
(3) Der Betriebsrat ist berechtigt und auf Wunsch des Arbeitgebers oder von mindestens einem Viertel der wahlberechtigten Arbeitnehmer verpflichtet, eine Betriebsversammlung einzuberufen und den beantragten Beratungsgegenstand auf die Tagesordnung zu setzen. Vom Zeitpunkt der Versammlungen, die auf Wunsch des Arbeitgebers stattfinden, ist dieser rechtzeitig zu verständigen.
(4) Auf Antrag einer im Betrieb vertretenen Gewerkschaft muß der Betriebsrat vor Ablauf von zwei Wochen nach Eingang des Antrags eine Betriebsversammlung nach Absatz 1 Satz 1 einberufen, wenn im vorhergegangenen Kalenderhalb-

jahr keine Betriebsversammlung und keine Abteilungsversammlungen durchgeführt worden sind.

§ 44 Zeitpunkt und Verdienstausfall

(1) Die in den §§ 17 und 43 Abs. 1 bezeichneten und die auf Wunsch des Arbeitgebers einberufenen Versammlungen finden während der Arbeitszeit statt, soweit nicht die Eigenart des Betriebs eine andere Regelung zwingend erfordert. Die Zeit der Teilnahme an diesen Versammlungen einschließlich der zusätzlichen Wegezeiten ist den Arbeitnehmern wie Arbeitszeit zu vergüten. Dies gilt auch dann, wenn die Versammlungen wegen der Eigenart des Betriebs außerhalb der Arbeitszeit stattfinden; Fahrkosten, die den Arbeitnehmern durch die Teilnahme an diesen Versammlungen entstehen, sind vom Arbeitgeber zu erstatten.
(2) Sonstige Betriebs- oder Abteilungsversammlungen finden außerhalb der Arbeitszeit statt. Hiervon kann im Einvernehmen mit dem Arbeitgeber abgewichen werden; im Einvernehmen mit dem Arbeitgeber während der Arbeitszeit durchgeführte Versammlungen berechtigen den Arbeitgeber nicht, das Arbeitsentgelt der Arbeitnehmer zu mindern.

§ 45 Themen der Betriebs- und Abteilungsversammlungen

Die Betriebs- und Abteilungsversammlungen können Angelegenheiten einschließlich solcher tarifpolitischer, sozialpolitischer und wirtschaftlicher Art behandeln, die den Betrieb oder seine Arbeitnehmer unmittelbar betreffen; die Grundsätze des § 74 Abs. 2 finden Anwendung. Die Betriebs- und Abteilungsversammlungen können dem Betriebsrat Anträge unterbreiten und zu seinen Beschlüssen Stellung nehmen.

§ 46 Beauftragte der Verbände

(1) An den Betriebs- oder Abteilungsversammlungen können Beauftragte der im Betrieb vertretenen Gewerkschaften beratend teilnehmen. Nimmt der Arbeitgeber an Betriebs- oder Abteilungsversammlungen teil, so kann er einen Beauftragten der Vereinigung der Arbeitgeber, der er angehört, hinzuziehen.
(2) Der Zeitpunkt und die Tagesordnung der Betriebs- oder Abteilungsversammlungen sind den im Betriebsrat vertretenen Gewerkschaften rechtzeitig schriftlich mitzuteilen.

Fünfter Abschnitt
Gesamtbetriebsrat

§ 47 Voraussetzungen der Errichtung, Mitgliederzahl, Stimmengewicht

(1) Bestehen in einem Unternehmen mehrere Betriebsräte, so ist ein Gesamtbetriebsrat zu errichten.

Gesetzestext

(2) In den Gesamtbetriebsrat entsendet jeder Betriebsrat, wenn ihm Vertreter beider Gruppen angehören, zwei seiner Mitglieder, wenn ihm Vertreter nur einer Gruppe angehören, eines seiner Mitglieder. Werden zwei Mitglieder entsandt, so dürfen sie nicht derselben Gruppe angehören. Ist der Betriebsrat nach § 14 Abs. 2 in getrennten Wahlgängen gewählt worden und gehören jeder Gruppe mehr als ein Zehntel der Mitglieder des Betriebsrats, jedoch mindestens drei Mitglieder an, so wählt jede Gruppe den auf sie entfallenden Gruppenvertreter; dies gilt auch, wenn der Betriebsrat nach § 14 Abs. 2 in gemeinsamer Wahl gewählt worden ist und jeder Gruppe im Betriebsrat mindestens ein Drittel der Mitglieder angehört. Die Sätze 1 bis 3 gelten entsprechend für die Abberufung.
(3) Der Betriebsrat hat für jedes Mitglied des Gesamtbetriebsrats mindestens ein Ersatzmitglied zu bestellen und die Reihenfolge des Nachrückens festzulegen; § 25 Abs. 3 gilt entsprechend. Für die Bestellung gilt Absatz 2 entsprechend.
(4) Durch Tarifvertrag oder Betriebsvereinbarung kann die Mitgliederzahl des Gesamtbetriebsrats abweichend von Absatz 2 Satz 1 geregelt werden.
(5) Gehören nach Absatz 2 Satz 1 dem Gesamtbetriebsrat mehr als vierzig Mitglieder an und besteht keine tarifliche Regelung nach Absatz 4, so ist zwischen Gesamtbetriebsrat und Arbeitgeber eine Betriebsvereinbarung über die Mitgliederzahl des Gesamtbetriebsrats abzuschließen, in der bestimmt wird, daß Betriebsräte mehrerer Betriebe eines Unternehmens, die regional oder durch gleichartige Interessen miteinander verbunden sind, gemeinsam Mitglieder in den Gesamtbetriebsrat entsenden.
(6) Kommt im Fall des Absatzes 5 eine Einigung nicht zustande, so entscheidet eine für das Gesamtunternehmen zu bildende Einigungsstelle. Der Spruch der Einigungsstelle ersetzt die Einigung zwischen Arbeitgeber und Gesamtbetriebsrat.
(7) Jedes Mitglied des Gesamtbetriebsrats hat so viele Stimmen, wie in dem Betrieb, in dem es gewählt wurde, wahlberechtigte Angehörige seiner Gruppe in der Wählerliste eingetragen sind. Entsendet der Betriebsrat nur ein Mitglied in den Gesamtbetriebsrat, so hat es so viele Stimmen, wie in dem Betrieb wahlberechtigte Arbeitnehmer in der Wählerliste eingetragen sind.
(8) Ist ein Mitglied des Gesamtbetriebsrats für mehrere Betriebe entsandt worden, so hat es so viele Stimmen, wie in den Betrieben, für die es entsandt ist, wahlberechtigte Angehörige seiner Gruppe in den Wählerlisten eingetragen sind. Sind für eine Gruppe mehrere Mitglieder des Betriebsrats entsandt worden, so stehen diesen die Stimmen nach Absatz 7 Satz 1 anteilig zu. Absatz 7 Satz 2 gilt entsprechend.

§ 48 Ausschluß von Gesamtbetriebsratsmitgliedern

Mindestens ein Viertel der wahlberechtigten Arbeitnehmer des Unternehmens, der Arbeitgeber, der Gesamtbetriebsrat oder eine im Unternehmen vertretene Gewerkschaft können beim Arbeitsgericht den Ausschluß eines Mitglieds aus dem Gesamtbetriebsrat wegen grober Verletzung seiner gesetzlichen Pflichten beantragen.

Gesetzestext

§ 49 Erlöschen der Mitgliedschaft

Die Mitgliedschaft im Gesamtbetriebsrat endet mit dem Erlöschen der Mitgliedschaft im Betriebsrat, durch Amtsniederlegung, durch Ausschluß aus dem Gesamtbetriebsrat auf Grund einer gerichtlichen Entscheidung oder Abberufung durch den Betriebsrat.

§ 50 Zuständigkeit

(1) Der Gesamtbetriebsrat ist zuständig für die Behandlung von Angelegenheiten, die das Gesamtunternehmen oder mehrere Betriebe betreffen und nicht durch die einzelnen Betriebsräte innerhalb ihrer Betriebe geregelt werden können. Er ist den einzelnen Betriebsräten nicht übergeordnet.
(2) Der Betriebsrat kann mit der Mehrheit der Stimmen seiner Mitglieder den Gesamtbetriebsrat beauftragen, eine Angelegenheit für ihn zu behandeln. Der Betriebsrat kann sich dabei die Entscheidungsbefugnis vorbehalten. § 27 Abs. 3 Satz 3 und 4 gilt entsprechend.

§ 51 Geschäftsführung

(1) Für den Gesamtbetriebsrat gelten § 25 Abs. 1, § 26 Abs. 1 und 3, § 27 Abs. 3 und 4, § 28 Abs. 1 Satz 1 und 3, Abs. 3, die §§ 30, 31, 34, 35, 36, 37 Abs. 1 bis 3 sowie die §§ 40 und 41 entsprechend. § 27 Abs. 1 Satz 1 und 2 gilt entsprechend mit der Maßgabe, daß der Gesamtbetriebsausschuß aus dem Vorsitzenden des Gesamtbetriebsrats, dessen Stellvertreter und bei Gesamtbetriebsräten mit
9 bis 16 Mitgliedern aus 3 weiteren Ausschußmitgliedern,
17 bis 24 Mitgliedern aus 5 weiteren Ausschußmitgliedern,
25 bis 36 Mitgliedern aus 7 weiteren Ausschußmitgliedern,mehr als 36 Mitgliedern aus 9 weiteren Ausschußmitgliedern besteht.
(2) Haben die Vertreter jeder Gruppe mindestens ein Drittel aller Stimmen im Gesamtbetriebsrat, so schlägt jede Gruppe aus ihrer Mitte ein Mitglied für den Vorsitz des Gesamtbetriebsrats vor. Der Gesamtbetriebsrat wählt aus den Vorgeschlagenen seinen Vorsitzenden und stellvertretenden Vorsitzenden. Der Gesamtbetriebsausschuß muß aus Angehörigen der im Gesamtbetriebsrat vertretenen Gruppen entsprechend dem Stimmenverhältnis bestehen. Die Gruppen müssen mindestens durch ein Mitglied vertreten sein. Haben die nach § 47 Abs. 2 Satz 3 entsandten Mitglieder des Gesamtbetriebsrats mehr als die Hälfte und die Vertreter jeder Gruppe mehr als ein Zehntel aller Stimmen im Gesamtbetriebsrat und gehören jeder Gruppe mindestens drei Mitglieder des Gesamtbetriebsrats an, so wählt jede Gruppe ihre Vertreter für den Gesamtbetriebsausschuß. Für die Zusammensetzung der weiteren Ausschüsse sowie die Wahl der Ausschußmitglieder durch die Gruppen gelten die Sätze 3 bis 5 entsprechend. Die Sätze 3 und 4 gelten nicht, soweit dem Ausschuß Aufgaben übertragen sind, die nur eine Gruppe betreffen. Ist eine Gruppe nur durch ein Mitglied im Gesamtbetriebsrat vertreten, so können diesem die Aufgaben nach Satz 7 übertragen werden.
(3) Ist ein Gesamtbetriebsrat zu errichten, so hat der Betriebsrat der Hauptverwaltung des Unternehmens oder, soweit ein solcher Betriebsrat nicht besteht, der

Gesetzestext

Betriebsrat des nach der Zahl der wahlberechtigten Arbeitnehmer größten Betriebs zu der Wahl des Vorsitzenden und des stellvertretenden Vorsitzenden des Gesamtbetriebsrats einzuladen. Der Vorsitzende des einladenden Betriebsrats hat die Sitzung zu leiten, bis der Gesamtbetriebsrat aus seiner Mitte einen Wahlleiter bestellt hat. § 29 Abs. 2 bis 4 gilt entsprechend.
(4) Die Beschlüsse des Gesamtbetriebsrats werden, soweit nichts anderes bestimmt ist, mit Mehrheit der Stimmen der anwesenden Mitglieder gefaßt. Bei Stimmengleichheit ist ein Antrag abgelehnt. Der Gesamtbetriebsrat ist nur beschlußfähig, wenn mindestens die Hälfte seiner Mitglieder an der Beschlußfassung teilnimmt und die Teilnehmenden mindestens die Hälfte aller Stimmen vertreten; Stellvertretung durch Ersatzmitglieder ist zulässig. § 33 Abs. 3 gilt entsprechend.
(5) Auf die Beschlußfassung des Gesamtbetriebsausschusses und weiterer Ausschüsse des Gesamtbetriebsrats ist § 33 Abs. 1 und 2 anzuwenden.
(6) Die Vorschriften über die Rechte und Pflichten des Betriebsrats gelten entsprechend für den Gesamtbetriebsrat, soweit dieses Gesetz keine besonderen Vorschriften enthält.

§ 52 Teilnahme der Gesamtschwerbehindertenvertretung

Die Gesamtschwerbehindertenvertretung (§ 27 des Schwerbehindertengesetzes) kann an allen Sitzungen des Gesamtbetriebsrats beratend teilnehmen.

§ 53 Betriebsräteversammlung

(1) Mindestens einmal in jedem Kalenderjahr hat der Gesamtbetriebsrat die Vorsitzenden und die stellvertretenden Vorsitzenden der Betriebsräte sowie die weiteren Mitglieder der Betriebsausschüsse zu einer Versammlung einzuberufen. Zu dieser Versammlung kann der Betriebsrat abweichend von Satz 1 aus seiner Mitte andere Mitglieder entsenden, soweit dadurch die Gesamtzahl der sich für ihn nach Satz 1 ergebenden Teilnehmer nicht überschritten wird.
(2) In der Betriebsräteversammlung hat
1. der Gesamtbetriebsrat einen Tätigkeitsbericht,
2. der Unternehmer einen Bericht über das Personal- und Sozialwesen und über die wirtschaftliche Lage und Entwicklung des Unternehmens, soweit dadurch nicht Betriebs- und Geschäftsgeheimnisse gefährdet werden,
zu erstatten.
(3) § 42 Abs. 1 Satz 1 zweiter Halbsatz und Satz 2, § 43 Abs. 2 Satz 1 und 2, §§ 45 und 46 gelten entsprechend.

Sechster Abschnitt
Konzernbetriebsrat

§ 54 Errichtung des Konzernbetriebsrats

(1) Für einen Konzern (§ 18 Abs. 1 des Aktiengesetzes) kann durch Beschlüsse der einzelnen Gesamtbetriebsräte ein Konzernbetriebsrat errichtet werden. Die Errichtung erfordert die Zustimmung der Gesamtbetriebsräte der Konzernunternehmen, in denen insgesamt mindestens 75 vom Hundert der Arbeitnehmer der Konzernunternehmen beschäftigt sind.
(2) Besteht in einem Konzernunternehmen nur ein Betriebsrat, so nimmt dieser die Aufgaben eines Gesamtbetriebsrats nach den Vorschriften dieses Abschnitts wahr.

§ 55 Zusammensetzung des Konzernbetriebsrats, Stimmengewicht

(1) In den Konzernbetriebsrat entsendet jeder Gesamtbetriebsrat, wenn ihm Vertreter beider Gruppen angehören, zwei seiner Mitglieder, wenn ihm Vertreter nur einer Gruppe angehören, eines seiner Mitglieder. Werden zwei Mitglieder entsandt, so dürfen sie nicht derselben Gruppe angehören. Haben die nach § 47 Abs. 2 Satz 3 entsandten Mitglieder des Gesamtbetriebsrats mehr als die Hälfte und die Vertreter jeder Gruppe mehr als ein Zehntel aller Stimmen im Gesamtbetriebsrat und gehören jeder Gruppe mindestens drei Mitglieder des Gesamtbetriebsrats an, so wählt jede Gruppe den auf sie entfallenden Gruppenvertreter. Die Sätze 1 bis 3 gelten entsprechend für die Abberufung.
(2) Der Gesamtbetriebsrat hat für jedes Mitglied des Konzernbetriebsrats mindestens ein Ersatzmitglied zu bestellen und die Reihenfolge des Nachrückens festzulegen. Für die Bestellung gilt Absatz 1 entsprechend.
(3) Jedes Mitglied des Konzernbetriebsrats hat so viele Stimmen, wie die Mitglieder seiner Gruppe im Gesamtbetriebsrat insgesamt Stimmen haben. Entsendet ein Gesamtbetriebsrat nur ein Mitglied in den Konzernbetriebsrat, so hat dieses Mitglied so viele Stimmen, wie die Mitglieder des Gesamtbetriebsrats, von dem es entsandt wurde, insgesamt im Gesamtbetriebsrat Stimmen haben.
(4) Durch Tarifvertrag oder Betriebsvereinbarung kann die Mitgliederzahl des Konzernbetriebsrats abweichend von Absatz 1 Satz 1 geregelt werden. § 47 Abs. 5 bis 8 gilt entsprechend.

§ 56 Ausschluß von Konzernbetriebsratsmitgliedern

Mindestens ein Viertel der wahlberechtigten Arbeitnehmer der Konzernunternehmen, der Arbeitgeber, der Konzernbetriebsrat oder eine im Konzern vertretene Gewerkschaft können beim Arbeitsgericht den Ausschluß eines Mitglieds aus dem Konzernbetriebsrat wegen grober Verletzung seiner gesetzlichen Pflichten beantragen.

Gesetzestext

§ 57 Erlöschen der Mitgliedschaft

Die Mitgliedschaft im Konzernbetriebsrat endet mit dem Erlöschen der Mitgliedschaft im Gesamtbetriebsrat, durch Amtsniederlegung, durch Ausschluß aus dem Konzernbetriebsrat auf Grund einer gerichtlichen Entscheidung oder Abberufung durch den Gesamtbetriebsrat.

§ 58 Zuständigkeit

(1) Der Konzernbetriebsrat ist zuständig für die Behandlung von Angelegenheiten, die den Konzern oder mehrere Konzernunternehmen betreffen und nicht durch die einzelnen Gesamtbetriebsräte innerhalb ihrer Unternehmen geregelt werden können. Er ist den einzelnen Gesamtbetriebsräten nicht übergeordnet.
(2) Der Gesamtbetriebsrat kann mit der Mehrheit der Stimmen seiner Mitglieder den Konzernbertriebsrat beauftragen, eine Angelegenheit für ihn zu behandeln. Der Gesamtbetriebsrat kann sich dabei die Entscheidungsbefugnis vorbehalten. § 27 Abs. 3 Satz 3 und 4 gilt entsprechend.

§ 59 Geschäftsführung

(1) Für den Konzernbetriebsrat gelten § 25 Abs. 1, § 26 Abs. 1 und 3, § 27 Abs. 3 und 4, § 28 Abs. 1 Satz 1 und 3, Abs. 3, die §§ 30, 31, 34, 35, 36, 37 Abs. 1 bis 3 sowie die §§ 40, 41 und 51 Abs. 1 Satz 2 und Abs. 2, 4 bis 6 entsprechend.
(2) Ist ein Konzernbetriebsrat zu errichten, so hat der Gesamtbetriebsrat des herrschenden Unternehmens oder, soweit ein solcher Gesamtbetriebsrat nicht besteht, der Gesamtbetriebsrat des nach der Zahl der wahlberechtigten Arbeitnehmer größten Konzernunternehmens zu der Wahl des Vorsitzenden und des stellvertretenden Vorsitzenden des Konzernbetriebsrats einzuladen. Der Vorsitzende des einladenden Gesamtbetriebsrats hat die Sitzung zu leiten, bis der Konzernbetriebsrat aus seiner Mitte einen Wahlleiter bestellt hat. § 29 Abs. 2 bis 4 gilt entsprechend.

Dritter Teil
Jugend- und Auszubildendenvertretung

Erster Abschnitt
Betriebliche Jugend- und Auszubildendenvertretung

§ 60 Errichtung und Aufgabe

(1) In Betrieben mit in der Regel mindestens fünf Arbeitnehmern, die das 18. Lebensjahr noch nicht vollendet haben (jugendliche Arbeitnehmer) oder die zu ihrer Berufsausbildung beschäftigt sind und das 25. Lebensjahr noch nicht vollendet haben, werden Jugend- und Auszubildendenvertretungen gewählt.
(2) Die Jugend- und Auszubildendenvertretung nimmt nach Maßgabe der folgenden Vorschriften die besonderen Belange der in Absatz 1 genannten Arbeitnehmer wahr.

Gesetzestext

§ 61 Wahlberechtigung und Wählbarkeit

(1) Wahlberechtigt sind alle in § 60 Abs. 1 genannten Arbeitnehmer des Betriebs.
(2) Wählbar sind alle Arbeitnehmer des Betriebs, die das 25. Lebensjahr noch nicht vollendet haben; § 8 Abs. 1 Satz 3 findet Anwendung. Mitglieder des Betriebsrats können nicht zu Jugend- und Auszubildendenvertretern gewählt werden.

§ 62 Zahl der Jugend- und Auszubildendenvertreter, Zusammensetzung der Jugend- und Auszubildendenvertretung

(1) Die Jugend- und Auszubildendenvertretung besteht in Betrieben mit in der Regel
5 bis 20 der in § 60 Abs. 1 genannten Arbeitnehmer
aus 1 Jugend- und Auszubildendenvertreter,
21 bis 50 der in § 60 Abs. 1 genannten Arbeitnehmer
aus 3 Jugend- und Auszubildendenvertretern,
51 bis 200 der in § 60 Abs. 1 genannten Arbeitnehmer
aus 5 Jugend- und Auszubildendenvertretern,
201 bis 300 der in § 60 Abs. 1 genannten Arbeitnehmer
aus 7 Jugend- und Auszubildendenvertretern,
301 bis 600 der in § 60 Abs. 1 genannten Arbeitnehmer
aus 9 Jugend- und Auszubildendenvertretern,
601 bis 1 000 der in § 60 Abs. 1 genannten Arbeitnehmer
aus 11 Jugend- und Auszubildendenvertretern,
mehr als 1 000 der in § 60 Abs. 1 genannten Arbeitnehmer
aus 13 Jugend- und Auszubildendenvertretern.
(2) Die Jugend- und Auszubildendenvertretung soll sich möglichst aus Vertretern der verschiedenen Beschäftigungsarten und Ausbildungsberufe der im Betrieb tätigen in § 60 Abs. 1 genannten Arbeitnehmer zusammensetzen.
(3) Die Geschlechter sollen entsprechend ihrem zahlenmäßigen Verhältnis vertreten sein.

§ 63 Wahlvorschriften

(1) Die Jugend- und Auszubildendenvertretung wird in geheimer, unmittelbarer und gemeinsamer Wahl gewählt.
(2) Spätestens acht Wochen vor Ablauf der Amtszeit der Jugend- und Auszubildendenvertretung bestellt der Betriebsrat den Wahlvorstand und seinen Vorsitzenden. Für die Wahl der Jugend- und Auszubildendenvertretung gelten § 14 Abs. 3 bis 5, 6 Satz 1 zweiter Halbsatz, Abs. 7 und 8, § 16 Abs. 1 Satz 6, § 18 Abs. 1 Satz 1 und Abs. 3 sowie die §§ 19 und 20 entsprechend.
(3) Bestellt der Betriebsrat den Wahlvorstand nicht oder nicht spätestens sechs Wochen vor Ablauf der Amtszeit der Jugend- und Auszubildendenvertretung oder kommt der Wahlvorstand seiner Verpflichtung nach § 18 Abs. 1 Satz 1 nicht nach, so gelten § 16 Abs. 2 Satz 1 und 2 und § 18 Abs. 1 Satz 2 entsprechend mit der Maßgabe, daß der Antrag beim Arbeitsgericht auch von jugendlichen Arbeitnehmern gestellt werden kann.

Gesetzestext

§ 64 Zeitpunkt der Wahlen und Amtszeit

(1) Die regelmäßigen Wahlen der Jugend- un dAuszubildendenvertretung finden alle zwei Jahre in der Zeit vom 1. Oktober bis 30. November statt. Für die Wahl der Jugend- und Auszubildendenvertretung außerhalb dieser Zeit gilt § 13 Abs. 2 Nr. 2 bis 6 und Abs. 3 entsprechend.
(2) Die regelmäßige Amtszeit der Jugend- und Auszubildendenvertretung beträgt zwei Jahre. Die Amtszeit beginnt mit der Bekanntgabe des Wahlergebnisses oder, wenn zu diesem Zeitpunkt noch eine Jugend- und Auszubildendenvertretung besteht, mit Auflauf von deren Amtszeit. Die Amtszeit endet spätestens am 30. November des Jahres, in dem nach Absatz 1 Satz 1 die regelmäßigen Wahlen stattfinden. In dem Fall des § 13 Abs. 3 Satz 2 endet die Amtszeit spätestens am 30. November des Jahres, in dem die Jugend- und Auszubildendenvertretung neu zu wählen ist. In dem Fall des § 13 Abs. 2 Nr. 2 endet die Amtszeit mit der Bekanntgabe des Wahlergebnisses der neu gewählten Jugend- und Auszubildendenvertretung.
(3) Ein Mitglied der Jugend- und Auszubildendenvertretung, das im Laufe der Amtszeit das 25. Lebensjahr vollendet, bleibt bis zum Ende der Amtszeit Mitglied der Jugend- und Auszubildendenvertretung.

§ 65 Geschäftsführung

(1) Für die Jugend- und Auszubildendenvertretung gelten § 23 Abs. 1, § 24 Abs. 1, die §§ 25, 26 Abs. 1 Satz 1 und Abs. 3, die §§ 30, 31, 33 Abs. 1 und 2 sowie die §§ 34, 36, 37, 40 und 41 entsprechend.
(2) Die Jugend- und Auszubildendenvertretung kann nach Verständigung des Betriebsrats Sitzungen abhalten; § 29 gilt entsprechend. An diesen Sitzungen kann der Betriebsratsvorsitzende oder ein beauftragtes Betriebsratsmitglied teilnehmen.

§ 66 Aussetzung von Beschlüssen des Betriebsrats

(1) Erachtet die Mehrheit der Jugend- und Auszubildendenvertreter einen Beschluß des Betriebsrats als eine erhebliche Beeinträchtigung wichtiger Interessen der in § 60 Abs. 1 genannten Arbeitnehmer, so ist auf ihren Antrag der Beschluß auf die Dauer von einer Woche auszusetzen, damit in dieser Frist eine Verständigung, gegebenenfalls mit Hilfe der im Betrieb vertretenen Gewerkschaften, versucht werden kann.
(2) Wird der erste Beschluß bestätigt, so kann der Antrag auf Aussetzung nicht wiederholt werden; dies gilt auch, wenn der erste Beschluß nur unerheblich geändert wird.

Gesetzestext

§ 67 Teilnahme an Betriebsratssitzungen

(1) Die Jugend- und Auszubildendenvertretung kann zu allen Betriebsratssitzungen einen Vertreter entsenden. Werden Angelegenheiten behandelt, die besonders die in § 60 Abs. 1 genannten Arbeitnehmer betreffen, so hat zu diesen Tagesordnungspunkten die gesamte Jugend- und Auszubildendenvertretung ein Teilnahmerecht.
(2) Die Jugend- und Auszubildendenvertreter haben Stimmrecht, soweit die zu fassenden Beschlüsse des Betriebsrats überwiegend die in § 60 Abs. 1 genannten Arbeitnehmer betreffen.
(3) Die Jugend- und Auszubildendenvertretung kann beim Betriebsrat beantragen, Angelegenheiten, die besonders die in § 60 Abs. 1 genannten Arbeitnehmer betreffen und über die sie beraten hat, auf die nächste Tagesordnung zu setzen. Der Betriebsrat soll Angelegenheiten, die besonders die in § 60 Abs. 1 genannten Arbeitnehmer betreffen, der Jugend- und Auszubildendenvertretung zur Beratung zuleiten.

§ 68 Teilnahme an gemeinsamen Besprechungen

Der Betriebsrat hat die Jugend- und Auszubildendenvertretung zu Besprechungen zwischen Arbeitgeber und Betriebsrat beizuziehen, wenn Angelegenheiten behandelt werden, die besonders die in § 60 Abs. 1 genannten Arbeitnehmer betreffen.

§ 69 Sprechstunden

In Betrieben, die in der Regel mehr als fünfzig der in § 60 Abs. 1 genannten Arbeitnehmer beschäftigen, kann die Jugend- und Auszubildendenvertretung Sprechstunden während der Arbeitszeit einrichten. Zeit und Ort sind durch Betriebsrat und Arbeitgeber zu vereinbaren. § 39 Abs. 1 Satz 3 und 4 und Abs. 3 gilt entsprechend. An den Sprechstunden der Jugend- und Auszubildendenvertretung kann der Betriebsratsvorsitzende oder ein beauftragtes Betriebsratsmitglied beratend teilnehmen.

§ 70 Allgemeine Aufgaben

(1) Die Jugend- und Auszubildendenvertretung hat folgende allgemeine Aufgaben:
1. Maßnahmen, die den in § 60 Abs. 1 genannten Arbeitnehmern dienen. insbesondere in Fragen der Brufsbildung, beim Betriebsrat zu beantragen;
2. darüber zu wachen, daß die zugunsten der in § 60 Abs. 1 genannten Arbeitnehmer geltenden Gesetze, Verordnungen, Unfallverhütungsvorschriften, Tarifverträge und Betriebsvereinbarungen durchgeführt werden;
3. Anregungen von in § 60 Abs. 1 genannten Arbeitnehmern, insbesondere in Fragen der Berufsbildung, entgegenzunehmen und, falls sie berechtigt erscheinen, beim Betriebsrat auf eine Erledigung hinzuwirken. Die Jugend- und

Gesetzestext

Auszubildendenvertretung hat die betroffenen in § 60 Abs. 1 genannten Arbeitnehmer über den Stand und das Ergebnis der Verhandlungen zu informieren.
(2) Zur Durchführung ihrer Aufgaben ist die Jugend- und Auszubildendenvertretung durch den Betriebsrat rechtzeitig und umfassend zu unterrichten. Die Jugend- und Auszubildendenvertretung kann verlangen, daß ihr der Betriebsrat die zur Durchführung ihrer Aufgaben erforderlichen Unterlagen zur Verfügung stellt.

§ 71 Jugend- und Auszubildendenversammlung

Die Jugend- und Auszubildendenvertretung kann vor oder nach jeder Betriebsversammlung im Einvernehmen mit dem Betriebsrat eine betriebliche Jugend- und Auszubildendenversammlung einberufen. Im Einvernehmen mit Betriebsrat und Arbeitgeber kann die betriebliche Jugend- und Auszubildendenversammlung auch zu einem anderen Zeitpunkt einberufen werden. § 43 Abs. 2 Satz 1 und 2, die §§ 44 und § 65 Abs. 2 Satz 2 gelten entsprechend.

Zweiter Abschanitt
Gesamt-Jugend- und Auszubildendenvertretung
§ 72 Voraussetzungen der Errichtung, Mitgliederzahl, Stimmengewicht

(1) Bestehen in einem Unternehmen mehrere Jugend- und Auszubildendenvertretungen, so ist eine Gesamt-Jugend- und Auszubildendenvertretung zu errichten.
(2) In die Gesamt-Jugend- und Auszubildendenvertretung entsendet jede Jugend- und Auszubildendenvertretung ein Mitglied.
(3) Die Jugend- und Auszubildendenvertretung hat für das Mitglied der Gesamt-Jugend- und Auszubildendenvertretung mindestens ein Ersatzmitglied zu bestellen und die Reihenfolge des Nachrückens festzulegen.
(4) Durch Tarifvertrag oder Betriebsvereinbarung kann die Mitgliederzahl der Gesamt-Jugend- und Auszubildendenvertretung abweichend von Absatz 2 geregelt werden.
(5) Gehören nach Absatz 2 der Gesamt-Jugend- und Auszubildendenvertretung mehr als zwanzig Mitglieder an und besteht keine tarifliche Regelung nach Absatz 4, so ist zwischen Gesamtbetriebsrat und Arbeitgeber eine Betriebsvereinbarung über die Mitgliederzahl der Gesamt-Jugend- und Auszubildendenvertretung abzuschließen, in der bestimmt wird, daß Jugend- und Auszubildendenvertretungen mehrere Betriebe eines Unternehmens, die regional oder durch gleichartige Interessen miteinander verbunden sind, gemeinsam Mitglieder in die Gesamt-Jugend- und Auszubildendenvertretung entsenden. Satz 1 gilt entsprechend für die Abberufung der Gesamt-Jugend- und Auszubildendenvertretung und die Bestellung von Ersatzmitgliedern.
(6) Kommt im Fall des Absatzes 5 eine Einigung nicht zustande, so entscheidet eine für das Gesamtunternehmen zu bildende Einigungsstelle. Der Spruch der Einigungsstelle ersetzt die Einigung zwischen Arbeitgeber und Gesamtbetriebsrat.
(7) Jedes Mitglied der Gesamt-Jugend- und Auszubildendenvertretung hat so viele Stimmen, wie in dem Betrieb, in dem es gewählt wurde, in § 60 Abs. 1 genannte

Arbeitnehmer in der Wählerliste eingetragen sind. Ist ein Mitglied der Gesamt-Jugend- und Auszubildendenvertretung für mehrere Betriebe entsandt worden, so hat es so viele Stimmen, wie in den Betrieben, für die es entsandt ist, in § 60 Abs. 1 genannte Arbeitnehmer in den Wählerlisten eingetragen sind. Sind mehrere Mitglieder der Jugend- und Auszubildendenvertretung entsandt worden, so stehen diesen die Stimmen nach Satz 1 anteilig zu.

§ 73 Geschäftsführung und Geltung sonstiger Vorschriften

(1) Die Gesamt-Jugend- und Auszubildendenvertretung kann nach Verständigung des Gesamtbetriebsrats Sitzungen abhalten. An den Sitzungen kann der Vorsitzende des Gesamtbetriebsrats oder ein beauftragtes Mitglied des Gesamtbetriebsrats teilnehmen.
(2) Für die Gesamt-Jugend- und Auszubildendenvertretung gelten § 25 Abs. 1 und 3, § 26 Abs. 1 Satz 1 und Abs. 3, die §§ 30, 31, 34, 36, 37 Abs. 1 bis 3, die §§ 40, 41, 48, 49, 50, 51 Abs. 3, 4 und 6 sowie die §§ 66 bis 68 entsprechend.

Vierter Teil
Mitwirkung und Mitbestimmung der Arbeitnehmer

Erster Abschnitt
Allgemeines

§ 74 Grundsätze für die Zusammenarbeit

(1) Arbeitgeber und Betriebsrat sollen mindestens einmal im Monat zu einer Besprechung zusammentreten. Sie haben über strittige Fragen mit dem ernsten Willen zur Einigung zu verhandeln und Vorschläge für die Beilegung von Meinungsverschiedenheiten zu machen.
(2) Maßnahmen des Arbeitskampfes zwischen Arbeitgeber und Betriebsrat sind unzulässig; Arbeitskämpfe tariffähiger Parteien werden hierdurch nicht berührt. Arbeitgeber und Betriebsrat haben Betätigungen zu unterlassen, durch die der Arbeitsablauf oder der Frieden des Betriebs beeinträchtigt werden. Sie haben jede parteipolitische Betätigung im Betrieb zu unterlassen; die Behandlung von Angelegenheiten tarifpolitischer, sozialpolitischer und wirtschaftlicher Art, die den Betrieb oder seine Arbeitnehmer unmittelbar betreffen, wird hierdurch nicht berührt.
(3) Arbeitnehmer, die im Rahmen dieses Gesetzes Aufgaben übernehmen, werden hierdurch in der Betätigung für ihre Gewerkschaft auch im Betrieb nicht beschränkt.

§ 75 Grundsätze für die Behandlung der Betriebsangehörigen

(1) Arbeitgeber und Betriebsrat haben darüber zu wachen, daß alle im Betrieb tätigen Personen nach den Grundsätzen von Recht und Billigkeit behandelt werden, insbesondere, daß jede unterschiedliche Behandlung von Personen wegen

Gesetzestext

ihrer Abstammung, Religion, Nationalität, Herkunft, politischen oder gewerkschaftlichen Betätigung oder Einstellung oder wegen ihres Geschlechts unterbleibt. Sie haben darauf zu achten, daß Arbeitnehmer nicht wegen Überschreitung bestimmter Altersstufen benachteiligt werden.
(2) Arbeitgeber und Betriebsrat haben die freie Entfaltung der Persönlichkeit der im Betrieb beschäftigten Arbeitnehmer zu schützen und zu fördern.

§ 76 Einigungsstelle

(1) Zur Beilegung von Meinungsverschiedenheiten zwischen Arbeitgeber und Betriebsrat, Gesamtbetriebsrat oder Konzernbetriebsrat ist bei Bedarf eine Einigungsstelle zu bilden. Durch Betriebsvereinbarung kann eine ständige Einigungsstelle errichtet werden.
(2) Die Einigungsstelle besteht aus einer gleichen Anzahl von Beisitzern, die vom Arbeitgeber und Betriebsrat bestellt werden, und einem unparteiischen Vorsitzenden, auf dessen Person sich beide Seiten einigen müssen. Kommt eine Einigung über die Person des Vorsitzenden nicht zustande, so bestellt ihn das Arbeitsgericht. Dieses entscheidet auch, wenn kein Einverständnis über die Zahl der Beisitzer erzielt wird.
(3) Die Einigungstelle faßt ihre Beschlüsse nach mündlicher Beratung mit Stimmenmehrheit. Bei der Beschlußfassung hat sich der Vorsitzende zunächst der Stimme zu enthalten; kommt eine Stimmenmehrheit nicht zustande, so nimmt der Vorsitzende nach weiterer Beratung an der erneuten Beschlußfassung teil. Die Beschlüsse der Einigungsstelle sind schriftlich niederzulegen, vom Vorsitzenden zu unterschreiben und Arbeitgeber und Betriebsrat zuzuleiten.
(4) Durch Betriebsvereinbarung können weitere Einzelheiten des Verfahrens vor der Einigungsstelle geregelt werden.
(5) In den Fällen, in denen der Spruch der Einigungsstelle die Einigung zwischen Arbeitgeber und Betriebsrat ersetzt, wird die Einigungsstelle auf Antrag einer Seite tätig. Benennt eine Seite keine Mitglieder oder bleiben die von einer Seite genannten Mitglieder trotz rechtzeitiger Einladung der Sitzung fern, so entscheiden der Vorsitzende und die erschienenen Mitglieder nach Maßgabe des Absatzes 3 allein. Die Einigungsstelle faßt ihre Beschlüsse unter angemessener Berücksichtigung der Belange des Betriebs und der betroffenen Arbeitnehmer nach billigem Ermessen. Die Überschreitung der Grenzen des Ermessens kann durch den Arbeitgeber oder den Betriebsrat nur binnen einer Frist von zwei Wochen, vom Tage der Zuleitung des Beschlusses an gerechnet, beim Arbeitsgericht geltend gemacht werden.
(6) Im übrigen wird die Einigungsstelle nur tätig, wenn beide Seiten es beantragen oder mit ihrem Tätigwerden einverstanden sind. In diesen Fällen ersetzt ihr Spruch die Einigung zwischen Arbeitgeber und Betriebsrat nur, wenn beide Seiten sich dem Spruch im voraus unterworfen oder ihn nachträglich angenommen haben.
(7) Soweit nach anderen Vorschriften der Rechtsweg gegeben ist, wird er durch den Spruch der Einigungsstelle nicht ausgeschlossen.
(8) Durch Tarifvertrag kann bestimmt werden, daß an die Stelle der in Absatz 1 bezeichneten Einigungsstelle eine tarifliche Schlichtungsstelle tritt.

Gesetzestext

§ 76a Kosten der Einigungsstelle

(1) Die Kosten der Einigungsstelle trägt der Arbeitgeber.
(2) Die Beisitzer der Einigungsstelle, die dem Betrieb angehören, erhalten für ihre Tätigkeit keine Vergütung; § 37 Abs. 2 und 3 gilt entsprechend. Ist die Einigungsstelle zur Beilegung von Meinungsverschiedenheiten zwischen Arbeitgeber und Gesamtbetriebsrat oder Konzernbetriebsrat zu bilden, so gilt Satz 1 für die einem Betrieb des Unternehmens oder eines Konzernunternehmens angehörenden Beisitzer entsprechend.
(3) Der Vorsitzende und die Beisitzer der Einigungsstelle, die nicht zu den in Absatz 2 genannten Personen zählen, haben gegenüber dem Arbeitgeber Anspruch auf Vergütung ihrer Tätigkeit. Die Höhe der Vergütung richtet sich nach den Grundsätzen des Absatzes 4 Satz 3 bis 5.
(4) Der Bundesminister für Arbeit und Sozialordnung kann durch Rechtsverordnung die Vergütung nach Absatz 3 regeln. In der Vergütungsordnung sind Höchstsätze festzusetzen. Dabei sind insbesondere der erforderliche Zeitaufwand, die Schwierigkeit der Streitigkeit sowie ein Verdienstausfall zu berücksichtigen. Die Vergütung der Beisitzer ist niedriger zu bemessen als die des Vorsitzenden. Bei der Festsetzung der Höchstsätze ist den berechtigten Interessen der Mitglieder der Einigungsstelle und des Arbeitgebers Rechnung zu tragen.
(5) Von Absatz 3 und einer Vergütungsordnung nach Absatz 4 kann durch Tarifvertrag oder in einer Betriebsvereinbarung, wenn ein Tarifvertrag dies zuläßt oder eine tarifliche Regelung nicht besteht, abgewichen werden.

§ 77 Durchführung gemeinsamer Beschlüsse, Betriebsvereinbarungen

(1) Vereinbarungen zwischen Betriebsrat und Arbeitgeber, auch soweit sie auf einem Spruch der Einigungsstelle beruhen, führt der Arbeitgeber durch, es sei denn, daß im Einzelfall etwas anderes vereinbart ist. Der Betriebsrat darf nicht durch einseitige Handlungen in die Leitung des Betriebs eingreifen.
(2) Betriebsvereinbarungen sind von Betriebsrat und Arbeitgeber gemeinsam zu beschließen und schriftlich niederzulegen. Sie sind von beiden Seiten zu unterzeichnen; dies gilt nicht, soweit Betriebsvereinbarungen auf einem Spruch der Einigungsstelle beruhen. Der Arbeitgeber hat die Betriebsvereinbarungen an geeigneter Stelle im Betrieb auszulegen.
(3) Arbeitsentgelte und sonstige Arbeitsbedingungen, die durch Tarifvertrag geregelt sind oder üblicherweise geregelt werden, können nicht Gegenstand einer Betriebsvereinbarung sein. Dies gilt nicht, wenn ein Tarifvertrag den Abschluß ergänzender Betriebsvereinbarungen ausdrücklich zuläßt.
(4) Betriebsvereinbarungen gelten unmittelbar und zwingend. Werden Arbeitnehmern durch die Betriebsvereinbarung Rechte eingeräumt, so ist ein Verzicht auf sie nur mit Zustimmung des Betriebsrats zulässig. Die Verwirkung dieser Rechte ist ausgeschlossen. Ausschlußfristen für ihre Geltendmachung sind nur insoweit zulässig, als sie in einem Tarifvertrag oder einer Betriebsvereinbarung vereinbart werden; dasselbe gilt für die Abkürzung der Verjährungsfristen.
(5) Betriebsvereinbarungen können, soweit nichts anderes vereinbart ist, mit einer Frist von drei Monaten gekündigt werden.

Gesetzestext

(6) Nach Ablauf einer Betriebsvereinbarung gelten ihre Regelungen in Angelegenheiten, in denen ein Spruch der Einigungsstelle die Einigung zwischen Arbeitgeber und Betriebsrat ersetzen kann, weiter, bis sie durch eine andere Abmachung ersetzt werden.

§ 78 Schutzbestimmungen

Die Mitglieder des Betriebsrats, des Gesamtbetriebsrats, des Konzernbetriebsrats, der Jugend- und Auszubildendenvertretung, der Gesamt-Jugend- und Auszubildendenvertretung, des Wirtschaftsausschusses, der Bordvertretung, des Seebetriebsrats, der in § 3 Abs. 1 Nr. 1 und 2 genannten Vertretungen der Arbeitnehmer, der Einigungsstelle, einer tariflichen Schlichtungsstelle (§ 76 Abs. 8) und einer betrieblichen Beschwerdestelle (§ 86) dürfen in der Ausübung ihrer Tätigkeit nicht gestört oder behindert werden. Sie dürfen wegen ihrer Tätigkeit nicht benachteiligt oder begünstigt werden; dies gilt auch für ihre berufliche Entwicklung.

§ 78 a Schutz Auszubildender in besonderen Fällen

(1) Beabsichtigt der Arbeitgeber, einen Auszubildenden, der Mitglied der Jugend- und Auszubildendenvertretung, des Betriebsrats, der Bordvertretung oder des Seebetriebsrats ist, nach Beendigung des Berufsausbildungsverhältnisses nicht in ein Arbeitsverhältnis auf unbestimmte Zeit zu übernehmen, so hat er dies drei Monate vor Beendigung des Berufsausbildungsverhältnisses dem Auszubildenden schriftlich mitzuteilen.
(2) Verlangt ein in Absatz 1 genannter Auszubildender innerhalb der letzten drei Monate vor Beendigung des Berufsausbildungsverhältnisses schriftlich vom Arbeitgeber die Weiterbeschäftigung, so gilt zwischen Auszubildendem und Arbeitgeber im Anschluß an das Berufsausbildungsverhältnis ein Arbeitsverhältnis auf unbestimmte Zeit als begründet. Auf dieses Arbeitsverhältnis ist insbesondere § 37 Abs. 4 und 5 entsprechend anzuwenden.
(3) Die Absätze 1 und 2 gelten auch, wenn das Berufsausbildungsverhältnis vor Ablauf eines Jahres nach Beendigung der Amtszeit der Jugend- und Auszubildendenvertretung, des Betriebsrats, der Bordvertretung oder des Seebetriebsrats endet.
(4) Der Arbeitgeber kann spätestens bis zum Ablauf von zwei Wochen nach Beendigung des Berufsausbildungsverhältnisses beim Arbeitsgericht beantragen,
1. festzustellen, daß ein Arbeitsverhältnis nach Absatz 2 oder 3 nicht begründet wird, oder
2. das bereits nach Absatz 2 oder 3 begründete Arbeitsverhältnis aufzulösen,
wenn Tatsachen vorliegen, auf Grund derer dem Arbeitgeber unter Berücksichtigung aller Umstände die Weiterbeschäftigung nicht zugemutet werden kann. In dem Verfahren vor dem Arbeitsgericht sind der Betriebsrat, die Bordvertretung, der Seebetriebsrat, bei Mitgliedern der Jugend- und Auszubildendenvertretung, auch diese Beteiligte.
(5) Die Absätze 2 bis 4 finden unabhängig davon Anwendung, ob der Arbeitgeber seiner Mitteilungspflicht nach Absatz 1 nachgekommen ist.

Gesetzestext

§ 79 Geheimhaltungspflicht

(1) Die Mitglieder und Ersatzmitglieder des Betriebsrats sind verpflichtet, Betriebs- oder Geschäftsgeheimnisse, die ihnen wegen ihrer Zugehörigkeit zum Betriebsrat bekanntgeworden und vom Arbeitgeber ausdrücklich als geheimhaltungsbedürftig bezeichnet worden sind, nicht zu offenbaren und nicht zu verwerten. Dies gilt auch nach dem Ausscheiden aus dem Betriebsrat. Die Verpflichtung gilt nicht gegenüber Mitgliedern des Betriebsrats. Sie gilt ferner nicht gegenüber dem Gesamtbetriebsrat, dem Konzernbetriebsrat, der Bordvertretung, dem Seebetriebsrat und den Arbeitnehmervertretern im Aufsichtsrat sowie im Verfahren vor der Einigungsstelle, der tariflichen Schlichtungsstelle (§ 76 Abs. 8) oder einer betrieblichen Beschwerdestelle (§ 86).

(2) Absatz 1 gilt sinngemäß für die Mitglieder und Ersatzmitglieder des Gesamtbetriebsrats, des Konzernbetriebsrats, der Jugend- und Auszubildendenvertretung, der Gesamt-Jugend- und Auszubildendenvertretung, des Wirtschaftsausschusses, der Bordvertretung, des Seebetriebsrats, der gemäß § 3 Abs. 1 Nr. 1 und 2 gebildeten Vertretungen der Arbeitnehmer, der Einigungsstelle, der tariflichen Schlichtungsstelle (§ 76 Abs. 8) und einer betrieblichen Beschwerdestelle (§ 86) sowie für die Vertreter von Gewerkschaften oder von Arbeitgebervereinigungen.

§ 80 Allgemeine Aufgaben

(1) Der Betriebsrat hat folgende allgemeine Aufgaben:
1. darüber zu wachen, daß die zugunsten der Arbeitnehmer geltenden Gesetze, Verordnungen, Unfallverhütungsvorschriften, Tarifverträge und Betriebsvereinbarungen durchgeführt werden;
2. Maßnahmen, die dem Betrieb und der Belegschaft dienen, beim Arbeitgeber zu beantragen;
3. Anregungen von Arbeitnehmern und der Jugend- und Auszubildendenvertretung entgegenzunehmen und, falls sie berechtigt erscheinen, durch Verhandlungen mit dem Arbeitgeber auf eine Erledigung hinzuwirken; er hat die betreffenden Arbeitnehmer über den Stand und das Ergebnis der Verhandlungen zu unterrichten;
4. die Eingliederung Schwerbehinderter und sonstiger besonders schutzbedürftiger Personen zu fördern;
5. die Wahl einer Jugend- und Auszubildendenvertretung vorzubereiten und durchzuführen und mit dieser zur Förderung der Belange der jugendlichen Arbeitnehmer eng zusammenzuarbeiten; er kann von der Jugend- und Auszubildendenvertretung Vorschläge und Stellungnahmen anfordern;
6. die Beschäftigung älterer Arbeitnehmer im Betrieb zu fördern;
7. die Eingliederung ausländischer Arbeitnehmer im Betrieb und das Verständnis zwischen ihnen und den deutschen Arbeitnehmern zu fördern.

(2) Zur Durchführung seiner Aufgaben nach diesem Gesetz ist der Betriebsrat rechtzeitig und umfassend vom Arbeitgeber zu unterrichten. Ihm sind auf Verlangen jederzeit die zur Durchführung seiner Aufgaben erforderlichen Unterlagen zur Verfügung zu stellen; in diesem Rahmen ist der Betriebsausschuß oder ein nach § 28 gebildeter Ausschuß berechtigt, in die Listen über die Bruttolöhne und -gehälter Einblick zu nehmen.

(3) Der Betriebsrat kann bei der Durchführung seiner Aufgaben nach näherer Vereinbarung mit dem Arbeitgeber Sachverständige hinzuziehen, soweit dies zur

Gesetzestext

ordnungsgemäßen Erfüllung seiner Aufgaben erforderlich ist. Für die Geheimhaltungspflicht der Sachverständigen gilt § 79 entsprechend.

Zweiter Abschnitt
Mitwirkungs- und Beschwerderecht des Arbeitnehmers

§ 81 Unterrichtungspflicht des Arbeitgebers

(1) Der Arbeitgeber hat den Arbeitnehmer über dessen Aufgabe und Verantwortung sowie über die Art seiner Tätigkeit und ihre Einordnung in den Arbeitsablauf des Betriebs zu unterrichten. Er hat den Arbeitnehmer vor Beginn der Beschäftigung über die Unfall- und Gesundheitsgefahren, denen dieser bei der Beschäftigung ausgesetzt ist, sowie über die Maßnahmen und Einrichtungen zur Abwendung dieser Gefahren zu belehren.
(2) Über Veränderungen in seinem Arbeitsbereich ist der Arbeitnehmer rechtzeitig zu unterrichten. Absatz 1 gilt entsprechend.

§ 82 Anhörungs- und Erörterungsrecht des Arbeitnehmers

(1) Der Arbeitnehmer hat das Recht, in betrieblichen Angelegenheiten, die seine Person betreffen, von den nach Maßgabe des organisatorischen Aufbaus des Betriebs hierfür zuständigen Personen gehört zu werden. Er ist berechtigt, zu Maßnahmen des Arbeitgebers, die ihn betreffen, Stellung zu nehmen sowie Vorschläge für die Gestaltung des Arbeitsplatzes und des Arbeitsablaufs zu machen.
(2) Der Arbeitnehmer kann verlangen, daß ihm die Berechnung und Zusammensetzung seines Arbeitsentgelts erläutert und daß mit ihm die Beurteilung seiner Leistungen sowie die Möglichkeiten seiner beruflichen Entwicklung im Betrieb erörtert werden. Er kann ein Mitglied des Betriebsrats hinzuziehen. Das Mitglied des Betriebsrats hat über den Inhalt dieser Verhandlungen Stillschweigen zu bewahren, soweit es vom Arbeitnehmer im Einzelfall nicht von dieser Verpflichtung entbunden wird.

§ 83 Einsicht in die Personalakten

(1) Der Arbeitnehmer hat das Recht, in die über ihn geführten Personalakten Einsicht zu nehmen. Er kann hierzu ein Mitglied des Betriebsrats hinzuziehen. Das Mitglied des Betriebsrats hat über den Inhalt der Personalakte Stillschweigen zu bewahren, soweit es vom Arbeitnehmer im Einzelfall nicht von dieser Verpflichtung entbunden wird.
(2) Erklärungen des Arbeitnehmers zum Inhalt der Personalakte sind dieser auf sein Verlangen beizufügen.

§ 84 Beschwerderecht

(1) Jeder Arbeitnehmer hat das Recht, sich bei den zuständigen Stellen des Betriebs zu beschweren, wenn er sich vom Arbeitgeber oder von Arbeitnehmern des Betriebs

benachteiligt oder ungerecht behandelt oder in sonstiger Weise beeinträchtigt fühlt. Er kann ein Mitglied des Betriebsrats zur Unterstützung oder Vermittlung hinzuziehen.
(2) Der Arbeitgeber hat den Arbeitnehmer über die Behandlung der Beschwerde zu bescheiden und, soweit er die Beschwerde für berechtigt erachtet, ihr abzuhelfen.
(3) Wegen der Erhebung einer Beschwerde dürfen dem Arbeitnehmer keine Nachteile entstehen.

§ 85 Behandlung von Beschwerden durch den Betriebsrat

(1) Der Betriebsrat hat Beschwerden von Arbeitnehmern entgegenzunehmen und, falls er sie für berechtigt erachtet, beim Arbeitgeber auf Abhilfe hinzuwirken.
(2) Bestehen zwischen Betriebsrat und Arbeitgeber Meinungsverschiedenheiten über die Berechtigung der Beschwerde, so kann der Betriebsrat die Einigungsstelle anrufen. Der Spruch der Einigungsstelle ersetzt die Einigung zwischen Arbeitgeber und Betriebsrat. Dies gilt nicht, soweit Gegenstand der Beschwerde ein Rechtsanspruch ist.
(3) Der Arbeitgeber hat den Betriebsrat über die Behandlung der Beschwerde zu unterrichten. § 84 Abs. 2 bleibt unberührt.

§ 86 Ergänzende Vereinbarungen

Durch Tarifvertrag oder Betriebsvereinbarung können die Einzelheiten des Beschwerdeverfahrens geregelt werden. Hierbei kann bestimmt werden, daß in den Fällen des § 85 Abs. 2 an die Stelle der Einigungsstelle eine betriebliche Beschwerdestelle tritt.

Dritter Abschnitt
Soziale Angelegenheiten
§ 87 Mitbestimmungsrechte

(1) Der Betriebsrat hat, soweit eine gesetzliche oder tarifliche Regelung nicht besteht, in folgenden Angelegenheiten mitzubestimmen:
1. Fragen der Ordnung des Betriebs und des Verhaltens der Arbeitnehmer im Betrieb;
2. Beginn und Ende der täglichen Arbeitszeit einschließlich der Pausen sowie Verteilung der Arbeitszeit auf die einzelnen Wochentage;
3. vorübergehende Verkürzung oder Verlängerung der betriebsüblichen Arbeitszeit;
4. Zeit, Ort und Art der Auszahlung der Arbeitsentgelte;
5. Aufstellung allgemeiner Urlaubsgrundsätze und des Urlaubsplans sowie die Festsetzung der zeitlichen Lage des Urlaubs für einzelne Arbeitnehmer, wenn zwischen dem Arbeitgeber und den beteiligten Arbeitnehmern kein Einverständnis erzielt wird;
6. Einführung und Anwendung von technischen Einrichtungen, die dazu bestimmt sind, das Verhalten oder die Leistung der Arbeitnehmer zu überwachen;

Gesetzestext

7. Regelungen über die Verhütung von Arbeitsunfällen und Berufskrankheiten sowie über den Gesundheitsschutz im Rahmen der gesetzlichen Vorschriften oder der Unfallverhütungsvorschriften;
8. Form, Ausgestaltung und Verwaltung von Sozialeinrichtungen, deren Wirkungsbereich auf den Betrieb, das Unternehmen oder den Konzern beschränkt ist;
9. Zuweisung und Kündigung von Wohnräumen, die den Arbeitnehmern mit Rücksicht auf das Bestehen eines Arbeitsverhältnisses vermietet werden, sowie die allgemeine Festlegung der Nutzungsbedingungen;
10. Fragen der betrieblichen Lohngestaltung, insbesondere die Aufstellung von Entlohnungsgrundsätzen und die Einführung und Anwendung von neuen Entlohnungsmethoden sowie deren Änderung;
11. Festsetzung der Akkord- und Prämiensätze und vergleichbarer leistungsbezogener Entgelte, einschließlich der Geldfaktoren;
12. Grundsätze über das betriebliche Vorschlagswesen.

(2) Kommt eine Einigung über eine Angelegenheit nach Absatz 1 nicht zustande, so entscheidet die Einigungsstelle. Der Spruch der Einigungsstelle ersetzt die Einigung zwischen Arbeitgeber und Betriebsrat.

§ 88 Freiwillige Betriebsvereinbarungen

Durch Betriebsvereinbarungen können insbesondere geregelt werden:
1. zusätzliche Maßnahmen zur Verhütung von Arbeitsunfällen und Gesundheitsschädigungen;
2. die Errichtung von Sozialeinrichtungen, deren Wirkungsbereich auf den Betrieb, das Unternehmen oder den Konzern beschränkt ist;
3. Maßnahmen zur Förderung der Vermögensbildung.

§ 89 Arbeitsschutz

(1) Der Betriebsrat hat bei der Bekämpfung von Unfall- und Gesundheitsgefahren die für den Arbeitsschutz zuständigen Behörden, die Träger der gesetzlichen Unfallversicherung und die sonstigen in Betracht kommenden Stellen durch Anregung, Beratung und Auskunft zu unterstützen sowie sich für die Durchführung der Vorschriften über den Arbeitsschutz und die Unfallverhütung im Betrieb einzusetzen.

(2) Der Arbeitgeber und die in Absatz 1 genannten Stellen sind verpflichtet, den Betriebsrat oder die von ihm bestimmten Mitglieder des Betriebsrats bei allen im Zusammenhang mit dem Arbeitsschutz oder der Unfallverhütung stehenden Besichtigungen und Fragen und bei Unfalluntersuchungen hinzuzuziehen. Der Arbeitgeber hat dem Betriebsrat unverzüglich die den Arbeitsschutz und die Unfallverhütung betreffenden Auflagen und Anordnungen der in Absatz 1 genannten Stellen mitzuteilen.

(3) An den Besprechungen des Arbeitgebers mit den Sicherheitsbeauftragten oder dem Sicherheitsausschuß nach § 719 Abs. 3 der Reichsversicherungsordnung nehmen vom Betriebsrat beauftragte Betriebsratsmitglieder teil.

(4) Der Betriebsrat erhält die Niederschriften über Untersuchungen, Besichtigungen und Besprechungen, zu denen er nach den Absätzen 2 und 3 hinzuzuziehen ist.

(5) Der Arbeitgeber hat dem Betriebsrat eine Durchschrift der nach § 1552 der Reichsversicherungsordnung vom Betriebsrat zu unterschreibenden Unfallanzeige auszuhändigen.

Vierter Abschnitt
Gestaltung von Arbeitsplatz, Arbeitsablauf und Arbeitsumgebung

§ 90 Unterrichtungs- und Beratungsrechte

(1) Der Arbeitgeber hat den Betriebsrat über die Planung
1. von Neu-, Um- und Erweiterungsbauten von Fabrikations-, Verwaltungs- und sonstigen betrieblichen Räumen,
2. von technischen Anlagen,
3. von Arbeitsverfahren und Arbeitsabläufen oder
4. der Arbeitsplätze

rechtzeitig unter Vorlage der erforderlichen Unterlagen zu unterrichten.

(2) Der Arbeitgeber hat mit dem Betriebsrat die vorgesehenen Maßnahmen und ihre Auswirkungen auf die Arbeitnehmer, insbesondere auf die Art ihrer Arbeit sowie die sich daraus ergebenden Anforderungen an die Arbeitnehmer so rechtzeitig zu beraten, daß Vorschläge und Bedenken des Betriebsrats bei der Planung berücksichtigt werden können. Arbeitgeber und Betriebsrat sollen dabei auch die gesicherten arbeitswissenschaftlichen Erkenntnisse über die menschengerechte Gestaltung der Arbeit berücksichtigen.

§ 91 Mitbestimmungsrecht

Werden die Arbeitnehmer durch Änderungen der Arbeitsplätze, des Arbeitsablaufs oder der Arbeitsumgebung, die den gesicherten arbeitswissenschaftlichen Erkenntnissen über die menschengerechte Gestaltung der Arbeit offensichtlich widersprechen, in besonderer Weise belastet, so kann der Betriebsrat angemessene Maßnahmen zur Abwendung, Milderung oder zum Ausgleich der Belastung verlangen. Kommt eine Einigung nicht zustande, so entscheidet die Einigungsstelle. Der Spruch der Einigungsstelle ersetzt die Einigung zwischen Arbeitgeber und Betriebsrat.

Fünfter Abschnitt
Personelle Angelegenheiten

Erster Unterabschnitt
Allgemeine personelle Angelegenheiten

§ 92 Personalplanung

(1) Der Arbeitgeber hat den Betriebsrat über die Personalplanung, insbesondere über den gegenwärtigen und künftigen Personalbedarf sowie über die sich daraus ergebenden personellen Maßnahmen und Maßnahmen der Berufsbildung an Hand von Unterlagen rechtzeitig und umfassend zu unterrichten. Er hat mit dem Betriebsrat über Art und Umfang der erforderlichen Maßnahmen und über die Vermeidung von Härten zu beraten.

(2) Der Betriebsrat kann dem Arbeitgeber Vorschläge für die Einführung einer Personalplanung und ihre Durchführung machen.

Gesetzestext

§ 93 Ausschreibung von Arbeitsplätzen

Der Betriebsrat kann verlangen, daß Arbeitsplätze, die besetzt werden sollen, allgemein oder für bestimmte Arten von Tätigkeiten vor ihrer Besetzung innerhalb des Betriebs ausgeschrieben werden.

§ 94 Personalfragebogen, Beurteilungsgrundsätze

(1) Personalfragebogen bedürfen der Zustimmung des Betriebsrats. Kommt eine Einigung über ihren Inhalt nicht zustande, so entscheidet die Einigungsstelle. Der Spruch der Einigungsstelle ersetzt die Einigung zwischen Arbeitgeber und Betriebsrat.
(2) Absatz 1 gilt entsprechend für persönliche Angaben in schriftlichen Arbeitsverträgen, die allgemein für den Betrieb verwendet werden sollen, sowie für die Aufstellung allgemeiner Beurteilungsgrundsätze.

§ 95 Auswahlrichtlinien

(1) Richtlinien über die personelle Auswahl bei Einstellungen, Versetzungen, Umgruppierungen und Kündigungen bedürfen der Zustimmung des Betriebsrats. Kommt eine Einigung über die Richtlinien oder ihren Inhalt nicht zustande, so entscheidet auf Antrag des Arbeitgebers die Einigungsstelle. Der Spruch der Einigungsstelle ersetzt die Einigung zwischen Arbeitgeber und Betriebsrat.
(2) In Betrieben mit mehr als 1 000 Arbeitnehmern kann der Betriebsrat die Aufstellung von Richtlinien über die bei Maßnahmen des Absatzes 1 Satz 1 zu beachtenden fachlichen und persönlichen Voraussetzungen und sozialen Gesichtspunkte verlangen. Kommt eine Einigung über die Richtlinien oder ihren Inhalt nicht zustande, so entscheidet die Einigungsstelle. Der Spruch der Einigungsstelle ersetzt die Einigung zwischen Arbeitgeber und Betriebsrat.
(3) Versetzung im Sinne dieses Gesetzes ist die Zuweisung eines anderen Arbeitsbereichs, die voraussichtlich die Dauer von einem Monat überschreitet, oder die mit einer erheblichen Änderung der Umstände verbunden ist, unter denen die Arbeit zu leisten ist. Werden Arbeitnehmer nach der Eigenart ihres Arbeitsverhältnisses üblicherweise nicht ständig an einem bestimmten Arbeitsplatz beschäftigt, so gilt die Bestimmung des jeweiligen Arbeitsplatzes nicht als Versetzung.

Zweiter Unterabschnitt
Berufsbildung

§ 96 Förderung der Berufsbildung

(1) Arbeitgeber und Betriebsrat haben im Rahmen der betrieblichen Personalplanung und in Zusammenarbeit mit den für die Berufsbildung und den für die Förderung der Berufsbildung zuständigen Stellen die Berufsbildung der Arbeit-

Gesetzestext

nehmer zu fördern. Der Arbeitgeber hat auf Verlangen des Betriebsrats mit diesem Fragen der Berufsbildung der Arbeitnehmer des Betriebs zu beraten. Hierzu kann der Betriebsrat Vorschläge machen.
(2) Arbeitgeber und Betriebsrat haben darauf zu achten, daß unter Berücksichtigung der betrieblichen Notwendigkeiten den Arbeitnehmern die Teilnahme an betrieblichen oder außerbetrieblichen Maßnahmen der Berufsbildung ermöglicht wird. Sie haben dabei auch die Belange älterer Arbeitnehmer zu berücksichtigen.

§ 97 Einrichtungen und Maßnahmen der Berufsbildung

Der Arbeitgeber hat mit dem Betriebsrat über die Errichtung und Ausstattung betrieblicher Einrichtungen zur Berufsbildung, die Einführung betrieblicher Berufsbildungsmaßnahmen und die Teilnahme an außerbetrieblichen Berufsbildungsmaßnahmen zu beraten.

§ 98 Durchführung betrieblicher Bildungsmaßnahmen

(1) Der Betriebsrat hat bei der Durchführung von Maßnahmen der betrieblichen Berufsbildung mitzubestimmen.
(2) Der Betriebsrat kann der Bestellung einer mit der Durchführung der betrieblichen Berufsbildung beauftragten Person widersprechen oder ihre Abberufung verlangen, wenn diese die persönliche oder fachliche, insbesondere die berufs- und arbeitspädagogische Eignung im Sinne des Berufsbildungsgesetzes nicht besitzt oder ihre Aufgaben vernachlässigt.
(3) Führt der Arbeitgeber betriebliche Maßnahmen der Berufsbildung durch oder stellt er für außerbetriebliche Maßnahmen der Berufsbildung Arbeitnehmer frei oder trägt er die durch die Teilnahme von Arbeitnehmern an solchen Maßnahmen entstehenden Kosten ganz oder teilweise, so kann der Betriebsrat Vorschläge für die Teilnahme von Arbeitnehmern oder Gruppen von Arbeitnehmern des Betriebs an diesen Maßnahmen der beruflichen Bildung machen.
(4) Kommt im Fall des Absatzes 1 oder über die nach Absatz 3 vom Betriebsrat vorgeschlagenen Teilnehmer eine Einigung nicht zustande, so entscheidet die Einigungsstelle. Der Spruch der Einigungsstelle ersetzt die Einigung zwischen Arbeitgeber und Betriebsrat.
(5) Kommt im Fall des Absatzes 2 eine Einigung nicht zustande, so kann der Betriebsrat beim Arbeitsgericht beantragen, dem Arbeitgeber aufzugeben, die Bestellung zu unterlassen oder die Abberufung durchzuführen. Führt der Arbeitgeber die Bestellung einer rechtskräftigen gerichtlichen Entscheidung zuwider durch, so ist er auf Antrag des Betriebsrats vom Arbeitsgericht wegen der Bestellung nach vorheriger Androhung zu einem Ordnungsgeld zu verurteilen; das Höchstmaß des Ordnungsgeldes beträgt 20 000 Deutsche Mark. Führt der Arbeitgeber die Abberufung einer rechtskräftigen gerichtlichen Entscheidung zuwider nicht durch, so ist auf Antrag des Betriebsrats vom Arbeitsgericht zu erkennen, daß der Arbeitgeber zur Abberufung durch Zwangsgeld anzuhalten sei; das Höchstmaß des Zwangsgeldes beträgt für jeden Tag der Zuwiderhandlung 500

Gesetzestext

Deutsche Mark. Die Vorschriften des Berufsbildungsgeseztes über die Ordnung der Berufsbildung bleiben unberührt.

(6) Die Absätze 1 bis 5 gelten entsprechend, wenn der Arbeitgeber sonstige Bildungsmaßnahmen im Betrieb durchführt.

Dritter Unterabschnitt
Personelle Einzelmaßnahmen

§ 99 Mitbestimmung bei personellen Einzelmaßnahmen

(1) In Betrieben mit in der Regel mehr als zwanzig wahlberechtigten Arbeitnehmern hat der Arbeitgeber den Betriebsrat vor jeder Einstellung, Eingruppierung, Umgruppierung und Versetzung zu unterrichten, ihm die erforderlichen Bewerbungsunterlagen vorzulegen und Auskunft über die Person der Beteiligten zu geben; er hat dem Betriebsrat unter Vorlage der erforderlichen Unterlagen Auskunft über die Auswirkungen der geplanten Maßnahme zu geben und die Zustimmung des Betriebsrats zu der geplanten Maßnahme einzuholen. Bei Einstellungen und Versetzungen hat der Arbeitgeber insbesondere den in Aussicht genommenen Arbeitsplatz und die vorgesehene Eingruppierung mitzuteilen. Die Mitglieder des Betriebsrats sind verpflichtet, über die ihnen im Rahmen der personellen Maßnahmen nach den Sätzen 1 und 2 bekanntgewordenen persönlichen Verhältnisse und Angelegenheiten der Arbeitnehmer, die ihrer Bedeutung oder ihrem Inhalt nach einer vertraulichen Behandlung bedürfen, Stillschweigen zu bewahren; § 79 Abs. 1 Satz 2 bis 4 gilt entsprechend.

(2) Der Betriebsrat kann die Zustimmung verweigern, wenn

1. die personelle Maßnahme gegen ein Gesetz, eine Verordnung, eine Unfallverhütungsvorschrift oder gegen eine Bestimmung in einem Tarifvertrag oder in einer Betriebsvereinbarung oder gegen eine gerichtliche Entscheidung oder eine behördliche Anordnung verstoßen würde,
2. die personelle Maßnahme gegen eine Richtlinie nach § 95 verstoßen würde,
3. die durch Tatsachen begründete Besorgnis besteht, daß infolge der personellen Maßnahme im Betrieb beschäftigte Arbeitnehmer gekündigt werden oder sonstige Nachteile erleiden, ohne daß dies aus betrieblichen oder persönlichen Gründen gerechtfertigt ist,
4. der betroffene Arbeitnehmer durch die personelle Maßnahme benachteiligt wird, ohne daß dies aus betrieblichen oder in der Person des Arbeitnehmers liegenden Gründen gerechtfertigt ist,
5. eine nach § 93 erforderliche Ausschreibung im Betrieb unterblieben ist oder
6. die durch Tatsachen begründete Besorgnis besteht, daß der für die personelle Maßnahme in Aussicht genommene Bewerber oder Arbeitnehmer den Betriebsfrieden durch gesetzwidriges Verhalten oder durch grobe Verletzung der in § 75 Abs. 1 enthaltenen Grundsätze stören werde.

(3) Verweigert der Betriebsrat seine Zustimmung, so hat er dies unter Angabe von Gründen innerhalb einer Woche nach Unterrichtung durch den Arbeitgeber diesem schriftlich mitzuteilen. Teilt der Betriebsrat dem Arbeitgeber die Verweigerung seiner Zustimmung nicht innerhalb der Frist schriftlich mit, so gilt die Zustimmung als erteilt.

(4) Verweigert der Betriebsrat seine Zustimmung, so kann der Arbeitgeber beim Arbeitsgericht beantragen, die Zustimmung zu ersetzen.

§ 100 Vorläufige personelle Maßnahmen

(1) Der Arbeitgeber kann, wenn dies aus sachlichen Gründen dringend erforderlich ist, die personelle Maßnahme im Sinne des § 99 Abs. 1 Satz 1 vorläufig durchführen, bevor der Betriebsrat sich geäußert oder wenn er die Zustimmung verweigert hat. Der Arbeitgeber hat den Arbeitnehmer über die Sach- und Rechtslage aufzuklären.
(2) Der Arbeitgeber hat den Betriebsrat unverzüglich von der vorläufigen personellen Maßnahme zu unterrichten. Bestreitet der Betriebsrat, daß die Maßnahme aus sachlichen Gründen dringend erforderlich ist, so hat er dies dem Arbeitgeber unverzüglich mitzuteilen. In diesem Fall darf der Arbeitgeber die vorläufige personelle Maßnahme nur aufrechterhalten, wenn er innerhalb von drei Tagen beim Arbeitsgericht die Ersetzung der Zustimmung des Betriebsrats und die Feststellung beantragt, daß die Maßnahme aus sachlichen Gründen dringend erforderlich war.
(3) Lehnt das Gericht durch rechtskräftige Entscheidung die Ersetzung der Zustimmung des Betriebsrats ab oder stellt es rechtskräftig fest, daß offensichtlich die Maßnahme aus sachlichen Gründen nicht dringend erforderlich war, so endet die vorläufige personelle Maßnahme mit Ablauf von zwei Wochen nach Rechtskraft der Entscheidung. Von diesem Zeitpunkt an darf die personelle Maßnahme nicht aufrechterhalten werden.

§ 101 Zwangsgeld

Führt der Arbeitgeber eine personelle Maßnahme im Sinne des § 99 Abs. 1 Satz 1 ohne Zustimmung des Betriebsrats durch oder hält er eine vorläufige personelle Maßnahme entgegen § 100 Abs. 2 Satz 3 oder Abs. 3 aufrecht, so kann der Betriebsrat beim Arbeitsgericht beantragen, dem Arbeitgeber aufzugeben, die personelle Maßnahme aufzuheben. Hebt der Arbeitgeber entgegen einer rechtskräftigen gerichtlichen Entscheidung die personelle Maßnahme nicht auf, so ist auf Antrag des Betriebsrats vom Arbeitsgericht zu erkennen, daß der Arbeitgeber zur Aufhebung der Maßnahme durch Zwangsgeld anzuhalten sei. Das Höchstmaß des Zwangsgeldes beträgt für jeden Tag der Zuwiderhandlung 500 Deutsche Mark.

§ 102 Mitbestimmung bei Kündigungen

(1) Der Betriebsrat ist vor jeder Kündigung zu hören. Der Arbeitgeber hat ihm die Gründe für die Kündigung mitzuteilen. Eine ohne Anhörung des Betriebsrats ausgesprochene Kündigung ist unwirksam.
(2) Hat der Betriebsrat gegen eine ordentliche Kündigung Bedenken, so hat er diese unter Angabe der Gründe dem Arbeitgeber spätestens innerhalb einer Woche schriftlich mitzuteilen. Äußert er sich innerhalb dieser Frist nicht, gilt seine

Gesetzestext

Zustimmung zur Kündigung als erteilt. Hat der Betriebsrat gegen eine außerordentliche Kündigung Bedenken, so hat er diese unter Angabe der Gründe dem Arbeitgeber unverzüglich, spätestens jedoch innerhalb von drei Tagen, schriftlich mitzuteilen. Der Betriebsrat soll, soweit dies erforderlich erscheint, vor seiner Stellungnahme den betroffenen Arbeitnehmer hören. § 99 Abs. 1 Satz 3 gilt entsprechend.

(3) Der Betriebsrat kann innerhalb der Frist des Absatzes 2 Satz 1 der ordentlichen Kündigung widersprechen, wenn
1. der Arbeitgeber bei der Auswahl des zu kündigenden Arbeitnehmers soziale Gesichtspunkte nicht oder nicht ausreichend berücksichtigt hat,
2. die Kündigung gegen eine Richtlinie nach § 95 verstößt,
3. der zu kündigende Arbeitnehmer an einem anderen Arbeitsplatz im selben Betrieb oder in einem anderen Betrieb des Unternehmens weiterbeschäftigt werden kann,
4. die Weiterbeschäftigung des Arbeitnehmers nach zumutbaren Umschulungs- oder Fortbildungsmaßnahmen möglich ist oder
5. eine Weiterbeschäftigung des Arbeitnehmers unter geänderten Vertragsbedingungen möglich ist und der Arbeitnehmer sein Einverständnis hiermit erklärt hat.

(4) Kündigt der Arbeitgeber, obwohl der Betriebsrat nach Absatz 3 der Kündigung widersprochen hat, so hat er dem Arbeitnehmer mit der Kündigung eine Abschrift der Stellungnahme des Betriebsrats zuzuleiten.

(5) Hat der Betriebsrat einer ordentlichen Kündigung frist- und ordnungsgemäß widersprochen, und hat der Arbeitnehmer nach dem Kündigungsschutzgesetz Klage auf Feststellung erhoben, daß das Arbeitsverhältnis durch die Kündigung nicht aufgelöst ist, so muß der Arbeitgeber auf Verlangen des Arbeitnehmers diesen nach Ablauf der Kündigungsfrist bis zum rechtskräftigen Abschluß des Rechtsstreits bei unveränderten Arbeitsbedingungen weiterbeschäftigen. Auf Antrag des Arbeitgebers kann das Gericht ihn durch einstweilige Verfügung von der Verpflichtung zur Weiterbeschäftigung nach Satz 1 entbinden, wenn
1. die Klage des Arbeitnehmers keine hinreichende Aussicht auf Erfolg bietet oder mutwillig erscheint oder
2. die Weiterbeschäftigung des Arbeitnehmers zu einer unzumutbaren wirtschaftlichen Belastung des Arbeitgebers führen würde oder
3. der Widerspruch des Betriebsrats offensichtlich unbegründet war.

(6) Arbeitgeber und Betriebsrat können vereinbaren, daß Kündigungen der Zustimmung des Betriebsrats bedürfen und daß bei Meinungsverschiedenheiten über die Berechtigung der Nichterteilung der Zustimmung die Einigungsstelle entscheidet.

(7) Die Vorschriften über die Beteiligung des Betriebsrats nach dem Kündigungsschutzgesetz und nach § 8 Abs. 1 des Arbeitsförderungsgesetzes bleiben unberührt.

§ 103 Außerordentliche Kündigung in besonderen Fällen

(1) Die außerordentliche Kündigung von Mitgliedern des Betriebsrats, der Jugend- und Auszubildendenvertretung, der Bordvertretung und des Seebetriebsrats, des Wahlvorstands sowie von Wahlbewerbern bedarf der Zustimmung des Betriebsrats.
(2) Verweigert der Betriebsrat seine Zustimmung, so kann das Arbeitsgericht sie auf Antrag des Arbeitgebers ersetzen, wenn die außerordentliche Kündigung unter Berücksichtigung aller Umstände gerechtfertigt ist. In dem Verfahren vor dem Arbeitsgericht ist der betroffene Arbeitnehmer Beteiligter.

§ 104 Entfernung betriebsstörender Arbeitnehmer

Hat ein Arbeitnehmer durch gesetzwidriges Verhalten oder durch grobe Verletzung der in § 75 Abs. 1 enthaltenen Grundsätze den Betriebsfrieden wiederholt ernstlich gestört, so kann der Betriebsrat vom Arbeitgeber die Entlassung oder Versetzung verlangen. Gibt das Arbeitsgericht einem Antrag des Betriebsrats statt, dem Arbeitgeber aufzugeben, die Entlassung oder Versetzung durchzuführen, und führt der Arbeitgeber die Entlassung oder Versetzung einer rechtskräftigen gerichtlichen Entscheidung zuwider nicht durch, so ist auf Antrag des Betriebsrats vom Arbeitsgericht zu erkennen, daß er zur Vornahme der Entlassung oder Versetzung durch Zwangsgeld anzuhalten sei. Das Höchstmaß des Zwangsgeldes beträgt für jeden Tag der Zuwiderhandlung 500 Deutsche Mark.

§ 105 Leitende Angestellte

Eine beabsichtigte Einstellung oder personelle Veränderung eines in § 5 Abs. 3 genannten leitenden Angestellten ist dem Betriebsrat rechtzeitig mitzuteilen.

Sechster Abschnitt
Wirtschaftliche Angelegenheiten

Erster Unterabschnitt
Unterrichtung in wirtschaftlichen Angelegenheiten

§ 106 Wirtschaftsausschuß

(1) In allen Unternehmen mit in der Regel mehr als einhundert ständig beschäftigten Arbeitnehmern ist ein Wirtschaftsausschuß zu bilden. Der Wirtschaftsausschuß hat die Aufgabe, wirtschaftliche Angelegenheiten mit dem Unternehmer zu beraten und den Betriebsrat zu unterrichten.
(2) Der Unternehmer hat den Wirtschaftsausschuß rechtzeitig und umfassend über die wirtschaftlichen Angelegenheiten des Unternehmens unter Vorlage der erforderlichen Unterlagen zu unterrichten, soweit dadurch nicht die Betriebs- und

Gesetzestext

Geschäftsgeheimnisse des Unternehmens gefährdet werden, sowie die sich daraus ergebenden Auswirkungen auf die Personalplanung darzustellen.
(3) Zu den wirtschaftlichen Angelegenheiten im Sinne dieser Vorschrift gehören insbesondere
1. die wirtschaftliche und finanzielle Lage des Unternehmens;
2. die Produktions- und Absatzlage;
3. das Produktions- und Investitionsprogramm;
4. Rationalisierungsvorhaben;
5. Fabrikations- und Arbeitsmethoden, insbesondere die Einführung neuer Arbeitsmethoden;
6. die Einschränkung oder Stillegung von Betrieben oder von Betriebsteilen;
7. die Verlegung von Betrieben oder Betriebsteilen;
8. der Zusammenschluß von Betrieben;
9. die Änderung der Betriebsorganisation oder des Betriebszwecks sowie
10. sonstige Vorgänge und Vorhaben, welche die Interessen der Arbeitnehmer des Unternehmens wesentlich berühren können.

§ 107 Bestellung und Zusammensetzung des Wirtschaftsausschusses

(1) Der Wirtschaftsausschuß besteht aus mindestens drei und höchstens sieben Mitgliedern, die dem Unternehmen angehören müssen, darunter mindestens einem Betriebsratsmitglied. Zu Mitgliedern des Wirtschaftsausschussses können auch die in § 5 Abs. 3 genannten Angestellten bestimmt werden. Die Mitglieder sollen die zur Erfüllung ihrer Aufgaben erforderliche fachliche und persönliche Eignung besitzen.
(2) Die Mitglieder des Wirtschaftsausschusses werden vom Betriebsrat für die Dauer seiner Amtszeit bestimmt. Besteht ein Gesamtbetriebsrat, so bestimmt dieser die Mitglieder des Wirtschaftsausschusses; die Amtszeit der Mitglieder endet in diesem Fall in dem Zeitpunkt, in dem die Amtszeit der Mehrheit der Mitglieder des Gesamtbetriebsrats, die an der Bestimmung mitzuwirken berechtigt waren, abgelaufen ist. Die Mitglieder des Wirtschaftsausschusses können jederzeit abberufen werden; auf die Abberufung sind die Sätze 1 und 2 entsprechend anzuwenden.
(3) Der Betriebsrat kann mit der Mehrheit der Stimmen seiner Mitglieder beschließen, die Aufgaben des Wirtschaftsausschusses einem Ausschuß des Betriebsrats zu übertragen. Die Zahl der Mitglieder des Ausschusses darf die Zahl der Mitglieder des Betriebsausschusses nicht überschreiten. Der Betriebsrat kann jedoch weitere Arbeitnehmer einschließlich der in § 5 Abs. 3 genannten leitenden Angestellten bis zur selben Zahl, wie der Ausschuß Mitglieder hat, in den Ausschuß berufen; für die Beschlußfassung gilt Satz 1. Für die Verschwiegenheitspflicht der in Satz 3 bezeichneten weiteren Arbeitnehmer gilt § 79 entsprechend. Für die Abänderung und den Widerruf der Beschlüsse nach den Sätzen 1 bis 3 sind die gleichen Stimmenmehrheiten erforderlich wie für die Beschlüsse nach den Sätzen 1 bis 3. Ist in einem Unternehmen ein Gesamtbetriebsrat errichtet, so beschließt dieser über die anderweitige Wahrnehmung der Aufgaben des Wirtschaftsausschusses; die Sätze 1 bis 5 gelten entsprechend.

§ 108 Sitzungen

(1) Der Wirtschaftsausschuß soll monatlich einmal zusammentreten.
(2) An den Sitzungen des Wirtschaftsausschusses hat der Unternehmer oder sein Vertreter teilzunehmen. Er kann sachkundige Arbeitnehmer des Unternehmens einschließlich der in § 5 Abs. 3 genannten Angestellten hinzuziehen. Für die Hinzuziehung und die Verschwiegenheitspflicht von Sachverständigen gilt § 80 Abs. 3 entsprechend.
(3) Die Mitglieder des Wirtschaftsausschusses sind berechtigt, in die nach § 106 Abs. 2 vorzulegenden Unterlagen Einsicht zu nehmen.
(4) Der Wirtschaftsausschuß hat über jede Sitzung dem Betriebsrat unverzüglich und vollständig zu berichten.
(5) Der Jahresabschluß ist dem Wirtschaftsausschuß unter Beteiligung des Betriebsrats zu erläutern.
(6) Hat der Betriebsrat oder der Gesamtbetriebsrat eine anderweitige Wahrnehmung der Aufgaben des Wirtschaftsausschusses beschlossen, so gelten die Absätze 1 bis 5 entsprechend.

§ 109 Beilegung von Meinungsverschiedenheiten

Wird eine Auskunft über wirtschaftliche Angelegenheiten des Unternehmens im Sinne des § 106 entgegen dem Verlangen des Wirtschaftsausschusses nicht, nicht rechtzeitig oder nur ungenügend erteilt und kommt hierüber zwischen Unternehmen und Betriebsrat eine Einigung nicht zustande, so entscheidet die Einigungsstelle. Der Spruch der Einigungsstelle ersetzt die Einigung zwischen Arbeitgeber und Betriebsrat. Die Einigungsstelle kann, wenn dies für ihre Entscheidung erforderlich ist, Sachverständige anhören; § 80 Abs. 3 Satz 2 gilt entsprechend. Hat der Betriebsrat oder der Gesamtbetriebsrat eine anderweitige Wahrnehmung der Aufgaben des Wirtschaftsausschusses beschlossen, so gilt Satz 1 entsprechend.

§ 110 Unterrichtung der Arbeitnehmer

(1) In Unternehmen mit in der Regel mehr als 1 000 ständig beschäftigten Arbeitnehmern hat der Unternehmer mindestens einmal in jedem Kalendervierteljahr nach vorheriger Abstimmung mit dem Wirtschaftsausschuß oder den in § 107 Abs. 3 genannten Stellen und dem Betriebsrat die Arbeitnehmer schriftlich über die wirtschaftliche Lage und Entwicklung des Unternehmens zu unterrichten.
(2) In Unternehmen, die die Voraussetzungen des Absatzes 1 nicht erfüllen, aber in der Regel mehr als zwanzig wahlberechtigte ständige Arbeitnehmer beschäftigen, gilt Absatz 1 mit der Maßgabe, daß die Unterrichtung der Arbeitnehmer mündlich erfolgen kann. Ist in diesen Unternehmen ein Wirtschaftsausschuß nicht zu errichten, so erfolgt die Unterrichtung nach vorheriger Abstimmung mit dem Betriebsrat.

Gesetzestext

Zweiter Unterabschnitt
Betriebsänderungen

§ 111 Betriebsänderungen

Der Unternehmer hat in Betrieben mit in der Regel mehr als zwanzig wahlberechtigten Arbeitnehmern den Betriebsrat über geplante Betriebsänderungen, die wesentliche Nachteile für die Belegschaft oder erhebliche Teile der Belegschaft zur Folge haben können, rechtzeitig und umfassend zu unterrichten und die geplanten Betriebsänderungen mit dem Betriebsrat zu beraten. Als Betriebsänderungen im Sinne des Satzes 1 gelten
1. Einschränkung und Stillegung des ganzen Betriebs oder von wesentlichen Betriebsteilen,
2. Verlegung des ganzen Betriebs oder von wesentlichen Betriebsteilen,
3. Zusammenschluß mit anderen Betrieben,
4. grundlegende Änderungen der Betriebsorganisation, des Betriebszwecks oder der Betriebsanlagen,
5. Einführung grundlegend neuer Arbeitsmethoden und Fertigungsverfahren.

§ 112 Interessenausgleich über die Betriebsänderung, Sozialplan

(1) Kommt zwischen Unternehmer und Betriebsrat ein Interessenausgleich über die geplante Betriebsänderung zustande, so ist dieser schriftlich niederzulegen und vom Unternehmer und Betriebsrat zu unterschreiben. Das gleiche gilt für eine Einigung über den Ausgleich oder die Milderung der wirtschaftlichen Nachteile, die den Arbeitnehmern infolge der geplanten Betriebsänderung entstehen (Sozialplan). Der Sozialplan hat die Wirkung einer Betriebsvereinbarung. § 77 Abs. 3 ist auf den Sozialplan nicht anzuwenden.
(2) Kommt ein Interessenausgleich über die geplante Betriebsänderung oder eine Einigung über den Sozialplan nicht zustande, so können der Unternehmer oder der Betriebsrat den Präsidenten des Landesarbeitsamtes um Vermittlung ersuchen. Geschieht dies nicht oder bleibt der Vermittlungsversuch ergebnislos, so können der Unternehmer oder der Betriebsrat die Einigungsstelle anrufen. Auf Ersuchen des Vorsitzenden der Einigungsstelle nimmt der Präsident des Landesarbeitsamtes an der Verhandlung teil.
(3) Unternehmer und Betriebsrat sollen der Einigungsstelle Vorschläge zur Beilegung der Meinungsverschiedenheiten über den Interessenausgleich und den Sozialplan machen. Die Einigungsstelle hat eine Einigung der Parteien zu versuchen. Kommt eine Einigung zustande, so ist sie schriftlich niederzulegen und von den Parteien und vom Vorsitzenden zu unterschreiben.
(4) Kommt eine Einigung über den Sozialplan nicht zustande, so entscheidet die Einigungsstelle über die Aufstellung eines Sozialplans. Der Spruch der Einigungsstelle ersetzt die Einigung zwischen Arbeitgeber und Betriebsrat.
(5) Die Einigungsstelle hat bei ihrer Entscheidung nach Absatz 4 sowohl die sozialen Belange der betroffenen Arbeitnehmer zu berücksichtigen als auch auf die wirtschaftliche Vertretbarkeit ihrer Entscheidung für das Unternehmen zu achten.

Dabei hat die Einigungsstelle sich im Rahmen billigen Ermessens insbesondere von folgenden Grundsätzen leiten zu lassen:
1. Sie soll beim Ausgleich oder bei der Milderung wirtschaftlicher Nachteile, insbesondere durch Einkommensminderung, Wegfall von Sonderleistungen oder Verlust von Anwartschaften auf betriebliche Altersversorgung, Umzugskosten oder erhöhte Fahrtkosten, Leistungen vorsehen, die in der Regel den Gegebenheiten des Einzelfalles Rechnung tragen.
2. Sie hat die Aussichten der betroffenen Arbeitnehmer auf dem Arbeitsmarkt zu berücksichtigen. Sie soll Arbeitnehmer von Leistungen ausschließen, die in einem zumutbaren Arbeitsverhältnis im selben Betrieb oder in einem anderen Betrieb des Unternehmens oder eines zum Konzern gehörenden Unternehmens weiterbeschäftigt werden können und die Weiterbeschäftigung ablehnen; die mögliche Weiterbeschäftigung an einem anderen Ort begründet für sich allein nicht die Unzumutbarkeit.
3. Sie hat bei der Bemessung des Gesamtbetrages der Sozialplanleistungen darauf zu achten, daß der Fortbestand des Unternehmens oder die nach Durchführung der Betriebsänderung verbleibenden Arbeitsplätze nicht gefährdet werden.

§ 112a Erzwingbarer Sozialplan bei Personalabbau, Neugründungen

(1) Besteht eine geplante Betriebsänderung im Sinne von § 111 Satz 2 Nr. 1 allein in der Entlassung von Arbeitnehmern, so findet § 112 Abs. 4 und 5 nur Anwendung, wenn
1. in Betrieben mit in der Regel mehr als 20 und weniger als 60 Arbeitnehmern 20 vom Hundert der regelmäßig beschäftigten Arbeitnehmer, aber mindestens 6 Arbeitnehmer,
2. in Betrieben mit in der Regel mindestens 60 und weniger als 250 Arbeitnehmern 20 vom Hundert der regelmäßig beschäftigten Arbeitnehmer oder mindestens 37 Arbeitnehmer,
3. in Betrieben mit in der Regel mindestens 250 und weniger als 500 Arbeitnehmern 15 vom Hundert der regelmäßig beschäftigten Arbeitnehmer oder mindestens 60 Arbeitnehmer,
4. in Betrieben mit in der Regel mindestens 500 Arbeitnehmern 10 vom Hundert der regelmäßig beschäftigten Arbeitnehmer, aber mindestens 60 Arbeitnehmer

aus betriebsbedingten Gründen entlassen werden sollen. Als Entlassung gilt auch das vom Arbeitgeber aus Gründen der Betriebsänderung veranlaßte Ausscheiden von Arbeitnehmern auf Grund von Aufhebungsverträgen.
(2) § 112 Abs. 4 und 5 findet keine Anwendung auf Betriebe eines Unternehmens in den ersten vier Jahren nach seiner Gründung. Dies gilt nicht für Neugründungen im Zusammenhang mit der rechtlichen Umstrukturierung von Unternehmen und Konzernen. Maßgebend für den Zeitpunkt der Gründung ist die Aufnahme einer Erwerbstätigkeit, die nach § 138 der Abgabenordnung dem Finanzamt mitzuteilen ist.

Gesetzestext

§ 113 Nachteilsausgleich

(1) Weicht der Unternehmer von einem Interessenausgleich über die geplante Betriebsänderung ohne zwingenden Grund ab, so können Arbeitnehmer, die infolge dieser Abweichung entlassen werden, beim Arbeitsgericht Klage erheben mit dem Antrag, den Arbeitgeber zur Zahlung von Abfindungen zu verurteilen; § 10 des Kündigungsschutzgesetzes gilt entsprechend.
(2) Erleiden Arbeitnehmer infolge einer Abweichung nach Absatz 1 andere wirtschaftliche Nachteile, so hat der Unternehmer diese Nachteile bis zu einem Zeitraum von zwölf Monaten auszugleichen.
(3) Die Absätze 1 und 2 gelten entsprechend, wenn der Unternehmer eine geplante Betriebsänderung nach § 111 durchführt, ohne über sie einen Interessenausgleich mit dem Betriebsrat versucht zu haben, und infolge der Maßnahme Arbeitnehmer entlassen werden oder andere wirtschaftliche Nachteile erleiden.

Fünfter Teil
Besondere Vorschriften für einzelne Betriebsarten

Erster Abschnitt
Seeschiffahrt

§ 114 Grundsätze

(1) Auf Seeschiffahrtsunternehmen und ihre Betriebe ist dieses Gesetz anzuwenden, soweit sich aus den Vorschriften dieses Abschnitts nichts anderes ergibt.
(2) Seeschiffahrtsunternehmen im Sinne dieses Gesetzes ist ein Unternehmen, das Handelsschiffahrt betreibt und seinen Sitz im Geltungsbereich dieses Gesetzes hat. Ein Seeschiffahrtsunternehmen im Sinne dieses Abschnitts betreibt auch, wer als Korrespondentreeder, Vertragsreeder, Ausrüster oder auf Grund eines ähnlichen Rechtsverhältnisses Schiffe zum Erwerb durch die Seeschiffahrt verwendet, wenn er Arbeitgeber des Kapitäns und der Besatzungsmitglieder ist oder überwiegend die Befugnisse des Arbeitgebers ausübt.
(3) Als Seebetrieb im Sinne dieses Gesetzes gilt die Gesamtheit der Schiffe eines Seeschiffahrtsunternehmens einschließlich der in Absatz 2 Satz 2 genannten Schiffe.
(4) Schiffe im Sinne dieses Gesetzes sind Kauffahrteischiffe, die nach dem Flaggenrechtsgesetz die Bundesflagge führen. Schiffe, die in der Regel binnen 24 Stunden nach dem Auslaufen an den Sitz eines Landbetriebs zurückkehren, gelten als Teil dieses Landbetriebs des Seeschiffahrtsunternehmens.
(5) Jugend- und Auszubildendenvertretungen werden nur für die Landbetriebe von Seeschiffahrtsunternehmen gebildet.
(6) Besatzungsmitglieder sind die in § 3 des Seemannsgesetzes genannten Personen. Leitende Angestellte im Sinne des § 5 Abs. 3 dieses Gesetzes sind nur die Kapitäne. Die Zuordnung der Besatzungsmitglieder zu den Gruppen der Arbeiter und Angestellten bestimmt sich, abweichend von den §§ 4 bis 6 des Seemannsgesetzes, nach § 6 dieses Gesetzes.

§ 115 Bordvertretung

(1) Auf Schiffen, die mit in der Regel mindestens fünf wahlberechtigten Besatzungsmitgliedern besetzt sind, von denen drei wählbar sind, wird eine Bordvertretung gewählt. Auf die Bordvertretung finden, soweit sich aus diesem Gesetz oder aus anderen gesetzlichen Vorschriften nicht etwas anderes ergibt, die Vorschriften über die Rechte und Pflichten des Betriebsrats und die Rechtsstellung seiner Mitglieder Anwendung.

(2) Die Vorschriften über die Wahl und Zusammensetzung des Betriebsrats finden mit folgender Maßgabe Anwendung:
1. Wahlberechtigt sind alle Besatzungsmitglieder des Schiffes.
2. Wählbar sind die Besatzungsmitglieder des Schiffes, die am Wahltag das 18. Lebensjahr vollendet haben und ein Jahr Besatzungsmitglied eines Schiffes waren, das nach dem Flaggenrechtsgesetz die Bundesflagge führt. § 8 Abs. 1 Satz 3 bleibt unberührt.
3. Die Bordvertretung besteht auf Schiffen mit in der Regel 5 bis 20 wahlberechtigten Besatzungsmitgliedern aus 1 Person,
21 bis 75 wahlberechtigten Besatzungsmitgliedern aus 3 Mitgliedern,
über 75 wahlberechtigten Besatzungsmitgliedern aus 5 Mitgliedern.
4. Die Minderheitsgruppe erhält abweichend von § 10 Abs. 2 in einer Bordvertretung, die aus mehr als einer Person besteht, bei bis zu 75 Gruppenangehörigen mindestens einen Vertreter, bei mehr als 75 Gruppenangehörigen mindestens zwei Vertreter.
5. § 13 Abs. 1 und 3 findet keine Anwendung. Die Bordvertretung ist vor Ablauf ihrer Amtszeit unter den in § 13 Abs. 2 Nr. 2 bis 5 genannten Voraussetzungen neu zu wählen.
6. Die wahlberechtigten Besatzungsmitglieder können mit der Mehrheit aller Stimmen beschließen, die Wahl der Bordvertretung binnen 24 Stunden durchzuführen.
7. Die in § 16 Abs. 1 Satz 1 genannte Frist wird auf zwei Wochen, die in § 16 Abs. 2 Satz 1 genannte Frist wird auf eine Woche verkürzt.
8. Bestellt die im Amt befindliche Bordvertretung nicht rechtzeitig einen Wahlvorstand oder besteht keine Bordvertretung, findet § 17 Abs. 1 und 2 entsprechende Anwendung. Kann aus Gründen der Aufrechterhaltung des ordnungsgemäßen Schiffsbetriebs eine Bordversammlung nicht stattfinden, so kann der Kapitän auf Antrag von drei Wahlberechtigten den Wahlvorstand bestellen. Bestellt der Kapitän den Wahlvorstand nicht, so ist der Seebetriebsrat berechtigt, den Wahlvorstand zu bestellen. Die Vorschriften über die Bestellung des Wahlvorstands durch das Arbeitsgericht bleiben unberührt.
9. Die Frist für die Wahlanfechtung beginnt für Besatzungsmitglieder an Bord, wenn das Schiff nach Bekanntgabe des Wahlergebnisses erstmalig einen Hafen im Geltungsbereich dieses Gesetzes oder einen Hafen, in dem ein Seemannsamt seinen Sitz hat, anläuft. Die Wahlanfechtung kann auch zu Protokoll des Seemannsamtes erklärt werden. Wird die Wahl zur Bordvertretung angefochten, zieht das Seemannsamt die an Bord befindlichen Wahlunterlagen ein. Die Anfechtungserklärung und die eingezogenen Wahlunterlagen sind vom Seemannsamt unverzüglich an das für die Anfechtung zuständige Arbeitsgericht weiterzuleiten.

Gesetzestext

(3) Auf die Amtszeit der Bordvertretung finden die §§ 21 bis 25 mit der Maßgabe Anwendung, daß
1. die Amtszeit ein Jahr beträgt,
2. die Mitgliedschaft in der Bordvertretung auch endet, wenn das Besatzungsmitglied den Dienst an Bord beendet, es sei denn, daß es den Dienst an Bord vor Ablauf der Amtszeit nach Nummer 1 wieder antritt.

(4) Für die Geschäftsführung der Bordvertretung gelten die §§ 26 bis 36, § 37 Abs. 1 bis 3, §§ 39 bis 41 entsprechend. § 40 Abs. 2 ist mit der Maßgabe anzuwenden, daß die Bordvertretung in dem für ihre Tätigkeit erforderlichen Umfang auch die für die Verbindung des Schiffes zur Reederei eingerichteten Mittel zur beschleunigten Übermittlung von Nachrichten in Anspruch nehmen kann.

(5) Die §§ 42 bis 46 über die Betriebsversammlung finden für die Versammlung der Besatzungsmitglieder eines Schiffes (Bordversammlung) entsprechende Anwendung. Auf Verlangen der Bordvertretung hat der Kapitän der Bordversammlung einen Bericht über die Schiffsreise und die damit zusammenhängenden Angelegenheiten zu erstatten. Er hat Fragen, die den Schiffsbetrieb, die Schiffsreise und die Schiffssicherheit betreffen, zu beantworten.

(6) Die §§ 47 bis 59 über den Gesamtbetriebsrat und den Konzernbetriebsrat finden für die Bordvertretung keine Anwendung.

(7) Die §§ 74 bis 105 über die Mitwirkung und Mitbestimmung der Arbeitnehmer finden auf die Bordvertretung mit folgender Maßgabe Anwendung:
1. Die Bordvertretung ist zuständig für die Behandlung derjenigen nach diesem Gesetz der Mitwirkung und Mitbestimmung des Betriebsrats unterliegenden Angelegenheiten, die den Bordbetrieb oder die Besatzungsmitglieder des Schiffes betreffen und deren Regelung dem Kapitän auf Grund gesetzlicher Vorschriften oder der ihm von der Reederei übertragenen Befugnisse obliegt.
2. Kommt es zwischen Kapitän und Bordvertretung in einer der Mitwirkung oder Mitbestimmung der Bordvertretung unterliegenden Angelegenheit nicht zu einer Einigung, so kann die Angelegenheit von der Bordvertretung an den Seebetriebsrat abgegeben werden. Der Seebetriebsrat hat die Bordvertretung über die weitere Behandlung der Angelegenheit zu unterrichten. Bordvertretung und Kapitän dürfen die Einigungsstelle oder das Arbeitsgericht nur anrufen, wenn ein Seebetriebsrat nicht gewählt ist.
3. Bordvertretung und Kapitän können im Rahmen ihrer Zuständigkeiten Bordvereinbarungen abschließen. Die Vorschriften über Betriebsvereinbarungen gelten für Bordvereinbarungen entsprechend. Bordvereinbarungen sind unzulässig, soweit eine Angelegenheit durch eine Betriebsvereinbarung zwischen Seebetriebsrat und Arbeitgeber geregelt ist.
4. In Angelegenheiten, die der Mitbestimmung der Bordvertretung unterliegen, kann der Kapitän, auch wenn eine Einigung mit der Bordvertretung noch nicht erzielt ist, vorläufige Regelungen treffen, wenn dies zur Aufrechterhaltung des ordnungsgemäßen Schiffsbetriebs dringend erforderlich ist. Den von der Anordnung betroffenen Besatzungsmitgliedern ist die Vorläufigkeit der Regelung bekanntzugeben. Soweit die vorläufige Regelung der endgültigen Regelung nicht entspricht, hat das Schiffahrtsunternehmen Nachteile auszugleichen, die den Besatzungsmitgliedern durch die vorläufige Regelung entstanden sind.
5. Die Bordvertretung hat das Recht auf regelmäßige und umfassende Unterrichtung über den Schiffsbetrieb. Die erforderlichen Unterlagen sind der Bordvertretung vorzulegen. Zum Schiffsbetrieb gehören insbesondere die Schiffssi-

cherheit, die Reiserouten, die voraussichtlichen Ankunfts- und Abfahrtszeiten sowie die zu befördernde Ladung.
6. Auf Verlangen der Bordvertretung hat der Kapitän ihr Einsicht in die an Bord befindlichen Schiffstagebücher zu gewähren. In den Fällen, in denen der Kapitän eine Eintragung über Angelegenheiten macht, die der Mitwirkung oder Mitbestimmung der Bordvertretung unterliegen, kann diese eine Abschrift der Eintragung verlangen und Erklärungen zum Schiffstagebuch abgeben. In den Fällen, in denen über eine der Mitwirkung oder Mitbestimmung der Bordvertretung unterliegenden Angelegenheit eine Einigung zwischen Kapitän und Bordvertretung nicht erzielt wird, kann die Bordvertretung dies zum Schiffstagebuch erklären und eine Abschrift dieser Eintragung verlangen.
7. Die Zuständigkeit der Bordvertretung im Rahmen des Arbeitsschutzes bezieht sich auch auf die Schiffssicherheit und die Zusammenarbeit mit den insoweit zuständigen Behörden und sonstigen in Betracht kommenden Stellen.

§ 116 Seebetriebsrat

(1) In Seebetrieben werden Seebetriebsräte gewählt. Auf die Seebetriebsräte finden, soweit sich aus diesem Gesetz oder aus anderen gesetzlichen Vorschriften nicht etwas anderes ergibt, die Vorschriften über die Rechte und Pflichten des Betriebsrats und die Rechtsstellung seiner Mitglieder Anwendung.
(2) Die Vorschriften über die Wahl, Zusammensetzung und Amtszeit des Betriebsrats finden mit folgender Maßgabe Anwendung:
1. Wahlberechtigt zum Seebetriebsrat sind alle zum Seeschiffahrtsunternehmen gehörenden Besatzungsmitglieder.
2. Für die Wählbarkeit zum Seebetriebsrat gilt § 8 mit der Maßgabe, daß
    a) in Seeschiffahrtsunternehmen, zu denen mehr als acht Schiffe gehören oder in denen in der Regel mehr als 250 Besatzungsmitglieder beschäftigt sind, nur nach § 115 Abs. 2 Nr. 2 wählbare Besatzungsmitglieder wählbar sind;
    b) in den Fällen, in denen die Voraussetzungen des Buchstabens a nicht vorliegen, nur Arbeitnehmer wählbar sind, die nach § 8 die Wählbarkeit im Landbetrieb des Seeschiffahrtsunternehmens besitzen, es sei denn, daß der Arbeitgeber mit der Wahl von Besatzungsmitgliedern einverstanden ist.
3. Der Betriebsrat besteht in Seebetrieben mit in der Regel
    5 bis 500 wahlberechtigten Besatzungsmitgliedern aus einer Person,
    501 bis 1 000 wahlberechtigten Besatzungsmitgliedern aus drei Mitgliedern,
    über 1 000 wahlberechtigten Besatzungsmitgliedern aus fünf Mitgliedern.
4. Die Minderheitsgruppe erhält, abweichend von § 10 Abs. 2, in einem Seebetriebsrat, der aus mehr als einer Person besteht, bei bis zu 500 Gruppenangehörigen mindestens einen Vertreter, bei mehr als 500 Gruppenangehörigen mindestens zwei Vertreter.
5. Ein Wahlvorschlag ist gültig, wenn er im Fall des § 14 Abs. 5 mindestens von drei wahlberechtigten gruppenangehörigen Besatzungsmitgliedern und im Fall des § 14 Abs. 6 mindestens von drei wahlberechtigten Besatzungsmitgliedern unterschrieben ist.
6. Die in § 16 Abs. 1 Satz 1 genannte Frist wird auf drei Monate, die in § 16 Abs. 2 Satz 1 genannte Frist auf zwei Monate verlängert.
7. Zu Mitgliedern des Wahlvorstands können auch im Landbetrieb des Seeschiff-

fahrtsunternehmens beschäftigte Arbeitnehmer bestellt werden. § 17 Abs. 1 und 2 findet keine Anwendung. Besteht in einem Seebetrieb kein Seebetriebsrat, so wird der Wahlvorstand gemeinsam vom Arbeitgeber und den im Seebetrieb vertretenen Gewerkschaften bestellt. Einigen sich Arbeitgeber und Gewerkschaften nicht, so bestellt ihn das Arbeitsgericht auf Antrag des Arbeitgebers, einer im Seebetrieb vertretenen Gewerkschaft oder von mindestens drei wahlberechtigten Besatzungsmitgliedern. § 16 Abs. 2 Satz 2 und 3 gilt entsprechend.
8. Die Frist für die Wahlanfechtung nach § 19 Abs. 2 beginnt für Besatzungsmitglieder an Bord, wenn das Schiff nach Bekanntgabe des Wahlergebnisses erstmalig einen Hafen im Geltungsbereich dieses Gesetzes oder einen Hafen, in dem ein Seemannsamt seinen Sitz hat, anläuft. Nach Ablauf von drei Monaten seit Bekanntgabe des Wahlergebnisses ist eine Wahlanfechtung unzulässig. Die Wahlanfechtung kann auch zu Protokoll des Seemannsamtes erklärt werden. Die Anfechtungserklärung ist vom Seemannsamt unverzüglich an das für die Anfechtung zuständige Arbeitsgericht weiterzuleiten.
9. Die Mitgliedschaft im Seebetriebsrat endet, wenn der Seebetriebsrat aus Besatzungsmitgliedern besteht, auch, wenn das Mitglied des Seebetriebsrats nicht mehr Besatzungsmitglied ist. Die Eigenschaft als Besatzungsmitglied wird durch die Tätigkeit im Seebetriebsrat oder durch eine Beschäftigung gemäß Absatz 3 Nr. 2 nicht berührt.

(3) Die §§ 26 bis 41 über die Geschäftsführung des Betriebsrats finden auf den Seebetriebsrat mit folgender Maßgabe Anwendung:
1. In Angelegenheiten, in denen der Seebetriebsrat nach diesem Gesetz innerhalb einer bestimmten Frist Stellung zu nehmen hat, kann er, abweichend von § 33 Abs. 2, ohne Rücksicht auf die Zahl der zur Sitzung erschienenen Mitglieder einen Beschluß fassen, wenn die Mitglieder ordnungsgemäß geladen worden sind.
2. Soweit die Mitglieder des Seebetriebsrats nicht freizustellen sind, sind sie so zu beschäftigen, daß sie durch ihre Tätigkeit nicht gehindert sind, die Aufgaben des Seebetriebsrats wahrzunehmen. Der Arbeitsplatz soll den Fähigkeiten und Kenntnissen des Mitglieds des Seebetriebsrats und seiner bisherigen beruflichen Stellung entsprechen. Der Arbeitsplatz ist im Einvernehmen mit dem Seebetriebsrat zu bestimmen. Kommt eine Einigung über die Bestimmung des Arbeitsplatzes nicht zustande, so entscheidet die Einigungsstelle. Der Spruch der Einigungsstelle ersetzt die Einigung zwischen Arbeitgeber und Seebetriebsrat.
3. Den Mitgliedern des Seebetriebsrats, die Besatzungsmitglieder sind, ist die Heuer auch dann fortzuzahlen, wenn sie im Landbetrieb beschäftigt werden. Sachbezüge sind angemessen abzugelten. Ist der neue Arbeitsplatz höherwertig, so ist das diesem Arbeitsplatz entsprechende Arbeitsentgelt zu zahlen.
4. Unter Berücksichtigung der örtlichen Verhältnisse ist über die Unterkunft der in den Seebetriebsrat gewählten Besatzungsmitglieder eine Regelung zwischen dem Seebetriebsrat und dem Arbeitgeber zu treffen, wenn der Arbeitsplatz sich nicht am Wohnort befindet. Kommt eine Einigung nicht zustande, so entscheidet die Einigungsstelle. Der Spruch der Einigungsstelle ersetzt die Einigung zwischen Arbeitgeber und Seebetriebsrat.
5. Der Seebetriebsrat hat das Recht, jedes zum Seebetrieb gehörende Schiff zu betreten, dort im Rahmen seiner Aufgaben tätig zu werden sowie an den Sit-

zungen der Bordvertretung teilzunehmen. § 115 Abs. 7 Nr. 5 Satz 1 gilt entsprechend.
6. Liegt ein Schiff in einem Hafen innerhalb des Geltungsbereichs dieses Gesetzes, so kann der Seebetriebsrat nach Unterrichtung des Kapitäns Sprechstunden an Bord abhalten und Bordversammlungen der Besatzungsmitglieder durchführen.
7. Läuft ein Schiff innerhalb eines Kalenderjahres keinen Hafen im Geltungsbereich dieses Gesetzes an, so gelten die Nummern 5 und 6 für europäische Häfen. Die Schleusen des Nordostseekanals gelten nicht als Häfen.
8. Im Einvernehmen mit dem Arbeitgeber können Sprechstunden und Bordversammlungen, abweichend von den Nummern 6 und 7, auch in anderen Liegehäfen des Schiffes durchgeführt werden, wenn ein dringendes Bedürfnis hierfür besteht. Kommt eine Einigung nicht zustande, so entscheidet die Einigungsstelle. Der Spruch der Einigungsstelle ersetzt die Einigung zwischen Arbeitgeber und Seebetriebsrat.

(4) Die §§ 42 bis 46 über die Betriebsversammlung finden auf den Seebetrieb keine Anwendung.

(5) Für den Seebetrieb nimmt der Seebetriebsrat die in den §§ 47 bis 59 dem Betriebsrat übertragenen Aufgaben, Befugnisse und Pflichten wahr.

(6) Die §§ 74 bis 113 über die Mitwirkung und Mitbestimmung der Arbeitnehmer finden auf den Seebetriebsrat mit folgender Maßgabe Anwendung:
1. Der Seebetriebsrat ist zuständig für die Behandlung derjenigen nach diesem Gesetz der Mitwirkung oder Mitbestimmung des Betriebsrats unterliegenden Angelegenheiten,
   a) die alle oder mehrere Schiffe des Seebetriebs oder die Besatzungsmitglieder aller oder mehrerer Schiffe des Seebetriebs betreffen,
   b) die nach § 115 Abs. 7 Nr. 2 von der Bordvertretung abgegeben worden sind oder
   c) für die nicht die Zuständigkeit der Bordvertretung nach § 115 Abs. 7 Nr. 1 gegeben ist.
2. Der Seebetriebsrat ist regelmäßig und umfassend über den Schiffsbetrieb des Seeschiffahrtsunternehmens zu unterrichten. Die erforderlichen Unterlagen sind ihm vorzulegen.

**Zweiter Abschnitt
Luftfahrt**

§ 117 Geltung für die Luftfahrt

(1) Auf Landbetriebe von Luftfahrtunternehmen ist dieses Gesetz anzuwenden.
(2) Für im Flugbetrieb beschäftigte Arbeitnehmer von Luftfahrtunternehmen kann durch Tarifvertrag eine Vertretung errichtet werden. Über die Zusammenarbeit dieser Vertretung mit den nach diesem Gesetz zu errichtenden Vertretungen der Arbeitnehmer der Landbetriebe des Luftfahrtunternehmens kann der Tarifvertrag von diesem Gesetz abweichende Regelungen vorsehen; § 3 Abs. 2 ist entsprechend anzuwenden.

Gesetzestext

**Dritter Abschnitt
Tendenzbetriebe und Religionsgemeinschaften**

§ 118 Geltung für Tendenzbetriebe und Religionsgemeinschaften

(1) Auf Unternehmen und Betriebe, die unmittelbar und überwiegend
1. politischen, koalitionspolitischen, konfessionellen, karitativen, erzieherischen, wissenschaftlichen oder künstlerischen Bestimmungen oder
2. Zwecken der Berichterstattung oder Meinungsäußerung, auf die Artikel 5 Abs. 1 Satz 2 des Grundgesetzes Anwendung findet,

dienen, finden die Vorschriften dieses Gesetzes keine Anwendung, soweit die Eigenart des Unternehmens oder des Betriebs dem entgegensteht. Die §§ 106 bis 110 sind nicht, die §§ 111 bis 113 nur insoweit anzuwenden, als sie den Ausgleich oder die Milderung wirtschaftlicher Nachteile für die Arbeitnehmer infolge von Betriebsänderungen regeln.

(2) Dieses Gesetz findet keine Anwendung auf Religionsgemeinschaften und ihre karitativen und erzieherischen Einrichtungen unbeschadet deren Rechtsform.

**Sechster Teil
Straf- und Bußgeldvorschriften**

§ 119 Straftaten gegen Betriebsverfassungsorgane und ihre Mitglieder

(1) Mit Freiheitsstrafe bis zu einem Jahr oder mit Geldstrafe wird bestraft, wer
1. eine Wahl des Betriebsrats, der Jugend- und Auszubildendenvertretung, der Bordvertretung, des Seebetriebsrats oder der in § 3 Abs. 1 Nr. 1 oder 2 bezeichneten Vertretungen der Arbeitnehmer behindert oder durch Zufügung oder Androhung von Nachteilen oder durch Gewährung oder Versprechen von Vorteilen beeinflußt;
2. die Tätigkeit des Betriebsrats, des Gesamtbetriebsrats, des Konzernbetriebsrats, der Jugend- und Auszubildendenvertretung, der Gesamtjugend- und Auszubildendenvertretung, der Bordvertretung, des Seebetriebsrats, der in § 3 Abs. 1 Nr. 1 oder 2 bezeichneten Vertretungen der Arbeitnehmer, der Einigungsstelle, der in § 76 Abs. 8 bezeichneten tariflichen Schlichtungsstelle, der in § 86 bezeichneten betrieblichen Beschwerdestelle oder des Wirtschaftsausschusses behindert oder stört;
3. ein Mitglied oder ein Ersatzmitglied des Betriebsrats, des Gesamtbetriebsrats, des Konzernbetriebsrats, der Jugend- und Auszubildendenvertretung, der Gesamtjugend- und Auszubildendenvertretung, der Bordvertretung, des Seebetriebsrats, der in § 3 Abs. 1 Nr. 1 oder 2 bezeichneten Vertretungen der Arbeitnehmer, der Einigungsstelle, der in § 76 Abs. 8 bezeichneten Schlichtungsstelle, der in § 86 bezeichneten betrieblichen Beschwerdestelle oder des Wirtschaftsausschusses um seiner Tätigkeit willen benachteiligt oder begünstigt.

(2) Die Tat wird nur auf Antrag des Betriebsrats, des Gesamtbetriebsrats, des Konzernbetriebsrats, der Bordvertretung, des Seebetriebsrats, des Wahlvorstands, des Unternehmers oder einer im Betrieb vertretenen Gewerkschaft verfolgt.

§ 120 Verletzung von Geheimnissen

(1) Wer unbefugt ein fremdes Betriebs- oder Geschäftsgeheimnis offenbart, das ihm in seiner Eigenschaft als
1. Mitglied oder Ersatzmitglied des Betriebsrats oder einer der in § 79 Abs. 2 bezeichneten Stellen,
2. Vertreter einer Gewerkschaft oder Arbeitgebervereinigung,
3. Sachverständiger, der vom Betriebsrat nach § 80 Abs. 3 hinzugezogen oder von der Einigungsstelle nach § 109 Satz 3 angehört worden ist, oder
4. Arbeitnehmer, der vom Betriebsrat nach § 107 Abs. 3 Satz 3 oder vom Wirtschaftsausschuß nach § 108 Abs. 2 Satz 2 hinzugezogen worden ist,

bekanntgeworden und das vom Arbeitgeber ausdrücklich als geheimhaltungsbedürftig bezeichnet worden ist, wird mit Freiheitsstrafe bis zu einem Jahr oder mit Geldstrafe bestraft.

(2) Ebenso wird bestraft, wer unbefugt ein fremdes Geheimnis eines Arbeitnehmers, namentlich ein zu dessen persönlichem Lebensbereich gehörendes Geheimnis, offenbart, das ihm in seiner Eigenschaft als Mitglied oder Ersatzmitglied des Betriebsrats oder einer der in § 79 Abs. 2 bezeichneten Stellen bekanntgeworden ist und über das nach den Vorschriften dieses Gesetzes Stillschweigen zu bewahren ist.

(3) Handelt der Täter gegen Entgelt oder in der Absicht, sich oder einen anderen zu bereichern oder einen anderen zu schädigen, so ist die Strafe Freiheitsstrafe bis zu zwei Jahren oder Geldstrafe. Ebenso wird bestraft, wer unbefugt ein fremdes Geheimnis, namentlich ein Betriebs- oder Geschäftsgeheimnis, zu dessen Geheimhaltung er nach den Absätzen 1 oder 2 verpflichtet ist, verwertet.

(4) [1]Die Absätze 1 bis 3 sind auch anzuwenden, wenn der Täter das fremde Geheimnis nach dem Tode des Betroffenen unbefugt offenbart oder verwertet.

(5) [1]Die Tat wird nur auf Antrag des Verletzten verfolgt. Stirbt der Verletzte, so geht das Antragsrecht nach § 77 Abs. 2 des Strafgesetzbuches auf die Angehörigen über, wenn das Geheimnis zum persönlichen Lebensbereich des Verletzten gehört; in anderen Fällen geht es auf die Erben über. Offenbart der Täter das Geheimnis nach dem Tode des Betroffenen, so gilt Satz 2 sinngemäß.

§ 121 Bußgeldvorschriften

(1) Ordnungswidrig handelt, wer die in § 90 Satz 1, § 92 Abs. 1 Satz 1, § 99 Abs. 1, § 106 Abs. 2, § 108 Abs. 5, §§ 110 und 111 bezeichneten Aufklärungs- und Auskunftspflichten nicht, wahrheitswidrig, unvollständig oder verspätet erfüllt.

(2) Die Ordnungswidrigkeit kann mit einer Geldbuße bis zu 20000 Deutsche Mark geahndet werden.

Gesetzestext

Siebenter Teil
Änderung von Gesetzen

§ 122 Änderung des Bürgerlichen Gesetzbuches

(nicht abgedruckt)

§ 123 Änderung des Kündigungsschutzgesetzes

(nicht abgedruckt)

§ 124 Änderung des Arbeitsgerichtsgesetzes

(nicht abgedruckt)

Achter Teil
Übergangs- und Schlußvorschriften

§ 125 Erstmalige Wahlen nach diesem Gesetz

(1) Die erstmaligen Betriebsratswahlen nach § 13 Abs. 1 finden im Jahre 1972 statt.
(2) Die erstmaligen Wahlen der Jugend- und Auszubildendenvertretung nach § 64 Abs. 1 Satz 1 finden im Jahre 1988 statt. Die Amtszeit der Jugendvertretung endet mit der Bekanntgabe des Wahlergebnisses der neu gewählten Jugend- und Auszubildendenvertretung, spätestens am 30. November 1988.
(3) § 13 Abs. 1 Satz 1 und Abs. 2 Nr. 1, § 21 Satz 1, § 26 Abs. 2 Satz 1, § 27 Abs. 1 und 2, die §§ 28, 38 Abs. 2, § 47 Abs. 2 Satz 3, § 51 Abs. 2 und § 55 Abs. 1 Satz 3 sind in geänderter Fassung erstmalig anzuwenden, wenn Betriebsräte nach dem 31. Dezember 1988 gewählt worden sind.

§ 126 Ermächtigung zum Erlaß von Wahlordnungen

Der Bundesminister für Arbeit und Sozialordnung wird ermächtigt, mit Zustimmung des Bundesrates Rechtsverordnungen zu erlassen zur Regelung der in den §§ 7 bis 20, 60 bis 63, 115 und 116 bezeichneten Wahlen über
1. die Vorbereitung der Wahl, insbesondere die Aufstellung der Wählerlisten und die Errechnung der Vertreterzahl;
2. die Frist für die Einsichtnahme in die Wählerlisten und die Erhebung von Einsprüchen gegen sie;
3. die Vorschlagslisten und die Frist für ihre Einreichung;
4. das Wahlausschreiben und die Fristen für seine Bekanntmachung;
5. die Stimmabgabe;
6. die Feststellung des Wahlergbnisses und die Fristen für seine Bekanntmachung;
7. die Aufbewahrung der Wahlakten.

Gesetzestext

§ 127 Verweisungen

Soweit in anderen Vorschriften auf Vorschriften verwiesen wird oder Bezeichnungen verwendet werden, die durch dieses Gesetz aufgehoben oder geändert werden, treten an ihre Stelle die entsprechenden Vorschriften oder Bezeichnungen dieses Gesetzes.

§ 128 Bestehende abweichende Tarifverträge

Die im Zeitpunkt des Inkrafttretens dieses Gesetzes nach § 20 Abs. 3 des Betriebsverfassungsgesetzes vom 11. Oktober 1952 geltenden Tarifverträge über die Errichtung einer anderen Vertretung der Arbeitnehmer für Betriebe, in denen wegen ihrer Eigenart der Errichtung von Betriebsräten besondere Schwierigkeiten entgegenstehen, werden durch dieses Gesetz nicht berührt.

§ 129 Außerkrafttreten von Vorschriften

(1) Mit dem Inkrafttreten dieses Gesetzes tritt das Betriebsverfassungsgesetz vom 11. Oktober 1952 (Bundesgesetzbl. I S. 681), zuletzt geändert durch das Erste Arbeitsrechtsbereinigungsgesetz vom 14. August 1969 (Bundesgesetzbl. I S. 1106), mit Ausnahme der §§ 76 bis 77 a, 81, 85 und 87 außer Kraft. In § 81 Abs. 1 Satz 1 werden die Worte »§§ 67 bis 77« durch die Worte »§§ 76 und 77« ersetzt; Satz 2 wird gestrichen. In § 87 werden die Worte »6 bis 20, 46 und 47« gestrichen. Das Betriebsverfassungsgesetz vom 11. Oktober 1952 erhält die Bezeichnung »Betriebsverfassungsgesetz 1952«.
(2) Soweit in den nicht aufgehobenen Vorschriften des Betriebsverfassungsgesetzes 1952 auf Vorschriften verwiesen wird, die nach Absatz 1 aufgehoben sind, treten an ihre Stelle die entsprechenden Vorschriften dieses Gesetzes.

§ 130 Öffentlicher Dienst

Dieses Gesetz findet keine Anwendung auf Verwaltungen und Betriebe des Bundes, der Länder, der Gemeinden und sonstiger Körperschaften, Anstalten und Stiftungen des öffentlichen Rechts.

§ 131 Berlin-Klausel

Dieses Gesetz gilt nach Maßgabe des § 13 Abs. 1 des Dritten Überleitungsgesetzes vom 4. Januar 1952 (Bundesgesetzbl. I S. 1) auch im Land Berlin. Rechtsverordnungen, die auf Grund dieses Gesetzes erlassen werden, gelten im Land Berlin nach § 14 des Dritten Überleitungsgesetzes.

§ 132 Inkrafttreten

Dieses Gesetz tritt am Tage nach seiner Verkündung in Kraft.

Einleitung

I. Geschichtlicher Überblick

Auf dem Gebiete der Betriebsverfassung verfügt Deutschland über eine lange Tradition. Abgesehen von den vereinzelt freiwillig eingeführten Arbeiterausschüssen, die gedanklich auf den Entwurf einer Gewerbeordnung zurückgingen, der der Frankfurter Nationalversammlung von 1848 vorgelegt worden war, wurden mit dem sogenannten Arbeiterschutzgesetz von 1891, einer Novelle zur Gewerbeordnung, ständige Arbeiterausschüsse eingesetzt. Nachdem auch das Gesetz über den vaterländischen Hilfsdienst vom 5. 12. 1916 Arbeiter- und Angestelltenausschüsse vorschrieb, brachte das Betriebsrätegesetz vom 4. 2. 1920 die erste umfassende Kodifikation des Betriebsräterechts. Dieses Gesetz war nach der ihm programmatisch gestellten Aufgabe vornehmlich auf die Interessenvertretung der Arbeitnehmerschaft gegenüber dem Arbeitgeber angelegt. Stellung und Aufgaben des Betriebsrats waren von dem Gedanken des Interessengegensatzes zwischen Arbeitgeber und Arbeitnehmer getragen. Das Gesetz führte erstmalig im deutschen Recht allgemein die obligatorische Errichtung von Betriebsräten durch Wahl der Arbeitnehmerschaft ein und verlieh diesen Betriebsräten als den Organen der Arbeitnehmerschaft Mitwirkungs- und zum Teil Mitbestimmungsrechte im sozialen und personellen Bereich sowie Informationsrechte auf wirtschaftlichem Gebiet.

Die Entwicklung wurde in der nationalsozialistischen Zeit durch das Gesetz zur Ordnung der nationalen Arbeit vom 20. Januar 1934 unterbrochen, aber unmittelbar nach dem Krieg durch das Kontrollgesetz Nr. 22 vom 10. 4. 1946 wieder aufgenommen. Dieses Gesetz enthielt betriebsverfassungsrechtliche Rahmenvorschriften, mit denen die Wahl von Betriebsräten ohne ein festbestimmtes Aufgabengebiet fakultativ ermöglicht werden sollte. Auf der Grundlage dieses Rahmengesetzes hatte die Mehrzahl der Länder in der Folgezeit zum Teil in erheblich voneinander abweichender Weise Betriebsrätegesetze erlassen. Eine außerordentliche Rechtszersplitterung auf dem Gebiet des Betriebsverfassungsrechts war die Folge. Sie wurde beseitigt und eine bundeseinheitliche Rechtsgrundlage wieder hergestellt durch das Betriebsverfassungsgesetz vom 11. Oktober 1952 (BGBl. I S. 681). Der Verabschiedung durch den Gesetzgeber am 19. Juli 1952 waren 2jährige Beratungen im Bundestag vorausgegangen. Der Bundesrat erteilte dem Gesetz am 31. Juli 1952 seine Zustimmung. Es wurde am 14. Oktober des gleichen Jahres mit dem Datum vom 11. Oktober 1952 verkündet und trat am 14. November 1952 in Kraft. Diese verhältnismäßig langen Fristen erleichterten es der Praxis, sich auf das neue Gesetz und die mit ihm verbundenen neuen Aufgaben einzustellen. In Abweichung von seinen Vorgängern bezeichnete das Betriebsverfassungsgesetz 1952 die »vertrauensvolle Zusammenarbeit zwischen Arbeitgeber und Betriebsrat zum Wohl des Betriebes und seiner Arbeitnehmer«, also den »betrieblichen Frieden« als das vom Gesetzgeber erstrebte Ziel der den Betrieben mit diesem Gesetz gegebenen Verfassung. Die auch nach diesem Gesetz erforderliche und gebotene Vertretung der beiderseitigen Interessen hatte sich dieser übergeordneten Zielsetzung einzuordnen. Das Gesetz ging aus von der Eigenständigkeit der Betriebsräte als den gewählten Vertretern aller Arbeitnehmer des Betriebes und begrenzte den

Einleitung

Einfluß der außerbetrieblichen Organisationen (Gewerkschaften und Arbeitgeberverbände) auf Zusammenarbeit und Unterstützung der Tätigkeit der betrieblichen Partner. Die Organisationsvorschriften über Bildung und Geschäftsführung der Betriebsräte wurden gegenüber dem früheren Recht wesentlich ausgebaut, die Mitwirkungs- und Mitbestimmungsrechte der Arbeitnehmervertretungen in den Betrieben erweitert und konkretisiert. Für fast 20 Jahre war das Betriebsverfassungsgesetz 1952 die rechtliche Grundlage der Zusammenarbeit zwischen Arbeitgeber und Arbeitnehmern im Betrieb. Es hat sich in dieser Aufgabe hervorragend bewährt.

Ungeachtet der weithin anerkannten Bewährung des Betriebsverfassungsgesetzes 1952 mehrten sich insbesondere seit Beginn der 5. Legislaturperiode des Deutschen Bundestages die Stimmen, die sich dafür aussprachen, die Regelungen des Gesetzes den seit seinem Inkrafttreten eingetretenen wirtschaftlichen und sozialen Entwicklungen anzupassen. Die drei im Bundestag vertretenen Fraktionen legten dem Bundestag in der Zeit vom Spätherbst 1967 bis zum Frühjahr 1969 unterschiedliche, auf die Novellierung des Betriebsverfassungsgesetzes 1952 gerichtete Novellierungsvorschläge vor, die auch während der Legislaturperiode in erster Lesung beraten, dann aber nicht weiter behandelt wurden. Auch DGB und DAG traten, ebenso wie andere gewerkschaftliche und sonstige Arbeitnehmerorganisationen, in dieser Zeit mit Vorschlägen für eine Neuregelung der Betriebsverfassung an die Öffentlichkeit. Die Bundesvereinigung der Deutschen Arbeitgeberverbände nahm zur Bewährung und Fortentwicklung des Betriebsverfassungsgesetzes wiederholt öffentlich Stellung.

Zu Beginn der 6. Legislaturperiode kündigte die Bundesregierung in ihrer Regierungserklärung vom 28. Oktober 1969 die Reform des Betriebsverfassungsgesetzes an. Der daraufhin im Bundesministerium für Arbeit und Sozialordnung entwickelte Referentenentwurf wurde in mehreren Koalitionsgesprächen Ende 1970 in einer Reihe von wesentlichen Punkten geändert.

Nach Herbeiführung der Übereinstimmung in der Koalition wurde der Regierungsentwurf durch das Kabinett verabschiedet und am 29. Januar 1971 dem Bundestag vorgelegt (BT-Drucksache VI/1786). Die erste Lesung fand im Bundestag am 11. Februar 1971 statt. Gleichzeitig behandelte der Bundestag in erster Lesung den Entwurf eines Gesetzes der Fraktion der CDU/CSU über die Mitbestimmung der Arbeitnehmer in Betrieb und Unternehmen, der dem Bundestag seitens der Opposition am 8. Februar 1971 vorgelegt worden war (BT-Drucksache VI/1806). Dieser Entwurf unterschied sich von dem Regierungsentwurf in wesentlichen Punkten. Er zielte insbesondere darauf ab, die Rechtsstellung des einzelnen Arbeitnehmers im Betrieb zu verstärken und neue Kommunikationswege, z.B. durch die Einführung von Arbeitsgruppensprechern im Betrieb, zu erschließen sowie die Mitbestimmungs- und Mitwirkungsrechte des Betriebsrats in abgestufter Weise weiter zu entwickeln. Vor allem wollte der CDU/CSU-Entwurf in Anerkennung eines Sachzusammenhanges zwischen Mitbestimmung auf betrieblicher Ebene und Mitbestimmung auf Unternehmensebene im Gegensatz zum Regierungsentwurf auch die Neuregelung der Mitbestimmung im Aufsichtsrat in die Novellierung einbeziehen. Hierbei wurde entsprechend den Beschlüssen des CDU-Parteitages in Düsseldorf 1971 davon ausgegangen, daß die paritätische Mitbestimmung nicht verwirklicht, sondern die Zahl der Arbeitnehmervertreter im Aufsichtsrat über ⅓ hinaus erhöht und bis zum Verhältnis 7:5 verstärkt werden sollte. Die Auffassung von der Einheitlichkeit der Unternehmens- und Betriebs-

Einleitung

verfassung und die von ihr vorgeschlagene Regelung behielt die Opposition bis zur Verabschiedung des Gesetzes durch den Bundestag bei. Nach Beratung in den zuständigen Ausschüssen, insbesondere im federführenden Ausschuß für Arbeit und Sozialordnung, der auch öffentliche Sachverständigenanhörungen durchführte, wurde das Gesetz in 2. und 3. Lesung vom Plenum des Bundestages am 10. November 1971 verabschiedet. Der Bundesrat legte zunächst wegen zahlreicher Änderungsvorschläge Einspruch ein, stimmte jedoch, nachdem der Vermittlungsausschuß eine Änderung des Gesetzes mehrheitlich abgelehnt hatte, am 17. Dezember 1971 dem Gesetz zu. Das Gesetz wurde am 18. Januar 1972 im Bundesgesetzblatt verkündet (BGBl. I S. 13) und trat am Tage nach seiner Verkündung, am 19. Januar 1972, in Kraft.

Vom Beginn der parlamentarischen Verhandlungen bis zum Inkrafttreten des Gesetzes verging demgemäß nur ein knappes Jahr, also nur etwa die Hälfte der entsprechenden Zeitspanne für das BetrVG 1952. Der betrieblichen Praxis blieb demgemäß und nicht zuletzt auch deshalb, weil das Gesetz bis zum Schluß seiner parlamentarischen Behandlung heiß umstritten war, entsprechend weniger Zeit, sich auf die neuen Rechtsvorschriften vorzubereiten.

Während der Reformdiskussion wurde streng zwischen der Betriebs- und der Unternehmensverfassung unterschieden.

Das Betriebsverfassungsgesetz 1972 hat von der Regelung der Unternehmensverfassung – der Beteiligung der Arbeitnehmer in den Unternehmensorganen – abgesehen und mit dem Betriebsverfassungsgesetz lediglich die rechtliche Organisation der Zusammenarbeit von Arbeitgeber und Arbeitnehmer in den Betrieben geregelt. Auch die Verwaltungsbehörden und die Betriebe des öffentlichen Dienstes sind aus dem Anwendungsbereich des Betriebsverfassungsgesetzes ausgeschlossen (§ 130). Für sie gelten das Bundespersonalvertretungsgesetz vom 5. 8. 1955 sowie die Personalvertretungsgesetze der Länder.

II. Die Leitgedanken des Gesetzes

Überragende Leitlinie des Betriebsverfassungsgesetzes ist der Partnerschaftsgedanke zwischen Arbeitgeber und Betriebsrat. Dieser bedeutet, daß Arbeitgeber und Betriebsrat sich nicht in der Konfrontation gegenüberstehen, sondern vielmehr ihre Tätigkeit entsprechend dem Gebot der vertrauensvollen Zusammenarbeit ausrichten sollen. Damit wird dieser Grundsatz, der auch nach dem Betriebsverfassungsgesetz 1952 als unmittelbar geltende Verpflichtung die Zusammenarbeit zwischen Arbeitgeber und Betriebsrat geregelt hat, auch für das neue Recht als bestimmender Rechtsgrundsatz aufrechterhalten und, wie der Ausschußbericht (S. 9) feststellt, wegen seiner grundsätzlichen Bedeutung in die einleitenden Bestimmungen aufgenommen. Der Beachtung dieses Grundsatzes wird im Rahmen des neuen Gesetzes angesichts weiterer betriebsverfassungsrechtlicher Instanzen und ausgedehnter Mitbestimmungs- und Mitwirkungsrechte der Betriebsräte in Zukunft eine noch größere Bedeutung zukommen.

Ebenso hält das Gesetz in Übereinstimmung mit dem BetrVG 1952 an der unterschiedlichen Aufgabe und Funktion von Betriebsrat und Gewerkschaft im Rahmen der Betriebsverfassung fest, geht jedoch, wie die Begründung des Regierungsentwurfes (S. 33, 34) und der Ausschußbericht (S. 11) übereinstimmend betonen, davon aus, daß auch bei Wahrung dieses Grundsatzes der Aufgabentren-

Einleitung

nung und der gegenseitigen Unabhängigkeit eine innerbetriebliche Zusammenarbeit zwischen Gewerkschaft und Betriebsräten im Interesse der Arbeitnehmer des Betriebes nützlich und sinnvoll ist. Demgemäß hat das Gesetz die betriebsverfassungsrechtlichen Rechte der Gewerkschaften in mehrfacher Hinsicht verstärkt und auch das betriebsverfassungsrechtliche Zugangsrecht von Gewerkschaftsbeauftragten zum Betrieb in § 2 Abs. 2 ausdrücklich geregelt. Im übrigen aber bleiben Träger der Zusammenarbeit Arbeitgeber und Betriebsrat, also die betrieblichen Partner, während die außerbetrieblichen Koalitionen auf eine Unterstützungsfunktion verwiesen sind. Das Prinzip einer vertrauensvollen Zusammenarbeit zwischen Betriebsrat und Arbeitgeber wird unterstützt durch das Gebot der betrieblichen Friedenspflicht (§ 74 Abs. 2 Satz 1), wonach Maßnahmen des Arbeitskampfes zwischen Betriebsrat und Arbeitgeber unzulässig sind.

Der Wille, die Konfrontation zwischen den Betriebspartnern zu unterbinden, kommt auch in dem Verbot der parteipolitischen Betätigung zum Ausdruck (§ 74 Abs. 2 Satz 3). Nach herrschender Auffassung ist dieses Verbot extensiv zu interpretieren und umfaßt nicht nur die Parteipolitik im engeren Sinne, sondern auch allgemeinpolitische Themen. Neben Arbeitgeber und Betriebsrat gilt der Grundsatz gleichermaßen für alle Arbeitnehmer des Betriebes, jedoch wird das Verbot der politischen Betätigung durch die zusätzlich aufgenommenen Formulierungen in § 74 Abs. 2 und § 45 dahingehend modifiziert, daß die dort im einzelnen genannten Sachthemen, soweit sie die Arbeitnehmer des Betriebes oder den Betrieb unmittelbar berühren, zugelassen sind.

Das Kernstück des Gesetzes sind jedoch die in nicht unerheblichem Maße erweiterten Mitbestimmungs- und Mitwirkungsrechte des Betriebsrates, die das Ziel des Betriebsverfassungsgesetzes verwirklichen helfen sollen, wonach trotz der anerkannten Planungs-, Organisations- und Leitungskompetenz des Arbeitgebers die Arbeitsverhältnisse unter Berücksichtigung der durch das Grundgesetz vorgegebenen Wertordnung zu gestalten sind.

vor 1

Betriebsverfassungsgesetz

vom 15. Januar 1972 (BGBl. I S. 13)

geändert durch das Gesetz zum Schutze in Ausbildung befindlicher Mitglieder von Betriebsverfassungsorganen vom 18. 1. 1974 (BGBl. I S. 85), geändert durch Artikel 238 des Einführungsgesetzes zum Strafgesetzbuch vom 2. 3. 1974 (BGBl. I S. 469), ergänzt und geändert durch Artikel 2 des Beschäftigungsförderungsgesetzes 1985 vom 26. 4. 1985 (BGBl. I S. 710), geändert durch Artikel 3 des ersten Gesetzes zur Änderung des Schwerbehindertengesetzes vom 24. 7. 1986 (BGBl. I S. 1110), geändert durch das Gesetz zur Bildung von Jugend- und Auszubildendenvertretungen in den Betrieben vom 13. 7. 1988 (BGBl. I S. 1034), geändert durch Artikel 1 des Gesetzes zur Veränderung des Betriebsverfassungsgesetzes über Sprecherausschüsse der leitenden Angestellten und zur Sicherung der Montanmitbestimmung vom 20. 12. 1988 (BGBl. I S. 2312); Bekanntmachung der Neufassung (BGBl. 1989 – S. 1, 902), geändert durch Gesetz vom 18. 12. 1989 (BGBl. I 1989, 2386), ergänzt durch Artikel 3, Satz 2 über die Schaffung einer Währungs-, Wirtschafts- und Sozialunion zwischen der Bundesrepublik Deutschland und der Deutschen Demokratischen Republik vom 18. 5. 1990 (BGBl. II S. 587, GBGl. I S. 332), ergänzt durch den Einigungsvertrag vom 31. 8. 1990 (BGBl. II S. 889); dazu Gesetz vom 23. 9. 1990 (BGBl. II S. 885).

**Erster Teil
Allgemeine Vorschriften**

Vorbemerkung

Literaturübersicht

1. Allgemein zum BetrVG 1972
Anders Das neue BetrVG aus der Sicht der DAG, BABl. 1972, 299; *Arendt* Die Reform der Betriebsverfassung, BABl. 1972, 273; *Auffarth* Überblick über das neue BetrVG, BUV 1971, 193; *ders.* Das neue BetrVG, AuR 1972, 33; *ders.* Zehn Jahre BetrVG 1972, RdA 1982, 201; *ders.* Betriebsverfassung und Auslandsbeziehungen, FS für *Hilger/Stumpf*, 1983, 31; *Biedenkopf* Anmerkungen zum neuen BetrVG, FS für *Heinz Kaufmann*, 91; *ders.* Anmerkungen zum BetrVG 1972, BB 1972, 1513; *Birk* Auslandsbeziehungen und BetrVG 61 ff., FS für *Ludwig Schnorr v. Carolsfeld* zum 70. Geburtstag; *Blomeyer* Das Übermaßverbot im Betriebsverfassungsrecht, FS *BAG*, 1979, 17; *Bohlen* Übersicht über die Beteiligungsrechte des Betriebsrats in der Betriebsverfassung, BB 1980, 1221; *Boldt* Zum neuen deutschen BetrVG, ZfA 1972, 43; *Brill* Betriebsverfassung und Tarifvertrag, BlStSozArbR 1980, 9; *ders.* Übersicht über die Rechtsprechung zum BetrVG 1972, BB 1973 Beilage Nr. 3; *ders.* Zur zivilrechtlichen Haftung des Betriebsrats und seiner Mitglieder, AuR 1980, 353; *Buchner* Reform des Betriebsverfassungsrechts, Die AG 1971, 135; *ders.* Zentrale Punkte des neuen Betriebsverfassungsrechts, Die AG 1973, 13, 58; *ders.* Die persönliche Verantwortlichkeit der Betriebsratsmitglieder für rechtswidrige Betriebsratsbeschlüsse, FS für *G. Müller*, 1981, 93; *ders.* Arbeitszeitregelungen im Spannungsfeld zwischen Tarifvertrag und Betriebsvereinbarung, NZA 1986, 377; *ders.* Rechtswirksamkeit der tarifvertraglichen Regelungen über die Flexibilisierung der Arbeitszeit in der Metallindustrie, DB 1985, 913; *Däubler* Arbeitsrecht und betriebliche Interessenvertretung, DB 1982, 389; *ders.* Grund-

vor 1

strukturen der Betriebsverfassung, AuR 1982, 6; *Derleder* Zur zivilrechtlichen Haftung des Betriebsrats und seiner Mitglieder, AuR 1980, 360; *Dütz* Strukturen des Betriebsverfassungsrechts, JuS 1972, 685; *Dütz/Schulin* Das Betriebsverfassungsrecht in seiner dogmatischen und systematischen Fortentwicklung, ZfA 1975, 103; *Eich* Der SPD-Entwurf zur Änderung des BetrVG DB 1985, 1393; *Erdmann* Rechtliche und rechtspolitische Probleme des Betriebsverfassungsgesetzentwurfs BlStSozArbR 1971, 41; *Etzel* Die Rechtsprechung zum BetrVG 1972, BlStSozArbR 1973, 177, 196, 215, 225; *ders.* Betriebsverfassungsrecht, 1977; *Fischer, A*.: Zur Haftung des Betriebsrats für Verletzungen seiner Amtspflicht, RdA 1961, 230f.; *Fitting* Die Grundzüge des neuen BetrVG, BABl. 1972, 276; *Frey* Die Rechtsnatur der Belegschaft und des Betriebsrats, RdA 1960, 89; *Galperin* Der Regierungsentwurf eines neuen BetrVG – eine kritische Analyse, Düsseldorf 1971; *ders.* RdA 1959, 321ff.; *Gamillscheg* »Betrieb« und »Bargaining unit«, ZfA 1975, 357; *Gnade* Die Einigungsstelle nach dem neuen BetrVG, AuR 1973, 43ff.; *Gaul* Betriebsverfassungsrechtliche Aspekte einer Entsendung von Arbeitnehmern ins Ausland, BB 1990, 697ff.; *Gester* Zur Stellung der Gewerkschaft im Betrieb nach dem neuen BetrVG, GewMH 1972, 19; *ders.* Zur Rechtsnatur des Betriebsrats, RdA 1960, 406ff.; *ders.* Die betriebsverfassungsrechtliche Stellung von Belegschaft und Betriebsrat, Diss. 1956; *Gnade* Die Einigungsstelle nach dem neuen BetrVG, AuR 1973, 43ff.; *Göbel* Das neue Betriebsverfassungsrecht, BlStSozArbR 1972, 1, 23, 45; *Gramm* Rechtsnatur und Haftung des Betriebsrates, AR-Blattei D Betriebsverfassung VII A; *Gross* Die Nachprüfbarkeit von Beschlüssen des Betriebsrates durch das Arbeitsgericht, AuR 1953, 71ff.; *Haase* Betrieb, Unternehmen und Konzern im Arbeitsrecht, NZA Beilage Nr. 3/88, 11ff.; *Hanau* Analogie und Restriktion im Betriebsverfassungsrecht, FS für *G. Müller*, 1981, 169; *ders.* Verkürzung und Differenzierung der Arbeitszeit als Prüfsteine des kollektiven Arbeitsrechts, NZA 1985, 73; *ders.* Der Entwurf eines »Gesetzes zur Verstärkung der Minderheitenrechte in den Betrieben und Verwaltungen«, RdA 1985, 291; *ders.* SPD-Entwurf eines Gesetzes zum Ausbau und zur Sicherung der betrieblichen Mitbestimmung, RdA 1986, 250; *ders.* Unklarheiten in dem Regierungsentwurf des BetrVG, BB 1971, 485; *ders.* Repräsentation des Arbeitgebers und der leitenden Angestellten durch den Betriebsrat?, RdA 1979, 324f. *ders.* Allgemeine Grundsätze der betrieblichen Mitbestimmung, RdA 1973, 281; *Hess/Kropshofer* Anwendbarkeit des BetrVG auf Auslandsmitarbeiter von Inlandsbetrieben, BlStSozArbR 1979, 100; *Hexel* Stationen der Betriebsverfassung in Deutschland bis zum BetrVG 1972, BetrR 1985, 121; *Hoffmann* Betriebsverfassung und Grundgesetz, AuR 1971, 271; *ders.* Kompetenzzuweisungen an den Betriebsrat – Grundlage für Individualrechte einzelner Arbeitnehmer? Ein Beitrag zum Verhältnis von Betriebsverfassungs- und Individualarbeitsrecht, Diss. Hochschule der Bundeswehr Hamburg, 1983; *Hromadka* BetrVG 1972, NJW 1972, 83; *ders.* Betriebsvereinbarung über mitbestimmungspflichtige soziale Angelegenheiten bei Tarifüblichkeit. Zwei-Schranken-Theorie ade?, DB 1987, 1991; *v. Hoyningen-Huene/Meier-Kreuz* Mitbestimmung trotz Tarifvertrag, NZA 1987, 793; *v. Hoyningen-Huene* Das Betriebsverhältnis, NZA 1989, 121ff.; *ders.* Die Einführung und Anwendung flexibler Arbeitszeiten im Betrieb, NZA 1985, 9; *ders.* Kompetenzüberschreitende Tarifverträge zur Regelung unterschiedlicher Wochenarbeitszeiten, NZA 1985, 170; *Ische* Reflexwirkungen der Betriebsverfassung im Individualbereich, RdA 1962, 373ff.; *Kilian* Auswirkungen des Bundesdatenschutzgesetzes auf das Betriebsverfassungsrecht, RdA 1978, 201; *Kittner-Schlüpers/Oehmen/Rebel* Rechtsprobleme der Tarifverträge über Arbeitszeitverkürzung und Arbeitszeitflexibilisierung, DB 1985, 172; *Knuth* BetrVG – voll angenommen –, BABl. 1983, 8; *Kunze* Mitbestimmung in der Wirtschaft und Eigentumsordnung, RdA 1972, 257; *Konzen* Betriebsverfassungsrechtliche Leistungspflichten des Arbeitgebers, 1984; *ders.* Privatrechtssystem und Betriebsverfassung, FS für *E. Wolf*, 1985, 279; *Kraft* Mehrere Unternehmen als Träger eines Betriebs i.S. des BetrVG, FS für *Hilger/Stumpf*, 1983, 395; *Kreutz* Grenzen der Betriebsautonomie, 1979; *Linnekohl/Rauschenberg* Tarifvertragliche Neuregelung der Wochenarbeitszeit und betriebsverfassungsrechtlichen Gestaltungsmöglichkeiten, BB 1984, 2197; *Löwisch* Möglichkeiten und Grenzen der Betriebsvereinbarung, AuR 1978, 97; *ders.* Einheitlicher Betrieb und Mehrheit von Unternehmen, RdA 1976, 35; *Matthes* Die Rechtsprechung des Bundesarbeitsgerichts zur Mitbestimmung des Betriebsrats in Entgeltfragen, NZA 1987, 289; *Mayer* Mitbestimmungsgesetz und BetrVG – Einheitliche Mitbestimmung in Betrieb und Unternehmen, BlStSozArbR 1976, 173; *Meier-Kreuz* Die Erweiterung von Mitbestimmungsrechten des Betriebsrats durch Tarifvertrag, DB 1988, 2149; *Mengel* Die betriebliche soziale Mitbestimmung und ihre Grenzen, DB 1982, 43; *Müller G.*, Zur Stellung der Verbände im neuen Betriebsverfassungsrecht, ZfA 1972 213, 234 ff.; *Muhr* Gewerkschaften und Betriebsverfassung, AuR 1982, 1; *Obermeyer* Verfassungsrechtliche Bedenken gegen den Regierungsentwurf eines BetrVG, DB 1971, 36; *Pohle* Das BetrVG in der betrieblichen Praxis, 1979; *Reuter* Das neue BetrVG, JuS 1972, 163; *ders.* Der Einfluß der Mitbestimmung auf das Gesellschafts- und Arbeitsrecht, AcP Bd. 179, 509; *Reuter/Streckel* Grundfragen der betriebsverfassungsrechtlichen Mitbestimmung, 1973; *Richardi* Der Gesetzentwurf zur Verstärkung der Minderheitenrechte in den Betrieben und Verwaltungen (MindRG), AuR 1986, 33; *ders.* Das neue BetrVG, JA 1972, 137; *ders.* Betriebsratsamt und Gewerkschaft, RdA 1972, 8 ff.; *ders.* Die betriebliche Übung – ihre rechtliche Bedeutung – insbesondere ihr Verhältnis zur Betriebsvereinbarung, RdA 1960, 401 ff.; *ders.* Erweiterung der Mitbestimmung des Betriebsrats durch Tarifvertrag, NZA 1988, 673; *ders.* Die tarif- und betriebsverfassungsrechtliche Bedeutung der tarifvertraglichen Arbeitszeitregelung in der Metallindustrie, NZA 1984, 387; *Rüthers/Hacker* Das BetrVG auf dem Prüfstand, 1983; *Rüthers* Rechtsprobleme betrieblicher Sondervertretungen für leitende Angestellte, BB 1972, 1105; *Ruf* Das neue BetrVG. Ein Vergleich der wichtigsten Bestimmungen des alten und neuen Rechts, DB 1971, 2475; *ders.* Mitbestimmung der Arbeitnehmer im Betrieb und Unternehmen, DB 1971, 1768, 1816; *Säcker* Zehn Jahre BetrVG 1972 im Spiegel höchstrichterlicher Rechtsprechung, 1982; *ders.* Betriebszugehörigkeit als Rechtsproblem im Betriebsverfassungs- und Mitbestimmungsrecht. Zur Unterscheidung von Betrieb und Unternehmen, 1980; *Salje* Betriebsaufspaltung und Arbeitnehmerschutz, NZA 1988, 449; *Schüren* Neue rechtliche Rahmenbedingungen der Arbeitszeitflexibilisierung, RdA 1985, 22; *Sorge* Die Haftung des Betriebsrats für unerlaubte Handlungen, AuR 1953, 272 f.; *Spie/Piesker* Beteiligungsrechte von Betriebsrat und Arbeitnehmern im Rahmen des Betriebsverfassungsrechts, BB 1981, 796; *Steinmeyer* Zum Mitbestimmungsrecht des Betriebsrats bei der Regelung von Arbeitsbedingungen auf Montagebaustellen und in Betrieben im Ausland, DB 1980, 1541; *Weiss* Zur Haftung des Betriebsrats, RdA 1974, 269 f.; *Wendeling-Schröder* Mehrere Unternehmen – ein Betrieb, NZA 1984, 247; *Wiese* Der Ausbau des Betriebsverfassungsrechts, JArbR Bd. 9 (1971) 1; *ders.* Der Ausbau des Betriebsverfassungsrechts, JArbR Bd. 9 (1971), 55 ff.; *Wisskirchen* Das neue BetrVG aus der Sicht der Arbeitgeber, BABl. 1972, 288; *Wölfel* Das neue BetrVG, ArbuSozR 1972, 2; *Zachert* Neue Entwicklungen zur Tarifautonomie und betrieblichen Mitbestimmung, NZA 1988, 185; *Ziepke* Rechtsprobleme der neuen tarifvertraglichen Arbeitszeitregelung in der Metallindustrie, BB 1985, 281; *Zöllner* Die Stellung des Arbeitnehmers im Betrieb und Unternehmen, FS *BAG*, 1979, 745; *ders.* Die Nutzung DV-gestützter Personalinformationssysteme im Schnittpunkt von Datenschutzrecht und Betriebsverfassung, DB 1984, 241.

2. Betriebsverfassung und Auslandsbeziehung
Birk Auslandsbeziehungen und BetrVG, FS für *Schnorr v. Carolsfeld*, 1973, 61.

Inhaltsübersicht

	Rz.
A. Der Geltungsbereich des BetrVG	1–14
B. Die Zuordnung der Betriebsverfassung zu dem privaten oder öffentlichen Recht	15
C. Die Rechtsnatur des Betriebsrats	16–26
D. Die Haftung des Betriebsrats, der Belegschaft und der einzelnen Betriebsratsmitglieder	27–39

E.	Die Abänderung der Betriebsverfassung	40–91
I.	Allgemeines	40, 41
II.	Die Abänderung der Organisationsnormen	42
III.	Abänderung der Vorschriften über die Zuständigkeit der Einigungsstelle sowie der gesetzlich geregelten Verfahrensabläufe	43–49
	1. Einschränkung oder Erweiterung der Zuständigkeit der Einigungsstelle	43–46
	2. Änderung des Verfahrensablaufs vor der Einigungsstelle	47–49
	a) Änderung durch Betriebsvereinbarung	47
	b) Änderung durch Tarifvertrag	48, 49
IV.	Einschränkung und Erweiterung der Individualrechte der Arbeitnehmer (§§ 81 ff.)	50–63
	1. Einzelvertragliche Abänderung	50–57
	2. Abänderung durch Betriebsvereinbarung	58–62
	3. Abänderung durch Tarifvertrag	63
V.	Änderung der Mitbestimmungs- und Mitwirkungsbefugnisse des Betriebsrats durch Betriebsvereinbarung oder Tarifvertrag	64–82
	1. Einschränkung der Mitbestimmungs- und Mitwirkungsrechte	64
	2. Erweiterung der Mitbestimmungs- und Mitwirkungsrechte	65–82
	a) Erweiterung der Mitbestimmungs- und Mitwirkungsrechte im sozialen Bereich	65–68
	aa) Erweiterung durch Betriebsvereinbarung	65–67
	bb) Erweiterung durch Tarifvertrag	68
	b) Erweiterung der Mitbestimmungs- und Mitwirkungsrechte im personellen Bereich	69, 70
	aa) Erweiterung durch Betriebsvereinbarung	69
	bb) Erweiterung durch Tarifvertrag	70
	c) Erweiterung der Mitbestimmungs- und Mitwirkungsrechte im wirtschaftlichen Bereich	71–82
	aa) Erweiterung durch Betriebsvereinbarung	71
	bb) Erweiterung durch Tarifvertrag	71–82
VI.	Die Schaffung von neuen Mitwirkungs- und Vertretungsorganen	83–91

A. Der Geltungsbereich des BetrVG

1 Das BetrVG gilt in der **Bundesrepublik Deutschland**. Zur Geschichte des BetrVG siehe GK-*Thiele* Einleitung Rz. 1 ff.
Die Geltung des BetrVG beschränkt sich dabei nicht auf in der Bundesrepublik Deutschland gelegene Betriebe deutscher Inhaber. Vielmehr werden alle im Geltungsbereich liegenden betriebsratsfähigen Betriebe erfaßt, ungeachtet der Nationalität ihrer Inhaber (*BAG* vom 9. 11. 1977 – 5 AZR 132/76 – EzA § 102 BetrVG 1972 Nr. 31 = DB 1978, 451; GK-*Kraft* § 1 Rz. 12, 13; *D/R* vor § 1 Rz. 39 m. w. N.; *F/A/K/H* § 1 Rz. 5; *G/K/S/B* § 1 Rz. 3; *v. Hoyningen-Huene* § 3 I, 15).

2 Dies bedeutet, daß auch für **inländische Zweigniederlassungen ausländischer Unternehmen**, die ihren Hauptsitz im Ausland haben, das BetrVG Anwendung findet (*BAG* vom 9. 5. 1959 – 2 AZR 474/58 – AP Nr. 3 zu Internationales Privatrecht, Arbeitsrecht m. Anm. *Gamillscheg* = DB 1959, 835, 836; *BAG* vom 1. 10. 1974 – 1 ABR 77/73 – EzA § 106 BetrVG 1972 Nr. 1 m. Anm. *Buchner* = DB 1975, 453), bis die Geltung ausländischen Rechts vereinbart wurde (*BAG* vom 9. 11. 1977 – 5 AZR 132/76 – EzA § 102 BetrVG 1972 Nr. 31 = DB 1978, 451; GK-*Kraft* § 1 Rz. 12, 13). Entgegen den in der Literatur erhobenen Zweifeln (GK-

Kraft § 1 Rz. 16ff.) ist auch für die inländischen Betriebe ausländischer Unternehmen ein Wirtschaftsausschuß zu bilden, wenn mehr als 100 Arbeitnehmer beschäftigt werden (s. u. § 106 Rz. 9 m. w. N.).

Betriebe deutscher Unternehmer im Ausland unterliegen nicht dem BetrVG 3 (*BAG* vom 1. 10. 1974 – 1 ABR 77/73 – EzA § 106 BetrVG 1972 Nr. 1 m. Anm. *Buchner* = DB 1975, 453; *Erdmann/Jürging/Kammann* § 1 Rz. 5). Dies gilt nach allgemeiner Auffassung auch dann, wenn für die im Ausland tätigen Arbeitnehmer die Geltung des deutschen Arbeitsrechts vereinbart wurde (*BAG* vom 25. 4. 1978 – 6 ABR 2/77 – EzA § 8 BetrVG 1972 Nr. 6 = DB 1978, 1840 m. zust. Anm. *Simitis; LAG Berlin* vom 23. 5. 1977 – 9 Sa 75/76 – BB 1977, 1302; GK-*Kraft* § 1 Rz. 20; *D/R* vor § 1 Rz. 41 m. w. N.; *G/K/S/B* § 1 Rz. 4 *F/A/K/H* § 1 Rz. 7; *G/L* vor § 1 Rz. 1a; vgl. dagegen *Gamillscheg* Internationales Arbeitsrecht 1959, 370ff.; *Schnorr v. Carolsfeld* 421).

Eine Einschränkung erfährt dieses Territorialitätsprinzip durch sog. »**Ausstrah-** 4 **lungen**« eines in der Bundesrepublik gelegenen Betriebes über die Landesgrenzen hinaus (*BAG* vom 25. 4. 1978 – 6 ABR 2/77 – EzA § 8 BetrVG 1972 Nr. 6 = DB 1978, 1840 m. zust. Anm. *Simitis; LAG Berlin* vom 23. 5. 1977 – 9 Sa 75/76 – DB 1977, 1302; *LAG Düsseldorf/Köln* vom 14. 2. 1979 – 16 TaBV 52/78 – DB 1979, 2233; *LAG Hamm* vom 12. 3. 1980 – 3 TaBV 7/80 – DB 1980, 1030; *F/A/K/H* § 1 Rz. 13; GK-*Kraft* § 1 Rz. 21; *G/L* vor § 1 Rz. 10; *D/R* vor § 1 Rz. 43; *Nikisch* III, 57; *Birk* FS für *Schnorr v. Carolsfeld*, 77ff.; *v. Hoyningen-Huene* § 3 I, 15). Die Feststellung der Reichweite dieser Ausstrahlungen bereitet Schwierigkeiten. Die überwiegend vertretene Ansicht geht davon aus, daß die Vorschriften des Betriebsverfassungsgesetzes für die Auslandsmitarbeiter deutscher Betriebe dann gelten sollen, wenn die Arbeitnehmer vorübergehend im Ausland außerhalb einer dort bestehenden »festen betrieblichen Organisation« beschäftigt werden, wie z. B. die Montagearbeiter (GK-*Kraft* § 1 Rz. 21; *G/L* vor § 1 Rz. 10; *D/R* vor § 1 Rz. 43; *F/A/K/H* § 1 Rz. 14), oder wenn die im Ausland tätigen Arbeitnehmer dort in eine feste betriebliche Organisation eingegliedert sind, ihre Tätigkeit aber nur zeitlich beschränkter Natur ist, z. B. zur Vertretung eines anderen Mitarbeiters oder aufgrund eines zeitlich befristeten Auftrages (*BAG* vom 21. 10. 1980 – 6 AZR 640/79 – EzA § 102 BetrVG 1972 Nr. 43 = DB 1981, 696, siehe auch eingehend *Gaul* BB 1990, 700 m. w. N.).

Eine Anwendung des BetrVG ist bei Arbeitnehmern ausgeschlossen, die nicht 5 von einem Betrieb im Inland entsandt worden sind, sondern im Ausland für die dortige Tätigkeit eingestellt oder befristet für die dortige Tätigkeit eingesetzt wurden (*BAG* vom 25. 4. 1978 – 6 ABR 2/77 – EZA § 8 BetrVG 1972 Nr. 6 = DB 1978, 1840 m. zust. Anm. *Simitis; LAG Düsseldorf* vom 2. 2. 1982 – 11 TaBV 102/81 – DB 1982, 962; *BAG* vom 21. 10. 1980 – 6 AZR 640/79 – EzA § 102 BetrVG 1972 Nr. 43 = DB 1981, 696). Sind die Arbeitskräfte im Ausland auf Dauer eingesetzt, soll das BetrVG keine Anwendung finden mit der Folge, daß die betriebsverfassungsrechtlichen Normen nicht anwendbar sind (*BAG* vom 25. 4. 1978 – 6 ABR 2/77 – EzA § 8 BetrVG 1972 Nr. 6 = DB 1978, 1840 m. zust. Anm. *Simitis*; *BAG* vom 21. 10. 1980 – 6 AZR 640/79 – EzA § 102 BetrVG 1972 Nr. 43 = DB 1981, 696; *G/L* vor § 1 Rz. 10). Ein Indiz für eine dauerhafte Entsendung wird grundsätzlich darin gesehen, daß die Auslandsabordnung länger als ein Jahr dauert (*Birk* a. a. O. 79; **differenzierend** *BAG* vom 25. 4. 1978 – 6 ABR 2/77 – EzA § 8 BetrVG 1972 Nr. 6 = DB 1978, 1840 m. zust. Anm. *Simitis;* **ablehnend** *Hess/Kropshofer* BlStSozArbR 1979, 100, 101f.; *Steinmeyer* DB 1980, 1541, 1542).

vor 1

Wenn nicht besondere Umstände vorliegen, soll bei einer Entsendung für die Dauer von mehr als zwei Jahren die »Ausstrahlung« entfallen (*D/R* vor § 1 Rz. 44).

6 Die herrschende Auffassung über die Frage nach der Ausstrahlungswirkung von betriebsverfassungsrechtlichen Einrichtungen ist zu undifferenziert. Das Prinzip des territorial begrenzten Geltungsbereichs des BetrVG bedarf der Modifizierung durch die Anwendung des der gesamten Betriebsverfassung zugrunde liegenden Schutzprinzips zugunsten der Arbeitnehmer. Aus dem Schutzprinzip läßt sich ableiten, daß die zeitliche Begrenzung der betriebsverfassungsrechtlichen Ausstrahlungen zu eng ist, während andererseits – und zwar hinsichtlich des sachlichen Umfangs – die Ausstrahlungen eingeschränkt werden müssen. Für die Frage, ob der betriebsverfassungsrechtliche Schutz dem Arbeitnehmer zukommen soll, ist nicht auf die Dauer des Auslandsaufenthaltes abzustellen. Maßgebliche Abgrenzungskriterien sind die durch den Arbeitsvertrag gestalteten Individualbeziehungen zwischen Arbeitgeber und Arbeitnehmer. Die Anwendung des deutschen BetrVG auf im Ausland tätige Arbeitnehmer eines deutschen Betriebes ist in den Fällen geboten, in denen der Arbeitgeber aufgrund von einzelvertraglichen Abreden sich das Recht des jederzeitigen Rückrufs bzw. das Recht der jederzeitigen Versetzung vorbehalten hat. Dieses **Rückrufrecht** bindet den Arbeitnehmer rechtlich so eng an den Betrieb des Arbeitgebers, daß hinsichtlich der Schutzwirkungen des BetrVG eine Differenzierung zwischen im Ausland tätigen und im Inland eingesetzten Arbeitnehmern unberechtigt ist. Dies gilt unabhängig davon, ob für die betreffenden Arbeitsverhältnisse die Geltung deutschen Rechts vereinbart worden ist (vgl. hierzu *Hess/Kropshofer* a.a.O. 102; **zustimmend** *F/A/K/H* § 1 Rz. 15; a. A. GK-*Kraft* § 1 Rz. 21).

7 Eine andere Frage ist es, in welchem Umfang die Auslandsmitarbeiter, die von den Ausstrahlungen erfaßt werden, betriebsverfassungsrechtlich den in Deutschland tätigen Arbeitnehmern gleichzustellen sind, beispielsweise ob ihnen das aktive und/oder das passive Wahlrecht zum Betriebsrat zusteht. Die im Schrifttum unbestrittene Auffassung billigt den Auslandsmitarbeitern alle Rechte zu (*D/R* vor § 1 Rz. 48; *F/A/K/H* § 1 Rz. 17ff.; *G/K/S/B* § 1 Rz. 4; GK-*Kraft* § 1 Rz. 21). Soweit das aktive Wahlrecht, die Individualrechte der §§ 81–84, die Mitwirkungs- und Mitbestimmungsrechte des Betriebsrats bei personellen Einzelmaßnahmen in Frage stehen, kann dieser Auffassung schon aufgrund des Schutzprinzips zugestimmt werden.

Das passive Wahlrecht steht jedoch den im Ausland tätigen Arbeitnehmern nicht zu, selbst wenn sie nur vorübergehend dort eingesetzt sind, da sie nicht in der Lage sind, die ihnen im Falle ihrer Wahl obliegenden Aufgaben ordnungsgemäß zu erfüllen. Dieser Auffassung steht nicht entgegen, daß § 8 die Wählbarkeitsvoraussetzungen für Betriebsratsmitglieder anscheinend abschließend aufzählt. Es ist unbestritten, daß denjenigen Arbeitnehmern, die aus persönlichen Gründen nicht in der Lage sind, die ihnen als Betriebsratsmitgliedern obliegenden Pflichten zu erfüllen, das passive Wahlrecht nicht zusteht (*F/A/K/H* § 7 Rz. 10; GK-*Thiele* § 7 Rz. 13, § 8 Rz. 11ff., der auch das aktive und passive Wahlrecht der Arbeitnehmer, die Wehr- oder Ersatzdienst leisten, zutreffend verneint; **dagegen** *F/A/K/H* § 7 Rz. 14, § 8 Rz. 7; *D/R* § 7 Rz. 17ff., § 8 Rz. 35).

8 Das Schutzprinzip als Leitgedanke des BetrVG erfordert, das passive Wahlrecht auf diejenigen Arbeitnehmer zu beschränken, die an der Ausübung ihres Amtes objektiv nicht gehindert sind. Die Anwendbarkeit des § 25 Abs. 1 Satz 2 ist für

vor 1

diese Fallkonstellation nicht geeignet (vgl. ausführlich dazu *Hess/Kropshofer* a. a. O. 100 ff.; **a. A.** *D/R* vor § 1 Rz. 48). Einer solchen Beschränkung kann nicht entgegengehalten werden, daß § 8 BetrVG die zwingenden Wählbarkeitsvoraussetzungen erschöpfend aufzähle (so aber *BAG* vom 16. 2. 1973 – 1 ABR 18/72 – EzA § 19 BetrVG 1972 Nr. 1 = DB 1973, 1254).

Auch hinsichtlich von Teilversammlungen und Informationsbesuchen im Ausland 9
durch den Betriebsrat muß die »Ausstrahlung« bezüglich ihres sachlichen Umfangs begrenzt werden.

Die Entscheidung des *LAG Hamm* vom 12. 3. 1980 – 3 TaBV 7/80 – DB 1980, 1030, aufgehoben durch *BAG* vom 27. 5. 1982 – 6 ABR 28/80 – EzA § 42 BetrVG 1972 Nr. 3 = DB 1982, 2519, wonach der Betriebsrat berechtigt sein soll, hinsichtlich der auf Baustellen außerhalb der Grenzen der Bundesrepublik Deutschland und West-Berlins vorübergehend tätigen Arbeitnehmer, also derjenigen, die von der »Ausstrahlungswirkung« erfaßt werden, nach Maßgabe des BetrVG Teilversammlungen abzuhalten und sonstige Betriebsratsarbeit zu leisten, ist dem Grundsatz nach berechtigt (vgl. *D/R* vor § 42 Rz. 6, *Steinmeyer* DB 1980, 1541), jedoch insgesamt zu weitgehend.

Zutreffend ist mit dem *ArbG Herne* (vom 23. 11. 1979 – 1 BV 16/79 – DB 1980, 791, I. Instanz zu *LAG Hamm* vom 12. 3. 1980) davon auszugehen, daß es einer »besonderen pflichtgemäßen Ermessensentscheidung« des Betriebsrats obliegt, zu prüfen, ob eine Teilversammlung erforderlich und zweckmäßig ist (vgl. auch *D/R* vor § 42 Rz. 9, § 42 Rz. 42). Inkonsequent bei Bejahung der »Ausstrahlungswirkung« die Entscheidung des *LAG Düsseldorf* vom 14. 2. 1979 – 16 TaBV 52/78 – DB 1979, 2233, wonach sich der Anwendungsbereich des BetrVG völkerrechtlich auf den Bereich der Bundesrepublik Deutschland beschränke.

Auch die Begründung des *BAG* vom 27. 5. 1982 (– 6 ABR 28/80 – EzA § 42 BetrVG 1972 Nr. 3 = DB 1982, 2519), die Tätigkeit der Organe der Betriebsverfassung sei grundsätzlich auf das Inland beschränkt, läßt sich mit dem Grundsatz der »Ausstrahlungswirkung«, so, wie sie von der herrschenden Meinung (auch der Rechtsprechung) verstanden wird, nicht vereinbaren. Richtig muß auch hier davon ausgegangen werden, daß der sachliche Umfang der Ausstrahlungswirkung begrenzt werden muß, und zwar durch eine Zweckmäßigkeits- und Erforderlichkeitsprüfung (im Ergebnis ebenso *D/R* vor § 42 Rz. 9; *ArbG Herne* vom 23. 11. 1979 – 1 BV 16/79 – DB 1980, 791).

Einzelfälle in der Rechtsprechung 10
– Ein Arbeitnehmer, der für einen einmaligen befristeten Auslandseinsatz beschäftigt ist, unterfällt nicht dem BetrVG, auch dann nicht, wenn deutsches Arbeitsrecht vereinbart ist (so *BAG* vom 21. 10. 1980 – 6 AZR 640/79 – EzA § 102 BetrVG 1972 Nr. 43 = DB 1981, 696).
– Ortskräfte, das sind Arbeitnehmer, die nicht von einem Betrieb im Inland entsandt, sondern im Ausland eingestellt werden, unterfallen ebenfalls nicht dem BetrVG (*LAG Düsseldorf* vom 2. 2. 1982 – 11 TaBV 102/81 – DB 1982, 962).
– Ein ständig zur Auslandsvertretung entsandter Arbeitnehmer unterfällt auch dann nicht dem BetrVG, wenn im übrigen für dessen Arbeitsverhältnis deutsches Recht gilt (*BAG* vom 25. 4. 1978 – 6 ABR 2/77 – EzA § 8 BetrVG 1972 Nr. 6 = DB 1978, 1840 m. zust. Anm. *Simitis*).

Auf deutsche Arbeitnehmer, die bei **Betrieben der alliierten Streitkräfte** in der 11
Bundesrepublik Deutschland beschäftigt sind, findet das BetrVG keine Anwendung. Dort gilt mit erheblichen Einschränkungen das Bundespersonalvertretungs-

vor 1

gesetz (*BAG* vom 19. 12. 1969 – 1 ABR 9/69 – AP Nr. 1 zu Art. 56 ZA-Natotruppenstatut m. Anm. *Beizke* = DB 1970, 595; *BAG* vom 28. 4. 1970 – 1 ABR 16/69 – AP Nr. 2 zu Art. 56 ZA-Natotruppenstatut m. Anm. *Beizke* = DB 1970, 1496; GK-*Kraft* § 1 Rz. 26; *F/A/K/H* § 1 Rz. 25; *D/R* vor § 1 Rz. 51, 52; *G/L* vor § 1 Rz. 9 m. w. N.).

Die deutschen Betriebsvertretungen der zivilen Arbeitskräfte bei den Stationierungsstreitkräften des Nordatlantik-Pakts haben kein Mitwirkungsrecht bei der Einstellung von Zivilbediensteten, die nicht aufgrund eines privatrechtlichen Arbeitsvertrags, sondern in einem öffentlich-rechtlichen Dienstverhältnis nach dem Recht des Entsendestaates beschäftigt werden (*BAG* vom 23. 7. 1981 – 6 ABR 44/79 – AP Nr. 5 zu Art. 5 ZA-Natotruppenstatut m. Anm. *Beitzke* = DB 1981, 1678).

12 Kraft besonderer gesetzlicher Bestimmungen sind **aus dem Geltungsbereich** des BetrVG gänzlich **ausgenommen**:
  a) die Betriebe des öffentlichen Dienstes, § 130 BetrVG,
  b) die Religionsgemeinschaften und ihre karitativen und erzieherischen Einrichtungen, unbeschadet ihrer Rechtsform nach § 118 Abs. 2 (ebenso § 112 BPersVG),
  c) kleine Betriebe mit in der Regel weniger als fünf wahlberechtigten ständigen Arbeitnehmern oder weniger als drei ständigen wählbaren Arbeitnehmern (§ 1).

13 Besondere Vorschriften gelten für die **Seeschiffahrt** nach §§ 114–116 sowie für die im Flugbetrieb beschäftigten Arbeitnehmer von **Luftfahrtunternehmen**, für die nach § 117 Abs. 2 durch Tarifvertrag eine Vertretung errichtet werden kann.

14 Kraft besonderer Gesetzesbestimmungen sind aus dem Bereich des Betriebsverfassungsgesetzes **in Teilbereichen ausgenommen**:
  a) die sog. Tendenzbetriebe nach § 118 Abs. 1,
  b) die Betriebe des Bergbaus, der eisen- und stahlerzeugenden Industrie. Für diese Bereiche gilt hinsichtlich der Bestimmungen über die Beteiligung der Arbeitnehmer im Aufsichtsrat das Gesetz über die Mitbestimmung der Arbeitnehmer in den Aufsichtsräten und Vorständen der Unternehmen des Bergbaus und der eisen- und stahlerzeugenden Industrie vom 21. Mai 1951 (BGBl. I S. 347); im übrigen gelten auch für diese Betriebe die Vorschriften des BetrVG. Besondere Vorschriften über die Zusammensetzung des Aufsichtsrats enthält auch das Gesetz zur Ergänzung des Gesetzes über die Mitbestimmung der Arbeitnehmer in den Aufsichtsräten und Vorständen der Unternehmen des Bergbaus und der eisen- und stahlerzeugenden Industrie vom 7. August 1956 (BGBl. 1956 I S. 707 ff., die sog. Holding-Novelle).

B. Die Zuordnung der Betriebsverfassung zu dem privaten oder öffentlichen Recht

15 Die heute überwiegend vertretene Auffassung (vgl. *Nikisch* III, 21 ff.; *D/R* § 1 Rz. 31 ff. mit umfangreichen Nachweisen in Rz. 39; *Hueck/Nipperdey* II/2, 1095) ordnet das **Betriebsverfassungsrecht dem Privatrecht** zu. Entgegen dieser herrschenden Meinung ist auch die Auffassung vertretbar, daß das BetrVG dem öffentlichen Recht angehört (*Molitor* FS für *Herschel* 1955, 105; *Erdmann/Jürging/Kammann* § 1 Rz. 8; *Kammann/Hess/Schlochauer* § 1 Rz. 15 ff. mit eingehender

vor 1

Begründung; *D/R* § 1 Rz. 31 ff.; *BVerwG* vom 24. 10. 1957 – II CO 6.56 – AR-Blattei Betriebsverfassung VII Entsch. 1).
Die eindeutige Zuordnung zu dem öffentlichen bzw. dem Privatrecht kann dahinstehen, da dies für die Praxis der Gesetzesanwendung nur geringe Bedeutung hat.
Sobald aufgrund der Betriebsverfassung ein Betriebsrat gewählt wurde, entsteht zwischen dem Arbeitgeber und dem Betriebsrat ein Rechtsverhältnis (vgl. *Konzen* FS für *E. Wolf* 1985, 279 = ZfA 1985, 469 ff.), das teils auch als Treuhandverhältnis (*Heinze* ZfA 1988, 53, 71 ff.) und teils als Betriebsverhältnis (*v. Hoyningen-Huene* NZA 1989, 121 ff.) bezeichnet ist und als gesetzliches, unabhängiges, vom Arbeitgeber begründetes, unkündbares, zweiseitiges Dauerverschuldverhältnis mit gesteigerten Verhaltenspflichten gekennzeichnet werden kann.

C. Die Rechtsnatur des Betriebsrats

Die Rechtsnatur des Betriebsrats ist seit jeher heftig umstritten (vgl. die Darstellung bei *Nikisch* III, 19). Weitgehend Einigkeit besteht nur insofern, als der Betriebsrat als Kollegium von Arbeitnehmern anzusehen ist, welches Zuständigkeiten der Arbeitnehmer (Belegschaft) wahrnimmt. **16**
Die Form dieser Wahrnehmung läßt sich nicht eindeutig qualifizieren. So hat sich trotz eingehender Klärungsversuche noch keine einheitliche Auffassung gebildet (siehe *Gramm* Rechtsnatur und Haftung des Betriebsrats , AR-Blattei D Betriebsverfassung VII).
Da sich die Tätigkeit des Betriebsrats als Handeln im Geschäfts- oder Zuständigkeitsbereich eines anderen (der Belegschaft) darstellt, wird grundsätzlich versucht, die Rechtsnatur des Betriebsrats der bestehenden Systematik für derartige Konstellationen unterzuordnen. **17**
So wird zum Teil vertreten, die Wahrnehmung der Arbeitnehmerinteressen geschehe in der Form der **Stellvertretung** (vgl. *Jacobi* Grundlehren, 295 ff.; *Groß* AuR 1953, 71 (73); *Sorge* AuR 1953, 272). Andere halten das Betriebsratsamt für ein **Amt ähnlich dem des Konkursverwalters oder des Testamentvollstreckers** (so *Neumann-Duesberg* Betriebsverfassungsrecht, 234; siehe auch *Nikisch* III, 19; GK-*Thiele* Einleitung Rz. 80, 83). Häufig wird der Betriebsrat als **Organ** (*BAG* vom 6. 7. 1955 – 1 AZR 510/54 – AP Nr. 1 zu § 20 BetrVG 1952 Jugendvertreter = DB 1955, 692, 828; 1956, 645 m. Anm. *Wünnenberg*; *BAG* vom 3. 4. 1957 – 1 AZR 289/55 – AP Nr. 46 zu § 2 ArbGG 1953 m. Anm. *Franke* = DB 1957, 511; *BAG* vom 6. 11. 1959 – 1 AZR 329/58 – AP Nr. 15 zu § 13 KSchG m. Anm. *Dietz* = DB 1960, 267; *BAG* vom 19. 7. 1977 – 1 AZR 483/74 – AP Nr. 1 zu § 77 BetrVG 1972; *G/L* vor § 1 Rz. 36, siehe aber Rz. 27; *F/A/K/H* § 1 Rz. 92, 93; *Galperin* RdA 1959, 321 ff.; GK-*Thiele* Einl. Rz. 80, 83; *Frey H.*, RdA 1960, 89) oder aber als **Repräsentant** (*Hueck/Nipperdey* II/2, 1091 ff.; *D/R* § 1 Rz. 19 m. w. N.; *G/L* vor § 1 Rz. 27, siehe aber Rz. 36) der Belegschaft bezeichnet. Keiner dieser Deutungsversuche vermag die Rechtsnatur des Betriebsrats vollkommen zu erfassen. **18**
Die **Lehre von der Stellvertretung** i. S. d. §§ 164 ff. BGB kann deshalb nicht anwendbar sein, weil ein »Vertretener« fehlt. Zwar handelt der Betriebsrat bei der Wahrnehmung seiner betriebsverfassungsrechtlichen Befugnisse im Namen der Belegschaft, diese Belegschaft ist aber keine Rechtspersönlichkeit, hat daher auch keine Rechtsfähigkeit. Insbesondere bestehen grundsätzlich auch keine Einzelvollmachten zwischen den Arbeitnehmern und dem Betriebsrat. Die Tätigkeitsbe- **19**

vor 1

fugnisse des durch die Wahl legitimierten Betriebsrats sind gerade im betriebsverfassungsrechtlichen Bereich von dem Willen der einzelnen Arbeitnehmer unabhängig.

20 Diese Unabhängigkeit und Eigenverantwortlichkeit wird teilweise als Argument für die **Amtstheorie** angeführt. Zunächst ist festzustellen, daß das Amt des Betriebsrats kein öffentliches Amt ist. Ein solches öffentliches Amt würde voraussetzen, daß nicht nur dasjenige Gesetz, welches das Amt schafft, öffentlich-rechtlicher Natur ist, sondern daß dem Amtsträger darüber hinaus hoheitliche Befugnisse gegenüber dem eingeräumt werden, dessen Interessen er wahrnimmt. Dies ist bei dem Betriebsrat nicht der Fall; obwohl er z. B. durch den Abschluß von Betriebsvereinbarungen einen weitgehenden Einfluß auf die Arbeitsbedingungen der Belegschaft hat, beruht dieser Einfluß nicht auf hoheitlichen Befugnissen, stellt sich nicht als eine Art »mittelbarer Verwaltung« dar. Grundlage für die Tätigkeit des Betriebsrats ist letztlich allein die Wahl durch die Belegschaft.

21 Auch gegen die Annahme einer **privatrechtlichen Amtseigenschaft** ergeben sich Bedenken; zwar ist den Vertretern der Amtstheorie zuzugeben, daß die Tätigkeit des Betriebsrats im Rechts- und Pflichtenkreis der Belegschaft den Aufgaben der anerkannten privatrechtlichen Amtsträger ähnlich ist (insoweit zutreffend *Nikisch* III, 19). Indes dürfen die Unterschiede zwischen diesen Amtswaltern und dem Betriebsrat nicht übersehen werden. So ist schon zu Recht darauf hingewiesen worden, daß sich die Tätigkeit z. B. des Konkursverwalters auf ein Sondervermögen bezieht, welches zum Zwecke der Gläubigerbefriedigung vorübergehend der Verwaltung des Berechtigten entzogen worden ist. Der Betriebsrat dagegen hat eine auf Dauer gerichtete sozialpolitische Aufgabe.
Schwerer noch als dieser Unterschied dürfte ein weiterer Gesichtspunkt wiegen: Die Eigenschaft des Betriebsrats als privatrechtlicher Amtswalter würde voraussetzen, daß er im Rahmen seines Zuständigkeitsbereiches ausschließlich oder zumindest vorrangig für die Belegschaft handelt. Das ist in dieser Form jedoch nicht der Fall. Der Betriebsrat kann vielmehr sowohl für sich als auch für die Belegschaft oder für einen einzelnen Arbeitnehmer handeln: In den Fällen der Organisation des Betriebsrats sowie der Ausgestaltung und Sicherstellung seiner Arbeitsmöglichkeiten handelt der Betriebsrat unmittelbar für sich selbst, beispielsweise wenn die Dauer der Freistellung von einzelnen Betriebsratsmitgliedern oder die Wahl des Betriebsratsvorsitzenden in Frage stehen (§§ 26 Abs. 1, 38).
Dagegen handelt der Betriebsrat bei der Wahrnehmung von Mitbestimmungs- und Mitwirkungsrechten nicht für sich, sondern für die Belegschaft (vgl. GK-*Thiele* Einl. Rz. 78).
Die Wahrnehmung von Interessen gerade der einzelnen Arbeitnehmer wird dem Betriebsrat teilweise in §§ 84, 85 übertragen.

22 Ebensowenig wie der Begriff des Amtes bzw. Amtswalters trifft die Qualifizierung als **Repräsentant der Belegschaft** (so *Hueck/Nipperdey* II/2 1091 ff.; *Gester* Die betriebsverfassungsrechtliche Stellung von Belegschaft und Betriebsrat, 127 ff.; *ders*. RdA 1960, 406 (411); *Gramm* AR-Blattei Betriebsverfassung VII A IV 1; *Richardi* RdA 1972, 8 (10); *D/R* § 1 Rz. 19 ff.; *Müller* FS für *Schnorr v. Carolsfeld* 1973, 392 f.; *v. Hoyningen-Huene* Betriebsverfassungsrecht 1983, § 6 I 1a, 54; GK-*Kraft* § 1 Rz. 44) genau die Rechtsnatur des Betriebsrats. Dies findet seinen Grund darin, daß heute mit »Repräsentation« in erster Linie ein staatsrechtliches Strukturprinzip bezeichnet wird (so zutreffend GK-*Thiele* Einl.

Rz. 81). Zur Vermeidung von Unklarheiten sollte die Benutzung dieses Begriffs nicht auf das BetrVG ausgedehnt werden (vgl. GK-*Thiele* a. a. O.).
Am ehesten scheint noch die **Organtheorie** (*BAG* vom 6. 7. 1955 – 1 AZR 510/54 – **23** AP Nr. 1 zu § 20 BetrVG 1952 Jugendvertreter = DB 1955, 692, 828; 1956, 645 m. Anm. *Wünnenberg; BAG* vom 3. 4. 1957 – 1 AZR 289/55 – AP Nr. 46 zu § 2 ArbGG 1953 m. Anm. *Franke* = DB 1957, 511; *BAG* vom 6. 11. 1959 – 1 AZR 329/58 – AP Nr. 15 zu § 13 KSchG m. Anm. *Dietz* = DB 1960, 267; *F/A/K/H* § 1 Rz. 92, 33; *Galperin* RdA 1959, 321; *Frey H.*, RdA 1960, 93) der Rechtsqualität des Betriebsrats zu entsprechen, wenngleich hier noch verschiedene Abweichungen bestehen.
Zwar ist es zutreffend, daß sich die Zuständigkeiten und Befugnisse des Betriebsrats nicht aus Einzelvollmachten, sondern aus organisatorischen Rechtssätzen ergeben (GK-*Thiele* Ein. Rz. 78). Der Belegschaft fehlt jedoch die körperliche Struktur, die gerade die Stellung von Organen (»Wirkglieder«) erfordert. Außerdem steht auch der Organeigenschaft des Betriebsrats entgegen, daß sich seine Aufgabe nicht auf die Wahrnehmung von Interessen der Belegschaft beschränkt.
Nach alledem stellt sich der Betriebsrat als eine Art **gesetzlicher Vertreter sui** **24** **generis** dar (*Neumann-Duesberg* Betriebsverfassungsrecht, 238; »Eigenständiger Verwalter ex lege«), der seiner Ausgestaltung und seinem Aufgabenbereich nach nicht eindeutig in die vorhandene Systematik einzureihen ist.
Materiellrechtlich ergeben sich keine Besonderheiten, unabhängig davon, ob man **25** den Betriebsrat als Organ oder als Repräsentanten ansieht; zum einen sind seine Aufgaben und Befugnisse im BetrVG abschließend und ausdrücklich geregelt, ohne daß diese Regelungen durch die Rechtsnatur des Betriebsrats beeinflußt werden könnten. Der Betriebsrat, gleichgültig, in welcher rechtlichen Beziehung er zu dem Betrieb und zu der Belegschaft steht, ist Träger aller betriebsverfassungsrechtlichen Rechte und Pflichten.
Zum anderen ist es auch für die Form der betriebsverfassungsrechtlichen Mitwir- **26** kung nicht erheblich, welche Rechtsqualität man dem Betriebsrat zuspricht. Die Möglichkeit z. B. des Abschlusses von Betriebsvereinbarungen steht dem Betriebsrat uneingeschränkt zu, ohne daß seine Rechtsnatur einen Einfluß auf die Rechtsweite der Handlungsfähigkeit hätte.

D. Die Haftung des Betriebsrats, der Belegschaft und der einzelnen Betriebsratsmitglieder

Durch Beschlüsse oder andere Erklärungen und Handlungen des Betriebsrats **27** können Schäden entstehen oder Verbindlichkeiten begründet werden. Da der Betriebsrat keine selbständige Rechtspersönlichkeit besitzt und auch nicht vermögensfähig ist, haftet er als solcher weder aus rechtsgeschäftlichen Erklärungen noch aus unerlaubten Handlungen (*BAG* vom 24. 4. 1986 – 6 AZR 607/83 – EzA § 1 BetrVG Nr. 4 = DB 1986, 2680; *F/A/K/H* § 1 Rz. 105, 106, 109; *G/L* vor § 1 Rz. 36; *Gramm* Rechtsnatur und Haftung des Betriebsrats, AR-Blattei D VII Betriebsverfassung BT m. w. N.; GK-*Kraft §1 Rz. 67; D/R* vor § 26 Rz. 8).
Auch die Arbeitnehmerschaft (Belegschaft) eines Betriebes haftet für Erklärun- **28** gen oder unerlaubte Handlungen des Betriebsrats nicht, da einmal die Tätigkeit des Betriebsrats nicht auf einem privatrechtlichen Übertragungsakt seitens der Arbeitnehmer beruht und im übrigen der Belegschaft als solcher die Rechts- und

vor 1

Vermögensfähigkeit fehlt (*D/R* § 1 Rz. 13 f., vor § 26 Rz. 18; GK-*Kraft* § 1 Rz. 75; *F/A/K/H* § 1 Rz. 105, 106; *G/L* vor § 1 Rz. 36).

29 Die Heranziehung der einzelnen Betriebsangehörigen nach § 831 oder 278 BGB ist nicht möglich (vgl. *G/L* vor § 1 Rz. 36).

30 Grundsätzlich besteht auch keine Schadensersatzpflicht des Arbeitgebers für Handlungen des Betriebsrats entsprechend den §§ 30, 31 BGB, 831 oder 278 BGB; *Weiss* RdA 1974, 269 ff.; GK-*Kraft* § 1 Rz. 74; *F/A/K/H* § 1 Rz. 110; *G/L* vor § 1 Rz. 36; **einschränkend** *D/R* vor § 26 Rz. 19; *Hanau* RdA 1979, 324 ff.).

31 Zur Haftung der einzelnen Betriebsratsmitglieder wird vereinzelt vertreten, es bestehe ein gesetzliches Schuldverhältnis (»Sozialrechtsverhältnis«), aus dem besondere Pflichten des Betriebsrats gegenüber dem Arbeitgeber hervorgingen (vgl. *Neumann-Duesberg* NJW 1954, 617, 619; *Heinze* ZfA 1988, 53, 72; *v. Hoyningen-Huene* NZA 1989, 121).

Für die Konstruktion eines solchen Schuldverhältnisses gibt es im Gesetz kaum Anhaltspunkte, so daß eine Rechtsgrundlage für diese Auffassung nicht ersichtlich ist (*Nikisch* III, 172 f.; *Hueck/Nipperdey* II/2, 1110; 3; *D/R* vor § 26 Rz. 13; *Gamillscheg* AcP 1976, 214; GK-*Kraft* § 1 Rz. 69; *F/A/K/H* § 1 Rz. 111; *G/L* vor § 3 Rz. 38).

Eine derartige Haftungserweiterung würde durch ihre ständig wirkende Drohung den Betriebsrat daran hindern, seine Entscheidungen frei und unbeeinflußt von sachfremden Erwägungen zu treffen (im Ergebnis ebenso GK-*Kraft* § 1 Rz. 69).

Auch die Haftungserweiterung aufgrund des Arbeitsvertrages bei vorsätzlichem oder grob fahrlässigem pflichtwidrigem Verhalten bei der Amtsausübung würde die Arbeit des Betriebsrats im Ergebnis hindern und ist deshalb abzulehnen (so auch *F/A/K/H* § 1 Rz. 111; *Fischer* RdA 1961, 230 (231); *Weiss* RdA 1974, 272 ff.; **a.A.** *Hanau* RdA 1979, 324 ff.; *D/R* vor § 26 Rz. 15, die jedoch auch die Haftung des Arbeitgebers über § 278 BGB erweitern).

32 Die **Haftung der einzelnen Betriebsratsmitglieder** kann sich daher nur nach den allgemeinen Grundsätzen richten.

a) Die **Haftung der einzelnen Betriebsratsmitglieder** gestaltet sich aus §§ 104 ff., 420 ff. BGB (vgl. zum Folgenden besonders *Gramm* Rechtsnatur und Haftung des Betriebsrats, AR-Blattei D VII Betriebsverfassung B III), so daß in jedem Einzelfall festgestellt werden muß, wer in wessen Namen wem gegenüber eine Erklärung abgegeben hat, ob eine dahingehende Ermächtigung des Betriebsrats vorgelegen hat und welche Betriebsratsmitglieder an der Beschlußfassung zustimmend mitgewirkt haben.

Gibt ein Betriebsratsmitglied im eigenen Namen eine rechtsgeschäftliche Erklärung ab, wird nur dieses Mitglied berechtigt und verpflichtet. Handelt es im Namen des Betriebsrats, richtet sich die Haftung nach §§ 104, 179 BGB, nämlich danach, ob der Betriebsrat eine entsprechende Bevollmächtigung vorgenommen hat.

b) Darüber hinaus können die einzelnen Betriebsratsmitglieder nur haften, soweit ihr Verhalten eine **unerlaubte Handlung** i. S. d.- §§ 823 ff. BGB darstellt; in der Mehrzahl der Fälle wird sich dabei eine gesamtschuldnerische Haftung gem. §§ 830, 840 BGB ergeben (so **zutreffend** *F/A/K/H* § 1 Rz. 116; *G/L* vor § 1 Rz. 36; GK-*Kraft* § 1 Rz. 70 ff.; *D/R* vor § 26 Rz. 17), wobei nur die Mitglieder des Betriebsrats haften, die an der Beschlußfassung über die die Haftpflicht auslösenden Handlungen beteiligt gewesen sind. Im Streitfall hat das Betriebsratsmitglied darzulegen und zu beweisen, daß es gegen den Beschluß gestimmt hat.

Eine **Haftung gem. den §§ 823ff. BGB** kommt sowohl gegenüber den Arbeitnehmern als auch gegenüber dem Arbeitgeber in Frage. Den Arbeitnehmern wird der Betriebsrat seltener aus § 823 Abs. 1 BGB (in Betracht käme das Recht auf freie berufliche und gewerbliche Betätigung – vgl. zu der Frage, ob das Recht auf Betätigung der eigenen Arbeitskraft ein absolutes Recht i. S. d. § 823 Abs. 1 BGB darstellt: *Hueck/Nipperdey* II/1, 170f.) haften, so z. B., wenn der Betriebsrat in vorsätzlicher, sittenwidriger Weise einen unsachlichen Beschluß bei Ausübung des personellen Mitbestimmungsrechts faßt oder die Entlassung eines Arbeitnehmers durch Täuschung bewirkt (so zutreffend *F/A/K/H* § 1 Rz. 115), als aus § 823 Abs. 2 BGB in Verbindung mit den betriebsverfassungsrechtlichen Schutzvorschriften, insbesondere bei Verstößen gegen die Schweigepflicht (§ 79). 33

In dem vorbezeichneten Rahmen kommt auch eine **Haftung** der Mitglieder des Betriebsrats **gegenüber dem Arbeitgeber** in Betracht. Grundsätzlich kann eine Schädigung des Arbeitgebers bei der Ausübung von Mitbestimmungs- und Mitwirkungsrechten eine Ersatzpflicht auslösen. Diese ist jedoch durch die betriebsverfassungsrechtlichen Besonderheiten eingeschränkt. Bei seinen Mitwirkungsrechten ergeht die letzte Entscheidung aufgrund eines eigenständigen Entschlusses des Arbeitgebers. Soweit der Betriebsrat dabei die Grenze zur Täuschung oder Drohung nicht überschritten hat, trifft ihn in der Regel keine Haftung. Ansonsten kommt allenfalls eine Haftung aus § 823 Abs. 1 BGB in Betracht, wenn durch Täuschung und Drohung der Gewerbebetrieb gestört wird. Bei echten Mitbestimmungsrechten kommt eine Haftung der Betriebsratsmitglieder jedenfalls insoweit nicht in Betracht, als der Arbeitgeber die Zustimmung des Betriebsrats durch die Einigungsstelle oder das Arbeitsgericht ersetzen lassen kann. 34

In allen anderen Fällen bestehen für die Haftung gegenüber dem Arbeitgeber keine Besonderheiten (siehe auch *D/R* vor § 26 Rz. 16). Eine die Ersatzpflicht auslösende Handlung nach § 823 Abs. 1 BGB kann insbesondere bei einem Eingriff in den eingerichteten und ausgeübten Gewerbebetrieb vorliegen (siehe *F/A/K/H* § 1 Rz. 111; GK-*Kraft* § 1 Rz. 70, 71; *G/L* vor § 1 Rz. 36).

Verschiedene Vorschriften des BetrVG sind als **Schutzgesetze i. S. d. § 823 Abs. 2 BGB** anzusehen. Die Haftung gegenüber dem Arbeitgeber aus einem Schutzgesetz setzt allerdings voraus, daß die verletzten Vorschriften gerade den Schutz des Arbeitgebers bezwecken. Inwieweit eine Norm diesen Zweck verfolgt, ist durch Auslegung zu ermitteln. 35

So wird das in § 77 Abs. 1 Satz 2 enthaltene, an den Betriebsrat gerichtete **Verbot des Eingriffs in die Leitung des Betriebs** als Schutzgesetz i. S. d. § 823 Abs. 2 BGB anzusehen sein (vgl. *G/L* vor § 1 Rz. 36; **a. A.** GK-*Kraft* § 1 Rz. 71; *D/R* § 77 Rz. 12, der jedoch im Einzelfall das Recht am eingerichteten und ausgeübten Gewerbebetrieb nach § 823 BGB als verletzt ansieht). 36

Hinsichtlich der **Schweigepflicht** (§ 79), des **Gleichbehandlungsgrundsatzes** (§ 75) und der **Individualrechte** (§ 81ff.) besteht Einigkeit darüber, daß ein Verstoß gegen sie eine Schadensersatzpflicht gem. § 823 Abs. 2 BGB auslöst (vgl. GK-*Kraft* § 1 Rz. 71; *D/R* vor § 26 Rz. 16, § 79 Rz. 33 m. w. N.). Gleiches gilt für das in § 74 Abs. 2 normierte **Verbot des Arbeitskampfes zwischen Arbeitgeber und Betriebsrat sowie der parteipolitischen Betätigung im Betrieb** (vgl. *F/A/K/H* § 1 Rz. 113; *Brill* AuR 1980, 353, 357; *Isele* RdA 1962, 374; *D/R* 5. Aufl. § 74 Rz. 29; **a. A.** *D/R* § 74 Rz. 53; *Konzen* Betriebsverfassungsrechtliche Leistungspflichten des Arbeitgebers, 68; GK-*Kreutz* § 74 Rz. 82). 37

vor 1

38 Schließlich können die Betriebsratsmitglieder sowohl dem Arbeitgeber als auch den Arbeitnehmern nach § 826 BGB haften (*BAG* vom 22. 5. 1959 – 1 ABR 2/59 – AP Nr. 3 zu § 23 BetrVG = DB 1958, 979; *F/A/K/H* § 1 Rz. 114; GK-*Kraft* § 1 Rz. 72). Dies setzt eine vorsätzliche Schadenszufügung in einer gegen die guten Sitten verstoßenden Weise voraus (vgl. die Kommentare zu § 826 BGB, insbesondere *Palandt/Thomas* 48. Aufl. § 826 Anm. 2). Dem Geschädigten obliegt in einem solchen Rechtsstreit die volle Beweislast.

39 Unabhängig von der Frage der Schadensersatzpflicht ist die Möglichkeit der betriebsverfassungsrechtlichen Ahndung von Pflichtverstößen des Betriebsrats nach § 23.

E. Die Abänderung der Betriebsverfassung

I. Allgemeines

40 Der weitestgehende Eingriff des Gesetzgebers in die Betriebsverfassung wäre die **Abschaffung des BetrVG**. Einer solchen Maßnahme stünde das **Sozialstaatsprinzip** des **Art. 20 Abs. 1 GG** entgegen. Dieses Prinzip besagt, daß der Staat nach den Grundsätzen der sozialen Gerechtigkeit aufgebaut sein soll (vgl. hierzu *v. Münch/Schnapp* GG 3. Aufl. Art. 20 Rz. 16). Bestandteil dieser sozialen Gerechtigkeit ist das BetrVG, durch welches die Verteilung der Machtbefugnisse im Spannungsfeld von Sozialstaat und unternehmerischer Freiheit festgelegt wurde.
Eine Abschaffung dieses Gesetzes oder auch nur eine entscheidende Verkürzung der Mitbestimmungsrechte der Arbeitnehmer bedeutete einen Rückschritt in der geschichtlichen Entwicklung und die Entstehung sozialer Ungerechtigkeit. Wenn auch den einzelnen Arbeitnehmern aufgrund des Sozialstaatsprinzips keine Ansprüche auf die Beibehaltung oder Erweiterung der betrieblichen Mitbestimmung zustehen, hat doch der Gesetzgeber durch die Kompetenzverteilung zwischen Arbeitgeber und Betriebsrat Mindestvoraussetzungen für einen sozialen Ausgleich geschaffen, die in ihrem Kernbereich nicht mehr angetastet werden können (*D/R* vor § 1 Rz. 22).

41 Schwieriger zu beantworten ist die Frage, ob durch Tarifvertrag, Betriebsvereinbarung oder einen Vertrag eigener Art die Organisationsnormen, die Rechte der Einigungsstellen, die Individualrechte der Arbeitnehmer (§§ 81 ff.) und die Mitbestimmungsbefugnisse des Betriebsrats eingeschränkt oder erweitert werden können oder ob die Schaffung neuer im Gesetz nicht vorgesehener betriebsverfassungsrechtlicher Mitwirkungsorgane möglich ist.

II. Die Abänderung der Organisationsnormen

42 Es besteht weitgehende Einigkeit darüber, daß die **Organisationsnormen** über Errichtung, Zusammensetzung und Wahl der betrieblichen Arbeitnehmervertretungen **nicht abänderbar** sind (vgl. *F/A/K/H* § 1 Rz. 123; *Nikisch* III, 352 m. w. N.; ebenso GK-*Thiele* Einl. Rz. 111). Dies gilt unabhängig davon, ob eine solche Änderung durch Tarifvertrag, Betriebsvereinbarung oder einen Vertrag sui generis in Frage steht.
Die Richtigkeit dieser Auffassung wird dadurch bestätigt, daß das Gesetz selbst

Hinweise enthält, wonach die Organisationsnormen als unabänderbar anzusehen sind. Anders ist nicht zu erklären, daß verschiedene Vorschriften (vgl. §§ 3, 38 Abs. 1, 47 Abs. 4, 55 Abs. 4, 72 Abs. 4–6, 86, 117 Abs. 2) für bestimmte Fälle abweichende Regelungen ausdrücklich zulassen. Überdies ergeben auch die Materialien zu dem BetrVG (vgl. Regierungsentwurf BetrVG, BT-Drucks. VI/1786, 36), daß der Gesetzgeber die genannten Vorschriften nicht als beispielhafte Klarstellungen für die Abänderbarkeit von Organisationsnormen angesehen hat.

Dem kann nicht entgegengehalten werden, daß die Qualität einer Vorschrift als Organisationsnorm noch nicht per se ihre Unabdingbarkeit bedeutet, es muß vielmehr gerade der Inhalt des Gesetzes die Unabdingbarkeit erfordern. Dies ist bei den betriebsverfassungsrechtlichen Organisationsnormen der Fall. Sie sind im Rahmen eines langwierigen Gesetzgebungsverfahrens als Ausfluß eines politischen Kompromisses anzusehen, von denen nur mit besonderer gesetzlicher Ermächtigung abgewichen werden kann (siehe hierzu *Nikisch* III, 352 f.).

Daraus ergibt sich, daß diese Unabänderbarkeit von Organisationsnormen sowohl für Einschränkungen als auch für Erweiterungen gilt; insbesondere verbietet sich aufgrund des Charakters dieser Bestimmungen als objektive Ordnungsvorschriften die Anwendung eines »Günstigkeitsprinzips«.

III. Abänderung der Vorschriften über die Zuständigkeit der Einigungsstelle sowie der gesetzlich geregelten Verfahrensabläufe

1. Einschränkung oder Erweiterung der Zuständigkeit der Einigungsstelle

Die unmittelbare **Erweiterung oder Einschränkung** der Zuständigkeit der betrieblichen **Einigungsstelle** (vgl. § 76 Rz. 6–20) ist **weder durch Betriebsvereinbarung noch durch Tarifvertrag möglich** und nach der Ausgestaltung des BetrVG auch nicht notwendig. 43

Nicht möglich sind unmittelbar abweichende Regelungen deshalb, weil die Vorschrift des § 76 einer Organisationsnorm gleichzustellen und damit als nicht abänderbar anzusehen ist. Neben der allgemeinen Zuständigkeit der Einigungsstelle »zur Beilegung von Meinungsverschiedenheiten zwischen Arbeitgeber und Betriebsrat« (§ 76 Abs. 1 Satz 1 i. V. m. Abs. 6) bestehen verschiedene Spezialzuweisungen (vgl. §§ 87 Abs. 2, 112 Abs. 2 u. 4), die den Umfang des Zuständigkeitsbereiches für die Einigungsstelle abschließend regeln. 44

Da die Einigungsstelle nicht um ihrer selbst willen tätig wird, sondern ihre Aufgabe darin besteht, zwischen Arbeitgeber und Betriebsrat zu vermitteln, wäre eine unmittelbare Ausweitung ihrer Zuständigkeiten nicht sinnvoll. Der Betriebsrat als Träger der Mitbestimmungsrechte muß sich im Rahmen der Zuständigkeit der Einigungsstelle nach dem Umfang der Mitwirkungsrechte des Betriebsrats richten, so daß die Zuständigkeit nicht isoliert ausgeweitet werden kann (zur Rechtsnatur der Einigungsstelle und zum Verhältnis zwischen ihr und dem Betriebsrat vgl. § 76 Rz. 1 ff., 24 ff.).

Eine Einschränkung der Zuständigkeit der Einigungsstelle kommt nicht in Betracht. Im Mittelpunkt der Reform des BetrVG stand der Ausbau der Mitbestimmung. Zur Gewährleistung der Mitbestimmungs- und Mitwirkungsrechte des Betriebsrats hat der Gesetzgeber die Einigungsstelle als Institution für den Fall geschaffen, daß sich die Betriebspartner nicht einigen können. Würden die Zustän- 45

vor 1

digkeiten der Einigungsstelle verringert, könnten die Mitbestimmungs- und Mitwirkungsbefugnisse des Betriebsrats der Durchsetzung mit Hilfe der Einigungsstelle entzogen werden, was mit dem Zweck des BetrVG nicht vereinbar wäre.

46 Ein weiteres – formales – Argument für die hier vertretene Ansicht findet sich in § 76 Abs. 4 u. 8. Der Gesetzgeber hat die Vorschriften über die Einigungsstelle nur in diesen beiden Bestimmungen einer unmittelbaren Änderung, sei es durch Betriebsvereinbarung oder Tarifvertrag, zugänglich gemacht.

2. Änderung des Verfahrensablaufs vor der Einigungsstelle

a) Änderung durch Betriebsvereinbarung

47 Die Möglichkeit, die Einzelheiten des Verfahrens vor der Einigungsstelle durch eine Betriebsvereinbarung zu regeln, ergibt sich aus § 76 Abs. 4. Der Umfang solcher Änderungen wird durch den Wortlaut dieser Vorschrift beschränkt. Danach unterliegen **nur »Weitere Einzelheiten«** der Regelungsbefugnis der Betriebsvereinbarungsparteien. Die Verfahrensgrundsätze nach § 76 Abs. 2 u. 3 sind demnach einer vertraglichen Vereinbarung entzogen.

b) Änderungen durch Tarifvertrag

48 Aus § 76 Abs. 4 ergibt sich, daß Änderungen über den Verfahrensablauf der Einigungsstelle den Betriebsvereinbarungsparteien vorbehalten sind und in einem Tarifvertrag nicht vorgenommen werden können.

49 Durch Tarifvertrag kann allerdings gem. § 76 Abs. 8 bestimmt werden, daß die Aufgaben der betrieblichen Einigungsstelle von einer **tariflichen Schlichtungsstelle** vorgenommen werden. Für diese tarifliche Schlichtungsstelle gelten die Verfahrensregeln des § 76 Abs. 3 wie für die betriebliche Einigungsstelle (vgl. *F/A/K/H* § 76 Rz. 39; GK-*Thiele* § 76 Rz. 147f.; *G/L* § 76 Rz. 49; *D/R* § 76 Rz. 140f.; *Pünnel* Die Einigungsstelle, 44; **a.A.** *G/K/S/B* § 76 Rz. 75; *Gnade* AuR 1973, 43). Daneben können aber auch durch die Tarifvertragsparteien – nicht mehr durch die Parteien einer Betriebsvereinbarung – für das Verfahren vor der tariflichen Schlichtungsstelle abweichende Regelungen i. S. d. § 76 Abs. 4 getroffen werden (vgl. GK-*Thiele* § 76 Rz. 147; *F/A/K/H* § 76 Rz. 39; *D/R* § 76 Rz. 142; *Pünnel* Die Einigungsstelle, 44f.; **a.A.** *Müller* ZfA 1972, 213). Da die tarifliche Schlichtungsstelle die Einigungsstelle ersetzt, ist der Spruch der Schlichtungsstelle im gleichen Umfang wie der der Einigungsstelle arbeitsgerichtlich überprüfbar (GK-*Kreutz* § 76 Rz. 150 m. w. N.; *F/A/K/H* § 76 Rz. 39a).

IV. Einschränkung und Erweiterung der Individualrechte der Arbeitnehmer (§§ 81 ff.)

1. Einzelvertragliche Abänderung

50 Der Sinn der in §§ 81 ff. getroffenen Regelungen ist es, den durch das BetrVG angestrebten Schutz der Arbeitnehmer auch in deren Individualsphäre zu sichern. Diese Rechte ergeben sich schon aus der Fürsorgepflicht des Arbeitgebers gegenüber seinem Arbeitnehmer (vgl. GK-*Wiese* vor § 81 Rz. 11ff.; *G/L* vor § 81 Rz. 2; *D/R* vor § 81 Rz. 1, 2 unter Hinweis auf die systematisch unbefriedigende Auf-

vor 1

nahme von Individualrechten in das BetrVG; vgl. dazu auch hier vor § 81 Rz. 1 und GK-*Wiese* vor § 81 Rz. 11).

Insbesondere die in § 75 Abs. 2 normierte Pflicht für den Arbeitgeber und den **51** Betriebsrat, die freie Entfaltung der Persönlichkeit der im Betrieb beschäftigten Arbeitnehmer zu schützen und zu fördern, dient dieser Sicherung (vgl. GK-*Wiese* vor § 81 Rz. 5f.; *F/A/K/H* § 81 Rz. 1). Eine zwingende Notwendigkeit zur Aufnahme derartiger Vorschriften in das BetrVG bestand nicht, da auch die Individualinteressen der einzelnen Arbeitnehmer durch die kollektivrechtlichen Bestimmungen geregelt sind.

Darüber hinaus konstituieren die §§ 81 ff. nicht die Rechte der Arbeitnehmer, **52** sondern haben nur **deklaratorische Wirkung**.

Die in diesen Vorschriften enthaltenen Individualrechte ergeben sich materiellrechtlich bereits aus der Fürsorgepflicht des Arbeitgebers (siehe GK-*Wiese* vor § 81 Rz. 11 ff.; *D/R* vor § 81 Rz. 6; *G/L* vor § 81 Rz. 2; *F/A/K/H* § 81 Rz. 2).

Die **§§ 81 ff.** werden überwiegend als **abschließende Regelungen** angesehen. Die- **53** ser Ansicht ist insoweit zuzustimmen, daß jedenfalls für diejenigen Arbeitnehmer, die unter den persönlichen Geltungsbereich des BetrVG fallen, eine einschränkende Auslegung der Fürsorgepflicht des Arbeitgebers nicht erfolgen kann (GK-*Wiese* vor § 81 Rz. 23). Für diejenigen Arbeitnehmer, die nicht unter die Regelung des Bereichs des BetrVG fallen, z. B. für Arbeitnehmer in Betrieben, in denen kein Betriebsrat besteht oder zu bilden ist, für die leitenden Angestellten gem. § 5 Abs. 3 und 4 und die in § 5 Abs. 2 genannten Personen, gelten die §§ 81 ff. nicht unmittelbar, stellen jedoch eine Auslegungshilfe zur Konkretisierung der vertraglichen Fürsorgepflicht dar (*BAG* vom 19. 2. 1975 – 1 ABR 55/73 – EzA § 5 BetrVG 1972 Nr. 18 = DB 1975, 1320; GK-*Wiese* vor § 81 Rz. 21; *G/L* vor § 81 Rz. 5; *D/R* vor § 81 Rz. 6, § 82 Rz. 1, § 83 Rz. 1; *F/A/K/H* § 81 Rz. 2; wohl auch *G/K/S/B* § 81 Rz. 3; **a. A.** *Brecht* § 81 Rz. 5).

In Betrieben, die betriebsratsfähig sind, in denen aber kein Betriebsrat errichtet **54** worden ist, gelten die §§ 81 ff. nicht, da das BetrVG nur zur Anwendung kommt, wenn in Betrieben ein Betriebsrat gebildet worden ist (**a. A.** GK-*Wiese* vor § 81 Rz. 21; *D/R* vor § 81 Rz. 5; *F/A/K/H* § 81 Rz. 2; *G/L* vor § 81 Rz. 4).

Der Theorienstreit dürfte für die Praxis bedeutungslos bleiben, da bei Verneinung **55** der unmittelbaren Anwendbarkeit der §§ 81 ff. diese als Auslegungshilfe zur Konkretisierung der vertraglichen Fürsorgepflicht unmittelbar Anwendung finden.

Daraus, daß für die unter das BetrVG fallenden Arbeitnehmer eine einschrän- **56** kende Auslegung der Fürsorgepflicht ausgeschlossen ist, kann jedoch nicht geschlossen werden, daß weitergehende Pflichten des Arbeitgebers einzelvertraglich nicht geschaffen werden können. Es widerspräche dem Sinn dieser Individualrechte, wollte man eine Ausdehnung für Fürsorgepflicht – sei es durch Vereinbarung der Vertragspartner, sei es durch Veränderung der Rechtsanschauung – verhindern. Eine entgegengesetzte Auffassung wäre mit der Zielsetzung des BetrVG nicht vereinbar.

Die **§§ 81 ff. stehen** damit einer **vertraglichen Ausweitung der Fürsorgepflicht 57 nicht entgegen** (vgl. GK-*Wiese* vor § 81 Rz. 26).

vor 1

2. Abänderung durch Betriebsvereinbarung

58 Die **überwiegende Meinung** hält die §§ 81 ff. wegen ihres sachlich abschließenden Regelungsbereiches für zwingend und **durch Betriebsvereinbarungen nicht abänderbar** (siehe GK-*Wiese* vor § 81 Rz. 31; *G/L* vor § 81 Rz. 5). Lediglich für Arbeitnehmer, die nicht unter den persönlichen Geltungsbereich des BetrVG fallen, soll diese zwingende Wirkung nicht bestehen (*G/L* vor § 81 Rz. 5).

59 Entgegen der Auffassung sind die Vorschriften der **§§ 81 ff. nicht zwingend**. Zunächst kann nicht aus § 86, der eine Abänderung seinem Wortlaut nach nur für das Beschwerdeverfahren vorsieht, geschlossen werden, daß die §§ 81 ff. in ihrem materiellrechtlichen Regelungsumfang einer vertraglichen Änderung verschlossen sein sollen. Rechtsdogmatisch kann aus einer derartigen Vorschrift statt eines Schlusses e contrario mit gleicher Berechtigung auch eine analoge Anwendung in Frage kommen.

60 Auch der Charakter der §§ 81 ff. spricht eher für eine Abänderbarkeit. Im Rahmen des Betriebsverfassungsrechts sind nur solche Vorschriften der Vertragsfreiheit entzogen, deren Abänderung eine Verletzung objektiver vom Gesetzgeber für unabdingbar gehaltener Ordnungsvorschriften darstellen würde.
Diese Qualität kommt den §§ 81 ff. nicht zu, da diese Vorschriften eine Konkretisierung verschiedener Mindestansprüche darstellen, die dem einzelnen Arbeitnehmer ohnehin schon nach materiellem Recht zustehen.
Eine **Erweiterung** muß daher ebenso wie durch Einzelvertrag oder **durch Betriebsvereinbarung** über die Regelung des § 86 hinaus **möglich** sein. Die grundsätzlichen Bedenken gegen die Abänderung betriebsverfassungsrechtlicher Vorschriften, wonach der von dem Gesetzgeber als richtig angesehene Kompromiß zwischen den Interessen des Arbeitgebers auf der einen und der Arbeitnehmervertretung auf der anderen Seite gestört wird, kann hier nicht eingreifen. Abgesehen von dem Fall des § 85 Abs. 2 Satz 2 (dazu unten Rz. 61) wirken sich hier Erweiterungen der Mitwirkungsmöglichkeiten nur für die Arbeitnehmer selbst aus. Eine evtl. Stärkung der Individualstellung des Arbeitnehmers kommt der Zwecksetzung des BetrVG jedoch entgegen.
Lediglich mittelbar ergibt sich eine Stärkung der Stellung des Betriebsrats, der den Arbeitnehmern bei der Verfolgung ihrer nunmehr erweiterten Rechte als Hilfsorgan zur Seite steht.

61 Die einzige echte Erweiterung von Befugnissen des Betriebsrats ergibt sich in dem bereits erwähnten Fall des § 85 Abs. 2 Satz 2. Der Betriebsrat könnte häufiger eine bindende Entscheidung der Einigungsstelle herbeiführen. Dies spricht aber nicht gegen die Abdingbarkeit der §§ 81 ff. Da die Einigungsstelle gem. § 85 Abs. 2 nicht bindend über Beschwerden entscheiden kann, soweit deren Gegenstand ein **Rechtsanspruch** ist, sind Anwendungsfälle für § 85 Abs. 2 Satz 2 selten (vgl. GK-*Wiese* § 85 Rz. 10). Die Entscheidungsmacht der Einigungsstelle wird auch durch den Ausbau der Rechte aus den §§ 81 ff. nicht erweitert. Selbst dann, wenn den Arbeitnehmern stärkere Rechtspositionen eingeräumt werden, stellen sich eventuelle Streitigkeiten über diese Positionen als Rechtsstreitigkeiten dar, die der Entscheidung der Einigungsstelle entzogen sind. Der wohlabgewogene Kompromiß der betriebsverfassungsrechtlichen Vorschriften über die Kompetenzen der Arbeitnehmervertretung wird durch eine Erweiterung der §§ 81 ff. nicht gestört.

62 Auch § 77 Abs. 3 steht einer Erweiterung der §§ 81 ff. durch Betriebsvereinbarung nicht entgegen. Zwar könnte man die Ansicht vertreten, die Rechte aus §§ 81 ff.

vor 1

stellten sich als Bestandteil von Arbeitsbedingungen dar, die üblicherweise durch Tarifvertrag geregelt werden. In diesem Fall wäre eine Erweiterung durch Betriebsvereinbarung gem. § 77 Abs. 3 tatsächlich ausgeschlossen (vgl. zu dieser Subsidiaritätsklausel § 77 Rz. 30).
Hier zeigt sich jedoch, daß den §§ 81 ff. neben ihrer deklaratorischen Wirkung noch eine weitere gleichsam formelle Funktion zukommt. Der Gesetzgeber hat diesen Teil der arbeitsvertraglichen Rechte durch die Aufnahme in das BetrVG mit einer besonderen betriebsverfassungsrechtlichen Qualität ausgestattet, die neben der materiellrechtlichen steht. Aus dieser Einbeziehung ergibt sich, daß die Rechte gem. §§ 81 ff., die auf individualrechtlicher Ebene für die Arbeitsverhältnisse Geltung erlangen, nicht unter die Sperrwirkung des § 77 Abs. 3 fallen (*BAG* vom 24. 7. 1958 – 2 AZR 404/55 – AP Nr. 6 zu § 611 BGB Akkordlohn m. Anm. *Gaul* = DB 1959, 115; *Hueck/Nipperdey* II/2, 1399; *Richardi* RdA 1960, 401, 403; *Boewer* DB 1973, 522, 526; *D/R* § 77 Rz. 169, 225; *F/A/K/H* § 77 Rz. 66).

3. Abänderung durch Tarifvertrag

Die **Erweiterung** der Individualrechte aus §§ 81 ff. kann **auch durch Tarifvertrag** 63 vorgenommen werden. Da die im BetrVG geregelten Individualrechte der Arbeitnehmer zu den Arbeitsbedingungen gehören, können sie Regelungsgegenstand eines Tarifvertrages sein (§ 1 TVG).
Die Tatsache, daß die §§ 81 ff. die schon vorgegebenen Rechte der Arbeitnehmer konkretisieren und ihnen einen besonderen betriebsverfassungsrechtlichen Bezug zuordnen, hat allerdings auf die Abbedingungsmöglichkeiten durch Tarifvertrag einen spezifischen Einfluß. Da die materiell-rechtlichen Positionen der §§ 81 ff. entsprechend ihrem Umfang auch den Umfang der Befugnisse von Betriebsrat und Einigungsstelle (vgl. Rz. 59) bestimmen, kann eine Erweiterung der Arbeitnehmerrechte und damit gleichzeitig der Kompetenzen der Arbeitnehmervertretung **nicht erstreikbar** sein.
Es soll an dieser Stelle nicht abschließend geklärt werden, ob jeder Regelungsgegenstand, der vereinbar ist, auch erstreikt werden kann (siehe hierzu für die Frage der Erweiterung der Mitbestimmung im wirtschaftlichen Bereich unten Rz. 79 ff.). Für die hier interessierende Frage der Abänderung der Rechte gem. §§ 81 ff. gilt jedoch folgendes: Wenn man eine Erweiterung der Individualrechte durch Arbeitskampfmaßnahmen für erstreikbar hielte, würde der angesprochene Kompromiß zwischen Arbeitgeberrechten und Mitbestimmungsbefugnissen gestört. Die Vorschriften der §§ 81 ff. würden in einem solchen Fall über den ihnen überwiegend zugewiesenen deklaratorischen Charakter hinaus erhebliche Wirkung entfalten. Damit das vom Gesetzgeber geschaffene Ordnungsgefüge nicht durchbrochen wird, ist eine Erweiterung dieser Vorschriften nur im Wege einer – auch hinsichtlich des »ob« – freiwilligen Vereinbarung möglich.

vor 1

V. Änderung der Mitbestimmungs- und Mitwirkungsbefugnisse des Betriebsrats durch Betriebsvereinbarung oder Tarifvertrag

1. Einschränkung der Mitbestimmungs- und Mitwirkungsrechte

64 Weder im Bereich der sozialen noch in dem der personellen sowie der wirtschaftlichen Mitbestimmung können die Rechte des Betriebsrats aufgehoben oder eingeschränkt werden (*BAG* vom 16. 4. 1957 – 1 TaBV 37/56 – AP Nr. 8 zu § 56 BetrVG 1952; *F/A/K/H* § 1 Rz. 122; vgl. auch für den Bereich der personellen Angelegenheiten *G/L* vor § 92 Rz. 3). Dabei macht es keinen Unterschied, ob dies durch Betriebsvereinbarung oder durch Tarifvertrag geschehen soll (für die Beschränkungsmöglichkeit durch Tarifvertrag unter besonderen Voraussetzungen *G/L* vor § 92 Rz. 3; GK-*Kraft* vor § 92 Rz. 13). Das BetrVG stellt insoweit Mindestanforderungen an eine wirksame Interessenvertretung, wovon zum Nachteil der Belegschaft des Betriebs nicht abgewichen werden kann.

Gerade das Zusammenspiel zwischen Mitbestimmungs- und Mitwirkungsrechten des Betriebsrats einerseits und den Zuständigkeiten der Einigungsstelle andererseits offenbart den Kompromißcharakter des Gesetzes, aufgrund dessen eine Schmälerung der Rechte der Arbeitnehmervertretungen nicht in Frage kommen kann.

2. Erweiterung der Mitbestimmungs- und Mitwirkungsrechte

a) Erweiterung der Mitbestimmungs- und Mitwirkungsrechte im sozialen Bereich

aa) Erweiterung durch Betriebsvereinbarung

65 Die **überwiegend vertretene Ansicht** nimmt an, daß im Rahmen der Mitbestimmung im sozialen Bereich eine **Erweiterung** der Rechte des Betriebsrats **möglich** ist (*BAG* vom 18. 8. 1987 – 1 ABR 30/86 – EzA § 77 BetrVG 1972 Nr. 18; DB 1987, 2257; siehe auch die weiteren Rechtsprechungsnachweise § 87 Rz. 38, GK-*Wiese* § 87 Rz. 9 mit eingehenden Nachweisen zum Streitstand; *F/A/K/H* § 1 Rz. 125, 126; *Säcker* ZfA Sonderheft 1972, 46 f.; *Hanau* RdA 1973, 281, 293; siehe auch unten § 77 Rz. 38). Das wird zum einen aus § 88 geschlossen, nach dessen Wortlaut »insbesondere« Vereinbarungen auch mit dem Regelungsgegenstand zulässig sind, den Katalog der mitbestimmungspflichtigen Angelegenheiten nach § 87 Abs. 1 zu erweitern (*BAG* vom 13. 7. 1962 – 1 ABR 2/61 – AP Nr. 3 zu § 57 BetrVG 1952 mit Anm. *Küchenhoff* = DB 1962, 1473; a.A. *G/L* § 87 Rz. 13 f. *D/R* § 1 Rz. 46 f., vor § 87 Rz. 11; GK-*Wiese* § 87 Rz. 7).

66 Überdies ist aus §§ 76 Abs. 6, 87 Abs. 2 nicht zu schließen, daß Betriebsvereinbarungen zur Erweiterung des Mitbestimmungskatalogs unzulässig sein sollen, denn die Möglichkeit eines verbindlichen Spruchs der Einigungsstelle ist nicht auf die im Gesetz ausdrücklich genannten Fälle beschränkt (*BAG* vom 13. 7. 1962 – 1 ABR 2/61 – AP Nr. 3 zu § 57 BetrVG 1952 m. Anm. *Küchenhoff* = DB 1962, 1473; GK-*Wiese* § 87 Rz. 8; *Hanau* RdA 1973, 291, 293; siehe auch unten § 77 Rz. 73).

67 Die **Gegenansicht** hält eine **Erweiterung** der Mitbestimmungs- und Mitwirkungsbefugnisse durch Betriebsvereinbarung auch im sozialen Bereich **nicht** für **möglich** (*G/L* § 87 Rz. 14; *D/R* § 1 Rz. 46 und vor § 87 Rz. 11 sowie § 88, 7, 25; *Nikisch* III,

355 ff.; *Hueck/Nipperdey* II 2, 1402; *S/W* § 87 Anm. 6, § 88 Anm. 1; siehe unten § 87 Rz. 40). Sie führt dazu an, § 88 begründe die funktionelle Zuständigkeit nur für die Regelung konkreter sozialer Angelegenheiten. Die Begründung abstrakter Mitbestimmungskompetenzen könne leicht zu unüberschaubaren Bindungen führen, welche der abgewogenen Kompetenzverteilung durch Gesetz oder durch Tarifvertrag entgegenstünden.
Dem ist entgegenzuhalten, daß Arbeitgeber und Betriebsrat jederzeit nach § 76 Abs. 6 die Einigungsstelle anrufen und sich ihrem Spruch im voraus unterwerfen können. Es gibt keinen Grund, solche Vorausunterwerfung nicht in einer freiwilligen Betriebsvereinbarung nach abstrakten Merkmalen zu regeln (GK-*Wiese* § 87 Rz. 9).
Wägt man die Argumente zu dem Für und Wider zur Zulässigkeit einer Erweiterung der Mitbestimmung durch Betriebsvereinbarung im sozialen Bereich gegeneinander ab, sind die Argumente gegen eine Erweiterung der Mitbestimmung überzeugender. Das Betriebsverfassungsrecht von 1972, das nach heftigsten Auseinandersetzungen zustande gekommen ist, wollte nicht nur exemplarische Regeln schaffen, die einer permanenten Abwandlung zugänglich sind, zumal mit dem Kompromiß sowohl die unternehmerische Freiheit als auch der Sozialstaatsgedanke hinreichend berücksichtigt wurde.

bb) Erweiterung durch Tarifvertrag
Äußerst umstritten ist die Frage, ob die Erweiterung der Mitbestimmungs- und **68** Mitwirkungsrechte im sozialen Bereich durch Tarifvertrag möglich ist. Die Rechtsprechung (*BAG* vom 18. 8. 1987 – 1 ABR 30/86 – EzA § 77 BetrVG 1972 Nr. 18 = DB 1987, 2257; *BAG* vom 10. 2. 1988 – 1 ABR 70/86 – NZA 1988, 699; *BAG* vom 24. 9. 1959 – 2 AZR 28/57 – AP Nr. 11 zu § 611 BGB Akkordlohn m. Anm. *Nikisch* = DB 1959, 1403; *LAG Hamm* vom 21. 10. 1977 – 3 TaBV 57/77 – EzA § 76 BetrVG 1972 Nr. 19 = DB 1978, 1452) und ein Teil der Literatur (*F/A/K/H* § 1 Rz. 126; § 88 Rz. 3; *G/L* § 87 Rz. 13, *G/K/S/B* § 3 Rz. 1; § 87 Rz. 7, 9; GK-*Wiese* § 87 Rz. 9 m. w. N.; *Hanau* RdA 1973, 281, 293; *ders.* NZA 1985, 73, 75; *Löwisch* AuR 1978, 97, 98, *ders.* DB 1984, 2457; *Säcker* ZfA Sonderheft 1972, 41, 47, 70) erachten die Erweiterung der Mitbestimmung im sozialen Bereich durch Tarifvertrag für zulässig. Wesentliches Argument für die Zulässigkeit tariflicher Regelungen ist die Behauptung, der Gesetzgeber habe nicht klar genug zum Ausdruck gebracht, daß er die Erweiterung der Mitbestimmung durch Tarifvertrag habe untersagen wollen; außerdem habe der Gesetzgeber die betriebsverfassungsrechtlichen Regelungsbefugnisse der Tarifvertragspartner in § 1 Abs. 2 TVG aufrechterhalten.
Stärker werdende Stimmen in der Literatur (*Buchner* Die AG 1971, 135, 139; *D/R* § 1 Rz. 46 ff., § 2 Rz. 135 ff., vor § 87 Rz. 10; *G/L* vor § 56 Rz. 51 ff.; vgl. unten § 87 Rz. 38 ff.; *Kraft* ZfA 1973, 243, 251; *Nikisch* III, 351, *ders.* RdA 1964, 305, 307; *Richardi* NZA 1984, 387, 388; *ders.* NZA 1985, 172, 173 f.; *ders.* NZA 1988, 673, 676 ff.; *S/W* § 87 Rz. 6, 84; *v. Hoyningen-Huene* NZA 1985, 9, 11, *ders.* NZA 1985, 169; *Hueck-Nipperdey* II/2, 1402 ff.) verdeutlichen mit überzeugender Begründung, daß die Erweiterung und Verstärkung der Mitbestimmungsrechte im sozialen Bereich durch Tarifvertrag unzulässig ist.
Es ist zwar zutreffend, daß sich die zwingende und abschließende Regelung nicht aus dem Gesetz erschließen läßt (GK-*Wiese* § 87 Rz. 7; **a. A.** *Hueck/Nipperdey* II/ 2, 1402) und daß der Gesetzgeber die Frage der tarifvertraglichen Erweiterung

vor 1

und Verstärkung der Mitbestimmungsrechte nicht geregelt hat. Hieraus kann jedoch ebenso wenig auf die Zulässigkeit der Erweiterung der Mitbestimmungsrechte geschlossen werden (*BAG* vom 10. 2. 1988 a. a. O.) wie aus der beispielhaften Aufzählung der mitbestimmungspflichtigen Angelegenheiten in § 88 (GK-*Wiese* § 87 Rz. 7; **a. A.** *BAG* vom 13. 7. 1962 – 1 AZR 2/61 – AP Nr. 3 zu § 57 BetrVG 1952 = DB 1962, 1473) und des Eingangssatzes des § 87 Abs. 1 (GK-*Wiese* § 87 Rz. 7; **a. A.** *BAG* vom 24. 9. 1959 – 2 AZR 28/57 AP Nr. 11 zu § 611 BGB Akkordlohn m. Anm. *Nitzisch* = DB 1959, 1403). Auch der Umstand, daß es sich bei dem Gesetz um eine Kompromißlösung handelt, kann nicht ohne weiteres für oder gegen die Erweiterung der Mitbestimmung sprechen.

Es stellt sich vielmehr weitergehend die Frage, ob das durch das BetrVG geschaffene ausgewogene Verhältnis zwischen Unternehmerfreiheit einerseits und den Mitbestimmungsrechten andererseits zu Lasten der Unternehmerfreiheit uneingeschränkt verschoben werden kann. Entgegen der Auffassung des *BAG* sind § 1 Abs. 1 und § 3 Abs. 2 TVG keine Ermächtigungsnormen, die Gestaltung der Betriebsverfassung zu ändern (*Richardi* NZA 1988, 673, 675), da sich aus § 1 TVG nur ergibt, daß sich der normative Teil des Tarifvertrages auch auf Rechtsnormen über betriebliche und betriebsverfassungsrechtliche Regelungen beziehen kann. Zu Recht weist deshalb *Richardi* darauf hin, daß den Tarifvertragsparteien wegen der unterschiedlichen Legitimationsbasis und den unterschiedlichen Ordnungsgrundsätzen nicht das Recht zusteht, über die gesetzlichen Regelungen der Mitbestimmung zu disponieren. Nur dort, wo den Tarifvertragsparteien eine Regelungsbefugnis gesetzlich eingeräumt ist, können sie gegebenenfalls auch festlegen, wie die Mitwirkung oder Mitbestimmung des Betriebsrats gestaltet wird.

b) Erweiterung der Mitbestimmungs- und Mitwirkungsrechte im personellen Bereich

aa) Erweiterung durch Betriebsvereinbarung

69 Die **überwiegende Meinung** ist der Ansicht (GK-*Kraft* vor § 92 Rz. 9), die Einschränkung und die **Erweiterung** der Mitbestimmungs- und Mitwirkungsrechte im personellen Bereich sei **nicht möglich** (*BAG* vom 25. 3. 1971 – 2 AZR 185/70 – EzA § 620 BGB Nr. 15 = DB 1971, 1113; *G/L* vor § 92 Rz. 2a; GK-*Kraft* vor § 92 Rz. 13ff.; *D/R* § 1 Rz. 46, 47, § 2 Rz. 134ff., § 99 Rz. 5f., § 102 Rz. 286ff.; *Kraft* ZfA 1973, 243, 250; *Meisel* Die Mitwirkung und Mitbestimmung des Betriebsrats in personellen Angelegenheiten, 22; *Säcker* a. a. O. 46; **a. A.** *BAG* vom 18. 8. 1987 – 1 ABR 30/86 – EzA § 77 BetrVG 1972 Nr. 18 und *BAG* vom 10. 2. 1988 – 1 ABR 70/86 – EzA § 1 TVG Nr. 34; *Halberstadt* BB 1973, 1442; *F/A/K/H* § 1 Rz. 130).

Für die die Erweiterung ablehnende Ansicht spricht zunächst, daß der Gesetzgeber eine Erweiterung der Mitbestimmungsrechte im personellen Bereich allein in § 102 Abs. 6 vorgesehen hat. Danach kann durch Betriebsvereinbarung vereinbart werden, daß Kündigungen der Zustimmung durch den Betriebsrat bedürfen sollen. Diese Vorschrift allein reicht zur Begründung der herrschenden Meinung jedoch nicht aus.

Sieht man die Vorschrift des § 102 Abs. 6 jedoch zusammen mit der des § 88, wird der Wille des Gesetzgebers deutlich. Die Generalermächtigung des § 88 bezieht sich nach ihrer Stellung systematisch nur auf soziale Angelegenheiten. Daraus folgt, daß der Gesetzgeber die Möglichkeit freiwilliger Vereinbarungen und damit die Möglichkeit der Erweiterung von Mitbestimmungsbefugnissen bewußt auf den

vor 1

Bereich der sozialen Angelegenheiten beschränkt hat. Außerdem darf nicht übersehen werden, daß die Mitbestimmungsregelungen im Personalbereich zwar den Arbeitnehmerinteressen dienen sollen, eine Erweiterung der Mitbestimmung aber zugleich eine Erweiterung der Nachteile sein könnte, die einzelne Arbeitnehmer zugunsten der Belegschaft zu erdulden hätten.

bb) Erweiterung durch Tarifvertrag
Durch die Tarifvertragsparteien können die Mitbestimmungs- und Mitwirkungs- 70 befugnisse des Betriebsrats im Bereich der personellen Mitbestimmung **nicht erweitert werden**. Zwar erscheint der Wortlaut des § 1 TVG für eine derartige Regelungsbefugnis zu sprechen. Aus dieser Vorschrift kann jedoch nicht geschlossen werden, alle betriebsverfassungsrechtlichen Fragen seien in einem Tarifvertrag regelungsfähig. Vielmehr muß davon ausgegangen werden, daß das BetrVG für betriebsverfassungsrechtliche Fragen die speziellen Normen enthält. § 1 TVG stellt demnach nur fest, daß grundsätzlich betriebsverfassungsrechtliche Probleme in einem Tarifvertrag geregelt werden können. Die Entscheidung darüber, welche betriebsverfassungsrechtlichen Fragen Regelungsgegenstand eines Tarifvertrages sein können, ist nur anhand des BetrVG zu treffen. Hierfür spricht, daß sowohl in § 3 des Entwurfs des Bundesministers für Arbeit und Sozialordnung als auch in § 2 des SPD-Entwurfs für ein BetrVG (vgl. RdA 1970, 357ff.) eine Tariföffnungsklausel enthalten war, die im Zuge der politischen Kompromißlösung nicht in das Gesetz aufgenommen wurde. Der Regierungsentwurf des BetrVG (BT-Drucks. VI/1786, 36) geht davon aus, daß diese Frage nicht abschließend geregelt sei. Würde man jedoch eine tarifvertragliche Erweiterung oder Verstärkung der Mitwirkungsrechte im personellen Bereich zulassen, wären solche Regelungen nicht durch Streik erkämpfbar (vgl. unten Rz. 79).

c) Erweiterung der Mitbestimmungs- und Mitwirkungsrechte im wirtschaftlichen Bereich

aa) Erweiterung durch Betriebsvereinbarung
Nach der **überwiegend vertretenen Ansicht**, der im Grundsatz zuzustimmen ist, ist 71 eine **Erweiterung** der Beteiligungsrechte in wirtschaftlichen Angelegenheiten durch Betriebsvereinbarung grundsätzlich **nicht möglich** (*G/L* vor § 106 Rz. 10; *D/R* § 111 Rz. 5; *F/A/K/H* § 1 Rz. 133; *Hueck/Nipperdey* II/2, 1484; *Nikisch* III, 360 f.). Diese herrschende Auffassung stützt sich insbesondere auf die Vorschrift des § 88, die systematisch nur für die Mitbestimmung in sozialen Angelegenheiten gilt, eine Erweiterungsmöglichkeit für den wirtschaftlichen Bereich dagegen nicht eröffnet (a. A. GK-*Fabricius* vor § 106 Rz. 87, der eine institutionelle Erweiterung als auch eine Erweiterung der Zuständigkeit des Wirtschaftsausschusses für zulässig hält).

bb) Erweiterung durch Tarifvertrag
Auch eine Erweiterungsmöglichkeit der Mitbestimmungsrechte im wirtschaft- 72 lichen Bereich durch Tarifvertrag wird **überwiegend abgelehnt** (*G/L* vor § 106 Rz. 10; *D/R* § 111 Rz. 5; *Hueck/Nipperdey* II/2, 1484; *Nikisch* III, 360; *Wiedemann/Stumpf*, TVG 5. Aufl., § 1 Rz. 256; a. A. *Hueck/Nipperdey/Tophoven/ Stahlhacke* TVG, 4. Aufl. 1964, § 1 Rz. 74). Für die überwiegende Ansicht spricht, daß die §§ 106ff. die widerstreitenden Interessen abschließend abwägen und inso-

vor 1

fern kein bloßes Modell darstellen, sondern die vom Gesetzgeber für angemessen gehaltene Lösung, die durch einen Tarifvertrag nicht strukturell verändert werden kann (so *G/L* vor § 106 Rz. 10.).

73 *Thiele* (GK-*Thiele* Einl. Rz. 120) führt gegen eine Erweiterung der Mitbestimmungsrechte Bedenken aus dem Prinzip der Privatautonomie an.

74 Unabhängig davon, daß der herrschenden Ansicht aufgrund der eindeutigen Stellung des § 88 sowie des abschließenden Regelungscharakters der §§ 106 ff. zu folgen ist, vermögen die Bedenken *Thieles* (GK-*Thiele* Einl. Rz. 120) nicht zu überzeugen.

75 Zunächst läßt sich dagegen einwenden, daß das rechtliche Können des Unternehmers im Außenverhältnis nicht eingeschränkt werden kann, sondern daß eventuelle Beschränkungen nur auf obligatorischer Grundlage vorgenommen werden können.

76 Auch die Heranziehung der Privatautonomie geht fehl, denn diese würde zum entgegengesetzten Ergebnis führen. Das Verbot an den Unternehmer, sich im Rahmen der wirtschaftlichen Entscheidungen der Mitbestimmung durch den Betriebsrat zu unterwerfen, könnte nämlich auch als ein Eingriff in die Position des in der Rechtsausübung freien Eigentümers (Art. 14 GG, § 903 BGB) angesehen werden oder eine nicht gerechtfertigte Beschneidung der Vertragsfreiheit (Art. 2 Abs. 1 GG) darstellen. Selbst wenn man aus diesen Überlegungen den Schluß ziehen wollte, die Privatautonomie eröffne gerade die Möglichkeit zur Erweiterung der Mitbestimmungsrechte auch im wirtschaftlichen Bereich, ist eines zu beachten:

77 Auf jeden Fall müssen – insbesondere im Hinblick auf den Kompromißcharakter des Gesetzes – verschiedene **Einschränkungen** anerkannt werden:
Bei einer Erweiterung der Mitbestimmungsbefugnisse durch Betriebsvereinbarung kann die Entscheidung über die zu treffenden Maßnahmen grundsätzlich nicht der Einigungsstelle zukommen. Da eine solche Erweiterungsmöglichkeit ihre Berechtigung letztlich von der Privatautonomie herleitet, muß eine solche Betriebsvereinbarung freiwillig abgeschlossen werden, ohne daß der Arbeitgeber durch den Spruch der Einigungsstelle zur Einschränkung seiner Rechte gezwungen wird. Die vorherige Unterwerfung unter den Spruch der Einigungsstelle muß hierdurch nicht ausgeschlossen sein.

78 Ähnliches muß für den Abschluß eines Tarifvertrages gelten, dessen Gegenstand die Mitbestimmungserweiterung wäre. Hierbei kann es sich um einen Firmentarifvertrag oder um einen Verbandstarifvertrag handeln, wobei bei dem letzteren die Zustimmung bzw. die Genehmigung der betroffenen Arbeitgeber vorliegen muß. Ein Zwang gegen einzelne Arbeitgeber durch die Tarifvertragsparteien darf sich im Bereich dieses Regelungskomplexes nicht ergeben.

79 Infolgedessen wären **tarifvertragliche Mitbestimmungserweiterungen** auch **nicht durch Arbeitskampfmaßnahmen** erzwingbar.
Nach überwiegender Auffassung allerdings (*Dietz* FS für *Herschel*, 47 ff.; *Hoeniger* RdA 1953, 204, 206, 208; *ders.* BB 1955, 37; *Richardi* RdA 1966, 241, 247; *BAG* vom 28. 1. 1955 – GS 1/54 – AP Nr. 1 zu Art. 9 GG Arbeitskampf = DB 1955, 455, 725 [*Meisinger*], 945 [*Meisinger*] 1956, 377 [*Hueck, A.*], 1085 [*Meisinger*]; 1957, 845 [*Kaufmann*]; 1958, 52 [*Müller*], 869 [*Diekhoff*]; *Brox/Rüthers* Arbeitskampfrecht, 132; vgl. auch die Nachweise bei *Hess* Zulässigkeit, Inhalt und Erstreikbarkeit betriebsnaher Tarifverträge 1973, 2) kann alles, was Gegenstand eines Tarifvertrages sein kann, auch Ziel eines Arbeitskampfes sein, wobei lediglich darüber

keine Einigkeit besteht, ob sich der Arbeitskampf auf Ziele richten muß, die in einem konkret angestrebten Tarifvertrag vereinbart werden sollen, oder ob es ausreicht, daß die Ziele potentiell in einem Tarifvertrag geregelt werden können, bzw. daß die Gegenpartei dieses Ziel privatrechtlich erfüllen kann. Die Vertreter dieser Auffassung geben für ihre Ansicht jedoch keine überzeugende Begründung (siehe *Hess* a.a.O. 104f.). Es wird lediglich angeführt, daß Arbeitskämpfe nur dann zulässig sind, wenn sie tariflich regelbare Ziele verfolgen. Diese Aussage ist zutreffend. Der aus ihr gezogene Umkehrschluß jedoch, jeder tariflich regelbare Gegenstand sei auch erstreikbar, ist nicht zwingend.

Mit Recht wird dieser Ansicht entgegengetreten (vgl. *Biedenkopf* Tarifautonomie, 213ff.; *Mayer-Maly* BB 1965, 829, 833; *Hess* a.a.O. 107). Es kann hier dahinstehen, ob diese These – »vereinbar – erstreikbar« – für die materiellrechtlichen Arbeitsbedingungen richtig ist. Für das Gebiet des Betriebsverfassungsrechts, insbesondere der Erweiterung von Mitbestimmungs- und Mitwirkungsbefugnissen, muß etwas anderes gelten. Die Gestaltung der betrieblichen Mitbestimmung ist den Tarifvertragsparteien – wie § 1 TVG zeigt – zwar grundsätzlich zugeordnet worden; sie müssen sich jedoch im Rahmen der durch das Betriebsverfassungsgesetz vorgegebenen Regelungsbefugnis halten, da der von dem Gesetzgeber verfolgte Zweck nicht unterlaufen werden darf. Der von dem Gesetzgeber verfolgte Zweck würde jedoch mißachtet, wenn die Tarifvertragsparteien durch einen Arbeitskampf Regelungen durchsetzen könnten, die von dem BetrVG in erheblichem Umfang abweichen. **80**

Die Kompromißregelung des BetrVG 1972 sollte den politisch umstrittenen Bereich der Kompetenzabgrenzung zwischen Arbeitgeber (Unternehmer) und Belegschaft auf eine für beide Seiten annehmbare Weise regeln. Insoweit hat sich der Gesetzgeber dabei rechtstechnisch verschiedener Arten von Vorschriften bedient, nämlich zwingender und dispositiver Normen. Die Abdingbarkeit verschiedener Vorschriften und damit auch die Erweiterung der Mitbestimmungs- und Mitwirkungsbefugnisse hat der Gesetzgeber aber nur für solche Fälle vorgegeben, in denen durch die abweichenden Regelungen die Spannungslage zwischen Arbeitgeber und Belegschaft nicht verschärft, sondern abgeschwächt werden soll. **81**

Eine ebenfalls auf die grundsätzliche Unabänderbarkeit der Mitbestimmungsvorschriften zielende Argumentation wird von *Nikisch* (III, 353) vertreten. Er geht davon aus, daß, nachdem endgültig das BetrVG nach langen und heftigen Meinungskämpfen zustande gekommen ist, die Streitigkeiten um die Mitbestimmung in einzelnen Betrieben nicht mehr zwischen den Tarifparteien fortgeführt werden sollten, da in dem Tarifstreit eine ständige Bedrohung des Arbeitsfriedens gesehen wird. **82**

Das BetrVG statuiert für beide Seiten einen gewissen »Mindestbesitzstand«, der unter gewissen Einschränkungen der Disposition der Beteiligten unterliegt. Dieser Besitzstand soll den Intentionen des Gesetzgebers entsprechen, dem öffentlichen Interesse einer gerechten Ausgestaltung der betrieblichen Mitbestimmung dienen und damit dem Arbeitskampf entzogen sein. Nähme man demgegenüber an, Abänderungen der betriebsverfassungsrechtlichen Vorschriften seien durch Arbeitskampfmaßnahmen erzwingbar, entzöge man dem BetrVG eine wichtige Funktion, nämlich die des im Interesse aller liegenden Spannungsausgleichs durch Zuweisung verschiedener unentziehbarer Positionen.

vor 1

VI. Die Schaffung von neuen Mitwirkungs- und Vertretungsorganen

83 Die **grundsätzliche Zulässigkeit** der Schaffung von neuen betriebsverfassungsrechtlichen Vertretungen ergibt sich aus § 3.
Der Gesetzgeber hat es durch diese Vorschrift ermöglicht, unter bestimmten, eng gefaßten Voraussetzungen in einem zustimmungsbedürftigen Tarifvertrag die Errichtung solcher Vertretungen zu vereinbaren. Zu den Einzelheiten vgl. die Erläuterungen zu § 3.
Aus § 3 ergibt sich zwingend, daß jedenfalls für die Arbeitnehmer und Betriebe, die dem Regelungsbereich des Betriebsverfassungsgesetzes unterfallen, abweichende Vereinbarungen weder durch Betriebsvereinbarung noch durch Vertrag sui generis getroffen werden können (vgl. GK-*Kraft* § 3 Rz. 23).
Sinn dieser Vorschrift ist es, die vom Gesetzgeber bis ins einzelne geregelten Mitwirkungsbefugnisse, aber auch ihre Grenzen, vor einer substantiellen Veränderung zu bewahren, die bei einem Neben- oder gar Gegeneinander verschiedener Vertretungsorgane auftreten könnten (vgl. aber zu den »Sprecherausschüssen« für leitende Angestellte § 5 Rz. 138 ff.).

84 Daraus ergibt sich, daß die Sperrwirkung des § 3 für die diesem Gesetz nicht unterfallenden Bereiche hier nicht in vollem Umfang eingreifen kann. Als solche Bereiche kommen in sachlicher und personeller Hinsicht in Frage (Kleinstbetriebe mit weniger als in der Regel 5 ständigen wahlberechtigten Arbeitnehmern sollen außer Betracht bleiben):
1. leitende Angestellte (§ 5 Abs. 3 und 4)
2. Tendenzbetriebe (§ 118 Abs. 2)
3. Religionsgemeinschaften (§ 118 Abs. 2).

85 Die Repräsentation von leitenden Angestellten in den sogenannten freiwilligen Sprecherausschüssen war in Rechtsprechung und Literatur umstritten (*BAG* vom 19. 2. 1975 – 1 ABR 55/73 – EzA § 5 BetrVG 1972 Nr. 18 = DB 1975, 1320; *LAG Bayern* vom 29. 3. 1973 – 3 TaBV 54/72 – BB 1973, 1115; *LAG Düsseldorf* vom 27. 9. 1973 – 3 TaBV 10/73 – EzA § 5 BetrVG 1972 Nr. 5 = DB 1973, 2144; *LAG Frankfurt* vom 12. 10. 1973 – 5 TaBV 4/73 = DB 1974, 289; *D/R* § 5 Rz. 178 ff.; *G/L* § 5 Rz. 99; GK-*Kraft* § 5 Rz. 80; *Rüthers* BB 1972, 1105; *F/A/K/H* § 5 Rz. 114 ff., jeweils m. w. N.). Gem. § 5 Abs. 3 findet das BetrVG unter bestimmten Voraussetzungen für leitende Angestellte nur dann Anwendung, wenn dies ausdrücklich bestimmt ist. Da aus diesem Grund § 3 für leitende Angestellte nicht gilt (siehe *F/A/K/H* § 5 Rz. 115; *D/R* § 5 Rz. 179), kommt die Schaffung eines Vertreterorgans mit betriebsverfassungsrechtlicher Qualität durch Tarifvertrag nicht in Betracht. Insoweit ist § 3 eine abschließende Regelung (siehe auch GK-*Kraft* § 3 Rz. 23; vgl. zu den Sprecherausschüssen § 5 Rz. 138 ff.).
Als besondere Ausgestaltung der Einzelarbeitsverträge war die Bildung von sogenannten freiwilligen Sprecherausschüssen bisher jedoch anerkannt, soweit diese Vertretungen nicht auf dem Boden des Betriebsverfassungsrechts standen (GK-*Kraft* § 3 Rz. 23).
Mit dem am 1. Januar 1989 in Kraft getretenen Gesetz zur Änderung des BetrVG über Sprecherausschüsse der leitenden Angestellten und zur Sicherung der Montanmitbestimmung (BGBl. I 1988 S. 23e) ist die Schaffung einer betrieblichen Interessenvertretung der leitenden Angestellten jetzt gesetzlich geregelt worden.
Die Sprecherausschüsse wurden erstmals mit den regelmäßigen Betriebsratswahlen zwischen dem 1. März und dem 31. Mai 1990 gewählt (§ 5 Abs. 1 SprAuG).

vor 1

Bezüglich der **Tendenzbetriebe** (zum Begriff siehe § 118 Rz. 4ff.) stellt sich in erster Linie die Frage, ob für den Bereich der Kompetenzabgrenzung zwischen Verleger und Redakteur einer Zeitung betriebsverfassungsrechtliche Vertretungen errichtet werden können, die in das durch Grundrechtskonkurrenzen entstehende Spannungsfeld vermittelnd eingreifen und die »innere Pressefreiheit« sichern können (siehe *D/R* § 118 Rz. 193 m.w.N.). Dieses Problem der »redaktionellen Autonomie« kann entgegen der wohl überwiegenden Meinung nicht durch betriebsverfassungsrechtliche Maßnahmen gelöst werden. 86

Sieht man den Sinn des § 118 Abs. 1 darin, Richtung und Charakter der verfolgten Tendenz von jeder betrieblichen Mitbestimmung auszuschließen (vgl. zur dogmatischen Eingrenzung der Vorschrift GK-*Fabricius* § 118 Rz. 39ff.), ergibt sich schon aus dieser Grundüberlegung, daß in derartigen Tendenzbetrieben für Sondervertretungen neben dem Betriebsrat kein Raum ist. Ließe man die Bildung von neben dem Betriebsrat stehenden **»Redakteurausschüssen«** zu, wären zwei mit dem Sinn des BetrVG und gerade des § 118 Abs. 1 nicht zu vereinbarende Regelungen gegeben. Zum einen entstünden kaum zu überwindende Kompetenzunsicherheiten: Ist es schon im Rahmen des § 118 Abs. 1 schwer, diejenigen Bereiche zu konkretisieren, in denen die Eigenart des Unternehmens oder des Betriebes einer Mitwirkung des Betriebsrats entgegensteht (vgl. GK-*Fabricius* § 118 Rz. 120ff.), erscheint es nicht möglich, darüber hinaus noch eine Grenze zwischen den Zuständigkeiten des Betriebsrats und der Redakteurausschüsse zu finden (eine Kompetenzausweitung eines dieser Organe zum Nachteil des Arbeitgebers scheidet wegen des Zwecks des § 118 Abs. 1 von vornherein aus). Zum anderen würde der Zweck des § 118 Abs. 1 durch die Schaffung solcher Ausschüsse größtenteils unterlaufen. Wenn durch diese Vorschrift gerade bezweckt wird, die Interessenvertretung der Arbeitnehmer im Bereich einer möglichen Tendenzbeeinflussung zugunsten der Pressefreiheit des Verlegers zurücktreten zu lassen, kann die betriebliche Mitbestimmung nicht dadurch erweitert werden, daß man die dem Betriebsrat ausdrücklich entzogenen Befugnisse einem anders benannten, aber im wesentlichen mit den gleichen Aufgaben betrauten betriebsverfassungsrechtlichen Organ zuweist. Dies wäre eine Umgehung des insoweit zwingenden § 118 Abs. 1. 87

Überdies ist auch materiellrechtlich die Sicherung der inneren Pressefreiheit nicht dem Bereich des Betriebsverfassungsrechts zugeordnet (vgl. zu dieser Frage *Kübler* Gutachten, Verhandlungen des 40. DJT I/D). Der Gegenmeinung (vgl. *Rüthers* DB 1972, 2471, 2477), die die Gewährleistung redaktioneller Eigenständigkeit gegenüber dem Betriebsverfassungsrecht nicht als ein aliud bewertet (so *D/R* § 118 Rz. 196), ist zwar zuzugeben, daß hier tatsächlich die Konkretisierung dieser Eigenständigkeit mit betriebsverfassungsrechtlichen Mitteln in Frage steht. Diejenigen Rechtspositionen der Arbeitgeber aber, deren Verwirklichung im Rahmen der Betriebsverfassung angestrebt werden soll, sind durch eine wohlüberlegte Entscheidung des Gesetzgebers gerade dem betriebsverfassungsrechtlichen Interessenausgleich entzogen. 88

Den Redakteuren einer Zeitung bleibt es dagegen überlassen, sich Freiräume im Hinblick auf ihre Grundrechte gem. Art. 4 und 5 GG durch einzelvertragliche Abrede zu schaffen. Insoweit bestehen auch keine Bedenken, die nähere Ausgestaltung solcher kompetenzabgrenzenden Einzelabreden durch Tarifvertrag vorzunehmen oder zumindest in Umrissen darzustellen. Dies gilt allerdings mit der bereits erwähnten Einschränkung, daß durch diese Vereinbarung nicht eine kol- 89

vor 1

lektivrechtlich zwingende Beschränkung des Verlegers bezüglich seines Rechts auf Alleinbeeinflussung der Betriebs- und Unternehmenstendenz geschaffen wird.

90 Dementsprechend ist es auch nicht möglich, durch Tarifvertrag besondere Redaktionsvertretungen zu errichten. § 3 wird in dem dargestellten Umfang durch § 118 Abs. 1 verdrängt.

91 Das gesamte BetrVG – ohne die Einschränkung des § 118 Abs. 1 – findet auf **Religionsgemeinschaften** keine Anwendung (zum Begriff der Religionsgemeinschaften und ihrer Einrichtungen vgl. § 118 Rz. 1, 66ff.). Betriebsverfassungsrechtliche Vertretungen können daher für diese nicht betriebsratsfähigen Betriebe ebenso wie im Falle von Kleinstbetrieben (*D/R* § 3 Rz. 8; *G/L* § 3 Rz. 22; **a.A.** *F/A/K/H* § 3 Rz. 5) nicht geschaffen werden. Der Gesetzgeber ist vielmehr davon ausgegangen, daß nur in bestimmten Betrieben die Notwendigkeit und damit auch die Zulässigkeit von Betriebsvertretungen besteht.

Nicht ausgeschlossen ist dagegen im Bereich des § 118 Abs. 2 die Bildung von privatrechtlich organisierten Interessenvertretungen, da es Kompetenzkonflikte mit dem Betriebsrat nicht geben kann und auch die Zielsetzung des BetrVG einer freiwilligen Einschränkung der Arbeitgeberbefugnisse nicht entgegensteht.

Daraus folgt, daß auch durch Tarifvertrag solche freiwilligen, letztlich auf den verschiedenen Einzelarbeitsverträgen beruhenden Vertretungsorgane geschaffen werden können. Um jedoch hier einer Entwertung der Sperrvorschrift des § 118 Abs. 2 entgegenzuwirken, kann die Erstreikbarkeit einer solchen tarifvertraglichen Vereinbarung nicht anerkannt werden. Sie würde, wie bereits an anderer Stelle dargelegt, dem wohlausgewogenen Kompromiß des BetrVG widersprechen.

Erster Teil
Allgemeine Vorschriften

§ 1 Errichtung von Betriebsräten

In Betrieben mit in der Regel mindestens fünf ständigen wahlberechtigten Arbeitnehmern, von denen drei wählbar sind, werden Betriebsräte gewählt.

Literaturübersicht

Siehe die Literaturübersicht vor § 1

Inhaltsübersicht

		Rz.
I.	Allgemeines	1
II.	Der Betriebsbegriff des BetrVG	2–25
III.	Die Betriebsratsfähigkeit	26–31
IV.	Streitigkeiten	32–36

I. Allgemeines

Die Bestimmung enthält den Grundsatz über die Bildung von Betriebsräten und gleichzeitig die Vorschrift über die Mindestzahl der Arbeitnehmer des Betriebes, von der ab die Errichtung von Betriebsräten vorgesehen ist. Die **Vorschrift** über die Bildung von Betriebsräten im Rahmen des BetrVG ist **zwingendes Recht**; sie kann deshalb durch Vereinbarung weder abgeändert noch aufgehoben werden (*D/R* § 1 Rz. 44f.). Ausnahmen von diesem Grundsatz sind nur im Rahmen des § 3 zulässig (vgl. die Erläuterungen zu § 3). Ungeachtet des obligatorischen Charakters dieser Vorschrift sieht das Gesetz besondere Bestimmungen zur Erzwingung aktiver Wahlhandlungen zur Bildung von Betriebsräten nicht vor. In den §§ 14ff. sind Initiativrechte zur Einleitung und Durchführung der Betriebsratswahlen geregelt, die neben dem amtierenden Betriebsrat auch den Arbeitnehmern des Betriebes und unter bestimmten Voraussetzungen auch den im Betrieb vertretenen Gewerkschaften mit dem Ziel der Errichtung von Betriebsräten zustehen. Sofern niemand der Berechtigten diese Initiativen ergreift, kommt die Bildung eines Betriebsrats nicht zustande. Sanktionen, insbesondere Strafvorschriften zur Erzwingung aktiver Wahlhandlungen, sind nicht vorgesehen (*D/R* § 1 Rz. 16). Eine Verpflichtung des Arbeitgebers, seinerseits die Bildung von Betriebsräten unter bestimmten Umständen durch Einleitung von Wahlvorbereitungsmaßnahmen zu betreiben, ist nicht gegeben (*BAG* vom 12. 10. 1961 – 5 AZR 423/60 – AP Nr. 84 zu § 611 BGB Urlaubsrecht m. Anm. *Neumann-Duesberg* V = DB 1962, 70, 71; *G/L* § 1 Rz. 43). Der Arbeitgeber ist lediglich gem. §§ 20 Abs. 1 und 2, 119 Abs. 1 Ziff. 1 unter Strafandrohung gehalten, die Wahl des Betriebsrats weder zu behindern noch durch Zufügung oder Androhung von Nachteilen oder

1

§ 1   1. Teil Allgemeine Vorschriften

durch Gewährung bzw. Versprechen von Vorteilen zu beeinflussen; außerdem muß er die Kosten einer Wahl tragen (§ 20 Abs. 3).

II. Der Betriebsbegriff des BetrVG

2 Das Gesetz hat den Betriebsbegriff als solchen nicht definiert. Es ist daher auf dem von Rechtsprechung und Wissenschaft entwickelten Betriebsbegriff aufzubauen.
Im Gegensatz zum Unternehmen, welches dem hinter dem arbeitstechnischen Zweck liegenden Ziel, dem wirtschaftlichen Zweck dient, dient der Betrieb dem **arbeitstechnischen Zweck** (vgl. hierzu *Jacobi* Betrieb und Unternehmen als Rechtsbegriffe 1926, 1–40; *BAG* vom 3. 12. 1954 – 1 ABR 7/54 – AP Nr. 1 zu § 88 BetrVG 1952 m. Anm. *Küchenhoff* = DB 1954, 1072; 1955, 98, 99; *BAG* vom 13. 7. 1955 – 1 ABR 20/54 – AP Nr. 1 zu § 81 BetrVG 1952 = DB 1955, 898; *BAG* vom 1. 2. 1963 – 1 ABR 1/62 – AP Nr. 5 zu 3 BetrVG 1952 m. Anm. *Neumann-Duesberg* = DB 1963, 662; *BAG* vom 24. 2. 1976 – 1 ABR 62/75 – EzA § 4 BetrVG 1972 Nr. 1 = DB 1976, 1579; *BAG* vom 17. 2. 1983 – 6 ABR 64/81 – AP Nr. 4 zu § 64 BetrVG 1972 = DB 1983, 2039; *F/A/K/H* § 1 Rz. 29 ff., 33; GK-*Kraft* § 4 Rz. 5 ff.; *D/R* § 1 Rz. 52; *G/L* § 1 Rz. 4 f.; *G/K/S/B/K* § 1 Rz. 5 ff.; *BAG* vom 7. 8. 1986 – 6 ABR 57/85 – EzA § 4 BetrVG 1972 Nr. 5 = DB 1987, 176; *BAG* vom 25. 9. 1986 – 6 ABR 68/84 – EzA § 1 BetrVG 1972 Nr. 6 = DB 1987, 1202; *BAG* vom 16. 10. 1987 – 7 AZR 519/86 – EzA § 613a BGB Nr. 66 = DB 1988, 712).
Die im Anschluß an *Jacobi* a. a. O. entwickelte **Definition** von *Alfred Hueck*, die von der heute herrschenden Meinung vertreten wird, grenzt den Betrieb als »die organisatorische Einheit ein, innerhalb derer ein Unternehmer allein oder in Gemeinschaft mit seinen Mitarbeitern mit Hilfe von sächlichen und immateriellen Mitteln bestimmte arbeitstechnische Zwecke fortgesetzt verfolgt« (*BAG* vom 3. 12. 1954 – 1 ABR 7/54 – AP Nr. 1 zu § 88 BetrVG 1952 m. Anm. *Küchenhoff* = DB 1954, 1072; 1955, 98, 99; *BAG* vom 13. 7. 1955 – 1 ABR 20/54 – AP Nr. 1 zu § 81 BetrVG 1952 = DB 1955, 898; *BAG* vom 24. 2. 1976 – 1 ABR 62/75 – EzA § 4 BetrVG 1972 Nr. 1 = DB 1976, 1579; *Hueck/Nipperdey I, 93; D/R* § 1 Rz. 52; *F/A/K/H* § 1 Rz. 31; GK-*Kraft* § 4 Rz. 5).
Richtigerweise ist mit dieser Ansicht davon auszugehen, daß wegen der fundamentalen Bedeutung des Betriebsbegriffs im BetrVG eine an Sinn und Zweck dieses Gesetzes orientierte Definition zu suchen ist (*LAG Bremen* vom 13. 6. 1953 – Sa B 1/53 – BB 1953, 559; GK-*Kraft* § 4 Rz. 3). Ziel des BetrVG ist es in erster Linie, eine sachgemäße, lebensnahe, möglichst wirksame betriebsverfassungsrechtliche Betreuung der Arbeitnehmerschaft zu erreichen (vgl. *Hess* DB 1976, 1154, 1155).
Da die Anwendung des BetrVG nur dann möglich und von der Zielsetzung her sinnvoll ist, wenn tatsächlich Arbeitnehmer beschäftigt sind, reicht es für den Betriebsbegriff i. S. d. BetrVG nicht aus, wenn der Unternehmer allein mit Hilfe von sächlichen und immateriellen Mitteln bestimmte arbeitstechnische Zwecke fortgesetzt verfolgt; schließlich ist die Anwendung des BetrVG undenkbar, wenn der Unternehmer lediglich mit Hilfe von technischen Geräten sein Unternehmen führt (anders die steuerrechtliche Beurteilung).
Die von *Jacobi* a. a. O.; (vgl. auch *RAG* vom 4. 8. 1937 – RAG 88/37 – RAG E 30,

Errichtung von Betriebsräten § 1

326 und vom 17. 6. 1939 – RAG 248/38 – RAG E 36, 385) entwickelte **Definition des Betriebes** als Vereinigung von persönlichen, sächlichen und immateriellen Mitteln zur fortgesetzten Verfolgung eines von einem oder mehreren Rechtssubjektiven gesetzten technischen Zwecks, wird diesen betriebsverfassungsrechtlichen Anforderungen jedoch eher gerecht (vgl. hierzu auch GK-*Fabricius* § 111 Rz. 47 ff. m. w. N.).
Die Befürchtung, die **Gleichsetzung persönliche Arbeitskräfte** mit den sonstigen Bestandteilen des Betriebes (vgl. *Hueck/Nipperdey* I, 93) diskriminiere die menschlichen Arbeitskräfte, mag historisch gesehen begründet gewesen sein, kann jedoch heute keine Gültigkeit mehr beanspruchen.
Der Respekt vor der menschlichen Arbeitskraft ist im Laufe der Entwicklung so gestiegen, daß niemand die menschliche Arbeitskraft mit den sächlichen Mitteln gleichsetzen würde (im Ergebnis verlangen auch *G/L* § 1 Rz. 4 die Gemeinschaft mit den Mitarbeitern, jedoch unter Verkennung der h. M.).
Einen Betrieb i. S. d. BetrVG auch dann zu bejahen, wenn keine Arbeitnehmer beschäftigt sind, ist im Hinblick auf die Arbeitnehmerrechte nach dem BetrVG im Ergebnis leerlaufend (ebenso *BAG* vom 22. 5. 1979 – 1 ABR 17/77 – EzA § 111 BetrVG 19172 Nr. 7 m. Anm. *Löwisch/Schiff* = DB 1979, 1134, 1896).

Die Verfolgung eines **einheitlichen arbeitstechnischen Zweckes** spricht für das **3** Vorliegen eines Betriebes (vgl. GK-*Kraft* § 4 Rz. 12). In einem Betrieb können jedoch auch mehrere arbeitstechnische Zwecke verfolgt werden (*BAG* vom 23. 3. 1984 – 7 AZR 515/82 – EzA § 22 KSchG 1969 Nr. 7 = DB 1984, 1684). Voraussetzung dafür, daß ein einheitlicher Betrieb vorliegt, ist aber auch in diesem Falle die einheitliche Betriebsorganisation (GK-*Kraft* § 4 Rz. 12; *F/A/K/H* § 1 Rz. 36; *D/R* § 1 Rz. 60; *G/L* § 1 Rz. 7).
Nicht verlangt werden sollte für die Bejahung eines einheitlichen Betriebes, daß die verschiedenen Zwecke sich »berühren« müssen (vgl. ausführlich GK-*Kraft* § 1 Rz. 12; *D/R* § 1 Rz. 60; *F/A/K/H* § 1 Rz. 36 ff.; a. A. *Nikisch* III, 34; *Neumann-Duesberg* Betriebsverfassungsrecht, 164).
Ausreichend ist vielmehr die Verfolgung mehrerer arbeitstechnischer Zwecke innerhalb einer einheitlichen auf einen einheitlichen Gesamtzweck gerichteten Organisation (*BAG* vom 9. 5. 1958 – 1 ABR 5/57 – AP Nr. 1 zu § 3 BetrVG m. Anm. *Dietz* = DB 1988, 871; *BAG* vom 1. 2. 1963 – 1 ABR 1/62 – AP Nr. 5 zu § 3 BetrVG m. Anm. *Neumann-Duesberg* = DB 1963, 662; GK-*Kraft* § 4 Rz. 12; *D/R* § 1 Rz. 60).

Das bedeutet, daß **alle Betriebe mit privater Rechtsform** ohne Rücksicht darauf, **4** ob sie einem wirtschaftlichen oder einem sonstigen Zweck dienen, grundsätzlich, d. h. vorbehaltlich der im Gesetz selbst aufgeführten Ausnahmen, als Betrieb i. S. d. § 1 anzusehen sind. Es können demnach Betriebsräte gebildet werden in allen Betrieben industrieller, gewerblicher, kaufmännischer Art, in Privatunternehmen, auch wenn sie der öffentlichen Hand gehören, aber nach privatwirtschaftlichen Grundsätzen geführt werden, einschl. der sogenannten gemischtwirtschaftlichen Betriebe mit privater Rechtsform, ferner in allen landwirtschaftlichen und forstwirtschaftlichen Privatbetrieben, in allen Büros und Betrieben der freien Berufe (z. B. Rechtsanwaltsbüros u. dgl.), ferner in allen Büros und Betrieben von Vereinen (über die Einschränkung bei Tendenzbetrieben vgl. die Erläuterungen zu § 118), Gesellschaften und juristischen Personen.

Die Hauptverwaltung eines Unternehmens ist in der Regel ein selbständiger Be- **5** trieb, es sei denn, daß sie ausnahmsweise eine arbeitstechnische Einheit mit dem

§ 1   1. Teil Allgemeine Vorschriften

Produktionsbetrieb des Unternehmens bildet, was insbesondere bei Unternehmen der Fall sein kann, die nur aus einem Betrieb bestehen (*BAG* vom 9. 5. 1958 – 1 ABR 5/57 – AP Nr. 1 zu § 3 BetrVG 1952 m. Anm. *Dietz* = DB 1958, 871). Die Hauptverwaltung eines Unternehmens, die nicht nur auf die Leitung einer einzelnen Produktionsstätte beschränkt ist, ist auch bei räumlicher Einheit ein selbständiger Betrieb, wenn in der Hauptverwaltung im wesentlichen planerische, unternehmensbezogene Entscheidungen getroffen werden und die Entscheidungen in personellen und sozialen Angelegenheiten im wesentlichen der Leitung der Produktionsstätten überlassen sind (*BAG* vom 23. 9. 1982 – 6 ABR 42/81 – EzA § 1 BetrVG 1972 Nr. 3 = DB 1983, 1498).

6 Der **Familienhaushalt** ist nach herrschender Meinung kein Betrieb, was jedoch praktisch wegen der Mindestgrenze von 5 ständig Beschäftigten als Voraussetzung für die Bildung von Betriebsräten ohne Bedeutung sein dürfte (*Hueck/Nipperdey* I, 93; *G/L* § 1 Rz. 9; *D/R* § 1 Rz. 90).

7 Um zu der Annahme eines Betriebes zu gelangen, muß die Einheit **des Inhabers** vorliegen (vgl. GK-*Kraft* § 4 Rz. 11; *D/R* § 1 Rz. 80; *BAG* vom 17. 1. 1978 – 1 ABR 71/76 – EzA § 1 BetrVG 1972 Nr. 1 = DB 1978, 1133; *BAG* vom 5. 12. 1975 – 1 ABR 8/74 – EzA § 47 BetrVG 1972 Nr. 1 = DB 1956, 588; *Löwisch* RdA 1976, 27; *Neumann-Duesberg* Betriebsverfassungsrecht, 164; a. A. *Gamillscheg* ZfA 1975, 360; *Hübner* BB 1975, 426).
Unerheblich ist, ob der Betriebsinhaber eine natürliche oder juristische Person oder eine Gesamthandsgemeinschaft ist (*D/R* § 1 Rz. 80; GK-*Kraft* § 4 Rz. 11). Ein Unternehmen kann einen oder mehrere Betriebe umfassen. Auch können mehrere rechtlich selbständige Unternehmen einen gemeinsamen Betrieb bilden (vgl. *Konzen* Unternehmensaufspaltung und Betriebseinheit, AuR 1985, 341), wobei die unmittelbare Leitung des Betriebs einem der Gesellschafter überlassen werden kann (*BAG* vom 5. 12. 1975 – 1 ABR 8/74 – EzA § 47 BetrVG 1972 Nr. 1 = DB 1956, 588; *BAG* vom 17. 1. 1978 – 1 ABR 71/76 – EzA § 1 BetrVG 1972 Nr. 1 = DB 1978, 1133; *BAG* vom 25. 11. 1980 – 6 ABR 108/78 – EzA § 1 BetrVG 1972 Nr. 2 = DB 1981, 1047; *D/R* § 1 Rz. 83, 84; GK-*Kraft* § 4 Rz. 8). Zwingende Voraussetzung ist jedoch, daß Unternehmen, die eine gesellschaftsrechtliche Verbindung eingehen, für die Arbeitsstätte einen einheitlichen Leitungsapparat schaffen und dadurch eine arbeitstechnische Organisationseinheit begründen (*BAG* vom 5. 12. 1975 – a. a. O.; *BAG* vom 17. 1. 1978 – a. a. O.; *BAG* vom 25. 11. 1980 – a. a. O.; *D/R* § 1 Rz. 83; GK-*Kraft* § 4 Rz. 8; *F/A/K/H* § 1 Rz. 36 ff.; *Löwisch* RdA 1976, 37; **a. A.** *Gamillscheg* ZfA 1975, 360).
Der einheitliche Leitungsapparat muß in der Lage sein, die Gesamtheit der für die Erreichung der arbeitstechnischen Zwecke eingesetzten personellen, technischen und immateriellen Mittel zu lenken. Dabei ist ein **einheitlicher Betrieb** nicht nur dann anzunehmen, wenn die beteiligten Unternehmer ausdrücklich eine **rechtliche Vereinbarung über die einheitliche Leitung des gemeinsamen Betriebs geschlossen haben** (im Anschluß an *BAG* vom 23. 11. 1980 – 6 ABR 108/78 – AP Nr. 2 zu § 1 BetrVG 1972 und vom 23. 9. 1982 – 6 ABR 42/81 – EzA § 1 BetrVG 1972 Nr. 3 = DB 1983, 1498), sondern auch dann, wenn sich eine solche Vereinbarung konkludent aus den näheren Umständen des Einzelfalles ergibt (im Anschluß an *BAG* vom 23. 3. 1984 – 7 AZR 515/82 – EzA § 23 KSchG 1969 Nr. 7 = DB 1984, 1684 und vom 23. 6. 1985 – 2 AZR 452/84 – AP Nr. 10 zu § 1 KSchG 1969; *BAG* vom 7. 8. 1986 – 6 ABR 57/85 – AP Nr. 5 zu § 1 BetrVG 1972 = DB 1987, 176).

Der Schluß auf eine konkludente rechtliche Vereinbarung mehrerer Unternehmen zur Führung eines gemeinsamen Betriebes kann bereits dann gezogen werden, wenn die Arbeitgeberfunktionen im Bereich der sozialen und personellen Angelegenheiten von einem Leitungsapparat der beteiligten Unternehmen wahrgenommen werden, nicht aber auch die unternehmerischen Funktionen im Bereich der wirtschaftlichen Angelegenheiten (*BAG* vom 29. 1. 1987 – 6 ABR 23/85 – AP Nr. 6 zu § 1 BetrVG 1972 = DB 1987, 1539).
Demgegenüber meint das *LAG Hamm* (vom 5. 6. 1985 – 3 TaBV 113/84 – BB 1985, 1792), daß zwei juristische Personen ohne Führungsvereinbarung einen Betrieb im Sinne des BetrVG haben können, wenn eine Person ihr alleiniger Vertreter und Anteilseigner sei.
Werden von mehreren – in einem Gebäude untergebrachten – Unternehmen im Rahmen einer gemeinsamen Arbeitsorganisation unter einer einheitlichen Leitungsmacht identische oder auch verschiedene arbeitstechnische Zwecke fortgesetzt verfolgt, so liegt in der Regel auch ein **gemeinsamer Betrieb i. S. v. § 1 KSchG vor. Soweit es für die soziale Rechtfertigung der Kündigung auf Versetzungsmöglichkeiten innerhalb des Betriebes oder auf die soziale Auswahl ankommt, sind in einem solchen Fall die Verhältnisse aller Gesellschaften zu berücksichtigen** (im Anschluß an *BAG* vom 23. 3. 1984 – 7 AZR 515/82 – EzA § 23 KSchG 1969 Nr. 7 = DB 1984, 1684; *BAG* vom 13. 6. 1985 – 2 AZR 452/84 – DB 1986, 1287; vgl. hierzu auch *Wendeling-Schröder* Mehrere Unternehmen ein Betrieb, NZA 1984, 247 ff.).
Verfolgt ein Arbeitgeber den gleichen arbeitstechnischen Zweck in mehreren selbständigen Betrieben, von denen nur einer die Voraussetzungen des § 1 BetrVG erfüllt, so bilden die übrigen, nichtbetriebsratsfähigen Kleinbetriebe, mit dem betriebsratsfähigen Betrieb einen Betrieb i. S. d. BetrVG (*BAG* vom 3. 12. 1985 – 1 ABR 29/84 – EzA § 4 BetrVG 1972 Nr. 4 = DB 1986, 1076).
Gliedert sich ein Unternehmen in eine Hauptverwaltung, die die zentralen Aufgaben des Unternehmens wahrnimmt, und in eine Vielzahl von **Filialbetrieben**, die die Geschäfte des Unternehmens betreiben und damit andere arbeitstechnische Zwecke als die Hauptverwaltung verfolgen, so bildet die Hauptverwaltung wegen ihres gesonderten arbeitstechnischen Zweckes einen eigenen Betrieb i. S. v. § 1 BetrVG. **8**
Sind die Filialbetriebe regional – in sogenannten Distrikten – zusammengefaßt und unterstehen sie einem Distriktleiter, der die maßgeblichen Arbeitgeberfunktionen im personellen und sozialen Bereich ausübt, so bildet der Distrikt als regionale Einheit einen Betrieb i. S. d. § 1 BetrVG.
Ein einzelner Filialbetrieb kann dann nicht als ein eigenständiger Betrieb i. S. d. § 4 BetrVG angesehen werden, wenn die Distriktleitung für sich selbst nicht die Voraussetzungen des § 1 BetrVG erfüllt, weil sie nur aus dem Distriktleiter und wenigen Bürokräften besteht und die in § 1 BetrVG festgelegte Arbeitnehmerzahl nicht erreicht. In diesem Fall bilden sämtliche Filialbetriebe und die Distriktleitung einen einzigen, einheitlichen Betrieb. Ob die Voraussetzungen der räumlich weiten Entfernung i. S. d. § 4 BetrVG bei einem oder mehreren Filialbetrieben erfüllt sind, ist unerheblich (*ArbG Kassel* vom 16. 12. 1985 – 1 BV 10/85 – NZA 1986, 723).
Auch bei verschiedenen Produktionszielen kann ein Betrieb vorliegen (*D/R* § 1 **9** Rz. 67).
Eine **räumliche Einheit** der Betriebsstätte ist für den Betriebsbegriff nicht notwen- **10**

§ 1   1. Teil Allgemeine Vorschriften

dig; die räumliche Trennung von Betriebsteilen führt ebenfalls gem. § 4 dazu, diesen Betriebsteil als betriebsratsfähig anzusehen (vgl. GK-*Kraft* § 4 Rz. 14; *D/R* § 1 Rz. 76; *F/A/K/H* § 1 Rz. 40; *G/L* § 1 Rz. 6).

11 Die sog. **Ausstrahlungen** eines Betriebes, z. B. bei Tätigkeitsbereichen an auswärtigen Baustellen oder bei Außendienstangestellten, gehören zum Betrieb (*D/R* § 1 Rz. 78; *G/L* § 1 Rz. 6; *F/A/K/H* § 1 Rz. 41).

Wenn diese Außeneinrichtungen auf lange Dauer berechnet sind, nach Art und Umfang eine eigene arbeitstechnische Organisation erfordern und an einem Platz durchgeführt werden, der vom Sitz des Betriebes so weit entfernt ist, daß die Vertretung der bei der Außenstelle beschäftigten Arbeitnehmer durch die im Betrieb gewählte Betriebsvertretung nicht mehr gewährleistet ist, liegt ein eigenständiger Betrieb vor (*LAG Heidelberg* vom 2. 7. 1949 – Sa 45/49 – BB 1949, 691; *G/L* § 1 Rz. 6; *F/A/K/H* § 1 Rz. 41).

12 Eine **einheitlich technische Leitung** ist insbesondere dann nicht erforderlich, wenn mehrere arbeitstechnische Zwecke verfolgt werden (GK-*Kraft* § 4 Rz. 13; *D/R* § 1 Rz. 71; *G/L* § 1 Rz. 7; *Gramm* AuR 1964, 295; a. A. *Hueck/Nipperdey* I, 95).

13 Für welche **Dauer** eine arbeitstechnische Organisationseinheit errichtet wird, ist grundsätzlich unerheblich. Eine fortgesetzte Tätigkeit ist jedoch erforderlich, so daß der Abschluß eines einzelnen Geschäftes kein Betrieb ist (*LAG Hamm* vom 27. 10. 1953 – BV 5/53 – ArbGeb. 1954, 114). Es genügt aber, wenn der Betrieb für eine Saison oder Kampagne oder für die Realisierung eines Großbaues errichtet wird (*D/R* § 1 Rz. 69; GK-*Kraft* § 4 Rz. 18; *F/A/K/H* § 1 Rz. 43; *G/L* § 1 Rz. 10).

14 Für einen einheitlichen Betrieb spricht es, wenn die maßgeblichen Entscheidungen in den wichtigsten der Mitbestimmung unterliegenden Maßnahmen für einen Betreich einheitlich getroffen werden (GK-*Kraft* § 4 Rz. 15; *F/A/K/H* § 1 Rz. 38).

15 Für die Betriebsabgrenzung kann auch von Bedeutung sein, ob sich die Gemeinschaft als **eine einheitliche Belegschaft** darstellt. Kriterien dazu sind der gestellte Arbeitsauftrag, die räumliche Zusammenarbeit und die einheitliche Organisation in bezug auf Leitung und auf Entscheidungen in sozialen Angelegenheiten (vgl. hierzu GK-*Kraft* § 4 Rz. 16f.; *D/R* § 1 Rz. 63; a. A. *F/A/K/H* § 1 Rz. 42).

16 Werden in der Hauptverwaltung eines Unternehmens im wesentlichen planerische, unternehmensbezogene Entscheidungen getroffen und sind die Entscheidungen in personellen und sozialen Angelegenheiten im wesentlichen der Leitung der Produktionsstätten überlassen und ist die Hauptverwaltung nicht nur auf die Leitung einer einzelnen Produktionsstätte beschränkt, so sind für Hauptverwaltung und Produktionsstätten auch bei räumlicher Einheit getrennte Betriebsräte zu bilden (*BAG* vom 23. 9. 1982 – 6 ABR 42/81 – EzA § 1 BetrVG 1972 Nr. 3 = DB 1983, 1498).

17 Über Nebenbetriebe und Betriebsteile vgl. im einzelnen die Erläuterungen zu § 3.

18 Der **Wechsel des Betriebsinhabers** ist für den Fortbestand und die Identität des Betriebes unerheblich, was sich bereits aus § 613a BGB ergibt; es sei denn, daß mit dem Betriebsinhaberwechsel eine grundlegende Veränderung der Betriebsorganisation verbunden ist (vgl. *D/R* § 1 Rz. 82; *F/A/K/H* § 1 Rz. 58; GK-*Kraft* § 4 Rz. 19).

19 Die Identität des Betriebes wird auch nicht durch **Verlegung des Betriebes** oder den **Austausch des Betriebsmittels** berührt, solange Belegschaft und Organisation im wesentlichen identisch bleiben (*D/R* § 1 Rz. 79; GK-*Kraft* § 4 Rz. 19; *F/A/K/H* § 1 Rz. 44).

Das gleiche gilt für die **Zuweisung eines neuen arbeitstechnischen Zweckes** bei 20
im wesentlichen unveränderter Belegschaft und Organisation. Über die Identität und Abgrenzung des Betriebes entscheidet im Zweifelsfall der Wille des Unternehmers. Dieser Wille muß jedoch von ausdrücklichen Erklärungen und organisatorischen Maßnahmen begleitet sein. Die bloße Absicht des Unternehmers genügt nicht, wenn nicht die tatsächliche Organisation die Realisierung dieser Absicht erkennen läßt (*F/A/K/H* § 1 Rz. 36; GK-*Kraft* § 4 Rz. 19; *G/L* § 1 Rz. 17).

Eine **Betriebsverlegung** stellt dann die Aufgabe des Betriebes dar, wenn die 21
Identität der Belegschaft aufgegeben und an einem anderen Ort ein neuer Betrieb errichtet wird, und zwar selbst dann, wenn der bisherige arbeitstechnische Zweck weiterverfolgt wird (*BAG* vom 6. 11. 1959 – 1 AZR 329/58 – AP Nr. 15 zu § 13 KSchG m. Anm. *Dietz* = DB 1960, 267; *G/L* § 1 Rz. 19).

Bei einer **Zusammenlegung zweier Betriebe** muß unterschieden werden, ob 22
durch die Vereinigung der Betriebe ein gänzlich neuer Betrieb entsteht oder ob ein Betrieb fortbesteht und der andere untergeht (*D/R* § 1 Rz. 75). Maßgebliches Kriterium ist die Organisationseinheit 91.
In entsprechender Anwendung des § 18 Abs. 2 BetrVG kann der Arbeitgeber im Beschlußverfahren feststellen lassen, ob **durch die räumliche Zusammenlegung zweier bisher selbständiger Betriebe ein einheitlicher Betrieb i. S. d. BetrVG entstanden ist** (*BAG* vom 25. 9. 1986 – 6 ABR 68/84 – EzA § 1 BetrVG 1972 Nr. 6 = DB 1987, 1202).
Bei einer Verkennung des Betriebsbegriffes anläßlich einer Betriebsratswahl führt dies nicht zur Nichtigkeit, sondern hat unter den Voraussetzungen des § 19 die Anfechtbarkeit zur Folge (*BAG* vom 13. 9. 1984 – 6 ABR 43/83 – EzA § 19 BetrVG 1972 Nr. 20 = DB 1985, 711).

Das Ende des Betriebes kann darüber hinaus durch Betriebsabbruch und Be- 23
triebsstillegung herbeigeführt werden. Bei dem **Betriebsabbruch** werden sowohl Betriebsanlagen als auch der Betriebszweck endgültig aufgegeben. **Betriebsstillegung** ist die Aufgabe der bestehenden Betriebs- und Produktionsgemeinschaft mit der erkennbaren Absicht, die Weiterverfolgung des bisherigen Betriebszwecks dauernd einzustellen (*BAG* vom 17. 9. 1957 – 1 AZR 352/56 – AP Nr. 8 zu § 12 KSchG a. F. m. Anm. *Dietz* = DB 1957, 1102; *G/L* § 1 Rz. 21–24; *D/R* § 1 Rz. 91; GK-*Kraft* § 4 Rz. 20; *F/A/K/H* § 1 Rz. 45).

Während der **Betrieb** die **arbeitstechnische Einheit** darstellt, ist das **Unterneh-** 24
men die **wirtschaftliche Einheit**. Sie wird bestimmt durch die Organisation des in der Regel wirtschaftlichen, möglicherweise aber auch ideellen Zweckes, den der Unternehmer mit seiner Tätigkeit verfolgt (*BAG* vom 3. 12. 1954 – 1 ABR 7/54 – AP Nr. 1 zu § 88 BetrVG 1952 m. Anm. *Küchenhoff* = DB 1954, 1072; 1955, 98, 99; *D/R* § 1 Rz. 52, 53; *F/A/K/H* § 1 Rz. 71 ff.; *G/L* § 1 Rz. 4, 15; *Martens* RdA 1972, 269 ff.). Betriebe und Unternehmen können tatsächlich zusammenfallen, nämlich dann, wenn das Unternehmen nur einen Betrieb hat; aber auch dann ist systematisch der Betrieb vom Unternehmen zu unterscheiden. Für das Betriebsverfassungsrecht ist das Unternehmen Anknüpfungspunkt für die Errichtung des Gesamtbetriebsrats, der Gesamtjugendvertretung und des Wirtschaftsausschusses. Bei einem Unternehmen, in dem mehrere Betriebsräte bestehen, ist gem. §§ 47 ff. der Gesamtbetriebsrat zu errichten. In einem Unternehmen, in dem mehrere Jugendvertretungen bestehen, ist nach §§ 72, 73 eine Gesamtjugendvertretung zu errichten. Ebenso ist das Unternehmen

§ 1 *1. Teil Allgemeine Vorschriften*

Grundlage für die Arbeitnehmervertretung im Aufsichtsrat, wenn die Voraussetzungen der §§ 76 ff. BetrVG 1952 vorliegen.

25 Der Betriebsbegriff steht nicht zur Disposition der Betriebspartner oder der Tarifvertragsparteien (vgl. GK-*Kraft* § 4 Rz. 21; *D/R* § 1 Rz. 65; *F/A/K/H* § 1 Rz. 70e). Zum Konzernbegriff, den das Gesetz erstmalig in das Betriebsverfassungsrecht außerhalb der §§ 76 ff. BetrVG 1952 einführt, vgl. die Erläuterungen zu § 54.

III. Die Betriebsratsfähigkeit

26 Die **Mindestgröße des Betriebs**, für den ein Betriebsrat zu errichten ist, ist im Gesetz mit mindestens 5 ständigen wahlberechtigten Arbeitnehmern, von denen 3 wählbar sind, festgelegt. Maßgeblich ist dabei die Anzahl der bestehenden Arbeitsverträge; auf die Eingliederung der Arbeitnehmer in den Betrieb kommt es insoweit nicht an. Eine in einem demnach nicht betriebsratspflichtigen Betrieb errichtete Betriebsvertretung ist kein Betriebsrat im Sinne des Gesetzes (*G/L* § 1 Rz. 28, 38). Es gibt demnach auch keine betriebsverfassungsrechtlichen Beteiligungsrechte (*BAG* vom 12. 10. 1961 – 5 AZR 423/60 – AP Nr. 84 zu § 611 BGB Urlaubsrecht m. Anm. *Neumann-Duesberg* = DB 1962, 70, 71; *Hueck, G.* RdA 1962, 376, 380; *Hueck/Nipperdey* II/2, 1257; *Löwisch* BB 1961, 1200; *G/L* § 1 Rz. 47; **abweichend** *ArbG Würzburg* vom 21. 11. 1972 – 1 Ca 646/72 – DB 1972, 2406). Für alle Arbeitnehmer gültige Absprachen können daher nur durch arbeitsvertragliche Einheitsregelung geschaffen werden. Über die Voraussetzungen für die Wahlberechtigung vgl. § 7, hinsichtlich der Wählbarkeit § 8.

Voraussetzung für die Betriebsratsfähigkeit ist, daß von den 5 ständigen wahlberechtigten Arbeitnehmern 3 wählbar sind. Diese letzte Voraussetzung soll sicherstellen, daß tatsächlich durch Wahl eine Auswahl von mehreren Bewerbern erfolgen kann und nicht etwa dem einzigen wählbaren Arbeitnehmer im Betrieb das Amt automatisch zufällt. Ist eine ausreichende Zahl von wählbaren Arbeitnehmern nicht vorhanden, so ist ein Betriebsrat auch dann nicht zu bilden, wenn eine ausreichende Zahl aktiv wahlberechtigter Arbeitnehmer im Betrieb ständig beschäftigt ist (*G/L* § 1 Rz. 27, 37; *F/A/K/H* § 1 Rz. 153, 154; *D/R* § 1 Rz. 113). Bei der Feststellung der zahlenmäßigen Voraussetzungen für die Bildung des Betriebsrats sind nur Arbeitnehmer i. S. d. BetrVG zu zählen; nicht einzubeziehen sind die in § 5 Abs. 2 genannten Personen; aber auch die in § 5 Abs. 3 genannten leitenden Angestellten sind bei der Ermittlung der Arbeitnehmerzahl nicht zu berücksichtigen. Auf die letzteren finden die Bestimmungen des Gesetzes gem. § 5 Abs. 3 nur dort Anwendung, wo dies ausdrücklich gesagt ist. Dies ist in § 1 nicht der Fall. Auch nehmen leitende Angestellte an Wahlhandlungen nicht teil und können nicht gewählt werden.

27 Nur die Arbeitnehmer sind bei der Feststellung der Betriebsgröße mitzuzählen, die während des normalen Betriebsablaufs ständig, d. h. auf unbestimmte Zeit, in dem Bereich beschäftigt sind und das aktive Wahlrecht gem. § 7 besitzen. Dies können auch **Teilzeitbeschäftigte** sein (*G/L* § 1 Rz. 33). Nur **vorübergehend beschäftigte Arbeitnehmer** sind bei der Berechnung nicht zu berücksichtigen. Als nicht ständige Arbeitnehmer sind insbesondere Arbeitnehmer anzusehen, die zur **Aushilfe** oder zur **Vertretung** beschäftigt werden und in einem **befristeten Arbeitsverhältnis** stehen; nicht zu berücksichtigen sind auch **Saisonarbeiter** (*D/R* § 1 Rz. 123 ff.; *F/A/K/H* § 1 Rz. 149 ff.; *G/L* § 1 Rz. 35; *Nikisch* III, 42; GK-*Kraft* § 1 Rz. 53), es sei

denn, daß der Betrieb ein Saisonbetrieb ist, in dem die Arbeitnehmer während der ganzen Saison beschäftigt sind (*D/R* § 1 Rz. 126; *G/L* § 1 Rz. 34; GK-*Kraft* § 1 Rz. 53). Arbeitnehmer in einem Probarbeitsverhältnis sind noch nicht als ständige Arbeiter anzusehen, auch wenn der Wille der Parteien regelmäßig auf die Vereinbarung eines ständigen Arbeitsverhältnisses gerichtet ist (*G/L* § 1 Rz. 35). Auch Leiharbeitnehmer sind keine ständig Beschäftigten im Entleiherbetrieb.

Es müssen in der Regel 5 wahlberechtigte Arbeitnehmer vorhanden sein. **28**
»**In der Regel**« bedeutet den regelmäßigen gewöhnlichen Zustand des Betriebes. Damit ist nicht die Jahresdurchschnittszahl der beschäftigten Arbeitnehmer gemeint; auch ist die vorübergehende Mehr- oder Minderbeschätigung von Arbeitnehmern bei der Feststellung des Vorliegens der zahlenmäßigen Voraussetzung für die Errichtung eines Betriebsrats unerheblich. Zur Feststellung der Betriebsgröße ist entscheidend, welche Arbeitnehmerzahl in dem regelmäßigen Betriebsablauf nicht nur vorübergehend, sondern im ständigen Arbeitsverhältnis beschäftigt ist (*F/A/K/H* § 1 Rz. 149; *D/R* § 1 Rz. 123 ff.; GK-*Kraft* § 1 Rz. 57). Daraus folgt, daß ein Betrieb, der in der Regel fünf wahlberechtigte Arbeitnehmer beschäftigt, noch nicht betriebsratsfähig ist, wenn diese fünf Arbeitnehmer nicht als ständige Arbeitnehmer anzusehen sind. Dies ist insbesondere für Saison- und Kampagnebetriebe bedeutsam. **Kampagnebetriebe** sind solche Betriebe, die nur während der Kampagne arbeiten, also nur während dieser Zeit ihren Betriebszweck verfolgen und außerhalb dieser Zeit keine Stammbelegschaft haben. **Saisonbetriebe** sind solche Betriebe, die zwar während der ganzen Zeit des Jahres mit einer Stammbelegschaft arbeiten, aber während der Saison einen gesteigerten Bedarf an Arbeitskräften haben.

Bei ersteren ist der regelmäßige Zustand des Betriebes die Kampagnezeit. Bei der Feststellung der Betriebsgröße ist demgemäß die Zahl der Beschäftigten maßgebend, die während der Kampagne im Betrieb beschäftigt sind. Diese Arbeitnehmer sind ständige Arbeitnehmer im Sinne des BetrVG. In Saisonbetrieben sind diejenigen Arbeitnehmer, die infolge außergewöhnlichen Arbeitsanfalls nur vorübergehend im Laufe der Saison im Betrieb beschäftigt werden, keine ständigen Arbeitnehmer.

Sinkt während des Laufes der Amtszeit einer Betriebsvertretung infolge einer **Betriebseinschränkung** die Zahl der regelmäßig im Betrieb ständig Beschäftigten unter fünf, so entfallen die Voraussetzungen für die Bildung und die Tätigkeit von Betriebsvertretungen im betriebsverfassungsrechtlichen Sinne. Die Betriebsvertretung hört demgemäß auf, Betriebsvertretung im Sinne des BetrVG zu sein. Bleibt sie dennoch bestehen, so ist sie nicht mehr als eine auf dem Gesetz beruhende Betriebsvertretung mit den sich hieraus ergebenden öffentlich-rechtlichen Folgen hinsichtlich ihrer **Geschäftsführung** und ihrer Funktionen anzuerkennen (*G/L* § 1 Rz. 31; *F/A/K/H* § 1 Rz. 142; GK-*Kraft* § 1 Rz. 60; *D/R* § 1 Rz. 119). Verringert sich die Zahl der wählbaren Arbeitnehmer auf unter drei, hat dies auf das Amt des Betriebsrats keinen Einfluß (*G/L* § 1 Rz. 31; GK-*Kraft* § 1 Rz. 60; *D/R* § 1 Rz. 119). **29**

Hinsichtlich der Auswirkungen größerer Veränderungen der Arbeitnehmerzahl des Betriebes im Laufe einer Wahlperiode des Betriebsrats auf dessen Amtszeit vgl. § 13 Abs. 2 Ziff. 1.

Bei der Ermittlung der Betriebsratsfähigkeit werden auch die Arbeitnehmer von **30** Betriebsteilen und Nebenbetrieben berücksichtigt, soweit diese selbst nicht betriebsratsfähig sind (*G/L* § 1 Rz. 39; *D/R* § 1 Rz. 115).

§ 1   1. Teil Allgemeine Vorschriften

31 Bilden mehrere selbständige Betriebe, bei denen jeder einzelne für sich genommen nicht betriebsratsfähig ist, einen gemeinsamen Betrieb, kann ein Betriebsrat gebildet werden (*BAG* vom 21. 10. 1969 – 1 ABR 8/69 – AP Nr. 10 zu § 3 BetrVG 1952 m. Anm. *Neumann-Duesberg* = DB 1970, 449; *BAG* vom 26. 8. 1971 – 2 AZR 233/70 – EzA § 23 KSchG 1969 Nr. 1 = DB 1971, 2319; *D/R* § 1 Rz. 115; *Gamillscheg* ZfA 1975, 367).

IV. Streitigkeiten

32 Streitigkeiten über die Betriebsratsfähigkeit werden durch das Arbeitsgericht im Beschlußverfahren entschieden (*G/L* § 1 Rz. 44; *D/R* § 1 Rz. 134; *F/A/K/H* § 1 Rz. 173; GK-*Kraft* § 1 Rz. 62).
Im arbeitsgerichtlichen Beschlußverfahren (siehe hierzu die zusammenfassende Darstellung der Verfahrensgrundsätze bei *F/A/K/H* nach § 1 Rz. 3ff.) ist auch die Frage zu entscheiden, ob zwei selbständige Betriebe vorliegen (im Anschluß an *BAG* vom 1. 2. 1963 – 1 ABR 1/62 – AP Nr. 5 zu § 3 BetrVG 1952 m. Anm. *Neumann-Duesberg* = DB 1963, 662; *BAG* vom 17. 1 1978 – 1 ABR 71/76 – EzA § 1 BetrVG 1972 Nr. 1 = DB 1978, 1133).

33 Darüber hinaus besteht die Möglichkeit, im Beschlußverfahren vor einer Betriebsratswahl bzw. im Wahlanfechtungsverfahren eine Verkennung des Betriebsbegriffs zu rügen (*BAG* vom 24. 9. 1968 – 1 ABR 4/68 – EzA § 1 BetrVG 1952 Nr. 1 = DB 1968, 1761; 1969, 89; *BAG* vom 21. 10. 1969 – 1 ABR 8/69 – AP Nr. 10 zu § 3 BetrVG 1952 m. Anm. *Neumann-Duesberg* = DB 1970, 449); die Verkennung des Betriebsbegriffs führt regelmäßig nicht zur Nichtigkeit, sondern nur zur Anfechtbarkeit einer darauf fußenden Betriebsratswahl (*BAG* vom 17. 1. 1978 – 1 ABR 71/76 – EzA § 1 BetrVG 1972 Nr. 1 = DB 1978, 1133; *BAG* vom 13. 9. 1984 – 6 ABR 43/83 – EzA § 19 BetrVG 1972 Nr. 20 = DB 1985, 711).

34 Bildet ein betriebsratsfähiger Betrieb mit nicht betriebsratsfähigen Kleinbetrieben einen Betrieb im Sinne des BetrVG und wurde dies bei der Betriebsratswahl verkannt, übt der Betriebsrat seine Mitbestimmungsrechte auch in den Kleinbetrieben aus. Auch insoweit führt die Verkennung des Betriebsbegriffs nur zur Anfechtbarkeit der Betriebsratswahl (*BAG* vom 3. 12. 1985 – 1 ABR 29/84 – EzA § 4 BetrVG 1972 Nr. 4 = DB 1986, 1076).

35 Eine lange Jahre unter Verkennung des Betriebsbegriffs praktizierte Betriebsverfassung schafft auch für die Zukunft keinen Vertrauensschutztatbestand (*BAG* vom 17. 1. 1978 – 1 ABR 71/76 – EzA § 1 BetrVG 1972 Nr. 1 = DB 1978, 1133). Ein Betriebsrat, der unter Verkennung des Betriebsbegriffs für alle Filialen einer Einzelhandelskette in der Bundesrepublik gewählt worden ist, bleibt bis zur nächsten Betriebsratswahl für die einzelnen selbständigen Filialen zuständig (*LAG Bremen* vom 31. 10. 1986 – 4 Sa 75/86 – BB 1987, 195).

36 Nur bei offenkundigen und groben Verstößen gegen eine gesetzliche Vorschrift läßt das *BAG* auch einen Feststellungsantrag auf Nichtigkeit der Wahl zu (*BAG* vom 24. 1. 1964 – 1 ABR 14/63 – AP Nr. 6 zu § 3 BetrVG 1952 m. Anm. *Küchenhoff* = DB 1964, 156, 589; *BVerwG* vom 3. 10. 1958 – BVerwG VII P 9.57 – AP Nr. 5 zu § 7 PersVG m. Anm. *Galperin*). In jedem Urteils- und Beschlußverfahren kann über die Betriebsratsfähigkeit als Vorfrage entschieden werden (*G/L* § 1 Rz. 44; GK-*Kraft* § 1 Rz. 63; *D/R* § 1 Rz. 135). Der Arbeitgeber kann in entsprechender Anwendung des § 18 Abs. 2 im Beschlußverfahren auch feststellen lassen,

ob durch die räumliche Zusammenlegung zweier bisher selbständiger Betriebe ein einheitlicher Betrieb im Sinne des BetrVG entstanden ist. In dem Beschlußverfahren nach § 18 Abs. 2 BetrVG analog sind die im Betrieb vertretenen Gewerkschaften nicht beteiligungsbefugt (*BAG* vom 25. 9. 1986 – 6 ABR 68/84 – EzA § 1 BetrVG 1972 Nr. 6 = DB 1987, 1202).

§ 2 Stellung der Gewerkschaften und Vereinigungen der Arbeitgeber

(1) Arbeitgeber und Betriebsrat arbeiten unter Beachtung der geltenden Tarifverträge vertrauensvoll und im Zusammenwirken mit den im Betrieb vertretenen Gewerkschaften und Arbeitgebervereinigungen zum Wohl der Arbeitnehmer und des Betriebs zusammen.
(2) Zur Wahrnehmung der in diesem Gesetz genannten Aufgaben und Befugnisse der im Betrieb vertretenen Gewerkschaften ist deren Beauftragten nach Unterrichtung des Arbeitgebers oder seines Vertreters Zugang zum Betrieb zu gewähren, soweit dem nicht unumgängliche Notwendigkeiten des Betriebsablaufs, zwingende Sicherheitsvorschriften oder der Schutz von Betriebsgeheimnissen entgegenstehen.
(3) Die Aufgaben der Gewerkschaften und der Vereinigungen der Arbeitgeber, insbesondere die Wahrnehmung der Interessen ihrer Mitglieder, werden durch dieses Gesetz nicht berührt.

Literaturübersicht

Allgemein
Blomeyer Die rechtliche Bewertung des Betriebsfriedens im Individualarbeits- und Betriebsverfassungsrecht, ZfA 1972, 85; *ders.* Das Übermaßverbot im Betriebsverfassungsrecht, FS *BAG*, 1979, 17; *Bulla* »Vertrauensvolle Zusammenarbeit« von Arbeitgeber und Betriebsrat als Generalklausel des Betriebsverfassungsrechts, RdA 1965, 121; *Dietz* § 49 BetrVG und seine Bedeutung für die Zusammenarbeit im Betrieb – vor allem in bezug auf die Beteiligungsrechte, RdA 1969, 1 ff.; *Fischer* Theorie und Praxis der vertrauensvollen Zusammenarbeit zwischen Arbeitgeber und Betriebsrat, MuA 1964, 151; *Galperin* BetrVG und betriebliche Partnerschaft, RdA 1962, 366; *Germelmann* Der Betriebsfrieden im Betriebsverfassungsrecht, 1972; *Hanau* Die Arbeitsrechtsklausur, Eine Anleitung zur Lösung arbeitsrechtlicher Fälle, JuS 1976, 168; *ders.* Unklarheiten in dem Regierungsentwurf des BetrVG, BB 1971, 485; *Hoffmann, R.* Das Unternehmenswohl bei den mitbestimmten Unternehmen und die angemessene Berücksichtigung der Belange des Betriebes und der Arbeitnehmer im BetrVG, JArbR Bd. 15 (1978), 37; *Kreutz* Grundsätze der Zusammenarbeit zwischen Arbeitgeber und Betriebsrat nach dem neuen Betriebsverfassungsgesetz, BlStSozArbR 1972, 44; *Müller, G.* Die betriebsverfassungsrechtliche Maxime der vertrauensvollen Zusammenarbeit in der Rechtsprechung des *Bundesarbeitsgerichts*, FS für *Herschel*, 1982, 269; *Söllner* Die vertrauensvolle Zusammenarbeit zwischen Betriebsvertretung und Arbeitgeber, DB 1968, 571.

Zur Stellung der Gewerkschaften in der Betriebsverfassung
Becker/Leimert Die Stellung der Gewerkschaften nach dem neuen BetrVG, BlStSozArbR 1972, 37; *dies.* Das Zutrittsrecht der Gewerkschaftsbeauftragten zum Betrieb nach § 2 Abs. 2 BetrVG 1972, AuR 1972, 365; *Binkert* Grenzen gewerkschaftlicher Vertrauensleute, DB

1977, 101; *Blomeyer* Die Zulässigkeit von Tarifverträgen zugunsten gewerkschaftlicher Vertrauensleute, DB 1977, 101; *Bötticher* Tarifvertragliche Sonderstellung der gewerkschaftlichen Vertrauensleute im Arbeitsverhältnis, eine betriebsverfassungsrechtliche Angelegenheit, RdA 1978, 133; *Brox* Plakatwerbung der Gewerkschaften im Betrieb, BB 1965, 1321; *Buchner* Das Zusammenwirken von Gewerkschaft und Betriebsrat nach dem neuen BetrVG, DB 1972, 1236; *ders.* Die Rechtsprechung des *BAG* zum Gewerkschaftsbegriff, FS *BAG*, 1979, 55; *Däubler* Gewerkschaftsrechte im Betrieb, 3. Aufl. 1983; *Dickhoff* Kann die Zahlung der Gewerkschaftsbeiträge durch Lohnabführung tariflich normiert werden?, BB 1964, 927; *Düttmann* Die Beziehungen des Betriebsrats zu den Gewerkschaften, JArbR Bd. 17 (1980), 71; *Dütz* Soziale Mächtigkeit als Voraussetzung eines einheitlichen Koalitionsbegriffs?, AuR 1976, 65; *Echterhälter* Kollektives Arbeitsrecht, BB 1969, 237; *Esser* Das Selbstverständnis der Arbeitgeberverbände von ihrer Bedeutung und Rolle in der Arbeitsverfassung, ZfA 1980, 301; *Farthmann* Rechtsprobleme zur Einziehung der Gewerkschaftsbeiträge durch den Arbeitgeber, AuR 1963, 353; *Galperin* Die Stellung der Gewerkschaften im Betrieb, BB 1972, 272; *ders.* Die Stellung der Gewerkschaften im Staatsgefüge, DB 1970, 298; *Gamillscheg* Mitbestimmung, Betriebsrat, Gewerkschaft, eine rechtsvergleichende Skizze, Rechtswissenschaft und Rechtsentwicklung 1980, 209; *Gestör/Kittner* Personalratsamt und Koalitionsfreiheit, RdA 1971, 161; *Gröbing* Das TVG und die Zutritts- und Informationsrechte der Gewerkschaften, AuR 1981, 307; *Hagemeier* Übelegungen zur Tariffähigkeit von Vereinbarungen von Führungskräften, DB 1984, 718; *Hanau* Die neue Rechtsprechung zur gewerkschaftlichen Betätigung im Betrieb, JArbR Bd. 17 (1980), 37; *Herschel* Zur Absicherung gewerkschaftlicher Vertrauensleute durch Firmentarifvertrag, AuR 1977, 137; *ders.* Tariffähigkeit und Unabhängigkeit, JZ 1965, 81; *Hiersemann* Die Betätigung der Gewerkschaften im Betrieb, DB 1966, 702, 742; *Hoffmann* Gewerkschaftliche Betätigung im Betrieb, AuR 1969, 73; *Hohn* Zutritt von Gewerkschaftsbeauftragten zur Betriebsversammlung, DB 1978, 1886; *ders.* Werbung für die Gewerkschaften auf dem Betriebsgelände, BB 1965, 545; *Jürging/Kass* Das Recht der Gewerkschaften zur Verteilung von Werbe- und Informationsschriften im Betrieb, DB 1967, 815 ff., 864 ff.; *Klosterkemper* Das Zugangsrecht der Gewerkschaften zum Betrieb unter besonderer Berücksichtigung der Tendenzbetriebe und kirchlichen Einrichtungen, 1980; *Konzen* Koalitionsfreiheit und gewerkschaftliche Werbung im Betrieb, JArbR Bd. 18 (1981), 19; *Kraft* Die Regelung der Rechtsstellung gewerkschaftlicher Vertrauensleute im Betrieb, ZfA 1976, 243; *ders.* Probleme im Spannungsfeld zwischen Betriebsverfassungsrecht und Koalitionsfreiheit, ZfA 1973, 243; *ders.* Vertrauensleute im Betrieb, 1982; *Kremp* Das Zugangsrecht der Gewerkschaftsbeauftragten zum Betrieb nach dem BetrVG 1972, AuR 1973, 193; *Kraft* Der Informationsanspruch des Betriebsrats, Grundlagen, Grenzen und Übertragbarkeit, ZfA 1983, 171; *Kriechel* Betriebsfremde Gewerkschaftsbeauftragte ausgeschlossen, ArbGeb. 1981, 764; *Küchenhoff* Einwirkung des Verfassungsrechts auf das Arbeitsrecht, RdA 1969, 97; *Löwisch* Die Voraussetzungen der Tariffähigkeit, ZfA 1970, 295, *ders.* Der Einfluß der Gewerkschaften auf Wirtschaft, Gesellschaft und Staat, RdA 1976, 53; *Losacker* Die Stellungnahme der Vertrauensleute im Betrieb, JArbR Bd. 3 (1965), 56; *Mayer* »... keine unbeschränkten Befugnisse«, *BAG* zur gewerkschaftlichen Mitgliederwerbung in den Betrieben, ArbGeb. 1967, 119; *ders.* Zum Streit über die Zulässigkeit von Vereinbarungen zum Schutz gewerkschaftlicher Vertrauensleute, BlStSozArbR 1977, 17; *Mayer-Maly* Gewerkschaftliche Zutrittsrechte – allgemeine Probleme und Sonderfragen bei kirchlichen Einrichtungen, BB 1979 Beilage Nr. 4; *ders.* Grundsatzfragen zum Berufsverbandsrecht, DB 1966, 821; *Müller, G.* Zur Stellung der Verbände im neuen Betriebsverfassungsrecht, ZfA 1972, 213; *ders.* Betriebsrat und gewerkschaftlicher Vertrauensmann, RdA 1976, 46; *Neumann-Duesberg* Betriebsverfassungsrechtlicher Anspruch der Gewerkschaften auf Duldung der Mitgliederwerbung im Betrieb, BB 1966, 902; *ders.* Sozialadäquanz und Mitgliederwerbung der Gewerkschaften im Betrieb, BB 1966, 947; *ders.* Unterlassungsanspruch der Gewerkschaft gegen den Betriebsinhaber bei Behinderung sozialadäquater Plakatwerbung im Betrieb – Kollision zwischen Koalitionsrecht und Eigentumsrecht, AuR 1966, 289; *Pfarr* Gewerkschaftliche Rechte im Betrieb, AuR 1979, 242; *Prütting/Weth* Die Vertretung einer Gewerkschaft im Betrieb – Geheimverfahren zum

Nachweis der Voraussetzungen, DB 1989, 2273; *Reuss* Die Bedeutung der »Mächtigkeit« von Verbänden im kollektiven Arbeitsrecht, RdA 1972, 4; *Reuter* Die (persönliche und amtliche) Rechtsstellung des Betriebsrats im Arbeitskampf, AuR 1973, 1; *ders.* Gewerkschaftliche Präsens im Betrieb, FS für *G. Müller*, 1981, 387; *ders.* Umfang und Schranken des gewerkschaftlichen Zutrittsrechts zum Betrieb unter besonderer Berücksichtigung der Seeschiffahrt, ZfA 1976, 107; *Rewolle* Die Werbung der Gewerkschaften innerhalb der Betriebe, DB 1965, 364; *Reuter* Umfang und Schranken des gewerkschaftlichen Zutrittsrechts zum Betrieb unter besonderer Berücksichtigung der Seeschiffahrt, ZfA 1976, 107ff.; *Richardi* Betriebsratsamt und Gewerkschaft, RdA 1972, 8; *ders.* Zugangsrecht der Gewerkschaften zum Betrieb, DB 1978, 1736; *ders.* Das Betätigungsrecht der Koalitionen in kirchlichen Einrichtungen, FS für *Beitzke*, 1979, 873; *ders.* Die Rechtsstellung der Gewerkschaften zum Betrieb, AuR 1979, 39; *ders.* Gewerkschaften und Betrieb – ein Gegenstand der Tarifautonomie, Grundprobleme der kollektiven Koalitionsfreiheit, ZfA 1970, 85; *Rüthers* Das Recht der Gewerkschaften auf Informationen und Mitgliederwerbung im Betrieb, RdA 1968, 161; *ders.* Gewerkschaftliche Mitgliederwerbung im Betrieb und in der Dienststelle, JuS 1970, 607; *ders.* Arbeitgeber und Gewerkschaften – Gleichgewicht oder Dominanz –, DB 1973, 1649; *Säcker* Direktions- und Hausrecht als Abwehrrecht gegen gewerkschaftliche Betätigung im Betrieb I, BB 1966, 700; III, BB 1966, 784; *ders.* Gewerkschaftliches Zutrittsrecht zum Betrieb, AuR 1979, 39; *Schellenberg* Das Zugangsrecht des Beauftragten der Gewerkschaft nach § 2 BAG, BlStSozArbR 1974, 161; *Schelp* Die Parteifähigkeit der Verbände im arbeitsgerichtlichen Urteilsverfahren, AuR 1954, 70; *Schlochauer* Zugangsrecht von Betriebsratsmitgliedern zu den Arbeitsplätzen einzelner Arbeitnehmer, FS für *G. Müller*, 1981, 459; *Schmittner* Meinungsfreiheit und Arbeitsverhältnis, AuR 1968, 353; *Zachert* Gewerkschaftliche Rechte im Betrieb – eine Restgröße?, AuR 1979, 358; *Zitscher* Die vertrauensvolle Zusammenarbeit zwischen Betriebsrat und Arbeitgeber, DB 1984, 1395.

Inhaltsübersicht

	Rz.
A. Allgemeines	1– 3
B. Stellung des Arbeitgebers und des Betriebsrats	4–37
I. Rechte und Pflichten des Arbeitgebers	4– 9
II. Rechtsstellung des Betriebsrats	10, 11
1. Rechte des Betriebsrats	10
2. Pflichten des Betriebsrats	11
III. Das Verhältnis des Betriebsrats zur Belegschaft	12–16
1. Grundsätze	12–14
2. Einzelne geregelte Ausgestaltungen	15, 16
IV. Verhältnis des Betriebsrats zum Arbeitgeber	17–25
1. Zweck der Vorschrift	17
2. Geschichtliche Entwicklung	18
3. Zusammenarbeit	19–21
a) Ziel der Zusammenarbeit	19, 20
b) Beispiele	21
4. Erfordernis des Vertrauens	22–25
a) Sinn des Vertrauenserfordernisses	22
b) Normadressaten	23
c) Grenzen	24
d) Beispiele	25
V. Verhältnis des Betriebsrats zu den Gewerkschaften und Arbeitgeberverbänden	26–32
1. Grundsatz der Unabhängigkeit	26

§ 2   1. Teil Allgemeine Vorschriften

		2.	Pflicht zur Zusammenarbeit mit den Gewerkschaften	27–30
			a) Grundsatz	27
			b) Tatsächliche Voraussetzungen	28
			c) Beispiele	29
			d) Grenzen	30
		3.	Pflicht zur Zusammenarbeit mit den Arbeitgeberverbänden	31, 32
			a) Grundsatz	31
			b) Beispiele für das Verhältnis Gewerkschaft/Arbeitgeberverbände nach dem BetrVG	32
	VI.	Grenzen der Zusammenarbeit zwischen Betriebsrat und Arbeitgeber		33–37
		1.	Das Wohl der Arbeitnehmer	33
		2.	Der Vorrang des Tarifvertrages	34–37
C.	Die Stellung der Verbände im Betrieb			38–132
	I.	Gesetzliche Grundlagen für die Beteiligung der Verbände		38– 54
		1.	Art. 9 Abs. 3 GG	38– 47
		2.	Art. 20 Abs. 1 GG (Sozialstaatsprinzip)	48– 52
		3.	Art. 14 Abs. 1 Satz 2 GG (Sozialbindung des Eigentums)	53, 54
	II.	Begriff der Verbände		55– 80
		1.	Die Gewerkschaften	55– 78
			a) Geschichtliche Entwicklung (Industrieverbandsprinzip)	55– 58
			b) Begriff	59– 78
			aa) Vereinigung (Rechtsform)	59– 64
			bb) Freiwilligkeit der Bildung	65
			cc) Überbetrieblichkeit und Gegnerfreiheit	66– 70
			dd) Bereitschaft zum Abschluß von Tarifverträgen	71
			ee) Bereitschaft zum Arbeitskampf	72
			ff) Zahlenmäßige Stärke	73
			gg) Zweckrichtung der Wahrung und Förderung von Arbeits- und Wirtschaftbedingungen	74
			hh) Körperschaftliche Organisation	75
			ii) Zusammenschluß für eine gewisse Dauer	76
			jj) Keine gesetzwidrige Tätigkeit	77
			kk) Streitigkeiten über die Tariffähigkeit einer Vereinigung	78
		2.	Die Arbeitgeberverbände	79, 80
			a) Rechtsform	79
			b) Organisation	80
	III.	Aufgaben der Verbände		81–132
		1.	Betriebsverfassungsrechtliche Rechte und Pflichten der Gewerkschaften	81–116
			a) Pflichten der Gewerkschaften	81
			b) Rechte der Gewerkschaften	82, 83
			aa) Im Gesetz ausdrücklich geregelte Antrags-, Initiativ-, Unterstützungs-, Überwachungs- und Teilnahmerechte	82
			bb) Von Rechtsprechung und Lehre entwickelte Rechte	83
			c) Einzelfragen	84– 98
			aa) Gewerkschaftliche Vertrauensleute	84– 88
			bb) Wahlpropaganda	89
			cc) Mitgliederwerbung	90– 98
			α Werbung einer im Betrieb vertretenen Gewerkschaft	91– 97
			β Werbung einer im Betrieb nicht vertretenen Gewerkschaft	98
			d) Zugangsrecht der Gewerkschaften	99–116
			aa) Grundsätzliches	99
			bb) Der Begriff des betriebsverfassungsrechtlichen Zugangsrechts	100

	cc)	Der Inhalt des betriebsverfassungsrechtlichen Zugangsrechts	101–107
	dd)	Umfang des Zugangsrechts und Ausnahmen vom Zugangsrecht	108–116
2.		Betriebsverfassungsrechtliche Rechte und Pflichten der Arbeitgeberverbände	117, 118
	a)	Pflichten der Arbeitgeberverbände	117
	b)	Rechte der Arbeitgeber	118
3.		Tarifvertragliche Regelungen betriebsverfassungsrechtlicher Fragen	119, 120
	a)	Grenzen der Regelungsbefugnis	119
	b)	Vorrang des Tarifvertrages	120
4.		Verfassungsrechtliche Beurteilung der Ausgestaltung und Verteilung der Verbandsbefugnisse	121–126
	a)	Sinn der Beteiligung von Verbänden	121
	b)	Grenzen der Beteiligung	122–126
	aa)	Übermaßverbot	123
	bb)	Gebot der Waffengleichheit	124–126
	α	Art. 9 Abs. 3 GG	125
	β	Art. 14 GG	126
5.		Erweiterung und Beschränkung der Beteiligungsbefugnis der Verbände	127–132
	a)	Beschränkung der Beteiligungsrechte	128
	b)	Erweiterung der Beteiligungsrechte durch Tarifvertrag	129
	c)	Erweiterung der Beteiligungsrechte durch Betriebsvereinbarung	130–132
	aa)	Regelungsmacht der Betriebsparteien	131
	bb)	Vertrag zugunsten Dritter	132
D. Streitigkeiten			133–136

A. Allgemeines

Die Vorschrift entspricht mit geringen Änderungen der Bestimmung des § 49 Abs. 1 BetrVG 1952. Bereits die Begründung zum Regierungsentwurf wies darauf hin, daß das Gebot zur vertrauensvollen Zusammenarbeit aufrechterhalten werden sollte (BR-Drucks. 715/7033), und betonte die grundsätzliche Bedeutung dieser Bestimmung, was dazu geführt habe, sie in die einleitenden allgemeinen Vorschriften einzubeziehen (BR-Drucks. 715/7035). **1**

Die Bestimmung ist als **Grundnorm des Betriebsverfassungsgesetzes** überhaupt anzusehen und für die Handhabung und Auslegung des Gesetzes in all seinen Teilen wesentlich. **2**

Neben dem Problemkreis der vertrauensvollen Zusammenarbeit zwischen Betriebsrat und Arbeitgeber wird die Rechtsstellung der Gewerkschaften und Arbeitgeberverbände geregelt. **3**

§ 2 1. Teil Allgemeine Vorschriften

B. Stellung des Arbeitgebers und des Betriebsrats

I. Rechte und Pflichten des Arbeitgebers

4 Die Rechtsstellung des Arbeitgebers (Betriebsinhabers) wird auf der einen Seite durch seine Eigenschaft als Betriebspartner gekennzeichnet, während ihm andererseits durch die Verfassung garantierte Rechtspositionen zugeordnet sind, deren Eingrenzung auch Aufgabe des BetrVG ist. Dementsprechend ist auch der Begriff des Arbeitgebers differenziert zu sehen. Unter dem »Arbeitgeber« ist nicht nur der Vertragspartner der Arbeitnehmer zu verstehen, sondern auch das Organ der Betriebsverfassung (vgl. GK-*Kraft* § 1 Rz. 35; *F/A/K/H* § 1 Rz. 84; *Galperin* RdA 1959, 321, 324; **differenzierend** *Brecht* § 1 Rz. 15 ff.; vgl. auch *D/R* § 1 Rz. 26; *G/L* vor § 1 Rz. 14–16).

5 Die Rechte des Arbeitgebers lassen sich wie folgt unterteilen (siehe *G/L* vor § 1 Rz. 14 ff.):

a) Organisationsrecht
Das Organisationsrecht als wesentlicher Bestandteil der unternehmerischen Freiheit wird durch Art. 2 Abs. 1, Art. 12 Abs. 1 GG gesichert (*BVerfG* vom 1.3.1979 – 1 BvR 532/77, 533/77, 419/78, 1 BvL 21/78 – EzA § 7 MitbestG Nr. 1); es umfaßt alle grundlegenden Entscheidungen, Planungen und Durchführungsmaßnahmen hinsichtlich des betrieblichen Arbeitsablaufes auf der Personalebene.

b) Direktionsrecht
Das Direktionsrecht kommt dem Arbeitgeber als Vertragspartner zu und dient der Konkretisierung der einzelnen arbeitsvertraglichen Pflichten.

c) Sachherrschaft
Der Arbeitgeber hat die Befugnisse über den Einsatz seiner Einrichtungen (Art. 14 GG) sowie die Berechtigung zu bestimmen, wer den Betrieb betreten darf (Art. 13 GG). Zu den Einschränkungen dieses Rechts vgl. unten Rz. 53.

6 Dem Arbeitgeber sind spezifisch betriebsverfassungsrechtliche Rechte zugeordnet; so kann er unter anderem die Betriebsratswahl anfechten (§ 19 Abs. 2 Satz 1), die Auflösung des Betriebsrats beantragen (§ 23 Abs. 1), die Selbständigkeit eines Nebenbetriebes oder Betriebsteils klären lassen (§ 18 Abs. 2), an Betriebsversammlungen teilnehmen (§ 43 Abs. 2), Betriebsvereinbarungen mit dem Betriebsrat abschließen (§ 77 Abs. 2 i. V. m. §§ 87, 88), Betriebsvereinbarungen ausführen (§ 77 Abs. 1) sowie die Einigungsstelle anrufen (§ 76).

7 Der Arbeitgeber kann sich bei der Wahrnehmung seiner Rechte aus der Betriebsverfassung durch eine bei der Leitung des Betriebs verantwortlich beteiligte Person vertreten lassen (**weitergehend** *G/L* vor § 1 Rz. 17, die jeden Arbeitnehmer als Vertreter des Arbeitgebers zulassen, wenn eine entsprechende Vollmacht erteilt wurde; siehe auch GK-*Kraft* § 1 Rz. 37; *F/A/K/H* § 1 Rz. 87; *D/R* § 1 Rz. 28).

8 Den einzelnen Rechtspositionen steht die Pflicht des Arbeitgebers gegenüber, in Zusammenarbeit mit dem Betriebsrat »die soziale Ordnung des Betriebes im Wege der Einigung oder der autonomen Rechtssetzung zu gestalten« (*G/L* vor § 1 Rz. 16; *BAG* vom 27.1.1960 – 4 AZR 189/59 – AP Nr. 12 zu § 16 AOGÖ = DB 1960, 471). Die unter Rz. 5 genannten Rechte des Arbeitgebers sind – wie auch die

des Betriebsrats – durch die Prinzipien der Betriebsverfassung eingeschränkt, wobei den Konkretisierungen der Pflichten durch Tarifvertrag und Betriebsvereinbarung das gleiche Gewicht zukommt wie den gesetzlichen (vgl. F/A/K/H § 23 Rz. 38ff.; G/L vor § 1 Rz. 16).

Im einzelnen ergeben sich letztlich auf dem Gebot der vertrauensvollen Zusammenarbeit beruhende Unterlassungs-, Unterrichtungs- und Informationspflichten (vgl. §§ 92, 99, 102). Danach hat beispielsweise der Arbeitgeber jede Störung der Betriebsratstätigkeit zu unterlassen (§ 78); er darf die Betriebsratswahl nicht stören (§ 20 Abs. 1); er hat für die Einhaltung der Gleichbehandlung aller Arbeitnehmer zu sorgen (§ 75) und muß sich jeder parteipolitischen Betätigung enthalten (§ 74 Abs. 2 Satz 3); darüber hinaus treffen auch den Arbeitgeber in seiner Eigenschaft als Vertragspartner der einzelnen Arbeitnehmer betriebsverfassungsrechtliche Pflichten, wie etwa die Freistellung von Betriebsratsmitgliedern (§§ 37, 38) sowie gem. § 20 Abs. 3 die Übernahme von Kosten einer Betriebsratswahl (siehe F/A/K/H § 2 Rz. 10 m. w. B.).

Der Arbeitgeber hat es auch zu unterlassen, ohne Einwilligung des Betriebsrats Wortprotokolle von Betriebsversammlungen anzufertigen oder anfertigen zu lassen (*LAG Hamm* vom 9. 7. 1986 – 3 Ta BV 31/86 – NZA 1986, 842).

II. Rechtsstellung des Betriebsrats

1. Rechte des Betriebsrats

Der Betriebsrat (vgl. zur Rechtsnatur vor § 1 Rz. 16ff.) ist das Organ der Betriebsverfassung mit den weitestgehenden Rechtspositionen. Ist er einmal gebildet (zum Charakter der Verpflichtungsnorm des § 1 siehe dort Rz. 1ff.), stehen ihm umfassend ausgestaltete Antrags- (vgl. z. B. § 23 Abs. 3), Initiativ- (vgl. § 43 Abs. 3), Unterstützungs- (vgl. §§ 82 Abs. 1, 83 Abs. 1), Überwachungs- (vgl. §§ 90, 93), Teilnahme- (vgl. § 88) und Mitbestimmungsrechte (vgl. §§ 87ff.) zu (siehe im einzelnen die Erläuterungen zu den jeweiligen Vorschriften).

2. Pflichten des Betriebsrats

Die allgemeinen Aufgaben des Betriebsrats sind beispielhaft und nicht abschließend in § 80 zusammengefaßt (siehe die Erläuterungen zu § 80). Daneben stehen weitere konkretisierte Pflichten, wie etwa die Pflicht zur Unterlassung von Betätigungen, durch die der Arbeitsablauf oder der Frieden des Betriebs beeinträchtigt würde.

Sämtliche Pflichten des Betriebsrats – jedenfalls im Verhältnis zum Arbeitgeber – sind Konkretisierungen des Gebots der vertrauensvollen Zusammenarbeit mit dem Arbeitgeber zum Wohl der Arbeitnehmer und des Betriebs (vgl. *Nikisch* III, 245; siehe auch unten Rz. 26ff.).

Umgekehrt ist die Generalklausel als unmittelbar geltendes Recht (vgl. F/A/K/H § 2 Rz. 1, 10; D/R § 2 Rz. 8; GK-*Kraft* § 2 Rz. 6) zur Auslegung und Abgrenzung aller im Betriebsverfassungsgesetz enthaltenen Rechte und Pflichten des Betriebsrats heranzuziehen, wobei aber etwaige abschließende Spezialregelungen nicht erweitert werden dürfen (vgl. *Kreutz* BlStSozArbR 1972, 44, 45).

§ 2 1. Teil Allgemeine Vorschriften

Auch die Frage, ob und inwieweit der Betriebsrat Aufwendungen, die der Arbeitgeber zu erstatten hat, für erforderlich halten darf, steht unter dem Gebot der vertrauensvollen Zusammenarbeit (*BAG* vom 18.4.1967 – 1 ABR 11/66 – EzA § 39 BetrVG 1952 Nr. 1 = DB 1967, 733, 1769).

III. Das Verhältnis des Betriebsrats zur Belegschaft

1. Grundsätze

12 Zur Rechtsnatur des Betriebsrats und der Belegschaft (vgl. zunächst vor § 1 Rz. 16 ff.).

13 Aus der Generalklausel des § 2 ergibt sich, daß die Austragung der naturgemäß gegebenen Interessengegensätze zwischen Arbeitgeber und Betriebsrat/Belegschaft nie um ihrer selbst willen betrieben werden darf, sondern sich stets am Wohl der Arbeitnehmer und des Betriebs zu orientieren hat.

14 Die betriebsverfassungsrechtlichen Rechte des Betriebsrats sind fast ausnahmslos nicht eigene Rechte des Betriebsrats, sondern solche der Arbeitnehmerschaft. Daraus ergibt sich, daß die Rechtswahrnehmung des Betriebsrats stets im Interesse der Belegschaft zu erfolgen hat.

2. Einzelne geregelte Ausgestaltungen

15 Die – wenn auch aus Praktikabilitäts- und Rechtssicherheitsgründen eingeschränkte – Abhängigkeit des Betriebsrats von der Belegschaft zeigt sich in § 23 Abs. 1. Der Betriebsrat unterliegt nicht nur insofern einer unmittelbaren Kontrolle durch die Arbeitnehmerschaft, als er sich jeweils bei der Neuwahl zu behaupten hat, sondern auch einer unmittelbaren gem. § 23. Zu den einzelnen Voraussetzungen eines Ausschlusses von Betriebsratsmitgliedern oder der Auflösung des gesamten Betriebsrats vgl. die Erläuterungen zu § 23 Abs. 2.

16 Abgesehen von dieser Kontrollmöglichkeit bestehen verschiedene unmittelbare Berührungspunkte zwischen Betriebsrat und Arbeitnehmer.
Gem. § 39 Abs. 1 kann der Betriebsrat regelmäßige Sprechstunden einrichten. Nach § 43 Abs. 1 hat der Betriebsrat einmal in jedem Kalendervierteljahr eine Betriebsversammlung einzuberufen, die gem. § 42 Abs. 1 aus den Arbeitnehmern des Betriebes besteht. Zu den Einzelheiten siehe §§ 42–46 sowie die dortigen Erläuterungen. § 75 schreibt dem Betriebsrat vor, auf die gerechte Behandlung aller Arbeitnehmer sowie die Möglichkeit ihrer freien Persönlichkeitsentfaltung zu achten.
Auch der Katalog des § 80 enthält einige Aufgaben, die Betriebsrat und Arbeitnehmer in unmittelbare Berührung bringen (vgl. § 80 Abs. 1 Nr. 6 u. 7). Der einzelne Arbeitnehmer kann sich im Rahmen seines Mitwirkungs- und Beschwerderechts der Unterstützung des Betriebsrats bzw. eines seiner Mitglieder bedienen (vgl. §§ 82 Abs. 2 Satz 2, 3, 83 Abs. 1 Satz 2, 3, 84 Abs. 1 Satz 2, 85 Abs. 1).
Im Rahmen der personellen Angelegenheiten hängt das rechtliche Schicksal der einzelnen Arbeitsverträge in besonders starkem Maße vom Verhalten des Betriebsrats ab (vgl. §§ 99, 102, 103 mit dazugehörigen Erläuterungen).

IV. Das Verhältnis des Betriebsrats zum Arbeitgeber

1. Zweck der Vorschrift

Der Gesetzgeber hat durch die Stellung der Vorschrift an der Spitze des Gesetzes 17 deutlich gemacht, daß vor aller Interessenvertretung und -wahrnehmung das Gebot der **vertrauensvollen Zusammenarbeit** zu stehen hat (*BAG* vom 5. 9. 1967 – 1 ABR 1/67 – EzA § 23 BetrVG 1952 Nr. 1 = DB 1967, 1592, 1947, 1990; *G/L* § 2 Rz. 4, 14; *F/A/K/H* § 2 Rz. 1, 7 ff.; *D/R* § 2 Rz. 5; BT-Drucks. VI/1768, 35; BT-Drucks. VI/2729, 18).
In Verbindung mit § 74 stellt § 2 die Grundsatznorm für die Einhaltung eines »fair play« zwischen Arbeitgeber und Betriebsrat dar. Art und Weise des gegenseitigen Umgangs sind somit gesetzlich vorgeschrieben. Die Vorschrift kann allerdings nicht dazu dienen, aus ihr die Notwendigkeit eines genossenschaftlichen Verhältnisses zwischen Arbeitgeber und Betriebsrat abzuleiten (GK-*Kraft* § 2 Rz. 10; a. A. *Neumann-Duesberg* NJW 1954, 617 ff.). Der Gesetzgeber wollte mit der Statuierung des Vertrauensgrundsatzes nicht die historisch gewachsenen, teils gesetzlich angelegten Interessenunterschiede abschaffen (vgl. *Blomeyer* ZfA 1972, 85, 116). Die Generalklausel des § 2 enthält zwar unmittelbar geltendes Recht (vgl. oben Rz. 11), Leben gewinnt sie jedoch erst in Verbindung mit einzelnen gesetzlich ausgestalteten Konkretisierungen und bei deren Auslegung.

2. Geschichtliche Entwicklung

In § 1 des Betriebsrätegesetzes von 1920 war als primäre Aufgabe des Betriebsrats 18 bestimmt, die Interessen des Arbeitnehmers gegenüber dem Arbeitgeber wahrzunehmen. Die Pflicht, bei der Erfüllung des Betriebszweckes unterstützend zu wirken, war vom Gesetzgeber mit weniger Gewicht versehen worden. Erst seit dem BetrVG 1952 wurde die Grundkonzeption dahingehend abgeändert, daß das Gebot der vertrauensvollen Zusammenarbeit im Vordergrund steht.

3. Zusammenarbeit

a) Ziel der Zusammenarbeit

Ziel der Zusammenarbeit ist das **Wohl der Arbeitnehmer und des Betriebes** 19 (*F/A/K/H* § 2 Rz. 8). Die Zusammenarbeit soll zum **Ausgleich der Interessengegensätze** in gegenseitiger »Ehrlichkeit und Offenheit« (*BAG* vom 22. 5. 1959 – 1 ABR 2/59 – AP Nr. 3 zu § 23 BetrVG 1952 = DB 1959, 979) dienen (vgl. *F/A/K/H* zu § 2 Rz. 9; *D/R* § 2 Rz. 5; *Söllner* DB 1968, 573; GK-*Kraft* § 2 Rz. 12; *G/L* § 2 Rz. 12). Dadurch soll verhindert werden, daß eine Seite – nur auf Wahrung ihrer Interessen bedacht – die andere Seite in der Durchführung ihrer betriebsverfassungsrechtlichen Aufgaben behindert, ohne in der Sache tatsächlich Gemeinsamkeiten erreichen zu wollen.
Zu weit dürfte es aber gehen, mit *F/A/K/H* (§ 2 Rz. 9) aus § 2 zu folgern, daß es 20 Ziel der vertrauensvollen Zusammenarbeit sei, Interessengegensätze möglichst auszugleichen, ohne daß es einer Anrufung der Einigungsstelle oder des Arbeitsgerichts bedarf. Pflicht zur Zusammenarbeit bedeutet nicht Pflicht zum Verzicht

§ 2 1. Teil Allgemeine Vorschriften

auf Rechtspositionen oder Verzicht auf tatsächliche Vorteile. Solange die Aufrechterhaltung eines Rechtsstandpunktes sachgerecht und ohne unmittelbare oder mittelbare Druckausübung geschieht, widerspricht es nicht dem Gebot der Zusammenarbeit, wenn erst die Einigungsstelle oder das Arbeitsgericht die Angelegenheit entscheidet (vgl. GK-*Kraft* § 2 Rz. 11).

b) Beispiele

21 Gem. § 80 Abs. 2 hat der Arbeitgeber den Betriebsrat zur Durchführung seiner Aufgaben rechtzeitig und umfassend zu unterrichten. Aus § 2 Abs. 1 läßt sich kein besonderer Informationsanspruch ableiten (*Kraft* ZfA 1983, 171, 178).

Grenzen und Umfang dieses Unterrichtungsrechts (ebenso für die Rechte gem. §§ 92, 99, 106 Abs. 2, 111) sind jedoch unter Zuhilfenahme des § 2 zu ermitteln (*G/L* § 2 Rz. 20).

Nach *LAG Düsseldorf* (vom 10. 12. 1984 – 5 TaBV 134/84 – NZA 1985, 368) gebietet der Grundsatz der vertrauensvollen Zusammenarbeit, daß der Betriebsrat eines Warenhauses grundsätzlich eine Betriebsversammlung nicht in die verkaufsstarken Zeiten legt.

Über den Charakter der Auslegungshilfe hinaus schafft § 2 aber auch unmittelbare Pflichten (»§ 242 BGB des Betriebsverfassungsrechts«). Die weitestgehende Auswirkung hat dabei das Verbot des widersprüchlichen Verhaltens (venire contra factum proprium; vgl. dazu *D/R* § 2 Rz. 10 mit Beispielen; *BAG* vom 5. 2. 1971 – 1 ABR 24/70 – EzA § 63 BetrVG 1952 Nr. 4 = DB 1971, 1528).

Über die im Gesetz bestimmten Fälle hinaus lassen sich aus § 2 allerdings keine neuen Mitbestimmungsrechte herleiten. Dieser weitgehende Eingriff in die unternehmerische Freiheit ist vom Gesetzgeber nur in den ausdrücklich bestimmten Fällen als zulässig angesehen worden. Gleiches muß auch für neue Mitwirkungsrechte gelten (*BAG* vom 6. 12. 1963 – 1 ABR 9/63 – EzA § 56 BetrVG 1972 Nr. 6 = DB 1963, 1718; 1964, 154; *BAG* vom 1. 3. 1966 – 1 ABR 14/65 – EzA § 69 BetrVG 1952 Nr. 1 = DB 1966, 384, 705, 706; GK-*Kraft* § 2 Rz. 12; *D/R* § 2 Rz. 11; *Dietz* RdA 1969, 3 f.; *Kreutz* BlStSozArbR 1972, 45 f.; **a. A.** *BAG* vom 15. 1. 1960 – 1 ABR 7/59 – AP Nr. 3 zu § 56 BetrVG 1952 Wohlfahrtseinrichtungen = DB 1960, 472).

4. Erfordernis des Vertrauens

a) Sinn des Vertrauenserfordernisses

22 Das faktische Zusammenwirken von Arbeitgeber und Betriebsrat muß von dem subjektiven Erfordernis des Vertrauens getragen werden, damit das Gebot der vertrauensvollen Zusammenarbeit nicht eine Leerformel bleibt, sondern tatsächlich zur bestimmenden Verhaltensmaxime für die Betriebspartner und sonstigen Normadressaten wird (*BAG* vom 22. 5. 1959 – 1 ABR 2/59 – AP Nr. 3 zu § 23 BetrVG 1952 = DB 1959, 979).

b) Normadressaten

23 Adressaten der Verpflichtung zur vertrauensvollen Zusammenarbeit sind nicht nur die Betriebspartner, sondern auch die im Betrieb vertretenen Gewerkschaften und Arbeitgeberverbände im Rahmen der Betriebsverfassung (*BAG* vom 14. 2. 1967 – 1 ABR 7/66 – EzA § 45 BetrVG 1952 Nr. 1 = DB 1967, 384, 775; *D/R* § 2

Rz. 13; GK-*Kraft* § 2 Rz. 7; *F/A/K/H* § 2 Rz. 7; **a. A.** *Brecht* § 2 Rz. 4). Die Pflicht der Zusammenarbeit mit den im Betrieb vertretenen Gewerkschaften gebietet es auch, daß der Arbeitgeber die Einstellung eines Arbeitnehmers nicht von dessen Austritt aus einer Gewerkschaft abhängig macht (*BAG* vom 2. 6. 1987 – 1 AZR 651/ 85 – DB 1987, 2312).
Das Gebot der vertrauensvollen Zusammenarbeit richtet sich auch an die einzelnen Mitglieder des Betriebsrats (*BAG* vom 21. 2. 1978 – 1 ABR 54/76 – EzA § 74 BetrVG 1972 Nr. 4 = DB 1978, 1547).
Nicht erfaßt wird dagegen das Verhältnis des Arbeitgebers zu den einzelnen Arbeitnehmern (*BAG* vom 13. 7. 1962 – 1 AZR 496/60 – AP Nr. 1 zu § 242 BGB = DB 1962, 1510; *Söllner* DB 1968, 571; *Dietz* RdA 1969, 3; *Kreutz* BlStSozArbR 1972, 46; *D/R* § 2 Rz. 12) sowie das der Betriebsratsmitglieder untereinander. Es besteht für letztere daher keine Pflicht, mit den übrigen Mitgliedern vertrauensvoll zusammenzuarbeiten (*BAG* vom 5. 9. 1967 – 1 ABR 1/67 – EzA § 23 BetrVG 1952 Nr. 1 = DB 1967, 1592, 1947, 1990; *G/L* § 2 Rz. 8; GK-*Kraft* § 2 Rz. 8; *F/A/K/H* § 2 Rz. 11).

c) Grenzen
Grenzen der vertrauensvollen Zusammenarbeit ergeben sich aus den jeweiligen 24 betriebsverfassungsrechtlichen Aufgaben. Dürfen auf der einen Seite Interessengegensätze nicht ausgespielt werden, wenn das Wohl der Arbeitnehmer oder des Betriebes gefährdet ist, dürfen andererseits auch nicht die wohlverstandenen Interessen der Arbeitnehmer oder des Arbeitgebers nur im Hinblick auf eine möglichst weitgehende vertrauensvolle Zusammenarbeit zurückgestellt werden, wenn dafür keine sachlich begründete Notwendigkeit besteht (vgl. GK-*Kraft* § 2 Rz. 11; *D/R* § 2 Rz. 5; *G/K/S/B* § 2 Rz. 3).

d) Beispiele
Das *BAG* (vom 22. 5. 1959 – 1 ABR 2/59 – AP Nr. 3 zu § 23 BetrVG 1952 = DB 25 1959, 979) sieht in der Weitergabe einer als vertraulich bezeichneten Lohnliste an die Gewerkschaft einen Verstoß gegen das Gebot der vertrauensvollen Zusammenarbeit.
Nach dem *BAG* (vom 15. 1. 1960 – 1 ABR 7/59 – AP Nr. 3 zu § 56 BetrVG 1952 Wohlfahrtseinrichtungen = DB 1960, 472) kann ein Verstoß gegen das Gebot der vertrauensvollen Zusammenarbeit darin liegen, daß der Arbeitgeber den Betriebsrat vor der Erhöhung des Mietzinses von Werkwohnungen nicht hört.
Das *LAG Bremen* (vom 16. 8. 1962 – 1 TaBV 1/62 – DB 1962, 1442) sieht in der Verteilung von gegen den Arbeitgeber gerichteten Flugblättern durch den Betriebsrat eine Verletzung des Gebotes der vertrauensvollen Zusammenarbeit.
Der Arbeitgeber ist gem. § 2 Abs. 1 verpflichtet, ein Anhörungsverfahren nach § 102 grundsätzlich während der Arbeitszeit des Betriebsratsvorsitzenden oder bei dessen Verhinderung während der Arbeitszeit des Stellvertreters einzuleiten (*BAG* vom 27. 8. 1982 – 7 AZR 30/80 – EzA § 102 BetrVG 1972 Nr. 49 = DB 1983, 181).
Der Grundsatz der vertrauensvollen Zusammenarbeit gebietet es im Rahmen des Anhörungsverfahrens nach § 102 BetrVG, daß der Arbeitgeber den Betriebsrat vollständig über die maßgeblichen Kündigungstatsachen unterrichtet, und zwar selbst dann, wenn der zu kündigende Arbeitnehmer noch nicht unter das Kündigungsschutzgesetz fällt (*BAG* vom 2. 11. 1983 – 7 AZR 65/82 – EzA § 102 BetrVG 1972 Nr. 53 m. Anm. *Streckel* = DB 1984, 407).

§ 2   1. Teil Allgemeine Vorschriften

Erteilt der Betriebsrat im Rahmen eines Einigungsstellenverfahrens einem von ihm beauftragten Rechtsanwalt eine atypische Honorarzusage, ohne den Arbeitgeber hiervon rechtzeitig zu informieren, verstößt er damit gegen den Grundsatz der vertrauensvollen Zusammenarbeit (*LAG Frankfurt* vom 26. 11. 1987 – 12 TaBV 64/87 – DB 1988, 816).

Bei Rundgängen durch den Betrieb haben sich die Betriebsratsmitglieder im Rahmen einer vertrauensvollen Zusammenarbeit bei dem zuständigen Abteilungsleiter unter Angabe des Besuchsgrundes anzumelden, wobei als Besuchsgrund nicht die Kontaktaufnahme zu einzelnen Arbeitnehmern in Betracht kommt, da hierfür die Sprechstunden des Betriebsrates vorgesehen sind (*LAG München* vom 20. 7. 1973 – 1 TaBV 69/73 – ARSt. 1975, 52).

Beim Verlassen des Arbeitsplatzes hat sich das Betriebsratsmitglied abzumelden, wobei er stichwortartig anzugeben hat, welcher Betriebsratstätigkeit er nachzugehen beabsichtigt (*BAG* vom 23. 6. 1983 – 6 AzR 65/80 – EzA § 37 BetrVG 1972 Nr. 78 = DB 1983, 2419).

V. Verhältnis des Betriebsrats zu den Gewerkschaften und Arbeitgeberverbänden

1. Grundsatz der Unabhängigkeit

26 Der Betriebsrat als betriebsverfassungsrechtlicher Funktionsträger hat seine Aufgaben grundsätzlich unabhängig von den im Betrieb vertretenen Koalitionen wahrzunehmen. Insbesondere ist er kein »verlängerter Arm der Gewerkschaften« (vgl. *GK-Kraft* § 2 Rz. 16 ff.; *G/L* § 2 Rz. 27; *Kraft* ZfA 1973, 243; *Richardi* RdA 1972, 8, 11; *Müller, G.* ZfA 1972, 228).

Eine Abhängigkeit des Betriebsrats ist auch im wohlverstandenen Interesse der Arbeitgeberverbände und der Gewerkschaften nicht notwendig; wie unten (Rz. 81 ff.) dargestellt, haben insbesondere die Gewerkschaften zahlreiche originäre Rechte zum lenkenden Eingriff in die Abläufe der Betriebsverfassung.

2. Pflicht zur Zusammenarbeit mit den Gewerkschaften

a) Grundsatz

27 Der Trennung zwischen Betriebsrat und Gewerkschaften steht jedoch die Pflicht zur Zusammenarbeit gegenüber (vgl. *F/A/K/H* § 2 Rz. 4, aber dort Rz. 33, wonach die Gewerkschaft nicht zur Mitarbeit verpflichtet sein soll; **ebenso** *G/K/S/B* § 2 Rz. 17; *GK-Kraft* § 2 Rz. 18; *G/L* § 2 Rz. 26, 31; *BAG* vom 4. 11. 1960 – 1 ABR 4/60 – AP Nr. 2 zu § 16 BetrVG 1952 m. Anm. *Küchenhoff* = DB 1961, 208; *Bulla* RdA 1965, 121, 125; *Kreutz* BlStSozArbR 1972, 44, 48; *Richardi* RdA 1972, 8, 12; siehe auch *Brecht* § 2 Rz. 15).

Den Grad dieser Zusammenarbeit mit der Gewerkschaft hat der Betriebsrat unter Beachtung des Gebots der Unabhängigkeit eigenverantworlich und nach eigenem Ermessen zu bestimmen. Dabei besteht jedoch keine Notwendigkeit, Gemeinsamkeiten in erheblich stärkerem Maße zuzulassen oder zu fordern als für das Verhältnis zwischen Betriebsrat und Arbeitgeber, was sich bereits aus dem Wortlaut des § 2 ergibt.

Insofern verdient die Auffassung von *Nikisch* (III, 231) Beachtung, wonach der Gesetzgeber lediglich eine Fühlungnahme als erwünscht betrachtet (**weitergehend** als *Nikisch* a. a. O.: *G/L* § 2 Rz. 39 m. w. N.).

b) Tatsächliche Voraussetzungen
Tatsächliche Voraussetzung für eine dem Gesetzesauftrag entsprechende Koope- 28
ration zwischen Betriebsrat und Gewerkschaften ist eine funktionierende Kommunikation.
Bei der in erheblichem Umfang vorliegenden Personalunion von Betriebsrat und Gewerkschaftsmitglied sowie teilweise als gewerkschaftlicher Vertrauensmann dürften sich in dieser Hinsicht nur dann Schwierigkeiten ergeben, wenn im Einzelfall durch äußere Anlässe ausgelöste Kontroversen zwischen Betriebsrat und Gewerkschaften auftreten, möglicherweise unter dem Einfluß einer Konkurrenzgewerkschaft.
Weitere Voraussetzung ist die tatsächliche Möglichkeit zur intensiven Zusammenarbeit, wie z. B. die Inanspruchnahme bestimmter gewerkschaftlicher Fachleute durch den Betriebsrat zur Erledigung von Aufgaben, die besondere Fachkenntnisse erfordern; in erster Linie wird diese Voraussetzung durch das in § 2 Abs. 2 normierte Zugangsrecht der Gewerkschaften (vgl. dazu Rz. 99 ff.) gesichert.

c) Beispiele
Wie bereits erwähnt, hat der Betriebsrat den Umfang der Zusammenarbeit mit 29
der Gewerkschaft zu bestimmen (*BAG* vom 8. 11. 1957 – 1 AZR 274/56 – AP Nr. 7
zu § 256 ZPO m. Anm. *Tophoven* = DB 1958, 283; *G/L* § 2 Rz. 27; *Kreutz* BlStSozArbR 1971; 48; *Richardi* RdA 1972, 12; **a. A.** *G/K/S/B* § 2 Rz. 17). Ein Anspruch der Gewerkschaft auf Zusammenarbeit in einem bestimmten Umfang besteht dementsprechend nicht.
Wichtige Partizipationsmöglichkeit für die Gewerkschaft ist die Teilnahme an Betriebsratssitzungen (vgl. § 31 sowie die dortigen Erläuterungen; siehe auch *G/L* § 31 Rz. 4 ff.).
Ähnliches gilt für Betriebs-, Abteilungs- und Betriebsräteversammlungen (vgl. §§ 46 Abs. 1, 53 Abs. 3).
Siehe zu den gewerkschaftlichen Einzelbefugnissen Rz. 82 sowie ausführlich *D/R* § 2 Rz. 71 ff.

d) Grenzen
Die Zusammenarbeit zwischen Betriebsrat und Gewerkschaften hat dort ihre 30
Grenzen, wo die Unabhängigkeit des Betriebsrats angetastet wird.
Der Gesetzgeber ist davon ausgegangen, daß die Betriebsräte in enger Verbindung mit den Gewerkschaften stehen (*D/R* § 2 Rz. 74). Gleichzeitig läßt der Gesetzgeber auch die koalitionsspezifischen Aufgaben der Gewerkschaft gemäß der ausdrücklichen Vorschrift des § 2 Abs. 3 durch das BetrVG unberührt. Darüber hinaus wird auch in § 74 Abs. 3 klargestellt, daß Arbeitnehmer, die im Rahmen des BetrVG Aufgaben übernehmen, hierdurch persönlich in der Betätigung für ihre Gewerkschaft nicht beschränkt werden.
Der Betriebsrat als solcher unterliegt jedoch der Neutralitätspflicht des § 74 (vgl. *D/R* § 74 Rz. 54 ff.) und darf im Betrieb in keiner Weise für eine Gewerkschaft auftreten oder sonst tätig werden (vgl. im einzelnen die Erläuterungen zu § 74 sowie GK-*Kraft* § 2 Rz. 16).

§ 2 *1. Teil Allgemeine Vorschriften*

3. Pflicht zur Zusammenarbeit mit den Arbeitgeberverbänden

a) Grundsatz

31 Die Zusammenarbeit zwischen Arbeitgeber und Betriebsrat hat gem. § 2 Abs. 1 nicht nur im Zusammenwirken mit den Gewerkschaften, sondern auch mit den Arbeitgeberverbänden stattzufinden (vgl. GK-*Kraft* § 2 Rz. 20 f.; *D/R* § 2 Rz. 19; *G/K/S/B* § 2 Rz. 6).
Die gewachsenen Bindungen zwischen Betriebsrat und Arbeitgeberverbänden sind naturgemäß nicht mit dem engen Verhältnis, das zwischen Betriebsrat und Gewerkschaft besteht, vergleichbar.
Dessen ungeachtet hat der Gesetzgeber die Pflicht zur Zusammenarbeit ohne Unterschied sowohl auf die Gewerkschaften als auch auf die Arbeitgeberverbände erstreckt (vgl. GK-*Kraft* § 2 Rz. 20), wobei es auch in sachlicher Hinsicht keine Beschränkung gibt. Das Zusammenwirken mit den Koalitionen geht (thematisch) ebensoweit wie die Zusammenarbeit zwischen Betriebsrat und Arbeitgeber (vgl. GK-*Kraft* § 2 Rz. 19; *F/A/K/H* § 2 Rz. 31; *Kreutz* BlStSozArbR 1972, 48).

b) Beispiele für das Verhältnis Gewerkschaft/Arbeitgeberverbände nach dem BetrVG

32 Das Gesetz behandelt Gewerkschaften und Arbeitgeberverbände zwar grundsätzlich gleich (vgl. *G/L* § 2 Rz. 55 ff. und 92); diese Gleichstellung wird jedoch im Rahmen der Zuordnung von selbständigen Rechten in erheblichem Umfang (vgl. Rz. 82 ff.) durchbrochen.
So kann ein Arbeitgeberverband von sich aus – im Gegensatz zu den Gewerkschaften – zu Betriebsversammlungen und ähnlichen keinen Vertreter entsenden. Auch die Möglichkeit des Arbeitgebers, sich bei bestimmten Gelegenheiten der Unterstützung durch Beauftragte eines Arbeitgeberverbandes zu bedienen, wird auf die im Gesetz ausdrücklich genannten Fälle (§§ 14 Abs. 4, 46 Abs. 1 Satz 2, 51 Abs. 3 Satz 3, 59 Abs. 2 Satz 3, 65 Abs. 2, 73 Abs. 3, 71) beschränkt (vgl. dazu die Zusammenstellung bei *D/R* § 2 Rz. 85).
Daraus folgt für das Verhältnis zwischen Betriebsrat und Arbeitgeber, daß weder ein Betriebsrat mit einem Arbeitgeber zusammenarbeiten darf, der allein das Wohl des Betriebes im Auge hat, noch ein Arbeitgeber zur Zusammenarbeit mit einem Betriebsrat verpflichtet ist, der sich als sozialer Gegner versteht (*F/A/K/H* § 2 Rz. 34; *G/L* § 2 Rz. 14), ohne sich um eine partnerschaftlich aufgebaute Problemlösung zu bemühen.

VI. Grenzen der Zusammenarbeit zwischen Betriebsrat und Arbeitgeber

1. Das Wohl der Arbeitnehmer

33 Da das Wohl der Arbeitnehmer und das des Betriebes häufig in einem Spannungsverhältnis zueinander stehen, erscheint die Entscheidung über Notwendigkeit und Grad der Zusammenarbeit nicht immer leicht. Jedenfalls steht das Gebot, zum Wohl der Arbeitnehmer zusammenzuarbeiten, nicht der Verpflichtung des Betriebsrats entgegen, in bestimmten Fällen Gruppeninteressen wahrzunehmen (*BAG* vom 2. 11. 1955 – 1 ABR 30/54 – AP Nr. 1 zu § 23 BetrVG 1952; *BAG* vom 1. 3. 1966 – 1 ABR 14/65 – EzA § 69 BetrVG 1952 Nr. 1 = DB 1966, 384, 705, 706) oder zum Wohl des Betriebes Maßnahmen durchzuführen oder zumindest zu be-

fürworten, die sich – meist allerdings nur bei oberflächlicher Betrachtung – als für einzelne Arbeitnehmer nachteilig darstellen (*BAG* vom 5. 9. 1967 – 1 ABR 1/67 – EzA § 23 BetrVG 1952 Nr. 1 = DB 1967, 1592, 1947, 1990; *Hueck/Nipperdey* II/2, 1338 f.; GK-*Kraft* § 2 Rz. 31). Dabei wird der Betriebsrat insbesondere die Überlegung in seine Entscheidung einzubeziehen haben, daß dem Wohl des Betriebs dienende Maßnahmen auf lange Sicht oft erhebliche substantielle Vorteile für die Arbeitnehmerschaft des Betriebs mit sich bringen (vgl. GK-*Kraft* § 2 Rz. 31; *G/L* § 2 Rz. 19).

2. Der Vorrang des Tarifvertrages

Zwingende Grenze für die gem. § 2 Abs. 1 gebotene Zusammenarbeit sind die geltenden Tarifverträge. 34

Dem Wortlaut nach stellt § 2 Abs. 1 eine Verschärfung gegenüber § 49 Abs. 1 BetrVG 1952 dar, der nur eine Zusammenarbeit »im Rahmen« der geltenden Tarifverträge forderte.

Die inhaltliche Tragweite ist indes begrenzt; zunächst ist darauf hinzuweisen, daß der Gesetzgeber den Hinweis auf die – selbstverständliche – Pflicht zur Beachtung von Recht und Gesetz unterlassen hat (vgl. *G/L* § 2 Rz. 15; GK-*Kraft* § 2 Rz. 13). Soweit normative Bestimmungen eines Tarifvertrages zu beachten sind, kann § 2 Abs. 1 nur deklaratorische Wirkung zukommen, ohne sachliche Auswirkungen auf die einschlägige Bestimmung des § 4 TVG zu haben (vgl. GK-*Kraft* § 2 Rz. 13; *F/A/K/H* § 2 Rz. 13; *D/R* § 2 Rz. 14).

Darüber hinaus hat das BetrVG selbst in verschiedenen Spezialregelungen (vgl. insbesondere § 77 Abs. 3 und § 87 Abs. 1) den Vorrang des Tarifvertrages konstituiert. Zum Verhältnis zwischen Betriebsvereinbarung und Tarifvertrag, auch unter Berücksichtigung des Günstigkeitsprinzips gem. § 4 Abs. 3 TVG, vgl. die Erläuterungen zu § 77 Abs. 3 Rz. 44–47.

Die eigentliche Bedeutung des § 2 liegt daher zunächst einmal in der Klarstellung, daß – namentlich im Bereich überbetrieblicher Fragen – keine Konkurrenzlage zwischen Gewerkschaften und Betriebsräten bestehen soll (so zutreffend *D/R* § 2 Rz. 14). 35

Außerdem kann diese Bestimmung als Hinweis auf die Regelung des § 3 Abs. 2 TVG verstanden werden, nach der Rechtsnormen des Tarifvertrages über betriebliche und betriebsverfassungsrechtliche Fragen ohne Rücksicht auf die Tarifgebundenheit der Arbeitnehmer für alle Betriebe gelten, deren Arbeitgeber tarifgebunden sind. Schließlich enthält § 2 Abs. 1 i. V. m. § 80 Abs. 1 Nr. 1 eine allg. Betonung der Wichtigkeit und des Vorrangs des Tarifrechts (vgl. *G/L* § 2 Rz. 15; *D/R* § 2 Rz. 14; GK-*Kraft* § 2 Rz. 13).

Bindend kann nur ein geltender Tarifvertrag sein, in dessen sachlichen, räumlichen und zeitlichen Geltungsbereich der betreffende Betrieb fällt. Darüber hinaus muß der Arbeitgeber, sei es unmittelbar, sei es als Mitglied eines tarifzuständigen Fachverbandes, an den Tarifvertrag gebunden sein. Ausnahmen hiervon bestehen nur für allgemeinverbindlich erklärte Tarifverträge (vgl. § 5 TVG; *D/R* § 2 Rz. 15; GK-*Kraft* § 2 Rz. 14). 36

Noch nicht abschließend geklärt ist die Frage, welcher Tarifvertrag maßgebend ist, wenn für einen bestimmten Betrieb mehrere Tarifverträge in Betracht kommen. 37

§ 2   1. Teil Allgemeine Vorschriften

Nach *D/R* (§ 2 Rz. 16) gilt das **Spezialitätsprinzip**, d. h., es geht der räumlich, fachlich oder betrieblich engere Tarifvertrag vor. Dieser Ansicht ist grundsätzlich zuzustimmen. Wenn aber im Einzelfalle eine Abgrenzung nach dem Spezialitätsprinzip nicht möglich ist, muß der frühere Tarifvertrag vorgehen **(Prioritätsprinzip)**. Gegen die Ansicht Nipperdeys (*Hueck/Nipperdey* II/1, 645 ff.), maßgeblich sei die Zahl der erfaßten Arbeitsverhältnissse, überzeugend *D/R* a. a. O. unter Hinweis auf § 3 Abs. 2 TVG. Nicht übersehen werden darf, daß in einem Betrieb auch mehrere Tarifverträge gleichzeitig gelten und dementsprechend gem. § 2 Abs. 1 zu beachten sein können. Dies gilt in allen Fällen, in denen nicht für allgemeinverbindlich erklärte Tarifverträge Inhaltsnormen bezüglich der Einzelarbeitsverhältnisse enthalten und insoweit nicht dem § 3 Abs. 2 TVG unterfallen.
Die Pflichten von Betriebsrat und Arbeitgeber erschöpfen sich nicht in der Beachtung von Tarifverträgen (vgl. zur Rolle der Mindestarbeitsbedingungen § 8 Mind ArbG sowie der Festsetzungen gem. § 19 HAG: *D/R* § 2 Rz. 17; *F/A/K/H* § 2 Rz. 15).

C. Die Stellung der Verbände im Betrieb

I. Gesetzliche Grundlagen für die Beteiligung der Verbände

1. Art. 9 Abs. 3 GG

38 Die Beteiligung der Verbände im Betrieb hat ihre Grundlage zum einen in Art. 9 Abs. 3 GG.
Diese Vorschrift garantiert für jedermann und für alle Berufe das Recht, Vereinigungen zur Wahrnehmung und Förderung von Arbeits- und Wirtschaftsbedingungen zu bilden. Dieses Grundrecht stellt eine besondere Ausprägung der allgemeinen Vereinigungsfreiheit gem. Art. 9 Abs. 1 GG für den wirtschaftlichen und sozialen Bereich dar (*Maunz/Zippelius* Deutsches Staatsrecht, 26. Aufl. 1985, § 24 IV, 200).

39 Der Begriff »Vereinigung« in Art. 9 Abs. 3 GG ist gleichbedeutend mit den Begriffen Verein, Vereinigung in Art. 9 Abs. 1 u. 2 GG (*v. Münch* Bonner Kommentar Art. 9 Rz. 36). Danach ist »Vereinigung« i. S. d. Art. 9 GG »ohne Rücksicht auf die Rechtsform jede Vereinigung, zu der sich eine Mehrheit natürlicher oder juristischer Personen für längere Zeit für einen gemeinsamen Zweck freiwillig zusammengeschlossen hat« (Legaldefinition in § 2 Abs. 1 Vereinsgesetz, die auch für Art. 9 GG gilt; *Maunz/Dürig/Herzog* GG Art. 9 Anm. 154). In diesem Sinne sind sowohl die Gewerkschaften als auch die Arbeitgeberverbände als Vereinigungen anzusehen (vgl. im einzelnen zu den Begriffsmerkmalen unten Rz. 55 ff.) und damit unmittelbar aus Art. 9 Abs. 3 GG berechtigt.

40 Zunächst schützt Art. 9 Abs. 3 GG das Recht des einzelnen, sich mit anderen zu Koalitionen zusammenzuschließen und auch – im Sinne der **negativen Koalitionsfreiheit** – solchen Vereinigungen fernzubleiben. Darüber hinaus wird die **kollektive Koalititonsfreiheit**, nämlich die Koalition als solche in ihrem Bestand und ihrem Recht auf koalitionsgemäße Betätigung, nämlich Wahrung und Förderung der Arbeits- und Wirtschaftsbedingungen als in Art. 9 Abs. 3 GG genannte Zwecke der Koalitionen, geschützt (*Maunz/Dürig/Herzog* GG Art. 9 Anm. 81; *BVerfG* vom 30. 11. 1965 – 2 BvR 54/62 – EzA Art. 9 GG Nr. 11 = DB 1966, 229;

Schmidt-Bleibtreu/Klein Kommentar zum GG, 6. Aufl., Art. 9 Rz. 4; *v. Münch* Bonner Kommentar Art. 9 Rz. 114).

Erst durch die Garantie koalitionsmäßiger Betätigung wird das Grundrecht des Art. 9 Abs. 3 GG zu einer wirkungsvollen und damit sinnvollen Rechtsinstitution, die die vom Gesetzgeber angestrebten Ordnungsprinzipien verwirklichen soll (*BVerfG* vom 26. 2. 1964 – 1 BvR 79/62 – *BVerfGE* 18, 18; *Maunz/Dürig/Herzog* GG Art. 9 Anm. 159): Die Koalitionen haben durch Art. 9 Abs. 3 GG die Aufgabe erhalten, »im Verein mit dem sozialen Gegenspieler das Arbeitsleben zu ordnen und zu befriedigen« (*BVerfG* vom 26. 2. 1964 – 1 BvR 79/62 – *BVerfGE* 18, 18, 27). **41**

Schon diese umfassende Kompetenzzuweisung durch das Grundgesetz deutet darauf hin, daß die Betätigungsfreiheit sich auch auf den Bereich der Betriebsverfassung bezieht (vgl. *Maunz/Dürig/Herzog* GG Art. 9 Anm. 161), damit also die Beteiligung der Verbände im Betriebsverfassungsrecht als einem für die einzelnen Arbeitnehmer, deren sozialen Schutz Art. 9 Abs. 3 GG letztlich anstrebt, besonders wichtigen Sektor der Gestaltungsmöglichkeiten verfassungsrechtlich abgesichert ist. Daneben sprechen Sinn und Zweck der Koalitionsfreiheit für die verfassungsrechtliche Verankerung eines Mindestbestandes von Beteiligungsrechten der Verbände im Rahmen der Betriebsverfassung: **Die Koalitionsfreiheit ist als ein Mittel der sozialen Selbstverwaltung zu werten, das zu autonomen Regelungen des Arbeitslebens führt und den sozialen Schutz der Arbeitnehmer in erster Linie durch den Ausgleich der Interessengegensätze zwischen den Sozialpartnern erreichen soll** (*Maunz/Dürig/Herzog* GG Art. 9 Anm. 160). **42**

Daraus ist zu entnehmen, daß den Koalitionen auch ein bestimmter Bereich der Beteiligung im Rahmen der Betriebsverfassung durch Art. 9 Abs. 3 GG garantiert sein muß. **43**

Die Gewährleistung bezieht sich aber nicht in vollem Umfang auf die im BetrVG konkret ausgestalteten Rechte der Verbände, so daß nicht etwa mit Hilfe verfassungsrechtlicher Argumentationen der Status quo der Beteiligungsrechte im BetrVG für alle Zeit festgeschrieben werden kann. Das Recht des Art. 9 Abs. 3 GG hat in seiner Allgemeinheit lediglich eine Rahmenfunktion im Sinne der Garantie kollektiver Mitwirkungsrechte in einem Kernbereich. **44**

Zu den durch Art. 9 Abs. 3 GG gestützten Funktionen gehören z. B. Werbung der Gewerkschaften vor Betriebsratswahlen im Betrieb und während der Arbeitszeit (*v. Münch* Bonner Kommentar Art. 9 Rz. 45; vgl. im einzelnen unten Rz. 86). **45**

Der verfassungsrechtlich garantierten Beteiligung der Verbände im Rahmen der Betriebsverfassung steht auch nicht der Umstand entgegen, daß sich die Gewerkschaften überwiegend nicht unmittelbar, sondern über den Umweg über Betriebsratsmitglieder an der Gestaltung der Arbeitsbedingungen beteiligen können. Denn auch diese Art der Einflußnahme ist faktisch bedeutsam und als Mechanismus autonomer staatsfreier Regelung der Arbeits- und Wirtschaftsbedingungen innerhalb der Betriebe historisch gewachsen. **46**

Die hier vertretene Auffassung wird auch durch die Entscheidung des *BVerfG* (*BVerfG* vom 30. 11. 1965 – 2 BvR 54/62 – EzA Art. 9 GG Nr. 11 = DB 1966, 229) gestützt, nach der ein Kernbereich der Koalitionsbestätigung im Bereich der Personalvertretung durch Art. 9 Abs. 3 GG geschützt ist. Da sich die Argumentation des *BVerfG* ausschließlich auf historische Aspekte bezieht – diese Art der Koalitionsbeteiligung war schon vor 1933 und nach 1945 anerkannt und ist daher von Art. 9 GG mit umfaßt – und nicht auf die Besonderheiten des dem entschiedenen **47**

§ 2   1. Teil Allgemeine Vorschriften

Fall zugrundeliegenden Personalvertretungsrechts abstellt, ist sie auch für den Bereich des BetrVG aussagefähig (vgl. *Säcker* Grundprobleme der kollektiven Koalitionsfreiheit 1969, 58 ff.).

2. Art. 20 Abs. 1 GG (Sozialstaatsprinzip)

48 Als verfassungsrechtliche Grundlage für eine Beteiligung der Verbände im Betriebsverfassungsrecht greift neben Art. 9 Abs. 3 GG das in Art. 20 Abs. 1 GG niedergelegte Sozialstaatsprinzip ein.
Die Tatsache, daß Art. 9 Abs. 3 GG (siehe oben Rz. 38 bis 47) einschlägig ist, schließt nicht aus, daß daneben Art. 20 Abs. 1 GG eine Grundlage für die Beteiligung der Verbände darstellen kann. Ein Eingehen auf Art. 20 Abs. 1 GG ist insbesondere deshalb nicht überflüssig, weil zwischen beiden Normen erhebliche dogmatische Unterschiede bestehen, die sich auf die Qualifizierung als Rechtsgrundlage von Beteiligungsrechten auswirken können.

49 Das Sozialstaatsprinzip des Art. 20 Abs. 1 GG verbürgt – im Gegensatz zu Art. 9 Art. 3 GG – keine subjektiven Rechte, sondern ist lediglich als Staatszielbestimmung zu verstehen, die unmittelbar alle Staatsgewalten bindet (ähnlich: *v. Münch* Bonner Kommentar Art. 20 Rz. 17; *Maunz/Dürig/Herzog* GG Art. 20 Anm. 8) und die Auslegung sämtlicher Verfassungsnormen als tragendes unabänderliches Ordnungsprinzip (Art. 79 Abs. 3 GG) beeinflußt.

50 Wegen der inhaltlichen Unbestimmtheit des Sozialstaatsprinzips ist grundsätzlich eine **restriktive Auslegung** geboten (*BVerfG* vom 3. 12. 1969 – 1 BvR 624/56 – *BVerfGE* 27, 253, 283 ff.; *BSG* vom 20. 12. 1957 – Az. 7 RKg 4/56 – AP Nr. 1 zu § 1 KindGG m. Anm. *Wertenbruch*), nämlich dahingehend, daß eindeutig unsoziale Regelungen verboten sind (*Maunz/Dürig/Herzog* GG Art. 20 Anm. 173).
Eine extensive Auslegung würde die durch die übrigen Verfassungsnormen vorgenommene differenzierte Zuweisung von Rechtspositionen weitgehend gegenstandslos machen.

51 Demnach sind aus dem Sozialstaatsprinzip hinsichtlich des notwendigen und zulässigen Umfangs der Verbandsbeteiligung nur Schlüsse geringer Tragweite zu ziehen.

52 Für die verfassungsrechtliche Stellung der Verbände ist Art. 20 Abs. 1 GG jedoch im Zusammenhang mit Art. 9 Abs. 3 GG von Bedeutung. Diese Regelung ist als soziales Teilhabe- und Gestaltungsrecht zu werten, das das Gebot (*v. Münch* Bonner Kommentar Art. 9 Rz. 113) des Sozialstaatsprinzips erfüllt. Somit ergibt sich nicht aus Art. 20 Abs. 1 GG unmittelbar, sondern erst im Zusammenhang mit der speziellen Regelung des Art. 9 Abs. 3 GG, daß den Koalitionen ein Kernbestand an Beteiligungsrechten auch im einzelnen Betrieb garantiert ist. Diese Rechte haben die Funktion, einen »Fortschritt zu sozialer Gerechtigkeit« (*Maunz/Zippelius* Deutsches Staatsrecht, 26. Aufl. 1985, § 13 I, 97 ff.) möglichst umfassend zu ermöglichen.
Damit ist jedoch nicht geklärt, wieweit die Möglichkeit der Beteiligung von Verbänden an der Betriebsverfassung reicht (vgl. auch unten Rz. 127 ff.).

3. Art. 14 Abs. 1 Satz 2 GG (Sozialbindung des Eigentums)

Auch aus der Sozialbindung des Eigentums ergibt sich eine Grundlage für die 53
betriebsverfassungsrechtliche Beteiligung der Verbände. Das in Art. 14 GG garantierte Individualrecht – für den Bereich des Arbeits- und damit auch des Betriebsverfassungsrechts kommt diesbezüglich in erster Linie das Eigentum des Arbeitgebers an den Produktionsmitteln in Betracht – wird durch die Sozialbindung des Eigentums generalklauselartig begrenzt, die als Konkretisierung des Sozialstaatsprinzips (oben Rz. 48–52; vgl. *Kimminich* Bonner Kommentar Art. 14 Rz. 115) zu verstehen ist und verdeutlicht, daß die Eigentumsgarantie nicht schrankenlos gilt, sondern unter Berücksichtigung sonstiger grundrechtlicher Gewährleistungen zu interpretieren ist.

Als solche grundrechtliche Gewährleistung ist wiederum Art. 9 Abs. 3 GG von 54
besonderer Bedeutung. Durch die nach dieser Vorschrift gesicherte Minimalbeteiligung der Verbände (siehe oben Rz. 38–52) und den Wortlaut des Art. 14 Abs. 2 Satz 2 – »sein Gebrauch soll zugleich dem Wohle der Allgemeinheit dienen« – hat der Grundgesetzgeber deutlich gemacht, daß derartige Einschränkungen des Eigentums als adäquat und zumutbar anzusehen sind, mithin der Sozialbindung unterfallen (vgl. *Maunz/Dürig/Herzog* GG Art. 14 Anm. 427). Demnach versteht eine systematische Verfassungsauslegung, die Art. 14 GG im Zusammenhang mit den übrigen Grundrechten sieht, die Sozialbindung des Eigentums als Grundlage für die Beteiligung der Verbände an der Betriebsverfassung.

II. Begriff der Verbände

1. Die Gewerkschaften

a) Geschichtliche Entwicklung (Industrieverbandsprinzip)

Die Gewerkschaften (zum Begriff unten Rz. 59–78) waren bis zum Jahre 1933 55
nach dem Berufs- und Industrieverbandsprinzip gegliedert (vgl. *Schaub* 1328 und 1253; zu den ersten feststellbaren Gewerkschaftsentwicklungen und dem Aufbau der Gewerkschaftsbewegung bis in das 20. Jahrhundert vgl. *Limmer* Die Deutsche Gewerkschaftsbewegung 1971, 8ff.).

Wie sich aus der Bezeichnung bereits ergibt, geschieht die Einordnung der Arbeit- 56
nehmer im ersten Fall nach dem jeweils ausgeübten Beruf, im zweiten Fall nach dem Wirtschaftszweig des Betriebes (»ein Betrieb – eine Gewerkschaft«).

Der Schwerpunkt der gewerkschaftlichen Organisation verlagerte sich nach dem 57
2. Weltkrieg – unter maßgeblichem Einfluß der Besatzungsmächte (vgl. dazu eingehend *Schuster* Die Deutschen Gewerkschaften seit 1945–1974, 9ff.) – auf das Industrieverbandsprinzip, was nunmehr mittlerweile als traditionell gewachsen angesehen wird, nicht aber die rechtlich einzig zulässige Organisationsform darstellt. Im April 1947 wurde in Bielefeld der »Deutsche Gewerkschaftsbund« (DGB) in der britischen Besatzungszone gegründet. Daneben entstanden auch in den beiden anderen westlichen Besatzungszonen Gewerkschaften nach dem Industrieverbandsprinzip sowie verschiedene Berufs- oder Mischverbände (vgl. *Schuster* a. a. O. 13).

Als Ergebnis der Bestrebungen der wichtigsten Einzelgewerkschaften, sich ohne politische und weltanschauliche Zersplitterung (Abkehr von der Richtungsge-

§ 2   1. Teil Allgemeine Vorschriften

werkschaft) zu vereinigen, entstand schließlich der »Deutsche Gewerkschaftsbund«, bestehend aus 16 Einzelgewerkschaften (vgl. zur Entwicklung im einzelnen *Schuster* a.a.O. 13ff.). Neben dem DGB haben sich noch weitere Gewerkschaften behaupten können; so gehören außer den in dem DGB zusammengeschlossenen Industriegewerkschaften die Deutsche Angestelltengewerkschaft, der Deutsche Beamtenbund und der Christliche Gewerkschaftsbund Deutschlands zu den bedeutendsten Gewerkschaften.

58 Zum Aufbau der Gewerkschaften in der DDR vgl. *Schuster* a.a.O. 124ff., zu der internen Gliederung der Gewerkschaften siehe *Schaub* 1254ff.

b) Begriff

aa) Vereinigung (Rechtsform)

59 Gewerkschaften sind – im Gegensatz z.B. zu Wirtschaftsvereinen – nur privatrechtliche (vgl. *Schaub* 1244) Vereinigungen von Arbeitnehmern, die die Förderung der Arbeits- und Wirtschaftsbedingungen erstreben (zu Art. 9 Abs. 3 GG vgl. oben Rz. 38 ff.).

60 Die Gewerkschaften sind üblicherweise – anders als die Arbeitgeberverbände – in der **Rechtsform** eines **nichtrechtsfähigen Vereins** organisiert. Gesetzgeber und Rechtsprechung haben die Gewerkschaften jedoch angesichts ihrer sozialpolitischen Bedeutung in erheblichem Umfang den juristischen Personen angenähert (vgl. § 10 ArbGG).

61 Der Gewerkschaftsbegriff ist in der Rechtsordnung und damit sowohl für das Tarifvertragsrecht als auch für das Betriebsverfassungsrecht einheitlich (*BAG* vom 6.7.1956 – 1 AZB 18/55 – AP Nr. 11 zu § 11 ArbGG 1953 m. Anm. *Bühring*; *BAG* vom 23.4.1971 – 1 ABR 26/70 – EzA § 2 TVG Nr. 2 = DB 1971, 1577; GK-*Kraft* § 2 Rz. 23; *F/A/K/H* § 2 Rz. 16 ff.; *G/L* § 2 Rz. 33; *D/R* § 2 Rz. 20). Daher können betriebsverfassungsrechtliche Befugnisse auch den Vereinigungen von Gewerkschaften – den Spitzenverbänden – i.S.d. § 2 Abs. 2 TVG zukommen, ebenso wie den Orts- und Bezirksverwaltungen einer Gewerkschaft, wenn sie kooperativ verfaßt sind, eigenes Vermögen haben und Tarifverträge abzuschließen berechtigt sind (*D/R* § 2 Rz. 35 m.w.N.; *F/A/K/H* § 2 Rz. 23 m.w.N.).

62 Konkrete betriebsverfassungsrechtliche Befugnisse kommen nur den Gewerkschaften zu, die im Betrieb vertreten sind. Im Betrieb vertreten ist eine Gewerkschaft schon dann, wenn sie unter den Arbeitnehmern eines Betriebes mindestens ein Mitglied hat (*BAG* vom 4.11.1960 – 1 ABR 4/60 – AP Nr. 2 zu § 16 BetrVG 1952 m. Anm. *Küchenhoff* – = DB 1961, 208; *BAG* vom 4.10.1977 – 1 ABR 37/77 – EzA § 8 BetrVG 1972 Nr. 3 = DB 1978, 449; *G/L* § 2 Rz. 36; *D/R* § 2 Rz. 21; GK-*Kraft* § 2 Rz. 20).
Ein Spitzenverband der Gewerkschaften ist dann im Betrieb vertreten, wenn mindestens ein Arbeitnehmer im Betrieb beschäftigt wird, der in einer ihm angeschlossenen Einzelgewerkschaft organisiert ist.

63 Ausländische Gewerkschaften werden in der Regel keine betriebsverfassungsrechtlichen Rechte geltend machen können, selbst wenn sie Mitglieder in einem deutschen Betrieb haben (GK-*Kraft* § 2 Rz. 20; *G/L* § 2 Rz. 38).
Abgesehen davon, daß diese Vereinigungen häufig die Anforderungen des deutschen Rechts an eine Gewerkschaft – freiwilliger Zusammenschluß überbetriebliche Organisationen, Gegnerunabhängigkeit – nicht erfüllen, mangelt es häufig an der Bereitschaft, für Arbeitnehmer in Deutschland Tarifverträge abzuschließen.

Darüber hinaus wird es ihnen grundsätzlich an der Fähigkeit fehlen, entweder durch die Zahl ihrer Mitglieder oder kraft der Stellung ihrer Mitglieder im Arbeitsleben einen besonderen Einfluß gegenüber der Arbeitgeberseite auszuüben (*BAG* vom 23. 4. 1971 – 1 ABR 26/70 – EzA § 2 TVG Nr. 2 = DB 1971, 1577; vgl. unten § 2 Rz. 70 m. w. N.).
In einem Rechtsstreit kann nach herrschender Meinung eine Gewerkschaft den **64** Beweis, daß sie im Betrieb vertreten ist, nicht nur durch Nennung der Namen ihrer Mitglieder als Zeugen führen. Es genügt, wenn sich auf andere Weise klären läßt, daß Mitglieder der Gewerkschaft beschäftigt sind (*LAG Düsseldorf* vom 6. 4. 1978 – 14 TaBV 123/77 – DB 1979, 110; *G/L* § 2 Rz. 37; **a. A.** GK-*Kraft* § 2 Rz. 20). Im einstweiligen Verfügungsverfahren soll dieser Nachweis durch notarielle Erklärung oder durch Tatsachenbescheinigung oder eidesstattliche Versicherung geführt werden können (*LAG Düsseldorf* vom 5. 12. 1988 – 4 TaBV 140/80 – NZA 1989, 236 = DB 1989, 286).
Nach der Auffassung des *LAG Düsseldorf* muß der bestehende Interessenkonflikt zugunsten der Gewerkschaft gelöst werden. Abzuwägen sei zum einen das Interesse des Arbeitgebers, feststellen zu lassen, ob tatsächlich ein gewerkschaftliches Zutrittsrecht bestehe, was nur dann bestehe, wenn die Gewerkschaft vertreten sei. Dem stehen zum anderen aber schutzwürdige Belange der Gewerkschaft und deren Mitglieder entgegen. Dem kann nicht gefolgt werden. Hat der Arbeitgeber konkrete Anhaltspunkte, daß kein Arbeitnehmer Mitglied der Gewerkschaft ist, kann er entgegen *Prütting/Weth* (DB 1989, 2273, 2274) durch namentliche Nennung aller Arbeitnehmer Zeugenbeweis dafür anbieten, daß kein Arbeitnehmer gewerkschaftlich organisiert ist, da dem Arbeitgeber die Rechtsverteidigung nicht abgeschnitten werden kann. Auch läßt sich die Meinung vertreten, daß der Beweis des Vertretenseins nur durch namentliche Nennung des Gewerkschaftsmitglieds erfolgen kann, weil das Geheimverfahren weder vom ArbGG noch von der ZPO gedeckt ist und deshalb der Anspruch auf rechtliches Gehör besteht (*Prütting/Weth* DB 1989, 2273, 227 ff.).

bb) Freiwilligkeit der Bildung
Der Zusammenschluß der Arbeitnehmer muß auf freiwilliger Basis erfolgen (vgl. **65** *D/R* § 2 Rz. 31; GK-*Kraft* § 2 Rz. 24; *F/A/K/H* § 2 Rz. 18; *Großmann/Schneider* Arbeitsrecht 1986 Rz. 436; *Nikisch* II, 6; *Hueck/Nipperdey* II/1, 88). Der geltenden Sozialordnung und damit auch dem anerkannten Begriff der Koalition würden Zwangsmitgliedschaft und Beitrittspflicht widersprechen. Ebensowenig darf einer Körperschaft eine der Koalitionsfreiheit widersprechende Monopolstellung zugewiesen werden. Deshalb sind neben den öffentlich-rechtlichen Arbeitnehmerkammern auch die Innungen keine Koalitionen (vgl. *Söllner* Arbeitsrecht 1981, 54; *D/R* § 2 Rz. 33; *Hueck/Nipperdey* II/1, 89; **wohl anders** *Großmann/Schneider* a. a. O. Rz. 436; siehe dazu auch §§ 52, 58 HandwO sowie *BVerfG* vom 19. 10. 1966 – 1 BvL 24/65 – EzA § 2 TVG Nr. 6 = DB 1966, 1772). Die geschichtliche Entwicklung der Gewerkschaften (s. oben Rz. 55–58 sowie *Schuster* a. a. O.) zeigt, daß sie als freie, weder vom Staat noch von anderen öffentlich-rechtlichen Trägern abhängige Vereinigungen, die die staatliche Anerkennung gefunden haben, zur **selbständigen**, unbeeinflußten sozialen Selbstverwaltung berufen sind (vgl. *Nikisch* II, 6). Unfreiwillige Zusammenschlüsse widersprächen überdies der Koalitionsfreiheit des Art. 9 Abs. 3 GG. Denn hierunter fällt nicht nur die positive, sondern auch die negative Koalitionsfreiheit, die Freiheit also, weder eine Koali-

§ 2 1. Teil Allgemeine Vorschriften

tion zu bilden noch einer bestehenden beizutreten (vgl. dazu oben Rz. 40 sowie *Nikisch* II, 28 ff.; siehe auch *Säcker* Grundprobleme der kollektiven Koalitionsfreiheit 1969, 22).

cc) Überbetrieblichkeit und Gegnerfreiheit

66 Abgesehen von den Fällen, in denen ein einziges Unternehmen eine gesamte Branche verkörpert (z. B. Deutsche Bundesbahn, vgl. *Großmann/Schneider* a. a. O. Rz. 436), muß eine Koalition **überbetrieblich** organisiert sein (vgl. *Nikisch* II, 11; *G/L* § 2 Rz. 34; *F/A/K/H* § 2 Rz. 19). Dies hat seinen Grund in der noch darzustellenden Notwendigkeit, daß Koalitionen in keiner Hinsicht von ihrem sozialen Gegenspieler oder Dritten beeinflußt oder kontrolliert werden dürfen (vgl. Rz. 67). Ließe man die Bildung einer Betriebsgewerkschaft zu, hätte der Arbeitgeber durch Manipulationen auf der Personalebene (Entlassungen, Einstellungen) die Möglichkeit, Einfluß nicht nur auf die Mitgliederstärke und -zusammensetzung zu nehmen, sondern auch auf die am gesamten Umfang der Belegschaft zu messende Bedeutung der Gewerkschaft im Betrieb.

67 Das Erfordernis der **Gegnerfreiheit** (*F/A/K/H* § 2 Rz. 18; *G/L* § 2 Rz. 34; *D/R* § 2 Rz. 38; *Söllner* a. a. O. 53 f.; *Nikisch II, 7 f.; Großmann/Schneider* a. a. O. Rz. 36; *BVerfG* vom 26. 2. 1964 – 1 BvR 79/72 – *BVerfGE* 18, 18, 28) stellt sicher, daß die Koalition ihre soziale Aufgabe im Interesse ihrer Mitglieder ohne Beeinflussung und Druck seitens des sozialen Gegners erfüllen kann. Daher ist jede organisierte Verbindung zur Gegenseite, jede finanzielle Unterstützung durch sie und jede Mitgliederverflechtung unzulässig (zu der umstrittenen Stellung der leitenden Angestellten in dieser Beziehung vgl. *Nikisch* II, 8).

68 Ein Verband, dessen Mitglieder sowohl Arbeitnehmer als auch Arbeitgeber sind (»Harmonieverein«), ist keine Gewerkschaft im Rechtssinne (vgl. *Nikisch* II, 8 f.; *F/A/K/H* § 2 Rz. 18; *D/R* § 2 Rz. 37).

69 Fraglich ist, ob es dem Postulat der Gegnerfreiheit widerspricht, daß der **Gewerkschaftsbeitrag vom Arbeitgeber eingezogen bzw. einbehalten** und an die Gewerkschaft abgeführt wird (siehe hierzu *Dietz* bei *Dietz/Nipperdey* Die Frage der tariflichen Regelung der Einziehung von Gewerkschaftsbeiträgen durch die Betriebe 1963; *Hueck/Nipperdey* II/1; 96; *v. Münch* Bonner Kommentar Art. 9 GG Rz. 128; *Biedenkopf* Tarifautonomie, 261; *Farthmann* AuR 1963, 353, 359; *Diekhoff* BB 1964, 927; *Herschel* JZ 1965, 82 f.; *Richardi* Kollektivgewalt, 187 ff.; *F/A/K/H* § 2 Rz. 18; *D/R* § 2 Rz. 39).

70 Wie bereits erwähnt, muß eine Koalition nicht nur frei von ihrem jeweiligen sozialen Gegner, sondern auch unbeeinflußt von Dritten sein. Eine Abhängigkeit – in welcher Form auch immer – von Staat, Parteien oder Kirchen ist daher unzulässig (*BAG* vom 15. 11. 1963 – 1 ABR 5/63 – AP Nr. 14 zu § 2 TVG = DB 1963, 1681; 1964, 590; *Nikisch* II, 10; siehe aber auch *v. Münch* Bonner Kommentar Art. 9 GG Rz. 132; präzisierend *Kolling* Das Verbot arbeitsrechtlicher Koalitionen nach dem Vereinsgesetz, Diss. 1969, 3 f.).

dd) Bereitschaft zum Abschluß von Tarifverträgen

71 Grundsätzlich kann auf den Abschluß von Tarifverträgen verzichtet werden, ohne daß dadurch (vgl. *Kolling* a. a. O. 6 Fn. 14) die Tariffähigkeit notwendigerweise berührt wird. Eine Vereinigung aber, die sich von vornherein zur Erreichung einer Förderung von Arbeits- und Wirtschaftsbedingungen nicht des Abschlusses von Tarifverträgen bedienen will, kann nicht als Gewerkschaft anerkannt werden

(*BAG* vom 15. 11. 1963 – 1 ABR 5/63 – AP Nr. 14 zu § 2 TVG = DB 1963, 1681; 1964, 590; *BAG* vom 6. 5. 1964 – 1 BvR 79/62 – AP Nr. 15 zu § 2 TVG; *BAG* vom 10. 9. 1985 – 1 ABR 32/83 – AP Nr. 34 zu § 2 TVG; *BAG* vom 15. 3. 1977 – 1 ABR 16/75 – EzA § 2 TVG Nr. 12 m. Anm. *Dütz* = DB 1977, 590, 772; *F/A/K/H* § 2 Rz. 18; *D/R* § 2 Rz. 43 m. w. N.; *Wiedemann/Stumpf* TVG § 2 Rz. 178 ff.; *G/L* § 2 Rz. 34; *Kolling* a. a. O. 6; **anders** zur »gewollten Tarifunfähigkeit« aber *Nikisch* II, 244 ff. und mit weiteren Nachweisen *D/R* § 2 Rz. 43), denn die Zielsetzung der Koalition ist es, ihre Ziele auf der Grundlage des für diesen Zweck geschaffenen Tarifrechts zu verfolgen.

ee) Bereitschaft zum Arbeitskampf

Umstritten ist die Frage, ob neben der Bereitschaft zur tarifvertraglichen Einigung auch die Bereitschaft zum Arbeitskampf ein notwendiges Merkmal einer Koalition darstellt (**dafür** *BAG* vom 6. 7. 1956 – 1 AZB 18/55 – AP Nr. 11 zu § 11 ArbGG 1953 m. Anm. *Bührig*; *BAG* vom 19. 1. 1962 – 1 ABR 14/60 – AP Nr. 13 zu § 2 TVG m. Anm. *Neumann-Duesberg* = DB 1962, 242; *BAG* vom 9. 7. 1968 – 1 ABR 2/67 – EzA Art. 9 GG Nr. 4 = DB 1968, 1715; *BAG* vom 14. 3. 1972 – 1 ABR 2/76 – AP Nr. 30 zu § 2 TVG; *BAG* vom 19. 10. 1966 – 1 BvL 24/65 – AP Nr. 24 zu Art. 9 GG; wohl auch *F/A/K/H* § 2 Rz. 20; *D/R* § 2 Rz. 45 m. w. N.; *G/K/S/B* § 2 Rz. 8; **dagegen:** *BVerfG* vom 6. 5. 1964 – 1 BvR 79/62 – EzA § 2 TVG Nr. 5 = DB 1964, 700 – nur für den Verband der katholischen Hausgehilfinnen; *Großmann/Schneider* a. a. O. Rz. 436; *Kolling* a. a. O. 6 f.; *Nikisch* II, 13; *Maunz/Düring/Herzog* GG Art. 9 Anm. 217; *v. Münch* Bonner Kommentar Art. 9 GG Rz. 131; *Wiedemann/Stumpf* TVG § 2 Rz. 190 ff.; *Galperin* DB 1970, 299; *GK-Kraft* § 2 Rz. 26). Der Grund dafür, daß die Koalitionseigenschaft nicht das Bekenntnis zum Arbeitskampf erfordert, liegt in der vom Grundgesetzgeber vorausgesetzten Zweckbestimmungen der Koalition. Wie *Nikisch* (a. a. O.) bereits zutreffend festgestellt hat, kann nicht angenommen werden, daß die Wahrung und Förderung der Arbeits- und Wirtschaftsbedingungen durch eine Koalition unbedingt durch Arbeitskämpfe oder zumindest dahingehender Drohungen erfolgen kann (vgl. auch *Kolling* a. a. O. 7). Dementsprechend wird neuerdings vom *BAG* (vom 16. 11. 1982 – 1 ABR 22/78 – EzA Art. 9 GG Nr. 36 = DB 1982, 2518; 1983, 1151) nur noch die Fähigkeit verlangt, zur Durchsetzung der Forderungen einen fühlbaren Druck ausüben zu können. So hat das *BAG* (Beschl. vom 16. 1. 1990 – 1 ABR 93/88 – und – 1 ABR 10/89 – RdA 1990, 189) entschieden, daß die »Christliche Gewerkschaft Holz und Bau« sowie die »Christliche Gewerkschaft Bergbau, Chemie-Energie« keine tariffähigen Gewerkschaften sind und es ihnen an der Mächtigkeit mangelt, gegenüber den zuständigen Arbeitgeberverbänden die tariflichen Aufgaben einer Arbeitnehmervereinigung durchzusetzen.
Die gegenteilige Ansicht macht aber dann eine Ausnahme und geht davon aus, daß trotz fehlender Kampfwilligkeit eine Gewerkschaft vorliege, wenn dem Arbeitskampf besondere Gesichtspunkte entgegenstehen (*BAG* vom 21. 11. 1975 – 1 ABR 12/75 – EzA § 118 BetrVG 1972 Nr. 11 = DB 1977, 249 m. Anm. *Mayer-Maly*; *BVerfG* vom 6. 5. 1964 – 1 BvR 79/62 – EzA § 2 TVG Nr. 5 = DB 1964, 700; *D/R* § 2 Rz. 46; *Galperin* DB 1970, 298, 299; *Löwisch* ZfA 1970, 295, 310).

§ 2 1. Teil Allgemeine Vorschriften

ff) Zahlenmäßige Stärke

73 Im Gegensatz zur konkreten und erklärten Absicht, notfalls (ultima ratio) Arbeitskämpfe zu führen, gehört zu den Voraussetzungen einer Koalition zumindest die Möglichkeit, entweder durch die Mitgliederzahl oder kraft der Stellung im Arbeitsleben gewissen Druck auf den Arbeitgeber als sozialen Gegner auszuüben (*BVerfG* vom 6.5. 1964 - 1 BvR 79/62 - EzA § 2 TVG Nr. 5 = DB 1964, 700; *BAG* vom 9.7. 1968 - 1 ABR 2/67 - EzA Art. 9 GG Nr. 4 = DB 1968, 1715; *BAG* vom 21.11. 1975 - 1 ABR 12/75 - EzA § 118 BetrVG 1972 Nr. 11 = DB 1977, 249 m. Anm. *Mayer-Maly*; *BAG* vom 14.3. 1978 - 1 ABR 2/76 - AP Nr. 30 zu § 2 TVG = DB 1978, 1278; *Löwisch* ZfA 1970, 295, 309; vgl. *Großmann/Schneider* a.a.O. Rz. 436; siehe auch *Dütz* AuR 1976, 65). Ein pauschal zu erfassendes Erfordernis bestimmter zahlenmäßiger Mindeststärke kann allerdings nicht anerkannt werden, da damit das Entstehen neuer Gewerkschaften in Widerspruch zu Art. 9 Abs. 3 GG weitgehend verhindert werden könnte (vgl. dazu *Mayer-Maly* Anm. zu *BAG* vom 9.7. 1968 - 1 ABR 2/67 - EzA Art. 9 GG Nr. 4 = DB 1968, 1715; GK-*Kraft* § 2 Rz. 27; *Löwisch* RdA 1975, 56; *D/R* § 2 Rz. 47 m.w.N.; *Kraft* SAE 1978, 43; *Zöllner* SAE 1969, 140; a.A. *Maunz/Dürig/Herzog* GG Art. 9 Anm. 218; *Dütz* AuR 1976, 65; *Galperin* DB 1970, 298, 299; *BAG* vom 9.7. 1968 - 1 ABR 2/67 - EzA Art. 9 GG Nr. 4 = DB 1968, 1715; *BAG* vom 23.4. 1971 - 1 ABR 26/70 - EzA § 2 TVG Nr. 2 = DB 1971, 1577; *BAG* vom 15.3. 1977 - 1 ABR 16/75 - EzA § 2 TVG Nr. 12 = DB 1977, 590, 772; *BAG* vom 14.3. 1978 - 1 ABR 2/76 - AP Nr. 30 zu § 2 TVG = DB 1978, 1278; *F/A/K/H* § 2 Rz. 21; *G/L* § 2 Rz. 35).

gg) Zweckrichtung der Wahrung und Förderung von Arbeits- und Wirtschaftsbedingungen

74 Dem Begriff der Gewerkschaft kann nur eine Vereinigung unterfallen, die sich zur Wahrung und Förderung von Arbeits- und Wirtschaftsbedingungen einsetzt (zu der Bedeutung des »und« vgl. *Kolling* a.a.O. 2), wobei dieses Ziel durch Einwirkung auf die Gegenseite angestrebt werden muß (vgl. allgemein *F/A/K/H* § 2 Rz. 17; *G/L* § 2 Rz. 34; *Großmann/Schneider* a.a.O. Rz. 436).

hh) Körperschaftliche Organisation

75 Zwar sind die Gewerkschaften regelmäßig als nichtrechtsfähige Vereine organisiert (vgl. oben Rz. 60), die Rechtsfähigkeit ist aber nicht Voraussetzung einer Koalition. Zwingend erforderlich ist jedoch die Möglichkeit einer einheitlichen Willensbildung und die Unabhängigkeit von den jeweiligen Mitgliedern, also eine körperschaftliche Struktur (vgl. *G/L* § 2 Rz. 34; siehe auch *Söllner* 53 m.w.N.. Zur inneren Struktur der Gewerkschaften vgl. *Hanau/Adomeit* 57 mit Hinweisen auf *Löwisch* ZfA 1970, 306; *D/R* § 2 Rz. 50, 51 m.w.N.

ii) Zusammenschluß für eine gewisse Dauer

76 Es ist umstritten, ob eine Koalition im Rechtssinne nur dann vorliegt, wenn die Vereinigung auf gewisse Dauer angelegt ist (so wohl die herrschende Meinung; vgl. *Hueck/Nipperdey* II/1, 82 f.; *Hanau/Adomeit* 55; *Kolling* a.a.O. 4), oder ob auch »ad-hoc-Koalitionen« anzuerkennen sind (so *Söllner* 53).
Der Sinn der Koalition (Art. 9 Abs. 3 GG) erfordert es, solche spontan gebildeten Vereinigungen nicht als Koalitionen anzusehen; der verfassungsmäßig abgesicherte Zweck der Wahrung und Förderung von Arbeits- und Wirtschaftsbindun-

gen kann sinnvoll nur von einer auf Dauer angelegten Vereinigung verfolgt werden (vgl. die überzeugenden Ausführungen bei *Kolling* a.a.O. 4f.).

jj) Keine gesetzwidrige Tätigkeit
Auch für die Gewerkschaften als arbeitsrechtliche Koalitionen gilt die Grenze des 77 Art. 9 Abs. 2 GG (vgl. dazu *Hanau/Adomeit* 57; zum Verbot arbeitsrechtlicher Koalitionen siehe *Kolling* a.a.O.).

kk) Streitigkeiten über die Tariffähigkeit einer Vereinigung
Im Streitfall ist die Tariffähigkeit einer Vereinigung gem. § 2 Abs. 1 Nr. 6 ArbGG 78 im Beschlußverfahren festzustellen (*LAG Düsseldorf* vom 24. 1. 1961 – 8 TaBV 2/60 – DB 1961, 312).

2. Die Arbeitgeberverbände

a) Rechtsform
Im Gegensatz zu den Gewerkschaften (s. oben Rz. 60ff.) sind die Arbeitgeberver- 79 bände in der Regel **rechtsfähige, eingetragene Vereine** (§ 21 BGB; vgl. *Schaub* 1258; *Söllner* 64). Da sie wie die Gewerkschaften Koalitionen sind, müssen sie auch die oben unter Rz. 59–78 dargestellten Mindestanforderungen erfüllen (vgl. *G/L* § 2 Rz. 92; *F/A/K/H* § 2 Rz. 24; *GK-Kraft* § 2 Rz. 29).

b) Organisation
Die Organisation der Arbeitgeberverbände richtet sich überwiegend – entspre- 80 chend den Gewerkschaften – nach dem **Industrieverbandsprinzip** (vgl. *Großmann/Schneider* a.a.O. Rz. 437).
Dabei bilden Betriebe bzw. Arbeitgeber eines Faches (Branche) für einen bestimmten Bezirk einen Verband (regionaler Fachverband). Diese Fachverbände wiederum sind in Landes- und diese ihrerseits in Bundesverbänden zusammengeschlossen (z.B. Gesamtverband der metallindustriellen Arbeitgeberverbände e.V.).
Neben den reinen Fachverbänden bestehen örtlich gemischte Verbände mit eigenen Organisationen. Gemeinsame Spitzenorganisation sowohl für die Fach- als auch für die gemischten Arbeitgeberverbände ist die Bundesvereinigung der Deutschen Arbeitgeberverbände e.V. (BDA) in *Köln* (vgl. zu deren Mitgliedern *Großmann/Schneider* a.a.O. Rz. 437; vgl. zur BDA auch *Franke* Bundesvereinigung der Deutschen Arbeitgeberverbände, AR-Blattei Berufsverbände IV).

III. Aufgaben der Verbände

1. Betriebsverfassungsrechtliche Rechte und Pflichten der Gewerkschaften

a) Pflichten der Gewerkschaften
Die Pflichten der Gewerkschaften sind von denen der Betriebsräte zu unterschei- 81 den, da das Gesetz eine klare Aufgabentrennung zwischen Gewerkschaften und Betriebsräten statuiert hat (vgl. *G/L* § 2 Rz. 39).
Zunächst ist die im Betrieb vertretene Gewerkschaft (vgl. dazu oben Rz. 62ff.) –

§ 2 *1. Teil Allgemeine Vorschriften*

als Kehrseite des Rechts auf Zusammenwirken – gem. § 2 verpflichtet, die Zusammenarbeit mit dem Betriebspartner vertrauensvoll zu gestalten (vgl. *Brecht* § 2 Rz. 24).

Darüber hinaus gelten auch für die Gewerkschaften die Pflicht zur Verschwiegenheit nach § 79 Abs. 2 (*G/L* § 2 Rz. 41) sowie das Diskriminierungsverbot gem. § 75. Zu der allgemeinen Verpflichtung der Gewerkschaften, den Betriebsfrieden zu erhalten und Betriebsstörungen zu vermeiden, vgl. *G/L* § 2 Rz. 41, 86.

b) Rechte der Gewerkschaften

aa) Im Gesetz ausdrücklich geregelte Antrags-, Initiativ-, Unterstützungs-, Überwachungs- und Teilnahmerechte

82 Im BetrVG sind zahlreiche Beteiligungsrechte der im Betrieb bzw. Unternehmen vertretenen Gewerkschaften geregelt:

Zugangsrecht zum Betrieb für Gewerkschaftsbeauftragte (§ 2 Abs. 2; vgl. Rz. 99 ff.),

Recht der Gewerkschaften, als Tarifvertragspartei betriebsverfassungsrechtliche Fragen zu regeln (§ 3 Abs. 1; vgl. § 3 Abs. 2 Satz 2; § 38 Abs. 1 Satz 3; § 74 Abs. 4; § 72 Abs. 4; § 86 Abs. 1 u. 2; § 117 Abs. 2),

Recht zu beantragen, einen Wahlvorstand durch das Arbeitsgericht bestellen zu lassen, wenn 6 Wochen vor Ablauf der Amtszeit des Betriebsrates kein Wahlvorstand besteht (§ 16 Abs. 2 Satz 1),

Recht zum Wahlvorschlag in Betrieben, in denen kein Betriebsrat besteht (§ 14 Abs. 7 Satz 1),

Möglichkeit der Bestellung von Gewerkschaftsmitgliedern, die nicht Arbeitnehmer des Betriebes sind, zu Mitgliedern des Wahlvorstandes (§ 16 Abs. 2 Satz 3; vgl. §§ 17 Abs. 3 Satz 2, 18 Abs. 1 Satz 3, 23 Abs. 2 Satz 2),

Recht zur Betriebsversammlungseinladung zwecks Wahl eines Wahlvorstandes in Betrieben ohne Betriebsrat (§ 17 Abs. 2),

Recht zu Vorschlägen zur Zusammensetzung des Wahlvorstandes (§ 17 Abs. 2),

Recht, zu beantragen, einen Wahlvorstand durch das Arbeitsgericht bestellen zu lassen für den Fall, daß keine Betriebsversammlung i. S. d. § 17 Abs. 2 stattfindet oder kein Wahlvorstand gewählt wird (§ 17 Abs. 3 Satz 1),

Recht zu beantragen, den Wahlvorstand durch das Arbeitsgericht zu ersetzen, wenn der Wahlvorstand seine Aufgaben gem. § 18 Abs. 1 Satz 1 nicht erfüllt (§ 18 Abs. 1 Satz 1),

Recht, eine Entscheidung des Arbeitsgerichts über die Qualität eines Nebenbetriebs oder Betriebsteils herbeizuführen, wenn zweifelhaft ist, ob Nebenbetrieb oder Betriebsteil selbständig oder dem Hauptbetrieb zuzuordnen sind (§ 18 Abs. 2),

Recht auf Erteilung einer Abschrift der Wahlniederschrift (§ 18 Abs. 3 Satz 2),

Recht zur Anfechtung einer Betriebsratswahl (§ 19 Abs. 2 Satz 1),

Recht, den Ausschluß eines Betriebsratsmitgliedes oder die Auflösung des Betriebsrats durch das Arbeitsgericht zu beantragen (§ 23 Abs. 1 Satz 1),

Recht zur Antragstellung beim Arbeitsgericht, dem Arbeitgeber bei groben Verstößen gegen seine Pflichten aufzugeben, eine Handlung zu dulden oder eine Handlung vorzunehmen (§ 23 Abs. 3 Satz 1),

Recht zur Antragstellung beim Arbeitsgericht, den Arbeitgeber zu Ordnungs-(Zwangs-)Geld zu verurteilen (§ 23 Abs. 3 Satz 2–4),

Recht auf beratende Teilnahme eines Gewerkschaftsbeauftragten an den Betriebsratssitzungen (§ 31), Recht auf Erteilung einer Sitzungsniederschrift (§ 34 Abs. 2 Satz 1),
Recht zur Hilfe bei Verständigungsversuchen gem. § 35 Abs. 1 und § 35 Abs. 3,
Recht auf Beratung bei der Anerkennung einer Schulungs- und Bildungsveranstaltung (§ 37 Abs. 7 Satz 1),
Recht zur Beantragung einer Betriebsversammlung im Falle des § 43 Abs. 4,
Recht zur beratenden Teilnahme an den Betriebs- und Abteilungsversammlungen (§ 46 Abs. 1),
Recht zur Antragstellung beim Arbeitsgericht, ein Mitglied des Gesamtbetriebsrats wegen grober Verletzung seiner gesetzlichen Pflichten auszuschließen (§ 48),
Recht zur beratenden Teilnahme eines Gewerkschaftsbeauftragten an Sitzungen des Gesamtbetriebsrats (§§ 51 Abs. 1, 31),
Recht auf Erteilung einer Niederschrift über die Gesamtbetriebsratssitzung (§§ 51 Abs. 1, 34 Abs. 2 Satz 1),
Recht zur Hilfe bei Verständigungsversuchen (§§ 51 Abs. 1, 35 Abs. 1),
Recht zur beratenden Teilnahme an den Betriebsräteversammlungen (§§ 53 Abs. 3, 56 Abs. 1),
Recht auf rechtzeitige schriftliche Mitteilung von Zeitpunkt und Tagesordnung der Betriebsräteversammlungen (§§ 55 Abs. 3, 46 Abs. 2),
Recht auf Antragstellung beim Arbeitsgericht, ein Mitglied des Konzernbetriebsrats auszuschließen (§ 56),
Recht zur Mitwirkung bei der Arbeit des Konzernbetriebsrats gem. § 59 Abs. 1 i. V. m. §§ 31 (Teilnahme an Sitzungen), 34 Abs. 2 Satz 1 (Sitzungsniederschrift), 35 Abs. 1 (Hilfe bei Verständigungsversuchen),
Recht zur Anfechtung der Wahl einer Jugend- und Auszubildendenvertretung (§§ 63 Abs. 2, 19 Abs. 2 Satz 1),
Recht zur Antragstellung beim Arbeitsgericht, einen Wahlvorstand für die Wahl der Jugend- und Auszubildendenvertretung zu bestellen (§§ 63 Abs. 3, 16 Abs. 2 Satz 1),
Recht, die Ersetzung eines Wahlvorstandes für die Wahl der Jugendvertretung zu beantragen (§§ 63 Abs. 3, 18 Abs. 1 Satz 2),
Rechte zur Mitwirkung bei der Arbeit der Jugend- und Auszubildendenvertretung gem. § 65 Abs. 1, §§ 31 (Teilnahme an Sitzungen), 34 Abs. 2 Satz 1 (Sitzungsniederschrift), 37 Abs. 7 Satz 1 (Beratung),
Recht zur Hilfe bei Verständigungsversuchen (§ 66 Abs. 1),
Recht zur Teilnahme an Betriebsjugend- und Auszubildendenversammlungen (§§ 71, 46 Abs. 2),
Recht zur Mitwirkung bei der Tätigkeit der Gesamtjugend- und Auszubildendenvertretung gem. § 73 i. V. m. §§ 31 (Teilnahme an Sitzungen), 34 Abs. 2 Satz 1 (Sitzungsniederschrift),
Recht auf Beantragung des Ausschlusses eines Mitglieds der Gesamtjugend- und Auszubildendenvertretung (§§ 73, 48),
keine Beschränkung der gewerkschaftlichen Betätigung durch das BetrVG (§ 74 Abs. 3; vgl. auch § 2 Abs. 3),
Recht auf Mitwirkung bei Wahl und Tätigkeit der Bordvertretung gem. § 115 i. V. m. den Vorschriften über den Betriebsrat,
Recht auf Mitwirkung bei Wahl und Tätigkeit des Seebetriebsrats gem. § 116 i. V. m. den Vorschriften über den Betriebsrat,

Recht auf Stellung des Strafantrages gem. § 119 Abs. 3.

bb) Von Rechtsprechung und Lehre entwickelte Rechte

83 Neben den ausdrücklichen, im Gesetz geregelten Rechten werden den Gewerkschaften noch weitergehende Befugnisse zuerkannt: So besteht unter gewissen Einschränkungen ein Recht zur Wahlpropaganda im Betrieb (unten Rz. 89) und gegebenenfalls der Mitgliederwerbung (vgl. unten Rz. 90).
Daneben haben die Gewerkschaften die Möglichkeit, ihren Einfluß in den Betrieben durch gewerkschaftliche Vertrauensleute (unten Rz. 84) zu stärken.

c) Einzelfragen

aa) Gewerkschaftliche Vertrauensleute

84 Zu den allgemeinen – nicht spezifisch betriebsverfassungsrechtlichen – Aufgaben und Befugnissen der im Betrieb vertretenen Gewerkschaften gehört die Bestellung von gewerkschaftlichen Vertrauensleuten. Deren Aufgabe liegt in der Verwirklichung des gewerkschaftlichen Zieles der Mitgliederinteressenwahrung sowie in der Aufrechterhaltung der Verbindung zwischen Gewerkschaftsmitgliedern und Gewerkschaft (*G/L* § 2 Rz. 59, *BAG* vom 8. 12. 1978 – 1 AZR 303/77 – EzA Art. 9 GG Nr. 30 m. Anm. *Zöllner* = DB 1979, 1043; *Müller* RdA 1976, 47ff. m.w.N.). Die Tätigkeit der Vertrauensleute ist eine rein gewerkschaftliche, nicht betriebsverfassungsrechtliche. Das BetrVG sieht gewerkschaftliche Sondervertretungen nicht vor. Dementsprechend sind die Vertrauensleute auch kein Organ der Betriebsverfassung und üben keine betriebsverfassungsrechtlichen Befugnisse aus (vgl. *G/L* § 2 Rz. 61; *F/A/K/H* § 2 Rz. 59ff.; *GK-Kraft* § 2 Rz. 82f. m.w.N.). Es besteht kein Anspruch, die Wahl der gewerkschaftlichen Vertrauensleute im Betrieb auszuführen, weder während der Arbeitszeit noch außerhalb der Arbeitszeit, da es sich bei der Wahl von gewerkschaftlichen Vertrauensleuten in erster Linie nicht um Werbung von Mitgliedern oder Informationserteilung geht, sondern vielmehr um eine verbandsinterne Maßnahme, die sich im innergewerkschaftlichen Bereich abspielt (*BAG* vom 8. 12. 1978 – a. a. O. **a. A.** *Pfarr* AuR 1979, 242).

85 Die Vertrauensleute unterscheiden sich daher von den übrigen Arbeitnehmern des Betriebes in keiner Weise. Ihr Kündigungsschutz richtet sich nach den für alle übrigen Arbeitnehmer geltenden Vorschriften (siehe GK-*Kraft* § 2 Rz. 84 **a. A.** *G/L* § 2 Rz. 62 m.w.N.). Ihre Versammlungen unterfallen nicht den Regelungen über Betriebsversammlungen. An dieser Rechtslage ändert auch eine eventuelle Anerkennung durch Betriebsvereinbarung oder durch Tarifvertrag nichts (so ebenfalls *G/L* § 2 Rz. 62). Tarifverträge, die den gewerkschaftlichen Vertrauensleuten Sonderrechte einräumen, sind wegen Verstoßes gegen das in Art. 3 Abs. 1 GG normierte Gleichbehandlungsprinzip unwirksam (GK-*Kraft* § 2 Rz. 85 m.w.N.; ausführlich *Kraft* ZfA 1976, 243; *Blomeyer* DB 1977, 101ff.; *D/R* § 2 Rz. 170; **a. A.** ArbG *Kassel* vom 5. 8. 1976 – 1 Ca 217/76 – DB 1976, 1675; *F/A/K/H* § 2 Rz. 62; *Herschel* AuR 1977, 137; *Mayer* BlStSozArbR 1977, 17).

86 Die gewerkschaftlichen Vertrauensleute unterfallen – wie alle Arbeitnehmer – dem Diskriminierungsverbot gem. § 75 (vgl. GK-*Kraft* § 2 Rz. 84; *F/A/K/H* § 2 Rz. 61). Eine weitergehende Pflicht des Arbeitgebers, Störungen ihrer gewerkschaftlichen Tätigkeit zu unterlassen, kann sich sowohl aus Tarifverträgen oder Betriebsvereinbarungen als auch unmittelbar aus Art. 9 Abs. 3 GG (*G/L* § 2 Rz. 62) ergeben.

Umstritten ist die Frage, ob sich für die Gewerkschaften zum Zwecke der Zusam- 87
menarbeit mit ihren Vertrauensleuten ein von den Voraussetzungen des § 2 Abs. 2
unabhängiges koalitionsspezifisches Zugangsrecht zum Betrieb ergibt (**ablehnend**
GK-*Kraft* § 2 Rz. 38; *Buchner* DB 1972, 1236, 1238; *Kremp* AuR 1973, 193, 201;
LAG Hamm vom 9. 3. 1972 – 8 TaBV 2/72 – EzA § 2 BetrVG 1972 Nr. 1 = DB
1972, 777; **bejahend** *F/A/K/H* § 2 Rz. 57; *BAG* vom 14. 2. 1978 – 1 AZR 280/77 –
EzA Art. 9 GG Nr. 25 m. Anm. *Rüthers/Klosterkemper* = DB 1978, 892).
Häufig sind Betriebsratsmitglieder gleichzeitig gewerkschaftliche Vertrauens- 88
leute. Dies ist grundsätzlich zulässig (vgl. § 74 Abs. 3). Dazu und zu der Frage, daß
die Belegschaft in solchen Fällen schwer zwischen der Betriebsrats- und der Gewerkschaftsarbeit unterscheiden kann, vgl. Rz. 25 ff. zu § 74 (siehe allgemein *Kraft*
ZfA 1976, 243 ff.).

bb) Wahlpropaganda
Unmittelbar aus Art. 9 Abs. 3 GG folgt auch das Recht der Gewerkschaften, be- 89
züglich der Wahlen von Betriebsrat, Jugendvertretung, Bordvertretung, Seebetriebsrat oder den in § 3 Abs. 1 Ziff. 1 oder 2 bezeichneten Arbeitnehmervertretungen Wahlwerbung zu betreiben (vgl. *BVerfG* vom 30. 11. 1965 – 2 BvR 54/62 –
EzA Art. 9 GG Nr. 11 = DB 1966, 229; *Hueck/Nipperdey* II/1, 146 und 286;
Richardi RdA 1972, 11; *Söllner* JZ 1966, 404; *F/A/K/H* § 20 Rz. 6; *G/L* § 2 Rz. 63
m. w. N.; GK-*Kraft* § 2 Rz. 69). Grenzen dieses Rechts ergeben sich aus der für
alle – auch für Gewerkschaften – geltenden Vorschrift des § 20 (vgl. auch § 119
Abs. 1 Ziff. 1). § 20 stellt aber nicht die einzige Begrenzung für die gewerkschaftliche Wahlpropaganda dar. Obgleich den Gewerkschaften als an den Wahlen unmittelbar (Listen) Beteiligte entsprechend Art. 9 Abs. 3 GG die Möglichkeit eingeräumt werden muß, sich unter der Arbeitnehmerschaft Gehör zu verschaffen,
verlieren sie auch in diesem Zusammenhang nicht die Eigenschaft einer Koalition,
deren Zusammenwirken mit den Betriebspartnern sich nach der Generalnorm des
§ 2 richten muß. Dementsprechend darf eine an sich gerechtfertigte Wahlpropaganda nicht zu Störungen des Betriebsfriedens oder auch nur des Betriebsablaufes
führen. Darüber hinaus besteht das Gebot der Sachlichkeit und Unterlassung von
Diffamierungen (*G/L* § 2 Rz. 64 mit Hinweis auf *OVG Hamburg* vom 4. 10. 1960
– OVGBS. PH 4/60 – AuR 1961, 350; GK-*Kraft* § 2 Rz. 69; **einschränkend**
F/A/K/H § 20 Rz. 8).

cc) Mitgliederwerbung
Wegen fehlender Kodifizierung ist das Recht der Gewerkschaften für Mitglieder- 90
werbungen – unabhängig von Wahlen – im Betrieb heftig umstritten.

α) Werbung einer im Betrieb vertretenen Gewerkschaft
Nach Auffassung des *BAG* ist die gewerkschaftliche Werbung, insbesondere die 91
Verteilung von Informations- und Werbematerial, auch durch nichtorganisierte
Arbeitnehmer außerhalb der Arbeitszeit grundsätzlich zulässig und vom Arbeitge-
ber hinzunehmen (*BAG* vom 14. 2. 1967 – 1 AZR 494/65 – EzA Art. 9 GG Nr. 2 =
DB 1967, 341, 815, 864 m. Anm. *Jürging/Kass*; *BAG* vom 14. 2. 1967 – 1 AZR
533/65 – AP Nr. 11 zu Art. 9 GG m. Anm. *Mayer-Maly* = DB 1967, 341; *BAG*
vom 11. 11. 1968 – 1 AZR 16/68 – AP Nr. 14 zu Art. 9 GG = DB 1969, 621, 622;
BAG vom 14. 2. 1978 – 1 AZR 280/77 – EzA Art. 9 GG Nr. 25 m. Anm. *Rüthers/
Klosterkemper* = DB 1978, 892); *F/A/K/H* § 74 Rz. 15; *G/L* § 2 Rz. 65; *Hueck/*

§ 2   1. Teil Allgemeine Vorschriften

Nipperdey II/1, 146; *Brox* BB 1965, 1321 ff.; *Neumann-Duesberg* BB 1966, 947 ff.; ders. AuR 1966, 289 ff.; *Säcker* BB 1966, 700 ff.; 784 ff.; *Söllner* JZ 1966, 404; *Häßler/Kehrmann* BlStSozArbR 1967, 139; *Rüthers* RdA 1968, 161 ff.; *Hofmann* AuR 1969, 73; **verneinend** *D/R* § 2 Rz. 145 m. w. N.; *Richardi* RdA 1968, 427, 428; *Rewolle* DB 1965, 364 ff.; *Hohn* BB 1965, 545 ff.; *Hiersemann* DB 1966, 702 ff.; 742 ff.; *Zöllner* SAE 1966, 157 ff. und SAE 1967, 105, 110; *Jürging/Kass* DB 1967, 815 ff., 864 ff.; *Mager* ArbGeb. 1967, 119; *Mayer-Maly* DB 1966, 821; *Zöllner* SAE 1966, 157, 165). Dies bedeutet, daß die Arbeitnehmer während ihrer freien Zeit nicht Werbe- oder Informationsmaterial ihrer Gewerkschaften an solche Arbeitskollegen verteilen dürfen, die an ihren Arbeitsplätzen noch arbeiten, wenn sie in anderer ausreichender oder angemessener Weise die Möglichkeit haben, durch die Verteilung von Flugblättern, Werbe- und Informationsschriften Mitglieder im Betrieb zu werben. Auf die Frage, ob eine solche Betätigung Rechtspositionen verletzt oder beeinträchtigt werden, d. h., ob durch eine solche Betätigung Arbeitsabläufe überhaupt oder in einem nennenswerten Umfang gestört werden, kommt es nicht an (*BAG* vom 26. 1. 1982 – 1 AZR 610/80 – EzA Art. 9 GG Nr. 35 = DB 1982, 1327).

92 Der vom *BAG* vertretenen Ansicht ist im Grundsatz zuzustimmen. Da die Fälle, in denen der Arbeitgeber Unterbrechungen der Arbeit dulden muß, im BetrVG (vgl. z. B. § 44 Abs. 1 Satz 1) abschließend geregelt sind, darf die Mitgliederversammlung der Gewerkschaften schon deshalb **nur außerhalb der Arbeitszeit** (*BAG* vom 14. 2. 1967 – 1 AZR 494/65 – EzA Art. 9 GG Nr. 2 = DB 1967, 341, 815, 864 m. Anm. *Jürging/Kass*; *BAG* vom 14. 2. 1978 – 1 AZR 280/77 – EzA Art. 9 GG Nr. 25 m. Anm. *Rüthers/Klosterkemper* = DB 1978, 892) stattfinden. Dieser Grundsatz bedarf jedoch einer Einschränkung, da die rein zeitliche Einhaltung dieser Grenzen im Hinblick auf das berechtigte Interesse des Arbeitgebers an ausgeruhten Arbeitnehmern nicht immer genügt (vgl. *OLG Frankfurt* vom 3. 6. 1971 – 6 U 47/70 – DB 1978, 1617, 1619); Arbeitspausen haben nur vornehmlich der Erholung zu dienen. Die Verteilung einer periodisch erscheinenden Gewerkschaftszeitung im Betrieb an die Mitglieder der Gewerkschaft ist unzulässig, da es sich hierbei um einen übergewerkschaftlichen Verteilungsmodus handelt (*BAG* vom 23. 2. 1979 – 1 AZR 540/77 – EzA Art. 9 GG Nr. 30 m. Anm. *Zöllner* = DB 1979, 1185). Für das Aushängen von Werbeplakaten im Betrieb ist der Betriebsinhaber verpflichtet, den erforderlichen Werberaum zur Verfügung zu stellen neben schwarzen Brettern, die in den einzelnen Betriebsabteilungen angebracht sind (*LAG Frankfurt* vom 16. 1. 1973 – 5 Sa 611/72 – BB 1973, 1394).

93 Darüber hinaus darf die Mitgliederwerbung – ebenso wie die Wahlpropaganda – **nicht zu einer Störung des Betriebsablaufs** führen.
Die Störung des **Betriebsfriedens oder -ablaufs** ist nicht gerechtfertigt (*BAG* vom 14. 2. 1967 – 1 AZR 494/65 – EzA Art. 9 GG Nr. 2 = DB 1967, 341, 815, 864 m. Anm. *Jürging/Kass*; *BAG* vom 14. 2. 1967 – 1 AZR 533/65 – AP Nr. 11 zu Art. 9 GG m. Anm. *Mayer-Maly* = DB 1967, 341; *LAG Frankfurt* vom 6. 9. 1965 – 1 Sa 337/65 – AuR 1966, 60; *F/A/K/H* § 74 Rz. 17; *Hueck/Nipperdey* II/1, 147).

94 Neben den Mitteln der Werbung unterliegt auch die Auswahl der werbenden Personen einer Beschränkung. Gewerkschaftliche Werbung darf **nur durch Betriebsangehörige** durchgeführt werden (*BVerfG* vom 17. 2. 1981 – 2 BvR 384/78 – EzA Art. 9 GG Nr. 32 = DB 1981, 1467; *Richardi* DB 1978, 1736; **einschränkend** *G/L* § 2 Rz. 141; vgl. auch *Rüthers* RdA 1968, 161, 179; *Bohn* SAE 1974, 147; *Schwerdtner* JZ 1974, 460; *ders.* SAE 1980, 114; *Hiersemann* DB 1966, 702; *D/R*

§ 2 Rz. 164). Ein solches Zutrittsrecht für betriebsfremde Gewerkschaftsbeauftragte kann insbesondere auch nicht aus dem Übereinkommen Nr. 135 der internationalen Arbeitsorganisation vom 23. Juni 1971 abgeleitet werden (*BAG* vom 19. 1. 1982 – 1 AZR 279/81 – DB 1982, 115). Der Arbeitgeber muß nicht dulden, daß das gewerkschaftliche Werbematerial über ein hausinternes Postverteilungssystem an die Mitarbeiter verteilt wird (*BAG* vom 23. 9. 1986 – 1 AZR 597/85 – DB 1987, 440; *G/L* § 2 Rz. 90; GK-*Kraft* § 2 Rz. 74; *Erdmann/Jürging/Kammann* § 2 Rz. 7; *D/R* § 2 Rz. 162 m. w. N.; *Richardi* ZfA 1970, 95; *ders.* DB 1978, 1736; *ders.* FS für *G. Müller*, 439; *Mayer-Maly* BB 1976 Beilage Nr. 4, 5; vgl. auch *BVerfG* vom 17. 2. 1981 – 2 BvR 384/78 – EzA Art. 9 GG Nr. 32 = DB 1981, 1467; a. A. *BAG* vom 14. 2. 1978 – 1 AZR 280/77 – EzA Art. 9 GG Nr. 25 m. Anm. *Rüthers/Klosterkemper* = DB 1978, 892; *LAG Hamm* vom 21. 1. 1977 – 3 Sa 941/76 – EzA Art. 9 GG Nr. 21 = DB 1977, 1052; *ArbG Heilbronn* vom 18. 2. 1975 – 1 Ca 548/74 – DB 1975, 2043; *ArbG Emden* vom 12. 11. 1975 – Ca 402/74 – AuR 1976, 185; *Hanau* JuS 1976, 168; *Säcker* AuR 1979, 39).

Da die gewerkschaftliche Mitgliederwerbung ein Eingriff in die Rechtssphäre des 95 Arbeitgebers ist (vgl. *F/A/K/H* § 74 Rz. 15), muß sie auch inhaltlich so gestaltet werden, daß sie die geringstmögliche Beeinträchtigung bewirkt (*Hueck/Nipperdey* II/1, 146 u. 826; *BAG* a. a. O.; *Zöllner* SAE 1967, 105, 112; *F/A/K/H* § 74 Rz. 15).

Die Verteilung gewerkschaftlicher Werbe- und Informationsschriften während der Arbeitszeit der Empfänger gehört nicht zum Kernbereich einer koalitionsmäßigen Betätigung und kann nicht auf Art. 9 GG gestützt werden; darauf, ob Arbeitsabläufe gestört werden, kommt es nicht an (*BAG* vom 26. 1. 1982 – 1 AZR 610/80 – EzA Art. 9 GG Nr. 35 = DB 1982, 1327).

Der Betriebsrat als solcher darf grundsätzlich keine Werbung durchführen 96 (*BVerfG* vom 26. 5. 1970 – 2 BvR 311/67 – AP Nr. 18 zu Art. 9 GG = DB 1970, 1597; *BVerfG* vom 27. 3. 1979 – 2 BvR 1011/78 – AP Nr. 31 zu Art. 9 GG = DB 1979, 1231; *BAG* vom 21. 2. 1967 – 1 AZR 495/65 – AP Nr. 12 zu Art. 9 GG; *D/R* § 2 Rz. 159; GK-*Kraft* § 2 Rz. 73).

Zur Frage der Werbung durch Betriebsratsmitglieder vgl. § 74 Rz. 37, 38 sowie 97 *F/A/K/H* § 74 Rz. 14; dazu auch *Hanau* Unklarheiten in dem Regierungsentwurf des BetrVG, BB 1971, 485, 487; *D/R* § 2 Rz. 160; Bedenken äußert *Kraft* ZfA 1973, 243).

β) Werbung einer im Betrieb nicht vertretenen Gewerkschaft

Der Entwurf eines BetrVG des Bundesministers für Arbeit und Sozialordnung 98 (vgl. dazu *Hanau* BB 1971, 485, 487) hatte in § 2 Abs. 3 die Zulässigkeit der Gewerkschaftswerbung geregelt: »Die Gewerkschaften haben das Recht, im Betrieb außerhalb der Arbeitszeit und in den Pausen für ihre gewerkschaftlichen Ziele zu werben und Informationsmaterial mit gewerkschaftlichem Inhalt zu verteilen.«

Die Entscheidung des Gesetzgebers, diese Regelung nicht zu übernehmen, macht deutlich, daß die Werbung (außer Wahlwerbung) nur aufgrund Art. 9 Abs. 3 GG zulässig ist und keine spezifisch betriebsverfassungsrechtliche Funktion darstellt. Eine Differenzierung zwischen im Betrieb vertretenen Gewerkschaften und nicht vertretenen scheidet daher aus; de facto wird es jedoch kaum zu einer Werbung durch im Betrieb nicht vertretene Gewerkschaften kommen. Da die werbenden Personen Betriebsangehörige sein müssen (siehe oben Rz. 94), könnte dies nur der Fall sein, wenn ein Arbeitnehmer aus irgendwelchen Gründen im Betrieb für

§ 2 1. Teil Allgemeine Vorschriften

eine Gewerkschaft wirbt, der er selbst nicht angehört (*BVerfG* vom 17.2. 1981 – 2 BvR 384/78 – EzA Art. 9 GG Nr. 32 = DB 1981, 1467; GK-*Kraft* § 2 Rz. 76; *D/R* § 2 Rz. 163; **a. A.** *G/L* § 2 Rz. 90; *F/A/K/H* § 74 Rz. 15). Für einen solchen Fall gelten dann die unter Rz. 90 ff. dargelegten Grundsätze.

d) Zugangsrecht der Gewerkschaften

aa) Grundsätzliches

99 Die Bestimmung über das in § 2 Abs. 2 normierte Zutrittsrecht der Gewerkschaften zum Betrieb im Rahmen der Betriebsverfassung soll nach dem Willen des Gesetzgebers, wie der Ausschußbericht (S. 19) ausführt, »im Interesse der Rechtssicherheit eine ausdrückliche Klarstellung« bringen, daß Beauftragten der im Betrieb vertretenen Gewerkschaften zur Wahrnehmung der in diesem Gesetz genannten Aufgaben und Befugnisse ein Zutritt zum Betrieb eingeräumt ist. Rechtswissenschaft und Rechtsprechung hatten bereits im Rahmen des BetrVG 1952 den Grundsatz aufgestellt, daß der Arbeitgeber den Gewerkschaften die Ausübung der ihnen nach diesem Gesetz überlassenen Befugnisse nicht durch unbegründete Verweigerung des Zutritts zum Betrieb unmöglich machen dürfe (vgl. *Dietz* BetrVG 1952 § 31 Rz. 15, § 45 Rz. 6; *Galperin/Siebert* § 31 BetrVG 1952 Anm. 3 und § 45 BetrVG 1952 Anm. 1; *Fitting/Kraegeloh/Auffahrt* § 31 BetrVG 1952 Rz. 14, § 45 BetrVG 1952 Rz. 5; *BAG* vom 18. 3. 1964 – 1 ABR 12/63 – AP Nr. 1 zu § 45 BetrVG 1952 m. Anm. *Dietz* = DB 1964, 446, 992). In der Praxis hat diese Frage selten Anlaß zu Streitigkeiten gegeben, wie die Sachverständigen sowohl der Gewerkschaften wie der Arbeitgeber in der Anhörung vor dem zuständigen Bundestagsausschuß dargelegt haben.

bb) Der Begriff des betriebsverfassungsrechtlichen Zugangsrechts

100 Das in § 2 Abs. 2 eingeräumte Zutrittsrecht für die Beauftragten der im Betrieb vertretenen Gewerkschaften deckt nur den Zugang zur Wahrnehmung der Befugnisse, die die Gewerkschaftsvertreter im Rahmen des BetrVG ausüben (*BAG* vom 26. 1. 1982 – 1 AZR 610/80 – EzA Art. 9 GG Nr. 35 = DB 1982, 1327; *LAG Hamm* vom 9. 3. 1972 – 8 TaBV 2/72 – EzA § 2 BetrVG 1972 Nr. 1 = DB 1972, 777). Zutrittswünsche, die aus anderen, insbesondere koalitionspolitischen Gründen bestehen, können im Rahmen des Abs. 2 nicht geltend gemacht werden (*BAG* vom 26. 6. 1973 – 1 ABR 24/72 – EzA § 2 BetrVG 1972 Nr. 5 = DB 1973, 2146; *Buchner* Die AG 1971, 135, 137 f.; *Hanau* BB 1971, 485, 487; *G/L* § 2 Rz. 90). Ebensowenig kann § 2 Abs. 2 die Grundlage für ein gewerkschaftliches Zugangsrecht zum Betrieb zur Erörterung tarifpolitischer Fragen bilden, da diese in besonderem Maße koalitionspolitische Gegenstände sind (*BVerfG* vom 30. 11. 1965 – 2 BvR 54/62 – EzA Art. 9 GG Nr. 11 = DB 1966, 229; *BAG* vom 14. 2. 1967 – 1 AZR 494/65 – EzA Art. 9 GG Nr. 2 = DB 1967, 341, 815, 864 m. Anm. *Jürging/ Kass*; *BAG* vom 26. 6. 1973 – 1 ABR 24/72 – EzA § 2 BetrVG 1972 Nr. 5 = DB 1973, 2146; *D/R* § 2 Rz. 99; *Schwerdtner* JZ 1974, 458).

cc) Der Inhalt des betriebsverfassungsrechtlichen Zugangsrechts

101 Gewerkschaftliche Befugnisse, die ein Zutrittsrecht zum Betrieb begründen können, sind einmal die im Gesetz aufgeführten Mitwirkungsrechte der Gewerkschaften bei der Bildung von Betriebsräten und anderen betrieblichen Arbeitnehmervertretungen; in Frage kommt weiter ein Zutrittsrecht zum Zwecke der Teilnahme

an Betriebsratssitzungen – nicht aber zum Zwecke der Beratung des Betriebsratsvorsitzenden im Rahmen der Betriebsverfassung (*OLG Stuttgart* vom 21. 12. 1977 – 2 Ws 21/77 – DB 1978, 592) –, soweit die Voraussetzungen des § 31 vorliegen; ferner ein Zutrittsrecht zum Zwecke der Teilnahme an Betriebsversammlungen und Abteilungsversammlungen nach § 46 Abs. 1, wobei sich das Zutrittsrecht angesichts des während der Betriebsversammlung beim Betriebsratsvorsitzenden liegenden Hausrechts im Versammlungsraum vor allem auf die Zugangswege zu der Betriebsversammlung erstreckt. Der in § 2 Abs. 3 normierte Zugangsanspruch der Gewerkschaftsvertreter betrifft das Zugangsrecht im Rahmen der im Gesetz im einzelnen festgelegten Befugnisse, soweit diese Befugnisse einen Zugang erfordern (siehe oben Rz. 94).

Über § 2 Abs. 1 bzw. Art. 9 Abs. 3 GG kann eine Erweiterung des Zugangsrechts **102** aus § 2 Abs. 2 zu einem selbständigen, allgemeinen und eigenständigen Zugangsrecht nicht abgeleitet werden (*BAG* vom 26. 6. 1973 – 1 ABR 24/72 – EzA § 2 BetrVG 1972 Nr. 5 = DB 1973, 1304, 2146; *G/L* § 2 Rz. 79; *Hanau* BB 1971, 487; *Buchner* DB 1972, 1238; **a.A.** *LAG Hamm* vom 30. 9. 1977 – 3 TaBV 59/77 – EzA § 2 BetrVG 1972 Nr. 8 = DB 1978, 844; *D/R* Rz. 95; *Müller* ZfA 1972, 240; *Bekker/Leimert* AuR 1972, 366; *Kremp* AuR 1973, 197; *Schellenberg* BlStSozArbR 1974, 162f.; *Schwerdtner* JZ 1974, 458). Es bleibt der Initiative des Betriebsrates überlassen, ob und inwieweit er sich im Rahmen des Grundsatzes der vertrauensvollen Zusammenarbeit gewerkschaftlicher Unterstützung bedienen will (*LAG Hamm* vom 9. 3. 1972 – 8 TaBV 2/72 – EzA § 2 BetrVG 1972 Nr. 1 = DB 1972, 777).

Wird ein Zugangsersuchen auf § 2 Abs. 1 gestützt, muß die Gewerkschaft dartun, daß sie von dem Betriebsrat zur Unterstützung herangezogen werden soll und daß insoweit der Zugang zum Betrieb erforderlich ist.

Die Gewerkschaft hat kein allgemeines Ermittlungs- oder Kontrollrecht gegen- **103** über den Organen der Betriebsverfassung (*BAG* vom 18. 8. 1987 – 1 ABR 65/86 – DB 1987, 1796, 2368 – siehe auch unten § 23 Rz. 86 und § 99 Rz. 99; **a. A.** *D/R* § 2 Rz. 93 m. w. N.). § 23 überträgt den Gewerkschaften zwar Antragsrechte auf gerichtlichen Ausschluß eines Betriebsratsmitgliedes oder auf Auflösung des Betriebsrats wegen grober Pflichtverletzung und Antragsrechte beim Arbeitsgericht gegen den Arbeitgeber wegen grober Verstöße gegen seine gesetzlichen Verpflichtungen, hieraus kann aber ein Anspruch der Gewerkschaft, im Betrieb selbst Ermittlungen oder Erhebungen über das Vorliegen der geltend gemachten Tatbestände anzustellen, nicht abgeleitet werden (**a. A.** *D/R* § 2 Rz. 93, das Antragsrecht nach § 23 räume eine eigenständige Befugnis ein, zu deren Wahrnehmung das Zugangsrecht bestehe).

Diese Auffassung verkennt, daß die Antragsrechte nicht immanent ein Ermittlungsrecht umfassen. Ein solches Ermittlungsrecht wäre mit der Stellung der Gewerkschaft als einer privatrechtlichen Vertretung der Arbeitnehmer und auch mit der Stellung als eines sozialen Gegenspielers zum Arbeitgeber nicht vereinbar (*Galperin* BB 1972, 272, 274; *Hanau* BB 1971, 485, 486).

Die Gewerkschaft ist vielmehr, wenn sie derartige gerichtliche Anträge stellen will, auf die Informationen angewiesen, die ihr im Rahmen ihrer Unterstützungsfunktion nach § 2 Abs. 1 oder im Rahmen ihrer speziellen Befugnisse aufgrund des Gesetzes bekannt werden. Die Beweisermittlung und Ermittlung der Tatbestände muß nach rechtsstaatlichen Grundsätzen im Rahmen des Arbeitsgerichtsverfahrens nach den Beweisregeln durchgeführt werden.

§ 2   1. Teil Allgemeine Vorschriften

104 Entsprechendes gilt auch für die Frage, ob die Gewerkschaft das gesamte Wahlverfahren durch Beauftragte im Betrieb überwachen lassen kann, um etwaige Wahlanfechtungsgründe festzustellen. Zu Recht weist *Hanau* (BB 1971, 486) darauf hin, daß eine so weitgehende Kontrollbefugnis der Gewerkschaften mit der selbständigen Stellung von Wahlvorstand und Betriebsrat nicht vereinbar wäre (vgl. *LAG Hamm* vom 30. 9. 1977 – 3 TaBV 59/77 – EzA § 2 BetrVG 1972 Nr. 8 = DB 1978, 844). Zu weitgehend ist auch die in der Literatur vertretene Auffassung, wonach ein Zugangsrecht dann bestünde, wenn konkrete Anhaltspunkte für einen Gesetzesverstoß vorliegen, deren Untersuchung im Betrieb erforderlich sei (*G/L* § 2 Rz. 78; *D/R* § 2 Rz. 92; *Müller* ZfA 1972, 213, 241; *Hanau* BB 1971, 485, 486).

105 Es besteht kein Zugangsrecht der Gewerkschaft, um das Tatsachenmaterial für die Vorbereitung eines neuen Tarifvertrages zusammenzutragen. Diese Frage gehört in den Bereich der tarifautonomen Zuständigkeit und nicht in den betriebsverfassungsrechtlichen Aufgabenbereich (ebenso *Hanau* BB 1971, 485, 486; **a.A.** *D/R* § 2 Rz. 100 für den Fall, daß der Zugang zur Vorbereitung einer nach dem BetrVG zulässigen tariflichen Regelung der Betriebsverfassung dient; *Becker/Leimert* AuR 1972, 365, 366).

106 Eine Teilnahme an den Sitzungen des Wirtschaftsausschusses gegen den Willen des Unternehmens kann die Gewerkschaft nicht verlangen. Der Wirtschaftsausschuß nimmt keine Betriebsratsaufgabe wahr, sondern hat einen eigenen, nicht vom Betriebsrat abgeleiteten Zuständigkeitsbereich (*ArbG Köln* vom 31. 8. 1977 – 9 BV 48/76 – DB 1977, 2102; *ArbG Berlin* vom 27. 10. 1976 – 41 BV 4/76 – DB 1977, 963; **a.A.** jedoch *BAG* vom 18. 11. 1980 – 1 ABR 31/78 – EzA § 108 BetrVG 1972 Nr. 4 m. Anm. *Wohlgemuth* = DB 1981, 1240).

107 Umstritten ist die Frage, ob aus § 2 Abs. 2 nur ein Recht auf Zugang zum Betrieb oder auch zu den einzelnen Arbeitnehmern hergeleitet werden kann. Einen **Zugang nur zum Betrieb** vertreten *G/L* § 2 Rz. 81; *Hanau* BB 1971, 485, 486; *Raatz* DB 1972 Beilage Nr. 1 unter VII 2; *Galperin* BB 1972, 274.

dd) Umfang des Zugangsrechts und Ausnahmen vom Zugangsrecht

108 Liegen die Voraussetzungen des § 2 Abs. 2 vor, hat der Arbeitgeber, nachdem er von der Zugangsabsicht unterrichtet wurde, den Zugang eines Gewerkschaftsbeauftragten, den die Gewerkschaft selbst aussucht, zu dulden (*G/L* § 2 Rz. 84; *D/R* § 2 Rz. 103, 112; zur Auswahl *LAG Hamm* vom 21. 1. 1977 – 3 Sa 941/76 – EzA Art. 9 GG Nr. 21 = DB 1977, 1052; *F/A/K/H* § 2 Rz. 42).

109 Die im Gesetz vorgesehene **Unterrichtung des Arbeitgebers** oder seines Vertreters muß **rechtzeitig** erfolgen. Sinn dieser Vorschrift ist nicht nur, den Arbeitgeber – der Inhaber des Hausrechts bleibt (sofern nicht, wie bei der Betriebs- oder Abteilungsversammlung, der Betriebsratsvorsitzende Inhaber des Hausrechts ist) – davon zu unterrichten, welche nichtbetriebsangehörigen Personen sich im Betrieb aufhalten. Insoweit ist es nicht unangemessen, wenn verlangt wird, daß die Gewerkschaft sich 24 Stunden vorher anmelden muß, damit der Arbeitgeber eine billigenswerte Überlegungsfrist erhält und Gelegenheit hat, für den Besuch eines betriebsfremden Gewerkschaftsbeauftragten die entsprechenden Vorkehrungen zu treffen. Der Arbeitgeber kann auch verlangen, daß ihm der betriebsverfassungsrechtliche Anlaß für den Zugangswunsch und gegebenenfalls die sachlich erforderliche Einladung des Betriebsrats nachgewiesen werden (*BAG* vom 14. 2. 1967 – 1 ABR 7/66 – EzA § 45 BetrVG 1952 Nr. 1 = DB 1967, 384, 775; *LAG Hamm* vom 5. 10. 1972 – 8 TaBV 23/72 – EzA § 2 BetrVG 1972 Nr. 4 = DB 1973, 141;

Stellung der Koalitionen § 2

LAG Hamm vom 13. 8. 1980 – 3 TaBV 17/80 – = DB 1981, 848; *D/R* § 2 Rz. 104 m. w. N.; *G/L* § 2 Rz. 84; *Buchner* DB 1972, 1238; *Müller* ZfA 1972, 241). Sinn der Vorschrift ist es auch, den Arbeitgeber in die Lage zu versetzen, zu prüfen, ob ein Zugangsrecht nach § 2 Abs. 2 besteht oder ob einer der im Gesetz genannten Gründe für die Verweigerung des Zugangs gegeben ist. Das Gesetz nennt in diesem Zusammenhang nur Tatbestände, die – soweit betriebsverfassungsrechtliche Hinderungsgründe geltend gemacht werden sollen – erschöpfend sind, nämlich unumgängliche Notwendigkeiten des Betriebsablaufs, zwingende Sicherheitsvorschriften oder Schutz von Betriebsgeheimnissen.

Unumgängliche Notwendigkeiten des Betriebsablaufs, auf die eine **Zugangsverweigerung** gestützt werden kann, liegen dann vor, wenn der Arbeitgeber dartun kann, daß die auf sachliche Erwägungen gestützte Befürchtung besteht, der Besuch des Gewerkschaftsbeauftragten könne zu einer schwerwiegenden Störung des Arbeitsablaufes führen (so *G/L* § 2 Rz. 87; **enger** *D/R* § 2 Rz. 107 ff.). **110**

Zu der Frage der **zwingenden Sicherheitsvorschriften**, die sich wegen des Vorliegens von Unfall-, Feuer- und Explosionsgefahr und im militärischen Bereich aus dem Gesichtspunkt der Ausspähung ergeben können, siehe *G/L* § 2 Rz. 87; *D/R* § 2 Rz. 109. **111**

Der Zugang kann auch dann verweigert werden, wenn der Arbeitgeber Tatsachen vorträgt, wonach der **Schutz von Betriebsgeheimnissen** gefährdet ist, da diese offengelegt werden müßten. Zum Begriff des Betriebsgeheimnisses vgl. § 79 Rz. 3; *G/L* § 2 Rz. 87 mit umfangreicher Literaturzusammenstellung; *D/R* § 2 Rz. 110 m. w. N.; GK-*Kreutz* § 2 Rz. 60. **112**

Neben den genannten betriebsverfassungsrechtlichen Hinderungsgründen für den Zutritt zum Betrieb gibt es aber auch aus allgemeinen rechtlichen Gesichtspunkten Gründe, die den Arbeitgeber berechtigen können, **einem bestimmten Gewerkschaftsvertreter** den **Zutritt** zum Betrieb mit dem Einwand der **unzulässigen Rechtsausübung zu versagen.** Dieser Einwand ist jedenfalls begründet, wenn und soweit die Gewerkschaft ihr Recht nicht innerhalb der ihr durch das Gebot gezogenen Grenzen ausübt, die vertrauensvolle Zusammenarbeit der Betriebspartner zu unterstützen (*BAG* vom 18. 3. 1964 – 1 ABR 12/63 – AP Nr. 1 zu § 45 BetrVG 1952 m. Anm. *Dietz* = DB 1964, 446, 992; *G/L* § 2 Rz. 88). Nach der Entscheidung des *BAG* wird ein Rechtsmißbrauch in aller Regel gegeben sein, wenn der Beauftragte bereits bei früherer Gelegenheit sich auf der betrieblichen Ebene nicht im Rahmen der durch die Betriebsverfassung gesetzten Befugnisse und Pflichten gehalten hat, während Annahmen und Vermutungen über künftige Ereignisse im allgemeinen unbeachtlich sind. Umstände, die außerhalb des betrieblichen Geschehens liegen, z. B. die frühere Vorbereitung und Durchführung eines in der Vergangenheit geführten Streiks, sollen nach derselben Entscheidung das Zugangsrecht unberührt lassen. Dies erscheint indessen zu eng, denn es sind durchaus Umstände denkbar, die außerhalb der Betriebsverfassung liegen, aber dazu führen können, die Entsendung gerade eines bestimmten Gewerkschaftsvertreters als unzulässige Rechtsausübung erscheinen zu lassen (so auch *BAG* vom 18. 3. 1964 – a. a. O.; *D/R* § 2 Rz. 112; GK-*Kraft* § 2 Rz. 61). **113**

Ein Rechtsmißbrauch ist dann anzunehmen, wenn es dem Arbeitgeber aus objektiven Gründen unzumutbar ist, dem bestimmten Beauftragten der Gewerkschaft Zutritt zu seinem Betrieb zu gewähren (*LAG Hamm* vom 30. 9. 1977 – 3 TaBV 59/77 – EzA § 2 BetrVG 1972 Nr. 8 = DB 1978, 844). Dies gilt sowohl für den Fall, daß der Gewerkschaftsvertreter noch nicht streikende Arbeitnehmer zum Arbeits-

§ 2 *1. Teil Allgemeine Vorschriften*

kampf auffordern will, als auch für den Fall, daß der Gewerkschaftsbeauftragte im Betrieb zu einem Warnstreik aufrufen will (*ArbG Bamberg* vom 30. 6. 1975 – GA 6/75 – BB 1976, 978; *LAG Bremen* vom 14. 1. 1983 – 1 Sa 117 und 235/82 – DB 1983, 778).

114 Unmittelbar **vor oder während eines Arbeitskampfes** wird ein betriebsverfassungsrechtliches **Zugangsrecht** von Gewerkschaftsvertretern zum Betrieb **zu verneinen** sein (*G/L* § 2 Rz. 89; GK-*Kraft* § 2 Rz. 63; a. A *F/A/K/H* § 2 Rz. 51). Funktion und Aufgabenstellung von Betriebsräten und Gewerkschaften sind unterschiedlich. Die Tätigkeit des Betriebsrats ist im Rahmen des Gebotes zur vertrauensvollen Zusammenarbeit in § 2 Abs. 1 auf das betriebliche und nicht auf das außerbetriebliche Wohl der Arbeitnehmer ausgerichtet. Die betrieblichen Partner unterliegen, unbeschadet ihres Rechts, an Arbeitskämpfen tariffähiger Parteien teilzunehmen, der gesetzlichen Friedenspflicht des § 74 Abs. 2 (vgl. Rz. 10 ff. zu § 74 Abs. 2). Gewerkschaften und Arbeitgeberverbände sind im Rahmen des Art. 9 GG als außerbetriebliche Organisationen zur Wahrnehmung der Interessen ihrer Mitglieder und insbesondere zur gemeinsamen Regelung von Arbeits- und Wirtschaftsbedingungen berufen. Sie unterliegen einer Friedenspflicht nur insoweit, als diese durch Tarifverträge begründet ist.

Einen **Zugang zu den Arbeitnehmern** gewährt *D/R* § 2 Rz. 102 m. w. N.; einschränkend, z. B., falls dies zur Vorbereitung einer Betriebsratswahl oder zur Beilegung von Akkordtätigkeiten erforderlich ist, *F/A/K/H* § 2 Rz. 43; ebenso GK-*Kraft* § 2 Rz. 49 f., soweit dies zur Wahrnehmung der im BetrVG genannten Aufgaben erforderlich ist; *Becker/Leimert* BlStSozArbR 1972, 37, 41; *dies.* AuR 1972, 365, 369; *Buchner* DB 1972, 1236, 1237; *Richardi* Anm. zu *BAG* AP Nr. 1 zu § 2 BetrVG 1972; *Reuter* ZfA 1976, 146.

Grundsätzlich ist das Zugangsrecht nur zum Betrieb, nicht aber zum einzelnen Arbeitnehmer gegeben. Das ergibt sich aus der Entstehungsgeschichte des Gesetzes. Der Entwurf des Bundesarbeitsministeriums hatte noch vom »Zugang zum Betrieb und zu den Arbeitnehmern« gesprochen. Die Worte »und zu den Arbeitnehmern« sind indes im Zuge der Koalitionsverhandlungen vor der Verabschiedung des Regierungsentwurfes gestrichen worden. Bereits der Regierungsentwurf sprach nur noch »vom Zugang zum Betrieb«. Wenn die Arbeitnehmer ausdrücklich nicht mehr genannt werden, so ist daraus zu schließen, daß ein Zugangsrecht zu ihnen im allgemeinen nicht mehr gewährt werden soll (vgl. *G/L* § 2 Rz. 81; *Hanau* BB 1971, 486 einschränkend *S/W* § 2 Rz. 17).

Mit dieser Feststellung stehen die anderslautenden Ausführungen im Ausschußbericht, der auch von einem Zugangsrecht zu einzelnen Arbeitnehmern spricht, nur scheinbar in Widerspruch. Wie der Ausschußbericht ebenfalls ausführt, ist das Zutrittsrecht der Gewerkschaftsvertreter im Rahmen von § 2 Abs. 2 nicht von einer Unterrichtung des Betriebsrats abhängig gemacht worden, »damit den Gewerkschaften das umschriebene Zutrittsrecht zur Erfüllung ihrer betriebsverfassungsrechtlichen Aufgaben, z. B. bei der Bestellung des Wahlvorstandes initiativ werden zu können, auch in solchen Betrieben zusteht, in denen kein Betriebsrat besteht«.

Dieser Gedanke gilt nicht nur für das »Benehmen«, sondern auch für das Zugangsrecht selbst. In den Fällen, in denen ein Betriebsrat nicht vorhanden ist, die Gewerkschaft aber vor allem bei der Vorbereitung von Wahlen Zutrittsrechte zum Betrieb geltend machen kann, können sich diese nicht auf den Zugang zum Betrieb beschränken, weil sie dann gegenstandslos wären. In diesen Fällen muß zur

Erfüllung der den Gewerkschaften gesetzlich übertragenen Aufgaben, insbesondere zur Vorbereitung der Wahl, der Zugang gewerkschaftlicher Beauftragter auch zu einzelnen Arbeitnehmern möglich sein. Im übrigen aber ist aus der Entstehungsgeschichte des Gesetzes die Begrenzung des Zugangs auf den Betrieb zu schließen.
Soweit die Organisationen zur Unterstützung der betrieblichen Partner im Rahmen der Betriebsverfassung tätig werden, sind auch sie an das Gebot der betrieblichen Friedenspflicht gebunden. Mit diesem Gebot aber stünde die aus dem Organisationsrecht fließende Verpflichtung, im Arbeitskampf die Interessen der jeweiligen Mitglieder durchzusetzen, im Widerstreit. Daraus folgt, daß unmittelbar vor oder während des Arbeitskampfes für die Gewerkschaft die aus ihrem Organisationsrecht herrührenden Pflichten gegenüber den betriebsverfassungsrechtlichen, mit Friedenspflicht verbundenen Unterstützungsrechten zugunsten der Betriebsräte vorrangig sind. Sie schließen deshalb ein betriebsverfassungsrechtliches Zugangsrecht zum Betrieb nach § 2 Abs. 2 und § 2 Abs. 1 aus.
Im Regelfall wird auch die **Information des Betriebsrats** vor Inanspruchnahme des 115 Zugangsrechts seitens eines Gewerkschaftsbeauftragten erforderlich sein. Für einen im Rahmen des § 2 Abs. 2 i. V. m. § 2 Abs. 1 gewünschten Zugang ergibt sich aus dem Gesichtspunkt der Unterstützungsfunktion der Gewerkschaft gegenüber dem Betriebsrat die Notwendigkeit des Einvernehmens mit dem Betriebsrat. Aber auch im Rahmen eines Zugangs nach § 2 Abs. 2 in Verbindung mit anderen konkreten Befugnissen dürfte die Unterrichtung des Betriebsrats in der Regel geboten sein. Die bereits in diesem Zusammenhang zitierte Ausschußbegründung – vgl. oben Rz. 17 – gibt als Begründung für die Nichterwähnung einer Informationspflicht des Betriebsrats seitens der Gewerkschaft eben nur den Fall des betriebslosen Betriebes an. In diesem Fall ist naturgemäß das Zugangsrecht, soweit es sich aus den betriebsverfassungsrechtlichen Befugnissen der Gewerkschaft ergibt, auch ohne Information des Betriebsrats zu bejahen, da es andernfalls nicht realisierbar wäre.
Wird der Anspruch eines Gewerkschaftsvertreters auf **Zugang** von dem Arbeitge- 116 ber **verweigert**, so entscheidet das Arbeitsgericht im **Beschlußverfahren** (§§ 2a Abs. 1 Nr. 1, 80 ff. ArbGG). **In dringenden Fällen** kann die Gewerkschaft den Antrag auf Erlaß einer **einstweiligen Verfügung** stellen (§ 85 Abs. 2 ArbGG). Ein Streit über die Frage, ob die Gewerkschaften befugt sind, **Werbe- und Informationsmaterial** zu verteilen oder **Plakate** anbringen zu lassen, wird durch die Arbeitsgerichte im **Urteilsverfahren** entschieden (§ 2 Abs. 1 Nr. 1 ArbGG) (*BAG* vom 29. 6. 1965 – 1 AZR 420/64 – AP Nr. 6 zu Art. 9 GG m. Anm. *Pohle* = DB 1965, 1365; *BAG* vom 14. 2. 1967 – 1 AZR 494/65 – EzA Art. 9 GG Nr. 2 = DB 1967, 341, 815, 864 m. Anm. *Jürging/Kass*; *G/L* § 2 Rz. 92; a. A. *Brox* BB 1965, 1321, 1326 f.).

2. Betriebsverfassungsrechtliche Rechte und Pflichten der Arbeitgeberverbände

a) Pflichten der Arbeitgeberverbände
Entsprechend der Fassung des Art. 9 Abs. 3 GG differenziert das BetrVG nicht 117 ausdrücklich zwischen der koalitionsrechtlichen Stellung der Arbeitgeberverbände und der Gewerkschaften (hinsichtlich der Rechte vgl. aber Rz. 82, 118). Die Arbeitgeberverbände treffen aber grundsätzlich die gleichen Pflichten wie die

§ 2   1. Teil Allgemeine Vorschriften

Gewerkschaften. Insbesondere unterliegen sie auch dem **Gebot des vertrauensvollen Zusammenwirkens** (vgl. dazu Rz. 31). Ihrer Natur nach beschränken sich die Kontakte der Arbeitgeberverbände jedoch meist auf solche mit dem Arbeitgeber unmittelbar.

b) Rechte der Arbeitgeberverbände

118   Trotz der gewerkschaftlichen Gleichbehandlung von Gewerkschaften und Arbeitgeberverbänden (oben Rz. 32) besteht ein deutliches Übergewicht gewerkschaftlicher Rechte (vgl. dazu im einzelnen die unter Rz. 82 angeführten Einzelfälle). Die Vereinigungen der Arbeitgeber haben keine eigenständigen betriebsverfassungsrechtlichen Befugnisse erhalten und können zu Betriebsversammlungen oder zu Sitzungen der Betriebsverfassungsorgane eigenständig keinen Beauftragten entsenden (vgl. *G/L* § 2 Rz. 94). Auch die den Arbeitgeberverbänden zuerkannten »**mittelbaren**« Rechte nehmen sich neben den Befugnissen der Gewerkschaften vergleichsweise bescheiden aus.
Als Beispiel sei auf die Möglichkeit des Arbeitgebers hingewiesen, gem. § 29 Abs. 4 Satz 2 zu den Betriebsratssitzungen, an denen er teilnehmen kann, einen Vertreter des Arbeitgeberverbandes hinzuzuziehen. Gleiches gilt gem. § 46 Abs. 1 Satz 2 für Betriebsversammlungen (vgl. *G/L* § 2 Rz. 30). Gleichgestellt sind Arbeitgeberverbände und Gewerkschaften (jeweils auch die Spitzenorganisationen) hinsichtlich der Beratung gem. § 37 Abs. 7. Gewisse Möglichkeiten zur Einflußnahme auf dem Gebiet des Betriebsverfassungsrechts haben die Arbeitgeberverbände lediglich in der Form der **Mitwirkung an tarifvertraglichen Regelungen betriebsverfassungsrechtlicher Fragen**.

3. Tarifvertragliche Regelungen betriebsverfassungsrechtlicher Fragen

a) Grenzen der Regelungsbefugnis

119   Fragen der Betriebsverfassung sind den Tarifpartnern **nicht unbeschränkt zur Disposition gestellt**. Das Gesetz gibt den Tarifvertragsparteien vielmehr lediglich in bestimmten Vorschriften die Möglichkeit zur Abänderung oder Ergänzung des Gesetzes (vgl. §§ 38 Abs. 1 Satz 3, 47 Abs. 4, 72 Abs. 4, 76 Abs. 8, 86, 117 Abs. 2; siehe auch *D/R* § 2 Rz. 133).

b) Vorrang des Tarifvertrages

120   Dem Tarifvertrag wird allerdings auch im Rahmen der Betriebsverfassung vom Gesetz eine hohe Bedeutung eingeräumt: Gem. § 2 Abs. 1 sind Arbeitgeber und Betriebsrat zur Beachtung der geltenden Tarifverträge verpflichtet (vgl. oben Rz. 34, 37). Tarifvertragliche Abreden gehen – soweit sie ihrerseits wirksam sind – daher anderen betrieblichen Abreden, sei es in der Form der Betriebsvereinbarung, sei es in der Form eines Vertrages eigener Art, vor (vgl. §§ 87, Abs. 1, 77 Abs. 3; *GK-Kraft* § 2 Rz. 13; *D/R* § 2 Rz. 14ff., 117ff.).

4. Verfassungsrechtliche Beurteilung der Ausgestaltung und Verteilung der Verbandsbefugnisse

a) Sinn der Beteiligung von Verbänden

Schutzzweck der Koalitionsfreiheit des Art. 9 Abs. 3 GG ist die **Verwirklichung des Sozialstaatsprinzips** durch Sicherung sozialer Ansprüche im Bereich des Arbeits- und Wirtschaftsrechts, und zwar durch eine verfassungsrechtlich garantierte Kompetenz der Sozialpartner zu deren eigenverantwortlicher Gestaltung. Daraus ergeben sich Sinn und Zweck der Beteiligung von Verbänden im Betriebsverfassungsrecht. Das Betriebsverfassungsrecht stellt sich als vom Gesetzgeber gewählte Konkretisierung des durch Art. 9 Abs. 3 GG angestrebten Ziels dar, nämlich der **Erreichung sozialer Gerechtigkeit durch Wahrnehmung koalitionsspezifischer Aufgaben im staatsfreien, durch Art. 9 Abs. 3 GG garantierten Autonomiebereich** (vgl. oben Rz. 42). Demgemäß liegt das Betätigungsfeld der Koalitionen zur Wahrnehmung ihrer verfassungsmäßig garantierten Kompetenzen gerade in den Betrieben, d. h. unmittelbar an den Arbeitsplätzen. Hier können die Verbandsvertreter die konkreten Arbeitsbedingungen in den einzelnen Betrieben kennenlernen und so auf sinnvolle Verbesserungen am Arbeitsplatz hinwirken. Zu den koalitionsspezifischen Aufgaben gehört neben der Betätigung zur Verbesserung von Arbeits- und Wirtschaftsbedingungen auch die Vertretung der Mitgliederinteressen im Betrieb, denn dies ist die notwendige Voraussetzung für starke Mitgliederzahlen der Verbände, worin wiederum die Basis für eine effektive Wahrnehmung ihrer Aufgaben und damit für die Erreichung des gesetzgeberischen Zieles gem. Art. 9 Abs. 3 GG und des Sozialstaatsprinzips liegt.

121

b) Grenzen der Beteiligung

Eine Grenze der Beteiligung im Bereich des Betriebsverfassungsrechts ist den Verbänden durch die positiven rechtlichen Regelungen im BetrVG gesetzt. Danach sind die Hauptträger der betriebsverfassungsrechtlichen Rechte und Pflichten Arbeitgeber und Betriebsrat; demgegenüber sind die Rechte der Verbände, insbesondere auf der Arbeitgeberseite, von untergeordneter Bedeutung. Außerdem differenziert das Gesetz zwischen den einzelnen Beteiligungsrechten des Betriebsrats, die von verschiedener Intensität sind. Demzufolge sind über die vom Gesetzeszweck ausgehenden rechtstechnischen Interpretationsmöglichkeiten hinsichtlich der Beteiligungsrechte hinaus keine weiteren Mitwirkungsmöglichkeiten für die Verbände gegeben. Anderenfalls würden die wohlabgewogenen Regelungen, die der Gesetzgeber im BetrVG als Kompromiß getroffen hat, ausgehöhlt.

122

aa) Übermaßverbot

Die Einräumung von Beteiligungsrechten an die Verbände als solche ist auch nicht unter dem Aspekt des Art. 14 GG verfassungswidrig.
Dies ergibt sich zum einen daraus, daß der Gesetzgeber die für den Unternehmer einschneidendsten Beteiligungsrechte dem Betriebsrat zuerkannt hat und diesbezüglich kaum Zweifel an der Verfassungsmäßigkeit des BetrVG bestehen. Die **Einschränkungen seiner Eigentümerbefugnisse durch die Mitwirkungsrechte der Arbeitnehmer hat der Arbeitgeber als Sozialbindung seines Eigentums hinzunehmen.** Da die Beeinträchtigungen des Eigentums durch die Rechte der Verbände demgegenüber verhältnismäßig gering sind, handelt es sich auch bei den diesbe-

123

§ 2   1. Teil Allgemeine Vorschriften

züglichen Regelungen des BetrVG um verfassungsgemäßige Bestimmungen von Inhalt und Schranken des Eigentums (vgl. *Leibholz/Rinck* GG Art. 14 Rz. 9; *Dicke*, in: *v. Münch/Schnapp* GG 3. Aufl. Art. 14 Rz. 48 ff.). Zum anderen ist eine Verfassungswidrigkeit auch nicht aus dem Umstand herzuleiten, daß gewissermaßen »betriebsfremde« Verbände Beteiligungsrechte bezüglich des Unternehmereigentums haben; schon durch den Gemeinwohlbezug des Eigentums (Art. 14 Abs. 2 Satz 2 GG) ist ein derartiger Eingriff gerechtfertigt. Im übrigen ergibt sich dies auch aus einer systematischen Grundrechtsinterpretation im Hinblick auf Art. 9 Abs. 3 GG, der um der Verwirklichung der koalitionsspezifischen Aufgaben willen den Umfang der Eigentumsgarantie (Art. 14 GG) begrenzt.

bb) Gebot der Waffengleichheit

124   Aus dem Grundgesetz ist kein den Gesetzgeber bindendes Gebot der gleichberechtigten Beteiligung von Arbeitgeberverbänden und Gewerkschaften im Rahmen der Betriebsverfassung herzuleiten.

α) **Art. 9 Abs. 3 GG**

125   Art. 9 Abs. 3 GG garantiert »ein **soziales Selbstverwaltungssystem**, das eine **autonome Konfliktlösung** einschließt« (*Maunz/Dürig/Herzog* GG Art. 9 Anm. 160). Die Regelung des Art. 9 Abs. 3 GG stellt auch an die Voraussetzungen für das Vorliegen von Koalitionen (vgl. oben Rz. 39) die gleichen Anforderungen hinsichtlich Arbeitgeberverbänden und Gewerkschaften und räumt beiden Gruppen von Verbänden grundsätzlich die gleichen Kompetenzen ein, die den Auseinandersetzungsprozeß der Sozialpartner steuern sollen (vgl. dazu *Maunz/Dürig/Herzog* GG Art. 9 Anm. 165 ff.).

Das Grundrecht der Koalitionsfreiheit verlangt jedoch nicht in jedem Bereich der Rechtsordnung eine formale, schematisch gleiche Einräumung von Beteiligungsbefugnissen an Arbeitgeberverbände und Gewerkschaften. Entscheidend ist vielmehr, daß der einfache Gesetzgeber ein Instrumentarium dafür zur Verfügung stellt, den Zweck des Art. 9 Abs. 3 GG (vgl. oben Rz. 42, 121) zu realisieren (vgl. dazu ausführlich *Lerche* Verfassungsrechtliche Zentralfragen des Arbeitskampfes 1968, 37 ff.).

Der Gesetzgeber ist hierbei davon ausgegangen, daß der Arbeitgeber trotz der Regelungen des BetrVG eine derart starke Position behalten hat, daß ihm zu seiner Unterstützung weniger Rechte eingeräumt werden müssen als dem schwächeren Betriebsrat, der dringend auf die weitergehende Unterstützung der beteiligten Gewerkschaften angewiesen ist. Eine solche Gesetzgebung ist auch dazu geeignet, den Postulaten der Art. 9 Abs. 3, 20 Abs. 1 GG (Sozialstaatsprinzip) genüge zu tun, und damit insoweit verfassungsgemäß.

β) **Art. 14 GG**

126   Der Umstand, daß die Gewerkschaften im Bereich des Betriebsverfassungsgesetzes in stärkerem Maße als die Arbeitgeberverbände beteiligt sind, führt auch nicht zu einem Verstoß gegen Art. 14 GG unter dem Gesichtspunkt inadäquater, unzumutbarer Einschränkungen der Rechte des Unternehmers.

Wie oben ausgeführt (Rz. 123), sind die Rechte der Verbände gegenüber denen von Arbeitgeber und Betriebsrat von untergeordneter Bedeutung.

Die weitergehenden Rechte der Gewerkschaften gegenüber denen der Arbeitgeberverbände sollen eine effiziente Interessendurchsetzung für die Arbeitnehmer

ermöglichen. Ein besonders deutliches Beispiel dafür ist das Recht der Gewerkschaften, gem. § 17 Abs. 2 zu den Betriebsversammlungen einzuladen, die den Wahlvorstand bestellen (Ingangbringen der Betriebsratswahl; vgl. auch § 116 Abs. 2).
Diese Beteiligungsrechte insgesamt sind als zulässige Bestimmungen von Inhalt und Schranken des Eigentums verfassungsmäßig (vgl. oben Rz. 123 ff.). Ebenso umfassende Beteiligungsrechte der Arbeitgeberverbände können dagegen in die durch Art. 14 GG gesicherte Rechtsposition des Arbeitgebers eingreifen. Im Vergleich zur derzeitigen Rechtslage würde die Verfügungsbefugnis des Arbeitgebers durch die neuen Verbandsrechte beschränkt; dies würde insbesondere dann gelten, wenn die Rechte der Arbeitgeberverbände als vom Willen des Arbeitgebers unabhängig konstituiert würden.
Zweifelhaft ist überdies, ob im Verhältnis Arbeitgeber-Arbeitgeberverbände eine dem Verhältnis Arbeitnehmer-Betriebsrat-Gewerkschaften vergleichbare Interessenkongruenz besteht.
Dem Arbeitgeber bleibt es unbenommen, im Rahmen seiner Verfügungsbefugnis und umfassender Rechte nach dem BetrVG Arbeitgeberverbände an Willensbildung und Entscheidungsfindung zu beteiligen. Ein weitergehendes Beteiligungsrecht der Arbeitgeberverbände würde die Rechte des Arbeitgebers aus Art. 14 GG beschränken, ohne daß hierfür Art. 9 Abs. 3 und 20 Abs. 1 GG eine Rechtfertigung darstellen könnten.
Außerdem könnte eine formal gleiche Beteiligung der Verbände dazu führen, daß das vom BetrVG zur Verfügung gestellte Instrumentarium der Beteiligungsrechte in personellen, sozialen und wirtschaftlichen Angelegenheiten des Betriebs verstärkt dazu mißbraucht würde, tarifrechtliche Konflikte zwischen den Verbänden auszutragen. Damit könnte eine funktionsfähige Zusammenarbeit von Arbeitgeber und Betriebsrat gefährdet werden.

5. Erweiterung und Beschränkung der Beteiligungsbefugnis der Verbände

Ebenso wie in bezug auf die Beteiligungsrechte des Betriebsrats (siehe dazu vor § 1 Rz. 69 ff.) stellt sich auch hinsichtlich der Rechtsposition der Verbände die Frage nach Erweiterungs- oder Beschränkungsmöglichkeiten. **127**

a) Beschränkung der Beteiligungsrechte
Da der Gesetzgeber den Beteiligungskatalog differenziert und jeweils unter Beachtung des Postulats des Art. 9 Abs. 3 GG aufgestellt hat, kommt eine **Beschränkung nicht** in Betracht. Hierbei ist überdies zu beachten, daß der Gewerkschaft zum Teil Rechte eingeräumt sind, die vom Willen der Belegschaft oder des Betriebsrats nicht beeinflußt werden können (vgl. § 17 Abs. 2). Dies zeigt, daß die Beteiligungsrechte der Gewerkschaften vom Gesetzgeber nicht nur als Erfüllung koalitionsspezifischer »Ansprüche« der Gewerkschaft gedacht, sondern auch zur Durchsetzung der Minimalvoraussetzungen einer gerechten betriebsverfassungsrechtlichen Ordnung gewollt sind. **128**

§ 2   1. Teil Allgemeine Vorschriften

b) Erweiterung der Beteiligungsrechte durch Tarifvertrag

129 Soweit man eine **Erweiterung** der Beteiligungsrechte **für möglich** hält, ist wegen des unmittelbaren Eingriffs in den Bereich des Arbeitgebers zu fordern, daß nur Firmentarifverträge oder Verbandstarifverträge gestattet sind, zu denen die Zustimmung bzw. die Genehmigung des Arbeitgebers eingeholt wurde (vgl. zu der parallelen Frage der Erweiterung von Mitbestimmungsbefugnissen des Betriebsrats vor § 1 Rz. 69 ff.).
Darüber hinaus darf eine Erweiterung der gewerkschaftlichen Befugnisse in keiner Hinsicht zu einer Behinderung oder Bevormundung des Betriebsrats führen, da der Gesetzgeber in erster Linie ihn als Repräsentanten der Belegschaft ansieht, den Gewerkschaften aber nur Hilfsfunktionen zuweist.

c) Erweiterung der Beteiligungsrechte durch Betriebsvereinbarung

130 Die oben (Rz. 129) beschriebene Regelung der Beteiligungsrechte der Verbände kann grundsätzlich **auch durch Betriebsvereinbarung** vorgenommen werden.

aa) Regelungsmacht der Betriebsparteien

131 Die Regelungsmacht der Betriebsparteien findet ihre Grenzen an objektiven Ordnungsvorschriften des BetrVG sowie entgegenstehenden Tarifverträgen.

bb) Vertrag zugunsten Dritter

132 Solchen Betriebsvereinbarungen kann keine normative Wirkung zukommen; sie stellen lediglich obligatorische Verträge eigener Art zugunsten der jeweils mit weitergehenden Rechten ausgestatteten Koalition dar.

D. Streitigkeiten

133 Das Verfahren bei Streitigkeiten richtet sich nach dem Streitgegenstand. Betrifft er **betriebsverfassungsrechtliche Befugnisse**, ist im **Beschlußverfahren** zu entscheiden. Streitigkeiten um **koalitionsspezifische Rechte** (vgl. Rz. 90 ff.) werden im **Urteilsverfahren** entschieden.

134 Die Gewerkschaften haben kein Recht, interne Geschäftsführungsbeschlüsse des Betriebsrats anzufechten. Im Verhältnis zu den im Betrieb und Betriebsrat vertretenen Gewerkschaften ist der Betriebsrat vielmehr ein eigenständiges und eigenverantwortliches Organ der Betriebsverfassung (*BAG* vom 16. 2. 1973 – 1 ABR 18/72 – EzA § 19 BetrVG 1972 Nr. 1 = DB 1973, 1254).

135 Einer Gewerkschaft fehlt die **Antragsbefugnis** in einem Beschlußverfahren, wenn sie die Unwirksamkeit einer Betriebsvereinbarung geltend machen will. Das BetrVG hat den Gewerkschaften keine allgemeine Aufsichtsfunktion gegenüber dem Betriebsrat zugewiesen (*BAG* vom 18. 8. 1987 – 1 ABR 65/86 – EzA § 81 ArbGG 1979 Nr. 11 = DB 1987, 2368).

136 Verweigert ein Arbeitgeber einem konkreten Gewerkschaftsbeauftragten den Zugang zum Betrieb nach § 2 Abs. 2 BetrVG, scheitert der Erlaß einer entsprechenden einstweiligen Verfügung mangels eines Verfügungsgrundes dann, wenn und soweit der Arbeitgeber einem anderen Gewerkschaftsbeauftragten der im Betrieb vertretenen Gewerkschaft den Zustritt gestattet (*ArbG Siegburg* vom 7. 12. 1972 – BV 1/72 – BB 1972, 358; *ArbG Siegburg* vom 30. 3. 1972 – BV 6/72 – DB 1972, 927). Ein dringendes, eine einstweilige Verfügung rechtfertigendes Bedürfnis zur

Sicherstellung des Zugangsrechts für einen konkreten bestimmten Gewerkschaftsbeauftragten ist regelmäßig nicht ersichtlich. Eine solche einstweilige Verfügung hätte zur Folge, daß eine das Zugangsrecht eines bestimmten Gewerkschaftsbeauftragten regelnde einstweilige Verfügung keinen Sicherungscharakter mehr besitzen würde, sondern bereits eine irreparable Befriedigungswirkung eintreten läßt.

§ 3 Zustimmungsbedürftige Tarifverträge

(1) Durch Tarifvertrag können bestimmt werden:
1. zusätzliche betriebsverfassungsrechtliche Vertretungen der Arbeitnehmer bestimmter Beschäftigungsarten oder Arbeitsbereiche (Arbeitsgruppen), wenn dies nach den Verhältnissen der vom Tarifvertrag erfaßten Betriebe der zweckmäßigeren Gestaltung der Zusammenarbeit des Betriebsrats mit den Arbeitnehmern dient;
2. die Errichtung einer anderen Vertretung der Arbeitnehmer für Betriebe, in denen wegen ihrer Eigenart der Errichtung von Betriebsräten besondere Schwierigkeiten entgegenstehen;
3. von § 4 abweichende Regelungen über die Zuordnung von Betriebsteilen und Nebenbetrieben, soweit dadurch die Bildung von Vertretungen der Arbeitnehmer erleichtert wird.
(2) Tarifverträge nach Absatz 1 bedürfen insoweit der Zustimmung der obersten Arbeitsbehörde des Landes, bei Tarifverträgen, deren Geltungsbereich mehrere Länder berührt, der Zustimmung des Bundesministers für Arbeit und Sozialordnung. Vor der Entscheidung über die Zustimmung ist Arbeitgebern und Arbeitnehmern, die von dem Tarifvertrag betroffen werden, den an der Entscheidung über die Zustimmung interessierten Gewerkschaften und Vereinigungen der Arbeitgeber sowie den obersten Arbeitsbehörden der Länder, auf deren Bereich sich der Tarifvertrag erstreckt, Gelegenheit zur schriftlichen Stellungnahme sowie zur Äußerung in einer mündlichen und öffentlichen Verhandlung zu geben.
(3) Mit dem Inkrafttreten eines Tarifvertrags nach Absatz 1 Nr. 2 endet die Amtszeit der Betriebsräte, die in den vom Tarifvertrag erfaßten Betrieben bestehen; eine solche durch Tarifvertrag errichtete Vertretung der Arbeitnehmer hat die Befugnisse und Pflichten eines Betriebsrats.

Literaturübersicht

Boldt Der Tarifvertrag über die Betriebsverfassung im rheinisch-westfälischen Steinkohlenbergbau, RdA 1955, 169; *Dütz* Verfahrensrecht der Betriebsverfassung, AuR 1973, 353; *Föhr* Der neue Tarifvertrag über die Betriebsverfassung des rheinisch-westfälischen Steinkohlenbergbaus, RdA 1977, 285; *Gamillscheg* »Betrieb und Bargaining unit«, ZfA 1975, 357; *Hunold* Sondervertretungen, AR-Blattei Betriebsverfassung XIII; *Kraft* Vertrauensleute im Betrieb, 1982; *Maurer* Kündigung von Mitgliedern einer Betriebsvertretung, BB 1972, 971; *Müller, N. P.* Der betriebliche Vertrauensmann im System der Betriebsverfassung, DB 1978, 743; *Rüthers* Rechtsprobleme betrieblicher Sondervertretungen für leitende Angestellte, BB 1972, 1105; *Schelp* Tarifrechtliche Vorschriften im BetrVG, BABl. 1953, 136; *Tesarczyk* Betriebliche Sondervertretungen der Arbeitnehmer und Vertretungsanspruch des Betriebsrats, Diss. Marburg, 1979.

§ 3   *1. Teil Allgemeine Vorschriften*

Inhaltsübersicht

		Rz.
I.	Allgemeines	1
II.	Regelungsinhalt des § 3 Abs. 1 Ziff. 1	2, 3
III.	Regelungsinhalt des § 3 Abs. 1 Ziff. 2	4
IV.	Regelungsinhalt des § 3 Abs. 1 Ziff. 3	5
V.	Abweichende organisatorische Regelungen außerhalb des § 3	6, 7
VI.	Das Zustimmungserfordernis des § 3 Abs. 2	8, 9
VII.	Inkrafttreten und Nachwirken des Tarifvertrages nach § 3	10, 11
VIII.	Streitigkeiten	12–17

I. Allgemeines

1 Die **organisatorischen Vorschriften des Betriebsverfassungsgesetzes** sind **zwingendes Recht** (*D/R* § 3 Rz. 1; *F/A/K/H* § 3 Rz. 1; *Hueck/Nipperdey* II/2, 1222; *G/L* § 3 Rz. 1). Dieser Grundsatz, der bereits für das BetrVG 1952 allgemein anerkannt war, gilt auch für das neue BetrVG. Von den gesetzlichen Vorschriften **abweichende organisatorische Regelungen** im Rahmen der Betriebsverfassung sind daher **nur nach Maßgabe der Vorschriften des § 3 Abs. 1 oder aufgrund sonstiger ausdrücklicher Ermächtigungen im BetrVG zulässig.** Demgemäß können Regelungen im Rahmen des § 3 Abs. 1 nur durch Tarifvertrag getroffen werden (siehe *G/L* § 3 Rz. 2). Die Betriebsvereinbarung scheidet als Regelungsinstrument aus (*G/L* § 3 Rz. 2; *F/A/K/H* § 3 Rz. 9; *GK-Kraft* § 3 Rz. 23). Betriebliche Vertrauensleute, die die Kontakte zwischen Betriebsrat, Belegschaft und Arbeitgeber fördern sollen (*Müller* DB 1978, 743, 745) werden durch die Regelung des § 3 nicht ausgeschlossen (vgl. *GK-Kraft* § 3 Rz. 39 ff. m. w. N.).

II. Regelungsinhalt des § 3 Abs. 1 Ziff. 1

2 Bei der Errichtung zusätzlicher Vertretungen muß es sich um **betriebsverfassungsrechtliche Vertretungen** handeln, wie die Entstehungsgeschichte des Gesetzes zeigt. Das Wort »betriebsverfassungsrechtliche« ist erst in den Koalitionsverhandlungen in den Entwurf des Bundesarbeitsministers eingeführt worden, der nur von »zusätzlichen Vertretungen der Arbeitnehmer« gesprochen hatte. Die Errichtung anderer als betriebsverfassungsrechtlicher Vertretungen, also z. B. gewerkschaftlicher Vertrauenskörper oder Sprecherausschüsse für leitende Angestellte (*D/R* § 3 Rz. 8; *Buchner* Die AG 1972, 135, 139, 142; *Rüthers* BB 1972, 1105, 1108; *G/L* § 3 Rz. 5; a. A. *F/A/K/H* § 3 Rz. 5), **durch Tarifvertrag** bleibt auch in Zukunft ausgeschlossen, was der grundsätzlichen Trennung der betrieblichen und der koalitionspolitischen Sphäre entspricht. Positiv ausgedrückt bedeutet »betriebsverfassungsrechtliche Vertretung«, daß die durch Tarifvertrag zu bildenden Vertretungen alle Arbeitnehmer der jeweiligen Beschäftigungsarten oder Arbeitsbereiche ohne Rücksicht auf gewerkschaftliche oder politische Zugehörigkeit erfassen müssen. In Betracht kommen insbesondere Sprecher für Arbeitsgruppen oder Betriebsabteilungen oder auch für Gruppen von Arbeitnehmern, die gleiche Funktionen im Betrieb haben. Arbeitnehmer gleichartiger Funktionen sind beispielsweise die Meister. Zu den Arbeitnehmern bestimmter Arbeitsgruppen gehören beispiels-

weise Akkordkolonnen, Außendienstangestellte oder **Aushilfskräfte** (*D/R* § 3 Rz. 9, 10, die jedoch zutreffend davon ausgehen, daß für die Aushilfskräfte eine zusätzliche Vertretung nicht geschaffen werden könne).
Voraussetzung für die Zulässigkeit eines Tarifvertrages nach § 3 Abs. 1 Ziff. 1 ist darüber hinaus, daß die Errichtung derartiger zusätzlicher Vertretungen nach den Verhältnissen der von ihm erfaßten Betriebe **der zweckmäßigeren Gestaltung der Zusammenarbeit zwischen Betriebsrat und Arbeitnehmern dient**, was vor allem in großen Betrieben oder Betrieben mit weitverzweigter Organisation der Fall sein wird, da in diesem Fall durch den Einsatz zusätzlicher Vertretungsorgane der Kontakt zwischen den Gruppenangehörigen und dem Betriebsrat verbessert werden kann (*G/L* § 3 Rz. 10; *D/R* § 3 Rz. 14; *F/A/K/H* § 3 Rz. 15).

3

Die in § 3 Abs. 1 Ziff. 1 behandelten Vertretungen sind zusätzliche Einrichtungen, die **neben** die nach den gesetzlichen Vorschriften zu bildenden Betriebsräte treten, deren Errichtung, Arbeitsweise und Mitwirkungsrechte im Rahmen des Gesetzes unberührt bleiben. Besteht ein Betriebsrat nicht, können zusätzliche Betriebsvertretungen nicht gewählt werden (*G/L* § 3 Rz. 9; *D/R* § 3 Rz. 13; *F/A/K/H* § 3 Rz. 23).

Da die Aufgabe der zusätzlichen Vertretungen auf die Zusammenarbeit zwischen Betriebsrat und Arbeitnehmern gerichtet ist, unmittelbare institutionelle Beziehungen zum Arbeitgeber also nicht geschaffen werden sollen, können diesen Vertretungen durch Tarifvertrag auch **keine unmittelbaren Befugnisse gegenüber dem Arbeitgeber** übertragen werden. Die Mitglieder der zusätzlichen Vertretungen werden keine Mitglieder des Betriebsrats, sondern stehen dem Betriebsrat beratend zur Verfügung (*G/L* § 3 Rz. 13; *D/R* § 3 Rz. 13, 20, *F/A/K/H* § 3 Rz. 21, 22). Sie haben deshalb keinen besonderen betriebsverfassungsrechtlichen Kündigungsschutz (GK-*Kraft* § 3 Rz. 13; *D/R* § 3 Rz. 23 m.w.N.). Sie unterstehen dem Schutz des § 78 BetrVG und unterliegen der Geheimhaltungspflicht (§ 79 Abs. 2). Die Kosten der zusätzlichen Vertretung hat der Arbeitgeber analog § 40 zu tragen (GK-*Kraft* § 3 Rz. 13 m.w.N.).

III. Regelungsinhalt des § 3 Abs. 1 Ziff. 2

Im Gegensatz zu § 3 Abs. 1 Ziff. 1 handelt § 3 Abs. 1 Ziff. 2 nicht von Vertretungen, die zusätzlich zu den Betriebsräten gebildet werden, sondern von solchen, die an die Stelle der gesetzlichen Betriebsräte treten, wenn unter den Voraussetzungen der Ziff. 2 ein Tarifvertrag geschlossen wird. Die Bestimmung entspricht § 20 Abs. 3 BetrVG 1952. Voraussetzung für eine vom Gesetz abweichende tarifvertragliche Regelung ist, daß die Eigenart der Betriebe – d.h. deren Betriebsorganisation – die Errichtung von Betriebsräten besonders schwierig macht. Diese Schwierigkeiten dürfen **nicht nur bei einem einzelnen Betrieb** bestehen, **sondern** sie müssen nach herrschender Meinung branchenspezifisch sein (**ebenso** *Dietz* § 20 BetrVG 1952 Rz. 34; *Fitting/Kraegeloh/Auffarth* § 20 BetrVG 1952 Rz. 53; *D/R* § 3 Rz. 26; *F/A/K/H* § 3 Rz. 28; *Hueck/Nipperdey* II/2, 1222; *Nikisch* III, 72 Fn. 35; **a.A.** *Galperin/Siebert* § 20 BetrVG 1952 Rz. 33; *G/L* § 3 Rz. 16). Praktische Bedeutung hat diese Vorschrift seit jeher im **Baugewerbe** wegen der Fluktuation der Baustellen und der im Baugewerbe beschäftigten Arbeitnehmer.

4

Da die bei Vorliegen der materiellen Voraussetzungen der Ziff. 2 durch Tarifvertrag gebildete andere Arbeitnehmervertretung an die Stelle des gesetzlichen Be-

§ 3   1. Teil Allgemeine Vorschriften

triebsrats tritt, gelten für ihre Bildung auch die allgemeinen Voraussetzungen für die Errichtung von Betriebsräten, insbesondere der Grundsatz, daß Betriebsräte im Rahmen des BetrVG **nur im betriebsratsfähigen Betrieb** errichtet werden können (vgl. Rz. 26 zu § 1; GK-*Kraft* § 3 Rz. 14; *D/R* § 3 Rz. 28 m. w. N.) Der Tarifvertrag nach Ziff. 2 kann nichts anderes bestimmen. Die Rechtsstellung der Mitglieder der nach § 3 Ziff. 2 gewählten Vertretungen richtet sich nicht nach dem Tarifvertrag, sondern die Mitglieder haben in jeder Hinsicht die Stellung von Betriebsratsmitgliedern, genießen dementsprechend die gleichen Rechte und haben die gleichen Pflichten (*D/R* § 3 Rz. 33; *Hueck/Nipperdey* II/2, 1224; *Brecht* § 3 Rz. 26; *F/A/K/H* § 3 Rz. 36; GK-*Kraft* § 3 Rz. 17, **a. A.** *G/L* § 3 Rz. 21). Sie unterstehen dem besonderen Kündigungsschutz des § 15 KSchG (GK-*Kraft* § 3 Rz. 17 m. w. N.), dem relativen Kündigungsschutz des § 78 und unterliegen der Geheimhaltungspflicht des § 79 Abs. 2.

IV. Regelungsinhalt des § 3 Abs. 1 Ziff. 3

5   § 3 Abs. 1 Ziff. 3 gestattet, durch Tarifvertrag abweichende Regelungen für die Zuordnung von Betriebs**teilen** und **Nebenbetrieben** vorzunehmen. Voraussetzung für die Zulässigkeit von Tarifverträgen nach Ziff. 3 ist stets, daß die Bildung von Arbeitnehmervertretungen als Folge dieser Zuordnung erleichtert wird. Die anderweitige Zuordnung kann dadurch erfolgen, daß Betriebsteile oder Nebenbetriebe, die nach dem Tatbestandsmerkmal des § 4 als selbständige Betriebe zu gelten hätten, dem Hauptbetrieb zugerechnet werden. Es können aber auch Betriebsteile, die die Voraussetzungen des § 4 nicht erfüllen und daher aufgrund des Gesetzes nicht als selbständige Betriebe gelten würden, durch Tarifvertrag als selbständige Betriebe eingeordnet werden. Nebenbetriebe und Betriebsteile, die nicht die Voraussetzungen des § 1 erfüllen – sowohl was das Vermögen eines Betriebes im Sinne des BetrVG als auch was die Mindestgröße (vgl. Rz. 26 zu § 1) anbelangt – können durch Tarifvertrag nicht zu betriebsratsfähigen Betrieben erklärt werden. Werden durch Tarifvertrag Betriebsteile, die nach § 4 als selbständige Betriebe gelten würden, oder Nebenbetriebe einem Hauptbetrieb zugerechnet, so nehmen die Arbeitnehmer dieses Betriebsteils an den Wahlen zum Betriebsrat des Hauptbetriebs aktiv und passiv teil; die Zuständigkeit des Betriebsrats des Hauptbetriebs erstreckt sich auch auf den Betriebsteil oder Nebenbetrieb. Wird andererseits ein Betriebsteil, der die Voraussetzungen des § 4 an sich nicht erfüllt, durch Tarifvertrag zum selbständigen Betrieb erklärt, so ist für diesen Betrieb gem. § 4 ein Betriebsrat nach Maßgabe der Vorschriften des BetrVG zu wählen (vgl. GK-*Kraft* § 3 Rz. 38; *F/A/K/H* § 3 Rz. 54; **a. A.** *D/R* § 3 Rz. 41).

V. Abweichende organisatorische Regelungen außerhalb des § 3

6   Ob die Voraussetzungen für die Zulässigkeit eines Tarifvertrages nach § 3 Abs. 1 Ziff. 1–3 vorliegen, haben die Tarifpartner zunächst in eigener Verantwortung zu prüfen, aber **auch die** für die Zustimmung zuständigen Arbeitsbehörden haben in dem nach § 3 **Abs. 2** durchzuführenden Verfahren diese Prüfung vorzunehmen. Zu den Einzelheiten dieses Verfahrens siehe unten Rz. 8 zu § 3.

7   Auch **außerhalb** der Bestimmungen des § 3 Abs. 1 finden sich einzelne Ermächti-

gungen für die Tarifpartner, organisatorische Fragen der Betriebsverfassung abweichend vom Gesetz zu regeln. So § 12 (Beschluß der Angestellten und Arbeitergruppen über eine abweichende Verteilung der Betriebsratssitze); § 14 Abs. 2 (Beschluß über die Durchführung einer gemeinsamen Wahl); § 38 Abs. 1 (abweichende Regelung der Freistellung von Betriebsratsmitgliedern); §§ 47 Abs. 4–6, 55 Abs. 4, 72 Abs. 4 (anderweitige Regelung der Zusammensetzung des Gesamtbetriebsrats, des Konzernbetriebsrates und der Gesamtjugendvertretung). In allen diesen Fällen ist eine anderweitige Regelung nicht nur durch Tarifvertrag, sondern ebenso durch Betriebsvereinbarung zulässig. Über die Zulässigkeit, die betriebliche Einigungsstelle im Wege des Tarifvertrages durch eine tarifliche Schlichtungsstelle zu ersetzen, vgl. § 76 Abs. 8 und Rz. 24–29 zu § 76.

VI. Das Zustimmungserfordernis des § 3 Abs. 2

Die vorstehend behandelten Fälle von Ermächtigungen für die Tarifpartner, Organisationsvorschriften zu vereinbaren, die von den gesetzlichen Vorschriften abweichen, bedeuten eine **Konkretisierung der in § 1 TVG normierten Zuständigkeit der Tarifvertragsparteien, betriebsverfassungsrechtliche Fragen zu regeln.** Sie beinhalten **zugleich** eine **Begrenzung dieser Zuständigkeit**, weil jedenfalls im Bereich der organisatorischen Fragen weitergehende Regelungskompetenzen auch aus § 1 TVG nicht hergeleitet werden können. Zugleich bedeuten die Ermächtigungen des § 3 Abs. 1 aber auch eine Erweiterung der Regelungskompetenzen gegenüber dem § 1 TVG. Tarifverträge regeln grundsätzlich Rechtsbeziehungen zwischen Arbeitgeber und Arbeitnehmern. In den Fällen des § 3 Abs. 1, aber wohl auch bei den Tatbeständen der §§ 47 Abs. 4, 55 Abs. 4 und 72 Abs. 1, geht es um die Organisation nur der Arbeitnehmervertretung, also des einen Partners. In diese Organisation kann aber grundsätzlich durch Tarifvertrag nicht eingegriffen werden (*Dietz* BetrVG 1952 § 20 Abs. 3 Rz. 33).
Die damit gekennzeichnete Bedeutung dieser Tarifvereinbarungen ist auch ein maßgeblicher Grund dafür, daß Vereinbarungen nach § 3 Abs. 1 gem. § 3 Abs. 2 der **Zustimmung durch die oberste Arbeitsbehörde des Landes bzw. des Bundesministers für Arbeit und Sozialordnung** bei Tarifverträgen, deren Geltungsbereich mehrere Länder berührt, bedürfen. Im übrigen soll durch die Zustimmung sichergestellt werden, daß von der Einheitlichkeit der Betriebsverfassung im Bundesgebiet nur dort abgewichen wird, wo dies aus Gründen der sachgemäßen Gestaltung der Arbeitnehmervertretung geboten ist. Deshalb haben die zuständigen Behörden in den Ländern – die Landesarbeitsminister bzw. die Senatoren – vor Erteilung der Zustimmung auch zu prüfen, ob die formellen und materiellen Voraussetzungen für die Zulässigkeit des Abschlusses eines Tarifvertrages vorliegen (vgl. Rz. 4–6 zu § 3).
Zu dieser Prüfung gehört auch die Klärung der Frage, ob die Befugnisse der Vertretungen, die nach § 3 Abs. 1 Ziff. 2 gewählt werden sollen, sich im Rahmen der gesetzlichen Befugnisse der Betriebsräte halten. Das Gesetz hat dem Zustimmungsverfahren, das jedenfalls für den Fall der Ziff. 2 auch nach dem BetrVG 1952 bereits vorgesehen war, das Erfordernis der **Anhörung der von der beabsichtigten Regelung Betroffenen oder an ihr Interessierten** neu hinzugefügt. Die Vorschrift ist insoweit dem Verfahren der Allgemeinverbindlichkeitserklärung von Tarifverträgen nach § 5 Abs. 2 TVG nachgebildet, wo dieses Verfahren jedoch nur

bei Verfahren vor dem Bundesministerium für Arbeit und Sozialordnung angewendet wird. Der Wortlaut von § 3 Abs. 2 deutet darauf hin, daß auch im Rahmen des Zustimmungsverfahrens nach § 3 Abs. 2 diese aufwendige Anhörung nur stattfinden soll, wenn die Zuständigkeit des Bundesministers für Arbeit und Sozialordnung gegeben ist (**a.A.** *D/R* § 3 Rz. 50 m.w.N.; GK-*Kraft* § 3 Rz. 33; *G/L* § 3 Rz. 29). Der Ausschußbericht (S. 36) spricht dagegen ganz allgemein von einem »förmlichen Anhörungsverfahren«. Es wäre sachdienlich und im Interesse der Verfahrensvereinfachung, wenn dieses formelle Anhörungsverfahren auf die über die Grenzen eines Bundeslandes hinausgehenden Tarifverträge beschränkt bliebe. Dies erscheint um so eher gerechtfertigt, als es sich nicht um die Ausdehnung des Anwendungsbereiches auf Außenseiter wie bei der Allgemeinverbindlichkeitserklärung handelt, sondern nur um die Zustimmung zu einem Vertrag, dessen Geltungsbereich auf die Betriebe beschränkt bleibt, bei denen die Arbeitgeber der vertragsschließenden Arbeitgebervereinigung angehören, wie sich aus § 3 Abs. 2 TVG ergibt. Soll der Tarifvertrag für allgemeinverbindlich erklärt werden, so ist ohnedies ein Verfahren nach § 5 TVG erforderlich.

9 Tarifverträge bedürfen der Zustimmung nach § 3 Abs. 2 nur »insoweit«, als sie Regelungen gem. § 3 Abs. 1 beinhalten. Tarifverträge, die Regelungen gem. §§ 12, 14 Abs. 2, 38 Abs. 1, 47 Abs. 1–6, 55 Abs. 4 und 76 Abs. 8 enthalten, bedürfen zu ihrer Wirksamkeit nicht der Zustimmung gem. § 3 Abs. 2.

VII. Inkrafttreten und Nachwirken des Tarifvertrages nach § 3

10 Besondere Vorschriften für das Inkrafttreten von Tarifverträgen mit organisatorischen Regelungen, die von den im Gesetz vorgeschriebenen abweichen, enthält das Gesetz nur für den Fall der Ziff. 2. In Fortsetzung des Rechts nach § 20 Abs. 3 BetrVG 1952 wird bestimmt, daß die nach Maßgabe von § 3 Abs. 1 Ziff. 2 gewählte Vertretung mit Inkrafttreten des Tarifvertrages den gesetzlichen Betriebsrat ersetzt. Sollte die erforderliche Zustimmung in diesem vom Tarifvertrag selbst bezeichneten Zeitpunkt noch nicht vorliegen, so tritt die Regelung erst mit der Erteilung der Zustimmung in Kraft, weil die Zustimmung Wirksamkeitsvoraussetzung ist (*G/L* § 3 Rz. 20). Auch Regelungen gem. Ziff. 1 und Ziff. 3 treten erst in Kraft, wenn der im Tarifvertrag bezeichnete Zeitpunkt eingetreten und die erforderliche behördliche Zustimmung erteilt ist (*D/R* § 3 Rz. 55; *F/A/K/H* § 3 Rz. 69, GK-*Kraft* § 3 Rz. 36). Andere zulässige Tarifverträge mit organisatorischen Regelungen bedürfen keiner behördlichen Zustimmung und bestimmen den Zeitpunkt ihres Inkrafttretens selbst.

11 Nach Beendigung eines Tarifvertrags mit organisatorischen Regelungen gilt folgendes:
Zusätzliche Vertretungen nach § 3 Abs. 1 Ziff. 1 bleiben wegen der Nachwirkung von Tarifnormen im Amt, bis ein neuer Tarifvertrag abgeschlossen wird oder die betrieblichen Partner sich von der Regelung lossagen.
Sondervertretungen nach § 3 Abs. 1 Ziff. 2 bleiben wegen der Nachwirkung des Tarifvertrages ebenfalls zunächst im Amt, bis entweder ein neuer Tarifvertrag mit behördlicher Zustimmung in Kraft tritt oder der Termin für die nächste Neuwahl eines nach den Vorschriften des Gesetzes zu bildenden Betriebsrats eintritt (im Ergebnis ebenso *Dietz* BetrVG 1952 § 20 Rz. 44; *Nikisch* III, 73; *Galperin/Siebert* § 20 BetrVG 1952 Rz. 36; *G/L* § 3 Rz. 20; **a.A.** *F/A/K/H* § 3 Rz. 40; *Hueck/*

Nipperdey II/2, 1223; *D/R* § 3 Rz. 36; GK-*Kraft* § 3 Rz. 30, die davon ausgehen, daß bei Beendigung des Tarifvertrages, ohne daß gleichzeitig ein neuer Tarifvertrag in Kraft tritt, die Rechtsgrundlage für eine tarifliche Betriebsvertretung entfällt, da es eine Nachwirkung betriebsverfassungsrechtlicher Normen nicht gebe).

VIII. Streitigkeiten

Die Erteilung und die Versagung der Zustimmung der oberen Verwaltungsbehörde stellt einen Verwaltungsakt dar (*F/A/K/H* § 3 Rz. 56ff.; *G/L* § 3 Rz. 30; GK-*Kraft* § 3 Rz. 35; a.A. *D/R* § 3 Rz. 56, die in der Zustimmung einen Teil des Rechtsetzungsverfahrens sehen). 12

Auch die **Erteilung** der arbeitsbehördlichen Zustimmung ist ein Verwaltungsakt. Hierfür spricht zunächst einmal, daß sie die Begriffsmerkmale eines Verwaltungsaktes gem. § 35 VwVfG erfüllt; eine hoheitliche Maßnahme einer Behörde auf dem Gebiet des öffentlichen Rechts (vgl. dazu auch vor § 1 Rz. 9ff.) liegt vor; diese Maßnahme wird zur Regelung eines Einzelfalles getroffen, nämlich zur Inkraftsetzung eines konkreten Tarifvertrages; darüber hinaus liegt die notwendige Außenwirkung (dazu *Knack* VwVfG § 35 Rz. 45) vor, denn die Zustimmung berührt sowohl (unmittelbar) die Tarifvertragsparteien als auch (mittelbar) die von dem Tarifvertrag betroffenen Arbeitnehmer und Arbeitgeber. Die Zustimmung bleibt mithin nicht im behördeninternen Bereich. 13

Gegen die Ansicht, die Erteilung der Zustimmung stelle einen Verwaltungsakt dar, spricht auch nicht die Tatsache, daß der gebilligte bzw. zu billigende Tarifvertrag normative Wirkung zeitigt. Nicht jede Maßnahme, die letztlich im Bereich der Normsetzung getroffen wird, ist bereits deshalb selbst ein Akt der Rechtsetzung. Die Zustimmung gem. § 3 Abs. 2 BetrVG steht vielmehr gerade außerhalb der Rechtsetzung. So ist sie nicht etwa mit der Zustimmung des Bundesrates zu einem Gesetz gem. Art. 77 Abs. 2 Satz 4 GG vergleichbar, die einen Rechtsetzungsakt darstellt, wobei der Bundesrat in diesem Zusammenhang als Organ der Rechtsetzung tätig wird (vgl. Art. 60, 77 Abs. 2 GG). Demgegenüber soll § 3 Abs. 2 BetrVG jedoch gerade gewährleisten, daß ein an der Rechtsetzung nicht beteiligtes staatliches Organ die Kontrolle darüber ausübt, daß die tarifvertraglichen Vereinbarungen nicht dem Grundsatz der Einheitlichkeit des Betriebsverfassungsrechts zuwiderlaufen (vgl. auch *G/L* § 3 Rz. 28). 14

Darüber hinaus gibt es auch in anderen Rechtsgebieten »autonome« Rechtsetzungsakte, die der Zustimmung staatlicher Behörden bedürfen und damit wirksam werden, ohne daß dadurch der Charakter der Zustimmung als Verwaltungsakt geändert würde: So stellt die aufsichtsbehördliche Genehmigung eines Bebauungsplanes gem. §§ 10, 11 BBauG – jedenfalls gegenüber der Gemeinde – einen Verwaltungsakt dar, ungeachtet der Tatsache, daß der Bebauungsplan selbst eine Satzung, also eine Rechtsnorm ist und die Genehmigung den Abschluß des Rechtsetzungsverfahrens darstellt. 15

Würde die Zustimmung nach § 3 Abs. 2 BetrVG als Rechtsetzungsakt qualifiziert, wären die Rechtsschutzmöglichkeiten der Tarifvertragsparteien eingeschränkt. 16

Für die Streitigkeiten über die Erteilung oder Versagung der Zustimmung ist der Verwaltungsrechtsweg gegeben (*D/R* § 4 Rz. 63; *F/A/K/H* § 3 Rz. 72; *G/L* § 3 Rz. 30; GK-*Kraft* § 3 Rz. 35; a.A. *Dütz* AuR 1973, 369; vgl. auch *D/R* § 37 Rz. 165). 17

§ 4   *1. Teil Allgemeine Vorschriften*

Klagebefugt i. S. d. § 42 Abs. 2 VwGO für eine Verpflichtungsklage sind die am Tarifabschluß unmittelbar beteiligten Verbände und Personen (so zutreffend *G/L* § 3 Rz. 30 am Ende; *D/R* § 3 Rz. 65); für eine etwaige Klagebefugnis der gem. Abs. 2 am Zustimmungsverfahren Beteiligten ist notwendig, daß diese geltend machen können, in eigenen Rechten verletzt zu sein (insoweit etwas ungenau *F/A/K/H* § 3 Rz. 73 am Ende). Eines Widerspruchsverfahrens bedarf es gem. § 68 Abs. 1 Nr. 1 VwGO nicht (*D/R* a. a. O. Rz. 65).
Soweit es nicht um die Anfechtung der behördlichen Entscheidung geht, entscheiden bei Streitigkeiten über die Zulässigkeit von tarifvertraglichen Regelungen die Arbeitsgerichte im Beschlußverfahren (GK-*Kraft* § 3 Rz. 42).
Ehe ein entsprechender Tarifvertrag besteht, ist eine Entscheidung, ob die Voraussetzungen des § 3 gegeben sind, unzulässig (*BAG* vom 4. 11. 1960 – 1 ABR 5/60 – AP Nr. 1 zu § 20 BetrVG 1952 m. Anm. *Neumann-Duesberg* = DB 1961, 71; GK-*Kraft* § 3 Rz. 43).

§ 4 Nebenbetriebe und Betriebsteile

Betriebsteile gelten als selbständige Betriebe, wenn sie die Voraussetzungen des § 1 erfüllen und
1. räumlich weit vom Hauptbetrieb entfernt
oder
2. durch Aufgabenbereich und Organisation eigenständig sind.
Soweit Nebenbetriebe die Voraussetzungen des § 1 nicht erfüllen, sind sie dem Hauptbetrieb zuzuordnen.

Literaturübersicht

Birk Die betriebsverfassungsrechtliche Zuordnung der Arbeitnehmer von Betriebsteilen, AuR 1978, 226 ff.; *Butz* Der Begriff »Betrieb« im Arbeits- und im Betriebsverfassungrecht, DB 1952, 250; *Dietz* Selbständigkeit des Betriebs und des Nebenbetriebs – betriebsverfassungsrechtlich und tarifrechtlich –, FS für *Nikisch*, 1958; *Endemann* Zur Frage der Eigenständigkeit von Betriebsmehrheiten und Betriebsabteilungen, AuR 1954, 75 ff.; *Gamillscheg* »Betrieb« und »Bargaining unit«, ZfA 1975, 357; *Görner* Die Zentralverwaltung eines Unternehmens – ein selbständiger Betrieb?, DB 1953, 510; *Gramm* Zum Begriff des Betriebes, AuR 1964, 293; *Grützner* Keine Betriebsratsfähigkeit von Betriebsteilen mit »kompetenzlosen Ansprechpartnern«, BB 1983, 200; *Konzen* Unternehmensaufspaltungen und Organisationsänderungen im Betriebsverfassungsrecht, 1986; *Kraft* Mehrere Unternehmen als Träger eines Betriebes i. S. des BetrVG, FS für *Hilger/Stumpf*, 1983, 395; *Kunze* Mitbestimmung in der Wirtschaft und Eigentumsordnung, RdA 1972, 257; *Löwisch* Einheitlicher Betrieb und Mehrheit von Unternehmen, RdA 1976, 35; *Neumann-Duesberg* Zum Betriebsbegriff des § 3 BetrVG, AuR 1967, 161 ff.; *Neumann* Die Abgrenzung von Betriebsrat und Personalrat am Beispiel der Betriebskrankenkassen, BB 1980, 1696; *Oehmann* Zum Begriff »Weite Entfernung« in § 3 BetrVG, DB 1964, 587; *Säcker/Joost* Betriebszugehörigkeit als Rechtsproblem im Betriebsverfassungs- und Mitbestimmungsrecht. Zur Unterscheidung von Betrieb und Unternehmen, 1980; *Schimana* Hauptbetriebe- Nebenbetriebe- Betriebsteile nach BetrVG, BB 1979, 892 ff.; *Wendeling-Schröder* Mehrere Unternehmen – ein Betrieb, NZA 1984, 247.

Nebenbetriebe und Betriebsteile **§ 4**

Inhaltsübersicht

	Rz.
I. Allgemeines	1– 3
II. Betrieb und Unternehmen	4–10
III. Betriebsteile	11
IV. Nebenbetrieb	12–14
V. Die Voraussetzungen der Selbständigkeit	15–17
VI. Streitigkeiten	18

I. Allgemeines

Die Vorschrift regelt die gesetzliche Zuordnung von Betriebsteilen und Nebenbetrieben und gibt eine Antwort auf die Frage, ob und unter welchen Voraussetzungen Betriebsteile und Nebenbetriebe als selbständige Betriebe anzusehen sind, in denen ein eigener Betriebsrat gebildet werden kann (*G/L* § 4 Rz. 1; *F/A/K/H* § 4 Rz. 1; *D/R* § 4 Rz. 1). **1**

Erst wenn die allgemeinen Voraussetzungen eines betriebsratsfähigen Betriebes i. S. d. § 1 vorliegen, sind die Voraussetzungen des § 4 zu prüfen (*G/L* § 4 Rz. 2; *D/R* § 4 Rz. 4; *F/A/K/H* § 4 Rz. 2). **2**

Liegen die Voraussetzungen des § 4 vor, können die Arbeitnehmer des Betriebsteils bzw. Nebenbetriebes einen eigenen Betriebsrat wählen. Gleichzeitig verlieren sie ihre Wahlberechtigung im Hauptbetrieb (*G/L* § 4 Rz. 3), und zwar unabhängig davon, ob sie von der Wahlmöglichkeit Gebrauch machen. Liegen die Voraussetzungen des § 4 nicht vor, gehören die Arbeitnehmer zur Belegschaft des Hauptbetriebes und sind dort wahlberechtigt (*G/L* § 4 Rz. 4; *F/A/K/H* § 4 Rz. 8). Die Gesetzesvorschrift des § 4 ist eng auszulegen (*BAG* vom 24. 2. 1976 – 1 ABR 62/75 – EzA § 4 BetrVG 1972 Nr. 1 = DB 1976, 1579; *LAG Hamburg* vom 1. 11. 1982 – 2 TaBV 8/82 – BB 1983, 1095; *G/L* § 4 Rz. 1; *Grützner* BB 1983, 200; **a. A.** *Birk* AuR 1978, 226; *Schimana* BB 1979, 892 ff.). Da der Betriebsrat das ihm anvertraute Gesamtinteresse der Arbeitnehmer um so nachhaltiger vertreten kann, je größer und einheitlicher er dem Arbeitgeber gegenübertritt, ist für die Entscheidung, ob ein selbständiger Betrieb i. S. d. § 4 vorliegt, mitentscheidend, wo die Entschließungen des Arbeitgebers, insbesondere im Mitbestimmungsraum, getroffen werden (*BAG* vom 23. 9. 1960 – 1 ABR 9/59 – AP Nr. 4 zu § 3 BetrVG 1952 m. Anm. *Küchenhoff* = DB 1960, 1426; *BAG* vom 1. 2. 1963 – 1 ABR 1/62 – AP Nr. 5 zu § 3 BetrVG 1952 m. Anm. *Neumann-Duesberg* = DB 1963, 662; *BAG* vom 5. 6. 1964 – 1 ABR 11/63 – AP Nr. 7 zu § 3 BetrVG 1952 m. Anm. *Wiedemann*; *BAG* vom 24. 2. 1976 – 1 ABR 62/75 – EzA § 4 BetrVG 1972 Nr. 1 = DB 1976, 1579; *LAG Hamburg* vom 1. 11. 1982 – 2 TaBV 8/82 – BB 1983, 1095; *LAG Frankfurt* vom 29. 5. 1953 – IV LBR 1/153 – BB 1953, 885; *LAG Berlin* vom 23. 2. 1972 – 10 BV 3/72 – AP Nr. 1 zu § 4 BetrVG 1972; *Grützner* BB.1983, 200; *GK-Kraft* § 4 Rz. 15). Die Regelung des § 4 darf nicht dazu führen, daß es zu einem unfruchtbaren Nebeneinander mehrerer in ihren Aufgabenbereichen sich überschneidender Betriebsräte und zu einer unerquicklichen, mit dem Wohle der Arbeitnehmer nicht mehr zu vereinbarenden Rivalität kommt (*BAG* vom 24. 2. 1976 – 1 ABR 62/75 – EzA § 4 BetrVG 1972 Nr. 1 = DB 1976, 1579). Splitterbetriebe können somit niemals einen Betriebsrat wählen (*LAG Düsseldorf* vom 29. 8. 1968 – 2 RvTA 4/68 – DB 1968, 1997).

II. Betrieb und Unternehmen

4 Das BetrVG enthält keine Definition des Betriebsbegriffs, sondern setzt den in der Rechtsprechung und Rechtslehre ausgebildeten allgemeinen Betriebsbegriff voraus. Danach ist unter Betrieb im Sinne des Arbeitsrechts zu verstehen »die organisatorische Einheit, innerhalb derer ein Arbeitgeber allein oder mit seinen Arbeitnehmern, mit Hilfe von technischen und immateriellen Mitteln bestimmte arbeitstechnische Zwecke fortgesetzt verfolgt, die sich nicht in der Befriedigung von Eigenbedarf erschöpfen« (*BAG* vom 13. 9. 1984 – 6 ABR 43/83 – EzA § 19 BetrVG 1972 Nr. 20 = DB 1985, 711; *BAG* vom 24. 2. 1976 – 1 ABR 62/75 – EzA § 4 BetrVG 1972 Nr. 1 = DB 1976, 1579; *BAG* vom 24. 9. 1968 – 1 ABR 4/68 – EzA § 1 BetrVG 1952 Nr. 1 = DB 1968, 1751; 1969, 89; *BAG* vom 23. 3. 1984 – 7 AZR 512/82 – EzA § 23 KSchG Nr. 7 = DB 1984, 1684, 1685; GK-*Kraft* § 4 Rz. 5; *D/R* § 1 Rz. 58; *F/A/K/H* § 1 Rz. 31; *v. Hoyningen-Huene* § 3 II/1; *Hueck/ Nipperdey* I, 93; *Nikisch* I, 124 ff.).

Das Unternehmen ist demgegenüber die organisatorische Einheit, mit der ein Unternehmer »entferntere wirtschaftliche oder ideelle Zwecke« verfolgt (GK-*Kraft* § 4 Rz. 6; *F/A/K/H* § 1 Rz. 34; vgl. auch oben § 1 Rz. 24). Trotz der begrifflichen Unterscheidung können Betrieb und Unternehmen identische oder auch teilidentische Einrichtungen sein.

Ein Unternehmen kann mehrere Betriebe umfassen (*BAG* vom 28. 9. 1971 – 1 ABR 4/71 – NJW 1972, 600; GK-*Kraft* § 4 Rz. 8; *D/R* § 1 Rz. 53; *F/A/K/H* § 1 Rz. 34). Rechtlich selbständige Unternehmen können sich auch zur rechtlich einheitlichen Führung eines gemeinsamen Betriebes zusammenschließen, da das unerheblich ist, wenn die unmittelbare Führung des Betriebs einem Gesellschafter übertragen wird (*BAG* vom 5. 12. 1975 – 1 ABR 8/74 – EzA § 47 BetrVG 1972 Nr. 1 = DB 1976, 588; *BAG* vom 17. 1. 1978 – 1 ABR 71/76 – EzA § 1 BetrVG 1972 Nr. 1 = DB 1978, 1133; *BAG* vom 25. 11. 1980 – 6 ABR 108/78 – EzA § 1 BetrVG 1972 Nr. 2 = DB 1981, 1047; *LAG Düsseldorf* vom 7. 5. 1986 – 15 TaBV – 12/86 – BB 1986, 1851; GK-*Kraft* § 4 Rz. 8 m. w. N.).

Voraussetzung dafür, daß zwei oder mehrere Unternehmen einen gemeinsamen Betrieb bilden, ist ein einheitlicher Leitungsapparat, der in der Lage ist, die Gesamtheit der für die Erreichung der arbeitstechnischen Zwecke eingesetzten personellen, technischen und immateriellen Mittel zu lenken. Ein einheitlicher Betrieb ist nicht nur dann anzunehmen, wenn die beteiligten Unternehmer ausdrücklich eine rechtliche Vereinbarung über die einheitliche Leitung des gemeinsamen Betriebs geschlossen haben (im Anschluß an die Entscheidung des *BAG* vom 25. 11. 1980 – 6 ABR 108/78 – EzA § 1 BetrVG 1972 Nr. 2 = DB 1981, 1047 und *BAG* vom 23. 9. 1982 – 6 ABR 42/81 – EzA § 1 BetrVG 1972 Nr. 3 = DB 1983, 1498), sondern auch dann, wenn sich eine solche Vereinbarung konkludent aus den näheren Umständen des Einzelfalles ergibt (im Anschluß an die Entscheidung des *BAG* vom 23. 3. 1984 – 7 AZR 515/82 – EzA § 23 KSchG Nr. 7 = DB 1984, 1684, 1685 und vom 13. 6. 1985 – 2 AZR 452/84 – EzA § 1 KschG 1969 Nr. 41 = DB 1986, 1287; *BAG* vom 7. 8. 1986 – 6 ABR 57/85 – EzA § 4 BetrVG 1972 Nr. 4 m. Anm. Gamillscheg = DB 1987, 176; *BAG* vom 29. 1. 1987 – 6 ABR 23/85 – EzA § 1 BetrVG 1972 Nr. 5 = DB 1987, 153; *BAG* vom 14. 9. 1988 – 1 ABR 10/87 – EzA § 1 BetrVG 1972 Nr. 7 = DB 1989, 127).

Der Schluß auf eine konkludente rechtliche Vereinbarung mehrerer Unternehmen zur Führung eines gemeinsamen Betriebes kann bereits dann gezogen werden, wenn die Arbeitgeberfunktion im Bereich der sozialen und personellen Angelegenheiten von einem Leitungsapparat der beteiligten Unternehmen wahrgenommen werden, nicht aber auch die unternehmerischen Funktionen im Bereich der wirtschaftlichen Angelegenheiten (*BAG* vom 29. 1. 1987 – 6 ABR 23/85 – EzA § 1 BetrVG 1972 Nr. 5 = DB 1987, 1539).

Da Betriebe und Unternehmen in der unterschiedlichsten Zwecksetzung, Organisation, in großer geographischer Entfernung und in abgegrenzten unterscheidbaren Einheiten geführt werden, können zur Beurteilung, ob jede der Einheiten einen Betrieb bildet, ob es sich um Nebenbetriebe oder Betriebsteile handelt und ob die Einheiten jeweils für sich selbst genommen betriebsratsfähig sind, Kriterien wie einheitliche Inhaber, einheitlicher arbeitstechnischer Zweck, einheitliche technische Leitung, räumliche Einheit sowie die Selbständigkeit der Entscheidung in mitbestimmungspflichtigen Angelegenheiten und die Einheit der Belegschaft herangezogen werden.

Die Identität des Inhabers kann auch dann gegeben sein, wenn sich zwei oder 5 mehrere Unternehmen rechtlich verbinden. Eine Vereinbarung über die gemeinsame Führung mehrerer rechtlich selbständiger Unternehmen als ein Betrieb muß mindestens eine BGB-Gesellschaft begründen. Der Mindestinhalt einer derartigen Vereinbarung muß sein, daß eine oder mehrere Personen bestimmt werden, die einheitlich und mit verbindlicher Außenwirkung die Arbeitgeberfunktion gegenüber allen Betriebsangehörigen wahrnehmen. Ein Organschafts- und Ergebnisabführungsvertrag zwischen zwei Unternehmen oder Betrieben, der lediglich konzernrechtliche interne Bindungen der Geschäftsführung eines Unternehmens/ Betriebes regelt, berührt nicht die betriebsverfassungsrechtliche Selbständigkeit des betreffenden Unternehmens/Betriebes (*LAG Schleswig-Holstein* vom 16. 8. 1984 – 2 Sa 33/84 – DB 1985, 47).

Die Verfolgung eines einheitlichen arbeitstechnischen Zweckes spricht für das 6 Vorliegen eines Betriebes. Es können jedoch in einem einheitlichen Betrieb auch mehrere arbeitstechnische Zwecke verfolgt werden (*BAG* vom 23. 3. 1984 – 7 AZR 412/82 – EzA § 23 KschG 1969 Nr. 7 = DB 1984, 1684, 1685; GK-*Kraft* § 4 Rz. 12; *Dietz* FS für *Nikisch* 1958, 28; *D/R* § 1 Rz. 60, 67; *F/A/K/H* § 1 Rz. 36; *G/ L* § 1 Rz. 9).

Ist die Hauptverwaltung eines Unternehmens nicht nur auf die Leitung einer einzelnen Produktionsstätte beschränkt, so sind für die Hauptverwaltung und die Produktionsstätten auch bei räumlicher Einheit getrennte Betriebsräte zu bilden, wenn in der Hauptverwaltung im wesentlichen planerische, unternehmensbezogene Entscheidungen getroffen werden und die Entscheidungen in personellen und sozialen Angelegenheiten im wesentlichen der Leitung der Produktionsstätten überlassen sind (*BAG* vom 23. 9. 1982 – 6 ABR 42/81 – EzA § 1 BetrVG 1972 Nr. 3 = DB 1983, 1498).

Zwei Unternehmen mit nicht identischer wirtschaftlicher Zielsetzung haben zumindest dann notwendig selbständige Betriebe, wenn der jeweilige arbeitstechnische Zweck dem jeweiligen Unternehmenszweck folgt und eine räumliche Trennung gegeben ist (*BAG* vom 17. 1. 1978 – 1 ABR 71/76 – EzA § 1 BetrVG 1972 Nr. 1 = DB 1978, 1133).

Die für einen einheitlichen Betrieb kennzeichnende organisatorische Einheit, die 7 für die einheitliche technische Leitung spricht, ist dann gegeben, wenn ein einheitlicher Verwaltungsapparat vorhanden ist, der die Gesamtheit der für die Wahrnehmung der arbeitstechnischen Zwecke gesetzten personellen, technischen und immateriellen Mittel lenkt (*LAG Düsseldorf* vom 7. 5. 1986 – 15 TaBV 12/86 – BB 1986, 1851; GK-*Kraft* § 4 Rz. 13 m. w. N.).

8 Die räumliche Einheit ist nur in eingeschränktem Umfang für die Beurteilung der Frage, ob ein einheitlicher Betrieb vorliegt, dienlich. Wie die räumliche Trennung von Betriebsteilen nicht automatisch dazu führt, das Vorliegen eines einheitlichen Betriebes zu verneinen, so können trotz räumlicher Nähe bei entsprechender organisatorischer Eigenständigkeit mehrere unterschiedliche Betriebe vorliegen (GK-*Kraft* § 4 Rz. 14).

9 Für eine organisatorische Einheit und damit für einen Betrieb spricht es, wenn die maßgeblichen Entscheidungen in den wichtigsten der Mitbestimmung unterliegenden Maßnahmen für einen Bereich einheitlich getroffen werden (*BAG* vom 23. 9. 1982 – 6 ABR 42/81 – EzA § 1 BetrVG 1972 Nr. 3 = DB 1983, 1498; *G/L* § 1 Rz. 7). Erforderlich ist demnach, daß die Arbeitgeberfunktion im Bereich der sozialen und personellen Angelegenheiten sowie die unternehmerischen Funktionen im Bereich der wirtschaftlichen Angelegenheiten von einem einheitlichen Leitungsapparat wahrgenommen werden (*BAG* vom 23. 3. 1984 – 7 AZR 412/82 – EzA § 23 KSchG Nr. 7 = DB 1984, 1684, 1685).

10 Ergeben die Umstände des Einzelfalls, daß der Kern der Arbeitgeberfunktionen im sozialen und personellen Bereich von derselben institutionellen Leitung ausgeübt wird, so führt dies regelmäßig auch zu dem Schluß, daß eine konkludente Führungsvereinbarung vorliegt (*BAG* vom 14. 9. 1988 – 1 ABR 10/87 – EzA § 1 BetrVG 1972 Nr. 7 = DB 1989, 127). Der einheitlichen Behandlung der personellen Angelegenheiten widerspricht es nicht, wenn Arbeitnehmer jeweils nur in einem Unternehmen einen Arbeitsvertrag haben und ihr Arbeitsverhältnis zunächst kündigen müssen, um ein neues Arbeitsverhältnis mit dem anderen Unternehmen eingehen zu können (*ArbG Elmshorn* vom 16. 1. 1975 – 2 BV 15/74 – DB 1975, 746).

III. Betriebsteile

11 Die Einheit der Belegschaft kann als eigenständiges Kriterium für das Vorliegen eines einheitlichen Betriebes nur eingeschränkt herangezogen werden, da die Einheit der Belegschaft durch die einheitliche Organisation, insbesondere in bezug auf die Leitung und auf die Entscheidungen in sozialen Angelegenheiten entsteht (*S/W* § 1 Rz. 7; GK-*Kraft* § 4 Rz. 16). Der Wechsel des arbeitstechnischen Zweckes hat, wenn die Organisation einschließlich der Belegschaft verbleibt, keinen Einfluß auf den Fortbestand des Betriebes. Das gleiche gilt für die Verlegung des Betriebes, soweit die Belegschaft im wesentlichen erhalten bleibt, ebenso wie der Wechsel der Person des Inhabers nichts an der Betriebsidentität ändert (GK-*Kraft* § 4 Rz. 19 m. w. N.).

Betriebsteile sind räumlich oder organisatorisch abgrenzbare unselbständige Teile eines Betriebes ohne selbständigen Betriebszweck und dienen dem Zweck des Gesamtbetriebes (*BAG* vom 23. 9. 1960 – 1 ABR 9/59 – AP Nr. 4 zu § 3 BetrVG 1952 m. Anm. *Küchenhoff* = DB 1960, 1426; *BAG* vom 24. 9. 1968 – 1 ABR 4/68 – EzA § 1 BetrVG 1952 Nr. 1 = DB 1968, 1751; 1969, 89; *D/R* § 4 Rz. 11 ff.; *G/L* § 4 Rz. 10; *F/A/K/H* § 4 Rz. 5; GK-*Kraft* § 4 Rz. 24).

Beispiele: Kartonagenabteilung einer Zigarettenfabrik, Reparaturwerkstätte eines Industriebetriebes, die Modellschreinerei einer Gießerei, die Werkzeugmacherei einer Maschinenfabrik, Reisebüro eines Warenhauses, Zweigstellen und Stadtfilialen großer Dienstleistungsunternehmen, Betriebskrankenkassen (*BAG* vom 24. 2. 1976 – 1 ABR 62/75 – EzA § 4 BetrVG 1972 Nr. 1 = DB 1976, 1579; *Gamillscheg* ZfA 1975, 367; *Neumann* BB 1980, 1696), Auslieferungslager mit einer Entfernung von 22 km, das in 25 Min. erreicht werden kann und in personellen und sozialen Angelegenheiten keine nennenswerten Entscheidungen trifft (*BAG* vom 17. 12. 1983 – 6 ABR 64/81 – AP Nr. 4 zu § 64 BetrVG 1972 = DB 1983, 2039).

IV. Nebenbetrieb

Der Nebenbetrieb weist alle Begriffsmerkmale eines selbständigen Betriebes auf. 12
Er verfolgt einen eigenen selbständigen arbeitstechnischen Zweck, auf den Hauptbetrieb ausgerichtet; der Nebenbetrieb hat trotz seiner Eigenschaft als organisatorisch selbständiger Betrieb eine Hilfsfunktion gegenüber dem Hauptbetrieb, indem er den Betriebszweck des Hauptbetriebes unterstützt (*BAG* vom 23. 9. 1960 – 1 ABR 9/59 – AP Nr. 4 zu § 3 BetrVG 1952 m. Anm. *Küchenhoff* = DB 1960, 1426; *BAG* vom 1. 12. 1963 – 1 ABR 1/62 – AP Nr. 5 zu § 3 BetrVG 1952 m. Anm. *Neumann-Duesberg* = DB 1963, 662; *BAG* vom 5. 6. 1964 – 1 ABR 11/63 – AP Nr. 7 zu § 3 BetrVG 1972 m. Anm. *Wiedemann*; *BAG* vom 5. 3. 1958 – 4 AZR 501/ 55 – AP Nr. 8 zu § 4 TVG Geltungsbereich m. Anm. *Hueck, G.*, = DB 1958, 1160; *BAG* vom 24. 2. 1976 – ABR 62/75 – EzA § 4 BetrVG 1972 Nr. 1 = DB 1976, 1579; *BAG* vom 29. 3. 1977 – 1 ABR 31/76 – AuR 1978, 254; *BAG* vom 17. 1. 1978 – 1 ABR 71/76 – EzA § 1 BetrVG 1972 Nr. 1 = DB 1978, 1133; *G/L* § 4 Rz. 5; *D/R* § 4 Rz. 6; *GK-Kraft* § 4 Rz. 22).
Im Gegensatz zu den Betriebsteilen, die nur ausnahmsweise unter den genannten 13
Voraussetzungen als selbständige Betriebe behandelt werden sollen, sind Nebenbetriebe wegen ihrer **eigenständigen Organisation** stets als selbständige Betriebe zu behandeln, es sei denn, daß sie nicht die Voraussetzungen der Betriebsratsfähigkeit nach § 1 erfüllen (vgl. *F/A/K/H* § 4 Rz. 16). In diesem Fall bilden die nichtbetriebsratsfähigen Kleinbetriebe und der betriebsratsfähige Betrieb einen Betrieb i. S. d. BetrVG (*BAG* vom 3. 12. 1985 – 1 ABR 29/84 – EzA § 4 BetrVG 1972 Nr. 4 = DB 1986, 1076).
Zweigbetriebe, die einer eigenständigen Zwecksetzung folgen und nicht nur eine 14
Hilfsfunktion ausüben, sind, wenn die übrigen Voraussetzungen vorliegen, keine Nebenbetriebe, sondern als Hauptbetriebe zu behandeln (*BAG* vom 21. 10. 1969 – 1 ABR 8/69 – AP Nr. 10 zu § 3 BetrVG 1952 m. Anm. *Neumann-Duesberg* = DB 1970, 249).

V. Die Voraussetzungen der Selbständigkeit

Die Voraussetzung für die Selbständigkeit nach § 4 Satz 1 ist entweder eine **räum-** 15
lich weite Entfernung vom Hauptbetrieb oder die Eigenständigkeit.
Räumlich weit von einem Hauptbetrieb entfernt ist ein Betriebsteil dann, wenn er 16
so weit vom Hauptbetrieb entfernt liegt, daß auch unter Berücksichtigung der modernen Verkehrsmöglichkeiten keine Betriebsgemeinschaft der Arbeitnehmer erwartet werden kann und der Betriebsrat des Hauptbetriebes aus Gründen der

§ 4 1. Teil Allgemeine Vorschriften

räumlichen Entfernung die Vertretung der in dem Betriebsteil beschäftigten Arbeitnehmer nicht mehr gewährleisten kann (*BAG* vom 23. 9. 1960 – 1 ABR 9/59 – AP Nr. 4 zu § 3 BetrVG 1952 = DB 1960, 1426; *BAG* vom 24. 9. 1968 – 1 ABR 4/68 – EzA § 1 BetrVG 1952 Nr. 1 = DB 1968, 1751, 1969, 89; *BAG* vom 5. 6. 1964 – 1 ABR 11/63 – AP Nr. 7 zu § 3 BetrVG 1972 m. Anm. *Wiedemann*; *LAG Hamburg* vom 1. 11. 1982 – 2 TaBV 8/82 – BB 1983, 1095; *BAG* vom 24. 2. 1976 – 1 ABR 62/75 – EzA § 4 BetrVG 1972 Nr. 1 = DB 1976, 1579; *D/R* § 4 Rz. 16, 17; *F/A/K/H* § 4 Rz. 12; *G/L* § 4 Rz. 14; GK-*Kraft* § 4 Rz. 30).

Dabei sind allein die tatsächlichen Lebensverhältnisse entscheidend (*F/A/K/H* § 4 Rz. 12), wobei es sich bei dem Begriff »räumlich weit vom Hauptbetrieb entfernt« um einen unbestimmten Rechtsbegriff handelt, der in der Rechtsbeschwerdeinstanz nur beschränkt nachprüfbar ist. Insoweit steht dem Tatsachengericht bei der Gesamtwertung der einschlägigen Tatsachen ein gewisser Beurteilungsspielraum zu (*BAG* vom 29. 3. 1977 – 1 ABR 31/76 – AuR 1978, 254).

Beispielsweise ist die weite Entfernung verneint worden bei zwei Betriebsstätten des gleichen Unternehmens, die etwa 20 km voneinander entfernt waren und bei denen täglich eine Fahrmöglichkeit mit werkseigenen Fahrzeugen bestand (vgl. hierzu die Beispiele bei GK-*Kraft* § 4 Rz. 33).

Ein einheitlicher Betrieb liegt auch bei zwei 17 km voneinander entfernt liegenden Niederlassungen vor, wenn sie unter einheitlicher Leitung stehen, und zwar selbst dann, wenn auf die Arbeitnehmer in den beiden Niederlassungen infolge deren Zugehörigkeit zu unterschiedlichen Tarifgebieten verschiedene Tarifverträge Anwendung finden (*LAG Hamm* vom 9. 12. 1977 – 3 TaBV 71/77 – EzA § 4 BetrVG 1972 Nr. 3 = DB 1978, 1282).

Beträgt die Entfernung einer Abteilung vom Hauptbetrieb aber mehr als 200 km, so kann ein einheitlicher Betrieb unter keinen Umständen mehr angenommen werden (*LAG München* vom 18. 5. 1953 – Beschlußbeschwerde I/1/53 – BB 1953, 797).

Ein Auslieferungslager, das 22 km vom Stammbetrieb entfernt ist und mit einem PKW in ca. 25 Minuten zu erreichen ist und in dem sowohl in personellen als auch in sozialen Angelegenheiten keine nennenswerten Entscheidungen zu treffen sind, ist nicht betriebsratsfähig (*BAG* vom 17. 2. 1983 – 6 ABR 64/81 – AP Nr. 4 zu § 64 BetrVG 1972 = DB 1983, 2039).

Bei optimalen Verkehrsbedingungen und optimalen Betreuungsmöglichkeiten durch den Betriebsrat des Hauptbetriebes ist eine Entfernung von 60 bis 65 km nicht als räumlich weit anzusehen (*BAG* vom 23. 9. 1960 – 1 ABR 9/59 – AP Nr. 4 zu § 3 BetrVG 1952 m. Anm. *Küchenhoff* = DB 1960, 1426).

Bei einer Entfernung von 60 km zwischen dem Hauptbetrieb und dem Betriebsteil und einer Mindestfahrzeit von einer Stunde kann ein selbständiger Betrieb i. S. d. § 4 anzunehmen sein (*LAG München* vom 21. 10. 1987 – 5 TaBV 9/87 – BB 1988, 1082).

Bei guten bis normalen Verkehrsbedingungen ist eine Entfernung von 40 bis 45 km nicht als räumlich weit anzusehen (*BAG* vom 24. 2. 1976 – 1 ABR 62/75 – EzA § 4 BetrVG 1972 Nr. 1 = DB 1976, 1579; *BAG* vom 29. 3. 1977 – 1 ABR 31/76 – AuR 1978, 254).

17 Die andere Alternative, bei deren Vorliegen ein Betriebsteil als selbständiger Betrieb gilt, die **Eigenständigkeit durch Aufgabenbereich und Organisation**, wird bei Betriebsteilen praktisch kaum vorliegen können, da der Betriebsteil gerade dadurch gekennzeichnet ist, daß er keinen eigenständigen Aufgabenbereich hat,

sondern Teilfunktionen des Hauptbetriebes erfüllt und diesem auch organisatorisch eingegliedert ist (GK-*Kraft* § 4 Rz. 34; *F/A/K/H* § 4 Rz. 5; *D/R* § 4 Rz. 11; *G/L* § 4 Rz. 16;; *Dietz* FS für *Nikisch* 1958, 25). Diese Alternative wird daher praktisch nur Anwendung finden, wenn in Wahrheit ein selbständiger Betrieb vorliegt, der irrtümlich als Betriebsabteilung bezeichnet wurde (*G/I*. § 4 Rz. 16; *Grützner* BB 1983, 200; weitergehend GK-*Kraft* § 4 Rz. 34, der auf die relative Eigenständigkeit abstellen will, vgl. hierzu *BAG* vom 1. 2. 1963 – 1 ABR 1/62 – AP Nr. 5 zu § 3 BetrVG 1952 = DB 1963, 662; *LAG Hamburg* vom 1. 11. 1982 – 2 TaBV 8/82 – BB 1983, 1095, 1096).

Wenn Betriebsteile nach § 4 Ziff. 2 durch Aufgabenbereich und Organisation selbständig sind, dann sind sie nach dieser Bestimmung auch dann selbständig, wenn sie räumlich nah beieinanderliegen. Wenn ein auswärtiger Betriebsteil etwas anderes herstellt als der Betriebsteil, der sich am Sitz der Unternehmensleitung befindet, so gilt er auch dann als selbständiger Betrieb, wenn er nur 1,5 km vom Hauptbetrieb entfernt ist (*ArbG Ludwigshafen* vom 16. 4. 1972 – 2 BV 1/72 L –).

Ein Betrieb mit einer eigenen, regional und bezirklich gegliederten Verkaufsorganisation hat einen Betriebsrat zu wählen. Die Untergliederungen der Verkaufsorganisation sind weder als Nebenbetriebe noch als Betriebsteile i. S. d. § 4 zu betrachten (*ArbG Hamburg* vom 17. 7. 1973 – 12 BV 8/73 –).

Ein Betriebsteil, der alle wesentlichen technischen und personellen Anweisungen vom Hauptbetrieb empfängt, ist nicht als durch Aufgabenbereich und Organisation eigenständig anzusehen, auch wenn in ihm über 600 Arbeitnehmer beschäftigt sind (*BAG* vom 29. 3. 1977 – 1 ABR 31/76 – AuR 1978, 254).

Betreibt ein Arbeitgeber in zwei 17 km voneinander entfernt liegenden Niederlassungen den Großhandel mit Eisen und Glas unter einer einheitlichen Leitung, die sich insbesondere auf personelle Angelegenheiten erstreckt, und werden bei Bedarf die Arbeitnehmer der einen Niederlassung auch in der anderen beschäftigt, so liegt ein einheitlicher Betrieb auch dann vor, wenn auf die Arbeitnehmer in den beiden Niederlassungen, infolge deren Zugehörigkeit zu unterschiedlichen Tarifgebieten, verschiedene Tarifverträge Anwendung finden (*LAG Hamm* vom 9. 12. 1977 – 3 TaBV 71/77 – EzA § 4 BetrVG 1972 Nr. 3 = DB 1978, 1282).

Eigenständigkeit und damit Betriebsratsfähigkeit liegt vor, wenn ein Betriebsteil einen eigenen Montageleiter besitzt, dort eine feste Stammbelegschaft tätig ist, ein Austausch von Arbeitnehmern mit den übrigen Teilen des Werkes selten ist und wenn ein im Betriebsteil tätiger Arbeitnehmer einige Stunden Fahrt aufwenden müßte, wenn er den Betriebsrat des Stammwerkes sprechen wollte (*ArbG Verden* vom 28. 4 1972 – BV 3/72 – ARSt. 1972, 142; *BAG* vom 5. 6. 1964 – 1 ABR 11/63 – AP Nr. 7 zu § 3 BetrVG 1952 m. Anm. *Wiedemann*).

Die Verkennung des Betriebsbegriffs führt regelmäßig nicht zur Nichtigkeit, sondern nur zur Anfechtbarkeit einer darauf fußenden Betriebsratswahl (*BAG* vom 17. 1. 1978 – 1 ABR 71/76 – EzA § 1 BetrVG 1972 Nr. 1 = DB 1978, 1133; *BAG* vom 13. 9. 1984 – 6 ABR 43/83 – EzA § 19 BetrVG 1972 Nr. 20 = DB 1985, 711).

Bildet ein betriebsratsfähiger Betrieb mit nicht betriebsratsfähigen Kleinbetrieben einen Betrieb im Sinne des BetrVG und wurde dies bei der Betriebsratswahl verkannt, übt der Betriebsrat seine Mitbestimmungsrechte auch in den Kleinbetrieben aus. Die Verkennung des Betriebsbegriffes macht auch insoweit die Betriebsratswahlen nur anfechtbar (*BAG* vom 3. 12. 1985 – 1 ABR 29/84 – EzA § 4 BetrVG 1972 Nr. 4 = DB 1986, 1076). Eine lange Jahre unter Verkennung des Betriebsbegriffs praktizierte Betriebsverfassung schafft für die Zukunft keinen

§ 4 1. Teil Allgemeine Vorschriften

Vertrauensschutztatbestand (*BAG* vom 17. 1. 1978 – 1 ABR 71/76 – EzA § 1 BetrVG 1972 Nr. 1 = DB 1978, 1133).
Ein Betriebsrat, der unter Verkennung des Betriebsbegriffs für alle Filialen einer Einzelhandelskette in der Bundesrepublik gewählt worden ist, bleibt bis zur nächsten Betriebsratswahl für die einzelnen – selbständigen – Filialen zuständig (*LAG Bremen* vom 31. 10. 1986 – 4 Sa 75/86 – BB 1987, 195).
Läßt der Arbeitgeber in entsprechender Anwendung des § 18 Abs. 2 BetrVG im Beschlußverfahren feststellen, ob durch die räumliche Zusammenlegung zweier bisher selbständiger Betriebe ein einheitlicher Betrieb im Sinne des BetrVG entstanden ist, sind die im Betrieb vertretenen Gewerkschaften nicht beteiligungsbefugt (*BAG* vom 25. 9. 1986 – 6 ABR 68/84 – EzA § 1 BetrVG 1972 Nr. 6 = DB 1987, 1202).
Haben zwei räumlich nur 20 km auseinanderliegende Betriebsstätten bisher getrennte Betriebsräte gewählt, ist aber, nach Meinung einer in beiden Betrieben vertretenen Gewerkschaft zukünftig die Wahl eines gemeinsamen Betriebsrats aus juristischen Gründen geboten, so muß auf einer gemeinsamen Betriebsversammlung beider Betriebsstätten ein Wahlvorstand gewählt werden. Diese Betriebsversammlung kann der Arbeitgeber jedenfalls dann nicht durch eine einstweilige Verfügung untersagen lassen, wenn es nicht ausgeschlossen erscheint, daß es sich bei beiden Betriebsstätten um einen einheitlichen Betrieb i. S. v. § 1 oder § 4 handelt (*LAG Bremen* vom 20. 3. 1987 – 2 TaBV 8/87 – DB 1987, 1539).
Für die Frage, ob und unter welchen Voraussetzungen mehrere Unternehmen einen einheitlichen Betrieb i. S. d. Kündigungsschutzgesetzes bilden, sind die für das BetrVG entwickelten Grundsätze in vollem Umfang anzuwenden (*BAG* vom 13. 6. 1985 – 2 AZR 452/84 – EzA § 1 KSchG Nr. 41 = DB 1986, 1287).
Werden von mehreren – in einem Gebäude untergebrachten – Unternehmen im Rahmen einer gemeinsamen Arbeitsorganisation unter einer einheitlichen Leitungsmacht arbeitstechnische Zwecke fortgesetzt verfolgt, so liegt in der Regel ein gemeinsamer Betrieb i. S. d. Kündigungsschutzgesetzes vor (*BAG* vom 23. 3. 1984 – 7 AZR 515/82 – EzA § 23 KSchG Nr. 7 = DB 1984, 1684; *BAG* vom 13. 6. 1985 – 2 AZR 452/84 – EzA § 1 KschG Nr. 41 = DB 1986, 1287).
Die Grundsätze für das Vorliegen eines gemeinsamen Betriebes gelten auch für die Kündigung von Mitgliedern der Betriebsverfassungsorgane wegen Stillegung des Betriebes oder einer Betriebsabteilung nach § 15 Abs. 4 und 5 KSchG.
Bilden die beteiligten Unternehmen zur einheitlichen Leitung des gemeinsamen Betriebes eine BGB-Gesellschaft, werden hierdurch die Unternehmen nicht Arbeitgeber aller in diesem Betrieb beschäftigten Arbeitnehmer (*BAG* vom 5. 3. 1987 – 2 AZR 623/85 – EzA § 15 KSchG 1969 Nr. 38 = DB 1987, 2362).
Bilden zwei selbständige Unternehmen einen Betrieb im Sinne des Kündigungsschutzgesetzes, bezieht sich die soziale Auswahl auf die Arbeitnehmer beider Unternehmen (*ArbG Oldenburg* vom 24. 4. 1987 – 2 Ca 2743/86 – BB 1987, 1671).
Die Darlegungs- und Beweislast für das Vorliegen eines von mehreren Unternehmen betriebenen gemeinsamen Betriebes i. S. v. § 23 Abs. 1 Satz 2 KSchG trägt der Arbeitnehmer (*BAG* vom 23. 3. 1984 – 7 AZR 412/82 – EzA § 1 KSchG 1969 Nr. 7 = DB 1984, 1684).

Arbeitnehmer § 5

VI. Streitigkeiten

Über Streitigkeiten hinsichtlich der Zuordnung eines Betriebsteils oder Nebenbetriebes entscheidet im Rahmen der Vorbereitung und Durchführung der Betriebsratswahlen das Arbeitsgericht im Beschlußverfahren eventuell gem. § 18 Abs. 2 BetrVG (siehe auch *BAG* vom 5. 6. 1964 – 1 ABR 11/63 – AP Nr. 7 zu § 3 BetrVG 1952 m. Anm. *Wiedemann*), eventuell im Wahlanfechtungsverfahren gem. § 19 BetrVG (*BAG* vom 1. 2. 1963 – 1 ABR 1/62 – AP Nr. 5 zu § 3 BetrVG 1952 m. Anm. *Neumann-Duesberg* = DB 1963, 662; *BAG* vom 21. 10. 1969 – 1 ABR 8/69 – AP Nr. 10 zu § 3 BetrVG 1952 m. Anm. *Neumann-Duesberg* = DB 1970, 249; vgl. dazu auch *F/A/K/H* § 4 Rz. 19, 20; *G/L* § 4 Rz. 19 f.; *D/R* § 4 Rz. 39). 18

§ 5 Arbeitnehmer

(1) Arbeitnehmer im Sinne dieses Gesetzes sind Arbeiter und Angestellte einschließlich der zu ihrer Berufsausbildung Beschäftigten.
(2) Als Arbeitnehmer im Sinne dieses Gesetzes gelten nicht
1. in Betrieben einer juristischen Person die Mitglieder des Organs, das zur gesetzlichen Vertretung der juristischen Person berufen ist;
2. die Gesellschafter einer offenen Handelsgesellschaft oder die Mitglieder einer anderen Personengesamtheit, soweit sie durch Gesetz, Satzung oder Gesellschaftsvertrag zur Vertretung der Personengesamtheit oder zur Geschäftsführung berufen sind, in deren Betrieben;
3. Personen, deren Beschäftigung nicht in erster Linie ihrem Erwerb dient, sondern vorwiegend durch Beweggründe karitativer oder religiöser Art bestimmt ist;
4. Personen, deren Beschäftigung nicht in erster Linie ihrem Erwerb dient und die vorwiegend zu ihrer Heilung, Wiedereingewöhnung, sittlichen Besserung oder Erziehung beschäftigt werden;
5. der Ehegatte, Verwandte und Verschwägerte ersten Grades, die in häuslicher Gemeinschaft mit dem Arbeitgeber leben.
(3) Dieses Gesetz findet, soweit in ihm nicht ausdrücklich etwas anderes bestimmt ist, keine Anwendung auf leitende Angestellte. Leitender Angestellter ist, wer nach Arbeitsvertrag und Stellung im Unternehmen oder im Betrieb
1. zur selbständigen Einstellung und Entlassung von im Betrieb oder in der Betriebsabteilung beschäftigten Arbeitnehmern berechtigt ist oder
2. Generalvollmacht oder Prokura hat und die Prokura auch im Verhältnis zum Arbeitgeber nicht unbedeutend ist oder
3. regelmäßig sonstige Aufgaben wahrnimmt, die für den Bestand und die Entwicklung des Unternehmens oder eines Betriebs von Bedeutung sind und deren Erfüllung besondere Erfahrungen und Kenntnisse voraussetzt, wenn er dabei entweder die Entscheidungen im wesentlichen frei von Weisungen trifft oder sie maßgeblich beeinflußt; dies kann auch bei Vorgaben insbesondere aufgrund von Rechtsvorschriften, Plänen oder Richtlinien sowie bei Zusammenarbeit mit anderen leitenden Angestellten gegeben sein.
(4) Leitender Angestellter nach Abs. 3 Nr. 3 ist im Zweifel, wer
1. aus Anlaß der letzten Wahl des Betriebsrats, des Sprecherausschusses oder

§ 5   1. Teil Allgemeine Vorschriften

von Aufsichtsratsmitgliedern der Arbeitnehmer oder durch rechtskräftige gerichtliche Entscheidung den leitenden Angestellten zugeordnet worden ist oder
2. einer Leitungsebene angehört, auf der in dem Unternehmen überwiegend leitende Angestellte vertreten sind, oder
3. ein regelmäßiges Jahresarbeitsentgelt erhält, das für leitende Angestellte in dem Unternehmen üblich ist, oder,
4. falls auch bei der Anwendung der Nummer 3 noch Zweifel bleiben, ein regelmäßiges Jahresarbeitsentgelt erhält, das das Dreifache der Bezugsgröße nach § 18 des Vierten Buches Sozialgesetzbuch überschreitet.

Literaturübersicht

1. Zum Arbeitnehmerbegriff
Becker Betriebsverfassungsrechtliche Aspekte beim drittbezogenen Personaleinsatz, AuR 1982, 369; *ders.* Die betriebsverfassungsrechtliche Stellung der Leiharbeitnehmer, BlStSoz ArbR 1972, 129; *Bitzer* Teilzeitarbeit und Betriebsverfassung, BUV 1972, 293; *Brill* Die Abgrenzung der Arbeiter und Angestellten, DB 1981, 316; *Goeke* Die verbliebenen Unterschiede zwischen Arbeitern und Angestellten, BB 1986, 1772; *Halbach* Betriebsverfassungsrechtliche Aspekte des Einsatzes von Leiharbeitnehmern, DB 1980, 2389; *Herschel* Neue Fragen zur arbeitnehmerähnlichen Person, AuR 1982, 336; *Hilger* Zum »Arbeitnehmer-Begriff«, RdA 1989, 1; *Hofmann, O.* Der Begiff der arbeitnehmerähnlichen Person, DB 1958, 1071; *Hueck, G.* Zur Tätigkeit des Kommanditisten im Dienste der KG, DB 1962, 1363; *Kindereit* Probleme des Leiharbeitsverhältnisses, RdA 1971, 207; *ders.* Probleme der Leiharbeitsverhältnisse, AuR 1971, 327; *ders.* Zur Arbeitsrechtlichen Stellung des GmbH-Geschäftsführers, ZfA 1985, 25; *Konzen* Arbeitsrechtliche Drittbeziehungen, ZfA 1982, 259; *Kraft* Fragen zur betriebsverfassungsrechtlichen Stellung von Leiharbeitnehmern, FS für Pleyer, 1986, 383; *Kraushaar* Ist der Unterschied zwischen Arbeitern und Angestellten noch verfassungsgemäß?, AuR 1981, 65; *Kröller* Betriebsratswahlen und das Wahlrecht Wehrpflichtiger, BB 1972, 228; *Lipke* Die Aufgliederung der Arbeitnehmerschaft in Arbeiter und Angestellte – eine kritische Betrachtung, DB 1983, 111; *ders.* Betriebsverfassungsrechtliche Probleme der Teilzeitarbeit, NZA 1990, 758; *Marburger* Die Neuregelung der gewerbsmäßigen Arbeitnehmerüberlassung, DB 1972, 2160; *Martens* Die leitenden Angestellten im Spannungsverhältnis von unternehmerischer Organisationsautonomie und Arbeitnehmerschutz, RdA 1988, 202; *Maurer* Das umstrittene Wahlrecht Wehrpflichtiger zum Betriebsrat, DB 1972, 975; *v. Maydell* Können Rote-Kreuz-Schwestern Bedienstete im Sinne des Personalvertretungsgesetzes sein?, AuR 1967, 202; *Mayer* Betriebsverfassungsrechtlicher Status von Auszubildenden bei subventionierten Ausbildungsverhältnissen, AuR 1986, 353 ff.; *Mayer-Maly* Erwerbsabsicht und Arbeitnehmerbegriff, 1965; *ders.* Das Leiharbeitsverhältnis, ZfA 1972, 1; *Müllner* Arbeitsrechtliche Aspekte der Telearbeit, Computer und Recht 1985, 33; *Neumann-Duesberg* Das vertragswidrige Doppelarbeitsverhältnis, DB 1971, 382; *Nikisch* Zur rechtlichen Stellung der Rote-Kreuz-Schwestern, zugleich ein Beitrag zur Lehre vom Leiharbeitsverhältnis, FS für *A. Hueck*, 1959, 1; *v. Olenhusen* Der Arbeitnehmerstatus einer Rundfunksprecherin, Film und Recht 1980, 516; *Rancke* Arbeitnehmerbegriff und sozio-ökonomischer Strukturwandel. Eine Analyse der Rechtsprechung des Bundesarbeitsgerichts, AuR 1979, 9; *Rosenfelder* Der arbeitsrechtliche Status des freien Mitarbeiters, Diss. 1981; *Savaète* Die Rechtsstellung der aufgrund von Gestellungsvertägen in Krankenanstalten tätigen Krankenschwestern, AuR 1959, 6; *Seiter/Kaemmerer/Röhrle* Teilarbeit, 1971; *Teitge* Die rechtliche Natur der Arbeitsverhältnisse von Fürsorgezöglingen, BABl. 1958, 67; *Trieschmann* Die Gestellungsverträge der Schwesternorganisationen, RdA 1955, 52; *Ulber* Rechtliche Grenzen des Einsatzes von betriebsfremden Arbeitnehmern und Mitbestimmungsrechte des Betriebsrats, AuR 1982, 54; *Wachter* Wesensmerkmale der ar-

beitnehmerähnlichen Personen, 1980; *Wank* Die Teilzeitbeschäftigung im Arbeitsrecht, RdA 1985, 1; *ders.* Die Teilzeitbeschäftigung im Arbeitsrecht, RdA 1984, 1 ff.; *Weltrich* Zur Abgrenzung von Franchise und Arbeitsvertrag, DB 1988, 806; *Zeuner* Zur Bestimmung des für die Rechte nach § 102 BetrVG zuständigen Betriebsrat bei aufgespalteter Arbeitgeberstellung im Konzern, FS für *Hilger/Stumpf*, 1983, 771; *ders.* RdA 1975, 88; *Zöllner* Betriebs- und unternehmensverfassungsrechtliche Fragen bei konzernrechtlichen Betriebsführungsvertägen, ZfA 1983, 93.

2. Zu leitenden Angestellten
Ahn Die Rechtsfigur des leitenden Angestellten im geltenden Arbeitsrecht, Diss. München, 1977; *Apel* Leitende und wissenschaftliche Angestellte in einer künftigen Rechtsordnung, BB 1970, 1145; *Bauschke* Zur Problematik des arbeitsrechtlichen Gleichbehandlungsgrundsatzes, RdA 1985, 72 ff.; *Becker-Schaffner* Der leitende Angestellte in der Rechtsprechung, BlStSozArbR 1979, 113; *Boldt* Die Rechtsstellung der leitenden Angestellten nach dem BetrVG 1972, Zur Abgrenzung der leitenden Angestellten nach § 5 Abs. 3 DB 1972 Beilage Nr. 5; *ders.* Sprecherausschüsse der leitenden Angestellten, Die AG 1974, 239; *Borgwardt* Leitende Angestellte und Betriebsverfassung, BB 1971, 1106; *ders.* Leitende Angestellte: Das Problem schwelt weiter, Gewerkschaftsreport 1981 Heft 4, 9; *Borgwardt/Steffens* Sprecherausschüsse leitender Angestellter – Ausgang, Absichten und Problematik, RdA 1973, 70; *Buchner* Das Gesetz zur Änderung des BetrVG über Sprecherausschüsse der leitenden Angestellten und zur Sicherung der Montan-Mitbestimmung, NZA Beilage Nr. 1/89, 2; *Bulla* Der Begriff des leitenden Angestellten im Rahmen der Betriebsverfassung, FS für *Herschel*, 1955, 121; *Clausen/Löhr/Schneider/Trümmer* AuR 1988, 293; *Dänzer-Vanotti* leitende Angestellte nach § 5 Abs. 3, 4 BetrVG n. F., NZA Beilage Nr. 1/89, 29; *Ebert* Zur Abgrenzung der leitenden Angestellten, BB 1975, 609; *Eichenhofer* »leitende Angestellte« – Ein unternehmensrechtlicher Begriff, ZfA 1981, 219; *Engels* Verfassungsmäßigkeit des § 5 Abs. 3 Nr. 3 BetrVG, DB 1982, 697; *Engels/Natter* BB 1989 Beilage Nr. 8, 1 ff.; *Fischer, A.* Die Abgrenzung der leitenden Angestellten nach § 5 Abs. 3 BetrVG, dargestellt am Betriebsleiter und Forscher in der chemischen Industrie, DB 1972, 437; *Frohner* Zum Begriff des leitenden Angestellten i. S. von § 5 Abs. 3 BetrVG 1972, BlStSozArbR 1978, 1; *Galperin* Die Stellung der leitenden Angestellten in der Rechtsordnung, RdA 1977, 65, 143, 228, 288; *Geitner* Zur Zulässigkeit der Gründung von Sprecherausschüssen für leitende Angestellte, DB 1973, 280; *Göge* Die verbliebenen Unterschiede zwischen Arbeitern und Angestellten, BB 1986, 1772 ff.; *Grüll* RdA 1972, 171; *Hagemeier* Die Abgrenzung der leitenden Angestellten nach § 5 Abs. 3 BetrVG nach der neuen Grundsatzentscheidung des *BAG* vom 29. Januar 1980, BlStSozArbR 1980, 289; *Hanau* Analogie und Restriktion im Betriebsverfassungsrecht, FS für *G. Müller*, 1981, 169; *ders.* Die Bedeutung des MitbestG 1976 für die Abgrenzung der leitenden Angestellten, BB 1980, 169; *ders.* Repräsentation des Arbeitgebers und der leitenden Angestellten durch den Betriebsrat?, RdA 1979, 324; *ders.* AuR 1988, 261; *Hermann* leitende Angestellte i. S. einer neuen Verfassung des Unternehmens, BB 1974, 934; *Herschel* leitende Angestellte und Betriebsverfassung, SozFort 1981, 105; *Hromadka* Das Recht der leitenden Angestellten im historisch-gesellschaftlichen Zusammenhang, 1979; *ders.* »Artprokuristen« entleitet, DB 1988, 2053; *ders.* Der Begriff der leitenden Angestellten, BB 1990, 57; *Hueck* Zum Begriff der leitenden Angestellten im Sinne des § 4 Abs. 2 Buchst. c BetrVG RdA 1953, 441; *Hueck* SAE 1977, 77; *Janert* Der leitende Angestellte in der Rechtsordnung, JArbR Bd. 12 (1974), 69; *Krämer* Zur Rechtsstellung der leitenden Angestellten im MitbestG und den Wahlordnungen, NJW 1977, 2142; *Kraft* Der Begriff des leitenden Angestellten in der Rechtsprechung des *BAG*, BlStSozArbR 1975, 225; *ders.* Der leitende Angestellte im Betriebsverfassungsrecht, Verschlungene Wege zur Abgrenzung, FS für *Mühl*, 1981, 389; *Matthießen* Arbeits- und handelsvertreterrechtliche Ansätze eines Franchisenehmerschutzes, ZIP 1988, 1089; *Martens* Die Gruppenabgrenzung der leitenden Angestellten nach dem MitbestG, 1979; *ders.* Der leitende Angestellte – und kein Ende?, NJW 1980, 2665; *ders.* Das Arbeitsrecht des leitenden Angestellten, 1982; *ders.* Die leitenden Angestellten im Spannungsfeld von unternehmerischer Organisationsautono-

§ 5 *1. Teil Allgemeine Vorschriften*

mie und Arbeitnehmerschutz, RdA 1988, 202 ff.; *Martens* Die Neuabgrenzung der leitenden Angestellten und die begrenzte Leistungsfähigkeit moderner Gesetzgebung, RdA 1989, 73 ff.; *Mayer-Maly* Gedanken zur Entwicklung der Abgrenzung der leitenden Angestellten, BB 1974, 1124; *Müller, G.* Zum Begriff des leitenden Angestellten, AuR 1985, 315 ff.; *ders.* Der leitende Angestellte des § 5 Abs. 3 Nr. 3 BetrVG 1972 in der bisherigen Rechtsprechung des *BAG*, RdA 1975, 63; *ders.* Fragen zu den Gruppen der leitenden Angestellten in § 5 Abs. 3 BetrVG, DB 1983, 1597, 1663; *ders.* **Zum Begriff des leitenden Angestellten, AuR 1985, 315**; *ders.* Zur Abgrenzung der leitenden Angestellten de lege ferenda, DB 1987, 1684; *ders.* Kritische Bemerkungen zur neuen Bestimmung des leitenden Angestellten, DB 1989, 824; *Müller, H.-P.* Der leitende Angestellte im System der Mitbestimmung, DB 1977 Beilage Nr. 11; *ders.* Zur Situation der leitenden Angestellten de lege ferenda, FS für *G. Müller*, 1981, 333; *ders.* Zur Präzisierung der Abgrenzung der leitenden Angestellten, DB 1988, 1697; *ders.* Zur Abgrenzung der leitenden Angestellten de lege ferenda, DB 1987, 1684; *Niedenhoff* leitende Angestellte. Das Dilemma des DGB, ArbGeb. 1973, 139; *Nozar* Die Abgrenzung der leitenden Angestellten im BetrVG und die Zulässigkeit von Sprecherausschüssen, Diss. Augsburg, 1974; *Ochsner* Abgrenzung der leitenden Angestellten, DB 1978, 2219; *Ohlgardt* Keine Berücksichtigung der leitenden Angestellten bei Bestimmung der Zahl der Betriebsratsmitglieder?, BB 1972, 1186; *Richardi* Die Neuabgrenzung der leitenden Angestellten nach § 5 Abs. 3, 4 BetrVG, NZA Beilage Nr. 1/90, 2 ff.; *Rüthers* Rechtsprobleme betrieblicher Sondervertretungen für leitende Angestellte, BB 1972, 1105; *ders.* Gibt es mehr leitende Angestellte? Neue Aspekte zum Abgrenzungsproblem durch das Mitbestimmungsgesetz, FS *BAG*, 1979, 455; *ders.* Rundfunk, Freiheit und Arbeitsrechtschutz, RdA 1985, 129 ff.; *Rüthers/Stindt* Der Kreis der leitenden Angestellten in der neuen Betriebsverfassung, BB 1972, 973; *Säcker* Die Rechtsstellung der leitenden Angestellten im kollektiven Arbeitsrecht, BB 1972, 1197; *ders.* Rechtliche Formen der Zusammenarbeit zwischen Arbeitgeber, Betriebsrat und Sprecherausschuß, FS *BAG*, 1979, 471; *Schäfer* Sprecherausschüsse der leitenden Angestellten – »Betriebsrat für feine Leute«?, BetrR 1980, 152; *Schirdewahn* Der leitende Angestellte in der Rechtsprechung des *BAG* zu § 5 Abs. 3 BetrVG; Begriff oder Typus?, ZfA 1979, 183; *Schneider, W.* Die Abgrenzungsproblematik im Spannungsverhältnis zwischen Betriebsrat und Sprecherausschuß, WSI-Mitt. 1980, 375; *ders.* Zur Begriffsabgrenzung der leitenden Angestellten, MitGespr. 1980, 263; *Scholz, U. R.* Der Betriebsrat – leitender Angestellter i. S. des § 5 Abs. 3 Nr. 3 BetrVG?, AuR 1979, 257; *Spinti* Leitender Angestellter und Sozialplan – neu entschieden –, DB 1986, 1571 ff.; *Steffens* Institution und Funktion der Sprecherausschüsse der leitenden Angestellten in Betrieb und Unternehmen, Diss. FU Berlin, 1973; *Steindroff* AuR 1988, 266; *Sophnius/Schirdewahn* Sind angestellte Betriebsärzte leitende Angestellte?, DB 1978, 2315; *Tenckhoff* Der Begriff »Personalverantwortung« im Zusammenhang mit der Abgrenzung des Kreises der leitenden Angestellten i. S. des § 5 Abs. 3 BetrVG, DB 1984, 2035; *ders.* leitende Angestellte: Neue Entscheidung des 6. Senats des *BAG*, NZA 1986, 458; *Weng* Der leitende Angestellte nach Änderung des BetrVG und Einführung von Sprecherausschüssen, DB 1989, 628; *Wiedemann* Die »arbeitgeberähnlichen« leitenden Angestellten im Betriebsverfassungsrecht, RdA 1972, 210; *Wiegand* Der leitende Angestellte als Arbeitnehmer, 1972; *Wiesner* Die leitenden Angestellten im Spannungsfeld zwischen Betriebs- und Unternehmensverfassung, BB 1982, 949; *Wißmann* Zum Begriff des leitenden Angestellten im Recht der Betriebsverfassung und der Unternehmensmitbestimmung, NJW 1978, 2071; *Witte/Bronner* Motive der Abgrenzung leitender Angestellter, DB 1974, 1863; *dies.* Die leitenden Angestellten – eine empirische Untersuchung, 1974; *Zöllner* Zur Abgrenzung der leitenden Angestellten i. S. des Betriebsverfassungsrechts, dargestellt am Beispiel der angestellten Wirtschaftsprüfer, Gedächtnisschrift für *R. Dietz*, 1973, 377; Leitsätze für die Abgrenzung der leitenden Angestellten in der chemischen Industrie, entwickelt vom Arbeitsring Chemie, RdA 1975, 117.

3. Zum Sprecherausschuß

Bauer SprAuG und leitende Angestellte, 1989; *ders.* Rechte und Pflichten der Sprecherausschüsse und ihrer Mitglieder, NZA Beilage Nr. 1/89, 20; *Becker/Schaffner* Zur Frage der

Zulässigkeit von Sprecherausschüssen der leitenden Angestellten, BlStSozArbR 1974, 151; *Borgwardt-Steffens* Sprecherausschüsse leitender Angestellter, RdA 1973, 70; *Engels/Natter* Die geänderte Betriebsverfassuung – Minderheitenschutz, Mitwirkung der Arbeitnehmer bei neuen Techniken, leitende Angestellte und ihre Sprecherausschüsse, BB 1989 Beilage Nr. 8; *Fischer* Sprecherausschüsse in der chemischen Industrie, DB 1973, 2141; *Föhr* BB 1975, 140; *ders.* Zur betrieblichen und überbetrieblichen Organisierung von leitenden Angestellten, BB 1975, 140; *Geitner* Zur Zulässigkeit der Gründung von Sprecherausschüssen für leitende Angestellte, DB 1973, 280; *Grentz* Die Stellung des Sprecherausschusses im Großunternehmen, dargestellt am Beispiel Daimler/Benz, NZA Beilage Nr. 1/90, 17 ff.; *Hanau* Der Entwurf eines »Gesetzes zur Verstärkung der Minderheitenrechte in den Betrieben und Verwaltungen«, RdA 1985, 291; *ders.* AuR 1988, 261 ff.; *Hromadka* Sprecherausschüsse für leitende Angestellte, DB 1986, 857 ff.; *ders.* DB 1986, 857 ff.; *Löwisch* Novellierung des Mitbestimmungsrechts, BB 1988, 1953. *ders.* Kommentar zum Sprecherausschußgesetz, Heidelberg 1989; *Martens* Zum Fortbestand freiwilliger Sprecherausschüsse ohne Ablösung durch einen gesetzlichen Sprecherausschuß, NZA 1989, 409; *ders.* RdA 1988, 202; *ders.* Die leitenden Angestellten im Spannungsfeld von unternehmerischer Organisationsautonomie und Arbeitnehmerschutz, RdA 1988, 202 ff.; *Müller, H.-P.* DB 1987, 1684 ff.; *ders.* Zur Abgrenzung der leitenden Angestellten de lege ferenda, DB 1987, 1684 ff.; *Nozar* Die Abgrenzung der leitenden Angestellten im BetrVG und die Zulässigkeit von Sprecherausschüssen, Diss. Augsburg, 1974; *ders.* Novellierung des Mitbestimmungsrechts, BB 1988, 1953 ff.; *Richardi* AuR 1986, 39 ff.; *Röder* Die Neuregelung der Betriebsverfassung, NZA Beilage Nr. 4/89, 2 ff.; *Rüthers* Rechtsprobleme betrieblicher Sondervertretungen für leitende Angestellte, BB 1972, 1105; *Säcker* Rechtliche Formen der Zusammenarbeit zwischen Arbeitgeber, Betriebsrat und Sprecherausschuß, FS *BAG*, 1979, 471; *Schäfer* Sprecherausschüsse der leitenden Angestellten – »Betriebsrat für feine Leute«?, DB 1980, 152; *Schneider, W.* Die Abgrenzungsproblematik im Spannungsverhältnis zwischen Betriebsrat und Sprecherausschuß, WSI-Mitt. 1980, 375; *Schneider/Weber* Die Wahlen zum Sprecherausschuß und zum Betriebsrat 1990. Planspiel für die betriebliche Praxis, NZA Beilage Nr. 1/90, 29 ff.; *Spieker* Institutionelle Vertretung leitender Angestellter durch Gesetz?, NZA 1985, 681 ff.; *Steindorff* Neubestimmung der leitenden Angestellten, 1987; *Tenckhoff* leitende Angestellte: Neue Entscheidung des 6. Senats des *BAG*, NJW 1986, 458; *Wlotzke* Die Änderungen des BetrVG und das Gesetz über Sprecherausschüsse der leitenden Angestellten I, DB 1989, 111 ff., II, DB 1989, 173 ff.

Inhaltsübersicht

		Rz.
I.	Allgemeines	1, 2
II.	Arbeitsverhältnisse	3– 18
III.	Ausnahmen vom Arbeitnehmerbegriff des BetrVG	19– 31
	1. Allgemeines	19
	2. Die Mitglieder des gesetzlichen Vertretungsorgans einer juristischen Person	20
	3. Die Gesellschafter und Geschäftsführer von Personengesamtheiten	21– 24
	4. Beschäftigung aus vorwiegend »karitativen« oder »religiösen« Motiven	25, 26
	5. Beschäftigung aus medizinischen, erzieherischen oder Wiedereingliederungszwecken	27
	6. Enge Verwandte des Arbeitgebers	28
	7. Sonderfälle	29– 31
IV.	Die leitenden Angestellten (§ 5 Abs. 3)	32–113
	1. Allgemeines	32– 39
	2. Die Definition des Begriffs des leitenden Angestellten	40

§ 5   1. Teil Allgemeine Vorschriften

	3.	Selbständige Einstellung und Entlassung von Arbeitnehmern (§ 5 Abs. 3 Satz 2 Nr. 1)	41– 45
	4.	Angestellte mit Generalvollmacht und Prokura (§ 5 Abs. 3 Satz 2 Nr. 2)	46– 51
	5.	Angestellte nach § 5 Abs. 3 Satz 2 Nr. 3	52–110
		a) Unternehmerische Teilaufgaben, die für den Bestand und die Entwicklung des Unternehmens von Bedeutung sind	55– 60
		b) Wesentliche weisungsfreie Entscheidungen	61– 67
		c) Der Interessengegensatz	68– 71
		d) Besondere Erfahrungen und Kenntnisse	72
		e) Regelmäßige Wahrnehmung von sonstigen Aufgaben, die für das Unternehmen von Bedeutung sind	73– 75
		f) Gesamtwürdigung zur Feststellung der Eigenschaft als leitender Angestellter	76, 77
		g) Beispiele zur Abgrenzung der leitenden Angestellten	78, 79
		aa) leitende Angestellte	78
		bb) Nichtleitende Angestellte	79
		h) Tätigkeitsbezogene Abgrenzungskriterien	80–110
		aa) Interessengegensatz	81– 84
		bb) Unternehmerische Nähe – Eigenverantwortlichkeit der Entscheidung	85–110
		α) Im Fertigungsbereich	85– 90
		β) Im Bereich des Vertriebs	91– 96
		γ) Bereich Planung/Organisation	97–101
		δ) Personalwesen	102–105
		ε) Finanz- und Rechnungswesen	106–110
	6.	Die Zuständigkeit zur Eingruppierung	111–113
V.	Die Auslegungsregeln des § 5 Abs. 4 BetrVG		114–137
	1.	Allgemeines und Rechtsnatur	114–120
	2.	Anknüpfung an frühere die Zuordnung (Nr. 1)	121–124
	3.	Anknüpfung an die Leistungsebene (Nr. 2)	125–127
	4.	Anknüpfung an die Gehaltsstruktur im Unternehmen (Nr. 3)	128–133
	5.	Gesamtwirtschaftliches Hilfskriterium (Nr. 4)	134–137
VI.	Sprecherausschüsse		138–179
	1.	Allgemeines	138–139
	2.	Die Rechtsnatur des Sprecherausschusses	140–142
	3.	Voraussetzungen für die Errichtung von Sprecherausschüssen	143–151
		a) Der Betriebssprecherausschuß	143, 144
		b) Der Unternehmenssprecherausschuß	145–149
		c) Der Gesamtsprecherausschuß	150
		d) Der Konzernsprecherausschuß	151
	4.	Wahl, Zahl der Sprecherausschußmitglieder, Geschäftsführung	152–158
	5.	Sprecherausschuß und Betriebsrat	159–165
	6.	Mitwirkung des Sprecherausschusses	166–179
		a) Mitwirkungsrechte in personellen Angelegenheiten	166–169
		b) Wirtschaftliche Angelegenheiten	170–172
		c) Beteiligung des Sprecherausschusses bei Abschluß von Betriebsvereinbarungen	173, 174
		d) Richtlinienkompetenz	175–177
		e) Unterstützungsrecht für die einzelnen leitenden Angestellten	178
		f) Überwachungsrecht des Sprecherausschusses	179
VII.	Streitigkeiten		180–182

I. Allgemeines

Die Vorschrift definiert i. V. m. § 6 den Kreis der Arbeitnehmer i. S. d. BetrVG, **1** die von dem Betriebsrat repräsentiert werden (GK-*Kraft* § 5 Rz. 4). Der Arbeitnehmerbegriff ist zwingend und kann weder durch Tarifvertrag noch durch Betriebsvereinbarung abbedungen werden (GK-*Kraft* § 5 Rz. 4).

Durch das am 1. 1. 1989 In Kraft getretene und von den Koalitionsfraktionen der **2** CDU/CSU und der FDP eingebrachte Artikelgesetz zur »Änderung des BetrVG über Sprecherausschüsse der leitenden Angestellten und zur Sicherung der Montan-Mitbestimmung« vom 20. 12. 1988, BGBl. I, 2312 wurde der Einleitungssatz des § 5 Abs. 3 BetrVG sowie § 5 Abs. 3 Nr. 3, der die überwiegende Zahl der leitenden Angestellten erfaßt, neu gefaßt. § 5 Abs. 3 Nr. 2 BetrVG ist hinsichtlich der Prokuristen ergänzt worden. Ferner ist dem § 5 Abs. 3 BetrVG ein neuer Abs. 4 hinzugefügt worden, der Auslegungsregeln für die Fälle enthält, in denen bei Auslegung und Anwendung des Grundtatbestandes des § 5 Abs. 3 Nr. 3 Zweifel bleiben. Die vom Gesetzgeber beabsichtigte Präzisierung des Begriffs des leitenden Angestellten war aufgrund vielfacher Auslegungsstreitigkeiten, die zum Teil noch durch umstrittene Entscheidungen der Rechtsprechung verstärkt worden waren, notwendig geworden. Zudem steht diese Präzisierung im engen Zusammenhang mit der gesetzlichen Regelung der Sprecherausschüsse. Da es künftig häufig zwei gesetzliche Arbeitnehmervertretungen in einem Betrieb geben wird, kommt der Frage, wer als Angestellter vom Betriebsrat und wer als leitender Angestellter vom Sprecherausschuß gegenüber dem Arbeitgeber vertreten wird, erhöhte Bedeutung zu.

II. Arbeitsverhältnisse

Arbeitnehmer sind nach den allgemeinen Grundsätzen des Arbeitsvertragsrechts **3** alle Personen, die sich aufgrund eines privatrechtlichen Vertrages gegenüber einem Dritten (Arbeitgeber) zur Leistung von Diensten in persönlich abhängiger Stellung gegen Entgelt verpflichten (*BAG* vom 28. 2. 1962 – 4 AZR 141/61 – AP Nr. 1 zu § 611 BGB Abhängigkeit; *BAG* vom 13. 12. 1962 – 2 AZR 128/62 – AP Nr. 3 zu § 611 BGB Abhängigkeit mit Anm. *Schnorr von Carolsfeld* = DB 1963, 345; *BAG* vom 8. 6. 1967 – 5 AZR 461/66 – AP Nr. 6 zu § 611 BGB Abhängigkeit mit Anm. *Schnorr von Carolsfeld* = DB 1967, 1095, 1374; *BAG* vom 3. 6. 1975 – 1 ABR 98/74 – EzA § 5 BetrVG 1972 Nr. 19 = DB 1975, 2380; *BAG* vom 3. 10. 1978 – 6 ABR 46/76 – EzA § 5 BetrVG 1972 Nr. 33 = DB 1979, 1186; *F/A/K/H* § 5 Rz. 2; *G/L* § 5 Rz. 4; GK-*Kraft* § 5 Rz. 9; *D/R* § 5 Rz. 5; vgl. auch *Beuthin* RdA 1978, 2, der das Merkmal der sozialen Schutzbedürftigkeit einführen will). Wer aufgrund eines anfechtbaren oder nichtigen Arbeitsverhältnisses beschäftigt wird, ist Arbeitnehmer aufgrund eines faktischen Arbeitsverhältnisses bis zur Geltendmachung der Nichtigkeit bzw. der wirksamen Anfechtung (*BAG* vom 15. 11. 1957 – 1 AZR 189/57 – AP Nr. 2 zu § 125 BGB; *BAG* vom 5. 12. 1957 – 1 AZR 594/56 – EzA § 123 BGB Nr. 1 = DB 1958, 227, 282; *D/R* § 5 Rz. 42 ff.; *F/A/K/H* § 5 Rz. 12; GK-*Kraft* § 5 Rz. 12). Die Arbeitnehmer**eigenschaft** im Sinne des BetrVG hat **positiv** zur Voraussetzung, daß ein Arbeitsvertrag hinsichtlich der Tätigkeit in dem Betrieb abgeschlossen wird, für den der Betriebsrat gebildet werden soll, und **negativ**, daß keiner der Tatbestände des § 5 Abs. 2 vorliegt, der die Arbeitnehmer-

§ 5   1. Teil Allgemeine Vorschriften

schaft i. S. d. BetrVG ausschließt (vgl. zur Vertragstheorie auch *F/A/K/H* § 5 Rz. 10). Auf Arbeitnehmer, die leitende Angestellte i. S. d. § 5 Abs. 3 sind, findet das Gesetz mit Ausnahme der §§ 105, 106 und 108 keine Anwendung (vgl. *F/A/K/H* § 5 Rz. 115 m. w. N.).

4   Zu den Arbeitnehmern gehören alle **Arbeiter und Angestellten** (zu den Begriffen vgl. § 6 Rz. 2 ff.) einschließlich der zur Berufsausbildung Beschäftigten.

5   Als betriebszugehörig gelten auch die Arbeitnehmer, die ihre Arbeit nicht im Betrieb selbst zu verrichten haben, wie **Monteure** oder **Handelsreisende**.

6   Arbeitnehmerinnen, die lediglich aus Gründen des Mutterschutzes zeitweise nicht im Betrieb arbeiten, gehören dennoch weiterhin zur Betriebsbelegschaft, solange sie nicht aus dem Arbeitsverhältnis ausgeschieden sind (*BAG* vom 19. 7. 1983 – 1 AZR 26/82 – DB 1983, 2634).

7   Auch die **nebenberuflich tätigen Arbeitnehmer**, wie etwa die Werkstudenten, und die regelmäßig beschäftigten Teilzeitarbeiternehmer, wie die Putzfrauen und Hausgehilfinnen, die Teilzeitleiharbeiter und die Teilzeitheimarbeiter, sind Arbeitnehmer i. S. d. Gesetzes (*G/L* § 5 Rz. 7; *GK-Kraft* § 5 Rz. 31, 32; *D/R* § 5 Rz. 25 ff.; *Zeuner* RdA 1975, 88; *Lipke* NZA 1990, 758, 759), es sei denn, es liegt lediglich eine Beschäftigung nur für einen Tag vor (*BAG* vom 27. 6. 1957 – 2 AZR 58/55 – AP Nr. 1 zu § 611 BGB Vertragsabschluß = DB 1957, 750). Allgemein scheidet die Arbeitnehmereigenschaft nur bei den Personen aus, die nur ganz gelegentlich mit geringfügigen und für den Betrieb unbedeutenden Arbeiten beschäftigt werden (*LAG Hamm* vom 11. 5. 1979 – 3 TaBV 9/79 – EzA § 6 BetrVG 1972 Nr. 2; *GK-Kraft* § 5 Rz. 33 m. w. N.; *Wank* RdA 1985, 1 ff.). Ansonsten ist für die Beurteilung, ob die Arbeitnehmereigenschaft gegeben ist, weder bedeutsam, daß die Tätigkeit berufsmäßig ausgeübt, noch daß sie in Teilzeit, in einem oder mehreren Betrieben erfolgt, noch daß die Tätigkeit nach § 8 SGB IV sozialversicherungsfrei ist (*GK-Kraft* § 5 Rz. 31 ff. m. w. N.).

8   Arbeitnehmer des Betriebes sind weiter auch die in **Heimarbeit** Beschäftigten, soweit sie in der Hauptsache nur für die in Frage stehenden Betriebe arbeiten (vgl. *BAG* vom 27. 9. 1974 – 1 ABR 90/73 – EzA § 6 BetrVG 1972 Nr. 1 = DB 1975, 936). Sie gelten gem. § 6 Abs. 1 Satz 2 und Abs. 2 Satz 2 als Angestellte und Arbeiter. Der Eingliederung der Arbeitnehmer in den Betrieb steht nicht entgegen, daß der Arbeitnehmer auch noch in einem anderen Betrieb – etwa jeweils halbtags – tätig ist (vgl. *BAG* vom 27. 9. 1974 – a. a. O.).

9   Arbeitnehmer, die aufgrund eines **Leiharbeitsverhältnisses** im Betrieb tätig sind, haben mit dem Betriebsinhaber keinen Arbeitsvertrag geschlossen, sondern mit dem Verleiher. Sie sind im Betrieb des **Entleihers** verpflichtet, nach dessen Weisungen tätig zu werden. Wird der Arbeitnehmer zum Zwecke der Ausleihe angestellt, so handelt es sich um ein **unechtes Leiharbeitsverhältnis**, während es sich um ein **echtes Leiharbeitsverhältnis** handelt, wenn die Arbeitnehmerüberlassung nicht gewerbsmäßig erfolgt (vgl. *D/R § 5 Rz. 75; GK-Kraft* § 5 Rz. 17). Die durch das Gesetz zur Bekämpfung der illegalen Beschäftigung vom 15. 12. 1981 (BGBl. I S. 1390) geschaffene betriebsverfassungsrechtliche Vorschrift des Art. 1 § 14 AÜG ist zwar unmittelbar anwendbar nur auf die gewerbsmäßige Arbeitnehmerüberlassung. Wegen der Vergleichbarkeit der Interessenlage findet diese Bestimmung aber auf die gesetzlich nicht geregelten Erscheinungsformen der nichtgewerbsmäßigen Arbeitnehmerüberlassung entsprechend Anwendung (*BAG* vom 18. 1. 1989 – 7 ABR 21/88 – DB 1989, 1419). Das *BAG* (vom 28. 9. 1988 – 1 ABR 85/87 – DB 1989, 434) hatte die Auffassung vertreten, daß Art. 1 § 14 Abs. 3 Satz 1 AÜG auf

Arbeitnehmer § 5

die nichtgewerbsmäßige Arbeitnehmerüberlassung entsprechend anwendbar ist. In Anknüpfung an diese Entscheidung geht das *BAG* nunmehr davon aus, daß auch die übrigen Regelungen des Art. 1 § 14 AÜG – mit Ausnahme der auf die gewerbsmäßige Arbeitnehmerüberlassung zugeschnittenen Regelungen in Art. 1 § 14 Abs. 3 Sätze 2 und 3 AÜG – auf die gesetzlich nicht geregelten Erscheinungsformen der nichtgewerbsmäßigen Arbeitnehmerüberlassung entsprechend angewandt werden können. **Ob ein Verleiher gewerbsmäßig oder nicht gewerbsmäßig handelt, ist für die betriebsverfassungsrechtliche Stellung eines Leiharbeitnehmers rechtlich unbeachtlich.** Auch bei einer nichtgewerbsmäßigen Überlassung wird der Leiharbeitnehmer vorübergehend in die Betriebsorganisation des Entleihers eingegliedert, und zwar unter Fortbestand seiner arbeitsvertraglichen Beziehungen zu dem Verleiher. **Wegen der Vergleichbarkeit der Interessenlage ist es daher geboten, die Vorschrift des Art. 1 § 14 AÜG – mit Ausnahme des Art. 1 § 14 Abs. 3 Sätze 2 und 3 AÜG – auch auf die gesetzlich nicht geregelten Erscheinungsformen der nichtgewerbsmäßigen Arbeitnehmerüberlassung anzuwenden.**

Das unechte Leiharbeitsverhältnis ist im Arbeitnehmerüberlassungsgesetz (AÜG) **10** geregelt. Gemäß AÜG ist für die zulässige Arbeitnehmerüberlassung Voraussetzung, daß der **Schwerpunkt des Arbeitsverhältnisses** beim Verleiher bleibt und dieser die üblichen Arbeitgeberpflichten und das Arbeitgeberrisiko übernimmt. Die Arbeitnehmerüberlassung ist **erlaubnispflichtig**.
Übernimmt der Verleiher weder die üblichen Arbeitgeberpflichten noch das Arbeitgeberrisiko oder übersteigt die Dauer der Überlassung 3 Monate, so wird vermutet, daß der Verleiher **Arbeitsvermittlung** betreibt (§ 1 Abs. 2 AÜG). Diese Arbeitsvermittlung verstößt gegen das Arbeitsvermittlungsmonopol der Bundesanstalt für Arbeit (§ 4 AFG).
Der Leiharbeitnehmer gehört zur **Belegschaft des Verleiherbetriebes** und ist dort wahlberechtigt und wählbar (§ 14 Abs. 1 AÜG; *BAG* vom 14. 5. 1974 – 1 ABR 40/73 – EzA § 99 BetrVG 1972 Nr. 6 = DB 1974, 1580, vor der Gesetzesänderung vom 15. 12. 1981; *D/R* § 5 Rz. 78; GK-*Kraft* Rz. 16; *F/A/K/H* § 5 Rz. 72).
Im Entleiherbetrieb sind die Arbeitnehmer weder wahlberechtigt noch wählbar (§ 14 Abs. 2 AÜG; *D/R* § 5 Rz. 79; *F/A/K/H* § 5 Rz. 72; GK-*Thiele* § 7 Rz. 6; **a. A.** vor der Änderung des AÜG vom 15. 12. 1981 GK-*Kraft* 2. Bearbeitung § 5 Rz. 14, die in der neuen Auflage aufgrund des eindeutigen Gesetzestextes des § 14 Abs. 2 AÜG aufgegeben wurde). Die Arbeitnehmer sind gem. § 14 Abs. 2 AÜG berechtigt, die Sprechstunden der Arbeitnehmervertretungen des Entleiherbetriebes aufzusuchen und an den Betriebs- und Jugendversammlungen dort teilzunehmen. Die Rechte der §§ 81, 82 Abs. 1 und §§ 84–86 stehen ihnen zu. Bei ihrer Übernahme in den Entleiherbetrieb gilt § 99 (GK-*Kraft* § 5 Rz. 16).
Greift **§ 10 Abs. 1 Satz 1 AÜG** ein, so gilt das Arbeitsverhältnis zwischen Leiharbeitnehmer und Entleiher als zustande gekommen, so daß der »Leiharbeitnehmer« zur Belegschaft des »Entleiherbetriebes« gehört (*D/R* § 5 Rz. 79; GK-*Kraft* § 5 Rz. 16).
Obwohl die Arbeitsvermittlung gegen das Arbeitsvermittlungsmonopol der Bundesanstalt für Arbeit verstößt, ist das Arbeitsverhältnis wirksam begründet (vgl. *D/R* § 5 Rz. 79).

Der Leiharbeitnehmer gehört im **echten Leiharbeitsverhältnis** ebenfalls nur zur **11** Belegschaft des Verleiherbetriebes. Er bleibt in seinem gesicherten Stammarbeitsverhältnis (ebenso *D/R* § 5 Rz. 81; GK-*Kraft* § 5 Rz. 17, der § 14 AÜG entsprechend anwenden will; *F/A/K/H* § 5 Rz. 70).

§ 5 1. Teil Allgemeine Vorschriften

Die Vermutung des § 1 Abs. 2 AÜG gilt für das echte Leiharbeitsverhältnis nicht, so daß die Zugehörigkeit des Leiharbeitnehmers zum Entleiherbetrieb im Einzelfall, zum Beispiel beim ständigen und dauernden Einsatz im fremden Betrieb, nachgewiesen werden muß (ebenso GK-*Kraft* § 5 Rz. 18, **anders** jedoch noch in der 2. Bearbeitung § 5 Rz. 14; **a. A.** *D/R* § 5 Rz. 81, die die zeitliche Grenze von 3 Monaten für die Zugehörigkeit zur Belegschaft des Entleiherbetriebes anwenden wollen).

12 Bei einem echten Leiharbeitsverhältnis mit einer vorübergehenden Beschäftigung im Entleiherbetrieb steht dem Arbeitnehmer im Entleiherbetrieb kein Wahlrecht zum Betriebsrat zu. Der Betriebsrat des Entleiherbetriebes ist gem. § 99 bei der Einstellung und Versetzung der Leiharbeitnehmer zu beteiligen (GK-*Kraft* § 5 Rz. 19). Da die Kündigung des echten Leiharbeitnehmers dem Verleiher zusteht, ist nur der Betriebsrat des Verleiherbetriebes nach § 102 BetrVG zu hören (GK-*Kraft* § 5 Rz. 20; a. M. *Zeuner* FS für *Hilger/Stumpf* 771, 774).
Die §§ 81 ff. mit Ausnahme der §§ 82 Abs. 2, 83 sind auch im Verhältnis zwischen Leiharbeitnehmer und Entleiher anwendbar (GK-*Kraft* § 5 Rz. 21).

13 Werden die Arbeitnehmer beim echten Leiharbeitsverhältnis von vorneherein nur auf Dauer in dem Betrieb des Entleihers eingesetzt, sind sie dem Entleiherbetrieb zuzuordnen mit der Folge, daß ihnen auch das aktive und passive Wahlrecht zum Betriebsrat zusteht (GK-*Kraft* § 5 Rz. 23; *Zeuner* FS für *Hilger/Stumpf*, 771, 776; *D/R* § 5 Rz. 81; *Zöllner* ZfA 1983, 93, 97).
Will der Verleiher die Kündigung des Arbeitsverhältnisses aussprechen, ist der Betriebsrat des Entleihers anzuhören.

14 Der mittelbare Arbeitnehmer, der sich gegenüber einer Zwischenperson, die ebenfalls Arbeitnehmer eines Dritten ist, verpflichtet hat, Arbeiten für diesen Dritten mit dessen Wissen und Willen zu leisten, gehört zur Belegschaft des Betriebes des Dritten, wenn er in dessen betriebliche Organisation eingegliedert ist und dessen Weisungsrecht unterliegt (*D/R* § 5 Rz. 83; GK-*Kraft* § 5 Rz. 26; *F/A/K/H* § 5 Rz. 67).

15 In der **Berufsausbildung** Beschäftigte sind Lehrlinge und Anlernlinge; aber auch Volontäre, die für ihre Tätigkeit kein Arbeitsentgelt erhalten, stehen – ebenso wie Praktikanten – in einem Berufsausbildungsverhältnis (GK-*Kraft* § 5 Rz. 10; *D/R* § 5 Rz. 34–36; *G/L* § 5 Rz. 13).
Auch Umschüler und Teilnehmer an berufsvorbereitenden Maßnahmen für jugendliche Arbeitslose, die in einem Betrieb ausgebildet werden, der von der Arbeitsverwaltung hierfür Förderungsmittel erhält, sind zu ihrer Berufsausbildung Beschäftigte. Der Begriff Berufsausbildung im Sinne des BetrVG ist inhaltlich weiter als der entsprechende Begriff des Berufsausbildungsgesetzes (*BAG* vom 10. 2. 1981 – 6 ABR 86/78 – EzA § 5 BetrVG 1972 Nr. 37 = DB 1981, 1935). Teilnehmer einer Ausbildung in einer Schule eines Unternehmens, die als private Berufs- und Ersatzschule landesrechtlich genehmigt ist, sind Auszubildende i. S. v. § 5 Abs. 1, wenn sie im Rahmen dieser Ausbildung eine praktische Unterweisung im Betrieb des Unternehmens erhalten (*BAG* vom 24. 9. 1981 – 6 ABR 7/81 – AP Nr. 26 zu § 5 BetrVG 1972 m. Anm. *Natzel* = DB 1982, 606; vgl. auch *D/R* § 5 Rz. 31 ff.).
Zur Berufsausbildung sind auch solche Jugendliche beschäftigt, die mit dem Träger eines überbetrieblichen Ausbildungszentrums einen Berufsausbildungsvertrag abgeschlossen haben und dort nicht zum Eigenbedarf ausgebildet werden (*BAG* vom 12. 6. 1986 – 6 ABR 8/83 – EzA § 5 BetrVG 1972 Nr. 44 = BB 1986, 2061;

a. A. *BVerwG* vom 23. 10. 1984 – 6 P 15.84 –; siehe auch den Gemeinsamen Senat der obersten Gerichtshöfe des Bundes vom 12. 3. 1987 – GmsOGB 6/86 – DB 1987, 1792 = BB 1987, 1812, wonach der Begriff »zu ihrer Berufsausbildung Beschäftigte in § 5 Abs. 1 BetrVG und in § 4 Abs. 1 BPersVG verschiedene Regelungsinhalte hat und daher vom *BAG* und *BVerwG* unterschiedlich ausgelegt werden kann«).

Heimarbeiter gelten gem. § 6 Abs. 1 Satz 2 und Abs. 2 Satz 2 ebenfalls als Angestellte bzw. Arbeiter. Sonstige, von den Heimarbeitern verschiedene, arbeitnehmerähnliche Personen sind keine Arbeitnehmer i. S. d. Gesetzes (*BAG* vom 26. 1. 1977 – 5 AZR 796/75 – EzA § 611 BGB Arbeitnehmerbegriff Nr. 8; *D/R* § 5 Rz. 61; *F/A/K/H* § 5 Rz. 22; *G/L* § 5 Rz. 14; GK-*Kraft* § 5 Rz. 35). Abgrenzungsschwierigkeiten können sich bei sogenannten »**freien Mitarbeitern**« ergeben. Trotz anderslautender Bezeichnung spricht vieles dafür, daß ein Arbeitsverhältnis vorliegt, wenn mit Mitarbeitern in gleicher Funktion üblicherweise ein Arbeitsverhältnis begründet wird (*BAG* vom 8. 6. 1967 – 5 AZR 461/66 – AP Nr. 6 § 611 BGB Abhängigkeit m. Anm. *Schnorr* = DB 1967, 1095, 1374; *BAG* vom 28. 6. 1973 – 5 AZR 19/73 – EzA § 611 BGB Nr. 13 = DB 1973, 1804; *BAG* vom 14. 2. 1974 – 5 AZR 298/73 – EzA § 611 BGB Nr. 16 m. Anm. *Gamillscheg* = DB 1974, 1487; *BAG* vom 3. 10. 1975 – 5 AZR 427/74 – EzA § 611 BGB Arbeitnehmerbegriff Nr. 2 = DB 1976, 299; *BAG* vom 3. 10. 1975 – 5 AZR 445/74 – EzA § 611 BGB Arbeitnehmerbegriff Nr. 3 = DB 1976, 392; *BAG* vom 8. 10. 1975 – 5 AZR 430/74 – EzA § 611 BGB Arbeitnehmerbegriff Nr. 4 m. Anm. *Lieb* = DB 1976, 298; *BAG* vom 2. 6. 1976 – 5 AZR 131/75 – EzA § 611 BGB Arbeitnehmerbegriff Nr. 6 = DB 1976, 2310; *D/R* § 5 Rz. 19).

Alle Personen, die im Rahmen eines **öffentlich-rechtlichen Dienstverhältnisses** tätig werden, sind keine Arbeitnehmer. Etwas anderes kann jedoch dann gelten, wenn eine Abordnung erfolgt und die Tätigkeit in einem Privatbetrieb durchgeführt wird (*BAG* vom 28. 4. 1964 – 1 ABR 1/64 – EzA § 4 BetrVG 1952 Nr. 1 = DB 1964, 1122, 1123; ebenso GK-*Kraft* § 5 Rz. 12; *D/R* § 5 Rz. 88). Weitere Beispiele finden sich bei *F/A/K/H* § 5 Rz. 24 ff.

Die Abgrenzung des Arbeitnehmers von den freien Mitarbeitern ist umstritten. In ständiger Rechtsprechung stellt das *BAG* auf die persönliche und nicht auf die wirtschaftliche Abhängigkeit ab (*BAG* vom 28. 2. 1962 – 4 AZR 141/61 – AP Nr. 1 zu § 611 BGB Abhängigkeit; *BAG* vom 8. 6. 1967 – 5 AZR 461/66 – AP Nr. 6 zu § 611 BGB Abhängigkeit – DB 1967, 1095, 1374; *BAG* vom 9. 3. 1977 – 5 AZR 110/76 – EzA § 611 BGB Arbeitnehmerbegriff Nr. 9 = DB 1977, 2459; *BAG* vom 21. 9. 1977 – 5 AZR 373/76 – AP Nr. 24 zu § 611 BGB Abhängigkeit – DB 1967, 1095, 1374; *BAG* vom 15. 3. 1978 – 5 AZR 819/76 – EzA § 611 BGB Arbeitnehmerbegriff Nr. 17 = DB 1978, 1035) und sieht als Indiz für die unselbständige Beschäftigung die Eingliederung in den Organisationsbereich eines Arbeitgebers an.

Für die Bewertung des Vertragsverhältnisses eines »freien Mitarbeiters« hat die zeitliche Freiheit des Dienstpflichtigen Übergewicht über die räumliche Bindung. Wer bei einem Steuerberater Steuererklärungen an selbstgewählten Tagen gegen Honorar erledigt, ist freier Mitarbeiter (*LAG Köln* vom 23. 3. 1988 – 7 Sa 1378/87 – DB 1988, 1403).

Franchise-Nehmer sind dann als Arbeitnehmer und nicht als selbständige Unternehmer anzusehen, wenn der zugrundeliegende Franchisevertrag rechtliche Bindungen enthält, die die Franchise-Nehmer von dem Franchise-Geber per-

§ 5   1. Teil Allgemeine Vorschriften

sönlich abhängig machen (*LAG Düsseldorf* vom 20. 10. 1987 – 16 TaBV 83/87 – DB 1988, 293).
Die ständigen Mitarbeiter von Rundfunk und Fernsehen sind Arbeitnehmer der Anstalten, wenn sie in die Arbeitsorganisation der Anstalt eingegliedert und deshalb persönlich abhängig sind. Für die Abgrenzung von Arbeitnehmern und »freien Mitarbeitern« gibt es insoweit kein Einzelmerkmal, das aus der Vielzahl möglicher Merkmale unverzichtbar vorliegen muß, damit man von persönlicher Abhängigkeit sprechen kann. Es ist deshalb aus Gründen der Praktikabilität und der Rechtssicherheit unvermeidbar, die selbständige Arbeit typologisch abzugrenzen. Kennzeichen der abhängigen und der unselbständigen Arbeit ist, daß der in die Arbeitsorganisation der Anstalt eingegliederte Mitarbeiter seine Arbeitskraft nicht nach selbstgesetzten Zielen und den Bedürfnissen des Marktes in eigener Verantwortung verwertet, sondern sie für die Verwirklichung der Rundfunk- und Fernsehprogramme der Anstalten einsetzt (*BAG* vom 23. 4. 1980 – 5 AZR 426/79 – DB 1980, 1996).
Ein Hörfunkkorrespondent, dem die regelmäßige Berichterstattung über politische, wirschaftliche und kulturelle Themen der Landespolitik aus einem abgegrenzten Bezirk übertragen ist und von dem die Rundfunkanstalt ständige Dienstbereitschaft erwartet, ist Arbeitnehmer (*BAG* vom 7. 5. 1980 – 5 AZR 293/78 – DB 1980, 1996).
Dozenten an Volkshochschulen mit einer Lehrverpflichtung von 8 Wochenstunden sind in der Regel freie Mitarbeiter, weil nur so die notwendige Flexibilität von Semester zu Semester zu sichern ist (*BAG* vom 26. 1. 1977 – 5 AZR 796/75 – EzA § 611 BGB Arbeitnehmerbegriff Nr. 8 = DB 1977, 1323).
Ein in der Behinderten-Fürsorge tätiger Psychologe, der innerhalb eines mit dem Träger der Sozialhilfe vereinbarten zeitlichen Rahmens von 18 Betreuungsstunden pro Woche Zeit und Ort seiner Tätigkeit frei bestimmen kann, ist freier Mitarbeiter und kein Arbeitnehmer (*BAG* vom 9. 9. 1981 – 5 AZR 477/79 – AP Nr. 38 zu § 611 BGB Abhängigkeit = DB 1981, 2500).
Sogenannte Abrufkräfte im Versand einer Zeitungsdruckerei, die vornehmlich mit dem Einlegen von Prospekten und Vordrucken beschäftigt sind, sind keine freien Mitarbeiter. Entscheidend ist jedoch, daß die Abrufkraft nicht nur für einen einzelnen oder für wenige Einsätze eingeplant war, sondern daß die Rechtsbeziehungen auf Dauer angelegt und entsprechend durchgeführt wurden (*LAG Düsseldorf* vom 19. 3. 1980 – 2 Sa 685/79 – DB 1980, 1222).

III. Ausnahmen vom Arbeitnehmerbegriff des BetrVG

1. Allgemeines

19   § 5 Abs. 2 enthält den Katalog der Personen, die aus dem Arbeitnehmerbegriff im Sinne des BetrVG ausgenommen sind, die also wegen ihrer Funktion als Unternehmer oder auch wegen der Eigenart ihrer Beschäftigungsverhältnisse oder wegen persönlicher verwandtschaftlicher Beziehung zum Arbeitgeber nicht als Arbeitnehmer im betriebsverfassungsrechtlichen Sinne anzusehen sind, wobei verschiedene Personengruppen zur Verdeutlichung genannt werden (ebenso *F/A/K/H* § 5 Rz. 102). Diese Personengruppen sind aber auch nicht bei der Feststellung der zahlenmäßigen Voraussetzungen für die Errichtung und Bildung von

Betriebsvertretungen in Anrechnung zu bringen. Sie sind weder aktiv noch passiv wahlberechtigt.

2. Die Mitglieder des gesetzlichen Vertretungsorgans einer juristischen Person

Nach § 5 Abs. 2 Ziff. 1 sind die Mitglieder des gesetzlichen Vertretungsorgans einer juristischen Person nicht Arbeitnehmer, z. B. bei Aktiengesellschaften die Miglieder des Vorstandes nach § 78 AktG; bei der KG auf Aktien gem. § 278 Abs. 2 AktG, §§ 125–127 HGB die persönlich haftenden Gesellschafter entsprechend dem Gesellschaftsvertrag, nicht jedoch die von dem Vertrag ausgenommenen Komplementäre (GK-*Kraft* § 5 Rz. 43; *F/A/K/H* § 5 Rz. 103; **a. A.** *D/R* § 5 Rz. 95); bei der GmbH die Geschäftsführer nach § 35 GmbHG; bei Versicherungsvereinen die Vorstandsmitglieder nach § 34 VAG; bei rechtsfähigen Vereinen die Vorstandsmitglieder nach § 26 BGB; bei Genossenschaften die Vorstandsmitglieder nach § 24 GenG; im Falle des Konkurses einer juristischen Person sind die Konkursverwalter gesetzliche Vertreter (§ 6 Abs. 2 KO; vgl. auch GK-*Kraft* § 5 Rz. 43; *D/R* § 5 Rz. 93 ff.). 20

3. Die Gesellschafter und Geschäftsführer von Personengesamtheiten

Ebenso gelten nicht als Arbeitnehmer die Vertreter oder Geschäftsführer von Personengesamtheiten (*F/A/K/H* § 5 Rz. 105). 21

Denkbar ist, daß andere Mitglieder einer Personengesamtheit aufgrund anderer Bestimmungen, insbesondere bei Vorliegen der Voraussetzungen der Ziff. 5, nicht als Arbeitnehmer gelten oder daß das Gesetz auf sie bei Vorliegen der Voraussetzungen des § 5 Abs. 3 wegen ihrer Stellung als leitende Angestellte keine Anwendung findet. 22

Im einzelnen können die Voraussetzungen zutreffen auf die Gesellschafter der OHG gem. §§ 125–127 HGB sowie bei der KG auf die Komplementäre gem. §§ 161 Abs. 2, 114, 125, 164, 170, soweit sie nicht von der Vertretung ausgeschlossen sind (*D/R* § 5 Rz. 103; *G/L* § 5 Rz. 19; GK-*Kraft* § 5 Rz. 44). Zur Abgrenzung zwischen Arbeits- und Gesellschaftsverhältnis siehe *LAG Bremen* vom 29. 3. 1957 – II Sa 5/57 – AP Nr. 1 zu § 611 BGB Arbeits- und Gesellschaftsverhältnis; *Kraft/ Konzen* Die Arbeiterselbstverwaltung im Spannungsverhältnis von Gesellschafts- und Arbeitsrecht 1988, 37 ff. Bei nichtrechtsfähigen Vereinen treffen die Voraussetzungen zu auf die Mitglieder des Vorstandes gem. § 54 BGB; desweiteren auf die Mitreeder einer Reederei (§§ 490 HGB), die BGB-Gesellschafter einer BGB-Gesellschaft (§§ 709, 710, 714, 715 BGB), soweit ihnen die Geschäftsführung zusteht. 23

Bei den nichtrechtsfähigen Vereinen sind nur die Mitglieder des Vorstandes, eventuell auch die Sondervertreter nach § 30 BGB, nicht als Arbeitnehmer anzusehen. 24

§ 5   1. Teil Allgemeine Vorschriften

4. Beschäftigung aus vorwiegend »karitativen« oder »religiösen« Motiven

25 Wie bisher sind Personen, deren Beschäftigung vorwiegend aus karitativen oder religiösen Motiven bestimmt ist, vom Arbeitnehmerbegriff des BetrVG ausgenommen. Dies ist unstreitig der Fall bei Angehörigen christlicher Orden, Ordensschwestern und Diakonissen (*BAG* vom 14. 2. 1978 – 1 AZR 280/77 – EzA Art. 9 GG Nr. 25 m. Anm. *Rüthers/Klosterkemper* = DB 1978, 892; *BAG* vom 25. 4. 1978 – 1 AZR 70/76 – EzA § 1 KSchG 1969, Tendenzbetrieb Nr. 4 m. Anm. *Dütz* = DB 1978, 2175; *BAG* vom 18. 2. 1956 – 2 AZR 294/54 – AP Nr. 1 zu § 5 ArbGG 1953 m. Anm. *Herschel* = DB 1957, 164 m. Anm. *Molitor*; *D/R* § 5 Rz. 114).

26 Streitig ist, ob die Krankenschwestern, die für Wohlfahrtsverbände tätig sind, als Arbeitnehmer anzusehen sind. Nach der Auffassung der Rechtsprechung fallen Krankenschwestern, die sich zu einem weltlichen Schwesternverband (Rote-Kreuz-Schwestern oder Schwestern der freien Wohlfahrtsverbände) mit Gesellschaftscharakter zusammengeschlossen haben, unter die Regelung des Abs. 2 Nr. 3 (*BAG* vom 5. 3. 1974 – 1 ABR 19/73 – EzA § 5 BetrVG 1972 Nr. 7 m. Anm. *Kraft* = DB 1974 826, 1239 m. Anm. *Janert*; *BAG* vom 3. 6. 1975 – 1 ABR 98/74 – EzA § 5 BetrVG 1972 Nr. 19 = DB 1975, 2380), und zwar selbst dann, wenn sie nicht in einem von der Schwesternschaft selbst getragenen, sondern aufgrund eines Gesellschaftsvertrages in einem von einem Dritten betriebenen Krankenhaus tätig sind (*BAG* vom 20. 2. 1986 – 6 ABR 5/85 – EzA § 5 BetrVG 1972 Nr. 45 = DB 1986, 1523; *Mayer-Maly* Erwerbsabsicht und Arbeitnehmerbegriff, 16; *Hueck/Nipperdey* I, 55; *Nikisch* FS für *Hueck*, 1, 7 ff.). Die Gegenmeinung geht zu Recht davon aus, daß die in sozialen Berufen tätigen Krankenschwestern eine Erwerbstätigkeit ausüben und deshalb als Arbeitnehmer anzusehen sind, da die karitative Tendenz der Schwesternorganisation nicht der Arbeitnehmereigenschaft entgegensteht (GK-*Kraft* § 5 Rz. 45 m. w. N.; *D/R* § 5 Rz. 115; *F/A/K/H* § 5 Rz. 108; *G/L* § 5 Rz. 20).

5. Beschäftigung aus medizinischen, erzieherischen oder Wiedereingliederungszwecken

27 Aus dem Arbeitnehmerbegriff sind ausgenommen Personen, deren Beschäftigung aus medizinischen Gründen (Beschäftigungstherapie) oder erzieherischen Gründen (Fürsorgezöglinge) erfolgt (*BAG* vom 3. 10. 1978 – 6 ABR 46/76 – EzA § 5 BetrVG 1972 Nr. 33 = DB 1979, 1186), es sei denn, diese Personen hätten freiwillig ein Arbeitsverhältnis abgeschlossen (GK-Kraft § 5 Rz. 46; *D/R* § 5 Rz. 116; *F/A/K/H* § 5 Rz. 110).

Nach § 5 Abs. 2 Nr. 4 BetrVG gelten Personen, deren Beschäftigung nicht in erster Linie ihrem Erwerb dient und die vorwiegend zu ihrer Heilung, Wiedereingewöhnung, sittlichen Besserung oder Erziehung beschäftigt werden, nicht als Arbeitnehmer i. S. d. BetrVG. Dabei müssen, wie der Gesetzgeber (»und«) zeigt, beide Voraussetzungen vorliegen, damit die Rechtsfolge dieser Bestimmung ausgelöst wird. Aus den in § 5 Abs. 2 Nr. 4 BetrVG genannten Zielsetzungen ergibt sich, daß diese Vorschrift Personen erfassen will, bei denen die Beschäftigung vorrangig als Mittel zur Behebung physischer, psychischer oder sonstiger in der Person des Beschäftigten liegender Mängel eingesetzt wird. **Die Beschäftigung muß vorwiegend der Rehabilitation oder Resozialisierung dienen.** Dies gilt nicht nur für die Ziele der Heilung, sittlichen Besserung oder Erziehung, sondern auch für das Ziel der Wiedereingewöhnung. Es geht hierbei um die Wiederherstellung eines normalen Verhältnisses dieser Person zum allgemeinen Erwerbsleben. Die Wiedereingewöhnung ist darauf gerichtet, Personen, die jedweder geregelten Arbeit entwöhnt sind oder sich nie an solche Arbeit gewöhnt haben, an geregelte Arbeit heranzuführen. Davon zu unterscheiden ist die Beschäftigung, durch die in erster Linie berufliche Kenntnisse und Fertigkeiten vermittelt werden sollen. Zu diesem Zweck Beschäftigte sind nach § 5 Abs. 1 BetrVG Arbeitnehmer im betriebsverfassungsrechtlichen Sinne, während Personen, die vorwiegend aus arbeitstherapeutischen Gründen beschäftigt werden, wie etwa Arbeitsscheue, Nichtseßhafte, Landstreicher gem. § 5 Abs. 2 Nr. 4 BetrVG, nicht als solche gelten (*BAG* vom 25. 10. 1989 – 7 ABR 1/88 – DB 1990, 1192).

6. Enge Verwandte des Arbeitgebers

Von den Arbeitnehmern i. S. d. Gesetzes sind schließlich ausgenommen bestimmte enge Verwandte oder Verschwägerte ersten Grades des Arbeitgebers sowie nach ausdrücklicher Gesetzesvorschrift der Ehegatte des Arbeitgebers. Verwandte und Verschwägerte ersten Grades sind Eltern und Kinder, Schwiegereltern und Schwiegerkinder, Stiefeltern und Stiefkinder. Voraussetzung für die Ausnahmestellung ist jeweils, daß der Betreffende mit dem Arbeitgeber in häuslicher Gemeinschaft lebt (*D/R* § 5 Rz. 118, 119; *G/L* § 5 Rz. 22; GK-*Kraft* § 5 Rz. 47). Bei häuslicher Gemeinschaft im Rahmen eines eheähnlichen Rechtsverhältnisses wird die Arbeitnehmereigenschaft nicht ausgeschlossen (*ArbG Köln* vom 9. 6. 1976 – BBV 3/76 – DB 1976, 2068). 28

Die Verwandten und der Ehegatte von Organmitgliedern juristischer Personen unterfallen ebenfalls nicht der Regelung des § 5 Abs. 2 Nr. 5 (GK-*Kraft* § 5 Rz. 48).

7. Sonderfälle

Strafgefangene sind nicht Arbeitnehmer i. S. d. § 5, wenn sie kraft eines öffentlich-rechtlichen Zwanges in einem Privatbetrieb beschäftigt werden (vgl. *BAG* vom 24. 4. 1969 – 5 AZR 438/68 – AP Nr. 18 zu § 5 ArbGG 1953 m. Anm. *Hueck, G.* = DB 1969, 1514; *BAG* vom 3. 10. 1978 – 6 ABR 46/76 – EzA § 5 BetrVG 1972 Nr. 33 = DB 1979, 1186). 29

Zivildienstleistende stehen grundsätzlich ebenfalls in einem öffentlich-rechtlichen Beschäftigungsverhältnis mit der Folge, daß sie nicht unter den Arbeitnehmerbegriff des § 5 fallen. Zu den Ausnahmen vgl. *D/R* § 5 Rz. 58; *F/A/K/H* § 5 Rz. 100. Auch Entwicklungshelfer sind keine Arbeitnehmer (*BAG* vom 24. 7. 1977 – 5 AZR 129/76 – AP Nr. 1 zu § 611 BGB Entwicklungshilfe; *D/R* § 5 Rz. 59; GK-*Kraft* § 5 Rz. 38). 30

Ebenfalls keine Arbeitnehmer sind Personen, die im Rahmen des freiwilligen sozialen Jahres beschäftigt werden (*D/R* § 5 Rz. 60; GK-*Kraft* § 5 Rz. 38).

Ausgenommen von dem Arbeitnehmerbegriff sind die Beamten, es sei denn, sie werden in einen Privatbetrieb abgeordnet und dort als Angestellte beschäftigt (*BAG* vom 23. 9. 1982 – 6 ABR 42/81 – EzA § 1 BetrVG 1972 Nr. 3 = DB 1983, 1498; *D/R* § 5 Rz. 54; *F/A/K/H* § 5 Rz. 100; GK-*Kraft* § 5 Rz. 36). 31

§ 5   1. Teil Allgemeine Vorschriften

IV. Die leitenden Angestellten (§ 5 Abs. 3)

1. Allgemeines

32   Durch das am 1.1. 1989 in Kraft getretene Gesetz zur Änderung des BetrVG über Sprecherausschüsse der leitenden Angestellten und zur Sicherung der Montan-Mitbestimmung ist der Wortlaut des bisher geltenden § 5 Abs. 3
»Dieses Gesetz findet, soweit in ihm nicht ausdrücklich etwas anderes bestimmt ist, keine Anwendung auf leitende Angestellte, wenn sie nach Dienststellung und Dienstvertrag
1. zur selbständigen Einstellung und Entlassung von im Betrieb oder in der Betriebsabteilung beschäftigten Arbeitnehmern berechtigt sind oder
2. Generalvollmacht oder Prokura haben oder
3. im wesentlichen eigenverantwortlich Aufgaben wahrnehmen, die ihnen regelmäßig wegen deren Bedeutung für den Bestand und die Entwicklung des Betriebs im Hinblick auf besondere Erfahrungen und Kenntnisse übertragen werden«
in § 5 Abs. 3 und 4 neu formuliert worden. Mit dieser Regelung soll die Zuordnung der leitenden Angestellten neu geregelt und der Begriff des leitenden Angestellten näher präzisiert werden (*Buchner* NZA Beilage Nr. 1/89, 2, 6).

33   Der Einleitungssatz des § 5 Abs. 3 bestimmt insoweit unverändert, daß das BetrVG auf die leitenden Angestellten auch künftig keine Anwendung findet, soweit das Gesetz sie nicht ausdrücklich einbezieht (§§ 105, 107 Abs. 1 Satz 2, 108 Abs. 2 Satz 2).
Die leitenden Angestellten gehören jedoch weiter zu den »im Betrieb tätigen Personen« i. S. d. § 75 Abs. 1. Im Rahmen der Mitbestimmung des Betriebsrats nach § 87 Abs. 1 Nr. 8 (wenn eine Sozialeinrichtung auch für leitende Angestellte eingerichtet ist) und nach § 87 Abs. 1 Nr. 9 (Werkmietwohnungen) müssen auch ihre Belange berücksichtigt werden (*BAG* vom 30. 4. 1974 – 1 ABR 36/73 – EzA § 87 BetrVG 1972 Werkwohnung Nr. 3 = DB 1974, 1627).

34   Der zusätzlich außerhalb des BetrVG in einem gesonderten Gesetz eingeführte Sprecherausschuß (vgl. unten Rz. 174 ff.) stellt darüber hinaus klar, daß die leitenden Angestellten nicht vom Betriebsrat vertreten werden.

35   Durch die Definitionsnorm des § 5 Abs. 3 Satz 2 wird verdeutlicht, daß entgegen der bis 1980 von der Rechtsprechung (*BAG* vom 5. 3. 1974 – 1 ABR 19/73 – EzA § 5 BetrVG 1972 Nr. 7 = DB 1974, 826, 1239 m. Anm. *Janert; BAG* vom 19. 11. 1974 – 1 ABR 20/73 – EzA § 5 BetrVG 1972 Nr. 9 = DB 1975, 405; *BAG* vom 19. 11. 1974 – 1 ABR 50/73 – EzA § 5 BetrVG 1972 Nr. 10 = DB 1975, 406; *BAG* vom 28. 1. 1975 – 1 ABR 52/73 – EzA § 5 BetrVG 1972 Nr. 16 = DB 1975, 1034; *BAG* vom 17. 12. 1974 – 1 ABR 131/73 – EzA § 5 BetrVG 1972 Nr. 11 = DB 1975, 887; *BAG* vom 17. 12. 1974 – 1 ABR 105/73 – EzA § 5 BetrVG 1972 Nr. 15 = DB 1975, 1032; *BAG* vom 9. 12. 1975 – 1 ABR 80/73 – EzA § 5 BetrVG 1972 Nr. 22 = DB 1976, 631; *BAG* vom 1. 6. 1976 – 1 ABR 118/74 – EzA § 5 BetrVG 1972 Nr. 26 = DB 1976, 1819) und einem Teil der Literatur (vgl. die Nachweise bei GK-*Kraft* § 5 Rz. 51) gebilligten Auffassung nicht von einem vorgegebenen allgemeinen Begriff des leitenden Angestellten ausgegangen werden kann, sondern daß die Abgrenzungsmerkmale für die Gesetzesauslegung hinreichend deutlich in § 5 Abs. 3 BetrVG umschrieben sind (*BAG* vom 29. 1. 1980 – 1 ABR 45/79 – EzA § 5 BetrVG 1972 Nr. 35 m. Anm. *Kraft* = DB 1980, 1545; *BAG* vom 23. 1. 1986 –

6 ABR 51/81 – EzA § 5 BetrVG 1972 Nr. 42 = DB 1986, 1131; *BAG* vom 23. 1. 1986 – 6 ABR 22/82 – EzA § 5 BetrVG 1972 Nr. 43 = DB 1986, 1983; vgl. auch GK-*Kraft* § 5 Rz. 52 m. w. N.).

Die gesetzlichen Merkmale umschreiben den Begriff des leitenden Angestellten 36
zwingend (GK-*Kraft* § 5 Rz. 55). Die in den Modalitäten 1–3 genannten Kriterien müssen sich demgemäß übereinstimmend **funktional aus der Dienststellung und formal aus dem Arbeitsvertrag ergeben.** Die bloße Bezeichnung eines Betriebsangehörigen als leitender Angestellter **genügt** also selbst dann **nicht**, wenn sie im Arbeitsvertrag enthalten ist, ohne daß sich die Eigenschaft als leitender Angestellter auch aus der Dienststellung nach einem der drei Tatbestände des Abs. 3 oder aus Abs. 4 ergibt. Treffen auf die Tätigkeit eines Angestellten die funktionalen Merkmale eines Tatbestandes nach § 5 Abs. 3 Ziff. 1–3 zu, so ist zwar auch eine dieser funktionalen Ausgestaltung entsprechende Gestaltung des Arbeitsvertrages erforderlich. Diese kann jedoch auch durch mündliche Vereinbarung erfolgen. Gehört ein Arbeitnehmer mehreren Betrieben desselben Unternehmens an, kann die Frage, ob ein Arbeitnehmer leitender Angestellter i. S. d. § 5 Abs. 3 BetrVG ist, für alle Betriebe des Unternehmens nur einheitlich beurteilt werden (*BAG* vom 25. 10. 1989 – 7 ABR 60/88 – DB 1990, 1775).

Die bisherige Formulierung, daß leitender Angestellter ist, wer nach »Dienstvertrag und Dienststellung« (§ 5 Abs. 3 Satz 2 Einleitungssatz) bestimmte Funktionen ausüben muß, wurde durch die Formulirung »nach Arbeitsvertrag und Stellung im Unternehmen oder im Betrieb« ersetzt. Der Austausch des Begriffes Dienstvertrag durch »Arbeitsvertrag« korrigiert einen gesetzestechnischen Darstellungsmangel, denn auch der leitende Angestellte ist Arbeitnehmer und leistet seine Arbeit aufgrund eines Arbeitsvertrages. Entsprechend wurde der bisherige Begriff »Dienststellung« aufgegeben. 37

Inhaltlich bedeutet die Formulierung »nach Arbeitsvertrag und Stellung im Unternehmen oder Betrieb« als Voraussetzung für die Anwendung der Nr. 1–3, daß der leitende Angestellte Aufgaben der in Nr. 1–3 genannten Art nicht nur tatsächlich wahrnimmt, sondern daß er sie aufgrund des Arbeitsvertrages auch ausüben darf. Fraglich ist in diesem Zusammenhang jedoch, ob die tatsächliche Ausübung der Funktionen und die arbeitsvertragliche Grundlage völlig übereinstimmen, d. h. deckungsgleich sein müssen. Entgegen der herrschenden Meinung (*BAG* vom 27. 4. 1988 – 7 ABR 5/87 – EzA § 5 BetrVG 1972 Nr. 47 = DB 1988, 2003 m. w. N. auch zu abweichenden Auffassungen; kritisch auch *Hromadka* DB 1988, 2053, 2054) bedarf es bei einer teleologischen Gesetzesauslegung keiner völligen Deckungsgleichheit. Der mit der Verknüpfung von »Arbeitsvertrag« und »Stellung« bezweckte Schutz vor Manipulationen (großzügige Vertragszusage, jedoch keine vergleichbare tatsächliche Aufgabenwahrnehmung) wird bereits erreicht, wenn sich »rechtliches Dürfen« und »tatsächliches Können« in etwa entsprechen (*Wlotzke* DB 1989, 111 ff., 119). 38

Des weiteren weist die Formulierung »nach Arbeitsvertrag und Stellung im Betrieb oder Unternehmen« wie bisher darauf hin, daß die Ausübung der in Nr. 1–3 genannten Funktionen, nur gelegentlich oder nur nebenbei, noch nicht zum leitenden Angestellten macht. Durch die gleichgewichtige Gegenüberstellung von »Stellung im Unternehmen« und »Stellung im Betrieb« hat der Gesetzgeber verdeutlicht, daß sich die den leitenden Angestellten kennzeichnenden Funktionen nach Arbeitsvertrag wie auch hinsichtlich der tatsächlichen Ausübung nur auf einen Betrieb konzentrieren können (so zuletzt auch *BAG* vom 23. 1. 1986 – 6 ABR 22/ 39

§ 5   *1. Teil Allgemeine Vorschriften*

82 – EzA § 5 BetrVG 1972 Nr. 43 = DB 1986, 1983; *BAG* vom 23. 1. 1986 – 6 ABR 51/81 – EzA § 5 BetrVG 1972 Nr. 42 = DB 1986, 1131).

2. Die Definition des Begriffs des leitenden Angestellten

40 Nach dem Wortlaut des § 5 Abs. 3 sind diejenigen Betriebsangehörigen leitende Angestellte, die zur selbständigen Einstellung und Entlassung von im Betrieb oder in der Betriebsabteilung beschäftigten Arbeitnehmern berechtigt sind oder denen Generalvollmacht oder Prokura übertragen wurde, wobei die Prokura auch im Verhältnis zum Arbeitgeber nicht unbedeutend ist, oder Betriebsangehörige, die regelmäßig sonstige Aufgaben wahrnehmen, die für den Bestand und die Entwicklung des Unternehmens oder eines Betriebs von Bedeutung sind und deren Erfüllung besondere Erfahrungen und Kenntnisse voraussetzt, wenn sie dabei entweder die Entscheidungen im wesentlichen frei von Weisungen treffen oder sie maßgeblich beeinflussen. Dies kann auch bei Vorgaben, insbesondere aufgrund von Rechtsvorschriften, Plänen oder Richtlinien sowie bei Zusammenarbeit mit anderen Angestellten gegeben sein.

3. Selbständige Einstellung und Entlassung von Arbeitnehmern (§ 5 Abs. 3 Satz 2 Nr. 1)

41 Der Gesetzeswortlaut der Nr. 1 ist unverändert geblieben, so daß die bisherige Auslegung in vollem Umfang weiter gilt.

42 Leitender Angestellter ist, wer **sowohl zur Einstellung als auch zur Entlassung** von Arbeitnehmern des Betriebes oder der jeweiligen Betriebsabteilung (vgl. zum Begriff oben § 4 Rz. 4) **nicht nur den Arbeitnehmern gegenüber, sondern auch im Innenverhältnis gegenüber dem Arbeitgeber berechtigt** ist (*BAG* vom 11. 3. 1982 – 6 AZR 136/79 – EzA § 5 BetrVG 1972 Nr. 41 = DB 1982, 1990; *Boldt* DB 1972 Beilage Nr. 5, 6; *Grüll* RdA 1972, 171, 173; *D/R* § 5 Rz. 142; *Galperin/Siebert* § 4 BetrVG 1952 Rz. 16; *Bulla* FS für *Herschel*, 121, 144; *Hueck* RdA 1953, 441 445; *Dietz* BetrVG 1952 § 4 Rz. 59; *G/L* § 5 Rz. 46; *F/A/K/H* § 5 Rz. 140 ff.).

43 Daß die Einstellungs- und Entlassungsbefugnis **allen Arbeitnehmern gegenüber** besteht, ist **nicht erforderlich**, sie muß aber **hinsichtlich bestimmter Arbeitnehmergruppen** gegeben sein. Ermächtigungen für den Einzelfall sind nicht ausreichend (*D/R* § 5 Rz. 142 m. w. N.; *F/A/K/H* § 5 Rz. 142; *G/L* § 5 Rz. 48), die Befugnis muß sich auf eine bedeutende Anzahl von Arbeitnehmern erstrecken (*BAG* vom 11. 3. 1982 – 6 AZR 136/79 – EzA § 5 BetrVG 1972 Nr. 41 = DB 1982, 1990).

44 Maßgebend für die Eigenschaft als leitender Angestellter ist in diesem Falle die durch Funktion und Dienstvertrag begründete Vorgesetzteneigenschaft. Auf die formale handelsrechtliche Vertretungsmacht kommt es nicht an (*F/A/K/H* § 5 Rz. 135; *G/L* § 5 Rz. 45). Diese strengen Voraussetzungen liegen in der Praxis aufgrund der organisatorischen Regelungen selten vor. Da die Personalabteilung meist nicht ohne die Fachabteilungen in der Lage ist, zu entscheiden, besteht nicht die zur Einstellung und Entlassung geforderte Selbständigkeit (GK-*Kraft* § 5 Rz. 58).

45 Die Instanzrechtsprechung der Arbeitsgerichte ist weniger streng. Danach liegt das Merkmal der »selbständigen Einstellung und Entlassung« schon vor, wenn in

einer Fachabteilung niemand ohne Zustimmung ihres Leiters eingestellt wird und dieser auch bei Meinungsverschiedenheiten mit der Personalabteilung entscheidet, ob ein oder mehrere bestimmte Arbeitnehmer entlassen werden (*LAG Hamm* vom 16. 12. 1977 – 3 TaBV 50/77 – DB 1978, 400). Schon die Tatsache, daß dem Abteilungsleiter bei personellen Maßnahmen die Fachbeurteilung obliegt, reicht für das Vorliegen des Merkmals nach § 5 Abs. 3 Satz 2 Nr. 1 aus, wenn die Personalabteilung nicht gegen das Votum der Fachabteilung entscheiden kann (*LAG Hamm* vom 16. 12. 1977 – a. a. O.).

Die Feststellung der Eigenverantwortlichkeit und Selbständigkeit wird auch nicht dadurch ausgeschlossen, daß Entscheidungen nur kollegial in einem Gremium getroffen werden können, sofern das jeweilige Mitglied des Gremiums zur selbstverantwortlichen Mitentscheidung berufen ist (*LAG Hamm* vom 16. 12. 1977 – TaBV a. a. O.). An der Selbständigkeit der Einstellungs- und Entlassungsbefugnis ändert die Tatsache nichts, daß zum rechtsgültigen Abschluß des Arbeitsvertrages auch die Zustimmung des Leiters der Personalabteilung erforderlich ist (*LAG Hamm* vom 16. 12. 1977 – a. a. O.).

4. Angestellte mit Generalvollmacht und Prokura (§ 5 Abs. 3 Satz 2 Nr. 2)

Durch die Neufassung des § 5 Abs. 3 Satz 2 Nr. 2 ist die bisherige Regelung im Hinblick auf die restriktive Rechtsprechung des *BAG* ergänzt worden. **46**

Soweit Angestellten Generalvollmacht (§ 54 HGB) oder Prokura (§ 49 HGB) erteilt ist, sind die Voraussetzungen für ihre Einordnung als leitende Angestellte nach § 5 Abs. 3 Ziff. 2 gegeben, auch wenn ihnen im Innenverhältnis die Berechtigung zur selbständigen Einstellung und Entlassung von Arbeitnehmern nicht übertragen ist (*F/A/K/H* § 3 Rz. 146; *G/L* § 5 Rz. 50; *D/R* § 5 Rz. 146). **47**

Das *BAG* (Beschl. vom 27. 4. 1988 – 7 ABR 5/87 – EzA § 5 BetrVG 1972 Nr. 47 = DB 1988, 2003) hatte festgestellt, daß unter die Tatbestandsgruppe des § 5 Abs. 3 Nr. 2 BetrVG nur solche Prokuristen fallen, die auch »nach der Dienststellung und dem Dienstvertrag« (a. F.) dazu befugt sind, die mit einer Prokura im Außenverhältnis verbundene Vertretungsmacht im Innenverhältnis uneingeschränkt auszuüben. **48**

Gesetzlich zulässige Beschränkungen der Prokura (z. B. in Form einer Gesamt- oder Niederlassungsprokura) sollten nur dann die Voraussetzungen der Tatbestandsgruppe des § 5 Abs. 3 Nr. 2 BetrVG erfüllen, wenn der betreffende Arbeitnehmer auch im Innenverhältnis dazu befugt ist, die mit einer Gesamt- und/oder Niederlassungsprokura verbundene Vertretungsmacht im Innenverhältnis uneingeschränkt wahrzunehmen.

Das *BAG* hatte damit nicht nur die sogenannten Titularprokuristen, die aufgrund ausdrücklicher Vereinbarung oder Weisung des Arbeitgebers von der Prokura keinen Gebrauch machen dürfen, aus dem Kreis der leitenden Angestellten i. S. d. § 5 Abs. 3 Nr. 2 BetrVG ausgenommen (vgl. hierzu *BAG* vom 28. 1. 1975 – 1 ABR 52/73 – EzA § 5 BetrVG 1972 Nr. 16 = DB 1975, 1034; *BAG* vom 29. 1. 1980 – 1 ABR 45/79 – EzA § 5 BetrVG 1972 Nr. 35 = DB 1980, 1545; *F/A/K/H* § 5 Rz. 136; GK-*Kraft* § 5 Rz. 61; *Hueck* SAE 1977, 77, 79; *Müller* DB 1983, 1597; *D/R* § 5 Rz. 146; *LAG Bremen* vom 20. 1. 1981 – 3 TaBV 15/80 – AP Nr. 9 zu § 76 BetrVG 1952; *LAG Rheinland-Pfalz* vom 15. 7. 1959 – I SaB 1/59 – EzA § 5 BetrVG 1972 Nr. 36 = DB 1981, 899), sondern für alle Prokuristen eine völlige **49**

§ 5   1. Teil Allgemeine Vorschriften

Deckungsgleichheit zwischen Außen- und Innenverhältnis verlangt und dabei selbst erkannt, daß in der Praxis nur noch ein kleiner Personenkreis unter die Tatbestandsgruppe des § 5 Abs. 3 Satz 2 fällt.

50 Die nunmehrige Ergänzung in Abs. 3 Nr. 2, daß die Entscheidungsbefugnis »im Verhältnis zum Arbeitgeber nicht unbedeutend« sein darf, korrigiert die Rechtsprechung des *BAG*, so daß auch der im heutigen Wirtschaftsleben weithin übliche Typus des Prokuristen (Einzelprokura) leitender Angestellter sein kann.

51 Inhaltlich verlangt die Ergänzung, daß der Prokurist i. S. d. Nr. 2 im Innenverhältnis einen nicht nur unbedeutenden Aufgabenbereich wahrnehmen muß (vgl. Schriftlicher Bericht des Bundesausschusses für Arbeit und Sozialordnung, BT-Drucks. 11/3618 vom 1. 12. 1988, A IV 1 b und B zu Art. 1 Nr. 1).
Folglich werden auch weiterhin Titularprokuristen nicht von Nr. 2 erfaßt. Prokuristen i. S. d. Nr. 2 müssen im Innenverhältnis Aufgaben wahrnehmen, die den in Nr. 3 umschriebenen Leitungsfunktionen wenigstens in etwa nahe kommen. Darauf weist das Verbindungswort zu Nr. 2 und Nr. 3 »sonstige« Aufgaben hin. Nimmt daher ein Prokurist im Innenverhältnis nur Aufgaben wahr, die in ihrer Bedeutung von denen der Nr. 3 »weit entfernt« sind, so ist er nicht leitender Angestellter i. S. d. § 5 Abs. 3 BetrVG.

5. Angestellte nach § 5 Abs. 3 Satz 2 Nr. 3

52 Nach der Neufassung des bisherigen Absatzes 3 Satz 2 Nr. 3 ist leitender Angestellter, wer
– regelmäßig Aufgaben wahrnimmt, die für den Bestand und die Entwicklung des Unternehmens oder eines Betriebes von Bedeutung sind,
– dabei die Entscheidung im wesentlichen frei von Weisungen trifft oder Entscheidungen maßgeblich beeinflußt und
– über besondere Kenntnisse und Erfahrungen bei der Erfüllung dieser Aufgaben verfügt.

53 Diese Neufassung orientiert sich an der bisherigen Rechtsprechung, so daß die Kriterien der Rechtsprechung weitergelten und zur Auslegung herangezogen werden können.

54 Die Anwendung von § 5 Abs. 3 Satz 2 Nr. 3 setzt voraus, daß die Angestellten **Aufgaben** wahrnehmen, **die für den Bestand und die Entwicklung des Betriebs bedeutsam sind, und ihnen regelmäßig Aufgaben übertragen werden, die** – d. h. nach der üblichen Verkehrsauffassung – im Hinblick auf besondere Erfahrungen nicht notwendigerweise, aber häufig wissenschaftliche oder durch Fachausbildung erworbene **Kenntnisse voraussetzen**. In der Regel wird eine solche Tätigkeit aufgrund eines Einzelarbeitsvertrages ausgeübt werden. Die Vorschrift ist also auf **Angestellte in Stab und Linie** anwendbar. Wann die Voraussetzungen vorliegen, ist Tatsache und kann nach Wirtschaftszweig und Betriebsgröße differieren. Grundsätzlich wird der Definition der VELA zuzustimmen sein, nach der **leitende Angestellte Arbeitnehmer** sind, **die unter persönlicher Verantwortung für eigene Arbeit und für die Arbeit unterstellter Arbeitnehmer aufgrund besonderer geistiger Betätigung und besonderer beruflicher Ausbildung eine in der Hauptsache von eigenem Entschluß und selbständigem Urteil abhängende, leitende, anweisende, planende, entwerfende oder wissenschaftliche Tätigkeit ausüben** (AR-Blattei II leitende Angestellte Bv 1 a), **wobei allerdings die Vorgesetzteneigen-**

Arbeitnehmer § 5

schaft nicht unbedingt erforderlich ist (*D/R* § 5 Rz. 148–155; *G/L* § 5 Rz. 52 ff.; *F/A/K/H* § 5 Rz. 154 ff.).

a) Unternehmerische Teilaufgaben, die für den Bestand und die Entwicklung des Unternehmens von Bedeutung sind
Die übertragenen Aufgaben müssen von Bedeutung für den Bestand und die 55
Entwicklung des Unternehmens oder eines Betriebes sein, d. h., sie müssen von einem solchen Gewicht für das Geschick des Unternehmens oder des Betriebs sein, daß sie sich deutlich von den Aufgaben abheben, die eine normale Angestelltentätigkeit ausmachen (vgl. zu diesem unverändert gebliebenen Merkmal *BAG* vom 5. 3. 1974 – 1 ABR 19/73 – EzA § 5 BetrVG 1972 Nr. 7 m. Anm. *Kraft* = DB 1974, 826, 1239 m. Anm. *Janert*).
Der Angestellte muß daher – wie bisher – unternehmerische Aufgaben wahrneh- 56
men, die funktionsgemäß auf das **Unternehmen** bezogen sind. Dies will das *BAG* – entgegen dem Wortlaut des § 5 Abs. 3 – auch dann gelten lassen, wenn sich die Tätigkeit des Angestellten in einem aus mehreren Betrieben bestehenden Unternehmen unmittelbar nur in einem Betrieb auswirkt (*BAG* vom 19. 11. 1974 – 1 ABR 20/73 – EzA Nr. 5 BetrVG 1972 Nr. 9 m. Anm. *Kraft* = DB 1975, 405 mit dem Blick darauf, daß der Betrieb in diesen Fällen als räumliche Teilorganisation anzusehen sei; vgl. auch *BAG* vom 5. 3. 1974 – 1 ABR 19/73 – EzA § 5 BetrVG 1972 Nr. 7 m. Anm. *Kraft* = DB 1974, 826, 1239 m. Anm. *Janert*; *BAG* vom 19. 11. 1974 – 1 ABR 20/73 – EzA § 5 BetrVG 1972 Nr. 9 m. Anm. *Kraft* = DB 1975, 405; *BAG* vom 19. 11. 1974 – 1 ABR 50/73 – EzA § 5 BetrVG 1972 Nr. 10 m. Anm. *Kraft* = DB 1976, 406; *BAG* vom 4. 12. 1974 – 1 ABR 48/73 – EzA § 5 BetrVG 1972 Nr. 14 = DB 1975, 1031; *BAG* vom 9. 12. 1975 – 1 ABR 80/73 – EzA § 5 BetrVG 1972 Nr. 22 m. Anm. *Kraft* = DB 1976, 631; *D/R* § 5 Rz. 149, 150).
Die Tätigkeit eines leitenden Angestellten entspricht dann den Anforderungen 57
des *BAG*, wenn sie einen **beachtlichen Teilbereich der unternehmerischen Gesamtaufgabe** wahrnimmt (*BAG* vom 26. 10. 1979 – 7 AZR 752/77 – EzA § 9 KSchG 1979 Nr. 7 = DB 1980, 356; *BAG* vom 7. 12. 1979 – 7 AZR 1063/77 – EzA § 102 BetrVG 1972 Nr. 42 = DB 1980, 742; *BAG* vom 10. 2. 1976 – 1 ABR 61/74 – EzA § 5 BetrVG 1972 Nr. 24 = DB 1976, 1238; *BAG* vom 8. 2. 1977 – 1 ABR 22/76 – EzA § 5 BetrVG 1972 Nr. 27 = DB 1977, 1146; *BAG* vom 15. 3. 1977 – 1 ABR 86/76 – DB 1978, 496; *BAG* vom 23. 1. 1986 – 6 ABR 51/81 – EzA § 5 BetrVG 1972 Nr. 42 = DB 1986, 1131).
Kein beachtlicher Teilbereich liegt vor, wenn die Leitungsfunktionen so stark aufgesplittert sind, daß dem Leiter eines Bereichs nur noch ein sehr schmaler Bereich unternehmerischer Teilaufgaben verbleibt. Dann entfällt deren maßgebliche Bedeutung für den Bestand und die Entwicklung des Unternehmens (*BAG* vom 17. 12. 1974 – 1 ABR 114/73 – DB 1975, 59; *BAG* vom 19. 11. 1974 – 1 ABR 20/73 – EzA § 5 BetrVG 1972 Nr. 9 m. Anm. *Kraft* = DB 1974, 405; *BAG* vom 8. 2. 1977 – 1 ABR 22/76 – EzA § 5 BetrVG 1972 Nr. 27 = DB 1977, 1146; *BAG* vom 15. 3. 1977 – 1 ABR 86/76 – DB 1978, 496).
Der unternehmerische Teilbereich wird nicht dadurch eingeengt, daß der von dem Angestellten in der von ihm eigenverantwortlich geleiteten Abteilung erzielte Umsatz im Verhältnis zu dem Gesamtumsatz des Großunternehmens nur einen geringen Teil ausmacht. Nur wenn der Umsatz verschwindend gering ist (»Atomisierung«), kann nicht mehr von der Bedeutung in dem hier fraglichen

§ 5   1. Teil Allgemeine Vorschriften

Sinne gesprochen werden (*BAG* vom 1. 6. 1976 – 1 ABR 118/74 – EzA § 5 BetrVG 1972 Nr. 26 = DB 1976, 1819).

58 Die nicht durch die unternehmerische Konzeption gebotene Aufteilung der Leitungsfunktionen läßt die Eigenschaft als leitender Angestellter entfallen (*BAG* vom 19. 11. 1974 – 1 ABR 20/73 – EzA § 5 BetrVG 1972 Nr. 9 m. Anm. *Kraft* = DB 1975, 405).

59 Ein Angestellter, der für einen nicht unbedeutenden Produktionsbetrieb eines Großunternehmens in eigener Verantwortung die Voraussetzungen einer wirtschaftlichen Produktion und deren laufende Anpassung an die technische Entwicklung und die Erfordernisse des Marktes schafft bzw. bewirkt, nimmt eine auf die technische Führung des Unternehmens ausgerichtete Tätigkeit wahr und führt nicht nur einen vorgegebenen Produktionsauftrag aus. Er ist daher, soweit die übrigen Voraussetzungen gegeben sind, leitender Angestellter (*LAG Hamm* vom 19. 5. 1978 – 3 TaBV 19/78 – EzA § 5 BetrVG 1972 Nr. 29 = DB 1978, 1407).

60 **Der leitende Angestellte muß bei einer Gesamtbetrachtung von der Aufgabenstellung her der Unternehmerseite zugeordnet** sein (*BAG* vom 19. 11. 1974 – 1 ABR 20/73 – EzA § 5 BetrVG 1972 Nr. 9 m. Anm. *Kraft* = DB 1975, 405; vgl. auch *F/A/K/H* § 5 Rz. 155), wobei **40 %** unternehmerische Funktionen nicht ausreichen (*BAG* vom 17. 12. 1974 – 1 ABR 113/74 – EzA § 5 BetrVG 1972 Nr. 12 = DB 1975, 889, 984). Da in erster Linie eine unternehmerische Tätigkeit gefordert wird, reicht eine reine Aufsichtsfunktion nicht aus (*BAG* vom 10. 2. 1976 – 1 ABR 61/74 – EzA § 5 BetrVG 1972 Nr. 24 = DB 1976, 1238).

Wenn der Leiter einer Fachabteilung personelle und soziale Fragen allein entscheiden kann oder zumindest die Personalabteilung nicht gegen das Votum der Fachabteilung entscheiden kann, so können derartige, eigenverantwortlich wahrgenommene Aufgaben des Fachvorgesetzten in Verbindung mit seinen sonstigen Befugnissen dazu führen, eine unternehmerische Tätigkeit anzunehmen (*BAG* vom 8. 2. 1977 – 1 ABR 22/76 – EzA § 5 BetrVG 1972 Nr. 27 = DB 1977, 1146).

b) Wesentliche weisungsfreie Entscheidungen

61 Das Tatbestandsmerkmal, »Entscheidungen im wesentlichen frei von Weisungen« zu treffen, entspricht dem früheren Tatbestandsmerkmal »im wesentlichen eigenverantwortlich Aufgaben wahrnehmen«, da hier von der Rechtsprechung ein erheblicher eigener Entscheidungsspielraum gefordert wurde (*BAG* vom 5. 3. 1974 – 1 ABR 19/73 – EzA § 5 BetrVG 1972 Nr. 7 m. Anm. *Kraft* = DB 1974, 826, 1239 m. Anm. *Janert*; *BAG* vom 8. 2. 1977 – 1 ABR 22/76 – EzA § 5 BetrVG 1972 Nr. 27 = DB 1977, 1146; *BAG* vom 15. 3. 1977 – 1 ABR 86/76 – DB 1978, 496; *BAG* vom 23. 1. 1986 – 6 ABR 51/81 – EzA § 5 BetrVG 1972 Nr. 42 = DB 1986, 1131).

62 Wenn der Angestellte keinen eigenen erheblichen Entscheidungsspielraum hat, so liegt keine leitende und auch keine unternehmerische Tätigkeit vor. Dies bedeutet allerdings nicht, daß der Angestellte in völliger Weisungsabhängigkeit handeln müßte, er muß die Entscheidung nur maßgeblich beeinflussen. Es ist dabei möglich, daß ihm gewisse Richtlinien vorgegeben werden oder er auf eine Zusammenarbeit in einem Team gleichberechtigter Mitarbeiter angewiesen ist, sofern nur ein eigener erheblicher Entscheidungsspielraum verbleibt. Es ist auch unschädlich, wenn Sachzwänge bestimmte Entscheidungen oder Vorentscheidungen nahelegen (*BAG* vom 10. 2. 1976 – 1 ABR 61/74 – EzA § 5 BetrVG 1972 Nr. 24 = DB 1976, 1238; *BAG* vom 8. 2. 1977 – 1 ABR 22/76 – EzA § 5 BetrVG 1972 Nr. 27 = DB 1977, 1146; *BAG* vom 15. 3. 1977 – 1 ABR 86/76 – DB 1978, 496).

Arbeitnehmer § 5

Eine schlichte Vorgesetztenstellung, deren ausschließliches Recht es ist, den 63
arbeitstechnischen Ablauf der Produktion sicherzustellen, reicht für die Eigenschaft eines leitenden Angestellten nicht aus (*BAG* vom 10. 2. 1976 – 1 ABR 61/74 – EzA § 5 BetrVG 1972 Nr. 24 = DB 1976, 1238). Den maßgeblichen Einfluß auf die Führung des Unternehmens übt derjenige aus, der eigenständige, verbindliche Entscheidungen trifft (*BAG* vom 5. 3. 1974 – 1 ABR 19/73 – EzA § 5 BetrVG 1972 Nr. 7 m. Anm. *Kraft* = DB 1974, 826, 1239 m. Anm. *Janert*; *BAG* vom 17. 12. 1974 – 1 ABR 105/73 – EzA § 5 BetrVG 1972 Nr. 15 = DB 1975, 1032).

Als Kriterien für einen maßgeblichen Einfluß können herangezogen werden: 64
Entscheidungsfreiheit, Entscheidungsvorbereitung, Entscheidungsvorwegnahme, Entscheidungskontrolle, Eigenverantwortung, Arbeitgeberfunktionen, wobei diese Kriterien sich teilweise überschneiden und nicht bei jedem leitenden Angestellten vorliegen müssen (*BAG* vom 19. 11. 1974 – 1 ABR 20/73 – EzA § 5 BetrVG 1972 Nr. 9 m. Anm. *Kraft* = DB 1975, 405).

Auch der in der dritten Führungsebene eines Betriebes tätige Leiter der Abteilung 65
Vorfertigung, der dafür Sorge zu tragen hat, daß die für den Zusammenbau benötigten Teile und Baugruppen rechtzeitig angefertigt bzw. beschafft werden, ist ein leitender Angestellter. Zwar stellt sich die Aufgabe als die Erfüllung eines vorgegebenen Auftrages dar, sie beinhaltet aber gleichzeitig die Entscheidung über das Wiedererfüllen dieser Aufgabe. Sie betrifft die organisatorische und technische Planung der Vorfertigung und nicht deren eigentliche Abwicklung (*LAG Hamm* vom 16. 12. 1977 – 3 TaBV 50/77 – DB 1978, 400).

Unter den Begriff der leitenden Angestellten fallen nicht nur Angestellte in Li- 66
nienfunktionen, sondern auch solche in sogenannten Stabsfunktionen, die im Regelfall verbindliche Vorentscheidungen treffen, sei es aufgrund eigener Initiativen oder sei es aufgrund eines Auftrags der Unternehmensleitung, die diese nur insgesamt annehmen oder verwerfen kann (*BAG* vom 1. 6. 1976 – 1 ABR 118/74 – EzA § 5 BetrVG 1972 Nr. 26 = DB 1976, 1819; *BAG* vom 10. 2. 1976 – 1 ABR 61/74 – EzA § 5 BetrVG 1972 Nr. 24 = DB 1976, 1238).

Zur unternehmerischen Tätigkeit kann auch der Verkauf von Erzeugnissen des 67
Unternehmens gehören, wenn es sich um den Verkauf von Industrieanlagen und Ausrüstungen handelt, die erst nach den besonderen Kundenwünschen entworfen und erstellt werden können (*BAG* vom 1. 6. 1976 – 1 ABR 118/74 – EzA § 5 BetrVG 1972 Nr. 26 = DB 1976, 1819). Der Verkauf von Serienprodukten eines Unternehmens kann dann einem leitenden Angestellten obliegen, wenn dieser einen erheblichen Spielraum hat, der ihn berechtigt, nach eigenen Dispositionen den Verkauf der Erzeugnisse zu bestimmen (*BAG* vom 15. 3. 1977 – 1 ABR 29/76 – DB 1978, 496).

c) Der Interessengegensatz

Den Interessengegensatz des leitenden Angestellten zur Arbeitnehmerschaft sieht 68
das *BAG* als ein Kriterium eines leitenden Angestellten an, da jede unternehmerische Tätigkeit schon zu einer gewissen Interessenpolarität führt (*BAG* vom 5. 3. 1974 – 1 ABR 19/73 – EzA § 5 BetrVG 1972 Nr. 7 m. Anm. *Kraft* = DB 1974, 826, 1239 m. Anm. *Janert*).

Da sich die Interessenpolarität zwangsläufig aus der unternehmerischen Funktion 69
des leitenden Angestellten ergibt, ist sie kein selbständiges Abgrenzungsmerkmal für den Begriff des leitenden Angestellten und kann auch nicht in jedem Einzelfall für die Abgrenzung zum leitenden Angestellten gefordert werden (*BAG* vom

§ 5   1. Teil Allgemeine Vorschriften

29. 1. 1980 – 1 ABR 45/79 – EzA § 5 BetrVG 1972 Nr. 35 m. Anm. *Kraft* = DB 1980, 1545; *BAG* vom 23. 1. 1986 – 6 ABR 51/81 – EzA § 5 BetrVG 1972 Nr. 42 = DB 1986, 1131).

70 Eine Interessenpolarität ist gegeben, wenn der Umfang der dem leitenden Angestellten übertragenen Aufgaben und des ihm übertragenen Anordnungs- und Weisungsrechts zu einem direkten Gegnerbezug zur Arbeitnehmerschaft und zum Betriebsrat führt. Ein Gegnerbezug in diesem Sinne liegt aber nicht schon dann vor, wenn der Leiter einer Betriebsabteilung mit einer überschaubaren Arbeitnehmerzahl eine schlichte Vorgesetztenstellung innehat, die ihm das Recht einräumt, die im Rahmen des ihm zugewiesenen Aufgaben- und Organisationsbereichs notwendigen Anordnungen zu treffen und den ihm unterstellten Arbeitnehmern hierzu Anweisungen zu erteilen (*BAG* vom 17. 12. 1974 – 1 ABR 131/73 – EzA § 5 BetrVG 1972 Nr. 11 = DB 1975, 887).

71 Nicht nur ein unmittelbarer Gegnerbezug, also die unmittelbare Befassung mit Personalangelegenheiten und/oder Gegenständen der Mitbestimmung des Betriebsrats (vgl. hierzu *BAG* vom 19. 8. 1975 – 1 AZR 613/74 – EzA § 102 BetrVG 1972 Nr. 15 m. Anm. *Meisel* = DB 1975, 2138), sondern auch ein mittelbarer Gegnerbezug kann genügen, einem Angestellten den Rechtsstatus eines leitenden Angestellten zu geben. Ein mittelbarer Gegenerbezug kann insbesondere bei den sogenannten Stabsfunktionen eintreten (vgl. hierzu *BAG* vom 1. 6. 1976 – 1 ABR 118/74 – EzA § 5 BetrVG 1972 Nr. 26 = DB 1976, 1819).

d) **Besondere Erfahrungen und Kenntnisse**

72 Zu dem Merkmal »besondere Erfahrungen und Kenntnisse« gehört, daß die Aufgabenübertragung aufgrund dieser besonderen Erfahrungen und Kenntnisse erfolgen muß. Ein akademisches Studium oder eine gleichwertige Ausbildung ist allein weder erforderlich noch genügend. Die erforderlichen Kenntnisse können auch durch längere Tätigkeit oder Selbststudium erworben werden (*BAG* vom 10. 2. 1976 – 1 ABR 61/74 – EzA § 5 BetrVG 1972 Nr. 24 = DB 1976, 1238; *BAG* vom 17. 12. 1974 – 1 ABR 105/73 – EzA § 5 BetrVG 1972 Nr. 15 = DB 1975, 1032).

e) **Regelmäßige Wahrnehmung von sonstigen Aufgaben, die für das Unternehmen von Bedeutung sind**

73 Der Angestellte muß regelmäßig sonstige Aufgaben wahrnehmen, die für Bestand und Entwicklung des Unternehmens oder eines Betriebes von Bedeutung sind und deren Erfüllung besondere Kenntnisse und Erfahrungen voraussetzt.

74 »Regelmäßig« bedeutet, daß die Aufgabenwahrnehmung nicht nur gelegentlich oder vorübergehend erfolgen darf, sondern daß sie die Gesamttätigkeit des Angestellten prägen muß. Eine solche regelmäßige Aufgabenwahrnehmung kann im Einzelfall auch im Vertretungsfall vorliegen (vgl. Entwurfsbegründung, BT-Drucks. 11/2503 vom 16. 6. 1988, nämlich z. B. dann, wenn ein Angestellter leitende Angestellte ständig oder jedenfalls über einen längeren Zeitraum vertritt. Eine nur gelegentliche oder kurzfristige Vertretung macht jedoch noch nicht zum leitenden Angestellten.

75 Das Wort »sonstige« hat zweierlei Bedeutung: Zum einen knüpft es an Nr. 1 und 2 an und macht damit deutlich, daß es sich bei den in Nr. 3 genannten Aufgaben gleichfalls um unternehmens- oder betriebsleitende Funktionen handelt. Zum andern ist »sonstige« auch Verbindungswort zu Nr. 1 und 2, so daß die Kriterien der Nr. 1 und 2 auch vor dem Hintergrund der in Nr. 3 umschriebenen Leitungsfunk-

Arbeitnehmer § 5

tionen auszulegen sind. Die Aufgaben und Befugnisse in Nr. 1 und 2 müssen also eine wenigstens ähnliche Bedeutung wie die in Nr. 3 haben (vgl. *Wlotzke* DB 1989, 111, 120).

f) Gesamtwürdigung zur Feststellung der Eigenschaft als leitender Angestellter
Anhand der aufgeführten Gesichtspunkte ist eine Gesamtwürdigung der Tätigkeit 76 des Angestellten vorzunehmen, wobei das Zurücktreten einzelner Abgrenzungsmerkmale dadurch ausgeglichen werden kann, daß andere in besonders starkem Maße vorhanden sind. Die spezifischen unternehmerischen Teilaufgaben müssen der Tätigkeit des Angestellten aber das Gepräge geben, d. h. diese schwerpunktmäßig bestimmen (*BAG* vom 10. 2. 1976 – 1 ABR 61/74 – EzA § 5 BetrVG 1972 Nr. 24 = DB 1976, 1238; *BAG* vom 1. 6. 1976 – 1 ABR 118/74 – EzA § 5 BetrVG 1972 Nr. 26 = DB 1976, 1819; *BAG* vom 8. 2. 1977 – 1 ABR 22/76 – EzA § 5 BetrVG 1972 Nr. 27 = DB 1977, 1146; *BAG* vom 15. 3. 1977 – 1 ABR 86/76 – DB 1978, 496; *BAG* vom 23. 1. 1986 – 6 ABR 51/81 – EzA § 5 BetrVG 1972 Nr. 42 = DB 1986, 1131).
Wegen der Unbestimmtheit der Begriffsbestimmungen, insbesondere auch hin- 77 sichtlich des Oberbegriffs des leitenden Angestellten, der Umschreibung der Tatbestandsgruppen der Nr. 3 und der Erforderlichkeit einer Gesamtwürdigung der Tätigkeit der Angestellten, kommt den Tatsacheninstanzen ein gewisser Beurteilungsspielraum zu. Das Rechtsbeschwerdegericht kann nur nachprüfen, ob die Bewertungsmaßstäbe als solche nicht verkannt sind, ob eine vertretbare Gesamtwürdigung aller maßgeblichen Gesichtspunkte erfolgt ist und ob der wesentliche Tatsachenstoff ohne Verstoß gegen Denkgesetze oder allgemeine Erfahrungssätze berücksichtigt worden ist (*BAG* vom 10. 2. 1976 – 1 ABR 61/74 – EzA § 5 BetrVG 1972 Nr. 24 = DB 1976, 1238; *BAG* vom 29. 1. 1980 – 1 ABR 45/79 – EzA § 5 BetrVG 1972 Nr. 35 m. Anm. *Kraft* = DB 1980, 1545).

g) Beispiele zur Abgrenzung der leitenden Angestellten
Obwohl bei der Vielfalt der für die Annahme der Eigenschaft eines leitenden 78 Angestellten i. S. d. § 5 Abs. 3 notwendigen Voraussetzungen die Bildung von allgemeingültigen Beispielgruppen nicht möglich ist, sondern die Entscheidung stets am Einzelfall getroffen werden muß, sollen hier einige Beispiele aus der Rechtsprechung angeführt werden.

aa) leitende Angestellte
Als leitende Angestellte wurden anerkannt:
Betriebsführer einer Zentralwerkstatt, eines elektrotechnischen Betriebes, eines maschinentechnischen Betriebes sowie eines Gewinnungsbetriebes für Braunkohlenbergbau (*ArbG Aachen* vom 23. 2. 1972 – 2 BV 1/72 – BB 1973 Beilage Nr. 3, 2),
Betriebsleiter (*ArbG Köln* vom 13. 4. 1972 – 9 BV 19/72 – BB 1973 Beilage Nr. 3, 2; *ArbG Frankfurt* vom 12. 4. 1972 – 2 BV 2/72 – DB 1972, 1634 = BB 1972, 963),
Grubensteiger (*BAG* vom 19. 11. 1974 – 1 ABR 50/73 – EzA § 5 BetrVG 1972 Nr. 10 = DB 1975, 406),
Grubenfahrsteiger (*BAG* vom 19. 11. 1974 – 1 ABR 50/73 – EzA § 5 BetrVG 1972 Nr. 10 m. Anm. *Kraft* = DB 1975, 406),
der Verantwortliche für die Flugsicherung (*BAG* vom 8. 2. 1977 – 1 ABR 22/76 – EzA § 5 BetrVG 1972 Nr. 27 = DB 1977, 1146),

§ 5   1. Teil Allgemeine Vorschriften

Leiter eines Forschungsbereiches (*ArbG Köln* vom 7. 6. 1972 – 3 BV 13/72 – BB 1973 Beilage Nr. 3, 2; *ArbG Berlin* = DB 1978, 1084), **Leiter der pharmazeutischen Entwicklung** (*LAG Baden-Württemberg* vom 8. 3. 1978 – 6 TaBV 9/77 – DB 1978, 843),
Leiter einer Stabsabteilung Statistik (*ArbG Köln* vom 12. 6. 1972 – 10 BV 20/72 – BB 1973 Beilage Nr. 3, 2),
Leiter einer Abteilung Schweißwerkstatt (*LAG Hamm* vom 28. 9. 1973 – 8 TaBV 20/73 – DB 1974, 244),
Rechtsanwalt als Sachbearbeiter einer Grundstücksverkehrsabteilung eines Bergwerkunternehmens (*LAG Düsseldorf* vom 14. 11. 1972 – 8 TaBV 11/72 – EzA § 5 BetrVG 1972 Nr. 3 = DB 1973, 576),
ein **Syndikusanwalt**, der eigenverantwortlich die Leitung des Unternehmens in Rechtsfragen berät (*LAG Düsseldorf* vom 22. 11. 1973 – 3 TaBV 22/73 – EzA § 5 BetrVG 1972 Nr. 4),
Wirtschaftsprüfer (*BAG* vom 28. 1. 1975 – 1 ABR 52/73 – EzA § 5 BetrVG 1972 Nr. 16 = DB 1975, 1034),
Leiter eines nicht unbedeutenden Produktionsbetriebes eines Großunternehmens (*LAG Hamm* vom 19. 5. 1978 – 3 TaBV 19/78 – EzA § 5 BetrVG 1972 Nr. 29 = DB 1978, 1407),
Geschäftsstellenleiter der Organisation und Betriebsdirektion (*BAG* vom 7. 12. 1979 – 7 AZR 1063/77 – EzA § 102 BetrVG 1972 Nr. 42 = DB 1980, 742),
TÜV-Abteilungsleiter für »Energietechnik und Umweltschutz« (*BAG* vom 29. 1. 1980 – 1 ABR 49/78 – AP Nr. 24 zu § 5 BetrVG 1972 m. Anm. *Martens, K. P.* = DB 1980, 1946),
Koordinator für die Planung und Entwicklung eines Bauanteils an einem Großprojekt (*BAG* vom 29. 1. 1980 – 1 ABR 38/78 – AP Nr. 23 zu § 5 BetrVG 1972 m. Anm. *Martens, K. P.* = DB 1980, 1947),
der **Leiter der Abteilung Unternehmensplanung** (*BAG* vom 17. 12. 1974 – 1 ABR 105/75 – EzA § 5 BetrVG 1972 Nr. 15 = DB 1975, 1032),
der **Leiter der Abteilung »Dünnschicht und Poliertechnik«** eines optischen Betriebes, weil er Forschungsarbeit leistete und am Abschluß von Lizenzverträgen beteiligt war;
Leiter der Verkaufsabteilung, der **Einkaufsabteilung**, der **Exportabteilung**, der **Finanzbuchhalter** und der **Chef der Betriebs- und Betriebsmittelplanung** (*ArbG Frankfurt* vom 9. 5. 1972 – 4 BV 1/72 – EzA § 5 BetrVG 1972 Nr. 2 = BB 1972, 962),
Leiter der Buchhaltung, Leiter der **Organisation** (EDV), Leiter der **Fertigungsplanung** (*ArbG Frankfurt* vom 12. 4. 1972 – 2 Bv 2/72 – DB 1972, 1634, 963),
die **Leiter unterschiedlicher Abteilungen in einem Unternehmen der chemischen Industrie mit ca. 9 500 Arbeitnehmern** (ArbG Berlin vom 23. 1. 1978 – 26 BV 2/77 – DB 1978, 1085),
Leiter des Qualitätswesens, Kontrolleur, Leiter der Materialwirtschaft, der Fertigung sowie der **Fertigungsvorbereitung** (*ArbG Mainz* vom 15. 2. 1980 – 5 BV 15/79 – DB 1980, 1174).

bb) Nichtleitende Angestellte
Beispiele für Arbeitnehmer, die nicht als leitende Angestellte angesehen wurden:
79 **Betriebsingenieure** (*ArbG Frankfurt* vom 9. 5. 1972 – 4 BV 1/72 – EzA § 5 BetrVG 1972 Nr. 2),

Arbeitnehmer § 5

Leiter der Personalabteilung ohne Befugnisse selbständiger Einstellung und Entlassung (*ArbG Aachen* vom 23. 2. 1972 – 2 BV 1/72 – BB 1973 Beilage Nr. 3, 2),
Leiter der Organisationsabteilung (LAG Hamm vom 28. 9. 1973 – 8 TaBV 17/73 – DB 1973, 2353),
Verkaufsleiter und **Betriebsleiter** in einer **Niederlassung eines größeren Kraftfahrzeugherstellers**, die bei Verkäufen an die Listenpreise des Herstellers gebunden sind (*BAG* vom 15. 3. 1977 – 1 ABR 29/76 – DB 1978, 496);
Leiter der Arbeits- und Stückzahlplanung, der Montagevorbereitung, des Kontruktionsbereiches ohne umfassendes Tätigkeitsgebiet, des Elektrobereiches, der Nachkalkulation und Kostenstatistik, des Versuchswesens, des literarischen Büros, der Stabsstelle Betriebswirtschaft (*ArbG Frankfurt* vom 9. 5. 1972 – 4 BV 1/72 – EzA § 5 BetrVG 1972 Nr. 2; vgl. auch *D/R* § 5 Rz. 163),
Leiter eines Verbrauchermarktes (BAG vom 19. 8. 1975 – 1 AZR 613/74 – EzA § 102 BEtrVG 1972 Nr. 15 m. Anm. *Meisel* = DB 1975, 2138),
Werksarzt (*LAG Baden-Württemberg* vom 31. 3. 1977 – 7 TaBV 11/76 – AP Nr. 17 zu § 5 BetrVG 1972 = DB 1978, 497, 2315 m. Anm. *Sophnius/Schirdewahn*),
die **Hauptabteilungsleiter eines von 20 Hauptbüros eines Großunternehmens**, die ihrerseits noch dem kaufmännischen Direktor des Hauptbüros unterstehen und bei denen nicht festzustellen war, daß sie bei Verkaufsverhandlungen einen erheblichen eigenen Entscheidungsspielraum haben (*BAG* vom 19. 11. 1974 – 1 ABR 20/73 – EzA § 5 BetrVG 1972 Nr. 9 m. Anm. *Kraft* = DB 1975, 405);
der **Leiter der Abteilung »Ausgangsrechnung, Lizenzen, Provisionen«** (*BAG* vom 17. 12. 1974 – 1 ABR 113/73 – EzA § 5 BetrVG 1972 Nr. 12 = DB 1975, 889, 984),
Bezirksleiter und **stellvertretender Verkaufsdirektor** eines von vier Zweigbetrieben (*BAG* vom 19. 8. 1975 – 1 AZR 565/74 – EzA § 5 BetrVG 1972 Nr. 16 = DB 1975, 2231),
der **Leiter einer Fertigungsabteilung** mit 400 gewerblichen Arbeitnehmern und 16 Meistern und technischen Angestellten, weil seine Tätigkeit im Gefüge des Großunternehmens mehr ausführender Art war (*BAG* vom 15. 3. 1977 – 1 ABR 86/76 – DB 1978, 496);
der **Vertriebsleiter eines Verlagsunternehmens** (*BAG* vom 27. 10. 1978 – 1 ABR 27/77 – EzA § 5 BetrVG 1972 Nr. 32 = DB 1979, 700),
der **Geschäftsstellenleiter der Organisationsbezirksdirektion** einer Versicherungsgesellschaft (*BAG* vom 26. 10. 1979 – 7 AZR 752/77 – EzA § 9 KSchG 1969 Nr. 7 = DB 1980, 356),
ein **Arzt**, der **als Leiter des Departements Endokrin-Pharmakologie** tätig war (*ArbG Berlin* vom 23. 1. 1978 – 26 BV 2/77 – DB 1978, 1085).

h) Tätigkeitsbezogene Abgrenzungskriterien
Aus der bisher ergangenen Rechtsprechung läßt sich ein Katalog von Abgrenzungskriterien erstellen. Hier ist allerdings z. T. zwischen den Tätigkeitsbereichen Fertigung, Vertrieb, Planung/Organisation, Personalwesen und Finanz-/Rechnungswesen zu differenzieren. 80

aa) Interessengegensatz
Für das Vorliegen des notwendigen Interessengegensatzes **reicht die »schlichte Vorgesetztenanstellung« nicht** aus (*BAG* vom 17. 12. 1974 – 1 ABR 131/73 – EzA § 5 BetrVG 1972 Nr. 11 = DB 1975, 887). Die vom Gesetz vorausgesetzte Interessenpolarität ist mit den Funktionen »Wahnehmung bedeutsamer unternehmeri- 81

scher Aufgaben, erheblicher Entscheidungsspielraum entsprechend Dienststellung und Dienstvertrag« typisch verbunden. Der Gegnerbezug ist demnach kein selbständiges Abgrenzungskriterium (*BAG* vom 29. 1. 1980 – 1 ABR 45/79 – EzA zu § 5 BetrVG 1972 Nr. 35 m. Anm. *Kraft* = DB 1980, 1545).

82 In den Bereichen **Fertigung und Vertrieb** liegt dann keine »schlichte Vorgesetztenstellung« mehr vor, wenn im Rahmen der zugewiesenen Aufgaben Mitwirkungs- und Mitbestimmungsrechte des Betriebsrats berührt werden. Dies kann etwa dann der Fall sein, wenn eine Befugnis des Angestellten zur Anordung von Mehrarbeit und Versetzung besteht oder der Angestellte über die Qualifikationen von Bewerbern bei freiwerdenden Stellen entscheidet.

83 Im Bereich **Planung/Organisation** und **Finanz-/Rechnungswesen** ergibt sich die Stellung als leitender Angestellter unmittelbar aus dem Tätigkeitsfeld. Unternehmens-, Organisations-, Finanz-, Umsatz-, Produktions- und Ergebnisplanung haben nämlich von vornherein erhebliche langfristige Auswirkungen auf bestehende und künftige Arbeitsverhältnisse (vgl. *BAG* vom 17. 12. 1974 – 1 ABR 105/73 – EzA § 5 BetrVG 1972 Nr. 15 = DB 1975, 1032; für die Organisationsplanung auch *BAG* vom 17. 12. 1974 – 1 ABR 131/73 – EzA § 5 BetrVG 1972 Nr. 11 = DB 1975, 887; *BAG* vom 17. 12. 1974 – 1 ABR 113/73 – EzA § 5 BetrVG 1972 Nr. 12 = DB 1975, 889).

84 Im **Personalwesen** besteht schon durch die Möglichkeit der Entscheidung über Einstellungen, Eingruppierungen, Versetzungen, Entlassungen und Fragen der Lohngestaltung ein maßgeblicher Einfluß auf die Entscheidung über personelle Grundsatzfragen, über Personalrichtlinien und den Abschluß von Betriebsvereinbarungen (vgl. *BAG* vom 19. 8. 1975 – 1 AZR 613/74 – EzA § 102 BetrVG 1972 Nr. 15 m. Anm. *Meisel* = DB 1975, 2138). Der leitende Angestellte muß aber nicht nur im Außenverhältnis befugt sein, Einstellungen und Entlassungen vorzunehmen, sondern auch im Innenverhältnis gegenüber dem Arbeitgeber eigenverantwortlich über die Einstellung und Entlassung einer bedeutenden Anzahl von Arbeitnehmern des Betriebes entscheiden können (*BAG* vom 11. 3. 1982 – 6 AZR 136/79 – EzA § 5 BetrVG 1972 Nr. 41 = DB 1982, 1990).

bb) Unternehmerische Nähe – Eigenverantwortlichkeit der Entscheidung

α) **Im Fertigungsbereich**

85 Die **Anzahl der zu führenden Mitarbeiter** kann für größere Betriebe oder Betriebsteile (*BAG* vom 17. 12. 1974 – 1 ABR 131/73 – EzA § 5 BetrVG 1972 Nr. 11 = DB 1975, 887) als Indiz zur Entscheidung über die Eigenschaft als leitender Angestellter herangezogen werden. Ebenso kann nicht unberücksichtigt bleiben, welchen Schwierigkeitsgrad die Aufgaben der unmittelbar unterstellten Mitarbeiter haben (die Unterstellung etwa von Konstrukteuren ist anders zu beurteilen als die von Bandarbeitern).

86 Auch der Umfang der eigenen Sachverantwortung des leitenden Angestellten kann zur Abgrenzung herangezogen werden. Hier ist zu unterscheiden:
Hinsichtlich der **Budgetverantwortung** kommt es auf die Höhe des Budgets nicht an (*BAG* a.a.O.). Entscheidend kann nur eine verantwortliche Einflußnahme (**ablehnend** bei Vorschlagsrechten *BAG* a.a.O.) auf Erstellung, Abänderung und Verwendung des Budgets sein.
Als Abgrenzungskriterium ist auch die **Verantwortung für Sachgegenstände** heranzuziehen (vgl. dazu *BAG* a.a.O.), wobei sowohl Art und Wert der zu betreuen-

den Sachgegenstände als auch Art und Wert der zu erstellenden Sachleistungen (**Ergebnisverantwortung**) zur Beurteilung herangezogen werden können.
Art und Qualität der Berufsausbildung des leitenden Angestellten sind **keine absoluten Indizien** (*BAG* vom 17.12. 1974 – 1 ABR 105/73 – EzA § 5 BetrVG 1972 Nr. 15 = DB 1975, 1032); die für den Aufgabenbereich zu fordernden Fähigkeiten sind allerdings zu berücksichtigen. 87
Ebenso ist auf den Umfang des **Handlungs- und Entscheidungsspielraums** bei der Arbeitsdurchführung abzustellen. Hier spielt auch die Frage eine Rolle, inwieweit die Tätigkeit des Angestellten kontrollierbar ist. Ein Angestellter, der für einen nicht unbedeutenden Produktionsbetrieb eines Großunternehmens in eigener Verantwortung die Voraussetzungen einer wirtschaftlichen Produktion und deren laufende Anpassung an die technische Entwicklung und die Erfordernisse des Marktes schafft bzw. bewirkt, nimmt auf die technische Führung des Unternehmens ausgerichtete Tätigkeiten wahr und führt nicht nur einen vorgegebenen Produktionsauftrag aus. Er ist daher – soweit die sonstigen Voraussetzungen erfüllt sind – leitender Angestellter i.S.d. BetrVG (*LAG Hamm* vom 19.5. 1978 – 3 TaBV 19/78 – EzA § 5 BetrVG 1972 Nr. 29 = DB 1978, 1407). 88
Das **Jahreseinkommen** ist hinsichtlich seiner absoluten Höhe von der Rechtsprechung bisher **nicht** als **Abgrenzungskriterium** anerkannt worden (*BAG* vom 19.11. 1974 – 1 ABR 20/73 – EzA § 5 BetrVG 1972 Nr. 9 m. Anm. *Kraft* = DB 1975, 405). Nach Einführung des Abs. 4 in § 5 ist nunmehr jedoch nach Nr. 3 im Zweifel leitender Angestellter, wer ein regelmäßiges Jahresarbeitseingelt erhält, das für leitende Angestellte in dem Unternehmen üblich ist (vgl. Rz. 128 ff.). Dies bedeutet, daß die Relation zum allgemeinen betrieblichen Gehaltsniveau sowie seine Zusammensetzung (Tantiemen, Dienstwagen ect.) von Bedeutung sein kann, sofern bei der Anwendung des § 5 Abs. 3 Nr. 3 Zweifel bestehen. Hinsichtlich § 5 Abs. 4 Nr. 3 dient als Hilfskriterium § 5 Abs. 4 Nr. 4, wonach im Zweifel das Dreifache der Bezugsgröße nach § 18 des SGB IV heranzuziehen ist, vgl. Rz. 134 ff. 89
Auch die Einordnung in die betriebliche Organisation (**Hierarchie**) kann ein Indiz für die Stellung als leitender Angestellter sein. Je mehr Vorgesetzte vorhanden sind, um so weniger kann von einem breiten Entscheidungsspielraum des Angestellten gesprochen werden. 90

β) **Im Bereich des Vertriebs**
Die **Anzahl der zu führenden Mitarbeiter** kann – weitergehend als im Fertigungsbereich (oben Rz. 85) – als **Indiz** herangezogen werden. Ansonsten ergeben sich bezüglich der Personalverantwortung keine Abweichungen. 91
Ähnliches gilt für die **Budgetverantwortung**. Zusätzlich ist darauf hinzuweisen, daß weder die Höhe des Umsatzes noch etwa die des zur Verfügung stehenden Werbeetats als abstrakte Zahlen ein Indiz darstellen (vgl. *BAG* a.a.O.). 92
Kriterien für eine erhöhte **Sach- und Ergebnisverantwortung** sind u.a. die Erarbeitung von Verkaufsbedingungen und Marktstrategien sowie die Verantwortung für die Einhaltung von Verträgen und Lieferzeiten. 93
Hinsichtlich der Art der **Ausbildung** und des **Fähigkeitspotentials** kann auf Rz. 87 verwiesen werden. 94
Weitere Kriterien hinsichtlich der **Eigenverantwortlichkeit** sind der Grad des Spielraums bei der Gewährung von Rabatten sowie bei Reklamationen und die Kontrollierbarkeit. 95

§ 5   1. Teil Allgemeine Vorschriften

96 Zur Bedeutung des **Jahreseinkommens** und der Einordnung in die **Betriebshierarchie** vgl. Rz. 89 ff.

γ) **Bereich Planung/Organisation**

97 Bei der Personalverantwortung ist die **unmittelbare Vorgesetztenstellung** (bei Stabsstellen) **nicht entscheidend** (*BAG* vom 17. 12. 1974 – 1 ABR 105/73 – EzA § 5 BetrVG 1972 Nr. 15 = DB 1975, 1032).

98 Im Rahmen der **Budgetverantwortung** kann insbesondere darauf abgestellt werden, inwieweit durch Planungsmaßnahmen eine Einflußnahme auf die Budgets anderer Abteilungen möglich ist.

99 Auch in diesem Bereich sind die erforderlichen **Fähigkeiten** Indizien, besonders bei der Serienfertigung durch die Potenzierung möglicher Fehler (zur Einzelfertigung vgl. *BAG* a.a.O.).

100 Bezüglich des eigenverantwortlichen **Entscheidungsspielraums** (oben Rz. 88) ist auch darauf abzustellen, ob dem Angestellten Prüfungsbefugnisse, z. B. über die Neuorganisation von Arbeitsabläufen, zustehen.

101 Zum **Jahreseinkommen** und zur Einordnung in die **Betriebshierarchie** vgl. Rz. 89 ff.

δ) **Personalwesen**

102 Bezüglich der **Budgetverantwortung** bieten sich als Kriterien an: Verantwortliche Einflußnahme (nicht nur Vorschlagsrechte, vgl. *BAG* vom 17. 12. 1974 – 1 ABR 131/73 – EzA § 5 BetrVG Nr. 11 = DB 1975, 887) des betreffenden Angestellten auf das Budget der eigenen Abteilung sowie das Personalbudget anderer Abteilungen durch Festlegung von Vorgaben sowie auf die Durchsetzung und Ausführung der Personalplanung.

103 Darüber hinaus haben **Art und Umfang der fachlichen Personalbetreuung** einen Einfluß auf die Qualifikation als leitender Angestellter. In diesem Zusammenhang ist auf eine »unternehmensüberdeckende« Tätigkeit (*BAG* vom 17. 12. 1974 – 1 ABR 105/73 – EzA § 5 BetrVG 1972 Nr. 15 = DB 1975, 1032) und auf den Grad der Einflußnahme auf die Personalführung durch Beratung und Unterstützung abzustellen.

104 In diesem Tätigkeitsbereich hat auch der **Umfang der Außenkontakte** besondere Bedeutung; so sind als Indizien für die Tätigkeit eines leitenden Angestellten zu werten:
Prozeßvertretung beim Arbeitsgericht, Funktion als Arbeitgeberbeisitzer bei den Arbeits- und Sozialgerichten, Stellung als Arbeitgebervertreter in Gremien der sozialen Selbstverwaltung, sowie unter Umständen die Mitgliedschaft in Ausschüssen der Industrie- und Handelskammern.

105 Hinsichtlich der Merkmale für die eingenverantwortlichen **Entscheidungsbefugnisse** sowie der Bedeutung von **Jahreseinkommen** und Einordnung in die **Betriebshierarchie** ergeben sich keine weiteren Besonderheiten.

ε) **Finanz- und Rechnungswesen**

106 In diesem Tätigkeitsbereich ist – bezüglich der **Budgetverantwortung** – der Grad der möglichen Einflußnahme der Angestellten auf folgende Komplexe entscheidend:
Finanzplanung (kurz- und mittelfristig), Umsatz-, Kosten- und Ergebnisplanung, Investitionsplanung und Kapitalbeschaffung.

Arbeitnehmer § 5

Abzustellen ist auch auf Art und Umfang der durch den leitenden Angestellten **107** wahrzunehmenden **Fachaufgaben,** wobei etwa der Ausarbeitung von Richtlinien über die Gewährung von Kundenkrediten, der Ausarbeitung von Kalkulationsgrundlagen, der Kontrolle von Rechnungslegung und Planeinhaltung aller Abteilungen sowie der Schwachstellenanalyse in Unternehmensbereichen besondere Bedeutung zukommt.
Bei den dem Angestellten zugewiesenen **Außenkontakten** ist u. a. darauf abzu- **108** stellen, ob er Abschlußvollmacht für Bankgeschäfte hat, und auf welcher Rangebene sich die jeweiligen Gesprächs- und Verhandlungspartner bewegen.
Bei der Bewertung des **Entscheidungsspielraums** kommt es auch darauf an, ob **109** der Angestellte Voraussetzungen für maßgebliche Entscheidungen schafft, an denen die Unternehmensführung »nicht vorbeigehen« kann (*BAG* vom 17.12. 1974 – 1 ABR 105/73 – EzA § 5 BetrVG 1972 Nr. 15 = DB 1975, 1032).
Zur Bedeutung des **Jahreseinkommens** und der **Einordnung in die betriebliche** **110** **Organisation** vgl. oben Rz. 89 ff.

6. Die Zuständigkeit zur Eingruppierung

Die **Eingruppierung** eines Angestellten als leitender Angestellter **nimmt** der **Ar- 111 beitgeber vor.** Die **Entscheidung unterliegt nicht** der **Mitbestimmung des Betriebsrats.** Die Abgrenzung des Gesetzes ist endgültig. Sie kann weder durch die Arbeitsvertragsparteien (*BAG* vom 19. 8. 1975 – 1 AZR 565/74 – EzA zu § 102 BetrVG 1972 Nr. 16 m. Anm. *Meisel* = DB 1975, 2231) noch durch Betriebsvereinbarung oder Tarifvertrag verändert werden (*D/R* § 5 Rz. 165). Bestreitet der Betriebsrat die Rechtmäßigkeit der Einordnung, so entscheidet im Streitfall das Arbeitsgericht im Beschlußverfahren. Die Entscheidung durch die Einigungsstelle ist unzulässig, da es sich um eine Rechtsfrage handelt.
Antragsberechtigt sind nicht nur der Betriebsrat und der Arbeitnehmer (*BAG* **112** vom 23.1. 1986 – 6 ABR 22/82 – EzA § 5 BetrVG 1972 Nr. 43 = DB 1986, 1983), sondern **auch** der **Arbeitgeber,** denn seine Rechtsposition kann durch die Stellung des Arbeitnehmers in vielfältiger Weise berührt werden. Die unrichtige Abgrenzung des Kreises der leitenden Angestellten kann sich z. B. auswirken auf die Betriebsratspflichtigkeit nach § 1, insbesondere bei Nebenbetrieben gem. § 4, aber auch auf die Größe des Betriebsrats und die Sitzverteilung zwischen den Gruppen gem. §§ 9, 10 sowie auf die Zahl der freizustellenden Betriebsratsmitglieder gem. § 38. Vor allem aber hat der Arbeitgeber als Partner des Einzelarbeitsvertrages ein grundsätzliches Interesse an der Klarstellung eines umstrittenen rechtlichen Status eines Betriebsangehörigen. Er kann daher seinerseits auch in einem früherem Stadium die rechtliche Klärung durch das Arbeitsgericht herbeiführen und braucht nicht zu warten, bis der zukünftige Betriebsrat versucht, Mitbestimmungsrechte (z.B. nach §§ 95 Abs. 1 und 2, 99, 106 ff.) geltend zu machen.
Unabhängig von dem gerichtlichen Statusverfahren hat der Gesetzgeber im Hin- **113** blick auf die Wahl der Sprecherausschüsse und der hierzu erforderlichen Klärung der Frage, wer leitender Angestellter ist, mit § 18a ein formelles, erleichtertes Zuordnungsverfahren eingeführt, das nur für das Wahlverfahren Bedeutung hat (*F/A/K/H* § 18a Rz. 5) und in anderen Bereichen keine Wirkung entfaltet *F/A/K/H* § 18a Rz. 52 m.w.N.). Das Zuordnungsverfahren kommt in Frage,

§ 5   1. Teil Allgemeine Vorschriften

wenn sowohl der Sprecherausschuß als auch der Betriebsrat oder nur eines der Gremien gewählt wird.
Wird trotz des Zuordnungsverfahrens während des Wahlverfahrens nach § 18a ein gerichtliches Statusverfahren durchgeführt, ist die gerichtliche Entscheidung für die Zuordnung maßgeblich, und die im Zuordnungsverfahren nach § 18a ergangene Entscheidung wird unverbindlich.

V. Die Auslegungsregeln des § 5 Abs. 4 BetrVG

1. Allgemeines und Rechtsnatur

114 § 5 Abs. 4 BetrVG soll nach der Entwurfsbegründung (BT-Drucks. 11/2503 vom 16.6. 1988, 25, 30, 31) in den Fällen, in denen die Zuordnung von Angestellten zu den leitenden Angestellten nach dem funktionalen Grundtatbestand des § 5 Abs. 3 Satz 2 Nr. 3 BetrVG zweifelhaft ist, eine Entscheidungshilfe geben. Die Anwendung des § 5 Abs. 3 Satz 2 Nr. 3 soll dadurch erleichtert werden, denn auch nach ihrer Präzisierung bleibt Nr. 3 ein generalklauselartig umschriebener unbestimmter Gesetzesbegriff, der auch zukünftig gerade in Grenzfällen schwierig zu handhaben bleiben wird. Deshalb soll Abs. 4 weniger den Gerichten, sondern vielmehr den betrieblichen Zuordnungsstellen (Wahlvorstände, Vermittler, vgl. § 18a) behilflich sein, die in der Regel ohne spezielle Rechtskenntnis die Zuordnung vorzunehmen haben.

115 Die Rechtsnatur des Abs. 4 ist jedoch aufgrund der Formulierung »im Zweifel« rechtstechnisch schwer zu erschließen. Es bestehen folgende Möglichkeiten:
1. Abs. 4 enthält Auslegungsregeln mit der Folge, daß er erst dann zu prüfen ist, wenn trotz eingehender Prüfung des Abs. 3 Satz 2 Nr. 3 noch Zweifel bleiben.
2. Abs. 4 enthält Regelbeispiele mit der Folge, daß als leitender Angestellter in der Regel anzusehen ist, wer die Merkmale des Abs. 4 erfüllt. Eine Ausnahme gilt dann, wenn besondere, aus § 5 Abs. 3 Satz 2 Nr. 3 folgende Gründe einer Zuordnung zu den leitenden Angestellten entgegenstehen.
3. Abs. 4 enthält Vermutungstatbestände, die widerlegt sind, wenn der Gegenbeweis nach § 5 Abs. 3 Satz 2 Nr. 3 gelingt, was der Fall ist, wenn der Angestellte offensichtlich kein leitender Angestellter ist.
4. Abs. 4 enthält Konkretisierungstatbestände, die im Falle ihres Vorliegens unmittelbar auf die Rechtsanwendung des § 5 Abs. 3 Satz 2 Nr. 3 einwirken. Werden Merkmale des Abs. 4 vorgetragen, so müssen diese bei der Auslegung des § 5 Abs. 3 Satz 2 Nr. 3 in vertretbarer Bandbreite mitberücksichtigt werden (Gleichwertigkeit von § 5 Abs. 3 und § 5 Abs. 4).
Der Wortlaut »im Zweifel«, der sich an den Vorbildern im BGB orientiert, spricht für die Einordnung als Auslegungsregeln. Regelbeispiele werden üblicherweise gesetzestechnisch durch die Worte »in der Regel« (vgl. § 243 Abs. 2 StGB), Vermutungstatbestände durch die Worte »Es wird vermutet, daß...« (vgl. §§ 891, 1006 BGB, § 22 Abs. 3 und § 23a Abs. 1 GWB, § 17 Abs. 1 und § 18 Abs. 1 AktG) und Konkretisierungstatbestände durch die Worte »insbesondere« (vgl. § 1 Abs. 1 Satz 3 BeschFG) zum Ausdruck gebracht.

116 Aus rechtssystematischer Sicht spricht gegen das Vorliegen von Konkretisierungstatbeständen, daß für die formalen Merkmale ein eigenständiger Abs. 4

geschaffen wurde. Stünden die Merkmale des Abs. 4 gleichwertig neben Abs. 2, so hätte die Bildung eines einheitlichen Tatbestandes nahegelegen.

Aus der Gesetzesgeschichte spricht daher alles dafür, daß hier Auslegungsregelungen geschaffen wurden, die in den Fällen, in denen die Zuordnung eines Angestellten nach dem funktionalen Grundtatbestand zweifelhaft bleibt, eine Entscheidungshilfe sein sollen (vgl. Entwurfsbegründung BT-Drucks. XI 2503 vom 16. 6. 1988). Damit hat der Gesetzgeber die Prüfungsreihenfolge bei der Anwendung des § 5 Abs. 3 und Abs. 4 vorgegeben. Da sich Zweifel bei der Rechtsanwendung nur anläßlich der Prüfung von § 5 Abs. 3 Satz 2 Nr. 3 ergeben können, geht dieser als Grundtatbestand § 5 Abs. 4 vor, dem nur die Rolle eines Hilfstatbestandes zukommt. 117

Daraus folgt, daß die Schwelle zu § 5 Abs. 4 nicht schon dann überschritten werden darf, wenn einer der am Zuordnungsverfahren Beteiligten subjektiv Zweifel an der Zuordnung nach § 5 Abs. 3 Satz 2 Nr. 3 hat. Andererseits ist zu beachten, daß § 5 Abs. 4 als Wertungsanweisung erst dann eingreift, wenn nach Anwendung der allgemeinen Auslegungsgrundsätze andere Lösungen vertretbar sind. Der Anwendungsbereich des § 5 Abs. 4 bleibt damit auf schwierige Grenzfälle beschränkt (vgl. *Engels/Natter* BB 1989 Beilage Nr. 8, 1 ff.; a. A., die einen Rückgriff auf § 5 Abs. 4 aus rechtsdogmatischen Gründen gänzlich ablehnen: *Clausen/Löhr/ Schneider/Trümmer* AuR 1988, 293, 297; Stellungnahme des DGB zur öffentlichen Anhörung des Ausschusses für Arbeit und Sozialordnung des Deutschen Bundestages, Ausschuß – Drucks. 687, 21 ff.; Bedenken auch bei *Steindorff* AuR 1988, 266, 269 und *Hanau* AuR 1988, 261 ff.). 118

Hat die betriebliche Zuordnungsstelle aufgrund rechtlicher Zweifel bei der Zuordnung auf § 5 Abs. 4 zurückgegriffen, ist das durch die Gerichte für Arbeitssachen nachprüfbar. Das angerufene Gericht kann feststellen, daß sich die Zuordnung – positiv wie negativ – zweifelsfrei aus § 5 Abs. 3 Satz 2 Nr. 3 ergibt oder daß sich die betriebliche Zuordnungsstelle um eine sachgerechte Auslegung der Merkmale des § 5 Abs. 3 Satz 2 Nr. 3 oder um die abschließende Gesamtwertung der Tätigkeit des Angestellten nicht hinreichend bemüht hat. 119

Hat das Gericht seinerseits Zweifel bei der Zuordnung, kann es auf die Kriterien des § 5 Abs. 4 Nr. 1–4 zurückgreifen, die grundsätzlich auf die faktischen, unternehmensbezogenen Gegebenheiten abstellen und im wesentlichen formaler Natur sind. 120

2. Anknüpfung an die frühere Zuordnung (Nr. 1)

Nach Nr. 1 ist im Zweifel leitender Angestellter, wer aus Anlaß der letzten Betriebsrats-, Sprecherausschuß- oder Aufsichtsratswahl oder durch rechtskräftige gerichtliche Entscheidung den leitenden Angestellten zugeordnet war. Nr. 1 gibt damit ein eindeutiges Kriterium, das keinen Beurteilungsspielraum zuläßt, an die Hand. 121

Diese Regelung, die im Umkehrschluß bedeutet, daß im Zweifel nicht leitender Angestellter ist, wer auch früher kein leitender Angestellter war, enthält jedoch keine Zustandsgarantie, sondern soll lediglich dem Gedanken der Kontinutiät Rechnung tragen. 122

Hat sich die Tätigkeit des leitenden Angestellten seit seiner Zuordnung jedoch im Sinne einer »Entleitung« geändert, so wird die Zuordnung in der Regel bereits im 123

§ 5 *1. Teil Allgemeine Vorschriften*

Rahmen des § 5 Abs. 3 Satz 2 Nr. 3 zu verneinen sein, so daß ein Rückgriff auf § 5 Abs. 4 ausscheidet.

124 Die Nr. 1 kommt jedenfalls nicht in Betracht, wenn eine frühere Zuordnung einer inzwischen ergangenen gerichtlichen Entscheidung widerspricht.

3. Anknüpfung an die Leitungsebene (Nr. 2)

125 Nach Nr. 2 ist im Zweifel leitender Angestellter, wer einer Leitungsebene angehört, auf der im Unternehmen überwiegend, d. h. zu mehr als 50%, leitende Angestellte vertreten sind. Diese Auslegungsregel gilt sowohl für leitende Angestellte in Linien- als auch für solche in einer sogenannten Stabsfunktion.

126 Der Begriff der »Leitungsebene« umfaßt eine bestimmte hierarchische Ebene im Unternehmen, wobei solche Angestellte gemeint sind, die gleiche oder vergleichbare bedeutsame Funktionen wahrnehmen, die in einer Unternehmung überwiegend von leitenden Angestellten ausgeübt werden.

127 Bei dieser Zuordnung darf jedoch nicht schematisch verfahren werden, weil die Leitungsstrukturen auch innerhalb der Unternehmen unterschiedlich sein können. Ist z. B. der hierarchische Aufbau im Stabsbereich weniger ausgeprägt als im Linienbereich, dann werden bereits nach § 5 Abs. 3 Satz 2 Nr. 3 unterschiedliche Zuordnungen trotz gleicher Leitungsebene vorzunehmen sein. Auf die Auslegungsregel des § 5 Abs. 4 Nr. 2 kommt es dann nicht mehr an (*Engels/Natter* BB 1989 Beilage Nr. 8, 1, 12; ähnlich *Buchner* NZA Beilage Nr. 1/89, 2 ff., 10).

4. Anknüpfung an die Gehaltsstruktur im Unternehmen (Nr. 3)

128 Nach Nr. 3 ist im Zweifel leitender Angestellter, wer ein regelmäßiges Jahresarbeitsentgelt erhält, das für leitende Angestellte in dem Unternehmen üblich ist. Maßgeblich ist damit das Gehaltsniveau des Unternehmens, nicht etwa die branchenüblichen Gehälter.

129 Das Jahresarbeitsentgelt umfaßt alle laufenden und einmaligen Einnahmen, gleichgültig in welcher Form sie geleistet werden, d. h. neben dem Festgehalt auch zusätzliche Gehaltsbestandteile wie z. B. Tantiemen, soweit sie regelmäßig anfallen. Auszugehen ist hierbei von der bisherigen und zukünftigen Gehaltsentwicklung über einen längeren Zeitraum hinweg.

130 Das Merkmal »üblich« bedeutet, daß die Gehaltssumme maßgeblich ist, die nach der Gehaltsstruktur des Unternehmens die leitenden Angestellten, ohne Berücksichtigung besonders schlecht bezahlter, von den außertariflichen Angestellten abhebt. Es handelt sich also um das regelmäßige »Einstiegsgehalt« und nicht um das Durchschnittsgehalt der leitenden Angestellten des Unternehmens.

131 Aus Nr. 3 folgt mittelbar die Pflicht des Arbeitgebers, die erforderlichen Daten für den Gehaltsvergleich zur Verfügung zu stellen.

132 Erfolgt die Zuordnung im Rahmen des Verfahrens nach § 18a BetrVG, so sind als Rechtsgrundlage ferner § 2 Abs. 2 Wahlordnung 1972 (sowie die noch zu erlassende entsprechende Vorschrift in der Wahlordnung zum Sprecherausschußgesetz) und § 18a Abs. 2 Satz 2 BetrVG heranzuziehen.

133 Der Umfang der vorzulegenden Unterlagen bestimmt sich nach dem Grundsatz der Erforderlichkeit (entsprechend § 80 Abs. 2 Satz 2). Danach wird eine Über-

sicht über die Bandbreite der an leitende Angestellte gezahlten Gehälter vorzulegen sein, wobei der Arbeitgeber die Vorlage der Unterlagen nicht unter Berufung auf die Gefährdung von Betriebs- oder Geschäftsgeheimnissen verweigern darf.

5. Gesamtwirtschaftliches Hilfskriterium (Nr. 4)

Im Gegensatz zu den unternehmensbezogenen Auslegungsregeln der Nr. 1–3 stellt Nr. 4 auf eine gesamtwirtschaftliche Gehaltsgrenze (1989: 113 400,– DM) ab, falls auch bei der Anwendung der Nr. 3 noch Zweifel bleiben. **134**

Die Hilfsauslegungsregel des § 5 Abs. 4 Nr. 4 ist nicht alternativ neben den anderen Auslegungsregeln anzuwenden, sondern ist ausschließlich ein Hilfskriterium zu Nr. 3. Nach der Gesamtkonzeption des § 5 Abs. 3 Satz 2 Nr. 3 i. V. m. § 5 Abs. 4 steht die Hilfsauslegungsregel unter einem doppelten Vorbehalt: Erstens muß der Zugang zu § 5 Abs. 4 wegen rechtserheblicher Zweifel bei der Anwendung des § 5 Abs. 3 Satz 2 Nr. 3 gegeben sein. Zweitens muß der Zugang zu § 5 Abs. 4 Nr. 4 durch rechtserhebliche Zweifel bei der Auslegung des § 5 Abs. 4 Nr. 3 eröffnet sein. **135**

Der Anwendungsbereich des § 5 Abs. 4 Nr. 4 ist deshalb äußerst eng. Ein Rückgriff auf § 5 Abs. 4 kann nur in Betracht kommen, wenn die Bandbreite der an leitende Angestellte gezahlten Gehälter so groß ist oder nur so wenig leitende Angestellte beschäftigt werden, daß sich die »Üblichkeit« i. S. d. § 5 Abs. 4 Nr. 3 nicht feststellen läßt. **136**

Ein Rückgriff auf § 5 Abs. 4 Nr. 4 mit der Begründung, es bestünden trotz der festgestellten Üblichkeit bei der Vergütung noch immer Zweifel nach § 5 Abs. 4 Nr. 3, ist dagegen unzulässig. Liegt das für leitende Angestellte in dem Unternehmen übliche Gehalt beispielsweise bei 150 000,– DM und errreicht das Gehalt des Angestellten diese Grenze, so ist er ohne Rücksicht auf § 5 Abs. 4 Nr. 4 leitender Angesteller. Erreicht dagegen der Angestellte das übliche Gehalt nicht, dann ist er ebenfalls ohne Rücksicht auf § 5 Abs. 4 Nr. 4 kein leitender Angestellter (*Buchner* NZA Beilage Nr. 1/89, 2, 10). **137**

VI. Sprecherausschüsse

1. Allgemeines

Kernstück des am 1. Januar 1989 in Kraft getretenen Gesetzes zur Änderung des BetrVG, über Sprecherausschüsse der leitenden Angestellten und zur Sicherung der Montanmitbestimmung (BGBl. I 1988, 2312) ist die Schaffung einer betrieblichen Interessenvertretung der leitenden Angestellten, die durch den Betriebsrat nicht vertreten werden. Die Sprecherausschüsse wurden erstmals mit den regelmäßigen Betriebsratswahlen zwischen dem 1. März und dem 31. Mai 1990 gewählt (§ 5 Abs. 1 SprAuG). **138**

Freiwillige Sprecherausschüsse, die aufgrund von Vereinbarungen gebildet wurden oder für die Übergangszeit noch gebildet wurden, blieben bis zur Wahl – spätestens bis zum 31. Mai 1990 – im Amt. **139**

2. Die Rechtsnatur des Sprecherausschusses

140 Nach § 25 Abs. 1 Satz 1 SprAuG vertritt der Sprecherausschuß die Belange der leitenden Angestellten des Betriebs, und zwar unabhängig davon, ob einzelne leitende Angestellte den Sprecherausschuß gewählt haben oder ob sie mit der bestimmten Maßnahme des Sprecherausschusses einverstanden sind. Im Unterschied zu dem freiwilligen Sprecherausschuß hat der gesetzliche Sprecherausschuß nunmehr ein repräsentationsrechtliches Mandat für alle leitenden Angestellten.
141 Da der Sprecherausschuß keine juristische Person ist, ist er wie die Belegschaft nicht vermögensfähig. Eine Teilvermögensfähigkeit ergibt sich jedoch daraus, daß dem Sprecherausschuß als Instiution der Anspruch auf Kostentragung durch den Arbeitgeber zusteht (§ 14 Abs. 2 SprAuG).
142 Bei Streitigkeiten kommt dem Sprecherausschuß die Beteiligtenfähigkeit im arbeitsgerichtlichen Beschlußverfahren zu, und er kann in der Zwangsvollstreckung Vollstreckungsgläubiger und Vollstreckungsschuldner sein.

3. Voraussetzungen für die Errichtung von Sprecherausschüssen

a) Der Betriebssprecherausschuß

143 In Betrieben mit in der Regel mindestens 10 leitenden Angestellten werden Sprecherausschüsse gewählt (§ 1 Abs. 1 SprAuG).
Gehört zu einem Unternehmen wenigstens ein Betrieb mit 10 leitenden Angestellten, so wählen die leitenden Angestellten mit in der Regel weniger als 10 leitenden Angestellten dessen Sprecherausschuß mit. Sind mehrere Betriebe mit mindestens 10 leitenden Angestellten vorhanden, wählen die leitenden Angestellten aus dem Betrieb, der in der Regel weniger als 10 leitende Angestellte hat, bei dem räumlich nächstgelegenen Betrieb mit (§ 1 Abs. 2 SprAuG).
144 Die Sprecherausschüsse vertreten die Belange der Gruppe der leitenden Angestellten; es bleibt dem einzelnen leitenden Angestellten jedoch unbenommen, seine Belange selbst wahrzunehmen (§ 25 Abs. 1 SprAuG).

b) Der Unternehmenssprecherausschuß

145 In Unternehmen mit mehreren Betrieben kann nach § 20 Abs. 1 SprAuG anstelle des Betriebssprecherausschusses ein Unternehmenssprecherausschuß gebildet werden, wenn dies die Mehrheit der leitenden Angestellten verlangt.
146 Selbst dann, wenn kein Betrieb die Voraussetzung für die Bildung des Sprecherausschusses erfüllt, weil jeweils weniger als 10 leitende Angestellte vorhanden sind, kann ein Unternehmenssprecherausschuß gebildet werden, sofern in dem Unternehmen mindestens 10 leitende Angestellte beschäftigt werden (§ 20 Abs. 1 SprAuG). Vor der erstmaligen Errichtung eines Unternehmenssprecherausschusses haben die leitenden Angestellten über die Form des Vertretungsorgans zu entscheiden.
147 § 20 Abs. 2 SprAuG regelt den Wechsel von Betriebssprecherausschuß zu Unternehmenssprecherausschuß, der nur im Zeitpunkt der regelmäßigen Wahlen nach § 5 Abs. 1 Satz 1 SprAuG möglich ist und einen Antrag der Mehrheit der leitenden Angestellten des Unternehmens voraussetzt.
148 § 20 Abs. 3 SprAuG regelt die Umwandlung eines Unternehmenssprecherausschusses in Betriebssprecherausschüsse.

Für den Unternehmenssprecherausschuß gelten die Vorschriften über die Wahl, 149
die Amtszeit und die Geschäftsführung (§ 20 Abs. 1 Satz 2 SprAuG). Die Rechtsstellung des Unternehmenssprecherausschusses und seiner Mitglieder entspricht der Rechtsstellung des Sprecherausschusses und seiner Mitglieder (§ 20 Abs. 4 SprAuG).

c) Der Gesamtsprecherausschuß

In Anlehnung an die Vorschriften über die Bildung eines Gesamtbetriebsrats re- 150
geln §§ 16–19 SprAuG Bildung, Erlöschen der Mitgliedschaft, die Zuständigkeit und die Geschäftsführung des Gesamtsprecherausschusses.

d) Der Konzernsprecherausschuß

In einem nach § 18 Abs. 1 AktG zu beurteilenden Konzern, bei dem eines oder 151
mehrere Unternehmen von dem herrschenden Unternehmen abhängig sind, können, wenn die qualifizierte Mehrheit der Gesamtsprecherausschüsse der Konzernunternehmen zustimmt, Konzernsprecherausschüsse gebildet werden.

4. Wahl, Zahl der Sprecherausschußmitglieder, Geschäftsführung

Die regelmäßigen Wahlen des Betriebs- oder Unternehmenssprecherausschusses 152
finden alle 4 Jahre zeitgleich mit den regelmäßigen Wahlen zum Betriebsrat statt (§§ 5 Abs. 1, 20 Satz 2 SprAuG), erstmals in der Zeit vom 1. März bis 31. Mai 1990 (§ 37 Abs. 1 Satz 1 SprAuG). Die zeitgleiche Einleitung beider Wahlen ist durch das Zuordnungsverfahren nach § 18a BetrVG vorgegeben. Die regelmäßige Amtszeit des Sprecherausschusses beträgt vier Jahre (§ 5 Abs. 4 SprAuG).
Wahlberechtigt sind alle leitenden Angestellten des Betriebs/Unternehmens. 153
Wählbar sind die leitenden Angestellten, die sechs Monate dem Betrieb oder einem anderen Betrieb des Unternehmens oder Konzerns angehören. Nicht wählbar sind leitende Angestellte, die aufgrund allgemeinen Auftrags des Arbeitgebers Verhandlungspartner des Sprecherausschusses sind oder die nach § 6 Abs. 2 Satz 1 MitbestG 1976 i. V. m. § 105 Abs. 1 AktG nicht zu Aufsichtsratsmitgliedern der Arbeitnehmer gewählt werden können (§§ 3 und 20 Abs. 1 Satz 2 SprAuG).
Die Vorschriften über Wahlverfahren, Wahlanfechtung, Wahlschutz und Wahl- 154
kosten (§§ 6–8 SprAuG) sind im wesentlichen den einschlägigen Vorschriften des BetrVG nachgebildet.
Der Sprecherausschuß besteht in Betrieben/Unternehmen mit 10 bis 20 leitenden 155
Angestellten aus einer Person, 21 bis 100 leitenden Angestellten aus 3 Mitgliedern, 101 bis 300 Angestellten aus 5 Mitgliedern und über 300 leitenden Angestellten aus 7 Mitgliedern (§§ 4 Abs. 1, 20 Abs. 1 Satz 2 SprAuG). Scheidet ein Mitglied des Sprecherausschusses aus oder ist es zeitweilig verhindert, so rückt ein Ersatzmitglied nach (§ 10 SprAuG).
Die Regelungen über Wahl und Befugnisse des Vorsitzenden und des Stellvertre- 156
ters, über Sitzungen und Beschlüsse des Sprecherausschusses sowie über die Kostentragung des Arbeitgebers (§§ 11 bis 13 und 14 Abs. 2 SprAuG) lehnen sich an die entsprechenden Vorschriften des BetrVG an.
Dagegen ist die Rechtsstellung der Mitglieder des Sprecherausschusses weit weni- 157
ger abgesichert, insbesondere verfügen sie über keinen besonderen Kündigungsschutz. Sie dürfen in der Ausübung ihrer Tätigkeit nicht gestört oder behindert

werden. Der Arbeitgeber darf sie wegen ihrer Tätigkeit weder benachteiligen noch begünstigen, was auch für ihre berufliche Entwicklung gilt (§ 2 Abs. 3 SprAuG). Soweit es zur ordnungsgemäßen Erfüllung ihrer Aufgaben erforderlich ist, sind sie von ihrer beruflichen Tätigkeit ohne Minderung des Entgelts zu befreien (§ 14 Abs. 1 SprAuG).

158 Als Forum des Informations- und Meinungsaustausches zwischen Sprecherausschuß und leitenden Angestellten dient die in § 15 SprAuG geregelte Versammlung der leitenden Angestellten.

5. Sprecherausschuß und Betriebsrat

159 Die Konzeption des gesetzlichen Sprecherausschusses entspricht weitgehend der des Betriebsrats. Die Organisationsform Sprecherausschuß/Gesamtsprecherausschuß/Konzernsprecherausschuß als gesetzliche Regelform greift möglichst wenig in bestehende Strukturen des Sprecherausschußwesens ein, da über die Hälfte der ca. 400 bestehenden freiwilligen Sprecherausschüsse bereits dergestalt organisiert sind.
Auch kann die spiegelbildliche Organisationsform von Sprecherausschuß und Betriebsrat das betriebliche Zusammenleben zumindest in den Fällen erleichtern, in denen es direkte Berührungspunkte zwischen beiden Arbeitnehmervertretungen gibt, wie z.B. bei der Frage, wer leitender Angestellter ist, oder wenn es um Regelungen geht, die einheitlich für alle Arbeitnehmer des Betriebes gelten sollen. Sprecherausschuß und Betriebsrat sind keine Konkurrenzorgane, da sie grundsätzlich unterschiedliche Zuständigkeits- und Aufgabenbereiche haben. Der Betriebsrat betreut die Arbeiter und Angestellten; der Sprecherausschuß kümmert sich um die Belange der leitenden Angestellten. Deshalb hat der Gesetzgeber auch nicht an dem im Koalitionsentwurf (§ 2 Abs. 1) enthaltenen gesetzlichen Gebot einer vertrauensvollen Zusammenarbeit zwischen Sprecherausschuß und Betriebsrat festgehalten.

160 Andererseits ermöglicht das Sprecherausschußgesetz aber ansatzweise eine institutionelle Verzahnung beider Organe, um die natürlichen Konfliktbereiche zwischen beiden Arbeitnehmervertretungen (z.B. Bestimmung des Personenkreises der leitenden Angestellten, Fragen der betrieblichen Altersversorgung, soziale Einrichtungen und ähnliches mehr) abzuschwächen.

161 So kann der Sprecherausschuß dem Betriebsrat oder einzelnen seiner Mitglieder das Recht einräumen, an seinen Sitzungen teilzunehmen (§ 2 Abs. 2 SprAuG). Diese Möglichkeit besteht auch für den Betriebsrat, der den Sprecherausschuß bzw. die Sprecherausschußmitglieder an seinen Sitzungen teilnehmen lassen kann.

162 Zur weiteren Verstärkung des Kontakts soll einmal im Kalenderjahr eine gemeinsame Sitzung des Sprecherausschusses und des Betriebsrats stattfinden.

163 Die beiden Vertretungsorgane unterscheiden sich jedoch wesentlich in ihrer Regelungsmacht. Der Betriebsrat hat aufgrund seiner fachlichen »Allzuständigkeit« (vgl. § 88 BetrVG) und seiner Mitbestimmungsrechte eine umfassende Normsetzungskompetenz, der der Sprecherausschuß nur Mitwirkungsrechte entgegenzuhalten hat. Dem Versuch, als Ausgleich dem Sprecherausschuß zumindest ein Vetorecht gegen Betriebsvereinbarungen einzuräumen (§ 33 a.F.), hat der Gesetzgeber widerstanden und somit den bloßen Anschein vermieden, der Sprecherausschuß könne die Betriebsratsarbeit behindern.

Statt dessen sieht § 2 Abs. 1 Satz 2 SprAuG vor, daß der Arbeitgeber vor Ab- 164
schluß einer Betriebsvereinbarung oder sonstigen Vereinbarung mit dem Betriebsrat, die die rechtlichen Interessen der leitenden Angestellten berührt, den Sprecherausschuß rechtzeitig anzuhören hat. Diese Anhörungspflicht, die eine besondere Ausgestaltung des in § 2 Abs. 1 Satz 1 SprAuG enthaltenen Gebots der vertrauensvollen Zusammenarbeit zwischen Arbeitgeber und Sprecherausschuß darstellt, trifft den Arbeitgeber nur dann, wenn »rechtliche« Interessen der leitenden Angestellten berührt sind, d. h., es muß ein bestehendes Recht oder Rechtsverhältnis betroffen sein. Lediglich ideelle, soziale oder wirtschaftliche Interessen des leitenden Angestellten genügen hierfür nicht.

Der Vorrang der kollektiven Regelungsbefugnis von Arbeitgeber und Betriebsrat 165
kommt auch dadurch zum Ausdruck, daß eine Betriebsvereinbarung, die rechtliche Interessen der leitenden Angestellten berührt, mit Unterzeichnung durch Arbeitgeber und Betriebsrat auch dann wirksam wird, also unmittelbare und zwingende Wirkung entfaltet (§ 77 Abs. 2, Abs. 4 BetrVG), wenn der Arbeitgeber den Sprecherausschuß nicht oder nicht rechtzeitig anhört (*Wlotzke* DB 1989, 111, 174). Dies stellt lediglich im Innenverhältnis einen Verstoß gegen das Gebot der vertrauensvollen Zusammenarbeit zwischen Sprecherausschuß und Arbeitgeber dar (§ 2 Abs. 1 Satz 1 SprAuG).

6. Mitwirkung des Sprecherausschusses

a) Mitwirkungsrechte in personellen Angelegenheiten

Der Arbeitgeber hat den Sprecherausschuß der leitenden Angestellten rechtzeitig 166
über
- die geplante Änderung der Gehaltsgestaltung (§ 30 Ziff. 1 SprAug),
- eine Änderung der allgemeinen Arbeitsbedingungen (§ 30 Ziff. 1 SprAug),
- die Einführung und Änderung allgemeiner Beurteilungsgrundsätze (§ 30 Ziff. 2 SprAuG)

zu unterrichten und diese Komplexe mit dem Sprecherausschuß zu beraten (§ 30 Ziff. 2 SprAuG).

Beabsichtigte Einstellungen oder personelle Veränderungen eines leitenden An- 167
gestellten sind dem Sprecherausschuß rechtzeitig mitzuteilen (§ 31 Abs. 1 SprAuG).

Vor jeder Kündigung eines leitenden Angestellten ist der Specherausschuß unter 168
Angabe der Kündigungsgründe zu hören (§ 31 Abs. 2 Sätze 1, 2 SprAuG). Eine ohne Anhörung des Sprecherausschusses ausgesprochene Kündigung ist unwirksam (§ 31 Abs. 2 Satz 3 SprAuG). Bedenken gegen eine ordentliche Kündigung hat der Sprecherausschuß dem Arbeitgeber spätestens innerhalb einer Woche, Bedenken gegen eine außerordentliche Kündigung unverzüglich, jedoch spätestens innerhalb von 3 Tagen unter Angabe von Gründen mitzuteilen (§ 31 Abs. 2 Satz 4 SprAuG).

Äußert sich der Sprecherausschuß der leitenden Angestellten innerhalb der vorge- 169
gebenen Frist nicht, so gilt dies als Einverständnis des Sprecherausschusses mit der Kündigung (§ 21 Abs. 2 Satz 5 SprAuG).

b) Wirtschaftliche Angelegenheiten

170 Die Unterrichtungs- und Beratungsrechte des Sprecherausschusses in wirtschaftlichen Angelegenheiten und bei der Durchführung von Betriebsänderungen sind in § 32 SprAuG geregelt.

171 Der Unternehmer hat den Sprecherausschuß mindestens einmal im Kalenderjahr über die wirtschaftlichen Angelegenheiten des Betriebs und des Unternehmens zu unterrichten (§ 32 Abs. 1 SprAuG). Der Umfang der Unterrichtung wird durch die Verweisung auf § 106 Abs. 3 BetrVG konkretisiert, so daß der Sprecherausschuß über die wirtschaftliche und finanzielle Lage des Unternehmens, die Produktions- und Absatzlage, das Produktions- und Investitionsprogramm, Rationalisierungsvorhaben, Fabrikations- und Arbeitsmethoden, insbesondere die Einführung neuer Arbeitsmethoden, die Einschränkung oder Stillegung von Betrieben oder Betriebsteilen, die Verlegung von Betrieben und Betriebsteilen, den Zusammenschluß von Betrieben, die Änderung der Betriebsorganisation oder des Betriebszwecks sowie über sonstige Vorgänge und Vorhaben, welche die Interessen der leitenden Angestellten des Unternehmens wesentlich berühren können, zu unterrichten ist. Die Unterrichtung entfällt in Tendenzunternehmen, um diese von der Beeinflussung bei der Tendenzbestimmung und Tendenzverwirklichung durch den Sprecherausschuß freizuhalten (§ 32 Abs. 1 Satz 2 SprAuG).

172 Der Unternehmer hat den Sprecherausschuß über geplante Betriebsänderungen i. S. v. § 111 BetrVG, die auch wesentliche Nachteile für leitende Angestellte zur Folge haben können, nicht nur rechtzeitig und umfassend zu unterrichten, sondern auch mit dem Sprecherausschuß zu beraten, um die aus einer geplanten Betriebsänderung entstehenden wirtschaftlichen Nachteile für die leitenden Angestellten zu mildern (§ 32 Abs. 2 SprAuG).

c) Beteiligung des Sprecherausschusses bei Abschluß von Betriebsvereinbarungen

173 Obwohl eine Überschneidung der Kompetenzen von Sprecherausschuß und Betriebsrat wegen des unterschiedlichen personellen Zuständigkeitsbereichs grundsätzlich ausgeschlossen ist, können sich in Einzelfällen, z. B. bei der Frage der betrieblichen Altersversorgung, der Lage der Arbeitszeit, der Benutzungsregelung für Parkplätze und der Belegung von Werkswohnungen, Wechselwirkungen ergeben, die eine Konfliktlösung zwischen Arbeitgeber und Betriebsrat einerseits und Sprecherausschuß andererseits erforderlich machen.

174 Werden die rechtlichen Interessen – nicht nur die wirtschaftlichen oder ideellen Interessen – der leitenden Angestellten durch den Abschluß einer Betriebsvereinbarung oder sonstiger Vereinbarung zwischen dem Arbeitgeber und dem Betriebsrat berührt, ist der Sprecherausschuß anzuhören (§ 2 Abs. 1 SprAuG).

d) Richtlinienkompetenz

175 Arbeitgeber und Sprecherausschuß können Richtlinien über den Inhalt, den Abschluß oder die Beendigung von Arbeitsverhältnissen der leitenden Angestellten schriftlich vereinbaren (§ 28 Abs. 1 SprAuG). Die Richtlinien entfalten grundsätzlich keine unmittelbare und zwingende Wirkung auf das Arbeitsverhältnis, so daß ihr Inhalt nur aufgrund einzelvertraglicher Absprache Geltung erlangt. Dies deshalb, weil Einheitsregelungen über die Ausgestaltung der Arbeitsverhältnisse der Sonderstellung der leitenden Angestellten nur selten gerecht werden.

176 Nach der Öffnungsklausel des § 28 Abs. 2 SprAuG kann jedoch dem Inhalt einer

Richtlinie in Anlehnung an das Rechtsinstitut der Betriebsvereinbarung unmittelbare und zwingende Wirkung beigelegt werden, soweit Arbeitgeber und Sprecherausschuß dies vereinbaren.
Aber auch dann, wenn unmittelbare und zwingende Richtlinien vereinbart sind, können hiervon abweichende Regelungen zugunsten leitender Angestellter vereinbart werden (§ 28 Abs. 2 SprAuG).
Ein Rechtsverzicht auf die zugunsten der leitenden Angestellten vereinbarten **177** Richtlinien ist nur mit Zustimmung des Sprecherausschusses zulässig (§ 28 Abs. 2 Satz 3 SprAuG).
Die zwischen Arbeitgeber und Sprecherausschuß vereinbarte Richtlinie, die unmittelbar und zwingend auf die Arbeitsverhältnisse einwirkt, ist mit einer Frist von 3 Monaten kündbar (§ 28 Abs. 2 Satz 4 SprAuG).

e) Unterstützungsrecht für die einzelnen leitenden Angestellten
Der Sprecherausschuß als gewähltes Organ der leitenden Angestellten nimmt de- **178** ren Interessen wahr und vertritt die Interessen der dem Betrieb zugerechneten leitenden Angestellten. Da der Sprecherausschuß die leitenden Angestellten nicht bevormunden soll, kann sich der leitende Angestellte auch selbst um die Durchführung seiner Belange kümmern (§ 25 Abs. 1 SprAuG). Soweit der leitende Angestellte seine Interessen gegenüber dem Arbeitgeber selbst verfolgt, kann er ein Mitglied des Sprecherausschusses zur Unterstützung hinzuziehen (§ 26 Abs. 1 SprAuG). Der leitende Angestellte hat ein Recht auf Einsichtnahme in die über ihn geführte Personalakte (§ 26 Abs. 1 Satz 2 SprAuG). Zur Akteneinsicht kann der leitende Angestellte ein Mitglied des Sprecherausschusses hinzuziehen (§ 26 Abs. 1 Satz 2 SprAug).

f) Überwachungsrecht des Sprecherausschusses
Arbeitgeber und Sprecherausschuß sind verpflichtet, darüber zu wachen, daß alle **179** im Betrieb tätigen leitenden Angestellten nach Recht und Billigkeit behandelt werden. Insbesondere hat sowohl jede unterschiedliche Behandlung wegen der Abstammung, Religion, Nationalität, Herkunft, politischen oder gewerkschaftlichen Betätigung oder Einstellung oder wegen des Geschlechts, als auch eine altersbedingte Diskriminierung, zu unterbleiben (§ 27 Abs. 1 SprAuG).
Arbeitgeber und Sprecherausschuß obliegt es, die freie Entfaltung der Persönlichkeit der leitenden Angestellten des Betriebs zu schützen und zu fördern (§ 27 Abs. 2 SprAuG).

VII. Streitigkeiten

Streitigkeiten über die Arbeitnehmereigenschaft werden im arbeitsgerichtlichen **180** Beschlußverfahren entschieden (*BAG* vom 28. 4. 1964 – 1 ABR 1/64 – EzA § 4 BetrVG 1952 Nr. 1 = DB 1964, 1122, 1123; *BAG* vom 24. 2. 1976 – 1 ABR 62/75 – EzA § 4 BetrVG 1972 Nr. 1 = DB 1976, 1579; *BAG* vom 23. 9. 1982 – 6 ABR 42/81 – EzA § 1 BetrVG 1972 Nr. 3 = DB 1983, 1498; *BAG* vom 17. 2. 1983 – 6 ABR 64/81 – AP Nr. 4 zu § 4 BetrVG 1972 = DB 1983, 2039).
Streitigkeiten über die Frage, ob ein Arbeitnehmer als leitender Angestellter an- **181** zusehen ist, werden grundsätzlich ebenfalls im arbeitsgerichtlichen Beschlußverfahren entschieden. Diese Frage kann aber auch in einem Kündigungsrechtsstreit

§ 6   1. Teil Allgemeine Vorschriften

des Arbeitnehmers als Vorfrage geprüft werden (*BAG* vom 19. 8. 1975 – 1 AZR 565/74 – EzA § 102 BetrVG 1972 Nr. 16 m. Anm. *Meisel* = DB 1975, 2231; *BAG* vom 23. 3. 1976 – 1 AZR 314/75 – EzA § 5 BetrVG 1972 Nr. 25 = RdA 1976, 273).

182 Für einen Antrag zur Klärung der Frage des betriebsverfassungsrechtlichen Rechtsstatus eines Arbeitnehmers besteht ein Rechtsschutzbedürfnis selbst dann, wenn ein konkreter Streitfall nicht mehr vorliegt (*BAG* vom 19. 11. 1974 – 1 ABR 20/73 – EzA § 5 BetrVG 1972 Nr. 9 m. Anm. *Kraft* = DB 1975, 405). In dem arbeitsgerichtlichen Beschlußverfahren zur Klärung des betriebsverfassungsrechtlichen Status eines Arbeitsnehmers ist sowohl der Arbeitgeber als auch der Betriebsrat eines Betriebes berechtigt, einen Feststellungsantrag zu stellen, ohne daß für einen Antrag das Rechtsschutzbedürfnis entfiele (*BAG* vom 17. 12. 1974 – 1 ABR 105/73 – EzA § 5 BetrVG 1972 Nr. 15 = DB 1975, 1032; *BAG* vom 4. 12. 1974 – 1 ABR 48/73 – EzA § 5 BetrVG 1972 Nr. 14 = DB 1975, 1031; *BAG* vom 17. 12. 1974 – 1 ABR 131/73 – EzA § 5 BetrVG 1972 Nr. 11 = DB 1975, 887; *BAG* vom 17. 12. 1974 – 1 ABR 113/73 – EzA § 5 BetrVG Nr. 12 = DB 1975, 889; GK-*Kraft* § 5 Rz. 98). Der Arbeitnehmer ist Beteiligter (*BAG* vom 17. 12. 1974 – 1 ABR 131/73 – EzA § 5 BetrVG 1972 Nr. 11 = DB 1975, 887), er ist auch selbst antragsberechtigt (*D/R* § 5 Rz. 170). Im Zusammenhang mit einer Betriebsratswahl ist auch eine im Betrieb vertretene Gewerkschaft antragsberechtigt, wobei es unerheblich ist, ob der Antrag vor der Wahl oder nach der Wahl im Rahmen eines Anfechtungsverfahrens gestellt wird (siehe auch *D/R* § 5 Rz. 170; **abweichend** GK-*Kraft* § 5 Rz. 97).
Für die Beurteilung der Frage, ob die Voraussetzungen des § 5 Abs. 3 BetrVG vorliegen, haben die Tatsacheninstanzen (Arbeitsgerichte und Landesarbeitsgerichte) einen erheblichen Beurteilungsspielraum (*BAG* vom 19. 8. 1975 – 1 AZR 565/74 – EzA § 102 BetrVG 1972 Nr. 16 m. Anm. *Meisel* = DB 1975, 2231).

§ 6 Arbeiter und Angestellte

(1) Arbeiter im Sinne dieses Gesetzes sind Arbeitnehmer einschließlich der zu ihrer Berufsausbildung Beschäftigten, die eine arbeiterrentenversicherungspflichtige Beschäftigung ausüben, auch wenn sie nicht versicherungspflichtig sind. Als Arbeiter gelten auch die in Heimarbeit Beschäftigten, die in der Hauptsache für den Betrieb arbeiten.
(2) Angestellte im Sinne dieses Gesetzes sind Arbeitnehmer, die eine durch das Sechste Buch Sozialgesetzbuch als Angestelltentätigkeit bezeichnete Beschäftigung ausüben, auch wenn sie nicht versicherungspflichtig sind. Als Angestellte gelten auch Beschäftigte, die sich in Ausbildung zu einem Angestelltenberuf befinden, sowie die in Heimarbeit Beschäftigten, die in der Hauptsache für den Betrieb Angestelltentätigkeit verrichten.

Literaturübersicht

Frey, E. Der Begriff des Angestellten im neuen Sozialrecht, DB 1961, 1695; *Göge* Die verbliebenen Unterschiede zwischen Arbeitern und Angestellten, BB 1986, 1772; *Kossow* Probleme der versicherungsrechtlichen Abgrenzung der Arbeiter von den Angestellten, BB 1966 Beilage Nr. 4; *Kretschmar* Die Übernahme von Arbeitern in das Angestelltenverhältnis bei gleichbleibender Tätigkeit, BB 1958, 1315; *Lauber* Die Heimarbeit und das BetrVG, Diss. Würzburg, 1970; *Nikisch* Zur Frage der Neuabgrenzung der Begriffe Arbeiter und Angestellter im Arbeits- und Sozialrecht, SozFort 1949, 50; *Otten* Zum Begriff des in Heimarbeit Beschäftigten i.S. des BetrVG, Diss. 1982; *Palme* Abgrenzung des Begriffs des Angestellten, BlStSozArbR 1956, 61; *Schelp* Arbeiter und Angestellte, BB 1960, 1339; *Schlessmann* Arbeiter und Sozialreform, DB 1956, 209; *Schnorr v. Carolsfeld* Zum Wesen des Heimarbeiterverhältnisses, RdA 1968, 404; *Schüler/Springorum* Wer ist Angestellter?, BB 1958, 326; *Waechter* Der Angestelltenbegriff im Arbeitsrecht, BlStSozArbR 1951, 188; *ders.* Der arbeitsrechtliche Angestelltenbegriff, DB 1958, 457.

Inhaltsübersicht

		Rz.
I.	Allgemeines	1
II.	Der Begriff des »Arbeiters«	2, 3
III.	Die in Heimarbeit Beschäftigten	4– 7
IV.	Der Begriff des »Angestellten«	8–14
V.	Streitigkeiten	15

I. Allgemeines

§ 6 konkretisiert in Auslegung des allgemeinen Arbeitnehmerbegriffes des § 5 Abs. 1 die Abgrenzung der Begriffe »Arbeiter« und »Angestellter«. **1**
Wegen der im Gesetz vorgeschriebenen Zusammensetzung des Betriebsrats (§§ 10, 12, 14, 16, 26, 27 Abs. 2, 28 Abs. 2), der Bestimmung des Vorsitzenden und des Stellvertreters (§ 26) sowie der Gruppenwahl (§§ 29 Abs. 3, 31, 35 Abs. 1, 38 Abs. 2, 47 Abs. 2, 51 Abs. 2, 55) war es erforderlich, die Trennung zwischen dem Arbeiter- und Angestelltenbegriff beizubehalten (GK-*Kraft* § 6 Rz. 2). Als Ausgangspunkt für die Unterscheidung werden im wesentlichen die **versicherungsrechtlichen Vorschriften zugrunde gelegt**: Ausgangspunkt ist demgemäß grundsätzlich die zu leistende Arbeit. Bei Zweifelsfragen über die Zuordnung einer Tätigkeit entscheidet die Verkehrsauffassung (GK-*Kraft* § 6 Rz. 3 m.w.N.). Es kommt auf die überwiegend ausgeübte Tätigkeit an (*BAG* vom 4.7. 1966 – 1 AZR 312/65 – EzA § 133a GewO Nr. 2 = DB 1966, 1521; *Kossow* BB 1966 Beilage Nr. 4). Ist z.B. die zu leistende Arbeit überwiegend leitender oder beaufsichtigender Art, so wird die Angestellteneigenschaft nicht dadurch aufgehoben, daß der Angestellte im Betrieb körperlich mitarbeitet (*G/L* § 6 Rz. 8).

II. Der Begriff des »Arbeiters«

§ 6 Abs. 1 entspricht mit geringfügigen redaktionellen Änderungen § 5 Abs. 1 **2** BetrVG 1952. Dem Zweck des BetrVG entsprechend ist die Frage, wer Arbeiter im Sinne dieses Gesetzes ist, **ausschließlich von der Art der Beschäftigung, nicht aber von der persönlichen Versicherungspflicht des Beschäftigten abhängig**. Sofern der Beschäftigte eine rentenversicherungspflichtige Beschäftigung ausübt, gilt er als Arbeiter im Sinne dieses Gesetzes, auch wenn er nach den Vorschriften der RVO nicht versicherungspflichtig ist, sondern aufgrund der besonderen Bestimmungen von der Versicherungspflicht befreit ist (vgl. z.B. § 1227 RVO – Versiche-

§ 6 *1. Teil Allgemeine Vorschriften*

rungsfreiheit einer Beschäftigung, für die als Entgelt nur freier Unterhalt gewährt wird; § 1326 RVO). Versicherungsbefreit ist, wer Invalide ist oder wer Invaliden-, Witwen- oder Waisenrente bezieht (*G/L* § 6 Rz. 4). Was unter einer rentenversicherungspflichtigen Beschäftigung zu verstehen ist, richtet sich nach § 1227 RVO. Der Begriff des Arbeiters ist vom Angestellten demnach **negativ abgegrenzt**. Alle Arbeitnehmer, die nicht angestellt sind, sind Arbeiter (vgl. *F/A/K/H* § 6 Rz. 6; *D/R* § 6 Rz. 5; GK-*Kraft* § 6 Rz. 11).

3 Zu dem Begriff »zu ihrer **Berufsausbildung Beschäftigten**« vgl. Rz. 9 zu § 5. Ob der in der Berufsausbildung befindliche Arbeitnehmer i. S. d. BetrVG als Arbeiter oder Angestellter anzusehen ist, hängt davon ab, ob die Berufsausbildung zu einem Angestellten- oder Arbeiterberuf führen soll (*G/L* § 6 Rz. 5; GK-*Kraft* § 6 Rz. 7; vgl. auch *F/A/K/H* § 6 Rz. 14).

III. Die in Heimarbeit Beschäftigten

4 Zu den Belegschaftsangehörigen können die in Heimarbeit Beschäftigten und die Hausgewerbetreibenden gehören. Die Zuordnung der in Heimarbeit Beschäftigten zu einer Arbeitnehmergruppe richtet sich ebenfalls nach ihrer Tätigkeit, während nach dem BetrVG 1952 in Heimarbeit Beschäftigte stets als Arbeiter galten. In Zukunft werden demgemäß Heimarbeiter, die eine **Arbeitertätigkeit** ausüben, der **Arbeitergruppe**, Heimarbeiter, die eine **Angestelltentätigkeit** ausüben, z. B. Stenotypistinnen, der **Angestelltengruppe zugerechnet**.
Voraussetzung dafür, daß Heimarbeiter überhaupt als Arbeiter des Betriebes gelten, ist – wie nach bisherigem Recht –, daß sie »**in der Hauptsache**« für den Betrieb arbeiten. Ihre Tätigkeit muß also zum weitaus überwiegenden Teil für denselben Betrieb erfolgen. Insoweit ist es nicht entscheidend, wie hoch der von den Heimarbeitern erzielte Verdienst ist, sondern wieviel Arbeitsstunden sie für den fraglichen Betrieb, gemessen an ihrer für andere Betriebe zu erbringenden Arbeit, aufwenden müssen (*BAG* vom 27. 9. 1974 – 1 ABR 90/73 – EzA § 6 BetrVG 1972 Nr. 1 = DB 1975, 936; **a. A.** *Otten* 135). Dies hat zur Folge, daß auch ein Heimarbeiter, der nur 150,00 DM monatlich verdient, betriebsverfassungsrechtlich Arbeitnehmer des Betriebes sein kann.

5 Arbeiten Heimarbeiter **gleichzeitig** in erheblichem Ausmaß **für mehrere Betriebe**, ob ständig oder nicht ständig ist dabei unerheblich, so **gelten sie in keinem dieser Betriebe als Arbeitnehmer** »des Betriebes«, wenn keine für einen Betrieb überwiegende Tätigkeit festgestellt werden kann (*BAG* vom 27. 9. 1974 – a.a.O.).

6 Nach dem Heimarbeitergesetz ist »**Heimarbeiter**«, wer in selbstgewählter Arbeitsstätte allein oder mit seinen Familienangehörigen (zu dem Begriff »Familienangehörigen« i. S. d. HAG vgl. § 2 Abs. 2 HAG) im Auftrage von Gewerbetreibenden oder Zwischenmeistern gewerblich arbeitet, jedoch die Verwertung der Arbeitsergebnisse dem unmittelbar oder mittelbar auftraggebenden Gewerbetreibenden überläßt (§§ 1 Abs. 1, 2 Abs. 1 HAG).

7 **Hausgewerbetreibende,** die ebenfalls unter die Vorschrift des § 6 fallen, sind Personen, die in eigener Arbeitsstätte mit nicht mehr als zwei fremden Hilfskräften im Auftrag von Gewerbetreibenden oder Zwischenmeistern Waren herstellen, bearbeiten oder verpacken, wobei sie selbst wesentlich mitarbeiten, jedoch die Verwertung der Arbeitsergebnisse den unmittelbar oder mittelbar auftraggebenden Gewerbetreibenden überlassen (§§ 1 Abs. 1, 2 HAG). Personen, die wegen ihrer

Schutzbedürftigkeit gleichgestellt werden können (§ 1 Abs. 2 HAG), gelten – selbst bei erfolgter Gleichstellung – nicht als Arbeitnehmer i. S. d. § 6 (*G/L* § 6 Rz. 14; *D/R* § 6 Rz. 20, 26; *F/A/K/H* § 5 Rz. 99).

IV. Der Begriff des »Angestellten«

Das in Rz. 2 und 3 Gesagte gilt sinngemäß für den Begriff des Angestellten. Auch **8** hier ist **maßgebend nicht die persönliche Versicherungspflicht** des Beschäftigten, **sondern die Art seiner Beschäftigung.** Entspricht diese den Bestimmungen über die Angestelltenversicherungspflicht, so ist der Beschäftigte als Angestellter i. S. d. BetrVG anzusehen, auch wenn er aufgrund persönlicher Voraussetzungen nicht unter die Angestelltenversicherungspflicht fällt oder aus sonstigen im Gesetz vorgesehenen Gründen von der Versicherungspflicht befreit ist.
Nach § 3 Abs. 1 des Angestelltenversicherungsgesetzes gelten für das BetrVG **9** i. S. d. § 6 Abs. 2 als Angestelltenbeschäftigung die Tätigkeiten in leitender Stellung als Betriebsbeamte, Werkmeister und andere Angestellte in einer ähnlich gehobenen und höheren Stellung, also Büroangestellte, soweit sie nicht ausschließlich mit Botengängen, Reinigung, Aufräumen und ähnlichen Arbeiten beschäftigt werden, einschließlich der Bürolehrlinge und Werkstattschreiber, die Handlungsgehilfen und Handlungslehrlinge sowie andere Angestellte für kaufmännische Dienste, auch wenn der Gegenstand des Unternehmens kein Handlungsgewerbe ist, die Gehilfen und Lehrlinge in Apotheken, die Bühnenmitglieder und Musiker, ohne Rücksicht auf den Kurswert ihrer Leistungen, die Angestellen in Berufen der Erziehung, des Unterrichts, der Fürsorge, der Kranken- und Wohlfahrtspflege (vgl. ferner: Bestimmung von Berufsgruppen der Angestelltenversicherung vom 8. 3. 1924 in der Fassung der Verordnung vom 4. 2. und 15. 7. 1927, RGBl. 1924 I S. 274, 410; 1927 I S. 58, 222).
Weder die Aufzählungen in § 3 Abs. 1 AVG noch in dem Berufsgruppenkatalog **10** sind abschließend (*BAG* vom 5. 3. 1974 – 1 ABR 19/73 – EzA § 5 BetrVG 1972 Nr. 7 m. Anm. *Kraft* = DB 1974, 826, 1239 m. Anm. *Janert*; *D/R* § 6 Rz. 8; *F/A/K/H* § 6 Rz. 10; *G/L* § 6 Rz. 7; GK-*Kraft* § 6 Rz. 5). Sie geben aber eine Fülle von tatsächlichen Hinweisen für die Eingruppierung von Arbeitnehmern als Angestellte. Die Einordnung als Arbeiter und Angestellter richtet sich nach der ausgeübten Tätigkeit und kann von den Parteien nicht abbedungen werden. Ein Indiz für die Einordnung kann die tarifliche Eingruppierung sein (*BAG* vom 5. 3. 1974 – 1 ABR 19/73 – EzA § 5 BetrVG 1972 Nr. 7 = DB 1974, 826, 1239 m. Anm. *Janert, BAG* vom 24. 7. 1957 – 4 AZR 445/84 – AP Nr. 5 zu § 59 HGB; *BAG* vom 29. 11. 1958 – 2 AZR 245/58 – AP Nr. 12 zu § 59 HGB; *BAG* vom 7. 11. 1958 – 2 AZR 465/55 – AP Nr. 1 zu § 616 BGB Angestellter; *D/R* § 6 Rz. 3; *F/A/K/H* § 6 Rz. 11; *G/L* § 6 Rz. 7).
Arbeitnehmer, die nicht Angestellte sind, sind Arbeiter. Immer kommt es auf die **11** tatsächlich ausgeübte Tätigkeit und nicht auf die Bezeichnung als »Arbeiter« oder »Angestellter« an, selbst dann nicht, wenn die Arbeitsbedingungen der Arbeiter an die der Angestellten angeglichen sind (*F/A/K/H* § 6 Rz. 13).
Die im BetrVG 1952 vorgenommene Zuordnung des »mit einfachen und mechani- **12** schen Dienstleistungen beschäftigten Büropersonals« zu den Angestellten ist nicht übernommen worden, weil es sich »bei diesen Personen in der Regel ohnedies um Angestellte handelt«, wie die Begründung zum Regierungsentwurf ausführt

§ 6   1. Teil Allgemeine Vorschriften

(S. 36). Im BetrVG 1952 war diese Klarstellung vorgenommen worden, um die nach § 3 Abs. 1 Nr. 3 AVG möglichen Zweifel über die versicherungsrechtliche Zuordnung dieses Personenkreises für die Zuordnung in der Betriebsverfassung auszuschließen. Nach dem BetrVG gilt diese neue Zuordnung nicht mehr kraft Gesetzes. Im Zweifelsfall wird aber nach der Begründung des Regierungsentwurfs anzunehmen sein, daß die bisherige betriebsverfassungsrechtliche Zuordnung eines Arbeitnehmers dieses Personenkreises zur Angestelltengruppe nicht geändert werden soll. Erforderlich für die Zuordnung von Arbeitnehmern dieses Kreises zur Gruppe der Angestellten ist aber jedenfalls, daß Tätigkeiten ausgeübt werden, die in überwiegendem Maße Büroarbeiten sind. Zu verneinen ist dies lediglich bei mit dem Aufräumen oder Reinigen von Büros beschäftigten Arbeitnehmern; zu bejahen ist es bei Arbeitnehmern, die mit bürotechnischen Arbeiten beschäftigt sind.

13 Soweit Angestellte leitende Angestellte gem. § 5 Abs. 3 sind, findet das BetrVG auf sie grundätzlich keine Anwendung. Sie sind daher auch bei der Feststellung der Betriebsgröße nicht mitzuzählen.

14 Wegen der Zuordnung der zur Berufsausbildung Beschäftigten vgl. oben Rz. 3. Über die Zuordnung der in Heimarbeit Beschäftigten siehe oben Rz. 4 ff.

V. Streitigkeiten

15 Über Streitigkeiten zur Zuordnung eines Arbeitnehmers als Arbeiter oder Angestellter entscheidet das Arbeitsgericht im Beschlußverfahren oder als Vorfrage im Urteilsverfahren (vgl. *F/A/K/H* § 6 Rz. 17; *D/R* § 6 Rz. 27).

Zweiter Teil
Betriebsrat, Betriebsversammlung, Gesamt- und Konzernbetriebsrat

Erster Abschnitt
Zusammensetzung und Wahl des Betriebsrats

Literaturübersicht zu § 7–20

Auffahrt Wahl des Betriebsrats, AR Blattei Betriebsverfassung VI; *Blitzer* Die Wahl der Betriebsvertretungen, BUV 1972, 1; *Blank* Die Betriebsratswahl, 7. Aufl. 1980; *Bulla* Die Betriebsrats- und Jugendvertreterwahl, 1978; *Düttmann/Zachmann* Die Wahl nach dem Betriebsverfassungsgesetz, 1972; *Hasinger* Leitfaden für die Betriebsratswahlen 1972, *Hess/ Marienhagen* Betriebsratswahlen, 7. Aufl. 1972; *Kalmund* Die Betriebsratswahl (Wahlordnung) Praktische Anleitung zum Wahlablauf, 2. Aufl. 1984; *Kehrmann/Schneider* Die Betriebsratswahl, BlStSozArbR 1972, 81; *Lichtenstein* Die Wahl des Betriebsrats, BetrR 1975, 15; *Richardi* Die Wahl des Betriebsrats, DB 1972, 483; *Ristau* Die Betriebsratswahl, aus: Betriebsverfassungsgesetz in Recht und Praxis, *Glaubrecht/Halberstadt/Zander* – Loseblattwerk –; *Schneider* Betriebsratswahl, 1978; *Schurig* Probleme bei der Wahl eines Betriebsrats, insbes. eines ersten Betriebsrats in einem neu errichteten Betrieb, Diss. 1977; *Vogt* Zu den Betriebsratswahlen 1984, Wahlvoraussetzungen, -arten und -verfahren, BB 1984, 409; *Wenzel* Die Betriebsratswahl, 1975, DB 1975 Beilage Nr. 2.

§ 7 Wahlberechtigung

Wahlberechtigt sind alle Arbeitnehmer, die das 18. Lebensjahr vollendet haben.

Literaturübersicht

Becker Die betriebsverfassungsrechtliche Stellung der Leiharbeitnehmer, BlStSozArbR 1972, 129; *ders.* Betriebsverfassungsrechtliche Aspekte beim drittbezogenen Personaleinsatz, AuR 1982, 369; *Gaul* Betriebsverfassungsrechtliche Aspekte einer Entsendung von Arbeitnehmern ins Ausland, BB 1990, 697; *Halbach* Betriebsverfassungsrechtliche Aspekte des Einsatzes von Leiharbeitnehmern und Unternehmensarbeitern, DB 1980, 2389; *Halberstadt* Wahlen nach dem Betriebsverfassungsgesetz BV (Heft 5) Dezember 89 und BV (Heft 1) Februar 90; *Heinze* Mängel der Vorschlagslisten in der Betriebsratswahl, NZA 1990, 568; *Jaeger, G.* Der Auslandsbezug des Betriebsverfassungsgesetzes, 1983; *Kraft* Fragen zur betriebsverfassungsrechtlichen Stellung von Leiharbeitnehmern, FS für K. *Pleyer*, 1986, 383; *Martens* Arbeitnehmerüberlassung im Konzern, DB 1985, 2144; *Kröller* Betriebsverfassung und das Wahlrecht Wehrpflichtiger, BB 1972, 228; *Maurer* Betriebsverfassungsrechtliche Zugehörigkeit des Leiharbeitnehmers nach dem Arbeitnehmerüberlassungsgesetz, BB 1974, 512; *ders.* Das umstrittene Wahlrecht Wehrpflichtiger zum Betriebsrat, DB 1972, 975; *Mayer-Maly* Das Leiharbeitsverhältnis, ZfA 1972, 1; *v. Maydell* Zum Wahlrecht der Behinderten nach dem BetrVG in den Werkstätten für Behinderte, RdA 1981, 148; *Ponath* Können Strafgefangene Arbeitnehmer sein?, BlStSozArbR 1982, 117 ff.; *Preis* Individueller Wahlrechtsschutz gegen Entscheidungen des Wahlvorstandes bei der Betriebsratswahl, AuR 1973, 9; *Richardi* Wahlberechtigung und Wählbarkeit zum Betriebsrat im Konzern, NZA

§ 7   2. Teil 1. Abschn. Zusammensetzung und Wahl des Betriebsrats

1987, 145; *Sowka* Betriebsverfassungsrechtliche Probleme der Betriebsaufspaltung, DB 1988, 1318; *Tschöpe* Die Bestimmung der »i. d. Regel« beschäftigten Arbeitnehmer, BB 1983, 1416;

Inhaltsübersicht

		Rz.
I.	Rechtsnatur der Vorschrift	1
II.	Voraussetzungen der Wahlberechtigung	2–33
	1. Arbeitnehmer des Betriebes	2–10
	2. Lebensalter	11
	3. Eintragung in die Wählerliste	12, 13
	4. Keine weiteren Voraussetzungen	14
	5. Sonderfälle	15–33
	a) Ausländische Arbeitnehmer	15
	b) Auslandstätigkeit	16
	c) Teilzeitarbeitnehmer	17, 18
	d) Arbeitnehmer in mehreren Betrieben	19, 20
	e) Leiharbeitnehmer	21–25
	f) Freistellung zu einer Arbeitsgemeinschaft	26
	g) Wehrdienst	27
	h) Kündigung, Mängel des Arbeitsvertrages	28–32
	i) Entmündigung	33
III.	Maßgeblicher Zeitpunkt für das Vorliegen der Voraussetzungen	34
IV.	Bedeutung der Wahlberechtigung	35, 36
V.	Streitigkeiten	37

I. Rechtsnatur der Vorschrift

1 Die **Vorschrift** über die Wahlberechtigung – also das aktive Wahlrecht – ist **zwingenden Rechts**, wie dies bei allen Vorschriften über die Organisation der Belegschaft und ihrer Repräsentation der Fall ist. Sie kann auch nicht durch Tarifvertrag oder Betriebsvereinbarung erweitert oder eingeschränkt werden (**h. M.**; *D/R* § 7 Rz. 2; *G/L* § 7 Rz. 2; GK-*Kreutz* § 7 Rz. 2; *F/A/K/H* § 7 Rz. 2; *S/W* § 7 Rz. 1).

II. Voraussetzungen der Wahlberechtigung

1. Arbeitnehmer des Betriebes

2 Berechtigt, bei der Wahl des Betriebsrats mitzuwirken (aktiv wahlberechtigt) sind nur **Arbeitnehmer im Sinne des Betriebsverfassungsgesetzes** nach Maßgabe von § 5 Abs. 1 und 6, also Arbeiter, Angestellte sowie die zu ihrer Berufsausbildung Beschäftigten. Hierzu gehören auch in Heimarbeit Beschäftigte, die in der Hauptsache für den Betrieb arbeiten (vgl. § 6 Rz. 4 ff.). Personen, die gem. § 5 Abs. 2 keine Arbeitnehmer sind, haben ebenso wenig das aktive Wahlrecht wie leitende Angestellte, auf die nach § 5 Abs. 3 das Gesetz grundsätzlich keine Anwendung findet. Zu dem Begriff des Arbeitnehmers im einzelnen vgl. § 5 Rz. 3 ff.

3 Voraussetzung für die Ausübung des aktiven Wahlrechts ist weiter, daß die Arbeitnehmer am Tage der Wahl **Arbeitnehmer des Betriebes** sind, für den ein Betriebsrat gewählt werden soll; sie müssen also Betriebsangehörige sein. Arbeitnehmer des Betriebes ist, wer zum Betriebsinhaber in einem Arbeitsverhältnis steht und diesem zur Erbringung unselbständiger, d. h. weisungsabhängiger Dienste verpflichtet ist (*BAG* vom 17. 10. 1990 – 7 ABR 66/89 – *G/L* § 5 Rz. 4; *F/A/K/H* § 7 Rz. 8; GK-*Kraft* § 5 Rz. 9; GK-*Kreutz* § 7 Rz. 19; *Söllner* 25; *Zöllner* 41 f.; *Hueck/Nipperdey* I, 114); daher sind freie Mitarbeiter keine Arbeitnehmer des Betriebes (*D/R* § 5 Rz. 17). Das Arbeitsverhältnis wird durch einen Arbeitsvertrag begründet (**h. M.**, *Hueck/Nipperdey* I, 120); es genügt aber auch ein faktisches Arbeitsverhältnis, also ein Arbeitsverhältnis, von dem sich herausstellt, daß es auf einem von vornherein nichtigen Arbeitsvertrag beruht und das für die Vergangenheit als wirksames Arbeitsverhältnis behandelt wird (*Söllner* 207). Der Arbeitsvertrag muß also nicht voll wirksam sein, auch ein anfechtbarer Arbeitsvertrag wirkt bis zur Geltendmachung des Anfechtungsgrundes fort (*D/R* § 7 Rz. 7; *F/A/K/H*, § 7 Rz. 13; *G/L* § 5 Rz. 8; *D/K/K/S* § 7 Rz. 12; GK-*Kraft* § 5 Rz. 12). Nach ganz überwiegender Ansicht ist auch eine tasächliche Beziehung zum Betrieb bzw. tatsächliche Eingliederung erforderlich (*D/R* § 7 Rz. 3; *F/A/K/H* § 7 Rz. 8; GK-*Kreutz* § 7 Rz. 16 ff.; *Nikisch* I, 167; *Hueck/Nipperdey* II/2, 1131; *BAG* vom 18. 1. 1989 – 7 ABR 21/88 – EzA § 9 BetrVG 1972 Nr. 4 = DB 1989, 1420; a. A. GK-*Thiele* 2. Bearbeitung § 7 Rz. 7; 2. Auflage § 7 Rz. 3). Nur die tatsächliche Eingliederung ohne arbeitsvertragliche Bindung allerdings begründet keine Betriebszugehörigkeit (*BAG* a. a. O.).

Als **Beginn des Arbeitsverhältnisses** ist nach der Vertragstheorie der Tag der vereinbarten Arbeitsaufnahme anzusehen. Liegt dieser Termin vor oder am Wahltag, so ist der Arbeitnehmer auch dann wahlberechtigt, wenn er die Arbeit z. B. wegen Krankheit nicht aufgenommen hat (*F/A/K/H* § 7 Rz. 9). 4

Für die Wahlberechtigung kommt es **nicht auf die tatsächliche Arbeitsleistung** im Betrieb **an**; es kommt nur darauf an, daß das Arbeitsverhältnis im oben genannten Sinne begonnen hat. Deshalb sind nicht wahlberechtigt Arbeitnehmer eines anderen Betriebes (Fremdfirmenarbeiter bzw. Unternehmensarbeiter vgl. auch Rz. 21), die vorübergehend im Betrieb tatsächlich arbeiten, ohne zu diesem in einem Arbeitsverhältnis zu stehen, wie Monteure, Reparatur-Bauarbeiter und Arbeitnehmer anderer Betriebe, die im Rahmen von Leasing (Werkverträgen) tätig werden (*F/A/K/H* § 7 Rz. 8; *G/L* § 7 Rz. 15). Etwas anderes gilt nur bei sog. »Schein-Werkverträgen« (*BAG* vom 18. 1. 1989 a. a. O.). Wahlberechtigt sind Arbeitnehmer des Betriebes, die im Außendienst tätig sind, wie Reisende oder Monteure, ebenso Kranke, unter Beschäftigungsverbote des MuSchG fallende Arbeitnehmerinnen, solche im Erziehungsurlaub oder Beurlaubte und Arbeitnehmer, die für den Lauf der Kündigungsfrist von der Arbeit freigestellt sind (*D/R* § 7 Rz. 8, 16; *F/A/K/H* § 7 Rz. 9; GK-*Kreutz* § 7 Rz. 22, 28; *S/W* § 7 Rz. 10 a). Zur Möglichkeit der schriftlichen Stimmabgabe in diesen Fällen vgl. §§ 26 ff. WO. 5

Auf die **Dauer der Betriebszugehörigkeit** kommt es für die Ausübung des aktiven Wahlrechts im Gegensatz zur Wählbarkeit (§ 8) nicht an. **Entscheidend** ist, daß der Arbeitnehmer **am Tage der Wahl** dem Betrieb angehört; dies gilt auch, wenn er erst kurz vorher in den Betrieb eingetreten ist (vgl. § 4 Abs. 3 WO). 6

Unerheblich ist ferner, ob es sich um **ständige** oder **nichtständige** Arbeitnehmer des Betriebes handelt (*D/R* § 7 Rz. 13; *F/A/K/H* § 7 Rz. 5; GK-*Kreutz* § 7 Rz. 24 f.; *G/L* § 7 Rz. 8; *S/W* § 7 Rz. 3). Daher sind auch wahlberechtigt Aushilfs- 7 kräfte, Arbeitnehmer mit befristeten Arbeitsverträgen und Arbeitnehmer im Probearbeitsverhältnis. Auf die Sozialversicherungspflicht kommt es nicht an (*D/R* § 5 Rz. 28; *F/A/K/H* § 7 Rz. 5; GK-*Kreutz* § 7 Rz. 25; *S/W* § 7 Rz. 3, a. A. *G/L* § 7 Rz. 9; *Hanau* Festschrift für G. Müller, 175; *Hess-Marienhagen* 13). Aushilfskräfte sind wahlberechtigt, wenn sie am Wahltag in einem Arbeitsverhältnis stehen (*LAG Düsseldorf* vom 26. 9. 1990 – 12 Ta BV 74/90 – DB 1991, 238).

8 Zu den Arbeitnehmern des Betriebes zählen auch die Arbeitnehmer eines **Betriebsteils** oder von **Nebenbetrieben**, falls diese nach § 4 dem Hauptbetrieb zugeordnet werden. Soweit diese nicht betriebsratsfähig sind, gilt dies auch (*BAG* vom 3. 12. 1985 – 1 ABR 29/84 – EzA § 4 BetrVG 1972 Nr. 4).

9 Bilden mehrere rechtlich selbständige Unternehmen einen **gemeinsamen Betrieb** (vgl. st. Rspr. zuletzt *BAG* vom 14. 9. 1988 – 7 ABR 10/87 – EzA § 1 BetrVG 1972 Nr. 7), so ist nur ein Betriebsrat zu wählen. Die Arbeitnehmer der verschiedenen Unternehmen sind für den Betriebsrat des gemeinsamen Betriebes wahlberechtigt *LAG Düsseldorf* vom 7. 5. 1986 – 15 Ta BV 12/86 – rkr., BB 1986, 1852).

10 Wahlberechtigt können auch Arbeitnehmer sein, die in einem **mittelbaren Arbeitsverhältnis** zum Betrieb stehen, z. B. Orchestermusiker (*D/R* § 7 Rz. 6, § 5 Rz. 83; *F/A/K/H* § 5 Rz. 67; GK-*Kreutz* § 7 Rz. 57). Für die Frage, ob sie Arbeitnehmer des Betriebes und damit wahlberechtigt sind, kommt es auf die Gestaltung des mittelbaren Arbeitsverhältnisses an. Als Arbeitnehmer des Betriebes sind sie dann anzusehen, wenn der Vertrag und die tatsächliche Situation in Wirklichkeit ein unmittelbares Arbeitsverhältnis rechtfertigen. Arbeitnehmer des Betriebes sind daher insbesondere trotz mittelbaren Arbeitsverhältnisses sog. Betriebs- oder Eigengruppen (*BAG* vom 23. 2. 1961 – 5 AZR 110/60 – AP Nr. 2 zu § 611 BGB Akkordkolonne = DB 1961, 645), d. h. solche mittelbaren Arbeitnehmer, die den Weisungen des mittelbaren Arbeitgebers unterliegen (*D/R* § 5 Rz. 83; *F/A/K/H* § 5 Rz. 67).

2. Lebensalter

11 Voraussetzung für das aktive Wahlrecht ist außerdem, daß der Arbeitnehmer am Tage der Wahl bei mehreren Wahltagen am letzten Tag der Stimmabgabe das **18. Lebensjahr vollendet** hat, also in Anwendung von § 187 Abs. 2 Satz 2 BGB spätestens an diesem Tage 18 Jahre alt wird (*D/R* § 7 Rz. 24; *G/L* § 7 Rz. 6; *F/A/ K/H* § 7 Rz. 16).

3. Eintragung in die Wählerliste

12 Formale – aber unabdingbare – Voraussetzung für die Ausübung des aktiven Wahlrechts ist die **Eintragung in die Wählerliste** gem. § 2 Abs. 3 WO. In die Wählerliste sind alle wahlberechtigten Arbeitnehmer des Betriebes einzutragen.

13 Bei **Eintreten** bzw. Ausscheiden von Arbeitnehmern oder sonstigem Wegfall der Wahlberechtigung nach **Erstellung der Wählerlisten** ist diese durch Beschluß des Wahlvorstandes entsprechend zu berichtigen (§ 4 Abs. 2 WO; *D/R* § 4 WO 1972 Rz. 11; *Blank* Die Betriebsratswahl, 14). Ist die Wählerliste **unrichtig**, so kann gem. § 4 WO Einspruch dagegen eingelegt werden. Unrichtig ist die **Wählerliste**

auch dann, wenn zwar bei ihrer Erstellung die Voraussetzungen für eine Eintragung nicht vorliegen, aber feststeht, daß sie am Wahltag vorliegen werden, z. B. ein Arbeitnehmer vollendet am Wahltag das 18. Lebensjahr. Ist jemand zu Unrecht in die Wählerliste eingetragen, d. h. liegen die materiellen Voraussetzungen der Wahlberechtigung nicht vor, so hat der Betreffende trotz Eintragung in die Wählerliste nicht die Wahlberechtigung.

4. Keine weiteren Voraussetzungen

Formelle und materielle Voraussetzungen müssen nebeneinander gegeben sein. Liegt nur die formelle Voraussetzung – also Eintragung in die Wählerliste – vor, so ersetzt dies nicht die materiellen Voraussetzungen (*BAG* vom 11. 3. 1975 – 1 ABR 77/74 – EzA § 24 BetrVG 1972 Nr. 1 = DB 1975, 1753; *D/R* § 7 Rz. 28).
Weitere Voraussetzungen für das aktive Wahlrecht nennt das Gesetz nicht, insbesondere ist im Gegensatz zum passiven Wahlrecht das aktive Wahlrecht **nicht abhängig** von der Fähigkeit, **Rechte aus öffentlichen Wahlen** zu erlangen (vgl. § 8 Rz. 30). 14

5. Sonderfälle

a) Ausländische Arbeitnehmer
Für die Ausübung des Wahlrechtes kommt es **nicht auf die Staatsangehörigkeit an**. Ausländische und staatenlose Arbeitnehmer sind unabhängig von ihren Sprachkenntnissen wahlberechtigt, soweit sie die anderen Voraussetzungen erfüllen. Zur Unterrichtung ausländischer Arbeitnehmer über das Wahlrecht vgl. § 2 Abs. 5 WO. 15

b) Auslandstätigkeit
Arbeitnehmer von Betrieben mit Sitz in der Bundesrepublik Deutschland, die in das **Ausland entsandt** werden, haben nach der **Ausstrahlungstheorie** das aktive Wahlrecht für den inländischen Betrieb, wenn sie als Arbeitnehmer des inländischen Betriebes anzusehen sind (*D/R* Vb. § 1 Anm. 44; *F/A/K/H* § 7 Rz. 10; GK-*Kraft* § 1 Rz. 21; *G/L* § 1 Rz. 9; *BAG* vom 21. 10. 1980 – 6 AZR 640/79 – EzA § 102 BetrVG 1972 Nr. 43 = DB 1981, 696; **a. A.** GK-*Kreutz* § 7 Rz. 35). Hat ein inländischer Betrieb (Unternehmen) eine eigene Betriebsstätte im Ausland, die nach § 4 als selbständiger Betrieb gilt, so ist ein Arbeitnehmer, der ständig und auf unabsehbare Zeit dort tätig ist, weder wahlberechtigt noch wählbar, auch dann, wenn für dessen Arbeitsverhältnis im übrigen deutsches Arbeitsrecht gilt; er ist auch nicht als Arbeitnehmer des inländischen Betriebes anzusehen (*F/A/K/H* § 7 Rz. 10; GK-*Kraft* § 1 Rz. 21; GK-*Kreutz* § 7 Rz. 35; *BAG* vom 25. 4. 1978 – 6 ABR 2/77 – EzA § 8 BetrVG 1972 Nr. 6 = DB 1978, 1840). Im einzelnen vgl. vor § 1 Rz. 4 ff. Zur schriftlichen Stimmabgabe vgl. § 26 Abs. 2 WO. 16

c) Teilzeitarbeitnehmer

17 **Teilzeitarbeitnehmer** sind wahlberechtigt, wenn sie die Arbeitnehmereigenschaft haben (vgl. § 5 Rz. 2, 5), nach jetzt überwiegender Meinung auch, wenn die Beschäftigung geringfügig und nicht sozialversicherungspflichtig ist (*D/R* § 7 Rz. 14; *F/A/K/H* § 7 Rz. 5; GK-*Kreutz* § 7 Rz. 25; *BAG* vom 21. 10. 1980 – 6 AZR 640/79 – EzA § 102 BetrVG 1972 Nr. 43 = DB 1981, 696; a.A. *G/L* § 7 Rz. 9, die auf die Sozialversicherungspflicht abstellen). Unerheblich ist, ob die Arbeitnehmer ständig oder nur vorübergehend arbeiten. **Aushilfskräfte,** die am Wahltag in einem Arbeitsverhältnis stehen, sind wahlberechtigt (*LAG Düsseldorf* vom 26. 9. 1990 – 12 Ta BV 74/90 – DB 1991, 238). Bei einer nur **gelegentlichen Beschäftigung** oder einer so geringfügigen, daß sie sowohl für den Arbeitnehmer als auch den Betrieb bedeutungslos ist, kann allerdings die Arbeitnehmereigenschaft und damit die Wahlberechtigung entfallen (*Brecht* § 7 Rz. 6; *Nikisch* III, 77 Fn. 4; *Schlessmann* DB 1959, 321; *F/A/K/H* § 5 Rz. 26; *LAG Hamm* vom 11. 5. 1979 – 3 Ta BV 9/79 – EzA § 6 BetrVG 1972 Nr. 2 = DB 1979, 2380 – rkr.; a.A. *D/R* § 7 Rz. 14). Unter den gleichen Voraussetzungen sind sogenannte **Job-Sharing-Arbeitnehmer** und Arbeitnehmer mit **kapazitätsorientierter variabler Arbeitszeit** wahlberechtigt.

18 Nach dem *Bundesarbeitsgericht* kommt es für die **Wahlberechtigung** von **teilzeitbeschäftigten Zeitungsausträgern** zunächst darauf an, ob diese überhaupt Arbeitnehmer im arbeitsrechtlichen Sinne sind und nicht in einem freien Dienstvertrag stehen. Im konkreten Fall konnte das *Bundesarbeitsgericht* wegen mangelnder Sachaufklärung nicht darüber entscheiden. Es hat daher auch nicht darüber entschieden, ob etwa nach dem Sinn und Zweck des Betriebsverfassungsgesetzes hier eine geringfügige Beschäftigung der Wahlberechtigung entgegensteht (*BAG* vom 29. 3. 1974 – 1 ABR 37/73 – EzA § 19 BetrVG 1972 Nr. 2 = DB 1974, 1342, 1680). Steht fest, daß es sich bei den Zeitungszustellern um Arbeitnehmer handelt, dann sind sie wahlberechtigt. Die erforderliche Betriebszugehörigkeit wird nicht durch den Umstand der Teilzeitbeschäftigung in Frage gestellt (*BAG*, Beschluß vom 29. 1. 1992 – 7 ABR 27/91 – DB 1992, 1429).

d) Arbeitnehmer in mehreren Betrieben

19 Ist jemand **Arbeitnehmer in mehreren Betrieben**, d. h. steht er in Arbeitsverhältnissen zu mehreren Betrieben, so ist er in allen Betrieben wahlberechtigt, wenn die übrigen Voraussetzungen vorliegen (*BAG* vom 11. 4. 1958 – 1 ABR 2/57 – AP Nr. 1 zu § 6 BetrVG 1952 = DB 1958, 658; *D/R* § 7 Rz. 22; *G/L* § 7 Rz. 11; *F/A/K/H* § 7 Rz. 5; GK-*Kreutz* § 7 Rz. 26; *S/W* § 7 Rz. 4).
Für die Wahlberechtigung kommt es nicht darauf an, ob die Betriebe, zu denen die Arbeitsverhältnisse bestehen, den gleichen oder verschiedenen Inhabern, den gleichen oder verschiedenen Unternehmen angehören. Unerheblich ist auch, in welchem Umfang der Arbeitnehmer in den jeweiligen Betrieben beschäftigt ist und ob die Bindung an einen der Betriebe überwiegt (GK-*Kreutz* § 7 Rz. 26). Es kommt also nur darauf an, daß er Arbeitnehmer des jeweiligen Betriebes ist.

20 **Heimarbeiter** können dagegen nur in einem Betrieb wahlberechtigt sein, da sie nur dann Arbeitnehmer des Betriebes sind, wenn sie in der Hauptsache für diesen tätig sind, d. h. wenn ihre Tätigkeit für diesen Betrieb im Verhältnis zu einer etwaigen Tätigkeit für andere Betriebe überwiegt (§ 6 Rz. 4; *BAG* vom 27. 9. 1974 – 1 ABR 90/73 – EzA § 6 BetrVG 1972 Nr. 1 = DB 1975, 936). In den anderen Betrieben, für die sie nicht überwiegend arbeiten, sind sie nicht wahlbe-

rechtigt. Bei gleichmäßiger Tätigkeit für verschiedene Betriebe sind sie in keinem der Betriebe wahlberechtigt (*D/R* § 7 Rz. 23).

e) Leiharbeitnehmer
Bei Leiharbeitnehmern ist zu unterscheiden, ob sie aufgrund eines echten oder eines unechten Leiharbeitsverhältnisses tätig werden. 21
Ein **echtes Leiharbeitsverhältnis** liegt vor, wenn der Arbeitnehmer im Betrieb des Verleihers eingestellt ist, dort regelmäßig seine Arbeitsleistung erbringt und nur in Ausnahmesituationen – also nicht gewerbsmäßig – unter Fortbestand des Arbeitsverhältnisses an einen anderen Unternehmer ausgeliehen wird zur Leistung von Arbeit nach dessen Weisungen (*Bulla* DB 1975, 1795; *D/R* § 7 Rz. 81); die Tätigkeit im Betrieb des Verleihers überwiegt jedenfalls gegenüber dem Überlassen des Arbeitnehmers an den Entleiher (*Schubel/Engelbrecht* Art. 1 § 1 Rz. 25; *Schaub* 568; *Franßen/Haesen* Einl. Rz. 2 mit Beispielen; *Becker* Art. 1 § 1 Rz. 4, 7; *Heinze* ZfA 1976, 183; *Becker* BlStSozArbR 1972, 131; *BSG* vom 29. 7. 1970 – 7 RAr 44/ 68 – BB 1970, 1398). Ein **unechtes Leiharbeitsverhältnis** ist dann gegeben, wenn das Verleihunternehmen Arbeitnehmer nur deswegen einstellt, um sie ausschließlich oder überwiegend an andere Betriebe gegen Entgelt – also gewerbsmäßig – zu überlassen (*G/L* § 7 Rz. 12; *F/A/K/H* § 5 Rz. 69ff.; *Schubel/Engelbrecht* Art. 1 § 1 Rz. 26; *Schaub* 568; *Franßen/Haesen* Einl. Rz. 2; *Becker* Art. 1 § 1 Rz. 4; *Heinze* a. a. O. 183; *Becker* a. a. O. 131). Die unechten Leiharbeitsverhältnisse sind durch das Gesetz zur Regelung der gewerbsmäßigen Arbeitnehmerüberlassung vom 7. 8. 1972 – AÜG gesetzlich geregelt (*Bulla* a. a. O. 1799). Der Begriff unechtes – echtes Leiharbeitsverhältnis wird teilweise im Gegensatz zur traditionellen und hier vertretenen Terminologie angewandt, so z. B. von *G/L* (§ 7 Rz. 12, 5. Aufl.); *D/R* (§ 5 Rz. 26, 5. Aufl.), die für die Unterscheidung echtes – unechtes Leiharbeitsverhältnis offensichtlich darauf abstellen, ob Arbeitnehmer mit Erlaubnis nach § 1 AÜG verliehen werden (echtes Leiharbeitsverhältnis) oder nicht (unechtes Leiharbeitsverhältnis).
Leiharbeitnehmer, die aufgrund einer Erlaubnis nach § 1 AÜG in den Entleiherbetrieb für höchstens 6 Monate (§ 3 Abs. 1 Nr. 6 AÜG geändert durch BeschFG vom 26. 4. 1985 und 22. 12. 1989, befristet bis zum 31. 12. 1995) entsandt werden **(unechtes Leiharbeitsverhältnis)**, sind dem **Verleiherbetrieb zuzuordnen** und nur dort wahlberechtigt, dagegen nicht im Entleiherbetrieb (§ 14 Abs. 2 AÜG). Sie bleiben Betriebsangehörige des Verleiherbetriebes. Die frühere Streitfrage (s. 2. Aufl.) ist nunmehr ausdrücklich im dargestellten Sinne im § 14 Abs. 2 AÜG i. d. F. vom 15. 12. 1981 geregelt. 22
Wird dagegen nach § 1 Abs. 2, 3, § 10 i. V. m. § 9 Nr. 1 AÜG ein **Arbeitsverhältnis zum Entleiher fingiert**, so ist der Arbeitnehmer im Entleiherbetrieb wahlberechtigt, dagegen nicht im Verleiherbetrieb, weil er kraft Gesetzes Arbeitnehmer des Entleiherbetriebes ist (*D/R* § 5 Rz. 82; *G/L* § 7 Rz. 13; *GK-Kreutz* § 7 Rz. 41). Ein Arbeitsverhältnis wird nach dem AÜG zu dem Entleiher fingiert, wenn der Verleiher keine Erlaubnis nach § 1 Abs. 1 AÜG hat oder weder die üblichen Arbeitgeberpflichten noch das Arbeitgeberrisiko übernimmt (§ 1 Abs. 2 i. V. m. § 3 Abs. 1 Nr. 1–5 AÜG) oder den Arbeitnehmer für mehr als 6 Monate überläßt (§ 1 Abs. 2 AÜG). 23
Beim **echten Leiharbeitsverhältnis** stehen die Arbeitnehmer nur in einem Arbeitsverhältnis zum Verleiherbetrieb; sie sind auch nur dort wahlberechtigt (*D/R* § 5 Rz. 81; *G/L* § 7 Rz. 14; *Bulla* a. a. O. 1795; *BAG* vom 18. 1. 1989 – 7 ABR 21/88 – 24

§ 7   2. Teil 1. Abschn. Zusammensetzung und Wahl des Betriebsrats

EzA § 9 BetrVG 1972 Nr. 4 = DB 1989, 1420 und vom 18. 1. 1989 – 7 ABR 62/87 – EzA § 14 AÜG Nr. 1 = DB 1989, 1419 von einer entsprechenden Anwendung des § 14 Abs. 1 AÜG ausgehend; differenzierend GK-*Kreutz* § 7 Rz. 42; **a. A.** *F/A/K/ H* § 5 Rz. 71 f.; § 7 Rz. 6). Nur ausnahmsweise kann etwas anderes gelten: wenn ein Arbeitnehmer auf Dauer in einen anderen Betrieb abgeordnet ist, dann kann er in beiden Betrieben wahlberechtigt sein. Hier liegt aber nach der oben gegebenen Definition kein echtes Leiharbeitsverhältnis vor (vgl. hierzu *Mager/Wisskirchen* § 4 Rz. 6; *BAG* vom 28. 4. 1964 – 1 ABR 1/64 – EzA § 4 BetrVG 1952 Nr. 1 = DB 1964, 1122; *BAG* vom 11. 4. 1958 – 1 ABR 2/57 = AP Nr. 1 zu § 6 BetrVG 1952 = DB 1958, 658; wohl **a. A.** *G/L* § 7 Rz. 14).

25 Keine Leiharbeitnehmer sind sog. **Unternehmerarbeiter oder Fremdfirmenarbeiter** (vgl. Rz. 5; *D/R* § 7 Rz. 4; GK-*Kreutz* § 7 Rz. 58; *F/A/K/H* § 5 Rz. 69; *BAG* EzA § 9 BetrVG 1972 Nr. 4). Das sind Arbeitnehmer, die ausschließlich für ihren Arbeitgeber und nach dessen Anweisung vorübergehend in einem fremden Betrieb Arbeiten ausführen (vgl. Beispiele bei *Becker* BlStSozArbR 1972, 131). Sie sind in dem fremden Betrieb nicht wahlberechtigt, sondern nur im eigenen. Bei ständigem und dauerndem Einsatz im fremden Betrieb kann sich aber auch hier entsprechend den unter Rz. 23 gemachten Ausführungen u. U. eine Wahlberechtigung auch im Fremdbetrieb ergeben (so auch *G/L* § 7 Rz. 15).

f) Freistellung zu einer Arbeitsgemeinschaft
26 Arbeitnehmer, die gem. § 9 des Rahmentarifvertrages für die technischen und kaufmännischen Angestellten des Baugewerbes im Gebiet der Bundesrepublik Deutschland vom 14. 6. 1971 i. d. F. vom 16. 4. 1974 zu einer Arbeitsgemeinschaft, an der der Arbeitgeber beteiligt ist, freigestellt sind, treten in ein Arbeitsverhältnis zur Arbeitsgemeinschaft; das Arbeitsverhältnis zum Stammbetrieb ruht. Sie haben bei der Arbeitsgemeinschaft das aktive und passive Wahlrecht (*BAG* vom 11. 3. 1975 – 1 ABR 77/74 – EzA § 24 BetrVG 1972 Nr. 1 S. 6f. = DB 1975, 1753); ob sie es auch im Stammbetrieb haben, hat das *Bundesarbeitsgericht* offen gelassen.

g) Wehrdienst
27 Arbeitnehmer, die zum **Grundwehrdienst** oder **Ersatzdienst** (§ 5 WPflG bzw. §§ 25 WPflG, 24 ZDG), zur Anschlußübung (§ 6 WPflG), zu Wehrübungen aufgrund freiwilliger Verpflichtung (§ 10 ArbPlSchuG) oder zu einer Eignungsübung (§ 1 EignÜbG) einberufen sind, haben das aktive Wahlrecht zum Betriebsrat (*Brecht* § 7 Rz. 8; *D/R* § 7 Rz. 17; *F/A//KK/H* § 7 Rz. 14 *G/L* § 7 Rz. 16; *D/K/ K/S* § 7 Rz. 12; *Blanke* a. a. O. 8; *S/W* § 7 Rz. 9; *Kröller* BB 1982, 228; *BAG* vom 29. 3. 1974 – 1 ABR 37/73 – EzA § 19 BetrVG 1972 Nr. 2 = DB 1974, 1680; **a. A.** GK-*Kreutz* § 7 Rz. 13, 23; *Hess/Marienhagen* 14; *Hueck/Nipperday* II/2, 1135). Während des Wehrdienstes ruht das Arbeitsverhältnis nach §§ 1, 10 ArbPlSchuG, d. h. es ruhen die Hauptpflichten aus dem Arbeitsverhältnis (Arbeitspflicht, Entgeltzahlungspflicht), während die Nebenpflichten – allerdings wegen der geänderten Sachlage u. U. modifiziert – bestehen bleiben. Aus dem modifizierten Weiterbestehen der Nebenpflichten schließen *Hueck/Nipperdey* (II/2, 1135), daß bei 12monatiger Betriebsabwesenheit (bezogen auf den Grundwehrdienst) eine Teilnahme am Betriebsgeschehen als Voraussetzung für eine sachgerechte Ausübung der durch das BetrVG verliehenen Rechte nicht möglich ist. Dieser Ansicht kann nicht gefolgt werden. Der Einberufene kann sein Wahlrecht mindestens genauso sachgerecht ausüben wie derjenige, der kurz vor oder ab dem

Wahltag Arbeitnehmer des Betriebes ist. Das Interesse des Einberufenen an der Zusammensetzung des für vier Jahre gewählten Betriebsrats rechtfertigt das aktive Wahlrecht des Einberufenen. Die Amtszeit des auf vier Jahre gewählten Betriebsrats fällt zumindest zu Dreivierteln, nämlich für 36 Monate, in die Zeit, in der der Einberufene wieder im Betrieb tätig ist; der Einberufene kann aber auch den ganz überwiegenden Teil der Amtszeit des Betriebsrats, z. B. über 47 Monate, im Betrieb tätig sein. Hinzu kommt, daß das passive Wahlrecht von dem aktiven Wahlrecht abhängig ist. Es wäre nicht gerechtfertigt, einem zum Wehrdienst einberufenen Betriebsratsmitglied durch die Versagung des aktiven Wahlrechts die Möglichkeit zu nehmen, für den Betriebsrat zu kandidieren, der während seiner Einberufungszeit gewählt wird.

h) Kündigung, Mängel des Arbeitsvertrages
Ein Arbeitnehmer, der sich in einem **gekündigten Arbeitsverhältnis** befindet, ist 28 bis zum Ablauf der Kündigungsfrist wahlberechtigt und zwar auch dann, wenn er während des Laufes der Kündigungsfrist von der Arbeitsleistung freigestellt ist (*D/R* § 7 Rz. 8; *F/A/K/H* § 7 Rz. 15; *G/L* § 7 Rz. 18; GK-*Kreutz* § 7 Rz. 28). Der Wahltag muß noch innerhalb der Kündigungsfrist liegen (vgl. Rz. 6).
Nach **Ablauf der Kündigungsfrist** und bei einer **fristlosen Kündigung** entfällt das 29 Wahlrecht selbst dann, wenn die Sozialwidrigkeit der Kündigung oder die Rechtswirksamkeit der fristlosen Kündigung in einem Rechtsstreit vor dem Arbeitsgericht geltend gemacht ist, da die einmal ausgesprochene Kündigung bis zur rechtskräftigen Entscheidung ihrer Unwirksamkeit schwebend wirksam ist (*D/R* § 7 Rz. 9; *F/A/K/H* § 7 Rz. 15, 15a; *G/L* § 7 Rz. 18; GK-*Kreutz* § 7 Rz. 29) und daher nicht feststeht, ob der Betreffende noch Arbeitnehmer des Betriebes ist.
Bei einer **Weiterbeschäftigung** nach Ablauf der Kündigungsfrist nach § 102 Abs. 5 30 oder dem vom *Bundesarbeitsgericht* entwickelten allgemeinen Weiterbeschäftigungsanspruch (vom 27. 2. 1985 – GS 1/84 – EzA § 611 BGB Beschäftigungspflicht Nr. 9 = DB 1985, 551, 2197; 1986, 168 m. Anm. *Bengelsdorf,* 692 m. Anm. *Eich*) ist der Arbeitnehmer allerdings wahlberechtigt (*D/R* § 7 Rz. 10; *F/A/K/H* § 7 Rz. 15; *G/L* § 7 Rz. 19; GK-*Kreutz* § 7 Rz. 30). Zwar steht auch in diesem Fall bis zur Rechtskraft des Urteils im Kündigungsschutzprozeß nicht fest, ob das Arbeitsverhältnis zum Betrieb besteht. Selbst wenn aber die Kündigungsschutzklage abgewiesen wird und damit feststeht, daß das Arbeitsverhältnis am Wahltag aufgrund des Arbeitsvertrages nicht bestand, so war der Arbeitnehmer dennoch aufgrund des Weiterbeschäftigungsverhältnisses wahlberechtigt. Das Weiterbeschäftigungsverhältnis nach § 102 Abs. 5 begründet ein gesetzliches Schuldverhältnis (*Schlochauer* RdA 1973, 157, 163). Aufgrund dieses gesetzlichen Schuldverhältnisses ist der Arbeitnehmer genauso wahlberechtigt wie z. B. beim faktischen Arbeitsverhältnis. Wird der Arbeitgeber allerdings aufgrund einstweiliger Verfügung von dem gesetzlichen Schuldverhältnis der Weiterbeschäftigung gem. § 102 Abs. 5 Satz 2 entbunden, so ist der Betroffene nicht wahlberechtigt (**h.M.**, vgl. *G/L* § 7 Rz. 19 mit weiteren Angaben).
Hat der Arbeitgeber die Kündigung **ohne** die in § 102 Abs. 1 vorgeschriebene vor- 31 herige **Anhörung des Betriebsrats** ausgesprochen, so ist sie unwirksam (vgl. im einzelnen § 102 Rz. 51 ff.). In diesem Fall steht fest, daß der Betroffene Arbeitnehmer des Betriebes und damit wahlberechtigt ist (*D/R* § 7 Rz. 10). Das gleiche gilt, solange die Zustimmung zur außerordentlichen Kündigung eines Betriebsratsmitglieds durch den Betriebsrat nach § 103 nicht vorliegt oder noch nicht durch

§ 7   2. Teil 1. Abschn. Zusammensetzung und Wahl des Betriebsrats

das Arbeitsgericht rechtskräftig ersetzt ist (vgl. im einzelnen § 103 Rz. 23 f. *D/R* § 7 Rz. 11; *F/A/K/H* § 7 Rz. 15 a).

32 Das Wahlrecht besteht auch, solange die **Nichtigkeit** oder **Anfechtbarkeit** eines Arbeitsverhältnisses nicht geltend gemacht ist (*D/R* § 7 Rz. 7; *F/A/K/H* § 7 Rz. 13).

i) Entmündigung

33 Bis zum 31. 12. 1991 waren wegen Geisteskrankheit oder Geistesschwäche **entmündigte Arbeitnehmer** nicht wahlberechtigt (*D/R* § 7 Rz. 25; *F/A/K/H* § 7 Rz. 18; *S/W* § 7 Rz. 12). Mit Wirkung vom 1. 1. 1992 wurde die Vormundschaft durch das Gesetz zur Reform des Rechts der Vormundschaft und Pflegschaft für Volljährige (Betreuungsgesetz) vom 12. 9. 1990 (BGBl. I S. 2002) abgeschafft und durch das **Institut der Betreuung** ersetzt. Wesentlich ist danach, daß nunmehr gemäß §§ 1903 Abs. 1, 113 BGB das Vormundschaftsgericht jeweils darüber zu befinden hat, in welchen Angelegenheiten der Betreuer seine Einwilligung erteilen muß. Daraus ergibt sich, daß Personen, die aufgrund einer Zustimmung ihres Betreuers in einem wirksamen Arbeitsverhältnis stehen, wahlberechtigt sind (*D/K/K/S* § 7 Rz. 34). Keine Anwendung findet das Gesetz auf Fälle der natürlichen Geschäftsunfähigkeit gemäß § 104 Ziffer 2 BGB. Dementsprechend besitzt der in dieser Norm genannte Personenkreis – wie auch bisher – kein Wahlrecht (*D/K/K/S,* § 7 Rz. 34).

III. Maßgeblicher Zeitpunkt für das Vorliegen der Voraussetzungen

34 Alle **Voraussetzungen** für das aktive Wahlrecht müssen am **Wahltag** vorliegen. Erstreckt sich die Wahl über mehrere Tage, so müssen die Voraussetzungen an dem Tag vorliegen, an dem der betreffende Arbeitnehmer wählt; dies gilt auch, wenn er erst am letzten Tag wählt. Sind am Wahltag trotz Eintragung in die Wählerliste (vgl. Rz. 11, 12) Voraussetzungen weggefallen, so ist der Arbeitnehmer nicht wahlberechtigt.

IV. Bedeutung der Wahlberechtigung

35 Die **Zahl der Wahlberechtigten** ist als Voraussetzung **bedeutsam** für mehrere Vorschriften des BetrVG, so für § 1 (Errichtung von Betriebsräten), § 9 (Größe des Betriebsrats), § 99 Abs. 1 Satz 1 (Mitbestimmung bei personellen Einzelmaßnahmen), Unterrichtung des Wirtschaftsausschusses nach § 110 und über Betriebsänderungen (§ 111). Weiterhin ist die Wahlberechtigung von Bedeutung bei den Vorschriften der §§ 14, 16, 17, 18, 19, 23 und 43.

36 Nach § 7 wahlberechtigte Arbeitnehmer sind auch für die **Wahlen zum Aufsichtsrat** nach § 76 Abs. 2 BetrVG 1952 wahlberechtigt. Die Wahlberechtigung nach dem Betriebsverfassungsgesetz ist auch von Bedeutung für die Wahl nach dem Mitbestimmungsgesetz (§§ 10, 18 MitbestG), nur daß dort auf Arbeitnehmer des Unternehmens abgestellt wird; dies setzt aber wiederum voraus, daß der Betroffene zunächst Arbeitnehmer eines unternehmensangehörigen Betriebes ist (*D/R* § 7 Rz. 31).

V. Streitigkeiten

Streitigkeiten über das **aktive Wahlrecht** werden von den Arbeitsgerichten entschieden (§ 2a Abs. 1 Nr. 1, §§ 80ff. ArbGG). Beteiligte können sein der betroffene Arbeitnehmer, der Wahlvorstand (vor der Betriebsratswahl), der Betriebsrat (nach der Betriebsratswahl), eine im Betrieb vertretene Gewerkschaft oder der Arbeitgeber, der gleichfalls ein Rechtsschutzinteresse an der Feststellung haben kann. Das Rechtsschutzinteresse an der Feststellung der Wahlberechtigung wird weder durch die Möglichkeit einer Wahlanfechtung nach § 19 noch durch die eines Einspruchs nach § 4 WO ausgeschlossen, wenn eine Klärung der betriebsverfassungsrechtlichen Stellung des Betreffenden auch für die Zukunft angestrebt wird (*BAG* vom 28. 4. 1964 – EzA § 4 BetrVG 1952 Nr. 1 = DB 1964, 1122; *D/R* § 7 Rz. 32). Eine gerichtliche Entscheidung über die Wahlberechtigung ist auch ohne Anfechtung der gesamten Betriebsratswahl zulässig. Zur Wahlanfechtung vgl. § 19; zur Zuordnung der leitenden Angestellten vgl. § 18a.

37

§ 8 Wählbarkeit

(1) Wählbar sind alle Wahlberechtigten, die sechs Monate dem Betrieb angehören oder als in Heimarbeit Beschäftigte in der Hauptsache für den Betrieb gearbeitet haben. Auf diese sechsmonatige Betriebszugehörigkeit werden Zeiten angerechnet, in denen der Arbeitnehmer unmittelbar vorher einem anderen Betrieb desselben Unternehmens oder Konzerns (§ 18 Abs. 1 des Aktiengesetzes) angehört hat. Nicht wählbar ist, wer infolge strafgerichtlicher Verurteilung die Fähigkeit, Rechte aus öffentlichen Wahlen zu erlangen, nicht besitzt.

(2) Besteht der Betrieb weniger als sechs Monate, so sind abweichend von der Vorschrift in Absatz 1 über die sechsmonatige Betriebszugehörigkeit diejenigen Arbeitnehmer wählbar, die bei der Einleitung der Betriebsratswahl im Betrieb beschäftigt sind und die übrigen Voraussetzungen für die Wählbarkeit erfüllen.

Literaturübersicht

Vgl. die Literaturübersicht zu §§ 7–20.

Gumpert Arbeitsrechtliche Sonderbestimmungen für Saison- und Kampagnebetriebe, BB 1961, 645; *Haberkorn* Haben gekündigte Arbeitnehmer das aktive und passive Wahlrecht zum Betriebsrat?, ArbuSozPol. 1969, 152; *ders.* Können Mitglieder des Wahlvorstandes bei der Betriebsratswahl selbst wählen und gewählt werden?, BB 1968, 87; *Kröller* Betriebsratswahlen und das Wahlrecht Wehrpflichtiger, BB 1972, 228; *Maurer* Das umstrittene Wahlrecht Wehrpflichtiger zum Betriebsrat, DB 1972, 975; *Schröder* Mängel und Heilung der Wählbarkeit bei Aufsichts-Betriebsratswahlen, 1979.

Inhaltsübersicht

		Rz.
I.	Rechtsnatur der Vorschrift	1
II.	Voraussetzungen der Wählbarkeit	2–27
	1. Wahlberechtigung (aktives Wahlrecht)	3–14
	a) Gekündigte Arbeitnehmer	4– 9

§ 8   *2. Teil 1. Abschn.   Zusammensetzung und Wahl des Betriebsrats*

	b) Sonderfälle	10–14
	2. Sechsmonatige Betriebszugehörigkeit	15–27
	a) Anrechnung auf die Betriebszugehörigkeit	18, 19
	b) Unterbrechung der Betriebszugehörigkeit	20–27
III.	Weitere formelle Voraussetzung	28
IV.	Verlust der Wählbarkeit	29, 30
V.	Maßgeblicher Zeitpunkt für das Vorliegen der Voraussetzungen	31–33
VI.	Wählbarkeit von Mitgliedern des Wahlvorstandes	34
VII.	Sonderregelung für neu errichtete Betriebe	35, 36
VIII.	Kündigungsschutz der Wahlbewerber	37
IX.	Streitigkeiten	38–41

I. Rechtsnatur der Vorschrift

1 Die **Vorschrift** behandelt das passive Wahlrecht; sie ist ebenso wie die Bestimmung über das aktive Wahlrecht (§ 7) **zwingenden Rechts** und durch Betriebsvereinbarung oder Tarifvertrag nicht abänderbar. Die Wählbarkeit kann also weder erweitert noch eingeschränkt werden (*G/L* § 8 Rz. 3; *F/A/K/H* § 8 Rz. 2; GK-*Kreutz* § 8 Rz. 8). § 8 enthält erschöpfend die Voraussetzungen für die Wählbarkeit zum Betriebsrat (*BAG* vom 12. 10. 1976 – 1 ABR 1/76 – EzA § 8 BetrVG 1972 Nr. 2 = DB 1977, 356). Es können also auch nicht durch Tarifvertrag persönliche Wählbarkeitsvoraussetzungen für die Wahl des Betriebsratsvorsitzenden aufgestellt werden, die über die gesetzlichen Anforderungen hinausgehen oder hinter diesen zurückbleiben (*BAG* vom 16. 2. 1973 – 1 ABR 18/72 – EzA § 19 BetrVG 1972 Nr. 1 = DB 1973, 1254).

II. Voraussetzungen der Wählbarkeit

2 Die Voraussetzungen der Wählbarkeit sind in § 8 abschließend geregelt. **Materielle Voraussetzungen** der Wählbarkeit sind:
Wahlberechtigung (aktives Wahlrecht)
und
sechsmonatige Betriebszugehörigkeit.
Formelle Voraussetzungen sind:
Eintragung in die Wählerliste (§ 2 Abs. 3 WO)
und
das Aufführen als Wahlbewerber in einer gültigen
Vorschlagsliste (§ 6 WO).

1. Wahlberechtigung (aktives Wahlrecht)

3 **Voraussetzung** für das passive Wahlrecht ist zunächst das **aktive Wahlrecht. Jeder Wahlberechtigte** ist grundsätzlich auch **wählbar**. Ein Bewerber für eine Wahl in den Betriebsrat muß also sowohl die **materiellen als auch die formellen Voraussetzungen** des § 7 erfüllen (vgl. Anm. 2 ff. zu § 7). Er muß also Arbeitnehmer des Betriebes sein, das 18. Lebensjahr vollendet haben und in die Wählerliste eingetragen sein. Allerdings gilt **abweichend** von diesem Grundsatz, daß gekündigte

Arbeitnehmer auch nach Ablauf der Kündigungsfrist wählbar sind, solange noch Streit über die Rechtmäßigkeit der Kündigung besteht, obwohl sie in diesem Fall kein aktives Wahlrecht besitzen (vgl. § 7 Rz. 26).

a) Gekündigte Arbeitnehmer
Wählbar sind auch Arbeitnehmer, denen ordentlich gekündigt wurde, **nach Ablauf der Kündigungsfrist**, und **fristlos** gekündigte Arbeitnehmer, solange ein Rechtsstreit über die Berechtigung der Kündigung schwebt (*D/R* § 8 Rz. 10; *F/A/K/H* § 8 Rz. 8; *G/L* § 8 Rz. 17; *GK-Thiele* § 8 Rz. 6 ff.; *Hueck/Nipperdey* II/2, 1132; *LAG Hamm* vom 25. 8. 1961 – 5 Ta BV 7/61 – DB 1961, 1327; *LAG Hamburg* vom 2. 3. 1976 – 6 [H] Sa 8/76 –; *S/W* § 8 Rz. 2; a. A. *GK-Kreutz* § 8 Rz. 18), obwohl sie nicht wahlberechtigt sind. Wird der gekündigte Arbeitnehmer gewählt, so bleibt die Rechtswirksamkeit der Wahl bis zur rechtskräftigen Entscheidung des Arbeitsgerichts in der Schwebe. **Nicht wählbar** ist der gekündigte Arbeitnehmer dann, wenn am Wahltag die Kündigungsfrist abgelaufen ist und er keine Kündigungsschutzklage erhoben hat. Dies gilt auch, wenn zu diesem Zeitpunkt die Dreiwochenfrist zur Einlegung der Klage noch nicht abgelaufen ist. 4

Diese **unterschiedliche Regelung** bei der **Wahlberechtigung** und der **Wählbarkeit** erklärt sich aus der Notwendigkeit, im Interesse eines eindeutigen Wahlergebnisses absolute Klarheit über die Wahlberechtigung zu haben, während die Frage der Rechtswirksamkeit der Wahl eines Betriebsratsmitgliedes bis zur rechtskräftigen Entscheidung des Rechtsstreits über die Kündigung offen bleiben und das Amt durch ein Ersatzmitglied wahrgenommen werden kann. 5

Gibt das Arbeitsgericht der **Feststellungsklage** des gekündigten Arbeitnehmers statt, so ist durch die Kündigung (fristlos oder fristgemäß) das Arbeitsverhältnis nicht aufgelöst worden, der Arbeitnehmer war also **am Wahltag betriebszugehörig** und daher wählbar. Bis zur rechtskräftigen Feststellung der Unwirksamkeit der Kündigung ist der Gewählte zeitweilig an der Ausübung seines Amtes gehindert; ein Ersatzmitglied vertritt ihn nach § 25 Abs. 1 Satz 2 (*F/A/K/H* § 8 Rz. 10; *S/W* § 8 Rz. 2), es sei denn, er wird über den Ablauf der Kündigungsfrist hinaus nach § 102 Abs. 5 oder aufgrund des allgemeinen Weiterbeschäftigungsanspruchs (vgl. § 7 Rz. 29) weiterbeschäftigt. 6

Weist dagegen das Arbeitsgericht die **Klage** des gekündigten Arbeitnehmers **ab**, so steht nach Rechtskraft der Entscheidung fest, daß der Arbeitnehmer **am Wahltag nicht mehr betriebszugehörig** war. Eine Voraussetzung für die Wählbarkeit war daher am Wahltag nicht gegeben. Das gleiche gilt, wenn das Arbeitsgericht das Arbeitsverhältnis auf Antrag nach § 9 KSchG auflöst und hierfür einen Zeitpunkt festsetzt, der vor dem Wahltag liegt. In diesen Fällen ist die Wahl von Anfang an nichtig. Einer Anfechtung gem. § 19 bedarf es nicht; in diesem Falle ist nicht gegen wesentliche Vorschriften über die Wählbarkeit verstoßen worden, sondern es wurde ein nicht betriebszugehöriger Arbeitnehmer gewählt. Das ruhende Betriebsratsamt endet mit Rechtskraft des Urteils nach § 24 Nr. 3 und 4; das Ersatzmitglied rückt nach (§ 25 Abs. 1 Satz 1). 7

Ein Arbeitnehmer, über dessen Kündigung noch nicht rechtskräftig entschieden ist und der Wahlbewerber ist (zum Kündigungsschutz vgl. Rz. 37) oder nach Ausspruch der Kündigung Wahlbewerber wurde, hat nach Ablauf der Kündigungsfrist oder bei einer fristlosen Kündigung grundsätzlich kein Recht auf **Zutritt zum Betrieb**; hierin liegt keine Wahlbehinderung durch den Arbeitgeber i. S. d. § 20 8

Abs. 1 (a.A. *F/A/K/H* § 8 Rz. 10 und § 20 Rz. 12). Dazu, daß ein gekündigtes Betriebsratsmitglied kein Recht hat, den Betrieb zu betreten, *ArbG Bochum* vom 21. 3. 1973 – 1 BV/Ga 1/73 – DB 1973, 1510; *LAG Düsseldorf* vom 27. 2. 1975 – 3 Ta BV 2/75 – EzA § 25 BetrVG 1972 Nr. 1 = DB 1975, 700. Für ein besonderes Zutrittsrecht des gekündigten Arbeitnehmers (Wahlbewerbers) bestehen nach Ablauf der Kündigungsfrist kein Bedürfnis und keine Rechtsgrundlage, es sei denn, er wird aufgrund eines Weiterbeschäftigungsanspruchs weiterbeschäftigt.

9 Ist die fristlose oder fristgemäße **Kündigung** erst **nach dem Wahltag** vom Arbeitgeber ausgesprochen oder läuft die Kündigungsfrist einer vor dem Wahltag erfolgten ordentlichen Kündigung erst nach dem Wahltag ab, so ist die Kündigung für die Betriebszugehörigkeit und damit für die Wählbarkeit ohne Bedeutung. Zum **Kündigungsschutz** von Wahlbewerbern und Betriebsratsmitgliedern vgl. § 103, zur Beendigung des Betriebsratsamtes und Kündigung vgl. § 24 Abs. 1 Ziff. 3.

b) Sonderfälle

10 Auch bei den Sonderfällen (vgl. bei der Wahlberechtigung § 7 Rz. 14–30) gilt, daß ein Arbeitnehmer dann **wählbar** ist, **wenn** er **wahlberechtigt** ist. Ausländische Arbeitnehmer, im Ausland tätige Arbeitnehmer, Teilzeitarbeitnehmer, Arbeitnehmer in mehreren Betrieben, Leiharbeitnehmer, Arbeitnehmer im Wehrdienst (a.A. GK-*Kreutz* § 8 Rz. 21), Arbeitnehmer, deren Arbeitsvertrag anfechtbar ist, sind also wählbar, soweit sie wahlberechtigt sind.

11 Die Wählbarkeit von Arbeitnehmern, die **mehreren Betrieben** angehören, und damit die Möglichkeit einer Doppelmitgliedschaft in verschiedenen Betriebsräten, wird von der überwiegenden Meinung bejaht (*D/R* § 8 Rz. 8; *F/A/K/H* § 8 Rz. 11; *G/L* § 8 Rz. 20; *G/K/K/S* § 8 Rz. 17; *Küchenhoff* § 8 Rz. 5; *S/W* § 8 Rz. 5; *BAG* vom 11. 4. 1958 – 1 ABR 2/57 – AP Nr. 1 zu § 6 BetrVG 1952 = DB 1958, 658; a.A. *Erdmann/Jürging/Kammann* § 8 Rz. 4). Dieser Ansicht kann nur mit Einschränkungen gefolgt werden; die in der 1. Auflage vertretene Auffassung, daß die Wählbarkeit auch bei Zugehörigkeit zu mehreren Betrieben nur in einem Betrieb gegeben sei (*Erdmann/Jürging/Kammann* § 8 Rz. 4), wird allerdings aufgegeben.

12 Auch Arbeitnehmer, die mehreren Betrieben angehören, sind **grundsätzlich in jedem Betrieb**, in dem sie das aktive Wahlrecht haben, **wählbar**. Obwohl die Voraussetzungen der Wählbarkeit in § 8 abschließend geregelt sind, gilt dieser Grundsatz jedoch nur mit der **Einschränkung**, daß aufgrund der tatsächlichen Gegebenheiten und der Arbeitsverträge in den verschiedenen Betrieben **keine Beeinträchtigung der Funktion** des z.B. zu zwei Betriebsräten gewählten Mitglieds zu erwarten ist (*Hueck/Nipperdey* II/2, 1134; a.A. *F/A/K/H* § 8 Rz. 12; GK-*Kreutz* § 8 Rz. 21). Bei einer Doppelmitgliedschaft in verschiedenen Betriebsräten muß also gewährleistet sein, daß das betreffende Betriebsratsmitglied in jedem Betrieb sein Betriebsratsamt im Sinne der Betriebsverfassung entsprechend ausüben kann; durch die Doppelmitgliedschaft darf keine Beeinträchtigung der Repräsentation der Arbeitnehmer im Betrieb eintreten. Eine Wahl zu zwei Betriebsräten ist nicht möglich, wenn feststeht, daß das gewählte Betriebsratsmitglied sein Amt nicht in beiden Betriebsräten wird ausüben können. Es kommt für die Wählbarkeit auch darauf an, daß ein Betriebsratsmitglied die Arbeitnehmer nicht nur rechtlich, sondern auch tatsächlich vertritt und praktisch vertreten kann (sinngemäß *BAG* vom 28. 11. 1977 – 1 ABR 40/76 – EzA § 8 BetrVG 1972 Nr. 4 = DB 1978, 450). Steht dies nicht fest, so ist der betreffende Arbeitnehmer nicht wählbar; der Wahl-

vorstand hat dies bei Prüfung der Vorschlagslisten gem. § 7 Abs. 2 WO 1972 zu beanstanden. Zur Wahlanfechtung vgl. § 19 Rz. 38.

Ebenfalls wählbar sind **in das Ausland entsandte Arbeitnehmer**, die Arbeitnehmer des inländischen Betriebes sind (vor § 1 Rz. 4ff.). Keine Arbeitnehmer des inländischen Betriebes sind solche, die ständig und auf unabsehbare Zeit auf einer eigenen Betriebsstätte des inländischen Betriebes (Unternehmens) im Ausland tätig sind; sie haben daher auch kein Wahlrecht zum inländischen Betriebsrat (*BAG* vom 25. 4. 1978 – 6 ABR 2/77 – a. a. O. § 7 Rz. 15; so auch *G/L* § 8 Rz. 18). Aber auch bei in das Ausland entsandten Arbeitnehmern, die Arbeitnehmer des inländischen Betriebes sind, kommt es darauf an, ob sie ihr Betriebsratsamt tatsächlich im inländischen Betrieb ausüben können, anderenfalls sind sie nicht wählbar (so sinngemäß *BAG* vom 28. 11. 1977 – 1 ABR 40/76 – a. a. O. Rz. 12; **a. A.** GK-*Kreutz* § 8 Rz. 21). Steht z. B. fest, daß sie während der vierjährigen Amtsperiode des Betriebsrats nur im Ausland tätig sein werden, so können sie in der Regel ihr Amt nicht tatsächlich ausüben; etwas anderes könnte nur gelten, wenn der Betrieb in der Nähe der Grenze der Bundesrepublik Deutschland liegt und der Arbeitnehmer in Grenznähe im Ausland tätig ist. Die Möglichkeit der tatsächlichen Ausübung des Betriebsratsamtes darf auch nicht mit unverhältnismäßig großen Kosten verbunden sein, z. B. Flugkosten, sonstige Reisekosten (so auch *G/L* § 8 Rz. 18); auch bei der Kostentragung durch den Arbeitgeber ist auf dessen Belange in angemessenem Umfang Rücksicht zu nehmen (*D/R* § 40 Rz. 5). 13

Unechte Leiharbeitnehmer (nach § 1 AÜG) sind im Entleiherbetrieb weder wahlberechtigt noch wählbar; dies sind sie nur im Verleiherbetrieb (vgl. § 7 Rz. 21; § 14 Abs. 2 Satz 1 AÜG). 14

2. Sechsmonatige Betriebszugehörigkeit

Voraussetzung für die Wählbarkeit ist weiterhin eine **sechsmonatige Betriebszugehörigkeit** am Tage der Wahl bzw., wenn sich die Wahl über mehrere Tage erstreckt, am letzten Tag der Wahl (*F/A/K/H* § 8 Rz. 14; **a. A.** GK-*Kreutz* § 8 Rz. 25); eine sechsmonatige Betriebszugehörigkeit bei Beginn des Amtes reicht nicht aus (*D/R* § 8 Rz. 13; *F/A/K/H* § 8 Rz. 14; *G/L* § 8 Rz. 6; GK-*Kreutz* § 8 Rz. 25). Bei einem **Heimarbeiter** ist erforderlich, daß er mindestens sechs Monate in der Hauptsache für den Betrieb (vgl. § 7 Rz. 19, § 6 Rz. 4) bzw. für einen Betrieb des Unternehmens oder Konzerns gearbeitet hat (*D/R* § 8 Rz. 26; *F/A/K/H* § 8 Rz. 13). Für den **Beginn** der **Betriebszugehörigkeit** entscheidend ist nicht das Datum des Abschlusses des Arbeitsvertrages, sondern der im Arbeitsvertrag (dieser kann auch mündlich geschlossen werden) festgelegte Zeitpunkt der Arbeitsaufnahme (vgl. § 7 Rz. 4; *D/R* § 8 Rz. 14; *G/L* § 8 Rz. 6; *BAG* vom 28. 11. 1977 – 1 ABR 40/76 – a. a. O. Rz. 12). Zweck der Bestimmung über die sechsmonatige Betriebszugehörigkeit ist, die Ausübung der Rechte und Pflichten des Betriebsratsmitglieds von der Kenntnis der inneren Betriebsverhältnisse abhängig zu machen. 15

Ausgehend hiervon ist es nicht erforderlich, daß während der sechs Monate alle anderen Voraussetzungen der Wählbarkeit vorlagen. Insbesondere ist nicht notwendig, daß der Betreffende während der ganzen sechs Monate **Arbeitnehmer** des Betriebes **i. S. d. § 5 Abs. 1 war**. Zeiten, in denen er unter § 5 Abs. 2 oder 3 fiel, sind auf den sechsmonatigen Zeitraum anzurechnen, weil er sich auch in diesen 16

Zeiten mit den innerbetrieblichen Verhältnissen vertraut machen konnte (*D/R* § 8 Rz. 15; *F/A/K/H* § 8 Rz. 14; *G/L* § 8 Rz. 6; **a.A.** GK-*Kreutz* § 8 Rz. 28). Das gleiche gilt für Leiharbeitnehmer, die in unmittelbarem Anschluß an die Leiharbeitnehmertätigkeit in ein Arbeitsverhältnis zum Betrieb treten (*D/R* § 8 Rz. 15, 20; *S/W* § 8 Rz. 4; **a.A.** *F/A/K/H* § 8 Rz. 14; GK-*Kreutz* § 8 Rz. 30).

17 **Unerheblich** ist auch, **ob** der Betreffende dem Betrieb als **Arbeiter, Angestellter oder Auszubildender** angehört hat. Ebensowenig ist erforderlich, daß der Arbeitnehmer während des sechsmonatigen Zeitraums bereits das 18. Lebensjahr vollendet hatte, es genügt, wenn dies am Wahltag der Fall ist (vgl. Rz. 31f.; *D/R* § 8 Rz. 15; GK-*Kreutz* § 8 Rz. 27; *F/A/K/H* § 8 Rz. 14).

a) Anrechnung auf die Betriebszugehörigkeit

18 Aufgrund gesetzlicher Vorschrift (Abs. 1 Satz 2) werden auf die Betriebszugehörigkeit Zeiten angerechnet, in denen der Arbeitnehmer **unmittelbar** vorher einem anderen **Betrieb desselben Unternehmens oder Konzerns** i. S. d. § 18 Abs. 1 AktG angehört hat. Das Arbeitsverhältnis mit dem Betrieb, in dem das Betriebsratsamt angestrebt wird, muß sich zeitlich unmittelbar an die Arbeitsverhältnisse im Unternehmen oder Konzern anschließen. Bei einem Konzern gilt dies nur, wenn es sich um einen Unterordnungskonzern nach § 18 Abs. 1 AktG handelt, dagegen nicht bei einem Gleichordnungskonzern nach § 18 Abs. 2 AktG (*D/R* § 8 Rz. 28; *G/L* § 8 Rz. 12). Die Voraussetzung der Unmittelbarkeit ist nicht gegeben, wenn der Arbeitnehmer zwischenzeitlich Arbeitnehmer eines Betriebes eines anderen Unternehmens oder außerhalb des Konzerns oder arbeitslos war (*F/A/K/H* § 8 Rz. 19). Zum Begriff des Unternehmens vgl. § 1 Rz. 24; zu dem des Konzerns § 54.

19 Geht ein **Betrieb durch Rechtsgeschäft** auf einen **anderen Inhaber** über, so werden Zeiten der Betriebszugehörigkeit bei dessen Vorgänger nach § 613a BGB angerechnet, weil der neue Inhaber in die Rechte und Pflichten aus den im Zeitpunkt des Übergangs bestehenden Arbeitsverhältnissen eintritt (*D/R* § 8 Rz. 24; *F/A/K/H* § 8 Rz. 16).

b) Unterbrechung der Betriebszugehörigkeit

20 Die sechsmonatige Betriebszugehörigkeit muß grundsätzlich eine ununterbrochene sein. Nach dem Wortlaut des Gesetzes dem Betrieb *angehören*, wird für die Betriebszugehörigkeit genauso wie bei § 1 KSchG auf das **Bestehen des Arbeitsverhältnisses**, also auf das rechtliche Band, und nicht auf die tatsächliche Beschäftigung während dieser Zeit abgestellt. Allerdings ist in § 1 KSchG ausdrücklich das Bestehen des Arbeitsverhältnisses erwähnt im Gegensatz zu § 1 KSchG a. F., in dem es heißt, sechs Monate ohne Unterbrechung beschäftigt ist; nach allgemeiner Terminologie ist aber dem Betrieb angehören dem Bestehen des Arbeitsverhältnisses gleichzusetzen. Für die Frage der sechsmonatigen Betriebszugehörigkeit ist also im Grundsatz die Rechtsprechung und Literatur zu § 1 KSchG, soweit sie die sechsmonatige Wartezeit betrifft, anwendbar (vgl. insbesondere *Hueck* KSchG § 1 Rz. 23 ff.) und diejenige zu § 4 BUrlG (vgl. *Dersch/Neumann* § 4 Rz. 19 ff.).

21 Bei einer **rechtlichen Unterbrechung** der Betriebszugehörigkeit, z. B. durch Beendigung des Arbeitsverhältnisses und Begründung eines anderweitigen Arbeitsverhältnisses oder durch Zeiten der Arbeitslosigkeit, beginnt der Lauf der Sechsmonatsfrist grundsätzlich erneut (*D/R* § 8 Rz. 18; *F/A/K/H* § 8 Rz. 15; *G/L* § 8 Rz. 9; GK-*Thiele* Vorauflage § 8 Rz. 20; **a.A.** GK-*Kreutz* § 8 Rz. 34). Ausnahms-

Wählbarkeit § 8

weise gilt etwas anderes bei einer rechtlichen Unterbrechung des Arbeitsverhältnisses, wenn sich an ein beendetes Arbeitsverhältnis unmittelbar ein neues mit demselben Arbeitgeber anschließt (*BAG* vom 23. 9. 1976 – 2 AZR 309/75 – EzA § 1 KSchG 1969 Nr. 35 = DB 1977, 213). Bei kürzeren Unterbrechungen des rechtlichen Bestandes des Arbeitsverhältnisses und dann, wenn die Neueinstellung mit Rücksicht auf die frühere Betriebszugehörigkeit erfolgt, sind die Zeiten des früheren Arbeitsverhältnisses auf die Betriebszugehörigkeit anzurechnen (*BAG* vom 6. 12. 1976 – 2 AZR 470/75 – EzA § 1 KSchG Nr. 36 = DB 1977, 587; *D/R* § 8 Rz. 19; *F/A/K/H* § 8 Rz. 15; *G/L* § 8 Rz. 9; GK-*Kreutz* § 8 Rz. 34 f.). Dies gilt auch für den Fall der Wiedereinstellung nach einer lösenden Aussperrung (*BAG* vom 21. 4. 1971 – GS 1/68 – EzA Art. 9 GG Nr. 6 = DB 1971, 1061).

Für zum **Wehrdienst** einberufene Arbeitnehmer ist nach § 6 Abs. 2 Satz 1 Arb- 22
PlSchuG die Zeit des Grundwehrdienstes wie der Wehrübungen auf die Betriebszugehörigkeit anzurechnen; das gleiche gilt für die Zeit des **zivilen Ersatzdienstes** (§ 78 Abs. 1 Nr. 1 ZDG), des Dienstes im Zivilkorps (§ 18 Abs. 2 Gesetz über das Zivilschutzkorps vom 12. 8. 1965, BGBl. I S. 782) und der Eignungsübung (§ 8 Satz 1 VO zum Eignungsübungsgesetz vom 15. 2. 1956 BGBl. I S. 71). Vgl. § 7 Rz. 26 (so auch *D/R* § 8 Rz. 22, 35; *F/A/K/H* § 8 Rz. 7; GK-*Kreutz* § 8 Rz. 37; a. A. *G/L* § 8 Rz. 11).

Für Arbeitnehmer, die keine Deutschen sind, aber einem **Mitgliedsstaat der EG** 23
angehören, gilt dies ebenfalls, wenn sie aufgrund der Wehrpflicht in ihrem Heimatland den Wehrdienst ausüben müssen (*BAG* vom 28. 2. 1969 – 5 AZR 215/68 – AP Nr. 1 zu § 177 EWG-Vertrag = DB 1969, 743; *Gerichtshof der Europäischen Gemeinschaften* vom 15. 10 1969 – AP Nr. 2 zu § 177 EWG-Vertrag = BB 1969, 1313; *BAG* vom 5. 12. 1969 – 5 AZR 215/68 – EzA § 6 ArbPlSchuG Nr. 1 = DB 1970, 307; *D/R* § 8 Rz. 23).
Ausländische Arbeitnehmer, die nicht Staatsangehörige eines Mitgliedstaates der EG sind und die ihre Tätigkeit zur Erfüllung der Wehrpflicht in ihrem Heimatland unterbrechen mußten, haben keinen Anspruch auf Anrechnung der Wehrdienstzeit auf die Betriebszugehörigkeit (GK-*Kreutz* § 8 Rz. 39; *LAG Frankfurt/M.* vom 2. 3. 1973 – 6 Sa 725/72 – BB 1974, 789 rechtskräftig).

Gemäß einem Erlaß des Bundesverteidigungsministeriums vom 7. 7. 1976 (VR 24
III 7 – AZ 24 – 09 – 01, BetrR 1976, 449) können Betriebsratsmitglieder oder Jugendvertreter für eine Amtsperiode vom **Wehrdienst zurückgestellt** werden.

Eine **tatsächliche kurzfristige Unterbrechung** der Betriebszugehörigkeit bei Wei- 25
terbestehen des Arbeitsverhältnisses ist für die Dauer der Betriebszugehörigkeit ohne Bedeutung, so ist z. B. kürzeres tatsächliches Aussetzen der Arbeit wegen Krankheit, Urlaub, Arbeitskampf unerheblich (*D/R* § 8 Rz. 17; *F/A/K/H* § 8 Rz. 17; *G/L* § 8 Rz. 8; GK-*Thiele* Vorauflage § 8 Rz. 21; *Dersch/Neumann* § 4 Rz. 43 f.; a. A. GK-*Kreutz* § 8 Rz. 34).

Etwas anderes gilt bei einer **längeren tatsächlichen Unterbrechung**, da durch eine 26
solche der Sinn der Vorschrift, die Kenntnis der inneren Betriebsverhältnisse sicherzustellen, berührt wird. Bei längeren tatsächlichen Unterbrechungen ist deshalb die Zeit des Aussetzens nicht bei dem Sechsmonats-Zeitraum mitzurechnen, der Ablauf der Sechsmonatsfrist ist gehemmt i. S. v. § 205 BGB (*D/R* § 8 Rz. 18; *F/A/K/H* § 8 Rz. 17; *G/L* § 8 Rz. 8; a. A. GK-*Kreutz* § 8 Rz. 32). Maßgebend ist, ob die Fehlzeiten in bezug auf die sechsmonatige Betriebszugehörigkeit von Bedeutung sind. Eine kurzfristige und damit keine längere tatsächliche Unterbrechung ist immer dann gegeben, wenn es sich um eine verhältnismäßig nicht erheb-

§ 8   2. Teil 1. Abschn. *Zusammensetzung und Wahl des Betriebsrats*

liche Zeit i. S. v. § 616 Abs. 1, 2 BGB handelt; danach sind höchstens 6 Wochen eine verhältnismäßig nicht erhebliche Zeit (*Dersch/Neumann* § 4 Rz. 44). Als Anhaltspunkt dafür, was als längere tatsächliche Unterbrechung gilt, können auch Tarifverträge der jeweiligen Branche gelten, falls sie etwas über die tatsächliche Unterbrechung der Betriebszugehörigkeit aussagen. Nach einigen Tarifverträgen hemmt eine tatsächliche Unterbrechung von mehr als zwei Monaten den Lauf der Betriebszugehörigkeit (so z. B. § 22 Abs. 3 des Manteltarifvertrages für die gewerblichen Arbeitnehmer in der Eisen und Metall erzeugenden und verarbeitenden Industrie im Lande Rheinland-Pfalz vom 9. September 1959 i. d. F. vom 29. Januar 1977). Üblicherweise ist also eine tatsächliche Unterbrechung von mehr als 6 Wochen eine längere Unterbrechung, die den Lauf der Sechsmonatsfrist hemmt; liegen Tarifverträge vor, so kann auch erst eine Unterbrechung von mehr als zwei Monaten eine längere sein.

27 Ist ein Arbeitnehmer jeweils nur für eine Saison im **Saisonbetrieb** angestellt und erreicht er – was üblicherweise der Fall ist – in einer Saison nicht die sechsmonatige Betriebszugehörigkeit, so wird die frühere Tätigkeit in diesem Betrieb nicht auf die Betriebszugehörigkeit angerechnet (*D/R* § 8 Rz. 21; a. A. GK-*Kreutz* § 8 Rz. 36).
Kampagnebetriebe, d. h. Betriebe, die nur während bestimmter Zeiten Arbeitnehmer beschäftigen, fallen in der Regel unter Abs. 2 (*D/R* § 8 Rz. 21; *G/L* § 8 Rz. 10).

III. Weitere formelle Voraussetzung

28 Neben der Eintragung in die Wählerliste (Rz. 3 und § 7 Rz. 12) ist formelle Voraussetzung der Wählbarkeit, daß der Arbeitnehmer, der gewählt werden möchte, auf einer **gültigen Vorschlagsliste als Wahlbewerber** aufgeführt ist (§ 6 WO). Zum gültigen Wahlvorschlag vgl. § 14 Rz. 51 f.

IV. Verlust der Wählbarkeit

29 Ein gem. § 23 durch Beschluß des Arbeitsgerichts **ausgeschlossenes Betriebsratsmitglied verliert zeitweilig die Wählbarkeit** für die Zeit bis zu der nächsten regelmäßigen Betriebsratswahl nach § 13 Abs. 1, d. h. also, wird der Betriebsrat vorzeitig nach Ausschluß des Betriebsratsmitglieds z. B. nach § 13 Abs. 2 Ziff. 3 neu gewählt, so ist das ausgeschlossene Betriebsratsmitglied nicht wählbar (vgl. im einzelnen § 23 Rz. 38; *D/R* § 8 Rz. 36 und *S/W* § 8 Rz. 9 für den Fall, daß die vorzeitige Neuwahl durch den Ausschluß des betreffenden Betriebsratsmitglieds erforderlich wurde; a. A. *G/L* § 8 Rz. 16; GK-*Kreutz* § 8 Rz. 30.

30 Die Wählbarkeit entfällt, wenn der Arbeitnehmer infolge **strafgerichtlicher Verurteilung die Fähigkeit, Rechte aus öffentlichen Wahlen zu erlangen, nicht besitzt** (§§ 45–45b StGB). Abs. 1 Satz 3 gilt in dieser Fassung seit 1. 1. 1975. Gem. § 45 Abs. 1 StGB verliert ein wegen eines Verbrechens zu mindestens einem Jahr Freiheitsstrafe Verurteilter automatisch für 5 Jahre diese Fähigkeit. In anderen Fällen kann nach § 45 Abs. 2 StGB das Gericht diese Fähigkeit für die Dauer von zwei bis fünf Jahren aberkennen, wenn das Gesetz dies vorsieht. Nicht berührt wird die Wählbarkeit, wenn dem Betreffenden gem. § 45 Abs. 5 StGB die Fähigkeit, in

öffentlichen Angelegenheiten zu wählen oder zu stimmen, aberkannt wird; ebenfalls keinen Einfluß auf die Wählbarkeit hat eine Entscheidung des *BVerfG* nach § 39 Abs. 2 BVerfGG, die wegen Verwirkung der Grundrechte das Wahlrecht, die Wählbarkeit und die Fähigkeit zur Bekleidung öffentlicher Ämter aberkennt (*G/L* § 8 Rz. 13a; *F/A/K/H* § 8 Rz. 23ff.).

V. Maßgeblicher Zeitpunkt für das Vorliegen der Voraussetzungen

Alle **Voraussetzungen** der Wählbarkeit müssen am Wahltag – erstreckt sich die 31 Wahl über mehrere Tage am letzten Tag der Wahl – und, falls der Arbeitnehmer gewählt wird, während der ganzen Amtszeit vorliegen (vgl. § 24 Abs. 1 Nr. 4).
Hat ein Wahlbewerber **am Wahltag das 18. Lebensjahr** noch nicht vollendet (vgl. 32 § 7 Rz. 10), so ist die Wahl anfechtbar. Wird die Wahl nicht angefochten oder ist die Anfechtungsfrist nach § 19 Abs. 2 bereits verstrichen, so kann die Nichtwählbarkeit jederzeit gem. § 24 Abs. 1 Nr. 6 festgestellt werden, und das Betriebsratsamt erlischt, es sei denn, der Betroffene hat inzwischen das 18. Lebensjahr vollendet (*D/R* § 8 Rz. 6; *F/A/K/H* § 8 Rz. 5; *G/L* § 8 Rz. 5; *S/W* § 8 Rz. 3; GK-*Kreutz* § 8 Rz. 16; *BAG* vom 7.7. 1954 – 1 ABR 6/54 – AP Nr. 1 zu § 24 BetrVG = DB 1954, 700). Entscheidend ist der Zeitpunkt der letzten mündlichen Tatsachenverhandlung.
Für die Voraussetzung der **sechsmonatigen Betriebszugehörigkeit** gilt ebenfalls 33 das unter Rz. 32 zum Wahlalter Gesagte.

VI. Wählbarkeit von Mitgliedern des Wahlvorstandes

Mitglieder des Wahlvorstandes sind bei Vorliegen der Voraussetzungen des § 8 34 **wählbar**. § 8 legt abschließend die Voraussetzungen für die Wählbarkeit fest; eine Inkompatibilität (Unvereinbarkeit) zwischen dem Amt als Mitglied des Wahlvorstandes und als (zukünftiges) Mitglied des Betriebsrates besteht danach nicht (vgl. §§ 14 Rz. 55, 16 Rz. 15; *BAG* vom 12. 10. 1976 – 1 ABR 1/76 – EzA § 8 BetrVG 1972 Nr. 2 = DB 1977, 356; *BAG* vom 4. 10. 1977 – 1 ABR 37/77 – EzA § 8 BetrVG 1972 Nr. 3 = DB 1978, 449; *F/A/K/H* § 16 Rz. 13; GK-*Kreutz* § 8 Rz. 57, § 16 Rz. 30; **a. A.** *D/R* § 8 Rz. 37, § 16 Rz. 47; *G/L* § 14 Rz. 52). In anderen Gesetzen ist die Unvereinbarkeit gesetzlich geregelt, so z. B. in § 9 Abs. 3 Bundeswahlgesetz; eine solche Regelung findet sich nicht im BetrVG. Es ist daher davon auszugehen, daß keine Unvereinbarkeit des Amtes des Wahlvorstandes und der Kandidatur zum Betriebsrat besteht.

VII. Sonderregelung für neu errichtete Betriebe

Die Bestimmung des Abs. 2 ist erforderlich für diejenigen Fälle, in denen die Vor- 35 aussetzung einer sechsmonatigen Betriebszugehörigkeit für die Wählbarkeit nicht erfüllt werden kann, weil **der Betrieb noch keine sechs Monate besteht**. Um auch in diesen Fällen einen Betriebsrat wählen zu können, bestimmt das Gesetz, daß von dem Erfordernis der sechsmonatigen Betriebszugehörigkeit abzusehen ist. Wählbar ist ohne Rücksicht auf die Dauer der Betriebszugehörigkeit, wer bei der

§ 8 2. Teil 1. Abschn. *Zusammensetzung und Wahl des Betriebsrats*

Einleitung der Betriebsratswahl, d. h. am Tage des Erlasses des Wahlausschreibens durch den Wahlvorstand (§ 18 Abs. 1 Satz 1 BetrVG i. V. m. § 3 Abs. 1 Satz 2 WO) Betriebsangehöriger ist und die übrigen Voraussetzungen des § 8 erfüllt (**h. M.**). Nicht genügend für die Wählbarkeit ist, wenn der Bewerber die Betriebszugehörigkeit erst am Wahltag erlangt (*D/R* § 8 Rz. 29; *G/L* § 8 Rz. 21; GK-*Kreutz* § 8 Rz. 61). Würde er trotzdem gewählt, so vgl. für die Rechtsfolgen Rz. 32.

36 Bei einem **Betriebsinhaberwechsel** (vgl. auch § 613a BGB) wird der Betrieb nicht neu gegründet, es sei denn, daß dieser mit einer grundlegenden Änderung der Betriebsorganisation verbunden ist. Abs. 2 findet also grundsätzlich keine Anwendung (*F/A/K/H* § 8 Rz. 29). Der **Zusammenschluß** zweier Betriebe unter grundlegender Veränderung der Betriebsorganisation beider Betriebe bedeutet eine Neugründung, nicht dagegen die Übertragung eines Betriebes auf einen anderen unter Aufrechterhaltung der Betriebsorganisation des aufnehmenden Betriebes (*F/A/K/H* § 8 Rz. 29). Abs. 2 findet auch Anwendung, wenn ein **stillgelegter Betrieb wieder eröffnet** wird (*D/R* § 8 Rz. 29; *F/A/K/H* § 8 Rz. 29; *G/L* § 8 Rz. 22), und auf Kampagnebetriebe, die nur während eines bestimmten Zeitraums im Jahr Arbeitnehmer beschäftigen, sonst aber geschlossen sind (*D/R* § 8 Rz. 21).

VIII. Kündigungsschutz der Wahlbewerber

37 Nach § 15 Abs. 3 KSchG, § 29a Abs. 2 HAG ist die **Kündigung** eines jeden **Wahlbewerbers** vom Zeitpunkt der Aufstellung des Wahlvorschlages ab, jeweils bis zur Bekanntgabe des Wahlergebnisses **unzulässig**, es sei denn, daß Tatsachen vorliegen, die den Arbeitgeber zur Kündigung aus wichtigem Grund ohne Einhaltung einer Kündigungsfrist berechtigen. Die Zustimmung des Betriebsrats nach § 103 oder deren Ersetzung durch das Arbeitsgericht muß ebenfalls vorliegen. Eine ordentliche Kündigung eines Wahlbewerbers ist also nicht möglich (vgl. im einzelnen § 103 Rz. 14).

Der **Kündigungsschutz** eines Wahlbewerbers **beginnt**, sobald ein Wahlvorstand für die Wahl bestellt ist und für diesen Wahlbewerber ein Wahlvorschlag vorliegt, der die nach dem Betriebsverfassungsgesetz erforderliche Mindestzahl von Unterschriften (§ 14 Abs. 5–7) aufweist. Auf die Einreichung der Wahlvorschläge beim Wahlvorstand kann für den Beginn des Kündigungsschutzes nicht abgestellt werden (*BAG* vom 4. 3. 1976 – 2 AZR 620/74 – EzA § 15 KSchG 1969 Nr. 8 = DB 1976, 1335). Nicht ausreichend für den Beginn des Kündigungsschutzes nach § 15 Abs. 3 KSchG ist die Benennung eines Arbeitnehmers als Betriebsratskandidat in einer Versammlung der gewerkschaftlichen Vertrauensleute des Betriebes und die Aufzeichnung seines Namens auf einen Zettel ohne Unterschriften (*BAG* vom 4. 4. 1974 – 2 AZR 452/73 – EzA § 15 KSchG 1969 Nr. 1 = DB 1974, 1067). Keine Voraussetzung für den Kündigungsschutz ist, daß der Wahlbewerber im Zeitpunkt des Kündigungszugangs schon sechs Monate dem Betrieb angehört. Erforderlich ist nur, daß er im Zeitpunkt der Betriebsratswahl diese sechsmonatige Betriebszugehörigkeit besitzt (*LAG Hamm* vom 21. 4. 1982 – 3 Sa 188/82 – DB 1982, 2709). Der besondere Kündigungsschutz für den Wahlbewerber entfällt nicht dadurch, daß die Vorschlagsliste durch spätere Streichung von Stützunterschriften gem. § 8 Abs. 2 Nr. 3 WO ungültig ist (wird) (*BAG* vom 5. 12. 1980 – 7 AZR 781/78 – EzA § 15 KSchG 1969 Nr. 25 m. Anm. *Löwisch, Arnold* = DB 1981, 1142). Zum Kündigungsschutz von Wahlbewerbern im betriebsratslosen Betrieb vgl. § 103 Rz. 54f.

IX. Streitigkeiten

Streitigkeiten über die **Wählbarkeit** entscheidet das Arbeitsgericht im Beschluß- **38**
verfahren (§ 2a Abs. 1 Nr. 1, §§ 80 ff. ArbGG).
Über die Wählbarkeit hat zunächst der **Wahlvorstand zu entscheiden**. Gem. § 7 **39**
Abs. 2 WO hat der Wahlvorstand unverzüglich die Vorschlagslisten zu prüfen und bei Ungültigkeit oder Beanstandung dies dem Listenvertreter unverzüglich schriftlich unter Angabe der Gründe mitzuteilen. Der Wahlvorstand ist auch zuständig für Einsprüche gegen die Wählerliste (§ 4 WO) oder die Gültigkeit von Vorschlagslisten. Die Einsprüche können von jedem Arbeitnehmer, nicht nur den Betroffenen, erhoben werden (vgl. im einzelnen § 19 Rz. 7 ff.). Gegen die Entscheidung des Wahlvorstandes kann das Arbeitsgericht auf Feststellung der Wahlberechtigung bzw. der mangelnden Wahlberechtigung oder der Wählbarkeit angerufen werden. Bis zur konstituierenden Sitzung des Betriebsrats ist im Verfahren vor dem Arbeitsgericht der Wahlvorstand Beteiligter, danach erlischt sein Amt, und er ist nicht mehr beteiligungsfähig, Beteiligter ist dann der Betriebsrat (*BAG* vom 14. 11. 1975 – 1 ABR 61/75 – EzA § 16 BetrVG 1972 Nr. 4 = DB 1976, 300).
Nach der Wahl ist eine **Anfechtung** nach § 19 möglich, wenn gegen wesentliche **40**
Vorschriften über die Wahlberechtigung oder Wählbarkeit verstoßen wurde. Mängel der Wählbarkeit führen grundsätzlich nicht zur Nichtigkeit, sondern nur zur Anfechtbarkeit der Wahl.
Lagen die Voraussetzungen des 18. Lebensjahres und der sechsmonatigen Betriebszugehörigkeit oder andere Voraussetzungen am Wahltag nicht vor und wird dies nach Ablauf der Anfechtungsfrist des § 19 Abs. 2 Satz 2 im arbeitsgerichtlichen Beschlußverfahren festgestellt, so erlischt nach § 24 Abs. 1 Nr. 6 die Mitgliedschaft im Betriebsrat nach Rechtskraft der Entscheidung (vgl. auch Rz. 32). Das Ersatzmitglied rückt gem. § 25 Abs. 1 nach. Ist allerdings im Zeitpunkt der letzten mündlichen Verhandlung der Mangel geheilt, so ist die Feststellung, daß der Betreffende nicht wählbar war, nicht mehr möglich und er bleibt in dem Betriebsratsamt.
Nichtig ist die Wahl des Betreffenden dann, wenn er überhaupt nicht Arbeitneh- **41**
mer des Betriebes, entmündigt war oder ihm die Fähigkeit, Rechte aus öffentlichen Wahlen zu erlangen, fehlt (**a.A.** *F/A/K/H* § 8 Rz. 35; GK-*Kreutz* § 8 Rz. 66). Allerdings müssen diese Tatsachen eindeutig und offensichtlich sein (so wohl auch *S/W* § 8 Rz. 11). Bei Zweifelsfällen ist von der Anfechtung und der Möglichkeit der Feststellung der Nichtwählbarkeit nach § 24 Abs. 1 Nr. 6 Gebrauch zu machen.

§ 9 Zahl der Betriebsratsmitglieder

Der Betriebsrat besteht in Betrieben mit in der Regel
 5 bis 20 wahlberechtigten Arbeitnehmern
  aus einer Person,
 21 bis 50 wahlberechtigten Arbeitnehmern
  aus 3 Mitgliedern,
 51 wahlberechtigten Arbeitnehmern
 bis 150 Arbeitnehmern aus 5 Mitgliedern,
 151 bis 300 Arbeitnehmern aus 7 Mitgliedern,

§ 9   2. Teil 1. Abschn. *Zusammensetzung und Wahl des Betriebsrats*

301 bis   600 Arbeitnehmern aus   9 Mitgliedern,
601 bis 1 000 Arbeitnehmern aus 11 Mitgliedern,
1 001 bis 2 000 Arbeitnehmern aus 15 Mitgliedern,
2 001 bis 3 000 Arbeitnehmern aus 19 Mitgliedern,
3 001 bis 4 000 Arbeitnehmern aus 23 Mitgliedern,
4 001 bis 5 000 Arbeitnehmern aus 27 Mitgliedern,
5 001 bis 7 000 Arbeitnehmern aus 29 Mitgliedern,
7 001 bis 9 000 Arbeitnehmern aus 31 Mitgliedern.
In Betrieben mit mehr als 9 000 Arbeitnehmern erhöht sich die Zahl der Mitglieder des Betriebsrats für je angefangene weitere 3 000 Arbeitnehmer um 2 Mitglieder.

Literaturübersicht

Vgl. die Literaturübersicht zu §§ 7–20.
Ohlgardt Keine Berücksichtigung der leitenden Angestellten bei Bestimmung der Zahl der Betriebsratsmitglieder?, BB 1972, 1186; *Tschöpe* Die Bestimmung der »in der Regel« beschäftigten Arbeitnehmer, BB 1983, 1416.

Inhaltsübersicht

		Rz.
I.	Zwingend vorgeschriebene Zahl der Betriebsratsmitglieder	1– 5
II.	Ermittlung der Zahl der Betriebsratsmitglieder	6–14
	1. Zahl der Arbeitnehmer des Betriebes	6, 7
	2. Regelmäßige Zahl der Arbeitnehmer	8–11
	3. Stichtag	12
	4. Veränderungen der Belegschaftsgröße	13, 14
III.	Mitgliederzahl des Betriebsrats	15–18
	1. Einköpfiger Betriebsrat	16
	2. Mehrgliedriger Betriebsrat	17
	3. Keine Höchstzahl der Betriebsratsmitglieder	18
IV.	Streitigkeiten	19

I. Zwingend vorgeschriebene Zahl der Betriebsratsmitglieder

1   Die Vorschrift des § 9 ist **zwingenden Rechts**; sie kann nicht durch Tarifvertrag oder Betriebsvereinbarung abgeändert werden. Es können lediglich zusätzliche betriebsverfassungsrechtliche Vertretungen im Rahmen des § 3 Abs. 1 Nr. 1 geschaffen werden. Die nach der Betriebsgröße gestaffelte festgelegte Zahl der Betriebsratsmitglieder ist also zwingend. Eine **Abweichung** hiervon ergibt sich nur, wenn
– der Betrieb entsprechend der Staffel nicht genügend wählbare Arbeitnehmer hat;
– nach erfolgter Wahl so viele Arbeitnehmer die Übernahme des Amtes ablehnen, daß dadurch die in § 9 vorgesehene Zahl der Betriebsratsmitglieder nicht erreicht wird (*D/R* § 9 Rz. 11).
In beiden Fällen ist nach § 11 (vgl. dort Rz. 3 und 7) die Zahl der nächstniedrigen

Betriebsgröße zugrunde zu legen, da der Betriebsrat stets aus einer **ungeraden Zahl von Mitgliedern bestehen muß** (vgl. Rz. 15; **h.M**, *D/R* § 9 Rz. 10; *F/A/K/H* § 9 Rz. 11; *G/L* § 9 Rz. 10; **a.A.** GK-*Kreutz* § 9 Rz. 21).

Eine **weitere Abweichung von der nach der Staffel festgelegten Zahl der Betriebs- 2 ratsmitglieder** kann sich ergeben, wenn die Vorschlagslisten trotz **ordnungsgemäßen Wahlausschreibens** nicht genügend Kandidaten aufweisen oder bei einer Mehrheitswahl für weniger Kandidaten, als der Betriebsrat nach dem Gesetz Mitglieder hat, Stimmen abgegeben worden sind. Auch in diesem Fall ist § 11 analog anzuwenden (*D/R* § 9 Rz. 11; *F/A/K/H* § 9 Rz. 11; *G/L* § 9 Rz. 10; im Ergebnis ebenso *Hueck/Nipperdey* II/2, 1157 Fn. 3).

Eine Minderung der Betriebsratssitze in analoger Anwendung zu § 11 (vgl. dort 3 Rz. 10) tritt nicht ein, wenn eine **Gruppe** nicht genügend wählbare Arbeitnehmer hat, nicht genügend Kandidaten aufstellt oder nicht genügend Arbeitnehmer der Gruppe zur Übernahme des Mandats bereit sind. In diesem Fall sind die freien Sitze der Gruppe mit gewählten Arbeitnehmern der anderen Gruppe zu besetzen (*BAG* vom 11. 4. 1958 – 1 ABR 4/57 – AP Nr. 1 zu § 6 WO 1953 = DB 1958, 742); gibt es nicht genügend Arbeitnehmer der anderen Gruppe, so ist § 11 analog anzuwenden (*D/R* § 9 Rz. 12; *F/A/K/H* § 9 Rz. 11; GK-*Kreutz* § 9 Rz. 22). Die in der 2. Auflage vertretene Ansicht, daß in diesem Fall Sitze freibleiben, wird aufgegeben, weil sie dem Prinzip widerspricht, daß die Zahl der Betriebsratsmitglieder stets ungerade bleiben muß (*BAG* a.a.O.).

Entspricht über diese möglichen Abweichungen hinaus **die Zahl der Betriebsrats- 4 mitglieder nicht der durch das Gesetz festgelegten Staffel**, so ist der Betriebsrat nicht ordnungsgemäß zusammengesetzt. Dies kann im Rahmen einer Wahlanfechtung geltend gemacht werden. Eine **Korrektur** des **Wahlergebnisses** im Wahlanfechtungsverfahren durch die Arbeitsgerichte bei begründeter Anfechtung wegen unrichtiger Annahme der nach § 9 maßgebenden Zahl der Betriebsratsmitglieder ist nicht möglich. Es ist daher in analoger Anwendung des § 13 Abs. 2 unverzüglich eine Neuwahl durchzuführen (*BAG* vom 12. 10. 1976 – 1 ABR 1/76 – EzA § 8 BetrVG 1972 Nr. 2 = DB 1977, 356; *BAG* vom 25. 6. 1974 – 1 ABR 68/73 – EzA § 19 BetrVG 1972 Nr. 3 = DB 1974, 1341, 2115; *BAG* vom 12. 10. 1976 – 1 ABR 14/76 – EzA § 19 BetrVG 1972 Nr. 10 = DB 1977, 212; *BAG* vom 22. 11. 1984 – 6 ABR 9/84 – EzA § 64 BetrVG 1972 Nr. 1 = DB 1985, 1534; *G/L* § 9 Rz. 10; für den Fall der Persönlichkeitswahl (Mehrheitswahl) auch *F/A/K/H* § 9 Rz. 12 und GK-*Kreutz* § 9 Rz. 25; **a.A.** *D/R* § 9 Rz. 13; für den Fall der Listenwahl (Verhältniswahl) auch *F/A/K/H* § 9 Rz. 13 und GK-*Kreutz* § 9 Rz. 25). Zwar ist grundsätzlich eine Korrektur des Wahlergebnisses auch im Rahmen eines Wahlanfechtungsverfahrens möglich (§ 19 Rz. 23 und 40); dies gilt aber nicht, wenn Mängel des Wahlverfahrens selbst vorliegen, wie z.B. die Annahme einer unrichtigen Zahl zu wählender Betriebsratsmitglieder, sei diese zu hoch oder zu niedrig (*BAG* vom 15. 12. 1972 – 1 ABR 5/72 – EzA § 9 BetrVG 1972 Nr. 1 = BB 1973, 520; *BAG* vom 12. 10. 1976 – 1 ABR 14/76 – EzA § 19 BetrVG 1972 Nr. 10 = DB 1977, 212). Eine Berichtigung im Wahlanfechtungsverfahren durch Nachrücken von Ersatzmitgliedern oder durch eine nachträgliche »Degradierung« gewählter Betriebsratsmitglieder zu Ersatzmitgliedern wäre eine Verfälschung des Wahlergebnisses und ist daher unzulässig (*G/L* § 9 Rz. 10). Sowohl bei der Mehrheitswahl als auch bei der Listenwahl besteht die Möglichkeit, daß der Wähler bei Zugrundelegung der richtigen Anzahl der Betriebsratsmitglieder anders gestimmt hätte. Der Annahme von *F/A/K/H* (§ 9 Rz. 13), daß bei der Listenwahl die Entscheidung

§ 9   2. Teil 1. Abschn. Zusammensetzung und Wahl des Betriebsrats

des Wählers nicht von der Anzahl der zu wählenden Betriebsratsmitglieder abhänge, kann nicht gefolgt werden. Auch bei der Listenwahl kann die Annahme einer zu großen oder zu geringen Zahl von zu wählenden Betriebsratsmitgliedern durchaus Einfluß auf das Wahlverhalten wie auf das Aufstellen der Vorschlagslisten haben (im einzelnen vgl. *BAG* vom 12.10. 1976 a. a. O.).

5 Werden **irrtümlich mehr oder weniger Betriebsratsmitglieder gewählt** als gesetzlich festgelegt und wird die Wahl nicht angefochten, so bleibt es für diese Amtsperiode bei dieser Zahl (*BAG* vom 14.1. 1972 – 1 ABR 6/71 – EzA § 22 BetrVG 1952 Nr. 2 = DB 1972, 686; *D/R* § 9 Rz. 15; *F/A/K/H* § 9 Rz. 14; GK-*Kreutz* § 9 Rz. 26; *S/W* § 9 Rz. 5).

II. Ermittlung der Zahl der Betriebsratsmitglieder

1. Zahl der Arbeitnehmer des Betriebes

6 Bei der **Feststellung der Zahl der Betriebsratsmitglieder** durch den Wahlvorstand nach § 3 Abs. 2 Ziff. 4 WO ist auszugehen von der Zahl **der im Betrieb beschäftigten Arbeitnehmer.** Zur Frage, wer Arbeitnehmer des Betriebes ist, vgl. Anm. zu §§ 5, 7 und die Abgrenzung in § 4.

7 Bei Betrieben bis zu 51 Arbeitnehmern – also in der ersten und zweiten Staffel – zählen bei der Festlegung der Betriebsgröße nur die »**wahlberechtigten**« Arbeitnehmer mit. Zum Begriff der wahlberechtigten Arbeitnehmer vgl. Anm. zu § 7. In der dritten Stufe müssen unter den bis zu 150 Arbeitnehmern mindestens 51 wahlberechtigt sein. Die Stufe, von der ab **alle Arbeitnehmer** i. S. d. §§ 5, 6 ohne Rücksicht darauf, ob sie wahlberechtigt oder wählbar sind, mitzählen, beginnt bei 151 Arbeitnehmern (*F/A/K/H* § 9 Rz. 7; GK-*Kreutz* § 9 Rz. 5). **Nicht mitzuzählen** sind in allen Stufen und in jedem Fall die **leitenden Angestellten** nach § 5 Abs. 3 und die Personen nach § 5 Abs. 2, weil auf sie die Bestimmungen des Betriebsverfassungsgesetzes grundsätzlich keine Anwendung finden (*D/R* § 9 Rz. 5; *F/A/K/ H* § 9 Rz. 8; *G/L* § 9 Rz. 2; GK-*Kreutz* § 9 Rz. 6; *BAG* vom 12. 10. 1976 – 1 ABR 1/76 – EzA § 8 BetrVG 1972 Nr. 2 = DB 1977, 356).

2. Regelmäßige Zahl der Arbeitnehmer

8 Die Staffel stellt auf die Arbeitnehmerzahl des Betriebes, die **in der Regel** gegeben ist, ab. Es kommt also nur auf die **betriebsangehörigen Arbeitnehmer** an (*BAG* vom 18.1. 1989 – 7 ABR 21/88 – EzA § 9 BetrVG 1972 Nr. 4 = DB 1989, 1420). In der Regel (zum Begriff § 1 Rz. 28 f.) bedeutet den regelmäßigen gewöhnlichen Zustand des Betriebes. Es kommt also nicht auf die zufällige, tatsächliche Beschäftigungszahl im Zeitpunkt des Erlasses des Wahlausschreibens an, ebenso wie die vorübergehende Mehr- oder Minderbeschäftigung von Arbeitnehmern infolge Arbeitshäufung z. B. wegen Inventur, Festtagen oder Arbeitsrückgang für die Feststellung der für die Betriebsratsgröße maßgebenden Zahl von Arbeitnehmern unerheblich ist (GK-*Kreutz* § 9 Rz. 10). In der Regel bedeutet nicht die Jahresdurchschnittszahl der beschäftigten Arbeitnehmer (*BAG* vom 19.7. 1983 – 1 ABR 26/82 – DB 1983, 2634). Die Zahl der in der Regel beschäftigten Arbeitnehmer hängt von der Arbeitnehmerzahl in der Vergangenheit und der konkreten

Personalplanung für die überschaubare Zukunft – also ca. 1 Jahr – ab (*BAG* vom 12. 10. 1976 – 1 ABR 1/76 – EzA § 8 BetrVG 1972 Nr. 2 S. 9/10 – DB 1977, 356). Nicht ausschlaggebend ist die Zahl der in der Vergangenheit beschäftigten Arbeitnehmer; dies würde z. B. bei erfolgten oder für die nahe Zukunft geplanten Personalreduzierungen oder Personalaufstockungen zu zahlenmäßig nicht ordnungsgemäß besetzten Betriebsräten führen. Die künftige Entwicklung im Beschäftigtenstand ist nur insoweit zu berücksichtigen, als aufgrund konkreter Entscheidungen des Arbeitgebers hinsichtlich des Betriebszweckes eine Veränderung der Beschäftigtenzahl gegenüber dem bisherigen regelmäßigen Zustand zu erwarten ist. Allein die Befürchtung, daß aufgrund anhaltender schlechter Auftragslage Arbeitnehmer zu entlassen sein werden, führt nicht zu einer Reduzierung der Zahl der »in der Regel« beschäftigten Arbeitnehmer (*LAG Hamm* vom 6. 10. 1978 – 3 TaBV 64/78 – EzA § 9 BetrVG 1972 Nr. 3 = DB 1979, 1563). **Nicht** zu den **betriebsangehörigen** Arbeitnehmern zählen die echten Leiharbeitnehmer (vgl. § 7 Rz. 20, 23) und solche, die im Rahmen von werkvertraglichen Beziehungen Arbeitsleistungen erbringen (*BAG* vom 18. 1. 1989 a. a. O.).

Nicht ständig Beschäftigte sind nur mitzuzählen, wenn der Betrieb regelmäßig 9 eine Zahl von nicht ständigen Arbeitnehmern beschäftigt (*D/R* § 9 Rz. 7; GK-*Kreutz* § 9 Rz. 11). Bei **Kampagnebetrieben** sind sämtliche für die Kampagne eingestellten Arbeitnehmer zu berücksichtigen, bei **Saisonbetrieben** sind diejenigen, die nur während der Saison tätig werden, nur dann zu berücksichtigen, wenn sie zum regelmäßigen Beschäftigtenstand gehören (*D/R* § 9 Rz. 7; *F/A/K/H* § 9 Rz. 56; GK-*Kreutz* a. a. O.).

Aushilfsarbeitnehmer sind dann und insoweit als Arbeitnehmer des Betriebes mit- 10 zuzählen, wenn eine bestimmte Anzahl derartiger Arbeitnehmer regelmäßig für einen Zeitraum von mindestens 6 Monaten im Jahr beschäftigt worden ist und auch in Zukunft mit einer derartigen Beschäftigung gerechnet werden kann (*BAG* vom 12. 10. 1976 – 1 ABR 1/76 – a. a. O.; *LAG Hamm* vom 11. 5. 1979 – 3 TaBV 9/79 – EzA § 6 BetrVG 1972 Nr. 2 = DB 1979, 2380; *D/R* § 9 Rz. 7; *F/A/K/H* § 9 Rz. 4).

In **Grenzfällen** hat der Wahlvorstand bei der **Feststellung der Betriebsgröße** (z. B. 11 600 oder 601 regelmäßige Beschäftigte) einen gewissen Beurteilungsspielraum, weil insbesondere im Hinblick auf Aushilfskräfte ein genaues Bestimmen der Beschäftigtenzahl durch einfaches Abzählen der Beschäftigten am Tag des Erlasses des Wahlausschreibens nicht möglich ist (*BAG* vom 12. 10. 1976 – 1 ABR 1/76 a. a. O.); er hat nach pflichtgemäßem Ermessen zu entscheiden (*D/R* § 9 Rz. 7; *F/A/K/H* § 9 Rz. 4; GK-*Kreutz* § 9 Rz. 9).

3. Stichtag

Maßgebender Zeitpunkt für die Feststellung der regelmäßigen Arbeitnehmerzahl 12 des Betriebes ist der **Tag des Erlasses des Wahlausschreibens** (§ 3 WO), da mit diesem Tag die Wahl eingeleitet wird (**h. M.**; vgl. auch *BAG* vom 12. 10. 1976 a. a. O. Rz. 10).

4. Veränderungen der Belegschaftsgröße

13 **Veränderungen** in den Zahlen der regelmäßig beschäftigten Arbeitnehmer, die nach dem Erlaß des Wahlausschreibens bis zum Tag der Wahl eintreten, werden bei der Feststellung der Zahl der Betriebsratsmitglieder nicht mehr berücksichtigt (**h.M.**, vgl. auch die 2. Auflage); etwas anderes gilt bei voraussichtlicher alsbaldiger Änderung der Zahl der Aushilfskräfte (*BAG* vom 12. 10. 1976 a.a.O.; *S/W* § 9 Rz. 3). Sinkt allerdings die Zahl der wahlberechtigten Arbeitnehmer in der Zeit zwischen dem Erlaß des Wahlausschreibens und der Durchführung der Wahl auf unter 5, so ist die Wahl abzusagen, weil kein betriebsratsfähiger Betrieb mehr vorhanden ist (*D/R* § 9 Rz. 6; *F/A/K/H* § 9 Rz. 4a; GK-*Kreutz* § 9 Rz. 12). Im übrigen wählt die gegenüber dem Tag des Wahlausschreibens zahlenmäßig nach unten oder oben veränderte Belegschaft den Betriebsrat in der im Wahlausschreiben angegebenen Größe.

14 **Schwankungen in der Beschäftigtenzahl** nach der Wahl **im Laufe der Amtsperiode** des Betriebsrats sind grundsätzlich auf die Zahl der Betriebsratsmitglieder ohne Einfluß (*D/R* § 9 Rz. 6, 16f.; *F/A/K/H* § 9 Rz. 5; *G/L* § 9 Rz. 11, 12; GK-*Kreutz* § 9 Rz. 13). Nur wenn mit Ablauf von 24 Monaten nach der Wahl die Zahl der regelmäßig beschäftigten Arbeitnehmer um die Hälfte, mindestens aber um 50 gestiegen oder gesunken ist, wird nach § 13 Abs. 2 Ziff. 1 ein neuer Betriebsrat gewählt (§ 13 Rz. 11f.). Sinkt im Laufe der Amtszeit die Zahl der regelmäßig beschäftigten wahlberechtigten Arbeitnehmer unter 5 ab, so entfällt die Betriebsratsfähigkeit und der Betriebsrat hat seine Tätigkeit einzustellen (§ 13 Rz. 32). Über die Einschränkung der Befugnisse des Betriebsrats beim Absinken der Arbeitnehmerzahl auf weniger als 20 wahlberechtigte Arbeitnehmer vgl. Rz. 16.

III. Mitgliederzahl des Betriebsrats

15 Der Betriebsrat muß stets aus einer **ungeraden Zahl von Mitgliedern** bestehen, um Mehrheitsbeschlüsse zu ermöglichen (GK-*Kreutz* § 9 Rz. 5, 18; *BAG* vom 11. 4. 1958 – 1 ABR 4/57 – AP Nr. 1 zu § 6 WO 1953 = DB 1958, 742).

1. Einköpfiger Betriebsrat

16 In Betrieben mit in der Regel 5 bis 20 wahlberechtigten Arbeitnehmern ist ein **eingliedriger Betriebsrat** zu wählen. Der Begriff Betriebsobmann ist aus Gründen einer geschlechtsneutralen Terminologie durch das Änderungsgesetz 1989 (BGBl. I 1988 S. 2312) entfallen. Zur Wahl vgl. § 25 WO und § 14 Rz. 20. Er ist Betriebsrat mit **allen** sich aus dem Gesetz ergebenden Rechten und Pflichten. Die Ausübung von Mitbestimmungsrechten bei personellen Einzelmaßnahmen (§§ 99 ff.) setzt jedoch voraus, daß im Betrieb in der Regel mehr als zwanzig wahlberechtigte Arbeitnehmer beschäftigt werden; das gleiche gilt für die Ausübung der Mitwirkungsrechte bei Betriebsänderungen nach §§ 111 ff.. Maßgebend dafür, ob diese Rechte gegeben sind, ist das objektive Kriterium der regelmäßigen Beschäftigungszahl wahlberechtigter Arbeitnehmer im Betrieb, nicht die Größe des Betriebsrats. Steigt im Laufe der Wahlperiode des Betriebsrats die Zahl der wahlberechtigten Arbeitnehmer auf über 20, so stehen dem Betriebsobmann die Mitbestimmungs- und Mitwirkungsrechte nach §§ 99 ff. und 111 ff. zu; sinkt andererseits die Zahl der wahlberechtigten Arbeitnehmer während der Wahlperiode unter 20, so kann auch ein im Amt befindlicher mehrgliedriger Betriebsrat diese Rechte nicht mehr in Anspruch nehmen (*D/R* § 9 Rz. 15; *F/A/K/H* § 9 Rz. 6; *G/L* § 9 Rz. 6; GK-*Kreutz* § 9 Rz. 15).

2. Mehrgliedriger Betriebsrat

In Betrieben ab **21 wahlberechtigten Arbeitnehmern** ist ein **mehrgliedriger Betriebsrat** zu bilden. Ab 52 Arbeitnehmern stellt das Gesetz nur noch auf Arbeitnehmer, nicht mehr wahlberechtigte Arbeitnehmer ab; dies ändert aber nichts an der Mindestvoraussetzung für einen fünfköpfigen Betriebsrat von 51 wahlberechtigten Arbeitnehmern (GK-*Kreutz* § 9 Rz. 18). Hat ein Betrieb z. B. 60 Arbeitnehmer, sind aber nur 50 davon wahlberechtigt, so besteht der Betriebsrat lediglich aus 3 und nicht aus 5 Betriebsratsmitgliedern.

17

3. Keine Höchstzahl der Betriebsratsmitglieder

Die Zahl der Betriebsratsmitglieder ergibt sich bis zu einer Arbeitnehmerzahl von 9 000 unmittelbar aus dem Gesetz. Anders als im BetrVG 1952 enthält das Gesetz **keine Höchstzahl** der Betriebsratsmitglieder. In Betrieben mit mehr als 9 000 Arbeitnehmern erhöht sich die Zahl der Betriebsratsmitglieder für jeweils weitere angefangene 3 000 Arbeitnehmer um 2 Mitglieder. Es ergibt sich folgende Staffel für die Größe des Betriebsrats; er besteht bei

18

9 001 bis 12 000 Arbeitnehmern aus 33 Mitgliedern
12 001 bis 15 000 Arbeitnehmern aus 35 Mitgliedern
15 001 bis 18 000 Arbeitnehmern aus 37 Mitgliedern
18 001 bis 21 000 Arbeitnehmern aus 39 Mitgliedern
21 001 bis 24 000 Arbeitnehmern aus 41 Mitgliedern
24 001 bis 27 000 Arbeitnehmern aus 43 Mitgliedern
27 001 bis 30 000 Arbeitnehmern aus 45 Mitgliedern
30 001 bis 33 000 Arbeitnehmern aus 47 Mitgliedern
33 001 bis 36 000 Arbeitnehmern aus 49 Mitgliedern
36 001 bis 39 000 Arbeitnehmern aus 51 Mitgliedern
39 001 bis 42 000 Arbeitnehmern aus 53 Mitgliedern
usw. . . .

IV. Streitigkeiten

Die maßgebende **Zahl** der Betriebsratsmitglieder **legt** der **Wahlvorstand** fest (§ 3 Abs. 2 Nr. 4 WO). Bei Streitigkeiten über Größe und Zusammensetzung des Betriebsrats entscheidet das Arbeitsgericht im Beschlußverfahren (§ 2a Abs. 1 Nr. 1 ArbGG). Zur Wahlanfechtung vgl. § 19.

19

§ 10 Vertretung der Minderheitsgruppen

(1) Arbeiter und Angestellte müssen entsprechend ihrem zahlenmäßigen Verhältnis im Betriebsrat vertreten sein, wenn dieser aus mindestens drei Mitgliedern besteht.
(2) Die Minderheitsgruppe erhält mindestens bei
bis zu 50 Gruppenangehörigen 1 Vertreter,
51 bis 200 Gruppenangehörigen 2 Vertreter,
201 bis 600 Gruppenangehörigen 3 Vertreter,
601 bis 1 000 Gruppenangehörigen 4 Vertreter,
1 001 bis 3 000 Gruppenangehörigen 5 Vertreter,
3 001 bis 5 000 Gruppenangehörigen 6 Vertreter,
5 001 bis 9 000 Gruppenangehörigen 7 Vertreter,
9 001 bis 15 000 Gruppenangehörigen 8 Vertreter,
über 15 000 Gruppenangehörigen 9 Vertreter.
(3) Eine Minderheitsgruppe erhält keine Vertretung, wenn ihr nicht mehr als fünf Arbeitnehmer angehören und diese nicht mehr als ein Zwanzigstel der Arbeitnehmer des Betriebs darstellen.

Literaturübersicht

Vgl. die Literaturübersicht zu §§ 7–20.
Apel Gruppenrecht in einer neuen Betriebsverfassung, BUV 1971, 12, 59; *Galperin* Minderheitenschutz in der Betriebsverfassung, RdA 1968, 445; *Kamphausen* Neues zum Gruppen- und Minderheitenschutz, NZA 1991, 880.

Inhaltsübersicht

		Rz.
I.	Zwingende Bestimmung	1– 4
II.	Bedeutung der Bestimmung	5
III.	Zusammensetzung des Betriebsrats nach dem Verhältnis der Gruppen	6–11
	1. Voraussetzung der Anwendbarkeit	6– 8
	2. Zahlenmäßiges Verhältnis am Tage des Wahlausschreibens	9
	3. Verteilung der Sitze	10, 11
IV.	Minderheitenschutz (Abs. 2)	12
V.	Wegfall des Anspruchs auf Minderheitenschutz (Abs. 3)	13–17
VI.	Streitigkeiten	18

I. Zwingende Bestimmung

1 Auch die Bestimmung des § 10 über die Verteilung der Sitze auf die Gruppen der Arbeiter und Angestellten ist abgesehen von einigen gesetzlichen Ausnahmen zwingend; sie kann **weder durch Tarifvertrag noch durch Betriebsvereinbarung abgeändert** werden.
2 Kraft Gesetzes kann die **Verteilung der Sitze** abweichend gem. § 12 Abs. 1 geregelt werden (§ 12 Rz. 2 ff.), wenn die Gruppen der Arbeiter und Angestellten dies

vor der Wahl in geheimen und getrennten Abstimmungen beschließen (*D/R* § 10 3, 19; *G/L* § 10 Rz. 2; GK-*Kreutz* § 10 Rz. 4, 23).

Weitere Abweichungen können sich ergeben, wenn eine Gruppe 3
- nicht genügend wählbare Arbeitnehmer hat oder nicht genügend Vertreter einer Gruppe zur Übernahme des Amtes bereit sind (§ 9 Rz. 3), so daß sie die Sitze gemäß dem Verhältnis nach § 10 Abs. 1 und 2 besetzen könnte
- nicht genügend Kandidaten aufgestellt hat
- nicht bereit ist, sich an der Wahl zu beteiligen (§ 14 Rz. 19; die Gruppe ist dann gar nicht vertreten), sei es, daß sie einen oder keinen gültigen Wahlvorschlag einreicht oder nicht an der Wahl teilnimmt.

In diesen Fällen bleiben die an und für sich auf die Gruppe entfallenden Sitze nicht etwa frei; vielmehr werden sie, handelt es sich um die Minderheitsgruppe, mit Vertretern der Mehrheitsgruppe – notfalls unter Inanspruchnahme der Ersatzmitglieder – besetzt. Das gleiche gilt, wenn bei Ausscheiden von Mitgliedern aus dem Betrieb die Gruppe nicht mehr genügend Ersatzmitglieder hat; dann tritt ein Ersatzmitglied der anderen Gruppe ein (*D/R* § 10 Rz. 20; *F/A/K/H* § 10 Rz. 2; *G/L* § 10 Rz. 9f.; GK-*Kreutz* § 10 Rz. 24; *BAG* vom 11. 4. 1958 – 1 ABR 4/57 – AP Nr. 1 zu § 6 Wo 1953 m. Anm. *Dietz* = DB 1958, 742; *BAG* vom 20. 10. 1954 – 1 ABR 11/54 – AP Nr. 1 zu § 25 BetrVG 1952 mit zust. Anm. *Dietz* = DB 1954, 955).

Die **Vertretung einer Gruppe entfällt ganz**, wenn diese nicht bereit ist, sich an der Wahl zu beteiligen; der Betriebsrat besteht dann nur aus Vertretern der wahlaktiven Gruppe.

Gem. § 12 Abs. 1 ist auch ein Beschluß über eine **abweichende Vertretung der** 4 **Minderheitsgruppe** zulässig, aber nicht derart, daß eine Gruppe überhaupt nicht vertreten ist (**h. M.**, vgl. § 12 Rz. 4; *D/R* § 12 Rz. 6).

II. Bedeutung der Bestimmung

Das BetrVG geht von der **Einheitlichkeit der betrieblichen Arbeitnehmervertre-** 5 **tung** und ihrer einheitlichen Beschlußfassung, dagegen nicht von der Trennung in Arbeiter- und Angestelltenvertreter aus. Es enthält trotzdem einen **Gruppenschutz**. Die Vorschriften über die Verteilung der Betriebsratssitze auf die Gruppen und den Minderheitenschutz bilden die Grundlage für den Gruppenschutz bei
- der Wahl des Betriebsratsvorsitzenden und seines Stellvertreters (§ 26)
- der Besetzung von Ausschüssen des Betriebsrats (§§ 27, 28)
- dem Antragsrecht auf Einberufung einer Betriebsratssitzung (§ 29 Abs. 3)
- der Hinzuziehung von Gewerkschaftsbeauftragten zur Betriebsratssitzung (§ 31)
- der Aussetzung von Beschlüssen des Betriebsrats (§ 35)
- der Freistellung von Betriebsratsmitgliedern (§ 38)
- der Entsendung von Betriebsratsmitgliedern in den Gesamtbetriebsrat bzw. von Mitgliedern des Gesamtbetriebsrats in den Konzernbetriebsrat (§§ 47 Abs. 2, 55 Abs. 1).

III. Zusammensetzung des Betriebsrats nach dem Verhältnis der Gruppen

1. Voraussetzung der Anwendbarkeit

6 **Voraussetzung für die Anwendbarkeit** der Regelungen des § 10 ist, daß im Betrieb Arbeiter und Angestellte gem. § 6 beschäftigt sind und daß ein mehrgliedriger Betriebsrat zu wählen ist. Bei Wahl eines Betriebsobmanns kann naturgemäß eine Minderheitenvertretung nicht erfolgen (*D/R* § 10 Rz. 4).

7 § 10 Abs. 1 stellt den allgemeinen **Grundsatz der Gruppenvertretung** entsprechend dem zahlenmäßigen Verhältnis der im Betrieb beschäftigten Arbeiter und Angestellten auf; die Bestimmung ist zwingenden Rechts und gilt ohne Rücksicht darauf, ob eine gemeinsame Wahl oder Gruppenwahl – vgl. § 14 Abs. 2 – stattfindet; auch bei gemeinsamer Wahl müssen entsprechend der Vorschrift des § 10 die Vertreter der Minderheit im Betriebsrat vorhanden sein (*D/R* § 10 Rz. 2; *F/A/K/H* § 10 Rz. 4; *G/L* § 10 Rz. 1; GK-*Kreutz* § 10 Rz. 8), es sei denn, daß gem. § 12 Abs. 1 etwas anderes beschlossen ist. Über die Vertretung einer Gruppe durch einen Angehörigen der anderen Gruppe vgl. § 12 Abs. 2 (§ 12 Rz. 19); der Arbeitnehmer gilt dann als Angehöriger der Gruppe, die ihn gewählt hat.

8 **Sonderregelungen** gelten für die Vertretung der Gruppen im **Gesamtbetriebsrat, Konzernbetriebsrat,** für die **Jugend- und Auszubildendenvertretung** und die **Gesamtjugendvertretung** (vgl. §§ 47 Abs. 2 Satz 1, 55 Abs. 1 Satz 1, 63 Abs. 2 Satz 2, 72).

2. Zahlenmäßiges Verhältnis am Tage des Wahlausschreibens

9 **Maßgebend** für die Verteilung der Betriebsratssitze auf die Vertreter der beiden Arbeitnehmergruppen und für die in Frage kommende Minderheitenvertretung sind die **Zahlenverhältnisse am Tage des Erlasses des Wahlausschreibens** (§ 5 Abs. 1 Satz 2 WO), mit dem die Betriebsratswahl eingeleitet wird. Zu berücksichtigen sind alle Arbeitnehmer, die an diesem Tag dem Betrieb angehören, ohne Rücksicht darauf, ob sie wahlberechtigt sind oder nicht. Es sind also auch jugendliche Arbeitnehmer in ihrer Gruppe mitzuzählen, auch wenn eine besondere Jugendvertretung gewählt wird (*D/R* § 10 Rz. 11; *F/A/K/H* § 10 Rz. 5; GK-*Kreutz* § 10 Rz. 10). In Heimarbeit Beschäftigte, die Arbeitnehmer des Betriebes sind (vgl. § 6 Rz. 4), werden in der Gruppe berücksichtigt, der sie angehören. Da das Gesetz **nicht** auf die **in der Regel** dem Betrieb angehörenden Arbeitnehmer abstellt, sind auch nicht ständige Arbeitnehmer mitzuzählen (*F/A/K/H* § 10 Rz. 5; *G/L* § 10 Rz. 3; GK-*Kreutz* § 10 Rz. 10; **a.A.** *D/R* § 10 Rz. 11; vgl. aber auch Rz. 13); etwaigen dadurch eintretenden Verschiebungen bei den Gruppenzahlen wird durch den Minderheitenschutz des Abs. 2 Rechnung getragen. **leitende Angestellte** i. S. d. § 5 Abs. 3 sind jedoch nicht zu berücksichtigen (**h.M.**, Literatur wie oben; so auch *D/R* § 10 Rz. 11). **Veränderungen** in der Zusammensetzung der Arbeitnehmerschaft nach dem Erlaß des Wahlausschreibens bleiben unberücksichtigt (**h.M.**, Literatur wie oben). Zuständig für die Feststellung der zahlenmäßigen Zusammensetzung der Belegschaft und für die aus ihr folgende Verteilung der Betriebsratssitze auf die einzelnen Gruppen ist der Wahlvorstand.

3. Verteilung der Sitze

Die auf die einzelnen Gruppen entfallende Zahl der Betriebsratsmitglieder wird nach den Grundsätzen der **Verhältniswahl nach** Maßgabe des **Höchstzahlensystems (d'Hondtschen Systems)** errechnet (vgl. § 5 WO). Die Zahlen der dem Betrieb angehörenden Arbeiter und Angestellten sind nebeneinander zu stellen und durch 1, 2, 3, 4 usw. zu teilen. Der Wahlvorstand hat die Teilung so lange durchzuführen, bis für alle Betriebsratssitze nach § 9 Höchstzahlen ermittelt sind. Entsprechend den auf sie entfallenden Höchstzahlen enthält jede Gruppe Betriebsratssitze. Folgende **Beispiele** sollen dies erläutern:
- Ein Betrieb beschäftigt insgesamt 900 Arbeitnehmer. Hiervon sind 700 Arbeiter und 200 Angestellte. Nach § 9 besteht der Betriebsrat aus 11 Mitgliedern. Es wird nunmehr die Zahl der Arbeiter und Angestellten je getrennt durch 1, 2, 3, 4 usw. geteilt und die jeweils hierbei ermittelten Teilzahlen, getrennt für Arbeiter und Angestellte, aufgeführt und aus diesen Reihen die auf die beiden Gruppen entfallenden Sitze ermittelt. Also:

Errechnung	Arbeiter BR-Sitze	Errechnung	Angestellte BR-Sitze
700:1 = 700	1	200:1 = 200	4
700:2 = 350	2	200:2 = 100	9
700:3 = 233,33	3	200:3 = 66,66	–
700:4 = 175	5	200:4 = 50	–
700:5 = 140	6	usw.	
700:6 = 116,66	7		
700:7 = 100	8		
700:8 = 87,5	10		
700:9 = 77,66	11		

Hiernach entfallen auf die Arbeiter 9, auf die Angestellten 2 Sitze.

- Ein Betrieb beschäftigt insgesamt 2300 Arbeitnehmer. Hiervon sind 1800 Arbeiter und 500 Angestellte. Nach § 9 besteht der Betriebsrat aus 19 Mitgliedern. Es wird nunmehr die Zahl der Arbeiter und Angestellten je getrennt durch 1, 2, 3, 4 usw. geteilt und die jeweils hierbei ermittelten Teilzahlen, getrennt für Arbeiter und Angestellte, aufgeführt und aus diesen Reihen die auf die Gruppen entfallenden Sitze ermittelt. Also:

§ 10   2. Teil 1. Abschn. Zusammensetzung und Wahl des Betriebsrats

Errechnung	Arbeiter BR-Sitze	Errechnung	Angestellte BR-Sitze
1 800 : 1 = 1 800	1	500 : 1 = 500	4
1 800 : 2 = 900	2	500 : 2 = 250	9
1 800 : 3 = 600	3	500 : 3 = 166,66	13
1 800 : 4 = 450	5	500 : 4 = 125	17
1 800 : 5 = 360	6	500 : 5 = 100	–
1 800 : 6 = 300	7	usw.	
1 800 : 7 = 257,14	8		
1 800 : 8 = 225	10		
1 800 : 9 = 200	11		
1 800 : 10 = 180	12		
1 800 : 11 = 163,64	13		
1 800 : 12 = 150	14		
1 800 : 13 = 138,46	15		
1 800 : 14 = 128,57	16		
1 800 : 15 = 120	18		
1 800 : 16 = 112,5	19		

Hiernach entfallen auf die Arbeiter 15, auf die Angestellten 4 Sitze.

11 Nach § 5 Abs. 2 WO entscheidet das **Los**, wenn die letzte für die Verteilung der Sitze **maßgebliche Höchstzahl** bei Arbeitern und Angestellten **gleich** ist. Ebenfalls durch Losentscheid wird nach § 5 Abs. 4 WO festgelegt, welcher Gruppe bei welcher Anzahl von Arbeitern und Angestellten die höhere Sitzzahl zufällt.

IV. Minderheitenschutz (Abs. 2)

12 Wenn die Anwendung der Grundsätze der Verhältniswahl auf die Zuteilung von Betriebsratssitzen auf die Gruppen der Arbeiter und Angestellten dazu führen würde, daß die Minderheitsgruppe nicht oder nicht ausreichend im Betriebsrat vertreten wäre, so kommt der **Minderheitenschutz** des § 10 Abs. 2 zur Anwendung, der dann Vorrang vor der Anwendung der Grundsätze der Verhältniswahl nach § 10 Abs. 1 hat. Die Vorschrift ist als Mindestbedingung des Minderheitenschutzes zwingenden Rechts, es sei denn, daß nach § 12 Abs. 1 verfahren würde. **Minderheitsgruppe** ist diejenige Gruppe, die zumindest mit einem Betriebsangehörigen weniger im Betrieb vertreten ist als die andere Gruppe. Das folgende Beispiel möge das Wirken des Minderheitenschutzes verdeutlichen:
Der Betrieb beschäftigt regelmäßig 100 Arbeitnehmer. Von diesen sind 10 Angestellte. Nach § 9 besteht der Betriebsrat aus 5 Mitgliedern. Nach der Vorschrift des § 10 Abs. 1 würden nach dem Höchstzahlensystem die 10 Angestellten keinen Anspruch auf Vertretung im Betriebsrat haben.

Vertretung der Minderheitsgruppen **§ 10**

Errechnung	Arbeiter BR-Sitze	Errechnung	Angestellte BR-Sitze
90:1 = 90	1	10:1 = 10	
90:2 = 45	2	10:2 = 5	
90:3 = 30	3	10:3 = 3,3	
90:4 = 22,5	4	10:4 = 2,5	
90:5 = 18	5	10:5 = 2	

Alle 5 Höchstzahlen entfallen also auf die Arbeiter.

Aufgrund des Minderheitenschutzes des § 10 Abs. 2 haben die Angestellten aber einen gesetzlichen Anspruch auf mindestens einen Vertreter im Betriebsrat. Es ist indessen nicht unbedingt erforderlich, daß der Vertreter Angehöriger der Minderheitsgruppe ist (§ 12 Abs. 2).

V. Wegfall des Anspruchs auf Minderheitenschutz (Abs. 3)

§ 10 Abs. 3 stellt fest, unter welchen Voraussetzungen ein **Rechtsanspruch** der Minderheitsgruppe, im Betriebsrat vertreten zu sein, **entfällt**. Eine Gruppe hat immer unabhängig von der Betriebsgröße Anspruch auf Vertretung, wenn ihr **wenigstens 5 Arbeitnehmer** – gleichgültig ob wahlberechtigt oder nicht – angehören. Gehören der Minderheitengruppe weniger als 5 Arbeitnehmer an, so entfällt der Vertretungsanspruch nur dann, wenn diese **weniger als ein Zwanzigstel der Arbeitnehmer** des Betriebes darstellen. Eine Minderheitengruppe von 4 Arbeitnehmern ist also in einem Betrieb mit 80 Arbeitnehmern noch vertretungsberechtigt. Die Minderheitsgruppe braucht also nur dann **nicht berücksichtigt** zu werden, **wenn beide Voraussetzungen vorliegen** – weniger als 5 Arbeitnehmer und weniger als ein Zwanzigstel der Arbeitnehmer – (*D/R* § 10 Rz. 7; *F/A/K/H* § 10 Rz. 11; *G/L* § 10 Rz. 8; GK-*Kreutz* § 10 Rz. 18). 13

Die Bestimmung über den **Minderheitenschutz** hat im Konfliktfall **Vorrang vor der Regelung des § 14 Abs. 6**, wonach Wahlvorschläge von mindestens einem Zwanzigstel der wahlberechtigten Gruppenangehörigen, mindestens aber von 3 Gruppenangehörigen unterzeichnet sein müssen bzw. in Kleinbetrieben mindestens von 2 Gruppenangehörigen. Gibt es nur 2 Angestellte in einem Betrieb von z. B. insgesamt 30 Arbeitnehmern, so genügt eine Vorschlagsliste mit weniger als 3 Unterschriften. § 14 Abs. 5 ist lediglich eine Verfahrensvorschrift, der die materiell-rechtliche Garantie des Minderheitenschutzes des § 10 vorgeht (*D/R* § 10 Rz. 8; *G/L* § 10 Rz. 10; **a. A.** *F/A/K/H* § 10 Rz. 15; GK-*Kreutz* § 10 Rz. 20). Etwas anderes gilt aber dann, wenn genügend, d. h. mehr als 3 wahlberechtigte Gruppenangehörige vorhanden sind, aber nur weniger als 3 zur Unterschrift bereit sind. In diesem Fall bleibt die Gruppe vertretungslos (vgl. Rz. 3 und § 14 Rz. 19). 14

Liegen die **Voraussetzungen** für einen **Anspruch der Minderheitsgruppe** im Betriebsrat **nicht vor**, so kann dennoch ein Angehöriger der Minderheitsgruppe in den Betriebsrat gewählt werden, anderenfalls wäre die Wählbarkeit dieser Arbeitnehmer in gesetzwidriger Weise eingeschränkt. Dieser Arbeitnehmer hat dann allerdings nicht die rechtliche Stellung eines Vertreters der Minderheitsgruppe und damit nicht deren Rechte (vgl. Rz. 5; *D/R* § 10 Rz. 10; *F/A/K/H* § 10 Rz. 13). 15

§ 11 *2. Teil 1. Abschn. Zusammensetzung und Wahl des Betriebsrats*

16 Eine **Vertretung der Minderheitsgruppe** kann **entfallen**, wenn dieser keine wählbaren Arbeitnehmer angehören oder zur Übernahme des Betriebsratsamtes bereit sind. In diesem Falle wird der Betriebsrat entsprechend der Betriebsratsgrößenklasse nach § 9 nur mit Vertretern der Mehrheitsgruppe besetzt (vgl. auch Rz. 3 und § 11 Rz. 10). Zur Wahl eines Vertreters der anderen Gruppe (vgl. § 12 Rz. 18f.).

17 Erhält die **Minderheitsgruppe** nach Abs. 3 **keine Vertretung**, so bleibt dennoch das aktive Wahlrecht bestehen; die Wahl findet dann als **gemeinsame Wahl** statt (*F/A/K/H* 10 Rz. 14; *GK-Kreutz* § 10 Rz. 21).

VI. Streitigkeiten

18 Streitigkeiten über die **Zusammensetzung des Betriebsrats** entscheidet das Arbeitsgericht im Beschlußverfahren. Falsche Entscheidungen des Wahlvorstandes über die Sitzverteilung zwischen den Gruppen können bei Vorliegen der Voraussetzungen des § 19 zur Anfechtung der Wahl führen.

§ 11 Ermäßigte Zahl der Betriebsratsmitglieder

Hat ein Betrieb nicht die ausreichende Zahl von wählbaren Arbeitnehmern, so ist die Zahl der Betriebsratsmitglieder der nächstniedrigeren Betriebsgröße zugrunde zu legen.

Literaturübersicht

Vgl. die Literaturübersicht zu §§ 7–29.

Inhaltsübersicht

		Rz.
I.	Rechtsnatur und Anwendungsbereich der Vorschrift	1, 2
II.	Voraussetzungen	3–6
	1. Nicht genügend wählbare Arbeitnehmer	3
	2. Zeitpunkt der Feststellung	4, 5
	3. Weniger als 3 wählbare Arbeitnehmer	6
III.	Entsprechende Anwendung	7–10
IV.	Streitigkeiten	11

I. Rechtsnatur und Anwendungsbereich der Vorschrift

1 Die Vorschrift regelt die Größe des Betriebsrats, wenn nicht eine ausreichende Zahl von wählbaren Arbeitnehmern im Betrieb vorhanden ist, um den Betriebsrat in der nach § 9 zwingend vorgeschriebenen Größe zu bilden. § 11 ist ebenfalls **zwingend**; es kann davon weder durch Betriebsvereinbarung noch durch Tarifvertrag abgewichen werden (*F/A/K/H* § 11 Rz. 2; *GK-Kreutz* § 11 Rz. 4).

Ermäßigte Zahl der Betriebsratsmitglieder § 11

§ 11 ist **anwendbar** auf die **Bordvertretung** (§ 115 Abs. 2) und für den **Seebetriebs-** 2
rat (§ 116 Abs. 2); dagegen **nicht** auf den Gesamtbetriebsrat (§ 47), den Konzernbetriebsrat (§ 55), die Jugend- und Auszubildendenvertretung (§ 63) und die Gesamt-, Jugend- und Auszubildendenvertretung (§ 72).

II. Voraussetzungen

1. Nicht genügend wählbare Arbeitnehmer

Hat ein Betrieb nicht die **ausreichende Zahl von wählbaren Arbeitnehmern**, um 3
entsprechend der Zahl der Arbeitnehmer nach der zwingenden Staffel des § 9 den Betriebsrat zu besetzen, so ist die nach der Staffel nächstniedrige Betriebsgröße zugrunde zu legen. Sollte auch dann noch nicht eine ausreichende Zahl wählbarer Arbeitnehmer vorhanden sein, so ist nach § 11 um eine weitere Größenklasse zurückzugehen (**h. M.**). Auch wenn mehr wählbare Arbeitnehmer dem Betrieb angehören als für die nächstniedrige Größe notwendig sind, aber nicht so viele, als der Betriebsgröße entspricht, ist die Größe des Betriebsrats nach § 11 herabzusetzen. Gibt es z. B. in einem Betrieb von 100 wahlberechtigten Arbeitnehmern nur 4 wählbare Arbeitnehmer, so ist ein dreiköpfiger Betriebsrat nach der nächstniedrigen Staffel und nicht etwa ein vierköpfiger zu bilden (*D/R* § 11 Rz. 3; *F/A/K/H* § 11 Rz. 7; *BAG* vom 11. 4. 1958 – 1 ABR 4/57 – AP Nr. 1 zu § 6 WO 1953 = DB 1958, 742).
Dies erscheint nur gerechtfertigt, solange es sonst zu einer geraden Zahl von Betriebsratsmitgliedern käme, da der Betriebsrat aus einer ungeraden Zahl von Mitgliedern bestehen muß (§ 9 Rz. 15; *D/R* § 11 Rz. 3). In der Staffel des § 9 bestehen ab 1 000 Arbeitnehmern – 5 000 Arbeitnehmer jeweils pro Stufe Unterschiede von 4 Betriebsratsmitgliedern; hier müßten auch Zwischenlösungen von z. B. 13, 17 usw. **Betriebsratsmitgliedern** möglich sein, was aber wegen der Größe der Betriebe nicht von praktischer Bedeutung sein wird. Ausreichend sind so viele wählbare Arbeitnehmer, wie sie nach der Staffel des § 9 entsprechend der Betriebsgröße vorgeschrieben sind. Die Sollvorschrift des § 6 Abs. 3 WO, die von der doppelten Zahl von Kandidaten auf den Vorschlagslisten ausgeht, wie Mitglieder zu wählen sind, ist für § 11 ohne Belang. Zum Begriff wählbare Arbeitnehmer vgl. § 8 Rz. 2 ff.

2. Zeitpunkt der Feststellung

Entscheidend für die Zahl der wählbaren Arbeitnehmer ist der **Tag des Erlasses** 4
des Wahlausschreibens (§ 9 Rz. 12).
Die aufgrund dieser Feststellung erfolgte **Festlegung der nächstniedrigen Betriebs-** 5
größe gem. § 11 ist für die Amtsperiode **verbindlich**. Eine Nachwahl ist nicht möglich; nur im Falle des § 13 Abs. 2 Nr. 1 findet eine vorzeitige Neuwahl statt (*D/R* § 11 Rz. 5; *F/A/K/H* § 11 Rz. 6; *G/L* § 11 Rz. 9; GK-*Kreutz* § 11 Rz. 9).

§ 12   2. Teil 1. Abschn. Zusammensetzung und Wahl des Betriebsrats

3. Weniger als 3 wählbare Arbeitnehmer

6 Eine Betriebsratswahl entfällt jedoch dann, wenn im Betrieb **nicht wenigstens 3 wählbare Arbeitnehmer** vorhanden sind, weil dies nach § 1 Voraussetzung für die Betriebsratsfähigkeit ist (*D/R* § 11 Rz. 4; *G/L* § 11 Rz. 8; GK-*Kreutz* § 11 Rz. 2).

III. Entsprechende Anwendung

7 § 11 ist **entsprechend anwendbar**, wenn zwar die ausreichende Zahl wählbarer Arbeitnehmer für die Wahl eines der jeweiligen Größenklasse des Betriebs entsprechenden Betriebsrats vorhanden ist, aber so viele **Arbeitnehmer die Amtsübernahme ablehnen**, daß der Betriebsrat nicht mehr entsprechend den gesetzlichen Bestimmungen gebildet werden kann (vgl. § 9 Rz. 1; a.A. GK-*Kreutz* § 11 Rz. 11).

8 Wenn **drei wählbare Arbeitnehmer** vorhanden sind, aber einer oder zwei von ihnen die Übernahme des Amtes ablehnen, so ist ein Betriebsrat zu wählen, der aus einer Person besteht, denn Voraussetzung für die Betriebsratsfähigkeit nach § 1 ist das objektive Kriterium des Vorhandenseins dreier wählbarer Arbeitnehmer, nicht die Bereitschaft von drei wählbaren Arbeitnehmern zur Amtsübernahme (*D/R* § 11 Rz. 7; *G/L* § 11 Rz. 12; a.A. GK-*Kreutz* § 11 Rz. 2).

9 § 11 gilt entsprechend, wenn die **Vorschlagslisten** trotz ordnungsgemäßen Wahlausschreibens **nicht genügend Kandidaten** aufweisen oder bei einer Mehrheitswahl für weniger Kandidaten Stimmen abgegeben werden, als der Betriebsrat nach § 9 Mitglieder haben sollte (vgl. § 9 Rz. 2; *F/A/K/H* § 11 Rz. 7).

10 § 11 ist **nicht entsprechend anwendbar**, wenn nicht die zur Übernahme der **Gruppenvertretung** erforderlichen Gruppenangehörigen gem. § 10 vorhanden oder zur Übernahme des Amtes bereit sind. Dann erfolgt die Besetzung des Betriebsrats mit Vertretern der anderen Gruppe, was möglicherweise zur Vertretungslosigkeit einer Gruppe führen kann (vgl. § 9 Rz. 3; *D/R* § 11 Rz. 9; *F/A/K/H* § 11 Rz. 7a; *G/L* § 12 Rz. 13; GK-*Kreutz* § 11 Rz. 12).

IV. Streitigkeiten

11 Streitigkeiten über die Anwendbarkeit des § 11 entscheidet das Arbeitsgericht im Beschlußverfahren nach § 2a Abs. 1 Nr. 1, §§ 80ff. ArbGG. Die **Wahl** kann bei Vorliegen der Voraussetzungen des § 19 wegen Verstoßes gegen § 11 **angefochten** werden. Zur Korrektur des Wahlergebnisses im Rahmen des Wahlanfechtungsverfahrens durch das Arbeitsgericht vgl. § 19 Rz. 41.

§ 12 Abweichende Verteilung der Betriebsratssitze

(1) Die Verteilung der Mitglieder des Betriebsrats auf die Gruppen kann abweichend von § 10 geregelt werden, wenn beide Gruppen dies vor der Wahl in getrennten und geheimen Abstimmungen beschließen.
(2) Jede Gruppe kann auch Angehörige der anderen Gruppe wählen. In diesem Fall gelten die Gewählten insoweit als Angehörige derjenigen Gruppe, die sie gewählt hat. Dies gilt auch für Ersatzmitglieder.

Abweichende Verteilung der Betriebsratssitze § 12

Literaturübersicht

Vgl. die Literaturübersicht zu §§ 7–20.
Geiger Die Wahl Gruppenfremder bei Gemeinschaftswahl, AuR 1980, 77.

Inhaltsübersicht

	Rz.
I. Anwendungsbereich	1
II. Abweichende Verteilung der Betriebsratssitze auf die Gruppen (Abs. 1)	2–17
1. Grundsatz	2, 3
2. Grenzen der anderweitigen Verteilung	4
3. Beschlußfassung	5–17
a) Inhalt	5–7
b) Formale Durchführung	8–13
c) Initiativrecht und Stimmberechtigung	14, 15
d) Kosten	16
e) Geltungsdauer	17
III. Wahl von Angehörigen der anderen Gruppe (Abs. 2)	18–23
1. Gruppenwahl	18, 19
2. Stellung im Betriebsrat	20–22
3. Ersatzmitglieder	23
IV. Streitigkeiten	24

I. Anwendungsbereich

Die Vorschrift **findet Anwendung** auf die Bordvertretung (§ 115 Abs. 2) und den 1
Seebetriebsrat (§ 116 Abs. 2), dagegen nicht auf den Gesamtbetriebsrat (§ 47),
den Konzernbetriebsrat (§ 55), die Jugend- und Auszubildendenvertretung (§ 63)
und die Gesamt-, Jugend- und Auszubildendenvertretung (§ 72).

II. Abweichende Verteilung der Betriebsratssitze auf die Gruppen (Abs. 1)

1. Grundsatz

Die Bestimmung ist eine **Ausnahmevorschrift von der zwingenden Vorschrift des** 2
§ 10 über die Verteilung der Mitglieder des Betriebsrats auf die Gruppen der Arbeiter und Angestellten und die einzig rechtlich zulässige Form, von der gesetzlichen Vertretung der Betriebsratssitze abzuweichen. Zu Abweichungen wegen
rechtlicher und **tatsächlicher Unmöglichkeit** einer Gruppe, die gesetzliche Anzahl
der auf sie entfallenden Betriebsratssitze zu besetzen, vgl. § 10 Rz. 3 und Rz. 16.
Nur die **Verteilung der Sitze** zwischen den beiden Gruppen kann geregelt werden,
nicht die Größe des Betriebsrats selbst, die in § 9 zwingend vorgeschrieben ist (§ 9
Rz. 1; D/R § 12 Rz. 4; F/A/K/H § 12 Rz. 2; G/L § 12 Rz. 4; GK-*Kreutz* § 12
Rz. 5). Die anderweitige Verteilung ist unabhängig davon, ob es sich um eine
Gruppen- oder Gemeinschaftswahl handelt.
Zulässig ist auch ein **abweichender Beschluß** über die **Mindestzahlen der Grup-** 3

penvertreter nach § 10 Abs. 2, d.h. die Mindestzahlen können auch unterschritten werden (§ 10 Rz. 4; § 12 Rz. 4; GK-*Kreutz* § 12 Rz. 5).

2. Grenzen der anderweitigen Verteilung

4 Die anderweitige Verteilung der Sitze darf nicht dazu führen, daß eine **Gruppe** von der Repräsentanz im Betriebsrat **völlig ausgeschlossen** wird, weil dies dem Grundgedanken des Gesetzes, einen gewissen Minderheitenschutz in jedem Fall zu verwirklichen, widersprechen würde (**h.M.**; § 10 Rz. 4; ausführlich *D/R* § 12 Rz. 6). Aus demselben Grunde ist auch eine Änderung der Voraussetzungen, unter denen die Minderheitsgruppe keine Vertretung erhält (§ 10 Abs. 3), zu deren Ungunsten nicht zulässig. Die Mindestzahl und der Mindestprozentsatz, bei deren Vorliegen der Minderheitsgruppe eine Vertretung im Betriebsrat zusteht, kann also herabgesetzt werden, dagegen kann sie nicht erhöht werden (*D/R* § 12 Rz. 7; *F/A/K/H* § 12 Rz. 3; GK-*Kreutz* § 12 Rz. 10).

3. Beschlußfassung

a) Inhalt

5 Ein Beschluß nach § 12 Abs. 1 muß die **geplante Sitzverteilung erkennen lassen**; es muß also genau festgelegt sein, durch welche Sitzverteilung von § 10 abgewichen werden soll; lediglich ein Ausschluß des § 10 ohne Bestimmung der Sitzverteilung genügt nicht (*D/R* § 12 Rz. 5; *G/L* § 12 Rz. 5; GK-*Kreutz* § 12 Rz. 11) und würde die Wahl anfechtbar machen.

6 Die **Beschlüsse** der Gruppe der Arbeiter und Angestellten müssen **übereinstimmend** sein hinsichtlich der Zahlen der anderweitigen Verteilung der Sitze (**h.M.**, *D/R* § 12 Rz. 5; *F/A/K/H* § 12 Rz. 11).

7 **Unzulässig** ist, die von § 10 **abweichende Verteilung** der Sitze davon **abhängig** zu machen, daß eine **Gemeinschaftswahl** durchgeführt wird. Dies würde eine Wahlbeeinflussung durch Versprechen eines Vorteils darstellen und die Wahl anfechtbar machen (*BAG* vom 8. 3. 1957 – 1 ABR 5/55 – AP Nr. 1 zu § 19 BetrVG 1952 = DB 1957, 264, 607; *D/R* § 12 Rz. 15; *G/L* § 12 Rz. 5; GK-*Kreutz* § 12 Rz. 19).

b) Formale Durchführung

8 Da § 12 Abs. 1 ein Abweichen von sonst zwingenden gesetzlichen Vorschriften bedeutet, sind strenge Anforderungen an die formale Beschlußfassung zu stellen. Die Abstimmung hat **getrennt** und **geheim vor der Wahl** zu erfolgen, d.h. jede Gruppe hat für sich über die andere Verteilung der Sitze im Betriebsrat abzustimmen (vgl. § 14 Rz. 5ff.). Die Einhaltung der für die Wahl des Betriebsrats erforderlichen Formalien ist nicht nötig. Die geheime Abstimmung bedingt aber eine förmliche Abstimmung mit Stimmzetteln getrennt nach Gruppen. Eine schriftliche Stimmabgabe durch Ortsabwesende (Briefwahl) ist zulässig (*BAG* vom 14. 2. 1978 – 1 ABR 46/77 – EzA § 19 BetrVG 1972 Nr. 16 = DB 1978, 1451). Die Abstimmung ist **nur einmal** möglich; sie kann nicht etwa wegen Vorliegens eines unerwünschten Ergebnisses wiederholt werden (*D/R* § 12 Rz. 13; GK-*Kreutz* § 12 Rz. 18; da es sich um gleichgelagerte Fälle handelt, kann hier darauf verwiesen werden).

Abweichende Verteilung der Betriebsratssitze § 12

»**Vor der Wahl**« bedeutet vor Erlaß des Wahlausschreibens nach § 3 WO (*D/R* 9
§ 12 Rz. 12; *F/A/K/H* § 12 Rz. 6; *G/L* § 12 Rz. 13), da gem. § 3 Abs. 2 Ziff. 4 WO
im Wahlausschreiben die Zahl der zu wählenden Betriebsratsmitglieder und ihre
Verteilung auf die Gruppen der Arbeiter und Angestellten enthalten sein muß.
Der Ansicht, daß auch nach Erlaß des Wahlausschreibens noch eine Abstimmung
möglich ist (*D/R* § 12 Rz. 12; GK-*Kreutz* § 12 Rz. 25), kann nicht gefolgt werden
(so auch *D/R* § 3 WO Rz. 7; *F/A/K/H* § 12 Rz. 8; *F/A/K/H* § 3 WO Rz. 8; *G/L*
§ 12 Rz. 13). Etwas anderes gilt, wenn aus anderen Gründen das Wahlausschreiben
erlassen werden muß (vgl. *D/R*, 5. Aufl., § 3 WO Rz. 14). In diesem Fall ist
vor Erlaß des neuen Wahlausschreibens noch die Abstimmung nach § 12 Abs. 1
möglich.

Da die Beschlüsse beider Gruppen über die anderweitige Verteilung der Sitze 10
übereinstimmen müssen, kann die Regelung des § 10 nur durch **getrennte Mehrheitsbeschlüsse**
(vgl. auch § 14 Rz. 26) beider Gruppen abbedungen werden. Jede
Gruppe muß also getrennt mit Mehrheit eine anderweitige Verteilung der Sitze
beschließen. Bei **Stimmengleichheit** innerhalb der Gruppe ist die anderweitige
Sitzverteilung abgelehnt. Aus dem Gesetz ergibt sich nicht eindeutig, ob es auf die
Mehrheit der Gruppenangehörigen ankommt oder ob die Mehrheit der an der
Abstimmung Beteiligten genügt. Rechtsgedanke der Vorschrift ist der Minderheitenschutz;
deshalb setzt ein Mehrheitsbeschluß i. S. der Bestimmung voraus, daß
sich die Mehrheit aller Angehörigen beider Gruppen für diese Regelung ausspricht.
Die Mehrheit der abgegebenen Stimmen genügt selbst dann nicht, wenn
sich die Mehrheit aller Angehörigen beider Gruppen an der Abstimmung beteiligt
hat (*D/R* § 12 Rz. 16 mit weiteren Nachweisen; *S/W* § 12 Rz. 1; vgl. aber zur Beschlußfassung
über gemeinschaftliche Wahl § 14 Rz. 27). Im Gegensatz zur hier
vertretenen Auffassung ist ein Teil des Schrifttums der Ansicht, daß die Mehrheit
der abgegebenen Stimmen in jeder Gruppe genüge, sofern sich an der Abstimmung
in jeder Gruppe die Mehrheit der Stimmberechtigten der Gruppe beteiligt
habe (*F/A/K/H* § 12 Rz. 10; *G/L* § 12 Rz. 12; GK-*Kreutz* § 12 Rz. 24; *BAG* [allerdings
zu § 13 Abs. 2 BetrVG 1952 = 14 Abs. 2 BetrVG 1972, bei dem die gleiche
Frage auftritt] vom 7. 7. 1954 – 1 ABR 2/54 und – 1 ABR 14/54 – AP Nr. 1 und 2 zu
§ 13 BetrVG 1952 = BB 1954, 745; 1955, 162 m. Anm. *Heß*; *BAG* vom 2. 2. 1962 –
1 ABR 5/61 – AP Nr. 10 zu § 13 BetrVG 1952 = DB 1962, 573; vgl. ausführlich
§ 14 Rz. 27 m. Anm. *Neumann-Duesberg*). Teilweise wird auch vertreten, daß die
einfache Stimmenmehrheit selbst dann ausreicht, wenn sich nicht die Mehrheit
aller Gruppenangehörigen an der Abstimmung beteiligt hat (*D/K/K/S* § 12
Rz. 11; *Weiss* § 12 Rz. 2).

Lehnt eine Gruppe bei der Abstimmung die anderweitige Verteilung der Sitze **ab**, 11
so hat die Abstimmung in der anderen Gruppe zu unterbleiben, da das Erfordernis
eines übereinstimmenden Beschlusses beider Gruppen über eine abweichende
Sitzverteilung nicht erreicht werden kann (vgl. Rz. 6).

Die **Durchführung** der Abstimmung obliegt in erster Linie dem Wahlvorstand, 12
jedoch ist dieser nicht ausschließlich zuständig. Erfolgt die Abstimmung gem.
Abs. 1 vor Bestellung des Wahlvorstandes oder bleibt dieser untätig, so sind neben
dem amtierenden Betriebsrat auch andere Arbeitnehmer für die Durchführung
der Abstimmung ohne Rücksicht auf ihre Gruppenzugehörigkeit berechtigt (*F/A/
K/H* § 12 Rz. 5; *G/L* § 12 Rz. 9; GK-*Kreutz* § 12 Rz. 17; ähnlich *D/R* § 12 Rz. 14).

Im Betrieb vertretene **Gewerkschaften** haben **kein Recht zur Durchführung** der 13
Abstimmung (*D/R* § 12 Rz. 9; *G/L* § 12 Rz. 9). Die Befugnisse der Gewerkschaf-

ten sind im Gesetz abschließend aufgezählt; dies gilt insbesondere hinsichtlich der Wahl. Die Durchführung der Abstimmung nach § 12 Abs. 1 gehört nicht zu diesen Befugnissen. Nicht zulässig ist auch, daß der **Arbeitgeber** das Abstimmungsverfahren durchführt (*D/R* § 12 Rz. 9; GK-*Kreutz* § 12 Rz. 15).

c) Initiativrecht und Stimmberechtigung

14 Das **Initiativrecht** zur Einleitung eines Abstimmungsprozesses nach § 12 Abs. 1 steht jedem Arbeitnehmer des Betriebes, jeder Gruppe und auch dem Wahlvorstand zu. **Kein Initiativrecht** hat dagegen eine im Betrieb vertretene Gewerkschaft (Begründung vgl. Rz. 13; *G/L* § 12 Rz. 7; GK-*Kreutz* § 12 Rz. 15; **a.A.** *D/R* § 12 Rz. 9; *F/A/K/H* § 12 Rz. 4); die Gewerkschaften können über ihre betriebsangehörigen Mitglieder die Initiative ergreifen. Da die Gewerkschaften kein Antragsrecht nach § 12 Abs. 1 haben, steht ihnen deswegen auch kein Zutrittsrecht zum Betrieb zu (**a.A.** *F/A/K/H* § 12 Rz. 4). Auch der Arbeitgeber hat kein Antragsrecht, da die Bildung des Betriebsrats und die Verteilung der Sitze auf die Gruppen nicht seine Angelegenheit ist (*D/R* § 12 Rz. 9; GK-*Kreutz* § 9 Rz. 14).

15 **Abstimmungsberechtigt** in dem Verfahren nach § 12 Abs. 1 sind alle Arbeitnehmer des Betriebes, die der betreffenden Gruppe angehören, ohne Rücksicht auf ihre Wahlberechtigung; dies steht im Gegensatz zu dem Verfahren nach § 14 Abs. 2, das auf die Wahlberechtigung abstellt (**h.M.** vgl. *D/R* § 12 Rz. 14; *F/A/K/H* § 12 Rz. 9; *G/L* § 12 Rz. 10; GK-*Kreutz* § 12 Rz. 21). Eine **Verbindung dieser Abstimmung mit einer Abstimmung über gemeinsame Wahl** nach § 14 Abs. 2 ist **nicht möglich**, da bei der Beschlußfassung nach § 14 Abs. 2 nur die wahlberechtigten Arbeitnehmer stimmberechtigt sind (§ 14 Rz. 22; *D/R* § 12 Rz. 3; *F/A/K/H* § 12 Rz. 9; *G/L* § 12 Rz. 3).

d) Kosten

16 Die Abstimmung nach Abs. 1 ist **Teil der Betriebsratswahl**. Der **Arbeitgeber** hat die **Kosten zu tragen** (§ 20 Abs. 1 Satz 1; zum Begriff der Kosten vgl. §§ 20, 34f.). Findet die Abstimmung während der Arbeitszeit statt, was zulässig ist (unklar GK-*Kreutz* § 12 Rz. 22, 28), so hat der Arbeitgeber unter den Voraussetzungen des § 20 Abs. 3 Satz 2 das Arbeitsentgelt für die versäumte Arbeitszeit zu zahlen (vgl. § 20 Rz. 42; *D/R* § 12 Rz. 18; *F/A/K/H* § 12 Rz. 8; *G/L* § 20 Rz. 21; *Brecht* § 12 Rz. 9). Da die Abstimmungen der beiden Gruppen nicht gleichzeitig erfolgen müssen, ist es möglich, daß eine Gruppe – bevor die andere abgestimmt hat – bereits eine andere Verteilung durch Abstimmung abgelehnt hat. In diesem Fall erübrigt sich die Abstimmung der anderen Gruppe (vgl. Rz. 11); es erscheint daher zweckmäßig, die Abstimmung zunächst in der kleineren Gruppe durchzuführen. Wird danach dennoch eine Abstimmung auch in der anderen Gruppe durchgeführt, obwohl dies überflüssig ist (vgl. Rz. 11), so hat der Arbeitgeber weder die Kosten zu tragen noch ist es zulässig, daß diese Abstimmung während der Arbeitszeit erfolgt (*D/R* § 12 Rz. 18; *F/A/K/H* § 20 Rz. 30; *G/L* § 20 Rz. 19; GK-*Kreutz* § 12 Rz. 23). Sollte diese Abstimmung – unrechtmäßig – dennoch während der Arbeitszeit stattfinden, so besteht keinesfalls ein Anspruch auf Vergütung für ausgefallene Arbeitszeit.

Abweichende Verteilung der Betriebsratssitze § 12

e) Geltungsdauer
Die Beschlußfassung nach Abs. 1 gilt nur für die **jeweilige Betriebsratswahl** und 17
muß vor jeder Wahl wiederholt werden, wenn sie gegenüber der zwingenden Regelung des § 12 Vorrang haben soll. Dies gilt auch für eine vorgezogene Neuwahl nach § 13 Abs. 2. Eine Beschlußfassung derart, daß die abweichende Sitzverteilung für alle zukünftigen Wahlen gelten soll, ist nicht möglich (*D/R* § 12 Rz. 17; *F/ A/K/H* § 12 Rz. 12; *G/L* § 12 Rz. 14; GK-*Kreutz* § 12 Rz. 27). Dies würde ein Abweichen von der zwingenden Regelung des § 10 bedeuten, die über die zulässige Ausnahme des § 12 Abs. 1 hinausginge. In der praktischen Wirkung käme dies einer Betriebsvereinbarung über anderweitige Sitzverteilung gleich, die nicht zulässig ist. Wird die **Wahl angefochten**, so bleibt der Beschluß allerdings für die daraufhin folgende Wahl wirksam, denn diese Wahl ersetzt die angefochtene Wahl (*D/R* § 12 Rz. 17).

III. Wahl von Angehörigen der anderen Gruppe (Abs. 2)

1. Gruppenwahl

Abs. 2 ist nur bei **Gruppenwahl** anwendbar; es handelt sich um eine von Abs. 1 18
unabhängige Vorschrift. Bei der gemeinsamen Wahl ist das Wahlverhalten der Gruppen wegen des geheimen Charakters der Wahl nicht feststellbar (*D/R* § 12 Rz. 20; *Brecht* § 12 Rz. 13; *G/L* § 12 Rz. 15; GK-*Kreutz* § 12 Rz. 31; *BAG* vom 20. 10. 1954 – 1 ABR 17/54 – AP Nr. 1 zu § 76 BetrVG 1952 m. Anm. *Dietz* = DB 1954, 1003; **a.A.** *F/A/K/H* § 12 Rz. 14; *D/K/K/S* § 12 Rz. 16; *Geiger* AuR 1980, 77).
Jede Arbeitnehmergruppe hat im Falle der Gruppenwahl das **Recht**, sich im Be- 19
triebsrat nicht nur durch Angehörige der eigenen Gruppe, sondern auch **durch Angehörige der anderen Gruppe vertreten zu lassen**. So können z.B. die Arbeiter auch einen Angestellten als Vertreter der Arbeitergruppe in den Betriebsrat wählen oder umgekehrt. Dies gilt auch dann, wenn jede Gruppe genügend eigene wählbare Arbeitnehmer hat. Voraussetzung ist, daß der gruppenfremde Vertreter in den Wahlvorschlag der Gruppe, in die er gewählt werden soll, aufgenommen ist (*G/L* § 12 Rz. 13, 15, 16; GK-*Kreutz* § 12 Rz. 30). Der gruppenfremde Vertreter selbst kann jedoch nur in der eigenen Gruppe wählen; er kann den Wahlvorschlag der anderen Gruppe auch nicht unterzeichnen, sondern nur den seiner eigenen Gruppe (*Brecht* § 12 Rz. 13; *D/R* § 12 Rz. 22; *F/A/K/H* § 12 Rz. 15; *G/L* § 12 Rz. 19; GK-*Kreutz* § 12 Rz. 33).

2. Stellung im Betriebsrat

Der gruppenfremde Vertreter gilt **insoweit** als Vertreter der Arbeitnehmer- 20
gruppe, für die er gewählt worden ist, d.h. er hat **betriebsverfassungsrechtlich in allen Fällen** die Stellung eines Vertreters der Gruppe, die ihn gewählt hat (**h.M.**, *D/R* § 12 Rz. 22; *G/L* § 12 Rz. 17). Er wird demgemäß auch nicht als Vertreter seiner Gruppe gem. § 10 gerechnet. Auch Vorsitzender des Betriebsrats kann er nur als Vertreter der anderen Gruppe, die ihn gewählt hat, werden (*BAG* vom 6. 7. 1956 – 1 ABR 7/55 – AP Nr. 4 zu § 27 BetrVG 1952 = DB 1956, 822). Auch in

§ 13   2. Teil 1. Abschn. *Zusammensetzung und Wahl des Betriebsrats*

Ausschüsse des Betriebsrats kann er nur als Vertreter der anderen Gruppe gewählt werden; das gleiche gilt für die Entsendung in den Gesamtbetriebsrat und den Konzernbetriebsrat. Bei einem Antrag auf Aussetzung eines Beschlusses gem. § 35 Abs. 1 wird er ebenfalls als Vertreter der Gruppe gezählt, die ihn gewählt hat. Dies gilt in allen Fällen, in denen die Gruppenzugehörigkeit betriebsverfassungsrechtlich relevant ist (*D/R* § 12 Rz. 22; *F/A/K/H* § 12 Rz. 16; *G/L* § 12 Rz. 17; GK-*Kreutz* § 12 Rz. 16).

21 Für die Entsendung von **Arbeitnehmervertretern in den Aufsichtsrat** gilt das oben Gesagte nicht; es kommt allein darauf an, ob der Arbeitnehmer arbeitsvertraglich gesehen Arbeiter oder Angestellter ist (*D/R* § 12 Rz. 22; *G/L* § 12 Rz. 18; *BAG* vom 20. 10. 1954 – 1 ABR 17/54 – AP Nr. 1 zu § 76 BetrVG 1952 m. Anm. *Dietz* = DB 1954, 1003).

22 Die Zuordnung des gruppenfremden Vertreters zu der Gruppe, die ihn gewählt hat, betrifft nur seine betriebsverfassungsrechtliche, nicht aber seine **arbeitsrechtliche Stellung**. Der als Vertreter der Arbeitergruppe in den Betriebsrat gewählte Angestellte bleibt arbeitsvertraglich Angestellter (*D/R* § 12 Rz. 23; *G/L* § 12 Rz. 19).

3. Ersatzmitglieder

23 Abs. 2 gilt auch für **Ersatzmitglieder** kraft ausdrücklicher gesetzlicher Regelung. Rückt das Ersatzmitglied nach (§ 25), so gilt es als Mitglied der Gruppe, die es gewählt hat. Wechselt ein Ersatzmitglied oder Betriebsratmitglied seine Gruppe, so bleibt es für den Lauf der Amtsperiode Vertreter der Gruppe, die es gewählt hat (§ 24 Abs. 2).

IV. Streitigkeiten

24 Über die **Wirksamkeit der anderweitigen Sitzverteilung**, die eine ordnungsgemäße Abstimmung voraussetzt, entscheidet zunächst der Wahlvorstand (§ 3 Abs. 2 Nr. 4 WO). **Streitigkeiten** entscheidet das Arbeitsgericht im Beschlußverfahren (§ 2a Abs. 1 Nr. 1 ArbGG). Verstöße gegen § 12 berechtigen zur Anfechtung der Wahl; hier ist aber, handelt es sich z. B. um Rechenfehler, eine Korrektur des Wahlergebnisses durch das Arbeitsgericht möglich (vgl. § 19 Rz. 40f.). Unabhängig von der Wahlanfechtung ist aber auch schon während des Wahlverfahrens eine gerichtliche Geltendmachung von Streitigkeiten, die § 12 betreffen – evtl. einstweilige Verfügung – möglich.

§ 13 Zeitpunkt der Betriebsratswahlen

(1) Die regelmäßigen Betriebsratswahlen finden alle vier Jahre in der Zeit vom 1. März bis 31. Mai statt. Sie sind zeitgleich mit den regelmäßigen Wahlen nach § 5 Abs. 1 des Sprecherausschußgesetzes einzuleiten.
(2) Außerhalb dieser Zeit ist der Betriebsrat zu wählen, wenn
1. mit Ablauf von 24 Monaten, vom Tage der Wahl an gerechnet, die Zahl der regelmäßig beschäftigten Arbeitnehmer um die Hälfte, mindestens aber um fünfzig, gestiegen oder gesunken ist,

2. die Gesamtzahl der Betriebsratsmitglieder nach Eintreten sämtlicher Ersatzmitglieder unter die vorgeschriebene Zahl der Betriebsratsmitglieder gesunken ist,
3. der Betriebsrat mit der Mehrheit seiner Mitglieder seinen Rücktritt beschlossen hat,
4. die Betriebsratswahl mit Erfolg angefochten worden ist,
5. der Betriebsrat durch eine gerichtliche Entscheidung aufgelöst ist oder
6. im Betrieb ein Betriebsrat nicht besteht.

(3) Hat außerhalb des für die regelmäßigen Betriebsratswahlen festgelegten Zeitraums eine Betriebsratswahl stattgefunden, so ist der Betriebsrat in dem auf die Wahl folgenden nächsten Zeitraum der regelmäßigen Betriebsratswahlen neu zu wählen. Hat die Amtszeit des Betriebsrats zu Beginn des für die regelmäßigen Betriebsratswahlen festgelegten Zeitraums noch nicht ein Jahr betragen, so ist der Betriebsrat in dem übernächsten Zeitraum der regelmäßigen Betriebsratswahlen neu zu wählen.

Anhang

Einigungsvertrag

Anlage I, Kapitel VIII, Sachgebiet A,
Abschnitt III, Nr. 12 b:

Zu § 13 wird festgelegt:

Die erstmaligen Betriebsratswahlen nach dem Betriebsverfassungsgesetz finden bis zum 30. Juni 1991 statt. Betriebsräte oder Arbeitnehmervertretungen, die vor dem 31. Oktober 1990 nach demokratischen Grundsätzen von der Belegschaft in geheimer Abstimmung gewählt worden sind, bleiben bis zur Wahl eines neuen Betriebsrats nach dem Betriebsverfassungsgesetz, längstens bis zum 30. Juni 1991, im Amt. Sie nehmen die den Betriebsräten nach dem Betriebsverfassungsgesetz und anderen Gesetzen zustehenden Rechte und Pflichten wahr. Dies gilt nicht in den Betrieben, in denen nach dem Betriebsverfassungsgesetz kein Betriebsrat zu wählen ist.

Literaturübersicht

Vgl. die Literaturübersicht zu §§ 7–20.

Inhaltsübersicht

		Rz.
I.	Rechtsnatur und Anwendungsbereich der Vorschrift	1– 3
II.	Regelmäßige Betriebsratswahlen (Abs. 1)	4–10
III.	Wahl außerhalb des regelmäßigen Wahlturnus (Abs. 2)	11–31
	1. Veränderung der Belegschaftsstärke (Abs. 2 Ziff. 1)	13–17
	2. Absinken der Zahl der Betriebsratsmitglieder (Abs. 2 Ziff. 2)	18–21

§ 13   2. Teil 1. Abschn. Zusammensetzung und Wahl des Betriebsrats

    3. Rücktritt des Betriebsrats (Abs. 2 Ziff. 3)   22–25
    4. Erfolgreiche Wahlanfechtung (Abs. 2 Ziff. 4)   26–28
    5. Auflösung des Betriebsrats (Abs. 2 Ziff. 5)   29, 30
    6. Fehlen eines Betriebsrats (Abs. 2 Ziff. 6)   31
 IV. Weitere Gründe für die Beendigung des Betriebsrats   32
  V. Zurückkehren zum normalen Wahlturnus (Abs. 3)   33–36
 VI. Streitigkeiten   37

I. Rechtsnatur und Anwendungsbereich der Vorschrift

3 Die Vorschrift soll die **Vereinheitlichung des Zeitraums** sichern, innerhalb dessen die Betriebsratswahlen in allen betriebsfähigen Betrieben stattfinden sollen. Regelmäßige Betriebsratswahlen finden alle 4 Jahre in der Zeit vom 1. März bis 31. Mai statt. § 13 ist **zwingenden Rechts**; es kann weder durch Betriebsvereinbarung noch durch Tarifvertrag von der Vorschrift abgewichen werden **(h. M.)**. Auch die Fälle, in denen der Betriebsrat außerhalb des regelmäßigen Turnus neu zu wählen ist, sind in Abs. 2 abschließend geregelt.

2 Anwendbar ist die Vorschrift **außer auf die Wahl des Betriebsrats** nur noch auf die Wahl des Seebetriebsrats (§ 116). Andere Regelungen gelten für die Bordvertretung, vgl. § 115 Abs. 2; für die Jugend- und Auszubildendenvertretung § 64 Abs. 1. Sowohl der Gesamtbetriebsrat als auch der Konzernbetriebsrat sind neu zu besetzen, wenn eine Neuwahl des Betriebsrats nach § 13 Abs. 2 erfolgte; diese Neubesetzung bezieht sich aber nur auf die Entsendung von Mitgliedern des Betriebsrats, der neu gewählt wurde (*G/L* § 13 Rz. 3; offensichtlich weitergehend *F/A/K/H* § 13 Rz. 2 und GK-*Kreutz* § 13 Rz. 5, die eine völlige Neubesetzung dieser Gremien verlangen). Die Mitgliedschaft im Gesamtbetriebsrat und Konzernbetriebsrat erlischt nämlich mit der Beendigung des Betriebsratsamtes (§ 47 Rz. 11; *D/R* § 49 Rz. 3 und § 57 Rz. 3; *F/A/K/H* § 49 Rz. 9).

3 Durch das Änderungsgesetz 1989 (BGBl. I 1988 S. 2312) ist die regelmäßige Amtszeit des Betriebsrats auf 4 Jahre verlängert und die Verpflichtung zur gleichzeitigen Einleitung der regelmäßigen Sprecherausschußwahlen eingeführt worden. Dies gilt erstmals für die Wahlen 1990 (§ 125 Abs. 3).

II. Regelmäßige Betriebsratswahlen (Abs. 1)

4 Die **regelmäßigen Betriebsratswahlen** finden alle 4 Jahre in der Zeit vom 1. März bis 31. Mai statt. Bisher fanden die Betriebsratswahlen in dreijährigem Turnus statt. Da die ersten Betriebsratswahlen nach diesem Gesetz im Jahre 1972 durchgeführt wurden, ergab sich folgender Turnus für die regelmäßige Betriebsratswahl: 1972 usw., letztmals 1987 und zwar jeweils in der Zeit vom 1. März bis 31. Mai. Nach § 125 Abs. 3 sind Betriebsräte, die nach dem 31. 12. 1988 gewählt werden, auf 4 Jahre zu wählen. Damit gilt der vierjährige Turnus ab dem Wahlzeitraum 1990. Es ergibt sich somit folgender Turnus: 1990, 1994, 1998 usw.
Mit den Wahlvorbereitungen kann bereits vor dem 1. März begonnen werden; § 16 geht nämlich davon aus, daß der Wahlvorstand **spätestens** 8 Wochen vor Ablauf der Amtszeit des Betriebsrats zu bestellen ist; er kann also auch bereits früher bestellt werden und mit den Wahlvorbereitungen beginnen (*D/R* § 13 Rz. 3; *F/A/*

K/H § 13 Rz. 8; *G/L* § 13 Rz. 4; GK-*Kreutz* § 13 Rz. 13). Dies gilt z. B. auch für die Abstimmung über die Gemeinschaftswahl (*D/R* § 14 Rz. 35). Die konkrete Wahl im Betrieb wird davon abhängen, wann die regelmäßige Amtszeit des Betriebsrats endet.

Die Wahl selbst muß allerdings in dem Zeitraum vom 1. März bis 31. Mai liegen. Es kommt auf den **Wahltag** an; das ist der Tag der Stimmabgabe, bei mehrtägiger Wahl der letzte Tag der Stimmabgabe (*D/R* § 13 Rz. 3; *F/A/K/H* § 13 Rz. 6; *G/L* § 13 Rz. 4 a. A. GK-*Kreutz* § 13 Rz. 11). Wahltag kann also bereits der 1. März sein. Zieht sich die Wahl über mehrere Tage hin, so genügt es, wenn der letzte Tag der Wahl der 1. März oder der 31. Mai ist. 5

Vor Ablauf des Vierjahreszeitraums ist eine Neuwahl nur nach Maßgabe des § 13 Abs. 2 zulässig. Liegt keiner der dort genannten Gründe für eine außerordentliche Betriebsratswahl vor, so ist eine etwa doch eingeleitete Wahl eine **Nichtwahl**, aus der ein gesetzlicher Betriebsrat nicht hervorgehen kann (*D/R* § 13 Rz. 4; *F/A/K/ H* § 13 Rz. 13; *G/L* § 13 Rz. 5; GK-*Kreutz* § 13 Rz. 12). Eine solche »Wahl« berührt die Amtsführung der ordnungsgemäß im Amt befindlichen Betriebsratsvertretung nicht; sie wäre **von Anfang an nichtig**, ohne daß es einer Anfechtung bedürfte. Der Arbeitgeber ist demgemäß auch nicht verpflichtet, nach § 20 Abs. 3 die Kosten der Wahl zu tragen. In Zusammenhang mit einer solchen »Wahl« versäumte Arbeitszeit berechtigt den Arbeitgeber zur Minderung des Arbeitsentgelts. 6

Die Vorschrift regelt nur den Zeitraum für die regelmäßige Durchführung der Betriebsratswahlen. Sie besagt nichts über **Beginn und Ende der regelmäßigen Amtszeit** des Betriebsrats, die in § 21 geregelt ist (vgl. die dortigen Anmerkungen). Ein Betriebsrat, dessen Amtsperiode am Tage der Neuwahl des Betriebsrats noch nicht abgelaufen ist, bleibt demnach bis zum Ablauf seiner dreijährigen Wahlperiode im Amt. Die Amtsperiode des neuen Betriebsrats beginnt unabhängig vom Tage seiner Wahl erst am Tage nach dem Ablauf der Amtsperiode seines Vorgängers. 7

Ist bis zum 31. Mai kein neuer Betriebsrat gewählt, so kann die **Wahl** auch noch **nach dem 31. Mai durchgeführt werden** (*D/R* § 13 Rz. 5; *G/L* § 13 Rz. 5). Da die Amtszeit des Betriebsrats mit dem 31. Mai des **regelmäßigen Wahljahres** spätestens endet, ist der Betrieb betriebsratslos, falls bis zum 31. Mai kein neuer Betriebsrat besteht, was erst mit der Bekanntgabe des Wahlergebnisses der Fall ist (§ 21 Satz 2). Es liegt der Fall des § 13 Abs. 2 Nr. 6 vor (vgl. dort). 8

Die regelmäßige Betriebsrats- und Sprecherausschußwahl ist **zeitgleich** einzuleiten (Abs. 1 Satz 2; vgl. auch § 5 Abs. 1 Satz 2 SprAuG). Hierfür gilt das Verfahren nach § 18a (vgl. dort). Die Verpflichtung über die zeitgleiche Einleitung gilt selbstverständlich nur für die regelmäßigen Wahlen. Außerhalb des regelmäßigen Wahlzeitraums ist die zeitgleiche Einleitung der Wahl möglich, aber keine Pflicht (§ 18a Rz. 6). Um diese zeitgleiche Einleitung der Wahl sicherzustellen, sind die Wahlvorstände verpflichtet, am selben Tag das Wahlausschreiben für die Betriebsratswahl und die Wahl des Sprecherausschusses zu erlassen. Das **weitere Wahlverfahren** muß nicht aufeinander abgestimmt durchgeführt werden. Soweit die jeweiligen Wahlvorstände der Verpflichtung zur zeitgleichen Einleitung der Wahl nicht nachkommen, stellt dies eine Pflichtverletzung dar. Der Verstoß gegen die Verpflichtung hat für sich allein aber keine Auswirkungen auf die Wirksamkeit der Wahl. Eine Wahlanfechtung ist hierdurch nicht gerechtfertigt. 9

Vorrang vor der **Zeitgleichheit** hat aber die Pflicht des Wahlvorstandes zur zügi- 10 gen Durchführung der Wahl, um eine betriebsratslose Zeit zu vermeiden (*F/A/K/ H* § 13 Rz. 10f.; *S/W* § 13 Rz. 1).

III. Wahl außerhalb des regelmäßigen Wahlturnus (Abs. 2)

11 Die Bestimmung regelt in **Ziff. 1–6 abschließend** die Fälle, in denen vor Ablauf der regelmäßigen vierjährigen Amtszeit des Betriebsrats eine Neuwahl durchzuführen ist (**h.M.**). Ziff. 6 stellt klar, daß außerhalb des regelmäßigen Zeitraums für die Betriebsratswahlen eine Betriebsratswahl durchzuführen ist, wenn in einem betriebsratsfähigen Betrieb (vgl. § 1) ein Betriebsrat nicht besteht. Der Vorschrift der Ziffer 6 kommt insoweit die Funktion einer **beschränkten Generalklausel** zu (*D/R* § 13 Rz. 6, 38; *F/A/K/H* § 13 Rz. 43; GK-*Kreutz* § 13 Rz. 22), da sie für jeden Fall gilt, in dem es in einem nach § 1 betriebsratsfähigen Betrieb keinen Betriebsrat mehr gibt – gleichgültig aus welchem Grund. Das Amt des Betriebsrats kann indessen unter bestimmten Voraussetzungen auch enden, ohne daß die Verpflichtung zur Neuwahl eines Betriebsrats besteht (vgl. Rz. 30).

12 Für die Wahlen außerhalb des regelmäßigen Turnus gelten die **allgemeinen Wahlvorschriften**. Nur in den Fällen des Abs. 2 Ziff. 1–3 führt der alte Betriebsrat nach § 22 die Geschäfte weiter, bis der neue Betriebsrat gewählt und das Wahlergebnis bekanntgegeben ist; dies gilt nur bis spätestens zum Ablauf der Amtsperiode des alten Betriebsrats. Der neugewählte Betriebsrat hat die gleiche Rechtsstellung wie ein Betriebsrat, der nach Ablauf der regelmäßigen Amtszeit des bisherigen Betriebsrats neu gewählt worden ist. Deshalb sind z.B. Abstimmungen nach §§ 12 und 14 neu vorzunehmen. Etwas anderes gilt nur im Falle der erfolgreichen Wahlanfechtung und der nichtigen Wahl, weil dann der neu gewählte Betriebsrat an die Stelle des durch fehlerhafte Wahl zustande gekommenen Betriebsrats tritt.

1. Veränderung der Belegschaftsstärke (Abs. 2 Ziff. 1)

13 Um eine vorzeitige Neuwahl des Betriebsrats nach Ziff. 1 notwendig werden zu lassen, muß die **Zahl der regelmäßig beschäftigten** Arbeitnehmer **um die Hälfte gestiegen** oder **gesunken** sein **und** diese Veränderung muß **in absoluten Zahlen mindestens 50** betragen. Beide Voraussetzungen müssen nebeneinander gegeben sein; fehlt die eine oder andere Voraussetzung, so ist keine Neuwahl durchzuführen. Vorübergehende Schwankungen in der Beschäftigtenzahl sind auf die Amtszeit und auf die zahlenmäßige Zusammensetzung des Betriebsrats ohne Einfluß. Bei der Feststellung, ob die Voraussetzungen für eine wesentliche Veränderung der Belegschaftsstärke und für eine vorzeitige Neuwahl des Betriebsrats gegeben sind, kommt es nur auf die Zahl der »regelmäßig Beschäftigten« an (vgl. § 1 Rz. 26ff., § 9 Rz. 8ff.). Anders als in § 9 spielt die Wahlberechtigung der Arbeitnehmer für den Begriff »regelmäßige Beschäftigung« keine Rolle (GK-*Kreutz* § 13 Rz. 33). Vorübergehend Beschäftigte – also auch Aushilfskräfte – bleiben außer Betracht (*D/R* § 13 Rz. 14; *F/A/K/H* § 13 Rz. 27; *G/L* § 13 Rz. 11; GK-*Kreutz* § 13 Rz. 31); gleiches gilt für leitende Angestellte.

14 Eine Veränderung der **Zusammensetzung der Gruppen** der Belegschaft gem. § 10 rechtfertigt keine Neuwahl, wenn sie nicht eine für die Neuwahl des Betriebsrats relevante Veränderung der Arbeitnehmerzahl des Betriebes insgesamt zur Folge

hat; ebenso rechtfertigt eine Verschiebung der Zahl der Wahlberechtigten nicht eine Neuwahl (*D/R* § 13 Rz. 12f.; *F/A/K/H* § 13 Rz. 28; *G/L* § 13 Rz. 11f.; GK-*Kreutz* § 13 Rz. 34).

Nicht erforderlich ist, daß die **Neuwahl eine Veränderung der Größe des Betriebs-** **15** **rats zur Folge hat** (*D/R* § 13 Rz. 16; *F/A/K/H* § 13 Rz. 30; *G/L* § 13 Rz. 13; GK-*Kreutz* § 13 Rz. 35). Dagegen ist eine Neuwahl auch dann erforderlich, wenn die Belegschaftsstärke entsprechend den Voraussetzungen für eine Neuwahl gesunken ist (vgl. Rz. 13), der Betriebsrat aber dieser Größe entsprechend besetzt ist, weil durch das Ausscheiden von Betriebsratsmitgliedern die Größe des Betriebsrats sich ebenfalls reduzierte. Es ist davon auszugehen, daß Grundgedanke der Vorschrift nicht lediglich die Anpassung der Größe des Betriebsrats an die der Belegschaftsstärke ist, sondern auch eine Überprüfung dahingehend, ob der Betriebsrat bei einer derart starken Veränderung der Belegschaft noch vom Vertrauen der Arbeitnehmer getragen ist (*D/R* § 13 Rz. 21; *F/A/K/H* § 13 Rz. 21). *G/L* (*§ 13 Rz. 12*; GK-*Kreutz* § 13 Rz. 35) weisen darauf hin, daß diesem Sinn der Vorschrift nur bei Betrieben mit 151–200 Arbeitnehmern Rechnung getragen wird. Bei einer Verdoppelung der Belegschaft von 40 auf 80 Arbeitnehmer findet nämlich ebensowenig eine Neuwahl nach Nr. 1 statt wie bei einer Verringerung der Belegschaftsstärke von 1 200 auf 650 Arbeitnehmer, weil im ersten Fall nicht die Mindestzahl von 50, im zweiten Fall nicht die Hälfte der Belegschaft erreicht ist.

Neuwahl aufgrund dieser Vorschrift ist bei einem im regelmäßigen Zeitraum ge- **16** wählten Betriebsrat nur **einmal** während seiner Amtsperiode möglich, und zwar nur nach Ablauf der ersten Hälfte der Wahlperiode, nämlich **mit Ablauf von 24 Monaten** vom Tage der Wahl (vgl. Rz. 5) an gerechnet. **Stichtag** für die Berechnung der Frist von 24 Monaten ist also – unter Zugrundelegung der BGB-Regeln über die Fristberechnung (§§ 187 Abs. 1, 188 Abs. 2 BGB) – der Tag der Wahl, bzw. der letzte Tag der Stimmabgabe, nicht der Tag des Amtsantritts nach § 21. Eine nach diesem Stichtag eintretende wesentliche Veränderung der Belegschaftsgröße ist demnach ohne Bedeutung (*D/R* § 13 Rz. 10f.; *F/A/K/H* § 13 Rz. 25; *G/L* § 13 Rz. 9; GK-*Kreutz* § 13 Rz. 17).

Der neu gewählte Betriebsrat ist nach § 13 Abs. 3 Satz 1 in dem auf seine Wahl **17** folgenden nächsten Zeitraum der regelmäßigen Betriebsratswahlen neu zu wählen, er bleibt also **im Regelfall keine volle Wahlperiode im Amt**. Bei Vorliegen der Voraussetzung des § 13 Abs. 2 Ziff. 1 hat der amtierende Betriebsrat einen Wahlvorstand nach § 16 Abs. 1 zu bestellen (*D/R* § 13 Rz. 18; GK-*Kreutz* § 13 Rz. 38). Der amtierende Betriebsrat führt nach § 22 die Geschäfte weiter, bis der neue Betriebsrat gewählt und das Wahlergebnis bekanntgegeben ist. Mit der Bekanntgabe des Wahlergebnisses endet das Amt des bisherigen Betriebsrats (*LAG Hamm* vom 4. 2. 1977 – 3 Ta BV 75/76 – EzA § 23 BetrVG 1972 Nr. 5 = DB 1977, 1189, 1514).

2. Absinken der Zahl der Betriebsratsmitglieder (Abs. 2 Ziff. 2)

Sinkt die Gesamtzahl der Betriebsratsmitglieder auch nach Eintreten sämtlicher **18** Ersatzmitglieder **unter die gesetzlich vorgeschriebene Zahl**, so ist eine Neuwahl vorzunehmen. Die gesetzlich vorgeschriebene Zahl ergibt sich aus dem Wahlausschreiben (§ 3 WO) und der Bekanntmachung der Wahl (§§ 19, 24 WO). Auszugehen ist von der **ursprünglichen Zahl der Betriebsratsmitglieder** am Wahltag, d. h. der aufgrund der Belegschaftsstärke am Wahltage zahlenmäßig gewählten Betriebsratsmitglieder. Dies gilt auch, wenn am Wahltag von einem nach § 11 reduzierten Betriebsrat ausgegangen wurde. In diesem Fall ist die reduzierte Zahl von Betriebsratsmitgliedern zugrunde zu legen (*D/R* § 13 Rz. 19; *F/A/K/H* § 13 Rz. 33; *G/L* § 13 Rz. 14; GK-*Kreutz* § 13 Rz. 41). Die Neuwahl ist also vorzunehmen, wenn die Gesamtzahl der gewählten Arbeitnehmer auch nach Eintreten aller Ersatzmitglieder nicht mehr ausreicht, um den Betriebsrat in der ursprünglichen Größe zu besetzen. Die Neuwahl wird nicht deshalb entbehrlich, weil die verminderte Betriebsratsgröße einer inzwischen verminderten Arbeitnehmerzahl im Betrieb nach § 9 entspricht (vgl. Rz. 13; Lit. wie oben).

19 Eine Neuwahl kommt nur in Betracht, wenn das **Absinken** der Mitgliederzahl des Betriebsrats **ein dauerndes** ist. Ein nur vorübergehendes Unterschreiten der gesetzlich vorgeschriebenen Mitgliederzahl als Folge nur **zeitweiser Verhinderung** einzelner Betriebsratsmitglieder ist kein Grund für eine Neuwahl (*D/R* § 13 Rz. 21; *F/A/K/H* § 13 Rz. 33; *G/L* § 13 Rz. 16).

20 Eine Neuwahl ist nur dann erforderlich, wenn überhaupt **kein Ersatzmitglied mehr vorhanden** ist, und zwar ohne Rücksicht auf Listen- oder Gruppenzugehörigkeit (*D/R* § 13 Rz. 22 f.; *F/A/K/H* § 13 Rz. 34; *G/L* § 13 Rz. 15; GK-*Kreutz* § 13 Rz. 46, 49). Es ist daher auch klargestellt, daß eine Neuwahl nicht durch den Rücktritt sämtlicher auf einer Liste gewählten Betriebsratsmitglieder einschließlich der Ersatzmitglieder erzwungen werden kann, wenn auf der anderen Liste noch Ersatzmitglieder zur Verfügung stehen (*D/R* § 13 Rz. 24; *F/A/K/H* § 13 Rz. 34; *G/L* § 13 Rz. 15; GK-*Kreutz* § 13 Rz. 47). Wegen der Reihenfolge des Nachrückens von Ersatzmitgliedern beim Ausscheiden von Betriebsratsmitgliedern vgl. § 25.
Der Fall des Abs. 2 Nr. 2 liegt **nicht vor**, wenn der Betriebsrat **von Anfang** an zahlenmäßig nicht dem Gesetz entsprechend besetzt war.

21 Liegen die Voraussetzungen der Ziff. 2 vor, so hat der **amtierende Betriebsrat einen Wahlvorstand** gem. § 16 **zu bestellen**; er führt die Geschäfte gem. § 22 bis zur Bekanntgabe des Ergebnisses der Wahl des neuen Betriebsrats fort. Die Amtszeit des neugewählten Betriebsrats richtet sich nach § 13 Abs. 3.

3. Rücktritt des Betriebsrats (Abs. 2 Ziff. 3)

22 Eine Neuwahl des Betriebsrats findet statt, wenn der **Betriebsrat aufgrund eines Beschlusses der Mehrheit seiner Mitglieder zurücktritt**. Ein solcher Beschluß ist jederzeit zulässig; auf die Gründe für den Rücktritt kommt es nicht an (*LAG Hamm* vom 23. 9. 1954 – 3 A Ta 87/54 – AP Nr. 1 zu § 15 BetrVG 1952 = DB 1954, 1108), allerdings macht mangelnde Ernstlichkeit den Beschluß gem. § 118 BGB unwirksam (*D/R* § 13 Rz. 29; *G/L* § 13 Rz. 18). Der Beschluß bedarf der Mehrheit **aller** Mitglieder des Betriebsrats, nicht nur der bei der Beschlußfassung Anwesenden (*D/R* § 13 Rz. 28; *F/A/K/H* § 13 Rz. 36; *G/L* § 13 Rz. 17). Da der ordnungsgemäß gefaßte Beschluß das Betriebsratsamt insgesamt beendet, wirkt der Beschluß auch hinsichtlich der Mitglieder und Ersatzmitglieder, die gegen den Rücktritt gestimmt oder an der Beschlußfassung nicht teilgenommen haben (*D/R* § 13 Rz. 29; *F/A/K/H* § 13 Rz. 38; *G/L* § 13 Rz. 18).
Die Vorschrift ist auch anwendbar beim Rücktritt des nur aus einem Mitglied bestehenden Betriebsrats (vgl. aber Rz. 24).

Die Vorschrift ist auch anwendbar, wenn **alle Betriebsratsmitglieder und Ersatz-** 23
mitglieder ohne förmlichen Beschluß nach Abs. 2 Ziff. 3 **ihr Amt niederlegen.**
Voraussetzung ist jedoch eine gleichzeitige und abgestimmte Aktion, die als **kollektiver Rücktritt** zu werten ist (*F/A/K/H* § 13 Rz. 38; *Brecht* § 13 Rz. 15; a. A.
D/R § 13 Rz. 40, die diesen Fall zur Ziff. 6 zählen; *G/L* § 13 Rz. 20; GK-*Kreutz*
§ 13 Rz. 59).
Zu unterscheiden ist zwischen der **Niederlegung des Betriebsratsamtes** des einzel- 24
nen Betriebsratsmitglieds nach § 24 Abs. 1 Ziff. 2 (vgl. § 24 Rz. 6), bei der das
Ersatzmitglied nachrückt (vgl. § 25 Rz. 5), und dem **Rücktritt des Betriebsrates als
Gremium**. Diese Unterscheidung ist bei einem nur aus einem Mitglied bestehenden Betriebsrat schwierig, weil der Beschluß des Betriebsrats allein seine Willensentscheidung darstellt. Die Willensentscheidung ist dahingehend auszulegen, ob
sie einen Rücktritt der Institution Betriebsrat darstellt und damit Neuwahlen erforderlich werden, oder lediglich eine Amtsniederlegung nach § 24 Abs. 1 Ziff. 2,
bei der das Ersatzmitglied nachrückt, wie z. B. bei Amtsniederlegung aus persönlichen Gründen wie Krankheit oder Arbeitsüberlastung (*F/A/K/H* § 13 Rz. 37;
GK-*Kreutz* § 13 Rz. 54). Legen so viele Betriebsratsmitglieder ihr Amt nieder, daß
ein den gesetzlichen Vorschriften entsprechender Betriebsrat auch unter Einbeziehung der Ersatzmitglieder nicht mehr gebildet werden kann, so sind die Voraussetzungen des § 13 Abs. 2 Ziff. 2 gegeben (vgl. Rz. 18). Legen alle Betriebsratsmitglieder ihr Amt nieder, ohne daß es ein kollektiver Rücktritt ist, oder verlieren
alle Betriebsratsmitglieder aus persönlichen Gründen nach § 24 ihr Amt, so handelt es sich um einen betriebsratslosen Betrieb; Ziff. 6 ist anzuwenden.
Der **zurückgetretene Betriebsrat** hat nach § 16 einen Wahlvorstand zu bestellen. 25
Er bleibt **nach § 22 im Amt**, bis die Neuwahl durchgeführt und das Wahlergebnis
bekanntgegeben ist (*D/R* § 13 Rz. 30; *G/L* § 13 Rz. 19). Die Amtszeit des neugewählten Betriebsrats richtet sich nach § 13 Abs. 3.

4. Erfolgreiche Wahlanfechtung (Abs. 2 Ziff. 4)

Ist eine **Betriebsratswahl** nach § 19 **angefochten** und hat das Arbeitsgericht im 26
Beschlußverfahren dem Anfechtungsbegehren durch rechtskräftige Entscheidung
stattgegeben, so endet das Amt des Betriebsrats mit der Rechtskraft des Beschlusses (vgl. § 19 Rz. 42ff.). Es ist daher eine Neuwahl durchzuführen, für die ein
neuer Wahlvorstand zu bestellen ist. Diese Bestellung kann nicht durch den Betriebsrat erfolgen, dessen Wahl erfolgreich angefochten ist, da dieser nicht mehr
im Amt ist. Sollte die Amtszeit des vorigen Betriebsrats noch nicht abgelaufen
sein, so hat er erneut den Wahlvorstand nach § 16 zu bestellen, andernfalls ist kein
Betriebsrat vorhanden und die **Bestellung des Wahlvorstands** erfolgt nach § 17.
Eine Fortführung der Geschäfte durch den Betriebsrat, dessen Wahl angefochten
ist, scheidet aus. Die Amtszeit des neugewählten Betriebsrats richtet sich nach
§ 13 Abs. 3.
Wird bei Gruppenwahl lediglich die **Wahl einer Gruppe** erfolgreich angefochten, 27
so ist die Vorschrift entsprechend anzuwenden. Die Gruppe wählt dann ihre
Gruppenvertreter neu, und zwar für den Rest der Amtszeit des Betriebsrats (*D/R*
§ 13 Rz. 31; *F/A/K/H* § 13 Rz. 41; *G/L* § 13 Rz. 21; GK-*Kreutz* § 13 Rz. 61). Ist
lediglich die Wahl eines oder mehrerer Betriebsratsmitglieder erfolgreich angefochten, ist keine Neuwahl erforderlich; die Ersatzmitglieder rücken gem. § 25

§ 13   2. Teil 1. Abschn. Zusammensetzung und Wahl des Betriebsrats

nach (*D/R* § 13 Rz. 31, § 19 Rz. 41; *F/A/K/H* § 19 Rz. 33; *G/L* § 19 Rz. 36; GK-*Kreutz* § 13 Rz. 60).

28 Eine Neuwahl außerhalb des regelmäßigen Zeitraums findet auch bei **nichtiger Wahl**, nicht nur bei anfechtbarer statt (*D/R* § 13 Rz. 33). Zur nichtigen Wahl § 19 Rz. 12f.

5. Auflösung des Betriebsrats (Abs. 2 Ziff. 5)

29 Die **Auflösung des Betriebsrats durch gerichtlichen Beschluß** kann nach § 23 Abs. 1 wegen grober Verletzung seiner gesetzlichen Pflichten auf Antrag der in dieser Bestimmung aufgeführten Antragsberechtigten erfolgen. Gibt das Arbeitsgericht im Beschlußverfahren einem solchen Antrag statt, so führt der aufgelöste Betriebsrat die Geschäfte nicht weiter. Seine Amtszeit endet vielmehr mit Rechtskraft des gerichtlichen Beschlusses (vgl. § 23 Rz. 57). Wird der Betriebsrat aufgelöst, so setzt das Arbeitsgericht gem. § 23 Abs. 2 unverzüglich einen Wahlvorstand für die Neuwahl ein (§ 23 Rz. 57). Die Amtsperiode des neu gewählten Betriebsrats richtet sich nach § 13 Abs. 3.

30 Werden nur **einzelne Betriebsratsmitglieder ihres Amtes** durch gerichtlichen Beschluß **enthoben**, so rücken die Ersatzmitglieder nach. Sind keine Ersatzmitglieder mehr vorhanden, sind Neuwahlen nach Abs. 2 Ziff. 2 durchzuführen (*D/R* § 13 Rz. 36, *G/L* § 13 Rz. 24; GK-*Kreutz* § 13 Rz. 66).

6. Fehlen eines Betriebsrats (Abs. 2 Ziff. 6)

31 Besteht in einem nach § 1 **betriebsfähigen Betrieb kein Betriebsrat** – aus welchem Grund auch immer – (*D/R* § 13 Rz. 39), so kann jederzeit eine Wahl oder Neuwahl außerhalb des regelmäßigen Zeitraums durchgeführt werden. Die Wahl kann jederzeit nach Maßgabe des in § 17 geregelten Verfahrens eingeleitet werden. Betriebsratslos ist ein Betrieb stets dann, wenn bis zum Ablauf der Amtszeit des alten Betriebsrats ein neuer Betriebsrat noch nicht gewählt worden ist (vgl. Rz. 8). Das gleiche gilt, wenn die Wahl erfolgreich angefochten wurde oder nichtig ist, der Betrieb erst nach dem Zeitpunkt der regelmäßigen Betriebsratswahl betriebsratsfähig oder neu errichtet wurde, die Arbeitnehmer bisher keinen Betriebsrat gewünscht haben (*F/A/K/H* § 13 Rz. 42; *G/L* § 13 Rz. 26). Für die Amtsdauer des nach Ziff. 6 gewählten Betriebsrats gilt § 13 Abs. 3. Zum Fall der **Amtsniederlegung aller Betriebsratsmitglieder** und Ersatzmitglieder vgl. Rz. 23f.

IV. Weitere Gründe für die Beendigung des Betriebsrats

32 Neben den unter Rz. 13–30 behandelten Gründen für die Beendigung des Betriebsrats sind u.a. folgende **weitere Gründe** gegeben: Das Absinken der Zahl der regelmäßig im Betrieb ständig Beschäftigten unter fünf und damit der Verlust der Betriebsratsfähigkeit gem. § 1; die Errichtung einer anderen Vertretung der Arbeitnehmer durch Tarifvertrag nach § 3 Abs. 2; Stillegung des Betriebes (vgl. im einzelnen § 21 Rz. 24f.). Zur Auswirkung von Betriebszusammenlegungen auf das Bestehen des Betriebsrats vgl. § 21 Rz. 29.

V. Zurückkehren zum normalen Wahlturnus (Abs. 3)

Die Vorschrift des Abs. 3 soll die **Überleitung des außerhalb des Regelzeitraums** 33
gewählten Betriebsrats auf den **allgemeinen** (regelmäßigen) **Wahltermin** sichern.
Dies entspricht dem Ziel des Gesetzes, den Zeitraum für die Betriebsratswahl zu
harmonisieren. Wahlen außerhalb des regelmäßigen Wahlzeitraumes sollen die
Ausnahme bleiben.

Zum Zwecke der **Wiedereingliederung** in den **regelmäßigen Wahlturnus** hat der 34
einheitliche Wahlzeitraum Vorrang vor der Einhaltung einer vierjährigen Amtsperiode der nach § 13 Abs. 2 gewählten Betriebsräte. Demgemäß wird bestimmt,
daß üblicherweise der außerhalb des regelmäßigen Wahlzeitraums gewählte Betriebsrat nur für den noch verbleibenden Teil der Wahlperiode zu wählen ist und
eine Neuwahl demgemäß vor Ablauf einer vierjährigen Amtsperiode während des
nächstfolgenden Wahlzeitraums zu erfolgen hat (§ 13 Abs. 3 Satz 1). Die Amtszeit
dieses Betriebsrats ist also gegenüber der regelmäßigen Amtszeit von 4 Jahren
verkürzt. Sie endet kraft Gesetzes spätestens (§ 21 Satz 4) am 31. Mai des nächsten
Regelwahljahres (*D/R* § 13 Rz. 42; *F/A/K/H* § 13 Rz. 45; *G/L* § 13 Rz. 29). Nur
wenn zu Beginn des regelmäßigen Wahlzeitraums der nach § 13 Abs. 2 gewählte
Betriebsrat weniger als ein Jahr im Amt gewesen ist – die Amtszeit beginnt gem.
§ 21 mit der Bekanntgabe des Wahlergebnisses –, erstreckt sich die Amtszeit des
Betriebsrats über eine weitere volle Wahlperiode, so daß dieser Betriebsrat demgemäß länger als 4 Jahre im Amt ist (§ 13 Abs. 3 Satz 2).

Stichtag für die Feststellung, ob die Amtszeit des Betriebsrats noch nicht ein Jahr 35
betragen hat, ist der Beginn der nächsten regelmäßigen Betriebsratswahl – also
der 1. März 1990 bzw. 1994 (vgl. Rz. 4). Maßgebend für die Fristberechnung sind
die §§ 187 Abs. 1, 188 Abs. 2 BGB. Nach § 187 Abs. 1 BGB wird der Tag der
Bekanntgabe des Wahlergebnisses und damit des Beginns der Amtszeit nicht mitgerechnet. Wird also das Wahlergebnis z. B. am 1. März 1989 bekanntgegeben, so
hat der Betriebsrat am 1. März 1990 noch kein Jahr bestanden, die Jahresfrist läuft
nach § 188 Abs. 2 BGB erst mit Ablauf des 1. März ab – also erst am 2. März 1990
hat er ein Jahr bestanden (*D/R* § 13 Rz. 43, 45; *G/L* § 13 Rz. 30f.; *F/A/K/H* § 13
Rz. 45; GK-*Kreutz* § 13 Rz. 75). In diesem Fall ist der Betriebsrat also im regelmäßigen Wahljahr 1990 nicht neu zu wählen, sondern erst 1994. Wäre das Wahlergebnis am 28. Februar 1989 bekanntgegeben worden, so wäre der Betriebsrat am
1. März 1990 ein Jahr im Amt und daher im regelmäßigen Wahlturnus des Jahres
1990 neu zu wählen.

Die Vorschrift über die besondere Amtszeit des nach § 13 Abs. 2 gewählten Be- 36
triebsrats ist **zwingenden Rechts** und durch Tarifvertrag oder Betriebsvereinbarung ebensowenig abzuändern wie durch einen Beschluß der Betriebsversammlung.

VI. Streitigkeiten

Streitigkeiten **§ 13 betreffend** entscheidet das Arbeitsgericht im Beschlußverfah- 37
ren (§ 2a Abs. 1 Nr. 1 ArbGG).

§ 14 Wahlvorschriften

(1) Der Betriebsrat wird in geheimer und unmittelbarer Wahl gewählt.
(2) Besteht der Betriebsrat aus mehr als einer Person, so wählen die Arbeiter und Angestellten ihre Vertreter in getrennten Wahlgängen, es sei denn, daß die wahlberechtigten Angehörigen beider Gruppen vor der Neuwahl in getrennten, geheimen Abstimmungen die gemeinsame Wahl beschließen.
(3) Die Wahl erfolgt nach den Grundsätzen der Verhältniswahl; wird nur ein Wahlvorschlag eingereicht, so erfolgt die Wahl nach den Grundsätzen der Mehrheitswahl.
(4) In Betrieben, deren Betriebsrat aus einer Person besteht, wird dieser mit einfacher Stimmenmehrheit gewählt; das gleiche gilt für Gruppen, denen nur ein Vertreter im Betriebsrat zusteht. In den Fällen des Satzes 1 ist in einem getrennten Wahlgang ein Ersatzmitglied zu wählen.
(5) Zur Wahl des Betriebsrats können die wahlberechtigten Arbeitnehmer und die im Betrieb vertretenen Gewerkschaften Wahlvorschläge machen.
(6) Jeder Wahlvorschlag der Arbeitnehmer muß von mindestens einem Zwanzigstel der wahlberechtigten Gruppenangehörigen, jedoch von mindestens drei wahlberechtigten Gruppenangehörigen unterzeichnet sein; in Betrieben mit in der Regel bis zu zwanzig wahlberechtigten Arbeitnehmern genügt die Unterzeichnung durch zwei Wahlberechtigte, bei bis zu zwanzig wahlberechtigten Gruppenangehörigen genügt die Unterzeichnung durch zwei wahlberechtigte Gruppenangehörige. In jedem Fall genügt die Unterzeichnung durch fünfzig wahlberechtigte Gruppenangehörige.
(7) Ist nach Absatz 2 gemeinsame Wahl beschlossen worden, so muß jeder Wahlvorschlag von mindestens einem Zwanzigstel der wahlberechtigten Arbeitnehmer unterzeichnet sein; Absatz 6 Satz 1 erster Halbsatz und Satz 2 gilt entsprechend.
(8) Jeder Wahlvorschlag einer Gewerkschaft muß von zwei Beauftragten unterzeichnet sein.

Literaturübersicht

Vgl. die Literaturübersicht zu §§ 7–20.
Geiger Die Wahl Gruppenfremder bei Gemeinschaftswahl, AuR 1980, 77.

Inhaltsübersicht

		Rz.
I.	Rechtsnatur und Anwendungsbereich der Vorschrift	1– 4
II.	Wahlgrundsätze	5–16
	1. Unmittelbare Wahl	5
	2. Geheime Wahl	6–11
	3. Allgemeine, freie und gleiche Wahl	12–15
	4. Zeit, Ort und Kosten der Wahl	16
III.	Mehrköpfiger Betriebsrat	17–45
	1. Gruppenwahl (Abs. 2)	17–20
	2. Vorabstimmung über gemeinsame Wahl (Abs. 2)	21–30
	3. Verhältniswahl (Abs. 3)	31–40
	4. Mehrheitswahl (Abs. 3)	41–45

IV. Wahl des einköpfigen Betriebsrats oder eines einzigen Gruppenvertreters (Abs. 4)	46, 47
V. Wahlvorschläge	48–61
1. Vorschlagsrecht der Arbeitnehmer (Abs. 5, 6, 7)	51–59
2. Vorschlagsrecht der Gewerkschaften (Abs. 5, 8)	60, 61
VI. Streitigkeiten	62, 63

I. Rechtsnatur und Anwendungsbereich der Vorschrift

§ 14 stellt die **allgemeinen Grundsätze** für die Wahl auf. Diese Grundsätze sind **1** **zwingenden Rechts**, wie alle das Wahlverfahren regelnden Bestimmungen. Es kann weder durch Betriebsvereinbarungen noch durch Tarifvertrag davon abgewichen werden. Die Regelung der **Einzelheiten** des Wahlverfahrens ist in der von der Bundesregierung erlassenen Ersten Rechtsverordnung zur Durchführung des Betriebsverfassungsgesetzes (**Wahlordnung** vom 16. Januar **1972**, BGBl. I S. 49) erfolgt. Die Wahlverfahren sind unterschiedlich geregelt, je nachdem, ob in einem Wahlgang ein oder mehrere Betriebsratsmitglieder zu wählen sind. Wird nur ein einköpfiger Betriebsrat oder nur ein Gruppenvertreter gewählt, so findet § 25 WO Anwendung. Sind mehrere Betriebsratsmitglieder zu wählen, so richtet sich, wenn mehrere Vorschlagslisten eingereicht werden, die Wahl nach §§ 11–20 WO und bei einer Vorschlagsliste nach §§ 21–24 WO. Eingeleitet wird die Wahl durch Erlaß des Wahlausschreibens durch den Wahlvorstand (vgl. § 18 Rz. 5 f.)

§ 14 findet Anwendung auf die Wahl der Bordvertretung (§ 115) für den See- **2** betriebsrat mit gewissen Abweichungen (§ 116 Abs. 2 Nr. 5); für die Jugend- und Auszubildendenvertretung vgl. § 63; er gilt nicht für den Gesamtbetriebsrat (§ 47 Abs. 2, 3), den Konzernbetriebsrat (§ 55 Abs. 1, 2) und die Gesamt-Jugend- und Auszubildendenvertretung (§ 72 Abs. 2), da diese Gremien nicht gewählt, sondern ihre Mitglieder dorthin entsandt werden.

Jeder wahlberechtigte Arbeitnehmer **kann** an der **Betriebsratswahl teilnehmen**. **3** Die Teilnahme ist ein Recht, aber keine Pflicht des Arbeitnehmers. Die Nichtbeteiligung an der Wahl darf keine betriebsverfassungsrechtlichen oder arbeitsvertraglichen Nachteile nach sich ziehen. Zur Wahlbehinderung vgl. § 20. Auf die Ausübung des Wahlrechts kann nicht wirksam verzichtet werden (*D/R* § 14 Rz. 16; *F/A/K/H* § 14 Rz. 11).

Der Betriebsrat kann **nur durch** eine **Wahl errichtet** werden, jede andere Art der **4** Errichtung wäre unzulässig; auch das Arbeitsgericht kann keinen Betriebsrat einsetzen (**h. M.**). Die Wahl muß § 14 entsprechen. Eine **Wahl**, die **ohne** Leitung durch den **Wahlvorstand** durchgeführt wurde, ist **nichtig** (§§ 16 Rz. 2, 19 Rz. 12 f.; *G/L* § 14 Rz. 2).

II. Wahlgrundsätze

Die folgenden Wahlgrundsätze gelten unabhängig davon, ob Gruppenwahl oder Gemeinschaftswahl stattfindet.

§ 14   2. Teil 1. Abschn. Zusammensetzung und Wahl des Betriebsrats

1. Unmittelbare Wahl

5 Unmittelbare Wahl bedeutet, daß die wahlberechtigten Arbeitnehmer ihre Vertreter direkt wählen, im Gegensatz zu der mittelbaren Wahl, bei der die Wähler nur die Wahlmänner wählen, die dann ihrerseits die Wahl der Kandidaten vornehmen. Jeder Wähler muß seine Stimme **persönlich** abgeben, Stimmabgabe durch einen Vertreter ist ausgeschlossen (*D/R* § 14 Rz. 11; *G/L* § 14 Rz. 10; *F/A/K/H* § 14 Rz. 8; GK-*Kreutz* § 14 Rz. 17). Unter den in §§ 26–28 WO geregelten Voraussetzungen ist die **schriftliche Stimmabgabe (Briefwahl)** zulässig, auch diese muß nach § 27 WO persönlich erfolgen (*LAG Düsseldorf* vom 27. 3. 1975 – rkr. – 11 Ta BV 28/75 = DB 1975, 837). Die Briefwahl bei der Betriebsratswahl ist nur unter den in §§ 26–28 WO bzw. § 48 WO Seeschiffahrt genannten Voraussetzungen möglich; sie ist also nicht der Regelfall (*BAG* vom 14. 2. 1978 – 1 ABR 46/77 – EzA § 19 BetrVG 1972 Nr. 16 = DB 1978, 1451). Eine Anordnung des Wahlvorstandes, daß die wahlberechtigten Arbeiter und Angestellten ausnahmslos schriftlich abzustimmen hätten, ist wegen Verstoßes gegen den Grundsatz der persönlichen Stimmabgabe in einem Wahllokal unzulässig (sinngemäß *BAG* vom 14. 2. 1978 – 1 ABR 46/77 – a. a. O.; *LAG Düsseldorf* vom 27. 3. 1975 – 11 TaBV 28/75 – a. a. O., allerdings zur Abstimmung nach Abs. 2). Zur Abstimmung nach Abs. 2 vgl. Rz. 21 f.

2. Geheime Wahl

6 Dem Erfordernis der **geheimen Wahl** ist nur Genüge getan, wenn der Wähler seine Stimmabgabe **schriftlich mittels** verdeckten **Stimmzettels** in einem Wahllokal vornimmt. Wahl durch Zuruf in einer Betriebsversammlung oder durch Handzeichen in einer öffentlichen Abstimmung – also offene Stimmabgabe – ist unzulässig (*Brecht* § 14 Rz. 4; *D/R* § 14 Rz. 4f.; *F/A/K/H* § 14 Rz. 6; *G/L* § 14 Rz. 5; GK-*Kreutz* § 14 Rz. 14). Das Erfordernis der geheimen Wahl bezieht sich auf den Inhalt der Wahl, dagegen nicht auf die Teilnahme an der Wahl. Die Wahlordnung stellt Vorschriften auf, die die geheime Wahl sichern; der Wahlvorstand hat für die Einhaltung und Durchführung dieser Vorschriften zu sorgen. So muß die Wahl auf vorgedruckten Stimmzetteln erfolgen (§ 11 Abs. 1 und 2 WO), auf denen die Vorschlagslisten oder bei nur einer Vorschlagsliste die Namen der Bewerber enthalten sind (§ 21 Abs. 2 WO), und die mit Wahlumschlägen versehen sein müssen; ein Falten der Stimmzettel genügt nicht (*D/R* § 14 Rz. 5, 6; *G/L* § 14 Rz. 7); dies ergibt sich aus § 12 Abs. 3 WO. Die Stimmzettel dürfen nicht mit besonderen Merkmalen versehen werden (§ 11 Abs. 4 WO). Nach § 11 Abs. 2 Satz 2 WO müssen die Stimmzettel, die für eine Gruppe Verwendung finden, oder bei gemeinsamer Wahl die Stimmzettel für die Betriebsratswahl, sämtlich die gleiche Größe, Farbe, Beschaffenheit und Beschriftung haben. Zur Verwendung von unterschiedlich stark gedruckten Kreisen auf den Stimmzetteln vgl. Rz. 15. Die Stimmzettel dürfen auch nicht teils bedruckt, teils mit Schreibmaschine beschriftet sein (*ArbG Aachen* vom 8. 6. 1972 – 2 BV 3/72 – BB 1973 Beilage Nr. 3, 4; *VGH Mannheim* vom 17. 2. 1961 – VI 84/60 – ESVGH Bd. 11 I 1 [3]). Das Wahlgeheimnis ist nicht gewahrt, wenn die Wähler die Namen der Wahlbewerber eigenhändig auf den Stimmzettel schreiben müssen (*D/R* § 14 Rz. 6; *G/L* § 14 Rz. 6; GK-*Kreutz* § 14 Rz. 15).

Wahlvorschriften **§ 14**

Nach § 12 Abs. 1 WO hat der Wahlvorstand **geeignete Vorkehrungen** für die **unbe-** 7
obachtete Bezeichnung der Stimmzettel im Wahlraum zu treffen. Hierzu ist zunächst die Bestimmung eines oder mehrerer Wahlräume erforderlich. Nach § 12 Abs. 2 WO müssen zumindest zwei Mitglieder des Wahlvorstandes oder ein Mitglied und ein Wahlhelfer im Wahlraum bei der Wahl anwesend sein. Sie dürfen den Wählern aber nicht bei der Ausfüllung der Stimmzettel behilflich sein, auch nicht bei einem Ausländer, der die deutsche Sprache nicht genügend beherrscht (*D/R* § 14 Rz. 7; *F/A/K/H* § 14 Rz. 6; *G/L* § 14 Rz. 7; GK-*Kreutz* § 14 Rz. 18; ArbG Bremen vom 19. 7. 1972 – 3 Ca 3252/72 – DB 1972, 1831). Lediglich ein Arbeitnehmer, der körperlich so behindert ist, daß er nicht alleine den Stimmzettel ankreuzen kann, hat das Recht, eine Person seines Vertrauens hinzuzuziehen, damit er sein Wahlrecht ausüben kann (*D/R* § 14 Rz. 7; *F/A/K/H* § 14 Rz. 6; GK-*Kreutz* § 14 Rz. 18; *Halberstadt/Zander* Rz. 205 für den Fall der Blindheit). Werden Wahlberechtigte dazu angehalten, ohne konkreten Hinderungsgrund die Briefwahlunterlagen anzufordern und die herbeigeschafften Briefwahlunterlagen in unmittelbarer Gegenwart eines Wahlkandidaten offen auszufüllen, so handelt es sich um einen Verstoß gegen das Wahlgeheimnis (*LAG Hamm* vom 26. 2. 1976 – rkr. – 8 Ta BV 74/75 – DB 1976, 1920). Für eine **unbeobachtete Stimmabgabe** ist es erforderlich, daß der Platz, an dem die Stimmabgabe erfolgt, gegen Einblicknahme anderer geschützt ist (*D/R* § 14 Rz. 9; *F/A/K/H* § 14 Rz. 6; GK-*Kreutz* § 14 Rz. 16). Die Stimmzettel dürfen, abgesehen von schriftlicher Stimmabgabe bei Briefwahl, nur im Wahllokal abgegeben werden (*G/L* § 14 Rz. 7). Ein Verteilen der Stimmzettel außerhalb des Wahlraums ist, abgesehen von der schriftlichen Stimmabgabe, nach § 26f. WO nicht zulässig (*D/R* § 14 Rz. 5; *F/A/K/H* § 14 Rz. 6; GK-*Kreutz* § 14 Rz. 14).
Der Grundsatz der Geheimhaltung macht es erforderlich, daß die **Wahlurne** vom 8
Wahlvorstand verschlossen wird und so eingerichtet ist, daß die eingeworfenen Wahlumschläge nicht herausgenommen werden können (§ 12 Abs. 1 Satz 2).
Die **Auszählung der Stimmen** darf erst **nach Abschluß der Wahlhandlung** erfolgen, 9
um die Geheimhaltung der Stimmen zu gewährleisten (§ 13 WO). Dies gilt insbesondere, wenn sich die Wahl über mehrere Tage erstreckt oder zu verschiedenen Zeiten stattfindet. Abschluß der Wahl bedeutet Ende des Zeitpunkts, den der Wahlvorstand im Wahlausschreiben (§ 3 Abs. 2 Nr. 10) angegeben hat, oder vor diesem Zeitpunkt die tatsächliche Beendigung der Wahl, d. h. wenn feststeht, daß alle wahlberechtigten Arbeitnehmer gewählt haben. Endet eine Gruppenwahl zu verschiedenen Zeiten (zur grundsätzlichen Gleichzeitigkeit der Gruppenwahl vgl. Rz. 18), so kann mit der Auszählung der Stimmen der einen Gruppe bereits begonnen werden, bevor die Wahl durch die andere Gruppe beendet ist (*D/R* § 14 Rz. 9; *G/L* § 14 Rz. 8; **a. A.** *F/A/K/H* § 14 Rz. 15; GK-*Kreutz* § 14 Rz. 23). Dies geht aber nur, wenn die Wahl in der anderen Gruppe im Zeitpunkt der öffentlichen Auszählung durch den Wahlvorstand nicht läuft, da gem. § 12 Abs. 2 WO sonst bei der Auszählung zwei Mitglieder des Wahlvorstandes fehlen würden, weil sie bei der Wahl der anderen Gruppe zugegen sein müßten. Während einer Unterbrechung der Wahl sind die Wahlurnen sicherzustellen und zu versiegeln (§ 12 Abs. 5 WO). Eine Auszählung nach einzelnen Betriebsabteilungen oder nach Wahllokalen ist unzulässig (*D/R* § 14 Rz. 9). Bei schriftlicher Stimmabgabe sind die rechtzeitig eingegangenen Wahlumschläge vor Beginn der Auszählung ungeöffnet in die Wahlurne zu legen; verspätet eingehende Stimmen dürfen nicht ausgezählt und berücksichtigt werden, weil sonst die Geheimhaltung der Wahl verletzt wird (§ 28 WO).

Schlochauer

§ 14   2. Teil 1. Abschn. Zusammensetzung und Wahl des Betriebsrats

10 Bei der **Auswertung der Stimmzettel** ist die Benutzung von Datenverarbeitungsanlagen zulässig (*ArbG Bremen* vom 19. 7. 1972 – 3 Ca 3252/72 – DB 1972, 1830; vgl. § 18 Rz. 9; *D/R* § 14 WO Rz. 3).

11 Die strenge Einhaltung des Gebots der Geheimhaltung der Wahl verbietet jedes – auch gerichtliches – **Ausforschen** hinsichtlich der Wahlentscheidung und gewährt den Betroffenen ein **Zeugnisverweigerungsrecht** (*Brecht* § 14 Rz. 5; *D/R* § 14 Rz. 9; *F/A/K/H* § 14 Rz. 7; *G/L* § 14 Rz. 9; *BAG* vom 6. 7. 1956 – 1 ABR 7/55 – AP Nr. 4 zu § 27 BetrVG 1952 = DB 1956, 822; weitergehend: Unzulässigkeit der Vernehmung, GK-*Kreutz* § 14 Rz. 20).

3. Allgemeine, freie und gleiche Wahl

12 Der Grundsatz der **allgemeinen, freien und gleichen Wahl** ist im Gesetz zwar nicht ausdrücklich erwähnt, er ergibt sich aber aus dem Zusammenhang des Gesetzes und dem Sinn der Wahlvorschriften (h. M.).

13 Das **BetrVG geht**, abgesehen von dem gesetzlichen Gruppenschutz, von der Einheitlichkeit der betrieblichen Arbeitnehmervertretung (vgl. § 10 Rz. 5) aus. Nach dem diesem Gedanken zugrunde liegenden Grundsatz der **Allgemeinheit der Wahl** ist daher der Betriebsrat einheitlich für den ganzen Betrieb zu wählen. Eine Aufteilung in Wahlkreise mit Aufstellung von besonderen Kandidaten für einzelne Betriebsteile ist nicht zulässig (*D/R* § 14 Rz. 14; *F/A/K/H* § 14 Rz. 9; *G/L* § 14 Rz. 12; im Ergebnis auch GK-*Kreutz* § 14 Rz. 29). Die Allgemeinheit der Wahl ergibt sich auch daraus, daß jeder wahlberechtigte Arbeitnehmer an der Wahl teilnehmen kann.

14 Es handelt sich um eine **gleiche** Wahl, da keine Stimmgewichtung stattfindet.

15 Der Grundsatz der **freien Wahl** verbietet jede Wahlbeeinflussung, die über reine Werbemaßnahmen hinausgeht (*G/L* § 14 Rz. 13; GK-*Kreutz* § 14 Rz. 27; *BAG* vom 14. 1. 1969 – 1 ABR 14/68 – EzA § 13 BetrVG 1952 Nr. 1 = DB 1969, 664; zur Wahlbeeinflussung vgl. auch § 20 Rz. 22 f.). Ein Verstoß gegen den Grundsatz der freien Wahl liegt z. B. vor bei der Verwendung von Stimmzetteln, auf denen einer der Kreise merklich stärker ausgedruckt ist als die anderen (*BAG* vom 14. 1. 1969 a. a. O.), oder wenn auf dem Stimmzettel für eine bestimmte Stimmabgabe geworben wurde (*ArbG Wetzlar* vom 5. 3. 1975 – 2 BV Ga 1/75 – AuR 1976, 55). Zum Aussehen der Stimmzettel vgl. im übrigen Rz. 6.

4. Zeit, Ort und Kosten der Wahl

16 Die Wahl erfolgt grundsätzlich **während** der **Arbeitszeit** (vgl. § 20 Rz. 42). Eine einheitliche Zeit der Wahl für alle Arbeitnehmer ist nicht erforderlich; bei der Durchführung der Wahl muß auf die betrieblichen Gegebenheiten Rücksicht genommen werden. Unterschiedliche Wahlzeiten kommen insbesondere in Schichtbetrieben in Betracht (*Brecht* § 14 Rz. 8; *D/R* § 14 Rz. 15). Eine Sammlung von **Stützunterschriften während** der **Arbeitszeit** durch Wahlbewerber ist **unzulässig** (*LAG Berlin* vom 9. 1. 1979 – 3 Ta BV 6/78 – rkr., BB 1979, 1036). **Grundsätzlich** findet die Wahl **im Betrieb statt**; es kann aber verschiedene Wahlorte im Betrieb geben. Mehr Wahllokale als Wahlvorstandsmitglieder kann es nicht geben, da stets mindestens ein Mitglied des Wahlvorstandes im Wahlraum anwesend sein

Wahlvorschriften § 14

muß. **Ort** und **Zeit** der Wahl müssen im Wahlausschreiben bekanntgegeben worden sein (§ 3 Abs. 2 WO 1972; *Hess/Marienhagen* 23). Die **Kosten** der Wahl trägt der Arbeitgeber (§ 20 Abs. 3; vgl. dort).

III. Mehrköpfiger Betriebsrat

Ist ein mehrköpfiger Betriebsrat zu wählen, so kann die Wahl als Gruppenwahl (Abs. 2 Halbsatz 1) oder als Gemeinschaftswahl (Abs. 2 Halbsatz 2) erfolgen.

1. Gruppenwahl (Abs. 2)

Das Gesetz geht dem Grundgedanken des Minderheitenschutzes folgend vom Grundsatz der **Gruppenwahl** aus, d.h. daß die Arbeiter und Angestellten ihre Vertreter in getrennten Wahlgängen zu wählen haben, wenn nicht nur ein einköpfiger, sondern ein mehrköpfiger Betriebsrat zu wählen ist. Dieser Grundsatz gilt unabhängig von der Verteilung der Betriebsratssitze auf die beiden Gruppen nach § 10 auch dann, wenn nach § 12 eine Verteilung der Betriebsratssitze beschlossen worden ist, die von der Regelung des § 10 abweicht. Die den einzelnen Gruppen angehörigen wahlberechtigten Arbeitnehmer wählen ihre Vertreter aus den wählbaren Arbeitnehmern ihrer Gruppe, es sei denn, daß ein gruppenfremder Vertreter nach § 12 Abs. 2 gewählt wird. Jeder Angehörige einer Gruppe kann aber seine Stimme nur bei der Wahl seiner Gruppe abgeben (§ 12 Rz. 19), da die Gruppenwahl, wie sich aus § 15 WO ergibt, technisch wie zwei getrennte Wahlen behandelt wird (*D/R* § 14 Rz. 20; *F/A/K/H* § 14 Rz. 14; *G/L* § 14 Rz. 15; GK-*Kreutz* § 14 Rz. 35). 17

Die getrennten Wahlen in den beiden Gruppen erfolgen grundsätzlich gleichzeitig (*F/A/K/H* § 14 Rz. 15; GK-*Kreutz* § 14 Rz. 36). Dies schließt nicht aus, daß aus organisatorischen Gründen (z.B. Schichtbetrieb) eine zeitliche Verschiebung eintritt; auch kann eine Gruppe die Wahl früher beenden als die andere. Es ist also keine vollkommene zeitliche Übereinstimmung zu fordern. Zur Stimmauszählung bei Beendigung der Wahl zu verschiedenen Zeitpunkten in den Gruppen vgl. Rz. 9. 18

Hat eine **Gruppe** keine Kandidaten aufgestellt oder keine gültige Vorschlagsliste eingereicht, ist sie also **nicht bereit**, sich **an der Wahl zu beteiligen**, so bleibt sie, falls keine gemeinsame Wahl stattfindet, von der Wahl völlig ausgeschlossen (vgl. § 10 Rz. 3, 14, *G/L* § 14 Rz. 16; *F/A/K/H* § 14 Rz. 16; GK-*Kreutz* § 14 Rz. 35). 19

Bei der Wahl des **einköpfigen Betriebsrats** scheidet eine Gruppenwahl aus; es handelt sich stets um eine gemeinsame Wahl (*D/R* § 14 Rz. 22; *G/L* § 14 Rz. 17). 20

2. Vorabstimmung über gemeinsame Wahl (Abs. 2)

Von dem Grundsatz der Gruppenwahl kann nur dann abgewichen werden, wenn **vor der Wahl** die **wahlberechtigten Angehörigen beider Gruppen** in getrennten geheimen Abstimmungen die **gemeinsame Wahl** (Gemeinschaftswahl, gemeinschaftliche Wahl) beschließen. Zum Initativrecht vgl. Rz. 29. 21

Die Abstimmung über die Durchführung der Gemeinschaftswahl ist zu unterschei- 22

§ 14 **2. Teil 1. Abschn. Zusammensetzung und Wahl des Betriebsrats**

den von der in § 12 Abs. 1 geregelten anderweitigen Verteilung der Betriebsratssitze. Während an der Abstimmung nach § 12 Abs. 1 alle Gruppenangehörigen ohne Rücksicht auf ihre Wahlberechtigung teilnehmen, sind bei der Abstimmung nach § 14 Abs. 2 **nur die wahlberechtigten** (vgl. § 7) Angehörigen der Gruppen teilnahmeberechtigt (*D/R* § 14 Rz. 24). Schon hieraus ergibt sich, daß die beiden Abstimmungen nicht verbunden werden können (§ 12 Rz. 15).

23 Die Abstimmung muß **vor der Wahl** erfolgen, das bedeutet spätestens vor Ablauf von zwei Wochen nach dem Erlaß des Wahlausschreibens (§ 6 Abs. 2 WO). Die Abstimmung über die Gemeinschaftswahl kann aber auch schon vor Einleitung des eigentlichen Wahlverfahrens stattfinden (vgl. § 13 Rz. 4; § 3 Abs. 2 Nr. 5 WO). **Ohne vorherige Abstimmung der Gruppen** ist eine gemeinsame Wahl nicht möglich; der Mangel der fehlenden Abstimmung nach Abs. 2 kann auch nicht nachträglich durch Beschlußfassung genehmigt und damit geheilt werden (*Brecht* § 14 Rz. 13; *D/R* § 14 Rz. 38; *F/A/K/H* § 14 Rz. 17; *G/L* § 14 Rz. 23; *GK-Kreutz* § 14 Rz. 48). Erfolgt eine gemeinsame Wahl ohne vorherige Abstimmung, so ist diese anfechtbar (*BAG* vom 2. 3. 1955 – 1 ABR 19/54 – AP Nr. 1 zu § 18 BetrVG 1952 m. Anm. *Dietz* = DB 1955, 338).

24 Die **Abstimmung** kann **nur einmal** vor jeder Wahl vorgenommen werden. Eine Wiederholung wegen Vorliegens eines unerwünschten Ergebnisses ist nicht möglich (*D/R* § 14 Rz. 36; *F/A/K/H* § 14 Rz. 17; *G/L* § 14 Rz. 22; *LAG Frankfurt/M*. vom 15. 5. 1953 – I LBR 3/53 – DB 1953, 651; so auch § 12 Rz. 8 für die Abstimmung nach § 12 Abs. 1). Der Beschluß über die gemeinsame Wahl muß vor **jeder Neuwahl** wiederholt werden, wenn anstelle der Gruppenwahl eine gemeinsame Wahl erfolgen soll; er hat keine Dauerwirkung (*D/R* § 14 Rz. 39; *F/A/K/H* § 14 Rz. 24; *G/L* § 14 Rz. 22; GK-*Kreutz* § 14 Rz. 45). Es gelten die gleichen Grundsätze wie bei der Abstimmung nach § 12 Abs. 1 (vgl. dort Rz. 17), insbesondere bleibt die Abstimmung gültig, wenn die Wahl wegen Nichtigkeit oder erfolgreicher Anfechtung wiederholt werden muß.

25 Die Abstimmung über die Durchführung der Gemeinschaftswahl ist in den beiden Gruppen in **getrennten und geheimen Wahlgängen** durchzuführen. Die übrigen Wahlformalien sind nicht vorgeschrieben. Es gelten aber die **allgemeinen Grundsätze für alle Wahlen** und Abstimmungen. Es muß sich also insbesondere um eine unmittelbare (vgl. Rz. 5), geheime (Rz. 6–11), allgemeine, freie und gleiche (Rz. 12–15) Abstimmung handeln (*G/L* § 14 Rz. 20). Die Abstimmung muß also z. B. auch schriftlich mit Stimmzetteln und Wahlumschlägen erfolgen. Das *Bundesarbeitsgericht* hält bei der Abstimmung nach Abs. 2, im Gegensatz zu den allgemeinen Wahlgrundsätzen bei der Betriebsratswahl, die generelle Anordnung des Wahlvorstands, schriftlich abzustimmen, für möglich (*BAG* vom 14. 2. 1978 – 1 ABR 46/77 – EzA § 19 BetrVG 1972 Nr. 16) = DB 1978, 1451; **a. A.** *LAG Düsseldorf* vom 27. 3. 1975 – 11 Ta BV 28/75 – DB 1975, 937 da es hier keine ausdrückliche Bestimmung über die Durchführung der Abstimmung gebe, sondern nur gefordert werde, daß diese geheim zu erfolgen habe. Aus diesem einzigen Erfordernis der geheimen Abstimmung folge nicht die Unzulässigkeit einer **generellen schriftlichen Stimmabgabe** durch Briefwahl (*F/A/K/H* § 14 Rz. 18; GK-*Kreutz* § 14 Rz. 44).

26 Die Gemeinschaftswahl muß von den **wahlberechtigten** Angehörigen **beider Gruppen beschlossen** werden. Dies bedeutet, daß **getrennte**, die gemeinsame Wahl bejahende Mehrheitsbeschlüsse jeder Gruppe (vgl. auch § 12 Rz. 10) vorliegen müssen; ein gemeinsamer Mehrheitsbeschluß – also ein Beschluß, bei dem

sich eine solche Mehrheit erst durch Zusammenzählen der zustimmenden Stimmen beider Gruppen ergibt – reicht nicht aus. Bei **Stimmengleichheit** in einer Gruppe hat diese die gemeinsame Wahl abgelehnt, da sich keine Mehrheit hierfür gefunden hat. Die Abstimmung kann in den beiden **Gruppen** zu **verschiedenen Zeitpunkten** stattfinden. Das in der einen Gruppe erzielte Abstimmungsergebnis kann bekannt gemacht werden, bevor die andere Gruppe abgestimmt hat (*BAG* vom 11. 3. 1960 – 1 ABR 15/59 – AP Nr. 13 zu § 18 BetrVG 1952 m. Anm. *Auffarth* = DB 1960, 846, 921). Scheitert der Beschluß über die Durchführung der Gemeinschaftswahl schon bei der Abstimmung in der ersten Gruppe, so erübrigt sich die Durchführung der Abstimmung in der anderen Arbeitnehmergruppe. Es ist daher zweckmäßig, die Abstimmung **zunächst in der Minderheitsgruppe durchzuführen** (*D/R* § 14 Rz. 37; *F/A/K/H* § 14 Rz. 19; *G/L* § 14 Rz. 21; GK-*Kreutz* § 14 Rz. 19).

Welche Mehrheit für die Beschlußfassung über die Gemeinschaftswahl erforderlich ist, ergibt sich nicht eindeutig aus dem Gesetz; dies war auch schon nach dem BetrVG 1952 umstritten. Fraglich war vor allem, ob die **Mehrheit aller wahlberechtigten Gruppenmitglieder in beiden Gruppen** oder **nur die Mehrheit der an der Abstimmung teilnehmenden wahlberechtigten Gruppenangehörigen** der Gemeinschaftswahl zustimmen mußte. (Zum Meinungsstreit vgl. Voraufl. Rz. 27). Das *Bundesarbeitsgericht* hat in mehreren Entscheidungen (*BAG* vom 7. 7. 1954 – 1 ABR 2/54 und 1 ABR 14/54 – AP Nr. 1 und 2 zu § 13 BetrVG 1952 = BB 1954, 745, 1955, 162 m. Anm. *Hess; BAG* vom 2. 2. 1962 – 1 ABR 5/61 – AP Nr. 10 zu § 13 BetrVG 1952 = DB 1962, 573) festgestellt, daß die erforderliche Mehrheit für die Gemeinschaftswahlen dann gegeben sei, wenn sich in beiden Gruppen eine Mehrheit der wahlberechtigten Gruppenangehörigen bei der Abstimmung beteilige und eine Mehrheit der Abstimmenden sich für die Gemeinschaftswahl ausspreche. Aus der Entstehungsgeschichte ist zu schließen, daß nach dem Willen des Gesetzgebers für die Feststellung der erforderlichen Mehrheiten für die Durchführung der Gemeinschaftswahl die von der Rechtsprechung des *Bundesarbeitsgerichts* entwickelten Grundsätze maßgebend sein sollen (vgl. Voraufl. Rz. 27 u. Ausschußbericht zu BT-Drucks. VI/2729, 20). Es kommt also **auf die Mehrheit der abgegebenen Stimmen in jeder Gruppe an, sofern sich an der Abstimmung in jeder Gruppe die Mehrheit der wahlberechtigten Gruppenangehörigen beteiligt** (*Brecht* § 14 Rz. 17; *F/A/K/H* § 14 Rz. 22; *G/L* § 14 Rz. 24; GK-*Kreutz* § 14 Rz. 41; a. A *G/K/S/B* § 14 Rz. 4, die ohne Rücksicht auf die Zahl der sich an der Abstimmung Beteiligenden allein auf die Mehrheit der Abstimmenden in jeder Gruppe abstellen; *D/R* § 14 Rz. 31 und *Richardi* DB 1972, 487 verlangen, daß die Mehrheit aller wahlberechtigten Angehörigen beider Gruppen sich für die Gemeinschaftswahl aussprechen muß). Dies gilt allerdings nur für nach § 14 Abs. 2 durchzuführende Abstimmung, nicht auch für die Abstimmung nach § 12 Abs. 1 (§ 12 Rz. 10), weil mit der dort durchgeführten Abstimmung über die Repräsentation der Gruppen selbst, nicht aber nur über das Wahlverfahren für die Vertretung im Betriebsrat verfügt wird. Die unterschiedliche Bedeutung der Abstimmung wird – wie ausgeführt – auch dadurch unterstrichen, daß im ersten Fall alle Gruppenangehörigen, im letzteren nur die wahlberechtigten Gruppenangehörigen stimmberechtigt sind.

Nur eine **erfolgreiche Abstimmung in beiden Gruppen** kann zu einer gemeinsamen Wahl führen (vgl. Rz. 26); sie kann nicht dadurch herbeigeführt werden, daß eine Gruppe keine Wahlvorschläge einreicht oder diese nichtig sind. Die Angehörigen der Gruppe, die keine Wahlvorschläge einreicht, können dann nicht an der Wahl teilnehmen (vgl. Rz. 19; *D/R* § 14 Rz. 42), anderenfalls könnte eine Gruppe allein die gemeinsame Wahl herbeiführen.

29 Die **Initiative zur Einleitung der Abstimmung** steht wie bei § 12 Abs. 1 (vgl. dort Rz. 13, 14) jedem Arbeitnehmer des Betriebes, jeder Gruppe und auch dem Wahlvorstand zu (*F/A/K/H* § 14 Rz. 21; *G/L* § 14 Rz. 18; GK-*Kreutz* § 14 Rz. 40). Die **Gewerkschaften** haben **kein Initiativrecht**; sie können aber über ihre betriebsangehörigen Mitglieder die Initiative ergreifen. Die Gewerkschaften können die Abstimmung auch nicht durchführen (*D/R* § 14 Rz. 33; *G/L* § 14 Rz. 19; GK-*Kreutz* § 14 Rz. 40; **a.M.** *F/A/K/H* § 14 Rz. 21). Gleiches gilt für den **Arbeitgeber**. Die **Durchführung** sollte beim Wahlvorstand liegen; dieser ist aber nicht dazu verpflichtet (vgl. § 12 Rz. 12).

30 Die **Kosten der Abstimmung** trägt der Arbeitgeber (vgl. § 20 Rz. 35 f., Rz. 40; § 12 Rz. 16; *D/R* § 14 Rz. 40). Wird die Abstimmung entgegen dem Ergebnis der Minderheitsgruppe (vgl. Rz. 26) auch noch in der anderen Gruppe durchgeführt, so hat der Arbeitgeber die Kosten nicht zu tragen.

3. Verhältniswahl (Abs. 3)

31 Abs. 3 stellt für den mehrgliedrigen Betriebsrat den **Grundsatz der Verhältniswahl** auf, dem der Grundsatz der **Mehrheitswahl** gegenübersteht. Die Verhältniswahl findet sowohl bei Gruppenwahl als auch bei gemeinsamer Wahl statt. Bei Gruppenwahl wird jede der beiden Gruppen für sich alleine betrachtet. Sie ist eine Listenwahl und findet nur Anwendung, wenn mehrere Vorschlagslisten eingereicht sind. Bei nur einer Vorschlagsliste wird Mehrheitswahl durchgeführt. Bei der Wahl des **Betriebsobmanns** (vgl. Rz. 46 f.) kommt nur Mehrheitswahl in Betracht.

32 Die **Verhältniswahl** ist **Listenwahl**, d. h. der wahlberechtigte Arbeitnehmer hat nicht einen einzelnen Vertreter zu wählen, sondern jeweils die Liste. Die Wahl nur einzelner Bewerber auf einer Liste ist nicht möglich. Der Arbeitnehmer kann nur die Liste als Ganzes wählen oder ablehnen. Kandidaten auf der Liste können von den Arbeitnehmern nicht gestrichen oder hinzugesetzt werden, anderenfalls ist ihre Stimme ungültig. Zu Streichungen auf Wahlvorschlagslisten, die ohne Einverständnis der Unterzeichner vorgenommen wurden: *BAG* vom 15. 12. 1972 – 1 ABR 8/72 – EzA § 14 BetrVG 1972 Nr. 1 = DB 1973, 2052 (vgl. auch Rz. 54). Die Verhältniswahl soll eine verhältnismäßige Vertretung auch der Minderheitsgruppen gewährleisten, während bei der Mehrheitswahl die Minderheiten ausfallen. Gewählt wird nach dem **Höchstzahlensystem** (**d'Hondtsches System**; vgl. § 10 Rz. 10). Die **Reihenfolge der Kandidaten** ergibt sich aus der Aufführung in der Liste. Auf den Stimmzetteln werden die Listen in der Reihenfolge der Ordnungsnummern, die sich aus dem Losentscheid ergeben, aufgeführt (§ 10 Abs. 1 WO) und zwar unter Angabe der beiden ersten Listenkandidaten (§ 11 Abs. 2 WO).

33 **Beispiel für Verhältniswahl bei Gruppenwahl:**

> Ein Betrieb beschäftigt insgesamt 900 Arbeitnehmer. Hiervon sind 700 Arbeiter und 200 Angestellte. Nach § 9 besteht der Betriebsrat aus 11 Mitgliedern, von denen 9 Arbeiter und 2 Angestellte sein müssen.

Wahlvorschriften § 14

Bei der Gruppenwahl der Arbeiter sind drei Listen eingereicht worden.
Auf die Liste I entfallen   310,
auf die Liste II entfallen 220 und
auf die Liste III nur   80 Stimmen.

	Liste I	Liste II	Liste III
Teilung: 1	310 (A)	220 (B)	80 (G)
Teilung: 2	155 (C)	110 (D)	40
Teilung: 3	103,3 (E)	73,3 (H)	26,6
Teilung: 4	77,5 (G)	55	20
Teilung: 5	62 (I)	44	16

Nach § 15 Abs. 2 WO sind die Höchstzahlen auszusondern. Das Ergebnis ist durch (A), (B) usw. gekennzeichnet (s. o.). Die Liste I erhält also fünf Sitze, die Liste II drei Sitze und die Liste III einen Sitz.

Wenn bei der Vergabe des letzten Betriebsratssitzes der Gruppe **gleiche Höchst-** 34
zahlen auf verschiedene Listen entfallen, **entscheidet** das **Los** (§ 15 Abs. 2 Satz 3 WO). Die auf eine Liste entfallenden Sitze fallen den auf ihr benannten Bewerbern in der Reihenfolge ihrer Benennung zu (§ 15 Abs. 4 WO). Bei gleichen Höchstzahlen auf einer Liste erhält den Sitz derjenige der Bewerber, der zuerst benannt wurde.

Enthält eine **Liste weniger Bewerber als Höchstzahlen** auf sie entfallen, oder leh- 35
nen Kandidaten die Wahl ab, so bleibt die Höchstzahl in dieser Liste unberücksichtigt; es wird auf die nächstniedrige Höchstzahl bei Kandidaten anderer Listen zurückgegriffen (§ 15 Abs. 3 WO). Hat also im obigen Beispiel die Liste I nur vier Bewerber, so fällt der Sitz an die Liste mit der Höchstzahl 55 – also an Liste II.

Bei der **Gruppe der Angestellten** ist genauso zu verfahren, wenn es auch dort 36
mehrere Listen gibt. Die Ermittlung der Höchstzahlen dort ist ein gesondertes Verfahren, das absolut von dem Verfahren bei der Gruppe der Arbeiter getrennt ist.

Für die Bestimmung der **Ersatzmitglieder** spielen die Höchstzahlen keine Rolle, 37
da die nicht gewählten Bewerber einer Liste automatisch Ersatzmitglieder sind (§ 25 Abs. 2). Für ein ausgeschiedenes oder zeitweilig verhindertes Betriebsratsmitglied rückt jeweils der nächste Listenbewerber, der nicht mehr gewählt wurde, nach (*D/R* § 14 Rz. 51).

Ist **gemeinsame Wahl** beschlossen worden, so gilt ebenfalls der Grundsatz der 38
Verhältniswahl, wenn mehrere Vorschlagslisten eingereicht wurden. Es werden die Höchstzahlen ermittelt. Bei der Aufzählung werden zunächst die Sitze der Arbeiter, dann die der Angestellten bestimmt (§ 16 WO). Die Sitze der Arbeiter entfallen also entsprechend den ermittelten Höchstzahlen auf die Listen; bei der Verteilung der Arbeitersitze werden nur die zur Arbeitergruppe gehörigen Listenvertreter berücksichtigt. Danach werden die Angestellten jeder Liste nach dem gleichen System bestimmt; hierbei sind dieselben Höchstzahlen maßgebend (*D/R* § 14 Rz. 49 f.; *G/L* § 14 Rz. 33; *BAG* vom 2. 3. 1955 – 1 ABR 3/53 – AP Nr. 1 zu § 16 WO 1953 = DB 1955, 339 und vom 2. 2. 1962 – 1 ABR 5/61 – AP Nr. 10 zu § 13 BetrVG 1952 = DB 1962, 573). Wenn die niedrigste in Betracht kommende Höchstzahl auf mehrere Vorschlagslisten zugleich entfällt, so **entscheidet** das **Los** darüber, welcher Vorschlagsliste der Sitz zufällt (§ 15 Abs. 2 Satz 3 WO). Entfal-

§ 14   2. Teil 1. Abschn. *Zusammensetzung und Wahl des Betriebsrats*

len auf eine Liste mehr Sitze einer Gruppe als Bewerber dieser Gruppe aufgeführt sind, werden diese Sitze auf die anderen Vorschlagslisten der Gruppen verteilt; ist auf keiner Vorschlagsliste ein weiterer Bewerber dieser Gruppe vorhanden, so fallen die Sitze der anderen Gruppe zu (§ 16 Abs. 2 i. V. m. § 15 Abs. 3 WO). Deswegen sollen entsprechend der Sollvorschrift des § 6 Abs. 3 WO die Vorschlagslisten mindestens doppelt so viele Bewerber aufweisen als Mitglieder des Betriebsrats zu wählen sind.

39 Ein **Beispiel** möge dies verdeutlichen:

Im Falle der Rz. 33 sind für den Betriebsrat 11 Mitglieder zu wählen, davon 9 Arbeiter und 2 Angestellte. Eingerichtet werden 3 Listen, auf Liste I entfallen 310, auf Liste II 220 und auf Liste III 80 Stimmen.

	Liste I	Liste II	Liste III
Teilung durch 1	310 (1)	220 (2)	80 (6)
Teilung durch 2	155 (3)	110 (4)	40
Teilung durch 3	103,5 (5)	73,3 (8)	26,6
Teilung durch 4	77,5 (7)	55	20
Teilung durch 5	62 (9)	44	16

Auf die Liste I entfallen 5 Arbeitersitze, auf Liste II drei und auf Liste III ein Arbeitersitz. Sodann wird die Verteilung der Angestelltensitze ermittelt:

	Liste I	Liste II	Liste III
Teilung durch 1	310 (1)	220 (2)	80
Teilung durch 2	155	110	40

Auf Liste I und II entfällt je ein Angestelltensitz. Nun werden zunächst die gewählten Arbeiter nach ihrer Reihenfolge in der Liste – ungeachtet der dazwischen stehenden Angestellten – festgestellt:

Liste I		Liste II		Liste III	
Arbeiter	A	Angestellter	J	Arbeiter	R
Arbeiter	B	Angestellter	K	Angestellter	S
Angestellter	C	Arbeiter	L	Arbeiter	T
Angestellter	D	Arbeiter	M	Arbeiter	U
Arbeiter	E	Arbeiter	N	Arbeiter	V
Arbeiter	F	Angestellter	O	Arbeiter	W
Arbeiter	G	Angestellter	P		
Angestellter	H				
Arbeiter	I				

Gewählt sind die Arbeiter A, B, E, F, G (Liste I), L, M, N (Liste II) und R (Liste III). Von den Angestellten sind gewählt C (Liste I) und J (Liste II).

Enthält eine **Vorschlagsliste nur Angehörige einer Gruppe**, so gehen die Sitze, die 40
der Gruppe zustehen, die auf der Liste nicht vertreten ist, nach dem Höchstzahlensystem auf eine andere Liste über, auf der sie vertreten ist (*BAG* vom 2. 3. 1955
– A BR 3/53 – AP Nr. 1 zu § 16 WO 1953 = DB 1955, 339; *D/R* § 14 Rz. 50; *F/A/K/H* § 14 Rz. 31). Die Vertreter der nicht berücksichtigten Gruppe werden also in
diesem Fall aus den anderen Listen entnommen.

4. Mehrheitswahl (Abs. 3)

Mehrheitswahl findet **nur** dann statt, wenn nur ein Wahlvorschlag eingereicht wird 41
(Abs. 3), außerdem stets bei der Wahl des Betriebsobmanns oder des einzigen
Gruppenvertreters (Abs. 4). Es ist auch möglich, daß in einer Gruppe Mehrheitswahl, in der anderen Verhältniswahl durchgeführt wird. Reicht bei einer Gruppenwahl eine Gruppe nur einen Wahlvorschlag ein, so wird nach den Grundsätzen
der Mehrheitswahl gewählt; während bei der anderen Gruppe mit mehreren
Wahlvorschlägen die Verhältniswahl Anwendung findet.
Die **Mehrheitswahl** ist **Persönlichkeitswahl**. Die Liste kann also nicht als ganze 42
gewählt werden, sondern jeweils nur die einzelnen Kandidaten. Die Bewerber
sind auf den Stimmzetteln unter Angabe von Familiennamen, Vornamen, Art der
Beschäftigung im Betrieb und Arbeitnehmergruppe zu nennen (§ 21 Abs. 2). Sie
sind in der Reihenfolge aufzuführen, in der sie auf der Vorschlagsliste benannt
sind. Die Reihenfolge der Kandidaten auf der Vorschlagsliste spielt jedoch – anders als bei der Verhältniswahl – für das Wahlergebnis keine Rolle, da die einzelnen Kandidaten gewählt werden. Der Wähler ist ebenfalls an die Reihenfolge
nicht gebunden; er gibt seine Stimme durch Ankreuzen der namentlich aufgeführten Kandidaten unabhängig von der Reihenfolge (§ 21 Abs. 3). Jeder Wähler kann
so viele Bewerber wählen, wie Sitze auf seine Gruppe entfallen oder bei der Gemeinschaftswahl so viele, wie der Zahl der zu wählenden Betriebsratsmitglieder
entsprechen. Kreuzt er mehr Kandidaten an als er darf, so ist seine Stimme unwirksam (§ 21 Abs. 3 i. V. m. § 11 Abs. 4 WO), kreuzt er weniger an, so gilt seine
Stimme nur für diese. Gewählt ist, wer die meisten Stimmen bekommt; bei **Stimmengleichheit entscheidet das Los** (§ 23 Abs. 1). In der Reihenfolge, in der die
Stimmen auf die Kandidaten entfallen, werden ihnen die Sitze zugeteilt.
Für die **Mehrheitswahl** bei **Gruppenwahl** sei folgendes **Beispiel** aufgeführt: 43

Im Betrieb sind 5 Arbeitervertreter zu wählen. Das Wahlergebnis sieht aufgrund der einzigen Vorschlagsliste wie folgt aus:

		Stimmen			Stimmen
A	Arbeiter	5	F	Arbeiter	18
B	Arbeiter	30	G	Arbeiter	15
C	Arbeiter	9	H	Arbeiter	3
D	Arbeiter	11	I	Arbeiter	7
E	Arbeiter	12	J	Arbeiter	24

Gewählt sind in folgender Reihenfolge: B, J, F, G, E.

§ 14   2. Teil 1. Abschn. *Zusammensetzung und Wahl des Betriebsrats*

44 Bei einer **gemeinsamen Wahl**, bei der der Grundsatz der **Mehrheitswahl** gilt, ist die Verteilung der Sitze auf die Gruppen der Arbeiter und Angestellten entsprechend § 10 bzw. bei abweichender Verteilung entsprechend § 12 zu beachten. Bei der Ermittlung, welche Arbeitnehmer die höchsten Stimmzahlen haben, ist jeweils auf die Arbeitnehmer der betreffenden Gruppe abzustellen und der Vergleich innerhalb der Gruppe vorzunehmen. Es kann also z.B. ein Vertreter einer Gruppe gewählt sein, obwohl er eine geringere Stimmenzahl hat als ein Vertreter der anderen Gruppe, der nicht gewählt wurde (§ 23 Abs. 2 WO).
Es sei ein **Beispiel** angeführt:

Es sind 5 Arbeiter und 2 Angestellte in den Betriebsrat zu wählen. Das Wahlergebnis ist folgendes:

A	Arbeiter	35 (1)	H	Angestellte	34
B	Arbeiter	4	I	Arbeiter	2
C	Arbeiter	12 (5)	J	Arbeiter	24 (2)
D	Angestellte	30	K	Arbeiter	16 (4)
E	Angestellte	5	L	Arbeiter	4
F	Angestellte	31	M	Arbeiter	20 (3)
G	Arbeiter	8	N	Arbeiter	10

Es sind in der Reihenfolge (1)–(5) folgende Arbeiter gewählt: A, J, M und C; von den Angestellten: H und F. Der Angestellte D ist nicht gewählt, obwohl auf ihn mehr Stimmen entfallen sind als auf die Arbeiter J, M, K und C (vgl. § 23 Abs. 2 WO). Bei Stimmengleichheit entscheidet das Los (§ 23 Abs. 2 WO).

45 **Ersatzmitglieder** sind die wegen niedriger Stimmzahl nicht gewählten Bewerber und zwar in der Reihenfolge der in der Gruppe auf sie entfallenden Stimmenzahl. Hat ein Bewerber gar keine Stimme erhalten, so ist er auch nicht Ersatzmitglied.

IV. Wahl des einköpfigen Betriebsrats oder eines einzigen Gruppenvertreters (Abs. 4)

46 In Betrieben, deren Betriebsrat nur aus einer Person besteht (vgl. § 9 Rz. 16), oder wenn einer **Gruppe bei Gruppenwahl nur ein Vertreter** zusteht, wird mit einfacher Stimmenmehrheit gewählt (§ 14 Abs. 4). Dies bedeutet, daß die Wahl stets eine gemeinsame und Mehrheitswahl ist. Das Verfahren richtet sich nach § 25 WO. Gewählt ist der Bewerber, auf den die höchste Stimmenzahl entfällt; lehnt dieser die Wahl ab, so tritt an seine Stelle der nicht gewählte Bewerber mit der nächsthöchsten Stimmenzahl (§ 25 Abs. 4 WO). Bei Stimmengleichheit entscheidet das Los (§ 25 Abs. 4 WO).

47 **Das Ersatzmitglied** des **einköpfigen Betriebsrats** und des **einzigen Gruppenvertreters** bei einer Gruppenwahl sind kraft ausdrücklicher gesetzlicher Vorschrift in getrennten Wahlgängen zu wählen (§ 25 Abs. 5 WO). Jeder wahlberechtigte Arbeitnehmer hat also zwei Stimmen, eine für die Wahl des einköpfigen Betriebsrats und eine für die Wahl des Ersatzmitgliedes. Die Wahl des einköpfigen Betriebsrats und des Ersatzmitgliedes erfolgt zeitlich zusammen, da beide auf einem

Stimmzettel – allerdings jeweils gesondert gekennzeichnet – aufgeführt werden (§ 25 Abs. 7 WO). Auch wenn das Ersatzmitglied mehr Stimmen erhält als das Betriebsratsmitglied, bleibt es Ersatzmitglied, weil es darauf ankommt, als was es kandidiert (§ 25 Abs. 8 Ziff. 2 WO); dies ist anders, wenn es für beides kandidiert hat, was zulässig ist (§ 25 Abs. 6 WO). Das Ersatzmitglied rückt nicht nach, wenn das gewählte Betriebsratsmitglied die Wahl ablehnt (§ 25 Abs. 4 Satz 2 WO). In diesem Fall nimmt die Stelle des ablehnenden Bewerbers der nicht gewählte Bewerber mit der höchsten Stimmenzahl ein (§ 25 Abs. 4 Satz 3 WO). Das Ersatzmitglied rückt erst nach, wenn das einzige Betriebsratsmitglied bzw. der Gruppenvertreter nach Annahme seines Amtes ausscheidet oder zeitweilig verhindert ist (*D/R* § 14 Rz. 64; *F/A/K/H* § 14 Rz. 38; *G/L* § 14 Rz. 41).

V. Wahlvorschläge

Das Vorschlagsrecht der Arbeitnehmer des Betriebes ist abschließend in Abs. 5 **48** und 6 geregelt. Die Vorschriften behandeln die Aufstellung der Vorschlagsliste bzw. Wahlvorschläge für die Betriebsratswahl in solchen Betrieben, in denen ein Betriebsrat besteht (zur Vorschlagsliste bzw. Wahlvorschlägen vgl. § 6 und § 25 WO). In diesen Betrieben können **betriebsangehörige wahlberechtigte Arbeitnehmer** und die **im Betrieb vertretenen Gewerkschaften Wahlvorschläge** machen. Durch das Änderungsgesetz 1989 wurde den im Betrieb vertretenen Gewerkschaften ein eigenes Wahlvorschlagsrecht eingeräumt; dies war bisher nur in betriebsratslosen Betrieben der Fall. Der Arbeitgeber hat kein Vorschlagsrecht. Die **Wahlvorschläge** sind gem. § 6 Abs. 1 i. V. m. § 3 Abs. 2 Ziff. 7 WO spätestens **vor Ablauf von 2 Wochen** seit Erlaß des Wahlausschreibens beim Wahlvorstand **schriftlich** einzureichen, es sei denn, daß bei Vorliegen der Voraussetzungen des § 6 Abs. 2 WO eine Nachfrist von einer Woche gesetzt worden ist. Gem. § 187 Abs. 1 BGB wird der Tag des Erlasses des Wahlausschreibens bei der **Fristberechnung** nicht mitgerechnet. Der Wahlvorstand kann die Einreichung auf bestimmte Zeiten beschränken; aber am Tage des Fristablaufes darf diese Zeit nicht vor dem Ende der Arbeitszeit der überwiegenden Zahl der Arbeitnehmer liegen (*BAG* vom 12. 2. 1960 – 1 ABR 13/59 – AP Nr. 11 zu § 18 BetrVG 1952 = DB 1960, 471; *BAG* vom 1. 6. 1966 – 1 ABR 16/65 – AP Nr. 1 zu § 6 WO 1953 = DB 1966, 1693; *ArbG Berlin* vom 21. 4. 1972 – rkr. – 10 BV 1/72 – DB 1972, 877; *D/R* § 14 Rz. 80). Legt der Wahlvorstand die Einreichungsfrist nicht ordnungsgemäß fest, so kann das die Wahl anfechtbar machen.

Die **Wahlvorschlagslisten** sollen mindestens **doppelt so viele Bewerber** aufweisen, **49** wie in dem Wahlvorgang Betriebsratsmitglieder zu wählen sind, jedoch ist diese Bestimmung des § 6 Abs. 3 WO nur eine Sollvorschrift. Ein Verstoß gegen diese Vorschrift macht die Wahlvorschlagsliste nicht ungültig. Ein Wahlvorschlag ist sogar dann gültig, wenn nur ein einziger Wahlberechtigter vorgeschlagen ist, obwohl es sich um die Wahl zu einem mehrköpfigen Betriebsrat handelt (*BAG* vom 29. 6. 1965 – 1 ABR 2/65 – AP Nr. 11 zu § 13 BetrVG 1952 m. Anm. *Küchenheft* = DB 1965, 1253; *D/R* § 14 Rz. 85; *F/A/K/H* § 14 Rz. 45; *G/L* § 14 Rz. 50; GK-*Kreutz* § 14 Rz. 49). Die Vorschlagsliste muß erkennen lassen, in welcher Reihenfolge die Bewerber vorgeschlagen werden. Ist die Reihenfolge nicht erkennbar, ist die Liste ungültig (§ 8 Abs. 1 Ziff. 2 WO). Ein **Wahlbewerber** darf nur **auf einer Vorschlagsliste** kandidieren (§ 6 Abs. 8 WO). Kommt er der Aufforderung des

§ 14   2. Teil 1. Abschn. *Zusammensetzung und Wahl des Betriebsrats*

Wahlvorstandes, welche Bewerbung er aufrechterhält, binnen drei Arbeitstagen nicht nach, so ist sein Name auf sämtlichen Listen zu streichen (*D/R* § 14 Rz. 78; *F/A/K/H* § 14 Rz. 45; *G/L* § 14 Rz. 51).

50 Werden **Wahlvorschläge nicht eingereicht**, so kann eine Wahl nicht durchgeführt werden. Eine Wahl, die nicht aufgrund von Wahlvorschlägen erfolgt, ist nichtig (*D/R* § 14 Rz. 68; *F/A/K/H* § 14 Rz. 44; GK-*Kreutz* § 14 Rz. 81).

1. Vorschlagsrecht der Arbeitnehmer (Abs. 5, 6, 7)

51 **Voraussetzung für die Gültigkeit eines Wahlvorschlages** ist, daß er die in § 14 Abs. 6 und 7 genannten Mindestzahlen von Unterschriften wahlberechtigter Arbeitnehmer aufweist. Das Gesetz verlangt ausdrücklich, daß es sich um **wahlberechtigte** Arbeitnehmer handelt. Jeder Wahlvorschlag bedarf einer Anzahl von **Stützunterschriften**. Das Unterschriftenquorum hierfür wurde durch das Änderungsgesetz 1989 herabgesetzt; hierdurch soll der Minderheitenschutz verstärkt werden. Der Gesetzgeber hat diese Regelung aufgrund der Entscheidung des *Bundesverfassungsgerichts* (vom 16. 10. 1984 – 2 BvL 20/82 und 21/82 – AuR 1985, 62) eingeführt. Im Falle der Gruppenwahl kommt es auf die erforderliche Zahl der **wahlberechtigten Gruppenangehörigen**, im Falle der gemeinsamen Wahl auf die erforderliche Zahl **sämtlicher wahlberechtigten Arbeitnehmer** des Betriebes an.

52 Voraussetzung für die Gültigkeit des Wahlvorschlags ist bei **Gruppenwahl** die **Unterzeichnung durch mindestens 1/20 der wahlberechtigten Gruppenangehörigen** (bisher 1/10), mindestens aber von 3 wahlberechtigten Gruppenangehörigen. In jedem Fall genügt es aber, wenn sich an einem Wahlvorschlag 50 (bisher 100) wahlberechtigte Gruppenangehörige beteiligen, auch wenn dies weniger als 1/20 (bisher 1/10) sind (*D/R* § 14 Rz. 71; *F/A/K/H* § 14 Rz. 51). Hat der Betrieb nur bis zu 20 wahlberechtigte Gruppenangehörige, so genügt die Unterzeichnung durch 2 wahlberechtigte Gruppenangehörige.

53 Im Falle der **Gemeinschaftswahl** gilt dasselbe, **bezogen auf sämtliche wahlberechtigten Arbeitnehmer** des Betriebes. Von diesem Grundsatz gilt eine Ausnahme nur in dem Falle, in dem eine Minderheitsgruppe nach § 10 Abs. 3 einen Anspruch auf Vertretung im Betriebsrat stellt, aber weniger als 2 wahlberechtigte Mitglieder hat (vgl. § 10 Rz. 14). In dem Fall genügt die Unterzeichnung durch 50 **wahlberechtigte** Arbeitnehmer, ohne daß es darauf ankäme, ob diese 50 Unterzeichner 1/20 der wahlberechtigten Arbeitnehmer ausmachen (*D/R* § 14 Rz. 72; *F/A/K/H* § 14 Rz. 52; *G/L* § 14 Rz. 46f.). In Betrieben mit bis zu 20 wahlberechtigten Arbeitnehmern genügt die Unterzeichnung durch 2 Wahlberechtigte (*F/A/K/H* § 14 Rz. 52). Für die Berechnung der Zahlen der erforderlichen Unterschriften sind die Belegschaftszahlen am Tage des Erlasses des Wahlausschreibens zugrunde zu legen.

54 Die Wahlvorschläge müssen **persönlich unterschrieben** sein; eine Stellvertretung ist wegen des bei Wahlen allgemein geltenden Grundsatzes der Unmittelbarkeit nicht möglich (*F/A/K/H* § 14 Rz. 58; *G/L* § 14 Rz. 53; GK-*Kreutz* § 14 Rz. 96; **a. A.** *D/R* § 14 Rz. 82, die eine Unterzeichnung durch einen Bevollmächtigten zulassen, wenn die Vollmacht bis zum Ablauf der Frist für die Einreichung der Wahlvorschläge erbracht wird, so auch *LAG Düsseldorf* vom 27. 9. 1965 – 1a BV Ta 14/65 – BB 1965, 1823). Die **Unterzeichnung** muß so **vollständig und deutlich** sein, daß der Wahlvorstand feststellen kann, ob es sich um einen wahlberechtigten

Arbeitnehmer bzw. um einen wahlberechtigten Gruppenvertreter handelt (*ArbG Herne* vom 12.4.1972 – BV 5/72 – DB 1972, 976). Ist die Unterschrift nicht deutlich genug, wird sie nicht gezählt. Bei **Gruppenwahl** können nur die wahlberechtigten Arbeitnehmer der Gruppe unterzeichnen; der gruppenfremde Bewerber kann nicht den Wahlvorschlag (Liste) der Gruppe unterzeichnen, für die er kandidiert (§ 12 Rz. 19). Bei Gemeinschaftswahl kann jeder wahlberechtigte Arbeitnehmer unterzeichnen. **Unterzeichnet** ein Wahlberechtigter **mehrere Vorschlagslisten**, so hat er auf Aufforderung des Wahlvorstandes zu erklären, welche Unterschrift er aufrechterhält. Unterbleibt diese Erklärung, so wird sein Name auf der zuerst eingereichten Vorschlagsliste gezählt, auf der anderen wird er gestrichen (§ 6 Abs. 6 WO). Auch **Wahlbewerber** und der **Wahlvorstand** können einen Wahlvorschlag unterzeichnen (*F/A/K/H* § 14 Rz. 57; *GK-Kreutz* § 14 Rz. 89).

Nicht erforderlich ist, daß die **Unterschriften auf derselben Urkunde** erfolgen (*D/ R* § 14 Rz. 82; *F/A/K/H* § 14 Rz. 58; *G/L* § 14 Rz. 54; **a.A.** *BVerwG* vom 4. 10. 1957 Aktenz. Karteikart. AP Nr. 1 zu § 10 WO z. PersVG = RdA 1958, 319). Allerdings müssen die Unterschriften den ganzen Wahlvorschlag erfassen. Es muß sich also eindeutig erkennen lassen, zu welchem Wahlvorschlag die Unterschriften geleistet wurden. Eine Unterschriftsliste muß daher wenigstens mit einer Metallklammer mit der Kandidatenliste verbunden sein (*LAG Baden-Württemberg* vom 8.11.1976 – 1a Ta BV 6/76 –). Der Wahlvorschlag ist ein Vorschlag aller, die ihn unterzeichnet haben. Eine ohne Einverständnis der Unterzeichner vorgenommene Streichung einzelner oder mehrerer Kandidaten bedeutet eine inhaltliche Änderung des Wahlvorschlags; er wird unrichtig und ist kein Wahlvorschlag mehr i.S. d. BetrVG (*BAG* vom 15.12.1972 – 1 ABR 8/72 – EzA § 14 BetrVG 1972 Nr. 1 = DB 1973, 2052; *LAG Düsseldorf* vom 18.1.1982 – 10 Ta BV 85/81 – DB 1982, 1628; *D/R* § 14 Rz. 87; *F/A/K/H* § 14 Rz. 59; *GK-Kreutz* § 14 Rz. 99). Eine Verbindung von Vorschlagslisten ist unzulässig (§ 6 Abs. 7 WO). Zur Sammlung von Stützunterschriften während der Arbeitszeit vgl. Rz. 16. 55

Eine **Rücknahme der Unterschrift** durch Unterzeichner ist möglich, sie beeinträchtigt nicht die Gültigkeit einer Vorschlagsliste (§ 8 Abs. 1 Ziff. 3 Satz 2 WO; *D/R* § 14 Rz. 82; *F/A/K/H* § 14 Rz. 60; *G/L* § 14 Rz. 55; *GK-Kreutz* § 14 Rz. 91). 56

Mitglieder und Ersatzmitglieder des Wahlvorstandes können einen Wahlvorschlag unterzeichnen (*F/A/K/H* § 14 Rz. 57; *G/L* § 14 Rz. 49 und 52; *GK-Kreutz* § 14 Rz. 52; *BAG* vom 12.10.1976 – 1 ABR 1/76 – EzA § 8 BetrVG 1972 Nr. 2 = DB 1977, 356; *BAG* vom 4.10.1977 – 1 ABR 37/77 – EzA § 8 BetrVG 1972 Nr. 3 = DB 1978, 449; vgl. auch Rz. 52; **a.A.** *D/R* § 14 Rz. 70 und 79 und § 16 Rz. 46 mit ausführlichen Literaturangaben; *BAG* vom 30.10.1958 – 1 ABR 3/58 – AP Nr. 3 zu § 18 BetrVG 1952 m. Anm. *Dietz* = DB 1958, 1394). Die ablehnende Meinung sieht hierin eine Interessenkollision; diese ist aber ausgeschlossen, weil die Tätigkeit, insbesondere auch die Prüfungspflicht des Wahlvorstandes, voll gerichtlich nachprüfbar und das Wahlverfahren eingehend in der Wahlordnung geregelt ist. Im übrigen geht das Gesetz noch nicht einmal von einer Inkompatibilität (Unvereinbarkeit) zwischen dem Amt als Mitglied des Wahlvorstandes und als (zukünftiges) Mitglied des Betriebsrats aus (vgl. § 8 Rz. 34; § 16 Rz. 15; *BAG* vom 12.10.1976 – 1 ABR 1/76 – EzA § 8 BetrVG 1972 Nr. 2 = DB 1977, 356); eine Interessenkollision besteht um so weniger bei Unterzeichnung von Wahlvorschlägen durch den Wahlvorstand. Das Betriebsverfassungsgesetz enthält keinerlei Bestimmung, daß eine Inkompatibilität vorliegt, wenn Mitglieder des Wahlvorstandes einen Wahlvorschlag unterzeichnen (*BAG* vom 4.10.1977 a.a.O.); eine solche sei auch nicht 57 anzunehmen, da der Wahlvorstand keinen Einfluß auf die Aufstellung und Einreichung von Vorschlagslisten habe. Das *Bundesarbeitsgericht* (vom 4.10. 1977 a. a. O.) weist darauf hin, daß die Entscheidung (*BAG* vom 30. 10. 1958 a. a. O.) dieser Ansicht nicht entgegensteht, da sie eine Betriebsratswahl im öffentlichen Dienst nach Sondervorschriften, in denen dem Wahlvorstand eine »besonders einflußreiche Stellung eingeräumt« war, betroffen habe.

58 Dem Wahlvorschlag sind die **schriftlichen Zustimmungen der Kandidaten** beizufügen (§ 6 Abs. 4 Satz 2 WO) bzw. innerhalb der Einreichungsfrist nachzureichen. Eine **Rücknahme** der Zustimmungserklärung ist auch nach Ablauf der Einreichungsfrist möglich, ohne daß dies die Gültigkeit des Wahlvorschlags beeinträchtigt (*D/R* § 14 Rz. 86; *G/L* § 14 Rz. 57; GK-*Kreutz* § 14 Rz. 100; a. A. *F/A/K/H* § 14 Rz. 61 unter Hinweis auf *BAG* vom 1. 6. 1966 – 1 ABR 16/65 – AP Nr. 2 zu § 6 WO 1953 = DB 1966, 1693). Der gegenteiligen Ansicht von *F/A/K/H* kann nicht gefolgt werden, der Beschluß des *BAG* vom 1. 6. 1966 (a. a. O.), auf den sie ihre Auffassung stützen, behandelt den Fall der Doppelunterzeichnung zusammen mit der Rücknahme von Wahlvorschlägen und damit § 6 Abs. 6 WO. Wird nämlich mit der Rücknahmeerklärung eine andere Vorschlagsliste eingereicht, die von demselben Arbeitnehmer mitunterzeichnet ist, so hat der Wahlvorstand von gültigen Unterschriften unter mehreren Vorschlägen auszugehen und nach § 6 Abs. 6 WO zu verfahren (*BAG* a. a. O.). Da eine Ablehnung der Annahme des Betriebsratsamtes möglich ist, kann auch schon vorher die Kandidatur zurückgezogen werden.

59 Es besteht **keine Pflicht zur Annahme des Betriebsratsamtes**, auch wenn vorher die schriftliche Zustimmung zur Kandidatur erteilt wurde. Nach § 18 Abs. 1 Satz 2 WO gilt das Amt als angenommen, wenn der Gewählte nicht binnen drei Arbeitstagen nach Zugang der Benachrichtigung dem Wahlvorstand erklärt, daß er die Wahl ablehne. Lehnt der Gewählte das Amt ab, so tritt an seine Stelle der in derselben Vorschlagsliste in der Reihenfolge nach ihm benannte, nicht gewählte Bewerber (§ 18 Abs. 2 WO) bzw. der nicht gewählte Bewerber mit der nächsthöheren Stimmenzahl (§§ 24 Abs. 2 WO, 25 Abs. 4 WO).

2. Vorschlagsrecht der Gewerkschaften (Abs. 5, 8)

60 Die im Betrieb vertretenen **Gewerkschaften** haben ein **eigenständiges Wahlvorschlagsrecht**; dies wurde durch das Änderungsgesetz 1989 eingeführt. Bisher waren die im Betrieb vertretenen Gewerkschaften nur in einem betriebsratslosen Betrieb zusätzlich zu den wahlberechtigten Arbeitnehmern berechtigt, Wahlvorschläge zu machen (§ 29 WO). Das neu eingeführte eigenständige Wahlvorschlagsrecht der im Betrieb vertretenen Gewerkschaften ist bedenklich, weil es von dem betriebsverfassungsrechtlichen Grundsatz, daß die Wahlvorschläge von den Arbeitnehmern des Betriebes ausgehen müssen, abweicht. Es war daher auch in den parlamentarischen Beratungen umstritten (Ausschuß für Arbeit und Sozialordnung, BT-Drucks. 11/3618, 4ff.). Vorschlagsberechtigt sind nur die **im Betrieb vertretenen Gewerkschaften**. Vertreten ist eine Gewerkschaft im Betrieb, wenn mindestens ein Arbeitnehmer des Betriebes zu ihren Mitgliedern zählt (vgl. zu diesem Begriff § 2 Rz. 61). Bei der Frage, ob die Gewerkschaft im Betrieb vertreten ist, kommt es nicht nur auf den Zeitpunkt der Einreichung des Wahlvorschlages, sondern auch darauf an, ob sie am Wahltag noch im Betrieb vertreten ist (vgl.

Zusammensetzung nach Beschäftigungsarten und Geschlechtern § 15

§ 16 Rz. 24; **a. A.** *F/A/K/H* § 14 Rz. 66; *G/L* § 14 Rz. 48; GK-*Kreutz* § 14 Rz. 110); dies gilt insbesondere, wenn es sich bei dem Wahlvorschlag der Gewerkschaften um den einzigen Wahlvorschlag handelt. Anderenfalls würde am Wahltag über einen Wahlvorschlag abgestimmt, der von Betriebsfremden stammt.
Wahlvorschläge der Gewerkschaften bedürfen zu ihrer Gültigkeit nicht der Unter- 61 schrift durch ein Mindestquorum betriebsangehöriger wahlberechtigter Arbeitnehmer. Der Wahlvorschlag ist gem. § 29 WO von **zwei Beauftragten** der im Betrieb vertretenen Gewerkschaft, die den Wahlvorschlag einreicht, zu unterzeichnen. Es muß sich um einen vertretungsberechtigten Gewerkschaftsfunktionär handeln. Bei fehlender Unterzeichnung der Vorschlagsliste einer Gewerkschaft durch zwei ihrer Beauftragten ist diese ungültig. Im übrigen regelt sich das Verfahren nach § 29 WO. Die Gewerkschaften können nicht nur bei ihnen organisierte Arbeitnehmer, sondern auch andere wählbare Arbeitnehmer vorschlagen (*F/A/K/H* § 14 Rz. 70; GK-*Kreutz* § 14 Rz. 112). Wählbar sind auch diesem Falle nur betriebsangehörige Arbeitnehmer, die gem. § 8 die Wählbarkeit besitzen.

VI. Streitigkeiten

Über **Streitigkeiten** entscheidet das Arbeitsgericht im Beschlußverfahren (§ 2 a 62 Abs. 1 Nr. 1 ArbGG). Verstöße gegen § 14 oder gegen damit zusammenhängende Wahlbestimmungen aus der Wahlordnung können – soweit die anderen Voraussetzungen des § 19 vorliegen – zur Anfechtung der Wahl berechtigen. In besonders krassen Fällen ist die Wahl nichtig (vgl. § 19 Rz. 12 f.).
Entscheidungen und Maßnahmen des Wahlvorstandes können vor Abschluß der 63 Betriebsratswahl selbständig angefochten werden; es können einstweilige Verfügungen beantragt werden (*BAG* vom 15. 12. 1972 – 1 ABR 8/72 – EzA § 14 BetrVG 1972 Nr. 1 = DB 1973, 2052). Auch eine Entscheidung über die Wirksamkeit einer Abstimmung nach § 14 Abs. 2 kann selbständig vor Abschluß der Wahl bzw. vor Beginn der Wahl beantragt werden; sie kann aber auch im Wege des Anfechtungsverfahrens überprüft werden (*BAG* vom 2. 2. 1962 – 1 ABR 5/61 – AP Nr. 10 zu § 13 BetrVG 1952 m. Anm. *Neumann-Duesberg* = DB 1962, 573); im Anfechtungsverfahren kann sie nur mit der Betriebsratswahl im ganzen angefochten werden (*BAG* vom 14. 2. 1978 – 1 ABR 46/77 – EzA § 19 BetrVG 1972 Nr. 16 = DB 1978, 1451).

§ 15 Zusammensetzung nach Beschäftigungsarten und Geschlechtern

(1) Der Betriebsrat soll sich möglichst aus Arbeitnehmern der einzelnen Betriebsabteilungen und der unselbständigen Nebenbetriebe zusammensetzen. Dabei sollen möglichst auch Vertreter der verschiedenen Beschäftigungsarten der im Betrieb tätigen Arbeitnehmer berücksichtigt werden.
(2) Die Geschlechter sollen entsprechend ihrem zahlenmäßigen Verhältnis vertreten sein.

§ 15   2. Teil 1. Abschn. Zusammensetzung und Wahl des Betriebsrats

Literaturübersicht

Vgl. die Literaturübersicht zu §§ 7-20.

Inhaltsübersicht

		Rz.
I.	Rechtsnatur der Vorschrift	1, 2
II.	Berücksichtigung von Betriebsabteilungen und unselbständigen Nebenbetrieben	3, 4
III.	Berücksichtigung von Beschäftigungsarten	5
IV.	Berücksichtigung der Geschlechter	6

I. Rechtsnatur der Vorschrift

1 Die Vorschrift ist eine **Sollvorschrift**, die als Richtlinie für die Aufstellung der Wahlvorschlagsliste durch die wahlberechtigten Arbeitnehmer zu gelten hat. In der betrieblichen Praxis wird die Beachtung der Vorschriften der in § 15 genannten Punkte häufig auf Schwierigkeiten stoßen. Als Sollvorschrift stellt § 15 keine zwingenden Wahlvorschriften auf, wie dies im § 14 der Fall ist. Die Außerachtlassung dieser Sollvorschriften ist daher auch nicht als ein Verstoß gegen wesentliche Wahlvorschriften gem. § 19 Abs. 1 anzusehen, die zur Anfechtung der Wahl berechtigen würden (*D/R* § 15 Rz. 8; *F/A/K/H* § 15 Rz. 2; *G/L* § 15 Rz. 2; *GK-Kreutz* § 14 Rz. 11). Dies gilt auch dann, wenn die Berücksichtigung der Geschlechter bewußt außer acht gelassen wurde (*D/R* § 15 Rz. 8; *F/A/K/H* § 15 Rz. 2; *G/L* § 15 Rz. 2; GK-*Kreutz* § 14 Rz. 11; a.A. *Hueck/Nipperdey* II/2, 1159 Fn. 11).

2 Zweck der Vorschrift ist, ein möglichst **getreues Spiegelbild der Belegschaftsstruktur** im Betriebsrat, der ein einheitlicher für den ganzen Betrieb ist, zu erreichen. Nach § 3 Abs. 3 WO soll der Wahlvorstand, sofern es nach Größe, Eigenart oder Zusammensetzung der Arbeitnehmerschaft des Betriebs zweckmäßig ist, im Wahlausschreiben darauf hinweisen, daß bei der Aufstellung von Wahlvorschlägen die Grundsätze der Vorschrift berücksichtigt werden. Für den Gesamtbetriebsrat (§ 47) und den Konzernbetriebsrat (§ 55) ist die Vorschrift nicht anwendbar; dagegen für die Bordvertretung (§ 115 Abs. 2) und den Seebetriebsrat (§ 116 Abs. 2). Bei der Wahl der Jugend- und Auszubildendenvertretung ist § 62 Abs. 2, 3 anzuwenden.

II. Berücksichtigung von Betriebsabteilungen und unselbständigen Nebenbetrieben

3 Der Betriebsrat ist der **einheitliche Repräsentant aller Arbeitnehmer** des Betriebes. Da der Betrieb weder in Wahlkreise aufgeteilt werden kann (vgl. § 14 Rz. 13) noch Betriebsabteilungen, unselbständige Betriebsteile und Nebenbetriebe besondere Vertreter in den Betriebsrat wählen, soll durch diese Vorschrift dennoch sichergestellt werden, daß die Belange auch dieser Arbeitnehmer im Betriebsrat sachkundig vertreten werden. Sie sollen deshalb durch entsprechende Wahlvorschläge die Möglichkeit der Repräsentation in einem einheitlichen Betriebsrat erhalten können. Die Betriebsratsmitglieder, die aus einzelnen Abteilungen oder Nebenbetrieben bzw. unselbständigen Betriebsteilen kommen, haben aber keine besondere Stellung im Betriebsrat; sie sind Vertreter der gesamten Arbeitnehmerschaft des Betriebs, insbesondere sind sie keine Arbeitsgruppensprecher i. S. v. § 3 Abs. 1 Nr. 1 (*F/A/K/H* § 15 Rz. 5; *G/L* § 15 Rz. 4; GK-*Kreutz* § 15 Rz. 7). Bei ihrem Ausscheiden rückt das Ersatzmitglied nach § 25 nach, ohne daß dabei § 15 eine Rolle spielt (h. M.). Zum Begriff Betriebsteil und unselbständige Nebenbetriebe vgl. § 4 Rz. 11 ff.

Ein besonderer **Minderheitenschutz**, insbesondere für Angehörige nicht betriebsratsfähiger Nebenbetriebe, besteht nicht (*D/R* § 15 Rz. 2; *G/L* § 15 Rz. 5). 4

III. Berücksichtigung von Beschäftigungsarten

Unter **Beschäftigungsarten** sind die verschiedenen im Betrieb von den Arbeitnehmern innerhalb der Gruppen der Arbeiter und Angestellten auszuführenden Funktionen zu verstehen, also nicht die Gruppe der Arbeiter und Angestellten als solche (*D/R* § 15 Rz. 4; *F/A/K/H* § 15 Rz. 6, 7; *G/L* § 15 Rz. 6). Vertreter der verschiedenen Beschäftigungsarten sind also in diesem Sinne z. B. Schlosser, Transportarbeiter, angelernte Arbeiter, Büroangestellte, technische Angestellte usw. Jedoch sind die Vertreter der verschiedenen Beschäftigungsarten keine Gruppenvertreter i. S. d. §§ 10, 12 Abs. 2, sondern Vertreter der gesamten Arbeitnehmergruppe, aus der sie kommen. Sie haben auch keine besondere betriebsverfassungsrechtliche Stellung. 5

IV. Berücksichtigung der Geschlechter

Auch die Bestimmung, nach der die **Geschlechter entsprechend ihrem zahlenmäßigen Verhältnis** im Betriebsrat vertreten sein sollen, richtet sich an die Arbeitnehmer bei der Aufstellung der Wählerliste. Das zahlenmäßige Verhältnis ist bezogen auf die gesamte Belegschaft, nicht auf die Gruppen. Sie entspricht dem Grundsatz der Gleichberechtigung, ist aber nur eine Sollvorschrift, deren Verletzung nicht zur Wahlanfechtung führen kann. 6

§ 16 Bestellung des Wahlvorstands

(1) Spätestens zehn Wochen vor Ablauf seiner Amtszeit bestellt der Betriebsrat einen aus drei Wahlberechtigten bestehenden Wahlvorstand und einen von ihnen als Vorsitzenden. Der Betriebsrat kann die Zahl der Wahlvorstandsmitglieder erhöhen, wenn dies zur ordnungsgemäßen Durchführung der Wahl erforderlich ist. Der Wahlvorstand muß in jedem Fall aus einer ungeraden Zahl von Mitgliedern bestehen. Für jedes Mitglied des Wahlvorstands kann für den Fall seiner Verhinderung ein Ersatzmitglied bestellt werden. In Betrieben mit Arbeitern und Angestellten müssen im Wahlvorstand beide Gruppen vertreten sein. Jede im Betrieb vertretene Gewerkschaft kann zusätzlich einen dem Betrieb angehörenden Beauf-

tragten als nicht stimmberechtigtes Mitglied in den Wahlvorstand entsenden, sofern ihr nicht ein stimmberechtigtes Wahlvorstandsmitglied angehört.
(2) Besteht acht Wochen vor Ablauf der Amtszeit des Betriebsrats kein Wahlvorstand, so bestellt ihn das Arbeitsgericht auf Antrag von mindestens drei Wahlberechtigten oder einer im Betrieb vertretenen Gewerkschaft; Absatz 1 gilt entsprechend. In dem Antrag können Vorschläge für die Zusammensetzung des Wahlvorstands gemacht werden. Das Arbeitsgericht kann für Betriebe mit in der Regel mehr als zwanzig wahlberechtigten Arbeitnehmern auch Mitglieder einer im Betrieb vertretenen Gewerkschaft, die nicht Arbeitnehmer des Betriebs sind, zu Mitgliedern des Wahlvorstands bestellen, wenn dies zur ordnungsgemäßen Durchführung der Wahl erforderlich ist.

Literaturübersicht

Vgl. die Literaturübersicht zu §§ 7–20.
Haberkorn Können Mitglieder des Wahlvorstandes bei der Betriebsratswahl selbst wählen und gewählt werden?, BB 1968, 87; *Preis* Individueller Wahlrechtsschutz gegen Entscheidungen des Wahlvorstandes bei der Betriebsratswahl, AuR, 1973, 9.

Inhaltsübersicht

		Rz.
I.	Rechtsnatur und Anwendungsbereich der Vorschrift	1– 3
II.	Bestellung des Wahlvorstandes durch den Betriebsrat	4–20
	1. Zeitpunkt	4– 7
	2. Beschlußfassung	8, 9
	3. Zusammensetzung des Wahlvorstandes	10–17
	4. Ersatzmitglieder	18–20
III.	Bestellung des Wahlvorstandes durch das Arbeitsgericht	21–28
	1. Voraussetzungen	22, 23
	2. Antragsberechtigung und Vorschlagsrecht	24, 25
	3. Bestellung von Betriebsfremden	26–28
IV.	Rechtsstellung des Wahlvorstandes	29–35
	1. Beginn und Ende des Amtes	29–31
	2. Aufgaben des Wahlvorstandes und seines Vorsitzenden	32, 33
	3. Kündigungsschutz, Kosten	34, 35
V.	Streitigkeiten	36, 37

I. Rechtsnatur und Anwendungsbereich der Vorschrift

1 Die §§ 16 und 17 enthalten die Vorschriften über die **Bestellung des Wahlvorstandes**. § 16 regelt die Fälle, in denen **im Betrieb ein Betriebsrat vorhanden** ist. Dieser hat dann die gesetzliche Aufgabe, den Wahlvorstand für die Neuwahl zu bestellen. § 17 behandelt die Wahl des Wahlvorstandes in einem betriebsratslosen Betrieb, in dem der Wahlvorstand in einer Betriebsversammlung zu wählen ist. Versagen die betrieblichen Stellen, so ist der Wahlvorstand auf Antrag nach Abs. 2 durch das Arbeitsgericht zu bestellen.

2 Für die Betriebsratswahl ist die **Bestellung des Wahlvorstandes zwingend** vorge-

schrieben; die Vorschrift des § 16 ist insgesamt zwingenden Rechts. Eine ohne Wahlvorstand durchgeführte Wahl wäre eine Nichtwahl und damit betriebsverfassungsrechtlich ohne Bedeutung (vgl. auch § 14 Rz. 4 und § 19 Rz. 18; *D/R* § 16 Rz. 1; *F/A/K/H* § 16 Rz. 60; *G/L* § 16 Rz. 1; GK-*Kreutz* § 16 Rz. 4). Ein Mangel der Bestellung des Wahlvorstandes begründet dagegen in aller Regel nur eine Anfechtung (*D/R* § 16 Rz. 1; *F/A/K/H* § 16 Rz. 60; *G/L* § 16 Rz. 33; GK-*Kreutz* § 16 Rz. 4). Eine Beteiligung des Wahlvorstandes ist nicht erforderlich – aber zweckmäßig – bei der Abstimmung nach den §§ 12 Abs. 1, 14 Abs. 2. Der Wahlvorstand und nicht der Betriebsrat ist das maßgebende Organ für die Einleitung und Durchführung der Wahl sowie Feststellung des Wahlergebnisses. Zu den **Aufgaben des Wahlvorstandes** vgl. im einzelnen § 18.

Auch für die **Wahl der Jugend- und Auszubildendenvertretung** ist ein Wahlvorstand erforderlich, der jedoch nicht von der Jugend- und Auszubildendenvertretung, sondern vom Betriebsrat bestimmt wird (§ 63 Abs. 2). Die Vorschrift gilt mit gewissen Abweichungen hinsichtlich der Fristen für die Wahl der **Bordvertretung** (§ 115 Abs. 2 Ziff. 7) und des **Seebetriebsrats** (§ 116 Abs. 2 Ziff. 6 und 7). Da der **Gesamtbetriebsrat**, der **Konzernbetriebsrat** und die **Gesamtjugend- und Auszubildendenvertretung** durch Entsendung gebildet werden und nicht durch Wahl, ist die Vorschrift nicht anwendbar. 3

II. Bestellung des Wahlvorstandes durch den Betriebsrat

1. Zeitpunkt

Die **Verpflichtung** vor Ablauf seiner Amtszeit **einen Wahlvorstand für die Neuwahl eines Betriebsrats zu bestellen**, ist eine zwingende gesetzliche Pflicht des Betriebsrats. Die prinzipielle Weigerung des Betriebsrats, einen Wahlvorstand zu bestellen, wäre eine grobe Verletzung seiner gesetzlichen Pflichten gem. § 23 Abs. 1, die jedoch wegen der ohnedies bevorstehenden Beendigung der Amtsperiode des amtierenden Betriebsrats in der Praxis aus zeitlichen Gründen kaum zu einer gerichtlichen Abberufung führen würde (*D/R* § 16 Rz. 20; *F/A/K/H* § 16 Rz. 10; *G/L* § 16 Rz. 1; GK-*Kreutz* § 16 Rz. 1). Daneben kann eine Bestrafung nach § 119 Abs. 1 Nr. 1 in Frage kommen, wenn die Bestellung nicht erfolgt, um eine rechtzeitige Amtsaufnahme durch den neuen Betriebsrat zu verhindern. 4

Der Wahlvorstand ist **spätestens zehn Wochen vor Ablauf der regelmäßigen Amtszeit** des Betriebsrats von vier Jahren durch den noch im Amt befindlichen Betriebsrat zu bestellen. »Spätestens« zehn Wochen vor Ablauf der regelmäßigen Amtszeit bedeutet, daß der Wahlvorstand auch früher bestellt werden kann (*G/L* § 16 Rz. 4). Eine solche frühere Bestellung kann für die rechtzeitige Einleitung und Durchführung der Neuwahl sachdienlich sein. Der Ablauf der regelmäßigen Amtszeit des Betriebsrats ergibt sich aus § 21 Satz 1–3 (vgl. dort Rz. 11 f.). Für die Berechnung der Frist gelten die Vorschriften des BGB (vgl. auch § 13 Rz. 35). 5

Der Wahlvorstand kann aber auch **noch nach Ablauf der Frist** vom noch amtierenden Betriebsrat bestellt werden, solange der Wahlvorstand noch **nicht rechtskräftig** durch das Arbeitsgericht **bestellt** wurde (vgl. Rz. 22; *D/R* § 16 Rz. 16; *F/A/K/H* § 16 Rz. 6, 24; *G/L* § 16 Rz. 6; GK-*Kreutz* § 16 Rz. 13; *LAG Hamm* vom 23. 9. 1954, rkr. – 3 A Ta 87/54 – AP Nr. 1 zu § 15 BetrVG 1952 m. Anm. *Schnorr* = DB 1954, 1108; sinngemäß *BAG* vom 19. 3. 1974 – 1 ABR 87/73 – EzA 6

§ 17 BetrVG 1972 Nr. 1 = DB 1974, 1775; **a. A.** *Brecht* § 16 Rz. 15, der eine Bestellung durch den Betriebsrat nur zulassen will, solange das Arbeitsgericht den Wahlvorstand noch nicht bestellt hat; auf die Rechtskraft der Entscheidung des Arbeitsgerichts stellt er nicht ab). Die Bestellung des Wahlvorstandes obliegt in erster Linie dem Betriebsrat; die Bestellung durch das Arbeitsgericht ist ein Notbehelf und von subsidiärer Bedeutung, deshalb kann der Betriebsrat auch dann noch, wenn ein Wahlvorstand bereits vom Arbeitsgericht bestellt ist (entgegen der Ansicht von *Brecht* a. a. O.), die Entscheidung aber noch nicht rechtskräftig ist, den Wahlvorstand bestellen. In diesem Fall muß der Betriebsrat allerdings Beschwerde einlegen, damit die Entscheidung des Arbeitsgerichts über die Bestellung nicht rechtskräftig und dadurch ein weiterer Wahlvorstand bestellt wird. Legt er keine Beschwerde ein und läßt er die Entscheidung über die Bestellung des Wahlvorstandes durch das Arbeitsgericht rechtskräftig werden, hat er aber außerdem selbst einen Wahlvorstand nach der Bestellung durch das Arbeitsgericht, aber vor Rechtskraft der Entscheidung bestellt, so bleibt es bei der Bestellung durch das Arbeitsgericht (GK-*Kreutz* § 16 Rz. 13). Ist die Amtszeit des Betriebsrats abgelaufen, kann er keinen Wahlvorstand mehr bestellen (*F/A/K/H* § 16 Rz. 41; *BAG* vom 2. 3. 1955 – 1 ABR 19/54 – AP Nr. 1 zu § 18 BetrVG 1952 m. Anm. *Dietz* = DB 1955, 338); eine Bestellung kann nur noch nach § 17 erfolgen (*G/L* § 16 Rz. 7); es sei denn, vor Ablauf der Amtszeit wäre ein Beschlußverfahren nach Abs. 2 eingeleitet worden.

7 Anwendbar ist die Vorschrift auch auf die Fälle der **vorzeitigen Beendigung des Amtes des Betriebsrats** nach § 13 Abs. 2 Nr. 1–3, da der Betriebsrat bis zur Neuwahl die Geschäfte weiterführt (vgl. § 22 und § 13 Rz. 12, 17, 21 und 25); der Betriebsrat hat unverzüglich einen Wahlvorstand einzusetzen (*D/R* § 16 Rz. 17; *F/A/K/H* § 16 Rz. 7; *G/L* § 16 Rz. 5; GK-*Kreutz* § 16 Rz. 20). Unverzüglich bedeutet, daß er in angemessener Frist tätig wird (vgl. Rz. 23). Bei vorzeitiger Beendigung des Betriebsratsamtes gem. Nr. 4 und 5 kann der bis dahin amtierende Betriebsrat keinen Wahlvorstand mehr benennen, da sein Amt geendet hat und er die Geschäfte nicht nach § 22 weiterführt (vgl. § 13 Rz. 26, 29). Der Wahlvorstand wird nach § 17 bestellt oder bei Auflösung des Betriebsrats durch das Arbeitsgericht nach § 23 Abs. 2 (*G/L* § 16 Rz. 5).

2. Beschlußfassung

8 Die **Bestellung** erfolgt durch **Beschlußfassung** des **gesamten Betriebsrats** in einer ordnungsgemäß einberufenen Sitzung gem. § 33 Abs. 1 und 2. Einzelheiten können in der Geschäftsordnung des Betriebsrats festgelegt werden – so auch ein förmliches Wahlverfahren; ist dies nicht der Fall, gilt das übliche Verfahren für Beschlüsse des Betriebsrats, d. h. es genügt bei Beschlußfähigkeit des Betriebsrats die Mehrheit der Stimmen der anwesenden Betriebsratsmitglieder nach § 33 Abs. 1 und 3. Ein förmliches Wahlverfahren ist nicht erforderlich, es sei denn, die Geschäftsordnung würde dies vorsehen (*Brecht* § 16 Rz. 6; *F/A/K/H* § 16 Rz. 15; GK-*Kreutz* § 16 Rz. 21; **a. A.** *D/R* § 16 Rz. 18; *G/L* § 16 Rz. 8). Kommt es zu keiner Mehrheitsentscheidung, so besteht keine Verpflichtung, die Entscheidung durch einen Stichentscheid zwischen den Kandidaten mit den meisten Stimmen zu beschränken (*F/A/K/H* § 16 Rz. 15; GK-*Kreutz* § 16 Rz. 21; **a. A.** *D/R* § 16 Rz. 18; *G/L* § 16 Rz. 8); die Bestellung kann in derselben Sitzung auch wiederholt werden. Sie kann auch auf den Betriebsausschuß oder einen Ausschuß nach § 28 gem. §§ 27 Abs. 3 Sätze 2, 3 bzw. 28 Abs. 1 übertragen werden (**h.M.**). Zur Wirksamkeit der Bestellung ist die Zustimmung des Berufenen erforderlich (*D/R* § 16 Rz. 37 f.).

Den **Vorsitzenden des Wahlvorstandes** hat der Betriebsrat bei der Bestellung des Wahlvorstandes gleichzeitig durch Mehrheitsbeschluß zu bestellen. Für die Beschlußfassung gelten die gleichen Grundsätze wie für die Bestellung des Wahlvorstandes. Die Bestellung des Vorsitzenden des Wahlvorstandes ist eine Pflicht des Betriebsrats; sie ist unverzüglich durch den Betriebsrat nachzuholen, falls sie unterblieben ist. Besteht der Betriebsrat inzwischen nicht mehr, so kann der Wahlvorstand aus seiner Mitte einen Vorsitzenden wählen (*D/R* § 16 Rz. 13; *F/A/K/H* § 16 Rz. 23; *G/L* § 16 Rz. 9; GK-*Kreutz* § 16 Rz. 24; *BAG* vom 14. 12. 1965 – 1 ABR 6/65 – AP Nr. 5 zu § 16 BetrVG 1952 m. Anm. *Neumann-Duesberg* = DB 1966, 425).

9

3. Zusammensetzung des Wahlvorstandes

Es ist im Regelfalle ein **dreiköpfiger Wahlvorstand** zu bestellen. Dieser Grundsatz gilt auch für kleine Betriebe mit weniger als 20 wahlberechtigten Arbeitnehmern, in denen nach § 9 nur ein einköpfiger Betriebsrat zu wählen ist. Ein aus weniger als 3 Personen bestehender Wahlvorstand wäre kein Wahlvorstand im Sinne des Gesetzes und zur Durchführung der Betriebsratswahl nicht berechtigt (vgl. oben Rz. 2).

10

Eine **Vergrößerung des Wahlvorstandes** über die Regelzahl von drei Mitgliedern hinaus ist nur zulässig, wenn dies zur ordnungsgemäßen Durchführung der Wahl erforderlich ist. Das kann insbesondere in großen Betrieben der Fall sein, in denen aufgrund betrieblicher Verhältnisse (räumlich weite Entfernung der Abteilungen, Schichtbetriebe) die Wahl nur in mehreren Wahllokalen durchgeführt werden kann und ein dreiköpfiger Wahlvorstand seinen Anwesenheits- und Leistungspflichten (z. B. § 12 Abs. 2 WO) nicht nachkommen könnte (BT-Drucks. VI/1786, 38). Die Bestimmung ist nicht weit auszulegen und sollte im wesentlichen auf die genannten Fälle beschränkt bleiben, da der Wahlvorstand Wahlhelfer nach § 1 Abs. 2 WO zuziehen kann (*D/R* § 16 Rz. 8; *F/A/K/H* § 16 Rz. 19; GK-*Kreutz* § 16 Rz. 33). Ob die Verhältnisse eine Vergrößerung des Wahlvorstandes erfordern, ist vom Betriebsrat in eigener Verantwortung zu prüfen; er hat dabei einen Beurteilungsspielraum. Hierbei ist auch zu erwägen, ob es zweckmäßiger ist, die Zahl der Mitglieder des Wahlvorstandes zu erhöhen oder die Wahl über einige Tage länger zu erstrecken. Der Arbeitgeber hat kein Zustimmungsrecht, jedoch kann im Streitfall durch das Arbeitsgericht nachgeprüft werden, ob die Voraussetzungen für eine Vergrößerung des Wahlvorstandes gegeben waren, d. h. der unbestimmte Rechtsbegriff »Erforderlichkeit« wird gerichtlich nachgeprüft. Eine Höchstgrenze für die Erhöhung gibt es nicht.

11

Immer muß der **Wahlvorstand** aus einer **ungeraden Zahl von Mitgliedern** bestehen (*D/R* § 16 Rz. 8, 29; *G/L* § 16 Rz. 10), die Bestellung eines aus einer geraden Zahl von Mitgliedern bestehenden Wahlvorstandes und die Sicherstellung seiner Beschlußfähigkeit durch doppeltes Stimmrecht des Vorsitzenden des Wahlvorstandes ist unzulässig.

12

Zu Mitgliedern des Wahlvorstandes können nur **betriebsangehörige, wahlberech-**

13

tigte **Arbeitnehmer** bestellt werden. Zum Begriff Wahlberechtigung vgl. § 7. Die Wählbarkeit ist nicht erforderlich.

14 **Betriebsfremde Gewerkschaftsvertreter** können nach § 16 Abs. 1 nicht zum Wahlvorstand bestellt und auch nicht mit beratender Stimme an den Sitzungen des Wahlvorstandes beteiligt werden. Im Gegensatz zum bisherigen Recht (vgl. Voraufl. Rz. 14) können nach dem Änderungsgesetz 1989 im Betrieb vertretene Gewerkschaften einen betriebsangehörigen Beauftragten als nicht stimmberechtigtes Mitglied in den Wahlvorstand entsenden. Zum Begriff der im Betrieb vertretenen Gewerkschaft vgl. § 2 Rz. 61. Es handelt sich um solche Gewerkschaften, die mindestens ein Gewerkschaftsmitglied als Arbeitnehmer im Betrieb haben. Sie können nur dann betriebsangehörige Beauftragte ohne Stimmrecht in den Wahlvorstand entsenden, wenn sie nicht durch ein stimmberechtigtes Mitglied dort vertreten sind. Zeitlich gesehen kommt dieses Entsendungsrecht erst nach Bestellung des Wahlvorstandes in Betracht, da erst dann feststeht, ob die betreffende Gewerkschaft bereits im Wahlvorstand vertreten ist.

15 In der **Auswahl der Mitglieder** des Wahlvorstandes ist der Betriebsrat frei. Er ist nicht gehindert, die Mitglieder des Wahlvorstandes aus den Mitgliedern des amtierenden Betriebsrats oder auch aus dem Kreis der in Aussicht genommenen Wahlkandidaten zu nehmen (vgl. § 8 Rz. 34; § 14 Rz. 57; *F/A/K/H* § 16 Rz. 14; GK-*Kreutz* § 16 Rz. 29 f.; *BAG* vom 12.10. 1976 – 1 ABR 1/76 – EzA § 8 BetrVG 1972 Nr. 2 = DB 1977, 356; *BAG* vom 4.10. 1977 – 1 ABR 37/77 – EzA § 8 BetrVG 1972 Nr. 3 = DB 1978, 449; **a.A.** für Wahlbewerber, dagegen nicht für Mitglieder des amtierenden Betriebsrats: *D/R* § 16 Rz. 12, 44 ff.; *G/L* § 14 Rz. 52). Eine Unvereinbarkeit (Inkompatibilität) zwischen dem Amt als Mitglied des Wahlvorstandes und als (zukünftiges) Mitglied des Betriebsrats ergibt sich nicht aus dem Gesetz. § 8 legt abschließend die Voraussetzungen für die Wählbarkeit fest; § 16 diejenigen für die Mitgliedschaft im Wahlvorstand; in beiden Vorschriften ist keine Regelung über die Unvereinbarkeit enthalten. In anderen Gesetzen, z. B. § 9 Abs. 3 Bundeswahlgesetz; § 10 Abs. 3 Nr. 4 PersVG Berlin; § 10 Abs. 2 c PersVG Hamburg; § 10 Abs. 2 c PersVG Niedersachsen, ist die Frage ausdrücklich dahingehend geregelt, daß Wahlbewerber nicht zu Mitgliedern des Wahlvorstandes bestellt werden dürfen. Das Schweigen des Gesetzgebers im BetrVG ist daher dahin aufzufassen, daß eine Unvereinbarkeit der Ämter als Mitglied des Wahlvorstandes und des (zukünftigen) Betriebsrats nicht besteht. Zweckmäßigerweise sollte der Betriebsrat jedoch bei der Bestellung des Wahlvorstandes den Personenkreis berücksichtigen, der am Ausgang des bevorstehenden Wahlverfahrens nicht persönlich interessiert ist (so auch *F/A/K/H* § 16 Rz. 17). Zur Frage der Zulässigkeit der Unterzeichnung von Wahlvorschlägen durch Mitglieder des Wahlvorstandes vgl. § 14 Rz. 57.

16 Die im Gesetz vorgeschriebene **Vertretung von Arbeitern und Angestellten im Wahlvorstand** ist **zwingenden** Rechts. Dies gilt für die Dauer der Durchführung des Wahlverfahrens; ein Verstoß hiergegen macht die Wahl anfechtbar (*BAG* vom 14. 9. 1988 – 7 ABR 93/87 – EzA § 16 BetrVG 1972 Nr. 6 = DB 1989, 50). Mit diesem Grundsatz ist aber nicht gesagt, daß die zahlenmäßig stärkere Gruppe auch die Mehrheit im Wahlvorstand haben muß. Für die Zusammensetzung des Wahlvorstandes kommt es nicht darauf an, ob eine Minderheitsgruppe im späteren Betriebsrat vertreten sein wird; auch wenn dies nicht der Fall ist, besteht ein Anspruch auf Vertretung im Wahlvorstand; § 10 Abs. 3, der den Ausschluß der Vertretung einer Minderheitsgruppe im Betriebsrat regelt, ist nicht als allgemein

Bestellung des Wahlvorstands § 16

gültiger Rechtsgrundsatz anzusehen (*D/R* § 16 Rz. 9; *F/A/K/H* § 16 Rz. 21; *G/L* § 16 Rz. 7; GK-*Kreutz* § 16 Rz. 36). Der Betriebsrat muß mindestens je ein Mitglied der im Betrieb vertretenen Gruppe in den Wahlvorstand berufen (h. M., Literatur wie oben); dies gilt dann nicht, wenn es keinen wählbaren Gruppenangehörigen gibt oder kein Mitglied der Gruppen bereit ist, im Wahlvorstand mitzuwirken; dann wird dieser nur mit wählbaren Arbeitnehmern der anderen Gruppe besetzt (*Brecht* § 16 Rz. 14; *D/R* § 16 Rz. 10; *F/A/K/H* § 16 Rz. 21; *G/L* § 16 Rz. 13; GK-*Kreutz* § 16 Rz. 37; *S/W* § 16 Rz. 8; *LAG Baden-Württemberg* vom 28. 9. 1964 rkr. – 4 Ta BV 3/64 – DB 1964, 1666; vom 8. 11. 1976 – 1 a Ta BV 6/76).

Über **das Verhältnis der Gruppenvertreter** im Wahlvorstand enthält das Gesetz keine Bestimmung. Abgesehen davon, daß jede Gruppe mit mindestens einem Vertreter dem Wahlvorstand angehören muß, kann der Betriebsrat nach freiem Ermessen unabhängig von § 10 beschließen, wie die Gruppen im Wahlvorstand vertreten sein sollen (*D/R* § 16 Rz. 11; *F/A/K/H* § 16 Rz. 21; *G/L* § 16 Rz. 13; **a. A.** *Brecht* § 16 Rz. 14, der die Gruppen entsprechend ihrem Stärkenverhältnis berücksichtigen will).

Ein zum Mitglied des Wahlvorstandes bestellter Arbeitnehmer hat **keine Pflicht** 17 **zur Annahme des Amtes** (h. M.). Lehnt ein bestellter Arbeitnehmer das Amt ab, so ist durch den Betriebsrat ein anderer wahlberechtigter Arbeitnehmer zum Mitglied des Wahlvorstandes zu bestellen. Ein etwa bestelltes Ersatzmitglied kann in diesem Fall nicht automatisch Mitglied des Wahlvorstandes werden, da weder ein Fall der zeitweiligen Verhinderung noch des Ausscheidens vorliegt (*G/L* § 16 Rz. 12; *F/A/K/H* § 16 Rz. 16). Die Ablehnung der Übernahme des Amtes als Vorstand durch einen Bestellten führt jedoch nicht dazu, daß der Wahlvorstand insgesamt neu zu bestellen wäre. Die anderen ordnungsgemäß bestellten Wahlvorstandsmitglieder bleiben ohne Rücksicht auf das Ausfallen eines Mitgliedes im Amt (*LAG München* vom 30. 7. 1953 – I 8/53 S – DB 1953, 908).

Lehnen alle Mitglieder einer Gruppe die Annahme des Amtes ab, so ist diese Gruppe im Wahlvorstand nicht vertreten (vgl. Rz. 16). Lehnen alle wahlberechtigten Arbeitnehmer oder so viele wahlberechtigte Arbeitnehmer das Amt des Wahlvorstandes ab, daß dieser nicht mehr mit drei Arbeitnehmern besetzt werden kann, so kommt kein Wahlvorstand zustande und die Wahl kann nicht durchgeführt werden, weil es sich um eine Nichtwahl handeln würde (vgl. Rz. 2; *D/R* § 16 Rz. 1, 39). Das Arbeitsgericht kann aber in diesem Fall nach Abs. 2 Satz 3 in Betrieben mit mehr als zwanzig wahlberechtigten Arbeitnehmern auch betriebsfremde Gewerkschaftsmitglieder einer im Betrieb vertretenen Gewerkschaft in den Wahlvorstand bestellen (vgl. Rz. 26 f.). Da es sich bei der Bestellung des Wahlvorstandes nicht um ein förmliches Wahlverfahren handelt (vgl. Rz. 8), kann der Betriebsrat bei der Bestellung vorsorglich ein zusätzliches Mitglied des Wahlvorstandes für den Fall, daß ein bestelltes Mitglied das Amt nicht annehmen wird, berufen (*F/A/K/H* § 16 Rz. 16). Zum Ausscheiden aus dem Wahlvorstand vgl. Rz. 30 f.

4. Ersatzmitglieder

18 Das Gesetz ermöglicht die Bestellung von **Ersatzmitgliedern** des Wahlvorstandes. Anders als in § 25 Abs. 1 regelt das Gesetz ausdrücklich nur den **Fall der Verhinderung**, nicht dagegen den des **Ausscheidens**. *Erdmann/Jürging/Kammann* (§ 16 Rz. 3) sind daher davon ausgegangen, daß nur im Falle der Verhinderung eines Mitgliedes, z. B. durch Krankheit oder Urlaub, das Ersatzmitglied tätig werden könne; dagegen sei beim Ausscheiden eines Mitglieds des Wahlvorstandes nachträglich durch den Betriebsrat ein neues Mitglied zu bestellen; das Ersatzmitglied rücke dann nicht automatisch in die Position des Ausgeschiedenen ein. Diese Auslegung erscheint zu eng und entspricht nicht dem Erfordernis der Kontinuität des Wahlvorstandes. Das Ausscheiden als Fall der endgültigen Verhinderung ist der zeitweiligen Verhinderung gleichzustellen, zumal § 16 im Gegensatz zu § 25 Abs. 1 von Verhinderung und nicht nur von zeitweiliger Verhinderung spricht. Auch bei Ausscheiden aus dem Wahlvorstand rücken also zunächst die Ersatzmitglieder nach (*D/R* § 16 Rz. 15; *F/A/K/H* § 16 Rz. 26; *G/L* § 16 Rz. 15; GK-*Kreutz* § 16 Rz. 41; so auch *BAG* vom 14. 12. 1965 – 1 ABR 6/65 – AP Nr. 5 zu § 16 BetrVG 1952 = DB 1966, 425). Kann der Wahlvorstand nicht mehr durch Ersatzmitglieder ergänzt werden, weil keine mehr vorhanden sind, so hat der Betriebsrat den Wahlvorstand unverzüglich zu ergänzen (vgl. hierzu Rz. 31).

19 Die **Ersatzmitglieder** werden durch Beschluß des Betriebsrats als Gremium in der Weise bestimmt, daß **für jedes Mitglied** ein bestimmtes Ersatzmitglied bestellt wird. Es handelt sich also um ein persönliches Ersatzmitglied. Dies schließt nicht aus, daß auch mehrere Ersatzmitglieder für ein bestimmtes Wahlvorstandsmitglied oder ein Ersatzmitglied für mehrere Wahlvorstandsmitglieder bestellt werden; Voraussetzung ist allerdings, daß die Reihenfolge des Nachrückens genau festgelegt ist, anderenfalls wäre es ein Verstoß gegen den Grundsatz der persönlichen Ersatzmitgliedschaft (*Brecht* § 16 Rz. 12; *D/R* § 16 Rz. 14; *F/A/K/H* § 16 Rz. 25; *G/L* § 16 Rz. 14; *D/K/K/S* § 16 Rz. 15; GK-*Kreutz* § 16 Rz. 40). Außerdem muß bei einem Eintritt des Ersatzmitgliedes in den Wahlvorstand dessen gruppenmäßige Zusammensetzung gewahrt bleiben. Die Bestellung von Ersatzmitgliedern ist **nicht zwingend** vorgeschrieben; im Interesse eines reibungslosen Ablaufes des Wahlverfahrens ist es zweckmäßig, von einer solchen Bestellung Gebrauch zu machen.

20 Der **besondere Kündigungsschutz** des § 103 und des § 15 Abs. 3 KSchG **gilt nicht für Ersatzmitglieder** solange sie nicht anstelle eines verhinderten Mitglieds in den Wahlvorstand nachgerückt sind. Solange ein Ersatzmitglied tätig ist, auch infolge vorübergehender Verhinderung des ordentlichen Wahlvorstandsmitglieds, gilt der besondere Kündigungsschutz (*Hueck* KSchG § 15 Rz. 23; *D/R* § 103 Rz. 11; *F/A/K/H* § 16 Rz. 27; *G/L* § 16 Rz. 29; GK-*Kreutz* § 16 Rz. 62; *BAG* vom 9. 11. 1977 – 5 AZR 175/76 – EzA § 15 KSchG 1969 Nr. 13 = DB 1978, 495). Die nur zeitweilig als Stellvertreter im Wahlvorstand tätigen Ersatzmitglieder haben allerdings keinen nachwirkenden Kündigungsschutz nach § 15 Abs. 3 Satz 2 KSchG (*Hueck* § 15 KSchG Rz. 23; **a. A.** GK-*Kreutz* § 16 Rz. 62). Vgl. auch § 103 Rz. 12 und Rz. 16 ff. Einen besonderen Kündigungsschutz der Bewerber für die Wahl zum Wahlvorstand gibt es nicht (**h. M.**; *Hueck* KSchG § 15 Rz. 7; *D/R* § 103 Rz. 9; *G/L* §§ 16 Rz. 28, 103 Rz. 11; vgl. § 103 Rz. 7, 14).

III. Bestellung des Wahlvorstandes durch das Arbeitsgericht

Für die **Bestellung durch das Arbeitsgericht** gelten die **gleichen Grundsätze**, wie **21** für die Bestellung durch den Betriebsrat; insbesondere müssen drei wahlberechtigte betriebsangehörige Arbeitnehmer bestellt werden – abgesehen von der Ausnahme, daß Betriebsfremde bestellt werden (vgl. Rz. 25) – und ein Vorsitzender; Ersatzmitglieder können ebenfalls bestellt werden (so auch *D/R* § 16 Rz. 34, 35).

1. Voraussetzungen

Sofern der Betriebsrat nicht oder nicht rechtzeitig – d.h. **bis spätestens acht Wo-** **22** **chen vor Ablauf der Amtsperiode** – seiner Verpflichtung zur Bestellung des Wahlvorstandes gem. § 16 Abs. 1 nachkommt, **bestellt den Wahlvorstand** »auf Antrag« das **Arbeitsgericht**. Das Arbeitsgericht wird also nicht von Amts wegen, sondern nur auf Antrag tätig. Der Betriebsrat bleibt jedoch auch nach Eintritt des in § 16 Abs. 2 genannten Zeitpunktes – 8 Wochen vor Ablauf seiner Amtszeit – berechtigt und verpflichtet, einen Wahlvorstand zu bestellen, und zwar selbst dann, wenn zwar der Antrag an das Arbeitsgericht gerichtet und ein Beschluß, einen Wahlvorstand einzusetzen, ergangen ist, dieser Beschluß aber noch keine Rechtskraft erlangt hat. Erst mit Eintritt der Rechtskraft des den Wahlvorstand bestellenden Beschlusses des Arbeitsgerichts endet die Befugnis des Betriebsrats, seinerseits einen Wahlvorstand einzusetzen (vgl. ausführlich Rz. 6). Für die Berechnung der Achtwochenfrist gilt das unter Rz. 5 Gesagte entsprechend.

In den Fällen einer **außerplanmäßigen Neuwahl** des Betriebsrats nach § 13 Abs. 2 **23** Ziff. 1, 2 und 3 ist der Antrag an das Arbeitsgericht zulässig, wenn der Betriebsrat nicht innerhalb einer **angemessenen Frist** einen Wahlvorstand für die Neuwahl bestellt hat (vgl. Rz. 7). Angemessene Frist ist ein Zeitraum von zwei Wochen, da auch bei der Bestellung des Wahlvorstandes bei Ablauf der regelmäßigen Amtszeit dem Betriebsrat nach Abs. 2 Satz 1 eine Frist von zwei Wochen bleibt, bis eine Bestellung durch das Arbeitsgericht erfolgen kann (*Brecht* § 16 Rz. 15; *D/R* § 16 Rz. 22; *F/A/K/H* § 16 Rz. 42; *G/L* § 16 Rz. 16; GK-*Kreutz* § 16 Rz. 49).

2. Antragsberechtigung und Vorschlagsrecht

Antragsberechtigt sind entweder **drei wahlberechtigte Arbeitnehmer** (vgl. § 7) **24** oder **jede im Betrieb vertretene Gewerkschaft** (vgl. § 2 Rz. 61, § 14 Rz. 60). Die Zahl von drei wahlberechtigten Arbeitnehmern ist eine Mindestzahl. Scheidet ein Antragsteller während des Verfahrens aus dem Betrieb aus, so entfällt die Antragsberechtigung (*BAG* vom 21. 11. 1975 – 1 ABR 12/75 – EzA § 118 BetrVG 1972 Nr. 11 m. Anm. *Küchenhoff, Richardi* = DB 1977, 249 m. Anm. *Mayer-Maly; BAG* vom 14. 2. 1978 – 1 ABR 46/77 – EzA § 19 BetrVG 1972 Nr. 16 = DB 1978, 1451). Die Mindestzahl gilt in allen Fällen, also auch in Kleinbetrieben, die nur fünf Arbeitnehmer beschäftigen. Die antragstellende Gewerkschaft muß im Zeitpunkt der Antragstellung mindestens ein Mitglied im Betrieb nachweisen können und diese Vertretung im Betrieb während des ganzen Verfahrens der Bestellung des Wahlvorstandes aufrechterhalten, d.h. bis zur letzten mündlichen Verhandlung (*D/R* § 16 Rz. 26; *F/A/K/H* § 16 Rz. 43; *G/L* § 16 Rz. 18; vgl. auch § 14

§ 16   2. Teil 1. Abschn. Zusammensetzung und Wahl des Betriebsrats

Rz. 60; *S/W* § 16 Rz. 6; *BAG* vom 21.11. 1975 – 1 ABR 12/75 – a. a. O.). Das Erfordernis der Aufrechterhaltung der Vertretung im Betrieb während des Bestellungsverfahrens des Wahlvorstandes durch das Arbeitsgericht ergibt sich auch aus den Mitwirkungsrechten der Gewerkschaft nach § 18 Abs. 1 und § 19 Abs. 2, die die Absicht einer Kontinuität der gewerkschaftlichen Vertretung im Betrieb als Voraussetzung für die Geltendmachung dieser Mitwirkungsrechte erkennen lassen. Der Arbeitgeber hat nicht das Recht, einen Antrag auf Bestellung eines Wahlvorstandes an das Arbeitsgericht zu richten. Ein hierauf gerichteter Antrag der CDU/CSU in den Ausschußberatungen wurde nicht angenommen. Der **Arbeitgeber** ist nach Abs. 2 **nicht antragsberechtigt** (h. M.).

25 Zusammen mit dem Antrag können dem Arbeitsgericht **Vorschläge für die Zusammensetzung des Wahlvorstandes** vorgelegt werden. Das Gericht ist indessen an diese Vorschläge nicht gebunden, sondern trifft seine Entscheidung nach **pflichtgemäßem Ermessen**; es kann also jeden wahlberechtigten Arbeitnehmer des Betriebes bestellen (*D/R* § 16 Rz. 33; *F/A/K/H* § 16 Rz. 44; *G/L* § 16 Rz. 19; GK-*Kreutz* § 16 Rz. 54). Die Zusammensetzung des Wahlvorstandes richtet sich im Falle der Bestellung durch das Arbeitsgericht nach § 16 Abs. 1. Dies gilt sowohl für die zahlenmäßige Zusammensetzung wie für die Zulässigkeit der Bestellung von Ersatzmitgliedern oder für die nachträgliche Bestellung von einzelnen Mitgliedern des Wahlausschusses für die Nachfolge von Mitgliedern des Wahlausschusses, die die Übernahme des Amtes ablehnen oder nachträglich aus dem Betrieb ausscheiden. Das Arbeitsgericht bestellt auch den Vorsitzenden des Wahlausschusses und ist an den Grundsatz der Berücksichtigung sowohl der Gruppe der Arbeiter wie der Gruppe der Angestellten im Wahlausschuß gebunden.

3. Bestellung von Betriebsfremden

26 Von dem **Grundsatz**, daß nur **betriebsangehörige wahlberechtigte Arbeitnehmer** zu Mitgliedern des Wahlvorstandes bestellt werden können, kann das **Arbeitsgericht abweichen**, wenn es sich um die Bestellung eines Wahlvorstandes für die Betriebsratswahl in einem Betrieb mit in der Regel mehr als zwanzig wahlberechtigten Arbeitnehmern handelt (vgl. zum Begriff »in der Regel« § 1 Rz. 28, über die Wahlberechtigung § 7). Voraussetzung für die **Bestellung betriebsfremder Mitglieder des Wahlvorstandes** ist weiterhin, daß deren Bestellung zur ordnungsgemäßen Durchführung der Wahl **erforderlich** ist. Das Vorliegen der Tatsachen, aus welchen diese Erforderlichkeit geschlossen wird, ist von den Antragstellern dem Arbeitsgericht gegenüber darzulegen und von diesem nachzuprüfen. Die Erforderlichkeit wird in der Regel zu verneinen sein, wenn festzustellen ist, daß im Betrieb selbst wahlberechtigte Arbeitnehmer vorhanden sind, die zur Übernahme des Amtes des Wahlvorstandes bereit und in der Lage sind. Erforderlich ist die Bestellung von Betriebsfremden grundsätzlich nur, wenn nicht mindestens drei Arbeitnehmer zur Amtsübernahme bereit oder – etwa wegen Sprachschwierigkeiten – nicht in der Lage sind, das förmliche Wahlverfahren durchzuführen; reine Zweckmäßigkeitserwägungen reichen nicht aus (*F/A/K/H* § 16 Rz. 35; *G/L* § 16 Rz. 30; GK-*Kreutz* § 16 Rz. 58; *LAG Düsseldorf* vom 7. 11. 1974 – 7 Ta BV 87/74 – DB 1975, 260).

27 Auch wenn das Arbeitsgericht es für erforderlich hält, Mitglieder einer im Betrieb vertretenen Gewerkschaft, die nicht Arbeitnehmer des Betriebes sind, zu Mitglie-

dern des Wahlvorstandes zu bestellen, richtet sich die **Zusammensetzung des Wahlvorstandes** im übrigen nach den Vorschriften des § 16 Abs. 1. Das bedeutet insbesondere, daß auch in diesem Falle Arbeiter und Angestellte im Wahlvorstand vertreten sein müssen und daß eine Vergrößerung des Wahlvorstandes nur dann zulässig ist, wenn dies zur ordnungsmäßigen Durchführung der Wahl erforderlich ist (vgl. Rz. 11).

Für betriebsfremde Wahlvorstandsmitglieder ist die Tätigkeit ebenfalls **ehrenamtlich**. Sie haben keinen Anspruch gegen den Betriebsinhaber auf Zahlung von Arbeitsentgelt, da sie zu ihm nicht in einem Arbeitsverhältnis stehen. Die **notwendigen Auslagen** und **Aufwendungen** als Mitglieder des Wahlvorstandes hat der Arbeitgeber dann nicht zu tragen (vgl. auch § 20 Rz. 40), wenn die betriebsfremden Wahlvorstandsmitglieder bestellt wurden, weil die Betriebsangehörigen eine Betriebsratswahl nicht wollten und dies später auch durch Nichtteilnahme an der Wahl dokumentieren; wurden dagegen die betriebsfremden Wahlvorstandsmitglieder bestellt, weil es den Betriebsangehörigen nicht möglich war, die Wahl durchzuführen (z. B. wegen Sprachschwierigkeiten) – also zur Unterstützung –, so hat der Arbeitgeber genauso wie bei anderen Wahlvorstandsmitgliedern die notwendigen Aufwendungen und sachlichen Kosten zu tragen (a. A. d. h. für generelle Kostenübernahme *F/A/K/H* § 16 Rz. 55; GK-*Kreutz* § 16 Rz. 60; wohl auch *D/R* § 16 Rz. 32; zu den notwendigen Aufwendungen und sachlichen Kosten vgl. § 20 Rz. 35f.). Der Arbeitgeber kann nicht mit Kosten belastet werden, die durch das Interesse der Gewerkschaft an der Wahl entgegen dem Willen der Belegschaft entstanden sind. 28

IV. Rechtsstellung des Wahlvorstandes

1. Beginn und Ende des Amtes

Das **Amt des Wahlvorstandes beginnt** mit der Annahme der Bestellung – sei es durch den Betriebsrat oder das Arbeitsgericht – und **endet** mit der Einberufung des Betriebsrats zur konstituierenden Sitzung (*BAG* vom 14. 11. 1975 – 1 ABR 61/75 – EzA § 16 BetrVG 1972 Nr. 4 = DB 1976, 300; *D/R* § 16 Rz. 48 a. A. GK-*Kreutz* § 16 Rz. 68). Der Betriebsrat kann den einmal bestellten Wahlvorstand in seiner Gesamtheit oder einzelne Mitglieder grundsätzlich nicht mehr abberufen (*F/A/K/H* § 16 Rz. 39; *G/L* § 16 Rz. 25; *ArbG Berlin* vom 3. 4. 1974, rkr. – 10 BV Ga 3/73 – DB 1974, 830). Ein vom Betriebsrat wirksam bestellter Wahlvorstand kann nur durch Beschluß des Arbeitsgerichts nach § 18 Abs. 1 ersetzt werden. Der Wahlvorstand hat auch kein Selbstauflösungsrecht; er kann nicht aufgrund eines Mehrheitsbeschlusses als Gremium zurücktreten. Ein solcher Beschluß, sich selbst aufzulösen, ist unwirksam, weil ein Selbstauflösungsrecht, ähnlich dem Rücktrittsrecht des Betriebsrats, im Gesetz nicht vorgesehen ist (*LAG Düsseldorf* vom 26. 3. 1975 – 12 BV Ta 29/75 – DB 1975, 840; *D/R* § 16 Rz. 49; *G/L* § 16 Rz. 25). 29

Jedes **einzelne Wahlvorstandsmitglied** kann sein Amt jederzeit niederlegen; dies geschieht durch Erklärung gegenüber dem Wahlvorstand (*D/R* § 16 Rz. 50; *F/A/K/H* § 16 Rz. 58; *LAG Düsseldorf* vom 26. 3. 1975 a. a. O.). Es handelt sich wie bei der Kündigung um eine Erklärung mit Gestaltungswirkung, die mit Zugang wirksam wird und nicht zurückgenommen werden kann (vgl. § 24 Rz. 7). Bei Ausscheiden von Mitgliedern aus dem Wahlvorstand rücken die Ersatzmitglieder nach 30 (vgl. Rz. 18). Sind keine Ersatzmitglieder (mehr) da, so muß **der Betriebsrat unverzüglich ein neues Mitglied bestellen** (*BAG* vom 14. 12. 1965 – 1 ABR 6/65 – AP Nr. 5 zu § 16 BetrVG 1952 m. Anm. *Neumann-Duesberg* = DB 1966, 425; *LAG Düsseldorf* vom 7. 11. 1974 – 7 Ta BV 87/74 – DB 1974, 260). Eine nachträgliche Ergänzung des Wahlvorstandes ist also zulässig. Wird der Betriebsrat nicht tätig, so erfolgt die Bestellung durch das Arbeitsgericht (*Brecht* § 16 Rz. 13). Lediglich für das ausgeschiedene Mitglied ist eine Neubestellung vorzunehmen (vgl. Rz. 17). Scheiden ein Mitglied des Wahlvorstandes und ein Ersatzmitglied aus, so genügt es, wenn nur ein Mitglied nachgewählt wird (*BAG* vom 14. 12. 1965 a. a. O.). Bei einem betriebsratslosen Betrieb oder wenn kein Betriebsrat mehr im Amt ist, erfolgt die Bestellung durch die Betriebsversammlung bzw. durch das Arbeitsgericht auf Antrag (§ 17 Abs. 2; vgl. dort). Scheidet bei einem Wahlvorstand, der durch das Arbeitsgericht bestellt wurde, ein Mitglied aus und sind keine Ersatzmitglieder vorhanden, so ist der Wahlvorstand durch das Arbeitsgericht und nicht durch den Betriebsrat zu ergänzen (*Brecht* § 16 Rz. 18; *G/L* § 16 Rz. 24); der Betriebsrat hat durch seine Untätigkeit zum Ausdruck gebracht, daß er keinen Wahlvorstand bestellen werde.

31 Das Amt des **einzelnen Wahlvorstandsmitgliedes endet** außerdem durch Verlust der Wahlberechtigung nach § 7, z. B. durch Ausscheiden aus dem Betrieb. Auch in diesem Fall ist der Wahlvorstand unverzüglich durch den Betriebsrat zu ergänzen.

2. Aufgaben des Wahlvorstandes und seines Vorsitzenden

32 Die **Aufgaben des Wahlvorstandes** ergeben sich im einzelnen aus der Wahlordnung. Er hat unverzüglich nach seiner Bestellung die Wahl zum Betriebsrat einzuleiten, durchzuführen sowie das Wahlergebnis festzustellen (§ 18 Abs. 1 Satz 1; vgl. hierzu § 18 Rz. 4 f.). Zu seiner Unterstützung kann er wahlberechtigte Arbeitnehmer als Wahlhelfer heranziehen und kann sich eine Geschäftsordnung geben (§ 1 Abs. 2 WO). Die Beschlüsse werden mit einfacher Stimmenmehrheit gefaßt (§ 1 Abs. 3 WO). Unverzüglich nach Abschluß der Wahl hat der Wahlvorstand die Stimmen öffentlich auszuzählen (§ 18 Abs. 3; vgl. dort). Hat er die Obliegenheiten nach § 18 Abs. 3 erfüllt, so hat er den neu gewählten Betriebsrat zu der konstituierenden Sitzung nach § 29 einzuberufen; hiermit endet sein Amt (vgl. Rz. 29). Der **Arbeitgeber** kann ebenso wie der Betriebsrat oder eine im Betrieb vertretene Gewerkschaft dem bestellten **Wahlvorstand Hinweise** und Anregungen für seine Tätigkeit **geben**, ohne damit gegen das in § 20 BetrVG aufgestellte Verbot der Wahlbeeinflussung zu verstoßen.

33 Der **Vorsitzende des Wahlvorstandes** vertritt den Wahlvorstand nach außen, z. B. gegenüber dem Arbeitgeber oder dem Arbeitsgericht, im Rahmen der vom Wahlvorstand gefaßten Beschlüsse. Es gelten die gleichen Grundsätze wie über die Vertreterstellung des Betriebsrats (vgl. § 26 Rz. 40 ff.), d. h. der Vorsitzende des Wahlvorstandes ist befugt, den Wahlvorstand in seinen Erklärungen zu vertreten, dagegen nicht in der Willensbildung. Er hat die Sitzungen des Wahlvorstandes einzuberufen, zusammen mit einem anderen Mitglied des Wahlvorstandes das Wahlausschreiben (§ 3 Abs. 1 WO) und die Wahlniederschrift (§ 17 Abs. 2 WO) zu unterschreiben.

3. Kündigungsschutz, Kosten

Der besondere Kündigungsschutz des § 103 und des § 15 Abs. 3 Satz 1 KSchG, **34**
§ 29a Abs. 2 Satz 1 HAG gilt für Wahlvorstandsmitglieder vom **Zeitpunkt ihrer Bestellung an bis zur Bekanntgabe des Wahlergebnisses.** Der nachwirkende Kündigungsschutz des § 15 Abs. 3 Satz 2, § 29a Abs. 2 Satz 2 HAG gilt bis zu sechs Monaten nach Bekanntgabe des Wahlergebnisses; er gilt nicht für Mitglieder des Wahlvorstands, der nach § 18 Abs. 1 durch gerichtliche Entscheidung einen anderen Wahlvorstand ersetzt hat. Gleiches gilt auch für die freiwillige Niederlegung des Amtes des Wahlvorstandes (*D/R* § 16 Rz. 54; *G/L* § 16 Rz. 27; vgl. § 103 Rz. 13, 17). Keinen Kündigungsschutz nach § 15 Abs. 3 genießen Wahlbewerber für die Wahl in den Wahlvorstand (*LAG Baden-Württemberg* vom 31. 5. 1974 – 7 Sa 68/74 – BB 1974, 885; *D/R* § 103 Rz. 9; *G/L* § 16 Rz. 28; vgl. § 103, Rz. 7, 14). Der besondere Kündigungsschutz der Mitglieder des Wahlvorstandes gilt nach dem *Bundesarbeitsgericht* auch entsprechend im betriebsratslosen Betrieb (*BAG* vom 12. 8. 1976 – 2 AZR 303/75 – EzA § 15 KSchG 1969 Nr. 9 = DB 1976, 2165; zum Meinungsstreit vgl. § 103 Rz. 54f.); der Arbeitgeber muß das Arbeitsgericht analog § 103 Abs. 2 wegen Ersetzens der Zustimmung anrufen. Zum Behinderungsverbot vgl. § 20 Rz. 12f.

Die **notwendigen Kosten** trägt der Arbeitgeber (§ 20 Abs. 3). Das Amt des Wahl- **35** vorstandes ist ein Ehrenamt, der Wahlvorstand kann – wie der Betriebsrat – für seine Tätigkeit keine besondere Vergütung verlangen. **Arbeitsversäumnis,** die wegen der Tätigkeit als Wahlvorstand notwendig wird, berechtigt den Arbeitgeber nicht zur Minderung des Arbeitsentgelts (vgl. § 20 Rz. 42). Eine allgemeine Freistellung von der Arbeit ist im Gesetz nicht vorgesehen. Mitglieder des Wahlvorstandes haben grundsätzlich keinen Anspruch auf Freistellung zur Teilnahme an **Schulungsveranstaltungen** (vgl. im einzelnen § 20 Rz. 46).

V. Streitigkeiten

Streitigkeiten **über** § 16 sind vor dem Arbeitsgericht im Beschlußverfahren durch- **36** zuführen (§ 2a Abs. 1 Nr. 1 ArbGG); Mängel bei der Bestellung oder Tätigkeit des Wahlvorstandes machen die Wahl – bei Vorliegen der Voraussetzungen des § 19 (vgl. dort) – anfechtbar. Entscheidungen und Maßnahmen des Wahlvorstandes, die sich auf die Wahl beziehen, sowie die Bestellung des Wahlvorstandes können selbständig angegriffen werden (*BAG* vom 14. 12. 1965 – 1 ABR 6/65 – AP Nr. 5 zu § 16 BetrVG 1952 m. Anm. *Neumann-Duesberg* = DB 1966, 425). Die Wahl des Wahlvorstandes kann selbständig auch vor Abschluß der Betriebsratswahl angefochten werden (*BAG* vom 3. 6. 1975 – 1 ABR 98/74 – EzA § 5 BetrVG 1972 Nr. 19 = DB 1975, 2380). Die Bestellung des Wahlvorstandes durch das Arbeitsgericht kann mit der Beschwerde angefochten werden.
Antragsberechtigt sind auch die im Betrieb vertretenen Gewerkschaften (*BAG* vom 14. 12. 1965 a. a. O.).
Der **Wahlvorstand** ist **Beteiligter im Beschlußverfahren**, solange sein Amt nicht **37** geendet hat (vgl. Rz. 29f.). Nach Beendigung des Amtes des Wahlvorstands ist der Betriebsrat Beteiligter, außer im Falle einer Streitigkeit über die Berufung zur konstituierenden Sitzung nach § 29 Abs. 1. Die Anfechtung der Wahl richtet sich daher grundsätzlich nicht gegen den Wahlvorstand, sondern gegen den Betriebsrat

§ 17   2. Teil 1. Abschn. Zusammensetzung und Wahl des Betriebsrats

(vgl. § 19 Rz. 29). Dies gilt auch, wenn sich eine Wahlanfechtung auf Mängel der Bestellung des Wahlvorstandes oder des von ihm zu beachtenden Verfahrens bezieht (*BAG* vom 14. 1. 1983 – 6 ABR 39/82 – EzA § 81 ArbGG 1979 Nr. 1 = DB 1983, 2142).

§ 17 Wahl des Wahlvorstands

(1) Besteht in einem Betrieb, der die Voraussetzungen des § 1 erfüllt, kein Betriebsrat, so wird in einer Betriebsversammlung von der Mehrheit der anwesenden Arbeitnehmer ein Wahlvorstand gewählt. § 16 Abs. 1 gilt entsprechend.

(2) Zu dieser Betriebsversammlung können drei wahlberechtigte Arbeitnehmer des Betriebs oder eine im Betrieb vertretene Gewerkschaft einladen und Vorschläge für die Zusammensetzung des Wahlvorstands machen.

(3) Findet trotz Einladung keine Betriebsversammlung statt oder wählt die Betriebsversammlung keinen Wahlvorstand, so bestellt ihn das Arbeitsgericht auf Antrag von mindestens drei wahlberechtigten Arbeitnehmern oder einer im Betrieb vertretenen Gewerkschaft. § 16 Abs. 2 gilt entsprechend.

Literaturübersicht

Vgl. die Literaturübersicht zu §§ 7–20.
Schurig Probleme bei der Wahl eines Betriebsrats, insbes. eines ersten Betriebsrats in einem neu errichteten Betrieb, Diss. 1977.

Inhaltsübersicht

		Rz.
I.	Rechtsnatur und Anwendungsbereich der Vorschrift	1, 2
II.	Wahl in der Betriebsversammlung	3–17
	1. Voraussetzung	3
	2. Einladung und Vorschläge	4– 8
	3. Wahlversammlung	9–11
	4. Bestellung des Wahlvorstandes	12–17
III.	Bestellung durch das Arbeitsgericht	18–21
	1. Voraussetzung	18
	2. Antragsberechtigung	19
	3. Bestellung	20, 21
IV.	Streitigkeiten	22

I. Rechtsnatur und Anwendungsbereich der Vorschrift

1 Die Vorschrift ist **zwingenden Rechts**; es kann weder durch Betriebsvereinbarung noch durch Tarifvertrag von ihr abgewichen werden. Sie behandelt die Wahl des Wahlvorstandes im betriebsratslosen Betrieb; sie stellt für diesen Fall eine Ergänzung des § 16 dar.

2 Für den **Gesamtbetriebsrat** (§ 47) und den **Konzernbetriebsrat** (§ 54) gilt die Vorschrift nicht, da diese nicht durch Wahl, sondern durch Entsendung gebildet werden. Die Vorschrift gilt auch nicht für die Wahl der **Jugend- und Auszubildendenvertretung** (§ 63 Abs. 2), der **Gesamt-Jugend- und Auszubildendenvertretung** (§ 72 Abs. 2) und den **Seebetriebsrat** (§ 116 Abs. 2 Nr. 7); dagegen gilt sie für die **Bordvertretung** mit gewissen Abweichungen (§ 115 Abs. 2 Nr. 8).

II. Wahl in der Betriebsversammlung

1. Voraussetzung

Voraussetzung für die Anwendung des Verfahrens zur Wahl des Wahlvorstandes nach § 17 Abs. 1 ist das Vorliegen eines Betriebes i. S. v. § 1, der ohne Betriebsrat ist. Ein **betriebsratsloser Betrieb** liegt demgemäß zunächst vor, wenn in ihm noch nie ein Betriebsrat bestanden hat. Betriebsratslos ist ein Betrieb aber auch, wenn die Amtszeit des bisherigen Betriebsrats abgelaufen war, ohne daß ein Wahlvorstand von ihm oder vom Arbeitsgericht nach § 16 Abs. 2 bestellt worden ist. Ferner ist ein Betrieb betriebsratslos, wenn die Betriebsratswahl nach § 13 Abs. 2 Ziff. 4 mit Erfolg angefochten war und der vorherige Betriebsrat im Zeitpunkt der Rechtskraft des Beschlusses des Arbeitsgerichts nicht mehr im Amt war. In diesen Fällen ist die Zuständigkeit der Betriebsversammlung für die Wahl des Wahlvorstandes gegeben. Es kommt also nicht auf die Ursache der Betriebsratslosigkeit an. Wird ein Betriebsrat gem. § 23 durch gerichtliche Entscheidung aufgelöst, findet § 17 keine Anwendung (vgl. § 13 Rz. 29), der Wahlvorstand wird vom Arbeitsgericht bestellt. Auch wenn der Betriebsrat noch vor Ablauf seiner Amtszeit einen Wahlvorstand eingesetzt hat, kann die Betriebsversammlung nach Ablauf der Amtszeit – obwohl der Betrieb jetzt betriebsratslos ist – keinen Wahlvorstand wählen; § 17 gilt nur für betriebsratslose Betriebe, dagegen nicht für einen Betrieb, in dem der Betriebsrat untätig bleibt; in diesem Fall findet § 16 Abs. 2 Anwendung (*D/R* § 17 Rz. 2; *F/A/K/H* § 17 Rz. 4; *G/L* § 17 Rz. 3).

2. Einladung und Vorschläge

Abs. 2 enthält Vorschriften über die **Einberufung der Betriebsversammlung**, die den Wahlvorstand wählen soll. Danach können **drei wahlberechtigte Arbeitnehmer** des Betriebes (vgl. § 7) oder **eine im Betrieb vertretene Gewerkschaft** (vgl. § 2 Rz. 61 ff.) zu der Betriebsversammlung einladen. Die Einladenden können der Betriebsversammlung zugleich mit der Einladung oder auch danach **Vorschläge** für die Zusammensetzung des Wahlvorstandes machen, die jedoch für die Betriebsversammlung nicht bindend sind. Nur betriebsangehörige wahlberechtigte Arbeitnehmer können vorgeschlagen werden.

§ 17 Abs. 2 nennt unter den Einladungsberechtigten nicht den **Arbeitgeber**; auch dieser kann jedoch zur Betriebsversammlung einladen (*D/R* § 17 Rz. 7; *GK-Kreutz* § 17 Rz. 14; *S/W* § 17 Rz. 2; *Vogt* Die Betriebsversammlung, 64; *BAG* vom 14. 12. 1965 – 1 ABR 6/65 – AP Nr. 5 zu § 16 BetrVG 1952 m. Anm. *Neumann-Duesberg* = DB 1966, 37, 425; *BAG* vom 19. 3. 1974 – 1 ABR 87/73 – EzA § 17 BetrVG 1972 Nr. 1 = DB 1974, 1775; **a. A.** *F/A/K/H* § 17 Rz. 9; *G/L* § 17 Rz. 6). Der Arbeitgeber hat nach § 43 Abs. 3 jederzeit das Recht, die Einberufung einer Betriebsversammlung durch den Betriebsrat zu erzwingen; es

§ 17   2. Teil 1. Abschn. *Zusammensetzung und Wahl des Betriebsrats*

gibt keinerlei Grund, dem Arbeitgeber dieses Recht für die Einberufung der Betriebsversammlung zur Wahl des Wahlvorstandes (Wahlversammlung) zu versagen. Der Arbeitgeber kann also, da es keinen Betriebsrat gibt, die Wahlversammlung selbst einberufen (*BAG* vom 19. 3. 1974 a. a. O.; vgl. zur Entstehungsgeschichte und Begründung *Erdmann/Jürging/Kammann* § 17 Rz. 5; vgl. auch *LAG Hamm* vom 9. 1. 1980 – 3 Sa 1059/79 – DB 1980, 1222). Allerdings steht dem **Arbeitgeber nicht** das Recht zu, seinerseits **Vorschläge für die Zusammensetzung des Wahlvorstandes** zu machen, weil hiermit die Möglichkeit einer Wahlbeeinflussung gegeben wäre, die allein in der Initiative zur Einladung einer Betriebsversammlung nicht erblickt werden kann.

6   Die **Vorschläge** müssen auf die **Bildung eines Wahlvorstandes** gem. §§ 17 Abs. 1 und 16 Abs. 1 gerichtet sein und müssen daher den in § 16 Abs. 1 aufgestellten Vorschriften für die Zusammensetzung des Wahlvorstandes entsprechen. Die Betriebsversammlung kann es auch ablehnen, über den Vorschlag abzustimmen und Vorschläge aus der Versammlung aufnehmen und beschließen (*Brecht* § 17 Rz. 10; *D/R* § 17 Rz. 23; GK-*Kreutz* § 17 Rz. 16). Alle an der Betriebsversammlung beteiligten Arbeitnehmer sind vorschlagsberechtigt (*G/L* § 17 Rz. 10).

7   Die **Einladung** ist an **keine Form** gebunden. Es ist jedoch erforderlich, daß die Betriebsangehörigen von der Einladung Kenntnis erlangen können; dies kann geschehen in der betriebsüblichen Weise der Bekanntmachung, z. B. Aushang an einer bestimmten Stelle (*LAG Hamm* vom 21. 8. 1973 – 7 Sa 327/73 – BB 1973 Beilage Nr. 15, S. 3; *D/R* § 17 Rz. 7; *F/A/K/H* § 17 Rz. 6; GK-*Kreutz* § 17 Rz. 15). Aus der Einladung müssen sich Zeitpunkt, Ort und Gegenstand der Betriebsversammlung ergeben, d. h. die Arbeitnehmer müssen über den Zweck der Betriebsversammlung informiert werden, damit sie Gelegenheit haben, an ihr teilzunehmen (*LAG Hamm* vom 9. 12. 1977 – 3 Ta BV 71/77 – EzA § 4 BetrVG 1972 Nr. 3 = DB 1978, 1282). Außerdem müssen die (mindestens drei) Einladenden erkennbar sein.

8   **Beauftragte** jeder im Betrieb vertretenen **Gewerkschaft** haben nach Unterrichtung des Arbeitgebers ein **Zugangsrecht** zum Betrieb zum Zwecke der Einladung zur Wahlversammlung bzw. Erstellung der Wahlvorschläge, da es sich um ein eigenständiges Recht der Gewerkschaft handelt (vgl. § 2 Rz. 61; GK-*Kreutz* § 17 Rz. 12). Sie haben aber **kein Zutrittsrecht** zum Zwecke der Beratung und Unterstützung des Wahlvorstandes (*LAG Hamm* vom 30. 9. 1977 – 3 Ta BV 59/77 – EzA § 2 BetrVG 1972 Nr. 8 = DB 1978, 844).

3. Wahlversammlung

9   Der Wahlvorstand kann, da es sich um zwingendes Recht handelt, **nur in einer Betriebsversammlung gewählt werden**. Eine Abweichung hiervon ist unzulässig. Es gelten genauso wie für jede andere Betriebsversammlung die §§ 42 ff., soweit diese nicht einen Betriebsrat voraussetzen; dies gilt auch für die Anwesenheitsrechte von Arbeitgeber und Gewerkschaft (*D/R* § 17 Rz. 11; *F/A/K/H* § 17 Rz. 13; *G/L* § 17 Rz. 8). Die Wahlversammlung ist eine Betriebsversammlung mit einer beschränkten Aufgabe (*D/R* § 17 Rz. 5; *F/A/K/H* § 17 Rz. 4; *G/L* § 17 Rz. 8).

10   Zur Betriebsversammlung gehören **alle im Betrieb beschäftigten** Arbeitnehmer ohne Rücksicht auf die Wahlberechtigung oder Wählbarkeit (h. M.), nicht aber

die in § 5 ausgeschlossenen Personen (*D/R* § 17 Rz. 19; *G/L* § 17 Rz. 10; *S/W* § 17 Rz. 3). Der Leiter dieser **Betriebsversammlung** ist aus der Mitte der Belegschaft mit relativer Mehrheit zu wählen. Ein betriebsfremder Gewerkschaftsvertreter kann nicht Leiter der Betriebsversammlung sein, jedoch können Beauftragte der im Betrieb vertretenen Gewerkschaften mit beratender Stimme gem. § 46 Abs. 1 teilnehmen. Bis zur Wahl des Leiters der Betriebsversammlung obliegt die Leitung einem der Arbeitnehmer, die zur Betriebsversammlung eingeladen haben (*D/R* § 17 Rz. 10; *F/A/K/H* § 17 Rz. 10; *G/L* § 17 Rz. 9; GK-*Kreutz* § 17 Rz. 22). Hat der Arbeitgeber die Initiative zur Einberufung der Betriebsversammlung ergriffen, so genügt es, wenn ein Arbeitnehmer bis zur Wahl des Leiters die Leitung der Betriebsversammlung übernimmt (*D/R* § 17 Rz. 10).

Die **Betriebsversammlung** zur Wahl eines Wahlvorstandes findet gem. § 44 Abs. 1 **11** grundsätzlich **während der Arbeitszeit** statt. Die Vergütung für die Teilnahme richtet sich ebenfalls nach § 44 Abs. 1 (h. M.).

4. Bestellung des Wahlvorstandes

Die **Betriebsversammlung wählt** den Wahlvorstand **mit der Mehrheit der anwe-** **12** **senden Arbeitnehmer**; die Mehrheit aller Arbeitnehmer des Betriebes ist also nicht erforderlich. Die Betriebsversammlung ist beschlußfähig ohne Rücksicht auf die Zahl der an ihr teilnehmenden Arbeitnehmer des Betriebes (*G/L* § 17 Rz. 4). Der Wahlvorstand kann also auch gewählt werden, wenn sich nur eine Minderheit der Arbeitnehmer des Betriebes an der Betriebsversammlung und an der Wahl beteiligt (*Brecht* § 17 Rz. 4; *D/R* § 17 Rz. 18; *F/A/K/H* § 17 Rz. 15; *G/L* § 17 Rz. 5; GK-*Kreutz* § 17 Rz. 23). Die Wahl in der Betriebsversammlung ist aber nur gültig, wenn ordnungsgemäß zur Betriebsversammlung eingeladen wurde (vgl. Rz. 7).

Die **Wahl** des Wahlvorstandes ist **formlos** möglich. Geheime oder schriftliche **13** Wahl ist nicht erforderlich (*Brecht* § 17 Rz. 5; *D/R* § 17 Rz. 24; *F/A/K/H* § 17 Rz. 14; *G/L* § 17 Rz. 10; *BAG* vom 14. 12. 1965 – 1 ABR 6/65 – AP Nr. 5 zu § 16 BetrVG 1952 m. Anm. *Neumann-Duesberg* = DB 1966, 37, 425). Es findet **Mehrheitswahl** statt; jedes Mitglied des Wahlvorstandes muß also von der Mehrheit der anwesenden Arbeitnehmer gewählt werden. Die Mehrheit der abgegebenen Stimmen genügt nicht (*D/R* § 17 Rz. 21; *F/A/K/H* § 17 Rz. 15). Liegt Stimmengleichheit vor, so ist eine Stichwahl möglich; es besteht aber keine Verpflichtung hierzu (vgl. § 16 Rz. 8). Die Wahl findet in einem einheitlichen Wahlgang statt, d. h. es wird nicht getrennt nach Gruppen abgestimmt (*F/A/K/H* § 17 Rz. 15; GK-*Kreutz* § 17 Rz. 23).

Bei der Bestellung des Wahlvorstandes durch die Betriebsversammlung muß der **14** **Gruppenschutz** beachtet werden (vgl. § 16 Rz. 16). Das bedeutet, daß von der Minderheitsgruppe derjenige zum Mitglied des Wahlvorstandes gewählt ist, der die meisten Stimmen erhalten hat, ohne Rücksicht darauf, ob die auf ihn entfallenden Stimmen geringer sind als die eines Kandidaten der Mehrheitsgruppe (*D/R* § 27 Rz. 20; *F/A/K/H* § 17 Rz. 16; GK-*Kreutz* § 17 Rz. 29). Der Vertreter der Minderheitsgruppe muß aber auf jeden Fall die Mehrheit der Stimmen der anwesenden Arbeitnehmer erhalten. Ist dies nicht der Fall, so kann eine Stichwahl zwischen den zwei Vertretern der Minderheitsgruppe stattfinden, die die meisten Stimmen auf sich vereinigen.

15 Im übrigen gelten für die Bestellung des Wahlvorstandes durch die Betriebsversammlung die gleichen Grundsätze wie für die Bestellung durch den Betriebsrat; § 16 Abs. 1 findet entsprechende Anwendung. Es müssen also insbesondere **drei wahlberechtigte Arbeitnehmer** bestellt werden und ein **Vorsitzender; Ersatzmitglieder** können ebenfalls bestellt werden (vgl. hierzu § 16 Rz. 9, 18 f.). Wird kein Vorsitzender gewählt, so bestimmt der Wahlvorstand selbst seinen Vorsitzenden (*D/R* § 17 Rz. 25; *F/A/K/H* § 17 Rz. 17; *G/L* § 17 Rz. 11; *BAG* vom 14. 12. 1965 a. a. O.).

16 Scheidet ein Mitglied aus dem Wahlvorstand aus, rückt ein Ersatzmitglied nach. Ist kein Ersatzmitglied da, so ist zur Ergänzung des Wahlvorstandes eine Nachwahl durch die Betriebsversammlung erforderlich (*D/R* § 17 Rz. 26; *BAG* vom 14. 12. 1965 a. a. O.).

17 Das **Recht** der Betriebsversammlung, den **Wahlvorstand zu bestellen, verbleibt** solange **bei der Betriebsversammlung**, wie eine Entscheidung des Arbeitsgerichts, durch welche ein Wahlvorstand eingesetzt worden ist, noch **keine Rechtskraft** erlangt hat, da die Bestellung durch das Arbeitsgericht subsidiäre Bedeutung hat (*D/R* § 17 Rz. 3; *F/A/K/H* § 17 Rz. 22; *G/L* § 17 Rz. 1; GK-*Kreutz* § 17 Rz. 10, 33; *BAG* vom 19. 3. 1974 – 1 ABR 87/73 – EzA § 17 BetrVG 1972 Nr. 1 = DB 1974, 1775). Vgl. zu der Frage auch § 16 Rz. 6.

III. Bestellung durch das Arbeitsgericht

1. Voraussetzung

18 Voraussetzung für die Zulässigkeit des Antrags an das Arbeitsgericht, einen Wahlvorstand zu bestellen, ist der gescheiterte Versuch, in einer Betriebsversammlung einen Wahlvorstand zu wählen. Das Scheitern dieses Versuchs kann einmal darin liegen, daß trotz einer Einladung eine Beriebsversammlung nicht zustande kommt, zum anderen darin, daß die Betriebsversammlung keinen Wahlvorstand wählt. Die Vorschrift findet keine Anwendung, falls überhaupt keine Einladung zur Betriebsversammlung erfolgte (*D/R* § 17 Rz. 28; *F/A/K/H* § 17 Rz. 19; *G/L* § 17 Rz. 12). Das Arbeitsgericht muß also prüfen, ob eine Betriebsversammlung ordnungsgemäß einberufen war und trotzdem nicht stattgefunden hat. Fehlt diese **Zulässigkeitsvoraussetzung**, darf es keinen Wahlvorstand bestellen. Im übrigen ist es gleichgültig, aus welchem Grund keine Betriebsversammlung zustande kommt (*LAG Hamm* vom 9. 10. 1959 – BV 3/59 – BB 1960, 292).

2. Antragsberechtigung

19 Antragsberechtigt sind mindestens drei wahlberechtigte Arbeitnehmer oder eine im Betrieb vertretene Gewerkschaft. Es gelten dieselben Ausführungen wie § 16 Rz. 24, 25, da für das **Verfahren** § 16 Abs. 2 entsprechend gilt (§ 16 Rz. 21 f.). Der Arbeitgeber kann zwar die Betriebsversammlung nach Abs. 2 einladen (Rz. 5); er ist aber nicht antragsberechtigt zur Anrufung des Arbeitsgerichts nach Abs. 3 (vgl. auch § 16 Rz. 24).

Da den im **Betrieb vertretenen Gewerkschaften** in § 17 bzw. § 14 Abs. 5 die Möglichkeit eingeräumt ist, eine erstrebte Betriebsratsbildung zu erreichen, kann die

Gewerkschaft nur auf diesen Wegen vorgehen. Sie kann dagegen nicht beim Arbeitsgericht Feststellung begehren, daß in einem Betrieb ein Betriebsrat gebildet werden kann (*BAG* vom 3. 2. 1976 – 1 ABR 121/74 – EzA § 118 BetrVG 1972 Nr. 12 = DB 1976, 823).

3. Bestellung

Das Arbeitsgericht darf den Wahlvorstand nur bestellen, wenn die Voraussetzungen vorliegen. Die **Zusammensetzung des Wahlvorstandes** hat genauso zu erfolgen wie bei der Bestellung durch den Betriebsrat (§ 16 Rz. 10–17). Es müssen also insbesondere drei wahlberechtigte Arbeitnehmer bestellt werden, einer davon zum Vorsitzenden; auch Ersatzmitglieder können bestellt werden. Für die Bestellung des Wahlvorstandes und seiner Mitglieder gilt dasselbe wie bei der Bestellung durch den Betriebsrat (§ 16 Rz. 29 f.). 20

Durch die **Bestellung eines Wahlvorstandes durch** das **Arbeitsgericht**, wird – solange die Entscheidung nicht rechtskräftig ist – die **Zuständigkeit der Betriebsversammlung** hierzu nicht beseitigt (vgl. Rz. 17). Wird nach noch nicht rechtskräftiger Bestellung des Wahlvorstandes durch das Arbeitsgericht in einer Betriebsversammlung der Wahlvorstand bestellt, so entfällt das Rechtsschutzinteresse für den Antragsteller (hier: Gewerkschaft) auf weitere Durchführung des Verfahrens vor dem Arbeitsgericht (*BAG* vom 19. 3. 1974 a. a. O. Rz. 17). 21

IV. Streitigkeiten

Bei Streitigkeiten über die **Wahl des Wahlvorstandes** entscheidet das Arbeitsgericht im Beschlußverfahren (§ 2a Abs. 1 Nr. 1 ArbGG); Verstöße gegen § 17 können zur Anfechtung berechtigen (vgl. § 16 Rz. 36). Der Beschluß der Betriebsversammlung kann unabhängig von der Anfechtung nach § 19 beim Arbeitsgericht zum Gegenstand eines Beschlußverfahrens gemacht werden (*BAG* vom 8. 2. 1957 – 1 ABR 11/55 – AP Nr. 1 zu § 82 BetrVG 1952 m. Anm. *Küchenhoff* = DB 1957, 263; *D/R* § 17 Rz. 32). 22

§ 18 Vorbereitung und Durchführung der Wahl

(1) Der Wahlvorstand hat die Wahl unverzüglich einzuleiten, sie durchzuführen und das Wahlergebnis festzustellen. Kommt der Wahlvorstand dieser Verpflichtung nicht nach, so ersetzt ihn das Arbeitsgericht auf Antrag von mindestens drei wahlberechtigten Arbeitnehmern oder einer im Betrieb vertretenen Gewerkschaft. § 16 Abs. 2 gilt entsprechend.
(2) Ist zweifelhaft, ob ein Nebenbetrieb oder ein Betriebsteil selbständig oder dem Hauptbetrieb zuzuordnen ist, so können der Arbeitgeber, jeder beteiligte Betriebsrat, jeder beteiligte Wahlvorstand oder eine im Betrieb vertretene Gewerkschaft vor der Wahl eine Entscheidung des Arbeitsgerichts beantragen.
(3) Unverzüglich nach Abschluß der Wahl nimmt der Wahlvorstand öffentlich die Auszählung der Stimmen vor, stellt deren Ergebnis in einer Niederschrift fest und gibt es den Arbeitnehmern des Betriebs bekannt. Dem Arbeitgeber und den im

§ 18 *2. Teil 1. Abschn. Zusammensetzung und Wahl des Betriebsrats*

Betrieb vertretenen Gewerkschaften ist eine Abschrift der Wahlniederschrift zu übersenden.

Literaturübersicht

Vgl. die Literaturübersicht zu §§ 7–20.

Inhaltsübersicht

		Rz.
I.	Rechtsnatur und Anwendungsbereich der Vorschrift	1– 3
II.	Aufgaben des Wahlvorstandes	4–11
	1. Einleitung der Wahl	5– 7
	2. Durchführung der Wahl	8
	3. Feststellung und Bekanntmachung des Wahlergebnisses	9–11
III.	Ersetzung des Wahlvorstandes durch das Arbeitsgericht	12–16
IV.	Entscheidung über die Selbständigkeit von Nebenbetrieben und Betriebsteilen	17–20
V.	Streitigkeiten	21, 22

I. Rechtsnatur und Anwendungsbereich der Vorschrift

1 Die Bestimmung beschreibt die **Pflichten des Wahlvorstandes**, enthält die Voraussetzungen für seine **Ersetzung durch das Arbeitsgericht** bei pflichtwidrigem Verhalten und regelt die Möglichkeit einer arbeitsgerichtlichen Feststellung, ob ein **Nebenbetrieb** oder **Betriebsteil selbständig** ist.

2 Von der Vorschrift kann weder durch Tarifvertrag noch durch Betriebsvereinbarung abgewichen werden, da es sich um **zwingendes Recht** handelt.

3 Die Vorschrift gilt für alle Wahlvorstände, unabhängig davon, ob sie vom Betriebsrat, von der Betriebsversammlung oder vom Arbeitsgericht bestellt wurden. Sie findet **keine Anwendung** auf den **Gesamtbetriebsrat** (§ 47) **Konzernbetriebsrat** (§ 54) und die **Gesamtjugendvertretung** (§ 72), da diese durch Entsendung und nicht durch Wahl gebildet werden. Sie gilt für die Wahl der Bordvertretung (§ 115) und des Seebetriebsrats (§ 116); für die Jugend- und Auszubildendenvertretung (§ 63) gilt Abs. 1 entsprechend.

II. Aufgaben des Wahlvorstandes

4 Die Aufgaben des Wahlvorstandes sind außer in diesem Gesetz eingehend in der Wahlordnung 1972 geregelt. Dem **Wahlvorstand** und **nicht** dem **Betriebsrat obliegt** die Leitung und Durchführung der **Wahl** (*G/L* § 18 Rz. 3; *BAG* vom 10. 11. 1954 – 1 AZR 99/54 – AP Nr. 2 zu § 37 BetrVG 1952 m. Anm. *Galperin* = DB 1954, 1072). § 2 Abs. 2 gibt einer im Betrieb vertretenen **Gewerkschaft** (vgl. § 2 Rz. 61) **kein Zutrittsrecht** zum Betrieb zum Zwecke der Beratung und Unterstützung eines gewählten Wahlvorstandes (*LAG Hamm* vom 30. 9. 1977 – 3 Ta BV 59/73 – EzA § 2 BetrVG 1972 Nr. 8 = DB 1978, 844). Auch eine Einladung des

Wahlvorstandes zu seinen Sitzungen gibt den Gewerkschaften kein Zutrittsrecht zum Betrieb, wenn keine sachliche Erforderlichkeit für die Einladung vorlag (*LAG Hamm* vom 13. 8. 1980 – 3 Ta BV 17/80 – DB 1981, 848).

1. Einleitung der Wahl

Die **Einleitung des Wahlverfahrens** erfolgt durch den Erlaß des Wahlausschreibens durch den Wahlvorstand gem. § 3 Abs. 1 WO. Sie hat nach dem Gesetz »unverzüglich«, d.h. ohne schuldhaftes Zögern zu erfolgen. Der Wahlvorstand wird nach **pflichtgemäßem Ermessen** tätig (*D/R* § 18 Rz. 3; *F/A/K/H* § 18 Rz. 6; GK-*Kreutz* § 18 Rz. 18). Die Wahlordnung bestimmt in § 3 Abs. 1 zusätzlich, daß der Erlaß des Wahlausschreibens spätestens sechs Wochen vor dem ersten Tag der Stimmabgabe zu erfolgen hat und der erste Tag der Stimmabgabe spätestens eine Woche vor dem Tag liegen soll, an dem die Amtszeit des Betriebsrats abläuft. Durch diese Fristsetzungen für die Bestellung des Wahlvorstandes nach §§ 16 und 17 und für die Vorbereitung und Durchführung der Wahl nach § 18 soll sichergestellt werden, daß im Regelfall die Kontinuität der Betriebsratstätigkeit durch die Übergabe des Amtes von dem alten auf den neuen Betriebsrat gesichert ist. 5

Werden auf Beschluß des Wahlvorstandes **mehrere Wahlausschreiben ausgehängt**, so ist der Erlaß des Wahlausschreibens, der u. a. die Frist zur Einreichung von Wahlvorschlägen in Gang setzt, mit dem letzten Aushang vollzogen (*LAG Hamm* vom 26. 2. 1976, rkr. – 8 Ta BV 103/75 – DB 1976, 921); dies gilt auch für den Fall, daß das Wahlausschreiben in insgesamt fünfundzwanzig auswärtigen Geschäftsstellen einer Zeitungsvertriebsgesellschaft ausgehängt wird. Gehört dem Betrieb eine erhebliche Zahl türkischer Arbeitnehmer an, so genügt es, wenn das Wahlausschreiben auch in türkischer Sprache veröffentlicht wird. Weitere **fremdsprachliche Erläuterungen** sind nicht erforderlich (*LAG Hamm* vom 17. 5. 1973 – 8 Ta BV 11/73 – DB 1973, 1403). 6

Beschlüsse faßt der Wahlvorstand mit **einfacher Stimmenmehrheit**; er hat über jede Sitzung eine Niederschrift aufzunehmen, die vom Vorsitzenden und einem Mitglied des Wahlvorstandes zu unterzeichnen ist (§ 1 Abs. 3 WO). Die Sitzungen des Wahlvorstandes sind nicht öffentlich (h.M. *D/R* § 1 WO 1972 Rz. 13; *F/A/K/H* § 1 WO Rz. 6; *LAG Hamm* vom 13. 8. 1980 a.a.O.). Zum Zutrittsrecht von Gewerkschaftsvertretern zwecks Teilnahme an Sitzungen vgl. Rz. 4. Der Wahlvorstand kann sich eine Geschäftsordnung geben und kann Wahlhelfer bestellen (§ 1 Abs. 2 WO). Zunächst hat der Wahlvorstand eine Liste der wahlberechtigten Arbeitnehmer **(Wählerliste)** zu erstellen und an geeigneter Stelle im Betrieb auszulegen (§ 2 Abs. 4 WO). Nach § 2 Abs. 2 WO soll der Arbeitgeber dem Wahlvorstand alle für die Anfertigung der Wählerliste erforderlichen Auskünfte erteilen und die erforderlichen Unterlagen zur Verfügung stellen. Diese Sollvorschrift begründet nach h.M. eine bindende Rechtspflicht des Arbeitgebers (*D/R* § 2 WO 1972 Rz. 7; *F/A/K/H* § 2 WO 1972 Rz. 4; *G/L* § 2 WO 1972 Rz. 8; GK-*Kreutz* § 2 WO 1972 Rz. 10; vgl. auch *LAG Frankfurt/M.* vom 10. 2. 1981 – 4 Ta BV 61/80 –). Er hat die Zahl der Betriebsratsmitglieder (§ 9) und die Verteilung der Sitze nach § 10 zu errechnen (§ 5 WO), gegebenenfalls Abstimmungen nach §§ 12 Abs. 1 und 14 Abs. 2 durchzuführen sowie Ort, Tag und Zeit der Stimmabgabe bekanntzugeben (§ 3 Abs. 2 Ziff. 10 WO). 7

2. Durchführung der Wahl

8 Nach Erlaß des Wahlausschreibens hat der Wahlvorstand insbesondere **Wahlvorschläge** entgegenzunehmen, zu **prüfen** (§§ 6–10 WO), evtl. Nachfristen nach § 9 WO festzusetzen und die Vorschlagslisten nach Ablauf der Einspruchsfrist bekanntzumachen. Er hat über **Einsprüche gegen** die Richtigkeit der **Wählerliste** zu entscheiden (§ 4 Abs. 2 WO) und die Wählerliste gegebenenfalls zu berichtigen. Für Einsprüche gegen die Wählerliste (vgl. hierzu § 19 Rz. 7f.) gilt eine **Frist von zwei Wochen** seit Erlaß des Wahlausschreibens. Diese Einspruchsfrist von zwei Wochen muß nicht um 24.00 Uhr enden; der Wahlvorstand kann den **Ablauf der Frist** vielmehr auf das Ende der Dienststunden des Wahlvorstands oder auf das Ende der Arbeitszeit im Betrieb am letzten Tag der Frist begrenzen; vorausgesetzt, daß der festgesetzte Fristablauf nicht vor dem Ende der Arbeitszeit der überwiegenden Mehrheit der Arbeitnehmer liegt; dies muß nur aus dem Wahlausschreiben erkennbar sein (*BAG* vom 4. 10. 1977 – 1 ABR 37/77 – EzA § 8 BetrVG 1972 Nr. 3 = DB 1978, 449; vgl. auch zur Einreichung von Wahlvorschlägen § 14 Rz. 48). Zu den Aufgaben des Wahlvorstandes gehört vor allem die ordnungsgemäße Durchführung der Wahlhandlung selbst; er hat dafür Sorge zu tragen, daß Wahlräume, Wahlurnen, Stimmzettel, Wahlumschläge vorhanden sind und daß die Grundsätze des Wahlverfahrens beachtet werden, insbesondere auch die Geheimhaltung gewährleistet ist (*G/L* § 18 Rz. 4).

3. Feststellung und Bekanntmachung des Wahlergebnisses

9 Abs. 3 regelt das Verfahren zur **Feststellung und Bekanntgabe des Wahlergebnisses**. Die Auszählung der Stimmen hat »unverzüglich«, d. h. ohne schuldhaftes Zögern nach Abschluß der Wahl zu erfolgen. Die Wahl ist mit dem Ablauf der im Wahlausschreiben festgelegten Zeit für die Stimmabgabe abgeschlossen. Die Auszählung der Stimmen hat **öffentlich** zu erfolgen; öffentlich bedeutet »betriebsöffentlich« (*Brecht* § 18 Rz. 10), d. h. in einer Weise, die den Zugang aller Arbeitnehmer des Betriebes möglich erscheinen läßt und es den Teilnehmenden ermöglicht, der Auszählung zu folgen (*LAG Hamm* vom 29. 9. 1961 – 4 BV Ta 5/61 – DB 1961, 1491; *LAG Berlin* vom 16. 11. 1987 – 12 Ta BV 6/87 – DB 1988, 504). Da es sich um eine Betriebsöffentlichkeit handelt, haben grundsätzlich nur Betriebsangehörige das Recht, an der Auszählung teilzunehmen, dagegen nicht betriebsfremde Gewerkschaftsvertreter. Das Beteiligungsrecht der betriebsfremden Gewerkschaftsvertreter ist in den Wahlvorschriften abschließend geregelt; deshalb haben diese auch nur dann das Recht, bei der Auszählung zugegen zu sein, wenn sie an der Wahl selbst z. B. nach §§ 16 Abs. 2, 17 Abs. 3 beteiligt waren (**a. A.** *F/A/K/H* § 18 Rz. 12, die nicht differenzieren und offensichtlich ein solches Recht der im Betrieb vertretenen Gewerkschaften generell bejahen). Das Recht auf Wahlanfechtung nach § 19 begründet für betriebsfremde Gewerkschaftsmitglieder jedenfalls kein Recht zur Anwesenheit bei der Auszählung. Nicht nur die Auszählung der Stimmen erfolgt öffentlich, sondern die **gesamte Feststellung des Wahlergebnisses** erfolgt in **öffentlicher Sitzung**, also z. B. die Öffnung der Wahlurnen und die Entnahme der Stimmzettel aus den Wahlumschlägen (*D/R* § 18 Rz. 6; *F/A/K/H* § 18 Rz. 11; *GK-Kreutz* § 18 Rz. 32). Die Stimmenauszählung erfolgt gemäß §§ 14, 22, 25 Abs. 3 WO bzw. § 28 WO bei schriftlicher Stimmabgabe (Briefwahl).

Der Wahlvorstand hat die Gültigkeit der Stimmzettel zu prüfen. Es ist zulässig, sich zur **Auswertung** der **Stimmen** einer EDV-Anlage zu bedienen (*ArbG Bremen* vom 19. 7. 1972 – 3 Ca 3252/72 – DB 1972, 1830; *LAG Hamm* vom 26. 2. 1976, rkr. – 8 Ta BV 74/75 – DB 1976, 1920; *LAG Berlin* vom 16. 11. 1987 – 12 Ta BV 6/87 – DB 1988, 504). Erfolgt die Auszählung der Stimmen nicht unverzüglich, so kann dies zur Wahlanfechtung berechtigen (*ArbG Bochum* vom 20. 6. 1975, rkr. – 3 BV 14/75 – DB 1975, 1898). Wird die Stimmenauszählung aus technischen Gründen in die frühen Morgenstunden verlegt, weil andernfalls die EDV-Anlage nicht zur Verfügung steht, so liegt darin auch kein Verstoß gegen das Gebot der öffentlichen Stimmenauszählung, wenn der Betrieb zur fraglichen Zeit noch nicht mit öffentlichen Verkehrsmitteln zu erreichen ist (*LAG Hamm* vom 26. 2. a. a. O.).

Hinsichtlich der vom Wahlvorstand anzufertigenden **Niederschrift** über das vorläufige Wahlergebnis vgl. §§ 17, 24, 25 Abs. 4 WO. Die **Bekanntgabe des Wahlergebnisses** erfolgt nach der Benachrichtigung der Gewählten, sobald die Namen der Betriebsratsmitglieder endgültig feststehen, d. h. wenn alle Gewählten die Wahl angenommen haben oder nach § 18 Abs. 2 WO bzw. §§ 24 Abs. 2, 25 Abs. 2 WO der nächste nicht gewählte Bewerber der Liste bzw. mit der nächsthöchsten Stimmenzahl in den Betriebsrat eingetreten ist, durch zweiwöchigen Aushang gem. §§ 19, 24, 25 Abs. 4 WO. Mit der Bekanntgabe beginnt die Frist für die Wahlanfechtung nach § 19 Abs. 2 zu laufen; es ist nicht auf den Ablauf der Zeit für den zweiwöchigen Aushang abzustellen (vgl. § 19 Rz. 32). Durch die Übersendung der **Abschrift der Wahlniederschrift** (Niederschrift über das vorläufige Wahlergebnis) an den **Arbeitgeber** und die im Betrieb vertretenen **Gewerkschaften** (vgl. § 2 Rz. 61) soll sichergestellt werden, daß sich die Genannten ein genaues Bild von dem Zustandekommen des Wahlergebnisses verschaffen können. Die Übersendung hat **unverzüglich** nach Unterzeichnung der Wahlniederschrift zu erfolgen (*D/R* § 18 Rz. 6; *F/A/K/H* § 18 Rz. 17; *G/L* § 18 Rz. 5; **a. A.** GK-*Kreutz* § 18 Rz. 40: nach Bekanntgabe des endgültigen Wahlergebnisses). Kommt der Wahlvorstand dieser Pflicht nicht nach, so begründet der Verstoß kein Wahlanfechtungsrecht, da es die ordnungsgemäße Durchführung der Wahl nicht berührt. Der Arbeitgeber und die im Betrieb vertretenen Gewerkschaften können allerdings beim Arbeitsgericht auf Aushändigung der Wahlniederschrift im Beschlußverfahren klagen.

10

Der Wahlvorstand hat zur **konstituierenden Sitzung des Betriebsrats** nach § 29 Abs. 1 vor Ablauf von einer Woche nach dem Wahltag einzuladen; hiermit endet sein Amt (vgl. § 16 Rz. 29). Nach § 20 WO sind die Wahlakten vom Betriebsrat mindestens bis zur Beendigung seiner Amtszeit aufzubewahren.

11

III. Ersetzung des Wahlvorstandes durch das Arbeitsgericht

Das Gesetz spricht im Zusammenhang mit den vorstehend aufgeführten Aufgaben des Wahlvorstandes zusammenfassend von der »**Verpflichtung des Wahlvorstandes**«. Es handelt sich aber um eine Mehrzahl von Verpflichtungen, denen der Wahlvorstand insgesamt zu entsprechen hat. Die Unterlassung jeder einzelnen dieser Verpflichtungen rechtfertigt den Antrag an das Arbeitsgericht auf **Ablösung des Wahlvorstandes**. Ein Wahlvorstand, der die Wahl zwar eingeleitet und durchgeführt hat, aber der Verpflichtung zur Feststellung und Bekanntgabe des Wahlergebnisses nicht nachkommt, kann auch noch wegen **Untätigkeit** durch das

12

§ 18   2. Teil 1. Abschn. Zusammensetzung und Wahl des Betriebsrats

Arbeitsgericht abgelöst werden. Ein Verschulden ist nicht erforderlich. Der Antrag auf Abberufung des Wahlvorstandes kann in der Regel nur auf seine **Untätigkeit** oder **Säumigkeit** gestützt werden, nicht darauf, daß der tätig gewordene Wahlvorstand bei seiner Tätigkeit gegen gesetzliche Vorschriften oder gegen Vorschriften der Wahlordnung verstoßen habe. In diesen Fällen wird vielmehr der Erlaß einstweiliger Verfügungen nach § 85 Abs. 2 ArbGG durch das Arbeitsgericht zu erfolgen haben (*Brecht* § 18 Rz. 5; *D/R* § 8 Rz. 10; *F/A/K/H* § 18 Rz. 21; *GK-Kreutz* § 18 Rz. 74 ff.). Im übrigen kommt beim Verstoß gegen wesentliche Vorschriften des Verfahrens eine Wahlanfechtung nach § 19 Abs. 1 in Betracht. Unzweckmäßige Maßnahmen des Wahlvorstandes berechtigen nur dann zu einer Ersetzung des Wahlvorstandes durch das Arbeitsgericht, wenn dies, da dadurch z. B. die Wahl vereitelt würde, einer Untätigkeit gleich käme (*D/R* § 18 Rz. 11; *F/A/K/H* § 18 Rz. 21; *GK-Kreutz* § 18 Rz. 44). Der neue Wahlvorstand kann rechtsfehlerhafte Maßnahmen des alten berichtigen.

13   Der Wahlvorstand kann nur **als Gremium** – also insgesamt – durch das Arbeitsgericht **ersetzt** werden; nicht dagegen einzelne Mitglieder (*D/R* § 18 Rz. 11; *F/A/K/H* § 18 Rz. 24; *G/L* § 18 Rz. 6 f.; *GK-Kreutz* § 18 Rz. 47). Der Betriebsrat kann weder den einmal bestellten Wahlvorstand als ganzes noch einzelne Mitglieder abberufen (vgl. § 16 Rz. 29). Der **Antrag** auf Ablösung muß sich daher stets gegen den ganzen Wahlvorstand richten, nicht gegen einzelne Mitglieder. Das Arbeitsgericht hat den ganzen Wahlvorstand neu zu bestellen. An etwaige Vorschläge für die Zusammensetzung des Wahlvorstands ist das Arbeitsgericht nicht gebunden (vgl. § 16 Rz. 25).

14   **Antragsberechtigt** sind entweder drei wahlberechtigte Arbeitnehmer (vgl. zum Begriff der Wahlberechtigung § 7) oder eine im Betrieb vertretene Gewerkschaft (vgl. § 2 Rz. 61). Der Arbeitgeber hat ebensowenig wie in § 16 Abs. 2 oder § 17 Abs. 3 ein Antragsrecht (*G/L* § 18 Rz. 6). Ihm steht bei Vorliegen der Voraussetzungen lediglich das Rechtsmittel der Wahlanfechtung nach § 19 zur Verfügung. Der vom Arbeitsgericht einzusetzende **neue Wahlvorstand** ist stets ein Wahlvorstand nach § 16 Abs. 2, und zwar auch dann, wenn der abgelöste Wahlvorstand nach § 16 Abs. 1 durch den Betriebsrat bestellt oder nach § 17 Abs. 1 in einer Betriebsversammlung gewählt worden war (vgl. hinsichtlich der Möglichkeit, betriebsfremde Arbeitnehmer als Mitglieder des Wahlvorstandes zu bestellen § 16 Rz. 26). Der bisherige Wahlvorstand kann nicht mehr bestellt werden, es können aber einzelne Mitglieder des früheren Wahlvorstandes wieder bestellt werden, allerdings nur dann, wenn sie keinen Anlaß zur Abberufung des Wahlvorstandes gegeben haben (*D/R* § 18 Rz. 14; *F/A/K/H* § 18 Rz. 26; *GK-Kreutz* § 18 Rz. 50). Die Zusammensetzung des Wahlvorstandes und die Rechte und Pflichten seiner Mitglieder sind die gleichen wie bei einem Wahlvorstand, der durch den Betriebsrat eingesetzt wurde (vgl. § 16 Rz. 21 f.).

15   Mit Rechtskraft des **Ersetzungsbeschlusses** des Arbeitsgerichts endet das Amt des bisherigen Wahlvorstandes als Gremium; seine Mitglieder verlieren ihr Amt kraft Gesetzes (*D/R* § 18 Rz. 17; *F/A/K/H* § 18 Rz. 22; *GK-Kreutz* § 18 Rz. 14). Die Ablösung des Wahlvorstandes durch Ersetzung hat keine rückwirkende Kraft. Ordnungsgemäß eingeleitete Wahlmaßnahmen bleiben rechtswirksam bestehen (*D/R* § 18 Rz. 16; *F/A/K/H* § 18 Rz. 26; *G/L* § 18 Rz. 8; *GK-Kreutz* § 18 Rz. 52).

16   Der **nachwirkende Kündigungsschutz** nach § 15 Abs. 3 Satz 2 KSchG gilt nicht für Mitglieder des nach § 18 Abs. 1 abberufenen Wahlvorstand (vgl. § 16 Rz. 34).

IV. Entscheidung über die Selbständigkeit von Nebenbetrieben und Betriebsteilen

Abs. 2 gibt die Möglichkeit, schon vor der Wahl zu klären, ob ein **Nebenbetrieb** oder ein **Betriebsteil** dem Betrieb zuzurechnen ist oder nicht, ob also für den Nebenbetrieb oder den Betriebsteil ein eigener Betriebsrat zu wählen ist oder nicht. Auf diese Weise soll zwecks Vermeidung unnötiger Wahlanfechtungen bereits für das Wahlverfahren eine Klarstellung des Betriebsumfanges im Sinne des BetrVG erreicht werden; die Feststellung des Arbeitsgerichts ist solange bindend, wie die Voraussetzungen, von denen die Entscheidung ausgegangen ist, sich nicht ändern (*D/R* § 18 Rz. 25; *F/A/K/H* § 18 Rz. 28; *GK-Kreutz* § 18 Rz. 56). Vgl. über die betriebsverfassungsrechtliche Stellung von Nebenbetrieben und Betriebsteilen die Anmerkungen zu § 4. Die Feststellung ist aber auch nach Durchführung der Wahl im Anfechtungsverfahren möglich (*G/L* § 18 Rz. 14). 17

Die **Feststellung über die Zuordnung von Nebenbetrieben und Betriebsteilen** ist aber auch **außerhalb des Wahlverfahrens** zulässig, weil der betriebsverfassungsrechtliche Umfang des Betriebes auch für den Umfang der Mitwirkungs- und Mitbestimmungsrechte des Betriebsrats bedeutsam sein kann (*D/R* § 18 Rz. 19; *F/A/K/H* § 18 Rz. 28; *G/L* § 18 Rz. 11; *BAG* vom 1. 2. 1963 – 1 ABR 1/62 – AP Nr. 5 zu § 3 BetrVG 1952 m. Anm. *Neumann-Duesberg* = DB 1963, 662; *BAG* vom 24. 9. 1968 – 1 ABR 4/68 – EzA § 1 BetrVG 1952 Nr. 1 = DB 1969, 89; *BAG* vom 11. 4. 1978 – 6 ABR 22/77 – EzA § 19 BetrVG 1972 Nr. 17 – DB 1978, 1452; *BAG* vom 9. 4. 1991 – 1 AZR 488/90 EzA § 18 BetrVG 1972 Nr. 7). Auch eine zwischenzeitlich durchgeführte Betriebsratswahl beseitigt das Rechtsschutzinteresse nicht (*BAG* vom 25. 11. 1980 – 6 ABR 62/79 – EzA § 18 BetrVG 1972 Nr. 4 = DB 1981, 1242; *S/W* § 19 Rz. 14). Bei einem Streit nach § 18 Abs. 2 können nach *LAG Hamm* (vom 10. 4. 1975 – 8 Ta BV 29/75 – EzA § 85 ArbGG Nr. 2 m. Anm. *Herschel* = DB 1975, 1176) anstehende Betriebsratswahlen regelmäßig nicht im Wege der einstweiligen Verfügung bis zum rechtskräftigen Abschluß des Verfahrens nach § 18 Abs. 2 untersagt werden; dies soll nur in schwerwiegenden Fällen möglich sein. Aus Sinn und Zweck des Abs. 2 ergibt sich, daß er auch anwendbar ist bei Streit darüber, ob **zwei selbständige Betriebe** vorliegen, obwohl dieser Fall nicht erwähnt ist (vgl. *BAG* vom 17. 1. 1978 – 1 ABR 71/76 – EzA § 1 BetrVG 1972 Nr. 1 = DB 1978, 1133), als auch, ob durch Zusammenlegung zweier Betriebe ein einheitlicher Betrieb entstanden ist (*BAG* vom 25. 9. 1986 – 6 ABR 68/84 – EzA § 1 BetrVG 1972 Nr. 6). Ist streitig, ob mehrere Unternehmen einen gemeinsamen Betrieb bilden, ist ebenfalls das Verfahren nach Abs. 2 durchzuführen (*BAG* vom 7. 8. 1986 – 6 ABR 57/85 – EzA § 4 BetrVG 1972 Nr. 5; *BAG* vom 9. 4. 1991 – 1 AZR 488/90 a.a.O.). 18

Das Verfahren nach Abs. 2 erfolgt nur auf **Antrag**. **Antragsberechtigt** sind (h. M.): 19
– der Arbeitgeber,
– jeder beteiligte Betriebsrat, also gegebenenfalls der bisher bestehende Betriebsrat eines Nebenbetriebes und/oder Betriebsteils und derjenige des Hauptbetriebes,
– jeder beteiligte Wahlvorstand, also nicht nur derjenige des Hauptbetriebes, sondern auch von Nebenbetrieben und/oder Betriebsteilen,
– jede im Betrieb, Betriebsteil oder Nebenbetrieb vertretene Gewerkschaft. Es genügt, daß sie ein Mitglied im Hauptbetrieb oder in dem Nebenbetrieb oder Betriebsteil hat, dessen Zugehörigkeit zum Hauptbetrieb zur Entscheidung steht.

Die Antragsberechtigung muß als Verfahrensvoraussetzung noch im Zeitpunkt der letzten mündlichen Verhandlung vor dem Arbeitsgericht bestehen (vgl. § 16 Rz. 24). Der Wahlvorstand ist nur solange antragsberechtigt, wie er im Amt ist (*BAG* vom 24. 2. 1976 – 1 ABR 62/75 – EzA § 4 BetrVG 1972 Nr. 1 = DB 1976, 1579).

20 Wird während der Amtszeit eines Betriebsrates **rechtskräftig** festgestellt, daß ein **Nebenbetrieb** oder **Betriebsteil selbständig** ist, so ist dieser Betrieb betriebsratslos, da für ihn ein Betriebsrat nicht besteht, sondern nur für den Hauptbetrieb; es gilt § 13 Abs. 2 Nr. 6. § 22 findet, wie sich aus dem Gesetz ergibt, keine Anwendung (a. A. *D/R* § 18 Rz. 26).

Besagt die rechtskräftige Feststellung, daß der **Nebenbetrieb** oder **Betriebsteil** dem **Hauptbetrieb zuzuordnen** ist, so ist der Nebenbetrieb oder Betriebsteil nicht betriebsratsfähig; das Amt des Betriebsrats endet. Ob im Hauptbetrieb Neuwahlen durchzuführen sind, hängt davon ab, ob die Voraussetzungen des § 13 Abs. 2 Nr. 1 vorliegen.

V. Streitigkeiten

21 Streitigkeiten **nach § 18** werden im Beschlußverfahren (§ 2a Abs. 1 Nr. 1 ArbGG) entschieden.

22 Gegen den Wahlvorstand können **einstweilige Verfügungen** erwirkt werden (vgl. Rz. 12). Sind solche Mängel des Wahlverfahrens erkennbar, die eine Anfechtung der Wahl rechtfertigen würden, so ist im Extremfall eine **Aussetzung der Betriebsratswahl** durch das Arbeitsgericht bis zur rechtskräftigen Entscheidung im Beschlußverfahren möglich, um sinnlose Kosten zu vermeiden (*G/L* § 18 Rz. 13; *LAG Köln* vom 25. 9. 1987 – 6 Ta BV 28/87 – DB 1987, 1996; einschränkend *LAG München* vom 14. 4. 1987 – 2 Ta BV 14/87 – DB 1988, 347, rkr.). In einem vom Arbeitgeber nach Abs. 2 eingeleiteten Beschlußverfahren ist die im Betrieb vertretene Gewerkschaft nicht beteiligungsbefugt, wohl jedoch ein bereits bestellter Wahlvorstand (*BAG* vom 25. 9. 1986 – 6 ABR 68/84 – EzA § 1 BetrVG 1972 Nr. 6).

§ 18a Zuordnung der leitenden Angestellten bei Wahlen

(1) Sind die Wahlen nach § 13 Abs. 1 und nach § 5 Abs. 1 des Sprecherausschußgesetzes zeitgleich einzuleiten, so haben sich die Wahlvorstände unverzüglich nach Aufstellung der Wählerlisten, spätestens jedoch zwei Wochen vor Einleitung der Wahlen, gegenseitig darüber zu unterrichten, welche Angestellten sie den leitenden Angestellten zugeordnet haben; dies gilt auch, wenn die Wahlen ohne Bestehen einer gesetzlichen Verpflichtung zeitgleich eingeleitet werden. Soweit zwischen den Wahlvorständen kein Einvernehmen über die Zuordnung besteht, haben sie in gemeinsamer Sitzung eine Einigung zu versuchen. Soweit eine Einigung zustande kommt, sind die Angestellten entsprechend ihrer Zuordnung in die jeweilige Wählerliste einzutragen.

(2) Soweit eine Einigung nicht zustande kommt, hat ein Vermittler spätestens eine Woche vor Einleitung der Wahlen erneut eine Verständigung der Wahlvorstände über die Zuordnung zu versuchen. Der Arbeitgeber hat den Vermittler auf dessen Verlangen zu unterstützen, insbesondere die erforderlichen Auskünfte zu

erteilen und die erforderlichen Unterlagen zur Verfügung zu stellen. Bleibt der Verständigungsversuch erfolglos, so entscheidet der Vermittler nach Beratung mit dem Arbeitgeber. Absatz 1 Satz 3 gilt entsprechend.

(3) Auf die Person des Vermittlers müssen sich die Wahlvorstände einigen. Zum Vermittler kann nur ein Beschäftigter des Betriebs oder eines anderen Betriebs des Unternehmens oder Konzerns oder der Arbeitgeber bestellt werden. Kommt eine Einigung nicht zustande, so schlagen die Wahlvorstände je eine Person als Vermittler vor; durch Los wird entschieden, wer als Vermittler tätig wird.

(4) Wird mit der Wahl nach § 13 Abs. 1 oder 2 nicht zeitgleich eine Wahl nach dem Sprecherausschußgesetz eingeleitet, so hat der Wahlvorstand den Sprecherausschuß entsprechend Absatz 1 Satz 1 erster Halbsatz zu unterrichten. Soweit kein Einvernehmen über die Zuordnung besteht, hat der Sprecherausschuß Mitglieder zu benennen, die anstelle des Wahlvorstands an dem Zuordnungsverfahren teilnehmen. Wird mit der Wahl nach § 5 Abs. 1 oder 2 des Sprecherausschußgesetzes nicht zeitgleich eine Wahl nach diesem Gesetz eingeleitet, so gelten die Sätze 1 und 2 für den Betriebsrat entsprechend.

(5) Durch die Zuordnung wird der Rechtsweg nicht ausgeschlossen. Die Anfechtung der Betriebsratswahl oder der Wahl nach dem Sprecherausschußgesetz ist ausgeschlossen, soweit sie darauf gestützt wird, die Zuordnung sei fehlerhaft erfolgt. Satz 2 gilt nicht, soweit die Zuordnung offensichtlich fehlerhaft ist.

Literaturübersicht

Allinger Erste praktische Erfahrungen mit der Bildung von gesetzlichen Sprecherausschüssen, NZA 1990, 552; *Bauer, J.-H.*, Sprecherausschußgesetz, 2. Aufl. 1990, 131 ff. *ders.* Rechte und Pflichten der Sprecherausschüsse und ihrer Mitglieder, NZA Beilage Nr. 1/89, 20; *Borgwardt/Fischer/Janert* Sprecherausschußgesetz für leitende Angestellte, 2. Aufl. 1990, 53 ff.; *Buchner* Das Gesetz zur Änderung des Betriebsverfassungsgesetzes, über Sprecherausschüsse der leitenden Angestellten und zur Sicherung der Montan-Mitbestimmung, NZA Beilage Nr. 1/89, 2, 11; *Dänzer-Vanotti* Die Änderung der Wahlvorschriften nach den neuen Betriebsverfassungsgesetz, AuR 1989, 204; *Engels/Natter* Die geänderte Betriebsverfassung, BB 1989 Beilage Nr. 8, 1, 13 ff.; *Martens* Die Neuabgrenzung der leitenden Angestellten und die begrenzte Leistungsfähigkeit moderner Gesetzgebung, RdA 1989, 73; *Müller, H.-P.* Zur Präzisierung der Abgrenzung der leitenden Angestellten, DB 1988, 1697; *Schneider* Das Verfahren nach § 18a BetrVG im Schnittpunkt der Betriebsrats- und Sprecherausschußwahlen, AiB 1990, 15; *Schneider/Weber* Die Wahlen zum Sprecherausschuß und zum Betriebsrat 1990 – Planspiel für die betriebliche Praxis, NZA Beilage Nr. 1/90, 29; *Wlotzke* Die Änderungen des Betriebsverfassungsgesetzes und das Gesetz über Sprecherausschüsse der leitenden Angestellten, DB 1989, 111, 124f.

Inhaltsübersicht

		Rz.
I.	Rechtsnatur und Anwendungsbereich der Vorschrift	1– 5
II.	Anwendungsfälle des Zuordnungsverfahrens	6–25
	1. Zeitgleiche Durchführung von Betriebsrats- und Sprecherausschußwahl	6–18
	2. Nicht zeitgleiche Durchführung von Betriebsrats- und Sprecherausschußwahl	19–21
	3. Fristen	22–25

§ 18a   2. Teil 1. Abschn. Zusammensetzung und Wahl des Betriebsrats

III. Wirkung der Zuordnung/Streitigkeiten	26–31
1. Streitigkeiten	26–28
2. Wahlanfechtung	29–31

I. Rechtsnatur und Anwendungsbereich der Vorschrift

1 Die Vorschrift, die durch das Änderungsgesetz zum BetrVG neu eingefügt wurde und die am 1. Januar 1989 in Kraft getreten ist (BGBl. I 1988 S. 2312), regelt die **Zuordnung zu den leitenden Angestellten** bei Betriebsrats- und Sprecherausschußwahlen. Sie schafft ein kostengünstiges Verfahren, das eine rasche und eindeutige, keines der beteiligten Betriebsverfassungsorgane einseitig bevorzugende Zuordnung erlaubt (vgl. BT-Drucks. 11/2503, 25; *Allinger* NZA 1990, 552 ff. [553]; *Hromadka* DB 1988, 753 ff., 755; *Wlotzke* DB 1989, 111 ff., 124; kritisch zur Praktikabilität der Vorschrift *Martens* RdA 1989, 73 ff., 87 f.).

2 Das **Zuordnungsverfahren** nach § 18a gilt nur für die Wahlen zu Betriebsrat und Sprecherausschuß. Es ist nicht anwendbar auf
 – Wahlen zu freiwilligen Sprecherausschüssen (*F/A/K/H* § 18a Rz. 5), soweit sie überhaupt noch zulässig sind, und auf
 – Wahlen der Arbeitnehmervertreter zum Aufsichtsrat (*Engels/Natter* BB 1989, Beilage Nr. 8, 1 ff., 13; *F/A/K/H* § 18a Rz. 2, 5; *Hromadka* § 18a Rz. 1; *Martens* RdA 1989, 73 ff. [87]). Hier erfolgt die Zuordnung nach wie vor durch den Betriebsratswahlvorstand (§ 9 Abs. 1 3. WOMitbestG); Pattsituationen werden durch das Selbsteinschätzungsrecht der leitenden Angestellten aufgelöst (§ 11 3. WOMitbestG).

3 Die Feststellung nach § 18a darüber, wer leitender Angestellter ist, hat materiell-rechtliche Wirkung nur im Rahmen des § 5 Abs. 4 Nr. 1 (kritisch und teilweise weitergehend *Martens* RdA 1989, 73 ff., 85 ff.). Sie läßt deshalb das **Feststellungsinteresse** für ein **Statusverfahren** nicht entfallen (*LAG Berlin* vom 5. 3. 1990 – 9 Ta BV 6/89 – NZA 1990, 577; *ArbG Frankfurt/M.* vom 1. 8. 1990 – 4 BV 11/89 – NZA 1990, 942). Dieses Verfahren kann jederzeit eingeleitet werden. Wer leitender Angestellter i. S. d. BetrVG und i. S. d. Sprecherausschußgesetzes ist, bestimmt sich ausschließlich nach § 5 Abs. 3, 4 BetrVG.

4 § 18a enthält **zwingendes Recht**. Die Vorschrift kann weder durch Tarifvertrag noch durch Betriebsvereinbarung oder durch sonstige Absprachen zwischen den Tarif- oder Betriebspartnern abbedungen werden.

5 Wird in einem Unternehmen mit mehreren Betrieben ein **Unternehmenssprecherausschuß** gebildet (§ 20 Abs. 1, 2 SprAuG), so ist er für die Durchführung des Zuordnungsverfahrens gemeinsam mit den jeweiligen Betriebsratswahlvorständen zuständig (*F/A/K/H* § 18a, Rz. 20; *Wlotzke* DB 1989, 111 ff., 124).

II. Anwendungsfälle des Zuordnungsverfahrens

Die Vorschrift unterscheidet danach, ob Betriebsrats- und Sprecherausschußwahlen zeitgleich stattfinden oder nicht.

1. Zeitgleiche Durchführung von Betriebsrats- und Sprecherausschußwahl

Die Bestimmung geht vom **gesetzlichen Normalfall** aus, nämlich daß Betriebsrats- 6
und Sprecherausschußwahlen gleichzeitig eingeleitet werden. **Gleichgestellt** ist der
Fall gleichzeitiger Einleitung von Betriebsrats- und Sprecherausschußwahl **ohne
gesetzliche Verpflichtung**. Die Einleitung der Wahlen erfolgt durch Erlaß der
Wahlausschreiben (§ 3 Abs. 1 Satz 2 WOBetrVG, § 3 Abs. 1 Satz 2 WOSprAuG).
Das Zuordnungsverfahren beginnt mit der **gegenseitigen Unterrichtung** der Wahl- 7
vorstände für die Betriebsrats- und für die Sprecherausschußwahl darüber, welche
Angestellten sie den leitenden Angestellten zugeordnet haben. Bei der Zuordnung haben die Wahlvorstände allein die Kriterien des § 5 Abs. 3, 4 zugrunde zu legen; der Arbeitgeber hat sie durch Auskünfte und Unterlagen zu unterstützen
(§ 2 Abs. 2 Satz 1 WOBetrVG). Die Unterrichtung kann mündlich geschehen; im
allgemeinen wird sich aber eine schriftliche Information empfehlen (*F/A/K/H*
§ 18a Rz. 11). Sie ist **unverzüglich** nach Aufstellung der Wählerlisten vorzunehmen (*F/A/K/H* § 18a Rz. 12), spätestens aber zwei Wochen vor Einleitung der
Wahlen, das heißt vor Erlaß der Wahlausschreiben.
Stimmen die Zuordnungen überein oder schließt sich ein Wahlvorstand der 8
Rechtsansicht des anderen (formlos) an und korrigiert er seine Listen entsprechend, so sind die Wählerlisten mit der Rechtsfolge des Abs. 5 aufgestellt.
Stimmen die Zuordnungen nicht überein, so haben die Wahlvorstände in einer 9
gemeinsamen Sitzung eine **Einigung** zu **versuchen**. Die Sitzung muß spätestens
eine Woche vor Einleitung der Wahlen stattfinden (vgl. Abs. 2 Satz 1).
Kommt in der **gemeinsamen Sitzung** eine **Einigung zustande**, so sind die Ange- 10
stellten dementsprechend in die Wählerlisten einzutragen (Abs. 1 Satz 3). Auch
das löst die Rechtsfolge des Abs. 5 aus.
Kommt in der gemeinsamen Sitzung **keine Einigung** zustande, so ist ein Vermittler 11
einzuschalten. Der Vermittler ist so rechtzeitig zu bestellen, daß er spätestens eine
Woche vor Einleitung der Wahlen einen Verständigungsversuch zwischen den
Wahlvorständen unternehmen kann (Abs. 2 Satz 1).
Die **Aufgabe des Vermittlers** beschränkt sich auf die offenen Streitfälle.
Vermittler kann nur ein Beschäftigter des Betriebs oder eines anderen Betriebs 12
des Unternehmens oder des Konzerns oder der Arbeitgeber **sein**. Beschäftigte
sind alle Arbeitnehmer sowie die in § 5 Abs. 2 genannten Personen (*F/A/K/H*
§ 18a Rz. 33–35; *Müller, G.* DB 1989, 824ff. [828]). Nicht zum Vermittler bestellt
werden können die Mitglieder der Wahlvorstände; sie sind Partei (*S/W* § 18a
Rz. 5; vgl. auch *Dänzer-Vanotti* AuR 1989, 204ff. [206]; *Martens* RdA 1989, 73ff.,
87). Dasselbe gilt für Mitglieder des Betriebsrats und des Sprecherausschusses
(*S/W* a.a.O.; *Martens* a.a.O.); sie sind in die Interessenlage ihrer Gremien eingebunden.
Auf die **Person des Vermittlers** müssen sich die Wahlvorstände einigen (Abs. 3 13
Satz 1). Gelingt das nicht, so schlägt jeder Wahlvorstand je eine Person als Vermittler vor. Über die Auswahl entscheidet das Los (Abs. 3 Satz 3); die Entscheidung darf nicht einem Dritten überlassen werden.
Schlägt **ein Wahlvorstand keinen Vermittler vor**, so ist die Person Vermittler, die
der andere Wahlvorstand vorgeschlagen hat. Kann ein Wahlvorstand keinen Vermittler finden oder schlägt **keiner** der beiden Wahlvorstände **einen Vermittler vor**,
so stellen die Wahlvorstände ihre Wählerlisten unabhängig voneinander auf. Das
Arbeitsgericht kann den Vermittler nicht bestellen (*Engels/Natter* BB 1989 Bei-

§ 18a 2. Teil 1. Abschn. Zusammensetzung und Wahl des Betriebsrats

lage Nr. 8, 1 ff., 14; *Hromadka* § 18a Rz. 10; *Löwisch* § 18a Rz. 12, § 3 SprAuG Rz. 18). Der Wahlvorstand, der es ablehnt, eine Person als Vermittler zu benennen, verletzt seine Pflichten aus § 18 Abs. 1 Satz 1 BetrVG, 7 Abs. 4 SprAuG (*Löwisch* § 3 SprAuG Rz. 16–18; *S/W* § 18a Rz. 7). Er kann unter den dort genannten Voraussetzungen auf Antrag vom Arbeitsgericht abberufen werden.

14 Gegen eine **Bestellung des Arbeitgebers** zum Vermittler bestehen keine Bedenken (a. A. *F/A/K/H* § 18a Rz. 36; *D/K/K/S* § 18a Rz. 63). Die gesetzliche Voraussetzung der Benennung durch beide Wahlvorstände stellt sicher, daß er das Vertrauen beider Gremien genießt. Beim Losentscheid wird sich der Verdacht der Parteilichkeit, wenn überhaupt, auch gegen jede andere Person richten. Schließlich läßt sich nicht einwenden, daß der Gesetzgeber eine Beratung zwischen Vermittler und Arbeitgeber vorgesehen habe, die bei Bestellung des Arbeitgebers entfalle. Die Erörterung des Für und Wider wird in jedem Fall dadurch sichergestellt, daß der Arbeitgeber nicht nur den Vermittler, sondern auch die Wahlvorstände bei der Feststellung der leitenden Angestellten zu unterstützen hat (§ 2 Abs. 2 Satz 1 WOBetrVG, § 2 Abs. 2 S. 1 WOSprAuG). Schließlich ist zu bedenken, daß nach § 18a keine endgültige Zuordnung, sondern nur eine (vorläufige) für die Wahlen erfolgt.

15 Der Vermittler unterliegt bei seiner Tätigkeit **keinen Weisungen**; er ist allein an das Gesetz gebunden, wobei er natürlich Rechtsprechung und Lehre zu berücksichtigen hat. Niemand darf ihn wegen seiner Tätigkeit begünstigen oder benachteiligen (*F/A/K/H* § 18a Rz. 48; *Hromadka* § 18a Rz. 15). Für seine Tätigkeit erhält er kein Entgelt; umgekehrt darf sein Entgelt nicht wegen seiner Tätigkeit gemindert werden (vgl. § 20 Abs. 3 Satz 2 BetrVG, § 8 Abs. 3 Satz 2 SprAuG). Notwendige Auslagen sind ihm zu erstatten (*F/A/K/H* § 18a Rz. 49). Obwohl vom Gesetz nicht ausdrücklich angeordnet, unterliegt er wegen der gleichen Interessenlage der Geheimhaltungspflicht der §§ 29 SprAuG, 79 BetrVG (a. A. *Löwisch* § 29 SprAuG Rz. 1, § 3 Rz. 11). §§ 35 SprAuG, 120 BetrVG sind wegen des strafrechtlichen Analogieverbots auf ihn allerdings nicht anwendbar (im einzelnen zum Vorstehenden *Hromadka* § 18a Rz. 17).

16 **Spätestens eine Woche vor Einleitung der Wahlen** hat der Vermittler erneut eine **Verständigung** der Wahlvorstände über die Zuordnung **zu versuchen** (Abs. 2 Satz 1). Dabei hat ihn der Arbeitgeber auf Verlangen zu unterstützen; insbesondere muß er ihm die erforderlichen Auskünfte erteilen und die erforderlichen Unterlagen zur Verfügung stellen (Abs. 2 Satz 1). Zu den **erforderlichen Auskünften** gehören alle Informationen, die darauf schließen lassen, ob die Merkmale des § 5 Abs. 3, 4 vorliegen oder nicht, zu den **erforderlichen Unterlagen** alle Datenträger, aus denen sich entsprechende Informationen ergeben (*Hromadka* § 18a Rz. 11). Im Rahmen des § 5 Abs. 4 Nr. 3 sind das Gehalt des betroffenen (leitenden) Angestellten und die Gehälter zu nennen, ab denen leitende Angestellte im Unternehmen beschäftigt werden. Ein Einsichtsrecht in den Arbeitsvertrag und in die Personalakte besteht nicht (vgl. §§ 83 BetrVG, 26 Abs. 2 SprAuG).

17 Hat der **Verständigungsversuch** des Vermittlers Erfolg, so sind die Wählerlisten entsprechend zu berichtigen.

18 Bleibt der **Verständigungsversuch erfolglos**, so entscheidet der Vermittler nach Beratung mit dem Arbeitgeber (Abs. 2 Satz 3). Die Wahlvorstände haben die leitenden Angestellten entsprechend in die Wählerlisten einzutragen (Abs. 2 Satz 4 mit Abs. 1 Satz 3).

2. Nicht zeitgleiche Durchführung von Betriebsrats- und Sprecherausschußwahl

Die Regelung gilt für den Fall, daß Betriebsrats- und Sprecherausschußwahl **nicht** **zeitgleich** eingeleitet werden. **Gleichgültig** ist, warum die Wahlen zu unterschiedlichen Zeiten abgehalten werden. 19
Bei nicht zeitgleicher Wahl gibt es **nur einen Wahlvorstand**, nämlich den für die Wahl, die gerade abgehalten wird. Der Gesetzgeber wahrt den Gedanken des Zuordnungsverfahrens dadurch, daß er an die Stelle des anderen Wahlvorstandes **das Gremium** treten läßt, **das ihn bestellen würde**, nämlich den Betriebsrat oder den Sprecherausschuß. Mit ihm zusammen hat der Wahlvorstand eine gemeinsame Zuordnung zu versuchen. Dabei gilt sinngemäß dasselbe wie bei zeitgleicher Einleitung der Wahl (Abs. 4). Der Wahlvorstand unterrichtet den Sprecherausschuß oder den Betriebsrat über die Zuordnung zu den leitenden Angestellten. Soweit kein Einvernehmen über die Zuordnung besteht, benennt der Sprecherausschuß oder der Betriebsrat Mitglieder, die anstatt des Wahlvorstandes an dem weiteren Zuordnungsverfahren teilnehmen. Im übrigen ist der Ablauf derselbe. 20
Keine Regelung enthält das Gesetz für den Fall, daß eine der beiden Belegschaftsgruppen – leitende Angestellte bzw. sonstige Arbeitnehmer – **kein Vertretungsorgan** hat. Hier entscheidet der Wahlvorstand für die anstehende Wahl allein über die Eintragung in die Wählerliste (S/W § 18 a Rz. 13). 21

3. Fristen

Die **gesetzlichen Mindestfristen** für die einzelnen Abschnitte des Zuordnungsverfahrens sind äußerst knapp bemessen. Sie reichen, vor allem bei Beteiligung eines Unternehmenswahlvorstandes, kaum aus, wenn es nötig wird, das gesetzliche Verfahren voll auszuschöpfen: 22
Spätestens **zwei Wochen vor Aufstellung** der Wählerlisten haben sich die Wahlvorstände gegenseitig über die Zuordnung zu den leitenden Angestellten zu unterrichten. 23
In der darauffolgenden Woche, nämlich bis spätestens **eine Woche vor Aufstellung** der Wählerlisten, müssen bei abweichenden Ansichten 24

– die Beratung der Wahlvorstände darüber stattfinden, ob sie sich der Ansicht des anderen Wahlvorstands anschließen,

– die gemeinsame Sitzung abgehalten werden, in der eine Einigung versucht wird,

– vorsorglich der Vermittler bestellt werden,

– gegebenenfalls ein Verständigungsversuch durch den Vermittler stattfinden.

Diese knappe Zeitvorgabe hat zur Folge, daß unter Umständen ein Vermittler bestellt wird, obwohl nicht ausgeschlossen ist, daß sich die Wahlvorstände doch noch einigen. Dem Vermittler bleibt kaum Zeit, um den Verständigungsversuch ausreichend vorzubereiten und damit seiner Pflicht, eine möglichst **einverständliche Zuordnung** zu erreichen, nachzukommen. Es empfiehlt sich daher, einen **größeren Zeitraum** für das Zuordnungsverfahren vorzusehen. 25

§ 18a   2. Teil 1. Abschn. Zusammensetzung und Wahl des Betriebsrats

III. Wirkung der Zuordnung/Streitigkeiten

1. Streitigkeiten

26 Die Zuordnung im Verfahren nach § 18a hat (nur) zur Folge, daß die **Anfechtung** der Betriebsrats- oder Sprecherausschußwahl **wegen fehlerhafter Zuordnung ausgeschlossen** ist, es sei denn, die Zuordnung wäre offensichtlich fehlerhaft. Das Gesetz will nur verhindern, daß über die Anfechtung der Zuordnung gleich zwei aufwendige Wahlen in Frage gestellt werden können (*Hromadka* § 18a Rz. 21). Eine **Bindungswirkung** über die Wahlen hinaus ist **nicht** bezweckt. Das bedeutet:

27 Die **Feststellung**, ob ein Arbeitnehmer **leitender Angestellter ist**, kann **jederzeit beantragt** werden, auch im Zusammenhang mit Wahlen (h.M., *Buchner* NZA Beilage Nr. 1/89, 2ff., 22; *Engels/Natter* BB 1989 Beilage Nr. 8, 1ff., 14; *F/A/K/H* § 18a Rz. 53; *Hromadka* § 18a Rz. 22; *Martens* RdA 1989, 73ff. [87ff.]). Antragsberechtigt sind der Betriebsrat, der Sprecherausschuß, der Arbeitgeber, der betroffene Arbeitnehmer und bis zum Wahlakt auch die Wahlvorstände, nicht dagegen der Vermittler und die Gewerkschaften; die Wahlvorstände werden aber wohl nur eine offensichtlich fehlerhafte Zuordnung geltend machen können, weil sie sonst das Vermittlungsverfahren unterlaufen könnten (*Hromadka* § 18a Rz. 22). Ergeht eine Entscheidung noch vor der Wahl, so sind die Wählerlisten entsprechend zu berichtigen.

28 Über den Status eines leitenden Angestellten entscheiden die Arbeitsgerichte im **Beschlußverfahren** (§ 2a Abs. 1 Nr. 1 und 2 ArbGG). Daneben kann die Zuordnung als **Vorfrage** in einem **Urteilsverfahren** überprüft werden (*Bauer* Anm. VII, 138f.; *Löwisch* § 18a Rz. 9, § 3 SprAuG Rz. 15).

2. Wahlanfechtung

29 Die **Anfechtung** der Betriebsratswahl oder der Wahl zum Sprecherausschuß ist **ausgeschlossen**, soweit sie darauf gestützt wird, die **Zuordnung** sei **fehlerhaft** erfolgt. Damit ist sichergestellt, daß die Wirkung des Zuordnungsverfahrens, das eine rasche und wenig aufwendige Zuordnung bei Wahlen bezweckt, nicht nachträglich wieder in Frage gestellt wird. Die Regelung ist in sich geschlossen (kritisch zur Regelung des Abs. 5 *Martens* RdA 1989, 73ff., 87): Das Zuordnungsverfahren entfaltet Wirkung nur für die Wahlen; ist es ordnungsgemäß durchgeführt, so ist die Wahl insoweit unanfechtbar.

30 Ihre Grenze findet die Anfechtungsbeschränkung dort, wo die **Zuordnung offensichtlich fehlerhaft** ist. Die Fehlerhaftigkeit ist offensichtlich, wenn sie sich geradezu aufdrängt (vgl. BT-Drucks. 11/2503, 32), das heißt, wenn der Fehler auf der Hand liegt und für jeden mit der Sachlage Vertrauten erkennbar ist. Das wird vor allem der Fall sein, wenn Kriterien des § 5 Abs. 3 eindeutig verkannt werden (*Wlotzke* DB 1989, 1245ff.) oder wenn der Vermittler sich grundsätzlich weigert, in Zweifelsfällen auf Abs. 4 zurückzugreifen.

31 Die Beschränkung tritt nicht ein, wenn das **Zuordnungsverfahren** nicht oder **nicht ordnungsgemäß durchgeführt** wurde. Hier bleibt eine Anfechtung unter den Voraussetzungen der §§ 8 SprAuG, 19 BetrVG zulässig. Bis zum eigentlichen Wahlakt können die Wahlvorstände gegebenenfalls auch eine gerichtliche Klärung herbeiführen. Wegen der knappen Fristen kommt dafür eine einstweilige Verfügung

gem. § 85 Abs. 2 ArbGG in Betracht (einschränkend aber wohl *LAG Hamm* vom 24. 4. 1990 – 3 Ta BV 56/90 [unanf.] – BB 1990, 1628).

§ 19 Wahlanfechtung

(1) Die Wahl kann beim Arbeitsgericht angefochten werden, wenn gegen wesentliche Vorschriften über das Wahlrecht, die Wählbarkeit oder das Wahlverfahren verstoßen worden ist und eine Berichtigung nicht erfolgt ist, es sei denn, daß durch den Verstoß das Wahlergebnis nicht geändert oder beeinflußt werden konnte.
(2) Zur Anfechtung berechtigt sind mindestens drei Wahlberechtigte, eine im Betrieb vertretene Gewerkschaft oder der Arbeitgeber. Die Wahlanfechtung ist nur binnen einer Frist von zwei Wochen, vom Tage der Bekanntgabe des Wahlergebnisses an gerechnet, zulässig.

Literaturübersicht

Vgl. die Literaturübersicht zu §§ 7–20.
Auffarth Nachprüfbarkeit der Betriebsratswahl, AR-Blattei Betriebsverfassung VI A Wahlanfechtung, 1973; *Bulla* Zum Wahlanfechtungsrecht nach dem Betriebsverfassungsgesetz, DB 1977, 303; *Hanau* Die Anfechtung der Betriebsratswahl, DB 1986, Beilage Nr. 4; *v. Hoyningen-Huene* Fehlerhafte Betriebsvereinbarungen und ihre Auswirkungen auf Arbeitnehmer, DB 1984 Beilage Nr. 1; *Müller, G.* Die Rechtsprechung des *Bundesarbeitsgerichts* zur Anfechtung der Betriebsratswahl, Recht und Rechtsleben in der sozialen Demokratie, FS *Otto Kunze*, 1969, 243; *ders.* Zur Anfechtung der Betriebsratswahl, FS *Schnorr v. Carolsfeld*, 1973, 367; *Schröder, J.* Mängel und Heilung der Wählbarkeit bei Aufsichtsrats- und Betriebsratswahlen, 1979.

Inhaltsübersicht

		Rz.
I.	Anwendungsbereich	1, 2
II.	Gerichtliche Geltendmachung von Wahlverstößen außerhalb des Anfechtungsverfahrens	3–11
	1. Allgemeines	3
	2. Einstweilige Verfügungen	4
	3. Antragsberechtigung	5
	4. Rechtsschutzinteresse	6
	5. Einspruch gegen die Wählerliste nach § 4 WO	7–11
	a) Einspruchsberechtigung	7–10
	b) Einspruch als Voraussetzung der Wahlanfechtung	11
III.	Nichtigkeit der Wahl	12–18
IV.	Wahlanfechtung	19–37
	1. Voraussetzungen	19–25
	2. Anfechtungsberechtigung	26–28
	3. Verfahren	29–37
V.	Einzelne Anfechtungsgründe	38–40
	1. Verstöße gegen das Wahlrecht (§ 7)	38
	2. Verstöße gegen die Wählbarkeit (§ 8)	39
	3. Verstöße gegen das Wahlverfahren	40

§ 19 2. Teil 1. Abschn. Zusammensetzung und Wahl des Betriebsrats

VI. Wirkung der Wahlanfechtung	41–48
1. Korrektur des Wahlergebnisses	41
2. Anfechtung der Wahl des Betriebsrats insgesamt	42–45
3. Anfechtung der Wahl einer Gruppe	46, 47
4. Anfechtung der Wahl eines Betriebsratsmitgliedes	48

I. Anwendungsbereich

1 Die Anfechtung nach dieser Vorschrift bezieht sich auf die Wahl des gesamten Betriebsrats, sie kann sich aber auch nur auf die Wahl einer Gruppe oder einzelner Betriebsratsmitglieder beziehen und kann auf eine **Feststellung der Ungültigkeit** der Wahl oder auf eine **Richtigstellung des Wahlergebnisses** gerichtet sein. Keine Wahlanfechtung ist die Geltendmachung der Nichtigkeit (vgl. Rz. 12f.).

2 Die Vorschrift gilt für die Wahl der **Jugend- und Auszubildendenvertretung** entsprechend (§ 63 Abs. 2 Satz 2) und mit gewissen Änderungen bezüglich der Fristen und Erklärungen für die **Bordvertretung** (§ 115 Abs. 2 Nr. 9) und den **Seebetriebsrat** (§ 116 Abs. 2 Nr. 8).

II. Gerichtliche Geltendmachung von Wahlverstößen außerhalb des Anfechtungsverfahrens

1. Allgemeines

3 Rechtsverstöße bei Durchführung einer Betriebsratswahl, insbesondere Entscheidungen des Wahlvorstandes, können bereits vor **Abschluß der Betriebsratswahl** Gegenstand eines arbeitsgerichtlichen **Beschlußverfahrens** sein, d. h. sie können selbständig, unabhängig von einem Wahlanfechtungsverfahren, geltend gemacht werden (vgl. § 7 Rz. 37; § 8 Rz. 38; § 12 Rz. 24; § 14 Rz. 62; § 16 Rz. 36; § 17 Rz. 22; § 18 Rz. 21; *BAG* vom 15. 12. 1972 – 1 ABR 8/72 – EzA § 14 BetrVG 1972 Nr. 1 = DB 1973, 2052; *BAG* vom 3. 6. 1975 – 1 ABR 98/74 – EzA § 5 BetrVG 1972 Nr. 19 = DB 1975, 2380; *BAG* vom 28. 4. 1964 – 1 ABR 1/64 – EzA § 4 BetrVG 1952 Nr. 1 = DB 1964, 1122; *BAG* vom 14. 12. 1965 – 1 ABR 6/65 – AP Nr. 5 zu § 16 BetrVG 1952 = DB 1966, 425; *BAG* vom 8. 2. 1957 – 1 ABR 11/75 – AP Nr. 1 zu § 82 BetrVG 1952 = BB 1957, 291; GK-*Kreutz* § 19 Rz. 3; *Preis* AuR 1973, 9f.). Gegenstand solcher Rechtsverstöße kann sein z. B. der betriebsverfassungsrechtliche Status eines Arbeitnehmers, die Ordnungsmäßigkeit von Wahl und Besetzung des Wahlvorstandes, die Gültigkeit des Wahlausschreibens, Abstimmung nach § 14 Abs. 2, Gültigkeit von Vorschlagslisten, Zugehörigkeit oder Selbständigkeit von Nebenbetrieben oder Betriebsteilen usw.

2. Einstweilige Verfügungen

4 Es sind auch **einstweilige Verfügungen** auf Aufschiebung der Betriebsratswahl zulässig, z. B. falls leitende Angestellte im Wählerverzeichnis aufgeführt sind (*BAG* vom 15. 12. 1972 – 1 ABR 5/72 – EzA § 9 BetrVG 1972 Nr. 1; *ArbG Frankfurt/M.* vom 21. 4. 1972 – BB 1973, Beilage Nr. 3, 3; § 18 Rz. 21). Dies gilt aber nur dann, wenn es sich um offensichtliche Rechtsverstöße handelt, um ein Anfechtungsverfahren wegen der hohen Kosten, die der Arbeitgeber zu tragen hat, zu vermeiden (vgl. auch § 18 Rz. 21; *G/L* § 18 Rz. 13). Ist dagegen eine erfolgreiche Wahlanfechtung wegen der unklaren Rechtslage nicht sicher, so erfolgt keine gerichtliche Aufschiebung der Betriebsratswahl durch einstweilige Verfügung, da den Interessen der Belegschaft mehr gedient ist, wenn überhaupt ein Betriebsrat und sei es auch nur bis zur erfolgreichen Wahlanfechtung im Amt ist, wenn also durch die Aussetzung der Wahl der Betrieb zeitweise zu einem betriebsratslosen Betrieb würde (*LAG Hamm* vom 10. 4. 1975 – 8 Ta BV 29/75 – EzA § 85 ArbGG Nr. 2 = DB 1975, 1176).

3. Antragsberechtigung

Antragsberechtigt zur Geltendmachung von **Mängeln des Wahlverfahrens vor Ab-** 5
schluß der Wahl ist jeder, der nach § 19 Abs. 2 die Wahl anfechten kann (vgl. Rz. 26 ff.). Nicht erforderlich ist, daß drei Arbeitnehmer das Gericht anrufen, das kann vielmehr jeder einzelne Arbeitnehmer, der durch eine Maßnahme des Wahlvorstandes in seinem aktiven oder passiven Wahlrecht betroffen ist. Die Voraussetzung der Antragsberechtigung nach § 19 Abs. 2 (mindestens drei wahlberechtigte Arbeitnehmer) muß als Verfahrensvoraussetzung und als Erfordernis für eine materiell günstige Entscheidung in jedem Stadium des Verfahrens vorliegen (*BAG* vom 14. 2. 1978 – 1 ABR 46/77 – a. a. O.; § 14 Rz. 5, § 16 Rz. 24 und § 18 Rz. 19). Das Verfahren wird nicht unzulässig, wenn die Arbeitnehmer während des Verfahrens aus dem Betrieb ausscheiden. Es muß aber wenigstens von drei Arbeitnehmern (auch ausgeschiedenen) weiterbetrieben werden (*BAG* vom 4. 12. 1986 – 6 ABR 48/85 – EzA § 19 BetrVG 1972 Nr. 24 = DB 1987, 232). Ein Anfechtungsberechtigter kann nicht durch einen anderen Arbeitnehmer oder gar durch eine Gewerkschaft ersetzt werden (*BAG* vom 12. 2. 1985 – 1 ABR 11/84 – EzA § 19 BetrVG 1972 Nr. 21; *BAG* vom 10. 6. 1983 – 6 ABR 50/82 – EzA § 19 BetrVG 1972 Nr. 19 = DB 1983, 2142).

4. Rechtsschutzinteresse

Nach **Abschluß der Wahl** entfällt grundsätzlich das Rechtsschutzinteresse an 6
einem arbeitsgerichtlichen Beschlußverfahren wegen Maßnahmen des Wahlvorstandes. Das Rechtsschutzinteresse bleibt nur dann bestehen, wenn die aufgetretene Streitfrage bei einer künftigen Betriebsratswahl noch eine Rolle spielen kann (*BAG* vom 15. 12. 1972 – 1 ABR 5/72 – EzA § 9 BetrVG 1972 Nr. 1). Je nach dem zugrundeliegenden Tatbestand bleibt es aber auch nach Durchführung der Wahl bestehen (vgl. § 18 Rz. 18 und *BAG* vom 25. 11. 1980 – 6 ABR 62/79 – EzA § 19 BetrVG 1972 Nr. 4 = DB 1981, 1242). Ist dies nicht der Fall, so kann der Antrag – außer in der Rechtsbeschwerdeinstanz – binnen der Frist des § 19 Abs. 2 in einen Anfechtungsantrag umgestellt werden, wenn die Antragsberechtigung hierfür vorliegt. Ohne diese Antragsumstellung kann ein vor Durchführung der Betriebsratswahl gestellter Feststellungsantrag nicht ohne weiteres umgedeutet werden (*BAG* vom 15. 12. 1972 a. a. O.). Ist zunächst im Beschlußverfahren die Wirksamkeit der Bestellung des Wahlvorstandes angegriffen und die Wahl zwischenzeitlich durch-

geführt, so ist eine Anfechtung der Betriebsratswahl noch beim Landesarbeitsgericht möglich (*BAG* vom 14. 1. 1983 – 6 ABR 39/82 – EzA § 81 ArbGG 1979 Nr. 1 = DB 1983, 2142). Das Rechtsschutzinteresse für die Anfechtung der Wahl eines Betriebsrats entfällt **nicht** schon dadurch, daß der Betriebsrat seinen Rücktritt beschließt (*BAG* vom 29. 5. 1991 – 7 ABR 54/90 – = NZA 1992, 74).

5. Einspruch gegen die Wählerliste nach § 4 WO

a) **Einspruchsberechtigung**

7 Ist die Wählerliste unrichtig, so können gem. § 4 WO Einsprüche dagegen beim Wahlvorstand eingelegt werden. **Umstritten** ist, ob auch der **Arbeitgeber und** die im Betrieb vertretenen **Gewerkschaften Einspruch** nach § 4 WO **einlegen können** und ob die **Einlegung** des Einspruchs nach § 4 WO **Voraussetzung für die Wahlanfechtung** ist. Jeder Arbeitnehmer kann gegen die Richtigkeit der Wählerliste Einspruch einlegen, nicht nur der betroffene Arbeitnehmer (*D/R* § 4 WO Rz. 4; *F/A/K/H* § 4 WO Rz. 2; *G/L* § 4 WO Rz. 4; GK-*Kreutz* § 4 WO Rz. 2). Der Einspruch hat binnen zwei Wochen seit Erlaß des Wahlausschreibens (vgl. § 18 Rz. 5 und 6) schriftlich beim Wahlvorstand zu erfolgen.

8 Ein **Einspruchsrecht** des **Arbeitgebers** und **der im Betrieb vertretenen Gewerkschaften** (zum Begriff vgl. § 2 Rz. 61) wird von der überwiegenden Meinung abgelehnt (*D/R* § 4 WO Rz. 5; *F/A/K/H* § 4 WO Rz. 2; GK-*Kreutz* § 4 WO Rz. 2; *BAG* vom 29. 3. 1974 – 1 ABR 37/73 – EzA § 19 BetrVG 1972 Nr. 2 = DB 1974, 1680; *BAG* vom 25. 6. 1974 – 1 ABR 68/73 – EzA § 19 BetrVG 1972 Nr. 3 = DB 1974, 1341 und 2115; *BAG* vom 11. 3. 1975 – 1 ABR 77/74 – EzA § 24 BetrVG 1972 Nr. 1 = DB 1975, 1753). Dem kann nicht gefolgt werden, vielmehr hat **sowohl** der **Arbeitgeber** (*G/L* § 4 WO Rz. 4) **als auch die im Betrieb vertretene Gewerkschaft** ein **Einspruchsrecht nach § 4 WO** (*Bulla* DB 1977, 304). § 4 Abs. 1 WO legt keine Begrenzung hinsichtlich des Einspruchsrechts fest; deshalb wird nach h. M. auch jedem Arbeitnehmer ein Einspruchsrecht zugebilligt, ohne daß er im Einzelfall betroffen sein muß. Dieses Einspruchsrecht gilt aber auch für den Arbeitgeber, da Sinn und Zweck des Abs. 1 ist, aus Gründen der kostenmäßigen Rationalisierung eine frühzeitige Klärung des Wahlrechts anzustreben und so eine doppelte Kostenbelastung durch Wiederholung der Wahl bei erfolgreicher Wahlanfechtung abzuwenden. Aus § 4 Abs. 2 Satz 3 WO läßt sich kein gegenteiliger Schluß ziehen (so aber *BAG* vom 29. 3. 1974 und 25. 6.1974 a. a. O.; wie hier einzuordnen auch GK-*Kreutz* § 4 WO Rz. 3). Diese Vorschrift verpflichtet lediglich den Wahlvorstand, seine Entscheidung dem Arbeitnehmer, der Einspruch eingelegt hat, unverzüglich schriftlich mitzuteilen; sie trägt keinen verfahrensrechtlichen Charakter und sagt nichts über die Einspruchsberechtigung aus (*G/L* § 4 WO Rz. 4; *Bulla* a. a. O. 304).

9 Auch die im **Betrieb vertretenen Gewerkschaften** haben das **Einspruchsrecht** nach § 4 WO, da es dem Sinn und Zweck der Vorschrift (vgl. Rz. 8) entspricht und es genauso wie beim Arbeitgeber nicht einzusehen wäre, daß sie zur Wahlanfechtung (Abs. 2) berechtigt sind, dagegen nicht von dem wesentlich schwächeren Rechtsbehelf des Einspruchs gegen die Richtigkeit der Wählerliste Gebrauch machen können (*Bulla* a. a. O. 304).

10 Wird von dem **Einspruchsrecht** nach § 4 WO **nicht** innerhalb der Frist **Ge-**

brauch gemacht, so kann die Wählerliste vor der Wahl nicht mehr berichtigt werden, auch nicht durch gerichtliche Entscheidung.

b) Einspruch als Voraussetzung der Wahlanfechtung

Zum Teil wird bei einer Wahlanfechtung durch drei Arbeitnehmer als **Voraussetzung des Einspruch gem.** **§ 4 WO** verlangt (*F/A/K/H* § 19 Rz. 11; *LAG Kiel* vom 11. 8. 1959 – 3 Ta BV 1/59 – AP Nr. 1 zu § 4 WO = DB 1959, 1200; *LAG Düsseldorf* vom 8. 5. 1973 – 5 Ta BV 10/73 – DB 1973, 2050; *LAG Frankfurt/M.* vom 27. 1. 1976 – 5 Ta BV 38/75 – BB 1976, 1271; **a. A.** *D/R* § 19 Rz. 8, aber Rz. 9 einschränkend für den Fall, daß ein Arbeitnehmer keinen Einspruch einlegte, obwohl er dazu in der Lage war; *G/L* § 19 Rz. 9); nach dem *Bundesarbeitsgericht* dagegen nicht bei einer Wahlanfechtung durch den Arbeitgeber oder die Gewerkschaft (*BAG* vom 29. 3. 1974, 25. 6. 1974 und 11. 3. 1975 a. a. O. Rz. 8; GK-*Kreutz* § 19 Rz. 59). Letzteres erklärt sich daraus, daß die überwiegende Meinung auch nur den Arbeitnehmern ein Recht auf Einspruch nach § 4 WO zugesteht (vgl. Rz. 7; zum Meinungsstand vgl. *Etzel* HzA Gruppe 19 B III 10cc; GK-*Kreutz* § 19 Rz. 59; *Bulla* a. a. O. 304, 305). Die Nichteinlegung des Einspruchs nach § 4 WO macht die Wahlanfechtung nicht unzulässig; die **Einlegung** ist also **keine Voraussetzung der Wahlanfechtung**. Das Recht zur Wahlanfechtung ist in § 19 abschließend geregelt; durch eine Verordnung, die aufgrund der Ermächtigung von § 126 erlassen wurde, kann das Anfechtungsrecht nicht dadurch eingeschränkt werden, daß man als zusätzliche Voraussetzung die Einlegung eines Einspruchs nach § 4 WO verlangt (*Bulla* a. a. O. 305). Die Regelung über Einsprüche gegen die Wählerliste in § 4 WO hat ausschließlich **verfahrensmäßigen** Charakter. Verstöße gegen Wahlvorschriften werden also nicht dadurch geheilt, daß ein Einspruch gem. § 4 WO unterblieben ist.

III. Nichtigkeit der Wahl

Von der Anfechtung ist zu unterscheiden die **Nichtigkeit der Betriebsratswahl**. Hier handelt es sich um die Frage, ob eine Wahl beim Vorliegen bestimmter Gründe überhaupt ungültig sein kann, ohne daß es einer Anfechtung bedarf. Grundsätzlich ist zunächst jede aus einem Wahlverfahren hervorgegangene Betriebsvertretung als Betriebsrat im Sinne des Gesetzes anzusehen. Dies kann jedoch nicht gelten, wenn die Grundlagen für eine Wahl oder für die Wählbarkeit eines Kandidaten nicht vorhanden waren, oder wenn von einem gesetzmäßigen Wahlverfahren überhaupt nicht gesprochen werden kann. In diesen Ausnahmefällen liegt einfach eine **Nichtwahl** vor, die als solche keinerlei betriebsverfassungsrechtliche Wirkungen auslösen kann. Eine nichtige Wahl ist nur in eng begrenzten Ausnahmefällen anzunehmen, wenn gegen wesentliche Grundsätze des Wahlverfahrens in einem so hohen Maße verstoßen worden ist, daß nicht einmal der Anschein einer dem Gesetz entsprechenden Wahl vorliegt (*BAG* vom 2. 3. 1955 – 1 ABR 19/54 – AP Nr. 1 zu § 18 BetrVG 1952 m. Anm. *Dietz* = DB 1955, 338; *BAG* vom 27. 4. 1976 – 1 AZR 482/75 – EzA § 19 BetrVG 1972 Nr. 8; *BAG* vom 28. 11. 1977 – 1 ABR 36/76 – EzA § 19 BetrVG 1972 Nr. 14 = DB 1978, 643; *BAG* vom 11. 4. 1978 – 6 ABR 22/77 – EzA § 19 BetrVG 1972 Nr. 17 = DB 1978, 1452; *D/R* § 19 Rz. 66; *F/A/K/H* § 19 Rz. 4; *G/L* § 19 Rz. 38 ff.; GK-*Kreutz* § 19 Rz. 131 ff. Zum Begriff der Nichtigkeit vgl. *Dütz* Anm. zu *BAG* vom 12. 10. 1976 – 1 ABR 1/76 – EzA § 8 BetrVG 1972 Nr. 2 = DB 1977, 356).

§ 19   2. Teil 1. Abschn. *Zusammensetzung und Wahl des Betriebsrats*

13   Verlangt wird die **Offenkundigkeit** der Rechtsverletzung. Der Begriff der Offenkundigkeit ist vom Standpunkt desjenigen zu verstehen, der den Wahlvorgang kennt und Einblick in die Betriebsinterna hat; die Maßnahme muß nach dem *Bundesarbeitsgericht* »den Stempel der Nichtigkeit auf der Stirn tragen« (*BAG* vom 24. 1. 1964 – 1 ABR 14/63 – AP Nr. 6 zu § 3 BetrVG 1952 m. Anm. *Küchenhoff* = DB 1964, 589; *D/R* § 19 Rz. 4, 66; *F/A/K/H* § 19 Rz. 3; GK-*Kreutz* § 19 Rz. 132).

14   Bei **mehreren Verstößen** gegen das Wahlverfahren, von denen u. U. der einzelne Verstoß nur eine Anfechtbarkeit begründen würde, ist eine Gesamtwürdigung vorzunehmen, die insgesamt zur Annahme der Nichtigkeit führen kann (*BAG* vom 27. 4. 1976 – 1 AZR 482/75 – EzA § 19 BetrVG 1972 Nr. 8).

15   **Jedermann** kann **jederzeit** und in **jeder Form** die **Nichtigkeit** geltend machen. Im Falle der Nichtigkeit der Betriebsratswahl hat der Betriebsrat rechtlich nie bestanden. Hierauf kann sich **jedermann**, d. h. jeder, der ein Rechtsschutzinteresse an der Geltendmachung der Nichtigkeit hat, berufen (*D/R* § 19 Rz. 70; *G/L* § 19 Rz. 42; *BAG* vom 27. 4. 1976 – 1 AZR 482/72 –, vom 28. 11. 1977 – 1 ABR 36/76 –, vom 11. 4. 1978 – 6 ABR 22/77 – alle a. a. O. Rz. 12; *BAG* vom 10. 6. 1983 – 6 ABR 50/82 – EzA § 19 BetrVG 1972 Nr. 19 = DB 1983, 2142; *BAG* vom 13. 3. 1991 – 7 ABR 5/90 – = DB 1991, 2495).

16   **Jederzeit** bedeutet, daß die Geltendmachung der Nichtigkeit der Wahl nicht an die vierzehntägige Ausschlußfrist des § 19 gebunden, sondern auch noch danach möglich ist (*BAG* vom 9. 2. 1982 – 1 ABR 36/80 – EzA § 118 BetrVG 1972 Nr. 33 = DB 1982, 1414). Die Nichtigkeit einer solchen gegen das gesetzmäßige Wahlverfahren verstoßenden Wahl kann **auch** im Wege des **Anfechtungsverfahrens** nach § 19 geltend gemacht werden. Die Entscheidung des Arbeitsgerichts hat aber in diesen Fällen keine konstitutive, sondern nur **deklaratorische Wirkung**, d. h. das Arbeitsgericht stellt fest, daß die Wahl nichtig war und von Anfang an kein Betriebsrat bestanden hat (*G/L* § 19 Rz. 44).
Der aus einer nichtigen Wahl hervorgegangene Betriebsrat kann sich nicht auf betriebsverfassungsrechtliche Rechte berufen. Die von ihm vor Feststellung der Nichtigkeit getroffenen Maßnahmen sind unwirksam (*D/R* § 19 Rz. 70; *F/A/K/H* § 19 Rz. 8; *G/L* § 19 Rz. 44; v. *Hoyningen-Huene* DB 1984 Beilage Nr. 1, 3).
Die Nichteinhaltung der vierzehntägigen Ausschlußfrist für die Wahlanfechtung kann diese Mängel nicht heilen. Die Mängel können vielmehr **zu jeder Zeit** und in **jedem anderen Verfahren** geltend gemacht werden (*D/R* § 19 Rz. 70f.; § 19 Rz. 8; *G/L* § 19 Rz. 42; GK-*Kreutz* § 19 Rz. 142f.). Teilweise wird angenommen, daß der Arbeitgeber sich auf die Nichtigkeit für die Vergangenheit nicht mehr soll berufen können, wenn er trotz Kenntnis der Nichtigkeit der Wahl den Betriebsrat als »rechtmäßige« Betriebsvertretung anerkannt und als solche behandelt hat (*F/A/K/H* § 19 Rz. 7; *D/K/K/S* § 19 Rz. 41). Dieser Ansicht kann nicht gefolgt werden. Es ist vielmehr davon auszugehen, daß grundsätzlich kein Vertrauensschutz zugunsten eines aus einer nichtigen Wahl hervorgegangenen Betriebsrats besteht (*D/R* § 19 Rz. 70; *G/L* § 19 Rz. 42; GK-*Kreutz* § 19 Rz. 140; *BAG* vom 27. 4. 1976 – 1 AZR 482/75 – a. a. O. Rz. 12). Von der Gegenansicht wird übersehen, daß der Arbeitgeber, da es sich bei den Wahlvorschriften um zwingendes Recht handelt, nicht befugt ist, darüber zu befinden, ob es sich um einen Betriebsrat im Sinne des Gesetzes handelt. Seine Zustimmung vermag nicht aus den Handlungen eines nach dem Gesetz nicht gewählten Betriebsrats Handlungen eines gesetzmäßigen Betriebsrats zu machen. Unwirksam sind auch Betriebsvereinbarungen, die der »Scheinbetriebsrat« in Kenntnis des Arbeitgebers von der Nichtigkeit der Wahl

Wahlanfechtung § 19

abgeschlossen hat. Allerdings muß der Arbeitgeber sich im individualrechtlichen Bereich – also auf arbeitsvertraglichem Gebiet – entgegenhalten lassen, daß er bisher die Tätigkeit eines Arbeitnehmers als Betriebsrat geduldet hat und dementsprechend dessen arbeitsvertragliche Ansprüche wegen Arbeitsversäumnis, z. B. nach §§ 37, 38, erfüllen muß (*D/R* § 19 Rz. 70; *G/L* § 19 Rz. 42; GK-*Kreutz* § 19 Rz. 140).

In **jeder Form** kann die Nichtigkeit geltend gemacht werden. Es ist kein bestimmtes gerichtliches Verfahren vorgeschrieben, so kann z. B. die Nichtigkeit als Vorfrage in einem anderen Verfahren eine Rolle spielen, auch im Zusammenhang mit der Wahlanfechtung. In einem Kündigungsschutzverfahren kann der Arbeitgeber sich z. B. darauf berufen, daß der Betriebsrat nicht nach § 102 angehört werden mußte, weil es wegen Nichtigkeit der Betriebsratswahl keinen Betriebsrat gab. Die Nichtigkeit kann aber auch in einem selbständigen Beschlußverfahren festgestellt werden (*D/R* § 19 Rz. 71; *G/L* § 19 Rz. 43). 17

Einzelfälle der Nichtigkeit einer Betriebsratswahl sind: 18
– fehlende Betriebsratsfähigkeit (*LAG Hannover* vom 13. 12. 1955 – I Ta 144/55 – DB 1956, 163; *LAG Hamm* vom 21. 8. 1953 – 2 BV Ta 55/53 – DB 1953, 848; *LAG Kiel* vom 27. 7. 1953 – 1 Ta 31/53 B –; – 1 Ta 6/53 B – DB 1953, 716),
– Betriebsratswahl außerhalb des Zeitraums des § 13 Abs. 1 ohne daß ein Fall des § 13 Abs. 2 vorliegt (*D/R* § 19 Rz. 68; *F/A/K/H* § 19 Rz. 4; *G/L* § 19 Rz. 40),
– Wahl eines Kandidaten, der nicht Betriebsangehöriger ist (*D/R* 5. Aufl., § 19 Rz. 53),
– Wahldurchführung ohne Wahlvorstand (*RAG* 4, 315; § 16 Rz. 2; *D/R* § 19 Rz. 69; *G/L* § 19 Rz. 41; vgl. aber *GK-Kreutz* § 19 Rz. 137),
– nicht ordnungsgemäße Bestellung des Wahlvorstandes und Verstoß des Wahlvorstandes gegen nahezu sämtliche Wahlvorschriften (*LAG Hamm* vom 3. 10. 1974 – 8 Ta BV 44/74 – BB 1974, 1486),
– Wahl durch Akklamation in Betriebsversammlung (*BAG* vom 12. 10. 1961 – 5 AZR 423/60 – AP Nr. 84 zu § 611 BGB Urlaubsrecht = DB 1962, 70),
– offenkundige Terrorisierung der Belegschaft während des Wahlvorgangs (*BAG* vom 8. 3. 1957 – 1 ABR 5/55 – AP Nr. 1 zu 19 BetrVG 1952 m. Anm. *Küchenhoff* = DB 1957, 264, 607),
– willkürlicher Ausschluß von Außendienstmitarbeitern von der Briefwahl (*BAG* vom 24. 1. 1964 – 1 ABR 14/63 – AP Nr. 6 zu § 3 BetrVG 1952 = DB 1964, 589; vgl. aber auch *GK-Kreutz* § 19 Rz. 37),
– vorzeitige, vor Abschluß des Wahlgangs und unter Ausschluß der Öffentlichkeit erfolgte Öffnung der Wahlurne in Verbindung mit nicht öffentlicher Stimmauszählung (*ArbG Bochum* vom 15. 6. 1972 – 2 BV 8/72 – DB 1972, 1730),
– Wahl ohne Vorschlagsliste (*ArbG Mannheim* vom 27. 1. 1953 – 2 Ca 1692/52 – BB 1953, 320),
– zahlreiche Verstöße gegen zwingende Wahlvorschriften (*BAG* vom 27. 4. 1976 – 1 ABR 482/75 – EzA § 19 BetrVG 1972 Nr. 8 *LAG Frankfurt/M.* vom 18. 9. 1979 – 4 Ta BV 32/79 – rkr., nicht veröffentlicht),
– willkürliche Zusammenziehung von mehreren Betrieben zu einem Betrieb (*RAG* 12, 409); das *Bundesarbeitsgericht* vertritt allerdings die Auffassung, daß die Verkennung des Betriebsbegriffs nach § 4 durch den Wahlvorstand nur die Anfechtbarkeit, dagegen nicht die Nichtigkeit begründe (*BAG* vom 1. 2. 1963 –

§ 19 2. Teil 1. Abschn. *Zusammensetzung und Wahl des Betriebsrats*

  1 ABR 1/62 – AP Nr. 5 zu § 3 BetrVG 1952 m. Anm. *Neumann-Duesberg* = DB 1963, 662; *BAG* vom 24. 1. 1964 – 1 ABR 14/63 – AP Nr. 6 zu § 3 BetrVG 1952 m. Anm. *Küchenhoff* = DB 1964, 589; *BAG* vom 21. 10. 1969 – 1 ABR 8/69 – AP Nr. 10 zu § 3 BetrVG 1952 m. Anm. *Neumann-Duesberg* = DB 1970, 249; *BAG* vom 17. 1. 1978 – 1 ABR 71/76 – EzA § 1 BetrVG 1972 Nr. 1 = DB 1978, 1133; *BAG* vom 13. 9. 1984 – 6 ABR 43/83 – EzA § 19 BetrVG 1972 Nr. 20 = DB 1985, 711; *G/L* § 19 Rz. 40; etwas anderes würde nur gelten, wenn es sich um eine »offensichtliche« Verkennung des Betriebsbegriffs handelte, vgl. auch *D/R* § 19 Rz. 67),
– Wahl eines weiteren Betriebsrats während der Amtszeit eines ordnungsgemäß gewählten Betriebsrats für denselben Betrieb oder eine Teilorganisation ohne begründeten Anlaß mit dem Ziel, den amtierenden Betriebsrat abzulösen (*BAG* vom 11. 4. 1978 – 6 ABR 22/77 – a. a. O. Rz. 12; *G/L* § 19 Rz. 40),
– Betriebsratswahl in einem Betrieb, der nicht dem BetrVG unterliegt (*BAG* vom 9. 2. 1982 – 1 ABR 36/80 – a. a. O. Rz. 16).

IV. Wahlanfechtung

1. Voraussetzungen

19 Voraussetzung für die Zulässigkeit einer Wahlanfechtung ist zunächst, daß bei der Wahl gegen wesentliche Vorschriften über das **Wahlrecht** (Rz. 38), die **Wählbarkeit** (Rz. 39) oder das **Wahlverfahren** (Rz. 40) verstoßen worden ist und die **Möglichkeit einer Beeinflussung des Wahlergebnisses** durch diesen Verstoß besteht.

20 Als **wesentliche Vorschriften** können im allgemeinen nur Mußvorschriften angesehen werden. Die Verletzung von Ordnungsvorschriften oder Sollbestimmungen (z. B. § 15, § 6 Abs. 3 WO) rechtfertigt die Wahlanfechtung grundsätzlich nicht (*D/R* § 19 Rz. 13; *F/A/K/H* § 19 Rz. 9; *G/L* § 19 Rz. 5; *GK-Kreutz* § 19 Rz. 17; *S/W* § 19 Rz. 6 a). Sind zahlreiche Sollvorschriften verletzt, die in ihrer Gesamtheit als wesentliche Vorschriften anzusehen sind, kann hierauf eine Wahlanfechtung gestützt werden (*D/R* § 19 Rz. 13; *Etzel* HzA Gruppe 19, 200).

21 Bei wesentlichen Verstößen gegen das Wahlrecht ist nicht Voraussetzung für die Möglichkeit der Wahlanfechtung, daß vorher **Einspruch gegen die Wählerliste** nach § 4 WO eingelegt wurde (vgl. Rz. 7 ff.).

22 Der Nachweis eines wesentlichen Verstoßes führt nur dann nicht zur Ungültigkeitserklärung der Wahl des Betriebsrats oder einzelner Betriebsratsmitglieder, wenn nachgewiesen wird, »daß durch den Verstoß **das Wahlergebnis nicht geändert oder beeinflußt werden** konnte«. Es kommt also auf die Möglichkeit der Beeinflussung des Wahlergebnisses an, nicht erforderlich ist die Feststellung, daß das Wahlergebnis tatsächlich beeinflußt wurde (*D/R* § 19 Rz. 23; *G/L* § 19 Rz. 8; *BAG* vom 2. 4. 1955 – 1 ABR 19/54 – AP Nr. 1 zu § 18 BetrVG 1952 = DB 1955, 388; *LAG* Bremen vom 30. 6. 1961 – 1 TaBV 14/61 – DB 1961, 1103; *BAG* vom 8. 3. 1957 – 1 ABR 5/55 – AP Nr. 1 zu § 19 BetrVG 1952 m. Anm. *Küchenhoff* = DB 1957, 607). Die Beeinflussung des Wahlergebnisses durch den Verstoß ist zunächst zu unterstellen (*F/A/K/H* § 19 Rz. 16). Dafür, daß das Wahlergebnis nicht beeinflußt werden konnte, ist nicht der Antragsteller, sondern der Antragsgegner beweispflichtig (*D/R* § 19 Rz. 25; *F/A/K/H* § 19 Rz. 16; *G/L* § 19 Rz. 8). Es genügt nach der Fassung des Gesetzes nicht, daß der Antragsgegner nachweist, daß

Wahlanfechtung § 19

das Wahlergebnis durch den Verstoß in diesem konkreten Falle **nicht beeinflußt worden ist**, er muß vielmehr nachweisen, daß das Wahlergebnis durch den Verstoß überhaupt **nicht beeinflußt werden konnte**, d. h. daß auch nicht die objektive Möglichkeit der Beeinflussung des Wahlergebnisses durch den Verstoß gegeben war; auf eine bewußte oder gewollte Beeinflussung kommt es nicht an (*D/R* § 19 Rz. 24f.; *G/L* § 19 Rz. 8; GK-*Kreutz* § 19 Rz. 44f.; *Etzel* HzA Gruppe 19, 205).

Nur wenn mit an Sicherheit grenzender Wahrscheinlichkeit feststeht, daß das Wahlergebnis nicht beeinflußt werden konnte, ist eine Wahlanfechtung wegen fehlender Beeinflussung des Wahlergebnisses unbegründet. Dies kann z. B. der Fall sein, wenn ein Wahlberechtigter zur Wahl nicht zugelassen war, durch seine Stimme das Wahlergebnis aber nicht geändert worden wäre, gleichgültig, welchem Wahlvorschlag er seine Stimme gegeben hätte (*Etzel* a. a. O. 205). Kann dagegen das Gericht nicht zweifelsfrei klären, ob der Verstoß zu einer Beeinträchtigung des Wahlergebnisses hätte führen können, so greift die Anfechtung durch (*D/R* § 19 Rz. 25; *F/A/K/H* § 19 Rz. 16; *G/L* § 19 Rz. 8).

Einzelfälle
der Möglichkeit einer Beeinflussung des Wahlergebnisses sind:
- bei Zurückweisung eines Wahlbewerbers kann nicht ausgeschlossen werden, daß das Wahlergebnis anders ausgefallen wäre,
- Annahme der Nichtwählbarkeit eines Arbeitnehmers, wenn die Möglichkeit besteht, daß er sich um einen Sitz beworben hätte (*BAG* vom 28. 4. 1964 – 1 ABR 2/64 – AP Nr. 4 zu § 4 BetrVG 1952 m. Anm. *A. Hueck*),
- wenn der Wahlvorstand bei ordnungsgemäßer Bestellung möglicherweise aus anderen Personen zusammengesetzt gewesen wäre (*BAG* vom 2. 3. 1955 – 1 ABR 19/54 – AP Nr. 1 zu § 18 BetrVG 1952 m. Anm. *Dietz* = DB 1955, 338),
- wenn der letzte Tag für die Einreichung von Wahlvorschlägen falsch angegeben wird (*D/R* § 19 Rz. 23),
- wenn eine Vorschlagsliste nicht zugelassen wird (*D/R* § 19 Rz. 23),
- wenn die Gruppenzugehörigkeit auf den Stimmzetteln falsch bezeichnet war (*BAG* vom 2. 2. 1962 – 1 ABR 5/61 – AP Nr. 10 zu § 13 BetrVG 1952 m. Anm. *Neumann-Duesberg* = DB 1962, 573); vgl. auch Rz. 37 ff.

Weitere Voraussetzung für eine Wahlanfechtung nach Abs. 1 ist, daß der wesentliche Verstoß nicht durch eine **Berichtigung des Wahlergebnisses** vor gerichtlicher Geltendmachung der Anfechtung beseitigt wurde (*D/R* § 19 Rz. 26; *F/A/K/H* § 19 Rz. 15; *G/L* § 19 Rz. 7; GK-*Kreutz* § 19 Rz. 33). Werden Fehler während des Wahlverfahrens vom Wahlvorstand berichtigt, dann fehlt es schon an einer Möglichkeit der Beeinflussung des Wahlergebnisses. Eine Berichtigung des Wahlergebnisses kommt aber auch nach Abschluß der Stimmabgabe in Betracht, z. B. wenn die Wahlniederschrift (§ 17 WO) Fehler enthält, die ohne weiteres behoben werden können, wie Berichtigung eines Rechenfehlers, versehentlich falsche Bezeichnung des Gewählten, fehlerhafte Benachrichtigung von angeblich gewählten Betriebsratsmitgliedern (§ 18 WO). Eine fehlerhafte Bekanntmachung der gewählten Betriebsratsmitglieder kann in der Zweiwochenfrist des § 19 WO berichtigt werden. Eine unrichtige Verteilung der Sitze unter die Gruppen aufgrund eines Rechenfehlers kann berichtigt werden; dies ist allerdings dann nicht möglich, wenn bereits das Wahlausschreiben falsche Angaben über die Zahl der zu wählenden Betriebsratsmitglieder und die Verteilung der Sitze auf die Gruppe enthielt (*BAG* vom 12. 10. 1976 – 1 ABR 14/76 – EzA § 19 BetrVG 1972 Nr. 10 = DB 1977, 212; vgl. auch § 9 Rz. 4). Es können also nur Fehler beseitigt werden, 23 die sich ohne Rückwirkung auf das Wahlergebnis im übrigen berichtigen lassen (*G/L* § 19 Rz. 7). Die Berichtigung der Wählerliste kann nur innerhalb der Einspruchsfrist des § 4 WO erfolgen; danach ist nur eine Berichtigung von Schreibfehlern, offenbaren Unrichtigkeiten oder bei Eintritt eines Arbeitnehmers in den Betrieb bis zum Tage vor dem Beginn der Stimmabgabe möglich (§ 4 Abs. 3 WO).

24 **Befugt** zur **Berichtigung** ist der **Wahlvorstand**, solange dieser im Amt ist (zur Amtszeit vgl. § 16 Rz. 29f.); eine Berichtigung **durch den Betriebsrat** ist **nicht möglich**, weil diesem – außer der Bestellung des Wahlvorstandes – keinerlei Befugnisse bei der Durchführung der Betriebsratswahl zustehen (vgl. § 16 Rz. 2; § 17 Rz. 4; *D/R* § 19 Rz. 60; *G/L* § 19 Rz. 37; GK-*Kreutz* § 19 Rz. 38; **a.A.** *F/A/K/H* § 19 Rz. 18). Vgl. auch Rz. 41.

25 **Unterläßt der Wahlvorstand eine Berichtigung,** obwohl dies möglich gewesen wäre, so kann im arbeitsgerichtlichen Verfahren auf Berichtigung geklagt werden (vgl. Rz. 30).

2. Anfechtungsberechtigung

26 **Anfechtungsberechtigt** sind **drei wahlberechtigte** Arbeitnehmer (vgl. § 7), eine **im Betrieb vertretene Gewerkschaft** (vgl. § 2 Rz. 61) oder **der Arbeitgeber**. Ein einzelner Arbeitnehmer hat kein Anfechtungsrecht, auch dann nicht, wenn er bei erfolgreicher Anfechtung selbst in den Betriebsrat gewählt worden wäre (*BAG* vom 20. 4. 1956 – 1 ABR 2/56 – AP Nr. 3 zu § 27 BetrVG 1952 = DB 1956, 598). Der Wahlvorstand und der Betriebsrat als Organ haben kein Wahlanfechtungsrecht; der Wahlvorstand schon deswegen nicht, weil mit dem Ende der Wahl sein Amt beendet ist; er kann daher auch nicht Beteiligter im Anfechtungsverfahren sein (*BAG* vom 7.7. 1954 – 1 ABR 6/54 – AP Nr. 1 zu § 24 BetrVG 1952 = DB 1954, 700; *D/R* § 19 Rz. 32; *G/L* § 19 Rz. 15). Jedes Mitglied des Betriebsrats und des Wahlvorstandes ist aber berechtigt, als Arbeitnehmer mit zumindest zwei anderen Arbeitnehmern die Wahl anzufechten (*BAG* vom 20. 7. 1982 – 1 ABR 19/81 – EzA § 76 BetrVG Nr. 12 = DB 1982, 2087). Betriebsratsmitglieder brauchen deswegen ihr Amt nicht niederzulegen (*LAG Hamm* vom 26. 2. 1976, rkr. – 8 Ta BV 74/75 – DB 1976, 1920; *D/R* § 19 Rz. 32; *G/L* § 19 Rz. 15).

Die **Anfechtungsberechtigung** mußte nach früher h. M. als Verfahrensvoraussetzung in **jedem Stadium** des Verfahrens – also bis zur letzten mündlichen Verhandlung – **vorliegen** (*BAG* vom 14. 2. 1978 – 1 ABR 46/77 – a.a.O. § 18 Rz. 19; vgl. auch § 16 Rz. 24; *D/R* § 19 Rz. 33; *G/L* § 19 Rz. 13). Neuerdings nimmt das *Bundesarbeitsgericht* an, daß ein Ausscheiden eines anfechtenden Arbeitnehmers aus dem Betrieb keinen Einfluß auf die Anfechtungsberechtigung hat (*BAG* vom 4. 12. 1986 – 6 ABR 48/85 – EzA § 19 BetrVG 1972 Nr. 24 = DB 1987, 232). Die Anfechtungsberechtigten müssen aber das Verfahren bis zur Entscheidung – auch wenn nur einer von ihnen wahlberechtigt ist – betreiben. Scheiden dagegen alle Wahlanfechtenden während des Beschlußverfahrens aus ihren Arbeitsverhältnissen aus, führt dies zum Wegfall des Rechtsschutzinteresses und damit zur Unzulässigkeit des Wahlanfechtungsverfahrens (*BAG* vom 15. 2. 1989 – 7 ABR 9/88 – EzA § 19 BetrVG 1972 Nr. 28 m. krit. Anm. *Mashold*). Die Gewerkschaft kann nach Ablauf der Anfechtungsfrist nicht anstelle eines ausgeschiedenen an-

Wahlanfechtung § 19

tragstellenden Arbeitnehmers dem Verfahren beitreten (*LAG Hamm* vom 5. 5. 1982 – 3 Ta BV 130/81 – DB 1982, 2709; *S/W* § 19 Rz. 2; *BAG* vom 10. 6. 1983 – 6 ABR 50/82 – EzA § 19 BetrVG 1972 Nr. 19 = DB 1983, 2142).

Eine Anfechtung durch eine im **Betrieb vertretene Gewerkschaft** kann auch durch 27
eine örtliche Verwaltungsstelle erfolgen, wenn sie satzungsgemäß hierzu berechtigt ist (*BAG* vom 1. 6. 1966 – 1 ABR 17/65 – AP Nr. 15 zu § 18 BetrVG 1952 m. Anm. *Neumann-Duesberg* = DB 1966, 1438; *BAG* vom 29. 3. 1974 – 1 ABR 37/73 – EzA § 19 BetrVG 1972 Nr. 2 = DB 1974, 1342, 1680). Die Gewerkschaft muß während der ganzen Dauer des Verfahrens, d. h. bis zum Schluß der letzten mündlichen Verhandlung im Betrieb vertreten sein (vgl. dazu § 16 Rz. 24; *D/R* § 19 Rz. 30; *G/L* § 19 Rz. 4).

Der **Arbeitgeber** hat grundsätzlich – bei Vorliegen der anderen Voraussetzungen 28
für die Wahlanfechtung – ein **rechtliches Interesse** an der Feststellung, ob der Betriebsrat ordnungsgemäß gewählt worden ist (*BAG* vom 2. 12. 1960 – 1 ABR 20/59 – AP Nr. 2 zu § 19 BetrVG 1952 m. Anm. *Neumann-Duesberg* = BB 1961, 330 = DB 1961, 377). Anfechtungsberechtigt ist stets nur der Arbeitgeber, in dessen Betrieb die Betriebsratswahl stattgefunden hat (*BAG* vom 28. 11. 1977 – 1 ABR 36/76 – a. a. O. Rz. 12 für die Betriebsratswahl bei einer Theatergemeinschaft zweier Städte).

3. Verfahren

Das Anfechtungsverfahren erfolgt **auf Antrag** des bzw. der Antragsberechtigten 29
im Beschlußverfahren. Von Amts wegen wird kein Anfechtungsverfahren eingeleitet (*F/A/K/H* § 19 Rz. 26; *G/L* § 19 Rz. 24). Die Anfechtung **richtet** sich gegen den neugewählten **Betriebsrat**, wenn die **gesamte Betriebsratswahl angefochten** wird, bzw. die Gruppenangehörigen bei **Anfechtung einer Gruppenwahl** oder gegen das **einzelne Betriebsratsmitglied,** wenn lediglich dessen Wahl angefochten wird (*D/R* § 19 Rz. 39–41; *F/A/K/H* § 19 Rz. 29; *G/L* § 19 Rz. 25; *BAG* vom 24. 5. 1965 – 1 ABR 1/65 – AP Nr. 14 zu § 18 BetrVG 1952 m. Anm. *Neumann-Duesberg* = DB 1965, 1407; *BAG* vom 12. 2. 1960 – 1 ABR 13/59 – AP Nr. 11 zu § 18 BetrVG 1952 m. Anm. *Küchenhoff* = DB 1960, 471; *BAG* vom 20. 5. 1969 – 1 ABR 20/68 – AP Nr. 1 zu § 5 BetrVG 1952 m. Anm. *Schnorr* = DB 1969, 1414). Die Anfechtung kann auf die Wahl einzelner oder mehrerer Betriebsratsmitglieder beschränkt werden (h. M.: *BAG* vom 25. 4. 1978 – 6 ABR 2/77 – EzA § 8 BetrVG 1972 Nr. 6 = DB 1978, 1840 m. Anm. *Simitis; BAG* vom 28. 11. 1977 – 1 ABR 40/76 – EzA § 19 BetrVG 1972 Nr. 14 = DB 1978, 450). Entgegen der h. M. in Rechtsprechung und Literatur lehnen *D/R* die Anfechtung der Wahl eines einzelnen Betriebsratsmitgliedes ab (*D/R* § 19 Rz. 41 mit ausführlicher Begründung). **Anfechtungsgegner** kann **nicht** der **Wahlvorstand** sein, weil dessen Amt mit der Bekanntmachung des Wahlergebnisses beendet ist, abgesehen von der Einladung zur konstituierenden Sitzung des neuen Betriebsrats (vgl. § 16 Rz. 29; *G/L* § 19 Rz. 25; teilw. a. A. *GK-Kreutz* § 19 Rz. 100). Seine Entscheidungen und Maßnahmen können aber schon vor Abschluß der Betriebsratswahl selbständig angefochten werden (vgl. Rz. 3).

Der **Antrag** kann sich entweder auf die **Feststellung der Ungültigkeit** der Wahl 30
richten und damit eine Wiederholung anstreben oder auf eine **Korrektur des Wahlergebnisses** (*D/R* § 19 Rz. 42; *GK-Kreutz* § 19 Rz. 88); er kann sich beziehen

auf die gesamte Betriebsratswahl, aber auch auf die Wahl einer Gruppe oder einzelner Betriebsratsmitglieder beschränkt werden. Aus der Anfechtungserklärung muß erkennbar sein, welche Wahl – gegebenenfalls in welchem Umfang – angefochten wird. Soll die Anfechtung auf die Wahl eines einzelnen Betriebsratsmitgliedes beschränkt werden, muß der Name des Antragsgegners angegeben werden (*BAG* vom 20. 7. 1982 – 1 ABR 19/81 – EzA § 76 BetrVG 1952 Nr. 12 = DB 1982, 2087), soll sie auf eine Gruppe beschränkt werden, muß auch dies sich aus dem Antrag ergeben. Der Antrag bestimmt nämlich auch in diesem Verfahren den Streitgegenstand. Ist beantragt worden, die Wahl für ungültig zu erklären, so ist der Antrag in der Regel dahin auszulegen, daß die Wahl unter jedem rechtlichen Gesichtspunkt nachgeprüft werden soll (*G/L* § 19 Rz. 27; GK-*Kreutz* § 19 Rz. 88; *BAG* vom 24. 1. 1964 – 1 ABR 14/63 – AP Nr. 6 zu § 3 BetrVG 1952 m. Anm. *Küchenhoff* = DB 1964, 589; *BAG* vom 28. 1. 1964 – 1 ABR 1/64 – EzA § 4 BetrVG 1952 Nr. 1 = DB 1964, 1122; *Dütz* Anm. zu *BAG* vom 12. 10. 1976 – 1 ABR 1/76 – SAE 1978, 4).

31   Die **Frist von zwei Wochen**, innerhalb der die Anfechtung erfolgen muß (Abs. 2 Satz 2), ist eine **Ausschlußfrist**, mit ihrem Ablauf erlischt das Anfechtungsrecht (*D/R* § 19 Rz. 38; *G/L* § 19 Rz. 22; *BAG* vom 28. 4. 1964 – 1 ABR 1/64 – EzA § 4 BetrVG 1952 Nr. 1 = DB 1964, 1122). Auch eine Erweiterung des auf die Wahl einzelner Betriebsratsmitglieder oder einer Gruppe beschränkten Antrags ist nicht mehr möglich (*G/L* § 19 Rz. 22). Die Frist ist vom Tage der Bekanntgabe des Wahlergebnisses an zu rechnen. Für die Berechnung der Frist gelten die allgemeinen Vorschriften des Bürgerlichen Gesetzbuches über die Berechnung von Fristen und Terminen (§§ 186 ff., insbesondere § 187 Abs. 1, § 188 Abs. 2 BGB). Danach ist der Tag, an dem das endgültige Wahlergebnis veröffentlicht wird, nicht mitzurechnen. Die Frist endet mit dem Ablauf des 14. Tages. Fällt der letzte Tag der Frist auf einen Sonntag oder einen gesetzlichen Feiertag, so tritt an die Stelle des Sonntags oder des Feiertags der nächstfolgende Werktag (§ 193 BGB).

32   Voraussetzung für den **Beginn der Frist** ist, daß das Wahlergebnis ordnungsgemäß bekanntgemacht wurde. Dies ist der Fall, wenn es nach § 19 i. V. m. § 3 Abs. 3 WO so ausgehängt wurde, daß jeder Betriebsangehörige davon Kenntnis nehmen konnte. Wird das Wahlergebnis an mehreren Stellen im Betrieb ausgehängt, so ist für den Beginn der Frist der Tag des letzten Aushangs maßgebend (vgl. auch zum Wahlausschreiben § 18 Rz. 6; *D/R* § 19 Rz. 35; *G/L* § 19 Rz. 17). Wird die Bekanntmachung berichtigt, so läuft von da an eine neue Anfechtungsfrist (*D/R* § 19 Rz. 35; *G/L* § 19 Rz. 17; GK-*Kreutz* § 19 Rz. 81). Erfolgt keine ordnungsgemäße Bekanntmachung des Wahlergebnisses, so beginnt der Lauf der Ausschlußfrist nicht. Wird der Aushang vor Ablauf der zweiwöchigen Frist des § 19 WO von der für ihn bestimmten und den Wahlberechtigten zugänglichen Stelle entfernt, so wird der Ablauf der Frist gehemmt. Wird das Wahlergebnis nicht oder nicht ordnungsgemäß bekanntgemacht, so bleibt die Anfechtungsmöglichkeit erhalten. Es besteht auch die Möglichkeit, die Wahl schon vor Bekanntgabe des Wahlergebnisses anzufechten (*D/R* § 19 Rz. 35; *F/A/K/H* § 19 Rz. 25; *G/L* § 19 Rz. 21; einschränkend GK-*Kreutz* § 19 Rz. 83).

33   Innerhalb der Anfechtungsfrist muß ein **Anfechtungsantrag** beim **Arbeitsgericht eingegangen** sein; zur Fristwahrung genügt es, wenn der Antrag beim örtlich unzuständigen Arbeitsgericht am letzten Tag der Frist **eingegangen** ist (*BAG* vom 15. 7. 1960 – 1 ABR 3/59 – AP Nr. 10 zu § 76 BetrVG 1952 m. Anm. *Küchenhoff* = DB 1960, 1250, 1368; *D/R* § 19 Rz. 36; F/A/K/H § 19 Rz. 18; *G/L* § 19 Rz. 9).

Dieser Antrag muß ebenfalls **innerhalb der Frist begründet** werden, d.h. es muß ein betriebsverfassungsrechtlich erheblicher Anfechtungstatbestand vorgetragen werden (*BAG* vom 24.5. 1965 – 1 ABR 1/65 – AP Nr. 14 zu § 18 BetrVG 1952 m. Anm. *Neumann-Duesberg* = DB 1965, 1407). Ist im Antrag kein ausreichender Tatsachenvortrag enthalten, so kann dies nur innerhalb der Anfechtungsfrist nachgeholt werden. Nach Ablauf der Anfechtungsfrist können allerdings innerhalb des bereits anhängigen Verfahrens weitere Anfechtungsgründe nachgeschoben werden, sofern der Anfechtungsantrag rechtzeitig begründet wurde (*BAG* vom 24.5. 1965 a.a.O.; *D/R* § 19 Rz. 44). Außerdem muß das Gericht, falls die Wahl frist- und ordnungsgemäß angefochten wurde, von Amts wegen weiteren Anfechtungsgründen, die im Laufe des Verfahrens sichtbar wurden, nachgehen (*D/R* § 19 Rz. 48; *F/A/K/H* § 19 Rz. 24; *G/L* § 19 Rz. 22, 27; GK-*Kreutz* § 19 Rz. 106; *BAG* vom 28.2. 1958 – 1 ABR 3/57 – AP Nr. 1 zu § 29 BetrVG 1952 m. Anm. *Küchenhoff* = DB 1958, 603; *BAG* vom 3.10. 1958 – 1 ABR 3/58 – AP Nr. 3 zu § 18 BetrVG 1952 m. Anm. *Dietz* = DB 1958, 1394; *BAG* vom 3.6. 1969 – 1 ABR 3/69 – AP Nr. 17 zu § 18 BetrVG 1952 m. Anm. *Galperi* = DB 1969, 1707; *BAG* vom 2.2. 1962 – 1 ABR 5/61 – AP Nr. 10 zu § 13 BetrVG 1952 = m. Anm. *Neumann-Duesberg* = DB 1962, 573; *BAG* vom 20.7. 1982 – 1 ABR 19/81 – EzA § 76 BetrVG 1952 Nr. 12 = DB 1982, 2087).

Der **Mangel** gilt als **geheilt**, wenn nicht innerhalb der Zweiwochenfrist die Anfechtung erfolgt, da es sich bei dieser Frist um eine materiellrechtliche Ausschlußfrist handelt (*BAG* vom 14.1. 1972 – 1 ABR 6/71 – EzA § 22 BetrVG 1972 Nr. 2 = DB 1972, 686). Eine nicht rechtzeitig – also innerhalb der Ausschlußfrist – angefochtene Wahl ist – von dem Ausnahmefall der Wahlnichtigkeit (vgl. Rz. 12 ff.) abgesehen – nach materiellem Recht von Anfang an gültig (*BAG* vom 28.4. 1964 – 1 ABR 1/64 – EzA § 4 BetrVG 1952 Nr. 1 = DB 1964, 1122; vgl. auch Rz. 31). 34

Liegt ein **Mangel der Wählbarkeit** einzelner Betriebsratsmitglieder vor, so kann dieser auch **nach Ablauf der Anfechtungsfrist** gem. § 24 Abs. 1 Nr. 4 und 6 bis zur Beendigung der Amtszeit vorgebracht werden (*D/R* § 19 Rz. 62; *G/L* § 19 Rz. 23; *BAG* vom 11.4. 1958 – 1 ABR 2/57 – AP Nr. 1 zu § 6 BetrVG 1952 m. Anm. *Dietz* = DB 1958, 658). Dies gilt jedoch nur, solange der Mangel noch besteht. Auch eine Anfechtung kann auf einen Mangel der Wählbarkeit nur gestützt werden, wenn dieser im Zeitpunkt der letzten mündlichen Verhandlung noch vorliegt (*D/R* § 19 Rz. 7 und Rz. 61; *F/A/K/H* § 19 Rz. 13; *G/L* § 19 Rz. 10, 23; *BAG* vom 7.7. 1954 – 1 ABR 6/54 – AP Nr. 1 zu § 24 BetrVG 1952 = DB 1954, 700; vgl. auch § 8 Rz. 32 f.). 35

Das Anfechtungsverfahren ist einzustellen, wenn das **Rechtsschutzinteresse** vor der endgültigen gerichtlichen Entscheidung entfällt. Dies ist z.B. dann der Fall, wenn bei der Anfechtung der Wahl eines einzelnen Betriebsratsmitgliedes dieses Mitglied sein Amt niederlegt oder wenn die Amtszeit des Betriebsrats vor rechtskräftiger Entscheidung endet (*F/A/K/H* § 19 Rz. 31; *G/L* § 19 Rz. 28; GK-*Kreutz* § 19 Rz. 108; für Erledigung der Hauptsache in diesen Fällen *D/R* § 19 Rz. 51 oder wenn die anfechtbar gewählte Arbeitnehmervertretung bereits aufgelöst ist und keine betriebsverfassungsrechtlichen Befugnisse mehr ausüben kann (*BAG* vom 13.3. 1991 – 7 ABR 5/90 – = DB 1991, 2495 m.w.N.). Kein Wegfall des Rechtsschutzinteresses ist gegeben, wenn der Betriebsrat insgesamt zurücktritt, weil er nach § 22 die Geschäfte weiterführt. Insoweit wird die Auffassung der Vorauflage aufgegeben (ebenso GK-*Kreutz* § 19 Rz. 108; *F/A/K/H* § 19 Rz. 31; LAG München vom 4.10. 1989 – 7 Ta BV 19/89 – DB 1989, 2628). 36

§ 19 *2. Teil 1. Abschn. Zusammensetzung und Wahl des Betriebsrats*

37 **Beteiligt** am Wahlanfechtungsverfahren sind diejenigen, deren betriebsverfassungsrechtliche Rechtsstellung durch das Anfechtungsverfahren unmittelbar berührt wurden (*D/R* § 19 Rz. 46; GK-*Kreutz* § 19 Rz. 54). Beteiligt ist daher neben Antragsteller und Antragsgegner stets auch der Arbeitgeber. Die im Betrieb vertretenen Gewerkschaften (§ 2 Rz. 61 f.) sind keine Beteiligten des Wahlanfechtungsverfahrens, wenn sie von ihrem Anfechtungsrecht keinen Gebrauch gemacht haben (*BAG* vom 19. 9. 1985 – 6 ABR 4/85 – EzA § 19 BetrVG 1972 Nr. 22 = DB 1986, 864; ebenso GK-*Kreutz* § 19 Rz. 98, *F/A/K/H* § 19 Rz. 38; a. A. die Vorauflage; *D/R* § 19 Rz. 46). Der Wahlvorstand ist nicht Beteiligter, da sein Amt mit Durchführung der Wahl erloschen ist (vgl. § 16 Rz. 37).

V. Einzelne Anfechtungsgründe

1. Verstöße gegen das Wahlrecht (§ 7)

38 **Wesentliche Verstöße** gegen die Vorschrift über die **Wahlberechtigung** nach § 7 berechtigen zur Anfechtung. Ein Einspruch nach § 4 WO gegen die Wählerliste ist keine Voraussetzung der Anfechtungsbefugnis (vgl. Rz. 11).

Beispiele:
– Zulassung von nicht wahlberechtigten Arbeitnehmern (*LAG Düsseldorf* vom 7. 1. 1958, rkr. – 3 BV Ta 3/57 – BB 1958, 701),
– Nichtzulassung von wahlberechtigten Arbeitnehmern des Betriebes (*BAG* vom 28. 4. 1964 – 1 ABR 1/64 – EzA § 4 BetrVG 1952 Nr. 1 = DB 1964, 1122; *BAG* vom 29. 3. 1974 – 1 ABR 37/73 – EzA § 19 BetrVG 1972 Nr. 2 = DB 1974, 1680; *LAG Düsseldorf* vom 8. 5. 1973 – 8 Ta BV 10/73 – DB 1973, 2050),
– Zulassung von gruppenfremden Arbeitnehmern bei der Gruppenwahl oder Nichtzulassung von zu der Gruppe gehörenden Arbeitnehmern (*BAG* vom 20. 5. 1969 – 1 ABR 20/68 = DB 1969, 1414; *BAG* vom 29. 3. 1974 a. a. O.).

2. Verstöße gegen die Wählbarkeit (§ 8)

39 **Wesentliche Verstöße** gegen die Vorschrift über **die Wählbarkeit** nach § 8 berechtigen zur Anfechtung der Wahl. Die Wahlanfechtung kann hierauf nicht mehr gestützt werden, wenn vor Beendigung der letzten mündlichen Verhandlung der Mangel der Wählbarkeit behoben ist (vgl. Rz. 35). Auch nach Ablauf der Anfechtungsfrist kann ein Mangel der Wählbarkeit geltend gemacht werden (§ 24 Abs. 1 Nr. 4 und 6).

Beispiele:
– Zulassung von nicht wahlberechtigten Arbeitnehmern als Wahlkandidaten (*BAG* vom 28. 11. 1977 – 1 ABR 40/76 – EzA § 8 BetrVG 1972 Nr. 4 = DB 1978, 450),
– Nichtzulassung eines wahlberechtigten Arbeitnehmers zur Wahl bzw. seine zu Unrecht erfolgte Streichung von der Vorschlagsliste.

3. Verstöße gegen das Wahlverfahren

Wesentliche Verstöße gegen das Wahlverfahren – also gegen §§ 9 bis 18 und die **40** Vorschriften der Wahlordnung – berechtigen zur Wahlanfechtung.

Beispiele:
- Bestellung des **Wahlvorstandes** durch einen nicht mehr amtierenden Betriebsrat (*BAG* vom 2. 3. 1955 – 1 ABR 19/54 – AP Nr. 1 zu § 18 BetrVG 1952 m. Anm. *Dietz* = DB 1955, 338),
- Durchführung einer **Gemeinschaftswahl** ohne vorherige Abstimmung nach § 14 Abs. 2 bzw. fehlerhafte Abstimmung darüber z. B. nur durch Briefwahl (*BAG* vom 2. 3. 1955 a. a. O.; *BAG* vom 14. 1. 1969 – 1 ABR 14/68 – EzA § 13 BetrVG 1952 Nr. 1 = DB 1969, 664; *LAG Düsseldorf* vom 27. 3. 1975 – 11 Ta 28/75 – DB 1975, 937),
- nicht ordnungsgemäße Zusammensetzung des **Wahlvorstandes** (*BVerwG* vom 27. 11. 1969 – VII P 18.58 – AP Nr. 1 zu § 6 WahlOBPersVG),
- Ergänzung der Wählerliste durch ein einzelnes Mitglied des Wahlvorstandes während der Wahlhandlung (*LAG Bremen* vom 30. 6. 1961 – 1 Ta BV 1–4/61 – DB 1961, 1103),
- unrichtige Festlegung des Fristendes für die Einreichung von Vorschlagslisten im **Wahlausschreiben** (*BAG* vom 12. 2. 1960 – 1 ABR 13/59 – AP Nr. 11 zu § 18 BetrVG 1952 m. Anm. *Küchenhoff* = DB 1960, 471; *BAG* vom 1. 6. 1966 – 1 ABR 16/65 – AP Nr. 1 zu § 6 WO 1953 = DB 1966, 1693; *ArbG Berlin* vom 21. 4. 1972, rkr. – 10 BV 1/72 – DB 1972, 877),
- Nichteinhaltung der im Wahlausschreiben angegebenen Zeit der Stimmabgabe (*BAG* vom 11. 3. 1960 – 1 ABR 15/59 – DB 1960, 846, 921),
- Eintragung von Arbeitnehmern in die Wählerliste, die nicht dem Betrieb angehören (*BAG* vom 18. 1. 1989 – 7 ABR 21/88 – EzA § 9 BetrVG 1972 Nr. 4 = DB 1989, 1420),
- unzulässige Ergänzung der **Vorschlagsliste** (*LAG Schleswig-Holstein* vom 27. 5. 1953 – 2 Ta 24/53 B – DB 1953, 535),
- Setzen einer zu kurzen Nachfrist für das Einreichen von **Wahlvorschlägen** (*LAG Frankfurt/M.* vom 5. 7. 1965 – 1 TaBV 1/65 – BB 1965, 1395),
- Fehlen der schriftlichen Zustimmung von Wahlbewerbern (*BAG* vom 1. 6. 1966 – 1 ABR 17/65 – AP Nr. 15 zu § 18 BetrVG 1952 m. Anm. *Neumann-Duesberg* = DB 1966, 1438),
- Zurückweisung einer Liste, die der Sollvorschrift des § 6 Abs. 3 WO nicht entspricht (*BAG* vom 29. 6. 1965 – 1 ABR 2/65 – AP Nr. 11 zu § 13 BetrVG 1952 m. Anm. *Neumann-Duesberg* = DB 1965, 1253),
- unrichtige Reihenfolge der Wahlbewerber auf den Vorschlagslisten wegen unterbliebener Auslosung; ungenaue Benennung von Bewerbern auf den Stimmzetteln (*ArbG Wetzlar* vom 12. 6. 1972 – BV 4/72 – DB 1973, 1731),
- Änderung des Wahlvorschlages durch Streichung von Kandidaten ohne Zustimmung der Unterzeichner der Liste (*BAG* vom 15. 12. 1972 – 1 ABR 8/72 – EzA § 14 BetrVG 1972 Nr. 1 = DB 1973, 2052),
- unterschiedliche Gestaltung der Stimmzettel (*BAG* vom 14. 1. 1969 – 1 ABR 14/68 – EzA § 13 BetrVG 1952 Nr. 1 = DB 1969, 664; *ArbG Wetzlar* vom 5. 3. 1975 – 2 BV GA 1/75 – AuR 1976, 55),
- nicht unverzügliche öffentliche Auszählung der Stimmen ohne genügende Si-

§ 19   2. Teil 1. Abschn. Zusammensetzung und Wahl des Betriebsrats

cherung der abgegebenen Stimmen (*ArbG Bochum* vom 20. 6. 1975 – 3 BV 14/ 75 – DB 1975, 1898),
– **Verstöße gegen die Grundsätze** der unmittelbaren, geheimen, allgemeinen, freien und gleichen **Wahl** (*BAG* vom 14. 1. 1969 a. a. O.).
– Aufforderung an Wahlberechtigte ohne konkreten Hinderungsgrund, die Briefwahlunterlagen anzufordern und die herbeigeschafften Briefwahlunterlagen in unmittelbarer Gegenwart eines Wahlkandidaten offen auszufüllen (*LAG Hamm* vom 26. 2. 1976 – 8 Ta BV 74/75 – rkr. – DB 1976, 1920),
– nicht ordnungsgemäße Unterrichtung ausländischer Arbeitnehmer (*LAG Hamm* vom 27. 1. 1982 – 3 Ta BV 102/81 – DB 1982, 2252),
– unzulässige **Beeinflussung der Wahl** (*BAG* vom 8. 3. 1957 – 1 ABR 5/55 – AP Nr. 1 zu § 19 BetrVG 1952 m. Anm. *Küchenhoff* = DB 1957, 264, 607),
– Ausgehen von einer zu großen Zahl zu wählender Betriebsratsmitglieder (*BAG* vom 12. 10. 1976 – 1 ABR 14/76 – EzA § 19 BetrVG 1972 Nr. 10 = DB 1977, 212; *BAG* vom 12. 10. 1976 – 1 ABR 1/76 – EzA § 8 BetrVG 1972 Nr. 2 = DB 1977, 356; *BAG* vom 22. 11. 1984 – 6 ABR 9/84 – EzA § 64 BetrVG 1972 Nr. 1 = DB 1985, 1534; *BAG* vom 18. 1. 1989 – 7 ABR 21/88 – EzA § 9 BetrVG 1972 Nr. 4 = DB 1989, 1420; *BAG* vom 29. 9. 1991 – 7 ABR 67/90 = BB 1992, 136; vgl. auch § 9 Rz. 4),
– unrichtige Bemessung der Betriebsgröße, die zur Folge hat, daß statt eines neunköpfigen nur ein siebenköpfiger Betriebsrat hätte gewählt werden können (*LAG Hamm* vom 29. 1. 1976 – 8 Ta BV 94/75 – DB 1976, 728),
– Verteilung der Sitze der Arbeiter- und Angestelltenvertreter im Betriebsrat nicht der zahlenmäßigen Stärke der beiden Gruppen entsprechend (*LAG Hamm* vom 14. 5. 1976 – 3 Ta BV 11/76 – EzA § 19 BetrVG 1972 Nr. 7 = DB 1976, 2020; *LAG Frankfurt/M.* vom 3. 12. 1985 – 5 Ta BV 140/84 – DB 1987, 54),
– Verkennung des Betriebsbegriffs (*BAG* vom 17. 1. 1978 – 1 ABR 71/76 – EzA § 1 BetrVG 1972 Nr. 1 = DB 1978, 1133; *BAG* vom 13. 9. 1984 – 6 ABR 43/83 – EzA § 19 BetrVG 1972 Nr. 20 = DB 1985, 711; *BAG* vom 7. 12. 1988 – 7 ABR 10/88 – EzA § 19 BetrVG 1972 Nr. 25; *BAG* vom 9. 4. 1991 – 1 AZR 488/90 –),
– unzureichende Verantwortlichkeit des Wahlvorstandes bei der Auszählung der Stimmen durch EDV-Anlage und unzureichende Öffentlichkeit bei der Stimmauszählung (*LAG Berlin* vom 16. 11. 1987 – 12 Ta BV 6/87 – DB 1988, 504).
– Zurückweisung eines Wahlvorschlags als nicht fristgemäß, wenn dieser am letzten Tag der im Wahlausschreiben ohne begrenzende Uhrzeitangabe angegebenen Frist in nachvollziehbarer Weise in die Betriebspost gelangt ist und der Wahlvorstand sich entgegen seiner Pflicht nicht bis zum Ende der betrieblichen Arbeitszeit zur Entgegennahme von Wahlvorschlägen bereit gehalten hat (*LAG Frankfurt/M.* vom 7. 2. 1991 – 12 TaBV 177/90 – DB 1991, 2494 rkr.).

Eine **analoge Anwendung** nimmt das *BAG* für die **Wahl des Betriebsratsvorsitzenden** an, wenn gegen die Sollvorschrift des § 26 Abs. 1 Satz 2 verstoßen wird (*BAG* vom 12. 10. 1976 – 1 ABR 17/76 – EzA § 26 BetrVG 1972 Nr. 2 = DB 1977, 168).

VI. Wirkung der Wahlanfechtung

1. Korrektur des Wahlergebnisses

Richtet sich die Anfechtung der Wahl nicht auf Feststellung der Ungültigkeit der 41
Wahl, sondern lediglich auf **Berichtigung des Wahlergebnisses** und ist eine solche
Berichtigung durch das Arbeitsgericht möglich, so stellt das Arbeitsgericht durch
Beschluß das **richtige Wahlergebnis** fest (*D/R* § 19 Rz. 59; *F/A/K/H* § 19 Rz. 15;
G/L § 19 Rz. 37; GK-*Kreutz* § 19 Rz. 118; *BAG* vom 26. 11. 1968 – 1 ABR 7/68 –
AP Nr. 18 zu § 76 BetrVG 1952 m. Anm. *Hueck* = DB 1969, 309). Erkennt das
Arbeitsgericht, daß ein Mangel korrigiert werden kann, so darf es die Ungültigkeit
der Wahl in diesem Fall nicht aussprechen (GK-*Kreutz* § 19 Rz. 119; *Etzel* Betriebsverfassungsrecht Rz. 240).
Das Arbeitsgericht kann solche Fehler korrigieren, die der Wahlvorstand nicht
berichtigt hat, obwohl er sie hätte korrigieren können (vgl. Rz. 23; GK-*Kreutz* § 19
Rz. 119). Dagegen kann das Arbeitsgericht keine Korrektur vornehmen, wenn
Mängel des Wahlverfahrens selbst vorliegen, wie die Annahme einer unrichtigen
Zahl zu wählender Betriebsratsmitglieder (*BAG* vom 15. 12. 1972 – 1 ABR 5/72 –
EzA § 9 BetrVG 1972 Nr. 1; *BAG* vom 29. 5. 1991 – 7 ABR 67/90 – BB 1992, 136;
vgl. hierzu § 9 Rz. 4). Denn Voraussetzung einer solchen Korrektur ist immer, daß
die Wahl als solche ordnungsgemäß durchgeführt wurde, dagegen bei der Feststellung des Wahlergebnisses ein Versehen unterlief. Der **Betriebsrat** – auch der neugewählte – kann **keine Berichtigung** vornehmen (vgl. Rz. 24; *D/R* § 19 Rz. 60;
G/L § 19 Rz. 37; GK-*Kreutz* § 19 Rz. 38).

2. Anfechtung der Wahl des Betriebsrats insgesamt

Bei begründeter **Anfechtung** der **Wahl des Betriebsrats insgesamt** ist mit Rechts- 42
kraft der arbeitsgerichtlichen Entscheidung festgestellt, daß die **Betriebsratswahl
ungültig** ist. Der arbeitsgerichtliche Beschluß hat **keine rückwirkende Kraft**, d. h.
die Betriebsratseigenschaft wird mit allen sich hieraus ergebenden Rechtsfolgen
nicht für die Vergangenheit, sondern lediglich für die Zukunft, beginnend mit
dem Tage der Rechtskraft der Entscheidung aufgehoben (**h.M.;** *Brecht* § 19
Rz. 14; *D/R* § 19 Rz. 53; *F/A/K/H* § 19 Rz. 36; *G/L* § 19 Rz. 31; GK-*Kreutz* § 19
Rz. 116; *BAG* vom 13. 9. 1984 – 6 ABR 43/83 – EzA § 19 BetrVG 1972 Nr. 20 =
DB 1985, 711; *BAG* vom 13. 3. 1991 – 7 ABR 5/90 – = DB 1991, 2495; BAG
vom 29. 5. 1991 – 7 ABR 67/90 – BB 1992, 136). Betriebsverfassungsrechtliche
Handlungen sowie Betriebsvereinbarungen, die vor Rechtskraft der Entscheidung im Anfechtungsverfahren ergangen sind, bleiben daher gültig. Zur Aufbewahrung von Unterlagen des Betriebsrats, wenn kein Betriebsrat neu gewählt
wird vgl. § 40 Rz. 101.
Das **Amt des gesamten Betriebsrats endet** erst mit rechtskräftiger Feststellung, 43
daß die Wahl ungültig ist. Mit dieser Entscheidung enden seine Aufgaben und
Befugnisse, auch der Kündigungsschutz nach § 103 (vgl. dort); der Betriebsrat
bleibt nicht bis zur Neuwahl im Amt und führt auch nicht die Geschäfte nach § 22
weiter, da sich diese Vorschrift nur auf die Fälle des § 13 Abs. 1 Nr. 1–3 bezieht
(*BAG* vom 29. 5. 1991 – 7 ABR 54/90 – NZA 1992, 74; *Brecht* § 19 Rz. 13; *D/R*
§ 19 Rz. 54; *F/A/K/H* § 19 Rz. 37a; *G/L* § 19 Rz. 32). Ein Betriebsrat, dessen

§ 19 2. Teil 1. Abschn. *Zusammensetzung und Wahl des Betriebsrats*

Wahl noch nicht rechtskräftig als unwirksam festgestellt worden ist, bleibt bis zur Rechtskraft im Amt und ist aktiv legitimiert, betriebsverfassungsrechtliche Ansprüche durchzusetzen (*LAG Frankfurt/M.* vom 24. 11. 1987 – 5 Ta BV GA 142/ 87 –).

44 Wird rechtskräftig festgestellt, daß die Betriebsratswahl ungültig ist, so kann ein neuer Betriebsrat nur durch eine **Neuwahl** bestellt werden. Für eine Neuwahl besteht keine Rechtspflicht; das Arbeitsgericht kann daher keine Neuwahl anordnen. Nur die Arbeitnehmer und die im Betrieb vertretenen Gewerkschaften können auf eine Neuwahl hinwirken. Vorabstimmungen nach § 12 Abs. 1 und 14 Abs. 2, also über eine anderweitige Verteilung der Sitze und Gemeinschaftswahl bleiben für eine Neuwahl gültig, es sei denn, der Grund für die Anfechtung läge in diesen Entscheidungen (vgl. § 12 Rz. 17; § 14 Rz. 24). Für eine Neuwahl ist die **Bestellung eines neuen Wahlvorstandes** erforderlich (vgl. hierzu *D/R* § 19 Rz. 53f.; *F/A/K/H* § 19 Rz. 32; *G/L* § 19 Rz. 33f.).

45 Der neue **Wahlvorstand** kann nicht durch den Betriebsrat bestellt werden, dessen Amt durch die Anfechtung endet (vgl. § 13 Rz. 26; *D/R* § 19 Rz. 64). Soweit bei der regelmäßigen Betriebsratswahl die Amtszeit des alten Betriebsrats noch nicht abgelaufen ist, hat er gem. § 16 Abs. 1 den Wahlvorstand **zu bestellen**. Besteht der alte Betriebsrat nicht mehr (§ 21) oder handelt es sich um eine erstmalige Betriebsratswahl nach § 13 Abs. 2 Nr. 6, so kann der Wahlvorstand auf einer Betriebsversammlung gem. § 17 von der Mehrheit der im Betrieb tätigen wahlberechtigten Arbeitnehmer gewählt werden. In diesen Fällen ist eine andere Art der Bestellung des Wahlvorstandes nicht möglich. Bei der erfolgreichen Anfechtung einer Betriebsratswahl, die nach § 13 Abs. 2 Ziff. 1–3 notwendig wurde, hat der alte Betriebsrat den Wahlvorstand zu bestellen, solange er nach § 22 die Geschäfte weiterführt; dies erfolgt längstens bis zum Ablauf seiner Amtsperiode. Lediglich im Falle des § 13 Abs. 2 Ziff. 5 wird der Wahlvorstand gem. § 23 Abs. 2 vom Arbeitsgericht bestellt.

3. Anfechtung der Wahl einer Gruppe

46 Bei begründeter **Anfechtung der Wahl einer Gruppe** endet mit Rechtskraft der Entscheidung das Amt der Gruppenvertreter. Die Wahl der von der anderen Gruppe ordnungsgemäß gewählten Gruppenvertreter bleibt gültig. Dies gilt nicht, wenn ein zu großer Betriebsrat gewählt worden ist. Dann wirkt sich dieser Wahlrechtsverstoß auf die Wahl insgesamt aus (*BAG* vom 29. 5. 1991 – 7 ABR 67/90 – = BB 1992, 136). In der Zeit zwischen Ende des Amtes der Gruppenvertreter und Neuwahl ist der neue Betriebsrat nicht funktionsfähig. Der Betrieb ist in dieser Zeit betriebsratslos, es sei denn, die Amtszeit des alten Betriebsrats wäre noch nicht abgelaufen; den Betriebsrat bilden in dieser Zeit nicht etwa die Mitglieder der anderen Gruppe zusammen mit den Ersatzmitgliedern ihrer Gruppe in Höhe der Anzahl der Gruppenvertreter, deren Wahl angefochten wurde (**so aber** *D/R* § 19 Rz. 57f; *F/A/K/H* § 19 Rz. 34; *GK-Kreutz* § 19 Rz. 128; *G/L* § 19 Rz. 35f.; **a. A.** *GK-Thiele* 2. Bearbeitung § 19 Rz. 62f.; *Müller, G.* Festschrift für *Schnorr v. Carolsfeld*, 371). Dies gilt unabhängig davon, ob bereits die konstituierende Sitzung des Betriebsrats stattgefunden hat oder nicht (*GK-Thiele* 2. Bearbeitung § 19 Rz. 62). Es ist *Thiele* (§ 19 Rz. 63) zuzustimmen, daß die Ungültigkeit der Wahl einer Gruppe den neuen Betriebsrat nicht als Organ zustandekommen läßt, da die

Betriebsratswahl auch bei Gruppenwahl eine einheitliche Wahl für einen gemeinsamen Betriebsrat ist (vgl. § 10 Rz. 5; § 14 Rz. 13). Im übrigen wird die Gegenmeinung dem gesetzlichen Gruppenschutz (vgl. § 10 Rz. 5) nicht gerecht.
Die **Neuwahl** hat lediglich für die für ungültig erklärte **Gruppenwahl** innerhalb 47 dieser Gruppe zu erfolgen. Den **Wahlvorstand** bestellt der alte Betriebsrat, falls dessen Amtszeit noch nicht abgelaufen ist (vgl. Rz. 44), und in den Fällen des § 13 Abs. 2 Ziff. 1–3, soweit er nach § 22 die Geschäfte weiterführt; im übrigen wird der Wahlvorstand nach § 17 bestellt (GK-*Kreutz* § 19 Rz. 129).

4. Anfechtung der Wahl eines Betriebsratsmitgliedes

Wird durch das Arbeitsgericht festgestellt, daß die **Wahl eines oder mehrerer ein-** 48 **zelner Betriebsratsmitglieder ungültig** ist, so scheiden sie mit Rechtskraft des arbeitsgerichtlichen Beschlusses aus dem Betriebsrat aus; das Ersatzmitglied rückt nach § 25 nach (**h.M.** *Brecht* § 19 Rz. 13; *D/R* § 19 Rz. 61; *F/A/K/H* § 19 Rz. 35; *G/L* § 19 Rz. 36; GK-*Kreutz* § 19 Rz. 130; *BAG* vom 25. 4. 1978 – 6 ABR 2/77 – EzA § 8 BetrVG 1972 Nr. 6 = DB 1978, 1840 m. Anm. *Simitis*). Solange über die Gültigkeit der Wahl des oder der Betriebsratsmitglieder vor dem Amtsgericht gestritten wird, liegt eine zeitweilige Verhinderung der betreffenden Mitglieder vor; das Ersatzmitglied tritt für diese Zeit in den Betriebsrat ein (*G/L* § 19 Rz. 36; **a. A.** *D/R* § 19 Rz. 61; GK-*Kreutz* § 19 Rz. 130; *F/A/K/H* § 19 Rz. 35).

§ 20 Wahlschutz und Wahlkosten

(1) **Niemand darf die Wahl des Betriebsrats behindern. Insbesondere darf kein Arbeitnehmer in der Ausübung des aktiven und passiven Wahlrechts beschränkt werden.**
(2) **Niemand darf die Wahl des Betriebsrats durch Zufügung oder Androhung von Nachteilen oder durch Gewährung oder Versprechen von Vorteilen beeinflussen.**
(3) **Die Kosten der Wahl trägt der Arbeitgeber. Versäumnis von Arbeitszeit, die zur Ausübung des Wahlrechts, zur Betätigung im Wahlvorstand oder zur Tätigkeit als Vermittler (§ 18a) erforderlich ist, berechtigt den Arbeitgeber nicht zur Minderung des Arbeitsentgelts.**

Literaturübersicht

Vgl. auch die Literaturübersicht zu §§ 7–20.
Auffarth Wahl des Betriebsrats, AR-Blattei Betriebsverfassung IV-E Schutz der Wahl, 1972; *Becker/Schaffner* Die Kosten der Betriebsratswahl, BlStSozArbR 1975, 129; *Buchner* Behinderung oder Beeinflussung der Betriebsratswahl durch den Arbeitgeber, DB 1972, 824; *Popp* Der Ausschluß von Gewerkschaftsmitgliedern nach Betriebsratswahlen, ZfA 1977, 401; *Reuter* Grenzen der Verbandsstrafgewalt, ZGR 1980. 101; *Richardi* Betriebsamt und Gewerkschaft, RdA 1972, 8.

§ 20   2. Teil 1. Abschn. Zusammensetzung und Wahl des Betriebsrats

Inhaltsübersicht

		Rz.
I.	Anwendungsbereich	1– 5
II.	Verbot gegen jedermann	6
III.	Wahlbehinderungsverbot (Abs. 1)	7–21
	1. Begriff der Wahl	7–11
	2. Behinderung der Wahl	12–21
IV.	Wahlbeeinflussungsverbot (Abs. 2)	22–30
V.	Rechtsfolgen	31–34
VI.	Kosten der Wahl (Abs. 3)	35–46
	1. Sachliche Kosten	35
	2. Persönliche Kosten	35–39
	3. Notwendige Kosten	40, 41
	4. Versäumnis von Arbeitszeit	42–46
VII.	Streitigkeiten	47

I. Anwendungsbereich

1 Die Vorschrift richtet sich **gegen jedermann**, nicht nur gegen den Arbeitgeber. Die Bestimmung ist eine **Schutzvorschrift**. Sie soll die Unabhängigkeit der Wahl, die allein Sache der Arbeitnehmer des betreffenden Betriebes ist und die ungehinderte und unbeeinflußte Ausübung des aktiven und passiven Wahlrechts sichern.

2 Die Bestimmung **gilt für** die Wahl der **Jugend- und Auszubildendenvertretung** (§ 63 Abs. 2 Satz 2), der **Bordvertretung** (§ 115 Abs. 2) und des **Seebetriebsrats** (§ 116 Abs. 2). Sie **gilt nicht für** den **Gesamtbetriebsrat, Konzernbetriebsrat, Gesamtjugendvertretung** und **Wirtschaftsausschuß**, da dessen Mitglieder nicht von den Arbeitnehmern gewählt, sondern von den Betriebsratsmitgliedern und Jugendvertretungen entsandt werden (§§ 47 Abs. 2, 55 Abs. 1, 72 Abs. 2, 107 Abs. 2). Die Bestellung der Mitglieder dieser Gremien ist durch § 78 geschützt; die Kostentragungspflicht des Arbeitgebers ergibt sich aus § 40 (GK-*Kreutz* § 20 Rz. 4; a. A. *G/L* § 20 Rz. 2). Analog ist die Vorschrift auf die Wahl der Arbeitnehmervertretung im Aufsichtsrat nach § 76 BetrVG 1952 anzuwenden. Für die Wahl nach dem Mitbestimmungsgesetz gilt § 20 MitbestG.

3 Ein **Verstoß gegen** die Absätze 1 und 2 unterliegt der Strafandrohung des § 119 Abs. 1 Ziff. 1.

4 Auf die Vorschrift des § 20 kann durch die Beteiligten nicht verzichtet werden; sie ist **zwingendes Recht** (GK-*Kreutz* § 20 Rz. 5; *BGHZ* 45, 314; 71, 126).

5 **Der Wahlschutz** nach § 20 wird ergänzt durch den **Kündigungsschutz** für Wahlbewerber und Mitglieder des Wahlvorstandes nach § 103 (vgl. Anm. dort) und § 15 Abs. 3 KSchG.

II. Verbot gegen jedermann

6 Das Verbot der Wahlbehinderung und Wahlbeeinflussung richtet sich gegen **jedermann**, also gegen den Arbeitgeber, alle Arbeitnehmer, den Wahlvorstand, den Betriebsrat, die Gewerkschaften und jede andere – auch außenstehende – Person, die Einfluß auf die Wahl nehmen kann; es richtet sich daher auch gegen die im Betrieb nicht vertretenen Gewerkschaften, sofern diese versuchen, die Wahl zu behindern oder i. S. v. Abs. 2 zu beeinflussen (*D/R* § 20 Rz. 2; *GK-Kreutz* § 20 Rz. 7). Sinn und Zweck der Vorschrift ist, die Betriebsratswahl nach allen Seiten hin vor unzulässiger Beeinflussung zu schützen und damit den innerbetrieblichen Charakter der Betriebsratswahl zu sichern (*BGH* vom 19. 1. 1981 – II ZR 20/80 – DB 1982, 130).

III. Wahlbehinderungsverbot (Abs. 1)

1. Begriff der Wahl

Der Begriff »Wahl« ist weit auszulegen. Nicht nur die Wahlhandlung selbst, sondern auch die Maßnahmen, die der Vorbereitung der Wahl dienen, wie die Bestellung des Wahlvorstandes, sind unter diesen Begriff zu fassen (*D/R* § 20 Rz. 4f.; *F/A/K/H* § 20 Rz. 5; *G/L* § 20 Rz. 3; *GK-Kreutz* § 20 Rz. 8f.). Zu den vorbereitenden Maßnahmen der Wahl, die durch die Vorschrift geschützt sind, gehören weiterhin die Einleitung und Durchführung einer Betriebsversammlung nach § 17 (*BayObLG* vom 9. 7. 1980 – 4 St 173/80 – BB 1980, 1638), des Verfahrens zur Bestellung oder Ersetzung des Wahlvorstandes durch das Arbeitsgericht (§§ 16 Abs. 2, 17 Abs. 3, 18 Abs. 1 Satz 2) oder zur Feststellung, ob Nebenbetriebe oder Betriebsteile selbständig sind, alle mit den Vorabstimmungen nach §§ 12 und 14 Abs. 2 zusammenhängenden Tätigkeiten, die Aufstellung von Wahlvorschlägen und Maßnahmen des Wahlvorstandes. Geschützt sind ebenfalls Maßnahmen, die nach der unmittelbaren Wahlhandlung liegen, die die Stimmenauszählung, Teilnahme daran, Bekanntmachung des Wahlergebnisses und vor allem auch die Wahlanfechtung (*D/R* § 20 Rz. 4; *F/A/K/H* § 20 Rz. 5).

Auch **Wahlwerbung** gehört zu den **vorbereitenden Maßnahmen der Wahl**; sie ist 8 nach Abs. 1 und 2 geschützt, soweit sie rechtlich zulässig ist. Wahlwerbung kann im zulässigen rechtlichen Rahmen betrieben werden von einzelnen Arbeitnehmern, einer Gruppe oder Gruppen von Arbeitnehmern und jeder im Betrieb vertretenen (vgl. § 2 Rz. 61f.) Gewerkschaft (*D/R* § 20 Rz. 5; *GK-Kreutz* § 20 Rz. 6). Ein generelles Wahlwerbungsverbot ist nichtig (*BGH* vom 8. 7. 1982 – III ZR 103/80 – NJW 1982, 2369). Der Arbeitgeber ist zur Wahlpropaganda nicht berechtigt, da die Wahl allein Sache der Arbeitnehmer (vgl. Rz. 1) ist; er darf daher auch nicht für bestimmte Kandidaten werben (*D/R* § 20 Rz. 18; *Müller, G.* Festgabe für *Kunze*, 257). Dies schließt nicht den Hinweis auf die Bedeutung der Wahl aus (vgl. auch Rz. 17).

Eine **zulässige Wahlwerbung** (Wahlpropaganda) durch Arbeitnehmer liegt vor, 9 wenn sie weder eine Wahlbehinderung nach Abs. 1 noch eine Wahlbeeinflussung nach Abs. 2 darstellt und keine arbeitsvertraglichen Pflichten verletzt werden. Wahlwerbung, z. B. Sammeln von Unterschriften für Wahlvorschläge oder Werbung für eine eingereichte Liste ist zulässig außerhalb der Arbeitszeit, also während der Pausen oder vor Beginn und nach Ende der Arbeitszeit (vgl. auch Rz. 42). Aushänge und die Auslage von Werbematerial sind nur im betriebsüblichen Rahmen zulässig, oder wenn der Arbeitgeber dafür Plätze zur Verfügung stellt; hierbei hat er das Wahlbehinderungsverbot und das Wahlbeeinflussungsverbot zu beachten, d. h. er darf nicht eine Gruppe in der Wahlwerbung behindern, eine andere Gruppe dagegen bevorzugen.

Auch die **Wahlwerbung** durch **im Betrieb vertretene Gewerkschaften** ist im übli- 10 chen Rahmen zulässig. Das Recht der Gewerkschaften, Wahlpropaganda im Betrieb zu betreiben, gehört zu deren betriebsverfassungsrechtlichen Befugnissen (*D/R* § 20 Rz. 5, 15; *F/A/K/H* § 20 Rz. 18 a; *G/L* § 20 Rz. 12; GK-*Kreutz* § 20 Rz. 29). Dies ergibt sich schon daraus, daß die im Betrieb vertretenen Gewerkschaften allgemein – also auch für eine Mitgliedschaft – im Betrieb werben können (vgl. generell zur Werbung im Betrieb § 2 Rz. 89 ff.), allerdings nur außerhalb der Arbeitszeit (*BAG* vom 26. 1. 1982 – 1 AZR 610/80 – EzA Art. 9 GG Nr. 35 = DB 1982, 1327). Dieses Recht der Gewerkschaften wird durch Art. 9 Abs. 3 GG geschützt (*BVerfG* vom 30. 11. 1965 – 2 BvR 54/62 – EzA Art. 9 GG Nr. 11 = DB 1966, 229). Das allgemeine Werberecht umfaßt auch das Recht auf Wahlpropaganda. Es besteht aber nur für im Betrieb vertretene Gewerkschaften (*D/R* § 20 Rz. 5). Die in Rz. 9 und § 2 Rz. 89 f. aufgezeigten Grenzen sind zu beachten. Ist eine Gewerkschaft im Betrieb nicht vertreten, so hat sie auch nicht das Recht auf Wahlwerbung und Informationstätigkeit im Betrieb (GK-*Kreutz* § 20 Rz. 13, 16; *Richardi* RdA 1972, 13). Nach der Rechtsprechung haben im Betrieb vertretene Gewerkschaften ein Recht darauf, daß der Arbeitgeber das Anbringen von Schriftgut zur Selbstdarstellung der Gewerkschaft, zur Information über ihre Leistungen und über arbeits- und tarifrechtliche Fragen sowie zur Aufforderung zum Erwerb der Mitgliedschaft an der Bekanntmachungstafel des Betriebes duldet oder **gesonderte Anschlagflächen** im Betrieb auf Kosten der Gewerkschaft zur Verfügung stellt (*BAG* vom 14. 2. 1978 – 1 AZR 280/77 – EzA Art. 9 GG Nr. 25 = DB 1978, 892; *BAG* vom 30. 8. 1983 – 1 AZR 121/81 – EzA Art. 9 GG Nr. 37 = DB 1984, 462; *LAG Hamm* vom 18. 2. 1971 – 8 Sa 618/70 – BB 1971, 1054; *D/R* § 20 Rz. 13; *F/A/K/H* § 20 Rz. 6; *G/L* § 20 Rz. 8; GK-*Kreutz* § 20 Rz. 19; *LAG Frankfurt/M.* vom 16. 1. 1973 – 5 Sa 611/72 – rkr. – BB 1973, 1394, das einen Aushang der Werbeplakate am Arbeitsplatz und an oder neben sogenannten Schwarzen Brettern, die in den einzelnen Betriebsabteilungen angebracht sind, ablehnt, aber die Zurverfügungstellung von gesonderten Werbeflächen auf Kosten der Gewerkschaft bejaht). Das *Bundesarbeitsgericht* (vom 14. 2. 1978 a. a. O.) hat hierfür auch ein Zutrittsrecht **betriebs-/unternehmensfremder** Beauftragter der Gewerkschaften bejaht. Dieser Ansicht kann nicht gefolgt werden (so auch *D/R* § 2 Rz. 165; GK-*Kraft* § 2 Rz. 57; *Richardi* DB 1978, 1736 ff.; ders. FS für *G. Müller*, 439 ff.; *BVerfG* vom 17. 2. 1981 – 2 BvR 384/78 – EzA Art. 9 GG Nr. 32 = DB 1981, 1467, allerdings für den kirchlichen Bereich, aber von allgemeiner Bedeutung und das Urteil des *BAG* aufhebend; a. A., falls die betreffenden Gewerkschaften noch nicht im Betrieb vertreten sind, *G/L* § 2 Rz. 90).

11 Zur Wahlwerbung durch Betriebsratsmitglieder vgl. § 74 Rz. 41.

2. Behinderung der Wahl

12 Geschützt vor **jeder Behinderung** ist sowohl die **Wahl als solche** wie auch die unmittelbare **aktive und passive Wahlteilnahme** des einzelnen Arbeitnehmers. Als Wahlbehinderung ist nur eine Einschränkung der Handlungsfreiheit zu verstehen. Die Einflußnahme auf die innere Willensbildung ist Gegenstand des Abs. 2 (*D/R* § 20 Rz. 7, *F/A/K/H* § 20 Rz. 9; GK-*Kreutz* § 20 Rz. 24). Wahlbehinderung liegt vor, wenn durch ein rechtswidriges Verhalten die Einleitung und Durchführung der Wahl erschwert oder verhindert, d. h. unmöglich gemacht wird (*D/R* § 20 Rz. 6; GK-*Kreutz* § 20 Rz. 13 ff.). Eine Behinderung der Wahl durch den Arbeit-

geber kann etwa darin liegen, daß dieser sich weigert, die notwendigen sachlichen Mittel und Räume für die Wahl zur Verfügung zu stellen oder die für die Aufstellung der Wählerlisten erforderlichen Unterlagen zu überlassen. Zu den sachlichen Mitteln gehören notwendige Wahlunterlagen wie Wahlzettel, Wahlurnen, Wahlumschläge und Wahlräume. Der Arbeitgeber verstößt auch gegen die Vorschrift, wenn er den Wahlvorstand nicht in erforderlichem Umfang freistellt. Eine Wahlbehinderung durch den **Wahlvorstand** kann liegen in einer Verzögerung seiner Aufgaben, Vernichtung von Wahlunterlagen, bewußt unrichtigem Aufstellen der Wählerliste u. ä.

Hinsichtlich des **aktiven** und **passiven Wahlrechts** des **einzelnen Arbeitnehmers** 13 läge eine unzulässige Beschränkung vor, wenn der Arbeitgeber versuchen wollte, dem Arbeitnehmer bestimmte Weisungen hinsichtlich der Art der Ausübung seines Wahlrechts zu erteilen oder ihm überhaupt die Beteiligung an der Wahl zu untersagen. Eine Wahlbehinderung wäre gegeben, wenn der Arbeitgeber einen Arbeitnehmer am Wahltag in einer Weise dienstlich beschäftigt, die die Ausübung des Wahlrechts unmöglich macht, wenn diese Beschäftigung gerade zu dem Zwecke erfolgt, die Beteiligung des Arbeitnehmers an der Wahl bzw. Vorabstimmung zu hindern, z. B. durch vorgeschobene Dienstreise oder Montagearbeiten; andererseits ist der Arbeitgeber nicht verpflichtet, die Dienst- oder Montagearbeiten so einzurichten, daß der Arbeitnehmer auf jeden Fall am Tage oder an Tagen der Abstimmungen im Betrieb anwesend ist; er muß die dienstliche Reise eines Arbeitnehmers nicht unterbrechen, damit dieser an der Abstimmung teilnehmen kann, für Fälle der Abwesenheit ist die schriftliche Stimmabgabe vorgesehen (§ 20 WO; *D/R* § 19 Rz. 6). Das aktive und passive Wahlrecht wird insbesondere auch gegenüber Maßnahmen des **Wahlvorstandes** geschützt (*Preis* AuR 1973, 9). So stellt es eine Behinderung der Wahl dar, wenn der Wahlvorstand einen Wahlberechtigten zu Unrecht nicht in die Wählerliste einträgt oder streicht (*D/R* § 20 Rz. 13).

Soweit der Arbeitgeber **Kündigungen oder Versetzungen** einzelner Arbeitnehmer 14 nachgewiesenermaßen zu dem Zwecke vornimmt, die aktive oder passive Beteiligung des Gekündigten bei der Wahl zu verhindern bzw. die Durchführung der Wahl zu verhindern oder zu erschweren, verstoßen diese Kündigungen gegen ein gesetzliches Verbot und sind nach § 134 BGB nichtig. Beweispflichtig dafür, daß die Kündigung zu diesem Zwecke vorgenommen wurde und eine Verletzung des § 20 vorliegt, ist der Arbeitnehmer unter Berücksichtigung der Beweislastregeln – wie Beweis des ersten Anscheins (*LAG Kiel* vom 7. 7. 1953 – 3 Sa 174/53 – DB 1953, 764; *LAG Düsseldorf* vom 5. 2. 1963 – 8 Sa 5/63 – DB 1963, 1055; *D/R* § 20 Rz. 7; *F/A/K/H* § 20 Rz. 12, 25; *G/L* § 20 Rz. 4). Die praktische Bedeutung dieses Grundsatzes ist durch den erweiterten Kündigungsschutz nach § 15 Abs. 3 KSchG und § 103 sehr verringert worden. Danach ist die Kündigung eines Wahlvorstandsmitgliedes vom Zeitpunkt seiner Bestellung an, die Kündigung eines Wahlbewerbers vom Zeitpunkt der Aufstellung des Wahlvorschlags an jeweils bis zur Bekanntgabe des Wahlergebnisses unzulässig, es sei denn, daß die besonderen Voraussetzungen für die Zulässigkeit der Kündigung nach § 15 Abs. 3 KSchG, § 103 vorliegen. Ein nur wenig abgeschwächter zusätzlicher Kündigungsschutz ist bis zum Ablauf von 6 Monaten nach der Bekanntgabe des Wahlergebnisses gegeben. Im einzelnen vgl. Anm. zu § 103. Demnach hat die Bestimmung nur Bedeutung für Arbeitnehmer, die nicht unter diesen Kündigungsschutz fallen, also wenn ihnen vor der Aufstellung des Wahlvorschlags bzw. vor Bestellung zum Wahlvorstand gekündigt wurde, oder wenn sie weder Wahlbewerber noch im Wahlvorstand sind. So ist z. B. die Kündigung eines Arbeitnehmers unwirksam, wenn durch sie bezweckt werden soll, ihn an der Vorbereitung der Wahl eines Wahlvorstandes zu hindern (*LAG Düsseldorf* vom 5. 2. 1963 a. a. O.) oder seine Kandidatur zu vereiteln (*BAG* vom 13. 10. 1977 – 2 AZR 387/76 – EzA § 74 BetrVG 1972 Nr. 3 m. Anm. *Löwisch* = DB 1978, 641). Außerdem kann dieser Kündigungsschutz aber auch Bedeutung haben für Arbeitnehmer, die zwar unter den besonderen Kündigungsschutz fallen, dessen Voraussetzungen aber im Einzelfall nicht vorliegen, weil z. B. die Zustimmung des Betriebsrats nach § 103 vorliegt. Keine Wahlbehinderung durch den Arbeitgeber liegt vor, wenn dieser einem gekündigten Wahlbewerber nach Ablauf der Kündigungsfrist oder bei einer fristlosen Kündigung den Zutritt zum Betrieb verwehrt (vgl. § 8 Rz. 8 f.; *G/L* § 20 Rz. 5; **a. A.** *F/A/K/H* § 20 Rz. 12; *ArbG Münster* vom 11. 4. 1975 – BV 3/75 – DB 1975, 1468).

15 **Von anderen Arbeitnehmern** kann ebenfalls **eine Behinderung** des aktiven oder passiven Wahlrechts erfolgen, so z. B. durch Behinderung des Betretens des Wahllokals oder Ausübung von Zwang oder Drohung, damit der Arbeitnehmer nicht kandidiert oder die Kandidatur zurückzieht (*G/L* § 20 Rz. 6).

16 **Keine Behinderung** der Wahl liegt vor, wenn die **Durchführung** der Wahl durch **einstweilige Verfügung untersagt** wird, da diese nur erlassen werden darf, wenn die betreffende Maßnahme der Wahldurchführung unzulässig ist oder offensichtlich Zweifel an der Zulässigkeit bestehen (*D/R* § 20 Rz. 3, 25; *F/A/K/H* § 20 Rz. 4; *G/L* § 20 Rz. 7; **a. A.** *LAG München* vom 17. 7. 1953 – Reg. I 10/53 – DB 1953, 848). Solche einstweiligen Verfügungen können auch berichtigend in den Wahlablauf eingreifen (*D/R* a. a. O.; *F/A/K/H* a. a. O.; *G/L* a. a. O.; *Hanau* DB 1986 Beilage Nr. 4, 8 ff.; *LAG Hamm* vom 27. 4. 1972 – 8 BV Ta 5/72 – rkr. – EzA § 5 BetrVG 1972 Nr. 1 = DB 1972, 1297; *LAG Baden-Württemberg, Kammer Mannheim* vom 31. 5. 1972 – 4 Ta BV 1/72 – DB 1972, 1392; **a. A.** *LAG Düsseldorf* vom 19. 4. 1968 – 6 BV Ta 3/68 – DB 1968, 897).

17 Es stellt **keine Wahlbehinderung** und auch keine Wahlbeeinflussung dar, wenn der **Arbeitgeber die Arbeitnehmer auf ihr Wahlrecht hinweist** und die Auffassung vertritt, daß Wahlrecht zugleich eine Wahlpflicht bedeute (*BAG* vom 2. 2. 1962 – 1 ABR 5/61 – AP Nr. 10 zu § 13 BetrVG 1952 m. Anm. *Neumann-Duesberg* = DB 1962, 573; vgl. auch Rz. 8) oder in einem Aushang am Schwarzen Brett über die einschlägigen gesetzlichen Bestimmungen zur Gemeinschaftswahl aufklärt (*LAG Hamm* vom 17. 2. 1982 – 3 Ta BV 115/81 – DB 1982, 1574). Keine Wahlbehinderung ist es, wenn der Arbeitgeber sich gegen die Durchführung einer Betriebsversammlung nach § 43 Abs. 1 Satz 4 zur **Vorstellung von Wahlkandidaten** wendet (*S/W* § 20 Rz. 3). Zur Vorstellung von Wahlkandidaten auf der regelmäßigen Betriebsversammmlung vgl. § 45 Rz. 7. Die Weigerung des Arbeitgebers, einen Wahlbewerber zur **Sammlung von Unterschriften** zur Unterstützung seiner Wahl freizustellen, ist keine Behinderung der Wahl (*LAG Berlin* vom 9. 1. 1979 – 3 Ta BV 6/78 – rkr., BB 1979, 1036; vgl. Rz. 42 f.; § 14 Rz. 16).

18 Ebensowenig ist weder eine unzulässige Wahlbehinderung noch eine Wahlbeeinflussung darin zu sehen, daß der Arbeitgeber **leitende Angestellte** davon **in Kenntnis setzt**, daß sie den **Status** eines leitenden Angestellten besitzen, und daß deshalb § 5 Abs. 3 auf sie Anwendung findet. Zu einer solchen Information ist der Arbeitgeber schon deshalb verpflichtet, weil Voraussetzung für die Stellung als leitender Angestellter ist, daß zumindest einer der drei in § 5 Abs. 3 genannten Tatbestände

aufgrund von Dienststellung und Dienstvertrag gegeben ist; er kann die leitenden Angestellten auch darauf hinweisen, daß sie Einspruch gegen die Wählerlisten einlegen können. Allerdings muß zum Ausdruck kommen, daß es sich um eine Rechtsansicht des Arbeitgebers handelt und er kein bestimmtes Verhalten der Arbeitnehmer erwartet (*D/R* § 20 Rz. 11; *G/L* § 20 Rz. 9; GK-*Kreutz* § 20 Rz. 17; *LAG Hamm* vom 27. 4. 1972 – 8 BV Ta 5/72 – EzA § 5 BetrVG 1972 Nr. 1 = DB 1972, 1297; *Buchner* DB 1972, 824 ff.). Beschränkt sich der Arbeitgeber dagegen nicht auf die Mitteilung seiner Rechtsansicht, sondern übt er erkennbar Druck auf die Arbeitnehmer aus, an der Wahl nicht teilzunehmen, so liegt darin eine Wahlbehinderung (*F/A/K/H* § 20 Rz. 12; *G/L* a.a.O.; *Kreutz* a.a.O.; *LAG Hamm* vom 27. 4. 1972 a.a.O.; *LAG Baden-Württemberg* vom 31. 5. 1972 – 4 TaBV 1/72 – DB 1972, 1392).

Niemand darf die **Wahlwerbung behindern,** soweit diese zulässig ist (vgl. Rz. 8 f.). **19** Eine Behinderung läge z.B. vor, wenn der Arbeitgeber einem Arbeitnehmer untersagt, in den Pausen Unterschriften für eine Liste zu sammeln, oder wenn ein Arbeitnehmer durch andere Arbeitnehmer daran gehindert wird, Werbematerial, das rechtlich nicht zu beanstanden ist, in den Pausen oder vor Beginn bzw. Ende der Arbeitszeit zu verteilen.

Wahrheitswidrige, herabsetzende und diffamierende Propaganda gegen einen **20** Wahlbewerber ist keine Wahlbehinderung, es kann sich aber um eine Wahlbeeinflussung handeln, wenn die Voraussetzungen des Abs. 2 vorliegen (vgl. Rz. 24). Eine diffamierende Propaganda stellt schon deswegen keine Wahlbehinderung dar, weil eine Behinderung als Einschränkung der Handlungsfreiheit, dagegen nicht als Beeinträchtigung der freien inneren Willensbildung zu verstehen ist (*D/R* § 20 Rz. 12; *F/A/K/H* § 20 Rz. 6, 8; *G/L* § 20 Rz. 8; GK-*Kreutz* § 20 Rz. 10).

Bei **diffamierender Propaganda** hat aber der von ihr betroffene Arbeitnehmer **21** (meistens Wahlbewerber) die Möglichkeit, eine einstweilige Verfügung vor dem Zivilgericht (Amtsgericht) zu beantragen wegen unerlaubter Handlung nach §§ 823, 826 BGB i. V. m. §§ 185, 186 StGB. Sofern der Tatbestand der Beleidigung oder üblen Nachrede erfüllt ist, kann der betroffene Arbeitnehmer auch strafrechtlich vorgehen (*F/A/K/H* § 20 Rz. 8; *G/L* § 20 Rz. 9; **a.A.** *D/R* § 20 Rz. 14; GK-*Kreutz* § 20 Rz. 33).

IV. Wahlbeeinflussungsverbot (Abs. 2)

Im Gegensatz zum Wahlbehinderungsverbot, das die äußere Freiheit der Wahl **22** und die ungestörte Ausübung des Wahlrechts betrifft, bezieht sich das **Wahlbeeinflussungsverbot auf die Freiheit der inneren Willensbildung** (*D/R* § 20 Rz. 13; *F/A/K/H* § 20 Rz. 15; *G/L* Rz. 8; GK-*Kreutz* § 20 Rz. 16). Die Vorschrift soll eine unbeeinflußte Stimmabgabe und auch eine im übrigen unbeeinflußte Durchführung der Wahl sicherstellen (*BAG* vom 8. 3. 1957 – 1 ABR 5/55 – AP Nr. 1 zu § 19 BetrVG 1952 m. Anm. *Küchenhoff* = DB 1957, 264, 607). Nach Abs. 2 ist eine **Einflußnahme** auf den **Ausgang der Wahl** durch Zufügung und Androhung von Nachteilen gegen einen Wahlbeteiligten im weitesten Sinne sowie die Gewährung oder das Versprechen von Vorteilen verboten. Es muß sich also nicht um tatsächliche Vorteile oder Nachteile handeln; vielmehr genügt das Androhen bzw. Versprechen. Zwischen der Wahlhandlung oder der unterbliebenen Wahlhandlung und der Wahlbeeinflussung nach Abs. 2 ist ein ursächlicher Zusammenhang erforderlich, der dazu führt, daß die Wahlbefugnisse nicht entsprechend der eigenen Willensentscheidung, sondern nach dem Willen eines Dritten ausgeübt werden.

23 Unter **Vorteilen** oder Nachteilen zur Beeinflussung der Wahl sind nicht nur materielle Einbußen oder Zuwendungen und Vergünstigungen, sondern auch Maßnahmen immaterieller Art zu verstehen. Einen **Nachteil** stellt z. B. dar eine Kündigung, jede Schlechterstellung im Betrieb durch Versetzung, Umgruppierung, Entzug von Sonderzuwendungen oder vermögenswerten Vorteilen in Form von Sachzuwendungen, Entziehung von Vollmachten, Versagung einer Beförderung, angedrohte Maßregelung. **Vorteile** sind z. B. Geldzuwendungen, Beförderungen, auch mittelbare Zuwendungen z. B. an Angehörige. Zulässig bleiben Maßnahmen – auch personeller Art –, die zwar einen Vor- oder Nachteil darstellen und im zeitlichen Zusammenhang mit der Wahl erfolgen, aber aus sachlichen, nicht mit der Wahl zusammenhängenden Gründen, also nicht zum Zwecke einer Wahlbeeinflussung erfolgen.

24 Die **übliche Wahlwerbung** – auch durch die **Gewerkschaften** – ist keine Wahlbeeinflussung (zur Zulässigkeit vgl. Rz. 8f.). Sie darf nicht durch Maßnahmen nach Abs. 2 beeinflußt werden. Es stellt keine Wahlbeeinflussung dar, wenn Zettel mit Wahlempfehlungen durch einen mohammedanischen Vorbeter an türkische Gastarbeiter verteilt werden, dies gilt jedenfalls dann, wenn er selbst Wahlkandidat ist (*LAG Hamm* vom 12. 2. 1976 – 8 Ta BV 90/75 – DB 1976, 922). Eine erhebliche Behinderung einer zulässigen Wahlwerbung kann dagegen eine Wahlbeeinflussung darstellen (*ArbG Kiel* vom 4. 3. 1977 – 4 c BV 33/76 –). Es kann eine Wahlbeeinflussung vorliegen, wenn ein Wahlhelfer an der Wahlkabine einem ausländischen Arbeitnehmer bei der Ausfüllung des Stimmzettels Hilfe leistet (*ArbG Bremen* vom 19. 7. 1972 – 3 Ca 3252/72 – DB 1972, 1830). Eine wahrheitswidrige, herabsetzende und diffamierende Wahlpropaganda stellt eine Wahlbeeinflussung dar, wenn durch sie gleichzeitig Vor- oder Nachteile zugefügt oder angedroht werden (*D/R* § 20 Rz. 14), ähnliches gilt für den Aufruf zum Wahlboykott (GK-*Kreutz* § 20 Rz. 31).

25 Eine unzulässige Wahlbeeinflussung ist der »**Stimmenkauf**« d. h. die Zusage einer Gruppe an die andere, im Falle der Gemeinschaftswahl dieser Gruppe mehr Sitze zuzusprechen als ihr nach den Verteilungsgrundsätzen der §§ 10, 12 zustehen würden (*BAG* vom 8. 3. 1957 – 1 ABR 5/55 – AP Nr. 1 zu § 19 BetrVG 1952 m. Anm. *Küchenhoff* = DB 1957, 264, 607; *D/R* § 20 Rz. 17; *G/L* § 20 Rz. 16; GK-*Kreutz* § 12 Rz. 19, § 20 Rz. 26; **a. A.** *F/A/K/H* § 20 Rz. 17).

26 **Verpflichtet** eine **Gewerkschaft** ihre **Mitglieder** in der Belegschaft, für Gruppen- oder Gemeinschaftswahl einzutreten oder generell in einem bestimmten Sinne zu stimmen, so liegt darin grundsätzlich eine **unzulässige Wahlbeeinflussung** (*D/R* § 20 Rz. 15; *S/W* § 20 Rz. 8; GK-*Kreutz* § 20 Rz. 40; **a. A.** *BAG* vom 2. 12. 1960 – 1 ABR 20/59 – AP Nr. 2 zu § 19 BetrVG 1952 m. Anm. *Neumann-Duesberg* = DB 1961, 377; *LAG Berlin* vom 11. 4. 1979 – 5 Ta BV 4/78 – BB 1980, 1525); zur Ausnahme von diesem Grundsatz vgl. Rz. 27. Die Gewerkschaften haben allerdings das Recht, auf ihre Mitglieder in einem bestimmten Sinne einzuwirken; sie dürfen sie aber nicht verbandsrechtlich verpflichten; dies würde die Freiheit der Wahl beeinträchtigen. Die Ausstellung der Wählerlisten und die Durchführung der Betriebsratswahl ist eine **betriebsinterne Angelegenheit**. Zwar haben die im Betrieb vertretenen Gewerkschaften im betriebsratslosen Betrieb nach § 14 Abs. 7 das Recht, zur Wahl des Betriebsrats Wahlvorschläge zu machen, und es

stehen ihnen bei der Bestellung des Wahlvorstands ggf. die in §§ 16 Abs. 2, 17 Abs. 2 und Abs. 3 und 18 normierten Mitwirkungsrechte zu, ebenso wie sie nach § 19 Abs. 2 Wahlanfechtungsrechte geltend machen können. Dennoch ist die Wahl des Betriebsrats keine Wahl zwischen Gewerkschaftsorganisationen, sondern ein Vorgang, aus dem die Vertretung aller Arbeitnehmer des Betriebes ohne Rücksicht auf ihre Gewerkschaftszugehörigkeit hervorgehen soll. Unter diesem allgemeinen Gesichtspunkt ist auch die Frage nach Art und Umfang der gewerkschaftlichen Mitwirkung bei der Durchführung der Betriebsratswahl zu beurteilen, und zwar ohne Rücksicht darauf, ob es sich um einen Betrieb handelt, in dem ein Betriebsrat besteht oder nicht. Denn das Gesetz läßt deutlich erkennen, daß die Funktion der Gewerkschaft auch bei der Einleitung und Durchführung der Betriebsratswahlen unterstützender Natur sein soll, und daß nur das Ausmaß der Intensität dieser Unterstützung im betriebsratslosen Betrieb verstärkt worden ist.

Als Ausnahme vom Grundsatz des Wahlbeeinflussungsverbotes dürfen die Gewerkschaften zur Aufrechterhaltung des Bestandes der Koalition durch **Aufstellung verbandsrechtlicher Pflichten** und **Sanktionen** in engem Rahmen eine gewisse **Wahlbeeinflussung** vornehmen. Der Grundsatz des Bestandsschutzes der »Koalition Gewerkschaft« durch Verbandsdisziplin steht also in einem Spannungsverhältnis zum Grundsatz der freien und unbeeinflußten Wahlentscheidung der Arbeitnehmer nach § 20. Dieses Spannungsverhältnis darf nicht einseitig zugunsten des Bestandsschutzes der Koalition gelöst werden, sondern es muß ein Ausgleich entsprechend dem Einzelfall erfolgen, wobei die verbandsrechtliche Sanktion nicht außer Verhältnis zu dem Grundsatz der freien Ausübung des Wahlrechts stehen darf. Deshalb ist die Ausübung eines Wahlzwanges auf die Mitglieder der Gewerkschaften oder die Untersagung, ihre betriebsverfassungsrechtlichen Interessen in angemessener Weise wahrzunehmen, unzulässig. Es soll nämlich sichergestellt sein, daß die Arbeitnehmer möglichst diejenigen unter ihren Kollegen in den Betriebsrat wählen können, denen sie nach ihren Eigenschaften und Fähigkeiten am ehesten eine für die Arbeitnehmer und den Betrieb optimale Amtsführung zutrauen. Die Gewerkschaftsmitgliedschaft darf daher kein Hindernis sein, auf einer anderen als der gewerkschaftlich unterstützten Liste zu kandidieren (*BGH* vom 19. 1. 1981 – II ZR 20/80 – DB 1982, 130; *Reuter* ZGR 1980, 101, 127). Die aus der Verbandsdisziplin abgeleiteten Befugnisse der Gewerkschaften stellen lediglich eine Ausnahme von dem Grundsatz des § 20 Abs. 2 dar, der die freie Entscheidung aller Arbeitnehmer bei den Wahlen im Rahmen der Betriebsverfassung sichern soll (*G/L* § 20 Rz. 13; zur Verbandsdisziplin *D/R* § 20 Rz. 16; *F/A/K/H* § 20 Rz. 18; GK-*Kreutz* § 20 Rz. 35 ff.).

Eine Gewerkschaft kann aber nach dem *Bundesarbeitsgericht* (a. a. O. Rz. 26) **ihren Mitgliedern unter Androhung des Ausschlusses** verbieten, daß sie diese Listen konkurrierender Gewerkschaften oder anderer politischer Gruppen unterstützen (so auch *Brecht* § 20 Rz. 7; *D/R* § 20 Rz. 16; *F/A/K/H* § 20 Rz. 19; *G/L* § 20 Rz. 10; GK-*Kreutz* § 20 Rz. 35 ff.; **a. A.** *S/W* § 20 Rz. 8). Das *Bundesarbeitsgericht* (a. a. O.) hat ausdrücklich offen gelassen, ob dies auch gilt, wenn es sich um Listen handelt, die nicht als gegnerische Listen gegenüber der Liste der betreffenden Gewerkschaft und nicht als Listen, die gegen die Interessen der betreffenden Gewerkschaft verstoßen, angesehen werden können. In einem solchen Fall geht das Wahlbeeinflussungsverbot der aus dem Bestandsschutz nach Art. 9 GG gerechtfertigten Verbandsdisziplin vor, d. h. die Androhung eines Ausschlusses wäre eine unzulässige Wahlbeeinflussung. Aber auch der vom *Bundesarbeits-*

27

28

gericht entschiedene Fall gibt zu Bedenken Anlaß; vielmehr ist davon auszugehen, daß das Recht der Gewerkschaften zur Wahlbeeinflussung beschränkt ist auf die Fälle, in denen Mitglieder bei einer Betriebsratswahl ihre Gewerkschaft und deren satzungsmäßige Zielsetzungen in einer mit ihrer weiteren Mitgliedschaft nicht zu vereinbarenden Weise offen bekämpfen (*BGH* vom 13. 6. 1966 – II ZR 130/64 – AP Nr. 5 zu § 19 BetrVG 1952 = DB 1966, 1195). Eine unzulässige Wahlbeeinflussung durch die Gewerkschaft stellt es jedenfalls dar, wenn sie ihren Mitgliedern unter Ausschlußandrohungen untersagt, auf **anderen als den gewerkschaftlich unterstützten Listen zu kandidieren** und zugleich einer Gruppe ihrer Mitglieder die Möglichkeit vorenthält, ihre betriebsverfassungsrechtlichen Wahlinteressen auf den gewerkschaftlich unterstützten Listen in angemessener Weise wahrzunehmen (*BGH* a. a. O.; *D/R* § 20 Rz. 16; *G/L* § 20 Rz. 13; GK-*Kreutz* § 20 Rz. 37). Dies gilt insbesondere, wenn eine Gewerkschaft ihr Verbot auch für den Fall aufrechterhält, daß ein Kandidat nicht in die von der Gewerkschaft unterstützte Vorschlagsliste aufgenommen wird, obwohl sich die Mehrheit der Gewerkschaftsmitglieder bei einer gewerkschaftsinternen Vorabstimmung für ihn ausgesprochen hat (vgl. *BAG* vom 24. 5. 1965 – 1 ABR 1/65 – AP Nr. 14 zu § 18 BetrVG 1952 m. Anm. *Neumann-Duesberg* = DB 1965, 1407). Eine unzulässige Wahlbeeinflussung stellt es auch dar, wenn jemand aus der Gewerkschaft ausgeschlossen wird, weil er bei der Betriebsratswahl auf einer Liste kandidierte, die zwar mit einer gewerkschaftlich unterstützten Liste konkurriert, aber über den Wettbewerb um die Stimmen hinaus nicht gewerkschaftsfeindlich ist (*BGH* vom 27. 2. 1978 – II ZR 17/77 – DB 1978, 1272 = *BGHZ* 71, 126 [bestätigt durch *BGH* vom 19. 1. 1981 – II ZR 20/80 – DB 1982, 130]; vgl. zur unzulässigen Wahlbeeinflussung auch *Richardi* RdA 1972, 14; **a. A.** *OLG Celle* vom 7. 1. 1980 – 1 U 30/79 – NJW 1980, 1004).

29 Ein **Maßregelungsverbot** enthält Abs. 2 nicht; eine Maßregelung nach Abschluß der Wahlhandlung kann keine Wahlbeeinflussung sein, sofern sie nicht vorher angedroht wurde, da sie nicht mehr geeignet ist, die Wahl zu beeinflussen (*D/R* § 20 Rz. 18; *F/A/K/H* § 20 Rz. 13; GK-*Kreutz* § 20 Rz. 27). Solche Maßregelungen können aber nach den allgemeinen arbeitsrechtlichen und bürgerlich-rechtlichen Grundsätzen rechtswidrig sein und damit schadensersatzpflichtig machen (*D/R* § 20 Rz. 19, die Abs. 2 dem Rechtsgedanken nach anwenden wollen).

30 Eine unzulässige **Wahlkampfwerbung**, die zur fristlosen Kündigung berechtigt, stellt es dar, wenn Persönlichkeitsrechte anderer Arbeitnehmer und des Arbeitgebers beeinträchtigt werden durch **Flugblattaktionen** eines Wahlbewerbers, in denen Arbeitgeber und Betriebsrat scharf angegriffen wurden und die Belegschaft aufgehetzt wurde (*BAG* vom 13. 10. 1977 – 2 AZR 387/76 – EzA § 74 BetrVG 1972 Nr. 3 m. Anm. *Löwisch* = DB 1978, 641). Das gleiche gilt für die Verteilung von **Flugblättern**, die eine **überzogene Systemkritik** enthalten, wie die Ausführung, das Betriebsverfassungsgesetz und insbesondere der Grundsatz der vertrauensvollen Zusammenarbeit sei ein Unterdrückungsinstrument gegen die Arbeiterklasse (*BAG* vom 15. 12. 1977 – 3 AZR 184/76 – EzA § 626 BGB n. F. Nr. 61 = DB 1978, 1038). Das *BAG* hält aber auch einen **harten Wahlkampf** für zulässig (*BAG* vom 13. 10. 1977 a. a. O.).

V. Rechtsfolgen

Eine unzulässige Behinderung oder Beeinflussung der Wahl kann in besonders schweren Fällen zu einer **Nichtigkeit** der Wahl führen (*BAG* vom 8.3. 1957 – 1 ABR 5/55 – AP Nr. 1 zu § 19 BetrVG 1952 m. Anm. *Küchenhoff* = DB 1957, 607), im übrigen zur **Anfechtung**; darüber hinaus ist ein Verstoß gegen Abs. 1 und 2 nach **§ 119 Abs. 1 Nr. 1 und 2 strafbar** (*D/R* § 20 Rz. 20f.; *F/A/K/H* § 20 Rz. 23f.; *G/L* § 20 Rz. 17f.; *GK-Kreutz* § 20 Rz. 45). 31

Grobe Verletzungen durch den Betriebsrat als Gremium, durch einzelne Mitglieder oder den Arbeitgeber unterliegen der **Sanktion des § 23**. 32

Rechtsgeschäfte, die gegen Abs. 1 und 2 verstoßen, sind **nach § 134 BGB nichtig,** da es sich um Verstöße gegen gesetzliche Verbote handelt. 33

Die Vorschriften des Abs. 1 und 2 sind **Schutzgesetze i. S. d. § 823 Abs. 2 BGB.** 34

VI. Kosten der Wahl (Abs. 3)

1. Sachliche Kosten

Die Kosten der Wahl hat der Arbeitgeber zu tragen. Hierunter sind zunächst die für die Durchführung der Wahl erforderlichen **sachlichen Kosten** zu verstehen, also z. B. die Kosten zur Beschaffung der Wahlordnung, der Wahlumschläge sowie der erforderlichen Stimmzettelkästen, der Stimmzettel, anderer notwendiger Vordrucke (vgl. *BAG* vom 3. 12. 1987 – 6 ABR 79/85 – EzA § 20 BetrVG 1972 Nr. 14 = DB 1988, 862), von Schreibmaterial und sonstigem notwendigem Wahlbedarf sowie Portokosten bei Briefwahl. Der Arbeitgeber ist nicht verpflichtet, die erforderlichen Geldbeträge zur Verfügung zu stellen; er ist dagegen verpflichtet und berechtigt, den notwendigen Sachaufwand zur Verfügung zu stellen. Auch wenn er das nicht tut, darf der Wahlvorstand nicht von sich aus im Namen und auf Rechnung des Arbeitgebers die sachlichen Mittel beschaffen (**a. A.** *D/R* § 20 Rz. 27; GK-*Kreutz* § 20 Rz. 50). Es gilt dasselbe wie zu § 40 (vgl. dort Rz. 10, 72f.). Eine rechtsgeschäftliche Tätigkeit des Betriebsrats gegenüber Dritten zur Beschaffung der sachlichen Mittel kommt nicht in Betracht; der Arbeitgeber hat die Mittel vielmehr zur Verfügung zu stellen (*BAG* vom 21. 4. 1983 – 6 ABR 70/82 – EzA § 40 BetrVG 1972 Nr. 53 m. Anm. *Kreutz* = DB 1983, 997; 1984, 248, allerdings § 40 Abs. 2 betreffend). Zu den Kosten der Wahl zählen nicht nur die unmittelbaren Kosten hierfür, sondern auch die **Kosten für die Vorbereitung**, wie Vorabstimmungen nach § 12 Abs. 1 und 14 Abs. 2 usw. Auch die Kosten, die durch die **Anfechtung** einer Betriebsratswahl entstehen oder sonst durch ein Beschlußverfahren im Zusammenhang mit der Betriebsratswahl, hat der Arbeitgeber zu tragen, soweit die Rechtsverfolgung nicht mutwillig und offensichtlich unbegründet ist (*D/R* § 20 Rz. 28; *F/A/K/H* § 20 Rz. 28; *G/L* § 20 Rz. 21; GK-*Kreutz* § 20 Rz. 54; *BAG* vom 26. 11. 1974 – 1 ABR 16/74 – EzA § 20 BetrVG 1972 Nr. 7 m. Anm. *Henckelmann* = DB 1975, 1178; *ArbG Gelsenkirchen* vom 22. 8. 1977, rkr., 5 BV 29/77 – BB 1978, 30). **Keine Kosten** der Wahl sind solche für die **Wahlpropaganda** (*D/R* § 20 Rz. 26; *F/A/K/H* § 20 Rz. 28; *G/L* § 20 Rz. 17; GK-*Kreutz* § 20 Rz. 48). In entsprechender Anwendung von § 40 Abs. 2 hat der Arbeitgeber dem Wahlvorstand auch **sachliche Hilfsmittel** und die **erforderlichen Räume** zur Verfügung zu stellen (vgl. § 40 Rz. 81ff.), allerdings nur in dem der Aufgabe des 35

§ 20   2. Teil 1. Abschn. Zusammensetzung und Wahl des Betriebsrats

Wahlvorstandes entsprechenden beschränkten Umfang. Hierzu gehören z. B. die Benutzung einer Schreibmaschine, eines Telefons bzw. eines Telefonanschlusses je nach dem Umfang der Tätigkeit des Wahlvorstandes. Etwas anderes gilt allerdings dann, wenn der Wahlvorstand auf das Betriebsratsbüro verwiesen werden kann (*Becker-Schaffner* BlStSozArbR 1975, 129).

2. Persönliche Kosten

36 Auch die **persönlichen Kosten** der Wahlvorstandsmitglieder hat der Arbeitgeber zu tragen, da im Gegensatz zum früheren Recht die Beschränkung auf die sachlichen Kosten entfallen ist. Zu den persönlichen Kosten gehören **notwendige** Kosten für **erforderliche** Reisen des Wahlvorstandes zur Durchführung der Betriebsratswahl, z. B. zur Anwesenheit im Wahllokal nach § 12 Abs. 2 WO, falls Wahllokale in unselbständigen Nebenbetrieben oder Betriebsteilen eingerichtet wurden (*D/R* § 20 Rz. 28; *F/A/K/H* § 20 Rz. 29; *G/L* § 20 Rz. 22; *Becker-Schaffner* BlStSozArbR 1975, 130; das Urteil des *BAG* vom 15. 5. 1957 – 1 AZR 134/55 – AP Nr. 5 zu § 242 BGB Unzulässige Rechtsausübung, Verwirkung kann hier nicht herangezogen werden, da es sich um eine ausdrückliche gesetzliche Regelung im PersVG für Schleswig-Holstein handelte).

37 **Kosten für eine Teilnahme des Wahlvorstandes an »erforderlichen« Schulungsveranstaltungen** zählen grundsätzlich nicht zu den Kosten der Wahl, da es an einer speziellen Regelung wie für Betriebsratsmitglieder nach § 37 Abs. 6 i. V. m. § 40 fehlt. Auch das *Bundesarbeitsgericht* hatte die früher aus Gründen des Einzelfalles verneint, vom Grundsatz her aber offen gelassen (*BAG* vom 13. 3. 1973 – 1 ABR 15/72 – EzA § 20 BetrVG 1972 Nr. 1 m. Anm. *Richardi* = DB 1973, 1257; *BAG* vom 26. 6. 1973 – 1 ABR 2172 – EzA § 20 BetrVG 1972 Nr. 3 m. Anm. *Richardi* = DB 1973, 1954; anders nunmehr *BAG* vom 7. 6. 1984 – 6 AzR 3/82 – EzA § 20 BetrVG 1972 Nr. 13 = DB 1984, 2358; ebenso der Sache nach *D/R* § 20 Rz. 28; *F/A/K/H* § 20 Rz. 29; *G/L* § 20 Rz. 23; GK-*Kreutz* § 20 Rz. 60; unter engen Voraussetzungen ebenfalls bejahend *S/W* § 20 Rz. 13 b). Der Gesetzgeber hat dadurch, daß er die Regelung für Betriebsratsmitglieder nicht auf Mitglieder des Wahlvorstandes übernommen hat, zum Ausdruck gebracht, daß diese grundsätzlich keinen Anspruch auf Teilnahme an Schulungsveranstaltungen und auf Kostenerstattung haben. Nach dem *Bundesarbeitsgericht* (vom 5. 3. 1974 – 1 AZR 50/73 – EzA § 20 BetrVG 1972 Nr. 5 = DB 1974, 1534 f.) kommt nur ausnahmsweise bei Vorliegen ganz besonderer Gründe eine Freistellung für Schulungsmaßnahmen in Betracht, wenn etwa ein Mitglied des Wahlvorstands erstmals ein solches Amt wahrnimmt und eine Unterweisung im Betrieb weder durch andere erfahrene Wahlvorstandsmitglieder oder sonst kenntnisreiche Belegschaftsangehörige möglich ist. Zur ausnahmsweisen Teilnahmeberechtigung vgl. auch Rz. 46. Das *Bundesarbeitsgericht* hält eine halbtägige Schulungsveranstaltung für Wahlvorstandsmitglieder auch **ohne besonderen Anlaß** für erforderlich (*BAG* vom 7. 6. 1984 – 6 AZR 3/82 – EzA § 20 BetrVG 1972 Nr. 13 = DB 1984, 2358). Es weist dabei auf seine Rechtsprechung zu § 37 Abs. 6 hin und überträgt die Erwägungen auf Wahlvorstandsmitglieder, ohne sich damit auseinanderzusetzen, daß der Gesetzgeber für Wahlvorstandsmitglieder eben gerade keine dem § 37 Abs. 6 vergleichbare Regelung getroffen hat. Die Begründung des *Bundesarbeitsgerichts* überzeugt daher nicht.

Die **Kosten** für einen **Rechtsanwalt**, der vom Wahlvorstand beauftragt wurde, hat 38
der Arbeitgeber als Kosten der Wahl nur dann zu tragen, wenn es sich um notwendige Kosten der Wahl handelt (im übrigen vgl. zur Tragung der Rechtsanwaltskosten durch den Arbeitgeber § 40 Rz. 14f.). Das *Bundesarbeitsgericht* (*BAG* vom 26. 11. 1974 – 1 ABR 16/74 – EzA § 20 BetrVG 1972 Nr. 7 m. Anm. *Henckelmann* = DB 1975, 1178) hat anerkannt, daß der Arbeitgeber die in der Rechtsbeschwerdeinstanz – also beim Bundesarbeitsgericht – entstandenen Anwaltskosten zu tragen hat; es hat aber eine Anwaltsvertretung in der 2. Instanz in einem Verfahren, in dem um die Kosten einer Schulungsveranstaltung für Wahlvorstandsmitglieder gestritten wurde, nicht für notwendig erachtet. Es sei eine Abwägung zu treffen zwischen der freien Wahl des Rechtsvertreters und dem grundlegenden betriebsverfassungsrechtlichen Gebot (§ 2 Abs. 1), auch die finanziellen Belange des Arbeitgebers angemessen zu berücksichtigen. Eine Anwaltsvertretung ist nach dem *Bundesarbeitsgericht* nicht mit Rücksicht auf die von vornherein beabsichtigte Rechtsbeschwerde geboten; es komme vielmehr darauf an, ob die Sache nach der Sach- und Rechtslage Schwierigkeiten aufweise. Nicht zu übernehmen hat der Arbeitgeber die Rechtsanwaltskosten eines Listenbewerbers einer Wählerliste zur Erreichung des Verbots eines Boykotts, zu dem der Wahlvorstandsvorsitzende in seiner Eigenschaft als Betriebsratsvorsitzender aufgerufen hat (*LAG Hamm* vom 6. 2. 1980 – 3 Ta BV 84/79 – EzA § 20 BetrVG 1972 Nr. 10 = DB 1980, 1223). Rechtsanwaltskosten wegen Wahlbehinderung sind dagegen zu übernehmen (*LAG Hamm* vom 6. 2. 1980 – 3 Ta BV 79/79 – EzA § 20 BetrVG 1972 Nr. 10 = DB 1980, 1223).

Sachschäden, die einem Mitglied des Wahlvorstandes entstehen, sind zu ersetzen, 39
wenn ein unmittelbarer Zusammenhang mit der Vorbereitung und Durchführung der Wahl besteht (*D/R* § 20 Rz. 28) und die weiteren haftungsrechtlichen Voraussetzungen gegeben sind. So sind z. B. Unfallschäden, die ein Mitglied des Wahlvorstandes bei Benutzung des eigenen PKW treffen, dann zu ersetzen, wenn der Arbeitgeber die Benutzung ausdrücklich gewünscht hat oder diese erforderlich war, damit das Mitglied des Wahlvorstandes seine gesetzlichen Aufgaben wahrnehmen konnte; die Verschuldungsfrage ist zu beachten (*BAG* vom 3. 3. 1983 – 6 ABR 4/80 – EzA § 20 BetrVG 1972 Nr. 12 = DB 1983, 1366. a. A. Vorinstanz *LAG Hamm* vom 26. 10. 1979 – 3 Ta BV 64/79 – EzA § 20 BetrVG 1972 Nr. 9 = DB 1980, 214).

3. Notwendige Kosten

Der Arbeitgeber hat nur die **notwendigen Kosten** der Wahl zu erstatten, auch wenn 40
das Gesetz dies nicht ausdrücklich hervorhebt (*D/R* § 20 Rz. 29; *F/A/K/H* § 20 Rz. 30; *G/L* § 20 Rz. 24). Es muß sich um Kosten handeln, die zur Durchführung der Wahl nach Maßgabe der Bestimmungen des Betriebsverfassungsgesetzes notwendig sind. Nicht notwendig ist z. B. die Durchführung einer Abstimmung über die Durchführung einer Gemeinschaftswahl nach § 14 Abs. 2 in einer Arbeitnehmergruppe, wenn die andere Gruppe die Gemeinschaftswahl bereits abgelehnt hatte (vgl. § 12 Rz. 16, § 14 Rz. 30; **a. A.** *G/L* § 20 Rz. 25). Nicht notwendig ist auch die Durchführung einer Betriebsversammlung zur Wahl eines Wahlvorstandes in einem Betrieb, in dem ein Betriebsrat besteht (vgl. auch Rz. 17), ebenso Kosten, die durch einen Beschluß des Wahlvorstandes entstehen, Vorschlagslisten mit Lichtbildern

§ 20   2. Teil 1. Abschn. Zusammensetzung und Wahl des Betriebsrats

der Kandidaten zu ergänzen (*BAG* vom 3. 12. 1987 – 6 ABR 79/85 – EzA § 20 BetrVG 1972 Nr. 14 = DB 1988, 862).

41 **Keine notwendigen Kosten** sind solche, die ein betriebsfremder Wahlvorstand verursacht, der gegen den Willen der Arbeitnehmer auf Antrag der Gewerkschaft durch das Arbeitsgericht eingesetzt wurde, so z. B. nach § 16 Abs. 2 Satz 3, § 17 Abs. 3 (vgl. § 16 Rz. 28). Wenn die Arbeitnehmerschaft durch ihr Verhalten zeigt, daß sie keinen Betriebsrat will – nämlich Nichteinberufung einer Betriebsversammlung zur Bestellung des Wahlvorstandes, Nichtanrufung des Arbeitsgerichts nach § 16 Abs. 2, es sei denn durch eine im Betrieb vertretene Gewerkschaft, schließlich Weigerung, im Wahlvorstand tätig zu sein, so daß Betriebsfremde durch das Arbeitsgericht bestellt werden – so hat der Arbeitgeber auch nicht die Kosten zu tragen. Es handelt sich dann nicht um notwendige Wahlkosten, da die Belegschaft zum Ausdruck gebracht hat, daß sie gar nicht wählen will, vielmehr handelt es sich nur um von der Gewerkschaft und in deren Interesse verursachte Kosten. Zur Beurteilung der Notwendigkeit der Kosten gelten die gleichen Grundsätze wie zu § 40 (vgl. dort).

4. Versäumnis von Arbeitszeit

42 Dem **einzelnen Arbeitnehmer** darf aus notwendiger Versäumnis von Arbeitszeit, die zur Ausübung des Wahlrechts erforderlich ist, keine **Minderung** seines **Arbeitsentgelts** entstehen, d. h. er erhält für diese Zeit sein Arbeitsentgelt voll weiter. Aus dieser Vorschrift ist zu schließen, daß die Durchführung der Betriebsratswahl regelmäßig innerhalb der Arbeitszeit erfolgt (*D/R* § 20 Rz. 34; *F/A/K/H* § 20 Rz. 33; *G/L* § 20 Rz. 28; GK-*Kreutz* § 20 Rz. 57). Es ist aber nicht jede Arbeitszeitversäumnis zu vergüten, sondern nur die objektiv erforderliche Abwesenheit von der Arbeit zur Teilnahme an Wahlhandlungen. Der einzelne Arbeitnehmer darf seinen Arbeitsplatz nicht ohne weiteres verlassen, sondern er muß sich im Interesse eines ordnungsgemäßen Arbeitsablaufes in der betriebsüblichen Weise bei seinem Vorgesetzten abmelden (*D/R* § 20 Rz. 34; z. T. **a. A.** *F/A/K/H* § 20 Rz. 32). Die zeitliche Lage der Wahl und der Betätigung als Wahlvorstand ist den unumgänglichen betrieblichen Erfordernissen anzupassen (GK-*Kreutz* § 20 Rz. 57).

43 Zur **Ausübung des Wahlrechts** i. S. d. Abs. 3 gehören auch Vorabstimmungen nach §§ 12 Abs. 1, 14 Abs. 2 (vgl. § 12 Rz. 16 und 14 Rz. 30; *D/R* § 20 Rz. 35; *G/L* § 20 Rz. 28; GK-*Kreutz* § 20 Rz. 64). Es zählt nicht zur Ausübung des Wahlrechts, wenn ein Arbeitnehmer Arbeitszeit versäumt, weil er bei der **öffentlichen Auszählung der Stimmen** zugegen sein will; er hat für diese Zeit keinen Anspruch auf Arbeitsvergütung, da in § 20 abschließend aufgezählt ist, wann im Zusammenhang mit der Wahl versäumte Arbeitszeit zu vergüten ist. Das gleiche gilt für die Versäumung von Arbeitszeit eines Wahlbewerbers zur Sammlung von Stützunterschriften (vgl. Rz. 17, § 14 Rz. 16; *LAG Berlin* vom 9. 1. 1979 – 3 Ta BV 6/78 – rkr., BB 1979, 1036) oder zur persönlichen Vorstellung während der Arbeitszeit bei Arbeitskollegen (*ArbG Düsseldorf* vom 21. 7. 1981 – 1 Ca 2201/81 – BB 1981, 1579). Hinsichtlich der Betriebsversammlung nach § 17 Abs. 1 vgl. § 44 Abs. 1 und Anm. dort. Auch **Wahlbewerbern** ist für notwendige Arbeitsversäumnis das Arbeitsentgelt fortzuzahlen, da Abs. 3 sowohl das aktive wie das passive Wahlrecht umfaßt (*D/R* § 20 Rz. 31; *F/A/K/H* § 20 Rz. 34; *G/L* § 20 Rz. 28).

Wahlschutz und Wahlkosten § 20

Der **Wahlvorstand** und die **Wahlhelfer** üben ihre Tätigkeit genauso wie der Be- 44
triebsrat **als Ehrenamt unentgeltlich aus** (*D/R* § 20 Rz. 31; *F/A/K/H* § 20 Rz. 36;
G/L § 20 Rz. 26; GK-*Kreutz* § 20 Rz. 56); dies gilt auch für betriebsfremde Wahlvorstandsmitglieder. Für notwendige Arbeitsversäumnis im Zusammenhang mit
dem Amt als Wahlvorstand bzw. Wahlhelfer darf aber keine Minderung des
Arbeitsentgelts eintreten. Für die Zeit der **notwendigen Arbeitsversäumnis** ist
das volle Entgelt nebst allen Zuschlägen fortzuzahlen; es handelt sich um eine
Ausfallvergütung (**h.M.**; vgl. auch Anm. zu § 37). Nach Ansicht des *Bundesarbeitsgerichts* (vom 29. 6. 1988 – 7 AZR 651/87 – EzA § 37 BetrVG 1972 Nr. 97 =
DB 1989, 888) sind einem Wahlvorstandsmitglied auch Überstunden zu vergüten, die es ohne seine Betätigung im Wahlvorstand geleistet hätte. Das Wahlvorstandsmitglied hat darzulegen und zu beweisen, daß die Versäumnis der Arbeitszeit zur Betätigung im Wahlvorstand erforderlich war (*BAG* vom 26. 6. 1973 –
1 ABR 170/73 – EzA § 20 BetrVG 1972 Nr. 4 = DB 1973, 1955).

§ 37 findet **nicht analog** auf den Wahlvorstand und die Wahlhelfer Anwendung 45
(**a. A.** *D/R* § 20 Rz. 31; *F/A/K/H* § 20 Rz. 37; *Frauenkron* § 20 Rz. 10). Der Gesetzgeber hat in § 20 Abs. 3 abschließend die Frage, wie versäumte Arbeitszeit
aus Anlaß der Tätigkeit im Wahlvorstand zu bezahlen ist, geregelt. Er hat sich
dabei für eine Regelung entschieden, die dem § 37 Abs. 2 entspricht; dagegen hat
er die Regelung des § 37 Abs. 3 nicht übernommen und auch nicht darauf verwiesen. Obwohl also dem Gesetzgeber das Problem bekannt war, hat er die Regelung des § 37 nur für Betriebsräte getroffen, dagegen nicht für den Wahlvorstand
und die Wahlhelfer. Bei dem gegenüber dem Betriebsrat wesentlich geringeren
Tätigkeitsbereich des Wahlvorstandes besteht auch keine Notwendigkeit für eine
solche Regelung. Der Wahlvorstand hat für Tätigkeiten außerhalb der Arbeitszeit, wenn diese betriebsbedingt sind, deshalb keinen Anspruch entsprechend
§ 37 Abs. 3.

Auch für die **Teilnahme an Schulungsveranstaltungen** des Wahlvorstandes gilt 46
§ 37 **nicht analog**. Mitglieder des Wahlvorstandes haben grundsätzlich keinen
Anspruch auf Freistellung zur Teilnahme an Schulungsveranstaltungen (vgl.
Rz. 37; *BAG* vom 26. 6. 1973 – 1 ABR 21/72 – EzA § 20 BetrVG 1972 Nr. 3 m.
Anm. *Richardi* = DB 1973, 1954; *BAG* vom 5. 3. 1974 – 1 AZR 50//73 – EzA
§ 20 BetrVG 1972 Nr. 5 = DB 1974, 1534; **a. e.** *D/R* § 20 Rz. 32; *F/A/K/H* § 20
Rz. 30; *G/L* § 20 Rz. 27; sowie nunmehr *BAG* vom 7. 6. 1984 – 6 AZR 3/82 –
EzA § 20 BetrVG 1972 Nr. 13 = DB 1984, 2358). Es sind als Mitglieder des
Wahlvorstandes solche Personen auszuwählen, die über die zur Erfüllung dieser
Aufgabe nötigen Kenntnisse verfügen. Auch in betriebsratslosen Betrieben muß
von den Wahlvorstandsmitgliedern grundsätzlich erwartet werden, daß sie die
zur ordnungsgemäßen Wahrnehmung ihres Amtes erforderlichen Kenntnisse
mitbringen und sich mit einschlägigen Vorschriften selbst vertraut machen oder
sich im Betrieb von anderen erfahrenen Wahlvorstandsmitgliedern oder anderen
Arbeitnehmern über ihre Aufgaben unterrichten und in sie einweisen lassen
(*BAG* vom 26. 6. 1973 – 1 ABR 21/77 – und *BAG* vom 5. 3. 1974 – 1 AZR 50/73
a. a. O.). **Ausnahmsweise** hat das *Bundesarbeitsgericht* eine Schulung von Wahlvorstandsmitgliedern als erforderlich angesehen, wenn dies das einzige Mittel zur
Unterweisung des Wahlvorstandes ist (*BAG* vom 5. 3. 1974 a. a. O.); nur in diesem ganz engen – auch zeitlichen – Rahmen wird man dem folgen können, da
§ 37 Abs. 6 wegen des wesentlich engeren Aufgabenbereichs des Wahlvorstandes
keine entsprechende Anwendung findet. Bei den ausnahmsweise zulässigen

Schulungen des Wahlvorstandes muß es sich aber stets um spezielle Themen, die die Wahl betreffen, handeln (vgl. Rz. 37).

VII. Streitigkeiten

47 Streitigkeiten darüber, ob eine **Wahlbehinderung** oder unzulässige Wahlbeeinflussung **vorliegt** und über die **Notwendigkeit der Kosten**, werden im Beschlußverfahren (§ 2a Abs. 1 Nr. 1 ArbGG) ausgetragen; dies gilt auch für **persönliche Aufwendungen** der Wahlvorstandsmitglieder und die **notwendigen Kosten** der Vorbereitung und Durchführung der Wahl. Dagegen ist der von einem Wahlvorstand auf § 20 Abs. 3 gestützte Anspruch auf **Fortzahlung des Lohnes** für die zur Ausübung der Betätigung im Wahlvorstand versäumte Arbeitszeit wie der auf § 37 Abs. 2 gestützte Lohnanspruch von Betriebsratsmitgliedern im Urteilsverfahren geltend zu machen, da er aus dem Arbeitsverhältnis kommt und nicht zu den Angelegenheiten aus dem Betriebsverfassungsgesetz nach § 2a Abs. 1 Nr. 1 ArbGG gehört (**h.M.** *BAG* vom 11. 5. 1973 – 1 ABR 3/73 – EzA § 20 BetrVG 1972 Nr. 2 = DB 1973, 1659).

**Zweiter Abschnitt
Amtszeit des Betriebsrats**

§ 21 Amtszeit

Die regelmäßige Amtszeit des Betriebsrats beträgt vier Jahre. Die Amtszeit beginnt mit der Bekanntgabe des Wahlergebnisses oder, wenn zu diesem Zeitpunkt noch ein Betriebsrat besteht, mit Ablauf von dessen Amtszeit. Die Amtszeit endet spätestens am 31. Mai des Jahres, in dem nach § 13 Abs. 1 die regelmäßigen Betriebsratswahlen stattfinden. In dem Fall des § 13 Abs. 3 Satz 2 endet die Amtszeit spätestens am 31. Mai des Jahres, in dem der Betriebsrat neu zu wählen ist. In den Fällen des § 13 Abs. 2 Nr. 1 und 2 endet die Amtszeit mit der Bekanntgabe des Wahlergebnisses des neu gewählten Betriebsrats.

Literaturübersicht

Blomeyer Die Entwicklung des arbeitsrechtlichen Schrifttums 1974, ZfA 1975, 243 ff.; *Erges* Betriebsverfassungsrechtliche Aspekte des Spaltungsgesetzes DB 1991, 966; *Fuchs* Der Sozialplan nach dem BetrVG 1972, 1977; *Hanau* Probleme der Mitbestimmung des Betriebsrats über den Sozialplan, ZfA 1974, 89 ff.; *Kaven* Das Recht des Sozialplans, Grundlagen und Praxis des Arbeitsrechts, Bd. 2, 1977; *Richardi* Sozialplan und Konkurs, 1975.

Inhaltsübersicht

		Rz.
I.	Anwendungsbereich	1, 2
II.	Regelmäßige Amtszeit	3, 4
III.	Beginn der Amtszeit	5–10

	1. Im betriebsratslosen Betrieb	5– 7
	2. Im Betrieb mit Betriebsrat	8–10
IV.	Ende der Amtszeit	11–33
	1. Regelmäßige Amtszeit	11–14
	2. Ende der Amtszeit des neuen Betriebsrats bei Wahl außerhalb des regelmäßigen Wahlzeitraums	15, 16
	3. Ende der Amtszeit des bestehenden Betriebsrats bei Wahl des neuen Betriebsrats außerhalb des regelmäßigen Wahlzeitraums	17–19
	4. Ende der Amtszeit vor Ablauf der regelmäßigen Wahlperiode in Sonderfällen	20–33
V.	Wirkung der Beendigung der Amtszeit	34
VI.	Streitigkeiten	35

I. Anwendungsbereich

Die Vorschrift ist **zwingenden Rechts** und daher weder durch Tarifvertrag noch 1 durch Betriebsvereinbarung abänderbar. Lediglich durch einen Tarifvertrag i. S. d. § 3 Abs. 1 Nr. 2 kann nach § 3 Abs. 3 die Amtszeit des Betriebsrats beendet werden (vgl. dort). § 21 legt Beginn, Dauer und Ende der Amtszeit des Betriebsrats fest, auch die Amtszeit kann daher nicht abweichend von dieser Bestimmung geregelt werden; die Amtszeit kann daher weder durch Tarifvertrag noch durch Betriebsvereinbarung verkürzt oder verlängert werden (*D/R* § 21 Rz. 16; *G/L* § 21 Rz. 11).

Sie gilt nicht für die **Jugend- und Auszubildendenvertretung**; deren Amtszeit ist in 2 § 64 gesondert geregelt. Nicht anwendbar ist die Vorschrift auch auf den **Gesamtbetriebsrat, Konzernbetriebsrat** und die **Gesamt-, Jugend- und Auszubildendenvertretung** (§§ 49, 57, 73 Abs. 2 i. V. m. § 49), da diese Gremien eine Dauereinrichtung darstellen, für die es keine Amtszeit gibt (h. M.). Lediglich die Mitgliedschaft der einzelnen entsandten Betriebsräte bzw. Jugend- und Auszubildendenvertretung endet in diesen Gremien mit dem Ende ihrer Amtszeit im Betriebsrat bzw. der Jugend- und Auszubildendenvertretung. In der Praxis findet daher nach den regelmäßigen Betriebsrats- bzw. Jugend- und Auszubildendenvertreterwahlen eine Neuentsendung des überwiegenden Teils der Mitglieder statt. Mitglieder dieser Gremien können nach einer Neuwahl als Mitglieder des Betriebsrats bzw. der Jugend- und Auszubildendenvertretung wiederum entsandt werden. Für den **Seebetriebsrat** (§ 116 Abs. 2) gilt die Vorschrift entsprechend. Für die Bordvertretung (§ 115 Abs. 3) gelten Sonderregelungen.

II. Regelmäßige Amtszeit

Die **regelmäßige Amtszeit** beträgt für die Betriebsräte, die nach dem 31. 12. 1988 3 gewählt wurden (vgl. § 125 Abs. 3), vier Jahre. Abweichend hiervon sind ausnahmsweise kürzere oder längere Amtszeiten dann möglich, wenn in den Fällen des § 13 Abs. 2 Betriebsräte außerhalb des einheitlichen Wahlzeitraums (§§ 13 Abs. 1, 125 Abs. 1) zu wählen sind; die Amtszeiten dieser Betriebsräte werden jedoch aufgrund der §§ 13 Abs. 3, 21 Satz 3 bis 5 durch Verkürzung oder Verlängerung der vierjährigen Periode in den einheitlichen Wahlzeitraum wieder eingeordnet (vgl. § 13 Rz. 33f.). Im Hinblick auf diese Ausnahmefälle ist in Satz 1 das Wort **regelmäßig** eingefügt worden.

§ 21   2. Teil 2. Abschn. Amtszeit des Betriebsrats

4 Von der Amtszeit des Betriebsrats als Gremium ist die Dauer der **Mitgliedschaft des einzelnen Betriebsratsmitglieds im Betriebsrat** zu unterscheiden. Diese fällt zwar in der Regel mit der Amszeit des Betriebsrats zusammen; sie kann aber auch davon verschieden sein, z. B. beim Nachrücken eines Ersatzmitgliedes nach § 25, Niederlegung des Betriebsratsamtes, Beendigung des Arbeitsverhältnisses, Ausschluß aus dem Betriebsrat usw.

III. Beginn der Amtszeit

1. Im betriebsratslosen Betrieb

5 Besteht im Betrieb kein Betriebsrat, so **beginnt** die **Amtszeit** mit der **Bekanntgabe des Wahlergebnisses**. Ein Betrieb ist betriebsratslos, wenn die Betriebsratswahl zum ersten Mal durchgeführt wird; aber auch dann, wenn bei der Neuwahl die Amtszeit des alten Betriebsrats bereits abgelaufen ist (§ 13 Rz. 4f., 8). Die Amtszeit eines außerhalb der regelmäßigen Amtszeit gewählten Betriebsrats beginnt ebenfalls mit der Bekanntgabe des Wahlergebnisses; dies folgt aus Sinn und Zweck des § 13 Abs. 2 sowie § 21 Satz 5. So ist bei erfolgreicher Anfechtung der Betriebsratswahl oder Auflösung des Betriebsrats durch das Arbeitsgericht der Betrieb ohne Betriebsrat (§ 13 Abs. 2 Ziff. 4 und 5). In den Fällen des § 13 Abs. 2 Ziff. 1–3 beginnt das Amt des neuen Betriebsrats ebenfalls mit der Bekanntgabe des Wahlergebnisses, da der alte Betriebsrat nur bis zu diesem Zeitpunkt nach § 22 die Geschäfte weiterführt (*D/R* § 21 Rz. 6; *F/A/K/H* § 21 Rz. 8; *G/L* § 21 Rz. 4).

6 Die **Bekanntgabe des Wahlergebnisses** hat gem. § 18 Abs. 3 unverzüglich nach Abschluß der Wahl zu erfolgen (vgl. § 18 Rz. 9f.). Bekanntgemacht ist das Wahlergebnis, wenn der Wahlvorstand die Namen der gewählten Betriebsratsmitglieder an der betriebsüblichen Stelle ausgehängt hat (§ 19 WO i. V. m. § 3 Abs. 4 WO) und nicht erst nach Ablauf der Zweiwochenfrist für den Aushang nach 19 WO (GK-*Wiese* § 21 Rz. 11 und mit ausführlicher Begründung § 22 Rz. 18). Bei Aushängen an mehreren Stellen im Betrieb und beginnend mit verschiedenen Tagen ist genauso wie bei Aushang des Wahlausschreibens der letzte Aushang maßgebend (vgl. § 18 Rz. 6 und 10); es kommt auf den ersten Tag des letzten Aushangs an.

7 Die Amtszeit beginnt kraft ausdrücklicher gesetzlicher Regelung **mit der Bekanntgabe** des Wahlergebnisses, also am Tage der Bekanntgabe, nicht erst nach § 187 BGB am Tage danach (*D/R* § 21 Rz. 5; *F/A/K/H* § 21 Rz. 9; *G/L* § 21 Rz. 4; GK-*Wiese* § 21 Rz. 10; **a. A.** *Brecht* § 21 Rz. 8). § 21 Satz 2 gilt insofern als Spezialvorschrift gegenüber den BGB-Vorschriften.

2. Im Betrieb mit Betriebsrat

8 Ist am Wahltag noch ein **Betriebsrat im Amt**, so beginnt die Amtszeit des neugewählten Betriebsrats erst unmittelbar nach dem Ende der Amtszeit des bisherigen. Dies bedeutet, daß die Amtszeit des neuen Betriebsrats am Tage nach dem Ablauf der Amtszeit des alten Betriebsrats beginnt (vgl. § 13 Rz. 7; *D/R* § 21 Rz. 6; *F/A/K/H* § 21 Rz. 10; *G/L* § 21 Rz. 5; GK-*Wiese* § 21 Rz. 16). Um den lückenlosen

Bestand eines Betriebsrats zu gewährleisten, sollten die Neuwahlen möglichst so früh angesetzt werden, daß der bisherige Betriebsrat am Wahltag noch im Amt ist. Aus diesem Grunde ist gem. § 16 Abs. 1 Satz 1 auch spätestens acht Wochen vor Ablauf der Amtszeit ein Wahlvorstand zu bestellen, der gem. § 18 Abs. 1 die Wahl unverzüglich einzuleiten und durchzuführen hat.

Ein **Nebeneinander von zwei Betriebsräten** ist in jedem Fall **ausgeschlossen**. Dem 9 neugewählten, aber noch nicht im Amt befindlichen Betriebsrat stehen noch keine Rechte und Pflichten zu. Für den neugewählten Betriebsrat gilt daher bis zum Amtsbeginn noch nicht der Kündigungsschutz für Betriebsratsmitglieder nach §§ 103, 15 Abs. 1 KSchG (*Brecht* § 21 Rz. 9; *G/L* § 21 Rz 7; GK-*Wiese* § 21 Rz. 19; a.A. *D/R* § 21 Rz. 9; *F/A/K/H* § 21 Rz. 13); bis zum Zeitpunkt der Amtsübernahme unterfallen sie dem Kündigungsschutz für Wahlbewerber nach § 15 Abs. 3 KSchG (Literatur wie oben); es kann sich hier jedoch nur um den nachwirkenden Kündigungsschutz für Wahlbewerber nach § 15 Abs. 3 Satz 2 handeln, da der Kündigungsschutz nach § 15 Abs. 3 Satz 1 KSchG mit der Bekanntgabe des Wahlergebnisses kraft Gesetzes endet. Der Wahlvorstand kann aber – durch entsprechende Festlegung der Termine – dafür sorgen, daß die Zeit zwischen Bekanntgabe des Wahlergebnisses und Amtsantritt möglichst gering ist. Eine entsprechende Anwendung von § 103 auf gewählte, aber noch nicht im Amt befindliche Betriebsratsmitglieder kann entgegen Wiese (GK-*Wiese* § 21 Rz. 19) nicht in Betracht kommen.

Formelle Voraussetzung für den Beginn der Amtszeit ist die Konstituierung des 10 Betriebsrats; der Wahlvorstand hat den neugewählten Betriebsrat zur konstituierenden Sitzung einzuladen (vgl. § 16 Rz. 29). Die Konstituierung ist nicht materielle Voraussetzung des Amtsbeginns, das Amt beginnt materiell vielmehr, ohne daß eine besondere Erklärung erforderlich ist (*D/R* § 21 Rz. 8; *G/L* § 21 Rz. 6), also jedenfalls nach dem Ende der Amtszeit des bisherigen Betriebsrats (vgl. Rz. 8), auch wenn keine Konstituierung erfolgte; jedoch kann der neue Betriebsrat dann vor seiner Konstituierung keine Handlungen vornehmen (*D/R* § 29 Rz. 10), weil er keine Amtsausübungsbefugnis bis zur Konstituierung hat (*BAG* vom 23. 8. 1984 – 6 AZR 520/82 – EzA 102 BetrVG 1972 Nr. 59 m. Anm. *Wiese* – DB 1985, 1085). Das *BAG* unterscheidet hinsichtlich der Rechte des Betriebsrats und seiner Mitglieder zwischen Mitgliedschaft des Mitglieds, der Amtszeit des Organs und der Amtsausübungsbefugnis des Organs (*BAG* vom 22. 9. 1984 – 6 AZR 323/81 – DB 1984, 936).

IV. Ende der Amtszeit

1. Regelmäßige Amtszeit

Das Ende der Amtszeit bedeutet das Ende des Betriebsrats als Gremium; hiervon 11 kann die Einzelmitgliedschaft eines Betriebsratsmitglieds im Betriebsrat unterschiedlich sein. Die **regelmäßige Amtszeit** des Betriebsrats endet spätestens am 31. Mai der Jahre, in denen nach §§ 13 Abs. 1, 125 Abs. 1 die regelmäßigen Betriebsratswahlen stattfinden. Die regelmäßige zwingende Amtszeit beträgt genau vier Jahre (Satz 1). Das bedeutet im Falle des Amtsbeginns mit Bekanntgabe des Wahlergebnisses gem. § 187 Abs. 1, § 188 Abs. 2 BGB, daß die Amtszeit an dem

§ 21 2. Teil 2. Abschn. *Amtszeit des Betriebsrats*

Tage endet, der durch seine Benennung dem Tag der Bekanntgabe des Wahlergebnisses entspricht, da der Tag der Bekanntgabe des Wahlergebnisses nicht mitberechnet wird, z. B. bei Bekanntgabe am 5.5. 1990, 13.00 Uhr endet die Amtsperiode am 5.5. 1994, 24.00 Uhr (*D/R* § 21 Rz. 11; *F/A/K/H* § 21 Rz. 169; *G/L* § 21 Rz. 8; GK-*Wiese* § 21 Rz. 21; vgl. Rz. 7).

12 Bei **Beginn der Amtszeit mit dem Tag nach Ablauf der Wahlperiode**, d. h. in den Fällen, in denen im Betrieb noch ein Betriebsrat besteht (vgl. Rz. 8), beginnt die Vierjahresfrist mit diesem Tag. Ist demnach die Amtszeit des alten Betriebsrats am 5. Mai 1990 abgelaufen und hat die Amtszeit des neuen Betriebsrats am 6. Mai 1990 begonnen, so endet sie gem. §§ 188 Abs. 2, 187 Abs. 2 BGB am 5. Mai 1994 (Literatur wie oben).

13 Das **Amtsende** tritt mit der Vierjahresfrist auch dann ein, wenn noch kein neuer Betriebsrat gewählt wurde (*F/A/K/H* § 21 Rz. 17; *G/L* § 21 Rz. 9; GK-*Wiese* § 21 Rz. 23; *S/W* § 21 Rz. 3; a. A. *D/R* § 21 Rz. 12); dies ergibt sich bereits aus § 21 Abs. 1.

14 Da nach § 13 Abs. 1 die regelmäßigen Betriebsratswahlen bis **spätestens zum 31. Mai** beendet sein müssen, ist es in Verbindung mit der Vier-Jahres-Periode des § 21 Satz 1 nur folgerichtig, daß die Amtszeit spätestens am 31. Mai auch endet. Dies gilt auch dann, wenn der Betriebsrat bei regelmäßiger Betriebsratswahl zwar in der Zeit vom 1. März bis 31. Mai gewählt wurde, das Wahlergebnis aber erst nach dem 31. Mai bekanntgemacht wurde. Aber auch wenn der Betriebsrat z. B. aufgrund des § 13 Abs. 2 nach dem 31. Mai 1990 gewählt wurde, endet seine Amtszeit zur Anpassung an den Vier-Jahres-Rhythmus spätestens am 31. 5. 1994 (vgl. § 13 Rz. 33 f.).

2. Ende der Amtszeit des neuen Betriebsrats bei Wahl außerhalb des regelmäßigen Wahlzeitraums

15 Wurde der **alte Betriebsrat außerhalb des regelmäßigen Wahlzeitraums** in den Fällen des § 13 Abs. 2 **gewählt**, so kann **seine Amtszeit entweder mehr als vier Jahre oder weniger betragen** (vgl. § 13 Rz. 34 f.), je nachdem, ob er zu Beginn des regelmäßigen Wahlzeitraums – also am 1. März 1990 – weniger als ein Jahr im Amt gewesen ist (§ 13 Abs. 3 Satz 2). Trifft dies zu, so verlängert sich seine Amtsperiode bis zur übernächsten regelmäßigen Betriebsratswahl; er bleibt also länger als vier Jahre im Amt. War der Betriebsrat dagegen bereits ein Jahr im Amt, so ist er neu zu wählen; seine Amtszeit ist dann kürzer als vier Jahre.

16 Nicht eindeutig gesetzlich geregelt ist, wann die Amtszeit des in den Fällen des § 13 Abs. 2 außerhalb des regelmäßigen Wahlzeitraums gewählten Betriebsrats endet, nämlich, ob sie **stets am 31. Mai** des maßgebenden regelmäßigen Wahljahres oder **bereits mit Bekanntgabe des Wahlergebnisses** des im regelmäßigen Wahljahr neugewählten Betriebsrats endet. Nach den Sätzen 3 und 4 endet die Amtszeit in diesen Fällen »spätestens« am 31. Mai. Dies bedeutet, daß sie bei Neuwahl des Betriebsrats und früherer Bekanntgabe des Wahlergebnisses auch schon vorher enden kann. Das Amt des außerhalb des regelmäßigen Wahlzeitraums gewählten Betriebsrats endet daher mit Bekanntgabe (vgl. Rz. 6) des Wahlergebnisses (*BAG* vom 28. 9. 1983 – 7 AZR 266/82 – EzA § 102 BetrVG 1972 Nr. 56 = DB 1984, 833; *D/R* § 21 Rz. 14; *F/A/K/H* § 21 Rz. 21; *G/L* § 21 Rz. 10; GK-*Wiese* § 21 Rz. 24 für den Fall der verlängerten Amtszeit des Be-

triebsrats; GK-*Wiese* § 21 Rz. 28), und zwar sowohl bei verkürzter als auch verlängerter Amtszeit.

3. Ende der Amtszeit des bestehenden Betriebsrats bei Wahl des neuen Betriebsrats außerhalb des regelmäßigen Wahlzeitraums

In den Fällen des § 13 Abs. 2 Nr. 1 bis 3 (§ 13 Rz. 17 und 21) endet die Amtszeit 17 des bestehenden Betriebsrats mit Bekanntgabe des Wahlergebnisses nach § 21 Satz 5 i. V. m. § 22 (*D/R* § 21 Rz. 19; *F/A/K/H* § 21 Rz. 25; *G/L* § 21 Rz. 13; GK-*Wiese* § 21 Rz. 32).

Im Falle des § 13 Abs. 2 Nr. 4 **endet die Amtszeit** des alten Betriebsrats **mit** 18 **Rechtskraft** des der **Anfechtung** stattgebenden Beschlusses, im Falle des § 13 Abs. 2 Nr. 5 mit Rechtskraft des **gerichtlichen Auflösungsbeschlusses**, z. B. erst mit Ablauf der Frist für die Einlegung der Nichtzulassungsbeschwerde (*LAG Hamm* vom 9. 11. 1977 – 11 Sa 951/77 – rkr., DB 1978, 216; *G/L* § 21 Rz. 14).

In allen Fällen endet die **Amtszeit spätestens** in dem Zeitpunkt, in dem sie auch 19 bei regelmäßigem Ablauf geendet hätte.

4. Ende der Amtszeit vor Ablauf der regelmäßigen Wahlperiode in Sonderfällen

Nach § 3 Abs. 3 endet die Amtszeit des Betriebsrats mit **Inkrafttreten eines Tarif-** 20 **vertrages** nach § 3 Abs. 1 Nr. 2 über die Errichtung einer anderen Vertretung für Arbeitnehmer, also nicht erst mit der Neuwahl der tariflichen Betriebsvertretung (*D/R* § 21 Rz. 22; *G/L* § 21 Rz. 15). Zur Weiterführung der Geschäfte nach § 22 vgl. dort Rz. 6.

Vorzeitig endet die Amtszeit des Betriebsrats auch, wenn **die Zahl** der in der Regel 21 beschäftigten **Arbeitnehmer unter** die in § 1 genannte **Mindestzahl** von fünf wahlberechtigten Arbeitnehmern sinkt. Der Betrieb ist dann nicht mehr betriebsratsfähig (*D/R* § 21 Rz. 24 f.; *F/A/K/H* § 21 Rz. 29; *G/L* § 21 Rz. 16). **Sinkt die Zahl der wahlberechtigten Arbeitnehmer unter 21** oder **steigt** sie **über 20**, so endet das Amt des mehr- bzw. einköpfigen Betriebsrats nicht, die Befugnisse des Betriebsrats verringern sich nur auf die eines mehr bzw. einköpfigen Betriebsrats bzw. dieser erlangt die Befugnisse eines mehrköpfigen Betriebsrats, was sich vor allem auf die Mitbestimmung bei personellen Einzelmaßnahmen nach § 99 auswirkt (vgl. auch § 9 Rz. 16). Verringert sich die Zahl der Arbeitnehmer so, daß zwar noch fünf wahlberechtigte, aber nicht mehr drei wählbare Arbeitnehmer dem Betrieb angehören, **endet das Amt des einköpfigen Betriebsrats nicht**. Die Zahl von drei wählbaren Arbeitnehmern soll die Auswahlmöglichkeit bei der Wahl sichern; sie hat also nur im Zusammenhang mit der Wahl, dagegen nicht bei der Frage des Bestandes des Betriebsrats Bedeutung (*D/R* § 21 Rz. 26; *G/L* § 21 Rz. 17 f.).

Das Amt des Betriebsrats endet sofort **mit Verlust des Amtes aller Betriebsrats-** 22 **mitglieder** und Ersatzmitglieder aus persönlichen Gründen nach § 24 oder bei **Einzelrücktritt aller Betriebsratsmitglieder** und Ersatzmitglieder, der sich nicht als kollektiver Rücktritt werten läßt, was aber die Ausnahme sein wird (vgl. § 13 Rz. 22–24). In diesen Fällen ist eine Fortführung der Geschäfte nach § 22 ausgeschlossen (*D/R* § 21 Rz. 28). Die Neuwahl erfolgt nach den Grundsätzen einer Wahl im betriebsratslosen Betrieb (vgl. § 17).

23 Wenn der **Betrieb als solcher zu bestehen aufhört**, erlischt das Amt des Betriebsrats, d. h. mit dem Ende des Bestehens des Betriebs endet das Amt des Betriebsrats (*BAG* vom 6. 11. 1959 – 1 AZR 329/58 – AP Nr. 15 zu § 13 KSchG 1969 m. Anm. *Dietz* = DB 1960, 267; *D/R* § 21 Rz. 29; *G/L* § 21 Rz. 19; vgl. auch *LAG Düsseldorf* vom 26. 3. 1975 – 1 (9) Ta BV 59/74 – BB 1976, 602, das das Betriebsratsamt im Zeitpunkt der Einstellung der werbenden Tätigkeit des Betriebes als beendet ansieht). Eine Ausnahme von diesem Grundsatz findet sich in § 13 des Gesetzes über die Spaltung der von der Treuhandanstalt verwalteten Unternehmen vom 5. 4. 1991 (BGBl. I S. 854), wonach ein Übergangsmandat des Betriebes möglich ist (näher hierzu *Engels* DB 1991, 966).

24 Die **Betriebsstillegung** ist ein Fall des Bestandsendes des Betriebes. Zum Begriff der Betriebsstillegung vgl. § 106 Rz. 44. Wird ein Betrieb stillgelegt, so besteht das Betriebsratsamt so lange fort, bis die Arbeitnehmerzahl unter die betriebsratspflichtige Grenze abgesunken ist oder der Betrieb gänzlich stillgelegt ist (*G/L* § 21 Rz. 20; *S/W* § 21 Rz. 7). Nach dem *Bundesarbeitsgericht* (*BAG* vom 29. 3. 1977 – 1 AZR 46/75 – EzA § 102 BetrVG 1972 Nr. 27 = DB 1977, 1320) besteht der Betriebsrat trotz tatsächlicher Betriebsstillegung jedenfalls noch fort, solange noch Arbeitnehmer vorhanden sind, deren Arbeitsverhältnisse rechtlich noch nicht beendet sind. Es muß sich aber auf jeden Fall um die Mindestzahl von Arbeitnehmern nach § 1 handeln, die einen betriebsratsfähigen Betrieb ausmacht. Die Fortbeschäftigung einzelner Arbeitnehmer mit langer Kündigungsfrist steht der Annahme einer Stillegung nicht entgegen (*D/R* § 21 Rz. 32; *BAG* vom 17. 9. 1957 – 1 AZR 352/56 – AP Nr. 8 zu § 13 KSchG a. F. m. Anm. *Dietz* = DB 1957, 1102) und wird auch bei für die der die Betriebsratsfähigkeit entscheidenden Zahl von 5 wahlberechtigten Arbeitnehmern nicht mitgezählt. Nicht notwendig ist, daß der Unternehmer den Willen hat, den Betrieb endgültig zu schließen. Voraussetzung ist jedoch die Absicht, den Betrieb für eine unbestimmte, nicht zu kurze Zeitspanne stillzulegen (vgl. § 106 Rz. 44).

25 Auch bei einer Betriebsstillegung müssen die **Arbeitsverhältnisse der Betriebsratsmitglieder** unter Berücksichtigung von § 15 Abs. 4 und 5 KSchG gekündigt werden; es ist also eine Kündigung von Betriebsratsmitgliedern unter Einhaltung der Kündigungsfrist frühestens zum Zeitpunkt der Stillegung zulässig, es sei denn, daß die Kündigung zu einem früheren Zeitpunkt durch zwingende betriebliche Erfordernisse bedingt ist. Mit dem Ende des Arbeitsverhältnisses endet auch die Mitgliedschaft im Betriebsrat nach § 24 Abs. 1 Ziff. 3 (*G/L* § 21 Rz. 20).

26 Umstritten ist, ob **der Betriebsrat trotz genereller Beendigung der Amtszeit** nach Betriebsstillegung (vgl. Rz. 23, 24) noch über die Stillegung hinaus **weiter amtiert**, soweit es um die Wahrnehmung der Befugnisse insbesondere aus §§ 111, 112 im Zusammenhang mit der Betriebsstillegung geht. Ein solches »**Restmandat**« bezüglich der Mitwirkungsrechte, insbesondere auch hinsichtlich eines Sozialplans, das bis zur rechtskräftigen Regelung der mit der Betriebsstillegung zusammenhängenden, die Arbeitnehmer berührenden Fragen dauert, wird vom BAG, von dem überwiegenden Teil der Landesarbeitsgerichte angenommen und auch von der überwiegenden Literatur (*BAG* vom 30. 10. 1979 – 1 ABR 112/77 – EzA § 76 BetrVG 1972 Nr. 26 = DB 1980, 548; *BAG* vom 14. 11. 1978 – 6 ABR 85/75 – EzA § 40 BetrVG 1972 Nr. 39 = DB 1979, 849; *BAG* vom 24. 3. 1981 – 1 AZR 805/78 – EzA § 112 BetrVG 1972 Nr. 22 = DB 1983, 2178; *BAG* vom 20. 4. 1982 – 1 ABR 3/80 – EzA § 112 BetrVG 1972 Nr. 25 = DB 1982, 961, 1727; *LAG Hamm* vom 23. 10. 1975 – rkr. – 8 Ta BV 66/74 – EzA § 112 BetrVG 1972 Nr. 10 = DB

Amtszeit § 21

1976, 154; *LAG Niedersachsen* vom 25. 2. 1976 – 4 Sa 168/75 – AuR 1976, 312; *LAG Düsseldorf* vom 29. 3. 1976 – 15 Ta BV 92/75 – BB 1976, 1366; *LAG Düsseldorf* vom 10. 3. 1976 – 14 Ta BV 9/76 – DB 1976, 2072; *LAG Düsseldorf* vom 1. 4. 1976 – 2 Ta BV 46/75 – DB 1976, 1824; *LAG Frankfurt/M.* vom 4. 5. 1976 – 5 Ta BV 47/75 –; *F/A/K/H* § 21 Rz. 31 und § 112 Anm. 16 b; *G/L* § 21 Rz. 21, § 111 Rz. 9 und § 112 Rz. 105; *Blomeyer* ZfA 1975, 304; *Etzel* HzA Gruppe 19, 209; *Kaven* 59; *S/W* § 21 Rz. 7; *GK-Wiese* § 21 Rz. 40 ff.; vgl. auch *BAG* vom 17. 7. 1964 – 1 ABR 3/64 – AP Nr. 3 zu § 80 ArbGG m. Anm. *Küchenhoff* = DB 1964, 1743, wonach der Betriebsrat seine betriebsverfassungsrechtliche Befähigung, in einem Beschlußverfahren Beteiligter zu sein, so lange behält, bis das gerichtliche Verfahren seinen Abschluß gefunden hat; **a. A.** *D/R* § 21 Rz. 33). Dies gilt nach dieser Ansicht auch dann, wenn der Betrieb nicht mehr betriebsratsfähig ist und die Betriebsratsmitglieder nach der begonnenen Stillegung ausgeschieden sind. Nach der Gegenansicht endet das Betriebsratsamt stets nach den im Gesetz geregelten Fällen, da der Gesetzgeber abschließend geregelt habe, wann und unter welchen Voraussetzungen ein Betriebsratsmitglied seine Amtsstellung verliert und die Existenz des Betriebsrats beendet wird. Dies gelte auch in Fällen der Stillegung, da das Gesetz hierfür keine Ausnahmeregelung vorsehe (*LAG Düsseldorf* vom 26. 3. 1975 – 1 (9) Ta BV 59/74 – BB 1976, 602 = *LAG Berlin* vom 19. 1. 1976 – 5 Sa 106/75 – BB 1976, 602; *Hanau* ZfA 1974, 109; *Richardi* 39). Teilweise wird angenommen, daß der Betriebsrat vor Erlöschen seines Amtes einen **Treuhänder** zu ernennen habe, der in diesen Fällen die Aufgabe des Betriebsrats übernehme (*D/R* § 21 Rz. 33; *Hanau* ZfA 1974, 109; *Richardi* 39; *ArbG Düsseldorf* vom 19. 12. 1975 – 4 BV 121/75 – BB 1976, 792, welches statt eines Treuhänders auch die Beauftragte einer im Betrieb vertretenen Gewerkschaft für möglich hält). Die Ernennung eines Treuhänders erscheint nicht gerechtfertigt, da sie im Gesetz keine Grundlage findet (*LAG Düsseldorf* vom 10. 3. 1976 – 14 Ta BV 9/76 – DB 1976, 2072; *Fuchs* 56); diese Lösung wäre auch systemfremd. Es scheint daher gerechtfertigt, ein »Restmandat« des Betriebsrats zur Ausübung seiner Mitwirkungs- und Beteiligungsrechte nach den §§ 111 und 112 anzunehmen. Die gegenteilige Meinung würde in vielen Fällen die Ausübung dieser Beteiligungsrechte verhindern und daher nicht ihrem Sinn entsprechen. Allerdings besteht dieses »Restmandat« nur so lange, wie dem Betriebsrat gesetzliche Mitwirkungsrechte zustehen und hieraus noch Folgen möglich sind, die eine Interessenvertretung notwendig erscheinen lassen (*G/L* § 21 Rz. 21; *Kaven* 59; **a. A.** unrichtigerweise *ArbG Heilbronn* vom 27. 9. 1974 – 1 BV 10/74 – DB 1975, 61, welches davon ausgeht, daß der Betriebsrat auch im Falle der Betriebsstillegung so lange als rechtlich existent anzusehen sei, solange seine Wahlperiode dauere; vgl. aber auch *BAG* vom 16. 6. 1987 – 1 AZR 528/85 – EzA § 111 BetrVG 1972 Nr. 21. In dieser Entscheidung wird ein Restmandat über den Ablauf der regelmäßigen Amtszeit des Betriebsrats ausgeweitet). Zur Kostentragung bei einem Restmandat vgl. § 40 Rz. 3.

Betriebsunterbrechungen, wie z. B. Streik und Aussperrung, führen nicht zu einer   27
Betriebsstillegung, sie lassen den Bestand des Betriebes unberührt (*D/R* § 21 Rz. 41; *G/L* § 21 Rz. 22).

Für den Fall der **Zusammenlegung von Betrieben** gilt folgendes: 28
Wird ein Betrieb in einen anderen **eingegliedert**, so wird hierdurch seine Selbstän-   29
digkeit beendet und damit endet auch das Amt des Betriebsrats in dem übertragenen Betrieb. Der Betriebsrat des übernehmenden Betriebs bleibt bestehen, es sei

§ 21 2. Teil 2. Abschn. Amtszeit des Betriebsrats

denn, es lägen die Voraussetzungen des § 13 Abs. 2 Ziff. 1 für eine Neuwahl vor (*D/R* § 21 Rz. 37; *F/A/K/H* § 21 Rz. 43; *G/L* § 21 Rz. 23).

30 Erfolgt der **Zusammenschluß** der Betriebe in der Form, daß **ein neuer selbständiger Betrieb** mit neuer Betriebsorganisation entsteht, verlieren also beide Betriebe ihre arbeitstechnische Selbständigkeit, so endet mit der Bildung des neuen Betriebes die Amtszeit der bisherigen Betriebsräte. Es ist ein neuer Betriebsrat für den durch die Zusammenlegung neu entstandenen Betrieb zu wählen (*D/R* § 21 Rz. 38; *F/A/K/H* § 21 Rz. 44; *G/L* § 21 Rz. 24). Die Einleitung der Wahl erfolgt, da es sich dann um einen betriebsratslosen Betrieb handelt, nach § 17. Die Amtszeit des neugewählten Betriebsrats richtet sich nach § 13 Abs. 3.

31 Eine **gesetzliche Sonderregelung** findet sich für die nach § 1 des Gesetzes über die Spaltung der von der Treuhandanstalt verwalteten Unternehmen vom 5. 4. 1991 (BGBl. I S. 854) möglichen Formen der Spaltung von Gesellschaften. Hier wird entgegen dem betriebsverfassungsrechtlichen Grundsatz der Abhängigkeit des Betriebsrats in seiner Existenz vom Fortbestand des Betriebes dem Betriebsrat unter den Voraussetzungen des § 13 Abs. 1 S. 1, Abs. 2 des Gesetzes ein **Übergangsmandat** eingeräumt (*Engels* DB 1991, 966).

32 Eine **Teilstillegung** oder **Betriebseinschränkung** führt nicht zur Beendigung des Betriebsratsamtes, solange die Zahl der regelmäßig beschäftigten wahlberechtigten Arbeitnehmer nicht unter 5 sinkt oder die Voraussetzungen des § 13 Abs. 2 Nr. 1 gegeben sind.

33 Ein **Betriebsübergang** nach § 613a BGB, d.h. die Übertragung des Betriebes auf einen neuen Inhaber, führt nicht zu einer Beendigung der Amtszeit des Betriebsrats, da der neue Arbeitgeber kraft Gesetzes in die im Zeitpunkt der Übernahme bestehenden Arbeitsverhältnisse eintritt und daher die Betriebsidentität gewahrt bleibt (*BAG* vom 28. 9. 1988 – 1 ABR 37/87 – EzA § 95 BetrVG 1972 Nr. 14; *BAG* vom 23. 11. 1988 – 7 AZR 121/88 – EzA § 102 BetrVG 1972 Nr. 72; *D/R* § 21 Rz. 40; *F/A/K/H* § 21 Rz. 32; *G/L* § 21 Rz. 25), es sei denn, daß nach Betriebsübergang der Betriebserwerber nicht unter den Geltungsbereich des BetrVG fällt (vgl. dazu *F/A/K/H* § 21 Rz. 37).

V. Wirkung der Beendigung der Amtszeit

34 Mit dem Ende der Amtszeit **hört der Betriebsrat kraft Gesetzes auf zu bestehen**; er verliert sämtliche Befugnisse (h.M.). Er besteht rechtlich nicht mehr und kann auch nicht aus dem Gesichtspunkt des Vertrauensschutzes als weiterbestehend angesehen werden (*BAG* vom 15. 1. 1974 – 1 AZR 234/73 – DB 1975, 455 für den Personalrat). Eine Fortführung der Betriebsratstätigkeit ist – außer im Falle des § 22 – ausgeschlossen und kann auch nicht vereinbart werden, da es sich um zwingendes Recht (vgl. Rz. 1) handelt. Auch die Rechte der einzelnen Betriebsratsmitglieder erlöschen mit Ende der Amtszeit. Der Kündigungsschutz nach § 103 (vgl. dort) entfällt; dagegen bleibt der nachwirkende Kündigungsschutz nach § 15 Abs. 1 Satz 2, § 29a Abs. 1 Satz 2 HAG für ein Jahr nach Beendigung der Amtszeit bestehen (*G/L* § 21 Rz. 26f.).

VI. Streitigkeiten

Über Streitigkeiten **nach § 21** entscheidet das Arbeitsgericht im Beschlußverfahren (§ 2a Abs. 1 Nr. 1 ArbGG). 35

§ 22 Weiterführung der Geschäfte des Betriebsrats

In den Fällen des § 13 Abs. 2 Nr. 1 bis 3 führt der Betriebsrat die Geschäfte weiter, bis der neue Betriebsrat gewählt und das Wahlergebnis bekanntgegeben ist.

Literaturübersicht

Wahsner Amtszeit und Aufgaben des geschäftsführenden Betriebsrats nach § 22 BetrVG, AuR 1979, 208.

Inhaltsübersicht

		Rz.
I.	Anwendungsbereich	1– 3
II.	Weiterführung der Geschäfte	4– 9
	1. Einzelfälle	4– 6
	2. Umfang der Geschäftsführungsbefugnis	7– 9
III.	Ende der Geschäftsführungsbefugnis	10, 11
IV.	Streitigkeiten	12

I. Anwendungsbereich

Die Vorschrift ist **zwingenden Rechts**, Abweichungen sind weder durch Tarifvertrag noch durch Betriebsvereinbarung zulässig. 1

Auf die **Bordvertretung** und den **Seebetriebsrat** (§§ 115 Abs. 3, 116 Abs. 2) findet die Vorschrift Anwendung; nicht dagegen auf die Geschäftsführung des **Gesamtbetriebsrats, Konzernbetriebsrats**, der **Gesamtjugend- und Auszubildendenvertretung** und des **Wirtschaftsausschusses** (§§ 51 Abs. 1, 59 Abs. 1, 73 Abs. 2, 107 Abs. 2). 2

Für die **Jugend- und Auszubildendenvertretung** gilt die Vorschrift nicht ausdrücklich (§ 65 Abs. 1). Lediglich im Falle des § 13 Abs. 2 Nr. 2 ergibt sich eine Befugnis zur Weiterführung der Geschäfte aus § 64 Abs. 2 Satz 5. Sie bleibt nämlich bis zur Bekanntgabe des Wahlergebnisses der neugewählten Jugend- und Auszubildendenvertretung im Amt. 3

§ 22   2. Teil 2. Abschn. Amtszeit des Betriebsrats

II. Weiterführung der Geschäfte

1. Einzelfälle

4   Der alte Betriebsrat führt die Geschäfte kraft gesetzlicher Regelung **in den Fällen des § 13 Abs. 2 Ziff. 1–3** weiter bis zur Bekanntgabe des Wahlergebnisses für den neugewählten Betriebsrat. Dies gilt auch, wenn der Betriebsrat trotz Einrückens von Ersatzmitgliedern nicht mehr der gesetzlichen Zahl entspricht. Auch der »**Rumpfbetriebsrat**« führt die Betriebsratsgeschäfte weiter, selbst wenn er nur noch aus einem Mitglied besteht (*LAG Düsseldorf* vom 20. 9. 1974 – 16 Sa 24/74 – EzA § 22 BetrVG 1972 Nr. 1 = DB 1975, 454; *D/R* § 22 Rz. 4; *G/L* § 22 Rz. 4). Die Geschäftsführungsbefugnis ergibt sich allerdings in den Fällen des § 13 Abs. 1 Ziff. 1 und Ziff. 2 schon aus § 21 Satz 5, wonach die Amtszeit erst mit der Bekanntgabe des neuen Wahlergebnisses endet, bis zu diesem Zeitpunkt somit alle Rechte und Pflichten des Amts weiterbestehen. Zusätzliche Bedeutung gewinnt § 22 daneben nur im Falle des Betriebsratsrücktritts gem. § 13 Abs. 2 Ziff. 3, wenn dieser zurückgetreten ist, bevor ein neuer gewählt wurde.

5   Die Weiterführungsbefugnis der Geschäfte bezieht sich ausschließlich auf die **im Gesetz abschließend aufgeführten Fälle**, eine Ausdehnung der Geschäftsführungsbefugnis auf andere Fälle – etwa erfolgreiche Wahlanfechtung, Auflösung des Betriebsrats – ist nicht möglich, da es sich um zwingendes Recht handelt (Rz. 1; *D/R* § 22 Rz. 2; *G/L* § 22 Rz. 2; *BAG* vom 29. 5. 1991 – 7 ABR 54/90 – NZA 1992, 74). Eine Ausdehnung kann auch nicht dadurch erreicht werden, daß der Betriebsrat vor Rechtskraft der gerichtlichen Entscheidung über die Wahlanfechtung zurücktritt (*BAG* vom 29. 5. 1991 – 7 ABR 54/90 – NZA 1992, 74 unter B.I. der Gründe). Im **einzelnen** handelt es sich um
- Veränderung der Zahl der regelmäßig beschäftigten Arbeitnehmer nach § 13 Abs. 2 Ziff. 1 (vgl. § 13 Rz. 13 f.),
- Absinken der Zahl der Betriebsratsmitglieder nach § 13 Abs. 2 Ziff. 2 (Rumpfbetriebsrat; vgl. § 13 Rz. 18 f.),
- Rücktritt des Betriebsrats nach § 13 Abs. 2 Ziff. 3 (vgl. § 13 Rz. 22 f.); hierzu zählt auch die Beendigung des Betriebsratsamtes durch Tarifvertrag (§ 3 Abs. 3).

Als **Rücktritt des Betriebsrats** ist auch zu werten, wenn alle Betriebsratsmitglieder und Ersatzmitglieder einzeln ohne Betriebsratsbeschluß, aber in einer gleichzeitigen und abgestimmten Aktion zurücktreten (vgl. § 13 Rz. 23; *Brecht* § 13 Rz. 15; *F/A/K/H* § 13 Rz. 30; **a.A.** *D/R* § 22 Rz. 2; *G/L* § 22 Rz. 2; GK-*Kreutz* § 13 Rz. 59 und GK-*Wiese* § 22 Rz. 59).

6   Die **Beendigung des Betriebsratsamtes** aufgrund der Errichtung einer anderen Vertretung der Arbeitnehmer **durch Tarifvertrag** nach § 3 Abs. 3 ist in analoger Anwendung als ein Fall des § 13 Abs. 2 Ziff. 3 aufzufassen; auch in diesem Fall führt der alte Betriebsrat nach § 22 die Geschäfte bis zur Neuwahl der tariflichen Betriebsvertretung weiter (*D/R* § 22 Rz. 3 und § 3 Rz. 33; *F/A/K/H* § 22 Rz. 6 und § 3 Rz. 38; **a.A.** *G/L* § 22 Rz. 2, § 21 Rz. 15).

2. Umfang der Geschäftsführungsbefugnis

Die Geschäftsführungsbefugnis des alten Betriebsrats ist **umfassend**, sie erstreckt 7
sich auf sämtliche Rechte und Pflichten, nicht nur auf die laufenden Geschäfte
(*D/R* § 22 Rz. 5; *G/L* § 22 Rz. 5; *F/A/K/H* § 22 Rz. 7; *GK-Wiese* § 22 Rz. 15;
S/W § 22 Rz. 1). Sämtliche Mitbestimmungs- und Mitwirkungsrechte werden von
der Geschäftsführungsbefugnis erfaßt (*LAG Düsseldorf* vom 20. 9. 1974 – 16 Sa 24/
74 – EzA § 22 BetrVG 1972 Nr. 1 = DB 1975, 454); der die Geschäfte weiterführende Betriebsrat kann auch Betriebsvereinbarungen abschließen; der Betriebsausschuß und andere vom Betriebsrat gebildete Ausschüsse bestehen weiter, der Betriebsrat kann auch weiterhin Sprechstunden abhalten; es handelt sich um die Fortführung der Geschäfte in allen Angelegenheiten und mit allen Rechten und Pflichten (**h. M.**, Literatur wie vorher). § 22 findet analog Anwendung, wenn ein Betriebsrat für die Dauer einer Äußerungsfrist (z. B. § 102 Abs. 2) beschlußunfähig i. S. d. § 33 Abs. 2 ist, weil in dieser Zeit mehr als die Hälfte der Betriebsratsmitglieder an der Amtsausübung verhindert ist und nicht durch Ersatzmitglieder vertreten werden kann; der Restbetriebsrat (Rumpfbetriebsrat) nimmt die Mitbestimmungsrechte wahr (*BAG* vom 18. 8. 1982 – 7 AZR 437/80 – EzA § 102 BetrVG 1972 Nr. 48 m. Anm. *Heinze* = DB 1983, 288; *S/W* § 22 Rz. 3; vgl. § 33 Rz. 6).

Insbesondere hat der die Geschäfte fortführende Betriebsrat die Aufgabe, **unver-** 8
züglich einen **Wahlvorstand** für die **vorzeitige Neuwahl** zu bestellen (vgl. § 16
Rz. 7; *D/R* § 22 Rz. 5; *F/A/K/H* § 22 Rz. 8; *G/L* § 22 Rz. 5; *GK-Wiese* § 22
Rz. 17.

Der die Geschäfte nach Beendigung seiner Amtszeit weiterführende Betriebsrat 9
oder **Rumpfbetriebsrat** hat in jeder Beziehung die **Rechtsstellung eines Betriebsrats**, dessen Amtszeit noch nicht abgelaufen ist. Seine Mitglieder genießen den
Kündigungsschutz für Betriebsratsmitglieder nach § 103, § 15 Abs. 1 KSchG
(*BAG* vom 27. 9. 1957 – 1 ABR 493/55 – AP Nr. 7 zu § 13 KSchG a. F. m. Anm.
Küchenhoff = DB 1957, 1155, 1960, 1009; *D/R* § 22 Rz. 6; *F/A/K/H* § 22 Rz. 8;
G/L § 22 Rz. 6; *GK-Wiese* § 22 Rz. 15).

III. Ende der Geschäftsführungsbefugnis

Die Befugnis zur Weiterführung der Geschäfte **endet mit Bekanntgabe des** 10
Wahlergebnisses des neugewählten Betriebsrats. Bekanntgemacht ist das Wahlergebnis, wenn der Wahlvorstand die Namen der gewählten Betriebsratsmitglieder an der betriebsüblichen Stelle ausgehängt hat; auf die Zweiwochenfrist für
den Aushang nach § 19 WO kommt es in diesem Zusammenhang nicht an (§ 18
Rz. 5, 9 f.; § 21 Rz. 6, 7; *D/R* § 22 Rz. 7; *F/A/K/H* § 22 Rz. 9; *G/L* § 22 Rz. 7;
GK-Wiese § 22 Rz. 18 ff. Die vorläufige weitere Geschäftsführung endet unmittelbar mit der Bekanntgabe des Wahlergebnisses, nicht erst mit Ablauf des Tages der Bekanntmachung; § 187 BGB ist nicht anwendbar (vgl. auch § 21 Rz. 7;
Literatur wie vorher).

Die Befugnis zur Weiterführung der Geschäfte endet **spätestens** mit dem Zeit- 11
punkt, in dem die Amtsperiode des alten Betriebsrats bei regelmäßigem Verlauf
nach § 21 geendet hätte (*Brecht* § 22 Rz. 2; *D/R* § 22 Rz. 8; *F/A/K/H* § 22 Rz. 10;
G/L § 22 Rz. 7; *GK-Wiese* § 22 Rz. 18; *LAG Düsseldorf* vom 20. 9. 1974 – 16 Sa
24/74 – a. a. O. Rz. 7). Dies ist von Bedeutung in den Fällen, in denen sich die

§ 23   2. Teil 2. Abschn. *Amtszeit des Betriebsrats*

Neuwahl besonders lange hinzieht oder eine Neuwahl – aus welchem Grund auch immer – nicht zustande kommt. Das gleiche gilt bei einer nichtigen Neuwahl, dagegen nicht bei einer erfolgreichen Anfechtung der Wahl (*F/A/K/H* § 22 Rz. 10; *G/L* § 22 Rz. 7; GK-*Wiese* BetrVG § 22 Rz. 21), in letzterem Falle hat die Geschäftsführungsbefugnis des alten Betriebsrats mit Bekanntgabe des Wahlergebnisses der anfechtbaren Betriebsratswahl nicht nach § 22 geendet. Da auch der erfolgreich angefochtene Betriebsrat die Geschäfte nicht weiterführen kann (vgl. Rz. 5), bleibt der Betrieb bis zur Wiederholung der Wahl betriebsratslos (*BAG* vom 29. 5. 1991 – 7 ABR 54/90 – NZA 1992, 74; GK-*Wiese* § 22 Rz. 21).

IV. Streitigkeiten

12 Streitigkeiten über die **Befugnis zur Weiterführung** der Geschäfte werden im Beschlußverfahren entschieden (§ 2a Abs. 1 Nr. 1, §§ 80 ff. ArbGG).

§ 23 Verletzung gesetzlicher Pflichten

(1) Mindestens ein Viertel der wahlberechtigten Arbeitnehmer, der Arbeitgeber oder eine im Betrieb vertretene Gewerkschaft können beim Arbeitsgericht den Ausschluß eines Mitglieds aus dem Betriebsrat oder die Auflösung des Betriebsrats wegen grober Verletzung seiner gesetzlichen Pflichten beantragen. Der Ausschluß eines Mitglieds kann auch vom Betriebsrat beantragt werden.
(2) Wird der Betriebsrat aufgelöst, so setzt das Arbeitsgericht unverzüglich einen Wahlvorstand für die Neuwahl ein. § 16 Abs. 2 gilt entsprechend.
(3) Der Betriebsrat oder eine im Betrieb vertretene Gewerkschaft können bei groben Verstößen des Arbeitgebers gegen seine Verpflichtungen aus diesem Gesetz beim Arbeitsgericht beantragen, dem Arbeitgeber aufzugeben, eine Handlung zu unterlassen, die Vornahme einer Handlung zu dulden oder eine Handlung vorzunehmen. Handelt der Arbeitgeber der ihm durch rechtskräftige gerichtliche Entscheidung auferlegten Verpflichtung zuwider, eine Handlung zu unterlassen oder die Vornahme einer Handlung zu dulden, so ist er auf Antrag vom Arbeitsgericht wegen einer jeden Zuwiderhandlung nach vorheriger Androhung zu einem Ordnungsgeld zu verurteilen. Führt der Arbeitgeber die ihm durch eine rechtskräftige gerichtliche Entscheidung auferlegte Handlung nicht durch, so ist auf Antrag vom Arbeitsgericht zu erkennen, daß er zur Vornahme der Handlung durch Zwangsgeld anzuhalten sei. Antragsberechtigt sind der Betriebsrat oder eine im Betrieb vertretene Gewerkschaft. Das Höchstmaß des Ordnungsgeldes und Zwangsgeldes beträgt 20 000 Deutsche Mark.

Literaturübersicht

Becker Die Stellung der Gewerkschaften nach dem neuen Betriebsverfassungsgesetz, BlStSozArbR 1972, 53; *Bender* Ausschluß eines Betriebsratsmitgliedes wegen einer Pflichtverletzung während der vorhergehenden Amtszeit?, DB 1982, 1271; *Bieback* Arbeitsverhältnis und Betriebsratsamt bei der außerordentlichen Kündigung von Betriebsratsmitgliedern, RdA 1978, 82; *Brill* Betriebsrat und Arbeitskampf, DB 1979, 403; *Buchner* Die persönliche

Verantwortlichkeit der Betriebsratsmitglieder für rechtswidrige Betriebsratsbeschlüsse, FS *Gerhard Müller* 1981, 93; *ders.* Die Betriebsänderung – noch eine unternehmerische Entscheidung?, Schriftenreihe Arbeitsrecht Nr. 5, AGV Metall Köln 1984; *Derleder* Betriebliche Mitbestimmung ohne vorbeugenden Rechtsschutz?, AuR 1983, 289; *ders.* Einstweiliger Rechtsschutz und Selbsthilfe im Betriebsverfassungsrecht, AuR 1985, 65; *Dütz* Erzwingbare Verpflichtung des Arbeitgebers gegenüber dem Betriebsrat, DB 1984, 115; *ders.* Verfahrensrecht der Betriebsverfassung, AuR 1973, 353; *ders.* Unterlassungs- und Beseitigungsansprüche des Betriebsrats gegen den Arbeitgeber im Anwendungsbereich von § 87 BetrVG, Rechtsgutachten 1983; *ders.* Verfassungsmäßige Gewährleistung eines vorbeugenden Gerichtsschutzes im Betriebsverfassungsrecht, Rechtsgutachten für Hans-Böckler-Stiftung 1984; *Freitag* Betriebsratsamt und Arbeitsverhältnis, Diss. Regensburg, 1972; *Galperin* Die Stellung der Gewerkschaften im Betrieb, BB 1972, 272; *Gaul* Inhalt und Umfang der Schweigepflicht des Betriebsrats, DB 1960, 1099; *Hanau* Rechtsfolgen mitbestimmungswidrigen Arbeitgeberverhaltens – BAGE 42, II, JuS 1985, 360; *Heinze* Die betriebsverfassungsrechtlichen Ansprüche des Betriebsrats gegenüber dem Arbeitgeber, DB 1983 Beilage Nr. 9; *Konzen* Betriebsverfassungsrechtliche Leistungspflichten des Arbeitgebers, 1984; *ders./Rupp* Effektiver Gerichtsschutz und negatorischer Rechtsschutz im BetrVG, DB 1984, 2695; *Neumann* Unterlassungsanspruch des Betriebsrats gegen den Arbeitgeber nur nach § 23 Abs. 3 BetrVG?, BB 1984, 676; *Olderog* Probleme des einstweiligen Rechtsschutzes im Bereich der sozialen Mitbestimmung, NZA 1985, 753; *Peter* Mandatsausübung und Arbeitsverhältnis, BlStSozArbR 1977, 257; *Säcker* Betriebsrat und Arbeitsverhältnis, RdA 1965, 372; *Schaub* Die Freiheit der Meinungsäußerung im Individualarbeits- und Betriebsverfassungsrecht, RdA 1979, 137; *Schlochauer* Mitbestimmungsfreie Abmahnung und mitbestimmungspflichtige Betriebsbuße, DB 1977, 254; *dies.* Untersagung von Entlassungen oder Kündigungen durch einstweilige Verfügung bis zum Abschluß eines Interessenausgleichs, JArbR Bd. 21 (1983), 61; *Strömer* Untersagung von Maßnahmen des Arbeitgebers im arbeitsgerichtlichen Beschlußverfahren auf Antrag des Betriebsrats, Diss. Gießen, 1984; *Trittin* Der Unterlassungsanspruch des Betriebsrats zur Sicherung seiner Mitwirkungsrechte gem. §§ 90, 111, 112 BetrVG, DB 1983, 230; *ders.* Betriebsräte ohne vorbeugenden Rechtsschutz?, BB 1984, 1169; *Weber, H. J.* Die Kündigung eines Betriebsratsmitgliedes aus wichtigem Grund, NJW 1973, 787; *Weber, K.* Das Erzwingungsverfahren gegen den Arbeitgeber nach § 23 Abs. 3 BetrVG, Diss. Mannheim, 1979.

Inhaltsübersicht

		Rz.
I.	Allgemeines und Anwendungsbereich	1– 5
II.	Erschöpfende Regelung	6, 7
III.	Antrag und Antragsberechtigung	8–13
	1. Antrag	8
	2. Antragsberechtigung nach Abs. 1	9–12
	3. Antragsberechtigung nach Abs. 3	13
IV.	Ausschluß eines Betriebsratsmitgliedes	14–40
	1. Grobe Amtspflichtverletzung	14–27
	2. Einzelfälle aus der Rechtsprechung	28–30
	3. Entscheidung durch das Arbeitsgericht	31–39
	4. Verhältnis des Abs. 1 zu anderen Vorschriften	40
V.	Auflösung des gesamten Betriebsrats	41–59
	1. Grobe Amtspflichtverletzung des Betriebsrats als Organ	41–44
	2. Einzelfälle	45–47
	3. Auflösungsbeschluß	48–55
	4. Verhältnis des Abs. 1 zu anderen Vorschriften	56
	5. Bestellung des Wahlvorstandes durch das Arbeitsgericht (Abs. 2)	57–59

§ 23 2. Teil 2. Abschn. *Amtszeit des Betriebsrats*

VI. Sanktionen gegen den Arbeitgeber 60–85
 1. Grobe Verstöße gegen das Betriebsverfassungsgesetz 60–63
 2. Einzelfälle 64, 65
 3. Verfahren nach Abs. 3 66–85
  a) Erkenntnisverfahren 66–70
  b) Vollstreckungsverfahren 71–79
  c) Verhältnis des Abs. 3 zu anderen Vorschriften 80–84
  d) Keine eigene Kontroll- und Überwachungsfunktion der Gewerkschaften aus Abs. 3 85

I. Allgemeines und Anwendungsbereich

1 Abs. 1 und 2 entsprechen **inhaltlich dem früheren Recht** nach § 23 BetrVG 1952. Es wird nunmehr allerdings nicht mehr zwischen einer »groben Vernachlässigung der gesetzlichen Befugnisse« und »grober Verletzung der gesetzlichen Pflichten« unterschieden, sondern allein auf die grobe Verletzung der gesetzlichen Pflichten abgestellt. Diese Änderung hat im Ergebnis aber nur redaktionelle Bedeutung, da die Vernachlässigung gesetzlicher Befugnisse regelmäßig auch eine Verletzung der gesetzlichen Pflichten bedeutet (*BAG* vom 5. 9. 1967 – 1 ABR 1/67 – EzA § 23 BetrVG 1952 Nr. 1 = DB 1967, 1592, 1947, 1990; *D/R* § 23 Rz. 2; *G/L* § 23 Rz. 1; GK-*Wiese* § 23 Rz. 1 und 2). Es kann also auf die Rechtsprechung zum BetrVG 1952 zurückgegriffen werden.

2 Neu ist die Möglichkeit des Abs. 3, **gegen den Arbeitgeber gerichtlich vorzugehen**, wenn er in grober Weise gegen seine Pflichten aus dem Betriebsverfassungsgesetz verstoßen hat. Der bisher in Abs. 3 verwandte Begriff »Geldstrafe« ist ab 1. 1. 1975 durch die Begriffe »Ordnungsgeld« und »Zwangsgeld« ersetzt worden (Art. 238 Nr. 2 des Einführungsgesetzes zum StGB vom 2. 3. 1974 – BGBl. I S. 469 f.).

3 Der **Anwendungsbereich** der Vorschrift erstreckt sich auf die **Bordvertretung** und den **Seebetriebsrat** (§§ 115 Abs. 3, 116 Abs. 2). Sie gilt **nicht** für den **Gesamtbetriebsrat** und den **Konzernbetriebsrat**, da dort die Sondervorschriften der §§ 48 und 56 gelten. Aus dieser Sonderregelung ergibt sich auch, daß **§ 23 Abs. 3 nicht anwendbar** ist, da sie der pauschalen Verweisung des § 51 Abs. 6 und § 59 Abs. 1 i. V. m. § 51 Abs. 6 vorgeht (*D/R* § 23 Rz. 72; *G/L* § 23 Rz. 4; **a. A.** *Brecht* § 23 Rz. 1; *F/A/K/H* § 23 Rz. 3a; GK-*Wiese* § 23 Rz. 4.)

4 Für die **Jugend- und Auszubildendenvertretung** gilt nach § 65 Abs. 1 nur § 23 Abs. 1 (*D/R* § 23 Rz. 13; *G/L* § 23 Rz. 4; *F/A/K/H* § 23 Rz. 3; GK-*Wiese* § 23 Rz. 5; *BAG* vom 15. 8. 1978 – 6 ABR 10/76 – EzA § 23 BetrVG 1972 Nr. 7 = DB 1978, 2275; **a. A.** *Brecht* § 23 Rz. 2). Das Verfahren nach Abs. 3 kann – soweit die Jugend- und Auszubildendenvertretung betroffen ist – der Betriebsrat oder eine im Betrieb vertretene Gewerkschaft einleiten. Für die Gesamtjugend- und Auszubildendenvertretung gelten Sondervorschriften (§ 73 Abs. 2 i. V. m. § 48).

5 Die Regelung ist **zwingend**; sie kann weder durch Tarifvertrag noch durch Betriebsvereinbarung abgeändert werden.

II. Erschöpfende Regelung

Der Ausschluß aus dem Betriebsrat und die Auflösung des Betriebsrats sind in Abs. 1 **erschöpfend** geregelt. Beide Maßnahmen können **nur durch arbeitsgerichtlichen Beschluß** erfolgen (§§ 2a Abs. 1 Nr. 1, Abs. 2, 80 Abs. 1 ArbGG). Es gibt keinen Ausschluß infolge einer entsprechenden Mehrheitsentscheidung des Betriebsrats (*BAG* vom 27. 9. 1957 – 1 ABR 493/55 – AP Nr. 7 zu § 13 KSchG a. F. m. Anm. *Küchenhoff* = DB 1957, 1155; 1960, 1009), auch keinen Ausschluß durch Mehrheitsbeschluß der Betriebsversammlung. Dadurch wird sichergestellt, daß der Betriebsrat kein imperatives Mandat, sondern ein Repräsentationsmandat wahrnimmt (*D/R* § 23 Rz. 3; vgl. auch *BVerfG* vom 27. 3. 1979 – 2 BvR 1011/78 – AP Nr. 31 zu Art. 9 GG = DB 1979, 1231). Zu eigenständigen Unterlassungsansprüchen des Arbeitgebers neben § 23 Abs. 1 vgl. Rz. 40 und 56.

Umstritten ist, ob und inwieweit **Abs. 3** Handlungs- und Unterlassungsansprüche gegen den Arbeitgeber wegen **Verletzung** von **Mitwirkungsrechten des Betriebsrats abschließend regelt** (vgl. im einzelnen Rz. 80 ff.).

6

7

III. Antrag und Antragsberechtigung

1. Antrag

Sowohl das Verfahren nach Abs. 1 als auch das nach Abs. 3 werden **nur auf Antrag eingeleitet**; es findet nicht von Amts wegen statt. Der Antrag kann nur von einem Antragsberechtigten (Rz. 9 ff.) schriftlich oder zur Niederschrift der Geschäftsstelle des Arbeitsgerichts gestellt werden (§ 81 Abs. 1 ArbGG) und ist zu begründen (*D/R* § 23 Rz. 24; *F/A/K/H* § 23 Rz. 5; *G/L* § 23 Rz. 21 f.; GK-*Wiese* § 23 Rz. 37, 71 und 98). Der Antrag kann nur auf die in Abs. 1 oder Abs. 3 genannten groben Pflichtverletzungen gestützt werden (*F/A/K/H* § 23 Rz. 5, 6). Eine Zurücknahme des Antrags ist zulässig (*G/L* § 23 Rz. 22). Zum Antrag nach Abs. 3 vgl. auch Rz. 66 ff.

8

2. Antragsberechtigung nach Abs. 1

Antragsberechtigt nach Abs. 1 sind **mindestens ein Viertel der wahlberechtigten Arbeitnehmer** des Betriebes (zum Begriff vgl. Anm. zu § 7), der **Arbeitgeber** oder eine im **Betrieb vertretene Gewerkschaft** (§ 2 Rz. 61). Antragsberechtigt sind **alle im Zeitpunkt der Antragstellung** wahlberechtigten Arbeitnehmer des Betriebes, unabhängig davon, ob bei Antrag auf Ausschluß von Betriebsratsmitgliedern diese ihrer Gruppe angehören (*D/R* § 23 Rz. 25; *F/A/K/H* § 23 Rz. 7; *G/L* § 23 Rz. 21; GK-*Wiese* § 23 Rz. 54). Die zwingende Mindestzahl von einem Viertel der wahlberechtigten Arbeitnehmer muß während des gesamten Verfahrens – also bis zum Schluß der letzten mündlichen Verhandlung – gewährleistet sein. Sinkt diese Zahl während des Verfahrens unter ein Viertel, so können andere wahlberechtigte Arbeitnehmer anstelle von Ausscheidenden den Streit aufnehmen, und zwar auch noch in den oberen Instanzen (*D/R* § 23 Rz. 25, 29; *BAG* vom 14. 2. 1978 – 1 ABR 46/77 – EzA § 19 BetrVG 1972 Nr. 16 = DB 1978, 1451, vgl. auch § 19 Rz. 26; **a. A.** jetzt GK-*Wiese* § 23 Rz. 55). Der Arbeitgeber, der Betriebsrat oder eine Ge-

9

werkschaft können nicht an die Stelle antragstellender ausgeschiedener Arbeitnehmer treten (*S/W* § 23 Rz. 5; vgl. auch *LAG Hamm* vom 5. 5. 1982 – 3 Ta BV 130/81 – DB 1982, 2709).

10 Die **Antragsberechtigung** einer **im Betrieb vertretenen Gewerkschaft** besteht ohne Rücksicht darauf, ob der Betreffende dieser Gewerkschaft angehört oder nicht (*D/R* § 23 Rz. 26; *F/A/K/H* § 23 Rz. 9; *G/L* § 23 Rz. 21; GK-*Wiese* § 23 Rz. 57). Inwieweit örtliche Untergliederungen der im Betrieb vertretenen Gewerkschaften antragsberechtigt sind, bestimmt sich nach deren Satzung; eine Antragsberechtigung kann gegeben sein, soweit sie tariffähig sind; Berufsgruppen einer Gewerkschaft – wie die Bundesberufsgruppe Bergbauangestellte der Deutschen Angestellten-Gewerkschaft (DAG) – können keinen Ausschlußantrag stellen (*LAG Hamm* vom 13. 5. 1968 – 3 BV Ta 2/68 – DB 1969, 135). Auch ein Spitzenverband der Gewerkschaft kann den Antrag stellen, denn auch er ist im Betrieb – zumindest mittelbar – vertreten, wenn er auch keine direkten Mitglieder hat, sondern dies nur über seine Unterorganisation der Fall ist (*D/R* § 23 Rz. 26; **a. A.** *LAG Frankfurt/M.* vom 19. 10. 1962 – 5 Ta BV 2/62 – rkr., BB 1963, 1016). Die Antragsberechtigung muß während der ganzen Dauer des Verfahrens, also bis zum Ende der letzten mündlichen Verhandlung gegeben sein, d. h. also, die Gewerkschaften müssen auch noch zu diesem Zeitpunkt im Betrieb vertreten sein (vgl. auch § 19 Rz. 26, § 16 Rz. 24).

11 Der **Ausschluß** eines Mitglieds **aus dem Betriebsrat** kann auch aufgrund eines **Mehrheitsbeschlusses des Betriebsrats** (§ 33) von diesem beantragt werden. An diesem mit einfacher Mehrheit der anwesenden Mitglieder zu fassenden Beschluß wirkt das betroffene Betriebsratsmitglied nicht mit; das Ersatzmitglied stimmt mit, da eine zeitweilige Verhinderung nach § 25 Abs. 1 Satz 2 vorliegt (vgl. § 25 Rz. 11; *F/A/K/H* § 23 Rz. 10; *G/L* § 25 Rz. 11; GK-*Wiese* § 23 Rz. 58; **a. A.** *D/R* § 23 Rz. 28, die die Hinderung an der Stimmabgabe aus persönlichen Gründen nicht als Verhinderungsgrund i. S. d. § 25 ansehen).

12 **Antragsberechtigt** ist ferner der **Arbeitgeber**, allerdings nur, wenn sich die Amtspflichtverletzung auf das Rechtsverhältnis zu ihm auswirkt. Zur **Kostentragung** bei Antrag des Arbeitgebers auf Ausschluß eines Mitglieds aus dem Betriebsrat vgl. § 40 Rz. 51.

3. Antragsberechtigung nach Abs. 3

13 Antragsberechtigt zur Einleitung eines gerichtlichen Verfahrens gegen den Arbeitgeber nach Abs. 3 sind lediglich der **Betriebsrat** und eine im **Betrieb vertretene Gewerkschaft** (vgl. hierzu Rz. 10). Die Antragsberechtigung des Betriebsrats setzt einen Beschluß nach § 33 voraus. Das Antragsrecht besteht bei den in Abs. 3 genannten Verstößen des Arbeitgebers gegen seine betriebsverfassungsrechtlichen Pflichten unabhängig davon, ob der Antragstellende der davon Betroffene ist (*D/R* § 23 Rz. 63; *F/A/K/H* § 23 Rz. 52; GK-*Wiese* § 23 Rz. 98; **a. A.** *G/L* § 23 Rz. 60). Ein selbständiges Antragsrecht der **Jugend- und Auszubildendenvertretung** im Verfahren nach Abs. 3 besteht nicht (*BAG* vom 15. 8. 1978 – 6 ABR 10/76 – EzA § 23 BetrVG 1972 Nr. 7 = DB 1978, 2275; vgl. auch Rz. 4). Eine Antragsberechtigung der Gewerkschaften soll nach dem *BAG* (vom 20. 8. 1991 – 1 ABR 85/90 – EzA § 77 BetrVG 1972 Nr. 41 = NZA 1992; 317) auch dann gegeben sein, wenn die Gewerkschaft einen Unterlassungsanspruch bezüglich der Anwendung einer Be-

triebsvereinbarung geltend macht. Allerdings besteht eine Antragsberechtigung nur, soweit es um den Schutz der betriebsverfassungsrechtlichen Ordnung geht.

IV. Ausschluß eines Betriebsratsmitgliedes

1. Grobe Amtspflichtverletzung

Voraussetzung für den Ausschluß eines Mitglieds aus dem Betriebsrat ist eine **14** grobe Verletzung seiner gesetzlichen Pflichten. Was im einzelnen hiervon erfaßt wird, ist nach den Tatumständen des Einzelfalls zu beurteilen. Da es sich um einen unbestimmten Rechtsbegriff handelt, ist dem Richter hierbei ein gewisser Beurteilungsspielraum einzuräumen (*BAG* vom 2.11. 1955 – 1 ABR 30/54 – AP Nr. 1 zu § 23 BetrVG 1952 = DB 1956, 68; *BAG* vom 5. 9. 1967 – 1 ABR 1/67 – EzA § 23 BetrVG 1952 Nr. 1 = DB 1967, 1592, 1947, 1990; GK-*Wiese* § 23 Rz. 28).

Es muß sich um die **Verletzung gesetzlicher Pflichten**, also Amtspflichten, die sich **15** gerade aus der Stellung als Betriebsratsmitglied ergeben, handeln (*BAG* a.a.O.), nicht dagegen um arbeitsvertragliche Pflichten. Zur Verletzung arbeitsvertraglicher Pflichten und Amtspflichten vgl. Rz. 23 ff. Zu den gesetzlichen Pflichten (Amtspflichten) zählen alle Pflichten aus dem BetrVG, also auch die Grundsätze von Recht und Billigkeit nach § 75 Abs. 1 und damit auch die Einhaltung allgemeiner Gesetze und der für den Betrieb geltenden Tarifverträge und Betriebsvereinbarungen (§ 80 Abs. 1 Ziff 1; *D/R* § 23 Rz. 8; *F/A/K/H* § 23 Rz. 12; *G/L* § 23 Rz. 6; *S/W* § 23 Rz. 2). Es kommen aber jeweils nur solche Pflichten in Frage, die mit dem Betriebsratsamt in Zusammenhang stehen. Zu den gesetzlichen Pflichten aus dem Betriebsratsamt zählen insbesondere Pflichten, die sich aus der Stellung innerhalb des Betriebsrats ergeben, wie die Stellung als Vorsitzender, Mitgliedschaft in betriebsverfassungsrechtlichen Ausschüssen, usw.

Grobe Pflichtverletzung bedeutet handgreifliche und **offensichtlich schwerwie- 16 gende** objektiv **erhebliche Pflichtverletzung**, die geeignet ist, den **Betriebsfrieden** oder die Ordnung des Betriebes **nachhaltig zu stören** oder zu gefährden (*BAG* vom 2. 11. 1955 a.a.O.; *D/R* § 23 Rz. 19; *F/A/K/H* § 23 Rz. 14; *G/L* § 23 Rz. 5, 8; GK-*Wiese* § 23 Rz. 30; *BAG* vom 21.2. 1978 – 1 ABR 54/76 – EzA § 74 BetrVG 1972 Nr. 4 = DB 1978, 1547); eine gewöhnliche Pflichtverletzung reicht also nicht aus. Ein einmaliger schwerer Verstoß, der als grobe Pflichtverletzung zu werten ist, kann ausreichen (*BAG* vom 22.5. 1959 – 1 ABR 2/59 – AP Nr. 3 zu § 23 BetrVG 1952 = DB 1959, 979; *BAG* vom 4.5. 1955 – 1 ABR 4/53 – AP Nr. 1 zu § 44 BetrVG 1952 m. Anm. *Dietz* = DB 1955, 631; *D/R* § 23 Rz. 19; *F/A/K/H* § 23 Rz. 14; *G/L* § 23 Rz. 8); das *BAG* geht in dieser Entscheidung allerdings davon aus, daß im allgemeinen eine einmalige Verfehlung nicht ausreicht (GK-*Wiese* § 23 Rz. 30). Auch eine Häufung von leichten Pflichtverletzungen kann eine grobe Verletzung der Pflichten sein (Literatur wie vorher; **a.A.** *F/A/K/H* § 23 Rz. 14, die hier nur in Ausnahmefällen eine grobe Pflichtverletzung annehmen wollen). Zur Entscheidung der Frage, ob eine grobe Pflichtverletzung vorliegt, ist darauf abzustellen, ob man trotz des festgestellten Pflichtverstoßes unter Berücksichtigung der konkreten Einzelverhältnisse für die Zukunft noch auf eine pflichtgemäße Erfüllung der Amtsausübung vertrauen kann (*G/L* § 23 Rz. 8).

Erforderlich ist eine **schuldhafte** grobe Verletzung von Amtspflichten; es muß sich **17** um ein vorsätzliches oder grobfahrlässiges Verhalten handeln; ein **objektiver Ver-**

§ 23 2. Teil 2. Abschn. *Amtszeit des Betriebsrats*

stoß gegen gesetzliche Pflichten genügt nicht (*D/R* § 23 Rz. 20; *G/L* § 23 Rz. 12; *F/A/K/H* § 23 Rz. 13; *S/W* § 23 Rz. 3; *BAG* vom 4. 5. 1955 a. a. O.; *BVerwG* vom 14. 2. 1969 – VII P 11.67 – AP Nr. 8 zu § 26 PersVG 1955; *ArbG Paderborn* vom 8. 2. 1973 – 1 BV 4/72 – BB 1973, 835; *Richardi* Anm. zu *BAG* vom 5. 9. 1967 – 1 ABR 1/67 – SAE 1968, 98; **a. A.** *GK-Wiese* § 23 Rz. 31; *Hueck/Nipperdey* II/2, 1183 m. w. Nachw.; differenzierend *BAG* vom 5. 9. 1967 – 1 ABR 1/67 – EzA § 23 BetrVG 1952 Nr. 1 = DB 1967, 1592, 1947, 1990, welches annimmt, daß nicht immer auch ein schuldhaftes Verhalten vorliegen müsse, aber verlangt, daß das Verhalten des Betroffenen zu einer Bedrohung der Funktionsfähigkeit des Betriebes führt). Daher berechtigt auch ein querulatorisches oder krankhaft boshaftes Verhalten, falls dadurch keine schuldhafte Amtspflichtverletzung hervorgerufen wurde, nicht zum Ausschluß aus dem Betriebsrat (*D/R* § 23 Rz. 21; *G/L* § 23 Rz. 12; **a. A.** *F/A/K/H* § 23 Rz. 13; *BAG* vom 5. 9. 1967 – 1 ABR 1/67 – a. a. O. führt dieses Verhalten als Beispiel auf, verlangt aber eine Störung der Funktionsfähigkeit des Betriebsrats). Anderenfalls könnte bereits die Nichteignung eines Betriebsratsmitgliedes durch querulatorisches Verhalten zu einem Ausschluß aus dem Betriebsrat führen; das Gesetz verlangt aber eine grobe Amtspflichtverletzung (vgl. *Richardi* SAE 1968, 99).

18 Es genügt daher zur Rechtfertigung eines Ausschließungsantrags nicht, darzutun, daß es dem **Betriebsrat in seiner Mehrheit nicht zuzumuten sei**, mit den Auszuschließenden weiter zusammenzuarbeiten (*D/R* § 23 Rz. 6; *F/A/K/H* § 23 Rz. 16a; *G/L* § 23 Rz. 9), vielmehr kann der Ausschluß nur erfolgen, wenn der Auszuschließende durch ein ihm anrechenbares Verhalten die Funktionsfähigkeit des Betriebsrats ernstlich bedroht oder lahmgelegt hat (*BAG* vom 5. 9. 1967 – 1 ABR 1/67 – a. a. O.) *D/R* § 23 Rz. 6 halten im Falle der Funktionsunfähigkeit des Betriebsrats durch die Unzumutbarkeit der Zusammenarbeit mit einem Betriebsratsmitglied die Selbstauflösung oder Auflösung des Betriebsrats durch das Arbeitsgericht für geboten). Der Grundsatz der **Unzumutbarkeit** ist bei der Entscheidung über den Ausschluß nicht anwendbar (*F/A/K/H* § 23 Rz. 15; *G/L* § 23 Rz. 9; *Sahmer* § 23 Anm. 6; *GK-Wiese* § 23 Rz. 34), da es sich bei § 23 um eine Vorschrift handelt, die die ordnungsgemäße Amtsausübung und Geschäftsführung des Betriebsrats sicherstellen soll, insbesondere auch die Amtsausübung des einzelnen Betriebsratsmitglieds. Mit diesem Sinn wäre es nicht vereinbar, wenn der subjektive Gesichtspunkt der Unzumutbarkeit im Vordergrund stände; dies würde dazu führen, daß die Mehrheit des Betriebsrats bei ihr nicht genehmen Betriebsratsmitgliedern einen Ausschließungsantrag stellen könnte, ohne daß ein grober Verstoß gegen Amtspflichten vorläge.

19 Die Pflichtverletzung muß **während der Amtsperiode** erfolgen. Umstritten ist, ob es sich um Pflichtverletzungen während der gerade **laufenden Amtsperiode** handeln muß (so *F/A/K/H* § 23 Rz. 20; *G/L* § 23 Rz. 10; *Hueck/Nipperdey* II/2, 1185 Fn. 15; *BAG* vom 29. 4. 1969 – 1 ABR 19/68 – EzA § 23 BetrVG 1952 Nr. 2 = DB 1969, 1560; *LAG Berlin* vom 19. 6. 1978 – 9 Ta BV 1/78 – rkr., DB 1979, 112) oder ob auch eine grobe Amtspflichtverletzung aus der unmittelbar **vorangehenden Amtsperiode** zum Ausschluß aus dem Betriebsrat in der nachfolgenden Amtsperiode nach Wiederwahl des Betriebsratsmitglieds führen kann (**bejahend** *D/R* § 23 Rz. 17f.; *Sahmer* § 23 Anm. 7; *GK-Wiese* § 23 Rz. 36 und Rz. 72; *Dietz* Anm. zu *BAG* vom 29. 4. 1969 – 1 ABR 19/68 – AP Nr. 9 zu § 23 BetrVG 1952 Bl. 532; *Fenn* Anm. zu *BAG* vom 29. 4. 1969 – 1 ABR 19/68 SAE 1970, 248; *BAG* vom 2. 11. 1955 – 1 ABR 30/54 – AP Nr. 1 zu § 23 BetrVG 1952 = DB 1956, 68).

Grundsätzlich kommt es zwar darauf an, daß die Amtspflichtverletzung in der laufenden Amtsperiode begangen wurde; d. h. eine in der vorherigen Amtsperiode begangene Amtspflichtverletzung wird nicht automatisch zu einer Pflichtverletzung, die nach Wiederwahl des betreffenden Betriebsratsmitglieds sich als eine solche der neuen Amtsperiode auswirkt. Solche Amtspflichtverletzungen können aber auch auf die nachfolgende Amtsperiode bei Wiederwahl Auswirkung haben. Das *Bundesarbeitsgericht* (vom 2. 11. 1955 a. a. O.) vertrat ursprünglich die Auffassung, es hänge von den Umständen ab, »ob materiell-rechtlich die in einer unmittelbar vorhergehenden Amtsperiode begangene grobe Pflichtverletzung für den Ausschluß aus dem Betriebsrat der folgenden Amtsperiode von Bedeutung ist oder sein kann«. Diese Ansicht hat es aber ausdrücklich aufgegeben (*BAG* vom 29. 4. 1969 a. a. O.). Nunmehr geht es (vom 29. 4. 1969 a. a. O.) und mit ihm der Teil des Schrifttums, der ebenfalls nur eine Amtspflichtverletzung während der laufenden Amtsperiode für den Ausschließungsantrag ausreichen läßt, davon aus, daß der neue Betriebsrat mit dem alten nicht identisch sei und daß durch die Wiederwahl des auszuschließenden Betriebsratsmitglieds ein Vertrauensbeweis erfolgt sei. Diesem Vertrauensbeweis wenigstens eines Teils der Belegschaft sei der Vorrang einzuräumen »vor einem Bedürfnis nach Ahndung früherer Verfehlungen«. Dem kann nicht gefolgt werden, anderenfalls würde dies zu einer **mit dem Wechsel der Amtsperiode** automatisch verbundenen **Generalabsolution** führen (vgl. hierzu ausführlich *Fenn* a. a. O. 248). Ein Teil der Belegschaft würde praktisch durch die Wiederwahl darüber abstimmen, ob eine grobe Amtspflichtverletzung vorliegt oder nicht. Im übrigen kann man bei Listenwahl nicht von einem Vertrauensbeweis sprechen, da nicht der betreffende Arbeitnehmer, sondern die Liste gewählt wird. Zu bedenken ist ferner, daß die Wähler in der Mehrzahl der Fälle von der Pflichtwidrigkeit nicht unterrichtet sein werden. Dies wird dagegen anders sein, wenn aufgrund der Amtspflichtverletzung in der vorhergehenden Amtsperiode der Ausschluß durch Gerichtsurteil ausgesprochen wurde. Die nach h. M. zulässige Wiederwahl eines bereits ausgeschlossenen Betriebsratsmitgliedes bietet daher kein Argument für die hier abgelehnte Ansicht. Hinzu kommt, daß die Ansicht des *Bundesarbeitsgerichts* zu Zufallsentscheidungen führen würde. Das betroffene Betriebsratsmitglied könnte z. B. das Verfahren verzögern oder eine Amtspflichtverletzung gezielt kurz vor Ablauf der Amtszeit begehen, damit es nicht mehr dafür belangt werden kann. Es ist daher der Ansicht zu folgen, die eine Amtspflichtverletzung während der vorhergehenden Amtszeit berücksichtigt, wenn durch die frühere Verfehlung das gegenwärtige Amt gleichsam noch belastet ist (*D/R* § 23 Rz. 18; *GK-Wiese* § 23 Rz. 36, 72; *S/W* § 23 Rz. 6; a. A. *Bender* DB 1982, 1271). Wann dies zutrifft, richtet sich nach dem konkreten Einzelfall. Es wird insbesondere bei einer besonders schweren Pflichtverletzung der Fall sein, oder wenn sich gleichartige Verstöße im neuen Amt wiederholen. Auch dann, wenn z. B. der Ausschließungsantrag nicht mehr gestellt wurde oder werden konnte, weil der Verstoß kurz vor Ende der Amtszeit erfolgte oder wenn der Verstoß erst in der neuen Amtszeit bekannt wird (*GK-Wiese* § 23 Rz. 36), ist ein Ausschließungsantrag aufgrund des Verstoßes in der vorigen Amtszeit möglich.

Ein **Ausschluß wegen früherer Verletzungen** kommt selbstverständlich dann nicht **20** mehr in Betracht, wenn der Betreffende inzwischen aus dem Betriebsrat ausgeschieden ist (*BAG* vom 8. 12. 1961 – 1 ABR 8/60 – AP Nr. 7 zu § 23 BetrVG 1952 m. Anm. *Neumann-Duesberg* = DB 1962, 306; vgl. auch *BAG* vom 27. 1. 1983 –

§ 23   2. Teil 2. Abschn. Amtszeit des Betriebsrats

6 ABR 15/82 – unveröff.; *D/R* § 23 Rz. 33; *F/A/K/H* § 23 Rz. 24; *G/L* § 23 Rz. 23; GK-*Wiese* § 23 Rz. 69).

21 Ein **Ausschließungsantrag** kann nur auf die Verletzung von Amtspflichten, dagegen **nicht auf die Verletzung von Pflichten aus dem Arbeitsvertrag** gestützt werden. Gemäß der Doppelfunktion des Betriebsratsmitgliedes – nämlich als Arbeitnehmer und als Mitglied eines Betriebsverfassungsorgans – ist streng zu unterscheiden zwischen Amtspflichtverletzung und Vertragsverletzung (so die ganz **überwiegende Meinung**: *D/R* § 23 Rz. 14 f.; *F/A/K/H* § 23 Rz. 17; *G/L* § 23 Rz. 6; GK-*Wiese* § 23 Rz. 17 ff.; *Hueck/Nipperdey* II/2, 1169 und 1185 Fn. 14; **ablehnend** *Weber* NJW 1973, 787; vgl. auch *Freitag* a. a. O. 42 f.). Die pflichtwidrige Handlung eines Betriebsratsmitgliedes kann darstellen:
– ausschließlich eine Amtspflichtverletzung,
– ausschließlich eine Verletzung der arbeitsvertraglichen Pflichten,
– sowohl eine Amtspflichtverletzung als auch eine Verletzung der arbeitsvertraglichen Pflichten (vgl. hierzu *Schlochauer* DB 1977, 259).

22 Verletzt ein Betriebsratsmitglied **allein seine Amtspflicht** in grober Weise, so kommt nur ein Verfahren nach § 23 in Frage, dagegen keine außerordentliche Kündigung nach § 103 (*D/R* § 23 Rz. 14, 15; GK-*Wiese* § 23 Rz. 17; *Freitag* a. a. O. 86; *Hueck/Nipperdey* II/2, 1169; *Schlochauer* a. a. O.; *Wiese* Anm. zu *BAG* vom 5. 12. 1975 – 1 AZR 94/74 – EzA § 87 BetrVG 1972 Betriebliche Ordnung Nr. 1). Etwas anderes kann dann gelten, wenn durch die Amtspflichtverletzung das konkrete Arbeitsverhältnis unmittelbar berührt wird, wie bei der Veranlassung von nicht demonstrationswilligen Arbeitnehmern zum Verlassen ihres Arbeitsplatzes (*BAG* vom 23. 10. 1969 – 2 AZR 127/68 – EzA § 13 KSchG 1969 Nr. 3 = DB 1970, 450).

23 Liegt **ausschließlich eine Verletzung arbeitsvertraglicher Pflichten** vor, so kommt nur eine außerordentliche Kündigung mit einem Zustimmungsverfahren nach § 103 in Frage, falls die Verletzung einen wichtigen Grund i. S. d. § 626 Abs. 1 BGB darstellt (*D/R* § 23 Rz. 15; *G/L* § 23 Rz. 6; GK-*Wiese* § 23 Rz. 23; *Schlochauer* a. a. O.). Der Maßstab hinsichtlich einer arbeitsvertraglichen Pflichtverletzung ist bei einem Betriebsratsmitglied der gleiche wie bei einem anderen Arbeitnehmer. Es sind weder strengere noch geringere, sondern die gleichen Anforderungen zu stellen wie bei einem Arbeitnehmer, der nicht Mitglied des Betriebsrats ist (*Brecht* § 23 Rz. 10; *D/R* § 23 Rz. 14; *BAG* vom 11. 12. 1975 – 2 AZR 426/74 – EzA § 15 KSchG 1969 Nr. 6 = DB 1976, 870; *BAG* vom 13. 10. 1955 – 2 AZR 106/54 – AP Nr. 3 zu § 13 KSchG = DB 1955, 1066; *BAG* vom 6. 8. 1981 – 6 AZR 505/78 – EzA § 37 BetrVG 1972 Nr. 73 = DB 1982, 758; **a. A.** *F/A/K/H* § 23 Rz. 18; *G/L* § 23 Rz. 7; GK-*Wiese* § 23 Rz. 63). Das Betriebsratsmitglied darf um seines Amtes willen als Arbeitnehmer gegenüber den anderen Belegschaftsmitgliedern weder begünstigt noch benachteiligt werden (vgl. §§ 78 Abs. 2, 119 Abs. 1 Nr. 3). Handelt es sich um eine Verletzung arbeitsvertraglicher Pflichten, die keinen wichtigen Grund darstellt, so kann das Betriebsratsmitglied jedenfalls **abgemahnt** werden (*ArbG Berlin* vom 9. 8. 1983 – 6 Ca 216/83 – DB 1983, 2476; *BAG* vom 6. 8. 1981 – 6 AZR 505/78 – a. a. O.).

24 Verletzt dieselbe Handlung sowohl **grob die Amtspflichten als auch die Pflichten aus dem Arbeitsvertrag**, so kann sowohl ein Ausschließungsantrag nach § 23 in Frage kommen als auch das Verfahren nach § 103; dies ist z. B. der Fall bei Wahrnehmung von Geschäften durch ein Betriebsratsmitglied, die nicht zu seinen Amtsobliegenheiten gehören: Aufhetzung zum Streik, Verteilung politischer

Flugblätter. Der Arbeitgeber hat in diesen Fällen grundsätzlich die Wahl, ob er den Antrag auf Amtsenthebung stellen oder das Betriebsratsmitglied fristlos entlassen will (*D/R* § 23 Rz. 5 und 36; *F/A/K/H* § 23 Rz. 17a; *G/L* § 23 Rz. 7; GK-*Wiese* § 23 Rz. 17ff.). Man wird in diesen Fällen danach differenzieren müssen, ob das Betriebsratsamt Ursache für die pflichtwidrige Handlung war oder nur Anlaß (*Schlochauer* a. a. O.). Erfolgt der Verstoß gegen die arbeitsvertraglichen Pflichten und Amtspflichten aus Anlaß der Betriebsratstätigkeit, z. B. schwerwiegende Fälschung der Spesenabrechnung bei Reisen zu einer Gesamtbetriebsratssitzung, so hat der Arbeitgeber die Wahl, ob er fristlos kündigen oder den Ausschließungsantrag stellen will. Handelt es sich aber um eine Konfliktsituation, in die der Arbeitnehmer nur als Betriebsratsmitglied kommen kann, ist das Betriebsratsamt also die Ursache für die Verletzung arbeitsvertraglicher Pflichten neben den Amtspflichten zu, so ist das Verhalten ausschließlich als Amtspflichtverletzung zu werten (*D/R* § 23 Rz. 15; *G/L* § 23 Rz. 7; *Säcker* RdA 1965, 372; *Schlochauer* a. a. O.; vgl. auch *Wiedemann* Anm. zu *BAG* vom 18. 1. 1968 – 2 AZR 45/67 – EzA § 124a GewO Nr. 7 = DB 1968, 179, 1030; *Freitag* a. a. O. 86ff.; *BAG* vom 6. 8. 1981 – 6 AZR 1086/79 – EzA § 37 BetrVG 1972 Nr. 74 = DB 1982, 758 für Versäumung von Arbeitszeit eines nicht freigestellten Betriebsratsmitgliedes für Betriebsratstätigkeit, die es für erforderlich halten konnte).

Abzulehnen ist die Meinung, die bei gleichzeitigem Verstoß gegen betriebsverfassungsrechtliche und arbeitsvertragliche Pflichten bei einem **Betriebsratsmitglied** gegenüber einem anderen Arbeitnehmer **besonders strenge Anforderungen** an das Vorliegen eines wichtigen Grundes i. S. d. § 626 BGB stellt (es gilt die gleiche Begründung wie bei Rz. 23; so auch GK-*Wiese* § 23 Rz. 17ff.; *BAG* vom 13. 10. 1955 – 2 AZR 106/54 – AP Nr. 3 zu § 13 KSchG = DB 1955, 1066; **a. A.** *F/A/K/H* § 23 Rz. 18; *Hueck/Nipperdey* II/2, 1169; offensichtlich auch *D/R* § 23 Rz. 16; *G/L* § 23 Rz. 7 und § 103 Rz. 18; *Weber* NJW 1973, 787; *BAG* vom 3. 12. 1954 – 1 AZR 150/54 – AP Nr. 2 zu § 13 KSchG = DB 1955, 147; *BAG* vom 13. 1. 1956 – 1 AZR 167/55 – AP Nr. 4 zu § 13 KSchG = DB 1956, 162; *BAG* vom 20. 12. 1961 – 1 AZR 404/61 – AP Nr. 16 zu § 13 KSchG = DB 1962, 104; *BAG* vom 26. 1. 1962 – 2 AZR 244/61 – AP Nr. 8 zu § 626 BGB Druckkündigung m. Anm. *Herschel* = DB 1962, 744; *BAG* vom 23. 10. 1969 – 2 AZR 127/68 – insbes. AP Nr. 19 zu § 13 KSchG; *BAG* vom 22. 8. 1974 – 2 ABR 17/74 – EzA § 103 BetrVG 1972 Nr. 6 = DB 1974, 2310 u. 2370; vgl. auch *BAG* vom 6. 8. 1981 – 6 AZR 505/78 a. a. O. Rz. 23). 25

Ist sowohl ein Antrag nach § 23 als auch eine fristlose Kündigung möglich, so kann der Arbeitgeber den **Antrag** auf Ersetzung der Zustimmung **nach § 103 mit** dem **Antrag** auf Ausschluß aus dem Betriebsrat **nach § 23 verbinden** (*D/R* § 23 Rz. 36; GK-*Wiese* § 23 Rz. 63; *BAG* vom 21. 2. 1978 – 1 ABR 54/76 – EzA § 74 BetrVG 1972 Nr. 4 = DB 1978, 1547), d. h. beide Anträge können jeweils hilfsweise gestellt werden (**a. A.** *F/A/K/H* § 23 Rz. 17a und § 103 Rz. 28, die nur eine hilfsweise Stellung des Ausschließungsantrags für zulässig halten). 26

Auch auf nachgerückte **Ersatzmitglieder** ist die Vorschrift anzuwenden, aber nur dann, wenn das Ersatzmitglied eine grobe Amtspflichtverletzung begeht während einer Zeit, in der es als Stellvertreter dem Betriebsrat angehört. Nachgerückte Ersatzmitglieder werden auch wegen einer solchen Amtspflichtverletzung in ihrer Eigenschaft als Ersatzmitglied ausgeschlossen, wenn die Stellvertretung beendet ist, die Amtsperiode aber noch andauert (*Brecht* § 23 Rz. 12; *D/R* § 23 Rz. 23; *F/A/K/H* § 23 Rz. 25; *G/L* § 23 Rz. 28; GK-*Wiese* § 23 Rz. 50f.). Dies gilt auch 27

§ 23   2. Teil 2. Abschn. *Amtszeit des Betriebsrats*

dann, wenn die Stellvertretung zwar beendet ist, das Ersatzmitglied aber eine Amtspflichtverletzung begeht, die im Zusammenhang mit seiner vorhergehenden stellvertretenden Tätigkeit im Betriebsrat steht, wie Weitertragung von Betriebs- oder Geschäftsgeheimnissen, die ihm während seiner Stellvertretung bekanntgeworden sind (*D/R* § 23 Rz. 23; *G/L* § 23 Rz. 28; GK-*Wiese* § 23 Rz. 51). Tritt das Ersatzmitglied niemals vertretungsweise während der Amtsperiode in den Betriebsrat ein, so kann es auch keine Amtspflichtverletzung begehen (*D/R* § 23 Rz. 23; *F/A/K/H* § 23 Rz. 25; *G/L* § 23 Rz. 28; GK-*Wiese* § 23 Rz. 49).

2. Einzelfälle aus der Rechtsprechung

28 **Eine grobe Amtspflichtverletzung liegt in folgenden Fällen vor bzw. ist durch die Rechtsprechung angenommen worden**:

29 – **Weitergabe von** nur für innerbetriebliche Zwecke einem Betriebsratsmitglied ausgehändigten **Lohnlisten an die Gewerkschaft**, um die Beitragsehrlichkeit der Gewerkschaftsmitglieder im Betrieb zu überprüfen (*BAG* vom 22. 5. 1959 – 1 ABR 2/59 – AP Nr. 3 zu § 23 BetrVG 1952 = DB 1959, 979);

– Verstoß gegen die **Schweigepflicht**, soweit er nach Art und Schwere einen groben Verstoß darstellt (*Gaul* DB 1960, 1101); dies wird regelmäßig der Fall sein, wenn der Verstoß wiederholt erfolgt oder schwerwiegende Folgen hat (*F/A/K/H* § 23 Rz. 16; *G/L* § 23 Rz. 14; *BAG* vom 22. 5. 1959 – a. a. O.; *LAG Niedersachsen* vom 8. 12. 1959 – 3 Ta BV 3/58 – DB 1959, 115).
Hierunter fällt zunächst die Geheimhaltungspflicht nach § 79 (vgl. Anm. zu § 79); darüber hinaus ist die Geheimhaltung kraft Gesetzes angeordnet in den §§ 82 Abs. 2 Satz 3, 83 Abs. 1 Satz 3, 99 Abs. 1 Satz 3 und 102 Abs. 2 Satz 5. Über die genannten Fälle hinaus besteht im allgemeinen keine Pflicht, über den Verlauf von Betriebsratssitzungen Stillschweigen zu bewahren (*BAG* vom 5. 9. 1967 – 1 ABR 1/67 – EzA § 23 BetrVG 1952 Nr. 1 = DB 1967, 1592, 1947, 1990). In Zweifelsfällen sollte ein Betriebsratsbeschluß über die Geheimhaltung herbeigeführt werden (*F/A/K/H* § 23 Rz. 16; GK-*Wiese* § 23 Rz. 40, 45), der Betriebsratsvorsitzende kann die Geheimhaltungspflicht nicht einseitig anordnen (*BAG* vom 5. 9. 1967 a. a. O.). Keinen Grund zum Ausschluß gibt eine Verletzung der arbeitsvertraglichen Schweigepflicht (*BAG* vom 25. 8. 1966 – 5 AZR 525/65 – AP Nr. 1 zu § 611 BGB Schweigepflicht m. Anm. *Neumann-Duesberg* = DB 1966, 2033).

– Offenlegung betrieblicher Vorgänge bzw. Verschaffung von Unterlagen für die Betriebsratstätigkeit, die dem Betriebsratsmitglied in seiner Eigenschaft als Arbeitnehmer aufgrund seiner betrieblichen Stellung bekannt wurden (*Hohn* BB 1972, 1407); rücksichtslose Preisgabe vertraulicher Informationen oder eines – unter Ausnutzung oder doch aufgrund der Betriebsratseigenschaft erlangten – Wissens gegenüber dem Arbeitgeber (*LAG München* vom 15. 11. 1977 – 5 Ta BV 34/77 – rkr. – DB 1978, 894).

– Handlungen, die den **Betriebsfrieden gefährden oder stören** (*RAG* ARS 7, 444), hierzu zählen insbesondere Verstöße gegen das **Verbot von Kampfmaßnahmen** zwischen Arbeitgeber und Betriebsrat oder gegen das **Gebot der vertrauensvollen Zusammenarbeit** (*D/R* § 23 Rz. 8; *G/L* § 23 Rz. 13, 17; GK-*Wiese* § 23 Rz. 40, 41; *LAG Baden-Württemberg* vom 10. 11. 1977 – 2 Ta BV 2/77 – DB 1978, 798);

Verletzung gesetzlicher Pflichten § 23

- Aufruf zu wilden Streiks bzw. zu deren Förderung (*LAG Düsseldorf* vom 16. 12. 1952 – 3 Sa 165/52 – DB 1953, 256; *LAG Hamm* vom 23. 9. 1955 – 4 Sa 269/55 – rkr., BB 1956, 41; *LAG Bayern* vom 12. 7. 1955 – IV 719/55 – ArbGeb. 1955, 636),
- Beteiligung an Arbeitskämpfen unter Ausnutzung des Betriebsratsamtes (*Hueck/Nipperdey* II/2, 985 und 1013; *GK-Wiese* § 23 Rz. 41; vgl. auch § 74 Rz. 15 ff.),
- Beteiligung an einem wilden Streik (*LAG Baden-Württemberg* vom 24. 6. 1974 – 1 Ta BV 3/74 –; dagegen verlangt das *ArbG Hagen* vom 21. 7. 1975 – 3 BV Ca 3/75 – BB 1975, 1065 eine Beteiligung an »herausragender Stelle«),
- Aufwiegeln zur »Rebellion« durch Veranlassung, Direktiven der Betriebsleitung zu mißachten (*LAG Bayern* vom 23. 5. 1958 – Sa 71/58/VIN – DB 1958, 900),
- Aufforderung an die Arbeitnehmer, mit der Arbeitsleistung zurückzuhalten, um eine Änderung der Arbeitsbedingungen zu erreichen (*LAG Bayern* vom 22. 11. 1959 – Sa 190/59 VN – ArbGeb. 1960, 124; *LAG Bremen* vom 16. 8. 1962 – 1 Ta BV 1/62 – DB 1962, 1442),
- Weigerung, Arbeitnehmer zur Arbeitsaufnahme aufzufordern, die in einen wilden Streik getreten sind (*LAG Bayern* vom 12. 7. 1955 – IV 719/55 – ArbGeb. 1955, 636),
- Verstoß gegen **vertrauensvolle Zusammenarbeit** durch böswillige oder sich wiederholende Hetze gegen den Arbeitgeber oder öffentliche Anprangerung des Arbeitgebers (*G/L* § 23 Rz. 13; *GK-Wiese* § 23 Rz. 40),
- **parteipolitische Betätigung** im Betrieb, die ihrer Art nach den Betriebsfrieden und den Arbeitsablauf gefährden kann (*BAG* vom 18. 1. 1968 – 2 AZR 45/67 – EzA § 124a GewO Nr. 7 = DB 1968, 179, 1030).
Hierunter fallen z. B. die Verteilung politischer Flugblätter (*BAG* vom 3. 12. 1954 – 1 AZR 150/54 – AP Nr. 2 zu § 13 KSchG a. F. = DB 1955, 147), Verteilen von kommunistischen Flugblättern durch einen Jugendvertreter im Betrieb (*LAG Niedersachsen* vom 19. 5. 1978 – 9 Ta BV 10/77 –), die Veranstaltung einer im Auftrag und im parteipolitischen Interesse einer Partei erfolgten sog. Volksabstimmung (*BAG* vom 13. 1. 1956 – 1 AZR 167/55 – AP Nr. 4 zu § 13 KSchG a. F. = DB 1956, 162), vorsätzliche oder fahrlässige Zulassung der Erörterung (partei-)politischer Fragen auf einer Betriebsversammlung (*BAG* vom 4. 5. 1955 – 1 ABR 4/53 – AP Nr. 1 zu § 44 BetrVG 1952 m. Anm. *Dietz* = DB 1955, 631). Zur Zulässigkeit des Ausschlusses eines Jugendvertreters aus der Jugendvertretung vgl. *ArbG Bremen* (vom 5. 7. 1973 – 4 BV 28/73 –). Im Gegensatz zum *LAG Bayern* (vom 25. 1. 1973 – 1 Ta BV 77/72 –), das in der Verteilung eines Wahlaufrufs zur Kommunalwahl im Betrieb einen Grund zum Ausschluß aus dem Betriebsrat sah, ist das *Bundesverfassungsgericht* (vom 28. 4. 1976 – 1 BvR 71/73 – EzA § 74 BetrVG 1972 Nr. 1 = DB 1976, 1485), das die Entscheidung des *Landesarbeitsgerichts Bayern* aufhob, der Ansicht, daß bei nur geringer Bedeutung des Verstoßes gegen das Verbot parteipolitischer Betätigung (hier: Verteilen eines keine Diffamierungen enthaltenden, den Betriebsfrieden nicht gefährdenden Aufrufs der Gewerkschaft) der Ausschluß eines Betriebsratsmitglieds, weil verfassungsrechtlich unverhältnismäßig wegen des Grundsatzes der Freiheit der Meinungsäußerung nach Art. 5 GG, nicht gerechtfertigt sei. Zur parteipolitischen Betätigung von Betriebsratsmitgliedern vgl. im übrigen § 74 Rz. 32 ff.

§ 23   2. Teil 2. Abschn. *Amtszeit des Betriebsrats*

- **Werbung für einen Gewerkschaftsbeitritt** unter Ausnutzung der Amtsstellung und unter Ausübung von Druck (*LAG Kiel* vom 25. 5. 1967 – 2 Ta BV 3/67 – DB 1967, 1992; *LAG Hamm* vom 11. 6. 1952 – 3 Sa 167/52 – DB 1952, 595; *LAG Kiel* vom 23. 6. 1960 – 1 Ta BV 1/60, rkr. – DB 1960, 1338; *LAG Bayern* vom 31. 7. 1958 – Sa 628/58 – ARSt. Bd. 12, 468). Hierzu zählt auch, wenn Betriebsratsmitglieder die Wahrung der Interessen nichtorganisierter Arbeitnehmer ablehnen (*D/R* § 23 Rz. 9f.; *G/L* § 23 Rz. 15),
- **bewußte Diffamierung** anderer Betriebsratsmitglieder (*LAG Hamm* vom 25. 9. 1958 – 3 BV Ta 84/58 – rkr. – BB 1959, 376; *LAG Düsseldorf* vom 27. 2. 1967 – 4 BV Ta 2/67 – DB 1967, 866 und vom 23. 6. 1977 – 3 Ta BV 8/77 – DB 1977, 2191), Bezeichnung als Arbeiterverräter wegen Austritts aus der Gewerkschaft (*LAG Kiel* vom 23. 6. 1960 – 1 Ta Bv 1/60 – rkr. DB 1960, 1338),
- **Gefährdung** der **Funktionsfähigkeit des Betriebsrats** (*BAG* vom 5. 9. 1967 – 1 ABR 1/67 – EzA § 23 BetrVG 1952 Nr. 1 = DB 1967, 1592, 1947, 1990), Einschlagen eines Konfrontationskurses gegenüber der Betriebsratsmehrheit, der darauf angelegt ist, die sachliche Betriebsratsarbeit und die Funktionsfähigkeit des Betriebsrats zu gefährden (*BAG* vom 21. 2. 1978 – 1 ABR 54/78 – EzA § 74 BetrVG 1972 Nr. 4 = DB 1978, 1547),
- **Verweigerung der Mitarbeit** bei der Ausübung der Aufgabe des Betriebsrats, z. B. durch beharrliche Weigerung, an Betriebsratssitzungen teilzunehmen wegen grundsätzlicher Ablehnung der Betriebsverfassung (*LAG Mainz* vom 28. 10. 1953 – 2 Sa 197/53 – rkr. – BB 1954, 129), wiederholtes unentschuldigtes Fernbleiben von Betriebsrats- oder Betriebsratsausschußsitzungen, wiederholte Unterlassung der Einberufung von Pflichtversammlungen (*G/L* § 23 Rz. 18),
- **Arbeitsversäumnisse,** die durch die Ausübung einer über die gesetzlichen Befugnisse eines Jugendvertreters hinausgehenden Amtstätigkeit hervorgerufen werden (*ArbG Berlin* vom 27. 9. 1973 – 7 Ca 123/73 – DB 1973, 2532), falsche Angaben eines freigestellten Betriebsratsmitgliedes über den Zweck einer Tätigkeit während der Arbeitszeit außerhalb des Betriebes (*BAG* vom 21. 2. 1978 – 1 ABR 54/78 – a. a. O.),
- **Vorteilszuwendung** durch den Arbeitgeber aufgrund der betriebsverfassungsrechtlichen Position (*LAG München* vom 15. 11. 1977 – 5 Ta BV 34/77 – a. a. O. Rz. 29); besteht zwischen Vorteilszuwendung und Amtspflichtverletzung ein zeitlicher Zusammenhang, so kann dies dahin deuten, daß der Vorteil mit Rücksicht auf die Pflichtwidrigkeit gewährt wurde, so daß das Betriebsratsmitglied darzutun hat, daß andere Gesichtspunkte für die Vorteilszuwendung möglich und wahrscheinlich sind (*LAG München* a. a. O.),
- **Verstoß** des Betriebsratsvorsitzenden **gegen § 30 Abs. 2** (*LAG Hamm* vom 8. 6. 1978 – 3 Sa 568/78 – EzA § 37 BetrVG 1972 Nr. 58 = DB 1978, 1698).

30 **Keinen Grund für** einen **Ausschluß** stellt dar:
- wenn sich ein Betriebsratsmitglied trotz Abmahnung durch den Betriebsrat in großem Umfang über einen längeren Zeitraum nicht vom Arbeitgeber nach § 37 Abs. 2 freistellen läßt (*LAG Hamm* vom 12. 11. 1973 – 8 Ta BV 63/73 –),
- die irrtümliche Verletzung betriebsverfassungsrechtlicher Pflichten (*ArbG Paderborn* vom 8. 2. 1973 – 1 BV 4/72 – BB 1973, 335),
- Erstattung einer Strafanzeige gegen den Arbeitgeber, soweit diese nicht mißbräuchlich ist oder absichtlich unwahre Anschuldigungen enthält (*LAG Ba-*

den-Württemberg vom 25.10. 1957 – VII Sa 39/57 – AP Nr. 2 zu § 78 BetrVG 1952 = DB 1958, 256),
– die Äußerung einer bestimmten Meinung in einer schwierigen und ungeklärten Rechtsfrage (*BAG* vom 27.11. 1973 – 1 ABR 11/73 – EzA § 23 BetrVG 1972 Nr. 1 = DB 1974, 731; bestätigt durch *BAG* vom 22. 2. 1983 – 1 ABR 27/81 – EzA § 23 BetrVG 1972 Nr. 9 m. Anm. *Rüthers, Heussler* = DB 1983, 502, 1926).

3. Entscheidung durch das Arbeitsgericht

Der Ausschluß aus dem Betriebsrat – also die **Amtsenthebung** – kann nur durch Beschluß des Arbeitsgerichts erfolgen (vgl. Rz. 6). Der Verlust des Amtes tritt **mit Rechtskraft der Entscheidung** ein. Gem. § 25 rückt ein Ersatzmitglied ein. 31

Das **Rechtsschutzinteresse** für den Ausschließungsantrag muß bis zum Zeitpunkt der letzten mündlichen Verhandlung des Ausschlußverfahrens gegeben sein. Das Rechtsschutzinteresse für das Ausschlußverfahren entfällt, wenn im Laufe des Verfahrens das auszuschließende Betriebsratsmitglied – entweder durch Ablauf der Amtszeit des Betriebsrats oder durch Niederlegung seines Betriebsratsamtes – aus dem Betriebsrat ausscheidet (vgl. auch Rz. 20; *BAG* vom 27. 1. 1983 – 6 ABR 15/82 – unveröff.; *LAG Berlin* vom 19. 6. 1978 – 9 Ta BV 1/78 – rkr., DB 1979, 112; *G/L* § 23 Rz. 20; *F/A/K/H* § 23 Rz. 20; GK-*Wiese* § 23 Rz. 69). Der Antrag ist als unzulässig abzuweisen (*BAG* a. a. O.; *Wiese* a. a. O.; nach *D/R* § 23 Rz. 33 ist die Mitgliedschaft im Betriebsrat materiell-rechtliche Voraussetzung für die richterliche Gestaltung, der Antrag ist also als unbegründet abzuweisen). Nach der früheren Rechtsprechung des *Bundesarbeitsgerichts* durfte das Gericht in diesen Fällen das Verfahren nicht weiterführen, mußte vielmehr etwaige Entscheidungen von Vorinstanzen, auch ohne Antrag oder Erledigungserklärung der Beteiligten, aufheben und aussprechen, daß das Verfahren erledigt ist. Diese Rechtsprechung ist durch § 83a ArbGG überholt. Von Amts wegen kann ein Gericht ein Verfahren nicht für erledigt erklären; auf übereinstimmenden Antrag der Beteiligten ist das Verfahren nach § 83a ArbGG einzustellen (*G/L* § 23 Rz. 23). 32

Der rechtskräftige Gerichtsbeschluß über den Ausschluß des Betriebsratsmitgliedes hat jedoch nicht gleichzeitig den Verlust des passiven Wahlrechts (der Wählbarkeit) für die nächste regelmäßige Betriebsratswahl zur Folge (*BAG* vom 29. 4. 1969 – 1 ABR 19/68 – EzA § 23 BetrVG 1952 Nr. 2 = DB 1969, 1560). Ein **ausgeschlossenes Betriebsratsmitglied** kann deshalb bei der **nächsten Betriebsratswahl wieder in den neuen Betriebsrat gewählt werden**. Die Wiederwahl ist jedoch nicht vor der nächsten regelmäßigen Betriebsratswahl gem. § 13 Abs. 1 möglich. Die verbliebenen Mitglieder des alten, noch amtierenden Betriebsrats können also die sofortige Neuwahl des ausgeschlossenen Mitglieds nicht dadurch ermöglichen und zugleich die gerichtliche Ausschlußentscheidung gegenstandslos machen, daß sie durch einen geschlossenen Rücktritt gem. § 13 Abs. 2 die vorzeitige Neuwahl des ganzen Betriebsrats erzwingen (*D/R* § 23 Rz. 39; *Hueck/Nipperdey* II/2, 1185 Fn. 17; *Nikisch* III, 129 f.; *S/W* § 23 Rz. 7; **a. A.** bezüglich der Möglichkeit der sofortigen Wiederwahl *F/A/K/H* § 23 Rz. 23; *G/L* § 23 Rz. 26; GK-*Wiese* § 23 Rz. 80 f.). Zum Rechtsschutzinteresse bei Auflösung oder Rücktritt des gesamten Betriebsrats vgl. Rz. 54. 33

Wird das Ausschlußverfahren **während** der **Amtszeit** des alten Betriebsrats **nicht** 34

§ 23   2. Teil 2. Abschn. *Amtszeit des Betriebsrats*

rechtskräftig abgeschlossen, so entfällt nach Ablauf seiner Amtszeit das Rechtsschutzinteresse für das Ausschlußverfahren grundsätzlich, abgesehen von den unter Rz. 19, 20 behandelten Fällen bei einer Wiederwahl des Betriebsratsmitglieds (*D/R* § 23 Rz. 17f. und 35).

35 Eine **einstweilige Verfügung** über die Untersagung der weiteren Amtsausübung bis zur rechtskräftigen Entscheidung über die Amtsenthebung wegen einer groben Pflichtverletzung des Betriebsratsmitgliedes ist in schweren Fällen zulässig (*D/R* § 23 Rz. 42; *F/A/K/H* § 23 Rz. 26a; *G/L* § 23 Rz. 25; GK-*Wiese* § 23 Rz. 66; *S/W* § 23 Rz. 7; *BAG* vom 29. 4. 1969 – 1 ABR 19/68 – EzA § 23 BetrVG 1952 Nr. 2 = DB 1969, 1560). Ein solcher Antrag ist zulässig, wenn die weitere Zusammenarbeit mit dem beteiligten Betriebsratsmitglied nicht einmal mehr vorübergehend bei Anlegung eines strengen Maßstabes zumutbar erscheint (*LAG Hamm* vom 18. 9. 1975 – 8 Ta BV 65, 67, 68/75 – EzA § 23 BetrVG 1972 Nr. 2 = BB 1975, 1302).

36 Der **Antrag auf Ausschluß** aus dem Beriebsrat kann mit dem Antrag **auf Anfechtung** der Wahl des betreffenden Betriebsratsmitglieds verbunden werden. Ist die Anfechtung begründet, so ist für eine Amtsenthebung kein Raum mehr (*D/R* § 23 Rz. 38; *F/A/K/H* § 23 Rz. 26; GK-*Wiese* § 23 Rz. 66). Läuft gleichzeitig ein Verfahren auf **Auflösung** des gesamten Betriebsrats, ist dieses aus prozeßökonomischen Gründen vorrangig (*F/A/K/H* § 23 Rz. 26; GK-*Wiese* § 23 Rz. 64).

37 Wegen **Verbindung** des Antrags nach § 23 mit dem **Antrag** auf Ersetzung der Zustimmung zur **fristlosen Kündigung** nach § 103 vgl. Rz. 25.

38 Mit dem **rechtskräftigen Ausschluß eines Betriebsratsmitglieds** aus dem Betriebsrat erlischt seine Mitgliedschaft im Betriebsrat (§ 24 Abs. 1 Ziff. 5) und damit **erlöschen alle Rechte aus der Amtsstellung**, das Ersatzmitglied rückt nach (zur Rechtskraft vgl. Rz. 52). Dies hat zur Folge, daß das ausgeschlossene Betriebsratsmitglied ab dem Zeitpunkt des rechtskräftigen Ausschlusses aus dem Betriebsrat den Kündigungsschutz nach § 103 und § 15 KSchG verliert; bei Ausschluß aus dem Betriebsrat aufgrund rechtskräftigen gerichtlichen Beschlusses gibt es keinen nachwirkenden Kündigungsschutz nach § 15 Abs. 1 Satz 2 (*F/A/K/H* § 23 Rz. 27; *G/L* § 23 Rz. 27). Zu den Rechten nach § 37 Abs. 4 und 5 und § 38 vgl. § 37 Rz. 77, 91 und § 38 Rz. 54, 55.

39 Der rechtskräftige gerichtliche Ausschließungsbeschluß hat zur Folge, daß das ausgeschlossene Betriebsratsmitglied auch das Amt als Mitglied des **Gesamtbetriebsrates, Konzernbetriebsrates** (§§ 49 und 57) und in Ausschüssen des Betriebsrates, wie auch im **Wirtschaftsausschuß** verliert.

4. Verhältnis des Abs. 1 zu anderen Vorschriften

40 Abs. 1 enthält eine **abschließende** Regelung, soweit es den **Ausschluß** aus dem Betriebsrat betrifft. Daneben ist der Arbeitgeber aber berechtigt, bei Verstößen des Betriebsrats gegen z. B. die diesem obliegende betriebsverfassungsrechtliche Friedenspflicht, die Unterlassung solcher Handlungen zu verlangen. In einem solchen Fall ist er nicht allein auf die Möglichkeit des § 23 Abs. 1 Satz 1 verwiesen und verpflichtet, den Ausschluß aus dem Betriebsrat zu verlangen (*BAG* vom 22. 7. 1980 – 6 ABR 5/78 – EzA § 74 BetrVG 1972 Nr. 5 = DB 1981, 481). Außerdem gilt die Strafbestimmung des § 120.

V. Auflösung des gesamten Betriebsrats

1. Grobe Amtspflichtverletzung des Betriebsrats als Organ

Die Voraussetzungen für die **Auflösung des Betriebsrats** sind grundsätzlich die 41 gleichen wie für den Ausschluß von Betriebsratsmitgliedern (*BAG* vom 29. 4. 1969 – ABR 19/68 – EzA § 23 BetrVG 1952 Nr. 2 = DB 1969, 1560; *D/R* § 23 Rz. 44; *F/A/K/H* § 23 Rz. 28; *G/L* § 23 Rz. 29; GK-*Wiese* § 23 Rz. 85). Der Betriebsrat kann nur wegen **grober Verletzung** seiner gesetzlichen Pflichten aufgelöst werden (zum Begriff der groben Pflichtverletzung vgl. Rz. 14 ff.); es gelten die gleichen Grundsätze wie bei Ausschluß aus dem Betriebsrat mit geringen Abweichungen (vgl. Rz. 43, 44). Der Betriebsrat kann darüber hinaus aber auch gesetzliche Pflichten verletzen, die nur dem Betriebsrat als Kollektivorgan obliegen und die von einzelnen Mitgliedern nicht wahrgenommen werden können, wie z. B. die Pflichten in Ausübung der Mitbestimmung.

Es muß sich um eine **Amtspflichtverletzung** des Betriebsrats **als Kollektivorgan** 42 handeln (*Brecht* § 23 Rz. 13; *D/R* § 23 Rz. 44; *F/A/K/H* § 23 Rz. 29; *G/L* § 23 Rz. 30; GK-*Wiese* § 23 Rz. 85; *LAG Hamm* vom 6. 11. 1975 – 8 Ta BV 21/75 – DB 1976, 343). Erforderlich ist, daß der Betriebsrat als Gremium die grobe Pflichtverletzung begangen hat und nicht nur einzelne Betriebsratsmitglieder. Verletzen mehrere oder alle Betriebsratsmitglieder gleichzeitig, jedoch einzeln ihre gesetzlichen Pflichten, so rechtfertigt dies lediglich den Ausschluß der betreffenden Betriebsratsmitglieder (*Brecht* § 23 Rz. 13; *F/A/K/H* § 23 Rz. 29; *G/L* § 23 Rz. 30; GK-*Wiese* § 23 Rz. 85). Andererseits ist für eine Amtspflichtverletzung des Gremiums nicht erforderlich, daß bei einer gesetzwidrigen Beschlußfassung alle anwesenden Betriebsratsmitglieder zugestimmt hätten, dies also einstimmig erfolgt wäre. Da Betriebsratsbeschlüsse für den gesamten Betriebsrat verbindlich sind, soweit sie mit Mehrheit nach § 33 getroffen wurden, gelten sie auch für die nicht anwesenden Betriebsratsmitglieder. Es ist also nicht erforderlich, daß jedes einzelne Betriebsratsmitglied an der Amtspflichtverletzung teilnimmt oder von ihr weiß (*F/A/K/H* § 23 Rz. 30; *G/L* § 23 Rz. 30; GK-*Wiese* § 23 Rz. 69, 85, 88). Eine Amtspflichtverletzung des Betriebsrats kommt auch in Betracht, wenn er eine gesetzwidrige Amtsausübung seiner Mitglieder oder Unterorgane duldet (*G/L* § 23 Rz. 30).

Ein **Verschulden** des Betriebsrats bei der Amtspflichtverletzung ist – im Gegen- 43 satz zum Ausschluß des einzelnen Betriebsratsmitgliedes (vgl. Rz. 17) – nach h. M. nicht erforderlich, sondern es genügt die objektive Pflichtverletzung des Betriebsrats als körperschaftliches Gremium (*Brecht* § 23 Rz. 13; *D/R* § 23 Rz. 46; *F/A/K/H* § 23 Rz. 30; *G/L* § 23 Rz. 34; GK-*Wiese* § 23 Rz. 88; *S/W* § 23 Rz. 11). Nach der Rechtsordnung in der Bundesrepublik Deutschland können schuldhaft immer nur Einzelpersonen handeln, dagegen kein Kollektiv.

Grundsätzlich muß **die Amtspflichtverletzung des Betriebsrats während seiner** 44 **Amtszeit** erfolgen; es sei denn, daß sich diese nach Wiederwahl des gesamten Betriebsrats auf die neue Amtsperiode auswirkt (vgl. Rz. 19). Dies wird allerdings selten der Fall sein, da Voraussetzung wäre, daß der Betriebsrat in der gleichen Zusammensetzung wiedergewählt würde **a. A.** GK-*Wiese* § 23 Rz. 86; *F/A/K/H* § 23 Rz. 29; *G/L* § 23 Rz. 33).

§ 23   2. Teil 2. Abschn. Amtszeit des Betriebsrats

2. Einzelfälle

45 Eine **Amtspflichtverletzung** des Betriebsrats als Gremium **kommt** insbesondere bei folgenden Bestimmungen **in Betracht**: §§ 2, 74, 75, 77, 79, 80, 87 ff., 90 f., 92 ff., 96 ff., 111 ff.; aber auch bei §§ 16, 22, 26, 27, 29, 34, 43 und 47.

46 Eine **grobe Amtsverletzung** des Betriebsrats liegt – neben den in Rz. 28 ff. aufgezeigten Amtspflichtverletzungen, soweit sie vom Betriebsrat als Kollektiv begangen wurden – **in folgenden Fällen** vor bzw. ist durch die Rechtsprechung angenommen worden:
- Versäumnis der Einberufung der Pflichtbetriebsversammlung, obwohl die Gewerkschaft einen Antrag nach § 43 Abs. 4 gestellt hatte (*LAG Hamm* vom 25. 9. 1959 – 5 BV Ta 48/59 – DB 1959, 1227; a. A. bei Vorliegen besonderer Umstände *LAG Mainz* vom 5. 4. 1960 – 1 Sa BV 1/60 – BB 1960, 982),
- Nichtbestellung eines Wahlvorstandes, eines Betriebsratsvorsitzenden, des stellvertretenden Vorsitzenden, der Mitglieder des Gesamtbetriebsrates (*F/A/K/H* § 23 Rz. 28; *G/L* § 23 Rz. 35; GK-*Wiese* § 23 Rz. 89),
- Verletzung der Geheimhaltungspflicht (vgl. Rz. 29; *G/L* § 23 Rz. 38),
- Beschlüsse, die sich auf Arbeitskampfmaßnahmen beziehen oder parteipolitische Betätigung zum Inhalt haben,
- Verbot der Sammlung von Geldern durch den Betriebsrat zugunsten von Streikenden anderer Betriebe (*Hueck/Nipperdey* II/2, 985 Fn. 19a),
- Abschluß von Betriebsvereinbarungen entgegen § 77,
- grobe Verletzung der Mitbestimmungs- oder Mitwirkungsrechte durch Nichtausübung oder grob mißbräuchliche Ausübung,
- grober Verstoß gegen die vertrauensvolle Zusammenarbeit nach § 2 Abs. 1 (*G/L* § 23 Rz. 36),
- Beschlüsse, die gegen arbeitsrechtliche Schutzgesetze verstoßen,
- Verstoß in krasser Weise gegen die gewerkschaftliche Neutralitätspflicht (*G/L* § 23 Rz. 39),
- Beschluß des Betriebsrats über Leitung und Unterstützung eines wilden Streiks (*LAG Baden-Württemberg* vom 24. 6. 1974 – 1 Ta BV 3/74 –),
- Nichtberücksichtigung der Belange des Betriebs und wesentlicher Teile der Belegschaft bei der Bestimmung der zeitlichen Lage der Betriebsversammlung (*LAG Niedersachsen* vom 30. 8. 1982 – 11 Ta BV 8/81 – DB 1983, 1312),
- parteipolitische Betätigung (*G/L* § 23 Rz. 40; *LAG Niedersachsen* vom 14. 9. 1955 – 1 Ta BV 101/55 – rkr., BB 1956, 109; *LAG Bremen* vom 21. 10. 1953 – Sa B 5/53 – BB 1953, 946; *LAG Hamburg* vom 17. 3. 1970 – 1 Ta BV 1/70 – rkr., BB 1970, 1479).

47 **Nicht** als grobe **Amtspflichtverletzung** des **Betriebsrats** als Kollektiv ist angesehen worden:
- wenn eine arbeitgeberseitig konzipierte Kündigungsaktion, die provokativ gehandhabt wird, ohne aktive Beteiligung des Betriebsrats eine Arbeitsniederlegung auslöst (*LAG Hamm* vom 6. 11. 1975 – 8 Ta BV 70/75 – DB 1976, 343).

3. Auflösungsbeschluß

Für das **Auflösungsverfahren** gelten die gleichen Grundsätze wie in Rz. 8–11 und **48**
Rz. 36 ff. aufgezeigt, jedoch entfällt das Antragsrecht des Betriebsrats.
Der **Antrag auf Auflösung** des Betriebsrats kann mit **anderen Anträgen verbun-** **49**
den werden, insbesondere auch mit dem nach § 103 auf Ersetzung der Zustimmung zur fristlosen Kündigung; es gilt sinngemäß das in Rz. 26, 41 und Rz. 42 Gesagte (*D/R* § 23 Rz. 47 ff.; GK-*Wiese* § 23 Rz. 62 ff., 91). Zur fristlosen Kündigung des gesamten Betriebsrats aus demselben Anlaß vgl. *BAG* vom 25. 3. 1976 – 2 AZR 163/75 – EzA § 103 BetrVG 1972 Nr. 12 = DB 1976, 1337 und § 103 Rz. 39). Der Antrag kann auch mit dem Antrag auf **Wahlanfechtung** oder auf Amtsenthebung eines Betriebsratsmitgliedes verbunden werden (vgl. Rz. 36 sinngemäß).
Eine **einstweilige Verfügung**, durch die dem Betriebsrat generell vor Rechtskraft **50** des arbeitsgerichtlichen Beschlusses die Ausübung des Amtes untersagt wird, ist nicht zulässig, ebensowenig eine allgemeine »Suspendierung« des Betriebsrats (*D/R* § 23 Rz. 56; *F/A/K/H* § 23 Rz. 31; *G/L* § 23 Rz. 43; GK-*Wiese* § 23 Rz. 74).
Der **Betriebsrat** kann sich **nicht** wie die einzelnen Betriebsratsmitglieder (Rz. 32) dem **Auflösungsverfahren** dadurch **entziehen**, daß er nach § 13 Abs. 2 Ziff. 3 **freiwillig zurücktritt**, weil ein solcher Rücktritt nicht das sofortige Ende seines Amtes zur Folge hätte, er vielmehr gem. § 22 (vgl. dort Rz. 4 f.) die laufenden Geschäfte weiterführen würde und damit auch das Auflösungsverfahren fortzusetzen wäre (*D/R* § 23 Rz. 51; *F/A/K/H* § 23 Rz. 34; *G/L* § 23 Rz. 43; GK-*Wiese* § 23 Rz. 75). Dies gilt entsprechend, wenn sämtliche Betriebsratsmitglieder und Ersatzmitglieder, ohne daß eine Beschlußfassung erfolgte, also einzeln ihr Amt niederlegen und dieses Verhalten als kollektiver Rücktritt zu werten ist (*F/A/K/H* § 23 Rz. 31 a; GK-*Wiese* § 23 Rz. 97; a. A. *D/R* § 23 Rz. 51; zum kollektiven Rücktritt vgl. § 13 Rz. 22).
Wird das Auflösungsverfahren in der laufenden Amtszeit nicht rechtskräftig abge- **51** schlossen, so bleibt bei **Wiederwahl** des Betriebsrats **in gleicher Zusammensetzung** in Ausnahmefällen ein Antrag auf Auflösung zulässig (vgl. Rz. 48).
Mit der **Rechtskraft des Auflösungsbeschlusses endet das Amt des Betriebsrats**, **52** ohne daß er berechtigt ist, die Geschäfte weiterzuführen (§ 22, vgl. auch § 13 Rz. 26). Der Beschluß eines Landesarbeitsgerichts wird erst nach Ablauf der Rechtsmittelfrist rechtskräftig. Ist die Rechtsbeschwerde nicht zugelassen, tritt die Rechtskraft erst ein mit Ablauf der Frist für die Einlegung der Nichtzulassungsbeschwerde (§ 92 a ArbGG: *LAG Hamm* vom 9. 11. 1977 – 11 Sa 951/77 – rkr., DB 1978, 216) bzw. mit der Entscheidung über diese Beschwerde. Bei Zulassung der Rechtsbeschwerde tritt die Rechtskraft erst nach Entscheidung des *Bundesarbeitsgerichts* über die Rechtsbeschwerde ein. Mit Rechtskraft des Auflösungsbeschlusses erlischt die Mitgliedschaft aller Betriebsratsmitglieder, Ersatzmitglieder rücken nicht nach, denn auch sie werden vom Auflösungbeschluß erfaßt (*D/R* § 23 Rz. 55, 57; *F/A/K/H* § 23 Rz. 31; *G/L* § 23 Rz. 45; GK-*Wiese* § 23 Rz. 99). Der Betrieb wird betriebsratslos mit Rechtskraft des arbeitsgerichtlichen Auflösungsbeschlusses.
Mit der rechtskräftigen Auflösung **erlöschen** alle Rechte aus der Amtsstellung, **53** auch die Mitgliedschaft in Ausschüssen und im **Gesamtbetriebsrat, Konzernbetriebsrat** oder **Wirtschaftsausschuß** (§§ 49, 57 und 107 Abs. 1 Satz 1). Mit Rechtskraft der Entscheidung verlieren alle Betriebsratsmitglieder den **Kündigungs-**

§ 23   2. Teil 2. Abschn. Amtszeit des Betriebsrats

schutz nach § 103 und § 15 KSchG (*D/R* § 23 Rz. 57; *G/L* § 23 Rz. 44; *LAG Hamm* vom 9. 11. 1977 – 11 Sa 951/77 – rkr., DB 1978, 216), bei Auflösung des Betriebsrats durch Gerichtsbeschluß gibt es keinen nachwirkenden Kündigungsschutz nach § 15 Abs. 1 Satz 2 letzter Halbsatz KSchG. Zu den Rechten nach § 37 Abs. 4 und 5 und § 38 der Mitglieder des aufgelösten Betriebsrates vgl. § 37 Rz. 77, 91 und § 38 Rz. 54, 55.

54 Das **Rechtsschutzinteresse** für den Auflösungsantrag des Betriebsrats muß genauso wie beim Ausschließungsantrag noch im Zeitpunkt der letzten mündlichen Verhandlung gegeben sein. Es gelten dieselben Ausführungen wie in Rz. 32.

55 Eine **Wiederwahl** der vom rechtskräftigen Auflösungsbeschluß betroffenen Betriebsratsmitglieder ist – anders als bei dem Ausschluß einzelner Mitglieder aus dem Betriebsrat (vgl. Rz. 38) – für die unmittelbar anschließende Amtszeit des neuen Betriebsrats möglich, auch wenn diese, was meist der Fall sein wird, außerhalb der regelmäßigen Betriebsratswahl stattfindet (*D/R* § 23 Rz. 58; *F/A/K/H* § 23 Rz. 31; GK-*Wiese* § 23 Rz. 101).

4. Verhältnis des Abs. 1 zu anderen Vorschriften

56 Abs. 1 enthält eine **abschließende** Regelung, soweit es die **Auflösung** des Betriebsrats betrifft. Im übrigen gilt sinngemäß dasselbe wie unter Rz. 40 ausgeführt.

5. Bestellung des Wahlvorstandes durch das Arbeitsgericht (Abs. 2)

57 Das Arbeitsgericht ist nach rechtskräftiger Auflösung des Betriebsrats von Amts wegen verpflichtet, **unverzüglich** einen **Wahlvorstand** für die Neuwahl **einzusetzen** (Abs. 2). Kraft gesetzlicher Vorschriften kann der Wahlvorstand erst nach Auflösung des Betriebsrats durch das Arbeitsgericht bestellt werden. Der Betriebsrat ist erst mit Rechtskraft des Beschlusses aufgelöst, eine Verbindung des Auflösungbeschlusses mit dem über die Bestellung des Wahlvorstands ist daher unzulässig (*D/R* § 23 Rz. 59; *G/L* § 23 Rz. 46; GK-*Wiese* § 23 Rz. 103; a. A. *F/A/K/H* § 23 Rz. 35). Der Instanzenzug ist abzuwarten (vgl. Rz. 66); während dieser Zeit ist der Betriebsrat, gegen den der Auflösungsantrag gestellt wurde, wegen der aufschiebenden Wirkung der Rechtsmittel nach den §§ 87 Abs. 3, 92 Abs. 3 ArbGG noch im Amt.

58 Die Bestimmung des Abs. 2 Satz 2 soll sicherstellen, daß die Antragsteller, die den Auflösungsantrag nach Abs. 1 im konkreten Fall gestellt haben, **Vorschläge für die Zusammensetzung des Wahlvorstandes** machen können. Diese Vorschläge haben aber nicht bereits im Antrag auf Auflösung des Betriebsrats zu erfolgen (*D/R* § 23 Rz. 61; *G/L* § 23 Rz. 47). Das Vorschlagsrecht steht dem jeweiligen Antragsteller des Auflösungsverfahrens zu, also auch im Gegensatz zu § 16 Abs. 2 dem Arbeitgeber, wenn er die Auflösung beantragt hatte (RegE, BT-Drucks. VI/1786 S. 39 zu § 23, der auf die konkreten Antragsteller nach Abs. 1 abstellt; GK-*Wiese* § 23 Rz. 105; a. A. *F/A/K/H* § 23 Rz. 36). Satz 2 bedeutet ferner, daß sich die im Betrieb vertretene Gewerkschaft (vgl. § 16 Rz. 24) mit den erweiterten Befugnissen des § 16 Abs. 2 Sätze 2 und 3 an dem vom Arbeitsgericht von Amts wegen einzuleitenden Beschlußverfahren zur Bestellung des Wahlvorstandes für die Neuwahl des Betriebsrats beteiligen kann. § 14 Abs. 7 findet nur in Zusammenhang mit § 17 Anwendung.

Zum **arbeitsgerichtlichen Bestellungsverfahren** vgl. § 16 Rz. 21 ff. 59

VI. Sanktionen gegen den Arbeitgeber

1. Grobe Verstöße gegen das Betriebsverfassungsgesetz

Die **Antragsberechtigten** (vgl. Rz. 13) nach Abs. 3 können bei groben Verstößen 60
des Arbeitgebers gegen seine Pflichten aus dem Betriebsverfassungsgesetz gegen
diesen gerichtlich vorgehen. Für die Antragsberechtigung kommt es nicht darauf
an, ob der Antragsteller von der Pflichtverletzung unmittelbar betroffen ist; so
kann z. B. der Betriebsrat einen Antrag stellen, auch wenn ein einzelner Arbeitnehmer oder eine im Betrieb vertretene Gewerkschaft betroffen ist, dagegen nicht
der Betriebsrat selbst. Ein Antrag nach Abs. 3 ist anders als bei Pflichtverletzungen des Betriebsrats oder einzelner seiner Mitglieder nach Abs. 1 nur möglich bei
einem Verstoß des Arbeitgebers gegen das Betriebsverfassungsgesetz, dagegen
nicht bei Verstößen gegen andere Gesetze, auch nicht bei Verstößen gegen Tarifverträge, es sei denn, diese konkretisierten betriebsverfassungsrechtliche Pflichten, und auch nicht bei arbeitsvertraglichen Pflichtverstößen; Verletzungen von
Betriebsvereinbarungen kommen in Betracht, da diese ihre Grundlage im Betriebsverfassungsgesetz haben (*D/R* § 23 Rz. 68f.; *F/A/K/H* § 23 Rz. 9, 46; *G/L*
§ 23 Rz. 52; GK-*Wiese* § 23 Rz. 108). § 23 Abs. 3 BetrVG dient nämlich dem
Schutz der betriebsverfassungsrechtlichen Ordnung gegen grobe Verstöße des Arbeitgebers (*BAG* vom 20. 8. 1991 – 1 ABR 85/90 – EzA § 77 BetrVG 1972 Nr. 41
= NZA 1992, 317).

Es muß sich um **einen groben Verstoß** des Arbeitgebers gegen die betriebsverfas- 61
sungsrechtlichen Pflichten handeln. Für die Beurteilung, ob ein solcher grober
Verstoß vorliegt, gelten die gleichen Grundsätze wie bei Abs. 1, abgesehen davon,
daß ein grober Verstoß des Arbeitgebers nur bei Verletzung des BetrVG in Betracht kommt (vgl. Rz. 14ff.; *D/R* § 23 Rz. 71; *G/L* § 23 Rz. 53). Der Verstoß
muß sich auf Pflichten beziehen, die die **Unterlassung** oder **Duldung einer Handlung** oder die **Vornahme einer Handlung** betreffen.

Von einem groben Pflichtverstoß kann hier insbesondere nur dann gesprochen 62
werden, wenn der Arbeitgeber als Einzelperson sowohl **objektiv** als auch **subjektiv pflichtwidrig**, also schuldhaft handelte und die Pflichtverletzung vorsätzlich
oder grob fahrlässig erfolgte (*G/L* § 23 Rz. 54; a. A. *BAG* vom 18. 4. 1985 –
6 ABR 19/84 – EzA § 23 BetrVG 1972 Nr. 10 = DB 1985, 2511; *D/R* § 23 Rz. 72;
F/A/K/H § 23 Rz. 48; GK-*Wiese* § 23 Rz. 136, die aber auch bei Pflichtverletzung
eines Betriebsratsmitgliedes kein Verschulden verlangen). Handelt es sich bei
dem Arbeitgeber um eine juristische Person, kommt es auf das Verschulden des
gesetzlichen Vertreters an; dagegen kommt es bei einem Beschluß eines Kollektivorgans wie der Gesellschafter- oder Mitgliederversammlung nur auf die objektive
Pflichtverletzung an.

Für die Beurteilung eines Verstoßes des Arbeitgebers gegen seine betriebsverfas- 63
sungsrechtlichen Pflichten ist ein **zwischenzeitlicher Wechsel des Betriebsrats** unerheblich. Wird das Verfahren wegen eines Verhaltens des Arbeitgebers während
der Amtszeit des vorhergehenden Betriebsrats zur Amtszeit eines neuen Betriebsrats eingeleitet, so wird in vielen Fällen das Rechtsschutzinteresse nicht mehr gegeben sein (GK-*Wiese* § 23 Rz. 94).

2. Einzelfälle

64 Als **Beispiel** für einen solchen **groben Pflichtverstoß** ist in der amtlichen Begründung (RegE, BT-Drucks. VI/1786 S. 39) der Verstoß des Arbeitgebers gegen die Friedenspflicht genannt. Als grobe Pflichtverstöße können weiterhin in Betracht kommen:
- generelle Ablehnung oder Mißachtung von Mitwirkungs- oder Mitbestimmungsrechten in besonders schwerwiegenden Fällen (*BAG* vom 18. 4. 1985 – 6 ABR 19/84 – EzA § 23 BetrVG 1972 Nr. 10 = DB 1985, 2511),
- beharrliche Verweigerung der Zusammenarbeit mit dem Betriebsrat (§ 2 Abs. 1),
- Verstoß gegen die betriebliche Friedenspflicht (§ 74 Abs. 2 Satz 1) und das Verbot parteipolitischer Betätigung (§ 74 Abs. 2 Satz 3),
- Weigerung, vereinbarte Betriebsvereinbarungen durchzuführen (§ 77 Abs. 1),
- Nichtbeachtung eines Mitbestimmungsrechts trotz dessen rechtskräftiger Feststellung (*BAG* vom 8. 8. 1989 – 1 ABR 59/88 – EzA § 23 BetrVG 1972 Nr. 27 = DB 1990, 1191).

65 **Keine groben Verstöße** i. S. d. Abs. 3 sind nach der Rechtsprechung:
- die Verteidigung einer bestimmten Rechtsansicht in einer schwierigen und ungeklärten Rechtsfrage (*BAG* vom 27. 11. 1973 – 1 ABR 11/73 – EzA § 23 BetrVG 1972 Nr. 1 = DB 1974, 731; *BAG* vom 22. 2. 1983 – 1 ABR 27/81 – EzA § 23 BetrVG 1972 Nr. 9 m. Anm. *Rüthers, Heussler* = DB 1983, 502, 1926) oder die Klärung einer bestimmten Rechtsfrage durch Anrufung des Arbeitsgerichts (*BAG* vom 15. 8. 1978 – 6 ABR 10/76 – EzA § 23 BetrVG 1972 Nr. 7 = DB 1978, 2275),
- Verstoß gegen das Mitbestimmungsrecht bei personellen Maßnahmen (*LAG Hamm* vom 30. 7. 1976 – 3 Ta BV 27/76 – EzA § 23 BetrVG 1972 Nr. 4 = DB 1976, 1917); hier ist das Verfahren nach § 101 möglich,
- Verletzung des Betriebsverfassungsgesetzes aus Rechtsirrtum (*ArbG Paderborn* vom 8. 2. 1973 – 1 BV 4/72 – BB 1973, 335).
- Anwendung einer Betriebsvereinbarung, die in einzelnen Bestimmungen gegen den Manteltarifvertrag und dessen Durchführungsbestimmungen verstößt (*BAG* vom 20. 8. 1991 – 1 ABR 85/90 – EzA § 77 BetrVG 1972 Nr. 41 = NZA 1992, 317).

3. Verfahren nach Abs. 3

a) Erkenntnisverfahren

66 Das **Verfahren** nach Abs. 3 vollzieht sich in **zwei Stufen** (*D/R* § 23 Rz. 67, 80; *G/L* § 23 Rz. 58; GK-*Wiese* § 23 Rz. 141). Zunächst findet ein Beschlußverfahren vor dem Arbeitsgericht statt mit dem Antrag, dem Arbeitgeber aufzugeben, wie in Rz. 67 aufgeführt (Erkenntnisverfahren). An das **Erkenntnisverfahren** schließt sich das **Vollstreckungsverfahren** (Abs. 3 Satz 2–5) gegen den Arbeitgeber an.

67 Der **Antrag**, mit dem ein grober, genau bezeichneter Verstoß des Arbeitgebers gegen seine betriebsverfassungsrechtlichen Pflichten geltend gemacht wird, kann darauf gerichtet werden, daß dem **Arbeitgeber aufgegeben wird**
- eine Handlung zu dulden,
- die Vornahme einer Handlung zu dulden oder
- eine Handlung vorzunehmen.

Es muß sich stets um einen Antrag handeln, der auf zukünftiges Verhalten gerichtet ist; ein Antrag, festzustellen, daß der Arbeitgeber gegen Pflichten aus diesem Gesetz verstoßen hat, ist nach § 23 Abs. 3 nicht zulässig (*D/R* § 23 Rz. 75; *F/A/K/ H* § 23 Rz. 59, 60; *G/L* § 23 Rz. 59; GK-*Wiese* § 23 Rz. 144). Bereits begangene Verstöße des Arbeitgebers können nur nach §§ 119, 121 geahndet werden. Bei begehrter Unterlassung kann der Nachweis bereits begangener, grober Pflichtverletzungen für das Rechtsschutzinteresse erforderlich sein, um eine Wiederholungsgefahr glaubhaft zu machen.

Gibt das Arbeitsgericht im **Beschlußverfahren** dem Antrag statt, so verpflichtet es **68** den Arbeitgeber, ein **bestimmtes Verhalten**, das den groben Verstoß darstellt, zu **unterlassen** oder eine **bestimmte** vertretbare oder unvertretbare **Handlung vorzunehmen**, deren Nichtvornahme einen groben Verstoß darstellt bzw. die **Vornahme einer solchen Handlung zu dulden**.

Das **Verfahren** bezieht sich also **nur** auf **Handlungs-, Duldungs- oder Unterlas- 69 sungspflichten**, wie auch die allgemeinen Vollstreckungsvorschriften der §§ 887, 880, 890 ZPO; eine ausdehnende Anwendung des Abs. 3 nach dem Sinn der Vorschrift nicht zulässig (*F/A/K/H* § 23 Rz. 41 f; *G/L* § 23 Rz. 57; GK-*Wiese* § 23 Rz. 150, 151). Nicht anwendbar ist die Vorschrift daher bei Erzwingung einer Leistung, wie z. B. eines Geldbetrags oder Herausgabe von beweglichen Sachen; die Zwangsvollstreckung erfolgt hier gem. § 85 Abs. 1 ArbGG i. V. m. § 803 ff. ZPO. Die Bestimmung des Abs. 3 gilt auch nicht für die Verpflichtung des Arbeitgebers zur Abgabe einer Willenserklärung, es gilt § 85 Abs. 1 ArbGG i. V. m. § 894 ZPO (*Brecht* § 23 Rz. 20; *D/R* § 23 Rz. 73; *F/A/K/H* § 23 Rz. 42; *G/L* § 23 Rz. 57; GK-*Wiese* § 23 Rz. 152).

Eine **einstweilige Verfügung** ist im Falle des groben Verstoßes des Arbeitgebers **70** gegen betriebsverfassungsrechtliche Pflichten nicht möglich, da Abs. 3 eine Sanktion bei grober Pflichtverletzung darstellt; eine Sanktion kann aber nicht in einem einstweiligen Verfügungsverfahren ausgesprochen werden, in dem eine Glaubhaftmachung der Anspruchsgrundlage ausreicht (*LAG Hamm* vom 4. 2. 1977 – 3 Ta BV 75/76 rkr. – EzA § 23 BetrVG 1972 Nr. 5 = DB 1977, 1189, 1514; *D/R* § 23 Rz. 79; *G/L* § 23 Rz. 61; *F/A/K/H* § 23 Rz. 58; **a. A.** GK-*Wiese* § 23 Rz. 149; *Dütz* DB 1984, 115 ff.; *Heinze* DB 1983 Beilage Nr. 9, 23; *Konzen* a. a. O. 75). Außerdem besteht im Rahmen des § 23 Abs. 3 kein Bedürfnis für den Erlaß einer einstweiligen Verfügung und damit fehlt das Rechtsschutzinteresse (vgl. hierzu *LAG Hamm* a. a. O.).

b) Vollstreckungsverfahren

Das Verfahren gem. Abs. 3 Ziff. 2–5 wird ebenfalls nur **auf Antrag** eingeleitet, **71** dagegen nicht von Amts wegen. Es ist hierbei nicht erforderlich, daß es sich um denselben Antragsteller handelt, der auch das Erkenntnisverfahren eingeleitet hat (*D/R* § 23 Rz. 81; *F/A/K/H* § 23 Rz. 69; *G/L* § 23 Rz. 66; GK-*Wiese* § 23 Rz. 157). Im Gesetz findet sich kein Anhaltspunkt dafür, daß nur derjenige, der den Antrag im Erkenntnisverfahren gestellt hat, auch berechtigt ist, den Antrag im Vollstreckungsverfahren zu stellen.

Beim Vollstreckungsverfahren sind **zwei Fälle** zu unterscheiden, nämlich **72**
a) – Zuwiderhandlung des Arbeitgebers gegen die ihm durch rechtskräftige gerichtliche Entscheidung auferlegte Verpflichtung, eine Handlung zu unterlassen oder die Vornahme einer Handlung zu dulden.

§ 23 2. Teil 2. Abschn. Amtszeit des Betriebsrats

b) – Nichtdurchführung einer dem Arbeitgeber durch rechtskräftige gerichtliche Entscheidung auferlegten Handlung.

73 Hat das Arbeitsgericht den Arbeitgeber rechtskräftig verurteilt, eine bestimmte **Handlung zu unterlassen oder die Vornahme zu dulden** (a) und handelt er diesem rechtskräftigen Beschluß zuwider, so ist ihm auf Antrag vom Arbeitsgericht im Beschlußverfahren ein Ordnungsgeld für eine jede Zuwiderhandlung aufzuerlegen. Die Auferlegung des Ordnungsgeldes von höchstens 20 000 DM setzt voraus, daß diese ihm vorher rechtskräftig angedroht wurde; hierbei genügt der Hinweis auf den gesetzlichen Strafrahmen von höchstens 20 000 DM, ein bestimmtes Ordnungsgeld braucht nicht angedroht zu werden. Dies geschieht in der Regel in dem das Erkenntnisverfahren rechtskräftig abschließenden Beschluß, kann aber auch nachträglich durch Beschluß geschehen, der ebenfalls rechtskräftig werden muß. Ohne eine rechtskräftige Androhung kann kein Ordnungsgeld verhängt werden (*Brecht* § 23 Rz. 21; *D/R* § 23 Rz. 82f.; *F/A/K/H* § 23 Rz. 48; *G/L* § 23 Rz. 63; a. A. GK-*Wiese* § 23 Rz. 160).

74 Die **Nichtbefolgung** der durch rechtskräftigen Beschluß des Arbeitsgerichts dem Arbeitgeber **aufgegebenen Verpflichtung** kann nur dann zur Verhängung eines Ordnungsgeldes führen, wenn ein Verschulden des Arbeitgebers vorliegt; es muß sich also um eine vorsätzliche oder grob fahrlässige Nichtbefolgung handeln (a. A. *D/R* § 23 Rz. 84; *F/A/K/H* § 23 Rz. 67; *G/L* § 23 Rz. 65; GK-*Wiese* § 23 Rz. 163: Vorsatz oder Fahrlässigkeit).

75 **Zuwiderhandlungen vor Rechtskraft** des Beschlusses, der die Androhung des Ordnungsgeldes enthält, rechtfertigen die Verhängung eines Ordnungsgeldes nicht (*D/R* § 23 Rz. 84; *F/A/K/H* § 23 Rz. 63, 65; *G/L* § 23 Rz. 64; GK-*Wiese* § 23 Rz. 168). Das Ordnungsgeld wird **wegen jeder Zuwiderhandlung** verhängt, es bleibt daher auch dann bestehen, wenn der Arbeitgeber vor Verhängung oder Vollstreckung der Ordnungsstrafe die Zuwiderhandlung gegen den rechtskräftigen Beschluß unterläßt (*D/R* § 23 Rz. 85; *F/A/K/H* § 23 Rz. 66; *G/L* § 23 Rz. 68). Nach der überwiegenden Meinung wird es für zulässig gehalten, den Arbeitgeber wegen derselben Handlung mit einem Ordnungsgeld zu belegen und nach § 119 oder § 111 vorzugehen (Rz. 7; *F/A/K/H* § 23 Rz. 68; *G/L* § 23 Rz. 68; a. A. *D/R* § 23 Rz. 66).

76 Nimmt der **Arbeitgeber entgegen** einem **rechtskräftigen Beschluß eine Handlung**, die ihm durch diesen auferlegt wurde, **nicht vor** (b), so kann das Arbeitsgericht ihn **auf Antrag** durch einen Beschluß auf Verhängung von Zwangsgeld bis zur Höhe von 20 000 DM dazu anhalten. Eine vorherige rechtskräftige **Androhung** des **Zwangsgeldes** ist **nicht erforderlich** (*D/R* § 23 Rz. 88; *F/A/K/H* § 23 Rz. 73; *G/L* § 23 Rz. 71; GK-*Wiese* § 23 Rz. 176). Es ist auch **kein Verschulden** des Arbeitgebers erforderlich, da es sich um eine reine Zwangsmaßnahme zur Durchführung einer gerichtlichen Entscheidung handelt (*D/R* § 23 Rz. 89; *F/A/K/H* § 23 Rz. 74; *G/L* § 23 Rz. 71; GK-*Wiese* § 23 Rz. 171), deshalb wird auch eine Sanktion nach §§ 119, 121 für möglich gehalten (*G/L* § 23 Rz. 3, 73; dagegen Bedenken *D/R* § 23 Rz. 66).

77 Die Vorschrift des § 23 Abs. 3 über die Verhängung eines Zwangsgeldes ist nicht auf **unvertretbare Handlungen** beschränkt; sie betrifft auch **vertretbare** (*D/R* § 23 Rz. 76; GK-*Wiese* § 23 Rz. 170; a. A. *Grunsky* ArbGG § 85 Anm. 9, der in diesem Fall § 887 ZPO für anwendbar hält).

79 Mit der **sofortigen Beschwerde** nach §§ 793 ZPO, 85 Abs. 1 ArbGG können die Beschlüsse über die Festsetzung von Ordnungs- bzw. Zwangsgeld angefochten werden; dies gilt auch für den selbständigen Androhungsbeschluß. Das Rechtsmittel der weiteren Beschwerde ist nicht gegeben (§ 78 Abs. 2 ArbGG).

c) Verhältnis des Abs. 3 zu anderen Vorschriften
Streitig ist, ob Abs. 3 eine materiell-rechtliche Anspruchsgrundlage ist und damit 80 eine **abschließende Regelung** enthält oder ob neben dem gerichtlichen Verfahren nach Abs. 3 noch ein allgemeiner Unterlassungsanspruch nach den allgemeinen Vorschriften des Verfahrens- und Vollstreckungsrechts (§§ 80 Abs. 2, 46 Abs. 2, 85 Abs. 1 ArbGG i. V. m. §§ 888, 890 ZPO) besteht, um die gesetzlichen Pflichten des Arbeitgebers sicherzustellen (vgl. zum Meinungsstand GK-*Wiese*, § 23 Rz. 109 ff.; *Derleder* AuR 1983, 290 f.; *Heinze* DB 1983 Beilage Nr. 9, 2; *v. Hoyningen-Huene* Anm. zu *BAG* vom 22. 2. 1983 – 1 ABR 27/81 – AP Nr. 2 zu § 23 BetrVG 1972; *Konzen*, 1 ff.).
Das *Bundesarbeitsgericht* geht davon aus, daß Abs. 3 eine abschließende Regelung enthält, soweit es um Mitwirkungsrechte des Betriebsrats geht und in den entsprechenden Vorschriften keine anderen, speziellen Sanktionsmöglichkeiten (vgl. Rz. 84) vorgesehen, sowie keine ausdrückliche Regelung von Durchsetzungs- oder Erfüllungsansprüchen für den Betriebsrat enthalten sind (*BAG* vom 22. 2. 1983 – 1 ABR 27/81 – EzA § 23 BetrVG 1972 Nr. 9 m. Anm. *Rüthers, Heussler* = DB 1983, 502, 1926; *BAG* vom 17. 5. 1983 – 1 ABR 21/80 – EzA § 80 BetrVG 1972 Nr. 25 = DB 1983, 1986; *Heinze* a. a. O.; *v. Hoyningen-Huene* Anm. zu *BAG* vom 22. 2. 1983 in AP Nr. 2 zu § 23 BetrVG 1972; *S/W* § 23 Rz. 17 a; offengelassen aber einschränkend *BAG* vom 18. 4. 1985 – 6 ABR 19/84 – EzA § 23 BetrVG 1972 Nr. 10 = DB 1985, 2511). Nach dem *Bundesarbeitsgericht* können sich solch unmittelbare Ansprüche, die Abs. 3 vorgehen, ergeben aus:

- § 2 Abs. 2 (Zutrittsrecht der Gewerkschaften),
- § 20 Abs. 3 (Tragung der Kosten der Betriebsratswahl),
- § 29 Abs. 3 (Betriebsratssitzung auf Verlangen des Arbeitgebers),
- § 40 (Tragung der Kosten der Betriebsratstätigkeit),
- § 44 (Tragung der Kosten der Betriebsversammlung),
- § 74 Abs. 2 (Unterlassung von Verstößen gegen die Friedenspflicht und ähnliches),
- § 77 Abs. 1 Satz 1 (Durchsetzung von Ansprüchen aus einer Betriebsvereinbarung),
- § 80 Abs. 2 (Vorlage von Unterlagen),
- § 89 Abs. 2 (Mitteilung von Arbeitsschutzvorschriften),
- § 93 (Stellenausschreibung auf Verlangen des Betriebsrates),

(*BAG* vom 22. 2. 1983 a. a. O.; *BAG* vom 13. 10. 1987 – 1 ABR 51/86 – EzA § 611 BGB Teilzeitarbeit Nr. 2 = DB 1988, 345; *BAG* vom 10. 11. 1987 – 1 ABR 55/86 – EzA § 77 BetrVG 1972 Nr. 19 = DB 1987, 2420; offengelassen *BAG* vom 22. 2. 1983 a. a. O.). In einem weiteren Beschluß führt das *Bundesarbeitsgericht* generalisierend aus (*BAG* vom 17. 5. 1983 a. a. O.), die Vorschriften über Mitwirkungs- und Mitbestimmungsrechte gäben dem Betriebsrat keine unmittelbaren Ansprüche; dagegen gewährten Vorschriften, die den Arbeitgeber zur Leistung von Geld oder Sachen, zur Vorlage von Unterlagen oder zur Unterrichtung des Betriebsrats verpflichteten, einen unmittelbaren Erfüllungsanspruch (unter III 2 c) der Gründe) und seien daher auch außerhalb des Verfahrens des Abs. 3 nach den allgemeinen Vorschriften des arbeitsgerichtlichen Verfahrens und Vollstreckungsrechts durchsetzbar.

§ 23   2. Teil 2. Abschn. Amtszeit des Betriebsrats

81 Die **Literatur** nimmt ganz überwiegend **keine abschließende** Regelung des **Abs. 3** an (*D/R* § 23 Rz. 63; *F/A/K/H* § 23 Rz. 79 ff.; *G/L* § 23 Rz. 62; GK-*Wiese* § 23 Rz. 127; *Dütz* AuR 1973, 356), allerdings ohne – wie das *Bundesarbeitsgericht* – zwischen Mitwirkungsrechten und anderen Rechten zu differenzieren. Es soll eine Anspruchskonkurrenz zwischen dem allgemeinen Unterlassungsanspruch von mitbestimmungswidrigem Verhalten des Arbeitgebers und demjenigen aus Abs. 3 bestehen (*F/A/K/H* § 23 Rz. 82). Das *Bundesarbeitsgericht* weicht mit seiner Rechtsprechung nur insoweit von der Literatur ab, als es Mitwirkungsrechte des Betriebsrats betrifft, bei denen das Betriebsverfassungsgesetz dem Betriebsrat keinen eigenständigen Durchsetzungsanspruch gewährt; hinsichtlich der anderen aufgezeigten Rechte nimmt auch das *Bundesarbeitsgericht* keine abschließende Regelung des Abs. 3 an (im Ergebnis ebenso *Konzen* a. a. O. 113 f.).
Schon aus diesem Grund ist die mit der Entstehungsgeschichte und dem Normzweck begründete Ablehnung der Ansicht des *Bundesarbeitsgerichts* (vgl. *Dütz* DB 1984, 115 ff.; *Derleder* AuR 1983, 289 ff.) nicht überzeugend. Vielmehr ist mit dem *Bundesarbeitsgericht* davon auszugehen, daß, soweit die einzelnen Vorschriften des BetrVG keine **unmittelbaren Unterlassungs-** oder Handlungs**ansprüche** gegen den Arbeitgeber enthalten, **Abs. 3 eine abschließende Regelung** enthält, dagegen nicht, soweit betriebsverfassungsrechtliche Vorschriften einen unmittelbaren Anspruch gegen den Arbeitgeber gewähren (*Rüthers/Henssler* Anm. zu *BAG* vom 22. 2. 1983 – 1 ABR 27/81 – EzA § 23 BetrVG 1972 Nr. 9; *Konzen* Anm. zu *BAG* vom 18. 4. 1985 – 6 ABR 19/84 – EzA § 23 BetrVG 1972 Nr. 10). Bedenken bestehen allerdings insoweit, als das *Bundesarbeitsgericht* nicht unterscheidet zwischen dem Anspruch des Betriebsrats auf seinem Mitbestimmungsrecht genügenden Handlungen des Arbeitgebers und der Frage, ob dem Betriebsrat gegen den Arbeitgeber ein materiell-rechtlicher Anspruch zusteht, dem Mitwirkungsrecht des Betriebsrats unterliegende Maßnahmen zu unterlassen, solange dem Mitwirkungsrecht des Betriebsrats nicht genügt ist (*Buchner* a. a. O. 38). Selbst bei Bejahung eines Anspruchs des Betriebsrats auf bestimmte Mitwirkungshandlungen ergibt sich daraus nicht ohne weiteres ein Unterlassungsanspruch, so daß dem *Bundesarbeitsgericht* jedenfalls im Ergebnis zu folgen ist, wenn es einen allgemeinen Unterlassungsanspruch gegen den Arbeitgeber hinsichtlich der Mitwirkungsrechte ablehnt (*Buchner* a. a. O. 40).

82 Als **Spezialvorschriften** gehen die §§ 98 Abs. 5, 101, 104 dem § 23 Abs. 3 vor (*D/R* § 23 Rz. 65; *F/A/K/H* § 23 Rz. 44; *G/L* § 23 Rz. 51; GK-*Wiese* § 23 Rz. 128; schriftlicher Bericht des Ausschusses für Arbeit und Sozialordnung, zu BT-Drucks. VI/2729 S. 21; *Heinze* a. a. O. 2, 18, 19; *BAG* vom 15. 12. 1978 – 6 ABR 70/77 – EzA § 101 BetrVG 1972 Nr. 4 = DB 1979, 1282; *BAG* vom 22. 2. 1983 a. a. O. – 1 ABR 27/81 – **a. A.** bzgl. künftiger Beachtung von Mitbestimmungsrechten *BAG* vom 17. 3. 1987 – 1 ABR 65/85 – EzA § 23 BetrVG 1972 Nr. 16 = DB 1987, 2051; ebenso *F/A/K/H* § 23 Rz. 44; GK-*Wiese* § 23 Rz. 128). Neben den dort geregelten Zwangsverfahren kann also nicht nach § 23 Abs. 3 vorgegangen werden.

83 Durch § 23 Abs. 3 ist die **Zwangsvollstreckung abschließend geregelt**, soweit wegen eines groben betriebsverfassungsrechtlichen Pflichtverstoßes ein Verfahren nach Abs. 3 Satz 1 durchgeführt wurde (*D/R* § 23 Rz. 64; *F/A/K/H* § 23 Rz. 89; GK-*Wiese* § 23 Rz. 129; **a. A.** *G/L* § 23 Rz. 62, die von einer abschließenden Regelung der Zwangsvollstreckung ausgehen, soweit vom Arbeitgeber wegen eines groben betriebsverfassungsrechtlichen Pflichtverstoßes verlangt wird, eine Hand-

lung zu unterlassen, die Vornahme einer Handlung zu dulden oder eine Handlung vorzunehmen. Diese Ansicht widerspricht der Systematik des Gesetzes, da sich die Sätze 2–5 lediglich auf Satz 1 beziehen). Zuständig für die Vollstreckung nach Abs. 3 ist das Arbeitsgericht. Es handelt sich um eine Sonderregelung der Zwangsvollstreckung; in den genannten Fällen finden die Vorschriften über die Zwangsvollstreckung im Beschlußverfahren gem. § 85 Abs. 1 ArbGG oder der ZPO keine Anwendung. Für andere Fälle – also solche, in denen vom Arbeitgeber nicht wegen des in § 23 Abs. 3 aufgeführten Tatbestandes eine Unterlassung, Duldung oder Vornahme einer Handlung verlangt wird – gilt die allgemeine Zwangsvollstreckung nach § 85 ArbGG (*D/R* § 23 Rz. 63f.; *F/A/K/H* § 23 Rz. 89; *G/L* § 23 Rz. 62; GK-*Wiese* § 23 Rz. 129; *Dütz* AuR 1973, 356).

Aus der **abschließenden Regelung** des § 23 Abs. 3 für die dort genannten Fälle **84** folgt, daß das Höchstmaß des im Einzelfall zu verhängenden Ordnungs- oder Zwangsgeldes auf 20 000 DM beschränkt ist (*D/R* § 23 Rz. 93; *F/A/K/H* § 23 Rz. 39; *G/L* § 23 Rz. 68). §§ 890, 888 ZPO, die ein Ordnungsgeld bzw. Zwangsgeld von bis zu 500 000 DM vorsehen, kommen daneben nicht zur Anwendung (*Grunsky* § 85 Rz. 8). Ausgeschlossen ist ferner die Verhängung einer Haftstrafe. Zur Anwendung von §§ 119, 120 BetrVG vgl. Rz. 80.

d) Keine eigene Kontroll- und Überwachungsfunktion der Gewerkschaften aus Abs. 3

Kein allgemeines **Zugangsrecht der Gewerkschaften** zum Betrieb läßt sich aus § 2 **85** Abs. 2 i. V. m. § 23 herleiten. Die Gewerkschaften können unter Berufung auf § 23 nicht den Zugang fordern, um Pflichtverstöße des Betriebsrats oder des Arbeitgebers zu ermitteln oder festzustellen (*D/R* § 23 Rz. 76; GK-*Wiese* § 23 Rz. 148; *Galperin* BB 1972, 274; vgl. aber *Hanau* BB 1971, 486). Eine solche Kontroll- und Ermittlungstätigkeit im Betrieb gegenüber Betriebsrat und Arbeitgeber ist nicht gesetzliche Aufgabe der Gewerkschaft i. S. v. § 2 Abs. 2. Darüber hinaus wäre eine Verpflichtung des Arbeitgebers zur Duldung von gegen ihn selbst gerichteten Ermittlungen in seinem eigenen Betrieb durch die Gewerkschaft absolut unzumutbar. Im übrigen vgl. hierzu § 2 Rz. 99 ff.

§ 24 Erlöschen der Mitgliedschaft

(1) Die Mitgliedschaft im Betriebsrat erlischt durch
1. Ablauf der Amtszeit,
2. Niederlegung des Betriebsratsamtes,
3. Beendigung des Arbeitsverhältnisses,
4. Verlust der Wählbarkeit,
5. Ausschluß aus dem Betriebsrat oder Auflösung des Betriebsrats aufgrund einer gerichtlichen Entscheidung,
6. gerichtliche Entscheidung über die Feststellung der Nichtwählbarkeit nach Ablauf der in § 19 Abs. 2 bezeichneten Frist, es sei denn, der Mangel liegt nicht mehr vor.
(2) Bei einem Wechsel der Gruppenzugehörigkeit bleibt das Betriebsratsmitglied Vertreter der Gruppe, für die es gewählt ist. Dies gilt auch für Ersatzmitglieder.

§ 24   2. Teil 2. Abschn. Amtszeit des Betriebsrats

Inhaltsübersicht

		Rz.
I.	Anwendungsbereich der Vorschrift	1– 4
II.	Erlöschen der Mitgliedschaft im Betriebsrat (Abs. 1)	5–32
	1. Ablauf der Amtszeit (Abs. 1 Ziff. 1)	5
	2. Niederlegung des Betriebsratsamtes (Abs. 1 Ziff. 2)	6– 8
	3. Beendigung des Arbeitsverhältnisses (Abs. 1 Ziff. 3)	9–22
	4. Verlust der Wählbarkeit (Abs. 1 Ziff. 4)	23–26
	5. Ausschluß aus dem Betriebsrat bzw. Auflösung des Betriebsrates (Abs. 1 Ziff. 5)	27
	6. Feststellung der Nichtwählbarkeit (Abs. 1 Ziff. 6)	28–32
III.	Rechtsfolgen des Erlöschens der Mitgliedschaft	33–36
IV.	Wechsel der Gruppenzugehörigkeit (Abs. 2)	37
V.	Streitigkeiten	38

I. Anwendungsbereich der Vorschrift

1   Die Vorschrift regelt das Erlöschen der **Mitgliedschaft des einzelnen Betriebsratsmitgliedes**, während § 21 die Beendigung der Amtszeit des Betriebsrats als Kollektivorgan regelt. In den Fällen der Ziff. 1 bis 4 erlischt die Mitgliedschaft automatisch kraft Gesetzes, während bei den Ziff. 5 und 6 eine besondere rechtskräftige, gerichtliche, die Rechtslage gestaltende Entscheidung notwendig ist.

2   Für die **Bordvertretung** und den **Seebetriebsrat** gilt die Vorschrift (§§ 115 Abs. 3, 116 Abs. 2) mit den Abweichungen des § 115 Abs. 3 Nr. 2 und § 116 Abs. 2 Nr. 9, für die **Jugend- und Auszubildendenvertretung** gilt Abs. 1 (§ 65 Abs. 1). Eine Verweisung auf Abs. 2 erübrigt sich, da für die Jugend- und Auszubildendenvertretung keine Besetzung nach dem Verhältnis der Gruppen vorgesehen ist. Die Mitgliedschaft im **Gesamtbetriebsrat** und **Konzernbetriebsrat** und in der Gesamtjugend- und Auszubildendenvertretung (§§ 47 Abs. 2, 55 Abs. 2, 73 Abs. 2 i. V. m. § 65 Abs. 1) endet mit der Mitgliedschaft im Betriebsrat bzw. in der **Jugend- und Auszubildendenvertretung**.

3   Auf **Ersatzmitglieder**, die nicht in den Betriebsrat nachgerückt sind, findet Abs. 1 keine unmittelbare, aber – abgesehen von Abs. 1 Nr. 5 (Ausschließung aus dem Betriebsrat) – entsprechende Anwendung. Bei Vorliegen eines der Tatbestände des Abs. 1 Nr. 1–4 sowie Nr. 5 (Auflösung des Betriebsrates) und Nr. 6 erlischt die Anwartschaft des Ersatzmitgliedes, in den Betriebsrat nachzurücken (*D/R* § 24 Rz. 5; *F/A/K/H* § 24 Rz. 4; *G/L* § 24 Rz. 4, die beide Nr. 5 – allerdings generell – ausschließen; GK-*Wiese* § 24 Rz. 54, § 25 Rz. 44ff.).
Auch die **Mitgliedschaft** in zusätzlichen oder **anderen betriebsverfassungsrechtlichen Vertretungen** nach § 3 Abs. 1 Nr. 1 und 2 endet nach § 24 Abs. 1, soweit der Tarifvertrag keine andere Regelung trifft.

4   Die Vorschrift ist **zwingend**, sie kann weder durch Tarifvertrag noch durch Betriebsvereinbarung abgeändert werden.

II. Erlöschen der Mitgliedschaft im Betriebsrat (Abs. 1)

1. Ablauf der Amtszeit (Abs. 1 Ziff. 1)

Die Mitgliedschaft des einzelnen Betriebsratsmitgliedes im Betriebsrat endet mit 5
Ablauf der Amtszeit des Betriebsrats als Organ; sie kann die Amtszeit des Betriebsrats nicht überdauern. Zur Beendigung der Amtszeit des Betriebsrats als Organ vgl. § 21 Rz. 11 ff.

2. Niederlegung des Betriebsratsamtes (Abs. 1 Ziff. 2)

Durch die **Niederlegung des Betriebsratsamtes** endet die Amtszeit des einzelnen 6
Betriebsratsmitglieds ebenfalls. Es handelt sich hierbei um die freiwillige Niederlegung im Gegensatz zum Ausschluß eines Betriebsratsmitglieds aus dem Betriebsrat durch arbeitsgerichtlichen Beschluß gem. § 23. Die freiwillige Amtsniederlegung ist jederzeit formlos möglich (*LAG Berlin* vom 7. 2. 1967 – 5 Sa 114/66 – BB 1967, 1424) und zwar auch schon unmittelbar nach der Wahl und vor dem Amtsbeginn (*BVerwG* vom 9. 10. 1959 – VII P 1.59 – AP Nr. 2 zu § 27 BetrVG 1952 = DB 1969, 1448). Gleiche Wirkung hat die fristgerechte Ablehnung der Wahl nach § 18 WO. Die Amtsniederlegung muß durch eindeutige Willenserklärung, die keine Bedingung enthalten darf, gegenüber dem Betriebsrat oder seinem Vorsitzenden zum Ausdruck gebracht werden. Eine Amtsniederlegung, die in der Betriebsversammlung erklärt wird, kann als Erklärung an den Betriebsrat ausgelegt werden, wenn die Betriebsversammlung vom Vorsitzenden oder dessen Stellvertreter – wie üblich – geleitet wird (*D/R* § 24 Rz. 8; *GK-Wiese* § 24 Rz. 9). Eine Erklärung gegenüber dem Arbeitgeber ist nicht ausreichend (*LAG Schleswig-Holstein* vom 19. 8. 1966 – 1 Ta BV 3/66 – AP Nr. 4 zu § 24 BetrVG 1952 = DB 1966, 1893; *Brecht* § 24 Rz. 6; *D/R* § 24 Rz. 8; *F/A/K/H* § 24 Rz. 9; *G/L* § 24 Rz. 9; *GK-Wiese* § 24 Rz. 10).

Die **Amtsniederlegung wird wirksam mit dem Zugang der Erklärung** beim Be- 7
triebsrat, es sei denn, daß das zurücktretende Mitglied selbst einen anderen Zeitpunkt in seiner Rücktrittserklärung festgesetzt hat (*D/R* § 24 Rz. 9; *F/A/K/H* § 24 Rz. 10; *G/L* § 24 Rz. 11). Die Rücktrittserklärung kann nach Zugang nicht mehr **zurückgenommen oder widerrufen werden**, da sie gestaltende Wirkung hat (*BVerwG* vom 9. 10. 1959 a. a. O.; *D/R* § 24 Rz. 9; *F/A/K/H* § 24 Rz. 10; *G/L* § 24 Rz. 10; GK-*Wiese* § 24 Rz. 15). Deshalb kann auch der Mangel der Ernstlichkeit nur eingewandt werden, wenn dieser sich aus dem Inhalt der Erklärung ergibt oder dem Erklärungsempfänger nach den Umständen bekannt oder zumindest erkennbar war (*D/R* § 24 Rz. 9; *F/A/K/H* § 24 Rz. 10; *G/L* § 24 Rz. 10; einschränkend GK-*Wiese* § 24 Rz. 15). Nach **h. M.** ist eine Anfechtung der Erklärung der Amtsniederlegung wegen Willensmangels ausgeschlossen (*Brecht* § 24 Rz. 6; *D/R* § 24 Rz. 9; *F/A/K/H* § 24 Rz. 10; *G/L* § 24 Rz. 10; einschränkend GK-*Wiese* § 24 Rz. 12), da sich Betriebsrat und Arbeitnehmer nicht mit unklaren Mitgliedschaften belasten können. Eine Anfechtung wegen arglistiger Täuschung oder Drohung ist jedoch möglich (*G/L* § 24 Rz. 10).

Das **Ausscheiden aus Ausschüssen** des Betriebsrats oder aus anderen bestimmten 8
Betriebsratsfunktionen durch Niederlegung stellt keine Amtsniederlegung dar (*D/R* § 24 Rz. 8; *F/A/K/H* § 24 Rz. 10; *G/L* § 24 Rz. 12).

§ 24   2. Teil 2. Abschn. Amtszeit des Betriebsrats

3. Beendigung des Arbeitsverhältnisses (Abs. 1 Ziff. 3)

9 Die Mitgliedschaft des Betriebsratsmitglieds im Betriebsrat erlischt mit **Beendigung des Arbeitsverhältnisses**. Da Voraussetzung für die Wählbarkeit eines Arbeitnehmers die Betriebszugehörigkeit ist (§ 8) muß folgerichtig das Betriebsratsamt erlöschen, wenn mit der Beendigung des Arbeitsverhältnisses auch die Betriebszugehörigkeit endet (h. M.). Entscheidend ist die rechtliche Beendigung des Arbeitsverhältnisses (*F/A/K/H* § 24 Rz. 11; *G/L* § 24 Rz. 13; *GK-Wiese* § 24 Rz. 18, 19; *S/W* § 24 Rz. 4).

10 Es ist **unerheblich, aus welchem Grund** und auf welche Art und Weise **das Arbeitsverhältnis beendet** wird. Als Beendigungsgründe kommen z. B. in Betracht:
- Kündigung durch den Arbeitnehmer bzw. fristlose Kündigung durch den Arbeitgeber (Rz. 11),
- Anfechtung bzw. Nichtigkeit des Arbeitsverhältnisses,
- Aufhebungsvertrag (einverständliche Auflösung),
- Tod des Arbeitnehmers oder Todeserklärung,
- Fristablauf bei einem befristeten Arbeitsverhältnis durch Zeitablauf oder Zweckerreichung,
- Eintritt einer auflösenden Bedingung,
- lösende Aussperrung oder Abkehr des Arbeitnehmers im Arbeitskampf.

11 Das **Arbeitsverhältnis der Betriebsratsmitglieder** kann vom Arbeitgeber – außer im Fall der Betriebsstillegung bzw. Teilstillegung (§ 15 Abs. 4, 5 KSchG, vgl. § 103 Rz. 21f.) – **nur durch außerordentliche Kündigung** mit Zustimmung des Betriebsrats oder Ersetzung der Zustimmung des Betriebsrats durch das Arbeitsgericht beendet werden (§ 103; vgl. Anm. dort). Erhebt das Betriebsratsmitglied Kündigungsschutzklage, so steht bis zur rechtskräftigen Entscheidung des Arbeitsgerichts nicht fest, ob eine Beendigung des Arbeitsverhältnisses erfolgt ist. Bis zu dieser rechtskräftigen Feststellung ist das Betriebsratsmitglied an der Ausübung seines Amtes zeitweilig verhindert, so daß ein Ersatzmitglied nach § 25 Abs. 1 Satz 2 an seine Stelle treten muß (*Brecht* § 24 Rz. 10; *D/R* § 24 Rz. 12; *F/A/K/H* § 24 Rz. 13; *G/L* § 24 Rz. 15; GK-*Wiese* § 24 Rz. 26; *LAG Hamburg* vom 13. 10. 1954 – 3 SA 161/54 – DB 1954, 978; *LAG Schleswig-Holstein* vom 2. 9. 1976 – 4 Ta BV 11/76 – DB 1976, 1974; *LAG Hamm* vom 25. 8. 1961 – 5 BV Ta 7/61 – DB 1961, 1327). Wird vom Gericht rechtskräftig festgestellt, daß die Kündigung aus wichtigem Grund zu Recht erfolgte, so steht fest, daß das Arbeitsverhältnis mit dem Zeitpunkt des Zugangs der Kündigung endete und das Betriebsratsmitglied damit sein Amt verloren hat. Stellt das Gericht dagegen rechtskräftig fest, daß die außerordentliche Kündigung unwirksam war, so entfällt die zeitweilige Verhinderung des Betriebsratsmitglieds an der Ausübung seiner Tätigkeit, und die Mitgliedschaft im Betriebsrat besteht fort.

12 Grundsätzlich kann **während des Kündigungsrechtsstreits keine einstweilige Verfügung** zum Schutze der Betriebsratstätigkeit erlassen werden (*D/R* § 24 Rz. 13; *F/A/K/H* § 24 Rz. 14; GK-*Wiese* § 25 Rz. 25; *LAG Frankfurt/M.* vom 4. 6. 1957 – I LAQ 191/57 – AP Nr. 2 zu § 25 BetrVG 1952 m. Anm. *Küchenhoff* = DB 1957, 971; *LAG Düsseldorf* vom 20. 12. 1957 – 2 SA 442/57 – BB 1958, 412; **a. A.** *G/L* § 24 Rz. 17), da § 25 Abs. 1 Satz 1, Satz 2 die Funktionsfähigkeit des Betriebsrats sicherstellt. Eine einstweilige Verfügung soll zulässig sein (so *D/R* § 24 Rz. 13; *F/A/K/H* § 24 Rz. 14; GK-*Wiese* § 25 Rz. 25), wenn die Kündigung offensichtlich

Erlöschen der Mitgliedschaft § 24

unbegründet ist (so auch *LAG Düsseldorf* vom 27. 2. 1975 – 3 Ta BV 2/75 – EzA § 25 BetrVG 1972 Nr. 1 = DB 1975, 700; *LAG Düsseldorf* vom 22. 7. 1977 – 11 Ta BV 7/77 – DB 1977, 1053; *LAG Schleswig-Holstein* vom 2. 9. 1976 – 4 Ta BV 11/76 – DB 1976, 1974); dies ist z. B. der Fall, wenn die Zustimmung zur außerordentlichen Kündigung von Betriebsratsmitgliedern fehlt oder wenn bei Wahl eines gekündigten Arbeitnehmers in den Betriebsrat ein Weiterbeschäftigungsverhältnis nach § 102 Abs. 5 besteht.

Kündigt das **Betriebsratsmitglied** sein Arbeitsverhältnis unter Einhaltung der Kündigungsfrist, so erlischt sein Amt mit Ablauf der Kündigungsfrist; das gleiche gilt für den im **Aufhebungsvertrag** festgesetzten Zeitpunkt. Bei einer suspendierenden Aussperrung kann der Arbeitnehmer sein Arbeitsverhältnis fristlos kündigen (GK-*Wiese* § 24 Rz. 28). 13

Die **Nichtigkeit** und **Anfechtbarkeit** eines Arbeitsvertrages wirken nach h. M. nur für die Zukunft, dagegen nicht rückwirkend. Das Arbeitsverhältnis und damit das Betriebsratsamt enden daher mit Feststellung der Nichtigkeit bzw., wenn die erklärte Anfechtung wirksam wird (*D/R* § 24 Rz. 18; *F/A/K/H* § 24 Rz. 15; GK-*Wiese* § 24 Rz. 23). 14

Mit **Fristablauf** endet das befristete Arbeitsverhältnis. Sieht eine Betriebsvereinbarung oder ein Tarifvertrag wirksam (vgl. aber § 41 Abs. 4 SGB VI) die Beendigung eines Arbeitsverhältnisses mit dem 65. Lebensjahr vor oder ist eine solche Befristung im Einzelvertrag festgelegt, so endet das Arbeitsverhältnis des Betriebsratsmitglieds zu diesem Zeitpunkt und damit sein Amt (*BAG* vom 25. 3. 1971 – 2 AZR 185/70 – EzA § 620 BGB Nr. 15 = DB 1971, 1113; *D/R* § 24 Rz. 15; GK-*Wiese* § 24 Rz. 21). Sieht eine Arbeitsordnung mit einer **Altersgrenze für die Beendigung** der Arbeitsverhältnisse allerdings vor, daß der Arbeitgeber in besonderen Fällen im Einverständnis mit dem Betriebsrat berechtigt ist, das Arbeitsverhältnis mit dem Arbeitnehmer auch nach Erreichen der Altersgrenze fortzusetzen, so muß der Arbeitgeber von einer solchen Befugnis dann für die Dauer der Wahlperiode des Betriebsrats Gebrauch machen, wenn der Arbeitnehmer dem Betriebsrat angehört (*BAG* vom 12. 12. 1968 – 2 AZR 120/68 – AP Nr. 6 zu § 24 BetrVG 1972 mit abl. Anm. *Herschel* = EzA § 620 BGB Nr. 12 = SAE 1970, 53 mit abl. Anm. *Hueck, G.* = DB 1969, 488; *F/A/K/H* § 24 Rz. 15; a. A. *D/R* § 24 Rz. 16; GK-*Wiese* § 24 Rz. 21). Das Arbeitsverhältnis endet in den Fällen der Befristung, ohne daß es einer Kündigung bedarf. Wird nach Ablauf eines befristeten Arbeitsverhältnisses das Betriebsratsmitglied weiterbeschäftigt, so besteht auch das Betriebsratsamt fort. 15

Durch **Streik und Aussperrung** werden die Arbeitsverhältnisse grundsätzlich nur **suspendiert** und leben nach Beendigung des Arbeitskampfes wieder auf (*BAG* vom 28. 1. 1955 – GS 1/54 – AP Nr. 1 zu Art. 9 GG Arbeitskampf = DB 1955, 455, 725 m. Anm. *Meisinger*, 945 m. Anm. *Meisinger*, 1956, 377 m. Anm. *A. Hueck*, 1085 m. Anm. *Meisinger*, 1958, 52 m. Anm. *Müller*, 869 m. Anm. *Dietzhoff*; *D/R* § 24 Rz. 21; *F/A/K/H* § 24 Rz. 18; *G/L* § 24 Rz. 19). Der Arbeitgeber kann aber grundsätzlich auch zur lösenden Aussperrung übergehen – d. h. daß das Arbeitsverhältnis durch die Aussperrung beendet wird –, wenn zusätzliche Umstände dies rechtfertigen; das gilt jedoch nicht für Betriebsratsmitglieder; diese können nur mit suspendierender Wirkung ausgesperrt werden (*BAG* vom 21. 4. 1971 – GS 1/68 – EzA Art. 9 GG Nr. 6 = DB 1971, 1061; bestätigt durch *BVerwG* vom 19. 2. 1975 – 1 BvR 418/71 – AP Nr. 50 zu Art. 9 GG = DB 1975, 796; *D/R* § 21 Rz. 20; *F/A/K/H* § 24 Rz. 18; *G/L* § 24 Rz. 19; GK-*Wiese* § 24 Rz. 21; *Brill* a. a. O., 404. 16

§ 24   2. Teil 2. Abschn. Amtszeit des Betriebsrats

Zum Bestand des Betriebsratsamtes während eines Arbeitskampfes vgl. § 74 Rz. 21 ff., 27).

17 Für **Ersatzmitglieder** gilt dies bei einem **Arbeitskampf** nicht; sie können mit lösender Wirkung ausgesperrt werden. Ihre Eigenschaft als Ersatzmitglieder erhalten sie zurück bei einer Wiedereinstellung aufgrund eines Maßregelungsverbotes (*F/A/K/H* § 24 Rz. 19a; *G/L* § 24 Rz. 20; GK-*Wiese* § 24 Rz. 35; *Brill* a. a. O. 404).

18 Ruht das **Arbeitsverhältnis** aufgrund der Ableistung des **Wehrdienstes** (Grundwehrdienst, Wehrübung, ziviler Ersatzdienst), so hat dies keinen Einfluß auf die Zugehörigkeit zum Betriebsrat (*D/R* § 24 Rz. 19; *F/A/K/H* § 24 Rz. 11; *G/L* § 24 Rz. 22; *Kröller* BB 1972, 228; *Sahmer* § 24 Anm. 5; GK-*Wiese* § 24 Rz. 31 und 42). Für die Zeit des Wehrdienstes rückt das Ersatzmitglied ein. Das Arbeitsverhältnis endet, wenn ein Arbeitnehmer im Anschluß an eine Eignungsübung bei der Bundeswehr bleibt oder die Übung länger als vier Monate fortsetzt (§ 3 EignungsübungsG vom 20. 1. 1956 i. d. F. vom 10. 8. 1966, BGBl. 1956 I S. 13 bzw. 1966 S. 481). Zu der Möglichkeit der Rückstellung von Betriebsratsmitgliedern vom Wehrdienst vgl. § 8 Rz. 24.

19 Eine **Unterbrechung** des Arbeitsverhältnisses beendet dieses nicht, auch nicht im Falle der Suspendierung (*G/L* § 24 Rz. 23).

20 Die **Eröffnung des Konkursverfahrens** über das Vermögen des Arbeitgebers beendet die Arbeitsverhältnisse nicht. Die Mitgliedschaft im Betriebsrat bleibt bis zur Auflösung des Betriebs bestehen (hierzu und zu den Mitwirkungsrechten des Betriebsrats bei einem Interessenausgleich und Sozialplan vgl. § 21 Rz. 25 f.; *F/A/K/H* § 1 SozPlKonkG Rz. 7; *G/L* § 24 Rz. 21).

21 Wird das **Arbeitsverhältnis** eines Betriebsratsmitglieds beendet und dann wieder neu begründet, so lebt das erloschene Betriebsratsamt dadurch nicht wieder auf (*D/R* § 24 Rz. 21; *F/A/K/H* § 24 Rz. 17; *G/L* § 24 Rz. 28; GK-*Wiese* § 24 Rz. 34; *LAG Nürnberg* vom 7. 8. 1974 – 6 Ta BV – 13/73 N). Dies gilt auch bei einem **Wiedereintritt**, wenn Arbeitgeber und Arbeitnehmer vereinbart haben, daß das Betriebsratsamt wiederaufleben solle, denn hierüber können sie, da es sich um zwingendes Recht handelt, nicht verfügen. Das gilt auch dann, wenn die spätere Wiedereinstellung von vornherein in Aussicht genommen oder zugesichert war.

22 Die **Veräußerung eines Betriebs** hat keine Auswirkung auf die Mitgliedschaft im Betriebsrat, da der neue Betriebsinhaber nach § 613 a BGB in die Rechte und Pflichten aus den im Zeitpunkt des Übergangs bestehenden Arbeitsverhältnissen eintritt (*F/A/K/H* § 24 Rz. 20; *G/L* § 24 Rz. 27); das Betriebsratsamt endet nicht automatisch beim Wechsel des Betriebsinhabers (*LAG Düsseldorf* vom 20. 9. 1974 – 16 SA 24/74 – EzA § 22 BetrVG 1972 Nr. 1 = DB 1975, 454). Bei der Veräußerung eines **Betriebsteils** scheiden die Betriebsratsmitglieder aus dem Betriebsrat des veräußernden Betriebs aus, da ihre Arbeitsverhältnisse auf den übernehmenden Betrieb übergehen. Nach der Rechtsprechung des *Bundesarbeitsgerichts* trifft dies nicht zu, wenn sie dem Übergang ihres Arbeitsverhältnisses widersprechen (*BAG* vom 2. 10. 1974 – 5 AZR 504/73 – EzA § 613 a BGB Nr. 1 = DB 1975, 601; *BAG* vom 6. 2. 1980 – 5 AZR 275/78 – EzA § 613 a BGB Nr. 26 = DB 1980, 1495; *BAG* vom 30. 10. 1986 – 2 AZR 101/85 – EzA § 613 a BGB Nr. 54 = DB 1987, 942; *F/A/K/H* § 24 Rz. 20; *G/L* § 24 Rz. 26). Diese Auffassung ist durch das Urteil des *Europäischen Gerichtshofes* vom 5. 5. 1988 – Rs. 144 und 145/87 – EzA § 613 a BGB Nr. 89 = DB 1990, 1770 überholt (vgl. *Bauer* NZA 1990, 881).

4. Verlust der Wählbarkeit (Abs. 1 Ziff. 4)

Ein **nachträglicher Verlust der Wählbarkeit** führt zur Beendigung des Betriebsratsamtes, ohne daß es einer gerichtlichen Feststellung bedarf (*F/A/K/H* § 24 Rz. 24; *G/L* § 24 Rz. 29). Da nur Arbeitnehmer des Betriebes wählbar sind, führt ein Ausscheiden aus der Belegschaft des Betriebes zum Verlust der Wählbarkeit. Soweit das Ausscheiden durch Beendigung des Arbeitsverhältnisses erfolgt, fällt dies unter Ziff. 3, sonstige Gründe des Ausscheidens werden von Ziff. 4 erfaßt.

Eine **Versetzung** des Arbeitnehmers, soweit diese zulässig ist (vgl. § 99 Rz. 52), in einen anderen Betrieb des Unternehmens führt deshalb zum Verlust des Betriebsratsamtes in dem alten Betrieb (*D/R* § 24 Rz. 23; *F/A/K/H* § 24 Rz. 27; *G/L* § 24 Rz. 24; GK-*Wiese* § 24 Rz. 37; *LAG Hamm* vom 1. 4. 1977 – 3 Sa 181/77 – EzA § 103 BetrVG 1972 Nr. 19 = BB 1977, 696).

Ein **Verlust der Wählbarkeit** und damit des Betriebsratsamtes tritt ferner ein bei **Ausgliederung** eines **Betriebsteils** und Eingliederung in einen anderen Betrieb bzw. Entstehen eines neuen selbständigen Betriebs (vgl. § 21 Rz. 29, 30; *D/R* § 24 Rz. 24; *F/A/K/H* § 24 Rz. 29; *G/L* § 24 Rz. 24; GK-*Wiese* § 24 Rz. 39). In diesen Fällen findet § 15 Abs. 5 KSchG nicht analoge Anwendung, d. h. das Betriebsratsmitglied ist nicht wie im Falle der Betriebsstillegung in eine andere Betriebsabteilung zu übernehmen, da der Betriebsteil nicht stillgelegt wird, sondern weiterbesteht (*G/L* § 24 Rz. 25; a. A. *F/A/K/H* § 24 Rz. 29).

In allen anderen Fällen, in denen die in § 8 Rz. 2ff. aufgezeigten **Voraussetzungen der Wählbarkeit entfallen**, endet das Betriebsratsamt ebenfalls. Insbesondere ist zu erwähnen: Verlust der Arbeitnehmereigenschaft durch Aufstieg zum leitenden Angestellten nach § 5 Abs. 3, oder dadurch, daß das Betriebsratsmitglied Unternehmer oder geschäftsführungs- oder vertretungsberechtigter Gesellschafter einer Personengesellschaft oder Mitglied des Vertretungsorgans einer juristischen Person wird, Verlust der Fähigkeit, Rechte aus öffentlichen Wahlen zu erlangen infolge strafrechtlicher Verurteilung, Entmündigung (*D/R* § 24 Rz. 25ff.; *F/A/K/H* § 24 Rz. 24, 25; *G/L* § 24 Rz. 28ff.; GK-*Wiese* § 24 Rz. 38, 40f.). Dagegen spielt es keine Rolle, wenn ein Betriebsratsmitglied seine Gruppenzugehörigkeit wechselt (§ 24 Abs. 2).

5. Ausschluß aus dem Betriebsrat bzw. Auflösung des Betriebsrates (Abs. 1 Ziff. 5)

Bei **Ausschluß eines Betriebsratsmitgliedes aus dem Betriebsrat** oder Auflösung des gesamten Betriebsrates durch rechtskräftigen arbeitsgerichtlichen Beschluß nach § 23 endet die Mitgliedschaft mit Rechtskraft des Beschlusses (vgl. Erläuterungen zu § 23 Rz. 48ff.).

6. Feststellung der Nichtwählbarkeit (Abs. 1 Ziff. 6)

Die **nachträgliche Feststellung der Nichtwählbarkeit** führt nur dann zum Verlust des Betriebsratsamtes, wenn sie durch rechtskräftige Feststellung des Arbeitsgerichts erfolgt; es genügt nicht, wie beim Verlust der Wählbarkeit, der Eintritt der Tatsache.

29 Die Feststellung, daß das Betriebsratsmitglied überhaupt nicht wählbar gewesen ist, kann durch das Arbeitsgericht auch **noch nach Ablauf der Anfechtungsfrist** nach § 19 erfolgen, unabhängig davon, ob der Mangel schon länger bekannt war (*BAG* vom 11.3.1975 – 1 ABR 77/74 – EzA § 24 BetrVG 1972 Nr. 1 = DB 1975, 1753). Diese Feststellung kann auch nach jahrelanger Zugehörigkeit zum Betriebsrat erfolgen (*LAG Düsseldorf* vom 16.12.1960 – 4 BV Ta 2/66 – DB 1961, 311). Für den Fall der Wählbarkeitsvoraussetzungen wird damit praktisch die Anfechtungsfrist des § 19 Abs. 2 Satz 2 beseitigt. Im Gegensatz zum nachträglichen Verlust der Wählbarkeit (Ziff. 4) handelt es sich hier um Fälle, in denen die Wählbarkeit bereits im Zeitpunkt der Wahl nicht vorhanden war. Mängel bleiben allerdings unberücksichtigt, wenn sie zur Zeit der nachträglichen Feststellung nicht mehr vorliegen, z.B. das Mitglied unterdessen 18 Jahre alt geworden ist; abzustellen ist auf die letzte mündliche Tatsachenverhandlung (vgl. § 19 Rz. 35; *D/R* § 24 Rz. 33; *F/A/K/H* § 24 Rz. 35; *G/L* § 24 Rz. 33 a; GK-*Wiese* § 24 Rz. 49).

30 Die gerichtliche Feststellung erfolgt nur **auf Antrag** in einem besonderen gerichtlichen Verfahren; eine Entscheidung als Vorfrage etwa in einem Urteilsverfahren reicht nicht aus. Antragsberechtigt sind die nach § 19 zur Anfechtung der Wahl Antragsberechtigten (vgl. § 19 Rz. 26 ff.; *BAG* vom 11.3.1975 a.a.O.; *D/R* § 24 Rz. 31 f.; *F/A/K/H* § 24 Rz. 32; *G/L* § 24 Rz. 33; GK-*Wiese* § 24 Rz. 45). Der Antrag ist nicht von der Einhaltung einer Frist abhängig, sondern jederzeit auch schon vor Ablauf der zweiwöchigen Anfechtungsfrist zulässig (*BAG* vom 29.9.1983 – 2 AZR 212/82 – EzA § 15 KSchG 1969 Nr. 32 = DB 1984, 302; GK-*Wiese* § 24 Rz. 46; *S/W* § 24 Rz. 7; *D/R* § 24 Rz. 32), er richtet sich nicht gegen den Wahlvorschlag, sondern gegen das betreffende Betriebsratsmitglied (*BAG* vom 7.7.1954 – 1 ABR 6/54 – AP Nr. 1 zu § 24 BetrVG 1952 = DB 1954, 700). Der Antrag und die Feststellung ist unzulässig, wenn wegen der Nichtwählbarkeit des Betriebsratsmitgliedes bereits ein Wahlanfechtungsverfahren anhängig ist oder erfolglos durchgeführt wurde (*D/R* § 24 Rz. 34; *F/A/K/H* § 24 Rz. 34; *G/L* § 24 Rz. 33 a; GK-*Wiese* § 24 Rz. 46).

31 Auch bei einem Streit nach § 24 entfällt das **Rechtsschutzinteresse**, wenn vor rechtskräftiger Entscheidung im Beschlußverfahren das betreffende Betriebsratsmitglied aus dem Betriebsrat ausgeschieden ist (vgl. § 23 Rz. 32; *D/R* § 24 Rz. 33; *G/L* § 24 Rz. 44; *BAG* vom 13.7.1962 – 1 ABR 1/61 – AP Nr. 2 zu § 24 BetrVG 1952 = DB 1962, 1280).

32 Das Amt **endet** erst **mit Rechtskraft** des Beschlusses für die Zukunft. Beschlüsse, an denen das Betriebsratsmitglied vorher mitgewirkt hat, sind wirksam (*D/R* § 24 Rz. 35; *F/A/K/H* § 24 Rz. 36; *G/L* § 24 Rz. 33 a; GK-*Wiese* § 24 Rz. 50).

III. Rechtsfolgen des Erlöschens der Mitgliedschaft

33 Die **Mitgliedschaft** im Betriebsrat **erlischt** nach § 24 Abs. 1 Ziff. 1–6 **für** die **Zukunft**. Mit ihrem Erlöschen endet auch die Mitgliedschaft im **Gesamtbetriebsrat, Konzernbetriebsrat** und **Wirtschaftsausschuß** und anderen Ausschüssen des Betriebsrates (§§ 47, 49, 55, 57, 107 Abs. 1 Satz 1), soweit die Mitgliedschaft im Betriebsrat hierfür rechtliche und nicht nur tatsächliche Voraussetzung ist (*D/R* § 24 Rz. 39; *F/A/K/H* § 24 Rz. 38; *G/L* § 24 Rz. 34 ff.) d.h. z.B. beim Wirtschaftsausschuß, daß die Mitgliedschaft dort gerade auf der Eigenschaft als Be-

triebsratsmitglied beruht. Die Mitgliedschaft im Aufsichtsrat endet nicht durch das Erlöschen der Mitgliedschaft im Betriebsrat (*D/R* § 24 Rz. 39; *F/A/K/H* § 24 Rz. 38; *G/L* § 24 Rz. 35).

Mit dem Erlöschen der Mitgliedschaft im Betriebsrat verliert das ehemalige Be- 34 triebsratsmitglied den **besonderen Kündigungsschutz** nach § 103 und § 15 KSchG, § 29a HAG, weil dieser auf die Dauer der Mitgliedschaft im Betriebsrat beschränkt ist (*F/A/K/H* § 24 Rz. 38; *G/L* § 24 Rz. 37). Den besonderen Kündigungsschutz verliert das Betriebsratsmitglied aber erst mit Eintritt der Rechtskraft des Beschlusses über die Feststellung seiner Nichtwählbarkeit (*BAG* vom 29. 9. 1983 – 2 AZR 212/82 – EzA § 15 KSchG 1969 Nr. 32 = DB 1984, 302).

Umstritten ist, inwieweit der **nachwirkende Kündigungsschutz** nach § 15 Abs. 1 35 Satz 2 KSchG außer in dem Fall des § 24 Abs. 1 Nr. 1 Anwendung findet. Der nachwirkende Kündigungsschutz besteht nach dem Wortlaut des Gesetzes nur nach Beendigung der Amtszeit des Betriebsrats als Kollektivorgan; er findet daher nur Anwendung im Falle des § 24 Abs. 1 Nr. 1, also wenn das Amt des einzelnen Betriebsratsmitglieds nach Ablauf der Amtszeit des Betriebsrats endet, dagegen nicht bei Amtsniederlegung durch ein Betriebsratsmitglied. Amtszeit ist nach der Terminologie des Gesetzes zu unterscheiden von dem Erlöschen der Mitgliedschaft des einzelnen Betriebsratsmitglieds. Es gibt keine persönliche Amtszeit des einzelnen Betriebsratsmitglieds, sondern nur die Amtszeit des Betriebsrates als Kollektiv (*D/R*, 5. Aufl., § 24 Rz. 39; *F/A/K/H*, 12. Aufl., § 24 Rz. 31; *G/L*, 5. Aufl., § 24 Rz. 33; **a.A.** unter Umdeutung des Begriffes »Amtszeit« in »Mitgliedschaft« *Brecht* § 24 Rz. 7; GK-*Wiese* § 24 Rz. 52). Die neuere Rechtsprechung des *BAG* (*BAG* vom 5. 7. 1979 – 2 AZR 521/77 – EzA § 15 KSchG 1969 Nr. 22 = DB 1979, 2327; *BAG* vom 21. 8. 1979 – 6 AZR 789/77 – EzA § 78a BetrVG 1972 Nr. 6 = DB 1980, 454; *BAG* vom 22. 9. 1983 – 6 AZR 323/81 – EzA § 78a BetrVG 1972 Nr. 12 = DB 1984, 936) und ihr folgend die Lehre stellen allerdings für den nachwirkenden Kündigungsschutz nicht mehr auf die Beendigung der Amtszeit des Betriebsrats als Kollektivorgan, sondern auch auf die Beendigung der persönlichen Mitgliedschaft ab (*D/R* Anhang zu § 103 Rz. 5; *F/A/K/H* § 24 Rz. 38; *G/L* § 24 Rz. 38ff.; GK-*Wiese* § 24 Rz. 52). Dieser Ansicht kann nicht gefolgt werden; der nachwirkende Kündigungsschutz gilt nur bei Beendigung der Amtszeit des Betriebsrats als Kollektivorgan (zur Begründung vgl. § 103 Rz. 16).

Der **Fortbestand des Betriebsrates** wird durch Ausscheiden einzelner Mitglieder 36 nicht berührt; es rücken die Ersatzmitglieder nach.

IV. Wechsel der Gruppenzugehörigkeit (Abs. 2)

Bei einem **Wechsel der Gruppenzugehörigkeit** – z. B. ein Arbeiter wird Angestell- 37 ter – bleibt das Betriebsratsmitglied weiterhin Vertreter der Gruppe, für die es gewählt worden ist. Dies ist nunmehr ausdrücklich gesetzlich geregelt, wurde aber auch schon zum Betriebsverfassungsgesetz 1952 vom *Bundesarbeitsgericht* angenommen (*BAG* vom 10. 9. 1968 – 1 ABR 5/68 – EzA § 22 BetrVG 1952 Nr. 1 = DB 1969, 46). Die Vorschrift gilt sowohl im Falle der Gruppenwahl als auch der Gemeinschaftswahl und auch für **Ersatzmitglieder** (*D/R* § 24 Rz. 36ff.; *F/A/K/H* § 24 Rz. 39; *G/L* § 24 Rz. 42; GK-*Wiese* § 24 Rz. 58). Dies folgt schon daraus, daß der Wechsel weder eine Beendigung des Arbeitsvertrages noch einen Verlust der Wählbarkeit darstellt. Betriebsverfassungsrechtlich bleibt das Betriebsratsmitglied oder Ersatzmitglied Vertreter der Gruppe, für die es gewählt wurde, bis zum Ende der Amtszeit. Dies gilt auch für alle Funktionen innerhalb des Betriebsrats, für die die Gruppenzugehörigkeit von Bedeutung ist, wie z. B. Bestellung des Vorsitzenden oder stellvertretenden Vorsitzenden des Betriebsrats, Besetzung von Ausschüssen usw.

V. Streitigkeiten

38 Streitigkeiten über das **Erlöschen der Mitgliedschaft im Betriebsrat** entscheidet das Arbeitsgericht im Beschlußverfahren (§ 2a Abs. 1 Nr. 1, Abs. 2 i. V. m. §§ 80 ff. ArbGG), in den Fällen der Ziff. 5 und 6 gilt dies ausschließlich. In den Fällen der Ziff. 1–4 kann über das Erlöschen des Amts als Betriebsratsmitglied auch inzidenter im Urteilsverfahren entschieden werden, z. B. in einem Kündigungsschutzprozeß, in dem sich der Arbeitnehmer auf den besonderen Kündigungsschutz als Betriebsratsmitglied nach § 103, § 15 KSchG beruft.

§ 25 Ersatzmitglieder

(1) Scheidet ein Mitglied des Betriebsrats aus, so rückt ein Ersatzmitglied nach. Dies gilt entsprechend für die Stellvertretung eines zeitweilig verhinderten Mitglieds des Betriebsrats.
(2) Die Ersatzmitglieder werden der Reihe nach aus den nichtgewählten Arbeitnehmern derjenigen Vorschlagslisten entnommen, denen die zu ersetzenden Mitglieder angehören. Ist eine Vorschlagsliste erschöpft, so ist das Ersatzmitglied derjenigen Vorschlagsliste zu entnehmen, auf die nach den Grundsätzen der Verhältniswahl der nächste Sitz entfallen würde. Ist das ausgeschiedene oder verhinderte Mitglied nach den Grundsätzen der Mehrheitswahl gewählt, so bestimmt sich die Reihenfolge der Ersatzmitglieder unter Berücksichtigung der §§ 10 und 12 nach der Höhe der erreichten Stimmenzahlen.
(3) In den Fällen des § 14 Abs. 4 findet Absatz 1 mit der Maßgabe Anwendung, daß das gewählte Ersatzmitglied nachrückt oder die Stellvertretung übernimmt.

Literaturübersicht

Brill Stellung, Rechte und Pflichten der Ersatzmitglieder des Betriebsrats, BlStSozArbR 1983, 177; *Dütz* Effektiver Bestandsschutz im Arbeitsverhältnis, DB 1978 Beilage Nr. 13; *Eich* Die Annahmeerklärung als Voraussetzung für den Erwerb des Betriebsratsamtes durch Ersatzmitglieder, DB 1976, 47; *Etzel* Kündigungsschutz für Wahlbewerber und Ersatzmitglieder betriebsverfassungsrechtlicher und verwandter Organe, BlStSozArbR 1976, 209; *Matthes* Probleme des Kündigungsschutzes von Betriebsratsmitgliedern, DB 1980, 1165; *Nipperdey* Zum nachwirkenden Kündigungsschutz von Ersatzmitgliedern, DB 1981, 217.

Ersatzmitglieder § 25

Inhaltsübersicht

		Rz.
I.	Anwendungsbereich der Vorschrift	1– 3
II.	Begriff des Ersatzmitgliedes	4
III.	Voraussetzungen des Nachrückens	5–15
	1. Ausscheiden eines Betriebsratsmitgliedes	5, 6
	2. Zeitweilige Verhinderung eines Betriebsratsmitgliedes	7–15
IV.	Rechtsstellung der Ersatzmitglieder	16–21
V.	Ende der Ersatzmitgliedschaft	22
VI.	Reihenfolge des Nachrückens	23–29
VII.	Streitigkeiten	30

I. Anwendungsbereich der Vorschrift

Die **zwingende** Vorschrift regelt abschließend die Fälle, in denen Ersatzmitglieder 1 nachrücken. Sie dient der Wahrung der Kontinuität der Arbeit des Betriebsrats und seiner Beschlußfähigkeit (vgl. § 33 Abs. 2 zweiter Halbsatz). Von der Vorschrift kann weder durch Tarifvertrag noch durch Betriebsvereinbarung abgewichen werden; das Nachrücken der Ersatzmitglieder ist zwingend gesetzlich geregelt.

Anwendung findet die Vorschrift auch auf den **Seebetriebsrat** (§ 116 Abs. 2), die 2 **Bordvertretung** (§ 115 Abs. 3) und die **Jugend- und Auszubildendenvertretung** (§ 65 Abs. 1). Für die Ersatzmitglieder im **Gesamtbetriebsrat, Konzernbetriebsrat** und der **Gesamtjugend- und Auszubildendenvertretung** gelten die Sonderregelungen der §§ 47 Abs. 3 Satz 1, 55 Abs. 2 und 72 Abs. 3. Hiernach ist wie im Falle des § 14 Abs. 4 Satz 2 für jedes einzelne Mitglied ein bestimmtes oder mehrere bestimmte Ersatzmitglieder zu bestellen und die Reihenfolge ihres Nachrückens festzulegen. Entsprechend gilt die Vorschrift des § 25 für eine tarifliche Sondervertretung nach § 3 Abs. 1 Nr. 2, sofern der Tarifvertrag keine Regelung enthält (*F/A/K/H* § 25 Rz. 3; *G/L* § 25 Rz. 2; GK-*Wiese* § 25 Rz. 2, 3).

Die Bestellung von Ersatzmitgliedern ist für den **Wirtschaftsausschuß** nicht vorge- 3 sehen.

II. Begriff des Ersatzmitgliedes

Wahlbewerber, die auf einem Wahlvorschlag aufgeführt waren, jedoch nicht ge- 4 wählt wurden, sind **Ersatzmitglieder** (*Nikisch* III, 131; *F/A/K/H* § 25 Rz. 5; *G/L* § 25 Rz. 1). In Betrieben, deren Betriebsrat aus einer Person besteht, ist nach § 14 Abs. 4 Satz 2 ein Ersatzmitglied zu wählen. Ersatzmitglieder haben eine Anwartschaft darauf, entweder zeitweilig im Falle der vorübergehenden Verhinderung oder für den Rest der Amtszeit im Falle des Ausscheidens eines Betriebsratsmitglieds kraft Gesetzes die Stellung eines ordentlichen Betriebsratsmitgliedes einzunehmen.

§ 25   2. Teil 2. Abschn. Amtszeit des Betriebsrats

III. Voraussetzungen des Nachrückens

1. Ausscheiden eines Betriebsratsmitgliedes

5   Beim **Ausscheiden eines Mitglieds** aus dem Betriebsrat rückt für den Rest der Amtszeit des Ausgeschiedenen ein Ersatzmitglied endgültig nach. Ein Ausscheiden eines Betriebsratsmitglieds aus dem Betriebsrat ist in den Fällen des Erlöschens der Mitgliedschaft nach § 24 Abs. 1 Ziff. 2–6 gegeben. Ein Ausscheiden ist nur möglich, solange der Betriebsrat als Gremium noch im Amt ist. Die Vorschrift ist daher nicht anwendbar, wenn das Amt des ganzen Betriebsrats geendet hat (§§ 13 Abs. 2, 21; *D/R* § 25 Rz. 4; *G/L* § 25 Rz. 4); hiermit enden auch die Ämter der Ersatzmitglieder (GK-*Wiese* § 25 Rz. 14). In diesem Fall haben Neuwahlen stattzufinden. Es ist aber zu beachten, daß das Amt des Betriebsrats noch so lange fortbesteht, als die Geschäfte nach § 22 fortgeführt werden. Während der Zeit der **Weiterführung der Geschäfte** nach § 22 können Ersatzmitglieder einrücken, wenn ein Betriebsratsmitglied ausscheidet oder zeitweilig verhindert ist (*F/A/K/H* § 25 Rz. 10; GK-*Wiese* § 25 Rz. 13).

6   Die **Ersatzmitglieder** rücken aufgrund der zwingenden gesetzlichen Vorschrift in den Betriebsrat nach, sobald die Voraussetzungen dafür vorliegen. Einer besonderen Berufung durch den Vorsitzenden oder einer Annahmeerklärung durch das Ersatzmitglied bedarf es nicht (*Brecht* § 25 Rz. 11; *D/R* § 25 Rz. 33; *F/A/K/H* § 25 Rz. 11; *G/L* § 25 Rz. 1, 4; GK-*Wiese* § 25 Rz. 26), allerdings ist im Rahmen einer ordnungsgemäßen Geschäftsführung der Betriebsratsvorsitzende verpflichtet, das Ersatzmitglied von dem Ausscheiden des Betriebsratsmitgliedes zu unterrichten, da andernfalls das Ersatzmitglied erst mit langer Verzögerung oder gar nicht davon Kenntnis erhält; dafür spricht auch die Regelung, daß der Vorsitzende für ein verhindertes Mitglied von sich aus nach § 29 Abs. 2 das Ersatzmitglied zu laden hat. Eine förmliche Benachrichtigung des Ersatzmitgliedes ist nicht erforderlich (*BAG* vom 17. 1. 1979 – 5 AZR 891/77 – EzA § 15 KSchG 1969 Nr. 21 m. Anm. *Dütz* = DB 1979, 1136). Eine im Zeitpunkt der Nachfolge bestehende **tatsächliche Verhinderung** – etwa wegen Krankheit – schließt den rechtlichen Mandatsübergang nicht aus. Eine solche Verhinderung ist, wie auch sonst üblich, durch Vertretung, d.h. Nachrücken des nächsten Ersatzmitgliedes für die Zeit der zeitweiligen Verhinderung zu lösen (*ArbG Lörrach* vom 13. 8. 1973 – 1 Ca 565/73 – DB 1973, 2533; *Brill* a. a. O. 178; *S/W* § 25 Rz. 3). Der Ansicht, die eine Annahmeerklärung für die Ersatzmitglieder in Analogie zu § 18 WO verlangt (so *Eich* DB 1976, 47), kann nicht gefolgt werden. Das Gesetz stellt ein solches Erfordernis nicht auf, sondern geht nach dem Wortlaut von einem automatischen Nachrücken aus. Die Begründung von *Eich* (a. a. O.) überzeugt nicht; die Freiwilligkeit des Amtsantritts bleibt in jedem Falle gewahrt, da das Ersatzmitglied jederzeit, bevor der Fall des Nachrückens akut wird, sein Amt in entspr. Anwendung von § 24 Abs. 1 Nr. 2 niederlegen kann.

2. Zeitweilige Verhinderung eines Betriebsratsmitgliedes

7   Nach Abs. 1 Satz 2 findet bei **zeitweiliger Verhinderung** ein **vorübergehendes Nachrücken** für den Zeitraum der Verhinderung kraft Gesetzes statt; das verhinderte Mitglied behält aber während dieser Zeitspanne seine Mitgliedschaft im Be-

triebsrat bei (*G/L* § 25 Rz. 5); es behält daher auch den besonderen Kündigungsschutz nach § 103 und § 15 KSchG. Das Ersatzmitglied tritt auch bei zeitweiliger Verhinderung des Betriebsratsmitgliedes automatisch, ohne daß es einer Annahme bedürfte, in den Betriebsrat für die Zeit der Verhinderung ein. Der Betriebsratsvorsitzende ist aber verpflichtet, das Ersatzmitglied zu benachrichtigen und für seine Heranziehung zu sorgen (vgl. Rz. 6; *F/A/K/H* § 25 Rz. 20; *G/L* § 25 Rz. 5). Voraussetzung für die Teilnahme des Ersatzmitgliedes an einer Betriebsratssitzung ist die Ladung allerdings nicht (*F/A/K/H* § 25 Rz. 20), da das Nachrücken des Ersatzmitgliedes automatisch erfolgt und keine förmliche Benachrichtigung des Ersatzmitgliedes voraussetzt (*BAG* vom 17. 1. 1979 – 5 AZR 891/77 – EzA § 15 KSchG 1969 Nr. 21 m. Anm. *Dütz* = DB 1979, 1136). Nach Beendigung der zeitweiligen Verhinderung des ordentlichen Betriebsratsmitgliedes tritt das Ersatzmitglied wieder in die Reihe der Ersatzmitglieder zurück.

Eine **zeitweilige Verhinderung** liegt vor, wenn das Betriebsratsmitglied tatsächlich **8** oder rechtlich nicht in der Lage ist, sein Amt auszuüben. Zeitweilige Verhinderungen können vor allem eintreten durch Krankheit, Urlaub, Wehrdienst, Dienstreisen, Streit über die Wirksamkeit einer Kündigung, Streit über den Ausschluß eines Betriebsratsmitgliedes nach § 23 und das Erlöschen des Amtes nach § 24 (*D/R* § 25 Rz. 7; *G/L* § 25 Rz. 11; *GK-Wiese* § 25 Rz. 17). Krankheitsbedingte Arbeitsunfähigkeit muß nicht stets zur zeitweiligen Verhinderung führen (*BAG* vom 15. 11. 1984 – 2 AZR 341/83 – EzA § 102 BetrVG 1972 Nr. 58 = DB 1985, 1028). Ohne abschließend darüber zu entscheiden, hat das *BAG* dargelegt, daß bei krankheitsbedingter Arbeitsunfähigkeit eine Vermutung für die Arbeitsunfähigkeit des Betriebsratsmitglieds bestehe, die der klagende Arbeitnehmer widerlegen müsse. Besteht der Betriebsrat aus einer Person und ist ein Ersatzmitglied nicht vorhanden, ist bei Verhinderung des Betriebsrats der Betrieb zwar nicht betriebsratslos, aber der Betriebsrat funktionsunfähig. Der Arbeitgeber ist nicht verpflichtet, mitwirkungsbedürftige Angelegenheiten bis zur Funktionsfähigkeit des Betriebsrats zurückzustellen (*BAG* vom 15. 11. 1984 – 2 AZR 341/83 – EzA § 102 BetrVG 1972 Nr. 58 = DB 1985, 1028).

Auf die **Dauer der Verhinderung** kommt es nach **h. M.** nicht an (*Brecht* § 25 **9** Rz. 4; *F/A/K/H* § 25 Rz. 14; *G/L* § 25 Rz. 11; *GK-Wiese* § 25 Rz. 18; *S/W* § 25 Rz. 4; **a. A.** *D/R* § 25 Rz. 7, die eine Verhinderung für einen gewissen Zeitraum verlangen, zumindest nicht die Verhinderung in der Ausübung einer bestimmten Amtsobliegenheit genügen lassen). Insbesondere geht aus der Regelung des § 29 Abs. 2 Satz 5 und 6 hervor, daß auch bei einmaliger Verhinderung kürzerer Art Ersatzmitglieder zu bestellen sind, allerdings läßt sich aus diesen Bestimmungen entnehmen, daß die einmalige Verhinderung kürzerer Art vorhersehbar sein muß (*D/R* § 25 Rz. 8). Dies gilt in der Regel nicht für eine vorübergehende Verhinderung **während einer Betriebsratssitzung**, z. B. durch vorübergehendes Unwohlsein. § 25 Abs. 1 ermöglicht daher keine Ablösung von Mitgliedern und Ersatzmitgliedern während einer Sitzung (*D/R* § 25 Rz. 8). Die Dauer der Verhinderung kann sich auch auf einen längeren Zeitraum erstrecken, z. B. bei längerer Krankheit, langer Prozeßdauer bei Streit um eine außerordentliche Kündigung oder einem Ausschlußverfahren nach § 23 (*D/R* § 25 Rz. 10 f.; *F/A/K/H* § 25 Rz. 15).

Die **Verhinderung muß objektiv begründet und notwendig sein**. Das Betriebsrats- **10** mitglied kann sich nicht willkürlich nach freiem Ermessen vertreten lassen, z. B. indem es sich weigert, an einer Betriebsratssitzung teilzunehmen; auch wenn es

§ 25   2. Teil 2. Abschn. Amtszeit des Betriebsrats

vergißt, an einer Sitzung teilzunehmen, liegt keine Verhinderung vor (*Brecht* § 25 Rz. 10; *D/R* § 25 Rz. 8; *F/A/K/H* § 25 Rz. 18; *G/L* § 25 Rz. 12; *GK-Wiese* § 25 Rz. 19). Bei einer Betriebsratstätigkeit, die nicht zeitgebunden ist, kann keine kurzfristige Verhinderung vorliegen, da diese Tätigkeit verschoben werden kann. Eine zeitweilige Verhinderung kann auch gegeben sein, wenn die Ausübung des Betriebsratsamtes, z. B. Teilnahme an einer Sitzung, mit unverhältnismäßig hohen Kosten verbunden wäre, die im Interesse des Betriebes und der Belegschaft unter Berücksichtigung der Belange des Arbeitgebers nicht erforderlich sind (*D/R* § 25 Rz. 16; *GK-Wiese* § 25 Rz. 20; *S/W* § 25 Rz. 4, unentschieden *F/A/K/H* § 25 Rz. 18). Ein Betriebsratsmitglied kann, falls es sich z. B. auf einer Dienstreise befindet, nicht verlangen, daß ihm die Reisekosten zur Teilnahme an einer Betriebsratssitzung ersetzt werden, falls diese erhebliche Kosten darstellen (*BAG* vom 24. 6. 1969 – 1 ABR 6/69 – EzA § 39 BetrVG 1952 Nr. 3 = DB 1969, 1754 für Montage im Ausland).

11 Umstritten ist, ob eine zeitweilige Verhinderung vorliegt, wenn ein ordentliches **Betriebsratsmitglied** von der **Beschlußfassung** zu einem Tagesordnungspunkt **ausgeschlossen** ist, weil es **persönlich unmittelbar** davon **betroffen** ist, wie z. B. bei der Abstimmung über die Ersetzung der Zustimmung zu einer außerordentlichen Kündigung des betreffenden Betriebsratsmitglieds oder darüber, ob das betreffende Betriebsratsmitglied sich nur nicht an der Abstimmung über die eigene Angelegenheit beteiligen darf. Nach überwiegender Ansicht, der zu folgen ist, liegt in einem solchen Falle eine zeitweilige Verhinderung i. S. des Gesetzes vor (*F/A/K/H* § 23 Rz. 10; § 25 Rz. 15; *G/L* § 25 Rz. 13; *GK-Wiese* § 25 Rz. 22 und § 23 Rz. 58; *S/W* § 25 Rz. 5; offen gelassen *BAG* vom 25. 3. 1976 – 2 AZR 163/75 – EzA § 103 BetrVG 1972 Nr. 12 = DB 1976, 1337; fortentwickelt und Verhinderung angenommen *BAG* vom 26. 8. 1981 – 7 AZR 550/79 – EzA § 103 BetrVG 1972 Nr. 27 = DB 1981, 1937, 2627; *BAG* vom 23. 8. 1984 – 2 AZR 391/83 – EzA § 103 BetrVG 1972 Nr. 30 = DB 1985, 554; **a. A.** *D/R* § 25 Rz. 14). Das Betriebsratsmitglied nimmt weder an der Beratung noch an der Beschlußfassung teil, dagegen ist ihm z. B. im Falle des § 23 oder § 103 die Möglichkeit zur Stellungnahme zu geben. Das Ersatzmitglied ist nur zu den Punkten der Tagesordnung geladen, bei der das ordentliche Betriebsratsmitglied an der Abstimmung verhindert ist; es nimmt statt des ordentlichen Betriebsratsmitglieds an der Beratung und Beschlußfassung teil (*F/A/K/H* § 25 Rz. 15; *GK-Wiese* § 25 Rz. 22).

12 Bei Beschlußfassung über organisatorische Angelegenheiten des Betriebsrates liegt keine zeitweilige Verhinderung vor, wenn das Betriebsratsmitglied persönlich betroffen ist. Das Betriebsratsmitglied kann also bei der Wahl zum Betriebsratsvorsitzenden mitabstimmen, auch wenn es selbst vorgeschlagen ist. Das gleiche gilt für andere Funktionen, wie z. B. Mitglied des Betriebsausschusses oder eines anderen Ausschusses, des Wirtschaftsausschusses, des Gesamtbetriebsrats und des Konzernbetriebsrates (*D/R* § 25 Rz. 15; *F/A/K/H* § 25 Rz. 16; *G/L* § 25 Rz. 14; *GK-Wiese* § 25 Rz. 22).

13 Wird einem Betriebsratsmitglied mit Zustimmung des Betriebsrates oder ersetzter Zustimmung durch das Arbeitsgericht **fristlos gekündigt** und erhebt es Klage beim Arbeitsgericht auf Feststellung der Unwirksamkeit dieser Kündigung, so ist das betreffende Betriebsratsmitglied bis zur rechtskräftigen Entscheidung des Arbeitsgerichts an der Ausübung des Betriebsratsamtes zeitweilig verhindert (*Brecht* § 25 Rz. 8; *D/R* § 25 Rz. 11; *F/A/K/H* § 25 Rz. 19; *G/L* § 25 Rz. 11; *GK-Wiese* § 25 Rz. 23; *S/W* § 25 Rz. 4; *ArbG Kaiserslautern* vom 11. 2. 1976 – BV 1/76 – rkr.,

ARSt. 1976 Nr. 92, 100; *LAG Düsseldorf* vom 3.4. 1974 – 4 Ta BV 19/74 – DB 1974, 2164; vgl. auch § 24 Rz. 11). Bis zur Rechtskraft der Entscheidung tritt das Ersatzmitglied in den Betriebsrat ein. Wird vom Gericht rechtskräftig festgestellt, daß die Kündigung aus wichtigem Grund zu Recht erfolgte, so steht fest, daß das Arbeitsverhältnis mit dem Zeitpunkt des Zugangs der Kündigung endete und das Betriebsratsmitglied damit sein Amt verloren hat; das Ersatzmitglied rückt für den Rest der Amtszeit endgültig nach. Stellt das Gericht dagegen rechtskräftig fest, daß die außerordentliche Kündigung unwirksam war, so entfällt die zeitweilige Verhinderung des Betriebsratsmitglieds an der Ausübung seines Amtes, und die Mitgliedschaft im Betriebsrat besteht fort; das Ersatzmitglied tritt wieder aus dem Betriebsrat aus, da die zeitweilige Verhinderung beendet ist. Dasselbe gilt im Falle des Rechtsstreits über einen Ausschluß aus dem Betriebsrat (§ 23), die Beendigung des Betriebsratsamtes (§ 24), Kündigung wegen Stillegung der Betriebsabteilung, falls kein Anspruch auf Weiterbeschäftigung (nach § 102 Abs. 5) besteht, und eines Rechtsstreits über ähnliche Rechtsfragen (*D/R* § 25 Rz. 12; *G/L* § 25 Rz. 11).

Eine **einstweilige Verfügung** zum Schutze der Betriebsratstätigkeit kann während 14 des Rechtsstreits grundsätzlich **nicht** erlassen werden, da die Funktionsfähigkeit des Betriebsrats durch das Nachrücken des Ersatzmitgliedes gesichert ist (vgl. § 24 Rz. 12 mit Literaturangaben: *D/R* § 25 Rz. 13; *F/A/K/H* § 24 Rz. 14; GK-*Wiese* § 25 Rz. 25).

Ist das **nachgerückte Ersatzmitglied** seinerseits **zeitweilig verhindert** so rückt das 15 nächstfolgende Ersatzmitglied für die Zeit der Verhinderung nach (*D/R* § 25 Rz. 28 f.; *F/A/K/H* § 25 Rz. 21 ff.; *BAG* vom 6.9. 1979 – 2 AZR 548/77 – EzA § 15 KSchG 1969 Nr. 23 m. Anm. *Kraft* = DB 1980, 451). Tritt während der Verhinderurng eines Betriebsratsmitglieds die Verhinderung eines weiteren Mitglieds ein, die die erste überdauert, so hat das zweite Ersatzmitglied die Vertretung nach der Entscheidung des *Bundesarbeitsgerichts* vom 17.1. 1979 (– 5 AZR 891/77 – EzA § 15 KSchG 1969 Nr. 21 m. Anm. *Dütz* = DB 1979, 1136; ebenso *D/R* § 25 Rz. 29; *F/A/K/H* § 25 Rz. 35; GK-*Wiese* § 25 Rz. 39) nicht bis zum Ende des zweiten Verhinderungsfalls; vielmehr übernimmt das erste Ersatzmitglied nach dem Ende des ersten Verhinderungsfalls auch die Vertretung im zweiten Fall.

IV. Rechtsstellung der Ersatzmitglieder

Das Ersatzmitglied tritt bei Eintritt in den Betriebsrat – sei es auf Dauer, sei es 16 zeitweilig – **an die Stelle des Ausgeschiedenen oder Verhinderten mit allen Rechten und Pflichten des Amtes**, es erlangt die Stellung eines Betriebsratsmitgliedes einschließlich des erweiterten **Kündigungsschutzes** nach § 103 und § 15 KSchG bzw. § 29a HAG. Die Vertretung beginnt mit der Arbeitsaufnahme des Ersatzmitglieds an dem Tag, an dem das ordentliche Mitglied erstmals verhindert ist (*BAG* vom 17.1. 1979 – 5 AZR 891/77 – a.a.O. Rz. 15). Das Ersatzmitglied tritt allerdings **nicht** in **die Funktionen des Ausgeschiedenen** oder des Verhinderten ein, wie z.B. als Betriebsratsvorsitzender, Betriebsausschußmitglied oder Wirtschaftsausschußmitglied, auch nicht als Mitglied des Gesamtbetriebsrates oder Konzernbetriebsrates sowie als Mitglied einer Einigungs- oder Schlichtungsstelle (*D/R* § 25 Rz. 35; *G/L* § 25 Rz. 7; *F/A/K/H* § 25 Rz. 11; GK-*Wiese* § 25 Rz. 46; *BAG* vom 6.9. 1979 – 2 AZR 548/77 – EzA § 15 KSchG 1969 Nr. 23 m. Anm.

§ 25   2. Teil 2. Abschn. *Amtszeit des Betriebsrats*

Kraft = DB 1980, 451). Gleiches gilt für die **Freistellung** nach § 38. Das endgültig oder zeitweise in den Betriebsrat nachrückende Ersatzmitglied tritt nicht automatisch in die Freistellung ein (*D/R* § 25 Rz. 36; *F/A/K/H* § 25 Rz. 8; GK-*Wiese* § 25 Rz. 47). Das zeitweilig verhinderte Betriebsratsmitglied verliert während des Verhinderungszeitraums nicht seine Rechtsstellung als freigestelltes Betriebsratsmitglied (*D/R* § 25 Rz. 36, § 38 Rz. 13f.; *F/A/K/H* § 25 Rz. 11; *G/L* § 38 Rz. 22; *BAG* vom 22. 5. 1973 – 1 ABR 26/72 – EzA § 38 BetrVG 1972 Nr. 4 = DB 1973, 1901). Zur Frage einer zusätzlichen Freistellung in solchen Fällen vgl. § 38 Rz. 13.

17 Der erweiterte **Kündigungsschutz** gilt auch für Ersatzmitglieder, die ein ordentliches Mitglied nur **zeitweilig vertreten**, solange diese zeitweilige Vertretung andauert (*D/R* § 25 Rz. 39; *F/A/K/H* § 25 Rz. 7; *G/L* § 25 Rz. 8; *BAG* vom 9. 11. 1977 5 AZR 175/76 – EzA § 15 KSchG 1969 Nr. 13 = DB 1978, 495; *BAG* vom 17. 1. 1979 – 5 AZR 891/77 – a. a. O. Rz. 7; *LAG Hamburg* vom 4. 7. 1977 – 5 SA 464/76 – DB 1978, 113; *Gamillscheg* ZfA 1977, 267; vgl. auch § 103 Rz. 12). Der Schutz gilt nicht nur z. B. bei Vertretung für eine Sitzung für die Dauer der Teilnahme daran als solcher, sondern erstreckt sich auf den gesamten Zeitraum, in dem mit der Sitzung in innerem Zusammenhang stehende Handlungen erfolgen können (*BAG* vom 17. 1. 1979 a. a. O.; *LAG Hamburg* a. a. O.). Nach dem *Bundesarbeitsgericht* (vom 17. 1. 1979 a. a. O.) soll der Kündigungsschutz sogar in der Regel drei Tage vor den Beginn der Verhinderung vorgezogen werden, um dem Ersatzmitglied die Vorbereitung zu ermöglichen, falls in eine kurze Vertretungszeit oder in den Anfang einer längeren Vertretungszeit eine Betriebsratssitzung fällt. Das *Bundesarbeitsgericht* will diesen vorgezogenen Kündigungsschutz gewähren, ohne zu prüfen, ob das Ersatzmitglied die Vorbereitungszeit wirklich nutzt. Diese Auffassung ist abzulehnen, denn das Bundesarbeitsgericht durchbricht damit die allgemeine Beweislastregel, was im Gesetz keine Stütze findet und auch aus einer Interessenabwägung heraus nicht gerechtfertigt ist (kritisch auch *Dütz* Anm. zu. *BAG* vom 17. 1. 1979 – EzA a. a. O.). Nach der allgemeinen Beweislastregel hätte das Ersatzmitglied die Vorbereitung als Voraussetzung seines Kündigungsschutzes darzulegen und zu beweisen. Tritt bei einem zur Amtsausübung berufenen Ersatzmitglied ebenfalls ein Verhinderungsfall ein, so behält das Ersatzmitglied den erweiterten Kündigungsschutz auch während der eigenen Verhinderung, sofern deren Dauer im Vergleich zur voraussichtlichen Dauer des Vertretungsfalles als unerheblich anzusehen ist. Eine ersichtlich unbedeutende Unterbrechung der Amtsausübung gilt nicht als Unterbrechung der Berufung des Ersatzmitgliedes zur stellvertretenden Wahrnehmung des Betriebsratsamtes (*BAG* a. a. O.). Der Kündigungsschutz des verhinderten ordentlichen Betriebsratsmitglieds bleibt ebenfalls bestehen.

18 Für den **Kündigungsschutz** nach §§ 103, 15 KSchG und 29a HAG des in den Betriebsrat eingetretenen Ersatzmitglieds ist der Zeitpunkt des Zugangs der Kündigung maßgebend und nicht der Zeitpunkt des Ablaufs der Kündigungsfrist, auch wenn dieser erheblich über die voraussichtliche oder wirkliche Dauer der Vertretung im Betriebsrat hinausreicht (*D/R* § 25 Rz. 39; GK-*Wiese* § 25 Rz. 51). Geht einem Ersatzmitglied die Kündigung vor dem endgültigen oder zeitweiligen Eintritt in den Betriebsrat zu, so unterfällt es nicht dem besonderen Kündigungsschutz für Betriebsratsmitglieder, auch wenn die Kündigungsfrist während der Zeit der Vertretung abläuft; für das Ersatzmitglied kann lediglich der nachwirkende Kündigungsschutz für Wahlbewerber gelten (vgl. Rz. 19).

19 Nach der früheren h. M. gilt der **nachwirkende Kündigungsschutz** nach § 15 Abs. 1

Ersatzmitglieder § 25

Satz 2 KSchG, § 29a Abs. 2 Satz 2 HAG nur für Ersatzmitglieder, die endgültig in den Betriebsrat nachgerückt und nunmehr Betriebsratsmitglieder sind, dagegen nicht für nur vorübergehend in den Betriebsrat nachrückende Ersatzmitglieder (*Brecht* § 25 Rz. 18; *D/R*, 5. Aufl., § 25 Rz. 33; *F/A/K/H*, 12. Aufl., § 25 Rz. 12; *G/L*, 5. Aufl., § 25 Rz. 8; **a.A.** *Gamillscheg* a.a.O., aber nur für den Fall, daß in die Zeit einer nur vorübergehenden Vertretung der Ablauf der Amtszeit fällt; offengelassen *BAG* vom 9.11.1977 a.a.O.). Für den nachwirkenden Kündigungsschutz ist nämlich nach dem Wortlaut des Gesetzes Voraussetzung, daß die Mitgliedschaft im Betriebsrat bestanden hat; das vorübergehend in den Betriebsrat nachrückende Ersatzmitglied wird aber nicht endgültig Betriebsratsmitglied (*D/R* § 25 Rz. 40). Das Gesetz stellt außerdem für den nachwirkenden Kündigungsschutz auf den Ablauf der Amtszeit des Betriebsrats als Gremium ab (**a.A.** *BAG* vom 5.7.1979 – 2 AZR 521/77 – a.a.O.; § 24 Rz. 35, vgl. dort und § 103 Rz. 16) – nur vorübergehend nachgerückte Ersatzmitglieder haben aber keine Amtszeit in diesem Sinne.

Nach der neueren Rechtsprechung des *Bundesarbeitsgerichts* haben den **nachwirkenden Kündigungsschutz zeitweilig nachgerückte Ersatzmitglieder**, die nach Beendigung des Vertretungsfalles wieder ausgeschieden sind. Unerheblich ist, ob es sich um eine kurzfristige oder länger anhaltende Vertretung handelt; es kommt nur darauf an, daß das Ersatzmitglied tatsächlich Betriebsratsaufgaben während der Vertretungszeit wahrgenommen hat (*BAG* vom 6.9.1979 – 2 AZR 548/77 – EzA § 15 KSchG 1969 Nr. 23 m. Anm. *Kraft* = DB 1980, 451). Das Ersatzmitglied muß im Streitfall darlegen und beweisen, daß es zeitweilig als Betriebsrat amtiert hat (*BAG* a.a.O.). Das Schrifttum folgt überwiegend der neueren Rechtsprechung des *Bundesarbeitsgerichts* (*D/R* § 25 Rz. 40, § 103 Rz. 4; *F/A/K/H* § 25 Rz. 8; *Hueck* KSchG § 15 Rz. 25aff.; *S/W* § 25 Rz. 9; *Brill* BlStSozArbR 1983, 177; *Matthes* DB 1980, 1170f.; im Ergebnis ebenso, aber die Begründung des *Bundesarbeitsgerichts* ablehnend *Kraft* Anm. zu *BAG* in AP a.a.O.; *ders.* Anm. zu *BAG* vom 21.8.1979 – 6 AZR 789/77 – AP Nr. 6 zu § 78a BetrVG 1972; weitergehend *G/K/S/B* § 25 Rz. 21, die den nachwirkenden Kündigungsschutz auch annehmen, wenn das Ersatzmitglied keine konkrete Vertretungsaufgabe wahrgenommen hat; einschränkend *G/L* § 25 Rz. 9: nur das erste Ersatzmitglied einer Liste; so auch *Löwisch* Anm. zu *BAG* EzA a.a.O.; **a.A.** *Nipperdey* DB 1981, 217). Das *Bundesarbeitsgericht* unterscheidet nicht, wie es das Gesetz tut, zwischen Amtszeit i.S.v. § 15 Abs. 1 Satz 2 KSchG und der Zeit der persönlichen Mitgliedschaft und kommt von diesem Ausgangspunkt zu dem Ergebnis, daß auch zeitweilig in den Betriebsrat einrückende Ersatzmitglieder den nachwirkenden Kündigungsschutz haben. Diese Gleichstellung ist nicht überzeugend; sie ist nicht durch den Wortlaut des Gesetzes gedeckt. Auch der Regierungsentwurf zum arbeitsrechtlichen EG-Anpassungsgesetz (BT-Drucks. 8/3317, 5) hielt es für nötig, der Beendigung der Amtszeit ausdrücklich gleichzustellen, wenn die Mitgliedschaft erlischt (EzA § 15 KSchG n.F. Nr. 23 mit Anm. *Kraft*). Außerdem wurde der Regierungsentwurf zum Betriebsverfassungsgesetz 1972 (BT-Drucks. VI/1786) dahingehend geändert, daß statt auf die Beendigung der Mitgliedschaft des einzelnen Amtsträgers auf die Beendigung der Amtszeit des Organs abgestellt wurde (*Kraft* Anm. zu *BAG* AP Nr. 6 zu § 78a BetrVG 1972). Es ist also davon auszugehen, daß der Gesetzgeber zwischen Beendigung der Amtszeit und Beendigung der persönlichen Mitgliedschaft unterschieden hat. Getragen wird die Entscheidung des Bundesarbeitsgerichts weiterhin von der Erwägung, daß der nachwirkende Kündigungsschutz nicht nur den betreffenden Amtsträger der Sorge um seinen Arbeitsplatz während der Phase der Wiedereinarbeitung entheben, sondern auch der »Abkühlung« eines möglicherweise während der betriebsverfassungsrechtlichen Tätigkeit entstandenen gespannten Verhältnisses zum Arbeitgeber dienen soll. Dem letzteren Argument folgt *Kraft* (a. a. O.; ebenso GK-*Wiese* § 25 Rz. 51) und nimmt eine analoge Anwendung des § 15 Abs. 1 Satz 2 KSchG an. Auch dieses Argument ist abzulehnen, da § 78 Abs. 2 BetrVG hinreichend Schutz bietet, wenn Kündigungen einen Arbeitnehmer wegen seiner Betriebsratstätigkeit benachteiligen (*Löwisch* a. a. O.). Das »Abkühlungsmotiv« unterstellt das Vorschieben mit der Amtsführung nicht zusammenhängender Kündigungsgründe durch den Arbeitgeber (*Nipperdey* a. a. O.). Zur Problematik vgl. auch § 103 Rz. 15 ff.

Folgt man der Rechtsprechung des *BAG*, daß der nachwirkende Kündigungsschutz auch für zeitweilig in den Betriebsrat nachgerückte Ersatzmitglieder gilt, so beginnt die Jahresfrist mit dem jeweiligen Ende der Stellvertretung und zwar für jeden Vertretungsfall (GK-*Wiese* § 25 Rz. 51; zu Recht enger *Hueck* KSchG § 15 Rz. 25 d, der einen Zusammenhang zwischen Amtsdauer und Nachwirkungszeit sieht und bei einer Vertretungsdauer von unter einem Jahr einen Nachwirkungszeitraum von sechs Monaten, bei längerer Vertretung von einem Jahr annimmt).

20 Zeitweilig nachgerückte Betriebsratsmitglieder haben grundsätzlich **keinen Anspruch** auf Teilnahme an **Schulungsveranstaltungen** (*D/R* § 25 Rz. 41; *G/L* § 25 Rz. 41; so *BAG* vom 10. 5. 1974 – 1 ABR 47/73 – EzA § 65 BetrVG 1972 Nr. 4 = DB 1974, 2162; vgl. aber *BAG* vom 15. 5. 1986 – 6 ABR 64/83 – EzA § 37 BetrVG 1972 Nr. 84 = DB 1986, 2189). Für endgültig nachgerückte Betriebsratsmitglieder gelten die allgemeinen Voraussetzungen für § 37 Abs. 6 (vgl. dort). Der Anspruch auf Teilnahme an einer Schulung nach § 37 Abs. 7 steht einem Ersatzmitglied, das endgültig in den Betriebsrat nachrückt, anteilig für die verbleibende Amtszeit zu (*G/L* § 25 Rz. 41).

21 **Vor Nachrücken** in den Betriebsrat finden die besonderen Schutzrechte für Betriebsratsmitglieder auf Ersatzmitglieder keine Anwendung (*D/R* § 25 Rz. 37; GK-*Wiese* § 25 Rz. 43). So besteht auch kein Anspruch auf Teilnahme an Schulungs- und Bildungsveranstaltungen nach § 37 Abs. 6 und 7 (*D/R* § 25 Rz. 41; *LAG Frankfurt/M.* vom 6. 12. 1983 – 5 Sa 76/83 – BB 1984, 1043). Sie haben aber den nachwirkenden Kündigungsschutz als Wahlbewerber (vgl. § 103 Rz. 17).

V. Ende der Ersatzmitgliedschaft

22 Die Ersatzmitgliedschaft endet allgemein mit dem **Ende der regelmäßigen Amtszeit** des Betriebsrats als Gremium, aber auch bei einer vorzeitigen Beendigung der Amtszeit (§§ 13 Abs. 2, 21). Führt der Betriebsrat die Geschäfte nach § 22 weiter, so endet die Ersatzmitgliedschaft mit der Bekanntgabe des Wahlergebnisses für den neuen Betriebsrat (vgl. § 22 Rz. 10 ff.); bis dahin können Ersatzmitglieder auch in den die Geschäfte weiterführenden Betriebsrat einrücken. Die Funktion des einzelnen Ersatzmitgliedes endet aus den gleichen Gründen wie die des Betriebsratsmitglieds nach § 24 (vgl. dort Rz. 3 und 5 ff.).

VI. Reihenfolge des Nachrückens

Die Reihenfolge des Nachrückens der Ersatzmitglieder regelt Abs. 2. Wurde die 23
Wahl als **Verhältniswahl (Listenwahl)** durchgeführt und handelte es sich um eine
Gruppenwahl, so rücken die Ersatzmitglieder in der Reihenfolge ein, in der sie auf
der Vorschlagsliste stehen, auf der auch das ausscheidende oder verhinderte Betriebsratsmitglied gestanden hat (vgl. § 14 Rz. 32 ff.; insbes. Rz. 37; *D/R* § 25
Rz. 19; *G/L* § 25 Rz. 16; *GK-Wiese* § 25 Rz. 30).
Enthält die **Liste**, der das zu ersetzende Betriebsratsmitglied angehört, **keine Er-** 24
satzmitglieder mehr und ist damit **erschöpft**, so ist nach § 25 Abs. 2 Satz 2 das
Ersatzmitglied aus der Vorschlagsliste zu nehmen, auf die nach den Grundsätzen
der Verhältniswahl der nächste Sitz entfallen würde. Es ist also genauso vorzugehen wie bei der Betriebsratswahl, wenn die Liste weniger Bewerber enthält, als
Höchstzahlen auf sie entfallen (vgl. § 14 Rz. 35). Sind alle Listen der Gruppe erschöpft, der das zu ersetzende Mitglied angehört, so tritt ein Ersatzmitglied der
Vorschlagsliste der anderen Gruppe ein, auf die die nächstgrößere Höchstzahl
entfällt (vgl. § 10 Rz. 3 und § 14 Rz. 35; *D/R* § 25 Rz. 20 ff.; *GK-Wiese* § 25
Rz. 31 f.).
Bei einer **gemeinsamen Wahl**, die nach den Grundsätzen der **Verhältniswahl** 25
durchgeführt wurde (vgl. § 14 Abs. 38 ff.), sind die Ersatzmitglieder ebenfalls der
Vorschlagsliste zu entnehmen, auf der auch das zu ersetzende Betriebsratsmitglied
aufgeführt war. Es rückt der auf dieser Liste aufgeführte nächstgenannte Angehörige der Gruppe nach, der das betreffende Betriebsratsmitglied angehörte; dies
kann abweichend von der unmittelbaren Reihenfolge der Vorschlagsliste sein. Ist
die Vorschlagsliste, auf der das zu ersetzende Betriebsratsmitglied kandidierte,
hinsichtlich seiner Gruppe erschöpft, so ist das Ersatzmitglied aus den Gruppenangehörigen der Liste zu entnehmen, auf die die nächsthöchste Teilzahl entfällt.
Erst wenn kein Gruppenangehöriger mehr zur Verfügung steht, ist auf einen Arbeitnehmer der anderen Gruppe auf der Liste überzugreifen, auf die die nächsthöchste Teilzahl nach dem Höchstzahlensystem entfällt (*D/R* § 25 Rz. 24 f.; *F/A/
K/H* § 25 Rz. 22 ff.; *G/L* § 25 Rz. 18; *GK-Wiese* § 25 Rz. 24 f.; vgl. § 14 Rz. 35 f.).
Finden bei einer **Gruppenwahl** die Grundsätze der **Mehrheitswahl** Anwendung 26
(vgl. § 14 Rz. 41 ff.), so tritt als Ersatzmitglied der Gruppe derjenige Arbeitnehmer ein, der die nächsthöchste Stimmenzahl in der Gruppe erreicht hat. Ist die
einzige Vorschlagsliste der Gruppe erschöpft, so ist auf die Vorschlagsliste der
anderen Gruppe zurückzugreifen, auf die, falls dort mehrere Listen eingereicht
wurden, nach den Grundsätzen der Verhältniswahl die nächsthöchste Teilzahl entfällt, bzw. falls auch in der anderen Gruppe nur eine Liste eingereicht wurde,
rückt als Ersatzmitglied der Arbeitnehmer nach, der unter den Nichtgewählten die
höchste Stimmenzahl erreicht hat (*D/R* § 25 Rz. 22).
Bei einer **gemeinsamen Wahl**, die nach den Grundsätzen der **Mehrheitswahl** 27
durchgeführt wurde (vgl. § 14 Rz. 44), tritt als Ersatzmitglied der nichtgewählte
Bewerber der Gruppe, der das zu ersetzende Betriebsratsmitglied angehörte, mit
der nächsthöchsten Stimmenzahl ein (§ 14 Rz. 45). Hat die Gruppe keine Ersatzmitglieder mehr, so ist der nichtgewählte Arbeitnehmer der anderen Gruppe zu
berufen, der die nächsthöchste Stimmenzahl hat (*D/R* § 25 Rz. 26; *GK-Wiese* § 25
Rz. 37 f.).
In Betrieben, deren Betriebsrat nur aus einer Person besteht, oder in denen bei 28
Gruppenwahl nur ein Gruppenvertreter zu wählen ist, sind das Ersatzmitglied des

Betriebsrats und das Ersatzmitglied des Gruppenvertreters gem. § 25 Abs. 5 WO in getrennten Wahlgängen, gleichzeitig mit der Betriebsratswahl, zu wählen (vgl. § 14 Rz. 47).

29 Sind nach Ausscheiden eines Betriebsratsmitglieds **keine Ersatzmitglieder mehr vorhanden**, so ist der Betriebsrat gem. § 13 Abs. 2 Nr. 2 neu zu wählen (vgl. § 13 Rz. 16 ff.).

VII. Streitigkeiten

30 Streitigkeiten über das **Nachrücken und die Reihenfolge des Nachrückens von Ersatzmitgliedern** sind im arbeitsgerichtlichen Beschlußverfahren geltend zu machen (§ 2a Abs. 1 Nr. 1, Abs. 2 i. V. m. §§ 80 ff. ArbGG). Die Frage des Nachrückens kann aber auch als Vorfrage – also inzidenter – in einem Urteilsverfahren entschieden werden, z. B. in einem Kündigungsstreit, wenn der Arbeitnehmer sich auf den besonderen Kündigungsschutz als Betriebsratsmitglied beruft.

Dritter Abschnitt
Geschäftsführung des Betriebsrats

§ 26 Vorsitzender

(1) Der Betriebsrat wählt aus seiner Mitte den Vorsitzenden und dessen Stellvertreter. Besteht der Betriebsrat aus Vertretern beider Gruppen, so sollen der Vorsitzende und sein Stellvertreter nicht derselben Gruppe angehören.
(2) Gehört jeder Gruppe im Betriebsrat mindestens ein Drittel der Mitglieder an, so schlägt jede Gruppe aus ihrer Mitte je ein Mitglied für den Vorsitz vor. Der Betriebsrat wählt aus den beiden Vorgeschlagenen den Vorsitzenden des Betriebsrats und dessen Stellvertreter.
(3) Der Vorsitzende des Betriebsrats oder im Fall seiner Verhinderung sein Stellvertreter vertritt den Betriebsrat im Rahmen der von ihm gefaßten Beschlüsse. Zur Entgegennahme von Erklärungen, die dem Betriebsrat gegenüber abzugeben sind, ist der Vorsitzende des Betriebsrats oder im Fall seiner Verhinderung sein Stellvertreter berechtigt.

Literaturübersicht

Bertermann Die Wahl des stellvertretenden Vorsitzenden des Betriebsrats, BlStSozArbR 1955, 105; *Brecht* Die Vertretung des Betriebsrats durch einzelne oder mehrere seiner Mitglieder, BB 1954, 840; *Dietz* Anscheinsvollmacht des Betriebsratsvorsitzenden, RdA 1968, 439; *Frey, E.* Nachprüfbarkeit von Wahlen im Betriebsrat, AuR 1954, 90; *Geburzky* Die besondere Rechtsstellung des Betriebsratsvorsitzenden, DB 1958, 196; *Germelmann/ Matthes/Prütting* Arbeitsgerichtsgesetz 1990; *Herschel* Die Vertretungsmacht der Betriebsratsvorsitzenden, RdA 1959, 81; *ders.* Vertretungsmacht des Betriebsratsvorsitzenden, AR-Blattei, Betriebsverfassung X A, 1973; *Hohn* Die Befugnisse der Belegschaftsrepräsentanten zur Abgabe von Willenserklärungen, BB 1973, 800; *Jahnke* Zwangsvollstreckung in der Betriebsverfassung, 1977; *Kamphausen, H.* Neues zum Gruppen- und Minderheitenschutz, NZA 1991, 880; *Koch* Kann sich der Betriebsrat über die Sollvorschrift des § 27 Abs. 1 Satz 2

BetrVG hinwegsetzen?, RdA 1953, 260; *Kraft* Die konstituierende Sitzung des Betriebsrats, AuR 1968, 66; *Lichtenstein* Der Betriebsratsvorsitzende, sein Stellvertreter und der Betriebsausschuß, BetrR 1961, 67; *Müller, G.* Die Willensbildung und die Erklärungen des Betriebsrates, RdA 1950, 206; *Oehmann* Keine Auflösung des Betriebsrats wegen Nichtbeachtung der Soll-Vorschrift des § 27 Abs. 1 Satz 2 BetrVG, RdA 1953, 382; *ders.* Zur Zuständigkeit des Arbeitsgerichts bei Streitigkeiten aus § 27 Abs. 1 Satz 2 BetrVG, RdA 1953, 420; *ders.* Gruppenstreit um den Betriebsratsvorsitz, DB 1955, 777; *Rewolle* Der Minderheitenschutz im BetrVG und die Möglichkeiten seiner Verwirklichung, BB 1957, 225; *ders.* Die Zwangsvollstreckung gegen den Betriebsrat, BB 1974, 888; *Schäffer* Der Betriebsratsvorsitzende, ArbuSozR 1953, 275; *Stadler* Anfechtung der Wahl des Betriebsratsvorsitzenden und seines Stellvertreters, RdA 1957, 422.

Inhaltsübersicht

		Rz.
I.	Allgemeines	1– 3
II.	Wahl des Vorsitzenden und seines Stellvertreters	4–31
	1. Pflicht des Betriebsrats	4
	2. Gruppenschutz	5–17
	a) Berücksichtigung der Gruppen	5–8
	b) Gruppenvorschlagsrecht	9–17
	3. Wahl	18–24
	4. Mängel der Wahl	25–31
III.	Niederlegung des Amtes	32
IV.	Abberufung vom Amt	33–37
V.	Rechtsstellung des Vorsitzenden	38–52
	1. Überblick	38, 39
	2. Vertretungsmacht zur Abgabe von Erklärungen	40–49
	3. Rechtsfolgen eigenmächtigen Handelns	50
	4. Vertretungsmacht zur Entgegennahme von Erklärungen	51, 52
VI.	Rechtsstellung des Stellvertreters des Vorsitzenden	53–59
	1. Befugnisse	53, 54
	2. Verhinderung des Vorsitzenden	55–57
	3. Gleichzeitige Verhinderung des Vorsitzenden und seines Stellvertreters	58, 59
VII.	Bevollmächtigung anderer Betriebsratsmitglieder	60
VIII.	Anwendung auf die Ausschüsse des Betriebsrats	61
IX.	Streitigkeiten	62

I. Allgemeines

Die Bestimmung regelt die **Wahl** des **Vorsitzenden** und seines **Stellvertreters** **1** (Abs. 1 und 2) sowie deren **Rechtsstellung** (Abs. 3). Sie enthält mit dem 1972 eingefügten Abs. 2 einen stärkeren Gruppenschutz als das BetrVG 1952. Durch das Gesetz zur Änderung des Betriebsverfassungsgesetzes, über Sprecherausschüsse der leitenden Angestellten und zur Sicherung der Montan-Mitbestimmung vom 20. 12. 1988, BGBl. I S. 2312) ist dieser Schutz mit Wirkung ab 1. 1. 1989 weiter gesteigert worden (vgl. unten Rz. 8).

Die Vorschrift gilt auch für den Gesamtbetriebsrat (§ 51 Abs. 1) und den Konzern- **1a** betriebsrat (§ 59 Abs. 1); für die Berücksichtigung der Gruppen gelten aber gegenüber § 26 Sonderregelungen. Für die Jugend- und Auszubildendenvertretung und die Gesamt-Jugend- und Auszubildendenvertretung gelten nur Abs. 1 Satz 1 und Abs. 3, da die Wahl dort ohne Gruppenschutzregelung erfolgt (vgl. § 65 Abs. 1 und § 73 Abs. 2; wegen der Anwendung auf die Ausschüsse des Betriebsrats vgl. unten Rz. 61).

2 Der Betriebsrat, der nicht den ordentlichen Vorsitzenden und seinen Stellvertreter gewählt hat, ist nicht konstituiert (vgl. § 29 Rz. 2) und damit nicht handlungsfähig; der Arbeitgeber kann ihn weder anhören (vgl. Abs. 3 Satz 2) noch kann er mit ihm verhandeln (so auch *BAG* vom 23. 8. 1984 – 6 AZR 520/82 – EzA § 102 BetrVG 1972 Nr. 59 mit abl. Anm. *Wiese* = DB 1985, 1085; *LAG Frankfurt* vom 30. 7. 1982 – 13 Sa 483/82 – AuR 1983, 284; *S/W* § 24 Rz. 1; **a.A.** GK-*Wiese* § 26 Rz. 6; *D/K/K/S* § 26 Rz. 4); selbst wenn der Arbeitgeber es wollte, könnte er mit dem Betriebsrat rechtlich nicht verkehren (*BAG* a.a.O.; **a.A.**, nämlich nur für Recht zur Ablehnung von Verhandlungen; *D/R* § 26 Rz. 1; *F/A/K/H* § 26 Rz. 5; *G/L* § 26 Rz. 4).

3 Der Arbeitgeber braucht Entscheidungen, bei denen eine Beteiligung des Betriebsrats gesetzlich festgelegt ist, **nicht zurückzustellen**, bis dessen Handlungsfähigkeit durch Wahl eines Vorsitzenden und eines stellvertretenden Vorsitzenden herbeigeführt ist (so auch *BAG* vom 23. 8. 1984 a.a.O; *Meisel* a.a.O, 121; **a.A.** *Wiese* und *D/K/K/S,* jeweils a.a.O.); eine Ausnahme gilt nur dann, wenn der Arbeitgeber die Gelegenheit mißbräuchlich ausnutzt (vgl. *BAG* vom 28. 9. 1983 a.a.O.); im Streitfall hat der Betriebsrat den Mißbrauch nachzuweisen (*Meisel* a.a.O.).

II. Wahl des Vorsitzenden und seines Stellvertreters

1. Pflicht des Betriebsrats

4 Der Betriebsrat hat, selbst wenn er nur aus 3 Mitgliedern besteht, die **Pflicht zur Wahl** eines ordentlichen Vorsitzenden und eines stellvertretenden Vorsitzenden. Erfüllt er sie nicht, kann er nach § 23 auf Antrag vom Arbeitsgericht aufgelöst werden (*D/R* § 26 Rz. 1; *F/A/K/H* a.a.O.; *D/K/K/S* § 26 Rz. 3).

4a Eine **Ersatzbestellung** durch das Arbeitsgericht bei **Nichtzustandekommen der Wahl** – aus welchen Gründen auch immer – ist nicht zulässig, weil es an einer gesetzlichen Grundlage hierfür fehlt (*F/A/K/H* und *D/K/K/S,* jeweils a.a.O., *G/L* § 26 Rz. 5; GK-*Wiese* § 26 Rz. 5).

2. Gruppenschutz

a) Berücksichtigung der Gruppen

5 Gehören dem Betriebsrat Vertreter der **Arbeiter** und der **Angestellten** an, sollen nach Abs. 1 Satz 2 Vorsitzender und stellvertretender Vorsitzender **nicht derselben Gruppe** angehören. Ist der Vorsitzende Arbeiter, soll der Stellvertreter ein Angestellter sein und umgekehrt. Es ist dabei gleichgültig, ob Gruppenwahl oder Gemeinschaftswahl stattgefunden hat (*BAG* vom 2. 11. 1955 – 1 ABR 6/55 – AP Nr. 1 zu § 27 BetrVG 1952 = DB 1956, 115; *D/R* § 26 Rz. 9; GK-*Wiese* § 26 Rz. 21; *F/A/K/H* § 26 Rz. 12; *D/K/K/S* § 26 Rz. 15; *Kraft* AuR 1968, 71). Ist ein Angehöriger einer Gruppe als Vertreter der anderen Gruppe nach § 12 Abs. 2

Vorsitzender § 26

gewählt worden, so rechnet er auch für die Wahl des Vorsitzenden oder dessen Stellvertreters als Vertreter der Gruppe, die ihn gewählt hat (*BAG* vom 6.7.1956 – 1 ABR 7/55 – AP Nr. 4 zu § 27 BetrVG 1952 m. Anm. *Küchenhoff* = DB 1956, 822 = SAE 1957, 74 m. Anm. *Gift*; GK-*Wiese* § 26 Rz. 12; *S/W* § 26 Rz. 6; *D/K/K/S* a. a. O.). Grundsätzlich verlangt das Gesetz nur die Berücksichtigung beider Gruppen. Die Bestimmung kommt auch zum Zuge, wenn die Minderheitsgruppe nur durch einen einzigen Vertreter im Betriebsrat vertreten ist (*LAG Hamm* vom 23.11.1972 – 8 BV Ta 26/72 – DB 1973, 433; *G/L* § 26 Rz. 12; GK-*Wiese* § 26 Rz. 22; *S/W* a. a. O.; *D/K/K/S* § 26 Rz. 17). Kein Verstoß gegen den Gruppenschutz liegt hingegen vor, wenn der Betriebsratsvorsitzende oder sein Stellvertreter die Gruppenzugehörigkeit wechselt, also etwa vom Arbeiter- in das Angestelltenverhältnis übernommen wird. Eine Neuwahl braucht dann nicht stattzufinden.

Nach dem Wortlaut handelt es sich bei Abs. 1 Satz 2 um eine **Sollvorschrift**, das 6 bedeutet aber nicht, daß der Betriebsrat nach Gutdünken über diese Vorschrift hinweggehen könnte. Abweichungen sind vielmehr nur zulässig, wenn **einsichtige, vernünftige Gründe** sie ausnahmsweise rechtfertigen. Dies hat der Betriebsrat nach pflichtgemäßem Ermessen zu prüfen (*BAG* vom 13.11.1991 – EzA § 26 BetrVG 1972 Nr. 5 und vom 12.10.1976 – 1 ABR 17/76 – AP Nr. 2 zu § 26 BetrVG 1976 m. Anm. *Richardi* = EzA § 26 BetrVG 1972 Nr. 2 = DB 1977, 168; *LAG Frankfurt* vom 18.7.1991 – 12 TaBV 195/90 – BB 1992, 775; *LAG Bremen* vom 26.6.1991 – 2 TaBV 32/90 – NZA 1992, 422; GK-*Wiese* § 26 Rz. 22; *F/A/K/H* § 26 Rz. 13; *D/K/K/S* § 26 Rz. 7; *Kamphausen* NZA 1991, 880, 884; enger bei den Voraussetzungen für die Abweichungsmöglichkeit *D/R* § 26 Rz. 10; *G/L* § 26 Rz. 14 und die Vorauflage). Die Gründe für die Abweichung müssen objektivierbar sein; eine Erforschung von Wahlmotiven kommt deshalb nicht in Betracht (*BAG* vom 6.7.1956 a. a. O.; *Kamphausen* NZA 1991, 880, 886). So kann es gerechtfertigt sein, von Abs. 1 Satz 2 abzuweichen, wenn der einzige Angestelltenvertreter im Betriebsrat aus objektiven Gründen nicht geeignet scheint (*BAG* vom 2.11.1955 a. a. O. und vom 29.1.1965 – 1 ABR 8/64 – AP Nr. 8 zu § 26 BetrVG 1952 m. Anm. *Neumann-Duesberg* = DB 1965, 856) oder wenn dieser Vertreter von niemandem, auch nicht von sich selbst, vorgeschlagen worden ist und er jegliche Mitwirkung am Wahlakt einschließlich der Ausübung des aktiven Wahlrechts verweigert (*BAG* vom 26.3.1987 – 6 ABR 1/86 – AP Nr. 7 zu § 26 BetrVG 1972 = DB 1987, 2108 = EzA § 26 BetrVG 1972 Nr. 3; *F/A/K/H* § 26 Rz. 13a; *D/K/K/S* § 26 Rz. 1). Es genügt aber nicht, daß die politische Einstellung eines Kandidaten von der Betriebsratsmehrheit abgelehnt wird (*LAG Bremen* a. a. O.).

Eine gegen § 26 Abs. 1 Satz 2 verstoßende Wahl ist »**anfechtbar**« (vgl. dazu unten 7 Rz. 26 ff.). Außerdem kann eine solche Wahl auch ein Amtsenthebungsverfahren nach § 23 rechtfertigen, da der Betriebsrat damit u. U. seine Amtspflichten grob verletzt hat.

Die Minderheitsgruppe kann auf ihre Berücksichtigung verzichten (*LAG Hamm* 8 a. a. O.; *G/L* § 26 Rz. 13; *F/A/K/H* § 26 Rz. 14; *D/K/K/S* § 26 Rz. 16; *Kamphausen* a. a. O.; a. M. GK-*Wiese* § 26 Rz. 24; vgl. aber nur Unzulässigkeit des Verzichts auf den zwingenden verstärkten Gruppenschutz unten Rz. 9 f.).

Ein solcher Verzicht kann auch in der einstimmigen Wahl eines Mitglieds der Mehrheitsgruppe liegen (*Wiedemann* Anm. SAE 1965, 236; *F/A/K/H* a. a. O.).

§ 26   2. Teil 3. Abschn. Geschäftsführung des Betriebsrats

b) Gruppenvorschlagsrecht

9   Abs. 2 begründet einen über Abs. 1 Satz 2 hinausgehenden besonderen Gruppenschutz: Gehört jeder Gruppe im Betriebsrat **mindestens ein Drittel** (bei Wahlen bis zum 31. 12. 1988: mehr als ein Drittel; vgl. dazu § 125 Abs. 3 sowie oben Rz. 1) der Mitglieder an, so muß **jede Gruppe** aus ihrer Mitte je ein Mitglied für den Vorsitz **vorschlagen**. Der Betriebsrat ist an diese Wahlvorschläge gebunden (*D/R* § 26 Rz. 13; *G/L* § 26 Rz. 17; *F/A/K/H* § 26 Rz. 15 a; GK-*Wiese* § 26 Rz. 17; *D/K/K/S* § 26 Rz. 19; *Kamphausen* a. a. O.). Es bedarf in diesem Fall keiner getrennten Wahl des Vorsitzenden und seines Stellvertreters; vielmehr genügt eine einzige Wahl. Der Kandidat mit den meisten Stimmen ist Vorsitzender, der Gegenkandidat ist sein Stellvertreter (*BAG* vom 19. 3. 1974 – 1 ABR 44/73 – AP Nr. 1 zu § 26 BetrVG 1972 m. zust. Anm. *Küchenhoff* = EzA § 26 BetrVG 1972 Nr. 1 = DB 1974, 1629; GK-*Wiese* § 26 Rz. 17f.). Dadurch wird sichergestellt, daß der Vorsitzende und der stellvertretende Vorsitzende jeweils verschiedenen Gruppen angehören (*D/R* § 26 Rz. 13; *D/K/K/S* a. a. O.).

10   In diesem Fall kann eine Gruppe auf den eigenen Vorschlag nicht **verzichten;** denn der Gruppenschutz ist zwingend und soll der im Betriebsrat vertretenen Arbeitnehmergruppe zugutekommen (so auch *Kamphausen* NZA 1991, 880, 886; bezweifelt wird die Dispositionsbefugnis der Gruppe bei der vergleichbaren zwingenden Gruppenschutzvorschrift des § 27 Abs. 2 in *BAG* vom 7. 10. 1980 – 6 ABR 56/79 – AP Nr. 1 zu § 27 BetrVG 1972 = DB 1981, 803, 804 = EzA § 27 BetrVG 1972 Nr. 6; für Verzichtsmöglichkeit der Gruppe die herrschende Meinung; vgl. *LAG Frankfurt* a. a. O.; GK-*Wiese* § 26 Rz. 19; *F/A/K/ H* § 26 Rz. 21; *G/L* § 26 Rz. 20; *D/R* § 26 Rz. 19; *D/K/K/S* § 26 Rz. 21; hierzu neigend, ohne so zu entscheiden: *BAG* vom 26. 2. 1987 – 6 ABR 55/85 – AP Nr. 5 zu § 26 BetrVG 1972 = DB 1987, 1995 = EzA § 26 BetrVG 1972 Nr. 4). Macht die Gruppe von ihrem **Vorschlagsrecht keinen Gebrauch**, kommt es nicht zu einer gültigen Wahl, da der Betriebsrat nach dem Gesetz nur »aus den beiden Vorgeschlagenen« wählen kann (**a. A.** die herrschende Auffassung; vgl. Belegstellen oben; vgl. auch *Kamphausen* a. a. O.: Übergang des Bestimmungsrechts auf das Betriebsratsplenum, das an Abs. 1 Satz 2 gebunden sei; zum Fall eins Patts bei der Abstimmung vgl. unten Rz. 12; vgl. zu den Wahlmängeln unten Rz. 25 ff.).

11   Bei der Prüfung der Voraussetzungen, ob jeder Gruppe mehr als ein Drittel der Betriebsratsmitglieder angehört, ist die **tatsächliche Zahl der Gruppenvertreter**, nicht die vor der Wahl nach § 10 Abs. 1 vorgenommene Sitzverteilung maßgeblich (*G/L* § 26 Rz. 18; *F/A/K/H* § 26 Rz. 16; GK-*Wiese* § 26 Rz. 14). Die Gesamtheit der Betriebsratsmitglieder muß daher durch 3 geteilt, das Ergebnis auf die nächste volle Zahl aufgerundet werden. Jede Gruppe muß mindestens so viele Betriebsratsmitglieder aufweisen, wie die – ggfs. – aufgerundete Zahl ausmacht (*G/L* § 26 Rz. 18; *F/A/K/H* a. a. O.). Bei einem Betriebsrat mit 9 Mitgliedern muß jede Gruppe also mindestens 3 Mitglieder im Betriebsrat haben. Bei einer anderen zahlenmäßigen Zusammensetzung des Betriebsrats gilt nur der Gruppenschutz nach Abs. 1 Satz 2 (*F/A/K/H* a. a. O.).

11a   Das Gruppenvorschlagsrecht besteht auch dann, wenn der Betriebsrat nur aus drei Mitgliedern besteht, weil auch dann die gesetzliche Voraussetzung erfüllt sein kann, daß jeder Gruppe mindestens ein Drittel der Mitglieder angehört (z. B. 2 Arbeiter- und 1 Angestelltenvertreter). Der zwingend verstärkte Gruppenschutz nach Abs. 2 kann nicht mit dem formalen Argument ausgeschlossen werden, daß die Gruppe nicht ein Mitglied »aus ihrer Mitte« vorschlagen könne (so aber F/A/K/H § 26 Rz. 16a; vgl. auch D/K/K/S § 26 Rz. 20), es trifft ferner nicht zu, daß Abs. 1 Satz 2 sonst überflüssig wäre (so aber GK-*Wiese* Nachtrag zu Band I, § 26 Rz. 14); denn diese Sollvorschrift greift auch dann ein, wenn einer Gruppe eines größeren Betriebsrats weniger als ein Drittel der Mitglieder angehört und Abs. 2 deshalb unanwendbar ist.

Vorgeschlagen ist, wer bei der Vorabstimmung der Gruppe die **Mehrheit der ab-** 12 **gegebenen Stimmen** auf sich vereinigt hat. Dabei genügt die relative Mehrheit (GK-*Wiese* § 26 Rz. 16; F/A/K/H § 26 Rz. 18; **a. A.** D/R § 26 Rz. 15: Mehrheit der Stimmen der anwesenden Gruppenvertreter). Bei gleicher Stimmenzahl für zwei Bewerber entscheidet das Los (*BAG* vom 26. 2. 1987 a. a. O.; G/L § 26 Rz. 19; D/R § 26 Rz. 12; Kamphausen a. a. O.; **a. A.** F/A/K/H § 26 Rz. 9; D/K/K/S § 26 Rz. 22 und GK-*Wiese* § 26 Rz. 9, die eine einmalige Wiederholung des Wahlvorganges fordern und bei erneuter Stimmengleichheit das Nichtzustandekommen eines Vorschlages annehmen, es sei denn, ein Losentscheid wäre vorher beschlossen worden; damit wäre jedoch der zwingende Gruppenschutz nach Abs. 2 nicht gewahrt; vgl. auch unter Rz. 20).

An dieser Vorwahl müssen aufgrund entsprechender Anwendung des § 33 Abs. 2 13 **mindestens die Hälfte der Mitglieder der Gruppe** teilnehmen (GK-*Wiese* § 26 Rz. 8; G/L § 26 Rz. 19; D/K/K/S § 26 Rz. 23). Im übrigen gibt es jedoch keine Formvorschriften. Die Vorwahl kann also auch formlos erfolgen. Es empfiehlt sich aber, daß die Wahl vom Wahlleiter geleitet wird (G/L § 26 Rz. 19; F/A/K/H § 26 Rz. 17; für Alleinzuständigkeit des Wahlleiters D/R § 26 Rz. 15; GK-*Wiese* § 26 Rz. 15).

Jede Gruppe kann **nur ein Mitglied** dem Betriebsrat für die Wahl zum Vorsitzen- 14 den oder zum Stellvertreter vorschlagen. Es ist unzulässig, dem Betriebsrat mehrere Kandidaten vorzuschlagen und ihm die Auswahl zu überlassen (F/A/K/H § 26 Rz. 19; **a. A.** D/R a. a. O.; D/K/K/S § 26 Rz. 23).

Lehnt das zum Vorsitzenden oder stellvertretenden Vorsitzenden gewählte Be- 15 triebsratmitglid **die Wahl ab**, so muß zunächst die vorschlagsberechtigte Gruppe eine erneute Vorabstimmung vornehmen. Sodann hat ein neuer Wahlgang hinsichtlich des Vorsitzenden und seines Stellvertreters stattzufinden (GK-*Wiese* § 26 Rz. 20; F/A/K/H § 26 Rz. 22; D/K/K/S § 26 Rz. 24; **a. A.** G/L § 26 Rz. 21, die den neuen Bewerber sofort in die Funktion des die Wahl nicht annehmenden Mitglieds einrücken lassen, sofern der Betriebsrat nicht eine erneute Wahl des Vorsitzenden und seines Stellvertreters beschließt).

Eine Neuwahl hat auch stattzufinden, wenn der Vorsitzende oder der stellvertre- 16 tende Vorsitzende das **Amt niederlegt** (vgl. dazu unten Rz. 32). Auch hier muß zunächst die vorschlagsberechtigte Gruppe wieder eine Vorabstimmung durchführen und einen Vorschlag machen (F/A/K/H, D/K/K/S und GK-*Wiese*, jeweils a. a. O.; **a. A.** auch hier G/L § 26 Rz. 22).

Eine Neuwahl muß schließlich auch dann – und zwar unverzüglich – durchgeführt 17 werden, wenn der Vorsitzende oder sein Stellvertreter **abberufen** wird (G/L § 26 Rz. 15; GK-*Wiese* § 26 Rz. 37 f.; vgl. auch unten Rz. 33 ff.)

Glaubitz

§ 26 2. Teil 3. Abschn. Geschäftsführung des Betriebsrats

3. Wahl

18 Der Vorsitzende und sein Stellvertreter werden **in der konstituierenden Sitzung** des Betriebsrats gewählt, die vor Ablauf einer Woche nach dem Wahltag vom Wahlvorstand einberufen wird. Die Sitzung wird vom Vorsitzenden des Wahlvorstandes geleitet, bis der Betriebsrat aus seiner Mitte einen Wahlleiter bestellt hat (§ 29 Abs. 1). An der Wahl muß mindestens die Hälfte der Betriebsratsmitglieder teilnehmen (§ 33 Abs. 2); besondere Vorschriften für die Durchführung der Wahl bestehen nicht. Der Betriebsrat kann sich aber eine Wahlordnung geben (*BAG* vom 28. 2. 1958 – 1 ABR 3/57 – AP Nr. 1 zu § 29 BetrVG 1952 m. Anm. *Küchenhoff* = DB 1958, 603; *D/R* § 26 Rz. 6; *G/L* § 26 Rz. 7; *F/A/K/H* § 26 Rz. 7). Gewählt werden kann sowohl geheim mit Stimmzetteln als auch offen durch Handaufheben. Es genügt sogar Wahl durch Zuruf, wenn nur festgestellt werden kann, wer gewählt ist (*D/R* § 26 Rz. 6; *F/A/K/H* a. a. O.; *G/L* § 26 Rz. 7; GK-*Wiese* § 26 Rz. 8; *D/K/K/S* § 26 Rz. 5; *Kraft* AuR 1968, 70). Die Feststellung trifft der Wahlleiter.

19 Es findet nur eine **einheitliche**, nicht nach den Gruppen der Arbeiter und Angestellten getrennte Wahl statt (*D/K/K/S* § 26 Rz. 7; *F/A/K/H* § 26 Rz. 8; zum Gruppenschutz vgl. oben Rz. 5 ff.).

20 Eine **Auswahlmöglichkeit** zwischen mehreren Bewerbern ist zu einer gültigen Wahl nicht erforderlich (*BAG* vom 29. 1. 1965 – 1 ABR 8/64 – AP Nr. 8 zu § 27 BetrVG 1952 m. Anm. *Neumann-Duesberg* = DB 1965, 856; *F/A/K/H* § 26 Rz. 6; *D/K/K/S* a. a. O.). Gewählt ist in für den Vorsitzenden und seinen Stellvertreter **gesondert durchzuführenden Wahlgängen**, wer jeweils die meisten Stimmen auf sich vereinigt (relative Mehrheit); nicht erforderlich ist die Mehrheit aller Mitglieder oder die Mehrheit aller Anwesenden, also weder absolute noch einfache Mehrheit (*D/R* § 26 Rz. 12; *G/L* § 26 Rz. 8; *F/A/K/H* § 26 Rz. 8; *Kraft* AuR 1968, 70; auch *D/K/K/S* a. a. O., die allerdings auch einen Beschluß über einen gemeinsamen Wahlgang für zulässig halten). Bei Stimmengleichheit entscheidet das Los (so auch *G/L* § 26 Rz. 9; für Losentscheid im Fall des Gruppenvorschlags auch *BAG* vom 26. 2. 1987 a. a. O. mit der Begründung, dies sei das demokratisch übliche, vielfach gesetzlich legitimierte Mittel, um Pattsituationen bei Wahlen aufzulösen; a. A. *Kamman/Hess/Schlochauer* § 26 Rrz. 5; GK-*Wiese* § 26 Rz. 9; *Kraft* AuR 1968, 71: Wiederholung des Wahlgangs und Losentscheid nur dann, wenn vorher beschlossen).

21 **Wahlberechtigt** ist jedes Betriebsratsmitglied, auch der Bewerber selbst (*D/R* § 26 Rz. 3; *G/L* § 26 Rz. 7; GK-*Wiese* § 26 Rz. 7). Auch die Ersatzmitglieder können wählen, wenn sie für ein verhindertes Mitglied eingesprungen sind. Für diese Zeit sind sie vollwertige Betriebsratsmitglieder (*D/R* § 26 Rz. 5; *G/L* § 26 Rz. 7).

22 **Wählbar** ist nur ein Mitglied des Betriebsrats, nicht ein Ersatzmitglied, es sei denn, es wäre in den Betriebsrat nachgerückt, weil ein Betriebsratsmitglied ausgeschieden ist (*D/R* § 26 Rz. 7; *G/L* § 26 Rz. 6; *F/A/K/H* § 26 Rz. 4; *D/K/K/S* § 26 Rz. 6; *Kraft* AuR 1968, 70). Ein Tarifvertrag kann nicht wirksam persönliche Wählbarkeitsvoraussetzungen für die Wahl aufstellen, die über die gesetzlichen Anforderungen der §§ 8 und 26 Abs. 1 hinausgehen (*BAG* vom 16. 2. 1973 – 1 ABR 18/72 – AP Nr. 1 zu § 19 BetrVG 1972 m. Anm. *Natzel* = EzA § 19 BetrVG 1972 Nr. 1 = DB 1973, 1254; *G/L* § 26 Rz. 6). Es entspricht herrschender Rechtsauffassung, daß jedenfalls der organisatorische Bereich des Betriebsverfas-

sungsrechts nur durch Vorschriften des Gesetzes selber geordnet werden kann. Etwas anderes gilt nur, soweit das BetrVG ausdrücklich abweichende tarifliche Regelungen zuläßt (*BAG* a. a. O.).
Von gewerkschaftlich organisierten Betriebsratsmitgliedern getroffene »**Koali-** 23 **tionsabsprachen**«darüber, wer Vorsitzender und wer Stellvertreter wird, sind rechtlich nicht zu beanstanden, haben aber auch keine rechtlich verbindliche Wirkung (*BAG* vom 1. 6. 1966 – 1 ABR 18/65 – EzA § 27 BetrVG 1952 Nr. 1 = AP Nr. 16 zu § 18 BetrVG 1952 m. krit. Anm. *Galperin* = DB 1966, 946, 1357; GK-*Wiese* § 26 Rz. 8; *G/L* § 26 Rz. 7; *F/A/K/H* § 26 Rz. 8; *D/K/K/S* § 26 Rz. 7).
Das gewählte Betriebsratsmitglied braucht die Wahl nicht anzunehmen, sondern 24 kann sie ablehnen (*BAG* vom 29. 1. 1965 – 1 ABR 8/64 – DB 1965, 856, 222). Zur Ablehnung bedarf es nur einer formlosen Erklärung gegenüber dem Wahlleiter. Die Ablehnung macht eine erneute Wahl notwendig (*G/L* § 26 Rz. 10; *D/R* § 26 Rz. 19; *F/A/K/H* § 26 Rz. 11).

4. Mängel der Wahl

Die Wahl des Vorsitzenden und die des stellvertretenden Vorsitzenden können 25 sowohl aus formellen wie auch aus materiellen Gründen **entweder nichtig oder anfechtbar sein** (*D/R* § 26 Rz. 22 ff.; GK-*Wiese* § 26 Rz. 25 ff.).
Bei **krassen Rechtsverstößen** ist eine Wahl **nichtig**. Beispiele hierfür sind die Ver- 26 letzung demokratischer Grundprinzipien oder der guten Sitten oder, wenn nicht einmal der Anschein einer Wahl gewahrt worden ist (GK-*Wiese* § 26 Rz. 25; *F/A/K/H* § 26 Rz. 46; *D/K/K/S* § 26 Rz. 41). Es genügt auch, daß eine ordnungsgemäße Ladung unter Übersendung der Tagesordnung gefehlt hat (GK-*Wiese* a. a. O.; die inzwischen für Beschlüsse geklärten Grundsätze greifen auch hier ein; vgl. unten § 33 Rz. 11 ff.) oder gegen die zwingende Vorschrift des Abs. 2 verstoßen worden ist (GK-*Wiese* a. a. O.; *G/L* § 26 Rz. 43; *F/A/K/H* a. a. O., aber wohl nur, soweit Gruppenvorschläge vom Betriebsrat übergangen worden sind; vgl. dazu oben Rz. 10) oder nicht mindestens die Hälfte der Betriebsratsmitglieder (vgl. § 33 Abs. 2) an der Wahl teilgenommen hat (GK-*Wiese* a. a. O.). Die Nichtigkeit der Wahl kann jederzeit von jedermann geltend gemacht werden (GK-*Wiese* und *F/A/K/H*, jeweils a. a. O.).
Andere Rechtsverstöße können **nur aufgrund einer gerichtlichen Entscheidung** zur Ungültigkeit der Wahl führen. Bis zur Rechtskraft der Entscheidung übt der Vorsitzende oder stellvetende Vorsitzende sein Amt rechtswirksam aus (GK-*Wiese* § 26 Rz. 26; *D/R* § 26 Rz. 32; *F/A/K/H* § 26 Rz. 47). Der Antrag auf gerichtliche Entscheidung kann als Anfechtung bezeichnet werden, führt indessen nicht zu einer entsprechenden Anwendung der Bestimmungen über die Anfechtung der Betriebsratswahl in § 19 (vgl. dazu unten Rz. 28).
Eine Wahl kann bei Verstößen gegen bloße Ordnungsvorschriften mangelhaft 27 sein, wenn nicht ausgeschlossen werden kann, daß das Wahlergebnis ohne Formverstoß ein anderes gewesen wäre (*BAG* vom 1. 6. 1966 – 1 ABR 18/65 – m. Anm. *Galperin* = DB 1966, 946, 1357 = EzA § 27 BetrVG 1952 Nr. 1 = AP Nr. 1 b zu § 18 BetrVG 1952 [vgl. unten!]). Auch **materielle Verstöße** unterliegen der Nachprüfung durch das Arbeitsgericht, jedoch nur insoweit, als ein Verstoß gegen ein Gesetz oder gegen das Verbot der Willkür begangen worden ist (*BAG* a. a. O. AP Bl. 2; *D/R* § 26 Rz. 23: *Stadler* RdA 1957, 422).

§ 26   2. Teil 3. Abschn. Geschäftsführung des Betriebsrats

28 Nach der Rechtsprechung des *BAG* (vom 13. 11. 1991 – 7 ABR 8/91 – EzA § 26 BetrVG 1972 Nr. 5 und vom 12. 10. 1976 – 1 ABR 17/76 – EzA § 26 BetrVG 1972 Nr. 2 = DB 1977, 168) kann die **Unwirksamkeit der Wahl** des Vorsitzenden oder seines Stellvertreters aus Gründen der Rechtssicherheit **nicht zeitlich unbeschränkt** geltend gemacht werden. Die Anfechtungsfrist von zwei Wochen gem. § 19 Abs. 2 Satz 2 müsse daher analog angewendet werden (*BAG* a. a. O.; *G/L* § 26 Rz. 43; GK-*Wiese* § 26 Rz. 28; *F/A/K/H* § 26 Rz. 48; *Stege/Weinspach* § 26 Rz. 2 a; *D/K/K/S* § 26 Rz. 91). Die Frist beginne, sobald der Anfechtungsberechtigte den Verfahrensverstoß erfahre (*BAG* vom 20. 4. 1956 – 1 ABR 2/56 – AP Nr. 3 zu § 27 BetrVG 1952 = DB 1956, 598 und vom 21. 10. 1969 – 1 ABR 8/69 – AP Nr. 10 zu § 3 BetrVG 1952 m. Anm. *Neumann-Duesberg* = DB 1970, 249). Diese Auffassung überzeugt nicht. Sie steht im Widerspruch zu der Ablehnung einer unmittelbaren oder auch nur mittelbaren Anwendung des § 19 auf die Bildung von Ausschüssen des Betriebsrats durch das *BAG* (vom 1. 6. 1976 – 1 ABR 99/74 – EzA § 28 BetrVG 1972 Nr. 3 m. Anm. *Herschel*; vom 15. 8. 1978 – 6 ABR 56/77 – EzA § 47 BetrVG 1972 Nr. 2 = DB 1978, 2224; in der Sache zustimmend *D/R* § 27 Rz. 31; allerdings von einem anderen Senat ausdrücklich offengelassen in Beschluß vom 7. 10. 1980 – 6 ABR 56/79 – EzA § 27 BetrVG 1972 Nr. 6 = DB 1981, 803), obwohl diese Geschäftsführungsentscheidungen des Betriebsrats sich grundsätzlich von der Wahl des Vorsitzenden nicht unterscheiden und dementsprechend vom Gesetz hintereinander unter der gemeinsamen Überschrift des Dritten Abschnitts »Geschäftsführung des Betriebsrats« geregelt sind. Es entsteht auch keine Rechtsunsicherheit, wie das *BAG* in seiner Entscheidung vom 12. 10. 1976 meint (so auch *Richardi* in Anm. AP Nr. 2 zu § 26 BetrVG 1972 Bl. 4); denn nach der Rechtsprechung wirkt die Entscheidung des Gerichts rechtsgestaltend, so daß bis zum Eintritt der Rechtskraft der gewählte Betriebsratsvorsitzende uneingeschränkt rechtswirksam handeln kann.

29 Zum Kreis der **Antragsberechtigten** gehört auch jede im Betrieb vertretene **Gewerkschaft**. Die Gewerkschaft wird nämlich in ihrer betriebsverfassungsrechtlichen Stellung unmittelbar berührt, weil der Vorsitzende den Betriebsrat nach außen und demgemäß auch in der gesetzlich gebotenen Zusammenarbeit mit den Gewerkschaften vertritt (*BAG* vom 12. 10. 1976 a. a. O.; *D/R* § 26 Rz. 28; *G/L* § 26 Rz. 43; *F/A/K/H* a. a. O.; GK-*Wiese* § 26 Rz. 29).

30 Kein Antragsrecht hat der Betriebsrat, der die Wahl stets durch Beschluß korrigieren kann (*D/R* § 26 Rz. 30), ebensowenig der **Arbeitgeber**, weil es sich bei der Wahl um einen internen Vorgang im Betriebsrat handelt (GK-*Wiese* und *F/A/K/H*, jeweils a. a. O.; *D/R* § 26 Rz. 29; *G/L* § 26 Rz. 43). Ein Antragsrecht einzelner Arbeitnehmer besteht nicht (h. M.; vgl. *D/R*, GK-*Wiese* und *F/A/K/H*, jeweils a. a. O.); denn sie werden durch Wahl oder Abwahl des Betriebsratsvorsitzenden und des Stellvertreters rechtlich nicht unmittelbar berührt.

31 Bei erfolgreicher »Anfechtung« hat das Arbeitsgericht die Wahl für unwirksam zu erklären (*D/R* § 26 Rz. 25; *F/A/K/H* § 26 Rz. 47; GK-*Wiese* § 26 Rz. 31). Es kann aber nicht die Wahl korrigieren, indem es ein anderes als das tatsächlich zustandegekommene Wahlergebnis festlegt (*BAG* vom 7. 10. 1980 a. a. O.).

III. Niederlegung des Amtes

Das Amt des Vorsitzenden und das des Stellvertreters können jederzeit durch 32
unanfechtbare Erklärung gegenüber dem Betriebsrat niedergelegt werden (so
auch *F/A/K/H* § 26 Rz. 11; GK-*Wiese* § 26 Rz. 35; *D/R* § 26 Rz. 20, *G/L* § 26
Rz. 15). Dies ist zwar im Gegensatz zur Niederlegung des Betriebsratsamtes (§ 24
Abs. 1 Nr. 2) nicht im Gesetz vorgesehen, ergibt sich aber aus der Bedeutung dieser Ämter für die Handlungsfähigkeit des Betriebsrats; sie müssen mit Betriebsratsmigliedern besetzt sein, die zur Amtsführung auch bereit sind (zur Neuwahl
vgl. oben Rz. 16).

IV. Abberufung vom Amt

Die Wahl gilt **für die gesamte Amtsperiode** des Betriebsrats. Ist die Wahl aus- 33
nahmsweise während der Amtsperiode erfolgt, so gilt sie für den Rest der Amtsdauer (*D/R* § 26 Rz. 33; GK-*Wiese* a. a. O.). **Ein Wechsel der Gruppenzugehörigkeit** führt nicht zum Verlust des Amtes (*D/R* und GK-*Wiese*, jeweils a. a. O.). Der
Betriebsrat kann den Vorsitzenden und den Stellvertreter jederzeit abberufen
(*BAG* vom 26. 1. 1962 – 2 AZR 244/61 – AP Nr. 8 zu § 626 BGB Druckkündigung
m. Anm. *Herschel* = DB 1962, 744 sowie vom 1. 6. 1966 – 1 ABR 18/65 – EzA § 27
BetrVG 1952 Nr. 1 = DB 1966, 9 46, 1357; *G/L* § 26 Rz. 15; *D/R* § 26 Rz. 34;
F/A/K/H § 26 Rz. 10; GK-*Wiese* § 26 Rz. 36). Er kann dies auch dann tun, wenn
jede **Gruppe** nach Abs. 2 ein **Vorschlagsrecht** hat, das bei der Wahl auch ausgeübt
worden ist. Denn nach der Wahl repräsentieren die Gruppenvertreter den gesamten Betriebsrat; sie müssen demgemäß auch von ihm abberufen werden können
(so auch *G/L* § 26 Rz. 23; *D/R* § 26 Rz. 35; *D/K/K/S* § 26 Rz. 26; **a. A.** *F/A/K/H*
§ 26 Rz. 24 und GK-*Wiese* § 26 Rz. 37, die die Abberufung allein den Gruppen
überlassen wollen). Erforderlich ist also ein mit Stimmenmehrheit gefaßter Beschluß des Betriebsrates (§ 33 Abs. 1).
Ein **besonderer Grund** ist **nicht** erforderlich (*BAG* a. a. O.; GK-*Wiese* a. a. O.). 34
Eine entsprechende Vorschrift in der Geschäftsordnung (§ 36) ist zwar nicht erforderlich, aber zweckmäßig (*Nipperdey/Säcker* II/2, 1193).
Trotz der Abberufung bleibt die **Mitgliedschaft im Betriebsrat erhalten**, es sei 35
denn, daß gleichzeitig ein Amtsenthebungsverfahren nach § 23 mit Erfolg betrieben worden wäre. Dieses Verfahren bezieht sich jedoch nicht auf eine Amtsenthebung als Vorsitzender, sondern lediglich als Betriebsratsmitglied (*D/R* § 26
Rz. 38; *G/L* § 26 Rz. 16; *F/A/K/H* § 26 Rz. 10). Das Verfahren nach § 23 kann
auch unabhängig von der Abberufung als Betriebsratsvorsitzender durch den Betriebsrat betrieben werden. Führt es zum Erfolg, so endet das Betriebsratsamt und
damit gleichzeitig auch das Amt des Vorsitzenden. Dieses Verfahren kann auch
damit begründet werden, daß das Betriebsratsmitglied als Vorsitzender oder als
stellvertretender Vorsitzender des Betriebsrats seine Pflichten in grober Weise
verletzt hat (*D/R* § 26 Rz. 38).
Scheidet der Vorsitzende aus, übernimmt der Stellvertreter dessen Position bis zur 36
Wahl eines neuen Vorsitzenden. Der stellvertretende Vorsitzende rückt jedoch
nicht ohne weiteres in die Stelle des Vorsitzenden ein mit der Folge, daß nunmehr
kein Vorsitzender, sondern ein Stellvertreter zu wählen wäre. Der stellvertretende
Vorsitzende bleibt vielmehr in dieser Position (*D/R* § 26 Rz. 21; *D/K/K/S* § 26

§ 26   2. Teil 3. Abschn. *Geschäftsführung des Betriebsrats*

Rz. 39). Auf den freigewordenen Betriebsratssitz als solchen rückt das Ersatzmitglied nach.

37 Schlägt die Gruppe nach der Abberufung **denselben Gruppenangehörigen** als Vorsitzenden oder dessen Stellvertreter vor, so ist der Betriebsrat bei der Neuwahl hieran gebunden; er kann lediglich verhindern, daß dieses Mitglied Vorsitzender wird, indem er es für das Stellvertreteramt bestimmt (so auch *D/R* § 26 Rz. 35; *G/L* § 26 Rz. 23; *D/K/K/S* a. a. O.; vgl. auch *F/A/K/H* § 26 Rz. 23).

V. Rechtsstellung des Vorsitzenden

1. Überblick

38 Der Vorsitzende des Betriebsrats hat eine **eigenständige Rechtsstellung** mit einer Reihe gesetzlicher Aufgaben, z. B. die Einberufung der Betriebsratssitzung, die Festlegung der Tagesordnung für die Sitzung, die Ladung der Betriebsratsmitglieder, der Schwerbehindertenvertretung, des Mitglieds der Jugend- und Auszubildendenvertretung sowie die Leitung der Betriebsratssitzung (§ 29 Abs. 2 und 3). Schließlich obliegt ihm auch die Leitung der Betriebsversammlung (§ 42 Abs. 1 Satz 1). Er kann ferner an den Sitzungen der Jugend- und Auszubildendenvertretung (§ 65 Abs. 2) und an deren Sprechstunden (§ 69 Satz 4) teilnehmen.

39 Nach Abs. 3 Satz 1 **vertritt** der Vorsitzende den **Betriebsrat im Rahmen der von ihm gefaßten Beschlüsse**. Er ist weder Bevollmächtigter des Betriebsrats noch dessen gesetzlicher Vertreter. Ebensowenig nimmt er an dessen Stelle die dem Gremium im Gesetz zugewiesenen Befugnisse, Pflichten und Zuständigkeiten wahr. Sie sind vielmehr ausschließlich vom Betriebsrat selbst oder unter bestimmten Voraussetzungen von einem Ausschuß des Betriebsrats (§§ 27 und 28) auszuüben.

2. Vertretungsmacht zur Abgabe von Erklärungen

40 Der Vorsitzende ist nicht Vertreter im Willen, sondern **nur Vertreter in der Erklärung**, die er im Namen des Betriebsrats abgibt (*BAG* vom 17. 2. 1981 – 1 AZR 290/78 – m. w. Rechtsprechungsnachweisen, = EzA § 112 BetrVG 1972 Nr. 21 = DB 1981, 1414; *D/R* § 26 Rz. 40; *F/A/K/H* § 26 Rz. 26; *Nipperdey/Säcker* II/2, 1190; *G/L* § 26 Rz. 25; *D/K/K/S* § 26 Rz. 27). Er hat lediglich die vom Betriebsrat in Ausübung seiner Pflichten und Befugnisse gefaßten **Beschlüsse auszuführen**. Er kann also nur in dem von den Beschlüssen des Betriebsrats begrenzten Bereich bindende Erklärungen abgeben.

41 Es ist auch **nicht zulässig**, dem Vorsitzenden alle oder auch nur einzelne der dem Betriebsrat zustehenden Befugnisse und Rechte **zur selbständigen Ausübung zu übertragen** und insoweit Handlungsfreiheit mit verbindlicher Wirkung für und gegen den Betriebsrat einzuräumen (*F/A/K/H* und *G/L*, jeweils a. a. O.). Allerdings können Betriebsräte mit weniger als 9 Mitgliedern nach § 27 Abs. 4 die **laufenden Geschäfte** auf den Vorsitzenden des Betriebsrats oder andere Betriebsratsmitglieder übertragen (vgl. § 27 Rz. 44 ff.).

42 Unabhängig hiervon soll der Betriebsrat seinen Vorsitzenden nach der Rechtsprechung **ermächtigen** können, in einer **speziellen Einzelfrage** oder auch in einem bestimmten Fragenkomplex **selbständig zu entscheiden**. Voraussetzung hierfür

Vorsitzender § 26

sei, daß der Betriebsrat im voraus bindende Richtlinien oder Weisungen beschließe. Beispiel dafür sei, daß mit dem Arbeitgeber darüber zu verhandeln ist, ob an einem Tag die Arbeitszeit früher beendet oder wann Mehrarbeit oder Kurzarbeit eingeführt werden soll (*BAG* vom 28. 2. 1958 – 1 AZR 491/56 – AP Nr. 1 zu § 14 AZO m. Amn. *Denecke* = DB 1958, 575). Vor allem sei es zulässig, daß der Betriebsrat für **sich häufig wiederholende gleichartige Fälle eine bindende Richtlinie** beschließe und den Vorsitzenden ermächtige, in Zukunft dementsprechend zu entscheiden (*F/A/K/H* § 26 Rz. 29; *D/R* § 26 Rz. 49; *Richardi* RdA 1968, 440; insoweit **a. A.** *D/K/K/S* § 26 Rz. 31). Schließlich wird auch angenommen, daß der Betriebsrat den Vorsitzenden ermächtigen könne, in einer bestimmten Angelegenheit die Zustimmung des Betriebsrats zu erklären, wenn der Arbeitgeber eine nach Ansicht des Vorsitzenden zufriedenstellende Begründung gebe (*D/R* a. a. O.). Eine **allgemeine Ermächtigung** hingegen sei in jedem Fall **unwirksam**, so etwa die Ermächtigung, in allen Kündigungsfragen selbständig zu entscheiden (*BAG* vom 28. 2. 1974 – 2 AZR 455/73 – EzA § 102 BetrVG 1972 Nr. 8 m. Anm. *Kraft* = DB 1974, 1294; *LAG Köln* vom 20. 12. 1983 – 1 Sa 1143/83 – DB 1984, 937; *D/R* a. a. O.; *S/W* § 26 Rz. 9; *D/K/K/S* § 26 Rz. 30). Die Annahme eines solchermaßen begrenzten Entscheidungsspielraums des Vorsitzenden ist unter praktischen Gesichtspunkten verständlich. Der insoweit klare Gesetzeswortlaut (vgl. Abs. 3 und § 27 Abs. 4) läßt indessen einen solchen Entscheidungsspielraum des Vorsitzenden nicht zu. Das gilt auch für eine verbreitete Praxis, wonach der Betriebsrat für konkrete Einzelfälle Alternativbeschlüsse oder einen Grundsatzbeschluß faßt (hierfür aber *D/K/K/S* und *F/A/K/H*, jeweils a. a. O.; GK-*Wiese* § 26 Rz. 43). Hier könnte deshalb nur eine Korrektur des Gesetzes helfen (so auch *S/W* § 26 Rz. 9).

Die Ermächtigung des Vorsitzenden soll nur durch einen ausdrücklichen Beschluß des Betriebsrats erfolgen können (*D/R* § 26 Rz. 50). Sie könne jederzeit widerrufen werden, ohne daß hierfür ein Grund vorzuliegen brauche. Der Betriebsrat könne auch die Angelegenheit jederzeit wieder an sich ziehen, ohne ausdrücklich die Ermächtigung widerrufen zu müssen (*D/R* a. a. O.; GK-*Wiese* § 26 Rz. 44). 43

Gibt der Vorsitzende **ohne** entsprechenden **Beschluß** des Betriebsrats eine Erklärung ab, so ist sie für den Betriebsrat nicht bindend (vgl. auch unten Rz. 45 und 47). Eine von ihm ohne Zustimmung des Betriebsrats unterzeichnete Betriebsvereinbarung ist unwirksam (*BAG* vom 5. 3. 1959 – 2 AZR 268/56 – DB 1959 833 = AP Nr. 26 zu § 611 BGB Fürsorgepflicht m. Anm. *A. Hueck*; = DB 1959, 322, 833; *ArbG Heilbronn* vom 13. 6. 1989 – 4 Ca 116/89 – DB 1989, 1897). 44

Durch Genehmigung kann die Unwirksamkeit einer Erklärung des Vorsitzenden **nachträglich geheilt** werden (*BAG* vom 15. 12. 1961 – 1 AZR 207/59 – EzA § 615 BGB Nr. 4 = DB 1962, 306; *F/A/K/H* § 26 Rz. 32; *D/R* § 26 Rz. 52; *G/L* § 26 Rz. 30; GK-*Wiese* § 26 Rz. 45). Hierfür ist in der Regel ein ausdrücklicher Beschluß erforderlich (*F/A/K/H* a. a. O.; *D/K/K/S* § 26 Rz. 32). Eine stillschweigende Genehmigung des Betriebsrats ist aber dann anzuerkennen, wenn sich aus einem späteren Beschluß mittelbar sein Einverständnis mit dem Handeln des Vorsitzenden ergibt (*BAG* a. a. O.; *D/R* a. a. O.; **a. A.** GK-*Wiese* § 26 Rz. 46; *Dietz* RdA 1968, 439, 441). 45

Nach überwiegender Rechtsauffassung soll sich unter besonderen Umständen **eine Bindung** des Betriebsrats an das Handeln seines Vorsitzenden kraft Rechtsscheins ergeben können. Voraussetzung hierfür soll sein, daß der Arbeitgeber **aufgrund** 46

§ 26   2. Teil 3. Abschn. *Geschäftsführung des Betriebsrats*

des **Verhaltens des Betriebsrats** oder wenigstens der Mehrheit seiner Mitglieder darauf vertraut habe und habe auch vertrauen können, daß der Vorsitzende im Rahmen seiner Vertretungsmacht gehandelt hat (so die Vorauflage; ähnlich *D/R* § 26 Rz. 55f.; *G/L* § 26 Rz. 32; *F/A/K/H* § 26 Rz. 33; GK-*Wiese* § 26 Rz. 49ff.; a. A. *S/W* § 26 Rz. 10; *D/K/K/S* § 26 Rz. 33; GK-*Thiele* § 77 Rz. 22). Typisch für diesen Fall sei, daß der Vorsitzende in der gleichen Situation immer wieder eigenmächtig gehandelt und der Betriebsrat dies hingenommen habe (*BAG* vom 28. 2. 1958 – 1 AZR 491/56 – AP Nr. 1 zu § 14 AZO m. Anm. *Denecke* = DB 1958, 575) oder wenn das Vorgehen des Vorsitzenden wenigstens von der Mehrheit der Betriebsratsmitglieder geduldet werde, sie z. B. bei der Mitteilung des Ergebnisses einer Sitzung an den Arbeitgeber trotz Anwesenheit nicht widerspräche (vgl. *F/A/K/H* § 26 Rz. 33). Umstritten ist auch, ob das den Rechtsschein begründende Verhalten dem Betriebsrat als solches bewußt gewesen sein müsse oder ob es genüge, daß es ihm hätte bewußt sein müssen (für die 1. Alternative *F/A/K/H* a. a. O.; für die 2. *Buchner* DB 1976 532, 535; *Dietz* RdA 1968, 442; GK-*Wiese* § 26 Az. 50; *G/L* § 26 Rz. 32; im Ergebnis auch *D/R* § 26 Rz. 56, – der – wie es auch *G/L* a. a. O. für möglich hält – eine Vertrauenshaftung annimmt).

47 Eine **Bindung des Betriebsrats kraft Rechtsscheins** (nach den Grundsätzen über die Duldungs- oder die Anscheinsvollmacht oder aufgrund Vertrauenshaftung) ist **mit dem Gesetz in Abs. 3 Satz 1 nicht zu vereinbaren**, das die Vertretungsbefugnis des Betriebsratsvorsitzenden – abweichend von anderen vergleichbaren Vorschriften (z. B. § 26 BGB, § 78 AktG) – ausdrücklich durch die gefaßten Beschlüsse begrenzt. Die strenge gesetzliche Verknüpfung von interner Willensbildung und Willenserklärung nach außen ist nicht auflösbar (im Ergebnis ebenso GK-*Thiele* a. a. O.). Dabei muß beachtet werden, daß auch rechtlich fehlerhafte Beschlüsse des Betriebsrats rechtswirksam sein können (vgl. unten § 33 Rz. 21 ff.) und dann als Grundlage für die Erklärung des Betriebsratsvorsitzenden nach außen genügen. Es besteht ferner kein Widerspruch zu dem Grundsatz, daß auch bei rechtlich fehlerhafter Beschlußfassung des Betriebsrats im Rahmen des Anhörungsverfahrens nach § 102 Abs. 1 die Kündigung des Arbeitgebers wirksam sein kann (vgl. unten § 102 Rz. 78 ff.), weil die Wirksamkeit der Kündigung nach dem Gesetz nicht von einem Beschluß des Betriebsrats abhängig ist (zum Nachweis der Vertretungsmacht des Betriebsratsvorsitzenden vgl. unten Rz. 48).

48 Der Vorsitzende ist **kraft Gesetzes** befugt, den Betriebsrat zu vertreten. Er braucht bei seinen Erklärungen den Beschluß des Betriebsrats, der ihn zu der Erklärung ermächtigt, nicht vorzulegen. Dennoch können der Arbeitgeber und jeder andere Dritte, demgegenüber der Vorsitzende eine Erklärung abgibt (z. B. ein Rechtsanwalt, der den Betriebsrat in einem Rechtsstreit vertreten soll) im Hinblick auf die strenge Bindung der Vertretungsmacht an die gefaßten Beschlüsse (vgl. oben Rz. 47) jederzeit einen Nachweis fordern (so auch *D/R* § 26 Rz. 43; einschränkend, nämlich nur dann, wenn sich aus dem Verhalten des Vorsitzenden oder aus Äußerungen anderer Betriebsratsmitglieder Zweifel ergeben, ob ein entsprechender Beschluß des Betriebsrats vorliegt: *F/A/K/H* § 26 Rz. 30; *G/L* § 26 Rz. 33; *D/K/K/S*, a. a. O.).

49 Im Rechtsstreit hat die Erklärung des Vorsitzenden die Vermutung für sich, daß der Betriebsrat einen entsprechenden Beschluß gefaßt hat. Diese Vermutung kann aber jederzeit durch den Gegenbeweis entkräftet werden (*BAG* vom 17. 2. 1981 – 1 AZR 290/78 – EzA § 112 BetrVG 1972 Nr. 21 = DB 1981, 1414; GK-*Wiese* § 26 Rz. 48; *F/A/K/H* und *D/K/K/S*, jeweils a. a. O.).

Vorsitzender § 26

3. Rechtsfolgen eigenmächtigen Handelns

Handelt der Betriebsratsvorsitzende ohne Vertretungsmacht, verletzt er seine ge- 50
setzlichen Pflichten und kann deshalb vom Amt des Vorsitzenden abberufen werden. Bei groben Verstößen muß er mit einem Ausschlußverfahren nach § 23 rechnen. Es kommen auch Schadenersatzansprüche in Betracht (*G/L* § 26 Rz. 34; *F/A/K/H* § 26 Rz. 31; GK-*Wiese* § 26 Rz. 47). Allerdings müßten dafür die Voraussetzungen des § 826 BGB erfüllt sein (vgl. dazu oben Vorbem. vor § 1 Rz. 38); denn für die **Verletzung von Amtspflichten** ist im BetrVG die Sanktion der Schadenersatzpflicht nicht vorgesehen und wäre auch mit dem Benachteiligungsverbot in § 78 Satz 2 nicht zu vereinbaren. Unter diesem Blickwinkel ist auch die verschuldensunabhängige Garantiehaftung des § 179 BGB (dafür GK-*Wiese* a. a. O.) hier nicht entsprechend anwendbar, zumal sie dem Vertragspartner des vollmachtlosen Vertreters die Wahl zwischen Schadenersatz und Erfüllung läßt, eine Konsequenz, die mit dem BetrVG in jedem Fall unvereinbar wäre.

4. Vertretungsmacht zur Entgegennahme von Erklärungen

In Abs. 3 Satz 2 ist festgelegt, daß der Vorsitzende des Betriebsrats auch zur Ent- 51
gegennahme der für den Betriebsrat bestimmten Erklärungen zuständig ist. Dies gilt grundsätzlich für alle dem Betriebsrat gegenüber abzugebenden Erklärungen und Mitteilungen, gleichgültig ob es sich um Mitteilungen des Arbeitgebers, Äußerungen von Arbeitnehmern oder Erklärungen anderer betriebsverfassungsrechtlicher Gremien und Stellen handelt (*F/A/K/H* § 26 Rz. 36; *D/K/K/S* § 26 Rz. 36). Auch für die Entgegennahme von **Zustellungen** im gerichtlichen Verfahren ist der Betriebsratsvorsitzende zuständig. Der bei der Posteingangsstelle des Arbeitgebers tätige Arbeitnehmer ist in der Regel Bediensteter i. S. v. § 184 ZPO (*BAG* vom 20. 1. 1976 – 1 ABR 48/75 – DB 1976, 828; EzA § 171 ZPO Nr. 1; *F/A/K/H* a. a. O.). Einzelheiten können in der Geschäftsordnung nach § 36 geregelt werden. Hier ist in erster Linie an die Erklärungen im Rahmen der Mitbestimmung des Betriebsrats bei personellen Maßnahmen zu denken (§§ 92 ff., insbesondere §§ 99 ff.). Mit dem Zugang der Erklärung an den Vorsitzenden beginnt also die gesetzlich festgelegte Frist, z. B. die Wochenfrist des § 99 Abs. 3 Satz 1, zu laufen (*D/K/K/S* a. a. O.).

Wird eine dem Betriebsrat gegenüber abzugebende Erklärung nicht dem Vorsit- 52
zenden, sondern einem anderen Betriebsratsmitglied gegenüber abgegeben, so ist sie grundsätzlich dem Betriebsrat so lange nicht zugegangen, als sie nicht dem Vorsitzenden oder – bei seiner Verhinderung – seinem Stellvertreter zur Kenntnis gelangt ist (*BAG* vom 28. 2. 1974 – 2 AZR 455/73 – AP Nr. 2 zu § 102 BetrVG 1972 = EzA § 102 BetrVG 1972 Nr. 8; *F/A/K/H* § 26 Rz. 34; GK-*Wiese* § 26 Rz. 55, *D/K/K/S* § 26 Rz. 36; vgl. dazu auch unten Rz. 53 ff. im Gegensatz zu der für den Vorstand des Vereins geltenden Regelung in § 28 Abs. 2 BGB).

VI. Rechtsstellung des Stellvertreters des Vorsitzenden

1. Befugnisse

53 Der Stellvertreter des Vorsitzenden kann die Aufgaben und Befugnisse des Vorsitzenden nur dann wahrnehmen, wenn und solange der Vorsitzende selbst verhindert ist. Es ist dabei unerheblich, ob die Verhinderung tatsächliche oder rechtliche Gründe hat. Es ist auch gleichgültig, ob es sich um eine dauernde oder nur um eine vorübergehende Verhinderung handelt. Voraussetzung ist lediglich, daß der Vorsitzende sein Amt nicht ausüben kann (*D/R* § 26 Rz. 59). Der Stellvertreter ist daher kein zweiter Vorsitzender mit gleichem Recht, vielmehr tritt er nur für den Fall der Verhinderung des Vorsitzenden an dessen Stelle (*F/A/K/H § 26 Rz. 39; G/L* § 26 Rz. 37; GK-*Wiese* § 26 Rz. 58; *D/K/K/S* § 26 Rz. 37). Der Vorsitzende kann auch nicht einzelne Aufgaben oder Geschäfte dem Stellvertreter zur einmaligen oder ständigen Erledigung übertragen (*ArbG Hannover* vom 2. 6. 1972 – 5 Ca 125/72 – AuR 1973, 58; *D/R* § 26 Rz. 61; *F/A/K/H* und *D/K/K/S*, jeweils a. a. O.).

54 Der Stellvertreter hat nur die Aufgaben, Rechte und Pflichten, die dem Vorsitzenden gesetzlich zugeordnet sind, wahrzunehmen, **nicht** aber dessen **persönliche Stellung in den Ausschüssen**. Auch eine Freistellung des Vorsitzenden gilt nicht ohne weiteres für seinen Stellvertreter (*G/L* § 26 Rz. 38).

2. Verhinderung des Vorsitzenden

55 Eine Verhinderung des Vorsitzenden ist immer dann anzunehmen, wenn er für einen Zeitraum sein Amt nicht ausüben kann. Verhinderungen sind folglich insbesondere Urlaub und Krankheit. Eine kurzfristige Verhinderung, z. B. bei einer Abwesenheit von wenigen Stunden, reicht hingegen nicht aus, es sei denn, daß eine bestimmte Aufgabe unbedingt während dieser kurzen Abwesenheit erledigt werden muß (*D/R* § 26 Rz. 59; GK-*Wiese* § 26 Rz. 59; *F/A/K/H* § 26 Rz. 40). Eine Verhinderung liegt ferner dann vor, wenn der Vorsitzende selbst durch eine Angelegenheit persönlich betroffen ist (*BAG* vom 1. 8. 1958 – 1 ABR 6/58 – AP Nr. 1 zu § 83 ArbGG 1953 m. Anm. *Pohle* = SAE 1959, 18; *G/L, F/A/K/H* und GK-*Wiese*, jeweils a. a. O.).

56 Bei Verhinderung des Vorsitzenden rückt das **Ersatzmitglied** gem. § 25 Abs. 1 Satz 2 auf den leeren Betriebsratssitz. Das Ersatzmitglied hat indessen nicht die Funktion des Vorsitzenden. Scheidet der Vorsitzende endgültig aus dem Betriebsrat aus, so rückt der Stellvertreter auch dann nicht an seine Stelle, vielmehr muß eine Neuwahl des Vorsitzenden stattfinden (*G/L* § 26 Rz. 41; GK-*Wiese* § 26 Rz. 60; *F/A/K/H* § 26 Rz. 42; vgl. auch oben Rz. 36).

57 Im übrigen gelten die Ausführungen über den Vorsitzenden hier entsprechend (vgl. oben Rz. 40–52).

3. Gleichzeitige Verhinderung des Vorsitzenden und seines Stellvertreters

Sind sowohl der Vorsitzende wie auch sein Stellvertreter gleichzeitig verhindert, **58**
kann der Betriebsrat **Erklärungen rechtswirksam weder abgeben** (vgl. *BAG* vom
24. 4. 1979 – 6 AZR 409/77 – AP Nr. 1 zu § 87 LPVG Berlin = DB 1979, 2185)
noch entgegennehmen. Ist ein zur selbständigen Erledigung der betreffenden Angelegenheit ermächtigter Ausschuß gebildet worden, so ist dessen Vorsitzender
zuständig (so auch für den Fall der Entgegennahme einer Erklärung *BAG* vom
24. 2. 1974 – DB 1974, 1294). Bei der klaren Regelung des Gesetzes genügt es für
den Zugang einer Erklärung an den Betriebsrat – im Gegensatz zur Regelung für
den Vorstand des Vereins in § 28 Abs. 2 BGB – nicht, daß ein Mitglied des Betriebsrats von ihr Kenntnis erhalten hat (so auch *BAG* vom 27. 6. 1985 – 2 AZR
412/84 – EzA § 102 BetrVG 1972 Nr. 60 = DB 1986, 332; *LAG München* vom
11. 5. 1988 – 5 Sa 1193/87 – DB 1988, 2651, die das Betriebsratsmitglied zu Recht
als Erklärungsboten des Arbeitgebers betrachten, sowie GK-*Wiese* § 26 Rz. 55;
a. A. *LAG Frankfurt* vom 28. 11. 1989 – 4 Ta BV 98/88 – unveröffentlicht – und
vom 23. 3. 1976 – 1 Ta BV 24/76 – BB 1979, 1048; *F/A/K/H* § 26 Rz. 36; **a. A.** die
Vorauflage; vgl. auch oben Rz. 52). Es genügt auch nicht, daß die »Gesamtheit«
der Betriebsratsmitglieder von der Erklärung Kenntnis erhält (so aber *D/R* § 26
Rz. 47; *F/A/K/H* a. a. O.); denn die »Gesamtheit« aller Betriebsratsmitglieder ist
– wenn nicht gerade zufällig eine Sitzung stattfindet – nicht zuverlässig feststellbar,
da bei allen Mitgliedern zu jeweils verschiedenen Zeiten Verhinderungsfälle auftreten können. Eine vom Zugang einer Erklärung an den Betriebsrat abhängige
Frist könnte allenfalls erst dann tatsächlich zu laufen beginnen, wenn die Erklärung allen Betriebsratsmitgliedern und allen Ersatzmitgliedern zugegangen ist,
eine Konsequenz, die in der Praxis zu kaum überwindbaren Schwierigkeiten
(Nachweis des Zugangs, Verzögerung der Zusammenarbeit) führen würde.

Der Betriebsrat muß deshalb, wenn er die Abgabe und die Entgegennahme von **59**
Erklärungen auch bei Verhinderung beider Vorsitzender sicherstellen will, rechtzeitig vorher oder, wenn der Fall nicht vorhersehbar war, aufgrund spontanen
Zusammentritts aller Mitglieder (vgl. dazu unten § 29 Rz. 17) in einer Sitzung
einen **weiteren Stellvertreter** wählen (vgl. auch unten § 29 Rz. 56 sowie F/A/K/H
§ 29 Rz. 39), der dann zur Amtsausübung befugt ist, wenn sowohl der Vorsitzende
wie auch sein Stellvertreter verhindert ist. Ist dies nicht geschehen, ist der Betriebsrat bei einer solchen doppelten Verhinderung funktionsunfähig; er ist so zu
behandeln, wie wenn er keinen Vorsitzenden gewählt hätte (vgl. dazu oben Rz. 4).

VII. Bevollmächtigung anderer Betriebsratsmitglieder

Zu Unrecht wird von der herrschenden Rechtsauffassung angenommen, der Be- **60**
triebsrat könne auch ein einfaches Betriebsratsmitglied oder eine Mitgliedergruppe mit der Erledigung einer bestimmten Angelegenheit betrauen und insoweit auch die **Vertretungsbefugnis des Vorsitzenden wirksam übertragen** (*F/A/K/
H* § 26 Rz. 34 f.; GK-*Wiese* § 26 Rz. 57; *G/K/S/B* § 26 Rz. 30 und die Vorauflage;
für Möglichkeit der Ermächtigung eines Betriebsratsmitglieds zur Entgegennahme
von Erklärungen: *BAG* vom 27. 6. 1985 a. a. O.; hinsichtlich der Übertragung an
eine Gruppe vgl. auch *BAG* vom 5. 2. 1965 – 1 ABR 14/64 – AP Nr. 1 zu § 56
BetrVG 1952 Urlaubsplan m. Anm. *Gaul* = DB 1965, 898 BB) oder zusätzlich

§ 27 *2. Teil 3. Abschn. Geschäftsführung des Betriebsrats*

einräumen (*D/R* § 26 Rz. 44, 46; *F/A/K/H* § 26 Rz. 36; GK-*Wiese* § 26 Rz. 55; *S/W* § 26 Rz. 13 vgl. aber auch zur Verhinderung des Vorsitzenden und seines Stellvertreters oben Rz. 58). Der Betriebsrat kann zwar im Rahmen seiner Amtstätigkeit Aufgaben einzelnen Mitgliedern oder mehreren von ihnen gemeinsam zuweisen. Er kann aber nicht Befugnisse, die vom Gesetz dem Betriebsratsvorsitzenden zugeordnet sind, z. B. die Vertretung des Betriebsrats, die Einberufung der Betriebsratssitzung, die Leitung der Betriebsversammlung, Mitgliedern ermöglichen, die weder ordentlicher noch stellvertretender Vorsitzender sind. Sonst hätte das bevollmächtigte einfache Mitglied mehr Befugnisse als der Stellvertreter des Vorsitzenden, der nur bei Verhinderung des ordentlichen Vorsitzenden tätig werden kann. Außerdem würde der Betriebsrat dann die zwingende Vorschrift über die Wahl des Vorsitzenden in Abs. 2 wenigstens teilweise umgehen, in Extremfällen sogar aushöhlen können. Die Vertretung des Betriebsrats ist also allein nach den Vorschriften des Abs. 3 rechtswirksam möglich (für den Fall der Bildung von Ausschüssen vgl. unten § 27 Rz. 37 und § 28 Rz. 16).

VIII. Anwendung auf die Ausschüsse des Betriebsrats

61 Da nach herrschender Rechtsauffassung die Vorschriften über die Geschäftsführung des Betriebsrats, besonders die §§ 29 ff., auf den Betriebsausschuß und die weiteren Ausschüsse des Betriebsrats analog anzuwenden sind (vgl. z. B. GK-*Wiese* § 27 Rz. 32 ff. und § 28 Rz. 29 mit weiteren Nachweisen), gilt dies folgerichtig auch für die Bestimmungen des § 26 einschließlich der Regeln über den Gruppenschutz (vgl. auch unten § 27 Rz. 13 ff.), zumal andere Regeln im BetrVG dafür nicht in Betracht kommen. Die Wahl des Vorsitzenden und seines Stellvertreters erübrigt sich allerdings beim Betriebsausschuß, weil diese Ämter kraft Gesetzes vom Vorsitzenden des Betriebsrats und dessen Stellvertreter besetzt werden.

IX. Streitigkeiten

62 Streitigkeiten über die Wahl, die Abberufung des Vorsitzenden oder seines Stellvertreters, die Wirksamkeit einer Amtsniederlegung, aber auch über den Aufgabenbereich des Vorsitzenden sowie über die Frage, ob ein Fall der Verhinderung vorliegt, entscheidet das Arbeitsgericht im Beschlußverfahren nach § 2a ArbGG (*BAG* vom 3. 4. 1957 – 1 AZR 289/55 – AP Nr. 46 zu § 2 ArbGG m. Anm. *Franke* = DB 1957, 511). In diesem Verfahren sind alle Mitglieder des Betriebsrats und der Arbeitgeber beteiligt (*G/L* § 26 Rz. 42; vgl. zu den Mängeln der Wahl oben Rz. 25 ff.).

§ 27 Betriebsausschuß

(1) Hat ein Betriebsrat neun oder mehr Mitglieder, so bildet er einen Betriebsausschuß. Der Betriebsausschuß besteht aus dem Vorsitzenden des Betriebsrats, dessen Stellvertreter und bei Betriebsräten mit
  9 bis 15 Mitgliedern aus 3 weiteren Ausschußmitgliedern,
  19 bis 23 Mitgliedern aus 5 weiteren Ausschußmitgliedern,

27 bis 35 Mitgliedern aus 7 weiteren Ausschußmitgliedern,
37 oder mehr Mitgliedern aus 9 weiteren Ausschußmitgliedern.
Die weiteren Ausschußmitglieder werden vom Betriebsrat aus seiner Mitte in geheimer Wahl und nach den Grundsätzen der Verhältniswahl gewählt. Wird nur ein Wahlvorschlag gemacht, so erfolgt die Wahl nach den Grundsätzen der Mehrheitswahl. Sind die weiteren Ausschußmitglieder nach den Grundsätzen der Verhältniswahl gewählt, so erfolgt die Abberufung durch Beschluß des Betriebsrats, der in geheimer Abstimmung gefaßt wird und einer Mehrheit von drei Vierteln der Stimmen der Mitglieder des Betriebsrats bedarf.
(2) Der Betriebsausschuß muß aus Angehörigen der im Betriebsrat vertretenen Gruppen entsprechend dem Verhältnis ihrer Vertretung im Betriebsrat bestehen. Die Gruppen müssen mindestens durch ein Mitglied vertreten sein. Ist der Betriebsrat nach § 14 Abs. 2 in getrennten Wahlgängen gewählt worden und gehören jeder Gruppe mehr als ein Zehntel der Mitglieder des Betriebsrats, jedoch mindestens drei Mitglieder an, so wählt jede Gruppe ihren Vertreter für den Betriebsausschuß; dies gilt auch, wenn der Betriebsrat nach § 14 Abs. 2 in gemeinsamer Wahl gewählt worden ist und jeder Gruppe im Betriebsrat mindestens ein Drittel der Mitglieder angehört. Für die Wahl der Gruppenvertreter gilt Absatz 1 Satz 3 und 4 entsprechend; ist von einer Gruppe nur ein Vertreter für den Betriebsausschuß zu wählen, so wird dieser mit einfacher Stimmenmehrheit gewählt. Für die Abberufung der von einer Gruppe gewählten Vertreter für den Betriebsausschuß gilt Absatz 1 Satz 5 entsprechend mit der Maßgabe, daß der Beschluß von der Gruppe gefaßt wird.
(3) Der Betriebsausschuß führt die laufenden Geschäfte des Betriebsrats. Der Betriebsrat kann dem Betriebsausschuß mit der Mehrheit der Stimmen seiner Mitglieder Aufgaben zur selbständigen Erledigung übertragen; dies gilt nicht für den Abschluß von Betriebsvereinbarungen. Die Übertragung bedarf der Schriftform. Die Sätze 2 und 3 gelten entsprechend für den Widerruf der Übertragung von Aufgaben.
(4) Betriebsräte mit weniger als neun Mitgliedern können die laufenden Geschäfte auf den Vorsitzenden des Betriebsrats oder andere Betriebsratsmitglieder übertragen.

Literaturübersicht

Bitzer Organe und Geschäftsführung des Betriebsrats, BUV 1972, 125; *Buchner* Das Gesetz zur Änderung des Betriebsverfassungsgesetzes, über Sprecherausschüsse der leitenden Angestellten und zur Sicherung der Montan-Mitbestimmung, NZA 1989 Beilage Nr. 1; *Dänzer-Vanotti* Die Änderung der Wahlvorschriften nach dem neuen Betriebsverfassungsgesetz, AuR 1989, 204; *Engels/Natter* Die geänderte Betriebsverfassung, BB 1989 Beilage Nr. 8; *Gumpert* Bildung und Aufgaben der Betriebsausschüsse, BB 1953, 413; *Halberstadt* Zur Rechtsstellung des Betriebsausschusses, BB 1964, 1256; *Hanau* Zur Neuregelung der leitenden Angestellten und des Minderheitenschutzes in der Betriebsverfassung, AuR 1988, 261; *Klingelhöfer* Rechtsstellung und Aufgabe des Betriebsausschusses, Mitbestimmung 1959; *Kamphausen,* Neues zum Gruppen- und Minderheitenschutz, NZA 1991, 880; 142; *Löwisch* Novellierung des Mitbestimmungsrechts, BB 1988, 1953; *Müller-Forwerk* Nicht-Betriebsratsmitglieder in Betriebsrats-Sonderausschüssen, BB 1966, 212; *Popp* Die Stellvertretung der Betriebsausschußmitglieder, DB 1953, 715; *ders.* Die Rechtsfigur des Betriebsausschusses und der Begriff der laufenden Geschäfte nach dem BetrVG, DB 1956, 917; *Richardi* Der

§ 27 2. Teil 3. Abschn. Geschäftsführung des Betriebsrats

Gesetzentwurf zur Verstärkung der Minderheitsrechte in den Betrieben und Verwaltungen (MindRG), AuR 1986, 33; *Röder* Die Neuregelung der Betriebsverfassung NZA 1989 Beilage Nr. 4, 2; *Wlotzke* Die geplanten Änderungen zum Betriebsverfassungsgesetz (außer »leitende Angestellte«), FS für *Karl Molitor*, 1988, 397; *ders.* Die Änderungen des Betriebsverfassungsgesetzes und das Gesetz über Sprecherausschüsse der leitenden Angestellten, DB 1989, 111 ff. und 173 ff.

Inhaltsübersicht

		Rz.
I.	Allgemeines	1–7
II.	Bildung des Betriebsausschusses	8–32
	1. Pflicht des Betriebsrats	8–10
	2. Zusammensetzung	11–18
	3. Wahl	19–31
	a) Minderheitenschutz	25–28
	b) Wahl nach Gruppen	29, 30
	c) Annahme des Amtes	31
	4. Mängel der Wahl	32
III.	Niederlegung des Amtes	33
IV.	Abberufung vom Amt	34
V.	Rechtsstellung, Geschäftsführung und Aufgaben des Betriebsausschusses	35–63
	1. Rechtsstellung	35, 36
	2. Geschäftsführung	37–43
	3. Aufgaben	44–63
	a) Führung der laufenden Geschäfte	44–50
	b) Aufgaben kraft Übertragung	51–62
	c) Einblicknahme in die Liste der Bruttolöhne und -gehälter	63
VI.	Führung der laufenden Geschäfte in kleineren Betrieben	64–66
VII.	Streitigkeiten	67

I. Allgemeines

1 Im Hinblick auf die Vergrößerung der Betriebsräte sowie zur Straffung der Betriebsratsarbeit hat das Gesetz gegenüber dem BetrVG von 1952 sowohl die Organisation als auch die Befugnisse des Betriebsausschusses neu geregelt. Die Vorschrift gilt in abgewandelter Form auch für den Gesamt- und den Konzernbetriebsrat (vgl. § 51 Abs. 1 und § 59 Abs. 1).

2 Nach Abs. 1 Satz 1 hat bereits ein neunköpfiger Betriebsrat – nach früherem Recht erst ein Betriebsrat ab 11 Mitgliedern – einen Betriebsausschuß zu bilden. Während das BetrVG 1952 die Größe des Betriebsausschusses einheitlich auf 5 Mitglieder festgesetzt hatte, sieht die neue Regelung eine **Staffelung entsprechend der Betriebsgröße** bis zu höchstens 11 Mitgliedern vor.

3 Abs. 2 enthält eine **Verstärkung des Gruppenschutzes**. Während nach früherem Recht der Betriebsausschuß lediglich aus Angehörigen der im Betriebsrat vertretenen Gruppen bestehen mußte, sieht das derzeitige Recht eine Vertretung der Gruppen im Betriebsausschuß entsprechend dem Verhältnis ihrer Vertretung im Betriebsrat, jedoch mindestens mit einem Mitglied vor. Außerdem bestimmt Abs. 2 Satz 3, daß unter den dort genannten Voraussetzungen, die mit Wirkung ab der ersten nach dem 31. 12. 1988 durchgeführten Betriebsratswahl (§ 125 Abs. 3)

durch das Gesetz zur Änderung des Betriebsverfassungsgesetzes, über Sprecherausschüsse der leitenden Angestellten und zur Sicherung der Montan-Mitbestimmung vom 20. 12. 1988 (BGBl. I S. 2312) noch gruppenfreundlicher gestaltet worden sind (vgl. unten Rz. 29), jede Gruppe ihre Vertreter für den Betriebsausschuß selbst benennt.

Der Gruppenschutz ist – ebenfalls mit Wirkung ab 31. 12. 1988 (vgl. Rz. 3) – durch **4** Bestimmungen zugunsten kleiner (politischer) Gruppierungen, etwa der **Mitglieder kleinerer Gewerkschaften**, ergänzt worden. Bei der Wahl der weiteren Ausschußmitglieder nach Abs. 1 und 2 gilt deshalb an Stelle der bisherigen Mehrheitswahl in der Regel die Verhältniswahl (vgl. unten Rz. 25).

Abs. 3 Satz 2 sieht vor, daß dem Betriebsausschuß über die Führung der laufenden **5** Geschäfte des Betriebsrats hinaus Aufgaben des Betriebsrats **zur selbständigen Erledigung übertragen** werden können, z. B. die Wahrnehmung der Mitbestimmungsrechte im personellen Bereich oder bei der Verwaltung von Sozialeinrichtungen des Betriebs. Der **Abschluß von Betriebsvereinbarungen** bleibt allerdings wegen ihrer Bedeutung und ihres normativen Charakters dem Betriebsrat vorbehalten.

Abs. 4 läßt in kleineren Betrieben zu, daß der Betriebsrat die Führung der laufen- **6** den Geschäften auf den Vorsitzenden oder andere Betriebsratsmitglieder überträgt (Begründung zum Regierungsentwurf des BetrVG 1972, BT-Drucks. VI/1786, 39).

Die Vorschrift ist grundsätzlich **zwingendes Recht**. Sie kann deshalb nicht durch **7** kollektivrechtliche Vereinbarungen abgeändert werden. Lediglich bei den durch Tarifvertrag gem. § 3 Abs. 1 Nr. 2 geschaffenen zusätzlichen betriebsverfassungsrechtlichen Vertretungen kann, wenn und soweit es die Eigenart des Betriebes erfordert, die Anwendung des § 27 durch Tarifvertrag ausgeschlossen werden (*G/L* § 27 Rz. 4; *F/A/K/H* § 27 Rz. 2a; GK-*Wiese* § 27 Rz. 4; *D/K/K/S* § 27 Rz. 2).

II. Bildung des Betriebsausschusses

1. Pflicht des Betriebsrats

Ein Betriebsrat mit **mindestens 9 Mitgliedern**, also in Betrieben mit in der Regel **8** mehr als 300 Arbeitnehmern, hat einen Betriebsausschuß zu bilden. Auf diese Weise wird vom Gesetz zwingend darauf hingewirkt, daß der Betriebsrat seine Arbeit im eigenen Interesse wie im Interesse der Belegschaft und des Arbeitgebers **möglichst rationell organisiert**. Der Betriebsausschuß besteht aus dem Vorsitzenden des Betriebsrats, dessen Stellvertreter und bis zu 9 weiteren Ausschußmitgliedern, je nach Größe des Betriebsrats. Diese – insgesamt höchstens 11 – Ausschußmitglieder werden aus der Mitte des Betriebsrats gewählt. Hat der Betriebsrat im Zeitpunkt der Wahl weniger als neun Mitglieder, so kann ein Betriebsausschuß nicht gebildet werden. Der Betriebsausschuß muß indessen dann gebildet werden, wenn die Gesamtzahl nach Ausscheiden von Betriebsratsmitgliedern und nach Eintreten sämtlicher Ersatzmitglieder unter 9 sinkt. Gem. § 13 Abs. 2 Nr. 2 ist in diesem Fall zwar der Betriebsrat neu zu wählen; der Betriebsausschuß bleibt aber noch bestehen, solange der Betriebsrat im Amt ist (§ 21 Satz 5 und § 22; ebenso *D/R* § 27 Rz. 2; *F/A/K/H* § 27 Rz. 6; *G/L* § 27 Rz. 12; *D/K/K/S* § 27 Rz. 4).

Die Bildung des Betriebsausschusses als eine der grundlegenden Organisationsent- **9** scheidungen des Betriebsrats hat **unverzüglich** zu geschehen, obwohl ein Zeitpunkt

§ 27   2. Teil 3. Abschn. *Geschäftsführung des Betriebsrats*

dafür gesetzlich nicht vorgeschrieben ist. Es ist deshalb zweckmäßig, diese wie auch die Organisationsentscheidung der Wahl des Vorsitzenden und seines Stellvertreters in der **konstituierenden Sitzung** durchzuführen (so auch *D/R* § 27 Rz. 12; *F/A/K/H* § 27 Rz. 4; im Ergebnis auch *G/L* § 27 Rz. 7; GK-*Wiese* § 27 Rz. 9; *D/K/K/S* § 27 Rz. 5).

10 Wird entgegen dem Gesetz **kein Betriebsausschuß gebildet**, so liegt darin in der Regel eine grobe Pflichtverletzung, die einen Antrag auf Auflösung des Betriebsrats nach § 23 durch das Arbeitsgericht zu stützen geeignet ist (so auch *D/R* § 27 Rz. 3; etwas abgeschwächt ebenso *F/A/K/H* § 27 Rz. 5; GK-*Wiese* § 27 Rz. 8; *G/L* § 27 Rz. 6; *D/K/K/S* § 27 Rz. 3). Daneben gibt es keine Sanktion bei Verletzung dieser Amtspflicht. Deshalb kann der Arbeitgeber die Zahlung des Arbeitsentgelts für die versäumte Arbeitszeit nicht verweigern, wenn der Betriebsrat, weil er keinen Betriebsausschuß gebildet hat, im Plenum laufende Geschäfte selbst erledigt (GK-*Wiese* § 27 Rz. 8, im Gegensatz zur vorangegangenen Bearbeitung; **a.A.** *D/R* § 27 Rz. 3 und die Vorauflage). Er kann das Arbeitsentgelt auch nicht für die der Größe des zu wählenden Betriebsausschusses entsprechende Anzahl von Betriebsratsmitgliedern mit der Begründung versagen, die Erledigung laufender Geschäfte sei keine Aufgabe des Betriebsrats und die dadurch bedingte Arbeitszeitversäumnis deshalb auch nicht nach § 37 Abs. 2 erforderlich (GK-*Wiese* a. a. O.; **a.A.** die Vorauflage). Der Arbeitgeber kann auch nicht die Verhandlungen mit einem Betriebsrat verweigern, der den Betriebsausschuß pflichtwidrig nicht gebildet hat (so auch *D/R* und GK-*Wiese*, jeweils a. a. O.).

2. Zusammensetzung

11 Die Größe des Betriebsausschusses ist **zwingend vorgeschrieben**. Sie richtet sich nach der Zahl der gewählten Betriebsratsmitglieder, nicht nach der gesetzlich vorgeschriebenen Mitgliederzahl, die z. B. im Fall des § 11 nicht erreicht wird (*F/A/K/H* § 27 Rz. 6; GK-*Wiese* § 27 Rz. 10; *D/R* § 27 Rz. 4; *G/L* § 27 Rz. 12). Vermindert sich die Mitgliederzahl später, so bleibt der Betriebsausschuß in unveränderter Größe bestehen, solange der Betriebsrat im Amt ist (*F/A/K/H* und *G/L*, jeweils a. a. O.).

12 Dem Betriebsausschuß gehören kraft Gesetzes der **Betriebsratsvorsitzende und sein Stellvertreter** an. Sie brauchen deshalb nicht gewählt zu werden. Zur Bestimmung der weiteren Ausschußmitglieder bedarf es jedoch der Wahl (zum Minderheitenschutz vgl. unten Rz. 25 f.; zum Gruppenschutz vgl. unten Rz. 29 ff.). Wählbar sind dabei nur Betriebsratsmitglieder. Ersatzmitglieder des Betriebsrats können in den Betriebsausschuß nur gewählt werden, wenn sie anstelle eines endgültigen ausgeschiedenen Betriebsratsmitglieds in den Betriebsrat nachgerückt sind (*G/L* § 27 Rz. 10; *F/A/K/H* § 27 Rz. 13).

13 Der das ganze Gesetz durchziehende **Gruppenschutz** wird auch in der Zusammensetzung des Betriebsausschusses verwirklicht (zum Gruppenschutz bei der Wahl vgl. unten Rz. 29 ff.). Der Betriebsausschuß muß aus Angehörigen der im Betriebsrat vertretenen Gruppen entsprechend dem Verhältnis ihrer Vertretung im Betriebsrat bestehen. Jede Gruppe muß durch **mindestens ein Mitglied** vertreten sein. Damit ist sichergestellt, daß jede Gruppe an den Entscheidungen des Betriebsausschusses – soweit ihm entsprechende Befugnisse nach Abs. 3 übertragen werden – beteiligt ist. Gehört dem Ausschuß kein Mitglied der Minderheitsgruppe

Betriebsausschuß § 27

an, so ist er nicht ordnungsgemäß gebildet. Es ist allerdings nicht notwendig, daß eines der gewählten Mitglieder der Minderheitsgruppe angehört, wenn der Vorsitzende oder sein Stellvertreter bereits Mitglied dieser Gruppe ist (*BAG* vom 11. 2. 1969 – 1 ABR 12/68 – EzA § 28 BetrVG 1952 Nr. 1 = DB 1969, 663; *F/A/K/H* § 27 Rz. 7; *D/R* § 27 Rz. 8).

Die **Verteilung der Ausschußsitze** auf die Gruppen erfolgt – mit Rücksicht auf die jeweils ungeraden Mitgliederzahlen und die oft gebrochenen Verhältniszahlen – nach dem Höchstzahlensystem (*G/L* § 27 Rz. 13; *D/R* § 27 Rz. 8; *F/A/K/H* § 27 Rz. 8). Dementsprechend werden die Zahlen der im Betriebsrat vertretenen Gruppenangehörigen nebeneinandergestellt und so lange durch 1, 2, 3, 4 usw. geteilt, wie dem Betriebsausschuß Mitglieder angehören. Auf jede sich danach ergebende Höchstzahl entfällt ein Gruppenvertreter, bis die zur Verfügung stehenden Sitze besetzt sind. **14**

Beispiel: Der Betriebsrat besteht aus 9 Mitgliedern; davon sind 6 Arbeiter und 3 Angestellte. Die Verteilung der Sitze im Betriebsausschuß errechnet sich wie folgt:

	Arbeiter	Angestellte
	6	3
: 1	**6**	**3**
: 2	**3**	**1,5**
: 3	2	1
: 4	1,5	

In diesem Fall, in dem 5 Sitze zu besetzen sind, entfällt die 5. Höchstzahl, nämlich 1,5, auf beide Gruppen.

In Fällen wie diesem Beispielsfall entscheidet über die Besetzung des letzten Ausschußsitzes das Los (*F/A/K/H* § 27 Rz. 9; GK-*Wiese* § 27 Rz. 12; *D/R* § 27 Rz. 9; vgl. dazu auch *BAG* vom 26. 2. 1987 – 6 ABR 54/85 – EzA § 38 BetrVG 1972 Nr. 10 = DB 1987, 1995; **a. A.** *G/L* § 27 Rz. 14, die nicht das Los, sondern den »Stellenwert« im Höchstzahlverfahren – im Beispielsfall gäbe also die zuerst errechnete Höchstzahl 1,5 zugunsten der Angestellten den Ausschlag – entscheiden lassen, dabei aber der Minderheitsgruppe einen im Gesetz nicht vorgesehenen grundsätzlichen Vorteil zusprechen).

Dieser Schutz besteht nur für die Gruppen der Arbeiter und Angestellten, nicht für die im Betriebsrat vertretenen Gewerkschaften (*LAG Hamm* vom 2. 8. 1968 – 5 BV Ta 3/68 – BB 1968, 1079 = DB 1968, 1631, bestätigt durch *BAG* vom 11. 2. 1969 a. a. O.; *ArbG Kiel* vom 13. 11. 1978 – 4a BV 23/78 – DB 1979, 1236; *D/R* § 27 Rz. 11; vgl. aber zum Minderheitenschutz ab der ersten Wahl nach dem 31. 12. 1988 unten Rz. 25 f.). **15**

Die **Zusammensetzung** des Betriebsausschusses ist **zwingend** vorgeschrieben. Die Gruppen können auch nicht durch gesonderte Beschlüsse eine andere Zusammensetzung beschließen und damit auf ihren Schutz **verzichten**, der nicht dem Interesse der Minderheitsgruppe im Betriebsrat, sondern dem Interesse der Minderheitsgruppe in der Belegschaft dient (so GK-*Wiese* § 27 Rz. 14; so auch erwogen, aber nicht endgültig entschieden: *BAG* vom 7. 10. 1980 – 6 ABR 56/79 – = EzA § 27 BetrVG 1972 Nr. 6 = DB 1981, 803; für die Möglichkeit des Verzichts *G/K/* **16**

§ 27 2. Teil 3. Abschn. Geschäftsführung des Betriebsrats

S/B § 27 Rz. 11; *F/A/K/H* § 27 Rz. 7; vgl. auch oben § 26 Rz. 8). Die zwingende Regelung schließt auch aus, daß der Betriebsrat mit einer Mehrheit der Mehrheitsgruppe und der Minderheitsgruppe; **eine größere Zahl von Sitzen** im Betriebsausschuß zubilligen könnte, als ihrer zahlenmäßigen Stärke entspricht (dafür aber *LAG Hamm* vom 13.3. 1979 – 3 TaBV 121/78 – EzA § 27 BetrVG 1972 Nr. 5; *D/R* § 27 Rz. 10; *F/A/K/H* a.a.O.).

17 Bei Nichteinhaltung des zwingenden Gruppenschutzes ist die Wahl **fehlerhaft** (*D/R* § 27 Rz. 31; GK-*Wiese* § 27 Rz. 24). Hierzu wird auf die entsprechenden Ausführungen zu § 26 (Rz. 26–30) verwiesen.

18 Die Wahl von **Ersatzmitgliedern** für die Mitglieder des Betriebsausschusses ist im Gesetz nicht ausdrücklich vorgesehen, wie dies für den Gesamtbetriebsrat und den Konzernbetriebsrat in den §§ 47 Abs. 3 und 55 Abs. 2 geschehen ist. Es ist aber bis zur Gesetzesänderung von 1988 (vgl. dazu oben Rz. 3) durchweg als zulässig und zweckmäßig angesehen worden, bei der Wahl des Betriebsausschusses für den Fall des Ausscheidens oder der Verhinderung ordentlicher Mitglieder, auch des Betriebsratsvorsitzenden und seines Stellvertreters, aufgrund analoger Anwendung der genannten Vorschriften zum Gesamt- und zum Konzernbetriebsrat Ersatzmitglieder zu bestimmen (*S/W* § 27 Rz. 3; GK-*Wiese* § 27 Rz. 30; *G/L* § 27 Rz. 9 und die Vorauflage). Die Ersatzmitglieder des Betriebsrat treten nämlich nicht nach § 25 von selbst in die Funktion eines ausgeschiedenen oder verhinderten Betriebsausschußmitgliedes ein; denn bei den Ersatzmitgliedern des Betriebsrats kann nicht ohne weiteres unterstellt werden, daß sie das Vertrauen des Betriebsrats hinsichtlich einer Tätigkeit im Betriebsausschuß haben (*D/R* § 27 Rz. 18). Diese Analogie ist nach jetzt geltendem Recht nicht mehr zu rechtfertigen (so auch *Dänzer-Vanotti* AuR 1989, 204, 208; **a.A.** *F/A/K/H* § 27 Rz. 36 ff.; *D/K/K/S* § 27 Rz. 18; GK-*Wiese*, Nachtrag zu Band I § 27 Rz. 30 ff.). Gegen sie spricht schon die Tatsache, daß das Gesetz aus dem Jahre 1988 auf eine entsprechende Regelung verzichtet hat. Vor allem aber würde die Analogie den gesetzlich vorgeschriebenen Minderheitenschutz (vgl. dazu unten Rz. 25) beeinträchtigen. Schließlich wären auch die Schwierigkeiten sowohl bei der Wahl der Ersatzmitglieder wie auch bei der Lösung der Frage, welches Ersatzmitglied im jeweiligen Verhinderungsfall im Ausschuß mitwirken soll, in der Praxis kaum korrekt zu bewältigen (vgl. dazu die umfangreichen Erläuterungen bei *F/A/K/H* § 27 Rz. 37–50). Die Wahl von Ersatzmitgliedern ist deshalb unzulässig. Scheidet ein Ausschußmitglied endgültig aus dem Ausschuß aus, hat deshalb eine Nachwahl stattzufinden (so auch *Dänzer-Vanotti* a.a.O.; vgl. auch unten Rz. 27).

3. Wahl

19 Während der Vorsitzende des Betriebsrats und sein Stellvertreter kraft Gesetzes dem Betriebsausschuß angehören, sind die **weiteren Ausschußmitglieder** vom Betriebsrat in **geheimer Wahl** aus seiner Mitte zu wählen. Die Wahl ist im Regelfall nach dem **Grundsatz der Verhältniswahl** (vgl. unten Rz. 25) durchzuführen; dabei ist der verstärkte Gruppenschutz zu beachten (vgl. zur Wahl nach Gruppen unten Rz. 29 ff.). Die Kombination nach Minderheitenschutz und Gruppenschutz kompliziert das Wahlverfahren erheblich (zur Änderung der gesetzlichen Lage vgl. oben Rz. 3 und 4; zur politischen Bewertung der Änderungen vgl. *Wlotzke*

DB 1989, 111, 114 f.; *Hanau* AuR 1988, 261, 265; *Buchner* NZA 1989 Beilage Nr. 1, 4; GK-*Wiese* Nachtrag zu Band I, § 27 Rz. 1).
Der Betriebsrat wählt die weiteren Ausschußmitglieder für seine gesamte Amts- 20 periode. Er kann aber gewählte Mitglieder wieder abberufen, muß dabei allerdings die besonderen Regeln des Minderheitenschutzes und des Gruppenschutzes einhalten (vgl. Abs. 2 und 3, jeweils letzter Satz, und unten Rz. 25 ff.).
Nach § 33 Abs. 2 muß **wenigstens die Hälfte der** Betriebsratsmitglieder an der 21 Wahl teilnehmen (*G/L* § 27 Rz. 8; GK-*Wiese* § 27 Rz. 19; *F/A/K/H* § 27 Rz. 18).
Kommt es bei der Wahl zu einer Pattsituation, was besonders bei der Wahl in 22 einer Gruppe der Fall sein kann (vgl. dazu unten Rz. 29), aber auch beim Betriebsrat nicht auszuschließen ist, dann entscheidet das Los (*BAG* vom 26. 2. 1987 – 6 ABR 54/85 – EzA § 26 BetrVG 1972 Nr. 4 = DB 1987, 1995; *F/A/K/H* § 27 Rz. 25; so auch bei der Wahl des Vorsitzenden *G/L* § 26 Rz. 19; *D/R* § 26 Rz. 15 und oben § 26 Rz. 20).
Abgesehen von den Regeln über den Minderheitenschutz und den Gruppenschutz 23 (vgl. unten) hat das Gesetz das Wahlverfahren nicht näher festgelegt. Soweit der Betriebsrat Bestimmungen über die Wahl für erforderlich hält, kann er sie entweder von Fall zu Fall beschließen oder in der Geschäftsordnung nach § 36 aufstellen. Dabei ist besonders an den organisatorisch-technischen Ablauf der Wahl, z. B. an die Sicherung des Wahlgeheimnisses, zu denken. Die Grundentscheidung des Gesetzes in Abs. 1 Satz 3, die weiteren Ausschußmitglieder in geheimer Verhältniswahl zu ermitteln, darf dabei aber nicht berührt werden (*Engels/Natter* DB 1989 Beilage Nr. 8, 21; *F/A/K/H* § 27 Rz. 14).
Über die Wahl und die Ergebnisse ist nach § 34 Abs. 1 eine **Niederschrift** anzufer- 24 tigen (*D/R* § 27 Rz. 13).

a) Minderheitenschutz

Die Wahl erfolgt seit der Gesetzesänderung aus dem Jahre 1988 (vgl. dazu oben 25 Rz. 3 und 4) nach den **Grundsätzen der Verhältniswahl**, und zwar unabhängig davon, ob die Wahl durch den Betriebsrat insgesamt oder getrennt nach Gruppen durchgeführt wird (Abs. 1 Satz 3 und Abs. 2 Satz 4). **Mehrheitswahl** findet ausnahmsweise nur statt, wenn
– bei gemeinsamer Wahl der weiteren Ausschußmitglieder sich alle Betriebsratsmitglieder auf einen Wahlvorschlag einigen (Abs. 1 Satz 4),
– bei getrennter Wahl der weiteren Ausschußmitglieder sich alle Angehörigen einer Gruppe auf einen Wahlvorschlag einigen (Abs. 2 Satz 4, erster Halbsatz i. V. m. Abs. 1 Satz 4) oder
– bei getrennter Wahl von einer Gruppe nur ein Vertreter als weiteres Ausschußmitglied zu wählen ist (Abs. 2 Satz 4, zweiter Halbsatz).
Wegen des zwingenden Charakters der Wahlvorschriften (vgl. dazu oben Rz. 7) 26 kann die Mehrheitswahl auch nicht daduch herbeigeführt werden, daß der Betriebsrat beschließt, daß nur ein einziger Wahlvorschlag gemacht werden dürfe. Das Gesetz setzt in Abs. 1 Satz 4 voraus, daß mehrere Wahlvorschläge gemacht werden können. Diese gesetzlich vorgesehene Möglichkeit kann nicht durch Betriebsratsbeschluß beseitigt werden.
Die Mehrheitswahl greift auch dann ein, wenn es sich um die **Nachwahl** nur eines 27 Ausschußmitgliedes durch den Betriebsrat oder eine Gruppe handelt (so auch *Dänzer-Vanotti* AuR 1989, 204, 208; **a. A.** *F/A/K/H* § 27 Rz. 45; GK-*Wiese* Nach-

trag zu Band I, § 27 Rz. 31 e ff.). Dies entspricht den Bestimmungen des Gesetzes, das den Minderheitenschutz nur durch die Gestaltung des Wahlverfahrens verwirklicht und damit auch dementsprechend begrenzt. Demgegenüber bei einer Nachwahl alle weiteren Mitglieder neu zu wählen (so *F/A/K/H* und GK-*Wiese*, jeweils a. a. O.), würde daran vorbeigehen, daß die verbliebenen weiteren Mitglieder rechtlich ordnungsgemäß gewählt sind und ihr Amt auch nicht verloren haben.

28 Der Minderheitenschutz kann nicht dadurch unterlaufen werden, daß die zu wählenden Ausschußmitglieder nicht in einem einzigen, sondern in **getrennten Wahlgängen** ermittelt werden (*Kamphausen* NZA 1991, 880, 884; vgl. auch *LAG Frankfurt* vom 1. 8. 1991 – 12 TaBV 40/91 – DB 1991, 2494; *LAG Nürnberg* vom 17. 12. 1990 – 7 TaBV 14/90 – DB 1991, 1178; zum Fall der Nachwahl vgl. aber oben Rz. 27).

b) Wahl nach Gruppen

29 Abs. 2 Satz 3 **verstärkt** den Gruppenschutz der unmittelbar vorausgehenden Vorschriften. Die Voraussetzungen sind unterschiedlich, je nachdem, ob der Betriebsrat nach § 14 Abs. 2 in Gruppenwahl oder Gemeinschaftswahl gewählt worden ist. Hat die im Gesetz primär vorgesehene Gruppenwahl zum Betriebsrat stattgefunden und gehören jeder Gruppe mehr als ein Zehntel der Mitglieder des Betriebsrats, mindestens aber drei Mitglieder an (bis zur Gesetzesänderung aus dem Jahre 1988 – vgl. dazu oben Rz. 3 und 4 – mindestens fünf Mitglieder), so wählt jede Gruppe ihre Vertreter im Betriebsausschuß selbst. Trifft eine der beiden Voraussetzungen nicht zu, werden die Mitglieder des Betriebsausschusses von der Gesamtheit des Betriebsrats gewählt (*F/A/K/H* § 27 Rz. 29; GK-*Wiese* § 27 Rz. 21).

30 Getrennte Wahl der Mitglieder des Betriebsausschusses ist ferner für den Fall vorgeschrieben, daß eine gemeinsame Wahl zum Betriebsrat stattgefunden hat und jeder Gruppe im Betriebsrat mindestens ein Drittel (bis zur Gesetzesänderung aus dem Jahre 1988 – vgl. oben Rz. 3 und 4 – mehr als ein Drittel) der Mitglieder angehören. Diese Voraussetzung entspricht den Bedingungen für das Gruppenvorschlagsrecht nach § 26 Abs. 2.

c) Annahme des Amtes

31 Das gewählte Ausschußmitglied kann die Wahl formlos annehmen. Eine Verpflichtung zur Annahme besteht aber nicht (*F/A/K/H* § 27 Rz. 52; *G/L* § 27 Rz. 11; *D/R* § 27 Rz. 20).

4. Mängel der Wahl

32 Die Wahl des Betriebsausschusses ist **nichtig**, wenn so schwere Mängel vorliegen, daß von einer ordnungsgemäßen Wahl nicht gesprochen werden kann, z.B. wenn
 – zur Sitzung nicht ordnungsgemäß eingeladen worden ist oder
 – die Voraussetzungen des Abs. 1 nicht vorliegen (vgl. unten Rz. 36) oder
 – die Größe des gewählten Betriebsausschusses Abs. 1 widerspricht (offengelassen allerdings durch *BAG* vom 7. 10. 1980 – 6 ABR 56/79 – EzA § 27 BetrVG 1972 Nr. 6 = DB 1981, 803) oder

Betriebsausschuß § 27

- entgegen Abs. 2 Satz 3 (vgl. dazu oben Rz. 29) nicht die Gruppen, sondern der Betriebsrat insgesamt die Gruppenvertreter in den Betriebsausschuß gewählt hat (*ArbG Hannover* vom 27. 7. 1984 – 11 BV 6/84 – unveröffentlicht; vgl. auch F/A/K/H § 27 Rz. 97; GK-*Wiese* § 27 Rz. 24) oder
- der Minderheitenschutz vom Betriebsrat oder einer Gruppe nicht beachtet worden ist oder
- die Wahl nicht geheim stattgefunden hat (vgl. GK-*Wiese* Nachtrag zu Band I, § 27 Rz. 24).

Im übrigen kann die Wahl des Betriebsausschusses infolge von Verstößen gegen sachliche und förmliche Vorschriften fehlerhaft sein. Hierfür gelten die Erläuterungen zu § 26 entsprechend (Rz. 28 ff.). Anders als bei der Wahl des Vorsitzenden und seines Stellvertreters hat aber die Gewerkschaft kein Antragsrecht im gerichtlichen Verfahren, da ihre Rechtsstellung durch die Wahl der Ausschußmitglieder nicht berührt wird (*BAG* vom 12. 10. 1976 – 1 ABR 1 17/76 – AP Nr. 2 zu § 76 BetrVG 1972 = DB 1977, 168 = EzA § 26 BetrVG 1972 Nr. 2; **a. A.** *BAG* vom 11. 2. 1969 – 1 ABR 12/68 – AP Nr. 1 zu § 28 BetrVG = DB 1969, 663; GK-*Wiese* § 27 Rz. 24; F/A/K/H § 27 Rz. 99; D/R, § 27 Rz. 33).   32a

III. Niederlegung des Amtes

Gewählte Mitglieder können jederzeit ihr Amt niederlegen. Sie verlieren mit einem solchen Schritt aber nicht zugleich ihr Betriebsratsamt. Erlischt dies jedoch, endet auch die Zugehörigkeit zum Betriebsausschuß (*D/R* § 27 Rz. 21; *S/W* § 27 Rz. 8; GK-*Wiese* § 27 Rz. 25). Der Betriebsratsvorsitzende und sein Stellvertreter können allerdings ihr Amt als Mitglied des Betriebsausschusses nur gleichzeitig mit dem Amt des Vorsitzenden oder des stellvertretenden Vorsitzenden niederlegen, weil sie geborene Ausschußmitglieder sind (F/A/K/H § 27 Rz. 25).   33

IV. Abberufung vom Amt

Der Betriebsrat kann Ausschußmitglieder abberufen. Das Gesetz sichert aber den Minderheitenschutz dadurch ab, daß es in Abs. 1 letzter Satz die Abberufung von Ausschußmitgliedern, die nach den Grundsätzen der Verhältniswahl gewählt worden sind, nur zuläßt, wenn sie durch einen Beschluß des Betriebsrats erfolgt, der in geheimer Abstimmung mit einer **Mehrheit von drei Vierteln** der Stimmen der Mitglieder des Betriebsrats gefaßt worden ist. Dieser Beschluß muß nach Abs. 2 letzter Satz von der Gruppe gefaßt werden, wenn das Ausschußmitglied von der Gruppe gewählt worden ist. Ein solcher Schutz steht den durch Mehrheitswahl bestimmten Mitgliedern nicht zu (*Engels/Natter* a. a. O., 22; F/A/K/H § 27 Rz. 56; S/W § 27 Rz. 8; D/K/K/S § 27 Rz. 11).   34

§ 27   2. Teil 3. Abschn. *Geschäftsführung des Betriebsrats*

V. Rechtsstellung, Geschäftsführung und Aufgaben des Betriebsausschusses

1. Rechtsstellung

35 Der Betriebsausschuß ist **keine besondere Betriebsvertretung neben dem Betriebsrat**, sondern dessen **Organ** (vgl. dazu auch unten § 42 Rz. 6 ähnlich *F/A/K/H* § 27 Rz. 60; *D/K/K/S* § 27 Rz. 24). Rechtsstellung und Aufgaben ergeben sich aus den Bestimmungen in Abs. 3. Nur in diesem begrenzten Rahmen tritt er an die Stelle des Betriebsrats (*F/A/K/H* a. a. O.; GK-*Wiese* § 27 Rz. 32; *G/L* § 27 Rz. 19). Der Betriebsrat kann neben dem Betriebsausschuß nach § 28 noch Sonderausschüsse bilden, denen Aufgaben sowohl lediglich zur Vorbereitung als auch zur selbständigen Entscheidung übertragen werden können, nicht aber die Führung der laufenden Geschäfte (*F/A/K/H* a. a. O.; GK-*Wiese* § 27 Rz. 43; *D/K/K/S* § 27 Rz. 30).

36 Ein Betriebsausschuß, der ohne Vorliegen der Voraussetzungen des § 27 gebildet wird, kann keine wirksamen Beschlüsse fassen (*LAG Bremen* vom 26. 10. 1982 – 4 Sa 185/82 – AuR 1983, 123; *S/W* § 27 Rz. 3). Die Tätigkeit seiner Mitglieder kann auch nicht als Betriebsratstätigkeit gem. § 37 Abs. 2 anerkannt werden.

2. Geschäftsführung

37 Den **Vorsitz im Betriebsausschuß** hat, obwohl das Gesetz dies nicht ausdrücklich festlegt, der **Vorsitzende des Betriebsrats**, bei seiner Verhinderung der stellvertretende Vorsitzende (*G/L* § 27 Rz. 61; *F/A/K/H* § 27 Rz. 61; GK-*Wiese* § 27 Rz. 33; *D/R* § 27 Rz. 37; *D/K/K/S* § 27 Rz. 25). Dem Vorsitzenden und seinem Stellvertreter kommt gegenüber dem Betriebsausschuß die gleiche Stellung wie gegenüber dem Betriebsrat zu. Soweit der Betriebsausschuß zuständig ist, binden seine Beschlüsse auch den Betriebsrat *D/K/K/S* a. a. O.). Der Vorsitzende hat sie durchzuführen. Im Rahmen der gefaßten Beschlüsse vertritt er den Betriebsausschuß nach außen (vgl. hierzu § 26 Rz. 40–52).

38 Im übrigen gelten für die Geschäftsführung des Betriebsausschusses die gleichen Vorschriften wie für die Geschäftsführung des Betriebsrats (so auch *D/K/K/S* § 27 Rz. 26; vgl. hierzu die jeweiligen Erläuterungen am Schluß zu den §§ 26 und 29–36).

39 Die **Jugend- und Auszubildendenvertretung** (vgl. dazu §§ 60ff.) kann ein Teilnahmerecht haben (vgl. dazu unten § 67 Rz. 13).

40 Die **Schwerbehindertenvertretung** hat nach § 25 Abs. 4 SchwbG ein Teilnahmerecht (vgl. Erläuterungen unter § 32 Rz. 16).

41 Im Gegensatz zu § 25 Abs. 4 SchwbG sieht die spätere Vorschrift des § 37 Abs. 5 des Zivildienstgesetzes ein Teilnahmerecht des Vertrauensmannes der Zivildienstleistenden nur für Sitzungen des Betriebsrats selbst, nicht für die der Ausschüsse vor (so *F/A/K/H* § 27 Rz. 66; *G/L* § 27 Rz. 23; **a. A.** GK-*Wiese* § 27 Rz. 36 für den Fall, daß dem Betriebsausschuß Angelegenheiten zur selbständigen Erledigung übertragen worden sind).

42 Die Vorschriften über die Beschlußfassung (§ 33), Sitzungsniederschrift (§ 34), die Aussetzung von Beschlüssen (§ 35) und die Geschäftsordnung gelten für den Betriebsausschuß entsprechend (vgl. dazu oben Rz. 38).

43 Die Tätigkeit der Betriebsratsmitglieder im Betriebsausschuß ist **Betriebsratstätig-**

keit. Es gelten deshalb die allgemeinen Bestimmungen über die bezahlte Freistellung von der Arbeit und die Kostentragungspflicht des Arbeitgebers (§§ 37 und 40; vgl. auch oben Rz. 36).

3. Aufgaben

a) Führung der laufenden Geschäfte

Der Betriebsausschuß hat nach Abs. 3 Satz 1 die laufenden Geschäfte des Betriebsrats zu führen. Im Gegensatz zum Betriebsratsvorsitzenden in kleineren Betrieben, der nur aufgrund eines ausdrücklichen Betriebsratsbeschlusses insoweit tätig werden kann (vgl. Abs. 4), hat der Betriebsausschuß **kraft Gesetzes** die laufenden Geschäfte selbständig zu erledigen. Vor allem hat er so in verwaltungsmäßiger und organisatorischer Hinsicht dafür zu sorgen, daß die dem Betriebsrat gesetzlich zugewiesenen Aufgaben ordnungsgemäß durchgeführt werden können. Der Betriebsausschuß tritt, was die Erfüllung dieser Aufgaben anbelangt, nicht an die Stelle des Betriebsrats. Er bereitet lediglich ihre Erfüllung durch den Betriebsrat vor (*F/A/K/H* § 27 Rz. 71). 44

Dem Betriebsausschuß ist mit der laufenden Geschäftsführung gesetzlich ein **eigener Zuständigkeitsbereich** zugewiesen. Soweit dieser Zuständigkeitsbereich reicht, entscheidet der Betriebsausschuß anstelle des Betriebsrats (*D/R* § 27 Rz. 44; *G/L* § 27 Rz. 29; GK-*Wiese* § 27 Rz. 43). Deshalb ist der Betriebsrat gehindert, eine Angelegenheit, die zum Kreis der laufenden Geschäfte gehört, **im Einzelfall an sich zu ziehen** (**anders** die herrschende Auffassung (vgl. *D/K/K/S* § 27 Rz. 30; *D/R* § 27 Rz. 44; *F/A/K/H* § 27 Rz. 72; GK-*Wiese* a.a.O.; *Nikisch* III, 145; vgl. auch unten Rz. 55). 45

Der Betriebsausschuß hat den Betriebsrat von der Erledigung der laufenden Geschäfte zu **entlasten**. Damit wird eine schwerfällige, unrationelle und zu kostspielige Geschäftsführung vermieden. 46

Unter den laufenden Geschäften, die das **Gesetz nicht definiert**, sind die internen organisatorischen, technischen und verwaltungsmäßigen Aufgaben zu verstehen, die keiner Beschlußfassung durch den Betriebsrat bedürfen (*F/A/K/H* § 27 Rz. 74; GK-*Wiese* § 27 Rz. 44; *Popp* DB 1956, 917, 918; vgl. auch *D/K/K/S* § 27 Rz. 31); nicht dazu gehört die Entgegennahme von Erklärungen (z.B. Anträgen, Beschwerden, die dem Betriebsratsvorsitzenden nach § 26 Abs. 3 (vgl. oben § 26 Rz. 51 ff.) vorbehalten ist (GK-*Wiese* a.a.O.; **a.A.** *F/A/K/H* a.a.O. sowie die Vorauflage). 47

Zu den laufenden Geschäften gehören z.B. Vorbereitung beabsichtigter Betriebsratsbeschlüsse, Führung des Schriftwechsels nach Maßgabe der Beschlüsse des Betriebsrats, Vorbesprechungen mit dem Arbeitgeber, Durchführung der Beschlüsse des Betriebsrats, Besprechungen mit Vertretern der im Betrieb vertretenen Gewerkschaften über konkrete Angelegenheiten, Vorprüfung der Berechtigung von Beschwerden, Vorbereitung der Betriebs- und Abteilungsversammlung, Erarbeitung von Entwürfen für Betriebsvereinbarungen (*F/A/K/H* a.a.O.; GK-*Wiese* § 27 Rz. 45; *D/K/K/S* § 27 Rz. 32). 48

Nicht zu den laufenden Geschäften gehört die Wahrnehmung von **Mitwirkungs- oder Mitbestimmungsrechten**. Der Betriebsrat kann allerdings die Ausübung dieser Rechte dem Betriebsausschuß übertragen, wie sich aus Abs. 3 Satz 2 ergibt. Aus eigenem Recht kann daher der Betriebsausschuß, wie sich auch aus den Ge- 49

§ 27   2. Teil 3. Abschn. *Geschäftsführung des Betriebsrats*

setzesmaterialien herleiten läßt (Begründung zum Regierungsentwurf des BetrVG 1972, BT-Drucks. VI/1786, 39), keine Mitwirkungs- oder Mitbestimmungsrechte ausüben (*F/A/K/H* § 27 Rz. 73; *S/W* § 27 Rz. 9; GK-*Wiese* § 27 Rz. 44; *D/K/K/S* § 27 Rz. 31; **a. A.** *D/R* § 27 Rz. 49, der die Ausübung von Mitbestimmungsrechten dann zu den laufenden Geschäften rechnet, wenn sie sich nur vorübergehend auf die Rechtsstellung von Arbeitnehmern auswirken; anders auch *Meisel* 98/99, der nur personelle Maßnahmen größeren Ausmaßes oder in besonderen Fällen von den laufenden Geschäften ausnimmt; anders schließlich auch die ältere Fachliteratur: *Nipperdey/Säcker* II/2, 1194 f.; *Nikisch* III, 114).

50   Der Betriebsrat kann in der **Geschäftsordnung konkretisierend festlegen**, welche Angelegenheiten als vom Betriebsausschuß zu erledigende laufende Geschäfte anzusehen sind, um der Unsicherheit bei der Abgrenzung dieses Kreises von Aufgaben entgegenzuwirken; dabei kann aber der Umfang der laufenden Geschäfte nicht wirksam erweitert oder eingeengt werden (GK-*Wiese* § 27 Rz. 46; *F/A/K/H* § 27 Rz. 75; ähnlich *D/R* § 27 Rz. 55); vielmehr hat eine solche Regelung nur die Wirkung von Hinweisen.

b) Aufgaben kraft Übertragung

51   Der Betriebsrat kann dem Betriebsausschuß nach Abs. 3 Satz 2 weitere Aufgaben, die nicht laufende Geschäfte sind, **zur selbständigen Erledigung** übertragen. Diese Öffnung ist für die betriebliche Praxis von außerordentlicher Bedeutung, weil sie eine Straffung der Arbeit und eine reibungslose Zusammenarbeit zwischen Betriebsrat und Arbeitgeber ermöglicht; denn ein Betriebsrat von z. B. 30 oder 40 Mitgliedern würde, wenn er alle Angelegenheiten, die nicht laufende Geschäfte sind, selbst erledigen wollte, den Betriebsablauf erheblich beeinträchtigen und auch der Qualität seiner eigenen Arbeit schaden.

52   Vor allem kann der Betriebsrat den Betriebsausschuß auch ermächtigen, **Mitbestimmungsrechte** wahrzunehmen. Hier ist insbesondere an Mitwirkungs- und Mitbestimmungsrechte im personellen Bereich, also bei Einstellungen, Eingruppierungen, Umgruppierungen, Versetzungen und Kündigungen zu denken. Ähnliches gilt auch für die Verwaltung von Sozialeinrichtungen, die Zuweisung und Kündigung von Werkwohnungen, die Festsetzung der zeitlichen Lage des Urlaubs für einzelne Arbeitnehmer und ähnliche, sich häufig wiederholende Aufgaben (*S/W* § 27 Rz. 10; *D/K/K/S* § 27 Rz. 36).

53   Wegen ihrer besonderen Bedeutung bleibt allerdings nach Abs. 3 Satz 2 der Abschluß von **Betriebsvereinbarungen** dem Betriebsrat vorbehalten. Darüber hinaus wäre es unzulässig, wenn der Betriebsrat durch die Übertragung von Befugnissen auf den Betriebsausschuß seinen eigenen Aufgabenbereich bis zur Bedeutungslosigkeit **aushöhlen** würde (*BAG* vom 18. 3. 1965 – 2 AZR 270/64 – AP Nr. 25 zu § 66 BetrVG 1952 Bl. 1 m. Anm. *A. Hueck* = DB 1965, 746 und vom 1. 6. 1976 – 1 ABR 99/74 – EzA § 28 BetrVG 1972 Nr. 3 m. Anm. *Herschel*; *G/L* § 27 Rz. 34; *F/A/K/H* § 27 Rz. 81; GK-*Wiese* § 27 Rz. 49; *D/K/K/S* § 27 Rz. 35; zur Übertragbarkeit auch von Entscheidungen nach § 103 vgl. dort Rz. 35). **Ausgenommen** von der Übertragung sind ferner die **Organisationsaufgaben** des Betriebsrats wie die Wahl des Vorsitzenden und seines Stellvertreters (§ 26) und die Bildung weiterer Ausschüsse (§ 28), vor allem aber auch Angelegenheiten, für deren Erledigung nach dem Gesetz ein Beschluß mit der Mehrheit der Betriebsratsmitglieder erforderlich ist, z. B. Verabschiedung einer Ge-

schäftsordnung für den Betriebsrat (§ 36), Beauftragung des Gesamtbetriebsrats (§ 50 Abs. 2 Satz 1; vgl. auch GK-*Wiese* § 27 Rz. 48; *F/A/K/H* a. a. O.).
Nach herrschender Rechtsauffassung soll der Betriebsrat die **Behandlung** von 54 übertragenen Angelegenheiten durch den Betriebsausschuß **näher regeln** können. So könne er z. B. in bestimmten Angelegenheiten das Erfordernis einer qualifizierten Mehrheit des Betriebsausschusses festlegen, bei deren Nichterreichen die Angelegenheit an den Betriebsrat zurückfalle. Ggf. könne sich auch der Betriebsrat die Anrufung der Einigungsstelle vorbehalten, falls eine Einigung mit dem Arbeitgeber nicht zustandekomme (GK-*Wiese* § 27 Rz. 54; *D/R* § 27 Rz. 61; *G/L* § 27 Rz. 35; *F/A/K/H* § 27 Rz. 79, 48; *D/K/K/S* § 27 Rz. 36 und die Vorauflage). Dies wird aber der eigenständigen Stellung des Ausschusses nicht gerecht und ist angesichts der von der herrschenden Meinung anerkannten Anwendung der §§ 30–36 auf den Ausschuß (vgl. z. B. GK-*Wiese* § 33 Rz. 3; *D/K/K/S* § 27 Rz. 26) auch nicht folgerichtig. Schließlich würde sich ein systematischer Widerspruch zur Regelung für die Ausschüsse des Gesamt- und des Konzernbetriebsrats (§ 51 Abs. 5, § 59 Abs. 1) ergeben, derzufolge sich die Beschlußfassung des Ausschusses nach § 33 Abs. 1 und 2 richtet. Allerdings könnte eine Berichtspflicht des Betriebsausschusses gegenüber dem Betriebsrat begründet werden (vgl. dazu *F/A/K/H* a. a. O.; GK-*Wiese* § 27 Rz. 54).

Hat der Betriebsrat dem Betriebsausschuß bestimmte Aufgaben zur selbständigen 55 Erledigung übertragen, so tritt der Betriebsausschuß sowohl in der Willensbildung als auch in der Willenserklärung **an die Stelle des Betriebsrats** (vgl. hierzu oben § 26 Rz. 40 ff.). Der Beschluß des Betriebsausschusses ersetzt den des Betriebsrats (*F/A/K/H* § 27 Rz. 77; *D/K/K/S* § 27 Rz. 34; *Buchner* NZA 1989 Beilage Nr. 1, 4; *D/R* § 27 Rz. 61; GK-*Wiese* § 27 Rz. 53). Darum wird zu Unrecht angenommen (so *F/A/K/H* a. a. O.; GK-*Wiese* § 27 Rz. 43; *D/R* § 27 Rz. 44; *G/L* § 27 Rz. 29; *D/K/K/S* § 27 Rz. 30 und die Vorauflage § 27 Rz. 38), der Betriebsrat könne eine Entscheidung des Betriebsausschusses aufheben, solange sie nicht nach außen wirksam geworden sei.

Nach Abs. 3 Satz 2 kann die Übertragung von Aufgaben zur selbständigen Erledi- 56 gung auf den Betriebsausschuß vom Betriebsrat nur mit der **Mehrheit der Stimmen aller Mitglieder** beschlossen werden. Es genügt nicht die Stimmenmehrheit der anwesenden Mitglieder.

Außerdem bedarf die Übertragung nach Abs. 3 Satz 3 der **Schriftform**. Damit soll 57 die betriebsverfassungsrechtliche Zuständigkeit des Betriebsausschusses für alle Beteiligten klargestellt werden. Deshalb sind auch Inhalt und Grenzen der übertragenen Aufgaben genau zu umschreiben (*F/A/K/H* § 27 Rz. 85; GK-*Wiese* § 27 Rz. 52; *G/L* § 27 Rz. 35; *D/K/K/S* § 27 Rz. 33). Der Schriftform ist genügt, wenn der vollständige Beschluß über die Aufgabenübertragung in der nach § 34 ordnungsgemäßen Sitzungsniederschrift enthalten ist (*F/A/K/H* § 27 Rz. 86; *G/L* und *D/K/K/S* jeweils a. a. O.; *D/R* § 27 Rz. 58). Ebenso reicht es aus, wenn in der Geschäftsordnung des Betriebsrats dem Betriebsausschuß bestimmte Aufgaben zur selbständigen Erledigung zugewiesen werden, da die Geschäftsordnung gem. § 36 ihrerseits der Schriftform bedarf (*BAG* vom 4. 8. 1975 – 2 AZR 266/74 – EzA § 102 BetrVG 1972 Nr. 14 m. Anm. *Nickel* = DB 1975, 2184; *F/A/K/H*, *G/L* und *D/R*, jeweils a. a. O.). Die Übertragung kann aber auch in einer anderen Urkunde niedergelegt werden, die vom Vorsitzenden des Betriebsrats zu unterzeichnen ist (*D/R* a. a. O.).

Wird der Übertragungsbeschluß nicht mit der erforderlichen Mehrheit gefaßt oder 58

§ 27   2. Teil 3. Abschn. Geschäftsführung des Betriebsrats

nicht schriftlich niedergelegt, ist er unwirksam. Der Betriebsausschuß kann dann insoweit keine gültigen Beschlüsse fassen (*F/A/K/H* § 27 Rz. 87). Ungültige Beschlüsse des Betriebsausschusses können vom Betriebsrat **nicht genehmigt** werden, der nach Übertragung an den Ausschuß für die Angelegenheit nicht mehr zuständig ist (GK-*Wiese* § 27 Rz. 52; a. A. *F/A/K/H* a. a. O.; *D/R* § 27 Rz. 62).

59 Die Übertragung braucht **nicht bekanntgemacht** zu werden. Ihre Wirksamkeit ist auch nicht davon abhängig, daß sie dem Arbeitgeber mitgeteilt wird (*BAG* vom 22. 3. 1979 – 2 AZR 361/77 – unveröffentlicht; *D/R* § 27 Rz. 59; *F/A/K/H* § 27 Rz. 57). Eine Verpflichtung zu dessen Unterrichtung ergibt sich aber aus dem Gebot zur vertrauensvollen Zusammenarbeit gem. § 2 Abs. 1 (*S/W* § 27 Rz. 13; *G/L* § 27 Rz. 35; a. A. *F/AK/H* a. a. O. und *D/K/K/S* § 27 Rz. 38 nur Gebot der Zweckmäßigkeit). Solange der Arbeitgeber nicht unterrichtet wird, soll er nämlich zwar davon ausgehen können, daß der Betriebsrat nur in seiner Gesamtheit zuständig sei (*F/A/K/H* a. a. O.; *D/R* § 27 Rz. 59). Dies trifft jedoch nicht zu; denn nach der Übertragung ist kraft Gesetzes der Betriebsausschuß zuständig. Erfährt der Arbeitgeber von dem Übertragungsbeschluß, kann er Vorlage des Schriftstückes mit dem Inhalt des Beschlusses verlangen (*F/A/K/H* und *S/W*, jeweils a. a. O.).

60 Der Betriebsrat kann die Aufgabenübertragung auch **widerrufen**. Auch hierzu bedarf es eines Beschlusses mit der Mehrheit aller Mitglieder unter Einhaltung der Schriftform (*F/A/K/H* § 27 Rz. 90; *G/L* § 27 Rz. 35; GK-*Wiese* § 27 Rz. 55; *D/K/K/S* § 27 Rz. 39). Für die Mitteilung dieses Beschlusses an den Arbeitgeber gelten die obigen Ausführungen entsprechend.

61 Der Betriebsrat kann die Aufgabenübertragung auch nur **zum Teil** widerrufen (so auch *F/A/K/H* § 27 Rz. 91; *D/K/K/S* a. a. O.); das bedeutet aber nicht, daß er dem Betriebsausschuß unter Beibehaltung der Übertragung die Behandlung einzelner Fälle entziehen könnte (**a. A.** GK-*Wiese* § 27 Rz. 55; vgl. auch oben Rz. 45).

62 Die Übertragung von Aufgaben gilt nur für die Dauer der Amtsperiode des Betriebsrats. Ein nachfolgender Betriebsrat kann frei über die Gestaltung seiner Amtstätigkeit entscheiden (vgl. dazu auch unten § 36 Rz. 12).

c) Einblicknahme in die Liste der Bruttolöhne und -gehälter

63 Nach § 80 Abs. 2 Satz 2 hat der Betriebsausschuß kraft Gesetzes die Befugnis, in die Listen über Bruttolöhne und -gehälter Einblick zu nehmen (vgl. Erläuterungen zu § 80).

VI. Führung der laufenden Geschäfte in kleineren Betrieben

64 Besteht der Betriebsrat aus weniger als neun Mitgliedern, handelt es sich also um einen Betrieb mit in der Regel bis zu 300 Arbeitnehmern, so kann ein Betriebsausschuß nicht gebildet werden. Zur möglichst rationellen Erledigung der laufenden Geschäfte kann der Betriebsrat diesen Aufgabenkreis auf den **Vorsitzenden des Betriebsrats** oder andere Betriebsratsmitglieder übertragen (zum Begriff der laufenden Geschäfte vgl. Erläuterungen oben unter Rz. 47–50). Auch eine Übertragung auf mehrere Betriebsratsmitglieder gemeinsam ist zulässig (*F/A/K/H* § 27 Rz. 94; GK-*Wiese* § 27 Rz. 59; *D/R* § 27 Rz. 71; *G/L* § 27 Rz. 38; *D/K/K/S* § 27 Rz. 41). In diesem Falle entsteht aber nicht ein Ausschuß des Betriebsrats, bei dem der Minderheitenschutz einzuhalten wäre (*D/R, G/L*, jeweils a. a. O.). Der

Betriebsrat kann frei wählen, wen er mit der Führung der laufenden Geschäfte betraut. Er kann auch ein oder mehrere **Ersatzmitglieder** für den Fall bestellen, daß ein mit der Geschäftsführung betrautes Betriebsratsmitglied verhindert ist, dieses Amt niederlegt oder aus dem Betriebsrat ausscheidet. Wird nicht der Betriebsratsvorsitzende, sondern ein anderes Betriebsratsmitglied mit der Führung der laufenden Geschäfte beauftragt, so bleibt dies ohne Auswirkungen auf die dem Betriebsratsvorsitzenden kraft Gesetzes zustehenden Befugnisse (z. B. § 26 Abs. 3, § 29 Abs. 2 und 3, § 42 Abs. 1; vgl. *F/A/K/H* und *G/L*, jeweils a. a. O.).

Ausreichend für die Übertragung ist ein Beschluß mit der **Mehrheit der Stimmen** 65 des beschlußfähigen Betriebsrats (*G/L* § 27 Rz. 37; *F/A/K/H* § 27 Rz. 93; GK-*Wiese* § 27 Rz. 60; **a. A.** *D/R* § 27 Rz. 69, der die Mehrheit aller Betriebsratsmitglieder verlangt). Schriftform ist zur Wirksamkeit nicht erforderlich (*D/R* und *F/A/K/H*, jeweils a. a. O.).

Die Übertragung ist auf die Führung der laufenden Geschäfte beschränkt. Eine 66 Ausdehnung auf andere Aufgaben zur selbständigen Erledigung ist nicht zulässig. Für Aufgaben, die nicht laufende Geschäfte sind, ist allein der Betriebsrat zuständig (*F/A/K/H* § 27 Rz. 95; GK-*Wiese* § 27 Rz. 58).

VII. Streitigkeiten

Streitigkeiten über Wahl und Abberufung der Mitglieder des Betriebsausschusses 67 und über alle mit der Geschäftsführung zusammenhängenden Fragen entscheidet das Arbeitsgericht im Beschlußverfahren (§ 2a ArbGG; Näheres zur »Anfechtung« der Wahl von Ausschußmitgliedern oben Rz. 32). Der Betriebsausschuß kann im Beschlußverfahren Beteiligter sein (*Grunsky* § 10 Rz. 24).

§ 28 Übertragung von Aufgaben auf weitere Ausschüsse

(1) Ist ein Betriebsausschuß gebildet, so kann der Betriebsrat weitere Ausschüsse bilden und ihnen bestimmte Aufgaben übertragen. Für die Wahl und Abberufung der Ausschußmitglieder gilt § 27 Abs. 1 Satz 3 bis 5 entsprechend. Soweit den Ausschüssen bestimmte Aufgaben zur selbständigen Erledigung übertragen werden, gilt § 27 Abs. 3 Satz 2 bis 4 entsprechend.
(2) Für die Zusammensetzung der Ausschüsse sowie die Wahl und Abberufung der Ausschußmitglieder durch die Gruppen gilt § 27 Abs. 2 entsprechend. § 27 Abs. 2 Satz 1 und 2 gilt nicht, soweit dem Ausschuß Aufgaben übertragen sind, die nur eine Gruppe betreffen. Ist eine Gruppe nur durch ein Mitglied im Betriebsrat vertreten, so können diesem die Aufgaben nach Satz 2 übertragen werden.
(3) Die Absätze 1 und 2 gelten entsprechend für die Übertragung von Aufgaben zur selbständigen Entscheidung auf Mitglieder des Betriebsrats in Ausschüssen, deren Mitglieder vom Betriebsrat und vom Arbeitgeber benannt werden.

§ 28 2. Teil 3. Abschn. Geschäftsführung des Betriebsrats

Literaturübersicht

Kallmeyer Mitbestimmung durch Sitz und Stimme in gemeinsamen Ausschüssen, DB 1978, 98; vgl. auch Literaturübersicht zu § 27.

Inhaltsübersicht

		Rz.
I.	Allgemeines	1– 4
II.	Bildung weiterer Ausschüsse	5–13
	1. Voraussetzungen	5, 6
	2. Zusammensetzung	7– 9
	3. Wahl	10–12
	4. Mängel der Wahl	13
III.	Niederlegung des Amtes und Abberufung vom Amt	14
IV.	Rechtsstellung, Geschäftsführung und Aufgaben	15–25
	1. Rechtsstellung	15
	2. Geschäftsführung	16, 17
	3. Aufgaben	18–25
V.	Übertragung von Aufgaben auf den einzigen Vertreter einer Gruppe	26
VI.	Gemeinsame Ausschüsse von Betriebsrat und Arbeitgeber	27–37
	1. Voraussetzungen	29, 30
	2. Zusammensetzung	31, 32
	3. Geschäftsführung	33–36
	4. Aufgaben	37
VII.	Streitigkeiten	38

I. Allgemeines

1 Die mit dem BetrVG 1972 neu eingeführte Vorschrift ermöglicht es dem Betriebsrat – ebenso dem Gesamtbetriebsrat und dem Konzernbetriebsrat (§ 51 Abs. 1, § 59 Abs. 1) –, zur Straffung und Intensivierung der Betriebsratsarbeit neben dem Betriebsausschuß nach § 27 **weitere Ausschüsse** zu bilden, denen bestimmte Aufgaben zur vorbereitenden Behandlung oder zu selbständigen Erledigung übertragen werden können. Insoweit gelten für die Übertragung von Aufgaben dieselben Grundsätze wie für die Übertragung von Aufgaben auf den Betriebsausschuß.

2 Abs. 2 sichert den Gruppenschutz bei der Zusammensetzung der weiteren Ausschüsse – abgesehen von dem Ausnahmefall des Satzes 2 – in gleicher Weise wie beim Betriebsausschuß. Außerdem greift hier wie bei § 27 seit der ersten Betriebsratswahl nach dem 31. 12. 1988 der Minderheitenschutz zugunsten kleiner (politischer) Gruppierungen ein (vgl. dazu oben § 27 Rz. 3 und 4).

3 Durch Abs. 3 wird sichergestellt, daß für die Entsendung von Betriebsratsmitgliedern in **gemeinsame Ausschüsse** von Betriebsrat und Arbeitgeber die gleichen Grundsätze wie für die Zusammensetzung der weiteren Ausschüsse gelten (Begründung zum Regierungsentwurf des BetrVG 1972, BT-Drucks. VI/1786, 39/40).

4 Die Bestimmung ist vorwiegend für Großbetriebe von Bedeutung, da in den mittleren Betrieben in der Regel schon der Betriebsausschuß nach § 27 in der Lage ist, für eine sachgerechte Entlastung des Betriebsrats zu sorgen.

II. Bildung weiterer Ausschüsse

1. Voraussetzungen

Gesetzliche Voraussetzungen für die Einsetzung weiterer Ausschüsse ist, daß ein **5 Betriebsausschuß besteht**. Daher ist die Bildung von weiteren Ausschüssen nur bei Betriebsräten mit neun oder mehr Mitgliedern zulässig. In kleineren Betrieben müssen die Aufgaben, die nicht laufende Geschäfte sind und deshalb vom Vorsitzenden des Betriebsrats oder anderen Betriebsratsmitgliedern wahrgenommen werden können, vom Betriebsrat selbst erledigt werden (a.A. *D/K/K/S* § 28 Rz. 4, die für laufende Geschäfte die Bildung von Ausschüssen oder Arbeitsgruppen für zulässig halten; vgl. dazu oben § 27 Rz. 64).

Die Voraussetzungen für die Bildung weiterer Ausschüsse müssen **in der jeweiligen Amtsperiode** des Betriebsrats erfüllt sein. Dementsprechend müssen weitere Ausschüsse bei Neuwahl des Betriebsrats neu gebildet werden. **6**

2. Zusammensetzung

Eine bestimmte Größe ist für die weiteren Ausschüsse – im Gegensatz zum Betriebsausschuß – vom Gesetz **nicht vorgeschrieben**. Der Betriebsrat bestimmt nach pflichtmäßigem Ermessen die Zahl der Mitglieder (*D/R* § 28 Rz. 9; *G/L* § 28 Rz. 9; *F/A/K/H* § 28 Rz. 15; *S/W* § 28 Rz. 2; *D/K/K/S* § 28 Rz. 11). Demnach kann je nach den Kräfteverhältnissen im Betriebsrat die Mehrheit durch Beschluß den Ausschuß so gestalten, daß das die Minderheiten schützende Verhältniswahlrecht (vgl. dazu unten Rz. 10 und oben § 27 Rz. 25) den Angehörigen der Minderheiten nicht oder kaum zugutekommt (*Engels/Natter* DB 1989 Beilage Nr. 8, 22; vgl. auch *Wlotzke* DB 1989, 111, 114). **7**

Die weiteren Ausschüsse können – anders als der Betriebsausschuß – auch aus **weniger als fünf Mitgliedern** bestehen. Die Anzahl der Ausschußmitglieder braucht auch **nicht stets ungerade** zu sein. Zur Sicherstellung von Beschlußmehrheiten ist eine solche Zusammensetzung aber zu empfehlen (*F/A/K/H* und *D/K/K/S*, jeweils a.a.O.). **8**

Auch ein weiterer Ausschuß muß im wesentlichen nach denselben Grundsätzen wie der Betriebsausschuß zusammengesetzt sein. Nicht notwendig ist allerdings, daß dem Ausschuß der **Betriebsratsvorsitzende** oder sein Stellvertreter angehört. Sie können jedoch in den Ausschuß gewählt werden (*G/L* § 28 Rz. 9; *D/K/K/S* a.a.O.). Mitglieder von weiteren Ausschüssen können nur Mitglieder des Betriebsrats werden (*D/R* § 28 Rz. 10). Für die Wahl von **Ersatzmitgliedern** gelten die Erläuterungen zu § 27 entsprechend (dort Rz. 18). **9**

3. Wahl

Alle Mitglieder weiterer Ausschüsse sind vom Betriebsrat **zu wählen**. Für das Wahlverfahren gelten die Erläuterungen zu § 27 in bezug auf die weiteren Mitglieder des Betriebsausschusses entsprechend (vgl. dort Rz. 19–31; zum Gruppenschutz vgl. aber die nachfolgenden Erläuterungen). **10**

Eine **Ausnahme** von dem durch die Verweisung in Abs. 2 Satz 1 auf § 27 Abs. 2 **11** auch hier eingreifenden **Gruppenschutz** (vgl. § 27 Rz. 13-17) gilt nach Abs. 2 Satz 2, soweit einem Ausschuß **Aufgaben** übertragen sind, die **nur eine Gruppe betreffen**. In diesem Fall ist es zulässig, nur oder überwiegend Angehörige der betreffenden Gruppe in den Ausschuß zu entsenden; der Gruppenschutz duldet jedoch nicht, daß der Ausschuß in einem solchen Fall ganz oder überwiegend mit Vertretern der nicht betroffenen Gruppe besetzt wird (*D/R* § 28 Rz. 12; **a. A.** GK-*Wiese* § 28 Rz. 27, der nur die gänzliche Übergehung der betroffenen Gruppe für unzulässig hält). Zu weitgehend ist es aber anzunehmen, daß die betroffene Gruppe allein den Ausschuß zu besetzen hätte (so indessen *D/K/K/S* § 28 Rz. 15 sowie ferner *G/L* § 28 Rz. 11 für den Fall, daß dem Ausschuß nur Aufgaben zur selbständigen Erledigung übertragen worden sind; hiergegen GK-*Wiese* und *D/R*, jeweils a. a. O.; *F/A/K/H* § 28 Rz. 17).

12 Die Mitglieder eines solchen besonderen weiteren Ausschusses werden aber im Gegensatz zu anderen weiteren Ausschüssen stets **vom gesamten Betriebsrat gewählt**, nicht nur von den Vertretern ihrer Gruppe (*F/A/K/H* § 28 Rz. 18; *G/L* § 28 Rz. 14; **a. A.** *D/R* § 28 Rz. 17, der eine entsprechende Anwendung des § 27 Abs. 2 Satz 3 für richtig hält).

4. Mängel der Wahl

13 Alle Mitglieder weiterer Ausschüsse sind vom Betriebsrat zu wählen. Für das Wahlverfahren und die Mängel der Wahl gelten die Erläuterungen zu § 27 entsprechend (vgl. dort Rz. 19-32).

III. Niederlegung des Amtes und Abberufung vom Amt

14 Für diese Frage gelten die Erläuterungen zu § 27 (Rz. 33 und 34) sinngemäß.

IV. Rechtsstellung, Geschäftsführung und Aufgaben

1. Rechtsstellung

15 Weitere Ausschüsse sind wie der Betriebsausschuß keine besondere Betriebsvertretung neben dem Betriebsrat, sondern dessen Organe. Im Rahmen ihrer Zuständigkeit treten sie an die Stelle des Betriebsrats (vgl. § 27 Rz. 35).

2. Geschäftsführung

16 Die weiteren Ausschüsse haben anders als der Betriebsausschuß **keinen geborenen Vorsitzenden** in Gestalt des Betriebsratsvorsitzenden, selbst dann nicht, wenn der Betriebsratsvorsitzende oder sein Stellvertreter Ausschußmitglied ist (*F/A/K/H* § 28 Rz. 23; GK-*Wiese* § 28 Rz. 30; *D/R* § 28 Rz. 23; *D/K/K/S* § 28 Rz. 12). Die Bestimmung eines Vorsitzenden ist aber **notwendig**, da sonst eine ordnungsgemäße Ausschußtätigkeit nicht möglich wäre, z. B. eine Einladung zu den Sitzungen nicht erfolgen könnte, bei einer Übertragung von Angelegenheiten zur selb-

ständigen Erledigung auch die erforderliche Vertretung des Ausschusses nach
außen fehlen würde (vgl. dazu auch oben § 26 Rz. 58 und § 27 Rz. 37; abweichend
F/A/K/H und *D/K/K/S*, jeweils a.a.O., die die Bestellung eines Vorsitzenden
nur für zweckmäßig erachten, und GK-*Wiese* a.a.O., demzufolge der Betriebsrat
auch festlegen können soll, daß kein Ausschußvorsitzender zu wählen sei). Der
Ausschußvorsitzende und sein Stellvertreter sind vom Ausschuß selbst zu wählen.
Diese Entscheidungen vorrangig dem Betriebsrat zuzubilligen (so GK-*Wiese*,
D/K/K/S und *F/A/K/H*, jeweils a.a.O.), ist mit dem Gesetz nicht zu vereinbaren, das den Betriebsrat nur zur Bildung von Ausschüssen und zur Übertragung
von Aufgaben ermächtigt hat, und wird auch der Stellung der Ausschüsse nicht
gerecht, besonders dann, wenn ihnen Aufgaben zur selbständigen Erledigung zugewiesen werden. Im übrigen gelten für die Geschäftsführung der weiteren Ausschüsse die Erläuterungen zu § 27 entsprechend (Rz. 37–43).

Auf die Wahl des Vorsitzenden und seines Stellvertreters sind die **Regeln des § 26** 17
Rz. 1 und 2 entsprechend anzuwenden (vgl. oben § 26 Rz. 60 sowie Rz. 2 ff.), da
sonst der die ganze Betriebsverfassung durchziehende Gruppenschutz außer Kraft
gesetzt würde.

3. Aufgaben

Welche Aufgaben der Betriebsrat den weiteren Ausschüssen überträgt, liegt in 18
seinem pflichtmäßigen Ermessen. Er kann einem Ausschuß bestimmte Aufgaben
lediglich zur Vorbereitung von eigenen Beschlüssen übertragen. In diesem Fall hat
der Ausschuß keine eigene Entscheidungsbefugnis. Er kann aber auch bestimmte,
klar umrissene Aufgaben zur selbständigen Erledigung übertragen (*D/R* § 28
Rz. 25; *S/W* § 28 Rz. 5; GK-*Wiese* § 28 Rz. 57), z.B. die Verwaltung von Sozialeinrichtungen oder die Erledigung von Personalangelegenheiten (so ausdrücklich
BAG vom 4.8. 1975 – 2 AZR 266/74 – AP Nr. 4 zu § 102 BetrVG 1972 = EzA
§ 102 BetrVG 1972 Nr. 14 m. Anm. *Nickel* = DB 1975, 2184; vom 1.6. 1976 –
1 ABR 99/74 – AP Nr. 1 zu § 28 BetrVG 1972 m. Anm. *Bulla* = EzA § 28 BetrVG
1972 Nr. 3 m. Anm. *Herschel*). Dabei soll er nach herrschender Rechtsauffassung
auch die Behandlung der übertragenen Angelegenheiten näher regeln können
(vgl. dazu aber Erläuterungen zu § 27 unter Rz. 54).

Allerdings kann sich der Betriebsrat nicht seiner **sämtlichen Aufgaben** entledigen 19
und damit seiner Amtsverantwortung entäußern. Ebensowenig können weiteren
Ausschüssen die **Organisationsentscheidungen** des Betriebsrats zugewiesen werden (vgl. Erläuterungen zu § 27 Rz. 53).

Die Ermächtigung eines weiteren Ausschusses zum Abschluß von **Betriebsverein-** 20
barungen ist dem Betriebsrat wie dem Betriebsausschuß verwehrt (*S/W* § 28
Rz. 5).

Der Betriebsrat kann auch nicht seine **laufenden Geschäfte**, die nach § 27 Abs. 3 21
Satz 1 dem Betriebsausschuß vorbehalten sind, auf einen weiteren Ausschuß übertragen (*S/W* a.a.O.). Die weiteren Ausschüsse können aber die laufenden Geschäfte im Rahmen ihres Aufgabenkreises behandeln. Insoweit ist dann der Betriebsausschuß unzuständig, da er nur die laufenden Geschäfte des Betriebsrats,
nicht die von Ausschüssen, zu erledigen hat. Die Gefahr einer Verdrängung des
Betriebsausschusses aus den laufenden Geschäften (von *D/R* § 28 Rz. 26 und der
Vorauflage gesehen) besteht somit nicht.

22 Aus Abs. 2 Satz 2 folgt mittelbar, daß weitere Ausschüsse auch für Aufgaben gebildet werden können, die **nur eine Gruppe** betreffen. Das bedeutet aber nicht, daß nach dem Gesetz ein Ausschuß für sämtliche Angelegenheiten zuständig sein könnte, die eine Gruppe oder Angehörige dieser Gruppe betreffen. Das BetrVG sieht nämlich – anders als das BPersVG (§ 38 Abs. 2 und 3) – nicht grundsätzlich eine getrennte Beschlußfassung in den Gruppen vor. Ein weiterer Ausschuß kann somit nur für Angelegenheiten gebildet werden, die **nach ihrem besonderen Gegenstand nur eine Gruppe** betreffend, z. B. für Akkordfragen, die nur Arbeiter, oder für Überstundenvergütung bei den Angestellten, die nur diese Gruppe betreffen (so auch *D/R* § 28 Rz. 7; GK-*Wiese* § 28 Rz. 27).

23 Um Aufgaben **zur selbständigen Erledigung** weiteren Ausschüssen zu übertragen, hat der Betriebsrat aufgrund entsprechender Anwendung von § 27 Abs. 3 Satz 2 und 3 einen Beschluß mit der **Mehrheit aller Mitglieder** herbeizuführen. Außerdem ist **Schriftform** erforderlich. Der Beschluß ist dem Arbeitgeber mitzuteilen (vgl. oben § 27 Rz. 59).

24 Für den **Widerruf** der Aufgabenübertragung gelten aufgrund entsprechender Anwendung des § 27 Abs. 3 Satz 4 dieselben Grundsätze wie für die Aufgabenübertragung selbst.

25 Die Aufgabenübertragung gilt nur für die Dauer der Amtsperiode des Betriebsrats (vgl. oben Rz. 6 sowie § 27 Rz. 62).

V. Übertragung von Aufgaben auf den einzigen Vertreter einer Gruppe

26 Ist die Minderheitsgruppe nur durch ein einziges Mitglied vertreten, so kann der Betriebsrat nach Abs. 2 Satz 3 Aufgaben, die nur diese Gruppe betreffen, dem Gruppenvertreter allein übertragen. Dabei ist auch eine Übertragung zur selbständigen Erledigung möglich (*F/A/K/H* § 28 Rz. 17; GK-*Wiese* § 28 Rz. 28). Es macht keinen Unterschied, ob die Gruppe von vornherein nur einen einzigen Vertreter im Betriebsrat hat oder ob die Gruppe nach dem Ausscheiden der übrigen Mitglieder einschließlich der Ersatzmitglieder nur noch aus einem Mitglied besteht (GK-*Wiese* a. a. O.; *D/R* § 28 Rz. 13).

VI. Gemeinsame Ausschüsse von Betriebsrat und Arbeitgeber

27 Nach Abs. 3, dessen Wortlaut der Gemeinte nur unvollkommen wiedergibt, können Betriebsrat und Arbeitgeber für die selbständige Erledigung von Aufgaben einen oder mehrere gemeinsame Ausschüsse bilden. Solche Ausschüsse kommen vor allem dann in Betracht, wenn in bestimmten Angelegenheiten gehäuft oder immer wieder zwischen Betriebsrat und Arbeitgeber abzustimmende Fragen entstehen. Als Beispiele sind zu nennen die Verwaltung von Sozialeinrichtungen, die Eingruppierung von Arbeitnehmern, Bewertung von Vorschlägen im Rahmen des betrieblichen Vorschlagswesens (bei dem in diesem Zusammenhang auch genannten Ausschuß für Arbeitssicherheit – *F/A/K/H* § 28 Rz. 24 – ist zu beachten, daß nach § 11 des Gesetzes über Betriebsärzte und Sicherheitsfachkräfte in vielen Betrieben ein vom Arbeitgeber zu errichtender Arbeitsschutzausschuß bestehen muß). Auch ein gemeinsamer Ausschuß kann **Mitbestimmungsrechte** wahrnehmen und mit Wirkung für und gegen den Betriebsrat Entscheidungen treffen (da-

von abratend *D/K/K/S* § 28 Rz. 17). Gemeinsame Ausschüsse sind deshalb keine Organe des Betriebsrats, sondern **eigenständige betriebsverfassungsrechtliche Gremien** neben dem Betriebsrat, die der Verwirklichung von Mitwirkung und Mitbestimmung dienen (*D/R* § 28 Rz. 29; GK-*Wiese* § 28 Rz. 31; *F/A/K/H* § 28 Rz. 25; *Kallmeyer* DB 1978, 98).
Das Gesetz enthält über die gemeinsamen Ausschüsse keine näheren Regelungen. **28** Damit bestehen Gesetzeslücken, die besonders die Geschäftsführung der gemeinsamen Ausschüsse belasten (vgl. unten Rz. 33 ff.).

1. Voraussetzungen

Auch für die Bildung gemeinsamer Ausschüsse ist erforderlich, daß ein **Betriebs-** **29** **ausschuß besteht**. Es muß sich also um einen Betrieb mit in der Regel über 300 Arbeitnehmern handeln. In kleineren Betrieben, in denen ein Betriebsausschuß nicht möglich ist, kann allenfalls eine gemeinsame Kommission eingesetzt werden, deren Aufgabe es ist, von Betriebsrat und Arbeitgeber gemeinsam zu behandelnde Angelegenheiten vorzubereiten (*D/R* § 28 Rz. 30; GK-*Wiese* § 28 Rz. 33; *F/A/K/H* § 28 Rz. 32).
Gemeinsame Ausschüsse beruhen auf den übereinstimmenden Erklärungen von **30** Betriebsrat und Arbeitgeber, ein solches Gremium zu bilden. Beide Seiten bestimmen auch gemeinsam die Aufgaben des Ausschusses, die möglichst genau begrenzt werden sollten. Ohne diese Übereinstimmung kommt ein gemeinsamer Ausschuß nicht zustande.

2. Zusammensetzung

Arbeitgeber und Betriebsrat legen gemeinsam fest, wie viele Mitglieder einem **31** gemeinsamen Ausschuß angehören (GK-*Wiese* § 28 Rz. 35; *F/A/K/H* § 28 Rz. 26). Aufgrund der gesetzlichen Verweisung auf § 27 Abs. 2 Satz 1 und 2 sind die Betriebsratsmitglieder, die in die Ausschüsse entsandt werden, unter die im Betriebsrat vertretenen **Gruppen** entsprechend dem Verhältnis ihrer Vertretung im Betriebsrat zu verteilen, wobei jede Gruppe mindestens durch ein Mitglied vertreten sein muß. Dies gilt wegen der Verweisung auf § 27 Abs. 2 Satz 2 nur dann nicht, wenn dem gemeinsamen Ausschuß Aufgaben übertragen werden, die nur eine Gruppe betreffen (ebenso *D/R* § 28 Rz. 33; *F/A/K/H* § 28 Rz. 28).
Eine **paritätische Besetzung** des Ausschusses ist nicht erforderlich (*BAG* vom **32** 12. 7. 1984 – 2 AZR 320/83 – DB 1985, 340 = EzA § 102 BetrVG 1972 Nr. 57; *G/L* § 28 Rz. 16; GK-*Wiese* a.a.O.; *F/A/K/H* § 28 Rz. 24; *D/K/K/S* a.a.O.). Sie kann aber vom Betriebsrat bei der Bildung des Ausschusses zur Bedingung gemacht und damit von ihm durchgesetzt werden. Der Betriebsrat kann auch eine unterparitätische Besetzung vereinbaren (*Kallmeyer* DB 1978, 98; **a. A.** GK-*Wiese* a.a.O.), da das Gesetz insoweit keine Beschränkung enthält und der Betriebsrat mit einem solchen Schritt auch auf gesetzliche Mitwirkungsrechte nicht verzichten, sondern allenfalls ihre Durchsetzbarkeit erschweren würde.

3. Geschäftsführung

33 Wegen des Fehlens einer gesetzlichen Regelung richtet sich die Beschlußfassung in den gemeinsamen Ausschüssen nach den allgemeinen Grundsätzen für Kollegialorgane (GK-*Wiese* § 28 Rz. 37). Es genügt die **einfache Mehrheit** ohne Rücksicht darauf, von welcher Seite die Mehrheit gebildet wird (*G/L* § 28 Rz. 16; *F/A/K/H* § 28 Rz. 29; *Kallmeyer* DB 1978, 98; vgl. auch *D/K/K/S* a.a.O., denenzufolge der Betriebsrat Vorsorge treffen müsse, daß die Wirksamkeit der Beschlüsse von der Zustimmung aller Betriebsratsmitglieder im Ausschuß abhänge). Allerdings muß an der Beschlußfassung aufgrund entsprechender Anwendung des § 33 Abs. 2 mindestens die Hälfte der Ausschußmitglieder teilgenommen haben (*F/A/K/H* a.a.O.). Wenn demgegenüber die Auffassung vertreten wird, daß Beschlüsse nicht gegen die Mehrheit der vom Betriebsrat entsandten Mitglieder gefaßt werden können (so *D/R* § 28 Rz. 35; *Hanau* BB 1973, 1275f.), so widerspricht dies der eigenständigen und besonderen Stellung von gemeinsamen Ausschüssen, bei denen der **Einigungsprozeß** zwischen Mitgliedern des Betriebsrats und vom Arbeitgeber benannten Personen nicht im zweiseitigen Verhandeln betrieben, sondern **in ein einheitliches Gremium integriert** wird (vgl. *Kallmeyer* DB 1978, 98; GK-*Wiese* § 28 Rz. 37), das nach dem Gesetz nicht selbständig zu erledigen, sondern selbständig zu **entscheiden** hat (vgl. Abs. 1 Satz 2 i. V. m. Abs. 3).

34 Es wird auch vertreten, die mögliche Majorisierung der einen oder anderen Seite könne vermieden werden, wenn Arbeitgeber und Betriebsrat gemeinsam eine **Geschäftsordnung** für den gemeinsamen Ausschuß erließen. Darin könnten auch Bestimmungen für die bei Beschlüssen erforderliche Mehrheit vereinbart werden (*G/L, F/A/K/H, D/K/K/S* und GK-*Wiese*, jeweils a.a.O., sowie die Vorauflage). Die Geschäftsordnung könne ferner festlegen, daß bei Meinungsverschiedenheiten auf der einen oder anderen »Ausschußbank« eine Stellungnahme des Betriebsrats oder des Arbeitgebers einzuholen ist (*F/A/K/H* a.a.O.). Betriebsrat und Arbeitgeber sind indessen nach dem Gesetz nur zur Bildung des Ausschusses und zur Übertragung von Aufgaben berechtigt (vgl. auch Ausführungen zu den weiteren Ausschüssen des Betriebsrats oben Rz. 18 ff.). Auch wäre eine solche »Außensteuerung« des Ausschusses, der zur selbständigen **Entscheidung** bestellt ist, mit dessen Rechtsstellung nicht vereinbar.

35 Kommt es im Ausschuß zu **keiner Mehrheit**, so fällt die zur Erledigung übertragene Aufgabe nicht von selbst an Betriebsrat und Arbeitgeber zurück (so befürwortet von *Kallmeyer* DB 1978, 98, 99 und erwogen von *Hanau* a.a.O.), da die Übertragung der Aufgabe fortbesteht. Es bleibt dann bei der Pattsituation. Der Antrag ist abgelehnt (so im Ergebnis auch GK-*Wiese* a.a.O.; **a.A.** *Kallmeyer* a.a.O. und die Vorauflage), die Angelegenheit damit erledigt; die Einigungsstelle kann nicht entscheiden. Der Entscheidungsgang im gemeinsamen Ausschuß entspricht damit dem gesetzlich geregelten Verfahren für die paritätische Selbstverwaltung der Sozialversicherungsträger (vgl. § 64 SGB IV).

36 Im übrigen gelten die Erläuterungen zur Geschäftsführung der weiteren Ausschüsse (Rz. 16 f.) entsprechend.

4. Aufgaben

Für Inhalt und Umfang der Aufgabenübertragung gelten nach dem Gesetz dieselben Schranken wie für die Übertragung auf den Betriebsausschuß oder einen weiteren Ausschuß. Vor allem kann nicht der Abschluß von **Betriebsvereinbarungen** übertragen werden. Bei der Übertragung zur selbständigen Erledigung bedarf es im Betriebsrat eines Beschlusses mit der Mehrheit aller Mitglieder (Gesetzesverweisung durch Abs. 3 über Abs. 1 Satz 3 auf § 27 Abs. 3 Satz 2). Die Übertragung ist nur bei Einhaltung der **Schriftform** wirksam (vgl. hierzu § 27 Rz. 57). Qualifizierte Mehrheitsentscheidung und Schriftform gelten auch für den **Widerruf** der Aufgabenübertragung.

37

VII. Streitigkeiten

Streitigkeiten über Zusammensetzung, Aufgabenbereiche und Geschäftsführung der Ausschüsse des Betriebsrats sowie über die Wahl von Ausschußmitgliedern (vgl. dazu oben Rz. 12) sind nach § 2a ArbGG in arbeitsgerichtlichen Beschlußverfahren auszutragen, ebenso Streitigkeiten über die Übertragung von Entscheidungsbefugnissen auf Betriebsratsmitglieder in gemeinsamen Ausschüssen (*G/L* § 28 Rz. 19; *D/R* § 28 Rz. 36). Die Ausschüsse können im Beschlußverfahren auch Beteiligte sein (*Grunsky* § 10 Rz. 24).

38

§ 29 Einberufung der Sitzungen

(1) Vor Ablauf einer Woche nach dem Wahltag hat der Wahlvorstand die Mitglieder des Betriebsrats zu der nach § 26 Abs. 1 und 2 vorgeschriebenen Wahl einzuberufen. Der Vorsitzende des Wahlvorstands leitet die Sitzung, bis der Betriebsrat aus seiner Mitte einen Wahlleiter bestellt hat.
(2) Die weiteren Sitzungen beruft der Vorsitzende des Betriebsrats ein. Er setzt die Tagesordnung fest und leitet die Verhandlung. Der Vorsitzende hat die Mitglieder des Betriebsrats zu den Sitzungen rechtzeitig unter Mitteilung der Tagesordnung zu laden. Dies gilt auch für die Schwerbehindertenvertretung sowie für die Jugend- und Auszubildendenvertreter, soweit sie ein Recht auf Teilnahme an der Betriebsratssitzung haben. Kann ein Mitglied des Betriebsrats oder der Jugend- und Auszubildendenvertretung an der Sitzung nicht teilnehmen, so soll es dies unter Angabe der Gründe unverzüglich dem Vorsitzenden mitteilen. Der Vorsitzende hat für ein verhindertes Betriebsratsmitglied oder für einen verhinderten Jugendvertreter das Ersatzmitglied zu laden.
(3) Der Vorsitzende hat eine Sitzung einzuberufen und den Gegenstand, dessen Beratung beantragt ist, auf die Tagesordnung zu setzen, wenn dies ein Viertel der Mitglieder des Betriebsrats oder der Arbeitgeber beantragt. Ein solcher Antrag kann auch von der Mehrheit der Vertreter einer Gruppe gestellt werden, wenn diese Gruppe im Betriebsrat durch mindestens zwei Mitglieder vertreten ist.
(4) Der Arbeitgeber nimmt an den Sitzungen, die auf sein Verlangen anberaumt sind, und an den Sitzungen, zu denen er ausdrücklich eingeladen ist, teil. Er kann einen Vertreter der Vereinigung der Arbeitgeber, der er angehört, hinzuziehen.

Literaturübersicht

Fitting Zur Beschlußfassung der großen Betriebsräte, BetrVerf. 1957, 22; *Kraft* Die konstituierende Sitzung des Betriebsrats, AuR 1968, 66.

Inhaltsübersicht

		Rz.
I.	Allgemeines	1
II.	Konstituierende Sitzung	2–14
	1. Einberufung	3– 7
	2. Ladung	8
	3. Teilnahme	9, 10
	4. Leitung	11–13
	5. Erweiterung der Tagesordnung	14
III.	Weitere Sitzungen	15–57
	1. Einberufung	16–19
	2. Antrag auf Einberufung	20–24
	3. Ladung	25–36
	4. Tagesordnung	37–40
	5. Teilnahme	41–54
	6. Leitung	55–57
IV.	Anwendung auf die Ausschüsse des Betriebsrats	58
V.	Streitigkeiten	59

I. Allgemeines

1 § 29 regelt – in Verbindung mit § 51 Abs. 3 Satz 3 und § 59 Abs. 2 Satz 3 zugleich für Gesamtbetriebsrat und Konzernbetriebsrat – die Einberufung der konstituierenden und der weiteren Sitzungen, die Beantragung von Sitzungen sowie das Recht des Arbeitgebers, an Sitzungen teilzunehmen und dabei auch einen Vertreter seines Arbeitgeberverbandes hinzuziehen (wegen der Anwendung auf die Ausschüsse des Betriebsrats vgl. unten Rz. 58).

II. Konstituierende Sitzung

2 Der Betriebsrat kann vor seiner Konstituierung keine rechtswirksamen Beschlüsse fassen. Der Arbeitgeber ist auch nicht verpflichtet, mit dem noch nicht konstituierten Betriebsrat zu verhandeln. Die Konstituierung ist abgeschlossen, sobald der Vorsitzende und sein Stellvertreter gewählt sind (*D/R* § 29 Rz. 10; *F/A/K/H* § 29 Rz. 11; GK-*Wiese* § 29 Rz. 19; vgl. auch oben § 26 Rz. 2f.).

1. Einberufung

3 Die konstituierende Sitzung des Betriebsrats ist vor Ablauf einer Woche nach dem Wahltag einzuberufen. Dies gilt auch dann, wenn die Wahl angefochten ist (*F/A/K/H* § 29 Rz. 10; GK-*Wiese* § 29 Rz. 7; *D/K/K/S* § 29 Rz. 3). Dabei spielt es

Einberufung der Sitzungen § 29

keine Rolle, ob die Amtszeit des neugewählten Betriebsrats nach § 21 bereits begonnen hat (*G/L* § 29 Rz. 3; *D/K/K/S* a. a. O.). Die konstituierende Sitzung des Betriebsrats kann daher auch stattfinden, bevor die Amtszeit des bisherigen Betriebsrats abgelaufen ist (*D/R* § 29 Rz. 6; *Kraft* AuR 1968, 68; *F/A/K/H* § 29 Rz. 9; GK-*Wiese* § 29 Rz. 9; *D/K/K/S* a. a. O.). Nicht notwendig ist nach dem eindeutigen Gesetzeswortlaut, daß die konstituierende Sitzung innerhalb der festgelegten Frist stattfindet (*D/R* § 29 Rz. 5; *G/L* § 29 Rz. 4; *F/A/K/H* a. a. O.; *D/K/K/S* § 29 Rz. 4; **a. A.** GK-*Wiese* § 29 Rz. 8 und 12, der aber die Auffassung vertritt, daß die Wahl des Vorsitzenden und des stellvertretenden Vorsitzenden, die außerhalb der Wochenfrist stattfindet, gleichwohl wirksam zustandegekommen sei). Nötigenfalls kann – etwa bei Nichterreichen der Beschlußfähigkeit – auch abgesagt und neu einberufen werden (*G/L* § 29 Rz. 4).

Die **Wochenfrist** beginnt mit dem Tag nach dem Wahltag, bei mehreren Wahltagen mit dem letzten (*F/A/K/H* § 29 Rz. 6). Der letzte Tag der Frist endet mit dem Ablauf desjenigen Tages der nächsten Woche, welcher durch seine Benennung dem (letzten) Wahltag entspricht (vgl. § 188 Abs. 2 BGB). Beginnt die Frist also an einem Mittwoch, so endet sie am Dienstag. Fällt allerdings der letzte Tag der Frist auf einen Sonntag, staatlich anerkannten Feiertag oder einen Sonnabend, so tritt an die Stelle dieses Tages der nächste Werktag (§ 193 BGB); bei Fristbeginn an einem Montag endet die Frist daher mit Ablauf des Montags der nächsten Woche (GK-*Wiese* § 29 Rz. 7). 4

Es handelt sich hier um eine **Ordnungsvorschrift**, so daß sich aus einer Fristversäumung keine Folgen für die Gültigkeit der Wahl des Betriebsratsvorsitzenden und seines Stellvertreters ergeben (GK-*Wiese* § 29 Rz. 12; *F/A/K/H* § 29 Rz. 7). 5

Die Einberufung obliegt dem **Wahlvorstand**, der den Zeitpunkt der Sitzung nach pflichtgemäßem Ermessen festlegt. Er kann und sollte über den Wortlaut des Abs. 1 hinaus neben der Wahl des Vorsitzenden und seines Stellvertreters auch die nach § 27 u. U. notwendige **Wahl des Betriebsausschusses** auf die Tagesordnung setzen (*D/R* § 29 Rz. 11; *F/A/K/H* § 29 Rz. 18; GK-*Wiese* § 27 Rz. 9). 6

Für den Fall, daß der **Wahlvorstand seiner Aufgabe** in der vorgeschriebenen Zeit **nicht nachkommt**, fehlt es an einer gesetzlichen Regelung. Insbesondere ist ein gerichtliches Erzwingungsverfahren gegen den bestehenden Wahlvorstand nicht vorgesehen. Auch kann der Wahlvorstand nicht durch das Arbeitsgericht gem. § 18 Abs. 1 Satz 2 ersetzt werden (so auch GK-*Wiese* § 29 Rz. 12; *D/R* § 29 Rz. 8; *F/A/K/H* § 29 Rz. 8; **a. A.** die Vorauflage; erwogen in *BAG* vom 23. 8. 1984 – 1 AZR 520/84 – EzA § 102 BetrVG 1972 Nr. 5 m. Anm. *Wiese* = DB 1985, 1085); denn eine unmittelbare Anwendung dieser Bestimmung scheitert an ihrem klaren Wortlaut; auch eine mögliche Analogie muß ausscheiden, weil die Wahl des Betriebsrats zu einer veränderten Lage geführt hat, in der die Anwendung der Vorschrift unangemessen wäre (vgl. Antragsberechtigung, Einsetzung eines neuen Wahlvorstands allein für Einberufung des Betriebsrats). Die gewählten Betriebsratsmitglieder haben aber gegen den Wahlvorstand einen Anspruch auf ordnungsgemäße Einberufung der konstituierenden Sitzung. Diesen Anspruch kann jedes Mitglied im Beschlußverfahren gerichtlich geltend machen. Die Mitglieder haben indessen nicht das Recht, **in eigener Initiative** nach Abstimmung untereinander die Sitzung anzuberaumen, schon deshalb nicht, weil die Betriebsratsmitglieder nicht verpflichtet sind, einer solchen Einladung zu folgen (so auch *BAG* a. a. O.; **a. A.** GK-*Wiese* § 29 Rz. 12; *F/A/K/H* § 29 Rz. 7; *D/R* § 29 Rz. 8; *G/L* § 29 Rz. 9; *D/K/K/S* § 29 Rz. 6; *S/W* § 29 Rz. 1 für den Fall daß alle 7

§ 29   2. Teil 3. Abschn. *Geschäftsführung des Betriebsrats*

Betriebsratsmitglieder – nötigenfalls auch Ersatzmitglieder – unterrichtet worden sind).

2. Ladung

8 Der Wahlvorstand muß **alle gewählten Mitglieder** des Betriebsrats zur Sitzung laden. Anstelle eines verhinderten Mitgliedes ist das Ersatzmitglied zu laden (*D/R* § 29 Rz. 7; GK-*Wiese* § 29 Rz. 10). Hat ein Gewählter die Wahl abgelehnt, ist die Ladung an den gem. § 18 Abs. 2 WoBetrVG an seiner Stelle als gewählt geltenden Wahlbewerber zu richten (*F/A/K/H* § 29 Rz. 12; *D/K/K/S* § 29 Rz. 7; *D/R* und GK-*Wiese*, jeweils a. a. O.). Nicht geladen werden der Arbeitgeber und die Gewerkschaft (vgl. dazu *BAG* vom 28. 2. 1958 – 1 ABR 3/57 – AP Nr. 1 zu § 29 BetrVG 1952 m. Anm. *Küchenhoff* = DB 1958, 603). Dasselbe gilt für die Jugend- und Auszubildendenvertretung und für die Schwerbehindertenvertretung. Deren Ladung kommt erst bei den weiteren Sitzungen des Betriebsrats in Betracht (vgl. Abs. 2 und *D/R* § 29 Rz. 7; vgl. aber unten Rz. 14).

3. Teilnahme

9 Nach § 30 letzter Satz sind Sitzungen des Betriebsrats, auch die konstituierende Sitzung, **nicht öffentlich**. Das bedeutet, daß an der Sitzung nur teilnehmen kann, wer ein Teilnahmerecht hat.

10 An der konstituierenden Sitzung nehmen in erster Linie die **Mitglieder** des neugewählten Betriebsrats teil. Nicht teilnahmeberechtigt ist der **Wahlvorstand**. Allein der **Vorsitzende des Wahlvorstandes** darf teilnehmen. Er hat nach Abs. 1 Satz 2 die Sitzung zu leiten, bis der Betriebsrat aus seiner Mitte einen Wahlleiter bestellt hat. Danach erlischt sein Teilnahmerecht (*G/L* § 29 Rz. 7; *D/R* § 29 Rz. 4; *F/A/K/H* § 29 Rz. 5; GK-*Wiese* § 29 Rz. 15). Die Teilnahme steht ferner weder dem **Arbeitgeber** noch der **Gewerkschaft** zu, da die Voraussetzungen von Abs. 4 und § 31 bei dieser Sitzung nicht erfüllt sind. Nicht von der Teilnahme ausgeschlossen ist die **Schwerbehindertenvertretung** (§ 25 Abs. 4 SchwbG; anders hingegen der **Vertrauensmann der Zivildienstleistenden**, der nach § 37 Abs. 5 des Zivildienstgesetzes nur an Sitzungen teilnehmen kann, in denen Angelegenheiten der Zivildienstleistenden behandelt werden) sowie das von der **Jugend- und Auszubildendenvertretung** entsandte Mitglied (§ 27 Abs. 1 Satz 1). Das Teilnahmerecht dieser Organe, die allerdings nicht eingeladen zu werden brauchen (vgl. oben Rz. 8, ist gesetzlich nicht beschränkt (so auch *D/R* § 29 Rz. 7; **a. A.** für die frühere Jugendvertretung *G/L* § 29 Rz. 5; GK-*Wiese* § 29 Rz. 15).

4. Leitung

11 Die Sitzungsleitung liegt in den Händen des **Vorsitzenden des Wahlvorstandes**, bis der Betriebsrat **aus seiner Mitte** einen Wahlleiter gewählt hat. Gewählt ist, wer die meisten Stimmen erhält; es genügt also die einfache Mehrheit (GK-*Wiese* § 29 Rz. 17; *F/A/K/H* § 29 Rz. 14). Der Vorsitzende des Wahlvorstandes kann zum Wahlleiter nur gewählt werden, wenn er, was zulässig ist (*BAG* vom 12. 10. 1976 –

Einberufung der Sitzungen § 29

1 ABR 1/76 – AP Nr. 1 zu § 8 BetrVG 1972 = EzA § 8 BetrVG 1972 Nr. 2 = DB 1977, 356; *D/K/K/S* § 29 Rz. 9), auch Betriebsratsmitglied ist. Dagegen kann das als Betriebsratsvorsitzender kandidierende Betriebsratsmitglied in jedem Fall zum Wahlleiter gewählt werden (GK-*Wiese* § 29 Rz. 17).
Nach seiner Wahl übernimmt der **Wahlleiter** die **weitere Leitung** der konstituierenden Sitzung des Betriebsrats. Er hat die Wahl des Betriebsratsvorsitzenden und seines Stellvertreters nach § 26 durchzuführen. Diese Wahl darf nicht mehr unter der Leitung des Vorsitzenden des Wahlvorstandes stattfinden. Geschieht es dennoch, ist die Wahl anfechtbar (*BAG* vom 28. 2. 1958 – 1 ABR 3/57 – AP Nr. 1 zu § 29 BetrVG 1952 m. Anm. *Küchenhoff* = DB 1958, 603; *F/A/K/H* § 29 Rz. 15; *D/K/K/S* a. a. O.). 12

Mit der Wahl des Betriebsratsvorsitzenden und seines Stellvertreters sowie der Annahme der Wahl durch den Gewählten ist die Aufgabe des Wahlleiters erfüllt. Das Amt des Wahlleiters erlischt (*G/L* § 29 Rz. 7; GK-*Wiese* § 29 Rz. 18; a. A. *F/A/K/H* § 29 Rz. 17, die bereits den stellvertretenden Vorsitzenden unter der Leitung des neugewählten Betriebsratsvorsitzenden wählen lassen, dabei aber dem engen sachlichen Zusammenhang der beiden Wahlen – vgl. § 26 Abs. 2 – nicht gerecht werden). Nach Durchführung der beiden Wahlen geht die **Leitung** der Sitzung auf den **Vorsitzenden des Betriebsrats** über. Hat der Betriebsrat mindestens neun Mitglieder, so schließt sich bei entsprechender Ankündigung oder, wenn alle Betriebsratsmitglieder einverstanden sind, die Wahl des **Betriebsausschusses** nach § 27 an (vgl. § 27 Rz. 19; *F/A/K/H* § 29 Rz. 18; *D/R* § 29 Rz. 11; a. A. *G/L* § 29 Rz. 8, die die Wahl des Betriebsausschusses nur zulassen, wenn die Betriebsratsmitglieder nicht widersprechen). 13

5. Erweiterung der Tagesordnung

Nach Abschluß der Konstituierung kann der Betriebsrat in derselben Sitzung auch über weitere Angelegenheiten beraten. **Beschlüsse** sind jedoch in der Regel **unzulässig**, weil die dafür nach Abs. 2 erforderliche ordnungsgemäße Einberufung zu einer weiteren Sitzung nicht vorliegt (*D/R* § 29 Rz. 11). Sind jedoch alle geladenen Betriebsratsmitglieder erschienen und mit der Beschlußfassung über einen Gegenstand einverstanden, kann auch ein Beschluß gefaßt werden. Allerdings müssen dann die Jugend- und Auszubildendenvertretung sowie die Schwerbehindertenvertretung anwesend sein (*F/A/K/H* § 29 Rz. 18; GK-*Wiese* § 29 Rz. 19; vgl. auch unten Rz. 37 mit Hinweis auf Rechtsprechung zu der entsprechenden Frage bei den weiteren Sitzungen). Nach anderer Auffassung im Fachschrifttum ist eine Erweiterung der Tagesordnung nur um die Wahl des Betriebsausschusses zulässig (*D/R* a. a. O.). Nach einer weiteren Auffassung sind durch bloßen Mehrheitsbeschluß auch weitere Ergänzungen der Tagesordnung zulässig (GK-*Wiese* und *G/L*, jeweils a. a. O.). 14

III. Weitere Sitzungen

Die **Willensbildung** des Betriebsrats vollzieht sich grundsätzlich in ordnungsgemäß einberufenen **Sitzungen**. Neben diesen förmlichen Sitzungen sind auch informelle Gespräche unter Betriebsratsmitgliedern sowie ferner Gespräche zwischen Be- 15

§ 29   *2. Teil 3. Abschn. Geschäftsführung des Betriebsrats*

triebsrat und Arbeitgeber – z. B. gem. § 74 Abs. 1 Satz 1 – möglich und als Betriebsratstätigkeit anzuerkennen, sofern sie für die Erfüllung der Aufgaben erforderlich sind (GK-*Wiese* § 29 Rz. 20). Für solche Gespräche ist eine förmliche Einberufung nach Abs. 2 nicht notwendig.

1. Einberufung

16 Nach Abs. 2 Satz 1 beruft der Betriebsratsvorsitzende – bei Verhinderung sein Stellvertreter – die weiteren Sitzungen ein. **Andere Betriebsratsmitglieder** können den Betriebsrat nicht einberufen (*D/R* § 29 Rz. 12; *G/L* § 29 Rz. 10; *F/A/K/H* § 29 Rz. 19; auch *D/K/K/S* § 29 Rz. 12, die eine solche Einberufung allerdings dann für zulässig halten, wenn der Vorsitzende wie auch sein Stellvertreter verhindert sind (vgl. zu diesem Fall aber oben § 26 Rz. 60). Sie können sich auch **nicht** mit der **Mehrheit der Mitglieder selbst versammeln**. Beschlüsse, die in einer solchen Zusammenkunft gefaßt würden, wären nichtig (*D/R* a. a. O.; *G/L* § 29 Rz. 17; GK-*Wiese* § 29 Rz. 22).

17 Ohne Einberufung kann eine Betriebsratssitzung indessen dann zustandekommen, wenn **sämtliche Mitglieder** des Betriebsrats – ggf. auch Ersatzmitglieder für verhinderte Mitglieder – sich versammeln und **einstimmig erklären**, eine Betriebsratssitzung mit einer bestimmten Tagesordnung abhalten zu wollen (*LAG Saarbrücken* vom 11. 11. 1964 – Sa 141/63 – AP Nr. 2 zu § 29 BetrVG 1952 m. Anm. *Neumann-Duesberg* = DB 1965, 148; *LAG Hamm* vom 9. 7. 1975 – 2 Sa 612/75 – DB 1975, 1851; GK-*Wiese* § 29 Rz. 22; *D/R* § 29 Rz. 12; *F/A/K/H* § 29 Rz. 36; *S/W* § 29 Rz. 6; *D/K/K/S* § 29 Rz. 12; vgl. dazu aber zur konstituierenden Sitzung oben Rz. 7). Eine solche spontane Versammlung kann z. B. notwendig werden, wenn sowohl der Vorsitzende wie sein Stellvertreter für längere Zeit verhindert sind (vgl. auch oben § 26 Rz. 58).

18 Den **Zeitpunkt** der Betriebsratssitzung bestimmt der Vorsitzende nach den sachlichen Bedürfnissen aufgrund pflichtgemäßen Ermessens (*D/R* § 29 Rz. 13; GK-*Wiese* § 29 Rz. 21; *D/K/K/S* § 29 Rz. 13). Auch hat er nicht nur eine etwaige Geschäftsordnung nach § 36, sondern gem. § 30 Abs. 2 auch die betrieblichen Notwendigkeiten zu beachten.

19 Nur der Vorsitzende und – bei dessen Verhinderung – der Stellvertreter können eine Einberufung auch wieder **rückgängig machen**.

2. Antrag auf Einberufung

20 Der Betriebsratsvorsitzende hat nach Abs. 3 zu einer Sitzung einzuladen, wenn
   a) ein Viertel der Mitglieder des Betriebsrats,
   b) der Arbeitgeber oder
   c) die Mehrheit der Vertreter einer Gruppe, die durch mindestens zwei Mitglieder im Betriebsrat vertreten ist,
   dies beantragen. Der **Antrag**, für den keine bestimmte Form vorgeschrieben ist, der also auch mündlich gestellt werden kann, ist an den Vorsitzenden des Betriebsrats zu richten. Der Antrag muß angeben, über welche Fragen verhandelt werden soll (*D/R* § 29 Rz. 16; GK-*Wiese* § 29 Rz. 24; *D/K/K/S* § 29 Rz. 24).

21 **Andere Personen** haben nicht das Recht, die Einberufung des Betriebsrats zu

einer Sitzung zu verlangen. Weder der Belegschaft noch einer Gruppe von Arbeitnehmern, noch einer im Betrieb vertretenen Gewerkschaft steht dies zu. Sie können allenfalls die Einberufung einer Sitzung anregen (*D/R* § 29 Rz. 15; *F/A/K/H* § 29 Rz. 24; *GK-Wiese* § 29 Rz. 23; *D/K/K/S* § 29 Rz. 26). Dies gilt auch für die Jugend- und Auszubildendenvertretung; sie hat allerdings gem. § 67 Abs. 3 die Befugnis, Angelegenheiten, die besonders die jugendlichen Arbeitnehmer oder die Auszubildenden betreffen und über die sie bereits beraten hat, auf die Tagesordnung der nächsten Betriebsratssitzung setzen zu lassen (*D/K/K/S* a. a. O.); nach § 25 Abs. 4 SchwbG steht ein dementsprechendes Recht auch der Schwerbehindertenvertretung zu.

Der Vorsitzende muß einem **Antrag** auf Einberufung einer Betriebsratssitzung **stattgeben**. Er kann und muß den Antrag ablehnen, wenn der zur Erörterung gestellte Punkt nicht zum Aufgabengebereich des Betriebsrats gehört (*GK-Wiese* § 29 Rz. 24; *D/R* § 29 Rz. 16; *D/K/K/S* § 29 Rz. 27). Es kommt nicht darauf an, ob der Betriebsratsvorsitzende die zur Erörterung gestellte Frage für wichtig hält. Die Antragsberechtigten können auch verlangen, daß der von ihnen bezeichnete Gegenstand nachträglich auf die Tagesordnung einer bereits anberaumten Sitzung gesetzt wird (*D/R* § 29 Rz. 17; *F/A/K/H* § 29 Rz. 23a; *GK-Wiese* § 29 Rz. 26; *G/L* § 26 Rz. 12). Der Vorsitzende muß diesem Antrag ebenfalls entsprechen. Ist die Ergänzung der Tagesordnung nicht mehr möglich, etwa weil Betriebsratsmitglieder sich nicht mehr ausreichend auf die Beratung einstellen können, so muß der Vorsitzende eine neue Betriebsratssitzung einberufen (*F/A/K/H* a. a. O.). 22

Kommt der Vorsitzende seiner Verpflichtung zur Einberaumung einer Betriebsratssitzung nicht nach, so handelt er **pflichtwidrig**; er kann deshalb als Betriebsratsvorsitzender abgewählt werden; in Betracht kommt darüber hinaus eine Abberufung durch das Arbeitsgericht nach § 23 (*D/R* § 29 Rz. 18; *F/A/K/H* § 29 Rz. 26; *GK-Wiese* § 29 Rz. 27; vgl. auch *D/K/K/S* a. a. O.). Die Antragsteller selbst können die Sitzung jedoch nicht einberufen (*G/L* § 29 Rz. 13; *D/R*, *D/K/K/S* und GK-*Wiese*, jeweils a. a. O.). 23

Pflichtwidrig handelt der Betriebsratsvorsitzende auch, wenn er bei Anberaumung der Sitzung den beantragten Gegenstand nicht auf die **Tagesordnung** setzt (*F/A/K/H* § 29 Rz. 27; *D/K/K/S* a. a. O.; zur Behandlung eines Gegenstandes ohne Ankündigung vgl. unten Rz. 38). 24

3. Ladung

Die Einberufung des Betriebsrates geschieht durch Ladung **aller Betriebsratsmitglieder und der weiteren im Gesetz genannten Personen und Gremien** (über die rechtliche Bedeutung der Ladung für die Wirksamkeit der Betriebsratsbeschlüsse vgl. § 33 Rz. 12). Satz 2 schreibt keine **Ladungsfrist** vor; doch muß so früh geladen werden, daß die Teilnehmer sich auf die Sitzung ausreichend vorbereiten (z. B. Informationen einholen, Unterlagen prüfen) können (*D/R* § 29 Rz. 28; *F/A/K/H* § 29 Rz. 35; *G/L* § 29 Rz. 17; *GK-Wiese* § 29 Rz. 31; *D/K/K/S* § 29 Rz. 14), auch so früh, daß bei Verhinderung von Betriebsratsmitgliedern noch Ersatzmitglieder geladen werden können (GK-*Wiese* a. a. O.). In unaufschiebbaren Eilfällen kann auch ganz kurzfristig geladen werden (*D/R*, *D/K/K/S* und *F/A/K/H*, jeweils a. a. O.). 25

Eine bestimmte Form der Ladung ist nicht vorgeschrieben (*BAG* vom 8. 2. 1977 – 26

§ 29   2. Teil 3. Abschn. *Geschäftsführung des Betriebsrats*

1 ABR 82/74 – EzA § 70 BetrVG 1972 Nr. 1 = DB 1977, 914 = DB 1978, 395 m. Anm. *Eich*; *F/A/K/H*, *D/K/K/S* und *G/L*, jeweils a.a.O.; GK-*Wiese* § 29 Rz. 29), in Eilfällen auch nicht möglich. In der Regel ist aber die Schriftform sehr zu empfehlen.

27 Die Einhaltung einer bestimmten Ladungsfrist und das Erfordernis der schriftlichen Ladung können – und sollten für den Regelfall auch – in der **Geschäftsordnung** verbindlich festgelegt werden (*G/L* a.a.O.; GK-*Wiese* § 29 Rz. 30). Sieht die Geschäftsordnung bereits Termine vor oder ist in einer vorangegangenen Sitzung ein Termin festgelegt worden, so ist zwar eine Ladung nur noch erforderlich, soweit verhinderte Mitglieder des Betriebsrats und der Jugend- und Auszubildendenvertretung durch Ersatzmitglieder vertreten werden müssen (GK-*Wiese* § 29 Rz. 32; *G/L* § 29 Rz. 18). Soweit eine Ladung nicht mehr erforderlich ist, bedarf es aber der Mitteilung der Tagesordnung, wenn sie nicht in einer vorangegangenen Sitzung beschlossen worden ist (*G/L* a.a.O.; *F/A/K/H* § 29 Rz. 28; GK-*Wiese* § 29 Rz. 33; vgl. auch unten Rz. 39).

28 Nach Abs. 2 Satz 3 hat der Betriebsratsvorsitzende außer den Mitgliedern des Betriebsrats die **Jugend- und Auszubildendenvertretung** und den Vertrauensmann der Zivildienstleistenden, soweit ihnen ein Recht auf Teilnahme an der Betriebsratssitzung zusteht (§ 67 Abs. 1 BetrVG sowie § 37 Abs. 5 des Zivildienstgesetzes), und die **Schwerbehindertenvertretung** (vgl. § 32) zu laden.

29 Die Jugend- und Auszubildendenvertretung kann nach § 67 zu **allen Betriebsratssitzungen einen Vertreter entsenden**. Die **gesamte Vertretung** hat ein Teilnahmerecht hinsichtlich der entsprechenden Tagesordnungspunkte, wenn in der Betriebsratssitzung Angelegenheiten behandelt werden, die besonders jugendliche Arbeitnehmer oder die Auszubildenden betreffen. Deshalb ist die Jugend- und Auszubildendenvertretung zu allen Sitzungen des Betriebsrats zu laden. Dies geschieht gem. § 65 Abs. 1 i.V.m. § 26 Abs. 3 über den Vorsitzenden der Jugend- und Auszubildendenvertretung, der ggf. das zu entsendende Mitglied zu benachrichtigen hat (*G/L* § 29 Rz. 19; **a.A.** GK-*Wiese* § 29 Rz. 37 und *F/A/K/H* § 29 Rz. 31: für Ladung des allgemein oder für eine bestimmte Sitzung dem Betriebsrat vorab benannten Mitglieds der Vertretung). Zu einer Sitzung oder einem Teil der Sitzung über solche Angelegenheiten, die besonders die jugendlichen Arbeitnehmer oder die Auszubildenden betreffen, sind alle Mitglieder der Jugend- und Auszubildendenvertretung, bei Verhinderung nach Abs. 2 letzter Satz auch die entsprechenden Ersatzmitglieder persönlich zu laden (*G/L* § 29 Rz. 20; *F/A/K/H* § 29 Rz. 33; GK-*Wiese* a.a.O.).

30 Da die Mitglieder der Jugend- und Auszubildendenvertretung im Betriebsrat bei solchen Beschlüssen, die überwiegend die jugendlichen Arbeitnehmer oder die Auszubildenden betreffen, **Stimmrecht** haben (§ 67 Abs. 2), sind diese Beschlüsse nicht ordnungsgemäß zustandegekommen, wenn die Jugend- und Auszubildendenvertretung nicht nach den Vorschriften des Gesetzes geladen worden ist (vgl. Erläuterungen zu § 33).

31 Der **Vertrauensmann der Zivildienstleistenden** hat zwar nach § 37 Abs. 5 des Zivildienstgesetzes ein Teilnahmerecht, wenn Angelegenheiten behandelt werden, die die Zivildienstleistenden betreffen. Er muß deshalb aufgrund einer entsprechenden Anwendung von Abs. 2 Satz 4 bei Vorliegen der Voraussetzungen für ein Teilnahmerecht geladen werden (so auch *F/A/K/H* a.a.O.; GK-*Wiese* § 29 Rz. 41; *G/L* § 29 Rz. 20; *D/K/K/S* § 29 Rz. 19).

32 Anstelle eines verhinderten Mitglieds ist das in den Betriebsrat nachrückende **Er-**

Einberufung der Sitzungen § 29

satzmitglied zu laden. Kann ein geladenes Mitglied an der Sitzung nicht teilnehmen, so soll es dies nach Abs. 2 Satz 3 dem Vorsitzenden unverzüglich mitteilen, damit noch rechtzeitig ein Ersatzmitglied geladen werden kann. Dabei sind die Gründe der Verhinderung mitzuteilen, um dem Vorsitzenden die Nachprüfung zu ermöglichen, ob eine Stellvertretung erforderlich ist. Liegt kein zwingender Grund vor, so darf der Betriebsratsvorsitzende das Ersatzmitglied nicht laden, weil es eine gewillkürte Stellvertretung nicht gibt (*D/R* § 29 Rz. 24; GK-*Wiese* § 29 Rz. 39).

Das gleiche gilt für die Mitglieder der **Jugend- und Auszubildendenvertretung**, 33 soweit sie ein Teilnahmerecht haben. Hingegen hat der Betriebsratsvorsitzende bei Verhinderung des Vertrauensmanns oder der Vertrauensfrau der Schwerbehinderten nicht den Stellvertreter (§ 24 Abs. 1 Satz 1 SchwbG) zu laden, sondern nur die **Schwerbehindertenvertretung** (vgl. den Wortlaut von Abs. 2 Satz 2; a. A. *F/A/K/H* und *G/L*, jeweils a. a. O.; für den Fall, daß die Schwerbehindertenvertretung auf eine Verhinderung des ordentlichen Mitglieds hingewiesen und einen Stellverteter benannt hat, auch GK-*Wiese* § 29 Rz. 41). Entsprechendes gilt für den Vertrauensmann der Zivildienstleistenden (vgl. GK-*Wiese* a. a. O.).

Auch der **Arbeitgeber** ist zu laden, wenn es sich um eine auf sein Verlangen nach 34 Abs. 4 anberaumte Sitzung handelt, der Betriebsrat seine Einladung beschlossen hat oder wenn der Vorsitzende des Betriebsrats eine Einladung des Arbeitgebers für erforderlich hält (*G/L* und *D/K/K/S*, jeweils a. a. O.; GK-*Wiese* § 29 Rz. 42). Dabei ist auch die Tagesordnung mitzuteilen (*D/R* § 29 Rz. 26); die Mitteilung kann auch auf einzelne Punkte beschränkt sein (GK-*Wiese* a. a. O.).

Ist eine **Gewerkschaft** nicht nur im Betrieb, sondern auch im Betriebsrat vertreten, 35 so hat sie unter den in § 31 bestimmten Voraussetzungen ein Recht auf beratende Teilnahme an der Betriebsratssitzung. In diesem Fall sind der Gewerkschaft der Zeitpunkt der Sitzung und die Tagesordnung rechtzeitig mitzuteilen; auch hier ist eine Beschränkung auf einzelne Punkte der Tagesordnung möglich (GK-*Wiese* § 29 Rz. 43). Eine ausdrückliche Ladung braucht aber nicht zu erfolgen (a. A. GK-*Wiese* und *D/K/K/S*, jeweils a. a. O.; *F/A/K/H* § 29 Rz. 34, die eine Einladung des Beauftragten der Gewerkschaft für erforderlich halten).

Einzuladen ist auch der **Sprecherausschuß für leitende Angestellte** oder einzelne 36 seiner Mitglieder, sofern der Betriebsrat gem. § 2 Abs. 2 Satz 2 SprAuG einen entsprechenden Beschluß gefaßt hat (*F/A/K/H* § 29 Rz. 33a).

4. Tagesordnung

Die Ladung hat nach Abs. 2 Satz 2 unter Mitteilung der Tagesordnung zu erfolgen 37 (zu den rechtlichen Auswirkungen des Unterbleibens der Mitteilung vgl. unten § 3 Rz. 11). Sie muß also **mit der Ladung verbunden** sein, kann aber nachträglich vom Betriebsratsvorsitzenden geändert oder ergänzt werden, solange den geladenen Mitgliedern noch ausreichend Zeit zur Vorbereitung bleibt. Danach sind Änderungen und Ergänzungen nur zulässig, wenn alle Mitglieder einschließlich der für verhinderte Mitglieder einzuladenden Ersatzmitglieder versammelt sind und ein entsprechender Antrag die Zustimmung aller erschienenen Mitglieder findet (*BAG* vom 28. 4. 1988 – 6 AZR 405/86 – EzA § 29 BetrVG 1972 Nr. 1; *LAG Schleswig-Holstein* vom 28. 9. 1989 – 4 Sa 339/89 – NZA 1990, 288 = DB 1988, 2259; *D/R* § 29 Rz. 31; *G/L* § 29 Rz. 16; *S/W* § 29 Rz. 8; a. A. *F/A*

§ 29   *2. Teil 3. Abschn. Geschäftsführung des Betriebsrats*

K/H § 29 Rz. 38; *D/K/K/S* § 29 Rz. 16 und GK-*Wiese* § 29 Rz. 47, die schon die einfache Mehrheit der Mitglieder des Betriebsrats als ausreichend ansehen, auf diese Weise aber die überstimmten Betriebsratsmitglieder in eine Situation geraten lassen, in der sie ohne ausreichende Vorbereitung entscheiden müssen).

38 **Ohne rechtzeitige Ankündigung** kann über Sachpunkte, die sich keineswegs, wie teilweise vertreten wird (vgl. *F/A/K/H* § 29 Rz. 38), dem üblicherweise abschließenden Punkt »Verschiedenes« zuordnen lassen, ein wirksamer Beschluß nicht gefaßt werden (vgl. dazu auch *D/K/K/S* § 29 Rz. 17).

39 Der Mitteilung der Tagesordnung bedarf es auch dann, **wenn eine Ladung entbehrlich** ist, soweit der Termin der Sitzung den Teilnehmern nämlich aufgrund eines Betriebsratsbeschlusses oder – bei turnusmäßiger Betriebsratssitzung – aus der Geschäftsordnung nach § 36 bekannt ist (GK-*Wiese* § 29 Rz. 32; *D/R* § 29 Rz. 39; *F/A/K/H* § 29 Rz. 28; *G/L* § 29 Rz. 18; vgl. auch oben Rz. 27). Die Mitteilung erübrigt sich indessen, wenn die Tagesordnung in der vorangegangenen Sitzung beschlossen worden ist. In dieser Sitzung verhinderte Betriebsratsmitglieder können dann die Tagesordnung der Niederschrift nach § 34 entnehmen (GK-*Wiese* § 29 Rz. 33; *F/A/K/H* a.a.O.; **a.A.** *G/L* § 29 Rz. 18: für Notwendigkeit der Mitteilung der Tagesordnung an die in der letzten Sitzung fehlenden Betriebsratsmitglieder).

40 Die Tagesordnung wird vom **Vorsitzenden des Betriebsrats** festgelegt. Er hat diese Entscheidung nach pflichtgemäßem Ermessen unter Berücksichtigung der anstehenden Probleme zu treffen (*D/R* § 29 Rz. 27; GK-*Wiese* § 29 Rz. 43). Er hat die Tagesordnung so genau wie möglich zu fassen, damit die Sitzungsteilnehmer sich ein Bild darüber machen können, welche Fragen zur Beratung anstehen (*D/R* § 29 Rz. 26; GK-*Wiese* § 29 Rz. 45; *D/K/K/S* a.a.O.). Unter bestimmten Voraussetzungen ist der Vorsitzende verpfichtet, die Tagesordnung zu ergänzen (vgl. oben Rz. 22).

5. Teilnahme

41 Der **Arbeitgeber** hat grundsätzlich nicht das Recht, an Betriebsratssitzungen teilzunehmen. Ein solches Recht ergibt sich auch nicht aus § 74 Abs. 1, weil diese Bestimmung sich nicht auf die internen Sitzungen des Betriebsrats bezieht (GK-*Wiese* § 29 Rz. 54; *F/A/K/H* § 29 Rz. 42; *D/K/K/S* § 29 Rz. 28). Der Arbeitgeber hat jedoch nach Abs. 4 ein Teilnahmerecht bei solchen Sitzungen, die auf sein Verlangen einberufen worden sind. Es bezieht sich, wie aus dem Wortlaut des Satzes 1 dieser Bestimmung hervorgeht, auf die **ganze Sitzung** (a.A. *D/R* § 29 Rz. 38; *F/A/K/H* a.a.O.; *D/K/K/S* § 29 Rz. 29). Hat der Arbeitgeber aber nur eine Ergänzung der Tagesordnung beantragt, so hat er nur während der Beratungen dieses Punktes ein Teilnahmerecht (*D/R* a.a.O.; GK-*Wiese* § 29 Rz. 55). Wird der Arbeitgeber vom Betriebsratsvorsitzenden eingeladen, so kann er nach dem Wortlaut des Gesetzes auch an der ganzen Sitzung teilnehmen (so auch *G/L* § 29 Rz. 29; **a.A.**, nämlich für Beschränkbarkeit auf einzelne Punkte der Tagesordnung: GK-*Wiese* und *F/A/K/H*, jeweils a.a.O.; *D/K/K/S* a.a.O.).

42 Da das Gesetz in den genannten Fällen bestimmt, daß der Arbeitgeber teilnimmt – nicht nur teilnehmen kann –, besteht mit dem Teilnahmerecht zugleich eine **Teilnahmepflicht**. Auch sonst, wenn das Gesetz, statt eine Rechtsfolge anzuordnen, eine beschreibende Formulierung wählt, drückt es damit anerkanntermaßen

eine Verpflichtung aus (vgl. z.B. § 26 Abs. 1, § 27 Abs. 1 Satz 1, § 30 Satz 1, § 37 Abs. 1). Ein anderes Verständnis von Abs. 4 Satz 1 wäre auch mit dem Gebot zur vertrauensvollen Zusammenarbeit nicht zu vereinbaren (im Ergebnis ebenso *D/R* § 29 Rz. 40; *F/A/K/H* § 29 Rz. 43; GK-*Wiese* § 29 Rz. 59; *D/K/K/S* § 29 Rz. 31; einschränkend: *S/W* § 29 Rz. 11 sowie die Vorauflage; unklar *G/L* § 29 Rz. 26). Der Arbeitgeber kann sich allerdings in der Betriebsratssitzung vertreten lassen (so auch *F/A/K/H* a.a.O.; vgl. unten Rz. 44).

Soweit eine Teilnahmepflicht des Arbeitgebers besteht, kann sie auch nötigenfalls **43** **gerichtlich** im Beschlußverfahren **durchgesetzt** werden (vgl. dazu *BAG* vom 17.5. 1983 – 1 ABR 21/80 – EzA § 80 BetrVG 1972 Nr. 25 = DB 1983, 1986; **a.A.**, nämlich nur unter den Voraussetzungen des § 23 Abs. 3: *F/A/K/H* § 29 Rz. 44; *G/L* § 29 Rz. 27; GK-*Wiese* a.a.O. – in kaum auflösbarem Widerspruch zu § 23 Rz. 113 – sowie die Vorauflage). In krassen Ausnahmefällen kann eine Bestrafung nach § 119 Abs. 1 Nr. 2 wegen vorsätzlicher Störung oder Behinderung der Tätigkeit des Betriebsrats in Betracht kommen (*G/L* § 29 Rz. 28; *F/A/K/H*, *D/K/K/S* und GK-*Wiese*, jeweils a.a.O.).

Bei **juristischen Personen oder Personengesamtheiten** steht das Teilnahmerecht **44** den nach Gesetz, Satzung oder Gesellschaftsvertrag zur Vertretung berechtigten Personen zu. Der Arbeitgeber kann sich auch durch eine von ihm beauftragte geeignete Führungskraft, in der Regel durch einen leitenden Angestellten oder ein Mitglied der Betriebsleitung, vertreten lassen (*BAG* vom 11.12.1991 – 7 ABR 16/91 – EzA § 164 BGB Nr. 2; *G/L* § 29 Rz. 26; *D/R* § 29 Rz. 43; GK-*Wiese* § 29 Rz. 56; *F/A/K/H* § 29 Rz. 45; *D/K/K/S* a.a.O.). Läßt sich der Arbeitgeber vertreten, so hat sein Vertreter die gleichen Rechte wie er selbst (*G/L* § 29 Rz. 30).

Der Arbeitgeber kann außerdem zu seiner Unterstützung **Sachbearbeiter** mit in **45** die Sitzung bringen, soweit die Sachkunde dieser Personen für die anstehenden Tagesordnungspunkte benötigt wird. Dabei muß es sich aber um Betriebsangehörige handeln (*D/R* und *F/A/K/H*, jeweils a.a.O.; GK-*Wiese* § 29 Rz. 57; *D/K/K/S* § 29 Rz. 33). Die Hinzuziehung von betriebsfremden Personen, z.B. eines Rechtsanwalts, ist unzulässig, selbst dann, wenn der Betriebsrat der Teilnahme solcher Personen zustimmt, da die Sitzung nicht öffentlich ist (vgl. dazu unten § 30 Rz. 18ff.; **a.A.** aber *F/A/K/H*, *D/K/K/S* und *D/R*, jeweils a.a.O.; GK-*Wiese* § 29 Rz. 56).

Der Arbeitgeber hat in der Sitzung des Betriebsrats **kein Stimmrecht**. Ihm kann **46** auch nicht die **Sitzungsleitung** übertragen werden (*D/R* § 29 Rz. 42; *F/A/K/H* § 29 Rz. 46f.; GK-*Wiese* § 29 Rz. 58; *D/K/K/S* § 29 Rz. 32). Er kann aber das Wort verlangen und seine Meinung zu bestimmten Punkten der Beratung äußern (allgemeine Meinung; vgl. *F/A/K/H* § 29 Rz. 46; *G/L* § 29 Rz. 29; *D/K/K/S* a.a.O.). Selbstverständlich kann er dabei versuchen, auf die Willensbildung im Betriebsrat Einfluß zu gewinnen (so auch GK-*Wiese* a.a.O.; *D/R* § 29 Rz. 41). Wenn dies mit dem Hinweis bestritten wird, der Arbeitgeber habe nach dem Gesetz keine »beratende Stimme« (so *F/A/K/H* a.a.O.), so ist eine sachliche Unterscheidung zwischen der Ausübung einer »beratenden Stimme« und der Äußerung einer Meinung unmöglich und deshalb auch nicht anzuerkennen (so auch GK-*Wiese*, *G/L* und *D/R*, jeweils a.a.O.

Der Betriebsrat ist nicht verpflichtet, **in Anwesenheit des Arbeitgebers** einen **Be- 47 schluß** zu fassen, auch wenn die Angelegenheit, in der beschlossen werden soll, auf dessen Verlangen beraten wird. Der Betriebsrat kann die Angelegenheit auf eine Sitzung vertagen, die unter Ausschluß des Arbeitgebers stattfindet (*D/R* und

GK-*Wiese*, jeweils a.a.O.). Da der Arbeitgeber in den Fällen des Abs. 4 an der ganzen Sitzung teilnehmen kann (vgl. oben unter Rz. 41, kann der Betriebsrat vom Arbeitgeber nicht verlangen, während der Beschlußfassung die Sitzung zu verlassen (**a.A.** aber *D/R* und *F/A/K/H*, jeweils a.a.O.; wohl auch *D/K/K/S* a.a.O.).

48 Der Arbeitgeber kann nach Abs. 4 Satz 2 auch einen **Beauftragten des Arbeitgeberverbandes hinzuziehen, dem er angehört. Die Zustimmung des Betriebsrats ist dafür nicht erforderlich.** Die Teilnahme des Beauftragten des Arbeitgeberverbandes setzt aber voraus, daß auch der Arbeitgeber oder sein Vertreter selbst an der **Sitzung teilnimmt.** Eine Entsendung des Beauftragten eines Arbeitgeberverbandes in Vertretung des Arbeitgebers ist unzulässig (*G/L* § 29 Rz. 31; *F/A/K/H* § 29 Rz. 49; GK-*Wiese* § 29 Rz. 61; *D/R* § 29 Rz. 44; *D/K/K/S* § 29 Rz. 35).

49 Der Vertreter des Arbeitgeberverbandes braucht nicht vom Betriebsratsvorsitzenden eingeladen zu werden. Jedoch sollte der Vorsitzende vom Arbeitgeber über die Teilnahme unterrichtet werden (*F/A/K/H* § 29 Rz. 49; GK-*Wiese* § 29 Rz. 62).

50 Wird ein Vertreter des Arbeitgeberverbandes vom Arbeitgeber oder dessen Vertreter zu einer Sitzung hinzugezogen, dann hat er auch das Recht, seine **Meinung** in gleicher Weise wie der Arbeitgeber selbst **zu äußern** (*G/L* a.a.O.; *D/R* § 29 Rz. 45; GK-*Wiese* § 29 Rz. 64; zur gleichlautenden Bestimmung über die Betriebsversammlung nach *BAG* vom 19. 5. 1978 – 6 ABR 41/75 – EzA § 46 BetrVG 1972 Nr. 2 = DB 1978, 2032, das die Frage offengelassen, aber das Recht des teilnehmenden Arbeitgebers bejaht hat, vom Versammlungsleiter die Worterteilung an den Beauftragten zu verlangen; ebenso *LAG Frankfurt* vom 14. 1. 1975 – 5 Ta BV 47/74 – BB 1975, 1635; GK-*Wiese* a.a.O.; **a.A.** *F/A/K/H* § 29 Rz. 51, die nur eine Beratung des Arbeitgebers durch den Verbandsvertreter zulassen wollen; vgl. auch *D/K/K/S* a.a.O.). Die im Gesetz ausdrücklich vorgesehene Teilnahmemöglichkeit eines Vertreters des Arbeitgeberverbandes ist nur sinnvoll, wenn er auch in der Sitzung das Wort ergreifen kann.

51 Läßt der Betriebsrat einen Vertreter des Arbeitgeberverbandes dem der Arbeitgeber angehört, nicht zu, so handelt er pflichtwidrig. Der Arbeitgeber kann dann die Teilnahme an der Sitzung aber nicht verweigern (GK-*Wiese* § 29 Rz. 63; **a.A.** *F/A/K/H* § 29 Rz. 50 und die Vorauflage). Ein solches Recht ist aus dem Gesetz nicht zu begründen (zur Teilnahmepflicht vgl. oben Rz. 42); ggfs. kann er das Verfahren nach § 23 betreiben und den Betriebsrat auflösen lassen (*F/A/K/H* a.a.O.). Die Wirksamkeit der in der Sitzung vom Betriebsrat gefaßten Beschlüsse, die sich nach § 33 richtet, wird durch die Nichtzulassung des Beauftragten des Arbeitgeberverbandes nicht berührt (GK-*Wiese* und *F/A/K/H*, jeweils a.a.O.; **a.A.** *Kammann/Hess/Schlochauer* § 29 Rz. 36).

52 Der Vertreter des Arbeitgeberverbandes hat nach § 79 Abs. 2 über **Betriebs- und Geschäftsgeheimnisse**, die ihm in der Betriebsratssitzung bekanntgeworden und vom Arbeitgeber ausdrücklich als geheimzuhalten bezeichnet worden sind, Stillschweigen zu bewahren (*F/A/K/H* § 29 Rz. 52; *D/K/K/S* a.a.O.).

53 Abs. 4 betrifft nur die **Sitzungen** des Betriebsrats, nicht jedoch sonstige Besprechungen des Arbeitgebers mit der Gesamtheit der Mitglieder oder mit einzelnen Mitgliedern des Betriebsrats. Besonders die Besprechungen nach § 74 Abs. 1 finden nicht notwendigerweise in Betriebsratssitzungen statt, können allerdings mit solchen verbunden werden (*F/A/K/H* § 29 Rz. 48).

54 Das Teilnahmerecht von Gewerkschaftsbeauftragten richtet sich nach § 31, das

Einberufung der Sitzungen § 29

der Schwerbehindertenvertretung nach § 32 und das der Jugend- und Auszubildendenvertretung nach § 67 (vgl. Erläuterungen dort).

6. Leitung

Nach Abs. 2 Satz 2 leitet der Vorsitzende des Betriebsrats die Sitzung. Dazu gehö- 55
ren die Eröffnung und Beendigung, die Worterteilung und Wortentziehung, Ansetzung und Durchführung von Abstimmungen, Feststellung von Abstimmungsergebnissen (*D/R* § 29 Rz. 35). Der Arbeitgeber ist nicht berechtigt, in die Leitung der Sitzung einzugreifen, auch wenn in ihr vom Gesetz abgewichen wird (*D/K/ K/S* § 29 Rz. 32). Der Betriebsratsvorsitzende hat während der Sitzung das **Hausrecht** im Sitzungsraum (*F/A/K/H* § 29 Rz. 39; *G/L* § 29 Rz. 24). Im Rahmen des Hausrechts kann der Betriebsratsvorsitzende Ordnungsrufe erteilen, er kann bei Störung der Ordnung Teilnehmer auch von der Sitzung **ausschließen**, wenn die Störung so erheblich ist, daß auf andere Weise ein ordnungsgemäßer Sitzungsablauf nicht gewährleistet ist (*D/R* § 29 Rz. 36; GK-*Wiese* § 29 Rz. 53; a.A. *F/A/ K/H* § 29 Rz. 40; *Hässler* § 27). Zum Teil wird der Ausschluß nur dann für zulässig erachtet, wenn die Geschäftsordnung dies vorsieht (*G/L* a.a.O.). Der Betriebsrat kann in schweren Fällen auch die Bestrafung eines Störenfrieds nach § 119 Abs. 1 Nr. 2 (Störung der Tätigkeit des Betriebsrats) beantragen (*G/L* a.a.O.). Bei groben Verstößen kann der Betriebsrat auch den Ausschluß des Betriebsratsmitglieds nach § 23 beantragen (vgl. *F/A/K/H* a.a.O.).
Ist der Vorsitzende verhindert, an der Betriebsratssitzung teilzunehmen, so leitet 56
sein Stellvertreter die Sitzung. Ist auch der Vertreter nicht anwesend, so kann der Betriebsrat einen weiteren stellvertretenden Vorsitzenden aus seiner Mitte wählen (vgl. oben § 26 Rz. 59; für bloße Bestimmung eines Sitzungsleiters und Wahl eines weiteren Stellvertreters nur bei längerer Verhinderung des Vorsitzenden und seines Stellvertreters: *D/R* § 29 Rz. 34; *F/A/K/H* § 29 Rz. 39), weil die Sitzungen des Betriebsrats nach dem Gesetz nur durch den gem. § 26 gewählten Vorsitzenden oder den dementsprechend gewählten Stellvertreter geleitet werden können.
Die jährlich einmal vorgesehene **gemeinsame Sitzung des Betriebsrats und des** 57
Sprecherausschusses (vgl. § 2 Abs. 2 Satz 3 SprAuG) steht unter der Leitung beider Vorsitzender (*F/A/K/H* § 29 Rz. 40a, die auch eine davon abweichende Absprache der Vorsitzenden für zulässig halten).

IV. Anwendung auf die Ausschüsse des Betriebsrats

Die Vorschriften der Abs. 2–4 sind auf die Geschäftsführung der Ausschüsse sinn- 58
gemäß anzuwenden, soweit es sich nicht um die Einladung von Ersatzmitgliedern handelt (vgl. oben Rz. 32 und § 27 Rz. 18); denn die Ausschüsse treten hinsichtlich wesentlicher Teile ihres Aufgabengebietes an die Stelle des Betriebsrats; außerdem sind für die Ausschüsse keine besonderen gesetzlichen Vorschriften erlassen worden, die die Ordnungsmäßigkeit der Geschäftsführung sonst sicherstellen könnten (im Ergebnis ebenso für Abs. 2 und 3: *BAG* vom 18.11.1980 – 1 ABR 31/ 78 – EzA § 108 BetrVG 1972 Nr. 4 m. Anm. *Wohlgemuth* = DB 1981, 1240; für Abs. 2–4: GK-*Wiese* § 29 Rz. 2 und *F/A/K/H* § 29 Rz. 2; *D/K/K/S* § 29 Rz. 1 und

Glaubitz 447

§ 27 Rz. 26; ohne Beschränkungen D/R § 27 Rz. 38; **a.A.** G/L § 29 Rz. 2). Bei der sinngemäßen Anwendung des Abs. 2 auf die weiteren Ausschüsse des Betriebsrats tritt allerdings bei der jeweils ersten Sitzung nach der Errichtung des Ausschusses an die Stelle des Auschußvorsitzenden, der erst zu wählen ist, der Betriebsratsvorsitzende.

V. Streitigkeiten

59 Streitigkeiten über die Ordnungsmäßigkeit der Ladung und der Mitteilung der Tagesordnung, über den Vorsitz, die Stellung des Wahlvorstandes hinsichtlich der konstituierenden Sitzung, das Teilnahmerecht der Schwerbehindertenvertretung und der Jugend- und Auszubildendenvertretung, das Anwesenheitsrecht des Arbeitgebers und des Vertreters des Arbeitgeberverbandes entscheidet das Arbeitsgericht im Beschlußverfahren (§ 2a ArbGG).

§ 30 Betriebsratssitzungen

Die Sitzungen des Betriebsrats finden in der Regel während der Arbeitszeit statt. Der Betriebsrat hat bei der Ansetzung von Betriebsratssitzungen auf die betrieblichen Notwendigkeiten Rücksicht zu nehmen. Der Arbeitgeber ist vom Zeitpunkt der Sitzung vorher zu verständigen. Die Sitzungen des Betriebsrats sind nicht öffentlich.

Literaturübersicht

Vgl. die Literaturübersicht zu § 26.

Inhaltsübersicht

		Rz.
I.	Allgemeines	1, 2
II.	Zeitliche Lage	3–13
III.	Unterrichtung des Arbeitgebers	14–17
IV.	Nichtöffentlichkeit	18–30
V.	Anwendung auf die Ausschüsse des Betriebsrats	31
VI.	Streitigkeiten	32

I. Allgemeines

1 Die Bestimmung stellt eine zeitliche und organisatorische **Ordnung für die Betriebsratssitzungen** auf und entspricht inhaltlich dem § 30 BetrVG 1952. Sie gilt auch für den Gesamtbetriebsrat (§ 51 Abs. 1 Satz 1), den Konzernbetriebsrat (§ 59 Abs. 1), die Jugend- und Auszubildendenvertretung (§ 65 Abs. 1), die Gesamt-Jugend- und Auszubildendenvertretung (§ 73 Abs. 2) und auch für eine anderweitige Vertretung der Arbeitnehmer nach § 3 Abs. 1 Nr. 2, die nach § 3 Abs. 3 letzter

Betriebsratssitzungen § 30

Halbsatz an die Stelle des Betriebsrats tritt (vgl. auch *F/A/K/H* § 30 Rz. 2; wegen der Anwendung auf die Ausschüsse des Betriebsrats vgl. unten Rz. 31).
Die Vorschrift ist **zwingend**. Von ihr kann weder durch Tarifvertrag noch durch 2
Betriebsvereinbarung abgewichen werden. Auch der Vorsitzende des Betriebsrats ist an sie gebunden (GK-*Wiese* § 30 Rz. 2).

II. Zeitliche Lage

Die Sitzungen des Betriebsrats müssen nach Satz 1 in der Regel **während der** 3
Arbeitszeit stattfinden. Die Vorschrift beruht auf dem Grundsatz, von dem auch die Regelungen in § 37 Abs. 2 und 3 ausgehen, daß nämlich die Betriebsratstätigkeit möglichst innerhalb der Arbeitszeit liegen und so den Betriebsratsmitgliedern nicht mehr Freizeitaufwand als unvermeidbar abverlangen soll (vgl. *Bengelsdorf* NZA 1989, 905). Deshalb ist unter Arbeitszeit auch die **persönliche Arbeitszeit** zu verstehen, nicht die Zeit, in der im Betrieb gearbeitet wird (vgl. dazu unten § 37 Rz. 56 und § 44 Rz. 4).
Der Betriebsrat hat nach Satz 2, der sich vor allem an den nach § 29 für die Ein- 4
ladung zuständigen Betriebsratsvorsitzenden wendet (*F/A/K/H* § 30 Rz. 7; GK-*Wiese* § 30 Rz. 5), bei der Terminierung von Sitzungen auf die **betrieblichen Notwendigkeiten** Rücksicht zu nehmen. Der Betriebsrat bestimmt deshalb nach pflichtgemäßem Ermessen, wann er zusammentritt, wie häufig und wie lange er tagt; bei der Ausübung seines Ermessens muß er das Gebot zur vertrauensvollen Zusammenarbeit (§ 2 Abs. 1) einhalten (vgl. *BAG* vom 3. 6. 1969 – 1 ABR 1/69 – AP Nr. 11 zu § 37 BetrVG 1972 = EzA § 37 BetrVG 1952 Nr. 3 = DB 1969, 1705; vgl. auch *G/L* § 30 Rz. 5; GK-*Wiese* § 30 Rz. 5). Auch muß bei der Ansetzung von Betriebsratssitzungen auf den **Grundsatz der Erforderlichkeit** (*BAG* vom 24. 7. 1979 – 6 ABR 96/77 – EzA § 40 BetrVG 1972 Nr. 46 = DB 1980, 263) und auf eine **möglichst rationelle Geschäftsführung** (vgl. dazu *BAG* vom 1. 3. 1963 – 1 ABR 3/62 – AP Nr. 8 zu § 37 BetrVG 1952 m. Anm. *Neumann-Duesberg* = DB 1963, 869; vgl. auch unten § 37 Rz. 28) geachtet werden. Der Betriebsrat und sein Vorsitzender müssen somit bei der Terminierung von Sitzungen eine **doppelte Abwägung** nach der **sachlichen Erforderlichkeit** und nach den **betrieblichen Notwendigkeiten** vornehmen (so auch *BAG* vom 3. 6. 1969 a. a. O.; *S/W* § 30 Rz. 2). Dabei kann der Arbeitgeber aber nicht beanspruchen, daß Betriebsratssitzungen nur an bestimmten Terminen stattfinden dürfen (*ArbG Wesel* vom 12. 4. 1988 – 1 BV 4/88 – AuR 1989, 60; *S/W* § 30 Rz. 2; *D/K/K/S* § 30 Rz. 4).
Die betrieblichen Notwendigkeiten sind nicht mit betrieblichen Interessen oder 5
Bedürfnissen gleichzusetzen; sonst wäre die Regel des Satz 1 kaum je zu verwirklichen. Die betrieblichen Gründe müssen deshalb dringend sein, wenn sie dem Interesse des Betriebsrats an der Abhaltung seiner Sitzung zu dem vorgesehenen Zeitpunkt vorgehen sollen (GK-*Wiese* § 30 Rz. 6; *F/A/K/H* § 30 Rz. 7; *D/K/K/S* § 30 Rz. 6).
Betriebsratssitzungen, die erforderlich sind, dürfen somit nur **in Ausnahmefällen** 6
außerhalb der Arbeitszeit abgehalten werden. Ein solcher Ausnahmefall liegt z. B. dann vor, wenn die besonderen Verhältnisse des Betriebes eine Freistellung der Betriebsratsmitglieder von der Arbeit nicht zulassen, wenn etwa in kleinen Betrieben alle oder fast alle Betriebsratsmitglieder Arbeitsplätze innehaben, auf denen

§ 30   2. Teil 3. Abschn. Geschäftsführung des Betriebsrats

sie nur schwer entbehrt oder vertreten werden können (z. B. Maschinenwärter, Kranführer, Kassierer; vgl. dazu *F/A/K/H* § 30 Rz. 3 und 5; GK-*Wiese* § 30 Rz. 8; *D/K/K/S* § 30 Rz. 3). Dann kann es sogar geboten sein, die Sitzungen regelmäßig außerhalb der Arbeitszeit durchzuführen, es sei denn, daß organisatorische Änderungen, die dem Arbeitgeber zumutbar sind, die betrieblichen Notwendigkeiten für Sitzungen außerhalb der Arbeitszeit entfallen lassen würden (so auch GK-*Wiese* a. a. O.; *D/R* § 30 Rz. 4).

7 Zu Recht wird überwiegend die Auffassung vertreten, daß die Betriebsratssitzung **möglichst gegen Ende der Arbeitszeit** abgehalten werden muß, sofern nicht betriebliche Notwendigkeiten entgegenstehen (*G/L* § 30 Rz. 5; *D/R* § 30 Rz. 5; *S/W* § 30 Rz. 2; **a. A.** GK-*Wiese* § 30 Rz. 7; *F/A/K/H* § 30 Rz. 7; *D/K/K/S* § 30 Rz. 6; *Schaub* § 220 IV 5). Eine solche Terminierung liegt auch im Interesse des Betriebsrats. Er kann dann nämlich die Sitzung über die Arbeitszeit hinaus verlängern, wenn er bestimmte Probleme ohne jeden zeitlichen Druck und ohne Störungen durch den laufenden Betrieb erörtern möchte.

8 Sind bei **Schichtbetrieb** die Betriebsratsmitglieder in verschiedenen Schichten tätig, wird es sowohl den betrieblichen Notwendigkeiten wie den Bedürfnissen der Betriebsratsmitglieder in der Regel am besten gerecht, wenn die Sitzungszeit Ende und Beginn zweier aufeinanderfolgender Schichten umfaßt (vgl. dazu GK-*Wiese* a. a. O.; vgl. auch *D/K/K/S* § 30 Rz. 3).

9 Bei **Teilzeitbeschäftigung** einzelner Betriebsratsmitglieder müssen nach dem in Satz 1 normierten Grundsatz (vgl. oben Rz. 3) die Sitzungen so gelegt werden, daß sie für die größtmögliche Anzahl der teilzeitbeschäftigten Mitglieder in deren individuelle Arbeitszeit fallen (so auch *Bengelsdorf* NZA 1989, 905, 913; zu der entsprechenden Frage bei der Ansetzung der Betriebsversammlung nach § 44 Abs. 1 Satz 1 ebenso *BAG* vom 27. 11. 1987 – 7 AZR 29/87 – EzA § 44 BetrVG 1972 Nr. 8 = DB 1988, 810).

10 In gleicher Weise sind vollzeitbeschäftigte Betriebsratsmitglieder mit versetzt liegenden individuellen Arbeitszeiten zu berücksichtigen.

11 Es ist zweckmäßig, daß sich **Betriebsrat und Arbeitgeber** vorher über den Zeitpunkt der Sitzung oder über die Einführung eines festen Sitzungsturnus **abstimmen**. Absprachen mit dem Arbeitgeber haben indessen keine rechtsverbindliche Wirkung, da auch durch Vereinbarung weder vom Grundsatz der Erforderlichkeit noch von der Berücksichtigung der betrieblichen Notwendigkeiten entbunden werden kann (*F/A/K/H* § 30 Rz. 6; *D/K/K/S* § 30 Rz. 4; **a. A.** GK-*Wiese* § 30 Rz. 10; *D/R* § 30 Rz. 7; *G/L* § 30 Rz. 7; *Kammann/Hess/Schlochauer* § 30 Rz. 8, die im Ergebnis aber die Verbindlichkeit der Betriebsvereinbarung stark einschränken). Sie sind deshalb nur übereinstimmende Gesetzesinterpretation, von der abzuweichen bei unveränderter Sachlage ein Verstoß gegen das Gebot zur vertrauensvollen Zusammenarbeit wäre.

12 Berücksichtigt der Betriebsrat oder sein Vorsitzender bei der Anberaumung der Betriebsratssitzungen die betrieblichen Notwendigkeiten nicht, so kann der Arbeitgeber die Betriebsratssitzung zwar nicht eigenmächtig unterbinden (*D/R* § 30 Rz. 9), wohl aber u. U. durch **einstweilige Verfügung** die Durchführung der Sitzung unterbinden lassen (*D/R* a. a. O.; GK-*Wiese* § 30 Rz. 14; *G/L* § 30 Rz. 6; *F/A/K/H* § 30 Rz. 9; *S/W* § 30 Rz. 2; *D/K/K/S* § 30 Rz. 6).

13 Außerdem kommt – zumindest im Wiederholungsfall – ebenso wie bei Mißachtung des Grundsatzes der Erforderlichkeit ein Verfahren nach § 23 gegen den Betriebsrat oder seinen Vorsitzenden in Betracht. Die Wirksamkeit der in der Betriebsratssitzung gefaßten Beschlüsse wird aber durch Pflichtverstöße des Betriebsrats oder seines Vorsitzenden nicht berührt (GK-*Wiese* § 30 Rz. 9; *F/A/K/H* § 30 Rz. 8; *G/L* § 30 Rz. 6). Ebensowenig kommt eine Kürzung des Arbeitsentgelts der Sitzungsteilnehmer in Betracht (*LAG Hamm* vom 8. 6. 1978 – 3 Sa 568/78 – EzA § 37 BetrVG 1972 Nr. 58; *F/A/K/H*, *G/L*, *D/K/K/S* und GK-*Wiese*, jeweils a. a. O.), weil es sich um Verstöße des Betriebsrats, nicht der einzelnen Mitglieder handelt. Schließlich können auch weder der Betriebsrat insgesamt noch einzelne seiner Mitglieder auf **Ersatz** des dem Arbeitgeber etwa entstehenden **Schadens** in Anspruch genommen werden, solange sie sich im Rahmen ihres Aufgabenkreises bewegen. Denn im BetrVG ist weder eine solche Haftung noch auch nur eine entsprechende Verantwortlichkeit – anders als etwa in §§ 93 und 117 AktG für Vorstand und Aufsichtsrat einer AG – normiert (so auch *D/R* Vorbemerkung 13 zu § 26; **a. A.** GK-*Wiese* und *S/W*, jeweils a. a. O.; *Kammann/Hess/Schlochauer* § 30 Rz. 6). Hieran ändert sich auch nichts, wenn man zwischen Betriebsrat und Arbeitgeber ein gesetzliches Schuldverhältnis annimmt (so *Heinze* DB 1983 Beilage Nr. 9, 6 f.); denn auch dann bestimmen sich die Rechtsfolgen aus diesem Verhältnis allein nach dem Gesetz.

III. Unterrichtung des Arbeitgebers

Nach Satz 3 ist der Arbeitgeber vom Zeitpunkt der Sitzung **vorher** zu verständigen, auch wenn er nicht eingeladen worden ist. Die Unterrichtung ist nur dann entbehrlich, wenn die Betriebsratssitzungen wiederkehrend zur festgesetzten Zeit stattfinden und dem Arbeitgeber dies bekannt ist (*F/A/K/H* § 30 Rz. 10; GK-*Wiese* § 30 Rz. 15; *D/K/K/S* § 30 Rz. 9). Der Arbeitgeber muß so rechtzeitig informiert werden, daß er sich auf die bevorstehende Arbeitsversäumnis der Sitzungsteilnehmer einstellen und ggfs. für eine Vertretung an den Arbeitsplätzen sorgen kann. Der Betriebsratsvorsitzende ist aber nicht verpflichtet, dem Arbeitgeber auch die Tagesordnung mitzuteilen (GK-*Wiese*, *D/K/K/S* und *F/A/K/H*, jeweils a. a. O.; *G/L* § 30 Rz. 9), es sei denn, der Arbeitgeber hätte nach § 29 Abs. 4 an der Sitzung teilzunehmen (so auch GK-*Wiese* a. a. O.). 14

Der Arbeitgeber kann der Abhaltung der Sitzung nicht rechtswirksam **widersprechen** (*F/A/K/H* a. a. O.; GK-*Wiese* § 30 Rz. 14). Aus dem Gebot zur vertrauensvollen Zusammenarbeit nach § 2 Abs. 1 folgt aber, daß der Betriebsrat Hinweise des Arbeitgebers auf gegen den Zeitpunkt der Sitzung sprechende Notwendigkeiten ernstlich zu prüfen und ggf. die Sitzung zu verlegen hat (GK-*Wiese* a. a. O.). 15

Zur Befreiung der Betriebsratsmitglieder von der Arbeitspflicht vgl. Erläuterungen zu § 37 Abs. 2 (Rz. 37 ff.). 16

Unterläßt der Betriebsrat die rechtzeitige Unterrichtung, so kann der Arbeitgeber, sofern er seine betrieblichen Dispositionen nicht mehr auf die Sitzung einzustellen vermag, die Sitzung durch einstweilige Verfügung unterbinden lassen. Im Wiederholungsfalle kann das Verhalten des Betriebsratsvorsitzenden zu einer Amtsenthebung gem. § 23 führen. Einen Anspruch auf Schadenersatz und die Möglichkeit zur Entgeltkürzung hat der Arbeitgeber aus den oben angegebenen Gründen nicht (vgl. Rz. 13; ebenso *D/K/K/S* a. a. O.; **a. A.**, allerdings nur für die Frage des Schadenersatzes: GK-*Wiese* § 30 Rz. 16; *F/A/K/H* § 30 Rz. 11; *G/L* § 30 Rz. 8; *Kammann/Hess/Schlochauer* § 30 Rz. 12). 17

IV. Nichtöffentlichkeit

18 Nach Satz 4 sind die Sitzungen des Betriebsrats nicht öffentlich. Die Bestimmung soll eine sachliche Beratung und Beschlußfassung sicherstellen, die durch die Anwesenheit nicht zugehöriger Personen beeinträchtigt werden könnte. Der Betriebsrat kann von dieser Vorschrift weder im Einzelfall noch in der Geschäftsordnung abweichen, da es sich um eine **zwingende Norm** handelt. Ebensowenig wäre eine entsprechende tarifvertragliche Regelung zulässig (*G/L* § 30 Rz. 10; *F/A/K/H* § 30 Rz. 12; *D/K/K/S* § 30 Rz. 10).

19 Nichtöffentlichkeit bedeutet, daß in der Sitzung nur die teilnahmeberechtigten Personen anwesend sein dürfen (*D/R* § 30 Rz. 12; *D/K/K/S* § 30 Rz. 9).

20 Ein Teilnahmerecht kraft Gesetzes haben
- die Mitglieder des Betriebsrats, bei Verhinderung auch die entsprechenden Ersatzmitglieder,
- die Schwerbehindertenvertretung (§ 32),
- der Vertrauensmann der Zivildienstleistenden, wenn Angelegenheiten dieses Personenkreises behandelt werden (§ 37 Abs. 5 des Zivildienstgesetzes),
- der Vertreter der Jugend- und Auszubildendenvertretung, ggf. die gesamte Vertretung (vgl. dazu § 67 sowie oben § 29 Rz. 29),
- der Arbeitgeber oder sein Vertreter (vgl. oben § 29 Rz. 44), wenn die Sitzung auf seinen Antrag hin einberufen oder er ausdrücklich eingeladen ist (§ 29 Abs. 4 Satz 1) sowie von ihm mitgebrachte Sachbearbeiter (vgl. oben § 29 Rz. 45),
- für den Fall der Teilnahme des Arbeitgebers der von ihm hinzugezogene Vertreter der Arbeitgebervereinigung (§ 29 Abs. 4 Satz 2),
- auf Antrag eines Viertels der Mitglieder oder der Mehrheit einer Gruppe des Betriebsrats oder auf Beschluß des Betriebsrats der Beauftragte die im Betriebsrat vertretene Gewerkschaft (§ 31),
- der Vorsitzende des Wahlvorstandes in der konstituierenden Sitzung (§ 29 Abs. 1 Satz 2).

21 Teilnahmeberechtigt sind ferner **Sachverständige**, die vom Betriebsrat zur Sitzung hinzugezogen worden sind, sofern der Arbeitgeber mit der Inanspruchnahme der betreffenden Sachverständigen einverstanden (§ 80 Abs. 3) und die Hinzuziehung zur Sitzung erforderlich ist (GK-*Wiese* § 30 Rz. 18). Solche Sachverständige können z. B. Beamte des Gewerbeaufsichtsamtes oder Technische Aufsichtsbeamte der Berufsgenossenschaft sein (so auch GK-*Wiese* § 30 Rz. 18; **a. A.** *F/A/K/H* § 30 Rz. 13, die diese Personen zu Unrecht zu den sonstigen **Auskunftspersonen** – vgl. unten – rechnen; insoweit unklar *D/R* § 30 Rz. 13). Daneben kann der Betriebsrat auch weitere **Auskunftspersonen**, z. B. einen von einer personellen Angelegenheit betroffenen Arbeitnehmer, an der Sitzung teilnehmen lassen, aber nur soweit sich die Zulässigkeit der Teilnahme aus dem Gesetz ergibt (vgl. z. B. § 102 Abs. 4 Satz 2 für den von einer Kündigung betroffenen Arbeitnehmer).

22 Sachverständige und Auskunftspersonen dürfen nur teilnehmen, solange die sie **betreffenden Fragen** behandelt werden. Sie dürfen auch nicht bei der Beratung mitwirken, sondern haben sich auf die Erteilung der von ihnen erwarteten Informationen zu beschränken. Sie können aber, wenn der Betriebsrat dies wünscht, auch während der Beratung anwesend sein, um für ergänzende Auskünfte zur Verfügung zu stehen (*D/R* § 30 Rz. 13; *F/A/K/H* § 30 Rz. 14; *G/L* § 30 Rz. 13; wohl auch *D/K/K/S* § 30 Rz. 10; **a. A.** für die Auskunftspersonen GK-*Wiese* § 30 Rz. 19).

Betriebsratssitzungen § 30

Als **Protokollführer** kann an den Sitzungen des Betriebsrats nur ein Betriebsrats- 23
mitglied teilnehmen (so auch GK-*Wiese* a.a.O.; ebenso *D/R* § 30 Rz. 14, § 34
Rz. 5, der jedoch die Hinzuziehung einer Schreibkraft **zur Unterstützung** für zulässig hält; ohne Einschränkung für Teilnahmerecht bei Hinzuziehung: *G/L* a.a.O.;
S/W § 30 Rz. 6, *D/K/K/S* a.a.O. und die Vorauflage). Aus § 40 Abs. 2 läßt sich
das Teilnahmerecht nicht herleiten, weil die Bereitstellung von Büropersonal »für
Sitzungen« auch außerhalb der Sitzungen sinnvoll und notwendig ist (so wohl auch
GK-*Wiese* a.a.O.). Die Gegenauffassung kann auch den Schutz persönlicher Verhältnisse, die nach den §§ 99 Abs. 1 Satz 3 und 102 Abs. 2 Satz 2 von den Betriebsratsmitgliedern vertraulich behandelt werden müssen, nicht gewährleisten. Zwar
haben alle Arbeitnehmer die ihnen bekannt gewordenen Betriebs- und Geschäftsgeheimnisse kraft arbeitsvertraglicher Verpflichtung zu wahren. Dies gilt aber
nicht für die persönlichen Verhältnisse anderer Belegschaftsmitglieder (dazu unten Rz. 26ff.).

Andere Personen dürfen nicht anwesend sein. Dies gilt auch für Mitglieder des 24
Gesamtbetriebsrats, des Konzernbetriebsrats und des Aufsichtsrats, es sei denn,
diese Personen würden als Sachverständige aufgrund einer Vereinbarung mit dem
Arbeitgeber hinzugezogen; dies gilt ferner auch für einen Vertrauensmann der
ausländischen Arbeitnehmer des Betriebs (vgl. dazu *Brill* BB 1978, 1574, 1575; für
Teilnahmerecht weiterer Personen *D/K/K/S* a.a.O.).

Über **Betriebs- und Geschäftsgeheimnisse**, die in der Betriebsratssitzung erörtert 25
worden sind, ist von allen Beteiligten Stillschweigen zu bewahren. Diese Verpflichtung ergibt sich für die Mitglieder des Betriebsrats, die teilnehmenden Jugend- und Auszubildendenvertreter, die Vertreter von Gewerkschaft und Arbeitgeberverband sowie für die hinzugezogenen Sachverständigen aus § 79 und § 80
Abs. 3 Satz 2 und ist nach § 120 Abs. 1 mit Strafe bewehrt. Daneben gilt auch für
die übrigen Beteiligten die arbeitsvertragliche Schweigepflicht hinsichtlich der Betriebs- und Geschäftsgeheimnisse (GK-*Wiese* § 30 Rz. 22f.; *D/R* § 30 Rz. 15; *G/L*
§ 30 Rz. 15; *F/A/K/H* § 30 Rz. 15; vgl. auch Erläuterungen unten zu § 79).

Schließlich haben die Mitglieder des Betriebsrats nach den §§ 99 Abs. 1 Satz 3 und 26
102 Abs. 2 Satz 5 (vgl. auch die Erläuterungen dort) auch über die ihnen bekannt
gewordenen **persönlichen Verhältnisse und Angelegenheiten** der Arbeitnehmer,
die ihrer Bedeutung und ihrem Inhalt nach einer vertraulichen Behandlung bedürfen, Stillschweigen zu bewahren. Auch diese Verpflichtung ist strafbewehrt (§ 120
Abs. 2). Für die übrigen Beteiligten besteht eine solche Verpflichtung nicht; eine
Analogie zu den genannten Vorschriften (dafür GK-*Wiese* § 30 Rz. 24; *D/R* § 30
Rz. 15 sowie die Vorauflage) ist nicht zu rechtfertigen, da sich die dort begründeten Amtspflichten nicht Arbeitnehmern ohne betriebsverfassungsrechtliches Amt
zuordnen lassen und gegen solche Personen auch weder nach § 23 noch nach § 120
durchgesetzt werden könnten, eine Analogie im übrigen auch zu unangemessenen
Rechtsfolgen (vgl. die Ausnahmen von der Schweigepflicht durch den in Bezug
genommenen § 79 Abs. 1 Satz 4) führen würde. Schließlich ist (entgegen *F/A/K/
H* a.a.O.) auch der Betriebsrat rechtlich nicht dazu in der Lage, den übrigen
Beteiligten eine besondere Verschwiegenheitspflicht aufzuerlegen (*D/K/K/S* § 30
Rz. 11). Insoweit besteht also eine Lücke im Rechtsschutz, die nur der Gesetzgeber ausfüllen könnte.

Aus dem Grundsatz der Nichtöffentlichkeit folgt aber keine über den Rahmen des 27
§ 79 und die allgemeine Schweigepflicht hinsichtlich Betriebs- und Geschäftsgeheimnissen hinausgehende **Verschwiegenheitspflicht**. Insbesondere besteht im all-

§ 30   2. Teil 3. Abschn. *Geschäftsführung des Betriebsrats*

gemeinen keine Pflicht, über den Verlauf von Betriebsratssitzungen Stillschweigen zu bewahren (*BAG* vom 21. 2. 1978 – 1 ABR 54/76 – AP Nr. 1 zu § 74 BetrVG 1972 = EzA § 74 BetrVG 1972 Nr. 4 – DB 1978, 1547; vom 5. 9. 1967 – 1 ABR 1/67 – EzA § 23 BetrVG 1952 Nr. 1 = DB 1967, 1592, 1947, 1990; *LAG München* vom 15. 11. 1977 – 5 Ta BV 34/77 – DB 1978, 894, 895; *D/R* § 30 Rz. 16; *F/A/K/H* § 30 Rz. 16; GK-*Wiese* § 30 Rz. 25; *D/K/K/S* a. a. O.). Der Betriebsrat kann eine solche Verschwiegenheitspflicht auch nicht durch Beschluß begründen (*LAG München, D/K/K/S* und GK-*Wiese*, jeweils a. a. O.; **a. A.** *F/A/K/H* a. a. O.; *Kammann/Hess/Schlochauer* § 30 Rz. 18). Infolgedessen sind die Sitzungsteilnehmer rechtlich nicht generell gehindert, über den Inhalt und den Verlauf der Sitzung, auch über ihr Abstimmungsverhalten, den Arbeitskollegen oder dem Arbeitgeber oder Dritten zu berichten.

28 Allerdings kann durch die Weitergabe von Informationen aus der oder über die Betriebsratssitzung, besonders bei Veröffentlichung in der allgemeinen Presse oder in den Organen der Gewerkschaft oder des Arbeitgeberverbandes, die **Funktionsfähigkeit des Betriebsrats** ernstlich gefährdet oder lahmgelegt werden. Zu denken ist hier z. B. an noch im Stadium des Entstehens befindliche Betriebsratsbeschlüsse, deren Zustandekommen durch ein zu frühzeitiges Bekanntwerden in Frage gestellt werden kann. Dabei kommt es immer auf den besonderen Einzelfall an (so auch *BAG* vom 5. 9. 1967 a. a. O.; *G/L* § 30 Rz. 15; *F/A/K/H* und *D/K/K/S*, jeweils a. a. O.). Derartige Indiskretionen können ein Ausschlußverfahren nach § 23 (so auch *D/K/K/S* a. a. O.) oder sogar eine Bestrafung des betreffenden Betriebsratsmitglieds nach § 119 Abs. 1 Nr. 2 rechtfertigen.

29 Ein Verstoß gegen den Grundsatz der Nichtöffentlichkeit soll als Verletzung einer bloßen Ordnungsvorschrift die Rechtsgültigkeit der vom Betriebsrat gefaßten Beschlüsse in der Regel nicht berühren (*BAG* vom 28. 2. 1958 – 1 ABR 3/57 – AP Nr. 1 zu § 29 BetrVG 1952 Bl. 2 m. Anm. *Küchenhoff* = DB 1958, 603; vom 24. 3. 1977 – 2 AZR 289/76 – EzA § 102 BetrVG 1972 Nr. 28 m. Anm. *Kittner* = DB 1977, 1853; GK-*Wiese* § 30 Rz. 21; *F/A/K/H* § 30 Rz. 17). Etwas anderes solle jedoch dann gelten, wenn eine nicht teilnahmeberechtigte Person einen Beschluß beeinflußt habe und wenn feststehe, daß der Beschluß bei der Beachtung des Grundsatzes der Nichtöffentlichkeit anders ausgefallen wäre (*D/R* § 30 Rz. 17; für den Fall einer schwerwiegenden Beeinflussung der Willensbildung des Betriebsrats auch GK-*Wiese* § 33 Rz. 41). Diese Einschränkungen der Gültigkeit von Beschlüssen sind aber weder praktikabel noch mit dem Gebot der Rechtssicherheit vereinbar; dabei bleibt auch außer acht, daß die Betriebsratsmitglieder bei der Beschlußfassung in Kenntnis der zu entscheidenden Angelegenheit (aufgrund der Mitteilung der Tagesordnung) mit der Teilnahme an der Abstimmung wirksame Willenserklärungen abgegeben haben; sie könnten nur dann ihre Wirkung verlieren, wenn sie nach den §§ 119 oder 123 BGB angefochten würden (vgl. dazu unten § 33 Rz. 23). Deshalb kann abweichend von der herrschenden Rechtsauffassung ein Verstoß gegen den Grundsatz der Nichtöffentlichkeit allein grundsätzlich nicht zur **Ungültigkeit** der gefaßten Beschlüsse führen (so auch *D/K/K/S* § 30 Rz. 12).

30 Der Betriebsrat, der gegen den Grundsatz der Nichtöffentlichkeit verstößt, handelt pflichtwidrig. Ein solches Verhalten kann zu einer Auflösung des Betriebsrats nach § 23 führen (GK-*Wiese* § 30 Rz. 21).

V. Anwendung auf die Ausschüsse des Betriebsrats

Die Vorschriften sind auf den Betriebsausschuß und die weiteren Ausschüse des Betriebsrats entsprechend anzuwenden (ebenso *BAG* vom 18. 11. 1980 – 1 ABR 31/78 – EzA § 108 BetrVG 1972 Nr. 4 m. Anm. *Wohlgemuth* = DB 1981, 1240; *D/R* § 27 Rz. 38, § 30 Rz. 7; *F/A/K/H* § 30 Rz. 2; *G/L* § 27 Rz. 21, § 30 Rz. 2; *S/W* § 30 Rz. 1; GK-*Wiese* § 30 Rz. 1; *D/K/K/S* § 30 Rz. 1). 31

VI. Streitigkeiten

Streitigkeiten, die über die zeitliche Lage der Sitzung, über das Anwesenheitsrecht oder über die Zulassung von Teilnehmern entstehen können, werden vom Arbeitsgericht im Beschlußverfahren entschieden (§ 2a ArbGG). Es kann gem. § 85 Abs. 2 ArbGG ggf. auch eine einstweilige Verfügung erlassen werden. 32

§ 31 Teilnahme der Gewerkschaften

Auf Antrag von einem Viertel der Mitglieder oder der Mehrheit einer Gruppe des Betriebsrats kann ein Beauftragter einer im Betriebsrat vertretenen Gewerkschaft an den Sitzungen beratend teilnehmen; in diesem Fall sind der Zeitpunkt der Sitzung und die Tagesordnung der Gewerkschaft rechtzeitig mitzuteilen.

Literaturübersicht

Däubler Gewerkschaftsrechte im Betrieb, 6. Aufl. 1990; *Klosterkemper* Das Zugangsrecht der Gewerkschaften zum Betrieb, 1980; *Klinkhammer* Teilnahme eines Gewerkschaftsbeauftragten an den Sitzungen des Wirtschaftsausschusses, DB 1977, 1139; *Kremp*, Das Zugangsrecht des Gewerkschaftsbeauftragten zum Betrieb nach dem BetrVG 1972, AuR 1973, 193; *Lunk*, Die Betriebsversammlung – das Mitgliederorgan des Belegschaftsverbandes, 1991; *Zeuner* Teilnahme von Gewerkschaftsbeauftragten an den Sitzungen des Wirtschaftsausschusses?, DB 1976, 2474.

Inhaltsübersicht

		Rz.
I.	Allgemeines	1, 2
II.	Voraussetzungen für die Hinzuziehung eines Gewerkschaftsbeauftragten	3–12
III.	Entsendung eines Beauftragten durch die Gewerkschaft	13–20
IV.	Anwendung auf die Ausschüsse des Betriebsrats	21–23
V.	Streitigkeiten	24

§ 31   2. Teil 3. Abschn. Geschäftsführung des Betriebsrats

I. Allgemeines

1 Die Bestimmung gestaltet den allgemeinen Grundsatz näher aus, daß der Betriebsrat seinen Aufgaben im Zusammenwirken mit den im Betrieb vertretenen Gewerkschaften nachgeht (§ 2 Abs. 1; vgl. dazu *D/R* § 2 Rz. 25). Sie spricht den Gewerkschaften das Recht zu, auf Antrag aus dem Betriebsrat durch einen Beauftragten an den Sitzungen des Betriebsrats teilzunehmen, um ihn in den anstehenden Angelegenheiten zu beraten. Aus eigenem Recht kann die Gewerkschaft an den Sitzungen nicht teilnehmen (*Buchner* DB 1972, 1236; *Richardi* RdA 1972, 12; *F/A/K/H* § 31 Rz. 14; *D/R* § 31 Rz. 2; *D/K/K/S* § 31 Rz. 3). Sie ist vielmehr davon abhängig, daß der Betriebsrat die Einladung beschließt oder ein Viertel seiner Mitglieder oder – insoweit über das BetrVG 1952 hinausgehend – die Mehrheit einer Gruppe im Betriebsrat beantragt, die Gewerkschaft zu der Sitzung hinzuzuziehen. Bei Vorliegen eines solchen Antrags sind der betreffenden Gewerkschaft Zeitpunkt und Tagesordnung der Sitzung rechtzeitig mitzuteilen.

2 Die Vorschrift gilt auch für den Gesamtbetriebsrat (§ 51 Abs. 1), den Konzernbetriebsrat (59 Abs. 1), die Jugend- und Auszubildendenvertretung (§ 65 Abs. 1), die Gesamt-Jugend- und Auszubildendenvertretung (§ 73 Abs. 2) sowie für die tariflichen Arbeitnehmervertretungen nach § 3 Abs. 1 Nr. 2 (wegen der Anwendung auf die Ausschüsse des Betriebsrats vgl. unten Rz. 21 ff.).

2a Die Vorschrift ist **zwingendes Recht** und kann weder durch Tarifvertrag noch durch Betriebsvereinbarung abgeändert werden. Dies gilt auch für die tariflichen Arbeitnehmervertretungen, weil durch tarifliche Regelung nur die Errichtung der Vertretung geregelt werden kann (a.A. *GK-Wiese* § 31 Rz. 2; *F/A/K/H* § 31 Rz. 2; *G/L* § 31 Rz. 2).

II. Voraussetzungen für die Hinzuziehung eines Gewerkschaftsbeauftragten

3 Das in § 31 normierte Teilnahmerecht der Gewerkschaft bezieht sich ausschließlich auf **förmliche Betriebsratssitzungen**. Bei Besprechungen zwischen Betriebsrat und Arbeitgeber kann ein Gewerkschaftsbeauftragter nur teilnehmen, wenn auch der Arbeitgeber einverstanden ist (*D/R* § 31 Rz. 3; *F/A/K/H* § 31 Rz. 16; *GK-Wiese* § 31 Rz. 18; *G/L* § 31 Rz. 3; vgl. auch *BAG* vom 19.1.1984 – 6 ABR 19/83 = AP Nr. 4 zu § 74 BetrVG 1972 = DB 1984, 1529 = NZA 1984, 166, das bei der entsprechenden Frage im Rahmen des § 32 ein eigenständiges Teilnahmerecht des früheren Vertrauensmannes der Schwerbehinderten ebenfalls ablehnt; a.A. *D/K/K/S* § 31 Rz. 12).

4 Nach allgemeiner Auffassung kann ein Beauftragter einer im Betriebsrat vertretenen Gewerkschaft auf entsprechenden **Beschluß des Betriebsrats** an dessen Sitzung beratend teilnehmen, obwohl dies im Gesetz nicht ausdrücklich festgelegt ist (*BAG* vom 28.2.1990 – 7 ABR 22/89 – AP Nr. 1 zu § 31 BetrVG = EzA § 31 BetrVG 1972 Nr. 1 = DB 1990, 1288; *F/A/K/H* § 31 Rz. 4; *D/R* § 31 Rz. 10; *S/W* § 31 Rz. 1; *D/K/K/S* § 31 Rz. 4; zur Beschränkung des Beschlusses auf eine oder mehrere bestimmte Sitzungen vgl. unter Rz. 7).

4a Als Voraussetzung für die Teilnahme eines Gewerkschaftsbeauftragten genügt aber auch der **Antrag eines Viertels der Mitglieder** des Betriebsrats. Es muß sich dabei um ein Viertel aller Mitglieder des Betriebsrats, nicht nur der in der Sitzung anwesenden oder an der Beschlußfassung teilnehmenden Mitglieder handeln

(*F/A/K/H* § 31 Rz. 7; *G/L* § 31 Rz. 9; GK-*Wiese* § 31 Rz. 9; *D/R* § 31 Rz. 6; *D/K/ K/S* § 31 Rz. 6). Anstelle eines verhinderten Mitglieds kann auch hier ein Ersatzmitglied tätig werden (*D/R* a. a. O.). Es ist nicht notwendig, daß die Antragsteller der betreffenden Gewerkschaft angehören (*D/R* a. a. O.; *F/A/K/H* § 31 Rz. 9).
Dem Antrag eines Viertels der Mitglieder des Betriebsrats steht der Antrag der **5** **Mehrheit einer Gruppe** des Betriebsrats gleich; hierunter ist die Mehrheit der gewählten Gruppenmitglieder im Betriebsrat zu verstehen. Sind nur zwei vorhanden, so müssen beide den Antrag stellen (*F/A/K/H* § 31 Rz. 8; GK-*Wiese*, *G/L* und *D/K/K/S*, jeweils a. a. O.). Ist eine Gruppe nur mit einem einzigen Mitglied im Betriebsrat vertreten, so steht ihm das Antragsrecht zu (*D/R*, *D/K/K/S* und GK-*Wiese*, jeweils a. a. O.; **a. A.** *F/A/K/H* und *G/L*, jeweils a. a. O., die mit dem nicht überzeugenden begrifflichen Argument, in diesem Fall sei eine Mehrheitsbildung ausgeschlossen, den vom Gesetz gewollten Minderheitsschutz für die betreffenden Betriebe zu Unrecht insoweit außer Kraft setzen wollen).
Der Antrag ist in der Regel vor der Sitzung an den **Vorsitzenden** des Betriebsrats **6** zu richten oder in der Sitzung für die nächste Sitzung zu stellen. Der Betriebsratsvorsitzende wird so in die Lage versetzt, dem Antrag zu entsprechen und die Gewerkschaft zur Entsendung eines Beauftragten aufzufordern. Ausnahmsweise kann der Antrag aber auch noch in der Sitzung gestellt werden, sofern sich der Gewerkschaftsbeauftragte abrufbereit in der Nähe aufhält und ihm die Tagesordnung bereits vorher bekannt war (vgl. letzter Halbsatz der Vorschrift; so auch *D/K/K/S* § 31 Rz. 8). Sonst könnte die antragsberechtigte Minderheit entgegen der Zielsetzung dieser Vorschrift dem Betriebsrat eine nicht ausreichend vorbereitete Beratung und damit u. U. eine Vertagung der zu behandelnden Angelegenheiten aufdrängen (**a. A.** *D/R* § 31 Rz. 7; *F/A/K/H* § 31 Rz. 10; GK-*Wiese* § 31 Rz. 10, die den Antrag ohne Einschränkungen auch noch während der Sitzung zulassen und der Verzögerungsgefahr nur dadurch vorbeugen wollen, daß sie einen Anspruch des Antragsberechtigten auf Vertagung verneinen).
Zur ordnungsgemäßen Antragstellung gehört die **Bezeichnung der Gewerkschaft**, **7** deren Beauftragter hinzugezogen werden soll (*D/R* § 31 Rz. 8; GK-*Wiese* § 31 Rz. 11; *G/L* und *F/A/K/H*, jeweils a. a. O.; *D/K/K/S* § 31 Rz. 9).
Der Antrag oder der Beschluß (vgl. oben Rz. 4) kann auf die Hinzuziehung zu den Beratungen über einen oder mehrere Punkte der Tagesordnung beschränkt werden (*G/L* § 31 Rz. 7; *D/R* § 31 Rz. 12; *D/K/K/S* § 31 Rz. 8).
Der Antrag oder Beschluß (vgl. oben Rz. 4) kann sich nur auf eine oder mehrere **7a** bestimmte Sitzungen beziehen, **nicht auf alle Sitzungen**, weil dies weder mit dem Prinzip, daß Betriebsratssitzungen nicht öffentlich sind (§ 30 letzter Satz), noch mit der institutionellen Trennung von Betriebsrat und Gewerkschaft vereinbar wäre (*S/W* § 31 Rz. 1; *D/R* § 31 Rz. 11; *G/L* § 31 Rz. 11; GK-*Wiese* § 31 Rz. 19; *Klosterkemper* 15; **a. A.** *BAG* a. a. O.; *D/K/K/S* § 31 Rz. 5; *Kremp* AuR 1973, 193, 196: Geltung von Antrag oder Beschluß für alle Sitzungen; *F/A/K/H* § 31 Rz. 14; *Meisel* Anm. SAE 1991, 35; *Düttmann* Jahrbuch des Arbeitsrechts Bd. 17, 71 ff.: Geltung für alle Sitzungen nur im Falle eines Beschlusses.
Voraussetzung für die Wirksamkeit des Antrags ist, daß die im Antrag bezeich- **8** nete Gewerkschaft **im Betriebsrat vertreten** ist. Es genügt nicht, daß sie nur im Betrieb vertreten ist (*BAG* a. a. O.; *F/A/K/H* § 31 Rz. 11; *D/K/K/S* § 31 Rz. 10). Der Gewerkschaft muß also mindestens ein Betriebsratsmitglied angehören (*BAG* vom 4. 11. 1960 – 1 ABR 4/60 – AP Nr. 2 zu § 16 BetrVG 1952 m. Anm. *Küchenhoff* = DB 1961, 208).

§ 31 2. Teil 3. Abschn. *Geschäftsführung des Betriebsrats*

9 Sind im Betriebsrat **mehrere Gewerkschaften** vertreten, so kann auch beantragt werden, daß alle oder mehrere von ihnen Beauftragte entsenden. Notwendig ist dies jedoch nicht (so auch GK-*Wiese* § 31 Rz. 13; *D/R* § 31 Rz. 8; *G/L* § 31 Rz. 4). Zur Hinzuziehung von Sachverständigen und Auskunftspersonen durch Beschluß des Betriebsrats vgl. oben § 30 Rz. 21 f.).

10 Der Betriebsratsvorsitzende muß einem ordnungsgemäß gestellten Antrag **stattgeben**. Eine Entscheidung über die Zweckmäßigkeit steht ihm nicht zu. Die Hinzuziehung kann auch nicht durch einen Mehrheitsbeschluß des Betriebsrats abgelehnt werden (*F/A/K/H* § 31 Rz. 5; GK-*Wiese* § 31 Rz. 15; *D/R* § 31 Rz. 10; *D/K/K/S* § 31 Rz. 11). Liegt ein Antrag vor, kann der Gewerkschaftsbeauftragte auch gegen den Willen der Mehrheit des Betriebsrats an der Sitzung teilnehmen.

11 Der Vorsitzende, der einem ordnungsgemäß gestellten Antrag **nicht stattgibt**, handelt pflichtwidrig. Die betroffene Gewerkschaft kann im Wiederholungsfall ein Verfahren gegen den Vorsitzenden nach § 23 wegen grober Verletzung seiner gesetzlichen Pflichten einleiten (*G/L* § 31 Rz. 10; *F/A/K/H* § 31 Rz. 12; *D/K/K/S* a.a.O.).

12 Bei Vorliegen eines ordnungsgemäß gestellten Antrags sind der Gewerkschaft vom Betriebsratsvorsitzenden der **Zeitpunkt der Sitzung und die Tagesordnung** rechtzeitig mitzuteilen. Die Gewerkschaft muß Zeitpunkt und Tagesordnung so früh erfahren, daß sie einen Beauftragten bestimmen und er sich ausreichend auf die Sitzung vorbereiten kann (*D/R* § 31 Rz. 13).

III. Entsendung eines Beauftragten durch die Gewerkschaft

13 Die Gewerkschaft kann grundsätzlich **frei entscheiden**, wen sie zu der betreffenden Betriebsratssitzung entsendet. Es muß sich nicht um einen Angestellten der Gewerkschaft handeln. Sie kann vielmehr auch jedes ihrer Mitglieder als Beauftragten entsenden, auch Arbeitnehmer des betreffenden Betriebes (*G/L* § 31 Rz. 14; *D/R* § 31 Rz. 15; *F/A/K/H* § 31 Rz. 15; GK-*Wiese* § 31 Rz. 16; *D/K/K/S* § 31 Rz. 13). Die Entsendung von Arbeitnehmern, die in dem Betrieb eines Konkurrenzunternehmens tätig sind, ist ebensowenig ausgeschlossen, allerdings nicht zweckmäßig (so auch *Weiss* § 31 Rz. 2; *D/K/K/S* a.a.O.; **a.A.**, nämlich für insoweit beschränktes Entsendungsrecht: *F/A/K/H, D/R, G/L,* GK-*Wiese*, jeweils a.a.O.; *Brötzmann* BB 1990, 1055, 1056, sowie die Vorauflage). Der Arbeitgeber ist dadurch geschützt, daß auch der Beauftragte der Gewerkschaft nach § 79 Abs. 2 Betriebs- und Geschäftsgeheimnisse zu wahren hat und bei deren Verletzung schadensersatzpflichtig wird. Die Gewerkschaft kann allerdings nicht solche Personen entsenden, die keinen spezifischen Bezug zur Arbeit im Betrieb haben, z.B. Vertreter des Staates, der Kirchen oder der Wirtschaft (vgl. auch § 46 Rz. 11). Sie sind nicht Beauftragte i.S.d. Gesetzes, weil sie nicht in einer ständigen vertraglichen oder mitgliedschaftlichen Rechtsbeziehung zu ihr stehen und ihr deshalb rechtlich nicht verantwortlich sind.

14 Nach dem eindeutigen Gesetzeswortlaut kann die Gewerkschaft nur **einen einzigen Beauftragten** entsenden (*D/R* § 31 Rz. 14; *Klosterkemper* 16; *S/W* § 31 Rz. 1; **a.A.** *F/A/K/H* § 31, Rz. 11; *G/L* § 31 Rz. 15; *D/K/K/S* a.a.O.; GK-*Wiese* § 31 Rz. 16 und 20 für den Fall, daß die Teilnahme mehrerer Beauftragter im Interesse einer sachgerechten Beratung liegt).

15 Der Beauftragte der Gewerkschaft ist befugt, **den Betrieb** zwecks Teilnahme an

der Betriebsratssitzung **zu betreten**. Der Arbeitgeber darf ihn hieran grundsätzlich nicht hindern (vgl. dazu *BAG* vom 18.3. 1964 – 1 ABR 12/63 – AP Nr. 1 zu § 45 BetrVG 1952 m. Anm. *Dietz* = DB 1964, 992; *G/L* § 31 Rz. 16; *D/R* § 31 Rz. 17; GK-*Wiese* § 31 Rz. 22; *S/W* § 31 Rz. 2; *D/K/K/S* § 31 Rz. 17). Das Zutrittsrecht gründet sich auf § 2 Abs. 2, der dem Beauftragten der Gewerkschaft zur Wahrnehmung der in diesem Gesetz genannten Aufgaben und Befugnisse dieses Recht zuspricht (*Klosterkemper* 20 f.; GK-*Wiese* a. a. O.; *Lunk* S. 196; *Brecht* § 31 Rz. 8). Die Gegenmeinung, die aus § 31 ein eigenständiges, von den Schranken des § 2 Abs. 2 freies Zutrittsrecht ableitet (*D/R* § 31 Rz. 17; *F/A/K/H* § 31 Rz. 18; *Buchner* BB 1972, 1238), kann sich auf die Begründung zum Regierungsentwurf des BetrVG 1972, BT-Drucks. VI/1786, 35 stützen, scheitert aber an dem klaren Wortlaut und der Systematik des Gesetzes, das unter den »Allgemeinen Vorschriften« – und nur dort – ein Zutrittsrecht zur Wahrnehmung aller »in diesem Gesetz« genannten Aufgaben und Befugnisse eingeräumt hat. Der in der Gesetzesbegründung zum Ausdruck gekommene politische Wille, zugunsten der Gewerkschaften mehrere nebeneinander bestehende gesetzliche Zutrittsrechte zu haben, hat keinen Eingang in die gesetzliche Regelung gefunden. Bei dieser Gesetzesfassung sind juristische Hilfskonstruktionen, wie sie nach dem BetrVG 1952 erforderlich waren, die nämlich das Zugangsrecht des Gewerkschaftsbeauftragten aus dem Recht zur Teilnahme an der Betriebsratssitzung folgerten, hinfällig geworden (vgl. *BAG* a. a. O.).

Mit der Anwendung des § 2 Abs. 2 ergeben sich auch die **Modalitäten** und die **Schranken** des **Zutrittsrechts** unmittelbar aus dem Gesetz (vgl. die Erläuterungen zu § 2 Abs. 2). Der Zutritt braucht dem Beauftragten folglich nur nach vorheriger Ankündigung durch Gewerkschaft oder Betriebsrat vom Arbeitgeber gestattet zu werden (so auch von ihrem anderen Ausgangspunkt aus *D/R* a. a. O.). Der Zutritt kann verwehrt werden, soweit ihm unumgängliche Notwendigkeiten des Betriebsablaufs, zwingende Sicherheitsvorschriften oder der Schutz von Betriebs- und Geschäftsgeheimnissen entgegenstehen. Tatsächlich werden diese Hinderungsgründe hier in der Regel kaum einmal vorliegen können (GK-*Wiese* a. a. O.). Etwas anderes kann gelten, wenn ein in einem Konkurrenzbetrieb tätiger Arbeitnehmer als Beauftragter entsandt wird und aufgrund bestimmter Tatsachen, z. B. vorliegender Erfahrungen, befürchtet werden muß, daß er sich an den durch § 79 Abs. 2 vorgeschriebenen Schutz der Betriebs- und Geschäftsgeheimnisse nicht gebunden fühlt (vgl. dazu oben Rz. 13 sowie *D/R* a. a. O.). Daneben ist auch dieses Recht wie jedes andere Recht dem Einwand des Rechtsmißbrauchs ausgesetzt. Der Zutritt könnte also einem Beauftragten ausnahmsweise verweigert werden, wenn aufgrund vorangegangener Vorkommnisse eine Störung des Betriebsfriedens durch politische Agitation, Beleidigung des Arbeitgebers oder anderer Personen o. ä. zu befürchten ist (*G/L* § 31 Rz. 16; GK-*Wiese* a. a. O.).

Würde der Arbeitgeber einem Gewerkschaftsbeauftragten ohne Rechtsgrund den Zutritt zum Betrieb verweigern, so läge darin eine Störung der Betriebsratstätigkeit i. S. d. § 78, die im Wiederholungsfall ein Verfahren nach § 23 Abs. 3 gegen den Arbeitgeber rechtfertigen und die nach § 119 Abs. 1 Nr. 2 auch zu einer Bestrafung führen könnte (GK-*Wiese*, *D/K/K/S* und *F/A/K/H* jeweils a. a. O.).

Sowohl der Betriebsrat als auch der Arbeitgeber können verlangen, daß die Beauftragung durch die Gewerkschaft nachgewiesen wird (*F/A/K/H* § 31 Rz. 15; *D/R* § 31 Rz. 16; *G/L* § 31 Rz. 18; **a. A.** *D/K/K/S* § 31 Rz. 14; vgl. dazu auch unten Rz. 24).

§ 31   2. Teil 3. Abschn. Geschäftsführung des Betriebsrats

19 In der Betriebsratssitzung hat der Beauftragte der Gewerkschaft beratende Stimme. Er kann das Wort ergreifen und zur Sache sprechen. Er kann aber keine Anträge stellen und nimmt nicht an der Beschlußfassung teil (*G/L* § 31 Rz. 17). Er darf allerdings während der Abstimmung zugegen sein (*F/A/K/H* § 31 Rz. 17; *G/L* und *D/K/K/S*, jeweils a. a. O.; GK-*Wiese* § 31 Rz. 21; *D/R* § 31 Rz. 19). Die Leitung der Sitzung kann dem Beauftragten der Gewerkschaft nicht übertragen werden (*D/R* § 31 Rz. 19; GK-*Wiese* a. a. O.).

20 Der Beauftragte der Gewerkschaft unterliegt nach § 79 Abs. 2 der **Verschwiegenheitspflicht** hinsichtlich von **Betriebs-** und **Geschäftsgeheimnissen** genauso wie die Mitglieder des Betriebsrats. Die Verpflichtung besteht auch gegenüber der Gewerkschaft (*G/L* § 31 Rz. 19; *F/A/K/H* § 31 Rz. 19; *D/R* § 31 Rz. 20; GK-*Wiese* § 31 Rz. 23; vgl. auch *D/K/K/S* § 31 Rz. 16). Verstöße können nach § 120 Abs. 1 mit Strafe geahndet werden. Eine Schweigepflicht des Beauftragten der Gewerkschaft hinsichtlich **persönlicher Verhältnisse und Angelegenheiten der Arbeitnehmer**, die ihrer Bedeutung oder ihrem Inhalt nach einer vertraulichen Behandlung bedürfen, ist im Gesetz nicht normiert. Sie ergibt sich auch nicht aus einer analogen Anwendung der §§ 99 Abs. 1 Satz 3 und 102 Abs. 2 Satz 5; denn ein solcher Schluß würde zu einer Bestrafung nach § 120 Abs. 2 führen können; das aber wäre mit dem strafrechtlichen Analogieverbot des § 1 StGB, das nach § 1 Abs. 1 **EStGB** auch für das hier vorliegende Nebenstrafrecht gilt, nicht vereinbar (**a. A.**, nämlich für Analogie: Vorauflage, sogar einschließlich strafrechtlicher Ahndung auch: GK-*Wiese* § 31 Rz. 23). Der Beauftragte der Gewerkschaft hat aber das allgemeine Persönlichkeitsrecht der betroffenen Arbeitnehmer, vor allem deren Intimsphäre, zu achten (vgl. dazu *Palandt-Thomas* § 823 Anm. 14).

IV. Anwendung auf die Ausschüsse des Betriebsrats

21 Seinem Wortlaut nach gilt § 31 ausschließlich für die Sitzungen des Betriebsrats. Er ist aber wie die vorhergehenden Bestimmungen über die Sitzungen des Betriebsrats auch auf die Sitzungen des Betriebsausschusses und der weiteren Ausschüsse des Betriebsrats entsprechend anzuwenden (*BAG* vom 25. 6. 1987 – 6 ABR 45/85 – EzA § 108 BetrVG 1972 Nr. 7 = DB 1987, 2968; vom 18. 11. 1980 – 1 ABR 31/78 – EzA § 108 BetrVG 1972 Nr. 4 m. Anm. *Wohlgemuth* = DB 1981, 1240; *D/K/K/S* § 31 Rz. 18; *D/R* § 31 Rz. 21; *F/A/K/H* § 31 Rz. 21; *S/W* § 31 Rz. 4; GK-*Wiese* § 31 Rz. 3; *Klosterkemper* 16f.; *Klinkhammer* DB 1977, 1140; nur für den Fall, daß den Ausschüssen Angelegenheiten zur selbständigen Erledigung übertragen sind, auch: *ArbG Berlin* vom 27. 10. 1976 – 41 BV 4/76 – DB 1977, 963; GK-*Wiese* § 31 Rz. 3; **a. A.** *G/L* § 31 Rz. 20, der in der Anwendung der Vorschrift auf Ausschußsitzungen nicht nur eine unzulässige Ergänzung des § 31, sondern auch einen vom Gesetz nicht vorgesehenen Eingriff in die Geschäftsführung der Ausschüsse sieht). Diese Analogie ist vor allem aus systematischen Gründen gerechtfertigt. Das Gesetz regelt die Sitzungen der Ausschüsse überhaupt nicht, weist also insoweit eine Lücke auf, für deren Ausfüllung sich die Bestimmungen über die Betriebsratssitzung anbieten. Eine andere Regelung kann sinnvoll gar nicht in Betracht gezogen werden. Hinsichtlich der analogen Anwendungn des § 29 Abs. 2 und 3 sowie des § 30 auf die Sitzungen der Ausschüsse werden dementsprechend nirgends Bedenken erhoben (vgl. dazu oben § 27 Rz. 38). Dann aber gibt es keinen ausreichenden Grund für einen entgegenge-

setzten Schluß im Rahmen des § 31. Für die hier vertretene Auffassung spricht ferner, daß das BetrVG durch viele seiner Bestimmungen ein Zusammenwirken von Betriebsrat und Gewerkschaft zu erreichen sucht. Es wäre nicht zu erklären, wenn Ausschüsse, denen Aufgaben zur selbständigen Erledigung übertragen werden können, auf die gewerkschaftliche Beratung verzichten müßten.

Das Teilnahmerecht der Gewerkschaft gilt indessen nicht für den in §§ 106–109 geregelten **Wirtschaftsausschuß**, der auf der Unternehmensebene gebildet wird und der grundsätzlich andere Aufgaben hat als der auf Betriebsebene tätige Betriebsrat und dessen Ausschüsse (im Ergebnis ebenso *Zeuner* DB 1976, 2474; *S/W* § 31 Rz. 4; *Koch* Anm. SAE 1981, 248, 249; **a.A.** *BAG* vom 18.11.1980 und 25.6.1987, jeweils a.a.O.; *D/R* § 31 Rz. 21; *F/A/K/H* § 108 Rz. 8a; *Däubler* Rz. 145; *Klosterkemper* 17; *Klinkhammer* DB 1977, 1139). Die Unanwendbarkeit des § 31 auf den Wirtschaftsausschuß entspricht auch dem früher vom *BAG* herausgearbeiteten gesetzlichen Leitbild, das der Tätigkeit des Wirtschaftsausschusses zugrundeliegt und in § 107 Abs. 1 und 3 seinen Ausdruck gefunden hat (*BAG* vom 18.7.1978 – 1 ABR 34/75 – AP Nr. 1 zu § 108 BetrVG 1972 m. Anm. *Boldt* = EzA § 108 BetrVG 1972 Nr. 3 m. Anm. *Richardi* = DB 1978, 2223). Danach sollen die Mitglieder des Wirtschaftsausschusses, zu denen auch leitende Angestellte gehören können, die zur Erfüllung ihrer Aufgaben erforderliche fachliche und persönliche Eignung haben. Der Gesetzgeber geht somit davon aus, daß die Mitglieder des Wirtschaftsausschusses bereits selbst über die Kenntnisse verfügen, die zur Wahrnehmung ihrer Aufgaben erforderlich sind. Sie bedürfen darum nicht der Beratung durch einen Gewerkschaftsbeauftragten. Schließlich verträgt sich die Teilnahme eines Gewerkschaftsbeauftragten auch nicht mit dem in § 108 Abs. 2 zum Ausdruck kommenden unternehmensbezogenen, internen Charakter der Beratungen zwischen Wirtschaftsausschuß und Unternehmer (*Koch* Anm. SAE 1981, 250/51 und unten § 108 Rz. 11; vgl. auch § 32 Rz. 16).

Aus der entsprechenden Anwendung des § 31 auf den Betriebsausschuß und die weiteren Ausschüsse nach § 28 ergibt sich auch, daß die Teilnahme eines Gewerkschaftsbeauftragten **aus der Mitte des betreffenden Ausschusses** beantragt oder von ihm beschlossen werden muß (so die herrschende Rechtsauffassung, vgl. GK-*Wiese* § 31 Rz. 4; *D/R* § 31 Rz. 22, jeweils m.w.N.; **a.A.** *F/A/K/H* § 31 Rz. 21; *D/K/K/S* § 31 Rz. 18). Nicht notwendig ist, daß die Gewerkschaft im Ausschuß vertreten ist, sofern ihr nur ein Mitglied des Betriebsrats angehört (*D/R*, GK-*Wiese*, *F/A/K/H* und *D/K/K/S*, jeweils a.a.O.). Ein Beschluß des **Betriebsrats** oder ein Antrag aus dessen Mitte über die Beteiligung der Gewerkschaft an Ausschußsitzungen wäre aber nicht wirksam (so auch *G/L* 5. Aufl., § 31 Rz. 20; **a.A.** *F/A/K/H*, *D/K/K/S* und GK-*Wiese*, jeweils a.a.O.), weil sonst vom Betriebsrat in die eigenständige Rechtsstellung der Ausschüsse eingegriffen würde (vgl. dazu oben § 27 Rz. 54).

V. Streitigkeiten

Ein Streit über die Hinzuziehung eines Gewerkschaftsbeauftragten sowie über die Ausübung des Hausrechts während der Betriebsratssitzungen ist im arbeitsgerichtlichen Beschlußverfahren auszutragen (§ 2a ArbGG). Antragsberechtigt ist auch die Gewerkschaft, wenn die Voraussetzungen gegeben sind, unter denen sie an

§ 32   2. Teil 3. Abschn. Geschäftsführung des Betriebsrats

einer Betriebsrats- oder Ausschußsitzung teilnehmen kann (*BAG* vom 18.11. 1980 a.a.O.; *D/R* § 31 Rz. 23; *F/A/K/H* § 31 Rz. 23; GK-*Wiese* § 31 Rz. 24). Wegen Beweislast und Beweisführung wird auf die Hinweise zu § 46 verwiesen (dort Rz. 21). Unter den üblichen Voraussetzungen ist eine einstweilige Verfügung auf Antrag des Betriebsrats oder der Gewerkschaft nach § 85 Abs. 2 ArbGG zulässig (GK-*Wiese* a.a.O.; *D/K/K/S* § 31 Rz. 19).

§ 32 Teilnahme der Schwerbehindertenvertretung

Die Schwerbehindertenvertretung (§ 24 des Schwerbehindertengesetzes) kann an allen Sitzungen des Betriebsrats beratend teilnehmen.

Literaturübersicht

Cramer Erstes Gesetz zur Änderung des Schwerbehindertengesetzes vom 24. Juli 1986, NZA 1986, 555; *Hoyer* Die Novelle zum Schwerbehindertengesetz, DB 1986, 1673; *Hümmerich* Mitwirkungsbefugnisse des Vertrauensmanns der Schwerbehinderten bei Personalentscheidungen, BlStSozArbR 1976, 1; *Schmidt* Die persönlichen Rechte und Pflichten des Vertrauensmanns der Schwerbehinderten im neuen Schwerbehindertengesetz, AuR 1974, 75; *Ziegler* Die Rechtsstellung des Vertrauensmanns der Schwerbehinderten und seine Ansprüche auf Schulung, Freistellung und Kostenersatz, BlStSozArbR 1979, 55.

Inhaltsübersicht

		Rz.
I.	Allgemeines	1– 4
II.	Aufgabe und Stellung der Schwerbehindertenvertretung	5– 8
III.	Teilnahme an den Sitzungen des Betriebsrats	9–15
IV.	Anwendung auf die Ausschüsse des Betriebsrats	16, 17
V.	Streitigkeiten	18

I. Allgemeines

1 Der Text der Bestimmung beruht auf der Neufassung des Betriebsverfassungsgesetzes vom 23.12. 1988 (BGBl. I 1989 S. 1), die ihrerseits die Neufassung des Schwerbehindertengestzes vom 26. 8. 1986 (BGBl. I S. 1421) zugrundelegt.

2 Die **Stellung** der **Schwerbehinderten** im Betrieb ist durch das BetrVG 1972, durch das Schwerbehindertengesetz (SchwbG) von 1974 sowie durch das Gesetz zur Änderung des Schwerbehindertengesetzes von 1986 jeweils erheblich verstärkt worden. So gehört es nach § 80 Abs. 1 Nr. 4 zu den allgemeinen Aufgaben des Betriebsrats, die Eingliederung der Schwerbehinderten in den Betrieb zu fördern. Zu diesem Zweck haben nach § 29 SchwbG Arbeitgeber, Beauftragter des Arbeitgebers, Schwerbehindertenvertretung und Betriebsrat eng zusammenzuarbeiten und sich gegenseitig bei der Erfüllung ihrer Aufgaben zu unterstützen. Um dieser Zielsetzung willen hat die Schwerbehindertenvertretung das Recht, an allen Sitzungen des Betriebsrats – nicht nur, soweit die Interessen der Schwerbehinderten berührt werden (so noch der Regierungsentwurf des BetrVG 1972, BT-Drucks. VI/1786,

8) – und seiner Ausschüsse (vgl. § 25 Abs. 4 SchwbG) sowie an den Besprechungen mit dem Arbeitgeber nach § 74 (vgl. § 25 Abs. 5 SchwbG) teilzunehmen.

Aufgaben und Stellung der Schwerbehindertenvertretung sind im SchwbG geregelt. Sie besteht aus einem einzigen Mitglied, das – je nachdem, ob das Amt von einer Frau oder einem Mann wahrgenommen wird – gem. § 24 Abs. 9 SchwbG Vertrauensfrau oder Vertrauensmann der Schwerbehinderten genannt wird. 3

Die Vorschrift gilt entsprechend für die Arbeitnehmervertretung nach § 3 Abs. 1 Nr. 2. Für die Sitzungen des Gesamtbetriebsrats hat nach § 52 die Gesamtschwerbehindertenvertretung ein Teilnahmerecht. Die Teilnahme einer Schwerbehindertenvertretung an den Sitzungen des Konzernbetriebsrats, der Jugend- und Auszubildendenvertretung und der Gesamt-Jugend- und Auszubildendenvertretung ist im Gesetz nicht vorgesehen (zum Teilnahmerecht bei den Sitzungen der Ausschüsse des Betriebsrats vgl. unten Rz. 16 f.). 4

II. Aufgaben und Stellung der Schwerbehindertenvertretung

Die Schwerbehindertenvertretung hat nach § 25 Abs. 1 Satz 1 SchwbG die Eingliederung Schwerbehinderter in den Betrieb zu fördern, die Interessen der Schwerbehinderten im Betrieb zu vertreten und ihnen beratend und helfend zur Seite zu stehen; diese Aufgaben werden in § 25 Abs. 1 Satz 2 SchwbG noch konkretisiert. Die Vertretung ist weder Organ des Betriebsras, noch stehen ihr Mitbestimmungsrechte zu (*BAG* v. 16. 8. 1977 – 1 ABR 49/76 – AP Nr. 1 zu § 23 SchwbG = EzA § 23 SchwbG Nr. 3 = DB 1977, 2287; *F/A/K/H* § 32 Rz. 10; *G/L* § 32 Rz. 9; GK-*Wiese* § 32 Rz. 10; *D/K/K/S* § 32 Rz. 1). Ob sie als ein auf eine bestimmte Gruppe von Arbeitnehmern beschränktes besonderes betriebsverfassungsrechtliches Organ (so GK-*Wiese* § 32 Rz. 9; *D/R* § 32 Rz. 2) anzusehen ist, kann dahinstehen, weil aus einer solchen Feststellung allein keine Rechtsfolgen abzuleiten wären (so auch GK-*Wiese* a. a. O.). Die Schwerbehindertenvertretung ist auch nicht Mitglied des Betriebsrats, sondern hat ein **eigenständiges Amt** und dementsprechende Verantwortung. Allerdings kann ein und dieselbe Person zugleich beide Ämter innehaben (*F/A/K/H* § 32 Rz. 11; *G/L* § 32 Rz. 9; GK-*Wiese* und *D/K/K/S*, jeweils a. a. O.). In diesem Fall ist der Vertrauensmann oder die Vertrauensfrau trotz Mitgliedschaft im Betriebsrat als Schwerbehindertenvertretung nicht an Beschlüsse des Betriebsrats gebunden. Die Schwerbehindertenvertretung kann dann auch gegenüber dem Arbeitgeber eine nicht mit der Auffassung des Betriebsrats übereinstimmende eigene Meinung vertreten. Beide Ämter beginnen und enden unabhängig voneinander (GK-*Wiese* und *F/A/K/H*, jeweils a. a. O.). 5

Nach § 24 Abs. 1 SchwbG werden in Betrieben, in denen wenigstens fünf Schwerbehinderte nicht nur vorübergehend beschäftigt sind, ein Vertrauensmann oder eine Vertrauensfrau und mindestens ein Stellvertreter **gewählt**. Wahlberechtigt sind dabei alle im Betrieb beschäftigten Schwerbehinderten; wählbar sind alle in dem Betrieb nicht nur vorübergehend Beschäftigten, die am Wahltag das 18. Lebensjahr vollendet haben und dem Betrieb (im Regelfall) mindestens seit sechs Monaten angehören. Der Vertrauensmann oder die Vertrauensfrau der Schwerbehinderten und deren Stellvertreter brauchen nicht selbst schwerbehindert zu sein (*Wilrodt/Neumann* § 24 Rz. 27; *F/A/K/H* § 32 Rz. 4). Ihre Amtszeit beträgt vier Jahre. Sie endet vorzeitig bei Niederlegung des Amtes, Aus- 6

§ 32   2. Teil 3. Abschn. *Geschäftsführung des Betriebsrats*

scheiden aus dem Betrieb oder durch Beschluß des Widerspruchsausschusses der Hauptfürsorgestelle wegen gröblicher Pflichtverletzung (§ 24 Abs. 8 SchwbG).

7 Der Schwerbehindertenvertretung sind, damit sie ihren Aufgaben wirksam nachgehen kann, neben dem in § 32 erörterten Recht, gesetzlich eine Reihe von Befugnissen eingeräumt. So ist der Arbeitgeber verpflichtet, die Schwerbehindertenvertretung in allen Angelegenheiten, die einzelne oder Gruppen von Schwerbehinderten betreffen, rechtzeitig und umfassend zu unterrichten, sie vor einer Entscheidung zu hören und ihr die getroffene Entscheidung unverzüglich mitzuteilen. Die Durchführung oder Vollziehung einer ohne solche Beteiligung getroffenen Entscheidung ist auszusetzen; die Beteiligung ist dann innerhalb von sieben Tagen nachzuholen; erst danach ist endgültig zu entscheiden (§ 25 Abs. 2 SchwbG). Ist der Vertrauensmann oder die Vertrauensfrau der Schwerbehinderten zugleich Mitglied des Betriebsrats, muß er sich seine Kenntnis aus der Anhörung dieses Gremiums zurechnen lassen (*LAG München* vom 30. 8. 1989 – 5 Sa 419/89 – DB 1989, 2236). Der Arbeitgeber muß auch gem. § 14 Abs. 1 Satz 2 SchwbG prüfen, ob freie Arbeitsplätze mit Schwerbehinderten besetzt werden können; bei dieser Prüfung soll der Arbeitgeber die Schwerbehindertenvertretung hören. Bewerbungen von Schwerbehinderten sind mit der Schwerbehindertenvertretung zu erörtern und mit ihrer Stellungnahme dem Betriebsrat mitzuteilen; Schwerbehinderte können nach § 25 Abs. 3 SchwbG die Schwerbehindertenvertretung bei der Einsicht in ihre Personalakten hinzuziehen. Die Schwerbehindertenvertretung ist nach § 25 Abs. 6 SchwbG berechtigt, mindestens einmal im Kalenderjahr eine Versammlung der Schwerbehinderten im Betrieb durchzuführen. Sie ist ferner nach § 25 Abs. 5 SchwbG zu Besprechungen zwischen Arbeitgeber und Betriebsrat nach § 24 Abs. 1 hinzuziehen (*D/K/K/S* § 32 Rz 2, nach früherem Recht a. A. *BAG* vom 19. 1. 1984 – 6 ABR 19/83 – AP Nr. 4 zu § 74 BetrVG 1972 = DB 1984, 1529).

8 Die **persönliche Rechtsstellung** des Vertrauensmanns oder der Vertrauensfrau der Schwerbehinderten entspricht nach § 26 Abs. 3 SchwbG der von Betriebsratsmitgliedern; der Stellvertreter genießt den Schutz des Gesetzes nur für die Dauer der Verhinderung des Vertrauensmanns oder der Vertrauensfrau (*Wilrodt/Neumann* § 26 Rz. 8). Vor allem hat der Vertrauensmann oder die Vertrauensfrau denselben Kündigungsschutz wie ein Betriebsratsmitglied. So ist nach § 103 eine außerordentliche Kündigung auch nur mit Zustimmung des Betriebsrats zulässig (*F/A/K/H* § 32 Rz. 12). Der Vertrauensmann oder die Vertrauensfrau der Schwerbehinderten darf nach § 26 Abs. 2 SchwbG in der Ausübung des Amtes nicht behindert oder wegen des Amtes weder benachteiligt noch begünstigt werden. Auch sind sie nach § 26 Abs. 4 SchwbG von ihrer Arbeitsleistung ganz oder teilweise ohne Minderung des Arbeitsentgelt zu befreien, wenn und soweit es zur Durchführung ihrer Aufgaben oder zur Teilnahme an Schulungs- und Bildungsveranstaltungen erforderlich ist. Der freigestellte Vertrauensmann oder die freigestellte Vertrauensfrau genießt nach § 26 Abs. 5 SchwbG besonderen beruflichen Schutz. Auch die Bestimmungen über den Freizeitausgleich gelten nach § 26 Abs. 6 SchwbG entsprechend. Den Vertrauensmann und die Vertrauensfrau der Schwerbehinderten trifft ferner in bezug auf **Betriebs- und Geschäftsgeheimnisse** und in bezug auf **persönliche Verhältnisse und Angelegenheiten der Beschäftigten** dieselbe Verschwiegenheitspflicht wie die Betriebsratsmitglieder (§ 26 Abs. 7 SchwbG; strafrechtliche Sanktion in § 69 SchwbG vorgesehen). Die Kosten für die Tätigkeit der Schwerbehindertenvertretung sind gem. § 26 Abs. 8 SchwbG vom

Arbeitgeber zu tragen. Die Räume und der Geschäftsbedarf, der die Arbeitgeber dem Betriebsrat für dessen Sitzungen, Sprechstunden und laufende Geschäftsführung zur Verfügung stellt, stehen nach § 26 Abs. 9 SchwbG für die gleichen Zwecke auch der Schwerbehindertenvertretung zur Verfügung, soweit hierfür nicht eigene Räume und sächliche Mittel bereitgestellt werden.

III. Teilnahme an den Sitzungen des Betriebsrats

Der Vorsitzende des Betriebrats hat nach § 29 Abs. 2 Satz 4 die Schwerbehindertenvertretung zu den Sitzungen des Betriebsrats unter rechtzeitiger Mitteilung der Tagesordnung einzuladen. Sind schwerbehinderte Arbeitnehmer in einem Betrieb tätig, für die eine Schwerbehindertenvertretung nicht gewählt werden kann oder gewählt worden ist, so ist die **Gesamtschwerbehindertenvertretung** einzuladen (vgl. § 27 Abs. 5 und 6 i. V. m. § 25 Abs. 4 SchwbG). Die Einladung ist an die Schwerbehindertenvertretung oder Gesamtschwerbehindertenvertretung zu richten. Ist der Vertrauensmann oder die Vertrauensfrau der Schwerbehinderten verhindert, so wird die Einladung vom Stellvertreter entgegengenommen, der dann auch an der Sitzung teilnehmen kann (wie hier GK-*Wiese* § 32 Rz. 12; für unmittelbare Ladung des Stellvertreters anstelle des verhinderten Vertrauensmannes oder der verhinderten Vertrauensfrau: *G/L* § 32 Rz. 11; *F/A/K/H* § 32 Rz. 17; *D/R* § 32 Rz. 19). 9

Nach § 25 Abs. 4 Satz 1 Halbsatz 2 SchwbG kann die Schwerbehindertenvertretung auch beantragen, Angelegenheiten, die einzelne Schwerbehinderte oder die Schwerbehinderten als Gruppe besonders betreffen, auf die Tagesordnung der nächsten Sitzung zu setzen. Einem solchen Antrag muß der Betriebsratsvorsitzende nachkommen (vgl. dazu § 29 Rz. 22). 10

Die Schwerbehindertenvertretung hat einen **eigenständigen Anspruch** auf Teilnahme an allen Sitzungen des Betriebsrats (*G/L* § 32 Rz. 10; *F/A/K/H* § 32 Rz. 13; *D/K/K/S* § 32 Rz. 2). Es bedarf somit keiner besonderen Hinzuziehung durch den Betriebsrat, wie dies bei einem Gewerkschaftsbeauftragten nach § 31 der Fall ist. Es ist auch nicht etwa notwendig, daß in der Betriebsratssitzung Angelegenheiten erörtert werden, die besonders für die schwerbehinderten Arbeitnehmer von Interesse sind (*F/A/K/H* und *D/K/K/S*, jeweils a.a.O.; GK-*Wiese* § 32 Rz. 11; *D/R* § 32 Rz. 16). Dieses Recht kann weder durch Beschluß des Betriebsrats noch durch Tarifvertrag eingeschränkt werden (*G/L* a.a.O.). 11

Unterläßt der Betriebsratsvorsitzende die rechtzeitige Ladung der Schwerbehindertenvertretung, so handelt er pflichtwidrig. In krassen Fällen kann darauf ein Verfahren nach § 23 gestützt werden (*F/A/K/H* § 32 Rz. 20; GK-*Wiese* § 32 Rz. 12; *D/K/K/S* § 32 Rz. 5). Die Beschlüsse, die in dieser Sitzung ohne beratende Teilnahme der Schwerbehindertenvertretung gefaßt werden, sind jedoch in der Regel nicht unwirksam; nur ausnahmsweise kommt eine Nichtigkeit solcher Beschlüsse nach § 138 BGB wegen Sittenwidrigkeit in Betracht, falls der Betriebsrat die Schwerbehinderten vorsätzlich benachteiligt haben sollte (GK-*Wiese* a.a.O.; *G/L* § 32 Rz. 12; ebenso, aber ohne Zulassung der Ausnahme: *F/A/K/H* a.a.O.). 12

Eine **Verpflichtung der Schwerbehindertenvertretung**, an den Sitzungen teilzunehmen, besteht nicht (GK-*Wiese* § 32 Rz. 13; *G/L* § 32 Rz. 13; *F/A/K/H* § 32 Rz. 21; *D/K/K/S* § 32 Rz. 6). Sie hat aber aufgrund ihrer gesetzlichen Aufgaben 13

§ 32   2. Teil 3. Abschn. *Geschäftsführung des Betriebsrats*

nach pflichtgemäßem Ermessen anhand der mitgeteilten Tagesordnung zu entscheiden, ob sie entweder an der ganzen Sitzung des Betriebsrats oder nur an den Beratungen zu einzelnen Tagesordnungspunkten oder überhaupt nicht teilnimmt. Verzichtet sie auf die Teilnahme, obwohl ihre Aufgabenstellung sie erfordert hätte, kann es zu einem Amtsenthebungsverfahren nach § 24 Abs. 8 SchwbG kommen (GK-*Wiese* und *D/K/K/S*, jeweils a. a. O.).

14 Nimmt die Schwerbehindertenvertretung an Sitzungen des Betriebsrats teil, so hat ihr der Sitzungsleiter auf Wunsch **das Wort zu erteilen**. Der Vertrauensmann (oder die Vertrauensfrau) kann sich dann zu allen Angelegenheiten äußern, also nicht nur zu den Fragen, die die Schwerbehinderten unmittelbar betreffen. Er kann auch den Abstimmungen des Betriebsrats beiwohnen. Ein Stimmrecht steht ihm jedoch nicht zu; ebensowenig kann er besondere Anträge stellen (*G/L* a. a. O.; *F/A/K/H* § 32 Rz. 24; GK-*Wiese* § 32 Rz. 14; *D/K/K/S* § 32 Rz. 7). Die Schwerbehindertenvertretung ist jedoch nach § 35 Abs. 3 und § 25 Abs. 4 SchwbG berechtigt, die **Aussetzung eines Betriebsratsbeschlusses** zu beantragen, wenn er nach ihrer Ansicht wichtige Interessen der Schwerbehinderten erheblich beeinträchtigt oder sie nicht nach § 25 Abs. 2 SchwbG an einer sie betreffenden Angelegenheit beteiligt worden ist (vgl. Erläuterungen zu § 35).

15 Die Teilnahme an den Sitzungen des Betriebsrats ist regelmäßig als notwendige Versäumnis von Arbeitszeit anzusehen, so daß dem Vertrauensmann oder der Vertrauensfrau der Schwerbehinderten für diese Zeit das **Arbeitsentgelt fortzuzahlen** ist. Eine Ausnahme gilt dann, wenn die Teilnahme für die Schwerbehindertenvertretung vorher erkennbar offensichtlich überflüssig war (GK-*Wiese* § 32 Rz. 17). Wie ein Mitglied des Betriebsrats bedarf der Vertrauensmann oder die Vertrauensfrau der Schwerbehinderten zur Teilnahme an einer Sitzung des Betriebsrats oder seiner Ausschüsse **der Arbeitsbefreiung durch den Arbeitgeber** (vgl. die entsprechenden Erläuterungen zur Befreiung der Betriebsrasmitglieder unten § 37 Rz. 37). Nach herrschender Rechtsauffassung hat er sich aber lediglich bei seinem zuständigen Vorgesetzten abzumelden und unmittelbar nach Ende der Sitzung zurückzumelden (*F/A/K/H* § 32 Rz. 22; GK-*Wiese* § 32 Rz. 16; *D/K/K/S* § 32 Rz. 8).

IV. Anwendung auf die Ausschüsse des Betriebsrats

16 Nach § 25 Abs. 4 SchwbG hat die Schwerbehindertenvertretung auch das Recht, an allen Sitzungen des Betriebsausschusses und der weiteren Ausschüsse des Betriebsrats teilzunehmen. Entgegen der höchstrichterlichen Rechtsprechung und einer Minderheitsauffassung im Fachschrifttum (vgl. *BAG* zum 4. 6. 1987 – 6 ABR 70/85 – AP Nr. 2 zu § 22 SchwbG = EzA § 108 BetrVG 1972 Nr. 6 = DB 1987, 2467; vom 19. 1. 1984 – 6 ABR 19/83 – AP Nr. 4 zu § 74 BetrVG 1972 = DB 1984, 1529 = NZA 1984, 166; *D/K/K/S* § 32 Rz. 2) hat sie dagegen kein Teilnahmerecht in bezug auf die Sitzungen des Wirtschaftsauschusses (*D/R* § 32 Rz. 20; GK-*Fabricius* § 108 Rz. 41; *Wilrodt/Neumann* § 25 Rz. 15; vgl. zur Begründung auch Erläuterungen oben § 31 Rz. 22). Auch kann sie trotz des auf den ersten Blick dafür sprechenden Gesetzeswortlauts (§ 25 Abs. 4 Satz 1 SchwbG i. V. m. § 107 Abs. 3) nicht an den Sitzungen eines Ausschusses teilnehmen, dem der Betriebsrat die Aufgaben des Wirtschaftsausschusses übertragen hat (*F/A/K/H* und *D/R*, jeweils a. a. O.). Die Besonderheit des dem Wirtschaftsausschuß übertragenen Auf-

gabenbereichs schließt eine Gleichstellung mit den sonstigen Ausschüssen des Betriebsrats aus. Die Rechtstellung der Schwerbehindertenvertretung kann nicht stärker sein als die der Betriebsratsmitglieder, die dem Wirtschaftsausschuß nicht angehören (**a. A.** *D/K/K/S* a. a. O.).
Die Verpflichtung, die Schwerbehindertenvertretung einzuladen, trifft somit auch 17 die Vorsitzenden der Ausschüsse (vgl. oben § 27 Rz. 38 und § 28 Rz. 16). Auch im übrigen ist die Teilnahme der Schwerbehindertenvertretung an den Sitzungen der Ausschüsse rechtlich wie ihre Teilnahme an den Sitzungen des Betriebsrats selbst zu behandeln (oben Rz. 9–15; vgl. auch GK-*Wiese* § 32 Rz. 3; *D/R* § 32 Rz. 20; *G/L* § 32 Rz. 10).

V. Streitigkeiten

Streitigkeiten über die Teilnahme der Schwerbehindertenvertretung an den Sit- 18 zungen des Betriebsrats und dessen Ausschüssen sowie ihre Befugnisse im Rahmen der Betriebsverfassung entscheiden die Arbeitsgerichte im Beschlußverfahren. Dabei ist die Schwerbehindertenvertretung antragsberechtigt (so auch *BAG* vom 21..9. 1989 – 1 AZR 465/88 – AP Nr. 1 zu § 25 SchwbG = DB 1990, 796 = EzA § 14 SchwbG 1986 Nr. 2). Über bürgerliche Rechtsstreitigkeiten aus dem Arbeitsverhältnis ist dagegen im Urteilsverfahren zu entscheiden. Dazu gehört aber nicht der Anspruch auf Ersatz von Kosten gem. § 26 Abs. 4–8 SchwbG (*BAG* a. a. O.; vgl. dazu auch unten Rz. 107 zu § 40; **a. A.** *BAG* vom 16. 8. 1977 – 1 ABR 49/76 – AP Nr. 1 zu § 23 SchwbG = EzA § 23 SchwbG Nr. 3 = DB 1977, 2287; GK-*Wiese* § 32 Rz. 18).

§ 33 Beschlüsse des Betriebsrats

(1) Die Beschlüsse des Betriebsrats werden, soweit in diesem Gesetz nichts anderes bestimmt ist, mit der Mehrheit der Stimmen der anwesenden Mitglieder gefaßt. Bei Stimmengleichheit ist ein Antrag abgelehnt.
(2) Der Betriebsrat ist nur beschlußfähig, wenn mindestens die Hälfte der Betriebsratsmitglieder an der Beschlußfassung teilnimmt; Stellvertretung durch Ersatzmitglieder ist zulässig.
(3) Nimmt die Jugend- und Auszubildendenvertretung an der Beschlußfassung teil, so werden die Stimmen der Jugend- und Auszubildendenvertreter bei der Feststellung der Stimmenmehrheit mitgezählt.

Literaturübersicht

Buchholz Die Nachprüfung von Betriebsvertretungsbeschlüssen durch die Gerichte, 1933; *Fitting* Zur Beschlußfassung der großen Betriebsräte, BetrVerf. 1957, 22; *Groß* Die Nachprüfbarkeit von Beschlüssen des Betriebsrats durch das Arbeitsgericht, AuR 1953, 71; *Heinze* Wirksamkeitsvoraussetzungen von Betriebsratsbeschlüssen und Folgen fehlerhafter Beschlüsse, DB 1973, 2089; *Müller* Die Willensbildung und die Erklärungen des Betriebsrates, RdA 1950, 206; *Oetker* Interessenkollision bei der Ausübung betriebsverfassungsrechtlicher Beteiligungsrechte, ZfA 1984, 409; *ders.* Der nichtige Betriebsratsbeschluß, BlStSoz-

§ 33 *2. Teil 3. Abschn. Geschäftsführung des Betriebsrats*

ArbR 1984, 129; *Perwitz* Anfechtung und Nichtigkeit von Betriebsratsbeschlüssen, Diss. Köln, 1965; *Schmitt, M.* Befangenheitsprobleme im Betriebsverfassungsrecht, NZA 1987, 78; *Schuckardt* Der Betriebsratsbeschluß, Diss. Köln, 1965.

Inhaltsübersicht

		Rz.
I.	Allgemeines	1– 3
II.	Voraussetzungen der Beschlußfassung	4–14
	1. Beschlußfähigkeit	6–11
	2. Sonstige Voraussetzungen	12–14
III.	Abstimmung	15–20
IV.	Beschlußmängel	21–30
	1. Inhaltliche Mängel	22–24
	2. Verfahrensmängel	25–30
V.	Änderung von Beschlüssen	31
VI.	Anwendung auf die Ausschüsse des Betriebsrats	32
VII.	Streitigkeiten	33

I. Allgemeines

1 Die Vorschrift regelt die Beschlußfassung des Betriebsrats und damit die Willensbildung dieses Kollegialorgans.

2 Für die Beschlußfassung des Gesamtbetriebsrats, Konzernbetriebsrats und der Gesamt-Jugend- und Auszubildendenvertretung gelten dagegen besondere Bestimmungen (§ 47 Abs. 7 und 8, § 51 Abs. 4, § 55 Abs. 4, § 59 Abs. 1, § 72 Abs. 7 und § 73 Abs. 2). Auf Beschlüsse des Gesamtbetriebsausschusses und Konzernbetriebsausschusses sowie weiterer Ausschüsse des Gesamtbetriebsrats und des Konzernbetriebsrats sind § 33 Abs. 1 und 2 dagegen kraft gesetzlicher Verweisung anzuwenden (§ 51 Abs. 5, § 59 Abs. 1). Nach § 65 Abs. 1 gelten die Abs. 1 und 2 uneingeschränkt für die Beschlüsse des Jugend- und Auszubildendenvertretung. Die Vorschrift gilt insgesamt auch für die Beschlüsse der Arbeitnehmervertretung nach § 3 Abs. 1 Nr. 2 (zur Anwendung auf die Beschlußfassung der Ausschüsse des Betriebsrats vgl. unten Rz. 32).

3 Die Regelung über die Beschlußfassung des Betriebsrats ist **zwingendes Recht**. Abweichende Regelungen sind nicht zulässig. Auch die Geschäftsordnung kann keine andere Regelung treffen, sondern allenfalls nähere Bestimmungen über die Durchführung der Beschlußfassung vorsehen (*F/A/K/H* § 33 Rz. 3; GK-*Wiese* § 33 Rz. 5; *G/L* § 33 Rz. 9).

II. Voraussetzungen der Beschlußfassung

4 Der Betriebsrat als ein Kollegialorgan trifft seine **Entscheidungen durch Beschluß**. Willensbildung auf andere Weise ist rechtlich unwirksam (*LAG Frankfurt* vom 16. 10. 1984 – 4 Ta BV 98/83 – DB 1984, 1534; *F/A/K/H* § 33 Rz. 4; *G/L* § 33 Rz. 1; GK-*Wiese* § 33 Rz. 7; *S/W* § 33 Rz. 1; *D/K/K/S* § 33 Rz. 2). Da nach dem Gesetz Beschlußfassung nach mündlicher Beratung durch die anwesenden Mitglieder notwendig ist, können Entscheidungen nur in förmlichen Sitzungen getroffen werden, nicht etwa auch in Besprechungen mit dem Arbeitgeber nach § 74 Abs. 1 (*F/A/K/H* § 33 Rz. 13; GK-*Wiese* § 33 Rz. 9; *D/R* § 33 Rz. 3). Vor allem können Beschlüsse nicht – anders als Beschlüsse des Aufsichtsrats nach § 108 Abs. 4 AktG – im **Umlaufverfahren** herbeigeführt werden, selbst wenn alle Betriebsratsmitglieder damit einverstanden wären (*BAG* vom 4. 8. 1975 – 2 AZR 266/74 – EzA § 102 BetrVG 1972 Nr. 14 m. Anm. *Nickel* = DB 1975, 2184; *F/A/K/H* § 33 Rz. 14; *S/W* a. a. O.; GK-*Wiese* § 33 Rz. 10; *Heinze* DB 1973, 2089, 2091; *D/K/K/S* a. a. O.; **a. A.** *LAG München* vom 6. 8. 1974 – 5 Sa 395/74 – DB 1975, 1228; bei klaren und einfachen Sachverhalten außerdem *Brill* AuR 1975, 20 und *Meisel* 164). Ebensowenig wäre eine Entscheidung durch bloßes **Stillschweigen** möglich (GK-*Wiese* § 33 Rz. 25; *F/A/K/H* § 33 Rz. 21; *D/R* § 33 Rz. 21; *D/K/K/S* a. a. O.). Stillschweigen ist nicht zu verwechseln mit Abstimmung über einen Antrag durch **schlüssiges Verhalten**. Da ein bestimmtes Verfahren bei der Abstimmung nicht vorgeschrieben ist, kann ein Beschluß auch dadurch zustandekommen, daß sich auf die Frage des Sitzungsleiters, ob dem Antrag widersprochen wird, niemand äußert (GK-*Wiese* § 33 Rz. 26; *D/K/K/S* § 33 Rz. 8). In den Fällen des § 99 Abs. 3 Satz 2 und des § 102 Abs. 2 Satz 2 hat allerdings das Stillschweigen des Betriebsrats kraft Gesetzes bestimmte rechtliche Folgen (*G/L* § 33 Rz. 1; *F/A/K/H* a. a. O.). Die Willensbildung kann schließlich nicht etwa auf den Vorsitzenden übertragen werden. Ihm können nach § 27 Abs. 4 von Betriebsräten mit weniger als neun Mitgliedern allenfalls die laufenden Geschäfte zugewiesen werden. Entscheidungen können aber auch von nach den §§ 27, 28 gebildeten Ausschüssen getroffen werden, denen Angelegenheiten zur selbständigen Erledigung übertragen worden sind.

Zur Frage der Bindung des Betriebsrats an das Handeln seines Vorsitzenden **kraft** 5 **Rechtsscheins** wird auf vorangehende Erläuterungen verwiesen (§ 26 Rz. 47f.).

1. Beschlußfähigkeit

Ein Beschluß kann nur gefaßt werden, wenn **mindestens die Hälfte** der Betriebs- 6 ratsmitglieder an der Beschlußfassung teilnimmt. Dabei ist nach Abs. 2 eine Stellvertretung durch Ersatzmitglieder zulässig. Maßgebend ist die gesetzliche Mitgliederzahl des Betriebsrats (§§ 9, 11). Da der Betriebsrat stets aus einer ungeraden Zahl von Mitgliedern besteht, ist für die Beschlußfähigkeit die Teilnahme von mehr als der Hälfte der Betriebsratsmitglieder erforderlich (GK-*Wiese* § 33 Rz. 11). **Stimmberechtigte Jugend- und Auszubildendenvertreter** werden bei der Feststellung der Beschlußfähigkeit nicht mitgezählt (GK-*Wiese* a. a. O.; *F/A/K/H* § 33 Rz. 11; *D/R* § 33 Rz. 8; *D/K/K/S* § 33 Rz. 3). Ist die Gesamtzahl der Betriebsratsmitglieder auch nach Eintreten sämtlicher Ersatzmitglieder unter die vorgeschriebene Anzahl gesunken, so ist bis zu der nach § 13 Abs. 2 Nr. 2 erforderlichen Neuwahl des Betriebsrats von der Anzahl der noch vorhandenen Betriebsratsmitglieder einschließlich der nachgerückten Ersatzmitglieder auszugehen (*BAG* vom 18. 8. 1982 – 7 AZR 437/80 – EzA § 102 BetrVG 1972 Nr. 48 m. Anm. *Heinze* = DB 1983, 288; GK-*Wiese* a. a. O.; *F/A/K/H* § 33 Rz. 6; *D/K/K/S* § 33 Rz. 4). Eine **Mindestbeteiligung der Gruppen** ist nicht vorgeschrieben (GK-*Wiese* a. a. O.; *D/K/K/S* § 33 Rz. 3).

Die Beschlußfähigkeit setzt nach dem klaren Gesetzeswortlaut die Teilnahme 7 mindestens der Hälfte der Betriebsratsmitglieder **an der Beschlußfassung** voraus.

§ 33   *2. Teil 3. Abschn. Geschäftsführung des Betriebsrats*

Es genügt nicht die bloße Anwesenheit der Hälfte der Mitglieder. Die Beschlußunfähigkeit kann auch dadurch eintreten, daß ein anwesendes Betriebsratsmitglied, auf dessen Stimme es ankommt, nicht an der Abstimmung teilnimmt (*F/A/H/K* § 33 Rz. 7, 9; GK-*Wiese* § 33 Rz. 15; *D/K/K/S* § 33 Rz. 5; **a.A.** *D/R* § 33 Rz. 7). Somit bedarf es der Feststellung, daß mindestens die Hälfte der Betriebsratsmitglieder an der Abstimmung teilgenommen hat. Stimmen und Gegenstimmen sowie Enthaltungen müssen getrennt gezählt und zusammengerechnet werden. Es reicht nicht aus, die abgegebenen Stimmen zu zählen und die Beteiligung der übrigen anwesenden Betriebsratsmitglieder an der Sitzung jeweils als Enthaltung zu werten. Nach der Neufassung des § 33 Abs. 2, die nicht mehr auf die Zahl der Anwesenden, sondern der an der Beschlußfassung teilnehmenden Betriebsratsmitglieder abstellt, kann keine tatsächliche Vermutung anerkannt werden, daß anwesende Betriebsratsmitglieder, die weder für noch gegen den Beschluß gestimmt haben, sich der Stimme enthalten hätten (GK-*Wiese* § 33 Rz. 13; *S/W* § 33 Rz. 3; **a.A.** *F/A/H/K* § 33 Rz. 7; *D/K/K/S* a.a.O.; *Kammann/Hess/Schlochauer* § 33 Rz. 15). Wer erklärt, an der Abstimmung nicht teilzunehmen, wird auch als nicht teilnehmendes Betriebsratsmitglied gezählt (*F/A/K/H* und GK-*Wiese*, jeweils a.a.O.; **a.A.** *D/R* § 33 Rz. 6; *Kammann/Hess/Schlochauer* a.a.O., die dann unter Heranziehung des § 162 BGB die Beschlußfähigkeit annehmen). Es ist Pflicht des Vorsitzenden, die Beschlußfähigkeit für jeden Beschluß festzustellen (*S/W* a.a.O.; GK-*Wiese* a.a.O.; **a.A.** *D/R* § 33 Rz. 9; *F/A/K/H* a.a.O.; *Kamann/Hess/Schlochauer* § 33 Rz. 18). Zwar hängt die Beschlußfähigkeit nicht von dieser Feststellung ab; jedoch müssen die Teilnehmer Gelegenheit haben, nach einem unwirksamen Beschluß eine Wiederholung der Beschlußfassung zu beantragen.

8 Die Beschlußfähigkeit muß **bei der jeweiligen Abstimmung**, nicht bei Beginn der Betriebsratssitzung, gegeben sein (*F/A/K/H* § 33 Rz. 9; *D/R* § 33 Rz. 11; *S/W* a.a.O.; GK-*Wiese* § 33 Rz. 15; *D/K/K/S* § 33 Rz. 7). Der zu Beginn der Sitzung beschlußunfähige Betriebsrat kann daher durch Heranholung weiterer Mitglieder nachträglich beschlußfähig werden (*G/L* § 33 Rz. 7; *F/A/K/H* und *D/K/K/S*, jeweils a.a.O.). Vorher gefaßte Beschlüsse sind nur wirksam, wenn sie wiederholt werden (*G/L* a.a.O.).

9 Da der Beschluß eines beschlußunfähigen Betriebsrats unwirksam ist, empfiehlt es sich, in der Sitzungsniederschrift, in die nach § 34 die Beschlüsse aufzunehmen sind, bei der Angabe der Stimmenmehrheit nicht nur die Ja- und Nein-Stimmen, sondern auch die Stimmenthaltungen ausdrücklich zu vermerken. Ferner erscheint es zweckmäßig, die Erklärung von Mitgliedern, an der Abstimmung nicht teilzunehmen, ausdrücklich in der Sitzungsniederschrift zu erwähnen (*F/A/K/H* § 33 Rz. 8). Die Niederschrift stellt aber lediglich fest, daß ein Beschluß und mit welchem Inhalt er gefaßt worden ist. Die Protokollierung ist keine Voraussetzung für die Wirksamkeit des Beschlusses (*D/R* § 33 Rz. 20; vgl. auch unten § 34 Rz. 12).

10 Wird die **Beschlußunfähigkeit vorsätzlich** ohne triftigen Grund herbeigeführt, so liegt darin eine Pflichtverletzung, die nach § 23 zum Ausschluß aus dem Betriebsrat führen kann (*F/A/K/H* § 33 Rz. 9; GK-*Wiese* und *D/K/K/S*, jeweils a.a.O.; *G/L* § 33 Rz. 9). Es kann nicht zugelassen werden, daß die Arbeit des Betriebsrats lahmgelegt wird; auf der anderen Seite kann es auch legitim sein, durch **Verzicht auf Teilnahme an der Abstimmung** eine Entscheidung durch Zufallsmehrheit zu vermeiden (*F/A/K/H* a.a.O.).

Abs. 2 gilt entsprechend für die **Wahlen** nach den §§ 26–28 sowie für die Gruppen- 11
beschlüsse nach § 26 Abs. 2 Satz 1, § 27 Abs. 2 Satz 3, § 28 Abs. 2 Satz 1 (GK-
Wiese § 33 Rz. 12; *F/A/K/H* § 33 Rz. 9a und 12; auch oben § 26 Rz. 25 ff, § 27
Rz. 32 und § 28 Rz. 33).

2. Sonstige Voraussetzungen

Ein wirksamer Beschluß setzt ferner **ordnungsgemäße Ladung unter Mitteilung** 12
der Tagesordnung mit den zu beschließenden Punkten voraus. Erforderlich ist die
Ladung aller Betriebsratsmitglieder. Sind nicht alle Mitglieder geladen, sind die in
der Sitzung gefaßten Beschlüsse unwirksam (so auch *BAG* vom 28. 4. 1988 –
6 AZR 405/86 – EzA § 29 BetrVG 1972 Nr. 1 = DB 1988, 2259; vom 23. 8. 1984 –
2 AZR 391/83 – EzA § 103 BetrVG 1972 Nr. 30 = DB 1985, 554; *LAG Schleswig-
Holstein* vom 28. 9. 1989 – 4 Sa 339/89 – NZA 1990, 288; *LAG Saarbrücken* vom
11. 11. 1964 – Sa 141/63 – AP Nr. 2 zu § 29 BetrVG 1952 m. Anm. *Neumann-
Duesberg*; DB 1965, 148; *ArbG Heilbronn* vom 13. 6. 1989 – 4 Ca 116/89 – BB
1989, 1897; *D/R* § 33 Rz. 3; *F/A/K/H* § 33 Rz. 15, 17; *G/L* § 33 Rz. 4; *S/W* § 33
Rz. 1 und 2; *D/K/K/S* § 33 Rz. 9). Hat die Jugend- und Auszubildendenvertretung
nach § 67 Abs. 2 im Betriebsrat Stimmrecht, muß auch sie zur wirksamen Be-
schlußfassung ordnungsgemäß unter Mitteilung der Tagesordnung geladen sein.
Hingegen kommt es für die Wirksamkeit der Beschlüsse nicht darauf an, daß der
Arbeitgeber (vgl. § 29 Rz. 34), die Schwerbehindertenvertretung (§ 32 Rz. 9), der
Vertrauensmann der Zivildienstleistenden (§ 29 Rz. 31) oder der Beauftragte der
Gewerkschaft (§ 31 Rz. 12) zur Sitzung geladen worden sind (*F/A/H/K* § 33
Rz. 15; GK-*Wiese* § 33 Rz. 37 f.; *D/R* § 29 Rz. 31; vgl. auch *D/K/K/S* § 33 Rz. 9;
a. A. für den Vertrauensmann der Schwerbehinderten: *Kammann/Hess/Schlo-
chauer* § 33 Rz. 6).

Ist ein Mitglied des Betriebsrats verhindert, so ist nach § 29 Abs. 2 Satz 6 ein 13
Ersatzmitglied zu laden. Wird das Ersatzmitglied nicht geladen, so ist der
Betriebsrat an einer wirksamen Beschlußfassung gehindert (*BAG* vom 23. 8. 1984
a. a. O.; *LAG Saarbrücken* a. a. O.; *F/A/K/H* § 33 Rz. 16). Das gilt selbst dann,
wenn dem Betriebsratsvorsitzenden die Verhinderung nicht bekannt ist (**a. A.**
F/A/K/H, *D/K/K/S*, jeweils a. a. O., und die Vorauflage), da es für die Gültigkeit des Beschlusses nicht darauf ankommen kann, ob das verhinderte Betriebsratsmitglied seiner Mitteilungspflicht nach § 29 Abs. 2 Satz 5 nachgekommen ist
oder nicht, zumal sonst auch Manipulationen ermöglicht würden. Ein Beschluß ist
aber nicht deshalb unwirksam, weil ein Betriebsratsmitglied **plötzlich verhindert**
und es dem Betriebsratsvorsitzenden daher nicht möglich ist, ein Ersatzmitglied
rechtzeitig zu laden (*BAG* a. a. O.; *F/A/K/H* a. a. O.). Ist ein Betriebsratsmitglied
nicht verhindert, bleibt es jedoch der Sitzung fern, so ist für dieses Betriebsratsmitglied kein Ersatzmitglied zu laden (*F/A/K/H* a. a. O.; GK-*Wiese* § 33 Rz. 21).

Mängel der Einberufung können dadurch geheilt werden, daß sich der vollzählig 14
versammelte Betriebsrat einstimmig mit der Beratung eines Punktes und einer
Beschlußfassung darüber einverstanden erklärt (so auch *BAG* vom 28. 4. 1988
a. a. O.; *LAG Saarbrücken* a. a. O.; *D/R* § 29 Rz. 31; *G/L* § 29 Rz. 22; *D/K/K/S*
§ 33 Rz. 10; grundsätzlich auch GK-*Wiese* § 33 Rz. 36). Mängel der Einladung
können aber nicht durch Beschluß der Mehrheit der Mitglieder des Betriebsrats
geheilt werden (vgl. § 29 Rz. 25; so aber *F/A/K/H* § 33 Rz. 17 sowie für den Fall,

§ 33   2. Teil 3. Abschn. *Geschäftsführung des Betriebsrats*

daß keine Tagesordnung übersandt worden ist: GK-*Wiese* a.a.O.); denn durch die Ladung soll jedes einzelne Betriebsratsmitglied in die Lage versetzt werden, seine Meinung in die Beratungen des Betriebsrats mit der nötigen Kenntnis und dem erforderlichen Sachverstand einzubringen. Diese Möglichkeit würde dem Betriebsratsmitglied aber genommen werden, wenn der Betriebsrat in seiner Abwesenheit Entscheidungen über solche Angelegenheiten treffen könnte, von denen es keine Kenntnis erhalten hat, oder wenn trotz seines Widerspruchs über Angelegenheiten beraten und entschieden würde, auf die es sich nicht vorbereiten konnte (*BAG* a.a.O.).

III. Abstimmung

15 Die Beschlüsse des Betriebsrats werden nach Abs. 1 Satz 1 in der Regel mit der **Mehrheit der Stimmen** der anwesenden Mitglieder gefaßt. Nur ausnahmsweise sieht das Gesetz qualifizierte Mehrheiten vor (so z.B. in den §§ 27 und 28 bei der Wahl der Ausschußmitglieder oder in § 36 bei der Verabschiedung einer Geschäftsordnung).

16 Stimmenthaltung ist zwar möglich; ein Antrag ist aber nur dann angenommen, wenn er die Billigung der Mehrheit der anwesenden Mitglieder gefunden hat (einfache Stimmenmehrheit); daher wirkt sich die Stimmenthaltung eines Betriebsratsmitglieds als Ablehnung aus (*BAG* vom 17.9.1991 – 1 ABR 23/91 – BB 1991, 2535, *D/R* § 33 Rz. 12; *F/A/K/H* § 33 Rz. 22; *S/W* § 33 Rz. 4; GK-*Wiese* § 33 Rz. 22). Das Gesetz sieht auch nicht vor, daß bei **Stimmengleichheit** die Stimme des Vorsitzenden den Ausschlag gibt. Der Antrag gilt vielmehr in diesem Fall nach Abs. 1 Satz 2 als abgelehnt (*D/R* § 33 Rz. 15; *F/A/K/H* § 33 Abs. 24). Erklärt ein Mitglied des Betriebsrats, an der Beschlußfassung nicht teilzunehmen, so liegt weder eine Ja- oder Nein-Stimme noch eine Stimmenthaltung vor (*F/A/K/H* § 33 Rz. 23; vgl. auch oben Rz. 7; **a.A.** *G/L* § 33 Rz. 11; GK-*Wiese* § 33 Rz. 22; *Kammann/Hess/Schlochauer* § 33 Rz. 10, die im Widerspruch zum erklärten Willen des Teilnehmers, nicht mitzustimmen, Stimmabgabe annehmen).

17 Nimmt die **Jugend- und Auszubildendenvertretung** an der Beschlußfassung des Betriebsrats in den Fällen des § 67 Abs. 2 teil, werden die Stimmen der anwesenden Jugend- und Auszubildendenvertreter nach § 33 Abs. 3 mitgezählt (*G/L* § 33 Rz. 12; *F/A/K/H* § 33 Rz. 27; GK-*Wiese* § 33 Rz. 17; *D/K/K/S* § 33 Rz. 15; zur Frage der Beschlußfähigkeit vgl. oben Rz. 6).

18 Ist ein Betriebsratsmitglied in einer Angelegenheit **persönlich betroffen**, etwa wenn es um die Frage der Zustimmung zu einer ihm gegenüber auszusprechenden Kündigung geht, dann ist es nach § 25 Abs. 1 Satz 2 an der Ausübung seines Amtes verhindert (vgl. zur Verhinderung durch persönliches Betroffensein oben § 25 Rz. 11 ff.). Es hat deshalb bei der Abstimmung kein Stimmrecht. An seiner Stelle kann das Ersatzmitglied nach § 25 mit abstimmen (*BAG* vom 23.8.1984 a.a.O; vom 25.3.1976 – 2 AZR 163/75 – EzA § 103 BetrVG 1972 Nr. 12 = DB 1976, 1337; *S/W* § 33 Rz. 5; GK-*Wiese* § 33 Rz. 19; *D/K/K/S* § 33 Rz. 17; **a.A.** *D/R* § 33 Rz. 8; der bei dem betroffenen Betriebsratsmitglied keine zeitweilige Verhinderung, sondern nur ein Stimmverbot annimmt). Der Vorsitzende des Betriebsrats hat in einem solchen Fall rechtzeitig für die Heranziehung des Ersatzmitglieds zu sorgen (*G/L* § 33 Rz. 15). Ohne Ladung des zuständigen Ersatzmit-

glieds sind gefaßte Beschlüsse unwirksam (*BAG* vom 23. 8. 1984 a. a. O.; vgl. auch oben Rz. 13). Das verhinderte Betriebsratsmitglied darf auch an der Beratung nicht teilnehmen, weil Beratung und Beschlußfassung eine Einheit bilden und weil sonst nicht für eine von persönlichen Interessen unbeeinflußte und unbefangene Beratung gesorgt wäre (*BAG* vom 23. 8. 1984 a. a. O.; vom 26. 8. 1981 – 7 AZR 550/79 – EzA § 103 BetrVG 1972 Nr. 27 = DB 1981, 1937, 2627; GK-*Wiese* a. a. O.; F/A/K/H § 33 Rz. 26; S/W § 33 Rz. 5; *Oetker* ZfA 1984, 409, 435 f.; vgl. auch § 63 Abs. 4 SGB IV, der für alle Selbstverwaltungsorgane der Sozialversicherungsträger die Teilnahme persönlich betroffener Mitglieder bei Beratung und Abstimmung ausschließt; a. A. D/R a. a. O.). Das verhinderte Betriebsratsmitglied hat in seiner eigenen Angelegenheit aber Anspruch auf rechtliches Gehör und kann deshalb insoweit an der Sitzung teilnehmen (GK-*Wiese* a. a. O.; a. A. *Oetker* a. a. O. 436 f. und die Vorauflage).

Ein Betriebsratsmitglied ist aber nicht persönlich betroffen, wenn es um **organisa-** **19** **torische Akte des Betriebsrats** wie Wahlen innerhalb des Betriebsrats oder um die Abberufung aus Wahlämtern geht (D/R § 35 Rz. 15; F/A/K/H a. a. O.; GK-*Wiese* § 33 Rz. 20). An einer persönlichen Betroffenheit fehlt es dementsprechend, wenn über die Teilnahme eines Betriebsratsmitglieds an einer Schulungs- und Bildungsveranstaltung nach § 37 Abs. 6 beraten wird (GK-*Wiese* a. a. O.). In diesen Fällen kann das betreffende Betriebsratsmitglied mitberaten und mitstimmen.

Nähere Einzelheiten über die **Durchführung der Abstimmung**, die im Gesetz nicht **20** geregelt ist, können in der Geschäftsordnung nach § 36 festgelegt werden. Der Betriebsrat kann aber auch in der Sitzung selbst beschließen, ob die Abstimmung mündlich oder schriftlich, ob sie öffentlich oder geheim erfolgen soll. Er kann auch die Reihenfolge der Stimmabgabe und die Feststellung des Ergebnisses festlegen (D/R § 33 Rz. 19; D/K/K/S § 33 Rz. 11). Allerdings kann der Betriebsrat nicht eine andere Stimmenmehrheit fordern, als im Gesetz vorgesehen ist (D/R § 33 Rz. 17).

IV. Beschlußmängel

Beschlüsse des Betriebsrats können an Mängeln leiden, die sowohl ihren **Inhalt** als **21** auch ihr **Zustandekommen** betreffen (*BAG* vom 23. 8. 1984 a. a. O.; F/A/K/H § 33 Rz. 36 ff.; D/R § 33 Rz. 36; GK-*Wiese* § 33 Rz. 32 ff.). Die Rechtsfolgen dieser Mängel sind gesetzlich nicht geregelt und somit lange Zeit umstritten gewesen. Inzwischen haben aber Rechtsprechung und Fachschrifttum zu weithin übereinstimmenden Lösungen gefunden (zu den Auswirkungen von Beschlußmängeln auf die Vertretung des Betriebsrats durch dessen Vorsitzenden vgl. oben § 26 Rz. 44 ff.). Zurückzugreifen ist dabei auf die allgemeinen Regeln des Privatrechts, dem das Betriebsverfassungsrecht nach heute weit überwiegender Rechtauffassung (vgl. dazu oben Rz. 15 vor § 1) zugehört.

1. Inhaltliche Mängel

22 Nach den allgemeinen Regeln des Privatrechts kann der Beschluß des Betriebsrats ebenso wie die einzelne Stimmabgabe der Betriebsratsmitglieder nach § 134 BGB nichtig sein, wenn er gegen das Gesetz, eine Verordnung, einen Tarifvertrag oder eine Unfallverhütungsvorschrift der Berufsgenossenschaften verstößt (*F/A/K/H* § 33 Rz. 38; *G/L* § 33 Rz. 19; GK-*Wiese* § 33 Rz. 34; *D/K/K/S* § 33 Rz. 21). Dasselbe gilt bei einem Verstoß gegen die guten Sitten (*G/L* und GK-*Wiese*, jeweils a.a.O.). Schließlich besteht auch Einigkeit darüber, daß ein Beschluß unwirksam ist, wenn der Betriebsrat für die behandelte Frage nicht zuständig ist (vgl. die aufgeführten Autoren sowie *D/R* § 33 Rz. 37).

23 Die **Anfechtungsregeln** der §§ 119 ff. BGB können auf den Beschluß des Betriebsrats selbst nicht angewendet werden, weil es sich hier nicht um eine Willenserklärung, sondern um einen Gesamtakt handelt. Ebenso greift die für die Betriebsratswahl geltende besondere Anfechtungsmöglichkeit des § 19 hier ein, weil sie eng auf die besonderen Bedingungen der Betriebsratswahl zugeschnitten ist (im Ergebnis ebenso *D/R* § 33 Rz. 31; GK-*Wiese* § 33 Rz. 33; *G/L* § 33 Rz. 18; *F/A/K/H* § 33 Rz. 36; *Heinze* DB 1973, 2089, 2094 f.; zu den Mängeln von Wahlen im Betriebsrat vgl. § 26 Rz. 25 ff., § 27 Rz. 32 und § 28 Rz. 13).

24 Betriebsratsmitglieder können hingegen die **Stimmabgabe**, also die von ihnen abgegebene Willenserklärung, nach den §§ 119 ff. BGB anfechten (*D/R* § 33 Rz. 32; GK-*Wiese* und *F/A/K/H* jeweils a.a.O.; *D/K/K/S* § 33 Rz. 20; *Perwitz* Anfechtung und Nichtigkeit von Betriebsratsbeschlüssen, 85 f.). Wird die Stimmabgabe von einzelnen Abstimmungsteilnehmern wirksam angefochten, so liegt insoweit nach § 142 BGB keine gültige Stimmabgabe vor. Dadurch kann es an der erforderlichen Beschlußmehrheit für einen Antrag fehlen. Ist dies der Fall, ist der Beschluß nicht wirksam (GK-*Wiese*, *F/A/K/H* und *D/K/K/S*, jeweils a.a.O.). Der unwirksame Beschluß darf weder vom Betriebsratsvorsitzenden nach außen erklärt noch durchgeführt werden (**a.A.** *D/R* § 33 Rz. 32, der zu Unrecht der Beschlußfeststellung durch den Sitzungsleiter eine im Gesetz nicht vorgesehene konstitutive Wirkung zuspricht). Wegen der strengen gesetzlichen Verknüpfung von interner Willensbildung und Willenserklärung nach außen (vgl. oben Rz. 26 Rz. 47) bleibt der Beschluß in einem solchen Fall auch im Außenverhältnis nicht wirksam (**a.A.** GK-*Wiese* a.a.O.).

2. Verfahrensmängel

25 Nicht jeder **Verstoß gegen das ordnungsgemäße Verfahren** der Beschlußfassung führt zur Unwirksamkeit des Beschlusses, sondern nur die Verletzung solcher Verfahrensvorschriften, die für das ordnungsgemäße Zustandekommen des Beschlusses **wesentlich** sind (so auch *BAG* vom 23. 8. 1984 a.a.O.; *D/R* § 33 Rz. 36; *G/L* § 33 Rz. 19; *F/A/K/H* § 33 Rz. 39; GK-*Wiese* § 33 Rz. 35; *D/K/K/S* § 33 Rz. 21). Über diese Fälle besteht im Fachschrifttum weitgehend Einigkeit; zum Teil sind sie auch durch die höchstrichterliche Rechtsprechung bereits geklärt.

26 Die Beschlüsse müssen in einer förmlichen Sitzung des Betriebsrats gefaßt werden, zu der grundsätzlich alle Betriebsratsmitglieder einschließlich etwaiger Ersatzmitglieder unter Mitteilung der Tagesordnung ordnungsgemäß geladen sind (vgl. dazu und zur Möglichkeit der Heilung von Fehlern oben unter Rz. 12 ff.).

Beschlüsse des Betriebsrats § 33

Haben auch nicht stimmberechtigte Personen an der Abstimmung teilgenommen 27
– z. B. Ersatzmitglieder bei fehlender Verhinderung von Betriebsratsmitgliedern
oder Mitglieder der Jugend- und Auszubildendenvertretung (außer nach § 67
Abs. 2) oder Betriebsratsmitglieder, die von einer Angelegenheit persönlich betroffen sind (vgl. oben Rz. 18), Gewerkschaftsvertreter oder die Schwerbehindertenvertretung –, so ist der Beschluß unwirksam, sofern nicht die Stimmabgabe
offensichtlich ohne Einfluß auf das Abstimmungsergebnis geblieben ist (*D/R* § 33
Rz. 38; *F/A/K/H* § 33 Rz. 40; GK-*Wiese* § 33 Rz. 39; *G/L* § 33 Rz. 21; *Oetker*
BlStSozArbR 1984, 129, 133 sowie ZfA 1984, 409, 438; a. A. für den Fall der
Teilnahme an der Abstimmung trotz Befangenheit: *Schmitt* NZA 1987, 78, 81).
Der Beweis, daß das Abstimmungsergebnis durch die unzulässig abgegebenen
Stimmen nicht berührt worden ist, wird durch die Sitzungsniederschrift geführt
(GK-*Wiese, D/R*, jeweils a. a. O.).
Der Beschluß ist auch wirksam, wenn die Abstimmung nicht von der dazu befug- 28
ten Person, in der Regel also vom Betriebsratsvorsitzenden (vgl. § 29 und Erläuterungen dort) **geleitet** worden ist (GK-*Wiese* § 33 Rz. 40; *D/R* § 30 Rz. 17). Wirksamkeitsvoraussetzung ist allerdings die Beschlußfähigkeit des Betriebsrats bei der
Beschlußfassung (vgl. oben unter Rz. 6ff.), bei Beschlüssen über die Übertragung
von Aufgaben an Ausschüsse zur selbständigen Erledigung sowie bei Erlaß der
Geschäftsordnung auch die Einhaltung der Schriftform (vgl. oben § 27 Rz. 57, § 28
Rz. 23 und § 36 Rz. 10).
Ist der Beschluß unter Verletzung des Grundsatzes der **Nichtöffentlichkeit** zu- 29
stande gekommen, haben also nicht dazu berechtigte Personen an der Sitzung
teilgenommen, ist er nicht unwirksam (ebenso *D/K/K/S* § 33 Rz. 22; vgl. dazu § 30
Rz. 29 mit der in diesem Punkt bestehenden Streitfrage). Keine Wirksamkeitsvoraussetzung ist ferner die Anfertigung einer Niederschrift (vgl. dazu unten § 34
Rz. 12).
Gleiches gilt für Verstöße gegen Vorschriften der **Geschäftsordnung** (GK-*Wiese* 30
a. a. O.).

V. Änderung von Beschlüssen

Eine Änderung, Ergänzung oder Aufhebung von Betriebsratsbeschlüssen ist zu- 31
lässig, solange sie noch nicht durchgeführt sind und keine Rechtswirkungen entfaltet haben (*LAG Hamm* vom 22. 10. 1991 – 13 Ta BV 36/91 – LAGE § 611 BGB
Direktionsrecht Nr. 1; *D/R* § 33 Rz. 30; *F/A/K/H* § 33 Rz. 33; GK-*Wiese* § 33
Rz. 30; *D/K/K/S* § 33 Rz. 19). Ist aber z. B. die vom Betriebsrat beschlossene Zustimmung zu einer Kündigung dem Arbeitgeber mitgeteilt worden, so kann sie
auch durch Beschluß nicht wieder rückgängig gemacht werden (vgl. *BAG* vom
15. 12. 1961 – 1 AZR 207/59 – EzA § 615 BGB Nr. 4 = DB 1962, 306; *F/A/K/H*,
D/K/K/S und GK-*Wiese*, jeweils a. a. O.).

VI. Anwendung auf die Ausschüsse des Betriebsrats

Für die Beschlußfassung des Betriebsausschusses und der weiteren Ausschüsse des 32
Betriebsrats gelten die Bestimmungen des § 33 nach allgemeiner Auffassung entsprechend (vgl. *G/L* § 33 Rz. 3; *F/A/K/H* § 33 Rz. 2; GK-*Wiese* § 33 Rz. 3; *D/K/*

§ 34   2. Teil 3. Abschn. *Geschäftsführung des Betriebsrats*

K/S § 33 Rz. 1; vgl. zu den Gründen § 29 Rz. 58), allerdings nicht insoweit, als es um die Teilnahme von Ersatzmitgliedern geht (vgl. oben § 27 Rz. 18).

VII. Streitigkeiten

33 Streitigkeiten über die Beschlußfähigkeit des Betriebsrats und über die Wirksamkeit von Betriebsratsbeschlüssen sind Streitigkeiten über die Geschäftsführung des Betriebsrats und daher nach § 2a ArbGG im Beschlußverfahren, ggf. auch als Vorfrage im Urteilsverfahren, zu entscheiden. Eine Nachprüfung von Betriebsratsbeschlüssen auf ihre Zweckmäßigkeit hin findet nicht statt (*LAG Düsseldorf* vom 10. 4. 1975 – 14 Ta BV 137/74 – DB 1975, 1897; *F/A/K/H* § 33 Rz. 37; GK-*Wiese* § 33 Rz. 32 und 46; *D/R* § 33 Rz. 35; *G/L* § 33 Rz. 22; *D/K/K/S* § 33 Rz. 20).

§ 34 Sitzungsniederschrift

(1) Über jede Verhandlung des Betriebsrats ist eine Niederschrift aufzunehmen, die mindestens den Wortlaut der Beschlüsse und die Stimmenmehrheit, mit der sie gefaßt sind, enthält. Die Niederschrift ist von dem Vorsitzenden und einem weiteren Mitglied zu unterzeichnen. Der Niederschrift ist eine Anwesenheitsliste beizufügen, in die sich jeder Teilnehmer eigenhändig einzutragen hat.
(2) Hat der Arbeitgeber oder ein Beauftragter einer Gewerkschaft an der Sitzung teilgenommen, so ist ihm der entsprechende Teil der Niederschrift abschriftlich auszuhändigen. Einwendungen gegen die Niederschrift sind unverzüglich schriftlich zu erheben; sie sind der Niederschrift beizufügen.
(3) Die Mitglieder des Betriebsrats haben das Recht, die Unterlagen des Betriebsrats und seiner Ausschüsse jederzeit einzusehen.

Literaturübersicht

Vgl. die Literaturübersicht zu § 26

Inhaltsübersicht

		Rz.
I.	Allgemeines	1, 2
II.	Anfertigung der Sitzungsniederschrift	3–15
III.	Aushändigung	16–18
IV.	Einwendungen	19–23
V.	Einsichtsrecht	24–30
VI.	Anwendung auf die Ausschüsse des Betriebsrats	31
VII.	Streitigkeiten	32

1. Allgemeines

Die Vorschrift verpflichtet den Betriebsrat, über jede Verhandlung eine Nieder- 1
schrift aufzunehmen, regelt deren Mindestinhalt, die Aushändigung der Niederschrift an den Arbeitgeber und den Beauftragten der Gewerkschaft sowie das Einsichtsrecht der Betriebsratsmitglieder. Sie gilt auch für den Gesamtbetriebsrat
(§ 51 Abs. 1 Satz 1), den Konzernbetriebsrat (§ 59 Abs. 1), die Jugend- und Auszubildendenvertretung (§ 65 Abs. 1), die Gesamt-Jugend- und Auszubildendenvertretung (§ 73 Abs. 2) sowie für eine anderweitige Vertretung der Arbeitnehmer
nach § 3 Abs. 1 Nr. 2, die an die Stelle des Betriebsrats tritt (zur Anwendung auf
die Ausschüsse des Betriebsrats vgl. unten Rz. 31).
Die Vorschrift ist **zwingend**. Sie kann weder durch Tarifvertrag noch durch Be- 2
triebsvereinbarung abbedungen werden. Zulässig sind **ergänzende Regelungen** in
der Geschäftsordnung des Betriebsrats nach § 36 (GK-*Wiese* § 34 Rz. 3; *F/A/K/H*
§ 34 Rz. 3).

II. Anfertigung der Sitzungsniederschrift

Nach Abs. 1 ist über jede Verhandlung des Betriebsrats eine Niederschrift aufzu- 3
nehmen. Mit »Verhandlung« sind, wie sich aus der Überschrift der Bestimmung,
dem Wortlaut des Abs. 2 Satz 1 und der systematischen Stellung der Vorschrift im
Abschnitt über die Geschäftsführung des Betriebsrats ergibt, die **förmlichen Sitzungen** des Betriebsrats gemeint, nicht aber Verhandlungen zwischen Betriebsrat
und Arbeitgeber (GK-*Wiese* § 34 Rz. 5; *F/A/K/H* § 34 Rz. 5).
Die Niederschrift muß die gesamte Sitzung erfassen und **mindestens den Wortlaut** 4
der Beschlüsse und die **Stimmenmehrheit**, mit der sie gefaßt sind, wiedergeben;
hierzu gehören auch Beschlüsse zu Anträgen, die abgelehnt worden sind (*F/A/K/
H* § 34 Rz. 8; *D/R* § 34 Rz. 3). Die Niederschrift ist auch dann notwendig, wenn
überhaupt kein Beschluß gefaßt worden ist, sondern nur eine Beratung stattgefunden hat (*D/R* § 34 Rz. 3; *F/A/K/H* § 34 Rz. 5; *D/K/K/S* § 34 Rz. 3). Zweckmäßig, aber nicht gesetzlich vorgeschrieben ist die Angabe, **welche Fragen behandelt**
worden sind (GK-*Wiese* § 34 Rz. 12; a.A. *D/R* § 34 Rz. 3; *D/K/K/S* a.a.O.); eine
entsprechende Verpflichtung kann und sollte sich aus der Geschäftsordnung nach
§ 36 ergeben. Die Aufzeichnung auch der Beratungsthemen kann z.B. für Streitigkeiten über die Notwendigkeit einer Arbeitsversäumnis nach § 37 Abs. 2 von Bedeutung sein (vgl. *D/R* a.a.O.). Auf keinen Fall notwendig ist die Wiedergabe
von Äußerungen der Betriebsratsmitglieder (*F/A/K/H* § 34 Rz. 8). Hingegen
sollte in der Geschäftsordnung festgelegt werden, daß einzelne Arbeitnehmer in
angemessenem Rahmen »Erklärungen zu Protokoll« abgeben können (vgl. GK-*Wiese* § 34 Rz. 13; *D/K/K/S* § 34 Rz. 4).
Anzugeben ist weiterhin das **Stimmenverhältnis**, mit dem ein Beschluß gefaßt 5
worden ist. Die Angabe, wie die einzelnen stimmberechtigten Teilnehmer bei
nicht geheimer Abstimmung votiert haben, ist zulässig, aber nicht vorgeschrieben,
selbst nicht für den Fall, daß der Betriebsrat namentliche Abstimmung beschlossen hat (GK-*Wiese* a.a.O.; a.A. *F/A/K/H* § 34 Rz. 9; *Kammann/Hess/Schlochauer* § 34 Rz. 5; vgl. auch *D/K/K/S* § 34 Rz. 3).
Die Niederschrift sollte möglichst schon während der Sitzung angefertigt werden. 6
Sie kann aber auch aufgrund von Notizen unverzüglich nach der Sitzung ausgear-

§ 34   2. Teil 3. Abschn. Geschäftsführung des Betriebsrats

beitet werden (*F/A/K/H* § 34 Rz. 8; *GK-Wiese* § 34 Rz. 7). Für diesen Fall empfiehlt es sich für den Sitzungsleiter, die Beschlüsse schon während der Sitzung niederschreiben zu lassen (*D/R* § 34 Rz. 7; vgl. auch *D/K/K/S* § 34 Rz. 6).

7   Für die ordnungsgemäße Niederschrift hat der **Vorsitzende des Betriebsrats** als Leiter der Sitzung zu sorgen, bei Verhinderung sein Stellvertreter (*S/W* § 34 Rz. 2; *D/K/K/S* § 34 Rz. 8). Der Sitzungsleiter handelt pflichtwidrig, wenn er dieser Aufgabe nicht nachkommt. Im Wiederholungsfall kann seine Abwahl oder ein Verfahren nach § 23 in Betracht kommen.

8   Aus dem Kreis der Betriebsratsmitglieder kann vom Betriebsrat ein **Schriftführer** bestellt werden (*F/A/K/H* § 34 Rz. 6; *D/R* § 34 Rz. 5; *D/K/K/S* § 34 Rz. 7). Andere Sitzungsteilnehmer wie der Arbeitgeber oder der Beauftragte einer Gewerkschaft scheiden als Protokollführer aus (*D/R* § 34 Rz. 5).

9   Die Hinzuziehung einer **Schreibkraft** ist unzulässig (vgl. dazu § 30 Rz. 23; **a. A.** *D/K/K/S* a. a. O.).

10   Die Niederschrift ist nach Abs. 1 Satz 2 vom Vorsitzenden und einem weiteren Mitglied des Betriebsrats zu **unterzeichnen**. Regelt die Geschäftsordnung nicht, welches Mitglied des Betriebsrats die Niederschrift neben dem Vorsitzenden unterzeichnen soll, so ist jedes Mitglied dazu berechtigt, es sei denn, daß der Betriebsrat etwas anderes bestimmt. Ist ein Schriftführer bestellt, so wird in der Regel er unterzeichnen (*D/R* § 34 Rz. 9; *F/A/K/H* § 34 Rz. 12; *G/L* § 34 Rz. 10).

11   Der Niederschrift ist nach Abs. 1 Satz 3 eine **Anwesenheitsliste** beizufügen, in die sich jeder Teilnehmer eigenhändig einzutragen hat. Sie ist Bestandteil der Niederschrift (*D/R* § 34 Rz. 10). Einzutragen haben sich nicht nur die teilnehmenden Betriebsratsmitglieder und Ersatzmitglieder, sondern auch der Vertrauensmann oder die Vertrauensfrau der Schwerbehinderten, die Jugend- und Auszubildendenvertretung, der Arbeitgeber, der Vertreter des Arbeitgeberverbandes und der Beauftragte der Gewerkschaft sowie ggf. Sachverständige und Auskunftspersonen (*F/A/K/H* § 34 Rz. 13; *GK-Wiese* § 34 Rz. 17; *G/L* § 34 Rz. 11; *D/K/K/S* § 34 Rz. 5). Durch die eigenhändige Unterschrift der beteiligten Betriebsratsmitglieder wird der Nachweis für die Beschlußfähigkeit des Betriebsrats nach § 33 Abs. 2 erbracht. Daher muß in der Anwesenheitsliste oder in der Sitzungsniederschrift auch festgehalten werden, wenn ein Teilnehmer **nur zeitweilig** an der Sitzung teilnimmt (*GK-Wiese* § 34 Rz. 8; *F/A/K/H* und *D/K/K/S* jeweils a. a. O.).

12   Die Niederschrift ist nicht **Wirksamkeitsvoraussetzung** für die gefaßten Beschlüsse (*BAG* vom 8. 2. 1977 – 1 ABR 82/74 – EzA § 70 BetrVG 1972 Nr. 1 = DB 1977, 914 und 1978, 395 mit Anm. *Eich*; *D/R* § 34 Rz. 20; *F/A/K/H* § 34 Rz. 17; *GK-Wiese* § 34 Rz. 8; *D/K/K/S* § 34 Rz. 10). Etwas anderes gilt, wenn ausnahmsweise der Beschluß des Betriebsrats der **Schriftform** bedarf, z. B. nach § 36 beim Erlaß der Geschäftsordnung oder nach § 27 Abs. 3 Satz 2 bis 4 bei der Übertragung von Aufgaben zur selbständigen Erledigung auf den Betriebsausschuß sowie deren Widerruf. Wird in diesen Fällen die Schriftform nicht gewahrt, sind Beschlüsse nach § 125 BGB nichtig (*G/L* § 34 Rz. 13; *F/A/K/H* § 34 Rz. 18; *D/K/K/S* a. a. O.). Auch die Geschäftsordnung kann der Niederschrift nicht konstitutive Bedeutung beimessen. Die Niederschrift ist nur ein Beweismittel dafür, daß ein solcher Beschluß gefaßt worden ist (*D/R* a. a. O.).

13   Die Niederschrift ist nämlich eine **Privaturkunde** gem. § 416 ZPO (so auch *BAG* vom 3. 11. 1977 – 2 AZR 277/76 – AP Nr. 1 zu § 75 BPersVG Bl. 5 R m. Anm. *Richardi* = DB 1978, 1135). Sie beweist allerdings nur, daß die Aussteller, also die Unterzeichner, die Angaben in der Niederschrift – z. B. über die Beschlüsse –

gemacht haben. Durch die Niederschrift wird aber nicht bewiesen, daß die Angaben richtig sind (*D/R* § 34 Rz. 19; GK-*Wiese* § 34 Rz. 11; *F/A/K/H* § 34 Rz. 4). Über die inhaltliche Richtigkeit ist im Streitfall gem. § 286 ZPO nach freier richterlicher Überzeugung zu entscheiden. Neben der Sitzungsniederschrift können vor allem auch Zeugenaussagen als Beweismittel verwertet werden (*BAG* vom 8. 2. 1977 a. a. O.). Daneben kommen Tonaufnahmen in Betracht, die aber nur hergestellt werden dürfen, soweit die Teilnehmer, deren Äußerungen aufgenommen werden sollen, sich damit einverstanden erklärt haben (GK-*Wiese* § 34 Rz. 15; *F/A/K/H* § 34 Rz. 13; vgl. auch *D/K/K/S* § 34 Rz. 5).

Die Niederschrift ist auch eine **Urkunde im strafrechtlichen Sinn** (§ 267 StGB). Sie kann damit auch Gegenstand einer Urkundenfälschung sein (*F/A/K/H* § 34 Rz. 4; GK-*Wiese* § 34 Rz. 11; *D/K/K/S* § 34 Rz. 9). 14

Die Niederschrift, ggf. das Protokollbuch, das die Niederschrift enthält, ist bei den Akten des Betriebsrats zu **verwahren**. Dies gilt nicht nur für die Amtsdauer des jeweiligen Betriebsrats, weil die Auswirkungen eines Beschlusses, z. B. über die Zustimmung zu einer Maßnahme des Arbeitgebers, das Amt des jeweils amtierenden Betriebsrats überdauern. Sie sind aufzubewahren, solange sie noch von rechtlicher Bedeutung sind (*F/A/K/H* § 34 Rz. 10; GK-*Wiese* § 34 Rz. 30; *D/R* § 34 Rz. 23; *D/K/K/S* a. a. O.). Die Niederschrift ist Eigentum des Arbeitgebers, nicht des Betriebsrats, der nicht vermögensfähig ist (**a. A.** *D/K/K/S* a. a. O.; vgl. § 40 Rz. 100 f.). Das Recht des Arbeitgebers ist aber durch die Zweckbestimmung der Niederschrift beschränkt. Der Arbeitgeber kann weder über sie verfügen noch sonst Rechte aus dem Eigentum oder dem Besitz gegenüber dem Betriebsrat geltend machen. Er ist auch nicht zur Einsichtnahme befugt, es sei denn, die Niederschrift bezöge sich auf Verhandlungen, an denen er oder sein Vertreter teilgenommen hat; in diesem Fall ist ihm eine Abschrift auszuhändigen (*D/R* § 34 Rz. 22). 15

III. Aushändigung

Hat der Arbeitgeber oder ein Beauftragter der Gewerkschaft aufgrund des gesetzlichen Teilnahmerechts auch tatsächlich an der Sitzung des Betriebsrats teilgenommen, so ist ihm nach Abs. 2 Satz 1 der entsprechende Teil der Niederschrift abschriftlich auszuhändigen. Es genügt nicht, daß der Arbeitgeber oder der Beauftragte der Gewerkschaft berechtigt war, an der Sitzung teilzunehmen (*F/A/K/H* § 34 Rz. 14; *G/L* § 34 Rz. 15; *D/K/K/S* § 34 Rz. 11; GK-*Wiese* § 34 Rz. 20). Die Abschrift braucht nur vom Betriebsratsvorsitzenden unterschrieben zu sein (*D/R* § 34 Rz. 12; GK-*Wiese* § 34 Rz. 21; *F/A/K/H* § 34 Rz. 15). 16

Der Arbeitgeber oder der Beauftragte der Gewerkschaft erhält nicht die gesamte Niederschrift, sondern nur den **Teil**, der die Verhandlung während der Teilnahme des Arbeitgebers oder des Gewerkschaftsbeauftragten wiedergibt (*G/L* § 34 Rz. 15; *F/A/K/H* § 34 Rz. 14). 17

Auch die Mitglieder des Betriebsrats haben Anspruch auf Aushändigung einer Abschrift, wenn sie sie für ihre Tätigkeit benötigen (*G/L* § 34 Rz. 15). Die übrigen Teilnehmer der Sitzung wie etwa das Mitglied der Schwerbehindertenvertretung, Sachverständige oder Auskunftspersonen haben diesen Anspruch jedoch nicht (*F/A/K/H* § 34 Rz. 16; *G/L* § 34 Rz. 15). 18

§ 34   2. Teil 3. Abschn. Geschäftsführung des Betriebsrats

IV. Einwendungen

19 Hat der Arbeitgeber oder ein Beauftragter der Gewerkschaft (zu den übrigen Teilnehmern vgl. unten Rz. 20) Einwendungen gegen den Inhalt der Niederschrift, so muß er sie nach Abs. 2 Satz 2 **unverzüglich schriftlich** erheben. Die Gegendarstellung ist dann – und nur dann – der Niederschrift beizufügen. Diese Einwendungen können sich gegen einzelne Punkte, z. B. gegen die Richtigkeit der Niederschrift, etwa hinsichtlich des Wortlauts der Beschlüsse, der Stimmenverhältnisse und der Vollständigkeit der Anwesenheitsliste, richten. Ein vollständiges »Gegenprotokoll« geht aber über diesen Rahmen hinaus (*LAG Frankfurt* vom 19. 5. 1988 – 12 Ta BV 123/87 – DB 1989, 486; *D/K/K/S* § 34 Rz. 13).

20 Einwendungen können auch von den übrigen Teilnehmern der Betriebsratssitzung erhoben werden (*F/A/K/H* § 34 Rz. 19; *G/L* § 34 Rz. 12; *D/R* § 34 Rz. 15; *D/K/K/S* a. a. O.).

21 Auch wenn der Betriebsrat aus Anlaß der Einwendungen die Niederschrift nicht berichtigt, ist die Gegendarstellung **für Beweiszwecke** von Bedeutung (*S/W* § 34 Rz. 3); sie muß daher auf jeden Fall der Niederschrift beigefügt werden. Durch diese Ordnungsvorschrift wird erreicht, daß Zweifel an der Richtigkeit der Niederschrift möglichst bald entweder ausgeräumt oder aktenkundig werden (*F/A/K/H* § 34 Rz. 20).

22 Hält der Betriebsrat in einer folgenden Sitzung, in der auch mündlich vorgebrachte Einwendungen berücksichtigt werden können (*F/A/K/H* § 34 Rz. 21), die Einwendungen für berechtigt, so ist er durch Abs. 2 Satz 2 nicht gehindert, dies in der neuen Sitzungsniederschrift zu vermerken und dadurch die frühere zu **berichtigen** (GK-*Wiese* § 34 Rz. 25).

23 Berücksichtigt der Betriebsrat die erhobenen Einwendungen nicht, so kann der Teilnehmer, der die Einwendungen erhoben hat, eine Entscheidung durch das **Arbeitsgericht** herbeiführen. Seine Antragsbefugnis ergibt sich aus Abs. 2 Satz 2 (*G/L* § 34 Rz. 12; GK-*Wiese* § 34 Rz. 25; *F/A/K/H* § 34 Rz. 22; vgl. auch *D/K/K/S* § 34 Rz. 19).

V. Einsichtsrecht

24 Die Mitglieder des Betriebsrats haben nach Abs. 3 das Recht, die Unterlagen des Betriebsrats und seiner Ausschüsse (vgl. dazu unten Rz. 31) jederzeit einzusehen. Diese Regelung soll sicherstellen, daß sich die Betriebsratsmitglieder, wann immer sie dies wünschen über die Vorgänge im Betriebsrat und auch in den nach §§ 27 und 28 eingerichteten Ausschüssen informieren können. Alle Mitglieder des Betriebsrats sollen dadurch den Überblick über die Gesamttätigkeit des Betriebsrats behalten können (*F/A/K/H* § 34 Rz. 23; *D/K/K/S* § 34 Rz. 15).

25 Das Einsichtsrecht steht den **weiteren Personen** die an den Sitzungen des Betriebsrats teilnehmen dürfen, also dem Vertrauensmann oder der Vertrauensfrau der Schwerbehinderten, der Jugend- und Auszubildendenvertretung, dem Arbeitgeber und den im Betriebsrat vertretenen Gewerkschaften nicht zu (*D/R* § 34 Rz. 24; *F/A/K/H* § 34 Rz. 25; *G/L* § 34 Rz. 14; *D/K/K/S* § 34 Rz. 16). Allerdings kann die Jugend- und Auszubildendenvertretung nach § 70 Abs. 2 verlangen, daß ihr der Betriebsrat die zur Durchführung ihrer Aufgaben erforderlichen Unterlagen und damit auch Sitzungsniederschriften oder Teile davon zur Verfügung stellt

(*F/A/K/H* und *D/K/K/S*, jeweils a. a. O.). Soweit ein berechtigtes Interesse besteht, kann der Betriebsrat auch anderen Personen – soweit nicht die Geheimhaltungspflicht nach § 79 entgegensteht – Informationen anhand von Unterlagen geben (GK-*Wiese* § 34 Rz. 26; *F/A/K/H* a. a. O.; *D/R* § 34 Rz. 24).

Das Einsichtsrecht beschränkt sich nicht auf die Unterlagen des Betriebsrats, sondern gilt auch für die **Ausschüsse** (vgl. dazu auch Rz. 31), und zwar unabhängig davon, ob ihnen Aufgaben zur selbständigen Erledigung übertragen worden sind (GK-*Wiese* § 34 Rz. 29; *D/R* § 34 Rz. 26; *D/K/K/S* § 34 Rz. 1). Deshalb kann ein Mitglied des Betriebsrats auch Unterlagen von Ausschüssen verlangen, denen er selbst nicht angehört (*D/R* § 34 Rz. 26). Das trifft auch für die Unterlagen von Betriebsratsmitgliedern zu, die einem gemeinsamen Ausschuß angehören (*F/A/K/H* § 34 Rz. 28). Eine Ausnahme besteht wegen der besonderen Aufgabenstellung allein für die Unterlagen des Wirtschaftsausschusses, bei dem sich das Einsichtsrecht auf dessen Mitglieder beschränkt. Diese Beschränkung gilt auch für die Unterlagen eines Ausschusses, dem der Betriebsrat die Aufgaben eines Wirtschaftsausschusses übertragen hat (*D/R* § 34 Rz. 26). 26

Das Einsichtsrecht kann **jederzeit ausgeübt** werden. Es kommt auch nicht darauf an, ob das Betriebsratsmitglied ein besonderes Interesse darlegen kann (GK-*Wiese* § 34 Rz. 28; *D/R* § 34 Rz. 27; *D/K/K/S* § 34 Rz. 15). Das Einsichtsrecht ist jedoch in der Weise auszuüben, daß die Arbeit des Betriebsrats und seiner Ausschüsse nicht gestört wird (*F/A/K/H* § 34 Rz. 23; GK-*Wiese* a. a. O.). 27

Das Einsichtsrecht enthält keinen Anspruch auf **Überlassung** der Unterlagen. Es ist jedoch zulässig, sich **Notizen** über den Inhalt der Unterlagen zu machen (*F/A/K/H* § 34 Rz. 24; GK-*Wiese* § 34 Rz. 27; *D/R* § 34 Rz. 28). Aus dem Gesetz ergibt sich aber kein Recht des Betriebsratsmitglieds, **Ablichtungen** von den Unterlagen zu verlangen (*BAG* vom 27. 5. 1982 – 6 ABR 66/79 – EzA § 34 BetrVG 1972 Nr. 1 = AP Nr. 1 zu § 31 BetrVG = DB 1982, 2578; **a. A.** *F/A/K/H* a. a. O.; *D/R* § 34 Rz. 28; *Kammann/Hess/Schlochauer* § 34 Rz. 28; vgl. auch *D/K/K/S* § 34 Rz. 18). 28

Zu den Unterlagen des Betriebsrats und seiner Ausschüsse gehören nicht nur die Sitzungsniederschriften, sondern alle **Akten des Betriebsrats**, also alle Aufzeichnungen, die der Betriebsrat angefertigt hat oder die ihm für seine Geschäftsführung zur Verfügung stehen. Das Einsichtsrecht besteht aber auch für die dem Betriebsrat zur Verfügung stehende **Fachliteratur** (*F/A/K/H* § 34 Rz. 26; *D/R* § 34 Rz. 25; im Ergebnis auch GK-*Wiese* § 34 Rz. 29). 29

Das Einsichtsrecht folgt aus dem Betriebsratsamt. Es besteht gegenüber demjenigen, der die Unterlagen des Betriebsrats oder der Ausschüsse des Betriebsrats aufbewahrt (*D/R* § 34 Rz. 29). Die willkürliche Verweigerung der Einsichtnahme ist eine Pflichtverletzung, die ein Verfahren nach § 23 rechtfertigen kann (*F/A/K/H* § 34 § 29; GK-*Wiese* § 34 Rz. 26). 30

VI. Anwendung auf die Ausschüsse des Betriebsrats

Alle Vorschriften des § 34 sind, obwohl es ausdrücklich nur für Abs. 3 bestimmt ist, auch auf den Betriebsausschuß und die weiteren Ausschüsse des Betriebsrats entsprechend anzuwenden (*D/R* § 34 Rz. 2; *F/A/K/H* § 34 Rz. 5; GK-*Wiese* § 34 Rz. 2; *D/K/K/S* § 34 Rz. 1; nur bei Aufgaben, die zur selbständigen Erledigung übertragen sind: *G/L* § 34 Rz. 3). 31

VII. Streitigkeiten

32 Streitigkeiten über die Notwendigkeit und die Ordnungsmäßigkeit der Niederschrift, über den Anspruch des Arbeitgebers oder des Gewerkschaftsbeauftragten auf Aushändigung einer Abschrift, über das Einsichtsrecht und die damit zusammenhängenden Fragen entscheidet das Arbeitsgericht nach § 2a ArbGG im Beschlußverfahren.

§ 35 Aussetzung von Beschlüssen

(1) Erachtet die Mehrheit der Vertreter einer Gruppe oder der Jugend- und Auszubildendenvertretung einen Beschluß des Betriebsrats als eine erhebliche Beeinträchtigung wichtiger Interessen der durch sie vertretenen Arbeitnehmer, so ist auf ihren Antrag der Beschluß auf die Dauer von einer Woche vom Zeitpunkt der Beschlußfassung an auszusetzen, damit in dieser Frist eine Verständigung, gegebenenfalls mit Hilfe der im Betrieb vertretenen Gewerkschaften, versucht werden kann.
(2) Nach Ablauf der Frist ist über die Angelegenheit neu zu beschließen. Wird der erste Beschluß bestätigt, so kann der Antrag auf Aussetzung nicht wiederholt werden; dies gilt auch, wenn der erste Beschluß nur unerheblich geändert wird.
(3) Die Absätze 1 und 2 gelten entsprechend, wenn die Schwerbehindertenvertretung einen Beschluß des Betriebsrats als eine erhebliche Beeinträchtigung wichtiger Interessen der Schwerbehinderten erachtet.

Literaturübersicht

Eich Der Einfluß eines Antrags auf Aussetzung eines Beschlusses des Betriebsrates auf den Lauf der Frist des § 626 Abs. 2 BGB im Zustimmungsverfahren nach § 103 BetrVG, DB 1978, 586; *Oetker* Der Aussetzungsantrag nach § 35 BetrVG im Gefüge des betriebsverfassungsrechtlichen Minderheitenschutzes und seine rechtlichen Probleme, BlStSozArbR 1983, 289. Vgl. ferner die Literaturübersicht vor § 26.

Inhaltsübersicht

		Rz.
I.	Allgemeines	1– 4
II.	Antrag auf Aussetzung	5–28
	1. Antragsberechtigte	5–11
	2. Antragsbegründung	12–14
	3. Antragstellung	15, 16
	4. Aussetzung	17–25
	5. Versuch einer Verständigung	26–28
III.	Erneute Beschlußfassung	29–33
IV.	Anwendung auf die Ausschüsse des Betriebsrats	34
V.	Streitigkeiten	35

I. Allgemeines

Das Gesetz kennt zwar keine Beschlußfassung nach Gruppen von Arbeitneh- 1
mern im Betriebsrat, gibt aber der Minderheitsgruppe ein **suspensives Vetorecht**
(*D/R* § 35 Rz. 1; *F/A/K/H* § 35 Rz. 1) gegen Beschlüsse, die sie als erhebliche
Beeinträchtigung wichtiger Interessen der durch sie vertretenen Arbeitnehmer
ansieht. Sie kann nämlich einen **Aufschub von einer Woche** erwirken, indem sie
die Aussetzung eines Beschlusses beantragt. Dieses Recht bestand schon gem.
§ 34 BetrVG 1952. Das BetrVG 1972 hat es auch der Jugendvertretung – jetzt
Jugend- und Auszubildendenvertretung – und dem Vertrauensmann der Schwerbehinderten
– jetzt Schwerbehindertenvertretung – eingeräumt, obwohl sie dem
Betriebsrat nicht angehören.

Kein Beschluß im eigentlichen Sinn sind **Wahlen** nach den §§ 26 bis 28. Das 2
Recht, die Aussetzung eines Beschlusses zu beantragen, gilt in diesen Fällen
auch nicht etwa aufgrund analoger Anwendung des § 35, weil der Gruppenschutz
bei den Wahlen bereits auf andere Weise verwirklicht wird. Für die Jugend- und
Auszubildendenvertretung und die Schwerbehindertenvertretung kommt hinzu,
daß sie in Akte der Selbstorganisation des Betriebsrats nicht eingreifen dürfen.
Einen Aussetzungsantrag bei Wahlen gibt es deshalb nicht (so auch *BAG* vom
20. 4. 1956 – 1 ABR 2/56 – AP Nr. 3 zu § 27 BetrVG 1952 Bl. 2 R = DB 1956,
598; GK-*Wiese* § 35 Rz. 16; *D/R* § 35 Rz. 4 f.; *F/A/K/H* § 35 Rz. 3; *D/K/K/S*
§ 35 Rz. 3).

Die Bestimmung gilt auch für den Gesamtbetriebsrat (§ 51 Abs. 1), den Kon- 3
zernbetriebsrat (§ 59 Abs. 1) sowie für eine anderweitige Vertretung der Arbeitnehmer
nach § 3 Abs. 1 Nr. 2, die an die Stelle des Betriebsrats tritt (GK-*Wiese*
§ 35 Rz. 3; *D/K/K/S* § 35 Rz. 2; zur Anwendung auf die Ausschüsse des Betriebsrats
vgl. unten Rz. 34).

Es handelt sich um eine **zwingende** Vorschrift. Sie kann also weder durch Tarif- 4
vertrag noch durch Betriebsvereinbarung abbedungen werden. Es ist jedoch zulässig,
das Verfahren in der Geschäftsordnung oder durch Beschluß näher zu regeln
(*F/A/K/H* § 35 Rz. 2; GK-*Wiese* § 35 Rz. 5).

II. Antrag auf Aussetzung

1. Antragsberechtigte

Der Antrag auf Aussetzung eines Betriebsratsbeschlusses kann von der Mehrheit 5
einer Gruppe im Betriebsrat oder der Jugend- und Auszubildendenvertretung
oder von der Schwerbehindertenvertretung gestellt werden. Antragsberechtigt ist
nicht etwa eine bloße **Minderheit** überstimmter Mitglieder des Betriebsrats. Bei
der antragsberechtigten Gruppe der Arbeiter oder der Angestellten wird es sich
in der Regel aber um die Minderheitsgruppe handeln, die einen durch die Mehrheitsgruppe
herbeigeführten Beschluß umstoßen will. Es ist jedoch auch denkbar,
daß ein Beschluß, der von der Minderheitsgruppe mit einem Teil der Vertreter
der Mehrheitsgruppe gefaßt ist, von Vertretern der Mehrheitsgruppe angegriffen
wird. Voraussetzung ist allerdings, daß die Mehrheit der Mehrheitsgruppe
den Beschluß für bedenklich hält (*D/R* § 35 Rz. 6; GK-*Wiese* § 35 Rz. 10). Besteht
z. B. ein Betriebsrat aus 10 Arbeitern und 5 Angestellten und haben die 5

§ 35 2. Teil 3. Abschn. *Geschäftsführung des Betriebsrats*

Angestellten und 3 Arbeiter für einen Beschluß gestimmt, so können die übrigen 7 Arbeiter erfolgreich den Aussetzungsantrag stellen.

6 Das Recht, die Aussetzung von Beschlüssen zu beantragen, dient zwar dem Schutz von Gruppenbelangen, setzt aber nicht voraus, daß die Mehrheit der Gruppe oder die Jugend- und Auszubildendenvertretung bei der Beschlußfassung **überstimmt** worden ist oder an ihr auch nur **teilgenommen** hat (*D/R* § 35 Rz. 8, 17; *G/L* § 35 Rz. 11; **a. A.** für den Fall des Unterliegens bei der Abstimmung *F/A/K/H* § 35 Rz. 5; GK-*Wiese* § 35 Rz. 8; *S/W* § 35 Rz. 1; *D/K/K/S* § 35 Rz. 5; *Kammann/Hess/Schlochauer* § 35 Rz. 7 f.). Die entgegengesetzte Auffassung läßt sich, wie auch von ihr selbst eingeräumt wird, dann nicht praktizieren, soweit bei der vorausgegangenen Beschlußfassung **geheime Abstimmung** stattgefunden hat (GK-*Wiese* und *D/K/K/S*, jeweils a. a. O.; *F/A/K/H* § 35 Rz. 8). Es kann auch nicht als Rechtsmißbrauch angesehen werden (so aber *D/R* § 35 Rz. 17), wenn ein Betriebsratsmitglied oder ein Mitglied der Jugend- und Auszubildendenvertretung oder die Schwerbehindertenvertretung aus triftigen Gründen – z. B. wegen nachträglich erhaltener zusätzlicher Informationen – den Aussetzungsantrag gegen den von ihnen selbst mit herbeigeführten Beschluß unterstützt (im Ergebnis ebenso *G/L* § 35 Rz. 11). **Rechtsmißbrauch** ist allenfalls dann gegeben, wenn Aussetzungsanträge nach vorheriger Zustimmung zum Beschluß ohne sachlichen Grund unterstützt werden.

7 Besteht eine Gruppe nur aus **zwei Vertretern**, so kann auch durch übereinstimmende Erklärung der beiden Gruppenvertreter der Aussetzungsantrag gestellt werden (*F/A/K/H* § 35 Rz. 7). Hat eine Gruppe nur einen einzigen Vertreter im Betriebsrat, so steht diesem Betriebsratsmitglied das Antragsrecht ebenfalls zu (*D/R* § 35, Rz. 9; GK-*Wiese* § 35 Rz. 9; *S/W*; § 35 Rz. 1; *D/K/K/S* § 35 Rz. 7; **a. A.** *F/A/K/H* a. a. O., die aus rein begrifflichen Gründen – keine Mehrheit möglich – zu Unrecht der Minderheitsgruppe den gesetzlichen Schutz versagen). Ob eine Einheitswahl oder eine Gruppenwahl zum Betriebsrat stattgefunden hat, ist für den Aussetzungsantrag der Mehrheit einer Gruppe ohne Bedeutung (*D/R* § 35 Rz. 7; GK-*Wiese* a. a. O.). Ein Betriebsratsmitglied, das von den Angehörigen der anderen Gruppe gewählt worden ist (§ 12 Abs. 2), gilt auch hier als Angehöriger der Gruppe, die es gewählt hat. Das gleiche gilt bei einem Wechsel der Gruppenzugehörigkeit während der Amtszeit (*D/R* a. a. O.; *F/A/K/H* § 35 Rz. 5; GK-*Wiese* a. a. O.).

8 Der Antrag bedarf der **absoluten** Mehrheit der Vertreter der Gruppe. Es genügt nicht, daß die Mehrheit der bei der Beschlußfassung anwesenden Gruppenvertreter ihn stellt (*F/A/K/H* und GK-*Wiese*, jeweils a. a. O.).

9 Die **Jugend- und Auszubildendenvertretung** kann einen Aussetzungsantrag stellen, wenn sie der Auffassung ist, daß wichtige Interessen der jugendlichen Arbeitnehmer oder der Auszubildenden des Betriebs durch den Beschluß des Betriebsrates erheblich beeinträchtigt werden (vgl. dazu auch oben Rz. 6). Antragsberechtigt ist die Jugend- und Auszubildendenvertretung, die dafür eines Beschlusses bedarf (so auch *F/A/K/H* § 35 Rz. 9; *D/K/K/S* § 35 Rz. 8; **a. A.** *D/R* § 35 Rz. 10; *G/L* § 35 Rz. 6; GK-*Wiese* § 35 Rz. 11 und die Vorauflage, die den Antrag der Mehrheit der Mitglieder für genügend halten).

10 Antragsberechtigt ist nach Abs. 3 und § 25 Abs. 4 SchwbG schließlich die Schwerbehindertenvertretung. Dies dient einer sachgerechten Berücksichtigung der schwerbehinderten Arbeitnehmer (*D/R* § 35 Rz. 11).

11 Das Gesetz macht das Antragsrecht der Schwerbehindertenvertretung nicht davon

Aussetzung von Beschlüssen § 35

abhängig, daß sie ihre Bedenken vor der Beschlußfassung, an der sie selbst mangels Stimmrechts nicht teilnehmen kann, geltend gemacht hat (*G/L* § 35 Rz. 11; a. A. GK-*Wiese* § 35 Rz. 12; *F/A/K/H* § 35 Rz. 12; *D/K/K/S* § 35 Rz. 19; *Kammann/Hess/Schlochauer* § 35 Rz. 9; abgeschwächt *D/R* § 35 Rz. 18). Allerdings kann das Verhalten des Vertrauensmannes (oder der Vertrauensfrau), sofern es sich wiederholt, die Frage aufwerfen, ob er wegen gröblicher Verletzung seiner Pflicht zur Zusammenarbeit mit dem Betriebsrat nach § 29 Abs. 1 SchwbG von seinem Amt abzuberufen ist (vgl. § 24 Abs. 8 SchwbG).

2. Antragsbegründung

Der Antrag kann nur darauf gestützt werden, daß der Beschluß **wichtige Interes-** 12 **sen** der von den Antragsberechtigten vertretenen Arbeitnehmer **erheblich beeinträchtigt**. Sie müssen also schlüssig darlegen, worin sie diesen Mangel sehen. Ob wichtige Interessen des jeweiligen Personenkreises tatsächlich beeinträchtigt sind, ist unerheblich; es genügt, daß die Antragsteller diese Auffassung haben (*D/R* § 35 Rz. 13; *F/A/K/H* § 35 Rz. 16; GK-*Wiese* § 35 Rz. 17; *G/L* § 35 Rz. 10; *D/K/K/S* § 35 Rz. 11).

Der Antrag der Jugend- und Auszubildendenvertretung kann darauf gestützt wer- 13 den, daß der Beschluß **wichtige Interessen der jugendlichen Arbeitnehmer oder der Auszubildenden** erheblich beeinträchtigt. Er muß also Angelegenheiten betreffen, die besonders oder sogar überwiegend diese Arbeitnehmer betreffen; denn nur in diesem Fall kann ein Beschluß des Betriebsrats wichtige Interessen jugendlicher Arbeitnehmer oder der Auszubildenden erheblich beeinträchtigen. Betrifft die Angelegenheit **überwiegend** jugendliche Arbeitnehmer oder die Auszubildenden, so hat die Jugend- und Auszubildendenvertretung nach § 67 Abs. 2 Stimmrecht. Das Aussetzungsrecht kommt deshalb vor allem dann in Betracht, wenn die Jugend- und Auszubildendenvertretung gesetzwidrig nicht an der Abstimmung beteiligt oder aber überstimmt worden ist. Ein Beschluß kann allerdings auch dann wichtige Interessen jugendlicher Arbeitnehmer oder der Auszubildenden erheblich beeinträchtigen, wenn die Angelegenheit nicht überwiegend sie betrifft.

Der Antrag der Schwerbehindertenvertretung kann nach Abs. 3 und nach § 25 14 Abs. 4 SchwbG darauf gestützt werden, daß der Vertrauensmann oder die Vertrauensfrau den Beschluß als eine erhebliche Beeinträchtigung **wichtiger Interessen der Schwerbehinderten** ansieht.

3. Antragstellung

Der Antrag ist **an den Vorsitzenden des Betriebsrats** zu richten. Er kann formlos 15 gestellt werden. Ebensowenig ist die Einhaltung einer **Frist** vorgeschrieben. Entgegen der herrschenden Rechtsauffassung (vgl. dazu unten Rz. 23) steht der Vollzug des Beschlusses der Antragstellung nicht entgegen. Da aber ein Beschluß nur für eine Woche, gerechnet von der Sitzung an, ausgesetzt werden kann, führt ein später gestellter Antrag nicht mehr zu einer Aussetzung (GK-*Wiese* § 35 Rz. 14; *F/A/K/H* § 35 Rz. 15; *G/L* § 35 Rz. 8; *S/W* § 35 Rz. 3; *D/K/K/S* § 35 Rz. 10; vgl. auch unten Rz. 26).

§ 35   *2. Teil 3. Abschn. Geschäftsführung des Betriebsrats*

16 Der Aussetzungsantrag kann jederzeit **zurückgenommen** werden (GK-*Wiese* § 35 Rz. 8; *G/L* § 35 Rz. 14; *F/A/K/H* § 35 Rz. 16).

4. Aussetzung

17 Ist ein Aussetzungsantrag ordnungsgemäß gestellt, so hat der Betriebsratsvorsitzende den Beschluß auf die Dauer einer Woche, vom Zeitpunkt der Beschlußfassung an gerechnet, auszusetzen, wobei sich die Frist nach § 187 BGB errechnet. Es kommt nicht darauf an, ob er den Antrag für gerechtfertigt hält. Es genügt, daß der Antrag von einer dazu berechtigten Person oder Gruppe gestellt und schlüssig begründet worden ist. Der Vorsitzende kann einen Antrag auch nicht etwa unberücksichtigt lassen, wenn er **offensichtlich unbegründet** ist (so aber *F/A/K/H* § 35 Rz. 18; GK-*Wiese* § 35 Rz. 18); dies widerspräche der strikten Fassung des Gesetzes und würde das Recht der Minderheit auf Nachprüfung von Beschlüssen von zu vagen Kriterien abhängig machen (im Ergebnis ebenso *G/L* § 35 Rz. 12; *D/R* § 35 Rz. 19).

18 Nach dem Gesetz ist aber eine Aussetzung nicht mehr möglich, wenn die mit der Beschlußfassung in Gang gesetzte **Wochenfrist bereits abgelaufen** ist (vgl. oben Rz. 17).

19 Gibt der Betriebsratsvorsitzende dem Antrag nicht statt, obwohl die Voraussetzungen gegeben sind, handelt er pflichtwidrig; ggf. kann ein Verfahren nach § 23 eingeleitet werden (*D/R* § 35 Rz. 29; GK-*Wiese* und *F/A/K/H*, jeweils a. a. O.).

20 Die Aussetzung ist ein **Rechtsgeschäft**. Sie muß, wenn sie nicht schon in der Sitzungsniederschrift vermerkt ist, vom Betriebsratsvorsitzenden aktenkundig gemacht und den **Sitzungsteilnehmern mitgeteilt** werden.

21 Die Aussetzung **suspendiert** den Beschluß. Über die betreffende Angelegenheit muß neu beschlossen werden (*D/R* § 35 Rz. 25). Der Betriebsratsvorsitzende darf den Beschluß deshalb nicht mehr an Dritte, vor allem nicht an den Arbeitgeber, bekanntgeben (so auch *G/L* § 35 Rz. 12; *D/K/K/S* § 35 Rz. 13; *Hässler* 44; a. A. *D/R* § 35 Rz. 27, der dem Betriebsratsvorsitzenden ein je nach der Situation zweckmäßig erscheinendes Handeln ermöglichen will, eine Ansicht, die im Gesetz nicht begründet ist, ihm zum Teil sogar widerspricht und die auch zu großer Unsicherheit in der Praxis der Betriebe führen müßte). Er kann aber auf die Aussetzung des Beschlusses hinweisen.

22 Die **Rechtswirkungen der Aussetzung** sind im einzelnen umstritten (vgl. *F/A/K/H* § 35 Rz. 27), wobei allerdings die Meinungen in den praktischen Ergebnissen nicht weit auseinanderliegen:

23 Auch hier (vgl. oben § 33 Rz. 22 ff.) ist zwar grundsätzlich zu unterscheiden zwischen **zwei Rechtsgeschäften**, nämlich dem internen Beschluß des Betriebsrats und der Erklärung des Betriebsratsvorsitzenden an Dritte, vor allem an den Arbeitgeber (für Trennung zwischen Innen- und Außenverhältnis bei Betriebsratsbeschlüssen auch *F/A/K/H* § 35 Rz. 28). Nach dem Gesetz ausgesetzt wird nur der **Beschluß des Betriebsrats**. Bei der strengen gesetzlichen Verknüpfung von interner Willensbildung und Willenserklärung nach außen (vgl. dazu oben § 26 Rz. 47) kann die aufgrund des Beschlusses abgegebene **Erklärung des Betriebsratsvorsitzenden** nicht unberührt bleiben (**a. A.** die Vorauflage). Hat der Vorsitzende etwa eine beschlossene Betriebsvereinbarung bereits unterzeichnet, so ist auch diese Übereinkunft ausgesetzt. Die **herrschende Rechtsauffassung** kommt allerdings zu

einem **anderen Ergebnis**. Sie stellt dabei die nicht näher begründete These auf, der Antrag auf Aussetzung könne nicht mehr wirksam gestellt werden, wenn der Beschluß bereits vollzogen sei (so *D/R* § 35 Rz. 15; *F/A/K/H* § 35 Rz. 15; *G/L* § 35 Rz. 8; GK-*Wiese* § 35 Rz. 15; *Kammann/Hess/Schlochauer* § 35 Rz. 10; *S/W* § 35 Rz. 3; *D/K/K/S* § 35 Rz. 10). Eine solche Beschränkung des Aussetzungsrechts ist dem Gesetz nicht zu entnehmen und würde dazu führen, daß der gesetzlich begründete Schutz von Arbeitnehmergruppen durch sofortiges Handeln des Betriebsratsvorsitzenden abgeschnitten werden könnte.

Trotz der Aussetzung können die für ein bestimmtes Handeln des Betriebsrats gesetzlich festgelegten **Fristen** – z. B. nach § 99 Abs. 3 und § 102 Abs. 2 Satz 1 – ungehindert ablaufen. Für die Aussetzung aufgrund eines Antrags der Schwerbehindertenvertretung ist dies nach § 25 Abs. 4 Satz 3 SchwbG ausdrücklich festgelegt. Für die übrigen Fälle ist § 39 Abs. 1 Satz 3 BPersVG, der zum selben Ergebnis führt, analog anzuwenden (*D/R* § 35 Rz. 26; im Ergebnis auch *F/A/K/H* § 35 Rz. 28; GK-*Wiese* § 35 Rz. 20; *D/K/K/S* § 35 Rz. 13; a. A. *Brecht* § 35 Rz. 8, der die Äußerungsfristen des Betriebsrats für die Dauer der Aussetzung als unterbrochen ansieht; vgl. auch *Eich* DB 1978, 586, 588 f., der annimmt, bei einer außerordentlichen Kündigung des Betriebsratsmitglieds werde die Frist des § 626 Abs. 2 BGB für eine Woche gehemmt). 24

In der Regel verstößt es auch (entgegen *D/K/K/S* a. a. O.; *G/L* § 35 Rz. 12a; ähnlich *F/A/K/H* a. a. O.; *Kammann/Hess/Schlochauer* § 35 Rz. 14; bei Vorliegen eines sachlichen Grundes auch GK-*Wiese* a. a. O.) nicht gegen das Gebot zur vertrauensvollen Zusammenarbeit, wenn der **Arbeitgeber** nach Ablauf der Äußerungsfrist eine personelle Maßnahme durchführt, ohne die endgültige Entscheidung des Betriebsrats abzuwarten; diese Entscheidung könnte mit gesetzlich festgelegten Rechtswirkungen (z. B. Zustimmung gilt als erteilt) kollidieren und damit zumindest zu einer unsicheren Rechtslage führen. Im übrigen wäre eine solche Abwartepflicht mit den strengen Fristregelungen nicht vereinbar. 25

5. Versuch einer Verständigung

Aufgrund der Aussetzung des Beschlusses kann in der zur Verfügung stehenden Frist eine **Verständigung** zwischen den Antragstellern und den (übrigen) Betriebsratsmitgliedern **versucht** werden. Dazu ist die Einberufung einer neuen Sitzung nicht notwendig (GK-*Wiese* § 35 Rz. 21; *F/A/K/H* § 35 Rz. 20; a. A. die Vorauflage und *D/R* § 35 Rz. 20), aber auch nicht ausgeschlossen. Kommt es zu einer Sitzung, so kann der Betriebsrat dabei eine Verlängerung der gesetzlichen Frist beschließen, weil er seine Beschlüsse jederzeit ändern kann. Eine Verkürzung der im Interesse der Antragsberechtigten eingeräumten Frist ist aber unzulässig (*F/A/K/H* § 35 Rz. 19; GK-*Wiese* § 35 Rz. 19; *G/L* § 35 Rz. 8). 26

Zur Beilegung der Meinungsverschiedenheiten kann die **Hilfe der Gewerkschaften** in Anspruch genommen werden. Damit ist jede im Betrieb vertretene Gewerkschaft gemeint. Jedes Betriebsratsmitglied kann von dieser Möglichkeit Gebrauch machen. Eines besonderen Betriebsratsbeschlusses bedarf es dazu nicht. Die Gewerkschaften können sich aber **nicht aus eigenem Recht** in den Verständigungsversuch einschalten (*D/R* § 35 Rz. 21; GK-*Wiese* § 35 Rz. 21). Nach § 31 können sie auch nicht an förmlichen Betriebsratssitzungen teilnehmen, sofern sie nur im Betrieb, nicht aber im Betriebsrat vertreten sind (GK-*Wiese* § 35 Rz. 21). 27

§ 35 2. Teil 3. Abschn. *Geschäftsführung des Betriebsrats*

28 Die Hinzuziehung von **Verbänden der Schwerbehinderten** ist im Gesetz nicht erwähnt. Der Betriebsrat ist jedoch nicht gehindert, in entsprechenden Fällen Vertreter eines solchen Verbandes als Auskunftspersonen zu hören (*F/A/K/H* § 35 Rz. 21; GK-*Wiese* a. a. O.; *G/L* § 35 Rz. 13; *D/K/K/S* § 35 Rz. 15).

III. Erneute Beschlußfassung

29 Erst nach Ablauf der Wochenfrist (ggf. der verlängerten Frist) ist über die Angelegenheit erneut zu beschließen. Ein vorher gefaßter Beschluß wäre nichtig (*G/L* § 35 Rz. 14). Kommt es vor Ablauf der Frist zu einer Einigung in der Sache mit den Antragstellern oder sind sie mit dem Nichtabwarten des Fristablaufs einverstanden, so kann der Betriebsrat schon früher einen neuen Beschluß über die Angelegenheit fassen (GK-*Wiese* § 35 Rz. 22; *F/A/K/H* § 35 Rz. 26). Die erneute Beschlußfassung ist auch dann notwendig, wenn es **außerhalb einer Betriebsratssitzung** zu einer Verständigung gekommen ist (*D/R* § 35 Rz. 22; GK-*Wiese* § 35 Rz. 22). Falls der Antrag auf Aussetzung nicht zurückgenommen wird, **muß** der Betriebsrat erneut über die Angelegenheit **beschließen**.

30 Der Vorsitzende hat eine Sitzung einzuberufen, die möglichst bald nach Ablauf der Frist abgehalten wird. Gegenstand der Beschlußfassung ist die Frage der Aufrechterhaltung des angegriffenen Beschlusses, allerdings auch in der Form, daß die alte Regelung anders gestaltet wird (*D/R* § 35 Rz. 22; *F/A/K/H* § 35 Rz. 22; GK-*Wiese* a. a. O.).

31 Wird der ausgesetzte Beschluß bestätigt oder nur unerheblich geändert, so kann der Antrag auf Aussetzung nach Abs. 2 **nicht wiederholt** werden. Dies gilt auch für den Fall, daß sich an einem neuen Beschluß andere Personen beteiligen (*D/R* § 35 Rz. 23; *F/A/K/H* § 35 Rz. 23; GK-*Wiese* § 35 Rz. 24). Eine unerhebliche Änderung liegt vor, wenn der ausgesetzte Beschluß bei objektiver Gesamtwürdigung in seinem sachlichen Kern erhalten bleibt (GK-*Wiese* § 35 Rz. 24; *F/A/K/H* § 35 Rz. 24). Wird jedoch der ausgesetzte Beschluß erheblich verändert, so kann gegen diesen Beschluß erneut ein Aussetzungsantrag gestellt werden.

32 Der alte Beschluß bleibt nach dem eindeutigen Gesetzeswortlaut für die Dauer von nur einer Woche ausgesetzt (so auch GK-*Wiese* § 35 Rz. 23; **a. A.** die Vorauflage), es sei denn, der Betriebsrat hätte eine Verlängerung der Frist beschlossen (vgl. oben Rz. 26). Nach Ablauf der Aussetzungsfrist ist der Beschluß wieder voll wirksam und damit uneingeschränkt durchführbar (zu den Verpflichtungen des Vorsitzenden des Betriebsrats vgl. Rz. 33).

33 Kommt es zu keiner erneuten Beschlußfassung, so bleibt es bei dem alten Beschluß (so auch *F/A/K/H* § 35 Rz. 22; GK-*Wiese* § 35 Rz. 23; **a. A.** *Brecht* § 35 Rz. 10, der ohne Anhalt im Gesetz das Unwirksamwerden des Beschlusses annimmt). Der Betriebsratsvorsitzende hat aber dafür zu sorgen, daß die vorgeschriebene Beschlußfassung rechtzeitig, also möglichst am ersten Tag nach Ablauf der Aussetzung erfolgt (GK-*Wiese* a. a. O.; **a. A.** *F/A/K/H* § 35 Rz. 26). Verletzt er diese Verpflichtung wiederholt, kommt ein Verfahren nach § 23 gegen ihn in Betracht (vgl. ferner unter Rz. 35).

IV. Anwendung auf die Ausschüsse des Betriebsrats

Die Bestimmungen gelten entsprechend für die Beschlüsse des Betriebsausschus- **34** ses und der weiteren Ausschüsse des Betriebsrats. Sonst könnte das Aussetzungsrecht durch Übertragung von Betriebsratsaufgaben auf selbständig entscheidende Ausschüsse umgangen werden (*D/R* § 35 Rz. 28; *F/A/K/H* § 35 Rz. 31; GK-*Wiese* § 35 Rz. 4; *G/L* § 35 Rz. 2). Der Antrag ist dann nicht an den Vorsitzenden des Betriebsrats, sondern an den **Vorsitzenden des Ausschusses** zu richten (so auch *Oetker* BlStSozArbR 1983, 289, 293; a. A. GK-*Wiese*, *F/A/K/H*, jeweils a. a. O., und die Vorauflage), weil nur dies der eigenständigen Stellung der Ausschüsse entspricht. Aus diesem Grunde muß der Antrag auch entweder von der **Mehrheit der Vertreter einer Gruppe im Ausschuß**, nicht des Betriebsrats, oder von der **Mehrheit der an der Ausschußsitzung teilnehmenden Jugend- und Auszubildendenvertreter**, nicht von der Jugend- und Auszubildendenvertretung (a. A. *F/A/K/H* § 27 Rz. 38) oder der Schwerbehindertenvertretung, gestellt werden (GK-*Wiese* a. a. O.).

V. Streitigkeiten

Über Streitigkeiten entscheidet nach § 2a ArbGG das Arbeitsgericht im Beschluß- **35** verfahren (für den Fall der Beteiligung der Schwerbehindertenvertretung vgl. *BAG* vom 21. 9. 1989 – 1 AZR 465/88 – DB 1990, 796 = EzA § 14 SchwbG 1986 Nr. 2). Soweit es um den Antrag auf Aussetzung geht, kann das Gericht nur die Voraussetzungen eines ordnungsgemäßen Antrags (vgl. oben Rz. 12 ff.) prüfen. Der Betriebsratsvorsitzende kann nötigenfalls durch einstweilige Verfügung des Arbeitsgerichts von den Antragstellern zur rechtzeitigen Einberufung der erforderlichen Sitzung gezwungen werden (vgl. GK-*Wiese* § 29 Rz. 67; *D/R* § 29 Rz. 18 sowie oben Rz. 26).

§ 36 Geschäftsordnung

Sonstige Bestimmungen über die Geschäftsführung sollen in einer schriftlichen Geschäftsordnung getroffen werden, die der Betriebsrat mit der Mehrheit der Stimmen seiner Mitglieder beschließt.

Literaturübersicht

Bobrowski Die Geschäftsordnung des Betriebsrats, DB 1957, 21.

Inhaltsübersicht

		Rz.
I.	Allgemeines	1– 3
II.	Inhalt der Geschäftsordnung	4– 8
III.	Erlaß der Geschäftsordnung	9–13
IV.	Rechtswirkungen	14
V.	Anwendung auf die Ausschüsse des Betriebsrats	15

§ 36   2. Teil 3. Abschn. *Geschäftsführung des Betriebsrats*

VI. Streitigkeiten   16

I. Allgemeines

1   Wegen der Bedeutung der Geschäftsordnung für den ordnungsgemäßen Ablauf der Betriebsratstätigkeit wirkt das BetrVG 1972 mit einer Soll-Vorschrift stärker auf den Erlaß einer solchen Regelung hin, als es das BetrVG 1952 mit seiner bloßen Kann-Vorschrift getan hat (Begründung zum Regierungs-Entwurf des BetrVG 1972 in BT-Drucks. VI/1786, 40). Die gesetzliche Verpflichtung greift aber nicht erst ein, wenn der Betriebsrat überhaupt »sonstige Bestimmungen über die Geschäftsführung« trifft (so auch GK-*Wiese* § 36 Rz. 5; **a. A.** *Frauenkron* § 36 Rz. 1). Der Erlaß einer Geschäftsordnung ist indessen **nicht zwingend** vorgeschrieben. Ihr Fehlen hat weder die Unwirksamkeit der gefaßten Beschlüsse zur Folge noch ergibt sich daraus eine grobe Pflichtverletzung im Sinne von § 23 (GK-*Wiese* a. a. O.).

2   Die neu vorgeschriebene Schriftform dient der **Rechtssicherheit**. Im Hinblick auf die Bedeutung der Geschäftsordnung ist für ihren Erlaß die **absolute Stimmenmehrheit** vorgesehen (Begründung zum Regierungs-Entwurf a. a. O.).

3   Die Vorschrift gilt auch für den Gesamtbetriebsrat (§ 51 Abs. 1), den Konzernbetriebsrat (§ 59 Abs. 1), die Jugend- und Auszubildendenvertretung (§ 65 Abs. 1), die Gesamt-Jugend- und Auszubildendenvertretung (§ 73 Abs. 2) sowie für eine anderweitige Arbeitnehmervertretung nach § 3 Abs. 1 Nr. 2, die an die Stelle des Betriebsrats tritt (*F/A/K/H* § 36 Rz. 2; *D/K/K/S* § 36 Rz. 2; zur Anwendung auf die Ausschüsse des Betriebsrats vgl. unten Rz. 15).

II. Inhalt der Geschäftsordnung

4   Durch die Geschäftsordnung kann nur die **interne Geschäftsführung des Betriebsrats** näher geregelt werden. Der Betriebsrat bindet sich damit selbst hinsichtlich der Art und Weise, in der seine Aufgaben erledigt werden (*D/R* § 36 Rz. 3; GK-*Wiese* § 36 Rz. 15; *D/K/K/S* § 36 Rz. 3). Die Geschäftsordnung enthält etwa Bestimmungen über die Aufgaben des Betriebsratsvorsitzenden sowie über Vorbereitung und Durchführung von Sitzungen, also z. B. über die Einladungsfrist, über Redeordnung, Rednerliste, Durchführung der Abstimmungen, Ordnungsrufe, aber auch über die Abfassung und Aufbewahrung von Niederschriften und Bekanntmachung von Beschlüssen (*D/R* § 36 Rz. 4; *G/L* § 36 Rz. 5; GK-*Wiese* § 36 Rz. 13; *D/K/K/S* § 36 Rz. 5). In Betracht kommen ferner Regelungen über die gemeinsamen Wahlen der Mitglieder von Ausschüssen und der freizustellenden Betriebsratsmitglieder (vgl. § 27 Abs. 1 Satz 3, § 28 Abs. 1 Satz 2, § 38 Abs. 2 Satz 1 sowie hierzu *Engels/Natter* BB 1989 Beilage Nr. 8, 21 ff.). Die Geschäftsordnung kann die gesetzlichen Vorschriften nicht ändern, sondern nur ergänzen. So kann die Geschäftsordnung z. B. nicht festlegen, daß für Beschlüsse die einfache Mehrheit genügt, wenn das Gesetz in einer Angelegenheit die absolute Mehrheit fordert (*D/R* § 36 Rz. 5). Sie kann auch nicht regeln, daß den im Betriebsrat vertretenen Gewerkschaften ein generelles Recht zur Teilnahme an den Betriebsratssitzungen zusteht (vgl. dazu oben § 31 Rz. 3; **a. A.** aber *BAG* vom 28. 2. 1990 – 7 ABR 22/89 – AP Nr. 1 zu § 31 BetrVG 1972 = EzA § 31 BetrVG 1972 Nr. 1 =

Geschäftsordnung § 36

DB 1990, 1288). Andererseits ist es aber durchaus zulässig – wenn auch nicht immer zweckmäßig –, die z. B. in § 27 Abs. 2 und 3, § 28 und § 107 Abs. 3 vorgesehenen Beschlüsse in die Geschäftsordnung aufzunehmen (*G/L* § 36 Rz. 5; GK-*Wiese* § 36 Rz. 13).

Die Geschäftsordnung kann auch konkretisieren, welche Geschäfte als **laufende** 5 **Geschäfte** anzusehen sind, die ggf. vom Betriebsausschuß oder vom Betriebsratsvorsitzenden oder von anderen Betriebsratsmitgliedern wahrzunehmen sind (vgl. dazu § 27 Abs. 3 und 4). Dabei kann aber der Umfang der laufenden Geschäfte nicht wirksam erweitert oder eingeengt werden (vgl. Erläuterungen zu § 27 Rz. 47 ff.).

Dagegen kann auch in der Geschäftsordnung nicht ein einzelnes Betriebsratsmit- 6 glied mit begrenzten Entscheidungsbefugnissen betraut werden (vgl. dazu oben § 26 Rz. 60).

Gegenstand der Geschäftsordnung kann auch nicht sein, **was mit dem Arbeitgeber** 7 **zu vereinbaren ist**, z. B. eine über § 38 Abs. 1 hinausgehende Freistellung von Betriebsratsmitgliedern (*BAG* vom 16. 1. 1979 – 6 AZR 683/76 – EzA § 38 BetrVG 1972 Nr. 9 = DB 1979, 1515), Zeit und Ort der Sprechstunden des Betriebsrats, Durchführung der monatlichen Besprechungen zwischen Arbeitgeber und Betriebsrat. Diese Angelegenheiten können nur durch Betriebsvereinbarung oder eine formlose Betriebsabsprache zwischen Betriebsrat und Arbeitgeber geregelt werden. Insofern können die Geschäftsordnung und Vereinbarungen mit dem Arbeitgeber einander ergänzen. Der Inhalt der Geschäftsordnung selbst, die als Akt der Selbstorganisation alleinige Sache des Betriebsrats ist, kann aber nicht zum Gegenstand einer Betriebsvereinbarung gemacht werden (*D/R* § 36 Rz. 3; *F/A/K/H* § 36 Rz. 5; GK-*Wiese* § 36 Rz. 12).

Insgesamt sollte die Geschäftsordnung einen **klaren und übersichtlichen Rahmen** 8 für die Arbeit des Betriebsrats herstellen und eine **Bürokratisierung** durch übertrieben ins einzelne gehende Regelungen **vermeiden** (GK-*Wiese* § 36 Rz. 13; Muster bei *Hässler* 80).

III. Erlaß der Geschäftsordnung

Die Geschäftsordnung ist vom Betriebsrat mit der **Mehrheit der Stimmen seiner** 9 **Mitglieder** zu beschließen. Es genügt nicht die einfache Stimmenmehrheit; vielmehr ist die absolute Mehrheit erforderlich (*D/R* § 36 Rz. 9; GK-*Wiese* § 36 Rz. 6; *D/K/K/S* § 36 Rz. 7).

Außerdem bedarf die Geschäftsordnung der **Schriftform**; sie muß also in einer 10 Urkunde niedergelegt sein, die vom Vorsitzenden des Betriebsrats unterzeichnet ist (*D/R* § 36 Rz. 10; GK-*Wiese* § 36 Rz. 7; *D/K/K/S* a. a. O.). Die Schriftform ist auch dann erfüllt, wenn die Geschäftsordnung in der Sitzungsniederschrift enthalten ist, die nach § 34 Abs. 1 Satz 2 auch die Unterschrift des Vorsitzenden trägt. Insofern kann die Niederschrift auch konstitutive Bedeutung haben (*D/R* § 36 Rz. 10). Im übrigen sind Geschäftsführungsbeschlüsse des Betriebsrats auch dann wirksam, wenn sie nicht den Anforderungen dieser Vorschrift entsprechen; sie müssen allerdings mit einer erlassenen Geschäftsordnung vereinbar sein (so auch GK-*Wiese* a. a. O.).

Die Geschäftsordnung braucht **nicht bekanntgemacht** zu werden, da sie rein inter- 11 nen Charakter hat. Sie braucht auch dem Arbeitgeber nicht mitgeteilt zu werden

§ 36   2. Teil 3. Abschn. *Geschäftsführung des Betriebsrats*

(*D/R* § 36 Rz. 11; GK-*Wiese* § 36 Rz. 8; *D/K/K/S* § 36 Rz. 8), es sei denn, daß in der Geschäftsordnung bestimmte Aufgaben nach § 27 Abs. 3 Satz 2 und Abs. 4 sowie nach § 28 übertragen werden (*G/L* § 36 Rz. 4; GK-*Wiese* a.a.O.). Jedoch ist die Mitteilung um einer möglichst reibungslosen Zusammenarbeit willen zu empfehlen.

12 Die Geschäftsordnung gilt nur für die **Dauer der Amtszeit** des Betriebsrats, nicht auch für die nachfolgenden Betriebsräte (so auch *Bobrowski* DB 1957, 21; *G/L* § 36 Rz. 8; GK-*Wiese* § 36 Rz. 16; *F/A/K/H* § 36 Rz. 9; *D/K/K/S* § 36 Rz. 11, a.A. *D/R* § 36 Rz. 15; *S/W* § 36 Rz. 3 und die Vorauflage). Da der Gesetzeswortlaut beide Auslegungsmöglichkeiten zuläßt, ist die Frage entsprechend dem Gesetzeszweck zu beantworten. Jeder Betriebsrat muß in der Gestaltung des für ihn zweckmäßigen Verfahrens frei sein und darf deshalb nicht darauf angewiesen sein, die Regelungen aus der Vergangenheit durch Aufhebungsbeschluß zu beseitigen. Besonders unangemessene Erschwernisse könnten sich aus einer fortgeltenden Geschäftsordnung dann ergeben, wenn sie jahrelang infolge Unterbleibens einer Betriebsratswahl nicht praktiziert und deshalb auch an veränderte Verhältnisse nicht angepaßt worden ist. Wegen des Formerfordernisses erfolgt eine Rechtsbindung an die Geschäftsordnung auch nicht durch lange Übung (GK-*Wiese* a.a.O.; a.A. *F/A/K/H* a.a.O.).

13 Der Betriebsrat kann die Geschäftsordnung jederzeit aufheben oder abändern. Jedoch bedarf es auch dazu der vorgeschriebenen Abstimmungsmehrheit sowie der Schriftform (*F/A/K/H* § 36 Rz. 10 sowie GK-*Wiese* § 36 Rz. 9, der jedoch das Schriftformerfordernis ablehnt; vgl. auch *D/K/K/S* § 36 Rz. 9). Der Betriebsrat kann sich daher bei einem Beschluß auch nicht ohne weiteres über die geltende Geschäftsordnung hinwegsetzen; er kann nur von ihr abweichen, wenn mit absoluter Mehrheit beschlossen wird, die Geschäftsordnung in einem bestimmten Punkt nicht anzuwenden (GK-*Wiese* § 36 Rz. 15; *G/L* Rz. 7; *S/W* und *D/K/K/S*, jeweils a.a.O.; weitergehend *D/R* § 36 Rz. 13, der das Einverständnis aller Betriebsratsmitglieder für erforderlich hält).

IV. Rechtswirkungen

14 Die Geschäftsordnung enthält lediglich **interne Verfahrensrichtlinien**. Ein unter Verstoß gegen die Geschäftsordnung zustandegekommener Beschluß ist deshalb gleichwohl wirksam (*G/L* und *S/W*, jeweils a.a.O.; *D/K/K/S* § 36 Rz. 10). Die Verletzung der Geschäftsordnung ist jedoch eine Amtspflichtverletzung, die in krassen Fällen (z.B. häufige Wiederholung) ein Verfahren nach § 23 rechtfertigen kann (GK-*Wiese* § 36 Rz. 17; *D/K/K/S* a.a.O.).

V. Anwendung auf die Ausschüsse des Betriebsrats

15 Die Vorschrift gilt wie auch die übrigen Vorschriften über die Geschäfsführung des Betriebsrats entsprechend für den Betriebsausschuß und die weiteren Ausschüsse des Betriebsrats (so auch *F/A/K/H* § 36 Rz. 2; *G/L* § 36 Rz. 2; GK-*Wiese* § 36 Rz. 2; *D/K/K/S* § 36 Rz. 2). Der Betriebsrat kann entgegen der herrschenden Rechtsauffassung (vgl. die aufgeführten Autoren a.a.O., sowie die Vorauflage) den Ausschüssen eine Geschäftsordnung nicht rechtswirksam vorgeben; dies

wäre mit der eigenständigen Stellung der Ausschüsse nicht vereinbar (so auch *D/R* § 27 Rz. 42, § 28 Rz. 23; vgl. oben § 27 Rz. 54).

VI. Streitigkeiten

Streitigkeiten über das Bestehen einer Geschäftsordnung und ihre Auslegung und **16** Anwendung sind von den Arbeitsgerichten nach § 2a ArbGG im Beschlußverfahren zu entscheiden.

§ 37 Ehrenamtliche Tätigkeit, Arbeitsversäumnis

(1) Die Mitglieder des Betriebsrats führen ihr Amt unentgeltlich als Ehrenamt.
(2) Mitglieder des Betriebsrats sind von ihrer beruflichen Tätigkeit ohne Minderung des Arbeitsentgelts zu befreien, wenn und soweit es nach Umfang und Art des Betriebs zur ordnungsgemäßen Durchführung ihrer Aufgaben erforderlich ist.
(3) Zum Ausgleich für Betriebsratstätigkeit, die aus betriebsbedingten Gründen außerhalb der Arbeitszeit durchzuführen ist, hat das Betriebsmitglied Anspruch auf entsprechende Arbeitsbefreiung unter Fortzahlung des Arbeitsentgelts. Die Arbeitsbefreiung ist vor Ablauf eines Monats zu gewähren; ist dies aus betriebsbedingten Gründen nicht möglich, so ist die aufgewendete Zeit wie Mehrarbeit zu vergüten.
(4) Das Arbeitsentgelt von Mitgliedern des Betriebsrats darf einschließlich eines Zeitraums von einem Jahr nach Beendigung der Amtszeit nicht geringer bemessen werden als das Arbeitsentgelt vergleichbarer Arbeitnehmer mit betriebsüblicher beruflicher Entwicklung. Dies gilt auch für allgemeine Zuwendungen des Arbeitgebers.
(5) Soweit nicht zwingende betriebliche Notwendigkeiten entgegenstehen, dürfen Mitglieder des Betriebsrats einschließlich eines Zeitraums von einem Jahr nach Beendigung der Amtszeit nur mit Tätigkeiten beschäftigt werden, die den Tätigkeiten der in Absatz 4 genannten Arbeitnehmer gleichwertig sind.
(6) Absatz 2 gilt entsprechend für die Teilnahme an Schulungs- und Bildungsveranstaltungen, soweit diese Kenntnisse vermitteln, die für die Arbeit des Betriebsrats erforderlich sind. Der Betriebsrat hat bei der Festlegung der zeitlichen Lage der Teilnahme an Schulungs- und Bildungsveranstaltungen die betrieblichen Notwendigkeiten zu berücksichtigen. Er hat dem Arbeitgeber die Teilnahme und die zeitliche Lage der Schulungs- und Bildungsveranstaltungen rechtzeitig bekanntzugeben. Hält der Arbeitgeber die betrieblichen Notwendigkeiten für nicht ausreichend berücksichtigt, so kann er die Einigungsstelle anrufen. Der Spruch der Einigungsstelle ersetzt die Einigung zwischen Arbeitgeber und Betriebsrat.
(7) Unbeschadet der Vorschrift des Absatzes 6 hat jedes Mitglied des Betriebsrats während seiner regelmäßigen Amtszeit Anspruch auf bezahlte Freistellung für insgesamt drei Wochen zur Teilnahme an Schulungs- und Bildungsveranstaltungen, die von der zuständigen obersten Arbeitsbehörde des Landes nach Beratung mit den Spitzenorganisationen der Gewerkschaften und der Arbeitgeberverbände als geeignet anerkannt sind. Der Anspruch nach Satz 1 erhöht sich für Arbeitnehmer, die erstmals das Amt eines Betriebsratsmitglieds übernehmen und auch nicht zuvor Jugend- und Auszubildendenvertreter waren, auf vier Wochen. Absatz 6 Satz 2 bis 5 findet Anwendung.

Literaturübersicht

1. Allgemein

Auffarth Stellung des Betriebsratsmitglieds, AR-Blattei, Betriebsverfassung VIII. 1976; *Bähringer H./Spiegelhalter J.* Kurzarbeit, 11. Auflage 1987; *Becker-Schaffner* Die Rechtsprechung zum Zeugnisrecht, BB 1989, 2105; *Bengelsdorf* Freizeitausgleich für teilzeitbeschäftigte Betriebsratsmitglieder, NZA 1989, 905; *Bertermann* Die Freistellung der Betriebsratsmitglieder zur Durchführung ihrer Betriebsratsaufgaben, BlStSozArbR 1955, 140; *Brill* Angabe der Betriebsratstätigkeit im Zeugnis?, BB 1981, 616ff.; *Dütz* Eigenmächtige Arbeitsversäumnis und Freizeitnahme durch Arbeitnehmer und Betriebsratsmitglieder, DB 1976, 1428, 1480; *Eich* Freizeitausgleich für Betriebsratstätigkeit außerhalb der Arbeitszeit, BB 1974, 1443; *Einert* Die Grenzen der Freistellung des Betriebsrats, BetrR 1960, 159; *v. Friesen* Arbeitsveräumnis und Betriebsratstätigkeit nichtfreigestellter Betriebsratsmitglieder, DB 1981, 1618; *Frohner* Probleme der Arbeitsbefreiung von Betriebsratsmitgliedern gem. § 37 Abs. 2 Betriebsverfassungsgesetz 1972, BlStSozArbR 1979, 65; *Gebhardt*, Kurzarbeitergeld, Loseblatt; *Grikschat* Zum Ausgleichsanspruch für Wegezeiten nach § 37 Abs. 3 BetrVG, AuR 1975, 334; *Haberkorn* Umfang der Freistellung von Betriebsratsmitgliedern, BB 1968, 1125; *Hennecke* Bemessung von Arbeitsentgelt und allgemeinen Zuwendungen für freigestellte Betriebsräte, BB 1986, 936; *ders.* Die Bemessung von Arbeitsentgelt und allgemeinen Zuwendungen freigestellter Betriebsräte, RdA 1986, 241; *Hohn* Bezahlte Freistellung der Betriebsratsmitglieder von der Arbeit, DB 1963, 621; *Hoppe* Betriebsratstätigkeit und Freistellung, ArbuSozPol. 1968, 339; *Jaerisch* Arbeitsfreistellung von Betriebsratsmitgliedern, ArbuSozPol. 1957, 299; *Kehr* Die Bezahlung versäumter Arbeitszeit der Betriebsratsmitglieder, BABl. 1952, 685; *Lepke* Zur Beschäftigungspflicht des Betriebsratsmitglieds, DB 1967, 2161; *Lichtenstein* Die Freistellung der Betriebsratsmitglieder, BetrR 1965, 527; *Lipke* Betriebsverfassungsrechtliche Probleme der Teilzeitarbeit, WZA 1990, 758; *Lunk, S.* Die Betriebsversammlung – das Mitgliederorgan der Belegschaft, 1991; *Meisel* Die allgemeinen Aufgaben des Betriebsrats, DB 1962, 1694; *Meissinger* Pauschalvergütungen im Arbeitsrecht, DB 1956, 448; *Neumann-Duesberg* Auswirkungen des Betriebsratsamts auf die gegen Betriebsratsmitglieder möglichen Individualrechtsmaßnahmen des Arbeitgebers, RdA 1962, 291; *Ochsmann* Nachteilausgleich bei Urlaubsunterbrechung zwecks Teilnahme an einer Betriebsratssitzung?, BB 1978, 562; *Rath* Freizeitausgleich für teilzeitbeschäftigte Betriebsratsmitglieder nach § 37 Abs. 3 BetrVG, BB 1989, 2326; *Rewolle* Wie wirkt sich Kurzarbeit auf die von der Arbeitspflicht freigestellten Betriebsratsmitglieder aus?, BB 1968, 387; *Rick* Die unentgeltliche Wahrnehmung des Betriebsratsamts, BetrVerf. 1956, 33; *ders.* Zur Abgeltung von persönlichen Aufwendungen von Betriebsratsmitgliedern, AuR 1956, 12; *Rüthers* Zum Arbeitsentgelt des Betriebsrats, RdA 1976, 61; *Schneider* Arbeitsentgelt und Berufsschutz freigestellter Betriebsratsmitglieder, NZA 1984, 21; *Sowka/Krichel* Politische und gewerkschaftliche Betätigung im Betrieb, DB 1989 Beilage Nr. 11; *Vogt* Grenzen der Lohnzahlungspflicht der Arbeitgeber gegenüber Betriebsratsmitgliedern gem. § 37 BetrVG, DB 1953, 378; *Zitscher* Die »vertrauensvolle Zusammenarbeit« zwischen Betriebsrat und Arbeitgeber DB 1984, 1395.

2. Teilnahme an Schulungs- und Bildungsveranstaltungen

Becker-Schaffner Nochmals: Zur Frage der Kostenerstattung bei Schulungs- und Bildungsveranstaltungen, BlStSozArbR 1974, 11; *Bleistein* Schulungs- und Bildungsveranstaltungen und Bildungsurlaub für Betriebsratsmitglieder (§ 37 Abs. 6 und 7 BetrVG), DB 1975, Beilage Nr. 1; *Böhm* Individualrechtliche Folgen übergangener Informations- und Beratungsrechte nach dem Betriebsverfassungsgesetz 1972, dargestellt an den §§ 37 Abs. 3 Satz 3, 38 Abs. 2 und 99 Abs. 1, DB 1974, 723; *Bohn* Teilnahme von Betriebsratsmitgliedern an Schulungs- und Bildungsveranstaltungen, BB 1975, 1392; *Buchner* Das Zusammenwirken von Gewerkschaft und Betriebsrat nach dem neuen Betriebsverfassungsgesetz, DB 1972, 1236; *Däubler* Schulung und Fortbildung von Betriebsratsmitgliedern und Jugendvertretern nach § 37 BetrVG, 3. Aufl. 1983; *Dangers* Bildungsmaßnahmen für Betriebsratsmitglieder,

BlStSozArbR 1977, 229; *Dütz/Säcker* Zum Umfang der Kostenerstattungs- und Kostenvorschußpflicht des Arbeitgebers gem. § 40 BetrVG, DB 1972 Beilage Nr. 17; *Ebert* Bildungsurlaub für Betriebsräte, BB 1974, 466; *Eich* Die Schulung und Bildung von Betriebsräten, BB 1973, 1032; *Esser* Erforderlichkeit mit Beurteilungsspielraum? – Zur Anwendung des § 37 Abs. 6 BetrVG –, RdA 1976, 229; *Finkelnburg* Rechtsschutz vor ungerechtfertigtem Bildungsurlaub, DB 1973, 968; *Gola* Der gesetzliche Anspruch auf Bildungsurlaub, BlStSozArbR 1975, 70; *Hanau* Analogie und Restriktion im Betriebsverfassungsrecht, FS für *Gerhard Müller*, 1981, 169; *Henssler, M.* Die Entscheidungskompetenz der Betriebsverfassungsrechtlichen Einigungsstelle, RdA 1991, 268; *Hohn* Schulungsveranstaltungen nach § 37 Abs. 6 BetrVG, DB 1977, 400; *Kittner* Muß jedes Betriebsratsmitglied über Grundkenntnisse des allgemeinen Arbeitsrechts verfügen?, BlStSozArbR 1979, 257; *Klinkhammer* Die Erstattungspflicht des Arbeitgebers für Schulungskosten der Betriebsratsmitglieder, BB 1973, 1399; *Kopp* Probleme des »Bildungsurlaubs« nach § 37 Abs. 7 BetrVG, AuR 1976, 333; *Kraft* »Allgemeiner Bildungsurlaub« auf Kosten des Arbeitgebers – eine unzulässige Bevorzugung von Betriebsratsmitgliedern, DB 1973, 2519; *Liebers* Schulungsveranstaltungen gemäß § 37 Abs. 7 BetrVG – nach 7 Jahren Praxis, DB 1980, 638 ff.; *Loritz* Rechtsschutz der Arbeitgeber gegen Anerkennung der Geeignetheit von Betriebsräteschulungen, BB 1982, 1368 ff.; *Müller* Zum Rechtsschutz des Arbeitgebers gegen die Anerkennung von Betriebsräte-Schulungen nach § 37 Abs. 7 BetrVG, DB 1985, 704; *Ohlgardt* Die Kostentragung bei gewerkschaftlicher Schulung von Betriebsräten, BB 1974, 1029; *ders.* Kostentragung bei gewerkschaftlichen Schulungsveranstaltungen, DB 1974, 1722; *Pahlen* Der Grundsatz der Verhältnismäßigkeit und die Erstattung von Schulungskosten nach dem BetrVG 72, 1979; *Schell* Freistellung von Betriebsratsmitgliedern für Schulungs- und Bildungsveranstaltungen nach § 37 Abs. 6 und 7 BetrVG, BB 1973, 44; *Schiefer B.* Schulungs- und Bildungsveranstaltungen gem. § 37 Abs. 7 BetrVG – Tatsächliche und rechtliche Aspekte, DB 1991, 1453; *ders.* Freistellungsansprüche für Betriebsratsmitglieder gem. § 37 Abs. 6 und 7 BetrVG sowie nach den Bildungsurlaubsgesetzen, DB 1992, 631; *Schwegler* Rechtsfragen zur Teilnahme von Betriebsratsmitgliedern an Schulungs- und Bildungsveranstaltungen, BlStSozArbR 1972, 305; *Streckel* Teilnahme von Betriebsräten an Schulungs- und Bildungsveranstaltungen nach § 37 Abs. 6 und 7 BetrVG, DB 1974, 335; *Wenning-Morgentahler* Schulungsfreistellung auch für Ersatzmitglieder des Betriebsrats, BB 1985, 1336; *Wiese* Teilnahme von Betriebsratsmitgliedern an Schulungs- und Bildungsveranstaltungen, BlStSozArbR 1973, 337; *ders.* Schulung der Mitglieder von Betriebsvertretungen, BlStSozArbR 1974, 353; *Wölfel* Die Anerkennung von Schulungs- und Bildungsveranstaltungen für Mitglieder nach § 37 Abs. 7 BetrVG, ArbuSozR 1972, 207; *Wohlgemuth* »Erforderlichkeit« einer Betriebsratsschulung über Probleme des betrieblichen Datenschutzes, BlStSozArbR 1980, 209.

Inhaltsübersicht

		Rz.
I.	Allgemeines	1– 4
II.	Betriebsratsamt	5–15
	1. Ehrenamt	6– 8
	2. Unentgeltlichkeit der Amtsführung	9–15
III.	Befreiung von der Arbeitspflicht	16–53
	1. Voraussetzungen des Befreiungsanspruchs	21–36
	a) Aufgaben des Betriebsrats	22–25
	b) Erforderlichkeit der Arbeitsbefreiung	26–36
	2. Durchführung der Arbeitsbefreiung	37–42
	3. Entgeltzahlung	43–53
IV.	Freizeitausgleich für Amtstätigkeit außerhalb der Arbeitszeit	54–75
	1. Voraussetzungen des Ausgleichsanspruchs	55–63
	2. Arbeitsbefreiung	64–71

§ 37 2. Teil 3. Abschn. Geschäftsführung des Betriebsrats

	3.	Abgeltung	72–75
V.	Entgelt- und Tätigkeitsschutz		76–96
	1.	Entgeltschutz	77–90
		a) Maßstab	77–87
		aa) Maßgebliche Arbeitnehmer	80–83
		bb) Maßgebliche berufliche Entwicklung	84–87
		b) Folgen für die Entgeltbemessung	88, 89
		c) Dauer	90
	2.	Tätigkeitsschutz	91–96
		a) Maßstab	93, 94
		b) Ausschluß des Schutzanspruchs	95
		c) Dauer	96
VI.	Erforderliche Schulungs- und Bildungsveranstaltungen (Abs. 6)		97–151
	1.	Erforderlichkeit der Schulungs- und Bildungsveranstaltung für den Betriebsrat	102–127
		a) Schulungs- und Bildungsveranstaltung	102–104
		b) Vermittlung nach Art und Umfang für den Betriebsrat erforderlicher Kenntnisse	105–127
		aa) Kenntnisse über das Betriebsverfassungsgesetz	121, 122
		bb) Grundkenntnisse des allgemeinen Arbeitsrechts	123, 124
		cc) Kenntnisse auf anderen Gebieten	125–127
	2.	Erforderlichkeit der Teilnahme des Betriebsratsmitglieds	128–136
		a) Kreis der möglichen Teilnehmer	129, 130
		b) Teilnehmerzahl	131–133
		c) Beschluß des Betriebsrats	134–136
	3.	Durchführung der Arbeitsbefreiung	137–148
		a) Unterrichtungsanspruch des Arbeitgebers	137–139
		b) Meinungsverschiedenheiten über die Erforderlichkeit der Arbeitsbefreiung	140–142
		c) Meinungsverschiedenheiten über die ausreichende Berücksichtigung der betrieblichen Notwendigkeiten	143–148
	4.	Entgeltfortzahlung	149, 150
	5.	Kosten	151
VII.	Geeignete Schulungs- und Bildungsveranstaltungen (Abs. 7)		152–179
	1.	Voraussetzungen des Freistellungsanspruchs	154–166
		a) Schulungs- und Bildungsveranstaltung	154
		b) Vermittlung für die Betriebsratstätigkeit geeigneter Kenntnisse	155–160
		c) Anerkennung	161–166
	2.	Höchstdauer	167–171
	3.	Durchführung der Freistellung	172–179
VIII.	Streitigkeiten		180–194
	1.	Streitigkeiten zwischen Betriebsratsmitglied und Arbeitgeber	180–184
	2.	Streitigkeiten zwischen Betriebsrat und Arbeitgeber	185, 186
	3.	Streitigkeiten zwischen Betriebsrat und Betriebsratsmitglied	187
	4.	Streitigkeiten um die Anerkennung durch die oberste Arbeitsbehörde	188–193
	5.	Verfahren vor der Einigungsstelle	194

Ehrenamtliche Tätigkeit, Arbeitsversäumnis **§ 37**

I. Allgemeines

Die Bestimmungen dieses Paragraphen, dessen Absätze 3–7 durch das BetrVG 1972 neu eingeführt worden sind, regeln die allgemeine Rechtsstellung des Betriebsratsmitglieds zu einem wesentlichen Teil und stehen so in engem Zusammenhang mit den §§ 78, 78a und 103 sowie §§ 15f. KSchG. Sie bezwecken die **Sicherung der inneren und äußeren Unabhängigkeit** der Betriebsratsmitglieder. Mittel zu diesem Zweck ist vor allem die Ausgestaltung des Betriebsratsamtes als **Ehrenamt**, so daß es den Amtsträgern verwehrt ist, wirtschaftliche Vorteile aus ihrer Amtstätigkeit zu ziehen. Auf der anderen Seite sollen sie aber weder finanzielle noch berufliche noch arbeitsmäßige Nachteile erleiden, eine Zielsetzung, der vor allem die Abs. 3–5 dienen. Nach Abs. 2 sind die Betriebsratsmitglieder zur Erledigung ihrer Aufgaben von ihrer beruflichen Tätigkeit bezahlt zu befreien, sofern sie nicht gem. § 38 ohnehin von der Arbeit völlig freigestellt sind. 1

Von erheblicher Bedeutung ist auch die in Abs. 6 und 7 geregelte **Arbeitsbefreiung für die Teilnahme an Schulungs- und Bildungsveranstaltungen**, die für die Betriebsratsarbeit erforderliche Kenntnisse vermitteln und die einen besonderen Bildungsurlaub für Betriebsratsmitglieder vorsehen. Hierdurch soll den betriebsverfassungsrechtlichen Amtsträgern ermöglicht werden, das zur Erfüllung ihrer Aufgaben erforderliche Wissen zu erwerben. 2

Die Abs. 1–3 gelten für den Gesamtbetriebsrat (§ 51 Abs. 1), den Konzernbetriebsrat (§ 59 Abs. 1) und die Gesamt-Jugend- und Auszubildendenvertretung (§ 73 Abs. 2) entsprechend. Von den Abs. 4–7 werden die Mitglieder dieser überbetrieblichen Vertretungen bereits in ihrer Eigenschaft als Mitglied des Betriebsrats oder der Jugend- und Auszubildendenvertretung erfaßt. Für die Mitglieder der Jugend- und Auszubildendenvertretung gelten nach § 65 Abs. 1 sämtliche Bestimmungen der §§ 37ff. entsprechend. § 37 gilt ferner auch für die sonstige Arbeitnehmervertretung nach § 3 Abs. 1 Nr. 2, die an die Stelle des Betriebsrats tritt (*F/A/K/H* § 37 Rz. 2; GK-*Wiese* § 37 Rz. 4). Nach dem durch das Gesetz vom 20. 12. 1988 (BGBl. I S. 2312) eingeführten § 76a gelten die Abs. 2 und 3 auch für die dem Betrieb angehörenden Beisitzer der Einigungsstelle, u. U. auch für die einem anderen Betrieb des Unternehmens oder eines Konzernunternehmens angehörenden Beisitzer. 3

Die Vorschriften sind **zwingendes Recht**. Sie können weder durch Tarifvertrag noch durch Betriebsvereinbarung abgeändert werden. Auch eine Änderung zugunsten der Betriebsratsmitglieder ist unzulässig, weil darin ein Verstoß gegen das Begünstigungsverbot des § 78 läge. Die herrschende Meinung hält solche Änderungen aber für zulässig, ohne sich indessen dabei mit § 78 auseinanderzusetzen (vgl. *F/A/K/H* § 37 Rz. 3; *G/L* § 37 Rz. 7; GK-*Wiese* § 37 Rz. 5; *Kammann/Hess/ Schlochauer* § 37 Rz. 6; vgl. hierzu auch *D/K/K/S* § 37 Rz. 4). Das BetrVG, das die Rechtsstellung des Betriebsrats und seiner Mitglieder eingehend regelt, enthält nur an wenigen Stellen **ausdrückliche Öffnungen für abweichende Regelungen** durch Tarifvertrag oder Betriebsvereinbarung. Beispiele sind die §§ 3, 38 Abs. 1, 47 Abs. 4, 55 Abs. 4 und 72 Abs. 4. Dies bedeutet, daß die gesetzliche Regelung grundsätzlich abschließend ist und einer Abänderung durch Tarifvertrag oder Betriebsvereinbarung nur an den durch gesetzliche Öffnungsklauseln bezeichneten Stellen fähig ist. Eine solche Öffnungsklausel enthält § 37 nicht. Betriebsvereinbarungen, die lediglich die Durchführung des Gesetzes regeln, sind nach herrschender Rechtsauffassung in jedem Fall wirksam (vgl. *G/L*, *F/A/K/H* 4 und GK-*Wiese*, jeweils a.a.O.). Da aber die gesetzlichen Bestimmungen aus sich heraus anwendbar sind, ist kein Raum mehr für zusätzliche Normen, die Inhalt einer Betriebsvereinbarung sein könnten (zur Betriebsvereinbarung als Normenvertrag vgl. GK-*Thiele* § 77 Rz. 34; *F/A/K/H* § 77 Rz. 17). Derartige Vereinbarungen haben deshalb nur die Bedeutung gemeinsamer Hinweise auf das geltende Recht (vgl. zur gemeinsamen Festlegung pauschaler Kontingente für die Freistellung zur Teilnahme an Schulungs- und Bildungsveranstaltungen: *F/A/K/H* § 37 Rz. 100 und GK-*Wiese* § 37 Rz. 129).

II. Betriebsratsamt

5 Der Betriebsrat hat ein privatrechtliches Amt (*D/R* § 37 Rz. 4; *F/A/K/H* § 37 Rz. 4; *G/L* § 37 Rz. 8 GK-*Wiese* § 37 Rz. 7). Der Betriebsrat ist aber **kein Vertreter** kraft Amtes wie die privatrechtlichen Amtswalter, also z.B. Konkursverwalter, Nachlaßverwalter oder Testamentsvollstrecker (*D/R* § 37 Rz. 4); er kann also die Belegschaft nicht vertreten. Vielmehr ist er **Repräsentant** der Belegschaft, in deren Interesse er die ihm vom Gesetz zugewiesenen Aufgaben aus eigenem Recht erfüllt. Das bedeutet u.a., daß der Betriebsrat nicht Rechte, die den Belegschaftsmitgliedern zustehen, gerichtlich oder außergerichtlich geltend machen und durchsetzen kann.

1. Ehrenamt

6 Die Mitglieder des Betriebsrats führen ihr Amt **unentgeltlich** als Ehrenamt. Damit sollen sie während der Amtsausübung ihre innere und äußere Unabhängigkeit wahren können. Um dieses Zieles willen ist der Grundsatz der Unentgeltlichkeit strikt anzuwenden (GK-*Wiese* § 37 Rz. 8; *D/R* § 37 Rz. 5; *G/L* § 37 Rz. 9; *F/A/K/H* § 37 Rz. 5; *D/K/K/S* § 37 Rz. 3). Die Betriebsratsmitglieder sollen aus ihrem Amt keinerlei unmittelbare oder mittelbare Vorteile ziehen, es sei denn, daß eine Besserstellung wie beim Kündigungsschutz nach § 15 KSchG ausdrücklich im Gesetz geregelt wäre (*D/R* a.a.O.). Es spielt keine Rolle, ob diese Vorteile vom Arbeitgeber, der Belegschaft oder Dritten gewährt werden (*F/A/K/H* § 37 Rz. 6). Der Unentgeltlichkeit der Amtsführung stehen der Ausschluß finanzieller Benachteiligung durch Einkommenseinbußen und der Ersatz notwendiger Auslagen gegenüber.

7 Die Betriebsratsmitglieder bleiben selbst dann, wenn sie von der Arbeit völlig freigestellt sind, **Beschäftigte i.S. des Sozialversicherungsrechts**. Sie sind deshalb wie die übrigen Arbeitnehmer in die gesetzliche Kranken-, Renten- und Arbeitslosenversicherung einbezogen (*F/A/K/H* § 37 Rz. 10; GK-*Wiese* § 37 Rz. 13) und genießen bei ihrer Amtstätigkeit einschließlich der Teilnahme an Schulungs- und Bildungsveranstaltungen den Schutz der gesetzlichen Unfallversicherung (vgl. hierzu *Lauterbach/Watermann* Gesetzliche Unfallversicherung, 3. Auflage 1982, Loseblatt, § 548 Rz. 42; *D/R* § 37 Rz. 113; *F/A/K/H* § 37 Rz. 105; *D/K/K/S* § 37 Rz. 8). Soweit die sozialversicherungsrechtliche Stellung für **Arbeiter und Angestellte** unterschiedlich ist, kommt es auf die vor der Wahl in dem Betriebsrat ausgeübte betriebliche Tätigkeit an (*Brackmann* Handbuch der Sozialversicherung, 11. Aufl. 1988, 303e).

Da die Betriebsratstätigkeit auf der anderen Seite keine Arbeitsleistung ist, darf sie 8
in einem **Arbeitszeugnis** nach § 630 BGB nicht erwähnt werden, auch wenn es auf
Leistung und Führung des Arbeitnehmers erstreckt werden muß (*LAG Hamm* vom
12. 4. 1976 – 9 Sa 29/76 – DB 1976, 1112; *LAG Frankfurt* vom 10. 3. 1977 – 6 Sa
779/76 – DB 1978, 167; *ArbG Ludwigshafen* vom 18. 3. 1987 – 2 Ca 281/87 – DB
1987, 1364; *F/A/K/H* § 37 Rz. 11; GK-*Wiese* § 37 Rz. 14; *Becker-Schaffner* BB
1989, 2105, 2107; *D/K/K/S* a. a. O.). Erst recht ist es nicht Sache des Arbeitgebers,
die Amtstätigkeit des Arbeitnehmers als Betriebsratsmitglied im Zeugnis zu beurteilen. Allerdings kann das Zeugnis im Einvernehmen beider Seiten von diesen
Regeln abweichen. Verlangt ein Betriebsratsmitglied ein qualifiziertes Zeugnis,
obwohl es über eine Reihe von Jahren hinweg aufgrund einer Freistellung nach § 38
überhaupt nicht beschäftigt gewesen ist, so daß der Arbeitgeber seine Leistung
nicht mehr verantwortlich beurteilen kann, so darf und muß der Arbeitgeber die
Freistellung im Zeugnis erwähnen; dabei ist auch auf die etwaige Teilnahme an
Maßnahmen der Berufsbildung nach § 38 Abs. 4 hinzuweisen. Dasselbe gilt, wenn
das Betriebsratsmitglied seinem Arbeitsplatz so entfremdet ist, daß es seine frühere
Tätigkeit nicht mehr beherrscht oder deren Wiederaufnahme erheblich erschwert
ist (ausführlicher *Brill* BB 1981, 616 ff.; vgl. auch *LAG Frankfurt* a. a. O.; *D/K/K/S*
a. a. O.; kaum praktikabel und mit dem Betriebsratsamt rechtlich nicht vereinbar
der Vorschlag von *Bobrowski/Gaul* Abschn. 0 VIII Rz. 22, die Freistellung für eine
gewisse Zeit zu unterbrechen und so eine Basis für eine Zeugnisbeurteilung zu
schaffen).

2. Unentgeltlichkeit der Amtsführung

Das Gesetz verbietet jedwede Entgeltzuwendung für die Betriebsratstätigkeit. Ent- 9
gelt ist dabei **jeder geldliche oder geldwerte Vorteil** (*G/L* § 37 Rz. 10; *D/R* § 37
Rz. 6; *F/A/K/H* § 37 Rz. 6). Unzulässig ist z. B. die Zahlung einer Vergütung, die
das vom Betriebsratsmitglied vor seiner Wahl in den Betriebsrat erreichte **Verdienstniveau überschreitet** (*D/R* § 37 Rz. 6). Unzulässig ist auch die **Bezahlung von
Arbeitszeit**, die nicht durch erforderliche Betriebsratstätigkeit versäumt worden ist
(*F/A/K/H* a. a. O.; *G/L* § 37 Rz. 10). Das gleiche gilt für die Zahlung von **Sitzungsgeldern** neben der Entgeltfortzahlung nach Abs. 3, **die Freistellung von der Arbeit**,
ohne daß dies zur Erfüllung der Betriebsratsarbeit erforderlich ist (*BAG* vom 1. 3.
1963 – 1 ABR 3/62 – AP Nr. 8 zu § 37 BetrVG 1952 Bl. 3 m. Anm. *Neumann-
Duesberg* = DB 1963, 869). Auch eine **Beförderung**, die nicht durch Leistung oder
durch die Regelung in Abs. 4 gedeckt ist, verstößt gegen das Gebot der unentgeltlichen Amtsführung (*G/L* § 37 Rz. 10; *F/A/K/H* a. a. O.; GK-*Wiese* § 37 Rz. 11),
desgleichen die **Erstattung nicht notwendiger Auslagen**, die Zuweisung einer besonders verbilligten Werkwohnung oder die Gewährung besonders günstiger Bedingungen bei der Vergabe von Firmendarlehen, die kostenlose Zuteilung reservierter, für die übrige Belegschaft aber kostenpflichtiger Firmenparkplätze und die
Gewährung besonderer Deputate oder erhöhten Urlaubs (*G/L* § 37 Rz. 11; GK-
Wiese § 37 Rz. 11; vgl. auch *D/K/K/S* § 37 Rz. 4). Dem Begünstigungsverbot entgegen steht auch die **Weiterzahlung einer Überstundenpauschale** an ein freigestelltes Betriebsratsmitglied, wenn in dessen Abteilung schon seit längerem keine Überstunden mehr geleistet werden (*G/L* § 37 Rz. 10) sowie die **Zahlung von Arbeitsentgelt für Zeiten außerhalb der üblichen Arbeitszeit**, in denen das Betriebsratsmit-

§ 37   2. Teil 3. Abschn. Geschäftsführung des Betriebsrats

glied Betriebsratstätigkeit ausübt (*BAG* vom 21. 5. 1974 – 1 AZR 477/73 – EzA § 37 BetrVG 1972 Nr. 25 = DB 1974, 1823).

10 Anders ist aber der Fall zu beurteilen, daß die Betriebsratstätigkeit aus **betriebsbedingten Gründen außerhalb der Arbeitszeit** ausgeübt werden muß, z. B. weil der Betrieb in Wechselschicht arbeitet. Dann stellt die Gewährung des in Abs. 3 vorgesehenen bezahlten Freizeitausgleichs keinen unberechtigten Vorteil dar (*F/A/K/H* a. a. O.). Ebensowenig verstößt es gegen den Grundsatz der Unentgeltlichkeit, wenn das Betriebsratsmitglied wegen häufiger amtsbedingter Arbeitsbefreiung auf einen **Arbeitsplatz mit niedrigerer Entlohnung** versetzt wird, aber nach wie vor den früheren Lohn erhält (*D/R* § 37 Rz. 6; *G/L* § 37 Rz. 10), es sei denn, daß die Versetzung nicht wegen der Betriebsratstätigkeit, sondern aus persönlichen Gründen, z. B. Gesundheitsgründen, erfolgt ist (*D/R* a. a. O.).

11 Wird durch Tarifvertrag oder Betriebsvereinbarung die **Arbeitszeit** für die ganze Belegschaft oder die Betriebsabteilung, in der das Betriebsratsmitglied beschäftigt ist, **verkürzt**, so muß das Betriebsratsmitglied diese allgemeine Veränderung genauso hinnehmen wie andere Arbeitnehmer (GK-*Wiese* § 37 Rz. 13; *S/W* § 37 Rz. 2; *D/R* § 37 Rz. 10; *D/K/K/S* § 37 Rz. 6). Dies gilt aber entgegen der höchstrichterlichen Rechtsprechung auch, wenn eine solche Änderung der Arbeitsbedingungen nur durch Änderungskündigung möglich ist. Es widerspräche dem Grundsatz der unentgeltlichen Amtstätigkeit, dem Verbot einer Begünstigung der Betriebsratsmitglieder gegenüber den anderen Belegschaftsangehörigen (§ 78) und dem Gleichbehandlungsgrundsatz des § 75, wenn sich das Betriebsratsmitglied auf seinen besonderen Kündigungsschutz berufen könnte, um sich eine Sonderstellung gegenüber Arbeitnehmern in vergleichbarer Lage zu erhalten (so die herrschende Meinung; vgl. *D/R* § 37 Rz. 10; *Hueck* KSchG § 15 Rz. 29; *Hueck/Nipperdey* II/2, 1170; *Meisel* Rz. 644 und DB 1974, 562; *S/W* § 103 Rz. 4; *G/L* § 103 Rz. 49; GK-*Kraft* § 103 Rz. 11; ferner Erläuterungen zu § 103 Rz. 20; **a. A.** *BAG* vom 29. 1. 1981 – 2 AZR 778/78 = EzA § 15 KSchG 1969 Nr. 26 m. Anm. *Schwerdtner* = DB 1981, 2283; vom 24. 4. 1969 – 2 AZR 319/68 = EzA § 13 KSchG 1969 Nr. 2 = DB 1969, 1562, das die Änderungskündigung gegenüber dem Betriebsratsmitglied um der ordnungsgemäßen Arbeit des Betriebsrats willen auch in einem solchen Fall als unwirksam ansieht; wie das *BAG*: *Matthes* DB 1981, 1165f.; GK-*Wiese* § 37 Rz. 13; *D/K/K/S* a. a. O.; *Etzel* BlStSozArbR 1972, 87 und GK-KR § 15 KSchG Rz. 18).

12 Es wäre ferner eine unzulässige Vorteilszuwendung, wenn dem Betriebsratsmitglied für seine Aufwendungen eine **zu hohe Pauschalabgeltung** gewährt würde. Eine derartige Pauschalierung ist nur zulässig, wenn der angesetzte Betrag regelmäßig wiederkehrende tatsächliche Aufwendungen abdeckt oder zumindest dem Durchschnitt der in der Vergangenheit tatsächlich entstandenen Aufwendungen entspricht (*G/L* § 37 Rz. 12; *F/A/K/H* § 37 Rz. 7; vgl. auch *D/K/K/S* § 37 Rz. 3) und dies auch regelmäßig nachgeprüft wird (*Rüthers* RdA 1976, 63; wohl noch enger *LAG Köln* vom 13. 9. 1984 – 10 Sa 583/84 – DB 1985, 394; *D/R* § 37 Rz. 7).

13 Nach Abs. 1 und § 78 Satz 2 i. V. m. § 134 BGB unwirksam ist ein **Vorteilsversprechen** gegenüber Betriebsratsmitgliedern (*D/R* § 37 Rz. 8; *G/L* § 37 Rz. 14; *D/K/K/S* § 37 Rz. 7).

14 Gewährte Vorteile können aber vom Arbeitgeber nach § 812 BGB **zurückgefordert** werden, obwohl auch ihm ein Verstoß gegen das gesetzliche Verbot zur Last fällt; § 817 Satz 2 BGB steht dem nicht entgegen, da der Schutzzweck des Abs. 1, die Wahrung der Integrität der Amtsführung, die Rückabwicklung fordert (vgl.

dazu *Fabricius* JZ 1963, 85 sowie Erläuterungen zu § 41 unter Rz. 4; wie hier GK-*Wiese* § 37 Rz. 15; vgl. dazu auch *BAG* vom 28. 7. 1982 – 5 AZR 46/81 – EzA § 5 BBiG Nr. 4 = DB 1983, 290; a. A. *G/L* § 37 Rz. 14; *F/A/K/H* § 37 Rz. 9; *Kammann/Hess/Schlochauer* § 37 Rz. 13).

Verstöße gegen den Grundsatz der ehrenamtlichen Tätigkeit können u. U. zum **15 Ausschluß** aus dem Betriebsrat nach § 23 Abs. 1 führen (GK-*Wiese* § 37 Rz. 16; *F/A/K/H* a. a. O.). Die Begünstigung wie auch die Benachteiligung eines Betriebsratsmitglieds um seiner Tätigkeit willen ist nach § 119 Abs. 1 Nr. 3 strafbar, wenn sie vorsätzlich begangen wird (*G/L* § 37 Rz. 15; *F/A/K/H* und *D/K/K/S*, jeweils a. a. O.). Die Tat wird nur auf Antrag des Betriebsrats, des Gesamtbetriebsrats, des Konzernbetriebsrats, des Unternehmers oder einer im Betrieb vertretenen Gewerkschaft verfolgt (§ 119 Abs. 2).

III. Befreiung von der Arbeitspflicht

Die Ausübung des Betriebsratsamtes ändert nichts daran, daß die Betriebsratsmit- **16** glieder **Arbeitnehmer des Betriebs** sind. Die Rechte und Pflichten aus dem Arbeitsverhältnis, besonders die Verpflichtungen zur Arbeitsleistung und Entgeltzahlung bleiben grundsätzlich erhalten. Die Betriebsratsmitglieder sind lediglich nach Abs. 2 von ihrer beruflichen Tätigkeit ohne Minderung des Arbeitsentgelts zu befreien, wenn und soweit dies nach Umfang und Art des Betriebs zur ordnungsgemäßen Durchführung ihrer Aufgaben erforderlich ist. Das Gesetz löst damit die Konfliktsituation des Betriebsratsmitglieds, das in zwei Pflichtenkreise gestellt ist, zugunsten der Amtspflicht gegen die Arbeitspflicht. Voraussetzung ist aber, daß die **Arbeitsversäumnis notwendig** ist (*G/L* § 37 Rz. 16; *F/A/K/H* § 37 Rz. 16; *D/R* § 37 Rz. 14; *D/K/K/S* § 37 Rz. 9). Dabei geht das Gesetz davon aus, daß das Betriebsratsmitglied seine Amtstätigkeit grundsätzlich während der Arbeitszeit ausübt (GK-*Wiese* § 37 Rz. 17; *F/A/K/H* § 37 Rz. 24; vgl. auch *BAG* vom 31. 10. 1985 – 6 AZR 175/83 – AP Nr. 52 zu § 37 BetrVG 1972 = DB 1986, 1026).

Der in Abs. 2 geregelte Anspruch richtet sich auf **vorübergehender Arbeitsbefrei- 17 ung aus konkretem Anlaß** (*F/A/K/H* § 37 Rz. 13; GK-*Wiese* § 37 Rz. 18; *D/K/K/S* § 37 Rz. 10). Demgegenüber sieht § 38 Abs. 1 eine völlige Freistellung von der Verpflichtung zur Arbeitsleistung vor. Diese Bestimmung enthält deshalb eine Sonderregelung gegenüber der generellen Bestimmung des Abs. 2 (*BAG* vom 22. 5. 1973 – 1 ABR 2/73 = EzA § 38 BetrVG 1972 Nr. 5 m. Anm. *Hanau* = DB 1973, 1900). Abs. 2 ist daher für die völlig von der Arbeit freigestellten Betriebsratsmitglieder ohne Bedeutung. Wenn aber Betriebsratsmitglieder abweichend von § 38 durch Tarifvertrag oder Betriebsvereinbarung – allerdings nach der hier vertretenen Auffassung (vgl. unten § 38 Rz. 16ff.) unzulässigerweise – nur für einen Teil ihrer Arbeitszeit generell (vgl. unten Rz. 18) von der Arbeit freigestellt werden, können sie nach Abs. 2 eine zusätzliche Arbeitsbefreiung erreichen, wenn sie für die Aufgabenerfüllung aus konkretem Anlaß erforderlich ist (*F/A/K/H* § 37 Rz. 15; *G/L* § 37 Rz. 17; GK-*Wiese* § 37 Rz. 18; *D/K/K/S* a. a. O.).

Nach der herrschenden Meinung können gem. Abs. 2 Betriebsratsmitglieder aber **18** nicht nur von Fall zu Fall, sondern **generell für einen Teil ihrer Arbeitszeit**, etwa für bestimmte Stunden am Tag oder für bestimmte Tage der Woche oder des Monats, von der Arbeitspflicht befreit werden. Voraussetzung sei aber auch hier, daß dies zur Wahrnehmung der Betriebsratsaufgaben erforderlich ist. Dies soll besonders in

§ 37   2. Teil 3. Abschn. Geschäftsführung des Betriebsrats

Betrieben mit unter 300 Arbeitnehmern in Betracht kommen, in denen nach § 38 Abs. 1 keine generelle Freistellung vorgesehen ist (*F/A/K/H* § 37 Rz. 15; *G/L* § 37 Rz. 18; *D/K/K/S* a. a. O.). Die herrschende Meinung ist indessen abzulehnen (vgl. dazu die Erläuterungen zu § 38 Rz. 16 ff.).

19 Abs. 2 erlaubt nur die Befreiung von der vertraglich geschuldeten Arbeit. Aus der Bestimmung ergibt sich **kein Anspruch auf Änderung der Arbeitspflicht**, z. B. Ersetzung von Schichtarbeit duch Normalarbeit oder von Akkordarbeit durch Zeitlohnarbeit (*LAG Düsseldorf* vom 30. 3. 1989 – 5 Ta BV 3/89 – NZA 1989, 650; *ArbG Koblenz* vom 3. 5. 1988 – 5 Ca 1196/87 – AiB 1989, 79). Die **entgegengesetzte höchstrichterliche Rechtsprechung** (vgl. *BAG* vom 27. 6 1990 – 7 ABR 43/89 – DB 1991, 973 = BB 1991, 759; vom 3. 6. 1969 – 1 ABR 1/69 – DB 1969, 1705; der Rechtsprechung folgend: *D/R* § 37 Rz. 13 *Kammann/Hess/ Schlochauer* § 37 Rz. 19; *F/A/K/H* § 37 Rz. 15; *GK-Wiese* § 37 Rz. 19; *D/K/K/ S* a. a. O.; *S/W* § 37 Rz. 9) ist jedenfalls mit dem Inhalt des Gesetzes in der Fassung von 1972 nicht zu vereinbaren (vgl. dazu die eingehende Begründung von *Krichel* Anm. SAE 1992, 65, 68 f.). Eine Änderung der arbeitsvertraglichen Pflichten ist nur durch Vereinbarung zwischen Betriebsratsmitglied und Arbeitgeber möglich. Zu einer solchen einvernehmlichen Regelung wird es in der Praxis auch meistens kommen, weil beide Seiten an einer Arbeitsvertragsgestaltung interessiert sind, die das Betriebsratsmitglied möglichst wenig belastet (vgl. dazu auch unten Rz. 35).

20 Abs. 2 gilt auch für **Ersatzmitglieder**, die in den Betriebsrat nachgerückt sind oder ein Mitglied zeitweilig vertreten (*G/L* § 37 Rz. 19; *F/A/K/H* § 37 Rz. 14; *D/K/ K/S* § 37 Rz. 11).

1. Voraussetzungen des Befreiungsanspruchs

21 Der Anspruch auf Befreiung von der beruflichen Tätigkeit ohne Minderung des Arbeitsentgelts nach Abs. 2 hängt von zwei Voraussetzungen ab. Die Arbeitsbefreiung muß nämlich
– der Durchführung der dem Betriebsrat obliegenden Aufgaben dienen und
– zur ordnungsgemäßen Durchführung dieser Aufgaben erforderlich sein.

a) Aufgaben des Betriebsrats

22 Die Aufgaben des Betriebsratsmitglieds ergeben sich aus den Aufgaben des Betriebsrats. Dem Betriebsrat obliegen nur die Aufgaben, die ihm **durch Gesetz** zugewiesen sind (*BAG* vom 1. 3. 1963 – 1 ABR 3/62 – AP Nr. 8 zu § 37 BetrVG 1952 m. Anm. *Neumann-Duesberg* = DB 1963, 869; *D/R* § 37 Rz. 14). Dabei kann sich die Zuweisung auch aus **anderen Gesetzen als dem BetrVG** ergeben (z. B. § 1552 RVO, §§ 8, 72, 81, 88 und 141 f. AFG, §§ 17 und 19 KSchG, § 29 SchwbG, §§ 9 und 11 ASiG). Durch Tarifvertrag oder Betriebsvereinbarung kann nicht festgelegt werden, daß eine Angelegenheit zu den Aufgaben des Betriebsrats gehört. Das BetrVG enthält nämlich nur an wenigen Stellen (z. B. § 102 Abs. 6) eine Ermächtigung, die Aufgaben des Betriebsrats durch Vereinbarung zu erweitern (im Ergebnis a. A. *F/A/K/H* § 37 Rz. 18).

23 Der Erfüllung der gesetzlichen Aufgaben des Betriebsrats dienen z. B. (vgl. dazu *F/A/K/H* § 37 Rz. 17; *GK-Wiese* § 37 Rz. 23 ff.; *D/K/K/S* § 37 Rz. 15):
– Tätigkeiten zur Erledigung der allgemeinen Aufgaben nach § 80,

– Teilnahme an den Sitzungen des Betriebsrats, des Gesamtbetriebsrats, der Betriebsräteversammlung (§ 53), des Konzernbetriebsrats, des Betriebsausschusses, eines weiteren nach § 28 gebildeten Ausschusses sowie des Wirtschaftsausschusses und des Arbeitsschutzausschusses (§ 11 ASiG) sowie deren Vorbereitung,
– Teilnahme an Betriebs- und Abteilungsversammlungen (§§ 42 ff.) und deren Vorbereitung,
– Teilnahme an Sitzungen der Jugend- und Auszubildendenvertretung (§ 65 Abs. 2) der Gesamt- Jugend- und Auszubildendenvertretung (§ 73 Abs. 1) und an der Jugend- und Auszubildendenversammlung (§ 71),
– Abhaltung von Sprechstunden (§ 39),
– Verhandlungen und Besprechungen mit dem Arbeitgeber (§ 74 Abs. 1),
– Besprechungen mit Betriebsarzt und Sicherheitsfachkraft (§ 9 Abs. 1 und 2 ASiG),
– Teilnahme an Besprechungen des Arbeitgebers mit Sicherheitsbeauftragten oder dem Sicherheitsausschuß (§ 89 Abs. 3),
– Teilnahme an Betriebsbegehungen des Gewerbeaufsichtsamtes oder der Berufsgenossenschaft (§ 89 Abs. 2),
– Hinzuziehung zu Unfalluntersuchungen der Berufsgenossenschaft (§ 89 Abs. 2),
– Besuch im Inland gelegener auswärtiger Betriebsteile, soweit sie nicht nach § 4 als selbständige Betriebe gelten (vgl. oben vor § 1 Rz. 1 ff. zur Beschränkung der Betriebsratstätigkeit auf das Inland; vgl. auch unten Rz. 24 a zum Aufsuchen von Arbeitsplätzen),
– Teilnahme an Sitzungen der Einigungsstelle (§ 76 a Abs. 1),
– Teilnahme als Beteiligter an Gerichtsverhandlungen,
– Teilnahme an Schulungs- und Bildungsveranstaltungen gem. § 37 Abs. 6 und 7 (vgl. hierzu aber besondere Erläuterungen unter Rz. 97 ff.).
– Besprechungen mit Gewerkschaftsvertretern über aktuelle betriebsbezogene Fragen, sofern der Betriebsrat fachliche oder rechtliche Unterstützung zur Erfüllung der ihm obliegenden Aufgaben benötigt und die Hilfe von sich aus erbittet (*G/L* § 37 Rz. 21; vgl. auch GK-*Wiese* § 37 Rz. 27; *F/A/K/H* § 37 Rz. 17; *D/R* § 37 Rz. 15), aber nicht, wenn mindestens ein Betriebsratsmitglied nach § 38 freigestellt ist (*BAG* vom 6. 8. 1981 – 6 AZR 505/78 = EzA § 37 BetrVG 1972 Nr. 73 = DB 1982, 758).
– Teilnahme an Erörterung zwischen Arbeitnehmer und Arbeitgeber nach § 81 Abs. 3 letzter Satz,
– Teilnahme an Einsicht in Personalakten durch den Arbeitnehmer nach § 83 Abs. 1 Satz 2,
– Unterstützung von beschwerdeführenden Belegschaftsangehörigen (§ 84).

Es kommt nicht darauf an, ob die Betriebsratstätigkeit innerhalb oder außerhalb **24** des Betriebes stattfindet (*F/A/K/H* § 37 Rz. 19; *G/L* § 37 Rz. 21; GK-*Wiese* § 37 Rz. 24; *D/K/K/S* § 37 Rz. 14). Der Betriebsrat muß aber das Gebot der möglichst rationellen Arbeitseinteilung beachten (vgl. dazu unten Rz. 28).

Nicht zu den gesetzlichen Aufgaben des Betriebsrats gehören z. B. (vgl. *S/W* § 37 **24a** Rz. 5):
– Mitgliederwerbung und andere Betätigungen für die Gewerkschaft, besonders die Verteilung von gewerkschaftlichem Werbe- und Informationsmaterial (GK-*Wiese* § 37 Rz. 27; *Sowka/Krichel* DB 1989 Beilage Nr. 11, 8),

§ 37   2. Teil 3. Abschn. *Geschäftsführung des Betriebsrats*

- Besuch von Gewerkschaftsveranstaltungen und -kongressen (*F/A/K/H* § 37 Rz. 20; GK-*Wiese* a. a. O.),
- Beratung der Arbeitnehmer in steuer- und sozialversicherungsrechtlichen Fragen,
- Beratung der Arbeitnehmer in kündigungsschutzrechtlichen Fragen (*LAG Rheinland-Pfalz* vom 10. 9. 1984 – 1 Ta 197/84 – NZA 1985, 430),
- Beratungen der Arbeitnehmer in Privatangelegenheiten, z. B. bei Wohnungsproblemen, Einkaufsmöglichkeiten, Urlaubsreisen oder Versicherungsverträgen (*S/W* a. a. O.),
- Vertretung der Arbeitnehmer als Prozeßbevollmächtigter vor dem Arbeitsgericht (*G/L* § 37 Rz. 22; *F/A/K/H* § 37 Rz. 21),
- Teilnahme an Gerichtsverhandlungen als Zeuge; hierfür gilt das Gesetz über die Entschädigung von Zeugen und Sachverständigen in der jeweiligen Fassung (*LAG Düsseldorf* vom 3. 1. 1975 – 4 Sa 1489/74 – DB 1975, 651; GK-*Wiese* § 37 Rz. 25 m. w. N.),
- Teilnahme an Gerichtsverhandlungen, ohne Beteiligter zu sein (*BAG* vom 19. 5. 1983 – 6 AZR 290/81 – EzA § 37 BetrVG 1972 Nr. 77 = DB 1983, 2038f.; a. A. *LAG München* vom 14. 1. 1987 – 5 (6) Ta BV 41/86 – BB 1987, 685 = NZA 1987, 428, aber nur für den Fall, daß der Betriebsrat durch einen neuartigen Tarifvertrag (z. B. über Vorruhestand) die Aufgabe erhalten hat, über dessen Regelungen die Belegschaftsmitglieder zu beraten; auch *LAG Hamburg* vom 10. 2. 1981 – 1 Sa 37/80 – DB 1981, 2236 für den Fall, daß es sich um einen grundsätzlichen Rechtsstreit über eine für die Tätigkeit des Betriebsrats wesentliche Frage handelt (*D/K/K/S* § 37 Rz. 18; ähnlich *LAG Frankfurt* vom 13. 5. 1980 – 4 Sa 1393/79 – BB 1982, 186); bei Beteiligung wird der Betriebsrat nach § 26 Abs. 3 von seinem Vorsitzenden vertreten, so daß die Teilnahme an der Verhandlung auch nur für ihn erforderlich ist,
- Antrag auf Feststellung des Ranges von Forderungen aus einem Sozialplan nach § 61 KO an das Konkursgericht (*LAG Hamm* vom 12. 12. 1984 – 12 Ta BV 104/84 – LAGE § 80 ArbGG 1979 Nr. 1),
- Aufsuchen von Arbeitnehmern an ihrem Arbeitsplatz, soweit nicht die Kenntnis von den konkreten Verhältnissen eines Arbeitsplatzes zur Erledigung einer bestimmten amtlichen Aufgabe unerläßlich ist (*D/R* § 39 Rz. 28; *Schlochauer* FS für *G. Müller*, 463ff.; weitergehend, nämlich schon bei bloßem konkretem Anlaß: *BAG* vom 13. 6. 1989 – 1 ABR 4/88 – AP Nr. 36 zu § 80 BetrVG 1972 = DB 1989, 2439 = EzA § 80 BetrVG 1972 Nr. 36),
- Vermittlung von Arbeitskräften,
- Entgegennahme von Urlaubsanträgen,
- Besprechungen mit Betriebsräten fremder Betriebe, soweit nicht die Voraussetzungen für eine Betriebsräteversammlung nach § 53 erfüllt sind (*F/A/K/H* § 37 Rz. 22; GK-*Wiese* § 37 Rz. 29, die allerdings Ausnahmen bei für möglich gehaltenen konkreten betrieblichen Anlässen machen; sogar für Zulässigkeit der Kontaktaufnahme zu ausländischen Betriebsräten des Unternehmens: *ArbG München* vom 29. 8. 1991 – 12 BV 53/91 – BB 1991, 2375 = DB 1991, 2295),
- Teilnahme an Tarifverhandlungen und Mitwirkung in gewerkschaftlichen Tarifkommissionen, auch wenn es sich um einen Firmentarifvertrag handelt (*F/A/K/H* § 37 Rz. 20; *G/L* § 37 Rz. 24; *Wiese* a. a. O.),
- Beteiligung an auf Einladung des Arbeitsamtes stattfindenden »Arbeitsmarkt-

gesprächen« (**a.A.** *BAG* vom 23. 9. 1982 – 6 ABR 86/79 – AP Nr. 42 zu § 37 BetrVG 1972 = EzA § 37 BetrVG 1972 Nr. 76 = DB 1983, 182, das zwar als Beleg für seine Auffassung eine ganze Reihe von Bestimmungen des BetrVG, des KSchG und des AFG anführt, aber nicht darlegt, daß danach die Teilnahme eines Betriebsratsmitglieds an einer überbetrieblichen Veranstaltung erforderlich wäre; dem *BAG* folgend GK-*Wiese* § 37 Rz. 24; *D/K/K/S* § 37 Rz. 15),
– Vorbereitung und Durchführung der Betriebsratswahlen mit Ausnahme der Bestellung des Wahlvorstandes (*F/A/K/H* a. a. O.; *D/K/K/S* § 37 Rz. 19),
– Ausübung anderweitiger Ehrenämter, z. b. in der Selbstverwaltung der Sozialversicherungsträger oder als Richter bei den Arbeitsgerichten und Sozialgerichten oder als Mitglied des Verwaltungsausschusses des Arbeitsamtes (*D/R* § 37 Rz. 17; *F/A/K/H* und *D/K/K/S*, jeweils a. a. O.),
– ohne Veranlassung durch den Arbeitgeber die außerbetriebliche Öffentlichkeit über Vorgänge im Betrieb zu unterrichten (BAG vom 18. 9. 1991 – 7 ABR 63/ 90 – DB 1992, 434)

Ob eine Tätigkeit der Erfüllung gesetzlicher Aufgaben zuzurechnen ist oder nicht, 25 richtet sich nach der **objektiven Rechtslage**. Ein Betriebsratsmitglied hat keinen Anspruch auf Arbeitsbefreiung, wenn es irrtümlich annimmt, eine Betriebsratstätigkeit auszuüben. Dabei spielt die Entschuldbarkeit des Irrtums keine Rolle (*LAG Freiburg* vom 17. 5. 1954 – 1 Sa 71–54 – AP Nr. 3 zu § 37 BetrVG 1952 Bl. 2 = DB 1954, 868; *G/L* § 37 Rz. 26; *D/R* § 37 Rz. 14; GK-*Wiese* § 37 Rz. 21; **a. A.** *F/A/K/H* § 37 Rz. 23; *D/K/K/S* § 37 Rz. 20; *Neumann-Duesberg* RdA 1963, 291, die dem Betriebsratsmitglied den entschuldbaren Irrtum nicht zurechnen).

b) Erforderlichkeit der Arbeitsbefreiung
Nach Abs. 2 muß die Arbeitsbefreiung nicht nur der ordnungsgemäßen Durchfüh- 26 rung von Betriebsratsaufgaben dienen, sondern hierfür auch erforderlich sein. Die Erforderlichkeit ergibt sich immer aus den **Verhältnissen des einzelnen Betriebes**. Sie kann nicht aus **Richtwerten** abgeleitet werden, die sich mit Hilfe einer Extrapolation der in der Staffel des § 38 Abs. 1 enthaltenen Freistellungszeiten gewinnen lassen könnten (vgl. *D/K/K/S* § 37 Rz. 23). Ein ebenso unzulässiger Maßstab ist der Zeitaufwand anderer Betriebsräte (so auch *BAG* vom 21. 11. 1978 – 6 AZR 247/76 – EzA § 37 BetrVG 1972 Nr. 63 = DB 1979, 899). Die Erforderlichkeit ist auch weder rein objektiv zu bestimmen noch richtet sie sich nach der subjektiven Einstellung des einzelnen Betriebsratsmitglieds. Entscheidend ist vielmehr, ob das Betriebsratsmitglied die Arbeitsversäumnis nach pflichtgemäßem Ermessen aufgrund der gegebenen Tatsachen für notwendig halten konnte. Dabei sind die betrieblichen Belange einerseits und die Belange der Belegschaft andererseits gegeneinander abzuwägen (*D/R* § 37 Rz. 23; *G/L* § 37 Rz. 30; GK-*Wiese* § 37 Rz. 31; *F/ A/K/H* § 37 Rz. 26; *D/K/K/S* § 37 Rz. 21). Insofern spielt in die Beurteilung der Erforderlichkeit auch der Grundsatz der Verhältnismäßigkeit mit hinein (vgl. dazu *Blomeyer* FS *BAG*, 1979, 17, 33). Es kommt somit darauf an, daß ein vernünftig denkender Dritter die Arbeitsversäumnis für sachlich geboten halten würde (*BAG* vom 8. 3. 1957 – 1 AZR 113/55 – AP Nr. 4 zu § 37 BetrVG 1952 Bl. 3 m. Anm. *Küchenhoff* = DB 1957, 606; vom 6. 7. 1962 – 1 AZR 488/6263 – AP Nr. 7 zu § 37 BetrVG 1952 Bl. 2 m. Anm. *Küchenhoff* = DB 1962, 1474; ferner vom 6. 8. 1981 – 6 AZR 1086/79 – EzA § 37 BetrVG 1972 Nr. 74 = DB 1982, 758; *S/W* § 37 Rz. 7; GK-*Wiese* § 37 Rz. 31). Hat das Betriebsratsmitglied nach diesen

§ 37 2. Teil 3. Abschn. *Geschäftsführung des Betriebsrats*

Grundsätzen die Erforderlichkeit geprüft und stellt sich nachträglich heraus, daß die Arbeitsversäumnis doch nicht erforderlich gewesen ist, so ist dies unschädlich (GK-*Wiese* § 37 Rz. 32; *F/A/K/H* § 37 Rz. 27; *G/L* § 37 Rz. 29).

27 Die Erforderlichkeit ist danach zu beurteilen, welche Aufgaben das jeweilige Betriebsratsmitglied **nach den Beschlüssen des Betriebsrats** zu erfüllen hat (*S/W* a. a. O.; *D/K/K/S* § 37 Rz. 22; vgl. dazu auch unten Rz. 29).

28 Der Betriebsrat muß die Tätigkeit, mit der er seinen Aufgaben nachkommt, **so rationell wie möglich** gestalten (*BAG* vom 1. 3. 1963 – 1 ABR 3/62 – AP Nr. 8 zu § 37 BetrVG 1952 = DB 1963, 869; *ArbG Kiel* vom 13. 11. 1978 – 4 a BV 23/78 – DB 1979, 1236; *G/L* § 37 Rz. 30; *S/W* a. a. O.; GK-*Wiese* § 37 Rz. 33; *D/R* § 37 Rz. 21). Seine Arbeit muß also mit möglichst geringem personellen und zeitlichen Aufwand gut und vollständig erledigt werden. Einzelheiten kann der Arbeitgeber zwar dem Betriebsrat nicht vorschreiben (*G/L* § 37 Rz. 30; *F/A/K/H* § 37 Rz. 29). Der Betriebsrat würde aber seine Amtspflichten verletzen, wenn er das Gebot zur rationellen Arbeitsgestaltung außerachtlassen würde.

29 Der Beschluß des Betriebsrats über die Arbeitszuweisung an bestimmte Mitglieder allein ist aber nicht ausreichend. Vielmehr muß noch hinzukommen, daß das betreffende Betriebsratsmitglied bei gewissenhafter Überlegung und bei ruhiger vernünftiger Würdigung aller Umstände die Arbeitsversäumnis zur Erfüllung der ihm obliegenden Aufgaben selbst **für notwendig halten konnte** (*BAG* vom 6. 8. 1981 – 6 AZR 505/78 – EzA § 37 BetrVG 1972 Nr. 73 = DB 1982, 758; *S/W* a. a. O.; *F/A/K/H* § 37 Rz. 27; *D/K/K/S* § 37 Rz. 23).

30 Aus der Pflicht zur möglichst rationellen Arbeitsgestaltung ergibt sich beispielsweise:

- Der Betriebsrat ist **durch Einsetzung von Ausschüssen** zu entlasten (so auch *S/W* § 37 Rz. 7 a). Den Ausschüssen können nach den §§ 27 und 28 bestimmte Aufgaben (z. B. Mitbestimmung bei personellen Einzelmaßnahmen) entweder zur selbständigen Erledigung oder zur Entscheidungsvorbereitung übertragen werden. Auf der anderen Seite dürfen Ausschüsse nicht in überbetriebener Anzahl und Größe geschaffen werden. Für viele Aufgaben (z. B. Mitwirkung bei Berufsausbildung, Arbeitsschutz, für den nach § 11 ASiG ein besonderer Arbeitsschutzausschuß mit u. a. zwei Betriebsratsmitgliedern zu bilden ist) genügt es, ein sachverständiges Mitglied für die Erledigung der anfallenden Aufgaben zu bestellen.

- Für die vollständige Freistellung von einzelnen Betriebsratsmitgliedern nach § 38 sind solche Personen auszuwählen, die ein **möglichst großes Aufgabengebiet** abdecken können. Es ist nicht vertretbar, wichtige und zeitraubende Tätigkeiten einem nicht freigestellten Mitglied zuzuweisen und dabei die freigestellten Mitglieder unausgelastet zu lassen (so auch *LAG Hamm* vom 24. 8. 1979 – 3 Sa 362/79 – EzA § 37 BetrVG 1972 Nr. 66 = BB 1980, 694; *F/A/K/H* § 37 Rz. 29; *S/W* a. a. O.; GK-*Wiese* § 37 Rz. 34; vgl. auch *D/K/K/S* § 37 Rz. 22).

- Für Tätigkeiten, die spezielle Kenntnisse und Fähigkeiten voraussetzen (z. B. Tätigkeiten auf den Gebieten der Berufsausbildung, des Arbeitsschutzes, des Leistungslohnes) sind Mitglieder **mit entsprechender Vorbildung** vorzusehen.

31 Danach ist Arbeitsbefreiung für **sämtliche** Betriebsratsmitglieder in der Regel nur gerechtfertigt für Betriebsratsitzungen und Betriebsversammlungen (*G/L* § 37 Rz. 27) sowie für Besprechungen mit dem Arbeitgeber nach § 74 Abs. 1 (*F/A/K/H* a. a. O.). Bei **Verhandlungen** mit dem Arbeitgeber kommt es darauf an, ob

grundsätzliche Fragen oder Angelegenheiten von grundlegender Bedeutung – etwa eine beabsichtigte Betriebsänderung – behandelt werden sollen oder ob es sich mehr um Routineangelegenheiten handelt. Je nachdem wird die Teilnahme des gesamten Betriebsrats oder des gesamten zuständigen Ausschusses erforderlich sein oder aber die **Mitwirkung des Betriebsratsvorsitzenden und ggf. eines weiteren Mitglieds.** Für Sitzungen des Gesamtbetriebsrats, Konzernbetriebsrats, des Betriebsausschusses, eines weiteren Ausschusses des Betriebsrats sowie des Wirtschaftsausschusses, des Sicherheitsausschusses nach § 719 Abs. 4 RVO, des Arbeitsschutzausschusses nach § 11 ASiG sind nur die Mitglieder dieser Gremien zu befreien. Bei Abteilungsversammlungen und Teilversammlungen genügt die Befreiung des Betriebsratsvorsitzenden und derjenigen Betriebsratsmitglieder, die aus der betreffenden Abteilung kommen oder dem versammelten Teil der Belegschaft zuzuordnen sind (*G/L* § 37 Rz. 28; a. A. *F/A/K/H* § 37 Rz. 25); ggf. können auch sachverständige Betriebsratsmitglieder für zu behandelnde Sonderthemen hinzugezogen werden (GK-*Wiese* § 37 Rz. 37; *F/A/K/H* a. a. O.). Alle übrigen Aufgaben erfordern in der Regel nur das Tätigwerden **einzelner Betriebsratsmitglieder,** in erster Linie des Betriebsratsvorsitzenden (*D/R* § 37 Rz. 21; so auch für die Einholung einer Auskunft bei der Verwaltungsstelle der Gewerkschaft: *BAG* vom 6. 8. 1981 – 6 AZR 505/78 – a. a. O.).

Die erwähnte Amtspflicht zur Konzentration der Aufgabenerledigung (vgl. oben 32 Rz. 28 und 30) bei den freigestellten Betriebsratsmitgliedern schließt allerdings nicht aus, daß nicht freigestellte Betriebsratsmitglieder von Arbeitnehmern nach § 81 Abs. 3 letzter Satz, § 82 Abs. 2 Satz 2, § 83 Abs. 1 Satz 2, § 84 Abs. 1 Satz 2 zur Unterstützung hinzugezogen werden. In solchen Fällen ist die Arbeitsversäumnis des hinzugezogenen Betriebsratsmitgliedes wegen des **besonderen Vertrauens,** das der beschwerdeführende Arbeitnehmer gerade ihm entgegenbringt, erforderlich, selbst wenn die Angelegenheit ohne weiteres von einem freigestellten Betriebsratsmitglied erledigt werden könnte (GK-*Wiese* § 37 Rz. 34; *F/A/K/H* § 37 Rz. 29f.).

Auf der anderen Seite ist aber eine Arbeitsversäumnis nicht erforderlich, wenn ein 33 nicht freigestelltes Betriebsratsmitglied, das auf einem zufälligen Gang durch den Betrieb **von einem Belegschaftsangehörigen** in einer Betriebsratsangelegenheit **angesprochen wird,** sofort ein sachliches Gespräch führt, es sei denn, es handele sich um eine unaufschiebbare Frage. In einem solchen Fall gehört es zur ordnungsgemäßen Amtstätigkeit, den Mitarbeiter auf die Sprechstunde des Betriebsrats zu verweisen (so auch *LAG Berlin* vom 10. 10. 1980 – 10 Ta BV 4/80 – DB 1981, 1416; a. A. *BAG* vom 6. 8. 1981 – 6 AZR 1086/79 – a. a. O. und vom 23. 6. 1983 – 6 ABR 65/80 – EzA § 37 BetrVG 1972 Nr. 78 = DB 1983, 2419; *F/A/K/H* § 39 Rz. 23; *D/K/K/S* § 37 Rz. 25). Nach dem Maßstab eines vernünftig denkenden Dritten muß das Betriebsratsmitglied das Interesse des Betriebes an seiner Arbeitsleistung höher bewerten als eine mögliche Verstimmung des ratsuchenden Arbeitnehmers wegen des geringen Aufschubs seiner Angelegenheit. Die Amtsführung des Betriebsratsmitglieds wird nicht dadurch beeinträchtigt, daß sie nicht zu jeder beliebigen Zeit ausgeübt werden darf (so aber offenbar *BAG* vom 23. 6. 1983 a. a. O.).

Müssen Aufgaben außerhalb des Betriebes wahrgenommen werden, so sind auch 34 die **unvermeidbaren Wegezeiten** erforderlich (*BAG* vom 11. 7. 1978 – 6 AZR 387/77 – DB 1978, 2177; *LAG Düsseldorf* vom 23. 8. 1977 – 8 Sa 201/77 – EzA § 37 BetrVG 1972 Nr. 56; GK-*Wiese* § 37 Rz. 38; *F/A/K/H* § 37 Rz. 28; *D/K/K/S* § 37 Rz. 28).

Kommt es wegen erforderlicher Betriebsratstätigkeit nicht zu einer einvernehmli- 35

§ 37 2. Teil 3. Abschn. *Geschäftsführung des Betriebsrats*

chen Verlegung der persönlichen Arbeitszeit des Betriebsratsmitglieds (vgl. dazu oben Rz. 19), kann es **vor Beginn seiner Amtstätigkeit und einer etwa notwendig damit verbundenen Reise** sowie **auch danach** Befreiung von seiner Arbeitspflicht in einem Umfang verlangen, daß ihm die **erforderliche Mindestzeit zum Ausruhen** zur Verfügung steht. Auch dies ist nach Abs. 2 zur ordnungsgemäßen Durchführung der Aufgaben erforderlich (*BAG* vom 7. 6. 1989 – 7 AZR 500/88 – DB 1990, 995 = AP Nr. 72 zu § 37 BetrVG 1972 = EzA § 37 BetrVG 1972 Nr. 102; *LAG Hamm* vom 23. 10. 1991 – 3 Ta BV 97/9 – BB 1992, 278; im Ergebnis ebenso *ArbG Koblenz* vom 3. 5. 1988 – Ca 1196/87 – AiB 1989, 79; *ArbG Hamburg* vom 15. 4. 1982 – 12 BV 24/81 – AiB 1989, 254; *D/K/K/S* § 37 Rz. 29; vgl. auch *LAG Baden-Württemberg* vom 26. 8. 1988 – 1 Sa 14/88 – NZA 1989, 567, das allerdings zu Unrecht den Anspruch auf die abdingbare Bestimmung des § 616 BGB stützt und bei der Dauer der Befreiung zu weit geht). Das kann z. B. bei einem Nachtschichtarbeiter dazu führen, daß er bei einer ganztägigen Inanspruchnahme durch Betriebsratstätigkeit von der vorausgehenden, ggf. auch der nachfolgenden Schicht ganz oder teilweise zu befreien ist. Liegt zwischen den Schichten nach Abs. 3 ausgleichspflichtige Zeit für betriebsbedingt außerhalb der Arbeitszeit zu leistende Betriebsratstätigkeit (vgl. dazu unten Rz. 54 ff.), so kann der Arbeitgeber den Ausgleich in der unmittelbar nachfolgenden Schicht gewähren (sogar für Möglichkeit des Ausgleichs in der vorausgehenden Schicht: *BAG* vom 15. 2. 1989 – 7 AZR 193/88 – AP Nr. 70 zu § 37 BetrVG 1972 = DB 1990, 1141 = EzA § 37 BetrVG 1972 Nr. 101), selbst wenn er für diese Zeit auch nach Abs. 2 zu befreien ist; wäre dies ausgeschlossen, würde das Betriebsratsmitglied gegenüber den übrigen Arbeitnehmern begünstigt, weil es für die Betriebsratstätigkeit außerhalb der Arbeitszeit Freizeit nicht in entsprechendem, sondern in überproportionalem Umfang erhielte.

36 Übt ein Betriebsratsmitglied eine Amtstätigkeit aus, die es nicht für erforderlich halten konnte, so verletzt es seine arbeitsvertraglichen Pflichten und kann deshalb vom Arbeitgeber **abgemahnt** werden (*BAG* vom 6. 8. 1981 – 6 AZR 505/78 – a. a. O.). Ferner kann ihm die **Entgeltfortzahlung** in entsprechendem Umfang verweigert werden (vgl. dazu unten Rz. 51). Eine **außerordentliche Kündigung** des Arbeitsverhältnisses nach § 15 KSchG, die nach § 103 der Zustimmung des Betriebsrats bedarf, kommt nur in Betracht, wenn das betreffende Betriebsratsmitglied während der Arbeitszeit bewußt und in erheblichem Umfang Tätigkeiten verrichtet hat, die weder zu seinen arbeitsvertraglichen Pflichten noch zu seinen Betriebsratsaufgaben gehören (*D/R* § 37 Rz. 34). Eine Amtsenthebung nach § 23 scheidet indessen aus, weil in der unzulässigen Verwendung von Arbeitszeit kein Verstoß gegen eine gesetzliche Pflicht des Betriebsratsmitglieds liegt: eine solche Pflicht, die ohnehin nur verletzt sein würde, wenn das Betriebsratsmitglied sich bei der Arbeitsbefreiung ausdrücklich oder wenigstens schlüssig auf sein Betriebsratsamt beruft, ist dem BetrVG nicht zu entnehmen (**a. A.** GK-*Wiese* § 37 Rz. 32; *D/R* § 37 Rz. 34). Eine Amtspflichtverletzung liegt aber dann vor, wenn ein Betriebsratsmitglied während der Arbeitszeit erforderliche Betriebsratstätigkeit, z. B. Teilnahme an einer Betriebsratssitzung, nicht leistet. Dann hätte der Arbeitgeber in schwerwiegenden Fällen nach der herrschenden Meinung die Wahl, mit der außerordentlichen Kündigung oder einem Ausschlußverfahren nach § 23 zu reagieren (vgl. dazu § 23 Rz. 24: *F/A/K/H* § 23 Rz. 117 a).

2. Durchführung der Arbeitsbefreiung

Sind die Voraussetzungen für einen Befreiungsanspruch erfüllt, so hat der **Arbeitgeber** die **Befreiung zu erteilen**. Dies geschieht durch ausdrückliche oder schlüssige Erklärung (so auch *Meisel* Anm. SAE 1984, 198; *Bohn* Anm. SAE 1975, 80; ferner, allerdings nur für den Fall der voraussehbaren Notwendigkeit einer Arbeitsbefreiung *D/R* § 37 Rz. 24; *Dütz* DB 1976, 1430 *Frohner* BlStSozArbR 1979, 68). Dieser **rechtliche Getaltungsakt** ist nach dem unzweideutigen Gesetzeswortlaut für die Arbeitsbefreiung notwendig, da Abs. 2 **keine von selbst eintretende Arbeitsbefreiung** normiert. Für Abs. 3, der dieselben Begriffe verwendet, ist dies auch einhellig anerkannt (vgl. unten Rz. 67). Gleichwohl bestreiten die **höchstrichterliche Rechtsprechung** (*BAG* vom 8. 3. 1957 – 1 AZR 113/55 – AP Nr. 4 zu § 37 BetrVG 1972 Bl. 2 m. Anm. *Küchenhoff* = DB 1957, 263, 606, das sehr stark auf die inzwischen überholte frühere Gesetzesfassung abstellt und bei länger voraussehbarer Betriebsratstätigkeit eine Zustimmung des Arbeitgebers für durchaus erforderlich erklärt; vom 30. 1. 1973 – 1 ABR 1/73 – EzA § 40 BetrVG 1972 Nr. 4 = DB 1982, 758; vom 6. 8. 1981 – 6 AZR 505/78 – a. a. O.; vom 14. 2. 1990 – 7 ABR 13/88 – BB 1990, 1625; vgl. auch *BAG* vom 31. 10. 1985 – 6 AZR 175/83 – AP Nr. 52 zu § 37 BetrVG 1972 = DB 1986, 1026) und **ein Teil des Fachschrifttums** (*F/A/K/H* § 37 Rz. 32; *S/W* § 37 Rz. 11; GK-*Wiese* § 37 Rz. 39; *Kammann/Hess/Schlochauer* § 37 Rz. 33; *D/K/K/S* § 37 Rz. 30) das Erfordernis einer solchen Willenserklärung des Arbeitgebers. Sie billigen dem Betriebsratsmitglied das Recht zu, **sich selbständig** von der Arbeit **zu entfernen**, und halten es lediglich für verpflichtet, sich beim Arbeitgeber **abzumelden**, wenn es Betriebsratsaufgaben wahrnehmen will. Die sachliche Begründung für diese Ansicht, die Betriebsratsarbeit gerate sonst in zu starke Abhängigkeit vom Arbeitgeber, überzeugt nicht. Mit einer solchen politischen Argumentation kann die klare Gesetzesfassung nicht beiseitegeschoben werden, zumal bei dieser Betrachtung außer acht gelassen wird, daß die rechtliche und tatsächliche Stellung des Betriebsrats gegenüber dem Arbeitgeber gewichtig genug ist, um in der Regel die nötige Arbeitsbefreiung für seine Mitglieder zu sichern, ohne daß es dazu erst umständlicher gerichtlicher Verfahren bedürfte. Auch ist das Betriebsratsmitglied bei Unterbleiben einer Befreiungserklärung des Arbeitgebers mit dem Risiko belastet, daß der Arbeitgeber ihm später wegen einer in Wirklichkeit nicht erforderlichen Arbeitsversäumnis das Arbeitsentgelt mindert und eine Abmahnung wegen Verletzung der arbeitsvertraglichen Pflichten erteilt (wegen der entstehenden Rechtsunsicherheit vgl. z. B. *BAG* vom 31. 10. 1985 a. a. O.). Dies kann die Betriebsratsarbeit stärker stören als die Abhängigkeit von einer Befreiungserklärung des Arbeitgebers, die klare Verhältnisse schafft. Es kommt hinzu, daß es auch betriebliche Situationen gibt, in denen umgekehrt der Arbeitgeber davon abhängig ist, daß eine bestimmte Betriebsratstätigkeit aufgeschoben wird (z. B. bei dringender Erledigung eines wichtigen Terminauftrags). Schließlich muß auch deshalb am Wortlaut des Gesetzes festgehalten werden, weil die Arbeitnehmer auch sonst – etwa zur Stellensuche nach § 629 BGB oder zur Pflege eines erkrankten Kindes nach § 185 c Abs. 2 RVO – nur in Notfällen bei Unzumutbarkeit der Arbeitsleistung die ihnen zustehende Arbeitsbefreiung eigenmächtig durchsetzen können (vgl. *Dütz* DB 1976, 1484). Dementsprechend hat das *BAG* in einer neueren Entscheidung (vom 4. 9. 1985 – 7 AZR 531/82 – AP Nr. 13 zu § 17 BAT = DB 1986, 177) zum BAT ausgeführt: »Nach dem Wortsinn bedeutet ›Arbeitsbefreiung‹ die

§ 37   2. Teil 3. Abschn. Geschäftsführung des Betriebsrats

Freistellung des Arbeitnehmers von einer bestehenden Arbeitspflicht. Das geschieht durch eine entsprechende Erklärung des Arbeitgebers gegenüber dem Arbeitnehmer, durch die der Arbeitgeber auf sein vertragliches Recht auf Leistung der versprochenen Dienste in einem bestimmten Umfang verzichtet und damit die entsprechende Dienstleistungspflicht des Arbeitnehmers zum Erlöschen bringt.«

38 Damit der Arbeitgeber die Arbeitsbefreiung erteilen kann, muß das Betriebsratsmitglied ihm – oder in seiner Vertretung dem zuständigen Vorgesetzten – wenigstens in groben Zügen **die Gründe für die Erforderlichkeit** der Arbeitsbefreiung angeben, damit nachgeprüft werden kann, ob die Voraussetzungen vorliegen. Diese Information wird ganz allgemein in Rechtsprechung und Fachschrifttum verlangt, auch soweit ein Gestaltungsakt des Arbeitgebers zur Befreiung nicht gefordert und deshalb wenigstens eine Abmeldepflicht des Betriebsratsmitglieds angenommen wird (*BAG* vom 14. 2. 1990 a. a. O.; vom 23. 6. 1983 – 6 ABR 65/80 – AP Nr. 45 zu § 37 BetrVG 1972 = EzA § 37 BetrVG 1972 Nr. 78 = DB 1983, 2419; vom 8. 3. 1957 a. a. O.; *D/R* § 37 Rz. 25; *G/L* § 37 Rz. 33; *F/A/K/H* § 37 Rz. 31; *S/W* § 37 Rz. 11; *D/K/K/S* a. a. O.). Bei dieser Information ist dem Arbeitgeber (oder dem Vorgesetzten) **stichwortartig** der Grund für die begehrte Arbeitsbefreiung mitzuteilen. Eine genaue Schilderung der betreffenden Aufgaben ist nicht notwendig. Auch der Name des Arbeitnehmers, den das Betriebsratsmitglied an seinem Arbeitsplatz aufsuchen will, braucht nicht angegeben zu werden (*BAG* vom 23. 6. 1983 a. a. O.). Der Angabe eines Grundes bedarf es indessen überhaupt nicht, wenn es sich um eine vertrauliche Angelegenheit handelt, die nur den Betriebsrat oder die Belegschaft betrifft (*BAG* vom 19. 6. 1979 – 6 AZR 638/77 – AP Nr. 36 zu § 37 BetrVG 1972 Bl. 1 R = EzA § 37 BetrVG 1972 Nr. 65 = DB 1980, 546; *F/A/K/H* a. a. O.).

39 Soweit eine Abmeldepflicht des Betriebsratsmitglieds angenommen wird, folgert man daraus bei ihrer Verletzung die Verpflichtung zur Leistung von Schadenersatz (*F/A/K/H* § 37 Rz. 33; *G/L* § 37 Rz. 34; *GK-Wiese* § 37 Rz. 41).

40 Nach Abschluß der Betriebsratstätigkeit hat sich das Betriebsratsmitglied beim Arbeitgeber – oder bei dem ihn vertretenden Vorgesetzten – zurückzumelden (*LAG* Düsseldorf vom 9. 8. 1985 – 2 Ta BV 40/85 – DB 1985, 2463; *S/W* § 37 Rz. 11a; *GK-Wiese* § 37 Rz. 41; *D/K/K/S* § 37 Rz. 31); sonst kann es seinen Anspruch auf Arbeitsentgelt verlieren, da es seine Arbeitsleistung nicht ordnungsgemäß angeboten hat.

40a Abs. 2 ist auch dann maßgeblich, wenn das Betriebsratsmitglied an einer Betriebs- oder Abteilungsversammlung teilnimmt, für deren Dauer die übrigen Arbeitnehmer Anspruch auf Arbeitsentgelt nach § 44 Abs. 1 Satz 2 haben (zur Begründung vgl. unten Rz. 51).

41 Zum Zwecke der guten Zusammenarbeit zwischen Betriebsrat und Arbeitgeber kann es sich empfehlen, die Pflichten des Betriebsratsmitglieds bei der Arbeitsbefreiung in einer **Betriebsvereinbarung** klarzustellen. Dabei handelt es sich aber um eine **freiwillige** Betriebsvereinbarung, da sie das Arbeits- und Leistungsverhalten der Betriebsratsmitglieder als Arbeitnehmer und nicht ihr Ordnungsverhalten regelt (im Ergebnis ebenso, wenn auch mit der Begründung, es handle sich hier um eine Regelung der Amtsführung des Betriebsrats: *BAG* vom 23. 6. 1983 a. a. O.; vgl. auch *BAG* vom 8. 12. 1981 – 1 ABR 91/79 – zum Mitbestimmungsrecht bei einer Dienstreiseordnung in AP Nr. 6 zu § 87 BetrVG 1972 Lohngestaltung m. Anm. *Kraft* = EzA § 87 BetrVG 1972 Betriebliche Ordnung Nr. 8 = DB 1982, 960; wie hier GK-*Wiese* § 37 Rz. 42; *v. Friesen* DB 1981, 1618, 1619f.; **a. A.** *LAG*

Düsseldorf vom 9. 8. 1985 a. a. O.; *LAG Baden-Württemberg* vom 1. 6. 1976 – 7 Ta BV 3/76 – DB 1976, 1820; *D/R* § 37 Rz. 26; *S/W* § 37 Rz. 11; *Kammann//Hess/ Schlochauer* § 37 Rz. 36; *F/A/K/H* § 37 Rz. 28; offengelassen von *LAG Hamm* vom 28. 10. 1981 – 12 Ta BV 107/81 – DB 1982, 1173). Mitbestimmungsfrei ist auch die Bestimmung der Person durch den Arbeitgeber, der die Abmeldung der Betriebsratsmitglieder entgegennehmen soll (*LAG Hamm* a. a. O.). Der Arbeitgeber kann die in diesem Zusammenhang zu beachtenden Regeln aber auch in einem einseitigen Hinweis bekanntgeben.

Die Betriebsratsmitglieder sind nicht verpflichtet, die von ihnen für ihre amtlichen 42 Aufgaben aufgewendete **Zeit** für den Arbeitgeber **aufzuzeichnen** (*BAG* vom 14. 2. 1990 – 7 ABR 13/88 – BB 1990, 1625). Der Arbeitgeber ist aber rechtlich nicht gehindert, selbst die aufgewendete Zeit schriftlich festzuhalten.

3. Entgeltzahlung

Das Arbeitsentgelt eines Betriebsratsmitglieds darf nach Abs. 2 wegen der erfor- 43 derlichen Arbeitsversäumnis nicht gemindert werden. Es ist also das Arbeitsentgelt zu zahlen, das das Betriebsratsmitglied verdient hätte, wenn es während dieser Zeit gearbeitet hätte. Damit gilt hier das **Lohnausfallprinzip** (*BAG* vom 18. 9. 1973 – 1 AZR 102/73 – AP Nr. 3 zu § 37 BetrVG 1972 m. Anm. *Weiss* = EzA § 37 BetrVG 1972 Nr. 12 = DB 1974, 147; *G/L* § 37 Rz. 35; *D/R* § 37 Rz. 27; GK-*Wiese* § 37 Rz. 43; *F/A/K/H* § 37 Rz. 34; *Hennecke* BB 1986, 936; *D/K/K/S* § 37 Rz. 33).

Bei einer Tätigkeit im Leistungslohn, insbesondere im Akkord, ist der Arbeits- 44 lohn zu ermitteln, den der Arbeitnehmer ohne die Betriebsratstätigkeit erzielt hätte (vgl. *D/R* a. a. O.; GK-*Wiese* § 37 Rz. 46; *F/A/K/H* § 37 Rz. 39; *D/K/K/S* § 37 Rz. 34). Das entspricht in der Regel dem, was der Arbeitnehmer auch in anderen Fällen eines Arbeitsausfalls erhalten würde, z. B. während Urlaub oder Krankheit. Weiterzuzahlen ist der bisherige eigene Durchschnittslohn oder, sofern es daran fehlt, der Durchschnittslohn der während der Zeit der Arbeitsversäumnis im Leistungslohn beschäftigten vergleichbaren Arbeitnehmer im Betrieb (*F/A/K/H*, GK-*Wiese*, *D/K/K/S* und *G/L*, jeweils a. a. O.).

Zu zahlen sind auch **Vergütungen für die durch die Betriebsratstätigkeit versäum-** 45 **ten Überstunden** oder für Spät-, Nacht-, Sonn- oder Feiertagsarbeit (*BAG* vom 7. 2. 1985 – 6 AZR 72/82 – AP Nr. 3 zu § 46 BPersVG = DB 1985, 1396; vom 21. 6. 1957 – 1 AZR 465/56 – AP Nr. 5 zu § 37 BetrVG 1952 m. Anm. *Küchenhoff* = DB 1957, 799; *D/R* und *D/K/K/S*, jeweils a. a. O.; *F/A/K/H* § 37 Rz. 36; GK-*Wiese* § 87 Rz. 87). Die Betriebsratsmitglieder haben außerdem auch Anspruch auf **allgemeine Zuwendungen** des Arbeitgebers wie Weihnachtsgeld und Urlaubsgeld: Dieser Anspruch ergibt sich aus Abs. 4 Satz 2 (vgl. dazu unten Rz. 89).

Fällt während der Betriebsratstätigkeit die **Arbeit aus**, ohne daß dies der Arbeit- 46 geber nach den Grundsätzen über das Betriebsrisiko zu vertreten hätte, so hat das Betriebsratsmitglied nach dem Lohnausfallprinzip keinen Anspruch auf Arbeitsentgelt (so für den Fall des Arbeitsausfalls durch Streik: *LAG Hamm* vom 31. 1. 1990 – Sa 1539/89 – DB 1990, 2274; **a. A.** *D/K/K/S* § 37 Rz. 40). Im Baugewerbe hat es deshalb, wenn die Arbeit wegen Schlechtwetters ausfällt, nur Anspruch auf Schlechtwettergeld (*BAG* vom 31. 7. 1986 – 6 AZR 298/84 – EzA § 37 BetrVG 1972 Nr. 86 = DB 1987, 1845; vom 23. 4. 1974 – 1 AZR 139/73 – EzA § 37 BetrVG

§ 37 2. Teil 3. Abschn. *Geschäftsführung des Betriebsrats*

1972 Nr. 22 = DB 1974, 1725; *D/R* § 37 Rz. 27; GK-*Wiese* § 37 Rz. 46; *G/L* § 37 Rz. 97). Bei Kurzarbeit ist nur das verminderte Entgelt zu zahlen, das durch Kurzarbeitergeld der Bundesanstalt für Arbeit ergänzt wird (*S/W* § 37 Rz. 15; *Gebhardt* Kurzarbeitergeld, § 65 Rz. 19; *F/A/K/H* § 37 Rz. 39; GK-*Wiese* a. a. O.; *D/K/K/S* § 37 Rz. 34). Dies gilt auch bei Teilnahme des Betriebsratsmitglieds an Schulungs- und Bildungsveranstaltungen (*ArbG Aachen* vom 19. 6. 1974 – 2 Ca 464/74 – BB 1975, 136; **a. A.** *Gebhardt* a. a. O. Rz. 20).

47 Die Betriebsratsmitglieder haben aber keinen Anspruch auf solche Leistungen, die nicht Arbeitsentgelt, sondern **Ersatz besonderer Aufwendungen** für die Arbeit sind, die dem Betriebsratsmitglied während der Arbeitsversäumnis also nicht entstehen (z. B. Wegegelder und Fahrtkosten). Voraussetzung ist, daß es sich um wirklichen Aufwendungsersatz und nicht um einen Teil des Entgelts handelt (*BAG* vom 14. 9. 1988 – 7 AZR 753/87 – DB 1989, 1775 = NZA 1989, 856; im Ergebnis ebenso *LAG Düsseldorf* vom 31. 5. 1990 – 5 Ta BV 16/90 – BB 1990, 1977; GK-*Wiese* § 37 Rz. 49; *F/A/K/H* § 37 Rz. 38. Würde der Arbeitgeber ohne das Entstehen entsprechender Aufwendungen solche Zahlungen erbringen, würde er gegen den Grundsatz der ehrenamtlichen Tätigkeit nach Abs. 1 verstoßen (*BAG* vom 9. 11. 1971 – 1 AZR 417/70 – AP Nr. 2 zu § 8 ArbGG 1953 m. Anm. *Richardi* = DB 1972, 686; GK-*Wiese* § 37 Rz. 49). **Tariflich vereinbarte Auslösungen bei Montagetätigkeit**, die ausdrücklich als Pauschalerstattung der Mehraufwendungen am Montageort gekennzeichnet sind, sollen nach höchstrichterlicher Rechtsprechung gleichwohl teils Aufwendungsersatz teils Arbeitsentgelt sein können, sofern es sich dabei um sog. Nahauslösungen handelt, die zu zahlen sind, wenn dem Monteur die tägliche Rückkehr zu seinem Ausgangspunkt zumutbar ist. Sie seien Aufwendungsersatz, soweit sie nach den steuerlichen Bestimmungen lohnsteuerfrei gewährt werden können; darüber hinaus seien sie Arbeitsentgelt und gehörten insoweit zu den nach Abs. 2 weiterzugewährenden Bezügen (*BAG* vom 14. 9. 1988, a. a. O.; vom 10. 2. 1988 – 7 AZR 36/87 – AP Nr. 64 zu § 37 BetrVG 1972 = DB 1988, 2367 = EzA § 37 BetrVG 1972 Nr. 91; *LAG Frankfurt* vom 31. 8. 1987 – 14 Sa 1003/96 – NZA 1988, 817; *D/K/K/S* § 37 Rz. 33; für Fortzahlung sogar der vollen Nahauslösung: *LAG Düsseldorf* vom 29. 4. 1974 – 15 Sa 1457/73 – DB 1974, 2405; für Fortzahlung des steuerpflichtigen Teils der Nahauslösung in dem weiteren Fall einer gesetzlich, nämlich durch das Feiertagslohnzahlungsgesetz, geregelten Weitergewährung des Arbeitsverdienstes: *BAG* vom 21. 9. 1986 – 4 AZR 543/85 = DB 1987, 695; vgl. auch GK-*Wiese* § 37 Rz. 49; *F/A/K/H* § 37 Rz. 38; vgl. aber zur Fernauslösung BAG vom 18. 9. 1991 – 7 AZR 41/90 – zur Veröff. vorgesehen). Indem die höchstrichterliche Rechtsprechung nur den lohnsteuerlichen Teil der Auslösungen als Aufwendungsersatz mit der Begründung anerkennt, die tariflichen Pauschalsätze könnten den tatsächlichen Mehraufwand überschreiten, stellt sie allerdings auch selbst auf Pauschalsätze ab, die ebensowenig wie die tarifvertraglichen Regelungen selbst einen konkret entstandenen Mehraufwand voraussetzen. Sie setzt also die steuerlichen Pauschalen an die Stelle der von den Tarifparteien vereinbarten Pauschalen. Demgegenüber entspräche es dem Zweck der Regelung in Abs. 2, daß Auslösungen, die im Tarifvertrag zur pauschalen Abgeltung von Mehraufwand bestimmt sind, rechtlich insgesamt als Aufwendungsersatz behandelt werden, sofern die tarifvertragliche Regelung, wie dies aufgrund der Sachkenntnis und der Sachnähe der Tarifvertragsparteien in der Regel angenommen werden muß, an den normalerweise tatsächlich entstehenden Mehrkosten orien-

tiert ist (vgl. auch die zu einer betrieblichen Fahrtkostenregelung ergangene Entscheidung des *BAG* vom 14. 9. 1988 a. a. O.).
Betriebsratsmitglieder, die streiken oder ausgesperrt sind, haben keinen Anspruch **48** nach Abs. 2 (zum Fall der Aussperrung vgl. *BAG* vom 25. 10. 1988 – 1 AZR 368/87 – AP Nr. 110 zu Art. 9 GG Arbeitskampf = EzA Art. 9 GG Arbeitskampf Nr. 89 = DB 1989, 682; **a. A.** *D/K/K/S* § 37 Rz. 40) dies gilt auch bei Folgewirkungen von Arbeitskämpfen innerhalb des umkämpften Betriebs oder in anderen Betrieben (a. A. für den Fall, daß Betriebsratsmitglieder bei **wildem Streik** vermittelt haben: *BAG* vom 5. 12. 1978 – 6 AZR 485/76 – unveröffentlicht; GK-*Wiese* § 37 Rz. 53; *F/A/K/H* § 37 Rz. 40).

Eine Besonderheit gilt für Betriebsratsmitglieder, die **im Bergbau unter Tage** be- **49** schäftigt sind. Obwohl die Bergmannsprämie nach dem Gesetz über Bergmannsprämien i. d. F. vom 10. 5. 1969 (BGBl. I S. 434) nicht als Bestandteil des Lohnes gilt, erhalten auch sie die Bergmannsprämien für die versäumten Untertageschichten, für die der Arbeitgeber wegen der Betriebsratstätigkeit Lohnausfall zu erstatten hat (§ 6 Abs. 2 der VO zur Durchführung des Gesetzes über Bergmannsprämien i. d. F. v. 19. 10. 1971, BGBl. I S. 1685; vgl. auch *F/A/K/H* § 37 Rz. 39; GK-*Wiese* § 37 Rz. 51).

Einen Anspruch auf Entgeltzahlung während der Zeit der Betriebratstätigkeit ha- **50** ben auch Betriebsratsmitglieder, die als **Heimarbeiter** i. S. v. § 6 für den Betrieb tätig sind, obwohl sie mangels einer für sie geltenden Arbeitszeit nicht nach Abs. 2 von ihrer beruflichen Tätigkeit befreit werden können. Zwar hat das Gesetz aus seiner Festlegung, daß Heimarbeiter unter bestimmten Voraussetzungen Arbeiter oder Angestellte des Betriebes sind, nicht die notwendigen Folgerungen für die diesen Personenkreis betreffenden besonderen betriebsverfassungsrechtlichen Fragen gezogen. Da aber nach § 78 Satz 2 Betriebsratsmitglieder wegen ihrer Tätigkeit nicht benachteiligt werden dürfen, müssen sie wirtschaftlich so gestellt werden, wie wenn sie die Betriebsratstätigkeit nicht geleistet hätten; dann wäre es ihnen in dieser Zeit möglich gewesen, ihrer vertraglichen Tätigkeit nachzugehen und Entgelt zu erzielen. Da eine feste Arbeitszeit aber nicht vereinbart ist und auch nicht festgestellt werden könnte, daß das Betriebsratsmitglied in der Zeit seiner Amtstätigkeit sonst tatsächlich Heimarbeit geleistet hätte, beschränkt sich sein Zahlungsanspruch auf das in seiner bisherigen Arbeitstätigkeit in der zur Verfügung stehenden Zeit durchschnittlich erzielte Entgelt. Dieser Grundgedanke liegt auch § 2 Abs. 2 FeiertLohnG zugrunde. Die Bestimmung gibt dem Heimarbeiter für den Feiertag einen Anspruch auf zwei Drittel vom Hundert des in einem Zeitraum von sechs Monaten ausgezahlten reinen Arbeitsentgelts ohne Unkostenzuschläge, wobei der Bemessungszeitraum je nach Lage des Feiertages auf zwei verschiedene Teile des Jahres fällt. Die Regelung, die damit als einzige gesetzliche Vorschrift auch eine wirtschaftliche Bewertung der dem Heimarbeiter zur Verfügung stehenden Zeit enthält, ist bei der Anwendung des Abs. 2 auf Angehörige dieses Personenkreises entsprechend anzuwenden. Der Satz von zwei Drittel vom Hundert, der sich auf einen ganzen Tag bezieht, muß aber auf die Stunde umgerechnet werden. Da die tatsächliche Arbeitszeit des Heimarbeiters nicht festgestellt wird und mangels seiner Eingliederung in den Betrieb auch nicht festgestellt werden kann, ist die im Durchschnitt auf den Werktag entfallende tarifliche Arbeitszeit der Arbeiter im Betrieb als der sachgerechteste Faktor für die Umrechnung des Tagessatzes auf den Stundensatz anzusehen. Gegenüber dieser Berechnungsweise wäre es je nach Sachverhalt eine Benachteiligung oder Bevorzugung des Betriebs-

§ 37   2. Teil 3. Abschn. *Geschäftsführung des Betriebsrats*

ratsmitgliedes gegenüber den übrigen Heimarbeitern, wenn es das nach §§ 19 und 20 HAG vorgeschriebene Mindeststundenentgelt für die Zeit der Betriebsratstätigkeit erhielte.

51 Eine **Kürzung der Entgeltzahlung** wird als zulässig angesehen, soweit das Betriebsratsmitglied die Arbeitszeit versäumt, ohne daß dies zur ordnungsgemäßen Erledigung seiner Aufgaben erforderlich gewesen wäre (*BAG* vom 19. 5. 1983 – 6 AZR 290/81 – AP Nr. 44 zu § 37 BetrVG 1972 = EzA § 37 BetrVG 1972 Nr. 77 = DB 1983, 2038; GK-*Wiese* § 37 Rz. 43). Im Streitfalle obliegt ihm die Darlegungs- und Beweislast für die Notwendigkeit der Arbeitsbefreiung (ständige Rechtsprechung des *BAG*; vgl. Urt. vom 19. 6. 1979 – 6 AZR 638/77 – AP Nr. 36 zu § 37 BetrVG 1972 = EzA § 37 BetrVG 1972 Nr. 65 = DB 1980, 546). Nach dieser höchstrichterlichen Rechtsprechung bedarf es eines Tatsachenvortrags, aus dem die Erforderlichkeit der Betriebsratstätigkeit geschlossen werden kann. Dazu gehöre eine stichwortartige Beschreibung des Gegenstandes der Betriebsratstätigkeit nach Art, Ort und Zeit, nicht dagegen eine nähere Darlegung des Inhalts der Tätigkeit. Diese Auffassung ist unter der Voraussetzung konsequent, daß es einer Befreiung von der Arbeitspflicht nach Abs. 2 nicht bedarf, das Betriebsratsmitglied sich vielmehr selbständig von der Arbeit entfernen darf. Nach der hier vertretenen Gegenauffassung (vgl. oben Rz. 37) kann aber ein Recht des Arbeitgebers zur Entgeltkürzung nur anerkannt werden, wenn er die Arbeitsbefreiung nach Abs. 2 zurückgenommen hat und das Betriebsratsmitglied seine Arbeit gleichwohl nicht leistet (vgl. auch unten § 38 Rz. 43 ff.).

52 Der Entgeltanspruch ist als Anspruch aus dem Arbeitsverhältnis den **tariflichen Ausschlußfristen** unterworfen (*LAG München* vom 11. 2. 1987 – 5 (6) Sa 715/86 – DB 1987, 1156).

53 Die vom Arbeitgeber nach Abs. 2 erbrachten Leistungen unterliegen der **Lohnsteuer- und der Beitragspflicht in der Sozialversicherung**. Dies gilt auch für die sonst steuerfreien und beitragsfreien Zuschläge für Sonntags-, Feiertags- und Nachtarbeit. Nach § 3 b EStG können diese Zuschläge dann nicht steuerfrei gewährt werden, wenn die Sonntags-, Feiertags- oder Nachtarbeit tatsächlich nicht geleistet worden ist und die Zuschläge als Entgeltfortzahlung gewährt werden. Der Arbeitgeber ist gegenüber dem Betriebsratsmitglied auch nicht verpflichtet, die **Differenz zum Nettoentgelt** zu zahlen, die für den Arbeitnehmer daraus entsteht, daß wegen seiner Befreiung von der Arbeitstätigkeit die an ihn weiterzuzahlenden Zuschläge steuer- und sozialversicherungspflichtig sind (*BAG* vom 22. 8. 1985 – 6 AZR 504/83 – AP Nr. 50 zu § 37 BetrVG 1972 = EzA § 37 BetrVG 1972 Nr. 82; vom 12. 7. 1980 – 6 AZR 231/78 – EzA § 37 BetrVG 1972 Nr. 70 m. Anm. *Kittner* = DB 1981, 427 unter Abkehr von der entgegengesetzten Entscheidung vom 10. 6. 1969 – 1 AZR 203/68 – EzA § 37 BetrVG 1952 Nr. 4 = DB 1969, 1755; wie hier auch *G/L* § 37 Rz. 38; *D/R* § 37 Rz. 30; *F/A/K/H* § 37 Rz. 37 a; GK-*Wiese* § 37 Rz. 50; *S/W* § 37 Rz. 13; a. A.; *Schneider* NZA 1984, 21, 23; *Becker-Schaffner* BB 1982, 498; *D/K/K/S* § 37 Rz. 38).

IV. Freizeitausgleich für Amtstätigkeit außerhalb der Arbeitszeit

54 Wie sich aus Abs. 3 – in Übereinstimmung mit § 30 Satz 1 und § 39 Abs. 1 und 3 – ergibt, sollen die Mitglieder des Betriebsrats ihre Amtstätigkeit grundsätzlich **während der Arbeitszeit** ausführen (so auch *BAG* vom 3. 12. 1987 – 6 AZR 569/85

Ehrenamtliche Tätigkeit, Arbeitsversäumnis § 37

– AP Nr. 62 zu § 37 BetrVG 1972 = DB 1988, 1461 = EzA § 37 BetrVG 1972 Nr. 89; vom 27. 8. 1982 – 7 AZR 30/80 – EzA § 102 BetrVG 1972 Nr. 49 = DB 1983, 181; *Bengelsdorf* NZA 1989, 905). Deshalb muß der Betriebsrat die Erledigung der Aufgaben so organisieren, daß sie grundsätzlich während der Arbeitszeit der Betriebsratsmitglieder ausgeführt werden können. Dies ist jedoch nicht immer möglich. So können in Schichtbetrieben Betriebsratssitzungen nicht so terminiert werden, daß regelmäßig alle Mitglieder während ihrer persönlichen Arbeitszeit teilnehmen. Dann aber hat der Betriebsrat seine Sitzungen so zu legen, daß sie für die größtmögliche Zahl der Mitglieder während ihrer persönlichen Arbeitszeit durchgeführt werden (so auch *Bengelsdorf* a. a. O.; ebenso für die Terminierung von Betriebsversammlungen nach § 44 Abs. 1: *BAG* vom 27. 11. 1987 – 7 AZR 29/87 – AP Nr. 7 zu § 44 BetrVG 1972 = EzA § 44 BetrVG 1972 Nr. 8 = DB 1988, 810). Soweit gleichwohl die Betriebsratstätigkeit aus betriebsbedingten Gründen außerhalb der Arbeitszeit zu verrichten ist, hat das Betriebsratsmitglied **Anspruch auf entsprechende Arbeitsbefreiung** unter Fortzahlung des Arbeitsentgelts, da es in diesen Fällen unbillig wäre, zu verlangen, daß es eine Schmälerung seiner Freizeit in Kauf nimmt (*D/R* § 37 Rz. 35; GK-*Wiese* § 37 Rz. 54; *F/A/K/H* § 37 Rz. 41).

1. Voraussetzungen des Ausgleichsanspruchs

Der Anspruch auf Freizeitausgleich setzt in erster Linie voraus, daß die auszuglei- 55 chende Zeit durch **erforderliche Betriebsratstätigkeit** ausgefüllt war (*LAG Hamm* vom 14. 7. 1978 – 3 Sa 368/78 – EzA § 37 BetrVG 1972 Nr. 61; *F/A/K/H* § 37 Rz. 43 f.; *D/R* § 37 Rz. 40; GK-*Wiese* § 37 Rz. 57). Insofern ist auf die Erläuterungen zu Abs. 2 zu verweisen (Rz. 21 ff.).

Die Betriebsratstätigkeit muß ferner **aus betriebsbedingten Gründen außerhalb** 56 **der Arbeitszeit** ausgeführt worden sein. Dabei ist die **persönliche Arbeitszeit** maßgeblich, wie sie sich aus den getroffenen Vereinbarungen für das Betriebsratsmitglied ergibt (*BAG* vom 3. 12. 1987 a. a. O.; *LAG Frankfurt/M.* vom 3. 3. 1988 – 12 Sa 898/87 – DB 1988, 1706; *F/A/K/H* § 37 Rz. 51; *G/L* § 37 Rz. 43; GK-*Wiese* § 37 Rz. 65; *D/K/K/S* § 37 Rz. 42; *Rath* BB 1989, 2326). Dies gilt auch für die Teilzeitbeschäftigten oder in variabler Arbeitszeit tätigen Betriebsratsmitglieder (so auch *F/A/K/H* a. a. O.; *Bengelsdorf* NZA 1989, 905, 907; GK-*Wiese* § 37 Rz. 60; **a. A.** *Kammann/Hess/Schlochauer* § 37 Rz. 49) sowie bei Kurzarbeit (*S/W* § 37 Rz. 15). In diesen Fällen wirft aber die Frage, ob eine Betriebsratstätigkeit aus betriebsbedingten Gründen außerhalb der Arbeitszeit durchzuführen ist, besondere Probleme auf (vgl. unten Rz. 60). Weitere besondere Fragen bestehen bei Arbeitnehmern, z. B. angestellten Lehrern, die ihre persönliche Arbeitszeit ganz oder teilweise selbst bestimmen und außerhalb des Betriebs ableisten (vgl. Rz. 59).

Betriebsbedingte Gründe liegen vor, wenn das Betriebsratsmitglied aus **bestimm-** 57 **ten Gegebenheiten und Sachzwängen in der Betriebssphäre** Amtsgeschäfte außerhalb seiner Arbeitszeit erledigen muß (*BAG* vom 11. 7. 1978 – 6 AZR 387/77 – DB 1978, 2177; *D/R* § 37 Rz. 38; *G/L* § 37 Rz. 41; *F/A/K/H* § 37 Rz. 47; GK-*Wiese* § 37 Rz. 58 ff.; *D/K/K/S* § 37 Rz. 44). Dies ist z. B. dann der Fall, wenn das Betriebsratsmitglied in Wechselschicht beschäftigt ist und daher nur während seiner Freizeit an den außerhalb der Schichtzeit liegenden Betriebsratssitzungen teilneh-

§ 37 2. Teil 3. Abschn. *Geschäftsführung des Betriebsrats*

men kann oder wenn Sitzungen des Betriebsrats oder Besprechungen mit dem Arbeitgeber aus Rücksicht auf den Betrieb erst nach der Arbeitszeit durchgeführt werden (*D/R* a. a. O.; GK-*Wiese* § 37 Rz. 60). Betriebsbedingt ist der Zeitaufwand ferner, wenn das für Fragen der Arbeitssicherheit zuständige Betriebsratsmitglied gem. § 89 Abs. 2 an einer nächtlichen Betriebsbesichtigung durch das Gewerbeaufsichtsamt teilnimmt oder wenn ein Betriebsratsmitglied seine Amtsaufgaben deshalb außerhalb der Arbeitszeit wahrnehmen muß, weil es – z. B. als Betriebselektriker – eine Schlüsselstellung im Betrieb innehat und so während der Abeitszeit unabkömmlich ist. Freizeitausgleich nach Abs. 3 kann auch verlangt werden, wenn ein Betriebsratsmitglied an einer außerhalb seiner Arbeitszeit liegenden Betriebsversammlung teilnimmt. Diese spezielle Regelung für Betriebsratsmitglieder hat Vorrang vor der für die übrigen Teilnehmer der Betriebsversammlung geltenden allgemeinen Regelung des § 44 Abs. 1, die den Ausgleich von zeitlichem Mehraufwand durch unmittelbare Zahlung vorschreibt (*LAG Düsseldorf* vom 8. 12. 1972 – 4 Sa 945/72 – EzA § 44 BetrVG 1972 Nr. 1 = BB 1973, 386; GK-*Wiese* § 37 Rz. 62; *F/A/K/H* § 37 Rz. 46; *Lunk* S. 134 ff.; *D/K/K/S* § 37 Rz. 43; **a. A.**, nämlich für Anwendung des § 44 Abs. 1, Rz. 50 und, ohne indessen die Konkurrenz zu Abs. 2 zu erörtern, *BAG* vom 5. 5. 1987 – 1 AZR 292/85 – AP Nr. 4 zu § 44 BetrVG 1972 = DB 1987, 2154 = EzA § 44 BetrVG 1972 Nr. 7). Eine Begünstigung des Betriebsratsmitglieds liegt darin nicht, da es im Gegensatz zu den übrigen Arbeitnehmern verpflichtet ist, an der Betriebsversammlung auch außerhalb der Arbeitszeit teilzunehmen (*LAG Düsseldorf* a. a. O.).

58 Ein Anspruch auf Freizeitausgleich besteht aber nicht, wenn die Betriebsratstätigkeit außerhalb der Arbeitszeit aus Gründen ausgeführt wird, die **in der Person des Betriebsratsmitglieds** liegen oder auf einer freien Entscheidung des Betriebsrats beruhen. Führt der Betriebsrat z. B. seine Sitzungen von sich aus außerhalb der Arbeitszeit durch oder setzt er eine während der Arbeitszeit begonnene Sitzung auch nach Ablauf der Arbeitszeit fort, weil ihm dies für seine Geschäftsführung zweckmäßig erscheint, so ist der erhöhte Zeitaufwand nicht betriebsbedingt (*BAG* vom 21. 5. 1974 – 1 AZR 477/73 – AP Nr. 13 zu § 37 BetrVG 1972 = EzA § 37 BetrVG 1972 Nr. 25 = DB 1974, 1823). Dasselbe gilt, wenn das Betriebsratsmitglied außerhalb der Arbeitszeit eine Besprechung mit einem Gewerkschaftsbeauftragten führt, der nur zu diesem Zeitpunkt zur Verfügung steht (*S/W* § 37 Rz. 24), oder wenn es dann einen Rechtsanwalt aufsucht (*Bengelsdorf* NZA 1989, 905, 908).

59 Nach der Rechtsprechung des *BAG* (vom 3. 12. 1987 a. a. O.; vom 31. 10. 1985 – 6 AZR 175/83 – AP Nr. 52 zu § 37 BetrVG 1972 = DB 1986, 1026 = EzA § 37 BetrVG 1972 Nr. 83; zustimmend *Rath* BB 1989, 2326, 2328; *S/W* § 37 Rz. 22a; *F/A/K/H* § 37 Rz. 48) soll Abs. 3 Satz 1 auch dann anzuwenden sein, wenn ein Arbeitnehmer – z. B. ein angestellter Lehrer – seine persönliche Arbeitszeit ganz oder teilweise ihrer zeitlichen Lage nach selbst bestimmt und außerhalb des Betriebs ableistet. Dabei geht das Gericht ausdrücklich davon aus, daß ein Lehrer, der außerhalb der durch den Schulbetrieb festgelegten Zeit als Betriebsratsmitglied tätig wird, hierfür regelmäßig die Zeit außerhalb seiner persönlichen Arbeitszeit in Anspruch nehme. Das Betriebsratsmitglied soll, bevor es Amtstätigkeit außerhalb der festgelegten Zeiten ausübt, dem Arbeitgeber mitteilen müssen, daß es Betriebsratstätigkeit zu leisten habe, die (nach seiner Auffassung) außerhalb der persönlichen Arbeitszeit liegt. Stimmt der Arbeitgeber dem zu, sollen Ansprüche aus Abs. 3 entstehen. Verweist der Arbeitgeber aber das

Betriebsratsmitglied auf seine persönliche Arbeitszeit, soll es im Einzelfall darauf ankommen, ob objektiv betriebsbedingte Gründe für eine Betriebsratstätigkeit außerhalb der persönlichen Arbeitszeit vorliegen. Gegen diese Rechtsprechung bestehen erhebliche Bedenken: Zunächst ist bei einem Lehrer, der Betriebsratstätigkeit außerhalb der durch den Schulbetrieb festgelegten Zeit ausübt, überhaupt nicht feststellbar, ob er dabei innerhalb oder außerhalb seiner persönlichen Arbeitszeit tätig wird. Schon deshalb ist der Tatbestand von Abs. 3 Satz 1 nicht erfüllt. Einfach zu unterstellen, wie es das *BAG* tut, daß er seine Freizeit in Anspruch nehme, stellt die gesetzliche Regel auf den Kopf, daß Betriebsratstätigkeit grundsätzlich innerhalb der Arbeitszeit zu leisten ist (vgl. oben Rz. 54). Außerdem steht die Annahme, daß Betriebsratsmitglieder sich vorher mit dem Arbeitgeber über die zeitliche Lage der Amtstätigkeit zu verständigen haben, im Widerspruch zum Gesetz, das eine solche Einigung in Abs. 6 Satz 3 ff. nur für den Fall der Teilnahme an erforderlichen Schulungs- und Bildungsveranstaltungen vorsieht (unrichtig deshalb *F/A/K/H* a. a. O. und GK-*Wiese* § 37 Rz. 65). Ferner kann eine Betriebsratstätigkeit außerhalb der persönlichen Arbeitszeit nicht betriebsbedingt sein, wenn es immer von der persönlichen Entscheidung des Betriebsratsmitglieds abhängt, ob es Arbeitszeit oder Freizeit für seine Amtstätigkeit verwendet. Die Rechtsprechung folgt hier nicht dem Gesetz, sondern vermeintlicher Billigkeit. Sollte aber hier überhaupt die Gefahr eines unbilligen Freizeitaufwandes für Betriebsratstätigkeit bestehen, dann wäre ihr mit einer Teilfreistellung nach § 38 Abs. 1 Satz 2 durch Tarifvertrag oder Betriebsvereinbarung (vgl. dazu unten § 38 Rz. 20) in einer rechtlich einwandfreien Weise zu begegnen.

Zu Unrecht wird für **teilzeitbeschäftigte** Betriebsratsmitglieder die Auffassung **60** vertreten, daß sie schon immer dann einen Augleichsanspruch nach Abs. 3 Satz 1 erwerben, wenn sie außerhalb ihrer persönlichen, aber innerhalb der betrieblichen Arbeitszeit amtliche Aufgaben erledigen (so *LAG Frankfurt/M.* vom 3. 3. 1988 – 12 Sa 898/87 – NZA 1988, 740 = DB 1988, 1706; für Personalratsmitglieder auch *LAG Köln* vom 17. 5. 1989 – 2 Sa 203/89 – NZA 1989, 943; ferner *F/A/K/H* § 37 Rz. 47b; GK-*Wiese* § 37 Rz. 58; *D/K/K/S* § 37 Rz. 47; *Schaub* § 221 III 1). Sie läßt in dieser Allgemeinheit aber außer acht, daß der Ausgleichsanspruch nach dem Gesetz auch **die vom Arbeitgeber begründete Notwendigkeit** voraussetzt, Betriebsratstätigkeit außerhalb der Arbeitszeit durchzuführen (». . . durchzuführen ist«). Der Anspruch entsteht deshalb nicht schon, wenn der Arbeitgeber Teilzeitarbeitsplätze eingerichtet hat und ein teilzeitbeschäftigtes Betriebsratsmitglied außerhalb seiner persönlichen Arbeitszeit seiner Amtstätigkeit nachgeht, sondern erst dann, wenn gerade der Arbeitgeber es dem betreffenden Betriebsratsmitglied unmöglich macht, Betriebsratsaufgaben während seiner persönlichen Arbeitszeit zu erledigen. Das Betriebsratsmitglied muß also für den Ausgleichsanspruch darlegen und ggf. beweisen, daß die Tätigkeit außerhalb der persönlichen Arbeitszeit durch einen vom Arbeitgeber gesetzten Sachzwang bedingt war. Ist z. B. nur ein einziges der Betriebsratsmitglieder teilzeitbeschäftigt oder haben bei mehreren teilzeitbeschäftigten Mitgliedern alle dieselbe Arbeitszeit, dann ist Freizeitaufwand dieser Mitglieder für Teilnahme an einer Betriebsratssitzung nicht auszugleichen, wenn der Betriebsrat diese Sitzung auch innerhalb der Arbeitszeit seiner teilzeitbeschäftigten Mitglieder hätte abhalten können (im Ergebnis ebenso mit eingehender Begründung aus dem Wortlaut, der systematischen Stellung und der Entstehungsgeschichte der Vorschrift: *Bengelsdorf* NZA 1989, 905, 913 und außerdem *Rath* BB 1989, 2326, 2328; *Lipke* NZA 1990, 758,

§ 37   2. Teil 3. Abschn. Geschäftsführung des Betriebsrats

761; vgl. ferner dazu *LAG Niedersachsen* vom 30. 5. 1985 – II Sa 15/85 – AiB 1986, 94). Haben mehrere teilzeitbeschäftigte Betriebsratsmitglieder nicht dieselbe persönliche Arbeitszeit, so kommt ein Ausgleichsanspruch nach Abs. 3 Satz 1 nur in Betracht, wenn die Betriebsratssitzung zeitlich so gelegt ist, daß sie für die größtmögliche Anzahl der Mitglieder während der persönlichen Arbeitszeit stattfindet (vgl. dazu oben Rz. 54).

61 **Wegezeiten** außerhalb der Arbeitszeit aus Anlaß von Betriebsratstätigkeit sind nicht auszugleichen (so auch *LAG Bremen* vom 11. 10. 1974 – 1 Sa 73/74 – BB 1975, 838; ebenso in bezug auf Wegezeit im Zusammenhang mit einer Gesamtbetriebsratssitzung, die auf Wunsch des Arbeitgebers so terminiert ist, daß der Weg während der Freizeit unternommen werden muß: *LAG Hamm* vom 14. 7. 1978 – 3 Sa 368/78 – EzA § 37 BetrVG 1972 Nr. 61; bis zur Grenze der Unzumutbarkeit für das Betriebsratsmitglied auch *LAG Baden-Württemberg* vom 14. 9. 1976 – 7 Sa 69/76 – AP Nr. 25 zu § 37 BetrVG 1972 –; für die entsprechende Frage zu § 46 BPersVG wie hier: *BAG* vom 22. 5. 1986 – 6 AZR 526/83 – AP Nr. 8 zu § 46 BPersVG = DB 1987, 1260). Der Ausgleich gilt nach Abs. 3 nur für die **Zeit der Betriebstätigkeit selbst**, nicht für die gesamte Zeit, die für die Erledigung der Aufgabe aufgewendet werden muß. Der Gesetzeswortlaut unterscheidet sich insoweit deutlich von Abs. 2. Für die engere Auslegung des Abs. 3 spricht auch ein Umkehrschluß aus § 44 Abs. 1, der im Zusammenhang mit der Teilnahme an der Betriebsversammlung die Bezahlung zusätzlicher Wegezeiten ausdrücklich anordnet. **Demgegenüber** ist nach der **herrschenden Meinung** zu **differenzieren**: Wegezeit im Zusammenhang mit Betriebsratstätigkeit ist danach zwar grundsätzlich nicht auszugleichen, wohl aber dann, wenn der Weg aus betriebsbedingten Gründen außerhalb der Arbeitszeit durchzuführen ist (*BAG* vom 11. 7. 1978 – 6 AZR 387/77 – DB 1978, 2177; *LAG Hamm* vom 11. 1. 1989 – 3 Sa 573/88 – BB 1989, 700 = DB 1989, 1422; vom 14. 7. 1978 – 3 Sa 368/78 – EzA § 37 BetrVG 1972 Nr. 61; *D/R* § 37 Rz. 39; *F/A/K/H* § 37 Rz. 45; *GK-Wiese* § 37 Rz. 63; *Bengelsdorf* NZA 1989, 905, 911; *D/K/K/S* § 37 Rz. 42).

62 Soweit in **Tarifverträgen** eine Vergütungspflicht für Reisezeiten der Arbeitnehmer begründet ist, gilt sie nicht für Reisen von Betriebsratsmitgliedern, die durch Betriebsratstätigkeit bedingt sind (**a. A.** *GK-Wiese* a. a. O.; *F/A/K/H* § 37 Rz. 50; *G/L* § 37 Rz. 32; *Kammann/Hess/Schlochauer* § 37 Rz. 50; für das Personalvertretungsrecht auch *BAG* vom 21. 9. 1977 – 3 AZR 292/76 – AP Nr. 3 zu § 19 MTB II Bl. 3; die von *GK-Wiese* a. a. O. weiterhin angeführten Belegentscheidungen des BAG behandeln nur die Anwendung betrieblicher Reisekostenregelungen auf die Erstattung von Kosten bei Betriebsratsmitgliedern – vgl. dazu unten § 40 Rz. 43 –, nicht aber die Bezahlung von Reisezeiten). Darin liegt keine unzulässige Benachteiligung der Betriebsratsmitglieder, es sei denn, sie erhielten die vorgeschriebene Vergütung auch nicht für Reisezeiten, die sie zur Erfüllung ihrer Arbeitspflicht aufwenden müssen.

63 Auszuscheiden hat in jedem Fall ein Freizeitausgleich wegen Teilnahme an Schulungs- und Bildungsveranstaltungen nach Abs. 6, weil diese Bestimmung nur auf Abs. 2, nicht aber auf Abs. 3 verweist (*BAG* vom 27. 6. 1990 – 7 AZR 292/89 – DB 1991, 49; vom 14. 3. 1990 – 7 AZR 147/89 – AP Nr. 2 zu § 26 SchwbG = EzA § 26 SchwbG 1986 Nr. 1 = DB 1990, 1623; vom 19. 7. 1977 – 1 AZR 302/74 – EzA § 37 BetrVG 1972 Nr. 57 = DB 1977, 2458; vom 18. 9. 1973 – 1 AZR 102/73 – EzA § 37 BetrVG 1972 Nr. 12 = DB 1974, 147; *LAG Köln* vom 20. 9. 1989 – 7 Sa 393/89 – DB 1990, 1291; *G/L* § 37 Rz. 40; *GK-Wiese* § 37 Rz. 64; *F/A/K/H* § 37 Rz. 49;

Lipke NZA 1990, 758, 761; **a. A.** *D/K/K/S* § 37 Rz. 2, 106 und wegen angeblicher mittelbarer Frauendiskriminierung für Teilzeitbeschäftigte, die an einer Vollzeitveranstaltung teilnehmen: *LAG Berlin* vom 30. 1. 1990 – 8 Sa 861/89 – DB 1991, 49; vgl. auch unten Rz. 149).

2. Arbeitsbefreiung

Sind die in Abs. 3 genannten Voraussetzungen erfüllt, kann das Betriebsratsmitglied in erster Linie Arbeitsbefreiung unter Fortzahlung des Arbeitsentgelts verlangen. Nur wenn Arbeitsbefreiung innerhalb eines Monats aus betriebsbedingten Gründen nicht möglich ist, besteht ein Abgeltungsanspruch (vgl. hierzu Rz. 72 ff.). Der Anspruch auf Freizeitausgleich geht dem Abgeltungsanspruch vor. Das Rangverhältnis steht weder zur Disposition des Arbeitgebers noch des betreffenden Betriebsratsmitglieds (*G/L* § 37 Rz. 44; *F/A/K/H* § 37 Rz. 52; *D/R* § 37 Rz. 48; GK-*Wiese* § 37 Rz. 66; *D/K/K/S* § 37 Rz. 50). **64**

Der Ausgleich steht dem Betriebsratsmitglied in gleichem Umfang zu, wie es aus betriebsbedingten Gründen außerhalb der Arbeitszeit Betriebsratstätigkeit geleistet hat (*D/R* § 37 Rz. 42; GK-*Wiese* § 37 Rz. 71; *G/L* § 37 Rz. 49; teilweise **a. A.** *BAG* vom 15. 2. 1989 – 7 AZR 193/88 – AP Nr. 70 zu § 37 BetrVG 1972 = DB 1990, 1141 = EzA § 37 BetrVG 1972 Nr. 101, wonach die Zeit der Betriebsratstätigkeit nur insoweit auszugleichen sei, als sie zusätzlich zu der – durch Arbeitsleistung oder erforderliche Betriebsratstätigkeit ausgefüllten – vertraglichen Arbeitszeit des Betriebsratsmitglieds geleistet wird). **65**

Das Gesetz regelt nicht, in welcher Weise der Anspruch auf Arbeitsbefreiung zu erfüllen ist, z. B. ob die Arbeitsbefreiung **zusammenhängend** gewährt werden muß. Deshalb steht die Art und Weise der Erfüllung dieses Anspruchs dem Arbeitgeber frei; er hat sich aber aufgrund entsprechender Anwendung des § 315 BGB im Rahmen billigen Ermessens zu halten (GK-*Wiese* § 37 Rz. 69; *G/L* § 37 Rz. 48; *Dütz* DB 1976, 1428, 1480; **a. A.** *F/A/K/H* § 37 Rz. 57 und *D/K/K/S* § 37 Rz. 51, die in erster Linie auf die Wünsche des Betriebsratsmitglieds abheben). Die Freizeit kann auch auf einen Zeitraum gelegt werden, in dem das Betriebsratsmitglied auch nach Abs. 2 zu befreien ist (vgl. oben Rz. 35). Der Eintritt von **Arbeitsunfähigkeit** schließt den festgelegten Freizeitausgleich nicht aus. **66**

Der Anspruch steht dem einzelnen Betriebsratsmitglied, nicht dem Betriebsrat zu. Es darf ihn nicht einseitig durchsetzen, also nicht einfach der Arbeit fernbleiben; vielmehr hat der Arbeitgeber **die Freizeit zu erteilen** (allgemeine Auffassung; vgl. dazu GK-*Wiese* § 37 Rz. 70 und *D/R* § 37 Rz. 46; einschränkend nur *F/A/K/H* § 37 Rz. 55 und *D/K/K/S* a. a. O. für den Fall, daß der Ausgleichsanspruch nicht innerhalb eines Monats verwirklicht ist und offensichtlich keinerlei erkennbare Gründe vorhanden sind, die der Gewährung der Ausgleichszeit entgegenstehen). **67**

Nach Abs. 3 Satz 2 hat der Arbeitgeber die Arbeitsbefreiung **vor Ablauf eines Monats** zu gewähren. Die Frist beginnt mit Entstehen des Anspruchs, also in dem Zeitpunkt, in dem die Betriebsratstätigkeit außerhalb der Arbeitszeit durchgeführt worden ist; für die Berechnung gelten die §§ 187 Abs. 1 und 188 Abs. 2 BGB, so daß die Frist mit Ablauf des Tages des folgenden Monats endet, der durch seine Zahl dem Tag entspricht, an dem die Amtshandlung durchgeführt worden ist (ebenso *D/R* § 37 Rz. 44; *F/A/K/H* § 37 Rz. 59; *D/K/K/S* § 37 Rz. 53). Damit der Arbeitgeber seinen gesetzlichen Verpflichtungen nachkommen kann, muß das **68**

§ 37   2. Teil 3. Abschn. *Geschäftsführung des Betriebsrats*

Betriebsratsmitglied den Anspruch, wenn seine Voraussetzungen dem Arbeitgeber trotz Vorliegens betriebsbedingter Gründe ausnahmsweise einmal ersichtlich nicht bekannt sind, **unverzüglich geltend machen** und die Voraussetzungen darlegen (*F/A/K/H* § 37 Rz. 53; *D/R* § 37 Rz. 45; *D/K/K/S* § 37 Rz. 50).

69 Wird der Anspruch aus **betriebsbedingten Gründen nicht rechtzeitig erfüllt**, so ist er abzugelten (vgl. hierzu unten Rz. 72 ff.). Unterbleibt die rechtzeitige Erfüllung aus **anderen Gründen**, z. B. weil der Arbeitgeber von dem Anspruch keine Kenntnis hat oder weil das Betriebsratsmitglied arbeitsunfähig wird (vgl. auch oben Rz. 66), dann erlischt der Anspruch mit Ablauf der Monatsfrist (so auch *ArbG Gießen* vom 26. 2. 1986 – 3 Ca 687/85 – NZA 1986, 614; *G/L* § 37 Rz. 46; außerdem auch *S/W* § 37 Rz. 27, sofern das Betriebsratsmitglied einen angebotenen Freizeitausgleich nicht angenommen hat; a. A. *F/A/K/H* § 37 Rz. 60, GK-*Wiese* § 37 Rz. 73 und *D/K/K/S* § 37 Rz. 50, die ein Fortbestehen des Anspruchs annehmen, der zeitlich grundsätzlich unbegrenzt und nur durch Verwirkung und Verjährung beschränkt sei; **anders auch** die Vorauflage, die für ein begrenztes Fortbestehen eingetreten war; **wieder anders** *D/R* § 37 Rz. 49, der das Entstehen eines Abgeltungsanspruchs auch dann anerkennt, wenn das Betriebsratsmitglied den Ausgleichsanspruch innerhalb der Monatsfrist geltend gemacht, der Arbeitgeber ihn aber nicht erfüllt hat; unentschieden gelassen in *BAG* vom 18. 9. 1973 a. a. O.). Die strenge Fristenregelung, die den Verwaltungsaufwand im Betrieb vereinfacht und begrenzt und im Interesse des Betriebsratsmitglieds für raschen Zeitausgleich sorgt, darf nicht verdrängt werden, wie es von den verschiedenen abweichenden Auffassungen vertreten wird. Allerdings würde der Arbeitgeber mit der Berufung auf die Ausschlußfrist seinem vorangegangenen Tun widersprechen und damit gegen Treu und Glauben verstoßen, wenn er den vom Betriebsratsmitglied innerhalb der Frist geltend gemachten Anspruch nicht erfüllt hätte, obwohl der Erfüllung betriebsbedingte Gründe nicht entgegengestanden haben. In diesem Fall könnte das Betriebsratsmitglied seinen Befreiungsanspruch auch noch nach Fristablauf durchsetzen (so auch im Ergebnis *S/W* § 37 Rz. 28).

70 Gem. §§ 196 Abs. 1 Nr. 8 und 9 sowie 201 BGB **verjährt** der Anspruch auf Freizeitausgleich mit Ablauf von 2 Jahren, gerechnet vom Schluß des Jahres, in dem er entstanden ist (*G/L* § 37 Rz. 50; *F/A/K/H* a. a. O.; GK-*Wiese* § 37 Rz. 74; *D/K/K/S* § 37 Rz. 55). **Tarifliche Ausschlußfristen** (vgl. oben Rz. 52) gelten auch hier (so auch *D/K/K/S* a. a. O.).

71 Während der Ausgleichszeit ist dem Betriebsratsmitglied das **Arbeitsentgelt** in gleicher Weise wie nach Abs. 2 fortzuzahlen. Es gilt auch hier das **Entgeltausfallprinzip** (*BAG* vom 19. 7. 1977 – 1 AZR 376/74 – EzA § 37 BetrVG 1972 Nr. 55 = DB 1977, 2101). Die außerhalb der Arbeitszeit durchgeführte Betriebsratstätigkeit gilt nicht als zusätzliche Arbeitszeit, die entsprechend den gesetzlichen oder tarifvertraglichen Vorschriften wie Mehrarbeit anzusehen wäre (*BAG* a. a. O.; *F/A/K/H* § 37 Rz. 58; GK-*Wiese* § 37 Rz. 72; *Eich* BB 1974, 1445; **a. A.** *D/K/K/S* § 37 Rz. 53).

3. Abgeltung

72 Nach Abs. 3 Satz 2 ist, wenn die Arbeitsbefreiung aus betriebsbedingten Gründen nicht vor Ablauf eines Monats gewährt werden kann, die aufgewendete Zeit **wie Mehrarbeit zu vergüten**. Dabei besteht weder für den Arbeitgeber noch für das Betriebsratsmitglied ein Wahlrecht (vgl. oben Rz. 64).

Ehrenamtliche Tätigkeit, Arbeitsversäumnis § 37

Für die Prüfung des **betriebsbedingten Grundes** gelten die Erläuterungen zu 73
Abs. 3 Satz 1 entsprechend (vgl. oben Rz. 56 f.; für Parallelität auch *D/R* § 37
Rz. 48; *G/L* § 37 Rz. 51; **a. A.** aber *F/A/K/H* § 37 Rz. 61; GK-*Wiese* § 37 Rz. 76;
D/K/K/S § 37 Rz. 56, die trotz des identischen Gesetzeswortlauts hier eine engere Auslegung befürworten und auf »objektive Gründe eines ordnungsgemäßen Betriebsablaufs« abstellen, dabei aber außer acht lassen, daß dieses Kriterium auch im Rahmen des Abs. 3 Satz 1 als maßgeblich zu beachten ist, da der Arbeitgeber nicht nach nur subjektiven Gesichtspunkten verlangen kann, daß Betriebsratsmitglieder ihre amtlichen Aufgaben außerhalb ihrer persönlichen Arbeitszeit erledigen).

Umstritten ist, ob die abzugeltende Zeit ohne Rücksicht auf die für das Arbeits- 74
verhältnis geltenden tarifvertraglichen oder einzelvertraglichen Regeln immer wie
zuschlagpflichtige Mehrarbeit bezahlt werden muß. Die Frage ist von besonderer Bedeutung für teilzeitbeschäftigte Betriebsratsmitglieder, die nach den Regeln ihres Arbeitsverhältnisses für Arbeitszeiten, die über ihre persönliche regelmäßige Arbeitszeit hinausgehen, in der Regel keinen Anspruch auf Mehrarbeitszuschläge haben, solange sie nicht die betrieblichen Arbeitszeiten überschreiten. Da Anspruchsgrundlage für Entgeltansprüche von Betriebsratsmitgliedern allein der Arbeitsvertag ist, die Betriebsratstätigkeit nur den Anlaß für die Ansprüche nach Abs. 3 bildet und da außerdem Betriebsratsmitglieder sonst in nach Abs. 1 und § 78 unzulässiger Weise gegenüber anderen teilzeitbeschäftigten Arbeitnehmern im Betrieb begünstigt würden, bestimmt sich für sie die Abgeltung des Freizeitausgleichs bis zur Grenze der von einem vollzeitbeschäftigten Arbeitnehmer zu leistenden Arbeitszeit normalerweise nach der für die regelmäßige Arbeitszeit zu berechnenden Grundvergütung (so auch *BAG* vom 7. 2. 1985 – 6 AZR 370/82 – DB 1985, 1346 = EzA § 37 BetrVG 1972 Nr. 81; *LAG* Hamm vom 9. 6. 1982 – 3 Sa 265/82 – DB 1983, 614; *Bengelsdorf* NZA 1989, 905, 913; *Lipke* NZA 1990, 758, 761; **a. A.** *D/R* § 37 Rz. 51; *F/A/K/H* § 37 Rz. 63; GK-*Wiese* § 37 Rz. 78; *G/L* § 37 Rz. 52).

Die **Höhe des Mehrarbeitszuschlags** richtet sich nach den für das Arbeitsverhältnis 75
des Betriebsratsmitglieds geltenden tariflichen oder einzelvertraglichen Regelungen; fehlt es daran, ist nach § 15 Abs. 2 AZO ein Zuschlag von 25% zu zahlen (ebenso GK-*Wiese*, *D/R* und *F/A/K/H*, jeweils a. a. O.; *D/K/K/S* § 37 Rz. 56; *G/L* § 37 Rz. 52; *Denecke/Neumann* § 15 Rz. 22). Die Vereinbarung eines höheren Zuschlags allein für Betriebsratsmitglieder wäre nach Abs. 1 und § 78 unwirksam (*D/R* a. a. O.).

V. Entgelt- und Tätigkeitsschutz

Die Abs. 4 und 5 sind auf Empfehlung des Bundestagsausschusses für Arbeit und 76
Sozialordnung eingefügt worden, damit sichergestellt sei, »daß die Mitglieder des Beriebsrates weder in wirtschaftlicher noch beruflicher Hinsicht gegenüber vergleichbaren Arbeitnehmern mit betriebsüblicher beruflicher Entwicklung Nachteile erleiden« (zu BT-Drucks. VI/2729, 23). Was die Gesetzessystematik anbelangt, zerreißen die beiden Absätze den Zusammenhang zwischen Abs. 2 und 3 mit Abs. 6 und 7 und sind deshalb an ihrem jetzigen Standort ein Fremdkörper. Als Konkretisierungen des Benachteiligungsverbots in § 78 wären sie besser dort eingeordnet (*D/R* § 37 Rz. 52). Die Bestimmungen ergänzen den besonderen

§ 37   2. Teil 3. Abschn. Geschäftsführung des Betriebsrats

Kündigungsschutz des § 15 KSchG, indem sie den sozialen Bestandsschutz durch eine Absicherung des Arbeitsentgelts und eine Garantie für die berufliche Tätigkeit ausbauen. Sämtliche Sicherungsregelungen erstrecken sich auf die Amtszeit selbst sowie ein weiteres Jahr, bei freigestellten Betriebsratsmitgliedern unter bestimmten Voraussetzungen nach § 38 Abs. 3 auf zwei weitere Jahre nach Ende der Amtszeit. Auf diese Weise sollen **die Nachteile aufgefangen** werden, die ein Betriebsratsmitglied deshalb erleiden kann, weil es an der beruflichen Entwicklung nicht so intensiv teilnehmen kann wie mit ihm vergleichbare Arbeitnehmer (*D/R* a. a. O.; vgl. auch GK-*Wiese* § 37 Rz. 80; *Hennecke* RdA 1986, 241, und BB 1986, 936).

1. Entgeltschutz

a) Maßstab

77 Das Arbeitsentgelt des Betriebsratsmitglieds muß nach Abs. 4 so bemessen werden, als wenn der Arbeitnehmer das Betriebsratsamt nicht übernommen hätte und sich deshalb möglicherweise beruflich besser entwickelt hätte, als es wegen der Ausübung des Betriebsratsamts tatsächlich geschehen ist. Dies ist von besonderer Bedeutung für die freigestellten Betriebsratsmitglieder, kann aber auch nicht freigestellten Betriebsratsmitgliedern zugutekommen (*BAG* vom 13. 11. 1987 – 7 AZR 550/87 – AP Nr. 61 zu § 37 BetrVG 1972 = DB 1988, 812 = EzA § 37 BetrVG 1972 Nr. 88; *F/A/K/H* § 37 Rz. 65; GK-*Wiese* § 37 Rz. 81; *D/K/K/S* § 37 Rz. 58).

78 Weil es außerordentlich schwierig wäre, die berufliche Entwicklung der Betriebsratsmitglieder selbst hypothetisch zutreffend zu ermitteln, stellt das Gesetz auf das **Arbeitsentgelt vergleichbarer Arbeitnehmer mit betriebsüblicher Entwicklung** ab. Es objektiviert und konkretisiert damit einen wichtigen Ausschnitt des in § 78 geregelten Benachteiligungs- und Begünstigungsverbots (GK-*Wiese* § 37 Rz. 82; *F/A/K/H* § 37 Rz. 64; G/L § 37 Rz. 56; *D/K/K/S* § 37 Rz. 57; *Hennecke* RdA 1986, 241 f.). Maßgeblich ist also nicht eine hypothetische Weiterentwicklung der Betriebsratsmitglieder selbst, sondern die tatsächliche oder hypothetische Entwicklung anderer, nämlich vergleichbarer Arbeitnehmer. Damit greift der Entgeltschutz auch dann ein, wenn der Arbeitsplatz des Betriebsratsmitglieds wegfällt und auch nicht durch einen gleichwertigen Arbeitsplatz ersetzt werden kann (*BAG* vom 21. 4. 1983 – 6 AZR 407/80 – AP Nr. 43 zu § 37 BetrVG 1972 = EzA § 37 BetrVG 1972 Nr. 79 = DB 1983, 2253; vom 17. 5. 1977 – 1 AZR 458/74 – AP Nr. 28 zu § 37 BetrVG 1972 = EzA § 37 BetrVG 1972 Nr. 54 = DB 1977, 1562; GK-*Wiese* § 37 Rz. 84; *D/K/K/S* § 37 Rz. 59).

79 Um der Praktikabilität des Entgeltschutzes willen und zur Vermeidung späterer Streitigkeiten wird im Fachschrifttum empfohlen, zu Beginn der Amtszeit der Betriebsratsmitglieder durch Vereinbarung zwischen Arbeitgeber und Betriebsrat **schriftlich festzulegen**, welchen Arbeitnehmern die Betriebsratsmitglieder vergleichbar sind und die Statusbeschreibungen ständig fortzuführen (*Schneider* NZA 1984, 21, 22; GK-*Wiese* § 87 Rz. 86 und *D/K/K/S* a. a. O.). Derartige Vereinbarungen können die Bewältigung dieses schwierigen praktischen Problems zwar erleichtern; sie können aber den gesetzlichen Anspruch nicht beschränken und somit auch Streitigkeiten nicht völlig verhindern.

aa) Maßgeblicher Arbeitnehmer

Maßgeblich ist die **Entwicklung des jeweils vergleichbaren Arbeitnehmers**. Nach 80 dem Gesetz kommt es nicht auf den Vergleich mit mehreren Arbeitnehmern an. Der im Gesetzestext verwendete Plural »vergleichbarer Arbeitnehmer« entspricht lediglich dem Plural »Betriebsratsmitglieder«. Für die Annahme, es bedürfe des Vergleichs mit mehreren Arbeitnehmern, gibt es keinen sachlichen Grund, weil die hypothetische berufliche Entwicklung des jeweiligen Betriebsratsmitglieds aus der betriebsüblichen Entwicklung nur eines vergleichbaren Arbeitnehmers mindestens ebenso gut erschlossen werden kann wie aus der Entwicklung mehrerer Arbeitnehmer. Praktisch würde der Entgeltschutz sogar erschwert, müßten für den Vergleich jeweils mehrere Arbeitnehmer herangezogen werden, weil für jeden von ihnen im Streitfall die gleichwertige Qualifikation dargelegt und bewiesen werden müßte (wie hier *LAG Rheinland-Pfalz* vom 3. 6. 1980 – 3 Sa 134/80 – EzA § 37 BetrVG 1972 Nr. 69; GK-*Wiese* § 37 Rz. 83; ebenfalls wie hier, aber nur für den Fall, daß nur ein einziger vergleichbarer Arbeitnehmer im Betrieb vorhanden ist: *BAG* vom 13. 11. 1987 a.a.O.; vom 21. 4. 1983 a.a.O.; *Hennecke* RdA 1986, 241, 243; *F/A/K/H* § 37 Rz. 66; *D/K/K/S* a.a.O.).

Nach herrschender Rechtsauffassung ist vergleichbar nur ein **Arbeitnehmer des** 81 **Betriebs**, dem das Betriebsratsmitglied angehört (so GK-*Wiese* § 37 Rz. 83; *F/A/K/H* a.a.O.; *Hennecke* RdA 1986, 241, 242). Dies hätte aber bei der hohen Differenzierung der beruflichen Qualifikationen in den modernen Betrieben u. U. die Konsequenz, daß der Entgeltschutz des Abs. 4 dem Betriebsratsmitglied überhaupt nicht zugutekommen könnte, weil es einen mit ihm vergleichbaren Arbeitnehmer im Betrieb nicht gibt. Es muß deshalb genügen, den vergleichbaren Arbeitnehmer abstrakt zu bestimmen, die Qualifikation des Betriebsratsmitglieds also auf den gedachten vergleichbaren Arbeitnehmer zu übertragen (unrichtig *Hennecke* RdA 1986, 241, 244, der für den Fall des Fehlens eines vergleichbaren Arbeitnehmers im Betrieb eine Lücke im Gesetz annimmt, die durch Analogie auszufüllen sei; a.A. auch *D/K/K/S* a.a.O., die dann den »am ehesten vergleichbaren« Arbeitnehmer für maßgeblich halten).

Die Vergleichbarkeit ist auf die Zeit unmittelbar **vor dem Amtsantritt** des Be- 82 triebsratsmitglieds zu beziehen, bei wiedergewählten Betriebsratsmitgliedern auf die Zeit vor dem erstmaligen Amtsantritt (im wesentlichen ebenso, nämlich für Zeitpunkt der Wahl: *BAG* vom 13. 11. 1987 und 17. 5. 1977, jeweils a.a.O.; *D/R* § 37 Rz. 54; *G/L* § 37 Rz. 57; *F/A/K/H* a.a.O.; *D/K/K/S* a.a.O.; GK-*Wiese* § 37 Rz. 83, 86; *Streckel* Anm. SAE 1988, 320, 321; a. A. *Schneider* NZA 1984, 21, 22 und *Hennecke* RdA 1986, 241, 242, die schon deshalb zu Unrecht auf den Zeitpunkt der Freistellung abheben, weil der Entgeltschutz auch für nicht freigestellte Betriebsratsmitglieder gilt).

Gegenstand der Vergleichbarkeit sind die **fachliche wie die persönliche Qualifi-** 83 **kation**. Nicht zu vergleichen ist die Dauer der Betriebszugehörigkeit (*BAG* vom 11. 5. 1988 – 5 AZR 334/87 – NZA 1989, 854). Bei dem Vergleich muß also auch eine durch die berufliche Tätigkeit bereits nachgewiesene überdurchschnittliche Leitungsfähigkeit mit zugrundegelegt werden (*BAG* vom 13. 11. 1987 und 21. 4. 1983, jeweils a.a.O.; *F/A/K/H* § 37 Rz. 67; GK-*Wiese* § 37 Rz. 83; *G/L* § 37 Rz. 57 f.; *S/W* § 37 Rz. 18a; *D/K/K/S* § 37 Rz. 60; *Schneider* und *Hennecke* jeweils a.a.O.). Umgekehrt muß zu Lasten des Betriebsratsmitglieds auch eine unterdurchschnittliche Leistungsfähigkeit berücksichtigt werden (*F/A/K/H* und *Hennecke*, jeweils a.a.O.). Fachliche Qualifikation und persön-

§ 37   2. Teil 3. Abschn. *Geschäftsführung des Betriebsrats*

liche Eigenschaften müssen aber bei dem Vergleich nicht nur vorhanden, sondern sich auch in einer ausgeübten Tätigkeit **auf die Entgeltbemessung ausgewirkt** haben, weil das Betriebsmitglied nur in der vor seinem Amtsantritt erworbenen betrieblichen und arbeitsvertraglichen Stellung geschützt werden kann (im Ergebnis ebenso *BAG* vom 21. 4. 1983 und 17. 5. 1977 sowie GK-*Wiese*, *D/R* und *Hennecke*, jeweils a. a. O.; *F/A/K/H* § 37 Rz. 66; *Streckel* Anm. SAE 1988, 320, 322; a. A. *G/L* § 37 Rz. 57).

bb) Maßgebliche berufliche Entwicklung
84 Maßgeblich ist die **betriebsübliche** berufliche Entwicklung des vergleichbaren Arbeitnehmers. Dies ist nach dem Gesetz eine **hypothetische Entwicklung**; sie kann mit der tatsächlichen Entwicklung des vergleichbaren Arbeitnehmers übereinstimmen, sofern sie im konkreten Betrieb üblich ist. Betriebsübliche berufliche Entwicklung kann die Entwicklung sein, die bei objektiv vergleichbarer Tätigkeit Arbeitnehmer mit vergleichbarer fachlicher und persönlicher Qualifikation bei Berücksichtigung der normalen betrieblichen und personellen Entwicklung in beruflicher Hinsicht genommen haben. Unberücksichtigt zu bleiben haben demgemäß außergewöhnliche, atypische Entwicklungen in der betrieblichen Situation. Die berufliche Entwicklung eines Arbeitnehmers ist z. B. dann nicht betriebsüblich, wenn sie eine individuelle, nur auf diesen Arbeitnehmer persönlich zugeschnittene Beförderung darstellt (*BAG* vom 13. 11. 1987 a. a. O., unter Bestätigung einer vorangegangenen nicht veröffentlichten Entscheidung vom 31. 8. 1983 – 4 AZR 67/81 –; ebenso GK-*Wiese* § 37 Rz. 85; *F/A/K/H* § 37 Rz. 68; *D/R* § 37 Rz. 55; *Hennecke* RdA 1986, 241, 243). Hat der vergleichbare Arbeitnehmer an **betrieblichen Fortbildungs- oder Umschulungsmaßnahmen** teilgenommen, kommen darauf beruhende Entgelterhöhungen auch dem Betriebsratsmitglied zugute (*F/A/K/H* und GK-*Wiese*, jeweils a. a. O.; *D/K/K/S* § 37 Rz. 61). Nicht betriebsüblich ist aber, wenn sich der vergleichbare Arbeitnehmer durch private Weiterbildung höherqualifiziert hat (*F/A/K/H*, *D/K/K/S*, GK-*Wiese* und *D/R*, jeweils a. a. O.).

85 Da aber auch eine **hypothetische** betriebsübliche Entwicklung genügt (vgl. oben Rz. 84), muß u. U. festgestellt werden, welche berufliche Entwicklung der vergleichbare Arbeitnehmer, wenn es ihn im Betrieb nicht oder (z. B. wegen Ausscheidens) nicht mehr gibt, im Betrieb genommen hätte (im Ergebnis ebenso *BAG* vom 17. 5. 1977 a. a. O.; *Hennecke* RdA 1986, 241, 244, die aber auf die hypothetische Entwicklung des Betriebsratsmitglieds selbst abheben).

86 **Beförderungen** des vergleichbaren Arbeitnehmers kommen dem Betriebsratsmitglied zugute, wenn sie betriebsüblich sind. Diese Voraussetzung ist dann nicht erfüllt, wenn für nur eine Stelle mehrere vergleichbare Bewerber da sind (im Ergebnis ebenso *BAG* vom 13. 11. 1987 a. a. O., das aber in der Begründung zu Unrecht darauf abstellt, ob das Betriebsratsmitglied selbst die Stelle erhalten hätte; wie das BAG *D/K/K/S* § 37 Rz. 62). Ein **beruflicher Aufstieg** des vergleichbaren Arbeitnehmers, der sich aus einer **Umorganisation des Betriebs** ergibt, schließt die Betriebsüblichkeit nicht aus, da es nach dem Gesetz auf die Verhältnisse im jeweiligen Betrieb, nicht auf die allgemeine Üblichkeit ankommt (a. A. *Hennecke* RdA 1986, 241, 243). Dasselbe gilt auch für den **beruflichen Abstieg**.

87 **Persönliche Umstände in der Entwicklung des Betriebsratsmitglieds selbst** müssen bei der hypothetisch ausgerichteten gesetzlichen Regelung unberücksichtigt blei-

ben. So schließt Abs. 4 eine höhere Bemessung des Entgelts nicht aus, wenn das Betriebsratsmitglied durch längere Erkrankung an einer entsprechenden beruflichen Weiterentwicklung gehindert worden ist. Dasselbe gilt, wenn ein Betriebsratsmitglied an betriebsüblichen Weiterbildungsmaßnahmen selbst **ohne Erfolg** teilgenommen hat, ohne daß es darauf ankäme, ob der Mißerfolg auf die Inanspruchnahme durch die Amtstätigkeit zurückzuführen ist. Dies kann zwar im Einzelfall zu einer Begünstigung des Betriebsratsmitglieds wegen seiner Amtstätigkeit führen; da sich diese Rechtsfolge aber aus dem Gesetz ergibt, ist sie nicht unzulässig (im Ergebnis ebenso *Hennecke* BB 1986, 936, 938; *D/K/K/S* § 37 Rz. 60; a.A. GK-*Wiese* § 37 Rz. 83, 85).

b) Folgen für die Entgeltbemessung
Nach Abs. 4 bedarf das Arbeitsentgelt des Betriebsratsmitglieds jeweils einer **An-** 88 **passung**, sobald sich das Verdienstniveau des vergleichbaren Arbeitnehmers ändert (*BAG* vom 21. 4. 1983 a.a.O.; *G/L* § 37 Rz. 59; *F/A/K/H* § 37 Rz. 69; *G/L* § 37 Rz. 59; *D/K/K/S* § 37 Rz. 63). Maßgeblich ist aber nur das **regelmäßige**, nicht das im jeweiligen Entgeltabrechnungszeitraum effektiv erreichte oder – bei einem gedachten vergleichbaren Arbeitnehmer (vgl. dazu oben Rz. 80 ff.) – effektiv erreichbare **Arbeitsentgelt** des vergleichbaren Arbeitnehmers (vgl. dazu GK-*Wiese* § 37 Rz. 87; *F/A/K/H* a.a.O.). Das Betriebsratsmitglied hat also Anspruch auf Erhöhung des Stundenlohnes, Akkord- oder Prämienlohnes, auf Aufrücken in eine höhere Entgeltgruppe, nicht indessen auf Entgelterhöhungen wegen Mehrarbeit, Sonntags- oder Feiertagsarbeit, die von dem vergleichbaren Arbeitnehmer nur vorübergehend geleistet wird (*BAG* vom 17. 5. 1977 a.a.O.; *LAG Hamburg* vom 24. 1. 1977 – 2 Sa 119/76 – BB 1977, 695 = DB 1977, 1097; *G/L* § 37 Rz. 59; *F/A/K/H* und *Wiese*, jeweils a.a.O.; *D/R* § 37 Rz. 57; *D/K/K/S* § 37 Rz. 63). Ob das Betriebsratsmitglied Anspruch auf Zahlung von Mehrarbeitsvergütung hat, richtet sich nach Abs. 2 (vgl. dazu oben Rz. 45). Auch der Einfluß von Kurzarbeit auf die Entgeltzahlung ist nach dieser Bestimmung zu beurteilen (vgl. oben Rz. 46). Insoweit geht es nicht um die Entgeltbemessung nach Abs. 4. Wird das Betriebsratsmitglied wegen seiner Amtstätigkeit mit einer anderen Art von Arbeit beschäftigt, wird es z.B. von Akkord- auf Zeitlohnarbeit oder von Wechselschicht auf Normalschicht umgesetzt, so sind etwaige Entgeltminderungen auszugleichen (*LAG Niedersachsen* vom 1. 8. 1979 – 4 Sa 29/79 – EzA § 37 BetrVG 1972 Nr. 68; *D/R* § 37 Rz. 56; *D/K/K/S* und *Wiese*, jeweils a.a.O.), weil dann das effektive Entgelt hinter dem eines vergleichbaren Arbeitnehmers mit betriebsüblicher beruflicher Entwicklung zurückbleibt.

Nach Abs. 4 Satz 2 hat das Betriebsratsmitglied auch Anspruch auf **allgemeine** 89 **Zuwendungen** des Arbeitgebers. Der Entgeltschutz erfaßt damit nicht nur die Zuwendungen zur unmittelbaren Abgeltung der Arbeitsleistung (vgl. dazu auch unten § 87 Rz. 457 ff.), sondern erstreckt sich auch auf laufende und einmalige Zuwendungen wie Gratifikationen, Abschlußvergütungen, Jubiläumszuwendungen und vermögenswirksame Leistungen, die der Arbeitgeber den dem Betriebsratsmitglied vergleichbaren Arbeitnehmer mit betriebsüblicher beruflicher Entwicklung gewährt oder auch nur zu gewähren hätte (vgl. dazu oben Rz. 80 ff.; wie hier im wesentlichen auch *BAG* vom 21. 4. 1983 a.a.O.; *D/R* § 37 Rz. 58; *G/L* § 37 Rz. 60; GK-*Wiese* § 37 Rz. 88; *D/K/K/S* § 37 Rz. 64). Dabei kommt es nicht darauf an, ob die Zuwendungen vertraglich vereinbart sind. **Allgemein** werden Zuwendungen immer dann gewährt, wenn sie **nach einer den Einzelfall übergreifen-**

§ 37   2. Teil 3. Abschn. Geschäftsführung des Betriebsrats

den **kollektiven Ordnung gestaltet** sind. Diese Voraussetzung ist dann nicht erfüllt, wenn der Arbeitgeber mit der Zuwendung nur einen oder mehrere Arbeitnehmer aufgrund nur den oder die Arbeitnehmer betreffender Umstände besonders berücksichtigt (im wesentlichen ebenso *LAG Rheinland-Pfalz* vom 3. 6. 1980 – 3 Sa 134/80 – EzA § 37 BetrVG 1972 Nr. 69; GK-*Wiese* § 37 Rz. 48, 88; *G/L* § 37 Rz. 37; *F/A/K/H* § 37 Rz. 70).

c) Dauer

90 Der Entgeltschutz steht dem Betriebsratsmitglied für die **Dauer seiner Mitgliedschaft im Betriebsrat** und für einen **Zeitraum von einem Jahr nach Beendigung der Amtszeit** zu. Die Regelung kommt aber aufgrund ihres Schutzzwecks nicht nur bei Beendigung der Amtszeit des Betriebsrats nach § 21 oder § 13 Abs. 2 zum Zuge, sondern auch bei **Erlöschen der Mitgliedschaft im Betriebsrat**, z.B. infolge Niederlegung des Betriebsratsamtes gem. § 24 Abs. 1 Nr. 2, Verlust der Wählbarkeit gem. § 24 Abs. 1 Nr. 4 oder erfolgreicher Wahlanfechtung nach § 19, nicht allerdings dann, wenn das Erlöschen der Mitgliedschaft auf einer gerichtlichen Entscheidung beruht und der Schutz deshalb als verwirkt angesehen werden muß (so auch *D/R* § 37 Rz. 59; *G/L* § 37 Rz. 61; GK-*Wiese* § 37 Rz. 90; **a. A.** hinsichtlich der Folgen einer gerichtlichen Entscheidung: *F/A/K/H* § 37 Rz. 71; *D/K/K/S* § 37 Rz. 65). Dies entspricht der höchstrichterlichen Rechtsprechung zum § 15 KSchG, der den Entgeltschutz des Betriebsratsmitglieds durch einen besonderen – ebenfalls nachwirkenden – Kündigungsschutz ergänzt (*BAG* vom 5. 7. 1979 – 2 AZR 521/77 = EzA § 15 KSchG 1969 Nr. 22 = DB 1979, 2327). Für das hier vertretene Ergebnis spricht ferner, daß der Bundestagsausschuß für Arbeit und Sozialordnung im Hinblick auf diese Rechtsprechung eine entsprechende Klarstellung des § 15 Abs. 1 und 2 KSchG sowie des § 37 Abs. 4 und 5, die im Regierungsentwurf des Arbeitsrechtlichen EG-Anpassungsgesetzes (BT-Drucks. 8/3317) vorgesehen war, für entbehrlich erklärt hat (BT-Drucks. 8/4259, 9f.).

2. Tätigkeitsschutz

91 Nach Abs. 5 dürfen Betriebsratsmitglieder während ihrer Amtszeit zuzüglich eines Zeitraums von in der Regel einem Jahr danach nur mit Tätigkeiten beschäftigt werden, die den Tätigkeiten vergleichbarer Arbeitnehmer mit betriebsüblicher beruflicher Entwicklung **gleichwertig** sind, soweit nicht zwingende betriebliche Notwendigkeiten entgegenstehen. Diese Regelung dient in erster Linie dem **ideellen Interesse** der Betriebsratsmitglieder, bei gleichem Arbeitsentgelt, wie es die vergleichbaren Arbeitnehmer erhalten, nicht mit geringerwertiger Tätigkeit als sie beschäftigt zu werden. Dieses berufliche Diskriminierungsverbot dient dem Persönlichkeitsschutz der Betriebsratsmitglieder (*LAG Frankfurt/M.* vom 14. 8. 1986 – 12 Sa 1225/85 = DB 1987, 442; GK-*Wiese* § 37 Rz. 91; *F/A/K/H* § 37 Rz. 72; *D/K/K/S* § 37 Rz. 66; *Schneider* NZA 1984, 21, 23). Langfristig kann es sich auch wirtschaftlich auswirken, weil es dem Betriebsratsmitglied erleichtert, den beruflichen Anschluß zu wahren.

92 Die Vorschrift ist für **freigestellte Betriebsratsmitglieder**, die während ihrer Amtszeit keiner Beschäftigung mehr nachgehen, naturgmäß erst während des einjährigen – nach § 38 Abs. 3 ggfs. zweijährigen – Nachwirkungszeitraums von Bedeutung (*F/A/K/H* a.a.O.; GK-*Wiese* § 37 Rz. 92; *G/L* § 37 Rz. 62). Indessen greift

sie für solche Betriebsratsmitglieder, die gem. § 38 Abs. 1 Satz 3 durch Tarifvertrag oder Betriebsvereinbarung nur teilweise freigestellt sind, schon während ihrer Amtszeit ein (GK-*Wiese* und *D/K/K/S*, jeweils a. a. O.).

a) Maßstab
Der Anspruch ist auf eine **gleichwertige**, nicht etwa gleiche Tätigkeit gerichtet 93 (*G/L* § 37 Rz. 63; *D/R* § 37 Rz. 61; *F/A/K/H* § 37 Rz. 73; *D/K/K/S* § 37 Rz. 67). Ist die Tätigkeit gleichwertig, dann ist eine Versetzung, die zur Zuweisung dieser Tätigkeit ausgesprochen wird, nicht nach Abs. 5 unwirksam (*LAG Frankfurt/M.* vom 14. 8. 1986 – 12 Sa 1225/85 – DB 1987, 442). Ob eine Tätigkeit gleichwertig ist, beurteilt sich nach den Wertvorstellungen der im Betrieb Beschäftigten; denn nur die Betrachtung aus der innerbetrieblichen Perspektive entspricht dem Zweck des Gesetzes, die Betriebsratsmitglieder auch hinsichtlich ihrer Tätigkeit so zu stellen, als hätten sie das Betriebsratsamt nicht übernommen (so auch GK-*Wiese* § 37 Rz. 93; **a. A.**, nämlich für Maßgeblichkeit der bei den Angehörigen der betreffenden Berufssparten herrschenden Verkehrsauffassung: *LAG Frankfurt* a. a. O.; *F/A/K/H* a. a. O.; *G/L* § 37 Rz. 63; *D/K/K/S* a. a. O.; für Maßgeblichkeit der innerbetrieblichen Wertvorstellungen nur dann, wenn sie strenger sind als die überbetrieblichen: *D/R* § 37 Rz. 61 sowie die Vorauflage). Bezahlung in gleicher Höhe ist nur ein Indiz für die Gleichwertigkeit der Tätigkeit; im Einzelfall kann eine Tätigkeit mit der gleichen Bezahlung auch geringerwertig sein (*D/R* a. a. O.).
Maßgeblich für den Wertigkeitsvergleich sind die Tätigkeiten des bei Übernahme 94 des Betriebsratsamtes mit dem Betriebsratsmitglied vergleichbaren Arbeitnehmers mit betriebsüblicher beruflicher Entwicklung (vgl. dazu oben Rz. 80 ff.). Damit kann das Betriebsratsmitglied – ggf. auch wiederholt – Anspruch auf Zuweisung einer höherwertigen Tätigkeit haben. Voraussetzung dafür ist, daß der vergleichbare Arbeitnehmer mit betriebsüblicher beruflicher Entwicklung eine solche Tätigkeit erreicht hat oder erreicht hätte (vgl. dazu oben Rz. 84–87; wie hier im wesentlichen auch *F/A/K/H* § 37 Rz. 74; *D/R* § 37 Rz. 62; GK-*Wiese* § 37 Rz. 94; *G/L* § 37 Rz. 64; *D/K/K/S* a. a. O.). Aber auch wenn diese Voraussetzung erfüllt ist, kann der Anspruch ausgeschlossen sein (vgl. dazu unten Rz. 95).

b) Ausschluß des Schutzanspruchs
Der Anspruch auf Tätigkeitsschutz besteht nicht, soweit der Beschäftigung des 95 Betriebsratsmitglieds mit einer gleichwertigen Tätigkeit **zwingende betriebliche Notwendigkeiten** entgegenstehen. Diese Regelung trägt den unabweisbaren Bedürfnissen eines geordneten Betriebsablaufs Rechnung und ist ihrem Wortlaut entsprechend eng auszulegen (*G/L* § 37 Rz. 64; *D/R* § 37 Rz. 63; *F/A/K/H* § 37 Rz. 75; GK-*Wiese* § 37 Rz. 75). Der Anspruch ist z. B. ausgeschlossen, wenn ein entsprechender Arbeitsplatz im Betrieb fehlt (ebenso *D/R, F/A/K/H, G/L* und GK-*Wiese*, jeweils a. a. O.; *D/K/K/S* § 37 Rz. 68). Der Anspruch auf Tätigkeitsschutz besteht auch dann nicht, wenn dem Betriebsratsmitglied die dafür erforderliche berufliche Qualifikation fehlt. Hat es infolge der Belastung durch seine Amtstätigkeit nicht an den dazu notwendigen beruflichen Fortbildungsmaßnahmen teilgenommen, kann der Anspruch erst verwirklicht werden, wenn die Fortbildungsmaßnahmen vor Ablauf der für den Schutz geltenden Fristen (vgl. unten Rz. 96) nachgeholt sind (GK-*Wiese* § 37 Rz. 94; *F/A/K/H* § 37 Rz. 74; *D/K/K/S* a. a. O.). Gleichwohl ist der Anspruch auf Entgeltbemessung gem. Abs. 4 dann zu

§ 37 2. Teil 3. Abschn. *Geschäftsführung des Betriebsrats*

erfüllen, so daß das Betriebsratsmitglied wirtschaftlich in jedem Fall geschützt ist (*D/R* § 37 Rz. 62; *G/L* § 37 Rz. 64; *F/A/K/H* und *D/K/K/S*, jeweils a. a. O.). Nach § 38 Abs. 4 Satz 2 müssen freigestellte Betriebsratsmitglieder aber Gelegenheit erhalten, eine wegen der Freistellung unterbliebene betriebsübliche berufliche Entwicklung nachzuholen (vgl. dazu § 38 Rz. 65) und so die Qualifikation für die Ausübung der Tätigkeit nach Abs. 5 noch zu erwerben. Aufgrund analoger Anwendung des § 38 Abs. 4 gilt dies auch für nicht freigestellte Betriebsratsmitglieder (GK-*Wiese* und *F/A/K/H*, jeweils a. a. O.).

c) Dauer

96 Der Schutzanspruch nach Abs. 5 gilt für die Amtszeit des Betriebsrats und für einen sich an deren Ende oder an das Erlöschen der Mitgliedschaft im Betriebsrat anschließenden Zeitraum von einem Jahr (vgl. dazu oben Rz. 90), der sich nach § 38 Abs. 3 für Betriebsratsmitglieder, die mindestens drei volle aufeinanderfolgende Amtszeiten (zu je drei oder – neuerdings – vier Jahren) freigestellt gewesen sind, auf zwei Jahre verlängert (*D/K/K/S* § 37 Rz. 70).

VI. Erforderliche Schulungs- und Bildungsveranstaltungen (Abs. 6)

97 Nach Abs. 6 hat der Betriebsrat gegen den Arbeitgeber Anspruch auf Arbeitsbefreiung unter Fortzahlung des Arbeitsentgelts für die Teilnahme an Schulungs- und Bildungsveranstaltungen, soweit sie Kenntnisse vermitteln, die für die Tätigkeit des Betriebsrats erforderlich sind. Diese Regelung wird ergänzt durch Abs. 7, der jedem Betriebsratsmitglied einen Anspruch auf Freistellung zur Teilnahme an als geeignet anerkannten Schulungs- und Bildungsveranstaltungen bis zur Dauer von drei oder ggf. vier Wochen während der normalen Arbeitszeit einräumt. Das Gesetz berücksichtigt damit **die vor Erlaß des BetrVG 1972 ergangene höchstrichterliche Rechtsprechung**, die auch ohne ausdrückliche Regelung im Gesetz einen Anspruch des Betriebsrats auf Arbeitsbefreiung anerkannt hatte, wenn sich die Veranstaltung auf konkret betriebsbezogene und in den Aufgabenbereich des Betriebsrats fallende Themen bezog und der Betriebsrat sowohl bei der Auswahl der Teilnehmer als auch bei der Lage der Veranstaltung die Interessen des Betriebs berücksichtigte (*BAG* vom 10. 11. 1954 – 1 AZR 19/53 – AP Nr. 1 zu § 37 BetrVG 1952 m. Anm. *Galperin* = DB 1954, 1107 und vom 22. 1. 1965 – 1 AZR 289/64 – AP Nr. 10 zu § 37 BetrVG 1952 m. Anm. *Neumann-Duesberg* = DB 1965, 147, 745).

98 Die Regelung dient nicht der »Herstellung intellektueller Waffengleichheit« zwischen Arbeitgeber und Betriebsrat (so aber *Däubler* 32ff.; *F/A/K/H* § 37 Rz. 81; *D/K/K/S* § 37 Rz. 71; *Eich* BB 1973, 1032; *Streckel* DB 1974, 335; wie hier auch *LAG Berlin* vom 11. 12. 1989 – 9 Ta BV 2/89 – DB 1990, 696). Die Betriebsratsmitglieder sollen keineswegs zu Führungskräften des Unternehmens geschult werden; sie sollen vielmehr befähigt werden, die gesetzliche Mitwirkung der Arbeitnehmer im Betrieb **sinnvoll zu praktizieren** (so auch *F/A/K/H*, *Eich* und *Streckel*, jeweils a. a. O.; eingehende Zurückweisung der These von der »intellektuellen Waffengleichheit« bei *D/R* § 37 Rz. 68f. und GK-*Wiese* § 37 Rz. 99). Das gesetzliche Leitprinzip ist dabei nicht die kämpferische Auseinandersetzung, sondern die vertrauensvolle Zusammenarbeit (§ 2 Abs. 1).

99 Die Voraussetzungen des Anspruchs auf Arbeitsbefreiung sind in Abs. 6 nur

äußerst knapp geregelt. Sie haben deshalb die Rechtsprechung mit einer Vielzahl von Streitfragen beschäftigt. Trotz reichhaltiger Judikatur ist das Ziel der **Rechtssicherheit** auf diesem Feld auch 20 Jahre nach Erlaß des BetrVG nur **teilweise erreicht**.

Die Anspruchsvoraussetzungen sind durch eine **doppelte Prüfung der Erforderlichkeit** festzustellen. Einmal muß es sich um die Vermittlung von Kenntnissen handeln, die nach Art und Umfang für den Betriebsrat erforderlich sind. Darüber hinaus ist aufgrund der Verweisung des Abs. 6 auf Abs. 2 zu prüfen, ob die Arbeitsbefreiung nur für ein einziges oder für mehrere Betriebsratsmitglieder und für welches oder welche Mitglieder sie erforderlich ist (für doppelte Erforderlichkeitsprüfung auch *D/R* § 37 Rz. 82; GK-*Wiese* § 37 Rz. 101; *D/K/K/S* § 37 Rz. 87; der Sache nach auch *BAG* vom 16. 10. 1986 – 6 ABR 14/84 – unter II. 2. c) bb) – AP Nr. 58 zu § 37 BetrVG 1972 = EzA § 37 BetrVG 1972 Nr. 87 = DB 1987, 891). **100**

Gemeinsame Festlegungen von Betriebsrat und Arbeitgeber über die Freistellung zur Teilnahme an Schulungs- und Bildungsveranstaltungen (dafür *F/A/K/H* § 37 Rz. 100; nur auf diese Möglichkeit hinweisend GK-*Wiese* § 37 Rz. 129) können Streitigkeiten über diese Frage nicht ausschließen (vgl. oben Rz. 4). **101**

1. Erforderlichkeit der Schulungs- und Bildungsveranstaltung für den Betriebsrat

a) Schulungs- und Bildungsveranstaltung

Nur Schulungs- und Bildungsveranstaltungen können den Anspruch auf Arbeitsbefreiung nach Abs. 6 i. V. m. Abs. 2 auslösen. Veranstaltungen, die diesen Charakter nicht haben, die etwa nur der Bildung, nicht aber der Schulung dienen, sind dafür ungeeignet. Schulungs- und Bildungsveranstaltungen sind didaktisch auf einen bestimmten, eng abgegrenzten Kreis abgestellt, bei dem noch eine individuelle Beziehung zwischen Lehrpersonen und Teilnehmern möglich ist; sie werden planmäßig mit dem Ziel durchgeführt, bei den Teilnehmern einen bestimmten Wissensstand herbeizuführen (so auch *LAG Berlin* vom 11. 12. 1989 – 9 Ta BV 2/89 – DB 1990, 696). **102**

Deshalb sind **Kongresse** mit einem individuell nicht mehr ansprechbaren Teilnehmerkreis keine Schulungs- und Bildungsveranstaltung, zumal dann, wenn sie sich an Personen mit sehr unterschiedlichem Bildungsstand wenden. Auch können deshalb Betriebsratsmitglieder nicht nach Abs. 6 zum **Studium** an einer Hochschule oder Gesamthochschule freigestellt werden. Ebensowenig können Zusammenkünfte von Personen als Schulungs- und Bildungsveranstaltung angesehen werden, die sich auf einen **Erfahrungsaustausch** der Teilnehmer beschränken; hier fehlt es sowohl an der didaktischen Ausgestaltung wie auch an dem Ziel der Vermittlung eines bestimmten Wissens. **103**

Gleichgültig ist aber, wer **Träger** einer Schulungs- und Bildungsveranstaltung nach Abs. 6 ist (*G/L* § 37 Rz. 84; *D/R* § 37 Rz. 85; *F/A/K/H* § 37 Rz. 95; GK-*Wiese* § 37 Rz. 130; *D/K/K/S* § 37 Rz. 92; *Dütz/Säcker* DB 1972 Beilage Nr. 17, 9). In der Praxis sind es vor allem die Gewerkschaften, die solche Veranstaltungen durchführen. An dieser Arbeit beteiligt sind aber auch andere Träger, z. B. Arbeitgeberverbände, kirchliche Organisationen, Volkshochschulen. Keine Rolle spielt ferner, wenn an einer Schulungs- und Bildungsveranstaltung auch **andere Personen als Betriebsratsmitglieder** teilnehmen. Die Frage, ob eine Veranstaltung erforderlich gem. Abs. 6 ist, muß unabhängig vom Status der Teilnehmer geprüft **104**

§ 37   2. Teil 3. Abschn. *Geschäftsführung des Betriebsrats*

werden (*G/L* § 37 Rz. 84a; *F/A/K/H* § 37 Rz. 96; GK-*Wiese* § 37 Rz. 133; *D/R* § 37 Rz. 87). Die Teilnahme anderer Personen kann im Einzelfall allerdings ein Anzeichen dafür sein, daß die Veranstaltung für die Betriebsratsmitglieder nicht erforderlich ist.

b) Vermittlung nach Art und Umfang für den Betriebsrat erforderlicher Kenntnisse

105 Der Freistellungsanspruch setzt zunächst voraus, daß Kenntnisse **für den Betriebsrat erforderlich** sind (1. Stufe der Erforderlichkeit; vgl. dazu oben Rz. 100).

106 Die **höchstrichterliche Rechtsprechung** hat den **Grundsatzstreit** über das Merkmal der erforderlichen Kenntnisvermittlung, der sich an der nur unzureichenden Gesetzesformulierung entzündet hatte (vgl. dazu *G/L* § 37 Rz. 69f.), **für die Praxis beendet**, ohne damit allerdings Klarheit in allen Einzelfragen geschaffen zu haben (ähnlich GK-*Wiese* § 37 Rz. 97). Nach ständiger Rechtsprechung des *BAG* ist die Vermittlung von Kenntnissen gem. Abs. 6 erforderlich, wenn sie nach Art und Umfang in der konkreten Situation des Betriebs vom Betriebsrat benötigt werden. Der Betriebsrat muß also in die Lage versetzt werden, seine **derzeitigen oder voraussichtlich demnächst innerhalb der laufenden Amtsperiode** (vgl. dazu unten Rz. 120) **anfallenden Aufgaben** erfüllen zu können. Dabei müssen die Kenntnisse aber auch geeignet sein, einen vorhandenen oder voraussichtlich eintretenden Streit beizulegen. Dies ist z.B. nicht bei einer Veranstaltung über den Konzernbetriebsrat der Fall, wenn Streit über die künftige Bildung eines Konzernbetriebsrats besteht (so *BAG* vom 24.7. 1991 – 7 ABR 12/90 – DB 1992, 482). Auch sind Kenntnisse, die zwar nützlich sind, aber gegenwärtig nicht benötigt werden, nicht nach Abs. 6 erforderlich (*BAG* vom 9.10. 1973 – 1 ABR 6/73 – DB 1974, 146 = EzA § 37 BetrVG 1972 Nr. 14 m. Anm. *Richardi* sowie eine Reihe weiterer Entscheidungen, bisher zuletzt vom 16.3. 1988 – 7 AZR 557/87 – AP Nr. 63 zu § 37 BetrVG 1972 = EzA § 37 BetrVG 1972 Nr. 90 = DB 1988, 1453). Im übrigen müssen auch die Aufgaben des Gesamtbetriebsrats berücksichtigt werden, der nach § 51 keinen eigenen Anspruch auf Arbeitsbefreiung zur Teilnahme an Schulungs- und Bildungsveranstaltungen hat (so auch im Ergebnis *LAG Düsseldorf* vom 22.3. 1989 – 4 Ta BV 196/88 – NZA 1989, 735; vgl. auch unten Rz. 129).

107 Mit dieser Auslegung des Gesetzes hat das *BAG* im Grunde seine vor Erlaß des BetrVG 1972 vertretene Auffassung (vgl. oben Rz. 97) **bestätigt**, wonach ein aktueller betriebsbezogener Anlaß gegeben sein muß, der die Vermittlung von Kenntnissen über bestimmte Aufgaben des Betriebsrats notwendig macht (*G/L* § 37 Rz. 70, relativierend: GK-*Wiese* § 37 Rz. 97).

108 Die Eingrenzung des Veranstaltungsinhalts nach Abs. 6 hat im Fachschrifttum breite Zustimmung gefunden (*G/L* § 37 Rz. 71; *F/A/K/H* § 37 Rz. 80f.; *D/R* § 37 Rz. 72; *Bohn* BB 1975, 1392ff.; GK-*Wiese* § 37 Rz. 108; kritisch allerdings *Däubler* 41; *Kittner* Anm. AP Nr. 5 zu § 37 BetrVG 1972; *Halberstadt* Anm. AP Nr. 18 zu § 37 BetrVG 1972). Sie entspricht in der Tat Wortlaut und Zweck wie auch der Entstehungsgeschichte dieser Regelung.

109 Unvereinbar mit den Grundsätzen der Gesetzesauslegung und -anwendung ist es aber, wenn das *BAG* sowohl dem Betriebsrat als auch den Gerichten der Tatsacheninstanzen einen **Beurteilungsspielraum bei Bestimmung der Erforderlichkeit** zubilligt (*BAG* in st. Rspr., z.B. vom 6.11. 1973 – 1 ABR 8/73 – EzA § 37 BetrVG 1972 Nr. 16 m. Anm. *Richardi* = DB 1974, 781; vom 16.10. 1987 – 6 ABR 14/84 –

AP Nr. 58 zu § 37 BetrVG 1972 = DB 1987, 891; dem *BAG* zustimmend aber GK-*Wiese* § 37 Rz. 129; *D/R* § 37 Rz. 92; *F/A/K/H* § 37 Rz. 99; *D/K/K/S* § 37 Rz. 73).
Der Betriebsrat hat als Normadressat nicht verbindlich darüber zu entscheiden, ob **110** die Voraussetzungen einer Norm erfüllt sind oder nicht. Diese Entscheidung obliegt **allein den Arbeitsgerichten** (*Schlüter* Anm. SAE 1975, 160; *Kraft* Anm. SAE 1974, 179, 180; *Nipperdey* DB 1985, 1093 ff.; *Zitscher* DB 1984, 1395, 1400; gegen die Zuerkennung eines Beurteilungsspielraums ferner *Esser* RdA 1976, 229 ff.). Es ist auch widersprüchlich, wenn die Erforderlichkeitsprüfung zwar nach Abs. 2 strikt, nach Abs. 6 aber unter Anwendung eines Beurteilungsspielraums vorgenommen werden muß. Maßgebend ist vielmehr in beiden Fällen, ob der Betriebsrat die Teilnahme an einer bestimmten Schulungs- und Bildungsveranstaltung **vom Standpunkt eines vernünftig denkenden Dritten für erforderlich halten durfte** (vgl. oben zu Abs. 2 unter Rz. 26 ff.). Bei Meinungsverschiedenheiten mit dem Arbeitgeber über die Voraussetzungen eines Arbeitsbefreiungsanspruchs nach Abs. 6 muß nötigenfalls das Arbeitsgericht - ggf. im Verfahren des einstweiligen Rechtsschutzes - entscheiden. Die Interessen des Betriebsrats sind dadurch gewahrt (*Schlüter* a. a. O.).

In erster Linie kommt es darauf an, daß die zu vermittelnden Kenntnisse, also das **111** **Programm der Veranstaltung** überhaupt die **Aufgaben des Betriebsrats betreffen** (vgl. hierzu Rz. 22 ff.; *D/R* § 37 Rz. 72; *G/L* § 37 Rz. 72, sowie *F/A/K/H* § 37 Rz. 78). Veranstaltungen, die sich auf wirtschafts- und gewerkschaftspolitische oder allgemeinpolitische Fragen beziehen, scheiden schon deshalb für eine Freistellung nach Abs. 6 aus. Themen, die nicht Gegenstand einer Schulungs- und Bildungsveranstaltung nach Abs. 7 sein können (vgl. dazu unten Rz. 155), kommen um so weniger für Veranstaltungen nach Abs. 6 in Betracht (*D/R* und *G/L*, jeweils a. a. O.; GK-*Wiese* § 37 Rz. 109).

Eine **nach Abs. 7 anerkannte Veranstaltung** kann zugleich erforderliche Kennt- **112** nisse vermitteln (*BAG* vom 6. 11. 1973 a. a. O.; vom 21. 11. 1978 - 6 ABR 10/77 - AP Nr. 35 zu § 37 BetrVG 1972 = EzA § 37 BetrVG 1972 Nr. 62 = DB 1979, 507; vom 5. 4. 1984 - 6 AZR 495/81 - AP Nr. 46 zu § 37 BetrVG 1972 = EzA § 37 BetrVG 1972 Nr. 80 = DB 1984, 1785; *G/L* § 37 Rz. 114; *D/R* § 37 141; *D/K/K/S* § 37 Rz. 86; **a. A.** GK-*Wiese* § 37 Rz. 120 f.). Die Anerkennung der Veranstaltung spricht jedoch eher dafür, daß sie einem anderen Zweck als der Vermittlung erforderlicher Kenntnisse dient, so daß es im Streitfall einer besonderen Begründung für die Erforderlichkeit bedarf (*BAG* vom 26. 8. 1975 - 1 ABR 12/74 - EzA § 37 BetrVG 1972 Nr. 44 = DB 1975, 2450).

Nicht maßgebend ist bei der Erforderlichkeitsprüfung, wie der gesetzessystemati- **113** sche Zusammenhang mit Abs. 7 zeigt, ob ein einzelnes Betriebsratsmitglied die Kenntnisse für seine Amtstätigkeit benötigt. Die Erforderlichkeitsprüfung **ist vielmehr beim Betriebsrat** anzusetzen, da es sich um einen kollektivrechtlichen Anspruch des Gremiums handelt (so *LAG Düsseldorf* vom 8. 10. 1991 - 13 Sa 1450/90; *F/A/K/H* § 37 Rz. 90; *Schiefer* DB 1992, 631; vgl. auch *D/R* § 37 Rz. 73; GK-*Wiese* § 37 Rz. 101; **a. A.** zu Unrecht *BAG* vom 25. 4. 1978 - 6 AZR 22/75 - EzA § 37 BetrVG 1972 Nr. 59 m. Anm. *Kittner* = DB 1978, 1976 sowie vom 5. 11. 1981 - 6 ABR 50/79 - DB 1982, 704, das die Erforderlichkeitsprüfung beim einzelnen Betriebsratsmitglied für notwendig erklärt, obwohl es ebenfalls vom kollektivrechtlichen Charakter der Regelung in Abs. 6 ausgeht; im Hinblick auf die hier für richtig gehaltene doppelte Erforderlichkeitsprüfung - vgl. oben Rz. 100 - ist der Meinungsunterschied jedoch praktisch unerheblich).

Auch die **Dauer** der Freistellung richtet sich nach der Erforderlichkeit, da das **114**

§ 37   2. Teil 3. Abschn. *Geschäftsführung des Betriebsrats*

Gesetz den Anspruch des Betriebsrats nur einräumt, »**soweit**« benötigte Kenntnisse vermittelt werden (so auch *F/A/K/H* § 37 Rz. 97; GK-*Wiese* § 37 Rz. 122f.; *G/L* § 37 Rz. 82; *D/K/K/S* § 37 Rz. 90). Demgegenüber prüft das *BAG* (vom 27. 9. 1974 – 1 ABR 71/73 – EzA § 37 BetrVG 1972 Nr. 33 m. Anm. *Weiss* = DB 1975, 504 und vom 28. 5. 1976 – 1 AZR 116/74 – EzA § 37 BetrVG 1972 Nr. 49 m. Anm. *Otto*; so auch *D/R* § 37 Rz. 82, 84; *Schlüter* Anm. SAE 1977, 109) zunächst die Erforderlichkeit einer Veranstaltung als ganze (vgl. hierzu unten Rz. 115ff.) und grenzt die Dauer der Freistellung u. U. durch Anwendung des Grundsatzes der Verhältnismäßigkeit ein (kritisch dazu auch *D/K/K/S* § 37 Rz. 91). Dafür bietet das Gesetz aber keinen Anhalt. Der Grundsatz der Verhältnismäßigkeit kann vielmehr nur dann eine Rolle spielen, wenn zwischen mehreren Schulungs- und Bildungsveranstaltungen, die die erforderlichen Kenntnisse zu einem bestimmten Thema vermitteln, auszuwählen ist (vgl. dazu unten § 40 Rz. 70f.). Nach diesem Grundsatz kann der Betriebsrat in solchen Fällen nur beschließen, daß ein oder mehrere seiner Mitglieder die kostengünstigere Gelegenheit zum Erwerb der erforderlichen Kenntnisse wahrnehmen (vgl. ferner GK-*Wiese* § 37 Rz. 123, der den Grundsatz der Verhältnismäßigkeit auf das Verbot des Rechtsmißbrauchs begrenzt sieht).

115 Für den Fall einer Schulungs- und Bildungsveranstaltung, in der **teils erforderliche teils nicht erforderliche Informationen** dargeboten werden, hält das BAG nur den entsprechenden Teil der Veranstaltung für erforderlich, sofern eine Aufteilung praktisch möglich und sinnvoll ist (*BAG* vom 10. 6. 1975 – 1 ABR 140/73 – EzA § 37 BetrVG 1972 Nr. 42 = DB 1975, 2092, 2234). Dem ist zuzustimmen (so auch GK-*Wiese* § 37 Rz. 116; *F/A/K/H* § 37 Rz. 89; *G/L* § 37 Rz. 78; *S/W* § 37 Rz. 48; *D/K/K/S* § 37 Rz. 85). Dem *BAG* (vom 29. 1. 1974 – 1 ABR 41/73 – EzA § 40 BetrVG 1972 Nr. 12 m. Anm. *Richardi* = DB 1974, 1292) ist ferner darin beizupflichten, daß die Erforderlichkeit einer Veranstaltung auch bejaht werden kann, wenn nicht erforderliche Themen nur am Rande berührt werden (so auch *F/A/K/H* und *D/K/K/S*, jeweils a. a. O.).

116 Abzulehnen ist aber, daß das BAG Veranstaltungen auch dann für insgesamt erforderlich ansieht, wenn **nur mehr als die Hälfte der Anzahl der Themen** als für den Betriebsrat notwendig anerkannt werden kann; der Rest werde »aus Praktikabilitätsgründen als erforderlich fingiert« (*BAG* vom 28. 5. 1976 a. a. O.; vom 21. 7. 1978 – 6 AZR 561/75 – AP Nr. 4 zu § 38 BetrVG 1972 = EzA § 37 BetrVG 1972 Nr. 60 = DB 1978, 2371; zustimmend für den Fall, daß nur der Besuch einer thematisch gemischten Veranstaltung den Erwerb der erforderlichen Kenntnisse ermöglicht: GK-*Wiese* § 37 Rz. 170; *Streckel* Anm. SAE 1976, 50, 52; generell zustimmend zu der als großzügig bezeichneten Rechtsprechung: *F/A/K/H* a. a. O. sowie ferner *G/L* § 37 Rz. 79; *S/W* und *D/K/K/S*, jeweils a. a. O.; vgl. auch *Hanau* FS für *G. Müller*, 169, 179ff.). Die Erstattung der Kosten der Teilnahme an der Schulungs- und Bildungsveranstaltung soll dann nach dem Grundsatz der Verhältnismäßigkeit eingeschränkt sein können (*BAG* vom 28. 5. 1976 a. a. O., kritisch dazu GK-*Wiese* a. a. O.; vgl. auch unten § 40 Rz. 66). Das Gesetz verpflichtet den Arbeitgeber nur zur bezahlten Freistellung, **soweit** Kenntnisse vermittelt werden, die für die Arbeit des Betriebsrats erforderlich sind. Nach der Gesetzesauslegung des *BAG* könnte der Betriebsrat in erheblichem Maß die Vermittlung auch solcher Kenntnisse in Anspruch nehmen, die gerade nicht erforderlich sind, selbst wenn sie von den Aufgaben des Betriebsrats weit entfernt liegen. Dementsprechend können Veranstaltungsträger die Recht-

sprechung für sich ausnutzen, indem sie durch geschickte Formulierung den erforderlichen Stoff in so viele Einzelthemen zerlegen, daß diese Themen zwar zahlenmäßig überwiegen, nach der für sie aufgewendeten Zeit aber von untergeordneter Bedeutung sind. Dem Gesetz näher war deshalb die früher vom *BAG* (vom 10. 5. 1974 – 1 ABR 60/73 – AP Nr. 4 zu § 65 BetrVG 1972 = EzA § 37 BetrVG 1972 Nr. 23 = DB 1974, 1772; ebenso *ArbG Kassel* vom 21. 3. 1974 – 1 Ca 127/73 – DB 1974, 924) vertretene »**Geprägetheorie**«, nach der die erforderlichen Themen eindeutig auch **zeitlich** überwiegen mußten (so auch *Schlüter* Anm. SAE 1977, 108; *D/R* § 37 Rz. 80 und die Vorauflage).

Eine korrekte Anwendung des Gesetzes verlangt, zwischen erforderlichen und nicht erforderlichen Kenntnissen **scharf zu unterscheiden**. Erforderlich sind nur die für die aktuelle Arbeit des Betriebsrats notwendigen Kenntnisse sowie weitere Kenntnisse, die zum Verständnis der erforderlichen Informationen vorausgesetzt werden müssen. Nur soweit solche Kenntnisse vermittelt werden, hat der Arbeitgeber freizustellen, zur Vermittlung anderer Kenntnisse aber nicht. Es bleibt ihm allerdings unbenommen, das Betriebsratsmitglied freiwillig in weiterem Umfang freizustellen – etwa um die Kosten einer mehrfachen Anreise zu einer länger dauernden Veranstaltung einzusparen –, oder die Freistellung hinsichtlich der nicht erforderlichen Kenntnisse nach Abs. 7 zu erteilen, sofern sie behördlich anerkannt ist. Dementsprechend ist zwar nicht erforderlich, daß die einzelne Veranstaltung **ausschließlich Kenntnisse vermittelt, die der Betriebsrat benötigt**; sonst könnten wegen der unterschiedlichen Anforderungen an die Betriebsratstätigkeit in den verschiedenen Betrieben Schulungs- und Bildungsveranstaltungen für einen ausreichend großen Kreis von Teilnehmern praktisch nicht durchgeführt werden. Das bedeutet indessen nicht, daß nach dem Gesetz die teilnehmenden Betriebsratsmitglieder jeweils für die Gesamtveranstaltung freigestellt werden müssen. **117**

Eine Schulungs- und Bildungsveranstaltung kann auch dann nach Abs. 6 erforderlich sein, wenn **Vorkenntnisse** im Betriebsrat vorhanden sind, die Veranstaltung also den Zweck der Wissensvertiefung hat. Voraussetzung ist aber, daß die bisher erworbenen Kenntnisse nicht oder nicht mehr genügen, um die anstehende Betriebsratsarbeit ordnungsgemäß durchzuführen. Deshalb muß in der Regel ein konkreter betriebsbezogener Anlaß für eine solche weiterführende Kenntnisvermittlung vorhanden sein. Bei Themen, mit denen der Betriebsrat im Rahmen seiner Aufgaben und Befugnisse ständig befaßt ist, genügt es, daß eine **neue Rechtslage** eintritt. Diese Änderung kann ausnahmsweise auch auf einem Wandel in der einschlägigen Rechtsprechung beruhen, dann nämlich, wenn die Rechtsprechung zu völlig neuen Erkenntnissen kommt, die nicht vorauszusehen waren und die von erheblicher Bedeutung für den Betriebsrat sind. Demgegennüber sind Veranstaltungen allein über die stetig fortschreitende Entwicklung der Rechtsprechung nicht als erforderlich anzuerkennen (*BAG* vom 22. 1. 1965 – 1 AZR 289/64 – AP Nr. 10 zu § 37 BetrVG 1952 m. Anm. *Neumann-Duesberg* = DB 1965, 745; *LAG Berlin* vom 1. 7. 1974 – 5 Ta BV 4/74 – AuR 1975, 186; *G/L* § 37 Rz. 75; **a. A.** *F/A/K/H* § 37 Rz. 86; *Teichmüller* DB 1975, 446; weitergehend auch *D/K/K/S* § 37 Rz. 79). Bloße Wiederholungsveranstaltungen genügen ebenfalls nicht (GK-*Wiese* § 87 Rz. 28; *D/R* § 37 Rz. 79; *G/L* a. a. O.; **a. A.** *F/A/K/H* § 37 Rz. 88). **118**

Der Betriebsrat kann nicht darauf verwiesen werden, daß seine Mitglieder die notwendigen Kenntnisse im **Selbststudium** oder durch **Information seitens anderer Betriebsratsmitglieder** erhalten könnten, zu deren Aufgabe eine solche Wissensvermittlung ohnehin nicht gehört. Der Erfolg solcher Bemühungen wäre zu unsi- **119** cher, als daß er eine einwandfreie Zusammenarbeit aller Betriebsratsmitglieder gewährleisten könnte (im Ergebnis auch – entschieden für den Fall einer Veranstaltung über das BetrVG – *BAG* vom 9. 10. 1973 – 1 ABR 6/73 – EzA § 37 BetrVG 1972 Nr. 14 = DB 1974, 146; außerdem *D/R* § 37 Rz. 75 und 79; *F/A/K/H* § 37 Rz. 81; *G/L* § 37 Rz. 74; GK-*Wiese* § 37 Rz. 106; *D/K/K/S* § 37 Rz. 73). Es ist aber mit Recht allgemeine Auffassung im Fachschrifttum (vgl. die angeführten Belegstellen), daß den Betriebsratsmitgliedern auch eigene Bemühungen um die erforderlichen Kenntnisse zuzumuten sind. Von ihnen ist deshalb zu erwarten, daß sie sich über die Entwicklung im Betriebsverfassungsrecht und auf den ihnen jeweils zugewiesenen besonderen Arbeitsgebieten auf dem laufenden halten.

120 Die Erforderlichkeit der Teilnahme an einer Schulungs- und Bildungsveranstaltung bezieht sich auf die laufende Amtsperiode des Betriebsrats. Es genügt nicht, daß das zu vermittelnde Wissen in einer späteren Periode benötigt wird (so auch *BAG* vom 7. 6. 1989 – 7 ABR 26/88 – AP Nr. 67 zu § 37 BetrVG 1972 = EzA § 37 BetrVG 1972 Nr. 98 = DB 1990, 230; *LAG Schleswig-Holstein* vom 3. 9. 1987 – 4 Ta BV 25/87 – LAGE § 40 BetrVG 1972 Nr. 22; vgl. auch *D/K/K/S* § 37 Rz. 83; über die daraus für die Vermittlung von Grundwissen zu ziehenden Konsequenzen vgl. unten Rz. 121).

aa) Kenntnisse über das Betriebsverfassungsgesetz

121 Eine **Einführung** in das Betriebsverfassungsgesetz ist für den Betriebsrat in der Regel erforderlich. Dabei kommt es nicht darauf an, ob es sich um neuen oder um alten Wissensstoff handelt (ständige höchstrichterliche Rechtsprechung, vgl. *BAG* vom 9. 10. 1973 – 1 ABR 6/73 – EzA § 37 BetrVG 1972 Nr. 14 m. Anm. *Richardi* = DB 1974, 146). Deshalb sind die Einführung und Unterrichtung über das BetrVG nicht auf die ersten Jahre nach seinem Erlaß beschränkt. Die Erforderlichkeit der Arbeitsbefreiung besteht allerdings nur bei den neugewählten Betriebsratsmitgliedern (*BAG* vom 21. 11. 1978 – 6 ABR 10/77 = EzA § 37 BetrVG 1972 Nr. 62 = DB 1979, 507; vgl. dazu oben Rz. 118; **a.A** *LAG Hamm* vom 16. 3. 1979 – 3 Ta BV 6/79 – EzA Art. 9 GG Arbeitskampf Nr. 33 = DB 1979, 1364; vgl. dazu unten Rz. 132). Grundkenntnisse im Betriebsverfassungsrecht sind für die Tätigkeit des Betriebsrats unabdingbar notwendig. Deshalb muß es **jedem Betriebsmitglied** möglich sein, sich die für seine Amtstätigkeit erforderlichen und bei ihm noch nicht vorhandenen Grundinformationen zu verschaffen (so die ständige höchstrichterliche Rechtsprechung; vgl. z. B. *BAG* vom 6. 11. 1973 – 1 ABR 8/73 – EzA § 37 BetrVG 1972 Nr. 16 m. Anm. *Richardi* = DB 1974, 780; vom 8. 10. 1974 – 1 ABR 72/73 – EzA § 40 BetrVG 1972 Nr. 17 = DB 1975, 698; *D/R* § 37 Rz. 74; *G/L* § 37 Rz. 76; *F/A/K/H* § 37 Rz. 82; *D/K/K/S* § 37 Rz. 74). Dies gilt aber nicht mehr, wenn die Amtsperiode des Betriebsrats sich schon ihrem Ende zuneigt; dann haben alle Betriebsratsmitglieder durch ihre Amtstätigkeit bereits so viel Wissen erworben, daß es besonderer Gründe bedarf, die die Vermittlung von Grundwissen dann noch rechtfertigen (so *BAG* vom 7. 6. 1989 und *LAG Schleswig-Holstein* vom 3. 9. 1987, jeweils a. a. O. für Veranstaltungen zu einem Zeitpunkt bis zu 4 Monate vor Ende der Amtsperiode). Besondere Gründe können z. B. dann bestehen, wenn auf den Betriebsrat schwierige und umfangreiche Aufgaben zukommen, die aus dem Rahmen seiner bisherigen Tätigkeit herausfallen. Die **Dauer** einer Einführung ins BetrVG darf in der Regel 3 Tage nicht überschreiten (2 Tage anerkannt durch *BAG* vom 5. 11. 1981 – 6 ABR 50/79 – DB 1982, 704; 3 Tage durch Entscheidung vom 21. 11. 1978 a. a. O.; **in der Einführungszeit des**

Betriebsverfassungsgesetzes 6 Tage innerhalb von 5 Monaten durch Entscheidung vom 27. 11. 1973 – 1 ABR 5/73 – EzA § 37 BetrVG 1972 Nr. 18 m. Anm. *Richardi* = DB 1974; 830; 5 Tage durch Entscheidung vom 6. 11. 1973 a. a. O.).

Es kann indessen nicht nur eine Einführung ins Betriebsverfassungsgesetz, sondern auch eine **grundlegende und ausführliche Unterweisung über den Inhalt dieses Gesetzes erforderlich sein.** Sie kommt aber nur für herausgehobene Funktionsträger im Betriebsrat in Betracht, z. B. für Vorsitzende und stellvertretende Vorsitzende, die mit dem Gesetz näher vertraut sein müssen als die übrigen Betriebsratsmitglieder. Bei einer solchen Schulung sind je nach Betriebsgröße 5 bis 8 Tage als erforderlich anzusehen (für die Einführungszeit des Jahres 1972 **zweiwöchige Veranstaltung vom BAG anerkannt** in Entscheidung vom 8. 2. 1977 – 1 ABR 124/ 74 – EzA § 37 BetrVG 1972 Nr. 52 = DB 1977, 1323; ebenso durch *LAG Bremen* vom 30. 11. 1973 – 1 Ta BV 25/73 – BB 1974, 184, sowie für den Fall einer »besonderen Konfrontation« zwischen Arbeitgeber und Betriebsrat auch durch *LAG Hamm* vom 5. 12. 1974 – 8 Ta BV 40/74 – BB 1975, 109; gegen generelle Aussagen über die zulässige Dauer: *F/A/K/H* § 37 Rz. 98 und GK-*Wiese* § 37 Rz. 127; für 1 bis 2 Wochen bei Grundlagenschulungen: *G/L* § 37 Rz. 82; *D/K/S* § 37· Rz. 90).

122

bb) Grundkenntnisse des allgemeinen Arbeitsrechts

Da das Betriebsverfassungsrecht in vielfältiger Weise mit dem allgemeinen Arbeitsrecht verflochten ist, soll die ordnungsgemäße Betriebsratsarbeit nach neuerer höchstrichterlicher Rechtsprechung auch voraussetzen, daß **alle Betriebsratsmitglieder** über Grundwissen in diesem Bereich verfügen (*BAG* vom 16. 10. 1986 – 6 ABR 14/84 – EzA § 37 BetrVG 1972 Nr. 87 = DB 1987, 891; vgl. auch *LAG Schleswig-Holstein* vom 23. 9. 1987 – 5 Sa 409/87 – NZA 1988, 590; *F/A/K/H* § 37 Rz. 83; GK-*Wiese* § 37 Rz. 125; *D/R* § 37 Rz. 76; *D/K/S* § 37 Rz. 75; vgl. ferner *LAG Baden-Württemberg* vom 13. 8. 1981 – 11 Ta BV 5/81 – DB 1982, 705; **a. A.**, nämlich nur für Betriebsratsmitglieder, die mit entsprechenden Aufgaben besonders befaßt sind: *BAG* vom 25. 4. 1978 – 6 ABR 22/75 – AP Nr. 33 zu § 37 BetrVG 1972 = EzA § 37 BetrVG 1972 Nr. 59 m. Anm. *Kittner* = DB 1978, 1976). Allerdings sollen die bei der Einführung ins Betriebsverfassungsgesetz bereits vorhandenen Kenntnisse den Anspruch des Betriebsrats auf entsprechende Unterrichtung aller seiner Mitglieder mindern oder ihn sogar ganz entfallen lassen (vgl. oben Rz. 121; *BAG* vom 16. 10. 1986 a. a. O.). Der Abkehr des *BAG* von seiner früheren Rechtsprechung kann nicht gefolgt werden; die Änderung verfehlt vielmehr das Gesetz, indem das Gericht für das weitreichende Thema »Grundkenntnisse des Arbeitsrechts« auf die Prüfung des gesetzlichen Merkmals der Erforderlichkeit überhaupt verzichtet und damit den Unterschied zwischen den Regelungen in Abs. 6 und Abs. 7 übergeht (ausführlich dazu *Winterfeld* Anm. SAE 1988, 24 ff.). Kenntnisse des allgemeinen Arbeitsrechts sind in der Regel nur erforderlich, soweit sie zum Verständnis erforderlicher Informationen über das BetrVG notwendig sind; sie sind dann im entsprechenden Zusammenhang zu vermitteln. Grundkenntnisse des allgemeinen Arbeitsrechts sind insgesamt ausnahmsweise nur erforderlich, soweit noch niemand im Betriebsrat über diese Kenntnisse verfügt, wenn etwa das einzige Mitglied eines Betriebsrats neu gewählt worden ist (so auch *Winterfeld* a. a. O. 27).

123

Als **Dauer** einer solchen Veranstaltung werden bei einem Betriebsratsmitglied ohne entsprechende Vorkenntnisse bis zu 2 Wochen als erforderlich angesehen,

124

§ 37   2. Teil 3. Abschn. *Geschäftsführung des Betriebsrats*

sofern auch eine Einführung ins Betriebsverfassungsgesetz im Programm mit enthalten ist (so auch *BAG* vom 16. 10. 1986 i. V. m. der Entscheidung vom 25. 4. 1978, jeweils a. a. O.); ohne die Einführung ins Betriebsverfassungsgesetz würde sich die erforderliche Dauer folgerecht auf 7 bis 8 Seminartage verringern.

cc) Kenntnisse auf anderen Gebieten

125 Die vielfältigen Aufgaben des Betriebsrats können auch die Teilnahme an weiteren Schulungs- und Bildungsveranstaltungen erforderlich machen, die sich mit anderen Themen befassen. Voraussetzung ist dabei aber immer, daß die Teilnahme gerade für den betreffenden Betriebsrat von aktueller Bedeutung ist. Die bloße Möglichkeit, daß eine Frage dieser Art im Betrieb einmal auftauchen wird, genügt nicht (*BAG* vom 9. 10. 1973 und 25. 4. 1978, jeweils a. a. O.; *D/K/K/S* § 37 Rz. 76). Schulungs- und Bildungsveranstaltungen sind auch dann nicht erforderlich, wenn sie lediglich den Zweck haben, **Aktivitäten des Betriebsrats** zu wecken, anstatt der sachgerechten Erledigung anstehender Aufgaben zu dienen (*G/L* § 37 Rz. 74; **a. A.** *F/A/K/H* § 37 Rz. 85 a. E.; *D/K/K/S* a. a. O.). Ebensowenig ist den Mitgliedern des Betriebsrats ein **Mindeststandard an allgemeinen rechtlichen, wirtschaftlichen und technischen Kenntnissen** zu vermitteln; denn noch mehr als bei den Grundkenntnissen des allgemeinen Arbeitsrechts (vgl. dazu oben Rz. 123) handelt es sich hier um einen überhaupt nicht genau bestimmbaren Stoff. Kenntnisse auf diesen weiten Feldern können deshalb allenfalls insoweit als erforderlich angesehen werden, als sie zum Verständnis bestimmter erforderlicher betriebsratsbezogener Informationen notwendig sind (**a. A.** *F/A/K/H* § 37 Rz. 92 und *G/L* § 37 Rz. 80, die sich dabei aber zu Unrecht auf die höchstrichterliche Rechtsprechung berufen, sowie GK-*Wiese* § 37 Rz. 125). Der Maßstab der Erforderlichkeit darf nicht im Allgemeinen zerfließen. Die zusammenhängende Ermittlung von Grundlagenwissen auf rechtlichem, wirtschaftlichem oder technischem Gebiet ist in erster Linie Aufgabe der individuellen Weiterbildung der Betriebsratsmitglieder nach Abs. 7. Kenntnisse, die nicht zu den Grundkenntnissen des Betriebsverfassungsrechts gehören, sind aber **in der Regel nicht für alle Betriebsratsmitglieder erforderlich, sondern nur für solche, die vom Betriebsrat eine besondere Aufgabe bekommen haben** (vgl. dazu unten Rz. 132 ff.).

126 **Folgende Themen** sind von der **Rechtsprechung** als **erforderlich anerkannt** worden (vgl. auch *F/A/K/H* § 37 Rz. 86; GK-*Wiese* § 37 Rz. 115 und 127; *D/R* § 37 Rz. 77; *G/L* § 37 Rz. 77; *D/K/K/S* § 37 Rz. 81; *Bleistein* DB 1975 Beilage Nr. 1, 4 ff.); obwohl sich die erforderliche Dauer der Veranstaltung in der Regel ganz nach dem Einzelfall richten muß, sind **vorhandene Angaben über die Dauer** beigefügt:

- **Inkrafttreten für den Betrieb maßgebender neuer Gesetze oder Tarifverträge** (*LAG Hamm* vom 11. 3. 1981 – 3 Ta BV 125/80 – DB 1981, 1678 : 3 Tage anerkannt; vgl. auch *BAG* vom 22. 1. 1965 – 1 AZR 289/64 – AP Nr. 10 zu § 37 BetrVG 1952),
- **Grundkenntnisse des allgemeinen Arbeitsrechts** (vgl. dazu oben Rz. 123 f.),
- **Lohngestaltung im Betrieb** (*BAG* vom 9. 10. 1973 a. a. O.: 1 Woche für denkbar erklärt, aber nicht anerkannt),
- **Lohngestaltung und Mitbestimmung im Betrieb** (*BAG* vom 29. 1. 1974 – 1 ABR 39/73 – EzA § 37 BetrVG 1972 Nr. 36: 10 Tage für denkbar erklärt, aber nicht anerkannt),

Ehrenamtliche Tätigkeit, Arbeitsversäumnis § 37

- **Leistungsbewertung und Vorgabezeitermittlung** nach den tarifvertraglichen Leistungslohnregelungen (*BAG* vom 27. 8. 1974 – 1 ABR 66/73 –, nur durch Vorbericht veröffentlicht in DB 1974, 1725: 1 Woche anerkannt),
- **arbeitswissenschaftliche Fragen des Leistungslohns** (*LAG Düsseldorf* vom 31. 10. 1974 – 14 [5] Ta BV 100/73 – DB 1975, 795: 4 Tage anerkannt),
- **Arbeitssicherheit** (*BAG* vom 15. 5. 1986 – 6 ABR 74/83 – AP Nr. 54 zu § 37 BetrVG 1972 = EzA § 37 BetrVG 1972 Nr. 85 = DB 1986, 2496: 2 Wochen anerkannt; vom 23. 4. 1978 – 1 ABR 59/73 – AuR 1974, 186: 1 Woche anerkannt),
- **Seminar des DGB über AIDS in der Arbeitswelt** (*LAG Frankfurt/M.* vom 7. 3. 1991 – XII Ta BV 172/90 – LAGE § 37 BetrVG Nr. 37: 3 Tage anerkannt),
- **arbeitswissenschaftliche Erkenntnisse über die »menschengerechte Gestaltung der Arbeit«** (*BAG* vom 14. 6. 1977 – 1 ABR 92/74 – AP Nr. 30 zu § 37 BetrVG 1972: 2 Wochen mangels geeigneten Sachvortrags nicht anerkannt),
- **Datenschutz im Betrieb** (*LAG Niedersachsen* vom 28. 9. 1979 – 3 Ta BV 3/79 – EzA § 37 BetrVG 1972 Nr. 64: 2 Tage anerkannt; *ArbG Stuttgart* vom 16. 3. 1983 – 2 BV 1/83 – DB 1983, 1718: 1 Tag anerkannt),
- **Personalinformationssysteme** (*ArbG Stuttgart* a. a. O.: 2 Tage anerkannt; vgl. aber Allgemeinwissen über Datenverarbeitungsanlagen unter Rz. 127),
- **Bildschirmtext** (*ArbG Stuttgart* a. a. O.),
- **Mitbestimmung in personellen Angelegenheiten** (*LAG Hamm* vom 1. 3. 1973 – 8 BV Ta 41/72 – BB 1973, 610: 7 Stunden anerkannt),
- **Betriebsversammlung** (*LAG Hamm* a. a. O.: 1 Stunde anerkannt),
- **Kursus in der Muttersprache für ausländische Betriebsratsmitglieder** (*LAG Hamm* vom 10. 10. 1974 – 8 Ta BV 17/74 – BB 1974, 1439), aber zu weitgehend.

Als nicht erforderlich sind in der **Rechtsprechung** beispielsweise **folgende Themen** 127 angesehen worden:
- **Ziele gewerkschaftlicher Bildung** (*BAG* vom 28. 1. 1975 – 1 ABR 92/73 – EzA § 37 BetrVG 1972 Nr. 37 = DB 1975, 1084, 1996),
- **Gesetzentwürfe,** wenn nicht damit gerechnet werden kann, daß sie ohne wesentliche Änderung verabschiedet werden (*BAG* vom 16. 3. 1988 – 7 AZR 557/87 = EzA § 37 BetrVG 1972 Nr. 90 = DB 1988, 1453),
- **gewerkschaftliche Politik der Lohnfindung** (*LAG Düsseldorf* vom 31. 10. 1974 – 14 [5] Ta BV 100/73 – DB 1975, 795),
- **Zusammenarbeit zwischen Betriebsrat und Gewerkschaft** (*LAG Düsseldorf* vom 26. 7. 1974 – 8 Ta BV 42/74 – DB 1974, 2486),
- **Diskussion, Versammlung und Verhandlungstechnik** (*BAG* vom 6. 11. 1973 – 1 ABR 8/73 = EzA § 37 BetrVG 1972 Nr. 16 m. Anm. *Richardi* = DB 1974, 781; a. A. für Veranstaltung zu dem Thema »Gesprächs-, Diskussions- und Verhandlungsführung in der Betriebsratsarbeit«: *LAG Schleswig-Holstein* vom 4. 12. 1990 – 1 Ta BV 21/90 – BB 1991, 139),
- **Durchführung der Betriebsratswahlen** (*BAG* vom 10. 11. 1954 – 1 AZR 99/54 – AP Nr. 2 zu § 37 BetrVG 1952 m. Anm. *Galperin* = DB 1954, 1072; zur Schulung von Wahlvorstandsmitgliedern vgl. oben § 20 Rz. 46),
- **Lohnsteuerrichtlinien** (*BAG* vom 11. 12. 1973 – 1 ABR 37/73 = EzA § 37 BetrVG 1972 Nr. 19 m. Anm. *Richardi* = DB 1974, 880),
- **laufende Unterrichtung über die Rechtsprechung zum Betriebsverfassungsgesetz** (*LAG Berlin* vom 1. 6. 1974 – 5 Ta BV 4/74 – AuR 1975, 186; vgl. auch oben Anm. 118),

§ 37   2. Teil 3. Abschn. Geschäftsführung des Betriebsrats

- **Personalwirtschaft und berufliche Aus- und Fortbildung** (*ArbG Kassel* vom 21. 3. 1974 – 1 Ta BV 127/73 – BB 1974, 924),
- **Allgemeinwissen über Datenverarbeitungsanlagen** (*LAG Nürnberg* vom 21. 11. 1984 – 3 Ta BV 7/84 – LAGE § 37 BetrVG 1972 Nr. 20; vgl. aber Personalinformationssysteme unter Rz. 126).

2. Erforderlichkeit der Teilnahme des Betriebsratsmitglieds

128   Der Anspruch auf Arbeitsbefreiung setzt nach Abs. 6 nicht nur voraus, daß der Besuch einer bestimmten Schulungs- und Bildungsveranstaltung für die aktuelle Betriebsratsarbeit erforderlich ist; er bedingt nach Abs. 2 ferner, daß gerade die Teilnahme der **vom Briebsrat bestimmten Personen** notwendig ist (2. Stufe der Erforderlichkeit; vgl. dazu oben Rz. 100 und 105).

a) Kreis der möglichen Teilnehmer

129   Als Teilnehmer an Schulungs- und Bildungsveranstaltungen können vom Betriebsrat in erster Linie seine **Mitglieder** bestimmt werden. Auch **freigestellte** Mitglieder dürfen aber nur zu Veranstaltungen entsandt werden, die für den Betriebsrat erforderlich sind (*BAG* vom 21. 7. 1978 – 6 AZR 561/75 – EzA § 37 BetrVG 1972 Nr. 60 = DB 1978, 2371; vgl. dazu auch unten § 38 Rz. 50). **Ersatzmitglieder** können, sofern sie nicht in den Betriebsrat nachgerückt sind, in der Regel nicht zu einer Veranstaltung entsandt werden, es sei denn, daß sie häufig oder für längere Zeit ordentliche Mitglieder im Betriebsrat zu vertreten haben (*BAG* vom 15. 5. 1986 – 6 ABR 64/83 – EzA § 37 BetrVG 1972 Nr. 84 = DB 1986, 2189; vom 28. 4. 1988 – 6 AZR 39/86 – NZA 1989, 221; vom 10. 5. 1974 – 1 ABR 47/73 – EzA § 65 BetrVG 1972 Nr. 4 = DB 1974, 2162; *LAG Frankfurt/M.* vom 6. 12. 1983 – 5 Sa 76/83 – BB 1984, 1043; *ArbG Kassel* vom 13. 1. 1983 – 1 Ca 663/82 – DB 1983, 1876; *F/A/K/H* § 37 Rz. 101; *D/R* § 37 Rz. 89; GK-*Wiese* § 37 Rz. 105; vgl. auch *D/K/K/S* § 37 Rz. 94; a. A. *G/L* § 37 Rz. 98, die ohne Einschränkung auch für den Stellvertreter des einzigen Betriebsratsmitglieds und des einzigen Gruppenvertreters im Betriebsrat eine Unterrichtung für erforderlich halten). **Mitglieder des Wirtschaftsausschusses** kommen als Teilnehmer nicht in Betracht. Der Wirtschaftsausschuß ist kein Ausschuß des Betriebsrats (vgl. oben zu § 31 Rz. 22). Außerdem ist aufgrund der Regelung in § 107 Abs. 1 Satz 3, wonach die Ausschußmitglieder die zur Erfüllung ihrer Aufgaben erforderliche fachliche und persönliche Eignung von vornherein haben sollen, davon auszugehen, daß der Betriebsrat den Wirtschaftsausschuß dementsprechend zusammengesetzt hat (im Ergebnis ebenso *BAG* vom 6. 11. 1973 – 1 ABR 8/73 – EzA § 37 BetrVG 1972 Nr. 16 = DB 1974, 781; vom 28. 4. 1988 a. a. O.; vom 20. 1. 1976 – 1 ABR 44/75 – EzA § 89 ArbGG 1953 Nr. 4 = DB 1976, 729; **a. A.** für **Betriebsratsmitglieder** im Wirtschaftsausschuß: *G/L* § 37 Rz. 99; *Schlüter* Anm. SAE 1975, 162; grundsätzlich für alle Mitglieder des Wirtschaftsausschusses: *F/A/K/H* § 37 Rz. 102; *D/R* § 37 Rz. 90; GK-*Fabricius* § 107 Rz. 27; *D/K/K/S* § 37 Rz. 95). Ist die Veranstaltung für die Arbeit im **Gesamtbetriebsrat** erforderlich (vgl. dazu oben Rz. 106), so ist das in den Gesamtbetriebsrat entsandte Mitglied für die Teilnahme zu bestimmen (vgl. dazu *LAG Düsseldorf* vom 22. 3. 1989 – 4 Ta BV 196/88 – NZA 1989, 735).

Die Teilnahme von **Jugend- und Auszubildendenvertretern** an Schulungs- und 130
Bildungsveranstaltungen richtet sich nach § 65 i. V. m. § 37 (vgl. unten zu § 65
Rz. 15ff.). Die Schulung von Mitgliedern des Wahlvorstandes kann ausnahmsweise nach § 20 in Betracht kommen (vgl. dort Rz. 46).

b) Teilnehmerzahl
Da Abs. 6 im Gegensatz zu Abs. 7 keinen Individualanspruch auf Teilnahme an 131
Schulungs- und Bildungsveranstaltungen begründet (so auch *F/A/K/H* § 37
Rz. 90; GK-*Wiese* § 37 Rz. 104; *G/L* § 37 Rz. 85; **a. A.** *D/R* § 37 Rz. 88), ist
aufgrund des Abs. 2, auf den Abs. 6 verweist, **aus der Sicht des Betriebsrats** zu
bestimmen, **welche Betriebsratsmitglieder** an einer bestimmten Veranstaltung
teilnehmen (*BAG* vom 27. 9. 1974 – 1 ABR 71/73 – EzA § 37 BetrVG 1972
Nr. 33 mit Anm. *Weiss*. DB 1975, 504; vom 6. 11. 1973 – 1 ABR 8/73 – EzA
§ 37 BetrVG 1972 Nr. 16 m. Anm. *Richardi* = DB 1974, 780; *F/A/K/H* und
GK-*Wiese*, jeweils a. a. O.; *D/K/K/S* § 37 Rz. 87).
Grundkenntnisse über das Betriebsverfassungsgesetz, das der gesamten Be- 132
triebsratsarbeit zugrundeliegt, müssen **allen Betriebsratsmitgliedern** vermittelt
werden, soweit sie bei ihnen noch nicht vorhanden sind (vgl. oben Rz. 121).
Auf **allen anderen Gebieten**, auf denen die Vermittlung von Kenntnissen erforderlich ist, reicht die Teilnahme **nur eines Betriebsratsmitglieds** in der Regel
aus (vgl. aber unten Rz. 133). Eine Ausnahme von dieser Regel ist dann zu machen, wenn es sich um zentrale Fragen der Betriebsratsarbeit mit einem beachtlichen Schwierigkeitsgrad handelt. In solchen Fällen muß auch ein zweites Mitglied den erforderlichen besonderen Kenntnisstand erhalten können (so bei
einem Betrieb, in dem Arbeiten im Akkord- oder Prämienlohn geleistet werden, in bezug auf eine Veranstaltung über Lohngestaltung und Mitbestimmung
im Betrieb: *LAG Düsseldorf* vom 15. 4. 1980 – 8 Ta BV 3/80 – DB 1981, 119;
zu weitgehend *LAG Hamm* vom 11. 3. 1981 – 3 Ta BV 125/80 – DB 1981,
1678: bei neuem Manteltarifvertrag Schulung aller Betriebsratsmitglieder erforderlich). Nach der Rechtsprechung des *BAG* (vom 15. 5. 1986 – 6 ABR 74/83 –
AP Nr. 54 zu § 37 BetrVG 1972 = EzA § 37 BetrVG 1972 Nr. 85 = DB 1986,
2496) sollen Veranstaltungen über **Arbeitssicherheit** für alle Betriebsratsmitglieder erforderlich sein. Trotz der großen Bedeutung dieses Themas für den Betrieb und für die Belegschaft und trotz der vom *BAG* zu Recht angenommenen
ständigen Aktualität dieses Themas kann aber ein Freistellungsanspruch für alle
Mitglieder des Betriebsrats nicht anerkannt werden. Der Betriebsrat hat nämlich nach § 9 Abs. 1 und 2 ASiG Anspruch auf Unterrichtung und Beratung in
Angelegenheiten der Arbeitssicherheit gegen Sicherheitsfachkräfte und Betriebsärzte, die von den Arbeitgebern – bisher noch mit Ausnahme der Kleinstbetriebe – zu bestellen sind. Auf diese Weise kann sich der Betriebsrat das für
den Bedarfsfall erforderliche Wissen immer verschaffen. Kenntnisse über die
Arbeitssicherheit stehen dem Betriebsrat ferner durch die Mitwirkung zweier
seiner Mitglieder im Arbeitsschutzausschuß nach § 11 ASiG zur Verfügung. Es
reicht deshalb aus und wird auch der gerade auf diesem schwierigen Gebiet
notwendigen Spezialisierung am besten gerecht, nur die beiden Betriebsratsmitglieder im Arbeitsschutzausschuß oder, wenn der Betriebsrat einen eigenen
Ausschuß für Arbeitssicherheit gebildet hat (vgl. unten Rz. 133), dessen Mitglieder zu solchen Veranstaltungen zu entsenden. Bei der Prüfung der Erforderlichkeit sind dann auch Schulungs- und Bildungsmaßnahmen zu berücksichti-

§ 37   2. Teil 3. Abschn. *Geschäftsführung des Betriebsrats*

gen, an denen der Betriebsrat nach § 720 RVO auf Einladung der zuständigen Berufsgenossenschaft teilgenommen hat.

133 Sind für **spezielle Arbeitsgebiete** des Betriebsrats **Ausschüsse** gebildet worden, so können in der Regel sämtliche Mitglieder des jeweiligen Ausschusses zu den für sie erforderlichen Veranstaltungen entsandt werden, sofern sie über die zu ermittelnden Kenntnisse nicht bereits verfügen (**a.A.** *S/W* § 37 Rz. 50). Sonst wäre eine den gleichen Wissensstand in den zu behandelnden Spezialfragen fordernde ordnungsgemäße Ausschußarbeit nicht gewährleistet (im Ergebnis ebenso für einen Ausschuß für Arbeitssicherheit: *LAG Hamm* vom 23. 6. 1979 – 3 Ta BV 40/79 – EzA § 37 BetrVG 1972 Nr. 67 = DB 1980, 837).

c) Beschluß des Betriebsrats

134 Über die Teilnahme von Betriebsratsmitgliedern an Schulungs- und Bildungsveranstaltungen nach Abs. 6 hat der Betriebsrat zu beschließen. Das **einzelne Betriebsratsmitglied hat keinen Anspruch** auf Teilnahme an einer bestimmten Schulungs- und Bildungsveranstaltung, sondern ist auf die Beschlußfassung durch den Betriebsrat angewiesen. Erst wenn der Betriebsrat die Teilnahme eines bestimmten Mitglieds beschlossen hat, erwirbt es einen Individualanspruch gegenüber dem Arbeitgeber (vgl. Hinweise auf Rechtsprechung und Fachschrifttum unter Rz. 109). Vor seinem Beschluß hat der Betriebsrat vom Standpunkt eines vernünftig denkenden Dritten aus zu prüfen, ob die zu vermittelnden Kenntnisse für seine Arbeit nach Art und Umfang erforderlich sind und ob zur Erlangung dieser Kenntnisse die Teilnahme eines einzigen Mitglieds, mehrerer oder aller Mitglieder erforderlich ist (*D/R* § 37 Rz. 92; *G/L* § 37 Rz. 83 und 87). Dies gilt auch dann, wenn freigestellte Betriebsratsmitglieder an einer Veranstaltung teilnehmen sollen (*BAG* vom 21. 7. 1978 a. a. O.; *G/L* a. a. O.). Einen **Beurteilungsspielraum** hat er bei dieser Prüfung ebensowenig wie sonst bei der Prüfung der Voraussetzungen für eine erforderliche Arbeitsbefreiung nach Abs. 2 (zu dieser Streitfrage vgl. oben Rz. 109f.; **a. A.** *D/K/K/S* § 37 Rz. 98). Der Betriebsrat entscheidet sodann darüber, welche seiner Mitglieder an der erforderlichen Veranstaltung teilnehmen (*G/L* § 37 Rz. 86; *F/A/K/H* § 37 Rz. 90 und 99 sowie 135 ff.; GK-*Wiese* § 37 Rz. 104; *D/K/K/S* § 37 Rz. 96; ebenso – vom Ausgangspunkt eines auch individuellen Anspruchs des Betriebsratsmitglieds auf Teilnahme her allerdings inkonsequent –: *D/R* § 37 Rz. 88 und 94). Die **Gewerkschaft** ist daran auch dann nicht beteiligt, wenn sie Träger der Veranstaltung ist (*BAG* vom 28. 1. 1975 – 1 ABR 92/73 – EzA § 37 BetrVG 1972 Nr. 37 = AP Nr. 20 zu § 37 BetrVG 1972 Bl. 2 R = DB 1975, 1996; *F/A/K/H* § 37 Rz. 135). Die Auswahl ist in erster Linie danach zu treffen, welche Aufgaben die einzelnen Mitglieder im Betriebsrat erfüllen. Nach § 75 muß eine **unterschiedliche Behandlung nach sachfremden Gesichtspunkten**, wie z. B. Nationalität oder politische oder gewerkschaftliche Betätigung, unterbleiben (so auch *F/A/K/H* § 37 Rz. 136; GK-*Wiese* § 37 Rz. 169). Allgemeine soziale Gesichtspunkte, etwa der Wunsch, einem vorhandenen Bildungsrückstand infolge zu geringer Sprachkenntnisse bei ausländischen Arbeitnehmern Rechnung zu tragen, dürfen keine Rolle spielen (*G/L* § 37 Rz. 87; *D/R* § 37 Rz. 95; **a. A.** *F/A/K/H* a. a. O.). Die Entsendung eines Betriebsratsmitglieds ist dann nicht mehr zulässig, wenn es kurze Zeit nach der Veranstaltung aus dem Betriebsrat oder dem Betrieb ausscheidet. Der Betriebsrat muß dann ein anderes Mitglied entsenden (*LAG Frankfurt* vom 31. 8. 1984 – 14/5 Ta BV 42/84 – unveröffentlicht; ebenso GK-*Wiese* § 37 Rz. 106).

Bei der Festlegung der **zeitlichen Lage** der Teilnahme hat der Betriebsrat nach 135
Abs. 6 Satz 2 die betrieblichen Notwendigkeiten zu berücksichtigen. Dies kann
u. U. dazu führen, daß das ausgewählte Betriebsratsmitglied an einer bestimmten Schulungs- und Bildungsveranstaltung nicht teilnehmen kann, wenn sein
Fehlen den reibungslosen Betriebsablauf in Frage stellt, wenn also z. B. für unaufschiebbare Arbeiten eine eingearbeitete Vertretung nicht zur Verfügung
steht (*G/L* § 37 Rz. 88; *D/R* § 37 Rz. 93; GK-*Wiese* § 37 Rz. 175). Der Betriebsrat muß die betrieblichen Notwendigkeiten gegen sein Interesse an der
Erlangung der erforderlichen Kenntnisse abwägen. Dabei ist zu beachten, daß
Abs. 6 Satz 2 anders als Abs. 5 Satz 1 nicht von zwingenden betrieblichen Notwendigkeiten spricht, daß das Gesetz also die betrieblichen Belange nicht nur
im äußersten Fall zum Zuge kommen läßt (so aber *F/A/K/H* § 37 Rz. 138 und
D/K/K/S § 37 Rz. 97: »strenge Anforderungen«; ähnlich GK-*Wiese* § 37
Rz. 174; im wesentlichen wie hier: *D/R* § 37 Rz. 93; *G/L* § 37 Rz. 88; auch die
amtliche Begründung in BT-Drucks. 715/70, 41, die betrieblichen Notwendigkeiten mit betrieblichen Bedürfnissen gleichsetzt). Der Betriebsrat hat **verschiedene Möglichkeiten**, auf betriebliche Notwendigkeiten zu reagieren. Er kann
die Teilnahme eines Mitglieds oder auch mehrerer Mitglieder aufschieben, sofern sie auch etwas später noch rechtzeitig ist. Besonders wenn mehrere seiner
Mitglieder entsandt werden sollen, hat er ggf. eine für den Betrieb erträgliche
Verteilung der Abwesenheitszeiten zu gewährleisten. Kann unter dem Gesichtspunkt der Erforderlichkeit die Teilnahme nicht aufgeschoben werden, kommt
die Entsendung eines anderen Betriebsratsmitglieds in Betracht, das für die
Teilnahme am nächstbesten geeignet ist (ähnlich *D/R* § 37 Rz. 93). Auf keinen
Fall ist dem Betriebsrat verwehrt, sich die erforderlichen Kenntnisse rechtzeitig
zu verschaffen (*F/A/K/H* § 37 Rz. 139).

Der Betriebsrat entscheidet durch Beschluß (vgl. Erläuterungen zu § 33 sowie 136
D/K/K/S § 37 Rz. 96). Das Mitglied, das an der Veranstaltung teilnehmen soll,
ist nicht persönlich beteiligt und kann deshalb mit abstimmen (*D/R* § 37 Rz. 97;
GK-*Wiese* § 37 Rz. 173; *Oetker* ZfA 1984, 409, 427).

3. Durchführung der Arbeitsbefreiung

a) Unterrichtungsanspruch des Arbeitgebers

Nach Abs. 6 Satz 3 hat der Betriebsrat dem Arbeitgeber die zeitliche Lage so- 137
wie den oder die Teilnehmer an einer Veranstaltung rechtzeitig bekanntzugeben. Die Mitteilung des Betriebsrats an den Arbeitgeber ist nur dann rechtzeitig, wenn der Arbeitgeber in die Lage versetzt wird, sich über die betrieblichen
Auswirkungen eines entsprechenden Betriebsratsbeschlusses klarzuwerden und
ggf. ein Verfahren vor der Einigungsstelle einzuleiten (*BAG* vom 18. 3. 1977 –
1 ABR 54/74 – EzA § 37 BetrVG 1972 Nr. 53 = DB 1977, 1148). Ferner muß
es ihm möglich sein, die Voraussetzungen des Anspruchs auf Arbeitsbefreiung
zu prüfen (*F/A/K/H* § 37 Rz. 140; GK-*Wiese* § 37 Rz. 176; *G/L* § 37 Rz. 89; *D/
K/K/S* § 37 Rz. 100). Die Mitteilung muß deshalb mindestens drei Wochen vor
Beginn der Veranstaltung beim Arbeitgeber vorliegen (für Ausreichen von
zweieinhalb Wochen *LAG* Niedersachsen vom 14. 8. 1987 – 3 Sa 538/86 – AiB
1988, 284).

Im Hinblick darauf, daß der Arbeitgeber nur dann verpflichtet ist, Betriebsratsmit- 138

§ 37   2. Teil 3. Abschn. *Geschäftsführung des Betriebsrats*

glieder unter Fortzahlung des Arbeitsentgelts von ihrer beruflichen Tätigkeit zu befreien, wenn es sich um eine Schulungs- und Bildungsveranstaltung nach Abs. 6 handelt und die Befreiung nach Abs. 2 erforderlich ist, hat der Betriebsrat dem Arbeitgeber auch **die näheren Einzelheiten der Schulung**, nämlich Ort, Zeit, Dauer und Veranstalter mitzuteilen (*F/A/K/H* § 37 Rz. 141; *D/R* § 37 Rz. 99; *G/L* § 37 Rz. 89; GK-*Wiese* § 37 Rz. 177). Er muß dabei auch den konkreten Programmablauf mitteilen, damit der Arbeitgeber bei Veranstaltungen, die teilweise auch nicht erforderliche Kenntnisse vermitteln, die zeitliche Lage der Vermittlung der erforderlichen Kenntnisse feststellen kann (vgl. dazu oben Rz. 115). Der Arbeitgeber muß ferner, da er auch die Voraussetzungen des Abs. 2 zu prüfen hat, die Gründe für die Teilnahme gerade der ausgewählten Betriebsratsmitglieder erfahren (*D/R* und *G/L*, jeweils a. a. O.; **a. A.** *F/A/K/H* und *D/K/K/S*, jeweils a. a. O. *Kammann/Hess/Schlochauer* § 37 Rz. 94, die dies für nur zweckmäßig halten).

139 Unterläßt der Betriebsrat die Unterrichtung des Arbeitgebers, so handelt er pflichtwidrig. Geschieht dies mehrmals, so kann darin eine grobe Amtspflichtverletzung liegen, die zur Auflösung des Betriebsrats nach § 23 berechtigt (so auch *F/A/K/H* § 37 Rz. 142; GK-*Wiese* § 37 Rz. 178; *G/L* § 37 Rz. 90; *D/K/K/S* § 37 Rz. 101). Der Arbeitgeber ist auch nicht verpflichtet, den Anspruch auf Arbeitsbefreiung zu erfüllen, wenn er nicht ausreichend informiert worden ist (GK-*Wiese* a. a. O.; *D/R* § 37 Rz. 100; **a. A.** *D/K/K/S* a. a. O.).

b) Meinungsverschiedenheiten über die Erforderlichkeit der Arbeitsbefreiung
140 Lehnt der Arbeitgeber es ab, entsprechend dem Beschluß des Betriebsrats das ausgewählte Mitglied von der Arbeit zu befreien, bleibt es an seine Arbeitspflicht gebunden; denn nach dem eindeutigen Wortlaut des hier anwendbaren Abs. 2 ist die ausdrückliche oder schlüssig erklärte Befreiung von der Arbeit nicht entbehrlich (vgl. ausführliche Begründung unter Rz. 37; ebenso GK-*Wiese* § 37 Rz. 178, der allerdings bei Unterbleiben der Arbeitsbefreiung gleichwohl einen Anspruch des Betriebsratsmitglieds auf Entgeltzahlung und Kostenersatz anerkennt; für länger voraussehbare Veranstaltungen wie hier auch *Dütz* BB 1976, 1432; **a. A. die überwiegende Meinung**, vgl. *F/A/K/H* § 37 Rz. 149 m. Nachw.; *D/K/K/S* § 37 Rz. 105). Nimmt das Mitglied trotzdem an der Veranstaltung teil, verletzt es seine vertragliche Arbeitspflicht (*D/R* § 37 Rz. 109; **a. A.** *LAG Baden-Württemberg* vom 17. 12. 1987 – 11 Sa 94/87 und 11 Ta BV 3/87 – AiB 1988, 282 sowie die überwiegende Meinung, vgl. wiederum *F/A/K/H* und *D/K/K/S*, jeweils a. a. O. m. Nachw.). Das Betriebsratsmitglied kann sich selbst dann nicht eigenmächtig von der Arbeit entfernen, wenn sonst die Teilnahme an einer nach Abs. 6 erforderlichen Schulung vereitelt würde (so aber *Dütz* a. a. O.; *D/R* § 37 Rz. 110, der das Fernbleiben allerdings »nur auf eigene Gefahr« zulassen will, wobei offenbleibt, was dies bedeuten soll). Wenn zwischen den Parteien eines Rechtsverhältnisses **Streit über einen Anspruch** besteht, dann kann nach der Rechtsordnung die eine Seite nicht den ihr vermeintlich zustehenden Anspruch von sich aus durchsetzen. Selbsthilferechte sind nur in seltenen Fällen, z. B. nach § 229 und § 859 BGB, unter besonderen Voraussetzungen gegeben, die aber hier nicht vorliegen. Der zur Durchsetzung des Anspruchs bestehende Weg ist wie auch sonst der gerichtliche Rechtsschutz (so **im Ansatz** auch *BAG* vom 6. 5. 1975 – 1 ABR 135/73 – EzA § 65 BetrVG 1972 Nr. 5 = DB 1975, 1706, 1947, das – allerdings ohne eine entsprechende Grundlage im Gesetz – eine erstinstanzliche Ent-

scheidung genügen läßt, nach deren Vorliegen das Betriebsratsmitglied eigenmächtig handeln könne). Sowohl der Betriebsrat als auch das ausgewählte Betriebsratsmitglied können zum **141** Zweck der Freistellung **ein Beschlußverfahren beim Arbeitsgericht** einleiten, das auf Antrag im Falle der Dringlichkeit nach § 85 Abs. 2 ArbGG auch die Teilnahme durch einstweilige Verfügung zusprechen kann (so *F/A/K/H* § 37 Rz. 151 sowie *D/R* § 37 Rz. 107 und 110, der auch umgekehrt eine Untersagungsverfügung auf Antrag des Arbeitgebers zuläßt; a. A. *Dütz* BB 1976, 1431 ff.). Würde man dem Betriebsratsmitglied ein Selbsthilferecht zugestehen, so würde man es hinsichtlich der Frage der Erforderlichkeit günstiger stellen als bei Streit über die Berücksichtigung betrieblicher Notwendigkeiten, bei denen nach herrschender Meinung die Teilnahme bis zur Klärung der Streitfrage durch die Einigungsstelle zurückgestellt werden muß (vgl. unten Rz. 146), obwohl es dabei nicht um das Bestehen eines Anspruchs, sondern nur um die Modalitäten seiner Erfüllung geht. Eine solche Diskrepanz in den Rechtsfolgen wäre kaum einleuchtend zu begründen und erschiene deshalb widersprüchlich. Sie müßte auch in der Praxis dazu führen, daß ein Arbeitgeber bei Streit über die Erforderlichkeit immer zugleich die nicht ausreichende Berücksichtigung der betrieblichen Notwendigkeiten behauptet.

In der Praxis können die Auswirkungen solcher Meinungsverschiedenheiten da- **142** durch abgemildert werden, daß der Arbeitgeber dem Betriebsratsmitglied **unter dem Vorbehalt der gerichtlichen Klärung** die Teilnahme ermöglicht. Dies bedeutet rechtlich, daß er die Arbeitsbefreiung verweigert, damit aber die Zusage verbindet, aus seiner etwaigen Verletzung der arbeitsvertraglichen Pflichten keine Konsequenzen – z. B. Abmahnung oder Kündigung – zu ziehen. Dann wird später im Rechtsstreit über die Entgeltzahlung oder über die Kosten der Unterrichtung auch die Frage der Erforderlichkeit gem. Abs. 6 gerichtlich entschieden.

c) Meinungsverschiedenheiten über die ausreichende Berücksichtigung der betrieblichen Notwendigkeiten

Hält der Arbeitgeber die betrieblichen Notwendigkeiten für nicht ausreichend be- **143** rücksichtigt, so kann er gem. Abs. 6 Satz 4 die Einigungsstelle nach § 76 Abs. 5 anrufen. Sie entscheidet nur über die Frage, ob die betrieblichen Notwendigkeiten ausreichend berücksichtigt worden sind (GK-*Wiese* § 37 Rz. 179; *F/A/K/H* § 37 Rz. 143; *D/K/K/S* § 37 Rz. 102). Nach Abs. 6 Satz 5 ersetzt der Spruch der Einigungsstelle die Einigung zwischen Arbeitgeber und Betriebsrat. Demgegenüber sind Meinungsverschiedenheiten über die **Erforderlichkeit der Arbeitsbefreiung** von den Arbeitsgerichten zu entscheiden (*G/L* § 37 Rz. 91; *F/A/K/H* § 37 Rz. 150; *D/R* § 37 Rz. 102; vgl. dazu oben Rz. 140 f.). Allerdings ist in diesem Fall auch das freiwillige Einigungsstellenverfahren nach § 76 Abs. 6 möglich (*G/L*, *D/K/K/S* und *D/R*, jeweils a. a. O.). Es empfiehlt sich indessen nicht, ein solches Verfahren zu führen, weil die Rechtsfrage, ob die Arbeitsbefreiung erforderlich ist, selbst dann vom Arbeitsgericht überprüft werden kann, wenn sich die Parteien dem Spruch der Einigungsstelle unterworfen haben (GK-*Kreutz* § 76 Rz. 119).

Die gesetzliche Zuständigkeit der Einigungsstelle zur Entscheidung der Rechts- **144** frage (vgl. *D/R* § 37 Rz. 105; *F/A/K/H* § 37 Rz. 148; *Dütz* BB 1971, 675 und DB 1972, 386), ob die betrieblichen Notwendigkeiten berücksichtigt sind, ist in mehrfacher Hinsicht problematisch. Sie verzögert, da ihre Entscheidung nach § 76 Abs. 7 in vollem Umfang gerichtlich überprüfbar ist (*D/R* a. a. O.; *F/A/K/H* § 37

§ 37 *2. Teil 3. Abschn. Geschäftsführung des Betriebsrats*

Rz. 158) die endgültige Klärung der Frage erheblich. Mehrere Stimmen im Fachschrifttum befürworten deshalb die Zulässigkeit einer einstweiligen Verfügung des Arbeitsgerichts (vgl. dazu unten Rz. 146). Außerdem können durch die Einschaltung der Einigungsstelle nach § 76a beträchtliche Kosten entstehen (vgl. zur Höhe der Kosten der Einigungsstellen nach dem bis Ende 1988 geltenden Recht *Glaubitz* DB 1983, 555ff.). Dementsprechend spielt diese Zuständigkeit der Einigungsstelle in der Praxis kaum eine Rolle.

145 Im Gegensatz zu § 38 Abs. 2 Satz 5 ist in Abs. 6 Satz 4 eine **Frist für die Anrufung der Einigungsstelle** nicht vorgesehen. Die entsprechende Anwendung jener Fristvorschrift (hierfür *F/A/K/H* § 37 Rz. 144) ist nicht möglich, weil die Tatbestände sehr unterschiedlich sind (vgl. GK-*Wiese* § 37 Rz. 180; *D/R* § 37 Rz. 103). Der Arbeitgeber hat jedoch nach dem Gebot zur vertrauensvollen Zusammenarbeit seine Bedenken gegen die Teilnahme in angemessener Zeit mitzuteilen. Unterläßt er dies, ist er so zu behandeln, als hätte er gegen die Teilnahme keine Bedenken (*BAG* vom 18. 3. 1977 – 1 ABR 54/74 – EzA § 37 BetrVG 1972 Nr. 53 = DB 1977, 1148; GK-*Wiese* § 37 Rz. 180; *D/R* und *F/A/K/H*, jeweils a.a.O.; *G/L* § 37 Rz. 92; Bleistein DB 1975 Beilage Nr. 1, 4). In diesem Fall ist die Arbeitsbefreiung entsprechend dem Betriebsratsbeschluß zu erteilen (so auch für den Fall der nicht unverzüglichen Anrufung *D/R* § 37 Rz. 104; *G/L*, *D/K/K/S* und *F/A/K/H*, jeweils a.a.O.).

146 Hat der Arbeitgeber die Einigungsstelle wirksam angerufen, so ist die Erfüllung des Anspruchs auf Arbeitsbefreiung gegen den Arbeitgeber **vorläufig gehindert**, der Betriebsratsbeschluß ist suspendiert (so *D/R* § 37 Rz. 106; *D/K/K/S* § 37 Rz. 103). Auch nach der herrschenden Meinung, die eine Arbeitsbefreiung durch den Arbeitgeber für nicht erforderlich hält, ist das Betriebsratsmitglied bei Anrufung der Einigungsstelle durch den Arbeitgeber nicht berechtigt, an der Veranstaltung teilzunehmen, solange ein Spruch der Einigungsstelle nicht vorliegt. Tut er es dennoch, verliert er seinen Entgeltanspruch (*BAG* a.a.O.; *D/R* § 37 Rz. 106; *F/A/K/H* § 37 Rz. 148; *G/L* § 37 Rz. 93; GK-*Wiese* § 37 Rz. 181). Nach herrschender Auffassung ist die Teilnahme selbst dann unzulässig, wenn der Arbeitgeber bisher nur wegen nicht ausreichender Berücksichtigung der betrieblichen Notwendigkeiten der Teilnahme widersprochen hat, es aber wegen der zu geringen Zeit seit der Unterrichtung zur Anrufung der Einigungsstelle nicht kommen konnte (*G/L* und *D/R*, jeweils a.a.O.). Nach verbreiteter Auffassung kann der Betriebsrat allerdings, wenn ein unabweisbarer Unterrichtungsbedarf vorliegt und die Teilnahme an einer entsprechenden Veranstaltung sonst nicht mehr rechtzeitig möglich ist, trotz der Zuständigkeit der Einigungsstelle ausnahmsweise, da es sich hier um eine entscheidungsbedürftige Rechtsfrage handle, **beim Arbeitsgericht die Arbeitsbefreiung zum Zwecke der Teilnahme** durch einstweilige Verfügung erwirken (*LAG Hamm* vom 23. 11. 1972 – 8 BV Ta 37/72 – EzA § 37 BetrVG 1972 Nr. 3 = DB 1972, 2489; *F/A/K/H*, *G/L* und *D/K/K/S*, jeweils a.a.O.; *Dütz/Säcker* BB 1972 Beilage Nr. 17, 14f. und die Vorauflage). Freilich wird aber die für eine einstweilige Verfügung erforderliche Dringlichkeit als nicht gegeben angesehen, wenn der Betriebsrat oder das ausgewählte Betriebsratsmitglied auch eine spätere Veranstaltung gleicher Art noch rechtzeitig besuchen kann (*ArbG Darmstadt* vom 19. 9. 1972 – 1 BV GA 34/72 – BB 1972, 1228 = DB 1972, 2022; GK-*Wiese* und *G/L*, jeweils a.a.O.; **a.A.** *LAG Hamm* a.a.O.). Der Zulassung der einstweiligen Verfügung anstelle des im Gesetz vorgesehenen Spruchs der Einigungsstelle kann indessen **nicht zugestimmt** werden (so auch *Heinze* RdA 1986, 273, 287; vgl. auch

OLG Karlsruhe vom 7.6. 1985 – 1 Ss 68/85 – NZA 1985, 570 und *ArbG Berlin* vom 12. 11. 1976 – 10 BV (Ga) 6/76 – DB 1976, 2483). Da der Beschluß des Betriebsrats über die Teilnahme an der Veranstaltung durch die Anrufung der Einigungsstelle suspendiert ist, besteht vor der Entscheidung der Einigungsstelle kein Anspruch, der nach § 935 ZPO im Eilverfahren verfolgt werden könnte. Das Fehlen eines solchen Anspruchs kann auch nicht durch Anwendung des § 940 ZPO überwunden werden, weil diese Bestimmung ein streitiges Rechtsverhältnis voraussetzt, aus dem Ansprüche erwachsen, die im Hauptsacheverfahren geltend gemacht werden könnten (*Heinze* a.a.O.). Das Interesse des Betriebsrats ist auch ohne Zulassung einer solchen einstweiligen Verfügung durch die Zuständigkeit der Einigungsstelle und durch das allgemeine Verbot der Behinderung seiner Tätigkeit (vgl. § 119 Abs. 1 Nr. 2) ausreichend geschützt.

Kommt die Einigungsstelle bei ihrer Prüfung zu dem Ergebnis, daß der Betriebsrat die betrieblichen Notwendigkeiten ausreichend berücksichtigt hat, ist **der Beschluß des Betriebsrats** durch den Spruch der Einigungsstelle **zu bestätigen**. Verneint sie diese Voraussetzung, trifft sie eine **Ersatzregelung** über eine spätere Erfüllung des Anspruchs auf Arbeitsbefreiung (so auch GK-*Wiese* § 37 Rz. 183; *D/R* § 37 Rz. 105; *F/A/K/H* § 37 Rz. 145; *D/K/K/S* a.a.O.; **a.A.** die Vorauflage). **147**

Der Spruch hat nach dem Gesetz die **Rechtswirkung einer Einigung zwischen Arbeitgeber und Betriebsrat** (GK-*Wiese*, *F/A/K/H* und *D/R*, jeweils a.a.O.; zur gerichtlichen Überprüfbarkeit des Spruchs vgl. unten Rz. 194). **148**

4. Entgeltfortzahlung

Sind die Voraussetzungen von Abs. 6 und Abs. 2 erfüllt, so hat das vom Betriebsrat entsandte Mitglied für die Dauer der Schulungs- und Bildungsveranstaltung einen Anspruch auf Entgeltfortzahlung. Lohn oder Gehalt einschließlich der Zulagen sind so weiterzuzahlen, wie wenn das Betriebsratsmitglied gearbeitet hätte (*G/L* § 37 Rz. 96; GK-*Wiese* § 37 Rz. 134; vgl. auch oben unter Rz. 43ff.). Überschreitet die Dauer der Veranstaltung die persönliche Arbeitszeit des Betriebsratsmitglieds, so steht ihm kein Anspruch auf zusätzliche Vergütung zu; denn das Gesetz schließt lediglich eine Minderung des ohne die Teilnahme an der Veranstaltung verdienten Arbeitsentgelts aus (**a.A.** *EuGH* vom 4.6. 1992 – Rs C 360/90 – EzA § 37 BetrVG 1972 Nr. 108 = DB 1992, 1481 m. Anm. *Schiefer/Erasmy* sowie *LAG Berlin* vom 30. 1. 1990 – 8 Sa 86/89 – BB 1990, 1062 und vom 24. 10. 1990 – 8 Sa 64/90 – BB 1991, 142 wegen vermeintlicher mittelbarer Frauendiskriminierung bei Teilnahme von Teilzeitkräften; ebenso *D/K/K/S* § 37 Rz. 106). Das gilt auch in bezug auf erforderliche Reisezeiten, die das Betriebsratsmitglied außerhalb seiner Arbeitszeit aufwendet (*BAG* vom 19.7. 1977 – 1 AZR 302/74 – AP Nr. 31 zu § 37 BetrVG 1972 = EzA § 37 BetrVG 1972 Nr. 57 = DB 1977, 2458; *D/R* § 37 Rz. 111; **a.A.** *D/K/K/S* a.a.O.). **149**

Der Entgeltanspruch besteht auch, wenn während der Dauer der Veranstaltung im Betrieb gestreikt wird (*BAG* vom 15. 1. 1991 – 1 AZR 178/90 – DB 1991, 281 = BB 1991, 205; *D/K/K/S* a.a.O.); er besteht aber nicht, wenn das Betriebsratsmitglied erklärt, am Streik teilzunehmen (so auch *BAG* a.a.O.), oder wenn es ohne die Veranstaltung infolge des Streiks nicht hätte beschäftigt werden können (vgl. dazu unten § 87 Rz. 213ff.) oder wenn es von einer Aussperrung erfaßt wird. **149a**

Das Betriebsratsmitglied hat bei Schulungs- und Bildungsveranstaltungen und den **150**

§ 37   2. Teil 3. Abschn. *Geschäftsführung des Betriebsrats*

dazugehörigen Reisezeiten, die ganz oder teilweise außerhalb seiner Arbeitszeit liegen, keinen Anspruch auf **Freizeitausgleich** (vgl. oben Rz. 63).

5. Kosten

151 Kosten, die dem Betriebsratsmitglied durch die Teilnahme an einer Schulungs- und Bildungsveranstaltung nach Abs. 6 entstehen, gehören zu den durch die Tätigkeit des Betriebsrats entstehenden Kosten, die nach § 40 Abs. 1 vom Arbeitgeber zu tragen sind (vgl. dazu unter § 40 Rz. 55 ff.).

VII. Geeignete Schulungs- und Bildungsveranstaltungen (Abs. 7)

152 Nach Abs. 7 können die Mitglieder des Betriebsrats zur Teilnahme an Schulungs- und Bildungsveranstaltungen Freistellung bis zu einer bestimmten Höchstdauer verlangen, sofern die jeweils zu besuchende Veranstaltung von der obersten Arbeitsbehörde des Landes **als geeignet anerkannt** worden ist (statistische Übersicht des Bundesministers für Arbeit und Sozialordnung über die vom 1. 1. 1985 bis 31. 12. 1988 anerkannten Veranstaltungen bei *Schiefer* DB 1991, 1453, 1454). Dabei handelt es sich um einen individuellen Anspruch des einzelnen Betriebsratsmitglieds, nicht – wie gem. Abs. 6 – um einen Anspruch des Betriebsrats (*BAG* vom 6. 11. 1973 – 1 ABR 8/73 – EzA § 37 BetrVG 1972 Nr. 16 m. Anm. *Richardi* = DB 1974, 781; vom 5. 4. 1984 – 6 AZR 495/81 – EzA § 38 BetrVG 1972 Nr. 80 = DB 1984, 1785; *LAG Düsseldorf* vom 8. 10. 1991 – 13 Sa 1450/90 DB 1992, 636; *D/R* § 37 Rz. 116; *G/L* § 37 Rz. 101; *GK-Wiese* § 37 Rz. 135; *D/K/K/S* § 37 Rz. 108; *Schiefer* DB 1992, 631).

153 **Ersatzmitgliedern** steht kein Anspruch auf den sog. Bildungsurlaub für Betriebsratsmitglieder zu (*ArbG Bochum* vom 22. 11. 1973 – 2 Ca 1452/73 – BB 1974, 276; *F/A/K/H* § 37 Rz. 123; *D/R* § 37 Rz. 135; *GK-Wiese* § 37 Rz. 163; a. A. *Wenning-Morgenthaler* BB 1985, 1336 ff.). Nachgerückte Ersatzmitglieder haben einen anteiligen Anspruch (vgl. unten Rz. 169).

1. Voraussetzungen des Freistellungsanspruchs

a) Schulungs- und Bildungsveranstaltung

154 Die Freistellung kann nur zum Besuch einer Schulungs- und Bildungsveranstaltung verlangt werden (vgl. zur Abgrenzung von anderen Veranstaltungen oben unter Rz. 102 f.).

b) Vermittlung für die Betriebsratstätigkeit geeigneter Kenntnisse

155 Im Gegensatz zu Abs. 6 reicht es für Abs. 7 aus, daß die Thematik der Veranstaltung **in einem weiteren Zusammenhang mit der Betriebsratstätigkeit** steht. In derartigen Veranstaltungen können Kenntnisse vermittelt werden, die unabhängig von der konkreten betrieblichen Situation für die Tätigkeit des einzelnen Betriebsratsmitglieds förderlich und nützlich sind, selbst wenn im Augenblick derartige Kenntnisse nicht benötigt werden. Allerdings muß auch bei Veranstaltungen nach Abs. 7 – allein schon im Hinblick auf das Begünstigungsverbot in § 78 Satz 2 – ein

Ehrenamtliche Tätigkeit, Arbeitsversäumnis § 37

Bezug zur Betriebsratstätigkeit bestehen. Denn das Gesetz räumt den Freistellungsanspruch gerade wegen der Betriebsratstätigkeit·ein (*BAG* vom 6. 11. 1973 a. a. O.; vom 18. 12. 1973 – 1 ABR 35/73 – EzA § 37 BetrVG 1972 Nr. 20 m. Anm. *Richardi* = AP Nr. 7 zu § 37 BetrVG Bl. 7 R m. Anm. *Richardi* = DB 1974, 923; *LAG Düsseldorf* a. a. O.; *Schiefer* DB 1991, 1453, 1456 und DB 1992, 631 f.; *D/R* § 37 Rz. 119; *F/A/K/H* § 37 Rz. 108; *G/L* § 37 Rz. 102; GK-*Wiese* § 37 Rz. 137; a. A. *D/K/K/S* § 37 Rz. 110 Beispiele aus der Anerkennungspraxis oberster Arbeitsbehörden bei *Schiefer* DB 1991, 1453, 1455).

Geeignete Kenntnisse in diesem Sinne sind z. B. solche über allgemeines Arbeitsrecht (*BAG* vom 25. 4. 1978 – 6 ABR 22/75 – AP Nr. 33 zu § 37 BetrVG 1972 = EzA § 37 BetrVG 1972 Nr. 59 m. Anm. *Kittner* = DB 1978, 1976; vgl. aber auch oben Rz. 23), Sozialrecht, Wirtschaftsrecht, Mitbestimmungs- und Gesellschaftsrecht, wirtschaftliche und betriebswirtschaftliche Fragen, Fragen der Arbeitsbewertung und Arbeitswissenschaft, aber auch Versammlungspraxis und Versammlungsleitung sowie Diskussions- und Verhandlungstechnik (*G/L* § 37 Rz. 103; *F/A/K/H* § 37 Rz. 109; *S/W* § 37 Rz. 63; *D/R* § 37 Rz. 120; GK-*Wiese* § 37 Rz. 140). 156

Nicht unter Abs. 7 fallen hingegen Veranstaltungen, die ausschließlich der **Allgemeinbildung** dienen, z. B. staatsbürgerkundliche Veranstaltungen oder Seminare mit dem Thema »Rhetorik«- und »Persönlichkeitsbildung« (vgl. hierzu *BAG* vom 15. 8. 1978 – 6 ABR 65/76 – unveröffentlicht). Hier fehlt es am unmittelbaren Bezug zur Betriebsratstätigkeit. Das gleiche gilt für allgemeinpolitische, gewerkschaftspolitische oder auch kirchliche Themen (*BAG* vom 18. 12. 1973 a. a. O.; vom 6. 4. 1976 – 1 ABR 96/74 – AP Nr. 23 zu § 37 BetrVG 1972 = EzA § 37 BetrVG 1972 Nr. 48; *D/R* § 37 Rz. 121; *F/A/K/H* § 37 Rz. 108; GK-*Wiese* § 37 Rz. 137 ff.; *G/L* § 37 Rz. 104; a. A. *D/K/K/S*). Themen wie »Lernen, wie man lernt«, »Macht und Herrschaft in der industriellen Gesellschaft der Gegenwart«, »Demokratische Organisationsstruktur einer Großorganisation, dargestellt am Beispiel der ÖTV«, »Wesen und Bedeutung der Massenmedien: Manipulation oder meinungsbildender Faktor unserer Zeit?«, »Grundzüge und Kritik der kapitalistischen Wirtschaftsordnung«, »Grundbegriffe des Marxismus«, »Bürgerliche und sozialistische Demokratie« haben nach Auffassung des *BAG* keinen Bezug zu den Aufgaben und Befugnissen des Betriebsrats (*BAG* a. a. O.; *Schiefer* DB 1991, 1453, 1457; weitere Themen, die im Anerkennungsverfahren abgelehnt worden sind, bei *Liebers* DB 1980, 638, 641). Aber auch tarifpolitische und sozialpolitische Themen haben nicht den notwendigen unmittelbaren Bezug zur Betriebsratstätigkeit; dieser Bezug entsteht bei ihnen erst dann; wenn aus dem politischen Meinungsstreit entsprechende Tarifverträge oder Gesetze hervorgegangen sind (so im Ergebnis auch die Anerkennungsbehörde in Baden-Württemberg; vgl. dazu die Mitteilung von *Liebers* DB 1980, 638, 642; a. A. insofern die herrschende Auffassung; vgl. GK-*Wiese* § 37 Rz. 140; *D/R* § 37 Rz. 120; *F/A/K/H* § 37 Rz. 109 und die Vorauflage). 157

Werden in einer Schulungs- und Bildungsveranstaltung Themen behandelt, die **teils nur geeignet** teils aber **auch gem. Abs. 6 erforderlich** sind, so ist zwischen diesen verschiedenen Bestandteilen auch hinsichtlich der Rechtsfolgen zu unterscheiden (vgl. dazu die eingehende Erörterung oben unter Rz. 115). Für eine Veranstaltung kann auch dann nach Abs. 7 freigestellt werden, wenn nur teilweise geeignete Themen behandelt werden, sofern sie behördlich als geeignet anerkannt ist. Eine solche Veranstaltung darf aber von der Behörde **insgesamt nicht aner-** 158

§ 37 2. Teil 3. Abschn. Geschäftsführung des Betriebsrats

kannt werden (*S/W* a.a.O.; *D/R* § 37 Rz. 123; GK-*Wiese* § 37 Rz. 142; *Hanau* FS für G. *Müller* 169, 179; *Schiefer* DB 1991, 1453, 1458; **a.A.** *LAG Baden-Württemberg* vom 14.5. 1973 – 4 Ta BV 1/73 – EzA § 37 BetrVG 1972 Nr. 6; *F/A/K/H* § 37 Rz. 111; *G/L* § 37 Rz. 105; *Kammann/Hess/Schlochauer* § 37 Rz. 86; *D/K/K/S* § 37 Rz. 112). Die Anerkennung einer nur teilweise geeigneten Veranstaltung verletzt den Grundsatz der Gesetzmäßigkeit der Verwaltung (*Hanau* a.a.O.).

159 Geeignet kann eine Veranstaltung auch dann sein, wenn sie zugleich für **andere Personen als Betriebsratsmitglieder oder Jugend- und Auszubildendenvertreter** bestimmt ist, selbst wenn sie zugleich für Gewerkschaftsfunktionäre ausgerichtet wird, es sei denn, daß sie thematische Grenzen der Zulässigkeit überschreitet (GK-*Wiese* § 37 Rz. 144; *D/R* § 37 Rz. 135; vgl. auch oben Rz. 104).

160 **Träger** einer geeigneten Schulungs- und Bildungsveranstaltung kann grundsätzlich jeder sein, sofern die Veranstaltung als solche geeignet ist. In der Praxis sind dies vor allem die Gewerkschaften und die Arbeitgeberverbände mit ihren Bildungswerken, aber auch andere Organisationen wie Kirchen, Volkshochschulen usw. (*F/A/K/H* § 37 Rz. 116; GK-*Wiese* § 37 Rz. 147; *D/R* § 37 Rz. 124; vgl. auch *D/K/K/S* § 37 Rz. 113 und oben Rz. 104).

c) Anerkennung

161 Der Anspruch nach Abs. 7 setzt weiter voraus, daß die Schulungs- und Bildungsveranstaltung von der obersten Arbeitsbehörde des Landes, also dem Arbeitsminister oder dem Senator für Arbeit, als geeignet anerkannt worden ist. Zuständig für die Entscheidung ist nach dem Gesichtspunkt der Sachnähe die Behörde desjenigen Bundeslandes, in dem der **Veranstalter seinen Sitz** hat (Trägerprinzip; hierfür *BAG* vom 30.8. 1989 – 7 ABR 65/87 – AP Nr. 73 zu § 37 BetrVG 1972 = EzA § 37 BetrVG 1972 Nr. 103 = DB 1990, 1241; vom 17.12. 1981 – 6 AZR 546/78 – EzA § 37 BetrVG 1972 Nr. 75 = AP Nr. 41 zu § 37 BetrVG 1972 m. Anm. *Grunsky* = BB 1982, 1546; vom 18.12. 1973 a.a.O.; GK-*Wiese* § 37 Rz. 150; *F/A/K/H* § 37 Rz. 114; *D/K/K/S* § 37 Rz. 116; jetzt auch *D/R* § 37 Rz. 126f. im Gegensatz zur Vorauflage Rz. 80, aber mit rechtsstaatliche Bedenken wegen des Fehlens einer präzisen Zuständigkeitsregelung; für die Zuständigkeit nach dem **Ort der Veranstaltung** – Ortsprinzip –: *Bobrowski/Gaul* II Abschn. 0 IV Rz. 46; für kumultative – fälschlich als alternative bezeichnete – Zuständigkeit: *Däubler* 138). Veranstalter oder Träger der Veranstaltung ist, wer sie nach außen zu verantworten hat (*BAG* vom 30.8. 1989 a.a.O.).

162 Die Anerkennung setzt einen **Antrag des Veranstaltungsträgers** voraus, der allerdings formlos gestellt werden kann (*F/A/K/H* § 37 Rz. 118; GK-*Wiese* § 37 Rz. 148; *D/R* § 37 Rz. 128; *G/L* § 37 Rz. 108; *D/K/K/S* § 37 Rz. 112). Die »Grundsätze zur vorläufigen Regelung des Anerkennungsverfahrens«, die zwischen den zuständigen obersten Arbeitsbehörden der Länder und dem Bundesarbeitsministerium abgesprochen worden sind, verlangen aber, daß der Antrag in schriftlicher Form unter Beifügung der für die Anerkennung erforderlichen Unterlagen in der jeweils von der obersten Arbeitsbehörde festgesetzten mehrfachen Ausfertigung **in der Regel spätestens acht Wochen** vor Beginn der Veranstaltung oder der Veranstaltungsreihe bei der für die Anerkennung zuständigen Behörde zu stellen ist (vgl. *D/R* § 37 Rz. 129; *F/A/K/H* und *D/K/K/S*, jeweils a.a.O.; *S/W* § 37 Rz. 64). Der Antrag muß alle Angaben enthalten, die für die Beurteilung der Eignungsfrage erforderlich sind, also Angaben über den Träger der Ver-

anstaltung, über Zeit und Ort, über das Programm nach Inhalt und zeitlichem Ablauf, über den Teilnehmerkreis und die in Aussicht genommenen Referenten (*S/W* a. a. O.; *G/L* § 37 Rz. 108; *F/A/K/H* § 37 Rz. 117; *D/R* § 37 Rz. 128).
Die Entscheidung wird **nach Beratung mit den Spitzenorganisationen der Ge-** **163** **werkschaften und Arbeitgeberverbände** auf Landesebene getroffen. Das sind die überfachlichen Zusammenschlüsse der Sozialpartner, nämlich die Landesvereinigungen der Arbeitgeberverbände sowie DGB und DAG, die mangels eigenständiger Landesvereinigungen von ihren unselbständigen Landesorganisationen vertreten werden können (*BAG* vom 18. 12. 1973 – 1 ABR 35/73 – EzA § 37 BetrVG 1972 Nr. 20 m. Anm. *Richardi* = DB 1974, 923; *D/R* § 37 Rz. 131; GK-*Wiese* § 37 Rz. 151; *F/A/K/H* § 37 Rz. 120). Die Anhörung erfordert grundsätzlich eine mündliche Erörterung des Antrags (so auch *BAG* vom 30. 8. 1989 a. a. O.). Im Einverständnis aller Beteiligten kann jedoch hierauf verzichtet werden (*G/L* § 37 Rz. 109; *F/A/K/H* § 37 Rz. 121; *D/K/K/S* § 37 Rz. 116).

Anerkannt wird in der Regel die Veranstaltung als Typ. Deshalb brauchen weitere **164** Veranstaltungen desselben Trägers, die hinsichtlich ihres Inhalts, ihres zeitlichen Ablaufs und der beteiligten Referenten im wesentlichen übereinstimmen, nicht erneut anerkannt zu werden, es sei denn, die Anerkennung hätte sich ausdrücklich auf eine einzelne, zeitlich festgelegte Veranstaltung beschränkt (im Ergebnis ebenso GK-*Wiese* § 37 Rz. 153; weitergehend *D/R* § 37 Rz. 118; *F/A/K/H* § 37 Rz. 115; *D/K/K/S* § 37 Rz. 116).

Die Anerkennung ist ein **Verwaltungsakt**. Dies ist die mit hoheitlicher Autorität **165** vorgenommene verbindliche Regelung eines Einzelfalls, soweit sie nicht durch Gesetz oder durch gerichtliche Entscheidung ergeht (*BAG* vom 25. 6. 1981 – 6 ABR 92/79 – EzA § 37 BetrVG 1972 Nr. 71 = DB 1981, 2180).

Die Anerkennung ist als **Allgemeinverfügung** zu beurteilen, weil dieser Verwal- **166** tungsakt sich an einen nach allgemeinen Merkmalen bestimmten oder bestimmbaren größeren Personenkreis richtet (*Richardi* Anm. SAE 1984, 8, 9; *Grunsky* Anm. AP Nr. 41 zu § 37 BetrVG 1972).

2. Höchstdauer

Jedes Betriebsratsmitglied hat während der Dauer seiner regelmäßigen Amtszeit **167** Anspruch auf bezahlte Freistellung für die Dauer von **drei Wochen,** d. h. für 15 Arbeitstage bei der Fünf-Tage-Woche oder 18 Arbeitstage bei der Sechs-Tage-Woche; GK-*Wiese* § 37 Rz. 156; abw. *F/A/K/H* § 37 Rz. 124a). Daran hat sich auch durch die von drei auf vier Jahre verlängerte Amtszeit, die in den meisten Betrieben erstmals im Jahr 1990 eingesetzt hat, nichts geändert (*F/A/K/H* § 37 Rz. 124). Für Betriebsmitglieder, die erstmals einem Betriebsrat angehören und vorher auch nicht Mitglied der Jugend- und Auszubildendenvertretung waren, erhöht sich der Anspruch auf **4 Wochen,** also 28 Tage einschließlich der Sonn- und Feiertage, oder 24 Werktage. Eine Mitgliedschaft in einem Personalrat ist insoweit einer Mitgliedschaft im Betriebsrat gleichzustellen, so daß einem Betriebsratsmitglied, das bereits einmal Mitglied eines Personalrats war, nur ein dreiwöchiger Anspruch zusteht (*F/A/K/H* § 37 Rz. 124a; GK-*Wiese* a.a.O.; *D/R* § 37 Rz. 136; *Däubler* 73). Wegen der Unterschiedlichkeit der Rechtsordnungen ist eine solche Gleichstellung aber bei einem Betriebsratsmitglied, das vorher

§ 37   2. Teil 3. Abschn. Geschäftsführung des Betriebsrats

Mitglied einer ausländischen Betriebsvertretung gewesen ist, nicht gerechtfertigt (so GK-*Wiese* und *F/A/K/H*, jeweils a.a.O.; *D/K/K/S* § 37 Rz. 117);das gilt auch für Angehörige von Interessenvertretungen der Arbeitnehmer in der ehemaligen DDR (*D/K/K/S* a.a.O.).

168 Wird ein Betriebsrat außerhalb der regelmäßigen Betriebsratswahlen neu gewählt (§ 13 Abs. 2), so wird die Höchstdauer der **Freistellung anteilig** entsprechend der Dauer der Amtszeit gekürzt oder verlängert (*BAG* vom 19. 4. 1989 – 7 AZR 128/88 – AP Nr. 68 zu § 37 BetrVG 1972 = DB 1990, 696 = EzA § 37 BetrVG 1972 Nr. 99; *F/A/K/H* § 37 Rz. 126; *D/R* § 37 Rz. 137; *G/L* § 37 Rz. 107; GK-*Wiese* § 37 Rz. 159f.; **a.A.** *D/K/K/S* § 37 Rz. 118). Hierfür spricht vor allem der Wortlaut des Gesetzes, der den auf drei oder vier Wochen begrenzten Anspruch auf die regelmäßige Amtszeit nach § 21 bezieht. Auch Betriebsratsmitglieder, die erstmals im Amt sind, haben bei verkürzter Amtszeit nur einen entsprechenden Teil der regulären Höchstdauer zur Verfügung (*F/A/K/H* a.a.O.). Die Gegenansicht, die auch für diesen Fall an den drei Wochen festhält (*D/R* § 37 Rz. 137; *G/L* § 37 Rz. 108), ist aus dem Gesetz nicht zu begründen. Das erstmalige Mitglied hat indessen auch bei verkürzter Amtszeit Anspruch auf die volle Zusatzwoche (*BAG* a.a.O.; *F/A/K/H* und GK-*Wiese*, jeweils a.a.O.).

169 Die verkürzte Höchstdauer gilt auch bei **Ersatzmitgliedern,** die während der regelmäßigen Amtszeit nach dem Ausscheiden eines Betriebsratsmitglieds in den Betriebsrat nachrücken (*D/R* § 37 Rz. 139; *F/A/K/H* § 37 Rz. 123; GK-*Wiese* § 37 Rz. 163; *D/K/K/S* § 37 Rz. 121). Bei Ersatzmitgliedern, die erstmals in den Betriebsrat nachrücken, ist von der längeren Höchstdauer auszugehen (*F/A/K/H* und GK-*Wiese,* jeweils a.a.O.).

170 Arbeitstage, an denen das Betriebsratsmitglied ohne die Teilnahme an der Schulungs- und Bildungsveranstaltung ohnehin nicht gearbeitet hätte, z.B. durch flexible Arbeitszeitgestaltung oder Kurzarbeit arbeitsfrei gewordene Tage, sind auf die Höchstdauer **nicht anzurechnen,** ebensowenig Arbeitstage, an denen der Teilnehmer arbeitsunfähig ist (*F/A/K/H* § 37 Rz. 125; GK-*Wiese* § 37 Rz. 157). In beiden Fällen ist eine Freistellung von der Arbeitspflicht gem. Abs. 7 nicht möglich.

171 Auf den Anspruch nach Abs. 7, der »unbeschadet der Vorschrift des Absatzes 6« besteht, ist eine Freistellung nach Abs. 6 nicht anzurechnen. Hat aber ein Betriebsratsmitglied an einer Schulungs- und Bildungsveranstaltung nach Abs. 7 teilgenommen, so kann die Erforderlichkeit einer Schulung nach Abs. 6 entfallen, wenn und soweit es die entsprechenden Kenntnisse durch die Teilnahme bereits erworben hat (*G/L* § 37 Rz. 114; *D/R* § 37 Rz. 141; GK-*Wiese* § 37 Rz. 120; *F/A/K/H* § 37 Rz. 131). Das einzelne Betriebsratsmitglied ist auch nicht verpflichtet, zunächst die Veranstaltung nach Abs. 7 in Anspruch zu nehmen (*BAG* vom 5. 4. 1984 – 6 AZR 495/81 – EzA § 37 BetrVG 1972 Nr. 80 = DB 1984, 1785; *D/R* und *F/A/K/H*, jeweils a.a.O.). Verlangt jedoch ein Betriebsratsmitglied Arbeitsbefreiung nach Abs. 6 für eine Veranstaltung, die nach Abs. 7 als geeignet anerkannt ist, so muß geprüft werden, ob die Veranstaltung nach Abs. 7 auch erforderliche Kenntnisse nach Abs. 6 vermittelt. Nur wenn diese Voraussetzung gegeben ist, kann eine Arbeitsbefreiung nach Abs. 6 in Betracht kommen. Überwiegend dürfte sie ausscheiden (vgl. dazu oben Rz. 112).

3. Durchführung der Freistellung

Das Gesetz regelt nur die **Höchstdauer** der Freistellung, nicht aber die Aufteilung 172
des zur Verfügung stehenden Zeitraums. Nach allgemeiner Auffassung kann der
sog. Bildungsurlaub von den Betriebsratsmitgliedern sowohl **zusammenhängend**
als auch **geteilt** genommen werden (*D/R* § 37 Rz. 140; *D/L* § 37 Rz. 116; *F/A/K/H*
§ 37 Rz. 127; *D/K/K/S* § 37 Rz. 119).

Der Anspruch besteht nur, solange das Betriebsratsmitglied **noch im Amt ist**, 173
kann also nach Beendigung der Amtszeit oder nach dem Ausscheiden aus dem
Betriebsrat nicht mehr geltend gemacht werden. Auch die **Übertragung auf die
folgende Amtszeit** ist nicht möglich (*LAG Düsseldorf* vom 8. 10. 1991 – 13 Sa
1450/90 – DB 1992, 636; *D/R* § 37 Rz. 138; *G/L* § 37 Rz. 116; *F/A/K/H* § 37
Rz. 123; GK-*Wiese* § 37 Rz. 160; **a. A.** *Däubler* 72 und *D/K/K/S* a. a. O., die ohne
gesetzliche Grundlage bei Vorliegen dringender persönlicher Gründe die Möglichkeit der Übertragung in die folgende Amtszeit annehmen. Schließlich kann der
Freistellungsanspruch auch nicht mehr am Ende der Amtszeit geltend gemacht
werden (*LAG Düsseldorf* a. a. O.; *Schiefer* DB 1992, 631f.; vgl. auch oben
Rz. 121).

Da der Anspruch nach Abs. 7 dem einzelnen Betriebsratsmitglied zusteht, be- 174
darf es keines Betriebsratsbeschlusses darüber, daß die Veranstaltung als geeignet anzuerkennen und daß die Teilnahme erforderlich ist (GK-*Wiese* § 37
Rz. 166; *D/R* § 37 Rz. 142). Nach Abs. 7 Satz 3 i. V. m. Abs. 6 Satz 2 hat der
Betriebsrat aber die **zeitliche Lage der Teilnahme** zu bestimmen und dabei die
betrieblichen Notwendigkeiten zu berücksichtigen (vgl. hierzu Rz. 135). Das
kann dazu führen, daß ein oder mehrere teilnahmewillige Betriebsratsmitglieder
ihre Pläne aus betrieblichen Gründen zurückstellen müssen. Der Betriebsrat
kann aber die Teilnahme nicht deshalb verweigern, weil er die Veranstaltung
für nicht geeignet hält (so auch *D/R* § 37 Rz. 142) oder weil es sich um eine erforderliche Veranstaltung nach Abs. 6 handle, wohl aber deshalb, weil die erforderliche Anerkennung nicht vorliegt (*D/R* a. a. O.). Das Betriebsratsmitglied, das an einer Schulungs- und Bildungsveranstaltung gem. Abs. 7 teilnehmen will, muß beim Betriebsrat die Feststellung beantragen, daß hinsichtlich
des Zeitpunkts und der Dauer seiner Teilnahme keine Bedenken bestehen (vgl.
auch GK-*Wiese* a. a. O.; *F/A/K/H* § 37 Rz. 132ff.).

Der Betriebsrat entscheidet durch Beschluß. Zwar hängt von dem Beschluß ab, 175
daß das Betriebsratsmitglied seinen Freistellungsanspruch gegen den Arbeitgeber
verwirklichen kann; da der Anspruch aber im Betriebsratsamt begründet ist und
deshalb keine »eigene Angelegenheit« darstellt, ist das Mitglied von der Stimmabgabe nicht ausgeschlossen (*D/R* § 37 Rz. 143; GK-*Wiese* § 37 Rz. 173; *Oetker* ZfA
1984, 409, 427; *D/K/K/S* § 37 Rz. 123).

Nach Abs. 7 Satz 3 i. V. m. Abs. 6 Satz 3 hat der Betriebsrat die Teilnahme und 176
zeitliche Lage der Veranstaltung **dem Arbeitgeber rechtzeitig bekanntzugeben**
(vgl. hierzu Rz. 137).

Hält der Arbeitgeber die betrieblichen Notwendigkeiten für nicht ausreichend be- 177
rücksichtigt, so kann er gem. Abs. 7 Satz 3 i. V. m. Abs. 6 Satz 4 die Einigungsstelle anrufen (vgl. hierzu die Erläuterungen zu Abs. 6 unter Rz. 143).

Der Anspruch des Betriebsratsmitglieds gegen den Arbeitgeber richtet sich auf 178
bezahlte Freistellung. Für die Freistellung gilt gleiches wie für die Arbeitsbefreiung nach Abs. 2 und Abs. 6 (vgl. Rz. 37 u. 137). Der Arbeitgeber kann die Frei-

§ 37   2. Teil 3. Abschn. Geschäftsführung des Betriebsrats

stellung ablehnen, wenn die Höchstdauer nach Abs. 7 bereits verbraucht ist. Er kann ferner ablehnen, wenn das Vorliegen einer Schulungs- und Bildungsveranstaltung oder die Anerkennung nicht dargetan ist. Die Anerkennung ergibt sich aus dem entsprechenden Bescheid der obersten Arbeitsbehörde. Er ist in Kopie dem Arbeitgeber ebenso vorzulegen wie die Ankündigung des Veranstaltungsträgers. Es genügt nicht, nur Aktenzeichen und Datum des Bescheides mitzuteilen und es dem Arbeitgeber zu überlassen, sich durch Rückfrage bei der Behörde oder bei der im Anerkennungsverfahren beteiligten Spitzenorganisation Gewißheit zu verschaffen (a. A. *ArbG Hamm* vom 16. 5. 1974 – BV G a 2/74 – AuR 1974, 251; GK-*Wiese* § 37 Rz. 177; *D/K/K/S* § 37 Rz. 124). Der Arbeitgeber kann nicht einwenden, daß eine als geeignet anerkannte Veranstaltung in Wirklichkeit nicht geeignet sei (vgl. aber oben Rz. 165f. und auch unten Rz. 188ff.). Die Teilnahme eines Betriebsratsmitglieds gegen den Willen des Arbeitgebers ist nur zulässig, wenn der Arbeitgeber durch gerichtliche Entscheidung dazu gezwungen wird (vgl. Rz. 141). Der Arbeitgeber kann die Freistellung nicht mehr erteilen, wenn er dem Betriebsratsmitglied bereits Erholungsurlaub erteilt hat oder Betriebsferien vereinbart sind, es sei denn die Urlaubserteilung würde widerrufen, wozu der Arbeitgeber aber nicht verpflichtet ist (für Vorrang der Freistellung nach Abs. 7: *LAG Niedersachsen* vom 14. 8. 1987 – 3 Sa 538/86 – AuR 1989, 60; *S/W* § 37 Rz. 65).

179 Die **Entgeltfortzahlung** für die Zeit der Freistellung richtet sich nach denselben Regeln wie im Rahmen von Abs. 2 und Abs. 6 (so auch *F/A/K/H* § 37 Rz. 129; *D/K/K/S* § 37 Rz. 122); vgl. Erläuterungen unter Rz. 43ff. u. 149). Auch bei Teilnehmern an Veranstaltungen nach Abs. 7 besteht der Schutz **der gesetzlichen Unfallversicherung** (*D/R* § 37 Rz. 149; GK-*Wiese* § 37 Rz. 164; *S/W* § 37 Rz. 69). **Kosten dieser Veranstaltungen** sind vom Arbeitgeber nicht zu erstatten (vgl. Erläuterungen zu § 40 Rz. 60).

VIII. Streitigkeiten

1. Streitigkeiten zwischen Betriebsratsmitglied und Arbeitgeber

180 Streitigkeiten über **Grund und Höhe des fortzuzahlenden Arbeitsentgelts** bei Arbeitsbefreiung zur Durchführung von Betriebsratsaufgaben nach Abs. 2 und zur Teilnahme an Schulungs- und Bildungsveranstaltungen nach Abs. 6 und 7 gehören, da sie ihre Grundlage im Arbeitsverhältnis haben, als bürgerliche Rechtsstreitigkeiten nicht zu den »Angelegenheiten aus dem Betriebsverfassungsgesetz« und sind daher von den Arbeitsgerichten nach § 2 Abs. 1 Nr. 3 a ArbGG im Urteilsverfahren zu entscheiden (*BAG* vom 30. 1. 1973 – 1 ABR 22/72 – EzA § 37 BetrVG 1972 Nr. 5 = DB 1973, 1025; vom 18. 9. 1973 – 1 AZR 102/73 – EzA § 37 BetrVG 1972 Nr. 12 = DB 1974, 147; vom 17. 9. 1974 – 1 AZR 574/73 – EzA § 37 BetrVG 1972 Nr. 32 = BB 1975, 283; *D/R* § 37 Rz. 153; *F/A/K/H* § 37 Rz. 152; GK-*Wiese* § 37 Rz. 190; *Dütz/Säcker* DB 1973 Beilage Nr. 17, II ff.; *G/L* § 37 Rz. 117; a.A. *Däubler* 129; *D/K/K/S* § 37 Rz. 125; *Söllner* AuR 1973, 384; *Bulla* RdA 1978, 209; zum Anspruch auf Erstattung der Auslagen vgl. unten Rz. 107 zu § 40).

181 Bei Streitigkeiten über Entgeltansprüche wird im Urteilsverfahren über die betriebsverfassungsrechtlichen Voraussetzungen der Arbeitsbefreiung als Vorfrage mit entschieden. Die Rechtskraft einer im Beschlußverfahren ergangenen Ent-

scheidung über die betriebsverfassungsrechtliche Vorfrage hat für das Urteilsverfahren präjudizielle Wirkung (*BAG* vom 6.5. 1975 – 1 ABR 135/73 – EzA § 65 BetrVG 1972 Nr. 5 = DB 1975, 1706, 1947; *D/R, F/A/K/H* und *G/L*, jeweils a.a.O.).

Der **Anspruch auf Freizeitausgleich** ist ebenfalls im Urteilsverfahren zu verfolgen; es handelt sich nämlich nicht um eine Arbeitsbefreiung zum Zwecke der Betriebsratstätigkeit, vielmehr um den Ausgleich für die außerhalb der Arbeitszeit durchgeführte Betriebsratstätigkeit (so auch *BAG* vom 21. 5. 1974 – 1 ABR 73/73 – EzA § 37 BetrVG 1972 Nr. 24 = DB 1974, 1726; vom 21. 5. 1974 – 1 AZR 477/73 – EzA § 37 BetrVG 1972 Nr. 25 = DB 1974, 1823; *F/A/K/H* a.a.O.; *G/L* § 37 Rz. 118; GK-*Wiese* § 37 Rz. 192; *D/R* § 37 Rz. 154; *Etzel* RdA 1974, 221; **a.A.** *Däubler* 129 f.; *D/K/K/S* a.a.O.; *Bohn* Anm. SAE 1973, 239; *Halbach* Anm. SAE 1975, 50; *Bulla* RdA 1978, 213). Dies gilt auch für Ansprüche auf Abgeltung des Freizeitaufwandes durch Mehrarbeitsvergütung (so auch *BAG* vom 18. 9. 1973 und 21. 5. 1974 sowie *F/A/K/H* und *Etzel*, jeweils a.a.O.). 182

Streitigkeiten darüber, ob das **Arbeitsentgelt** eines Betriebsratsmitglieds **gem. Abs. 4 richtig bemessen** oder ob die **Beschäftigung mit einer gleichwertigen Tätigkeit gem. Abs. 5** gegeben ist, entscheidet das Arbeitsgericht gleichfalls im Urteilsverfahren (ebenso *F/A/K/H* a.a.O.; GK-*Wiese* § 37 Rz. 195; *D/R* § 37 Rz. 155; *Bulla* RdA 1978, 212 f.). Verlangt das Betriebsratsmitglied jedoch Änderung seiner Arbeitspflicht, um seine Betriebsratstätigkeit ordnungsgemäß durchzuführen (vgl. dazu aber oben Rz. 19), so ist dieser Anspruch im Beschlußverfahren geltend zu machen (*BAG* vom 3. 6. 1969 – 1 ABR 1/69 – EzA § 37 BetrVG 1952 Nr. 3 = DB 1969, 1705; vgl. auch *BAG* vom 27. 6. 1990 – 7 ABR 43/89 – DB 1991, 973 = BB 1991, 759). 183

Sofern ein Anspruch in der **falschen Verfahrensart** geltend gemacht wird, so ist die Sache auf Antrag – auch noch in der Revisions- oder Rechtsbeschwerdeinstanz – an das im ersten Rechtszug zuständige Arbeitsgericht zur Verhandlung und Entscheidung in der richtigen Verfahrensart abzugeben (so auch für einen fälschlich im Urteilsverfahren anhängig gemachten Anspruch (*BAG* vom 9. 11. 1971 – 1 AZR 417/70 – AP Nr. 2 zu § 8 ArbGG 1953 m. Anm. *Richardi* = DB 1972, 686; im umgekehrten Fall eines fälschlich im Beschlußverfahren anhängig gemachten Anspruchs *BAG* vom 30. 1. 1973 – 1 ABR 1/73 – EzA § 40 BetrVG 1972 Nr. 4; vom 21. 5. 1974 – 1 AZR 477/73 – EzA § 37 BetrVG 1972 Nr. 2 = DB 1974, 1823; *D/K/K/S* a.a.O.). 184

Sind **Urteils- und Beschlußverfahren zugleich eingeleitet** worden, etwa um Auslagen und Entgeltansprüche anläßlich einer Schulungs- und Bildungsveranstaltung geltend zu machen, kann das Urteilsverfahren bis zum rechtskräftigen Abschluß des Beschlußverfahrens ausgesetzt werden, damit unterschiedliche Entscheidungen vermieden werden (*Dütz* Anm. AP Nr. 17 zu § 37 BetrVG 1972; *F/A/K/H* § 37 Rz. 152; *G/L* § 37 Rz. 122). Die Verbindung beider Verfahren ist nicht zulässig (*F/A/K/H* und *G/L*, jeweils a.a.O.; *Dütz* AuR 1973, 370; *Lepke* RdA 1974, 229; *Bulla* RdA 1978, 211: **a.A.** *Söllner* AuR 1973, 384; *Etzel* RdA 1974, 221). 185

§ 37   2. Teil 3. Abschn. Geschäftsführung des Betriebsrats

2. Streitigkeiten zwischen Betriebsrat und Arbeitgeber

186   Streitigkeiten zwischen Betriebsrat und Arbeitgeber über **betriebsverfassungsrechtliche Fragen** sind hingegen vor dem Arbeitsgericht im Beschlußverfahren nach § 2a ArbGG auszutragen (*Dütz/Säcker* DB 1972 Beilage Nr. 17, 12; *G/L* § 37 Rz. 119; GK-*Wiese* § 37 Rz. 200). Antragsberechtigt sind der Arbeitgeber, der Betriebsrat und ggfs. auch ein einzelnes Betriebsratsmitglied (*BAG* vom 6. 11. 1973 – 1 ABR 8/73 – EzA § 37 BetrVG 1972 Nr. 16 m. Anm. *Richardi* = DB 1974, 780; *G/L* § 37 Rz. 120; *F/A/K/H* § 37 Rz. 154). Hingegen ist der Träger einer Schulungs- und Bildungsveranstaltung, z. B. die Gewerkschaft, bei Streitigkeiten zwischen Arbeitgeber und Betriebsrat über die Erforderlichkeit einer Veranstaltung nach Abs. 6 nicht antragsberechtigt. Er ist auch nicht Beteiligter in diesem Beschlußverfahren, weil er keinerlei Mitwirkungsrecht bei der Beschlußfassung des Betriebsrats hat (*BAG* vom 28. 1. 1975 – 1 ABR 92/73 – EzA § 37 BetrVG 1972 Nr. 37 = DB 1975, 1084, 1996; *F/A/K/H* § 37 Rz. 155; GK-*Wiese* § 37 Rz. 217; *D/K/K/S* § 37 Rz. 126).

187   Es handelt sich hier z. B. um Streitigkeiten darüber, ob nach Art und Umfang des Betriebs eine entsprechende Arbeitsbefreiung zur ordnungsgemäßen Durchführung der Betriebsratsaufgaben erforderlich ist, ob betriebsbedingte Gründe für die Durchführung von Betriebsratsaufgaben außerhalb der Arbeitszeit vorliegen sowie ob eine Schulungs- und Bildungsveranstaltung nach Abs. 6 für die Betriebsratstätigkeit erforderliche Kenntnisse vermittelt oder auch in welchem Umfang einem Betriebsratsmitglied ein Anspruch auf bezahlte Freistellung für die Teilnahme an derartigen Veranstaltungen zusteht (*F/A/K/H* § 37 Rz. 154; *Dütz/Säcker* BB 1972 Beilage Nr. 17, 12; vgl. dazu ferner oben Rz. 140–142).

3. Streitigkeiten zwischen Betriebsrat und Betriebsratsmitglied

188   Das Arbeitsgericht kann zur Entscheidung im Beschlußverfahren auch in Streitigkeiten zwischem dem Betriebsrat und seinen Mitgliedern angerufen werden. Voraussetzung ist aber, daß das Betriebsratsmitglied geltend macht, durch eine Handlung oder ein Unterlassen des Betriebsrats in seinen Rechten als Betriebsratsmitglied verletzt zu sein. In Betracht kommt die Nichtberücksichtigung bei der Auswahl für die Freistellung von beruflicher Tätigkeit oder die rechtliche Beanstandung der vom Betriebsrat nach Abs. 6 und 7 erforderlichen Beschlüsse, von denen der Anspruch auf Freistellung zur Teilnahme an einer Schulungs- und Bildungsveranstaltung abhängt (vgl. *D/K/K/S* a. a. O.; *D/R* § 37 Rz. 158).

4. Streitigkeiten um die Anerkennung durch die oberste Arbeitsbehörde

189   Das Beschlußverfahren vor dem Arbeitsgericht ist nach überwiegender und zutreffender Rechtsauffassung auch die richtige Verfahrensart für die **Anfechtung des Bescheids der obersten Arbeitsbehörde** über die Anerkennung der Schulungs- und Bildungsveranstaltung, obwohl es sich dabei um einen Verwaltungsakt handelt. § 2a ArbGG enthält mit der Zuweisung aller betriebsverfassungsrechtlichen Streitigkeiten an die Arbeitsgerichte eine gegenüber § 40 VwGO spezielle Zuständigkeitsregelung, die den Verwaltungsrechtsweg ausschließt (*BAG* vom 30. 8. 1989

a.a.O.; vom 6.4.1976 – 1 ABR 96/74 – EzA § 37 BetrVG 1972 Nr. 48; vom 18.12. 1973 – 1 ABR 35/73 – EzA § 37 BetrVG 1972 Nr. 20 m. Anm. *Richardi* = DB 1974, 923; ebenso *BVerwG* vom 3.12. 1976 – VII C 47/75 – BB 1977, 898; *Dütz* ZfA 1972, 252; *F/A/K/H* § 37 Rz. 160; *G/L* § 37 Rz. 124; *GK-Wiese* § 37 Rz. 208; *D/K/K/S* a.a.O.; **a.A.** *D/R* § 37 Rz. 165; *Däubler* 141 f.; *Finkelnburg* DB 1973, 969; *Schiefer* DB 1991, 1453, 1459; *Berger-Delhey* BB 1990, 1558 ff., die die Zuständigkeit des Verwaltungsgerichts für gegeben ansehen).

Anfechtungs- und damit antragsberechtigt ist nach neuerer höchstrichterlicher **190** Rechtsprechung nicht der Arbeitgeber, sondern nur die am Anhörungsverfahren nach Abs. 7 beteiligten Spitzenverbände (vgl. *BAG* vom 30.8. 1989 und 25.6. 1981, jeweils a.a.O.; *D/K/K/S* § 37 Rz. 116; gegen Berechtigung des Spitzenverbandes aber *Mauer* BB 1991, 475; wie das *BAG*, aber mit anderer Begründung: *Dütz* Arbeitsrechts-Blattei, Betriebsverfassung VIII A, Anm. 24 Entsch. Nr. 53; vgl. oben Rz. 165 f.). Ein Arbeitgeberverband, der im Verfahren nach Abs. 7 von der obersten Arbeitsbehörde des Landes nicht zu beteiligen war und nicht beteiligt worden ist, hat keine Befugnis zur Anfechtung eines Anerkennungsbescheides über eine Schulungs- und Bildungsveranstaltung (*BAG* vom 5.11. 1974 – 1 ABR 146/73 – EzA § 37 BetrVG 1972 Nr. 35 = DB 1975, 699; *G/L* § 37 Rz. 124; *F/A/K/H* § 37 Rz. 161; *GK-Wiese* § 37 Rz. 209; *S/W* § 37 Rz. 64). Der höchstrichterlichen Rechtsprechung, die dem Arbeitgeber das Anfechtungsrecht abspricht, kann nicht zugestimmt werden (dem Sinn nach ebenso die Rechtsprechung des früher zuständigen 1. Senats des *BAG* vom 5.11. 1974 a.a.O., sowie *D/R* § 37 Rz. 134; *Finkelnburg* DB 1973, 969; *Schiefer* DB 1991, 1453, 1464; *Däubler* 143; *Loritz* BB 1982, 1368 ff.). Die Versagung der Anfechtungsmöglichkeit des einzelnen Arbeitgebers verstößt gegen die Rechtsweggarantie des Art. 19 Abs. 4 GG (*Richardi* a.a.O. 8: *Grunsky* a.a.O. Bl. 5; *Loritz* a.a.O. 1370; Bedenken auch bei *F/A/K/H* § 37 Rz. 161; *S/W* a.a.O.; *GK-Wiese* § 37 Rz. 209); sie setzt den Arbeitgeber schutzlos den Folgen einer rechtswidrigen Anerkennung aus. Der Arbeitgeber hat deshalb gemäß der früheren Rechtsprechung des *BAG* ein eigenes Recht, die Anerkennung einer Veranstaltung anzufechten (*Richardi*, *Grunsky*, *Loritz*, jeweils a.a.O.; *Müller* DB 1985, 704 ff.). Ob er im Einzelfall ein entsprechendes arbeitsgerichtliches Beschlußverfahren einleiten kann (vgl. zum Beschlußverfahren Rz. 189), richtet sich nach den allgemeinen Grundsätzen des Verfahrensrechts. Vor allem muß er ein Rechtsschutzinteresse haben. Es fehlt im allgemeinen, wenn nur eine abstrakte Rechtsfrage geklärt werden soll (*Loritz* a.a.O. 1371); es setzt also voraus, daß ein Betriebsratsmitglied aus dem Betrieb an der anerkannten Veranstaltung teilnehmen will oder teilgenommen hat (vgl. auch *Grunsky* a.a.O. Bl. 4). Solange der Bescheid nicht erfolgreich angefochten ist, kann im Urteilsverfahren über den Entgeltanspruch die Rechtsunwirksamkeit entsprechend den allgemeinen Grundsätzen des Verwaltungsrechts nicht geltend gemacht werden (*BAG* vom 17.12. 1981 a.a.O.; *Grunsky* a.a.O.; **a.A.** *Loritz* a.a.O. 1372: für Inzidentkontrolle, solange Rüge der Rechtswidrigkeit des Bescheides nicht verwirkt; für Zulässigkeit eines der beiden Überprüfungsweges: *Richardi* a.a.O. 10).

Bei **Versagung der Anerkennung** kann der Träger der Schulungs- und Bildungs- **191** veranstaltung ein Beschlußverfahren vor dem Arbeitsgericht einleiten, um die Anerkennung herbeizuführen. Ein Rechtsschutzinteresse besteht auch dann, wenn die Schulungs- und Bildungsveranstaltung bereits durchgeführt worden ist (so auch *BAG* vom 18.2. 1973 a.a.O.). Ist eine Veranstaltung nicht durchgeführt

§ 37   2. Teil 3. Abschn. *Geschäftsführung des Betriebsrats*

worden, so besteht das Rechtsschutzinteresse aber nur, wenn Veranstaltungen mit ähnlichen Themen und dem im wesentlichen gleichen Lehrpersonal durchgeführt werden sollen. Auch dann, wenn die Behörde untätig bleibt, kann der Antragsteller ein Beschlußverfahren einleiten, um die Verurteilung zur Anerkennung herbeizuführen. Er kann wie nach § 42 Abs. 1 VwGO eine Verpflichtungsklage sowohl als Verweigerungsgegenklage wie als Untätigkeitsklage erheben. Hält das Arbeitsgericht den Antrag für begründet, so kann es die Anerkennung nicht ersetzen, sondern in entsprechender Anwendung des § 113 Abs. 4 VwGO lediglich die Verpflichtung der obersten Arbeitsbehörde aussprechen, einen Anerkennungsbescheid zu erteilen und bei dessen Erlaß die Rechtsauffassung des Gerichts zu beachten (*D/R* § 37 Rz. 169–171; GK-*Wiese* § 37 Rz. 212).

192 Ein **Vorverfahren** vor Einleitung des Beschlußverfahrens ist nicht vorgeschrieben. Ebensowenig ist eine gesetzliche **Frist** zu beachten (GK-*Wiese* § 37 Rz. 214; *D/R* § 37 Rz. 172f.)

193 Die Anfechtung des Anerkennungsbescheides durch Einleitung eines Beschlußverfahrens hat **aufschiebende Wirkung**, da § 80 Abs. 1 Satz 1 VwGO hier entsprechend allen übrigen Verwaltungsstreitverfahren analog anzuwenden ist (GK-*Wiese* § 37 Rz. 211; *D/R* § 37 Rz. 175; a.A. *Däubler* 143f.). Der Arbeitgeber kann deshalb die Freistellung verweigern, solange über die Anerkennung noch keine rechtskräftige Entscheidung vorliegt. Indessen kann die Behörde, die den Anerkennunsbescheid erlassen hat – ebenfalls aufgrund entsprechender Anwendung des § 80 VwGO –, die sofortige Vollziehung des Anerkennungsbescheides anordnen (GK-*Wiese* und *D/R*, jeweils a.a.O.).

5. Verfahren vor der Einigungsstelle

194 Meinungsverschiedenheiten zwischen Betriebsrat und Arbeitgeber über die Berücksichtigung betrieblicher Notwendigkeiten bei der **zeitlichen Lage** von Schulungs- und Bildungsveranstaltungen sind durch die Einigungsstelle nach § 76 Abs. 6 zu regeln. Ihr Spruch unterliegt nach Abs. 76 Abs. 7 der arbeitsgerichtlichen **Rechtskontrolle im Beschlußverfahren** (*Dütz/Säcker* DB 1972 Beilage Nr. 17, 12; *D/R* § 37 Rz. 164; *G/L* § 37 Rz. 125; *F/A/K/H* § 37 Rz. 158). Die Zwei-Wochen-Frist nach § 76 Abs. 5 Satz 4 braucht hier nicht eingehalten zu werden, da nicht die Einhaltung von Ermessensgrenzen, sondern die Anwendung des unbestimmten Rechtsbegriffs »ausreichende Berücksichtigung der betrieblichen Notwendigkeiten« überprüft werden soll. Eine Fristbindung wäre aus praktischen Gründen zwar wünschenswert und zweckmäßig (für Anwendung der Frist deshalb *F/A/K/H* § 37 Rz. 146; GK-*Wiese* § 37 Rz. 182; *D/R* § 37 Rz. 164), ist aber mit der begrenzten Geltung der Fristvorschrift in § 76 Abs. 5 Satz 4 nicht vereinbar. Eine unmittelbare Anrufung des Arbeitsgerichts ohne vorherige Entscheidung durch die Einigungsstelle ist unstatthaft (vgl. ferner die eingehenden Erläuterungen oben unter Rz. 143–148).

§ 38 Freistellungen

(1) Von ihrer beruflichen Tätigkeit sind mindestens freizustellen in Betrieben mit in der Regel

300 bis 600 Arbeitnehmern	ein Betriebsratsmitglied,
601 bis 1 000 Arbeitnehmern	2 Betriebsratsmitglieder,
1 001 bis 2 000 Arbeitnehmern	3 Betriebsratsmitglieder,
2 001 bis 3 000 Arbeitnehmern	4 Betriebsratsmitglieder,
3 001 bis 4 000 Arbeitnehmern	5 Betriebsratsmitglieder,
4 001 bis 5 000 Arbeitnehmern	6 Betriebsratsmitglieder,
5 001 bis 6 000 Arbeitnehmern	7 Betriebsratsmitglieder,
6 001 bis 7 000 Arbeitnehmern	8 Betriebsratsmitglieder,
7 001 bis 8 000 Arbeitnehmern	9 Betriebsratsmitglieder,
8 001 bis 9 000 Arbeitnehmern	10 Betriebsratsmitglieder,
9 001 bis 10 000 Arbeitnehmern	11 Betriebsratsmitglieder.

In Betrieben mit über 10 000 Arbeitnehmern ist für je angefangene weitere 2 000 Arbeitnehmer ein weiteres Betriebsratsmitglied freizustellen. Durch Tarifvertrag oder Betriebsvereinbarung können anderweitige Regelungen über die Freistellung vereinbart werden.

(2) Die freizustellenden Betriebsratsmitglieder werden nach Beratung mit dem Arbeitgeber vom Betriebsrat aus seiner Mitte in geheimer Wahl und nach den Grundsätzen der Verhältniswahl gewählt. Wird nur ein Wahlvorschlag gemacht, so erfolgt die Wahl nach den Grundsätzen der Mehrheitswahl; ist nur ein Betriebsratsmitglied freizustellen, so wird dieses mit einfacher Stimmenmehrheit gewählt. Die Gruppen sind entsprechend dem Verhältnis ihrer Vertretung im Betriebsrat zu berücksichtigen. Gehört jeder Gruppe im Betriebsrat mindestens ein Drittel der Mitglieder an, so wählt jede Gruppe die auf sie entfallenden freizustellenden Betriebsratsmitglieder; die Sätze 1 und 2 gelten entsprechend. Der Betriebsrat hat die Namen der Freizustellenden dem Arbeitgeber bekanntzugeben. Hält der Arbeitgeber eine Freistellung für sachlich nicht vertretbar, so kann er innerhalb einer Frist von zwei Wochen nach der Bekanntgabe die Einigungsstelle anrufen. Der Spruch der Einigungsstelle ersetzt die Einigung zwischen Arbeitgeber und Betriebsrat. Bestätigt die Einigungsstelle die Bedenken des Arbeitgebers, so hat sie bei der Bestimmung eines anderen freizustellenden Betriebsratsmitglieds auch den Minderheitenschutz im Sinne der Sätze 1 bis 3 zu beachten. Ruft der Arbeitgeber die Einigungsstelle nicht an, so gilt sein Einverständnis mit den Freistellungen nach Ablauf der zweiwöchigen Frist als erteilt. Für die Abberufung gilt § 27 Abs. 1 Satz 5 und Abs. 2 Satz 5 entsprechend.

(3) Der Zeitraum für die Weiterzahlung des nach § 37 Abs. 4 zu bemessenden Arbeitsentgelts und für die Beschäftigung nach § 37 Abs. 5 erhöht sich für Mitglieder des Betriebsrats, die drei volle aufeinanderfolgende Amtszeiten freigestellt waren, auf zwei Jahre nach Ablauf der Amtszeit.

(4) Freigestellte Betriebsratsmitglieder dürfen von inner- und außerbetrieblichen Maßnahmen der Berufsbildung nicht ausgeschlossen werden. Innerhalb eines Jahres nach Beendigung der Freistellung eines Betriebsratsmitglieds ist diesem im Rahmen der Möglichkeiten des Betriebs Gelegenheit zu geben, eine wegen der Freistellung unterbliebene betriebsübliche berufliche Entwicklung nachzuholen. Für Mitglieder des Betriebsrats, die drei volle aufeinanderfolgende Amtszeiten freigestellt waren, erhöht sich der Zeitraum nach Satz 2 auf zwei Jahre.

§ 38 2. Teil 3. Abschn. *Geschäftsführung des Betriebsrats*

Literaturübersicht

Aden Lohnzuschläge für hypothetische Arbeit des freigestellten Betriebsratsmitglieds, RdA 1980, 256; *Becker-Schaffner* Die Rechtsprechung zur Freistellung von Betriebsratsmitgliedern gemäß § 38 BetrVG, BB 1982, 498; *Böhm* Individualrechtliche Folgen übergangener Informations- und Beratungsrechte nach dem Betriebsverfassungsgesetz 1972 (dargestellt an den §§ 37 Abs. 6 Satz 3, 38 Abs. 2 und 99 Abs. 1), DB 1974, 723; *Hennecke* Bemessung von Arbeitsentgelt und allgemeinen Zuwendungen für freigestellte Betriebsräte, BB 1986, 936; *ders.* Die Bemessung von Arbeitsentgelt und allgemeinen Zuwendungen freigestellter Betriebsräte, RdA 1986, 241; *Henssler, M.* Die Entscheidungskompetenz der betriebsverfassungsrechtlichen Einigungsstelle in Rechtsfragen, RdA 1991, 268; *Jülicher* Der Anspruch des Betriebsrats auf Freistellung weiterer Betriebsratsmitglieder bei Fehlen einer Gesamtvereinbarung, AuR 1973, 161; *Kamphausen, H.* Neues zum Gruppen- und Minderheitenschutz, NZA 1991, 880; *Lipke* Betriebsverfassungsrechtliche Probleme der Teilzeitarbeit NZA 1990, 758; *Marienhagen* Der Lohnanspruch des freigestellten Betriebsratsmitgliedes, BUV 1972, 321; *Ottow* Freistellung von Betriebsratsmitgliedern, DB 1975, 646; *Schneider* Arbeitsentgelt- und Berufsschutz freigestellter Betriebsratsmitglieder, NZA 1984, 21; *Schumann* Freistellung eines Betriebsratsmitglieds für den Fall der Verhinderung eines ständig freigestellten Betriebsratsmitglieds, DB 1974, 190; *Wiedemann/Stumpf*, Tarifvertragsgesetz, 5. Auflage 1977; vgl. ferner das in der Literaturübersicht zu § 27 aufgeführte besondere Fachschrifttum über die am 1. Januar 1989 in Kraft getretene Änderung des BetrVG.

Inhaltsverzeichnis

		Rz.
I.	Allgemeines	1– 5
II.	Freistellung von Betriebsratsmitgliedern	6–42
	1. Anzahl der kraft Gesetzes freizustellenden Betriebsratsmitglieder	9–19
	a) Mindestregelung	9–11
	b) Zusätzliche Freistellungen	12–19
	2. Anderweitige Regelung	20–22
	3. Durchführung der Freistellung	23–42a
	a) Wahl	23–35
	aa) Minderheitenschutz	30–32
	bb) Wahl nach Gruppen	33–35
	b) Unterrichtung des Arbeitgebers	36
	c) Anrufung der Einigungsstelle	37–42
	d) Mängel der Wahl	42a
III.	Rechtsstellung der freigestellten Betriebsratsmitglieder	43–67
	1. Freistellung von der beruflichen Tätigkeit	43–50
	2. Entgeltfortzahlung, Freizeitausgleich, Entgelt- und Tätigkeitsschutz	51–59
	3. Berufliche Weiterentwicklung	60–67
IV.	Streitigkeiten	68–71

I. Allgemeines

1 Zur Vermeidung von Streitigkeiten zwischen Betriebsrat und Arbeitgeber sieht der durch das BetrVG 1972 inhaltlich neu geschaffene § 38 in einer an die Betriebsgröße anknüpfenden Staffel **Mindestzahlen für freizustellende Betriebsratsmitglieder** vor, wobei das Gesetz auch die Möglichkeit eröffnet, durch Tarifvertrag oder Betriebsvereinbarung an die betrieblichen Bedürfnisse angepaßte, ab-

weichende Regelungen über die Freistellung von Betriebsratsmitgliedern zu vereinbaren. Die Bestimmung beruht auf der Vorstellung, daß im Hinblick auf den gegenüber dem früheren Gesetz erheblich erweiterten Aufgabenbereich des Betriebsrats in größeren Betrieben die generelle Freistellung von Betriebsratsmitgliedern in aller Regel erforderlich sei.

Abs. 2 regelt das bei der Freistellung von Betriebsratsmitgliedern einzuhaltende **Verfahren**. Die Bestimmungen sichern dabei in verschiedener Hinsicht die **Interessen von Minderheiten**: Einmal muß bei der Freistellung die jeweilige **Minderheitsgruppe** der Angestellten oder der Arbeiter besonders berücksichtigt werden. Ab der ersten Betriebsratswahl nach dem 31. 12. 1988 gilt sogar eine genaue Vorgabe für die Verteilung der Freistellungen auf die beiden Gruppen. Zum selben Zeitpunkt ist der Gruppenschutz durch Bestimmungen zugunsten kleiner (politischer) Gruppierungen, etwa der **Mitglieder kleinerer Gewerkschaften**, ergänzt worden; bei der Freistellung gilt deshalb an Stelle der bisherigen Mehrheitswahl in der Regel die Verhältniswahl (vgl. Art. 1 des Gesetzes zur Änderung des Betriebsverfassungsgesetzes, über Sprecherausschüsse der leitenden Angestellten und zur Sicherung der Montan-Mitbestimmung vom 20. 12. 1988, BGBl. I S. 2312 sowie § 125 Abs. 3). Ferner ist in Abs. 2 zur schnellen und betriebsnahen Entscheidung von Meinungsverschiedenheiten zwischen Arbeitgeber und Betriebsrat über die Freistellung die Entscheidung der Einigungsstelle vorgesehen. 2

Durch die Abs. 3 und 4 sollen wirtschaftliche und berufliche Nachteile freigestellter Betriebsratsmitglieder verhindert werden, insbesondere für den Fall, daß vergleichbare Arbeitnehmer inzwischen eine bessere Entlohnung und eine bessere berufliche Stellung erreicht haben (Begründung zum Regierungsentwurf des BetrVG 1972 in BT-Drucks. VI/1786, 41). 3

Die Bestimmung gilt insgesamt nicht für die Mitglieder des Gesamtbetriebsrats und des Konzernbetriebsrats. Diese besonderen Funktionsträger sind, soweit sie nicht ohnehin von ihrem Betriebsrat generell freigestellt worden sind, für die Erfüllung ihrer Aufgaben als Mitglieder dieser Gremien nach § 37 Abs. 2 i. V. m. § 51 Abs. 1, § 59 Abs. 1 von ihrer beruflichen Tätigkeit jeweils zu befreien. Auch Jugend- und Auszubildendenvertretung und Gesamt-Jugend- und Auszubildendenvertretung werden von der Bestimmung nicht erfaßt, wie sich aus § 65 und § 73 Abs. 2 ergibt. Für deren Mitglieder gibt es allein die Möglichkeit der Arbeitsbefreiung nach § 37 Abs. 2. Hingegen ist die Bestimmung auf eine andere Arbeitnehmervertretung gem. § 3 Abs. 1 Nr. 2, die an die Stelle des Betriebsrats tritt, sinngemäß anzuwenden (*F/A/K/H* § 38 Rz. 2; *D/K/K/S* § 38 Rz. 3). 4

Abgesehen von der Möglichkeit einer abweichenden Regelung über die Anzahl der freizustellenden Arbeitnehmer durch Tarifvertrag oder Betriebsvereinbarung ist die Vorschrift **zwingendes Recht** (*G/L* § 38 Rz. 3; GK-*Wiese* § 38 Rz. 4). 5

II. Freistellung von Betriebsratsmitgliedern

Abs. 1 bezweckt ebenso wie § 37 Abs. 2 zu gewährleisten, daß die Betriebsratsmitglieder ihre amtlichen Aufgaben ohne Minderung des Arbeitsentgelts während der Arbeitszeit erfüllen können. Die zu diesem Zweck eingesetzten Mittel, nämlich hier »**Freistellung**« und dort »**Befreiung von der beruflichen Tätigkeit**« sind aber zu **unterscheiden**: Die in § 37 Abs. 2 geregelte Arbeitsbefreiung ist die Entbindung von der Arbeitspflicht aus einem konkreten Anlaß zur Durchführung von 6

§ 38   2. Teil 3. Abschn. *Geschäftsführung des Betriebsrats*

Aufgaben des Betriebsrats. Demgegenüber gilt als Freistellung nach Abs. 1 die generelle Entbindung der Betriebsratsmitglieder von ihrer Verpflichtung zur Arbeitsleistung, ohne daß es jeweils eines konkreten Grundes bedarf, aus dem die Arbeitsversäumnis wegen der Durchführung der dem Betriebsrat obliegenden Aufgaben erforderlich ist (*BAG* vom 26. 7. 1989 – 7 ABR 64/88 – AP Nr. 10 zu § 38 BetrVG 1972 = EzA § 38 BetrVG 1972 Nr. 11 = DB 1990, 1290; *D/R* § 38 Rz. 3; *G/L* § 38 Rz. 5; *F/A/K/H* § 38 Rz. 4; GK-*Wiese* § 38 Rz. 6; *D/K/K/S* § 38 Rz. 4; *Jülicher* AuR 1973, 161).

7 Der Anspruch auf Freistellung steht dem Betriebsrat zu. Das einzelne Betriebsratsmitglied erwirbt erst nach einem entsprechenden Beschluß des Betriebsrats einen daraus abgeleiteten Individualanspruch auf Freistellung (*D/R* § 38 Rz. 15; *F/A/K/H* a. a. O.; *D/K/K/S* § 38 Rz. 5).

8 Freigestellt werden nur Betriebsratsmitglieder; *D/K/K/S* § 38 Rz. 5; Ersatzmitglieder nur dann, wenn sie gem. § 25 in den Betriebsrat nachgerückt sind (*F/A/K/H* § 38 Rz. 18; *D/R* § 38 Rz. 13; *D/K/K/S* § 38 Rz. 4).

1. Anzahl der kraft Gesetzes freizustellenden Betriebsratsmitglieder

a) Mindestregelung

9 Für Betriebe mit in der Regel 300 und mehr Arbeitnehmern ist eine Mindestanzahl von Freistellungen festgelegt, die sich nach der Zahl der regelmäßig im Betrieb beschäftigten Arbeitnehmer **staffelt**. Die Zahl der Freistellungen erhöht sich nicht, wenn ein freigestelltes Betriebsratsmitglied teilzeitbeschäftigt ist, so auch *Lipke* NZA 1990, 758, 760; **a. A.** *LAG Düsseldorf* vom 26. 9. 1989 – 8 Ta BV 82/89 – DB 1990, 743), weil das Gesetz eindeutig eine bestimmte Kopfzahl festgelegt hat.

10 **Bemessungsgrundlage** ist die Anzahl der Arbeiter und Angestellten einschließlich der zur Berufsausbildung Beschäftigten im Betrieb (§ 6). Ausgeklammert bleiben die leitenden Angestellten gem. § 5 Abs. 3. Heimarbeiter sind zu berücksichtigen, wenn sie in der Hauptsache für den Betrieb arbeiten (§ 6 Abs. 1 Satz 2). Ebenso zählen die Arbeitnehmer mit, die in nicht betriebsratsfähigen Betriebsteilen und Nebenbetrieben tätig sind (*G/L* § 38 Rz. 6; *D/R* § 38 Rz. 6; GK-*Wiese* § 38 Rz. 8).

11 Maßgebend ist die Zahl der »in der Regel« im Betrieb beschäftigten Arbeitnehmer (vgl. zu diesem Merkmal oben § 9 Rz. 8–11). Dabei wird nicht auf den Tag der Betriebsratswahl abgestellt, sondern entsprechend dem Zweck der Freistellung auf die jeweils herrschenden Verhältnisse. **Erhöht sich** also die Anzahl der im Betrieb beschäftigten Arbeitnehmer nicht nur vorübergehend während der Amtszeit des Betriebsrats, so ist eine zusätzliche Freistellung in Betracht zu ziehen. Sinkt aber die Belegschaftsstärke nicht nur vorübergehend ab, etwa durch Betriebseinschränkungen oder andere Entlassungen, so sind die Freistellungen auf die in der Staffel vorgesehene Anzahl zu beschränken (*BAG* a. a. O.; *ArbG Hagen* vom 18. 12. 1974 – 1 BV 22/74 – DB 1975, 699; *G/L* § 38 Rz. 7; *F/A/K/H* § 38 Rz. 10; *D/R* § 38 Rz. 8; GK-*Wiese* § 38 Rz. 9; *Becker-Schaffner* BB 1982, 499; einschränkend *D/K/K/S* § 38 Rz. 10). Damit die niedrigere Anzahl der freigestellten Mitglieder nach den Regeln des Gesetzes bestimmt werden kann (vgl. dazu unten Rz. 23 ff.), muß der Arbeitgeber sämtliche bisherigen Freistellungen wieder aufheben (vgl. dazu unten Rz. 24). Der Betriebsrat hat unter Beachtung der Bestimmungen über den Minderheitenschutz und den Gruppenschutz (vgl. unten

Freistellungen § 38

Rz. 30 ff.) die nunmehr freizustellenden Mitglieder zu wählen und auch das sich der Wahl anschließende Verfahren (vgl. unten Rz. 36 ff.) einzuhalten (im Ergebnis wohl ebenso *F/A/K/H* a.a.O.). In der Zwischenzeit hat der Arbeitgeber die Betriebsratsmitglieder jeweils zur Wahrnehmung ihrer Amtsaufgaben nach § 37 Abs. 2 von der Arbeit zu befreien. Praktische Gründe sprechen dafür, daß der Betriebsrat die Wahl schon vor der Aufhebung der bisherigen Freistellungen durchführt, damit sich die neuen Freistellungen an die Aufhebung möglichst unmittelbar anschließen.

b) Zusätzliche Freistellungen
Nach dem Wortlaut des Gesetzes ist in Abs. 1 eine Mindestzahl von Freistellungen 12 festgelegt. Hieraus folgert die herrschende Rechtsauffassung, der Betriebsrat könne auch die Freistellung zusätzlicher Betriebsratsmitglieder nach § 37 Abs. 2 beschließen, wenn eine weitere Freistellung zur ordnungsgemäßen Durchführung der Betriebsratsaufgaben erforderlich sei oder der Arbeitgeber der weiteren Freistellung zustimme (*BAG* vom 26. 7. 1989 a.a.O.; vom 16. 1. 1979 – 6 AZR 683/76 EzA § 38 BetrVG 1972 Nr. 9 = DB 1979, 1515; vom 22. 5. 1973 – 1 ABR 26/72 und 1 ABR 2/73 – EzA § 38 BetrVG 1972 Nr. 4 und 5 = DB 1973, 1900 ff.; *D/R* § 38 Rz. 11; *G/L* § 38 Rz. 19; *F/A/K/H* § 38 Rz. 12; GK-*Wiese* § 38 Rz. 11 ff. und die Vorauflage; im Falle der Erforderlichkeit sogar für Zulässigkeit einseitiger Freistellung durch den Betriebsrat: *LAG Schleswig-Holstein* vom 14. 11. 1972 – 1 BV Ta 20/72 – EzA § 38 BetrVG 1972 Nr. 2; *ArbG Hagen* vom 9. 3. 1973 – 2 BV 3/73 – DB 1973, 878; *D/K/K/S* § 38 Rz. 12).
Eine über die Mindeststaffel hinausgehende Freistellung könne etwa erforderlich 13 sein, wenn ein freigestelltes Betriebsratsmitglied **zeitweilig an der Amtsausübung verhindert** sei. Zwar sei davon auszugehen, daß der Gestzgeber bei der Aufstellung der Staffel des Abs. 1 gewisse Fehlzeiten der freigestellten Betriebsratsmitglieder mit berücksichtigt habe. Deshalb gebe nicht schon jede kurzfristige Verhinderung eines freigestellten Betriebsratsmitglieds dem Betriebsrat das Recht, für die Zeit der Verhinderung ein anderes Betriebsratsmitglied freizustellen. Für die Erforderlichkeit einer weiteren Freistellung seien insbesondere die Dauer der Verhinderung des freigestellten Betriebsratsmitglieds, die Anzahl der freigestellten Betriebsratsmitglieder sowie Art, Organisation und räumliche Lage der Betriebsstätten von Bedeutung. Die Darlegungs- und Beweislast des Betriebsrats hinsichtlich der Tatsachen, die eine weitere Freistellung für ein auf längere Zeit verhindertes Betriebsratsmitglied erforderlich machen, sei geringer, als wenn auf Dauer über die Mindeststaffel des Abs. 1 hinaus weitere Betriebsratsmitglieder freigestellt werden sollten (so *BAG* vom 22. 5. 1973 – 1 ABR 26/72 – a.a.O.; GK-*Wiese* § 38 Rz. 27; vgl. auch *D/K/K/S* § 38 Rz. 16). Die Zulässigkeit dieser sog. Ersatzfreistellung folge nicht bereits aus der Regelung der Mindeststaffel (so aber *D/R* § 38 Rz. 13), da die Freistellung des vorübergehend verhinderten Betriebsratsmitglieds aufrechterhalten bleibe (so auch *BAG* und *Wiese*, jeweils a.a.O.).
Bei **Meinungsverschiedenheiten über die Notwendigkeit einer zusätzlichen Frei-** 14
stellung entscheide das Arbeitsgericht (*BAG* vom 22. 5. 1973 – 1 ABR 2/73 – a.a.O., in AP Bl. 4; *D/R* § 38 Rz. 12; GK-*Wiese* § 38 Rz. 15; *F/A/K/H* a.a.O.; *D/K/K/S* § 38 Rz. 12). Dabei trage der Betriebsrat die Darlegungs- und Beweislast dafür, daß die die Notwendigkeit zusätzlicher Freistellungen begründenden Tatsachen vorlägen (*BAG* vom 22. 5. 1973 – 1 ABR 10/73 – AP Nr. 2 zu § 37 BetrVG 1972 = EzA § 38 BetrVG 1972 Nr. 3 = DB 1973, 1955; *D/R* a.a.O.).

15 Die herrschende Rechtsauffassung ist indessen **abzulehnen**. Zwar steht ihr der Wortlaut des Gesetzes trotz der engen Verknüpfung der Mindestzahlenstaffel mit der Öffnung für anderweitige Regelungen durch Tarifverträge oder Betriebsvereinbarungen nicht eindeutig entgegen. Um so eindeutiger spricht gegen sie aber der Zweck der Regelung, der in den Gesetzesmaterialien klar zum Ausdruck gebracht worden ist. In der Begründung zum Entwurf der Bundesregierung (BT-Drucks. VI/1786, 41) heißt es, die Mindestzahlen für freizustellende Betriebsratsmitglieder seien **zur Vermeidung von unnötigen Streitigkeiten** zwischen Betriebsrat und Arbeitgeber vorgesehen. Im unmittelbaren Anschluß daran wird darauf hingewiesen, daß das Gesetz die Möglichkeit eröffne, durch Tarifvertrag oder Betriebsvereinbarung an die betrieblichen Bedürfnisse angepaßte, abweichende Regelungen über die Freistellung von Betriebsratsmitgliedern zu vereinbaren. Im Schriftlichen Bericht des Auschusses für Arbeit und Sozialordnung (zu Drucksache VI/2729, 24) wird hervorgehoben, daß »weitergehende Regelungen zwischen Arbeitgeber und Betriebsrat möglich« seien. Der Gesetzgeber hat somit eine für beide Seiten verbindliche Zahlenstaffel festlegen wollen, von der nur durch Vereinbarung – in einem Tarifvertrag oder in einer Betriebsvereinbarung – abgewichen werden kann. Diese Zielsetzung muß bei der Auslegung des nicht völlig klaren Gesetzeswortlauts den Ausschlag gegen die herrschende Rechtsauffassung geben. Sie hat nämlich bisher schon zu einer Vielzahl von Streitigkeiten geführt, die bei einer anderen Auslegung des Gesetzes vermieden worden wären. Gegen sie spricht ferner, daß sie auf das Merkmal der Erforderlichkeit abstellt, obwohl es in § 38 überhaupt nicht erwähnt ist. Die Annahme, § 38 sei ein Unterfall des § 37 Abs. 2 und unterliege deshalb ebenfalls dem Erforderlichkeitskriterium, überzeugt schon deshalb nicht, weil die vom Gesetzgeber gewünschte Rechtssicherheit nur dadurch erreicht werden kann, daß die Erforderlichkeit bei der Freistellung gerade keine Rolle spielt. Schließlich läßt die herrschende Rechtsauffassung auch im Dunkel, unter welchen Bedingungen eine zusätzliche Freistellung erforderlich sein könnte, eine bloße Arbeitsbefreiung nach § 37 Abs. 2 also nicht genügt.

16 Für Betriebe mit in der Regel **weniger als 300 Arbeitnehmern** ist anders als in § 38 Abs. 1 Satz 2 des Regierungsentwurfs (BT-Drucks. VI/1786, 9) eine Freistellung für bestimmte Stundenzahlen nicht vorgesehen. Für die herrschende Meinung folgt aber daraus nicht, daß hier keine Freistellung möglich wäre. Eine solche Möglichkeit sei vielmehr aus § 37 Abs. 2 herzuleiten, sofern keine anderweitige Regelung durch Tarifvertrag oder Betriebsvereinbarung getroffen sei. Voraussetzung sei dabei aber immer, daß eine Arbeitsbefreiung aus konkretem Anlaß nicht genügt, um die Betriebsratsarbeit ordnungsgemäß zu erledigen (so *BAG* vom 13. 11. 1991 – 7 ABR 5/91 – EzA § 37 BetrVG 1972 Nr. 106; vom 2. 4. 1974 – 1 ABR 43/73 – EzA § 37 BetrVG 1972 Nr. 21 = DB 1974, 1439; vom 16. 1. 1979 – 6 AZR 683/76 – EzA § 38 BetrVG 1972 Nr. 9 = DB 1979, 1515; *D/R* § 38 Rz. 10; *F/A/K/H* § 38 Rz. 16; *G/L* § 38 Rz. 21; GK-*Wiese* § 38 Rz. 16; *D/K/K/S* § 38 Rz. 14; *Auffarth* AuR 1972, 35; *Jülicher* AuR 1973, 163 f.; **a.A.** *Brecht* § 38 Rz. 5). Der erforderliche Umfang der Freistellung soll sich dabei nicht nach Richtwerten in Anlehnung an die Freistellungsstaffel des Abs. 1 bemessen können (*BAG* vom 21. 11. 1978 – 6 AZR 247/76 – EzA § 37 BetrVG 1972 Nr. 63 = DB 1979, 899).

17 Die herrschende Auffassung verkennt indessen die im Gesetz angelegten wesentlichen Unterschiede zwischen der Arbeitsbefreiung aus konkretem Anlaß nach

§ 37 Abs. 2 und der Freistellung nach § 38 (vgl. dazu oben Rz. 6), die vom Gesetz noch dadurch hervorgehoben werden, daß auf den Gesamtbetriebsrat nach § 51 Abs. 1 Satz 1 zwar § 37 Abs. 2, nicht aber § 38 entsprechend anzuwenden ist.
Die herrschende Auffassung geht auch hier über die Gesetzesmaterialien zu dieser **18** Frage hinweg: Im Schriftlichen Bericht des zuständigen Ausschusses (a. a. O.) wird der Verzicht auf die im Regierungsentwurf vorgeschlagene Freistellungsmöglichkeit für die Dauer von 12 Arbeitsstunden in der Woche in Betrieben mit 50 bis 150 Arbeitnehmern damit begründet, daß es nicht zweckmäßig sei, eine feste Freistellung für bestimmte Stundenzahlen vorzusehen. Eine derartige Regelung würde nach Ansicht des Ausschusses nur zu unnötigen Abgrenzungsschwierigkeiten gegenüber dem Anspruch auf Arbeitsbefreiung nach § 37 Abs. 2 führen, so daß es zweckmäßiger sei, für diese Betriebe allein auf die Regelung des § 37 Abs. 2 oder auf eine Vereinbarung zwischen Arbeitgeber und Betriebsrat abzustellen. Dem widerspricht auch nicht die Stellungnahme des vom zuständigen Ausschuß bestellten Berichterstatters, der in der Zweiten Lesung des Gesetzes ausgeführt hat, daß in kleineren Betrieben mit weniger als 300 Beschäftigten weiterhin Freistellungen und Teilfreistellungen möglich seien (Stenografische Berichte, 6. Wahlperiode, 85, 88); denn solche Maßnahmen bleiben in der Tat möglich, allerdings nur aufgrund Tarifvertrags oder Betriebsvereinbarung. Damit bestätigen die Gesetzesmaterialien, daß in Betrieben mit bis zu 300 Beschäftigten eine Freistellung nach dem Gesetz nicht in Betracht kommt (zur Möglichkeit einer entsprechenden Regelung durch Tarifvertrag oder Betriebsvereinbarung vgl. unten Rz. 20).

Aus den bisherigen Ausführungen (vgl. Rz. 14 ff.) ergibt sich ferner, daß eine **Teil-** **19** **freistellung** eines oder mehrerer Betriebsratsmitglieder in größeren Betrieben als mit weniger als 300 Beschäftigten nach dem Gesetz nicht zulässig ist (a. A. *G/L* § 38 Rz. 23; GK-*Wiese* § 38 Rz. 19, die Teilfreistellungen zulassen, soweit dadurch die in der Mindeststaffel festgelegte Personenzahl nicht überschritten wird; weitergehend *D/R* § 38 Rz. 15; *F/A/K/H* § 38 Rz. 6; *Jülicher* AuR 1973, 164, die dem Betriebsrat einen Anspruch auf Teilfreistellung unter Überschreitung der in der Mindeststaffel angegebenen Personenzahl für den Fall zuerkennen, daß entweder
• von den Betriebsratsmitgliedern, die für eine Freistellung wegen der Aufgabengestaltung des Betriebsrats in Betracht kommen, niemand bereit ist, sich vollständig von der beruflichen Tätigkeit freistellen zu lassen, oder wegen der Besonderheit des Betriebs Betriebsratsarbeit die Freistellung von mehr Betriebsratsmitgliedern als der Mindestzahl erfordert, aber für sie eine Teilfreistellung genügt und durch die Teilung der Freistellung der Betriebsratsmitglieder für den Arbeitgeber kein unzumutbarer Nachteil entsteht; ähnlich *D/K/K/S* § 38 Rz. 15).

2. Anderweitige Regelung

Durch **Tarifvertrag** oder **Betriebsvereinbarung**, nicht aber etwa in der Geschäfts- **20** ordnung des Betriebsrats (*BAG* vom 16. 1. 1979 – 6 AZR 683/76 – EzA § 38 BetrVG 1972 Nr. 9 = DB 1979, 1515), können anderweitige Regelungen über die Freistellung vereinbart werden. Auf diese Weise ist eine Anpassung an die im Einzelfall gegebenen betrieblichen Bedürfnisse möglich. Eine solche Vereinbarung kann sowohl eine **höhere** als auch eine **geringere** Anzahl von Freistellungen festlegen (*F/A/K/H* § 38 Rz. 20; *D/R* § 38 Rz. 17; GK-*Wiese* § 38 Rz. 19). Es kann auch vereinbart werden, daß anstelle einer völligen Freistellung von Betriebsratsmitgliedern eine solche für bestimmte Stunden, Tage oder Wochen (Teilfreistellung) vorgesehen wird (*F/A/K/H* § 38 Rz. 19f.; GK-*Wiese* § 38 Rz. 19; *D/K/K/S* § 38 Rz. 19; *Falkenberg* DB 1972, 474; **a.A.** die Vorauflage; vgl. dazu auch oben Rz. 19). Ferner ist auch für Betriebe mit in der Regel weniger als 300 Arbeitnehmern eine gänzliche oder anteilige Freistellung von Betriebsratsmitgliedern möglich (*F/A/K/H* und GK-*Wiese*, jeweils a.a.O.). Unzulässig ist ein **völliger Ausschluß** der gesetzlich vorgesehenen Freistellung durch Tarifvertrag oder Betriebsvereinbarung, weil dies keine Regelung über die Freistellung mehr wäre (so auch die h.M.; vgl. *F/A/K/H* § 38 Rz. 20; GK-*Wiese* § 38 Rz. 20; *D/R* § 38 Rz. 17; *D/K/K/S* § 38 Rz. 20).

21 **Betriebsvereinbarungen** über anderweitige Regelungen können nur **freiwillig** abgeschlossen und nicht durch die Einigungsstelle erzwungen werden (*F/A/K/H* a.a.O.; *G/L* § 38 Rz. 30; *D/R* § 38 Rz. 16; *D/K/K/S* § 38 Rz. 1). Hingegen ist ein – wohl nur theoretisch in Betracht zu ziehender – **Arbeitskampf** für eine anderweitige Regelung der Freistellung durch **Tarifvertrag** rechtlich nicht ausgeschlossen *D/K/K/S* a.a.O.; **a.A.** *D/R* a.a.O.; GK-*Wiese* § 38 Rz. 18, da es sich hier um eine gem. § 4 Abs. 1 TVG normative betriebsverfassungsrechtliche Regelung handelt, die stets erkämpfbar ist (*Brox/Rüthers* Anm. 261, 269).

22 Besteht eine **anderweitige tarifliche Regelung** über die Freistellung, so kann durch Betriebsvereinbarung eine **weitergehende Regelung** getroffen werden. Die Sperrwirkung des § 77 Abs. 3 greift hier nicht ein, da es sich bei der Freistellung nicht um die Regelung von Arbeitsbedingungen, sondern um eine betriebsverfassungsrechtliche Frage handelt (*D/R* § 38 Rz. 19; GK-*Wiese* § 38 Rz. 24; *F/A/K/H* § 38 Rz. 24; *D/K/K/S* § 38 Rz. 21, **a.A.** *G/L* § 38 Rz. Rz. 32; *Kammann/Hess/ Schlochauer* § 38 Rz. 11). Eine Betriebsvereinbarung mit einer ungünstigeren Regelung, als der Tarifvertrag sie vorsieht, ist unzulässig, da der Tarifvertrag gegenüber der Betriebsvereinbarung höherrangiges Recht ist. Anderes gilt nur dann, wenn der Tarifvertrag eine ungünstigere Regelung durch Betriebsvereinbarung ausdrücklich zuläßt (*D/K/K/S*, *F/A/K/H* und GK-*Wiese*, jeweils a.a.O.; *Wiedemann/Stumpf* § 4 Rz. 303).

3. Durchführung der Freistellung

a) Wahl

23 Im Rahmen der gesetzlichen Staffel und ggf. der anderweitigen Regelung durch Tarifvertrag oder Betriebsvereinbarung (vgl. hierzu *Engels/Natter* BB 1989 Beilage Nr. 8, 23) hat der Betriebsrat nach Abs. 2 Satz 1 die freizustellenden Mitglieder in **geheimer Wahl** zu wählen. Die Wahl ist im Regelfall nach dem **Grundsatz der Verhältniswahl** (vgl. unten Rz. 30) durchzuführen und unterliegt strikten Bestimmungen über den Gruppenschutz (vgl. unten Rz. 30f.). Die Kumulierung von Minderheitenschutz und Gruppenschutz kompliziert das Freistellungsverfahren gegenüber dem bis 1988 geltenden Rechtszustand erheblich (zur Änderung der gesetzlichen Lage vgl. oben Rz. 2; zur politischen Bewertung der Änderungen vgl. *Wlotzke* DB 1989, 111, 114f.; *Hanau* AuR 1988, 261, 265; *Buchner* NZA 1989 Beilage Nr. 1, 4; *D/K/K/S* § 38 Rz. 29).

24 Die Wahl hat nur betriebsverfassungsrechtliche Bedeutung. Für das **Arbeitsverhältnis wirksam** ist erst die **Freistellung durch den Arbeitgeber**, die auch nicht **durch den Spruch** der Einigungsstelle nach Abs. 2 Satz 7 ersetzt wird. Ohne eine

ausdrücklich oder schlüssig erklärte Freistellung dürfen die gewählten Betriebsratsmitglieder ihre berufliche Tätigkeit nicht aufgeben. Dies ist – anders als bei § 37 Abs. 2 (vgl. dazu oben § 37 Rz. 37) – hier anerkannt; (*D/R* § 38 Rz. 32; *G/L* § 38 Rz. 18; § 38 Rz. 7a; *F/A/K/H* § 38 Rz. 50; GK-*Wiese* § 38 Rz. 41). Auch der Betriebsrat kann die Freistellung nicht selbst vornehmen, weil er in das Arbeitsverhältnis des Betriebsratsmitglieds rechtlich nicht eingreifen kann und weil er außerdem gem. § 77 Abs. 1 Satz 2 die Führung des Betriebs nicht an sich ziehen darf (vgl. dazu auch *D/R* a. a. O.). Den Arbeitgeber trifft aber die Verpflichtung zur Freistellung, die ggf. gerichtlich – auch durch einstweilige Verfügung – durchgesetzt werden könnte. Auch kann in seinem Verhalten ein grober Gesetzesverstoß nach § 23 Abs. 3 liegen, der nach § 119 Abs. 1 Nr. 2 sogar als strafbare Behinderung der Betriebsratstätigkeit geahndet werden könnte (*G/L* und *F/A/K/H*, jeweils a. a. O.; GK-*Wiese* § 38 Rz. 42).

Vor der Wahl hat der Betriebsrat **mit dem Arbeitgeber zu beraten**. Beratung bedeutet hier, daß dem Arbeitgeber Gelegenheit gegeben wird, bereits vor der Wahl mögliche Bedenken vorzutragen, z. B. wenn ein Betriebsratsmitglied wegen seiner Funktion im Betrieb nicht gänzlich von seiner beruflichen Tätigkeit freigestellt werden kann (vgl. GK-*Wiese* § 38 Rz. 33; *S/W* § 38 Rz. 8). Auf diese Weise wird verhindert, daß der Betriebsrat erst nach der Wahl Einwendungen des Arbeitgebers erfährt, die dann zur Anrufung der Einigungsstelle führen können (*D/R* § 38 Rz. 23). Der Betriebsrat muß in der Beratung daher seine Gründe für die in Aussicht genommene Wahl vortragen, sich aber auch mit den Gegenargumenten des Arbeitgebers auseinandersetzen. Beide Seiten müssen nach dem Gebot zur vertrauensvollen Zusammenarbeit bestrebt sein, eine für sie angemessene Lösung zu finden. So soll der Betriebsrat möglichst solche Mitglieder freistellen, die aufgrund ihrer Fähigkeiten für die Arbeit des Betriebsrats besonders geeignet sind. Andererseits sollte er solche Arbeitnehmer nicht freistellen, die in betrieblichen Schlüsselpositionen tätig sind (*G/L* § 38 Rz. 13). Kommt eine Einigung nicht zustande, so entscheidet zwar der Betriebsrat; er muß dann jedoch die Anrufung der Einigungsstelle durch den Arbeitgeber gewärtigen (GK-*Wiese* § 38 Rz. 43; *F/A/K/H* § 38 Rz. 52). 25

Die Beratung hat in einer ordnungsgemäß einberufenen **Sitzung des Betriebsrats** zu erfolgen (so auch *F/A/K/H* § 38 Rz. 43; *D/R* § 38 Rz. 23; *D/K/K/S* § 38 Rz. 28; **a. A.** GK-*Wiese* § 38 Rz. 33: auch in der monatlichen Besprechung mit dem Arbeitgeber nach § 74 Abs. 1 möglich), weil nur so Vollzähligkeit und angemessene Vorbereitung auf den Beratungsgegenstand zu gewährleisten sind. 26

Eine Wahl **ohne vorherige Beratung mit dem Arbeitgeber** ist unwirksam (*ArbG Hagen* vom 20. 12. 1972 – 2 BV 19/72 – DB 1973, 191; *G/L* § 38 Rz. 10; *D/R* § 38 Rz. 23; *S/W* § 38 Rz. 8; *Böhm* DB 1974, 725; *Becker-Schaffner* BB 1982, 500; **a. A.** *F/A/K/H* § 38 Rz. 44; GK-*Wiese* § 38 Rz. 34; *D/K/K/S* § 38 Rz. 28); denn die vorgeschriebene Beratung mit dem Arbeitgeber, dessen vertragliche Rechtsstellung gegenüber seinem Arbeitnehmer durch die Freistellung berührt wird, ist als zwingende Wirksamkeitsvoraussetzung für die Wahl des freizustellenden Betriebsratsmitglieds ausgestaltet. Der Arbeitgeber braucht den ohne Beratung mit ihm zustandegekommenen Beschluß nicht anzuerkennen und dementsprechend die Freistellung nicht zu erteilen (vgl. oben Rz. 24, sowie *G/L* § 38 Rz. 17). 27

Der Betriebsrat wählt die freizustellenden Mitglieder für seine **gesamte Amtsperiode** (*F/A/K/H* § 38 Rz. 62; GK-*Wiese* § 38 Rz. 31; *D/R* § 38 Rz. 44). Er kann 28

§ 38 2. Teil 3. Abschn. *Geschäftsführung des Betriebsrats*

aber zunächst freigestellte Mitglieder wieder abberufen, muß dabei allerdings die besonderen Regeln zur Sicherung des Minderheitenschutzes und des Gruppenschutzes einhalten (vgl. Abs. 2 Satz 10). Nach der Abberufung ist für die Auffüllung der gesetzlichen Anzahl von Freistellungen eine Nachwahl erforderlich, die den allgemeinen Regeln für die Wahl folgt (vgl. Rz. 23–25).

29 Für die **Durchführung der Wahl** gelten die Erläuterungen zu § 27 entsprechend (vgl. oben § 27 Rz. 21–24).

aa) Minderheitenschutz

30 Die Wahl erfolgt seit der Gesetzesänderung aus dem Jahr 1988 (vgl. dazu oben Rz. 2) nach den **Grundsätzen der Verhältniswahl**, und zwar unabhängig davon, ob die Wahl durch den Betriebsrat insgesamt oder getrennt nach Gruppen durchgeführt wird (Abs. 2 Satz 1 und 4; so auch *D/K/K/S* § 38 Rz. 30). **Mehrheitswahl** findet ausnahmsweise nur dann statt, wenn
- bei gemeinsamer Wahl alle Betriebsratsmitglieder nur einen Wahlvorschlag machen (Abs. 2 Satz 2 1. Halbsatz),
- bei getrennter Wahl alle Angehörigen einer Gruppe nur einen Wahlvorschlag machen (Abs. 2 Satz 4 i. V. m. Satz 2 1. Halbsatz),
- nur ein Betriebsratsmitglied freizustellen ist (Abs. 2 Satz 2 2. Halbsatz),
- für jede Gruppe nur ein Betriebsratsmitglied freizustellen ist (Abs. 2 Satz 4 i. V. m. Satz 2 2. Halbsatz).

In den letzten beiden Fällen greift die Mehrheitswahl auch dann ein, wenn es sich um die **Nachwahl** nur eines Betriebsratsmitglieds nach Abberufung oder Ausscheiden des früher freigestellten Betriebsratsmitglieds handelt (so auch *Dänzer-Vanotti* AuR 1989, 204, 209, grundsätzlich auch *D/K/K/S* § 38 Rz. 45). Dies folgt aus den Bestimmungen des Gesetzes, das den Minderheitenschutz nur **durch die Gestaltung der Wahl** verwirklicht und damit auch entsprechend begrenzt (**a. A.** aber GK-*Wiese* Nachtrag zu Band I, § 38 Rz. 50g und *F/A/K/H* § 38 Rz. 48; vgl. zu dieser Frage auch oben § 27 Rz. 27; zum einzuhaltenden Verfahren vgl. oben § 27 Rz. 21 ff.).

31 Diese Wahlrechtsgrundsätze sind nach dem eindeutigen Gesetzeswortlaut auch dann zu beachten, wenn durch **Tarifvertrag oder Betriebsvereinbarung** eine Abweichung von der gesetzlichen Regelung festgelegt wird, dies selbst dann, wenn die gesetzliche Freistellungsstaffel auf diese Weise überschritten wird (so auch *Engels/Natter* a. a. O. 23).

32 Das Gesetz sichert den Minderheitenschutz weiterhin dadurch ab, daß es in Abs. 2 Satz 10 für die **Abberufung** freizustellender Betriebsratsmitglieder auf § 27 Abs. 1 Satz 5 verweist. Somit erfolgt die Abberufung, wenn die Wahl zur Freistellung nach den Grundsätzen der Verhältniswahl durchgeführt worden ist, durch einen Beschluß des Betriebsrats, zu dem es in geheimer Abstimmung einer Mehrheit von drei Vierteln der Stimmen der Mitglieder des Betriebsrats bedarf. Ein solcher Abberufungsschutz steht den in Mehrheitswahl gewählten Freigestellten nicht zu (*Engels/Natter* a. a. O. 22).

bb) Wahl nach Gruppen

33 Bei der Wahl zur Freistellung sind seit der Gesetzesänderung aus dem Jahr 1988 (vgl. dazu oben Rz. 2) nach Abs. 2 Satz 3 die Gruppen der Arbeitnehmer – Arbeiter und Angestellte – nicht mehr nur angemessen zu berücksichtigen, sondern strikt **entsprechend dem Verhältnis ihrer Vertretung im Betriebsrat**. Die mög-

Freistellungen § **38**

lichen Freistellungen müssen also genau dem Verhältnis der Arbeiter und Angestellten im Betriebsrat entsprechen (*Engels/Natter* a.a.O. 24; *F/A/K/H* § 38 Rz.1a). Die Gruppen können nicht auf Freistellungen verzichten (*BAG* vom 11.3.1992 – 7 ABR 50/9 – zur Veröff. vorgesehen). Sind zu wenige Mitglieder einer Gruppe bereit, sich freistellen zu lassen, gehen ungenutzte Freistellungen nicht auf die andere Gruppe über (**a. A.** *BAG* a.a.O.).

Gehört jeder Gruppe im Betriebsrat **mindestens ein Drittel** der Mitglieder an **34** (bis zur Gesetzesänderung aus dem Jahre 1988 – vgl. oben Rz.2 –: mehr als ein Drittel), so wählt jede Gruppe gemäß dem verstärkten Gruppenschutz des Abs.2 Satz 4 die auf sie entfallenden freizustellenden Betriebsratsmitglieder selbst. Dabei erfolgt aufgrund entsprechender Geltung von Abs.2 Satz 1 und 2 die Wahl in der Regel nach den Grundsätzen der Verhältniswahl und nur ausnahmsweise durch Mehrheitswahl (vgl. dazu oben Rz.30). Jeder Gruppe gebührt der ihr nach dem Zahlenverhältnis der Gruppe im Betriebsrat zustehende Anteil, der nach dem Höchstzahlverfahren zu ermitteln ist (*BAG F/A/ K/H* § 38 Rz.35; *G/L* § 38 Rz.15; *D/K/K/S* § 38 Rz.35 und 33). An der Wahl müssen sich aufgrund entsprechender Anwendung des § 33 Abs.2 mindestens die Hälfte der Gruppenangehörigen beteiligen (*F/A/K/H* § 38 Rz.39; zum bis 1988 geltenden Recht ebenso *G/L* § 38 Rz.16; *D/R* § 38 Rz.30). Die Wahl in jeder Gruppe ist für den Betriebsrat bindend. (*GK-Wiese* § 36 Rz.40; *G/L* a.a.O.; *D/K/K/S* § 38 Rz.37.)

Diese Art des Gruppenschutzes wird durch Abs.2 Satz 10 dadurch abgesichert, **35** daß ein Beschluß über die **Abberufung** der von einer Gruppe gewählten Vertreter nur in geheimer Abstimmung der Gruppe von einer Mehrheit von drei Vierteln der Stimmen der Mitglieder gefaßt werden kann.

b) Unterrichtung des Arbeitgebers
Der Betriebsrat hat nach Abs.2 Satz 5 **die Namen der Freizustellenden** dem **36** Arbeitgeber mitzuteilen. Die Mitteilung erfolgt nach § 26 Abs.3 durch den Betriebsratsvorsitzenden, bei dessen Verhinderung durch seinen Stellvertreter. Nach Mitteilung des ordnungsgemäß zustandegekommenen Beschlusses hat der Arbeitgeber die Freistellung zu erteilen (vgl. oben Rz.24). Solange er allerdings die Freistellung nicht erteilt hat, bleiben die durch Beschluß des Betriebsrats freizustellenden Betriebsratsmitglieder zur Arbeitsleistung verpflichtet, es sei denn, daß der Arbeitgeber gem. § 37 Abs.2 eine vorübergehende Arbeitsbefreiung aus konkretem Anlaß ausgesprochen hat (*G/L* § 38 Rz.17; GK-*Wiese* § 38 Rz.42; *D/K/K/S* § 38 Rz.39; vgl. auch oben § 37 Rz.21ff., unten Rz.38).

c) Anrufung der Einigungsstelle
Hält der Arbeitgeber den Beschluß des Betriebsrats über die Freistellung für **37** sachlich nicht vertretbar, so kann er gem. Abs.2 Satz 6 innerhalb von zwei Wochen nach Bekanntgabe die Einigungsstelle anrufen. Der Spruch der Einigungsstelle ersetzt nach Abs.2 Satz 7 die Einigung zwischen Arbeitgeber und Betriebsrat (zur arbeitsgerichtlichen Kontrolle des Spruchs vgl. unten Rz.69).

Für **Beginn und Ablauf** der zweiwöchigen **Ausschlußfrist** gelten die §§ 187 Abs.1 **38** und 188 Abs.2 BGB. Die Frist ist gewahrt, wenn der Arbeitgeber vor ihrem Ablauf die Einigungsstelle anruft, d.h. ein entsprechender Antrag beim Betriebsrat eingeht (*G/L* § 38 Rz.25; *D/R* § 38 Rz.33; GK-*Wiese* § 38 Rz.47). Sofern im

§ 38   2. Teil 3. Abschn. Geschäftsführung des Betriebsrats

Betrieb eine ständige Einigungsstelle besteht, muß der Antrag des Arbeitgebers innerhalb der Frist beim Vorsitzenden der Einigungsstelle eingegangen sein (*G/L* und *GK-Wiese*, jeweils a.a.O.; *F/A/K/H* § 38 Rz. 54; *D/K/K/S* § 38 Rz. 43). Versäumt der Arbeitgeber die gesetzliche Ausschlußfrist zur Anrufung der Einigungsstelle, so gilt nach Abs. 2 Satz 9 mit Fristablauf sein Einverständnis mit den Freistellungen als erteilt (zur Durchführung der Freistellungen gegenüber den gewählten Betriebsratsmitgliedern vgl. oben Rz. 23 und *GK-Wiese* § 38 Rz. 42; *Dütz* DB 1976, 1434; für gesetzliche Fiktion auch der Freistellungserklärung *G/L* § 38 Rz. 26; *D/R* § 38 Rz. 39; *Engels/Natter* a.a.O. 23; *F/A/K/H* § 38 Rz. 51 und die Vorauflage).

39 Bei Anrufung der Einigungsstelle kann sich der Arbeitgeber darauf beschränken, die **Auswahl eines bestimmten Betriebsratsmitglieds** überprüfen zu lassen (*GK-Wiese* § 38 Rz. 48; *F/A/K/H* § 38 Rz. 55; *D/R* § 38 Rz. 34).

40 Der Arbeitgeber muß dartun, daß der Freistellungsbeschluß des Betriebsrats **sachlich nicht vertretbar** ist. Dieser Maßstab, der durch das Gesetz von 1988 (vgl. oben Rz. 2) an die Stelle des früheren Maßstabs (»sachlich nicht begründet«) getreten ist, verdeutlicht die Darlegungslast des Arbeitgebers (*GK-Wiese* Nachtrag zu Band I, § 38 Rz. 43, *F/A/K/H* § 38 Rz. 52). Das Gesetz bestimmt zwar auch jetzt nicht näher, wie dieser Maßstab zu verstehen ist. Aus dem gesetzessystematischen Zusammenhang ergibt sich aber, daß es jedenfalls um die Auswahl der freizustellenden Betriebsratsmitglieder geht (so auch *Richardi* AuR 1986, § 38 Rz. 34; *GK-Wiese* § 38 Rz. 44; *Jülicher* AuR 1973, 165). Aufgrund der Gesetzesänderung kann der Arbeitgeber zweifelsfrei nicht mehr geltend machen, daß das freizustellende Betriebsratsmitglied wegen seiner besonderen fachlichen oder persönlichen Qualifikation dringend im Betrieb benötigt wird und der Betriebsrat ohne weiteres ein anderes Betriebsratsmitglied freistellen könnte. Er kann ferner nicht geltend machen, die freigestellten Betriebsratsmitglieder könnten nicht oder nur mit unverhältnismäßig hohem Aufwand an ihrem Arbeitsplatz ersetzt werden oder es entstünden durch die Herauslösung eines Betriebsratsmitglieds aus einer Arbeitsgruppe erhebliche Schwierigkeiten (so zu der früheren Gesetzesfassung *GK-Wiese* § 38 Rz. 45; *G/L* § 38 Rz. 27). Vielmehr muß der Arbeitgeber jetzt **zwingende** betriebliche Gründe dartun (so *F/A/K/H* a.a.O.; *GK-Wiese* Nachtrag zu Band I § 38 Rz. 43; *D/K/K/S* § 38 Rz. 41).
Sachlich nicht vertetbar ist die Auswahl auch etwa dann, wenn die Freistellung nur wegen der Zugehörigkeit zu einer bestimmten Gewerkschaft beschlossen worden ist. Hingegen ist es nicht Sache des Arbeitgebers darüber zu wachen, daß bei der Freistellung der Minderheitenschutz und der Gruppenschutz gewahrt werden (*Richardi* a.a.O.; vgl. auch *D/R* § 38 Rz. 34). Verstöße gegen diese Grundsätze können also nicht von der Einigungsstelle korrigiert werden.

41 Die Einigungsstelle entscheidet über die **Rechtsfrage**, ob die Auswahl sachlich vertretbar ist, ob also bei der Auswahlentscheidung die betrieblichen Notwendigkeiten ausreichend berücksichtigt worden sind (vgl. *D/R* § 38 Rz. 37; *G/L* § 38 Rz. 29; *GK-Wiese* a.a.O.).

42 Hält die Einigungsstelle den Beschluß des Betriebsrats für sachlich nicht vertretbar, kann sie sich nicht auf dessen Aufhebung beschränken, sondern muß **selbst anstelle des Betriebsrats die Entscheidung treffen** (*F/A/K/H* § 38 Rz. 57; *G/L* § 38 Rz. 29; *D/R* § 38 Rz. 37; *GK-Wiese* § 38 Rz. 49; *D/K/K/S* § 38 Rz. 44; *Dütz* DB 1972, 385). Dabei hat sie gem. Abs. 2 Satz 8 sowohl den Minderheiten- als

Freistellungen § 38

auch den Gruppenschutz nach Abs. 2 Satz 1–3 einzuhalten (vgl. dazu oben Rz. 30–34; für besondere Berücksichtigung auch eines etwaigen hohen Anteils von Teilzeitbeschäftigten: *Lipke* NZA 1990, 758, 760, aber ohne Grundlage im Gesetz). Die Ersatzregelung der Einigungsstelle ist allerdings nicht ohne weiteres möglich, wenn auf dem von ihr zu berücksichtigenden Wahlvorschlag überhaupt kein oder kein nach ihrer Ansicht geeigneter Ersatzkandidat steht (so *Richardi* AuR 1986, 33, 38; *Wlotzke* DB 1989, 111, 115). Dem kann auch nicht mit einer analogen Anwendung des § 25 Abs. 2 (Listenwechsel) begegnet werden (so aber *Engels/Natter* a. a. O. 23 und *D/K/K/S* a. a. O.), weil die Regelungszusammenhänge sich stark unterscheiden; auch fehlt es für die Wahl der freizustellenden Betriebsratsmitglieder an der für die Betriebsratswahl nach § 6 Abs. 3 der WO geltenden Vorgabe über eine überschüssige Besetzung der Vorschlagslisten. Deshalb kann die Einigungsstelle in einem solchen Fall nur so vorgehen, daß sie zunächst in einem Zwischenspruch die Bedenken des Arbeitgebers für berechtigt erklärt und die Ersatzregelung erst dann trifft, wenn der Betriebsrat oder die Gruppe nach den Regeln in Satz 1–3 ein freizustellendes Betriebsratsmitglied nachgewählt hat (vgl. dazu oben Rz. 30). Solange der Betriebsrat oder die Gruppe nicht nachgewählt hat, unterbleibt die betreffende Freistellung.

c) Mängel der Wahl
Hinsichtlich von Mängeln der Wahl gelten die Erläuterungen zu § 27 entsprechend 42
(vgl. oben § 27 Rz. 32 einschließlich der Verweisung auf § 28 ff; vgl. ferner *Engels/Natter* a. a. O. 21; GK-*Wiese* Nachtrag zu Band I, § 38 Rz. 50; zu Unrecht für analoge Anwendung des § 19 Abs. 2 mit der Anfechtungsfrist von zwei Wochen *LAG Frankfurt* vom 1. 8. 1991 – 12 Ta BV 40/91 – DB 1991, 2494; vgl. hierzu oben § 26 Rz. 28).

III. Rechtsstellung der freigestellten Betriebsratsmitglieder

1. Freistellung von der beruflichen Tätigkeit

Das freigestellte Betriebsratsmitglied ist nur von seiner beruflichen Tätigkeit be- 43
freit, nicht von den sonstigen Pflichten aus dem Arbeitsverhältnis. Die Befreiung dient allein dem Zweck, Betriebsratsaufgaben erfüllen zu können. Diese Zweckverbindung ist zwar im Gesetz selbst nicht ausgedrückt, erschließt sich aber aus dem Sinn der Vorschrift (im Ergebnis ebenso *BAG* vom 21. 7. 1978 – 6 AZR 561/75 – AP Nr. 4 zu § 38 BetrVG 1972 Bl. 2 = EzA § 37 BetrVG 1972 Nr. 60 = DB 1978, 2371). Aus dieser Rechtsstellung ergeben sich verschiedene Einzelrechtsfolgen:
Beginn und Ende der täglichen Arbeitszeit sind auch für das freigestellte Betriebs- 44
ratsmitglied maßgeblich (so auch *D/R* § 38 Rz. 47; *F/A/K/H* § 38 Rz. 67; *G/L* § 38 Rz. 35; GK-*Wiese* § 38 Rz. 52; *D/K/K/S* § 38 Rz. 47). Wird allerdings im Betrieb Mehrarbeit geleistet, so braucht das freigestellte Betriebsratsmitglied während dieser Zeit nicht anwesend zu sein (*LAG Hamburg* vom 24. 1. 1977 – 2 Sa 119/76 – BB 1977, 696 = DB 1977, 1097; *D/R* und GK-*Wiese*, jeweils a. a. O.; *S/W* § 38 Rz. 11). Bei Schichtbetrieb kann das freigestellte Betriebsratsmitglied seine Anwesenheitszeit so legen, daß es die Besetzung zweier Schichten betreuen kann. Ggf. muß der Betriebsrat nach dem Gebot zur möglichst rationellen Ge-

§ 38   2. Teil 3. Abschn. Geschäftsführung des Betriebsrats

schäftsführung (vgl. oben § 37 Rz. 28) für eine solche zeitliche Gestaltung sorgen. Die Abweichung der Anwesenheitszeit von der persönlichen Arbeitszeit bedarf aber immer der **Vereinbarung mit dem Arbeitgeber** (GK-*Wiese* a.a.O.; a.A. *F/A/K/H* und *D/K/K/S*, jeweils a.a.O.).

44a Freigestellte Betriebsratsmitglieder haben sich am Sitz des Betriebsrats **aufzuhalten**. Das gilt auch dann, wenn die Tätigkeit, von der sie freigestellt sind, außerhalb des Betriebs zu leisten war (*BAG* vom 28. 8. 1991 – 7 ABR 46/90 – DB 1991, 2594 = NZA 1992, 72).

45 Das freigestellte Betriebsratsmitglied unterliegt nicht dem **Direktionsrecht des Arbeitgebers** (*F/A/K/H*, *D/R*, *D/K/K/S* und GK-*Wiese*, jeweils a.a.O.).

46 Für das freigestellte Betriebsratsmitglied gelten die Bestimmungen über die **betriebliche Ordnung**. Es hat also z.B. die Regelungen über die Anwesenheitskontrolle einzuhalten (*F/A/K/H*, *D/R*, *D/K/K/S* und *G/L*, jeweils a.a.O.; GK-*Wiese* § 38 Rz. 53). Auch hat es sich an die Regeln über den Aufenthalt in den Räumen des Betriebes zu halten. Dementsprechend ist etwa das Aufsuchen von Arbeitsplätzen nur zulässig, soweit es zur Erfüllung amtlicher Aufgaben erforderlich ist. Beim Verlassen des Betriebes während der Arbeitszeit hat sich das freigestellte Betriebsratsmitglied abzumelden, am Betriebsausgang einen Passierschein vorzuweisen oder eine Stechuhr zu betätigen, soweit dies in der geltenden Arbeitsordnung festgelegt ist (vgl. GK-*Wiese*, *D/R* und *G/L*, jeweils a.a.O.; nur »bei Vorliegen besonderer Umstände«: *F/A/K/H* a.a.O.).

47 Nach herrschender Rechtsauffassung ist das freigestellte Betriebsratsmitglied sowohl aufgrund seiner gesetzlichen Amtsstellung wie auch aufgrund seines Arbeitsvertrages verpflichtet, während seiner Arbeitszeit nur Betriebsratsaufgaben wahrzunehmen (vgl. z.B. *BAG* vom 13. 11. 1991 – 5 AZR 74/91 – EzA § 611 BGB Abmahnung Nr. 21; GK-*Wiese* § 38 Rz. 54; *F/A/K/H* § 38 Rz. 72). Deshalb müsse es – zumindest unter bestimmten Voraussetzungen – **dem Arbeitgeber nachweisen, daß es während der für ihn maßgeblichen Arbeitszeit Betriebsratsaufgaben erledigt hat**. Dies soll z.B. auf Verlangen des Arbeitgebers der Fall sein, wenn das Betriebsratsmitglied den Betrieb während der Arbeitszeit verläßt (für diesen Fall auch *BAG* vom 31. 5. 1989 – 7 AZR 277/88 – AP Nr. 9 zu § 38 BetrVG 1972 = EzA § 37 BetrVG 1972 Nr. 100 = DB 1990, 742; noch weitergehend *D/R* und *G/L*, jeweils a.a.O., sowie die Vorauflage; vgl. auch *LAG Hamm* vom 19. 12. 1974 – 6 Sa 1168/74 – DB 1975, 699). Soweit sich das freigestellte Betriebsratsmitglied während der Arbeitszeit im Betrieb aufhält, soll der Arbeitgeber einen Nachweis, daß in dieser Zeit Betriebsratsaufgaben wahrgenommen worden sind, nur verlangen können, wenn die durch Tatsachen begründete Besorgnis bestehe, daß die Zeit zu anderen Zwecken verwandt worden ist, z.B. um im Betrieb Gewerkschaftsaufgaben zu erfüllen (*D/R* § 38 Rz. 47; vgl. auch *F/A/K/H* a.a.O.). Das *BAG* (vom 19. 5. 1983 – 6 AZR 290/81 – EzA § 37 BetrVG 1972 Nr. 77 = DB 1983, 2038) nimmt für freigestellte Betriebsratsmitglieder eine gesetzliche Vermutung dafür an, daß sie ausschließlich Betriebsratstätigkeit ausüben oder sich zumindest hierzu bereithalten (vgl. auch *BAG* vom 22. 8. 1974 – 2 ABR 17/74 – EzA § 103 BetrVG 1972 Nr. 6 = DB 1974, 2370; Nachweispflicht offengelassen in *BAG* vom 21. 7. 1978 a.a.O.).

48 Dieser Auffassung kann wegen der Vermischung von betriebsverfassungsrechtlichen und arbeitsvertraglichen Verpflichtungen **nicht zugestimmt** werden. Sie hätte zur Konsequenz, daß bei schwerwiegenden Verfehlungen das freigestellte Betriebsratsmitglied sowohl die Sanktion des § 23 als auch die außerordentliche

Kündigung treffen könnte. Sie wird der rechtlichen Stellung des freigestellten Betriebsratsmitglieds auch nicht gerecht. Es ist nämlich durch den Arbeitgeber von seiner beruflichen Tätigkeit befreit worden. Es hat damit die vertragliche Arbeitspflicht nicht mehr zu erfüllen. An ihre Stelle ist die **Amtspflicht** getreten, während der Arbeitszeit **Betriebsratsaufgaben zu erfüllen und nicht anderen Tätigkeiten z. B. Gewerkschaftsarbeit nachzugehen.** Die Amtspflicht beruht auf dem Gesetz, nicht auf dem Arbeitsvertrag. Der Arbeitgeber hat deshalb keinen vertraglichen Anspruch auf Erfüllung der Betriebsratsaufgaben und kann darum keinen entsprechenden Nachweis verlangen (so richtig *Weiss* Anm. AP Nr. 44 zu § 37 BetrVG 1972; *D/K/K/S* § 38 Rz. 49). Er kann allerdings von einem Betriebsratsmitglied fordern, daß es die Regeln der Anwesenheitskontrolle einhält (vgl. oben Rz. 46).

Deshalb ist der Arbeitgeber auch entgegen der herrschenden Rechtsauffassung **49** (vgl. *BAG* vom 21.7. 1978 und vom 19.5. 1983, jeweils a.a.O.; *F/A/K/H* a.a.O.; GK-*Wiese* § 38 Rz.52; *D/R* § 38 Rz.53; *D/K/K/S* § 38 Rz.48; *S/W* § 38 Rz.11 und die Vorauflage) auch dann zur Entgeltzahlung verpflichtet, wenn das freigestellte Betriebsratsmitglied während der maßgeblichen Arbeitszeit an sich zu leistende Betriebsratstätigkeit tatsächlich nicht leistet. Es kann in diesem Fall auch nicht abgemahnt werden (so aber *BAG* vom 13.11. 1991 a.a.O.; vom 6.8. 1981 – 6 AZR 505/78 – DB 1982, 758 = EzA § 37 BetrVG 1972 Nr. 73).

Freigestellte Betriebsratsmitglieder können an **Schulungs- und Bildungsveranstal- 50 tungen** nur unter den gleichen Voraussetzungen teilnehmen wie sonstige Betriebsratsmitglieder; sie sind ihnen gegenüber nicht bevorrechtigt (ebenso *BAG* vom 21.7. 1978 a.a.O.; *D/K/K/S* § 38 Rz. 50). Allerdings brauchen sie, da sie bereits von ihrer beruflichen Tätigkeit freigestellt sind, vom Arbeitgeber nicht mehr nach § 37 Abs. 2 i.V.m. Abs. 6 und 7 von der Arbeitsleistung befreit zu werden. Der nach § 37 Abs. 6 vom Betriebsrat zu fassende Beschluß (vgl. dazu oben § 37 Rz. 134ff.) entbindet die freigestellten Betriebsratsmitglieder nur von ihrer Amtspflicht zur Anwesenheit und schafft die Voraussetzungen für den Anspruch gegen den Arbeitgeber auf Erstattung der Kosten der Veranstaltung (**a.A.** *BAG* a.a.O.).

2. Entgeltfortzahlung, Freizeitausgleich, Entgelt- und Tätigkeitsschutz

Der Arbeitgeber hat dem freigestellten Betriebsratsmitglied das **Arbeitsentgelt 51** fortzuzahlen, das es ohne die Freistellung verdient hätte. Dies ergibt sich aus dem fortbestehenden Arbeitsverhältnis (*LAG Hamburg* vom 24.1. 1977 – 2 Sa 119/76 – DB 1977, 1097; im Ergebnis ebenso *Aden* RdA 1980, 256ff.; *D/K/K/S* § 38 Rz. 52), nicht unmittelbar aus § 37 Abs. 2 (so aber GK-*Wiese* § 38 Rz. 57), der ohnehin keinen eigenständigen Anspruchsgrund normiert und nur den Fall der dort geregelten Arbeitsbefreiung aus aktuellem Grund betrifft. Im Ergebnis gelten aber auch hier die zu § 37 Abs. 2 dargelegten Regeln (vgl. oben § 37 Rz. 43–53; vgl. auch GK-*Wiese* a.a.O.; *F/A/K/H* § 38 Rz. 73; *D/R* § 38 Rz. 49; *D/K/K/S* a.a.O.). Allerdings bereitet es bei freigestellten Betriebsratsmitgliedern vielfach erhebliche Schwierigkeiten, die Höhe ihres individuellen Entgelts festzustellen. Diese Schwierigkeiten bei der Durchführung des Entgeltausfallprinzips können indessen nicht durch Anwendung des § 37 Abs. 4 behoben werden, der das Entgelt

§ 38   *2. Teil 3. Abschn. Geschäftsführung des Betriebsrats*

vergleichbarer Arbeitnehmer mit betriebsüblicher beruflicher Entwicklung für maßgeblich erklärt (so jedoch GK-*Wiese*, *F/A/K/H*, *D/R*, *G/L*, *D/K/K/S* und Aden, jeweils a.a.O.; nicht konsequent allerdings GK-*Wiese* § 38 Rz. 58 und *F/A/K/H* § 38 Rz. 75); denn diese Bestimmung konkretisiert nicht, wie fälschlich angenommen wird, das Entgeltausfallprinzip; sie besagt z.B. nichts zu der Frage, ob ein Betriebsratsmitglied ohne die Freistellung Überstunden oder Kurzarbeit geleistet hätte, regelt vielmehr nur die **Weiterentwicklung der Bemessungsgrundlage** für das Entgelt der Betriebsratsmitglieder (vgl. dazu unten Rz. 53 sowie oben § 37 Rz. 77–89). Daß die Anwendung von § 37 Abs. 4 nicht weiterhelfen kann, zeigt sich vor allem dann, wenn mehrere vergleichbare Arbeitnehmer mit betriebsüblicher beruflicher Entwicklung vorhanden sind, von ihnen aber nur einer Mehrarbeit leistet, die anderen Normalarbeit erbringen oder Kurzarbeit hinzunehmen haben. Die Schwierigkeiten bei der Anwendung des Entgeltausfallprinzips auf freigestellte Betriebsratsmitglieder müssen deshalb ohne Rückgriff auf § 37 Abs. 4 bewältigt werden (so auch *LAG Hamburg* a.a.O.; *S/W* § 38 Rz. 11). Es kommt auf den **Entgeltausfall des freigestellten Betriebsratsmitglieds selbst** an. Sofern es in solchen Fällen zum Streit kommen würde, dann wäre nach den Regeln über die Beweislast zu entscheiden. Das hätte zur Konsequenz, daß ein non liquet bei Inanspruchnahme von Vergütung für Mehrarbeit dem Betriebsratsmitglied, bei Inanspruchnahme der vollen Vergütung trotz Kurzarbeit im Betrieb aber dem Arbeitgeber zur Last fiele.

52 Ausnahmsweise kommt nach herrschender Rechtsauffassung auch für ein freigestelltes Betriebsratsmitglied ein Anspruch auf **Freizeitausgleich** in Betracht, wenn es nämlich an einem Tag in besonderem Maße zeitlich beansprucht wird, z.B. für die Dauer von 12 Stunden Betriebsratsaufgaben wahrnimmt. Voraussetzung sei allerdings stets, daß betriebsbedingte – nicht betriebsratsbedingte – Gründe vorgelegen haben (*BAG* vom 21.5. 1974 – 1 AZR 477/73 – EzA § 37 BetrVG 1972 Nr. 25 = DB 1974, 1823; GK-*Wiese* § 38 Rz. 56; *G/L* § 38 Rz. 36; *F/A/K/H* § 38 Rz. 67; weitergehend *D/R* § 38 Rz. 48 und *D/K/K/S* § 38 Rz. 48: Anspruch auf Freizeitausgleich bei jedweder Überschreitung der persönlichen regelmäßigen Arbeitszeit). Das freigestellte Betriebsratsmitglied habe allerdings dann keinen Anspruch auf Freizeitausgleich, wenn die über die persönliche regelmäßige Arbeitszeit hinausreichende Zeit betriebsbedingter Betriebsratsarbeit nach dem Entgeltausfallprinzip **wie Mehrarbeit bezahlt werden muß** (vgl. oben Rz. 51); sonst würde seine Mehrleistung doppelt entgolten, und es würde gegenüber den übrigen Arbeitnehmern begünstigt (so auch *LAG Hamburg* a.a.O.; *G/L* § 38 Rz. 40; GK-*Wiese* § 38 Rz. 58; *D/R* § 38 Rz. 50; *F/A/K/H* § 38 Rz. 75). Die **zeitliche Lage des Freizeitausgleichs** könne von dem freigestellten Betriebsratsmitglied, weil es nicht in den Betriebsablauf eingegliedert ist, grundsätzlich selbst bestimmt werden (*F/A/K/H* § 38 Rz. 67; *D/R* § 38 Rz. 48; *G/L* a.a.O.; GK-*Wiese* § 38 Rz. 56; *D/K/K/S* a.a.O.). Auch sei eine Arbeitsbefreiung durch den Arbeitgeber nicht mehr möglich, da das Betriebsratsmitglied schon von seiner beruflichen Tätigkeit freigestellt ist. Beim Fernbleiben oder der vorzeitigen Entfernung aus dem Betrieb habe sich das Betriebsratsmitglied aber an die Regeln der betrieblichen Ordnung zu halten (vgl. oben Rz. 46). Der Freizeitausgleich sei gem. § 37 Abs. 2 Satz 3 vor Ablauf eines Monats durchzuführen (vgl. dazu oben § 37 Rz. 64–68). Eine Abgeltung komme nur unter der Voraussetzung in Betracht, daß der Freizeitausgleich aus betriebsbedingten Gründen nicht rechtzeitig möglich ist (vgl. dazu oben § 37 Rz. 72). Kein Abgeltungsanspruch bestehe, wenn die Freizeit

nur aus betriebsratsbedingten Gründen nicht rechtzeitig genommen werden könne (so auch GK-*Wiese* a.a.O.; **a.A.** *D/R* a.a.O.). Der herrschenden Rechtsauffassung muß indessen **widersprochen** werden. Nach § 37 Abs. 3 hat das Betriebsratsmitglied in erster Linie einen Anspruch auf Arbeitsbefreiung gegen den Arbeitgeber. Ein solcher Anspruch würde beim freigestellten Mitglied ins Leere gehen, weil es keiner Arbeitspflicht mehr unterworfen ist (vgl. oben Rz. 48). Es geht deshalb nur um eine zeitweilige Entbindung von der Anwesenheitspflicht (vgl. dazu oben Rz. 44). Sie kann ggf. vom Betriebsrat beschlossen werden. Auch dann hat das Mitglied aber die Regeln über die Ordnung des Betriebs zu beachten (vgl. oben Rz. 46)

Der **Entgelt- und Tätigkeitsschutz** nach § 37 Abs. 4 und 5 gilt, wie aus Abs. 3 hervorgeht, auch für freigestellte Betriebsratsmitglieder. Ihr Arbeitsentgelt darf also nicht geringer bemessen werden als das Arbeitsentgelt vergleichbarer Arbeitnehmer mit betriebsüblicher beruflicher Entwicklung (vgl. dazu § 37 Rz. 77–89). Ebenso dürfen sie, soweit nicht zwingende betriebliche Notwendigkeiten entgegenstehen, nach Beendigung ihrer Freistellung nur mit Tätigkeiten beschäftigt werden, die den Tätigkeiten vergleichbarer Arbeitnehmer mit betriebsüblicher beruflicher Entwicklung gleichwertig sind (vgl. § 37 Rz. 91–95). **53**

Abs. 3 **erweitert den Schutzzeitraum** von einem auf zwei Jahre zugunsten solcher Betriebsratsmitglieder, die drei volle aufeinanderfolgende Amtszeiten freigestellt waren, die also mindestens 9 (nach dem seit 1989 geltenden Recht künftig mindestens 12 Jahre; vgl. dazu oben Rz. 2) seit der ersten Wahl ihre berufliche Tätigkeit nicht haben ausüben können. Für diesen Personenkreis, der während eines erheblichen Teils seines Arbeitslebens der beruflichen Tätigkeit ferngeblieben ist, sieht das Gesetz vor allem im Hinblick auf den raschen technischen Wandel in den Betrieben einen erhöhten Schutz vor. **54**

Unter **voller** Amtszeit i.S. dieser Bestimmung ist zunächst die regelmäßige Amtszeit gem. § 21 Abs. 1 zu verstehen. Wird die Amtszeit durch vorzeitige Neuwahlen oder wegen Auflösung (§ 13 Abs. 2 oder §§ 19, 23) vorzeitig beendet, so liegt keine volle Amtszeit vor (GK-*Wiese* § 38 Rz. 62; *G/L* § 38 Rz. 43; *F/A/K/H* § 38 Rz. 81; *D/K/K/S* § 38 Rz. 55), ebenso, wenn die Amtszeit sich dadurch verkürzt, daß ein Betriebsrat aufgrund § 13 Abs. 3 Satz 1 neu gewählt werden muß, da ein solcher Betriebsrat weniger als die regelmäßige Amtszeit im Amt ist (*F/A/K/H* a.a.O.; **a.A.** *D/R* § 38 Rz. 56, der aber außerachtläßt, daß das Gesetz nur »volle« Amtszeiten für anrechenbar erklärt). Etwas anderes gilt nur für den Fall, daß der Betriebsrat gem. § 13 Abs. 3 Satz 2 erst für den übernächsten regelmäßigen Amtszeitraum neu zu wählen ist: Wenn dann der Betriebsrat infolge einer vorzeitigen Neuwahl eine verkürzte Amtszeit gehabt hat, die Amtszeit des folgenden Betriebsrats sich jedoch gem. § 21 Satz 4 über die regelmäßige Amtszeit hinaus verlängert, so sind beide Amtszeiten zusammen als volle Amtszeit anzusehen (*F/A/K/H* und *D/K/K/S*, jeweils a.a.O.; GK-*Wiese* § 38 Rz. 63; **a.A.** *G/L* a.a.O.). **55**

Die Freistellung muß sich über **drei aufeinanderfolgende Amtszeiten** erstreckt haben. Es darf keine Amtszeit eines Betriebsrats dazwischenliegen, in der das Betriebsratsmitglied nicht freigestellt war. Allerdings brauchen diese Amtszeiten nicht unmittelbar aufeinander zu folgen; kurze Zwischenräume, die eine Wiedereingliederung in das Berufsleben nicht ermöglichen, etwa wegen einer Verzögerung der Wahl, sind unerheblich (*F/A/K/H* § 38 Rz. 80; GK-*Wiese* § 38 Rz. 64; *D/R* § 38 Rz. 57; *D/K/K/S* § 38 Rz. 56; *Schneider* NZA 1984, 21, 23). **56**

Der Anspruch entsteht **mit Ablauf der Amtszeit**, nach der das Mitglied aus dem **57**

§ 38 2. Teil 3. Abschn. *Geschäftsführung des Betriebsrats*

Betriebsrat ausscheidet. War ein Betriebsratsmitglied über drei aufeinanderfolgende Amtszeiten hinweg freigestellt und in der letzten Amtszeit nur noch einfaches Mitglied des Betriebsrats, so steht ihm der Anspruch aus Abs. 3 nicht mehr zu; denn dann hat es bereits während der letzten Amtsperiode Gelegenheit gehabt, sich in seine berufliche Tätigkeit wieder einzuleben. Der Schutzzweck des Gesetzes greift dann nicht mehr ein (*F/A/K/H* § 38 Rz. 83 unter Aufgabe ihrer früheren Auffassung; *D/R* § 38 Rz. 58; *G/L* § 38 Rz. 44; a. A. GK-*Wiese* § 38 Rz. 65 und *D/K/K/S* § 38 Rz. 57, die entgegen dem Gesetz auf das Erfordernis der Freistellung während der letzten Amtszeit verzichten).

58 Zu der Frage, ob der nachwirkende Entgelt- und Tätigkeitsschutz nicht nur bei Ende der Amtszeit des Betriebsrats, sondern auch bei **Beendigung der persönlichen Mitgliedschaft** im Betriebsrat bei Fortbestand von dessen Amtszeit eingreift, gelten die entsprechenden Erläuterungen zu § 37 entsprechend (vgl. § 37 Rz. 90, 96).

59 Die **sozialversicherungsrechtliche Stellung** des freigestellten Betriebsratsmitglieds folgt den allgemeinen Grundsätzen (vgl. oben § 37 Rz. 7).

3. Berufliche Weiterentwicklung

60 Nach Abs. 4 sollen freigestellte Betriebsratsmitglieder möglichst **keine Nachteile für ihre berufliche Stellung und Entwicklung** erleiden. Ferner müssen sie in die Lage versetzt werden, einen infolge der Freistellung eingetretenen Rückstand in der beruflichen Entwicklung aufzuholen. Zweck der Vorschrift ist es, den freigestellten Betriebsratsmitgliedern nach Beendigung der Freistellung eine möglichst rasche und umfassende Wiederaufnahme ihrer beruflichen Tätigkeit zu ermöglichen (GK-*Wiese* § 38 Rz. 66; *G/L* § 38 Rz. 47; *F/A/K/H* § 38 Rz. 84; *D/K/K/S* § 38 Rz. 58).

61 Dementsprechend untersagt Abs. 4 Satz 1, die freigestellten Betriebsratsmitglieder von **inner- und außerbetrieblichen Maßnahmen der Berufsbildung** auszuschließen. Das gilt auch für solche Maßnahmen, die während der Zeit der Freistellung durchgeführt werden (*F/A/K/H* und *G/L*, jeweils a. a. O.; *D/R* § 38 Rz. 58). Außerbetriebliche Maßnahmen der Berufsbildung sind dabei solche Maßnahmen, die der Arbeitgeber zur Berufsbildung seiner Arbeitnehmer außerhalb des Betriebs durchführen läßt (*F/A/K/H* a. a. O.). Entsendet z. B. der Arbeitgeber jedes Jahr eine bestimmte Anzahl von Führungskräften zu einem beruflichen Fortbildungskurs, so muß auch den freigestellten Betriebsratsmitgliedern Gelegenheit gegeben werden, an diesen Veranstaltungen teilzunehmen, sofern sie die von ihm dafür aufgestellten Teilnahmevoraussetzungen erfüllen. Sie haben zwar keinen Anspruch auf bevorzugte Berücksichtigung bei der Auswahl, dürfen aber auch nicht benachteiligt werden. Sie sind so zu berücksichtigen, wie wenn sie nicht freigestellt wären und ihre berufliche Tätigkeit weiter ausüben würden (*F/A/K/H* § 38 Rz. 85; GK-*Wiese* § 38 Rz. 67; *G/L* § 38 Rz. 48). Abs. 4 Satz 1 konkretisiert so das Benachteiligungsverbot des § 78 Abs. 2 (*G/L* a. a. O.).

62 Hat das Betriebsratsmitglied wegen seiner Freistellung eine **betriebsübliche berufliche Entwicklung** (vgl. dazu auch unten Rz. 66) nicht absolvieren können, hat es innerhalb eines Jahres nach Ende der Freistellung im Rahmen der betrieblichen Möglichkeiten Gelegenheit zu erhalten, diese Entwicklung **nachzuholen**. Abzustellen ist auch hier auf die betriebsübliche Entwicklung **vergleichbarer Arbeitneh-**

Freistellungen § 38

mer (so *F/A/K/H* § 38 Rz. 86; GK-*Wiese* § 38 Rz. 69; *G/L* § 38 Rz. 49; vgl. hierzu § 37 Rz. 78 ff.). Die Frist erhöht sich nach Abs. 4 Satz 2 und 3 auch hier auf zwei Jahre, falls das Betriebsratsmitglied während dreier voller aufeinanderfolgender Amtszeiten freigestellt war.

Es handelt sich hier im Gegensatz zu Abs. 4 Satz 1 um eine gezielte Förderung des 63 freigestellten Betriebsratsmitglieds, die allerdings nur dem Ausgleich der vorherigen beruflichen Beeinträchtigung dient (GK-*Wiese* § 38 Rz. 68). Liegt die Ursache für die berufliche Beeinträchtigung in der Person des Freigestellten oder in sonstigen Umständen, so entfällt der Anspruch (GK-*Wiese* und *F/A/K/H*, jeweils a. a. O.; *D/R* § 38 Rz. 59).

Der Anspruch auf bevorzugte Teilnahme an Bildungsmaßnahmen ist von der 64 **Dauer der Freistellung** unabhängig. Maßgebend ist allein die Frage, ob dem Betriebsratsmitglied infolge der Freistellung berufliche Nachteile entstanden sind und eine berufliche Förderung nunmehr notwendig ist. Dementsprechend entsteht ein solcher Anspruch **nicht bei kurzfristigen Freistellungen** (*F/A/K/H* § 38 Rz. 87; GK-*Wiese* a. a. O.; *G/L* § 38 Rz. 50).

Die Verpflichtung des Arbeitgebers, den freigestellten Betriebsratsmitgliedern 65 Gelegenheit zu geben, eine unterbliebene berufliche Entwickung nachzuholen, besteht nur **im Rahmen der Möglichkeiten des Betriebs**. Die Schulung des Betriebsratsmitglieds darf für den Arbeitgeber, besonders hinsichtlich Art, Dauer und finanziellem Aufwand nicht unzumutbar sein. Der Arbeitgeber kann allerdings eine Förderung nicht mit dem Hinweis auf das Fehlen innerbetrieblicher Möglichkeiten ablehnen. Bestehen über- oder außerbetriebliche Fortbildungsmöglichkeiten, so muß der Arbeitgeber dem Betriebsratsmitglied Gelegenheit geben, an diesen Veranstaltungen teilzunehmen (ebenso *F/A/K/H* § 38 Rz. 89; *D/R* § 38 Rz. 60; GK-*Wiese* § 38 Rz. 70; *D/K/K/S* § 38 Rz. 60; *Schneider* NZA 1984, 21, 24).

Zum Anspruch auf Nachholung der betriebsüblichen beruflichen Entwicklung ge- 66 hört auch, daß das Betriebsratsmitglied im Rahmen der Möglichkeiten des Betriebs entsprechend der durch die Fortbildungsmaßnahmen erlangten Qualifikation **beschäftigt wird** (GK-*Wiese* § 38 Rz. 72; *F/A/K/H* § 38 Rz. 90; *D/R* § 38 Rz. 62; *D/K/K/S* a. a. O.).

Abs. 4 ist auf nicht freigestellte Betriebsratsmitglieder entsprechend anzuwenden 67 (vgl. oben § 37 Rz. 95).

IV. Streitigkeiten

Streitigkeiten zwischen dem Arbeitgeber und Betriebsratsmitgliedern aus der **Ent-** 68 **geltzahlungspflicht oder aus sonstigen Verpflichtungen gegenüber den freigestellten Betriebsratsmitgliedern** sind individualrechtliche Streitigkeiten, die vom Arbeitsgericht im Urteilsverfahren zu entscheiden sind (*F/A/K/H* § 38 Rz. 94; GK-*Wiese* § 38 Rz. 75; *G/L* § 38 Rz. 53; *D/R* § 38 Rz. 65; *D/K/K/S* § 38 Rz. 63; vgl. auch oben § 37 Rz. 180 ff.).

Soweit es zu Streitigkeiten zwischen Betriebsrat und Arbeitgeber wegen der **Frei-** 69 **stellung** kommt, z. B. wegen der Anzahl der freizustellenden Mitglieder oder wegen des Gruppenschutzes, ist nach § 2a ArbGG das Beschlußverfahren vor dem Arbeitsgericht die richtige Verfahrensart. Nur wenn die sachliche Vertretbarkeit einer Freistellung hinsichtlich der vom Betriebsrat getroffenen Auswahl streitig

§ 39   2. Teil 3. Abschn. Geschäftsführung des Betriebsrats

ist, entscheidet gem. Abs. 2 Satz 6 die **Einigungsstelle**. Der Spruch der Einigungsstelle unterliegt dabei der arbeitsgerichtlichen Rechtskontrolle gem. § 76 Abs. 7 (*F/A/K/H* § 38 Rz. 91; *D/R* § 38 Rz. 37; *Dütz* DB 1972, 383, 386; für nur eingeschränkte Rechtsprüfung: *LAG Baden-Württemberg* vom 9. 1. 1976 – 5 Ta BV 12/75 – unveröffentlicht; *S/W* § 38 Rz. 10; *Henssler* RdA 1991, 268, 273; vgl. auch *D/K/K/S* § 38 Rz. 64). Die Zwei-Wochen-Frist nach § 76 Abs. 5 Satz 4 greift hier nicht ein, da nicht die Einhaltung von Ermessensgrenzen, sondern die Anwendung des unbestimmten Rechtsbegriffs der sachlichen Vertretbarkeit des Freistellungsbeschlusses zu überprüfen ist (vgl. oben Rz. 40).

70   Der Arbeitgeber kann den Beschluß des Betriebsrats über die Freistellung nicht unmittelbar vor dem Arbeitsgericht angreifen, sondern hat vorher die als betriebsnächste Entscheidungsinstanz vorgeschaltete Einigungsstelle anzurufen (*F/A/K/H* a. a. O.; *G/L* § 38 Rz. 52; *GK-Wiese* § 38 Rz. 74).

71   Im Beschlußverfahren sind auch Streitigkeiten **zwischen einzelnen Betriebsratsmitgliedern und dem Betriebsrat**, etwa über die Einhaltung der den Gruppenschutz dienenden Bestimmungen, auszutragen (*BAG* vom 26. 2. 1987 – 6 ABR 54/85 – EzA § 38 BetrVG 1972 Nr. 10 = DB 1987, 1668; *D/R* § 38 Rz. 64). Antragsberechtigt ist jedes Betriebsratsmitglied (*LAG Düsseldorf* vom 10. 4. 1975 – 14 Ta BV 137/74 – DB 1975, 1897), nicht aber die im Betrieb vertretene Gewerkschaft (*BAG* vom 22. 5. 1973 – 1 ABR 2/73 – AP Nr. 2 zu § 38 BetrVG 1972 = DB 1973, 1900; vom 16. 2. 1973 – 1 ABR 18/72 – EzA § 19 BetrVG 1972 Nr. 1 = DB 1973, 1254; *LAG Düsseldorf* vom 10. 4. 1975 – 14 Ta BV 137/74 – DB 1975, 1897; *GK-Wiese* § 38 Rz. 73; *D/K/K/S* § 38 Rz. 62 und *F/A/K/H* a. a. O.; vgl. dazu auch oben Rz. 42a einschließlich der dort in Bezug genommenen Erläuterungen zu den §§ 27 und 26), da es sich bei der Freistellungswahl um einen Akt der Geschäftsführung handelt, die allein Aufgabe des Betriebsrats ist. Für den Antrag auf Entscheidung über die Rechtswirksamkeit einer Freistellung fehlt aber das Rechtsschutzbedürfnis, wenn die Antragsteller dem Betriebsrat nicht mehr angehören (vgl. *BAG* vom 29. 7. 1982 – 6 ABR 51/79 – EzA § 81 ArbGG 1979 Nr. 2 = DB 1983, 666).

§ 39 Sprechstunden

(1) Der Betriebsrat kann während der Arbeitszeit Sprechstunden einrichten. Zeit und Ort sind mit dem Arbeitgeber zu vereinbaren. Kommt eine Einigung nicht zustande, so entscheidet die Einigungsstelle. Der Spruch der Einigungsstelle ersetzt die Einigung zwischen Arbeitgeber und Betriebsrat.
(2) Führt die Jugend- und Auszubildendenvertretung keine eigenen Sprechstunden durch, so kann an den Sprechstunden des Betriebsrats ein Mitglied der Jugend- und Auszubildendenvertretung zur Beratung der in § 60 Abs. 1 genannten Arbeitnehmer teilnehmen.
(3) Versäumnis von Arbeitszeit, die zum Besuch der Sprechstunden oder durch sonstige Inanspruchnahme des Betriebsrats erforderlich ist, berechtigt den Arbeitgeber nicht zur Minderung des Arbeitsentgelts des Arbeitnehmers.

Literaturübersicht

Brill Für und wider Sprechstunden des Betriebsrats, BB 1979, 1247; *Dütz* Eigenmächtige Arbeitsversäumnis und Freizeitnahme durch Arbeitnehmer und Betriebsratsmitglieder, DB 1976, 1428, 1480; *Schlochauer* Zugangsrecht von Betriebsratsmitgliedern zu den Arbeitsplätzen einzelner Arbeitnehmer, FS für *G. Müller* 1981, 459.

Inhaltsübersicht

		Rz.
I.	Allgemeines	1– 3
II.	Zweck	4
III.	Einrichtung	5–10
IV.	Teilnahme eines Mitglieds der Jugend- und Auszubildendenvertretung	11–15
V.	Durchführung der Sprechstunden	16–19
VI.	Arbeitsbefreiung und Entgeltfortzahlung bei Besuch der Sprechstunde und sonstiger Inanspruchnahme des Betriebsrats	20–27
VII.	Haftung für Auskünfte	28
VIII.	Streitigkeiten	29

1. Allgemeines

Nach Abs. 1 Satz 1 kann der Betriebsrat während der Arbeitszeit Sprechstunden **1** einrichten. Nach § 38 BetrVG 1952 war dies nur möglich in Betrieben mit mehr als 100 Arbeitnehmern und nach näherer Vereinbarung mit dem Arbeitgeber. Das Recht des Betriebsrats zur Abhaltung von Sprechstunden ist nach gegenwärtigem Recht von der Größe des Betriebes unabhängig. Außerdem braucht der Betriebsrat lediglich noch Zeit und Ort der Sprechstunden mit dem Arbeitgeber zu vereinbaren. Neu sind ferner die Vorschriften der Abs. 2 und 3 über die Teilnahme eines Mitglieds der Jugend- und Auszubildendenvertretung an den Sprechstunden und über den Entgeltfortzahlungsanspruch der die Sprechstunden besuchenden Arbeitnehmer (*Brill* BB 1979, 1247).

Die Vorschrift gilt nicht für den Gesamtbetriebsrat (§ 51 Abs. 1), den Konzernbe- **2** triebsrat (§ 59 Abs. 1) und die Gesamt-Jugend- und Auszubildendenvertretung (§ 73 Abs. 2), wohl aber für die anderweitige Vertretung der Arbeitnehmer gem. § 3 Abs. 1 Nr. 2, die an die Stelle des Betriebsrats tritt (*F/A/K/H* § 39 Rz. 2).

Die Vorschrift ist **zwingend**. Sie kann weder durch Tarifvertrag noch durch Be- **3** triebsvereinbarung abbedungen werden (GK-*Wiese* § 39 Rz. 4; *F/A/K/H* § 39 Rz. 3; *G/L* § 39 Rz. 2). Nach herrschender Rechtsauffassung können aber nähere Regelungen über die Durchführung der Sprechstunden, die über die Fragen in Abs. 1 Satz 2 hinausgehen, durch Betriebsvereinbarung freiwillig vereinbart werden (vgl. GK-*Wiese*, *F/A/K/H* und *G/L*, jeweils a.a.O.). Solche Vereinbarungen haben aber keine eigenständige normative Wirkung; sie haben nur den Charakter gemeinsamer Hinweise (vgl. oben § 37 Rz. 4).

II. Zweck

4 Die Sprechstunden dienen der **Beratung der Arbeitnehmer** in Fragen, die in unmittelbarer Beziehung zu ihrem Arbeitsverhältnis stehen und in den Aufgabenbereich des Betriebsrats fallen (*G/L* § 39 Rz. 1). Die Arbeitnehmer erhalten damit auch eine feste Gelegenheit, dem Betriebsrat Anregungen (§ 80 Abs. 1 Nr. 3) und Beschwerden (§ 85) vorzutragen. Wie sich aus § 85 Abs. 1 ergibt, braucht der Arbeitnehmer sich nicht vor der Erhebung einer Beschwerde gegenüber dem Betriebsrat an den Arbeitgeber oder den betrieblichen Vorgesetzten zu wenden (wie hier GK-*Wiese* § 39 Rz. 7; a. A. *S/W* § 39 Rz. 3). Soweit es um die gesetzlichen Aufgaben des Betriebsrats geht, können in der Sprechstunde auch Rechtsfragen erörtert und kann dementsprechend Rechtsrat erteilt werden (GK-*Wiese* a. a. O.; *D/R* § 39 Rz. 2; *D/K/K/S* § 39 Rz. 13; **a. A.** die Vorauflage; vgl. aber auch *LAG Hamburg* vom 10. 4. 1987 – STa 5/87 – DB 1987, 1744 = NZA 1985, 430, wonach eine falsche Rechtsauskunft eines Betriebsratsmitglieds nicht die nachträgliche Zulassung einer verspäteten Kündigungsschutzklage begründen kann). Hingegen darf die Sprechstunde nicht zur gewerkschaftlichen Mitgliederbetreuung und -werbung im Betrieb benutzt werden (*D/R*, *S/W* und GK-*Wiese*, jeweils a. a. O.).

III. Einrichtung

5 Mit der Einrichtung von Sprechstunden kann der Betriebsrat den Arbeitnehmern zeitlich fixierte, regelmäßig wiederkehrende Gelegenheiten anbieten, ihn aufzusuchen. Die Vorschrift berechtigt ihn indessen nicht dazu, zu einer Versammlung der Belegschaft oder von Teilen der Belegschaft **einzuladen** (sog. öffentliche Sprechstunde; so auch *ArbG Mannheim* vom 20. 12. 1978 – 2 BV 11/78 – BB 1979, 833; GK-*Wiese* a. a. O.; *F/A/K/H* § 39 Rz. 1; *S/W* a. a. O.). Ob er von der gesetzlichen Möglichkeit Gebrauch macht, liegt in seinem **pflichtgemäßen Ermessen** (*D/R* § 39 Rz. 3; *G/L* § 39 Rz. 4; *F/A/K/H* § 39 Rz. 4; GK-*Wiese* § 39 Rz. 8; *Brill* BB 1979, 1247). Er bedarf zu seiner Entscheidung nicht der Zustimmung des Arbeitgebers. Er muß aber die betrieblichen Verhältnisse und die Zahl der im Betrieb beschäftigten Arbeitnehmer berücksichtigen (*G/L* § 39 Rz. 6; *F/A/K/H* und *Brill*, jeweils a. a. O.; *D/K/K/S* § 39 Rz. 3). Der Betriebsrat ist **nicht verpflichtet**, Sprechstunden durchzuführen. Da er aber so eine Möglichkeit zum persönlichen Kontakt mit der Belegschaft schaffen kann, wird die Einrichtung von Sprechstunden im Fachschrifttum teilweise empfohlen (*F/A/K/H* § 39 Rz. 5; *G/L* § 39 Rz. 4; *D/K/K/S* § 39 Rz. 4; für die Faustregel, daß Sprechstunden bei Freistellung von mindestens einem Betriebsratsmitglied zweckmäßig seien: *Brill* BB 1979, 1247, 1249). Es kommt auf den einzelnen Betrieb, seine Belegschaft und seinen Betriebsrat an. Maßgebliche Gesichtspunkte sind vor allem Größe, Art und Organisation des Betriebs, aber auch die Bereitschaft der Arbeitnehmer, von einer solchen Einrichtung diszipliniert und kollegial Gebrauch zu machen. Die Sprechstunde kann auch dem Interesse des Arbeitgebers Rechnung tragen, Arbeitsunterbrechungen durch Aufsuchen des Betriebsrats vorher einplanen zu können und das Vorbringen von Anregungen und Beschwerden in geordneten Bahnen zu halten (*BAG* vom 23. 6. 1983 – 6 ABR 65/80 – AP Nr. 45 zu § 37 BetrVG 1972 = EzA § 37 BetrVG 1972 Nr. 78 = DB 1983, 2419; GK-*Wiese* § 39 Rz. 6).

Zeit und Ort der Sprechstunde sind nach Abs. 1 Satz 2 mit dem Arbeitgeber zu 6
vereinbaren. Nach der herrschenden Rechtsauffassung gilt dies nicht, wenn die
Sprechstunde **außerhalb der Arbeitszeit** durchgeführt wird (*D/R* § 39 Rz. 6; *G/L*
§ 39 Rz. 9; GK-*Wiese* § 39 Rz. 10 und die Vorauflage); im letzten Fall müsse der
Betriebsrat aber die Öffnungszeiten des Betriebs beachten (GK-*Wiese* a.a.O.).
Dem steht indessen entgegen, daß Sprechstunden nach dem eindeutigen Gesetzeswortlaut nur während der Arbeitszeit eingerichtet werden können (**a.A.** *S/W* § 39
Rz. 2); der Zweck dieser Beschränkung ist, daß die Arbeitnehmer ohne Aufwand
an Freizeit von ihren betriebsverfassungsrechtlichen Befugnissen Gebrauch machen können.

Es ist zweckmäßig, Zeit und Ort der Sprechstunden in einer **förmlichen Betriebs-** 7
vereinbarung nach § 77 Abs. 2 bis 6 festzulegen. Dies ist allerdings rechtlich nicht
notwendig, weil hier keine auf die Arbeitsverhältnisse einwirkenden Normen geschaffen zu werden brauchen. Es genügt deshalb die formlose betriebliche Einigung gem. § 77 Abs. 1 (GK-*Wiese* § 39 Rz. 10; **a.A.** *D/R* § 39 Rz. 7; *G/L* § 39
Rz. 9; vgl. auch oben Rz. 3).

In der Vereinbarung mit dem Arbeitgeber über die Zeit der Sprechstunden ist die 8
zeitliche Lage während der Arbeitszeit, die Häufigkeit der Sprechstunden sowie
deren Dauer zu regeln (*F/A/K/H* § 39 Rz. 10; *G/L* § 39 Rz. 7; *D/K/K/S* § 39
Rz. 9; **a.A.** hinsichtlich der Dauer *D/R* § 39 Rz. 5). Besonders hinsichtlich der
Dauer und Häufigkeit der Sprechstunden kommt es auf die jeweiligen betrieblichen Verhältnisse an, z.B. Größe des Betriebs, Zusammensetzung der Belegschaft, Fluktuation, Schicht- oder Normalbetrieb (*Brill* BB 1979, 1247; *D/K/K/S*
a.a.O.). Arbeitet der Betrieb in mehreren Schichten, kann es nach dem Grundsatz der möglichst rationellen Geschäftsführung (vgl. oben § 37 Rz. 28) erforderlich sein, die Sprechstunden so zu legen, daß die Angehörigen zweier Schichten
die Sprechstunden während der Arbeitszeit wahrnehmen können (*F/A/K/H* § 39
Rz. 9; *D/K/K/S* a.a.O.).

Unter dem **Ort** der Sprechstunde ist vor allem der Raum zu verstehen, in dem die 9
Sprechstunde durchgeführt wird. Er muß deshalb mit dem Arbeitgeber gemeinsam festgelegt werden (GK-*Wiese* § 39 Rz. 10; *F/A/K/H* § 39 Rz. 10; *G/L* § 39
Rz. 6).

Kommt es über die Festlegung von Zeit und Ort der Sprechstunden nicht zu einer 10
Verständigung zwischen Betriebsrat und Arbeitgeber, so entscheidet die **Eini-**
gungsstelle. Sie hat ihre Entscheidung gem. § 76 Abs. 5 unter angemessener Berücksichtigung der Belange des Betriebs und der betroffenen Arbeitnehmer nach
billigem Ermessen zu treffen. Auf jeden Fall muß sichergestellt werden, daß den
Arbeitnehmern das Aufsuchen der Sprechstunden des Betriebsrats in ordnungsgemäßer Weise ermöglicht wird (*F/A/K/H* § 39 Rz. 12; GK-*Wiese* § 39 Rz. 11;
D/K/K/S § 39 Rz. 10).

IV. Teilnahme eines Mitglieds der Jugend- und Auszubildendenvertretung

Zur Beratung Jugendlicher und zu ihrer Berufsausbildung beschäftigter Arbeit- 11
nehmer kann an den Sprechstunden des Betriebsrats auch ein Mitglied der Jugend- und Auszubildendenvertretung teilnehmen, sofern dieses Gremium nicht
nach § 69 eigene Sprechstunden durchführt. Dies kommt vor allem in Betrieben
mit 50 und weniger Jugendlichen und zu ihrer Berufsausbildung beschäftigten Ar-

§ 39 2. Teil 3. Abschn. *Geschäftsführung des Betriebsrats*

beitnehmern in Betracht, da die Jugend- und Auszubildendenvertretung dort nicht nach § 69 Satz 1 das Recht hat, Sprechstunden während der Arbeitszeit abzuhalten. Abs. 2 ergänzt somit die in § 69 enthaltene Bestimmung für Betriebe mit bis zu 50 der genannten Arbeitnehmer.

12 Das Teilnahmerecht des Mitglieds der Jugend- und Auszubildendenvertretung besteht auch, soweit die Sprechstunde von nicht ihr zugeordneten Arbeitnehmern aufgesucht wird; nicht die Teilnahme, sondern die Funktion des Mitglieds der Jugend- und Auszubildendenvertretung ist beschränkt (GK-*Wiese* § 39 Rz. 18; a. A. *D/R* § 39 Rz. 18; *F/A/K/H* § 39 Rz. 18; *G/L* § 39 Rz. 11 und die Vorauflage; vgl. aber auch unten Rz. 13).

13 Der Betriebsrat kann auch **getrennte Sprechstunden** für die der Jugend- und Auszubildendenvertretung zugeordneten Arbeitnehmer einerseits und für die übrigen Arbeitnehmer andererseits einrichten. Dann besteht das Teilnahmerecht des Mitglieds der Jugend- und Auszubildendenvertretung nur zur Beratung Jugendlicher und zu ihrer Berufsausbildung beschäftigter Arbeitnehmer (*D/R* und GK-*Wiese*, jeweils a. a. O.; *D/K/K/S* § 39 Rz. 17).

14 Die Jugend- und Auszubildendenvertretung entscheidet selbständig durch Beschluß, ob und ggf. welches ihrer Mitglieder an den Sprechstunden teilnimmt (*G/L* § 39 Rz. 12; *D/R* § 39 Rz. 16; *D/K/K/S* § 39 Rz. 16). Die Jugend- und Auszubildendenvertretung kann daher auch auf eine Teilnahme verzichten. Sie verletzt damit nicht ihre Amtspflichten (*F/A/K/H* § 39 Rz. 17; a. A. GK-*Wiese* § 39 Rz. 14; *G/L* § 38 Rz. 12). Trifft die Jugend- und Auszubildendenvertretung keine ausdrückliche Regelung, so soll nach herrschender Rechtsauffassung ihr Vorsitzender, im Verhinderungsfall sein Stellvertreter, befugt sein, an den Sprechstunden teilzunehmen (GK-*Wiese* § 39 Rz. 17; *D/R* § 39 Rz. 17; *F/A/K/H* und *D/K/K/S* jeweils a. a. O). Richtig ist demgegenüber, daß ohne einen entsprechenden Beschluß kein Mitglied der Vertretung teilnimmt (vgl. dazu die entsprechende Frage für den Betriebsrat unter Rz. 16).

15 Jugendliche und zu ihrer Berufsausbildung beschäftigte Arbeitnehmer, die die Sprechstunden aufsuchen, brauchen sich mit ihren Fragen nicht an das Mitglied der Jugend- und Auszubildendenvertretung zu wenden, sondern können sich auch allein mit dem Betriebsratsmitglied beraten (*F/A/K/H* § 39 Rz. 19; GK-*Wiese* § 39 Rz. 15; *D/K/K/S* § 39 Rz. 15).

V. Durchführung der Sprechstunden

16 Der Betriebsrat entscheidet allein darüber, welches Mitglied oder welche Mitglieder die Sprechstunden abhalten. Ist ein Betriebsausschuß gebildet worden, so hat er, da es sich insoweit um ein laufendes Geschäft handelt (*Brill* BB 1979, 1247, 1248; *D/R* § 39 Rz. 11; GK-*Wiese* § 39 Rz. 12; *F/A/K/H* § 39 Rz. 7), dafür zu sorgen, daß die Sprechstunden von einem oder mehreren Ausschußmitgliedern wahrgenommen werden. Der Betriebsrat oder der Betriebsausschuß hat bei der Besetzung der Sprechstunden davon auszugehen, daß ein Anspruch auf Arbeitsbefreiung für seine Mitglieder nur **in den Grenzen der Erforderlichkeit** besteht (*D/R* a. a. O.); eine Arbeitsbefreiung ist in der Regel nicht erforderlich, wenn die Sprechstunde von einem freigestellten Betriebsratsmitglied wahrgenommen werden kann (*Brill* a. a. O.). Trifft der Betriebsrat oder der Betriebsausschuß keine Entscheidung, soll nach herrschender Auffassung der Betriebsratsvorsitzende, im

Verhinderungsfalle sein Stellvertreter berechtigt sein, die Sprechstunde abzuhalten (*G/L* § 39 Rz. 7; *F/A/K/H* a. a. O; *D/K/K/S* § 39 Rz. 6). Dem kann nicht zugestimmt werden, weil die Wahrnehmung der Sprechstunden nicht – wie z. B. die Einberufung von Betriebsratssitzungen oder die Leitung der Betriebsversammlung – zu seinen gesetzlichen Aufgaben gehört. Vielmehr kann ohne Auswahlbeschluß die Sprechstunde nicht durchgeführt werden.

Der Arbeitgeber hat dem Betriebsrat die für die Durchführung der Sprechstunden 17 erforderlichen **Räume und sächlichen Mittel** sowie ggf. **das Büropersonal** zur Verfügung zu stellen (vgl. dazu im einzelnen unten § 40 Rz. 81 ff.).

Um in jedem Fall eine ordnungsgemäße Beratung der Arbeitnehmer sicherzustel- 18 len, kann der Betriebsrat oder der Betriebsausschuß gem. § 80 Abs. 3 – nach näherer Vereinbarung mit dem Arbeitgeber – in Ausnahmefällen, wenn Sprechstunden zu schwierigen Spezialfragen abgehalten werden, **Sachverständige** hinzuziehen. Sachverständiger kann aber nicht ein **Beauftragter der Gewerkschaft** sein, da die Aufgabe des Sachverständigen, Kenntnisse auf bestimmten Gebieten in objektiver Weise zu vermitteln, von einem Beauftragten der Gewerkschaft ebensowenig erwartet werden kann wie von einem Beauftragten des Arbeitgeberverbandes (im Ergebnis ebenso *G/L* § 80 Rz. 43 im Gegensatz zu § 39 Rz. 8; **a. A.** GK-*Wiese* § 39 Rz. 13; *D/K/K/S* § 39 Rz. 7; *D/R* § 39 Rz. 12 und § 80 Rz. 70, der aber zu Unrecht davon ausgeht, das *BAG* habe in seiner Entscheidung vom 18. 7. 1978 – 1 ABR 34/75 – EzA § 108 BetrVG 1972 Nr. 3 m. Anm. *Richardi* = DB 1978, 2223 den Gewerkschaftsbeauftragten als möglichen Sachverständigen im Rahmen der Betriebsverfassung tatsächlich anerkannt). Beauftragte der Gewerkschaft können allerdings im Rahmen ihrer allgemeinen Unterstützungsfunktion nach § 2 Abs. 1 an Sprechstunden teilnehmen, wenn dies zur Gewährleistung einer sachkundigen Beratung im Rahmen einer Sondersprechstunde, z. B. über einen neuen Tarifvertrag, erforderlich ist und der Betriebsrat um die Teilnahme ersucht hat. In diesem Falle ist eine Vereinbarung mit dem Arbeitgeber nicht erforderlich; der Arbeitgeber ist aber gem. § 2 Abs. 2 vorher zu unterrichten (so auch *LAG Baden-Württemberg* vom 25. 6. 1974 – 7 Ta BV 3/74 – BB 1974, 1206; *S/W* § 39 Rz. 6; GK-*Wiese* a. a. O.; *F/A/K/H* § 39 Rz. 8; *D/R* § 39 Rz. 12; **a. A.** *G/L* § 39 Rz. 8 und die Vorauflage).

Nach dem Gebot zu möglichst rationaler Geschäftsführung (vgl. dazu oben § 37 19 Rz. 28) hat der Betriebsrat den Sprechstundenbetrieb so zu organisieren, daß überflüssige Wartezeiten der Arbeitnehmer vermieden werden.

VI. Arbeitsbefreiung und Entgeltfortzahlung bei Besuch der Sprechstunde und sonstiger Inanspruchnahme des Betriebsrats

Der Arbeitnehmer, der die Sprechstunde des Betriebsrats aufsuchen will, hat An- 20 spruch auf Befreiung von der Arbeit unter Fortzahlung des Arbeitsentgelts. Dabei hat er aber nicht das Recht, **eigenmächtig die Arbeit zu verlassen**. Das Gesetz geht zwar davon aus, daß die Arbeitnehmer während der Arbeitszeit die Sprechstunden des Betriebsrats wahrnehmen können. Daraus ergibt sich indessen nicht, daß eine Arbeitsbefreiung durch den Arbeitgeber entbehrlich wäre (ebenso wie hier *Dütz* DB 1976, 1428, 1480, 1481; ferner auch *D/R* § 39 Rz. 23; GK-*Wiese* § 39 Rz. 22; **a. A.** – wenn auch nicht ganz eindeutig – *BAG* vom 23. 6. 1983 – 6 ABR 65/80 – EzA § 37 BetrVG 1972 Nr. 78 = DB 1983, 2419; außerdem *LAG Düsseldorf*

§ 39   2. Teil 3. Abschn. *Geschäftsführung des Betriebsrats*

vom 9. 8. 1985 – 2 Ta BV 40/85 – DB 1985, 2463; *F/A/K/H* § 39 Rz. 20; *G/L* § 39 Rz. 15; *S/W* § 39 Rz. 7b; *D/K/K/S* § 39 Rz. 18, die es genügen lassen, daß der Arbeitnehmer sich bei seinem Vorgesetzten abmeldet und nachher wieder zurückmeldet, sowie *Kammann/Hess/Schlochauer* § 39 Rz. 16; *Brill* BB 1979, 1247, 1248, die bei der Inanspruchnahme der Sprechstunde wenigstens die Berücksichtigung der betrieblichen Belange durch die Arbeitnehmer verlangen). Die Arbeitnehmer können sich nämlich ihrer Verpflichtungen aus dem Arbeitsverhältnis ebensowenig selbst entledigen wie die Betriebsratsmitglieder (vgl. dazu oben § 37 Rz. 37). Hiefür spricht auch die Notwendigkeit, die Ordnung des Betriebs zu bewahren und den Fortgang der Arbeit möglichst wenig zu stören, ferner die Erfahrung, daß die Sprechstunden durch gemeinschaftliche Inanspruchnahme als Druckmittel gegen den Arbeitgeber im Rahmen betrieblicher oder tariflicher Auseinandersetzungen mißbraucht werden können (vgl. dazu auch unten Rz. 25).

21 Nach allgemeiner Rechtsauffassung braucht der Arbeitnehmer bei seinem Wunsch nach Arbeitsbefreiung nicht anzugeben, warum er in die Sprechstunde gehen will (*D/R, G/L* und GK-*Wiese*, jeweils a. a. O.). Der Arbeitgeber kann und sollte aber die Arbeitsbefreiung zeitlich begrenzen (vgl. dazu oben Rz. 20).

22 Demgegenüber wird auf der Grundlage der herrschenden Rechtsauffassung der Standpunkt vertreten, daß der Arbeitnehmer die Abwesenheit vom Arbeitsplatz nicht über Gebühr ausdehnen dürfe. Er müsse sich vielmehr auf die Zeit beschränken, die für den Besuch der Sprechstunde erforderlich sei (*Brill* a. a. O.).

23 Der Arbeitgeber hat dem Arbeitnehmer für die Zeit der Inanspruchnahme der Sprechstunde entsprechend dem Entgeltausfallprinzip das **volle Arbeitsentgelt** einschließlich aller Zuschläge fortzuzahlen (vgl. dazu oben § 37 Rz. 43–53). Die Verpflichtung besteht aber nach der herrschenden Rechtsauffassung nur, soweit die Inanspruchnahme der Sprechstunde einen sachlichen und vernünftigen Grund hatte, also nicht etwa nur der Befriedigung eines querulatorischen Bedürfnisses oder als Druckmittel (vgl. oben Rz. 20) gedient hat und auch in ihrer zeitlichen Ausdehnung erforderlich war (*LAG Berlin* vom 3. 11. 1980 – 9 Sa 52/80 – EzA § 39 BetrVG 1972 Nr. 1; *S/W* § 39 Rz. 7; *Brill* a. a. O.; *F/A/K/H* § 39 Rz. 22; GK-*Wiese* § 39 Rz. 21 und 23). Dieser Standpunkt ist aber nur unter der Voraussetzung gerechtfertigt, daß es einer Arbeitsbefreiung durch den Arbeitgeber nicht bedürfte (vgl. dazu oben Rz. 20). Bei Anerkennung der Notwendigkeit einer solchen Arbeitsbefreiung ist er aber abzulehnen (vgl. dazu die hier sinngemäß geltenden Gründe unter § 37 Rz. 51).

24 Besucht ein Arbeitnehmer die Sprechstunde, ohne daß ihm der Arbeitgeber Arbeitsbefreiung erteilt hat, verletzt er nach der hier vertretenen Auffassung seine arbeitsvertraglichen Pflichten und kann deshalb **abgemahnt** werden.

25 Gem. Abs. 3 hat der Arbeitnehmer nach herrschender Rechtsauffassung auch **bei sonstiger Inanspruchnahme des Betriebsrats** einen Entgeltfortzahlungsanspruch, sofern die Inanspruchnahme erforderlich war (*LAG Hamburg* vom 28. 7. 1982 – 5 Sa 23/82 – AuR 1983, 91; *LAG Berlin* vom 3. 11. 1980, a. a. O.; GK-*Wiese* § 39 Rz. 24). Dies soll etwa für das Aufsuchen des Betriebsrats in solchen Betrieben gelten, in denen es keine Sprechstunde gibt, oder für das Anbringen einer Beschwerde nach § 85, sofern nicht ein Aufschub bis zur nächsten Sprechstunde ohne weiteres möglich ist (zu der noch weitergehenden Auffassung in der höchstrichterlichen Rechtsprechung und im Fachschrifttum vgl. oben § 37 Rz. 33). Die herrschende Rechtsauffassung begegnet jedoch den oben bereits genannten Einwänden (vgl. dazu oben Rz. 23). Nicht erforderlich ist in jedem Fall eine kollektive

Sprechstunden **§ 39**

Inanspruchnahme des Betriebsrats durch Gruppen der Arbeitnehmer (*LAG Niedersachsen* vom 1.7. 1986 – 6 Sa 122/86 – NZA 1987, 33; *LAG Frankfurt* vom 11. 11. 1987 – 8 Sa 203/87 – unveröff.; *ArbG Kassel* vom 12. 11. 1986 – 6 Ca 163/86 – NZA 1987, 534; **a. A.** *D/K/K/S* § 39 Rz. 18).
Für die sonstige Inanspruchnahme gelten die für die Wahrnehmung der Sprech- 26 stunden geltenden Regeln entsprechend (vgl. oben Rz. 21–24).
Anspruch auf Arbeitsbefreiung haben in den dargelegten Fällen auch die Leihar- 27 beitnehmer. Nach Art. 1 § 14 Abs. 1 und 2 sind sie sowohl im Verleiher- wie im Entleiherbetrieb berechtigt, die Sprechstunde des Betriebsrats aufzusuchen (vgl. dazu auch § 42 Rz. 14). Das gilt sowohl für gewerbsmäßig überlassene wie für nicht gewerbsmäßig überlassene Leiharbeitnehmer (so auch im Ergebnis: *BAG* vom 18. 1. 1989 – 7 ABR 62/87 – AP Nr. 2 zu § 14 AÜG = EzA § 14 AÜG Nr. 1 = DB 1989, 1419, das allerdings im letzten Fall nur von einer entsprechenden Anwendung des Art. 1 § 14 auf diese Kategorie von Leiharbeitnehmern ausgeht; so ferner *Becker/Wulfgramm* Art. 1 § 14 Rz. 13). Den Anspruch auf Entgeltfortzahlung hat der Leiharbeitnehmer in diesem Fall gegen seinen Arbeitgeber, den Verleiher. Der Verleiher ist, wenn der Arbeitnehmerüberlassungsvertrag nicht etwas anderes vorsieht, nicht berechtigt, die Überlassungsvergütung entsprechend zu kürzen (*Becker/Wulfgramm* Art. 1 § 14 Rz. 58).

VII. Haftung für Auskünfte

Die Mitglieder des Betriebsrats haften den Belegschaftsmitgliedern für die in den 28 Sprechstunden erteilten Auskünfte nur im Falle einer unerlaubten Handlung nach §§ 823 ff. BGB, weil auch hier § 676 BGB eingreift (*F/A/K/H* § 39 Rz. 25; *G/L* § 39 Rz. 17; *D/R* § 39 Rz. 27; GK-*Wiese* § 39 Rz. 26; *D/K/K/S* § 39 Rz. 13). Das bedeutet, daß allenfalls eine Haftung wegen vorsätzlicher sittenwidriger Schädigung nach § 826 BGB in Betracht kommt (GK-*Wiese* a. a. O.). Der Betriebsrat selbst, der nicht vermögensfähig ist (so ständige höchstrichterliche Rechtsprechung, vgl. *BAG* vom 24. 4. 1986 – 6 AZR 607/83 – EzA § 1 BetrVG 1972 Nr. 4 = DB 1986, 2680; vgl. auch; *D/R* § 1 Rz. 22; *F/A/K/H* § 1 Rz. 105; *G/L* vor § 1 Rz. 36), haftet überhaupt nicht. Auch eine Haftung des Arbeitgebers für falsche Auskünfte des Betriebsrats scheidet aus, da der Betriebsrat seine Tätigkeit in eigener Verantwortung ausübt (*D/R* § 39 Rz. 27; GK-*Wiese* und *F/A/K/H*, jeweils a. a. O.).

VIII. Streitigkeiten

Streitigkeiten über die **Einrichtung und Durchführung von Sprechstunden** werden 29 gem. § 2a ArbGG vom Arbeitsgericht im Beschlußverfahren entschieden. Dabei kann aber, da der Träger des Rechts zur Einrichtung und Durchführung der Sprechstunde der Betriebsrat ist, ein Antrag auf Unterlassung der Teilnahme eines Gewerkschaftsvertreters nicht gegen diesen, sondern nur gegen den Betriebsrat gerichtet werden (*BAG* vom 6. 4. 1976 – 1 ABR 84/74 – EzA § 83 ArbGG Nr. 21 = DB 1976, 1384; GK-*Wiese* § 39 Rz. 27). Streitigkeiten über die Pflicht des Arbeitgebers, **Arbeitsentgelt** für die Zeit der erforderlichen Arbeitsversäumnis fortzuzahlen, werden im Urteilsverfahren ausgetragen. Dies gilt so-

§ 40   2. Teil 3. Abschn. *Geschäftsführung des Betriebsrats*

wohl für den Anspruch des Betriebsratsmitglieds, das die Sprechstunde durchführt, als auch für den Anspruch des beteiligten Mitglieds der Jugend- und Auszubildendenvertretung als auch für den Anspruch des Arbeitnehmers, der die Sprechstunde aufsucht (*F/A/K/H* § 39 Rz. 26 und 27; GK-*Wiese* a. a. O.; *G/L* § 39 Rz. 18; *D/K/K/S* § 39 Rz. 22). Bei Meinungsverschiedenheiten über **Zeit und Ort der Sprechstunde** ist die Einigungsstelle zur Streitentscheidung berufen, deren Spruch nach Maßgabe des § 76 Abs. 5 gerichtlich überprüfbar ist (*F/A/K/H* § 39 Rz. 26; GK-*Wiese* a. a. O.).

§ 40 Kosten und Sachaufwand des Betriebsrats

(1) Die durch die Tätigkeit des Betriebsrats entstehenden Kosten trägt der Arbeitgeber.
(2) Für die Sitzungen, die Sprechstunden und die laufende Geschäftsführung hat der Arbeitgeber in erforderlichem Umfang Räume, sachliche Mittel und Büropersonal zur Verfügung zu stellen.

Literaturübersicht

1. Allgemein
Blank Ersatz von Aufwendungen für Betriebsratsmitglieder im Verfahren vor den Gerichten für Arbeitssachen, AuR 1959, 278; *Blomeyer* Die Finanzierung der Mitbestimmung durch den Arbeitgeber, in *Steinmann/Gäfgen/Blomeyer* Die Kosten der Mitbestimmung, Bd. 5 von »Gesellschaft, Recht, Wirtschaft« 1981, 69; *Böhm* Akten, Geschäftsräume und Schwarzes Brett des Betriebsrats, RdA 1974, 88; *Boldt* Zur Frage der Anwaltsvertretung im arbeitsgerichtlichen Beschlußverfahren, DB 1967, 809; *Brill* Kosten und Sachaufwand des Betriebsrats gemäß § 40 BetrVG, DB 1977, 2139; *Bulla* Die Verpflichtung des Arbeitgebers, dem Betriebsrat Fachliteratur zur Verfügung zu stellen, DB 1974, 1622; *Gerauer* Die Kostentragungspflicht privater und öffentlicher Arbeitgeber bei Inanspruchnahme anwaltlicher Hilfe durch Betriebsrat oder Mitarbeitervertretung, NZA 1988 Beilage Nr. 4, 19; *Gola/Wronka* Arbeitnehmerdatenverarbeitung beim Betriebs-/Personalrat und der Datenschutz, NZA 1991, 790; *Hoffmann* Zur Frage der schriftlichen Information der Belegschaft durch den Betriebsrat, AuR 1974, 266; *Hohn* Ausstattung des Betriebsrats, BB 1973, 88; *Jahnke* Kompetenzen des Betriebsrats mit vermögensrechtlichem Inhalt, RdA 1975, 343; *Klar, W.* Die Kostentragungspflicht bie Inanspruchnahme anwaltlicher Hilfe, NZA 1989, 422; *Klebe/Kunz* Vom Federhalter zum PC – Wann beginnt die Neuzeit der Betriebsräte?, NZA 1990, 257; *Klinkhammer* Kostenerstattungspflicht des Arbeitgebers für die anwaltliche Vertretung des Betriebsrats im Beschlußverfahren, AuR 1977, 144; *Kort* Erforderliche Sachmittel gem. § 40 Abs. 2 BetrVG, NZA 1990, 598; *Löwisch* Die Herausgabe schriftlicher Informationen für die Belegschaft durch den Betriebsrat. FS für *Hilger/Stumpf*, 1983, 429ff.; *Rick* Die unentgeltliche Wahrnehmung des Betriebsratsamts, BetrR 1956, 33; *ders.* Zur Abgeltung von persönlichen Aufwendungen von Betriebsratsmitgliedern, AuR 1956, 12; *Stege* Übernahme von Anwaltskosten durch den Arbeitgeber in betriebsverfassungsrechtlichen Beschlußverfahren, DB 1974, 2304; *Vetter* Probleme der Festsetzung des Gegenstandswertes im Beschlußverfahren, NZA 1986, 182; *Wohlgemuth, H. H./Mostert, M.* Rechtsfragen der betrieblichen Telefondatenverarbeitung, AuR 1986, 138.

2. Teilnahme an Schulungs- und Bildungsveranstaltungen

Buchner Das Zusammenwirken von Gewerkschaft und Betriebsrat nach dem neuen Betriebsverfassungsgesetz, DB 1972, 1236; *Däubler* Schulung und Fortbildung von Betriebsratsmitgliedern und Jugendvertretern nach § 37 BetrVG, 3. Aufl. 1978; *Dütz/Säcker* Zum Umfang der Kostenerstattungs- und Kostenvorschußpflicht des Arbeitgebers gemäß § 40 BetrVG, DB 1972 Beilage Nr. 17; *Hiersemann* Die Kosten der Betriebsratsschulung, BB 1973, 287; *Jacobi/Rausch* Auslagenerstattung an Betriebsratsmitglieder bei Teilnahme an Schulungs- und Bildungsveranstaltungen nach § 37 Abs. 6 BetrVG, DB 1972, 972; *Kittner* Ersatz von Kosten für den Besuch von Schulungsveranstaltungen nach § 37 Abs. 6 BetrVG, BB 1972, 969; *Klinkhammer* Die Erstattungspflicht des Arbeitgebers für Schulungskosten der Betriebsratsmitglieder, BB 1973, 1399; *Maurer* Auslagenerstattung bei gewerkschaftlichen Schulungen für Betriebsratsmitglieder, BB 1972, 843; *Ohlgardt* Kostentragung für gewerkschaftliche Betriebsratsschulung, BB 1973, 333; *ders.* Widerspruch zwischen *Bundesarbeitsgericht* und *Bundesverwaltungsgericht* über die Kostentragung bei gewerkschaftlichen Schulungsveranstaltungen, BB 1974, 652; *ders.* Kostentragung bei gewerkschaftlichen Schulungsveranstaltungen, DB 1974, 1722; *Schwegler* Rechtsfragen zur Teilnahme von Betriebsratsmitgliedern an Schulungs- und Bildungsveranstaltungen, BlStSozArbR 1972, 305; *Strekkel* Teilnahme von Betriebsräten an Schulungs- und Bildungsveranstaltungen nach § 37 Abs. 6 und 7 BetrVG, DB 1974, 335; *Wiese* Schulung der Mitglieder von Betriebsvertretungen, BlStSozArbR 1974, 353.

Inhaltsübersicht

		Rz.
I.	Allgemeines	1– 6
II.	Anspruch auf Kostentragung	7–80
	1. Voraussetzungen und Umfang des Anspruchs	10–71
	a) Kosten der Tätigkeit des Betriebsrats	10–37
	aa) Allgemeine Geschäftsführung	11–13
	bb) Beauftragung eines Rechtsanwalts	14–37
	b) Kosten der Tätigkeit einzelner Betriebsratsmitglieder	38–54
	aa) Reisen	41–46
	bb) Beauftragung eines Rechtsanwalts	47–54
	c) Kosten der Teilnahme an Schulungs- und Bildungsveranstaltungen	55–71
	2. Inhalt des Anspruchs	72–76
	3. Erfüllung des Anspruchs	77–80
III.	Anspruch auf Bereitstellung von Räumen, sächlichen Mitteln und Büropersonal	81–104
	1. Räume	82–84
	2. Sächliche Mittel	85–101
	3. Büropersonal	102–104
IV.	Anwendung auf die Ausschüsse des Betriebsrats	105
V.	Streitigkeiten	106–113

I. Allgemeines

Wie in § 39 BetrVG 1952 werden die durch die Tätigkeit des Betriebsrats entstehenden sächlichen und persönlichen Kosten dem Arbeitgeber auferlegt. Die Vorschrift ist **zwingendes Recht**. Sie kann weder durch Tarifvertrag noch durch Betriebsvereinbarung abbedungen werden (*G/L* § 40 Rz. 2; *F/A/K/H* § 40 Rz. 3; 1

§ 40   2. Teil 3. Abschn. Geschäftsführung des Betriebsrats

zur Frage einer Pauschalierung der Kostenerstattung vgl. unten Rz. 63). Allerdings kann durch Betriebsvereinbarung das Verfahren für Nachweis und Abrechnung der Kosten festgelegt werden (GK-*Wiese* § 40 Rz. 4; *F/A/K/H* a. a. O.; *G/L* § 40 Rz. 2).

2 Die Bestimmung gilt auch für den Gesamtbetriebsrat (§ 51 Abs. 1), den Konzernbetriebsrat (§ 59 Abs. 1), die Jugend- und Auszubildendenvertretung (§ 65 Abs. 1), die Gesamt-Jugend- und Auszubildendenvertretung (§ 73 Abs. 2) sowie für die »zusätzliche« und die »andere« Arbeitnehmervertretung nach § 3 Abs. 1 Nr. 1 und 2 (*F/A/K/H* § 40 Rz. 2; *G/L* § 40 Rz. 3; GK-*Wiese* § 40 Rz. 3; wegen der Geltung für die Ausschüsse des Betriebsrats vgl. unten Rz. 105).

3 § 40 ist ferner anzuwenden, wenn der Betriebsrat trotz Beendigung seiner Amtszeit, z. B. nach einer Betriebsstillegung, noch über die Stillegung hinaus weiter amtiert und damit nur noch ein »Restmandat« ausübt (*LAG Hamm* vom 5. 1. 1979 – 3 Ta BV 118/78 – EzA § 40 BetrVG 1972 Nr. 42 = DB 1979, 1659, 1804; GK-*Wiese* § 40 Rz. 7; *D/K/K/S* § 40 Rz. 1; zum »Restmandat« grundsätzlich vgl. *BAG* vom 14. 11. 1978 – 6 ABR 85/75 – DB 1979, 849 = EzA § 40 BetrVG 1972 Nr. 39 und vom 14. 10. 1982 – 2 AZR 568/80 – EzA § 15 KSchG 1969 Nr. 29 = AP Nr. 1 DB 1983, 2635 mit Nachw. sowie die Erläuterungen Rz. 26 ff. zu § 26).

4 Der Kostentragungspflicht des Arbeitgebers steht eine Anfechtung der Betriebsratswahl nicht entgegen (GK-*Wiese* § 40 Rz. 7; *D/R* § 40 Rz. 36; *D/K/K/S* § 40 Rz. 3). Ist die Betriebsratswahl nichtig, dann können die Mitglieder des Schein-Betriebsrats aufgrund analoger Anwendung der §§ 40 und 78, die durch den Schutzzweck dieser Bestimmungen gerechtfertigt ist, vom Arbeitgeber die Übernahme der Kosten verlangen, die sie für erforderlich halten durften, es sei denn, daß sie die Nichtigkeit der Wahl kannten (so auch *D/K/K/S* a. a. O.; ebenso, aber ohne die Einschränkung *LAG Düsseldorf* vom 9. 4. 1979 – 20 Ta BV 11/79 – DB 1979, 2140; enger, nämlich Bejahung einer Kostenübernahmepflicht nur dann, wenn die betreffenden Arbeitnehmer von der Gültigkeit der Wahl nach Treu und Glauben überzeugt sein konnten: GK-*Wiese* und *D/R*, jeweils a. a. O.).

5 Verletzt der Arbeitgeber die ihm nach § 40 obliegenden Pflichten und behindert er dadurch die Arbeit des Betriebsrats, so droht ihm eine Bestrafung nach § 119 Abs. 1 Nr. 2 (*D/R* § 40 Rz. 71; *F/A/K/H* § 40 Rz. 58; GK-*Wiese* § 40 Rz. 101; zur **Bekanntgabe der Betriebsratskosten** in der Betriebsversammlung vgl. unten § 45 Rz. 13). Die Strafverfolgung setzt nach § 119 Abs. 2 einen Antrag voraus, der zurückgenommen werden kann (§ 77 d StGB).

6 Die Erstattung der Kosten der Einigungsstelle einschließlich solcher Kosten, die durch die Tätigkeit eines Rechtsanwalts vor der Einigungsstelle entstehen, wird unter § 76a erläutert.

II. Anspruch auf Kostentragung

7 Der Arbeitgeber hat die sächlichen wie die persönlichen Kosten der Tätigkeit des Betriebsrats und seiner Mitglieder zu tragen. Durch die im gesetzlichen Rahmen durchgeführte Betriebsratstätigkeit sollen weder die einzelnen Betriebsratsmitglieder noch die Belegschaft finanziell belastet werden. Da die Vergütung für im Rahmen der Betriebsratstätigkeit aufgewendete Arbeitszeit in § 37 geregelt ist, betrifft § 40 nur die Kosten und Aufwendungen des Betriebsrats und seiner Mitglieder.

Voraussetzung für die Verpflichtung des Arbeitgebers zur Erstattung von Kosten 8
ist, daß sie objektiv der Durchführung von Betriebsratsaufgaben dienen. Ob der
Betriebsrat seine Tätigkeit für erforderlich hält, ist in diesem Zusammenhang
ohne Bedeutung (*BAG* vom 14. 10. 1982 – 6 ABR 37/79 – EzA § 40 BetrVG 1972
Nr. 52 = DB 1982, 665; GK-*Wiese* § 40 Rz. 8; *D/R* § 40 Rz. 3; *G/L* § 40 Rz. 6).
Was im einzelnen zu den Aufgaben des Betriebsrats gehört, richtet sich nach den
schon zu § 37 Abs. 2 dargelegten Grundsätzen (oben § 37 Rz. 22–36). Obgleich im
Gesetz nicht ausdrücklich normiert, gilt nach übereinstimmender Rechtsauffassung wie gem. § 37 Abs. 2 auch hier der **Grundsatz der Erforderlichkeit** (*BAG*
vom 19. 4. 1989 – 7 ABR 87/87 – EzA § 80 BetrVG 1972 Nr. 35 = DB 1989, 1774;
vom 27. 9. 1974 – 1 ABR 67/73 – EzA § 40 BetrVG 1972 Nr. 15 m. Anm. *Herschel*
= DB 1975, 505; vom 24. 6. 1969 – 1 ABR 6/69 – EzA § 39 BetrVG 1952 Nr. 3 =
DB 1969, 1754; GK-*Wiese* § 40 Rz. 9; *G/L* a.a.O.; *F/A/K/H* § 40 Rz. 7). Die
Kostentragungspflicht nach Abs. 1 ist aber zusätzlich durch den aus § 2 Abs. 1 als
Konkretisierung des § 242 BGB abzuleitenden (GK-*Wiese* § 40 Rz. 10) **Grundsatz
der Verhältnismäßigkeit** begrenzt (im Ergebnis ebenso *BAG* vom 28. 5. 1976 –
1 AZR 116/74 – EzA § 37 BetrVG 1972 Nr. 49 m. Anm. *Otto*; vom 17. 9. 1974 –
1 ABR 98/73 – EzA § 40 BetrVG 1972 Nr. 18 = DB 1975, 452; vom 8. 10. 1974 –
1 ABR 72/73 – EzA § 40 BetrVG 1972 Nr. 17 = DB 1975, 698; vom 31. 10. 1972 –
1 ABR 7/72 – EzA § 40 BetrVG 1972 Nr. 3 m. Anm. *Richardi* = DB 1973, 528; *F/
A/K/H* § 40 Rz. 8; *D/R* § 40 Rz. 5; *Blomeyer* FS *BAG* 1979 17, 34; *G/L* § 40
Rz. 26; **a.A.** *D/K/K/S* § 40 Rz. 4).

Die Kostentragungspflicht hängt nicht davon ab, daß der Arbeitgeber dem 9
Kostenaufwand zugestimmt hat (*F/A/K/H* § 40 Rz. 7; *S/W* § 40 Rz. 4; *G/L* § 40
Rz. 7; *D/R* § 40 Rz. 7). Vor außergewöhnlichen Aufwendungen hat der Betriebsrat aber nach dem Gebot zur vertrauensvollen Zusammenarbeit den Arbeitgeber
über die entsprechenden Kosten **zu unterrichten** und ihm Gelegenheit zur Stellungnahme zu geben (*BAG* vom 18. 4. 1967 – 1 ABR 11/66 – EzA § 39 BetrVG
1952 Nr. 1 = DB 1967, 733, 1769; *LAG Frankfurt/M.* vom 26. 11. 1987 – 12 Ta BV
64/87 – DB 1988, 816; *D/R* § 40 Rz. 7; *G/L* § 40 Rz. 7; *F/A/K/H* a.a.O.; *D/K/
K/S* § 40 Rz. 9). Unterläßt der Betriebsrat in solchen Fällen die vorherige Unterrichtung, ist der Kostenaufwand nicht als erforderlich anzuerkennen (*BAG*
a.a.O., in AP Bl. 4).

1. Voraussetzungen und Umfang des Anspruchs

a) Kosten der Tätigkeit des Betriebsrats
Erforderliche Kosten gem. Abs. 1 sind zunächst die im Rahmen des laufenden 10
Geschäftsbetriebs entstehenden **Aufwendungen** des Betriebsrats, während die
Räume und sächlichen Mittel sowie das Büropersonal nach der Sonderregelung
des Abs. 2 vom Arbeitgeber unmittelbar zur Verfügung zu stellen sind. Der Betriebsrat kann also nicht die Kosten für die Beschaffung von Sachleistungen des
Arbeitgebers nach Abs. 2 ersetzt verlangen, sondern muß den Anspruch auf
diese Leistungen unmittelbar gegen den Arbeitgeber geltend machen (*BAG*
vom 21. 4. 1983 – 6 ABR 70/82 – EzA § 40 BetrVG 1972 Nr. 53 m. Anm.
Krentz = DB 1984, 248; GK-*Wiese* § 40 Rz. 65; *Jahnke* RdA 1975, 343, 350;
F/A/K/H § 40 Rz. 38).

§ 40   2. Teil 3. Abschn. Geschäftsführung des Betriebsrats

aa) Allgemeine Geschäftsführung

11 Zu erstattende **Aufwendungen** aus der allgemeinen Geschäftsführung des Betriebsrats sind z.B. die Vergütung für einen **Dolmetscher**, der den mündlichen Tätigkeitsbericht des Betriebsrats in der Betriebsversammlung nach § 43 übersetzt, sofern ein Teil der Belegschaft aus Ausländern besteht, die der deutschen Sprache nicht so mächtig sind, daß sie dem Bericht ohne Übersetzung folgen können. Diese Kosten sind jedoch nur dann erforderlich und verhältnismäßig, wenn ein erheblicher Teil der Belegschaft nur fremdsprachig ist (*LAG Düsseldorf* vom 30.1. 1981 – 16 Ta BV 21/80 – EzA § 40 BetrVG 1972 Nr. 49 = DB 1981, 1093; *ArbG München* vom 14.3. 1974 – 20 BV 57/74 – DB 1974, 1118; GK-*Wiese* § 40 Rz. 18; *G/L* § 40 Rz. 9; *F/A/K/H* § 40 Rz. 15; noch weitergehend *D/K/K/S* § 40 Rz. 11). Ein Erstattungsanspruch scheidet aber dann aus, wenn der Arbeitgeber eine ausreichende Übersetzung durch einen qualifizierten Dolmetscher aus der Mitte der Belegschaft sicherstellt (*Brötzmann* BB 1990, 1055, 1058; a. A., nämlich für Erforderlichkeit eines vereidigten Dolmetschers: *ArbG Lörrach* vom 29.11. 1983 – 2 BV 13/83 – unveröff.).

12 Auch wenn vom Betriebsrat für die Behandlung besonderer Sachfragen ein **Sachverständiger** ordnungsgemäß nach näherer Vereinbarung mit dem Arbeitgeber oder nach Ersetzung dieser Vereinbarung durch das Gericht (vgl. unten § 80 Rz. 53) in Anspruch genommen wird, so sind die dadurch entstehenden Kosten zu ersetzen (*BAG* vom 19.4. 1989 a. a. O.; vom 25.4. 1978 – 6 ABR 9/75 – EzA § 80 BetrVG 1972 Nr. 15 m. Anm. *Blomeyer* = DB 1978, 1747; *ArbG Braunschweig* vom 14.11. 1984 – 2 BV 52/84 – DB 1985, 1488; *ArbG Ludwigshafen* vom 23.2. 1989 – 4 BV 68/88 – unveröff.; *F/A/K/H* § 40 Rz. 14; *G/L* § 40 Rz. 10; GK-*Wiese* § 40 Rz. 43; zu Unrecht für Erstattung der Kosten der Hinzuziehung eines »interessengebundenen, aber kompetenten« Beraters durch den Betriebsrat: *LAG Frankfurt* vom 31.5. 1990 – 12 TaBV 26/90 – DB 1990, 2125; *D/K/K/S* § 40 Rz. 21). Sachverständiger kann auch ein Rechtsanwalt sein, den der Betriebsrat zur rechtlichen Beratung über eine vom Arbeitgeber vorgeschlagene Betriebsvereinbarung heranzieht (*BAG* vom 25.4. 1978 a. a. O.; GK-*Wiese*, *G/L*, *F/A/K/H*, jeweils a. a. O; *D/K/K/S* § 40 Rz. 21) oder der im Zusammenhang mit der Errichtung einer Einigungsstelle tätig wird, z.B. den Entwurf eines Sozialplanes fertigt (*BAG* vom 5.11. 1981 – 6 ABR 24/78 – EzA § 40 BetrVG 1972 Nr. 50 = DB 1982, 604; GK-*Wiese* § 40 Rz. 43). Kosten eines anwaltlichen Gutachtens oder einer anwaltlichen Beratung sind selbst dann Sachverständigenkosten, wenn diese Leistungen den Betriebsrat in die Lage versetzen sollen, zu entscheiden, ob ein Rechtsstreit geführt werden soll (so auch *LAG Düsseldorf* vom 21.1. 1975 – 8 Ta BV 102/74 – EzA § 80 BetrVG 1972 Nr. 9; *Brill* DB 1977, 2139, 2141; *ArbG Braunschweig* vom 14.11. 1984 und *ArbG Ludwigshafen* vom 23.2. 1989, jeweils a. a. O.; a. A. GK-*Wiese* § 40 Rz. 44 und *Blomeyer* Anm. EzA § 80 BetrVG 1972 Nr. 15: Kosten einer mündlichen Beratung seien Kosten der Rechtsdurchsetzung – vgl. dazu unten Rz. 15ff. –; ferner *F/A/K/H* und *G/L*, jeweils a. a. O.: zu erstatten seien Beratungskosten in Höhe ersparter Prozeßvertretungskosten).

13 Nicht erforderlich sind die Ausgaben für den Mitgliedsbeitrag des Betriebsrats zum **Mieterbund**, selbst wenn das Unternehmen Werkwohnungen unterhält, weil diese Organisation mit ihrer allgemeinen sozialpolitischen Zielsetzung nicht geeignet ist, dem Betriebsrat die für seine Arbeit erforderlichen Kenntnisse zu vermitteln (so auch *BAG* vom 27.9. 1974 – 1 ABR 67/73 – EzA § 40 BetrVG 1972

Nr. 15 m. Anm. *Herschel* = DB 1975, 505; GK-*Wiese* § 40 Rz. 18; *F/A/K/H* § 40 Rz. 15; *S/W* § 40 Rz. 2; *D/K/K/S* § 40 Rz. 6).

bb) Beauftragung eines Rechtsanwalts

Zu den Geschäftsführungskosten gehören auch Kosten, die der gerichtlichen 14 Durchsetzung von Rechten des Betriebsrats dienen. Gleichgültig ist dabei, zwischen wem das gerichtliche Streitverfahren schwebt, ob zwischen dem Betriebsrat und dem Arbeitgeber, zwischen dem Betriebsrat und einem anderen betriebsverfassungsrechtlichen Organ (z. B. Gesamtbetriebsrat oder Konzernbetriebsrat) oder mit einem der Betriebsratsmitglieder oder zwischen dem Betriebsrat und einer im Betrieb vertretenen Gewerkschaft (z. b. bei einer Wahlanfechtung oder bei einem Antrag auf Auflösung des Betriebsrats). Auch reicht es aus, wenn der Betriebsrat lediglich Beteiligter i. S. v. § 83 ArbGG ist. In diesen Fällen hat der Arbeitgeber die Kosten zu tragen, die dem Betriebsrat durch seine Beteiligung an einem solchen Verfahren entstehen; dabei kommt es nicht darauf an, ob der Betriebsrat in dem Verfahren **obsiegt oder unterliegt** (insgesamt so auch *D/K/K/S* § 40 Rz. 14; *F/A/K/H* § 40 Rz. 9; GK-*Wiese* § 40 Rz. 29).

Die Beauftragung eines Rechtsanwalts als Prozeßvertreter (zur Hinzuziehung als 15 Sachverständiger vgl. oben Rz. 12) erfordert einen ordnungsgemäßen Beschluß des Betriebsrats (*LAG Berlin* vom 26. 1. 1987 – 9 Ta BV 7/86 – DB 1987, 848; *LAG Schleswig-Holstein* vom 19. 4. 1983 – 1 Ta BV 19/82 – BB 1984, 533; *F/A/K/H* § 40 Rz. 10; *D/K/K/S* § 40 Rz. 18). Für jeden Instanzenzug bedarf es eines besonderen Beschlusses (*LAG Berlin* a. a. O.; *S/W* § 40 Rz. 15; *D/K/K/S* a. a. O.).

Sachliche Voraussetzung für die Kostentragungspflicht ist zunächst, daß der Be- 16 triebsrat bei der Führung des Rechtsstreits den Rahmen seiner Aufgaben nicht verletzt (*BAG* vom 14. 10. 1982 – 6 ABR 37/79 – EzA § 40 BetrVG 1972 Nr. 52 = DB 1983, 665; GK-*Wiese* § 40 Rz. 27; *D/R* § 40 Rz. 15; *F/A/K/H* § 40 Rz. 7; vgl. auch oben Rz. 8).

Diese Kosten sind vom Arbeitgeber auch nur zu übernehmen, wenn der Betriebs- 17 rat nach pflichtgemäßer Prüfung der Gegebenheiten die Führung des Rechtsstreits für erforderlich halten konnte. Er kann nicht gerichtliche Verfahren auf Kosten des Arbeitgebers führen, die bei verständiger Würdigung **ohne hinreichenden Anlaß eingeleitet, ohne Aussicht auf Erfolg mutwillig durchgeführt worden sind oder die den Grundsatz der Verhältnismäßigkeit verletzen** (so *BAG* vom 28. 8. 1991 – 7 ABR 72/90 – EzA § 113 BetrVG 1972 Nr. 21, wonach im Fall der Beantragung einer einstweiligen Verfügung sogar schon dann kein Anspruch auf Erstattung der Anwaltskosten bestehen soll, wenn sich im Rechtsstreit herausstellt, daß kein Verfügungsanspruch besteht; vgl. auch *LAG Hamm* vom 4. 12. 1985 – 3 Ta BV 119/75 – DB 1986, 323; *VGH Kassel* vom 14. 11. 1990 – BPV TK 1724/90 – NZA 1991, 521; GK-*Wiese* § 40 Rz. 29; *Otto* Anm. EzA § 40 BetrVG 1972 Nr. 33; *Blomeyer* Die Finanzierung der Mitbestimmung durch den Arbeitgeber, 95 ff.; *S/W* § 40 Rz. 13; im wesentlichen auch *D/K/K/S* § 40 Rz. 15; *Klar* NZA 1989, 422 f.; **a. A.**, nämlich Ausschluß des Erstattungsanspruchs nur bei offensichtlicher Aussichtslosigkeit: *BAG* vom 3. 10. 1978 – 6 ABR 102/76 – EzA § 40 BetrVG 1972 Nr. 37 = DB 1979, 107, 315; vom 3. 4. 1979 – 6 ABR 64/76 – EzA § 40 BetrVG 1972 Nr. 45 = DB 1979, 2091; *G/L* § 40 Rz. 11; *F/A/K/H* § 40 Rz. 9; *D/R* § 40 Rz. 17 und die Vorauflage). Aussichtslos ist ein Verfahren z. B. dann, wenn eine Frage bereits

§ 40   2. Teil 3. Abschn. Geschäftsführung des Betriebsrats

höchstrichterlich entschieden ist und keine neuen Argumente vorgetragen werden (*LAG Hamm* und GK-*Wiese*, jeweils a. a. O.; **a. A.** *D/K/K/S* a. a. O.).

18 Die Notwendigkeit der Führung eines Rechtsstreits ist auch dann zu verneinen, wenn im Unternehmen bereits ein **Parallelverfahren** zu einem im wesentlichen gleichen Sachverhalt anhängig ist und der Arbeitgeber dem Betriebsrat zusagt, die Entscheidung in dem anhängigen Verfahren als auch für die weiteren Fälle als maßgeblich anzusehen (GK-*Wiese* § 40 Rz. 30; *Grunsky* Anm. AP Nr. 14 zu § 40 BetrVG 1972 Bl. 7; *Hanau* Anm. SAE 1979, 220; *F/A/K/H* a. a. O.; *D/K/K/S* § 40 Rz. 15; **a. A.** anscheinend *BAG* vom 3. 10. 1978 a. a. O.; weitergehend als die hier vertretene Auffassung: *LAG Berlin* vom 7. 3. 1983 – 9 Ta BV 5/82 – AP Nr. 21 zu § 40 BetrVG 1972 und *D/R* § 40 Rz. 17, die auch ohne Anerkennungszusage des Arbeitgebers die Führung weiterer Verfahren als nicht erforderlich ansehen). Vermeidbar und damit nicht notwendig sind Kosten ferner dann, wenn bereits von dem Betriebsrat eines anderen Betriebs oder sogar von Betriebsräten mehrerer Betriebe **Musterprozesse** in Gang gebracht worden sind und der Arbeitgeber zusagt, sich nach der zu erwartenden Rechtsprechung zu richten (*F/A/K/H*, GK-*Wiese* und *Hanau*, jeweils a. a. O.; *Dütz* BB 1978, 213, 216).

19 Nicht zu erstatten sind die Kosten auch dann, wenn der Rechtsstreit nicht im Interesse des Betriebsrats, sondern allein **im Interesse einer Gewerkschaft** ausgetragen wird (so auch *Stege* DB 1974, 2204, 2205, der weitergehend bei nur überwiegendem Interesse der Gewerkschaft die Einstandspflicht des Arbeitgebers verneint; **a. A.** *D/R* § 40 Rz. 17). Es ist ein Mißbrauch des Kostentragungsanspruchs, wenn er nur zur finanziellen Entlastung der Gewerkschaft geltend gemacht wird.

20 Soweit Prozeßkosten durch die Heranziehung eines **Rechtsanwalts** entstehen, hängt die Erstattungspflicht des Arbeitgebers nicht nur davon ab, daß die **Führung des Rechtsstreits** nach dem Urteil eines vernünftig denkenden Dritten erforderlich und verhältnismäßig war; diesem Maßstab muß vielmehr auch die **Beauftragung** eines Rechtsanwalts im Zeitpunkt der Entscheidung des Betriebsrats genügen (*BAG* vom 19. 4. 1989 – 7 ABR 6/88 – AP Nr. 29 zu § 40 BetrVG 1972; vom 4. 12. 1979 – 6 ABR 37/76 – EzA § 40 BetrVG 1972 Nr. 47 = DB 1980, 2091; vom 26. 11. 1974 – 1 ABR 16/74 – EzA § 20 BetrVG 1972 Nr. 7 m. Anm. *Heckelmann* = DB 1975, 1178; *D/R* § 40 Rz. 18; *S/W* § 40 Rz. 8; GK-*Wiese* § 40 Rz. 34; *D/K/K/S* § 40 Rz. 15; vgl. auch *F/A/K/H* § 40 Rz. 10). Die Erforderlichkeit setzt auch voraus, daß der Betriebsrat vorher alle betrieblichen Einigungsmöglichkeiten ausgeschöpft hat (*LAG Schleswig-Holstein* vom 15. 9. 1988 – 4 Ta BV 22/88 – LAGE § 40 BetrVG 1972 Nr. 24; *S/W* § 40 Rz. 12; vgl. dazu auch oben Rz. 17).

21 Diese Voraussetzung ist in einem **Rechtsbeschwerdeverfahren**, für das die Heranziehung eines Rechtsanwalts zwingend vorgeschrieben ist, stets erfüllt (vgl. § 94 ArbGG). Auch für Streitigkeiten in erster und zweiter Instanz soll nach der höchstrichterlichen Rechtsprechung grundsätzlich ein Rechtsanwalt beauftragt werden können (vgl. *BAG* vom 3. 10. 1978 a. a. O., in AP Bl. 4, allerdings nur bei Verfahrenswerten über 300 DM – eine Begrenzung der Zulassung von Rechtsanwälten, die nach Ergehen der genannten Entscheidung durch die ArbGG-Novelle von 1979 beseitigt worden ist –; vom 4. 12. 1979 a. a. O., in AP Bl. 1 R). Diese Verallgemeinerung, die durch die rein prozeßrechtliche Wahlmöglichkeit nach § 11 ArbGG nicht gerechtfertigt werden kann (vgl. *Hanau*

Anm. SAE 1979, 220), widerspricht jedoch den Grundsätzen der Erforderlichkeit und der Verhältnismäßigkeit. Die Hinzuziehung eines Rechtsanwalts auf Kosten des Arbeitgebers ist vielmehr nur eingeschränkt möglich:
Die Beauftragung eines Rechtsanwalts in den **unteren Instanzen** scheidet nämlich z. B. dann aus, wenn das gerichtliche Verfahren in tatsächlicher und rechtlicher Hinsicht **keine Schwierigkeiten** aufweist (*BAG* vom 26. 11. 1974 a. a. O., in AP Bl. 3; *LAG Frankfurt* vom 6. 7. 1976 – 5 Ta BV 34/75 – AuR 1977, 185; *D/R* § 40 Rz. 21; *F/A/K/H* a. a. O.; *G/L* § 40 Rz. 12; *Klinkhammer* AuR 1977, 144, 147, 148; GK-*Wiese* § 40 Rz. 39; *Hanau* a. a. O.; **a. A.** *D/K/K/S* § 40 Rz. 16). Bei der Beurteilung des sachlichen und rechtlichen Schwierigkeitsgrades ist zu berücksichtigen, daß sich nicht selten im Laufe des Rechtsstreits unvorhergesehene Schwierigkeiten ergeben. Diese Erfahrung muß dem Betriebsrat, der in der Regel rechtlich nicht umfassend geschult ist, zugutegehalten werden, so daß auch bei einer Unsicherheit in der Einschätzung des Schwierigkeitsgrades die Beauftragung eines Rechtsanwalts als notwendig und verhältnismäßig anzuerkennen sein kann (*F/A/K/H* a. a. O.). Es genügt aber nicht die Absicht des Betriebsrats, einen bestimmten Rechtsanwalt später mit der Prozeßvertretung vor dem *BAG* zu betrauen (*F/A/K/H* § 40 Rz. 12; GK-*Wiese* a. a. O.). 22

In zweiter Instanz ist die Hinzuziehung eines Rechtsanwalts für die Unterzeichnung der Beschwerdeschrift nach § 89 Abs. 1 ArbGG anzuerkennen, wenn die Vertretung durch einen Gewerkschaftsbeauftragten (vgl. dazu zunächst Rz. 24) nicht erreichbar ist (*LAG Hamm* vom 8. 10. 1976 – 3 Ta BV 29/76 – EzA § 40 BetrVG 1972 Nr. 31 = DB 1977, 778; *D/R* § 40 Rz. 21; **a. A.** *D/K/K/S* a. a. O.). 23

Die Kosten der Beauftragung eines Rechtsanwalts sind **entgegen der Auffassung des BAG** (vom 3. 10. 1978 und 4. 12. 1979, jeweils a. a. O.) aber nicht zu übernehmen, wenn die Vertretung durch einen **Gewerkschaftsbeauftragten** möglich, zur zweckentsprechenden Rechtsverfolgung in gleicher Weise wie durch einen Rechtsanwalt geeignet und für den Betriebsrat zumutbar ist (GK-*Wiese* § 40 Rz. 38; *G/L* § 40 Rz. 13; *Blomeyer* Die Finanzierung der Mitbestimmung durch den Arbeitgeber, 113 ff.; im Ergebnis ebenso *LAG Düsseldorf* vom 3. 5. 1976 – 16 Ta BV 41/75 – EzA § 40 BetrVG 1972 Nr. 28 m. Anm. *Kittner* = DB 1976, 1580; LAG Hamm vom 6. 12. 1973 – 8 Ta BV 66/73 – EzA § 20 BetrVG 1972 Nr. 5 m. Anm. *Reuter;* ArbG *Berlin* vom 28. 4. 1978 – 10 BV 2/78 – AuR 1979, 282; *Stege* DB 1974, 2204 ff.; vgl. auch *F/A/K/H* § 40 Rz. 12; *G/L* § 40 Rz. 12 f.; ablehnend *D/K/K/S* § 40 Rz. 17). Indessen ist die Gewerkschaft zur Vertretung des Betriebsrats **nicht verpflichtet** (*BAG* vom 14. 1. 1983 – 6 ABR 67/79 – EzA § 76 BetrVG 1972 Nr. 34 = DB 1983, 2583). Eine solche Verpflichtung ergibt sich weder aus den Satzungen der Gewerkschaften noch aus § 2 Abs. 1, der den Betriebsrat zwar zur Zusammenarbeit mit der Gewerkschaft anhält, nicht aber eine Verpflichtung zur Gewährung von Rechtsschutz durch die Gewerkschaft begründet. Dem Betriebsrat darf eine solche Ablehnung des Rechtsschutzes durch die Gewerkschaft nicht zugerechnet werden (insoweit zutreffend *BAG* vom 3. 10. 1978 und 4. 12. 1979, jeweils a. a. O., sowie *LAG Hamm* a. a. O.; *Blomeyer* a. a. O. 116 ff.; *F/A/K/H* § 40 Rz. 11; *G/L* § 40 Rz. 12; **a. A.** *LAG Düsseldorf* a. a. O.; *LAG Schleswig-Holstein* vom 24. 10. 1975 – 4 Ta BV 22/75 – BB 1975, 1636). 24

Nicht erforderlich ist in der Regel auch die Beauftragung eines Rechtsanwalts, wenn der Betriebsrat eine Anzeige gegen den Arbeitgeber wegen Verletzung des BetrVG erstatten will. Nicht erforderlich ist ferner die Beauftragung eines Rechtsanwalts zur gerichtlichen Erzwingung einer presserechtlichen Gegendarstellung, 25

§ 40 2. Teil 3. Abschn. *Geschäftsführung des Betriebsrats*

zumal der Betriebsrat vor dem ordentlichen Gericht nicht parteifähig ist (vgl. § 10 ArbGG; **a.A.** *LAG Hamburg* vom 13. 3. 1984 – 1 Ta BV 7/83 – LAGE § 40 BetrVG 1972 Nr. 17).

26 Was den **Umfang** (vgl. auch die Modalitäten des Kostenstragungsanspruchs unter Rz. 72 ff.) der zu tragenden Prozeßkosten anbetrifft, so erhält der Anwalt für seine Tätigkeit **Gebühren und Auslagen nach dem Gebührenrecht der BRAGO** (vgl. dort die §§ 62 und 25 ff.). Dabei gelten die Gebühren nach § 13 BRAGO grundsätzlich seine gesamte Tätigkeit von der Erteilung des Auftrags bis zur Erledigung der Angelegenheit ab und decken nach § 25 Abs. 1 BRAGO auch die allgemeinen Geschäftsunkosten.

27 Nach dem Grundsatz der Erforderlichkeit sind bei Parallelstreitigkeiten (z. B. nach §§ 99 ff.), wenn nicht ein Musterverfahren geführt wird (vgl. dazu oben Rz. 18), **Gruppenverfahren** durchzuführen. Betreibt der Anwalt gleichwohl mehrere Einzelverfahren, so hat der Arbeitgeber aus dem zwischen dem Betriebsrat und dem Anwalt geschlossenen Vertrag einen aufrechenbaren Schadenersatzanspruch in Höhe der Mehrkosten (Gebühren und Auslagen), die er gegenüber seinem eigenen Prozeßbevollmächtigten aufgrund der durchgeführten Einzelverfahren zu tragen hat (*LAG Düsseldorf* vom 9. 1. 1989 – 4 Ta BV 127/87 – DB 1989, 1036; einschränkend *D/K/K/S* § 40 Rz. 20).

28 Die **Gebührenhöhe** richtet sich nach dem Gegenstandswert (§ 7 BRAGO). Der Rechtsanwalt kann den Gegenstandswert selbst ermitteln; er kann ihn aber auch durch das Gericht festsetzen lassen. Um Streitigkeiten vorzubeugen, kann es sich für den Arbeitgeber empfehlen, den Rechtsanwalt um die gerichtliche Festsetzung des Gegenstandswertes nach § 10 BRAGO zu ersuchen. Besondere Gebühren fallen dadurch dem Arbeitgeber nicht zur Last, da nach § 9 Abs. 2 BRAGO der Anwalt die Wertfestsetzung aus eigenem Recht betreibt. Sofern der Anwalt im Auftrag des Betriebsrats eine Erhöhung des Gegenstandswertes anstrebt, sind die dadurch entstehenden Kosten nicht als erforderlich anzusehen, weil der Betriebsrat an der Bemessung des Gegenstandswertes kein eigenes Interesse hat.

29 Betriebsverfassungsrechtliche Streitigkeiten sind **nichtvermögensrechtliche Streitigkeiten**, soweit sie – wie in den meisten Fällen – Mitbestimmungsrechte oder andere Befugnisse des Betriebsrats zum Gegenstand haben (*LAG Niedersachsen* vom 19. 12. 1986 – Ta 446/86 – DB 1987, 1440; *LAG Frankfurt* vom 17. 5. 1987 – 6 Ta 3/87 – und vom 23. 2. 1987 – 6 Ta 28/87 –, jeweils unveröffentlicht; *S/W* § 40 Rz. 16). Eine vermögensrechtliche Streitigkeit ist ausnahmsweise dann gegeben, wenn sie einen Anspruch auf Geld oder eine geldwerte Leistung zum Gegenstand hat oder eine Umwandlung in einen solchen Anspruch möglich ist (*Tschischgale-Satzky* Das Kostenrecht in Arbeitssachen, 3. Aufl. 1982, 31; *Vetter* NZA 1986, 182).

30 Nach § 8 Abs. 2 BRAGO ist bei nichtvermögensrechtlichen Streitigkeiten ein Gegenstandswert (*LAG Baden-Württemberg* vom 4. 12. 1979 – 1 Ta 111/79 – BB 1980, 321; *Wenzel* DB 1977, 722) von DM 6000 anzusetzen, von dem **nach Lage des Falles** abgewichen werden kann, wobei jedoch DM 300 nicht unter- und 1 Mio DM nicht überschritten werden dürfen. Nach § 7 Abs. 2 BRAGO werden in derselben Angelegenheit die Werte mehrerer Gegenstände zusammengerechnet.

31 Eine **Abweichung vom Regelstreitwert** nach Lage des Falles kann sich vor allem wegen der **Bedeutung der Sache** für die Beteiligten, des **Schwierigkeitsgrades der**

Sache und der **Leistungsfähigkeit des Auftraggebers** ergeben (*LAG Schleswig-Holstein* vom 31.5. 1985 – 4 Ta 71/85 – unveröffentlicht; vgl. auch *Riedel-Süßbauer* Bundesrechtsanwalts-Gebührenordnung, 5. Aufl., § 8 Rz. 49f.).
Die **Bedeutung der Sache** ergibt sich vor allem aus dem Interesse der Beteiligten. **32**
Es kommt nicht auf individuelle Ansprüche von Arbeitnehmern, sondern auf die davon losgelöst zu betrachtenden betriebsverfassungsrechtlichen Befugnisse des Betriebsrats an (*LAG Hamburg* vom 8.5. 1984 – 4 Ta BV 21/83 – unveröffentlicht; *Vetter* NZA 1986, 182, 184). Die grundsätzliche Bedeutung der Entscheidung beeinflußt den Gegenstandswert nicht (*LAG Schleswig-Holstein* vom 24.1. 1986 – 5 (6) Ta 200/85 – unveröffentlicht).

Tatsächliche Schwierigkeiten der Sache müssen sich immer auf die anwaltliche **33** Tätigkeit selbst auswirken, um ein Abweichen vom Regelstreitwert zu rechtfertigen (*LAG Bremen* vom 24.4. 1978 – 3 Ta BV 3/77 – BB 1979, 1096). Mehrere gleichgelagerte Verfahren mindern deshalb den Schwierigkeitsgrad der Sache (*LAG Schleswig-Holstein* vom 19.11. 1985 – 4 Ta BV 41/85 –, vom 4.6. 1985 – 4 Ta 72/87 – und *LAG Berlin* vom 15.3. 1983 – 2 Ta 66/83 –, jeweils unveröffentlicht). Der Gegenstandswert wird auch nicht dadurch erhöht, daß sich der Rechtsanwalt mit einer Rechtsansicht des BAG, die er nicht teilt, grundsätzlich auseinandersetzt (*LAG Schleswig-Holstein* vom 24.1. 1986, a.a.O.).

Bei **Verfahren des vorläufigen Rechtsschutzes** ist nur ein Drittel des normalen Ge- **34** genstandswertes in Ansatz zu bringen (*LAG Schleswig-Holstein* vom 19.11. 1985, a.a.O.; *LAG München* vom 1.10. 1984 – 9 Ta BV 20/84 – unveröffentlicht).

Bestellungsverfahren nach § 98 ArbGG bleiben in der Regel in ihrem Umfang und **35** ihrer Bedeutung hinter den anderen Beschlußverfahren über betriebsverfassungsrechtliche Streitigkeiten zurück. Der Gegenstandswert ist deshalb auf die Hälfte des Regelstreitwertes nach § 8 Abs. 2 BRAGO, also 3 000 DM, festzusetzen. (*LAG Berlin* vom 9.10. 1987 – 1 Ta 112/87 [Kost] – unveröffentlicht). Ist auch die Vorfrage streitig, ob die Einigungsstelle überhaupt zuständig ist, so rechtfertigt dies keinesfalls einen höheren Streitwert als den Regelstreitwert (vgl. *LAG Schleswig-Holstein* vom 3.10. 1983 – 5 Ta BV 33/83 – unveröffentlicht).

Der Anwalt kann neben den Gebühren **Ersatz von Auslagen** verlangen. So hat er **36** nach § 25 Abs. 2 BRAGO Anspruch auf Erstattung der auf die Vergütung entfallenden **Umsatzsteuer**. Ferner steht ihm nach § 26 BRAGO Ersatz der bei der Ausführung des Auftrags entstandenen **Post-, Telegrafen-, Fernsprech- und Fernschreibgebühren** zu. Er kann nach seiner Wahl anstelle der tatsächlich entstandenen Kosten einen **Pauschsatz** fordern, der 15% der gesetzlichen Gebühren beträgt, in gerichtlichen Verfahren in demselben Rechtszug jedoch höchstens 40,– DM. **Schreibauslagen** für die Herstellung der Schriftsätze in der übernommenen Angelegenheit sind nicht zu erstatten. Der sonst dem Anwalt zustehende Anspruch auf Schreibauslagen für die im Einverständnis mit dem Auftraggeber **zusätzlich** gefertigten Abschriften kommt hier nicht in Betracht, weil Zusatzstücke auf einem Ablichtungsgerät des Arbeitgebers hergestellt werden können, diese Kosten also betriebsverfassungsrechtlich nicht erforderlich sind. Für Ablichtungen und Abschriften aus Behörden- und Gerichtsakten stehen dem Anwalt Schreibauslagen zu, soweit die Abschrift oder Ablichtung zur sachgemäßen Bearbeitung der Rechtssache geboten war. Dies ist dann nicht der Fall, wenn die betreffenden Akten auf Antrag des Anwalts vom Gericht beigezogen werden können (zur Höhe der Schreibauslagen vgl. § 27 Abs. 2 BRAGO).

Reisekosten des Anwalts (Tagegelder, Fahrtkosten, Übernachtungskosten) sind **37**

§ 40   2. Teil 3. Abschn. Geschäftsführung des Betriebsrats

vom Arbeitgeber in der Regel nicht zu übernehmen, da die Beauftragung eines auswärtigen Anwalts nur dann als erforderlich angesehen werden kann, wenn am Ort des Betriebes oder in seiner Nähe kein Anwalt mit entsprechender Fachkompetenz ansässig ist (*BAG* vom 16. 10. 1986 – 6 ABR 2/85 – AP Nr. 31 zu § 40 BetrVG 1972; *S/W* § 40 Rz. 17; *D/K/K/S* § 40 Rz. 19, allerdings nur unter der Bedingung, daß der Arbeitgeber nicht einen auswärtigen Anwalt einschaltet). In den Fällen, in denen auch der am Betriebsort ansässige Rechtsanwalt für die Durchführung des Rechtsstreits reisen muß (z. B. bei auswärts gelegenem Arbeitsgericht), erhält er nach § 28 Abs. 2 BRAGO Tage- und Abwesenheitsgeld.

b) Kosten der Tätigkeit einzelner Betriebsratsmitglieder

38 Der Arbeitgeber ist auch verpflichtet, die persönlichen Aufwendungen einzelner Betriebsratsmitglieder zu tragen, die durch ihre Amtstätigkeit erforderlich geworden sind (ständige Rechtsprechung des *BAG*, zuletzt vom 3. 4. 1979 – 6 ABR 64/76 – EzA § 40 BetrVG 1972 Nr. 45 = DB 1979, 2091; *G/L* § 40 Rz. 18; *F/A/K/H* § 40 Rz. 20; GK-*Wiese* § 40 Rz. 41; *D/R* § 40 Rz. 12; *D/K/K/S* § 40 Rz. 23). Voraussetzung ist auch hier, daß die Tätigkeit objektiv der Durchführung von Aufgaben des Betriebsrats gedient hat und daß die Kosten von einem vernünftig denkenden Dritten für erforderlich und verhältnismäßig gehalten werden konnten (vgl. oben Rz. 8). Nicht zur Tätigkeit des Betriebsrats gehört die Teilnahme an Sitzungen des Aufsichtsrats, dem er angehört (GK-*Wiese* § 40 Rz. 19; *D/R* § 40 Rz. 9).

39 Vom Arbeitgeber zu tragende Kosten sind nicht nur Aufwendungen in Geld, sondern auch **Verluste von Vermögenswerten**. Beschmutzt oder beschädigt ein Betriebsratsmitglied bei Durchführung von Betriebsratsaufgaben seine Kleidung, so hat es Anspruch auf Erstattung der Kosten, die zur Behebung dieser Schäden notwendig sind (*D/R* § 40 Rz. 42 f.; *G/L* § 40 Rz. 37; GK-*Wiese* § 40 Rz. 25; *F/A/K/H* § 40 Rz. 27; *D/K/K/S* § 40 Rz. 33). Erleidet ein Betriebsratsmitglied im Rahmen seiner Tätigkeit einen Unfall, so hat es Anspruch auf Erstattung der entsprechenden **Heilungskosten**. Allerdings greift auch hier bei Personenschäden das Haftungsprivileg des § 636 RVO ein. Dafür hat das Betriebsratsmitglied Anspruch auf Leistungen aus der gesetzlichen Unfallversicherung (*D/R* § 40 Rz. 44; *F/A/K/H* a. a. O.; *Lauterbach/Watermann* Gesetzliche Unfallversicherung, Loseblatt § 548 Rz. 42).

40 Entsteht bei einem Unfall **Sachschaden am Kraftfahrzeug** des Betriebsratsmitglieds, so hat der Arbeitgeber den Schaden zu ersetzen, wenn er die Benutzung des Fahrzeugs ausdrücklich gewünscht hat oder sie erforderlich war, damit das Betriebsratsmitglied seine Aufgaben in zumutbarer Weise erfüllen konnte (*BAG* vom 3. 3. 1983 – 6 ABR 4/80 – EzA § 20 BetrVG 1972 Nr. 12 = DB 1983, 1366; ähnlich *LAG Niedersachsen* vom 21. 4. 1980 – 3 Ta BV 1/80 – EzA § 40 BetrVG 1972 Nr. 48; GK-*Wiese* a. a. O.; *D/K/K/S* a. a. O.). Es reicht nicht aus, daß es sich die Erfüllung seiner Aufgaben durch das Kraftfahrzeug nur erleichtert hat. Auch kann die Kostentragungspflicht des Arbeitgebers durch eigenes Verschulden des Betriebsratsmitglieds gemindert sein oder ganz wegfallen (*BAG* a. a. O.). Nach § 78 Satz 2 kann ein Betriebsratsmitglied auch die notwendigen Beförderungskosten erstattet verlangen, wenn es wegen seiner Amtstätigkeit die kostenlose Beförderung mit Bussen des Arbeitgebers nicht in Anspruch nehmen kann, sondern das eigene Kraftfahrzeug oder ein öffentliches Verkehrsmittel benutzen muß (*D/R* § 40 Rz. 10; im Ergebnis ebenso *LAG Düsseldorf* vom 28. 10. 1968 – 12 Sa 391/68 –

BB 1969, 1086; GK-*Wiese* § 40 Rz. 19; **a. A.** *G/L* § 40 Rz. 19). Soweit ein Betriebsratsmitglied vor seiner Wahl ein Fahrzeug des Arbeitgebers zur Erfüllung seiner Arbeitspflichten zur Verfügung hatte, kann es nicht eine Entschädigung dafür verlangen, daß es das Fahrzeug nicht mehr erhält (*LAG Berlin* vom 25. 4. 1982 – 9 Sa 13/82 – AuR 1983, 91).

aa) Reisen
Kosten aus der Tätigkeit der Betriebsratsmitglieder sind vor allem Reisekosten (Fahrt, Verpflegung, Unterkunft, Telefongespräche), wenn das Betriebsratsmitglied zur Erledigung seiner Aufgaben auswärtige Betriebsteile, Nebenbetriebe oder Baustellen aufsucht oder an auswärtigen Sitzungen des Gesamtbetriebsrats, Konzernbetriebsrats, Wirtschaftsausschusses, an einer Betriebsräteversammlung, an Gerichtsterminen oder Gesprächen mit Behörden teilnimmt (GK-*Wiese* § 40 Rz. 20; *D/R* § 40 Rz. 8; *F/A/K/H* § 40 Rz. 22; *D/K/K/S* § 40 Rz. 24, zu den Reisekosten wegen Teilnahme an **Schulungs- und Bildungsveranstaltungen** vgl. unten Rz. 62).

Nicht erforderlich ist in der Regel die Anreise zur Betriebsratssitzung aus einem zu diesem Zweck unterbrochenen Sonderurlaub (*BAG* vom 24. 6. 1969 – 1 ABR 6/69 – EzA § 39 BetrVG 1952 Nr. 3 = DB 1969, 1754; *D/K/K/S* § 40 Rz. 25), ebensowenig die Beteiligung an einem Arbeitsmarktgespräch (vgl. dazu § 37 Rz. 24 und die dort erwähnte entgegengesetzte Rechtsprechung des *BAG*; ihr zustimmend *D/K/K/S* § 40 Rz. 24) sowie der Besuch eines erkrankten Arbeitnehmers im Krankenhaus, es sei denn, daß insoweit eine konkrete Aufgabe des Betriebsrats, z. B. die Beteiligung an einer Unfalluntersuchung, zu erfüllen gewesen wäre (*D/R* § 40 Rz. 3; GK-*Wiese* § 40 Rz. 20). Bei einer von mehreren Betriebsratsmitgliedern durchzuführenden Reise, für die ein Mitglied sein Kraftfahrzeug benutzt, ist für die anderen in der Regel nicht erforderlich, ebenfalls den eigenen Wagen zu benutzen (so auch *LAG Hamm* vom 13. 11. 1991 – Ta BV 110/91 – BB 1992, 711; vom 14. 4. 1976 – 3 Ta BV 18/76 – DB 1976, 1919; *G/L* § 40 Rz. 21; **a. A.** *F/A/K/H* a. a. O.; *D/K/K/S* § 40 Rz. 26, die dies nur bei einer Bereitstellung eines Dienstfahrzeugs annehmen). Zu den zu erstattenden Kosten gehört nicht der Aufwand für **Fahrten zwischen Wohnung und Betrieb**. Dies gilt auch dann, wenn ein freigestelltes Betriebsratsmitglied ohne die Freistellung auf auswärtigen Baustellen zu arbeiten gehabt hätte und ihm der Fahrtkostenaufwand hierfür erstattet worden wäre (*BAG* vom 28. 8. 1991 – 7 ABR 46/96 – DB 1991, 2594 = NZA 1992, 72; vgl. auch oben § 38 Rz. 44a).

Was den **Umfang** der zu erstattenden Reisekosten angeht, ist in erster Linie die für die Arbeitnehmer des Betriebs geltende Reisekostenordnung maßgeblich (*BAG* vom 17. 9. 1974 – 1 ABR 98/73 – EzA § 40 BetrVG 1972 Nr. 18 = DB 1975, 452; *LAG Frankfurt/M.* vom 6. 10. 1988 – 12 Ta BV 12/88 – DB 1989, 2132; GK-*Wiese* § 40 Rz. 21; *F/A/K/H* § 40 Rz. 34; *D/R* § 40 Rz. 40; *D/K/K/S* § 40 Rz. 27), weil sie den betrieblichen Maßstab festlegt, dem auch das Betriebsratsmitglied unterworfen ist (**a. A.** hinsichtlich Verzehrkosten, die in angemessener Höhe bei einer Betriebsratstätigkeit am Ort auch dann anzuerkennen seien, wenn sie in der betrieblichen Reisekostenordnung nicht vorgesehen sind: *LAG Düsseldorf* vom 4. 5. 1976 – 5 Ta BV 13/76 – AuR 1976, 283; dem zustimmend *D/K/K/S* a. a. O.).

Werden kraft betrieblicher Übung oder Reisekostenordnung die **Lohnsteuerrichtlinien** für Arbeitnehmer-Dienstreisen zugrunde gelegt, so gelten sie auch für Betriebsratsmitglieder (*BAG* vom 23. 6. 1975 – 1 ABR 104/73 – EzA § 40 BetrVG

1972 Nr. 21 = DB 1975, 1707; vom 17.9. 1974 – 1 ABR 98/73 – EzA § 40 BetrVG 1972 Nr. 18 = DB 1975, 452; *F/A/K/H*, GK-*Wiese*, *D/R*, *D/K/K/S* jeweils a. a. O.; *G/L* § 40 Rz. 29); eine andere Handhabung zugunsten von Betriebsratsmitgliedern würde gegen das Begünstigungsverbot des § 78 Satz 2 verstoßen (*BAG* und *LAG Frankfurt*, jeweils a. a. O.). Höhere Beträge müssen aber dann anerkannt werden, wenn sie von den Betriebsratsmitgliedern nicht beeinflußt werden können (*BAG* vom 7.6. 1984 – 6 ABR 66/81 – EzA § 40 BetrVG 1972 Nr. 57 = DB 1984, 2200; *F/A/K/H* und *D/K/K/S*, jeweils a. a. O.). Aufwendungen, die über die Pauschsätze für Tage- und Übernachtungsgelder hinausgehen, hat das Betriebsratsmitglied als erforderlich nachzuweisen und zu belegen (*LAG Frankfurt* a. a. O.; *G/L* § 40 Rz. 31; *F/A/K/H* und GK-*Wiese*, jeweils a. a. O.). Werden bei Dienstreisen eigene Aufwendungen für häusliche Verpflegung erspart, so kann der Arbeitgeber einen Abzug für Haushaltsersparnisse (gem. Abschnitt 39 Abs. 1 der Lohnsteuerrichtlinien 1990) vornehmen (*BAG* und *LAG Frankfurt*, jeweils a. a. O.). Dies gilt jedoch dann nicht, wenn der Arbeitnehmer sich mit der Kostenpauschale begnügt, weil hierin bereits die Haushaltsersparnis berücksichtigt ist (*BAG* vom 29.1. 1974 – 1 ABR 39/73 – EzA § 37 BetrVG 1972 Nr. 36; vom 5.2. 1974 – 1 ABR 46/73 – SAE 1975, 194 m. Anm. *Bohn; D/R* § 40 Rz. 41; *F/A/K/H* und *G/L*, jeweils a. a. O.). Zusätzliche Aufwendungen für Getränke und Rauchwaren gehören zu den Kosten der persönlichen Lebensführung und sind deshalb nicht nach Abs. 1 zu erstatten (*BAG* vom 15.6. 1976 – 1 ABR 81/74 – EzA § 37 BetrVG 1972 Nr. 50 m. Anm. *Otto*; *D/K/K/S* a. a. O.).

45 Sieht die betriebliche Reisekostenordnung für Dienstreisen von Arbeitnehmern die **Bahnfahrt der ersten Wagenklasse** nicht vor, so können auch Betriebsratsmitglieder entsprechende Kosten nicht erstattet verlangen (*BAG* vom 17.9. 1974 a. a. O.; vom 29.4. 1975 – 1 ABR 40/74 – EzA § 40 BetrVG 1972 Nr. 22 m. Anm. *Pfarr* = DB 1975, 1708; *D/K/K/S* § 40 Rz. 28). Entsprechendes gilt für **Flugreisen** (*D/K/K/S* a. a. O.).

46 Für den Fall, daß mehrere Betriebsratsmitglieder desselben Betriebs gemeinsam eine Reise durchführen, gibt es im BetrVG keine dem § 44 Abs. 2 Satz 1 BPersVG entsprechende Bestimmung, wonach die Personalratsmitglieder ohne Rücksicht auf ihre dienstliche Stellung einheitlich behandelt werden. Deshalb sind Betriebsratsmitglieder auch bei solchen Reisen so zu stellen, wie wenn sie als Arbeitnehmer Dienstreisen durchführen würden (GK-*Wiese* a. a. O.; *G/L* § 40 Rz. 29). Abzulehnen ist die Auffassung, daß die **gemeinsam reisenden Betriebsratsmitglieder** die Reisekosten nach einheitlichen Maßstäben entsprechend der Bedeutung der Betriebsratstätigkeit erstattet erhalten müßten (so *F/A/K/H* a. a. O.; *D/K/K/S* § 40 Rz. 29). Es wäre mit dem Begünstigungs- und Benachteiligungsverbot des § 78 Satz 2 nicht zu vereinbaren, Betriebsratsmitglieder reisekostenmäßig besser zu stellen als die übrigen Arbeitnehmer, die entsprechend ihrer Stellung im Betrieb differenziert behandelt werden. Hieran würde auch eine entsprechende Betriebsvereinbarung nichts ändern, die nicht nur wegen Verstoßes gegen § 78 Satz 2 (vgl. dazu *LAG Frankfurt* a. a. O.), sondern auch als Abweichung von der zwingenden gesetzlichen Regelung rechtlich unwirksam wäre (vgl. Erläuterungen zu § 37 Rz. 4; **a. A.** GK-*Wiese*, *G/L*, jeweils a. a. O.; *D/R* § 40 Rz. 40; *Kammann/Hess/Schlochauer* § 40 Rz. 27, die die Vereinbarung einheitlicher Spesenregelungen auf einem mittleren Niveau für zulässig und empfehlenswert halten, obwohl ein solches Niveau jedenfalls, soweit es um die Benutzung der ersten oder der zweiten Wagenklasse der Bundesbahn geht, praktisch nicht möglich ist). Abgesehen davon ist auch die Frage zu stellen, ob es nicht den betroffenen Betriebsratsmitgliedern selbst überlassen bleiben sollte, auf einer gemeinsam durchgeführten Reise ein Gefälle in der spesenmäßigen Behandlung auf geeignete Art zu berücksichtigen. Eine Nivellierung tatsächlich bestehender Unterschiede über die Köpfe der Betroffenen hinweg erscheint nicht angebracht.

bb) Beauftragung eines Rechtsanwalts
Die für den Betriebsrat dargestellten Grundsätze (vgl. oben Rz. 15–37) gelten entsprechend für die Kosten von Rechtsstreitigkeiten, die einzelnen Betriebsratsmitgliedern aus ihrer Amtstätigkeit erwachsen (vgl. *BAG* vom 19. 4. 1989 – 7 ABR 6/88 – AP Nr. 29 zu § 40 BetrVG 1972 = EzA § 40 BetrVG 1972 Nr. 62; vom 14. 10. 1982 – 6 ABR 37/79 – EzA § 40 BetrVG 1972 Nr. 52 = DB 1983, 665; vom 3. 4. 1979 – 6 ABR 63/76 – EzA § 40 BetrVG 1972 Nr. 43 = DB 1979, 1706; *D/R* § 40 Rz. 11; *G/L* § 40 Rz. 36; *F/A/K/H* § 40 Rz. 23; *D/K/K/S* § 40 Rz. 31). 47

Ergibt sich der Rechtsstreit aber nicht aus der amtlichen Tätigkeit, sondern aus der Verfolgung von Rechten aus dem **individuellen Arbeitsverhältnis**, so greift die Kostentragungspflicht des Arbeitgebers nicht ein. Dies gilt etwa für die Durchsetzung von Arbeitsentgeltansprüchen im Urteilsverfahren (*BAG* vom 14. 10. 1982 a. a. O.; *G/L* § 40 Rz. 36; **a. A.** *F/A/K/H* § 40 Rz. 26; *D/K/K/S* § 40 Rz. 32) und für die Beteiligung eines Betriebsratsmitglieds am Beschlußverfahren nach § 103 Abs. 2, in dem über die Ersetzung der Zustimmung des Betriebsrats zu einer vom Arbeitgeber beabsichtigten Kündigung dieses Betriebsratsmitglieds entschieden werden soll (*BAG* vom 3. 4. 1979, a. a. O.; ebenso *F/A/K/H* a. a. O.; **a. A.** *D/K/K/S* § 40 Rz. 31; vgl. auch *LAG Hamm* vom 8. 2. 1989 – 3 Ta BV 126/88 – BB 1989, 1058). 48

Rechtsstreitigkeiten, die aus der amtlichen Tätigkeit erwachsen, können nicht nur zwischen dem Betriebsratsmitglied und dem Arbeitgeber, sondern auch zwischen dem Betriebsratsmitglied und dem Betriebsrat geführt werden. Das Betriebsratsmitglied könnte z. B. auf Kosten des Arbeitgebers ein Beschlußverfahren zur **Überprüfung von Beschlüssen des Betriebsrats** in Gang bringen, die in die Rechtsstellung des Betriebsratsmitglieds eingreifen, falls ernstliche Zweifel an der Rechtmäßigkeit des Beschlusses bestehen (*BAG* vom 3. 4. 1979 – 6 ABR 64/76 – EzA § 40 BetrVG 1972 Nr. 45 = DB 1979, 2091; *D/R* § 40 Rz. 11; GK-*Wiese* § 40 Rz. 31; *G/L* § 40 Rz. 36; *F/A/K/H* und *D/K/K/S*, jeweils a. a. O.). 49

Nicht erforderlich ist indessen der Kostenaufwand für einen Rechtsstreit, mit dem die **Prüfung der Zweckmäßigkeit** eines Beschlusses erstrebt wird (*F/A/K/H* § 40 Rz. 24 sowie *G/L*, *D/K/K/S* und GK-*Wiese* 188, jeweils a. a. O.). Das einzelne Betriebsratsmitglied könnte aber sein Recht auf Berücksichtigung bei der Teilnahme an Schulungs- und Bildungsveranstaltungen auf Kosten des Arbeitgebers gegen den Betriebsrat im Beschlußverfahren geltend machen (GK-*Wiese* a. a. O.; vgl. auch oben § 37 Rz. 188). 50

Auch Kosten aus Rechtsstreitigkeiten über die **Rechtsstellung eines Betriebsratsmitglieds** (z. B. Anfechtung seiner Wahl, Feststellung des Fortfalls seiner Wählbarkeit, Ausschluß aus dem Betriebsrat) sind grundsätzlich vom Arbeitgeber zu tragen. Sie erwachsen zwar nicht aus der amtlichen Tätigkeit, betreffen aber die Rechtsgrundlage für die Ausübung dieser Tätigkeit. Es liefe dem Benachteiligungsverbot des § 78 Satz 2 zuwider, wenn Betriebsratsmitglieder diese Auseinandersetzungen auf eigene Kosten austragen müßten (im Ergebnis ebenso *BAG* vom 19. 4. 1987, a. a. O.; vom 29. 7. 1982 – 6 ABR 41/79 – AuR 1982, 258; *LAG Hamm* 51

§ 40   2. Teil 3. Abschn. Geschäftsführung des Betriebsrats

vom 7.6. 1979 – 3 Ta BV 24/79 – DB 1980, 213; *LAG Berlin* vom 28.11. 1978 – 3 Ta BV 3/78 – DB 1979, 2188; *F/A/K/H* § 40 Rz. 23; GK-*Wiese* § 40 Rz. 32; *D/K/K/S* a.a.O.; **a.A.** *G/L* § 40 Rz. 36). Keine Verpflichtung des Arbeitgebers zur Kostentragung besteht aber, wenn einem **Antrag auf Ausschluß eines Betriebsratsmitglieds** aus dem Betriebsrat stattgegeben worden ist. Wegen des grob pflichtwidrigen Verhaltens, das zu dieser Entscheidung geführt hat, würde das Betriebsratsmitglied rechtsmißbräuchlich handeln, wenn es vom Arbeitgeber verlangen würde, für die Kosten aufzukommen (im Ergebnis ebenso *LAG Berlin* und GK-*Wiese*, jeweils a.a.O.; **a.A.** *BAG* vom 19.4. 1989, a.a.O.: Kosten nur dann nicht erforderlich, wenn das dem Betriebsratsmitglied vorgeworfene Verhalten von ihm ernsthaft nicht bestritten werden kann und die rechtliche Würdigung dieses Verhaltens unzweifelhaft eine grobe Pflichtverletzung i.S. des § 23 Abs. 1 ergibt; für das Personalvertretungsrecht *BVerwG* vom 26.10. 1962 – BVerwG VII P 1.62 – AP Nr. 4 zu § 44 PersVG; **a.A.** *D/R* § 40 Rz. 15; Rechtsmißbrauch nur unter besonderen Umständen: *F/A/K/H* a.a.O.; vgl. auch *D/K/K/S* a.a.O.).

52 Zu ersetzen sind auch Kosten von Rechtsstreitigkeiten, die von einzelnen Betriebsratsmitgliedern oder von Gruppen von ihnen zur **Durchsetzung des Gruppenschutzes** nach § 26 Abs. 1 Satz 2, Abs. 2, § 27 Abs. 2, § 28 Abs. 2 und 3, § 38 Abs. 2 und 3, § 47 Abs. 2 erforderlich sind (so auch GK-*Wiese* § 40 Rz. 33; *F/A/K/H* § 40 Rz. 25; *G/L* § 40 Rz. 36; *D/R* § 40 Rz. 11; *D/K/K/S* a.a.O.).

53 Nicht zu tragen sind vom Arbeitgeber die Prozeßkosten von Gewerkschaftssekretären oder anderer Personen, z.B. Mitglieder der Einigungsstelle, die am Beschlußverfahren beteiligt sind (*D/R* § 40 Rz. 24; **a.A.** *D/K/K/S* § 40 Rz. 32).

54 Auch bei den Prozeßkosten einzelner Betriebsratsmitglieder kann es sich wegen der Gerichtskostenfreiheit des Beschlußverfahrens nach § 12 Abs. 5 ArbGG nur um Kosten in der Prozeßvertretung handeln. Für sie gelten die entsprechenden Erläuterungen über die Kosten des Betriebsrats sinngemäß (vgl. oben Rz. 15–37).

c) Kosten der Teilnahme an Schulungs- und Bildungsveranstaltungen

55 Die in den Jahren unmittelbar nach Inkrafttreten des BetrVG 1972 außerordentlich umstrittene Frage, ob der Arbeitgeber grundsätzlich auch die Kosten der Teilnahme an Schulungs- und Bildungsveranstaltungen zu tragen hat, ist heute in Rechtsprechung und Fachschrifttum dahin entschieden, daß bei erforderlichen Veranstaltungen nach § 37 Abs. 6 eine Kostentragungspflicht besteht (*BAG* vom 31.10. 1972 – 1 ABR 7/72 – EzA § 40 BetrVG 1972 Nr. 3 mit Anm. *Richardi* = DB 1973, 528; vom 30.1. 1973 – 1 ABR 1/73 – EzA § 40 BetrVG 1972, Nr. 4; vom 29.1. 1974 – 1 ABR 41/73 – EzA § 40 BetrVG 1972 Nr. 12 m. Anm. *Richardi* = DB 1974, 1292; vom 21.11. 1978 – 6 ABR 10/77 – EzA § 37 BetrVG 1972 Nr. 62 = DB 1979, 507; *D/R* § 40 Rz. 27; *F/A/K/H* § 40 Rz. 28; *S/W* § 37 Rz. 54; GK-*Wiese* § 40 Rz. 45; *G/L* § 40 Rz. 32; *D/K/K/S* § 40 Rz. 34; **a.A.** eine Reihe von Instanzgerichten sowie von Stellungnahmen im Fachschrifttum aus den Jahren 1972 bis 1974, vgl. Nachweise bei GK-*Wiese* a.a.O.). Soweit der Betriebsrat das Wissen benötigt, um seine Amtstätigkeit ordnungsgemäß auszuüben, ist die Teilnahme an Veranstaltungen nach § 37 Abs. 6 so eng mit der Tätigkeit des Betriebsrats verbunden, daß sie sachlich nicht davon getrennt werden kann (*BAG* vom 29.1. 1974 a.a.O., in AP Bl. 2 R). Es wäre dementsprechend mit dem Benachteiligungsverbot des § 78 Satz 2 nicht zu vereinbaren, wenn das Betriebsratsmitglied die Kosten der Teilnahme an erforderlichen Schulungs- und Bildungsveranstaltungen selbst tragen müßte.

Die Rechtsprechung des *BAG* zur Kostentragungspflicht bei Teilnahme an **ge-** 56
werkschaftlichen Veranstaltungen nach § 37 Abs. 6 verletzt nach der Rechtsprechung des *Bundesverfassungsgerichts* (vom 14. 2. 1978 – 1 BvR 466/75 – AP Nr. 13 zu § 40 BetrVG 1972 = DB 1978, 843) nicht das Grundrecht der **Koalitionsfreiheit**. Die im Betrieb vertretenen Gewerkschaften üben gem. § 2 Abs. 1 eine betriebsverfassungsrechtliche Hilfsfunktion aus. Damit erfüllen die Gewerkschaften bei der Durchführung von Schulungs- und Bildungsveranstaltungen auch eine eigene Aufgabe. Dies schließt aber nicht aus, daß die Betriebsratsmitglieder gegen den Arbeitgeber einen Kostentragungsanspruch haben, wenn sich die gewerkschaftliche Veranstaltung auf die Vermittlung von Kenntnissen beschränkt, die für die Betriebsratsarbeit erforderlich sind (vgl. oben § 37 Rz. 102ff.; *D/R* § 40 Rz. 30).

Aus den Grundsätzen des Koalitionsrechts ergibt sich aber, daß die Gewerkschaft 57 ihre betriebsverfassungsrechtliche Hilfsfunktion nicht ausüben darf, um finanziellen Gewinn zu erzielen (*BAG* vom 31. 10. 1972 a. a. O., in AP Bl. 2 R; *D/R* § 40 Rz. 31). Damit ist entgegen der Rechtsprechung des *BAG* (vom 28. 5. 1976 – 1 ABR 44/74 – EzA § 40 BetrVG 1972 Nr. 27 = DB 1976, 1628; vom 3. 4. 1979 – 6 ABR 70/76 – EzA § 40 BetrVG 1972 Nr. 44 = DB 1979, 1799), nach der die von den Generalunkosten der veranstaltenden Gewerkschaft abgrenzbaren Kosten, z. B. der Kosten von Einladungsschreiben sowie Auslagen für Honorare und Spesen an die Referenten, auf die Teilnehmer umgelegt werden können, ein **Teilnehmerbeitrag** der Gewerkschaft von der Kostenerstattungspflicht ausgeschlossen. Teilnehmergebühren sind nur zu erstatten, wenn Veranstalter nicht eine Gewerkschaft ist. Die Übernahme solcher Kosten durch den Arbeitgeber würde zu einer mit den Grundsätzen der Koalitionsfreiheit, besonders dem Erfordernis der Gegnerunabhängigkeit, unvereinbaren Finanzierung der Gewerkschaft durch die Arbeitgeber führen (*LAG Düsseldorf* vom 26. 7. 1974 – 4 Ta BV 47/74 – DB 1975, 135; *Ohlgardt* BB 1974, 1029; *G/L* § 40 Rz. 34; *Buchner* Anm. SAE 1974, 133; wie das *BAG: D/R* § 40 Rz. 31; *F/A/K/H* § 40 Rz. 33; GK-*Wiese* § 40 Rz. 51; *D/K/K/S* § 40 Rz. 39).

Das gilt nicht nur für die Generalunkosten oder Vorhaltekosten der gewerkschaft- 58 lichen Schulungsstätten, also Kapitalverzinsung, Grundstücksabgaben, Miet-, Heizungs- und Beleuchtungskosten, Kosten des Mobiliars und allgemeiner Lehrmittel, die nach allgemeiner Rechtsauffassung nicht dem Arbeitgeber zur Last fallen dürfen (vgl. *BAG* vom 28. 5. 1976 a. a. O.; *F/A/K/H* und *G/L*, jeweils a. a. O.), sondern auch für **Honorare an eigene Referenten der Gewerkschaften**. Dabei macht es keinen Unterschied, ob die Lehrtätigkeit zu den vertraglichen Pflichten des Referenten gehört oder nicht (so auch *G/L* § 40 Rz. 34; **insoweit a. A.** *BAG* vom 3. 4. 1979, a. a. O.; *F/A/K/H* a. a. O.; GK-*Wiese* § 40 Rz. 52; *D/R* § 40 Rz. 42: Erstattung nur, wenn die Lehrtätigkeit weder zu den Haupt- noch zu den Nebenpflichten aus dessen Arbeitsverhältnis gehört; für uneingeschränkte Umlegung dieser Kosten der Gewerkschaft *D/K/K/S* a. a. O.).

Die Gewerkschaften sind berechtigt und satzungsmäßig verpflichtet, auch im Rah- 59 men der Betriebsverfassung Mitgliederinteressen zu wahren und zu fördern. Auf dieser Grundlage betreiben sie auch die Schulungs- und Bildungsveranstaltungen für Betriebsratsmitglieder und Mitglieder der Jugend- und Auszubildendenvertretung. Von Gewerkschaftsseite durchgeführte Kurse bieten deshalb im Kern nicht wertfreie Information, sondern gewerkschaftlich ausgerichtetes Rüstzeug zur Vertretung von Mitgliederinteressen gegenüber den Arbeitgebern. Diese Tätigkeit

§ 40 2. Teil 3. Abschn. *Geschäftsführung des Betriebsrats*

der Gewerkschaften ist zweifelsfrei legitim, kann aber nicht den Arbeitgebern in Rechnung gestellt werden (*G/L* a. a. O.).

60 Vom Arbeitgeber in keinem Fall getragen zu werden brauchen die Kosten der Teilnahme an Schulungs- und Bildungsveranstaltungen nach § 37 **Abs. 7**, die für den Betriebsrat nicht erforderlich, wohl aber für seine Arbeit geeignet sind (*BAG* vom 6. 11. 1973 – 1 ABR 26/73 – EzA § 37 BetrVG 1972 Nr. 17 m. Anm. *Richardi* = DB 1974, 633). Denn die Kostentragungspflicht des Arbeitgebers besteht nur, wenn die Aufwendungen erforderlich sind. Dies ist jedoch bei den Schulungs- und Bildungsveranstaltungen nach § 37 Abs. 7 nicht der Fall (*BAG* a. a. O.; *G/L* § 40 Rz. 35; *F/A/K/H* § 40 Rz. 28b; *GK-Wiese* § 40 Rz. 61; *Dütz/Säcker* BB 1972 Beilage Nr. 17, 16; *S/W* § 37 Rz. 65; **a. A.** *D/R* § 40 Rz. 29 und *D/K/K/S* § 40 Rz. 35, die nicht zwischen Abs. 6 und 7 des § 37 differenzieren). Die Kosten müssen dann von den Teilnehmern oder dem Veranstalter getragen werden.

61 Eine Ausnahme ist aber zu machen, wenn in einer Schulungs- und Bildungsveranstaltung nach § 37 Abs. 7 zugleich für die Betriebsratsarbeit erforderliche Kenntnisse i. S. v. § 37 Abs. 6 vermittelt werden (*BAG* a. a. O., in AP Bl. 2; vom 26. 8. 1975 – 1 ABR 12/74 – EzA § 37 BetrVG 1972 Nr. 44 = DB 1975, 2450; vom 25. 4. 1978 – 6 ABR 22/75 – EzA § 37 BetrVG 1972 Nr. 59 m. Anm. *Kittner* = DB 1978, 1976; *G/L* und *F/A/K/H*, jeweils a. a. O.; *GK-Wiese* § 40 Rz. 63). Werden die Kosten einer Veranstaltung nach § 37 Abs. 7 geltend gemacht, so müssen besonders sorgfältig Tatsachen dargelegt werden, die die Erforderlichkeit der Teilnahme begründen (*BAG* vom 26. 8. 1975 und GK-*Wiese*, jeweils a. a. O.; vgl. dazu auch *D/K/K/S* § 40 Rz. 34).

62 Was den **Umfang** der zu tragenden Veranstaltungskosten angeht, so fallen darunter zunächst die erforderlichen **Reisekosten** (Kosten für Fahrt, Unterkunft und Verpflegung; vgl. hierzu zunächst oben Rz. 41 ff.). Die Mehrkosten, die einem Betriebsratsmitglied dadurch entstehen, daß es nicht vom Betrieb, sondern von seiner Wohnung aus zum Veranstaltungsort fährt, sind in der Regel nicht zu erstatten (*LAG Hamm* vom 24. 6. 1987 – 3 Ta BV 128/86 – DB 1987, 2052).

63 Sofern der Veranstalter für **internatsmäßige Unterbringung** den teilnehmenden Betriebsratsmitgliedern einen **Tagessatz** in Rechnung stellt, der sich im Rahmen der steuerlich zugelassenen Spesensätze hält, sind die entsprechenden Auslagen der Betriebsratsmitglieder auch dann als erforderlich anzuerkennen, wenn die betriebliche Reisekostenordnung niedrigere Sätze vorsieht, weil das Betriebsratsmitglied diese Kosten nicht beeinflussen kann (*BAG* vom 7. 6. 1984 – 6 ABR 66/81 – EzA § 40 BetrVG 1972 Nr. 57 = DB 1984, 2200; vom 23. 6. 1975 – 1 ABR 104/73 – EzA § 40 BetrVG 1972 Nr. 21 = DB 1975, 1707; vom 17. 9. 1974 – 1 ABR 98/73 – EzA § 40 BetrVG 1972 Nr. 18 = DB 1975, 452; vgl. auch oben Rz. 44).

64 Neben einer Verpflegungspauschale braucht nicht ein zusätzliches **Zehrgeld** für den An- und Abreisetag zugebilligt zu werden (*BAG* vom 29. 4. 1975 – 1 ABR 40/74 – EzA § 40 BetrVG 1972 Nr. 22 m. Anm. *Pfarr* = DB 1975, 1708).

64a Zu erstatten sind auch die Kosten aus der Bereitstellung von Tagungsunterlagen. Ausgeschlossen sind aber Gesetzessammlungen, Kommentare und andere Fachbücher, sie brauchen den Teilnehmern für die Dauer der Veranstaltung nur leihweise überlassen zu werden (*LAG Berlin* vom 10. 10. 1988 – 9 Ta BV 6/88 – DB 1989, 683; *ArbG* Koblenz vom 15. 1. 1992 – 2 BV 62/91 – unveröffentlicht).

65 Teilnehmergebühren sind vom Arbeitgeber nur zu tragen, wenn Veranstalter nicht eine Gewerkschaft ist (vgl. dazu oben Rz. 57).

66 Werden in einer Schulungs- und Bildungsveranstaltung nur **teilweise erforderliche**

Kenntnisse vermittelt, so sind vom Arbeitgeber nur die Kosten zu tragen, die durch den erforderlichen Teil der Veranstaltung entstanden sind (vgl. dazu oben § 37 Rz. 96 ff.). Die herrschende Rechtsauffassung nimmt dies nur an, wenn sich die Veranstaltung sinnvoll aufteilen läßt (so *LAG Baden-Württemberg* vom 4. 8. 1974 – 2 Ta BV 24/74 – DB 1975, 60, 61; *LAG Düsseldorf* vom 31. 10. 1974 – 14 (5) Ta BV 100/73 – DB 1975, 795 f.; *D/R* § 40 Rz. 33; GK-*Wiese* § 40 Rz. 54). Fahrtkosten sind dann in voller Höhe zu übernehmen. Ist die Veranstaltung nicht sinnvoll aufzuteilen, hat der Arbeitgeber nach der herrschenden Auffassung die vollen Kosten zu tragen, sofern die Teilnahme als insgesamt erforderlich angesehen werden muß (vgl. dazu § 37 Rz. 115; *D/R* a. a. O.; so auch die Vorauflage).

Nach dem **Grundsatz der Verhältnismäßigkeit** (vgl. dazu Rz. 8) kann indessen die Kostentragungspflicht des Arbeitgebers eingeschränkt sein, selbst wenn er das Arbeitsentgelt für die gesamte Zeit der Veranstaltung weiterzuzahlen hat (*BAG* vom 28. 5. 1976 – 1 AZR 116/74 – EzA § 37 BetrVG 1972 Nr. 49 m. Anm. *Otto*; *D/R* und GK-*Wiese*, jeweils a. a. O.; vgl. auch unten Rz. 70). Ist die Veranstaltung als insgesamt nicht erforderlich anzusehen (vgl. dazu § 37 Rz. 115 ff.), hat das Betriebsratsmitglied keinen Anspruch auf Kostentragung gegen den Arbeitgeber (*BAG* vom 10. 5. 1974 – 1 ABR 60/73 – EzA § 37 BetrVG 1972 Nr. 23 = DB 1974, 1772). 67

Nicht erforderlich sind solche Kosten, die deshalb entstehen, weil der Betriebsrat eine gleichartige und gleichwertige Veranstaltung, die **geringere Kosten** verursacht und rechtzeitig durchgeführt wird, nicht in Anspruch genommen hat (*BAG* vom 23. 4. 1974 – 1 ABR 59/73 – AuR 1974, 186, das diese Beschränkung allerdings aus dem Grundsatz der Verhältnismäßigkeit herleitet; *LAG Düsseldorf* vom 21. 10. 1975 – 11 Ta BV 37/75 – DB 1976, 1115; GK-*Wiese* § 40 Rz. 57; *F/A/K/H* § 47 Rz. 31; *G/L* § 40 Rz. 27; *Klinkhammer* BB 1973, 1399, 1403; *Streckel* DB 1974, 335, 338; mit Einschränkungen auch *D/K/K/S* § 40 Rz. 36). Mit Recht hat das *BAG* aber angenommen, daß u. U. auch höhere Kosten bei Berücksichtigung des Grundsatzes der Verhältnismäßigkeit vom Arbeitgeber in Kauf genommen werden müssen, wenn und soweit eine spezialisierte und qualifizierte Veranstaltung den Einsatz entsprechender Lehrkräfte und die Verwendung pädagogischer Hilfsmittel an wenigen **zentral gelegenen Orten** erfordert (*BAG* vom 29. 1. 1974 – 1 ABR 41/73 – EzA § 40 BetrVG 1972 Nr. 12 m. Anm. *Richardi* = DB 1974, 1292; ähnlich auch *D/K/K/S* a. a. O.). Das Vorliegen dieser Voraussetzungen ist aber bei zentralen Schulungs- und Bildungsveranstaltungen nicht selbstverständlich gegeben, sondern muß im Streitfall durch Vergleich mit anderen Veranstaltungsangeboten konkret festgestellt werden (ähnlich *S/W* § 37 Rz. 57). 68

Betriebsratsmitglieder können auch nicht zu Lasten des Arbeitgebers höhere Kosten nur dafür aufwenden, daß sie an Veranstaltungen ihrer Gewerkschaft teilnehmen (*LAG Schleswig-Holstein* vom 23. 9. 1987 – 5 Sa 409/87 – BB 1988, 1389; *LAG Berlin* vom 24. 9. 1973 – 5 TaBV 4/73 – BB 1974, 786; *S/W* a. a. O.; vgl. zu betriebsinternen Maßnahmen: GK-*Wiese* a. a. O.; *Klinkhammer* BB 1973, 1399, 1402; *Streckel* DB 1974, 335, 338). 69

Die Kosten der Veranstaltung müssen ganz allgemein auch dem **Grundsatz der Verhältnismäßigkeit** entsprechen (*BAG* vom 8. 2. 1977 – 1 ABR 124/74 – EzA § 37 BetrVG 1972 Nr. 52 = DB 1977, 1323; vom 27. 9. 1974 – 1 ABR 71/73 – EzA § 37 BetrVG 1972 Nr. 33 m. Anm. *Weiss* = DB 1975, 504; vom 8. 10. 1974 – 1 ABR 72/73 – EzA § 40 BetrVG 1972 Nr. 17 = DB 1975, 698; *D/R* § 40 Rz. 32; *G/L* § 40 Rz. 26; *D/K/K/S* a. a. O.; vgl. auch oben Rz. 8 und 67). 70

71 Dieser Grundsatz verpflichtet den Betriebsrat, den Arbeitgeber nur mit den Kosten zu belasten, die er der Sache nach für erforderlich und für den Arbeitgeber zumutbar halten darf. Er hat daher nach pflichtmäßigem Ermessen zu prüfen, ob die für eine Veranstaltung entstehenden Kosten auch mit der Größe und Leistungsfähigkeit des Betriebes zu vereinbaren sind sowie ob der mit der Veranstaltung erstrebte Zweck noch in einem **vertretbaren Verhältnis** zu den bisher für Schulungs- und Bildungsveranstaltungen aufgewendeten und künftig noch aufzuwendenden Mitteln steht (*BAG* vom 8.2. 1977, a.a.O.; *D/R* und *G/L*, jeweils a.a.O.).

2. Inhalt des Anspruchs

72 Die Kostentragungspflicht des Abs. 1 begründet ein **gesetzliches Schuldverhältnis** (GK-*Wiese* § 40 Rz. 12; *D/R* § 40 Rz. 36; *Dütz/Säcker* DB 1972 Beilage Nr. 17, 7). Aus ihm ergeben sich verschiedene Einzelansprüche.

73 So haben der Betriebsrat wie das einzelne Betriebsratsmitglied Anspruch auf einen angemessenen **Vorschuß** für voraussehbare Aufwendungen, soweit Barauslagen überhaupt als erforderlich angesehen werden können (GK-*Wiese* § 40 Rz. 17; *F/A/K/H* § 40 Rz. 19 und 36; *S/W* § 40 Rz. 16; *D/R* § 40 Rz. 36; *Dütz/ Säcker* a.a.O.; *Bulla* DB 1974, 1622, 1623; *D/K/K/S* § 40 Rz. 8; einschränkend *G/L* § 40 Rz. 17: nur wenn üblich und erforderlich; ablehnend bei Rechtsanwaltskosten: *LAG Schleswig-Holstein* vom 19.4. 1983 – 1 TaBV 19/82 – BB 1984, 533). Dies ergibt sich aus Abs. 1 unmittelbar, der unter Heranziehung des § 78 Satz 2 auszulegen ist. Es bedarf also nicht des Rückgriffs auf das Gebot zur vertrauensvollen Zusammenarbeit nach § 2 Abs. 1 (so aber GK-*Wiese* a.a.O.); auch ist § 669 BGB jedenfalls nicht unmittelbar anwendbar, weil der Betriebsrat nicht Beauftragter des Arbeitgebers ist (so auch *G/L*, GK-*Wiese*, jeweils a.a.O.; für Heranziehung des Grundgedankens der Auftragsvorschrift: *D/R* § 40 Rz. 36; *Kammann//Hess/Schlochauer* § 40 Rz. 17; *Bulla* a.a.O.). Der Vorschußanspruch kann ggf. mit einer einstweiligen Verfügung durchgesetzt werden (*Hanau* Anm. SAE 1979, 219, 220; *D/R* § 40 Rz. 38; GK-*Wiese* § 40 Rz. 40).

73a Aus praktischen Gründen kann dem Betriebsrat zur Bestreitung seiner Aufwendungen auch ein **Dispositionsfonds** zur Verfügung gestellt werden (GK-*Wiese* § 40 Rz. 17; *G/L* § 40 Rz. 17; *F/A/K/H* § 40 Rz. 19; *Dütz/Säcker* a.a.O.; *D/K/K/S* § 40 Rz. 9). Dieser Fonds darf jedoch nur der Geschäftsvereinfachung dienen. In angemessenen Zeitabständen muß über die verwendeten Mittel abgerechnet werden (*D/K/K/S* und GK-*Wiese*, jeweils a.a.O.). Solange der Dispositionsfonds nicht erschöpft ist, entstehen keine Ansprüche gegen den Arbeitgeber. Einzelne Betriebsratsmitglieder, die Verbindlichkeiten eingegangen sind, sollen dann ihre Ansprüche nötigenfalls gegen den Betriebsrat geltend machen müssen (GK-*Wiese* § 40 Rz. 12; *D/R* § 40 Rz. 67; *Dütz* AuR 1973, 353, 371). Das ist aber rechtlich nicht möglich, da der Betriebsrat nicht rechts- und vermögensfähig ist (vgl. unten Rz. 101).

74 Soweit der Betriebsrat oder ein Betriebsratsmitglied erforderliche Zahlungsverbindlichkeiten eingegangen ist, soll nach herrschender Rechtsauffassung gegen den Arbeitgeber ein **Anspruch auf Befreiung von der Verbindlichkeit** bestehen (*BAG* vom 21.11. 1978 – 6 ABR 10/77 – EzA § 37 BetrVG 1972 Nr. 62 = DB 1979 507; vom 27.3. 1979 – 6 ABR 15/76 – AP Nr. 7 zu § 80 ArbGG 1953 Bl. 1 R = EzA

Kosten und Sachaufwand des Betriebsrats § 40

§ 89 ArbGG Nr. 9; *D/R* § 40 Rz. 37; GK-*Wiese* § 40 Rz. 12). Sei die Zahlungsverbindlichkeit vom Betriebsrat oder Betriebsmitglied erfüllt worden, wandele sich der Befreiungsanspruch in einen Zahlungsanspruch um (*BAG* vom 27. 3. 1979, a. a. O.; vom 19. 1. 1979 – 3 AZR 330/77 – EzA § 670 BGB Nr. 13 = DB 1979, 1281; GK-*Wiese* § 40 Rz. 12; im Ergebnis auch *D/R* § 40 Rz. 38, der § 679 BGB zur Begründung dieser Rechtsfolge heranzieht). Dem kann nicht zugestimmt werden, soweit dem Betriebsrat als solchem die Fähigkeit zugesprochen wird, Verbindlichkeiten einzugehen. Der Betriebsrat ist rechts- und vermögensunfähig (vgl. dazu unten Rz. 101) und kann deshalb nicht Träger von Rechten und Pflichten sein. Aus den von ihm im Rahmen seiner Aufgaben abgeschlossenen Verträgen wird nur der Arbeitgeber unmittelbar verpflichtet (so auch *Jahnke* RdA 1975, 343, 345 ff.).

Der Anspruch auf Kostenerstattung ist gem. § 850a Nr. 3 ZPO nicht **pfändbar**. 75
Dies steht aber trotz der Vorschrift des § 400 BGB der **Abtretbarkeit** des Anspruchs nicht entgegen, wenn der Empfänger der Abtretung, z. B. die Gewerkschaft, die eine Schulungs- und Bildungsveranstaltung durchgeführt hat, für die abgetretene Forderung einen entsprechenden Barbetrag zahlt und damit dem Schutzzweck des § 400 BGB genügt ist (*BAG* vom 30. 1. 1973 – 1 ABR 1/73 – EzA § 40 BetrVG 1972 Nr. 4 = BB 1973, 474; vom 29. 1. 1974 – 1 ABR 41/73 – EzA § 40 BetrVG 1972 Nr. 12 m. Anm. *Richardi* = DB 1974, 1292; *D/R* § 40 Rz. 46).

Auf den vom Arbeitgeber geschuldeten Betrag sind unter den dafür geltenden 76
Voraussetzungen **Verzugs- und Prozeßzinsen** zu berechnen (*BAG* vom 18. 1. 1989 – 7 ABR 89/87 – AP Nr. 28 zu § 40 BetrVG 1972 = EzA § 40 BetrVG 1972 Nr. 60 = DB 1989, 1829, D/R § 40 Rz. 47; GK-*Wiese* § 40 Rz. 14). Eine Ausnahme gilt aber, soweit man entgegen der hier vertretenen Auffassung (vgl. oben Rz. 74) von einem Anspruch auf Befreiung von einer Verbindlichkeit ausgeht, da es sich nicht um eine Geldschuld handeln würde (vgl. §§ 288, 291 BGB; ebenso *BAG* vom 21. 11. 1978 und 27. 3. 1979, jeweils a. a. O.; *D/R* a. a. O.; *G/L* § 40 Rz. 52).

3. Erfüllung des Anspruchs

Der Betriebsrat oder das Betriebsratsmitglied hat grundsätzlich, wie es auch sonst 77
bei der Erstattung von Aufwendungen notwendig ist, die entstandenen Kosten **im einzelnen nachzuweisen** und darüber **abzurechnen** (*BAG* vom 29. 4. 1975 – 1 ABR 40/74 – EzA § 40 BetrVG 1972 Nr. 22 m. Anm. *Pfarr* = DB 1975, 1708; *D/R* § 40 Rz. 41; GK-*Wiese* § 40 Rz. 15; *F/A/K/H* § 40 Rz. 34). Damit ist aber eine **Pauschalierung** der Kostenerstattung nicht ausgeschlossen, solange nur bestimmte, üblicherweise ständig auftretende Kosten damit abgegolten werden (vgl. dazu oben § 37 Rz. 12). Nur in diesem engen Rahmen kann eine Pauschalzahlung ratsam sein. Soweit die Kosten nicht in regelmäßiger Höhe entstehen, ist die Pauschale nicht hilfreich, weil sie entweder zu hoch ist und dann zu einer nach § 37 Abs. 1 und § 78 unzulässigen Begünstigung führt oder zu niedrig ist und dann zusätzliche Einzelerstattungsansprüche nicht verhindert (*LAG Köln* vom 13. 9. 1984 – 10 Sa 583/89 – DB 1985, 394; *S/W* § 40 Rz. 25).

Der Anspruch auf Kostenübernahme wird nicht von **tariflichen Ausschlußfristen** 78
betroffen, da er sich aus der Betriebsratstätigkeit und damit nicht aus dem Arbeitsverhältnis ergibt (*BAG* vom 30. 1. 1973 – 1 ABR 1/73 – EzA § 40 BetrVG 1972 Nr. 4). Es gilt auch nicht die für den Anspruch auf Arbeitsentgelt maßgebli-

§ 40 2. Teil 3. Abschn. *Geschäftsführung des Betriebsrats*

che Verjährungsfrist von zwei Jahren nach § 196 Nr. 8 und 9 BGB; der Anspruch verjährt vielmehr erst nach 30 Jahren (*D/R* § 40 Rz. 45; GK-*Wiese* § 40 Rz. 26; *F/A/K/H* § 40 Rz. 37; *D/K/K/S* § 40 Rz. 40).

79 Der Anspruch kann aber nach allgemeinen Grundsätzen **verwirkt** sein, wenn die verspätete Geltendmachung gegen Treu und Glauben verstößt (*BAG* vom 14. 11. 1978 – 6 ABR 11/77 – EzA § 40 BetrVG 1972 Nr. 38 = DB 1979, 800; *LAG Schleswig-Holstein* vom 31. 5. 1976 – 3 TaBV 5/76 – BB 1976 1418; *D/R* § 40 Rz. 45 *F/A/K/H* und *D/K/K/S*, jeweils a. a. O.).

80 Im **Konkurs** des Arbeitgebers ist der vor Konkurseröffnung begründete Kostentragungsanspruch nach Abs. 1 kein Masseanspruch gem. § 59 Abs. 1 Nr. 3 a KO (*BAG* vom 14. 11. 1978 – 6 ABR 85/75 = DB 1579, 849 = EzA § 40 BetrVG 1972 Nr. 39; *D/R* § 40 Rz. 48; *F/A/K/H* § 40 Rz. 50; *D/K/K/S* § 40 Rz. 41). Er ist auch nicht gem. § 61 Nr. 1 a KO bevorrechtigt und nimmt deshalb gem. §§ 25 f. VglO am gerichtlichen Vergleichsverfahren teil (*BAG* vom 16. 10. 1986 – 6 ABR 12/83 – AP Nr. 26 zu § 40 BetrVG 1972 = DB 1987, 1541 = EzA § 40 BetrVG 1972 Nr. 58 unter Aufgabe der Entscheidung vom 12. 2. 1965 – 1 ABR 12/64 – AP Nr. 1 zu § 39 BetrVG 1952 m. Anm. *Böhle-Stamschräder* = DB 1965, 711; der früheren Rechtsprechung zustimmend: *D/R* und *D/K/K/S*, jeweils a. a. O.; wie die neuere Rechtspr. des BAG: *F/A/K/H* a. a. O.). Um den Kostenanspruch durchzusetzen, muß der Anspruchsinhaber ihn aber gemäß dem Verfahrensrecht für den Konkurs zur Konkurstabelle anmelden (*BAG* vom 14. 11. 1978, *D/K/K/S* und *F/A/K/H*, jeweils a. a. O.). Kostenerstattungsansprüche, die nach Konkurseröffnung durch Betriebsratstätigkeit entstehen, sind Masseschulden gem. § 59 Abs. 1 Nr. 1 KO, wenn die Betriebsratstätigkeit durch Handlungen des Konkursverwalters veranlaßt wird, der das Vermögen des Gemeinschuldners erfaßt, verwaltet und verwertet (*LAG Hamm* vom 5. 1. 1979 – 3 TaBV 118/78 – EzA § 40 BetrVG 1972 Nr. 42; *D/R* § 40 Rz. 49; *F/A/K/H* und *D/K/K/S*, jeweils a. a. O.).

III. Anspruch auf Bereitstellung von Räumen, sächlichen Mitteln und Büropersonal

81 Nach Abs. 2 hat der Arbeitgeber dem Betriebsrat für die Sitzungen, die Sprechstunden und die laufende Geschäftsführung in erforderlichem Umfang Räume, sächliche Mittel und Büropersonal zur Verfügung zu stellen und die dafür notwendigen Kosten zu tragen. Das Ausmaß dieser Verpflichtung des Arbeitgebers richtet sich nach den Aufgaben des Betriebsrats, nach der Größe und Beschaffenheit des Betriebes sowie nach den besonderen Erfordernissen im Einzelfall (*G/L* § 40 Rz. 39; *D/R* § 40 Rz. 50; *F/A/K/H* § 40 Rz. 38; GK-*Wiese* § 40 Rz. 64; *D/K/K/S* § 40 Rz. 42).

1. Räume

82 In größeren Betrieben muß der Arbeitgeber dem Betriebsrat einen oder mehrere Räume zur Verfügung stellen. In kleineren Betrieben genügt es, von Fall zu Fall dem Betriebsrat einen Raum zeitweilig zu überlassen (zum Raum für die Betriebsversammlung vgl. unten § 42 Rz. 30). Der zur Verfügung gestellte Raum muß funktionsgerecht und benutzbar sein, d. h. angemessen eingerichtet und ggfs. be-

heizt und beleuchtet sein (*Kort* NZA 1990, 598; *G/L* § 40 Rz. 40; *D/R* § 40 Rz. 51). Der Raum für den Betriebsrat muß nicht abschließbar sein (*Kort* a. a. O.; **a. A.** *ArbG Heilbronn* vom 17.2. 1984 – 4 BV 10/83 – BB 1984, 982; GK-*Wiese* § 40 Rz. 66; *F/A/K/H* § 40 Rz. 39; *D/K/K/S* § 40 Rz. 44), weil dies für eine ordnungsgemäße Amtsführung nicht unerläßlich ist.
Der Betriebsrat muß aber über einen verschließbaren Schrank verfügen und außerdem Betriebsratssitzungen ungestört abhalten können (*G/L* § 40 Rz. 40; GK-*Wiese* und *Kort,* jeweils a. a. O.). Da der Arbeitgeber verpflichtet ist, nur in erforderlichem Umfang Räume zur Verfügung zu stellen, hat der Betriebsrat keinen Anspruch darauf, einen bestimmten Raum zu erhalten oder einen Raum, der ihm einmal zugewiesen ist, beizubehalten (*ArbG Hamburg* vom 11. 6. 1987 – 8 Ga BV 4/87 – DB 1987, 2658; GK-*Wiese* § 40 Rz. 68; *G/L* § 40 Rz. 41; vgl. aber auch *F/A/K/H* a. a. O.). Der Arbeitgeber kann also über diese Räume jederzeit auch wieder anderweitig verfügen (*G/L*, GK-*Wiese*, jeweils a. a. O.; *D/R* § 40 Rz. 52; **a. A.**, nämlich Verfügungsmöglichkeit nur bei wichtigem sachlichen Grund: *ArbG Göttingen* vom 11. 4. 1988 – 3 BV Ga 2/88 – AiB 1988, 284; ähnlich *D/K/K/S* § 40 Rz. 45).
In der Regel ist ein Raum **innerhalb des Betriebs** zur Verfügung zu stellen. Es **83** kommt aber ausnahmsweise auch ein Raum außerhalb des Betriebs in Betracht, wenn z. B. der dem Betriebsrat sonst zur Verfügung stehende Raum umgebaut wird und kein anderer Raum im Betrieb frei ist (*D/R* § 40 Rz. 51; GK-*Wiese* § 40 Rz. 67; *F/A/K/H* § 40 Rz. 39; *G/L* § 40 Rz. 40). Umgekehrt kann der Betriebsrat aber nicht einen außerbetrieblichen Raum verlangen, wenn der bereitstehende Raum im Betrieb ausreicht (*G/L* und GK-*Wiese*, jeweils a. a. O.).
Solange der Betriebsrat einen Raum zur Verfügung hat, steht ihm dort das sog. **84** **Hausrecht** zu (*BAG* vom 18. 9. 1991 – 7 ABR 63/90 – DB 1992, 434; *ArbG Heilbronn* a. a. O.; *D/R* § 40 Rz. 52; *G/L* § 40 Rz. 41; *F/A/K/H* § 40 Rz. 40; GK-*Wiese* § 40 Rz. 69; *D/K/K/S* a. a. O.; vgl. dazu aber auch § 42 Rz. 34). Damit entscheidet der Betriebsrat über die Rechtmäßigkeit von Zutritt und Aufenthalt in diesem Raum (GK-*Wiese* a. a. O.), aber nur, soweit der Raum für ihn zur Erfüllung seiner Aufgaben nach dem Gesetz erforderlich ist (*BAG* a. a. O.).

2. Sächliche Mittel

Zu den bereitzustellenden sächlichen Mitteln gehören z. B. **Schreibmaschine,** **85** **Fotokopiergerät** und **Diktiergerät** (zu den sächlichen Mitteln für die Betriebsversammlung vgl. unten § 42 Rz. 30a). Ferner muß im Regelfall ein **Telefonanschluß** gestellt werden. In kleineren Betrieben genügt es, wenn dem Betriebsrat die Mitbenutzung dieser Geräte eingeräumt wird (*G/L* § 40 Rz. 42; *D/R* § 40 Rz. 53; vgl. auch *F/A/K/H* § 40 Rz. 41; GK-*Wiese* § 40 Rz. 71 f.; *D/K/K/S* § 40 Rz. 46). Der technische Standard der Geräte muß den im Betrieb üblichen Geräten entsprechen (*Kort* a. a. O.). Das Fotokopieren einer gewerkschaftlichen Druckschrift, die eine eindeutige gewerkschaftspolitische Zielsetzung hat, braucht der Arbeitgeber dabei nicht zu dulden (*LAG Frankfurt* vom 20. 8. 1987 – 12 TaBV 56/87 – DB 1988, 51; *Kort* und *D/K/K/S*, jeweils a. a. O.). Beim Telefon muß sichergestellt sein, daß der Betriebsrat es ungestört und ohne unzumutbare zeitliche Beschränkung benutzen kann. Unter dieser Voraussetzung hat er keinen Anspruch auf einen Anschluß mit Amtsleitung (*LAG Frankfurt* vom 18. 3. 1986 – 5 TaBV

§ 40   2. Teil 3. Abschn. *Geschäftsführung des Betriebsrats*

108/85 – NZA 1986, 650; *S/W* § 40 Rz. 31; GK-*Wiese* und *F/A/K/H*, jeweils a. a. O.; *D/K/K/S* § 40 Rz. 47). Das Abhören der Gespräche von Betriebsratsmitgliedern ist unzulässig, weil es deren Persönlichkeitsrecht verletzen und einer ordnungsgemäßen Amtsausübung widersprechen würde (GK-*Wiese* § 40 Rz. 71; *D/R* § 40 Rz. 53; *F/A/K/H*, *Kort* und *D/K/K/S*, jeweils a. a. O.).Die Unterbrechung von Telefongesprächen durch eine **Aufschaltanlage** ist unbedenklich, wenn das Betriebsratsmitglied deutlich darauf aufmerksam gemacht wird (*BAG* vom 1. 3. 1973 – 5 AZR 453/72 – EzA § 611 BGB Nr. 10 = DB 1973, 972; GK-*Wiese* a. a. O.). Die Unterbrechung darf aber nicht zu einer Behinderung der Betriebsratstätigkeit führen (GK-*Wiese* a. a. O.; *D/R* § 40 Rz. 53). Der Anschluß des Betriebsrats-Telefons an einen **automatischen Gebührenzähler** ist zulässig (im Ergebnis ebenso *BAG* vom 27. 5. 1986 – 1 ABR 48/184 – EzA § 87 BetrVG 1972 Kontrolleinrichtung Nr. 16 = DB 1986, 1287; *LAG Hamburg* vom 17. 3. 1986 – 2 Ta BV 5/85 – DB 1986, 1473; ferner *Färber/Kappes* BB 1986, 520, 523; GK-*Wiese*, *Kort* und *D/R*, jeweils a. a. O.; **a. A.** *D/K/K/S* a. a. O.; *Wohlgemuth/Mostert* AuR 1986, 138, 146). Ergeben sich dabei auffällig hohe Telefonkosten, muß der Betriebsrat nach dem Gebot zur vertrauensvollen Zusammenarbeit dem Arbeitgeber die Gründe dafür erläutern. Eine Belastung der Betriebsratsmitglieder mit den zu hohen Gebühren kommt jedoch nicht in Betracht. Die Bereitstellung eines **Personalcomputers** ist erforderlich, wenn konkrete Gründe für ein solches Erfordernis dargelegt werden können (*LAG Niedersachsen* vom 13. 12. 1988 – 1 TaBV 60/88 – NZA 1989, 442; *ArbG Göttingen* vom 16. 5. 1988 – 1 BV 4/87 – DB 1988, 2056; **a. A.** *Klebe/Kunz* NZA 1990, 257 ff.; *Kort* a. a. O.; *D/K/K/S* § 40 Rz. 46 sowie *Gola/Wronka* NZA 1991, 790 mit Hinweisen zu den sich für den Betriebsrat bei Benutzung eines eigenen Personalcomputers ergebenden datenschutzrechtlichen Fragen), ebensowenig der technische Anschluß an Datenbanken und Informationszentren (*Kort* a. a. O.).

86 Zur Verfügung zu stellen sind ferner **Briefmarken, Schreibgeräte** und **Schreibpapier**. Der Betriebsrat kann aber nicht verlangen, den vom Unternehmen sonst benutzten Kopfbogen für seine Korrespondenz zu erhalten (GK-*Wiese* § 40 Rz. 72; anscheinend **a. A.** *LAG Frankfurt* vom 21. 8. 1973 – 5 Ta BV 30/73 – DB 1973, 245; auch *D/K/K/S* a. a. O.). Das Namensrecht des Unternehmens verwehrt ihm aber nicht, im Briefkopf auf seine Zugehörigkeit zum Unternehmen hinzuweisen (so *LAG Frankfurt* a. a. O.; *G/L* § 40 Rz. 42; GK-*Wiese* a. a. O.).

87 Zu den erforderlichen Sachmitteln gehört grundsätzlich auch **Fachliteratur** (*BAG* vom 21. 4. 1983 – 6 ABR 70/82 – EzA § 40 BetrVG 1972 Nr. 53 m. Anm. *Kreutz* = DB 1984, 248; *D/R* § 40 Rz. 54; *G/L* § 40 Rz. 43; *F/A/K/H* § 40 Rz. 42 f.; GK-*Wiese* § 40 Rz. 73; *D/K/K/S* § 40 Rz. 48; *Kort* NZA 1990, 598 f.; *Bulla* DB 1974, 1623, der allerdings zu Unrecht Abs. 1 als maßgebliche Rechtsgrundlage annimmt).

88 Als Fachliteratur **kommen in Betracht**: die Texte des BetrVG und anderer Arbeitnehmerschutzgesetze (AZO, MuSchG, JArbSchG, KSchG, SchwbG, BUrlG), der Unfallverhütungsvorschriften und der im Betrieb anzuwendenden Tarifverträge, ferner Kommentare, Fachzeitschriften und Entscheidungssammlungen (h. M.; vgl. Belegstellen Rz. 87), bei Beschäftigung ausländischer Arbeitnehmer auch entsprechende Wörterbücher (*Brill* BB 1978, 1574, 1575; GK-*Wiese* § 40 Rz. 73 und 75; *D/K/K/S* § 40 Rz. 49, *Kort* NZA 1990, 900). Ob und in welchem Umfang der Betriebsrat diese Arbeitsmittel vom Arbeitgeber verlangen kann, richtet sich nach den konkreten Aufgaben, die er zu erledigen hat. Soweit die

Benutzung von Fachliteratur unter diesem Blickwinkel erforderlich ist, muß der durch die Bereitstellung von Fachliteratur bedingte Aufwand dem Grundsatz der Verhältnismäßigkeit gerecht werden (*D/R*, *GK-Wiese*, jeweils a. a. O.).

Grundsätzlich hat der Betriebsrat dementsprechend Anspruch auf Überlassung 89 von Textausgaben der einschlägigen Gesetze und Tarifverträge **auf dem neuesten Stand**; vgl. dazu *VGH Baden-Württemberg* vom 27. 11. 1984 – 15 S 2265/83 – NZA 1986, 105; *GK-Wiese* § 40 Rz. 73 m. w. N.; *Kort* a. a. O.).

In kleineren Betrieben reicht es aus, wenn die Texte zur **jederzeitigen Mitbe-** 90 **nutzung** des Betriebsrats vom Arbeitgeber bereitgehalten werden (*F/A/K/H* und *G/L*, jeweils a. a. O.; **a. A.** für häufig benutzte Texte *D/K/K/S* § 40 Rz. 46). Auf keinen Fall muß jedem Betriebsratsmitglied eine umfassende arbeits- und sozialrechtliche Gesetzessammlung an die Hand gegeben werden (*LAG Berlin* vom 10. 10. 1988 – 9 Ta BV 6/88 – DB 1989, 683; **a. A.** *LAG Düsseldorf* vom 12. 4. 1988 – 11 Ta BV 147/87 – DB 1988, 1072).

Hinzu kommt ein **Kommentar zum BetrVG**, da dieses Gesetz die Grundlage für 91 die Betriebsratsarbeit bildet (*D/R* § 40 Rz. 55; *F/A/K/H* und *GK-Wiese* jeweils a. a. O.; *D/K/K/S* § 40 Rz. 49). Es ist in der Regel die neueste Auflage zur Verfügung zu stellen (*Kort* NZA 1990, 598 f.). Die **Auswahl** des Kommentars soll nach herrschender Rechtsauffassung dem Betriebsrat überlassen bleiben; dies ergebe sich aus seiner durch § 78 gesicherten eigenständigen Rechtsstellung (*BAG* a. a. O.; *Bulla* DB 1974, 1622; *Kort*, *D/R* und *F/A/K/H*, jeweils a. a. O.; *GK-Wiese* § 40 Rz. 74; auch *D/K/K/S* § 40 Rz. 48, allerdings in deutlichem Widerspruch zu Rz. 49, wo die Verfasser als Austattung jedes einzelnen Betriebsratsmitglieds und Ersatzmitglieds den von ihnen selbst veröffentlichten Basiskommentar zum BetrVG für allein erforderlich erklären). Dieser Auffassung kann nicht zugestimmt werden. Sie wird vom Gesetz nicht gestützt, das dem Arbeitgeber nur auferlegt, sachliche Mittel »in erforderlichem Umfang« zur Verfügung zu stellen. Von einer Bindung an den Willen des Betriebsrats ist nicht die Rede. Eine solche Bindung würde sich auch nicht damit vereinbaren lassen, daß in kleineren Betrieben für den Betriebsrat nur das Recht besteht, die Fachliteratur des Arbeitgebers mitzubenutzen. Dieser Widerspruch wäre allenfalls dann zu vermeiden, wenn dem Betriebsrat das Recht zugebilligt würde, auch die vom Arbeitgeber zu benutzende Fachliteratur auszuwählen. Wenn die herrschende Rechtsauffassung, um dieser absurden Alternative zu entgehen, das angebliche Auswahlrecht auf die zur alleinigen Benutzung zu überlassende Literatur beschränkt (so *GK-Wiese* a. a. O.), dann müßte sie doch zugleich die Frage beantworten, warum der Betriebsrat in einem größeren Betrieb zu seiner Eigenständigkeit das Auswahlrecht braucht, der Betriebsrat im kleinen Betrieb aber nicht; die Frage bleibt indessen offen. Der Betriebsrat kann somit lediglich verlangen, daß ihm Fachliteratur an die Hand gegeben wird, also eine objektive Unterrichtung über die sich aus dem Gesetz ergebenden Fragen und die möglichen Lösungen. Im Streitfall muß das Gericht entscheiden, ob ein vom Arbeitgeber angebotenes Werk diesen Anforderungen entspricht. Die Eigenständigkeit des Betriebsrats wird dadurch nicht beeinträchtigt.

Zur alleinigen Benutzung steht dem Betriebsrat in der Regel auch eine **Fachzeit-** 92 **schrift** zu, in der zumindest über die aktuelle arbeits- und sozialrechtliche Rechtsprechung berichtet wird (*BAG* a. a. O.; *Bulla* DB 1974, 1624). Dabei muß es sich aber um eine die Aufgaben des Betriebsrats behandelnde Fachzeitschrift handeln; eine Zeitschrift mit zumindest überwiegend allgemeiner Information aus Politik

§ 40 2. Teil 3. Abschn. *Geschäftsführung des Betriebsrats*

und Wirschaft kommt deshalb nicht in Betracht (*BAG* vom 29. 11. 1989 – 7 ABR 42/ 89 – AP Nr. 32 zu § 40 BetrVG 1972 = EzA § 40 BetrVG 1972 Nr. 63 = DB 1990, 1093). Das gilt z. B. für die Zeitschrift »**Arbeit und Ökologie-Briefe**« (so auch *ArbG Marburg* vom 8. 6. 1990 – 2 BV 4/90 – NZA 1991, 437; **a. A.** *LAG Frankfurt* vom 21. 3. 1991 – 12 TaBV 191/90 – BB 1991, 1712 = NZA 1991, 859; *D/K/K/S* § 40 Rz. 51). In kleineren Betrieben, etwa solchen mit nur einem Betriebsratsmitglied, genügt die Einräumung der Möglichkeit zur Mitbenutzung der vom Arbeitgeber für seine Zwecke bezogenen Fachzeitschrift (*D/R* und *F/A/K/H*, jeweils a.a.O.; GK-*Wiese* § 40 Rz. 73; *D/K/K/S* § 40 Rz. 51). Bei Verfügbarkeit einer Fachzeitschrift erübrigt sich die Bereitstellung eines **Nachschlagewerks** über die arbeitsgerichtliche Rechtsprechung (*LAG Düsseldorf* vom 27. 6. 1978 – 5 Ta BV 32/78 – BB 1978, 1413; GK-*Wiese* und *Kort*, jeweils a.a.O.; **a. A.** *D/K/K/S* a.a.O.). Soweit der Betriebsrat ein Zeitschriftenabonnement zur alleinigen Benutzung verlangen kann, muß ihm nach herrschender Rechtsauffassung wie bei den Gesetzeskommentaren die Auswahl überlassen bleiben (*Schwerdtner* DB 1981, 980, 989; GK-*Wiese* § 40 Rz. 74; *D/R* § 40 Rz. 55; *Kort* und *D/K/K/S*, jeweils a.a.O.). Auch hier gelten indessen die gegen das Auswahlrecht dargelegten Einwände (vgl. oben Rz. 91). Aber selbst wenn ein Auswahlrecht anzuerkennen wäre, müßten dabei die Grenzen der Zumutbarkeit eingehalten werden: Es kann dem Arbeitgeber z. B. nicht zugemutet werden, den Betriebsräten von den Gewerkschaften herausgegebene Blätter wie die im gewerkschaftseigenen Bund-Verlag erscheinende **Zeitschrift »Arbeitsrecht im Betrieb«** zur Verfügung zu stellen (*LAG Baden-Württemberg* vom 1. 9. 1981 – Ta BV 1/81 – AuR 1982, 356 m. Anm. *Naendrup*; *Schwerdtner* DB 1981, 988 ff.; *S/W* § 40 Rz. 13; **a. A.** *BAG* vom 21. 4. 1983 a.a.O., die hiergegen eingelegte Verfassungsbeschwerde wurde durch Beschluß des *BVerfG* vom 10. 12. 1985 – 1 BvR 1724/83 – AP Nr. 20a zu § 40 BetrVG 1972 = DB 1986, 647 = NZA 1986, 161 nicht angenommen; vgl. auch *Kort* a.a.O., der den Anspruch dann verneint, wenn dem Betriebsrat im Betrieb andere Fachzeitschriften zur Verfügung stehen, dabei aber in Widerspruch zu dem von ihm angenommenen Auswahlermessen des Betriebsrats gerät; wie das BAG: *D/K/K/S* a.a.O.). Wertet eine Zeitschrift die Rechtsprechung einseitig aus, um die Interessen der Arbeitnehmerseite so erfolgreich wie möglich durchzusetzen, und sucht sie mit ihren Beiträgen die künftige Rechtsprechung in diesem Sinne zu beeinflussen, so handelt es sich bei der Verteilung dieser Zeitschrift um eine koalitionsmäßige Betätigung, zumal dann, wenn die Autoren den Gewerkschaften vertraglich oder anderweitig verbunden sind. Die Kosten einer solchen Publikation können aufgrund des Gebots zur vertrauensvollen Zusammenarbeit nicht dem Arbeitgeber angelastet werden (so *Schwerdtner* SAE 1984, 266 ff.). Noch weniger können die im gewerkschaftseigenen Bund-Verlag erscheinenden **Zeitschriften »Computer-Information für Betriebs- und Personalräte«** (so auch *ArbG Lingen* vom 7. 7. 1992 – 1 BV 5/92 – unveröff.), »**forum arbeit – Magazin für Arbeitspolitik und Arbeitsumwelt**« sowie weitere von dort zu erwartende Spezialzeitschriften anerkannt werden.

93 Bei **Kommentaren zu anderen arbeitsrechtlichen Gesetzen als dem BetrVG** genügt der Arbeitgeber seiner Verpflichtung, wenn er dem Betriebsrat die jederzeitige Mitbenutzung ermöglicht, weil diese Informationsmittel in der Regel nicht so häufig benötigt werden wie die oben behandelte Fachliteratur (*D/R* § 40 Rz. 55; nur für kleinere Betriebe GK-*Wiese* § 40 Rz. 73; *G/L* § 40 Rz. 43; *F/A/K/H* § 40 Rz. 42; **a. A.** für einen Kommentar zum KSchG: *Kort* a.a.O.; noch weitergehend *D/K/K/S* § 40 Rz. 50).

Nicht erforderlich ist die Bereitstellung der **Tagespresse** (so auch für die Zeitung 94
»Handelsblatt«: *BAG* vom 29.11. 1989 a.a.O.; ferner *D/R* a.a.O.; *GK-Wiese*
§ 40 Rz. 76; *G/L* § 40 Rz. 44; *Bulla* DB 1974, 1622, 1625; *Kort* NZA 1990, 600;
a.A. bei Vorliegen besonderer Umstände: *F/A/K/H* § 40 Rz. 43; *D/K/K/S*
§ 40 Rz. 51) sowie einer **Lohnabzugstabelle** (*LAG Düsseldorf* vom 22. 8. 1968 –
7 Ta BV 4/68 – BB 1970, 79; *D/R* und *F/A/K/H*, jeweils a.a.O.; *G/L* § 40
Rz. 43), weil weder die Kontrolle der Lohnabzüge durch den Arbeitgeber noch
die Beratung der Arbeitnehmer in Fragen der Lohnsteuer und Sozialversicherungsbeiträge zu den Aufgaben des Betriebsrats gehört (*BAG* vom 11.12. 1973 –
1 ABR 37/73 – EzA § 37 BetrVG 1972 Nr. 19 m. Anm. *Richardi* = DB 1974, 880).
Auch Kommentierungen zu Gesetzen des allgemeinen **bürgerlichen Rechts** und
des **Strafrechts** gehören nicht zu den notwendigen Arbeitshilfen des Betriebsrats,
weil er zu rechtlicher Beratung der Arbeitnehmer nicht berufen ist (*G/L* a.a.O.;
für ein Mitbenutzungsrecht aber GK-*Wiese* a.a.O.).

Der Betriebsrat benötigt zur Erledigung seiner Aufgaben auch ein Mittel, sich mit 95
Informationen an die Belegschaft zu wenden (in § 44 Abs. 3 BPersVG für den
Personalrat ausdrücklich normiert). Hierfür hat sich das **Schwarze Brett** eingebürgert und bewährt. Dementsprechend hat der Betriebsrat Anspruch auf eine solche
Anschlagfläche (*BAG* vom 21. 11. 1978 – 6 ABR 85/76 – EzA § 40 BetrVG 1972
Nr. 41 = DB 1979, 751; *D/R* § 40 Rz. 61; *F/A/K/H* § 40 Rz. 44; *Kort* NZA 1990,
598, 600; GK-*Wiese* § 40 Rz. 77; *D/K/K/S* § 40 Rz. 52; nur in größeren Betrieben:
G/L § 40 Rz. 45; für nur zweckmäßig halten das Schwarze Brett *Kammann/Hess/
Schlochauer* § 40 Rz. 39). Das Schwarze Brett des Betriebsrats ist aber von den
Anschlagflächen für die Gewerkschaften (vgl. hierzu *D/R* § 2 Rz. 141 ff.; unklar
Kort a.a.O.) eindeutig zu trennen (**a.A.** *D/K/K/S* a.a.O.).

Der Umfang der Betriebsratsaufgaben entscheidet über die Größe der Anschlag 96
fläche. Ob ein oder mehrere Schwarze Bretter anzubringen sind, richtet sich nach
Größe und Organisation des Betriebes (*Kort*, GK-*Wiese* und *D/R*, jeweils
a.a.O.).

Welche Anschläge ans Schwarze Brett kommen, entscheidet der Betriebsrat 97
(*LAG Hamburg* vom 6.6. 1977 – 2 TaBV 7/76 – BB 1978, 610 = DB 1978, 118;
LAG Berlin vom 23.6. 1980 – 9 Ta BV 2/80 – DB 1980, 1704; *D/R* § 40 Rz. 62;
G/L § 40 Rz. 45; *F/A/K/H* a.a.O.; *GK-Wiese* § 40 Rz. 78; *D/K/K/S* § 40
Rz. 52). Jedoch muß er sich dabei im Rahmen seiner Aufgaben halten (*LAG
Hamburg* und *LAG Berlin* sowie *G/L*, GK-*Wiese*, *D/R*, *D/K/K/S* und *F/A/K/
H*, jeweils a.a.O.). Deshalb darf er das Schwarze Brett weder für **parteipolitische
noch für gewerkschaftliche Anschläge** benutzen (*D/R, G/L* und GK-*Wiese*, jeweils a.a.O.; **a.A.** *LAG Baden-Württemberg* vom 24.9. 1984 – 14 TaBV 5/84 –
DB 1985, 46: in wichtigen Fragen, z.B. Fragen der Verteidigungspolitik, gehe die
Meinungsäußerungsfreiheit der Betriebsratsmitglieder vor). Hierdurch werden
das Recht des einzelnen Betriebsratsmitglieds zur gewerkschaftlichen Betätigung
(§ 74 Abs. 3) und das Recht der Gewerkschaft zur Werbung im Betrieb nicht berührt (GK-*Wiese* a.a.O.). Außerdem ist der Betriebsrat bei seinen Bekanntmachungen an das Gebot zur vertrauensvollen Zusammenarbeit gebunden; er hat
daher Anschläge zu unterlassen, durch die der Arbeitsablauf oder der Betriebsfrieden beeinträchtigt werden kann (zum Begriff des Betriebsfriedens vgl. unten § 74
unter Rz. 30). Das kann z.B. der Fall sein, wenn die Anschläge Beleidigungen des
Arbeitgebers oder seiner Führungskräfte enthalten oder diese Personen mißliebig
zu machen geeignet sind (*LAG Düsseldorf* vom 25.5. 1976 – 15 Ta BV 10/76 – DB

§ 40   2. Teil 3. Abschn. Geschäftsführung des Betriebsrats

1977, 453; *Kort* a.a.O.; vgl. auch *D/K/K/S* und *F/A/K/H*, jeweils a.a.O.). Doch kann der Betriebsrat danach durchaus eine vom Arbeitgeber abweichende Auffassung bekanntmachen (*LAG Berlin* a.a.O.; *D/R* § 40 Rz. 62; *GK-Wiese* § 40 Rz. 78). Ferner kann der Betriebsrat zur Absicherung seines Standpunkts in einer bestimmten innerbetrieblichen Frage die Stellungnahme einer im Betrieb vertretenen Gewerkschaft bekanntmachen. Dies ist durch das in § 2 Abs. 1 vorgesehene Zusammenwirken von Betriebsrat und Gewerkschaft gedeckt (GK-*Wiese*, *F/A/K/H* und *D/K/K/S*, jeweils a.a.O.; **a.A.** *LAG Baden-Württemberg* vom 10. 11. 1977 – 2 TaBV 2/77 – DB 1978; 798).

98   Überschreitet ein Anschlag den Aufgabenbereich des Betriebsrats (vgl. die Beispiele unter Rz. 97), so kann der Arbeitgeber ihn in der Regel **nicht selbst entfernen** (so aber *Nikisch* III, 198; *Erdmann/Jürging/Kammann* § 40 Rz. 15 und die Vorauflage); mit Recht gesteht die herrschende Meinung dem Arbeitgeber lediglich einen Anspruch auf Entfernung gegen den Betriebsrat zu und beschränkt die Befugnis zur Abhilfe durch eigenes Handeln auf solche Fälle, in denen durch Straftaten oder andere unerlaubte Handlungen für den Arbeitgeber eine Notwehr- oder Nothilfesituation gegeben ist (*LAG Berlin* a.a.O.; *GK-Wiese* § 40 Rz. 79; *F/A/K/H* a.a.O.; *D/R* § 40 Rz. 63; *G/L* § 40 Rz. 45; *D/K/K/S* a.a.O.; *Kort* a.a.O.); teilweise wird die Möglichkeit zur »Selbsthilfe« auch bei Gefährdung des Betriebsfriedens anerkannt (*G/L* und GK-*Wiese*, jeweils a.a.O.).

99   Der Betriebsrat (nicht der Gesamtbetriebsrat, vgl. unten § 51 Rz. 62) kann nach der höchstrichterlichen Rechtsprechung und nach der überwiegenden Meinung im Fachschrifttum zu Lasten des Arbeitgebers auch **schriftliche Mitteilungen**, insbesondere ein Informationsblatt, an die Belegschaft verteilen, wenn die Mitteilung dringlich ist und deshalb die nächste Betriebsversammlung nicht abgewartet werden kann oder wenn alle anderen Informationsmittel gegenüber der schriftlichen Information durch Rundschreiben unzulänglich sind und wenn die Kostenbelastung des Arbeitgebers sich in Grenzen hält, wobei aber die potentiellen Kosten einer sonst stattfindenden außerordentlichen Betriebsversammlung zu berücksichtigen sein sollen (*BAG* vom 21. 11. 1978 – 6 ABR 85/76 – EzA § 40 BetrVG 1972 Nr. 41 = DB 1979, 751; für Zulässigkeit von Rundschreiben in besonderen Fällen: *LAG Düsseldorf* vom 11.8. 1976 – 6 TaBV 36/76 – DB 1976, 2021; *S/W* § 40 Rz. 23; *D/R* § 40 Rz. 64; *GK-Wiese* § 40 Rz. 80; *G/L* § 40 Rz. 46; *Löwisch* FS *Hilger/Stumpf*, 429 ff.; weitergehend *D/K/K/S* § 40 Rz. 12; gegen Zulässigkeit *Roemheld* Anm. SAE 1979, 165 ff.). Allerdings wird von dieser Auffassung ein Recht des Betriebsrats zur Herausgabe eines **regelmäßig** erscheinenden Informationsblatts zu Lasten des Arbeitgebers nicht anerkannt (vgl. die Angaben a.a.O.; **a.A.** *Hoffmann* AuR 1974, 266 ff.). Auch sei ein Informationsblatt des Betriebsrats aus aktuellem Anlaß dann nicht erforderlich, wenn der Betriebsrat die Belegschaft in der **Werkzeitschrift** ungehindert unterrichten könne (GK-*Wiese* a.a.O.; *Meisel* Anm. AP Nr. 15 zu § 40 BetrVG 1972 Bl. 4 R). Indessen sind solche Informationsblätter oder Rundschreiben, wenn sie einseitig vom Betriebsrat herausgegeben werden, unter dem Blickwinkel des Gebots zur vertrauensvollen Zusammenarbeit bedenklich. Sie bieten dem Betriebsrat die Möglichkeit, in kontrovers behandelten Fragen die Belegschaft mit seiner Sicht der Angelegenheit vertraut zu machen, ohne daß der Arbeitgeber mit vergleichbarer Wirksamkeit seine Gegenposition bekanntmachen könnte. Diese Gelegenheit wäre vorhanden, wenn der Betriebsrat seinen Bericht am Schwarzen Brett oder in einer Betriebsversammlung geben würde. Könnte ein Informationsblatt oder Rundschreiben vom Be-

triebsrat an die Belegschaft verteilt werden, würde in extremen Fällen der Arbeitgeber vom Inhalt dieser Mitteilungen überhaupt keine Kenntnis erhalten. Deshalb ist die einseitige Herausgabe solcher vervielfältigter Informationen an die Belegschaft nicht als erforderlich anzusehen; nur Betriebsrat und Arbeitgeber gemeinsam können einem dringenden Informationsbedarf auf diesem Wege nachkommen.

Aus den dargelegten Gründen kann der Betriebsrat auch nicht verlangen, die Belegschaft durch ein betriebsinternes **EDV-gestütztes Kommunikationssystem** informieren zu dürfen (a. A. *ArbG Köln* vom 28. 5. 1991 – 4 BV 83/91 – DB 1991, 2294. 99a

Umstritten ist die **sachenrechtliche Zuordnung** der dem Betriebsrat zur Verfügung zu stellenden Sachmittel. Einigkeit besteht allerdings darüber, daß der Arbeitgeber Eigentümer dieser Gegenstände bleibt (*D/R* § 40 Rz. 58; *F/A/K/H* § 40 Rz. 45; GK-*Wiese* § 40 Rz. 89; *G/L* § 40 Rz. 47). Teilweise wird aber die Auffassung vertreten, daß die Betriebsratsmitglieder nach § 950 BGB gesamthänderisches Eigentum an den aus dem Papier des Arbeitgebers entstandenen Betriebsratsakten und -niederschriften erwerben (*F/A/K/H* a. a. O.; *Schaub* § 222 III 6; *Nikisch* III, 199; diese Ansicht würde zu dem nicht vertretbaren Ergebnis führen, daß beim Tod eines Betriebsratsmitglieds das Eigentumsrecht auf dessen Erben überginge; gegen diese Ansicht *D/R* § 40 Rz. 59; GK-*Wiese* § 40 Rz. 90). Demgegenüber herrscht aber Übereinstimmung, daß das Eigentum des Arbeitgebers durch die sich aus Abs. 2 ergebende Zweckbindung beschränkt ist (*D/R* § 40 Rz. 58; *Böhm* RdA 1974, 88, 90; GK-*Wiese* § 40 Rz. 89). Neben dem Recht zum Gebrauch wird teilweise auch ein Recht des Betriebsrats zum Besitz angenommen (*ArbG Heilbronn* vom 17. 2. 1984 – 4 BV 10/83 – BB 1984, 982; *G/L* § 40 Rz. 47; *D/R* § 40 Rz. 60; *Kamann/Hess/Schlochauer* § 40 Rz. 34; differenzierend für Besitzrecht des Betriebsrats nur gegenüber dem Arbeitgeber: GK-*Wiese* § 40 Rz. 92). Die Annahme eines Besitzrechts hätte jedoch unsinnige Konsequenzen: Der Betriebsrat hätte z. B. bei Besitzentziehung durch einen Dritten nach § 861 BGB zwar einen Anspruch auf Wiedereinräumung des Besitzes, könnte ihn aber mangels Parteifähigkeit vor dem dafür zuständigen ordentlichen Gericht nicht durchsetzen (GK-*Wiese* a. a. O.). 100

Richtig ist demgegenüber, daß der Betriebsrat weder **Eigentum** noch **Besitz** innehaben kann. Denn der Betriebsrat ist zwar rechtsfähig im Rahmen des Betriebsverfassungsgesetzes; unbezweifelbar ist er auf diesem Gebiet Träger von Rechten und Pflichten (GK-*Wiese* § 40 Rz. 86); außerhalb der betriebsverfassungsrechtlichen Bestimmungen, die entweder im Betriebsverfassungsgesetz selbst oder in anderen Gesetzen (z. B. § 9 ASiG) zu finden sind, ist er jedoch nicht rechtsfähig; er kann deshalb auch nicht Träger bürgerlichrechtlicher Rechte und Pflichten sein. Er hat lediglich nach Abs. 2 einen betriebsverfassungsrechtlichen Anspruch gegen den Arbeitgeber auf ordnungsgemäßen Gebrauch der vom Arbeitgeber zur Verfügung zu stellenden Sachmittel. Daraus ergibt sich, daß der Betriebsrat es hinnehmen muß, wenn der Arbeitgeber die ihm überlassene **Schreibmaschine** durch eine andere ersetzt, sofern die Betriebsratsarbeit dadurch nicht beeinträchtigt wird (*D/R* § 40 Rz. 58; ähnlich GK-*Wiese* § 40 Rz. 89). Der Anspruch auf Gebrauch steht dem Betriebsrat auch hinsichtlich seiner **Akten** zu, darüber hinaus hinsichtlich der Akten seiner Vorgänger. Der Arbeitgeber kann aufgrund seines Eigentums vom Betriebsrat auch nach Ablauf von dessen Amtszeit die Akten nicht herausverlangen (*F/A/K/H* und GK-*Wiese*, jeweils a. a. O.; *G/L* § 40 Rz. 48). Er 101 muß sie jedoch für den Betriebsrat herausverlangen, wenn sie von einem Dritten entwendet worden sind (GK-*Wiese* a.a.O.). Aus dem Gebot zur vertrauensvollen Zusammenarbeit folgt, daß der Arbeitgeber die Akten des Betriebsrats auch nicht einsehen darf (*D/R* und GK-*Wiese*, jeweils a.a.O.), selbst wenn ein Betriebsrat später nicht mehr gewählt wird; denn die vertrauensvolle Zusammenarbeit der Betriebsparteien wäre erheblich beeinträchtigt, wenn der Betriebsrat während seiner Amtszeit damit rechnen müßte, daß der Arbeitgeber danach seine Akten lesen kann. Wird nach Beendigung der Amtszeit des alten kein neuer Betriebsrat gewählt, so sind die Akten vom Arbeitgeber sicher zu verwahren und einem etwaigen späteren Betriebsrat zur Verfügung zu stellen (GK-*Wiese* a.a.O.). Der Betriebsrat ist nicht berechtigt, am Ende seiner Amtszeit seine Akten zu vernichten (GK-*Wiese* a.a.O.; **a.A.** *F/A/K/H* a.a.O.). Damit würde er nicht nur das Eigentum des Arbeitgebers verletzen, sondern ihm unmöglich machen, den Anspruch des nächsten Betriebsrats auf Bereitstellung auch der für die Arbeit benötigten Akten des früheren Betriebsrats zu erfüllen.

3. Büropersonal

102 Dem Betriebsrat ist auch im erforderlichen Umfang Büropersonal, also etwa eine Schreibkraft sowie eine Hilfskraft für Vervielfältigungsarbeiten und Botengänge, zur Verfügung zu stellen. Dies gilt auch dann, wenn einzelne Betriebsratsmitglieder selbst die für Schreibarbeiten notwendigen Fähigkeiten haben (*ArbG Solingen* vom 8.3. 1974 – 1 BV 50/73 – DB 1974, 82; GK-*Wiese* § 40 Rz. 82; *F/A/K/H* § 40 Rz. 46; *D/K/K/S* § 40 Rz. 54). Ob eine Schreibkraft ganz oder nur zeitweise zuzuteilen ist, hängt von der Größe des Betriebs und dem Umfang der jeweils anfallenden Schreibarbeiten ab (*G/L* § 40 Rz. 49; *F/A/K/H* a.a.O.; *D/R* § 40 Rz. 57; *D/K/K/S* a.a.O.). Es ist jedoch nur in Großbetrieben erforderlich, eine Schreibkraft ausschließlich für die Betriebsratsarbeit vorzusehen. Nach dem Gebot zur vertrauensvollen Zusammenarbeit muß der Arbeitgeber auf die berechtigten Interessen des Betriebsrats Rücksicht nehmen. Der Betriebsrat kann deshalb eine Person, die sein Vertrauen nicht genießt, ablehnen, ohne indessen ein eigenes Auswahlrecht zu haben (*LAG Düsseldorf* vom 11.8. 1989 – 9 Ta BV 44/89 – NZA 1989, 94; GK-*Wiese* § 40 Rz. 83; *D/R* § 40 Rz. 57; *Brill* BB 1977, 2139, 2144; für nicht näher definiertes »Mitspracherecht« des Betriebsrats: *F/A/K/H*, *D/K/K/S* und *G/L*, jeweils a.a.O.).

103 Das für den Betriebsrat tätige Büropersonal erhält seine **Arbeitsanweisungen** vom Betriebsrat, der sich dabei aber im Rahmen seiner Aufgaben zu halten hat und deshalb nicht etwa private oder rein gewerkschaftliche Korrespondenz oder sogar Streikvorbereitungen auf diesem Wege erledigen lassen darf (GK-*Wiese* § 40 Rz. 84; *D/R* a.a.O.; *S/W* § 40 Rz. 33; vgl. auch *D/K/K/S* § 40 Rz. 55). Werden dem Büropersonal bei der Tätigkeit für den Betriebsrat **Betriebs-** oder **Geschäftsgeheimnisse** bekannt, so ist es aufgrund seines Arbeitsvertrags zur Verschwiegenheit verpflichtet (so auch *D/R*, *D/K/K/S* und GK-*Wiese*, jeweils a.a.O.). Die Verschwiegenheitspflicht setzt also keine ausdrückliche Vereinbarung hierüber voraus (**a.A.** *G/L* § 40 Rz. 50; *F/A/K/H* § 40 Rz. 47; *S/W* § 40 Rz. 12); eine solche Vereinbarung ist indessen zweckmäßig. Die Anwendbarkeit der Strafvorschrift des § 120 auf Büropersonal des Betriebsrats kann indessen auch durch eine Vereinbarung nicht erreicht werden (GK-*Wiese* und

F/A/K/H, jeweils a. a. O.). Aus dem Störungs- und Behinderungsverbot in § 78 ergibt sich, daß das Büropersonal auch über Betriebsratsangelegenheiten Stillschweigen zu wahren hat (im Ergebnis auch *D/K/K/S* a. a. O.). Sofern eine Bürokraft selbst Betriebsratsmitglied ist, kann sie auf die Zahl der nach § 38 Abs. 1 freizustellenden Betriebsratsmitglieder nicht angerechnet werden (*F/A/K/H* und *S/W*, jeweils a. a. O.; *D/R* § 40 Rz. 56; GK-*Wiese* § 40 Rz. 85; *D/K/K/S* § 40 Rz. 56; **a. A.** *G/L* a. a. O.; *Kammann/Hess/Schlochauer* § 40 Rz. 42); denn sie leistet keine Betriebsratsarbeit, wenn sie dem Betriebsrat mit Bürodiensten behilflich ist.

104

IV. Anwendung auf die Ausschüsse des Betriebsrats

§ 40 gilt auch für die Ausschüsse des Betriebsrats, weil auch die von ihnen verursachten Kosten Betriebsratskosten sind (ebenso *G/L* § 40 Rz. 3; *F/A/K/H* § 40 Rz. 2; *D/K/K/S* § 40 Rz. 2; GK-*Wiese* § 40 Rz. 2). Die Beschlußfassung in einem Ausschuß genügt aber im Falle der Beauftragung eines Rechtsanwalts als Sachverständiger oder als Prozeßvertreter (vgl. dazu oben Rz. 12 und 15) nur dann, wenn auch die Beauftragung des Anwalts dem betreffenden Ausschuß zur selbständigen Erledigung übertragen worden ist.

105

V. Streitigkeiten

Streitigkeiten über die Kosten der Geschäftsführung des Betriebsrats oder über die Bereitstellung von Räumen, sächlichen Mitteln und Büropersonal werden gem. § 2a ArbGG im arbeitsgerichtlichen Beschlußverfahren entschieden. Das gilt auch für Streitigkeiten über das betriebsverfassungsrechtliche Gebrauchsrecht an den Betriebsratsakten (vgl. *BAG* vom 3. 4. 1957 – 1 AZR 289/55 – AP Nr. 46 zu § 2 ArbGG 1953 m. Anm. *Franke* = DB 1957, 511; GK-*Wiese* § 40 Rz. 93; *F/A/K/H* § 40 Rz. 48; *D/K/K/S* § 40 Rz. 57). Die Vollstreckungsmöglichkeit ergibt sich aus § 85 ArbGG.

106

Der Anspruch einzelner Betriebsratsmitglieder auf Erstattung ihrer Aufwendungen ergibt sich aus der betriebsverfassungsrechtlichen Stellung des Betriebsrats und seiner Mitglieder, nicht aus ihrem Arbeitsverhältnis. Auch er ist daher im Beschlußverfahren geltend zu machen (ständige Rechtsprechung des *BAG*; vgl. vom 18. 1. 1989 – 7 ABR 89/87 – AP Nr. 28 zu § 40 BetrVG 1972 = DB 1989; 1829 = EzA § 40 BetrVG 1972 Nr. 60; vom 31. 10. 1972 – 1 ABR 7/72 – EzA § 40 BetrVG 1972 Nr. 3 m. Anm. *Richardi* = DB 1973, 528; vom 6. 11. 1973 – 1 ABR 26/73 – EzA § 37 BetrVG 1972 Nr. 17 m. Anm. *Richardi* = DB 1974, 633; auch *G/L* § 40 Rz. 46; *F/A/K/H* § 40 Rz. 51; *D/R* § 40 Rz. 66; *D/K/K/S* a. a. O.).

107

Der Betriebsrat ist in einem solchen Rechtsstreit notwendiger Beteiligter (*BAG* vom 13. 7. 1977 – 1 ABR 19/75 – EzA § 83 ArbGG 1953 Nr. 24 = DB 1978, 168). Verfolgt eine **Gewerkschaft** den Kostenerstattungsanspruch eines Betriebsratsmitglieds nach dessen Abtretung selbst, ist das Mitglied nicht zu beteiligen (*LAG Berlin* vom 10. 10. 1988 – 9 Ta BV 6/88 – DB 1989, 683; *Laux* Die Antrags- und Beteiligungsbefugnis im arbeitsgerichtlichen Beschlußverfahren 1985, 116). Die Arbeitsgerichte entscheiden im Beschlußverfahren auch über die Ansprüche bereits ausgeschiedener Betriebsratsmitglieder (*BAG* vom 10. 10. 1969 – 1 AZR 5/69

108

§ 41   2. Teil 3. Abschn. Geschäftsführung des Betriebsrats

– AP Nr. 1 zu § 8 ArbGG 1953 m. Anm. *Rüthers* = DB 1970, 65; GK-*Wiese* § 40 Rz. 94; *D/K/K/S* a. a. O.). Der Betriebsrat ist auch befugt, selbst Erstattungsansprüche seiner Mitglieder im Beschlußverfahren geltend zu machen (*BAG* vom 10. 6. 1975 – 1 ABR 140/73 – AP Nr. 1 zu § 73 BetrVG 1972 = DB 1975, 2092, 2234; vom 21. 11. 1978 – 6 ABR 10/77 – EzA § 37 BetrVG 1972 Nr. 62 = DB 1979, 507; *D/R* § 40 Rz. 67; *F/A/K/H* § 40 Rz. 53; GK-*Wiese* und *D/K/K/S,* jeweils a. a. O.; **a. A.** *Laux* a. a. O., 114 f.).

109 Ein Streit über die materiellrechtliche Frage der Verpflichtung zur Kostentragung für einen vom Betriebsrat oder einem Betriebsratsmitglied geführten Rechtsstreit ist in einem besonderen Beschlußverfahren zu entscheiden, weil im Beschlußverfahren, in dem über die Sachfrage befunden wird, zur Kostenfrage nicht entschieden werden kann (*BAG* vom 31. 10. 1972 – 1 ABR 7/72 – EzA § 40 BetrVG 1972 Nr. 3 m. Anm. *Richardi* = DB 1973, 528; vom 21. 6. 1957 – 1 ABR 1/56 – AP Nr. 2 zu § 81 ArbGG 1953 Bl. 3 m. Anm. *Pohle* = DB 1957, 972; *D/R* § 40 Rz. 69; **a. A.** *Grunsky* § 80 Rz. 54). Wird vom Betriebsrat oder einem Betriebsratsmitglied ein Rechtsanwalt in einem Beschlußverfahren hinzugezogen, ist er nicht Beteiligter in dem Beschlußverfahren, das vom Betriebsrat wegen der Freistellung von der Honorarverpflichtung gegenüber dem Rechtsanwalt oder der Erstattung der Honorarzahlung durchgeführt wird (*BAG* vom 3. 10. 1978 – 6 ABR 102/76 – EzA § 40 BetrVG 1972 Nr. 37; DB 1979, 107, 315; GK-*Wiese* § 40 Rz. 97; *D/K/K/S* § 40 Rz. 59). Dasselbe gilt hinsichtlich eines vom Betriebsrat nach § 80 Abs. 3 hinzugezogenen Sachverständigen (*BAG* vom 25. 4. 1978 – 6 ABR 9/75 – EzA § 80 BetrVG 1972 Nr. 15 m. Anm. *Blomeyer* = DB 1978, 1747; GK-*Wiese* und *D/K/K/S,* jeweils a. a. O.).

110 Ansprüche auf Arbeitsentgelt einerseits und Kostenerstattung andererseits können, auch wenn es sich um dieselbe Schulungs- und Bildungsveranstaltung handelt, nur in zwei getrennten Verfahren geltend gemacht werden (vgl. oben § 37 Rz. 185).

111 Führen Streitigkeiten über die Kostentragung zu einer wesentlichen Erschwerung der Betriebsratsarbeit, so kann der Betriebsrat im Beschlußverfahren nach § 85 Abs. 2 ArGG in Verbindung mit § 940 ZPO eine **einstweilige Verfügung** beantragen (*D/R* § 40 Rz. 70; *F/A/K/H* § 40 Rz. 57; GK-*Wiese* § 40 Rz. 100; *G/L* § 40 Rz. 53; *D/K/K/S* § 40 Rz. 62). In diesen Fällen kommt auch ein Verfahren nach § 23 Abs. 3 in Betracht. Führt die Weigerung des Arbeitgebers, die ihm nach § 40 obliegende Pflicht zu erfüllen, zu einer Behinderung der Betriebsratsarbeit, so kann dies den Straftatbestand des § 119 Abs. 1 Nr. 2 erfüllen (*F/A/K/H* § 40 Rz. 58; *D/R* § 40 Rz. 71; *G/L* und *D/K/K/S,* jeweils a. a. O.).

112 Ansprüche des Arbeitgebers aus Eigentum, Besitz oder Delikt bei Eingriffen in die dem Betriebsrat überlassenen Sachen gegen Betriebsfremde sind vor den ordentlichen Gerichten; Ansprüche gegen Arbeitnehmer des Betriebs, die nicht Betriebsratsmitglieder sind, vor den Arbeitsgerichten im Urteilsverfahren geltend zu machen (GK-*Wiese* § 40 Rz. 96).

113 An anderer Stelle erörtert sind die Behandlung der Kostenerstattungsansprüche des Betriebsrats im **Konkurs** und im **Vergleichsverfahren** (oben Rz. 80).

§ 41 Umlageverbot

Die Erhebung und Leistung von Beiträgen der Arbeitnehmer für Zwecke des Betriebsrats ist unzulässig.

Umlageverbot **§ 41**

Inhaltsübersicht

		Rz.
I.	Allgemeines	1
II.	Verbot der Erhebung und Leistung von Beiträgen	2–4
III.	Beiträge, Spenden und Kassenführung für andere Zwecke	5–7
IV.	Streitigkeiten	8

I. Allgemeines

Die Vorschrift verbietet die Erhebung und Leistung von Beiträgen der Arbeitneh- **1** mer für Zwecke des Betriebsrats. Sie gilt entsprechend für den Gesamtbetriebsrat (§ 51 Abs. 1), den Konzernbetriebsrat (§ 59 Abs. 1), die Jugend- und Auszubildendenvertretung (§ 65 Abs. 1) und die Gesamt-Jugend- und Auszubildendenvertretung (§ 73 Abs. 2). Sie ist zwingendes Recht. Weder der Betriebsrat noch die Betriebsversammlung können daher eine Umlage zugunsten der Betriebsratsarbeit beschließen (*D/R* § 41 Rz. 1; *G/L* § 41 Rz. 1; GK-*Wiese* § 41 Rz. 1; *F/A/K/H* § 41 Rz. 1).

II. Verbot der Erhebung und Leistung von Beiträgen

Beiträge der Arbeitnehmer für Zwecke des Betriebsrats sind, ob freiwillig gelei- **2** stet oder nicht, unzulässig. Dabei spielt auch keine Rolle, ob es sich um laufende oder einmalige Zuwendungen handelt (*G/L* § 41 Rz. 2; GK-*Wiese* § 41 Rz. 3; *D/R* § 41 Rz. 2; *D/K/K/S* § 41 Rz. 2). Ein Verstoß gegen dieses Verbot liegt aber nur vor, wenn derartige Beiträge aus dem Vermögen der Zuwendenden fließen, sei es, daß sie Beiträge abführen, sei es, daß ihre Ansprüche gekürzt werden (BAG vom 24. 7. 1991 – 7 ABR 76/89 – EzA § 41 BetrVG 1972 Nr. 1). Der Arbeitgeber einer Spielbank, der nach den gesetzlichen Bestimmungen den Personalaufwand aus dem Tronc decken darf, kann den Tronc auch zur Deckung der Ansprüche nach §§ 37 und 40 heranziehen (vgl. *BAG* a.a.O.).

Auch **Dritte** dürfen dem Betriebsrat keine Zuwendungen machen. Das gilt sowohl **3** für die Gewerkschaften als auch für die politischen Parteien oder sonstige Einrichtungen (*F/A/K/H* § 41 Rz. 4; *D/R* § 41 Rz. 5; GK-*Wiese* § 41 Rz. 7; *D/K/K/S* a.a.O.). Mit der Annahme von Zahlungen würde der Betriebsrat oder das einzelne Betriebsratsmitglied seine Amtspflicht verletzen. Ggs. kommt ein Ausschlußverfahren nach § 23 Abs. 1 in Betracht (*F/A/K/H* § 41 Rz. 6; GK-*Wiese* § 41 Rz. 8).

Verbotswidrig geleistete Beiträge an den Betriebsrat können vom Leistenden **4** gem. § 812 BGB **zurückgefordert** werden. § 817 Satz 2 BGB steht dem nicht entgegen, da der Schutzzweck des § 41, die Wahrung der Integrität der Amtsführung, die Rückabwicklung fordert (vgl. dazu *Fabricius* JZ 1963, 85 sowie oben § 37 Rz. 14; wie hier GK-*Wiese* § 41 Rz. 8; **a.A.** *F/A/K/H* § 41 Rz. 5; *D/R* § 41 Rz. 3; *G/L* § 41 Rz. 5; *Kammann/Hess/Schlochauer* § 41 Rz. 4; *D/K/K/S* a.a.O.).

§ 41   2. Teil 3. Abschn. Geschäftsführung des Betriebsrats

III. Beiträge, Spenden und Kassenführung für andere Zwecke

5   Verboten sind lediglich Beiträge für Zwecke, die mit den Aufgaben des Betriebsrats zusammenhängen. **Sammlungen** für andere Zwecke werden dadurch nicht berührt. So können Sammlungen für gemeinsame Veranstaltungen, z. B. den Betriebsausflug, für Geburtstagsgeschenke, Jubiläumsgaben oder auch für die Opfer eines Betriebsunfalls durchgeführt werden, auch wenn sie vom Betriebsrat ausgehen (GK-*Wiese* § 41 Rz. 4; *D/R* § 41 Rz. 6; *G/L* § 41 Rz. 6; *F/A/K/H* § 41 Rz. 5; *D/K/K/S* § 41 Rz. 4). Die Betriebsratsmitglieder werden dann lediglich als schlichte Belegschaftsangehörige tätig und bedürfen, wenn sie die Sammlung während der Arbeitszeit durchführen und nicht freigestellt sind, der Arbeitsbefreiung, zu der der Arbeitgeber aber nicht gezwungen werden kann. Die Betriebsratsmitglieder dürfen bei solchen Sammlungen keinen Druck auf die Belegschaftsangehörigen ausüben; dies wäre ein Mißbrauch ihrer Amtsstellung (GK-*Wiese* § 41 Rz. 4).

6   Diese Grundsätze gelten auch, wenn Betriebsratsmitglieder, die zugleich der Gewerkschaft angehören, bei den Arbeitnehmern **Gewerkschaftsbeiträge** kassieren. Diese Tätigkeit ist keine Aufgabe des Betriebsrats und kann deshalb nur von einzelnen Mitgliedern in klarer Scheidung von ihrer Amtsführung außerhalb der Arbeitszeit ausgeübt werden (*G/L* § 41 Rz. 3; *F/A/K/H* § 41 Rz. 4; GK-*Wiese* § 41 Rz. 6; *D/R* § 41 Rz. 6).

7   Es ist auch nicht Aufgabe des Betriebsrats, bestimmte **Kassen** zu führen, in die z. B. Teile von Aufsichtsratsvergütungen von Belegschaftsmitgliedern, Gewinnanteile der Belegschaft aus der Mitgliedschaft in einem Konsumverein oder Überschüsse aus dem Betrieb eines Zigarettenautomaten eingezahlt werden (*BAG* vom 22. 4. 1960 – 1 ABR 14/59 – AP Nr. 1 zu § 2 ArbGG 1953 Betriebsverfassungsstreit m. Anm. *Bötticher* = DB 1960, 1188; GK-*Wiese* § 41 Rz. 5; *G/L* § 41 Rz. 4). Das gleiche gilt auch für eine Kasse, die von Kantinengewinnen, Spenden oder mit aufgrund tariflicher Verfallklausel verwirkten Lohn- oder Urlaubsvergütungen der Arbeitnehmer gespeist wird (*G/L* § 41 Rz. 4). Es bestehen aber keine Bedenken dagegen, daß ein einzelnes Betriebsratsmitglied oder auch mehrere Mitglieder gemeinsam als einfache Belegschaftsangehörige eine derartige Kasse verwalten (GK-*Wiese* a. a. O.; *D/R* § 41 Rz. 7; ähnlich *D/K/K/S* § 41 Rz. 3). Diese Arbeitnehmer bedürfen aber, wenn sie Arbeitszeit für ihre Nebenaufgaben verwenden wollen, der Arbeitsbefreiung, zu der der Arbeitgeber nicht gezwungen werden kann (vgl. oben Rz. 5).

IV. Streitigkeiten

8   Streitigkeiten aus der Anwendung des § 41 entscheiden die Arbeitsgerichte gem. § 2a ArbGG im Beschlußverfahren. Streitigkeiten mit anderen Arbeitnehmern, die sich aus einer Tätigkeit von Betriebsratsmitgliedern als schlichte Belegschaftsangehörige, z. B. aus einer Spendensammlung ergeben, sind nach § 2 Abs. 1 Nr. 9 ArbGG im Urteilsverfahren vor den Arbeitsgerichten auszutragen, da es insoweit um eine bürgerlichrechtliche Streitigkeit aus »gemeinsamer Arbeit« (im weiteren Sinne) oder aus einer mit dem Arbeitsverhältnis zusammenhängenden unerlaubten Handlung geht.

Vierter Abschnitt
Betriebsversammlung

§ 42 Zusammensetzung, Teilversammlung, Abteilungsversammlung

(1) Die Betriebsversammlung besteht aus den Arbeitnehmern des Betriebs; sie wird von dem Vorsitzenden des Betriebsrats geleitet. Sie ist nicht öffentlich. Kann wegen der Eigenart des Betriebs eine Versammlung aller Arbeitnehmer zum gleichen Zeitpunkt nicht stattfinden, so sind Teilversammlungen durchzuführen.
(2) Arbeitnehmer organisatorisch oder räumlich abgegrenzter Betriebsteile sind vom Betriebsrat zu Abteilungsversammlungen zusammenzufassen, wenn dies für die Erörterung der besonderen Belange der Arbeitnehmer erforderlich ist. Die Abteilungsversammlung wird von einem Mitglied des Betriebsrats geleitet, das möglichst einem beteiligten Betriebsteil als Arbeitnehmer angehört. Abs. 1 Satz 2 und 3 gilt entsprechend.

Literaturübersicht

Boemke »Ausstrahlungen« des Betriebsverfassungsgesetzes ins Ausland, NZA 1992, 112; *Brill* Die Betriebsversammlung in der Rechtsprechung, DB 1980, 736; *Brötzmann* Probleme der Betriebsversammlung, BB 1990, 1055; *Carl/Herrfahrdt* Zur Protokollführung von Betriebsversammlungen durch den Arbeitgeber, BlStSozArbR 1978, 241; *Dudenhostel* Hausrecht, Leitungsmacht und Teilnahmebefugnis in der Betriebsversammlung, 1978; *Gaul* Schriftliche und akustische Aufzeichnungen in Betriebsversammlungen, DB 1975, 978; *Herschel* Schadensersatz bei Behinderung und Störung von Betriebsversammlungen, DB 1975, 978; *Hohn* Betriebsversammlung als Voll- oder Teilversammlung, DB 1985, 2195; *ders.* Betriebsversammlung: Führungsinstrument oder vergeudete Zeit?, DB 1979, 358; *Kappes/Rath* Betriebsversammlungen während der Arbeitszeit, DB 1987, 2645; *Kohte* Die Mitwirkung betriebsfremder Personen an der Betriebs- und Personalversammlung, BlSt SozArbR 1980, 337; *Lopau* Rechtsprobleme der Betriebsversammlung, BlStSozArbR 1979, 230; *Lunk,* Die Betriebsversammlung – das Mitgliederorgan des Belegschaftsverbandes, 1991; *Mußler* Betriebsversammlung und parlamentarischer Brauch, NZA 1985, 445; *Radke* Tonbandaufnahmen von Betriebsversammlungen ohne Wissen des Betriebsrats, AuR 1956, 108; *ders.* Gesamtbetriebsrat und Betriebsversammlung, AuR 1956, 333; *Rüthers* Rechtsprobleme der Organisation und der Thematik von Betriebsversammlungen, ZfA 1974, 207; *Säcker* Informationsrechte der Betriebs- und Aufsichtsratsmitglieder und Geheimsphäre des Unternehmens, 1979; *Schlüter/Dudenbostel* Das »Haus- und Ordnungsrecht« bei Betriebsversammlungen, DB 1974, 2350; *dies.* Sanktionen des Arbeitgebers bei Störungen der Betriebsversammlung, DB 1974, 2473; *Schweer* Die Verwendung von Tonbandaufnahmen bei Betriebsversammlungen, AuR 1959, 79; *Viets* Zur Teilnahme von Außendienstmitarbeitern an Betriebsversammlungen, RdA 1979, 272; *Vogt* Die Betriebs- und Abteilungsversammlung, 3. Aufl. 1977.

Inhaltsübersicht

		Rz.
I.	Allgemeines	1–11
	1. Begriff und Zweck	4, 5
	2. Voraussetzungen	6, 7
	3. Rechtsstellung	8–11

§ 42   2. Teil 4. Abschn. Betriebsversammlung

II.	Teilnahmerecht der Arbeitnehmer des Betriebs	12–16
III.	Nichtöffentlichkeit	17–25
IV.	Einberufung	26–30a
V.	Durchführung	31–44
	1. Leitung	31–35
	2. Inhalt und Ablauf	36–44
VI.	Teilversammlung	45–54
	1. Voraussetzungen	46–50
	2. Zusammensetzung	51
	3. Durchführung	52–54
VII.	Abteilungsversammlung	55–65
	1. Voraussetzungen	56–62
	2. Zusammensetzung	63
	3. Durchführung	64, 65
VIII.	Streitigkeiten	66

I. Allgemeines

1 Die Vorschriften der §§ 42 ff. über die Betriebsversammlung sind zwingendes Recht. Sie können weder durch Tarifvertrag noch durch Betriebsvereinbarung geändert werden (*G/L* § 42 Rz. 5; *F/A/K/H* § 42 Rz. 5). Freiwillige Betriebsvereinbarungen zur näheren Ausgestaltung der Betriebs- und Abteilungsversammlung, deren Zulässigkeit umstritten ist (dafür *F/A/K/H* a.a.O., dagegen *G/L* a.a.O.) haben keine eigenständige normative Wirkung, sondern nur den Charakter gemeinsamer Hinweise (vgl. oben § 37 Rz. 4 und § 39 Rz. 3).

2 Die Bestimmungen für die Betriebsversammlung gelten nicht für den Gesamtbetriebsrat, den Konzernbetriebsrat und die Gesamt-Jugend- und Auszubildendenvertretung (vgl. § 51 Abs. 1, § 59 Abs. 1, § 73 Abs. 2). Für die Jugend- und Auszubildendenversammlung gilt § 71 (zur Möglichkeit von Belegschaftsversammlungen vgl. unten Rz. 6f.).

3 Teil- und Abteilungsversammlungen können für vorübergehend ins Ausland entsandte Arbeitnehmer nicht im **Ausland** abgehalten werden (*BAG* vom 27. 5. 1982 – 6 ABR 28/80 – EzA § 42 BetrVG 1972 Nr. 3 = DB 1982, 2519; *S/W* § 42–46 Rz. 22; **a.A.** *LAG Hamm* vom 12. 3. 1980 – 3 Ta BV 7/80 – DB 1980, 1030; *F/A/K/H* § 1 Rz. 20 und § 42 Rz. 55; *D/R* § 42 Vorbem. Rz. 9; *Steinmeyer* DB 1980, 1541, 1542; *Birk* RdA 1984, 129, 137; *Boemke* NZA 1992, 112, 116). Zwar bestehen die für den Arbeitnehmer einmal begründeten persönlichen Rechtswirkungen des BetrVG grundsätzlich auch dann weiter, wenn er vom inländischen Betrieb vorübergehend ins Ausland entsandt wird (*BAG* vom 25. 4. 1978 – 6 ABR 2/77 – EzA § 8 BetrVG 1972 Nr. 6 = DB 1978, 1840 m. Anm. *Simitis*). Die Tätigkeit der Institutionen der Betriebsverfassung (das BAG spricht von Organen der Betriebsverfassung), seien es Betriebsrat, Betriebsratsausschüsse, Betriebs- oder Abteilungsversammlungen, ist aber auf das Inland beschränkt (*BAG* vom 27. 5. 1982, a.a.O.).

Zusammensetzung, Teilversammlung, Abteilungsversammlung § 42

1. Begriff und Zweck

Die Betriebsversammlung ist die Versammlung aller Arbeitnehmer eines Be- 4
triebs. Vor ihr hat der Betriebsrat Rechenschaft über seine Tätigkeit abzulegen. In
diesem Rahmen kann die Arbeitnehmerschaft zu den Beschlüssen des Betriebsrats Stellung nehmen und dem Betriebsrat Anträge für seine Tätigkeit unterbreiten (§§ 43 und 45). Die Betriebsversammlung dient also der Zusammenarbeit zwischen Betriebsrat und Arbeitnehmerschaft. Um dieses Zieles willen hat das Betriebsverfassungsgesetz 1972 durch Einführung des Abs. 2 die Abteilungsversammlung neu eingeführt. Sie soll die Kommunikation zwischen dem Betriebsrat
und den Arbeitnehmern des Betriebs verbessern, da so die Themen der Versammlung auf die speziellen Belange der Arbeitnehmer der jeweiligen Abteilung zugeschnitten werden können. Betriebs- und Abteilungsversammlungen fördern aber
auch den unmittelbaren Kontakt und die Diskussion zwischen Belegschaft und
Arbeitgeber (*Brötzmann* BB 1990, 1055f.).

Die Betriebsversammlung ist eine **Institution der Betriebsverfassung** (*D/R* § 42 5
Vorbem. Rz. 2). Die Frage, ob sie wie der Betriebsrat (vgl. dazu *BAG* vom 6. 11.
1959 – 1 AZR 329/59 – AP Nr. 15 zu § 13 KSchG m. Anm. *Dietz* = DB 1960, 267)
Organ der Belegschaft ist, muß hier dahinstehen, solange weder gesetzlich noch
rechtswissenschaftlich geklärt ist, ob eine Institution ohne nach außen wirkende
Funktion Organ sein kann (vgl. zur Frage der Organstellung der Betriebsver-
sammlung *BAG* vom 27. 6. 1989 – 1 ABR 28/88 – AP Nr. 5 zu § 42 BetrVG 1972 =
DB 1989, 2543 = EzA § 42 BetrVG 1972 Nr. 4; GK-*Fabricius* vor § 42 Rz. 6ff.;
F/A/K/H § 42 Rz. 9; *D/K/K/S* § 42 Rz. 2; für Charakterisierung als Organ des
Belegschaftsverbandes die eingehende Untersuchung von *Lunk* 76–80; vgl. auch
zur Rechtsstellung Rz. 8ff.).

2. Voraussetzungen

Die Betriebsversammlung ist ohne die Wahl eines Betriebsrats grundsätzlich nicht 6
möglich. Eine Ausnahme besteht für die Betriebsversammlung nach § 17 Abs. 1,
bei der ein Wahlvorstand für die Betriebsratswahl gewählt werden soll. Ebensowenig kann in Kleinbetrieben mit weniger als fünf wahlberechtigten Arbeitnehmern eine Betriebsversammlung im Sinne des Betriebsverfassungsgesetzes abgehalten werden. Allerdings haben auch die Arbeitnehmer des Betriebs unabhängig
von § 42 das allgemeine Versammlungsrecht nach Art. 8 Abs. 1 GG. Sie können
sich daher jederzeit versammeln, um bestimmte Fragen gemeinsam zu erörtern,
dies allerdings nur außerhalb der Arbeitszeit und außerhalb des Betriebsgeländes,
sofern der Arbeitgeber nicht Arbeitszeit und Betriebsräume für eine solche Versammlung zur Verfügung stellt (*G/L* § 42 Rz. 2; *F/A/K/H* § 42 Rz. 12; GK-
Fabricius vor § 42 Rz. 13). Eine solche von den Arbeitnehmern selbst durchgeführte **Belegschaftsversammlung** ist jedoch keine Betriebsversammlung gem. den
§§ 42ff. (*D/R* § 42 Vorbem. Rz. 11; *F/A/K/H* und GK-*Fabricius*, jeweils
a. a. O.).

Dies gilt auch für eine Belegschaftsversammlung, zu der vom **Arbeitgeber** eingela- 7
den worden ist (*LAG Düsseldorf* vom 15. 12. 1985 – 2 Ta BV 14/85 – DB 1985, 872
= NZA 1985, 294). Solche Versammlungen sind zulässig (*BAG* a. a. O.; *G/L* § 42
Rz. 3; *D/R* § 42 Rz. 65; GK-*Fabricius* vor § 42 Rz. 14; *Brötzmann* BB 1990, 1055,

§ 42   2. Teil 4. Abschn. Betriebsversammlung

1056; *Lunk* 194), kommen z. B. in Betracht, wenn der Betriebsrat sich weigert, eine Betriebsversammlung einzuberufen. Sie unterliegen daher auch nicht den Organisationsvorschriften der §§ 42 ff.; sie werden deshalb z. B. nicht von dem Vorsitzenden des Betriebsrats geleitet und haben auch nicht die Befugnis, dem Betriebsrat Anträge zu unterbreiten; auch können Beauftragte der im Betrieb vertretenen Gewerkschaften nicht gem. § 46 ihre Beteiligung verlangen. In einer solchen Versammlung können auch Angelegenheiten behandelt werden, die in die Betriebsversammlung gehören (GK-*Fabricius* a. a. O.; *G/L* § 42 Rz. 33; **a. A.** *D/R* a. a. O.). Der Arbeitgeber darf nur eine solche Versammlung nicht als »Gegenveranstaltung zur Betriebsversammlung mißbrauchen« (*BAG* a. a. O.).

3. Rechtsstellung

8 Die Betriebsversammlung ist die Rechtsform der Belegschaft, in der die Betriebsangehörigen zu einer gemeinsamen Willensbildung kommen können (ähnlich *D/R* § 42 Vorbem. Rz. 2;»konstitutionelle Funktionsform, in der die Belegschaft sich unmittelbar präsentiert«). Sie bietet auch das Instrument, durch das sich Arbeitnehmer und Betriebsrat über sie interessierenden Fragen gegenseitig informieren. Sie dient ferner der Aussprache der Arbeitnehmer untereinander und mit dem Betriebsrat (*F/A/K/H* § 42 Rz. 7; GK-*Fabricius* vor § 42 Rz. 4; *D/K/K/S* § 42 Rz. 2 f.).

9 Damit ist auch der Weg eröffnet, auf dem sich der Betriebsrat die für seine Arbeit benötigten **Informationen** aus der Belegschaft beschaffen kann. Bei schwierigeren Fragen kann der Betriebsrat eine möglichst intensive und vollständige Information dadurch fördern, daß er bei der Einberufung der Betriebsversammlung besonders auf diese Fragen hinweist (vgl. *Kraft* ZfA 1983, 171, 182). Hingegen ist die Gewinnung von Informationen aus der Belegschaft mit Hilfe von **Fragebogen** im Gesetz nicht vorgesehen und, da der Betriebsrat nur dort in die Rechtsphäre des Arbeitgebers eingreifen darf, wo das Gesetz ihm dies erlaubt (vgl. dazu *Eich* DB 1978, 395, 398; *Isele* Anm. SAE 1967, 122), nur zulässig, wenn der Arbeitgeber sich damit einverstanden erklärt hat (**a. A.** *BAG* vom 8. 2. 1977 – 1 ABR 82/74 – AP Nr. 10 zu § 80 BetrVG 1972 = DB 1977, 914 = EzA § 70 BetrVG 1972 Nr. 1; *F/A/K/H* § 74 Rz. 7 c; *Herschel* AuR 1967, 63, 64; *D/K/K/S* a. a. O.; kritisch zu dieser Auffassung und stark einschränkend: *Eich* a. a. O. und *Kraft* a. a. O., der mit Recht darauf hinweist, daß der Betriebsrat auf keinen Fall von der Belegschaft Informationen beschaffen darf, die der Arbeitgeber geben muß; vgl. auch § 80 unter Rz. 35 sowie die Erläuterungen zur Frage der Zulässigkeit von Informationsrundschreiben des Betriebsrats unter § 40 Rz. 99). Die Gegenauffassung führt zu kaum zu lösenden Abgrenzungsfragen, was den zulässigen Inhalt des Fragebogens anbelangt. Auch nach der Ansicht des *BAG* (a. a. O., in AP Bl. 4 R) muß nämlich die Gefahr einer Störung des Betriebsfriedens vermieden werden; insbesondere dürfen danach die Fragen nicht suggestiv gestellt werden und auch nicht unnötig in die Persönlichkeitsphäre einzelner Arbeitnehmer eindringen. Wäre die Durchführung von Fragebogenaktionen betriebsverfassungsrechtlich zulässig, müßten die Fragebögen nach den sonst geltenden Grundsätzen während der Arbeitszeit ausgefüllt werden dürfen. Diese Konsequenz hat das *BAG* (a. a. O., in AP Bl. 4) aber nicht gezogen, sondern diese Frage ausdrücklich dahinstehen lassen. Das *BAG* hat bisher auch noch nicht entscheiden müssen, ob der Betriebsrat für die unter

Umständen aufwendigen Auswertungsarbeiten einer Fragebogenaktion nach § 40 Abs. 2 geeignetes Hilfspersonal und ggs. maschinelle Rechenkapazität bereitstellen muß.
Die Betriebsversammlung hat nur begrenzte **Befugnisse**. Ihre Zuständigkeit deckt sich zwar mit der des Betriebsrats (vgl. § 45 Rz. 1). Sie kann sich deshalb mit allen Fragen befassen, die in diesen Bereich fallen. Dabei kann sie dem Betriebsrat Anregungen geben und auch Anträge stellen (§ 45). Ihr steht jedoch kein Weisungs- oder gar Abberufungsrecht gegenüber dem Betriebsrat zu (*BAG* vom 27. 6. 1989, a. a. O.; *F/A/K/H* § 42 Rz. 10; *D/R* § 42 Vorbem. 3 ff; *G/L* § 42 Rz. 1; *D/K/K/S* § 42 Rz. 3). Sie kann auch weder verpflichtende Beschlüsse fassen noch irgendwelche Vereinbarungen treffen. Ebensowenig kann sie ein rechtliches Mißtrauensvotum gegenüber dem Betriebsrat oder einem seiner Mitglieder aussprechen. Eine solche Stellungnahme kann allenfalls dazu führen, daß der Betriebsrat oder das betroffene Mitglied von sich aus zurücktritt (*F/A/K/H* a. a. O.). 10

Die Rechte und Pflichten des **Arbeitgebers** in bezug auf die Betriebsversammlung ergeben sich aus den §§ 43–46 BetrVG (vgl. Erläuterungen dort). 11

II. Teilnahmerecht der Arbeitnehmer des Betriebs

Abs. 1 Satz 1 1. Halbsatz legt die Zusammensetzung der Betriebsversammlung fest. Danach besteht die Betriebsversammlung aus allen Arbeitnehmern des Betriebs. Die Teilnahme weiterer Personen ist, da die Betriebsversammlung nicht öffentlich ist (vgl. dazu Rz. 17 ff.), grundsätzlich ausgeschlossen. 12

Wer teilnahmeberechtigt ist, ergibt sich aus § 5 Abs. 1 (vgl. die Erläuterungen dort). Die in § 5 Abs. 2 aufgeführten Personen haben keinen Zutritt zur Betriebsversammlung, weil sie nicht Arbeitnehmer im Sinne des BetrVG sind. Das gleiche gilt für leitende Angestellte nach § 5 Abs. 3, weil für sie ein Teilnahmerecht nicht ausdrücklich vorgesehen ist. Wenn allerdings der Arbeitgeber teilnehmen darf, kann er leitende Angestellte als Berater hinzuziehen oder auch als seine Vertreter entsenden (*G/L* § 42 Rz. 7; *F/A/K/H* § 42 Rz. 15; *D/R* § 42 Rz. 4; *D/K/K/S* § 42 Rz. 7; *Lunk* 186 f.). 12a

Teilnahmeberechtigt sind auch die nicht nach § 7 wahlberechtigten Arbeitnehmer, insbesondere also auch die in der Berufsausbildung stehenden und sonstigen Jugendlichen (*D/R* § 42 Rz. 3; *F/A/K/H* § 42 Rz. 14; *D/K/K/S* § 42 Rz. 10). Ebenso können diejenigen Arbeitnehmer teilnehmen, die in einem **Nebenbetrieb** oder **Betriebsteil** tätig sind, der nach § 4 nicht als selbständiger Betrieb anzusehen ist (*G/L* § 42 Rz. 6; *D/R* § 42 Rz. 2; *F/A/K/H* a. a. O.; *Lunk* 188). Schließlich gehören zu den Teilnehmern der Betriebsversammlung nach § 6 Abs. 1 Satz 2 auch die in **Heimarbeit** Beschäftigten, die in der Hauptsache für den Betrieb arbeiten (*G/L* § 42 Rz. 6; *D/K/K/S* a. a. O.; *Lunk* 192; vgl. § 6 Rz. 4 ff.). 13

Leiharbeitnehmer im Sinne des AÜG können nach Art. 1 § 14 Abs. 1 dieses Gesetzes im Verleiherbetrieb und nach § 14 Abs. 2 AÜG im Entleiherbetrieb an der Betriebsversammlung teilnehmen. Dieses Teilnahmerecht gilt auch für die sog. echten Leiharbeitnehmer, deren Verleih nicht erlaubnispflichtig ist, da Art. 1 § 14 Abs. 2 nicht entsprechend unterscheidet (im Ergebnis ebenso, aber aufgrund analoger Anwendung des Gesetzes: *BAG* vom 18. 1. 1989 – 7 ABR 62/87 – DB 1989, 1419; wie das *BAG*: *Becker/Wulfgramm* Art. 1 § 14 Rz. 67; *F/A/K/H* und *D/K/K/S*, jeweils a. a. O.; *Lunk* 189; vgl. auch oben § 39 Rz. 27). 14

§ 42   2. Teil 4. Abschn. Betriebsversammlung

15 Teilnahmeberechtigt sind schließlich auch Arbeitnehmer im **Außendienst** (so auch *F/A/K/H* und *D/K/K/S*, jeweils a.a.O.; *Lunk* 188; einschränkend *G/L* § 42 Rz. 6; *Viets* RdA 1979, 272 ff.) einschließlich der ins Ausland entsandten Belegschaftsmitglieder (*Boemke* NZA 1992, 112, 116) sowie Arbeitnehmer, die am Tag der Betriebsversammlung nicht zu arbeiten brauchen, weil sie z.B. eine Freischicht haben oder in Erholungs- oder Sonderurlaub sind (*BAG* vom 5.5. 1987 – 1 AZR 665/85 = DB 1987, 1945 = EzA § 44 BetrVG 1972 Nr. 5; *F/A/K/H* und *D/K/K/S*, jeweils a.a.O.; zur Vergütungs- und Kostenerstattungspflicht vgl. § 44 Rz. 23 und 39) oder Wehrdienst oder Zivildienst leisten (insoweit **a.A.** *Lunk* 191; vgl. dazu auch oben § 7 Rz. 27). Außerdem ist der bei Außendienst-Arbeitnehmern grundsätzlich in Betracht kommende Anspruch auf Bezahlung zusätzlicher Wegezeiten durch den Grundsatz der Verhältnismäßigkeit begrenzt (vgl. *Blomeyer* FS *BAG*, 17, 33; vgl. auch Erläuterungen zu § 44 Rz. 33).

16 Die Arbeitnehmer sind nicht **verpflichtet**, an der Betriebsversammlung teilzunehmen. Findet die Versammlung wie üblich während der Arbeitszeit statt, so bleibt der nicht teilnehmende Arbeitnehmer zur Arbeitsleistung verpflichtet (*G/L* § 42 Rz. 8; *F/A/K/H* § 42 Rz. 24 und 26; *D/K/K/S* § 42 Rz. 9; vgl. auch *D/R* § 42 Rz. 3). Der Arbeitgeber hat sie zu beschäftigen, soweit dies arbeitstechnisch möglich ist (*F/A/K/H* a.a.O.; zum Anspruch auf Arbeitsentgelt in diesem Fall vgl. § 44 Rz. 22).

III. Nichtöffentlichkeit

17 Die Betriebsversammlung ist nach der zwingenden Vorschrift des Abs. 1 Satz 2 nicht öffentlich. Hierdurch sollten betriebsfremde, insbesondere politische Einflüsse auf die Betriebsversammlung ausgeschaltet werden, die zu unsachlichen Auseinandersetzungen führen können (*BAG* vom 13.9. 1977 – 1 ABR 67/75 – EzA § 45 BetrVG 1972 Nr. 1 m. Anm. *Hanau* = DB 1977, 2452; *D/R* § 42 Rz. 27; *D/K/K/S* § 42 Rz. 12; *F/A/K/H* § 42 Rz. 43; *G/L* § 42 Rz. 25; *Lunk* 198; zur Entstehungsgeschichte mit näheren Nachweisen: GK-*Fabricius* § 42 Rz. 24). Diese Gefahr soll aber nach herrschender Rechtsauffassung nicht bestehen, wenn der Betriebsrat **bestimmte betriebsfremde Personen** mit besonderer Funktion, z.B. Gesamtbetriebsratsmitglieder, beteiligt, deren Mitwirkung dem Zweck der Betriebsversammlung dienlich sei. Da der innerbetriebliche Charakter der Versammlung auf diese Weise nicht beeinträchtigt werde, sei ihre Mitwirkung zulässig (*BAG* a.a.O., *D/K/K/S* § 42 Rz. 8 und die o.g. weiteren Stellungnahmen; für Notwendigkeit einer Einladung durch die Betriebsversammlung: *Lunk* 202; vgl. des näheren unten Rz. 22).

18 Dieser Auffassung kann **nicht generell zugestimmt werden** (zu den Gründen vgl. unten Rz. 22). Der Grundsatz der Nichtöffentlichkeit erlaubt vielmehr nur, daß neben den Arbeitnehmern des Betriebs auch die Personen teilnehmen dürfen, die entweder **kraft Gesetzes zugelassen** sind (vgl. dazu unten Rz. 19) oder deren Mitwirkung zu **einer ordnungsgemäßen Durchführung der Betriebsversammlung unerläßlich ist** (vgl. hierzu unten Rz. 20).

19 Teilnahmeberechtigt ist kraft der gesetzlichen Regelung in § 43 auch der Arbeitgeber (vgl. Erläuterungen dort unter Rz. 42). Gem. § 46 Abs. 1 Satz 2 kann er einen **Beauftragten des Arbeitgeberverbandes** hinzuziehen, sofern er selbst teilnimmt. Die Teilnahme eines vom Arbeitgeber beauftragten Rechtsanwalts ist aber im Ge-

setz nicht vorgesehen und deshalb unzulässig (a.A. *Brötzmann* BB 1990, 1055, 1058). Nach § 46 dürfen an der Betriebsversammlung ferner **Beauftragte der im Betrieb vertretenen Gewerkschaften** teilnehmen.
Der Betriebsrat kann nach näherer Vereinbarung mit dem Arbeitgeber gem. § 80 **20** Abs. 3 einen **Sachverständigen** als Referenten zur Betriebsversmmlung hinzuziehen, sofern dies zur ordnungsgemäßen Durchführung der Betriebsversammlung erforderlich ist (*BAG* vom 19. 4. 1989 – 7 ABR 87/87 – DB 1989, 1774 = AP Nr. 35 zu § 80 BetrVG 1972 = EzA § 80 BetrVG 1972 Nr. 35; vom 28. 11. 1978 – 6 ABR 101/77 – EzA § 42 BetrVG 1972 Nr. 2 = DB 1979, 1185; *F/A/K/H* § 42 Rz. 19; GK-*Fabricius* § 42 Rz. 28; *D/K/K/S* § 42 Rz. 8; *Brötzmann* BB 1990, 1055, 1057; *Hanau* Anm. EzA § 45 BetrVG 1972 Nr. 1; auch *D/R* § 42 Rz. 31, der – allerdings zu Unrecht – die Zustimmung des Arbeitgebers zur Begründung des Teilnahmerechts für nicht erforderlich hält; für Erfordernis der Zustimmung auch *BAG* vom 13. 9. 1977, a.a.O.). Zur Ergänzung des vom Betriebsrat abzugebenden Tätigkeitsberichts kann deshalb ein Rechtsanwalt nicht hinzugezogen werden (so auch *LAG Hamburg* vom 23. 2. 1979 – 3 Ta BV 1/79 – und vom 12. 4. 1978 – 3 Ta BV 4/78 –, jeweils unveröffentlicht; *S/W* §§ 42–46 Rz. 21). Weitere Voraussetzung für die Teilnahme ist, daß der Sachverständige sich zu einem in der Betriebsversammlung zugelassenen Thema äußern soll (*G/L* a.a.O.; vgl. auch Erläuterungen zu § 45). Der Sachverständige hat nur ein aus der genannten Vereinbarung abgeleitetes, zeitlich begrenztes Teilnahmerecht und darf sich auch nur zu den Fragen äußern, zu deren Beantwortung er hinzugezogen worden ist (*D/R* und *F/A/K/H*, jeweils a.a.O.).

Zum Zweck der ordnungsgemäßen Durchführung der Betriebsversammlung kön- **21** nen auch betriebsfremde **Dolmetscher** teilnehmen, sofern erhebliche Gruppen von ausländischen Arbeitnehmern, die der deutschen Sprache nicht ausreichend mächtig sind, der Betriebsversammlung beiwohnen (*ArbG München* vom 15. 3. 1974 – 20 BV 57/73 – BB 1974, 1022; ähnlich *ArbG Stuttgart* vom 27. 2. 1986 – 17 Ca 317/85 – AuR 1986, 316; inzidenter auch *LAG Düsseldorf* vom 30. 1. 1981 – 16 Ta BV 21/80 – DB 1981, 1093; *S/W* a.a.O.; *D/R* § 42 Rz. 38; *F/A/K/H* § 42 Rz. 22; GK-*Fabricius* § 42 Rz. 19; *D/K/K/S* und *Brötzmann*, jeweils a.a.O.; für Beteiligung als Sachverständiger: *Lunk* 203; wegen der Kostentragung vgl. oben § 40 Rz. 11).

Nach herrschender Rechtsauffassung zum Grundsatz der Nichtöffentlichkeit (vgl. **22** dazu oben Rz. 17) sollen auch **betriebsfremde Mitglieder von Gesamtbetriebsrat, Konzernbetriebsrat und Wirtschaftsausschuß sowie Arbeitnehmervertreter im Aufsichtsrat** des Unternehmens an der Betriebsversammlung teilnehmen können (*BAG* vom 13. 9. 1977, a.a.O.; vom 21. 11. 1978, – 6 ABR 55/76 – EzA § 40 BetrVG 1972 Nr. 40 = DB 1979, 703; vom 28. 11. 1978, a.a.O.; *F/A/K/H* § 42 Rz. 18; GK-*Fabricius* § 42 Rz. 28; *D/R* § 42 Rz. 29; *S/W* und *D/K/K/S*, jeweils a.a.O.; *G/L* § 42 Rz. 9; *Hanau* a.a.O.; enger, nämlich für Hinzuziehung nur, wenn kein Mitglied des Gesamtbetriebsrats oder Konzernbetriebsrats dem Betrieb angehört: *Kammann/Hess/Schlochauer* § 42 Rz. 11; etwas einschränkend auch *Lunk* 203; für Zulassung nur als Sachverständige die Vorauflage). Einer näheren Vereinbarung mit dem Arbeitgeber bedürfe es nicht (*BAG* vom 28. 11. 1978 a.a.O.; *F/A/K/H, D/R* und GK-*Fabricius*, jeweils a.a.O.; **a.A,** *G/L* a.a.O.). Diese Auffassung (vgl. dazu auch oben Rz. 18) ist vor allem aus folgenden Gründen abzulehnen: Das Gesetz hat in einer Reihe von Bestimmungen den strikt innerbetrieblichen Charakter der Betriebsversammlung deutlich

§ 42   2. Teil 4. Abschn. Betriebsversammlung

zum Ausdruck gebracht (vgl. § 42 Abs. 1 Satz 1 und 2, § 43 Abs. 2 Satz 1, § 46 BetrVG sowie Art. 1 § 14 Abs. 2 AÜG); schon aus dieser eingehenden Regelung des Teilnahmerechts muß geschlossen werden, daß weitere Teilnahmerechte grundsätzlich nicht bestehen. Die Belegschaft soll vielmehr unter sich sein. Die herrschende Auffassung irrt auch mit ihrer Annahme, die Beteiligung der genannten betriebsfremden Personen könne nicht zu unsachlichen Auseinandersetzungen in der Betriebsversammlung führen. So besteht etwa bei Umstrukturierungen eines Unternehmens oder eines Konzerns, bei denen die Beschäftigung in manchen Betrieben eingeschränkt werden muß, andere aber von solchen Einschränkungen verschont bleiben oder sogar eine Ausweitung der Beschäftigung erfahren, in den Betriebsversammlungen der von den belastenden Maßnahmen betroffenen Betriebe durchaus die Gefahr, daß die Mitwirkung von Vertretern des Gesamtbetriebsrats oder des Konzernbetriebsrats (die beide im übrigen nach § 51 Abs. 1 und § 59 Abs. 1, jeweils i. V. m. § 26 Abs. 3, auch in der Betriebsversammlung nur durch ihren Vorsitzenden oder bei dessen Verhinderung durch ihren stellvertretenden Vorsitzenden wirksam vertreten werden könnten) oder Vertretern des Wirtschaftsausschusses oder des Aufsichtsrats unsachliche Auseinandersetzungen zur Folge hat. Es kommt noch hinzu, daß die Betriebsversammlung, in der der von der Belegschaft gewählte Betriebsrat Rechenschaft abzulegen hat (vgl. § 43 Abs. 1), Druck auf den Gesamtbetriebsrat, den Konzernbetriebsrat oder den Wirtschaftsausschuß ausübt, obwohl diese Gremien der Belegschaft, weil von ihr nicht gewählt, auch nicht verantwortlich sind. Die herrschende Rechtsauffassung übersieht schließlich, daß auswärtige Mitglieder der Gremien weder eine Freistellung noch Reisekostenersatz erhalten können, da die Beteiligung an den Betriebsversammlungen des Unternehmens nicht zu ihren Aufgaben gehört.

23 Zu Unrecht lassen die höchstrichterliche Rechtsprechung und die herrschende Auffassung im Fachschrifttum auch die Teilnahme von **Gästen** und von **Referenten** zu, die nicht Sachverständige sind (vgl. dazu oben Rz. 20), sofern dies sachdienlich erscheine und der Betriebsrat eine entsprechende Einladung ausgesprochen habe (*BAG* vom 19. 4. 1989 und 13. 9. 1977, jeweils a. a. O.; *F/A/K/H* § 42 Rz. 20; *G/L* § 42 Rz. 9; GK-*Fabricius* a. a. O.; *D/R* § 42 Rz. 32; vgl. auch *D/K/K/S* § 42 Rz. 14; zu den Einschränkungen in Zeiten des politischen Wahlkampfs vgl. unten § 45 Rz. 17). Diese Auffassung widerspricht dem mit der Nichtöffentlichkeit verfolgten Zweck (vgl. oben Rz. 17). Außerdem gibt es, da das Gesetz in § 80 Abs. 3 die Möglichkeit vorgesehen hat, auch Personen, die betriebsfremd sind, zur Behandlung betriebsverfassungsrechtlicher Angelegenheiten hinzuzuziehen, und der Arbeitgeber in den Fällen, in denen die Hinzuziehung erforderlich ist, seine Zustimmung nicht verweigern darf, keinen überzeugenden Grund, die klare gesetzliche Regelung, daß die Betriebsversammlung nicht öffentlich ist, durch verschwommene, kaum abgrenzbare Ausnahmen einzuschränken und damit zu verwässern, zumal die Teilnahme betriebsfremder Personen in der Regel auch zu einer zeitlichen Ausdehnung der Betriebsversammlung und damit zu erheblichen Kostenfolgen führen kann.

24 Auch **Presse, Funk, Film und Fernsehen** sind zur Betriebsversammlung nicht zugelassen (*D/R* a. a. O.; *F/A/K/H* § 42 Rz. 44; *G/L* § 42 Rz. 26; *Glaubitz* BB 1972, 1278; *Lunk* 206). Dies würde nach der zwingenden Gesetzesvorschrift selbst dann gelten, wenn Arbeitgeber, Betriebsrat und Belegschaft damit einverstanden wären (vgl. die genannten Stellungnahmen; **a. A.** GK-*Fabricius* § 42

Rz. 25, der bei Einverständnis aller Beteiligten die Teilnahme der Presse für erlaubt hält; sogar bei bloßer Zustimmung des Betriebsrats: *D/K/K/S* a. a. O.).
Der Arbeitgeber braucht betriebsfremde Personen, die nicht als hinzugezogene 25 Sachverständige oder Dolmetscher (vgl. dazu Rz. 20 f.) zur Teilnahme an der Betriebsversammlung befugt sind, keinen **Zutritt zum Betrieb** zu gewähren. Nehmen solche Personen gleichwohl an der Betriebsversammlung teil, ist der Grundsatz der Nichtöffentlichkeit verletzt. Damit verliert die Zusammenkunft aber nicht ihre Eigenschaft als Betriebsversammlung (so die herrschende Rechtsauffassung; vgl. *D/R* § 42 Rz. 22 m. Nachw.; **a. A.** *Dietz* BetrVG 1952, 4. Aufl. 1967, § 41 Rz. 9 m. Nachw. über die entgegengesetzte Meinung im älteren Fachschrifttum). Der Entgeltzahlungsanspruch für die Zeit der Versammlung bleibt also bei Verletzung des Grundsatzes der Nichtöffentlichkeit in der Regel bestehen (vgl. § 44 Rz. 27 f.; *Meisel* RdA 1976, 38, 41).

IV. Einberufung

Über die Abhaltung von Betriebs- oder Abteilungsversammlungen, auch über 26 ihre zeitliche Lage und den Versammlungsort, beschließt der Betriebsrat. Er entscheidet auch, ob die Zusammenkunft als Vollversammlung, Teilversammlung oder Abteilungsversammlung stattfindet (vgl. zu diesen Versammlungsarten unten Rz. 45 ff. und 55 ff.; zur zeitlichen Lage vgl. § 44 Rz. 3 ff.). Da die Einberufung der ordentlichen Betriebsversammlung zu den laufenden Geschäften gehört, wird die Entscheidung bei Betriebsräten mit neun und mehr Mitgliedern gem. § 27 Abs. 3 Satz 1 vom Betriebsausschuß getroffen; in kleineren Betrieben kann gem. § 27 Abs. 4 der Betriebsratsvorsitzende die Betriebsversammlung einberufen, wenn ihm die Führung der laufenden Geschäfte übertragen ist (*D/R* § 42 Rz. 8; **a. A.** *F/A/K/H* § 42 Rz. 28; nicht eindeutig *G/L* § 42 Rz. 18). Sonst aber hat der Vorsitzende ebensowenig wie andere Personen, etwa der Arbeitgeber (vgl. jedoch Erläuterungen zu § 43 Rz. 28) oder eine im Betrieb vertretene Gewerkschaft das Recht, eine Betriebsversammlung einzuberufen. Er hat vielmehr lediglich den Beschluß des Betriebsrats oder Betriebsausschusses auszuführen und lädt im Namen des Betriebsrats zur Betriebsversammlung ein (*D/R* und *G/L*, jeweils a. a. O.). Eine nicht vom Betriebsrat einberufene Versammlung entspricht nicht den Bestimmungen der §§ 42 ff. Eine Ausnahme gilt nur für die Wahlversammlung nach § 17 (*F/A/K/H* und *G/L*, jeweils a. a. O.). Dementsprechend ist ein Selbstversammlungsrecht der Arbeitnehmer nicht anzuerkennen (*D/R* § 42 Rz. 9, *G/L*, *F/A/K/H*, jeweils a. a. O.; vgl. aber oben Rz. 6).

Eine bestimmte **Einladungsfrist** ist im Gesetz nicht vorgeschrieben. Die Einberu- 27 fung muß aber so zeitig erfolgen, daß Arbeitnehmer und Arbeitgeber (vgl. dazu § 43 Abs. 2) sich auf den Termin der Betriebsversammlung einstellen können; dabei ist der jeweilige Einzelfall zu berücksichtigen (*D/K/K/S* § 43 Rz. 6; **a. A.**, nämlich für Einladungsfrist von zwei Wochen: *ArbG Berlin* vom 11. 12. 1972 – 4 BV 2/72 – DB 1973, 141); bei regelmäßigen Versammlungen darf aber eine Frist von drei Tagen nicht unterschritten werden (*LAG Düsseldorf* vom 11. 4. 1989 – 12 Ta BV 9/89 – DB 1989, 2284). Ebensowenig gibt es eine **Formvorschrift**. Üblicherweise wird die Einladung am Schwarzen Brett ausgehängt. Außer der Bekanntgabe von Zeit und Ort der Betriebsversammlung ist auch die Tagesordnung mitzuteilen (§ 42 Rz. 32; *G/L* § 42 Rz. 19; *D/R* § 42 Rz. 11).

§ 42   2. Teil 4. Abschn. Betriebsversammlung

28 In der Gestaltung der **Tagesordnung** ist der Betriebsrat grundsätzlich frei; er ist aber nach § 43 Abs. 1 Satz 1 verpflichtet, einmal in jedem Kalenderjahr einen Tätigkeitsbericht zu erstatten, und muß nach § 43 Abs. 3 Satz 1 auf Antrag des Arbeitgebers oder eines Viertels der wahlberechtigten Arbeitnehmer einen Beratungsgegenstand in die Tagesordnung aufnehmen. Die Tagesordnung begrenzt allerdings nicht die in der Betriebsversammlung abzuhandelnden Punkte. Die Betriebsversammlung kann auch beschließen, Themen zu behandeln, die nicht auf der Tagesordnung stehen (*F/A/K/H* § 42 Rz. 30).

29 In jedem Fall sind jedoch die der Betriebsversammlung gezogenen **thematischen Grenzen des § 45** zu beachten (wegen möglicher Auswirkungen der Überschreitung dieser Grenzen vgl. § 44 Rz. 27). Kann im vorhinein glaubhaft gemacht werden, daß es zur Behandlung unzulässiger Themen kommen wird, kann der Arbeitgeber auch die Abhaltung der geplanten Betriebsversammlung durch einstweilige Verfügung des Arbeitsgerichts untersagen lassen (vgl. dazu unten Rz. 66).

29a Der Betriebsrat kann die Betriebsversammlung grundsätzlich auch während eines Arbeitskampfes einberufen (*BAG* vom 5.5. 1987 – 1 AZR 292/85 – EzA § 44 BetrVG 1972 Nr. 7 = DB 1987, 2154; vgl. auch *F/A/K/H* § 42 Rz. 30; *Löwisch/ Rumler* in: *Löwisch* Schlichtungs- und Arbeitskampfrecht Rz. 749; vgl. zur Vergütungsfrage unten § 44 Rz. 22).

30 Der Arbeitgeber hat den für die Abhaltung der Betriebsversammlung erforderlichen **Raum** zur Verfügung zu stellen. Diese Verpflichtung ergibt sich unmittelbar aus § 40 Abs. 2, da die Durchführung der Betriebsversammlung zu den Aufgaben des Betriebsrats gehört (so auch *Schlüter/Dudenbostel* DB 1974, 2350, 2353; für nur analoge Anwendung des § 40 Abs. 2: *D/R* § 42 Rz. 13; *F/A/K/H* § 42 Rz. 31; für Vereinbarung zwischen Arbeitgeber und Betriebsrat und gegen unmittelbare wie analoge Anwendung des § 40 Abs. 2: GK-*Fabricius* § 42 Rz. 8). Der Arbeitgeber legt den Raum fest, der jedoch zur Abhaltung der Betriebsversammlung geeignet sein muß. Der Raum wird in der Regel innerhalb des Betriebes liegen; notwendig ist dies nicht. Der Arbeitgeber kann, wenn z.B. – etwa in spannungsgeladenen Phasen einer Tarifauseinandersetzung – Sicherheitsbelange dafür sprechen, einen Raum außerhalb des Betriebs zur Verfügung zu stellen, sofern dadurch der Betriebsrat in der Durchführung seiner Aufgaben nicht behindert wird (für Abhaltung der Betriebsversammlung in der Regel innerhalb des Betriebs: *D/R* und *F/A/K/H*, jeweils a.a.O.; für Zulässigkeit der Verlegung aus dem Betrieb heraus während des Arbeitskampfes: *Löwisch/Rumler* a.a.O. Rz. 750). Der Betriebsrat kann nicht von sich aus einen Raum in Anspruch nehmen. Ihm steht kein Verfügungsrecht über die Räume des Betriebs zu (*D/R* § 42 Rz. 13; weitergehend *F/A/K/H* a.a.O., die dem Betriebsrat das Recht zubilligen, den Ort der Versammlung im Einvernehmen mit dem Arbeitgeber festzulegen; ebenso GK-*Fabricius* a.a.O.). Eine Versammlung unter freiem Himmel kommt nur unter besonderen Umständen und zu günstiger Jahreszeit in Betracht (*D/R* § 42 Rz. 14). Stellt der Arbeitgeber einen Raum außerhalb des Betriebes zur Verfügung, geschieht dies auf seine Kosten (*F/A/K/H* a.a.O.; *D/R* § 42 Rz. 25; *G/L* § 42 Rz. 35), da er die Verpflichtung zur Bereitstellung des Raumes für die Betriebsversammlung einschließlich Heizung und Beleuchtung zu erfüllen hat (zur Möglichkeit von Teilversammlungen vgl. unten Rz. 45 ff.).

30a Auch sächliche Mittel, die zur ordnungsgemäßen Durchführung der Betriebsversammlung erforderlich sind, sind nach § 40 Abs. 2 vom Arbeitgeber zur Verfügung zu stellen (vgl. dazu *OVG Münster* vom 9.8. 1989 – CB 12/88 – NJW 1990, 852,

V. Durchführung

1. Leitung

Die Betriebsversammlung wird nach Abs. 1 Satz 1 vom Vorsitzenden des Betriebs- **31** rats, bei seiner Verhinderung von seinem Stellvertreter, geleitet. Dies gilt auch für die Betriebsversammlung, die nach § 43 Abs. 3 auf Wunsch des Arbeitgebers einberufen wird. Die Leitung der Betriebsversammlung kann weder durch den Betriebsrat noch durch die Betriebsversammlung einem anderen übertragen werden (*D/R* § 42 Rz. 15; zur Leitung der Abteilungsversammlung vgl. unten Rz. 65; zur Leitungsbefugnis bei Verhinderung des Vorsitzenden wie seines Stellvertreters vgl. oben § 26 Rz. 58f.).

Der Leiter der Betriebsversammlung hat die Aufgabe, für einen **störungsfreien** **32** **und ordnungsgemäßen Ablauf** zu sorgen. Für die Durchführung einer Betriebsversammlung gelten die allgemeinen Regeln für die Leitung einer Versammlung. Der Leiter hat demgemäß die Versammlung zu eröffnen, die Tagesordnung bekanntzugeben, die Rednerliste zu führen, das Wort zu erteilen und zu entziehen, Abstimmungen zu leiten, ihre Ergebnisse festzustellen und schließlich die Versammlung zu schließen (*G/L* § 42 Rz. 21; vgl. auch *F/A/K/H* § 42 Rz. 35; *Mußler* NZA 1985, 445, 447; vgl. außerdem unten § 44 Rz. 11). Er hat ferner das Recht und die Pflicht, dafür zu sorgen, daß der Charakter der Veranstaltung als Betriebsversammlung gewahrt wird. So muß er alle Erörterungen unterbinden, die sich auf Angelegenheiten beziehen, deren Behandlung nach § 45 nicht zulässig ist (*G/L* und *F/A/K/H*, jeweils a.a.O.). Ggf. muß er auch in den Ablauf unmittelbar eingreifen, z.B. unsachliche Zwischenrufe rügen und Referenten oder Diskussionsteilnehmer ermahnen, zur Sache zu sprechen, und ggf. darauf hinwirken, daß zeitraubende »Fensterreden« unterbleiben, indem er z.B. die Redezeit beschränkt (vgl. dazu *F/A/K/H* a.a.O.). Außerdem hat er das Recht, Personen aus dem Raum zu weisen. Der Betriebsratsvorsitzende sollte auch für die Anfertigung einer **Niederschrift** sorgen, aus der sich Ablauf und wesentlicher Inhalt der Veranstaltung ergeben. Eine Verpflichtung hierzu besteht aber nicht (*F/A/K/H* § 42 Rz. 37; *G/L* § 42 Rz. 24; **a.A.** *D/R* § 42 Rz. 16).

Der gesetzlichen Stellung des Betriebsratsvorsitzenden in der Betriebsversamm- **33** lung würde widersprechen, wenn die Betriebsversammlung eine **Geschäftsordnung** beschließen könnte (**anders** die herrschende Meinung; vgl. *D/R* § 42 Rz. 17; *F/A/K/H* a.a.O.; *G/L* § 42 Rz. 24; *Kammann/Hess/Schlochauer* § 42 Rz. 31). Ebensowenig könnte der Betriebsrat seinem Vorsitzenden eine Geschäftsordnung vorgeben (**a.A.** *Kammann/Hess/Schlochauer* a.a.O.; *Nikisch* III, 227).

Der Leitungsaufgabe entspricht eine Leitungsbefugnis des Betriebsratsvorsitzen- **34** den. Dazu gehört nicht nur die Entscheidungsgewalt in bezug auf den Ablauf der Veranstaltung, sondern auch das Recht, über die **Anwesenheit in der Betriebsversammlung** zu entscheiden (*BAG* vom 18.3.1964 – 1 ABR 12/63 – AP Nr. 1 zu § 45 BetrVG 1952 m. Anm. *Dietz* = DB 1964, 446, 992; *D/R* § 42 Rz. 21; *F/A/K/H* § 42 Rz. 36). Diese betriebsverfassungsrechtliche Rechtsstellung wird häufig mit dem aus zivilrechtlichen Rechtspositionen (Eigentum, Besitz) abgeleiteten »**Haus-**

§ 42 2. Teil 4. Abschn. Betriebsversammlung

recht« gleichgesetzt (vgl. *BAG* a.a.O.; *F/A/K/H* a.a.O.; *D/R* § 42 Rz. 19; *G/L* § 42 Rz. 22). Für die Lösung praktischer Rechtsprobleme ist diese Terminologie aber wenig hilfreich. Das »Hausrecht« ist gesetzlich nicht definiert und deshalb für verschiedene Begriffsinhalte offen (ähnlich *D/R* § 42 Rz. 19). Auch Art. 13 GG, der die Unverletzlichkeit der Wohnung gegen Eingriffe der öffentlichen Gewalt verfassungsrechtlich sichert, kann hier (entgegen *G/L* § 42 Rz. 23; *Kammann/ Hess/Schlochauer* § 42 Rz. 30; anscheinend auch *BAG* a.a.O.) nicht herangezogen werden, selbst wenn man entsprechend allgemeiner Rechtsauffassung auch die Betriebsstätte als Schutzgut dieses Verfassungssatzes anerkennt (vgl. *Maunz/ Dürig/Herzog* Art. 13 GG Rz. 3c). Dieses Grundrecht ist nämlich nur ein Abwehrrecht gegen die Träger öffentlicher Gewalt, entfaltet aber keine Drittwirkung gegenüber sonstigen möglichen Störern (vgl. *Maunz/Dürig/Herzog* Art. 13 GG Rz. 7a). Richtig ist daher, das betriebsverfassungsrechtliche Leitungsrecht des Betriebsratsvorsitzenden der eigentums- oder besitzrechtlichen Stellung des Arbeitgebers gegenüberzustellen (so auch *Schlüter/Dudenbostel* DB 1974, 2350ff.; ähnlich GK-*Fabricius* § 42 Rz. 57). Das Leitungsrecht des Versammlungsleiters schränkt die eigentums- oder besitzrechtliche Stellung des Arbeitgebers vorübergehend ein, soweit dies zur Duchführung der ordnungsmäßigen Betriebsversammlung notwendig ist (*BAG* vom 18.9.1991 – 7 ABR 63/90 – DB 1992, 434; vgl. auch oben § 40 Rz. 84). Die Rechtsstellung des Versammlungsleiters ist nicht Besitz im Sinne des Bürgerlichen Rechts, sondern betriebsverfassungsrechtlicher Natur (vgl. oben § 40 Rz. 101; **a.A.** *Schlüter/Dudenbostel* a.a.O. 2353). Das Recht des Arbeitgebers, sein Eigentum oder seinen Besitz vor Beschädigungen zu schützen, wird vom Leitungsrecht des Betriebsratsvorsitzenden nicht berührt. Auch könnte er sich gegen Ehrverletzungen in der Betriebsversammlung selbst nach § 227 BGB zur Wehr setzen (*Schlüter/Dudenbostel* a.a.O.). Das bedeutet: Der Arbeitgeber kann die notwendigen Schutzmaßnahmen ergreifen, z.B. den Werkschutz einsetzen, wenn während der Betriebsversammlung Maschinen beschädigt zu werden drohen oder er selbst tätlich angegriffen oder beleidigt wird. In die Leitung der Versammlung darf er jedoch nicht eingreifen, und er hat auch die unvermeidliche Störung der Veranstaltung in einem solchen Fall so gering wie möglich zu halten. Das Leitungsrecht des Betriebsratsvorsitzenden endet auch dann nicht, wenn gegen den gesetzlichen Themenrahmen des § 45 oder gegen Verfahrensbestimmungen verstoßen wird (so auch *Schlüter/Dudenbostel* a.a.O. 2352; im Ergebnis auch *D/R* § 42 Rz. 21; **a.A.** für den Fall schwerer oder wiederholter Verstöße *Kammann/Hess/Schlochauer* § 42 Rz. 30; *G/L* § 42 Rz. 23; *F/A/K/H* a.a.O.; Bedenken hiergegen bei *Schaub* § 223 I 1c); gerade dann bedarf es des Ordnungsrechts des Versammlungsleiters. Dieses Recht würde indessen dann erlöschen, wenn die Betriebsversammlung jegliche Ordnung verloren und sich faktisch aufgelöst hätte (*D/R* § 42 Rz. 22). Im Falle von Tumulten könnte der Arbeitgeber dann die Räumung des Betriebes veranlassen. Personen, die der Aufforderung zum Verlassen des Betriebes nicht nachkommen, würden sich des Hausfriedensbruchs schuldig machen. Nach § 21 des Versammlungsgesetzes (BGBl. I 1978 S. 1790) kann mit Freiheitsstrafe bis zu 3 Jahren oder mit Geldstrafe auch bestraft werden, wer in der Absicht, eine Versammlung zu verhindern oder zu sprengen oder sonst ihre Durchführung zu vereiteln, Gewalttätigkeiten vornimmt oder androht oder grobe Störungen verursacht (zum Anspruch auf Schadenersatz bei Behinderung und Störung von Betriebsversammlungen *Herschel* DB 1975, 690ff.).

35 Der **Zutritt zum Betrieb** aus Anlaß der Betriebsversammlung kann nur vom Ar-

beitgeber gewährt werden. Nötigenfalls muß er mit gerichtlichen Schritten erzwungen werden. Der Betriebsratsvorsitzende als Versammlungsleiter ist zur Erteilung einer solchen Erlaubnis nicht befugt. Seine Rechte sind nach dem Gesetz auf die Betriebsversammlung selbst beschränkt (*Schlüter/Dudenbostel* a.a.O.; *D/R* § 42 Rz. 24; a. A. *F/A/K/H* a.a.O.; GK-*Fabricius* § 42 Rz. 60; *G/L* § 42 Rz. 22; *Kammann/Hess/Schlochauer* § 42 Rz. 30; **wohl auch** *BAG* a.a.O.). Sonst könnte der Betriebsratsvorsitzende aus Anlaß der Betriebsversammlung oder auch einer Teil- oder Abteilungsversammlung ganz unbeteiligten Dritten Zutritt zum Betrieb geben. Dies wäre mit der Rechtsstellung des Arbeitgebers als Eigentümer oder/und Besitzers der Betriebsstätte nicht vereinbar.

2. Inhalt und Ablauf

Das Gesetz enthält zum Inhalt und Ablauf der Betriebsversammlung nur wenige 36 Bestimmungen: § 43 Abs. 1 schreibt einmal im Kalendervierteljahr einen **Tätigkeitsbericht** des Betriebsrats vor; gem. § 43 Abs. 2 hat der Arbeitgeber ebenfalls vierteljährlich über das Personal- und Sozialwesen sowie über die Lage und Entwicklung des Betriebs zu berichten. § 45 Satz 1 beschränkt die möglichen Beratungsthemen. Nach § 45 Satz 2 kann die Betriebsversammlung dem Betriebsrat Anträge unterbreiten und zu seinen Beschlüssen Stellung nehmen. Deshalb ist die Betriebsversammlung nicht nur Stätte der Information und Aussprache, sondern bietet auch Gelegenheit, eine Willensbildung der Teilnehmer herbeizuführen. Der Wille der Teilnehmer wird durch Beschluß festgestellt (*D/R* § 45 Rz. 22; *F/A/K/H* § 42 Rz. 41).

Die Betriebsversammlung kann aber keine **Betriebsvereinbarung** abschließen. 37 Dies ist nach § 77 Abs. 2 allein Sache des Betriebsrats (*D/R* § 45 Rz. 25; *G/L* § 42 Rz. 1; *F/A/K/H* § 42 Rz. 42).

Die Bildung von **Aussprachegruppen** zur gleichzeitigen Behandlung verschiedener 38 Themen entspräche nicht dem gesetzlichen Begriff der Betriebsversammlung. Die Betriebsversammlung ist eine Versammlung aller Arbeitnehmer des Betriebs. Sie muß den Teilnehmern die Möglichkeit bieten, sämtliche Redebeiträge zu hören und zu diskutieren. Anderenfalls wäre der Versammlungsleiter auch nicht in der Lage, die ihm obliegende Ordnungsaufgabe zu erfüllen.

Filmvorführungen in der Betriebsversammlung sind in der Regel unzulässig. Die 39 in der Betriebsversammlung behandelten Themen müssen nach § 45 einen unmittelbaren betrieblichen Bezug haben. Demgegenüber behandeln Filme ein Problem gewöhnlich losgelöst von der Situation im einzelnen Betrieb. Eine Ausnahme ist dann zu machen, wenn ein Videofilm einen den Betrieb betreffenden schwer durchdringbaren Sachverhalt wie z.B. die elektronische Datenverarbeitung verständlich zu machen geeignet ist (so auch für die Personalversammlung im Öffentlichen Dienst *OVG Münster* vom 9. 8. 1989 – CB 12/88 – NJW 1990, 852).

In der Betriebsversammlung kann sich jeder Arbeitnehmer zu Wort melden und 40 seine Meinung äußern (*D/R* § 45 Rz. 19; *F/A/K/H* § 42 Rz. 38, 40).

Tonband-, Foto- und Filmaufnahmen von der Betriebsversammlung sind nur zu- 41 lässig, sofern der Versammlungsleiter einverstanden ist. Die Versammlungsteilnehmer müssen aber vor Beginn der Aufnahmen auf sie hingewiesen worden sein; ferner muß sichergestellt werden, daß das Aufnahmegerät auf Verlangen eines Teilnehmers während seiner Äußerungen abgeschaltet wird (*D/R* § 42 Rz. 34;

§ 42   2. Teil 4. Abschn. Betriebsversammlung

F/A/K/H § 42 Rz. 45; *G/L* § 42 Rz. 29; vgl. auch *D/K/K/S* § 42 Rz. 13; für Pflicht zur vorherigen Ankündigung auch *LAG München* vom 15. 11. 1977 – 5 Ta BV 34/77 – DB 1978, 894 f.; *LAG Düsseldorf* vom 28. 3. 1980 – 9 Sa 67/80 – EzA § 626 BGB n. F. Nr. 74 = DB 1980, 2396; für Zulässigkeit von Aufnahmen auch bei nur mehrheitlicher Zustimmung der Teilnehmer GK-*Fabricius* § 42 Rz. 42 und nur bei Zustimmung aller Teilnehmer *Gaul* DB 1975, 978, 980). Unbefugte Tonbandaufnahmen sind nach § 201 Abs. 1 Nr. 1 StGB strafbar (*F/A/K/H*, *D/K/K/S* und *D/R*, jeweils a. a. O.).

42 Der Betriebsratsvorsitzende als Versammlungsleiter muß Tonbänder und Bildaufzeichnungen unter Verschluß nehmen, damit sie nicht Dritten zugänglich sind (*G/L*, *F/A/K/H*, *D/R* und *D/K/K/S*, jeweils a. a. O.).

43 **Schriftliche Aufzeichnungen** über den Verlauf einer Betriebsversammlung sind zulässig (*D/R* § 42 Rz. 36; *Gaul* DB 1975, 978, 982; zu Unrecht gegen Zulässigkeit der Notierung von Teilnehmernamen: *LAG Düsseldorf* vom 4. 9. 1991 – 4 Ta BV 60/91 – DB 1991, 2552 = BB 1991, 2375). Es bestehen auch keine durchgreifenden Bedenken gegen eine vollständige **stenographische Protokollierung** (*LAG Baden-Württemberg* vom 27. 10. 1978 – 9 Ta BV 3/78 – DB 1979, 316; *Gaul* a. a. O.; **a. A.**, sofern die Einwilligung des Betriebsrats nicht vorliegt: *LAG Hamm* vom 9. 7. 1986 – 3 Ta BV 31/86 – DB 1987, 192; *D/K/K/S* a. a. O.; gegen Zulässigkeit auch bei Einwilligung des Betriebsrats: *D/R* und *F/A/K/H*, jeweils a. a. O.; *Herrfahrdt* BlStSozArbR 1978, 241). Auch mit einem wörtlichen Protokoll wird nämlich nicht in das Persönlichkeitsrecht der Versammlungsteilnehmer eingegriffen, wie dies bei Tonbandaufnahmen geschieht. Der Grundsatz der vertrauensvollen Zusammenarbeit nach § 2 Abs. 1 gebietet aber dem Arbeitgeber, von seinen Aufzeichnungen nur zu eigenen Zwecken Gebrauch zu machen.

44 Ebenso sind **Lautsprecherübertagungen** in andere Räume des Betriebs zulässig, wenn sich dort nur Arbeitnehmer des Betriebs aufhalten (*D/R* § 42 Rz. 37; *G/L* § 42 Rz. 31; *F/A/K/H* § 42 Rz. 46; GK-*Fabricius* § 42 Rz. 32).

VI. Teilversammlung

45 Grundsätzlich ist die Betriebsversammlung für die gesamte Belegschaft des Betriebs einheitlich durchzuführen (*BAG* vom 9. 3. 1976 – 1 ABR 74/74 – AP Nr. 3 zu § 44 BetrVG 1972 = EzA § 44 BetrVG 1972 Nr. 4 = DB 1976, 1292; *LAG Niedersachsen* vom 30. 8. 1982 – 11 Ta BV 8/81 – DB 1983, 1312; *S/W* §§ 42–46 Rz. 5; *F/A/K/H* § 42 Rz. 54; *D/K/K/S* § 42 Rz. 17; *Hohn* DB 1985, 2195; *Lunk* 160). Nach Abs. 1 Satz 3 sind aber vom Betriebsrat Teilversammlungen durchzuführen, wenn wegen der Eigenart des Betriebs eine Versammlung aller Arbeitnehmer zum selben Zeitpunkt nicht stattfinden kann. Bei Vorliegen der Voraussetzungen für eine Teilversammlung darf der Betriebsrat eine Vollversammlung nicht anberaumen (*F/A/K/H* § 42 Rz. 53).

1. Voraussetzungen

46 Die Notwendigkeit von Teilversammlungen wegen der Eigenart des Betriebes kommt etwa dann in Betracht, wenn wegen großer Arbeitnehmerzahl eine sachgemäße Aussprache nicht sichergestellt ist (*F/A/K/H* a. a. O.; *D/K/K/S* § 42

Rz. 18; *D/R* § 42 Rz. 41; *Rüthers* ZfA 1974, 209). Teilversammlungen sind aber auch dann durchzuführen, wenn wegen der Größe der Belegschaft kein Raum im Betrieb für eine Vollversammlung zur Verfügung steht und die Anmietung eines geeigneten betriebsfremden Raumes in der Nähe des Betriebs nicht möglich oder wegen der Kostenbelastung für den Arbeitgeber nicht zumutbar ist (*D/R* und *F/A/K/H*, jeweils a.a.O.; ohne diese Einschränkung für Durchführung von Teilversammlungen, wenn für die Vollversammlung die Anmietung eines betriebsfremden Raumes notwendig wäre; *Kammann/Hess/Schlochauer* § 42 Rz. 33).

Auch bei Betrieben mit **mehreren Schichten** können Teilversammlungen notwendig sein, wenn eine Unterbrechung des Arbeitsablaufs nach der Besonderheit des Betriebs nicht möglich ist, z. B. im Bergbau (*BAG* vom 26. 10. 1956 – 1 ABR 26/54 – AP Nr. 1 zu § 43 BetrVG 1952 m. Anm. *Dietz* = DB 1957, 215; *LAG Saarbrücken* vom 21. 12. 1960 – Ta 6/58 – AP Nr. 2 zu § 43 BetrVG 1952 = DB 1961, 171; *Lunk* 163), oder wenn mehr als zwei Schichten gefahren werden oder bei Verkehrsbetrieben (ebenso GK-*Fabricius* § 42 Rz. 75; *D/R* § 42 Rz. 41; *G/L* § 42 Rz. 12; *D/K/K/S* a. a. O.; unrichtig *LAG Köln* vom 23. 10. 1985 – 3 Ta BV 56/85 – DB 1986, 386, das auch bei Warenhäusern die Notwendigkeit von Teilversammlungen annimmt; vgl. dazu unten § 44 Rz. 11 und Rz. 16). 47

Hingegen sind Teilversammlungen nicht schon deshalb abzuhalten, weil die **Betriebsstätten räumlich weit auseinander** liegen. Unter den modernen Verkehrsverhältnissen ist dies im allgemeinen noch kein Grund für die Durchführung von Teilversammlungen, wenn der Zeit- und Kostenaufwand noch zumutbar ist (*D/R* § 42 Rz. 42; *F/A/K/H* a. a. O.). Im Ausland können aber weder Teil- noch Abteilungsversammlungen abgehalten werden, weil die Tätigkeit der Organe der Betriebsverfassung grundsätzlich auf das Inland beschränkt ist (vgl. oben Rz. 3). 48

Kann zwar eine Vollversammlung durchgeführt werden, wegen der Eigenart des Betriebs jedoch **nur außerhalb der Arbeitszeit**, kann der Betriebsrat entgegen der herrschenden Rechtsauffassung nicht nach pflichtgemäßem Ermessen entscheiden, stattdessen Teilversammlungen während der Arbeitszeit durchzuführen (vgl. dazu unten Rz. 52 ff.); denn Abs. 1 Satz 2 behandelt den **Fall der Undurchführbarkeit für alle zum selben Zeitpunkt**, während § 44 Abs. 1 Satz 1 a. E. den **Fall der Undurchführbarkeit während der Arbeitszeit** regelt; die erste Vorschrift entscheidet die Alternative Voll- oder Teilversammlung, die letzte Vorschrift aber die ganz andere Alternative Versammlung (sowohl Voll- wie Teilversammlung) während oder außerhalb der Arbeitszeit. 49

Keine Teilversammlung im Sinne des BetrVG ist die Versammlung bestimmter **Gruppen von Arbeitnehmern**, z. B. der Arbeiter, Angestellten, ausländischen Arbeitnehmer, Frauen, Heimarbeiter, Auszubildenden (*LAG Baden-Württemberg* vom 29. 9. 1983 – 7 Ta BV 12/82 – DB 1984, 409; *D/R* § 42 Rz. 44; *F/A/K/H* § 42 Rz. 58; *G/L* § 42 Rz. 14; *D/K/K/S* § 42 Rz. 19). Auch die Durchführung der Gruppenwahl nach § 14 Abs. 2 sowie die Durchführung von Abstimmungen nach § 12 Abs. 1 über die abweichende Verteilung der Betriebsratssitze rechtfertigt nicht die Abhaltung von Teilversammlungen. Gesetzlich vorgesehen ist indessen die Jugend- und Auszubildendenversammlung (§ 71) sowie die Versammlung von Schwerbehinderten (§ 25 Abs. 6 SchwbG). 50

§ 42   2. Teil 4. Abschn. Betriebsversammlung

2. Zusammensetzung

51 Die Teilversammlung besteht nur aus den Arbeitnehmern, für die sie abgehalten wird (*F/A/K/H* § 42 Rz. 62). Wer nicht zu diesem Personenkreis gehört, ist weder teilnahme- noch stimmberechtigt (*F/A/K/H* a.a.O.; *D/R* § 42 Rz. 47). Eine Ausnahme gilt auch nicht für die **Betriebsratsmitglieder**, die zu einem anderen Teil der Belegschaft gehören, da die Betriebsversammlung nicht eine Versammlung des Betriebsrats, sondern eine Versammlung der Arbeitnehmer ist (im Ergebnis ebenso zur Teilpersonalversammlung: *BVerwG* vom 5.5. 1973 – VII P 7.72 – AP Nr. 3 zu § 46 PersVG; **a.A.** *D/R, F/A/K/H*, jeweils a.a.O.; *Kammann/Hess/ Schlochauer* § 42 Rz. 36, die ein Teilnahmerecht aller Betriebsratsmitglieder bejahen, Stimmrecht und Entgeltfortzahlungsanspruch jedoch von der Zugehörigkeit zum betreffenden Belegschaftsteil abhängig machen). Der Grundsatz der Nichtöffentlichkeit wird aber durch die Teilnahme nicht hierzu berechtigter Arbeitnehmer des Betriebs nicht verletzt (ebenso *F/A/K/H* a.a.O.).

3. Durchführung

52 Teilversammlungen sind **im engen zeitlichen Zusammenhang** abzuhalten, damit sie möglichst dieselbe Wirkung wie eine Vollversammlung haben (*F/A/K/H* § 42 Rz. 60; *G/L* § 42 Rz. 14; *D/R* § 42 Rz. 45). Dies ergibt sich aus der entsprechenden Anwendung des § 43 Abs. 1 Satz 3, der hier erst recht gelten muß, da durch die Teilversammlung die Betriebsvollversammlung ersetzt wird (*Rüthers* ZfA 1974, 211; *D/R* a.a.O.).

53 Da auch die Teilversammlung eine Betriebsversammlung ist, gelten für sie **dieselben Bestimmungen wie für die Betriebsversammlung**, die als Vollversammlung abgehalten wird (*D/R* § 42 Rz. 49; *D/K/K/S* § 42 Rz. 20). Darum wird auch die Teilversammlung vom Betriebsratsvorsitzenden, im Verhinderungsfall von seinem Stellvertreter geleitet (*F/A/K/H* § 42 Rz. 61; *G/L* § 42 Rz. 20; *D/R* § 42 Rz. 46). Ein weiteres Betriebsratsmitglied kommt dafür nicht in Betracht (*LAG Hamm* vom 12.3. 1980 – 3 Ta BV 7/80 – DB 1980, 1030; vgl. auch oben Rz. 31; **a.A.** für den Fall, daß mehrere Teilversammlungen zugleich stattfinden: *F/A/K/H* und *D/R*, jeweils a.a.O.); eine Regelung wie in Abs. 2 Satz 2 fehlt hier. Der Betriebsrat darf deshalb Teilversammlungen nicht für dieselbe Zeit ansetzen.

54 Ob die Betriebsversammlung als Vollversammlung oder in Teilversammlungen durchzuführen ist, entscheidet der **Betriebsrat durch Beschluß**. Diese Aufgabe gehört nicht zu den laufenden Geschäften. Laufendes Geschäft ist jedoch die aufgrund dieser Entscheidung vorzunehmende Einberufung der Betriebsversammlung als Vollversammlung oder in Teilversammlungen (im Ergebnis ebenso *D/R* § 42 Rz. 48; zur Einberufung vgl. oben Rz. 26).

VII. Abteilungsversammlung

55 Die Regelung des Abs. 2 über die Abteilungsversammlung soll eine zusätzliche Verbindung zwischen dem Betriebsrat und der Belegschaft ermöglichen und der Erörterung besonderer Anliegen der Arbeitnehmer in organisatorisch oder räumlich abgegrenzten Betriebsteilen (Betriebsabteilungen) dienen.

1. Voraussetzungen

Die Durchführung derartiger Abteilungsversammlungen ist an zwei Voraussetzungen geknüpft: Es muß sich einmal um Arbeitnehmer handeln, die in organisatorisch oder räumlich abgegrenzten Betriebsteilen arbeiten, also z. B. in einzelnen Betriebsstätten oder Gebäuden oder Stockwerken; zum anderen müssen diese Arbeitnehmer besondere Belange haben, die von den Problemen der Arbeitnehmer anderer Betriebsteile abweichen. Der **Betriebsrat muß Abteilungsversammlungen durchführen**, wenn die beiden Voraussetzungen des Abs. 2 vorliegen. Ist eine der Voraussetzungen nicht erfüllt, sind alle Betriebsversammlungen gem. Abs. 1 als Vollversammlung oder Teilversammlungen durchzuführen. 56

Über die **Abgrenzung** der Abteilungsversammlung entscheidet der Betriebsrat durch Beschluß nach den tatsächlichen Gegebenheiten des Einzelfalls. In der Regel entsprechen die Abgrenzungen der Betriebsteile für die Abteilungsversammlungen der arbeitstechnischen Struktur des Betriebes. Der Betriebsrat ist hieran indessen nicht gebunden, sollte aber eine Aufsplitterung vermeiden (*G/L* § 42 Rz. 15). 57

Als **organisatorisch abgegrenzte Betriebsteile** kann man im allgemeinen Produktion und Verwaltung ansehen. Aber auch die Produktion kann in organisatorisch selbständige Einheiten aufgeteilt sein, z. B. in der Automobilindustrie in Motoren- und Karosseriewerkstatt, in einem chemischen Betrieb in die Arznei- und Düngemittelerzeugung. Allerdings setzt die organisatorische Abgrenzung außer einer gewissen Eigenständigkeit in der Aufgabenstellung auch eine Eigenständigkeit in der Leitung voraus (*F/A/K/H* § 42 Rz. 66; weitergehend GK-*Fabricius* § 42 Rz. 89, der entgegen dem Gesetzeswortlaut eine organisatorische Abgrenzung nach Arbeitnehmergruppen, z. B. für die Chemie-Laboranten des Betriebes, für zulässig hält). 58

Alternative Voraussetzung zum organisatorisch abgegrenzten Betriebsteil ist eine entsprechende **räumliche Einheit**. Es muß sich also um Betriebsteile handeln, die entweder durch die örtliche Lage oder durch die jeweilige bauliche Situation gebildet werden (*F/A/K/H* § 42 Rz. 67; *D/R* § 42 Rz. 54; *D/K/K/S* § 42 Rz. 23). Hier ist insbesondere an Zweigstellen zu denken, aber auch an Lager- oder Verwaltungsgebäude. 59

Zusätzliche Voraussetzung für die Abhaltung von Abteilungsversammlungen ist, daß die Erörterung **besonderer Belange der betreffenden Arbeitnehmer** erforderlich ist. Es müssen also gemeinsame Interessen oder Probleme der Arbeitnehmer eines einzelnen Betriebsteils oder mehrerer Betriebsteile bestehen, deren Erörterung auf der allgemeinen Betriebsversammlung wegen ihres besonderen Charakters nicht zweckmäßig erscheint (*F/A/K/H* § 42 Rz. 69; *D/R* § 42 Rz. 55; *G/L* § 42 Rz. 16; *Rüthers* ZfA 1974, 212). 60

Das Gesetz verlangt, daß für die Erörterung dieser besonderen Belange die Zusammenfassung zu einer Abteilungsversammlung erforderlich ist. Für das Kriterium der **Erforderlichkeit** ist dabei zu beachten, daß die Hälfte der ordentlichen Betriebsversammlungen nach § 43 Abs. 1 Satz 2 als Abteilungsversammlung durchzuführen ist. Zwar gilt dies nur, wie dort ausdrücklich vorgeschrieben ist, wenn die Voraussetzungen des Abs. 2 Satz 1 vorliegen; aber aus dieser Regelung ergibt sich, daß die Abteilungsversammlung nicht wie die Teilversammlung nur ein Ausnahmefall ist; vielmehr ist sie bei Gliederung eines Betriebs in organisatorisch oder räumlich abgegrenzte Betriebsteile eine regelmäßige Versammlungsart, 61

§ 42   2. Teil 4. Abschn. *Betriebsversammlung*

damit die in den Betriebsteilen bestehenden besonderen Probleme und Interessen erörtert werden können. Mit dem Kriterium der Erforderlichkeit wird vor allem festgelegt, welche organisatorisch oder räumlich abgegrenzten Arbeitnehmergruppen der Betriebsrat zu einer Abteilungsversammlung zusammenfassen kann (*D/R* § 42 Rz. 55).

62 Nicht erforderlich ist, daß die besonderen Belange der einzelnen Abteilungen durch strukturelle, d.h. ihrem Wesen nach auf Dauer angelegte Merkmale bedingt sind. Auch ein **einmaliger Anlaß** kann die Notwendigkeit von Abteilungsversammlungen begründen (*F/A/K/H* und *G/L*, jeweils a.a.O.; GK-*Fabricius* § 42 Rz. 94; *D/R* § 42 Rz. 56; **a. A.** *Kammann/Hess/Schlochauer* § 42 Rz. 39). Umstritten ist die Abhaltung von Abteilungsversammlungen, wenn besondere Belange der Arbeitnehmer **nicht in allen Betriebsteilen** gegeben sind. Es wird die Auffassung vertreten, zumindest für die überwiegende Zahl der Betriebsteile müsse die Durchführung von Abteilungsversammlungen zur Erörterung der besonderen Belange von Arbeitnehmern erforderlich sein (*F/A/K/H* § 42 Rz. 70; *D/K/K/S* § 42 Rz. 27; *Kammann/Hess/Schlochauer* § 42 Rz. 42). Von anderer Seite wird die Abhaltung von Abteilungsversammlungen lediglich dann für nicht geboten gehalten, wenn die besonderen Belange der Arbeitnehmer eines einzigen oder weniger Betriebsteile es nicht rechtfertigen, auch den anderen Betriebsteilen Abteilungsversammlungen aufzuzwingen (*D/R* § 42 Rz. 56; *Rüthers* ZfA 1974, 213). Soweit es nach diesen Auffassungen nicht zu regelmäßigen Abteilungsversammlungen kommen kann, soll eine zusätzliche Abteilungsversammlung nach § 43 Abs. 1 Satz 4 oder Abs. 4 zulässig sein. Beide Auffassungen sind mit dem zwingenden Charakter des Abs. 2 Satz 1 und mit der zwingenden – wenn auch begrenzten – Ersetzungsfunktion der Abteilungsversammlungen gegenüber der Betriebsversammlung nach § 43 Abs. 1 Satz 2–4 nicht zu vereinbaren. Die Vorschrift bezweckt, daß besondere Belange der Arbeitnehmer in Betriebsteilen ihr eigenes regelmäßiges Forum finden, und geht auch immer von mehreren Abteilungsversammlungen anstelle einer Betriebsversammlung aus. Darum entspricht es dem Gesetz, Abteilungsversammlungen auch dann durchzuführen, wenn besondere Belange der Arbeitnehmer nur eines einzigen Betriebsteils eine getrennte Erörterung erforderlich machen. In diesem Fall sind die Arbeitnehmer dieses Betriebsteils und die aller übrigen Betriebsteile in zwei Abteilungsversammlungen zusammenzufassen.

2. Zusammensetzung

63 Die Abteilungsversammlung besteht nur aus den Arbeitnehmern der Betriebsteile, für die der Betriebsrat sie angesetzt hat. Gehören Arbeitnehmer zu mehreren Betriebsteilen, für die jeweils Abteilungsversammlungen abgehalten werden, so können sie der Abteilungsversammlung beiwohnen, deren Betriebsteil sie zeitlich überwiegend angehören. Im übrigen gelten hier die Erläuterungen zur Zusammensetzung der Teilversammlung entsprechend (oben Rz. 51).

3. Durchführung

Für die Durchführung der Abteilungsversammlungen gelten die für die Durchführung von Betriebsversammlungen geltenden allgemeinen Verfahrensregeln. Neben der Nichtöffentlichkeit ist in Abs. 2 Satz 3 die Abhaltung von Teil-Abteilungsversammlungen vorgeschrieben (*G/L* § 42 Rz. 15; *F/A/K/H* § 42 Rz. 71; *D/K/K/S* § 42 Rz. 29), wozu aber in der Praxis allenfalls in manchen Schichtbetrieben Anlaß sein wird (über die Entscheidung des Betriebsrats hinsichtlich der verschiedenen Versammlungsarten vgl. Erläuterungen zu § 43). Nach § 43 Abs. 1 Satz 3 sollen die Abteilungsversammlungen möglichst gleichzeitig stattfinden (vgl. dazu unten § 43 Rz. 24). 64

Die Abteilungsversammlung wird von einem Mitglied des Betriebsrats **geleitet**. Der Betriebsrat bestimmt, welches Mitglied die Leitung zu übernehmen hat (*F/A/K/H* § 42 Rz. 72; *D/R* § 42 Rz. 61). Nach Abs. 2 Satz 2 ist möglichst ein in der Betriebsabteilung tätiger Arbeitnehmer auszuwählen. Nur dadurch ist eine möglichst sachkundige Leitung der Abteilungsversammlung zu erreichen. Gehört jedoch kein Mitglied des Betriebsrats der betreffenden Abteilung an oder ist ein solches Mitglied zwar vorhanden, aber während der Abteilungsversammlung verhindert, so kann auch ein anderes Betriebsratsmitglied bestimmt werden. Die Leitung der Abteilungsversammlung durch Personen, die nicht dem Betriebsrat angehören, ist aber nicht zulässig (*G/L* § 42 Rz. 17; *D/R* und *F/A/K/H*, jeweils a. a. O.). Der vom Betriebsrat bestimmte Versammlungsleiter hat die gleiche Rechtsstellung wie der Vorsitzende des Betriebsrats in der Betriebsversammlung (*D/R* a. a. O.; GK-*Fabricius* § 42 Rz. 98; vgl. oben Rz. 32ff.). 65

VIII. Streitigkeiten

Über Streitigkeiten aus der Einberufung und Durchführung von Betriebsversammlungen sowie über das Vorliegen der Voraussetzungen für die Durchführung von Teilversammlungen und über Voraussetzungen und Abgrenzung von Abteilungsversammlungen entscheidet auf Antrag des Arbeitgebers oder des Betriebsrats nach § 2a ArbGG das Arbeitsgericht im Beschlußverfahren. In dieser Verfahrensart wird auch über die Teilnahmeberechtigung entschieden (*BAG* vom 8. 2. 1957 – 1 ABR 11/55 – AP Nr. 1 zu § 82 BetrVG 1952 m. Anm. *Küchenhoff* = DB 1957, 263) sowie darüber, ob der vom Arbeitgeber zur Verfügung gestellte Raum ausreichend und angemessen ist (*D/R* § 43 Rz. 67). Individualrechtliche Ansprüche von Versammlungsteilnehmern auf Entgeltfortzahlung oder Erstattung von Aufwendungen sind hingegen im Urteilsverfahren geltendzumachen (*F/A/K/H* § 42 Rz. 76; vgl. auch Erläuterungen zu § 44). 66

§ 43 Regelmäßige Betriebs- und Abteilungsversammlungen

(1) Der Betriebsrat hat einmal in jedem Kalendervierteljahr eine Betriebsversammlung einzuberufen und in ihr einen Tätigkeitsbericht zu erstatten. Liegen die Voraussetzungen des § 42 Abs. 2 Satz 1 vor, so hat der Betriebsrat in jedem Kalenderjahr zwei der in Satz 1 genannten Betriebsversammlungen als Abteilungsversammlungen durchzuführen. Die Abteilungsversammlungen sollen möglichst

§ 43   2. Teil 4. Abschn. Betriebsversammlung

gleichzeitig stattfinden. Der Betriebsrat kann in jedem Kalenderhalbjahr eine weitere Betriebsversammlung oder, wenn die Voraussetzungen des § 42 Abs. 2 Satz 1 vorliegen, einmal weitere Abteilungsversammlungen durchführen, wenn dies aus besonderen Gründen zweckmäßig erscheint.
(2) Der Arbeitgeber ist zu den Betriebs- und Abteilungsversammlungen unter Mitteilung der Tagesordnung einzuladen. Er ist berechtigt, in den Versammlungen zu sprechen. Der Arbeitgeber oder sein Vertreter hat mindestens einmal in jedem Kalenderjahr in einer Betriebsversammlung über das Personal- und Sozialwesen des Betriebs und über die wirtschaftliche Lage und Entwicklung des Betriebs zu berichten, soweit dadurch nicht Betriebs- oder Geschäftsgeheimnisse gefährdet werden.
(3) Der Betriebsrat ist berechtigt und auf Wunsch des Arbeitgebers oder von mindestens einem Viertel der wahlberechtigten Arbeitnehmer verpflichtet, eine Betriebsversammlung einzuberufen und den beantragten Beratungsgegenstand auf die Tagesordnung zu setzen. Vom Zeitpunkt der Versammlungen, die auf Wunsch des Arbeitgebers stattfinden, ist dieser rechtzeitig zu verständigen.
(4) Auf Antrag einer im Betrieb vertretenen Gewerkschaft muß der Betriebsrat vor Ablauf von zwei Wochen nach Eingang des Antrags eine Betriebsversammlung nach Absatz 1 Satz 1 einberufen, wenn im vorhergegangenen Kalenderhalbjahr keine Betriebsversammlung und keine Abteilungsversammlungen durchgeführt worden sind.

Literaturübersicht

Brill Der Arbeitgeber in der Betriebsversammlung, BB 1983, 1860; *Leinemann* Rechte und Pflichten für den Unternehmer bei Betriebsversammlungen, ZIP 1989, 552; *Strümper* Zur zeitlichen Lage der Betriebsversammlungen in Handelsunternehmen, NZA 1989, 315; *Vogt* Lagebericht des Arbeitgebers/Unternehmers und Vorlagepflicht von Unterlagen in der Betriebsverfassung, BlStSozArbR 1979, 193; vgl. auch Literaturübersicht zu § 42.

Inhaltsübersicht

		Rz.
I.	Allgemeines	1–6
II.	Regelmäßige Betriebsversammlungen	7–21
	1. Einberufung	7–10
	2. Tagesordnung	11–21
III.	Regelmäßige Abteilungsversammlungen	22–25
	1. Einberufung	22–24
	2. Tagesordnung	25
IV.	Weitere Betriebs- oder Abteilungsversammlungen	26, 27
V.	Außerordentliche Betriebs- oder Abteilungsversammlungen	28–33
VI.	Einberufung einer Betriebsversammlung auf Antrag der Gewerkschaft	34–39
VII.	Rechte und Pflichten des Arbeitgebers hinsichtlich der Betriebs- oder Abteilungsversammlungen	40–49
VIII.	Streitigkeiten	50

1. Allgemeines

Das Gesetz **unterscheidet zwischen ordentlichen Betriebsversammlungen**, die regelmäßig einmal in jedem Kalendervierteljahr stattfinden müssen, **und außerordentlichen Betriebsversammlungen**, die der Betriebsrat je nach Bedarf aufgrund pflichtmäßigen Ermessens oder auf Antrag des Arbeitgebers oder eines Viertels der wahlberechtigten Arbeitnehmer einzuberufen hat (*D/R* § 43 Rz. 1). **1**

Anstelle der im BetrVG 1952 vorgeschriebenen vier Betriebsversammlungen im Jahr sieht Abs. 1 **für den Regelfall zwei Betriebsversammlungen und zwei Abteilungsversammlungen für jede Betriebsabteilung im Kalenderjahr** vor. Die Ersetzung von zwei der bisher vorgeschriebenen vier Betriebsversammlungen durch Abteilungsversammlungen dient einer besseren Kommunikation zwischen Betriebsrat und den Arbeitnehmern des Betriebs, da die Themen der Abteilungsversammlungen auf die speziellen Belange der Arbeitnehmer der jeweiligen Abteilungen zugeschnitten werden können. Um zu vermeiden, daß den Betrieben durch Abteilungsversammlungen ein größerer Produktionsausfall entsteht als durch Betriebsversammlungen, schreibt Abs. 1 Satz 3 vor, daß Abteilungsversammlungen in allen Abteilungen gleichzeitig stattfinden sollen. Über diese vorgeschriebenen Betriebs- und Abteilungsversammlungen hinaus kann der Betriebsrat nach Abs. 1 Satz 4 in besonderen Fällen im Kalenderhalbjahr eine weitere Betriebsversammlung oder weitere Abteilungsversammlung durchführen, wenn dies aus besonderen Gründen geboten ist. **2**

Abs. 4 gibt den **Gewerkschaften** ein gegenüber dem früheren Gesetz neues **Initiativrecht** zur Herbeiführung einer Betriebsversammlung, wenn der Betriebsrat im vorhergegangenen Kalenderhalbjahr weder eine Betriebsversammlung noch Abteilungsversammlungen durchgeführt hat (Begründung zum Regierungsentwurf des BetrVG 1972 in BT-Drucks. VI/1786, 41/42). **3**

Voraussetzung für die Durchführung einer Betriebsversammlung oder von Abteilungsversammlungen ist, daß **im Betrieb ein Betriebsrat vorhanden** ist. Eine Ausnahme hiervon gilt nur für die nach § 17 Abs. 1 durchgeführten Betriebsversammlungen, zu denen mindestens drei wahlberechtigte Arbeitnehmer oder eine im Betrieb vertretene Gewerkschaft einladen können. **4**

Die Vorschriften des § 43 gelten nach § 71 teilweise auch für die Jugend- und Auszubildendenversammlung. **5**

Die Bestimmungen sind **zwingendes** Recht. Die Mindestzahl von Betriebsversammlungen kann weder durch Tarifvertrag noch durch Betriebsvereinbarung herabgesetzt werden. Ebensowenig können durch Tarifvertrag oder Betriebsvereinbarung die Voraussetzungen für außerordentliche Betriebsversammlungen anders als im Gesetz geregelt werden (*G/L* § 43 Rz. 5; *F/A/K/H* § 43 Rz. 3). Die Durchführung der Betriebsversammlung oder Abteilungsversammlung kann nicht dadurch ersetzt werden, daß der Betriebsratsvorsitzende die an den Arbeitsplätzen verbleibenden Arbeitnehmer über Lautsprecher anspricht oder ein Informationsblatt des Betriebsrats verteilt wird (*F/A/K/H* § 43 Rz. 11; *G/L* § 43 Rz. 6). **6**

§ 43   2. Teil 4. Abschn. Betriebsversammlung

II. Regelmäßige Betriebsversammlungen

1. Einberufung

7 Nach Abs. 1 Satz 1 hat der Betriebsrat in **jedem Kalendervierteljahr** eine ordentliche Betriebsversammlung durchzuführen (wegen »Fortsetzung« einer Versammlung vgl. unten § 44 Rz. 6). Unter bestimmten Voraussetzungen sind anstelle der Betriebsversammlung mehrere Teilversammlungen abzuhalten (vgl. § 42 Rz. 45 ff.; zur Ersetzung der Betriebsversammlung durch Abteilungsversammlungen vgl. § 42 Rz. 55 ff.). Die genaue Einhaltung eines Abstandes von drei Monaten ist nicht vorgeschrieben, aber zweckmäßig (*D/R* § 43 Rz. 3; *F/A/K/H* § 43 Rz. 8; *D/K/K/S* § 42 Rz. 3). Wegen der strikten Formulierung der Vorschrift sind Überschreitungen der Quartalsgrenze unzulässig (**a. A.** bei geringfügiger Überschreitung aus betrieblichen Gründen: *G/L* § 43 Rz. 7; *Meisel* BB 1962, 763, 764).

8 Der Betriebsrat hat nach pflichtmäßigem Ermessen zu entscheiden, zu welchem Zeitpunkt innerhalb des Kalendervierteljahres er die Betriebsversammlung durchführt (zur Lage der Betriebsversammlung während oder außerhalb der Arbeitszeit vgl. § 44 Rz. 3 ff.). Ein im Betrieb durchgeführter Arbeitskampf steht der Abhaltung nicht entgegen (*BAG* vom 5. 5. 1987 – 1 AZR 292/85 – EzA § 44 BetrVG 1972 Nr. 7 = DB 1987, 2154), ebensowenig die Stillegung des Betriebes infolge von Fernwirkungen eines Arbeitskampfes (*BAG* vom 5. 5. 1987 – 1 AZR 666/85 – EzA § 44 BetrVG 1972 Nr. 6 = DB 1987, 1947; für beide Fälle ebenso, wenn die Vollversammlung nicht zu Arbeitskampfzwecken eingesetzt wird: *Buchner* Anm. SAE 1988, 10). Der Betriebsrat hat bei seiner Entscheidung nach dem Gebot zur vertrauensvollen Zusammenarbeit die Interessen des Arbeitgebers und der Arbeitnehmer zu berücksichtigen (*G/L* § 43 Rz. 9; *F/A/K/H* § 43 Rz. 9). Es ist deshalb stets ein Zeitpunkt zu wählen, durch den der Betriebsablauf so wenig wie möglich gestört wird. Dementsprechend ist es zweckmäßig, den Zeitpunkt rechtzeitig vorher mit dem Arbeitgeber abzustimmen, zumal der Arbeitgeber für den erforderlichen Raum zu sorgen hat und die mit Rücksicht auf den Arbeitsausfall notwendigen Vorkehrungen treffen muß (*LAG Niedersachsen* vom 30. 8. 1983 – 11 Ta BV 8/81 – DB 1983, 1312; *LAG Düsseldorf* vom 24. 10. 1972 – 11 (6) Ta BV 43/72 – DB 1972, 2212; für Unterrichtung des Arbeitgebers mindestens zwei Wochen vor der Betriebsversammlung: *ArbG Berlin* vom 11. 12. 1972 – 4 BV 2/72 – DB 1973, 140, 141; vgl. auch *D/R* § 44 Rz. 13; *G/L* § 44 Rz. 7; *Meisel* a. a. O.). Der Zustimmung des Arbeitgebers bedarf es aber nicht (*ArbG Bielefeld* vom 20. 4. 1990 – 2 BV GA 12/90 – DB 1990, 1776; *ArbG Berlin* und *G/L*, jeweils a. a. O.). Der Arbeitgeber kann, wenn der Abhaltung der Betriebsversammlung zu dem vom Betriebsrat vorgesehenen Zeitpunkt wichtige Gründe entgegenstehen, z. B. die notwendigen Vorkehrungen nicht rechtzeitig getroffen werden können, die Betriebsversammlung durch einstweilige Verfügung verbieten lassen (vgl. *LAG Düsseldorf* a. a. O.).

9 Die Einberufung erfolgt durch den Betriebsrat, der durch seinen Vorsitzenden vertreten wird. Das Gesetz enthält keine Vorschriften über **Form und Frist** der Einladung. Sie kann deshalb durch mündliche oder schriftliche Mitteilung – dies vor allem durch Anschlag am Schwarzen Brett – geschehen (*ArbG Bielefeld* a. a. O.; *S/W* §§ 42–46 Rz. 8; vgl. auch oben § 42 Rz. 26 f.). Mit der Einladung ist die **Tagesordnung** bekanntzugeben (*S/W* a. a. O.). Der **Arbeitgeber ist** gem.

Abs. 2 unter Mitteilung der Tagesordnung zur Betriebsversammlung einzuladen.
Den im Betriebsrat vertretenen **Gewerkschaften** sind nach § 46 Abs. 2 Zeitpunkt
und Tagesordnung rechtzeitig mitzuteilen.
Der Betriebsrat verletzt seine gesetzlichen Pflichten, wenn er die Betriebsver- 10
sammlung nicht im vorgeschriebenen Turnus einberuft. Es kommt aber auf den
Einzelfall an, ob darin eine grobe Pflichtverletzung liegt, die ein Auflösungsverfahren nach § 23 Abs. 1 rechtfertigen könnte (*LAG Hamm* vom 25. 9. 1959 – 5 BV
Ta 48/59 – BB 1959, 1227: grobe Verletzung, wenn eineinhalb Jahre lang keine
Betriebsversammlung stattgefunden hat; *LAG Mainz* vom 5. 4. 1960 – 1 Sa BV 1/
60 – BB 1960, 982: keine grobe Verletzung, wenn wegen Baumaßnahmen in dem
dafür vorgesehenen betrieblichen Raum acht Monate lang keine Betriebsversammlung durchgeführt worden ist; vgl. auch *F/A/K/H* § 43 Rz. 10; *G/L* § 43
Rz. 10; *D/R* § 43 Rz. 22). Die Pflichtwidrigkeit wird nicht dadurch ausgeschlossen,
daß der Betriebsrat besondere Leistungen des Arbeitgebers für die Belegschaft als
Ausgleich erreicht (*F/A/K/H* a. a. O.).

2. Tagesordnung

In der regelmäßigen Betriebsversammlung hat der Betriebsrat einen **Tätigkeitsbe-** 11
richt zu erstatten. Das gilt auch für die **Teilversammlung** (GK-*Fabricius* § 43
Rz. 5). Dieser Bericht kann der einzige Punkt der Tagesordnung (dazu vgl. auch
oben § 42 Rz. 28) sein. Der Betriebsrat hat dabei vorher den Bericht zumindest in
seinen Grundzügen zu beschließen. Dazu ist nicht erforderlich, daß ein schriftlich
formulierter Entwurf vom Betriebsrat beraten und im einzelnen beschlossen wird;
es ist ausreichend, aber auch erforderlich, daß der Inhalt durch einen Beschluß des
Betriebsrats gedeckt ist (ebenso *D/R* § 43 Rz. 8; *G/L* § 43 Rz. 11; *F/A/K/H* § 43
Rz. 13; *D/K/K/S* § 43 Rz. 8; GK-*Fabricius* § 43 Rz. 3). Vorzutragen ist der Bericht vom Betriebsratsvorsitzenden, bei Verhinderung von seinem Stellvertreter.
Der Betriebsrat kann nicht ein anderes seiner Mitglieder mit der Berichterstattung
beauftragen, weil er nur durch den Vorsitzenden oder dessen Stellvertreter wirksam vertreten werden kann (vgl. dazu oben § 26 Rz. 40 ff.; **a. A.** die herrschende
Rechtsauffassung, vgl. *F/A/K/H* § 43 Rz. 15; *D/K/K/S* § 43 Rz. 10; *D/R* § 43
Rz. 11 und auch die Vorauflage).
Die Berichterstattung in der Versammlung hat **mündlich** zu erfolgen (*F/A/K/H* 12
a. a. O.; GK-*Fabricius* § 43 Rz. 5). Eine Verteilung des Textes, die nicht verlangt
werden kann, ist zulässig (*F/A/K/H* § 43 Rz. 16; *D/K/K/S* § 43 Rz. 11; GK-*Fabricius* a. a. O.; *Löwisch* FS *Hilger/Stumpf*, 429; **a. A.** für Verteilung in gedruckter
Form: *LAG Baden-Württemberg* vom 12. 7. 1965 – 4 Ta BV 1/65 – DB 1965,
1447). Sie ist aber nicht erforderlich; ihre Kosten sind deshalb nicht nach § 40 zu
erstatten (**a. A.** *D/K/K/S* a. a. O).
Der Tätigkeitsbericht hat sich auf die Aufgaben zu beziehen, die dem Betriebsrat 13
durch das Betriebsverfassungsgesetz und andere Gesetze übertragen worden sind.
Er soll den Arbeitnehmern einen **umfassenden Überblick über die Tätigkeit** des
Betriebsrats im Berichtszeitraum vermitteln. Zur Tätigkeit des Betriebsrats gehört
auch die Tätigkeit des Betriebsausschusses und der weiteren Ausschüsse des Betriebsrats sowie die Mitwirkung des Betriebsrats bei der Errichtung eines Gesamt-
oder Konzernbetriebsrats (ebenso *D/R* § 43 Rz. 9; GK-*Fabricius* § 43 Rz. 5;
F/A/K/H § 43 Rz. 13; *G/L* § 43 Rz. 12). Die Berichterstattung hat sich weiterhin

§ 43   2. Teil 4. Abschn. *Betriebsversammlung*

auf die Tätigkeit der Betriebsratsmitglieder innerhalb des **Gesamtbetriebsrats** oder **Konzernbetriebsrats** zu erstrecken; denn diese Gremien werden durch Entsendung aus den Betriebsräten gebildet, so daß ihre Tätigkeit mittelbar noch der Betriebsratstätigkeit zugerechnet werden kann (ebenso *D/R*, *GK-Fabricius*, *F/A/K/H*, jeweils a. a. O.). Der Bericht muß deshalb insbesondere auch den Tätigkeitsbericht des Gesamtbetriebsrats umfassen, den dieser nach § 53 Abs. 2 Nr. 1 mindestens einmal in jedem Kalenderjahr in der Betriebsräteversammlung zu erstatten hat.

14   Nicht einzubeziehen hingegen ist die Tätigkeit des **Wirtschaftsausschusses**, auch dann nicht, wenn dessen Aufgaben nach § 107 Abs. 3 von einem Ausschuß des Betriebsrats wahrgenommen werden (*D/R* § 43 Rz. 10; *G/L* § 43 Rz. 13; GK-*Fabricius* a. a. O.; *S/W* § 42–46 Rz. 35; **a. A.** *F/A/K/H* a. a. O.); denn die Unterrichtung der Arbeitnehmer über die Lage und Entwicklung des Unternehmens ist nach § 110 Sache des Unternehmers.

15   Nicht zu berichten ist auch über die Tätigkeit von **Arbeitnehmervertretern im Aufsichtsrat** (*BAG* vom 1. 3. 1966 – 1 ABR 14/65 – EzA § 69 BetrVG 1952 Nr. 1 = DB 1966, 705; *G/L* § 43 Rz. 14; *D/R*, *S/W* und GK-*Fabricius*, jeweils a. a. O.), da der auf das Unternehmen bezogene Wirkungsbereich des Aufsichtsrates grundsätzlich von der auf den Betrieb bezogenen Tätigkeit des Betriebsrats zu unterscheiden ist. Betriebsratsmitgliedern oder anderen Arbeitnehmern, die Mitglieder des Aufsichtsrats sind, ist es aber nicht verwehrt, Informationen über die Arbeit des Aufsichtsrats zu geben, die für die Belegschaft von Interesse sind, soweit nicht die Schweigepflicht nach den §§ 116 und 93 Abs. 1 Satz 2 AktG entgegensteht (*F/A/K/H* § 43 Rz. 14; *v. Hoyningen-Huene* DB 1979, 2422, 2423; weitergehend *Rech/Lewerenz* AuR 1976, 361; *Däubler* BlStSozArbR 1976, 186, die sogar eine Berichtspflicht der Aufsichtsratsmitglieder der Arbeitnehmer in der Betriebsversammlung annehmen).

16   **Vertrauliche Angaben** oder **Betriebs- oder Geschäftsgeheimnisse** (§§ 79 Abs. 1, 82 Abs. 2, 83 Abs. 1, 99 Abs. 1, 102 Abs. 2) dürfen nicht Gegenstand des Berichtes sein (*G/L* § 43 Rz. 15; *D/R* § 43 Rz. 11; *F/A/K/H* a. a. O.; GK-*Fabricius* § 43 Rz. 6).

17   Form und Inhalt des Berichts können auch Gegenstand der Aussprache in der Betriebsversammlung sein. § 45 Satz 2 bestimmt ausdrücklich, daß die Betriebs- und Abteilungsversammlungen dem Betriebsrat Anträge unterbreiten und zu seinen Beschlüssen Stellung nehmen können.

18   Ein **Beschluß** über Billigung des Tätigkeitsberichts ist möglich, aber nicht vorgeschrieben (*D/R* § 43 Rz. 13).

19   Nach Abs. 2 Satz 3 hat der **Arbeitgeber** mindestens einmal in jedem Kalenderjahr in einer Betriebsversammlung über das **Personal- und Sozialwesen** und über die **wirtschaftliche Lage und Entwicklung des Betriebs** zu berichten. Der Bericht muß, wenn der Betrieb zu mehreren Unternehmen gehört, nicht von den Arbeitgebern dieser Unternehmen abgegeben werden, sondern von der Person, die die Arbeitgeberfunktion für den Betrieb ausübt (**a. A.** *LAG Hamburg* vom 15. 12. 1988 – 2 Ta BV 13/88 – BB 1989, 628; *D/K/K/S* § 43 Rz. 26). Der Bericht hat **mündlich** zu erfolgen; dies schließt aber nicht aus, daß der Bericht zusätzlich schriftlich vorgelegt wird (*F/A/K/H* § 43 Rz. 20; *D/R* § 43 Rz. 17; *D/K/K/S* a. a. O.). Ein Anspruch der Teilnehmer auf Aushändigung des schriftlichen Berichts beteht aber nicht (*Brill* AuR 1979, 138, 145). Mit seinem Bericht kann der Arbeitgeber zugleich seiner Unterrichtungspflicht gegenüber der Belegschaft nach

§ 43

§ 110 nachkommen, soweit sie nicht nach § 110 Abs. 1 auf schriftlichem Wege zu erfolgen hat (*D/R* § 42 Rz. 14; *G/L* § 43 Rz. 19; *F/A/K/H* § 43 Rz. 23; vgl. Erläuterungen zu § 110 Rz. 6).

Es steht dem Arbeitgeber frei, die Betriebsversammlung zu bestimmen, in der er 20 diesen Bericht erstatten will. Der Bericht ist aber stets in einer Betriebsversammlung zu geben; **Abteilungsversammlungen** kommen hierfür nicht in Betracht, wohl aber **Teilversammlungen** nach Abs. 1 Satz 3, sofern die Voraussetzungen für derartige Teilversammlungen gegeben sind. Der Arbeitgeber kann daher vom Betriebsrat auch die Einberufung einer außerordentlichen Betriebsversammlung nach Abs. 3 verlangen, um den Lagebericht zu erstatten (*G/L* § 43 Rz. 17; *D/R* § 43 Rz. 15).

Durch den Lagebericht sollen die Arbeitnehmer einmal über das Personal- und 21 Sozialwesen des Betriebes unterrichtet werden. Zum **Personalwesen** gehören Personalstand, Personalentwicklung, Personalplanung und personalpolitische Fragen allgemeiner Art, insbesondere Maßnahmen der betrieblichen Berufsbildung (*F/A/K/H* § 43 Rz. 21; *G/L* § 43 Rz. 18; GK-*Fabricius* § 43 Rz. 9 ff.; *D/R* § 43 Rz. 16; *D/K/K/S* § 43 Rz. 21). Das **Sozialwesen** wird in erster Linie durch die soialen Einrichtungen des Beriebes und betriebliche Unterstützungseinrichtungen bestimmt (*F/A/K/H* und *D/K/K/S,* jeweils a.a.O.; zu weitgehend, nämlich für Einbeziehung der sozialen Stellung des Arbeitnehmers in Betrieb und Unternehmen: GK-*Fabricius* § 43 Rz. 15). Der Bericht hat ferner die **wirtschaftliche Lage und Entwicklung des Betriebs** zum Gegenstand. Er muß daher auch einen Überblick über Produktion, Entwicklung des Betriebes sowie über durchgeführte und geplante Betriebsänderungen nach § 111 sowie Maßnahmen nach § 90 geben (*G/L* § 43 Rz. 18). Die Berichtspflicht findet ihre Grenzen dort, wo **Betriebs- oder Geschäftsgeheimnisse** gefährdet werden. Der Arbeitgeber braucht also keine Auskünfte über Tatsachen zu geben, die im Zusammenhang mit dem arbeitstechnischen Betrieb und der wirtschaftlichen Betätigung des Arbeitgebers stehen, die nicht offenkundig sind und nach dem Willen der Unternehmensleitung geheimgehalten werden sollen, weil ein berechtigtes Interesse an der Geheimhaltung besteht (*G/L* a.a.O.; *F/A/K/H* § 43 Rz. 24; *D/K/K/S* § 43 Rz. 22). Da bereits eine Gefährdung von Betriebs- oder Geschäftsgeheimnissen die Berichtspflicht einschränkt, darf der Arbeitgeber auch die Umstände verschweigen, die mittelbar Rückschlüsse auf Betriebs- oder Geschäftsgeheimnisse gestatten (GK-*Fabricius* § 43 Rz. 17; *F/A/K/H* a.a.O.; a.A. *Weiss* § 43 Rz. 4). Kommt der Arbeitgeber seiner Berichtspflicht nicht nach, so kann nach den Umständen des Einzelfalles darin eine grobe Pflichtverletzung i.S.v. § 23 Abs. 3 liegen (*G/L* § 43 Rz. 20; *D/R* § 43 Rz. 20; *D/K/K/S* § 43 Rz. 23).

III. Regelmäßige Abteilungsversammlungen

1. Einberufung

Nach Abs. 1 Satz 2 hat der Betriebsrat in jedem Kalenderjahr zwei der regelmäßi- 22 gen Betriebsversammlungen als Abteilungsversammlungen durchzuführen, sofern deren Voraussetzungen vorliegen (vgl. § 42 Rz. 56). Die Abteilungsversammlungen treten an die Stelle der regelmäßigen vierteljährlichen Betriebsversammlung. Abs. 1 Satz 2 schreibt einen Wechsel von Betriebs- und Abteilungsversammlungen vor, dessen Festlegung jedoch dem pflichtmäßigen Ermessen des Betriebsrats überlassen ist; deshalb ist es zulässig, die regelmäßige Betriebsversammlung zweimal hintereinander in der Form der Abteilungsversammlungen stattfinden zu lassen (GK-*Fabricius* § 43 Rz. 19; *G/L* § 43 Rz. 27; *F/A/K/H* § 43 Rz. 6). Ruft der Betriebsrat trotz Vorliegens der Voraussetzungen für die Durchführung von Abteilungsversammlungen in einem Jahr weniger als zwei Betriebs- und zwei Abteilungsversammlungen ein, so handelt er pflichtwidrig (*F/A/K/H* § 43 Rz. 10; vgl. dazu aber oben Rz. 10).

23 Nach Abs. 2 Satz 1 und § 46 gelten die für die Betriebsversammlung festgelegten Regeln über die Einladung des **Arbeitgebers** und die Benachrichtigung der im Betriebsrat vertretenen **Gewerkschaften** auch für die Abteilungsversammlungen. Allerdings können die Gewerkschaften nach Abs. 4 keinen Antrag auf Abhaltung von Abteilungsversammlungen stellen (vgl. unten Rz. 38).

24 Abs. 1 Satz 3 bestimmt, daß die Abteilungsversammlungen möglichst gleichzeitig stattfinden. Damit sollen die Störungen des Betriebsablaufs durch die Abhaltung von Abteilungsversammlungen in Grenzen gehalten werden (*G/L* § 43 Rz. 29; *F/A/K/H* § 43 Rz. 7). Von dieser zeitlichen Vorgabe kann der Betriebsrat bei der Einberufung von Abteilungsversammlungen ohne Zustimmung des Arbeitgebers nur in besonders begründeten Ausnahmefällen abweichen, z.B. wenn die Durchführung einer Abteilungsversammlung in einem Betriebsteil auf den Arbeitsablauf in den anderen Betriebsteilen ohne Einfluß ist oder wenn die gleichzeitige Abhaltung von Abteilungsversammlungen wegen außergewöhnlicher Umstände nicht sachgerecht wäre (*F/A/K/H* a. a. O.).

2. Tagesordnung

25 Auch in den Abteilungsversammlungen ist der vierteljährlich zu erstattende **Tätigkeitsbericht des Betriebsrats** abzugeben (zum Inhalt vgl. Rz. 13 ff.). Er ist um die Fragen zu ergänzen, die sich aus den besonderen Belangen der jeweiligen Abteilung ergeben. Ebenso wie der Bericht über die Vollversammlung sind auch die Berichte für die Abteilungsversammlungen in ihren Grundzügen vom Betriebsrat zu beschließen. Die Berichte in den Abteilungsversammlungen werden von dem Mitglied des Betriebsrats erstattet, das den Vorsitz in der Abteilungsversammlung führt. Der Betriebsrat kann nicht ein anderes seiner Mitglieder mit dieser Aufgabe betrauen (vgl. oben Rz. 11). Für den **weiteren Ablauf** der Abteilungsversammlung gelten die Erläuterungen über die Betriebsversammlung entsprechend (Rz. 13 ff.). Der jährliche Bericht des Arbeitgebers nach Abs. 2 Satz 3 gehört nicht in die Abteilungsversammlung (vgl. oben Rz. 20).

IV. Weitere Betriebs- oder Abteilungsversammlungen

26 Abs. 1 Satz 4 ermächtigt den Betriebsrat, in jedem Kalenderhalbjahr über die regelmäßige Betriebsversammlung oder die regelmäßigen Abteilungsversammlungen hinaus eine weitere Betriebsversammlung oder einmal weitere Abteilungsversammlungen durchzuführen. Voraussetzung ist jedoch, daß die Angelegenheit, die mit der Belegschaft erörtert werden soll, so bedeutend ist, daß ein sorgfältig amtierender Betriebsrat unter Berücksichtigung der konkreten Situation im Be-

trieb die Einberufung einer weiteren Betriebs- oder Abteilungsversammlung für sinnvoll und angemessen halten darf. Dabei ist auch zu berücksichtigen, welche Informationen der Belegschaft schon gegeben werden können, wie sinnvoll ein Meinungsaustausch im Zeitpunkt der vorgesehenen Versammlung ist und welche Folgen die Nichteinberufung haben kann (so *BAG* vom 23. 10. 1991 – 7 AZR 249/90 – EzA § 43 BetrVG 1972 Nr. 2 = NZA 1992, 557). Derart bedeutende Angelegenheiten können beispielsweise sein: die Planung von Betriebsstillegungen oder Teilstillegungen, wesentliche Produktionsveränderungen, die sich auf die Arbeitsorganisation auswirken, Wechsel des Betriebsinhabers (vgl. *F/A/K/H* § 43 Rz. 35; *G/L* § 43 Rz. 21). Da auch solche weiteren Betriebs- oder Abteilungsversammlungen während der Arbeitszeit stattfinden (vgl. § 44 Abs. 1) und deshalb Produktionsausfälle verursachen, sind an das Vorliegen derartiger Gründe strenge Anforderungen zu stellen. In jedem Fall muß es sich um Angelegenheiten handeln, die von dem in § 45 gezogenen Rahmen gedeckt sind. Deshalb kann eine solche Versammlung nicht zur Vorstellung von Kandidaten für die Betriebsratswahl einberufen werden (vgl. dazu des näheren unten § 45 Rz. 7).
Die Angelegenheit muß außerdem so eilbedürftig sein, daß sie keinen Aufschub bis zur nächsten regelmäßigen Versammlung duldet (*BAG* a. a. O., *G/L* § 43 Rz. 21; GK-*Fabricius* § 43 Rz. 33; zu weitgehend *ArbG Oldenburg* vom 29. 5. 1989 – 5 BV Ga 1/89 – BB 1989, 1482 = NZA 1989, 652 sowie *F/A/K/H* a. a. O. und *D/K/K/S* § 43 Rz. 12, die ein unmittelbares aktuelles Interesse der Arbeitnehmer genügen lassen).

Auch die weiteren Betriebs- oder Abteilungsversammlungen sind bei Vorliegen 27 der gesetzlichen Voraussetzungen als Teilversammlungen durchzuführen (vgl. § 42 Abs. 1 Satz 3 und Abs. 2 Satz 3 sowie Erläuterungen zu § 42 Rz. 45 ff.).

V. Außerordentliche Betriebs- oder Abteilungsversammlungen

Nach Abs. 3 ist der Betriebsrat berechtigt und auf Wunsch des Arbeitgebers oder 28 von mindestens einem Viertel der wahlberechtigten Arbeitnehmer verpflichtet, eine außerordentliche Betriebsversammlung – als Vollversammlung oder Teilversammlungen – einzuberufen, die weder regelmäßige noch weitere Betriebsversammlung ist. Bei Vorliegen der gesetzlichen Voraussetzungen (vgl. § 42 und Erläuterungen dort unter Rz. 56) kommt auch die Durchführung einer außerordentlichen Abteilungsversammlung in Betracht. Dies ist zwar dem Abs. 3 nicht unmittelbar zu entnehmen; ergibt sich aber aus § 44 Abs. 2 Satz 1, wonach auch die außerordentliche Abteilungsversammlung außerhalb der Arbeitszeit stattfindet, sowie aus der Erwägung, daß sich die besondere Notwendigkeit für die Abhaltung einer Versammlung u. U. auf einen Betriebsteil beschränkt (*D/R* § 43 Rz. 31; GK-*Fabricius* § 43 Rz. 43; *F/A/K/H* § 43 Rz. 39; *G/L* § 43 Rz. 21; *D/K/K/S* § 43 Rz. 30). Dann muß aber folgerichtig auch genügen, daß der Antrag nach Abs. 3 von einem Viertel der wahlberechtigten Arbeitnehmer des entsprechenden Betriebsteils gestellt wird (*D/R* § 41 Rz. 32; GK-*Fabricius* und *D/K/K/S* jeweils a. a. O.; **a. A.** *F/A/K/H* a. a. O.; *Weiss* Rz. 8). Außerordentliche Versammlungen, die nach § 44 Abs. 2 außerhalb der Arbeitszeit stattfinden, können einmal vom Betriebsrat aufgrund seines pflichtmäßigen Ermessens einberufen werden, wenn er dafür trotz der Möglichkeit zur Abhaltung der regelmäßigen und der weiteren Betriebs- und Abteilungsversammlungen Anlaß zu haben meint und einen ent-

§ 43   2. Teil 4. Abschn. Betriebsversammlung

sprechenden Beschluß faßt. Weitergehende Voraussetzungen sind dem Gesetz nicht zu entnehmen (GK-*Fabricius* § 43 Rz. 44; a.A. *G/L* § 43 Rz. 22; *Kammann/ Hess/Schlochauer* § 43 Rz. 26, die eine zwingende betriebliche Notwendigkeit fordern; *F/A/K/H* § 43 Rz. 38: für Vorliegen einer besonderen Notwendigkeit). Der erforderliche Betriebsratsbeschluß muß auch Termin und Tagesordnung der außerordentlichen Betriebsversammlung festlegen (*F/A/K/H* § 43 Rz. 39; *G/L* a.a.O.).

29 Außerordentliche Betriebsversammlungen müssen ferner dann einberufen werden, wenn es vom **Arbeitgeber** unter Angabe der zu beratenden Fragen **gewünscht** wird, darüber hinaus dann, wenn mindestens ein **Viertel der wahlberechtigten Arbeitnehmer** dies fordert. Die Wahlberechtigung ergibt sich aus § 7 (vgl. Erläuterungen dort). Für die Errechnung des erforderlichen Quorums der wahlberechtigten Arbeitnehmer ist die Zahl der im Zeitpunkt des Antrags im Betrieb tätigen (nicht etwa die Zahl der im Zeitpunkt der Wahl des Betriebsrats vorhandenen) wahlberechtigten Arbeitnehmer zugrundezulegen (*D/R* § 43 Rz. 28; *G/L* § 43 Rz. 24). Der Antrag ist an keine besondere Form gebunden. Allerdings muß feststehen, daß er von der erforderlichen Arbeitnehmerzahl gestellt wird. Eine Unterschriftensammlung für eine außerordentliche Betriebsversammlung kann aber nicht während der Arbeitszeit durchgeführt werden (a.A. *ArbG Stuttgart* vom 13.5.1977 – 7 Ca 117/77 – BB 1977, 1304; *F/A/K/H* § 43 Rz. 40); denn es handelt sich dabei nicht um eine »sonstige Inanspruchnahme des Betriebsrats«, die nach § 39 Abs. 3 zur Entgeltfortzahlung führen würde.

30 Der Betriebsrat hat zu **prüfen**, ob die Betriebsversammlung zur Erörterung und Behandlung des beantragten Gegenstandes **zuständig** ist. Die Antragsteller müssen deshalb den Beratungsgegenstand angeben, den sie behandelt wissen wollen; sonst besteht keine Verpflichtung des Betriebsrats, eine außerordentliche Versammlung einzuberufen (*F/A/K/H* § 43 Rz. 42; *G/L* § 43 Rz. 24; *D/R* § 43 Rz. 30; *D/K/K/S* § 43 Rz. 27). Der Betriebsrat kann die Abhaltung einer außerordentlichen Betriebsversammlung in diesem Fall nicht von einer Zweckmäßigkeitsprüfung abhängig machen (*F/A/K/H* und *D/K/K/S*, jeweils a.a.O.; *D/R* § 43 Rz. 28). Ist indessen die Zulässigkeit zu verneinen, so hat der Betriebsrat die Einberufung der außerordentlichen Betriebsversammlung abzulehnen (*D/R* § 43 Rz. 30; *F/A/K/H* und *G/L*, jeweils a.a.O.). Ist sie zu bejahen, hat der Betriebsrat unverzüglich einzuberufen (so auch *Leinemann* ZIP 1989, 552, 555; ähnlich *G/L* § 43 Rz. 23).

31 Der Arbeitgeber und ein Viertel der wahlberechtigten Arbeitnehmer können jederzeit eine **Ergänzung der Tagesordnung** einer einberufenen oder einzuberufenden Betriebsversammlung verlangen, gleichgültig, ob es sich um eine ordentliche oder eine außerordentliche Betriebsversammlung handelt. Der Betriebsrat hat dem Antrag auf Ergänzung der Tagesordnung stattzugeben, wenn der Gegenstand zum Zuständigkeitsbereich der Betriebsversammlung gehört (*D/R* § 43 Rz. 33; GK-*Fabricius* § 42 Rz. 41; *F/A/K/H* § 43 Rz. 44; *G/L* § 43 Rz. 24; *D/K/K/S* a.a.O.). Gleiches gilt bei einer Abteilungsversammlung, sofern der beantragte Beratungsgegenstand die Sonderbelange der Arbeitnehmer betrifft, die zu der Abteilungsversammlung zusammengefaßt sind (*D/R* a.a.O.). Andererseits kann der Betriebsrat auch von sich aus die Tagesordnung einer auf Antrag des Arbeitgebers oder eines Viertels der wahlberechtigten Arbeitnehmer einberufenen Betriebs- oder Abteilungsversammlung ergänzen (*F/A/K/H* und *D/R*, jeweils a.a.O.; *G/L* § 43 Rz. 25).

Die im Betrieb vertretenen **Gewerkschaften** haben kein Initiativrecht zur Einberufung von Betriebsversammlungen nach Abs. 3, sondern nur die Möglichkeit, beim Vorliegen der Voraussetzungen des Abs. 4 den Antrag auf Einberufung zu stellen (vgl. hierzu Rz. 34). 32

Für die **Durchführung** der außerordentlichen Betriebs- oder Abteilungsversammlung gelten grundsätzlich dieselben Bestimmungen wie für die Durchführung der regelmäßigen Betriebs- und Abteilungsversammlungen. Auch die Teilnahmeberechtigung folgt diesen Regeln. 33

VI. Einberufung einer Betriebsversammlung auf Antrag der Gewerkschaft

Nach Abs. 4 haben auch die im Betrieb vertretenen Gewerkschaften das Recht, vom Betriebsrat die Einberufung einer **ordentlichen** Betriebsversammlung zu verlangen. Dies gilt aber nur, wenn im vorhergegangenen Kalenderhalbjahr keine Betriebsversammlung und keine Abteilungsversammlungen durchgeführt worden sind. Diesem Antrag hat der Betriebsrat zu entsprechen. Dadurch soll erreicht werden, daß der Belegschaft auf jeden Fall eine Informationsmöglichkeit gewährleistet ist, wenn zwischen einzelnen Betriebsversammlungen zu große Zeitabstände liegen (*G/L* § 43 Rz. 35). 34

Maßgebend ist das der Antragstellung vorausgehende **Kalenderhalbjahr**, also der Zeitraum vom 1. Januar bis 30. Juni oder vom 1. Juli bis 31. Dezember (*F/A/K/H* § 43 Rz. 53; *G/L* § 43 Rz. 36; *D/K/K/S* § 43 Rz. 31). Es genügt somit nicht, daß sechs Monate vor Antragstellung keine Betriebs- oder Abteilungsversammlungen durchgeführt worden sind. Es besteht z.B. ein Antragsrecht der Gewerkschaft auch im Dezember eines Jahres nur dann, wenn in diesem Jahr überhaupt noch keine Betriebs- oder Abteilungsversammlungen abgehalten worden sind. Ein Antragsrecht ist jedoch gegeben, wenn im ersten Kalenderhalbjahr lediglich eine von zwei oder mehreren Abteilungsversammlungen durchgeführt worden ist; Wortlaut und Zweck des Gesetzes entsprechend müssen nämlich sämtliche Mitglieder der Betriebsversammlung von den durchgeführten Abteilungsversammlungen erfaßt gewesen sein (GK-*Fabricius* § 43 Rz. 24; **a.A.** – Erfassung der ganz überwiegenden Anzahl der Betriebsangehörigen genüge – *F/A/K/H* § 43 Rz. 54; *Kammann/Hess/Schlochauer* § 43 Rz. 32; *G/L* § 43 Rz. 37; *D/K/K/S* § 43 Rz. 32). Auch eine außerordentliche Betriebsversammlung oder außerordentliche Abteilungsversammlungen schließen das Antragsrecht aus (*G/L* § 43 Rz. 37; *D/K/K/S* a.a.O.; ebenso, aber nur, wenn auch der Tätigkeitsbericht des Betriebsrats erstattet worden ist: *F/A/K/H* a.a.O.; **a.A.** aber GK-*Fabricius* § 43 Rz. 25; *D/R* § 43 Rz. 33). 35

Antragsberechtigt ist jede im Betrieb vertretene Gewerkschaft (vgl. dazu § 14 Rz. 60). Der Antrag ist an den Betriebsrat zu richten. Er muß auch begründet werden, bedarf jedoch keiner besonderen Form und kann daher auch mündlich gestellt werden (*F/A/K/H* § 43 Rz. 55; *D/K/K/S* § 43 Rz. 33). Ein selbständiges Einberufungsrecht der Gewerkschaft besteht indessen nicht. Das gilt auch für den Fall, daß der Betriebsrat dem Antrag nicht nachkommt. Die Gewerkschaft kann aber ein Beschlußverfahren beantragen (*D/R* § 43 Rz. 55; *F/A/K/H* und *D/K/K/S*, jeweils a.a.O.). Ebensowenig kann die Gewerkschaft dem Betriebsrat die Tagesordnung vorschreiben (*G/L* § 43 Rz. 38). 36

Der Betriebsrat muß innerhalb von zwei Wochen dem Antrag entsprechen und die Betriebsversammlung einberufen. Der Wortlaut des Gesetzes ist eindeutig dahin 37 auszulegen, daß der Betriebsrat die Betriebsversammlung innerhalb der Zwei-Wochenfrist nicht durchzuführen, sondern nur einzuberufen hat, zumal die Frist bei einer anderen Auslegung für eine ordnungsgemäße Vorbereitung u. U. zu kurz wäre (so auch *F/A/K/H* § 43 Rz. 56; GK-*Fabricius* § 43 Rz. 28; *D/K/K/S* § 43 Rz. 34; a. A. *D/R* § 43 Rz. 57; *G/L* § 43 Rz. 39 und die Vorauflage). Für die Berechnung der Zwei-Wochen-Frist gelten die §§ 187 ff. BGB, so daß der Tag des Eingangs des Antrags beim Betriebsrat bei der Fristberechnung nicht mitgezählt wird (*G/L* § 43 Rz. 40; *F/A/K/H* § 58 Rz. 35; *D/K/K/S* a. a. O.).

38 Die gem. Abs. 4 einzuberufende Betriebsversammlung ist eine **regelmäßige Betriebsversammlung** nach Abs. 1 Satz 1. Die Einberufung von Abteilungsversammlungen ist in diesem Fall unzulässig (*G/L* § 43 Rz. 41; *F/A/K/H* § 43 Rz. 57; *D/R* § 43 Rz. 59; *D/K/K/S* § 43 Rz. 35). Teilversammlungen können nur stattfinden, wenn die Voraussetzungen des Abs. 1 Satz 3 gegeben sind (*D/R*, *D/K/K/S* und *G/L*, jeweils a. a. O.) Die Vollversammlung findet daher auch während der Arbeitszeit statt. Der Betriebsrat hat einen Tätigkeitsbericht zu erstatten. Es gelten im übrigen die bereits dargelegten Rechtsgrundsätze für die Betriebsversammlung (vgl. oben Rz. 11 ff.).

39 **Weigert sich der Betriebsrat**, eine beantragte Betriebsversammlung fristgerecht einzuberufen, ohne daß zwingende Gründe entgegenstehen, so liegt hierin regelmäßig eine grobe Verletzung seiner Pflichten nach § 23 Abs. 1, die zur Auflösung des Betriebsrats berechtigt (*F/A/K/H* § 43 Rz. 59; *G/L* § 43 Rz. 42; *D/K/K/S* § 43 Rz. 34). Stehen ausnahmsweise zwingende Gründe einer rechtzeitigen Einberufung entgegen, so muß die Einberufung so bald wie möglich danach erfolgen.

VII. Rechte und Pflichten des Arbeitgebers hinsichtlich der Betriebs- und Abteilungsversammlungen

40 Nach Abs. 2 Satz 1 ist der Arbeitgeber zu den Betriebs- und Abteilungsversammlungen unter Mitteilung der Tagesordnung **einzuladen**. Der Wortlaut des Gesetzes bedarf aber an dieser Stelle der Einschränkung: Wie sich aus Abs. 3 Satz 2 ergibt, der sonst überflüssig wäre, bezieht sich die Verpflichtung zur Einladung nur auf die regelmäßige (Rz. 7) und die weiteren Versammlungen (Rz. 26), nicht auch auf die außerordentlichen Versammlungen (vgl. dazu Rz. 28). Einzuladen ist der Arbeitgeber ferner, wenn der Betriebsrat auf Antrag einer im Betrieb vertretenen Gewerkschaft eine Betriebsversammlung einberuft; dies ergibt sich aus Abs. 4, der auf Abs. 1 Satz 1 verweist, der seinerseits wieder der Sache nach von Abs. 2 Satz 1 in Bezug genommen wird (*Brill* BB 1983, 1860).

41 Beruft der Betriebsrat nach Abs. 3 Satz 1 auf Wunsch des Arbeitgebers eine **außerordentliche** Betriebs- oder Abteilungsversammlung ein (vgl. Rz. 28 ff.), so hat er den Arbeitgeber nach Abs. 3 Satz 2 nur vom Zeitpunkt der Versammlung so rechtzeitig zu **unterrichten**, daß er den notwendigen Raum bereitstellen sowie für seine eigene Teilnahme oder seine Vertretung in der Versammlung sorgen kann (*G/L* § 43 Rz. 30). Diese Verpflichtung besteht jedoch dann nicht, wenn der Betriebsrat nach Abs. 3 Satz 1 von sich aus eine außerordentliche Betriebs- oder Abteilungsversammlung einberuft oder wenn dies auf Antrag von mindestens einem Viertel der wahlberechtigten Arbeitnehmer geschieht. Der Betriebsrat muß allerdings auch in diesen Fällen beim Arbeitgeber rechtzeitig seinen An-

Regelmäßige Betriebs- und Abteilungsversammlungen § 43

spruch auf Bereitstellung des notwendigen Raumes geltend machen (*Brill* a. a. O. 1861; *D/R* § 43 Rz. 43; *F/A/K/H* § 43 Rz. 51).

Dem Arbeitgeber steht kraft Gesetzes das **Recht auf Teilnahme** an Betriebs- und 42 Abteilungsversammlungen nur hinsichtlich der regelmäßigen Versammlungen nach Abs. 1 Satz 1 und 2 zu (*BAG* vom 27. 6. 1989 – 1 ABR 28/88 – AP Nr. 5 zu § 42 BetrVG 1972 = EzA § 42 BetrVG 1972 Nr. 4 = DB 1989, 2543; *D/R* § 43 Rz. 46; *F/A/K/H* § 43 Rz. 49; *G/L* § 43 Rz. 33). Zu diesen Versammlungen rechnet auch die nach Abs. 4 auf Antrag einer Gewerkschaft einberufene Betriebsversammlung. Ferner besteht das Teilnahmerecht bei weiteren Versammlungen nach Abs. 1 Satz 4 sowie den auf seinen Wunsch stattfindenden außerordentlichen Versammlungen nach Abs. 3 (*Lunk* 193).

Der Betriebsrat **kann** aber den Arbeitgeber auch zu den übrigen außerordentli- 43 chen Versammlungen **einladen**, wenn ihm dies zweckmäßig erscheint. Dann kann der Arbeitgeber auch an diesen Versammlungen teilnehmen (*F/A/K/H* § 43 Rz. 50; *D/R* § 43 Rz. 48; *G/L* § 43 Rz. 33; *Brill* a. a. O.). Die Regelungen in Abs. 2 und 3 über die Einladung und Unterrichtung des Arbeitgebers bringen zugleich zum Ausdruck, daß die Anwesenheit des Arbeitgebers mit der Nichtöffentlichkeit der Betriebsversammlung vereinbar ist. Da der Betriebsrat die Versammlungen einberuft und durchführt, bedarf die Teilnahme des Arbeitgebers auf Einladung des Betriebsrats nicht der Zustimmung der Teilnehmer der Versammlung (herrschende Meinung; vgl. *Brill* a. a. O.; a. A. GK-*Fabricius* § 43 Rz. 48).

Der Arbeitgeber braucht der **Einladung** des Betriebsrats nur in besonderen Fällen 44 (vgl. unten in dieser Rz.) nicht zu folgen (*F/A/K/H* § 43 Rz. 29; *G/L* § 43 Rz. 32; *D/R* § 43 Rz. 52; *Lunk* 194). Er sollte jedoch zumindest dann teilnehmen, wenn er zur gemeinsamen Erörterung einer bestimmten Angelegenheit eingeladen worden ist, es sei denn, es sprächen triftige Gründe gegen seine Teilnahme. Dies entspricht dem Gebot zur vertrauensvollen Zusammenarbeit. Der Arbeitgeber muß aber an einer Versammlung teilnehmen, in der er seiner Berichtspflicht nach Abs. 2 Satz 3 nachzukommen hat, oder die nach Abs. 3 auf seinen Wunsch einberufen worden ist (*Brill*, *D/R*, *G/L* und *F/A/K/H*, jeweils a. a. O.; *D/K/K/S* § 43 Rz. 16 und 23).

Nach Abs. 2 Satz 2 hat der Arbeitgeber, soweit er kraft Gesetzes einzuladen ist, 45 das Recht, in den Versammlungen zu **sprechen**, wobei er abzuwarten hat, bis ihm der Versammlungsleiter das Wort erteilt (*Brill* a. a. O.). Dieses Rederecht schließt die Befugnis ein, zu den einzelnen Punkten der Tagesordnung das Wort zu ergreifen, Fragen zu beantworten und auch zu dem vom Betriebsrat abgegebenen Tätigkeitsbericht Stellung zu nehmen (*Brill* a. a. O.; *D/R* § 43 Rz. 53; *F/A/K/H* § 43 Rz. 31; *G/L* § 43 Rz. 34; zu seinem eigenen Bericht über das Personal- und Sozialwesen vgl. oben Rz. 19). **Anträge** kann der Arbeitgeber jedoch nicht stellen, da er nach § 42 nicht zu den Personen gehört, aus denen die Betriebsversammlung besteht (im Ergebnis ebenso *F/A/K/H* § 43 Rz. 32; a. A. *G/L* § 43 Rz. 34; *Kammann/Hess/Schlochauer* § 43 Rz. 24, sowie *D/R* § 43 Rz. 54, die zu Unrecht das besondere Antragsrecht hinsichtlich der Tagesordnung einer außerordentlichen Betriebsversammlung mit dem Recht zur Stellung von Anträgen innerhalb der Betriebs- und Abteilungsversammlungen gleichsetzen). Es entspricht aber allgemeiner Rechtsauffassung, daß der Arbeitgeber in der Betriebs- und Abteilungsversammlung kein Stimmrecht hat (vgl. *D/R* § 43 Rz. 53; *G/L* und *F/A/K/H*, jeweils a. a. O.).

Die Redebefugnis in der Betriebs- und Abteilungsversammlung besteht auch 46

§ 44 2. Teil 4. Abschn. Betriebsversammlung

dann, wenn der Betriebsrat den Arbeitgeber freiwillig eingeladen hat (*Brill* und *D/R*, jeweils a. a. O.). Dies gilt aber nur dann, wenn der Betriebsrat bei der Einladung keine Einschränkungen gemacht hat. Solche Einschränkungen sind wirksam, da der Betriebsrat von der Einladung auch ganz absehen könnte.

47 Der Arbeitgeber kann sich in der Betriebs- oder Abteilungsversammlung **vertreten lassen**, obwohl dies in Abs. 2 Satz 2 nur für die Erstattung des Lageberichts ausdrücklich vorgesehen ist (*LAG Düsseldorf* vom 11. 2. 1982 – 21 Ta BV 109/8 – DB 1982, 1066; *F/A/K/H* § 43 Rz. 28; GK-*Fabricius* § 43 Rz. 51). Möglich ist die Vertretung durch einen oder mehrere (*F/A/K/H* a. a. O.) Mitarbeiter, die im Betrieb Arbeitgeberfunktionen ausüben. Betriebsfremde Personen kommen hierfür nicht in Betracht (*Brill* a. a. O. 1862; *F/A/K/H* a. a. O.).

48 Obwohl im Gesetz nicht ausdrücklich zugelassen, kann der Arbeitgeber sich durch leitende Angestellte **begleiten und unterstützen** lassen (*Brill* a. a. O.; GK-*Fabricius* § 43 Rz. 55; *G/L* § 43 Rz. 34; vgl. auch oben § 42 Rz. 12a).

49 **Weitere Befugnisse** des Arbeitgebers hinsichtlich der Betriebs- und Abteilungsversammlungen sind das Recht, sich Aufzeichnungen zu machen (vgl. § 42 Rz. 43) sowie das Recht, einen Beauftragten seines Verbandes hinzuzuziehen (§ 46). Nach Abs. 2 Satz 3 ist er berechtigt und verpflichtet, einmal in jedem Kalenderjahr über das Personal- und Sozialwesen des Betriebs und über die wirtschaftliche Lage und Entwicklung des Betriebs zu berichten (vgl. dazu oben Rz. 19).

VIII. Streitigkeiten

50 Streitigkeiten über die Einberufung und Durchführung der Betriebs- und Abteilungsversammlungen, der Teilnahme an ihnen sowie über die Zuständigkeit und Kosten dieser Versammlungen sind vom Arbeitsgericht im Beschlußverfahren zu entscheiden (§ 2a ArbGG). Das Gleiche gilt auch für die Erstattung der Tätigkeits- oder Lageberichte (*G/L* § 43 Rz. 43; *F/A/K/H* § 43 Rz. 60; *D/R* § 43 Rz. 62). Wegen der Beweislast und der Beweisführung für das Vertretensein einer Gewerkschaft im Betrieb wird auf die Hinweise zu § 46 verwiesen (dort Rz. 21).

§ 44 Zeitpunkt und Verdienstausfall

**(1) Die in den §§ 17 und 43 Abs. 1 bezeichneten und die auf Wunsch des Arbeitgebers einberufenen Versammlungen finden während der Arbeitszeit statt, soweit nicht die Eigenart des Betriebs eine andere Regelung zwingend erfordert. Die Zeit der Teilnahme an diesen Versammlungen einschließlich der zusätzlichen Wegezeiten ist den Arbeitnehmern wie Arbeitszeit zu vergüten. Dies gilt auch dann, wenn die Versammlungen wegen der Eigenart des Betriebs außerhalb der Arbeitszeit stattfinden; Fahrkosten, die den Arbeitnehmern durch die Teilnahme an diesen Versammlungen entstehen, sind vom Arbeitgeber zu erstatten.
(2) Sonstige Betriebs- oder Abteilungsversammlungen finden außerhalb der Arbeitszeit statt. Hiervon kann im Einvernehmen mit dem Arbeitgeber abgewichen werden; im Einvernehmen mit dem Arbeitgeber während der Arbeitszeit durchgeführte Versammlungen berechtigen den Arbeitgeber nicht, das Arbeitsentgelt der Arbeitnehmer zu mindern.**

Literaturübersicht

Boewer Umfaßt die Vergütungsgarantie nach § 44 Abs. 1 Satz 2 BetrVG bei Teilnahme an Betriebsversammlungen Überstunden- und Mehrarbeitszuschläge? DB 1972, 1580; *Haberkorn* Lohnanspruch bei Teilnahme an außerhalb der Arbeitszeit liegenden Betriebsversammlungen, RdA 1966, 86; *Herschel* Die zeitliche Lage der Betriebsversammlung, DB 1962, 237; *Lipke* Betriebsverfassungsrechtliche Probleme der Teilzeitarbeit NZA 1990, 758; *Lunk*, Die Betriebsversammlung – das Mitgliederorgan der Belegschaftsversammlung, 1991; *Meisel* Die zeitliche Lage der vierteljährlichen ordentlichen Betriebsversammlung, DB 1962, 763; *Neumann-Duesberg* Arbeitsbefreiung und Lohnanspruch bei der legalen außerordentlichen Betriebsversammlung während der Arbeitszeit, RdA 1968, 443; *Rüthers* Rechtsprobleme der Organisation und der Thematik von Betriebsversammlungen, ZfA 1974, 207; *Säcker* Probleme der Lohnausfallerstattung bei Betriebsversammlungen, DB 1965, 1856; *Viets* Zur Teilnahme von Außendienstmitarbeitern an Betriebsversammlungen, RdA 1979, 272; vgl. auch Literaturübersichten zu §§ 42 und 43.

Inhaltsübersicht

		Rz.
I.	Allgemeines	1, 2
II.	Zeitliche Lage der Betriebs- und Abteilungsversammlung	3–20
	1. Lage innerhalb der Arbeitszeit	3–11
	2. Lage außerhalb der Arbeitszeit	12–20
	a) Eigenart des Betriebes	12–16
	b) Versammlungen nach Abs. 2	17–20
III.	Entgeltzahlung	21–36
	1. Anspruchsberechtigte Arbeitnehmer	22–24
	2. Anspruchsvoraussetzungen	25–28
	3. Umfang des Anspruchs	29–36
IV.	Fahrtkosten	37–40
V.	Streitigkeiten	41

I. Allgemeines

Die Vorschrift bestimmt, unter welchen Voraussetzungen Betriebs- oder Abteilungsversammlungen während der Arbeitszeit durchzuführen sind. Darüber hinaus regelt sie die Entgeltzahlung der Arbeitnehmer, die an diesen Versammlungen teilnehmen. Gegenüber dem BetrVG 1952 wird klargestellt, daß auch die Betriebsversammlung zur Wahl des Wahlvorstands nach § 17 grundsätzlich während der Arbeitszeit stattfindet. Da durch die Teilnahme an den Versammlungen den Arbeitnehmern weder Verdienstausfall noch Kosten entstehen sollen, bestimmt Abs. 1 Satz 2 und 3, daß auch zusätzliche Wegezeiten wie Arbeitszeit zu vergüten und daß Fahrtkosten, die den Arbeitnehmern durch die Teilnahme an diesen Versammlungen entstehen, vom Arbeitgeber zu erstatten sind. Alle anderen Betriebs- und Abteilungsversammlungen können nur im Einvernehmen mit dem Arbeitgeber während der Arbeitszeit durchgeführt werden.

Die Regelung ist zwingend und kann durch kollektive Vereinbarung nicht geändert werden (*G/L* § 44 Rz. 2; *F/A/K/H* § 44 Rz. 3; *D/R* § 44 Rz. 11; *D/K/K/S* § 43 Rz. 3). Die Modalitäten, z. B. Ort und Zeit der Versammlung, können aber, soweit die gesetzliche Regelung nicht verändert wird, durch Betriebsvereinbarung geregelt werden (*D/R* a.a.O.). Die hier getroffene gesetzliche Regelung gilt entsprechend für die Jugend- und Auszubildendenversammlung (§ 71).

II. Zeitliche Lage der Betriebs- und Abteilungsversammlung

1. Lage innerhalb der Arbeitszeit

3 Abs. 1 Satz 1 bestimmt zunächst, welche Betriebs- und Abteilungsversammlungen während der Arbeitszeit stattzufinden haben, nämlich die Betriebsversammlungen, die nach § 17 in Betrieben ohne Betriebsrat zur Wahl eines Wahlvorstands von drei wahlberechtigten Arbeitnehmern oder der Gewerkschaft einberufen werden, sowie die ordentlichen Betriebs- und Abteilungsversammlungen nach § 43 Abs. 1, auf denen der Betriebsrat seinen Tätigkeitsbericht zu erstatten hat, und die weiteren Versammlungen, die der Betriebsrat einmal in jedem Halbjahr durchführen kann, wenn dies aus besonderen Gründen zweckmäßig erscheint. Schließlich sind auch während der Arbeitszeit alle Betriebsversammlungen durchzuführen, deren Einberufung auf Wunsch des Arbeitgebers gem. § 43 Abs. 3 erfolgt. Alle sonstigen Betriebs- und Abteilungsversammlungen finden grundsätzlich außerhalb der Arbeitszeit statt, es sei denn, daß der Arbeitgeber sein Einverständnis mit der Abhaltung während der Arbeitszeit erklärt (vgl. unten Rz. 17). Abs. 1 Satz 1 verpflichtet außerdem, wie sich aus der Rückverweisung auf § 43 Abs. 1 und § 17 ergibt, den Betriebsrat und die nach § 17 Abs. 2 zur Einladung Berechtigten, die Betriebs- oder Abteilungsversammlung so anzusetzen, daß sie bei pflichtmäßiger Abschätzung des Beratungsbedarfs während der Arbeitszeit stattfinden kann, soweit nicht die Eigenart des Betriebes eine andere Regelung zwingend erfordert (vgl. auch unten Rz. 11 und 29).

4 Unter **Arbeitszeit** im Sinne dieser Bestimmung versteht die herrschende Rechtsauffassung die betriebliche Arbeitszeit. Die individuelle Arbeitszeit des einzelnen Arbeitnehmers sei ohne Bedeutung (*BAG* vom 5.5. 1987 – 1 AZR 665/85 – EzA § 44 BetrVG 1972 Nr. 5 – DB 1987, 1945; vom 9.3. 1976 – 1 ABR 74/74 – EzA § 44 BetrVG 1972 Nr. 4 = DB 1976, 1292; *G/L* § 44 Rz. 4; *F/A/K/H* § 44 Rz. 8; *D/K/K/S* § 44 Rz. 5; *Dütz/Schulin* ZfA 1975, 109f.; *Brötzmann* BB 1990, 1055, 1059; *S/W* §§ 42–46 Rz. 25 und die Vorauflage). Dem kann nicht beigepflichtet werden (so auch GK-*Fabricius* § 44 Rz. 3). Die Bindung an die Arbeitszeit dient dem Schutz der Arbeitnehmer. Schon dies spricht dafür, daß unter Arbeitszeit die persönliche Arbeitszeit verstanden werden muß, wie dies auch in anderen gesetzlichen Zusammenhängen gilt (vgl. z.B. oben § 37 Rz. 56 und § 30 Rz. 3). Vor allem aber würde die herrschende Auffassung zu dem Ergebnis führen, daß in einem kontinuierlich laufenden Betrieb die zur Verfügung stehende Zeit immer zugleich Arbeitszeit ist und damit sonstige Betriebs- und Abteilungsversammlungen, die nach Abs. 2 grundsätzlich außerhalb der Arbeitszeit stattfinden müssen, dann gar nicht möglich wären. Somit kann es in Abs. 1 Satz 1 nur auf die persönliche Arbeitszeit der einzelnen Arbeitnehmer ankommen (vgl. dazu auch unten Rz. 8).

5 Der Betriebsrat bestimmt den **Zeitpunkt** der Betriebs- oder Abteilungsversammlung. Der Zustimmung des Arbeitgebers bedarf es nicht (*ArbG Bielefeld* vom 20.4. 1990 – 2 BV Ga 12/90 – DB 1990, 1776; *F/A/K/H* § 44 Rz. 9; *D/K/K/S* § 44 Rz. 3). Der Betriebsrat hat jedoch auf die betrieblichen Notwendigkeiten Rücksicht zu nehmen; dies ergibt sich aus einer entsprechenden Anwendung des § 30 Satz 2, der für die den Arbeitgeber weitaus stärker als die Betriebsratssitzung belastende Betriebs- oder Abteilungsversammlung erst recht gelten muß. Ferner ergibt sich aus dem Gebot zur vertrauensvollen Zusammenarbeit, daß der Betriebsrat sich vor einer endgültigen Festlegung mit dem Arbeitgeber in Verbindung setzen muß, zumal der Arbeitgeber zu betrieblichen Dispositionen – auch wegen der Bereitstellung des notwendigen Raumes – gezwungen ist und daher in der Lage sein muß, etwaige Bedenken gegen den konkreten Terminplan des Betriebsrats vorzubringen (*S/W* §§ 42–46 Rz. 26; so auch *Lunk* 170, der einen zeitlichen Zwischenraum von 4–5 Tagen für erforderlich hält; vgl. auch *ArbG Bielefeld* a. a. O.). Der Betriebsrat kann daher die während der Arbeitszeit stattfindenden Betriebsversammlungen nicht willkürlich ansetzen (im Ergebnis ebenso *Rüthers* ZfA 1974, 221; *F/A/K/H* a. a. O.; *G/L* § 44 Rz. 7; *D/R* § 44 Rz. 13; *Lunk* 169).

Aus dem Gebot zur Rücksichtnahme auf die betrieblichen Notwendigkeiten ergibt sich einmal, daß die Betriebs- oder Abteilungsversammlung in der Regel gegen **Ende der täglichen Arbeitszeit** durchzuführen ist (so auch *BAG* vom 9. 3. 1976, a. a. O., in AP Bl. 2 R; *F/A/K/H* a. a. O.; *G/L* § 44 Rz. 8; *Rüthers* a. a. O.; *S/W* §§ 42–46 Rz. 27; *Lunk* 171; *Hohn* DB 1985, 2195; vgl. auch GK-*Fabricius* § 44 Rz. 12, der von einem etwa dreistündigen Abstand zum Ende der regelmäßigen Arbeitszeit ausgeht). Dadurch wird der Betriebsablauf in der Regel am wenigsten gestört. Dehnt sich in einem derartigen Fall die Versammlung (z. B. wegen einer besonders intensiven Diskussion) über das Ende der regelmäßigen Arbeitszeit hinaus aus, so ist auch der in die Freizeit hineinragende Teil der Betriebsversammlung wie Arbeitszeit zu vergüten (vgl. im einzelnen unten Rz. 29 ff.). Die Versammlung, die schon nach dem Wortsinn dieses Begriffes eine zeitlich zusammenhängende Einheit ist, kann **nicht unterbrochen und später fortgesetzt** werden (so auch, jedenfalls im Grundsatz: *ArbG Stuttgart* vom 19. 1. 1989 – 19 BV Ga 1/89 – und *ArbG Oberhausen* vom 8. 5. 1984 – 3 BV Ga 7/84 –, jeweils unveröffentlicht; *Lunk* 171; **a. A.** *LAG Baden-Württemberg* vom 5. 5. 1982 – 2 Sa 122/81 – AiB 1989, 209; *F/A/K/H* und *D/K/K/S*, jeweils a. a. O.). Die Aufforderung des Betriebsrats zur Fortsetzung ist in Wirklichkeit eine Neueinberufung, die nur unter den Voraussetzungen des § 43 Abs. 1 Satz 4 zulässig ist.

6

Arbeitet der Betrieb in **gleitender Arbeitszeit**, so muß der Betriebsrat die Betriebsversammlung auch in die Kernarbeitszeit legen *F/A/K/H* § 44 Rz. 8; *G/L* § 44 Rz. 8; *D/R* § 44 Rz. 4; *S/W* §§ 42–46 Rz. 27; *Lunk* 170).

7

Gehören zur Belegschaft auch **Teilzeitarbeitnehmer**, ist die Versammlung so zu legen, daß möglichst viele dieser Arbeitnehmer während ihrer Arbeitszeit teilnehmen können (*BAG* vom 27. 11. 1987 – 7 AZR 29/87 – EzA § 44 BetrVG 1972 Nr. 8 = DB 1988, 810; *F/A/K/H* a. a. O.; vgl. auch oben § 37 Rz. 60).

8

Handelt es sich um einen **Schichtbetrieb**, ist die Betriebsversammlung ebenfalls so zu legen, daß möglichst viele Arbeitnehmer an ihr teilnehmen können (vgl. dazu im einzelnen unten Rz. 16).

9

Sofern zwischen Betriebsrat und Arbeitgeber **kein Einvernehmen** über den Zeitpunkt der Betriebs- oder Abteilungsversammlung erzielt wird, kann der Betriebsrat die Frage entscheiden. Unterläßt er es aber, mit dem Arbeitgeber über den Zeitpunkt der Betriebs- oder Abteilungsversammlung Verbindung aufzunehmen, oder übergeht er ohne triftige Gründe die Einwände des Arbeitgebers, so kann darin eine grobe Verletzung seiner gesetzlichen Pflichten nach § 23 Abs. 1 liegen.

10

Bei Meinungsverschiedenheiten kann der Arbeitgeber ferner eine Entscheidung des Arbeitsgerichts im Beschlußverfahren über die zeitliche Lage der Versammlung herbeiführen. Das Arbeitsgericht kann jedoch lediglich die Abhaltung der Versammlung – ggf. durch einstweilige Verfügung – verbieten, nicht aber selbst einen anderen Termin bestimmen (*LAG Düsseldorf* vom 24. 10. 1972 – 11 (6) Ta BV 43/72 – BB 1972, 2212; *G/L* § 44 Rz. 9; *F/A/K/H* § 44 Rz. 13; vgl. auch *Lunk* 170).

11 Der Versammlungsleiter hat dafür zu sorgen, daß die Versammlung **nicht über das notwendige zeitliche Maß hinaus ausgedehnt** wird. Kommt es dieser Verpflichtung nicht nach, liegt darin eine Amtspflichtverletzung, die ein Gerichtsverfahren nach § 23 Abs. 1 auslösen kann. Im allgemeinen bestehen aber keine Bedenken dagegen, daß eine ordentliche Betriebs- oder Abteilungsversammlung zwei bis drei Stunden dauert (so auch *D/R* § 44 Rz. 16 und *Rüthers* ZfA 1974, 223; vgl. auch oben Rz. 6). Es ist nicht zulässig, die Höchstdauer der Versammlungen, die während der Arbeitszeit stattfinden, durch zwingende Vereinbarungen zu begrenzen (*LAG Saarbücken* vom 21. 12. 1960 – Ta 6/58 – AP Nr. 2 zu § 43 BetrVG 1952 m. Anm. *Küchenhoff* = DB 1961, 171; *G/L* § 44 Rz. 8; *D/R* § 44 Rz. 16; *F/A/K/H* § 44 Rz. 12; **a. A.** *Rüthers* ZfA 1974, 224; vgl. auch oben Rz. 2). Etwas anderes gilt allerdings für eine außerordentliche Betriebs- oder Abteilungsversammlung, die nicht während der Arbeitszeit stattzufinden braucht, jedoch im Einvernehmen mit dem Arbeitgeber in die Arbeitszeit gelegt wird. In einem solchen Fall kann dann eine Höchstdauer festgelegt werden. Der Arbeitgeber kann seine Zustimmung hiervon abhängig machen (*D/R* a. a. O.; *F/A/K/H* § 44 Rz. 21; *G/L* § 44 Rz. 6).
In **Dienstleistungsbetrieben**, z. B. Warenhäusern, sind Besonderheiten zu beachten. Nach überwiegender Rechtsauffassung (vgl. dazu aber unten Rz. 12–14) ist die Betriebs- oder Abteilungsversammlung in der Regel innerhalb der Arbeitszeit durchzuführen. Von diesem Ausgangspunkt her wird vertreten, die Durchführung der Versammlung innerhalb der Arbeitszeit erfordere nicht, daß der Betrieb für die Zeit der Versammlung geschlossen wird. Es bestünden keine Bedenken, den Betrieb in dieser Zeit mit solchen Kräften mindestens teilweise weiterzuführen, die entweder dem Betrieb angehören und der Betriebsversammlung fernbleiben oder die aus anderen Betrieben entliehen sind (so etwa *LAG Köln* vom 23. 10. 1985 – 3 Ta BV 56/85 – DB 1986, 386; vom 19. 4. 1988 – 11 Ta BV 24/88 – DB 1988, 1400; *Kappes/Rath* DB 1987, 2645; *Strümper* NZA 1984, 315, 317; *F/A/K/H* § 44 Rz. 10; **a. A.** *D/K/K/S* § 44 Rz. 9; vgl. dazu aber unten Rz. 14).

2. Lage außerhalb der Arbeitszeit

a) Eigenart des Betriebes

12 Nach dem Gesetz können die in Abs. 1 Satz 1 genannten Versammlungen ausnahmsweise dann außerhalb der Arbeitszeit angesetzt werden (vgl. dazu oben Rz. 3 f.), wenn die Eigenart des Betriebes eine andere Regelung **zwingend erfordert**. Dabei ist davon auszugehen, daß dem Arbeitgeber mit der Durchführung der Betriebs- oder Abteilungsversammlung außerhalb der Arbeitszeit zusätzliche Belastungen durch Entgeltzahlung einschließlich Zahlungen für zusätzliche Wegezeiten sowie Fahrtkosten entstehen. Unabhängig davon ist ferner zu prüfen, ob nicht anstelle von Betriebs- oder Abteilungsversammlungen als Vollversammlung außerhalb der Arbeitszeit Teilversammlungen nach §§ 42 Abs. 1 Satz 3 durchge-

führt werden müssen, wenn deren Voraussetzungen vorliegen (vgl. oben § 42 Rz. 45 ff.). Bei dieser Prüfung ist aber zu beachten, daß Teilversammlungen unzulässig sind, wenn eine Vollversammlung – ggf. auch außerhalb der Arbeitszeit – möglich ist (*BAG* vom 9.3.1976, a.a.O.; *Herschel* DB 1972, 237; vgl. auch oben § 42 Rz. 45).

Die Bedeutung des den Grundsatz der arbeitszeitgebundenen Betriebsversammlung einschränkenden Halbsatzes in Abs. 1 Satz 1 ist umstritten; nach dem **BAG** sollen besondere Umstände, die sich **aus der technischen Organisation des Betriebes** ergeben, die Voraussetzungen dieser Ausnahme erfüllen können. Dies ist besonders für Bergbaubetriebe bejaht worden, wenn die Durchführung einer Betriebs- oder Abteilungsversammlung während der Arbeitszeit zur Stillegung des Betriebes für einen ganzen Tag führen würde (*BAG* vom 26.10.1956 – 1 ABR 26/54 – AP Nr. 1 zu § 43 BetrVG 1952 m. Anm. *Dietz* = DB 1957, 215; bestätigt durch *BAG* vom 9.3.1976, a.a.O., in AP Bl. 2, wonach eine andere Regelung auch dann erforderlich werden könne, wenn »der eingespielte technisch-organisatorische Ablauf des Betriebes eine unerträgliche Störung erfahren würde«; vgl. auch *LAG Saarbrücken* vom 21.12.1960 – Ta 6/58 – AP Nr. 2 zu § 43 BetrVG 1952 m. Anm. *Küchenhoff* = DB 1961, 171; *LAG Hamm* vom 22.10.1959 – 4 Ta BV 75/55 – BB 1960, 288; *D/K/K/S* § 44 Rz. 9). Ob auch die **wirtschaftliche Unzumutbarkeit** ausreicht, hat das BAG in seiner Entscheidung von 1956 offengelassen und in seinem weiteren Beschluß von 1976 (jeweils a.a.O.) bei Vorliegen von »absoluter wirtschaftlicher Unzumutbarkeit« bejaht (zustimmend *F/A/K/H* § 44 Rz. 17; GK-*Fabricius* § 44 Rz. 16). Dieser Entscheidung ist aber mit Recht entgegengehalten worden, daß es keine verschiedenen Stufen der Unzumutbarkeit gibt (so *Meisel* Anm. AP Nr. 3 zu § 44 BetrVG 1952 Bl. 5 R; *D/R* § 44 Rz. 6). Indessen ist es überhaupt unrichtig, für die »andere Regelung« wirtschaftliche Gründe ins Feld zu führen, weil sie von vornherein ungeeignet sind, eine andere Regelung zu erzwingen.

Vielmehr ist eine Abweichung von der Regel, daß die Betriebs- oder Abteilungsversammlung während der Arbeitszeit abgehalten wird, auch dann – also neben der Notwendigkeit aus technisch-organisatorischen Gründen – zwingend erforderlich, wenn der Betriebsrat mit der Inanspruchnahme der Arbeitszeit **in die Erfüllung des vom Arbeitgeber gesetzten unternehmerischen Zwecks eingreifen** würde, dem der Betrieb dient (ähnlich *Lunk* 167). Führt der Arbeitgeber z.B. einen Betrieb, um dem Publikum während einer bestimmten Öffnungszeit Waren oder Dientleistungen anzubieten, dann könnte dieser Zweck nicht mehr erreicht werden, wenn während der Öffnungszeit eine Betriebs- oder Abteilungsversammlung stattfände, an der nach der gesetzlichen Regelung möglichst die ganze Belegschaft (oder die ganze Abteilung) teilnehmen können muß. Besonders deutlich würde das bei Verkehrsbetrieben, die ihren Kunden Verkehrsleistungen zu bestimmten Zeiten anbieten. Dasselbe würde auch gelten, wenn ein Produktionsbetrieb nach dem Unternehmenszweck, dem er zu dienen hat, während bestimmter Zeiten zu arbeiten hat (z.B. Großküche, zahntechnisches Labor). Die Richtigkeit dieses Auslegungsergebnisses wird durch Versuche von Gerichten und Autoren (vgl. oben Rz. 11), zu erreichen, daß der Betrieb trotz der Betriebsversammlung geöffnet bleiben kann, mittelbar bestätigt; denn diese Versuche widerstreiten dem Zweck der Regelungen über die Betriebs- und Abteilungsversammlung, daß möglichst alle Arbeitnehmer – sogar auch die Leiharbeitnehmer (vgl. oben § 42 Rz. 14) – an ihr teilnehmen können. Dieses Auslegungsergebnis wird ferner nicht dadurch

§ 44   2. Teil 4. Abschn. Betriebsversammlung

widerlegt, daß auch der Zweck eines normalen Produktionsbetriebs durch die Abhaltung der Betriebs- oder Abteilungsversammlung während der Arbeitszeit gestört wird. Diese Störung kann durch unternehmerische Dispositionen, z. B. durch Vor- oder Nacharbeit, ausgeglichen werden. Der Arbeitgeber eines Betriebs mit Publikumsverkehr kann aber das Publikum, das während der durch die Betriebsversammlung blockierten Öffnungszeit dem Betrieb ferngeblieben ist, nicht dazu veranlassen, seine Wünsche zu einem früheren oder späteren Zeitpunkt zu befriedigen. Der Umsatz kann nicht wie die Produktion vor- oder nachgeholt werden.

15   In **Warenhäusern** müssen deshalb die Betriebs- oder Abteilungsversammlungen außerhalb der Arbeitszeit durchgeführt werden, wenn die Arbeitszeit mit der Öffnungszeit übereinstimmt (*LAG Baden-Württemberg* vom 12.7. 1979 – 9 Ta BV 3/79 – BB 1980, 1267, jedenfalls für die vorösterliche Verkaufssaison; *Herschel* und *Meisel*, jeweils a.a.O.; *D/R* § 44 Rz. 7; *G/L* § 44 Rz. 18; vgl. dazu auch *Brötzmann* BB 1990, 1055, 1060; **a.A.** aber *BAG* vom 9.3. 1976, a.a.O.; *LAG Berlin* vom 26.10. 1962 – 3 Ta BV 2/62 – DB 1963, 1327; *ArbG Berlin* vom 11.12. 1972 – 4 BV 2/72 – DB 1973, 141; *F/A/K/H* § 44 Rz. 18; GK-*Fabricius* § 44 Rz. 16; *D/K/K/S* § 44 Rz. 8). Diese Gegenauffassung lehnt allerdings Betriebs- und Abteilungsversammlungen während der Hauptverkaufszeiten und während des Weihnachts- und Schlußverkaufsgeschäfts ab (ebenso auch *LAG Düsseldorf* vom 10.12. 1984 – 5 Ta BV 134/84 – NZA 1985, 368 mit der Ausnahme für den Fall, daß die vierteljährlich fällige Betriebsversammlung, die infolge Verhinderung des Betriebsratsvorsitzenden und seines Stellvertreters nicht früher stattgefunden hat, erst im folgenden Vierteljahr ausgerichtet werden könnte; so auch *Lunk* 168).

16   In **Schichtbetrieben mit nur zwei Schichten** muß eine Betriebs- oder Abteilungsversammlung an das Ende einer Schicht gelegt werden, damit sie auch den Beginn der nächstfolgenden Schicht erfaßt. Für beide Schichten findet dann die Betriebs- oder Abteilungsversammlung teils während teils außerhalb der Arbeitszeit statt. Diese Regelung ist auf die Eigenart des Betriebes zurückzuführen und nach Abs. 1 Satz 1 gerechtfertigt und geboten (*LAG Niedersachsen* vom 30.8. 1982 – 11 TaBV 8/81 – DB 1983, 1312; *LAG Schleswig-Holstein* vom 30.5. 1991 – 4 TaBV 12/91 – DB 1991, 2247 = NZA 1991, 947 = BB 1991, 1863; *Rüthers* ZfA 1974, 221; *S/W* §§ 42–46 Rz. 27; *Meisel* BB 1962, 763; *Lunk* 170; GK-*Fabricius* § 44 Rz. 11). Zu Unrecht wird für zulässig gehalten, die Versammlung in vollem Umfang während der einen Schicht durchzuführen und damit für die Arbeitnehmer der anderen Schicht Freizeit in Anspruch zu nehmen. Diese Regelung soll bedenkenfrei sein, wenn der Betriebsrat darauf achte, daß von der Betriebs- oder Abteilungsversammlung nicht die Freizeit immer derselben Schicht betroffen wird (*G/L* § 44 Rz. 19; *F/A/K/H* § 44 Rz. 11; *D/R* § 44 Rz. 14; *D/K/K/S* § 44 Rz. 12). Die Heranziehung der Freizeit der einen Schicht ist nämlich nicht mehr zwingend erforderlich, wenn es nicht mehr darum geht, die Freizeit der anderen Schicht möglichst zu schonen. Wenn demgegenüber die abweichende Rechtsauffassung die gleichmäßige Behandlung der beiden Schichtbesetzungen nur auf längere Sicht gewährleistet wissen will, so ist dies eine bloße Billigkeitserwägung, die die Auslegung des Gesetzes nicht beeinflussen kann. Abgesehen davon ist die Aussicht auf einen Ausgleich in der Zukunft angesichts der unterschiedlichen Dauer von Betriebs- und Abteilungsversammlungen und der Fluktuation innerhalb der Schichtbesetzungen zu ungewiß.

16a   Arbeitet ein **Schichtbetrieb in mehr als zwei Schichten** und ist deshalb eine Zusammenfassung aller Schichtbesetzungen in einer Betriebs- oder Abteilungsversammlung nicht möglich, dann sind **Teilversammlungen** abzuhalten, z. B. bei einem Dreischichtbetrieb eine Teilversammlung für die ersten beiden Schichten gemeinsam und eine zweite Teilversammlung für die dritte Schicht.

Der Betriebsrat kann entgegen der herrschenden Rechtsauffassung (*G/L* § 44 **16b** Rz. 17; *F/A/K/H* § 44 Rz. 19; *D/R* § 44 Rz. 8; *D/K/K/S* § 44 Rz. 10) und die Vorauflage nicht aufgrund eines angeblichen Ermessensspielraums zwischen den gesetzlich vorgesehenen Möglichkeiten der Durchführung von Betriebs- und Abteilungsversammlungen auswählen oder sogar zwischen ihnen abwechseln. Die gesetzlichen Möglichkeiten sind nämlich bei Vorliegen ihrer Voraussetzungen zwingend. Außerdem hat das Tatbestandsmerkmal »Eigenart des Betriebes« in den beiden Regelungen des § 42 Abs. 1 Satz 3 und des § 44 Abs. 1 Satz 1 (entgegen *F/A/K/H* a. a. O.) ganz unterschiedliche Bezugspunkte und Folgen: Im Falle der ersten Regelung verhindert die Eigenart des Betriebs das Zusammentreffen aller Arbeitnehmer zum gleichen Zeitpunkt, im anderen Falle die Abhaltung der Versammlung während der Arbeitszeit. Somit müssen z. B. für einen Verkehrsbetrieb, der »rund um die Uhr läuft«, Teilversammlungen außerhalb der Arbeitszeit durchgeführt werden, während eine Vollversammlung weder innerhalb noch außerhalb der Arbeitszeit möglich wäre. Auf der anderen Seite sind in einem Verkehrsbetrieb, der nur am frühen Vormittag und späten Nachmittag seinen Fuhrpark bewegt und in dem auch ein ausreichend großer Versammlungsraum vorhanden ist, Teilversammlungen nicht zulässig, wohl aber eine Vollversammlung außerhalb der Arbeitszeit um den Mittag herum.

b) Versammlungen nach Abs. 2
Außerordentliche Betriebs- und Abteilungsversammlungen, besonders also diejenigen außerordentlichen Versammlungen, die durch Initiative des Betriebsrats oder auf Verlangen von mindestens einem Viertel der wahlberechtigten Arbeitnehmer einberufen werden, finden außerhalb der Arbeitszeit statt. Hiervon kann nur im Einvernehmen mit dem Arbeitgeber abgewichen werden. Da es im freien Ermessen des Arbeitgebers liegt, der Abhaltung einer außerordentlichen Betriebs- oder Abteilungsversammlung während der Arbeitszeit zuzustimmen, steht es ihm in diesem Fall auch frei, die Zustimmung auf eine bestimmte Höchstdauer der Versammlung zu begrenzen, bei deren Überschreitung er keine Entgeltzahlung zu leisten braucht (*D/R* § 44 Rz. 34; *G/L* § 44 Rz. 23). Ohne Einverständnis des Arbeitgebers kann eine solche Betriebs- oder Abteilungsversammlung nicht während der Arbeitszeit durchgeführt werden. Fehlt das Einverständnis, kann es weder durch einen Spruch der Einigungsstelle noch durch eine Entscheidung des Arbeitsgerichts im Beschlußverfahren ersetzt werden. **17**

Ist die Betriebs- oder Abteilungsversammlung nach Abs. 2 nicht außerhalb der **18** Arbeitszeit **aller teilnehmenden Arbeitnehmer** möglich, weil einzelne von ihnen abweichende Arbeitszeiten haben, diese Zeiten sich über die gesamte zur Verfügung stehende Tageszeit verteilen, so hat der Betriebsrat die Betriebs- oder Abteilungsversammlung so zu legen, daß möglichst wenige Arbeitnehmer während ihrer Arbeitszeit erfaßt werden (vgl. dazu oben § 44 Rz. 8 und § 37 Rz. 60). Die Arbeitnehmer, bei denen die Versammlung in die persönliche Arbeitszeit hineinfällt oder hineinreicht, können zwar, weil sie nach § 42 Abs. 1 Satz 1 zur Versammlung gehören, an ihr teilnehmen (**a. A.** *F/A/K/H* § 44 Rz. 23; GK-*Fabricius* § 44 Rz. 72: nur wenn der Arbeitgeber gem. Abs. 2 zustimmt); sie haben aber bei Teilnahme keinen Entgeltanspruch (vgl. unten Rz. 25 und GK-*Fabricius* a. a. O.).

§ 44 2. *Teil 4. Abschn. Betriebsversammlung*

19 Legt der Betriebsrat eine außerordentliche Versammlung **ohne Einverständnis des Arbeitgebers** in die Arbeitszeit, so handelt er pflichtwidrig mit der Folge, daß er ggf. gem. § 23 Abs. 1 aufgelöst werden kann (*F/A/K/H* § 44 Rz. 20; *S/W* §§ 42–46 Rz. 33). Arbeitnehmer, die an einer entgegen der Regelung in Abs. 2 während der Arbeitszeit angesetzten Versammlung teilnehmen, verstoßen gegen ihre arbeitsvertragliche Leistungspflicht. Ein solcher Verstoß kann aber dann, wenn die Arbeitnehmer den gesamten Umständen nach darauf vertrauen konnten, daß die Versammlung nicht gesetzwidrig war, eine außerordentliche Kündigung wegen beharrlicher Arbeitsverweigerung nicht rechtfertigen (*BAG* vom 14. 10. 1960 – 1 AZR 254/58 – EzA § 123 GewO Nr. 2 = DB 1961, 172; *G/L* § 44 Rz. 11; *D/R* § 44 Rz. 36). Nehmen die Arbeitnehmer dagegen teil, obwohl der Arbeitgeber dies ihnen ausdrücklich und eindeutig verboten hat, kann eine außerordentliche Kündigung in Betracht kommen (*S/W* §§ 42–46 Rz. 34; *G/L* a. a. O.; zweifelnd *F/A/K/H* § 44 Rz. 24; wegen der Erstattung des Verdienstausfalls vgl. unten Rz. 25).

20 Die gegen den Willen des Arbeitgebers während der Arbeitszeit durchgeführte außerordentliche Versammlung kann auch eine **Arbeitskampfmaßnahme** sein, wenn der Betriebsrat damit den Arbeitgeber zur Durchsetzung eines bestimmten Ziels unter Druck setzt (vgl. dazu *Brox/Rüthers* § 2 Rz. 22; a. A. *G/L* § 44 Rz. 12; unklar *D/R* § 44 Rz. 18). In diesem Fall würde der Betriebsrat auch gegen § 74 Abs. 2 Satz 1 verstoßen.

III. Entgeltzahlung

21 Nach Abs. 1 Satz 2 ist die Zeit der Teilnahme an den in §§ 17 und 43 Abs. 1 bezeichneten und an den auf Wunsch des Arbeitgebers einberufenen Versammlungen einschließlich zusätzlicher Wegezeiten wie Arbeitszeit zu vergüten. Bei **Leiharbeitnehmern** (vgl. dazu des näheren oben § 39 Rz. 27), die nach Art. 1 § 14 Abs. 2 Satz 2 AÜG berechtigt sind, an Betriebsversammlungen auch im Entleiherbetrieb teilzunehmen, richtet sich der Anspruch gegen den Verleiher, weil er Vertragspartner des Leiharbeitnehmers ist (so auch *Becker/Wulfgramm* Art. 1 § 14 Rz. 59; *Lunk* 190; wegen der Abwälzung der daraus entstehenden Kosten vgl. oben § 39 Rz. 27 a. E.).

1. Anspruchsberechtigte Arbeitnehmer

22 Einen Anspruch auf Vergütung der Zeit der Teilnahme und zusätzlicher Wegezeiten haben nur die Arbeitnehmer, die an den Versammlungen **tatsächlich teilgenommen** haben. Arbeitnehmer, die Versammlungen während der Arbeitszeit – aus welchen Gründen auch immer – fernbleiben, sind weiterhin zur Arbeitsleistung verpflichtet. Sie haben bei Erfüllung dieser Verpflichtung Anspruch auf das vereinbarte Arbeitsentgelt. Fällt jedoch die Arbeit während der Betriebs- oder Abteilungsversammlung aus, weil eine sinnvolle Beschäftigung der Arbeitnehmer nicht möglich ist, so gerät der Arbeitgeber nicht nach § 615 BGB in Annahmeverzug (*G/L* § 44 Rz. 40; *D/R* § 44 Rz. 41; GK-*Fabricius* § 44 Rz. 27 ff.; *D/K/K/S* § 44 Rz. 21; a. A. *F/A/K/H* § 44 Rz. 35). Die Unmöglichkeit beruht in diesem Fall auf Umständen aus dem Bereich der Arbeitnehmer selbst (vgl. dazu *BAG* vom

25.7.1957 – 1 AZR 194/56 – AP Nr. 3 zu § 615 BGB Betriebsrisiko Bl. 3 m. Anm. A. *Hueck* = DB 1957, 922; 1958, 572 m. Anm. *Wetzel*). Andererseits ist der Arbeitgeber nicht gehindert, den der Versammlung fernbleibenden Arbeitnehmern das Arbeitsentgelt weiterzuzahlen. Der Betriebsrat kann nicht von ihm verlangen, solchen Arbeitnehmern das Arbeitsentgelt zu verweigern (*D/R* § 44 Rz. 42; a.A. GK-*Fabricius* § 44 Rz. 37). Allerdings darf der Arbeitgeber die Arbeitnehmer nicht dazu auffordern, der Betriebsversammlung fernzubleiben. Hierin läge, da die Durchführung der Versammlung Aufgabe des Betriebsrats ist, eine Behinderung oder Störung der Betriebsratstätigkeit, die nach § 119 Abs. 1 Nr. 2 bestraft werden könnte.

Keine Vergütungspflicht besteht gegenüber Arbeitnehmern, die während ihres **23** **Urlaubs** oder einer **Arbeitsunfähigkeit** an einer Betriebs- oder Abteilungsversammlung des Betriebes außerhalb der für diese Arbeitnehmer maßgeblichen Arbeitszeit stattfindet (*G/L* § 44 Rz. 40; GK-*Fabricius* § 44 Rz. 32 ff.; *S/W* §§ 42–46 Rz. 49 b; a. A. für den Fall des Urlaubs *BAG* vom 5.5. 1987 – 1 AZR 665/85 – EzA § 44 BetrVG 1972 Nr. 5 – DB 1987, 1945; *LAG Hamm* vom 2.5. 1974 – 4 Sa 954/73 – AuR 1974, 350; *F/A/K/H* § 44 Rz. 19; *D/K/K/S* § 44 Rz. 13). Zu Unrecht sieht die höchstrichterliche Rechtsprechung in Abs. 1 Satz 3 auch hinsichtlich der durch die Versammlung ausgefallenen Arbeitszeit eine eigenständige Vergütungsregelung, die vom Entgeltausfallprinzip abweiche und über die sie wie bei echten Entgeltansprüchen im Urteilsverfahren entscheidet (dieser Sicht zust.: *Lunk* 123–134; dagegen Berger-Delhey NZA 1991, 594). Diese Annahme findet aber im Gesetz keine ausreichende Stütze. Im Gegenteil deutet die am Entgeltausfallprinzip ausgerichtete Regelung des § 37 Abs. 2 für die Betriebsratsmitglieder darauf hin, daß auch die an der Betriebsversammlung teilnehmenden Arbeitnehmer dementsprechend gestellt werden müssen (ausführlich dazu *Buchner* Anm. SAE 1988, 10ff.) Dasselbe gilt für die Parallelregelung in § 39 Abs. 3. Es spricht schließlich nichts dafür, daß das Gesetz mit der Teilnahme an der Betriebsversammlung eine zusätzliche Verdienstquelle eröffnet, die nicht nur bei Urlaub und Arbeitskampf, sondern auch bei Arbeitsunfähigkeit, ja sogar beim Bezug von Alters- oder Erwerbsunfähigkeitsrente genutzt werden könnte, sofern das Arbeitsverhältnis weiterbesteht. **Abzulehnen** ist deshalb auch ein Vergütungsanspruch gegen den Arbeitgeber bei Teilnahme an der Betriebsversammlung während des **Erziehungsurlaubs** (a. A. aber v *BAG* vom 31.5. 1989 – 7 AZR 574/88 – DB 1990, 793 = AP Nr. 9 zu § 44 BetrVG 1972 = EzA § 44 BetrVG 1972 Nr. 9; *LAG Hamm* vom 19.8. 1988 – 16 Sa 788/88 – NZA 1989, 192; *D/K/K/S* a.a.O.; *Lunk* 148), während **Streik oder Aussperrung** (a. A. *BAG* vom 5.5. 1987 – 1 AZR 292/85 – EzA § 44 BetrVG 1972 Nr. 7 = DB 1987, 2154; *F/A/K/H* § 44 Rz. 30; *D/K/K/S* a.a.O.; sehr kritisch dazu *Löwisch/Rumler* in Löwisch, Schlichtungs- und Arbeitskampfrecht Rz. 753; wie hier *Lunk* 150 ff.) während einer **mittelbar arbeitskampfbedingten Betriebsstillegung** (a. A. *BAG* vom 5.5. 1987 – 1 AZR 666/85 – EzA § 44 BetrVG 1972 Nr. 6 = DB 1987, 1947; *D/K/K/S* a. a. O.; hiergegen ebenfalls *Löwisch/Rumler* a.a.O. Rz. 754; *Lunk* 158). Nach der abzulehnenden Rechtsprechung soll die Vergütung nach Abs. 1 Satz 2 sogar dann zu zahlen sein, wenn für die Zeit der Betriebsversammlung Kurzarbeitergeld von der Bundesanstalt für Arbeit geleistet worden ist (zust. aber *F/A/K/H* § 44 Rz. 31). In einem solchen Fall ist aber die Leistung nach § 68 Abs. 1 Satz 1 Nr. 2 AFG zu Unrecht erbracht worden, und sie ist deshalb von der Bundesanstalt zurückzufordern, weil nämlich der Arbeitnehmer für dieselbe Zeit Arbeitsentgelt im Sinne

§ 44 2. Teil 4. Abschn. Betriebsversammlung

der sozialversicherungsrechtlichen Vorschriften erhalten hat, zu dem die Vergütung nach Abs. 1 Satz 2 unzweifelhaft gehört (vgl. unten Rz. 34).

24 Nach Abs. 1 Satz 2 ist auch den **Heimarbeitern** nach § 6 die Zeit der Teilnahme an der Versammlung wie Arbeitszeit zu bezahlen, obwohl für sie keine Arbeitszeit besteht (so auch GK-*Fabricius* § 44 Rz. 62; a. A. die Vorauflage; zur Berechnung dieser Zahlung vgl. unten Rz. 32).

2. Anspruchsvoraussetzungen

25 Der Entgeltanspruch nach Abs. 1 Satz 2 besteht nur für die ordentlichen Betriebs- und Abteilungsversammlungen (vgl. § 42 unter Rz. 6 und 55) sowie für die außerordentlichen Versammlungen, die im Einvernehmen mit dem Arbeitgeber während der Arbeitszeit stattfinden (vgl. hierzu oben Rz. 17; vgl. zur ohne zwingende Erfordernisse des Betriebes außerhalb der Arbeitszeit stattfindenden Versammlung unten Rz. 26). Führt der Betriebsrat ohne Einverständnis des Arbeitgebers eine außerordentliche Versammlung während der Arbeitszeit durch, so haben die teilnehmenden Arbeitnehmer nur dann Anspruch auf Entgeltzahlung, wenn sie auf das Vorliegen der Zustimmung des Arbeitgebers vertraut haben und vertrauen konnten. In diesen Fällen schuldet der Arbeitgeber nach den Grundsätzen des Rechtsscheins das Entgelt in der Regel nur dann, wenn er die Arbeitnehmer auf seinen entgegengesetzten Willen nicht hingewiesen hat (*D/R* § 44 Rz. 35; *G/L* § 44 Rz. 24; *F/A/K/H* § 44 Rz. 48; im Ergebnis ebenso unter Annahme eines Schadensersatzanspruchs wegen Verletzung der Fürsorgepflicht: *Meisel* BB 1962, 765 f.; *Säcker* DB 1965, 1858; *S/W* §§ 42–46 Rz. 54; a. A. *Kammann/Hess/Schlochauer* § 44 Rz. 29). Dasselbe gilt für den Fall einer Überschreitung der mit dem Arbeitgeber vereinbarten Höchstdauer für die außerordentliche Versammlung während der Arbeitszeit (vgl. oben Rz. 11).

26 Für die Teilnahme an einer Versammlung, die vom Betriebsrat außerhalb der Arbeitszeit durchgeführt worden ist, obwohl zwingende Erfordernisse des Betriebs nicht bestanden, ist keine Vergütung zu zahlen (so auch *BAG* vom 27. 11. 1987 – 7 AZR 29/87 – EzA § 44 BetrVG 1972 Nr. 8 = DB 1988, 810, zu Unrecht allerdings nur für den Fall, daß der Arbeitgeber vorher der Belegschaft gegenüber der Einberufung der Versammlung außerhalb der Arbeitszeit widersprochen hat; zust. aber *F/A/K/H* § 44 Rz. 27; *S/W* §§ 42–46 Rz. 54; *D/K/K/S* § 44 Rz. 26). Dies gilt entsprechend, wenn der Betriebsrat eine weitere ordentliche Versammlung durchgeführt hat (vgl. § 43 Abs. 1 Satz 4), die gesetzlichen Voraussetzungen dafür aber nicht vorgelegen haben (vgl. dazu oben § 43 Rz. 26; zu Unrecht aber auch hier nur eingeschränkt für dieses Ergebnis *BAG* vom 23. 10. 1991 – 7 AZR 249/90 – EzA § 43 BetrVG 1972 Nr. 2 = NZA 1992, 557).

27 Nach herrschender Rechtsauffassung soll der Entgeltzahlungsanspruch nicht bestehen, wenn eine Versammlung ihren **Charakter als Betriebs- oder Abteilungsversammlung** verliert (vgl. z. B. *LAG Düsseldorf* vom 10. 3. 1981 – 11 Sa 1453/80 – DB 1981, 1729 – allerdings nur bei Abweichung vom zulässigen Themenkreis für mindestens eine Viertelstunde; ähnlich *LAG Hamm* vom 3. 12. 1986 – 3 Sa 1229/86 – DB 1987, 2659 = BB 1987, 685; *D/R* § 44 Rz. 38, § 45 Rz. 27; *F/A/K/H* § 44 Rz. 34). Werden z. B. in der Versammlung unzulässige Themen behandelt, so soll der Arbeitgeber mindestens für diese Zeit (Vogt S. 119; *S/W* §§ 42–46 Rz. 55) nach anderer Auffassung sogar für die gesamte Zeit der Versammlung (*Säcker* BB

Zeitpunkt und Verdienstausfall § 44

1965, 1856, 1857), kein Entgelt zu zahlen haben. Dasselbe soll nach h. M. für die weiteren Fälle gelten, in denen die Versammlung deshalb ihren Charakter als Betriebs- oder Abteilungsversammlung verliert, weil nicht teilnahmeberechtigte Personen anwesend sind (*Kammann/Hess/Schlochauer* § 44 Rz. 25). Teilweise wird dieses für die Arbeitnehmer harte Ergebnis dadurch abgemildert, daß es nur dann eintreten soll, wenn der Arbeitgeber auf die Rechtswidrigkeit der Versammlung eindeutig hingewiesen habe (*LAG Baden-Württemberg* vom 17. 2. 1987 − 8 (14) Sa 106/86 − DB 1987 1441; *LAG Bremen* vom 5. 3. 1982 − 1 Sa 374−378/81 − DB 1982, 1573; *ArbG Göttingen* vom 17. 11. 1981 − 1 Ca 525/81 − DB 1982, 760; *Säcker* a. a. O.; *G/L* § 44 Rz. 41; *F/A/K/H* und *S/W*, jeweils a. a. O.; *D/K/K/S* § 44 Rz. 22). Unterläßt er dies, so soll er entweder aufgrund einer angeblichen Verletzung der Fürsorgepflicht (*Säcker* a. a. O.) oder aufgrund Vertrauenshaftung (*D/R* § 44 Rz. 39) zur Entgeltzahlung verpflichtet sein. Außerdem soll den Arbeitnehmern u. U. ein Rückgriffsanspruch gegen den Betriebsratsvorsitzenden als Versammlungsleiter oder gegen den oder die Störer der Versammlung zustehen (*Säcker* a. a. O. 1858). Damit wird der Verlust des Entgeltanspruchs nicht an das Verhalten des einzelnen Arbeitnehmers geknüpft; vielmehr wird die Belegschaft als einheitliche Gruppe behandelt, in der jeder einzelne die Folgen des Fehlverhaltens anderer Arbeitnehmer und des Betriebsratsvorsitzenden mitzutragen hat. Eine solche »**Kollektivhaftung**« läßt sich dem Gesetz nicht entnehmen. Sie ist auch sachlich nicht zu rechtfertigen, weil der einzelne Arbeitnehmer keinen Einfluß darauf hat, ob die Versammlung in geordneten Bahnen verläuft. Für die Zeit einer ordnungsgemäß einberufenen Betriebs- oder Abteilungsversammlung haben die Teilnehmer deshalb den **uneingeschränkten** Entgeltanspruch, solange die Versammlung sich nicht faktisch aufgelöst hat (*Schlüter/Dudenbostel* BB 1974, 2473; *GK-Fabricius* § 44 Rz. 40; im Ergebnis auch *LAG Bremen* vom 5. 3. 1982; vgl. auch oben § 42 Rz. 34). Die Auflösung kann auch dann gegeben sein, wenn der Betriebsratsvorsitzende seine Leitungsaufgabe nicht mehr wahrnimmt. Ist bei Auflösung die Arbeitszeit noch nicht abgelaufen, müssen die Arbeitnehmer wieder die geschuldete Arbeitsleistung ordnungsgemäß anbieten.

Etwas anderes gilt für solche Teilnehmer, die die Versammlung gestört oder für sie erkennbar unzulässige Themen in die Veranstaltung hineingetragen haben. Ihrem Entgeltanspruch kann der Arbeitgeber den **Einwand der unzulässigen Rechtsausübung** entgegensetzen (*Schlüter/Dudenbostel* a. a. O.). Eingeschränkt ist in derartigen Fällen auch die Zahlungspflicht gegenüber den teilnehmenden **Mitgliedern des Betriebsrats**, besonders gegenüber dem Versammlungsleiter, die sich nicht nach § 44 Abs. 1, sondern nach § 37 Abs. 2 richtet (vgl. dazu oben § 37 Rz. 51.) Für sie ist der Aufwand an Arbeitszeit nicht erforderlich, sofern und soweit sie nicht auf die Einhaltung des gesetzlichen Rahmens der Betriebs- oder Abteilungsversammlung hinwirken. In dieser Rechtsfolge drückt sich aus, daß der Betriebsrat als Veranstalter und der Betriebsratsvorsitzende als Versammlungsleiter für den ordnungsgemäßen Ablauf der Betriebs- oder Abteilungsversammlung verantwortlich sind. Werden unzulässige Themen behandelt, wird die Versammlung gestört oder entspricht sie nicht dem Grundsatz der Nichtöffentlichkeit (vgl. oben § 42 Rz. 17ff.), so haben die teilnehmenden Mitglieder des Betriebsrats für den entsprechenden Zeitanteil keinen Anspruch auf Entgeltzahlung.

28

§ 44   2. Teil 4. Abschn. Betriebsversammlung

3. Umfang des Anspruchs

29 Nach Abs. 1 Satz 2 ist die Zeit der Teilnahme an den ordentlichen Betriebs- oder Abteilungsversammlungen wie Arbeitszeit zu vergüten. Folglich ist nicht nur der Ausfall an Arbeitsentgelt zu erstatten; für die Zeit der Teilnahme besteht vielmehr ein Vergütungsanspruch in Höhe des Entgelts, das dem Arbeitnehmer zustehen würde, wenn er während der Zeit der Betriebs- oder Abteilungsversammlung gearbeitet hätte. Die Teilnehmer an einer Betriebs- oder Abteilungsversammlung erhalten somit **für die Versammlungsdauer den vollen Arbeitsverdienst** auch dann, wenn die Versammlung ganz oder teilweise nicht während ihrer persönlichen Arbeitszeit stattfindet (*Rüthers* ZfA 1974, 219; *F/A/K/H* § 44 Rz. 28; *G/L* § 44 Rz. 20; *D/R* § 44 Rz. 22; *Lipke* NZA 1990, 758, 762; vgl. dazu auch oben Rz. 4 ff. und 8). Außerdem ist der Arbeitgeber, wenn eine Betriebs- oder Abteilungsversammlung über das Ende der Arbeitszeit hinaus ausgedehnt wird, ebenfalls zur Zahlung des Arbeitsentgelts für die Zeit der Teilnahme an der Versammlung verpflichtet. Dabei kommt es aber nicht darauf an, ob für die Ausdehnung ein begründeter Anlaß bestanden hat, weil dies weder mit dem Wortlaut des Abs. 1 Satz 2 noch mit dem darin bezeichneten Schutz der Teilnehmer vereinbar wäre (im Ergebnis aber **a. A.** *D/R* a. a. O.; *F/A/K/H* § 44 Rz. 27; *G/L* § 44 Rz. 22). Der einschränkende Hinweis in Abs. 1 Satz 1 und 3 auf die Eigenart des Betriebes betrifft nur die Entscheidung des Betriebsrats über die zeitliche Festlegung der Betriebs- oder Abteilungsversammlung (vgl. dazu oben Rz. 11).

30 Da die Zeit der Versammlungsdauer wie Arbeitszeit zu vergüten ist, muß der Arbeitgeber auch etwaige Zulagen wie z. B. Schmutz- oder Erschwerniszulagen weiterzahlen (*F/A/K/H* § 44 Rz. 31; *D/R* § 44 Rz. 24; *G/L* § 44 Rz. 27; *D/K/K/S* § 44 Rz. 14). Aufwendungsersatz ist aber nicht zu leisten, soweit infolge Teilnahme an der Versammlung Aufwendungen nicht entstehen (vgl. dazu oben § 37 Rz. 44; **a. A.**, aber nur in obiter dictum: *LAG Düsseldorf* a. a. O.). Tarifliche Auslösungen bei Montagetätigkeit sind nicht für die Zeit der Betriebsversammlung zu zahlen, weil sie nicht zum Entgelt gehören (vgl. oben § 37 Rz. 47; **a. A.** aber *LAG Baden-Württemberg* vom 15. 8. 1990 – 12 Sa 4/90 – unveröffentlicht). Zu erbringen ist auch eine von den Arbeitsstunden abhängige **vermögenswirksame Leistung** (*LAG Düsseldorf* vom 16. 1. 1978 – 20 Sa 1562/77 – BB 1979, 784; *S/W* §§ 42–46 Rz. 49 c; *F/A/K/H* a. a. O.).

30a Bei **Akkordlohn** ist der durchschnittliche Akkordverdienst zu zahlen (*BAG* vom 23. 9. 1960 – 1 AZR 508/59 – AP Nr. 11 zu § 1 FeiertagslohnzahlungsG = DB 1960, 1310; *LAG Düsseldorf* vom 11. 12. 1972 – 10 Sa 810/72 – BB 1973, 1395; *S/W*, *D/K/K/S* und *F/A/K/H*, jeweils a. a. O.; *G/L* § 44 Rz. 27).

31 Sofern durch die Teilnahme an der Betriebs- oder Abteilungsversammlung die regelmäßige persönliche Arbeitszeit des teilnehmenden Arbeitnehmers überschritten wird, hat der Arbeitgeber nur die Grundvergütung, also keinen **Mehrarbeitszuschlag** zu zahlen, da die Zeit der Versammlungsteilnahme nur wie Arbeitszeit vergütet wird, jedoch keine echte Arbeitszeit ist (*BAG* vom 18. 9. 1973 – 1 AZR 116/73 – AP Nr. 1 zu § 44 BetrVG 1972 m. Anm. *Kreutz* = EzA § 44 BetrVG 1972 Nr. 2 = DB 1974, 145; *Boewer* DB 1972, 1580: *G/L* § 44 Rz. 29; *F/A/K/H* § 44 Rz. 33; **a. A.** *D/K/K/S* § 44 Rz. 15; *GK-Fabricius* § 44 Rz. 47 ff.). Allerdings steht denjenigen Arbeitnehmern Mehrarbeitszuschlag zu, die während der Zeit der Betriebs- oder Abteilungsversammlung Mehrarbeit geleistet hätten (*BAG* und *F/A/K/H*, jeweils a. a. O.; **a. A.** *D/R* § 44 Rz. 25). Nimmt hingegen

Zeitpunkt und Verdienstausfall § 44

ein Schichtarbeiter an einer Versammlung teil, die während seiner Freizeit an einem Sonntag stattfindet, so hat er keinen Anspruch auf einen tariflichen Sonntagszuschlag (*BAG* vom 1. 10. 1974 – 1 AZR 394/73 – AP Nr. 2 zu § 44 BetrVG 1972 = EzA § 44 BetrVG 1972 Nr. 3 = DB 1975, 310; vom 18. 9. 1973, a. a. O.; *D/R* a. a. O.; *G/L* § 44 Rz. 28; **a. A.** *F/A/K/H* § 44 Rz. 31; *D/K/K/S* § 44 Rz. 14).

Entsprechend den Akkordarbeitern erhalten die **Heimarbeiter** nach § 6 Abs. 1 Satz 2 (vgl. oben Rz. 24) für die Zeit der Teilnahme an der Versammlung ein durchschnittliches Entgelt (zur Berechnung vgl. oben § 37 Rz. 50). 32

Wie Arbeitszeit zu vergüten sind auch **zusätzliche Wegezeiten**, die den Arbeitnehmern infolge der Teilnahme entstehen. Findet die Versammlung während der regelmäßigen Arbeitszeit des Arbeitnehmers oder unmittelbar vor oder nach dieser Arbeitszeit im Betrieb statt, so entsteht keine zusätzliche Wegezeit, die zu vergüten wäre. Zusätzliche Wegezeiten können jedoch entstehen, wenn eine Versammlung aus zwingenden betrieblichen Gründen zu einem Zeitpunkt außerhalb der persönlichen regelmäßigen Arbeitszeit des Arbeitnehmers im Betrieb stattfindet, so daß der Arbeitnehmer eine zusätzliche Fahrt von seiner Wohnung zum Betrieb unternehmen muß, oder wenn die Betriebs- oder Abteilungsversammlung außerhalb des Betriebs durchgeführt wird, so daß für die Arbeitnehmer eine längere Anfahrt entsteht (*D/R* § 44 Rz. 23; *F/A/K/H* § 44 Rz. 36; *D/K/K/S* § 44 Rz. 17). Auch bei Betrieben mit weitverstreuten, jedoch unselbständigen Betriebsteilen oder Nebenbetrieben können für die dort beschäftigten Arbeitnehmer bei Teilnahme an einer Betriebsversammlung im Hauptbetrieb vergütungspflichtige zusätzliche Wegezeiten entstehen (*F/A/K/H* a. a. O.; **a. A.** *Viets* RdA 1979, 272). In diesen Fällen sind – abweichend vom dem allgemeinen Grundsatz, daß die Fahrt zu und von der Arbeit nicht als Arbeitszeit zu vergüten ist – die notwendigen An- und Abfahrtszeiten den Arbeitnehmern ebenfalls wie Arbeitszeiten mit dem normalen Arbeitsentgelt zu bezahlen. 33

Keine zusätzliche Wegezeit ist die Zeit, die die Arbeitnehmer aufwenden, die an einer Betriebsversammlung **während des Arbeitskampfes** teilnehmen; vielmehr handelt es sich dabei nur um ihre gewöhnliche Wegezeit (**a. A.** *BAG* vom 5. 5. 1987 – 1 AZR 292/85 – EzA § 44 BetrVG 1972 Nr. 7 = DB 1987, 2154; vgl. auch oben Rz. 23). Für **Heimarbeiter** (vgl. oben Rz. 24 und 32) ist die zur Teilnahme an der Versammlung erforderliche Wegezeit nur dann nicht als zusätzlich anzusehen, wenn sie vertragsgemäß ohnehin den Betrieb aufzusuchen haben. 33a

Die Vergütung für die Zeit der Teilnahme und die zusätzliche Wegezeit gehört zum steuer- und sozialversicherungspflichtigen Arbeitsentgelt (*D/R* § 44 Rz. 27; *F/A/K/H* § 44 Rz. 38; *D/K/K/S* § 44 Rz. 18). 34

Betriebsratsmitglieder, die an der Betriebs- oder Abteilungsversammlung teilnehmen und zur Teilnahme berechtigt sind (vgl. dazu § 42 Rz. 17), sind für die Zeit der Teilnahme nach der für sie geltenden besonderen Bestimmung des § 37 Abs. 2 von ihrer Arbeitspflicht zu befreien und haben nur für die ausgefallene Arbeitszeit Anspruch auf Entgeltzahlung; für sie gilt aber auch § 37 Abs. 3 (vgl. oben § 37 Rz. 54 ff.; wie hier *LAG Düsseldorf* vom 8. 12. 1972 – 4 Sa 945/72 – DB 1973, 386; *S/W* §§ 42–46 Rz. 51). Zusätzliche Wegezeiten außerhalb ihrer persönlichen Arbeitszeit sind nicht zu bezahlen (**a. A.** *D/R* § 44 Rz. 26). 35

Da die Zeit der Teilnahme an der Betriebs- oder Abteilungsversammlung nur wie Arbeitszeit zu bezahlen, nicht aber als Arbeitszeit anzusehen ist, gelten für diese Zeit auch nicht die gesetzlichen und tariflichen **Arbeitszeitbestimmungen**; insbe- 36

§ 44   2. Teil 4. Abschn. Betriebsversammlung

sondere greift hier keine Begrenzung für Mehrarbeitszeit ein. Eine andere Auffassung würde die Durchführung von Betriebs- und Abteilungsversammlungen in solchen Betrieben, in denen sie wegen der Eigenart des Betriebs stets nur außerhalb der Arbeitszeit stattfinden können, außerordentlich erschweren oder sogar unmöglich machen (*F/A/K/H* § 44 Rz. 32; *S/W* §§ 42–46 Rz. 50; *G/L* § 44 Rz. 29; a. A. *Denecke/Neumann* § 4 Rz. 12).

IV. Fahrtkosten

37   Nach Abs. 1 Satz 3 sind Fahrtkosten, die den Arbeitnehmern durch die Teilnahme an wegen der Eigenart des Betriebes außerhalb der Arbeitszeit abgehaltenen Versammlungen entstehen, vom Arbeitgeber zu erstatten. Dies ist dann der Fall, wenn die Versammlung zeitlich so liegt, daß eine zusätzliche Fahrt von der Wohnung des Arbeitnehmers zur Versammlungsstätte und zurück erforderlich ist. Dabei kommt es nicht darauf an, ob die Versammlung innerhalb oder außerhalb des Betriebes stattfindet. Zu erstatten sind jedoch stets nur solche Fahrtkosten, die dem Arbeitnehmer zusätzlich entstehen. Hierzu gehören nicht Fahrtkosten im Zusammenhang mit einer Versammlung während des Arbeitskampfes (vgl. dazu oben Rz. 23; **a. A.** *BAG* a. a. O.). Ggf. ist der zusätzliche Kostenaufwand nach Notwendigkeit und Höhe nachzuweisen (*G/L* § 44 Rz. 32). Diese zusätzlichen Fahrtkosten können auch pauschaliert gezahlt werden. So können bei Benutzung eigener Kraftfahrzeuge die in § 9 Abs. 1 Nr. 4 EStG aufgeführten Beträge angesetzt werden (*F/A/K/H* § 44 Rz. 41; *D/R* § 44 Rz. 30; *G/L* § 44 Rz. 37). Die Erstattung der Fahrtkosten unterliegt, da es sich um Aufwendungsersatz handelt, nicht der Einkommensteuer (Schreiben des Bundesministers für Wirtschaft und Finanzen vom 16. 5. 1972 in DB 1972, 697; *F/A/K/H* und *G/L*, jeweils a. a. O.) und dementsprechend auch nicht der Beitragspflicht in der Sozialversicherung.

38   Würden in einer **Betriebsvereinbarung** Regelungen getroffen, die eine pauschale Abgeltung der Zeit der Teilnahme an Betriebs- oder Abteilungsversammlungen, zusätzlicher Wegezeiten oder von Fahrtkosten vorsehen, würde hierdurch ein weitergehender Anspruch nach § 44 wegen dessen zwingender Wirkung nicht ausgeschlossen sein. Das gilt auch für eine Pauschalierung durch Tarifvertrag (*F/A/K/H* § 44 Rz. 42; *G/L* § 44 Rz. 38; vgl. auch oben Rz. 2).

39   Nicht ausdrücklich geregelt ist die Frage, ob den Arbeitnehmern notwendige Fahrtkosten wegen der Teilnahme an den Betriebs- oder Abteilungsversammlungen zu erstatten sind, die zwar während der Arbeitszeit, jedoch **außerhalb des Betriebs** oder bei einem weitverzweigten Betrieb mit zahlreichen Betriebsstätten an einem zentralen Ort stattfinden. Da nach dem Gesetz den Arbeitnehmern durch die Inanspruchnahme betriebsverfassungsrechtlicher Rechte grundsätzlich keine wirtschaftlichen Nachteile entstehen sollen, ist auch hier die Fahrtkostenregelung des § 44 Abs. 1 Satz 3 anzuwenden (*F/A/K/H* § 44 Rz. 40; GK-*Fabricius* § 44 Rz. 64; *D/R* § 44 Rz. 29; *D/K/K/S* § 44 Rz. 20; *Rüthers* ZfA 1974, 219; **a. A.** *G/L* § 44 Rz. 34 ff., die einen entsprechenden Aufwendungsersatz mangels einer gesetzlichen Grundlage ablehnen; im Ergebnis ebenso *Viets* RdA 1979, 274).
Eine Fahrtkostenerstattung kommt jedoch nach dem Grundsatz der Verhältnismäßigkeit (vgl. § 40 Rz. 8) dann nicht in Betracht, wenn einzelne Arbeitnehmer außerhalb der Betriebsstätte tätig sind, wie **Montagearbeiter** oder **Reisende**, und über weite Entfernungen anreisen (*S/W* §§ 42–46 Rz. 51; *Lunk* 212; *Boemke*

NZA 1992, 112, 116; sogar bei nur kurzen Entfernungen auch *Viets* a. a. O. 273, 274 und *D/R* § 44 Rz. 29). Es bietet sich an, in solchen Fällen die Betriebsversammlung mit etwaigen Zusammenkünften der Außendienstmitarbeiter zeitlich zu verbinden (*Viets* a. a. O.). Fahrtkostenerstattung kommt auch dann nicht in Betracht, wenn der Arbeitgeber den Arbeitnehmern einen Bus zur Verfügung stellt, der sie zum Ort der Betriebs- oder Abteilungsversammlung fährt. Wenn ein Arbeitnehmer von diesem Angebot keinen Gebrauch macht, so kann er nicht verlangen, daß der Arbeitgeber die ihm entstandenen Fahrtkosten ersetzt (*D/R* § 44 Rz. 30).

Heimarbeiter nach § 6 haben Anspruch auf Fahrtkostenerstattung unter denselben 40 Voraussetzungen, unter denen sie die Bezahlung zusätzlicher Wegezeiten verlangen können (vgl. dazu oben Rz. 33).

V. Streitigkeiten

Streitigkeiten über das Recht, Betriebs- oder Abteilungsversammlungen innerhalb 41 der Arbeitszeit oder als Voll- oder als Teilversammlung durchzuführen, entscheidet das Arbeitsgericht nach § 2a ArbGG im Beschlußverfahren. Ansprüche eines Arbeitnehmers auf Fortzahlung des Arbeitsentgelts für die Zeit der Teilnahme an solchen Versammlungen einschließlich der Bezahlung von Wegezeiten und auf Erstattung von Fahrtkosten gehören in das Urteilsverfahren, da es sich dabei um Ansprüche aus dem Arbeitsverhältnis handelt (*BAG* vom 18. 9. 1973 – 1 AZR 116/ 73 – EzA § 44 BetrVG 1972 Nr. 2 = DB 1974, 145; vom 1. 10. 1974 – 1 AZR 394/73 – EzA § 44 BetrVG 1972 Nr. 3 = DB 1975, 310; *G/L* § 44 Rz. 42; *F/A/K/H* § 44 Rz. 49; *D/R* § 44 Rz. 46; vgl. aber oben Rz. 23).

§ 45 Themen der Betriebs- und Abteilungsversammlungen

Die Betriebs- und Abteilungsversammlungen können Angelegenheiten einschließlich solcher tarifpolitischer, sozialpolitischer und wirtschaftlicher Art behandeln, die den Betrieb oder seine Arbeitnehmer unmittelbar betreffen; die Grundsätze des § 74 Abs. 2 finden Anwendung. Die Betriebs- und Abteilungsversammlungen können dem Betriebsrat Anträge unterbreiten und zu seinen Beschlüssen Stellung nehmen.

Literaturübersicht

Buchner Meinungsfreiheit im Arbeitsrecht, ZfA 1982, 49ff.; *Glaubitz* Parteipolitische Betätigung im Betrieb, BB 1972, 1276; *Herschel* Die Beratungsgegenstände der Betriebsversammlung, DB 1962, 1110, 1142; *Höhne* Der Beratungsgegenstand der Betriebsversammlung nach dem BetrVG, BB 1953, 770; *Hohn* Parteipolitik und Betriebsversammlung, BB 1975, 376; *Löwisch* Betriebsauftritte von Politikern, DB 1976, 676; *Meisel* Politik im Betrieb, RdA 1976, 38; *Mummenhoff*, Plaketten im Betrieb, DB 1981, 2539; *Neumann* Die Behandlung sozial- und tarifpolitischer Fragen in der Betriebsversammlung, BB 1966, 89; *Radke* Über die Grenzen der Diskussionsfreiheit in der Betriebsversammlung, AuR 1957, 129; *Rüthers* Rechtsprobleme der Organisation und der Thematik von Betriebsversammlungen, ZfA 1974, 207; *Schmittner* Meinungsfreiheit im Arbeitsverhältnis, AuR 1968, 353; *Sowka/Krickel* Politische und gewerkschaftliche Betätigung im Betrieb, DB 1989 Beilage Nr. 11; *Wagner* Die Betriebs-

§ 45   2. Teil 4. Abschn. Betriebsversammlung

versammlung, insbesondere ihre Zuständigkeit, DB 1954, 976; *Wiese* Stellung und Aufgaben des Betriebsrats im Arbeitskampf, NZA 1984, 378; vgl. auch Literaturübersichten zu §§ 42–44.

Inhaltsübersicht

		Rz.
I.	Allgemeines	1, 2
II.	Zulässige Beratungsgegenstände	3–11
	1. Allgemeiner Rahmen	4– 7
	2. Tarifpolitik	8
	3. Sozialpolitik	9
	4. Wirtschaftliche Angelegenheiten	10, 11
III.	Friedenspflicht	12–20
	1. Arbeitskampfmaßnahmen	14
	2. Parteipolitische Betätigung	15–18
	3. Beeinträchtigung des Arbeitsablaufs oder des Betriebsfriedens	19, 20
IV.	Beschlußfassung	21–26
V.	Einhaltung der gesetzlichen Ordnung	27, 28
VI.	Streitigkeiten	29

I. Allgemeines

1 Die Betriebs- oder Abteilungsversammlung kann nur solche Themen behandeln, die den Betrieb oder die Arbeitnehmer des Betriebs unmittelbar betreffen. Der Kreis der erlaubten Themen deckt sich weitgehend mit dem gesetzlichen Aufgabengebiet des Betriebsrats (*BAG* vom 4. 5. 1955 – 1 ABR 4/53 – AP Nr. 1 zu § 44 BetrVG 1952 m. Anm. *Dietz* = DB 1955, 631; *G/L* § 45 Rz. 2; *F/A/K/H* § 45 Rz. 5; *D/R* § 45 Rz. 2). Die Beschränkung der Betriebs- und Abteilungsversammlung auf Themen, die den Betrieb oder seine Arbeitnehmer betreffen, gilt auch für den Arbeitgeber sowie die Beauftragten der Gewerkschaften und der Arbeitgeberverbände (*D/R* § 45 Rz. 14; *G/L* § 45 Rz. 3).

2 Die Regelung ist zwingend und kann durch kollektivrechtliche Vereinbarungen nicht geändert werden (*G/L* § 45 Rz. 3; *F/A/K/H* § 45 Rz. 3; vgl. dazu auch § 44 Rz. 2).

Die Vorschrift gilt entsprechend für die Jugend- und Auszubildendenversammlung (§ 71), ferner auch für die Betriebsräteversammlung (§ 53).

II. Zulässige Beratungsgegenstände

3 Das Gesetz hat den inhaltlichen Rahmen der Betriebs- und Abteilungsversammlung mit Hilfe einer Reihe unbestimmter Rechtsbegriffe abgesteckt. Die Abgrenzungen im einzelnen müssen unter Rückgriff auf allgemeine Grundsätze des kollektiven Arbeitsrechts konkretisiert werden. Diese schwierige Aufgabe ist vor allem von dem Versammlungsleiter zu erfüllen, der dazu solide Rechtskenntnisse, politischen Überblick und persönlichen Mut benötigt (vgl. dazu auch GK-*Fabricius* § 45 Rz. 70).

1. Allgemeiner Rahmen

Die für die Betriebs- und Abteilungsversammlung gesetzlich zugelassenen Angelegenheiten sind insoweit begrenzt, als sie den Betrieb oder seine Arbeitnehmer unmittelbar betreffen müssen. In Satz 1 stellt das Gesetz klar, daß zu diesen Angelegenheiten auch solche tarifpolitischer, sozialpolitischer und wirtschaftlicher Art zählen. Die Zuständigkeit der Betriebsversammlung reicht **nicht über den Aufgabenkreis des Betriebsrats hinaus** (*BAG* a. a. O.; grundsätzlich ebenso *D/R* § 45 Rz. 2 und 6; *G/L* § 45 Rz. 2 und 5; *Lunk* 180; weitergehend *F/A/K/H* § 45 Rz. 6; *D/K/K/S* § 45 Rz. 3). Dies folgt vor allem aus einem Rückschluß aus Satz 2. Danach kann die Betriebsversammlung Anträge an den Betriebsrat beschließen. Bei dieser Regelung legt das Gesetz die Kongruenz der Zuständigkeit von Betriebsversammlung und Betriebsrat zugrunde. 4

Die Angelegenheit muß für die Arbeitnehmer in ihrer Eigenschaft als Arbeitnehmer des konkreten Betriebs von Bedeutung sein; es genügt nicht, daß sie von ihr in ihrer Eigenschaft als Staatsbürger oder als Gewerkschaftsmitglieder oder in ihren sonstigen Interessen betroffen werden (vgl. dazu *D/R* § 45 Rz. 4; *F/A/K/H* § 45 Rz. 7; *G/L* § 45 Rz. 5; *Rüthers* ZfA 1974, 226; *Hanau* Anm. EzA § 45 BetrVG 1972 Nr. 1; *Lunk* 179). Eine gesetzliche Regelung kann den Betrieb oder seine Arbeitnehmer deshalb nur dann unmittelbar betreffen, wenn der Betrieb oder die Belegschaft von der Regelung **konkret erfaßt** wird. Allgemeine Themen wie „Frieden und Abrüstung", „Bau von Kernkraftwerken oder Stationierung von Waffensystemen" können deshalb in der Betriebsversammlung nicht behandelt werden (*Sowka/Krichel* DB 1989 Beilage Nr. 11, 5; *Lunk* 183). Auf der anderen Seite können die Angelegenheiten auch eine gesamte Branche oder eine ganze Region oder sogar die Wirtschaft überhaupt betreffen, sofern sie nur in einem sachlichen Zusammenhang mit dem Betrieb stehen (*BAG* vom 14. 2. 1967 – 1 ABR 7/66 – EzA § 45 BetrVG 1952 Nr. 1 = DB 1967, 384, 775; vom 13. 9. 1977 – 1 ABR 67/75 – EzA § 45 BetrVG 1972 Nr. 1 m. Anm. *Hanau* = DB 1977, 1856, 2452; *F/A/K/H* a. a. O.; *G/L* § 45 Rz. 7; ablehnend *D/R* § 45 Rz. 11). 5

Gewerkschaftliche Angelegenheiten können grundsätzlich nicht behandelt werden, da sie nicht zum Aufgabenkreis des Betriebsrats gehören (vgl. oben Rz. 4). Deshalb kann **ein Bericht über die Arbeit der gewerkschaftlichen Vertrauensleute im Betrieb** nicht Gegenstand der Betriebsversammlung sein (vgl. dazu *BAG* vom 4. 5. 1955, a. a. O.; ebenso *S/W* §§ 42–46 Rz. 46; vgl. auch *Lunk* 182; **a. A.** *LAG Hamm* vom 3. 12. 1986 – 3 Sa 1229/86 – DB 1987, 2659 = BB 1987, 685; *LAG Düsseldorf* vom 10. 3. 1987 – 11 Sa 1453/80 – DB 1981, 1729; *Brötzmann* BB 1990, 1055, 1059; *D/K/K/S* § 45 Rz. 8). Die Betriebs- oder Abteilungsversammlung darf deshalb auch nicht als Forum zur gewerkschaftlichen Mitgliederwerbung benutzt werden (*D/R* § 45 Rz. 13; *G/L* § 45 Rz. 8). Unzulässige Koalitionswerbung sind dabei auch Hinweise auf die Vorteile der Gewerkschaftszugehörigkeit (**a. A.** *D/R* und *G/L*, jeweils a. a. O.) oder auf Einrichtungen und Veranstaltungen der Gewerkschaften (**a. A.** GK-*Fabricius* § 45 Rz. 46). Gewerkschaftliche Aktivitäten können aber insoweit in der Betriebs- oder Abteilungsversammlung zur Sprache kommen, als sie eine vom Betriebsrat erbetene Unterstützung nach § 2 Abs. 1 darstellen (*F/A/K/H* § 45 Rz. 17). 6

Wegen der Bindung der Betriebsversammlung an das Aufgabengebiet des Betriebsrats (vgl. dazu oben Rz. 4) kommt auch die **Vorstellung von Kandidaten für** 7

die Betriebsratswahl nicht in Betracht (*ArbG Stuttgart* vom 19. 1. 1989 – 19 BV Ga 1/89 – unveröffentlicht; **a. A.** *LAG Berlin* vom 12. 12. 1978 – 3 Ta BV 5/78 – DB 1979, 1850; GK-*Fabricius* § 45 Rz. 16; *D/K/K/S* § 43 Rz. 12; *Lunk* 183). Diese Wahl wird nicht vom Betriebsrat, sondern vom Wahlvorstand ausgerichtet (vgl. oben § 16 Rz. 2). Die Betriebs- oder Abteilungsversammlung ist außerdem ein Forum für Information und Aussprache der Belegschaft über Sachfragen, nicht aber eine Werbeveranstaltung für Wahlkandidaten. Dem Arbeitgeber können auch nicht auf dem Umweg über die Kosten der Betriebs- oder Abteilungsversammlung die Kosten der Wahlwerbung auferlegt werden, die ihm nach dem Gesetz an sich nicht zur Last fallen (vgl. hierzu oben § 20 Rz. 35; *G/L* § 20 Rz. 17; *F/A/K/H* § 20 Rz. 27 ff.).

2. Tarifpolitik

8 Aus der besonderen Erwähnung tarifpolitischer Angelegenheiten in Satz 1 ergibt sich, daß nicht nur die Anwendung geltender Tarifverträge einschließlich dazu ergangener wichtiger arbeitsgerichtlicher Entscheidungen Gegenstand der Betriebs- oder Abteilungsversammlung sein darf, sondern auch gewerkschaftliche Bestrebungen zur Änderung bestehender oder zum Abschluß neuartiger Tarifverträge, schließlich auch der Stand etwa laufender Tarifverhandlungen (*ArbG Oldenburg* vom 29. 5. 1989 – 5 BVGa 1/89 – NZA 1989, 652; *ArbG Wilhelmshaven* vom 27. 10. 1988 – 1 BV Ga 5/88 – NZA 1989, 571; *D/R* § 45 Rz. 9; *G/L* § 45 Rz. 6; *F/A/K/H* § 45 Rz. 9; *D/K/K/S* § 45 Rz. 4; *Rüthers* ZfA 1974, 227; *Lunk* 182). Schranken ergeben sich aber daraus, daß die Tarifpolitik selbst ebensowenig, wie sie zum Aufgabenkreis des Betriebsrats gehört, in die Zuständigkeit der Betriebs- oder Abteilungsversammlung fällt. Deshalb darf die Versammlung weder Stellungnahmen zu künftigen Tarifverträgen noch Empfehlungen für die Verhandlungsführung der Gewerkschaft geben noch entsprechende Resolutionen verabschieden (*D/R* § 45 Rz. 9; *G/L* § 45 Rz. 12; *Brötzmann* BB 1990, 1055, 1059; *Richardi* NJW 1962, 1376; vgl. auch GK-*Fabricius* § 45 Rz. 49 sowie zum Verbot von Arbeitskampfmaßnahmen unten Rz. 14).

3. Sozialpolitik

9 Auch sozialpolitische Angelegenheiten dürfen nur behandelt werden, wenn sie unmittelbar betriebsbezogen sind. Dies gilt in erster Linie für Einrichtungen, Regelungen und Maßnahmen der innerbetrieblichen Sozialpolitik. Hauptbeispiele hierfür sind: Betriebliche Altersversorgung, Werkwohnungswesen, Kantinenbetrieb, Unfallverhütung. Zur Sozialpolitik gehören ferner alle gesetzlichen Regelungen und Änderungsvorhaben, die den Schutz der Arbeitnehmer bezwecken (*G/L* § 45 Rz. 7; GK-*Fabricius* § 45 Rz. 19; *F/A/K/H* § 45 Rz. 10; *Glaubitz* BB 1972, 1277; *Lunk* 181). Dies sind vor allem die Vorschriften über den technischen und sozialen Arbeitsschutz einschließlich der arbeitsmedizinischen und sicherheitstechnischen Betreuung, über die berufliche Bildung, die Sozialversicherung, die Vermögensbildung, die Eingliederung ausländischer Arbeitnehmer in das deutsche Arbeitsleben sowie ihre Rückkehr in die Heimatländer (*F/A/K/H* a. a. O.; *D/R* § 45 Rz. 10; *D/K/K/S* § 45 Rz. 6; vgl. auch hierzu die in Rz. 5 und

14ff. genannten Grenzen). Dies sind ferner die Sozialversicherungsgesetze, soweit sie die Arbeitnehmer des Betriebs betreffen (*LAG Bremen* vom 5.3. 1982 – 1 Sa 374–378/81 – DB 1982, 1573). Ob dazu aber ein Rentenberater hinzugezogen werden kann, richtet sich nach § 80 Abs. 3; vgl. dazu § 42 Rz. 20; **a.A.** offenbar *LAG Bremen* a.a.O.; vgl. dazu auch *Brötzmann* BB 1990, 1055, 1059).

4. Wirtschaftliche Angelegenheiten

Zulässig ist im Rahmen der allgemeinen Grenzen (vgl. hierzu Rz. 6 und 15ff.) die **10** Behandlung wirtschaftlicher Angelegenheiten. Deshalb kann über die wirtschaftliche Situation des Unternehmens und Betriebs sowie über die weitere Entwicklung gesprochen werden, ferner über Betriebsinhaberwechsel, Unternehmenszusammenschlüsse, Fusionen (*F/A/K/H* § 45 Rz. 14; *Lunk* 180). Es kann auch unter Wahrung des Schutzes von Betriebs- und Geschäftsgeheimnissen aus der Arbeit des Wirtschaftsausschusses berichtet werden (vgl. aber oben § 42 Rz. 22). Ferner können die Aufsichtsratsmitglieder der Arbeitnehmerseite, die an der Versammlung teilnehmen (vgl. dazu oben § 42 Rz. 22), über ihre Tätigkeit informieren, soweit dem nicht die Schweigepflicht nach § 116 i.V.m. § 93 Abs. 1 Satz 2 AktG entgegensteht (*D/R* § 45 Rz. 11; *v. Hoyningen-Huene* DB 1979, 2422, 2424). Die Aufsichtsratsmitglieder haben aber im Gegensatz zum Betriebsrat (vgl. § 43 Abs. 1) keine Pflicht zur Information; Aufsichtsrat und Betriebsrat sind voneinander völlig unabhängige Mitbestimmungsträger (so auch *D/R* a.a.O.; für Berichtspflicht *Däubler* BlStSozArbR 1976, 186; *Reich/Lewerenz* AuR 1976, 361). Wirtschaftliche Angelegenheiten sind auch wirtschaftspolitische Fagen, wenn **11** Auswirkungen entsprechender Maßnahmen auf den Betrieb erfolgt oder zu erwarten sind (*F/A/K/H* a.a.O.; *G/L* § 45 Rz. 9). Zu den wirtschaftspolitischen Fragen, die die Arbeitnehmer und den Betrieb betreffen können, gehören beispielsweise Angelegenheiten der Strukturpolitik, Verkehrspolitik, Rohstoff- und Energiepolitik, Währungspolitik, Steuergesetzgebung (*F/A/K/H* a.a.O.; *D/K/K/S* § 45 Rz. 9).

III. Friedenspflicht

Nach Satz 1 Halbsatz 2 gelten die **Grundsätze des § 74 Abs. 2**, die dem Arbeitge- **12** ber und dem Betriebsrat aufgeben, alle Betätigungen zu unterlassen, die den Arbeitsablauf oder den Frieden des Betriebs beeinträchtigen, auch für die Betriebs- oder Abteilungsversammlung. Betriebsrat und Arbeitgeber haben deshalb alles zu vermeiden, was diesen Grundsätzen entgegensteht (zum allgemeinen Normgehalt des § 74 Abs. 2 vgl. zunächst Erläuterungen zu § 74 Rz. 10ff.; nachfolgend sind nur die **besonderen Fragen** der Anwendung dieser Vorschrift auf die Betriebs- oder Abteilungsversammlung behandelt). Diese Grundsätze gelten in der Betriebs- oder Abteilungsversammlung aber nicht nur für Arbeitgeber und Betriebsrat, sondern auch für die übrigen Teilnehmer (*D/R* § 45 Rz. 14; *S/W* §§ 42–46 Rz. 40; *G/L* § 45 Rz. 11; **a.A.** GK-*Fabricius* § 45 Rz. 56). Sonst hätte es der Bezugnahme auf § 74 Abs. 2 überhaupt nicht bedurft. Die strengen Grundsätze dieser Vorschrift, die den Amtsträgern in der Betriebsverfassung jede parteipolitische Betätigung verbietet, gelten für die Teilnehmer der Betriebs- oder

§ 45   2. Teil 4. Abschn. *Betriebsversammlung*

Abteilungsversammlung aber nach dem Gesetzeszusammenhang nur, soweit es um Referate und Diskussionsbeiträge, also um die in § 45 geregelte Behandlung von Angelegenheiten geht. Handelt es sich aber um sonstige Betätigungen, z. B. um das Tragen von Plaketten zugunsten einer Partei, gelten nur die sich aus der arbeitsvertraglichen Treuepflicht ergebenden Schranken. Danach ist die Grenze des Zulässigen erst dann überschritten, wenn die Betätigung provozierend ist, so daß der Betriebsfriede konkret gestört wird, wenn also z. b. auffällige Plaketten mit aggressiver Aussage zur Schau gestellt werden (*BAG* vom 9. 12. 1982 – 2 AZR 620/80 – EzA § 626 BGB n. F. Nr. 86 = DB 1983, 2578 m. Anm. *Löwisch/Schönfeld*). Arbeitnehmer, die nicht dem Betriebsrat angehören, sind danach freier gestellt als Betriebsratsmitglieder, denen das Tragen jeglicher Art von Parteiabzeichen verboten ist (*Mummenhoff* DB 1981, 2539, 2540; **a. A.** *Meisel* RdA 1976, 38, 40).

13 Außerdem haben Arbeitgeber und Betriebsrat sowie die Beauftragten von Gewerkschaften und Arbeitgeberverbänden das **Gebot zur vertrauensvollen Zusammenarbeit** nach § 2 Abs. 1 auch in der Betriebs- und Abteilungsversammlung einzuhalten (*G/L* § 45 Rz. 11). Diesem Gebot widerspricht es nicht, wenn der Arbeitgeber in der Betriebsversammlung die ihm durch die Tätigkeit des Betriebsrats entstehenden Kosten wahrheitsgemäß bekanntgibt, zumal der Betriebsrat in der Versammlung jederzeit zu den Angaben Stellung nehmen kann (**a. A.** zur Bekanntgabe ArbG Verden vom 25. 4. 1990 – 1 BV 1/90 – BB 1990, 1626).

1. Arbeitskampfmaßnahmen

14 Zu den Grundsätzen des § 74 Abs. 2 gehört auch das Verbot von Arbeitskampfmaßnahmen. Unzulässig sind deshalb Abstimmungen über die Durchführung von Arbeitsniederlegungen sowie die Verabschiedung von Resolutionen in bezug auf solche Aktionen, zu denen auch der Beschluß über die Abhaltung einer Urabstimmung sowie dessen Durchführung rechnen (*BAG* vom 31. 10. 1958 – 1 AZR 632/57 – AP Nr. 2 zu § 1 TVG Friedenspflicht = DB 1959, 542 m. Anm. *Bulla*; *F/A/K/H* § 45 Rz. 20; *D/R* § 45 Rz. 5; GK-*Fabricius* § 45 Rz. 57; *Bulla* BB 1959, 541 und 571; **a. A.** *Brox/Rüthers* § 45 Rz. 235). Insoweit läge aber außerdem ein Verstoß gegen Satz 1 vor (vgl. oben Rz. 6). Unzulässig ist ferner schon die bloße **Erörterung möglicher Arbeitskampfmaßnahmen**, weil damit eine Gefährdung des Betriebsfriedens verbunden wäre (*ArbG Göttingen* vom 16. 6. 1981 – 1 BV 4/81 – DB 1982, 334 zur Erörterung der Frage der Rechtmäßigkeit sog. Warnstreiks; *G/L* § 45 Rz. 12; *F/A/K/H* a. a. O.; *D/R* § 45 Rz. 9; *Wiese* NZA 1984, 378, 379 f.; *Brötzmann* BB 1990, 1055, 1059). Keine Bedenken bestehen aber gegen die Information und Diskussion über bevorstehende und eingetretene wirtschaftliche Auswirkungen von Arbeitskämpfen in anderen Betrieben (Zulieferer oder Abnehmer), da es sich insoweit nur um Reflexe von Arbeitskämpfen handelt (*D/K/K/S* § 45 Rz. 4; **a. A.** *G/L* § 45 Rz. 6).

2. Parteipolitische Betätigung

In der Betriebs- oder Abteilungsversammlung ist außerdem gem. § 74 Abs. 2 jedwede parteipolitische Betätigung zu unterlassen (vgl. hierzu Erläuterungen zu § 74 Rz. 32ff.; *F/A/K/H* § 45 Rz. 22). Die Betriebs- oder Abteilungsversammlung darf nicht zu einem Forum allgemeiner politischer Auseinandersetzungen werden (*BAG* vom 4.5. 1955, a.a.O.; *Blomeyer* ZfA 1972, 120; *G/L* § 45 Rz. 13; im Ergebnis auch *ArbG München* vom 3.2. 1986 – 22 BV GA 17/86 – NZA 1986, 235). Verfassungsrechtlich bestehen gegen das Verbot der parteipolitischen Betätigung im Betrieb keine Bedenken (*BVerfG* vom 28.4. 1976 – 1 BvB 71/73 – AP Nr. 2 zu § 74 BetrVG 1972 = DB 1976, 1485). 15

Unter parteipolitischer Betätigung ist jede Betätigung für oder gegen eine politische Partei zu verstehen, wobei es sich nicht nur um eine Partei i.S. des Art. 21 GG und des Parteiengesetzes zu handeln braucht; vielmehr genügt eine politische Gruppierung, für die geworben oder die unterstützt wird. Erfaßt wird somit auch das Eintreten für eine bestimmte politische Richtung (*BAG* vom 12.6. 1986 – 6 ABR 67/84 – AP Nr. 5 zu § 74 BetrVG 1972 = DB 1987, 1898 = EzA § 74 BetrVG 1972 Nr. 7; vom 13.9. 1977 – 1 ABR 67/75 – EzA § 45 BetrVG 1972 Nr. 1 m. Anm. *Hanau* = DB 1977, 1856, 2452; *Sowka/Krichel* DB 1989 Beilage Nr. 11, 5; *Lunk* 176). Andererseits ergibt sich aus dem Sinnzusammenhang des § 74 Abs. 2 Satz 2, daß die Behandlung der dort genannten tarifpolitischen, sozialpolitischen und wirtschaftlichen Fragen als **reines Sachthema** möglich ist, selbst dann, wenn diese Fragen im parteipolitischen Raum eine Rolle spielen und von Parteipolitikern behandelt werden, immer vorausgesetzt aber, daß die behandelten Fragen den Betrieb oder seine Arbeitnehmer betreffen (*BAG* vom 13.9. 1977, a.a.O., in AP Bl. 4R; *Hanau* a.a.O. 8). Insofern ist die Behandlung politischer Fragen nicht mit parteipolitischer Betätigung gleichzusetzen (*Herschel* DB 1962, 1142; **a.A.** *Meisel* RdA 1976, 38, 39). Die Grenzen des Zulässigen werden aber überschritten, wenn die Diskussion oder einzelne Diskussionsbeiträge objektiv nicht mehr der Sacherörterung dienen, sondern der Förderung der Interessen einer oder mehrerer politischer Parteien (*Glaubitz* BB 1972, 1277). Das wäre etwa der Fall, wenn verlangt würde, durch eine Resolution die politischen Bestrebungen einer bestimmten Partei zu unterstützen. Beschlüsse über solche Resolutionen sind ohnehin unzulässig (vgl. unten Rz. 21). 16

Gegen das Verbot der parteipolitischen Betätigung wird auch dann verstoßen, wenn der Betriebsrat in der Betriebs- oder Abteilungsversammlung ein **Referat** halten läßt, das zwar ein nach § 45 an sich zulässiges Thema zum Inhalt hat, aber den Umständen des Falles nach der Werbung für eine bestimmte politische Partei dient (*BAG* a.a.O.; **a.A.** *D/K/K/S* § 45 Rz. 15) Ist das Auftreten eines maßgebenden Politikers im Betrieb der Sachlage nach Teil seiner **Wahlkampfführung**, so liegt nach dieser Rechtsprechung eine parteipolitische und damit unzulässige Betätigung vor (vgl. aber auch zur Frage des Teilnahmerechts von Referenten § 42 Rz. 23). Nach der Rechtsprechung spielt es dabei keine Rolle, ob der betreffende Politiker ausdrücklich für eine bestimmte Partei auftritt; es genügt, wenn sein Auftreten offenbar seine Wahlchancen verbessern und damit auch dem Interesse der von ihm vertretenen Partei dienen soll (*BAG* a.a.O.; *F/A/K/H* a.a.O.; *Löwisch* DB 1976, 676; *GK-Thiele* § 74 Rz. 58; vgl. auch *Lunk* 205). Dabei wird die Wahlkampfzeit bei Landtagswahlen auf drei Monate, bei Bundestagswahlen auf eine etwas längere Zeit veranschlagt (*Löwisch* a.a.O.). Aber auch außerhalb von 17

§ 45   2. Teil 4. Abschn. Betriebsversammlung

Wahlkampfzeiten ist nach überwiegender Rechtsauffassung der Auftritt von Politikern, die eine bestimmte Partei repräsentieren als unzulässige parteipolitische Betätigung des Betriebsrats anzusehen (*Brötzmann* BB 1990, 1055, 1057; *S/W* §§ 42–46 Rz. 40; *D/R* § 45 Rz. 15; *G/L* § 45 Rz. 13; *Glaubitz* a. a. O. 1278; **a. A.** *F/ A/K/H* § 45 Rz. 23; *D/K/K/S* a. a. O.; unentschieden *Hohn* BB 1975, 376; wegen begrenzter Ausnahmemöglichkeiten vgl. unten Rz. 18).

18 Offengelassen hat das *BAG* (a. a. O.), ob Betriebsrat und Arbeitgeber **einverständlich** einen Parteipolitiker als Referenten zu einer Betriebs- oder Abteilungsversammlung einladen können. Da § 74 Abs. 2 sowohl den Arbeitgeber als auch den Betriebsrat verpflichtet, ist die Frage zu verneinen (*Meisel* a. a. O. 42; wohl auch *F/A/K/H* § 45 Rz. 22; GK-*Fabricius* § 45 Rz. 64ff.; vgl. dazu auch *Hanau* a. a. O. 9f.; **a. A.** *Hohn* a. a. O.; für Zeiten außerhalb des Wahlkampfes und sofern alle politischen Richtungen zum Zuge kommen: *Löwisch* a. a. O.). Das Verbot der parteipolitischen Betätigung bewahrt nicht nur das Verhältnis zwischen Arbeitgeber und Betriebsrat vor vermeidbaren Spannungen, sondern schützt den Betriebsfrieden überhaupt. Das Verbot der parteipolitischen Betätigung gilt nach § 74 Abs. 2 auch für vom Arbeitgeber mit Zustimmung des Betriebsrats einberufene Belegschaftsversammlungen, da es nicht auf die Betriebs- oder Abteilungsversammlung beschränkt ist (*Meisel* a. a. O.; **a. A.** *Hanau* a. a. O. 10). Eine Ausnahme für Betriebs- und Abteilungsversammlungen sowie für Belegschaftsversammlungen ist dann zu machen, wenn ein Mitglied der Bundes- oder Landesregierung über eine den Betrieb oder seine Arbeitnehmer betreffende konkrete Frage seines Fachressorts (z. B. Zusage oder Ablehnung staatlicher Unterstützung zur Vermeidung einer Betriebsstillegung durch den zuständigen Wirtschaftsminister) vor der Belegschaft spricht, nachdem sich Arbeitgeber und Betriebsrat über seine **Beziehung als Sachverständigen** nach § 80 Abs. 3 verständigt haben (*Meisel* und *Glaubitz*, jeweils a. a. O.; vgl. dazu auch § 42 Rz. 20, 25).

3. Beeinträchtigung des Arbeitsablaufs oder des Betriebsfriedens

19 Nach Satz 2 i. V. m. § 74 Abs. 2 sind auch alle Betätigungen zu unterlassen, die den Arbeitsablauf oder den Frieden des Betriebs beeinträchtigen. Dabei genügt aber nicht die bloße Möglichkeit einer Beeinträchtigung (*F/A/K/H* § 45 Rz. 21; GK-*Fabricius* § 45 Rz. 60). Arbeitsablauf ist die organisatorische, räumliche und zeitliche Gestaltung des Arbeitsprozesses (*Mummenhoff* DB 1981, 2539; *F/A/K/H* § 90 Rz. 13). Er kann gestört werden, wenn in der Betriebs- oder Abteilungsversammlung unwahre oder unsachliche Behauptungen über bestimmte Gruppen von Belegschaftsangehörigen aufgestellt werden. In der Regel kann dann auch der Betriebsfrieden beeinträchtigt sein. Der Betriebsfrieden als ein die Gemeinschaft aller Betriebsangehörigen umschließender Zustand ist immer dann gestört, wenn das störende Ereignis einen kollektiven Bezug aufweist, mögen unmittelbar hiervon auch nur wenige Arbeitnehmer betroffen sein. Um eine Störung des Betriebsfriedens anzunehmen, ist es nicht erforderlich, daß die gesamte Belegschaft oder große Gruppen von Arbeitnehmern über einen Vorgang im Betrieb in Unruhe geraten, in Empörung ausbrechen oder ihren Unmut in spontanen Kundgebungen äußern. Der Betriebsfrieden kann also durch Äußerungen in der Betriebs- oder Abteilungsversammlung auch dann gestört sein, wenn diese Äußerungen nur bei wenigen Betriebsangehörigen Anstoß erregt haben (*BAG* vom 9. 12. 1982 –

2 AZR 620/80 – AP Nr. 73 zu § 626 BGB = EzA § 626 BGB n. F. Nr. 86 m. Anm. *Löwisch/Schönfeld* = DB 1983, 2578).
Dementsprechend darf in der Betriebs- oder Abteilungsversammlung zwar nicht 20 nur an Mißständen im Betrieb, sondern auch an Personen **Kritik geübt** werden, die für diese Mißstände verantwortlich sind, sofern die Kritik vorher gegenüber dem Arbeitgeber selbst oder dem zuständigen Vorgesetzten geäußert worden ist (*Buchner* ZfA 1982, 49, 70; noch weitergehend *D/K/K/S* § 45 Rz. 13). Die Kritik muß aber so vorgebracht werden, daß die kritisierten Personen nicht beleidigt (§ 185 ff. StGB), zumindest aber die Wahrnehmung berechtigter Interessen (§ 193 StGB) bei einer etwaigen ehrverletzenden Kritik nicht überschritten wird (vgl. *BAG* vom 22. 10. 1964 – 2 AZR 479/63 – EzA § 44 BetrVG 1952 Nr. 1 = DB 1964, 1557; 1965, 331; *G/L* § 45 Rz. 14; *F/A/K/H* § 74 Rz. 8 a; *D/K/K/S* a. a. O.). Schließlich sind in der Betriebs- oder Abteilungsversammlung auch die Regeln über die Treuepflicht aus dem Arbeitsverhältnis einzuhalten. Deshalb haben die Teilnehmer alles zu unterlassen, was dem Betrieb Schaden zufügt (*G/L* § 45 Rz. 15; vgl. dazu *Schaub* § 53 II 5).

IV. Beschlußfassung

Die Betriebs- oder Abteilungsversammlung kann dem Betriebsrat Anträge unter- 21 breiten und zu seinen Beschlüssen Stellung nehmen. Sie kann ihm jedoch keine Richtlinien oder Weisungen geben; ebensowenig kann sie ihm das Vertrauen entziehen oder ihn sogar abberufen oder auch nur einen entsprechenden Antrag stellen (*G/L* § 45 Rz. 20; *F/A/K/H* § 45 Rz. 29; *D/R* § 45 Rz. 18; *D/K/K/S* § 45 Rz. 20). Anträge und Stellungnahmen müssen sich indessen auf den Aufgabenbereich des Betriebsrats beziehen. Beschlüsse, die über diesen Bereich hinausgehen, sind unzulässig (vgl. oben Rz. 6).
Der Betriebsrat ist an die Anträge der Betriebs- oder Abteilungsversammlung 22 nicht gebunden. Er übt kein **imperatives Mandat** aus, sondern trifft seine Entscheidungen eigenverantwortlich. Der Betriebsrat muß aber die Anträge und Stellungnahmen der Betriebs- und Abteilungsversammlung sorgfältig prüfen (*G/L* und *F/A/K/H*, jeweils a. a. O.; *D/R* § 45 Rz. 25; vgl. auch *D/K/K/S* a. a. O.).
Über Anträge und Stellungnahmen ist zu beschließen, weil sonst eine Willensbil- 23 dung der Betriebs- oder Abteilungsversammlung nicht vorliegt (*D/R* § 45 Rz. 20; GK-*Fabricius* § 45 Rz. 74 f.; **a. A.** *G/L* § 45 Rz. 21, die einen entsprechenden Beschluß wegen des Fehlens der Verbindlichkeit für nicht erforderlich halten).
Da das Gesetz keine Vorschriften über das Zustandekommen der Beschlüsse der 24 Betriebs- oder Abteilungsversammlung enthält, gelten hierfür die allgemeinen Grundsätze. Bei der Abstimmung sind alle teilnahmeberechtigten anwesenden Arbeitnehmer stimmberechtigt. Mithin sind auch die nicht wahlberechtigten Arbeitnehmer stimmberechtigt. Auch Betriebsratsmitglieder sind es, selbst wenn es um Stellungnahmen zu Beschlüssen des Betriebsrats geht, da sie insofern nicht persönlich beteiligt sind (*F/A/K/H* § 42 Rz. 38; **a. A.** *D/R* § 45 Rz. 22). Nicht stimmberechtigt sind hingegen der Arbeitgeber und die von ihm hinzugezogenen leitenden Angestellten. Ebensowenig haben die Beauftragten der Gewerkschaften und der Arbeitgeberverbände Stimmrecht (*D/R* a. a. O.). Dasselbe gilt für Sachverständige.
Der Beschluß ist zustandegekommen, wenn die Mehrheit sich dafür ausgespro- 25

§ 46   2. Teil 4. Abschn. Betriebsversammlung

chen hat. Die ordnungsgemäß geladene Versammlung ist beschlußfähig, auch wenn nur wenige Arbeitnehmer anwesend sind (*D/R* § 45 Rz. 24; *F/A/K/H* § 42 Rz. 39).

26 Entgegen der herrschenden Rechtsmeinung (*G/L* § 45 Rz. 22; *F/A/K/H* § 42 Rz. 37), kann die Betriebs- und Abteilungsversammlung eine Geschäftsordnung nicht beschließen (über die Gründe vgl. § 42 Rz. 33; zu den Regeln des parlamentarischen Brauchs vgl. *Mußler* NZA 1985, 445).

V. Einhaltung der gesetzlichen Ordnung

27 Der Leiter der Betriebs- oder Abteilungsversammlung hat dafür zu sorgen, daß die vom Gesetz aufgestellten Regeln über die Zuständigkeit und Durchführung der Betriebs- oder Abteilungsversammlung eingehalten werden (wegen seiner Pflichten und Befugnisse vgl. oben § 42 Rz. 31 ff.). Tut er dies nicht, so kann hierin eine grobe Pflichtverletzung liegen, die nach § 23 zu seiner Abberufung durch das Arbeitsgericht führen kann (*BAG* vom 4. 5. 1955 – 1 ABR 4/53 – AP Nr. 1 zu § 44 BetrVG 1952 = DB 1955, 631; *D/R* § 45 Rz. 26; *G/L* § 45 Rz. 16; *F/A/K/H* § 45 Rz. 25).

28 Aus der Überschreitung der Zulässigkeitsgrenzen können sich Folgen für die Entgeltansprüche der Teilnehmer ergeben. Die Versammlung verliert aber nicht ihren Charakter als Betriebs- oder Abteilungsversammlung, solange sie nicht geschlossen worden ist oder sich faktisch aufgelöst hat (vgl. oben § 44 Rz. 26). Begehen Arbeitnehmer in der Betriebs- oder Abteilungsversammlung Gesetzesverstöße, verletzten sie z. B. die Ehre anderer Teilnehmer oder stören sie den Betriebsfrieden (vgl. oben Rz. 19 f.), kann ihnen gekündigt werden (*BAG* vom 22. 10. 1964 – 2 AZR 479/63 – EzA § 44 BetrVG 1952 Nr. 1 = DB 1965, 331).

VI. Streitigkeiten

29 Streitigkeiten über die Zulässigkeit der Behandlung von Themen in der Betriebs- oder Abteilungsversammlung entscheidet das Arbeitsgericht nach § 2a ArbGG im Beschlußverfahren.

§ 46 Beauftragte der Verbände

(1) An den Betriebs- oder Abteilungsversammlungen können Beauftragte der im Betrieb vertretenen Gewerkschaften beratend teilnehmen. Nimmt der Arbeitgeber an Betriebs- oder Abteilungsversammlungen teil, so kann er einen Beauftragten der Vereinigung der Arbeitgeber, der er angehört, hinzuziehen.
(2) Der Zeitpunkt und die Tagesordnung der Betriebs- oder Abteilungsversammlungen sind den im Betriebsrat vertretenen Gewerkschaften rechtzeitig schriftlich mitzuteilen.

Literaturübersicht

Grunsky Der Nachweis des Vertretenseins einer im Betrieb vertretenen Gewerkschaft, AuR 1990, 105; *Hohn* Zutritt von Gewerkschaftsbeauftragten zur Betriebsversammlung, DB 1978, 1886; *Klosterkemper* Das Zugangsrecht der Gewerkschaften zum Betrieb, 1980; *Kraft* Das Teilnahmerecht der Beauftragten der Gewerkschaften an den Betriebsversammlungen, AuR 1961, 230; *Neumann-Duesberg* Das gewerkschaftliche Betriebsversammlungs-Teilnahmerecht, BB 1965, 1399; *Prütting/Weth* Die Vertretung einer Gewerkschaft im Betrieb, DB 1989, 2273; *dies.* Nochmals: Zur Zulässigkeit beweisrechtlicher Geheimverfahren, AuR 1990, 269; *Röhsler* Zum Recht des Gewerkschaftsvertreters, den Betrieb zu betreten, AuR 1959, 353; vgl. auch Literaturübersichten zu §§ 42–45.

Inhaltsübersicht

		Rz.
I.	Allgemeines	1, 2
II.	Teilnahme von Gewerkschaftsbeauftragten	3–17
	1. Unterrichtung der Gewerkschaften	4– 8
	2. Voraussetzungen des Teilnahmerechts	9
	3. Verwirklichung des Teilnahmerechts	10–13
	4. Inhalt des Teilnahmerechts	14–17
III.	Hinzuziehung eines Beauftragten des Arbeitgeberverbandes	18, 19
IV.	Streitigkeiten	20–22

I. Allgemeines

Nach Abs. 1 Satz 1 haben die im Betrieb vertretenen Gewerkschaften Anspruch auf 1 Teilnahme an der Betriebs- oder Abteilungsversammlung und auf rechtzeitige Benachrichtigung. Dem Arbeitgeber wird zugestanden, bei eigener Teilnahme einen Beauftragten seines Arbeitgeberverbandes hinzuzuziehen.
Die Vorschrift gilt auch für die Jugend- und Auszubildendenversammlung (§ 71) 2 und die Betriebsräteversammlung (§ 53).

II. Teilnahme von Gewerkschaftsbeauftragten

Das gesetzliche Recht der im Betrieb vertretenen Gewerkschaften, an der Betriebs- 3 oder Abteilungsversammlung teilzunehmen, ist weder von einer Einladung des Betriebsrats oder der Versammlung selbst noch von der Zustimmung des Arbeitgebers abhängig. Es besteht selbst dann, wenn Betriebsrat, Betriebsversammlung und Arbeitgeber die Teilnahme nicht wünschen (*G/L* § 46 Rz. 5; *F/A/K/H* § 46 Rz. 5; *D/K/K/S* § 46 Rz. 2). Das Teilnahmerecht besteht für alle Betriebs- oder Abteilungsversammlungen, ob sie als Voll- oder Teilversammlung durchgeführt werden. Auch bei den nach § 17 durchgeführten Betriebsversammlungen, die der Wahl eines Wahlvorstands dienen, ist die Gewerkschaft teilnahmeberechtigt (*BAG* vom 8. 2. 1957 – 1 ABR 11/55 – AP Nr. 1 zu § 82 BetrVG 1952 m. Anm. *Küchenhoff* = BB 1957, 291; *D/R* § 17 Rz. 11; *G/L* § 46 Rz. 3). Auf sonstige Zusammenkünfte der Belegschaft sowie auf Versammlungen der Gruppen nach §§ 12 und 14 Abs. 2 ist § 46 hingegen nicht anzuwenden (*G/L* § 46 Rz. 2; *D/K/K/S* a. a. O.).

§ 46   2. Teil 4. Abschn. Betriebsversammlung

1. Unterrichtung der Gewerkschaften

4 Nach Abs. 2 hat der Betriebsrat den im **Betriebsrat** vertretenen Gewerkschaften Zeitpunkt und Tagesordnung der Betriebs- oder Abteilungsversammlungen rechtzeitig schriftlich mitzuteilen. Auch dies gilt für sämtliche Betriebs- oder Abteilungsversammlungen ohne Rücksicht darauf, ob es sich um Voll- oder Teilversammlungen, regelmäßige, weitere oder außerordentliche Versammlungen handelt (*G/L* § 46 Rz. 17; *F/A/K/H* § 46 Rz. 5, 13).

5 Sofern Gewerkschaften zwar im Betrieb, nicht aber im Betriebsrat vertreten sind, besteht eine Mitteilungspflicht des Betriebsrats nicht. Der Betriebsrat ist jedoch nicht gehindert, eine nicht im Betriebsrat vertretene Gewerkschaft von der bevorstehenden Betriebs- oder Abteilungsversammlung zu unterrichten (*F/A/K/H* § 46 Rz. 13; *D/R* § 46 Rz. 6; *G/L* § 46 Rz. 18). Dies kommt vor allem dann in Betracht, wenn dem Betriebsrat bekannt ist, daß die Gewerkschaft im Betrieb vertreten ist und folglich an der Versammlung teilnehmen kann.

6 Die Mitteilung nach Abs. 2 muß den Zeitpunkt, d. h. Tag und Stunde der Versammlung und die für die Versammlung vorgesehene Tagesordnung enthalten. Nach dem Sinn des Gesetzes ist auch der Versammlungsort anzugeben, wenn insoweit – wie z. B. bei Abteilungsversammlungen – Zweifel möglich sind. Nachträgliche Änderungen oder Ergänzungen sind unverzüglich ebenfalls mitzuteilen (*G/L* § 46 Rz. 19; *F/A/K/H* § 46 Rz. 14). Es muß rechtzeitig unterrichtet werden, damit die Gewerkschaft sich auf die Teilnahme an der Versammlung einrichten kann. Wird die Versammlung kurzfristig einberufen, so muß die Unterrichtung der Gewerkschaften unverzüglich erfolgen (*F/A/K/H* und *D/R*, jeweils a. a. O.; *G/L* § 46 Rz. 20).

7 Es ist Sache des Betriebsratsvorsitzenden, für die Unterrichtung zu sorgen. Er verletzt seine gesetzlichen Pflichten, wenn er wiederholt gegen diese Unterrichtungspflicht verstößt; ggf. kann auch sein Ausschluß aus dem Betriebsrat in Betracht kommen (*G/L* § 46 Rz. 21; *F/A/K/H* § 46 Rz. 13; GK-*Fabricius* § 46 Rz. 23).

8 Die Unterrichtung muß schriftlich erfolgen. Diesem Erfordernis ist genügt, wenn der Gewerkschaft die Sitzungsniederschrift über den Beschluß des Betriebsrats zu Zeit, Ort und Tagesordnung der nächsten Versammlung übersandt worden ist (*F/A/K/H* § 46 Rz. 15).

2. Voraussetzungen des Teilnahmerechts

9 Das Teilnahmerecht setzt voraus, daß die Gewerkschaft **im Betrieb vertreten** ist, also mindestens ein Mitglied im Betrieb hat. Sind mehrere Gewerkschaften im Betrieb vertreten, steht jeder von ihnen dieses Recht zu. Die Gewerkschaft kann, wenn sie im Betrieb vertreten ist, auch zu allen Teil- und Abteilungsversammlungen Beauftragte entsenden, selbst dann, wenn in der betreffenden Betriebsabteilung oder der in der Teilversammlung zusammengefaßten Gruppe kein Arbeitnehmer bei ihr organisiert ist (*F/A/K/H* § 46 Rz. 13; *D/R* § 46 Rz. 3).

3. Verwirklichung des Teilnahmerechts

Die Gewerkschaft ist nicht darauf beschränkt, nur einen **einzigen Beauftragten** zu 10
entsenden. Eine Begrenzung ergibt sich aber aus dem Zweck des Teilnahmerechts, nämlich eine beratende, also unterstützende Mitwirkung der Gewerkschaft an der Betriebs- oder Abteilungsversammlung sicherzustellen. Die Zahl der Beauftragten muß sich folglich in einem Rahmen halten, der eine sinnvolle Beratung ermöglicht (*D/R* § 46 Rz. 9; *F/A/K/H* § 46 Rz. 7; *S/W* §§ 42–46 Rz. 19; *G/L* § 46 Rz. 7; im Ergebnis ebenso GK-*Fabricius* § 46 Rz. 6; vgl. auch *D/K/K/S* § 45 Rz. 5).

Wen die Gewerkschaft als ihren Beauftragten zu der Betriebs- oder Abteilungs- 11
versammlung entsendet, entscheidet sie selbst. Sie kann sich durch bei ihr angestellte Funktionäre vertreten lassen. Sie kann aber auch jedes ihrer Mitglieder als Beauftragten entsenden. Dabei ist nicht erforderlich, daß es eine Funktion in der Gewerkschaft ausübt (*ArbG Wuppertal* vom 11. 4. 1975 – 4 BV Ga 4/75 – DB 1975, 1177; *S/W* a. a. O.; *Lunk* 195; *D/R* § 46 Rz. 8; *F/A/K/H* a. a. O.; GK-*Fabricius* § 46 Rz. 5; *D/K/K/S* a. a. O.; *Kraft* AuR 1961, 231). Möglich ist ferner die Entsendung des Vertreters einer gewerkschaftlichen Spitzenorganisation (auch *D/R* § 46 Rz. 4, die der Spitzenorganisation ein eigenes Entsendungsrecht zubilligen; ebenso *G/L* § 46 Rz. 6). Nicht zulässig ist die Auswahl einer Person, die weder Angestellter noch Mitglied der Gewerkschaft noch Angehöriger der Spitzenorganisation ist (**a. A.** *G/L* § 46 Rz. 8 im Gegensatz zu § 31 Rz. 15 für das Teilnahmerecht der Gewerkschaft in bezug auf Betriebsratssitzungen). Das Teilnahmerecht der Gewerkschaften muß im Sinne des auch an sie gerichteten Gebots nach § 2 Abs. 1 abgegrenzt werden, mit den übrigen Beteiligten an der Betriebsverfassung zum Wohl der Arbeitnehmer und des Betriebs zusammenzuarbeiten. Dem würde widersprechen, wenn die Gewerkschaft Personen, die der betrieblichen Wirklichkeit fernstehen, wie z. B. **Vertreter von Staat, Kirchen, Kunst oder Wissenschaft,** zur beratenden Teilnahme an der Betriebs- oder Abteilungsversammlung entsenden könnte. Der Versammlungsleiter kann (nach *D/R* § 46 Rz. 12 soll nur der Betriebsrat diese Befugnis haben) der Gewerkschaft im Einzelfall aber auch den Einwand der unzulässigen Rechtsausübung entgegensetzen. Dieser Einwand greift immer dann durch, wenn durch die Entsendung eines **bestimmten Beauftragten** aufgrund dessen vorausgegangenen Verhaltens eine ernstliche Störung des Betriebsfriedens zu befürchten ist (*BAG* vom 14. 2. 1967 – 1 ABR 7/66 – EzA § 45 BetrVG Nr. 1 = DB 1967, 775; *F/A/K/H* § 46 Rz. 9). Ob die Teilnahme eines bestimmten Gewerkschaftsbeauftragten dem Arbeitgeber zumutbar ist, spielt keine Rolle (*BAG* vom 18. 3. 1964 – 1 ABR 12/63 – AP Nr. 1 zu § 45 BetrVG 1952 m. Anm. *Dietz* = DB 1964, 446, 992; *F/A/K/H* a. a. O.; **a. A.** *D/R* § 46 Rz. 14; *G/L* § 46 Rz. 13; *Neumann-Duesberg* BB 1965, 1401), da das Teilnahmerecht auf die Betriebs- und Abteilungsversammlung bezogen ist. Jedoch kann der Betriebsfrieden auch dann gefährdet sein, wenn der Beauftragte der Gewerkschaft den Arbeitgeber früher ehrverletzend angegriffen hat (*BAG* vom 14. 2. 1967, a. a. O., in AP Bl. 3; *D/R* § 46 Rz. 15). Unzulässige Rechtsausübung liegt jedoch nicht vor, wenn lediglich zu erwarten ist, daß es bei Teilnahme eines bestimmten Gewerkschaftsbeauftragten zu scharfen sachlichen Differenzen kommen wird. Wird ein Beauftragter vom Versammlungsleiter zurückgewiesen, kann die Gewerkschaft einen anderen Beauftragten entsenden (*ArbG Kassel* vom 19. 3. 1962 – 1 Ga 1/62 – BB 1962, 1039; *F/A/K/H* a. a. O.).

§ 46   2. Teil 4. Abschn. Betriebsversammlung

12 Den mit der Teilnahme an der Betriebs- oder Abteilungsversammlung beauftragten Gewerkschaftsvertretern ist vom Arbeitgeber gem. § 2 Abs. 2 (zu der Streitfrage über besondere Zutrittsrechte neben dieser Bestimmung vgl. oben § 31 Rz. 15) **Zutritt zum Betrieb** zu gewähren (zur Ablehnung des sogenannten Hausrechts des Versammlungsleiters und zur Durchsetzung des Zutrittsrechts vgl. oben § 42 Rz. 34). Schranken und Modalitäten des Zutrittsrechts ergeben sich aus § 2 Abs. 2 (vgl. oben § 31 Rz. 15–17). Vor allem kann der Arbeitgeber bei unzulässiger Rechtsausübung durch die Gewerkschaft (vgl. oben Rz. 11) deren Beauftragten den Zutritt zum Betrieb verwehren.

13 Lehnt der Versammlungsleiter die Teilnahme des Beauftragten einer im Betrieb vertretenen Gewerkschaft ohne triftigen Grund (vgl. oben Rz. 11) ab, so handelt er pflichtwidrig und läuft Gefahr, nach § 23 aus dem Betriebsrat ausgeschlossen zu werden (*F/A/K/H* § 46 Rz. 10).

4. Inhalt des Teilnahmerechts

14 Der Beauftragte der Gewerkschaft nimmt an der Betriebs- oder Abteilungsversammlung mit **beratender Stimme** teil. Der Versammlungsleiter muß ihm das Wort erteilen (*G/L* § 46 Rz. 14; *F/A/K/H* § 46 Rz. 11; *D/R* § 46 Rz. 10; *D/K/K/S* § 45 Rz. 6). Der Gewerkschaftsbeauftragte kann auch Fragen stellen und Anregungen geben; er kann jedoch keine Anträge zur Beschlußfassung stellen; dieses Recht ist auf die teilnahmeberechtigten Arbeitnehmer des Betriebs beschränkt. Ebensowenig kann er an Abstimmungen teilnehmen (*G/L* § 46 Rz. 15; *F/A/K/H* und *D/K/K/S* jeweils a. a. O.; *D/R* § 46 Rz. 11) oder in die Versammlungsleitung eingreifen.

15 Die beratende Tätigkeit des Beauftragten der Gewerkschaft hat sich im Rahmen der **Zuständigkeit der Betriebsversammlung** zu halten (vgl. hierzu Erläuterungen zu § 45).

16 Der Versammlungsleiter hat für die **Einhaltung des gesetzlichen Rahmens** der Betriebs- oder Abteilungsversammlung zu sorgen (vgl. dazu § 42 Rz. 32 ff. und § 45 Rz. 27). Überschreitet der Beauftragte der Gewerkschaft diesen Rahmen, so hat der Versammlungsleiter ihm das Wort zu entziehen, bei erheblichen Verstößen ihn sogar zum Verlassen der Versammlung aufzufordern (*ArbG Kassel* vom 19.3. 1962, a.a.O.; *D/R* § 46 Rz. 10; vgl. auch § 42 Rz. 32).

17 Kommt der Versammlungsleiter dieser Verpflichtung nicht nach, kann darin eine grobe Verletzung gesetzlicher Pflichten nach § 23 Abs. 1 zu sehen sein (zur Frage der Entgeltzahlung bei Überschreitung des gesetzlichen Rahmens der Betriebs- oder Abteilungsversammlung vgl. § 44 Rz. 27). Verweigert der Versammlungsleiter dem Gewerkschaftsbeauftragten das Wort oder entzieht er es ihm ohne triftigen Grund, so kann darin ebenfalls eine Verletzung betriebsverfassungsrechtlicher Pflichten mit möglichen Folgen nach § 23 liegen (*D/R* § 46 Rz. 12).

III. Hinzuziehung eines Beauftragten des Arbeitgeberverbandes

18 Macht der Arbeitgeber von seinem Recht auf Teilnahme an einer Betriebs- oder Abteilungsversammlung Gebrauch, so kann er einen Beauftragten seines Arbeitgeberverbandes hinzuziehen. Es darf nicht mehr als ein Beauftragter sein, selbst

wenn mehrere Gewerkschaftsbeauftragte teilnehmen (*D/R* § 46 Rz. 20; GK-*Fabricius* § 46 Rz. 24). Das gilt auch, wenn der Arbeitgeber mehreren Verbänden angehört (*D/R* a. a. O.). Für die Hinzuziehung des Verbandsbeauftragten gelten zunächst die Erläuterungen zu der mit Abs. 1 Satz 2 im wesentlichen übereinstimmenden Vorschrift für die Betriebsratssitzungen in § 29 Abs. 4 Satz 4 entsprechend (vgl. oben § 29 Rz. 48–51).

Den Beauftragten des Arbeitgeberverbandes steht in der Betriebs- oder Abteilungsversammlung ein **Stimmrecht** ebensowenig zu wie dem Gewerkschaftsbeauftragten. Auch er ist im übrigen an die sich aus den §§ 45 und 74 Abs. 2 ergebenden Grenzen gebunden (vgl. Erläuterungen oben zu § 45). 19

IV. Streitigkeiten

Streitigkeiten über die Teilnahme von Beauftragten der im Betrieb vertretenen Gewerkschaften und des Arbeitgeberverbandes sind nach § 2a ArbGG vom Arbeitsgericht im Beschlußverfahren zu entscheiden. 20

Verfahrensbeteiligte können sein: der Arbeitgeber, der Betriebsrat, im Betrieb vertretene Gewerkschaften, nicht aber der Arbeitgeberverband (*BAG* vom 19. 5. 1978 – 6 ABR 41/75 – EzA § 46 BetrVG 1972 Nr. 2 = DB 1978, 2032; *F/A/K/H* § 46 Rz. 20; *D/K/K/S* § 45 Rz. 13). Die im Betrieb vertretenen Gewerkschaften sind in einem solchen Verfahren nicht nur dann, wenn das Teilnahmerecht als solches bestritten wird, beteiligt und antragsberechtigt, sondern auch, wenn es um die Entsendung eines bestimmten Gewerkschaftsbeauftragten geht (*F/A/K/H* a. a. O.). Sie können daher ihr Teilnahmerecht immer selbständig durchsetzen (*BAG* vom 18. 3. 1964, a. a. O.). Die Gewerkschaft trägt die Beweislast für das Vertretensein im Betrieb. Das gilt auch für den Betriebsrat, wenn er der Antragsteller ist. Zur Beweisführung sind alle Beweismittel zugelassen (vgl. *Grunsky* AuR 1990, 105 ff.). Dabei muß aber das Gewerkschaftsmitglied namentlich genannt werden. Die Beweisführung durch »mittelbare« Zeugenaussage, etwa Vernehmung eines Gewerkschaftssekretärs oder durch notarielle Tatsachenbescheinigung ist unzulässig (*Prütting/Weth* DB 1989, 2273 ff. und AuR 1990, 269 ff.; **a. A.** *ArbG Nürnberg* vom 6. 6. 1989 – 8 BV 30/89 A – DB 1989, 2284 = NZA 1990, 288; *Grunsky* AuR 1990, 105, 112). 21

Wegen der oft gegebenen Eilbedürftigkeit kommt hinsichtlich dieser Fragen vielfach der Erlaß von einstweiligen Verfügungen nach § 85 Abs. 2 ArbGG in Betracht (*F/A/K/H* a. a. O.; GK-*Fabricius* § 46 Rz. 27). 22

Fünfter Abschnitt
Gesamtbetriebsrat

§ 47 Voraussetzungen der Errichtung, Mitgliederzahl, Stimmengewicht

(1) Bestehen in einem Unternehmen mehrere Betriebsräte, so ist ein Gesamtbetriebsrat zu errichten.
(2) In den Gesamtbetriebsrat entsendet jeder Betriebsrat, wenn ihm Vertreter beider Gruppen angehören, zwei seiner Mitglieder, wenn ihm Vertreter nur einer Gruppe angehören, eines seiner Mitglieder. Werden zwei Mitglieder entsandt, so

dürfen sie nicht derselben Gruppe angehören. Ist der Betriebsrat nach § 14 Abs. 2 in getrennten Wahlgängen gewählt worden und gehören jeder Gruppe mehr als ein Zehntel der Mitglieder des Betriebsrats, jedoch mindestens drei Mitglieder an, so wählt jede Gruppe den auf sie entfallenden Gruppenvertreter; dies gilt auch, wenn der Betriebsrat nach § 14 Abs. 2 in gemeinsamer Wahl gewählt worden ist und jeder Gruppe im Betriebsrat mindestens ein Drittel der Mitglieder angehört. Die Sätze 1 bis 3 gelten entsprechend für die Abberufung.

(3) Der Betriebsrat hat für jedes Mitglied des Gesamtbetriebsrats mindestens ein Ersatzmitglied zu bestellen und die Reihenfolge des Nachrückens festzulegen; § 25 Abs. 3 gilt entsprechend. Für die Bestellung gilt Absatz 2 entsprechend.

(4) Durch Tarifvertrag oder Betriebsvereinbarung kann die Mitgliederzahl des Gesamtbetriebsrats abweichend von Absatz 2 Satz 1 geregelt werden.

(5) Gehören nach Absatz 2 Satz 1 dem Gesamtbetriebsrat mehr als vierzig Mitglieder an und besteht keine tarifliche Regelung nach Absatz 4, so ist zwischen Gesamtbetriebsrat und Arbeitgeber eine Betriebsvereinbarung über die Mitgliederzahl des Gesamtbetriebsrats abzuschließen, in der bestimmt wird, daß Betriebsräte mehrerer Betriebe eines Unternehmens, die regional oder durch gleichartige Interessen miteinander verbunden sind, gemeinsam Mitglieder in den Gesamtbetriebsrat entsenden.

(6) Kommt im Fall des Absatzes 5 eine Einigung nicht zustande, so entscheidet eine für das Gesamtunternehmen zu bildende Einigungsstelle. Der Spruch der Einigungsstelle ersetzt die Einigung zwischen Arbeitgeber und Gesamtbetriebsrat.

(7) Jedes Mitglied des Gesamtbetriebsrats hat so viele Stimmen, wie in dem Betrieb, in dem es gewählt wurde, wahlberechtigte Angehörige seiner Gruppe in der Wählerliste eingetragen sind. Entsendet der Betriebsrat nur ein Mitglied in den Gesamtbetriebsrat, so hat es so viele Stimmen, wie in dem Betrieb wahlberechtigte Arbeitnehmer in der Wählerliste eingetragen sind.

(8) Ist ein Mitglied des Gesamtbetriebsrats für mehrere Betriebe entsandt worden, so hat es so viele Stimmen, wie in den Betrieben, für die es entsandt ist, wahlberechtigte Angehörige seiner Gruppe in den Wählerlisten eingetragen sind. Sind für eine Gruppe mehrere Mitglieder des Betriebsrats entsandt worden, so stehen diesen die Stimmen nach Absatz 7 Satz 1 anteilig zu. Absatz 7 Satz 2 gilt entsprechend.

Literaturübersicht

Birk Das Arbeitskollisionsrecht der Bundesrepublik Deutschland, RdA 1984, 129; *Döring* Das Verfahren bei der Errichtung des Gesamtbetriebsrats nach § 47 Abs. 5 BetrVG, DB 1976, 821; *Fabricius* Rechtsprobleme gespaltener Arbeitsverhältnisse im Konzern, 1982; *Gamillscheg* Betrieb und Unternehmen – Zwei Grundbegriffe des Arbeitsrechts, AuR 1989, 33; *Gaul* Die Bildung des verkleinerten Gesamtbetriebsrates nach § 47 Abs. 5 BetrVG, DB 1981, 214; *Haase* Betrieb, Unternehmen und Konzern im Arbeitsrecht, NZA 1988 Beilage Nr. 3/11; *Halberstadt* Errichtung eines Gesamtbetriebsrates aufgrund einer Betriebsvereinbarung, BB 1964, 808; *Hueck, G.* Zwei Probleme der Konzernmitbestimmung, in FS *Westermann*, 1974, 241; *Joost* Betrieb und Unternehmen als Grundbegriffe des Arbeitsrechts, 1988; *Klingelhöfer* Die Amtszeit des Gesamtbetriebsrats, RdA 1954, 271; *Konzen* Unternehmensaufspaltungen und Organisationsänderungen im Betriebsverfassungsrecht, 1986; *ders.* Unternehmensaufspaltung und Betriebseinheit, AuR 1985, 341; *Kretzschmar*

Voraussetzungen der Errichtung, Mitgliederzahl, Stimmengewicht § 47

Der Unternehmerbegriff im Betriebsverfassungsgesetz, BB 1952, 861; *ders.* »Arbeitgeber« und »Arbeitnehmer« im Betriebsverfassungsgesetz, BB 1953, 209; *Lichtenstein* Der Gesamtbetriebsrat, BetrR 1972, 207; *Melzer* Zur Bildung des Gesamtbetriebsrates, AuR 1953, 325; *Neumann-Duesberg* Der Gesamtbetriebsrat, DB 1962, 1009; *Popp* Die Errichtung des Gesamtbetriebsrates, BB 1953, 414; *Radke* Gesamtbetriebsrat und Betriebsversammlung, AuR 1956, 333; *Rüthers* Mitbestimmungsprobleme in Betriebsführungsaktiengesellschaften, BB 1977, 605; *Ruffner* Der Gesamtbetriebsrat nach dem BetrVG, DB 1953, 533; *Seiter* Betriebsinhaberwechsel, 1980; *Zöllner* Betriebs- und unternehmensverfassungsrechtliche Fragen bei konzernrechtlichen Betriebsführungsverträgen, ZfA 1983, 93; wegen der Gesetzesänderungen zum 1. Januar 1989 vgl. auch die Hinweise in der Literaturübersicht zu § 27.

Inhaltsübersicht

			Rz.
I.	Allgemeines		1– 7
II.	Voraussetzungen		8–16
	1.	Einheitlicher Rechtsträger für mehrere Betriebe eines Unternehmens	8–12
	2.	Mehrere Betriebsräte	13–16
III.	Errichtung		17–54
	1.	Pflicht der Betriebsräte	17, 18
	2.	Zusammensetzung	19–42
		a) Gesetzliche Regelung	20, 21
		aa) Mitgliederzahl	20
		bb) Gruppenschutz	21
		b) Vom Gesetz abweichende Regelung	22–35
		aa) Tarifvertrag	29–33
		bb) Betriebsvereinbarung	34, 35
		c) Notwendigkeit einer Verkleinerung des Gesamtbetriebsrats	36–42
	3.	Entsendung von Betriebsratsmitgliedern	43–52
		a) Beschluß des Betriebsrats	43–46
		b) Wahl nach Gruppen	47–49
		c) Entsendung bei vom Gesetz abweichender Regelung der Mitgliederzahl	50, 51
		d) Annahme des Amtes	52
	4.	Ersatzmitglieder	53, 54
IV.	Abberufung vom Amt		55, 56
V.	Stimmrecht		57–63
VI.	Bestandsdauer des Gesamtbetriebsrats		64–68
VII.	Streitigkeiten		69

I. Allgemeines

Der Gesamtbetriebsrat tritt nach § 50 in Angelegenheiten, die das Gesamtunter- 1 nehmen oder mehrere Betriebe betreffen und die nicht durch die einzelnen Betriebsräte innerhalb ihrer Betriebe geregelt werden können, an die Stelle der sonst zuständigen Einzelbetriebsräte. Damit soll verhindert werden, daß eine **erforderliche unternehmenseinheitliche Regelung** durch das Vorhandensein mehrerer Betriebsräte, die je nach den Umständen divergierende Interessen verfolgen, erschwert oder verhindert wird und daß dem Arbeitgeber etwa durch mehrere Einigungsstellen unterschiedliche Regelungen aufgezwungen werden. Die Einrichtung

§ 47 2. Teil 5. Abschn. Gesamtbetriebsrat

des Gesamtbetriebsrats dient also dem Ausgleich kollidierender Betriebsratsinteressen. Der Gesamtbetriebsrat hat die Funktion, die an sich gegebenen Beteiligungsrechte der Einzelbetriebsräte in eigener Zuständigkeit gebündelt und einheitlich wahrzunehmen (*BAG* vom 16. 8. 1983 – 1 AZR 544/81 – EzA § 50 BetrVG 1972 Nr. 9 = DB 1984, 129, 1875; *Blomeyer* DB 1967, 2221, 2224).

2 Im Gegensatz zum BetrVG 1952, das die Errichtung des Gesamtbetriebsrats in das Ermessen der Betriebsräte des Unternehmens gestellt hatte, schreibt das BetrVG 1972 die Errichtung von Gesamtbetriebsräten bei Vorliegen der gesetzlichen Voraussetzungen **zwingend** vor. Das Gesetz zieht damit Konsequenzen aus der Tatsache, daß in Unternehmen mit mehreren Betrieben wichtige, die Arbeitnehmer betreffende Entscheidungen nicht auf der betrieblichen, sondern auf der Ebene des Unternehmens getroffen werden. Aus diesem Grunde soll der Unternehmensleitung ein für das Gesamtunternehmen zuständiges Vertretungsorgan der Arbeitnehmer gegenüberstehen (vgl. Regierungsentwurf in BT-Drucks. VI/1786, 42 und Bericht des Bundestagsausschusses für Arbeit und Sozialordnung zu BT-Drucks. VI/2729, 25). Die Vorschrift regelt die Errichtung des Gesamtbetriebsrats, dessen Mitgliederzahl und Zusammensetzung sowie das Stimmengewicht der Mitglieder bei der Beschlußfassung im Gesamtbetriebsrat. Von Bedeutung ist vor allem, daß das Gesetz auch hier, wie bei der Wahl des Betriebsausschusses und der weiteren Ausschüsse des Betriebsrats, den Gruppenschutz verstärkt hat, indem es den Gruppen unter den gleichen Voraussetzungen wie dort zur Pflicht macht, ihre Vertreter für den Gesamtbetriebsrat selbst zu bestimmen (*D/R* § 47 Rz. 1). Diese Voraussetzungen sind mit Wirkung ab der ersten nach dem 31. 12. 1988 stattfindenden Betriebsratswahl durch das Gesetz zur Änderung des Betriebsverfassungsgesetzes, über Sprecherausschüsse der leitenden Angestellten und zur Sicherung der Montan-Mitbestimmung vom 20. 12. 1988 (BGBl. I S. 2312) noch gruppenfreundlicher gestaltet worden (vgl. dazu unten Rz. 47). Einen besonderen Schutz kleiner (politischer) Gruppierungen (vgl. dazu § 27 Rz. 4) gibt es für den Gesamtbetriebsrat nicht (vgl. zu den Gründen *Engels/Natter* BB 1989 Beilage Nr. 8, 24; *Wlotzke* DB 1989, 111, 115).

3 **Primärer Träger** der Mitwirkungs- und Mitbestimmungsrechte bleibt aber auch nach dem geltenden Recht der Betriebsrat des Einzelbetriebs. Der Gesamtbetriebsrat ist nämlich nur für die Behandlung von Angelegenheiten zuständig, die das Gesamtunternehmen oder mehrere Betriebe betreffen und die nicht durch die einzelnen Betriebsräte innerhalb ihrer Betriebe geregelt werden können (vgl. § 50). Dies gilt grundsätzlich auch für die Mitwirkungs- und Mitbestimmungsrechte nach den §§ 111 ff., nicht jedoch für die Tätigkeit des Wirtschaftsausschusses, der stets auf der Ebene des Unternehmens zu bilden ist und der bei Vorhandensein eines Gesamtbetriebsrats von ihm bestellt wird (vgl. § 107 Abs. 2).

4 Durch Tarifvertrag oder Betriebsvereinbarung kann die Mitgliederzahl **abweichend vom Gesetz** geregelt werden. Diese Ermächtigung soll eine den Bedürfnissen im einzelnen Unternehmen entsprechende Gestaltung der zahlenmäßigen Zusammensetzung des Gesamtbetriebsrats ermöglichen (*D/R* § 47 Rz. 2; *F/A/K/H* § 47 Rz. 45). Gehören dem Geamtbetriebsrat jedoch mehr als 40 Mitglieder an, so **muß** eine Regelung über die Mitgliederzahl getroffen werden. Besteht keine tarifliche Regelung, so ist zwischen Gesamtbetriebsrat und Arbeitgeber eine Betriebsvereinbarung zu schließen, bei deren etwaigem Scheitern eine für das Gesamtunternehmen zu bildende Einigungsstelle zu entscheiden hat.

5 Die Vorschrift enthält ferner eine Regelung über das **Stimmrecht** der Gesamtbe-

triebsratsmitglieder. Ihr Stimmengewicht hängt nicht davon ab, wieviele Mitglieder ihrer Gruppe dem entsendenden Betriebsrat angehören; maßgebend sind vielmehr die Zahlenverhältnisse der wahlberechtigten Gruppenangehörigen, bei Entsendung nur eines einzigen Mitglieds die Zahlenverhältnisse der in dem Betrieb wahlberechtigten Arbeitnehmer. Dadurch soll eine den tatsächlichen Stärkeverhältnissen der einzelnen Betriebe und der Gruppen gemäßere Stimmengewichtung erzielt werden (so die Begründung zum Regierungsentwurf BT-Drucks. VI/1786, 42).

Für die Gesamt-Jugend- und Auszubildendenvertretung gelten besondere Bestimmungen (§ 72 f.). **6**

Die Bestimmungen sind mit Ausnahme der Regelung über die Mitgliederzahl des Betriebsrats **zwingendes Recht**. Gemeinsame Betriebsräte durch Zusammenfassung mehrerer Betriebsräte oder mehrere für sich selbst nicht betriebsratsfähige Betriebe sind weder neben noch anstelle eines Gesamtbetriebsrats zulässig (*G/L* § 47 Rz. 3 f.; *D/R* § 47 Vorbem. Rz. 2; *D/K/K/S* § 47 Rz. 3; grundsätzlich auch *F/A/K/H* § 47 Rz. 3, die aber die Bildung von Arbeitsgemeinschaften ohne rechtliche Kompetenz durch mehrere Betriebsräte für zulässig halten (so auch *D/K/K/ S* § 47 Rz. 7); dies wäre indessen keine Betriebsratstätigkeit, die als erforderlich – z.B. gem. § 37 Abs. 2 – anerkannt werden könnte). **7**

II. Voraussetzungen

1. Einheitlicher Rechtsträger für mehrere Betriebe eines Unternehmens

Die Errichtung eines Gesamtbetriebsrats setzt voraus, daß **mehrere Betriebe zu einem Unternehmen** gehören. Das Unternehmen ist der einheitliche Rechtsträger, dem die Betriebe rechtlich zugeordnet sind. Deshalb können Betriebsräte von Betrieben **verschiedener Rechtsträger** auch dann keinen Gesamtbetriebsrat errichten, wenn die verschiedenen Rechtsträger wirtschaftlich verflochten sind oder die jeweilige Unternehmensleitung von denselben Personen ausgeübt wird (*BAG* vom 11. 12. 1987 – 7 ABR 49/87 – AP Nr. 7 zu § 47 BetrVG 1972 = DB 1988, 759 = AuR 1988, 154; vom 29. 11. 1987 – 7 ABR 64/87 – NZA 1990, 615; GK-*Fabricius/Kreutz* § 47 Rz. 9 ff., jeweils mit dem zutreffenden Hinweis auf die seit dem 1. 8. 1986 geltende parallele, aber deutlichere Bestimmung über die Voraussetzungen der Bildung einer Gesamtschwerbehindertenvertretung in § 27 Abs. 1 SchwbG; im Ergebnis ebenso *BAG* vom 5. 12. 1975 – 1 ABR 8/74 – EzA § 47 BetrVG 1972 Nr. 1 = DB 1976, 588; *F/A/K/H* § 47 Rz. 7 ff.; *D/R* § 47 Rz. 6; *G/L* § 47 Rz. 6; *S/W* §§ 47–52 Rz. 1; *D/K/K/S* § 47 Rz. 10 f.). Dies folgt aus der in mehreren Bestimmungen des BetrVG enthaltenen Unterscheidung zwischen Unternehmen und Konzern (vgl. § 8 Abs. 1, § 87 Abs. 1 Nr. 8, § 88 Nr. 2) und vor allem aus den Vorschriften über den Konzernbetriebsrat (§§ 54 ff. i. V. m. § 18 Abs. 1 AktG). Danach ist ein Konzern trotz einheitlicher Leitung kein einheitliches Unternehmen, sondern ein Zusammenschluß rechtlich selbständiger Unternehmen, die auch durch ihre Zugehörigkeit zu einem Konzern ihre rechtliche Selbständigkeit als Unternehmen nicht einbüßen. Das BetrVG spricht deshalb auch ausdrücklich von »den Konzernunternehmen« im Unterschied zu dem Konzern (vgl. z. B. § 58 Abs. 1). Das Unternehmen kann sich daher nicht über den Geschäfts- und Tätigkeitsbereich seines Rechtsträgers hinaus erstrecken. Der Ge- **8**

§ 47   2. Teil 5. Abschn. Gesamtbetriebsrat

schäfts- und Tätigkeitsbereich seines Rechtsträgers markiert zugleich die Grenze des Unternehmens (so *BAG* vom 11.12. 1987, a.a.O.). Unerheblich ist, ob das Unternehmen auf verschiedenen Sachgebieten tätig ist (*BAG* vom 23.9. 1980 – 6 ABR 8/78 – EzA § 47 BetrVG 1972 Nr. 3; *F/A/K/H* § 47 Rz. 10; GK-*Fabricius/Kreutz* § 47 Rz. 20; *G/L* § 47 Rz. 7; *D/R* § 47 Rz. 9). So kann ein Unternehmen aus Betrieben mit sehr unterschiedlichen Betriebszwecken (z.B. Produktionsbetrieben und Hotels) bestehen. Das Unternehmen braucht nicht wirtschaftlichen, sondern kann auch ideellen Zwecken dienen (*BAG* a.a.O. für das Beispiel eines Spitzenverbandes der Freien Wohlfahrtspflege; ebenso *F/A/K/H* § 47 Rz. 7, 13; *D/K/K/S* § 47 Rz. 14; *S/W* a.a.O.). Auch den Tendenzschutz des § 118 Abs. 1 Satz 1 steht der Errichtung eines Gesamtbetriebsrats nicht entgegen (*BAG* a.a.O.; *F/A/K/H* § 47 Rz. 14).

9 Es spielt keine Rolle, ob der Rechtsträger eine natürliche oder juristische Person oder eine Gesamthandsgemeinschaft ist (*BAG* a.a.O.; *F/A/K/H* § 47 Rz. 8; *D/K/K/S* a.a.O.): Bei einer OHG oder KG, aber auch bei einer Gesellschaft Bürgerlichen Rechts wird das Unternehmen von den Gesellschaftern als Personengemeinschaft betrieben, der zur gesamten Hand Rechte und Pflichten unmittelbar zugeordnet sind (*BAG* vom 6.7. 1989 – 6 AZR 771/87 – DB 1989, 1973; *F/A/K/H* a.a.O.; *D/R* § 47 Rz. 7).

10 Betreiben **mehrere Unternehmen gemeinsam ein weiteres Unternehmen**, ist durch den Zusammenschluß, sofern nicht eine juristische Person gebildet worden ist, entweder eine Personenhandelsgesellschaft oder eine Gesellschaft Bürgerlichen Rechts entstanden, so daß auch in diesem Fall der Rechtsträger des Unternehmens eine rechtliche Einheit darstellt. Hat ein derartiges Unternehmen mehrere Betriebe, so ist, wenn in mindestens zwei Betrieben ein Betriebsrat besteht, ein Gesamtbetriebsrat zu errichten (*D/R* § 47 Rz. 8; *G/L* § 47 Rz. 6; *D/K/K/S* § 47 Rz. 13).

11 Bilden zwei oder mehrere Unternehmen eine Gesellschaft zur Führung von vorhandenen Betrieben (sog. Betriebsführungsgesellschaft; vgl. hierzu *Rüthers* BB 1977, 605 ff.), ist kein Gesamtbetriebsrat zu errichten, wenn die Eigentümer-Gesellschafter Arbeitgeber des Betriebs bleiben, der Betrieb also nicht der Betriebsführungsgesellschaft übertragen wird. Es kommt aber die Errichtung eines Konzernbetriebsrats in Betracht (*D/R* § 47 Rz. 11; *Rüthers* a.a.O. 612; vgl. auch *D/K/K/S* § 47 Rz. 13). Wird der Betrieb nach § 613a BGB übertragen, was auch in Erfüllung eines Pachtvertrages geschehen kann (*BAG* vom 25.2. 1981 – 5 AZR 991/78 – EzA § 613a BGB Nr. 28 = DB 1981, 1140; vom 25.11. 1978 – 5 AZR 199/77 – EzA § 613a BGB Nr. 21 = DB 1979, 802), so kann ein einheitliches Unternehmen mit mehreren Betrieben entstehen, deren Betriebsräte einen Gesamtbetriebsrat zu errichten haben (*D/R* § 47 Rz. 11; *F/A/K/H* § 47 Rz. 12).

12 Bei der **GmbH & Co. KG** kommt die Errichtung eines Gesamtbetriebsrats nur in Betracht, wenn die KG mehrere Betriebe hat. Hat die geschäftsführende GmbH auch eigene Arbeitnehmer, so fehlt es gleichwohl am Vorhandensein eines eigenen Betriebes, wenn sie zur Wahrnehmung ihrer Funktion keine arbeitstechnische Organisation gebildet, sondern ihre Arbeitnehmer mit denen der KG zu einem gemeinsamen Betrieb zusammengefaßt hat, für den auch ein Betriebsrat gewählt wird. Ist ausnahmsweise eine besondere arbeitstechnische Organisation für die GmbH gebildet worden, kommt wegen Verschiedenheit des jeweiligen Unternehmens nicht der Gesamtbetriebsrat, sondern nur der Konzernbetriebsrat

in Betracht (*Wiedemann/Strohn* Anm. AP Nr. 1 zu § 47 BetrVG 1972; *D/R* § 47 Rz. 12; *D/K/K/S* § 47 Rz. 12).

2. Mehrere Betriebsräte

Für das Unternehmen ist nur dann ein Gesamtbetriebsrat zu bilden, wenn im Un- 13
ternehmen mehrere Betriebsräte bestehen. Es kommt darauf an, daß **tatsächlich** mehrere Betriebsräte gewählt und noch vorhanden sind. Unerheblich ist, daß in den Betrieben ein Betriebsrat gewählt werden könnte. Besteht ein Unternehmen aus zwei betriebsratsfähigen Betrieben, ist jedoch nur in einem von ihnen ein Betriebsrat vorhanden, so kann ein Gesamtbetriebsrat für dieses Unternehmen nicht errichtet werden. Besteht das Unternehmen jedoch aus mehr als zwei betriebfähigen Betrieben, von denen nur in einem von ihnen kein Betriebsrat gebildet worden ist, so muß der Gesamtbetriebsrat errichtet werden. Der betriebsratslose Betrieb ist dann freilich in diesem Gesamtbetriebsrat nicht vertreten. Es spielt ferner keine Rolle, ob die Betriebsräte für selbständige Betriebe oder für als selbständig geltende **Betriebsteile** oder **Nebenbetriebe** i. S. v. § 3 Abs. 1 Nr. 3 und § 4 handeln (*G/L* § 47 Rz. 8; *F/A/K/H* § 47 Rz. 15; *D/R* § 47 Rz. 13; *D/K/K/S* § 47 Rz. 5).

Im **Ausland gelegene Betriebe** eines inländischen Unternehmens bleiben für die 14
Bildung des Gesamtbetriebsrats außer Betracht, da sie vom Geltungsbereich des Betriebsverfassungsgesetzes nicht erfaßt werden und der Gesamtbetriebsrat deshalb dort keine Amtshandlungen vornehmen könnte (*BAG* vom 25. 4. 1978 – 6 ABR 2/77 – EzA § 8 BetrVG 1972 Nr. 6 = DB 1978, 1840 m. Anm. *Simitis*; vom 21. 10. 1980 – 6 AZR 640/79 – EzA § 102 BetrVG 1972 Nr. 43 = DB 1976, 295); vom 27. 5. 1982 – 6 ABR 28/80 – EzA § 42 BetrVG 1972 Nr. 3 = DB 1982, 2519; *F/A/K/H* § 47 Rz. 16; *G/L* § 47 Rz. 9; *D/R* § 47 Rz. 15; **a. A.** *Birk* FS für *Schnorr v. Carolsfeld*, 1972, 83 und RdA 1984, 129, 134); für freiwillig gebildete Arbeitsgemeinschaften; *D/K/K/S* § 47 Rz. 7; vgl. dazu oben Rz. 7).

Hat ein **ausländisches Unternehmen** mehrere Betriebe innerhalb der Bundesrepu- 15
blik und bestehen in mindestens zwei von ihnen Betriebsräte, so ist dagegen ein Gesamtbetriebsrat zu bilden (*F/A/K/H*, *S/W* und *G/L*, jeweils a. a. O.; *D/R* § 47 Rz. 16; *Birk* a. a. O.; so für den Wirtschaftsausschuß: *BAG* vom 1. 10. 1974 – 1 ABR 77/73 – EzA § 106 BetrVG 1972 Nr. 1 m. Anm. *Buchner* = DB 1975, 453; vom 31. 10. 1975 – 1 ABR 4/74 – EzA § 106 BetrVG 1972 Nr. 2 = DB 1976, 295).

Der Gesamtbetriebsrat ist einheitlich für **alle Betriebe des Unternehmens** zu er- 16
richten. Seine Zuständigkeit erfaßt im Rahmen der durch § 50 gezogenen Grenzen alle Betriebe des Unternehmens, wenn in ihnen Betriebsräte bestehen (vgl. § 50 Rz. 8). Demgemäß kann für jedes Unternehmen nur ein Gesamtbetriebsrat errichtet werden. Auch tritt nicht etwa an die Stelle des fehlenden Einzelbetriebsrats rechtlich der Gesamtbetriebsrat. Es bleibt vielmehr dabei, daß im betriebsratslosen Betrieb die Funktionen eines Betriebsrats nicht wahrgenommen werden (*D/R* § 47 Rz. 13; Rz. 17; *G/L* § 47 Rz. 11; **a. A.** *F/A/K/H* a. a. O.; *D/K/K/S* § 47 Rz. 5).

§ 47 2. Teil 5. Abschn. Gesamtbetriebsrat

III. Errichtung

1. Pflicht der Betriebsräte

17 Liegen die gesetzlichen Voraussetzungen vor, so sind alle Betriebsräte der Betriebe des Unternehmens zur Errichtung des Gesamtbetriebsrats rechtlich verpflichtet (*F/A/K/H* § 47 Rz. 6; GK-*Fabricius/Kreutz* § 47 Rz. 21; *G/L* § 47 Rz. 10; *D/K/K/S* § 47 Rz. 15). Eine übereinstimmende Beschlußfassung von Betriebsräten, die eine qualifizierte Mehrheit der Arbeitnehmer des Unternehmens repräsentieren, wie sie nach § 46 Satz 2 BetrVG 1952 für die Errichtung eines Gesamtbetriebsrats erforderlich war, ist nicht mehr vorgesehen. Es kommt auch nicht darauf an, ob im Unternehmen Aufgaben für einen Gesamtbetriebsrat vorhanden sind und deshalb ein Bedürfnis für seine Errichtung besteht (*BAG* vom 23. 9. 1980 – 6 ABR 8/78 – EzA § 47 BetrVG 1972 Nr. 3 = BB 1981, 1095). Die Weigerung von Betriebsräten, trotz Vorliegens der gesetzlichen Voraussetzungen an der Errichtung des Gesamtbetriebsrats mitzuwirken, wäre ein Verstoß gegen gesetzliche Pflichten, der zur Auflösung der betreffenden Betriebsräte durch das Arbeitsgericht nach § 23 Abs. 1 führen kann (*F/A/K/H, G/L, D/K/K/S* und GK-*Fabricius/Kreutz*, jeweils a. a. O.). Die gesetzliche Pflicht, zur konstituierenden Sitzung des Gesamtbetriebsrats einzuladen, hat der Betriebsrat der Hauptverwaltung des Unternehmens oder bei Fehlen eines solchen Betriebsrats der Betriebsrat des größten Betriebs (§ 51 Abs. 3; vgl. Erläuterungen dort).

18 Der Gesamtbetriebsrat ist errichtet, sofern sich an ihm mindestens zwei Betriebsräte beteiligen, selbst wenn die weiteren vorhandenen Betriebsräte ihrer Pflicht zur Entsendung nicht nachkommen (*D/R* § 47 Rz. 37; GK-*Fabricius/Kreutz* § 47 Rz. 42). Davon zu unterscheiden ist die Konstituierung des Gesamtbetriebsrats. Sie ist erst dann abgeschlossen, wenn der Gesamtbetriebsrat einen Vorsitzenden und einen stellvertretenden Vorsitzenden gewählt hat. Der Arbeitgeber kann die Verhandlung mit einem Gesamtbetriebsrat ablehnen, der nicht den ordentlichen Vorsitzenden und seinen Stellvertreter gewählt hat (vgl. oben § 26 Rz. 4 und unten § 51 Rz. 34).

2. Zusammensetzung

19 Abs. 2 Satz 1–3 regeln die Entsendung von Mitgliedern des Gesamtbetriebsrats. Danach sollen grundsätzlich alle Betriebsräte unabhängig von der Zahl der Arbeitnehmer des jeweiligen Betriebes und damit auch unabhängig von der Größe des Betriebsrats im Gesamtbetriebsrat vertreten sein. Die Betriebsräte wählen die zu entsendenden Mitglieder nach pflichtgemäßem Ermessen aus (*G/L* § 47 Rz. 13; *F/A/K/H* § 47 Rz. 18; *D/K/K/S* § 47 Rz. 24). Von dieser gesetzlichen Regelung kann aber abgewichen werden (vgl. unten Rz. 22 ff.); u. U. muß dies sogar geschehen (vgl. unten Rz. 36 ff.).

a) Gesetzliche Regelung

aa) Mitgliederzahl
Die Anzahl der von einem Betriebsrat in den Gesamtbetriebsrat zu entsendenden 20
Mitglieder hängt nach dem Gesetz davon ab, ob in dem Betriebsrat beide Arbeitnehmergruppen, also Arbeiter und Angestellte, vertreten sind oder ob dort nur eine dieser beiden Gruppen vertreten ist. Im ersten Fall sind zwei Betriebsratsmitglieder zu entsenden, von denen das eine der Angestellten-, das andere der Arbeitergruppe angehören muß. Im zweiten Fall ist nur ein einziges Mitglied in den Gesamtbetriebsrat zu entsenden (*F/A/K/H* § 47 Rz. 21; *D/R* § 47 Rz. 22; GK-*Fabricius/Kreutz* § 47 Rz. 24; *D/K/K/S* § 47 Rz. 20).

bb) Gruppenschutz
Dieser Gruppenschutz muß in jedem Fall beachtet werden. Selbst wenn die Ver- 21
treter der anderen Gruppe damit einverstanden sind, dürfen die beiden Entsandten nicht derselben Gruppe angehören (*F/A/K/H* a.a.O.; *D/R* § 47 Rz. 23). Ist ein Betriebsratsmitglied nach § 12 Abs. 2 von der anderen Gruppe (z. B. ein Arbeiter als Vertreter der Angestellten) in den Betriebsrat gewählt worden, so kann dieses Mitglied auch in den Gesamtbetriebsrat nur als Vertreter der Gruppe entsandt werden, für die es gewählt worden ist (*F/A/K/H* § 47 Rz. 22; *D/R* § 47 Rz. 23; *D/K/K/S* § 47 Rz. 20).

b) Vom Gesetz abweichende Regelung
Im Gegensatz zum Betriebsrat, dessen Mitgliederzahl nach § 9 zwingend festgelegt 22
ist, kann nach Abs. 4 die Mitgliederzahl des Gesamtbetriebsrats durch Tarifvertrag oder Betriebsvereinbarung abweichend vom Gesetz festgelegt werden. Nach der gesetzlichen Regelung in Abs. 2 Satz 1 kann nämlich der Gesamtbetriebsrat in manchen Unternehmen so zusammengesetzt sein, daß er seine Funktion als Mitbestimmungsorgan nicht sachgerecht erfüllen kann. In einem Unternehmen zum Beispiel, dem einige Großbetriebe angehören, entsteht nach Abs. 7 ein Mißverhältnis zwischen Mitgliederzahl und Stimmengewicht der Mitglieder (vgl. unten Rz. 57ff.), so daß wegen des übermäßigen Gewichts der Betriebsratsmitglieder aus den Großbetrieben eine Willensbildung im Gesamtbetriebsrat kaum mehr möglich ist. Gliedert sich aber das Unternehmen in eine Vielzahl von Kleinbetrieben (z. B. Filialunternehmen), so kann der Gesamtbetriebsrat schon allein wegen seiner Größe funktionsunfähig sein (*D/R* § 47 Rz. 39; *G/L* § 47 Rz. 19; *F/A/K/H* § 47 Rz. 45). Für den Fall, daß dem Gesamtbetriebsrat nach der gesetzlichen Regelung mehr als 40 Mitglieder angehören, hat das Gesetz nicht nur die Möglichkeit, sondern sogar eine Rechtspflicht zur Verkleinerung des Gesamtbetriebsrats vorgesehen (vgl. dazu unten Rz. 36). Andere materiellrechtliche Fragen als die Mitgliederzahl können indessen durch Tarifvertrag oder Betriebsvereinbarung nicht geregelt werden. So sind insbesondere abweichende Regelungen über die Voraussetzungen für die Errichtung und über die Zuständigkeit des Gesamtbetriebsrats nicht möglich. Unzulässig ist auch eine Regelung, die den in Abs. 2 geregelten Gruppenschutz aufhebt und von dem Grundsatz der Vertretung beider Gruppen des Betriebsrats im Gesamtbetriebsrat abweicht (*F/A/K/H* § 47 Rz. 46; *G/L* § 47 Rz. 20; *D/R* § 47 Rz. 40; **a.A.** *D/K/K/S* § 47 Rz. 34). Möglich ist allerdings unter der Voraussetzung des Abs. 5, daß ein Betriebsrat, dem Vertreter beider Gruppen angehören, zusammen mit einem anderen Betriebsrat oder

§ 47   2. Teil 5. Abschn. Gesamtbetriebsrat

mehreren anderen Betriebsräten lediglich zwei Mitglieder in den Gesamtbetriebsrat zu entsenden hat, die dann aber wegen des zwingend geregelten Gruppenschutzes nicht derselben Gruppe angehören dürfen (*F/A/K/H, D/R, G/L*, jeweils a. a. O.). Auch eine andere Form der Errichtung des Gesamtbetriebsrats als durch Entsendung von Betriebsratsmitgliedern durch die Betriebsräte ist ausgeschlossen (*BAG* vom 15. 8. 1978 – 6 ABR 56/77 – EzA § 47 BetrVG 1972 Nr. 2 = DB 1978, 2224; *D/R* a. a. O.; *F/A/K/H* § 47 Rz. 47; *D/K/K/S* § 47 Rz. 33). Ebensowenig kann von der gesetzlichen Regelung über die Abberufung von Mitgliedern des Gesamtbetriebsrats sowie über die Bestellung von Ersatzmitgliedern durch Kollektivvertrag abgewichen werden (*F/A/K/H* a. a. O.).

23 Durch eine abweichende Regelung kann die Mitgliederzahl nicht nur gesenkt, sondern auch erhöht werden (*D/R* § 47 Rz. 49; *F/A/K/H* § 47 Rz. 45). Aus Abs. 5 ergibt sich aber, daß bei einer Erhöhung die Zahl von 40 Mitgliedern nicht überschritten werden darf (*D/R* § 47 Rz. 50; *Sahmer* § 47 Rz. 7; **a. A.** *F/A/K/H* § 47 Rz. 52; *D/K/K/S* a. a. O.).

24 Zur Erhöhung der Mitgliederzahl ist festzulegen, daß für den einzelnen Betrieb mehr Betriebsratsmitglieder als gesetzlich vorgesehen in den Gesamtbetriebsrat entsandt werden. Dabei können sowohl jeder als auch nur einer Gruppe mehr Mitglieder zugebilligt werden (*F/A/K/H* a. a. O.; *D/R* § 47 Rz. 49). Dadurch wird allerdings die ebenfalls gesetzlich vorgeschriebene Zusammensetzung des Gesamtbetriebsrats verändert. Die Zulässigkeit einer solchen Veränderung wird jedoch vom Gesetz in Abs. 2 bestätigt, wo eine Regelung über das Stimmengewicht für den Fall getroffen ist, daß für eine Gruppe mehrere Betriebsratsmitglieder in den Gesamtbetriebsrat entsandt worden sind (*D/R* a. a. O.).

25 Durch die abweichende Regelung kann die gesetzliche Mitgliederzahl auch **herabgesetzt** werden. Da aber der Gruppenschutz bei Entsendung in den Gesamtbetriebsrat gewahrt bleiben muß (vgl. oben Rz. 21 ff.), ist nur möglich, daß mehrere Betriebe gemeinsam Betriebsratsmitglieder entsenden. Diese Betriebe dürfen aber anders als unter den Voraussetzungen des Abs. 5, die einen Sonderfall begründen (nur zu diesem Sonderfall ist die *BAG*-Entscheidung vom 15. 8. 1978, a. a. O. ergangen), nicht regional oder durch gleichartige Interessen miteinander verbunden sein (**a. A.** *D/R* § 47 Rz. 51; *F/A/K/H* § 47 Rz. 57). Außerdem muß in der abweichenden Regelung vorgesehen werden, daß die Betriebsräte der in Betracht kommenden Betriebe zu einem gemeinsamen Entsendungsgremium zusammengefaßt werden, das ihre Vertreter in den Gesamtbetriebsrat entsendet (zur Regelung der Beschlußfassung bei der Entsendung vgl. unten Rz. 50 f.).

26 Schwer zu erkennen ist die Rechtslage hinsichtlich des notwendigen Inhalts der abweichenden Regelung, wenn die Betriebsräte des gemeinsamen Entsendungsgremiums teils **Gruppenvertreter mit einem selbständigen Entsendungsrecht haben, teils aber nicht.** Hierzu wird einmal die Auffassung vertreten, daß derart unterschiedlich zusammengesetzte Betriebsräte überhaupt nicht zusammengefaßt werden könnten (*D/R* § 47 Rz. 51). Diese Auffassung ist mit der gesetzlichen Regelung in Abs. 5 nicht vereinbar. Nach einer anderen Auffassung (*D/K/K/S* § 47 Rz. 34) ist der Gruppenschutz bei abweichender Regelung nicht anzuwenden, da eine Änderung der Mitgliederzahl in der Regel zwangsläufig auch Auswirkungen auf die Zusammensetzung des Gesamtbetriebsrats habe. Diese Auffassung steht in Widerspruch zu Abs. 4 (vgl. *BAG* a. a. O.), der nur eine Abweichung von Abs. 2 Satz 1 zuläßt. Dem Wortlaut wie auch dem Schutzzweck der gesetzlichen Bestimmungen entspricht es demgegenüber, daß die zusammengefaßten Betriebs-

räte dann, wenn wenigstens in einem von ihnen beide Gruppen vertreten sind, je einen Vertreter der Arbeiter und Angestellten zu bestimmen haben (*F/A/K/H* § 47 Rz. 56; GK-*Fabricius/Kreutz* § 47 Rz. 71).
Schwierigkeiten bereitet hier die Anwendung des Abs. 2 Satz 3. Denn die Voraus- 27 setzungen für das selbständige Entsendungsrecht sind unterschiedlich, je nachdem ob der Betriebsrat in **Gruppenwahl** oder in **gemeinsamer Wahl** gewählt worden ist. Dieses Problem sucht man im Fachschrifttum dadurch zu lösen (*F/A/K/H* § 47 Rz. 62), daß für die Feststellung der Voraussetzungen eines selbständigen Entsendungsrechts unter Heranziehung des Grundsatzes der Stimmengewichtung in Abs. 7 und 8 auf die Zahl der wahlberechtigten Arbeitnehmer der zusammengefaßten Betriebe abgestellt wird. Danach soll sich das Entsendungsrecht nach dem ersten Halbsatz von Abs. 2 Satz 3 richten, wenn der oder die Betriebsräte, die von den zusammengefaßten Betrieben zusammen die Mehrheit der wahlberechtigten Arbeitnehmer vertreten, in Gruppenwahl gewählt worden sind. Sofern aber dieser oder diese Betriebsräte in Gemeinschaftswahl gewählt worden sind, soll es auf das im zweiten Halbsatz genannte Drittel ankommen. Bei dieser Auffassung kann indessen das selbständige Entsendungsrecht im Betriebsrat eines Minderheitsbetriebes verlorengehen. Nach einer anderen Auffassung (*BAG* vom 15. 8. 1978 – ABR 56/77 – EzA § 47 BetrVG 1972 Nr. 2 = DB 1978, 2224) soll ein Gruppensendungsrecht schon dann bestehen, wenn unabhängig davon, ob Gruppen- oder Gemeinschaftswahl stattgefunden hat, in dem Entsendungsgremium mindestens ein Zehntel oder drei Mitglieder einer Gruppe angehören. Dies kann zu selbständigen Entsendungsrechten der Gruppen im Entsendungsgremium auch dann führen, wenn in den einzelnen Betriebsräten für sich allein die Voraussetzungen eines solchen Rechts nicht erfüllt wären. Damit würde der Gruppenschutz über das vom Gesetz festgelegte Maß hinausgehoben. Richtig erscheint es demgegenüber, das Gruppenentsendungsrecht davon abhängig zu machen, daß wenigstens in einem der zusammengefaßten Betriebsräte die Voraussetzungen des Abs. 2 Satz 3 gegeben sind (*Weiss* § 47 Rz. 3 b).
Eine abweichende Regelung durch Tarifvertrag oder Betriebsvereinbarung bleibt 28 so lange bestehen, bis sie aufgehoben wird oder die Voraussetzungen für das Bestehen eines Gesamtbetriebsrats entfallen (*D/R* § 47 Rz. 48, *F/A/K/H* § 47 Rz. 51; zur Frage der Nachwirkung vgl. unten Rz. 33, 35 und 42).

aa) Tarifvertrag
Durch Tarifvertrag kann eine abweichende Regelung rechtswirksam nur getroffen 29 werden, wenn sich der Geltungsbereich des Tarifvertrags auf **sämtliche Betriebe des Unternehmens** erstreckt, die einen Betriebsrat haben (*G/L* § 47 Rz. 21; *D/R* § 47 Rz. 43; *D/K/K/S* § 47 Rz. 35; vgl. auch oben Rz. 16). Gehören zu einem Unternehmen z. B. ein Textil- und ein Maschinenbaubetrieb, so scheidet eine Regelung durch Tarifvertrag praktisch aus. Zwar sind auch Spitzenorganisationen von Gewerkschaften und Arbeitgeberverbänden auf regionaler oder Bundesebene nach § 2 Abs. 3 TVG rechtlich in der Lage, überfachliche Tarifverträge abzuschließen, jedoch nur dann, wenn dies entgegen der bisherigen Praxis zu ihren satzungsmäßigen Aufgaben gehören würde. Fällt nur ein Teil der Betriebe in den Geltungsbereich des Tarifvertrages, so wäre ein Tarifvertrag dieser Art unwirksam, könnte aber durch Übernahme in eine entsprechende Betriebsvereinbarung wirksam werden (im Ergebnis ebenso *F/A/K/H* § 47 Rz. 48; *D/R* § 47 Rz. 44; *D/K/ K/S* a. a. O.). Bei Vorliegen eines wirksamen Tarifvertrages hat er gegenüber der

Betriebsvereinbarung Vorrang (*G/L* § 47 Rz. 22; *D/R* § 47 Rz. 47; *D/K/K/S* a. a. O.).

30 Für den Abschluß eines Tarifvertrages genügt, da es sich um Fragen betriebsverfassungsrechtlicher Art handelt, gem. § 3 Abs. 2 TVG die **Tarifbindung** nur des Arbeitgebers; (*F/A/K/H* a. a. O.; *D/R* § 47 Rz. 43).

31 Der Tarifvertrag ist in der Regel wegen seiner besonderen Aufgabe nur für ein bestimmtes Unternehmen von ihm selbst oder seinem Verband einerseits und der Gewerkschaft andererseits abzuschließen. Es ist aber denkbar, daß eine tarifliche Regelung auch für mehrere Unternehmen sehr ähnlicher Struktur getroffen wird (*D/R* a. a. O.; **a. A.**, nämlich für Beschränkung auf das einzelne Unternehmen GK-*Fabricius/Kreutz* § 47 Rz. 73 f).

32 Ein **Arbeitskampf** für eine abweichende Regelung der Mitgliederzahl des Gesamtbetriebsrats ist nicht ausgeschlossen (*F/A/K/H* § 47 Rz. 49; GK-*Fabricius/Kreutz* § 47 Rz. 75; *D/K/K/S* a. a. O.; **a. A.** *D/R* § 47 Rz. 45), da es sich hier um eine gem. § 4 Abs. 1 TVG normative betriebsverfassungsrechtliche Regelung handelt, die stets erkämpfbar ist (*Brox/Rüthers* § 8 Rz. 261, 269; vgl. auch § 38 Rz. 20).

33 Die tarifliche Regelung der Mitgliederzahl des Gesamtbetriebsrats gilt nach ihrem Ablauf kraft **Nachwirkung** gem. § 4 Abs. 5 TVG weiter, der eindeutig auch betriebsverfassungsrechtliche Tarifregelungen erfaßt (*Wiedemann/Stumpf* § 4 Rz. 191). Das bedeutet, daß eine anderweitige Abweichung von der gesetzlichen Mitgliederzahl oder die Wiedergeltung dieser Zahl nur in einem neuen Tarifvertrag oder aber durch eine Betriebsvereinbarung festgelegt werden kann, die nur von dem aufgrund der nachwirkenden Regelung gebildeten Gesamtbetriebsrat abgeschlossen werden kann (*G/L* § 3 Rz. 20, **a. A.** *F/A/K/H* § 47 Rz. 51; GK-*Fabricius/Kreutz* § 47 Rz. 76).

bb) Betriebsvereinbarung

34 Liegt eine tarifvertragliche Regelung nicht vor, kann eine Betriebsvereinbarung zwischen dem Arbeitgeber und dem Gesamtbetriebsrat getroffen werden. Diese Betriebsvereinbarung muß **alle Betriebe des Unternehmens** erfassen, die einen Betriebsrat haben (vgl. auch oben Rz. 16). Da Partner der Betriebsvereinbarung nur der Gesamtbetriebsrat sein kann (so ausdrücklich in Abs. 5 vorgeschrieben), muß er zunächst konstituiert sein (*BAG* vom 15. 8. 1978, a. a. O.; *LAG* Saarbrücken vom 8. 4. 1959 – Ta BV 9/58 – BB 1959, 632; *F/A/K/H* § 47 Rz. 50; *G/L* § 47 Rz. 22; *D/R* § 47 Rz. 46; GK-*Fabricius/Kreutz* § 47 Rz. 78; *D/K/K/S* § 47 Rz. 34). Die Auffassung, daß übereinstimmende Beschlüsse der Einzelbetriebsräte vorliegen müßten, die vor allem zum BetrVG 1952 eine Reihe von Anhängern hatte (Nachweise bei *D/R* § 47 Rz. 46), wird zu Recht nicht mehr vertreten.

35 Eine Betriebsvereinbarung nach Abs. 4 kann nur unter der besonderen Voraussetzung des Abs. 5 (vgl. dazu Rz. 36) über die **Einigungsstelle** erzwungen werden (*D/R, G/L, F/A/K/H* und *D/K/K/S*, jeweils a. a. O.). Sie hat deshalb auch nicht nach § 77 Abs. 6 **Nachwirkung** kraft Gesetzes (*G/L, F/A/K/H*, jeweils a. a. O.), so daß der Gesamtbetriebsrat nach Ablauf der Betriebsvereinbarung wieder die gesetzlich bestimmte Größe hat und eine neue Betriebsvereinbarung über die Mitgliederzahl einer Beschlußfassung in dem so zusammengesetzten Gremium bedarf. Etwas anderes gilt aber, wenn die Nachwirkung in der Betriebsvereinbarung festgelegt worden ist. Dies ist nach den allgemeinen Regeln über die Nachwirkung von Betriebsvereinbarungen uneingeschränkt zulässig (vgl. unten § 77 Rz. 120;

F/A/K/H § 77 Rz. 61; über die gesetzliche Nachwirkung einer obligatorischen Betriebsvereinbarung nach § 47 Abs. 5 vgl. unten Rz. 39).

c) Notwendigkeit einer Verkleinerung des Gesamtbetriebsrats
Nach Abs. 5 **muß** eine abweichende Betriebsvereinbarung über die Mitgliederzahl 36
des Gesamtbetriebsrats getroffen werden, wenn dem Gesamtbetriebsrat nach Abs. 2 Satz 1 mehr als 40 Mitglieder angehören und keine tarifliche Regelung nach Abs. 4 (Vorrang des Tarifvertrages) besteht. Die Bestimmung ist auch anzuwenden, wenn infolge einer Vermehrung der Anzahl der Betriebe nach Konstituierung des Gesamtbetriebsrats die Zahl seiner Mitglieder bei Anwendung des Abs. 2 auf über 40 ansteigt. Die Betriebsvereinbarung soll die Bildung arbeitsfähiger Gesamtbetriebsräte sicherstellen (*BAG* a. a. O.; *G/L* § 47 Rz. 23; *D/K/K/S* § 47 Rz. 36f.).
Der **Inhalt** einer solchen Vereinbarung ist durch das Gesetz weitgehend **vorgege-** 37
ben. Sie muß nämlich vorsehen, daß mehrere Betriebe eines Unternehmens, die entweder durch ihre geographische Lage oder durch gleichartige Interessen miteinander verbunden sind, gemeinsam Mitglieder in den Gesamtbetriebsrat entsenden. Sie führt daher stets zu einer Verringerung der Mitgliederzahl des Gesamtbetriebsrats. Das Gesetz schreibt indessen nicht vor, die Mitgliederzahl auf höchstens 40 zu beschränken, wenngleich sich dies um der Arbeitsfähigkeit des Gesamtbetriebsrats willen in der Regel empfiehlt (so auch *F/A/K/H* § 47 Rz. 69; *D/K/K/S* § 47 Rz. 39f.; GK-*Fabricius/Kreutz* § 47 Rz. 88; *Streckel* Anm. SAE 1979, 163; **a. A.** *D/R* § 47 Rz. 60; *G/L* § 47 Rz. 23; *Kammann/Hess/Schlochauer* § 47 Rz. 28; *Hueck, G.*, FS für *Westermann*, 256ff.; offengelassen von *BAG* a. a. O.). Das Gesetz fordert nur den Abschluß einer Betriebsvereinbarung über die Mitgliederzahl, ohne diese Zahl festzulegen, wie es als Sollvorschrift in § 79 Abs. 3 Satz 2 und Abs. 4 Satz 2 des CDU/CSU-Entwurfs (BT-Drucks. VI/1806, 17) vorgeschlagen worden war. Nach Abschluß der Betriebsvereinbarung, die mehr als 40 Mitglieder vorsieht, ist nicht etwa erneut eine Verkleinerung des Gesamtbetriebsrats rechtlich notwendig, weil seine Mitgliederzahl dann nicht mehr auf Abs. 2 Satz 1 beruht.
Die Verkleinerung hat nach dem Gesetz dadurch zu geschehen, daß Betriebsräte 38
mehrerer Betriebe eines Unternehmens, die regional oder durch gleichartige Interessen miteinander verbunden sind, gemeinsam Mitglieder in den Gesamtbetriebsrat entsenden. **Regionale Verbundenheit** besteht, wenn die Betriebe räumlich nicht weit voneinander entfernt sind. **Verbundenheit durch gleichartige Interessen** ist gegeben, wenn mehrere Betriebe einen gleichartigen arbeitstechnischen Zweck oder die gleiche Struktur der Belegschaft haben (*F/A/K/H* § 47 Rz. 58; *D/R* § 47 Rz. 61; *D/K/K/S* § 47 Rz. 39). Trotz räumlicher Entfernung können daher besonders die nach § 4 Abs. 1 verselbständigten Betriebsteile mit dem Hauptbetrieb verbunden werden (*D/R* § 47 Rz. 61).
Der zunächst in der **gesetzlichen Zusammensetzung** zu konstituierende Gesamtbe- 39
triebsrat (vgl. dazu oben Rz. 20ff.) hat alle Aufgaben und Befugnisse des Gesamtbetriebsrats (*F/A/K/H* § 47 Rz. 70; *G/L* § 47 Rz. 25; *D/R* § 47 Rz. 56; **a. A.** *Kammann/Hess/Schlochauer* § 47 Rz. 30). Sie sind von dem verkleinerten Gesamtbetriebsrat wahrzunehmen, sobald er konstituiert ist (*F/A/K/H* a. a. O.; *D/K/K/S* § 47 Rz. 38). Würde man annehmen, daß der große Gesamtbetriebsrat nur bis zum Inkrafttreten der Betriebsvereinbarung im Amt bleibt (so *D/R* a. a. O.), gäbe es trotz Errichtung eine Zeitlang keinen funktionsfähigen Gesamtbetriebsrat, ein Ergebnis, das mit dem Gesetz nicht zu vereinbaren wäre.
Können sich Arbeitgeber und Gesamtbetriebsrat über den Inhalt der abzuschlie- 40

§ 47   2. Teil 5. Abschn. Gesamtbetriebsrat

ßenden Betriebsvereinbarung nicht einigen, entscheidet nach Abs. 6 auf Antrag des Gesamtbetriebsrats oder des Arbeitgebers die **Einigungsstelle** nach § 76, die für das Gesamtunternehmen zu bilden ist. Der Spruch der Einigungsstelle ersetzt die Einigung zwischen Arbeitgeber und Gesamtbetriebsrat.

41 Bis zur Konstituierung des Gesamtbetriebsrats aufgrund des Spruchs der Einigungsstelle hat der nach dem Gesetz zusammengesetzte Gesamtbetriebsrat die Aufgaben und Befugnisse dieses Gremiums wahrzunehmen (vgl. oben Rz. 39).

42 Die Betriebsvereinbarung, auch wenn sie auf einem Spruch der Einigungsstelle beruht (vgl. § 77 Abs. 2 Satz 2 und Abs. 6), hat im Falle ihrer Beendigung (aufgrund Befristung, Kündigung oder Aufhebungsvertrag) gem. § 77 Abs. 6 **Nachwirkung**, so daß eine erneute Betriebsvereinbarung über die Mitgliederzahl vom verkleinerten Gesamtbetriebsrat abgeschlossen werden müßte (so auch *D/R* § 47 Rz. 64; vgl. auch oben Rz. 37). Die Betriebsvereinbarung kann jederzeit durch eine entsprechende tarifvertragliche Regelung verdrängt werden (*D/R* a. a. O.).

3. Entsendung von Betriebsratsmitgliedern

a) Beschluß des Betriebsrats

43 Die in den Gesamtbetriebsrat zu entsendenden Mitglieder werden vom Betriebsrat mit einfacher Mehrheit durch **Beschluß** bestimmt (*LAG Saarbrücken* vom 8. 4. 1959 – Ta BV 9/58 – BB 1959, 632; *G/L* § 47 Rz. 13; *F/A/K/H* § 47 Rz. 26; GK-*Fabricius/Kreutz* § 47 Rz. 29; *D/K/K/S* § 47 Rz. 19). Werden mehrere Mitglieder entsandt, so ist für jedes eine gesonderte Beschlußfassung erforderlich (*F/A/K/H* a. a. O; *D/K/K/S* § 47 Rz. 29; vgl. aber auch unten Rz. 47–49). Nach herrschender Meinung soll der Betriebsrat auch die Durchführung eines förmlichen Wahlverfahrens beschließen können (*D/R* § 47 Rz. 27; *F/A/K/H*, *D/K/K/S* und *G/L*, jeweils a. a. O.). Dabei soll dann die relative Mehrheit genügen können. Dies ist indessen mit § 33 nicht zu vereinbaren.

44 Besteht der Betriebsrat nur aus einer **einzigen Person**, so ist sie Mitglied des Gesamtbetriebsrats, ohne daß es einer formellen Entscheidung bedürfte. Ebenso ist der **einzige Gruppenvertreter** in einem aus Vertretern beider Gruppen zusammengesetzten Betriebsrat ohne weiteres Vertreter seiner Gruppe des Betriebsrats im Gesamtbetriebsrat (*D/R* § 47 Rz. 29; *G/L* § 47 Rz. 13; *F/A/K/H* § 47 Rz. 24; *D/K/K/S* § 47 Rz. 20f.).

45 Der Betriebsrat kann nur **seine Mitglieder** in den Gesamtbetriebsrat entsenden. Andere Personen – auch Ersatzmitglieder, solange sie nicht in den Betriebsrat nachgerückt sind – kommen nicht in Betracht. Hiervon kann auch nicht durch Tarifvertrag oder Betriebsvereinbarung abgewichen werden. Im Rahmen seines pflichtmäßigen Ermessens kann der Betriebsrat jedes seiner Mitglieder in den Gesamtbetriebsrat entsenden, wobei das Amt als Betriebsratsvorsitzender die Entsendung weder hindert noch erfordert; sie gibt dem Amtsinhaber auch keinen entsprechenden Anspruch (*F/A/K/H* § 47 Rz. 25; *G/L* § 47 Rz. 13).

46 Wählt jede Gruppe den auf sie entfallenden Gruppenvertreter (vgl. unten Rz. 48), so geschieht dies in einer Sitzung, die vom Vorsitzenden des Betriebsrats geleitet wird. Dabei ist aufgrund entsprechender Anwendung von § 33 Abs. 2 erforderlich, daß mindestens die Hälfte der Gruppenvertreter an der Wahl teilnimmt (*F/A/K/H* § 47 Rz. 30; *D/R* § 47 Rz. 28). Entsteht bei der Wahl eine Pattsituation zwischen zwei **Kandidaten** einer Gruppe, so darf diese nicht dadurch überwunden

werden, daß in einem weiteren Wahlgang die Betriebsratsmitglieder der anderen Arbeitnehmergruppe mitstimmen. Ein solcher Wahlgang würde gegen den gesetzlichen Gruppenschutz verstoßen und die Wahl des betreffenden Gruppenvertreters unwirksam machen (*LAG München* vom 11. 11. 1982 – 7 Ta BV 4/82 – DB 1983, 2788). Die Lösung der Pattsituation geschieht vielmehr durch Losentscheid (*D/K/K/S* § 47 Rz. 27; vgl. oben § 26 Rz. 12).

b) Wahl nach Gruppen
In zwei Fällen verstärkt Abs. 2 Satz 3 den allgemeinen Gruppenschutz (vgl. oben Rz. 21):
a) Ist der Betriebsrat nach § 14 Abs. 2 in **Gruppenwahl** gewählt worden, so bestimmt jede Gruppe den auf sie entfallenden Gruppenvertreter allein, sofern jeder Gruppe mehr als ein Zehntel der Betriebsratsmitglieder, jedoch mindestens drei Mitglieder (bis zur Gesetzesänderung aus dem Jahre 1988 – vgl. oben Rz. 2 – mindestens fünf Mitglieder) angehören.
b) Ebenso entscheidet jede Gruppe im Betriebsrat allein über ihren Vertreter im Gesamtbetriebsrat, wenn im Falle der **gemeinschaftlichen Wahl** des Betriebsrats auf jede der beiden Gruppen im Betriebsrat mindestens ein Drittel der Mitglieder (bis zu der genannten Gesetzesänderung: mehr als ein Drittel) entfällt. Diese Voraussetzung kann bereits in verhältnismäßig kleinen Betriebsräten erfüllt sein, so z. B., wenn in einem 5köpfigen Betriebsrat 3 Arbeiter und 2 Angestellte sind oder wenn ein 7köpfiger Betriebsrat aus 4 Angestellten und 3 Arbeitern zusammengesetzt ist.

Unter diesen Voraussetzungen muß jede Gruppe den auf sie entfallenden Vertreter für den Gesamtbetriebsrat in einem besonderen Wahlgang wählen. Der von ihr gewählte Vertreter muß der Gruppe angehören. Es kann somit kein Vertreter der anderen Gruppe gewählt werden. Allerdings gilt ein gem. § 12 Abs. 2 als Gruppenvertreter gewählter Angehöriger der anderen Gruppe auch i. S. d. Abs. 2 Satz 3 als Gruppenangehöriger (*G/L* § 47 Rz. 14; *F/A/K/H* § 47 Rz. 22; *D/K/K/S* § 47 Rz. 22).

Weigert sich eine Gruppe, einen Vertreter für den Gesamtbetriebsrat zu bestimmen, oder lehnen alle Gruppenvertreter die auf sie entfallende Wahl ab (vgl. dazu auch unten Rz. 52), so wird der Betriebsrat lediglich durch den Vertreter der anderen Gruppe vertreten. Der Betriebsrat kann nicht einen zweiten Vertreter aus den Mitgliedern der anderen Gruppe bestimmen (*G/L* § 47 Rz. 14; *F/A/K/H* § 47 Rz. 23; *D/R* § 47 Rz. 24; GK-*Fabricius/Kreutz* § 47 Rz. 27). Da der Betriebsrat aber zwei Mitglieder entsenden könnte, repräsentiert das entsandte Mitglied nur seine Gruppe; Abs. 7 Satz 2 gilt für diesen Fall nicht (*D/R* und GK-*Fabricius/Kreutz*, jeweils a. a. O.).

c) Entsendung bei vom Gesetz abweichender Regelung der Mitgliederzahl
Für die **Beschlußfassung** in dem aus mehreren Betriebsräten gebildeten **Entsendungsgremium** (vgl. dazu oben Rz. 25) hat jedes Mitglied eine Stimme (*F/A/K/H* § 47 Rz. 61; GK-*Fabricius/Kreutz* § 47 Rz. 94). Wegen der Degression des Verhältnisses der Zahl der Betriebsratsmitglieder zur Zahl der Arbeitnehmer in den Betrieben können dabei größere Betriebe benachteiligt werden, wenn sie mit mehreren kleinen Betrieben zusammengefaßt sind. Die abweichende Regelung nach Abs. 4, also Tarifvertrag oder Betriebsvereinbarung, kann deshalb für die Beschlußfassung über die gemeinsame Entsendung von Betriebsratsmitgliedern in

§ 47   2. Teil 5. Abschn. Gesamtbetriebsrat

den Gesamtbetriebsrat entsprechend der Regelung in Abs. 7 und 8 eine Stimmengewichtung vorschreiben (vgl. unten Rz. 57 ff.). Vom Gesetz auch gedeckt ist eine Regelung durch Tarifvertrag oder Betriebsvereinbarung, die das **Verfahren der Entsendung** durch Einschaltung von **Wahlmännern** erleichtert (*D/R* § 47 Rz. 53; GK-*Fabricius/Kreutz* § 47 Rz. 93; *Döring* DB 1976, 821, 8233; **a. A.** F/A/K/H § 47 Rz. 60; für Möglichkeit paralleler Beschlüsse der einzelnen Betriebsräte; *Gaul* DB 1981, 214, 216). Ohne die Zulässigkeit einer solchen Regelung würde vor allem in Großunternehmen das Entsendungsverfahren und dementsprechend auch das Abberufungsverfahren so schwerfällig und kostspielig, daß die Einzelbetriebsräte in ihrer Entscheidungsfreiheit hinsichtlich der Zusammensetzung des Gesamtbetriebsrats zu sehr behindert wären. Voraussetzung für die Zulässigkeit des Wahlmännerverfahrens ist aber, daß der Gruppenschutz nach Abs. 2 und die Stimmengewichtung nach Abs. 8 in der Verfahrensregelung gewährleistet werden. Dementsprechend muß vorgesehen werden, daß jeder Betriebsrat, wenn ihm Vertreter beider Gruppen angehören, zwei seiner Mitglieder, wenn ihm Vertreter nur einer Gruppe angehören, eines seiner Mitglieder in das Wahlmännergremium entsendet. Außerdem muß jedes Mitglied des Gremiums so viele Stimmen haben, wie in dem Betrieb, in dem es gewählt wurde, wahlberechtigte Angehörige seiner Gruppe in der Wählerliste eingetragen sind. Entsendet ein Betriebsrat nur ein Mitglied, muß es so viele Stimmen haben, wie in dem Betrieb wahlberechtigte Arbeitnehmer in der Wählerliste eingetragen sind. Schließlich muß die Regelung festlegen, daß das Gremium aus seiner Mitte nach den Regeln des Abs. 2 die Mitglieder und die Ersatzmitglieder (vgl. Abs. 3 Satz 2) des Gesamtbetriebsrats bestimmt (*D/R* § 47 Rz. 53).

51 Nicht zulässig wäre aber eine Regelung, die die Entsendung (und Abberufung) der Gesamtbetriebsratsmitglieder einer einheitlichen **Delegiertenversammlung** der Betriebsräte des Unternehmens oder der Betriebsräteversammlung nach § 53 oder den Mitgliedern des nicht verkleinerten Gesamtbetriebsrats übertrüge (*BAG* vom 15. 8. 1978, a. a. O.; F/A/K/H a. a. O.; *D/R* § 47 Rz. 53).

d) Annahme des Amtes

52 Die Mitglieder des Gesamtbetriebsrats können ihr Amt im Gesamtbetriebsrat formlos **annehmen.** Sie sind nicht verpflichtet, die Mitgliedschaft im Gesamtbetriebsrat zu übernehmen (*D/R* § 47 Rz. 30), zumal sie ihr Amt nach § 49 auch jederzeit niederlegen können. Widersprüchlich und daher abzulehnen ist die Auffassung (*D/R* § 47 Rz. 30, 36), daß das einzige Betriebsratsmitglied und der einzige Gruppenvertreter demgegenüber verpflichtet seien, das Amt im Gesamtbetriebsrat zu übernehmen. Wenn aber ein Betriebsrat seiner Verpflichtung zur Beteiligung an der Bildung des Gesamtbetriebsrats in der gesetzlich zwingend vorgesehenen Zusammensetzung nicht nachkommen kann, weil sich seine Mitglieder verweigern, dann kann eine grobe Pflichtverletzung des Betriebsrats vorliegen, die auf Antrag nach § 23 Abs. 1 zu seiner Auflösung führt (*D/R* § 47 Rz. 36).

4. Ersatzmitglieder

Um die Kontinuität der Arbeit des Gesamtbetriebsrats sicherzustellen, bestimmt 53
Abs. 3, daß für jedes seiner Mitglieder mindestens ein Ersatzmitglied zu bestellen
ist. Da Mitglied des Gesamtbetriebsrats nur sein kann, wer einem Betriebsrat angehört, kann der Betriebsrat die Ersatzmitglieder nur aus seiner Mitte bestimmen
(*D/R* § 47 Rz. 33; *F/A/K/H* § 47 Rz. 37; *G/L* § 47 Rz. 17). Ersatzmitglieder für
den Betriebsrat können grundsätzlich nicht Ersatzmitglied für ein Gesamtbetriebsratsmitglied sein, da sie im Betriebsrat auch nicht ein bestimmtes Mitglied
ersetzen. Besteht aber der Betriebsrat nur aus einer einzigen Person oder hat eine
Gruppe nur ein einziges Mitglied im Betriebsrat, so ist gem. § 25 Abs. 3 und § 14
Abs. 4 das im getrennten Wahlgang gewählte Ersatzmitglied auch Ersatzmitglied
für den Gesamtbetriebsrat (*D/R* a. a. O.). Für die Bestellung der Ersatzmitglieder
gelten nach Abs. 3 Satz 2 dieselben Regeln wie für die ordentlichen Mitglieder
(vgl. oben Rz. 43 ff.). Bestellt der Betriebsrat mehr als ein Ersatzmitglied, so hat
er nach Abs. 3 Satz 1 die Reihenfolge des Nachrückens festzulegen.
Unterläßt es der Betriebsrat, für jedes entsandte Mitglied mindestens ein Ersatz- 54
mitglied zu bestellen oder bei Bestellung mehrerer Ersatzmitglieder die Reihenfolge ihres Nachrückens festzulegen, so kann auch darin eine grobe Pflichtverletzung liegen, die die Auflösung des Betriebsrats nach § 23 Abs. 1 begründet (*D/R*
§ 47 Rz. 36).

IV. Abberufung vom Amt

Abs. 2 Satz 4 räumt dem Betriebsrat das Recht ein, einen Vertreter im Gesamtbe- 55
triebsrat abzuberufen. Dieses Recht ist nicht an besondere Voraussetzungen, etwa
eine nach Auffassung der Mehrheit des Betriebsrats gegebene grobe Pflichtverletzung, gebunden; vielmehr ist die Abberufung in das pflichtmäßige Ermessen des
Betriebsrats gestellt (*F/A/K/H* § 47 Rz. 33; *G/L* § 47 Rz. 16). Dabei darf aber
gem. § 75 Abs. 1 niemand wegen seiner Abstammung, Religion, Nationalität,
Herkunft, politischen oder gewerkschaftlichen Betätigung oder Einstellung oder
wegen seines Geschlechts benachteiligt werden (*G/L* a. a. O.).
Für die Abberufung gelten dieselben Regeln wie für die Entsendung. Sie erfolgt 56
also durch Beschluß des Betriebsrats, bei Vorliegen der Voraussetzungen für den
verstärkten Gruppenschutz durch Beschluß der betreffenden Gruppe (*G/L*
a. a. O.; *F/A/K/H* § 47 Rz. 34; *D/R* § 47 Rz. 31). Der Ausschluß eines Mitglieds
aus dem Gesamtbetriebsrat durch Gerichtsbeschluß richtet sich nach § 48.

V. Stimmrecht

Die Abs. 7 und 8 gewichten die Stimmen der Mitglieder des Gesamtbetriebsrats 57
unterschiedlich, weil dies den tatsächlichen Stärkeverhältnissen der einzelnen Betriebe und der Gruppen besser gerecht wird als ein Stimmrecht nach der Zahl der
Mitglieder des Gesamtbetriebsrats (vgl. die Begründung zum Regierungsentwurf
in BT-Drucks. VI/1786, 42).
Dabei geht das Gesetz von der **Zahl der wahlberechtigten Arbeitnehmer** des Be- 58
triebs oder der jeweiligen Gruppe des Betriebs aus. Sind in einem Betriebsrat

§ 47   2. Teil 5. Abschn. Gesamtbetriebsrat

Angestellte und Arbeiter vertreten und demgemäß je ein Angestellter und Arbeiter in den Gesamtbetriebsrat zu entsenden, so verfügt jeder der beiden Entsandten über so viele Stimmen, wie Wahlberechtigte seiner Gruppe in der Wählerliste eingetragen sind. Maßgebend ist die Zahl der Stimmen am Tag der Betriebsratswahl (*G/L* § 47 Rz. 26; *F/A/K/H* § 47 Rz. 42; GK-*Fabricius/Kreutz* § 47 Rz. 55; *D/R* § 47 Rz. 66; *D/K/K/S* § 47 Rz. 46). Nachträgliche Veränderungen bleiben außer Betracht, es sei denn, daß eine Berichtigung der Wählerliste durch das Arbeitsgericht erst nach der Betriebsratswahl erfolgt ist (*F/A/K/H* und *D/K/K/S*, jeweils a.a.O.). Auf die Zahl der Teilnehmer an der Betriebsratswahl kommt es nicht an (*D/R* a.a.O.).

59 Ist nur ein **einziges Betriebsratsmitglied** vorhanden oder ist die Minderheitsgruppe im Betriebsrat nicht vertreten, so daß der Betriebsrat nur ein einziges Mitglied in den Gesamtbetriebsrat zu entsenden hat, so verfügt dieses Mitglied über ein Stimmengewicht, das der Gesamtzahl der wahlberechtigten Arbeitnehmer ohne Rücksicht auf ihre Gruppenzugehörigkeit am Tage der Betriebsratswahl entspricht.

60 Wird von einem Betriebsrat nur **ein einziges Mitglied** entsandt, obwohl **beide Gruppen** dort vertreten sind, etwa weil eine Gruppe von ihrem Entsendungsrecht keinen Gebrauch macht, richtet sich das Stimmrecht des entsandten Mitglieds nicht nach Abs. 7 Satz 2, sondern nach Abs. 7 Satz 1. Danach hat das Mitglied nur so viele Stimmen, wie wahlberechtigte Angehörige seiner Gruppe in die Wählerliste eingetragen sind (*D/R* § 47 Rz. 65; GK-*Fabricius/Kreutz* § 47 Rz. 57; a.A. *F/A/K/H* § 47 Rz. 41; *G/L* § 47 Rz. 26; *D/K/K/S* § 47 Rz. 45). Sonst käme es zu einer im Gesetz nicht vorgesehenen Stimmrechtsübertragung.

61 Bei Mitgliedern des Gesamtbetriebsrats, die aufgrund einer Regelung nach Abs. 4 oder 5 für mehrere Betriebe entsandt worden sind, richtet sich gem. Abs. 8 die Gesamtzahl ihrer Stimmen nach der Gesamtzahl der wahlberechtigten Angehörigen ihrer Gruppe entsprechend den Wählerlisten aller Betriebe, für die sie entsandt worden sind. Sind für eine Gruppe mehrere Mitglieder des Betriebsrats entsandt worden, was nur aufgrund einer Vereinbarung nach Abs. 4 möglich ist, so teilen sie sich in die Stimmen ihrer jeweiligen Gruppe.

62 Die Mitglieder des Gesamtbetriebsrats können ihre Stimmen nur **einheitlich abgeben**. Das gilt auch für den Fall, daß ein Mitglied des Gesamtbetriebsrats für mehrere Betriebe entsandt worden ist (*D/R* § 47 Rz. 70; *F/A/K/H* § 47 Rz. 44; *G/L* a.a.O.).

63 Die Mitglieder des Gesamtbetriebsrats haben kein **imperatives Mandat**. Sie sind an Aufträge oder Weisungen des entsendenden Betriebsrats nicht gebunden (*F/A/K/H* a.a.O.; *D/R* § 47 Rz. 69).

VI. Bestandsdauer des Gesamtbetriebsrats

64 Der Gesamtbetriebsrat ist, wenn einmal errichtet, eine Dauereinrichtung mit wechselnder Mitgliedschaft. Er hat **keine Amtszeit**, da § 21 vom Gesetz nicht für anwendbar erklärt worden ist (*BAG* vom 15. 12. 1961 – 1 ABR 6/60 – AP Nr. 1 zu § 47 BetrVG 1952 Bl. 3 m. Anm. *Neumann-Duesberg* = DB 1962, 275; ArbG Stuttgart vom 13. 1. 1975 – 4 BV 10/75 – DB 1976, 1160; *G/L* § 47 Rz. 15; *D/R* § 47 Rz. 19; *F/A/K/H* § 47 Rz. 19; *S/W* §§ 47–52 Rz. 6; *D/K/K/S* § 47 Rz. 17; im Ergebnis auch GK-*Fabricius/Kreutz* § 47 Rz. 43). Solange der Gesamtbetriebsrat

aber noch nicht konstituiert oder noch nicht neukonstituiert ist (vgl. dazu unten § 51 Rz. 15; vgl. auch oben § 26 Rz. 2), ist er **handlungsunfähig** (ebenso GK-*Fabricius/Kreutz* a. a. O.).
Dementsprechend kommt eine gerichtliche **Auflösung** des Gesamtbetriebsrats 65 nicht in Betracht, sondern gem. § 48 allenfalls der gerichtliche **Ausschluß einzelner Gesamtbetriebsratsmitglieder.**
Der Gesamtbetriebsrats **erlischt** aber dann, wenn die Voraussetzungen für seine 66 Errichtung fortfallen, weil z. B. die Gliederung des Unternehmens in mehrere Betriebe aufgehoben wird oder nicht mehr in mindestens zwei Betrieben Betriebsräte bestehen (*G/L* § 47 Rz. 15; *F/A/K/H* § 47 Rz. 19; GK-*Fabricius/Kreutz* § 47 Rz. 43; *D/R* § 47 Rz. 20; *D/K/K/S* § 47 Rz. 18). Das Erlöschen tritt indessen dann nicht ein, wenn das Fehlen mehrerer Betriebsräte ersichtlich nur vorübergehend ist, z. B. weil wegen nicht rechtzeitiger Einleitung der Betriebsratswahl diese nicht vor Ablauf der Amtszeit des bisherigen Betriebsrats durchgeführt werden konnte oder weil die Betriebsratswahl mit Erfolg angefochten worden ist (*F/A/K/H* und *D/K/K/S* jeweils a. a. O.).
Da nach Abs. 1 ein Gesamtbetriebsrat nur in einem Unternehmen bestehen kann, 67 endet er auch mit dem **rechtlichen Untergang des Unternehmens**. Bei einer **Verschmelzung** von Unternehmen, die zur Neubildung eines Unternehmens führt (vgl. § 339 Abs. 1 Satz 2 Nr. 2 AktG), fallen mit den sich vereinigenden Unternehmen die bestehenden Gesamtbetriebsräte weg (*Seiter* Betriebsinhaberwechsel, 150). Bei einer Verschmelzung durch Aufnahme des einen Unternehmens durch das andere (vgl. § 339 Abs. 1 Satz 2 Nr. 1 AktG) endet nur der Gesamtbetriebsrat des übertragenden Unternehmens; der andere Gesamtbetriebsrat muß entsprechend den geänderten Verhältnissen gebildet oder umgebildet werden (*Seiter* a. a. O.).
Ein Gesamtbetriebsrat ist aber handlungsunfähig, wenn alle Betriebsräte ihre Mit- 68 glieder einschließlich der Ersatzmitglieder aus dem Gesamtbetriebsrat abberufen und keine neuen Mitglieder entsandt haben (*F/A/K/H* a. a. O.; vgl. auch oben Rz. 8 ff.)

VII. Streitigkeiten

Streitigkeiten über die Errichtung, Mitgliederzahl und Zusammensetzung des Ge- 69 samtbetriebsrats sowie das Stimmrecht sind nach § 2a ArbGG vom Arbeitsgericht im Beschlußverfahren zu entscheiden. Zuständig ist das Arbeitsgericht, in dessen Bezirk das Unternehmen seinen Sitz hat (§ 82 Satz 2 ArbGG). Hat das Unternehmen seinen Sitz im Ausland (vgl. oben Rz. 15), ist das Arbeitsgericht zuständig, in dessen Bezirk der Betrieb des ausländischen Unternehmens liegt, dem innerhalb der Bundesrepublik die zentrale Bedeutung zukommt (*BAG* vom 31. 10. 1975 – 1 ABR 4/74 – DB 1976, 295; = EzA § 106 BetrVG 1972 Nr. 2; *D/K/K/S* § 47 Rz. 50). Das Verfahren kann auf Antrag einzelner Betriebsräte oder Betriebsratsmitglieder eingeleitet werden (vgl. *BAG* vom 15. 8. 1978, a. a. O.; *LAG Saarbrükken* vom 8. 4. 1959 – Sa BV 9/58 – BB 1959, 632). Beteiligungsbefugt können auch sein: der Gesamtbetriebsrat, die Mitglieder des Gesamtbetriebsrats und der Arbeitgeber (*BAG* a. a. O.) nicht aber nur ein Gesellschafter der Arbeitgebergesellschaft (*BAG* vom 29. 8. 1985 – 6 ABR 63/82 – AP Nr. 13 zu § 83 ArbGG 1979 = DB 1986, 1024). Die im Unternehmen vertretenen Gewerkschaften haben

§ 48   2. Teil 5. Abschn. *Gesamtbetriebsrat*

mangels materieller betriebsverfassungsrechtlicher Betroffenheit keine eigene Antragsbefugnis (*BAG* vom 30. 10. 1986 – 6 ABR 52/83 – EzA § 47 BetrVG 1972 Nr. 4 = DB 1987, 1642; GK-*Fabricius/Kreutz* § 47 Rz. 104; **a. A.** *G/L* § 47 Rz. 29; *D/R* § 47 Rz. 74; *F/A/K/H* § 47 Rz. 74, *D/K/K/S* a. a. O. und die Vorauflage). Sie sind auch nicht beteiligungsbefugt (*BAG* vom 29. 8. 1985, a. a. O. – unter Aufgabe der insoweit entgegengesetzten Entscheidung vom 15. 8. 1978 a. a. O. – sowie GK-*Fabricius/Kreutz* a. a. O.).

§ 48 Ausschluß von Gesamtbetriebsratsmitgliedern

Mindestens ein Viertel der wahlberechtigten Arbeitnehmer des Unternehmens, der Arbeitgeber, der Gesamtbetriebsrat oder eine im Unternehmen vertretene Gewerkschaft können beim Arbeitsgericht den Ausschluß eines Mitglieds aus dem Gesamtbetriebsrat wegen grober Verletzung seiner gesetzlichen Pflichten beantragen.

Literaturübersicht

Vgl. die Literaturübersicht zu § 47

Inhaltsübersicht

		Rz.
I.	Allgemeines	1– 3
II.	Ausschluß aus dem Gesamtbetriebsrat	4–13
	1. Voraussetzungen	4, 5
	2. Antragsrecht	6– 9
	3. Rechtsfolgen	10–13

I. Allgemeines

1 Die Vorschrift ermöglicht in Anlehnung an § 23 Abs. 1 den im BetrVG 1952 noch nicht vorgesehenen Ausschluß von Mitgliedern des Gesamtbetriebsrats wegen grober Verletzung ihrer gesetzlichen Pflichten, ohne daß damit notwendig der Ausschluß aus dem entsendenden Betriebsrat verbunden wäre (vgl. Begründung zum Regierungsentwurf, BT-Drucks. IV/1786, 42). Im Gegensatz zu § 23 Abs. 1 ist aber eine Auflösung des Gesamtbetriebsrats durch Gerichtsbeschluß nicht vorgesehen; sie wäre auch mit dem Charakter des Gesamtbetriebsrats als einer ständigen, auf Entsendung der Einzelbetriebsräte beruhenden Einrichtung nicht vereinbar (*F/A/K/H* § 48 Rz. 5; GK-*Fabricius/Kreutz* § 48 Rz. 2; *D/R* § 48 Rz. 1; *G/L* § 48 Rz. 6). Auch ein kollektiver Rücktritt des Gesamtbetriebsrats widerspräche dem Gesetz. Es können allenfalls sämtliche Mitglieder des Gesamtbetriebsrats ihres Amtes enthoben werden oder ihr Amt niederlegen. Aber selbst dann ist der Gesamtbetriebsrat nicht aufgelöst; vielmehr rücken die Ersatzmitglieder nach (*D/R*, *G/L*, jeweils a. a. O.).

2 Die Vorschrift ist zwingend; von ihr kann weder durch Tarifvertrag noch durch

Betriebsvereinbarung abgewichen werden (*F/A/K/H* § 48 Rz. 3; *G/L* § 48 Rz. 1; GK-*Fabricius/Kreutz* § 48 Rz. 3; *D/K/K/S* § 48 Rz. 3).
Die Bestimmung gilt auch für die Gesamtjugend- und Auszubildendenvertretung 3 (§ 73 Abs. 2). Für den Konzernbetriebsrat enthält § 56 eine Sonderregelung.

II. Ausschluß aus dem Gesamtbetriebsrat

1. Voraussetzungen

Der Ausschluß aus dem Gesamtbetriebsrat kann nur erwirkt werden, wenn das 4 betreffende Mitglied seine gesetzlichen Pflichten **grob verletzt** hat. Der Begriff der groben Pflichtverletzung entspricht inhaltlich demjenigen in § 23 Abs. 1 (vgl. dort Rz. 14 ff.). Allerdings muß das Mitglied des Gesamtbetriebsrats die Pflichtverletzung gerade in seiner Eigenschaft als Mitglied dieses Gremiums begangen haben. Sie muß daher eine Pflicht betreffen, die sich aus der Mitgliedschaft im Gesamtbetriebsrat ergibt, und auf die Tätigkeit im Gesamtbetriebsrat bezogen sein (*D/R* § 48 Rz. 2; *F/A/K/H* § 48 Rz. 7; *G/L* § 48 Rz. 4; *D/K/K/S* § 48 Rz. 4). Das Gesetz geht davon aus, daß der Pflichtenkreis des Mitglieds des Gesamtbetriebsrats gegenüber dem Pflichtenkreis des Mitglieds des Einzelbetriebsrats selbständig ist (*D/R* und *D/K/K/S*, jeweils a. a. O.). In erster Linie ist an eine Verweigerung oder grobe Vernachlässigung der Mitarbeit im Gesamtbetriebsrat zu denken (*G/L* und *F/A/K/H*, jeweils a. a. O.). Es ist möglich, daß ein Betriebsratsmitglied seine Aufgaben als Mitglied seines Einzelbetriebsrats durchaus sachgerecht erfüllt, jedoch den Aufgaben als Mitglied des Gesamtbetriebsrates nicht gewachsen ist. In einem derartigen Fall erfolgt zwar sein Ausschluß aus dem Gesamtbetriebsrat nach § 48; dies muß jedoch nicht ohne weiteres auch zu seinem Ausschluß aus dem Einzelbetriebsrat nach § 23 Abs. 1 führen (*D/R* und *D/K/K/S*, jeweils a. a. O.). Umgekehrt reicht auch eine grobe Pflichtverletzung, die ein Mitglied des Gesamtbetriebsrats nicht in dieser Eigenschaft, sondern in seiner Eigenschaft als Mitglied des entsendenden Betriebsrats begangen hat, für einen Ausschluß aus dem Gesamtbetriebsrat nicht aus (GK-*Fabricius/Kreutz* § 48 Rz. 18 ff.; *F/A/K/H* a. a. O.). Sollte dieses Betriebsratsmitglied jedoch aus dem Betriebsrat entsprechend § 23 Abs. 1 ausgeschlossen werden, so endet nach § 49 auch seine Mitgliedschaft im Gesamtbetriebsrat.

Der Antrag auf Ausschluß braucht sich **nicht auf ein einziges Mitglied** zu be- 5 schränken, sondern kann gegen mehrere Mitglieder des Gesamtbetriebsrats gerichtet sein (*F/A/K/H* § 48 Rz. 5; *D/R* § 48 Rz. 1; *D/K/K/S* § 48 Rz. 2). Auch **Ersatzmitglieder** können ausgeschlossen werden, wenn sie während der Zeit, in der sie als Stellvertreter dem Gesamtbetriebsrat angehören, eine grobe Pflichtverletzung begehen (vgl. § 23 Rz. 26; ebenso GK-*Fabricius/Kreutz* § 48 Rz. 6; **a. A.** *F/A/K/H* a. a. O.).

2. Antragsrecht

Auch das Antragsrecht ist § 23 Abs. 1 nachgebildet, trägt jedoch dem Umstand 6 Rechnung, daß es sich bei dem Gesamtbetriebsrat um eine auf Unternehmensebene bestehende Einrichtung handelt. Bei der Ermittlung der antragsberechtigten **Mindestzahl der Arbeitnehmer** des Unternehmens ist demgemäß von der Gesamtzahl der in den Betrieben des Unternehmens beschäftigten wahlberechtigten Arbeitnehmer auszugehen. Es genügt ein Viertel aller zur Zeit der Antragstellung wahlberechtigten Arbeitnehmer sämtlicher Betriebe des Unternehmens. Dabei zählen allerdings die Arbeitnehmer aus Betrieben nicht mit, in denen ein Betriebsrat nicht gewählt worden ist, weil sie außerhalb der Betriebsverfassung stehen (vgl. § 50 Rz. 8, § 47 Rz. 16; a.A. *F/A/K/H* § 48 Rz. 9; *D/K/K/S* § 48 Rz. 8). Maßgebend ist der Zeitpunkt der Antragstellung, nicht der der Bildung des Gesamtbetriebsrats (*F/A/K/H* und *D/K/K/S*, jeweils a.a.O.; GK-*Fabricius/Kreutz* § 48 Rz. 11; *D/R* § 48 Rz. 6). Ein Viertel der Arbeitnehmer eines Betriebs des Unternehmens reicht nicht aus. Es ist nicht erforderlich, daß der Antrag von der Mehrheit der Arbeitnehmer des Betriebs, dessen Betriebsrat das Mitglied entsandt hat, unterstützt wird (*F/A/K/H* a.a.O.). Gleichgültig ist auch, welcher Gruppe die Antragsteller angehören (*D/R* § 48 Rz. 6); die Mindestzahl muß jedoch während des ganzen Verfahrens gegeben sein. Scheidet während des Verfahrens ein Teil der Antragsteller aus, so müssen die Verbliebenen noch die Mindestzahl von einem Viertel aller wahlberechtigten Arbeitnehmer des Unternehmens bilden, es sei denn, daß andere Arbeitnehmer an ihre Stelle treten (*D/R* und *F/A/K/H*, jeweils a.a.O.; für Zulässigkeit der Ersetzung und bis zur letzten Tatsachenverhandlung: GK-*Fabricius/Kreutz* § 48 Rz. 13; *D/K/K/S* a.a.O.; vgl. auch die abweichende Regelung in § 19 Abs. 2 und dort Rz. 26).

7 Antragsberechtigt ist auch der **Arbeitgeber**, nicht aber der Leiter eines Betriebs (*F/A/K/H* § 48 Rz. 20; GK-*Fabricius/Kreutz* § 48 Rz. 14). Ferner ist antragsberechtigt der **Gesamtbetriebsrat**, der dazu eines Beschlusses gem. § 51 Abs. 4 bedarf. An dem Beschluß wirkt das Mitglied des Gesamtbetriebsrats, dessen Ausschluß zur Debatte steht, nicht mit (*F/A/K/H* § 48 Rz. 11; GK-*Fabricius/Kreutz* § 48 Rz. 15; *D/R* § 48 Rz. 8; *D/K/K/S* § 48 Rz. 9). An seine Stelle tritt das Ersatzmitglied (vgl. § 33 Rz. 18; *F/A/K/H* und GK-*Fabricius/Kreutz*, jeweils a.a.O.; **a.A.** *D/R* a.a.O., der das Einrücken des Ersatzmitglieds bei bloßer Behinderung der Stimmabgabe nicht zulassen will).

8 Den **einzelnen Betriebsräten** steht kein Antragsrecht auf Ausschluß eines Mitglieds aus dem Gesamtbetriebsrat zu. Allerdings kann derjenige Einzelbetriebsrat, der das in Frage kommende Mitglied in den Gesamtbetriebsrat entsandt hat, seine Abberufung beschließen (*D/K/K/S* § 48 Rz. 12; *D/K/K/S* § 48 Rz. 10; GK-*Fabricius/Kreutz* § 48 Rz. 15).

9 Antragsberechtigt ist ferner jede im Unternehmen vertretene **Gewerkschaft**. Eine Gewerkschaft ist im Unternehmen vertreten, wenn ihr wenigstens ein Arbeitnehmer in einem der Betriebe des Unternehmens angehört. Dabei kommt es nicht darauf an, ob das auszuschließende Mitglied des Gesamtbetriebsrats bei der antragstellenden Gewerkschaft organisiert ist oder nicht. Ebensowenig ist es erforderlich, daß die Gewerkschaft gerade in dem Betrieb vertreten ist, von dessen Betriebsrat das auszuschließende Mitglied des Gesamtbetriebsrats entsandt worden ist (*F/A/K/H* § 48 Rz. 13; *D/K/K/S* § 48 Rz. 11); zur Beweisführung für das Vertretensein im Unternehmen vgl. oben § 46 Rz. 21).

3. Rechtsfolgen

Der Ausschluß eines Gesamtbetriebsratmitglieds tritt mit der **Rechtskraft** der ge- 10
richtlichen Entscheidung ein, für das nach § 82 ArbGG das Arbeitsgericht am Sitz
des Unternehmens zuständig ist. Bis dahin bleibt die Mitgliedschaft im Gesamtbetriebsrat bestehen, es sei denn, das betreffende Mitglied würde von dem entsandten Betriebsrat abberufen oder seine Mitgliedschaft würde aus einem sonstigen
Grunde zu einem früheren Zeitpunkt enden (*F/A/K/H* § 48 Rz. 14; *D/K/K/S*
§ 48 Rz. 12). Durch **einstweilige Verfügung** kann aber die Amtsausübung bis zur
rechtskräftigen Entscheidung untersagt werden (vgl. oben § 23 Rz. 35; *D/R* § 48
Rz. 11; *D/K/K/S* a. a. O.).

Der Gerichtsbeschluß beendet nur das Amt des Gesamtbetriebsratsmitglieds, 11
nicht zugleich das Amt im entsendenden Betriebsrat. An die Stelle des ausgeschlossenen Mitglieds tritt das gem. § 47 Abs. 3 in der danach bestimmten Reihenfolge erste **Ersatzmitglied**, ohne daß es dazu einer Entsendung bedürfte
(*F/A/K/H* § 48 Rz. 15; *D/K/K/S* § 48 Rz. 13). Ist noch kein Ersatzmitglied bestellt worden oder ist ein Ersatzmitglied nicht mehr vorhanden, so hat der entsendende Betriebsrat unverzüglich ein anderes Mitglied zum Mitglied des Gesamtbetriebsrats zu bestellen (*F/A/K/H* und *D/K/K/S*, jeweils a. a. O.). Mit dem
Verlust der Mitgliedschaft im Gesamtbetriebsrat endet auch die Zugehörigkeit
zum Konzernbetriebsrat, da die Mitgliedschaft dort nach § 57 an die im Gesamtbetriebsrat gebunden ist. Gleiches gilt für die Mitgliedschaft im Gesamtbetriebsausschuß und in weiteren Ausschüssen des Gesamtbetriebsrats (*D/R* § 48 Rz. 12;
F/A/K/H § 48 Rz. 16; GK-*Fabricius/Kreutz* § 48 Rz. 23; vgl. auch *D/K/K/S* § 48
Rz. 14).

Das ausgeschlossene Mitglied kann nicht von seinem Betriebsrat **erneut** in den 12
Gesamtbetriebsrat **entsandt** werden (*D/R* § 48 Rz. 14; *F/A/K/H* § 48 Rz. 19; *G/L*
§ 48 Rz. 2; GK-*Fabricius/Kreutz* § 48 Rz. 24; *D/K/K/S* § 48 Rz. 15). Etwas anderes gilt lediglich dann, wenn der Betriebsrat neugewählt ist und ihm wiederum das
aus dem Gesamtbetriebsrat ausgeschlossene Mitglied angehört. Durch die Neuwahl ist eine erneute Legitimation des ausgeschlossenen Mitglieds des Gesamtbetriebsrats gegeben (*F/A/K/H* § 48 Rz. 20; GK-*Fabricius/Kreutz* und *D/K/K/S*,
jeweils a. a. O.). Jedoch hat der Betriebsrat unter dem Gesichtspunkt der vertrauensvollen Zusammenarbeit besonders sorgfältig zu prüfen, ob die Möglichkeit der
Wiederholung der Vorfälle gegeben ist, die zu der Abberufung geführt haben.

Hat zwischen Antragstellung und rechtskräftiger Entscheidung eine Betriebsrats- 13
wahl stattgefunden und wird das mit dem Ausschluß bedrohte Betriebsratsmitglied erneut in den Gesamtbetriebsrat entsandt, so führt eine negative rechtskräftige Entscheidung dennoch zum Ausschluß des neugewählten und entsandten Betriebsratsmitgliedes aus dem Gesamtbetriebsrat (*D/R* a. a. O.).

§ 49 Erlöschen der Mitgliedschaft

Die Mitgliedschaft im Gesamtbetriebsrat endet mit dem Erlöschen der Mitgliedschaft im Betriebsrat, durch Amtsniederlegung, durch Ausschluß aus dem Gesamtbetriebsrat aufgrund einer gerichtlichen Entscheidung oder Abberufung durch den Betriebsrat.

§ 49 2. Teil 5. Abschn. Gesamtbetriebsrat

Literaturübersicht

Vgl. die Literaturübersicht zu § 47.

Inhaltsübersicht

		Rz.
I.	Allgemeines	1, 2
II.	Beendigung der Mitgliedschaft im Gesamtbetriebsrat	3–14
	1. Erlöschen der Mitgliedschaft im Betriebsrat	5, 6
	2. Amtsniederlegung	7–10
	3. Ausschluß durch gerichtliche Entscheidung	11
	4. Abberufung durch den Betriebsrat	12–14
III.	Rechtsfolgen der Beendigung der Mitgliedschaft im Gesamtbetriebsrat	15
IV.	Streitigkeiten	16

I. Allgemeines

1 Die Vorschrift regelt die Beendigung der Mitgliedschaft im Gesamtbetriebsrat in Anlehnung an die entsprechenden Bestimmungen für den Betriebsrat in § 24, wobei Besonderheiten des Gesamtbetriebsrats berücksichtigt werden (vgl. Begründung zum Regierungsentwurf, BT-Drucks. VI/1786, 42). Sie gilt entsprechend für die Gesamt-Jugend- und Auszubildendenvertretung (§ 73 Abs. 2), nicht aber für den Konzernbetriebsrat, für den § 57 eine besondere Regelung trifft.

2 Die Bestimmung ist **zwingendes Recht**; sie kann weder durch Tarifvertrag noch durch Betriebsvereinbarung geändert werden (*F/A/K/H* § 49 Rz. 3; GK-*Fabricius/Kreutz* § 49 Rz. 2).

II. Beendigung der Mitgliedschaft im Gesamtbetriebsrat

3 Die Vorschrift betrifft ausschließlich die Beendigung der Mitgliedschaft des einzelnen Gesamtbetriebsratsmitglieds. Eine Beendigung des Gesamtbetriebsrats selbst ist gesetzlich nicht vorgesehen. Denn der Gesamtbetriebsrat hat, wie sich schon durch Gegenschluß aus § 21 ergibt, keine gesetzliche Amtszeit. Vielmehr besteht der Gesamtbetriebsrat, nachdem er gem. § 47 Abs. 2 errichtet ist, so lange fort, wie die Voraussetzungen für seine Errichtung vorliegen (vgl. oben § 47 Rz. 64 ff.; *F/A/K/H* § 49 Rz. 5; *D/R* § 49 Rz. 2; *D/K/K/S* § 49 Rz. 1 und 2; GK-*Fabricius/Kreutz* § 49 Rz. 5).

4 Der Gesamtbetriebsrat ergänzt sich immer wieder dadurch, daß die Betriebsräte der Betriebe des Unternehmens die aus dem Gesamtbetriebsrat ausgeschiedenen Mitglieder durch neu entsandte Mitglieder ersetzen. Durch den festen Wahlzeitraum für die regelmäßige Betriebsratswahl in § 13 Abs. 1 ergibt sich außerdem, daß der Gesamtbetriebsrat im Anschluß an diese regelmäßigen Wahlen und die damit verbundene Neuentsendung von Betriebsratsmitgliedern in den Gesamtbetriebsrat vielfach eine neue Zusammensetzung erhält (zum Fehlen kollektiver Beendigungsgründe vgl. oben § 48 Rz. 1).

1. Erlöschen der Mitgliedschaft im Betriebsrat

Das Erlöschen der Mitgliedschaft im Betriebsrat des entsendenden Betriebs beendet kraft Gesetzes auch die Mitgliedschaft im Gesamtbetriebsrat, da der Betriebsrat nur aus seiner Mitte die Vertreter für den Gesamtbetriebsrat auswählen kann (*G/L* § 49 Rz. 2; *F/A/K/H* § 49 Rz. 9). Die Tatbestände, die ein Erlöschen der Mitgliedschaft des Betriebsrats zur Folge haben, sind im einzelnen in § 24 geregelt. Es handelt sich hierbei um
a) Beendigung der Amtszeit des Betriebsrats,
b) Beeendigung des Arbeitsverhältnisses,
c) Verlust der Wählbarkeit,
d) Ausschluß aus dem Betriebsrat oder die Auflösung des Betriebsrats,
e) Niederlegung des Betriebsratsamtes,
f) nachträgliche gerichtliche Feststellung der Nichtwählbarkeit.
Ein Wechsel der Gruppenzugehörigkeit hat ein Erlöschen der Mitgliedschaft im Gesamtbetriebsrat nicht zur Folge. Das Betriebsratsmitglied bleibt vielmehr Vertreter der Gruppe, für die es entsandt worden ist (*G/L* § 49 Rz. 3; *F/A/K/H* § 49 Rz. 11; *D/R* § 49 Rz. 11).

2. Amtsniederlegung

Die Mitgliedschaft im Gesamtbetriebsrat endet auch durch Amtsniederlegung eines Mitglieds. Sie kann jederzeit erklärt werden und ist an keine Form gebunden (*F/A/K/H* § 49 Rz. 12). Sie muß gegenüber dem Vorsitzenden des Gesamtbetriebsrates erfolgen (*G/L* § 49 Rz. 5; *F/A/K/H* a.a.O.; *D/K/K/S* § 49 Rz. 5). Die Mitgliedschaft endet mit dem Zeitpunkt, in dem die Erklärung der Amtsniederlegung dem Vorsitzenden des Gesamtbetriebsrats zugegangen ist. Die Erklärung kann nicht zurückgenommen oder widerrufen werden; sie kann auch nicht angefochten werden (*F/A/K/H* und *D/K/K/S*, jeweils a.a.O.; *D/R* § 49 Rz. 12). Die Amtsniederlegung steht einer erneuten Entsendung nicht entgegen, auch wenn sie nach kurzer Zeit erfolgt (*D/R* a.a.O.). Die Amtsniederlegung des einzelnen Mitgliedes des Gesamtbetriebsrates bezieht sich nur auf die Mitgliedschaft im Gesamtbetriebsrat. Die Mitgliedschaft im Einzelbetriebsrat wird dadurch nicht berührt (*G/L* § 49 Rz. 5; *F/A/K/H* und *D/K/K/S*, jeweils a.a.O.).
Es ist zulässig, daß mehrere oder sogar alle Mitglieder des Gesamtbetriebsrats ihr Amt gleichzeitig niederlegen. Dann rücken die gem. § 47 Abs. 3 bestellten Ersatzmitglieder entsprechend der festgelegten Reihenfolge in den Gesamtbetriebsrat nach (*F/A/K/H* § 49 Rz. 7).
Auch soweit der **Betriebsrat nur aus einem einzigen Mitglied** besteht oder nur ein einziger Gruppenvertreter im Betriebsrat vorhanden ist, der dem Gesamtbetriebsrat angehört, können diese Personen das Amt als Mitglied im Gesamtbetriebsrat niederlegen; jedoch liegt darin in der Regel eine grobe Amtspflichtverletzung, die zur Amtsenthebung als Mitglied des Betriebsrats berechtigt (*D/R* § 49 Rz. 13; GK-*Fabricius/Kreutz* § 49 Rz. 14).

3. Ausschluß durch gerichtliche Entscheidung

11 Ein gerichtlicher Ausschluß gem. § 48 beendet ebenfalls die Mitgliedschaft im Gesamtbetriebsrat (vgl. die Erläuterungen dort). Die Mitgliedschaft im Betriebsrat bleibt bestehen, wenn nicht gleichzeitig gem. § 23 Abs. 1 der Ausschluß des Mitglieds aus dem Einzelbetriebsrat erfolgt (*F/A/K/H* § 48 Rz. 16; *G/L* § 49 Rz. 6); ggf. können die Anträge auf Ausschluß aus dem Gesamtbetriebsrat und auf Ausschluß aus dem Betriebsrat prozessual miteinander verbunden werden, sofern für beide Anträge dasselbe Arbeitsgericht zuständig ist. Dabei ist jedoch zu berücksichtigen, daß der Kreis der Antragsberechtigten in beiden Fällen nicht identisch ist (*F/A/K/H* a.a.O.).

4. Abberufung durch den Betriebsrat

12 Die Mitgliedschaft im Gesamtbetriebsrat erlischt ferner, wenn der entsendende Einzelbetriebsrat sein Mitglied wieder abberuft. Dabei muß dasselbe Verfahren wie bei der Entsendung eingehalten werden (§ 47 Abs. 2 Satz 4; vgl. dazu oben § 47 Rz. 50f.). Wenn das Mitglied gem. § 47 Abs. 2 Satz 3 durch Gruppenwahl bestimmt und entsandt worden ist, kann auch die Abberufung nur durch die entsendende Gruppe erfolgen, nicht also durch den Betriebsrat insgesamt (*D/R* § 49 Rz. 15; *F/A/K/H* § 49 Rz. 17; *G/L* § 49 Rz. 8).

13 Die Abberufungserklärung hat gegenüber dem Vorsitzenden des Gesamtbetriebsrats zu erfolgen. Mit ihrem Zugang erlischt die Mitgliedschaft des betreffenden Mitglieds im Gesamtbetriebsrat (*G/L* § 49 Rz. 7; *F/A/K/H* a.a.O.).

14 Das abberufene Mitglied des Gesamtbetriebsrats kann dem Beschluß des Betriebsrats nicht mit Erfolg widersprechen, da diese Entscheidung im pflichtgemäßen Ermessen des Einzelbetriebsrats oder der betreffenden Gruppe liegt (*F/A/K/H* § 49 Rz. 18; *D/K/K/S* § 49 Rz. 7).

III. Rechtsfolgen der Beendigung der Mitgliedschaft im Gesamtbetriebsrat

15 Mit dem Verlust des Amtes als Gesamtbetriebsratsmitglied entfallen alle **Ämter**, die die Zugehörigkeit zum Gesamtbetriebsrat voraussetzen, vor allem auch die Mitgliedschaft im Gesamtbetriebsausschuß und in einem Konzernbetriebsrat (*D/R* § 49 Rz. 16). Für das ausgeschiedene Mitglied rückt nach § 51 Abs. 1 Satz 1 i.V.m. § 25 Abs. 1 das **Ersatzmitglied** in den Gesamtbetriebsrat nach. Der Betriebsrat kann nicht ein anderes Mitglied in den Gesamtbetriebsrat entsenden (**a.A.** *D/R* § 49 Rz. 17; *F/A/K/H* § 49 Rz. 19; GK-*Fabricius/Kreutz* § 49 Rz. 18), es sei denn, er berufe das nachgerückte Ersatzmitglied nunmehr als ordentliches Mitglied ab. Er hat aber nach § 47 Abs. 3 die Ersatzmitgliedschaft dann neu zu regeln.

IV. Streitigkeiten

In Rechtsstreitigkeiten wegen des Erlöschens der Mitgliedschaft im Gesamtbe- 16
triebsrat entscheidet das für den Sitz des Unternehmens zuständige Arbeitsgericht
nach § 2a ArbGG im Beschlußverfahren. Ist streitig, ob das Amt des Gesamtbetriebsratsmitglieds erloschen ist, weil seine Mitgliedschaft in dem entsendenden
Betriebsrat beendet ist, so entscheidet über die Mitgliedschaft im entsendenden
Betriebsrat das für den Sitz des Betriebs örtlich zuständige Arbeitsgericht (*F/A/
K/H* § 49 Rz. 20).

§ 50 Zuständigkeit

(1) Der Gesamtbetriebsrat ist zuständig für die Behandlung von Angelegenheiten, die das Gesamtunternehmen oder mehrere Betriebe betreffen und nicht durch die einzelnen Betriebsräte innerhalb ihrer Betriebe geregelt werden können. Er ist den einzelnen Betriebsräten nicht übergeordnet.
(2) Der Betriebsrat kann mit der Mehrheit der Stimmen seiner Mitglieder den Gesamtbetriebsrat beauftragen, eine Angelegenheit für ihn zu behandeln. Der Betriebsrat kann sich dabei die Entscheidungsbefugnis vorbehalten. § 27 Abs. 3 Satz 3 und 4 gilt entsprechend.

Literaturübersicht

Behrens/Schaude Das Quorum für die Errichtung von Konzernbetriebsräten in § 54 Abs. 1 Satz 2 BetrVG, DB 1991, 278; *Blomeyer* Die Zuständigkeit des Gesamtbetriebsrats nach § 48 BetrVG, DB 1967, 2221; *Döring* Die Zuständigkeitsabgrenzung zwischen Gesamtbetriebsrat und Betriebsrat, DB 1980, 689; *Halberstadt* Die Zuständigkeit des Gesamtbetriebsrates nach § 50 Abs. 1 BetrVG, BB 1975, 843; *Hanau/Vossen* Die Auswirkungen des Betriebsinhaberwechsels auf Betriebsvereinbarungen und Tarifverträge, FS für *Hilger/Stumpf*, 1983, 271; *Jedzig* Einführung standardisierter Verfahren zur Leistungsbeurteilung von Arbeitnehmern, DB 1991, 753; *Kasmann* Die Zuständigkeit des Gesamtbetriebsrates nach dem Betriebsverfassungsgesetz und seine Tätigkeit in der Praxis, 1968; *Kittner* Die Zuständigkeit des Gesamtbetriebsrates, BlStSozArbR 1976, 232; *Keim* Die Rahmenkompetenz des Gesamtbetriebsrats, BB 1987, 462; *Kreßel* Betriebsverfassungsrechtliche Auswirkungen des Zusammenschlusses zweier Betriebe, DB 1989, 1623; *Mayer-Maly* Die Zuständigkeit des Gesamtbetriebsrats, RdA 1969, 223; *Meyer* Die materielle Zuständigkeit des Gesamtbetriebsrats, AuR 1964, 362; *Mothes* Die Zuständigkeit des Gesamtbetriebsrats bei Betriebsänderungen, AuR 1974, 325; *Müller, G.* Die Stellung des Gesamtbetriebsrates und des Konzernbetriebsrates nach dem neuen Betriebsverfassungsgesetz, in FS für *Küchenhoff*, 1972, Bd. I, 283; *Nasserke* Die Abgrenzung der Aufgaben des Betriebsrates und des Gesamtbetriebsrates, AuR 1966, 140; *Neyses* Abgrenzung der Zuständigkeit zwischen Gesamtbetriebsrat und Einzelbetriebsrat bei Versetzungen, BlStSozArbR 1976, 371; *Sowka* Betriebsverfassungsrechtliche Probleme der Betriebsaufspaltung, DB 1988, 1318; *Sowka/Weiss*, Gesamtbetriebsvereinbarung und Tarifvertrag bei Aufnahme eines neuen Betriebs in das Unternehmen, DB 1991, 1518; *Spieker* Das Vorschlagsrecht des Gesamtbetriebsrates für die Wahl der Arbeitnehmervertreter in den Aufsichtsrat, BB 1965, 1111; *Wank* Die Geltung von Betriebsvereinbarungen nach einem Betriebsübergang, NZA 1987, 505; *Wiesner* Betriebsvereinbarungen bei Betriebsübergang, BB 1986, 1636.

§ 50   2. Teil 5. Abschn. Gesamtbetriebsrat

Inhaltsübersicht

		Rz.
I.	Allgemeines	1– 4
II.	Verhältnis zu den Einzelbetriebsräten	5
III.	Zuständigkeit	6–49
	1. Zuständigkeit kraft Gesetzes	8–40
	a) Einzelne Arten von Angelegenheiten	17–37
	aa) Allgemeine Aufgaben	17
	bb) Soziale Angelegenheiten	18–30
	cc) Gestaltung von Arbeitsplatz, Arbeitsablauf und Arbeitsumgebung	31
	dd) Personelle Angelegenheiten	32–35
	ee) Wirtschaftliche Angelegenheiten	36, 37
	b) Besondere gesetzliche Zuweisung	38–40
	2. Zuständigkeit kraft Auftrags	41–49
IV.	Gesamtbetriebsvereinbarung	50, 51
V.	Einigungsstelle	52
VI.	Streitigkeiten	53–55

I. Allgemeines

1 Die Vorschrift regelt die **Zuständigkeit** des Gesamtbetriebsrats und damit das Verhältnis zwischen dem Gesamtbetriebsrat und den Betriebsräten der einzelnen Betriebe.

2 Durch den 1972 neu ins Gesetz aufgenommenen Abs. 2 wird zusätzlich bestimmt, daß die Zuständigkeit des Gesamtbetriebsrats auch durch Auftrag der Betriebsräte von Einzelbetrieben des Unternehmens begründet werden kann.

3 Die Vorschriften sind **zwingend**; sie können weder durch Tarifvertrag noch durch Betriebsvereinbarung abbedungen werden (GK-*Fabricius/Kreutz* § 50 Rz. 5; *F/A/K/H* § 50 Rz. 3; *D/K/K/S* § 50 Rz. 5). Sie sind entsprechend für die Gesamt-Jugend- und Auszubildendenvertretung anzuwenden (§ 73 Abs. 2).

4 Die Zuständigkeit des Gesamtbetriebsrats hat **keine Ausweitung** der Mitwirkungs- und Mitbestimmungsrechte zur Folge. Dies ist vor allem dann von Bedeutung, wenn ein Beteiligungsrecht davon abhängig gemacht wird, daß in den Betrieben eine bestimmte Zahl von Arbeitnehmern beschäftigt ist (*F/A/K/H* § 50 Rz. 10; *G/L* § 50 Rz. 2; *D/R* § 50 Rz. 27; *D/K/K/S* § 50 Rz. 8). Das Bestehen eines Gesamtbetriebsrats läßt also nicht dem Einzelbetriebsrat Beteiligungsrechte zuwachsen. Dementsprechend steht das Initiativrecht bei der Aufstellung personeller Auswahlrichtlinien nach § 95 Abs. 2 dem Betriebsrat nicht zu, wenn dem Betrieb nicht die erforderliche Arbeitnehmerzahl angehört, selbst wenn sie im Unternehmen insgesamt erreicht wird. Gleiches gilt für die personelle Mitbestimmung nach den §§ 95, 100 und die Beteiligung bei Betriebsänderungen nach den §§ 111, 112 (**a.A.** für Betriebsänderungen *LAG Bremen* vom 31. 10. 1986 – 4 Sa 75/86 – BB 1987, 195; *Mothes* AuR 1974, 329f.). Abs. 1 ist lediglich eine Zuständigkeitsabgrenzung für die Wahrnehmung der Beteiligungsrechte, ändert aber nicht deren Voraussetzungen (*D/R* a.a.O.). Es ist deshalb inkonsequent und daher abzulehnen, wenn im Fachschrifttum die Zuständigkeit des Gesamtbetriebsrats anerkannt wird, sofern nicht in sämtlichen Betrieben eines Unternehmens die für ein Mitbestimmungsrecht erforderliche

Beschäftigtenzahl erreicht wird (so aber *F/A/K/H* § 50 Rz. 11; GK-*Fabricius/ Kreutz* § 51 Rz. 78; *D/R* a. a. O.).

II. Verhältnis zu den Einzelbetriebsräten

Soweit der Gesamtbetriebsrat zuständig ist, haben die Betriebsräte der einzelnen 5 Betriebe des Unternehmens keine Zuständigkeit. Der Gesamtbetriebsrat tritt vielmehr **an die Stelle** der Einzelbetriebsräte. Er hat dann nach § 51 Abs. 6 auch die Rechte und Pflichten des Betriebsrats, soweit das Gesetz keine besonderen Vorschriften enthält. Macht der Gesamtbetriebsrat von seiner Zuständigkeit keinen Gebrauch, so kann nicht etwa der Einzelbetriebsrat an seiner Stelle die Angelegenheit regeln (*BAG* vom 6. 4. 1976 – 1 ABR 27/74 – EzA § 50 BetrVG 1972 Nr. 2 = DB 1976, 1290; *LAG Berlin* vom 10. 9. 1979 – 9 Ta BV 3/79 – DB 1979, 2091; *G/L* § 50 Rz. 2; **a. A.** *D/R* § 50 Rz. 29; *F/A/K/H* § 50 Rz. 14; *D/K/K/S* § 50 Rz. 17), die zu Unrecht auf die eindeutig anders geregelte konkurrierende Gesetzgebungszuständigkeit von Bund und Ländern verweisen). Ein Betriebsrat darf die Durchführung von Maßnahmen des Gesamtbetriebsrats in seinem Betrieb nicht verhindern. Er kann auch den von ihm in den Gesamtbetriebsrat entsandten Mitgliedern keine bindenden Weisungen erteilen. Der Gesamtbetriebsrat ist den Betriebsräten nicht untergeordnet (GK-*Fabricius/Kreutz* § 50 Rz. 13; *F/A/K/H* § 50 Rz. 5; *D/R* a. a. O.). Andererseits ist der Gesamtbetriebsrat den Einzelbetriebsräten nach Abs. 1 Satz 2 auch nicht übergeordnet (Zweifel an der Berechtigung dieser Regelung bei *Keim* BB 1987, 962, 964). Er hat somit kein Anweisungsrecht gegenüber den Einzelbetriebsräten und kann daher außerhalb der ihm zustehenden Befugnisse eine einheitliche Gestaltung und Ordnung der Betriebe nicht erzwingen (*G/L* § 50 Rz. 2; GK-*Fabricius/Kreutz* § 50 Rz. 12; *D/R* § 50 Rz. 28; *F/A/K/H* § 50 Rz. 6; *D/K/K/S* § 50 Rz. 6; *Brill* AuR 1983, 170). Dies soll nach herrschender Rechtsauffassung nicht ausschließen, daß der Gesamtbetriebsrat in den Fragen, in denen er keine eigene Zuständigkeit hat, als **Koordinationsstelle** zwischen den Betriebsräten tätig werden kann. Diese koordinierende Tätigkeit (*F/A/K/H, D/K/K/S*, GK-*Fabricius/Kreutz*, jeweils a. a. O. und die Vorauflage) soll z. B. darin bestehen können, in Fragen, die zwar das Gesamtunternehmen oder mehrere Betriebe betreffen, jedoch durch die einzelnen Betriebsräte in ihren Betrieben geregelt werden könnten, auf eine möglichst sinnvolle Abstimmung von Tätigkeit und Beschlußfassung der Einzelbetriebsräte hinzuwirken (*F/A/K/H, G/L*, GK-*Fabricius/Kreutz* und *D/K/K/S*, jeweils a. a. O.). Diese Auffassung ist, obwohl sie die Entscheidungsautonomie der Betriebsräte formal wahrt, mit der Zuständigkeitstrennung des Gesetzes und mit der Unabhängigkeit des Betriebsrats nicht zu vereinbaren. Das Gesetz verbietet vielmehr dem Gesamtbetriebsrat, Angelegenheiten, für die er nicht zuständig ist, überhaupt zu behandeln.

III. Zuständigkeit

Der Gesamtbetriebsrat ist entweder **kraft Gesetzes** oder aufgrund **Auftrags** des 6 Betriebsrats zuständig. Da der Auftrag auch von mehreren oder allen Betriebsräten des Unternehmens erteilt werden kann, können unternehmenseinheitliche Regelungen auch in solchen Sachbereichen zustandekommen, in denen der Gesamtbetriebsrat nicht kraft Gesetzes zuständig ist (*F/A/K/H* § 50 Rz. 45; GK-*Fabricius/Kreutz* § 50 Rz. 46). Ist die gesetzliche Zuständigkeit für eine Angelegenheit zweifelhaft, kann es sich empfehlen, die »gewillkürte« Zuständigkeit des Gesamtbetriebsrats kraft Auftrags herbeizuführen. Der Gesamtbetriebsrat kann dann aber auch für die Betriebe unterschiedliche Regelungen treffen (*D/R* § 50 Rz. 45). Deshalb ist es wesentlich, in den Regelungen den Geltungsbereich jeweils genau festzulegen (vgl. *G/L* § 50 Rz. 22).

7 Der Arbeitgeber kann dem Gesamtbetriebsrat nicht entgegenhalten, daß eine Angelegenheit durch die Kompetenzverteilung des Unternehmens den einzelnen Betriebsleitungen zur Entscheidung zugewiesen sei (ebenso GK-*Fabricius/Kreutz* § 50 Rz. 62; *F/A/K/H* § 50 Rz. 15; *G/L* § 50 Rz. 16; *D/R* § 50 Rz. 44; **a.A.** *Kammann/Hess/Schlochauer* § 50 Rz. 30). Umgekehrt kann aber der Gesamtbetriebsrat nicht verlangen, stets nur mit der Unternehmensleitung zu verhandeln. Wer sein Verhandlungspartner ist, bestimmt der Arbeitgeber, der auch den Leiter eines Betriebs dafür vorsehen kann (ebenso GK-*Fabricius/Kreutz* § 50 Rz. 63; *G/L* § 50 Rz. 16; *F/A/K/H* a.a.O.; **a.A.** *D/R* § 50 Rz. 44).

1. Zuständigkeit kraft Gesetzes

8 Der Wortlaut des Abs. 1 läßt offen, ob der Gesamtbetriebsrat auch für **betriebsratslose Betriebe** zuständig ist. Diese Frage ist zu verneinen, da jene Betriebe außerhalb der Betriebsverfassung stehen und der Gesamtbetriebsrat deshalb auch nicht von deren Belegschaft legitimiert ist (*BAG* vom 16. 8. 1983 – 1 AZR 544/81 – = DB 1984, 129, 1875 = EzA § 50 BetrVG 1972 Nr. 9; *Blomeyer* BB 1967, 2225; GK-*Fabricius/Kreutz* § 50 Rz. 41; *Behrens/Schaude* DB 1991, 278, 279; **a.A.** *F/A/K/H* § 47 Rz. 12; *D/R* § 50 Rz. 31; *G/L* § 47 Rz. 11; *Kammann/Hess/Schlochauer* § 47 Rz. 8, § 50 Rz. 20; *D/K/K/S* § 50 Rz. 7; *Mothes* AuR 1974, 325, 328). Würde man die Zuständigkeit des Gesamtbetriebsrats auch auf betriebsratslose Betriebe erstrecken, so könnte in einem Unternehmen mit einem größeren, aber betriebsratslosen Betrieb und zwei kleinen Betrieben mit Betriebsräten der aus Vertretern der beiden kleinen Betriebe gebildete Gesamtbetriebsrat im Rahmen seiner Zuständigkeit nach Abs. 1 gemeinsam mit dem Arbeitgeber durch Gesamtbetriebsvereinbarungen der Belegschaft des größeren Betriebes Regelungen aufzwingen, die allein den Interessen der beiden kleinen Betriebe entsprechen, dem Interesse der Belegschaft des größeren Betriebes aber zuwiderlaufen (*BAG* a.a.O.). Die Zuständigkeit des Gesamtbetriebsrates erstreckt sich auch nicht auf die kleinen Betriebe, die nach § 1 nicht betriebsratsfähig sind, weil auch insoweit keine Legitimation für den Gesamtbetriebsrat vorliegt (*Dütz* Anm. SAE 1984, 337, 339; vom *BAG* a.a.O. offengelassen).

9 Das Gesetz geht ebenso wie das BetrVG 1952 von der **Zuständigkeit der Einzelbetriebsräte** aus. Sie besteht im Rahmen der gesetzlichen Aufgaben des Betriebsrats zunächst für alle Angelegenheiten, die nur den einzelnen Betrieb betreffen, für den der Betriebsrat gewählt worden ist. Insoweit besteht eine gesetzliche Zuständigkeit des Gesamtbetriebsrats nicht; sie könnte allenfalls durch einen entsprechenden Auftrag des Betriebsrats nach Abs. 2 begründet werden. Erste Voraussetzung für die gesetzliche Zuständigkeit des Gesamtbetriebsrats ist, daß eine Angelegenheit zu behandeln ist, die das Gesamtunternehmen oder wenigstens meh-

Zuständigkeit § 50

rere Betriebe des Unternehmens betrifft, es also um eine **überbetriebliche Angelegenheit** geht. Ob dies der Fall ist, hängt von dem Regelungsbereich ab, den der Initiator der betreffenden Maßnahme anstrebt, sei es die Arbeitgeber- oder die Betriebsratsseite (*BAG* vom 6. 12. 1988 – 1 ABR 44/87 = DB 1989, 984 = EzA § 87 BetrVG 1972 Betriebliche Lohngestaltung Nr. 23; GK-*Fabricius/Kreutz* § 50 Rz. 23). Hinzukommen muß aber, daß die **Einzelbetriebsräte die Angelegenheit in ihren Betrieben nicht regeln können**. Dieses Kriterium ist durch Rechtsprechung und Fachschrifttum grundsätzlich geklärt. Für seine Anwendung gilt folgendes:

Eine Angelegenheit kann einmal dann nicht von den Einzelbetriebsräten geregelt 10 werden, wenn eine solche Regelung **objektiv unmöglich** ist. Das kann der Fall sein, wenn eine Maßnahme nach ihrem Gegenstand ausschließlich unternehmensbezogen ist und nicht aufgeteilt werden kann. Ein Beispiel dafür ist die Errichtung und Verwaltung unternehmensbezogener Sozialeinrichtungen; *BAG* vom 23. 9. 1975 – 1 ABR 122/73 – EzA § 50 BetrVG 1972 Nr. 1 = DB 1976, 58; vom 6. 4. 1976 – 1 ABR 27/74 – EzA § 50 BetrVG 1972 Nr. 2 = DB 1976, 1290; *D/R* § 50 Rz. 9; GK-*Fabricius/Kreutz* § 50 Rz. 27; *D/K/K/S* § 50 Rz. 27). Käme es aber allein auf die objektive Unmöglichkeit einer betrieblichen Regelung an, bliebe für die Zuständigkeit des Gesamtbetriebsrats in den meisten Fällen kein Raum, weil inhaltlich übereinstimmende Regelungen mit den Einzelbetriebsräten für ihren jeweiligen Betrieb fast stets denkbar sind (*BAG* vom 23. 9. 1975, a. a. O.; *D/R* § 50 Rz. 6; *F/A/K/H* § 50 Rz. 20; *Müller, G.* FS für *Küchenhoff* I, 290; *G/L* § 50 Rz. 6; *D/K/K/S* § 50 Rz. 11).

Es genügt deshalb auch, daß die Regelung den Einzelbetriebsräten **subjektiv un-** 11 **möglich** ist (so auch *BAG* vom 11. 2. 1992 – 1 ABR 51/91 – EzA § 76 BetrVG 1972 Nr. 60; vom 12. 11. 1991 – 1 ABR 21/91 – DB 1992, 741; vom 6. 12. 1988 a. a. O.; *LAG Düsseldorf* vom 5. 9. 1991 – 12 (17) TaBV 58/91 – DB 1992, 637 = NZA 1992, 563; GK-*Fabricius/Kreutz* § 50 Rz. 28; *Wiese* Anm. SAE 1990, 6, 7; *S/W* §§ 47–52 Rz. 8; **a. A.** *BAG* vom 23. 9. 1975, a. a. O.). Subjektiv ist z. B. eine betriebliche Regelung im gesamten Bereich freiwilliger Betriebsvereinbarungen unmöglich, wenn der Arbeitgeber nur auf überbetrieblicher Ebene zu einer Regelung bereit ist (*BAG* vom 11. 2. 1992 und 6. 12. 1988 sowie *LAG Düsseldorf*, jeweils a. a. O.).

Für die Zuständigkeit des Gesamtbetriebsrats genügt ferner, daß bei vernünfti- 12 ger Würdigung eine **zwingende sachliche Notwendigkeit für eine unternehmenseinheitliche Regelung** besteht (so ständige höchstrichterliche Rechtsprechung; vgl. *BAG* vom 6. 12. 1988, a. a. O.; vom 20. 4. 1982 – 1 ABR 22/80 – DB 1982, 1674; vom 19. 3. 1981 – 3 ABR 38/80 – EzA § 80 BetrVG 1972 Nr. 18 = DB 1981, 218; *LAG Köln* vom 19. 1. 1983 – 5 Ta BV 16/82 – DB 1983, 1101; *LAG Düsseldorf* vom 14. 12. 1979 – 16 Ta BV 41/79 – EzA § 50 BetrVG 1972 Nr. 5; *F/A/K/H* § 50 Rz. 21; *D/K/K/S* § 50 Rz. 11; abweichend *D/R* § 50 Rz. 7 ff., der darauf abstellt, ob es objektiv vernünftig ist, eine Regelungsmaterie einheitlich zu gestalten; für Zuständigkeit des Gesamtbetriebsrats, wenn die Regelung in dem einen Betrieb für den anderen präjudizierend wirkt: *G/L* § 50 Rz. 7; weitergehend *Kammann/Hess/Schlochauer* § 50 Rz. 80, die die Zuständigkeit des Gesamtbetriebsrats schon dann für gegeben ansehen, wenn die einheitliche Behandlung aus produktionstechnischen, sozialen oder wirtschaftlichen Gründen sinnvoll und nützlich, erstrebenswert oder notwendig sei).

§ 50 *2. Teil 5. Abschn. Gesamtbetriebsrat*

13 Die Notwendigkeit einer einheitlichen Regelung muß in bezug auf die Regelungsmaterie bestehen. Hierbei ist auch auf die **Verhältnisse des einzelnen konkreten Unternehmens und der konkreten Betriebsräte** abzustellen (*BAG* vom 6. 12. 1988 und 23. 9. 1975, jeweils a. a. O., sowie vom 8. 12. 1981 – 3 ABR 53/80 – EzA § 242 BGB Ruhegeld Nr. 96 = DB 1982, 46, 336; gegen die Berücksichtigung der Art der Unternehmensorganisation GK-*Fabricius/Kreutz* § 50 Rz. 32; *D/K/K/S* § 50 Rz. 13).

14 Die **bloße Zweckmäßigkeit**, eine Regelung für das Unternehmen einheitlich zu treffen, genügt nicht, um die Zuständigkeit des Gesamtbetriebsrats zu begründen. Ebensowenig ist das Koordinierungsinteresse des Arbeitgebers allein Maßstab für eine solche Zuständigkeit (*BAG* vom 6. 12. 1988, 20. 4. 1982 und 23. 9. 1975, jeweils a. a. O.; *LAG Köln* vom 3. 7. 1987 – 5 Ta BV 11/87 – DB 1987/2107; *F/A/K/H* § 50 Rz. 22; GK-*Fabricius/Kreutz* a. a. O.; *D/K/K/S* § 50 Rz. 12). Die Notwendigkeit einer einheitlichen Regelung läßt sich ferner nicht aus dem unbestimmten Begriff der »**Natur der Sache**« herleiten (*BAG* vom 6. 12. 1988 und 23. 9. 1975, jeweils a. a. O.; GK-*Fabricius/Kreutz* a. a. O.; **a. A.** *D/K/K/S* § 50 Rz. 11).

15 Auch der arbeitsrechtliche **Gleichbehandlungsgrundsatz** kann, da er nur innerhalb des Betriebs eingreift (*BAG* vom 20. 8. 1986 – 4 AZR 272/85 – DB 1987, 693 = EzA § 242 BGB Gleichbehandlung Nr. 44; *Hueck/Nipperdey* § 48 a II, 1; *Nikisch* § 37 II, 4; *D/K/K/S* § 50 Rz. 15; **a. A.** *BAG* vom 6. 4. 1976 – 1 ABR 27/74 – DB 1976, 1190 = EzA § 50 BetrVG 1972 Nr. 2; *D/R* § 50 Rz. 11; *Schaub* § 112, 1. c) die gesetzliche Zuständigkeit des Gesamtbetriebsrats nicht begründen. Dasselbe gilt für den Fall, daß »über den Betrieb hinaus ein **enger lebensmäßiger Zusammenhang**« zwischen den Angehörigen verschiedener Betriebe desselben Unternehmens besteht« (so aber früher *BAG* vom 26. 4. 1966 – 1 AZR 242/65 – EzA § 242 BGB Nr. 5 = DB 1966, 705, 1237, 1278; **wie hier** im Ergebnis *LAG Düsseldorf* vom 14. 12. 1979 a. a. O.; GK-*Fabricius/Kreutz* § 50 Rz. 28; *Körnig* SAE 1977, 44 ff.).

16 Die gesetzliche Zuständigkeit des Gesamtbetriebsrats kann so begrenzt sein, daß er nur zu **Rahmenregelungen** befugt ist, die durch detaillierte betriebsspezifische Einzelregelungen zu ergänzen sind (so auch GK-*Fabricius/Kreutz* § 50 Rz. 34; *F/A/K/H* § 50 Rz. 24; *Keim* BB 1987, 962; *D/K/K/S* § 50 Rz. 18; ferner auch *LAG Köln* vom 3. 7. 1987, a. a. O.).

a) Einzelne Arten von Angelegenheiten

aa) Allgemeine Aufgaben

17 Die allgemeinen Aufgaben nach § 80 Abs. 1 sind in aller Regel betriebsnah zu erfüllen und fallen deshalb in die Zuständigkeit des Einzelbetriebsrats (so auch für § 80 Abs. 1 Nr. 1: *BAG* vom 20. 12. 1988 – 1 ABR 63/87 – AP Nr. 5 zu § 92 ArbGG 1979 = EzA § 80 BetrVG 1972 Nr. 33 = DB 1989, 1032). Der Auskunftsanspruch nach § 80 Abs. 2 i. V. m. § 51 Abs. 6 steht dem Einzelbetriebsrat oder dem Gesamtbetriebsrat zu, je nachdem welches der beiden Organe für die Behandlung der Angelegenheit zuständig ist, für die die Auskunft verlangt wird (*BAG* vom 19. 3. 1981, a. a. O.; GK-*Fabricius/Kreutz* § 50 Rz. 36).

bb) Soziale Angelegenheiten

Die sozialen Angelegenheiten nach §§ 87 und 88 gehören im allgemeinen zu den **18** Fragen, die im Einzelbetrieb geregelt werden können (*BAG* vom 23. 9. 1975 und *LAG Düsseldorf* vom 14. 12. 1979, jeweils a. a. O.; *F/A/K/H* § 50 Rz. 25; *D/R* § 50 Rz. 12; *G/L* § 50 Rz. 8). Für die Zuständigkeit kommt es aber nicht darauf an, ob in der Angelegenheit ein Mitbestimmungsrecht besteht oder nicht.

Regelungen über die **Ordnung des Betriebs** (§ 87 Abs. 1 Nr. 1), z. B. Regelungen **19** über Betriebsbußen (so *ArbG Oberhausen* vom 12. 11. 1963 – 3 Ca 762/63 – BB 1964, 759) oder über den Schutz des Eigentums, etwa über Torkontrollen (so *LAG Düsseldorf* a. a. O.) müssen auf die Verhältnisse des konkreten Betriebs sowie auf die wirtschaftliche Lage und die Mentalität der dort beschäftigten Arbeitnehmer abgestellt sein (ebenso GK-*Fabricius/Kreutz* § 50 Rz. 37; *D/K/K/S* § 50 Rz. 20; **a. A.** *D/R* § 50 Rz. 14; *Kammann/Hess/Schlochauer* § 50 Rz. 13, die es für vordringlich halten, eine sachlich nicht begründete unterschiedliche Behandlung der Arbeitnehmer in den Betrieben zu vermeiden, und deshalb die Zuständigkeit des Gesamtbetriebsrats anerkennen).

Die Regelung der Dauer der **Arbeitszeit** (§ 87 Abs. 1 Nr. 2) muß nur ausnahms- **20** weise einheitlich für das Gesamtunternehmen erfolgen, etwa wenn wegen produktionstechnischer Abhängigkeit zwischen mehreren Betrieben eine übergreifende Regelung zwingend notwendig ist (*BAG* vom 23. 9. 1975, a. a. O., in AP Bl. 3 R; *LAG Düsseldorf* vom 8. 4. 1964 – 1 BV Ta 1/64 – BB 1964, 759; *F/A/K/H* § 50 Rz. 28; *G/L* a. a. O.; GK-*Fabricius/Kreutz* a. a. O.; *D/R* § 50 Rz. 14; *D/K/K/S* § 50 Rz. 21).

Für die **vorübergehende Verlängerung oder Verkürzung der betriebsüblichen** **21** **Arbeitszeit** (§ 87 Abs. 1 Nr. 3) besteht kraft Gesetzes eine Zuständigkeit des Gesamtbetriebsrats ebenfalls nur dann, wenn mehrere Betriebe produktionstechnisch so eng miteinander verbunden sind, daß die Länge der Arbeitszeit in dem einen Betrieb sich zwangsläufig auf den Arbeitsanfall in dem oder den anderen Betrieben auswirkt (*D/R* § 50 Rz. 14; für den Fall der Einführung von Kurzarbeit auch *F/A/K/H* § 50 Rz. 29; GK-*Fabricius/Kreutz* und *D/K/K/S*, jeweils a. a. O.; abweichend *BAG* vom 29. 11. 1978 – 4 AZR 276/77 – AP Nr. 18 zu § 611 BGB Bergbau Bl. 3 m. Anm. *Boldt* = DB 1979, 995 = SAE 1979, 140, wonach eine Zuständigkeit des Gesamtbetriebsrats für die Einführung von Kurzarbeit ausschließlich durch den Auftrag des Einzelbetriebsrats begründet werden könne). Sonst und damit in der Regel ist der Betriebsrat des einzelnen Betriebs zuständig, weil die Notwendigkeit der Verkürzung oder Verlängerung der betriebsüblichen Arbeitszeit nach dem Arbeitsvolumen im konkreten Betrieb beurteilt werden muß.

Für die **Auszahlung der Arbeitsentgelte** (§ 87 Abs. 1 Nr. 4) ist ebenfalls in der **22** Regel der Betriebsrat des Einzelbetriebs zuständig; dies gilt auch für die Erstattung von Kontoführungsgebühren (*BAG* vom 20. 4. 1982, a. a. O.; *F/A/K/H* § 50 Rz. 26). Etwas anderes kann ausnahmsweise gelten, wenn für das gesamte Unternehmen eine zentrale computergesteuerte Entgeltabrechnung eingeführt wird (*LAG Berlin* vom 10. 9. 1979 – 9 Ta BV 3/79 – DB 1979, 2091; *F/A/K/H* a. a. O.; **a. A.** *D/K/K/S* § 50 Rz. 22). Die Regelung der **Zeit der Auszahlung** bleibt aber auch bei zentraler Entgeltabrechnung dem Betriebsrat des Einzelbetriebs vorbehalten (*F/A/K/H* a. a. O.; vgl. auch oben Rz. 16).

Für die **Aufstellung des Urlaubsplans** (§ 87 Abs. 1 Nr. 5) kann der Gesamtbe- **23** triebsrat kraft Gesetzes unter Umständen zuständig sein, wenn alle, zumindest der

§ 50   2. Teil 5. Abschn. *Gesamtbetriebsrat*

überwiegende Teil der Betriebe eines Unternehmens, arbeitsmäßig weitgehend miteinander verflochten sind und dadurch arbeitstechnische Abhängigkeiten bestehen, so daß die zwingende Notwendigkeit einer einheitlichen Regelung gegeben ist (*F/A/K/H* § 50 Rz. 27; *D/R* § 50 Rz. 14; *G/L* § 50 Rz. 8; *D/K/K/S* § 50 Rz. 23; *Blomeyer* BB 1967, 2224; **a. A.** *BAG* vom 5. 2. 1965 – 1 ABR 14/64 – AP Nr. 1 zu § 56 BetrVG 1952 Urlaubsplan m. Anm. *Gaul* = DB 1965, 222, 898; vgl. auch GK-*Fabricius/Kreutz* a. a. O.).

24 Auch für die **Einführung und Anwendung von technischen Einrichtungen**, die dazu bestimmt sind, das Verhalten oder die Leistung der Arbeitnehmer zu überwachen, besteht grundsätzlich die Zuständigkeit der Einzelbetriebsräte. Eine Ausnahme ist dann zu machen, wenn in einem Unternehmen mit zahlreichen Verkaufsbetrieben die von Kundenberatern zu führenden Telefongespräche mit Hilfe technischer Einrichtungen zur Durchsetzung einer einheitlichen Verkaufsstragegie mitgehört werden sollen (*LAG Köln* vom 19. 1. 1983 – 5 Ta BV 16/82 – DB 1983, 1101; GK-*Fabricius/Kreutz* a. a. O.; vgl. auch *BAG* vom 14. 9. 1984 – 1 ABR 23/82 – EzA § 87 BetrVG 1972 Kontrolleinrichtung Nr. 11 m. Anm. *Löwisch/Rieble* = DB 1984, 2513), **a. A.** *D/K/K/S* § 50 Rz. 24). Eine Ausnahme gilt ferner bei der Einführung eines EDV-Systems für die rechnerinternen Bereiche Eingabe, Verarbeitung und Ausgabe (*LAG Köln* vom 3. 7. 1987 – 5 Ta BV 11/87 – DB 1987, 2107; zustimmend *Gola* AuR 1988, 105, 113).

25 Für Regelungen über den **Unfall- und Gesundheitsschutz** (§ 87 Abs. 1 Nr. 7), die im Rahmen der geltenden Arbeitsschutzvorschriften gemäß den Verhältnissen im jeweiligen Betrieb zu treffen sind, scheidet die Zuständigkeit des Gesamtbetriebsrats in aller Regel aus (*D/K/K/S* § 50 Rz. 25).

26 Ein Schwerpunkt der Zuständigkeit des Gesamtbetriebsrats liegt bei den **betrieblichen Sozialleistungen**. Die Wahrnehmung der Mitwirkungs- und Mitbestimmungsrechte bei der Errichtung, Form, Ausgestaltung und Verwaltung von Sozialeinrichtungen, deren Wirkungsbereich das ganze Unternehmen erfaßt (§ 87 Abs. 1 Nr. 8, § 88 Nr. 2), ist ebenso Sache des Gesamtbetriebsrats wie die Regelung unternehmenseinheitlicher Sozialleistungen ohne Einschaltung einer Sozialeinrichtung, gleichgültig, ob insoweit ein Mitbestimmungsrecht nach § 87 Abs. 1 Nr. 10 anzuerkennen ist oder nicht (*BAG* vom 5. 5. 1977 – 3 ABR 24/76 – EzA § 50 BetrVG 1972 Nr. 4 = DB 1977, 1610; vom 19. 3. 1981, a. a. O.; vom 8. 12. 1981 – 3 ABR 53/80 – EzA § 242 BGB Ruhegeld Nr. 96; *LAG Düsseldorf* vom 6. 2. 1991 – 4 TaBV 106/90 – DB 1991, 1330; *F/A/K/H* § 50 Rz. 32; GK-*Fabricius/Kreutz* a. a. O.; *D/R* § 50 Rz. 12; *G/L* § 50 Rz. 8; *D/K/K/S* § 50 Rz. 27).

27 Die Regelung des **Werkwohnungswesens** (§ 87 Abs. 1 Nr. 9) fällt entsprechend den Grundsätzen über die Sozialleistungen in die Zuständigkeit des Gesamtbetriebsrats, soweit es um die allgemeine Festlegung der Nutzungsbedingungen für Wohnungen an verschiedenen Standorten des Unternehmens geht (*F/A/K/H* § 50 Rz. 34). Hingegen ist die Mitwirkung bei der **Zuweisung und Kündigung** von Wohnräumen den Betriebsräten der Einzelbetriebe vorbehalten.

28 Bei der **Aufstellung von Entlohnungsgrundsätzen** und der **Einführung und Anwendung neuer Entlohnungsmethoden** kann der Gesamtbetriebsrat zuständig sein, wenn wegen der völligen oder doch weitgehenden Gleichheit von Struktur, Aufgaben und Tätigkeit von einzelnen Betrieben des Unternehmens eine einheitliche Regelung geboten erscheint (*LAG Düsseldorf* vom 4. 3. 1992 – 5 TaBV 116/9 – NZA 1992, 613; *F/A/K/H* § 50 Rz. 30; *D/R* § 50 Rz. 13; *G/L* § 50 Rz. 8; *D/K/K/S* § 50 Rz. 26). Dasselbe gilt für eine Betriebsvereinbarung über

Zuständigkeit § 50

freiwillige Leistungen, die in allen Betrieben des Unternehmens gelten soll (*BAG* vom 11.2. 1992, 6.12. 1988, 8.12. 1981 und 23.9. 1975, jeweils a.a.O.; *D/R* § 50 Rz. 13; *F/A/K/H* § 50 Rz. 33).
Dementsprechend kann auch nur der Gesamtbetriebsrat tätig werden, wenn eine **leistungsbezogene Vergütung von Außendienstangestellten** (§ 87 Abs. 1 Nr. 11) zentral für das gesamte Unternehmen geregelt wird (*BAG* vom 6.12. 1988, a.a.O.; vom 29.3. 1977 – 1 ABR 123/74 – EzA § 87 BetrVG 1972 Leistungslohn Nr.2 m. Anm. *Löwisch* = DB 1977, 1650 m. Anm. *Bolten*; *LAG Hamm* vom 14.5. 1976 – 3 Ta BV 16/76 – EzA § 87 BetrVG 1972 Leistungslohn Nr. 1 = BB 1976, 1973; *D/R* § 50 Rz. 13; *F/A/K/H* § 50 Rz. 31; GK-*Fabricius/Kreutz* a.a.O. und für die Änderung eines im ganzen Unternehmen angewendeten Entlohnungsgrundsatzes *LAG Berlin* vom 16.2. 1989 – 14 Ta BV 2, 3/88 – NZA 1989, 73); für eine Betriebsvereinbarung zur Festsetzung von Vorgabezeiten sind die Einzelbetriebsräte zuständig (*LAG Düsseldorf* vom 16.9. 1991 – 4 TaBV 70/91 – BB 1991, 2528 = DB 1992, 637). 29

Für **Grundsätze über das betriebliche Vorschlagswesen** ist der Gesamtbetriebsrat dann zuständig, wenn das Vorschlagswesen für alle Betriebe oder für mehrere Betriebe des Unternehmens einheitlich organisiert wird. 30

cc) Gestaltung von Arbeitsplatz, Arbeitsablauf und Arbeitsumgebung
Die Mitwirkung bei der Gestaltung von Arbeitsplätzen, Arbeitsablauf und Arbeitsumgebung nach § 90f. steht in aller Regel dem Einzelbetriebsrat zu (*F/A/K/H* § 50 Rz. 35; GK-*Fabricius/Kreutz* § 50 Rz. 38; *D/K/K/S* § 50 Rz. 28; **a.A.** *D/R* § 50 Rz. 15 und die Vorauflage). 31

dd) Personelle Angelegenheiten
Im Bereich der personellen Angelegenheiten ist vor allem zwischen den allgemeinen personellen Angelegenheiten und der Berufsbildung auf der einen Seite sowie personellen Einzelmaßnahmen auf der anderen Seite zu unterscheiden (*D/R* § 50 Rz. 16). 32

So gehört die Frage der **Personalplanung auf Unternehmensebene** in die Zuständigkeit des Gesamtbetriebsrats, soweit der Personalbedarf für das gesamte Unternehmen geplant wird, weil in solchen Fällen die Notwendigkeit einer einheitlichen Regelung für das gesamte Unternehmen besteht (*D/R* § 50 Rz. 17; *G/L* § 50 Rz. 9; *F/A/K/H* § 50 Rz. 36; *D/K/K/S* § 50 Rz. 31). Hinsichtlich der Beteiligungsrechte der Arbeitnehmer bei der **Aufstellung von Personalfragebogen, Formulararbeitsverträgen und Beurteilungsgrundsätzen** (§ 94) ist eine Zuständigkeit des Gesamtbetriebsrats nur dann anzuerkennen, wenn im Hinblick auf die Gleichartigkeit der Betriebe eine unterschiedliche Regelung dieser Angelegenheiten sachlich nicht vertretbar wäre (*F/A/K/H* § 50 Rz. 37; *D/K/K/S* a.a.O.; *Jedzig* DB 1991, 753, der hier allerdings ein typisches Betätigungsfeld des Gesamtbetriebsrats sieht). Dasselbe gilt auch für die Beteiligungsrechte bei der **Aufstellung von Auswahlrichtlinien** gem. § 95 (*D/R* § 50 Rz. 18; GK-*Fabricius/Kreutz* § 50 Rz. 39; *F/A/K/H* und *D/K/K/S*, jeweils a.a.O.; vgl. *BAG* vom 31.5. 1983 – 1 ABR 6/80 – EzA § 55 BetrVG 1972 Nr. 6 = DB 1983, 2311 für die Aufstellung unternehmenseinheitlicher Anforderungsprofile für bestimmte Arbeitsplätze).
Für eine **Ausschreibung von Arbeitsplätzen** nach § 93 kann allenfalls dann der Gesamtbetriebsrat zuständig sein, wenn wegen der unternehmenseinheitlichen Personalplanung die Ausschreibung nur auf Unternehmensebene im Interesse des 33

§ 50   2. Teil 5. Abschn. Gesamtbetriebsrat

Arbeitnehmers liegt (vgl. *D/R* a.a.O.: *G/L* § 50 Rz. 9; *F/A/K/H* § 50 Rz. 38; ähnlich *D/K/K/S* a.a.O.; gegen Notwendigkeit unternehmensweiter Stellenausschreibung auch *LAG München* vom 8. 11. 1988 – 2 Sa 691/88 – DB 1989, 1880; abweichend offenbar *BAG* vom 18. 11. 1980 – 1 ABR 63/78 – EzA § 93 BetrVG 1972 Nr. 1 = DB 1981, 998; **a. A.** *Brecht* § 50 Rz. 5).

34   Auch Fragen der **Berufsbildung** (§§ 96–98) können einheitlich für das Unternehmen zu behandeln sein (*BAG* vom 12. 11. 1991 – 1 ABR 21/91 – DB 1992, 741). Dies gilt besonders, wenn Berufsbildungsmaßnahmen mit einer unternehmenseinheitlichen Personalplanung zusammenhängen. Die Durchführung der Berufsbildung wie auch anderer betrieblicher Bildungsmaßnahmen (§ 98 Abs. 6) ist sonst grundsätzlich ein Feld für den Einzelbetriebsrat (*G/L* § 50 Rz. 10; *D/R* § 50 Rz. 19; *F/A/K/H* § 50 Rz. 39; *D/K/K/S* § 50 Rz. 32).

35   Die Mitwirkung bei **personellen Einzelmaßnahmen** ist in aller Regel vom Einzelbetriebsrat auszuüben; denn Einstellungen, Eingruppierungen, Umgruppierungen und Kündigungen betreffen im allgemeinen nur den einzelnen Betrieb (vgl. hierzu *BAG* vom 3. 2. 1982 – 7 AZR 791/79 – AP Nr. 1 zu § 77 LPersVG Bayern = DB 1982, 1624; *D/R* § 50 Rz. 20; *F/A/K/H* § 50 Rz. 40; *G/L* § 50 Rz. 9; *D/K/K/S* § 50 Rz. 30). Dies gilt auch für die Versetzung eines Arbeitnehmers von einem Betrieb des Unternehmens in einen anderen; auch insoweit besteht deshalb keine Zuständigkeit des Gesamtbetriebsrats (*BAG* vom 30. 4. 1981 – 6 ABR 59/78 – EzA § 95 BetrVG 1972 Nr. 4 = DB 1981, 1833; *LAG Berlin* vom 31. 5. 1978 – 6 TaBV 7/77 – BB 1978, 2491, 2492; *F/A/K/H*, *D/K/K/S* und GK-*Fabricius/ Kreutz*, jeweils a.a.O.; **a. A.** *D/R* § 50 Rz. 20; für den Fall einer zentralen Einsatzplanung auch *Neyses* BlStSozArbR 1976, 371). Ausnahmsweise kann eine Zuständigkeit des Gesamtbetriebsrats bei personellen Einzelmaßnahmen bestehen, wenn bei einer besonderen Ausbildung bestimmter Arbeitnehmer auf Unternehmensebene sich die Durchführung der Ausbildung von vornherein auf mehrere Betriebe erstreckt und nur so sachgerecht erfolgen kann (*F/A/K/H* a.a.O.).

ee) Wirtschaftliche Angelegenheiten

36   Im Bereich der wirtschaftlichen Angelegenheiten (§§ 106–110) ist der Gesamtbetriebsrat zuständig für die Angelegenheiten, die mit der Errichtung und den Aufgaben des **Wirtschaftsausschusses** zusammenhängen. Dessen Mitglieder werden allein vom Gesamtbetriebsrat bestellt. Darüber hinaus ist der Gesamtbetriebsrat zuständig für die Beilegung von Streitigkeiten über die Auskunftserteilung des Unternehmens an den Wirtschaftsausschuß (§ 109), die Entgegennahme der Erläuterung des Jahresabschlusses nach § 108 Abs. 5 sowie die Abstimmung des vom Unternehmen nach § 110 zu erstattenden Berichts über die wirtschaftliche Lage und Entwicklung des Unternehmens (*F/A/K/H* § 50 Rz. 41; *D/R* § 50 Rz. 21; *D/K/K/S* § 50 Rz. 33).

37   Die Mitwirkungsrechte bei **Betriebsänderungen** (§§ 111–113) werden dagegen in der Regel von den Einzelbetriebsräten ausgeübt, weil diese Rechte an die sozialen Verhältnisse des Einzelbetriebs anknüpfen. Nur ausnahmsweise kommt hier die Zuständigkeit des Gesamtbetriebsrats in Betracht, wenn es nämlich um Maßnahmen geht, die das ganze Unternehmen oder mehrere Betriebe des Unternehmens betreffen und zwangsläufig nur einheitlich geregelt werden können. Zu denken ist hier an die Stillegung aller Betriebe eines Unternehmens (*BAG* vom 17. 2. 1981 – 1 AZR 290/78 – EzA § 112 BetrVG 1972 Nr. 21 = DB 1981, 1414), Zusammenlegung mehrerer Betriebe, auch an die Änderung des Betriebszwecks oder der

Betriebsanlagen und die Einführung grundlegend neuer Arbeitsmethoden und Fertigungsverfahren (*D/K/K/S* § 50 Rz. 34; *Kreßel* DB 1989, 1623f.; GK-*Fabricius/Kreutz* § 50 Rz. 40; *D/R* § 50 Rz. 22).

b) Besondere gesetzliche Zuweisung
Der Gesamtbetriebsrat hat beim **Aufbau der Betriebsverfassung** und der **unter-** 38
nehmensbezogenen Mitbestimmung eine Reihe von Zuständigkeiten:
Gehört das Unternehmen zu einem Unterordnungskonzern, so ist er an der Ent- 39
scheidung beteiligt, ob nach § 54 ein **Konzernbetriebsrat** errichtet wird. Die Entsendung und Abberufung der Mitglieder des Konzernbetriebsrats obliegt nach § 55 dem Gesamtbetriebsrat (*D/R* § 50 Rz. 24; *F/A/K/H* § 50 Rz. 44).
Ist das Unternehmen eine Kapitalgesellschaft oder eine Genossschaft und fällt 40
es unter die Mitbestimmungsregelung des BetrVG 1952, so hat der Gesamtbetriebsrat für die **Wahl der Arbeitnehmervertreter im Aufsichtsrat** den Wahlvorstand zu bestellen (§ 38 WO 1953). Bei ihm ist der Antrag einzureichen, durch den eine Abstimmung über die Abberufung eines Arbeitnehmervertreters im Aufsichtsrat eingeleitet wird (§ 49 WO 1953); ferner ist der Gesamtbetriebsrat berechtigt, Wahlvorschläge zu machen und die Wahl anzufechten, obwohl dies im Gesetz nicht ausdrücklich aufgeführt ist (*D/R* § 50 Rz. 25; *F/A/K/H* a. a. O.). In Unternehmen, die unter das MitbestG 1976 fallen, ist der Gesamtbetriebsrat an der Vorbereitung der Wahl der Aufsichtsratsmitglieder der Arbeitnehmer insoweit beteiligt, als er den Unternehmenswahlvorstand bestellt (§ 4 2. WO MitbestG, § 5 3. WO MitbestG) und für die Wahl in den Aufsichtsrat des herrschenden Unternehmens eines Unterordnungskonzerns bei Nichtbestehen eines Konzernbetriebsrats an der Bestellung des Hauptwahlvorstands beteiligt ist (§ 4 Abs. 4 Satz 3 3. WO MitbestG). Bei ihm ist auch der Antrag einzureichen, durch den eine Abstimmung über die Abberufung eines Arbeitnehmervertreters im Aufsichtsrat eingeleitet wird (§ 107 2. WO MitbestG). Der Gesamtbetriebsrat ist nach § 22 Abs. 2 Nr. 2 und 3 MitbestG zur Wahlanfechtung berechtigt. Ist streitig oder ungewiß, nach welchen gesetzlichen Vorschriften der Aufsichtsrat zusammenzusetzen ist, so kann er nach § 6 Abs. 2 Satz 1 MitbestG i. V. m. § 98 Abs. 2 Nr. 4 und 5 AktG das Landgericht anrufen (*D/R* § 50 Rz. 26).

2. Zuständigkeit kraft Auftrags

Innerhalb seiner Zuständigkeit kann der Betriebsrat Angelegenheiten auf den Ge- 41
samtbetriebsrat übertragen. Zweck dieser Regelung ist einmal, den einzelnen Betriebsräten die Möglichkeit zu geben, sich vor allem die besseren Verhandlungsmöglichkeiten des Gesamtbetriebsrats wegen seines unmittelbaren Kontaktes zur Unternehmensleitung zunutze zu machen. Ferner erlaubt es Abs. 2 auch, in Angelegenheiten, deren einheitliche Regelung zwar sachlich nicht unbedingt erforderlich ist, jedoch zweckmäßig erscheint, durch eine Übertragung dieser Angelegenheiten auf den Gesamtbetriebsrat eine einheitliche Regelung für alle oder einen Teil der Betriebe des Unternehmens zu erreichen (vgl. oben Rz. 6; GK-*Fabricius/ Kreutz* § 50 Rz. 46; *F/A/K/H* § 50 Rz. 45).
Der Auftrag an den Gesamtbetriebsrat setzt einen **Beschluß** des Betriebsrats vor- 42
aus, der der Mehrheit der Stimmen aller Mitglieder des Betriebsrats, nicht nur der an der Abstimmung teilnehmenden Mitglieder bedarf. Darüber hinaus erfordert

der Auftrag die **Schriftform**. Im Gegensatz zu § 27 (vgl. oben § 27 Rz. 57) wird die Schriftform nicht schon durch Aufnahme des Beschlusses in die Sitzungsniederschrift gewahrt. Vielmehr muß der Auftrag dem Vorsitzenden des Gesamtbetriebsrats schriftlich übermittelt werden (*F/A/K/H* § 50 Rz. 47; GK-*Fabricius/ Kreutz* § 50 Rz. 51; *D/R* § 50 Rz. 39; *G/L* § 50 Rz. 15; *D/K/K/S* § 50 Rz. 36).

43 Der Auftrag an den Gesamtbetriebsrat kann grundsätzlich nur für eine **bestimmte** Angelegenheit beschlossen werden (*LAG Köln* vom 20. 12. 1983 – 1 Sa 1143/83 – DB 1984, 937; *F/A/K/H* § 50 Rz. 48; GK-*Fabricius/Kreutz* § 50 Rz. 57; *D/K/K/S* § 50 Rz. 27). Es ist nicht zulässig, dem Gesamtbetriebsrat einen bestimmten Aufgabenbereich zur selbständigen Erledigung zu übertragen, wie dies etwa beim Betriebsausschuß oder einem weiteren Ausschuß des Betriebsrats möglich ist. Der Auftrag bezieht sich mithin nur auf die Behandlung bestimmter oder zumindest bestimmbarer Angelegenheiten (*D/R* § 50 Rz. 33). Die Übertragung der Angelegenheit muß daher auch möglichst konkret beschrieben sein (*F/A/K/H* und *D/K/ K/S*, jeweils a. a. O.). Allerdings ist auch die Übertragung einer Vielzahl gleicher oder ähnlicher Fälle denkbar. Der Einzelbetriebsrat darf sich jedoch durch Übertragung seiner wesentlichen Aufgaben auf keinen Fall der eigenen Verantwortung entziehen oder seinen Amtsbereich aushöhlen (*G/L* § 50 Rz. 18).

44 Der Betriebsrat kann den Gesamtbetriebsrat beauftragen, die Angelegenheit für ihn **verbindlich** zu regeln. Dann kann der Gesamtbetriebsrat mit dem Arbeitgeber eine Betriebsvereinbarung abschließen, die unmittelbar für den Einzelbetriebsrat und die Arbeitnehmer des Betriebs gilt (*F/A/K/H* § 50 Rz. 50; *D/R* § 50 Rz. 35; *D/K/K/S* § 50 Rz. 39). Nach Abs. 2 Satz 2 kann sich der Einzelbetriebsrat aber die **Entscheidungsbefugnis** in einer Angelegenheit, in der der Gesamtbetriebsrat die Verhandlungen zu führen hat, **vorbehalten**. Dann kann der Gesamtbetriebsrat keine Betriebsvereinbarung über diese Sache abschließen (*D/R* § 50 Rz. 36; *F/A/ K/H* § 50 Rz. 51).

45 Deshalb kann der Einzelbetriebsrat auch, wenn er sich die Entscheidungsbefugnis nicht vorbehält, Empfehlungen für die Regelung der Angelegenheiten geben. Er kann aber nicht verbindlich vorschreiben, wie der Gesamtbetriebsrat die Angelegenheiten zu erledigen hat; denn der Gesamtbetriebsrat ist ein selbständiges Organ der Betriebsverfassung und handelt, auch wenn er aufgrund eines Auftrages tätig wird, **in eigener Verantwortung** (*D/R* § 50 Rz. 37; *F/A/K/H* § 50 Rz. 50; *G/L* § 50 Rz. 14; **a. A.** GK-*Fabricius/Kreutz* § 50 Rz. 58). Will der Einzelbetriebsrat vermeiden, daß der Gesamtbetriebsrat abweichend von seinen Empfehlungen eine Regelung mit verbindlicher Wirkung trifft, so muß er sich die Entscheidungsbefugnis vorbehalten (*D/R* a. a. O.).

46 Der Betriebsrat kann von einem Betriebsrat auch beauftragt werden, einen Anspruch für den Betriebsrat **gerichtlich geltend zu machen** (*BAG* vom 6. 4. 1976 – 1 ABR 27/74 – EzA § 50 BetrVG 1972 Nr. 2 = DB 1976, 1290; GK-*Fabricius/ Kreutz* § 50 Rz. 48; *F/A/K/H* § 50 Rz. 49; *Brill* AuR 1983, 173; *D/K/K/S* § 50 Rz. 38).

47 Da der Gesamtbetriebsrat nicht nur ermächtigt, sondern auch beauftragt ist, trifft ihn die betriebsverfassungsrechtliche **Verpflichtung**, den Auftrag zu übernehmen und auszuführen. Er verletzt aber seine Pflichten dann nicht, wenn er aus triftigen Gründen den Auftrag ablehnt oder nicht ausführt (im Ergebnis ebenso *D/R* § 50 Rz. 42; GK-*Fabricius/Kreutz* § 50 Rz. 49; *D/K/K/S* § 50 Rz. 39; *Brill* a. a. O.; **a. A.** *F/A/K/H* § 50 Rz. 52; *G/L* § 50 Rz. 15; *Kammann/Hess/Schlochauer* § 50 Rz. 24).

Zuständigkeit § 50

Der **Auftrag** kann **widerrufen** werden, solange der Gesamtbetriebsrat die ihm 48
übertragene Angelegenheit noch nicht erledigt hat. Der Widerruf muß in der gleichen Weise erfolgen wie die vorausgegangene Übertragung, also durch Mehrheitsbeschluß und schriftliche Übermittlung an den Vorsitzenden des Gesamtbetriebsrats (*F/A/K/H* § 50 Rz. 47; *G/L* § 50 Rz. 17; *D/R* § 50 Rz. 41; *D/K/K/S* § 50 Rz. 36). Er wird erst wirksam, wenn er schriftlich dem Vorsitzenden des Gesamtbetriebsrats zugegangen ist; solange dies nicht geschehen ist, fehlt dem Betriebsrat für die Behandlung der Angelegenheit die Zuständigkeit. Hat der Gesamtbetriebsrat inzwischen entschieden, bindet seine Entscheidung auch den Einzelbetriebsrat und dessen Betrieb (*G/L* a.a.O.).

Aus dem Gebot zur vertrauensvollen Zusammenarbeit nach § 2 Abs. 1 folgt die 49
Verpflichtung des Einzelbetriebsrats, auch den **Arbeitgeber unverzüglich zu unterrichten**, wenn er bestimmte Angelegenheiten auf den Gesamtbetriebsrat übertragen hat (*F/A/K/H* a.a.O.; *D/R* § 50 Rz. 43). Ist der Arbeitgeber nicht unterrichtet worden, so kann er die Verhandlung mit dem Gesamtbetriebsrat ablehnen (*G/L* § 50 Rz. 19; a.A. *D/R* a.a.O.). Dies gilt umgekehrt gegenüber dem Einzelbetriebsrat, wenn der Arbeitgeber über den Widerruf eines Auftrags nicht informiert worden ist.

IV. Gesamtbetriebsvereinbarung

Die mit dem Gesamtbetriebsrat abgeschlossene Betriebsvereinbarung wird als 50
Gesamtbetriebsvereinbarung bezeichnet (*D/R* § 50 Rz. 48; *G/L* § 50 Rz. 21). Nach § 77 Abs. 4 Satz 1 gilt sie unmittelbar und zwingend für alle Betriebe des Unternehmens, für die Zuständigkeit des Gesamtbetriebsrats besteht. Wegen der strengen Zuständigkeitstrennung können Gesamtbetriebsrat und Einzelbetriebsrat nur in ihrem jeweiligen Zuständigkeitsbereich wirksam handeln. Konkurrenzfragen stellen sich deshalb nicht (*BAG* vom 31.1.1989 – 1 ABR 60/87 – EzA § 81 ArbGG 1979 Nr. 14; vom 6.4.1976, a.a.O.; vom 3.5.1984 – 6 ABR 68/81 – EzA § 81 ArbGG 1979 Nr. 6 = DB 1984, 2413; GK-*Fabricius/Kreutz* § 50 Rz. 65; *F/A/K/H* § 50 Rz. 55; a.A., nämlich für subsidiäre Geltung von Einzelbetriebsvereinbarungen: *G/L* § 50 Rz. 21; *D/R* § 50 Rz. 50; für Geltung der Grundsätze über die Tarifkonkurrenz: *Müller, G.* FS für *Küchenhoff* I, 295 ff.; *Hueck/Nipperdey* III/2, 1300; für Geltung des Günstigkeitsprinzips: *Dietz* BetrVG 1952 § 48 Rz. 11). Eine Gesamtbetriebsvereinbarung kann also nicht durch parallele Betriebsvereinbarungen mit den Einzelbetriebsräten abgelöst oder verändert werden. Der Einzelbetriebsrat kann auch nicht aufgrund einer Öffnungsklausel in der Gesamtbetriebsvereinbarung wirksam regelnd tätig werden, wenn die zu regelnde Frage kraft Gesetzes dem Gesamtbetriebsrat vorbehalten ist (GK-*Fabricius/Kreutz* § 58 Rz. 66; a.A. *F/A/K/H* und *D/R*, jeweils a.a.O.; vgl. aber zu einem Nebeneinander von Rahmen- und Ausfüllungsregelungen oben Rz. 16 sowie GK-*Fabricius/Kreutz* a.a.O.). Meinungsverschiedenheiten zwischen Arbeitgeber und Gesamtbetriebsrat über eine der Mitbestimmung unterliegende Angelegenheit entscheidet im Streitfall eine im § 76 Abs. 1 für das Unternehmen zu bildende **Einigungsstelle**. Die Benennung der Beisitzer der Arbeitnehmerseite gem. § 76 Abs. 2 obliegt in diesem Fall dem Gesamtbetriebsrat (*F/A/K/H* § 50 Rz. 56; GK-*Fabricius/Kreutz* § 50 Rz. 61).

Die Gesamtbetriebsvereinbarung gilt nur für die Betriebe, die **bei ihrem Abschluß** 51

§ 50   2. Teil 5. Abschn. Gesamtbetriebsrat

zum Unternehmen gehört haben. Wird ein Betrieb erst später errichtet, so wird er erst dann von ihr erfaßt, wenn der Gesamtbetriebsrat durch Vereinbarung mit dem Arbeitgeber, nachdem der Betriebsrat des neuen Betriebes allein oder gemeinschaftlich mit anderen Betrieben gemäß § 47 Abs. 2 und 5 Mitglieder entsandt hat, die Vereinbarung auf ihn erstreckt. Eine Betriebsvereinbarung zwischen dem Betriebsrat des neu errichteten Betriebes und dem Arbeitgeber, die sich auf die Übernahme der Gesamtbetriebsvereinbarung richtet, genügt dann, wenn die Zuständigkeit des Gesamtbetriebsrats durch Aufträge der Einzelbetriebsräte nach Abs. 2 begründet war (so auch *Sowka/Weiss* DB 1991, 1518, 1519). In keinem Fall genügt ein bloßer Beschluß des neugebildeten Betriebsrats. Diese Lösung ergibt sich aus dem allgemein geltenden Grundsatz, daß das Handeln des Gesamtbetriebsrats nur insoweit wirksam ist, als es durch die Mitwirkung des demokratisch gewählten Betriebsrats legitimiert wird (so *Sowka/Weiss* DB 1991, 1518 ff.; (vgl. dazu oben Rz. 8; **a. A.** aber *LAG München* vom 8. 11. 1988 – 2 Sa 691/88 – DB 1989, 1880: für Erstreckung der Vereinbarung durch Wahl des Betriebsrats im neugebildeten Betrieb, sofern die Zuständigkeit des Gesamtbetriebsrats auf Abs. 1, nicht auf Abs. 2 beruht). Dies gilt entsprechend, wenn ein schon bestehender Betrieb nachträglich in das Unternehmen eingegliedert wird. Bis dahin gelten die vorher für den Betrieb maßgeblichen entsprechenden Betriebs- oder Gesamtbetriebsvereinbarungen als Normen weiter, wenn die Identität des Betriebs erhalten bleibt (*BAG* vom 19. 7. 1957 – 1 AZR 420/54 – AP Nr. 1 zu § 52 BetrVG 1952 = DB 1957, 925; *Hanau/Vossen* FS *Hilger* und *Stumpf*, 271 ff.; *F/A/K/H* § 77 Rz. 59; *D/R* § 77 Rz. 146; *Falkenberg* DB 1980, 783, 785; *Sowka* DB 1988, 1318, 1319; **a. A.** *Wank* NZA 1987, 505, 507; *Wiesner* BB 1986, 1636, 1637; vgl. auch unten § 77 Rz. 120); ist diese Voraussetzung nicht erfüllt, können die Bedingungen der bisherigen Betriebs- oder Gesamtbetriebsvereinbarung gemäß § 613a BGB auf individualvertraglicher Ebene vorläufig weitergelten, bis eine Erstreckung der Gesamtbetriebsvereinbarung im übernehmenden Unternehmen (vgl. oben Rz. 51) erfolgt.

V. Einigungsstelle

52   Bei Meinungsverschiedenheiten zwischen Arbeitgeber und Gesamtbetriebsrat über eine der Mitbestimmung unterliegende Angelegenheit entscheidet im Streitfall eine im § 76 Abs. 1 für das Unternehmen zu bildende **Einigungsstelle**. Die Benennung der Beisitzer der Arbeitnehmerseite gemäß § 76 Abs. 2 obliegt in diesem Fall dem Gesamtbetriebsrat (*F/A/K/H* § 50 Rz. 40).

VI. Streitigkeiten

53   Streitigkeiten über die Zuständigkeit des Gesamtbetriebsrats entscheidet nach § 2a ArbGG das Arbeitsgericht im Beschlußverfahren. Zuständig ist das für den Sitz der Unternehmensleitung örtlich zuständige Arbeitsgericht. Soweit der Streit jedoch einen Beschluß des Betriebsrats nach Abs. 2 betrifft, ist das für den Sitz des Betriebs zuständige Arbeitsgericht anzurufen (*F/A/K/H* § 50 Rz. 57; *G/L* § 50 Rz. 24; *D/R* § 50 Rz. 51). Dasselbe gilt, wenn der Gesamtbetriebsrat eine Angelegenheit erledigt, die ihm ein Einzelbetriebsrat übertragen hat; denn durch den

Auftrag des Einzelbetriebsrats kann die gesetzliche Zuständigkeit nicht geändert werden (ebenso *F/A/K/H* a.a.O.; *D/R* § 50 Rz. 51; GK-*Fabricius/Kreutz* § 50 Rz. 67).

In einem Verfahren, in dem über ein umstrittenes Mitbestimmungsrecht des Betriebsrats zu entscheiden ist, ist der Gesamtbetriebsrat jedenfalls dann nicht Beteiligter gemäß § 83 Abs. 3 ArbGG, wenn er für die strittige Angelegenheit nicht seine eigene Regelungszuständigkeit in Anspruch nimmt, sondern das Mitbestimmungsrecht des Betriebsrats verteidigt. Er kann daher gegen eine Entscheidung, die das Mitbestimmungsrecht des Betriebsrats verneint, kein Rechtsmittel einlegen (*BAG* vom 13. 3. 1984 – 1 ABR 49/82 – AP Nr. 9 zu § 83 ArbGG 1979 = DB 1984, 2148; *F/A/K/H* § 50 Rz. 58; GK-*Fabricius/Kreutz* § 50 Rz. 68). 54

Geht im Laufe eines Beschlußverfahrens die Zuständigkeit für die Behandlung einer Angelegenheit vom Betriebsrat auf den Gesamtbetriebsrat über, so wird der letztere Beteiligter des Verfahrens. Dasselbe gilt im umgekehrten Fall. Der Wechsel ist auch noch in der Rechtsbeschwerdeinstanz zu beachten (*BAG* vom 18. 10. 1988 – 1 ABR 31/87 – EzA § 83 ArbGG 1979 Nr. 8 = DB 1989, 733). 55

§ 51 Geschäftsführung

(1) Für den Gesamtbetriebsrat gelten § 25 Abs. 1, § 26 Abs. 1 und 3, § 27 Abs. 3 und 4, § 28 Abs. 1 Satz 1 und 3, Abs. 3, die §§ 30, 31, 34, 35, 36, 37 Abs. 1 bis 3 sowie die §§ 40 und 41 entsprechend. § 27 Abs. 1 Satz 1 und 2 gilt entsprechend mit der Maßgabe, daß der Gesamtbetriebsausschuß aus dem Vorsitzenden des Gesamtbetriebsrats, dessen Stellvertreter und bei Gesamtbetriebsräten mit

9 bis 16 Mitgliedern aus 3 weiteren Ausschußmitgliedern,
17 bis 24 Mitgliedern aus 5 weiteren Ausschußmitgliedern,
25 bis 36 Mitgliedern aus 7 weiteren Ausschußmitgliedern,
mehr als 36 Mitgliedern aus 9 weiteren Ausschußmitgliedern besteht.

(2) Haben die Vertreter jeder Gruppe mindestens ein Drittel aller Stimmen im Gesambetriebsrat, so schlägt jede Gruppe aus ihrer Mitte ein Mitglied für den Vorsitz des Gesamtbetriebsrats vor. Der Gesamtbetriebsrat wählt aus den Vorgeschlagenen seinen Vorsitzenden und stellvertretenden Vorsitzenden. Der Gesamtbetriebsausschuß muß aus Angehörigen der im Gesamtbetriebsrat vertretenen Gruppen entsprechend dem Stimmenverhältnis bestehen. Die Gruppen müssen mindestens durch ein Mitglied vertreten sein. Haben die nach § 47 Abs. 2 Satz 3 entsandten Mitglieder des Gesamtbetriebsrats mehr als die Hälfte und die Vertreter jeder Gruppe mehr als ein Zehntel aller Stimmen im Gesamtbetriebsrat und gehören jeder Gruppe mindestens drei Mitglieder des Gesamtbetriebsrats an, so wählt jede Gruppe ihre Vertreter für den Gesamtbetriebsausschuß. Für die Zusammensetzung der weiteren Ausschüsse sowie die Wahl der Ausschußmitglieder durch die Gruppen gelten die Sätze 3 bis 5 entsprechend. Die Sätze 3 und 4 gelten nicht, soweit dem Ausschuß Aufgaben übertragen sind, die nur eine Gruppe betreffen. Ist eine Gruppe nur durch ein Mitglied im Gesamtbetriebsrat vertreten, so können diesem die Aufgaben nach Satz 7 übertragen werden.

(3) Ist ein Gesamtbetriebsrat zu errichten, so hat der Betriebsrat der Hauptverwaltung des Unternehmens oder, soweit ein solcher Betriebsrat nicht besteht, der Betriebsrat des nach der Zahl der wahlberechtigten Arbeitnehmer größten Betriebs zu der Wahl des Vorsitzenden und des stellvertretenden Vorsitzenden des

§ 51 2. Teil 5. Abschn. Gesamtbetriebsrat

Gesamtbetriebsrats einzuladen. Der Vorsitzende des einladenden Betriebsrats hat die Sitzung zu leiten, bis der Gesamtbetriebsrat aus seiner Mitte einen Wahlleiter bestellt hat. § 29 Abs. 2 bis 4 gilt entsprechend.

(4) Die Beschlüsse des Gesamtbetriebsrats werden, soweit nichts anderes bestimmt ist, mit Mehrheit der Stimmen der anwesenden Mitglieder gefaßt. Bei Stimmengleichheit ist ein Antrag abgelehnt. Der Gesamtbetriebsrat ist nur beschlußfähig, wenn mindestens die Hälfte seiner Mitglieder an der Beschlußfassung teilnimmt und die Teilnehmenden mindestens die Hälfte aller Stimmen vertreten; Stellvertretung durch Ersatzmitglieder ist zulässig. § 33 Abs. 3 gilt entsprechend.

(5) Auf die Beschlußfassung des Gesamtbetriebsausschusses und weiterer Ausschüsse des Gesamtbetriebsrats ist § 33 Abs. 1 und 2 anzuwenden.

(6) Die Vorschriften über die Rechte und Pflichten des Betriebsrats gelten entsprechend für den Gesamtbetriebsrat, soweit dieses Gesetz keine besonderen Vorschriften enthält.

Literaturübersicht

Vgl. die Literaturübersicht zu § 47 und § 50.

Inhaltsübersicht

				Rz.
I.	Allgemeines			1– 6
II.	Sitzungen des Gesamtbetriebsrats			7–33
	1.	Konstituierende Sitzung		13–22
		a)	Einberufung	13–17
		b)	Leitung	18–21
		c)	Erweiterung der Tagesordnung	22
	2.	Weitere Sitzungen		23–33
		a)	Einberufung	24
		b)	Antrag auf Einberufung	25, 26
		c)	Ladung	27–29
		d)	Tagesordnung	30
		e)	Teilnahme	31
		f)	Leitung	32
		g)	Aussetzung von Beschlüssen	33
III.	Vorsitzender und dessen Stellvertreter			34
IV.	Gesamtbetriebsausschuß und weitere Ausschüsse des Gesamtbetriebsrats			35–51
	1.	Gesamtbetriebsausschuß		36–49
		a)	Bildung des Gesamtbetriebsausschusses	36–48
		aa)	Aufgabe des Gesamtbetriebsrats	36
		bb)	Zusammensetzung	37–39
		cc)	Wahl	40–43
		aaa)	Minderheitenschutz	41
		bbb)	Wahl nach Gruppen	42, 43
		dd)	Annahme des Amtes	44
		ee)	Mängel der Wahl	45
		ff)	Niederlegung des Amtes	46

	gg) Abberufung vom Amt	47, 48
	b) Rechtsstellung, Geschäftsführung und Aufgaben des Gesamtbetriebsausschusses	49
	2. Weitere Ausschüsse des Gesamtbetriebsrats	50, 51
V.	Übertragung von Aufgaben auf den einzigen Vertreter einer Gruppe	52
VI.	Gemeinsame Ausschüsse von Gesamtbetriebsrat und Arbeitgeber	53
VII.	Führung der laufenden Geschäfte in kleineren Unternehmen	54
VIII.	Ersatzmitglieder	55
IX.	Ehrenamtliche Tätigkeit, Arbeitsversäumnis und Freistellung	56–58
X.	Sprechstunden	59
XI.	Kosten- und Sachaufwand sowie Umlageverbot	60–62
XII.	Rechtsstellung des Gesamtbetriebsrats	63, 64
XIII.	Streitigkeiten	65

I. Allgemeines

Die Vorschriften über die Geschäftsführung des Gesamtbetriebsrats entsprechen **1** den Bestimmungen über die Geschäftsführung des Betriebsrats, soweit sich nicht aus den besonderen Gegebenheiten des Gesamtbetriebsrats, insbesondere aus seiner Zusammensetzung aus Delegierten der einzelnen Betriebsräte, etwas anderes ergibt. Dies folgt aus der Generalklausel des Abs. 6.

Abs. 1 legt fest, daß eine Reihe von Bestimmungen, die für die innere Organisa- **2** tion und Geschäftsführung des Betriebsrates maßgebend sind, auch für den Gesamtbetriebsrat gelten. Lediglich für die Größe des Gesamtbetriebsausschusses gelten besondere Bestimmungen.

Abs. 2 enthält bestimmte Vorschriften für die Wahl des Vorsitzenden und **3** des stellvertretenden Vorsitzenden des Gesamtbetriebsrats sowie für die Bestellung der weiteren Mitglieder des Gesamtbetriebsausschusses und der Mitglieder weiterer Ausschüsse des Gesamtbetriebsrats. Auch in diesem Zusammenhang ist der Gruppenschutz zu beachten. Dessen Voraussetzungen sind mit Wirkung ab der ersten Betriebsratswahl nach dem 31. 12. 1988 (vgl. § 125 Abs. 3) durch das Gesetz zur Änderung des Betriebsverfassungsgesetzes, über Sprecherausschüsse der leitenden Angestellten und zur Sicherung der Montan-Mitbestimmung vom 20. 12. 1988 (BGBl. I S. 2312) noch gruppenfreundlicher gestaltet worden (vgl. dazu unten Rz. 34). Einen Minderheitenschutz in Form des Schutzes kleiner Gruppierungen und kleiner Gewerkschaften, wie er bei der Besetzung des Betriebsausschusses und der weiteren Ausschüsse des Betriebsrats besteht (vgl. oben § 27 Rz. 25), gibt es für die Ausschüsse des Gesamtbetriebsrats nicht (vgl. dazu *Engels/Natter* BB 1989 Beilage Nr. 8, 24; *Wlotzke* DB 1989, 111, 115). Dies ist durch die Fassung der Verweisungen in Abs. 1 klargestellt.

Abs. 3 regelt die Konstituierung des Gesamtbetriebsrats sowie die Einberufung **3a** und Durchführung weiterer Sitzungen.

Abs. 4 behandelt die Beschlußfassung und die Beschlußfähigkeit des Gesamtbe- **4** triebsrats.

Abs. 5 bestimmt, daß für die Beschlußfassung des Gesamtbetriebsausschusses und **5** der weiteren Ausschüsse des Gesamtbetriebsrats die Bestimmungen des § 33 Abs. 1 und 2 gelten.

Die Vorschrift ist **zwingend** und kann weder durch Tarifvertrag noch durch Be- **6**

§ 51 2. Teil 5. Abschn. Gesamtbetriebsrat

triebsvereinbarung abbedungen werden (*F/A/K/H* § 51 Rz. 4; *G/L* § 51 Rz. 2; GK-*Fabricius/Kreutz* § 51 Rz. 2; *D/K/K/S* § 51 Rz. 2).

II. Sitzungen des Gesamtbetriebsrats

7 Die **Willensbildung** des Gesamtbetriebsrats erfolgt in den Sitzungen dieses Gremiums. Für die Durchführung der Sitzungen sind kraft gesetzlicher Verweisung zunächst auch hier die Vorschriften der §§ 30 (zeitliche Lage) und 34 (Sitzungsniederschrift) zu beachten. Die Erläuterungen zu diesen Bestimmungen gelten deshalb entsprechend für den Gesamtbetriebsrat.

8 Die **Beschlußfähigkeit** des Gesamtbetriebsrats ist abweichend von § 33 Abs. 2 in der Sondervorschrift des Abs. 4 geregelt. Sie ist nur gegeben, wenn mindestens die Hälfte der Mitglieder des Gesamtbetriebsrats an der Beschlußfassung teilnimmt und darüber hinaus die Teilnehmer mindestens die Hälfte aller Stimmen nach § 47 Abs. 7 und 8 vertreten. Eine Stellvertretung durch Ersatzmitglieder nach § 47 Abs. 3 ist zulässig; dabei spielt das Verhältnis der Gruppen zueinander keine Rolle (*G/L* § 51 Rz. 27; *F/A/K/H* § 51 Rz. 54; *D/K/K/S* § 51 Rz. 28).

9 Beschlüsse, die mit einfacher Mehrheit zu fassen sind, bedürfen der **Mehrheit der Stimmen der anwesenden** und an der Beschlußfassung beteiligten Mitglieder des Gesamtbetriebsrats. Dabei kommt es nur auf die **Zahl der abgegebenen Stimmen** an, nicht etwa auf die Zahl der Mitglieder. Es kann also ein Mitglied des Gesamtbetriebsrats, wenn es wegen der Größe des Betriebes, von dem es entsandt ist, über die Mehrheit der Stimmen der anwesenden Mitglieder des Gesamtbetriebsrats verfügt, alle anderen Mitglieder überstimmen (*G/L* § 51 Rz. 29; *D/K/K/S* § 51 Rz. 29; *F/A/K/H* § 51 Rz. 55 mit Rechenbeispiel). Die Beschlußfähigkeit muß nicht zu Beginn der Sitzung, sondern im Augenblick der Abstimmung gegeben sein (vgl. hierzu § 33 Rz. 8).

10 In einigen Fällen kann der Gesamtbetriebsrat Beschlüsse nur mit der **Mehrheit der Stimmen aller ihm angehörenden Mitglieder** fassen, z. B wenn er Aufgaben zur selbständigen Erledigung dem Gesamtbetriebsausschuß oder anderen Ausschüssen (§ 51 Abs. 1 Satz 1 i. V. m. § 27 Abs. 3 und § 28) übertragen oder wenn er über die Geschäftsordnung (§ 51 Abs. 1 Satz 1 i. V. m. § 34), die Beauftragung des Konzernbetriebsrats mit der Wahrnehmung einer Angelegenheit für den Gesamtbetriebsrat (§ 58 Abs. 2) sowie die Übertragung der Aufgaben des Wirtschaftsausschusses auf einen Ausschuß des Gesamtbetriebsrats (§ 51 Abs. 6 i. V. m. § 107 Abs. 3) beschließt. Auch in diesen Fällen kommt es nur auf die **Stimmengewichte** an, nicht auf die Anzahl der Mitglieder, die für oder gegen den Beschluß stimmen (*F/A/K/H* § 51 Rz. 58; GK-*Fabricius/Kreutz* § 51 Rz. 66; *G/L* § 51 Rz. 29; *D/K/K/S* § 51 Rz. 31). Auch eine Stellvertretung durch Ersatzmitglieder ist nach Abs. 4 Satz 2 Halbsatz 2 zulässig.

10a Nach § 73 Abs. 2 i. V. m. § 67 Abs. 1 und 2 kann ferner die **Gesamt-Jugend- und Auszubildendenvertretung** an allen Sitzungen des Gesamtbetriebsrats teilnehmen, in denen Angelegenheiten behandelt werden, die besonders Jugendliche und zu ihrer Berufsausbildung beschäftigte Arbeitnehmer betreffen. Sofern auch die dabei zu fassenden Beschlüsse überwiegend Jugendliche und zu ihrer Berufsausbildung beschäftigte Arbeitnehmer des Unternehmens betreffen, steht der Gesamt-Jugend- und Auszubildendenvertretung auch ein Stimmrecht zu. In diesem Fall richtet sich die Stimmengewichtung nach § 72 Abs. 7 (vgl. § 72 Rz. 14ff.). Bei der

Feststellung der Stimmenmehrheit werden die Stimmen der Gesamt-Jugend- und Auszubildendenvertretung nach § 51 Abs. 4 Satz 4 i. V. m. § 33 Abs. 3 mitgezählt, jedoch nicht bei der Feststellung der Beschlußfähigkeit des Gesamtbetriebsrats (*G/L* § 51 Rz. 30; *F/A/K/H* § 51 Rz. 60; *D/R* § 51 Rz. 47; GK-*Fabricius/Kreutz* § 51 Rz. 62). Jedes Mitglied der Gesamt-Jugend- und Auszubildendenvertretung kann dabei nur die Stimmen abgeben, die ihm nach § 72 Abs. 7 zustehen, nicht jedoch das volle Stimmengewicht der Gesamt-Jugend- und Auszubildendenvertretung (*F/A/K/H* a. a. O. mit Zahlenbeispielen; *D/K/K/S* § 51 Rz. 32).

Der **Ort für die Sitzungen** des Gesamtbetriebsrats muß im Einklang mit den 11 Grundsätzen der Erforderlichkeit, zu dem das Gebot der möglichst rationellen Amtsführung gehört, sowie der Verhältnismäßigkeit (vgl. zu diesen beiden Grundsätzen die Erläuterungen zu § 37 Rz. 28 und zu § 40 Rz. 8) festgelegt werden (*Buchner* Anm. SAE 1981, 275). Nach diesen Gesichtspunkten ist die Sitzung bei zentraler Lage grundsätzlich am Sitz der Hauptverwaltung abzuhalten. Der Gesamtbetriebsrat kann aber in den Grenzen der genannten Grundsätze auch beschließen, eine oder mehrere Sitzungen in einem anderen Betrieb des Unternehmens durchzuführen (*G/L* § 51 Rz. 22; **a. A.** *BAG* vom 24. 7. 1979 – 6 ABR 96/77 – EzA § 40 BetrVG 1972 Nr. 46 = DB 1980, 263; *F/A/K/H* § 51 Rz. 42; *S/W* §§ 47–52 Rz. 13; *D/K/K/S* § 51 Rz. 39; hiernach soll der Gesamtbetriebsrat in der Entscheidung rechtlich völlig frei und nur bei der Kostenerstattung dem Grundsatz der Verhältnismäßigkeit unterworfen sein). Auf keinen Fall kommen Sitzungen an Orten in Betracht, an denen sich kein Betrieb des Unternehmens befindet (*G/L* a. a. O.; offengelassen von *BAG* a. a. O.).

Im übrigen sind die Regelungen unterschiedlich für die konstituierende Sitzung 12 einerseits und die weiteren Sitzungen andererseits.

1. Konstituierende Sitzung

a) Einberufung

Liegen in einem aus mehreren Betrieben bestehenden Unternehmen die Voraus- 13 setzungen für die Errichtung eines Gesamtbetriebsrats nach § 47 Abs. 1 vor (vgl. Erläuterungen zu § 47 Rz. 8ff.), so hat nach Abs. 3 in der Regel der Betriebsrat der **Hauptverwaltung des Unternehmens** alle übrigen Betriebsräte des Unternehmens zur Wahl des Vorsitzenden und seines Stellvertreters einzuladen. Dabei kommt es nicht auf Anzahl und Größe der übrigen Betriebe an. Sind die Hauptverwaltung und ein Produktionsbetrieb zu einem Betrieb zusammengefaßt, so ist der Betriebsrat dieses Betriebes zuständig (*D/R* § 51 Rz. 29; *G/L* § 51 Rz. 3; GK-*Fabricius/Kreutz* § 51 Rz. 8; *D/K/K/S* § 51 Rz. 6; **a. A.** *F/A/K/H* § 51 Rz. 7). Ist die Hauptverwaltung des Unternehmens überhaupt nicht betriebsratsfähig oder gibt es in ihr keinen Betriebsrat, so liegt die Verpflichtung zur Initiative bei dem Betriebsrat des nach der Anzahl der wahlberechtigten Arbeitnehmer größten Betriebes (*G/L* § 51 Rz. 4; *D/R* § 51 Rz. 28; *F/A/K/H* § 51 Rz. 8; *D/K/K/S* § 51 Rz. 7).

Da der Gesamtbetriebsrat eine Daueremrichtung ist (vgl. § 47 Rz. 64), kann er nur 14 einmal konstituiert werden. Ist er errichtet, so bleibt er bestehen, auch wenn die Einzelbetriebsräte neu gewählt werden. Soweit bei Neuwahlen Betriebsratsmitglieder nicht wiedergewählt werden, die bislang in den Gesamtbetriebsrat entsandt waren, haben die neugewählten Betriebsräte nach § 47 Abs. 2 neue Vertre-

§ 51   2. Teil 5. Abschn. *Gesamtbetriebsrat*

ter in den Gesamtbetriebsrat zu entsenden. Im übrigen ist der neugewählte Betriebsrat frei, bisherige in den Gesamtbetriebsrat entsandte Mitglieder abzuberufen und durch neue Mitglieder zu ersetzen, auch wenn die bisher entsandten Mitglieder wieder in den Betriebsrat gewählt worden sind (*D/K/K/S* § 51 Rz. 3). Die Institution des Gesamtbetriebsrats bleibt von diesen Veränderungen stets unberührt.

15 In **entsprechender Anwendung des Abs. 3** ist aber eine Neukonstituierung des Gesamtbetriebsrats auch dann vorzunehmen, wenn wegen des Endes der Amtsperiode der Betriebsräte die Mitgliedschaft aller Mitglieder des Gesamtbetriebsrats oder nahezu aller seiner Mitglieder erlischt oder wenn alle oder nahezu alle Mitglieder und Ersatzmitglieder zurückgetreten sind (*ArbG Stuttgart* vom 13. 1. 1975 – 4 BV 10/75 – DB 1976, 1160; *D/R* § 51 Rz. 31; *F/A/K/H* § 51 Rz. 6; für unmittelbare Anwendung von Abs. 3: GK-*Fabricius/Kreutz* § 51 Rz. 14; *D/K/K/S* § 51 Rz. 5). Wird aber die Mitgliederzahl des Gesamtbetriebsrats nach § 47 Abs. 4–6 verringert oder vergrößert, so ist es Aufgabe des Vorsitzenden des amtierenden Gesamtbetriebsrats, eine etwaige Neuwahl des Vorsitzenden und seines Stellvertreters zu veranlassen (*G/L* § 51 Rz. 5; **a. A.** *Kammann/Hess/Schlochauer* § 51 Rz. 24, die es zulassen, durch Tarifvertrag oder Betriebsvereinbarung die Neukonstituierung zu vereinbaren).

16 Die **Einladung** ergeht an alle Betriebsräte des Unternehmens und enthält die Aufforderung zur Entsendung der Mitglieder des Gesamtbetriebsrats (*F/A/K/H* § 51 Rz. 9; GK-*Fabricius/Kreutz* § 51 Rz. 10). Nicht geladen werden der Arbeitgeber und die Gewerkschaften. Dasselbe gilt für die Gesamt-Jugend- und Auszubildendenvertretung und die Gesamtschwerbehindertenvertretung. Deren Ladung kommt erst bei den weiteren Sitzungen des Gesamtbetriebsrats in Betracht (vgl. Abs. 3 Satz 3 i. V. m. § 29 Abs. 2 sowie oben § 29 Rz. 8).

17 **Unterläßt** der zur Einberufung gesetzlich verpflichtete Betriebsrat die Einberufung der konstituierenden Sitzung, so liegt in der Regel eine grobe Pflichtverletzung nach § 23 vor (*D/R* § 51 Rz. 32; GK-*Fabricius/Kreutz* § 51 Rz. 13; *F/A/K/H* § 51 Rz. 10; *G/L* § 51 Rz. 6; *D/K/K/S* § 51 Rz. 8). Bei Unterbleiben der Einberufung können die von den einzelnen Betriebsräten in den Gesamtbetriebsrat entsandten Mitglieder aber nicht von sich aus zusammentreten (so auch für den Betriebsrat *BAG* vom 23. 8. 1984 – 1 AZR 520/84 – EzA § 102 BetrVG 1972 Nr. 59 m. Anm. *Wiese* = DB 1985, 1085 und oben § 29 Rz. 7; **a. A.** *F/A/K/H*, *D/K/K/S G/L* und GK-*Fabricius/Kreutz*, jeweils a. a. O.; **a. A.** auch die Vorauflage: für die gerichtliche Ersetzung des verpflichteten Betriebsrats durch einen anderen Betriebsrat des Unternehmens).

b) Leitung

18 Die konstituierende Sitzung des Gesamtbetriebsrats ist zunächst vom Vorsitzenden des einladenden Betriebsrats zu leiten. Entsprechend der Funktion des Vorsitzenden des Wahlvorstandes bei der konstituierenden Sitzung des Betriebsrats endet seine Leitungsbefugnis, sobald der Gesamtbetriebsrat eines seiner Mitglieder zum **Wahlleiter** für die Wahl des Vorsitzenden bestellt hat (*F/A/K/H* § 51 Rz. 11; GK-*Fabricius/Kreutz* § 51 Rz. 12; *D/K/K/S* § 51 Rz. 9).

19 Der Wahlleiter kann auch der Vorsitzende des einladenden Betriebsrats sein, wenn er selbst dem Gesamtbetriebsrat angehört. Wahlleiter kann auch das für den Vorsitz kandidierende Mitglied sein (vgl. § 29 Rz. 11; ebenso GK-*Fabricius/Kreutz* a. a. O.).

20 Nach seiner Wahl übernimmt der Wahlleiter die weitere Leitung der konstituieren-

Geschäftsführung § 51

den Sitzung des Gesamtbetriebsrats. Er hat die **Wahl des Vorsitzenden und seines Stellvertreters** nach § 26 Abs. 1 durchzuführen (vgl. oben § 29 Rz. 12 und unten Rz. 34).

Mit der Wahl des Vorsitzenden und seines Stellvertreters sowie der Annahme 21 durch die Gewählten ist die Aufgabe des Wahlleiters erfüllt. Das Amt des Wahlleiters erlischt (vgl. oben § 29 Rz. 13).

c) Erweiterung der Tagesordnung
Nach Abschluß der Konstituierung kann der Gesamtbetriebsrat in derselben Sit- 22 zung auch über weitere Angelegenheiten beraten. Beschlüsse, z. B. die Wahl des Gesamtbetriebsausschusses, sind aber nur unter besonderen Voraussetzungen zulässig (vgl. oben § 29 Rz. 14 sowie GK-*Fabricius/Kreutz* § 51 Rz. 11 f.). Es kann sich deshalb empfehlen, die Gesamt-Jugend- und Auszubildendenvertretung und die Gesamtschwerbehindertenvertretung, die beide zur Teilnahme an den weiteren Sitzungen berechtigt sind, zu dem auf die Konstituierung des Gesamtbetriebsrats folgenden Teil der Sitzung vorsorglich einzuladen.

2. Weitere Sitzungen

Für die weiteren Sitzungen des Gesamtbetriebsrats gelten neben den schon er- 23 wähnten §§ 30 und 34 (vgl. dazu oben Rz. 7–11) aufgrund gesetzlicher Verweisung in Abs. 1 Satz 1 und Abs. 3 Satz 3 auch die §§ 29 Abs. 2 bis 4 (Einberufung und Teilnahmerecht), 31 (Teilnahme der Gewerkschaften), 35 (Aussetzung von Beschlüssen) und 36 (Erlaß einer Geschäftsordnung). Die Erläuterungen zu den genannten Bestimmungen gelten grundsätzlich auch für den Gesamtbetriebsrat. Im einzelnen ist dabei folgendes zu beachten:

a) Einberufung
Aufgrund der Verweisung in Abs. 3 Satz 3 gelten die Erläuterungen zu § 29 Abs. 2 24 hier entsprechend (vgl. § 29 Rz. 16–19).

b) Antrag auf Einberufung
Hierzu gelten die Erläuterungen zu § 29 Abs. 3 entsprechend (vgl. § 29 25 Rz. 20–24), allerdings mit folgender Ergänzung: Da das Stimmrecht im Gesamtbetriebsrat nach § 47 Abs. 7 und 8 gewichtet ist, genügt es nach herrschender Rechtsauffassung für das **Antragsrecht der Minderheit im Gesamtbetriebsrat** nicht, daß sie ein Viertel der Mitglieder des Gesamtbetriebsrats umfaßt. Vielmehr sei zusätzlich erforderlich, daß die Antragsteller auch **ein Viertel des Stimmengewichts** in die Waagschale werfen können; dasselbe gelte für die Ermittlung der Mehrheit einer Gruppe (*F/A/K/H* § 51 Rz. 41; GK-*Fabricius/Kreutz* § 51 Rz. 45; *G/L* § 51 Rz. 21; *D/R* § 51 Rz. 33; *D/K/K/S* § 51 Rz. 42 und die Vorauflage; vgl. aber auch unten Rz. 28; **a. A.** *Kammann/Hess/Schlochauer* § 51 Rz. 27, die lediglich auf die Kopfzahl abstellen). Dies entspricht nicht dem Gesetz, das § 29 Abs. 3 für nur entsprechend anwendbar erklärt. Für die Meinungsbildung im Gesamtbetriebsrat ist nach den allgemeinen Bestimmungen in § 47 Abs. 7 und 8 nicht die Kopfzahl, sondern nur das Stimmengewicht maßgeblich. Es wäre auch nicht sachgemäß, würden im Vorfeld von Sitzungen andere Maßstäbe gelten als in den Sitzungen selbst.

§ 51   2. Teil 5. Abschn. Gesamtbetriebsrat

26 Die Einzelbetriebsräte können nicht verlangen, daß eine Sitzung des Gesamtbetriebsrats einberufen wird oder eine Angelegenheit mit auf die Tagesordnung der Gesamtbetriebsratssitzung gesetzt wird (*F/A/K/H, D/K/K/S, G/L* und *D/R*, jeweils a. a. O.).

c) Ladung

27 Für die Ladung gelten zunächst die entsprechenden Erläuterungen zu § 29 (Rz. 25–27) auch hier.

28 Nach Abs. 3 Satz 3 i. V. m. § 29 Abs. 2 Satz 3 und § 52 hat der Vorsitzende des Gesamtbetriebsrats außer den Mitgliedern dieses Gremiums auch die Gesamtschwerbehindertenvertretung (vgl. Erläuterungen zu § 52) sowie die Gesamt-Jugend- und Auszubildendenvertretung einzuladen (vgl. hierzu die näheren Erläuterungen zu § 29 in Rz. 29, 30). Der Vertrauensmann der Zivildienstleistenden ist nicht einzuladen, weil sein Teilnahmerecht nach § 37 Abs. 5 des Zivildienstgesetzes sich nicht auf den Gesamtbetriebsrat erstreckt.

29 Auch für die Einladung von **Ersatzmitgliedern** und des **Arbeitgebers sowie für die Benachrichtigung der Gewerkschaft** gelten die Erläuterungen zu § 29 (vgl. Rz. 32–35). Hinsichtlich der Gewerkschaft ist dabei zu beachten, daß ihr nur dann die Gesamtbetriebsratssitzung mitgeteilt zu werden braucht, wenn sie nicht nur in einem oder mehreren Einzelbetriebsräten, sondern auch im Gesamtbetriebsrat vertreten ist (*G/L* § 51 Rz. 23; *F/A/K/H* § 51 Rz. 43; GK-*Fabricius/Kreutz* § 51 Rz. 55; *D/K/K/S* § 51 Rz. 42; a. A. *D/R* § 51 Rz. 35; *Klosterkemper* 18). Für die Antragsberechtigung nach § 31 (ein Viertel der Mitglieder oder Mehrheit einer Gruppe kann die beratende Teilnahme eines Gewerkschaftsbeauftragten durchsetzen) ist auf das **Stimmengewicht**, nicht auf die Kopfzahl abzustellen (*D/R, Klosterkemper, D/K/K/S* und GK-*Fabricius/Kreutz*, jeweils a. a. O.; a. A. *F/A/K/H* a. a. O. und *G/L* § 51 Rz. 23, die zu Unrecht wie in dem oben unter Rz. 25 behandelten Fall ein doppeltes Quorum fordern; vgl. Gründe unter Rz. 25).

d) Tagesordnung

30 Hierfür gelten die Erläuterungen zu § 29 Abs. 2 entsprechend (vgl. § 29 Rz. 37–40).

e) Teilnahme

31 Aufgrund der Verweisung in Abs. 3 Satz 3 gelten die Erläuterungen zu § 29 Abs. 4 entsprechend (vgl. § 29 Rz. 41–54).

f) Leitung

32 Aufgrund der Verweisung in Abs. 3 Satz 3 gelten die Erläuterungen zu § 29 Abs. 2 Satz 2 entsprechend (vgl. § 29 Rz. 55, 56).

g) Aussetzung von Beschlüssen

33 Die Erläuterungen zu § 35, der nach Abs. 1 Satz 1 entsprechend anzuwenden ist, gelten mit der Maßgabe, daß sich die für die Aussetzung erforderlichen Mehrheiten nicht nach der Kopfzahl, sondern nach dem **Stimmengewicht** gem. § 47 Abs. 7 und 8 errechnen (*G/L* § 51 Rz. 31; GK-*Fabricius/Kreutz* § 51 Rz. 70; *D/R* § 51 Rz. 48; *D/K/K/S* § 51 Rz. 43; **a. A.** *F/A/K/H* § 51 Rz. 46; vgl. auch oben Rz. 25 und 29).

III. Vorsitzender und dessen Stellvertreter

Aufgrund der Verweisung in Abs. 1 Satz 1 gelten die Erläuterungen zu § 26 Abs. 1 **34** (Wahl, Niederlegung des Amtes, Abberufung vom Amt; vgl. dazu oben § 26 Rz. 4–8, 18–31, 33–37) und Abs. 3 (Rechtsstellung des Vorsitzenden und seines Stellvertreters; vgl. dazu oben § 26 Rz. 38–52) entsprechend. Nach der Regelung in Abs. 2 Satz 1 und 2 greift auch das in § 26 Abs. 2 für den Betriebsrat geltende Gruppenvorschlagsrecht hier ein; dafür wird vorausgesetzt, daß die Vertreter jeder Gruppe mindestens ein Drittel (bis zur Gesetzesänderung aus dem Jahr 1988 – vgl. oben Rz. 3 – mehr als ein Drittel) **aller Stimmen** im Gesamtbetriebsrat haben, während § 26 Abs. 2 auf die Zahl der **Sitze im Betriebsrat** abstellt. Mit dieser Besonderheit gelten auch die Erläuterungen zu § 26 Abs. 2 entsprechend (vgl. § 26 Rz. 9–19). Obwohl der Gesamtbetriebsrat eine Dauereinrichtung ist (vgl. § 47 Rz. 64), werden der Vorsitzende und dessen Stellvertreter nur für die Zeit bis zum Ende ihrer Amtszeit als Betriebsratsmitglieder gewählt. Bei Wiederentsendung in den Gesamtbetriebsrat nach einer Neuwahl lebt das Amt als Vorsitzender oder stellvertretender Vorsitzender nicht wieder auf; beide sind dann vielmehr neu zu wählen (*ArbG Stuttgart* vom 13. 1. 1975 – 4 BV 10/75 – DB 1976, 1160; *F/A/K/H* § 51 Rz. 19; *G/L* § 51 Rz. 11; *D/R* § 51 Rz. 10).

IV. Gesamtbetriebsausschuß und weitere Ausschüsse des Gesamtbetriebsrats

Größere Gesamtbetriebsräte **müssen** einen Gesamtbetriebsausschuß und **können** **35** weitere Ausschüsse bilden (Abs. 1 Satz 2 i. V. m. § 27 Abs. 1 und Abs. 1 Satz 1 i. V. m. § 28 Abs. 1).

1. Gesamtbetriebsausschuß

a) Bildung des Gesamtbetriebsausschusses

aa) Aufgabe des Gesamtbetriebsrats
Gesamtbetriebsräte, die wenigstens 9 Mitglieder haben, sind nach Abs. 1 Satz 2 **36** i. V. m. § 27 Abs. 1 Satz 1 verpflichtet, einen Gesamtbetriebsausschuß zu bilden. Hierfür gelten grundsätzlich die Erläuterungen zu § 27 (Rz. 8–10). Allerdings kann ggf. eine gerichtliche Auflösung des Gesamtbetriebsrats nicht erwirkt werden (vgl. oben § 47 Rz. 65; ebenso *F/A/K/H* § 51 Rz. 20; *D/R* § 51 Rz. 12; *G/L* § 51 Rz. 12). Die Mitglieder des Gesamtbetriebsrats können aber von ihren Betriebsräten unter Beachtung der Regeln in § 47 Abs. 2 abberufen werden.

bb) Zusammensetzung
Die Zusammensetzung ergibt sich aus einer Sonderregelung in Abs. 1 Satz 2. Da- **37** nach besteht der Gesamtbetriebsausschuß aus dem Vorsitzenden des Gesamtbetriebsrats, dessen Stellvertreter und 3 bis 9 Mitgliedern je nach Größe des Gesamtbetriebsrats.
Wie für den Betriebsausschuß ist auch für den Gesamtbetriebsausschuß nach **38** Abs. 2 Satz 3 und 4 die Vertretung der Gruppen **zwingend** vorgeschrieben (Gruppenschutz). Für das zahlenmäßige Verhältnis ist aber nicht auf die Zahl der Grup-

§ 51   2. Teil 5. Abschn. Gesamtbetriebsrat

penvertreter im Gesamtbetriebsrat, sondern auf die Zahl der von ihnen vertretenen Stimmen abzustellen. Es kann also im Gesamtbetriebsausschuß kein anderes **Stimmenverhältnis** bestehen als im Gesamtbetriebsrat selbst. Die Ermittlung der jeweils zustehenden Anzahl von Sitzen erfolgt nach dem Höchstzahlensystem (*D/R* § 51 Rz. 15; *F/A/K/H* § 51 Rz. 24; *D/K/K/S* § 51 Rz. 19; vgl. dazu oben § 27 Rz. 14). Auch wenn eine Gruppe nach diesem System völlig ausfällt, muß sie mindestens durch ein Mitglied vertreten sein. Dieser Bestimmung ist jedoch genügt, wenn der Vorsitzende oder sein Stellvertreter Mitglied der Mehrheitsgruppe ist (*G/L* § 51 Rz. 13; *F/A/K/H* § 51 Rz. 25; *D/R* a. a. O.; *D/K/K/S* § 51 Rz. 20).

39 Die Wahl von **Ersatzmitgliedern** für die Mitglieder des Gesamtbetriebsausschusses ist nach herrschender Rechtsauffassung möglich (so *F/A/K/H* § 51 Rz. 22; *D/R* § 51 Rz. 19; GK-*Fabricius/Kreutz* § 51 Rz. 29; *D/K/K/S* § 51 Rz. 18). Dem kann nicht zugestimmt werden, weil eine Ersatzmitgliedschaft hier gesetzlich nicht vorgesehen ist (vgl. auch oben § 27 Rz. 18).

cc) Wahl
40 Während der Vorsitzende und dessen Stellvertreter kraft Gesetzes dem Gesamtbetriebsausschuß angehören, sind die weiteren Ausschußmitglieder vom Gesamtbetriebsrat zu **wählen**. Dabei muß der verstärkte Gruppenschutz beachtet werden (vgl. unten Rz. 42).
Für die Wahl gelten die entsprechenden Erläuterungen zu § 27 (Rz. 19–24) sinngemäß.

aaa) Minderheitenschutz
41 Es besteht – anders als bei der Wahl des Betriebsausschusses (vgl. dazu oben § 27 Rz. 25) – kein Minderheitenschutz (vgl. oben Rz. 3).

bbb) Wahl nach Gruppen
42 Unter besonderen Voraussetzungen wählen die Gruppen ihre Mitglieder selbst. Nach Abs. 2 Satz 5 gilt dies, wenn folgende drei Bedingungen erfüllt sind:
1. Die **aufgrund von Gruppenentscheidungen** der Einzelbetriebsräte **entsandten Mitglieder des Gesamtbetriebsrats** vereinen auf sich **mehr als die Hälfte der nach § 47 Abs. 7 und 8 gewichteten Stimmen**.
2. Die **Vertreter** jeder Gruppe verfügen über **mehr als ein Zehntel aller Stimmen** im Gesamtbetriebsrat.
3. Jeder Gruppe im Gesamtbetriebsrat gehören mindestens **drei Mitglieder** an (bis zur Gesetzesänderung aus dem Jahre 1988 – vgl. oben Rz. 3 – mindestens fünf Mitglieder); dabei kommt es ausschließlich auf die tatsächliche Mitgliederzahl im Gesamtbetriebsrat an, so daß eine Vergrößerung oder Verkleinerung der Mitgliederzahl des Gesamtbetriebsrats nach § 47 Abs. 4 oder 5 zu beachten ist; entscheidend ist nicht, wie viele Mitglieder den Gruppen nach dem normalen Entsendungsverfahren gem. § 47 Abs. 2 zustehen würden (*D/R* § 51 Rz. 17; *G/L* § 51 Rz. 14; *F/A/K/H* § 51 Rz. 27; GK-*Fabricius/Kreutz* § 51 Rz. 33; a. A. *D/K/K/S* § 51 Rz. 25).

43 Fehlt eine der drei genannten Bedingungen, findet eine Wahl durch den Gesamtbetriebsrat insgesamt statt (*G/L* § 51 Rz. 15; *D/R* a. a. O.; *F/A/K/H* § 51 Rz. 28; GK-*Fabricius/Kreutz* § 51 Rz. 35).

Geschäftsführung § 51

dd) Annahme des Amtes
Für die Annahme des Amtes gelten die Erläuterungen zu § 27 (Rz. 31) sinngemäß. **44**

ee) Mängel der Wahl
Für etwaige Mängel der Wahl gelten die Erläuterungen zu § 27 (Rz. 32) sinnge- **45**
mäß.

ff) Niederlegung des Amtes
Für die Niederlegung des Amtes gelten die Erläuterungen des § 27 (Rz. 33) sinn- **46**
gemäß.

gg) Abberufung vom Amt
Für die Abberufung vom Amt wird auf die entsprechenden Erläuterungen zu § 27 **47**
(Rz. 34) verwiesen.
Der Gesamtbetriebsrat kann Ausschußmitglieder abberufen. Ein entsprechender **48**
Beschluß muß aber von der Gruppe gefaßt werden, wenn das Ausschußmitglied
von der Gruppe gewählt worden ist (für den Betriebsausschuß in § 27 Abs. 2 letzter Satz ausdrücklich geregelt; ebenso *F/A/K/H* § 51 Rz. 31; *D/R* § 51 Rz. 23;
G/L § 51 Rz. 19; GK-*Fabricius/Kreutz* § 51 Rz. 36; *D/K/K/S* § 51 Rz. 26).

b) Rechtsstellung, Geschäftsführung und Aufgaben des Gesamtbetriebsausschusses
Aufgrund der Verweisung in Abs. 1 Satz 2 gelten die Erläuterungen zu § 27 Abs. 3 **49**
(Rz. 35–63) entsprechend. Für die Beschlußfassung gelten nach Abs. 5 die Vorschriften von § 33 Abs. 1 und 2 über den Betriebsrat unmittelbar, nicht nur analog
wie für den Betriebsausschuß (vgl. § 33 Rz. 32). Es gilt aber nicht § 33 Abs. 3,
wonach die Stimmen der anwesenden Jugend- und Auszubildendenvertreter – hier
der Mitglieder der Gesamt-Jugend- und Auszubildendenvertretung – bei der Feststellung der Stimmenmehrheit mitzuzählen wären, da diese Bestimmung bei der
Verweisung in Abs. 5 ausgespart ist. Die Erläuterungen zu § 33 gelten mit dieser
Einschränkung entsprechend (§ 33 Rz. 32 i. V. m. Rz. 4–31 mit Ausnahme von
Rz. 17).

2. Weitere Ausschüsse des Gesamtbetriebsrats

Der Gesamtbetriebsrat kann nach Abs. 1 Satz 1 i. V. m. § 28 Abs. 1 Satz 1 neben **50**
dem Gesamtbetriebsausschuß auch weitere Ausschüsse bilden. Für die **Zusammensetzung** dieser Gremien sowie die **Wahl ihrer Mitglieder** gelten nach Abs. 2
Satz 6 die Regeln über den Gesamtbetriebsausschuß entsprechend (vgl. deshalb
die Erläuterungen Rz. 38–44). Allerdings ist die Größe solcher weiterer Ausschüsse gesetzlich nicht vorgeschrieben (vgl. dazu oben § 28 Rz. 7). Außerdem
greifen nach Abs. 2 Satz 7 die Bestimmungen über den Gruppenschutz bei der
Zusammensetzung der Ausschüsse (vgl. oben Rz. 38) und die Wahl nach Gruppen
(vgl. oben Rz. 42) nicht ein, soweit ihnen Aufgaben übertragen sind, die nur die
eine der Gruppen betreffen (vgl. dazu oben § 28 Rz. 11).
Für den Fall von Wahlmängeln, für die Niederlegung des Amtes und die Abberu- **51**
fung vom Amt gelten die Erläuterungen zu § 28 (Rz. 10–13) sinngemäß. Wegen
der gesetzlichen Verweisung in Abs. 1 Satz 1 auf § 28 Abs. 1 Satz 3 wird für

§ 51   2. Teil 5. Abschn. Gesamtbetriebsrat

Rechtsstellung, Geschäftsführung und Aufgaben ebenfalls auf die Erläuterungen zu § 28 (Rz. 15–25) verwiesen. Für die Beschlußfassung in den weiteren Ausschüssen gelten wie für den Gesamtbetriebsausschuß nach Abs. 5 die Regeln des § 33 Abs. 1 und 2 (vgl. dazu oben Rz. 49).

V. Übertragung von Aufgaben auf den einzigen Vertreter einer Gruppe

52   Ist eine Gruppe nur durch ein Mitglied im Gesamtbetriebsrat vertreten, so können die diese Gruppe betreffenden Angelegenheiten nach Abs. 2 Satz 8 ebenso wie einem Ausschuß diesem Mitglied zur selbständigen Erledigung übertragen werden (vgl. dazu oben § 28 Rz. 26).

VI. Gemeinsame Ausschüsse von Gesamtbetriebsrat und Arbeitgeber

53   Auch der Gesamtbetriebsrat kann mit dem Arbeitgeber die Bildung gemeinsamer Ausschüsse vereinbaren. Aufgrund der Verweisung in Abs. 1 Satz 1 gelten die Erläuterungen zu § 28 Abs. 3 entsprechend (vgl. § 28 Rz. 27–37).

VII. Führung der laufenden Geschäfte in kleineren Unternehmen

54   Nach Abs. 1 Satz 1 i. V. m. § 27 Abs. 4 können Gesamtbetriebsräte mit weniger als 9 Mitgliedern die laufenden Geschäfte auf den Vorsitzenden des Gesamtbetriebsrats oder andere seiner Mitglieder übertragen. Die Erläuterungen zu § 27 Abs. 4 gelten entsprechend (§ 27 Rz. 64–66).

VIII. Ersatzmitglieder

55   Aufgrund der Verweisung in Abs. 1 Satz 1 gelten die Erläuterungen zu § 25 Abs. 1 über das Nachrücken von Ersatzmitgliedern des Gesamtbetriebsrats entsprechend (§ 25 Rz. 5ff.).

IX. Ehrenamtliche Tätigkeit, Arbeitsversäumnis und Freistellung

56   Aufgrund der Verweisung in Abs. 1 Satz 1 gelten die Erläuterungen zu § 37 Abs. 1 bis 3 entsprechend (§ 37 Rz. 5–75). Nicht anzuwenden sind auf den Gesamtbetriebsrat insbesondere die Abs. 4 und 5 des § 37. Der dort geregelte **Entgelt- und Tätigkeitsschutz** kommt den Mitgliedern des Gesamtbetriebsrats aber schon über ihre Stellung als Betriebsratsmitglieder zugute. Ferner sind die Abs. 6 und 7 des § 37 nicht anzuwenden. Der Gesamtbetriebsrat hat deshalb keinen eigenen Anspruch auf Freistellung von Mitgliedern zur Teilnahme an **Schulungs- und Bildungsveranstaltungen** nach Abs. 6. Allerdings kann der Umfang der im Gesamtbetriebsrat übernommenen Aufgaben sich auf die Beurteilung der Erforderlichkeit der Teilnahme an Schulungs- und Bildungsveranstaltungen nach § 37 Abs. 6 auswirken. Für sie kann nämlich nicht nur die im entsendenden Betriebsrat ausge-

übte Tätigkeit zugrundegelegt werden; vielmehr muß auch die Tätigkeit im Gesamtbetriebsrat, die eine aus der Betriebsratsfunktion abgeleitete Betätigung ist, mit berücksichtigt werden (*BAG* vom 10.6. 1975 – 1 ABR 140/73 – EzA § 37 BetrVG 1972 Nr. 42 = DB 1975, 2092, 2234; *D/R* § 51 Rz. 52; *G/L* § 51 Rz. 36; GK-*Fabricius/Kreutz* § 51 Rz. 50; *F/A/K/H* § 51 Rz. 49; *D/K/K/S* § 51 Rz. 45). Zuständig für die Entsendung von Gesamtbetriebsratsmitgliedern zu Schulungs- und Bildungsveranstaltungen ist nicht der Gesamtbetriebsrat, sondern der entsendende Einzelbetriebsrat (*BAG*, *D/K/K/S* und *F/A/K/H*, jeweils a. a. O.; **a. A.** *D/R* a. a. O., die dem Einzelbetriebsrat nur die Entscheidung über die zeitliche Lage der Teilnahme zuerkennen).

Die Mitglieder des Gesamtbetriebsrats haben als solche auch keinen Anspruch auf **57** **Freistellung** gem. § 37 Abs. 7 (*F/A/K/H*, *D/K/K/S*, *D/R* und GK-*Fabricius/ Kreutz*, jeweils a. a. O.).

Schließlich gibt es auch keinen Anspruch des Gesamtbetriebsrats auf vollständige **58** **Freistellung** von der Arbeit gem. § 38. Eine vollständige Befreiung von der Arbeitspflicht kann der Gesamtbetriebsrat allenfalls über Abs. 1 Satz 1 i. V. m. § 37 Abs. 2 erreichen, sofern dies zur ordnungsgemäßen Wahrnehmung der dem Gesamtbetriebsrat obliegenden Aufgaben erforderlich ist (*LAG München* vom 19.7. 1990 – 6 TaBV 62/89 – NZA 1991, 905; *F/A/K/H* § 51 Rz. 50; *D/R* § 51 Rz. 51; GK-*Fabricius* § 51 Rz. 51; *D/K/K/S* § 51 Rz. 46; *G/L* § 51 Rz. 35; *Brecht* § 51 Rz. 3) Da es sich nicht um eine Freistellung i. S. des § 38 handelt, ist auch nicht das Verfahren nach § 38 Abs. 2 einzuhalten (**a. A.** *D/R* § 51 Rz. 53; *F/A/K/H*, *D/K/K/S* und GK-*Fabricius Kreutz*, jeweils a. a. O.).

X. Sprechstunden

Da Abs. 1 Satz 1 nicht auch auf § 39 verweist, kann der Gesamtbetriebsrat nicht **59** kraft Gesetzes während der Arbeitszeit Sprechstunden einrichten. Dies ist allenfalls aufgrund entsprechender freiwilliger Vereinbarung zwischen Gesamtbetriebsrat und Arbeitgeber möglich (*F/A/K/H* § 51 Rz. 51; GK-*Fabricius/Kreutz* § 51 Rz. 52; *D/R* § 51 Rz. 42; *G/L* § 51 Rz. 26; *D/K/K/S* § 51 Rz. 47). Im allgemeinen besteht hierfür jedoch kein Bedürfnis, da die Sprechstunden von den Betriebsräten der einzelnen Betriebe orts- und sachnäher durchgeführt werden können.

XI. Kosten- und Sachaufwand sowie Umlageverbot

Aufgrund der Verweisung in Abs. 1 Satz 1 gelten die Erläuterungen auch zu den **60** § 40 und 41 hier grundsätzlich entsprechend. Ein Kostentragungsanspruch gegen den Arbeitgeber ist jedoch nur dann anzuerkennen, wenn die Aufwendungen in einer Angelegenheit entstanden sind, für die der Gesamtbetriebsrat zuständig ist. Wenn z. B. der Gesamtbetriebsratsvorsitzende den Betriebsrat eines Einzelbetriebs aufsucht, der veräußert werden soll, brauchen deshalb die entstehenden Reisekosten mangels Zuständigkeit des Gesamtbetriebsrats nicht vom Arbeitgeber ersetzt zu werden (**a. A.** *LAG Berlin* vom 1. 10. 1973 – 5 Ta BV 5/73 – BB 1974, 1439; *F/A/K/H* § 51 Rz. 52; GK-*Fabricius/Kreutz* § 51 Rz. 53; *D/K/K/S* § 51 Rz. 48).

§ 51 *2. Teil 5. Abschn. Gesamtbetriebsrat*

61 Auch nach der Auffassung der höchstrichterlichen Rechtsprechung ist der Gesamtbetriebsrat nicht berechtigt, auf Kosten des Arbeitgebers ein **Informationsblatt** an die Belegschaften herauszugeben (*BAG* vom 21. 11. 1978 – 6 ABR 55/76 – EzA § 40 BetrVG 1972 Nr. 40 = DB 1979, 703; vgl. dazu auch § 40 Rz. 99; zustimmend auch GK-*Fabricius/Kreutz* a. a. O.; **a. A.** *D/K/K/S* § 51 Rz. 49).

62 Der Gesamtbetriebsrat benötigt aber auch keine eigenen **Anschlagflächen** in den Betrieben, um den Belegschaften Informationen zu übermitteln. Hierfür kann er die Anschlagflächen des Betriebsrats benutzen. In der Praxis werden die Ergebnisse der Arbeit des Gesamtbetriebsrats in aller Regel durch den Einzelbetriebsrat bekanntgemacht (hiervon geht auch das *BAG* a. a. O., in AP Bl. 1 R aus). Schließlich muß der Gesamtbetriebsrat auch in der Regel auf das **Büropersonal**, die **Räume**, sowie auf die **Fachliteratur** und **weitere sächliche Mittel** zurückgreifen, die den Betriebsräten zur Verfügung gestellt worden sind (vgl. § 40 Rz. 81, 105). Reicht das nicht aus, kann er die erforderliche Unterstützung nach § 40 Abs. 2 vom Arbeitgeber verlangen (*F/A/K/H* und *D/K/K/S* jeweils a. a. O.).

XII. Rechtsstellung des Gesamtbetriebsrats

63 Abs. 6 legt fest, daß für den Gesamtbetriebsrat grundsätzlich dieselben Rechte und Pflichten wie für den Betriebsrat gelten. Dies sind vor allem die allgemeinen Grundsätze des Gesetzes wie z. B. das Gebot zur vertrauensvollen Zusammenarbeit gem. § 2 Abs. 1 und das Gebot zur Beachtung des Gleichbehandlungsgrundsatzes gem. § 75 sowie die Mitwirkungs- und Mitbestimmungsrechte, die sich sachlich nicht von denen des Betriebsrats unterscheiden (*F/A/K/H* § 51 Rz. 63; GK-*Fabricius/Kreutz* § 51 Rz. 77; *G/L* § 51 Rz. 32; *Müller, G.* FS für *Küchenhoff* I, 284). Allerdings hat der Gesamtbetriebsrat seine Rechte und Pflichten nur im Rahmen seiner Zuständigkeit nach § 50 (vgl. die Erläuterungen zu dieser Vorschrift).

64 Die Geschäftsführung des Gesamtbetriebsrats richtet sich nach den besonderen Regelungen und Verweisungen in Abs. 1 bis 5 (*F/A/K/H* § 51 Rz. 64; *G/L* § 51 Rz. 33). Der in Abs. 6 festgelegte Grundsatz wird durch die ausdrückliche Erwähnung des Gesamtbetriebsrats in einer Reihe von Vorschriften des Gesetzes (z. B. § 76 Abs. 1 Satz 1, § 78 Satz 1, § 79 Abs. 1 Satz 4, Abs. 2, § 107 Abs. 2 Satz 2, Abs. 3 Satz 6, § 108 Abs. 6, § 109 Satz 4) bestätigt (*F/A/K/H* § 51 Rz. 65). Aus der Erwähnung des Gesamtbetriebsrats in einzelnen Vorschriften kann aber mit Rücksicht auf Abs. 6 nicht der Gegenschluß gezogen werden, daß alle übrigen Berechtigungen dem Gesamtbetriebsrat versagt wären (*F/A/K/H* § 51 Rz. 66; GK-*Fabricius/Kreutz* § 51 Rz. 79). Soweit der Gesamtbetriebsrat im Rahmen seiner Zuständigkeit handelt, hat er vielmehr dieselbe Rechtsstellung wie der Betriebsrat, und zwar auch hinsichtlich der Mitwirkungs- und Mitbestimmungsfragen (vgl. dazu oben § 50 Rz. 4). Der Gesamtbetriebsrat hat deshalb z. B. unter den Voraussetzungen des § 80 Abs. 3 auch die Befugnis, vor Erfüllung seiner Aufgaben Sachverständige hinzuzuziehen (*F/A/K/H* a. a. O.; *D/K/K/S* § 51 Rz. 52).

XIII. Streitigkeiten

Streitigkeiten über die Geschäftsführung des Gesamtbetriebsrats entscheidet nach § 2 a ArbGG das Arbeitsgericht im Beschlußverfahren. Zuständig ist nach § 82 Satz 2 ArbGG das Arbeitsgericht, in dessen Bezirk das Unternehmen seinen Sitz hat. Streitigkeiten, die sich aus einer Vorenthaltung oder Minderung des Arbeitsentgelts an Mitglieder des Gesamtbetriebsrats ergeben, sind im arbeitsgerichtlichen Urteilsverfahren auszutragen. Die örtliche Zuständigkeit bestimmt sich in diesem Fall nach den allgemeinen Grundsätzen des ArbGG; in der Regel ist gem. § 46 Abs. 2 ArbGG i.V.m. § 29 ZPO das Arbeitsgericht örtlich zuständig, in dessen Bezirk der Beschäftigungsbetrieb liegt (*F/A/K/H* § 51 Rz. 68; GK-*Fabricius/Kreutz* § 51 Rz. 82; *D/K/K/S* § 51 Rz. 53).

65

§ 52 Teilnahme der Gesamtschwerbehindertenvertretung

Die Gesamtschwerbehindertenvertretung (§ 27 des Schwerbehindertengesetzes) kann an allen Sitzungen des Gesamtbetriebsrats beratend teilnehmen.

Literaturübersicht

Vgl. die Literaturübersicht zu § 32.

Inhaltsübersicht:

		Rz.
I.	Allgemeines	1, 2
II.	Aufgaben und Stellung der Gesamtschwerbehindertenvertretung	3–6
III.	Teilnahme an den Sitzungen des Gesamtbetriebsrats und seiner Ausschüsse	7
IV.	Streitigkeiten	8

I. Allgemeines

Die Bestimmung entspricht § 32 über die Teilnahme der Schwerbehindertenvertretung an den Sitzungen des Betriebsrats. Wie sich aus § 27 Abs. 6 i.V.m. § 25 Abs. 4 SchwbG ergibt, gilt dieses Teilnahmerecht auch für alle Sitzungen der Ausschüsse des Gesamtbetriebsrats.

1

Die Vorschrift ist **zwingend** und kann weder durch Tarifvertrag noch durch Betriebsvereinbarung abbedungen werden (*F/A/K/H* § 52 Rz. 3; *G/L* § 52 Rz. 2; GK-*Fabricius/Kreutz* § 52 Rz. 3; *D/K/K/S* § 52 Rz. 1).

2

§ 52   2. Teil 5. Abschn. Gesamtbetriebsrat

II. Aufgaben und Stellung der Gesamtschwerbehindertenvertretung

3   Die Gesamtschwerbehindertenvertretung vertritt nach § 27 Abs. 5 SchwbG die Interessen der Schwerbehinderten in den Angelegenheiten, die das Gesamtunternehmen oder mehrere Betriebe des Unternehmens betreffen und die von den Schwerbehindertenvertretungen der einzelnen Betriebe nicht geregelt werden können, sowie die Interessen der Schwerbehinderten, die in einem Betrieb tätig sind, für die eine Schwerbehindertenvertretung nicht gewählt werden kann oder gewählt worden ist. Für ihre Stellung im Betrieb gelten die Erläuterungen zu § 32 (Rz. 5) entsprechend.

4   Die Gesamtschwerbehindertenvertretung wird nach § 27 Abs. 1 SchwbG von den Schwerbehindertenvertretungen der einzelnen Betriebe gewählt, wenn für mehrere Betriebe des Arbeitgebers ein Gesamtbetriebsrat errichtet worden ist. Wählbar sind nach § 27 Abs. 6 i. V. m. § 24 Abs. 3 SchwbG alle Arbeitnehmer des Unternehmens, die in die Schwerbehindertenvertretung gewählt werden können. Im übrigen gelten die gleichen Grundsätze wie für die Wahl und die Amtszeit der Schwerbehindertenvertretung (vgl. hierzu § 32 Rz. 6).

5   Auch die persönliche Rechtsstellung des Gesamtvertrauensmannes oder der -frau (zu den Begriffen vgl. § 24 Abs. 9 SchwbG) entspricht nach § 27 Abs. 6 i. V. m. § 26 SchwbG der des Vertrauensmannes oder der -frau (vgl. dazu Erläuterungen zu § 32 Rz. 8). Der Gesamtvertrauensmann ist nach § 27 Abs. 7 i. V. m. § 25 Abs. 6 ferner berechtigt, mindestens einmal im Kalenderjahr eine Versammlung der Vertrauensmänner und Vertrauensfrauen des Unternehmens abzuhalten. Eine Versammlung aller im Unternehmen tätigen Schwerbehinderten kann er jedoch nicht durchführen (GK-*Fabricius/Kreutz* § 52 Rz. 11; *G/L* § 52 Rz. 5).

6   Die Zuständigkeit der Gesamtschwerbehindertenvertretung entspricht der gesetzlichen Zuständigkeit des Gesamtbetriebsrats nach § 50 Abs. 1 (*F/A/K/H* § 52 Rz. 8; *D/R* § 52 Rz. 4; vgl. § 50 Rz. 8 ff. vgl. aber auch oben Rz. 3).

III. Teilnahme an den Sitzungen des Gesamtbetriebsrats und seiner Ausschüsse

7   Wegen des im wesentlichen übereinstimmenden Gesetzeswortlautes gelten die Erläuterungen zu § 32 (Rz. 9–17) hier entsprechend (vgl. dazu auch *F/A/K/H* § 52 Rz. 14–17; GK-*Fabricius/Kreutz* § 52 Rz. 14–19).

IV. Streitigkeiten

8   Bei Streitigkeiten über das Recht der Gesamtschwerbehindertenvertretung zur Teilnahme an den Sitzungen des Gesamtbetriebsrats und seiner Ausschüsse entscheidet nach § 2a ArbGG das Arbeitsgericht im Beschlußverfahren (*BAG* vom 21. 9. 1989 – 1 AZR 465/88 – AP Nr. 1 zur § 25 SchwbG = EzA § 14 SchwbG 1986 Nr. 2 = DB 1990, 796). Dies gilt auch für Streitigkeiten über die betriebsverfassungsrechtlichen Befugnisse der Gesamtschwerbehindertenvertretung. Zuständig ist nach § 82 ArbGG das Arbeitsgericht, in dessen Bezirk das Unternehmen seinen Sitz hat (GK-*Fabricius/Kreutz* § 52 Rz. 20).

§ 53 Betriebsräteversammlung

(1) Mindestens einmal in jedem Kalenderjahr hat der Gesamtbetriebsrat die Vorsitzenden und die stellvertretenden Vorsitzenden der Betriebsräte sowie die weiteren Mitglieder der Betriebsausschüsse zu einer Versammlung einzuberufen. Zu dieser Versammlung kann der Betriebsrat abweichend von Satz 1 aus seiner Mitte andere Mitglieder entsenden, soweit dadurch die Gesamtzahl der sich für ihn nach Satz 1 ergebenden Teilnehmer nicht überschritten wird.
(2) In der Betriebsräteversammlung hat
1. der Gesamtbetriebsrat einen Tätigkeitsbericht,
2. der Unternehmer einen Bericht über das Personal- und Sozialwesen und über die wirtschaftliche Lage und Entwicklung des Unternehmens, soweit dadurch nicht Betriebs- und Geschäftsgeheimnisse gefährdet werden,
zu erstatten.
(3) § 42 Abs. 1 Satz 1 zweiter Halbsatz und Satz 2, § 43 Abs. 2 Satz 1 und 2, §§ 45 und 46 gelten entsprechend.

Literaturübersicht

Brill Die Betriebsräteversammlung, AuR 1979, 131

Inhaltsübersicht

		Rz.
I.	Allgemeines	1– 3
II.	Teilnahmerecht	4–12
	1. Vorsitzende und Mitglieder der Betriebsräte	4– 6
	2. Weitere Teilnahmeberechtigte	7–11
	3. Nichtöffentlichkeit	12
III.	Aufgaben	13–16
IV.	Zulässige Beratungsgegenstände	17–19
V.	Einberufung	20–31
VI.	Durchführung	32–36
	1. Leitung	32
	2. Inhalt und Ablauf	33
	3. Entgeltzahlung, Kosten- und Sachaufwand	34–36
VII.	Rechte und Pflichten des Arbeitgebers	37–39
VIII.	Streitigkeiten	40

I. Allgemeines

Die Institution der Betriebsräteversammlung, die erst 1972 in das Betriebsverfassungsgesetz aufgenommen worden ist, ersetzt auf der Unternehmensebene die Betriebsversammlung. Sie dient vor allem dem Zweck, die Tätigkeit des Gesamtbetriebsrats für die Einzelbetriebsräte besser durchschaubar zu machen. An ihr nehmen zwar nicht alle Betriebsratsmitglieder teil, wie der Regierungsentwurf zum BetrVG 1972 es vorgesehen hatte (BT-Drucks. VI/1786, 12, 43), sondern nur eine beschränkte Anzahl von Betriebsratsmitgliedern; es dürfte sich indessen in der

§ 53   2. Teil 5. Abschn. *Gesamtbetriebsrat*

Regel um diejenigen handeln, die in den Einzelbetriebsräten die Hauptlast der Arbeit tragen (vgl. dazu den Bericht des Bundestags-Ausschusses für Arbeit und Sozialordnung, zu BT-Drucks. VI/2729, 26). Die Betriebsräteversammlung ist damit ein weiteres Bindeglied für die Arbeitnehmer der verschiedenen Betriebe eines Unternehmens.

2 Die Vorschrift ist **zwingendes** Recht. Sie kann weder durch Tarifvertrag noch durch Betriebsvereinbarung abbedungen werden. Allerdings können nähere Einzelheiten durch eine ergänzende freiwillige Betriebsvereinbarung zwischen dem Gesamtbetriebsrat und dem Arbeitgeber festgelegt werden, sofern dadurch der Inhalt der gesetzlichen Regelung nicht verändert wird (*G/L* § 53 Rz. 2; *F/A/K/H* § 53 Rz. 4 und *Brill* AuR 1979, 138; *D/K/K/S* § 53 Rz. 3). Durch Tarifvertrag ist deshalb auch nicht eine Erweiterung des Teilnehmerkreises zulässig (vgl. GK-*Fabricius/Kreutz* § 53 Rz. 3; **a. A.** *D/K/K/S* a. a. O.).

3 Die Bestimmungen des § 53 sind auf Konzernebene nicht anzuwenden. Ebensowenig kennt das Gesetz eine Jugend- und Auszubildendenvertreterversammlung auf Unternehmensebene; eine solche Veranstaltung könnte allenfalls mit Zustimmung des Arbeitgebers abgehalten werden (*G/L* § 53 Rz. 3; *D/K/K/S* § 53 Rz. 4).

II. Teilnahmerecht

1. Vorsitzende und Mitglieder der Betriebsräte

4 Die Betriebsräteversammlung setzt sich zusammen aus den **Vorsitzenden und stellvertretenden Vorsitzenden der Betriebsräte** und aus den **weiteren Mitgliedern der Betriebsausschüsse** der einzelnen Betriebe. Hat ein Betriebsrat keinen Betriebsausschuß, sind der Vorsitzende und stellvertretende Vorsitzende des Betriebsrats teilnahmeberechtigt; auch das einzige Mitglied eines Betriebsrats ist es. Innerhalb des zahlenmäßigen Rahmens können die Betriebsräte der Einzelbetriebe jedoch auch andere als die genannten Mitglieder zu der Betriebsräteversammlung entsenden. Damit ist es möglich, den Kreis der Teilnehmer um der besseren Information willen zu wechseln. Auch wird so ermöglicht, zu verschiedenen Punkten der Tagesordnung der Betriebsräteversammlung besonders sachkundige Betriebsratsmitglieder zu entsenden (*F/A/K/H* § 53 Rz. 7; GK-*Fabricius/Kreutz* § 53 Rz. 10). Auf die Zahl der zu entsendenden Betriebsratsmitglider sind die **Mitglieder des Gesamtbetriebsrats** nicht anzurechnen; denn die Versammlung besteht nach Abs. 1 Satz 1 auch aus den Gesamtbetriebsratsmitgliedern (GK-*Fabricius/Kreutz* § 53 Rz. 12; *G/L* § 53 Rz. 5; *F/A/K/H* § 53 Rz. 8; *D/K/K/S* § 53 Rz. 7; **a. A.** die Vorauflage).

5 Es dürfen jedoch nur Mitglieder des Betriebsrates entsandt werden. Die Entsendung von **Ersatzmitgliedern** ist, solange sie nicht in den Betriebsrat endgültig oder auch nur zeitweilig nachgerückt sind, unzulässig (GK-*Fabricius/Kreutz* § 53 Rz. 11; *Brill* a. a. O. 140; *F/A/K/H* a. a. O.; *D/K/K/S* § 53 Rz. 6; nur nach endgültigem Nachrücken: so *G/L* § 53 Rz. 7).

6 Ein **Gruppenschutz** besteht bei der Entsendung von Betriebsratsmitgliedern in die Betriebsräteversammlung nicht. Er ist hier entbehrlich, da in der Betriebsräteversammlung keinerlei Entscheidungen zu treffen sind (*G/L* § 53 Rz. 6; *F/A/K/H* § 53 Rz. 9; GK-*Fabricius/Kreutz* § 53 Rz. 14).

2. Weitere Teilnahmeberechtigte

Nach Abs. 3 i. V. m. § 43 Abs. 2 Satz 1 ist der **Arbeitgeber** zur Betriebsräteversammlung einzuladen. Er ist deshalb auch teilnahmeberechtigt. 7
Nimmt der Arbeitgeber an der Versammlung teil, so kann er nach Abs. 3 8
i. V. m. § 46 Abs. 1 Satz 2 einen **Beauftragten seines Arbeitgeberverbandes** hinzuziehen. Die Erläuterungen zu dieser Vorschrift (§ 46 Rz. 18, 19) gelten auch hier.
Teilnahmeberechtigt ist nach Abs. 3 i. V. m. § 46 Abs. 1 Satz 1 auch jede in 9
einem Betrieb des Unternehmens vertretene **Gewerkschaft** (*F/A/K/H* § 53 Rz. 13; GK-*Fabricius/Kreutz* § 53 Rz. 49; *D/R* § 53 Rz. 8 und 35; *G/L* § 53 Rz. 16; *D/K/K/S* § 53 Rz. 20). Die Erläuterungen zu dieser Bestimmung (§ 46 Rz. 9–17) gelten für das Recht zur Teilnahme an der Betriebsräteversammlung sinngemäß.
Kein Teilnahmerecht hat die **Gesamtschwerbehindertenvertretung** (*F/A/K/H* 10
§ 53 Rz. 14; *D/R* § 53 Rz. 9; *G/L* § 53 Rz. 4; **a. A.** *D/K/K/S* a.a.O.); ebensowenig steht ein solches Recht der **Gesamt-Jugend- und Auszubildendenvertretung**, dem **Konzernbetriebsrat**, dem **Wirtschaftsausschuß** und den **Arbeitnehmervertretern im Aufsichtsrat** des Unternehmens zu (*F/A/K/H* § 53 Rz. 15). Da die Betriebsräteversammlung nicht öffentlich ist (vgl. unten Rz. 12), können sie auch nicht vom Gesamtbetriebsratsvorsitzenden eingeladen werden (**a. A.** *F/A/K/H* a.a.O. und Rz. 36; GK-*Fabricius/Kreutz* § 53 Rz. 39; *D/R* § 53 Rz. 9; *D/K/K/S* § 53 Rz. 19; Brill AuR 1979, 138).
Der Gesamtbetriebsrat kann nach näherer Vereinbarung mit dem Arbeitgeber 11
gem. § 51 Abs. 6 i. V. m. § 80 Abs. 3 auch einen Sachverständigen zur Betriebsräteversammlung hinzuziehen (vgl. hierzu Erläuterungen zu § 42 Rz. 20 und zu § 51 Rz. 64).

3. Nichtöffentlichkeit

Die Betriebsräteversammlung ist nach Abs. 3 i. V. m. § 42 Abs. 1 Satz 2 nicht 12
öffentlich. Die Erläuterungen zu dieser Bestimmung gelten hier entsprechend (vgl. § 42 Rz. 17–25; für großzügigere Auslegung die herrschende Rechtsauffassung; vgl. oben Rz. 10).

III. Aufgaben

Eine der Aufgaben der Betriebsräteversammlung ist nach Abs. 2 die **Entgegen-** 13
nahme von Berichten des Gesamtbetriebsrats und des Unternehmers. Diese Berichte sind nach dem eindeutigen Gesetzeswortlaut in jeder Betriebsräteversammlung zu erstatten, auch wenn es zu mehreren Betriebsräteversammlungen im Kalenderjahr kommen sollte (**a. A.** Brill AuR 1979, 138, 143; GK-*Fabricius/Kreutz* § 53 Rz. 15).
Der nach Abs. 2 Nr. 1 zu erstattende **Tätigkeitsbericht** ist vom Gesamtbetriebs- 14
rat zu beschließen; dazu ist nicht erforderlich, daß ein schriftlich ausgearbeiteter Entwurf im Gesamtbetriebsrat beraten wird; es genügt vielmehr, wenn der wesentliche Inhalt des Berichts durch einen Beschluß des Gesamtbetriebsrats

§ 53   2. Teil 5. Abschn. Gesamtbetriebsrat

gedeckt ist (*D/R* § 53 Rz. 12; *F/A/K/H* § 53 Rz. 18). Im übrigen gilt für den Tätigkeitsbericht des Gesamtbetriebsrats dasselbe wie für den Tätigkeitsbericht des Betriebsrats (vgl. die Erläuterungen zu § 43 Rz. 11–17).

15 Eine weitere Aufgabe der Betriebsräteversammlung ist es, den **Bericht des Unternehmers** entgegenzunehmen. Der Unternehmer ist mit dem Arbeitgeber identisch (GK-*Fabricius/Kreutz* § 53 Rz. 45). Der Unternehmer hat seinen Bericht über das Personal- und Sozialwesen und über die wirtschaftliche Lage und Entwicklung des Unternehmens zu erstatten, soweit dadurch Betriebs- und Geschäftsgeheimnisse nach § 79 (vgl. Erläuterungen dort) nicht gefährdet werden. Der Bericht muß sich auf alle Betriebe des Unternehmens erstrecken und geht insoweit über den Lagebericht in der Betriebs- oder Abteilungsversammlung nach § 43 Abs. 2 Satz 3 hinaus. Die Erläuterungen zu § 43 Abs. 2 Satz 3, der dem Abs. 2 Nr. 2 entspricht, gelten hier sinngemäß (§ 43 Rz. 19 ff.; vgl. dazu auch *F/A/K/H* § 53 Rz. 19; *G/L* § 53 Rz. 8; *D/R* § 53 Rz. 14).

16 Die Berichte von Gesamtbetriebsrat und Unternehmer sind nicht die allein zulässigen Beratungsgegenstände der Betriebsräteversammlung, wie sich aus der Verweisung in Abs. 3 auf § 45 ergibt.

IV. Zulässige Beratungsgegenstände

17 Die Betriebsräteversammlung muß die nach Abs. 3 durch § 45 gezogenen thematischen Grenzen einhalten, wobei auf Angelegenheiten abzustellen ist, die das Unternehmen und seine Arbeitnehmer unmittelbar betreffen (vgl. des näheren die Erläuterungen zu § 45 Rz. 4 bis 12). Entsprechend dem Charakter als einer Institution auf Unternehmensebene handelt es sich bei diesen Angelegenheiten um solche, die über den betrieblichen Bereich eines einzelnen Betriebs hinausgehen und das Unternehmen oder seine Arbeitnehmer insgesamt oder doch mehrere Betriebe des Unternehmens oder deren Arbeitnehmer betreffen (*D/R* § 53 Rz. 15). Es ist aber ausgeschlossen, daß sich die Betriebsräteversammlung auch mit Angelegenheiten befaßt, die ausschließlich einen Betrieb des Unternehmens oder dessen Arbeitnehmer betreffen, da insoweit der Gesamtbetriebsrat nicht zuständig ist (*S/W* § 53 Rz. 3; **a. A.** *F/A/K/H* § 53 Rz. 22; GK-*Fabricius/Kreutz* § 53 Rz. 22; *D/K/K/S* § 53 Rz. 13).

18 Auch in der Betriebsräteversammlung sind Maßnahmen des Arbeitskampfes, Betätigungen, durch die der Arbeitsablauf oder der Frieden in den Betrieben gestört werden kann, sowie parteipolitische Betätigungen zu unterlassen (so auch *D/R* § 53 Rz. 15; *F/A/K/H* § 53 Rz. 23; *G/L* § 53 Rz. 9; vgl. dazu im einzelnen Erläuterungen zu § 45 in Rz. 3–20).

19 Die Betriebsräteversammlung kann nur Anregungen geben und im Rahmen des § 45 Satz 2 Anträge stellen und Beschlüsse fassen sowie ferner zu den Beschlüssen des Gesamtbetriebsrats Stellung nehmen. Die Beschlüsse der Betriebsräteversammlung sind indessen weder für den Gesamtbetriebsrat noch für die Einzelbetriebsräte rechtlich bindend (*F/A/K/H* § 53 Rz. 37; *G/L* § 53 Rz. 10; *D/R* § 53 Rz. 36; *D/K/K/S* § 53 Rz. 21 sowie Erläuterungen zu § 45 Rz. 21–23).

V. Einberufung

Die Betriebsräteversammlung ist nach Abs. 1 Satz 1 **wenigstens einmal im Kalen-** 20
derjahr durchzuführen. Nach dem Wortlaut des Gesetzes sind auch weitere Versammlungen während eines Kalenderjahres zulässig, dies aber nur, wenn entweder der Arbeitgeber zustimmt oder ihre Durchführung für die Tätigkeit des Gesamtbetriebsrats oder der Betriebsräte sachlich notwendig ist, also die Vertretung der Betriebsräte im Gesamtbetriebsrat die erforderliche Information nicht gewährleistet (*D/R* § 53 Rz. 16; *G/L* § 53 Rz. 11; *F/A/K/H* § 53 Rz. 24; *Brill* AuR 1979, 138, 141; GK-*Fabricius/Kreutz* § 53 Rz. 24; *D/K/K/S* § 53 Rz. 10) und darüber hinaus die unter Umständen erhebliche Kostenlast dem Grundsatz der Verhältnismäßigkeit entspricht (vgl. dazu Erläuterungen zu § 40 Rz. 8). Bei einem Unternehmen mit weitverstreuten Betrieben kann der Gesamtbetriebsrat deshalb ohne schwerwiegende Gründe weitere Versammlungen im Kalenderjahr nicht auf Kosten des Arbeitgebers durchführen.

Die Betriebsräteversammlung kann nicht in Teilversammlungen durchgeführt 21
werden, da die Verweisung in Abs. 3 den die Teilversammlung betreffenden § 42 Abs. 1 Satz 3 nicht mit heranzieht (ebenso *F/A/K/H* § 53 Rz. 25; *G/L* § 53 Rz. 14; GK-*Fabricius/Kreutz* § 53 Rz. 25; *D/K/K/S* § 53 Rz. 22).

Die Entscheidung über die Abhaltung der Betriebsräteversammlung, auch über 22
ihre zeitliche Lage und den Versammlungsort (vgl. dazu § 51 Rz. 11) liegt beim **Gesamtbetriebsrat**, der dabei pflichtgemäßes Ermessen anzuwenden hat. Der Zustimmung des Arbeitgebers bedarf es dabei nicht. Er hat jedoch auf die betrieblichen Notwendigkeiten im Unternehmen Rücksicht zu nehmen. Eine vorherige Abstimmung mit dem Arbeitgeber ist zwar nicht ausdrücklich vorgeschrieben, ergibt sich jedoch aus dem Gebot zur vertrauensvollen Zusammenarbeit von Gesamtbetriebsrat und Arbeitgeber sowie daraus, daß der Unternehmer auf der Versammlung den Bericht nach Abs. 2 Nr. 2 erstatten muß (*D/K/K/S* § 53 Rz. 11; vgl. § 44 Rz. 5–11).

Für die Einladung ist keine Frist vorgeschrieben. Sie muß aber so rechtzeitig erfol- 23
gen, daß den Mitgliedern die sachgemäße Vorbereitung möglich ist (GK-*Fabricius/Kreutz* § 53 Rz. 29; *F/A/K/H* § 53 Rz. 35; *D/R* § 53 Rz. 22).

Die Einladung ergeht im Namen des Gesamtbetriebsrats durch dessen Vorsitzen- 24
den. Sie ist an die einzelnen Betriebsräte zu richten, nicht an die teilnehmenden Betriebsratsmitglieder persönlich, da die Betriebsräte insoweit eine **Auswahlbefugnis** haben (*F/A/K/H* § 53 Rz. 28; *D/R* § 53 Rz. 20).

Mit der Einladung ist auch die **Tagesordnung** bekanntzugeben (*Brill* a. a. O.; GK- 25
Fabricius/Kreutz § 53 Rz. 32). Allerdings können unabhängig davon jederzeit in der Betriebsräteversammlung aus dem Teilnehmerkreis Fragen zur Beratung und ggf. zur Abstimmung gestellt werden (*D/R* und *F/A/K/H*, jeweils a. a. O.).

In der **Gestaltung der Tagesordnung** ist der Gesamtbetriebsrat grundsätzlich frei; 26
nur ist er nach § 53 Abs. 2 verpflichtet, seinen eigenen Tätigkeitsbericht und den Bericht des Unternehmers über das Personal- und Sozialwesen und über die wirtschaftliche Lage und Entwicklung des Unternehmens vorzusehen.

Der Gesamtbetriebsrat muß außerdem gem. Abs. 3 die nach § 45 gezogenen **the-** 27
matischen Grenzen einhalten (vgl. oben Rz. 17 sowie § 45 Rz. 3–26; wegen möglicher Auswirkungen der Überschreitung dieser Grenzen vgl. § 44 Rz. 25). Kann im vorhinein glaubhaft gemacht werden, daß es zur Behandlung unzulässiger Themen kommen wird, kann der Arbeitgeber die Abhaltung einer geplanten Be-

§ 53   2. Teil 5. Abschn. Gesamtbetriebsrat

triebsräteversammlung durch einstweilige Verfügung des Arbeitsgerichts untersagen lassen (vgl. § 42 Rz. 29).

28 Zur Betriebsräteversammlung ist der **Arbeitgeber** nach Abs. 3 i. V. m. § 43 Abs. 2 Satz 1 unter Mitteilung der Tagesordnung einzuladen. Zeitpunkt und Tagesordnung der Betriebsräteversammlung sind nach Abs. 3 i. V. m. § 46 Abs. 2 auch den im Gesamtbetriebsrat vertretenen **Gewerkschaften** rechtzeitig schriftlich mitzuteilen (*F/A/K/H* § 53 Rz. 13; *G/L* § 53 Rz. 16; **a. A.** *D/R* § 53 Rz. 24; GK-*Fabricius/Kreutz* § 53 Rz. 33; *Kammann/Hess/Schlochauer* § 53 Rz. 9, die die Mitteilungspflicht auch gegenüber nur in einem der Betriebsräte vertretenen Gewerkschaften annehmen). In Abs. 3 ist nur eine »entsprechende« Anwendung des § 46 Abs. 2 vorgeschrieben. Das bedeutet vor allem, daß es, da die Betriebsräteversammlung eine Veranstaltung des Gesamtbetriebsrats ist, während die Betriebsversammlung vom Betriebsrat ausgerichtet wird, auf das Vertretensein der Gewerkschaft im Gesamtbetriebsrat ankommt. Im übrigen gelten die Erläuterungen zu § 46 Abs. 2 auch hier (Rz. 5–8; zum Teilnahmerecht der in den Betrieben vertretenen Gewerkschaften vgl. oben Rz. 9).

29 Das Recht, die Betriebsräteversammlung einzuberufen, hat ausschließlich der Gesamtbetriebsrat. Die Einberufung der jährlichen oder einer weiteren Versammlung durch eine andere Stelle – z. B. durch einen Einzelbetriebsrat, den Unternehmer oder eine Gewerkschaft – ist nicht zulässig (*F/A/K/H* § 53 Rz. 28; GK-*Fabricius/Kreutz* § 53 Rz. 27; *D/K/K/S* § 53 Rz. 12; *Brill* AuR 1979, 138, 142).

30 Ebensowenig hat der Unternehmer gegenüber dem Gesamtbetriebsrat einen Anspruch auf Einberufung einer Betriebsräteversammlung; denn § 43 Abs. 3 ist bei den nach Abs. 3 entsprechend geltenden Vorschriften nicht aufgeführt. Zwar kann der Gesamtbetriebsrat dem Verlangen des Unternehmers nachkommen; verpflichtet hierzu ist er jedoch nicht. Auch die im Unternehmen vertretenen Gewerkschaften haben kein den Gesamtbetriebsrat bindendes Antragsrecht auf Einberufung einer Betriebsräteversammlung, wie dies im § 43 Abs. 4 hinsichtlich der Betriebsversammlung vorgesehen ist (*G/L* § 53 Rz. 17; *F/A/K/H* § 53 Rz. 29; GK-*Fabricius/Kreutz* § 53 Rz. 34). Gleiches gilt für die einzelnen Betriebsräte des Unternehmens (*D/R* § 53 Rz. 30; *Brill* a. a. O.).

31 Die Einberufung der Betriebsräteversammlung gehört zu den gesetzlichen Amtspflichten des Gesamtbetriebsrats. Unterläßt er die Einberufung der kalenderjährlichen Betriebsräteversammlung, handelt er pflichtwidrig. Die Unterlassung kann eine grobe Verletzung der gesetzlichen Pflichten i. S. des § 48 darstellen. Ein derartiger Verstoß wird insbesondere bei einer beharrlichen Nichteinberufung angenommen werden können (GK-*Fabricius/Kreutz* § 53 Rz. 34; *D/R* § 53 Rz. 18; *D/K/K/S* a. a. O.; *Brill* AuR 1979, 138, 142). Die Betriebsräte haben darüber hinaus mit der Befugnis, die von ihnen in den Gesamtbetriebsrat entsandten Mitglieder abzuberufen, ein wirksames Druckmittel bei solcher Pflichtwidrigkeit (GK-*Fabricius/Kreutz* und *Brill*, jeweils a. a. O.).

VI. Durchführung

1. Leitung

Die Betriebsräteversammlung wird nach Abs. 3 i. V. m. § 42 Abs. 1 Satz 1 vom **32** Vorsitzenden des Gesamtbetriebsrats, bei seiner Verhinderung von seinem Stellvertreter geleitet. Die Leitung der Betriebsräteversammlung kann weder durch den Gesamtbetriebsrat noch durch die Versammlung selbst einer anderen Person übertragen werden (*D/R* § 53 Rz. 26; *Brill* a. a. O. 143; **a. A.** für den Fall, daß sowohl der Vorsitzende als auch sein Stellvertreter verhindert sind: GK-*Fabricius/ Kreutz* § 53 Rz. 35; dann kann aber nur mit der Wahl eines weiteren Stellvertreters geholfen werden; vgl. dazu oben § 26 Rz. 58f.). Die sich aus der Versammlungsleitung ergebenen Befugnisse und Pflichten entsprechen denjenigen des Betriebsratsvorsitzenden als Leiters der Betriebsversammlung (vgl. dazu § 42 Rz. 31–35).

2. Inhalt und Ablauf

Das Gesetz enthält zu Inhalt und Ablauf der Betriebsräteversammlung nur wenige **33** Bestimmungen. Abs. 2 schreibt vor, daß der Gesamtbetriebsrat einen Tätigkeitsbericht und der Unternehmer einen Bericht über das Personal- und Sozialwesen und über die wirtschaftliche Lage und Entwicklung des Unternehmens zu erstatten hat. Abs. 3 i. V. m. § 45 Satz 1 beschränkt die möglichen Beratungsthemen. Nach § 45 Satz 2 kann die Betriebsräteversammlung dem Gesamtbetriebsrat auch Anträge unterbreiten und zu seinen Beschlüssen Stellung nehmen. Deshalb ist die Betriebsräteversammlung nicht nur eine Veranstaltung zur Information und Aussprache, sondern hat auch die Funktion, eine Willensbildung der Teilnehmer herbeizuführen. Anträge und Stellungnahmen erfolgen durch Beschluß, der mit einfacher Stimmenmehrheit gefaßt wird und für den jeder Teilnehmer nur eine Stimme hat (*D/R* § 53 Rz. 36; GK-*Fabricius/Kreutz* § 53 Rz. 53; *D/K/K/S* § 53 Rz. 21). Sie haben aber keine rechtlich bindende Wirkung (vgl. oben Rz. 19).

3. Entgeltzahlung, Kosten- und Sachaufwand

Obwohl es in § 53 an einer entsprechenden Regelung fehlt, wie sie für die Be- **34** triebsratssitzungen in § 30 Satz 1 und für die Abteilungsversammlungen in § 44 Abs. 1 besteht, ist auch die Betriebsräteversammlung grundsätzlich während der Arbeitszeit abzuhalten (so auch *G/L* § 53 Rz. 13; *F/A/K/H* § 53 Rz. 30; GK-*Fabricius/Kreutz* § 53 Rz. 56; *D/K/K/S* § 53 Rz. 23; **a. A.** *Brecht* § 53 Rz. 5). Das Gesetz geht davon aus, daß die Betriebsratsmitglieder ihre Amtstätigkeit in der Regel während der Arbeitszeit ausüben (vgl. oben § 37 Rz. 16). Dementsprechend sind die an der Betriebsräteversammlung teilnehmenden Betriebsratsmitglieder nach § 37 Abs. 2 von ihrer beruflichen Tätigkeit ohne Minderung des Arbeitsentgelts zu befreien. Soweit sie aus betriebsbedingten Gründen außerhalb ihrer Arbeitszeit amtlich tätig werden, haben sie Anspruch auf Freizeitausgleich oder Vergütung wie Mehrarbeit (*Brill* a. a. O. 143; *F/A/K/H* § 53 Rz. 31; GK-*Fabricius/Kreutz*, *D/R* und *G/L*, jeweils a. a. O.; vgl. im einzelnen oben § 37 Rz. 43 bis 63).

§ 53   2. Teil 5. Abschn. *Gesamtbetriebsrat*

35   Auch die **Kosten** der Betriebsräteversammlung gehen nach § 40 Abs. 1 zu Lasten des Arbeitgebers, da es sich bei der Teilnahme um eine Tätigkeit des Gesamtbetriebsrats und der Betriebsräte handelt. In Betracht kommen vor allem die Kosten der Teilnehmer für Reise, Verpflegung und Übernachtung (*Brill* a.a.O. 143; *F/A/K/H* § 53 Rz. 32; GK-*Fabricius/Kreutz* § 53 Rz. 57; *D/K/K/S* § 53 Rz. 24; vgl. dazu oben § 40 Rz. 41 ff.).

36   Der Arbeitgeber hat den für die Abhaltung der Betriebsräteversammlung erforderlichen **Raum** zur Verfügung zu stellen (vgl. dazu oben § 42 Rz. 30).

VII. Rechte und Pflichten des Arbeitgebers

37   Der Arbeitgeber ist berechtigt, an der Betriebsräteversammlung teilzunehmen (vgl. oben Rz. 7). Da er in der Versammlung einen Bericht zu erstatten hat, ist er insoweit auch zur Teilnahme verpflichtet. Im übrigen kann sich eine **Teilnahmepflicht** auch aus dem Gebot zur vertrauensvollen Zusammenarbeit nach § 2 Abs. 1 ergeben, z.B. wenn er zur gemeinsamen Erörterung einer bestimmten Angelegenheit eingeladen worden ist, es sei denn, es sprächen triftige Gründe gegen seine Teilnahme (GK-*Fabricius/Kreutz* § 53 Rz. 44; vgl. auch Rz. 44 zu § 43).

38   Nach Abs. 3 i.V.m. § 43 Abs. 2 Satz 2 hat der Arbeitgeber das Recht, in der Betriebsräteversammlung zu **sprechen**, wobei er abzuwarten hat, bis ihm der Versammlungsleiter das Wort erteilt (vgl. des näheren die hier entsprechend geltenden Erläuterungen zu § 43 Rz. 45).

39   Der Unternehmer (= Arbeitgeber) kann sich in der Betriebsräteversammlung durch einen an der Unternehmensleitung verantwortlich beteiligten **Mitarbeiter** vertreten lassen (vgl. dazu oben § 43 Rz. 47). Dies gilt aber nicht für die Erstattung des Lageberichs, da Abs. 3 auf die in § 43 Abs. 2 Satz 3 vorgesehene Vertretungsmöglichkeit nicht verweist (so auch *LAG Frankfurt* vom 26.1.1989 – 12 Ta BV 147/88 – BB 1989, 1619 = NZA 1989, 733; GK-*Fabricius/Kreutz* § 53 Rz. 46: **a.A.** *Brill* a.a.O.; *D/R* § 53 Rz. 33; *G/L* § 53 Rz. 15 und die Vorauflage). Auf der anderen Seite kann sich der Arbeitgeber, obwohl im Gesetz nicht ausdrücklich zugelassen, durch leitende Mitarbeiter begleiten und unterstützen lassen (vgl. oben § 43 Rz. 48).

VIII. Streitigkeiten

40   Streitigkeiten über Fragen der Betriebsräteversammlung gehören gem. § 2a ArbGG in das Beschlußverfahren vor dem Arbeitsgericht (zum Beweis des Vertretenseins einer Gewerkschaft im Unternehmen vgl. oben § 46 Rz. 21). Das gilt auch, wenn es um Fragen geht, die mit der Pflicht des Arbeitgebers zur Bereitstellung von Räumen und Einrichtungen sowie mit seiner Kostentragungspflicht zusammenhängen. Den Anspruch auf Arbeitsentgelt für die Zeit der Teilnahme an einer Betriebsräteversammlung hat der Arbeitnehmer aber nach § 2 Abs. 1 Nr. 3a und Abs. 5 ArbGG im Urteilsverfahren geltend zu machen (*D/R* § 53 Rz. 38; GK-*Fabricius/Kreutz* § 53 Rz. 58).

Sechster Abschnitt
Konzernbetriebsrat

§ 54 Errichtung des Konzernbetriebsrats

(1) Für einen Konzern (§ 18 Abs. 1 des Aktiengesetzes) kann durch Beschlüsse der einzelnen Gesamtbetriebsräte ein Konzernbetriebsrat errichtet werden. Die Errichtung erfordert die Zustimmung der Gesamtbetriebsräte der Konzernunternehmen, in denen insgesamt mindestens 75 vom Hundert der Arbeitnehmer der Konzernunternehmen beschäftigt sind.
(2) Besteht in einem Konzernunternehmen nur ein Betriebsrat, so nimmt dieser die Aufgaben eines Gesamtbetriebsrats nach den Vorschriften dieses Abschnitts wahr.

Literaturübersicht

Behrens/Schaude Das Quorum für die Errichtung von Konzernbetriebsräten in § 54 Abs. 1 Satz 2 BetrVG, DB 1991, 278; *Birk* Das Arbeitskollisionsrecht der Bundesrepublik Deutschland, RdA 1984, 129; *Brauksiepe* Zum Unternehmensbegriff des neuen Aktienrechts, DB 1966, 869 ff.; *Buchner* Gemeinschaftsunternehmen und Konzernbetriebsrat, RdA 1975, 9 ff.; *Frisinger/Lehmann* Konzern im Konzern, DB 1972, 2337; *Fuchs* Der Konzernbetriebsrat – Funktion und Kompetenz, 1974; *Gessler* Probleme des neuen Konzernrechts, BB 1965, 1961 und 1729; *ders.* Mitbestimmung im mehrstufigen Konzern, BB 1977, 1313; *Haase* Betrieb, Unternehmen und Konzern im Arbeitsrecht, NZA 1988 Beilage Nr. 3; *Hanau* Fragen der Mitbestimmung und Betriebsverfassung im Konzern, ZGR 1984, 468; *v. Hoyningen-Huene* Der Konzern im Konzern, ZGR 1978, 515; *Hueck, G.* Zwei Probleme der Konzernmitbestimmung, FS für *Westermann*, 1974, 241; *Klinkhammer* Mitbestimmung im Gemeinschaftsunternehmen, 1977; *ders.* der »Konzern im Konzern« als mitbestimmungsrechtliches Problem, DB 1977, 553; *Konzen* Arbeitnehmerschutz im Konzern, RdA 1984, 65 ff; *ders.* Konzern im Konzern, ZIP 1984, 269; Konzern Unternehmensaufspaltung und Betriebseinheit, RdA 1985, 341; *Leinemann* Rechte und Pflichten für die Unternehmer bei Betriebsänderungen, ZIP 1989, 552; *Lutter/Schneider* Mitbestimmung im mehrstufigen Konzern, BB 1977, 553; *Meik,* Der Konzern im Arbeitsrecht und die Wahl des Konzernbetriebsrats im Schnittbereich zur Wahl des Aufsichtsrats, BB 1991, 2441; *Martens* Der Konzernbetriebsrat – Zuständigkeit und Funktionsweise, ZfA 1973, 297 ff.; *Monjau* Der Konzernbetriebsrat, BB 1972, 839 ff.; *Neumann/Bock* Zur rechtlichen Zuordnung von Gemeinschaftsunternehmen, BB 1977, 852; *Oetker* Konzernbetriebsrat und Unternehmensbegriff, ZfA 1986, 177; *Richardi* Konzernzugehörigkeit eines Gemeinschaftsunternehmens nach dem Mitbestimmungsgesetz, 1977; *ders.* Konzern, Gemeinschaftsunternehmen und Konzernbetriebsrat, DB 1973, 1452; *Semler* »Konzern im Konzern« Organisationsmodell oder Rechtstatbestand?, DB 1977, 805; *Wetzling* Der Konzernbetriebsrat – Geschichtliche Entwicklung und Kompetenz, 1978.

Inhaltsübersicht

		Rz.
I.	Allgemeines	1– 6
II.	Voraussetzungen	7–20
III.	Errichtung	21–28
IV.	Bestandsdauer	28–34

V. Konzernunternehmen mit nur einem Betriebsrat	35–37
VI. Streitigkeiten	38

I. Allgemeines

1 Das Betriebsverfassungsgesetz 1972 hat mit dem Konzernbetriebsrat eine neue betriebsverfassungsrechtliche Institution geschaffen. Der Hauptgrund dafür war, daß in einem Konzern wichtige Entscheidungen außerhalb des Unternehmens von der Konzernspitze getroffen werden. Für den Unternehmensbegriff in der Betriebsverfassung ist die Autonomie der Planung und Entscheidung nicht Voraussetzung. Gleichwohl bleibt das rechtlich selbständige Unternehmen auch hier eine abgegrenzte Einheit. Daher kann ein Gesamtbetriebsrat nicht für mehrere rechtlich selbständige Unternehmen errichtet werden, selbst wenn sie unter einheitlicher Leitung zusammengefaßt sind und deshalb eine wirtschaftliche Einheit bilden. Es soll aber als Repräsentant aller im Konzern beschäftigten Arbeitnehmer ein Konzernbetriebsrat gebildet werden können, wenn bei einer derartigen Unternehmensverbindung die einheitliche Leitung von einem herrschenden Unternehmen ausgeübt wird (*D/R* § 54 Vorbem. Rz. 1; *F/A/K/H* § 54 Rz. 3; vgl. auch *Konzen* RdA 1984, 65, 76).

2 Der Konzernbetriebsrat ist die betriebsverfassungsrechtliche Vertretung der Arbeitnehmerschaft des Konzerns (vgl. *Martens* ZfA 1973, 297, 305ff.; *F/A/K/H* § 54 Rz. 1). Die Errichtung ist nicht obligatorisch, sondern fakultativ (*D/R* § 54 Rz. 1; *G/L* § 54 Rz. 17; *F/A/K/H* § 54 Rz. 3; *D/K/K/S* § 54 Rz. 1). Der Konzernbetriebsrat steht neben den Gesamtbetriebsräten der einzelnen Konzernunternehmen, ohne ihnen übergeordnet zu sein (*F/A/K/H* § 54 Rz. 1).

3 Durch die Regelung über die Errichtung des Konzernbetriebsrats soll eine **Beteiligung der Arbeitnehmerschaft im Konzern** an den die einzelnen Unternehmen bindenden Leitungsentscheidungen in sozialen, personellen und wirtschaftlichen Angelegenheiten ermöglicht werden (ähnlich *BAG* vom 21. 10. 1980 – 6 ABR 41/78 – AP Nr. 1 zu § 54 BetrVG 1972 m. Anm. *Fabricius* = EzA § 54 BetrVG 1972 Nr. 1 = DB 1981, 895; *F/A/K/H* § 54 Rz. 3; *G/L* § 54 Rz. 12a; GK-*Fabricius/Kreutz* § 54 Rz. 3; *D/K/K/S* § 54 Rz. 2). Dies wird allerdings nur innerhalb des Zuständigkeitsbereichs des Konzernbetriebsrats erreicht (*Oetker* ZfA 1986, 177, 190; GK-*Fabricius/Kreutz* a. a. O.).

4 Da nicht in allen Konzernen ein **Bedürfnis** für einen Konzernbetriebsrat besteht, ist die Errichtung nach Abs. 1 Satz 2 der Entscheidung einer qualifizierten Mehrheit der Gesamtbetriebsräte der Konzernunternehmen vorbehalten (Begründung zum Regierungsentwurf, BT-Drucks. VI/1786, 43).

5 Für den **Begriff des Konzerns** knüpft Abs. 1 Satz 1 an § 18 Abs. 1 AktG an, weil nur bei den dort genannten Konzernen ein Abhängigkeitsverhältnis eines oder mehrerer Konzernunternehmen von einem herrschenden Unternehmen besteht (Begründung zum Regierungsentwurf a. a. O.).

6 Die Bestimmung ist **zwingend** und kann weder durch Tarifvertrag noch durch Betriebsvereinbarung abbedungen werden (*G/L* § 54 Rz. 3; *F/A/K/H* § 54 Rz. 5; GK-*Fabricius/Kreutz* § 54 Rz. 5).

II. Voraussetzungen

§ 54 legt die Voraussetzungen fest, unter denen für einen Konzern ein Konzernbe- 7
triebsrat gebildet werden kann. Dieses Gremium wird durch übereinstimmende
Beschlüsse der Gesamtbetriebsräte der Konzernunternehmen errichtet (*F/A/K/H*
§ 54 Rz. 29).
Voraussetzung für die Errichtung eines Konzernbetriebsrats ist das **Bestehen eines** 8
Konzerns. Das BetrVG bestimmt den Begriff des Konzerns aber nicht selbst, sondern verweist auf die Vorschriften des § 18 AktG und damit auch auf § 17. Die
beiden Bestimmungen lauten:

§ 17 Abhängige und herrschende Unternehmen

*(1) Abhängige Unternehmen sind rechtlich selbständige Unternehmen, auf die
ein anderes Unternehmen (herrschendes Unternehmen) unmittelbar oder mittelbar einen beherrschenden Einfluß ausüben kann.*
*(2) Von einem im Mehrheitsbesitz stehenden Unternehmen wird vermutet, daß
es von dem an ihm mit Mehrheit beteiligten Unternehmen abhängig ist.*

§ 18 Konzern und Konzernunternehmen

*(1) Sind ein herrschendes und ein oder mehrere abhängige Unternehmen unter
der einheitlichen Leitung des herrschenden Unternehmens zusammengefaßt, so
bilden sie einen Konzern; die einzelnen Unternehmen sind Konzernunternehmen. Unternehmen, zwischen denen ein Beherrschungsvertrag (§ 291) besteht
oder von denen das eine in das andere eingegliedert ist (§ 319), sind als unter
einheitlicher Leitung zusammengefaßt anzusehen. Von einem abhängigen Unternehmen wird vermutet, daß es mit dem herrschenden Unternehmen einen Konzern bildet.*
*(2) Sind rechtlich selbständige Unternehmen, ohne daß das eine Unternehmen
von dem anderen abhängig ist, unter einheitlicher Leitung zusammengefaßt, so
bilden sie auch einen Konzern; die einzelnen Unternehmen sind Konzernunternehmen.*

Ein Konzern i. S. v. § 18 Abs. 1 AktG liegt vor, wenn ein herrschendes und ein 9
oder mehrere abhängige Unternehmen unter der einheitlichen Leitung des herrschenden Unternehmens zusammengefaßt sind. Damit ist klargestellt, daß ein
Konzernbetriebsrat **nur in einem Unterordnungskonzern** gebildet werden kann.
Dagegen ist die Errichtung eines Konzernbetriebsrats in einem **Gleichordnungskonzern** nicht möglich, da das Gesetz auf die aktienrechtliche Vorschrift über
diese Konzernform (§ 18 Abs. 2) nicht verweist (*G/L* § 54 Rz. 5; *F/A/K/H* § 54
Rz. 8; *D/K/K/S* § 54 Rz. 9; *Martens* ZfA 1973, 297, 301; *Richardi* DB 1973,
1452 ff.; GK-*Fabricius/Kreutz* § 54 Rz. 11 ff.; *Meik* BB 1991, 2441, 2443).
Trotz des Hinweises auf das AktG ist nicht Voraussetzung für die Bildung eines 10
Konzernbetriebsrats, daß der Konzern **unter das Aktiengesetz** fällt; der Unternehmensbegriff in § 18 Abs. 1 AktG ist vielmehr rechtsformneutral verwendet (GK-
Fabricius/Kreutz § 54 Rz. 19; *F/A/K/H* § 54 Rz. 10; *D/R* § 54 Rz. 6; *D/K/K/S*

§ 54 2. Teil 6. Abschn. Konzernbetriebsrat

§ 54 Rz. 10; *Fuchs* Konzernbetriebsrat, 35f.; *Monjau* BB 1972, 839, *Martens* ZfA 1973, 297, 300 Fn. 9; *Oetker* ZfA 1986, 189; *Meik* BB 1991, 2441f.). Durch den Hinweis auf § 18 Abs. 1 AktG soll lediglich umschrieben werden, was unter einem Konzern als Voraussetzung für die Errichtung eines Konzernbetriebsrats zu verstehen ist (*Monjau* BB 1972, 840; *F/A/K/H* und *Meik,* jeweils a.a.O.). Da nicht einmal Voraussetzung ist, daß es sich um eine Kapitalgesellschaft handelt, kommt ein Konzernbetriebsrat auch dann in Betracht, wenn die Konzernbindung nur zwischen Personengesellschaften oder Einzelkaufleuten besteht (*D/R, Meik, D/K/K/S* und *Oetker,* jeweils a.a.O.). Ein Konzern ist aber nicht die **Treuhandanstalt.** Mit ihrem Status als Anstalt des öffentlichen Rechts wäre die Anwendung der Bestimmungen über den Konzern unvereinbar (a.A. *D/K/K/S* a.a.O.)

11 **Herrschendes Unternehmen** ist das Unternehmen, das die einheitliche Leitung des zu wirtschaftlichen Zwecken zusammengeschlossenen Konzerns ausübt und folglich auch auf die Verwaltung und die Geschäftsführung der abhängigen Unternehmen bestimmenden Einfluß nimmt. Diese einheitliche Leitung muß tatsächlich vorhanden sein; die bloße Möglichkeit ihrer Ausübung allein genügt nicht (*F/A/K/H* § 54 Rz. 9; GK-*Fabricius/Kreutz* § 54 Rz. 23; *D/R* a.a.O.; *G/L* § 54 Rz. 6; *Meik* BB 1991, 2441, 2443).

12 Die einheitliche Leitung beruht bei einem sog. **Vertragskonzern auf den in § 18 Abs. 1 Satz 1 AktG** genannten Verträgen. Es kann sich also um einen Beherrschungsvertrag gem. § 291 AktG handeln, nach dem die Leitung des abhängigen Unternehmens verbindlichen Weisungen des herrschenden Unternehmens unterworfen ist (§ 308 AktG). Die andere Möglichkeit ist der Eingliederungsvertrag gem. § 319 AktG, durch den das eingegliederte Unternehmen seine Selbständigkeit praktisch verliert (*F/A/K/H* § 54 Rz. 13; GK-*Fabricius/Kreutz* § 54 Rz. 24). Liegt einer dieser Verträge zwischen Unternehmen vor, so wird nach § 18 Abs. 1 Satz 3 AktG unwiderleglich vermutet, daß ein Vertragskonzern vorliegt (*F/A/K/H* § 54 Rz. 14; *G/L* a.a.O.).

13 Es kann sich aber auch um einen sog. **faktischen Konzern** handeln (vgl. dazu unten Rz. 14). Auch ohne daß ein Beherrschungsvertrag vorliegt, kann das herrschende Unternehmen eine einheitliche Leitung ausüben und damit ein Konzern bestehen. Die einheitliche Leitung des herrschenden Unternehmens kann insbesondere auf der Ausübung des Einflusses beruhen, den der Mehrheitsbesitz am Gesellschaftskapital des abhängigen Unternehmens ermöglicht. Mittel zur Beherrschung der abhängigen Unternehmen können beispielsweise das Bestehen von Stimm- oder Entsendungsrechten, Mehrheitsbeteiligung am Gesellschaftskapital, in besonderen Fällen auch langfristige Liefer-, Abnahme- oder Lizenzverträge sein (*F/A/K/H* § 54 Rz. 15; noch weitergehend *D/K/K/S* § 54 Rz. 13). Aber nur wenn eine einheitliche Leitung ausgeübt wird, kann auch in einem faktischen Konzern die Bildung eines Konzernbetriebsrats in Betracht kommen (*D/R, G/L,* GK-*Fabricius/Kreutz,* jeweils a.a.O.; *Fuchs* a.a.O. 43; *Martens* a.a.O. 302; *Meik* BB 1991, 2441, 2442; vgl. dazu auch *BAG* vom 30.10. 1986 – 6 ABR 19/85 – EzA § 54 BetrVG 1972 Nr. 3 = DB 1987, 1691). Eine nur mittelbare oder auch unmittelbare Möglichkeit der Beherrschung, insbesondere bei Kapitalbeteiligung von Banken, genügt nicht; vielmehr ist erforderlich, daß die Einflußmöglichkeit zu einer Zusammenfassung der Unternehmen unter einheitlicher Leitung führt (*Hueck* RdA 1965, 324; *Möhring* NJW 1967, 2; *F/A/K/H* § 54 Rz. 16).

Errichtung des Konzernbetriebsrats § 54

Die **Konzernvermutung** nach § 18 Abs. 1 Satz 3 AktG bewirkt, daß bei Abhängigkeit eines Unternehmens von einem anderen bis zum Beweis des Gegenteils ein (faktischer) Konzern angenommen werden muß (GK-*Fabricius/Kreutz* § 54 Rz. 25; *F/A/K/H* § 54 Rz. 17). 14

Wird ein Unternehmen durch zwei oder mehrere andere Unternehmen beherrscht, handelt es sich also um ein sog. **Gemeinschaftsunternehmen**, so bildet es mit diesen Unternehmen einen Konzern. Der Betriebsrat oder Gesamtbetriebsrat des Gemeinschaftsunternehmens hat ein Entsendungsrecht nach § 55 Abs. 1 zu den Konzernbetriebsräten der herrschenden Unternehmen (*BAG* vom 30. 10. 1986, a. a. O.; *LAG Hamm* vom 16. 1. 1985 – 3 Ta BV – DB 1985, 871; GK-*Fabricius/Kreutz* § 54 Rz. 34 ff.; *F/A/K/H* § 54 Rz. 18; *D/K/K/S* § 54 Rz. 18 f.; a. A., nämlich nur Konzernverhältnis, wenn eins der herrschenden Unternehmen gegenüber den anderen dominiert: *LAG Düsseldorf* vom 25. 11. 1974 – 10 Ta BV 60/74 – EzA § 18 AktG Nr. 1 = BB 1977, 795; *G/L* § 54 Rz. 7; *D/R* § 54 Rz. 5; *Neumann/Bock* BB 1977, 852; *Klinkhammer* Mitbestimmung im Gemeinschaftsunternehmen, 108 ff.; *Buchner* RdA 1975, 12; *Fuchs* Konzernbetriebsrat, 162 f. und die Vorauflage). 15

Im Rahmen des § 54 gilt die Konzernvermutung des § 18 Abs. 1 Satz 3 AktG auch für die Fälle mehrfacher Abhängigkeit eines Gemeinschaftsunternehmens (so auch *BAG* a. a. O.; **a. A.** GK-*Fabricius/Kreutz* § 54 Rz. 35, nach denen zur Sicherung der einheitlichen Leitung der Abschluß eines Konsortial- oder Stimmbindungsvertrags erforderlich sei). Wird die einheitliche Leitung aber eindeutig nur von einem der herrschenden Unternehmen ausgeübt, dann besteht nur zu ihm ein Konzernverhältnis (GK-*Fabricius/Kreutz* a. a. O.; *G/L* § 54 Rz. 9; zum Abschluß von Konzernbetriebsvereinbarungen für Gemeinschaftsunternehmen vgl. unten § 58 Rz. 23). 16

Ein Konzernbetriebsrat kann auch bei einem **Tocherunternehmen eines mehrstufigen, also vertikal gegliederten Konzerns** gebildet werden, wenn dem Tochterunternehmen ein betriebsverfassungsrechtlich bedeutsamer Spielraum für die bei ihm für die abhängigen Unternehmen zu treffenden Entscheidungen verbleibt (*BAG* vom 23. 10. 1980 – 6 ABR 41/78 – EzA § 54 BetrVG 1972 Nr. 1 = DB 1981, 895; GK-*Fabricius/Kreutz* § 54 Rz. 27 ff.; *F/A/K/H* § 54 Rz. 21; *D/K/K/S* § 54 Rz. 16; *Klinkhammer* a. a. O. 130 ff.; **a. A.** *D/R* § 54 Rz. 7; *G/L* § 54 Rz. 12 f.; *Kammann/Hess/Schlochauer* § 54 Rz. 11; *Monjau* BB 1972, 840; *Frisinger/Lehmann* DB 1972, 2337; *Lutter/Schneider* BB 1977, 553; *Meik* BB 1991, 2441, 2443; demgegenüber soll nach *Fuchs* a. a. O. 172 ff. zwar nur ein einziger Konzernbetriebsrat gebildet werden können, dieser jedoch sowohl bei dem Mutterunternehmen als auch bei den Spitzen der Unterkonzerne die Beteiligungsrechte wahrnehmen). Es kann dahinstehen, ob es im Aktienrecht den Konzern im Konzern gibt (so auch *Dütz* Anm. SAE 1982, 212; vgl. *Semler* BB 1977, 805 ff.; *Gessler* BB 1977, 1313 ff.; *Fitting/Wlotzke/Wißmann* § 5 Rz. 30 ff.). Wegen der besonderen Zielsetzung der Regelung über den Konzernbetriebsrat (vgl. dazu oben Rz. 3) ist es notwendig, daß die betriebsverfassungsrechtlichen Beteiligungsrechte dort ausgeübt werden können, wo die unternehmerische Leitung konkret entfaltet und verwirklicht wird. Durch die Dezentralisierung von Leitungsaufgaben dürfen die gegebenen Mitwirkungs- und Mitbestimmungsrechte nicht teilweise ausgeschlossen werden können (*Dütz* a. a. O.). Es kommt also darauf an, ob der Spitze des Unterkonzerns ein Entscheidungsspielraum zusteht, sie also nicht durch konkrete Weisungen des Mutterunternehmens gebunden ist (*BAG* a. a. O.; 17

§ 54   2. Teil 6. Abschn. Konzernbetriebsrat

F/A/K/H § 54 Rz. 22; GK-*Fabricius/Kreutz* § 54 Rz. 30). Wenn daneben Leitungsmacht in einem Konzern auch von der Spitze des Oberkonzerns unmittelbar ausgeübt werden kann, schließt dies die Errichtung eines Konzernbetriebsrats auf der Zwischenstufe nicht aus (*BAG* a. a. O.).

18 Sofern es wegen der Bildung von Konzernbetriebsräten auf der Zwischenstufe von Konzernen zu einer verwirrenden Überorganisierung und einer Zersplitterung von Mitwirkungsmöglichkeiten kommen sollte, kommt eine Konzentrierung der Leitungsaufgaben bei der Spitze des Oberkonzerns als Abhilfe in Betracht, die dann die Zulässigkeit der Errichtung eines Konzernbetriebsrats auf der Zwischenstufe ausschließen und das betriebsverfassungsrechtliche Mitwirkungsrecht dem Konzernbetriebsrat bei der Spitze des Oberkonzerns zufallen lassen würde (*Dütz* a. a. O., 213; vgl. auch *F/A/K/H* a. a. O.).

19 Der Konzernbetriebsrat kann nur für einen Konzern errichtet werden, dessen herrschendes Unternehmen seinen **Sitz im Geltungsbereich des BetrVG** hat. Ist der Sitz im **Ausland**, so ist auch dann kein Konzernbetriebsrat zu errichten, wenn abhängige Unternehmen im Inland bestehen (*F/A/K/H* § 54 Rz. 23; GK-*Fabricius/Kreutz* § 54 Rz. 37; **a. A.** *D/R* § 54 Rz. 11; *D/K/K/S* § 54 Rz. 23; *Birk* FS für *Schnorr v. Carolsfeld*, 84; ders. RdA 1984, 129, 137; *Simitis* FS für *Kegel*, 179). Unterhält allerdings das ausländische Unternehmen im Inland einen Unterkonzern, eine sog. **Zentrale** oder **Direktion**, dann ist diese inländische Unternehmensgruppe als Konzern anzusehen, wenn ihm in einem wesentlichen Bereich eine eigene Leitungsmacht zusteht. Dann kann durch Beschluß der Gesamtbetriebsräte der inländischen abhängigen Unternehmen ein Konzernbetriebsrat in dieser Zentrale errichtet werden (*F/A/K/H* § 54 Rz. 24; *Fuchs* a. a. O. 184 ff.; *G/L* § 54 Rz. 13; *D/K/K/S* § 54 Rz. 22).

20 Liegen **abhängige Unternehmen im Ausland**, so ist für sie ein Konzernbetriebsrat nicht zu bilden. Das folgt nicht nur aus dem beschränkten territorialen Wirkungsbereich des Gesetzes, sondern auch aus den Vorschriften über die Bildung, Zusammensetzung und Geschäftsführung des Konzernbetriebsrats, die auf den Besonderheiten der betriebsverfassungsrechtlichen Vertretung nach diesem Gesetz, z. B. dem Gruppenschutz, aufbauen (*D/R* § 54 Rz. 10; *G/L* a. a. O.; *F/A/K/H* § 54 Rz. 25; **a. A.** *Fuchs* a. a. O. 180 ff.; *D/K/K/S* § 54 Rz. 21).

III. Errichtung

21 Die Errichtung des Konzernbetriebsrats ist in das freie Ermessen der Gesamtbetriebsräte des Konzerns gestellt und grundsätzlich nur möglich, wenn in den Konzernunternehmen **mindestens zwei Gesamtbetriebsräte** bestehen. Hat ein Konzernunternehmen aber nur einen einzigen betriebsratsfähigen Betrieb, so daß kein Gesamtbetriebsrat gebildet werden kann, so tritt nach Abs. 2 an die Stelle des Gesamtbetriebsrats der Betriebsrat dieses Unternehmens (vgl. dazu unten Rz. 36). Es können also auch **zwei Betriebsräte** die Bildung eines Konzernbetriebsrats beschließen, wenn nämlich zwei Konzernunternehmen jeweils nur einen Betrieb haben und in ihnen 75 % der Arbeitnehmer des Konzerns beschäftigt sind (*D/R* § 54 Rz. 17, 33; *F/A/K/H* § 54 Rz. 27; GK-*Fabricius/Kreutz* § 54 Rz. 40; *G/L* § 54 Rz. 14; *Monjau* BB 1972, 841). Besteht allerdings nur in einem der Konzernunternehmen ein Gesamtbetriebsrat oder im Falle des Abs. 2 ein Betriebsrat,

Errichtung des Konzernbetriebsrats § 54

so kann nach § 55 ein Konzernbetriebsrat nicht gebildet werden (*Weiss* § 54 Rz. 7; *F/A/K/H* und GK-*Fabricius/Kreutz*, jeweils a. a. O.; *D/K/K/S* § 54 Rz. 25). Unerheblich ist, ob im herrschenden Unternehmen ein Gesamtbetriebsrat oder Betriebsrat besteht und ob der Errichtung des Konzernbetriebsrats zugestimmt hat (*F/A/K/H* a. a. O.).

Für die Errichtung eines Konzernbetriebsrats ist ferner die Zustimmung der Gesamtbetriebsräte der Konzernunternehmen erforderlich, in denen insgesamt **mindestens 75% der Arbeitnehmer** der Konzernunternehmen beschäftigt sind. 22

Bei der Feststellung, ob die für die Errichtung des Konzernbetriebsrats zuständigen Gesamtbetriebsräte mindestens 75% der in dem Konzern beschäftigten Arbeitnehmer vertreten, ist von der Anzahl der Arbeitnehmer im Zeitpunkt der Beschlußfassung über die Errichtung des Konzernbetriebsrats auszugehen (*G/L* § 54 Rz. 19; *D/R* § 54 Rz. 15; GK-*Fabricius/Kreutz* § 54 Rz. 45; *D/K/K/S* § 54 Rz. 30). Mitzuzählen sind alle Arbeitnehmer gem. § 5 Abs. 1, gleichgültig, ob sie wahlberechtigt sind oder nicht (GK-*Fabricius/Kreutz* und *D/R*, jeweils a. a. O.); **leitende Angestellte** sind nach § 5 Abs. 3 nicht zu berücksichtigen. Nicht mitzuzählen sind ferner die Arbeitnehmer aus Betrieben, die **keinen Betriebsrat gewählt** haben, da sie außerhalb der Betriebsverfassung stehen (vgl. oben § 50 Rz. 8; so auch GK-*Fabricius/Kreutz* § 54 Rz. 46; *S/W* §§ 54–59 Rz. 4; *D/R* § 54 Rz. 16; *Behrens/Schaude* DB 1991, 278 ff.; **a. A.** *F/A/K/H* § 54 Rz. 34; *D/K/K/S* a. a. O.). 23

Die **Initiative** zur Errichtung des Konzernbetriebsrats kann von jedem Gesamtbetriebsrat eines Konzernunternehmens ausgehen. In Betracht kommen dabei sowohl der Gesamtbetriebsrat des herrschenden als auch jeder Gesamtbetriebsrat eines der abhängigen Unternehmen (*F/A/K/H* § 54 Rz. 28; *G/L* § 54 Rz. 18; GK-*Fabricius/Kreutz* § 54 Rz. 41; *D/K/K/S* § 54 Rz. 24). Die Initiative ist jederzeit möglich; es ist zweckmäßig, daß der Gesamtbetriebsrat, der die Bildung eines Konzernbetriebsrats anstrebt, an die übrigen Gesamtbetriebsräte herantritt, damit sie – wenn sie es für richtig halten – entsprechende Beschlüsse fassen (*F/A/K/H* und *D/K/K/S,* jeweils a. a. O.). 24

Die **Beschlüsse** der Gesamtbetriebsräte über die Errichtung des Konzernbetriebsrats müssen gem. § 51 Abs. 4 unter Anwendung der in § 47 Abs. 7 und 8 festgelegten **Stimmengewichtung** getroffen werden. Der Gesamtbetriebsrat eines einzigen großen Konzernunternehmens, in dem allein mindestens 75% aller Konzernarbeitnehmer beschäftigt sind, kann somit auch gegen den Willen der übrigen Gesamtbetriebsräte einen Konzernbetriebsrat errichten (*G/L* § 54 Rz. 19; *D/R* § 54 Rz. 13; *F/A/K/H* § 54 Rz. 31; *D/K/K/S* § 54 Rz. 28). Ist in einem Konzernunternehmen, das mehrere Betriebe hat, ein Gesamtbetriebsrat nicht errichtet worden, so ist eine Beteiligung der Arbeitnehmer dieses Unternehmens an der Beschlußfassung über die Bildung des Konzernbetriebsrats nur möglich, wenn wenigstens in einem der Betriebe ein Betriebsrat besteht (vgl. unten Rz. 36 ff.). 25

Der Konzernbetriebsrat ist errichtet, sobald die Gesamtbetriebsräte oder Betriebsräte (vgl. Abs. 2) der Konzernunternehmen, die zusammen 75% der Arbeitnehmer des Konzerns beschäftigen, entsprechend übereinstimmende Beschlüsse gefaßt haben (*D/R* § 54 Rz. 13, 19; *G/L* § 54 Rz. 21; GK-*Fabricius/Kreutz* § 54 Rz. 47). 26

Ist der Konzernbetriebsrat durch Beschlüsse der Gesamtbetriebsräte errichtet, so sind die Gesamtbetriebsräte aller Konzernunternehmen (auch wenn sie entweder keinen Beschluß über die Bildung des Konzernbetriebsrats gefaßt oder sich sogar 27

§ 54 2. Teil 6. Abschn. Konzernbetriebsrat

gegen seine Errichtung ausgesprochen haben) nach § 55 verpflichtet, **Mitglieder** in den Konzernbetriebsrat **zu entsenden** (*D/R* § 54 Rz. 19; *F/A/K/H* § 54 Rz. 35; GK-*Fabricius/Kreutz* § 54 Rz. 48).

28 Der Konzernbetriebsrat ist erst handlungsfähig, wenn er sich **konstituiert** hat. Dies geschieht mit der Wahl des Vorsitzenden und des stellvertretenden Vorsitzenden (ebenso GK-*Fabricius/Kreutz* § 54 Rz. 49; vgl. auch oben § 47 Rz. 18 und unten § 59 Rz. 6 ff.).

IV. Bestandsdauer

29 Der ordnungsgemäß errichtete Konzernbetriebsrat ist eine **ständige Einrichtung**, hat also keine begrenzte Amtszeit (*G/L* § 54 Rz. 22; *D/R* § 54 Rz. 22; *F/A/K/H* § 54 Rz. 37; *D/K/K/S* § 54 Rz. 32; vgl. auch zum Gesamtbetriebsrat § 47 Rz. 64, im Ergebnis auch GK-*Fabricius/Kreutz* § 54 Rz. 50). Nur mittelbar besteht eine Abhängigkeit des Konzernbetriebsrats von der Amtszeit der Betriebsräte, weil sie nach § 13 alle vier Jahre gewählt werden; mit dem Ende der Amtszeit der Betriebsräte endet auch die Mitgliedschaft der entsandten Betriebsratsmitglieder im Gesamtbetriebsrat und auch die der Gesamtbetriebsratsmitglieder im Konzernbetriebsrat (*D/R*, *D/K/K/S* und GK-*Fabricius/Kreutz*, jeweils a. a. O.).

29 Der Konzernbetriebsrat kann als Dauereinrichtung nicht mit der Mehrheit seiner Mitglieder seinen **Rücktritt** beschließen (*D/R* § 54 Rz. 23; *G/L* a. a. O.; GK-*Fabricius/Kreutz* § 54 Rz. 51; *F/A/K/H* § 54 Rz. 39; *D/K/K/S* § 54 Rz. 36). Vielmehr kommt eine Amtsniederlegung des einzelnen Konzernbetriebsratsmitglieder nach § 57 in Betracht; geschieht dies, rücken die Ersatzmitglieder in den Konzernbetriebsrat nach (§ 55 Abs. 2, § 59 Abs. 1 i. V. m. § 25 Abs. 1).

30 Der Konzernbetriebsrat besteht nur, solange die **Voraussetzungen für seine Errichtung** vorliegen. Deshalb hört der Konzernbetriebsrat zu bestehen auf, wenn die Konzernbindung nachträglich wegfällt (*F/A/K/H* § 54 Rz. 37; GK-*Fabricius/ Kreutz* § 54 Rz. 54; *D/R* § 54 Rz. 26; *D/K/K/S* § 54 Rz. 33).

31 Der Konzernbetriebsrat bleibt aber bestehen, wenn nach seiner Errichtung ein Unternehmen in den Konzern eintritt oder ihn verläßt (*D/R* § 54 Rz. 28; *F/A/K/H* § 57 Rz. 7; GK-*Fabricius/Kreutz* a. a. O.; *G/L* § 57 Rz. 3). Bei **Eintritt eines Unternehmens in den Konzern** entsendet der dort bestehende Gesamtbetriebsrat Mitglieder in den Konzernbetriebsrat (*D/R*, *G/L*, *F/A/K/H*, jeweils a. a. O.). **Scheidet ein Unternehmen aus dem Konzern aus**, so endet der Konzernbetriebsrat nur, wenn dadurch der Konzern zu bestehen aufhört. Im übrigen endet lediglich die Mitgliedschaft der vom Gesamtbetriebsrat dieses Unternehmens entsandten Mitglieder im Konzernbetriebsrat (*F/A/K/H*, *D/R* und GK-*Fabricius/Kreutz*, jeweils a. a. O.). Erstreckt ein Unternehmen die einheitliche Leitung aufgrund eines Abhängigkeitsverhältnisses auf das herrschende Unternehmen eines Konzerns, so entsteht ein Konzern im Konzern mit den oben beschriebenen Rechtsfolgen (vgl. Rz. 17; ebenso GK-*Fabricius/Kreutz* a. a. O.; **a. A.** *D/R* a. a. O.).

32 Der Konzernbetriebsrat endet auch dann nicht, wenn infolge einer **Änderung in der Konzernzusammensetzung** nicht mehr gesichert ist, daß die Gesamtbetriebsräte, in denen mindestens 75 % der Arbeitnehmer in dem Konzernunternehmen beschäftigt sind, dem Bestehen des Konzernbetriebsrats zustimmen; denn es genügt für das Bestehen des Konzernbetriebsrats, daß die genannten Gesamtbetriebsräte seiner Errichtung zugestimmt haben. Der Konzernbetriebsrat kann

allerdings durch Beschlüsse der Gesamtbetriebsräte aufgelöst werden (vgl. unten
Rz. 33; im Ergebnis ebenso *D/R* § 54 Rz. 29; GK-*Fabricius/Kreutz* § 54 Rz. 53;
D/K/K/S § 54 Rz. 35).

Die **Auflösung** des Konzernbetriebsrats ist jederzeit durch entsprechende überein- 33
stimmende Beschlüsse der Gesamtbetriebsräte der Konzernunternehmen möglich
(*F/A/K/H* § 54 Rz. 38; GK-*Fabricius/Kreutz* und *D/K/K/S*, jeweils a. a. O.; *D/R*
§ 54 Rz. 24). Dabei genügt es, wenn die Gesamtbetriebsräte der Konzernunternehmen, in denen mindestens die Hälfte der Arbeitnehmer des Konzerns beschäftigt
ist, für die Auflösung des Konzernbetriebsrats stimmen (*F/A/K/H, D/K/K/S* und
GK-*Fabricius/Kreutz*, jeweils a. a. O.; *D/R* § 54 Rz. 25; **a. A.** *G/L* § 54 Rz. 23, die
dieselbe qualifizierte Mehrheit für die Auflösung des Konzernbetriebsrats fordern
wie für seine Errichtung). Auch hier sind nur diejenigen Arbeitnehmer mitzuzählen, in deren Betrieb ein Betriebsrat gewählt worden ist (vgl. oben Rz. 23).
Der Konzernbetriebsrat kann nicht durch Beschluß des Arbeitsgerichts aufgelöst 34
werden, weil es an einer dem § 23 Abs. 1 entsprechenden Bestimmung fehlt (*G/L*
§ 54 Rz. 24; *F/A/K/H* § 54 Rz. 40; *D/K/K/S* § 54 Rz. 37). Allerdings ist der Ausschluß einzelner Mitglieder nach § 56 möglich.

V. Konzernunternehmen mit nur einem Betriebsrat

Abs. 1 geht von dem Normalfall aus, daß die Konzernunternehmen aus mehreren 35
Betrieben bestehen und deshalb einen Gesamtbetriebsrat haben. Durch Abs. 2
wird mit Hilfe einer Generalklausel festgelegt, daß sämtliche Vorschriften über
Rechte, Pflichten und Zuständigkeit der Gesamtbetriebsräte der Konzernunternehmen im Zusammenhang mit der Bildung und Zusammensetzung des Konzernbetriebsrats für den Fall, daß ein Konzernunternehmen nur einen Betriebsrat hat,
für diesen Betriebsrat gelten. Diese Regelung betrifft in erster Linie den Fall, daß
ein Konzernunternehmen nur **aus einem betriebsratsfähigen Betrieb** besteht (*D/R*
§ 54 Rz. 31; *D/K/K/S* § 54 Rz. 38; *F/A/K/H* § 54 Rz. 42; GK-*Fabricius/Kreutz*
§ 54 Rz. 56). Unterschiedliche Auffassungen werden zu der Frage vertreten, ob und
in welcher Weise Abs. 2 anzuwenden ist, wenn ein Konzernunternehmen aus **mehreren betriebsratsfähigen Betrieben** besteht, indessen nur in einem dieser Betriebe
ein Betriebsrat gewählt worden ist und deshalb ein Gesamtbetriebsrat nicht errichtet werden kann (für Ablehnung der Anwendung von Abs. 2: *D/R* § 54 Rz. 31; *G/L*
§ 54 Rz. 15, 26; *Kammann/Hess/Schlochauer* § 54 Rz. 25; *Weiss* § 54 Rz. 5; für
Zuerkennung der vollen Funktion des Gesamtbetriebsrats für die Bildung und
Zusammensetzung des Konzernbetriebsrats – auch insoweit, als es auf die Zahl der
in den einzelnen Betrieben des beteffenden Konzernunternehmens beschäftigten
Arbeitnehmer ankommt –: *Brecht* § 54 Rz. 4; *D/K/K/S* § 54 Rz. 40). Da die Arbeitnehmer aus allen Betrieben, in denen ein Betriebsrat gewählt worden ist, im
Konzernbetriebsrat repräsentiert sein müssen, ist es erforderlich, den einzigen Be-
triebsrat in einem aus mehreren Betrieben bestehenden Konzernunternehmen bei
der Bildung und Zusammensetzung des Konzernbetriebsrats zu beteiligen, aber,
soweit das Gesetz auf die Zahl der in dem Konzernunternehmen beschäftigten
Arbeitnehmer abstellt, lediglich die in dem betreffenden Betrieb beschäftigten
Arbeitnehmer in Ansatz zu bringen, für den der Betriebsrat gewählt worden ist
(GK-*Fabricius/Kreutz* § 54 Rz. 57; *F/A/K/H* § 54 Rz. 43; *Monjau* BB 1972, 481).
Abs. 2 ist allerdings nicht anzuwenden, wenn die Einzelbetriebsräte in einem Un- 36

§ 55   2. Teil 6. Abschn. Konzernbetriebsrat

ternehmen mit mehreren Betrieben entgegen der zwingenden Bestimmung des § 47 **keinen Gesamtberiebsrat gebildet haben** (*G/L* § 54 Rz. 27; *F/A/K/H* § 54 Rz. 45; GK-*Fabricius/Kreutz* § 54 Rz. 58; *D/K/K/S* § 54 Rz. 39).

37 Liegen die Voraussetzungen des Abs. 2 vor, so kann der Betriebsrat auch an der Beschlußfassung über die Errichtung des Konzernbetriebsrats sowie an der Entsendung von Mitgliedern in den Konzernbetriebsrat teilnehmen. Er hat auch alle anderen sonst dem Gesamtbetriebsrat gegenüber dem Konzernbetriebsrat obliegenden Aufgaben wahrzunehmen (*G/L* § 54 Rz. 25; *F/A/K/H* § 54 Rz. 46; GK-*Fabricius/Kreutz* § 54 Rz. 55).

VI. Streitigkeiten

38 Streitigkeiten über die Errichtung von Konzernbetriebsräten entscheidet das Arbeitsgericht nach § 2a ArbGG im Beschlußverfahren. Zuständig ist nach § 82 ArbGG das Arbeitsgericht, in dessen Bezirk das herrschende Unternehmen des Konzerns seinen Sitz hat (*F/A/K/H* § 54 Rz. 47; GK-*Fabricius/Kreutz* § 54 Rz. 59; *D/K/K/S* § 54 Rz. 44). Die entsprechenden weiteren Erläuterungen zu § 47 (Rz. 69) gelten hier sinngemäß.

§ 55 Zusammensetzung des Konzernbetriebsrats, Stimmengewicht

**(1) In den Konzernbetriebsrat entsendet jeder Gesamtbetriebsrat, wenn ihm Vertreter beider Gruppen angehören, zwei seiner Mitglieder, wenn ihm Vertreter nur einer Gruppe angehören, eines seiner Mitglieder. Werden zwei Mitglieder entsandt, so dürfen sie nicht derselben Gruppe angehören. Haben die nach § 47 Abs. 2 Satz 3 entsandten Mitglieder des Gesamtbetriebsrats mehr als die Hälfte und die Vertreter jeder Gruppe mehr als ein Zehntel aller Stimmen im Gesamtbetriebsrat und gehören jeder Gruppe mindestens drei Mitglieder des Gesamtbetriebsrats an, so wählt jede Gruppe den auf sie entfallenden Gruppenvertreter. Die Sätze 1 bis 3 gelten entsprechend für die Abberufung.
(2) Der Gesamtberiebsrat hat für jedes Mitglied des Konzernbetriebsrats mindestens ein Ersatzmitglied zu bestellen und die Reihenfolge des Nachrückens festzulegen. Für die Bestellung gilt Absatz 1 entsprechend.
(3) Jedes Mitglied des Konzernbetriebsrats hat so viele Stimmen, wie die Mitglieder seiner Gruppe im Gesamtbetriebsrat insgesamt Stimmen haben. Entsendet ein Gesamtbetriebsrat nur ein Mitglied in den Konzernbetriebsrat, so hat dieses Mitglied so viele Stimmen, wie die Mitglieder des Gesamtbetriebsrats, von dem es entsandt wurde, insgesamt im Gesamtbetriebsrat Stimmen haben.
(4) Durch Tarifvertrag oder Betriebsvereinbarung kann die Mitgliederzahl des Konzernbetriebsrats abweichend von Absatz 1 Satz 1 geregelt werden. § 47 Abs. 5 bis 8 gilt entsprechend.**

Literaturübersicht

Vgl. die Literaturübersicht zu § 54.

Inhaltsübersicht

		Rz.
I.	Allgemeines	1
II.	Zusammensetzung	2– 8
	1. Gesetzliche Regelung	3– 5
	a) Mitgliederzahl	3
	b) Gruppenschutz	4, 5
	2. Vom Gesetz abweichende Regelung	6– 8
	a) Tarifvertrag	7
	b) Betriebsvereinbarung	8
III.	Notwendigkeit einer Verkleinerung des Konzernbetriebsrats	9
IV.	Entsendung von Gesamtbetriebsratsmitgliedern	10–14
	1. Beschluß des Gesamtbetriebsrats	10
	2. Wahl nach Gruppen	11, 12
	3. Entsendung bei vom Gesetz abweichender Regelung der Mitgliederzahl	13
	4. Annahme des Amtes	14
V.	Bestellung von Ersatzmitgliedern	15
VI.	Abberufung vom Amt	16
VII.	Stimmrecht	17–21
VIII.	Streitigkeiten	22

I. Allgemeines

Die Vorschrift regelt in Anlehnung an die Bestimmungen über den Gesamtbetriebsrat in § 47 die Zusammensetzung des Konzernbetriebsrats, den Gruppenschutz, die Bestellung von Ersatzmitgliedern und die Stimmengewichtung (vgl. Begründung zum Regierungsentwurf, BT-Drucks. VI/1786, 43); dabei ist der Gruppenschutz mit Wirkung ab der ersten Betriebsratswahl nach dem 31. 12. 1988 (vgl. § 125 Abs. 3) durch das Gesetz zur Änderung des Betriebsverfassungsgesetzes, über Sprecherausschüsse der leitenden Angestellten und zur Sicherung der Montan-Mitbestimmung vom 20. 12. 1988 (BGBl. I S. 2312) noch leicht verstärkt worden (vgl. dazu unten Rz. 11 sowie die näheren Erläuterungen zu § 47 unter Rz. 2, die hier sinngemäß gelten). Die vorhandenen Abweichungen von den Regelungen über den Gesamtbetriebsrat tragen der Tatsache Rechnung, daß die Gesamtbetriebsräte ihrerseits Gremien von entsandten Betriebsratsmitgliedern sind. Die Bestimmung ist **zwingendes Recht**; sie kann weder durch Tarifvertrag noch durch Betriebsvereinbarung abbedungen werden (GK-*Fabricius/Kreutz* § 55 Rz. 2; *F/A/K/H* § 55 Rz. 2; *D/K/K/S* § 55 Rz. 3). Eine ausdrückliche Ausnahme gilt nur für eine Änderung der Mitgliederzahl des Konzernbetriebsrats.   1

II. Zusammensetzung

Abs. 1 Satz 1–3 regeln die **Entsendung** von Mitgliedern des Konzernbetriebsrats. Danach müssen grundsätzlich alle Gesamtbetriebsräte unabhängig von der Anzahl der Arbeitnehmer des jeweiligen Unternehmens und damit auch unabhängig von der Größe des Gesamtbetriebsrats im Konzernbetriebsrat vertreten sein. Ist ein Konzernbetriebsrat wirksam errichtet worden, ist jeder Gesamtbetriebsrat, auch   2

§ 55   2. Teil 6. Abschn. Konzernbetriebsrat

wenn er der Bestellung des Konzernbetriebsrats widersprochen hat, **verpflichtet**, die auf ihn entfallenden Vertreter zu entsenden (*F/A/K/H* § 55 Rz. 4; GK-*Fabricius/Kreutz* § 55 Rz. 5; *G/L* § 55 Rz. 3). Dem Gesamtbetriebsrat gleichgestellt ist nach § 54 Abs. 2 der jeweils einzige Betriebsrat in einem Konzernunternehmen (vgl. dazu oben § 54 Rz. 35 ff.). Zur Entsendung verpflichtet ist auch der Gesamtbetriebsrat (ggf. Betriebsrat) eines Unternehmens, das neu in den Konzern eingefügt wird (GK-*Fabricius/Kreutz* § 55 Rz. 4).

1. Gesetzliche Regelung

a) Mitgliederzahl

3   Da Abs. 1 Satz 1 und 2 eng an § 47 Abs. 2 Satz 1 und 2 angelehnt sind, gelten die Erläuterungen zu diesen Bestimmungen sinngemäß (§ 47 Rz. 20). Wird ein Unternehmen von **mehreren anderen Unternehmen** beherrscht (vgl. dazu oben § 54 Rz. 16), so entsendet der Gesamtbetriebsrat oder Betriebsrat Mitglieder in den Konzernbetriebsrat jedes der herrschenden Unternehmen (*BAG* vom 30. 10. 1986 – 6 ABR 19/85 – AP Nr. 1 zu § 55 BetrVG 1972 = EzA § 54 BetrVG 1972 Nr. 3 = DB 1987, 1691).

b) Gruppenschutz

4   Der in Abs. 1 und 2 auch vorgesehene Gruppenschutz entspricht den Regeln des § 47 Abs. 2 Satz 1 und 2 (vgl. dazu § 47 Rz. 21).

5   Unter bestimmten Voraussetzungen **verstärkt** Abs. 2 Satz 3 den allgemeinen Gruppenschutz durch die Wahl nach Gruppen (vgl. dazu unten Rz. 11).

2. Vom Gesetz abweichende Regelung

6   Durch Tarifvertrag oder Betriebsvereinbarung kann nach Abs. 4 Satz 1 die Mitgliederzahl des Konzernbetriebsrats abweichend vom Gesetz geregelt werden. Da Abs. 4 Satz 1 dem § 47 Abs. 4 entspricht, gelten die allgemeinen Erläuterungen zu der Abweichklausel für den Gesamtbetriebsrat hier sinngemäß (§ 47 Rz. 22–28).

a) Tarifvertrag

7   Wegen der Übereinstimmung des Gesetzeswortlauts gelten auch hier die entsprechenden Erläuterungen zu § 47 sinngemäß (Rz. 29–33). **Vertragspartner** der Gewerkschaft kann in erster Linie das **herrschende Unternehmen** sein (*F/A/K/H* § 55 Rz. 24; *G/L* § 55 Rz. 10; *D/R* § 55 Rz. 17; *D/K/K/S* § 55 Rz. 18; **a.A.** GK-*Fabricius/Kreutz* § 55 Rz. 24–26, die für möglich halten, daß alle Arbeitgeber des Konzerns Partner eines einheitlichen Tarifvertrages sind oder daß sie jeder für sich selbständige inhaltsgleiche Verträge abschließen oder daß das herrschende Unternehmen in Vertretung der Konzernarbeitgeber die »Tarifführerschaft« übernimmt). Dies ergibt sich zwar nicht unmittelbar aus dem Wortlaut des Gesetzes, erschließt sich aber aus seiner Systematik, nach der in einem Konzern die alle Konzernunternehmen betreffenden Entscheidungen auf der höchstmöglichen Ebene zu treffen sind. Neben dem herrschenden Unternehmen wird ein **Verband** als Vertragspartner nur ausnahmsweise in Betracht kommen, wenn nämlich alle Arbeitgeber des Konzerns diesem Verband angehören (vgl. § 3 Abs. 2 TVG; **a.A.**

D/R § 55 Rz. 17, demzufolge es genügt, daß das herrschende Unternehmen dem Verband angehört; abweichend auch GK-*Fabricius/Kreutz* § 55 Rz. 23, *F/A/K/H* a. a. O. und *G/L* § 55 Rz. 10, die den Verband als Vertragspartner ausschließen).

b) Betriebsvereinbarung
Auch hierzu wird wegen der Parallelität der Regelung zunächst auf die entsprechenden Erläuterungen zu § 47 (Rz. 34 f.) verwiesen. Vertragspartner ist wie beim Tarifvertrag (vgl. oben Rz. 7) das herrschende Unternehmen. Auf der Betriebsratsseite ist es der nach den gesetzlichen Vorschriften errichtete Konzernbetriebsrat, der sich konstituiert hat und damit handlungsfähig geworden ist (*F/A/K/H* § 55 Rz. 25; *G/L* § 55 Rz. 11; *D/R* § 55 Rz. 18; GK-*Fabricius/Kreutz* § 55 Rz. 27; *D/K/K/S* § 55 Rz. 19). 8

III. Notwendigkeit einer Verkleinerung des Konzernbetriebsrats

Da Abs. 4 Satz 2 auch die Abs. 5 und 6 des § 47 heranzieht, gelten die Erläuterungen dazu hier sinngemäß (§ 47 Rz. 36–42). Die bei Fehlschlagen der Einigung zuständige Einigungsstelle ist beim herrschenden Unternehmen zu bilden (GK-*Fabricius/Kreutz* § 55 Rz. 31; *G/L* § 55 Rz. 13; *F/A/K/H* § 55 Rz. 28). 9

IV. Entsendung von Gesamtbetriebsratsmitgliedern

1. Beschluß des Gesamtbetriebsrats

Wegen der Übereinstimmung von Abs. 1 und § 47 Abs. 2 sind die zu dieser Vorschrift gegebenen entsprechenden Erläuterungen (§ 47 Rz. 43–46) auch hier maßgeblich. 10

2. Wahl nach Gruppen

Da Abs. 1 Satz 3 dem § 47 Abs. 2 Satz 3 entspricht, gelten die Erläuterungen dazu (§ 47 Rz. 47–49) hier sinngemäß (vgl. auch GK-*Fabricius/Kreutz* § 55 Rz. 8; *D/K/K/S* § 55 Rz. 7). 11
Besteht in einem Konzernunternehmen nur ein Betriebsrat, so hat auch er aufgrund einer Gesamtanalogie zu § 27 Abs. 2 Satz 3 und § 47 Abs. 2 Satz 3 den verstärkten Gruppenschutz zu beachten. Zwar kann Abs. 1 Satz 3 nicht herangezogen werden, weil diese Bestimmung in Voraussetzungen und Rechtsfolgen nur auf mittelbar gewählte Vertreter im Gesamtbetriebsrat abstellt und deshalb auf den Betriebsrat nicht übertragen werden kann. Es gibt aber keinen einleuchtenden Grund, warum der im Gesetz durchgängig geregelte Gruppenschutz (vgl. §§ 26–28, § 35, § 38 Abs. 2, § 51 Abs. 2, § 55 Abs. 1 und 2, § 59 Abs. 1) gerade in diesem Fall nicht eingreifen sollte (ebenso *BAG* vom 10. 2. 1981 – 6 ABR 91/768 – AP Nr. 2 zu § 54 BetrVG 1972 = EzA § 54 BetrVG 1972 Nr. 2 = DB 1981, 1937; *LAG Düsseldorf* vom 4. 9. 1978 – 21 Ta BV 43/78 – DB 1979, 109, 110; *F/A/K/H* § 55 Rz. 10; *D/R* § 55 Rz. 7; *G/L* § 55 Rz. 5; GK-*Fabricius/Kreutz* § 55 Rz. 9; **a. A.** *D/K/K/S* § 55 Rz. 8). 12

§ 55   2. Teil 6. Abschn. Konzernbetriebsrat

3. Entsendung bei vom Gesetz abweichender Regelung der Mitgliederzahl

13   Wegen der Parallelität zum Gesamtbetriebsrat wird auf die entsprechenden Erläuterungen zu § 47 (Rz. 50f.) verwiesen.

4. Annahme des Amtes

14   Auch hierfür gelten die entsprechenden Erläuterungen zum Gesamtbetriebsrat sinngemäß (oben § 47 Rz. 52).

V. Bestellung von Ersatzmitgliedern

15   Da Abs. 2 dem § 47 Abs. 3 entspricht, gelten die dazu gegebenen Erläuterungen (§ 47 Rz. 53 f.) auch hier (vgl. dazu auch *D/K/K/S* § 55 Rz. 10–12).

VI. Abberufung vom Amt

16   Nach Abs. 1 Satz 4 kann der Gesamtbetriebsrat von ihm entsandte Konzernbetriebsratsmitglieder abberufen. Da die Regelung der für den Gesamtbetriebsrat entspricht, treffen die entsprechenden Erläuterungen zu § 47 (Rz. 55 f.) hier sinngemäß auch zu (vgl. auch GK-*Fabricius/Kreutz* § 55 Rz. 10 f.).

VII. Stimmrecht

17   Im Konzernbetriebsrat sind die Stimmen – wie auch im Gesamtbetriebsrat – gewichtet. Das Stimmengewicht eines Konzernbetriebsratsmitglieds entspricht nach Abs. 3 Satz 1 der Gesamtzahl der Stimmen, welche die Mitglieder seiner Gruppe im Gesamtbetriebsrat haben. Für den Fall, daß **nur ein Gesamtbetriebsratsmitglied** in den Konzernbetriebsrat entsandt worden ist, verfügt dieses Mitglied über so viele Stimmen, wie die Mitglieder des entsendenden Gesamtbetriebsrats insgesamt haben (*G/L* § 55 Rz. 9; *D/R* § 55 Rz. 22; GK-*Fabricius/Kreutz* § 55 Rz. 15; *F/A/K/H* § 55 Rz. 17 ff.; *D/K/K/S* § 55 Rz. 13). Wird von einem Gesamtbetriebsrat nur ein einziges Mitglied entsandt, obwohl beide Gruppen dort vertreten sind, etwa weil eine Gruppe von ihrem Entsendungsrecht keinen Gebrauch macht, richtet sich das Stimmrecht nicht nach Abs. 3 Satz 2, sondern nach Abs. 3 Satz 1 (vgl. Erläuterungen zu § 47 Rz. 60).

18   **Entsendet** gem. § 54 Abs. 2 **ein Betriebsrat** Mitglieder in den Konzernbetriebsrat und würde man hier Abs. 3 entsprechend anwenden, so hätte das Mitglied nur so viele Stimmen, wie dem Betriebsrat, der es entsandt hat, Mitglieder seiner Gruppe angehören. Da aber für das Stimmengewicht auch im Konzernbetriebsrat die Zahl der von den entsandten Mitgliedern repräsentierten Arbeitnehmer maßgebend sein soll, ist hier § 47 Abs. 7 analog anzuwenden (ebenso GK-*Fabricius/Kreutz* § 55 Rz. 18; *F/A/K/H* § 55 Rz. 20; *D/R* § 55 Rz. 23).

19   Wird ein Mitglied **für mehrere Konzernunternehmen** entsandt (vgl. Abs. 4 Satz 1 sowie die Erläuterungen zu § 47 Rz. 25 ff.), so hat dieses Mitglied so viele Stim-

men, wie die Mitglieder seiner Gruppe in den entsendenden Gesamtbetriebsräten insgesamt haben. Nach der gesetzestechnisch wenig befriedigenden Verweisung in Abs. 4 Satz 2 auf § 47 Abs. 7 und 8, die offenbar auf die nachträgliche Einfügung des Abs. 4 in den Gesetzestext (vgl. Regierungsentwurf, BT-Drucks. VI/1786, 12) zurückzuführen ist, ergäbe sich zwar, daß für das Stimmengewicht die Anzahl der in die Wählerliste eingetragenen Gruppenangehörigen maßgeblich ist. Da jedoch Abs. 3 (der schon im Regierungsentwurf enthalten war) das Stimmrecht der Konzernbetriebsratsmitglieder bereits regelt, kann die pauschale Verweisung in Abs. 4 Satz 2 nur den Sinn haben, die dann noch offenbleibenden Fragen des Stimmrechts im Konzernbetriebsrat zu beantworten. Mit der Verweisung auch auf § 47 Abs. 7 ist aber ein Regelungsüberschuß entstanden. Sie kann deshalb keinen eigenen Regelungsgehalt haben. Die Verweisung auf § 47 Abs. 8 besagt im Zusammenhang mit Abs. 3 lediglich, daß bei Entsendung eines Konzernbetriebsratsmitglieds durch mehrere Gesamtbetriebsräte die Stimmen der dort vertretenen Gruppen oder die Stimmen aller Mitglieder zusammenzuzählen sind (im Ergebnis ebenso *F/A/K/H* § 55 Rz. 26; *D/R* § 55 Rz. 24; GK-*Fabricius/Kreutz* § 55 Rz. 33).

Werden **für eine Gruppe mehrere Mitglieder** des Gesamtbetriebsrats oder Betriebsrats in den Konzernbetriebsrat entsandt, so stehen ihnen die Stimmen nach Abs. 3 gem. Abs. 4 Satz 2 i. V. m. § 47 Abs. 8 Satz 2 nur anteilig zu (*D/R* § 55 Rz. 25; GK-*Fabricius/Kreutz* § 55 Rz. 35; *F/A/K/H* § 55 Rz. 27). 20

Für die Stimmabgabe im Konzernbetriebsrat gelten die Erläuterungen zu § 47 entsprechend (§ 47 Rz. 62). 21

VIII. Streitigkeiten

Bei Streitigkeiten hinsichtlich der Zusammensetzung des Konzernbetriebsrats entscheidet nach § 2a ArbGG das Arbeitsgericht im Beschlußverfahren. Zuständig ist das Arbeitsgericht, in dessen Bezirk das herrschende Unternehmen des Konzerns seinen Sitz hat (*F/A/K/H* § 55 Rz. 28; *D/R* § 55 Rz. 28; GK-*Fabricius/Kreutz* § 55 Rz. 36; *D/K/K/S* § 55 Rz. 21). Das Verfahren kann auch auf Antrag eines Arbeitgebers der Konzernunternehmen oder des herrschenden Unternehmens oder von einzelnen Gesamtbetriebsräten oder Gesamtbetriebsratsmitgliedern eingeleitet werden (vgl. Erläuterungen zu § 47 Rz. 69; *D/R* § 55 Rz. 30). Beteiligungsbefugt sind auch der Konzernbetriebsrat und die Mitglieder des Konzernbetriebsrats. Weder antrags- noch beteiligungsbefugt sind die im Konzern vertretenen Gewerkschaften (vgl. dazu oben § 47 Rz. 69). 22

§ 56 Ausschluß von Konzernbetriebsratsmitgliedern

Mindestens ein Viertel der wahlberechtigten Arbeitnehmer der Konzernunternehmen, der Arbeitgeber, der Konzernbetriebsrat oder eine im Konzern vertretene Gewerkschaft können beim Arbeitsgericht den Ausschluß eines Mitglieds aus dem Konzernbetriebsrat wegen grober Verletzung seiner gesetzlichen Pflichten beantragen.

§ 56 2. Teil 6. Abschn. Konzernbetriebsrat

Literaturübersicht

Vgl. die Literaturübersicht zu § 54.

Inhaltsübersicht

		Rz.
I.	Allgemeines	1, 2
II.	Ausschluß aus dem Konzernbetriebsrat	3–9
	1. Voraussetzungen	3
	2. Antragsrecht	4–8
	3. Rechtsfolgen	9

I. Allgemeines

1 Diese Vorschrift über den Ausschluß von Mitgliedern aus dem Konzernbetriebsrat entspricht der für den Gesamtbetriebsrat geltenden Regelung in § 48. Wie dort besteht auch hier nur die Möglichkeit des Ausschlusses einzelner Mitglieder. Im Gegensatz zu § 23 Abs. 1 ist eine Auflösung des Konzernbetriebsrats durch Gerichtsbeschluß nicht vorgesehen; sie wäre auch mit dem Charakter des Konzernbetriebsrats als einer ständigen Einrichtung, die auf der Entsendung von Mitgliedern durch Gesamtbetriebsräte oder Betriebsräte beruht, nicht vereinbar (vgl. oben § 54 Rz. 29; *F/A/K/H* § 56 Rz. 4; *G/L* § 56 Rz. 1; *D/R* § 56 Rz. 1). Auch ein kollektiver Rücktritt des Konzernbetriebsrats widerspräche dem Gesetz. Es können nach § 57 allenfalls alle Mitglieder des Konzernbetriebsrats ihres Amtes enthoben werden oder ihr Amt niederlegen. Aber selbst dann ist der Gesamtbetriebsrat nicht aufgelöst; vielmehr rücken die Ersatzmitglieder nach (vgl. *D/R* § 57 Rz. 9; *G/L* § 57 Rz. 8).

2 Die Regelung ist **zwingend** und kann weder durch Tarifvertrag noch durch Betriebsvereinbarungen abbedungen werden (*F/A/K/H* § 56 Rz. 2; *G/L* § 56 Rz. 2; GK-*Fabricius/Kreutz* § 56 Rz. 2).

II. Ausschluß aus dem Konzernbetriebsrat

1. Voraussetzungen

3 Wegen der mit § 48 wörtlich übereinstimmenden Gesetzesfassung gelten die dortigen Erläuterungen für die Voraussetzungen eines Ausschlusses aus dem Gesamtbetriebsrat hier sinngemäß (§ 48 Rz. 4f.). Beim Ausschluß aus dem Konzernbetriebsrat kommt es auf die Verletzung von Pflichten gerade aus diesem Amt an (*F/A/K/H* § 56 Rz. 5; GK-*Fabricius/Kreutz* § 56 Rz. 11 ff.; *D/K/K/S* § 56 Rz. 3).

2. Antragsrecht

Auch der Kreis der Antragsberechtigten entspricht im wesentlichen der Regelung 4
des § 48 (vgl. dort Rz. 6–9); allerdings müssen die Voraussetzungen auf der Konzernebene gegeben sein:
Sie sind erfüllt, wenn **ein Viertel der wahlberechtigten Arbeitnehmer** der Kon- 5
zernunternehmen den Ausschluß eines Mitglieds aus dem Konzernbetriebsrat beantragt. Die Erläuterungen zu der entsprechenden Voraussetzung in § 48 gelten hier sinngemäß (vgl. § 48 Rz. 6).
Antragsberechtigt ist ferner der »**Arbeitgeber**«; hierunter ist nur die Konzernlei- 6
tung, nicht auch die Leitung einzelner Konzernunternehmen zu verstehen, obwohl auch sie als Arbeitgeber anzusehen sind (*F/A/K/H* § 56 Rz. 8; *G/L* § 56 Rz. 5; *D/R* § 56 Rz. 5; GK-*Fabricius/Kreutz* § 56 Rz. 7; *D/K/K/S* § 56 Rz. 4).
Auch der **Konzernbetriebsrat** selbst kann den Ausschlußantrag stellen, der dazu 7
eines Beschlusses nach § 59 Abs. 1 i. V. m. § 51 Abs. 4 bedarf (*F/A/K/H* § 56 Rz. 9; *D/R* § 56 Rz. 6; *G/L* § 56 Rz. 6; zur Frage der Mitwirkung des betroffenen Mitglieds vgl. Erläuterungen zu § 48 Rz. 7). Antragsberechtigt ist jedoch nicht ein zum Konzern gehörender Gesamtbetriebsrat oder ein nach § 54 Abs. 2 zuständiger Betriebsrat (*F/A/K/H* und *D/K/K/S*, jeweils a. a. O.; *G/L* § 56 Rz. 6; GK-*Fabricius/Kreutz* § 56 Rz. 9). Sie können allerdings die von ihnen entsandten Mitglieder abberufen.
Ferner ist antragsberechtigt eine im Konzern vertretene **Gewerkschaft**. Auch inso- 8
weit gelten die Erläuterungen zu § 48 sinngemäß (vgl. § 48 Rz. 9; *F/A/K/H* § 56 Rz. 7; GK-*Fabricius/Kreutz* § 56 Rz. 10; *D/K/K/S* a. a. O.).

3. Rechtsfolgen

Aufgrund der parallelen Regelung in § 48 gelten die Erläuterungen zu dieser Vor- 9
schrift hier sinngemäß (vgl. § 48 Rz. 10–13; vgl. auch GK-*Fabricius/Kreutz* § 56 Rz. 14; *F/A/K/H* § 56 Rz. 10).

§ 57 Erlöschen der Mitgliedschaft

Die Mitgliedschaft im Konzernbetriebsrat endet mit dem Erlöschen der Mitgliedschaft im Gesamtbetriebsrat, durch Amtsniederlegung, durch Ausschluß aus dem Konzernbetriebsrat aufgrund einer gerichtlichen Entscheidung oder Abberufung durch den Gesamtbetriebsrat.

Literaturübersicht

Vgl. die Literaturübersicht zu § 54.

§ 57 2. Teil 6. Abschn. Konzernbetriebsrat

Inhaltsübersicht

		Rz.
I.	Allgemeines	1
II.	Beendigung der Mitgliedschaft im Konzernbetriebsrat	2–7
	1. Erlöschen der Mitgliedschaft im Gesamtbetriebsrat	4
	2. Amtsniederlegung	5
	3. Ausschluß durch gerichtliche Entscheidung	6
	4. Abberufung durch den Gesamtbetriebsrat	7
III.	Rechtsfolgen der Beendigung der Mitgliedschaft im Konzernbetriebsrat	8
IV.	Streitigkeiten	9

I. Allgemeines

1 Die Vorschrift über das Erlöschen der Mitgliedschaft im Konzernbetriebsrat übernimmt die für den Gesamtbetriebsrat geltende Regelung des § 49. Sie ist **zwingend** und kann weder durch Tarifvertrag noch durch Betriebsvereinbarung abbedungen werden (*F/A/K/H* § 57 Rz. 2; *G/L* § 57 Rz. 1; GK-*Fabricius/Kreutz* § 57 Rz. 2).

II. Beendigung der Mitgliedschaft im Konzernbetriebsrat

2 Die Vorschrift betrifft ausschließlich die Beendigung der Mitgliedschaft des einzelnen Konzernbetriebsratsmitglieds. Eine Beendigung des Konzernbetriebsrats selbst ist gesetzlich nicht vorgesehen. Denn der Konzernbetriebsrat hat keine gesetzliche Amtszeit, sondern besteht, nachdem er gem. § 54 errichtet ist, so lange fort, wie die Voraussetzungen für seine Errichtung vorliegen (vgl. oben § 54 Rz. 29; so auch *D/K/K/S* § 57 Rz. 2).

3 Der Konzernbetriebsrat ergänzt sich immer wieder dadurch, daß die Gesamtbetriebsräte der Unternehmen des Konzerns die aus dem Konzernbetriebsrat ausgeschiedenen Mitglieder durch neu entsandte Mitglieder ersetzen. Durch den festen Wahlzeitraum für die regelmäßige Betriebsratswahl nach § 13 Abs. 1 ergibt sich aber, daß der Konzernbetriebsrat im Anschluß an die regelmäßigen Wahlen und die damit verbundene Neuentsendung von Betriebsratsmitgliedern in den Gesamtbetriebsrat und Gesamtbetriebsratsmitgliedern in den Konzernbetriebsrat vielfach eine neue Zusammensetzung erhält (zum Fehlen kollektiver Beendigungsgründe vgl. oben § 56 Rz. 1).

1. Erlöschen der Mitgliedschaft im Gesamtbetriebsrat

4 Das Erlöschen der Mitgliedschaft im Gesamtbetriebsrat des entsendenden Unternehmens beendet kraft Gesetzes auch die Mitgliedschaft im Konzernbetriebsrat, da der Gesamtbetriebsrat nur aus seiner Mitte die Vertreter für den Konzernbetriebsrat auswählen kann (zu den Gründen für die Beendigung der Mitgliedschaft im Gesamtbetriebsrat vgl. § 49 und die dortigen Erläuterungen Rz. 5–14). Ein Wechsel der Gruppenzugehörigkeit führt nicht zum Erlöschen der Mitgliedschaft im Konzernbetriebsrat. Gem. § 24 Abs. 2 bleibt das Mitglied Ver-

Erlöschen der Mitgliedschaft § 57

treter der Gruppe, für die es entsandt worden ist (*F/A/K/H* § 57 Rz. 8; GK-*Fabricius/Kreutz* § 57 Rz. 8; *G/L* § 57 Rz. 5; *D/R* § 57 Rz. 4; *D/K/K/S* § 57 Rz. 3).

2. Amtsniederlegung

Aufgrund der parallelen Regelung in § 49 gelten die dortigen Erläuterungen sinngemäß (Rz. 7–10). 5

3. Ausschluß durch gerichtliche Entscheidung

Auch hier gelten die Erläuterungen zu der Parallelregelung über den Gesamtbetriebsrat sinngemäß (§ 49 Rz. 11). 6

4. Abberufung durch den Gesamtbetriebsrat

Die Erläuterungen zu § 49 gelten ebenfalls sinngemäß (Rz. 12–14). 7

III. Rechtsfolgen der Beendigung der Mitgliedschaft im Konzernbetriebsrat

Mit dem Verlust des Amtes als Konzernbetriebsratsmitglied entfallen alle Ämter, 8
die die Zugehörigkeit zum Konzernbetriebsrat voraussetzen, vor allem die Mitgliedschaft im Konzernbetriebsausschuß oder einem sonstigen Ausschuß des Konzernbetriebsrats (*D/R* § 57 Rz. 8; *F/A/K/H* § 57 Rz. 14; GK-*Fabricius/Kreutz* § 57 Rz. 13; *G/L* § 57 Rz. 8). Für das ausgeschiedene Mitglied rückt nach § 59 Abs. 1 Satz 1 i. V. m. § 25 Abs. 1 das Ersatzmitglied in den Konzernbetriebsrat nach. Der Gesamtbetriebsrat oder Betriebsrat kann nicht ein anderes Mitglied in den Konzernbetriebsrat entsenden (so aber *D/R* § 57 Rz. 9), es sei denn, er beriefe das nachgerückte Ersatzmitglied, nunmehr ordentliche Mitglied, ab (*F/A/K/H* § 57 Rz. 15; GK-*Fabricius/Kreutz* § 57 Rz. 14; *D/K/K/S* § 57 Rz. 5). Er muß dann aber nach § 55 Abs. 2 die Ersatzmitgliedschaft neu regeln.

IV. Streitigkeiten

In Rechtsstreitigkeiten wegen des Erlöschens der Mitgliedschaft im Konzernbetriebsrat entscheidet das für den Sitz des herrschenden Unternehmens zuständige Arbeitsgericht nach § 2a ArbGG im Beschlußverfahren. Ist streitig, ob das Amt des Konzernbetriebsratsmitglieds erloschen ist, weil seine Mitgliedschaft in dem entsendenden Gesamtbetriebsrat beendet ist, so entscheidet über die Mitgliedschaft im entsendenden Gesamtbetriebsrat das für den Sitz des Unternehmens örtlich zuständige Arbeitsgericht (vgl. die Erläuterungen zu § 49 Rz. 16; so auch *F/A/K/H* § 57 Rz. 10; *D/K/K/S* § 57 Rz. 7). 9

§ 58 Zuständigkeit

(1) Der Konzernbetriebsrat ist zuständig für die Behandlung von Angelegenheiten, die den Konzern oder mehrere Konzernunternehmen betreffen und nicht durch die einzelnen Gesamtbetriebsräte innerhalb ihrer Unternehmen geregelt werden können. Er ist den einzelnen Gesamtbetriebsräten nicht übergeordnet.
(2) Der Gesamtbetriebsrat kann mit der Mehrheit der Stimmen seiner Mitglieder den Konzernbetriebsrat beauftragen, eine Angelegenheit für ihn zu behandeln. Der Gesamtbetriebsrat kann sich dabei die Entscheidungsbefugnis vorbehalten. § 27 Abs. 3 Satz 3 und 4 gilt entsprechend.

Literaturübersicht

Vgl. die Literaturübersicht zu § 54.

Inhaltsübersicht

		Rz.
I.	Allgemeines	1– 3
II.	Verhältnis zu Gesamtbetriebsräten und Betriebsräten	4
III.	Zuständigkeit	5–21
	1. Zuständigkeit kraft Gesetzes	7–18
	a) Einzelne Arten von Angelegenheiten	9–16
	aa) Allgemeine Aufgaben	9
	bb) Soziale Angelegenheiten	10
	cc) Gestaltung von Arbeitsplatz, Arbeitsablauf und Arbeitsumgebung	11
	dd) Personelle Angelegenheiten	12–14
	ee) Wirtschaftliche Angelegenheiten	15, 16
	b) Besondere gesetzliche Zuweisung	17, 18
	2. Zuständigkeit kraft Auftrags	19–23b
IV.	Konzernbetriebsvereinbarung	22, 23b
V.	Einigungsstelle	24
VI.	Streitigkeiten	25

I. Allgemeines

1 Die Vorschrift über die Zuständigkeit des Konzernbetriebsrats ist der Bestimmung des § 50 über die Zuständigkeit des Gesamtbetriebsrats nachgebildet. Deshalb stellen sich für die Abgrenzung zwischen den Aufgaben und Befugnissen von Konzernbetriebsrat und Gesamtbetriebsrat grundsätzlich dieselben Fragen wie im Verhältnis zwischen Gesamtbetriebsrat und Betriebsrat. Der Konzernbetriebsrat ist nach Abs. 1 Satz 2 dem Gesamtbetriebsrat ebensowenig übergeordnet wie der Gesamtbetriebsrat dem Betriebsrat. Ergänzt wird die gesetzliche Zuständigkeitsabgrenzung durch die in Abs. 2 – parallel zu § 50 Abs. 2 – vorgesehene Möglichkeit, den Konzernbetriebsrat mit der Behandlung einzelner Angelegenheiten zu beauftragen.

2 Die Anwendung der Norm wird dadurch erschwert, daß die gesetzliche Regelung

in ihrer derzeitigen Fassung den grundlegenden Unterschieden zwischen Konzern und Unternehmen nicht gerecht wird.
Der Konzern hat anders als das Unternehmen keine Arbeitgeberstellung (*D/R* § 58 Rz. 2; *Konzen* RdA 1984, 65, 76 a. A. GK-*Fabricius/Kreutz* § 58 Rz. 10ff.), weil die Arbeitnehmer nur in einem Arbeitsverhältnis zu den einzelnen Unternehmen des Konzerns stehen. Der Konzern kommt als Arbeitgeber auch schon deshalb nicht in Betracht, weil er nicht rechtsfähig ist (vgl. Nachweise bei GK-*Fabricius/Kreutz* § 58 Rz. 13). Darum wird auch die Auffassung vertreten, der Konzernbetriebsrat müsse mit den Unternehmensleitungen der einzelnen Unternehmen verhandeln und ggf. Betriebsvereinbarungen abschließen (*S/W* § 54–59 Rz. 10; *Buchner* Die Aktiengesellschaft 1972, 190). Dann aber wäre der Konzernbetriebsrat weitgehend sinnlos. Die notwendige einheitliche Behandlung einer Angelegenheit wäre schier unerreichbar (*Monjau* BB 1972, 839, 842). Vielmehr könnte es dann in den Unternehmen zu ganz unterschiedlichen Ergebnissen kommen, zumal dann, wenn es sich um eine mitbestimmungspflichtige Angelegenheit handelt, für die verschiedene Einigungsstellen zuständig wären. Auf der anderen Seite ist aus dem Gesetz nicht ableitbar, dem Konzern für einen Teil der Rechtsordnung, nämlich das Betriebsverfassungsrecht, **Rechtsfähigkeit** zuzumessen (so aber *D/K/K/S* § 58 Rz. 6 und GK-*Fabricius/Kreutz* § 58 Rz. 11 ff.), zumal es keine befriedigende Antwort darauf gibt, wer den Konzern dann rechtlich vertreten kann. Entsprechend dem objektiven Zweck der Bestimmungen über den Konzernbetriebsrat ist das Gesetz deshalb so zu verstehen, daß dem herrschenden Unternehmen eine **begrenzte betriebsverfassungsrechtliche Zuständigkeit für den gesamten Konzern** zuerkannt wird (so im Ergebnis *F/A/K/H* § 58 Rz. 8; ferner – allerdings zu Unrecht, weil dann beim faktischen Konzern der Gesetzeszweck unerreichbar wäre, nur bei Vorliegen eines Beherrschungsvertrages – *D/R* § 58 Rz. 32; *Konzen* a. a. O.). Hierfür spricht auch, daß das Gesetz in § 87 Abs. 1 Nr. 8 und § 88 Nr. 2 von der Möglichkeit für alle Konzernunternehmen verbindlicher Mitbestimmungsverfahren und Betriebsvereinbarungen ausgeht. Somit kann die Leitung des herrschenden Unternehmens mit dem Konzernbetriebsrat in den Zuständigkeitsgrenzen des § 58 Abs. 1 (zu Abs. 2 vgl. unten Rz. 22) Normen vereinbaren, die nach § 77 Abs. 4 für die Arbeitsverhältnisse in allen Konzernunternehmen gelten. **Verpflichten** kann sich das herrschende Unternehmen aber nur selbst. Eine Verpflichtung Dritter ist der deutschen Rechtsordnung fremd. Die Leitung des herrschenden Unternehmens kann sich gegenüber dem Konzernbetriebsrat nur verpflichten, ihren Einfluß für einen bestimmten vereinbarten Zweck einzusetzen (*Konzen* a. a. O.).

Die Vorschrift ist **zwingendes Recht** und kann weder durch Tarifvertrag noch durch Betriebsvereinbarung abbedungen werden (*F/A/K/H* § 58 Rz. 2). 3

II. Verhältnis zu Gesamtbetriebsräten und Betriebsräten

Für die Rechtsstellung des Konzernbetriebsrats gegenüber den Gesamtbetriebsräten – oder gem. § 54 Abs. 2 gegenüber den Betriebsräten – der Konzernunternehmen gilt grundsätzlich das gleiche wie im Verhältnis zwischen Gesamtbetriebsrat und den Einzelbetriebsräten eines Unternehmens (vgl. hierzu § 50 Rz. 5; *F/A/K/H* § 58 Rz. 4; GK-*Fabricius/Kreutz* § 58 Rz. 8; *G/L* § 58 Rz. 1 f.; *D/K/K/S* § 58 Rz. 4). 4

III. Zuständigkeit

5 Der Konzernbetriebsrat ist entweder **kraft Gesetzes** oder durch **Auftrag** des Gesamtbetriebsrats zuständig. Da der Auftrag auch von mehreren oder allen Gesamtbetriebsräten des Konzerns erteilt werden kann, können konzerneinheitliche Regelungen auch in solchen Sachbereichen zustandekommen, in denen der Konzernbetriebsrat nicht kraft Gesetzes zuständig ist. Ist die gesetzliche Zuständigkeit zweifelhaft, kann es sich empfehlen, die »gewillkürte« Zuständigkeit des Konzernbetriebsrats kraft Auftrags herbeizuführen. Der Konzernbetriebsrat kann dann aber auch für die Unternehmen unterschiedliche Regelungen treffen. Deshalb ist es wesentlich, in den Regelungen den Geltungsbereich jeweils genau festzulegen (vgl. hierzu § 50 Rz. 6).

6 Die Leitung des herrschenden Unternehmens kann dem Konzernbetriebsrat nicht entgegenhalten, daß eine Angelegenheit, die unter Abs. 1 Satz 1 fällt, den einzelnen Unternehmensleitungen zugewiesen sei (vgl. § 50 Rz. 7). Auf der anderen Seite kann aber der Konzernbetriebsrat nicht verlangen, stets mit der Leitung des herrschenden Unternehmens zu verhandeln. Sie kann auch die Leitung eines Konzernunternehmens bevollmächtigen, mit dem Konzernbetriebsrat für alle Konzernunternehmen zu verhandeln (vgl. *F/A/K/H* § 58 Rz. 8).

1. Zuständigkeit kraft Gesetzes

7 Nach Abs. 1 Satz 1 ist der Konzernbetriebsrat zuständig für die Behandlung von Angelegenheiten, die den Konzern oder mehrere Konzernunternehmen betreffen und nicht durch die einzelnen Gesamtbetriebsräte innerhalb ihrer Unternehmen erledigt werden können. Der Wortlaut des Gesetzes läßt offen, ob der Konzernbetriebsrat auch mit Wirkung für **betriebsratslose Betriebe** handeln kann. Diese Frage ist aber zu verneinen, weil jene Betriebe außerhalb der Betriebsverfassung stehen (vgl. dazu § 50 Rz. 8; a. A. *D/K/K/S* § 58 Rz. 7).

8 Da die Abgrenzungskriterien des § 58 für die Zuständigkeit des Konzernbetriebsrats denen des § 50 für die Zuständigkeit des Gesamtbetriebsrats entsprechen, gelten die Erläuterungen dieser Vorschrift (Rz. 9–16) mit der folgenden Maßgabe sinngemäß: Im Konzern stehen die Arbeitnehmer – anders als im Unternehmen – in arbeitsvertraglichen Beziehungen zu verschiedenen Arbeitgebern. Deshalb ist eine einheitliche Behandlung von Angelegenheiten erheblich seltener als im Unternehmensbereich notwendig, zumal der Konzernbetriebsrat im Gegensatz zum Gesamtbetriebsrat nicht gesetzlich vorgeschrieben ist; die gesetzliche Zuständigkeit des Konzernbetriebsrats ist danach sehr eng (*F/A/K/H* § 58 Rz. 6; GK-*Fabricius/Kreutz* § 58 Rz. 25; *G/L* § 58 Rz. 3, 5; *Konzen* RdA 1984, 65, 76; vgl. auch *Oetker* ZfA 1986, 177, 189 ff. und *D/K/K/S* § 58 Rz. 9).

a) Einzelne Arten von Angelegenheiten

aa) Allgemeine Aufgaben

9 Die allgemeinen Aufgaben des Betriebsrats nach § 80 Abs. 1 sind in der Regel betriebsnah zu erfüllen. Der Auskunftsanspruch nach § 80 Abs. 2 steht aber im Rahmen seiner Zuständigkeit auch dem Konzernbetriebsrat zu (vgl. oben § 50 Rz. 17; ebenso *F/A/K/H* § 58 Rz. 13).

bb) Soziale Angelegenheiten

Im Rahmen der sozialen Angelegenheiten ist der Konzernbetriebsrat zuständig 10 bei der Errichtung, Form, Ausgestaltung und Verwaltung von Sozialeinrichtungen, deren Wirkungsbereich nicht auf ein Konzernunternehmen beschränkt ist, sondern den ganzen Konzern erfaßt (§ 87 Abs. 1 Nr. 8, § 88 Nr. 2; vgl. auch *BAG* vom 21. 6. 1979 – 3 ABR 3/78 – EzA § 87 BetrVG 1972 Sozialeinrichtung Nr. 10 = DB 1979, 2039; *G/L* § 58 Rz. 4; *D/K/K/S* § 58 Rz. 13; *Konzen* RdA 1984, 65, 76). Erhalten jedoch bei einer konzerneinheitlichen Grundversorgung die Arbeitnehmer nur eines Konzernunternehmens zusätzliche Versorgungsleistungen, so ist hierfür nicht der Konzernbetriebsrat, sondern der Gesamtbetriebsrat des betreffenden Unternehmens zuständig (*BAG* vom 19. 3. 1981 – 3 ABR 38/80 – EzA § 80 BetrVG 1972 Nr. 18 = DB 1981, 2181; *F/A/K/H* § 58 Rz. 9; GK-*Fabricius/Kreutz* § 58 Rz. 27; *D/K/K/S* a.a.O.). Neben konzerneinheitlichen Sozialeinrichtungen kommt auch das in § 87 Abs. 1 Nr. 9 genannte Werkswohnungswesen als Betätigungsfeld für den Konzernbetriebsrat in Betracht (ebenso *F/A/K/H* a.a.O.; *D/K/K/S* § 58 Rz. 14; vgl. dazu § 50 Rz. 27). Im übrigen obliegt aber die Behandlung der sozialen Angelegenheiten in erster Linie den Gesamtbetriebsräten und Betriebsräten.

cc) Gestaltung von Arbeitsplatz, Arbeitsablauf und Arbeitsumgebung

Insoweit kann der Konzernbetriebsrat nur zuständig sein, wenn Maßnahmen meh- 11 rere Betriebe verschiedener Konzernunternehmen betreffen. Es muß aber noch hinzukommen, daß eine Regelung der anstehenden Fragen durch die Gesamtbetriebsräte nicht möglich ist. Es ist indessen kaum ein Fall denkbar, daß in diesen stark betriebsbezogenen Angelegenheiten das Eingreifen des Konzernbetriebsrats zwingend notwendig wäre (**a. A.** *D/R* § 58 Rz. 9; vgl. auch oben § 50 Rz. 31).

dd) Personelle Angelegenheiten

Bei **allgemeinen** personellen Angelegenheiten kommt die Zuständigkeit des Kon- 12 zernbetriebsrats nur dann in Betracht, wenn die Konzernleitung nur zu einer konzerneinheitlichen Regelung bereit ist und auch von der Einigungsstelle nicht zu unternehmensbezogenen Regelungen gezwungen werden könnte (vgl. dazu oben § 50 Rz. 11; weitergehend GK-*Fabricius/Kreutz* a.a.O.).
Dasselbe gilt für die Maßnahmen der **Berufsbildung** (**a. A.** GK-*Fabricius/Kreutz* 13 a.a.O.; *D/R* § 58 Rz. 11).
Bei **personellen Einzelmaßnahmen** des herrschenden Unternehmens besteht 14 grundsätzlich nicht die Zuständigkeit des Konzernbetriebsrats, sondern des dort bestehenden Betriebsrats. Dies gilt auch für die Einstellung solcher Arbeitnehmer durch das herrschende Unternehmen, die es nach dem Inhalt des Arbeitsvertrages im gesamten Konzernbereich einsetzen kann (*F/A/K/H* § 58 Rz. 11; *D/K/K/S* § 58 Rz. 16; **a.A.** *Martens* 25 Jahre Bundesarbeitsgericht S. 369; *D/R* § 58 Rz. 12 m.w.N.). Wird ein solcher Arbeitnehmer in einem anderen Konzernunternehmen eingesetzt, so ist der dortige Betriebsrat zuständig (*F/A/K/H* und *D/K/K/S* jeweils a.a.O.). Dies gilt ensprechend bei Versetzung von einem Konzernunternehmen in ein anderes (vgl. dazu *BAG* vom 30. 4. 1981 – 6 ABR 59/78 – EzA § 95 BetrVG 1972 Nr. 4 = DB 1981, 1833 sowie oben § 50 Rz. 35).

§ 58   2. Teil 6. Abschn. Konzernbetriebsrat

ee) Wirtschaftliche Angelegenheiten

15 Weder der Konzernbetriebsrat noch einer seiner Ausschüsse kann als **Wirtschaftsausschuß** fungieren (*G/L* § 58 Rz. 4; **a. A.** GK-*Fabricius/Kreutz* § 58 Rz. 29 und *F/A/K/H* § 58 Rz. 12 – allerdings nur bei Zustimmung der Konzernleitung –; *Rumpff* Mitbestimmung in wirtschaftlichen Angelegenheiten, S. 111; *Wetzling* Konzernbetriebsrat, S. 184 ff.; *Weiss* § 58 Rz. 1; *Boldt* Die Aktiengesellschaft 1972, 299; auch *D/R* § 58 Rz. 13 und *D/K/K/S* § 58 Rz. 17, die dem Konzernbetriebsrat sogar das Recht einräumen, einen Wirtschaftsausschuß auf der Konzernebene zu bilden; hiergegen *BAG* vom 23. 8. 1989 – 7 ABR 39/88 – AP Nr. 7 zu § 108 BetrVG 1972 – EzA § 106 BetrVG 1972 Nr. 9 = DB 1990, 1519). Der Wirtschaftsausschuß ist nach der eindeutigen Regelung in § 106 auf das Unternehmen bezogen. Die Annahme, es entspreche »dem Plan des Gesetzes«, den Konzernbetriebsrat in die wirtschaftlichen Angelegenheiten mit einzubeziehen (so *D/R* a. a. O.), findet keine Stütze im Gesetz. Vielmehr sind nicht nur die Zuständigkeit, sondern auch die Aufgaben des Wirtschaftsausschusses in § 106 Abs. 2 und 3 ausdrücklich auf das Unternehmen beschränkt. Im übrigen würde die Konzernleitung auch über die in § 106 Abs. 3 genannten Angelegenheiten vielfach überhaupt keine Auskünfte geben können.

16 Die Mitwirkungsrechte bei **Betriebsänderungen** (§§ 111–113) werden in der Regel von den Betriebsräten ausgeübt, weil diese Rechte an die sozialen Verhältnisse des Einzelbetriebs anknüpfen. Nur ausnahmsweise kommt eine Zuständigkeit des Gesamtbetriebsrates in Betracht (vgl. oben § 50 Rz. 37). Eine Zuständigkeit des Konzernbetriebsrats in diesen Angelegenheiten scheidet durchweg aus (**a. A.** *F/A/K/H* § 58 Rz. 10; *G/L* § 58 Rz. 4; *D/K/K/S* § 58 Rz. 18; *Konzen* RdA 1984, 65, 76; *Kammann/Hess/Schlochauer* § 58 Rz. 6, die eine Zuständigkeit des Konzernbetriebsrats in diesem Bereich nicht ausschließen, sowie *D/R* § 58 Rz. 14, die bei Betriebsänderungen, die Betriebe mehrerer Konzernunternehmen betreffen, eine Zuständigkeit des Konzernbetriebsrats nur für den Interessenausgleich annehmen). Die für die Zuständigkeit des Konzernbetriebsrats angeführte Begründung, daß dann die Übernahme von Arbeitnehmern betroffener Unternehmen in andere Unternehmen des Konzerns leichter geregelt werden könne (so *Kammann/Hess/Schlochauer* und *F/A/K/H*, jeweils a. a. O.), ist nicht stichhaltig, da die Mitbestimmung bei personellen Einzelmaßnahmen auch in solchen Fällen Sache der Einzelbetriebsräte ist (vgl. oben Rz. 12) und dem Konzernbetriebsrat auch kein Weisungsrecht gegenüber Gesamtbetriebsräten oder Betriebsräten zusteht (so auch *Leinemann* ZIP 1989, 552, 554).

b) Besondere gesetzliche Zuweisung

17 Besonders zugewiesen sind dem Konzernbetriebsrat die Mitwirkung bei der Bestellung des Hauptwahlvorstandes für die **Wahl der Aufsichtsratsmitglieder der Arbeitnehmer** des herrschenden Unternehmens eines Konzerns nach dem MitbestG 1976 (vgl. §§ 2 und 4 der 3. WO MitbestG), bei der Entgegennahme eines Antrags auf Abberufung eines Aufsichtsratsmitglieds der Arbeitnehmer (vgl. § 108 der 3. WO MitbestG) und bei der Anfechtung der Wahl von Aufsichtsratsmitgliedern der Arbeitnehmer (vgl. § 22 Abs. 2 MitbestG sowie *F/A/K/H* § 58 Rz. 14; *D/K/K/S* § 58 Rz. 19).

18 Nach § 1 Abs. 4 Montan-MitbestG i. d. F. vom 21. 5. 1981 (BGBl. I S. 441) hat die Bildung eines Konzernbetriebsrats Bedeutung für das Wahlverfahren und die Wählbarkeit zum Aufsichtsrat in einem Montanunternehmen, das herrschendes

Zuständigkeit § 58

Unternehmen eines Konzerns ist, ohne aber unter das MitbestEG zu fallen (§ 2 MitbestEG). Ist ein Konzernbetriebsrat nämlich errichtet, so bildet er den Wahlkörper i. S. d. § 6 Montan-MitbestEG für die Vertreter der Arbeitnehmer und das der Arbeitnehmerseite zuzurechnende »weitere Mitglied« des Aufsichtsrats (§ 4 Abs. 1 Buchst. b Montan-MitbestEG). Außerdem können in diesem Falle auch Arbeitnehmer der abhängigen Unternehmen auf die der Belegschaft vorbehaltenen Sitze gewählt werden (§ 6 Abs. 1 Montan-MitbestEG). Ist kein Konzernbetriebsrat errichtet, verbleibt es bei der Regelung, daß nur die Betriebsräte des herrschenden Unternehmens wahlberechtigt und nur die Arbeitnehmer dieses Unternehmens wählbar sind (*F/A/K/H* § 58 Rz. 15; *D/K/K/S* § 58 Rz. 20).

2. Zuständigkeit kraft Auftrags

Aufgrund der Parallelregelung in § 50 Abs. 2 gelten die dortigen Erläuterungen 19 hier sinngemäß (§ 50 Rz. 41–49; *D/R* § 58 Rz. 21–27; *G/L* § 58 Rz. 6; *F/A/K/H* § 58 Rz. 16 f.; GK-*Fabricius/Kreutz* § 58 Rz. 33 ff.; *D/K/K/S* § 58 Rz. 21). Voraussetzung für eine wirksame Beauftragung ist, daß der Gesamtbetriebsrat für die betreffende Angelegenheit selbst zuständig ist (*D/K/K/S* a. a. O.).
Bei der **Beschlußfassung** über die Erteilung des Auftrags sind die Besonderheiten 20 des Stimmrechts im Gesamtbetriebsrat gem. § 47 Abs. 7 und 8 zu beachten (GK-*Fabricius/Kreutz* § 58 Rz. 35).
Soweit ein Betriebsrat nach § 54 Abs. 2 die Aufgaben eines Gesamtbetriebsrats 21 wahrnimmt, kann er wie ein Gesamtbetriebsrat den Konzernbetriebsrat beauftragen, eine Angelegenheit für ihn zu behandeln. Im übrigen kann der Betriebsrat den Konzernbetriebsrat nicht beauftragen (*D/R* § 58 Rz. 28). Mit der Zuständigkeitsregelung in § 50 Abs. 2, § 58 Abs. 2 ist auch nicht vereinbar, daß der Gesamtbetriebsrat Auftragsangelegenheiten eines Betriebsrats an den Konzernbetriebsrat weiterdelegiert (so aber *D/R* a. a. O.; *D/K/K/S* § 58 Rz. 23; nur mit Zustimmung des Betriebsrats auch: *F/A/K/H* § 58 Rz. 16; GK-*Fabricius/Kreutz* § 58 Rz. 37). Es wäre nicht sinnvoll, wenn Angelegenheiten, die nur den Betriebsrat des Einzelbetriebs betreffen, auf der Konzernebene behandelt werden könnten.

IV. Konzernbetriebsvereinbarung

Für den Abschluß einer Betriebsvereinbarung mit dem Konzernbetriebsrat ist die 22 **Leitung des herrschenden Unternehmens** zuständig (vgl. oben Rz. 2 mit Nachweisen über den insoweit bestehenden Meinungsstreit). Überträgt ein Gesamtbetriebsrat eine Angelegenheit nach Abs. 2 dem Konzernbetriebsrat zur selbständigen Erledigung, so kann der Konzernbetriebsrat eine wirksame Betriebsvereinbarung nicht mit der Leitung des herrschenden Unternehmens, sondern mit dem Konzernunternehmen abschließen, dessen Gesamtbetriebsrat ihn beauftragt hat (vgl. *Monjau* BB 1972, 839, 842; *F/A/K/H* § 58 Rz. 20; *D/K/K/S* § 58 Rz. 26; *Konzen* RdA 1984, 65, 77; **a. A.** GK-*Fabricius/Kreutz* § 58 Rz. 38); denn die Zuständigkeit der Konzernspitze steht nicht zur Disposition der Gesamtbetriebsräte).
Die mit dem Konzernbetriebsrat abgeschlossene Betriebsvereinbarung wird als 23 Konzernbetriebsvereinbarung bezeichnet. Nach § 77 Abs. 4 Satz 1 gelten ihre Nor-

§ 59   2. Teil 6. Abschn. *Konzernbetriebsrat*

men unmittelbar und zwingend für alle Unternehmen des Konzerns, für die die Zuständigkeit des Konzernbetriebsrats besteht. Soweit der Konzernbetriebsrat im Rahmen seiner Zuständigkeit gehandelt hat, sind etwaige **Betriebsvereinbarungen unwirksam, die über denselben Regelungsgegenstand bestehen auf der Unternehmensebene oder betrieblichen Ebene** (*D/R* § 58 Rz. 36; GK-*Fabricius/Kreutz* § 58 Rz. 43; *F/A/K/H* § 58 Rz. 19). Die Gesamtbetriebsräte könnten auch nicht aufgrund einer **Öffnungsklausel** in der Konzernbetriebsvereinbarung wirksam regelnd tätig werden, wenn die zu regelnde Frage kraft Gesetzes dem Konzernbetriebsrat vorbehalten ist (vgl. dazu oben § 50 Rz. 50).

23a Eine Konzernbetriebsvereinbarung gilt nicht für die Arbeitnehmer der Betriebe und Unternehmen, die nicht betriebsratsfähig sind oder keinen Betriebsrat gewählt oder kein Mitglied in den Gesamtbetriebsrat oder Konzernbetriebsrat entsandt haben (vgl. zum entsprechenden Problem beim Gesamtbetriebsrat oben § 50 Rz. 8; so auch *Behrens/Schaude* DB 1991; 278; **a.A.** *D/R* § 58 Rz. 20; *D/K/K/S* § 58 Rz. 28).

23b Hinsichtlich der Rechtswirkungen der Konzernbetriebsvereinbarung bei Hinzutreten neuer Konzernunternehmen gelten die Erläuterungen zur Gesamtbetriebsvereinbarung (oben § 50 Rz. 51) entsprechend.

V. Einigungsstelle

24 Meinungsverschiedenheiten zwischen der Leitung des herrschenden Unternehmens und dem Konzernbetriebsrat über eine der Mitbestimmung unterliegende Angelegenheit entscheidet im Streitfall eine nach § 76 Abs. 1 für den Konzern zu bildende Einigungsstelle. Die Benennung der Beisitzer gem. § 76 Abs. 2 obliegt in diesem Fall dem Konzernbetriebsrat und der Konzernleitung (*G/L* § 58 Rz. 9; GK-*Fabricius/Kreutz* § 58 Rz. 41).

VI. Streitigkeiten

25 Streitigkeiten über die Zuständigkeit des Konzernbetriebsrats entscheidet nach § 2a ArbGG das Arbeitsgericht im Beschlußverfahren. Zuständig ist das für den Sitz des herrschenden Unternehmens örtlich zuständige Arbeitsgericht. Soweit der Streit jedoch einen Beschluß des Gesamtbetriebsrats nach Abs. 2 betrifft, ist das für den Sitz des Unternehmens zuständige Arbeitsgericht anzurufen (*F/A/K/H* § 58 Rz. 21; *D/K/K/S* § 58 Rz. 29). Dasselbe gilt, wenn der Konzernbetriebsrat eine Angelegenheit erledigt, die ihm ein Gesamtbetriebsrat übertragen hat; denn durch den Auftrag des Einzelbetriebsrats kann die gesetzliche Zuständigkeit nicht geändert werden (vgl. oben § 50 Rz. 53 und GK-*Fabricius/Kreutz* § 58 Rz. 44).

§ 59 Geschäftsführung

(1) Für den Konzernbetriebsrat gelten § 25 Abs. 1, § 26 Abs. 1 und 3, § 27 Abs. 3 und 4, § 28 Abs. 1 Satz 1 und 3, Abs. 3, die §§ 30, 31, 34, 35, 36, 37 Abs. 1 bis 3 sowie die §§ 40, 41 und 51 Abs. 1 Satz 2 und Abs. 2, 4 bis 6 entsprechend.
(2) Ist ein Konzernbetriebsrat zu errichten, so hat der Gesamtbetriebsrat des

Geschäftsführung § 59

herrschenden Unternehmens oder, soweit ein solcher Gesamtbetriebsrat nicht besteht, der Gesamtbetriebsrat des nach der Zahl der wahlberechtigten Arbeitnehmer größten Konzernunternehmens zu der Wahl des Vorsitzenden und des stellvertretenden Vorsitzenden des Konzernbetriebsrats einzuladen. Der Vorsitzende des einladenden Gesamtbetriebsrats hat die Sitzung zu leiten, bis der Konzernbetriebsrat aus seiner Mitte einen Wahlleiter bestellt hat. § 29 Abs. 2 bis 4 gilt entsprechend.

Literaturübersicht

Vgl. die Literaturübersicht zu § 54.

Inhaltsübersicht

		Rz.
I.	Allgemeines	1, 2
II.	Sitzungen des Konzernbetriebsrats	3–28
	1. Konstituierende Sitzung	6–16
	a) Einberufung	6–12
	b) Leitung	13–15
	c) Erweiterung der Tagesordnung	16
	2. Weitere Sitzungen	17–28
	a) Einberufung	18
	b) Antrag auf Einberufung	19
	c) Ladung	20–24
	d) Tagesordnung	25
	e) Teilnahme	26
	f) Leitung	27
	g) Aussetzung von Beschlüssen	28
III.	Vorsitzender und dessen Stellvertreter	29
IV.	Konzernbetriebsausschuß und weitere Ausschüsse des Konzernbetriebsrats	30–34
	1. Konzernbetriebsausschuß	31–33
	a) Bildung des Konzernbetriebausschusses	31, 32
	b) Rechtsstellung, Geschäftsführung und Aufgaben des Konzernbetriebsausschusses	33
	2. Weitere Ausschüsse des Konzernbetriebsrats	34
V.	Übertragung von Aufgaben auf den einzigen Vertreter einer Gruppe	35
VI.	Gemeinsame Ausschüsse von Konzernbetriebsrat und Konzernleitung	36
VII.	Führung der laufenden Geschäfte in kleineren Konzernen	37
VIII.	Ersatzmitglieder	38
IX.	Ehrenamtliche Tätigkeit, Arbeitsversäumnis und Freistellung	39
X.	Sprechstunden	40
XI.	Kosten- und Sachaufwand sowie Umlageverbot	41
XII.	Rechtsstellung des Konzernbetriebsrats	42, 43
XIII.	Streitigkeiten	44.

§ 59   2. Teil 6. Abschn. Konzernbetriebsrat

I. Allgemeines

1 Die Vorschrift regelt Organisation und Geschäftsführung des Konzernbetriebsrats im wesentlichen durch Verweisung auf die entsprechenden Bestimmungen für den Gesamtbetriebsrat, die ihrerseits wieder auf das für den Betriebsrat geltende Recht verweisen. Auch die Errichtung eines Konzernbetriebsausschusses und die Möglichkeit der Bildung weiterer Ausschüsse des Konzernbetriebsrats sind vorgesehen, obwohl der Regierungs-Entwurf darauf verzichtet hatte, weil das Bedürfnis nach Bildung solcher Ausschüsse in der Regel gering ist (vgl. BT-Drucks. VI/1786, 44; zu BT-Drucks. VI/2729, 26; vgl. auch GK-*Fabricius/Kreutz* § 59 Rz. 3). Durch das Gesetz zur Änderung des Betriebsverfassungsgesetzes, über Sprecherausschüsse der leitenden Angestellten und zur Sicherung der Montan-Mitbestimmung vom 20.12. 1988 (BGBl. I S. 2312) ist in Abs. 2 klargestellt worden, daß grundsätzlich der Gesamtbetriebsrat des herrschenden Unternehmens, nicht, wie es vorher geheißen hatte, der Gesamtbetriebsrat der Hauptverwaltung des Konzerns zur Wahl des Vorsitzenden und des stellvertretenden Vorsitzenden des Konzernbetriebsrats einzuladen hat (vgl. dazu unten Rz. 6). Der durch dieses Gesetz für die Bildung des Betriebsausschusses und der weiteren Ausschüsse des Betriebsrats eingeführte Minderheitenschutz (vgl. oben § 27 Rz. 25) besteht für die Ausschüsse des Konzernbetriebsrats nicht (vgl. auch oben § 51 Rz. 3). Dies ist durch die Fassung der Verweisungen in Abs. 1 klargestellt.

2 Die Vorschrift ist **zwingendes Recht** und kann weder durch Tarifvertrag noch durch Betriebsvereinbarung abbedungen werden (*F/A/K/H* § 59 Rz. 2; *G/L* § 59 Rz. 2; GK-*Fabricius/Kreutz* § 59 Rz. 4).

II. Sitzungen des Konzernbetriebsrats

3 Die **Willensbildung** des Konzernbetriebsrats erfolgt in den Sitzungen dieses Gremiums. Für die Durchführung der Sitzungen gelten kraft gesetzlicher Verweisung zunächst auch hier die Vorschriften der §§ 30 (zeitliche Lage) und 34 (Sitzungsniederschrift). Die Erläuterungen zu diesen Bestimmungen gelten deshalb auch für den Konzernbetriebsrat.

4 Die **Beschlußfähigkeit** des Konzernbetriebsrats ist abweichend von § 33 Abs. 2 in der Sondervorschrift des § 51 Abs. 4 geregelt, die nach § 59 Abs. 1 auch für den Konzernbetriebsrat gilt. Sie ist gegeben, wenn mindestens die Hälfte der Konzernbetriebsratsmitglieder anwesend ist und sich an der Abstimmung beteiligt. Voraussetzung ist aber weiterhin, daß die Hälfte der Mitglieder mindestens die Hälfte des Stimmengewichts im Konzernbetriebsrat vertritt (vgl. *G/L* § 59 Rz. 18; GK-*Fabricius/Kreutz* § 59 Rz. 29; *F/A/K/H* § 59 Rz. 22). Darüber hinaus gelten die weiteren allgemeinen Erläuterungen zu den Sitzungen des Gesamtbetriebsrats hier sinngemäß (§ 51 Rz. 7–12).

5 Auch hier (vgl. dazu oben § 51 Rz. 12) sind die Regelungen unterschiedlich für die **konstituierende** Sitzung einerseits und die **weiteren** Sitzungen des Konzernbetriebsrats andererseits:

1. Konstituierende Sitzung

a) Einberufung

Liegen die Voraussetzungen für die Errichtung eines Konzernbetriebsrats vor, so hat nach Abs. 2 grundsätzlich der **Gesamtbetriebsrat des herrschenden Unternehmens** zur Wahl des Konzernbetriebsratsvorsitzenden und dessen Stellvertreters einzuladen (vgl. dazu oben Rz. 1). 6

Falls bei dem herrschenden Unternehmen des Konzerns kein Gesamtbetriebsrat besteht, hat der **Gesamtbetriebsrat des nach der Zahl der wahlberechtigten Arbeitnehmer größten Konzernunternehmens** zu der konstituierenden Sitzung einzuladen. Maßgebend für die Anzahl der wahlberechtigten Arbeitnehmer ist die Wählerliste bei der letzten Betriebsratswahl (*G/L* § 59 Rz. 11; *F/A/K/H* a. a. O.). Ist in einem Betrieb kein Betriebsrat gewählt, so sind die Arbeitnehmer dieses Betriebs nicht mitzuzählen, weil er außerhalb der Betriebsverfassung steht (vgl. § 50 Rz. 8 und § 58 Rz. 7; **a. A.** *D/R* und *F/A/K/H*, jeweils a. a. O., die auf die gegenwärtige Zahl der wahlberechtigten Arbeitnehmer in einem solchen Betrieb abstellen). 7

Besteht in dem herrschenden Unternehmen **nur ein Betriebsrat**, so obliegt ihm die Einladung zu der konstituierenden Sitzung (*G/L* § 59 Rz. 12; *F/A/K/H* § 59 Rz. 14; GK-*Fabricius/Kreutz* § 59 Rz. 7; *D/R* a. a. O.). Die Gesamtbetriebsräte, die sich gegen die Bildung eines Konzernbetriebsrats ausgesprochen haben, sind ebenfalls einzuladen (*F/A/K/H* § 59 Rz. 13; GK-*Fabricius/Kreutz* § 59 Rz. 11; *G/L* a. a. O.; *D/K/K/S* § 59 Rz. 8). 8

Da der Konzernbetriebsrat eine Dauereinrichtung ist (vgl. § 54 Rz. 29), bleibt er bestehen, auch wenn die Einzelbetriebsräte neu gewählt werden. Soweit bei Neuwahl Betriebsratsmitglieder nicht wiedergewählt werden, die bislang in den Konzernbetriebsrat entsandt waren, haben die Gesamtbetriebsräte nach § 55 Abs. 1 neue Vertreter in den Konzernbetriebsrat zu entsenden. Im übrigen ist der Gesamtbetriebsrat frei, bisherige in den Konzernbetriebsrat entsandte Mitglieder abzuberufen und durch neue Mitglieder zu ersetzen, auch wenn die bisher entsandten Mitglieder wieder in den Betriebsrat gewählt worden sind. Die Institution des Konzernbetriebsrats bleibt von diesen Veränderungen stets unberührt (vgl. auch § 51 Rz. 14; GK-*Fabricius/Kreutz* § 59 Rz. 13). 9

In entsprechender Anwendung des Abs. 2 ist aber eine Neukonstituierung des Konzernbetriebsrats auch dann vorzunehmen, wenn wegen des **Endes der Amtsperiode der Betriebsräte** die Mitgliedschaft aller Mitglieder des Konzernbetriebsrats oder nahezu aller seiner Mitglieder erlischt oder wenn alle oder nahezu alle Mitglieder und Ersatzmitglieder des Konzernbetriebsrats zurückgetreten sind. Wird aber die Mitgliederzahl des Konzernbetriebsrats nach § 55 Abs. 4 verringert oder vergrößert, so ist es Aufgabe des Vorsitzenden des amtierenden Konzernbetriebsrats, eine etwaige Neuwahl des Vorsitzenden und seines Stellvertreters zu veranlassen (vgl. § 51 Rz. 15). 10

Die Einladung ergeht **an alle Gesamtbetriebsräte** des Konzerns und enthält die Aufforderung zur Entsendung der Mitglieder des Konzernbetriebsrats. Nicht geladen werden die **Konzernleitung** und die **Gewerkschaften** (vgl. § 51 Rz. 16). Eine **Jugend- und Auszubildendenvertretung** gibt es auf der Konzernebene ebensowenig wie eine Schwerbehindertenvertretung (*G/L* § 59 Rz. 15; *F/A/K/H* § 59 Rz. 24; GK-*Fabricius/Kreutz* § 59 Rz. 25; *D/R* § 59 Rz. 21), so daß schon deshalb eine entsprechende Ladung außer Betracht bleiben muß. 11

§ 59 2. Teil 6. Abschn. Konzernbetriebsrat

12 **Unterläßt** der zur Einberufung gesetzlich verpflichtete Gesamtbetriebsrat oder Betriebsrat die Einberufung der konstituierenden Sitzung, so kommt wie beim Gesamtbetriebsrat der spontane Zusammentritt des Konzernbetriebsrats nicht in Betracht (vgl. dazu wie zu den Folgen der Pflichtverletzung des zuständigen Gesamtbetriebsrats oder Betriebsrats § 51 Rz. 17).

b) Leitung

13 Die konstituierende Sitzung des Konzernbetriebsrats ist gem. Abs. 2 Satz 2 zunächst vom **Vorsitzenden des einladenden Gesamtbetriebsrats oder Betriebsrats** zu leiten. Entsprechend den Funktionen des Wahlvorstandes bei der konstituierenden Sitzung des Betriebsrats und des Vorsitzenden des einladenden Betriebsrats bei der konstituierenden Sitzung des Gesamtbetriebsrats endet seine Leitungsbefugnis, sobald der Konzernbetriebsrat eines seiner Mitglieder zum **Wahlleiter** für die Wahl des Vorsitzenden bestellt hat. Der Wahlleiter kann auch der Vorsitzende des einladenden Gesamtbetriebsrats sein, wenn er selbst dem Konzernbetriebsrat angehört. Wahlleiter kann auch das für den Vorsitz kandidierende Mitglied sein (vgl. oben § 29 Rz. 11 und § 51 Rz. 18).

14 Nach seiner Wahl übernimmt der Wahlleiter die weitere Leitung der konstituierenden Sitzung des Konzernbetriebsrats. Er hat die **Wahl des Vorsitzenden** und seines Stellvertreters nach § 26 Abs. 1 durchzuführen (vgl. § 29 Rz. 12, § 51 Rz. 20 sowie unten Rz. 29).

15 Mit der Wahl des Vorsitzenden und seines Stellvertreters sowie der Annahme durch die Gewählten ist die Aufgabe des Wahlleiters erfüllt. Das Amt des Wahlleiters erlischt (vgl. oben § 29 Rz. 13 und § 51 Rz. 21).

c) Erweiterung der Tagesordnung

16 Nach Abschluß der Konstituierung kann der Konzernbetriebsrat in derselben Sitzung auch über weitere Angelegenheiten beraten. Beschlüsse, z. B. die Wahl des Konzernbetriebsausschusses sind aber nur zulässig, wenn alle geladenen Konzernbetriebsratsmitglieder erschienen und mit der Beschlußfassung über den Gegenstand einverstanden sind (vgl. Näheres bei § 29 Rz. 14).

2. Weitere Sitzungen

17 Für die weiteren Sitzungen des Konzernbetriebsrats gelten neben den schon erwähnten §§ 30 und 34 (vgl. dazu oben Rz. 3) aufgrund gesetzlicher Verweisung in Abs. 1 und Abs. 2 Satz 2 auch die §§ 29 Abs. 2–4 (Einberufung und Teilnahmerecht), 31 (Teilnahme der Gewerkschaften), 35 (Aussetzung von Beschlüssen) und 36 (Erlaß einer Geschäftsordnung). Die Erläuterungen zu den genannten Bestimmungen gelten mit den schon erwähnten Abweichungen hinsichtlich der Jugend- und Auszubildendenvertretung und der Schwerbehindertenvertretung (vgl. oben Rz. 11) auch für den Konzernbetriebsrat.

a) Einberufung

18 Aufgrund der Verweisung in Abs. 2 Satz 3 gelten die Erläuterungen zu § 29 Abs. 2 hier sinngemäß (§ 29 Rz. 16–19; vgl. auch § 51 Rz. 24).

Geschäftsführung § 59

b) Antrag auf Einberufung
Hierzu gelten die Erläuterungen zu § 51 Abs. 3 Satz 3 i. V. m. § 29 Abs. 3 sinnge- 19
mäß (vgl. § 51 Rz. 25 f.).

c) Ladung
Die Erläuterungen zu § 51 (Rz. 27–29) sind hier sinngemäß heranzuziehen, soweit 20
sie nicht die Gesamt-Jugend- und Auszubildendenvertretung und die Gesamtschwerbehindertenvertretung betreffen (vgl. oben Rz. 11).
Nach Abs. 2 Satz 3 i. V. m. § 29 Abs. 2 Satz 5 hat der Vorsitzende des Konzernbe- 21
triebsrats ggf. auch Ersatzmitglieder einzuladen (vgl. § 29 Rz. 32).
Auch der Arbeitgeber (vgl. dazu unten Rz. 23) ist zu laden, wenn es sich um eine 22
auf sein Verlangen nach Absatz 2 Satz 2 i. V. m. § 29 Abs. 4 anberaumte Sitzung
handelt, der Konzernbetriebsrat seine Einladung beschlossen hat oder wenn der
Vorsitzende des Konzernbetriebsrats eine Einladung des Arbeitgebers für erforderlich hält. In allen Fällen ist nach dem Sinn des Gesetzes auch die Tagesordnung
mitzuteilen (vgl. § 29 Rz. 34).
Im Verhältnis zum Konzernbetriebsrat ist Arbeitgeber in der Regel **die Leitung** 23
des herrschenden Unternehmens (vgl. oben § 58 Rz. 2). Jedoch kann, insbesondere wenn in bestimmten Einzelfällen die Regelung der Angelegenheit einem einzelnen Konzernunternehmen übertragen ist, die Leitung dieses Konzernunternehmens insoweit als Arbeitgeber anzusehen sein. Das kann insbesondere dann gelten, wenn ein Gesamtbetriebsrat eine Angelegenheit gem. § 58 Abs. 2 auf den
Konzernbetriebsrat übertragen hat (*F/A/K/H* § 59 Rz. 26; im Ergebnis ebenso
D/R § 59 Rz. 19; *G/L* § 59 Rz. 16; vgl. zu diesen Fragen *Martens* ZfA 1973, 297,
305). Je nach der Tagesordnung kann es sich also ergeben, daß der Konzernbe-
triebsratsvorsitzende sowohl die Leitung des herrschenden Unternehmens als
auch eine oder mehrere Unternehmensleitungen des Konzerns einzuladen hat.
Für die Benachrichtigung der **Gewerkschaften** gelten die Erläuterungen zu § 29 24
hier sinngemäß (vgl. § 29 Rz. 35). Die Konzernbetriebsratssitzung braucht aber
einer Gewerkschaft nicht mitgeteilt zu werden, wenn sie wohl in einem oder mehreren Gesamtbetriebsräten, nicht aber im Konzernbetriebsrat vertreten ist
(*F/A/K/H* § 59 Rz. 17; GK-*Fabricius/Kreutz* § 59 Rz. 27; *D/K/K/S* § 59 Rz. 3;
Sahmer § 59 Rz. 6; **a. A.** *D/R* § 59 Rz. 20; *G/L* § 59 Rz. 17; *Kammann/Hess/
Schlochauer* § 59 Rz. 14, die die Vertretung der Gewerkschaft sogar nur im Be-
triebsrat genügen lassen). Für die Antragsberechtigung nach § 31 (ein Viertel der
Mitglieder oder Mehrheit einer Gruppe) ist auf das Stimmgewicht, nicht auf die
Kopfzahl abzustellen (vgl. § 51 Rz. 29).

d) Tagesordnung
Hierfür gelten die Erläuterungen zu § 29 Abs. 2 sinngemäß (§ 29 Rz. 37–40). 25

e) Teilnahmerecht
Aufgrund der Verweisung in Abs. 2 Satz 3 gelten die Erläuterungen zu § 29 Abs. 4 26
hier sinngemäß (vgl. § 29 Rz. 41–54 sowie § 51 Rz. 30).

f) Leitung
Aufgrund der Verweisung in Abs. 2 Satz 3 gelten die Erläuterungen zu § 29 Abs. 2 27
Satz 2 hier sinngemäß (vgl. § 29 Rz. 55 f. sowie § 51 Rz. 32).

§ 59 2. Teil 6. Abschn. *Konzernbetriebsrat*

g) Aussetzung von Beschlüssen

28 Die Erläuterungen zu § 35, der nach Abs. 1 entsprechend anzuwenden ist, gelten hier mit folgenden Maßgaben sinngemäß: Ein Aussetzungsantrag der Jugend- und Auszubildendenvertretung und der Schwerbehindertenvertretung kommt nicht in Betracht (vgl. oben Rz. 11). Die für die Aussetzung erforderliche Mehrheit ist nicht nach der Kopfzahl, sondern nach dem Stimmengewicht gem. § 55 Abs. 3 zu errechnen (vgl. oben § 51 Rz. 32).

III. Vorsitzender und dessen Stellvertreter

29 Aufgrund der Verweisung in Abs. 1 gelten die Erläuterungen zu § 26 Abs. 1 (Wahl, Niederlegung des Amtes, Abberufung vom Amt; vgl. dazu oben § 26 Rz. 5–8 und 18–37) und Abs. 3 (Rechtsstellung des Vorsitzenden und seines Stellvertreters; vgl. dazu oben § 26 Rz. 38–61) hier sinngemäß. Auch der verstärkte Gruppenschutz nach § 26 Abs. 2 greift gem. Abs. 1 i. V. m. § 51 Abs. 2 Satz 1 und 2 hier ein; jedoch ist Voraussetzung dafür, daß die Vertreter jeder Gruppe mindestens ein Drittel (bis zur Gesetzesänderung aus dem Jahre 1988 – vgl. oben § 51 Rz. 3 – mehr als ein Drittel) aller Stimmen im Konzernbetriebsrat haben, während § 26 Abs. 2 auf die Zahl der Sitze im Betriebsrat abstellt. Mit dieser Besonderheit gelten auch die Erläuterungen zu § 26 Abs. 2 hier sinngemäß (vgl. § 26 Rz. 9–17). Obwohl der Konzernbetriebsrat eine Daueinrichtung ist (vgl. § 54 Rz. 29), werden der Vorsitzende und sein Stellvertreter nur **für die Zeit bis zum Ende ihrer Amtszeit als Betriebsratsmitglieder** gewählt. Bei Wiederentsendung in den Konzernbetriebsrat nach seiner Neuwahl lebt das Amt als Vorsitzender oder stellvertretender Vorsitzender nicht wieder auf; beide sind dann vielmehr neu zu wählen. Der Vorsitzende und sein Stellvertreter können ihr Amt jederzeit niederlegen und auch jederzeit ohne besondere Begründung abberufen werden (vgl. oben § 26 Rz. 34–37 sowie § 51 Rz. 34).

IV. Konzernbetriebsausschuß und weitere Ausschüsse des Konzernbetriebsrats

30 Größere Konzernbetriebsräte müssen einen Konzernbetriebsausschuß und können weitere Ausschüsse bilden (Abs. 1 i. V. m. § 51 Abs. 1 Satz 2 sowie § 27 Abs. 1 und § 28 Abs. 1; zur Frage eines Konzernwirtschaftsausschusses vgl. oben § 58 Rz. 15).

1. Konzernbetriebsausschuß

a) Bildung des Konzernbetriebsausschusses

31 Konzernbetriebsräte, die wenigstens neun Mitglieder haben, sind nach Abs. 1 i. V. m. § 51 Abs. 1 Satz 2 **verpflichtet**, einen Konzernbetriebsausschuß zu bilden.

32 Aufgrund der Verweisung in Abs. 1 gelten die Erläuterungen zu § 51 Abs. 1 Satz 2 hier sinngemäß (vgl. § 51 Rz. 36–48; vgl. auch oben Rz. 1).

Geschäftsführung § 59

b) Rechtsstellung, Geschäftsführung und Aufgaben des Konzernbetriebsausschusses

Aufgrund der Verweisung in Abs. 1 gelten die Erläuterungen zu § 27 Abs. 3 und 33
§ 51 Abs. 5 hier sinngemäß (vgl. § 27 Rz. 35–63 und § 51 Rz. 42).

2. Weitere Ausschüsse des Konzernbetriebsrats

Der Konzernbetriebsrat kann neben dem Konzernbetriebsausschuß, sofern dafür 34
trotz der engen Zuständigkeit des Konzernbetriebsrats (vgl. Erläuterungen zu
§ 58) ein Bedürfnis bestehen sollte, auch weitere Ausschüsse errichten. Aufgrund
der Verweisung in Abs. 1 gelten die Erläuterungen zu § 28 Abs. 1 Satz 1 und 3 und
§ 51 Abs. 5 sinngemäß (vgl. § 28 Rz. 15–25 und § 51 Rz. 50f.; vgl. ferner oben
Rz. 1).

V. Übertragung von Aufgaben auf den einzigen Vertreter einer Gruppe

Aufgrund der Verweisung in Abs. 1 auf § 51 Abs. 2 Satz 8 gelten die entsprechen- 35
den Erläuterungen zum Gesamtbetriebsrat (§ 51 Rz. 52) hier sinngemäß.

VI. Gemeinsame Ausschüsse von Konzernbetriebsrat und Konzernleitung

Auch der Konzernbetriebsrat kann mit dem »Arbeitgeber«, nämlich der Leitung 36
des herrschenden Unternehmens (vgl. oben § 58 Rz. 2), die Bildung gemeinsamer
Ausschüsse vereinbaren. Aufgrund der Verweisung in Abs. 1 gelten die Erläuterungen zu § 28 Abs. 3 hier entsprechend (§ 28 Rz. 27–37; vgl. auch § 51 Rz. 53).

VII. Führung der laufenden Geschäfte in kleineren Konzernen

Nach Abs. 1 i. V. m. § 27 Abs. 4 können Konzernbetriebsräte mit weniger als 9 37
Mitgliedern die laufenden Geschäfte auf den Vorsitzenden des Konzernbetriebsrats oder andere seiner Mitglieder übertragen. Die Erläuterungen zu § 27 Abs. 4
gelten hier entsprechend (§ 27 Rz. 64–66; vgl. auch § 51 Rz. 54).

VIII. Ersatzmitglieder

Aufgrund der Verweisung in Abs. 1 gelten die Erläuterungen zu § 25 Abs. 1 über 38
das Nachrücken von Ersatzmitgliedern hier sinngemäß (§ 25 Rz. 5ff.; vgl. auch
§ 51 Rz. 55).

IX. Ehrenamtliche Tätigkeit, Arbeitsversäumnis und Freistellung

39 Aufgrund der Verweisung in Abs. 1 gelten die Erläuterungen des § 37 Abs. 1–3 hier sinngemäß (§ 37 Rz. 5–75). Die Ansprüche nach § 37 Abs. 2 und 3 richten sich dabei gegen den jeweiligen Arbeitgeber der Konzernbetriebsratsmitglieder (GK-*Fabricius/Kreutz* § 59 Rz. 35; *D/R* § 59 Rz. 31). Wegen der parallelen Regelung zum Gesamtbetriebsrat treffen die dortigen weiteren Erläuterungen für den Konzernbetriebsrat ebenfalls zu (vgl. § 51 Rz. 56–58).

X. Sprechstunden

40 Da Abs. 1 ebensowenig wie § 51 im Falle des Gesamtbetriebsrats auf § 39 verweist, gelten die dortigen Erläuterungen sinngemäß (§ 51 Rz. 59).

XI. Kosten- und Sachaufwand sowie Umlageverbot

41 Aufgrund der Verweisung in Abs. 1 gelten die Erläuterungen zu den §§ 40 und 41 grundsätzlich entsprechend. Ein Kostenerstattungsanspruch gegen das herrschende Unternehmen ist jedoch nur dann anzuerkennen, wenn die Aufwendungen in einer Angelegenheit entstanden sind, für die der Konzernbetriebsrat zuständig ist (vgl. § 51 Rz. 60). Der Konzernbetriebsrat hat auch weder Anspruch auf Herausgabe eines Informationsblattes noch auf Bereitstellung eigener Anschlagflächen (vgl. § 51 Rz. 61 f.). Auch hinsichtlich Büropersonal usw. gilt das zum Gesamtbetriebsrat Gesagte (vgl. § 51 Rz. 62).

XII. Rechtsstellung des Konzernbetriebsrats

42 Abs. 1 i. V. m. § 51 Abs. 6 legt fest, daß für den Konzernbetriebsrat grundsätzlich dieselben Rechte und Pflichten wie für den Gesamtbetriebsrat und den Betriebsrat gelten. Dies sind vor allem die allgemeinen Grundsätze des Gesetzes, wie z. B. das Gebot zur vertrauensvollen Zusammenarbeit gem. § 2 Abs. 1 und das Gebot zur Beachtung des Gleichbehandlungsgrundsatzes gem. § 75 sowie die Mitwirkungs- und Mitbestimmungsrechte, die sich sachlich nicht von denen des Betriebsrats und Gesamtbetriebsrats unterscheiden (vgl. § 51 Rz. 63). Allerdings kann der Konzernbetriebsrat seine Rechte und Pflichten nur im Rahmen seiner Zuständigkeit nach § 58 ausüben (vgl. die Erläuterungen dort).

43 Errichtung und Geschäftsführung des Gesamtbetriebsrats richten sich aber nach den besonderen Regelungen und Verweisungen in Abs. 1 und 2. Der in Abs. 1 und § 51 Abs. 6 festgelegte Grundsatz wird durch die ausdrückliche Erwähnung in einer Reihe von Vorschriften (z. B. § 76 Abs. 1 Satz 1, § 78 Satz 1, § 79 Abs. 1 Satz 4, Abs. 2) bestätigt (vgl. § 51 Rz. 64). Aus der Erwähnung des Konzernbetriebsrats in einzelnen Vorschriften kann im Hinblick auf Abs. 1 i. V. m. § 51 Abs. 6 nicht der Schluß gezogen werden, daß alle übrigen Berechtigungen dem Konzernbetriebsrat versagt wären. Soweit der Konzernbetriebsrat im Rahmen seiner Zuständigkeit handelt, hat er dieselbe Rechtsstellung wie der Gesamtbetriebsrat und der Betriebsrat. Der Konzernbetriebsrat hat deshalb z. B. unter den Vorausset-

zungen des § 80 Abs. 3 auch die Befugnis, zur Erfüllung seiner Aufgaben Sachverständige hinzuziehen (*D/R* § 59 Abs. 21; *F/A/K/H* § 59 Rz. 25; GK-*Fabricius/ Kreutz* § 59 Rz. 4; *D/K/K/S* § 59 Rz. 10).

XIII. Streitigkeiten

Streitigkeiten über die Geschäftsführung des Konzernbetriebsrats entscheidet **44** nach § 2a ArbGG das Arbeitsgericht im Beschlußverfahren. Zuständig ist nach § 82 Satz 2 ArbGG das Arbeitsgericht, in dessen Bezirk das herrschende Unternehmen seinen Sitz hat. Streitigkeiten, die sich aus einer Vorenthaltung oder Minderung des Arbeitsentgelts an Mitglieder des Konzernbetriebsrats ergeben, sind im arbeitsgerichtlichen Urteilsverfahren auszutragen. Die örtliche Zuständigkeit bestimmt sich in diesem Fall nach den allgemeinen Grundsätzen des Arbeitsgerichtsgesetzes. In der Regel ist gem. § 46 Abs. 2 ArbGG i. V. m. § 29 ZPO das Arbeitsgericht örtlich zuständig, in dessen Bezirk der Beschäftigungsbetrieb liegt (*F/A/K/H* § 59 Rz. 28; GK-*Fabricius/Kreutz* § 59 Rz. 36f.; *D/K/K/S* § 59 Rz. 10; vgl. auch oben § 51 Rz. 65).

Dritter Teil
Jugend- und Auszubildendenvertretung

Literaturübersicht zu §§ 60–73

Bitzer Die Wahl der Betriebsvertretungen (2. Teil: Wahl der Jugendvertretung), BUV 1972, 1; *Blank* Die Jugendvertreterwahl, BDA, Köln 1976; *Brill* Die Jugendvertreter, BB 1975, 1642; *ders.* Die neue Jugend- und Auszubildendenvertretung in den Betrieben, AuR 1988, 334; *Butz* Der Jugendliche im Betrieb, 1969; *Düttmann/Zachmann* Betriebsverfassung in Frage und Antwort, Bd. V. Die Jugendvertretung. München 1972; *dies.* Die Jugendvertretung (Wahl, Geschäftsführung und Aufgaben), München 1972; *Eich* Die Kommunikation des Betriebsrats mit der Belegschaft, DB 1978, 395; *Engels/Natter* Jugend- und Auszubildendenvertretungen – nun doch noch, DB 1988, 229; *dies.* Wahl von betrieblichen Jugend- und Auszubildendenvertretungen im Herbst 1988, BB 1988, 1453; *dies.* Die geänderte Betriebsverfassung, BB 1989 Beilage Nr. 8, 24; *Fuchs* Die Wahl zur Jugendvertretung, BlStSozArbR 1976, 113; *Hromadka* Mehr Rechte für die Jugendvertretung, DB 1971, 1964; *Körner* Die Mitwirkung der Jugendvertretung bei der Mitbestimmung im Betrieb. Diss. Würzburg, 1977; *Kraft* Der Informationsanspruch des Betriebs. ZfA 1983, 171; *Moritz* Die Stellung der Jugendvertretung im Rahmen der Betriebsverfassung, Diss. Berlin, 1974; *Natter* Sondervertretungen, AR-Blattei (D) Betriebsverfassung XIII B; *Peter* Die Rechtsstellung der Jugendvertretung im Betrieb unter besonderer Berücksichtigung der Frage eines selbständigen Betriebsbegehungsrechts, BlStSozArbR 1980, 65; *Schlochauer* Zugangsrecht von Betriebsratsmitgliedern zu den Arbeitsplätzen einzelner Arbeitnehmer, Arbeitsleben und Rechtspflege, FS für *G. Müller*, 1981, 459; *Schwab* Die neuen Jugend- und Auszubildendenvertretungen in den Betrieben, NZA 1988, 687; *Schwedes* Verbesserter Schutz der Jugendvertreter, BABl. 1974, 9.

Erster Abschnitt
Betriebliche Jugend- und Auszubildendenvertretung

§ 60 Errichtung und Aufgabe

(1) In Betrieben mit in der Regel mindestens fünf Arbeitnehmern, die das 18. Lebensjahr noch nicht vollendet haben (jugendliche Arbeitnehmer) oder die zu ihrer Berufsausbildung beschäftigt sind und das 25. Lebensjahr noch nicht vollendet haben, werden Jugend- und Auszubildendenvertretungen gewählt.
(2) Die Jugend- und Auszubildendenvertretung nimmt nach Maßgabe der folgenden Vorschriften die besonderen Belange der in Absatz 1 genannten Arbeitnehmer wahr.

§ 60   3. Teil 1. Abschn. *Betriebliche Jugend- und Auszubildendenvertretung*

Inhaltsübersicht

		Rz.
I.	Anwendungsbereich des Dritten Teils	1– 3
II.	Errichtung der Jugend- und Auszubildendenvertretung	4– 7
III.	Rechtsstellung der Jugend- und Auszubildendenvertretung	8–10
IV.	Aufgaben der Jugend- und Auszubildendenvertretung	11, 12
V.	Streitigkeiten	13

I. Anwendungsbereich des Dritten Teils

1   Die Vorschriften des 3. Teils (§§ 60–73) sind **zwingenden Rechts**. Von ihnen kann – abgesehen von den im Gesetz geregelten Fällen – nicht abgewichen werden, auch nicht durch **Betriebsvereinbarungen** oder **Tarifvertrag** (*F/A/K/H* § 60 Rz. 8; *G/L* § 60 Rz. 5; GK-*Kraft* § 60 Rz. 5).

1a Am 25. 12. 1987 ist das Gesetz zur Verlängerung der Amtszeit der **Jugendvertretungen** in den Betrieben in Kraft getreten (BGBl. 1987 I S. 2792). Es sieht vor, daß Jugendvertretungen, deren Amtszeit nach dem 30. 4. 1988 enden würde, bis längstens zum 30. 11. 1988 im Amt bleiben. Hintergrund war das **Gesetz zur Bildung von Jugend- und Auszubildendenvertretungen in den Betrieben** vom 13. 7. 1988 (BGBl. I S. 1034), durch das die bisherige Jugendvertretung zu einer **Jugend- und Auszubildendenvertretung** ausgebaut wurde. Maßgebend für diesen Ausbau war, daß die Jugendvertretung die Aufgabe hat, die Interessen der jungen Arbeitnehmer insbesondere in Fragen der Berufsausbildung zu vertreten. Die Berufsausbildung ist somit die »soziologische« Klammer, die die jungen Arbeitnehmer verbindet, unabhängig von ihrer Volljährigkeit. Darüberhinaus ist in den vergangenen 26 Jahren das Durchschnittsalter der Auszubildenden aufgrund der längeren Schulbildung erheblich gestiegen. Viele Auszubildende sind bereits bei Beginn ihrer Ausbildung älter als 18 Jahre und waren damit aus dem Zuständigkeitsbereich der Jugendvertretung ausgeschieden. Durch die Neuregelung sollte ein weiteres Austrocknen der Jugendvertretungen als einheitliche und gemeinsame Interessenvertretung verhindert werden (vgl. im einzelnen Ausschußbericht BT-Drucks. 11/2474, 9 ff. und *Engels/Natter* DB 1988, 229 und BB 1988, 1453). Für die neuen Jugend- und Auszubildendenvertretungen gelten vor allem folgende Änderungen:

– Jugend- und Auszubildendenvertretungen können in Betrieben gewählt werden, in denen fünf Personen beschäftigt sind, die entweder als Arbeitnehmer keine **18** Jahre alt sind oder als zu ihrer Berufsausbildung Beschäftigte noch keine **25** Jahre alt sind (§ 60).

– Während sich die jugendlichen Arbeitnehmer nur an der Wahl zur Jugend- und Auszubildendenvertretung beteiligen können, behalten die zu ihrer Berufsausbildung Beschäftigten von der Vollendung des 18. Lebensjahres an **neben** der **Wahlberechtigung zur Jugend- und Auszubildendenvertretung** die **Wahlberechtigung zum Betriebsrat** (§ 7).

– In die Jugend- und Auszubildendenvertretung können alle Arbeitnehmer und zu ihrer Berufsausbildung Beschäftigten gewählt werden, die am Tage des Beginns der Amtszeit der Vertretung das **25**. Lebensjahr noch nicht vollendet haben (bisher 24. Lebensjahr; § 61).

– In größeren Betrieben (ab 600 zur Jugend- und Auszubildendenvertretung

Wahlberechtigten) wird die **Zahl** der Mitglieder der Vertretung gestaffelt bis auf 13 (ab 1 000 Wahlberechtigten) **erhöht** (§ 62).
- Statt der bisherigen Mehrheitswahl wird auch für die Jugend- und Auszubildendenvertretung – wie bisher schon für den Betriebsrat – die minderheitenfreundliche **Verhältniswahl** eingeführt. Nur wenn lediglich ein Wahlvorschlag eingereicht wird oder die Jugend- und Auszubildendenvertretung nur aus einer Person besteht, finden die Wahlen nach dem System der Mehrheitswahl statt (§ 63).
- Die Gewerkschaften erhalten aufgrund des Änderungsgesetzes vom 22. 12. 1988 auch zu den Wahlen der Jugend- und Auszubildendenvertretung ein eigenes Vorschlagsrecht (§ 63 Abs. 2 i. V. m. § 14 Abs. 5 und 8).
- Die Wahlen zur neuen Jugend- und Auszubildendenvertretung sind vom 1. 5.–30. 6. auf den 1. 10.–30. 11. verschoben worden. Sie finden alle 2 Jahre, beginnend mit dem Herbst 1988, statt. Termin der nächsten Wahlen ist damit der 1. 10.–30. 11. 1992.
- Die Jugend- und Auszubildendenversammlung kann im Einvernehmen mit Betriebsrat und Arbeitgeber zeitlich von der Betriebsversammlung **abgekoppelt** werden (§ 71).

Im übrigen bleibt es dabei, daß die Jugend- und Auszubildendenvertretung dieselben Rechte und Pflichten wie nach altem Recht hat; sie hat lediglich zusätzlich auch die gemeinsamen Interessen der über 18 Jahre alten Auszubildenden zu vertreten. Wichtig ist insbesondere, daß Jugend- und Auszubildendenvertretungen auch weiterhin **nur in Betrieben mit Betriebsrat** gewählt werden können und damit nach wie vor vom Betriebsrat abhängig sind.

Anwendung finden die Vorschriften der §§ 60 bis 73 auf die **Landbetriebe** der 2 **Seeschiffahrtsunternehmen** (§ 114 Abs. 5), nicht jedoch auf den Bordbetrieb. Hinsichtlich der **Gesamt- Jugend- und Auszubildendenvertretung** vgl. § 72 f.; auf **Konzernebene** ist durch das Gesetz keine Jugend- und Auszubildendenvertretung vorgesehen. Etwaige Ausschüsse von Jugend- und Auszubildendenvertretern auf Konzernebene haben keine betriebsverfassungsrechtliche Funktion.

Zur **Übernahme von Jugend- und Auszubildendenvertetern** nach Beendigung des 3 Ausbildungsverhältnisses vgl. § 78 a.

II. Errichtung der Jugend- und Auszubildendenvertretung

Voraussetzungen für die Errichtung einer Jugend- und Auszubildendenvertretung 4 im Betrieb (zum Begriff vgl. § 1 Rz. 2 ff.; zur Zurechnung von Nebenbetrieben oder Betriebsteilen vgl. Anm. zu § 4) ist, daß dort in der Regel mindestens 5 **jugendliche Arbeitnehmer** oder zu ihrer Berufsausbildung Beschäftigte, die das 25. Lebensjahr noch nicht vollendet haben, tätig sind. Jugendliche Arbeitnehmer im Sinne dieser Vorschrift sind die Arbeitnehmer (zum Begriff vgl. § 5 Rz. 3 ff.), die das 18. Lebensjahr noch nicht vollendet haben und deshalb nach § 7 bei der Betriebsratswahl nicht wahlberechtigt sind. Entscheidend ist das Lebensalter am Tage der Wahl bzw. am letzten Tag der Stimmabgabe (vgl. § 7 Rz. 11 und 34). Bei den ebenfalls bis zur Vollendung des 25. Lebensjahres zu berücksichtigenden zur **Berufsausbildung Beschäftigten** ist zu beachten, daß der betriebsverfassungsrechtliche Begriff der »Berufsausbildung« weiter geht als der entsprechende Begriff des Berufsbildungsgesetzes (z. B. *BAG* vom 25. 10. 1989 – 7 ABR 1/88 – DB 1990,

§ 60   3. Teil 1. Abschn. Betriebliche Jugend- und Auszubildendenvertretung

1192; vgl. auch § 5 Rz. 9). Der Vertrag muß lediglich vorwiegend der Vermittlung beruflicher Kenntnisse und Tätigkeiten dienen; es kommt nicht darauf an, ob der Ausbildungsteilnehmer durch seine Mitarbeit den Betriebszweck des Ausbildungsbetriebes tatsächlich zu fördern hat. Umfaßt sind danach z. B. Anlernlinge, Praktikanten, zur Fortbildung und Umschulung Beschäftigte sowie Teilnehmer an berufsvorbereitenden Maßnahmen für jugendliche Arbeitslose, auch wenn für deren Ausbildung der Betrieb Fördermittel der Arbeitsverwaltung erhält (*BAG* vom 10. 2. 1981 – 6 ABR 86/78 – EzA § 5 BetrVG 1972 Nr. 37 = DB 1981, 1935). Das gleiche gilt für Teilnehmer einer Ausbildung in der Schule eines Unternehmens, wenn sie im Rahmen dieser Ausbildung eine praktische Ausbildung im Betrieb dieses Unternehmens erhalten (*BAG* vom 24. 9. 1981 – 6 ABR 7/81 = DB 1982, 606). Praktika von Schülern und Studenten im Rahmen ihrer Schul- oder Hochschulausbildung sind hingegen Hochschulangelegenheiten (*BAG* vom 19. 6. 1974 – 4 AZR 436/73 – DB 1974, 1920) und daher keine Berufsausbildung (bestritten, so aber *LAG München* vom 24. 11. 1989 – 2 Ta BV 7/83 – unveröffentlicht; *Schwab* NZA 1988, 688 und Bundestagsausschuß für Arbeit- und Sozialordnung BT-Drucks. 11/2474, 11; a. A. *F/A/K/H* § 60 Rz. 13; differenzierend je nach Dauer des Praktikums: *Natter* Sondervertretungen AR-Blattei D Betriebsverfassung XIII B III 2 b). Nicht zu ihrer Berufsausbildung beschäftigt sind weiterhin Personen, die im Betrieb Gelegenheit erhalten, ihre Diplom-, Doktor- oder Prüfungsarbeit anzufertigen. Um eine Berufsausbildung handelt es sich auch dann nicht, wenn Schüler ein sog. Betriebspraktikum ableisten, um einen Einblick in die Arbeitswelt zu gewinnen. Schließlich darf es dem Betroffenen nicht völlig freigestellt sein, sich überhaupt zu betätigen. Erforderlich ist vielmehr, daß der Arbeitgeber ihm gegenständlich Aufgaben zu seiner Ausbildung zuweist und die Beschäftigung auch nicht vorwiegend als Mittel zur Behebung eines gestörten Verhältnisses der beschäftigten Person zu geregelter Erwerbstätigkeit eingesetzt wird (*BAG* vom 25. 10. 1989 – 7 ABR 1/88 – DB 1990, 1192). Neben der Beschäftigung **vorwiegend zur Ausbildung** ist Voraussetzung für die Anwendung des Gesetzes, daß die Beschäftigten in den **Betrieb eingegliedert** sind. Wird die betriebliche Berufsausbildung abschnittsweise jeweils in verschiedenen Betrieben des Ausbildungsunternehmens oder eines mit ihm verbundenen Unternehmens durchgeführt, jedoch von einem der Betriebe des Ausbildungsunternehmens derart zentral mit bindender Wirkung auch für die anderen Betriebe geleitet, daß die wesentlichen der Beteiligung des Betriebsrats unterliegenden, die Ausbildungsverhältnisse berührenden Entscheidungen dort getroffen werden, so gehört der Auszubildende während der gesamten Ausbildungszeit dem die Ausbildung leitenden Stammbetrieb an und ist dort wahlberechtigt zum Betriebsrat und zur Jugend- und Auszubildendenvertretung. Dagegen begründet die vorübergehende Beschäftigung der Auszubildenden in den anderen Betrieben keine Wahlberechtigung zu deren Arbeitnehmervertretungen (*BAG* vom 13. 3. 1991 – 7 ABR 89/89 – DB 1992, 99). Werden in einem Betrieb auch für längere Zeit Personen verschiedener Unternehmen ausgebildet, so sind nur diejenigen wahlberechtigt, die einen Ausbildungsvertrag mit dem Arbeitgeber dieses Betriebes abgeschlossen haben. Auch wenn ein Arbeitgeber einen Auszubildenden mangels entsprechender Einrichtungen für die Ausbildungszeit in einem anderen Betrieb ausbilden läßt, ist dieser für die Wahl der dortigen Vertretung wahlberechtigt (*LAG Hamm* vom 16. 3. 1988 – 3 Ta BV 76/87 – DB 1988, 2058; vgl. auch *BAG* vom 25. 10. 1989 – 7 ABR 1/88 – a.a.O. zur

Errichtung und Aufgabe § 60

Ausbildungseigenschaft von Teilnehmerinnen des Modellprogramms »Neuer Hort durch soziales Engagement« des Landes Berlin). Beide Voraussetzungen »zur Berufsausbildung beschäftigt« und »Lebensalter« müssen am letzten Tag der Stimmabgabe erfüllt sein. Zu ihrer Ausbildung Beschäftigte, die zwar das 18., aber noch nicht das 25. Lebensjahr vollendet haben, sind berechtigt, sowohl an der Wahl zur Jugend- und Auszubildendenvertretung als auch an der Betriebsratswahl teilzunehmen.

Ein Betrieb hat dann **in der Regel** mindestens 5 jugendliche Arbeitnehmer, wenn 5 unter gewöhnlichen und normalen Umständen diese Zahl erreicht wird (vgl. § 1 Rz. 26 ff., insbes. 28; *D/R* § 60 Rz. 4; *G/L* § 60 Rz. 7). Sinkt während der Amtszeit einer Jugend- und Auszubildendenvertretung die Zahl der jugendlichen Arbeitnehmer nicht nur vorübergehend auf unter fünf, so endet das Amt der Jugend- und Auszubildendenvertretung (vgl. § 1 Rz. 29; *F/A/K/H* § 60 Rz. 8; GK-*Kraft* § 60 Rz. 5; *LAG* Berlin vom 25. 11. 1975 – 4 Ta BV 5/75 – BB 1976, 363).

Nach der Entscheidung des *BAG* vom 26. 11. 1987 (– 6 ABR 8/83 – DB 1988, 972) 5a gehören auch Teilnehmer an einer Ausbildung in einer überbetrieblichen Ausbildungsstätte im Rahmen des staatlichen Programms zur Förderung der Berufsausbildung von benachteiligten Jugendlichen zu den Wahlberechtigten dieser Einrichtung (a. A. für das Personalvertretungsrecht *BVerwG* vom 19. 6. 1980 – *BVerwG* 6 P 1.80 – und vom 3. 7. 1984 – *BVerwG* 6 P 39.82 –). Diese Auffassung ist abzulehnen (vgl. auch § 5 Rz. 15). Sie trägt weder den Besonderheiten des inzwischen durch andere Regelungen ersetzenden Benachteiligtenprogrammes noch den Interessen der nach ihm Ausgebildeten Rechnung (so auch *Hanau* DB 1987, 2356). Auch die Rehabilitanten, die ihre Ausbildung in einem Berufsbildungs- und Berufsförderungswerk erhalten, gehören nicht zu den Auszubildenden i. S. d. Betriebsverfassungsrechts (a. A. *LAG Hamburg* vom 15. 12. 1989 – 8 Sa 70/89 – und *LAG Berlin* vom 10. 10. 1989 – 11 Ta BV 4/89 –). Dem Ausbildungsverhältnis liegt eine Rehabilitationsmaßnahme der Bundesanstalt für Arbeit zugrunde. Die Ausbildung von Rehabilitanten wird **nicht** durch ein darauf gerichtetes Vertragsverhältnis gestaltet, sondern durch einen Leistungsbescheid des Rehabilitationsträgers an den Rehabilitanten und entsprechenden Vereinbarungen des Rehabilitationsträgers mit dem Berufsbildungswerk. Dementsprechend wird auch teilweise auf den Abschluß eines Ausbildungsvertrages verzichtet.

Weitere Voraussetzungen für die Errichtung einer Jugend- und Auszubildenden- 6 vertretung ist das **Bestehen eines Betriebsrats** (*D/R* § 60 Rz. 6; *F/A/K/H* § 60 Rz. 22; *G/L* § 60 Rz. 8; GK-*Kraft* § 60 Rz. 6; *Brill* BB 1975, 1642; *Fuchs* BlSt-SozArbR 1976, 113; **a. A.** *D/K/K/S* § 60 Rz. 17). Ist kein Betriebsrat vorhanden, weil der Betrieb nicht betriebsratsfähig ist (vgl. § 1) oder weil in dem Betrieb trotz Betriebsratsfähigkeit kein Betriebsrat gewählt worden ist, so kann eine Jugend- und Auszubildendenvertretung nicht gewählt werden; denn die Vorbereitung und Durchführung der Wahl der Jugend- und Auszubildendenvertretung (*S/W* §§ 60–70 Rz. 2), insbesondere die Bestimmung des Wahlvorstandes, ist ausschließlich Aufgabe des Betriebsrats (vgl. §§ 63, 80 Abs. 1 Ziff. 5). In Betrieben ohne Jugend- und Auszubildendenvertretung kann die Wahl eines Wahlvorstandes auch nicht durch eine Jugend- und Auszubildendenversammlung erfolgen, weil § 17 (vgl. § 17 Rz. 2) auf die Jugend- und Auszubildendenvertretung keine Anwendung findet. Eine solche Wahl sowie eine von diesem Wahlvorstand durchgeführte Wahl der Jugend- und Auszubildendenvertretung wären wegen groben und offensichtlichen Verstoßes gegen die gesetzlichen Wahlregeln nichtig (*D/R* § 60

§ 60   3. Teil 1. Abschn. Betriebliche Jugend- und Auszubildendenvertretung

Rz. 6; *F/A/K/H* § 60 Rz. 22; vgl. auch § 19 Rz. 12 ff.). Die jugendlichen Arbeitnehmer und Auszubildenden haben vielmehr nur dann, wenn ein Betriebsrat besteht, dieser aber den Wahlvorstand nicht oder nicht rechtzeitig bestellt, das Recht, beim Arbeitsgericht die Bestellung eines Wahlvorstandes zu beantragen (§ 63 Abs. 3).

7   Ist der Betrieb **vorübergehend betriebsratslos**, z.B. wegen Auflösung des Betriebsrats nach § 23 oder sich lange hinziehender Wahl, so berührt das den rechtlichen Bestand der Jugend- und Auszubildendenvertretung nicht (*D/R* § 60 Rz. 6; *F/A/K/H* § 60 Rz. 22; *G/L* § 60 Rz. 9; GK-*Kraft* § 60 Rz. 6). Die Jugend- und Auszubildendenvertretung ist aber in dieser Zeit weitestgehend funktionsunfähig, weil sie gegenüber dem Arbeitgeber keine eigenständigen Vertretungsbefugnisse hat und die Interessen der jugendlichen Arbeitnehmer und Auszubildenden nur über den Betriebsrat wahrnehmen kann (vgl. Rz. 8).

III. Rechtsstellung der Jugend- und Auszubildendenvertretung

8   Die Jugend- und Auszubildendenvertretung ist **kein selbständiges Betriebsverfassungsorgan**, das gleichberechtigt neben dem Betriebsrat steht. Sie hat keine eigenen Vertretungsrechte, keine Mitwirkungs- oder Mitbestimmungsrechte gegenüber dem Arbeitgeber und kann mit dem Arbeitgeber auch keine Betriebsvereinbarung abschließen (*BAG* vom 20. 11. 1973 – 1 AZR 331/73 – EzA § 65 BetrVG 1972 Nr. 1 = DB 1974, 683; *BAG* vom 10. 5. 1974 – 1 ABR 60/73 – EzA § 37 BetrVG 1972 Nr. 23 = DB 1974, 1772; *BAG* vom 10. 5. 1974 – 1 ABR 57/73 – EzA § 65 BetrVG 1972 Nr. 2 = DB 1974, 1773; *BAG* vom 10. 5. 1974 – 1 ABR 47/73 – EzA § 65 BetrVG 1972 Nr. 4 = DB 1974, 2162; *BAG* vom 8. 2. 1977 – 1 ABR 82/74 – EzA § 70 BetrVG 1972 Nr. 1 = DB 1977, 914; 1978, 395 m. Anm. *Eich*; *BAG* vom 21. 1. 1982 – 6 ABR 17/79 – EzA § 70 BetrVG 1972 Nr. 2 = DB 1982, 1277; *BAG* vom 13. 3. 1991 – 7 ABR 89/89 – DB 1992, 99; *D/R* § 60 Rz. 8 f. und Vorbem. 6 zu § 60; *F/A/K/H* § 60 Rz. 24 f.; *G/L* § 60 Rz. 6, 10; GK-*Kraft* § 60 Rz. 3; *S/W* §§ 60–70 Rz. 1; *Peter* BlStSozArbR 1980, 67). Die Jugend- und Auszubildendenvertretung hat auch keine unmittelbaren Informationsansprüche gegenüber dem Arbeitgeber. Diese Rechte obliegen allein dem Betriebsrat, der insoweit für alle Arbeitnehmer des Betriebs einschließlich der jugendlichen Arbeitnehmer und Auszubildenden zuständig und allein Träger der betriebsverfassungsrechtlichen Mitwirkungs- und Mitbestimmungsrechte ist. Umgekehrt bestehen aber auch Teilnahme- und begrenzte Stimmrechte der Jugend- und Auszubildendenvertreter im Betriebsrat (§§ 39 Abs. 2, 66–68).

9   Die Jugend- und Auszubildendenvertreter sind nicht Mitglieder des Betriebsrats, sie haben nur kraft gesetzlicher Vorschriften das Recht, an **Sitzungen des Betriebsrats teilzunehmen** und unter den in § 67 Abs. 1 Satz 2 genannten Voraussetzungen mitzustimmen.

10   Der **besondere Kündigungsschutz** der § 103, § 15 KSchG und § 29a HAG gilt für Jugend- und Auszubildendenvertreter (vgl. § 103 Rz. 6 ff.). Zum nachwirkenden Kündigungsschutz vgl. § 24 Rz. 35. Gewählte Jugend- und Auszubildendenvertreter können für eine Amtsperiode vom **Wehrdienst zurückgestellt** werden (vgl. § 8 Rz. 24). Weitere **Schutzbestimmungen** sind §§ 78 und 78a; für diesen Schutz ist abzustellen auf die Mitgliedschaft des Auszubildenden in diesen Organen (*BAG* vom 22. 9. 1983 – 6 AZR 323/81 – EzA § 78a BetrVG 1972 Nr. 12 = DB 1984, 936;

§ 21 Rz. 10): vgl. auch § 64 Rz. 6. Zur Teilnahme an **Schulungs- und Bildungsveranstaltungen** vgl. § 65 Rz. 15 ff.

IV. Aufgaben der Jugend- und Auszubildendenvertretung

Die **Jugend- und Auszubildendenvertretung** ist dafür **zuständig**, die besonderen 11
Belange der jugendlichen Arbeitnehmer und Auszubildenden des Betriebs beim
Betriebsrat wahrzunehmen (*D/R* § 60 Rz. 7; *F/A/K/H* § 60 Rz. 24). Sie ist grundsätzlich darauf beschränkt, die besonderen Belange der jugendlichen Arbeitnehmer und Auszubildenden beim (vgl. § 70 Abs. 2 Ziff. 1 und 3), im (vgl. § 67) und
über (§§ 68, 70 Abs. 1 i. V. m. § 80 Abs. 1 Ziff. 3) den Betriebsrat wahrzunehmen
und dadurch die Betriebsratsarbeit in Jugendfragen zu unterstützen.

Die **Aufgaben** der Jugend- und Auszubildendenvertretung **im einzelnen** sind ne- 12
ben den in § 70 geregelten allgemeinen Aufgaben (vgl. Anm. zu § 70) solche, die
»besonders« jugendliche Arbeitnehmer und Auszubildende betreffen, wie etwa
Fragen der Berufsausbildung oder der Gesetze, die den besonderen Schutz Jugendlicher bezwecken. Neben den Bestimmungen der §§ 60–73 sind die Jugend-
und Auszubildendenvertreter bzw. die Jugend- und Auszubildendenvertretung in
folgenden Vorschriften, die für ihre Stellung von Bedeutung sind, erwähnt: §§ 29
Abs. 2, 33 Abs. 3, 35 Abs. 1, 39 Abs. 2, 78, 79 Abs. 2, 103, 119, 120 i. V. m. § 79
Abs. 2.

V. Streitigkeiten

Streitigkeiten über **Errichtung und Zuständigkeit** der Jugend- und Auszubilden- 13
denvertretung entscheidet das Arbeitsgericht im Beschlußverfahren gem. § 2 a
Abs. 1 Ziff. 1, §§ 80 ff. ArbGG.

§ 61 Wahlberechtigung und Wählbarkeit

**(1) Wahlberechtigt sind alle in § 60 Abs. 1 genannten Arbeitnehmer des Betriebs.
(2) Wählbar sind alle Arbeitnehmer des Betriebs, die das 25. Lebensjahr noch
nicht vollendet haben; § 8 Abs. 1 Satz 3 findet Anwendung. Mitglieder des Betriebsrats können nicht zu Jugend- und Auszubildendenvertretern gewählt werden.**

Inhaltsübersicht

		Rz.
I.	Wahlberechtigung	1, 2
II.	Wählbarkeit	3– 9
III.	Streitigkeiten	10

§ 61 *3. Teil 1. Abschn. Betriebliche Jugend- und Auszubildendenvertretung*

I. Wahlberechtigung

1 Die **zwingende Vorschrift** (vgl. § 60 Rz. 1) regelt die Wahlberechtigung (aktives Wahlrecht) und die Wählbarkeit (passives Wahlrecht).

2 Aktiv wahlberechtigt sind alle jugendlichen Arbeitnehmer und die zu ihrer Berufsausbildung Beschäftigten, die am Wahltag das 25. Lebensjahr noch nicht vollendet haben (vgl. § 60 Rz. 4). Erforderlich ist stets die Eintragung in die Wählerliste (*D/R* § 61 Rz. 3; *F/A/K/H* § 61 Rz. 5; *G/L* § 61 Rz. 3). Der Wahlberechtigung steht nicht entgegen, wenn ein jugendlicher Arbeitnehmer unter **Vormundschaft** steht; anders dagegen wenn der volljährige Auszubildende unter Betreuung steht (vgl. § 7 Rz. 33; *D/R* § 61 Rz. 2; *F/A/K/H* § 61 Rz. 5; *G/L* § 61 Rz. 4). Im übrigen gelten die gleichen Grundsätze wie für das aktive Wahlrecht zum Betriebsrat (vgl. Anm. zu § 7).

II. Wählbarkeit

3 Passiv wahlberechtigt (wählbar) sind alle Arbeitnehmer des Betriebes, die das 25. Lebensjahr noch nicht vollendet haben – also auch Arbeitnehmer unter 16 Jahren. Eine Zustimmung des gesetzlichen Vertreters ist nicht erforderlich bei Arbeitnehmern unter 18 Jahren, da § 113 BGB gilt (*F/A/K/H* § 60 Rz. 8; *G/L* § 60 Rz. 5).

4 Maßgebender Zeitpunkt für die Höchstaltersgrenze von 25 Jahren ist der Tag der Bekanntgabe des Wahlergebnisses oder, wenn zu diesem Zeitpunkt noch eine Jugend- und Auszubildendenvertretung im Amt ist, der Tag nach dem Ablauf von deren Amtszeit – d. h. am ersten Tag der Amtszeit der neuen Jugend- und Auszubildendenvertretung darf der Arbeitnehmer das 25. Lebensjahr noch nicht vollendet haben. Dies folgt aus § 64 Abs. 2 und 3 (*D/R* § 61 Rz. 4; *F/A/K/H* § 61 Rz. 9; *G/L* § 61 Rz. 5; *GK-Kraft* § 61 Rz. 6). Wählbar sind nicht nur jugendliche Arbeitnehmer, sondern auch alle anderen Arbeitnehmer und zur Ausbildung Beschäftigten vom vollendeten 18. Lebensjahr bis zum vollendeten 25. Lebensjahr. Die Arbeitnehmer zwischen 18 und 25 Jahren sind zwar nicht berechtigt, die Jugendvertretung zu wählen, weil sie hierfür kein aktives Wahlrecht haben, können aber als Jugendvertreter gewählt werden. Vollendet ein Jugendvertreter im Laufe seiner Amtszeit das 25. Lebensjahr, so bleibt er gem. § 64 Abs. 3 bis zum Ende der Amtszeit Mitglied der Jugend- und Auszubildendenvertretung (*G/L* § 61 Rz. 10).

5 Das Gesetz macht die Wählbarkeit **nicht von weiteren materiellen Voraussetzungen abhängig**, insbesondere nicht von einem Mindestalter – es sind also auch Arbeitnehmer wählbar, die das 16. Lebensjahr noch nicht vollendet haben – oder einer bestimmten Betriebszugehörigkeit (*D/R* § 61 Rz. 5; *F/A/K/H* § 61 Rz. 10; im Gegensatz hierzu ist nach § 8 Abs. 1 Voraussetzung für die Wählbarkeit zum Betriebsrat eine Mindestbetriebszugehörigkeit von 6 Monaten). Im übrigen gelten die Wählbarkeitsvoraussetzungen des § 8 (vgl. § 8 Rz. 4–14). In **formeller** Hinsicht ist für die Wählbarkeit der zugleich wahlberechtigten Wahlbewerber die Eintragung in die Wählerliste erforderlich nach § 30 WO und für alle Wahlbewerber die Aufstellung in einem offiziellen Wahlvorschlag nach § 31 Abs. 1 WO (*F/A/K/H* § 61 Rz. 16; *G/L* § 61 Rz. 5).

6 Nicht wählbar sind jedoch Arbeitnehmer, die infolge **strafgerichtlicher Verurtei-**

lung die Fähigkeit, Rechte aus öffentlichen Wahlen zu erlangen, nicht besitzen
(§§ 45–45b StGB; vgl. § 8 Rz. 30).

Eine **Doppelmitgliedschaft** in Betriebsrat und Jugend- und Auszubildendenvertretung ist nicht möglich. In Abs. 2 Satz 2 ist ausdrücklich festgelegt, daß Mitglieder des Betriebsrats kein passives Wahlrecht für die Jugend- und Auszubildendenvertretung haben, also nicht in die Jugend- und Auszubildendenvertretung gewählt werden können. Dies ist deshalb erforderlich, weil die Jugend- und Auszubildendenvertreter unter bestimmten Voraussetzungen ein Stimmrecht bei der Beschlußfassung des Betriebsrats haben (§ 67 Abs. 2). **Ersatzmitglieder** des Betriebsrats sind nur dann von der Wählbarkeit zur Jugend- und Auszubildendenvertretung ausgeschlossen, falls sie vorübergehend oder endgültig in den Betriebsrat nachgerückt sind (*BAG* vom 21. 8. 1979 – 6 AZR 789/77 – EzA § 78a BetrVG 1972 Nr. 6 = DB 1980, 454; *F/A/K/H* § 61 Rz. 12; *G/L* § 61 Rz. 8; GK-*Kraft* § 61 Rz. 4; **a.A.** *D/R* § 61 Rz. 7, die bei Eintritt für ein zeitweilig verhindertes Betriebsratsmitglied kein endgültiges Ausscheiden aus der Jugend- und Auszubildendenvertretung annehmen, sondern eine zeitweilige Verhinderung). 7

Ein **Jugend- und Auszubildendenvertreter** kann dagegen während seiner Amtszeit **in den Betriebsrat gewählt** werden, verliert dadurch aber nachträglich seine Wählbarkeit für die Jugend- und Auszubildendenvertretung und scheidet deshalb nach §§ 65 Abs. 1, 24 Abs. 1 Ziff. 4 aus der Jugend- und Auszubildendenvertretung aus. Dies gilt auch, wenn das Mitglied der Jugend- und Auszubildendenvertretung Ersatzmitglied des Betriebsrats ist und in den Betriebsrat nachrückt (*D/R* § 61 Rz. 7; *F/A/K/H* § 61 Rz. 12; GK-*Kraft* § 61 Rz. 5). Das Ausscheiden ist endgültig; auch bei Ausscheiden aus dem Betriebsrat wird das betreffende Jugend- und Auszubildendenvertretungsmitglied nicht wieder automatisch Mitglied der Jugend- und Auszubildendenvertretung (*F/A/K/H* § 61 Rz. 12; GK-*Kraft* § 61 Rz. 5; *BAG* vom 21. 8. 1979 – a. a. O.; **a.A.** *D/R* § 61 Rz. 7). 8

Das aktive und passive Wahlrecht besteht unabhängig von der **Staatsangehörigkeit der Arbeitnehmer**. Ausländische Arbeitnehmer sind wahlberechtigt und wählbar, unabhängig davon, ob sie Angehörige eines Mitgliedsstaates der EG oder eines anderen Staates sind. Insoweit sind die ausländischen Arbeitnehmer den deutschen Arbeitnehmern voll gleichgestellt (vgl. auch § 8 Rz. 10 i. V. m. § 7 Rz. 15; *D/R* § 61 Rz. 8; *F/A/K/H* § 61 Rz. 10; *G/L* § 61 Rz. 5). 9

III. Streitigkeiten

Streitigkeiten **über** das **aktive und passive Wahlrecht** zur Jugend- und Auszubildendenvertretung werden vom Arbeitsgericht im Beschlußverfahren entschieden gem. § 2a Abs. 1 Ziff. 1, §§ 80ff. ArbGG. 10

§ 62 Zahl der Jugend- und Auszubildendenvertreter, Zusammensetzung der Jugend- und Auszubildendenvertretung

(1) Die Jugend- und Auszubildendenvertretung besteht in Betrieben mit in der Regel
   5 bis 20 der in § 60 Abs. 1 genannten Arbeitnehmer
                              aus 1 Jugend- und Auszubildendenvertreter,

21 bis 50 der in § 60 Abs. 1 genannten Arbeitnehmer
aus 3 Jugend- und Auszubildendenvertretern,
51 bis 200 der in § 60 Abs. 1 genannten Arbeitnehmer
aus 5 Jugend- und Auszubildendenvertretern,
201 bis 300 der in § 60 Abs. 1 genannten Arbeitnehmer
aus 7 Jugend- und Auszubildendenvertretern,
301 bis 600 der in § 60 Abs. 1 genannten Arbeitnehmer
aus 9 Jugend- und Auszubildendenvertretern,
601 bis 1 000 der in § 60 Abs. 1 genannten Arbeitnehmer
aus 11 Jugend- und Auszubildendenvertretern,
mehr als 1 000 der in § 60 Abs. 1 genannten Arbeitnehmer
aus 13 Jugend- und Auszubildendenvertretern.
(2) Die Jugend- und Auszubildendenvertretung soll sich möglichst aus Vertretern der verschiedenen Beschäftigungsarten und Ausbildungsberufe der im Betrieb tätigen in § 60 Abs. 1 genannten Arbeitnehmer zusammensetzen.
(3) Die Geschlechter sollen entsprechend ihrem zahlenmäßigen Verhältnis vertreten sein.

Inhaltsübersicht

		Rz.
I.	Mitgliederzahl	1–3
II.	Zusammensetzung der Jugend- und Auszubildendenvertretung	4, 5
III.	Streitigkeiten	6

I. Mitgliederzahl

1 Die **Zahl der Jugend- und Auszubildendenvertreter** ist durch die feste Staffel **zwingend** geregelt (vgl. § 60 Rz. 1). Sie ist schrittweise, zuletzt durch das Gesetz vom 13. 7. 1988, auf zur Zeit höchstens 13 Vertreter erhöht worden. Die Staffel stellt auf die Zahl der jugendlichen Arbeitnehmer und Auszubildenden unter 25 Jahren ab, die **in der Regel**, d. h. unter gewöhnlichen und normalen Umständen (vgl. § 1 Rz. 26ff.; insbes. Rz. 28) in dem Betrieb beschäftigt sind. Maßgebend ist die Zahl der jugendlichen Arbeitnehmer am Tage des Erlasses des Wahlausschreibens (§§ 30, 3 Abs. 2 Ziff. 4 WO). Danach – bis zum Tag der Wahl eintretende Veränderungen (durch Ausscheiden oder Neueinstellungen) – bleiben hinsichtlich der Zahl der zu wählenden Jugend- und Auszubildendenvertreter unberücksichtigt (vgl. § 9 Rz. 13f.; *D/R* § 62 Rz. 3; *F/A/K/H* § 62 Rz. 5; *G/L* § 62 Rz. 3; *GK-Kraft* § 62 Rz. 3). Im Falle des § 64 Abs. 1 i. V. m. § 13 Abs. 2 Ziff. 2 ist von der Zahl der jugendlichen Arbeitnehmer und Auszubildenden im Zeitpunkt der außerordentlichen Wahl und nicht von derjenigen der letzten ordentlichen Wahl auszugehen (*BAG* vom 22. 11. 1984 – 6 ABR 9/84 – EzA § 64 BetrVG 1972 Nr. 1 = DB 1985, 1534; § 9 Rz. 4).

2 **Abweichungen** von der Staffel können sich in analoger Anwendung des § 11 ergeben, wenn sich nicht genügend Arbeitnehmer, die noch nicht das 25. Lebensjahr vollendet haben, zur Wahl oder zur Übernahme des Mandats zur Verfügung stellen (*D/R* § 62 Rz. 4; *F/A/K/H* § 62 Rz. 4). In einem solchen Fall ist für die Jugend- und Auszubildendenvertretung die nächstniedrige Stufe der Staffel maßge-

Zahl d. Jugend- u. Auszubildendenvertreter, Zusammensetzung der ... § 62

bend. Es ist stets eine in der Staffel festgelegte Zahl zugrunde zu legen, da es sich, wie beim Betriebsrat, bei der Jugend- und Auszubildendenvertretung stets um eine ungerade Zahl von Mitgliedern handeln muß.
Die **Zahl** der Jugend- und Auszubildendenvertreter bleibt für die **Dauer des Amtes maßgebend**. Dies gilt auch, wenn die Zahl der jugendlichen Arbeitnehmer und Auszubildenden um die Hälfte, mindestens aber um fünfzig steigt oder sinkt, da § 13 Abs. 2 Nr. 1 keine entsprechende Anwendung findet (§ 64 Abs. 1). Sinkt allerdings die Zahl der jugendlichen Arbeitnehmer und Auszubildenden nicht nur vorübergehend auf unter fünf, so ist eine weitere Durchführung der Wahl unzulässig; eine bestehende Jugend- und Auszubildendenvertretung verliert ihr Amt (*D/R* § 62 Rz. 5; *F/A/K/H* § 62 Rz. 6; *G/L* § 62 Rz. 5). 3

II. Zusammensetzung der Jugend- und Auszubildendenvertretung

Abs. 2 und **Abs. 3** enthalten Richtlinien für die Aufstellung von Wahlvorschlägen. Danach sollen die jugendlichen Arbeitnehmer und Auszubildenden sowie die im Betrieb vertretenen Gewerkschaften, die Wahlvorschläge einreichen, die verschiedenen **Beschäftigungsarten** und Ausbildungsberufe der im Betrieb tätigen jugendlichen Arbeitnehmer und die **Geschlechter** entsprechend ihrem zahlenmäßigen Verhältnis berücksichtigen. Hierauf soll im Wahlausschreiben ausdrücklich hingewiesen werden (§ 30 WO i. V. m. § 3 Abs. 3 WO). Es handelt sich hier um Soll-Vorschriften, deren Verletzung auf die Gültigkeit der Wahl keinen Einfluß hat und auch grundsätzlich nicht zur Wahlanfechtung berechtigt (*D/R* § 62 Rz. 6; *F/A/K/H* § 62 Rz. 8; *G/L* § 62 Rz. 6; *GK-Kraft* § 62 Rz. 6). Dem Grundsatz der Berücksichtigung der **Beschäftigungs- und Ausbildungsarten** kommt allerdings gerade bei der Jugend- und Auszubildendenvertretung besondere Bedeutung zu, da sie ohne Unterschidung der Gruppen stets in gemeinsamer Wahl gewählt wird (§ 63 Abs. 1; *F/A/K/H* § 62 Rz. 7; *GK-Kraft* § 62 Rz. 5). 4
Für die Jugend- und Auszubildendenvertretung gibt es keinen **Minderheitenschutz** für die Gruppe der Arbeiter und Angestellten, auch keine Bestimmung, die besagt, daß sie im gleichen Verhältnis vertreten sein müßten (*D/R* § 62 Rz. 1, 6). 5

III. Streitigkeiten

Streitigkeiten über Größe und Zusammensetzung der Jugend- und Auszubildendenvertretung entscheidet das Arbeitsgericht im Beschlußverfahren gem. § 2a Abs. 1 Ziff. 1, §§ 80 ff. ArbGG. **Verstöße** gegen Abs. 1 können zur Wahlanfechtung berechtigen. Wird die Zahl der Jugend- und Auszubildendenvertreter zu niedrig festgesetzt, so besteht kein Anfechtungsgrund, wenn die Zahl durch Nachrücken von Ersatzmitgliedern auf die vorgeschriebene Größe aufgefüllt werden kann; in diesem Fall rücken die Ersatzmänner entsprechend § 25 nach und gelten von Anfang an als Mitglieder der Jugend- und Auszubildendenvertretung. Werden andererseits in einem Betrieb, in dem nur ein Jugend- und Auszubildendenvertreter zu wählen ist, irrtümlich drei Jugend- und Auszubildendenvertreter gewählt und wird die Wahl nicht ordnungsgemäß angefochten, so verbleibt es für die Dauer der Wahlperiode bei der Besetzung der Jugend- und Auszubildendenvertretung mit drei Mitgliedern (*BAG* vom 14.1.1972 – 1 ABR 6/71 – EzA § 22 6

§ 63   3. Teil 1. Abschn. Betriebliche Jugend- und Auszubildendenvertretung

BetrVG 1972 Nr. 2 = DB 1972, 686; *D/R* § 62 Rz. 8; *F/A/K/H* § 62 Rz. 7; *G/L* § 62 Rz. 7; vgl. auch § 19 Rz. 34).

§ 63 Wahlvorschriften

(1) Die Jugend- und Auszubildendenvertretung wird in geheimer, unmittelbarer und gemeinsamer Wahl gewählt.

(2) Spätestens acht Wochen vor Ablauf der Amtszeit der Jugend- und Auszubildendenvertretung bestellt der Betriebsrat den Wahlvorstand und seinen Vorsitzenden. Für die Wahl der Jugend- und Auszubildendenvertreter gelten § 14 Abs. 3 bis 5, 6 Satz 1 zweiter Halbsatz, Abs. 7 und 8, § 16 Abs. 1 Satz 6, § 18 Abs. 1 Satz 1 und Abs. 3 sowie die §§ 19 und 20 entsprechend.

(3) Bestellt der Betriebsrat den Wahlvorstand nicht oder nicht spätestens sechs Wochen vor Ablauf der Amtszeit der Jugend- und Auszubildendenvertretung oder kommt der Wahlvorstand seiner Verpflichtung nach § 18 Abs. 1 Satz 1 nicht nach, so gelten § 16 Abs. 2 Satz 1 und 2 und § 18 Abs. 1 Satz 2 entsprechend mit der Maßgabe, daß der Antrag beim Arbeitsgericht auch von jugendlichen Arbeitnehmern gestellt werden kann.

Inhaltsübersicht

		Rz.
I.	Wahlverfahren	1–12
II.	Bestellung des Wahlvorstandes durch den Betriebsrat	13–16
III.	Bestellung des Wahlvorstandes durch das Arbeitsgericht	17, 18
IV.	Streitigkeiten	19

I. Wahlverfahren

1 Die Vorschrift über das Wahlverfahren und die Bestellung des Wahlvorstandes ist ebenfalls **zwingend** (vgl. § 60 Rz. 1). Weitgehend wird auf die Vorschriften zur Betriebsratswahl verwiesen (§§ 30, 31 WO).

2 Die Jugend- und Auszubildendenvertretung ist in **geheimer, unmittelbarer, allgemeiner, freier und gleicher Wahl** zu wählen; es gelten die gleichen Grundsätze wie bei der Betriebsratswahl (vgl. § 14 Rz. 5–16). Es findet kraft Gesetzes stets eine **gemeinsame Wahl** statt. Gruppenwahl – Trennung nach Arbeitern und Angestellten – ist ausgeschlossen. Beseitigt worden ist durch das Gesetz vom 13. 7. 1988 die bisherige Besonderheit, daß die Wahl der Jugendvertretung ausschließlich nach den Grundsätzen der Mehrheitswahl zu erfolgen hatte. Aus der Verweisung auf § 14 Abs. 3 und 4 folgt, daß künftig – wie für die Betriebsratswahl – die **Verhältniswahl** die Regelwahl ist (vgl. § 14 Rz. 31–34). Nur wenn lediglich ein Wahlvorschlag eingereicht oder nur ein Mitglied zu wählen ist, gilt weiterhin die Mehrheitswahl.

3 Die Wahl erfolgt aufgrund von **Wahlvorschlägen**. Zur Aufstellung von Wahlvorschlägen vgl. § 14 Rz. 48 ff. Vorschlagsberechtigt sind die zur Jugend- und Auszubildendenvertretung Wahlberechtigten sowie aufgrund des Änderungsgesetzes

vom 20.12.1988 auch die im Betrieb vertretenen Gewerkschaften (§ 63 Abs. 2 Satz 2 i.V.m. § 14 Abs. 5 Satz 1). Da es sich stets um eine gemeinsame Wahl handelt, muß der Wahlvorschlag von mindestens einem Zwanzigstel der Vorschlagsberechtigten, jedoch von mindestens 3 der Vorschlagsberechtigten unterzeichnet sein; in jedem Fall genügt aber die Unterzeichnung durch 50 Vorschlagsberechtigte (§ 63 Abs. 2 Satz 2 i.V.m. § 14 Abs. 6 i.V.m. § 14 Abs. 5 Satz 2 und 3; vgl. § 14 Rz. 51). Werden allerdings in einem Betrieb in der Regel nur bis zu 20 zur Jugend- und Auszubildendenvertretung Wahlberechtigte beschäftigt, so genügt die Unterzeichnung durch zwei Vorschlagsberechtigte. In einem Betrieb mit nur 5 Wahlberechtigten müssen sich also zwei zu einem bestimmten Wahlbewerber bekennen, da nur ein Wahlvorschlag möglich und die Unterzeichnung mehrerer Wahlvorschläge verboten ist (*F/A/K/H* § 63 Rz. 10; *G/L* § 63 Rz. 9; GK-*Kraft* § 63 Rz. 11).

Die **im Betrieb vertretenen Gewerkschaften** (vgl. § 2 Rz. 61) können ebenfalls 4 Wahlvorschläge einreichen (§ 63 Abs. 2 i.V.m. § 14 Abs. 7). Der Wahlvorschlag muß von zwei Beauftragten der Gewerkschaft unterzeichnet sein (vgl. § 14 Rz. 60). Wahlvorschläge der Gewerkschaften sind jedoch nicht möglich, wenn im Betrieb kein Betriebsrat besteht, da das Bestehen des Betriebsrats Voraussetzung für die Errichtung der Jugend- und Auszubildendenvertretung ist (vgl. § 60 Rz. 6; *D/R* § 63 Rz. 23; *F/A/K/H* § 63 Rz. 11).

Bei mehreren gültigen Vorschlagslisten erfolgt die Wahl nach den Grundsätzen der 5 Verhältniswahl (§ 31 Abs. 2 WO). Der Wähler kann seine Stimme nur für eine Liste abgeben. Nach der Auszählung der abgegebenen Stimmen werden nach dem d'Hondt'schen Höchstzahlensystem entsprechend den erreichten Höchstzahlen aus den einzelnen Listen die Bewerber in der Reihenfolge gewählt, in der sie auf der Liste stehen (vgl. § 14 Rz. 31 ff.). Da die Zugehörigkeit zur Gruppe der Arbeiter oder Angestellten keine Rolle spielt, sind nur soviel Höchstzahlen der Größe nach zu ordnen, als Mitglieder der Jugend- und Auszubildendenvertretung insgesamt zu wählen sind.

Bei nur einer gültigen Vorschlagsliste erfolgt die Wahl nach den Grundsätzen der 6 Mehrheitswahl (§ 31 Abs. 3 WO). Die Wähler sind in alphabetischer Reihenfolge unter Angabe von Familienname, Vorname und Art der Beschäftigung aufzuführen. Bei einer mehrköpfigen Jugend- und Auszubildendenvertretung darf der Wähler auf dem Stimmzettel so viele Wahlkandidaten ankreuzen, wie Kandidaten zu wählen sind (§ 31 Abs. 2 i.V.m. § 29 Abs. 2 WO). Kreuzt er weniger Kandidaten an als zu wählen sind, so gilt seine Stimme nur für diese; kreuzt er mehr an als zu wählen sind, so ist seine Stimme ungültig (vgl. § 14 Rz. 42). Gewählt ist, wer die meisten Stimmen bekommt; bei Stimmengleichheit entscheidet das Los (§§ 31 Abs. 2, 23 WO). Nicht gewählte Kandidaten sind Ersatzmitglieder; die Reihenfolge bestimmt sich nach der auf sie entfallenden nächsthöchsten Stimmenzahl (vgl. § 25 Rz. 27).

Wird nur ein Jugend- und Auszubildendenvertreter gewählt, so ist genauso wie bei 7 der Wahl des einzigen Betriebsratsmitgliedes (vgl. § 14 Rz. 46 f.) das Ersatzmitglied in einem getrennten Wahlvorgang zu wählen (§ 63 Abs. 2 Satz 2 i.V.m. § 14 Abs. 4 sowie § 31 Abs. 4 i.V.m. § 25 WO). Die überstimmten Wahlbewerber kommen in diesem Falle somit nicht als Ersatzmitglieder in Frage (*F/A/K/H* § 63 Rz. 9; *G/L* § 63 Rz. 3).

Das **Wahlbehinderungs- und Wahlbeeinflussungsverbot** gilt wie für die Wahl des 8 Betriebsrats auch für die Jugend- und Auszubildendenvertretung nach § 63 Abs. 2 Satz 2 (vgl. hierzu § 20 Rz. 7 ff.).

9 Auch die **Anfechtung** der Wahl ist unter den gleichen Voraussetzungen wie die Anfechtung der Betriebsratswahl möglich (vgl. § 19 Rz. 19ff.). Die Antragsberechtigung für die Wahlanfechtung steht jedoch neben dem Arbeitgeber und jeder im Betrieb vertretenen Gewerkschaft nur drei zur Jugend- und Auszubildendenvertretung Wahlberechtigten zu (*D/R* § 63 Rz. 27; *F/A/K/H* § 63 Rz. 12; *G/L* § 63 Rz. 10f.; *D/K/K/S* § 63 Rz. 10; GK-*Kraft* § 63 Rz. 16). Die angefochtene Wahl ist unwirksam, wenn mehr Jugend- und Auszubildendenvertreter als zulässig nach § 62 Abs. 1 BetrVG gewählt wurden, weil der Wahlvorstand irrigerweise von einer größeren Zahl von Wahlberechtigten ausging (*BAG* vom 22. 11. 1984 – 6 ABR 9/84 – a. a. O.; § 9 Rz. 4).

10 Die Wahl zur Jugend- und Auszubildendenvertretung kann auch **nichtig** sein; es gelten die gleichen Grundsätze wie bei der Betriebsratswahl (vgl. § 19 Rz. 12ff.).

11 Die **Wahlkosten** trägt der Arbeitgeber, da § 20 entsprechende Anwendung findet (vgl. § 20 Rz. 35ff.). Auch für die Versäumung von Arbeitszeit gilt § 20 entsprechend (vgl. § 20 Rz. 42ff.).

12 Für **Wahlbewerber** zur Jugend- und Auszubildendenvertretung gilt der besondere Kündigungsschutz des § 103 (vgl. Anm. zu § 103) und des § 15 Abs. 3 KSchG sowie des § 29a HAG, denn es wird kein Unterschied gemacht, ob es sich um einen Wahlbewerber für den Betriebsrat oder die Jugend- und Auszubildendenvertretung handelt (*D/R* § 63 Rz. 16, 30; *F/A/K/H* § 63 Rz. 13; *G/L* § 63 Rz. 14; GK-*Kraft* § 63 Rz. 18).

II. Bestellung des Wahlvorstandes durch den Betriebsrat

13 Der **Betriebsrat** hat den **Wahlvorstand und seinen Vorsitzenden** spätestens acht Wochen vor Ablauf der Amtszeit der Jugend- und Auszubildendenvertretung zu **bestellen**, bei vorzeitiger Beendigung der Amtszeit der Jugend- und Auszubildendenvertretung (vgl. § 64 Rz. 7) hat er dies **unverzüglich** zu tun. Bei der Bestellung des Wahlvorstands hat die Jugend- und Auszubildendenvertretung Stimmrecht im Betriebsrat (§ 67 Abs. 2). Für die Bestellung gelten im wesentlichen die gleichen Grundsätze wie für die Bestellung des Wahlvorstandes zur Betriebsratswahl (vgl. § 16 Rz. 4ff.). Der Wahlvorstand kann nicht durch die noch im Amt befindliche Jugend- und Auszubildendenvertretung bestimmt werden. Er kann auch nicht durch eine Jugend- und Auszubildendenversammlung gewählt werden, unabhängig davon, ob in dem Betrieb bisher eine Jugend- und Auszubildendenvertretung bestand oder nicht (vgl. § 60 Rz. 6). Hat im Betrieb noch keine Jugend- und Auszubildendenvertretung bestanden, so hat der Betriebsrat dann, wenn die Voraussetzungen für eine Errichtung der Jugend- und Auszubildendenvertretung eintreten, einen Wahlvorstand zu bestellen (*D/R* § 63 Rz. 3; *F/A/K/H* § 63 Rz. 14; *G/L* § 63 Rz. 4; GK-*Kraft* § 63 Rz. 4). Die Bestellung des Wahlvorstandes ist eine Pflicht des Betriebsrats; kommt er ihr nicht nach, so kann dies eine grobe Amtspflichtverletzung darstellen, die zur Auflösung des Betriebsrats nach § 23 führen kann (*D/R* § 63 Rz. 7; *F/A/K/H* § 63 Rz. 14; *G/L* § 63 Rz. 4). Der Betriebsrat hat zugleich eines der Mitglieder **zum Vorsitzenden** zu bestimmen. Bestellt er ihn nicht, so kann der Wahlvorstand mit Stimmenmehrheit aus seiner Mitte einen Vorsitzenden bestellen (*D/R* § 63 Rz. 6; *F/A/K/H* § 63 Rz. 17).

14 Die **Größe des Wahlvorstandes** ist gesetzlich nicht geregelt; es ist davon auszugehen, daß er auf jeden Fall aus einer ungeraden Zahl von Mitgliedern besteht

(*Brecht* § 63 Rz. 3; *D/R* § 63 Rz. 4; *F/A/K/H* § 63 Rz. 15; GK-*Kraft* § 63 Rz. 4). Da nach dem Gesetz der Betriebsrat den Wahlvorstand und seinen Vorsitzenden bestimmt, muß der Wahlvorstand mindestens aus drei Mitgliedern bestehen (*D/R* § 63 Rz. 4); dies ist aber gleichzeitig die Höchstgrenze der Mitgliederzahl. Wenn das Gesetz für die Betriebsratswahl, die einen wesentlich größeren Umfang hat, von drei Wahlvorstandsmitgliedern ausgeht, würde es dem pflichtgemäßen Ermessen widersprechen, wenn der Betriebsrat mit der Zahl der Wahlvorstandsmitglieder für die Wahl der Jugendvertretung über drei hinausginge. Der Betriebsrat kann für jedes Mitglied des Wahlvorstandes ein Ersatzmitglied bestellen (*F/A/K/H* § 63 Rz. 15; *G/L* § 63 Rz. 6).

Für die **Zusammensetzung des Wahlvorstandes** legt das Gesetz nur fest, daß mindestens ein Mitglied wahlberechtigt nach § 8 sein muß (§ 30 Satz 2 WO). Im übrigen müssen die übrigen Mitglieder des Wahlvorstandes nicht Jugendliche oder Auszubildende unter 25 Jahren sein; es kommen auch andere Arbeitnehmer des Betriebes in Betracht. 15

Dem **Wahlvorstand** obliegt die **Vorbereitung und Durchführung der Wahl**; auch hier gelten die Grundsätze wie bei der Betriebsratswahl (vgl. § 18 Rz. 4ff.). 16

III. Bestellung des Wahlvorstandes durch das Arbeitsgericht

Bestellt der Betriebsrat den **Wahlvorstand nicht oder nicht rechtzeitig** oder erledigt der Wahlvorstand seine Aufgaben (§ 18 Abs. 1 Satz 1; vgl. Anm. dort) nicht oder nicht rechtzeitig, so können außer den in § 16 Abs. 2 genannten Arbeitnehmern des Betriebes und den im Betrieb vertretenen Gewerkschaften (vgl. § 16 Rz. 24 f.) auch jugendliche Arbeitnehmer und Auszubildende unter 25 Jahren beim Arbeitsgericht den **Antrag** stellen, einen Wahlvorstand zu bestimmen bzw. den säumigen Wahlvorstand durch einen neuen zu ersetzen. Der Antrag muß von mindestens 3 Arbeitnehmern des Betriebes gestellt werden, wobei es gleichgültig ist, ob es sich um zur Jugend- und Auszubildendenvertretung Wahlberechtigte oder andere handelt (*D/R* § 63 Rz. 10; *F/A/K/H* § 63 Rz. 20; *G/L* § 63 Rz. 6). Es gelten im wesentlichen die gleichen Grundsätze wie bei der Bestellung des Wahlvorstandes bei der Betriebsratswahl durch das Arbeitsgericht (vgl. hierzu § 16 Rz. 21 ff.). Die Antragsteller können Vorschläge für die Zusammensetzung des Wahlvorstandes machen, an die das Arbeitsgericht jedoch nicht gebunden ist. Das Arbeitsgericht kann weder bei der Bestellung noch bei der Ersetzung des Wahlvorstandes betriebsfremde Personen berufen, da nach § 63 Abs. 3 die Vorschrift des § 16 Abs. 2 Satz 3 hier keine Anwendung findet (*G/L* § 63 Rz. 11; *F/A/K/H* § 63 Rz. 19; *G/L* § 63 Rz. 6; GK-*Kraft* § 63 Rz. 5). Der Betriebsrat kann die Bestellung des Wahlvorstandes so lange nachholen, bis das Gericht tätig geworden ist (vgl. § 16 Rz. 6). 17

Für den Wahlvorstand gilt § 20 entsprechend (vgl. Rz. 8 und 11). Wahlvorstandsmitglieder haben den besonderen **Kündigungsschutz** nach § 103 und § 15 Abs. 3 KSchG und nach § 29a Abs. 2 HAG. 18

§ 64   3. Teil 1. Abschn. Betriebliche Jugend- und Auszubildendenvertretung

IV. Streitigkeiten

19 Streitigkeiten hinsichtlich der **Wahl der Jugend- und Auszubildendenvertretung** und der Bestellung des Wahlvorstandes werden im arbeitsgerichtlichen Beschlußverfahren entschieden (§ 2a Abs. 1 Ziff. 1, §§ 80 ff. ArbGG).

§ 64   Zeitpunkt der Wahlen und Amtszeit

(1) **Die regelmäßigen Wahlen der Jugend- und Auszubildendenvertretung finden alle zwei Jahre in der Zeit vom 1. Oktober bis 30. November statt.** Für die Wahl der Jugend- und Auszubildendenvertretung außerhalb dieser Zeit gilt § 13 Abs. 2 Nr. 2 bis 6 und Abs. 3 entsprechend.
(2) **Die regelmäßige Amtszeit der Jugend- und Auszubildendenvertretung beträgt zwei Jahre.** Die Amtszeit beginnt mit der Bekanntgabe des Wahlergebnisses oder, wenn zu diesem Zeitpunkt noch eine Jugend- und Auszubildendenvertretung besteht, mit Ablauf von deren Amtszeit. Die Amtszeit endet spätestens am 30. November des Jahres, in dem nach Absatz 1 Satz 1 die regelmäßigen Wahlen stattfinden. In dem Fall des § 13 Abs. 3 Satz 2 endet die Amtszeit spätestens am 30. November des Jahres, in dem die Jugend- und Auszubildendenvertretung neu zu wählen ist. In dem Fall des § 13 Abs. 2 Nr. 2 endet die Amtszeit mit der Bekanntgabe des Wahlergebnisses der neu gewählten Jugend- und Auszubildendenvertretung.
(3) **Ein Mitglied der Jugend- und Auszubildendenvertretung, das im Laufe der Amtszeit das 25. Lebensjahr vollendet, bleibt bis zum Ende der Amtszeit Mitglied der Jugend- und Auszubildendenvertretung.**

Inhaltsübersicht

		Rz.
I.	Regelmäßige Jugend- und Auszubildenvertreterwahlen	1
II.	Wahl außerhalb des regelmäßigen Wahlturnus	2–4
III.	Amtszeit der Jugend- und Auszubildendenvertretung (Abs. 2)	5–7
IV.	Vollendung des 25. Lebensjahres (Abs. 3)	8
V.	Streitigkeiten	9

I. Regelmäßige Jugend- und Auszubildendenvertreterwahlen

1 Die zwingende Vorschrift legt für die **regelmäßigen Wahlen** der Jugend- und Auszubildendenvertretung einen einheitlichen Wahlzeitraum fest, um Überschneidungen der Wahltermine zu vermeiden. Sie finden einheitlich für alle Betriebe alle zwei Jahre in dem **Zeitraum** vom 1. Oktober bis 30. November (bis 1986: 1. Mai bis 30. Juni) statt. Dieser Zeitraum ist abweichend vom Wahlzeitraum für die Betriebsratswahlen (1. März bis 31. Mai) festgelegt, damit in den Jahren, in denen Betriebsrat und Jugend- und Auszubildendenvertretung zu wählen sind, der neu gewählte Betriebsrat die Wahl der Jugend- und Auszubildendenvertretung einleiten kann. Da § 125 Abs. 1 die erstmaligen Wahlen der Jugendvertretung nach diesem Gesetz für das Jahr 1972 vorschreibt, werden die nächsten Wahlen 1992,

Zeitpunkt der Wahlen und Amtszeit § **64**

1994, 1996 usw. stattfinden. In dem Zeitraum vom 1. Oktober bis 30. November hat der Wahltag, also der Tag oder die Tage der Stimmabgabe zu liegen. Wahlvorbereitungen wie Bestellung des Wahlvorstandes sind vorher möglich und vielfach zweckmäßig (*D/R* § 64 Rz. 3; *F/A/K/H* § 64 Rz. 7; *G/L* § 64 Rz. 3). Eine Wahl vor dem 1. Oktober ist außer in den Fällen des § 13 Abs. 2 Nr. 2–6 unzulässig (*D/R* § 64 Rz. 4).

II. Wahl außerhalb des regelmäßigen Wahlturnus

Außerhalb des regelmäßigen Wahlturnus ist die Jugend- und Auszubildendenvertretung in den Fällen des § 13 Abs. 2 Nr. 2–6 zu wählen (§ 64 Abs. 1). Im einzelnen handelt es sich um folgende Fälle: 2
- Sinken der Gesamtzahl der Mitglieder der Jugend- und Auszubildendenvertretung nach Eintreten sämtlicher Ersatzmitglieder unter die nach der Staffel vorgeschriebene Zahl der Jugend- und Auszubildendenvertreter (vgl. § 13 Rz. 18 ff.; vgl. *BAG* vom 22. 11. 1984 – 6 ABR 9/84 – EzA § 64 BetrVG 1972 Nr. 1 = DB 1985, 1534; § 9 Rz. 4),
- Rücktritt der Jugend- und Auszubildendenvertretung (vgl. § 13 Rz. 22 ff.),
- erfolgreiche Anfechtung der Jugend- und Auszubildendenvertreterwahl (vgl. § 13 Rz. 26 ff.),
- Auflösung der Jugend- und Auszubildendenvertretung durch eine gerichtliche Entscheidung (vgl. § 13 Rz. 29 f.). Das Arbeitsgericht ist aber anders als bei Auflösung des Betriebsrats nicht berechtigt, den Wahlvorstand zu bestellen, denn für die Jugend- und Auszubildendenvertretung gilt § 23 Abs. 2 nicht entsprechend (§ 65 Abs. 1). Der Wahlvorstand ist durch den Betriebsrat zu bestellen (vgl. § 63 Rz. 13, § 65 Rz. 2),
- Fehlen einer Jugend- und Auszubildendenvertretung (vgl. § 13 Rz. 31 und § 63 Rz. 13). Soweit im Betriebsrat keine Jugend- und Auszubildendenvertretung besteht und die Voraussetzungen für deren Errichtung vorliegen, kann diese jederzeit gewählt werden; gleichgültig ist, ob die Jugend- und Auszubildendenvertretung erstmals gewählt wird oder ob aus anderen Gründen keine Jugend- und Auszubildendenvertretung mehr besteht (*D/R* § 64 Rz. 16). Kein Grund für eine Wahl der Jugend- und Auszubildendenvertretung ist, wenn es vorübergehend keinen Betriebsrat gibt (vgl. § 60 Rz. 7; mißverständlich *G/L* § 64 Rz. 7 im Gegensatz zu § 60 Rz. 9).

Bei einer Jugend- und Auszubildendenvertreterwahl außerhalb des regelmäßigen Wahlturnus wird durch die Vorschrift des § 64 Abs. 1 Satz 2, der § 13 Abs. 3 für anwendbar erklärt, erreicht, daß die **Jugend- und Auszubildendenvertreterwahl** sich wieder **an den regelmäßigen Wahlturnus anpaßt** (vgl. § 13 Rz. 33 ff.). 3

Ist die Jugend- und Auszubildendenvertretung **außerhalb des einheitlichen Wahlzeitraums** gewählt worden, so findet die **Neuwahl** statt 4
- entweder in dem nächstfolgenden einheitlichen Wahlzeitraum, wenn die Jugend- und Auszubildendenvertretung am 1. Oktober des betreffenden Jahres bereits 1 Jahr oder länger im Amt war,
- oder in dem übernächsten einheitlichen Wahlzeitraum, wenn die Jugend- und Auszubildendenvertretung am 1. Oktober des nächstfolgenden einheitlichen Wahlzeitraums erst weniger als 1 Jahr im Amt war.

In diesen Fällen werden also die Amtszeiten der Jugend- und Auszubildendenver-

§ 64   3. Teil 1. Abschn. Betriebliche Jugend- und Auszubildendenvertretung

tretungen durch eine Verkürzung oder Verlängerung wieder in den einheitlichen Wahlzeitraum eingeordnet (vgl. § 13 Rz. 34, 35; § 64 Abs. 1 verweist auf § 13 Abs. 3). Findet eine vorzeitige Neuwahl statt, so ist wie bei der außerplanmäßigen Betriebsratswahl von der regelmäßigen Zahl der Wahlberechtigten zum Zeitpunkt des Erlasses des Wahlausschreibens für die vorzeitige Neuwahl, nicht etwa für die frühere Wahl auszugehen (*S/W* §§ 60–70 Rz. 11).

III. Amtszeit der Jugend- und Auszubildendenvertretung (Abs. 2)

5 Die regelmäßige **Amtszeit der Jugend- und Auszubildendenvertretung** beträgt zwei Jahre. Abweichend hiervon sind ausnahmsweise kürzere oder längere Amtszeiten dann möglich, wenn Jugendvertretungen gem. §§ 64 Abs. 1 Satz 2, 13 Abs. 2 Ziff. 2–6 außerhalb des einheitlichen Wahlzeitraums zu wählen sind (vgl. Rz. 2).

6 Die **Amtszeit beginnt** mit Bekanntgabe des Wahlergebnisses, wenn keine Jugend- und Auszubildendenvertretung besteht, sonst mit Ablauf der Amtszeit der Jugendvertretung (§ 64 Abs. 2 Satz 1). Es gilt – abgesehen von der zweijährigen Amtsperiode – das gleiche wie für die Amtszeit des Betriebsrats (§ 21 Rz. 5 ff.) gelten sinngemäß). Abs. 2 Satz 4 enthält eine Regelung für den Ausnahmefall, daß die Amtszeit der Jugend- und Auszubildendenvertretung am 1. Oktober des nächstfolgenden einheitlichen Wahlzeitraums noch nicht 1 Jahr betragen hat. Die Amtszeit endet hier erst spätestens am 30. November des übernächsten einheitlichen Wahlzeitraums, in dem die Jugend- und Auszubildendenvertretung neu zu wählen ist (vgl. § 21 Rz. 15 f.). Auch bei der Jugend- und Auszubildendenvertretung ist zu unterscheiden zwischen Beginn der **Amtszeit der Jugend- und Auszubildendenvertretung** und dem Beginn der **Mitgliedschaft in der Jugend- und Auszubildendenvertretung** (*BAG* vom 22. 9. 1983 – 6 AZR 323/81 – EzA § 78 a BetrVG 1972 Nr. 12 = DB 1984, 936; § 21 Rz. 10). Ein Jugend- und Auszubildendenvertreter erwirbt die Mitgliedschaft bereits dann, wenn nach der Stimmauszählung feststeht, daß er eine für seine Wahl ausreichende Stimmenzahl erhalten hat (*BAG* a. a. O.).

7 **Ende der Amtszeit** ist spätestens der 30. November der Jahre, in denen nach Abs. 1 die regelmäßigen Wahlen stattfinden (1990, 1992, 1994, 1996 usw.). Außerhalb des regelmäßigen Wahlzeitpunktes endet die Amtszeit in den Fällen des § 13 Abs. 2–6 mit dem Ergebnis bzw. der rechtskräftigen Feststellung des Ereignisses, das sie beendet; bei einer Neuwahl wegen Absinkens der Mitgliederzahl jedoch erst mit Bekanntgabe des Wahlergebnisses der neu gewählten Jugend- und Auszubildendenvertretung (§ 64 Abs. 2 Satz 5; *D/R* § 64 Rz. 24; *G/L* § 64 Rz. 10; GK-*Kraft* § 64 Rz. 11). Die Amtszeit der Jugend- und Auszubildendenvertretung endet auch mit ihrem Rücktritt oder wenn die Zahl der in der Regel betriebsangehörigen jugendlichen Arbeitnehmer und Auszubildenden unter 25 Jahren unter fünf absinkt (*LAG Berlin* vom 25. 11. 1975 – 4 Ta BV 5/75 – BB 1976, 363). Die Jugend- und Auszubildendenvertretung führt die Geschäfte im Gegensatz zum Betriebsrat nicht nach § 22 fort (vgl. § 21 Rz. 22; *Brecht* § 64 Rz. 1; GK-*Kraft* § 64 Rz. 12; **a. A.** *D/R* § 64 Rz. 325; *F/A/K/H* § 64 Rz. 14). Vgl. im übrigen § 21 Rz. 11 ff.

IV. Vollendung des 25. Lebensjahres (Abs. 3)

Jugend- und Auszubildendenvertreter, die im Laufe ihrer Amtszeit das **25. Le-** 8
bensjahr vollenden, bleiben bis zum Ende ihrer Amtszeit Jugend- und Auszubildendenvertreter. Nach § 61 Abs. 2 sind nur Arbeitnehmer wählbar, die das 25. Lebensjahr noch nicht vollendet haben. Gem. §§ 65 Abs. 1 Ziff. 34 hat der Verlust der Wählbarkeit grundsätzlich das Erlöschen der Mitgliedschaft in der Jugend- und Auszubildendenvertretung zur Folge. Als Spezialvorschrift schließt Abs. 3 jedoch diese Folge für den Fall aus, daß der Verlust der Wählbarkeit wegen Überschreitens der Altersgrenze ab 25 Jahren eintritt.

V. Streitigkeiten

Streitigkeiten **über die in § 64 geregelten Fragen** entscheiden die Arbeitsgerichte 9
im Beschlußverfahren (§ 2a Abs. 1 Ziff. 1, §§ 80 ff. ArbGG).

§ 65 Geschäftsführung

(1) **Für die Jugend- und Auszubildendenvertretung gelten § 23 Abs. 1, § 24 Abs. 1, die §§ 25, 26 Abs. 1 Satz 1 und Abs. 3, die §§ 30, 31, 33 Abs. 1 und 2 sowie die §§ 34, 36, 37, 40 und 41 entsprechend.**
(2) **Die Jugend- und Auszubildendenvertretung kann nach Verständigung des Betriebsrats Sitzungen abhalten; § 29 gilt entsprechend. An diesen Sitzungen kann der Betriebsratsvorsitzende oder ein beauftragtes Betriebsratsmitglied teilnehmen.**

Inhaltsübersicht

		Rz.
I.	Anwendbarkeit von für die Geschäftsführung des Betriebsrats geltenden Vorschriften	1–17
II.	Eigene Sitzungen der Jugend- und Auszubildendenvertretung	18–23
III.	Streitigkeiten	24

I. Anwendbarkeit von für die Geschäftsführung des Betriebsrats geltenden Vorschriften

Die Vorschrift regelt **Fragen der Geschäftsführung** der Jugend- und Auszubilden- 1
denvertretung in Anlehnung an für den Betriebsrat geltende Bestimmungen. Insbesondere werden durch Abs. 1 bestimmte, für den Betriebsrat geltende organisatorische Vorschriften übernommen, soweit nicht Besonderheiten der Jugend- und Auszubildendenvertretung entgegenstehen. Nach dieser Bestimmung finden folgende für den Betriebsrat geltende organisatorischen Bestimmungen auf die Jugend- und Auszubildendenvertretung eine ihren Besonderheiten entsprechende Anwendung:

§ 65   3. Teil 1. Abschn. Betriebliche Jugend- und Auszubildendenvertretung

2 **§ 23 Abs. 1**
Antrag auf **Amtsenthebung** eines Jugend- und Auszubildendenvertreters oder **Auflösung** der Jugend- und Auszubildendenvertretung wegen grober Verletzung der gesetzlichen Pflichten (vgl. § 23 Rz. 8–59) durch ein Viertel der Wahlberechtigten der jugendlichen Arbeitnehmer und Auszubildenden, die das 25. Lebensjahr noch nicht vollendet haben, den Arbeitgeber, eine im Betrieb vertretene Gewerkschaft oder die Jugend- und Auszubildendenvertretung. Anpassung der Vorschrift an die Jugend- und Auszubildendenvertretung bedeutet nicht, daß weder dem Betriebsrat noch den nicht jugendlichen Arbeitnehmern oder Auszubildenden ein Antragsrecht zusteht, da es hier genauso wie bei dem Antrag auf Auflösung des Betriebsrats oder Ausschluß aus dem Betriebsrat nicht auf das direkte Betroffensein des Antragstellenden, sondern lediglich auf das Vorliegen des Verstoßes nach § 23 ankommt (vgl. § 23 Rz. 9, 10). Antragsberechtigt sind also auch der Betriebsrat und nicht jugendliche Arbeitnehmer oder Auszubildende über 25 Jahren (*D/R* § 65 Rz. 2; *F/A/K/H* § 65 Rz. 4; *G/L* § 65 Rz. 2 und 4; **a.A.** *D/K/K/S* § 65 Rz. 3; GK-*Kraft* § 65 Rz. 4). Beantragt der Betriebsrat, einen Jugend- und Auszubildendenvertreter auszuschließen, und läßt sich dieser dabei vor einem Arbeitsgericht durch einen Rechtsanwalt vertreten, so ist der Anspruch gegen den Arbeitgeber auf Erstattung dieser Kosten nach § 40 i. V. m. § 65 Abs. 1 begründet (*BAG* vom 21. 1. 1982 – 6 ABR 17/79 – DB 1982, 1277). § 23 Abs. 2 gilt nicht, so daß der Wahlvorstand nach § 63 Abs. 2 und 3 durch den Betriebsrat unverzüglich zu bestellen ist (vgl. § 63 Rz. 13 ff.) und nicht wie bei § 23 Abs. 2 durch das Arbeitsgericht. Erst wenn der Betriebsrat seine Pflicht nicht oder nicht rechtzeitig erfüllt, bestellt das Arbeitsgericht auf Antrag den Wahlvorstand (§ 63 Abs. 3).

3 **§ 24 Abs. 1**
Erlöschen der Mitgliedschaft in der Jugend- und Auszubildendenvertretung (vgl. § 24 Rz. 5–32); nach § 64 Abs. 3 hat der Verlust der Wählbarkeit wegen Überschreitens der Altersgrenze von 25 Jahren jedoch nicht das Erlöschen der Mitgliedschaft zur Folge (vgl. § 64 Rz. 8). Die Mitgliedschaft in der Jugend- und Auszubildendenvertretung endet auch durch Wahl in den Betriebsrat (vgl. § 61 Rz. 8). Zur Beendigung des Ausbildungsverhältnisses vgl. Anm. zu § 78 a.

4 **§ 25**
Nachrücken von Ersatzmitgliedern beim Ausscheiden oder bei zeitweiliger Verhinderung eines Mitglieds der Jugend- und Auszubildendenvertretung. Es ist zu unterscheiden, ob eine Verhältnis- oder Mehrheitswahl vorlag. Ist die Jugend- und Auszubildendenvertretung nach den Grundsätzen der Mehrheitswahl gewählt, rückt der nicht gewählte Bewerber mit der nächsthöheren Stimmenzahl nach (vgl. § 25 Rz. 4–22 und 27–29). Im Falle der Verhältniswahl rücken die nicht gewählten Bewerber der Liste nach, der das ausgeschiedene oder verhinderte Mitglied angehört (vgl. § 25 Rz. 23 ff.). Auf die Zugehörigkeit zur Gruppe der Arbeiter und Angestellten kommt es nicht an; sie ist für die Zusammensetzung der Jugend- und Auszubildendenvertretung ohne Bedeutung. Entsprechend § 29 Abs. 2 Satz 5 und 6 muß ein Mitglied der Jugend- und Auszubildendenvertretung, das an einer Sitzung der Jugend- und Auszubildendenvertretung nicht teilnehmen kann, dies unter Angabe der Gründe unverzüglich dem Vorsitzenden der Jugend- und Auszubildendenvertretung mitteilen, der dann das Ersatzmitglied zu laden hat: besteht die Jugend- und Auszubildendenvertretung nur aus einem Mitglied, so rückt bei dessen Ausscheiden oder bei zeitweiliger Verhinderung der im getrennten Wahlgang gewählte Ersatzmann nach.

§ 26 Abs. 1 Satz 1 5
Wahl des Vorsitzenden und dessen Stellvertreters durch die Jugend- und Auszubildendenvertretung aus ihrer Mitte, ohne daß auf die Gruppenzugehörigkeit Rücksicht zu nehmen ist. Entsprechend § 29 Abs. 1 hat der Wahlvorstand vor Ablauf einer Woche nach dem Wahltag die Mitglieder der Jugend- und Auszubildendenvertretung zur Wahl des Vorsitzenden und seines Stellvertreters einzuberufen; bis die Jugend- und Auszubildendenvertretung eines ihrer Mitglieder zum Wahlleiter bestellt hat, leitet der Vorsitzende des Wahlvorstandes die konstituierende Sitzung.
§ 26 Abs. 3, § 29 Abs. 2 6
Aufgaben des Vorsitzenden der Jugend- und Auszubildendenvertretung und seines Stellvertreters. Der Vorsitzende (im Verhinderungsfalle sein Stellvertreter) vertritt die Jugend- und Auszubildendenvertretung im Rahmen der von ihr gefaßten Beschlüsse gegenüber dem Betriebsrat (nicht gegenüber dem Arbeitgeber, vgl. § 60 Rz. 8); er ist auch zur Entgegennahme von Erklärungen berechtigt, die der Jugend- und Auszubildendenvertretung gegenüber abzugeben sind. Ferner obliegt es dem Vorsitzenden, Sitzungen der Jugend- und Auszubildendenvertretung einzuberufen, zu leiten und den Betriebsrat über die geplante Sitzung rechtzeitig zu unterrichten (*D/R* § 65 Rz. 9, 14; *F/A/K/H* § 65 Rz. 7).
§ 30 7
Sitzungen der Jugend- und Auszubildendenvertretung während der Arbeitszeit (vgl. Rz. 18); sie sind nicht öffentlich.
§ 31 8
Teilnahmerecht einer in der Jugend- und Auszubildendenvertretung vertretenen Gewerkschaft mit beratender Stimme, wenn dies ein Viertel aller Mitglieder der Jugend- und Auszubildendenvertretung beantragt (vgl. § 31 Rz. 3 ff.); die Mehrheit einer Gruppe kann den Antrag nicht stellen, weil die Unterscheidung nach Gruppen in der Jugend- und Auszubildendenvertretung keine Rolle spielt (vgl. §§ 62 Rz. 4, 63 Rz. 2). Das Teilnahmerecht einer im Betriebsrat, aber nicht in der Jugend- und Auszubildendenvertretung vertretenen Gewerkschaft kann der Betriebsrat beschließen (*F/A/K/H* § 65 Rz. 9; weitergehend *D/R* § 65 Rz. 22, die dieses Recht auch den Jugend- und Auszubildendenvertretern zugestehen).
§ 33 Abs. 1 und 2 9
Beschlußfassung und Beschlußfähigkeit der Jugend- und Auszubildendenvertretung. Beschlüsse der Jugend- und Auszubildendenvertretung werden grundsätzlich mit der Mehrheit der Stimmen der anwesenden Mitglieder (einfache Stimmenmehrheit) gefaßt. Die absolute Stimmenmehrheit ist erforderlich für die unter Rz. 23 aufgezählten Angelegenheiten. Die Jugend- und Auszubildendenvertretung ist beschlußfähig, wenn mehr als die Hälfte der Jugend- und Auszubildendenvertreter an der Beschlußfassung teilnimmt (Stellvertretung durch Ersatzmitglieder ist möglich).
§ 34 10
Sitzungsniederschrift über jede Sitzung der Jugend- und Auszubildendenvertretung.
§ 36 11
Geschäftsordnung mit Bestimmungen über die Ordnung der Geschäftsführung der Jugend- und Auszubildendenvertretung.
§ 37 12
Ehrenamtliche Tätigkeit, Arbeitsversäumnis (vgl. § 37 Rz. 9, 16 ff.).
– Mitglieder der Jugend- und Auszubildendenvertretung sind vom Arbeitgeber

§ 65 *3. Teil 1. Abschn. Betriebliche Jugend- und Auszubildendenvertretung*

im Einzelfall von ihrer beruflichen Tätigkeit ohne Minderung ihres Arbeitsentgelts oder ihrer Ausbildungsvergütung zu **befreien**, wenn und soweit dies nach Umfang und Art des Betriebes zur ordnungsgemäßen Durchführung ihrer gesetzlichen Aufgaben notwendig ist (keine generelle Freistellung gem. § 38).

– Mitglieder der Jugend- und Auszubildendenvertretung haben zum Ausgleich für Jugend- und Auszubildendenvertretungstätigkeit, die ausnahmsweise aus betriebsbedingten (nicht aus sonstigen) Gründen **außerhalb der Arbeitszeit** durchzuführen ist, Anspruch auf entsprechende Arbeitsbefreiung unter Fortzahlung ihres Arbeitsentgelts bzw., falls dies vor Ablauf eines Monats aus betriebsbedingten Gründen unmöglich ist, auf Vergütung der aufgewandten Zeit wie Mehrarbeit (vgl. § 37 Rz. 54 ff.).

– Jugend- und Auszubildendenvertreter haben einen **Entgeltschutz** entsprechend § 37 Abs. 4 und 5.

– Jugend- und Auszubildendenvertreter haben Anspruch auf Arbeitsbefreiung zur Teilnahme an **Schulungs- und Bildungsveranstaltungen** (entsprechend § 37 Abs. 6 und 7), wobei für zu treffende Beschlüsse der Betriebsrat zuständig ist. Da das Aufgabengebiet der Jugend- und Auszubildendenvertretung gegenüber dem Betriebsrat wesentlich kleiner ist, sind aber an die Voraussetzungen des § 37 besonders strenge Anforderungen zu stellen (vgl. Rz. 15).

Eine **Freistellung nach § 38 kommt nicht** in Betracht, da eine entsprechende Verweisung in Abs. 1 fehlt.

13 **§ 40**
Tragung der notwendigen **Kosten** und des erforderlichen **Sachaufwands** der Jugend- und Auszubildendenvertretung durch den Arbeitgeber. Da die Jugend- und Auszubildendenvertretung allein keine wirksamen Beschlüsse gegenüber dem Arbeitgeber fassen kann (vgl. § 60 Rz. 8), muß sie den Sachaufwand über den Betriebsrat geltend machen (*D/R* § 70 Rz. 21).

14 **§ 41**
Umlageverbot für die Jugend- und Auszubildendenvertretung.

15 Auch Jugend- und Auszubildendenvertreter haben einen Anspruch auf Teilnahme an **Schulungs- und Bildungsveranstaltungen** nach § 65 Abs. 1 i. V. m. § 37 Abs. 6, 7 (Rz. 12; zur generellen Frage der Schulungs- und Bildungsveranstaltungen vgl. § 37 Rz. 97 ff.). An die Erforderlichkeit sind jedoch strengere Anforderungen als bei Betriebsratsmitgliedern zu stellen (*D/R* § 65 Rz. 37; *G/L* § 65 Rz. 15). Der Aufgaben- und Wirkungsbereich der Jugend- und Auszubildendenvertretung ist gegenüber dem Betriebsrat viel begrenzter. Deshalb haben sich die für Jugend- und Auszubildendenvertreter durchgeführten Schulungen an diesem kleineren Aufgabenkreis auszurichten. Sie müssen sich auf die Vermittlung derjenigen Kenntnisse beschränken, die für die sachgemäße Durchführung der Aufgaben der Jugend- und Auszubildendenvertretung unbedingt erforderlich sind (*BAG* vom 10. 5. 1974 – 1 ABR 60/73 – EzA § 37 BetrVG 1972 Nr. 23 = DB 1974, 1772; *BAG* vom 6. 5. 1975 – 1 ABR 135/73 – EzA § 65 BetrVG 1972 Nr. 5 = DB 1975, 1706, 1947 = *BAG* vom 10. 6. 1975 – 1 ABR 139/73 – EzA § 65 BetrVG 1972 Nr. 6 = DB 1975, 1947). Zu Recht hatte das *BAG* daher jedenfalls unter Geltung des bisher auf Jugendliche beschränkten Rechts unter Berücksichtigung dieser Grundsätze eine ausführliche Schulung von Jugend- und Auszubildendenvertretern über das Jugendarbeitsschutzgesetz und Berufsbildungsgesetz als nicht erforderlich angesehen (*BAG* vom 10. 5. 1974 – a. a. O.; **a. A.** *F/A/K/H* § 65 Rz. 65 Rz. 14). Ob daran, zumindest für das Berufsbildungsgesetz, festzuhalten ist, nachdem die Ju-

gend- und Auszubildendenvertretung auch die Belange der Auszubildenden bis zum Alter von 25 Jahren zu vertreten hat, mag zweifelhaft sein. Auch Schulungsveranstaltungen über Mitbestimmungsrechte wie z. B. nach § 87 Abs. 1 sind für die Jugend- und Auszubildendenvertretung nicht erforderlich, da die Mitbestimmungsrechte nur vom Betriebsrat wahrgenommen werden können (*BAG* vom 10. 6. 1975 – 1 ABR 139/73 – a. a. O.; *BAG* vom 10. 6. 1975 – 1 ABR 140/73 – EzA § 37 BetrVG 1972 Nr. 42 = DB 1975, 2092, 2234; **a. A.** *F/A/K/H* § 65 Rz. 14 und b). *F/A/K/H* (a. a. O.) wollen keine besonders strengen Maßstäbe an die Erforderlichkeit bei Schulungs- und Bildungsveranstaltungen für Jugend- und Auszubildendenvertreter legen. Sie verkennen aber, daß bei Jugend- und Auszubildendenvertretern einer erklärten Schulungs- und Bildungsbedürftigkeit – sollte sie bestehen – über § 37 Abs. 7 und darüber hinaus in den meisten Ländern über die dort bestehenden Freistellungsansprüche nach den verschiedenen Bildungsurlaubsgesetzen Rechnung getragen wird. Der Jugend- und Auszubildendenvertreter hat nach § 37 Abs. 7 Anspruch auf Bildungsurlaub in voller Höhe, also drei bzw. vier Wochen, obwohl eine regelmäßige Amtszeit nur zwei Jahre beträgt, also zwei Jahre weniger als beim Betriebsrat (*D/R* § 65 Rz. 42; *G/L* § 65 Rz. 15).

Die Teilnahme eines **nicht endgültig nachgerückten Ersatzmitgliedes** an einer Schulungsveranstaltung ist grundsätzlich nicht erforderlich i. S. d. § 37 Abs. 6 (*BAG* vom 10. 5. 1974 – 1 ABR 47/73 – EzA § 65 BetrVG 1972 Nr. 4 = DB 1974, 2162). **16**

Über die bezahlte **Freistellung** eines Jugend- und Auszubildendenvertreters zur Teilnahme an **Schulungs- und Bildungsveranstaltungen** nach § 37 Abs. 6 sowie über die Festlegung der zeitlichen Lage entscheidet der **Betriebsrat durch Beschluß** und nicht die Jugend- und Auszubildendenvertretung; liegt kein Betriebsratsbeschluß vor, so ist Teilnahme unzulässig (*D/R* § 65 Rz. 40; *F/A/K/H* § 65 Rz. 13; *G/L* § 65 Rz. 16; *BAG* vom 20. 11. 1973 – 1 AZR 331/73 – a. a. O.; *BAG* vom 6. 5. 1975 – 1 ABR 135/73 – a. a. O.). Der einzelne Betriebsrat entscheidet auch dann durch Beschluß über die Teilnahme an einer Schulungs- und Bildungsveranstaltung, wenn der Jugend- und Auszubildendenvertreter zugleich Mitglied der Gesamt-Jugend- und Auszubildendenvertretung ist. Es entscheidet nicht die Gesamt-Jugend- und Auszubildendenvertretung (*BAG* vom 10. 6. 1975 – 1 ABR 140/73 – a. a. O.). **17**

II. Eigene Sitzungen der Jugend- und Auszubildendenvertretung

Die **Jugend- und Auszubildendenvertretung** hat das Recht, zur Beratung betrieblicher Jugend- und Auszubildendenfragen **eigene Sitzungen** abzuhalten. Die Sitzungen finden in der Regel während der Arbeitszeit statt. Die Jugend- und Auszubildendenvertretung hat bei der Ansetzung jeder Sitzung Rücksicht auf die betrieblichen Notwendigkeiten sowie auf den Betriebs- und Arbeitsablauf zu nehmen. Voraussetzung für die Durchführung eigener Sitzungen ist, daß diese durch Aufgaben der Jugend- und Auszubildendenvertretung bedingt sind und der Beratung betrieblicher Jugend- und Auszubildendenfragen dienen (*D/R* § 65 Rz. 10; GK-*Kraft* § 65 Rz. 15). **18**

Die Jugend- und Auszubildendenvertretung muß vor jeder Sitzung den **Betriebsrat über Zeitpunkt, Ort und Tagesordnung** so rechtzeitig **unterrichten**, daß der Betriebsratsvorsitzende oder ein vom Betriebsrat beauftragtes oder zu beauftra- **19**

§ 65   3. Teil 1. Abschn. *Betriebliche Jugend- und Auszubildendenvertretung*

gendes Betriebsratsmitglied teilnehmen kann. Diese haben ein eigenständiges Teilnahmerecht mit beratender Stimme – also keine Stimmberechtigung – und sollen die notwendige Information und Konsultation zwischen Jugend- und Auszubildendenvertretung und Betriebsrat sicherstellen. Das Einverständnis des Betriebsrats zur Abhaltung der Sitzung ist nicht erforderlich. Auch die Unterrichtung des Betriebsrats ist keine Wirksamkeitsvoraussetzung, sondern nur eine Ordnungsvorschrift (*D/R* § 65 Rz. 11; *F/A/K/H* § 65 Rz. 27; *G/L* § 65 Rz. 9; GK-*Kraft* § 65 Rz. 15). Verstöße gegen diese Ordnungsvorschrift, insbesondere im Wiederholungsfall können aber eine grobe Amtspflichtverletzung nach § 23 Abs. 1 sein (*F/A/K/H* § 65 Rz. 27; *Sahmer* § 65 Rz. 14). Eine Verpflichtung des Betriebsratsvorsitzenden oder des beauftragten Betriebsratsmitgliedes, an allen Sitzungen teilzunehmen, besteht nicht.

20 Der **Arbeitgeber** ist **vorher vom Zeitpunkt jeder Sitzung** zu verständigen. Er kann an den Sitzungen teilnehmen, die auf sein Verlangen anberaumt sind oder zu denen er ausdrücklich eingeladen ist und kann hierzu auch einen Vertreter seines Arbeitgeberverbandes hinzuziehen (§ 29 Abs. 4). Der Arbeitgeber ist allerdings nicht verpflichtet, einer Einladung Folge zu leisten (*D/R* § 65 Rz. 21; *F/A/K/H* § 65 Rz. 29). Zum Teilnahmerecht der Gewerkschaft vgl. Rz. 8. Das Mitglied der Schwerbehindertenvertretung ist nicht zu laden, da § 65 nicht auf § 32 verweist (*F/A/K/H* § 65 Rz. 29; *G/L* § 65 Rz. 10; GK-*Kraft* § 65 Rz. 16).

21 Der **Vorsitzende der Jugend- und Auszubildendenvertretung** beruft die Sitzung ein, setzt die Tagesordnung unter Berücksichtigung der betrieblichen Belange fest und leitet die Verhandlung; § 29 gilt entsprechend (vgl. insoweit Anm. dort). Er hat die Mitglieder der Jugend- und Auszubildendenvertretung rechtzeitig unter Mitteilung der Tagesordnung einzuladen. Die Jugend- und Auszubildendenvertreter, die an der Sitzung nicht teilnehmen können, müssen dies unter Angabe der Gründe unverzüglich dem Vorsitzenden mitteilen. Dieser hat für einen verhinderten Jugend- und Auszubildendenvertreter das Ersatzmitglied zu laden. Aufgabe des Vorsitzenden ist es auch, vor jeder Sitzung Arbeitgeber und Betriebsrat zu verständigen (*D/R* § 65 Rz. 13 f.; *F/A/K/H* § 65 Rz. 28; *G/L* § 65 Rz. 9; GK-*Kraft* § 65 Rz. 16).

22 Ein Viertel der Jugend- und Auszubildendenvertreter sowie der Arbeitgeber können die Einberufung einer **Sitzung beantragen**. In diesem Fall ist der Vorsitzende verpflichtet, eine Sitzung anzuberaumen und den Gegenstand, dessen Beratung beantragt ist, auf die Tagesordnung zu setzen. Der Betriebsrat ist nicht berechtigt, eine Sitzung der Jugend- und Auszubildendenvertreter zu beantragen; umgekehrt kann auch die Jugend- und Auszubildendenvertretung eine Betriebsratssitzung nicht beantragen (*F/A/K/H* § 65 Rz. 29; **a. A.** *D/R* § 14; *G/L* § 65 Rz. 10, die dies aus § 67 Abs. 3 Satz 2 herleiten). Ebenso entfällt das Antragsrecht der Gruppen, da es diese in der Jugend- und Auszubildendenvertretung nicht gibt (GK-*Kraft* § 65 Rz. 16).

23 **Beschlußfähigkeit und Beschlußfassung** sind wie beim Betriebsrat geregelt (vgl. Rz. 9 und Anm. zu § 33). Stimmberechtigt sind nur die Mitglieder der Jugend- und Auszubildendenvertretung, nicht dagegen das nach § 65 Abs. 2 an der Sitzung der Jugend- und Auszubildendenvertretung teilzunehmende Betriebsratsmitglied. Grundsätzlich genügt für eine Beschlußfassung die Mehrheit der Stimmen der anwesenden Jugend- und Auszubildendenvertreter **(einfache Mehrheit)**, dagegen ist die **absolute Mehrheit** (Mehrheit der Stimmen der Mitglieder der Jugendvertretung) erforderlich bei Beschlüssen über

- den Rücktritt der Jugend- und Auszubildendenvertretung (§ 64 Abs. 1 i. V. m. § 13 Abs. 2 Nr. 3),
- die Geschäftsordnung der Jugend- und Auszubildendenvertretung (§ 36),
- die Beauftragung der Gesamt-Jugend- und Auszubildendenvertretung, eine Angelegenheit der Jugend- und Auszubildendenvertretung mit dem Gesamtbetriebsrat zu behandeln (§ 73 Abs. 2 i. V. m. § 50 Abs. 2),
- den Antrag auf Aussetzung eines Betriebsratsbeschlusses (§ 66 Abs. 1).

III. Streitigkeiten

Streitigkeiten **über Rechte und Pflichten der Jugend- und Auszubildendenvertretung, ihrer Mitglieder und ihres Vorsitzenden** entscheidet das Arbeitsgericht im Beschlußverfahren (§ 2a Abs. 1 Ziff. 1, §§ 80 ff. ArbGG). Beteiligungsfähig ist sowohl der Betriebsrat als auch die Jugend- und Auszubildendenvertretung (*BAG* vom 6. 5. 1975 – 1 ABR 135/73 – a. a. O.). Entgeltansprüche der Jugend- und Auszubildendenvertreter und Ansprüche nach § 37 Abs. 3 sind im Urteilsverfahren geltend zu machen (*BAG* vom 30. 1. 1973 – 1 ABR 22/72 – EzA § 37 BetrVG 1972 Nr. 5 = DB 1973, 1025; *BAG* vom 5. 3. 1974 – 1 AZR 50/73 – EzA § 20 BetrVG 1972 Nr. 5 = DB 1974, 1534; *BAG* vom 17. 9. 1974 – 1 AZR 574/73 – EzA § 37 BetrVG 1972 Nr. 23 = AP Nr. 17 zu § 37 BetrVG = BB 1975, 283). Vgl. im einzelnen zu den Streitigkeiten § 37 Rz. 157 ff. 24

§ 66 Aussetzung von Beschlüssen des Betriebsrats

(1) Erachtet die Mehrheit der Jugend- und Auszubildendenvertreter einen Beschluß des Betriebsrats als eine erhebliche Beeinträchtigung wichtiger Interessen der in § 60 Abs. 1 genannten Arbeitnehmer, so ist auf ihren Antrag der Beschluß auf die Dauer von einer Woche auszusetzen, damit in dieser Frist eine Verständigung, gegebenenfalls mit Hilfe der im Betrieb vertretenen Gewerkschaften, versucht werden kann.
(2) Wird der erste Beschluß bestätigt, so kann der Antrag auf Aussetzung nicht wiederholt werden; dies gilt auch, wenn der erste Beschluß nur unerheblich geändert wird.

Inhaltsübersicht

		Rz.
I.	Aussetzungsantrag	1–5
II.	Bestätigung des Beschlusses	6, 7
III.	Streitigkeiten	8

I. Aussetzungsantrag

In dieser Vorschrift ist im Interesse einer redaktionell zusammenfassenden Regelung des Rechts der Jugend- und Auszubildendenvertretung die **Bestimmung des § 35** wörtlich **wiederholt**. Sie gilt gem. § 73 Abs. 2 für die Gesamt-Jugend- und 1

§ 66   *3. Teil 1. Abschn. Betriebliche Jugend- und Auszubildendenvertretung*

Auszubildendenvertretung entsprechend. § 66 Abs. 2 ist gegenüber § 35 Abs. 2 neu formuliert. Auf die Anmerkungen zu § 35 wird verwiesen.

2 **Voraussetzung für den Aussetzungsantrag** ist, daß die Mehrheit der **Jugend- und Auszubildendenvertreter** – also die Mehrheit aller Mitglieder der Jugend- und Auszubildendenvertretung – den Antrag stellt; erforderlich ist also die **absolute Mehrheit** der Jugend- und Auszubildendenvertretung. Käme es nur auf die einfache Mehrheit der Jugend- und Auszubildendenvertretung an, so müßte der Gesetzestext – entsprechend der Terminologie des § 33 – lediglich einen Beschluß der Jugend- und Auszubildendenvertretung verlangen (*D/R* § 66 Rz. 3; *F/A/K/H* § 66 Rz. 4; *G/L* § 66 Rz. 3; a. A. *GK-Kraft* § 66 Rz. 3). Der Beschluß muß nicht in einer Sitzung der Jugend- und Auszubildendenvertretung erfolgen, es genügt, wenn die Mehrheit der Jugend- und Auszubildendenvertreter den Aussetzungsantrag beim Betriebsratsvorsitzenden gem. § 26 Abs. 3 Satz 2 einbringt (*D/R* a. a. O.; *G/L* a. a. O.; *GK-Kraft* § 66 Rz. 5; a. A. *F/A/K/H* § 66 Rz. 4). Der Antrag ist zu begründen.

3 Der Beschluß des Betriebsrats braucht **nicht objektiv** wichtige Interessen der jugendlichen Arbeitnehmer und/oder der Auszubildenden zu **beeinträchtigen**; es genügt, wenn die Mehrheit der Jugend- und Auszubildendenvertreter der Ansicht ist, daß dies der Fall sei (*F/A/K/H* § 66 Rz. 4; *G/L* § 66 Rz. 4; *GK-Kraft* § 66 Rz. 4). Der Aussetzungsantrag kann allerdings nur bei **Angelegenheiten** gestellt werden, in denen die Jugend- und Auszubildendenvertretung nach § 67 Abs. 1 Satz 2 und Abs. 2 ein **Teilnahmerecht an Betriebsratssitzungen bzw. Stimmrecht** hat (*F/A/K/H* § 66 Rz. 5; *G/L* § 66 Rz. 4; *S/W* §§ 60–70 Rz. 21; enger *D/R* § 66 Rz. 4, die das Antragsrecht nur in den Fällen annehmen, in denen die Jugend- und Auszubildendenvertreter Stimmrecht haben: **a. A.** *Erdmann/Jürging/Kammann* § 66 Rz. 2, die nicht für erforderlich halten, daß der Betriebsratsbeschluß die jugendlichen Arbeitnehmer »besonders« oder »überwiegend« betrifft; ähnlich *Hromadka* DB 1971, 1966).

4 Der Anrag auf Aussetzung kann **nicht gestellt** werden, wenn die Jugend- und Auszubildendenvertretung in einer Betriebsratssitzung mit Mehrheit einem Beschluß zugestimmt hat (*D/R* § 66 Rz. 5; *F/A/K/H* § 66 Rz. 5; *G/L* § 66 Rz. 5; *GK-Kraft* § 66 Rz. 5). Dagegen kann er gestellt werden, wenn Jugend- und Auszubildendenvertreter entgegen der Regelung des § 67 Abs. 1 Satz 2 und Abs. 2 nicht vom Betriebsrat hinzugezogen werden (*D/R* § 66 Rz. 5; *F/A/K/H* § 66 Rz. 6).

5 Zur **Frist** und **Form** des Aussetzungsantrags vgl. § 35 Rz. 15f.

II. Bestätigung des Beschlusses

6 Wird der Antrag gestellt, so ist die **Durchführung** des Betriebsratsbeschlusses auf die Dauer einer Woche **auszusetzen** (vgl. § 35 Rz. 17). In dieser Zeit soll eine Verständigung versucht werden. Zur Bedeutung der Aussetzung im Verhältnis zu den Fristen des § 99 Abs. 3 und des § 102 Abs. 2 Satz 1 und 3 vgl. § 35 Rz. 14.

7 Nach Ablauf der Wochenfrist ist über die Angelegenheit **erneut zu beschließen**. Bei Bestätigung des ersten Beschlusses ist der Einspruch zurückgewiesen; es kann kein eneuter Antrag gestellt werden; dies gilt auch, wenn der ursprüngliche Beschluß mit unerheblichen Änderungen bestätigt wird (*D/R* § 66 Rz. 7; *F/A/K/H* § 66 Rz. 7; *G/L* § 66 Rz. 6; *GK-Kraft* § 66 Rz. 9).

III. Streitigkeiten

Über Streitigkeiten **nach** § 66 entscheidet das Arbeitsgericht im Beschlußverfahren (§ 2a Abs. 1 Ziff. 1, §§ 80ff. ArbGG). **8**

§ 67 Teilnahme an Betriebsratssitzungen

(1) Die Jugend- und Auszubildendenvertretung kann zu allen Betriebsratssitzungen einen Vertreter entsenden. Werden Angelegenheiten behandelt, die besonders die in § 60 Abs. 1 genannten Arbeitnehmer betreffen, so hat zu diesen Tagesordnungspunkten die gesamte Jugend- und Auszubildendenvertretung ein Teilnahmerecht.
(2) Die Jugend- und Auszubildendenvertreter haben Stimmrecht, soweit die zu fassenden Beschlüsse des Betriebsrats überwiegend die in § 60 Abs. 1 genannten Arbeitnehmer betreffen.
(3) Die Jugend- und Auszubildendenvertretung kann beim Betriebsrat beantragen, Angelegenheiten, die besonders die in § 60 Abs. 1 genannten Arbeitnehmer betreffen und über die sie beraten hat, auf die nächste Tagesordnung zu setzen. Der Betriebsrat soll Angelegenheiten, die besonders die in § 60 Abs. 1 genannten Arbeitnehmer betreffen, der Jugend- und Auszubildendenvertretung zur Beratung zuleiten.

Inhaltsübersicht

		Rz.
I.	Teilnahmerecht an Betriebsratssitzungen (Abs. 1)	1–17
	1. Teilnahme eines Vertreters der Jugend- und Auszubildendenvertretung (allgemeines Teilnahmerecht)	4– 8
	2. Teilnahmerecht der gesamten Jugend- und Auszubildendenvertretung (besonderes Teilnahmerecht)	9–17
II.	Stimmrecht der Jugend- und Auszubildendenvertreter (Abs. 2)	18–23
III.	Antragsrecht der Jugend- und Auszubildendenvertretung	24–28
IV.	Streitigkeiten	29

I. Teilnahmerecht an Betriebsratssitzungen (Abs. 1)

Im Hinblick darauf, daß der Betriebsrat auch für die jugendlichen Arbeitnehmer **1** und Auszubildenden die Mitwirkungs- und Mitbestimmungsrechte gegenüber dem Arbeitgeber ausübt und die entsprechenden Beschlüsse zu fassen hat, sieht diese zwingende Vorschrift eine **differenzierte Regelung für die Beteiligung von Jugend- und Auszubildendenvertretern an Betriebsratssitzungen** vor. Es besteht ein **allgemeines Teilnahmerecht** für einen Vertreter der Jugend- und Auszubildendenvertretung, damit diese über die allgemeine Tätigkeit des Betriebsrats umfassend unterrichtet werden kann und auch die Belange der jugendlichen Arbeitnehmer und der Auszubildenden bei den Beratungen allgemeiner Angelegenheiten berücksichtigt werden können. Abs. 1 Satz 2 enthält ein **besonderes Teilnahmerecht** für alle Jugend- und Auszubildendenvertreter für den Fall, daß Angelegenheiten beraten werden, die besonders jugendliche Arbeitnehmer und die Auszubildenden betreffen. Die Regelungen in Abs. 1 dienen insoweit der wechselseitigen Information und Konsultation zwischen Betriebsrat und Jugend- und Auszubildendenvertretung.

2 Nach Abs. 2 hat die **gesamte Jugend- und Auszubildendenvertretung** bei Betriebsratsbeschlüssen über bestimmte Jugend- und Ausbildungsangelegenheiten ein Stimmrecht; hier soll sie – über Informationen und Konsultationen hinaus – auch an der Willensbildung des Betriebsrats beteiligt sein.

3 Abs. 3 räumt der **Jugend- und Auszubildendenvertretung ein eigenes Antragsrecht** gegenüber dem Betriebsrat ein, bestimmte Jugend- und Ausbildungsfragen auf die Tagesordnung der nächsten Betriebsratssitzung zu setzen. Außerdem verpflichtet diese Bestimmung den Betriebsrat, der Jugend- und Auszubildendenvertretung Angelegenheiten zur Vorberatung zuzuleiten, die besonders Jugendliche und Auszubildende betreffen. Dieser Absatz »will eine sachgerechte Beteiligung der Jugend- und Auszubildendenvertretung gewährleisten und enthält Regelungen, wie die Beteiligung der Jugend- und Auszubildendenvertretung in Jugendangelegenheiten durchgeführt werden soll, und zwar sowohl für den Fall, daß der Betriebsrat zunächst mit derartigen Angelegenheiten befaßt wird, als auch für den Fall, daß die Jugend- und Auszubildendenvertretung selbst solche Angelegenheiten aufgreift« (BT-Ausschuß für Arbeit und Sozialordnung zu BT-Drucks. VI/2729, 27).

1. Teilnahmerecht eines Vertreters der Jugend- und Auszubildendenvertretung (allgemeines Teilnahmerecht)

4 Die Jugend- und Auszubildendenvertretung kann einen **Vertreter** zu allen Betriebsratssitzungen unabhängig davon entsenden, ob Jugend- und Auszubildendenfragen behandelt werden oder nicht (sog. **allgemeines Teilnahmerecht;** zum besonderen Teilnahmerecht vgl. Rz. 9); es besteht aber keine Pflicht, einen Vertreter zu entsenden. Ersatzmitglieder können nicht entsandt werden. Die Jugend- und Auszubildendenvertretung hat durch Mehrheitsbeschluß – also einfache Stimmenmehrheit – zu entscheiden, welcher Vertreter entsandt wird. Der Beschluß kann sich auf einzelne Sitzungen beschränken, also von Fall zu Fall, oder aber auch generell (z. B. für den Vorsitzenden der Jugend- und Auszubildendenvertretung) gefaßt werden. Der Vertreter muß Mitglied der Jugend- und Auszubildendenvertretung sein (*D/R* § 67 Rz. 3 f.; *F/A/K/H* § 67 Rz. 6 f.; *G/L* § 67 Rz. 3; GK-*Kraft* § 67 Rz. 3 f.).

5 Das Gesetz **beschränkt** das **Teilnahmerecht** auf Betriebsratssitzungen, d. h. **auf Plenarsitzungen** des Betriebsrats. Es räumt kein Recht auf Teilnahme an Sitzungen der Betriebsratsausschüsse (§ 28) ein, und zwar auch für den Fall nicht, daß diesen bestimmten Angelegenheiten zur selbständigen Erledigung übertragen sind (*F/A/K/H* § 27 Rz. 64, § 67 Rz. 6; *G/L* § 67 Rz. 3, § 27 Rz. 23; *S/W* §§ 60–70 Rz. 17; **a. A.** *D/K/K/S* § 67 Rz. 7 f.; *D/R* § 67 Rz. 8 unter Aufgabe der Ansicht der Vorauflage; GK-*Kraft* § 67 Rz. 12, 13). Zur Frage der Teilnahme an Ausschußsitzungen bei besonderem Teilnahmerecht der Jugend- und Auszubildendenvertretung vgl. Rz. 13. Eine Ausnahme von dem grundsätzlichen Teilnahmerecht der Jugend- und Auszubildendenvertretung an Betriebsratssitzungen kann gegeben sein, wenn aus besonderem Anlaß das Verhältnis des Betriebsrats zur Jugend- und Auszubildendenvertretung zur Diskussion steht, und dem Betriebsrat deshalb die Anwesenheit von Mitgliedern der Jugend- und Auszubildendenvertretung nicht zugemutet werden kann (*D/R* § 67 Rz. 3; *F/A/K/H* § 67 Rz. 6; *G/L* § 67 Rz. 3; *Hromadka* DB 1971, 1966; *S/W* §§ 60–70 Rz. 18; **a.A.** GK-*Kraft* § 67 Rz. 4; *Moritz* a.a.O., 95). In diesen Fällen hat der Betriebsrat ein Recht, ohne Anwesenheit von Jugend- und Auszubildendenvertretern zu beraten.

Der Vertreter hat grundsätzlich **beratende** Stimme; er ist berechtigt, zu allen Tagesordnungspunkten das Wort zu ergreifen. Er hat ein volles Stimmrecht, soweit die Voraussetzungen von Abs. 2 dieser Vorschrift gegeben sind (*D/R* § 67 Rz. 7 aber wohl im Widerspruch zu Rz. 19; GK-*Kraft* § 67 Rz. 6; **a.A.** *F/A/K/H* § 67 Rz. 9). 6

Der **Betriebsratsvorsitzende** hat den Jugend- und Auszubildendenvertreter rechtzeitig zu jeder Betriebsratssitzung unter Mitteilung der Tagesordnung zu laden (§ 29 Abs. 2; vgl. Anm. zu § 29). 7

Das in den Betriebsrat entsandte Mitglied der Jugend- und Auszubildendenvertretung hat über **Betriebs- und Geschäftsgeheimnisse**, die ihm bei Betriebsratssitzungen bekannt werden, Stillschweigen zu bewahren (vgl. § 79). 8

2. Teilnahmerecht der gesamten Jugend- und Auszubildendenvertretung (besonderes Teilnahmerecht)

Die **gesamte Jugend- und Auszubildendenvertretung** ist berechtigt, an Sitzungen des Betriebsrats teilzunehmen, wenn Angelegenheiten behandelt werden, die besonders jugendliche Arbeitnehmer und Auszubildende betreffen (sog. **besonderes Teilnahmerecht** nach Abs. 1 Satz 2). Das Teilnahmerecht ist beschränkt auf solche Tagesordnungspunkte einer Betriebsratssitzung, die **»besonders« jugendliche Arbeitnehmer und Auszubildende betreffen**. Hierunter sind Angelegenheiten zu verstehen, die Jugendliche wegen ihrer altersmäßig bedingten Eigenart oder zur Ausbildung Beschäftigte wegen ihrer Ausbildungssituation, bei der nicht die Erbringung von Arbeitsleistungen im Vordergrund steht, speziell betreffen **(jugend- und ausbildungspezifische Angelegenheiten)**. Das sind im wesentlichen Fragen, welche sich aus der Anwendung des Jugendarbeitsschutzgesetzes ergeben oder Probleme der Berufsausbildung Jugendlicher, Bestimmungen über die Wahl und Tätigkeit der Jugend- und Auszubildendenvertretung, aber auch die Errichtung eines Jugend-Sportplatzes oder die Festlegung des Urlaubsplans unter Berücksichtigung der Berufsschulferien betreffen. Unerheblich ist hier, ob eine Angelegenheit quantitativ mehr jugendliche Auszubildende als andere Arbeitnehmer betrifft. Der Begriff »besonders« hat nur qualitative Bedeutung. Dies folgt schon daraus, daß er sonst mit dem Begriff »überwiegend« des Abs. 2 inhaltlich identisch wäre; indem der Gesetzgeber aber beide Begriffe in derselben Vorschrift verwendet, hat er zum Ausdruck gebracht, daß sie unterschiedlichen Inhalt haben sollen (*D/R* § 67 Rz. 10; *F/A/K/H* § 67 Rz. 11; *G/L* § 67 Rz. 4; weitergehend GK-*Kraft* § 67 Rz. 8, der auch quantitative Gesichtspunkte berücksichtigen will). 9

Das Teilnahmerecht der gesamten Jugend- und Auszubildendenvertretung an einer Betriebsratssitzung besteht nur **insoweit, als jugend- und ausbildungspezifische Angelegenheiten** behandelt werden. Bei der Beratung anderer Themen in der Betriebsratssitzung darf nur der entsandte Vertreter, nicht die gesamte Jugend- und Auszubildendenvertretung anwesend sein. So hat z.B. die gesamte Ju- 10 gend- und Auszubildendenvertretung kein Teilnahmerecht bei der Beratung über personelle Einzelmaßnahmen (§§ 99 ff.), weil Einstellungen, Versetzungen, Ein- und Umgruppierungen sowie Kündigungen – auch soweit diese Maßnahmen sich auf einen Jugendlichen beziehen – keine jugend- und ausbildungsspezifischen, sondern typische Vorgänge für das Arbeitsvertragsrecht, und zwar für alle Arbeitnehmer, unabhängig von ihrem Lebensalter, sind (GK-*Kraft* § 67 Rz. 8; weitergehend *F/A/K/H* § 67 Rz. 11; a.A. *Brecht* § 67 Rz. 1; *D/R* § 67 Rz. 11; *Körner* a.a.O., 84).

11 Das Teilnahmerecht der gesamten Jugend- und Auszubildendenvertretung besteht nur zu den Tagesordnungspunkten, die »besonders« jugendliche Arbeitnehmer und Auszubildende betreffen, dagegen nicht zu den anderen Tagesordnungspunkten der Betriebsratssitzung (*D/R* § 67 Rz. 13; *F/A/K/H* § 67 Rz. 12; *G/L* § 67 Rz. 4).

12 Die Jugend- und Auszubildendenvertreter haben grundsätzlich nur **beratende Stimme**; sie können das Wort ergreifen und zu der Angelegenheit Stellung nehmen. Das Wort darf ihnen nur unter den gleichen Voraussetzungen wie Betriebsratsmitgliedern entzogen werden. Sie haben volles Stimmrecht, soweit die Voraussetzungen von Abs. 2 dieser Vorschrift gegeben sind (*D/R* § 67 Rz. 15; *F/A/K/H* § 67 Rz. 12; GK-*Kraft* § 67 Rz. 10).

13 Das Gesetz räumt auch der Jugend- und Auszubildendenvertretung ausdrücklich nur ein Recht auf Teilnahme an **Betriebsratssitzungen**, d. h. an Plenarsitzungen des Betriebsrats ein. Demzufolge besteht kein Recht auf Teilnahme an Sitzungen des Betriebsausschusses oder weiterer Ausschüsse des Betriebsrats (vgl. auch Rz. 5; *G/L* § 67 Rz. 4a, die jedoch eine Teilnahme aufgrund eines Betriebsratsbeschlusses bejahen). Dagegen nehmen *D/R* (§ 67 Rz. 16) ein Teilnahmerecht der gesamten Jugend- und Auszubildendenvertretung an Sitzungen von Ausschüssen an, denen Angelegenheiten des Betriebsrats zur selbständigen Erledigung übertragen werden; eine andere Ansicht bejaht das Teilnahmerecht nur für so viel Mitglieder der Jugend- und Auszubildendenvertretung, daß im Ausschuß in etwa dasselbe zahlenmäßige Verhältnis zwischen Betriebsratsmitgliedern und Mitgliedern der Jugend- und Auszubildendenvertretung wie im Betriebsrat besteht (*F/A/K/H* § 67 Rz. 15; GK-*Kraft* § 67 Rz. 14; *S/W* §§ 60–70 Rz. 18).

14 Eine **Verpflichtung des Betriebsratsvorsitzenden** oder seines Vertreters zur Einladung der Jugend- und Auszubildendenvertreter zu den Betriebsratssitzungen ergibt sich aus § 29 Abs. 2. Danach ist zu allen Betriebsratssitzungen entweder die Jugend- und Auszubildendenvertretung aufzufordern, einen Vertreter zu entsenden, oder – falls die Jugend- und Auszubildendenvertretung einen Vertreter bereits benannt hat – dieser einzuladen. Bei der Behandlung von Angelegenheiten, die »besonders« Jugendliche und Auszubildende betreffen, ist die gesamte Jugend- und Auszubildendenvertretung (alle Jugend- und Auszubildendenvertreter) zu den entsprechenden Tagesordnungspunkten einzuladen. Ein an der Teilnahme verhindertes Mitglied soll dies dem Betriebsratsvorsitzenden mitteilen; dieser hat das Ersatzmitglied zu laden (vgl. § 29 Rz. 23 f.; *D/R* § 67 Rz. 12, 14; *F/A/K/H* § 67 Rz. 13; *G/L* § 67 Rz. 5; GK-*Kraft* § 67 Rz. 9). Die Verpflichtung zur Einladung darf nicht auf den Vorsitzenden der Jugend- und Auszubildendenvertretung delegiert werden (*F/A/K/H* § 67 Rz. 13).

15 Die Ladung der Jugend- und Auszubildendenvertretung ist **keine Wirksamkeitsvoraussetzung** für einen Betriebsratsbeschluß in dieser Sitzung; dies gilt sowohl für das allgemeine wie das besondere Teilnahmerecht, da die Mitglieder der Jugend-

und Auszubildendenvertretung im Falle des Abs. 1 nur beratend mitwirken (*D/R* § 67 Rz. 17; *F/A/K/H* § 67 Rz. 13; *G/L* § 67 Rz. 5; GK-*Kraft* § 67 Rz. 9; *BAG* vom 6. 5. 1975 – 1 ABR 135/73 – EzA § 65 BetrVG 1972 Nr. 5 = AP Nr. 5 zu § 65 BetrVG 1972 = BB 1975, 1112 = DB 1975, 1706). Unterläßt der Betriebsratsvorsitzende die Ladung, so kann dies u. U. einen Pflichtverstoß nach § 23 darstellen; außerdem kann die Jugend- und Auszubildendenvertretung einen Aussetzungsantrag nach § 66 stellen (vgl. § 66 Rz. 4; *F/A/K/H* § 67 Rz. 14; GK-*Kraft* § 67 Rz. 9).

Der **Betriebsrat** kann Jugend- und Auszubildendenvertreter, soweit sie teilnahme- 16 berechtigte Mitglieder sind, grundsätzlich **nicht** von seinen Beratungen **ausschließen** (vgl. aber Rz. 5). Die Vorschriften über das Teilnahmerecht der Jugend- und Auszubildendenvertreter in Abs. 1 sind **zwingend**. Der Betriebsrat ist nicht berechtigt, entgegen Abs. 1 Satz 1 weitere Mitglieder der Jugend- und Auszubildendenvertretung oder entgegen Abs. 1 Satz 2 weitere jugendliche Arbeitnehmer oder Auszubildende an seinen Sitzungen teilnehmen zu lassen. Dies folgt aus § 30 Satz 4, wonach Betriebsratssitzungen nicht öffentlich sind (vgl. § 30 Rz. 18 ff.). Außerdem enthält § 67 zwingendes Recht.

Zur **Geheimhaltungspflicht** vgl. Rz. 8. 17

II. Stimmrecht der Jugend- und Auszubildendenvertreter (Abs. 2)

Jugend- und Auszubildendenvertreter haben in Betriebsratssitzungen ein volles 18 **Stimmrecht**, wenn die zu fassenden Beschlüsse überwiegend jugendliche und auszubildende Arbeitnehmer betreffen. Der Begriff »überwiegend« ist ausschließlich quantitativ zu verstehen (vgl. Rz. 9). Überwiegend betroffen sind jugendliche und auszubildende Arbeitnehmer, wenn zu fassende Betriebsratsbeschlüsse in ihren Auswirkungen rein zahlenmäßig für mehr Jugendliche und Auszubildende als andere Arbeitnehmer gelten. So trifft im allgemeinen z. B. die Arbeitszeitregelung für eine Lehrwerkstatt zahlenmäßig mehr Auszubildende als erwachsene Ausbilder; gleiches gilt für die Errichtung, Form, Ausgestaltung und Verwaltung einer Lehrlingskantine (*Brecht* § 67 Rz. 2; *D/R* § 67 Rz. 18; *F/A/K/H* § 67 Rz. 17; GK-*Kraft* § 67 Rz. 17; nach *G/L* § 67 Rz. 8 muß die Angelegenheit sowohl qualitativ als auch quantitativ mehr jugendliche oder auszubildende Arbeitnehmer betreffen).

Bei einer **Beschlußfassung über personelle Einzelmaßnahmen** nach §§ 99 ff. be- 19 steht kein Stimmrecht der Jugend- und Auszubildendenvertreter nach Abs. 2, da es sich nicht um eine Angelegenheit handelt, die quantitativ überwiegend jugendliche oder auszubildende Arbeitnehmer betrifft (*F/A/K/H* § 67 Rz. 17; GK-*Kraft* § 67 Rz. 17; a. A. *D/R* § 67 Rz. 18).

Das **Stimmrecht nach Abs. 2** besteht aber nur insoweit, als **gleichzeitig ein Teil-** 20 **nahmerecht nach Abs. 1** gegeben ist. Der nach Abs. 1 Satz 1 **entsandte Jugend- und Auszubildendenvertreter** hat daher bei Tagesordnungspunkten, die zugleich **zahlenmäßig überwiegend** jugendliche oder auszubildende Arbeitnehmer betreffen, ein Stimmrecht (vgl. Rz. 6 *Brecht* § 67 Rz. 2; GK-*Kraft* § 67 Rz. 6; a. A. *D/R* § 67 Rz. 19 im Gegensatz zu Rz. 7; *F/A/K/H* § 67 Rz. 9, 18, die stets ein Stimmrecht des nach Abs. 1 Satz 1 entsandten Jugend- und Auszubildendenvertreters ablehnen). Da Voraussetzung für das Stimmrecht das Teilnahmerecht ist, welches die Jugend- und Auszubildendenvertretung nach Abs. 1 Satz 2 nur bei besonderem Betroffensein von jugendlichen oder auszubildenden Arbeitnehmern hat, ist die **gesamte Jugend- und Auszubildendenvertretung** nur dann stimmberechtigt, wenn die Tagesordnungspunkte jugendliche Arbeitnehmer **sowohl überwiegend als auch besonders betreffen** (*Brecht* § 67 Rz. 2; *D/R* § 67 Rz. 19; *F/A/K/H* § 67 Rz. 18; *G/L* § 67 Rz. 8; GK-*Kraft* § 67 Rz. 6). Abs. 2 geht von dem Begriff Jugend- und Auszubildendenvertreter aus und nicht von Jugend- und Auszubildendenvertretung; dies bedeutet, daß auch der einzelne Jugend- und Auszubildendenvertreter ein Stimmrecht hat, selbst wenn die jugendlichen und auszubildenden Arbeitnehmer überwiegend, aber nicht besonders (qualitativ) betroffen sind. Beispielsweise handelt es sich bei der Beschlußfassung über Form, Ausgestaltung oder Verwaltung einer Lehrlingskantine, wo 100 Auszubildende und 15 Erwachsene verpflegt werden, um eine Angelegenheit, welche die Auszubildenden zwar überwiegend, aber nicht besonders betrifft; hier hat nicht die gesamte Jugend- und Auszubildendenvertretung, sondern nur der entsandte Vertreter ein Teilnahme- und Stimmrecht. Häufig werden allerdings Angelegenheiten, die Jugendliche oder Auszubildende überwiegend betreffen, diese auch besonders betreffen.

21 Betrifft ein Beschluß sowohl Angelegenheiten, die die jugendlichen und auszubildenden Arbeitnehmer »überwiegend« angehen, als auch andere Angelegenheiten, so ist nach Möglichkeit eine **getrennte Beschlußfassung** durchzuführen. Das Stimmrecht der Jugend- und Auszubildendenvertreter besteht nur hinsichtlich des Beschlusses, der überwiegend jugendliche und auszubildende Arbeitnehmer betrifft (*D/R* § 67 Rz. 20; *F/A/K/H* § 67 Rz. 19; GK-*Kraft* § 67 Rz. 18).

22 Die **Stimmen** stimmberechtigter **Jugend- und Auszubildendenvertreter** sind gem. § 33 Abs. 3 im Rahmen der Beschlußfassung bei Feststellung der Stimmenmehrheit **mitzuzählen**; sie bleiben jedoch unberücksichtigt bei der Feststellung der Beschlußfähigkeit des Betriebsrats (vgl. § 33 Rz. 17; *D/R* § 67 Rz. 21; *F/A/K/H* § 67 Rz. 21; *G/L* § 67 Rz. 9; GK-*Kraft* § 67 Rz. 19).

23 Sind Jugend- und Auszubildendenvertreter in den Fällen, in denen sie volles Stimmrecht nach Abs. 2 haben, **nicht geladen** worden, so ist der Betriebsratsbeschluß **nur dann unwirksam**, wenn die Jugend- und Auszubildendenvertretung oder der Jugend- und Auszubildendenvertreter durch seine Stimme das Ergebnis der Beschlußfassung hätte beeinflussen können (*D/R* § 67 Rz. 23; *F/A/K/H* § 67 Rz. 22; *G/L* § 67 Rz. 10; GK-*Kraft* § 67 Rz. 20; *S/W* §§ 60–70 Rz. 20; *BAG* vom 6. 5. 1975 – 1 ABR 135/73 – EzA § 65 BetrVG 1972 Nr. 5 = AP Nr. 5 zu § 65 BetrVG 1972 = BB 1975, 1112 = DB 1975, 1706). Zu den sonstigen Folgen bei unterlassener Ladung vgl. Rz. 15.

III. Antragsrecht der Jugend- und Auszubildendenvertretung

24 Die Jugend- und Auszubildendenvertretung hat ein eigenes **Antragsrecht** gegenüber dem Betriebsrat, spezifische Jugend- und Auszubildendenangelegenheiten nach Vorberatung in der Jugend- und Auszubildendenvertretung auf die Tagesordnung der nächsten Betriebsratssitzung zu setzen. Das Antragsrecht besteht auch gegenüber Ausschüssen des Betriebsrats, soweit ihnen Aufgaben zur selbständigen Erledigung übertragen sind (*D/R* § 67 Rz. 24; *F/A/K/H* § 67 Rz. 26; GK-*Kraft* § 67 Rz. 23).

25 Das Antragsrecht ist beschränkt auf **jugend oder ausbildungsspezifische Angele-**

genheiten i. S. v. Abs. 1 Satz 2, die »besonders« Jugendliche oder Auszubildende betreffen (vgl. Rz. 9). Es muß sich also stets um Angelegenheiten handeln, bei deren Behandlung in der Betriebsratssitzung der **gesamten Jugend- und Auszubildendenvertretung ein Teilnahmerecht** zusteht. Das Antragsrecht besteht nicht für Angelegenheiten, die zwar »überwiegend«, aber nicht »besonders« jugendliche oder auszubildende Arbeitnehmer betreffen. Es ist an **die weitere Voraussetzung** gebunden, daß die Jugend- und Auszubildendenvertretung über diese Angelegenheiten selbst vorberaten hat. Dadurch soll sichergestellt werden, daß die Jugend- und Auszubildendenvertretung mit der Angelegenheit vertraut und ihr deshalb eine sachkundige Diskussion in der Betriebsratssitzung möglich ist. **Vorberatung** bedeutet nicht eine abschließende Meinungsbildung; es ist also nicht erforderlich, daß bereits ein Beschluß der Jugend- und Auszubildendenvertretung vorliegt (*D/R* § 67 Rz. 26; *F/A/K/H* § 67 Rz. 23 f.; GK-*Kraft* § 67 Rz. 21).

Der Betriebsratsvorsitzende ist verpflichtet, die Angelegenheit auf die **Tagesordnung der nächsten Betriebsratssitzung** zu setzen, wenn die Voraussetzungen des Antragsrechts gegeben sind. Ist ein Ausschuß zuständig, so hat er den Antrag an dessen Vorsitzenden weiterzuleiten. Fehlt eine dieser Voraussetzungen, so ist ein gleichwohl von der Jugend- und Auszubildendenvertretung gestellter Antrag für den Betriebsrat unverbindlich. Der Betriebsratsvorsitzende kann von der Jugend- und Auszubildendenvertretung einen Nachweis über die Vorberatung durch Vorlage der entsprechenden Sitzungsniederschrift verlangen. Im übrigen muß der Antrag beim Betriebsrat so rechtzeitig eingehen, daß dem Betriebsratsvorsitzenden die Aufnahme in die Tagesordnung der nächsten Betriebsratssitzung noch möglich und zumutbar ist; andernfalls ist die Angelegenheit in die Tagesordnung der darauffolgenden Betriebsratssitzung aufzunehmen (*D/R* § 67 Rz. 27; *F/A/K/H* § 67 Rz. 25; *G/L* § 67 Rz. 6; GK-*Kraft* § 67 Rz. 22). Nimmt der Betriebsratsvorsitzende den Tagesordnungspunkt unter den genannten Voraussetzungen nicht auf, so liegt darin ein Verstoß gegen seine Pflichten, der z. B. bei Wiederholung eine grobe Amtspflichtverletzung darstellen kann (*D/R* § 67 Rz. 27; *F/A/K/H* § 67 Rz. 25; *D/K/K/S* § 67 Rz. 26). Der Betriebsrat muß zu diesem Tagesordnungspunkt alle Jugend- und Auszubildendenvertreter einladen. Er braucht die Angelegenheit nicht abschließend zu beraten, kann sie auch vertagen oder einem Ausschuß zur weiteren Behandlung oder selbständigen Erledigung überweisen. Er ist auch nicht an etwaige Beschlüsse der Jugend- und Auszubildendenvertretung gebunden, welche sie bei der Vorberatung gefaßt hat.

Nach **Abs. 3 Satz 2** soll der Betriebsrat bzw. der Betriebsratsvorsitzende, wenn er Angelegenheiten aufgreift, die »besonders« jugendliche oder auszubildende Arbeitnehmer betreffen, diese der Jugend- und Auszubildendenvertretung zur **Vorberatung** zuleiten. Dadurch soll der Jugend- und Auszubildendenvertretung die Möglichkeit zu interner Beratung und Meinungsbildung gegeben werden, bevor der Betriebsrat hierüber beschließt. Es muß sich um sogenannte jugend- oder ausbildungsspezifische Fragen handeln (vgl. Rz. 9). Sie sollen der Jugend- und Auszubildendenvertretung zugeleitet werden, bevor der Betriebsrat hierüber abschließend beschließt. Die Angelegenheit kann vorher schon in einer Betriebsratssitzung behandelt worden sein. Der Betriebsrat kann der Jugend- und Auszubildendenvertretung eine angemessene Frist zur Stellungnahme setzen (*D/R* § 67 Rz. 29, 30; § 67 Rz. 26 f.; *G/L* § 67 Rz. 11; GK-*Kraft* § 67 Rz. 24 f.). Nimmt ein Ausschuß des Betriebsrats die Angelegenheit wahr, so gilt dies entsprechend.

Die vorherige Zuleitung durch den Betriebsrat ist **keine Wirksamkeitsvoraussetzung**

§ 68   3. Teil 1. Abschn. Betriebliche Jugend- und Auszubildendenvertretung

zung für den Betriebsratsbeschluß (*D/R* § 67 Rz. 31; *F/A/K/H* § 67 Rz. 26; *GK-Kraft* § 67 Rz. 25).

IV. Streitigkeiten

29   Streitigkeiten über ein **Teilnahme- oder Stimmrecht** der Jugend- und Auszubildendenvertreter, das Antragsrecht der Jugend- und Auszubildendenvertretung, die Zuleitungspflicht des Betriebsrats und die Tagesordnung der nächsten Betriebsratssitzung entscheidet das Arbeitsgericht im Beschlußverfahren gem. § 2a Abs. 1 Ziff. 1, §§ 80 ff. ArbGG.

§ 68 Teilnahme an gemeinsamen Besprechungen

Der Betriebsrat hat die Jugend- und Auszubildendenvertretung zu Besprechungen zwischen Arbeitgeber und Betriebsrat beizuziehen, wenn Angelegenheiten behandelt werden, die besonders die in § 60 Abs. 1 genannten Arbeitnehmer betreffen.

Inhaltsübersicht

		Rz.
I.	Teilnahmerecht der Jugend- und Auszubildendenvertretung	1–5
II.	Streitigkeiten	6

I. Teilnahmerecht der Jugend- und Auszubildendenvertretung

1   Die zwingende Bestimmung verpflichtet den Betriebsrat, die **Jugend- und Auszubildendenvertretung zu Besprechungen mit dem Arbeitgeber** hinzuzuziehen, soweit Angelegenheiten behandelt werden, die »besonders« jugendliche Arbeitnehmer betreffen. Die Bestimmung findet gem. § 73 Abs. 2 entsprechende Anwendung auf die **Gesamtjugend- und Auszubildendenvertretung**.

2   Die Verpflichtung des Betriebsrats, die Jugend- und Auszubildendenvertretung zu Besprechungen mit dem Arbeitgeber hinzuzuziehen, ist beschränkt auf Angelegenheiten, die besonders jugendliche oder auszubildende Arbeitnehmer betreffen, d. h. auf **jugend- und ausbildungsspezifische Angelegenheiten** (vgl. Rz. 9). Unerheblich ist hier, ob von der Angelegenheit neben dem qualitativen Betroffensein auch zahlenmäßig mehr Jugendliche oder Auszubildende als Erwachsene betroffen sind. Insoweit gelten für das Teilnahmerecht der Jugend- und Auszubildendenvertreter an gemeinsamen Besprechungen zwischen Arbeitgeber und Betriebsrat die gleichen Voraussetzungen und Grenzen wie für das Teilnahmerecht der gesamten Jugend- und Auszubildendenvertretung an Betriebsratssitzungen (gem. § 67 Abs. 1 Satz 2; *D/R* § 68 Rz. 2; *F/A/K/H* § 68 Rz. 5; *G/L* § 68 Rz. 2; *GK-Kraft* § 68 Rz. 3).

3   Das Teilnahmerecht besteht nur **so lange, als jugend- und ausbildungsspezifische Angelegenheiten** besprochen werden. Für die Besprechung anderer Themen besteht für Jugend- und Auszubildendenvertreter kein Teilnahmerecht; allerdings ist

hier der entsandte Jugend- und Auszubildendenvertreter gem. § 67 Abs. 1 Satz 1 dann teilnahmeberechtigt, wenn die Besprechung im Rahmen einer allgemeinen Betriebsratssitzung stattfindet.

Das Teilnahmerecht ist **nicht auf die monatlichen Besprechungen** gem. § 74 Abs. 1 **4 beschränkt**, sondern gilt für alle Besprechungen, die zwischen Arbeitgeber und Betriebsrat, d. h. dem gesamten Betriebsrat, über jugend- oder ausbildungsspezifische Fragen stattfinden. Es gilt nicht für Einzelgespräche, die der Betriebsratsvorsitzende oder ein anderes Betriebsratsmitglied mit dem Arbeitgeber von Fall zu Fall führt (D/R § 68 Rz. 3; F/A/K/H § 68 Rz. 6).

Beizuziehen ist die **gesamte** Jugend- und Auszubildendenvertretung, zumal es sich **5** hier um Besprechungen handelt, an denen auch der gesamte Betriebsrat teilnimmt (vgl. Rz. 4). Der Betriebsratsvorsitzende muß die Jugend- und Auszubildendenvertretung vor der Besprechung über deren Ort, Zeitpunkt und diejenigen Besprechungspunkte unterrichten, die »besonders« Jugendliche und Auszubildende betreffen. Es genügt eine entsprechende mündliche Mitteilung an den Vorsitzenden der Jugend- und Auszubildendenvertretung, der seinerseits die übrigen Jugend- und Auszubildendenvertreter über Ort, Zeitpunkt und Thematik der Besprechung informieren muß (§ 29 Abs. 2 gilt nur für Betriebsratssitzungen; D/R § 68 Rz. 4f.; F/A/K/H § 68 Rz. 8f.; GK-*Kraft* § 68 Rz. 4f.). Es besteht keine Pflicht der Mitglieder der Jugend- und Auszubildendenvertretung, an diesen Besprechungen teilzunehmen; sie kann auch nur einzelne Vertreter entsenden. Eine vom Betriebsrat oder Arbeitgeber veranlaßte Beschränkung der Teilnahme auf den Vorsitzenden oder stellvertretenden Vorsitzenden ist unzulässig (GK-*Kraft* § 68 Rz. 6).

II. Streitigkeiten

Bei Streitigkeiten über das **Teilnahmerecht der Jugend- und Auszubildendenver- 6 tretung** und die Pflicht des Betriebsrats zur **Beiziehung der Jugend- und Auszubildendenvertretung** entscheidet das Arbeitsgericht im Beschlußverfahren gem. § 2a Abs. 1 Ziff. 1, §§ 80ff. ArbGG. Auch einstweilige Verfügungen auf Teilnahme der Jugend- und Auszubildendenvertretung an gemeinsamen Besprechungen sind zulässig (D/R § 68 Rz. 7; F/A/K/H § 68 Rz. 10; GK-*Kraft* § 68 Rz. 7).

§ 69 Sprechstunden

In Betrieben, die in der Regel mehr als fünfzig der in § 60 Abs. 1 genannten Arbeitnehmer beschäftigen, kann die Jugend- und Auszubildendenvertretung Sprechstunden während der Arbeitszeit einrichten. Zeit und Ort sind durch Betriebsrat und Arbeitgeber zu vereinbaren. § 39 Abs. 1 Satz 3 und 4 und Abs. 3 gilt entsprechend. An den Sprechstunden der Jugend- und Auszubildendenvertretung kann der Betriebsratsvorsitzende oder ein beauftragtes Betriebsratsmitglied beratend teilnehmen.

§ 69   3. Teil 1. Abschn. *Betriebliche Jugend- und Auszubildendenvertretung*

Inhaltsübersicht

		Rz.
I.	Sprechstunden der Jugend- und Auszubildendenvertretung	1– 7
	1. Voraussetzungen	1– 3
	2. Zeit und Ort	4, 5
	3. Kosten	6, 7
II.	Aufsuchen der Sprechstunde durch jugendliche Arbeitnehmer oder Auszubildende	8–11
III.	Teilnahmerecht des Betriebsratsvorsitzenden oder eines beauftragten Betriebsratsmitglieds	12, 13
IV.	Streitigkeiten	14

I. Sprechstunden der Jugend- und Auszubildendenvertretung

1. Voraussetzungen

1   Die Jugend- und Auszubildendenvertretung kann eigene **Sprechstunden** während der Arbeitszeit in den Betrieben einrichten, die in **der Regel mehr als 50 jugendliche Arbeitnehmer** oder zur Ausbildung Beschäftigte, die das 25. Lebensjahr noch nicht vollendet haben, beschäftigen. Ein Betrieb hat dann in der Regel mehr als 50 jugendliche oder auszubildende Arbeitnehmer, wenn unter gewöhnlichen und normalen Umständen diese Zahl erreicht wird (vgl. § 1 Rz. 26 ff., insbes. Rz. 28). In Betrieben, die regelmäßig nur 50 oder weniger jugendliche oder auszubildende Arbeitnehmer beschäftigen, hat die Jugend- und Auszubildendenvertretung kein Recht, eigene Sprechstunden durchzuführen; faßt sie gleichwohl einen entsprechenden Beschluß, so ist dieser nichtig (vgl. § 77 Rz. 38), da es sich bei § 69 um zwingendes Recht handelt. Sinkt die Zahl der »in der Regel« beschäftigten jugendlichen oder auszubildenden Arbeitnehmer unter 51 ab, so entfällt das Recht, Sprechstunden abzuhalten (*D/R* § 69 Rz. 2; *F/A/K/H* § 69 Rz. 4; *G/L* § 69 Rz. 5; GK-*Kraft* § 69 Rz. 4). Zum Begriff der jugendlichen oder auszubildenden Arbeitnehmer vgl. § 60 Rz. 4.

2   Bei Vorliegen der Voraussetzungen kann die Jugend- oder Auszubildendenvertretung die Einrichtung einer Sprechstunde **während der Arbeitszeit verlangen**. Die Einrichtung eigener Sprechstunden ist aber **nicht obligatorisch**. Die Jugend- und Auszubildendenvertretung ist – falls die Voraussetzungen hierfür vorliegen – zwar berechtigt, aber nicht verpflichtet, einen Beschluß über die Einrichtung eigener Sprechstunden zu fassen. Faßt sie einen solchen Beschluß nicht, so kann gem. § 39 Abs. 2 ein Mitglied der Jugend- und Auszubildendenvertretung an den Sprechstunden des Betriebsrats zur Beratung jugendlicher oder auszubildender Arbeitnehmer teilnehmen. Das Mitglied, welches an den Sprechstunden des Betriebsrats teilnimmt, wird durch Mehrheitsbeschluß von der Jugend- und Auszubildendenvertretung bestimmt (*D/R* § 69 Rz. 3, 8; *F/A/K/H* § 69 Rz. 5; *G/L* § 69 Rz. 4, 13; GK-*Kraft* § 69 Rz. 5, 7).

3   Die Einrichtung eigener Sprechstunden erfolgt durch **Mehrheitsbeschluß** der Jugend- und Auszubildendenvertretung nach deren pflichtgemäßem Ermessen. Arbeitgeber und Betriebsrat sind an diesen Beschluß grundsätzlich gebunden, wenn hierfür die Voraussetzungen dieser Vorschrift vorliegen (*F/A/K/H* § 69 Rz. 5; *G/L* § 69 Rz. 6). Die Jugend- und Auszubildendenvertretung beschließt auch dar-

über, welches Mitglied der Jugend- und Auszubildendenvertretung die Sprechstunde abhält, und wie der Ablauf der Sprechstunde geregelt werden soll (*G/L* § 69 Rz. 7).

2. Zeit und Ort

Hat die Jugend- und Auszubildendenvertretung einen entsprechenden Beschluß **4** gefaßt, so sind **Arbeitgeber und Betriebsrat** verpflichtet, **Zeit, Häufigkeit und Ort** der Sprechstunden während der Arbeitszeit unter Berücksichtigung der betrieblichen Notwendigkeiten festzulegen. Kommen sie dieser Verpflichtung nicht nach, so kann hierin eine Pflichtverletzung nach § 23 liegen. Die Festlegung ist für die Jugend- und Auszubildendenvertretung bindend. An der Besprechung sowie der Beschlußfassung über die Festlegung von Zeit und Ort der Sprechstunden nimmt die Jugend- und Auszubildendenvertretung gem. § 67 Abs. 2, § 68 teil (*D/R* § 69 Rz. 4; *F/A/K/H* § 69 Rz. 7; *G/L* § 69 Rz. 6; GK-*Kraft* § 69 Rz. 8f.). Ein eigener Beschluß der Jugend- und Auszubildendenvertretung über Häufigkeit, Ort und Zeit der Sprechstunden ist unzulässig und damit nichtig; die Jugend- und Auszubildendenvertretung muß sich an den Betriebsrat zur Herbeiführung der Regelung wenden.

Einigen sich Arbeitgeber und Betriebsrat nicht, so kann jeder von beiden die **Eini-** **5** **gungsstelle** anrufen, die **verbindlich** entscheidet. Dies gilt aber nur für Meinungsverschiedenheiten hinsichtlich Zeit und Ort sowie des Turnus und der jeweiligen Dauer (*G/L* § 69 Rz. 6) der Sprechstunden, nicht dagegen, wenn der Arbeitgeber der Jugendvertretung das Recht bestreitet, Sprechstunden während der Arbeitszeit abzuhalten; hierüber entscheidet das Arbeitsgericht. Die Vereinbarung zwischen Arbeitgeber und Betriebsrat bzw. der Spruch der Einigungsstelle sind für die Jugend- und Auszubildendenvertretung verbindlich (§ 69 Satz 3 i. V. m. § 39 Abs. 1 Satz 3 und 4). Die Einigungsstelle kann nur von Arbeitgeber und Betriebsrat, nicht dagegen von der Jugend- und Auszubildendenvertretung angerufen werden (*F/A/K/H* § 69 Rz. 7; *G/L* § 69 Rz. 6; GK-*Kraft* § 69 Rz. 10). Das Verfahren richtet sich nach § 76 Abs. 1–5 (vgl. Anm. dort).

3. Kosten

Das Abhalten der **Sprechstunden** gehört zu den **Amtsobliegenheiten** der Jugend- **6** und Auszubildendenvertretung. Der Jugend- und Auszubildendenvertreter, der die Sprechstunden durchführt, behält deshalb für diese Zeit den Anspruch auf Fortzahlung seines Arbeitsentgelts (§ 65 Abs. 1 i. V. m. § 37 Abs. 2; vgl. § 39 Rz. 14).

Der Arbeitgeber hat die **notwendigen Kosten** zu tragen, die durch die Abhaltung **7** der Sprechstunde entstehen, und die notwendigen Räume und andere sachliche Mittel zur Verfügung zu stellen (§ 65 Abs. 1 i. V. m. § 40; vgl. § 39 Rz. 5, 17ff.).

§ 69   3. Teil 1. Abschn. Betriebliche Jugend- und Auszubildendenvertretung

II. Aufsuchen der Sprechstunde durch jugendliche Arbeitnehmer oder Auszubildende

8   Nur **jugendliche und unter 25 Jahre alte auszubildende Arbeitnehmer** des Betriebes können die Sprechstunde der Jugend- und Auszubildendenvertretung aufsuchen; für die nichtjugendlichen Arbeitnehmer ist die Sprechstunde des Betriebsrats eingerichtet. Jugendliche und auszubildende Arbeitnehmer können sich aber auch direkt an den Betriebsrat in dessen Sprechstunden wenden (*D/R* § 69 Rz. 7; *F/A/K/H* § 69 Rz. 6; *G/L* § 69 Rz. 13; GK-*Kraft* § 69 Rz. 11).

9   Jeder **jugendliche oder auszubildende Arbeitnehmer** kann die Sprechstunde der Jugend- und Auszubildendenvertretung (oder auch des Betriebsrats) aufsuchen, wenn er die Jugend- und Auszubildendenvertretung (oder den Betriebsrat) wegen eines besonderen Anliegens unterrichten oder konsultieren will, das in unmittelbarem Zusammenhang zum Arbeitsverhältnis steht und unter den gesetzlichen Aufgabenbereich der Jugend- und Auszubildendenvertretung (oder des Betriebsrats) fällt. Eine Minderung des Arbeitsentgelts oder der Ausbildungsvergütung ist unzulässig für **Arbeitsversäumnis**, die zu diesem Zwecke oder wegen sonstiger notwendiger Inanspruchnahme der Jugend- und Auszubildendenvertretung erforderlich ist (§ 69 Satz 3 i. V. m. § 39 Abs. 3, vgl. Anm. dort; *D/R* § 69 Rz. 7; *F/A/ K/H* § 69 Rz. 9 ff.; *G/L* § 69 Rz. 10 f.; GK-*Kraft* § 69 Rz. 16). Der jugendliche oder auszubildende Arbeitnehmer muß bei der Wahl der Sprechzeit die betrieblichen Belange berücksichtigen.

10 **Vor Verlassen des Arbeitsplatzes** muß sich der jugendliche oder auszubildende Arbeitnehmer bei seinen zuständigen Vorgesetzten ab- und anschließend wieder anmelden (vgl. § 39 Rz. 20). Der Vorgesetzte kann das Verlassen des Arbeitsplatzes untersagen, wenn dies aus betrieblichen Gründen zwingend erforderlich und eine Verschiebung zumutbar ist, oder wenn der jugendliche oder auszubildende Arbeitnehmer offensichtlich keinen Anlaß hat, die Sprechstunde aufzusuchen, der entsprechende Grund also offensichtlich nur vorgeschoben ist (GK-*Kraft* § 69 Rz. 15). Versäumt der jugendliche oder auszubildende Arbeitnehmer seine Ab- oder Anmeldung, so bedeutet dies eine Verletzung seiner arbeitsvertraglichen Pflichten (*F/A/K/H* § 69 Rz. 11; *G/L* § 69 Rz. 10; GK-*Kraft* § 69 Rz. 15).

11 **Beschwerden** sollten grundsätzlich zunächst bei dem dafür zuständigen Vorgesetzten vorgebracht werden. Der Arbeitgeber kann einen jugendlichen oder auszubildenden Arbeitnehmer jedoch nicht vom Besuch der Sprechstunde mit der Begründung abhalten, der zuständige Vorgesetzte sei noch nicht eingeschaltet (vgl. § 39 Rz. 20 ff.).

III. Teilnahmerecht des Betriebsratsvorsitzenden oder eines beauftragten Betriebsratsmitglieds

12 Der Betriebsratsvorsitzende oder ein anderes vom Betriebsrat hierzu **beauftragtes Betriebsratsmitglied** ist berechtigt, an den Sprechstunden der Jugend- und Auszubildendenvertretung beratend teilzunehmen (§ 69 Satz 4). Die Jugend- und Auszubildendenvertretung ist verpflichtet, diese Teilnahme zu dulden. Es besteht aber keine Verpflichtung für den Betriebsratsvorsitzenden bzw. das beauftragte Betriebsratsmitglied, an der Sitzung der Jugend- und Auszubildendenvertretung teilzunehmen (*D/R* § 69 Rz. 9 f.; *F/A/K/H* § 69 Rz. 11 f.; *G/L* § 69 Rz. 8; GK-

Kraft § 69 Rz. 12f.; nach *D/R* soll der Betriebsratsvorsitzende ein anderes Betriebsratsmitglied mit der Teilnahme beauftragen können; nach der zutreffenden Auffassung von *F/A/K/H* soll dies ohne Beschluß des Betriebsrats nur für den Stellvertreter des Betriebsratsvorsitzenden gelten). Die Möglichkeit des Satzes 4 soll der Unterstützung der Jugend- und Auszubildendenvertretung dienen (BT-Ausschuß für Arbeit und Sozialordnung zu BT-Drucks. VI/2729, 27).

Der **teilnehmende Betriebsrat** kann sowohl die die Sprechstunde aufsuchenden Jugendlichen und Auszubildenden als auch den die Sprechstunde abhaltenden Jugend- und Auszubildendenvertreter **beraten** (*D/R* § 69 Rz. 10; *F/A/K/H* § 69 Rz. 13). 13

IV. Streitigkeiten

Streitigkeiten über das Recht zur Errichtung eigener **Sprechstunden**, die Berechtigung Jugendlicher oder Auszubildender zum Besuch der Sprechstunden, das Teilnahmerecht des Betriebsratsvorsitzenden oder eines anderen beauftragten Betriebsratsmitgliedes entscheidet das Arbeitsgericht im Beschlußverfahren gem. § 2a Abs. 1 Ziff. 1, §§ 80ff. ArbGG. Über Ansprüche jugendlicher oder auszubildender Arbeitnehmer auf Bezahlung des Lohnausfalls, der durch den Besuch von Sprechstunden entstanden ist, entscheidet das Arbeitsgericht dagegen im Urteilsverfahren (§§ 2 Abs. 1 Nr. 2, 46ff. ArbGG). 14

§ 70 Allgemeine Aufgaben

(1) Die Jugend- und Auszubildendenvertretung hat folgende allgemeine Aufgaben:
1. **Maßnahmen, die den in § 60 Abs. 1 genannten Arbeitnehmern dienen, insbesondere in Fragen der Berufsbildung, beim Betriebsrat zu beantragen;**
2. **darüber zu wachen, daß die zugunsten der in § 60 Abs. 1 genannten Arbeitnehmer geltenden Gesetze, Verordnungen, Unfallverhütungsvorschriften, Tarifverträge und Betriebsvereinbarungen durchgeführt werden;**
3. **Anregungen von in § 60 Abs. 1 genannten Arbeitnehmern, insbesondere in Fragen der Berufsbildung, entgegenzunehmen und, falls sie berechtigt erscheinen, beim Betriebsrat auf eine Erledigung hinzuwirken. Die Jugend- und Auszubildendenvertretung hat die betroffenen in § 60 Abs. 1 genannten Arbeitnehmer über den Stand und das Ergebnis der Verhandlungen zu informieren.**

(2) Zur Durchführung ihrer Aufgaben ist die Jugend- und Auszubildendenvertretung durch den Betriebsrat rechtzeitig und umfassend zu unterrichten. Die Jugend- und Auszubildendenvertretung kann verlangen, daß ihr der Betriebsrat die zur Durchführung ihrer Aufgaben erforderlichen Unterlagen zur Verfügung stellt.

Inhaltsübersicht

		Rz.
I.	Allgemeines	1, 2
II.	Allgemeine Aufgaben der Jugend- und Auszubildendenvertretung (Abs. 1)	3–14

§ 70   3. Teil 1. Abschn. Betriebliche Jugend- und Auszubildendenvertretung

	1. Antragsrecht	5– 8
	2. Überwachungsrecht	9, 10
	3. Anregungsrecht	11–14
III.	Unterrichtungspflicht des Betriebsrats (Abs. 2)	15–17
IV.	Vorlage von Unterlagen	18–20
V.	Betriebs- oder Geschäftsgeheimnisse	21
VI.	Streitigkeiten	22, 23

I. Allgemeines

1 Die Vorschrift legt in Abs. 1 – in Anlehnung an die für den Betriebsrat geltenden Vorschriften des § 80 Abs. 1 Ziff. 1 bis 3 – die **allgemeinen Aufgaben der Jugend- und Auszubildendenvertretung** fest; sie enthält aber keine erschöpfende Aufzählung. Abs. 2 verpflichtet den Betriebsrat, die Jugend- und Auszubildendenvertretung im Rahmen ihres Aufgabenbereichs **zu unterrichten** und ihr ggf. auch **Unterlagen vorzulegen**, die zur Erfüllung ihrer Aufgaben erforderlich sind. Die Jugend- und Auszubildendenvertretung hat ihre allgemeinen Aufgaben über den Betriebsrat, nicht aber durch unmittelbare Verhandlungen mit dem Arbeitgeber durchzuführen (vgl. § 60 Rz. 8). Dementsprechend hat die Jugend- und Auszubildendenvertretung auch nicht gegenüber dem Arbeitgeber, sondern allein gegenüber dem Betriebsrat Anspruch auf Unterrichtung und Vorlage von Unterlagen (*D/R* § 70 Rz. 1; *F/A/K/H* § 70 Rz. 4; *G/L* § 70 Rz. 1; *GK-Kraft* § 70 Rz. 3). Zum Antragsrecht der Jugend- und Auszubildendenvertretung gegenüber dem Betriebsrat, spezifische Jugend- oder Bildungsangelegenheiten nach Vorberatung auf die Tagesordnung der nächsten Betriebsratssitzung zu setzen, vgl. § 67 Rz. 24 ff.

2 Auf die **Gesamt-Jugend- und Auszubildendenvertretung** ist die Vorschrift, obwohl sie in § 73 Abs. 2 nicht ausdrücklich angeführt worden ist, sinngemäß anzuwenden (*F/A/K/H* § 70 Rz. 2; *G/L* § 70 Rz. 2).

II. Allgemeine Aufgaben der Jugend- und Auszubildendenvertretung (Abs. 1)

3 Abs. 1 weist der Jugend- und Auszubildendenvertretung folgende **allgemeine Aufgaben** zu:
– Maßnahmen, die den jugendlichen oder auszubildenden Arbeitnehmern dienen, beim Betriebsrat zu beantragen (Antragsrecht),
– darüber zu wachen, daß die zugunsten der jugendlichen oder auszubildenden Arbeitnehmer geltenden Gesetze, Verordnungen, Unfallverhütungsvorschriften, Tarifverträge und Betriebsvereinbarungen durchgeführt werden (Überwachungsrecht),
– Anregungen jugendlicher oder auszubildenden Arbeitnehmer entgegenzunehmen und, falls sie berechtigt erscheinen, beim Betriebsrat auf Erledigung hinzuwirken (Anregungsrecht).

Neben diesen allgemeinen Aufgaben hat die Jugend- und Auszubildendenvertretung – anders als der Betriebsrat – keine besonderen selbständigen Mitwirkungs- und Mitbestimmungsrechte gegenüber dem Arbeitgeber, was ihrer Funktion entspricht, die Betriebsratsarbeit in Jugend- und Ausbildungsfragen zu unterstützen (vgl. § 60 Rz. 8).

Allgemeine Aufgaben § **70**

Im Rahmen ihrer gesetzlichen Aufgaben nach §§ 70, 80 können Betriebsrat und **4**
Jugend- und Auszubildendenvertretung in Form der Beteiligung nach § 67 Abs. 2
die **Durchführung einer Fragebogenaktion** unter jugendlichen und auszubildenden
Arbeitnehmern, soweit dadurch Betriebsablauf und Betriebsfrieden nicht gestört
werden, beschließen (*BAG* vom 8. 2. 1977 – 1 ABR 82/74 – EzA § 70 BetrVG
1972 Nr. 1 = DB 1977, 914 = 1978, 395 m. Anm. *Eich*; *D/R* § 70 Rz. 26;
F/A/K/H § 70 Rz. 4; *G/L* § 70 Rz. 8; a. A. *Eich* DB 1978, 395; kritisch *Kraft* ZfA
1983, 182). Die Fragenbogenaktion ist aber nur soweit zulässig, wie die einzelnen
Fragen zulässig sind (*Schlüter* zu *BAG* vom 8. 2. 1977, SAE 1978, 45). Fragen nach
der subjektiven Einstellung des Auszubildenden zu den Ausbildungsbedingungen
und zur Jugend- und Auszubildendenvertretung liegen nicht mehr im Rahmen der
§§ 80 Abs. 1 bis 3 und 70 Abs. 1 (*Schlüter* a. a. O., 49).

1. Antragsrecht

Das **Antragsrecht** gem. Abs. 1 Ziff. 1 besteht für alle Maßnahmen, die den jugend- **5**
lichen und auszubildenden Arbeitnehmern dienen; es besteht **gegenüber dem Betriebsrat**, nicht gegenüber dem Arbeitgeber. Dabei muß es sich aber stets um innerbetriebliche Angelegenheiten handeln, die in den gesetzlichen Aufgabenbereich des Betriebsrats fallen: nicht erforderlich ist, daß der Betriebsrat ein Mitwirkungs- oder Mitbestimmungsrecht in dieser Angelegenheit hat. Das Antragsrecht besteht also nicht für außerbetriebliche oder sonstige Angelegenheiten, die
nicht zu den gesetzlichen Aufgaben des Betriebsrats gehören (*D/R* § 70 Rz. 3;
F/A/K/H § 70 Rz. 5; *G/L* § 70 Rz. 3; GK-*Kraft* § 70 Rz. 4).
Als Beispiel für Angelegenheiten, auf die sich das Antragsrecht beziehen kann, **6**
hebt die Vorschrift besonders **Fragen der Berufsbildung** hervor. Im Vordergrund
stehen Probleme der Berufsausbildung. Weiterhin können als Gegenstand des
Antragsrechts in Frage kommen: Fortbildungsmaßnahmen, betriebliche Maßnahmen zur Freizeitgestaltung, Arbeitszeit nach dem Jugendarbeitsschutzgesetz, Sozialeinrichtungen für Jugendliche u. ä. (*D/R* § 70 Rz. 2; *F/A/K/H* § 70 Rz. 5; *G/L*
§ 70 Rz. 3; GK-*Kraft* § 70 Rz. 4).
Das **Antragsrecht** ist ein Recht der Jugend- und Auszubildendenvertretung. Ein **7**
Antrag kann deshalb nur aufgrund eines **Mehrheitsbeschlusses der Jugend- und
Auszubildendenvertretung** gestellt werden (*D/R* § 70 Rz. 4; *F/A/K/H* § 70 Rz. 7;
G/L § 70 Rz. 4; GK-*Kraft* § 70 Rz. 5). Der Vorsitzende der Jugend- und Auszubildendenvertretung selbst hat kein eigenes Antragsrecht; er kann lediglich im Rahmen eines Beschlusses der Jugend- und Auszubildendenvertretung beim Betriebsrat Maßnahmen beantragen.
Der **Betriebsrat** ist **verpflichtet**, den **Antrag entgegenzunehmen** und sich mit ihm **8**
zu befassen (vgl. § 80 Abs. 1 Ziff. 3). Er ist jedoch nicht an den Antrag gebunden.
Er braucht dem Antrag nicht zu entsprechen, kann ihn vielmehr als unbegründet,
nicht sachdienlich oder unzweckmäßig ablehnen oder seine Behandlung zurückstellen. Handelt es sich allerdings um einen Antrag nach § 67 Abs. 3 Satz 1 (vgl.
§ 67 Rz. 24 ff.), so muß der Betriebsrat die Angelegenheit auf die Tagesordnung
der nächsten Betriebsratssitzung setzen. Beschließt der Betriebsrat, dem Antrag
zu entsprechen, so ist er verpflichtet, beim Arbeitgeber auf eine Erledigung hinzuwirken. Bei einer Besprechung mit dem Arbeitgeber hierüber ist die gesamte Jugend- und Auszubildendenvertretung hinzuzuziehen, falls die Voraussetzungen

des § 68 erfüllt sind (vgl. § 68 Rz. 2, 5). Der Betriebsrat muß nach seiner Beschlußfassung über den Antrag die Jugend- und Auszubildendenvertretung über seine Stellungnahme und gegebenenfalls über die weitere Behandlung des Antrags bescheiden. Diese Verpflichtung besteht jedoch dann nicht, wenn die Jugend- und Auszubildendenvertretung gem. § 67 Abs. 1 Satz 2 an der entscheidenden Betriebsratssitzung selbst teilgenommen hat (*D/R* § 70 Rz. 4f.; *F/A/K/H* § 70 Rz. 8f.; *G/L* § 70 Rz. 4; GK-*Kraft*, § 70 Rz. 6ff.).

2. Überwachungsrecht

9 Das **Überwachungsrecht** gem. Abs. 1 Ziff. 2 bezieht sich auf alle kollektivvertraglichen und gesetzlichen Vorschriften einschließlich der Unfallverhütungsvorschriften (vgl. hierzu Anm. zu § 87 Abs. 1 Ziff. 7), jedoch nicht auf die einzelnen Arbeits- und Ausbildungsverträge. Die Jugend- und Auszubildendenvertretung hat den Betriebsrat bei seiner Überwachungsaufgabe nach § 80 Abs. 1 Nr. 1 zu unterstützen. Das Überwachungsrecht besteht nicht nur für Normen, die ausschließlich oder überwiegend Jugendliche oder Auszubildende betreffen, sondern für alle Normen, die zumindest »auch« dem Schutz jugendlicher oder auszubildenden Arbeitnehmer dienen (vgl. *Hromadka* DB 1971, 1965; *D/R* § 70 Rz. 6; *F/A/K/H* § 70 Rz. 11; GK-*Kraft*, § 70 Rz. 8). Hinsichtlich der gesetzlichen Vorschriften kommen primär die Bestimmungen des Jugendarbeitsschutzgesetzes (z. B. über Arbeitszeit, Beschäftigungsverbote und -beschränkungen, gesundheitliche Betreuung Jugendlicher) und des Berufsbildungsgesetzes in Betracht.

9a Das **Überwachungsrecht** bedeutet für die Jugend- und Auszubildendenvertretung **das Recht und die Pflicht**, darauf zu achten, daß im Einzelfall die zugunsten jugendlicher oder auszubildender Arbeitnehmer bestehenden Vorschriften durchgeführt werden. Das Überwachungsrecht macht die Jugend- und Auszubildendenvertretung **nicht** zu einem **Kontrollorgan** mit der Befugnis zu Nachforschungen und Inspektionsgängen im Betrieb ohne konkreten Anlaß (GK-*Kraft* § 70 Rz. 9; *ders*. ZfA 1983, 181 f.; *Schlochauer* Zugangsrecht, 463 ff., 476 – beide für den Betriebsrat; *Natzel* Anm. zu *BAG* vom 21. 1. 1982 – 6 ABR 17/79 – EzA § 70 BetrVG 1972 Nr. 2 = DB 1982, 1277; *Peter* BlStSozArbR 1980, 68; wohl auch *Kraft* Anm. zu *BAG* vom 21. 1. 1982, SAE 1982, 202 f.); sie hat nicht die Aufgabe, generell den Arbeitgeber zu kontrollieren, sondern jugendlichen Arbeitnehmern im Einzelfall zu ihrem Recht zu verhelfen (so zutreffend *Hromadka* DB 1971, 1965; *D/R* § 70 Rz. 7; *G/L* § 70 Rz. 8; GK-*Kraft* § 70 Rz. 9). Die Jugend- und Auszubildendenvertretung ist deshalb nur dann, wenn in einem konkreten Einzelfall der Verdacht auf Verletzung oder Nichtbeachtung von Vorschriften besteht, berechtigt und verpflichtet, diesem nachzugehen (*Natzel* a. a. O.; *Schlochauer* a. a. O.; **a. A.** *F/A/K/H* § 70 Rz. 13, die der Jugend- und Auszubildendenvertretung eine Überwachungsbefugnis ohne konkreten Anlaß geben; so auch *BAG* vom 21. 1. 1982 – 6 ABR 17/79 – a. a. O.). Zu **Fragebogenaktionen** durch die Jugend- und Auszubildendenvertretung vgl. Rz. 4.

9b Zuständig für die **Ausübung** des **Überwachungsrechts** ist der Vorsitzende der Jugend- und Auszubildendenvertretung oder im Falle seiner Verhinderung sein Stellvertreter. Stellt er einen nicht unerheblichen Verstoß gegen eine der genannten Vorschriften fest, so muß die Jugend- und Auszubildendenvertretung bzw. ihr Vorsitzender den Betriebsrat unterrichten und bitten, beim Arbeitgeber auf eine

Allgemeine Aufgaben § **70**

Abstellung hinzuwirken (vgl. § 80 Abs. 1 Ziff. 1). Auch hier ist Gesprächspartner der Jugend- und Auszubildendenvertretung nicht der Arbeitgeber, sondern allein der Betriebsrat, entsprechend seiner betrieblichen Funktion, die Betriebsratsarbeit in Jugend- und Bildungsfragen zu unterstützen (vgl. oben Rz. 1; *D/R* § 70 Rz. 7 f.; *G/L* § 70 Rz. 8; GK-*Kraft* § 70 Rz. 8 f.). Deshalb hat die Jugend- und Auszubildendenvertretung auch **kein selbständiges Zugangsrecht** zu den Arbeitsplätzen einzelner jugendlicher und auszubildender Arbeitnehmer (*Natzel* a. a. O. 417 ff.; zum Zugangsrecht des Betriebsrats zu Arbeitsplätzen vgl. *Schlochauer* a. a. O. 459 ff.). Das *BAG* (a. a. O.) nimmt ein solches Zugangsrecht der Jugend- und Auszubildendenvertretung allerdings mit Zustimmung des Betriebsrats an (so auch *D/R* § 70 Rz. 26; *F/A/K/H* § 70 Rz. 13; *Peter* a. a. O. 68; weitergehend auch ohne Zustimmung des Betriebsrats *G/K/S/B* § 70 Rz. 7; zu Recht **a. A.** *Natzel* a. a. O. 417 f.; *Kraft* Anm. zu *BAG* vom 21. 1. 1982 − 6 ABR 17/79 − SAE 1982, 202; *ders.* ZfA 1983, 195 f., der nur eine Betriebsbegehung durch den Betriebsrat unter Beteiligung einzelner Mitglieder der Jugend- und Auszubildendenvertretung für möglich hält; siehe auch die Ablehnung einer Erweiterung des Zutrittsrechts zum Arbeitsplatz durch den Gesetzgeber, BT-Drucks. 11/2474, 12).

Das **Überwachungsrecht** erstreckt sich **nicht** auf Rechte und Pflichten aus den **10 einzelnen Arbeits- und Ausbildungsverträgen**; es ist auch nicht Aufgabe der Jugend- und Auszubildendenvertretung, den jugendlichen und auszubildenden Arbeitnehmer vor dem Arbeitsgericht zu vertreten (*Brecht* § 70 Rz. 5; *F/A/K/H* § 70 Rz. 13; *G/L* § 70 Rz. 9; GK-*Kraft* § 70 Rz. 8).

3. Anregungsrecht

Die Jugend- und Auszubildendenvertretung ist berechtigt und verpflichtet, von **11** jugendlichen und auszubildenden Arbeitnehmern **Anregungen** entgegenzunehmen und, falls sie ihr berechtigt erscheinen, beim Betriebsrat auf eine Erledigung hinzuwirken. Die Vorschrift dient dem Zweck, eine enge Verbindung zwischen Jugend- und Auszubildendenvertretung und den jugendlichen und auszubildenden Arbeitnehmern sicherzustellen. **Der Begriff »Anregungen«** umfaßt alle Vorschläge in betrieblichen Angelegenheiten, die von den jugendlichen und auszubildenden Arbeitnehmern an die Jugend- und Auszubildendenvertretung herangetragen werden, auch **Beschwerden**. Das Gesetz hebt auch hier Fragen der Berufsbildung, d. h. insbesondere der Berufsausbildung, besonders hervor. Es muß sich stets um innerbetriebliche Angelegenheiten handeln, die Jugendliche und Auszubildende betreffen und gleichzeitig in den gesetzlichen Aufgabenbereich des Betriebsrats fallen. Das Recht und die Pflicht der Jugend- und Auszubildendenvertretung, Anregungen entgegenzunehmen, besteht also z. B. nicht für außerbetriebliche Angelegenheiten (wie politische oder gewerkschaftliche Fragen; vgl. *D/R* § 70 Rz. 8; *F/A/K/H* § 70 Rz. 14; *G/L* § 70 Rz. 5, 7; GK-*Kraft* § 70 Rz. 10).

Die **Jugend- und Auszubildendenvertretung muß solche Anregungen entgegen- 12 nehmen** und sie auf ihre Berechtigung und Zweckmäßigkeit überprüfen. Hält sie eine Anregung für nicht berechtigt, so braucht sie diese nicht weiter zu verfolgen (vgl. aber Rz. 13). Hält sie eine Anregung für gerechtfertigt, so muß sie beim Betriebsrat (nicht beim Arbeitgeber) auf eine Erledigung hinwirken, d. h. die Anregung mit eigener Stellungnahme und der Bitte dem Betriebsrat zuleiten, über eine sachgerechte Erledigung mit dem Arbeitgeber zu verhandeln. Der Betriebs-

§ 70 *3. Teil 1. Abschn. Betriebliche Jugend- und Auszubildendenvertretung*

rat ist nicht verpflichtet, dem Beschluß der Jugend- und Auszubildendenvertretung zu entsprechen. Er hat selbständig Berechtigung und Zweckmäßigkeit der Anregung zu überprüfen und, falls auch er sie für berechtigt hält, beim Arbeitgeber auf ihre Erledigung hinzuwirken (§ 80 Abs. 1 Ziff. 3). Der Betriebsrat muß die Jugend- und Auszubildendenvertretung über seine Stellungnahme und gegebenenfalls über das Ergebnis seiner Bemühungen unterrichten. Die Jugend- und Auszubildendenvertretung hat ein Teilnahmerecht an der Beratung des Betriebsrats über die Anregung dann, wenn die Voraussetzungen des § 67 Abs. 1 Satz 2 erfüllt sind; in diesem Fall besteht für den Betriebsrat keine Verpflichtung, die Jugend- und Auszubildendenvertretung über seine Beschlußfassung bzw. über seine Stellungnahme besonders zu unterrichten. Im Falle des § 67 Abs. 3 hat die Jugend- und Auszubildendenvertretung ein Antragsrecht, daß die Angelegenheit auf die Tagesordnung der nächsten Betriebsratssitzung gebracht wird (*D/R* § 70 Rz. 9; *F/A/K/H* § 70 Rz. 15f.; *G/L* § 70 Rz. 6; GK-*Kraft* § 70 Rz. 11 ff.).

13 Die Jugend- und Auszubildendenvertretung ist verpflichtet, den **betroffenen jugendlichen und auszubildenden Arbeitnehmer** über die Behandlung der Anregung **zu informieren**. Sie muß ihm mitteilen, ob sie die Anregung für berechtigt hält und weiterverfolgt hat oder nicht. Sie muß den Arbeitnehmer gegebenenfalls auch über das Ergebnis der Bemühungen des Betriebsrats unterrichten (*D/R* § 70 Rz. 10; *F/A/K/H* § 70 Rz. 18; GK-*Kraft* § 70 Rz. 13).

14 Die jugendlichen und auszubildenden Arbeitnehmer können **Anregungen** nicht nur der Jugend- und Auszubildendenvertretung, sondern gem. § 80 Abs. 1 Ziff. 3 auch **unmittelbar dem Betriebsrat** unterbreiten. In diesem Fall ist der Betriebsrat verpflichtet, den Jugendlichen oder Auszubildenden unter 25 Jahren über seine Stellungnahme und gegebenenfalls über Stand und Ergebnis seiner Bemühungen zu unterrichten (*D/R* § 70 Rz. 11; *F/A/K/H* § 70 Rz. 14; GK-*Kraft* § 70 Rz. 11).

III. Unterrichtungspflicht des Betriebsrats (Abs. 2)

15 Die Jugend- und Auszubildendenvertretung hat gegenüber dem Betriebsrat Anspruch auf **rechtzeitige** und **umfassende Unterrichtung**, soweit diese zur ordnungsgemäßen Durchführung der gesetzlichen Aufgaben erforderlich ist. Die Unterrichtungspflicht obliegt nur dem Betriebsrat, nicht dem Arbeitgeber. Der Betriebsrat muß die Unterrichtung von sich aus vornehmen. Sie setzt keinen entsprechenden Antrag der Jugend- und Auszubildendenvertretung voraus. Sie bezieht sich auf alle wesentlichen Tatsachen und Umstände in Angelegenheiten, die in den gesetzlichen Aufgabenbereich der Jugend- und Auszubildendenvertretung fallen, auch auf Rechtsauskünfte. Für den jeweiligen Umfang der Unterrichtungspflicht sind die Umstände des Einzelfalles maßgebend. Für die Unterrichtung ist Schriftform nicht vorgeschrieben; sie kann mündlich erfolgen (*D/R* § 70 Rz. 12 ff.; *F/A/K/H* § 70 Rz. 19, 15; *G/L* § 70 Rz. 10, 11; GK-*Kraft* § 70 Rz. 14, 15).

16 **Rechtzeitige Unterrichtung** bedeutet, daß die Jugend- und Auszubildendenvertretung die erforderliche Mitteilung noch bei der Durchführung ihrer Aufgaben berücksichtigen kann; dies gilt insbesondere für Beschlüsse der Jugend- und Auszubildendenvertretung (*F/A/K/H* § 70 Rz. 20).

17 Die Unterrichtung muß **umfassend** sein. Der Betriebsrat muß deswegen auch Auskünfte des Arbeitgebers oder sonstiger Stellen beschaffen. Die umfassende Unterrichtung erstreckt sich auf alle Umstände, die für eine ordnungsgemäße Meinungs-

bildung der Jugend- und Auszubildendenvertretung erforderlich sind (*F/A/K/H* § 70 Rz. 20; *G/L* § 70 Rz. 10; GK-*Kraft* § 70 Rz. 16).

IV. Vorlage von Unterlagen

Der Betriebsrat hat der Jugend- und Auszubildendenvertretung **auf Verlangen auch die Unterlagen** zur Verfügung zu stellen, die zur Durchführung ihrer gesetzlichen Aufgaben **erforderlich** sind. Im Rahmen des Überwachungsrechts gem. Abs. 1 Ziff. 2 kann die Jugend- und Auszubildendenvertretung nur dann die Überlassung von Unterlagen verlangen, wenn ein konkreter Anlaß für den Verdacht auf Verletzung gesetzlicher, tariflicher oder betrieblicher Vorschriften vorliegt (vgl. Rz. 9ff.). Es müssen zugleich die Voraussetzungen für das Überwachungsrecht gegeben und die Zurverfügungstellung der Unterlagen zu dessen Durchführung notwendig sein (vgl. *Hromadka* DB 1971, 1965; *D/R* § 70 Rz. 17f.; *F/A/K/H* § 70 Rz. 22; *G/L* § 70 Rz. 12; GK-*Kraft* § 70 Rz. 17). Zu den vorzulegenden Unterlagen gehören auch die für die Arbeit der Jugend- und Auszubildendenvertretung erforderlichen Rechtsvorschriften, wie z.B. Tarifverträge, Gesetzestexte, Literatur hierzu u.ä. 18

Die Jugend- und Auszubildendenvertretung kann vom Betriebsrat nur die **Zurverfügungstellung solcher Unterlagen** verlangen, die sich entweder im Besitz des Betriebsrats befinden oder deren Überlassung der Betriebsrat vom Arbeitgeber nach § 80 Abs. 1 Satz 2 Halbsatz 1 verlangen kann (*D/R* § 70 Rz. 18; *F/A/K/H* § 70 Rz. 23; *G/L* § 70 Rz. 12). Das Recht der Jugend- und Auszubildendenvertretung bezieht sich jedoch nicht auf die Bruttolohn- und -gehaltslisten der jugendlichen oder auszubildenden Arbeitnehmer (*D/R* § 70 Rz. 19; *F/A/K/H* § 70 Rz. 22; *G/L* § 70 § 12; *S/W* §§ 60–70 Rz. 16; a.A. GK-*Kraft* § 70 Rz. 17) sowie auf solche Unterlagen, die persönliche Angaben gem. § 99 Abs. 1 Satz 3 (weitergehend *D/R* § 70 Rz. 23) oder Betriebs- bzw. Geschäftsgeheimnisse gem. § 79 Abs. 1 Satz 1 enthalten (*F/A/K/H* § 70 Rz. 23; GK-*Kraft* § 70 Rz. 17). Erfahren Mitglieder der Jugend- und Auszubildendenvertretung trotz allem Betriebs- oder Geschäftsgeheimnisse, so sind sie nach § 79 Abs. 2 zur Geheimhaltung verpflichtet; dies gilt auch für persönliche Angaben i.S.v. § 99 Abs. 1 Satz 3 (*D/R* § 70 Rz. 22f.; *F/A/K/H* § 70 Rz. 20). 19

Der Begriff »**zur Verfügung stellen**« bedeutet, daß der Betriebsrat die Unterlagen der Jugend- und Auszubildendenvertretung nicht nur vorlegen, sondern für angemessene Zeit auch überlassen muß (*F/A/K/H* § 70 Rz. 24; *G/L* § 70 Rz. 13; GK-*Kraft* § 70 Rz. 17; *BAG* vom 20.11.1984 – 1 ABR 64/82 – EzA 106 BetrVG 1972 Nr. 6 = DB 1985, 924; im Ergebnis ebenso *D/R* § 70 Rz. 20). 20

V. Betriebs- oder Geschäftsgeheimnisse

Eine Unterrichtungspflicht des Betriebsrats sowie die Verpflichtung, die erforderlichen Unterlagen der Jugend- und Auszubildendenvertretung zur Verfügung zu stellen, besteht nicht, soweit es sich um **Betriebs-** oder **Geschäftsgeheimnisse** i.S.d. § 79 handelt (vgl. Rz. 19; *D/R* § 70 Rz. 22f.; *F/A/K/H* § 70 Rz. 20, 16; *G/L* § 70 Rz. 10; GK-*Kraft* § 70 Rz. 16, 17). Dies ergibt sich daraus, daß in der Ausnah- 21

§ 71 3. Teil 1. Abschn. Betriebliche Jugend- und Auszubildendenvertretung

mebestimmung des § 79 Abs. 1 Satz 4 die Jugend- und Auszubildendenvertretung nicht aufgenommen ist.

VI. Streitigkeiten

22 Streitigkeiten über **Inhalt und Umfang der allgemeinen Aufgaben** der Jugend- und Auszubildendenvertretung, ihr Unterrichtungsrecht sowie ihren Anspruch auf Überlassung von Unterlagen entscheidet das Arbeitsgericht im Beschlußverfahren gem. § 2a Abs. 1 Ziff. 1, §§ 80ff. ArbGG. Beteiligter ist auch die Jugend- und Auszubildendenvertretung (*BAG* vom 8. 2. 1977 a. a. O. Rz. 4).

23 Eine **Verletzung der Pflichten des Betriebsrats** kann die Sanktionen nach § 23 nach sich ziehen, wenn die weiteren Voraussetzungen vorliegen (*D/R* § 70 Rz. 24; *F/A/K/H* § 70 Rz. 25; *GK-Kraft* § 70 Rz. 19).

§ 71 Jugend- und Auszubildendenversammlung

Die Jugend- und Auszubildendenvertretung kann vor oder nach jeder Betriebsversammlung im Einvernehmen mit dem Betriebsrat eine betriebliche Jugend- und Auszubildendenversammlung einberufen. Im Einvernehmen mit Betriebsrat und Arbeitgeber kann die betriebliche Jugend- und Auszubildendenversammlung auch zu einem anderen Zeitpunkt einberufen werden. § 43 Abs. 2 Satz 1 und 2, die §§ 44 bis 46 und § 65 Abs. 2 Satz 2 gelten entsprechend.

Inhaltsübersicht

		Rz.
I.	Allgemeines	1– 4
II.	Voraussetzungen der Einberufung	5
III.	Betriebsjugend- und Auszubildendenversammlung	6–23
	1. Einberufung und Leitung	6–11
	2. Zusammensetzung	12–14
	3. Durchführung	15–23
IV.	Streitigkeiten	24

I. Allgemeines

1 Die **Einberufung einer Betriebsjugend- und Auszubildendenversammlung** bedarf der **Zustimmung des Betriebsrats**. Sie ist im allgemeinen in zeitlichem Zusammenhang mit einer Betriebsversammlung und nur ausnahmsweise im Einvernehmen mit Betriebsrat und Arbeitgeber zu einem anderen Zeitpunkt durchzuführen. Im übrigen finden einige für die Betriebsversammlung geltende Vorschriften entsprechende Anwendung.

2 Die Betriebsjugend- und Auszubildendenversammlung dient dem **Zweck**, durch gegenseitige Information und Aussprache über alle betrieblichen Jugend- und Ausbildungsfragen die Zusammenarbeit und das Vertrauensverhältnis zwischen jugendlichen Arbeitnehmern, Jugend- und Auszubildendenvertretung, Betriebs-

rat und Arbeitgeber zu fördern. Sie ist – neben der Betriebsversammlung – ein besonderes Forum für die unmittelbare Information zwischen den jugendlichen und auszubildenden Arbeitnehmern einerseits und Jugend- und Auszubildendenvertretung, Betriebsrat sowie Arbeitgeber andererseits. Die Betriebsjugend- und Auszubildendenversammlung steht selbständig neben der Betriebsversammlung. Die jugendlichen und auszubildenden Arbeitnehmer haben ein Teilnahmerecht sowohl für die Betriebsversammlung als auch für die Betriebsjugend- und Auszubildendenversammlung.

Die Vorschrift gilt nicht für die **Gesamt-Jugend- und Auszubildendenvertretung** (§ 73 Abs. 2); eine Gesamt-Jugend- und Auszubildendenversammlung ist damit gesetzlich nicht vorgesehen. 3

Die Regelung ist **zwingend**; es kann weder durch Tarifvertrag noch durch Betriebsvereinbarung von ihr abgewichen werden (vgl. § 60 Rz. 1). 4

II. Voraussetzungen der Einberufung

Die **Einberufung** ist von drei Voraussetzungen abhängig: 5
- Mehrheitsbeschluß der Jugend- und Auszubildendenvertretung über die Einberufung (vgl. Rz. 6),
- Zustimmung des Betriebsrats zur Einberufung der Betriebsjugend- und Auszubildendenversammlung (vgl. Rz. 7),
- Stattfinden der Betriebsjugend- und Auszubildendenversammlung entweder in unmittelbarem zeitlichem Zusammenhang mit einer Betriebsversammlung oder nur unter bestimmten Voraussetzungen zu einem anderen Zeitpunkt (vgl. Rz. 10).

III. Betriebsjugend- und Auszubildendenversammlung

1. Einberufung und Leitung

Die **Einberufung** einer Betriebsjugend- und Auszubildendenversammlung und die Festsetzung der Tagesordnung erfolgt durch die Jugend- und Auszubildendenvertretung. Voraussetzung hierfür sind ein Einvernehmen mit dem Betriebsrat und ein entsprechender Beschluß der Jugend- und Auszubildendenvertretung, für den einfache Stimmenmehrheit genügt. Betriebsjugend- und Auszubildendenversammlungen sind im Gegensatz zur Betriebsversammlung nicht obligatorisch. Es liegt im Ermessen der Jugend- und Auszubildendenvertretung, ob sie eine Betriebsjugend- und Auszubildendenversammlung durchführen will (*D/R* § 71 Rz. 6; *F/A/K/H* § 71 Rz. 6; *G/L* § 71 Rz. 5, 8; *GK-Kraft* § 71 Rz. 7). Ein Antragsrecht des Betriebsrats auf Einberufung einer Betriebsjugend- und Auszubildendenversammlung besteht nicht; es besteht auch kein solches Antragsrecht des Arbeitgebers, eines Viertels der jugendlichen oder auszubildenden Arbeitnehmer oder einer im Betrieb vertretenen (vgl. § 2 Rz. 61 ff.) Gewerkschaft; § 43 Abs. 3, 4 finden keine Anwendung nach § 71 (Literatur wie oben). 6

Die Einberufung hat im **Einvernehmen mit dem Betriebsrat**, d. h. mit dessen Zustimmung zu erfolgen. Die Zustimmung des Betriebsrats ist für die Einberufung selbst sowie für Ort, Zeitpunkt und Tagesordnung der Betriebsjugend- und Aus- 7

§ 71   3. Teil 1. Abschn. Betriebliche Jugend- und Auszubildendenvertretung

zubildendenversammlung erforderlich. Der Betriebsrat trifft seine Entscheidung nach freiem Ermessen durch einfachen Mehrheitsbeschluß. Bei der Beschlußfassung ist die Jugendvertretung gem. § 67 Abs. 1 Satz 2 und Abs. 2 teilnahme- und stimmberechtigt (*D/R* § 71 Rz. 7; *F/A/K/H* § 71 Rz. 7; *G/L* § 71 Rz. 8; GK-*Kraft* § 71 Rz. 8).

8   Die Jugend- und Auszubildendenvertretung muß dem Betriebsrat vor Einberufung der Betriebsjugendversammlung über **Ort, Zeit und Tagesordnung** der beabsichtigten Betriebsjugend- und Auszubildendenversammlung unterrichten, da sich die Zustimmung des Betriebsrats auch hierauf beziehen muß. Hat der Betriebsrat zugestimmt, so kann die Jugend- und Auszubildendenvertretung im Rahmen des Betriebsratsbeschlusses die Betriebsjugend- und Auszubildendenversammlung einberufen und durchführen. Sie darf die Betriebsjugend- und Auszubildendenversammlung nicht abweichend von dem Betriebsratsbeschluß zu einem anderen Zeitpunkt oder an einen anderen Ort einberufen. Auch eine nachträgliche Änderung oder Ergänzung der Tagesordnung bedarf der vorherigen Zustimmung des Betriebsrats. Weicht die Jugend- und Auszubildendenvertretung während der Betriebsjugend- und Auszubildendenversammlung von dem Betriebsratsbeschluß ab, so kann der Betriebsrat seine Zustimmung widerrufen mit der Folge, daß die Betriebsjugend- und Auszubildendenversammlung unverzüglich beendet werden muß. Für eine Versammlung, die ohne Zustimmung des Betriebsrats oder unter Abweichung von dessen Beschluß durchgeführt wird, besteht kein Anspruch auf Arbeitsbefreiung und Fortzahlung des Arbeitsentgelts; außerdem ist der Arbeitgeber nicht verpflichtet, hierfür Räume zur Verfügung zu stellen bzw. deren weitere Benutzung zu gestatten (*D/R* § 71 Rz. 7; *F/A/K/H* § 71 Rz. 7; *G/L* § 71 Rz. 7; GK-*Kraft* § 71 Rz. 8).

9   Die **Zahl** der Betriebsjugend- und Auszubildendenversammlungen richtet sich grundsätzlich nach der Zahl der Betriebsversammlungen, da sie im allgemeinen nur vor oder nach jeder Betriebsversammlung einberufen werden können. Dies gilt auch für eine außerordentliche Betriebsversammlung – außer im Falle des § 17 –, falls auch für die Jugend- und Auszubildendenvertretung die besonderen Voraussetzungen hierfür vorliegen (*F/A/K/H* § 71 Rz. 8; GK-*Kraft* § 71 Rz. 4). Unerheblich ist, ob die **Betriebsversammlung in Form mehrerer Teil- oder Abteilungsversammlungen** durchgeführt wird (*D/R* § 71 Rz. 8; *F/A/K/H* § 71 Rz. 8; *G/L* § 71 Rz. 6; GK-*Kraft* § 71 Rz. 4). Finden diese zu getrennten Zeitpunkten statt, so findet die Betriebsjugend- und Auszubildendenversammlung nur einmal im Zusammenhang mit **einer** dieser Teil- oder Abteilungsversammlungen statt. Handelt es sich nicht um mehrere Abteilungsversammlungen für den gesamten Betrieb, so kann keine Betriebsjugend- und Auszubildendenversammlung einberufen werden (*G/L* § 71 Rz. 6).

10   Für die **zeitliche Lage** der Betriebsjugend- und Auszubildendenversammlung sieht die Vorschrift in Satz 1 in erster Linie vor, daß diese vor oder nach jeder Betriebsversammlung einberufen werden kann. Die Betriebsjugend- und Auszubildendenversammlung muß also grundsätzich in einem **unmittelbaren zeitlichen Zusammenhang** mit einer Betriebsversammlung stattfinden, d. h. unmittelbar vor oder nach der Betriebsversammlung, also an demselben Tag (*BAG* vom 15. 8. 1978 – 6 ABR 10/76 – EzA § 23 BetrVG 1972 Nr. 7 = BB 1979, 522 = DB 1978, 2275; *D/R* § 71 Rz. 10; *F/A/K/H* § 71 Rz. 19; *G/L* § 71 Rz. 11). Sinn der Regelung ist, die Störung des Betriebsablaufs in möglichst geringem Umfang zu halten. Eine abweichende Regelung ist vor allem in der Literatur bisher nur mit Einverständnis

von Betriebsrat und Arbeitgeber für zulässig angesehen worden (*D/R* § 71 Rz. 9; *F/A/K/H* § 71 Rz. 9; *G/L* § 71 Rz. 11; GK-*Kraft* § 71 Rz. 5). Durch den neuen Satz 2 ist nunmehr ausdrücklich klargestellt worden, daß die Betriebsjugend- und Auszubildendenversammlung auch **zu einem anderen Zeitpunkt** einberufen werden kann, wenn Betriebsrat und Arbeitgeber zustimmen. Die Zustimmung ist weder vor dem Arbeitsgericht noch vor der Einigungsstelle erzwingbar.

Die **Leitung** der Versammlung obliegt dem Vorsitzenden der Jugend- und Auszubildendenvertretung (*D/R* § 71 Rz. 14; *F/A/K/H* § 71 Rz. 11; *G/L* § 71 Rz. 9; GK-*Kraft* § 71 Rz. 9; abweichend *Hromadka* DB 1971, 1966). Er hat die gleichen Befugnisse wie der Betriebsratsvorsitzende in der Betriebsversammlung (vgl. § 42 Rz. 31 ff.), insbesondere (z. B. durch Wortentzug, notfalls durch Verweisung aus dem Versammlungsraum) dafür zu sorgen, daß die Betriebsjugend- und Auszubildendenversammlung ordnungsgemäß im Rahmen der Beschlüsse von Betriebsrat und Jugend- und Auszubildendenvertretung abläuft, die vom Betriebsrat gebilligte Tagesordnung eingehalten wird und keine unzulässigen Themen behandelt werden. Unterläßt er dies, so ist der Betriebsratsvorsitzende bzw. das beauftragte Betriebsratsmitglied berechtigt und verpflichtet, unverzüglich auf einen ordnungsgemäßen Ablauf hinzuwirken. Bleibt auch dieser untätig oder vermag er sich nicht durchzusetzen, so wächst das Hausrecht dem Arbeitgeber wieder zu.

2. Zusammensetzung

Auch die Betriebsjugend- und Auszubildendenversammlung ist **nicht öffentlich.** § 42 Abs. 2 ist, obwohl nicht ausdrücklich in § 71 aufgeführt, analog anzuwenden, da das Gebot der Nichtöffentlichkeit einen allgemeinen Rechtsgrundsatz darstellt, der für alle Sitzungen der betriebsverfassungsrechtlichen Institutionen gilt (*D/R* § 71 Rz. 15; *F/A/K/H* § 71 Rz. 11, *G/L* § 71 Rz. 1; GK-*Kraft* § 71 Rz. 9). **Teilnahmeberechtigt** an der Betriebsjugend- und Auszubildendenversammlung sind die jugendlichen und auszubildenden Arbeitnehmer (vgl. § 60 Rz. 4) und die Jugend- und Auszubildendenvertretung des Betriebs (*D/R* § 71 Rz. 2; *F/A/K/H* § 71 Rz. 4; *G/L* § 71 Rz. 1, 10; GK-*Kraft* § 71 Rz. 2). Ferner sind teilnahmeberechtigt der Arbeitgeber, der Betriebsratsvorsitzende oder ein beauftragtes Betriebsratsmitglied, Beauftragte der im Betrieb vertretenen Gewerkschaften (vgl. § 2 Rz. 61) sowie ein Beauftragter des Arbeitgeberverbandes, der vom Arbeitgeber hinzugezogen wird (§§ 71 Satz 2, 43 Abs. 2, 65 Abs. 2 Satz 2, 46 Abs. 1). Der Vorsitzende der Jugend- und Auszubildendenvertretung ist verpflichtet, den **Arbeitgeber** unter Mitteilung der Tagesordnung zu jeder Betriebsjugend- und Auszubildendenversammlung einzuladen. Der Arbeitgeber ist berechtigt, zu den einzelnen Punkten der Tagesordnung das Wort zu ergreifen (vgl. § 43 Rz. 23). Der Vorsitzende der Jugend- und Auszubildendenvertretung hat den in der Jugend- und Auszubildendenvertretung – nicht den im Betrieb – vertretenen **Gewerkschaften** Zeitpunkt und Tagesordnung jeder Betriebsjugend- und Auszubildendenversammlung rechtzeitig und schriftlich mitzuteilen (vgl. § 46 Rz. 4 ff.). Dies ergibt sich aus der analogen Anwendung von § 46 Abs. 2 (*F/A/K/H* § 71 Rz. 29; *G/L* § 71 Rz. 8; *D/R* § 71 Rz. 12 halten die Jugend- und Auszubildendenvertretung für verpflichtet, die im Betriebsrat vertretenen Gewerkschaften einzuladen, vgl. auch § 65 Rz. 8). Alle Teilnahmeberechtigten sind auch berechtigt, in der Versammlunng zu sprechen. Andere Personen haben we-

§ 71   3. Teil 1. Abschn. Betriebliche Jugend- und Auszubildendenvertretung

gen des Grundsatzes der Nichtöffentlichkeit kein Teilnahmerecht (*D/R* § 71 Rz. 3; *F/A/K/H* § 71 Rz. 5, 20; *G/L* § 71 Rz. 10; GK-*Kraft* § 71 Rz. 10ff.).

3. Durchführung

15 Die Betriebsjugend- und Auszubildendenversammlung wird als einheitliche Versammlung beider Gruppen durchgeführt. Nach § 71 sind **weder Abteilungsversammlungen** nach § 42 Abs. 2 **noch Teilversammlungen** nach § 42 Abs. 1 Satz 3 vorgesehen (*Brecht* § 71 Rz. 3; *G/L* § 71 Rz. 1; *G/K/S/B* § 71 Rz. 3; GK-*Kraft* § 71 Rz. 3; a. A. hinsichtlich Teilversammlungen *F/A/K/H* § 71 Rz. 8; a. A. für Teil- und Abteilungsversammlungen *D/R* § 71 Rz. 4f.). Es besteht auch kein Recht zur Durchführung einer bes. Auszubildenden-Versammlung (*LAG Baden-Württemberg* vom 29. 9. 1983 – 7 Ta BV 12/82 – DB 1984, 409).

16 Betriebsjugend- und Auszubildendenversammlungen **finden während der Arbeitszeit statt**, soweit nicht die Eigenart des Betriebes eine andere Regelung zwingend erfordert (§§ 71 Satz 2, 44; *D/R* § 71 Rz. 10; *F/A/K/H* § 71 Rz. 8, 13; *G/L* § 71 Rz. 11 a; GK-*Kraft* § 71 Rz. 5).

17 Für die **Fortzahlung des Arbeitsentgelts**, die Vergütung von Wegezeiten und die Erstattung von Fahrtkosten findet die für die Betriebsversammlung geltende Vorschrift des § 44 entsprechende Anwendung (vgl. hierzu § 44 Rz. 21 ff.). Bei Teilnahme an einer Betriebsjugend- und Auszubildendenversammlung, die während der Arbeitszeit stattfindet, besteht Anspruch auf Fortzahlung des Arbeitsentgelts und Vergütung zusätzlicher Wegezeiten, dagegen nicht auch Erstattung der Fahrtkosten. Die Zeit der Teilnahme ist wie »Arbeitszeit« zu vergüten. Ausnahmsweise haben die jugendlichen und auszubildenden Arbeitnehmer Anspruch auf Erstattung von Fahrtkosten, die wegen der Eigenart des Betriebes außerhalb ihrer Arbeitszeit an der Betriebsjugend- und Auszubildendenversammlung teilnehmen. Findet die Betriebsjugend- und Auszubildendenversammlung im Zusammenhang mit einer außerordentlichen Betriebsversammlung im Einvernehmen mit dem Arbeitgeber während der Arbeitszeit statt (§ 44 Abs. 2), so darf das Arbeitsentgelt für die Zeit der Teilnahme nicht gemindert werden. Ein Anspruch auf Erstattung etwa entstehender zusätzlicher Fahrtkosten besteht auch hier nicht (*D/R* § 71 Rz. 23; *G/L* § 71 Rz. 13; vgl. auch § 44 Rz. 33 ff.).

18 Die Betriebsjugend- und Auszubildendenversammlung findet grundsätzlich **im Betrieb** statt (*D/R* § 71 Rz. 13). Der Arbeitgeber hat Räume und sächliche Mittel zur Verfügung zu stellen (§ 40, s. dortige Anm.).

19 Die Betriebsjugend- und Auszubildendenversammlung ist **zuständig** für die Behandlung von Angelegenheiten – einschließlich solcher tarifpolitischer, sozialpolitischer und wirtschaftlicher Art –, welche den Betrieb und seine jugendlichen und auszubildenden Arbeitnehmer unmittelbar betreffen (§§ 71 Satz 2, 45). Der Aufgabenbereich der Betriebsjugend- und Auszubildendenversammlung ist kongruent mit dem gesetzlichen Aufgabenbereich der Jugend- und Auszubildendenvertretung (*D/R* § 71 Rz. 16; *F/A/K/H* § 71 Rz. 15; *G/L* § 71 Rz. 15; GK-*Kraft* § 71 Rz. 13).

20 Es dürfen nur die nach § 45 (vgl. § 45 Rz. 4ff.) **zulässigen Themen** behandelt werden. Dementsprechend dürfen in der Betriebsjugend- und Auszubildendenversammlung nur Angelegenheiten behandelt werden, die einen unmittelbaren, konkreten Bezug zum Betrieb und seinen jugendlichen und auszubildenden Arbeit-

nehmern haben (z. B. die Durchführung gesetzlicher oder tariflicher Jugendschutzvorschriften im Betrieb, Fragen der Berufsausbildung Jugendlicher). Tarifpolitische, sozialpolitische und wirtschaftliche Themen können insoweit behandelt werden, als sie unmittelbar diesen konkreten Betrieb und seine jugendlichen und auszubildenden Arbeitnehmer betreffen. Allgemeine tarifpolitische, sozialpolitische und wirtschaftliche Themen (z. B. Probleme einer Verbandstarifauseinandersetzung, der Reform unserer Wirtschafts- und Gesellschaftsordnung, der allgemeinen Mitbestimmung oder Vermögensbildung) fallen nicht in den Zuständigkeitsbereich der Betriebsjugend- und Auszubildendenversammlung und dürfen deshalb hier nicht erörtert werden. Solche Themen sind mit Aufgabe und Funktion der Betriebsjugend- und Auszubildendenversammlung nicht vereinbart (*D/R* § 71 Rz. 17ff.; *G/L* § 71 Rz. 15).

Die Betriebsjugend- und Auszubildendenversammlung kann insbesondere in be- 21 trieblichen Angelegenheiten **Anträge** an die Jugend- und Auszubildendenvertretung richten und zu deren Beschlüssen Stellung nehmen (vgl. § 45 Rz. 21ff.; *D/R* § 71 Rz. 20; *F/A/K/H* § 71 Rz. 15; GK-*Kraft* § 71 Rz. 14).

Für die Betriebsjugend- und Auszubildendenversammlung gelten ferner die 22 Grundsätze des § 74 Abs. 2 (gem. §§ 71 Satz 2, 45), d. h.
- die absolute **Friedenspflicht** (unzulässig sind z. B. die Erörterung von Arbeitskampfmaßnahmen, ihre Vorbereitung und Durchführung, ferner Arbeitskampfbeschlüsse oder Urabstimmungen),
- die Pflicht, alle Betätigungen zu unterlassen, durch die der geordnete Arbeitsablauf oder der **Betriebsfrieden** beeinträchtigt werden und
- die Pflicht, jede **parteipolitische Betätigung** zu unterlassen (*D/R* § 71 Rz. 18; *F/A/K/H* § 71 Rz. 15; GK-*Kraft* § 71 Rz. 13).

Die Zuständigkeit der Betriebsjugend- und Auszubildendenversammlung sowie 23 die Grundsätze des § 74 Abs. 2 sind von allen Teilnehmern der Betriebsjugend- und Auszubildendenversammlung zu beachten. Der **Vorsitzende** der Betriebsjugend- und Auszubildendenversammlung **muß** insbesondere **gegen** eine Behandlung **unzulässiger Themen einschreiten** (z. B. durch Wortentzug, notfalls durch Verweisung aus dem Versammlungsraum); tut er dies nicht, so verletzt er seine Amtspflicht (vgl. Rz. 11). Durch die Erörterung unzulässiger Themen kann die Versammlung ihren Charakter als Betriebsjugend- und Auszubildendenversammlung verlieren, was u. a. zur Folge hat, daß die Ansprüche auf Fortzahlung des Arbeitsentgelts entfallen (vgl. § 45 Rz. 4f.; § 44 Rz. 25ff.).

IV. Streitigkeiten

Streitigkeiten über **Zulässigkeit, Durchführung und Zuständigkeit von Betriebsju-** 24 **gend- und Auszubildendenversammlungen** entscheidet das Arbeitsgericht im Beschlußverfahren gem. § 2a Abs. 1 Ziff. 1, §§ 80ff. ArbGG. Über Ansprüche auf Fortzahlung des Arbeitsentgelts, Vergütung von Wegezeiten und Erstattung von Fahrtkosten entscheidet das Arbeitsgericht im Urteilsverfahren gem. §§ 2 Abs. 1 Ziff. 3, 46ff. ArbGG.

Zweiter Abschnitt
Gesamt- Jugend- und Auszubildendenvertretung

§ 72 Voraussetzungen der Errichtung, Mitgliederzahl, Stimmengewicht

(1) Bestehen in einem Unternehmen mehrere Jugend- und Auszubildendenvertretungen, so ist eine Gesamt-Jugend- und Auszubildendenvertretung zu errichten.
(2) In die Gesamt-Jugend- und Auszubildendenvertretung entsendet jede Jugend- und Auszubildendenvertretung ein Mitglied.
(3) Die Jugend- und Auszubildendenvertretung hat für das Mitglied der Gesamt-Jugend- und Auszubildendenvertretung mindestens ein Ersatzmitglied zu bestellen und die Reihenfolge des Nachrückens festzulegen.
(4) Durch Tarifvertrag oder Betriebsvereinbarung kann die Mitgliederzahl der Gesamt-Jugend- und Auszubildendenvertretung abweichend von Absatz 2 geregelt werden.
(5) Gehören nach Absatz 2 der Gesamt-Jugend- und Auszubildendenvertretung mehr als zwanzig Mitglieder an und besteht keine tarifliche Regelung nach Absatz 4, so ist zwischen Gesamtbetriebsrat und Arbeitgeber eine Betriebsvereinbarung über die Mitgliederzahl der Gesamt-Jugend- und Auszubildendenvertretung abzuschließen, in der bestimmt wird, daß Jugend- und Auszubildendenvertretungen mehrerer Betriebe eines Unternehmens, die regional oder durch gleichartige Interessen miteinander verbunden sind, gemeinsam Mitglieder in die Gesamt-Jugend- und Auszubildendenvertretung entsenden. Satz 1 gilt entsprechend für die Abberufung der Gesamt-Jugend- und Auszubildendenvertretung und die Bestellung von Ersatzmitgliedern.
(6) Kommt im Fall des Absatzes 5 eine Einigung nicht zustande, so entscheidet eine für das Gesamtunternehmen zu bildende Einigungsstelle. Der Spruch der Einigungsstelle ersetzt die Einigung zwischen Arbeitgeber und Gesamtbetriebsrat.
(7) Jedes Mitglied der Gesamt-Jugend- und Auszubildendenvertretung hat so viele Stimmen, wie in dem Betrieb, in dem es gewählt wurde, in § 60 Abs. 1 genannte Arbeitnehmer in der Wählerliste eingetragen sind. Ist ein Mitglied der Gesamt-Jugend- und Auszubildendenvertretung für mehrere Betriebe entsandt worden, so hat es so viele Stimmen, wie in den Betrieben, für die es entsandt ist, in § 60 Abs. 1 genannte Arbeitnehmer in den Wählerlisten eingetragen sind. Sind mehrere Mitglieder der Jugend- und Auszubildendenvertretung entsandt worden, so stehen diesen die Stimmen nach Satz 1 anteilig zu.

Inhaltsübersicht

		Rz.
I.	Allgemeines	1– 3
II.	Voraussetzung der Errichtung	4–7
III.	Zusammensetzung	8–11
IV.	Abweichende Regelung der Mitgliederzahl	12, 13
V.	Stimmengewichtung	14–17
VI.	Streitigkeiten	18

Voraussetzungen der Errichtung, Mitgliederzahl, Stimmengewicht § 72

I. Allgemeines

Die Vorschrift ist **zwingenden Rechts** (vgl. § 60 Rz. 1). Sie sieht die Errichtung 1
einer Gesamt-Jugend- und Auszubildendenvertretung vor und regelt in Anlehnung an § 47 über den Gesamtbetriebsrat die Voraussetzungen für die Errichtung der Gesamt-Jugend- und Auszubildendenvertretung, deren Mitgliederzahl und das Stimmengewicht ihrer Mitglieder.
Die Errichtung einer Gesamt-Jugend- und Auszubildendenvertretung ist **zwin-** 2
gend vorgeschrieben für Unternehmen mit mehreren Jugend- und Auszubildendenvertretungen. Voraussetzung ist, daß in mehreren Betrieben eines Unternehmens Jugend- und Auszubildendenvertretungen bestehen. Erforderlich ist ferner, daß ein Gesamtbetriebsrat besteht, weil die **Gesamt-Jugend- und Auszubildendenvertretung** ohne **Gesamtbetriebsrat** praktisch nicht funktionsfähig ist (zu Funktion und Zuständigkeit der Gesamt-Jugend- und Auszubildendenvertretung vgl. § 73 Rz. 5 ff.). Wie die Jugend- und Auszubildendenvertretung ist also auch die Gesamt-Jugendvertretung keine selbständige betriebsverfassungsrechtliche Repräsentation gegenüber dem Arbeitgeber. Sie hat im Verhältnis zum Gesamtbetriebsrat dieselbe Stellung wie die Jugend- und Auszubildendenvertretung zum Betriebsrat (*D/R* § 73 Rz. 20; *F/A/K/H* § 72 Rz. 4; *G/L* § 72 Rz. 2; GK-*Kraft* § 72 Rz. 2).
Die **Gesamt-Jugend- und Auszubildendenvertretung** steht selbständig neben der 3
Jugend- und Auszubildendenvertretung der einzelnen Betriebe. Sie ist genausowenig wie der Gesamtbetriebsrat gegenüber dem Betriebsrat ein übergeordnetes Organ gegenüber der Jugend- und Auszubildendenvertretung (§ 73 Abs. 2 i. V. m. § 50 Abs. 1 Satz 2). Auch die Zuständigkeitsabgrenzung zwischen Gesamt-Jugend- und Auszubildendenvertretung und den einzelnen Jugend- und Auszubildendenvertretungen entspricht derjenigen zwischen Gesamtbetriebsrat und den einzelnen Betriebsräten (vgl. Anm. zu § 50 sowie § 73; *F/A/K/H* § 72 Rz. 4; GK-*Kraft* § 72 Rz. 3).

II. Voraussetzung der Errichtung

Voraussetzung der Errichtung ist, daß in einem Unternehmen mehrere Jugend- 4
und Auszubildendenvertretungen bestehen. Mehrere Jugend- und Auszubildendenvertretungen kann es nur dann geben, wenn ein Unternehmen aus mehreren selbständigen Betrieben besteht, da die Jugend- und Auszubildendenvertretung jeweils für einen Betrieb gebildet wird. Voraussetzung ist weiterhin, daß die Betriebe Betriebsräte haben, da sonst keine Jugend- und Auszubildendenvertretung gebildet werden kann. Bestehen mehrere Betriebsräte, so ist nach § 47 ein Gesamtbetriebsrat zu bilden. Eine Gesamt-Jugend- und Auszubildendenvertretung kann also nur in Unternehmen errichtet werden, die nach dem Gesetz auch einen Gesamtbetriebsrat haben müssen. Hat ein Unternehmen neben Betrieben mit einer Jugend- und Auszubildendenvertretung auch Betriebe, die diese nicht haben, so wird die Gesamt-Jugend- und Auszubildendenvertretung nur von Betrieben gebildet, die eine Jugendvertretung haben (*D/R* § 72 Rz. 2 f.; *F/A/K/H* § 72 Rz. 5; *G/L* § 72 Rz. 5; GK-*Kraft* § 72 Rz. 6 f.).
Besteht in einem Unternehmen entgegen § 47 **kein Gesamtbetriebsrat**, so kann 5
zwar trotzdem bei Vorliegen der Voraussetzungen eine Gesamt-Jugend- und Aus-

§ 72 *3. Teil 2. Abschn. Gesamt- Jugend- und Auszubildendenvertretung*

zubildenenvertretung gebildet werden; da diese aber nur über den Gesamtbetriebsrat tätig werden kann, bleibt sie funktionslos; sie hat somit keine praktische Wirkungsmöglichkeit (*D/R* § 72 Rz. 4; *F/A/K/H* § 72 Rz. 6; *G/L* § 72 Rz. 6; GK-*Kraft* § 72 Rz. 7).

6 In einem Unternehmen kann **stets nur eine Gesamt-Jugend- und Auszubildendenvertretung** errichtet werden (*D/R* § 72 Rz. 6; *F/A/K/H* § 72 Rz. 5). Ihre Errichtung ist **zwingend** vorgeschrieben; es besteht eine Rechtspflicht der Jugend- und Auszubildendenvertretung für die Errichtung der Gesamt-Jugend- und Auszubildendenvertretung; ein besonderer Errichtungsbeschluß der einzelnen Jugend- und Auszubildendenvertretungen ist nicht erforderlich (*D/R* § 72 Rz. 5, 12; *F/A/K/H* § 72 Rz. 7; *G/L* § 72 Rz. 5, 7). Die Jugend- und Auszubildendenvertretungen haben jeweils das Mitglied zu bestimmen, das sie entsenden wollen. Sie handeln grob pflichtwidrig mit der möglichen Folge des § 65 Abs. 1 i. V. m. § 23 Abs. 1, wenn sie trotz Vorliegens der Voraussetzungen die Entsendung für die Gesamt-Jugend- und Auszubildendenvertretung unterlassen (*D/R* § 72 Rz. 12; *F/A/K/H* § 72 Rz. 10a; *G/L* §·72 Rz. 12). Zur konstituierenden Sitzung der Gesamt-Jugend- und Auszubildendenvertretung vgl. Rz. 8.

7 Die **Gesamt-Jugend- und Auszubildendenvertretung** hat ebenso wie der Gesamtbetriebsrat **keine feste Amtszeit**, da sie eine Dauereinrichtung darstellt in die Mitglieder entsandt werden; sie bleibt deshalb auch über die Amtszeit der einzelnen Jugend- und Auszubildendenvertretungen hinaus bestehen. Die Gesamt-Jugend- und Auszubildendenvertretung endet nur, wenn die Voraussetzungen für ihre Errichtung entfallen. Auflösungsbeschlüsse der einzelnen Jugend- und Ausbildungsvertretungen oder eine Selbstauflösung der Gesamt-Jugend- und Auszubildendenvertretung sind für ihren rechtlichen Bestand ohne Bedeutung ebenso wie das Erlöschen der Mitgliedschaft einzelner Gesamt-Jugend- und Auszubildendenvertretungsmitglieder (vgl. § 73 Abs. 27; *D/R* § 72 Rz. 7; *F/A/K/H* § 72 Rz. 8; *G/L* § 72 Rz. 8; GK-*Kraft* § 72 Rz. 8). Die Gesamt-Jugend- und Auszubildendenvertretung hört allerdings faktisch auf zu existieren, wenn die einzelnen Jugend- und Auszubildendenvertretungen keine Mitglieder mehr entsenden.

III. Zusammensetzung

8 Jede Jugend- und Auszubildendenvertretung kann nur ein Mitglied in die Gesamt-Jugend- und Auszubildendenvertretung entsenden. Die **Errichtung der Gesamt-Jugend- und Auszubildendenvertretung** erfolgt dadurch, daß die Jugend- und Auszubildendenvertretung der einzelnen Betriebe – soweit sie aus mehreren Mitgliedern besteht – durch Mehrheitsbeschluß (vgl. §§ 65 Abs. 1, 33) ein Mitglied als ihren Vertreter für die Gesamt-Jugend- und Auszubildendenvertretung bestimmt. Besteht die Jugend- und Auszubildendenvertretung nur aus einem Mitglied, so ist dieses stets Mitglied der Gesamt-Jugend- und Auszubildendenvertretung. Gemäß §§ 73 Abs. 2, 51 Abs. 3 hat die Jugend- und Auszubildendenvertretung der Hauptverwaltung des Unternehmens, oder, falls dort keine Jugend- und Auszubildendenvertretung besteht, die Jugend- und Auszubildendenvertretung des nach der Zahl der wahlberechtigten jugendlichen und auszubildenden Arbeitnehmer gemäß der Wählerliste größten Unternehmens zur **konstituierenden Sitzung** der Gesamt-Jugend- und Ausbildungsvertretung einzuladen. Die einladungsberechtigte

Jugend- und Auszubildendenvertretung muß vorher den Gesamtbetriebsrat von der Sitzung unterrichten (§ 73 Abs. 1). In der konstituierenden Sitzung sind der Vorsitzende und der stellvertretende Vorsitzende der Gesamt-Jugend- und Auszubildendenvertretung zu wählen. Leiter der Sitzung ist zunächst der Vorsitzende der einladungsberechtigten Jugend- und Auszubildendenvertretung bis die Gesamt-Jugend- und Auszubildendenvertretung aus ihrer Mitte einen Wahlleiter gewählt hat, der dann die Sitzungsleitung übernimmt und die Wahl des Vorsitzenden durchzuführen hat. Nach seiner Wahl übernimmt der Vorsitzende der Gesamt-Jugend- und Auszubildendenvertretung die Leitung der Sitzung. Er hat die Wahl seines Stellvertreters durchzuführen. Mit dessen Wahl ist die konstituierende Sitzung beendet (*D/R* § 72 Rz. 8f. und § 73 Rz. 3; *F/A/K/H* § 72 Rz. 9ff. und § 73 Rz. 7; *G/L* § 72 Rz. 9 und § 73 Rz. 3; GK-*Kraft* § 72 Rz. 9, 10).

Die **Abberufung** eines Mitglieds der Gesamt-Jugend- und Auszubildendenvertretung durch die Jugend- und Auszubildendenvertretung ist jederzeit durch Beschluß der Jugend- und Auszubildendenvertretung möglich (*F/A/K/H* § 72 Rz. 14ff.; *G/L* § 72 Rz. 11; GK-*Kraft* § 72 Rz. 11). 9

Jede Jugend- und Auszubildendenvertretung der einzelnen Betriebe muß für das entsandte Mitglied mindestens ein Mitglied als **Ersatzmitglied** bestellen, das in die Gesamt-Jugend- und Auszubildendenvertretung nachrückt, wenn das entsandte Mitglied ausscheidet oder zeitweilig verhindert ist. Werden mehrere Ersatzmitglieder bestellt, so muß die Reihenfolge des Nachrückens festgelegt werden. Besteht die Jugend- und Auszubildendenvertretung nur aus einem Mitglied, so ist Ersatzmitglied das nach § 63 Abs. 2 i. V. m. § 14 Abs. 4 in einem gesonderten Wahlgang gewählte Ersatzmitglied der Gesamt-Jugend- und Auszubildendenvertretung (*D/R* § 72 Rz. 11; *F/A/K/H* § 72 Rz. 11ff.; *G/L* § 72 Rz. 10; GK-*Kraft* § 72 Rz. 9, 10). 10

Die **Zahl** der Mitglieder der Gesamt-Jugend- und Auszubildendenvertretung entspricht der Zahl der Betriebe des Unternehmens, in dem sie errichtet wird. 11

IV. Abweichende Regelung der Mitgliederzahl

Die Mitgliederzahl der Gesamt-Jugend- und Auszubildendenvertretung kann durch Tarifvertrag oder Gesamtbetriebsvereinbarung **abweichend** von Abs. 2 der Vorschrift geregelt werden. Eine tarifvertragliche Regelung hat Vorrang vor einer Betriebsvereinbarung (*D/R* § 72 Rz. 15; *F/A/K/H* § 72 Rz. 22; *G/L* § 72 Rz. 13). Es ist je nach den Bedürfnissen eine Verringerung oder Erhöhung der Mitgliedzahl möglich, ab 21 Mitgliedern nur eine Verringerung (Abs. 5). Zuständig für die Betriebsvereinbarung ist der Gesamtbetriebsrat, die Gesamt-Jugend- und Auszubildendenvertretung ist hierzu nicht befugt (*D/R* § 72 Rz. 13f.; *F/A/K/H* § 72 Rz. 23; *G/L* § 72 Rz. 13; GK-*Kraft* § 72 Rz. 15). 12

Besteht keine tarifliche Regelung und gehören der Gesamt-Jugend- und Auszubildendenvertretung nach Abs. 2 **mehr als 20 Mitglieder** an, so ist eine Gesamtbetriebsvereinbarung zwischen Gesamtbetriebsrat und Unternehmer über eine **Verringerung der Mitgliederzahl zwingend** abzuschließen; im Nichteinigungsfalle entscheidet eine für das Gesamtunternehmen zu bildende Einigungsstelle verbindlich (*D/R* § 72 Rz. 15f.; *F/A/K/H* § 72 Rz. 28; *G/L* § 72 Rz. 14; GK-*Kraft* § 72 Rz. 16f.). Wegen der Einzelheiten vgl. § 47 Rz. 28ff. Zur Einigungsstelle vgl. Anm. zu § 76. Der letzte Satz des Abs. 5 wird unterschiedlich ausgelegt (vgl. *D/R* 13

§ 72   *3. Teil 2. Abschn. Gesamt- Jugend- und Auszubildendenvertretung*

§ 72 Rz. 19; *F/A/K/H* § 72 Rz. 27; GK-*Kraft* § 72 Rz. 18). Die Bestimmung verdeutlicht wohl, daß dann, wenn Jugend- und Auszubildendenvertretung mehrerer Betriebe eines Unternehmens gemeinsam Mitglieder in die Jugend- und Auszubildendenvertretung entsenden, diese auch nur gemeinsam abberufen können und auch Ersatzmitglieder nur gemeinsam benennen können (*F/A/K/H* a.a.O.; vgl. auch *D/R* a.a.O.).

V. Stimmengewichtung

14 Das **Stimmengewicht** der Mitglieder der Gesamt-Jugend- und Auszubildendenvertretung richtet sich nach der Zahl der jugendlichen Arbeitnehmer und Auszubildenden, die bei der letzten Wahl der Jugend- und Auszubildendenvertretung in ihrem Betrieb in die Wählerliste eingetragen waren, d.h. jedes Mitglied der Gesamt-Jugend- und Auszubildendenvertretung hat so viele Stimmen, wie in dem Betrieb, von dem es entsandt wurde, bei der letzten Wahl jugendliche und auszubildende Arbeitnehmer in die Wählerliste eingetragen waren (*D/R* § 72 Rz. 20; *F/A/K/H* § 72 Rz. 17; *G/L* § 72 Rz. 15; GK-*Kraft* § 72 Rz. 20).

15 Ist ein Mitglied der Gesamt-Jugend- und Auszubildendenvertretung für mehrere Betriebe entsandt worden, handelt es sich also um eine **Verkleinerung** der Gesamt-Jugend- und Auszubildendenvertretung (nach Abs. 4 oder 5), so hat es so viele Stimmen, wie insgesamt in den Betrieben, für die es entsandt ist, jugendliche und auszubildende Arbeitnehmer in die Wählerliste eingetragen sind (Abs. 7 Satz 2: *D/R* § 72 Rz. 21; *F/A/K/H* § 72 Rz. 26; *G/L* § 72 Rz. 16; GK-*Kraft* § 72 Rz. 21).

16 Im Falle einer **Vergrößerung der** Gesamt-Jugend- und Auszubildendenvertretung nach Abs. 4 sind die Stimmen, die einem Vertreter gem. Abs. 7 Satz 1 zustehen würden, auf die entsandten mehreren Vertreter anteilig zu verteilen (*D/R* § 72 Rz. 22; *F/A/K/H* § 72 Rz. 25; *G/L* § 72 Rz. 16; GK-*Kraft* § 72 Rz. 22).

17 Ein Mitglied der Gesamt-Jugend- und Auszubildendenvertretung kann die ihm zustehenden **Stimmen nur einheitlich abgeben**; es ist dabei wie die Mitglieder des Betriebsrats und Gesamtbetriebsrats nicht an Weisungen der entsendenden Jugend- und Auszubildendenvertretung gebunden. Eine Aufgliederung der Stimmen ist ausgeschlossen (*D/R* § 72 Rz. 23f.; *F/A/K/H* § 72 Rz. 19; *G/L* § 72 Rz. 17; GK-*Kraft* § 72 Rz. 23).

VI. Streitigkeiten

18 Streitigkeiten über die **Errichtung, Mitgliederzahl und Stimmengewicht** entscheidet das Arbeitsgericht im Beschlußverfahren gem. § 2a Abs. 1 Ziff. 1, §§ 80ff. ArbGG, in dessen Bezirk das Unternehmen seinen Sitz hat (§ 82 ArbGG).

§ 73 Geschäftsführung und Geltung sonstiger Vorschriften

(1) Die Gesamt-Jugend- und Auszubildendenvertretung kann nach Verständigung des Gesamtbetriebsrats Sitzungen abhalten. An den Sitzungen kann der Vorsitzende des Gesamtbetriebsrats oder ein beauftragtes Mitglied des Gesamtbetriebsrats teilnehmen.
(2) Für die Gesamt-Jugend- und Auszubildendenvertretung gelten § 25 Abs. 1 und 3, § 26 Abs. 1 Satz 1 und Abs. 3, die §§ 30, 31, 34, 36, 37 Abs. 1 bis 3, die §§ 40, 41, 48, 49, 50, 51 Abs. 3, 4 und 6 sowie die §§ 66 bis 68 entsprechend.

Inhaltsübersicht

		Rz.
I.	Sitzungen der Gesamt-Jugend- und Auszubildendenvertretung	1– 4
II.	Geschäftsführung der Gesamt-Jugend- und Auszubildendenvertretung	5–26
III.	Erlöschen der Mitgliedschaft in der Gesamt-Jugend- und Auszubildendenvertretung	27
IV.	Streitigkeiten	28

I. Sitzungen der Gesamt-Jugend- und Auszubildendenvertretung

Die **zwingende Vorschrift** räumt auch der Gesamt-Jugend- und Auszubildenden- 1
vertretung das Recht ein, eigene Sitzungen nach Verständigung des Gesamtbetriebsrats abzuhalten. Außerdem regelt sie Fragen der Geschäftsführung, der Mitgliedschaft und der Zuständigkeit der Gesamt-Jugend- und Auszubildendenvertretung sowie deren Teilnahmerecht an Sitzungen des Gesamtbetriebsrats.
Die Gesamt-Jugend- und Auszubildendenvertretung hat genauso wie die Jugend- 2
und Auszubildendenvertretung das Recht, nach Verständigung des Gesamtbetriebsrats **eigene Sitzungen abzuhalten**. Da die Voraussetzungen hierfür im wesentlichen die gleichen sind wie für Sitzungen der Jugend- und Auszubildendenvertretung, gelten die Rz. 18ff. zu § 65 sinngemäß; an die Stelle des Betriebsrats tritt jeweils der Gesamtbetriebsrat.
Die **Sitzungen** finden in der Regel **während der Arbeitszeit** statt. Es gelten die 3
Bestimmungen des § 29 Abs. 2–4 entsprechend (vgl. Abs. 2 i. V. m. § 51 Abs. 3 Satz 3). § 29 Abs. 3 Satz 2 findet keine Anwendung, da die Gruppenzugehörigkeit für die Gesamt-Jugend- und Auszubildendenvertretung wie für die Jugend- und Auszubildendenvertretung keine Rolle spielt (vgl. § 65 Rz. 8). Die Jugend- und Auszubildendenvertretung hat bei der Ansetzung jeder Sitzung Rücksicht auf die betrieblichen Notwendigkeiten zu nehmen. Voraussetzung für die Zulässigkeit solcher Sitzungen ist, daß diese durch Aufgaben der Gesamt-Jugend- und Auszubildendenvertretung bedingt sind und der Beratung über betriebliche Jugend- und Bildungsfragen dienen (vgl. unten Rz. 5ff.). Die Sitzungen sind **nicht öffentlich** (*D/R* § 73 Rz. 5; *F/A/K/H* § 73 Rz. 5; *G/L* § 73 Rz. 4f.; *GK-Kraft* § 73 Rz. 6).
Die Gesamt-Jugend- und Auszubildendenvertretung muß vor jeder Sitzung den 4
Gesamtbetriebsrat und den **Arbeitgeber** über Zeitpunkt, Ort und Tagesordnung **verständigen** (vgl. § 65 Rz. 19f.). Der Vorsitzende des Gesamtbetriebsrats oder ein beauftragtes Mitglied des Gesamtbetriebsrats ist berechtigt, an jeder Sitzung teilzunehmen. Der Arbeitgeber hat ein **Teilnahmerecht** nach Maßgabe der §§ 51

§ 73   *3. Teil 1. Abschn. Gesamt- Jugend- und Auszubildendenvertretung*

Abs. 3, 29 Abs. 4 (*D/R* § 73 Rz. 6; *F/A/K/H* § 73 Rz. 7; *G/L* § 73 Rz. 4; GK-*Kraft* § 73 Rz. 6). Ein Beauftragter einer in der Gesamt-Jugend- und Auszubildendenvertretung vertretenen Gewerkschaft ist teilnahmeberechtigt, wenn die Teilnahme von mindestens einem Viertel der Mitglieder der Gesamt-Jugend- und Auszubildendenvertretung, die mindestens ein Viertel der Stimmengewichte repräsentieren müssen, beantragt wird (*F/A/K/H* § 73 Rz. 11f.; *D/K/K/S* § 73 Rz. 10; **a. A.** *D/R* § 73 Rz. 6, die darauf abstellen, daß die Gewerkschaft in einem Betriebsrat des Unternehmens vertreten ist; vgl. auch § 71 Rz. 14). Wie bei der Jugend- und Auszubildendenvertretung kann die Mehrheit einer Gruppe den Antrag nicht stellen (§ 65 Rz. 8; *D/R* § 73 Rz. 6; *F/A/K/H* § 73 Rz. 9). Zur **konstituierenden Sitzung** vgl. § 72 Rz. 8.

II. Geschäftsführung der Gesamt-Jugend- und Auszubildendenvertretung

Abs. 2 regelt Zuständigkeit, Organisation, Geschäftsführung und Rechtstellung der Gesamt-Jugend- und Auszubildendenvertretung, indem er einige für Betriebsrat, Gesamtbetriebsrat und Jugend- und Auszubildendenvertretung geltende Vorschriften für entsprechend anwendbar erklärt. Danach gilt nach § 73 Abs. 2 i. V. m. den unten genannten Vorschriften folgendes:

5 **Funktion und Zuständigkeit**
Entsprechend § 50 ist die Gesamt-Jugend- und Auszubildendenvertretung **zuständig für Angelegenheiten jugendlicher und auszubildender Arbeitnehmer**, die nur für **das gesamte Unternehmen** oder für mehrere Betriebe geregelt werden können. Darüber hinaus kann eine Jugend- und Auszubildendenvertretung mit der Mehrheit der Stimmen ihrer Mitglieder die Gesamt-Jugend- und Auszubildendenvertretung beauftragen, für sie eine bestimmte betriebliche Jugend- und Bildungsangelegenheit zu behandeln, die an sich in die Zuständigkeit der Jugend- und Auszubildendenvertretung fällt (vgl. aber Rz. 7). Die Gesamt-Jugend- und Auszubildendenvertretung ist den Jugend- und Auszubildendenvertretungen nicht übergeordnet. Das Verhältnis der Gesamt-Jugend- und Auszubildendenvertretung zu den Jugend- und Auszubildendenvertretungen entspricht dem Verhältnis des Gesamtbetriebsrats zu den Betriebsräten (*D/R* § 73 Rz. 18f.; *F/A/K/H* § 73 Rz. 12).

6 Im Gegensatz zum Gesamtbetriebsrat hat die Gesamt-Jugend- und Auszubildendenvertretung **keine eigenen Vertretungsrechte**, keine Mitwirkungs- und Mitbestimmungsrechte gegenüber Unternehmer und Arbeitgeber (*D/R* § 73 Rz. 18; *F/A/K/H* § 73 Rz. 12). Diese Rechte obliegen allein dem Gesamtbetriebsrat, der im Rahmen seines Zuständigkeitsbereichs alle Arbeitnehmer einschließlich der jugendlichen und auszubildenden Arbeitnehmer vertritt. Die Gesamt-Jugend- und Auszubildendenvertretung ist ihrer Funktion nach darauf beschränkt, die besonderen Belange der jugendlichen und auszubildenden Arbeitnehmer beim Gesamtbetriebsrat wahrzunehmen und dadurch dessen Tätigkeit in Jugend- und Bildungsfragen zu unterstützen (vgl. § 60 Rz. 8 und 11). Dem Verhältnis der Gesamt-Jugend- und Auszubildendenvertretung zum Gesamtbetriebsrat entspricht das Verhältnis zwischen Jugend- und Auszubildendenvertretung und Betriebsrat (*D/R* § 73 Rz. 20ff.).

7 Die Gesamt-Jugend- und Auszubildendenvertretung kann beim Gesamtbetriebsrat auch nur solche Jugend- und Bildungsbelange wahrnehmen, für die der Gesamtbetriebsrat zuständig ist. Entsprechend § 50 Abs. 2 kann zwar grundsätzlich

eine **Jugend- und Auszubildendenvertretung die Gesamt-Jugend- und Auszubildendenvertretung beauftragen**, für sie eine betriebliche Jugend- oder Ausbildungsangelegenheit zu behandeln (vgl. Rz. 5). Die Wirksamkeit eines solchen Beschlusses hängt jedoch davon ab, ob der Gesamtbetriebsrat für diese betriebliche Angelegenheit überhaupt zuständig ist. Die Gesamt-Jugend- und Auszubildendenvertretung, deren Gesprächspartner nicht der einzelne Betriebsrat, sondern der Gesamtbetriebsrat ist, kann Angelegenheiten Jugendlicher oder Auszubildender beim Gesamtbetriebsrat nur im Rahmen der Zuständigkeit des Gesamtbetriebsrats wahrnehmen. Deshalb kann eine Jugend- und Auszubildendenvertretung die Gesamt-Jugend- und Auszubildendenvertretung wirksam nur dann beauftragen, für sie eine betriebliche Angelegenheit zu behandeln, wenn der Betriebsrat des gleichen Betriebes dem Gesamtbetriebsrat einen entsprechenden Auftrag erteilt hat (*F/A/K/H* § 73 Rz. 12; **a.A.** *D/R* § 73 Rz. 19, die bei Zuständigkeit des Gesamtbetriebsrats die Zuständigkeit der Gesamt-Jugend- und Auszubildendenvertretung von Gesetzes wegen annehmen).

Nachrücken von Ersatzmitgliedern nach § 25 Abs. 1 und 3. Zur Reihenfolge des Nachrückens vgl. § 72 Rz. 10, **8**

Wahl des Vorsitzenden und Stellvertreters sowie deren Vertretungsbefugnis nach § 26 Abs. 1 Satz 1, Abs. 3. **9**

Sitzungen der Gesamt-Jugend- und Auszubildendenvertretung (vgl. Rz. 2 f.; § 30), **10**

Teilnahmerecht einer in der Gesamt-Jugend- und Auszubildendenvertretung vertretenen **Gewerkschaft** mit beratender Stimme, wenn dies ein Viertel aller Mitglieder der Gesamt-Jugend- und Auszubildendenvertretung beantragen (§ 31, vgl. Rz. 4). **11**

Sitzungsniederschrift für jede Sitzung der Gesamt-Jugend- und Auszubildendenvertretung (§ 34), **12**

Geschäftsordnung mit Bestimmungen über die Ordnung der Geschäftsführung der Gesamt-Jugend- und Auszubildendenvertretung. **13**

Ehrenamtliche Tätigkeit, Arbeitsversäumnis **14**
Entsprechend § 37 Abs. 1 bis 3 sind Mitglieder der Gesamt-Jugend- und Auszubildendenvertretung vom Arbeitgeber im Einzelfall von ihrer beruflichen Tätigkeit ohne Minderung ihres Arbeitsentgelts zu befreien, wenn und soweit dies zur ordnungsgemäßen Durchführung ihrer gesetzlichen Aufgaben notwendig ist; für Amtstätigkeit, die ausnahmsweise aus betriebsbedingten Gründen außerhalb der Arbeitszeit durchzuführen ist, besteht Anspruch auf entsprechende Freizeit, ggf. auf entsprechenden Entgeltausgleich (vgl. auch § 65 Rz. 12). An Schulungsveranstaltungen nach § 37 Abs. 6 und 7 kann ein Gesamt-Jugend- und Auszubildendenvertreter nur in seiner Eigenschaft als Jugend- und Auszubildendenvertreter teilnehmen; deshalb entscheidet der Betriebsrat unter Hinzuziehung der Jugend- und Auszubildendenvertretung hierüber (*F/A/K/H* § 73 Rz. 11; *BAG* vom 10.6. 1975 – 1 ABR 140/73 – EzA § 37 BetrVG 1972 Nr. 42 = AP Nr. 1 zu § 73 BetrVG 1972 = BB 1975, 1344 = DB 1975, 2092, 2234).

Tragung der notwendigen **Kosten** und des erforderlichen **Sachaufwandes** der Gesamt-Jugend- und Auszubildendenvertretung durch den Arbeitgeber nach § 40, **15**

Umlageverbot für die Gesamt-Jugend- und Auszubildendenvertretung (§ 41), **16**

Ausschluß aus der Gesamt-Jugend- und Auszubildendenvertretung nach § 48. **17**
Antragsberechtigt sind mindestens ein Viertel der jugendlichen und auszubildenden Arbeitnehmer, der Arbeitgeber, jede im Unternehmen vertretene Gewerk-

§ 73   3. Teil 1. Abschn. Gesamt- Jugend- und Auszubildendenvertretung

schaft, die Gesamt-Jugend- und Auszubildendenvertretung und der Gesamtbetriebsrat (vgl. § 65 Rz. 2; *D/R* § 73 Rz. 12; *F/A/K/H* § 73 Rz. 12),
18 **Erlöschen der Mitgliedschaft** in der Gesamt-Jugend- und Auszubildendenvertretung (vgl. § 49 u. Rz. 27),
19 Einladung zur **konstituierenden Sitzung** (§ 51 Abs. 3),
20 **Beschlußfassung** der Gesamt-Jugend- und Auszubildendenvertretung und ihre Beschlußfähigkeit (§ 51 Abs. 4),
21 **allgemeine Rechte und Pflichten** der Gesamt-Jugend- und Auszubildendenvertretung (§ 51 Abs. 6),
22 **Aussetzung der Beschlüsse** des Gesamtbetriebsrates (§ 66).
23 **Teilnahme an Sitzungen des Gesamtbetriebsrats**
Entsprechend § 67 Abs. 1 hat die Gesamt-Jugend- und Auszubildendenvertretung ein Recht auf Teilnahme an Plenarsitzungen des Gesamtbetriebsrats (nicht an Ausschußsitzungen) unter den gleichen Voraussetzungen wie die Jugend- und Auszubildendenvertretung bei Betriebsratssitzungen (vgl. hierzu § 67 Rz. 1–17). Für das Stimmrecht der Mitglieder der Gesamt-Jugend- und Auszubildendenvertretung gilt § 67 Abs. 2 entsprechend (vgl. § 67 Rz. 18–23).
24 **Teilnahme an gemeinsamen Besprechungen zwischen Gesamtbetriebsrat und Unternehmer**
Entsprechend § 68 hat die Gesamt-Jugend- und Auszubildendenvertretung ein Teilnahmerecht an gemeinsamen Besprechungen zwischen dem Gesamtbetriebsrat und dem Unternehmer auf Unternehmensebene, wenn und insoweit jugend- und ausbildungsspezifische Angelegenheiten behandelt werden (vgl. § 68 Rz. 2–5). Zum Begriff der jugend- und ausbildungsspezifischen Angelegenheiten vgl. Rz. 9 zu § 67.
25 Die in Abs. 2 für anwendbar erklärten Vorschriften stellen eine **abschließende Regelung** dar; eine Erweiterung ist nicht möglich, auch nicht über § 51 Abs. 6 (*F/A/K/H* § 73 Rz. 14; *G/L* § 73 Rz. 8; *GK-Kraft* § 73 Rz. 14). Auf die Gesamt-Jugend- und Auszubildendenvertretung finden also insbesondere **keine Anwendung** die Vorschriften über die Bildung von Ausschüssen (§§ 27, 28), die Freistellung (§ 38), das Teilnahmerecht des Gesamtvertrauensmannes oder des Gesamtvertrauensfrau der Schwerbehinderten an den Sitzungen des Gesamtbetriebsrats (§ 52) sowie über die Betriebsräteversammlung (§ 53).
26 Für die Mitglieder der Gesamt-Jugend- und Auszubildendenvertretung gilt der besondere **Kündigungsschutz** nach § 103 und § 15 KSchG, da sie gleichzeitig Mitglieder der Jugend- und Auszubildendenvertretung sind.

III. Erlöschen der Mitgliedschaft in der Gesamt-Jugend- und Auszubildendenvertretung

27 Die **Mitgliedschaft** in der Gesamt-Jugend- und Auszubildendenvertretung **erlischt** (GK-*Kraft* § 73 Rz. 3):
– mit Erlöschen der Mitgliedschaft in der Jugend- und Auszubildendenvertretung (§§ 73 Abs. 2, 49),
– mit der Abberufung (§§ 73 Abs. 2, 49),
– durch Ausschluß aus der Gesamt-Jugend- und Auszubildendenvertretung (§§ 73 Abs. 2, 49),
– durch Amtsniederlegung (§§ 73 Abs. 2, 49).

IV. Streitigkeiten

Bei Streitigkeiten aus der **Anwendung dieser Vorschrift** entscheidet das Arbeitsgericht im Beschlußverfahren gem. § 2a Abs. 1 Ziff. 1, §§ 80 ff. ArbGG, in dessen Bezirk das Unternehmen seinen Sitz hat (§ 82 ArbGG). Soweit sich aus den Vorschriften Ansprüche auf Entgeltfortzahlung aus dem Arbeitsverhältnis ergeben (z. B. § 37 Abs. 1–3), sind sie im Urteilsverfahren (§§ 2 Abs. 1 Nr. 3, 45 ff. ArbGG) geltend zu machen (*D/R* § 73 Rz. 27; *F/A/K/H* § 73 Rz. 16; *G/L* § 73 Rz. 9; GK-*Kraft* Rz. 17).

28

Vierter Teil
Mitwirkung und Mitbestimmung der Arbeitnehmer

Erster Abschnitt
Allgemeines

§ 74 Grundsätze für die Zusammenarbeit

(1) Arbeitgeber und Betriebsrat sollen mindestens einmal im Monat zu einer Besprechung zusammentreten. Sie haben über strittige Fragen mit dem ernsten Willen zur Einigung zu verhandeln und Vorschläge für die Beilegung von Meinungsverschiedenheiten zu machen.

(2) Maßnahmen des Arbeitskampfes zwischen Arbeitgeber und Betriebsrat sind unzulässig; Arbeitskämpfe tariffähiger Parteien werden hierdurch nicht berührt. Arbeitgeber und Betriebsrat haben Betätigungen zu unterlassen, durch die der Arbeitsablauf oder der Frieden des Betriebs beeinträchtigt werden. Sie haben jede parteipolitische Betätigung im Betrieb zu unterlassen; die Behandlung von Angelegenheiten tarifpolitischer, sozialpolitischer und wirtschaftlicher Art, die den Betrieb oder seine Arbeitnehmer unmittelbar betreffen, wird hierdurch nicht berührt.

(3) Arbeitnehmer, die im Rahmen dieses Gesetzes Aufgaben übernehmen, werden hierdurch in der Betätigung für ihre Gewerkschaft auch im Betrieb nicht beschränkt.

Literaturübersicht

I. Zu Abs. 1
Brill Die monatlichen Besprechungen von Arbeitgeber und Betriebsrat, BlStSozArbR 1985, 85; *Ditz* § 49 BetrVG und seine Bedeutung für die Zusammenarbeit im Betrieb vor allem in bezug auf die Beteiligungsrechte, RdA 1969, 1; *Gröbing* Zur »vertrauensvollen Zusammenarbeit« nach § 49 BetrVG und § 55 PersVG, AuR 1969, 42; *Kraft* Probleme im Spannungsfeld zwischen Betriebsverfassungsrecht und Koalitionsfreiheit, ZfA 1973, 243; *Kreutz* Grundsätze der Zusammenarbeit zwischen Arbeitgeber und Betriebsrat nach dem neuen BetrVG, BlStSozArbR 1972, 44; *Söllner* Zur vertrauensvollen Zusammenarbeit zwischen Betriebsvertretung und Arbeitgeber, DB 1968, 571.

II. Zu Abs. 2
Blomeyer Die rechtliche Bewertung des Betriebsfriedens im Individualarbeits- und Betriebsverfassungsrecht, ZfA 1972, 85, 122; *Boldt* Zur Zulässigkeit von Firmentarifverträgen mit verbandsangehörigen Unternehmen, RdA 1971, 257 ff.; *Brill* Betriebsrat und Arbeitskampf, DB 1979, 403; *Borrmann* Auswirkungen des Arbeitskampfes auf außerhalb des umkämpften Tarifvertrages liegende Betriebe, DB 1978, 1978 ff.; *Buchner* Möglichkeiten und Grenzen betriebsnaher Tarifpolitik I, DB 1970, 2025; *Bulla* Betriebsverfassung und Arbeitskampf, RdA 1962, 385; *Eich* Mitbestimmungsrechte des Betriebsrates bei arbeitskampfbedingten Maßnahmen des Arbeitgebers, DB 1979 Beilage Nr. 9; *Frey, E.* Aktive Streikteilnahme des Betriebsrates, AuR 1954, 222; *van Gelder* Betriebsrat und Arbeitskampf, BUV 1971, 121;

§ 74 4. Teil Mitwirkung und Mitbestimmung der Arbeitnehmer

Germelmann Der Betriebsfrieden im Betriebsverfassungsrecht, 1972; *Groß* Die Friedenspflicht des Betriebsrates, RdA 1953, 371; *Heinze* Mitbestimmung des Betriebsrats und Arbeitskampf, DB 1982 Beilage Nr. 23; *Hensche* Zur Zulässigkeit von Firmentarifverträgen mit verbandsangehörigen Unternehmen, RdA 1971, 9; *Hiersemann* Die Stellung des Betriebsrates im Arbeitskampf, BB 1966, 252; *Jahnke* Unterlassungsansprüche bei drohender Verletzung der allgemeinen Friedenspflicht (§ 74 Abs. 2 Satz 2 BetrVG), BlStSozArbR 1974, 167; *Kraft, A.* Die Mitwirkungs- und Mitbestimmungsrechte des Betriebsrats während des Arbeitskampfes, FS für *G. Müller*, 1981, 265; *Lehna* Geldsammlungen im Betrieb zugunsten streikender Arbeitnehmer?, ArbGeb. 1954, 661; *Mayer-Maly* Lohnzahlungspflicht und Kurzarbeit in mittelbar kampfbetroffenen Betrieben, BB 1979, 1305; *Meissinger* Der Betriebsrat im Arbeitskampf, BetrVerf. 1954 Nr. 8, 5; *Mummenhoff* Plaketten im Betrieb, DB 1981, 2539; *Reuter* Die (persönliche und amtliche) Rechtsstellung des Betriebsrats im Arbeitskampf, AuR 1973, 1; *Schmidt, E.* Mitwirkungspflicht des Betriebsrats bei der Notdienstbestellung vor Arbeitskampf?, DB 1978, 1278; *Wiese* Stellung und Aufgaben des Betriebsrats im Arbeitskampf, NZA 1984, 378;

III. Zu Abs. 2 Satz 3
Glaubitz Parteipolitische Betätigung im Betrieb, BB 1972, 1277; *Gnade* Zur politischen und gewerkschaftlichen Betätigung – insbesondere von Betriebsratsmitgliedern – im Betrieb, JArbR Bd. 14 (1977), 59; *Halberstadt* Betriebsfrieden und Politik, BUV 1972, 82; *Kreutz* Grundsätze der Zusammenarbeit zwischen Arbeitgeber und Betriebsrat nach dem neuen BetrVG, BlStSozArbR 1972, 44; *Löwisch* Betriebsauftritte von Politikern, DB 1976, 676; *Meisel* Politik im Betrieb, RdA 1976, 38; *Molitor* Betätigung für außerbetriebliche Vereinigungen und Propaganda im Betrieb, BB 1954, 134; *ders.* Was ist eine parteipolitische Betätigung im Betrieb?, BB 1955, 167; *Pauly* Parteipolitische Betätigung eines Betriebsratsmitglieds, JuS 1978, 163; *Richardi* Gewerkschaftliche und politische Betätigung im Betrieb, NJW 1962, 1374; *Rothe* Parteipolitik im Betrieb, BlStSozArbR 1959, 189; *Rüttgers* Das Verbot parteipolitischer Betätigung im Betrieb, Diss. Köln, 1979; *Säcker* Betriebs- oder unternehmensbezogene Verhaltenspflichten des Arbeitnehmers und Betriebsrates bei parteipolitischer Betätigung im Sinne des § 51 Satz 2 BetrVG, AuR 1965, 353; *Schaub* Die Freiheit der Meinungsäußerung im Individualarbeits- und Betriebsverfassungsrecht, RdA 1979, 137; *Schmittner* Meinungsfreiheit und Arbeitsverhältnis, AuR 1968, 353; *Schneider* Politische Betätigung von Betriebsräten, Quelle 1976, 359; *Vollmer* Grenzen der politischen Betätigung im Betrieb, Diss. Bielefeld, 1977.

IV. Zu Abs. 3
Becker/Leimert Die Stellung der Gewerkschaften nach dem neuen BetrVG, BlStSozArbR 1972, 37; *Blomeyer* (s. oben II) ZfA 1972, 85, 117; *Buchner* Reform des Betriebsverfassungsrechts, Die AG 1972, 135, 138; *Bulla* Die rechtliche Zulässigkeit von Tarifverträgen über die Begünstigung von gewerkschaftlichen Vertrauensleuten, BB 1975, 889; *Caspar* Die gesetzliche und verfassungsrechtliche Stellung der Gewerkschaften im Betrieb, 1980; *Däubler* Gewerkschaftsrecht im Betrieb, 6. Aufl. 1990; *Galperin* Die Stellung der Gewerkschaften im Betrieb, DB 1972, 272; *Gester/Kittner* Personalratsamt und Koalitionsfreiheit, RdA 1971, 161; *Gnade* (s. oben III) JArbR Bd. 14 (1977) 59; *Hanau* Unklarheiten im Regierungsentwurf des BetrVG, BB 1971, 483, 486; *Klosterkämper* Das Zugangsrecht der Gewerkschaften zum Betrieb, 1980; *Kraft* Die Regelung der Rechtsstellung gewerkschaftlicher Vertrauensleute im Betrieb, ZfA 1976, 243; *Krüger* Gewerkschaftliche Beteiligung von Betriebs- und Personalratsmitgliedern, ZBR 1972, 97; *Müller* Betriebsratsamt und gewerkschaftlicher Vertrauensmann, RdA 1976, 46; *Richardi* Betriebsratsamt und Gewerkschaft, RdA 1972, 8; *Schönfeld* Gewerkschaftliche Betätigung im Betrieb, BB 1989, 1818; *Struck* Die rechtliche Zulässigkeit von Tarifverträgen über den Schutz und die Erleichterung der Tätigkeit gewerkschaftlicher Vertrauensleute, RdA 1976, 80; *Zackert* Rechtsfragen bei Tarifverträgen zum Schutz der Tätigkeit gewerkschaftlicher Vertrauensleute, BB 1976, 514.

Grundsätze für die Zusammenarbeit § 74

Inhaltsübersicht

		Rz.
I.	Allgemeines	1
II.	Das Gebot zur monatlichen Besprechung zwischen Arbeitgeber und Betriebsrat	2–9
III.	Die betriebliche Friedenspflicht	10–31
IV.	Das Verbot der parteipolitischen Betätigung	32–39
V.	Gewerkschaftliche Betätigung der Arbeitnehmer	40, 41
VI.	Streitigkeiten	42

I. Allgemeines

Die Vorschrift steht am Anfang des Teiles des Gesetzes, der die Bestimmungen **1** über die Mitwirkung und Mitbestimmung der Arbeitnehmer enthält. Sie gibt **grundsätzliche Regelungen** über die Zusammenarbeit zwischen Arbeitgeber und Betriebsrat und für das Verhältnis der betrieblichen Partner zueinander. Diese Bestimmungen sind jedoch an dieser Stelle des Gesetzes **nicht erschöpfend** zusammengefaßt. Insbesondere ist auch die Verpflichtung zur vertrauensvollen Zusammenarbeit zwischen Arbeitgeber und Betriebsrat, die einen beherrschenden Grundsatz des BetrVG darstellt, wegen ihrer grundlegenden Bedeutung an den Anfang des Gesetzes gestellt worden (vgl. § 2 Abs. 1). Ebenso sind die Grundsätze für die Behandlung der Betriebsangehörigen, die gemeinsame Verpflichtungen für Arbeitgeber und Betriebsrat enthalten, in § 75 geregelt. § 74, der im übrigen in Anlehnung an § 49 BetrVG 1952 formuliert worden ist, enthält im wesentlichen Regelungen zu drei Fragebereichen:
– zeitliche Folge und Zielsetzung der gemeinsamen Besprechungen (Abs. 1);
– Ausgestaltung der betrieblichen Friedenspflicht (Abs. 2);
– Verhältnis zwischen Betriebsratsamt und gewerkschaftlicher Betätigung (Abs. 3).

II. Das Gebot zur monatlichen Besprechung zwischen Arbeitgeber und Betriebsrat

§ 74 Abs. 1 folgt aus dem in § 2 Abs. 1 aufgestellten Grundsatz der Zusammenar- **2** beit zwischen Arbeitgeber und Betriebsrat (*D/R* § 74 Rz. 3). Arbeitgeber und Betriebsrat sollen durch mindestens eine Besprechung monatlich in ständiger Fühlung über die anstehenden Probleme bleiben.
Jede Seite ist hierbei verpflichtet, über strittige Fragen mit dem ernsten Willen zur **3** Einigung bei Berücksichtigung der Argumente der Gegenseite zu verhandeln und sich nicht auf die Ablehnung und negative Kritik zu beschränken, sondern auf Wunsch der Gegenseite positive Vorschläge zur Bereinigung von Meinungsverschiedenheiten und Streitigkeiten zu machen.
Für diese Besprechungen ist eine besondere **Form nicht vorgesehen**. Sie können **4** sowohl durch Einladung des Arbeitgebers als auch auf Initiative des Betriebsrats zustande kommen. Sie können in jeder geeigneten Weise vereinbart werden; da sie der Zusammenarbeit zwischen dem Arbeitgeber und Betriebsrat dienen sollen, werden in der Regel der Arbeitgeber – gegebenenfalls begleitet von leitenden

Angestellten und sonstigen Mitarbeitern – und der Betriebsrat in seiner Gesamtheit an dieser Besprechung teilnehmen (ebenso *D/R* § 74 Rz. 4; GK-*Kreutz* § 74 Rz. 10; *G/K/S/B* § 74 Rz. 4; *F/A/K/H* § 74 Rz. 2). Jedoch wird, wenn dies zur Erreichung der Zusammenarbeit als ausreichend anzusehen ist, ggf. und jedenfalls bei Vorliegen besonderer Voraussetzungen die Besprechung zwischen dem Arbeitgeber und dem Betriebsausschuß geführt werden können (*Brill* BlStSozArbR 1985, 85, 86; *F/A/K/H* § 74 Rz. 2; *G/K/S/B* § 74 Rz. 4; a. A. *D/R* § 74 Rz. 4; GK-*Kreutz* § 74 Rz. 14). Der Vertrauensmann der Schwerbehinderten hat ein Teilnahmerecht an den Besprechungen zwischen Arbeitgeber und Betriebsrat.

5 Eine **Beteiligung von Gewerkschaftsvertretern** in entsprechender Anwendung von § 31 an diesen gemeinsamen Besprechungen zwischen Arbeitgeber und Betriebsrat ist im Gesetz **nicht vorgesehen**. Eine **einvernehmliche Hinzuziehung** von Verbandsvertretern ist jedoch **zulässig** (ebenso *D/R* § 74 Rz. 8; *Müller* ZfA 1972, 213, 218; *F/A/K/H* § 74 Rz. 2a; GK-*Kreutz* § 74 Rz. 18; a. A. *G/L* § 74 Rz. 3, die für die Hinzuziehung von Verbandsvertretern den Wunsch einer Seite ausreichen lassen). Im Einzelfall wird man jedoch aus dem Grundsatz des Zusammenwirkens der Koalitionen nach § 2 Abs. 1 eine Verpflichtung der Betriebspartner zur Einladung von Verbandsvertretern folgern müssen, wenn sich die Besprechung auf Probleme der Durchführung von Tarifverträgen bezieht, bei denen eine Koalition eine Aufgabe im Rahmen der Betriebsverfassung wahrgenommen hat (vgl. *D/R* § 74 Rz. 8; *F/A/K/H* § 74 Rz. 2a; GK-*Thiele* § 74 Rz. 13).

6 Da § 74 Abs. 1 eine Sollvorschrift ist, können die Parteien **einverständlich auf die monatliche Besprechung verzichten** (*Kreutz* BlStSozArbR 1972, 44, 50; *G/L* § 74 Rz. 4; a. A. GK-*Kreutz* § 74 Rz. 10, der die monatliche Besprechung als Pflicht der Beteiligten ansieht, deren Verletzung den Tatbestand der groben Pflichtverletzung i. S. d. § 23 erfüllen kann; siehe auch *G/K/S/B* § 74 Rz. 2; *D/R* § 74 Rz. 5).

7 Die monatliche Besprechung ist mit dem Ziel einer Einigung zu führen, d. h. beide Parteien müssen ihren jeweiligen Standpunkt mit der Gegenseite erörtern. Es besteht jedoch keine Verpflichtung, einen Kompromiß herbeizuführen. Jede Partei darf auf ihrem Standpunkt beharren (*BAG* vom 27. 11. 1973 – 1 ABR 11/73 – EzA § 23 BetrVG 1972 Nr. 1 = DB 1974, 731; *G/L* § 74 Rz. 5; *D/R* § 74 Rz. 10; *F/A/K/H* § 74 Rz. 3; GK-*Kreutz* § 74 Rz. 25; *G/K/S/B* § 74 Rz. 9; *Dietz* RdA 1969, 1, 7; *Gröbing* AuR 1969, 42; *Kreutzer* BlStSozArbR 1972, 51).

8 Die **Verletzung** des Gebots zur gemeinsamen Verhandlung hat **keine unmittelbare Rechtsfolgen**. **Weigern** sich Arbeitgeber oder Betriebsrat jedoch **grundsätzlich**, miteinander zu verhandeln, so muß hierin eine **grobe Verletzung der gesetzlichen Pflichten gem. § 23 Abs. 1 oder § 23 Abs. 2** gesehen werden, unter Umständen auch eine strafrechtlich zu verfolgende Störung oder Behinderung der Betriebsratstätigkeit i. S. d. § 119 Abs. 1 Ziff. 2 (ebenso *D/R* § 74 Rz. 11; vgl. auch *G/L* § 74 Rz. 5; GK-*Kreutz* § 74 Rz. 15, 26; *F/A/K/H* § 74 Rz. 3a).

9 Auch ohne Durchführung eines innerbetrieblichen Einigungsversuches können die Gerichte angerufen werden (*G/L* § 74 Rz. 6; *D/R* § 74 Rz. 12, 13; GK-*Kreutz* § 74, Rz. 27; vgl. auch *D/R* § 74 Rz. 13, die darin zwar keine Prozeßvoraussetzung sehen, aber eine Verneinung des Rechtsschutzbedürfnisses befürworten).

III. Die betriebliche Friedenspflicht

Gegen die Vorschrift des § 74 Abs. 2, die ausdrücklich die nachstehenden 3 Gebote aufführt, die vornehmlich der Gewährleistung des Betriebsfriedens dienen sollen, bestehen keine verfassungsrechtlichen Bedenken (*BVerfG* vom 28. 4. 1976 – 1 BvR 71/73 – EzA § 74 BetrVG 1972 Nr. 1 = DB 1976, 1485; *BAG* vom 21. 2. 1978 – 1 ABR 54/76 – EzA § 74 BetrVG 1972 Nr. 4 = DB 1978, 1547): **10**
Das absolute Verbot von Maßnahmen des Arbeitskampfes zwischen Arbeitgeber und Betriebsrat;
das Verbot von Betätigungen, durch die der Arbeitsablauf oder der Frieden des Betriebes beeinträchtigt werden;
Das Verbot der parteipolitischen Betätigung im Betrieb.
Im einzelnen gilt folgendes:
Das Arbeitskampfverbot ist das an Arbeitgeber und Betriebsrat gerichtete absolute Verbot, Träger von gegeneinander gerichteten Arbeitskämpfen zu sein (*GK-Kreutz* § 74 Rz. 36). **11**
Mit Arbeitskampf ist **jede** gegen den anderen Betriebspartner gerichtete Störung des Betriebsfriedens gemeint (GK-*Kreutz* § 74 Rz. 45). Daher kommen neben den Maßnahmen Streik, Aussperrung, Boykott, Betriebsbesetzung auch die Propaganda für eine Arbeitsniederlegung, die Sammlung von Geldern zugunsten streikender anderer Betriebe, die Zurverfügungstellung von Räumen des Betriebsrats für Streikzwecke, die Verweigerung von Akkordarbeit, der Überstunden oder die Einberufung einer Betriebsversammlung zwecks Behandlung des Komplexes »Warnstreik« durch einen Gewerkschaftssekretär im Betrieb in Betracht (vgl. *LAG Hamm* vom 23. 2. 1965 – 3 Sa 763/64 – DB 1965, 1052; *LAG Baden-Württemberg* vom 21. 4. 1982 – 3 Sa 2/82 –; *ArbG Elmshorn* vom 3. 3. 1978 – 2 BV 6/78 – DB 1978, 1695 = BB 1978, 962; *ArbG Göttingen* vom 16. 6. 1981 – 1 BV 4/81 – DB 1982, 334; *G/L* § 74 Rz. 8; *F/A/K/H* § 74 Rz. 4; GK-*Kreutz* § 74 Rz. 45 m. w. N.; **a. A.** *Däubler* Das Arbeitsrecht I, 230; *Germelmann* a. a. O. 107 ff.).
Gegen die Neutralitätspflicht verstößt der Betriebsrat daher auch dann, wenn er nach außen hin bewußt gewerkschaftliche Forderungen unterstützt, die geeignet sind, einen schwebenden Tarifkonflikt in gewerkschaftlichem Sinne zu entscheiden (*ArbG Elmshorn* vom 3. 3. 1978 – a. a. O.; *ArbG Göttingen* vom 16. 6. 1981 – a. a. O.; vgl. auch GK-*Kreutz* § 74 Rz. 60 m. w. N.; *Heinze* a. a. O. 14 f.).
Es **verbietet Arbeitskämpfe ohne Rücksicht darauf, mit welcher Zielsetzung sie geführt werden.** Unzulässig wären demgemäß **Arbeitskämpfe**, die geführt werden, **um** ein **obligatorisches Mitbestimmungsrecht des Betriebsrats durchzusetzen.** Besteht ein obligatorisches Mitbestimmungsrecht, so kann es nur in der im BetrVG vorgesehenen Form durchgesetzt werden, d. h. in der Regel durch verbindlichen Spruch der Einigungsstelle gem. § 76 oder gegebenenfalls, insbesondere im Bereich der personellen Mitbestimmung, im Wege des arbeitsgerichtlichen Verfahrens (*D/R* § 74 Rz. 15). **12**
Auch außerhalb der obligatorischen Mitbestimmung sind **Arbeitskämpfe** zwischen den betrieblichen Partnern **unzulässig.** Unzulässig wären demgemäß insbesondere solche Arbeitskämpfe, die den Abschluß einer Betriebsvereinbarung über eine Angelegenheit zum Ziele hätten, die nicht der obligatorischen Mitbestimmung des Betriebsrats unterliegt. Auch Abänderungen oder Ergänzungen betriebsverfassungsrechtlicher Bestimmungen, soweit sie das Betriebsverfassungsgesetz ausdrücklich für zulässig erklärt, können nicht durch Arbeitskampfmaßnahmen des **13**

§ 74　4. Teil Mitwirkung und Mitbestimmung der Arbeitnehmer

Betriebsrats oder des Arbeitgebers erzwungen werden. Schließlich darf der Betriebsrat auch keine Kampfmaßnahmen durchführen, um z. B. die Entlassung eines Arbeitnehmers durchzusetzen.

14　Verboten ist die Vorbereitung, Einleitung und Durchführung aller Maßnahmen des Arbeitskampfes, deren Träger Arbeitgeber oder Betriebsrat gegeneinander sind. Das sind alle Maßnahmen, die den anderen Teil unmittelbar unter wirtschaftlichen Druck setzen sollen (*BAG* vom 31. 10. 1958 – 1 AZR 632/57 – AP Nr. 2 zu § 1 TVG Friedenspflicht = DB 1959, 87, 143, 542 m. Anm. *Bulla* und 651 m. Anm. *Gift; D/R* § 74 Rz. 15 m. w. N.; *F/A/K/H* § 74 Rz. 4). Ein Verstoß gegen die betriebliche Friedenspflicht ist schon dann gegeben, wenn der Betriebsrat bewußt eine gewerkschaftliche Forderung unterstützt, die bestimmt und geeignet ist, einen schon seit längerem schwelenden Tarifkonflikt im gewerkschaftlichen Sinne zu beeinflussen, wie z. B. die Ankündigung des Betriebsrats, ohne Rücksicht auf den konkreten Einzelfall, keine Überstunden zu genehmigen (*ArbG Elmshorn* vom 3. 3. 1978 – 2 BV 6/78 – DB 1978, 1695 = BB 1978, 962).

15　**Verstöße des Betriebsrats oder einzelner Betriebsratsmitglieder** gegen die sich aus dem Arbeitskampfverbot ergebenden Verpflichtungen stellen zunächst eine Verletzung der gesetzlichen Pflichten dar, welche die **Rechtsfolgen des § 23 Abs. 1** (Auflösung des Betriebsrats oder Ausschluß eines Mitgliedes wegen grober Verletzung der gesetzlichen Pflichten) zur Folge haben können (*D/R* § 74 Rz. 50). § 74 Abs. 2 Satz 2 enthält auch einen eigenständigen Unterlassungsanspruch, der unabhängig neben § 23 Abs. 1 besteht und im Beschlußverfahren vor dem ArbG geltend zu machen ist (*BAG* vom 22. 7. 1980 – 6 ABR 5/78 – EzA § 74 BetrVG 1972 Nr. 5 = DB 1981, 481; *D/R* § 74 Rz. 49; *G/L* § 74 Rz. 7b; *Janke* BlStSozArbR 1974, 167 ff.; GK-*Kreutz* § 74 Rz. 77; a. A. noch *LAG Baden-Württemberg* vom 10. 11. 1977 – 2 TaBV 2/77 – DB 1978, 798 mit Bedenken zur Vollstreckbarkeit im Hinblick auf § 888 ZPO). Die Durchsetzung des Verbotsbeschlusses erfolgt, wenn man die Verhängung eines Ordnungsgeldes gegen den Betriebsrat für unzulässig hält (GK-*Kreutz* § 74 Rz. 78 m. w. N.), durch Zwangs- bzw. Ordnungshaft gegen den Betriebsratsvorsitzenden (*LAG Berlin* vom 26. 3. 1984 – 9 TaBV 4/84 – NZA 1984, 333).

16　Da § 74 Abs. 2 Satz 1 auch ein Schutzgesetz darstellt, begründet ein solcher Verstoß auch eine **privatrechtliche Schadensersatzpflicht** seiner Urheber **nach § 823 Abs. 2 BGB** (*F/A/K/H* § 1 Rz. 113; *Brill* AuR 1980, 353, 357, *Brox/Rüthers* Anm. 418, 426; GK-*Thiele* 3. Bearbeitung § 74 Rz. 25; a. A. GK-*Kreutz* § 74 Rz. 82 m. w. N.; *D/R* § 74 Rz. 53). Darüber hinaus stellt ein rechtswidriger, seitens des Betriebsrats durchgeführter Streik **auch eine Verletzung eines »sonstigen Rechts« i. S. d. § 823 Abs. 1 BGB** dar, als welches nach allgemein herrschender Ansicht der Angriff auf die Substanz des eingerichteten und ausgeübten Gewerbebetriebes angesehen wird (*F/A/K/H* § 74 Rz. 18; GK-*Kreutz* § 74 Rz. 81).

17　Eine unter Verstoß gegen § 74 Abs. 2 durchgeführte Aussperrung macht den **Arbeitgeber schadensersatzpflichtig**, wenn die Aussperrung nicht zur Abwehr eines illegalen Streiks erfolgt und man ein absolutes Recht am Arbeitsplatz anerkennt (*Hueck/Nipperdey* II/2, 995 f. m. w. N. in Fn. 26).

18　Beteiligen sich **einzelne Betriebsratsmitglieder** selbst durch Arbeitsniederlegung an einem solchen rechtswidrigen Streik, so verstoßen sie nicht nur gegen ihre Amtspflichten, sondern **verletzen auch ihre Pflichten aus dem Arbeitsverhältnis** (*BAG* vom 21. 4. 1971 – GS 1/68 – EzA Art. 9 GG Nr. 6 = DB 1971, 1061; *D/R* § 74 Rz. 26, 52 m. w. N.; *Brox/Rüthers* Anm. 104) mit der **Folge**, daß sie wie alle

anderen Arbeitnehmer gem. §§ 15 Abs. 1 Satz 1 KSchG, 626 BGB **aus wichtigem Grund außerordentlich gekündigt** werden können (*BAG* vom 21.4. 1971 – a.a.O.; *LAG Kiel* vom 12.8. 1960 – 3 Sa 97/60 – BB 1961, 718; *D/R* § 74 Rz. 26). Die Kündigungsmöglichkeit wird weder durch die Möglichkeit der Amtsenthebung nach § 23 noch durch die Möglichkeit einer einstweiligen Verfügung auf Unterlassung ausgeschlossen (GK-*Kreutz* § 74 Rz. 83 m.w.N.). Bei der Abwägung der Umstände des Einzelfalles, ob die Fortsetzung des Arbeitsverhältnisses unzumutbar ist, sind sowohl die Kollektivinteressen als auch das Benachteiligungsverbot zu beachten, so daß ein strenger Maßstab angelegt werden muß (GK-*Kreutz* § 74 Rz. 83). Dies kann aber nicht dazu führen, daß auch bei Exzessen die außerordentliche Kündigung nur gegenüber dem Organisator der Kampfhandlungen ausgesprochen werden kann (a.A. GK-*Kreutz* § 74 Rz. 83).
Die an sich erforderliche Zustimmung gem. § 103 kann bei einer arbeitskampfkonformen Interpretation nicht verlangt werden, da hiermit der Betriebsrat überfordert wäre und dies mit dem Grundsatz der Kampfparität nicht vereinbart werden kann. (GK-*Kraft* § 103 Rz. 29). Die Zustimmung muß jedoch durch Beschluß des Arbeitsgerichts nach § 103 Abs. 2 ersetzt werden (*BAG* vom 14.2. 1978 – 1 AZR 54/76 – EzA § 15 KSchG 1969 Nr. 19 m. Anm. *Herschel* = DB 1978, 1231; a.A. *Mayer-Maly* BB 1979, 1311f.).

Betriebsratsmitglieder, die sich an einem betriebsverfassungswidrigen Arbeitskampf beteiligen, **können mit suspendierender Wirkung ausgesperrt werden** (*BAG* vom 21.4. 1971 – a.a.O.). 19

Für die **einzelnen Belegschaftsmitglieder,** die sich an einem solchen rechtswidrigen Streik beteiligen, bedeutet diese Beteiligung eine Verletzung der arbeitsvertraglichen Pflichten mit den sich daraus ergebenden Folgen. 20

Das gesetzliche Arbeitskampfverbot des § 74 Abs. 2 Satz 1 betrifft nur die Arbeitskämpfe, die Arbeitgeber und Betriebsrat gegeneinander führen. Die Durchführung von **Arbeitskämpfen tariffähiger Parteien wird von diesem Verbot nicht berührt** (§ 74 Abs. 2 Satz 1 2. Halbsatz). »Tariffähige Parteien« sind nach § 2 TVG Gewerkschaften, einzelne Arbeitgeber sowie Vereinigungen von Arbeitgebern. 21

Führt eine Gewerkschaft einen Arbeitskampf mit dem Ziel des Abschlusses eines **Regionaltarifvertrages** mit einer Vereinigung von Arbeitgebern, so hat die Durchführung dieses Arbeitskampfes in den einzelnen Betrieben mit der den Betriebsräten obliegenden Friedenspflicht nichts zu tun. 22

Der Streik um einen **Firmentarifvertrag** gegen einen verbandsangehörigen Arbeitgeber ist wegen Verstoßes gegen die individuelle Koalitionsfreiheit unzulässig, wenn der Arbeitgeberverband tarifwillig ist (vgl. *Hess* Zulässigkeit, Inhalt und Erstreikbarkeit betriebsnaher Tarifverträge 1973, 121 ff.; *Weiß* Koalitionsfreiheit und betriebsnahe Tarifverträge, Diss. Regensburg, 1972, 52 ff.; *Boldt* RdA 1971, 257, 259 ff.; *Buchner* DB 1970, 2025; *Hensche* RdA 1971, 9 ff.). 23

Der **Betriebsrat** hat sich in einem zulässigen **Arbeitskampf neutral** zu verhalten *D/R* § 74 Rz. 21 m.w.N.; *F/A/K/H* § 74 Rz. 5). Der Beschluß des Betriebsrats, während eines Tarifkonflikts auf Aufforderung der Gewerkschaft keine Überstunden mehr zu genehmigen, stellt einen Verstoß gegen § 74 Abs. 2 dar, denn der Betriebsrat verletzt damit seine Neutralitätspflicht, die es gebietet, auch die Interessen der nicht organisierten und zur Ableistung von Überstunden bereiten Arbeitnehmer zu vertreten (*ArbG Elmshorn* vom 3.3. 1978 – 2 BV 6/78 – DB 1978, 1695; *LAG Baden-Württemberg* DB 1982, 1409, 1410). Eine Betriebsvereinbarung, die die Folgen der Teilnahme der von dem Betriebsrat vertretenen Arbeit- 24

§ 74   4. Teil Mitwirkung und Mitbestimmung der Arbeitnehmer

nehmer an einem Arbeitskampf regeln würde, wäre wegen Verstoßes gegen die Neutralitätspflicht unzulässig (*LAG Frankfurt/M.* vom 3. 10. 1984 – 2 Sa 319/84 – DB 1986, 178). Einen unzulässigen Verstoß gegen die Neutralitätspflicht stellt auch eine Propaganda durch den Betriebsrat für eine Arbeitsniederlegung oder die Sammlung von Geldern durch den Betriebsrat zugunsten Streikender in anderen Betrieben dar (*ArbG Göttingen* vom 16. 6. 1981 – 1 BV 4/81 – DB 1982, 334; siehe auch GK-*Kreutz* § 74 Rz. 61 m. w. N.).

25 Das Neutralitätserfordernis bedeutet jedoch nicht, daß die **einzelnen Mitglieder des Betriebsrats** sich nicht wie die anderen Arbeitnehmer, gegebenenfalls auch im Rahmen von gewerkschaftlichen Funktionen, die sie ausüben, **an dem Arbeitskampf beteiligen** dürften. Sie haben sich aber hierbei jeder Bezugnahme auf ihr Betriebsratsamt zu enthalten (*D/R* § 74 Rz. 23 m. w. N.; GK-*Kreutz* § 74, Rz. 59; *F/A/K/H* § 74 Rz. 5 a; *Blomeyer* ZfA 1972, 85, 122). Es ist daher unzulässig, zugunsten der Streikenden von den Einrichtungen Gebrauch zu machen, die der Arbeitgeber dem Betriebsrat zur Durchführung seiner Amtsgeschäfte zur Verfügung gestellt hat (*D/R* § 74 Rz. 21 m. w. N.; *F/A/K/H* § 74 Rz. 5a; vgl. oben Rz. 11).

26 Inwieweit die Beteiligung einzelner Betriebsratsmitglieder an einem von der Gewerkschaft durchgeführten Arbeitskampf arbeitsvertragliche Folgen im Hinblick auf das Einzelarbeitsverhältnis zwischen Arbeitgeber und Betriebsratsmitgliedern sowie den übrigen Arbeitnehmern des Betriebes auslöst, ist eine Frage, die nach den Grundsätzen des Arbeitskampfrechts zu beurteilen ist.

27 Das **Betriebsratsamt besteht** auch **während eines Arbeitskampfes weiter** (*D/R* § 74 Rz. 29; *F/A/K/H* § 74 Rz. 6; *Hueck/Nipperdey* II/2, 973, die allerdings zwischen suspendierendem und lösendem Arbeitskampf differenzieren; *Wiese* NZA 1984, 378; *Brill* DB 1979, 405).

28 Jedoch müssen im Hinblick auf die durch den Arbeitskampf geschaffene Konfrontation zwischen Belegschaft und Arbeitgeber **gewisse Mitbestimmungsfunktionen des Betriebsrats im personellen Bereich**, wie Einstellungen, Versetzungen und Entlassungen, die durch das Kampfgeschehen bedingt sind und auf dieses einwirken, ruhen (*BAG* vom 16. 10. 1971 – 1 AZR 113/68 – EzA Art. 9 GG Nr. 7 – DB 1972, 143; *BAG* vom 14. 2. 1978 – 1 AZR 54/76 – EzA § 15 KSchG 1969 Nr. 19 m. Anm. *Herschel* = DB 1978, 1231; *BAG* vom 14. 2. 1978 – 1 AZR 76/76 – EzA Art. 9 GG Arbeitskampf Nr. 22 m. Anm. *Herschel* = DB 1978, 1403; *BAG* vom 24. 4. 1979 – 1 ABR 43/77 – EzA Art. 9 GG Arbeitskampf Nr. 34 = DB 1979, 994, 1665; *BAG* vom 6. 3. 1979 – 1 AZR 866/77 – EzA § 102 BetrVG 1972 Nr. 40 = DB 1979, 1464; vgl. *Kraft, A.* FS für *G. Müller*, 265; *Seiter* RdA 1979, 397f.; *ders.* SAE 1980, 162ff.; vgl. *D/R* § 74 Rz. 30; **a. A.** eingehend GK-*Kreutz* § 74 Rz. 62ff. m. w. N., der dem BetrVG Vorrang vor dem richterlich geprägten Arbeitskampfrecht einräumt). Dies gilt dann, wenn Teile der vom Betriebsrat vertretenen Belegschaft selbst streiken oder ausgesperrt werden (*BAG* vom 22. 12. 1980 – 1 ABR 76/79 – EzA § 615 BGB Betriebsrisiko Nr. 8 = DB 1981, 327), und beim rechtswidrigen Streik (*BAG* vom 24. 4. 1979 – a. a. O.). Hierbei ist nicht nur die Kampfparität entscheidender Gesichtspunkt, sondern auch eine Interessenkollision (so *BAG* a. a. O.; *Seiter* RdA 1979, 397; **a. A.** *Mayer-Maly* BB 1979, 1312). Ist das Mitbestimmungsrecht geeignet, die Kampffähigkeit des Arbeitgebers zu beeinflussen, muß es weichen, da die verfassungsrechtlich geschützte Tarifautonomie Vorrang hat (*BAG* vom 24. 4. 1979 – a. a. O.; *Bormann* DB 1978, 1978ff.). Diese Einschränkung des Mitbestimmungsrechts gilt nicht bei einer während des

Arbeitskampfes ausgesprochenen, aber nicht arbeitskampfbedingten Kündigung (*BAG* vom 6.3.1979 – 1 AZR 866/77 – EzA § 102 BetrVG 1972 Nr. 40 = DB 1979, 1464; *F/A/K/H* § 74 Rz. 6a; *D/R* § 74 Rz. 30f.; *Brill* DB 1979, 405; kritisch dazu *Ehmann* ZfA 1980, 734; a.A. *G/L* § 74 Rz. 13a; kritisch auch GK-*Kreutz* § 74 Rz. 65).

Das **Arbeitskampfverbot ist die wichtigste Konkretisierung der allgemeinen be-** 29 **trieblichen Friedenspflicht.** Dieses Verbot, wonach Arbeitgeber und Betriebsrat Betätigungen zu unterlassen haben, durch die der Arbeitsablauf oder der Frieden des Betriebes beeinträchtigt werden, ist deshalb der allgemeinen Vorschrift vorangestellt. Diese Friedenspflicht ist ebenso wie das Gebot der vertrauensvollen Zusammenarbeit in § 2 Abs. 1, mit dem sie in engen Zusammenhang steht, unmittelbar geltendes und die betrieblichen Partner in ihrem gegenseitigen Verhältnis verpflichtendes Recht.

Für einen Verstoß gegen die allgemeine Friedenspflicht reicht die rein **abstrakte** 30 **Möglichkeit einer Gefährdung nicht aus**, um eine Betätigung als unzulässig erscheinen zu lassen. Es ist vielmehr erforderlich, daß der Arbeitsablauf oder der Frieden des Betriebes gestört wird oder es im konkreten Fall erfahrungsgemäß zu einer Störung kommen wird (*D/R* § 74 Rz. 44; *F/A/K/H* § 74 Rz. 7; *G/L* § 74 Rz. 15; GK-*Kreutz* § 74 Rz. 58; *Janke* BlStSozArbR 1974, 166; *Kreutz* BlStSozArbR 1972, 44, 50; *Blomeyer* ZfA 1972, 85, 119; **anders** *G/K/S/B/K* § 74 Rz. 20, die eine konkrete Störung verlangen).

Aus den Gesetzesmaterialien kann eine Einschränkung der Friedenspflicht nicht 31 hergeleitet werden. Sowohl die Begründung zum Regierungsentwurf (BT-Drucks. VI/1786, 46) als auch der Ausschußbericht (BT-Drucks. VI/2729, 10) gehen ohne Einschränkung davon aus, daß der Grundsatz der Friedenspflicht zwischen Betriebsrat und Arbeitgeber im Interesse der Sicherung eines geordneten Arbeitsablaufes und des Betriebsfriedens aufrechterhalten bleiben soll. Auch würde es dem Grundsatz der vertrauensvollen Zusammenarbeit widersprechen, wenn Maßnahmen des Arbeitgebers oder des Betriebsrats erst dann unzulässig sein sollten, wenn bereits eine Beeinträchtigung, d.h. ein Schaden, eingetreten wäre. Vielmehr ist davon auszugehen, daß Betätigungen zu unterlassen sind, wenn zu erwarten ist, daß das Verhalten zu einer Beeinträchtigung des Betriebsfriedens oder Arbeitsablaufes führen wird, also eine sogenannte konkrete Gefährdung vorliegt. Das gilt insbesondere dann, wenn durch eine entsprechende Betätigung schon einmal eine Beeinträchtigung eingetreten ist. Die Verpflichtung zur vertrauensvollen Zusammenarbeit gebietet den betrieblichen Partnern aber nicht nur die Unterlassung von beeinträchtigenden Betätigungen, sondern auch, positiv darauf hinzuwirken, daß der betriebliche Frieden erhalten bleibt. Der einzelne Arbeitnehmer ist nicht aus § 74 Abs. 4, sondern arbeitsvertraglich verpflichtet, Betriebsstörungen zu unterlassen (*F/A/K/H* § 74 Rz. 7a; BAG vom 26.5.1977 – 2 AZR 632/76 – EzA § 611 BGB Beschäftigungspflicht Nr. 2 m. Anm. *Dütz* = DB 1977, 1141, 2099, 2192).

IV. Das Verbot der parteipolitischen Betätigung

Für das Verbot der parteipolitischen Betätigung war, wie der Ausschußbericht 32 (S. 10) ausführt, die Erwägung maßgebend, »daß es im Interesse des Betriebsfriedens und der Zusammenarbeit im Betrieb vorzuziehen sei, parteipolitische Betäti-

§ 74 4. Teil Mitwirkung und Mitbestimmung der Arbeitnehmer

gungen von Arbeitgeber und Betriebsrat im Betrieb nicht zuzulassen«. Diese Ausführung verdeutlicht, daß das Verbot der parteipolitischen Betätigung in dem Bestreben erhalten worden ist, den betrieblichen Frieden nicht durch das Eindringen parteipolitischer Divergenzen in den Betrieb zu gefährden. Durch das Verbot soll nicht die Freiheit der Meinungsäußerung in Frage gestellt werden, ebensowenig, wie es darum gehen kann, politische Gespräche – etwa in den Arbeitspausen – zu unterbinden. Vielmehr handelt es sich darum, sicherzustellen, innerhalb eines Betriebes, in dem Menschen unterschiedlicher politischer Überzeugungen und Anschauungen zu einem bestimmten Zweck zusammengeführt sind, und insbesondere zwischen den Trägern betriebsverfassungsrechtlicher Mandate (Arbeitgeber und Betriebsrat) politische, insbesondere parteipolitische Neutralität auch in Zukunft zu wahren. Die Vorschrift widerspricht nicht dem Benachteiligungsverbot des Art. 3 Abs. 3 GG und nicht dem Recht auf freie Meinungsäußerung nach Art. 5 GG (*BVerfG* vom 28. 4. 1976 – 1 BvR 71/73 – EzA § 74 BetrVG 1972 Nr. 1 = DB 1976, 1485; *BAG* vom 21. 2. 1978 – 1 BR 54/76 – EzA § 74 BetrVG 1972 Nr. 4 = DB 1978, 1547; GK-*Kreutz* § 74, Rz. 85).

33 **Verboten ist jede parteipolitische Betätigung im Betrieb,** wobei der Begriff der Parteipolitik mit anzulegen ist (*BAG* vom 12. 6. 1986 – 6 AZR 559/84 – NZA 1987, 153, kritisch GK-*Kreutz* § 74 Rz. 98), unabhängig davon, ob es sich um die Betätigung für eine politische Partei handelt, die im Bundestag oder Landtag vertreten ist oder nicht, oder um eine politische Gruppierung, die nicht unter § 2 Abs. 2 Parteigesetz fällt (*D/R* § 74 Rz. 58; GK-*Kreutz* § 74 Rz. 95 ff.; *G/L* § 74 Rz. 21; *Meisel* RdA 1976, 39; *BAG* a.a.O.; **a.A.** *G/K/S/B/K* § 74 Rz. 26), und unabhängig davon, ob im Einzelfall eine konkrete Gefährdung des Betriebsfriedens zu befürchten ist. Das Tragen von provozierend gestalteten Anti-Politiker-Plaketten im Betrieb ist, auch wenn wörtlich nur zum Ausdruck gebracht wird, daß die Person als Politiker abgelehnt wird, parteipolitische Betätigung, da der Arbeitnehmer sich damit zugleich gegen die Partei, der der Politiker angehört, ausspricht und damit eine Störung des Betriebsfriedens konkret zu erwarten ist (*BAG* vom 9. 12. 1982 – 2 AZR 620/80 – EzA § 626 n. F. BGB Nr. 86 m. Anm. *Löwisch/Schönfeld* = DB 1983, 2578; *LAG Düsseldorf* vom 29. 1. 1981 – 14 Sa 1208/80 – DB 1981, 1986; *LAG Hamm* vom 14. 8. 1980 – 10 Sa 221/80 – DB 1980, 1803; 1981, 106; *D/R* § 74 Rz. 58; *G/L* § 74 Rz. 20; wohl auch GK-*Keutz* § 74 Rz. 99; **a.A.** *G/K/S/B/K* § 74 Rz. 25 unter fehlerhaftem Hinweis auf *BAG* a.a.O.; *ArbG Hamburg* vom 6. 6. 1979 – 15 Ca 124/79 – BB 1980, 104).
Das Aufhängen von Flugblättern gegen eine Raketenstationierung in der Bundesrepublik Deutschland stellt eine dem Betriebsrat verbotene parteipolitische Betätigung i. S. d. § 74 Abs. 2 Satz 3 dar (*BAG* vom 12. 6. 1986 – 6 ABR 67/84 – EzA § 74 BetrVG 1972 Nr. 7 = DB 1987, 1898; **a.A.** *F/A/K/H* § 74 Rz. 8 a).
Es liegt auch eine unzulässige parteipolitische Betätigng vor, wenn der Betriebsrat auf einer Betriebsversammlung einen Spitzenpolitiker ein Kurzreferat zu einem sozialpolitischen Thema von unmittelbarem Interesse für den Betrieb und seine Arbeitnehmer zu Zeiten des Wahlkampfs halten läßt (*BAG* vom 13. 9. 1977 – 1 ABR 67/75 – EzA § 45 BetrVG 1972 Nr. 1 m. Anm. *Hanau* = DB 1977, 1856, 2452; GK-*Kreutz* § 74 Rz. 100).
Auch das Tragen von Anti-Kernkraft-Plaketten ist unzulässige parteipolitische Betätigung, da diese als Meinungsäußerung zugunsten der »Alternativen Listen« verstanden werden, auch wenn der Träger im Einzelfall diesen Erklärungsinhalt nicht äußern will (GK-*Kreutz* § 74 Rz. 94; *Mummenhoff* BB 1981, 2539; *VG Ham-*

burg vom 6.3. 1979 – VG 2099/78 – *NJW* 1979, 2164; *Meisel* RdA 1976, 38, 40 Fn. 23; **a.A.** *G/K/S/B/K* § 74 Rz. 3). Auch dürfen keine Unterschriftensammlungen durchgeführt oder **politische Resolutionen** vorbereitet oder gefaßt werden. Auch eine Betätigung in unmittelbarer Betriebsnähe, z. B. das Verteilen von Flugschriften parteipolitischen Inhalts vor dem Fabriktor mit der Zielrichtung, in den Betrieb hineinzuwirken, **ist eine parteipolitische Betätigung im Betrieb** (*BAG* vom 21. 1. 1978 – 1 ABR 54/76 – EzA § 74 BetrVG 1972 Nr. 4 = DB 1978, 1597; *Glaubitz* BB 1972, 1277, 1278; *Meisel* RdA 1976, 38, 40; *S/W* § 74 Rz. 13; *GK-Kreutz* § 74 Rz. 102).

Das Verteilen von Flugblättern für eine Volksversammlung für den Frieden kann nur dann eine Verletzung des Verbots der parteipolitischen Betätigung sein, wenn hierdurch der Arbeitsablauf oder der Betriebsfrieden konkret gestört wird oder aufgrund der Verhältnisse im Betrieb erfahrungsgemäß mit einer solchen Störung zu rechnen ist (vgl. *LAG Köln* vom 20. 9. 1984 – 8 Sa 442/84 – EzA § 74 BetrVG 1972 Nr. 6).

Das gesetzliche **Verbot** gilt nicht nur für Arbeitgeber und Betriebsrat, sondern **34** richtet sich auch an die einzelnen Mitglieder des Betriebsrates (*BAG* vom 21.1. 1978 – a.a.O.; *GK-Kreutz* § 74 Rz. 89 m. w. N.; *D/R* § 74 Rz. 64; *F/A/K/H* § 74 Rz. 9) sowie an den Gesamt- und Konzernbetriebsrat (*GK-Kreutz* § 74 Rz. 91), gegen die Beauftragten der im Betrieb vertretenen Gewerkschaften (**a.A.** *GK-Kreutz* § 74 Rz. 92), ebenso wie an alle **Betriebsangehörigen**, denn es ist i. S. d. BetrVG und der in ihm festgelegten betrieblichen Friedenspflicht, die parteipolitische Betätigung am Arbeitsplatz und damit eine Politisierung des Betriebes auszuschließen (*Molitor* BB 1954, 134; 135; *ders.* BB 1955, 167; *Meisel* RdA 1976, 38; *S/W* § 74 Rz. 11; *Rothe* BlStSozArbR 1959, 189; *Hohn* BB 1965, 545, 548; **a.a.** *D/R* § 74 Rz. 65; *F/A/K/H* § 74 Rz. 9; *G/L* § 74 Rz. 23a; *GK-Kreutz* § 74 Rz. 93; *Radke* BB 1957, 1112, 1114; *Richardi* NJW 1962, 1374, 1376; *Ramm* JZ 1964, 553f.; *Säcker* AuR 1965, 353, 358; *ders.* DB 1967, 2072, 2075; *AuR 1968,* 353, 359; *Kreutz* BlStSozArbR 1972, 44, 50, wonach das Verbot der parteipolitischen Betätigung sich nur an Arbeitgeber und Betriebsrat richtet und das Verbot der parteipolitischen Betätigung für die übrigen Arbeitnehmer sich aus der arbeitsvertraglichen Treuepflicht ergibt; vgl. auch in diesem Sinne *BAG* vom 15.7. 1971 – 2 AZR 232/70 – EzA § 1 KSchG 1969 Nr. 19 = DB 1971, 2022; *BAG* vom 28. 9. 1972 – 2 AZR 469/71 – EzA § 1 KSchG 1969 Nr. 25 = DB 1972, 2356; *BAG* vom 11. 12. 1975 – 2 AZR 426/74 – EzA § 15 KSchG 1969 Nr. 6 = DB 1976, 679; siehe auch *BAG* vom 26. 5. 1977 – 2 AZR 632/76 – EzA § 611 BGB Beschäftigungspflicht Nr. 2 = DB 1977, 1141, 2099, 2192; *BAG* vom 13. 10. 1977 – 2 AZR 387/76 – EzA § 74 BetrVG 1972 Nr. 3 m. Anm. *Löwisch* = DB 1978, 641 über die möglichen Kündigungsvoraussetzungen; *LAG Hamm* vom 14. 8. 1980 – 10 Sa 221/80 – DB 1980, 1803; 1981, 106 = BB 1981, 1095; *LAG Köln* vom 20. 9. 1984 – 8 Sa 442/84 – EzA § 74 BetrVG 1972 Nr. 6 mit dem Hinweis, daß eine Übertragung auf alle Arbeitnehmer nur insoweit möglich ist, als die Arbeitspflicht beeinträchtigt oder der Betriebsfrieden gestört wird, bzw. wenn eine solche Betätigung erfahrungsgemäß eine solche Störung mit sich bringt).

Ebenso wie Arbeitgeber und Betriebsrat verpflichtet sind, eine parteipolitische **35** Betätigung im Betrieb zu unterlassen, sind sie **verpflichtet, keine parteipolitische Betätigung im Betrieb zu dulden**, denn in einer solchen Duldung läge gleichzeitig eine eigene Betätigung (*D/R* § 74 Rz. 63 m. w. N.; **a.A.** *GK-Kreutz* § 74 Rz. 101; *G/K/S/B* § 74 Rz. 34). Eine Pflicht des Arbeitgebers und des Betriebsrates zum

Einschreiten gegen politische Aktivitäten besteht jedoch nicht (vgl. *D/R* § 74 Rz. 63; GK-*Thiele* § 74 Rz. 101).

36 Über das Verbot der parteipolitischen Betätigung bei der Betriebsversammlung und hinsichtlich der Verpflichtung des Betriebsratsvorsitzenden, bei der Betriebsversammlung parteipolitische Betätigung zu verhindern, vgl. § 45.

37 **Verstöße** gegen das Verbot der parteipolitischen Betätigung sind für Betriebsrat und Arbeitgeber Verstöße gegen ihre gesetzlichen Verpflichtungen gem. § 23 Abs. 1 bzw. § 23 Abs. 3 und können, wenn der Verstoß schwerwiegend war, zu den dort erörterten Rechtsfolgen führen (*D/R* § 74 Rz. 70 m. w. N.; *LAG Baden-Württemberg* vom 10. 11. 1977 – 2 Ta BV 2/77 – DB 1978, 798; **a. A.** zu § 51 Satz 2 BetrVG 1952 *Radke* BB 1957, 1114; *Rüthers* BB 1958, 779). Bei der Feststellung, ob ein schwerwiegender Verstoß vorliegt, ist die verfassungsrechtlich garantierte Meinungsfreiheit zu beachten (*BVerfG* vom 28. 4. 1976 – 1 BvR 71/73 – EzA § 74 BetrVG 1972 Nr. 1 = DB 1976, 1485; *BAG* vom 21. 2. 1978 – 1 ABR 54/76 – EzA § 74 BetrVG 1972 Nr. 4 = DB 1978, 1547; *D/R* § 74 Rz. 70; GK-*Kreutz* § 74 Rz. 111; *G/K/S/B* § 74 Rz. 35). Darüber hinaus kann gegebenenfalls eine Verletzung der arbeitsvertraglichen Pflichten gegeben sein, die zur außerordentlichen Kündigung berechtigen kann (*D/R* § 74 Rz. 70; GK-*Kreutz* § 74 Rz. 113 m. w. N.). Jedoch kann nicht jede die Grenze der Meinungsfreiheit überschreitende Meinungsäußerung des Arbeitnehmers zur Kündigung ausreichen. Wegen der überragenden Bedeutung des Grundrechts der freien Meinungsäußerung (Art. 5 Abs. 1 GG) kann es regelmäßig nicht als zulässig angesehen werden, bei leichteren Verstößen gegen das Verbot parteipolitischer Betätigung im Betrieb, insbesondere bei einer einmaligen politischen Äußerung, sofort zum äußersten Mittel der Kündigung zu greifen (*LAG Düsseldorf* vom 14. 6. 1984 – 14 Sa 332/84 – DB 1984, 135 = BB 1984, 1619). Die Beteiligung an einer betrieblichen Friedensinitiative ist für sich allein nicht geeignet, den Betriebsfrieden zu stören. Die Unterzeichnung eines Flugblattes einer betrieblichen Friedensinitiative durch Arbeitnehmer eines Betriebs ist durch das Grundrecht auf freie Meinungsäußerung gedeckt. Eine deswegen erteilte Abmahnung ist rechtswidrig (*LAG München* vom 4. 10. 1984 – 2 Sa 29/84 – DB 1985, 1539). Weiterhin besteht neben der Möglichkeit, einen Antrag nach § 23 Abs. 1 zu stellen, auch die Möglichkeit, ggf. eine gerichtliche Entscheidung in der Form eines Feststellungsbegehrens darüber herbeizuführen, ob ein bestimmtes Vorgehen einen Verstoß gegen die Vorschriften des BetrVG darstellt. Das Verbot der parteipolitischen Betätigung begründet einen eigenständigen Unterlassungsanspruch, der im Beschlußverfahren vor dem ArbG geltend zu machen ist (*BAG* vom 21. 2. 1978 – 1 ABR 54/76 – EzA § 74 BetrVG 1972 Nr. 4 = DB 1978, 1547; *BAG* vom 13. 9. 1977 – 1 ABR 67/75 – EzA § 45 BetrVG 1972 Nr. 1 m. Anm. *Hanau* = DB 1977, 1856, 2452; *BAG* vom 22. 7. 1980 – 6 ABR 5/78 – EzA § 74 BetrVG 1972 Nr. 5 = DB 1981, 481; *D/R* § 74 Rz. 69; *G/L* § 74 Rz. 7b; GK-*Kreutz* § 74 Rz. 111). Die Geltendmachung eines Unterlassungsanspruchs im arbeitsgerichtlichen Beschlußverfahren erfordert, daß der Antrag auf einzelne tatbestandlich umschriebene Handlungen als Verfahrensgegenstand bezogen ist (*BAG* vom 22. 7. 1980 – a. a. O.).

38 Kraft ausdrücklicher gesetzlicher Vorschrift des **§ 74 Abs. 2 Satz 3, 2. Halbatz** ist die **Behandlung von Angelegenheiten tarifpolitischer, sozialpolitischer und wirtschaftlicher Art, die den Betrieb oder seine Arbeitnehmer unmittelbar betreffen, zulässig.** Dies gilt auch dann, wenn die Behandlung dieser Themen gleichzeitig auch einen politischen Bezug hat. Allerdings darf auch in diesem Falle nicht an-

stelle der Sacherörterung eine parteipolitische Propaganda treten (vgl. § 45). Auch die Erörterung dieser Angelegenheiten durch Betriebsrat und Arbeitgeber steht unter dem Gebot der allgemeinen Friedenspflicht des § 74 Abs. 2 Satz 2.
Die Behandlung von tarifpolitischen, sozialpolitischen und wirtschaftlichen Angelegenheiten ist nur zulässig, wenn diese den Betrieb oder seine Arbeitnehmer unmittelbar betreffen (*G/L* § 74 Rz. 21 a; *D/R* § 74 Rz. 60; GK-*Kreutz* § 74 Rz. 108; *Kreutz* BlStSozArbR 1972, 50; vgl. auch *BAG* vom 13. 10. 1977 – 2 AZR 387/76 – EzA § 74 BetrVG 1972 Nr. 3 m. Anm. *Löwisch* = DB 1978, 641; *F/A/K/H* § 74 Rz. 11; *BAG* vom 12. 6. 1986 – 6 ABR 67/84 – BB 1987, 1810; *LAG Köln* vom 6. 11. 1986 – 3/4 Sa 649/86 – DB 1987, 54). Hinsichtlich der Abgrenzung der zulässigen tarifpolitischen, sozialpolitischen und wirtschaftliche Themen vgl. § 45. **39**

V. Gewerkschaftliche Betätigung der Arbeitnehmer

§ 74 Abs. 3 behandelt die gewerkschaftliche Betätigung der Mitglieder des Betriebsrats und anderer Arbeitnehmervertretungen, die im Rahmen des Gesetzes errichtet werden. Die Bestimmung soll klarstellen, daß »Arbeitnehmer, die nach dem Gesetz Aufgaben übernehmen, hierdurch – unbeschadet der sich aus ihrem Amt ergebenden Pflichten – nicht gehindert sind, als Gewerkschaftsmitglieder für ihre Gewerkschaft tätig zu werden«. Die damit zum Ausdruck gebrachte Absicht, an der Aufgabentrennung zwischen Betriebsratsamt und Gewerkschaftsfunktion festzustellen, hat zwar im Wortlaut der Bestimmung keinen Ausdruck gefunden (vgl. *Hanau* BB 1971, 488), sie entspricht aber gleichwohl dem Interesse des Gesetzgebers, daß durch diese Bestimmung, die sich aus dem Betriebsratsamt ergebenden Pflichten der Betriebsratsmitglieder, insbesondere auch die Neutralitätspflichten nach § 75, nicht berührt werden. Es ist demgemäß davon auszugehen, daß der **Betriebsrat als solcher, ebenso wie seine einzelnen Mitglieder, bei ihrer Amtsführung zur gewerkschaftspolitischen Neutralität verpflichtet** sind. Betriebsratsmitglieder dürfen also unter Bezugnahme auf ihr Amt weder zum Eintritt in eine Gewerkschaft auffordern, noch für eine bestimmte Gewerkschaft im Betrieb Werbung betreiben (*D/R* § 74 Rz. 76 ff.; *G/L* § 74 Rz. 25). **40**

Dem **einzelnen Betriebsratsmitglied** ist es aber in seiner Eigenschaft als Arbeitnehmer des Betriebes und als Mitglied einer Gewerkschaft **unter klarer Trennung von seiner Amtsautorität gestattet, für seine Gewerkschaft tätig zu werden**. Insoweit ist es nach den Grundsätzen, welche die Rechtsprechung bereits unter dem BetrVG 1952 entwickelt hatte, zulässig, daß das einzelne Betriebsratsmitglied für seine Gewerkschaft auch im Betrieb Informationen und Werbung betreibt (*BAG* vom 14. 2. 1967 – 1 AZR 494/65 – EzA Art. 9 GG Nr. 2 = DB 1967, 341, 815, 864 m. Anm. *Jürging/Kass*). Die **Scheidung** zwischen der gewerkschaftlichen Tätigkeit und dem Betriebsratsamt **muß** jedoch **deutlich zu erkennen sein** (*BAG* a. a. O.). Die in dieser *BAG*-Entscheidung aufgestellte Vermutung, daß der Arbeitnehmer im Zweifel als Betriebsratsmitglied handle, kann jedoch wegen Abs. 3 nicht mehr aufrechterhalten werden (vgl. *D/R* § 74 Rz. 76; *Buchner* 25 Jahre Grundgesetz 1974, 14; *F/A/K/H* § 74 Rz. 14; *G/K/S/B* § 74 Rz. 44; GK-*Kreutz* § 74 Rz. 129; *Däubler* a. a. O. Rz. 457 ff. Die noch in der Vorauflage vertretene gegenteilige Ansicht wird ausdrücklich aufgegeben). Diese auch durch die Entscheidung des *BVerfG* (vom 26. 5. 1970 – 2 BvR 664/65 – AP Nr. 16 zu Art. 9 GG = DB 1970, 1443) nahegelegene Vermutung für die Amtstätigkeit ist mit dem **41**

§ 75   4. Teil Mitwirkung und Mitbestimmung der Arbeitnehmer

Sinn des Gesetzes nicht vereinbar (GK-*Kreutz* § 74 Rz. 129 m. w. N.). Der Amtsträger darf jedoch sein Amt nicht besonders hervorheben oder es ausnutzen, indem er Mittel und Räumlichkeiten, die dem Betriebsrat zur Verfügung stehen, für die Zwecke der Gewerkschaft einsetzt, oder bei Wahrnehmung der Betriebsratstätigkeit für die Gewerkschaft werben (vgl. GK-*Kreutz* § 74 Rz. 67). Eine besondere Zurückhaltungspflicht von Betriebsratsmitgliedern mit hervorgehobenen Funktionen kann nicht verlangt werden (so aber *D/R* § 74 Rz. 77). Das Gesetz sieht hier keine unterschiedliche Behandlung von Betriebsratsmitgliedern mit unterschiedlichen Funktionen vor (*Däubler* a. a. O.; *G/K/S/B/K* § 74 Rz. 45).

Das *BVerfG* hat das Gebot der Neutralität der betriebsverfassungsrechtlichen Amtsträger nicht nur mit dem Koalitionsrecht des Art. 9 Abs. 3 GG für vereinbar gehalten, sondern es hat eine zurückhaltende Neutralität geradezu als Voraussetzung dafür angesehen, Sachwalter aller Arbeitnehmer des Betriebes sein zu können (*BVerfG* a. a. O.). Gerade angesichts der erheblichen Erweiterung der Beteiligungsrechte des Betriebsrats im personellen Bereich verdient die Unterscheidung der Trennung zwischen Mandat und gewerkschaftlicher Betätigung besondere Beachtung (vgl. *Richardi* RdA 1972, 8, 16). Da die Betriebsrtsmitglieder gewerkschaftliche Betätigung nicht unter Bezugnahme auf ihr Amt, sondern nur in ihrer Eigenschaft als Arbeitnehmer des Betriebes und Gewerkschaftsmitglieder ausüben können, stehen ihnen insoweit auch keine zusätzlichen Rechte und Möglichkeiten, die sich aus ihrem Betriebsratsamt ergeben, zur Verfügung. Sie haben sich daher im Rahmen der Tätigkeit für Ihre Gewerkschaft an die Grundsätze zu halten, die von der Rechtsprechung insgesamt für die gewerkschaftliche Werbung im Betrieb entwickelt worden sind (vgl. § 2 Rz. 89 ff.).

VI. Streitigkeiten

42 Streitigkeiten hinsichtlich der Grundsätze für die Zusammenarbeit einschließlich der Frage über die Beachtung der Friedenspflicht entscheidet das ArbG im Beschlußverfahren (§§ 2 a Abs. 1 Nr. 1, Abs. 2 i. V. m. §§ 80 ff. ArbGG). Streitigkeiten über die Beteiligung von Betriebsratsmitgliedern an Arbeitskämpfen tariffähiger Parteien und Fragen über Grenzen der koalitionsmäßigen Betätigung im Betrieb entscheiden die Arbeitsgerichte im Urteilsverfahren.

§ 75 Grundsätze für die Behandlung der Betriebsangehörigen

(1) Arbeitgeber und Betriebsrat haben darüber zu wachen, daß alle im Betrieb tätigen Personen nach den Grundsätzen von Recht und Billigkeit behandelt werden, insbesondere, daß jede unterschiedliche Behandlung von Personen wegen ihrer Abstammung, Religion, Nationalität, Herkunft, politischen oder gewerkschaftlichen Betätigung oder Einstellung oder wegen ihres Geschlechts unterbleibt. Sie haben darauf zu achten, daß Arbeitnehmer nicht wegen Überschreitung bestimmter Altersstufen benachteiligt werden.
(2) Arbeitgeber und Betriebsrat haben die freie Entfaltung der Persönlichkeit der im Betrieb beschäftigten Arbeitnehmer zu schützen und zu fördern.

Literaturübersicht

Ahrend/Förster/Rühmann Betriebliche Altersversorgung auch für Teilzeitbeschäftigte?, DB 1982, 1563; *Bauschke* Zur Problematik des arbeitsrechtlichen Gleichbehandlungsgrundsatzes, RdA 1985, 72; *Bellgardt* Die Zulässigkeit der Frage nach der Schwangerschaft und das Benachteiligungsverbot des § 611a BGB, BB 1983, 2187; *Bepler* Persönlichkeitsverletzung durch graphologische Begutachtung im Arbeitsleben, NJW 1976, 1872; *Bertelsmann/Pfarr* Diskriminierung von Frauen bei der Einstellung und Beförderung, DB 1984, 1297; *dies.* Nochmals: Diskriminierung von Frauen bei der Einstellung und Beförderung, DB 1984, 1882; *Bickel* Über die Unmöglichkeit eines Grundsatzes der Gleichbehandlung im Arbeitsrecht, 1968; *Birk* Die arbeitsrechtliche Leistungsmacht, 1973; *ders.* Auswirkungen der Rechtsprechung des EuGH zur Gleichbehandlung von Frauen und Männern beim Berufszugang, NZA 1984, 145; *Bleckmann* Gleichbehandlung von Männern und Frauen hinsichtlich des Zugangs zur Beschäftigung, DB 1984, 1574; *Blomeyer* Die rechtliche Bewertung des Betriebsfriedens im Individualarbeits- und Betriebsverfassungsrecht, ZfA 1972, 85; *ders.* Die zulässige Ungleichbehandlung im Arbeitsrecht, FS für *G. Müller*, 1981, 51; *ders.* Der Interessenkonflikt zwischen Arbeitnehmer und Betriebsrat bei Individualmaßnahmen, Gedächtnisschrift für *Dietz*, 1973, 147; *Böhm* Der Gleichbehandlungsgrundsatz im Kündigungsrecht, DB 1977, 2448; *Bötticher* Der Anspruch auf Gleichbehandlung im Arbeitsrecht, RdA 1953, 161; *ders.* Der Ansatz des Gleichbehandlungsgrundsatzes im Arbeitsrecht, RdA 1957, 317; *Brandner* Das allgemeine Persönlichkeitsrecht in der Entwicklung durch die Rechtsprechung, JZ 1983, 689; *Brill* Die ausländischen Arbeitnehmer im Betriebsverfassungsrecht, BB 1978, 1574; *Buchner* Der Gleichbehandlungsgrundsatz bei der Kündigung von Arbeitsverhältnissen, RdA 1970, 225; *Coen* Gleichberechtigung durch Ungleichbehandlung, DB 1987, 2041; *Colneric* Recht auf Lüge beim Einstellungsgespräch?, DB 1986, 1573; *dies.* Gleichberechtigung von Mann und Frau in der Europäischen Gemeinschaftsrecht, BB 1988, 968; *Egger* Gestaltungsrecht und Gleichbehandlungsgrundsatz im Arbeitsverhältnis, 1979; *Ehmann* Informationsschutz und Informationsverkehr im Zivilrecht, AcP 1988, 230; *ders.* Datenverarbeitung und Persönlichkeitsschutz im Arbeitsverhältnis, NZA Beilage Nr. 1/85; *Eich* Das Gesetz über die Gleichbehandlung von Männern und Frauen am Arbeitsplatz, NJW 1980, 2329–2334; *Färber/Kappes* Telefondatenerfassung und Datenschutz, BB 1986, 520; *Fauth* Der Grundsatz der Gleichbehandlung am Arbeitsplatz, BlStSozArbR 1959, 10; *Frey* Der Grundsatz der Gleichbehandlung im Arbeitsrecht, 1954; *ders.* Gleichheit als Beurteilungsgrundlage für gleiches Recht und gleiche Behandlung. AuR 1959, 33; *ders.* Der Anspruch auf Gleichbehandlung in der Betriebspraxis, BetrR 1960, 417; *ders.* Gleichheit des Beurteilungsmaßstabes bei Gleichberechtigung und Gleichbehandlung, AuR 1959, 100; *ders.* Der Begriffsinhalt des Grundsatzes der Gleichbehandlung im Arbeitsrecht 1960, 37; *ders.* Allgemeine Regeln bei der Anwendung des Grundsatzes der Gleichbehandlung im Arbeitsrecht, AuR 1960, 168; *ders.* Die Grenze der Gleichbehandlungspflicht im Arbeitsrecht, DB 1962, 30; *Galperin* Der Grundsatz der Gleichbehandlung, RdA 1953, 169; *ders.* Ehrenschutz im Arbeitsverhältnis I und II, DB 1963, 1321, 1358; *Gamillscheg* Differenzierung nach der Gewerkschaftszugehörigkeit im Vorruhestand, BB 1988, 555; *ders.* Die mittelbare Benachteiligung der Frau im Arbeitsleben, FS für *Floretta*, 1983, 171; *ders.* Frauenschutz, Gleichbehandlung, Begünstigung der Frau, FS für *Strasser*, 1983, 209; *Gumpert* Kann der Arbeitgeber das Tragen von »Pfennigabsätzen« verbieten?, BB 1961, 1380; *Halbach* Das Übereinkommen über die Diskriminierung in Beschäftigung und Beruf, AuR 1961, 137; *Hallenberger* Die Pflicht des Arbeitgebers zur Förderung der freien Persönlichkeitsentfaltung nach § 75 Abs. 2 BetrVG, Diss. Mannheim, 1988; *Hanau* Die umgekehrte Geschlechtsdiskriminierung im Arbeitsleben, FS für *Herschel*, 1982, 191; *ders.* Repräsentanten des Arbeitgebers und der Leitenden Angestellten durch den Betriebsrat?, RdA 1979, 324; *Hanau/Preis* Zur mittelbaren Diskriminierung wegen des Geschlechts, ZfA 1988, 177; *Haneberg* § 75 BetrVG 1972 – Rechte und Pflichten, Diss. Köln 1986; *Hilger* Zum Anspruch auf Gleichbehandlung im Arbeitsrecht, RdA 1975, 32; *v. Hoyningen-Huene* Die Billigkeit im Arbeitsrecht, 1978; *Hromadka* Die Frage nach der Schwangerschaft – Gedanken zu Diskri-

§ 75   4. Teil Mitwirkung und Mitbestimmung der Arbeitnehmer

minierungsverbot und Mutterschutz. DB 1987, 687; *Hueck* Der Grundsatz der regelmäßigen Behandlung im Privatrecht, 1958; *ders.* Gleichbehandlung und Billigkeitskontrolle, Gedächtnisschrift für *Dietz*, 1973, 241; *Hunold*, Gleichbehandlungsgrundsatz, Gleichbehandlungsgesetz und Gleichberechtigungssatz im Betrieb – Eine kritische Bestandsaufnahme anhand der Rechtsprechung, DB 1984 Beilage Nr. 5; *ders.* Das Fragerecht des Arbeitgebers nach der Schwangerschaft einer Bewerberin, NZA 1987, 4; *Isele* Der Stellenwert des Persönlichkeitsrechts in der Inhaltsbestimmung des Arbeitsverhältnisses, FS für *Schwinge*, 1973, 143; *Kauffmann* Die Gleichbehandlung im Arbeitsrecht, BetrVerf. 1956, 226; *Kempff* Der Gleichbehandlungsgrundsatz im Kündigungsrecht, DB 1977, 1413; *Kilian/Taeger* Gegenwärtiger Stand der Melde- und Auskunftspflichten des Arbeitgebers im Personalbereich, BB 1984 Beilage Nr. 12; *Klein* Ausforschung von Stellenbewerbern durch Fragebogen und psychologische Tests, AuR 1978, 266; *Kolozek* Leistungsansprüche des einzelnen Arbeitnehmers gegen den Betriebsrat, Diss. Würzburg, 1982; *Konzen* Gleichbehandlungsgrundsatz und personelle Grenzen der Kollektivautonomie, FS für *G. Müller*, 1981, 245; *ders.* Betriebsverfassungsrechtliche Leistungspflichten des Arbeitgebers, 1984, *Krebber* Ergebnisse der Richtlinie 76/207 über die Verwirklichung des Grundsatzes der Gleichberechtigung von beiden Geschlechtern hinsichtlich des Zuganges zur Berufsausbildung und zum beruflichen Aufstieg sowie in bezug auf die Arbeitsbedingungen, BlStSozArbR 1985, 101; *Kreutz* Grenzen der Sozialplanung im Lichte der jüngeren Rechtsprechung, FS für *E. Wolf*, 1985, 309; *Küchenhoff* Einwirkungen des Verfassungsrechts auf das Arbeitsrecht, RdA 1969, 97, 99; *Kretzschmar* Das Mithören von Telefongesprächen im Betrieb, BB 1959, 1068; *Kunkel* Gleichmäßige Behandlung im Arbeitsrecht, DB 1953, 693; *Löwisch* Schutz und Förderung der freien Entfaltung der Persönlichkeit der im Betrieb beschäftigten Arbeitnehmer (§ 75 Abs. 2 BetrVG), AuR 1972, 359; *ders.* Der Erlaß von Rauchverboten zum Schutz von Passivrauchern am Arbeitsplatz, DB 1979 Beilage Nr. 1; *ders.* Sozialplanleistungen und Gleichbehandlungsgebot, FS für *G. Müller*, 1981, 301; *Leipold* Einstellungsfragebögen und das Recht auf Arbeit, AuR 1971, 161; *Mayer-Maly* Gleichbehandlung im Arbeitsverhältnis, AR-Blattei; *ders.* Gleichbehandlung der Arbeitnehmer, RdA 1980, 261; *Meilicke* Recht auf Lüge beim Einstellungsgespräch, BB 1986, 1288; *Michel/Wiese* Zur rechtlichen und psychologischen Problematik graphologischer Gutachten, NZA 1986, 505; *Molitor* Einheitliche Zusammensetzung der Belegschaft, DB 1953, 425; *Moritz* Fragerecht des Arbeitgebers sowie Auskunfts- und/oder Offenbarungspflichten des Arbeitnehmers bei der Anbahnung von Arbeitsverhältnissen?, NZA 1987, 329; *Niederalt* Die Individualrechte des Arbeitnehmers nach dem BetrVG 1972 (§§ 75, 81 ff.), Diss. München, 1975; *Nikisch* Das Recht auf Gleichbehandlung, BB 1954, 809; *Oetker* Informationelles Selbstbestimmungsrecht und graphologische Gutachten bei Anbahnung und Abwicklung des Arbeitsverhältnisses, BlStSozArbR 1985, 65, 81; *Otto* Personale Freiheit und soziale Bindung, 1978; *Palme* Zum arbeitsrechtlichen Grundsatz der Gleichbehandlung in der neueren Rechtsprechung, BlStSozArbR 1983, 257; *Pfarr* Mittelbare Diskriminierung von Frauen, NZA 1986, 585; *Reuter* Das Gewissen des Arbeitnehmers als Grenze des Direktionsrechts des Arbeitgebers, BB 19896, 385; *Richardi* Arbeitsrechtliche Probleme bei Einstellung und Entlassung Aids-infizierter Arbeitnehmer, NZA 1988, 73; *Riedel* Die Grundsätze für die Behandlung der Betriebsangehörigen nach § 75 BetrVG, JArbR Bd. 14 (1976), 79; *Schmid* Zur rechtlichen Zulässigkeit verschiedener Formen des Personalinterviews, DB 1980, 2442, 2517; *ders.* Zur rechtlichen Zulässigkeit der Verhaltensbeurteilung bei der Bewerberauslese, BB 1980, 1865; *ders.* Rechtsprobleme bei der Anwendung psychologischer Testverfahren zur Personalauslese, BB 1981, 1646; *Schnorr* Das arbeitsrechtliche Diskriminierungsverbot nach Art. 48 EWG-Vertrag, AuR 1960, 161; *ders.* Erfüllung arbeitsvertraglicher Pflichten und Persönlichkeitsschutz des Arbeitnehmers, FS für *Strasser*, 1983, 97; *Scholz* Schweigepflicht der Berufspsychologen und Mitbestimmung des Betriebsrats bei psychologischen Einstellungsuntersuchungen, NJW 1981, 1987; *Schulin/Babel* Rechtsfragen der Telefondatenverarbeitung, NZA 1986, 46; *Schwarz* Die dogmatische Fundierung des arbeitsrechtlichen Gleichbehandlungsgrundsatzes, RdA 1968, 241; *Simitis* Die informationelle Selbstbestimmung – Grundbedingung einer verfassungskonformen Informationsordnung, NJW 1984, 398; *Walker* Zur Zulässigkeit der

Frage nach der Schwangerschaft, DB 1987, 273; *Weber* Die Gleichstellung der Frau im Erwerbsleben – Neue Chancen durch Quotenregelung?, DB 1988, 45; *Wiese* Der Persönlichkeitsschutz des Arbeitnehmers gegenüber dem Arbeitgeber, ZfA 1971, 273; *ders.* Individualrechte in der Betriebsverfassung, RdA 1973, 1; *Wischnath* Nichtraucherschutz, Abwehr- oder Förderungsanspruch?, DB 1979, 1133; *Zehner* Telefondatenerfassung und Benachrichtigungspflicht – Zum Datenschutz bei innerbetrieblicher Telefonkontrolle, DB 1984, 666; *Zuleeg* Gleicher Zugang von Männern und Frauen zu beruflicher Tätigkeit, RdA 1984, 325.

Inhaltsübersicht

		Rz.
I.	Allgemeines	1
II.	Der Grundsatz von Recht und Billigkeit für die Behandlung der im Betrieb tätigen Personen	2, 3
III.	Der Gleichbehandlungsgrundsatz	4–14
IV.	Die freie Entfaltung der Persönlichkeit im Betrieb	15, 16
V.	Streitigkeiten	17, 18

I. Allgemeines

§ 75 Abs. 1 Satz 1 entspricht wörtlich der Bestimmung des § 51 Satz 1 BetrVG 1952. **1** Neu eingefügt ist Abs. 1 Satz 2, der Arbeitgeber und Betriebsrat verpflichtet, über die Vermeidung altersbedingter Diskriminierung von Arbeitnehmern zu wachen. Ebenso ist neu eingefügt worden der Abs. 2, der nach den Ausführungen der Begründung zum Regierungsentwurf (S. 46) Arbeitgeber und Betriebsrat im Sinne der Forderung nach einer verstärkten Berücksichtigung der Persönlichkeitsrechte im Arbeitsleben dazu verpflichtet, auf den Schutz der Persönlichkeit des einzelnen Arbeitnehmers und der freien Entfaltung seiner Persönlichkeit aktiv hinzuwirken.

II. Der Grundsatz von Recht und Billigkeit für die Behandlung der im Betrieb tätigen Personen

Das Gebot, alle im Betrieb tätigen Personen nach den Grundsätzen von Recht und **2** Billigkeit zu behandeln, richtet sich an Arbeitgeber und Betriebsrat. Jeder hat für sich und beide haben in ihrer Zusammenarbeit gem. § 2 Rz. 1 zunächst durch eigenes Tun diesen Grundsätzen zu folgen (*D/R* § 75 Rz. 5). Das Gebot bedeutet nicht nur die Verpflichtung zur Respektierung von Rechtsansprüchen der Betriebsangehörigen, sondern ganz allein die Beachtung dieses Grundsatzes in der Gestaltung des betrieblichen Lebens. Ebenso wie die betrieblichen Partner durch eigenes Handeln den Grundsatz von Recht und Billigkeit zu beachten haben, haben sie darüber zu wachen, daß auch andere Betriebsangehörige ihrerseits ihr Tun im Rahmen des Möglichen an diesem Grundsatz orientieren. Der Grundsatz gilt demgemäß sowohl für die Gestaltung der Beziehung zwischen Arbeitgeber und Arbeitnehmer in der vertragsrechtlichen und faktischen Ausgestaltung der Arbeitsverhältnisse wie auch für die Ausübung der Mitwirkungs- und Mitbestimmungsrechte durch den Betriebsrat und als allgemeines Prinzip für das Verhalten der Betriebsangehörigen untereinander, auf dessen Beachtung die Betriebspartner hinzuwirken haben.

§ 75 Abs. 1 gilt nicht nur zugunsten der Arbeitnehmer des Betriebes, sondern **3**

§ 75   4. Teil Mitwirkung und Mitbestimmung der Arbeitnehmer

schlechthin für alle im Betrieb tätigen Personen, also auch für die Nichtarbeitnehmer i. S. v. § 5 Abs. 2 und für die Arbeitnehmer, auf die wegen ihrer Eigenschaft als leitende Angestellte die Bestimmungen des Gesetzes gem. § 5 Abs. 3 grundsätzlich keine Anwendung finden; schließlich auch für den Arbeitgeber selbst (vgl. *D/R* § 75 Rz. 4; *F/A/K/H* § 75 Rz. 5; vgl. auch *BAG* vom 31.1. 1979 – 5 AZR 454/77 – EzA § 112 BetrVG 1972 Nr. 17 = DB 1979, 412, 1039; a.A. GK-*Kreutz* § 75 Rz. 4, 11, 12, wonach § 75 weder auf die leitenden Angestellten noch auf die freien Mitarbeiter und auch nicht auf die sog. Unternehmerarbeiter anwendbar ist; *G/L* § 75 Rz. 4, der die Anwendung auf den Arbeitgeber selbst ausschließt).
Zu verdeutlichen ist, daß der Gleichbehandlungsgrundsatz betriebsbezogen ist. Die Arbeitnehmer verschiedener Betriebe des gleichen Unternehmens können sich daher nicht auf die Anwendung dieses Grundsatzes berufen (*LAG Schleswig-Holstein* vom 13. 8. 1987 – 4 Sa 317/87 – BB 1987, 2302).

III. Der Gleichbehandlungsgrundsatz

4 Das Differenzierungsverbot nach § 75 ergänzt den arbeitsvertraglichen Gleichbehandlungsgrundsatz und verbietet eine ursächliche Differenzierung selbst dann, wenn der Arbeitnehmer zustimmt (*BAG* Urt. vom 9. 9. 1981 – 5 AZR 1182/79 – EzA § 242 BGB Gleichbehandlung Nr. 6 = DB 1982, 119; *BAG* vom 30. 10. 1960 – 5 AZR 284/59 – AP Nr. 30 zu § 242 BGB Gleichbehandlung; *BAG* vom 4. 5. 1962 – 1 AZR 250/61 – AP Nr. 32 zu § 242 BGB Gleichbehandlung m. Anm. G. *Hueck* = DB 1962, 841; *BAG* vom 9. 11. 1972 – 5 AZR 224/72 – AP Nr. 36 zu § 242 BGB Gleichbehandlung = DB 1973, 432.
Der Grundsatz der Behandlung aller Betriebsangehörigen nach Recht und Billigkeit findet seine **Konkretisierung** in der folgenden Aufzählung von Tatbeständen, deren Vorliegen jede unterschiedliche Behandlung von betriebsangehörigen Personen verbietet. Diese **Aufzählung**, die im wesentlichen Art. 3 Abs. 1 und Art. 9 Abs. 3 GG zusammenfaßt, ist indessen **nicht erschöpfend**, sondern sie ist, wie sich aus dem »insbesondere« ergibt, beispielhaft zu verstehen (*D/R* § 75 Rz. 18).

5 **Abstammung** bedeutet die blutsmäßige und volksmäßige Zugehörigkeit, so daß z. B. die unterschiedliche Behandlung wegen der Hautfarbe unzulässig ist (GK-*Kreutz* § 75 Rz. 36).

6 Unter **Nationalität** ist die Staatsangehörigkeit im staatsrechtlichen Sinne gemeint. Hinsichtlich der Nationalität ist zu beachten, daß die EWG-Verordnung Nr. 1612/68 v. 15. 10. 1968 alle Arbeitnehmer aus den EWG-Staaten den Staatsangehörigen des Heimatstaates arbeitsrechtlich im vollen Umfang gleichgestellt hat, und daß § 8 BetrVG nunmehr allen ausländischen Arbeitnehmern das passive Wahlrecht (Wählbarkeit in den Betriebsrat) einräumt (GK-*Kreutz* § 75 Rz. 38).

7 **Religion** umfaßt neben den Konfessionen auch jedes andere weltanschauliche Bekenntnis (GK-*Kreutz* § 75 Rz. 37; *F/A/K/H* § 75 Rz. 9; *G/L* § 75 Rz. 15; einschränkend *D/R* § 75 Rz. 20).

8 Die **Herkunft** stellt in erster Linie auf den regionalen und örtlichen Bereich sowie auf den sozialen Hintergrund des Betreffenden ab (GK-*Kreutz* § 75 Rz. 39; *D/R* § 75 Rz. 22; *F/A/K/H* § 75 Rz. 11; *G/L* § 75 Rz. 17).

9 Das Differenzierungsverbot wegen der **politischen Betätigung oder Einstellung** betrifft nicht nur die parteipolitische Betätigung, sondern jedes politische Handeln (GK-*Kreutz* § 75 Rz. 40 m.w.N.) und hauptsächlich den außerbetrieblichen Be-

Grundsätze für die Behandlung der Betriebsangehörigen § 75

reich, da die parteipolitische Betätigung innerhalb des Betriebes gem. § 74 Abs. 2 untersagt ist (weitergehend GK-*Kreutz* § 75 Rz. 40).

Die **gewerkschaftliche Betätigung oder Einstellung** umfaßt nicht nur die positive 10 Koalitionsfreiheit, sondern, wie sich insbesondere aus dem Wort »Einstellung« ergibt, auch die negative Koalitionsfreiheit (*D/R* § 75 Rz. 24 m. w. N.; *F/A/K/H* § 75 Rz. 15; GK-*Kreutz* § 75 Rz. 41 m. w. N.; *G/L* § 75 Rz. 20; **a. A.** *G/K/B/S* § 75 Rz. 7). Dies bedeutet u. a., daß der Arbeitgeber die Einstellung eines Arbeitnehmers nicht von dessen Austritt aus der Gewerkschaft abhängig machen darf. Die betroffene Gewerkschaft kann sich gegen diesen rechtswidrigen Angriff auf ihr Koalitionsbetätigungsrecht mit einer Unterlassungsklage gegen den Arbeitgeber wehren (*BAG* vom 2. 6. 1987 – 1 AZR 651/85 – EzA Art. 9 GG Nr. 43 = DB 1987, 2312). Hinsichtlich der Vereinbarkeit von gewerkschaftlicher Betätigung mit dem Betriebsrat vgl. § 74 Rz. 40f.; über die Zulässigkeit gewerkschaftlicher Werbung im Betrieb vgl. § 2 Rz. 91 ff. Kein Verstoß gegen das Gleichbehandlungsgebot ist die tarifvertraglich zugelassene Differenzierung nach den organisierten und nicht- bzw. anders organisierten Arbeitnehmern (GK-*Kreutz* § 75 Rz. 44; *Falk* § 75 Rz. 16; *G/L* § 75 Rz. 20; *D/R* § 75 Rz. 29).

Das **Verbot der unterschiedlichen Behandlung wegen des Geschlechts** folgt aus 11 Art. 3 Abs. 2 GG. Hinsichtlich der Zahlung des **gleichen Lohnes für die gleiche Arbeit an Männer und Frauen** hat das *BAG* in ständiger Rechtsprechung die Bindung der Tarifvertragsparteien an diesen Grundsatz bejaht (*BAG* vom 15. 1. 1955 – 1 AZR 305/54 – AP Nr. 4 zu Art. 3 GG m. Anm. *Beitzke* = DB 1955, 98, 267, 316, 363; *BAG* vom 2. 3. 1955 – 1 AZR 246/54 – AP Nr. 6 zu Art. 3 GG = DB 1955, 315; *BAG* vom 6. 4. 1955 – 1 AZR 365/54 – AP Nr. 7 zu Art. 3 GG = DB 1955, 263, 583, 803; *BAG* vom 23. 3. 1957 – 1 AZR 326/56 – AP Nr. 16 zu Art. 3 GG = DB 1957, 823; *BAG* vom 23. 3. 1957 – 1 AZR 203/56 – AP Nr. 17 zu Art. 3 GG = DB 1957, 775; *BAG* vom 23. 3. 1957 – 1 AZR 64/58 – AP Nr. 18 zu Art. 3 GG = DB 1957, 776, 1960, 980; *BAG* vom 1. 12. 1961 – 1 AZR 357/60 – AP Nr. 70 zu Art. 3 GG m. Anm. *Hueck, G.* = DB 1962, 171). Das **Bundesarbeitsgericht** hat darüber hinaus die gleiche Bindung für die Betriebsvereinbarung angenommen (*BAG* vom 28. 3. 1958 – 1 AZR 336/57 – AP Nr. 28 zu Art. 3 GG m. Anm. *Krüger, H.* = BB 1958, 523). Verboten ist nicht nur die unmittelbare, sondern auch die mittelbare Benachteiligung (*BAG* vom 14. 10. 1986 – 3 AZR 66/83 – AP Nr. 11 zu Art. 119 EWG-Vertrag = DB 1987, 994).

Nach dem Gleichbehandlungsgrundsatz sind nach der Rechtsprechung unzulässig: 12
– die Unterscheidung zwischen Arbeitern und Angestellten (*BAG* vom 5. 3. 1980 – 5 AZR 881/78 – EzA § 242 BGB Gleichbehandlung Nr. 21 m. Anm. *Falkenberg* = DB 1980, 1650; *BAG* vom 10. 4. 1973 – 4 AZR 180/72 – EzA § 242 BGB Gleichbehandlung Nr. 3 = DB 1973, 1755; **anders** *LAG Düsseldorf* vom 11. 11. 1981 – 22 Sa 421/81 – EzA § 242 BGB Gleichbehandlung Nr. 27 = DB 1982, 2715; *LAG Hamm* vom 17. 12. 1981 – 10 Sa 729/81 = DB 1982, 2716);
– die Frage nach der Schwangerschaft im Einstellungsgespräch, wenn sich Männer und Frauen beworben haben GK-*Kreutz* § 75 Rz. 52 m. w. N.);
– unterschiedliches Aufnahmealter für Männer und Frauen (*BAG* vom 31. 8. 1978 – 3 AZR 313/77 – EzA Art. 3 GG Nr. 6 = DB 1979, 553);
– unterschiedliche Regelung von Wartezeiten für Männer und Frauen (*BAG* vom 31. 8. 1978 – 3 AZR 313/87 – EzA Art. 3 GG Nr. 6 = DB 1979, 553);

§ 75 4. Teil Mitwirkung und Mitbestimmung der Arbeitnehmer

- unterschiedliche Altersgrenzen und unterschiedliche Regelung der ruhegeldfähigen Dienstzeit (*BAG* vom 31. 8. 1978 – 3 AZR 313/77 – EzA Art. 3 GG Nr. 6 = DB 1979, 553);
- unterschiedliche Behandlung in der Versorgungsordnung von teilzeitbeschäftigten Arbeitnehmern und vollzeitbeschäftigten Arbeitnehmern ohne besondere Gründe. Sind überwiegend weibliche Arbeitnehmer teilzeitbeschäftigt, liegt evtl. eine verdeckte Diskriminierung der Frauen vor (*BAG* vom 6. 4. 1982 – 3 AZR 134/79 – EzA § 1 BetrAVG Nr. 16 = DB 1982, 1466; **anders** noch *BAG* vom 1. 6. 1978 – 3 AZR 216/77 – EzA § 6 BetrAVG Nr. 1 = DB 1978, 1793; vgl. hierzu auch *LAG Frankfurt* von 5. 11. 1982 – 6 Sa 644/82 – BB 1983, 966; *Ahrend/Förster/Rühmann* DB 1982, 1563);
- Lohnungleichheit von Mann und Frau (*BAG* vom 9. 9. 1981 – 5 AZR 1182/79 – EzA § 242 BGB Gleichbehandlung Nr. 6 = DB 1982, 119; *BAG* vom 25. 8. 1982 – 5 AZR 107/80 – EzA § 242 BGB Gleichbehandlung Nr. 31 = DB 1982, 2354; *BAG* vom 11. 9. 1974 – 5 AZR 567/73 – EzA § 242 BGB Gleichbehandlung Nr. 9 = DB 1975, 551; vgl. auch § 611a BGB);
- Unterscheidung zwischen weiblichen und männlichen Arbeitnehmern bei der freiwilligen Gewährung von Hausarbeitstagen (*BAG* vom 26. 1. 1982 – 3 AZR 202/81 – EzA Art. 3 GG Nr. 12 = DB 1982, 1471);
- bei der Aufstellung zweier Sozialpläne in dem zweiten Sozialplan wesentlich höhere Abfindungen zu vereinbaren als sie in dem ersten Sozialplan festgesetzt worden sind, wenn die vom ersten Sozialplan erfaßten Arbeitnehmer ausgenommen werden (*BAG* vom 9. 12. 1981 – 5 AZR 549/79 – EzA § 112 BetrVG 1972 Nr. 24 = DB 1982, 908; GK-*Kreutz* § 75 Rz. 59 m. w. N.; *F/A/K/H* § 75 Rz. 20)

zulässig:
- mit Hilfe einer Stichtagsregelung eine unterschiedliche Behandlung von Ruheständlern durch verschiedene Pensionierungsdaten vorzunehmen (*BAG* vom 11. 9. 1980 – 3 AZR 606/79 – EzA § 242 BGB Gleichbehandlung Nr. 22 = DB 1981, 943);
- zwischen Aktiven und Ruheständlern zu unterscheiden (*BAG* vom 8. 12. 1977 – 3 AZR 530/76 – EzA § 242 BGB Ruhegehalt Nr. 68 = DB 1978, 991);
- die Unterscheidung zwischen Zeitlohn- und Akkordarbeitern bei der Gewährung einer Zulage (*BAG* vom 4. 5. 1962 – 1 AZR 250/61 – AP Nr. 32 zu § 242 BGB Gleichbehandlung m. Anm. *Hueck, G.* = DB 1962, 841);
- die Unterscheidung im Entgeltbereich zwischen Betriebsarbeitern und Heimarbeitern (*BAG* vom 19. 6. 1957 – 2 AZR 84/55 – AP Nr. 12 zu § 242 BGB Gleichbehandlung = DB 1957, 775);
- die Beschränkung der Gewährung zusätzlicher Leistungen an Arbeitnehmern in ungekündigter Stellung (*BAG* vom 4. 10. 1956 – 2 AZR 213/54 – EzA § 611 BGB Gratifikation, Prämie Nr. 1 = DB 1956, 1039, 1156 m. Anm. *Monjau*; 1957, 1200 m. Anm. *Heimeier; BAG* vom 10. 3. 1982 – 4 AZR 540/79 – EzA § 242 BGB Gleichbehandlung Nr. 29 = DB 1982, 1223);
- daß ein Unternehmer, der zwei bisher selbständige Betriebe nach § 613a BGB übernimmt und einen einheitlichen Betrieb schafft, jeder der beiden übernommenen Arbeitnehmergruppen Weihnachtsgratifikationen nach der jeweils in dem früheren Betrieb praktizierten Ordnung zahlt (*BAG* vom 25. 8. 1976 – 5 AZR 788/75 – EzA § 242 BGB Gleichbehandlung Nr. 1 = DB 1977, 358).

Der Umstand, daß eine Gruppe von Arbeitnehmern eine ihr nicht zustehende

Vergünstigung rechtsirrtümlich bereits erhalten hat, ist ein sachlicher, eine Ungleichbehandlung rechtfertigender Grund auch dann, wenn die versehentlich bevorzugten Arbeitnehmer die Vergünstigung aus rechtlichen oder tatsächlichen Gründen nicht zurückzugeben brauchen. Es gibt weder einen Anspruch auf Gleichbehandlung im Unrecht noch einen Anspruch auf Gleichbehandlung im Rechtsirrtum (*BAG* vom 13. 8. 1980 – 5 AZR 325/78 – EzA § 77 BetrVG 1972 Nr. 8 = DB 1981, 274).

Das arbeitsrechtliche **Gleichbehandlungsgebot**, das einem Verbot der Diskriminierung gleichkommt, **verbietet die willkürliche unterschiedliche Behandlung sonst gleicher Tatbestände**. Es greift nicht in den Grundsatz der arbeitsvertraglichen Vertragsfreiheit ein mit der Folge, daß Arbeitsverhälnisse bei Vorliegen objektiv gleicher Bedingungen unter allen Umständen gleich sein müßten. Soweit persönliche unterschiedliche Bedingungen vorliegen, z. B. Qualifikationen, Alter, besondere Leistungsbereitschaft, sind unterschiedliche Ausgestaltungen der Arbeitsverhältnisse zulässig (siehe auch zur Frage, wann im einzelnen ein sachlicher Grund für eine Differenzierung vorliegt, die Rechtsprechungsnachweise zum arbeitsrechtlichen Gleichbehandlungsgrundsatz bei *G/L* § 75 Rz. 11 sowie die Rechtsprechungs- und Literaturhinweise zu den Tarifausschluß- und Differenzierungsklauseln sowie den Spannen- und Abstandsklauseln bei *D/R* § 75 Rz. 30). 13

Eine neu in das Gesetz aufgenommene **Konkretisierung** des Gleichbehandlungsgrundsatzes ist die Verpflichtung der Betriebspartner, **darauf zu achten, daß Arbeitnehmer nicht wegen Überschreitung bestimmter Altersstufen benachteiligt werden**. Das bloße Erreichen eines bestimmten Lebensalters soll nicht Anlaß dafür sein, daß ein Arbeitnehmer gegenüber anderen Arbeitnehmern des Betriebes in seiner rechtlichen oder tatsächlichen Stellung schlechter gestellt wird (GK-*Kreutz* § 75 Rz. 56ff.). Die Bestimmung schließt jedoch eine unterschiedliche Behandlung dann nicht aus, wenn das Erreichen einer bestimmten Altersgrenze mit anderen erkennbaren Begleitumständen, z. B. dem Nachlassen der Leistungsfähigkeit, verbunden ist. Das Benachteiligungsverbot des **§ 75 Abs. 1 Satz 2** wird **positiv ergänzt durch** die in **§ 80 Abs. 1 Ziff. 6** aufgeführte Aufgabe des Betriebsrats, die Beschäftigung älterer Arbeitnehmer im Betrieb zu fördern, und durch die Verpflichtung des Arbeitgebers und Betriebsrats, bei der Förderung der Berufsausbildung auch die Belange älterer Arbeitnehmer zu berücksichtigen. Nicht nur die Bevorzugung älterer Arbeitnehmer gegenüber jüngeren ist zulässig (*BAG* vom 7. 8. 1986 – 6 ABR 57/85 – AP Nr. 5 zu § 1 BetrVG 1972 = DB 1986, 1784), sondern auch eine Differenzierung zum Nachteil der älteren Arbeitnehmer gegenüber jüngeren Arbeitnehmern ist zulässig, wenn aufgrund tatsächlicher Unterschiede erhebliche Sachgesichtspunkte eine abweichende Behandlung rechtfertigen (*BAG* vom 14. 2. 1984 – 1 AZR 573/82 – AP Nr. 21 zu § 112 BetrVG 1972; *BAG* vom 18. 8. 1987 – 1 ABR 30/86 – EzA § 77 BetrVG 1972 Nr. 18 = DB 1987, 2257). So kann in einer Betriebsvereinbarung wirksam eine Altersgrenze für die Beendigung des Arbeitsverhältnisses festgelegt werden, wenn der Arbeitnehmer zu diesem Zeitpunkt einen Anspruch auf eine Altersrente aus der gesetzlichen Rentenversicherung hat (*BAG* vom 20. 11. 1987 – 2 AZR 284/86 – DB 1988, 1501; zur Kritik an dieser Rechtsprechung GK-*Kreutz* § 75 Rz. 62). 14

§ 75   4. Teil Mitwirkung und Mitbestimmung der Arbeitnehmer

IV. Die freie Entfaltung der Persönlichkeit im Betrieb

15 Diese eingeführte Bestimmung verpflichtet Arbeitgeber und Betriebsrat zum Schutze und zur Förderung der freien Entfaltung der Persönlichkeit der im Betrieb beschäftigten Arbeitnehmer. Die Vorschrift überträgt damit den Grundsatz des Art. 2 Abs. 1 GG auf den Betrieb, ohne daß der Arbeitnehmer hieraus ein subjektives Recht ableiten kann (GK-*Kreutz* § 75 Rz. 66 m. w. N.). Die freie Entfaltung der Persönlichkeit findet nach allgemeinen Grundsätzen ihre Grenzen dort, wo die Rechte anderer betroffen werden, ferner in den verfassungsrechtlichen Vorschriften und im allgemeinen Sittengesetz. Darüber hinaus unterliegt die freie Entfaltung der Persönlichkeit im Betrieb den Grenzen, die durch die Ordnung und den Ablauf des Betriebs notwendigerweise gezogen sind. Hieraus ergeben sich **notwendige Beschränkungen, deren Auferlegung** jedoch **in der Regel an die Mitwirkung des Betriebsrats gebunden ist** (vgl. hierzu insbesondere § 87 Abs. 1 Ziff. 1; aber auch § 87 Abs. 1 Ziff. 6 und § 87 Abs. 1 Ziff. 7). Der hiermit gezogene Rahmen entspricht dem Recht und der seit langem geübten betrieblichen Praxis, die dem Interesse des einzelnen Arbeitnehmers, dem gedeihlichen Zusammenleben im Betrieb und dem Wohl des Betriebes selbst dient. Dabei ist der freien Entfaltung der Initiative und der Persönlichkeit der im Betrieb tätigen Menschen ein möglichst umfassender Spielraum zu gewähren.

16 Konkret bedeutet dies beispielhaft, daß eine akustische Überwachung der Arbeitnehmer durch **Abhörgeräte** oder **Tonaufnahmen** und das **Abhören von Telefongesprächen** unzulässig ist (*G/L* § 75 Rz. 27; *LAG Berlin* vom 19. 2. 1974 – 4 Sa 94/73 – DB 1974, 1243; *Wiese* ZfA 1971, 289f.; GK-*Kreutz* § 75 Rz. 74; *F/A/K/H* § 75 Rz. 22b; a. A. für Dienstgespräche *LAG Baden-Württemberg* vom 29. 4. 1976 – 7 Sa 16/76 – AP Nr. 2 zu § 611 BGB Persönlichkeitsrecht = DB 1977, 766; *Kretschmar* BB 1959, 1068). Aufschaltanlagen zur Unterbrechung von Telefongesprächen sind zulässig, wenn die Aufschaltung deutlich erkennbar ist (*LAG Baden-Württemberg* vom 29. 4. 1976 – a. a. O.).
Zur Telefondatenerfassung siehe *BAG* vom 27. 5. 1986 AP Nr. 15 zu § 87 BetrVG 1972 und zu der umstrittenen aber zulässigen Zeiterfassung *LAG Düsseldorf* vom 30. 4. 1984 – 10 (12) Ta BV – DB 1984, 2624; **a. A.** *LAG Hamburg* vom 31. 1. 1986 – 8 Ta BV 1/85 – DB 1986, 702 m. w. N. Auch das Mithören eines Telefongespräches kann ehrverletzend sein, zumindest dann, wenn es als vertraulich gekennzeichnet war (*BAG* vom 2. 6. 1982 – 2 AZR 1237/79 – AP Nr. 3 zu § 284 ZPO; GK-*Kreutz* § 75 Rz. 74 m. w. N.).
Verstöße gegen das Persönlichkeitsrecht sind auch gegeben, wenn ohne Einwilligung des Arbeitnehmers **graphologische Gutachten** eingeholt werden (*BAG* vom 13. 2. 1964 – 2 AZR 286/63 – AP Nr. 1 zu Art. 1 GG mit Anm. *Wertenbruch* = DB 1964, 302, 554; *LAG Baden-Württemberg* vom 26. 1. 1972 – 8 Sa 109/71 – NJW 1976, 310; *BAG* vom 16. 9. 1982 – 2 AZR 228/60 – EzA § 123 BGB Nr. 22; *ArbG München* vom 14. 4. 1975 – 2 Ca 1674/75 – DB 1975, 1657 = BB 1975, 1205; *Schmid* BB 1980, 1868f.; GK-*Kraft* § 94 Rz. 24), die jedoch nicht zu einer umfassenden Analyse der Gesamtpersönlichkeit führen dürfen (*Schmid* NJW 1971, 1863f.; *F/A/K/H* § 75 Rz. 22e), oder wenn gegenüber Arbeitskollegen, Vorgesetzten oder Betriebsfremden **herabsetzende Äußerungen** gemacht werden (*BAG* vom 14. 9. 1967 – 5 AZR 101/66 – AP Nr. 1 zu § 242 BGB m. Anm. *Weitnauer* = DB 1967, 2080; *BAG* vom 21. 2. 1979 – 5 AZR 568/77 – EzA § 847 BGB Nr. 3 = DB 1979, 1513; GK-*Kreutz* § 75 Rz. 76 m. w. N.).

Das Recht des Arbeitnehmers auf seine Privatsphäre begrenzt das Fragerecht des Arbeitgebers aus Anlaß von Einstellungsgesprächen (*BAG* vom 5. 12. 1957 – 1 AZR 594/56 – EzA § 123 BGB Nr. 1 = DB 1958, 227, 282; *BAG* vom 22. 9. 1961 – 1 AZR 241/60 – EzA § 123 BGB Nr. 4 = DB 1961, 1522; *BAG* vom 7. 6. 1985 – 2 AZR 270/83 – EzA § 123 BGB Nr. 24 = DB 1984, 2706; *BAG* vom 20. 3. 1986 – 2 AZR 244/85 – EzA § 123 BGB Nr. 27 = DB 1986, 2287; GK-*Kreutz* § 75 Rz. 77 m. w. N.). Zum Verlangen nach ärztlichen Untersuchungen, den Einsatz von Kontrollgeräten und Kontrollmaßnahmen, die Offenlegung von persönlichen Daten in Personalakten vgl. GK-*Kreutz* § 75 Rz. 77 m. w. N.

V. Streitigkeiten

Streitigkeiten zwischen Arbeitgeber und Betriebsrat über das Ausmaß der sich aus § 75 ergebenden Rechte und Pflichten entscheidet das ArbG im Beschlußverfahren (§ 2a Abs. 1 Nr. 1, Abs. 2 i. V. m. §§ 80ff ArbGG); soweit individuelle Ansprüche aus der Verletzung des Diskriminierungsverbotes hergeleitet werden, entscheidet das Arbeitsgericht im Urteilsverfahren. 17

Da § 75 kollektivrechtliche Amtspflichten begründet, können Beseitigungs- und Unterlassungsansprüche geltend gemacht werden. Aus den Amtspflichten können die Arbeitnehmer weder Leistungsansprüche noch Schadensersatzansprüche geltend machen (GK-*Kreutz* § 75 Rz. 90, 91 m. w. N.). Streitig ist, ob § 75 als Schutzgesetz i. S. d. § 823 Abs. 2 BGB anzusehen ist. Das ist zu bejahen (*F/A/K/H* § 1 Rz. 139; § 75 Rz. 24; *G/L* § 75 Rz. 39), da aus der Festlegung kollektiver Amtspflichten nicht der Schluß gerechtfertigt ist, aus § 75 ergebe sich kein Individualschutz (a. A. GK-*Kreutz* § 75 Rz. 91 m. w. N.; *D/R* § 75 Rz. 46). Des weiteren handelt es sich bei § 75 um ein Verbotsgesetz i. S. d. § 134 BGB und verbietet Betriebsvereinbarungen, die gegen die Grundsätze von Recht und Billigkeit oder gegen das Gleichbehandlungsgebot verstoßen oder die Persönlichkeitsentfaltung behindern. 18

§ 76 Einigungsstelle

(1) Zur Beilegung von Meinungsverschiedenheiten zwischen Arbeitgeber und Betriebsrat, Gesamtbetriebsrat oder Konzernbetriebsrat ist bei Bedarf eine Einigungsstelle zu bilden. Durch Betriebsvereinbarung kann eine ständige Einigungsstelle errichtet werden.

(2) Die Einigungsstelle besteht aus einer gleichen Anzahl von Beisitzern, die vom Arbeitgeber und Betriebsrat bestellt werden, und einem unparteiischen Vorsitzenden, auf dessen Person sich beide Seiten einigen müssen. Kommt eine Einigung über die Person des Vorsitzenden nicht zustande, so bestellt ihn das Arbeitsgericht. Dieses entscheidet auch, wenn kein Einverständnis über die Zahl der Beisitzer erzielt wird.

(3) Die Einigungsstelle faßt ihre Beschlüsse nach mündlicher Beratung mit Stimmenmehrheit. Bei der Beschlußfassung hat sich der Vorsitzende zunächst der Stimme zu enthalten; kommt eine Stimmenmehrheit nicht zustande, so nimmt der Vorsitzende nach weiterer Beratung an der erneuten Beschlußfassung teil. Die Beschlüsse der Einigungsstelle sind schriftlich niederzulegen, vom Vorsitzenden zu unterschreiben und Arbeitgeber und Betriebsrat zuzuleiten.

(4) Durch Betriebsvereinbarung können weitere Einzelheiten des Verfahrens vor der Einigungsstelle geregelt werden.
(5) In den Fällen, in denen der Spruch der Einigungsstelle die Einigung zwischen Arbeitgeber und Betriebsrat ersetzt, wird die Einigungsstelle auf Antrag einer Seite tätig. Benennt eine Seite keine Mitglieder oder bleiben die von einer Seite genannten Mitglieder trotz rechtzeitiger Einladung der Sitzung fern, so entscheiden der Vorsitzende und die erschienenen Mitglieder nach Maßgabe des Absatzes 3 allein. Die Einigungsstelle faßt ihre Beschlüsse unter angemessener Berücksichtigung der Belange des Betriebs und der betroffenen Arbeitnehmer nach billigem Ermessen. Die Überschreitung der Grenzen des Ermessens kann durch den Arbeitgeber oder den Betriebsrat nur binnen einer Frist von zwei Wochen, vom Tage der Zuleitung des Beschlusses an gerechnet, beim Arbeitsgericht geltend gemacht werden.
(6) Im übrigen wird die Einigungsstelle nur tätig, wenn beide Seiten es beantragen oder mit ihrem Tätigwerden einverstanden sind. In diesen Fällen ersetzt ihr Spruch die Einigung zwischen Arbeitgeber und Betriebsrat nur, wenn beide Seiten sich dem Spruch im voraus unterworfen oder ihn nachträglich angenommen haben.
(7) Soweit nach anderen Vorschriften der Rechtsweg gegeben ist, wird er durch den Spruch der Einigungsstelle nicht ausgeschlossen.
(8) Durch Tarifvertrag kann bestimmt werden, daß an die Stelle der in Absatz 1 bezeichneten Einigungsstelle eine tarifliche Schlichtungsstelle tritt.

Literaturübersicht

Auffarth AuR 1972, 12; *Bauer* Der Anwalt im Einigungsstellenverfahren, Anwaltsblatt 1985, 225; *Bischoff* Die Einigungsstelle im BetrVG, BB 1972, 178; *ders.* Die Einigungsstelle, AR-Blattei Einigungsstelle I 1975; *ders.* Betriebsverfassung Tarifvertrag, BlStSozArbR 1980, 97; *ders.* Die Einigungsstelle im Betriebsverfassungsrecht, 1975; *Blomeyer* Der Interessenkonflikt zwischen Arbeitnehmer und Betriebsrat bei Individualmaßnahmen, Gedächtnisschrift für *Dietz*, 1973, 147; *Boldt* AR-Blattei, D Bergarbeiterrecht III, III Betriebsverfassung; *Brill* BB 1964, 1343; *ders.* Die Einigungsstelle nach dem neuen BetrVG BB 1972, 178; *Dedert* Zuständigkeit der Einigungsstelle bei Abmahnungen, BB 1986, 320; *Dütz* Verbindliche Einigungsverfahren nach den Entwürfen zu einem neuen Betriebsverfassungsrecht, DB 1971, 674, 723; *ders.* Zwangsschlichtung im Betrieb – Kompetenz und Funktion der Einigungsstelle nach dem BetrVG 1972, DB 1972, 383; *ders.* Einstweiliger Rechts- und Interessenschutz in der Betriebsverfassung, ZfA 1972, 247; *ders.* Verfahrensrecht der Betriebsverfassung, AuR 1973, 353; *ders.* Die Beilegung von Arbeitsstreitigkeiten im Betrieb, RdA 1978, 291; *Föhr* RdA 1977, 1, 285 ff.; *Ganslmayer* Die gerichtliche Überprüfung der Sprüche von Einigungsstellen nach dem BetrVG 1972, Diss. Augsburg, 1974; *Gaul* Die betriebliche Einigungsstelle, 2. Aufl. 1980; *ders.* Zur Aussetzung des Verfahrens über die Bestellung des Einigungsstellenvorsitzenden, BB 1978, 1067; *ders.* Die Entscheidung über die Besetzung der Einigungsstelle, ZfA 1979, 97; *ders.* Einigungsstelle: Aussetzung des Bestellungsverfahrens, DB 1980, 1894; *Gaul/Bartenbach* Die Beanstandung der Ermessensüberschreitung durch die betriebliche Einigungsstelle, NZA 1985, 341; *Gnade* Die Einigungsstelle nach dem neuen BetrVG, AuR 1973, 43; *ders.* Die Bildung und Zusammensetzung der Einigungsstelle nach dem BetrVG, MitGespr. 1975, 204; *Heinze* Verfahren und Entscheidung der Einigungsstelle, RdA 1990, 262; *Herschel* Bemerkungen zum Recht der Eingungsstelle, AuR 1974, 257; *Hoffmann* Das Unternehmenswohl bei den mitbestimmten Unternehmen und die angemessene Berücksichtigung der Belange des Betriebes und der Arbeitnehmer im

BetrVG, JArbR Bd. 15 (1977), 37; *Hromadka* Die belastende Betriebsvereinbarung, DB 1985, 864; *Hunold* Bildung und Kosten der Einigungsstelle nach dem BetrVG, DB 1978, 2362; *Jäcker* Die Einigungsstelle nach dem BetrVG 1972, 1974; *Jahnke* Kompetenzen des Betriebsrats mit vermögensrechtlichem Inhalt, RdA 1975, 343; *Janzen* Die Einigungsstelle nach dem BetrVG, Arbeitsheft 922 der IG Metall, 4. Aufl. 1981; *Kaven* Das Recht des Sozialplans, 1977; *Kehrmann* Das Verfahren vor der Einigungsstelle und die gerichtliche Überprüfbarkeit ihres Spruches, MitGespr. 1975, 208; *Leinemann* Die Bestellung der Vorsitzenden und die Bestimmung der Zahl der Beisitzer einer betriebsverfassungsrechtlichen Einigungsstelle, AuR 1975, 22; *Leipold* Die Einigungsstellen nach dem neuen BetrVG, FS für *Schnorr v. Carolsfeld*, 1973, 273; *Lepke* Zur Rechtsstellung der betrieblichen Einigungsstelle im arbeitsrechtlichen Beschlußverfahren, BB 1977, 49; *Matthes* Zur Antragstellung im Beschlußverfahren, DB 1984, 453; *Moll* Die Mitbestimmung des Betriebsrats beim Entgelt, 1977; *Müller, G.* Rechtliche Konzeption und soziologische Problematik der Einigungsstelle nach dem BetrVG 1972, DB 1973, 76, 431; *ders.* Die Einigungsstelle, ArbGeb. 1972, 419; *ders.* Einigungsstelle und tarifliche Schlichtungsstelle nach dem BetrVG 1972, FS für *Barz*, 1974, 489; *ders.* ZfA 1972, 235, 213, 235; *ders.* Die Einigungsstelle, ArbGeb. 1972, 419; *ders.* Rechtliche Konzeption und soziologische Problematik der Einigungsstelle nach dem BetrVG 1972, DB 1973, 431; *Pünnel* Praktische Probleme des Einigungsstellenverfahrens nach dem BetrVG 1972, AuR 1973, 257; *ders.* Die Einigungsstelle des BetrVG 1972, 2. Aufl. 1985; *ders.* AuR 1966, 69; *ders.* AuR 1873, 44; *Reuter* Die Mitbestimmung des Betriebsrats über die Lage der Arbeitszeit von Ladenangestellten, ZfA 1981, 165; *Rossmanith* Betriebliche Mitbestimmung – Beschlußverfahren – Rechtsschutzinteresse, AuR 1982, 339; *Schnell* »Verfahrenskompetenz« der Einigungsstelle und Funktion des Vorsitzenden des Arbeitsgerichts bei der Bestellung des Vorsitzenden einer Einigungsstelle nach § 76 Abs. 2 BetrVG, BB 1976, 1517; *Schmitt-Rolfes* Die Stellung der Verbände im BetrVG unter besonderer Berücksichtigung des betriebsverfassungsrechtlichen Einigungsverfahrens, Diss. Köln, 1977; *ders.* Das betriebsverfassungsrechtliche Schlichtungswesen, JArbR Bd. 19 (1981), 69ff.; *Schneider* Aufgaben und Befugnisse der Einigungsstelle nach dem BetrVG, MitGespr. 1975, 191; *Schroeder-Printzen* Zur Erforderlichkeit der schriftlichen Begründung des Spruchs der Einigungsstelle, ZIP 1983, 264; *Simitis/Weiss* Funktion und Grenzen der Intervention des Arbeitsgerichts bei der Bestellung des Vorsitzenden der Einigungsstelle, ZfA 1974, 383; *Söllner* Mitbestimmung als Mitgestaltung und Mitbeurteilung, FS *BAG* 1979, 605; *ders.* Schlichten ist kein Richten, ZfA 1982, 1; *Sturm* Die Einigungsstelle nach dem neuen BetrVG, AuR 1972, 276; *ders.* Die Befugnisse der Einigungsstelle nach dem BetrVG, Arbu-SozR 1975, 153; *Thiele* Die Einigungsstelle, BlStSozArbR 1973, 353; *Weber* SAE 1981, 114; *Wiese* Das Initiativrecht nach dem BetrVG, 1977; *Zitscher* Die »vertrauensvolle Zusammenarbeit« zwischen Betriebsrat und Arbeitgeber, DB 1984, 1395.

Inhaltsübersicht

	Rz.
A. Allgemeines	1– 5
B. Die Zuständigkeit der Einigungsstelle	6–21
I. Das verbindliche Einigungsstellenverfahren	6–13
II. Das freiwillige Einigungsstellenverfahren	14, 15
III. Der Streit um die Zuständigkeit der Einigungsstelle	16–21
C. Das Verfahren vor der Einigungsstelle	22–57
I. Die Bildung der Einigungsstelle bei Bedarf	22
II. Die ständige Einigungsstelle	23
III. Die tarifliche Schlichtungsstelle	24–29
IV. Die Zusammensetzung der Einigungsstelle	30–41
1. Die Beisitzer	33–38
2. Der Vorsitzende	39–41

§ 76   4. Teil Mitwirkung und Mitbestimmung der Arbeitnehmer

V.	Das Zusammentreten und die Entscheidung der Einigungsstelle	42–57
	1. Die Einladung zur Sitzung	43
	2. Die mündliche Beratung	44–46
	3. Die Beschlußfassung der Einigungsstelle mit Stimmenmehrheit	47–52
	4. Sonstige Verfahrensvorschriften	53
	5. Die Wirkung des Spruchs der Einigungsstelle	54–57
D.	Die Haftung der Mitglieder der Einigungsstelle	58
E.	Die Anfechtung der Entscheidung der Einigungsstelle vor dem Arbeitsgericht	59–66
F.	Streitigkeiten	67–73

A. Allgemeines

1 § 76 enthält die Vorschrift über die Errichtung und das Verfahren vor der Einigungsstelle, die zur Beilegung von Meinungsverschiedenheiten zwischen Arbeitgeber und Betriebsrat zu bilden ist.

2 Die Einigungsstelle kann bei konkreten Meinungsverschiedenheiten zwischen Arbeitgeber und Betriebsrat bzw. Gesamtbetriebsrat oder Konzernbetriebsrat angerufen werden (*LAG Frankfurt* vom 13. 11. 1984 – 4 TaBV 39/84 – DB 1985, 1535).

3 Die Entscheidungskompetenz der Einigungsstelle ist gegenüber dem BetrVG 1952 erheblich erweitert worden. Nach dem BetrVG 1952 war die bindende Entscheidung der Einigungsstelle nur in wenigen Fällen vorgesehen. Die Einigungsstelle entschied, wenn eine Einigung zwischen Arbeitgeber und Gesamtbetriebsrat nicht zustande kam, in den Fällen, in denen dem Gesamtbetriebsrat nach den regelmäßigen Vorschriften über die Zusammensetzung mehr als 40 Mitglieder angehört hätten. Die Einigungsstelle entschied ferner gem. § 56 Abs. 2 BetrVG 1952 verbindlich in den Fragen, in denen eine Übereinstimmung über die dem obligatorischen Mitbestimmungsrecht des Betriebsrats in sozialen Angelegenheiten unterliegenden Fragen nicht zustande kam. Schließlich entschied die Einigungsstelle gem. § 70 Abs. 2 BetrVG 1952 verbindlich, wenn zwischen Unternehmen und Betriebsrat keine Verständigung erzielt werden konnte. In allen anderen Fällen konnte die Einigungsstelle nur im Einvernehmen zwischen den betrieblichen Partnern tätig werden, und konnte ihr Spruch nur verbindlich werden, wenn beide Seiten hiermit einverstanden waren.

4 Das jetzt geltende BetrVG sieht die bindende Entscheidung der Einigungsstelle in mehr als 20 Fällen vor. Dies ist die Folge der im organisatorischen und im Mitbestimmungsbereich verstärkten Rechtsstellung des Betriebsrats; sie kann bewirken, daß die Einigungsstelle, gelingt es den betrieblichen Partnern nicht, im Sinne der vertrauensvollen Zusammenarbeit Übereinstimmung in den fraglichen Angelegenheiten zu erzielen, zu einer äußerst bedeutsamen, vielfach ausschlaggebenden Stelle im betrieblichen Entscheidungsprozeß werden kann. Auf die vielfältige verfassungsrechtliche Problematik dieser Veränderungen ist an anderen Stellen dieses Kommentars hingewiesen worden (vgl. § 87 und § 95). Angesichts der erheblich gewachsenen Bedeutung der Einigungsstelle kommt dem Grundsatz des § 74 Abs. 1 Satz 2 besonderes Gewicht zu, wonach Arbeitgeber und Betriebsrat über strittige Fragen mit dem ernsten Willen zur Einigung zu verhandeln und Vorschläge für die Beilegung von Meinungsverschiedenheiten zu

machen haben. Nur wenn diese Bemühungen ohne Erfolg geblieben sind, kommt die Anrufung der Einigungsstelle in Betracht.
Bei der Einigungsstelle, die der Konfliktösung dienen soll (GK-*Kreutz* § 76 Rz. 1), handelt es sich in den Fällen, in denen der Spruch der Einigungsstelle die Einigung zwischen den Betriebspartnern ersetzt, um einen Fall der betrieblichen Zwangsschlichtung (GK-*Kreutz* § 76 Rz. 5 und unten Rz. 8), der sowohl mit Art. 9 Abs. 3 GG (*BVerfG* vom 18. 12. 1985 – 1 BvR 143/83 – AP Nr. 15 zu § 87 BetrVG 1972 = DB 1986, 486; *BVerfG* vom 18. 10. 1982 – 1 BvR 1426/83 – EzA § 76 BetrVG 1972 Nr. 38;) als auch unter dem Gesichtspunkt des Rechtsstaatsprinzips verfassungsmäßig ist (*BVerfG* vom 18. 10. 1982 – a. a. O.; GK-*Kreutz* § 76 Rz. 7; *F/A/K/H* § 76 Rz. 37; *D/R* § 76 Rz. 17). Die Entscheidung der Einigungsstelle ist nicht nur auf die Beilegung von Regelungsstreitigkeiten beschränkt. Vielmehr sind in Einzelfällen der Einigungsstelle auch die Entscheidungen von Rechtsfragen, für die regelmäßig die Arbeitsgerichte zuständig sind, übertragen (vgl. unten Rz. 11 ff.).
Die Konfliktlösungsfunktion gilt unabhängig davon, ob die Einigungsstelle in 5 einer Angelegenheit tätig wird, bei der ihr Spruch die Einigung zwischen Arbeitgeber und Betriebsrat ersetzt (§ 76 Abs. 5), oder ob es sich um eine Tätigkeit handelt, die im Einvernehmen beider Seiten liegt. Obwohl die Einigungsstelle auf betrieblicher Ebene gebildet wird, ist nicht zu verkennen, daß sie ihrer Aufgabe und Struktur nach nicht zuletzt durch die mögliche – im Falle des Vorsitzenden wahrscheinliche – Beteiligung betriebsfremder Personen ein Element der Fremd- und Zwangsbestimmung in das betriebliche Geschehen hineinbringt, was im Rahmen des Möglichen durch den guten Willen und die Zusammenarbeit der betrieblichen Partner vermieden werden und nur als letzter Ausweg in Betracht kommen sollte (vgl. auch *LAG Baden-Württemberg* vom 18. 7. 1960 – 6 TaBV 2/60 – DB 1961, 1034; *Dietz* BetrVG 1952 § 50 Rz. 12).

B. Die Zuständigkeit der Einigungsstelle

I. Das verbindliche Einigungsstellenverfahren

Im Rahmen des verbindlichen Verfahrens vor der Einigungsstelle ersetzt der 6 Spruch der Einigungsstelle die Einigung zwischen Arbeitgeber und Betriebsrat. Die Zuständigkeit der Einigungsstelle ist nicht gegeben, wenn bereits eine tarifliche oder gesetzliche Regelung besteht (*BAG* vom 22. 1. 1980 – 1 ABR 48/77 – EzA § 87 BetrVG 1972 Lohn- und Arbeitsentgelt Nr. 11 = DB 1980, 1885) oder wenn eine tarifvertragliche Öffnungsklausel eine verbindliche Entscheidung der Einigungsstelle ausschließt (*BAG* vom 28. 2. 1984 – 1 ABR 37/82 – EzA § 87 BetrVG 1972 Leistungslohn Nr. 9 = DB 1984, 1682).
Fälle erzwingbarer Mitbestimmung sind: 7
- Die Freistellung von Betriebsratsmitgliedern und Jugendvertretungen für Schulungs- und Bildungsveranstaltungen (§§ 37 Abs. 6 u. 7., 65 Abs. 1). Vgl. hierzu die Ausführungen zu §§ 37, 65;
- die ständige Freistellung von Betriebsratsmitgliedern (§ 38 Abs. 2). Vgl. hierzu die Ausführungen zu § 38;
- die Einrichtung von Sprechstunden für den Betriebsrat und die Jugendvertretung (§§ 39 Abs. 1, 69). Vgl. hierzu die Ausführungen zu §§ 39, 69;
- die Freistellung der Zahl der Mitglieder des Gesamtbetriebsrats und der Ge-

§ 76   4. Teil Mitwirkung und Mitbestimmung der Arbeitnehmer

samtjugendvertretung sowie des Konzernbetriebsrats (§§ 47 Abs. 6, 72 Abs. 6, 55 Abs. 4). Vgl. hierzu die Ausführungen zu §§ 47, 72, 55;
- das Verfahren über die Beschwerde eines Arbeitnehmers (§ 85 Abs. 2). Vgl. hierzu die Ausführungen zu § 85;
- die mitbestimmungspflichtigen sozialen Angelegenheiten (§ 87 Abs. 1 Nr. 11–12, Abs. 2). Vgl. hierzu die Ausführungen zu § 87;
- Ausgleichsmaßnahmen bei Änderungen von Arbeitsablauf oder Arbeitsumgebung (§ 91 Satz 2). Vgl. hierzu die Ausführungen zu § 91;
- Personalfragebögen, Formularverträge und Beurteilungsgrundsätze (§ 94 Abs. 1 und 2). Vgl. hierzu die Ausführungen zu § 94;
- Auswahlrichtlinien bei Einstellungen, Versetzungen, Umgruppierungen und Kündigungen (§ 95 Abs. 1 und 2). Vgl. hierzu die Ausführungen zu § 95;
- die Durchführung betrieblicher Bildungsmaßnahmen (§ 98 Abs. 3 und 4). Vgl. hierzu die Ausführungen zu § 98;
- das erweiterte Mitbestimmungsrecht bei Kündigungen (§ 102 Abs. 6). Vgl. hierzu die Ausführungen zu § 102;
- die Auskunftserteilung an den Wirtschaftsausschuß, an den Betriebsrat und den Gesamtbetriebsrat (§ 109). Vgl. hierzu die Ausführungen zu § 109;
- der Interessenausgleich bei Betriebsänderungen (§ 112 Abs. 2 und 3). Vgl. hierzu die Ausführungen zu § 112;
- der Sozialplan bei Betriebsänderungen (§ 112 Abs. 4). Vgl. hierzu die Ausführungen zu § 112;
- Meinungsverschiedenheiten zwischen Kapitän und Bordvertretung (§ 115 Abs. 7 Nr. 2). Vgl. hierzu die Ausführungen zu § 115;
- die Beschäftigung nicht freigestellter Seebetriebsratsmitglieder, der Unterkunftsanspruch des Seebetriebsratsmitglieds, das Abhalten außerordentlicher Sprechstunden und Bordversammlungen (§ 116 Abs. 3 Nr. 2, 4 und 8). Vgl. hierzu die Ausführungen zu § 116.

8 Bei diesen verbindlichen Entscheidungen der Eingungsstelle handelt es sich um eine **Zwangsschlichtung** (so auch GK-*Kreutz* § 76 Rz. 6, 7; *D/R* § 76 Rz. 14; *Dütz* DB 1972, 387; **a. A.** *Auffarth* AuR 1972, 14; *F/A/K/H* § 76 Rz. 36). Der Schlichtungsbegriff bedeutet Hilfeleistung zur Beendigung einer Gesamtstreitigkeit durch Abschluß einer Gesamtvereinbarung (vgl. *Gaul* Die betriebliche Einigungsstelle A II Anm. 1; GK-*Kreutz* § 76 Rz. 5; vgl. auch *D/R* § 76 Rz. 14ff.). Obwohl es sich um eine Art der Zwangsschlichtung handelt, kann jedoch nicht in Entsprechung zum Arbeitskampfrecht auf die Verfassunswidrigkeit von § 76 Abs. 5 geschlossen werden (GK-*Kreutz* § 76 Rz. 7; vgl. *BAG* vom 13. 3. 1973 – 1 ABR 16/72 – EzA § 87 BetrVG 1972 Werkswohnungen Nr. 2 = DB 1973, 1458; *Moll* BlStSozArbR 1977, 177; *Wiese* a. a. O. 36, 43, 64).

9 In allen genannten Fällen wird die **Einigungsstelle** auf **Antrag nur einer Seite**, also entweder des Arbeitgebers oder des Betriebsrats, **tätig**. Grundsätzlich kann jeder der betrieblichen Partner bei Vorliegen der Voraussetzungen die Einigungsstelle anrufen (Ausnahmen: nur der Arbeitgeber in §§ 37 Abs. 6, Abs. 7, 38 Abs. 2, 95 Abs. 1; nur der Betriebsrat: § 85). In einigen Fällen ist das Anrufungsrecht oder vielmehr die Anrufungspflicht derjenigen Seite auferlegt, die eine Vorentscheidung des anderen Partners abgeändert wissen will.

10 Die **Einigungsstelle** kann nur auf Antrag, **nie aber von Amts wegen** tätig werden. Wirkt die andere Seite nicht bei der Errichtung der Eingungsstelle mit, so kann die das Verfahren betreibende Stelle die Errichtung der Einigungsstelle allein durch-

Einigungsstelle § 76

setzen (vgl. *F/A/K/H* § 76 Rz. 24 f.). Die Einigungsstelle wird gegen den Willen der anderen Seite gebildet werden, indem der Antragsteller das Arbeitsgericht anruft, um den Vorsitzenden bestellen und die Zahl der Beisitzer festlegen zu lassen. Benennt die andere Seite keine Beisitzer, so besteht die Einigungsstelle aus dem Vorsitzenden und den vom Antragsteller benannten Beisitzern.
Nachdem die Kompetenz der Einigungsstelle erheblich erweitert worden ist, kann die **Einigungsstelle sowohl zur Entscheidung von Rechtsstreitigkeiten als auch von Regelungsstreitigkeiten** angerufen werden (GK-*Kreutz* § 76 Rz. 11 ff.; siehe auch GK-*Kreutz* § 76 Rz. 20 ff.). 11

Während in Regelungsstreitigkeiten entschieden wird, was in Zukunft rechtens sein soll, wird im Rahmen der Rechtsstreitigkeit entschieden, was in einem konkreten, jetzt zur Entscheidung stehenden Fall rechtens ist (siehe *D/R* § 76 Rz. 18 m. w. N.). Rechtsstreitigkeiten entscheidet in der Regel das ArbG im Beschlußverfahren.
Das Einigungsstellenverfahren über Rechtsfragen ist in folgenden Fällen vorgesehen: § 37 Abs. 6, § 38 Abs. 2, § 87 Abs. 1 Nr. 5 und § 109. Einige Regelungsstreitigkeiten können auch zugleich Rechtsstreitigkeiten sein.
Soweit die Einigungsstelle Rechtsfragen vorentscheidet, ist die volle Nachprüfbarkeit ihrer Sprüche durch den Rechtsweg vor den ArbG gem. § 2a Abs. 1 Nr. 1 ArbGG sichergestellt (*G/L* § 76 Rz. 4; *D/R* § 76 Rz. 24).
Die Einigungsstelle hat ferner stets vorher die Vorfrage ihrer Zuständigkeit selbst zu prüfen und sich gegebenenfalls für unzuständig zu erklären. (*BAG* vom 22. 1. 1980 – 1 ABR 48/77 – EzA § 87 BetrVG 1972 Lohn- und Arbeitsentgelt Nr. 11 = DB 1980, 1895; GK-*Kreutz* § 76 Rz. 13; *F/A/K/H* § 76 Rz. 42a; *D/R* § 76 Rz. 24 m. w N.). 12

Die Frage, ob im Rahmen des Verfahrens eine Rechtsstreitigkeit oder eine Regelungsstreitigkeit vorliegt, ist insoweit von Bedeutung, als hierdurch der Umfang der arbeitsgerichtlichen Überprüfungsmöglichkeit tangiert wird (vgl. unten Rz. 59 ff.). 13

II. Das freiwillige Einigungsstellenverfahren

§ 76 Abs. 6 enthält Vorschriften für das Verfahren, das durchzuführen ist, wenn der Spruch der Einigungsstelle nicht aufgrund spezieller Bestimmungen des Gesetzes die Einigung zwischen Arbeitgeber und Betriebsrat ersetzt. Das Verfahren nach Abs. 6, das sich sowohl auf die Rechtsstreitigkeiten als auch auf Regelungsstreitigkeiten beziehen kann, setzt in seinem ganzen Verlauf die freiwillige Mitwirkung beider Betriebspartner voraus (vgl. hinsichtlich der Bildung der Einigungsstelle Rz. 22) und soll dem Ziel dienen, jede rechtlich bedeutsame Meinungsverschiedenheit der Betriebspartner beizulegen (GK-*Kreutz* § 76 Rz. 19). Lassen sich beide Seiten vor der Einigungsstelle in eine Verhandlung ein, obwohl kein Tatbestand für eine verbindliche Entscheidung der Einigungsstelle gegeben ist, so ist ihr Einverständnis mit deren Tätigkeit zu unterstellen. Die Hilfe der Einigungsstelle kann insbesondere für den Abschluß einer freiwilligen Betriebsvereinbarung gem. § 88 in Anspruch genommen werden. Ein besonderer Fall der Tätigkeit der Einigungsstelle auf freiwilliger Grundlage ist in § 112 Abs. 2 geregelt: Unternehmer und Betriebsrat können die Einigungsstelle zur Hilfestellung bei der Erarbeitung eines Interessenausgleichs bei einer Betriebsänderung anrufen. 14

§ 76   4. Teil Mitwirkung und Mitbestimmung der Arbeitnehmer

15   Für das Verfahren der Einigungsstelle gilt auch beim einvernehmlichen Verfahren (Abs. 6) Abs. 3. Der Spruch der Einigungsstelle hat hier nur die Bedeutung eines die Parteien nicht bindenden Einigungsvorschlages (*Dietz* BetrVG 1952 § 50 Rz. 26; *Fitting/Kraegeloh/Auffarth* § 50 BetrVG 1952 Rz. 27). Die Parteien können sich jedoch übereinstimmend dem Spruch im voraus unterwerfen mit der Folge, daß der Spruch dann verbindlich ist. Allerdings kann eine solche vorherige Unterwerfung nicht im Hinblick auf Rechtsansprüche erfolgen. Fehlt es an einer solchen vorherigen Unterwerfung, so wird ein Spruch der Einigungsstelle nach Abs. 6 nur verbindlich, wenn er von beiden Betriebspartnern angenommen ist, was im eigenen freien Ermessen eines jeden Partners steht.

III. Der Streit um die Zuständigkeit der Einigungsstelle

16   Im Rahmen des verbindlichen Verfahrens kann sowohl durch das Arbeitsgericht als auch durch eine schon gebildete Einigungsstelle die Vorfrage der Zuständigkeit der Einigungsstelle geprüft werden.

17   In dem Verfahren vor dem Arbeitsgericht um die Bestellung des Vorsitzenden der Einigungsstelle bzw. um die Zahl der Beisitzer hat der Vorsitzende (§ 98 Abs. ArbGG) der Kammer, die nach dem Geschäftsverteilungsplan über betriebsverfassungsrechtliche Streitfragen zu entscheiden hat, auch die Vorfrage der Zuständigkeit der Einigungsstelle zu prüfen, da bei offensichtlicher Unzuständigkeit der Einigungsstelle das Rechtsschutzbedürfnis für einen entsprechenden Antrag fehlt. Mit der seit 1.7. 1979 geltenden Fassung des § 98 ArbGG hat sich der Meinungsstreit zum Umfang der Zuständigkeitsprüfung erledigt (vgl. hierzu *Pünnel* Die Einigungsstelle 24ff.; *LAG Düsseldorf* vom 28. 11. 1980 – 16 TaBV 13/80 – EzA § 87 BetrVG 1972 Kontrolleinrichtung Nr. 9 = DB 1981, 379). Der Antrag, den Vorsitzenden der Einigungsstelle und die Zahl der Beisitzer zu bestimmen, muß erkennen lassen, über welche mitbestimmungsrechtlich relevanten Gegenstände Meinungsverschiedenheiten zwischen Arbeitgeber und Betriebsrat bestehen (*LAG Düsseldorf* vom 21. 8. 1987 – 9 TaBV 132/86 – NZA 1988, 211; vgl. auch *BAG* vom 16. 8. 1983 – 1 ABR 11/82 – EzA § 81 ArbGG 1979 Nr. 3 = DB 1984, 408; GK-*Kreutz* § 76 Rz. 46). Das Gericht verstößt gegen den Grundsatz des rechtlichen Gehörs, wenn es im Verfahren zur Bestellung des Vorsitzenden der Einigungsstelle gem. § 76 Abs. 2 Satz 2 ArbGG abweichend von den Vorschlägen der Beteiligten einen Vorsitzenden bestellt, ohne den Beteiligten die Absicht der Bestellung dieses Vorsitzenden bekanntzugeben und eine Änderung hierzu zu ermöglichen (*LAG München* vom 31. 1. 1989 – 3 TaBV 62/88 – NZA 1989, 525). Die Entscheidungskompetenz der Einigungsstelle bezieht sich nur auf die konkrete Meinungsverschiedenheit, zu deren Beilegung die Einigungsstelle gebildet wurde. Eine weitergehende Entscheidungskompetenz setzt eine entsprechende Einigung der Betriebspartner voraus, daß die Entscheidungskompetenz der Einigungsstelle erweitert werden soll (*BAG* vom 29. 4. 1982 – 6 ABR 54/79 – DB 1982, 2469; *LAG Frankfurt/M.* vom 13. 11. 1984 – 4 TaBV 39/84 – DB 1985, 1535).

18   Die Einigungsstelle ist dann offensichtlich unzuständig, wenn sich die beizulegende Streitigkeit zwischen Arbeitgeber und Betriebsrat bei fachkundiger Beurteilung durch das Gericht sofort erkennbar nicht unter einen mitbestimmungspflichtigen Tatbestand des BetrVG subsumieren läßt (*LAG Berlin* vom 18. 2. 1980 – 9 TaBV 5/79 – EzA § 98 ArbGG 1979 Nr. 1 = DB 1980, 2091; *LAG Baden-*

Württemberg vom 25. 3. 1980 – 7 TaBV 2/79 – DB 1980, 1076; *LAG Hamm* vom 16. 4. 1986 – 12 TaBV 170/85 – BB 1986, 1359; *LAG Frankfurt/M.* vom 15. 6. 1984 – 14/5 TaBV 8/84 – NZA 1985, 33; GK-*Kreutz* § 76 Rz. 51). Wird der Antrag auf Bestellung eines Einigungsstellenvorsitzenden wegen offensichtlicher Unzuständigkeit abgewiesen, so steht dieser Beschluß einem nachfolgenden Beschlußverfahren über das Bestehen eines Mitbestimmungrechts nicht entgegen (*LAG Stuttgart* vom 10. 11. 1987 – 8 TaBV 3/87 – NZA 1988, 325; GK-*Kreutz* § 76 Rz. 51). Für die Bildung einer Einigungsstelle wegen einer Betriebsvereinbarung über die Einführung von Bildschirmarbeitsplätzen ist von den technischen Gegebenheiten her eine offensichtliche Unzuständigkeit wegen der möglichen Leistungs- und Verhaltenskontrolle nicht anzunehmen (*LAG Düsseldorf* vom 28. 11. 1980 – 16 TaBV 13/80 – EzA § 87 BetrVG 1972 Kontrolleinrichtung Nr. 9 = DB 1981, 379). Dagegen ist eine offensichtliche Unzuständigkeit gegeben, wenn die Einigungsstelle zum Zwecke der Errichtung eines Sozialplanes gebildet werden soll und die Zahl der zu entlassenden Arbeitnehmer die in § 17 KSchG genannte Zahl unterschreitet (*LAG Baden-Württemberg* vom 16. 4. 1982 – 9 TaBV 1/82 – DB 1982, 1628).

Die Vereinbarung in einem Sozialplan, daß die Einigungsstelle verbindlich bei Meinungsverschiedenheiten zwischen Arbeitgeber und Arbeitnehmer über die Ansprüche entscheiden kann, ist als Schiedsabrede unzulässig (*BAG* vom 27. 10. 1987 – 1 AZR 80/86 – DB 1988, 503). Im Bestellungsverfahren nach § 98 Abs. 1 Satz 2 ArbGG ist die betriebsverfassungsrechtliche Einigungsstelle nicht nur offensichtlich unzuständig, wenn sich die beizulegende Streitigkeit zwischen dem Arbeitgeber und dem Betriebsrat bei fachkundiger Beurteilung durch das Gericht sofort erkennbar nicht unter einen mitbestimmungspflichtigen Tatbestand des BetrVG subsumieren läßt (*LAG Berlin* vom 18. 2. 1980 – 9 TaBV 5/79 – EzA § 98 BetrVG 1979 Nr. 1 = DB 1980, 2091), sondern auch dann, wenn das BAG bereits entschieden hat, daß der strittige Fragenkomplex nicht dem Mitbestimmungsrecht unterliegt oder die Einigungsstelle nicht zuständig ist (*LAG München* vom 13. 3. 1986 – 7 TaBV 5/86 – BB 1987, 479). Die offensichtliche Unzuständigkeit der Einigungsstelle ist unter anderem bejaht worden, wenn
- eine Betriebsvereinbarung allgemeine Regeln über den Einsatz von Informationsbedarf fordert, ohne daß die Ausgestaltung einer konkreten technischen Anlage in Frage steht (*LAG Düsseldorf* vom 4. 11. 1988 – 17 (6) TaBV 114/88 – NZA 1989, 146);
- über Abmachungen verhandelt werden soll (*LAG Rheinland-Pfalz* vom 17. 1. 1985 – 5 TaBV 36/84 – NZA 1985, 190; a.A. *LAG Köln* vom 16. 11. 1984 – 7 TaBV 40/84 – NZA 1985, 191). Die abweichende Rechtsprechung ist aber im Hinblick auf die Entscheidung des *BAG* zur Abwendung gegenstandslos geworden (*BAG* vom 28. 6. 1984 – 6 ABR 5/83 – EzA § 85 BetrVG 1972 Nr. 1 = DB 1985, 1138; GK-*Kreutz* § 76 Rz. 52; GK-*Wiese* § 76 Rz. 12 ff.);
- ein Streit um die Vergütung von Wegezeiten als Arbeitszeit geregelt werden soll (*LAG Berlin* vom 18. 2. 1980 – 9 TaBV 5/79 – EzA § 98 ArbGG 1979 Nr. 1 = DB 1980, 2091);
- ein Streit um den Abbau von Überstunden in Frage steht (*LAG Hamm* Beschl. vom 4. 12. 1985 – 3 TaBV 101/85 – DB 1986, 547);
- ein Rauchverbot für die Stations- und Funktionsräume eines Krankenhauses geregelt werden soll (*LAG München* vom 30. 10. 1985 – 8 TaBV 15/85 – NZA 1986, 577).

§ 76   4. Teil Mitwirkung und Mitbestimmung der Arbeitnehmer

- auf Initiative des Betriebsrats die Einführung von Kurzarbeit geregelt werden soll (*ArbG Braunschweig* vom 16. 3. 1983 – 2 BV 59/82 – DB 1984, 672; **a. A.** *LAG Frankfurt/M.* vom 8. 11. 1983 – 5 TaBV 74/83 – DB 1984, 672);
- die für den Personalabbau erforderliche Quote nicht erreicht wird (*LAG Baden-Württemberg* vom 16. 4. 1982 – 9 TaBV 1/82 – DB 1982, 1628).

Der Offensichtlichkeitsmaßstab des § 98 Abs. 1 ArbGG gilt auch für die Prüfung der Frage, ob das in Anspruch genommene Mitbestimmungsrecht dem antragstellenden Gesamtbetriebsrat oder den einzelnen örtlichen Betriebsräten zusteht (*LAG Frankfurt/M.* vom 15. 6. 1984 – 14/5 TaBV 8/84 – NZA 1985, 33).

Die Einigungsstelle bleibt auch dann zuständig, wenn der Betriebsrat aufgrund eines Konkurses sein Amt verloren hat und aus dem Betrieb ausgeschieden ist. Der Betriebsrat verfügt auch in diesem Falle bis zur endgültigen Regelung des noch offenen Verhandlungsgegenstandes über ein partielles Mandat (*LAG Hamm* vom 23. 10. 1975 – 8 TaBV 66/74 – EzA § 112 BetrVG 1972 Nr. 10 = DB 1976, 154).

19 Bei der Bestellung des Vorsitzenden der Einigungsstelle ist das Gericht nicht an die Vorschläge der Beteiligten gebunden. Ein Vorsitzender soll jedoch unparteiisch und sachkundig sein (eingehend *GK-Kreutz* BetrVG § 76 Rz. 50). In diesem Rahmen kann das Beschwerdegericht die Enscheidung überprüfen (*LAG Hamm* vom 16. 8. 1976 – 3 TaBV 43/76 – EzA § 76 BetrVG 1972 Nr. 7 = DB 1976, 2069; 1977, 1468).

Die Ermessensentscheidung der Gerichte bei der Bestellung eines Einigungsvorsitzenden im Rahmen des § 98 ArbGG hat nur seine Unparteilichkeit zu berücksichtigen. Daher sind nicht nur Richter aus der Arbeitsgerichtsbarkeit als Einigungsstellenvorsitzende geeignet, sondern ggf. auch ein Konkursrichter (*LAG Köln* vom 21. 8. 1984 – TaBV 27/84 – DB 1985, 135; *GK-Kreutz* § 76 Rz. 48 m. w. N.).

Anders als bei den prozeßrechtlichen Vorschriften über die Ablehnung wegen Befangenheit, die den Grundsatz des gesetzlichen Richters und die Funktionsfähigkeit der Justiz berücksichtigen müssen, kommt es bei der Bestellung des Einigungsstellenvorsitzenden nicht darauf an, ob die Einwände gegen die Person vernünftig und nachvollziehbar sind. Deshalb kann von der Bestellung einer bestimmten Person zum Vorsitzenden der Einigungsstelle abzusehen sein, auch wenn sie unbegründeter Weise von einer Seite abgelehnt wird (*LAG Frankfurt/M.* vom 5. 7. 1985 – 14/4 TaBV 54/85 – DB 1986, 756; *LAG Frankfurt/M.* vom 28. 6. 1985 – 14 TaBV 61/85 – BB 1986, 600).

Auch subjektive Vorbehalte gegen die Bestellung eines Einigungsstellenvorsitzenden sind zu berücksichtigen, wenn sie nachvollziehbar sind (*LAG Frankfurt/M.* vom 23. 6. 1988 – 12 TaBV 66/88 – DB 1988, 2520). Durch die Berufung eines höherrangigen Richters der Arbeitsgerichtsbarkeit als Vorsitzenden der Einigungsstelle ist nicht zu befürchten, daß bei dem späteren Verfahren zur Überprüfung des Spruchs der Einigungsstelle die Entscheidung des Arbeitsrichters 1. Instanz beeinflußt wird (*LAG Hamburg* vom 7. 3. 1985 – 1 TaBV 1/84 – DB 1985, 1798).

Obwohl ein Einigungsstellenvorsitzender bestellt ist, können sich die Parteien auf einen anderen Vorsitzenden einigen. Einer Abberufung des bestellten Vorsitzenden bedarf es nicht (*GK-Kreutz* § 76 Rz. 55 m. w. N.).

§ 76 Einigungsstelle

Liegen Gründe vor, die die Besorgnis rechtfertigen, daß der Vorsitzende der Einigungsstelle befangen ist, kann er nur im gerichtlichen Verfahren abberufen werden (GK-*Kreutz* § 76 Rz. 45 m. w. N.).

Ist die Einigungsstelle aufgrund der Entscheidung des Vorsitzenden des Arbeitsgerichts gebildet, können die Mitglieder der Einigungsstelle ihre Zuständigkeit für die zu entscheidenden Fragen überprüfen und aufgrund der Überprüfung die Zuständigkeit bejahen oder verneinen, um dem Verfahren dann seinen entsprechenden Fortgang zu geben (*G/L* § 76 Rz. 25; *G/K/S/B* § 76 Rz. 41; GK-*Kreutz* § 76 Rz. 93; *Pünnel* AuR 1973, 257, 262; *F/A/K/H* § 76 Rz. 42a; *BAG* vom 18. 3. 1975 – 1 ABR 102/73 – EzA § 111 BetrVG 1972 Nr. 1 = DB 1975, 1322; *BAG* vom 22. 1. 1980 – 1 ABR 48/77 – EzA § 87 BetrVG 1972 Lohn- und Arbeitsengelt Nr. 11 = DB 1980, 1895; *LAG Düsseldorf* vom 22. 2. 1978 – 16 TaBV 35/77 – EzA § 76 BetrVG 1972 Nr. 20 = DB 1978, 1182). [20]

In der Mitwirkung am Einigungsstellenverfahren kann keine Anerkennung der Zuständigkeit der Einigungsstelle gesehen werden (*BAG* vom 20. 4. 1982 – 1 ABR 22/80 – DB 1982, 1674).

Die Klärung der Zuständigkeit der Einigungsstelle können Arbeitgeber und Betriebsrat unabhängig vom Verhalten der Einigungsstelle im arbeitsgerichtlichen Beschlußverfahren herbeiführen (*BAG* vom 22. 10. 1981 – 6 ABR 69/79 – EzA § 76 BetrVG 1972 Nr. 32 m. Anm. *Herschel* = DB 1982, 811; *BAG* vom 24. 11. 1981 – 1 ABR 42/79 – EzA § 76 BetrVG 1972 Nr. 3 m. Anm. *Gaul* = DB 1982, 1413; *LAG Hamm* vom 23. 10. 1975 – 8 TaBV 66/74 – EzA § 112 BetrVG 1972 Nr. 10 = DB 1976, 154; GK-*Kreutz* § 76 Rz. 53 m. w. N.; *F/A/K/H* § 76 Rz. 41; *G/L* § 76 Rz. 25). Eine Aussetzung dieses Beschlußverfahrens bis zur Entscheidung der Einigungsstelle ist nicht zulässig (*BAG* a. a. O.). Wird das arbeitsgerichtliche Beschlußverfahren bereits während des Bestellungsverfahrens anhängig gemacht, so muß das Bestellungsverfahren gem. § 98 ArbGG durchgeführt werden. Eine Aussetzung dieses Verfahrens bis zum Abschluß des Beschlußverfahrens ist nicht zulässig (*BAG* vom 24. 11. 1981 – a. a. O.; *LAG Baden-Württemberg* vom 25. 3. 1980 – 7 TaBV 2/79 – DB 1980, 1076; *LAG Düsseldorf* vom 5. 6. 1981 – 16 TaBV 13/81 – DB 1981, 1783; *LAG Düsseldorf* vom 16. 6. 1977 – 14 TaBV 41/77 – DB 1977, 1755; *LAG Düsseldorf* vom 22. 2. 1978 – 16 TaBV 35/77 – EzA § 76 BetrVG 1972 Nr. 20 = DB 1978, 1182; *Pünnel* Die Einigungsstelle, 25ff., *G/L* § 76 Rz. 25; *F/A/K/H* § 76 Rz. 11; *G/K/S/B* § 76 Rz. 15; **a. A.** *S/W* § 76 Rz. 6; *D/R* § 76 Rz. 54; *Gaul* Die betriebliche Einigungsstelle F II 26; *ders.* BB 1978, 1067; *ders.* ZfA 1979, 117; noch *LAG Düsseldorf* vom 28. 1. 1977 – 17 TaBV 99/76 – DB 1977, 1707; *LAG Düsseldorf* vom 19. 10. 1978 – 3 TaBV 35/78 – DB 1979, 994). [21]

Ob die Einigungsstelle selbst, wenn ein Beschlußverfahren anhängig ist, ihr eigenes Verfahren bis zur rechtskräftigen Erledigung des Beschlußverfahrens aussetzt, liegt ensprechend § 148 ZPO in ihrem Ermessen (*Pünnel* Die Einigungsstelle, 309; *LAG Baden-Württemberg* vom 25. 3. 1980 – 7 TaBV 2/79 – DB 1980, 1076; *G/L* § 76 Rz. 25; *F/A/K/H* § 76 Rz. 42a, die jedoch die Zustimmung der Mitglieder der Einigungsstelle verlangen; **a. A.** *Dütz* AuR 1973, 368, nach dem stets ausgesetzt werden muß).

Die Einigungsstelle ist am Beschlußverfahren nicht beteiligt (*BAG* vom 22. 1. 1980 – 1 ABR 28/78 – EzA § 111 BetrVG 1972 Nr. 11 m. Anm. *Fabricius/Cottmann* = DB 1980, 1402; *G/L* § 76 Rz. 45; GK-*Kreutz* § 117 Rz. 114; *F/A/K/H* § 76 Rz. 41a; **a. A.** *Lepke* BB 1977, 54f.; *Weber* SAE 1981, 114ff.; *LAG Düssel-*

§ 76   4. Teil Mitwirkung und Mitbestimmung der Arbeitnehmer

dorf vom 24. 1. 1978 – 8 TaBV 33/77 – EzA § 87 BetrVG 1972 Vorschlagswesen Nr. 1; *LAG Hamm* vom 21. 10. 1977 – 3 TaBV 57/77 – EzA § 76 BetrVG 1972 Nr. 19 = DB 1978, 1452; *ArbG Berlin* vom 5. 12. 1975 – 10 BV 16/74 – DB 1975, 652; *BVerwG* vom 13. 2. 1976 – VII P 9.74 – BVerwGE 50, 176).

C. Das Verfahren vor der Einigungsstelle

I. Die Bildung der Einigungsstelle bei Bedarf

22 Wie nach dem Recht des BetrVG 1952 ist die Einigungsstelle auch jetzt grundsätzlich keine ständige Einrichtung der Betriebsverfassung. § 76 Abs. 1 Satz 1 schreibt vor, daß sie bei Bedarf zu bilden ist, d. h., wenn entweder in einer Angelegenheit, in der der Spruch der Einigungsstelle die Einigung zwischen Arbeitgeber und Betriebsrat ersetzt, zwischen den Betriebspartnern keine Einigung zu erzielen ist und eine Seite die Einigungsstelle anruft, oder wenn die betrieblichen Partner einvernehmlich die Bildung einer Einigungsstelle vereinbaren. Grundsätzlich ist davon auszugehen, daß die Einigungsstelle zu bestehen aufhört wenn die Angelegenheit geregelt ist, die Anlaß zu ihrer Errichtung gegeben hat (*D/R* § 76 Rz. 4; *G/L* § 76 Rz. 6; GK-*Kreutz* § 76 Rz. 26).

II. Die ständige Einigungsstelle

23 § 76 Abs. 1 Satz 2 bestimmt, daß die Bildung einer ständigen Einigungsstelle durch Betriebsvereinbarung zulässig ist (*D/R* § 76 Rz. 33, 62; GK-*Kreutz* § 76 Rz. 58). Ob eine solche ständige Einigungsstelle gebildet werden soll, ist in die freie Entscheidung der betrieblichen Partner gestellt und hängt entscheidend von den betrieblichen Umständen ab. Es sollte hierbei nicht übersehen werden, daß eine ständige Einigungsstelle die Gefahr mit sich bringen kann, entgegen dem Grundsatz des § 74 Abs. 1 Satz 2, die Bereitschaft zur Einigung und die aus ihr resultierenden Einigungsmöglichkeiten nicht auszuschöpfen und vorzeitig ein Tätigwerden der Einigungsstelle anzustreben (GK-*Kreutz* § 76 Rz. 58).
Eine ständige Einigungsstelle wird im Rahmen der gesetzlichen Zuständigkeit unter Beachtung von Abs. 5 und 6 tätig. Sie wird auf Antrag einer Partei tätig, wenn ein Spruch die Einigung ersetzt. Ansonsten wird sie nur tätig, wenn beide Seiten damit einverstanden sind.
Wenn die Betriebsvereinbarung mit der Errichtung der ständigen Einigungsstelle die Zuständigkeit auf konkret bezeichnete bestimmte Meinungsverschiedenheiten erweitert hat, die zum freiwilligen Einigungsverfahren gehören, ist die Unterwerfung beider Seiten im voraus trotzdem erforderlich (vgl. GK-*Kreutz* § 76 Rz. 59; *D/R* § 76 Rz. 66; *F/A/K/H* § 76 Rz. 29).
Die Zusammensetzung der ständigen Einigungsstelle entspricht der der Einigungsstelle, die bei Bedarf gebildet wird (GK-*Kreutz* § 76 Rz. 58). Die Betriebsvereinbarung muß den Vorsitzenden bestimmen und die Anzahl der Beisitzer festlegen.

III. Die tarifliche Schlichtungsstelle

§ 76 Abs. 8 berechtigt die Tarifvertragsparteien zu vereinbaren, daß an die Stelle 24
der Einigungsstelle eine tarifliche Schlichtungsstelle tritt (vgl. zu der Einrichtung
einer tariflichen Schlichtungsstelle in einem Tarifvertrag über die Betriebsverfassung im Rheinisch-Westfälischen-Steinkohlenbergbau: *Föhr* RdA 1977, 1 285 ff.;
Boldt AR-Blattei D Bergarbeiterrecht III, III Betriebsverfassung). Diese tarifliche Schlichtungsstelle ist jedoch im Gegensatz zu der früher in § 50 Abs. 5
BetrVG 1952 vorgesehenen tariflichen Schlichtungsstelle an die Einhaltung des
Verfahrens gebunden, das in § 76 vorgesehen ist (ebenso Regierungsentwurf BT-Drucks. VI/1786, 47; *F/A/K/H* § 76 Rz. 39; *D/R* § 76 Rz. 140; *G/K/S/B* § 76
Rz. 75; **a. A.** *Gnade* AuR 1973, 43, 45; GK-*Kreutz* § 76 Rz. 147). Die Tarifvertragsparteien sind jedoch befugt, in den Grenzen des Gesetzes Einzelheiten des
Verfahrens vor der tariflichen Schlichtungsstelle zu regeln (siehe Abs. 4); demgemäß kann ein Instanzenzug im Tarifvertrag vorgesehen werden (GK-*Kreutz* § 76
Rz. 147; *D/R* § 76 Rz. 142; *F/A/K/H* § 76 Rz. 39; **a. A.** *Müller, G.* ZfA 1972, 213,
235; *ders.* FS für *Barz*, 489, 499).

Die Zuständigkeit der tariflichen Schlichtungsstelle entspricht der Zuständigkeit 25
der betrieblichen Einigungsstelle, wie diese sich aus dem Gesetz ergibt (*D/R* § 76
Rz. 140; *F/A/K/H* § 76 Rz. 39; GK-*Kreutz* § 76 Rz. 146).

Die Vertragsparteien sind aber nicht verpflichtet, für den Fall der **Vereinbarung** 26
einer tariflichen Schlichtungsstelle zu bestimmen, daß diese alle gesetzlichen Zuständigkeiten der betrieblichen Einigungsstelle übernimmt. Die Begrenzung auf
Teilbereiche ist zulässig GK-*Kreutz* § 76 Rz. 145; *G/L* § 76 Rz. 48; *G/K/S/B* § 76
Rz. 76).

Die Vereinbarung einer tarifvertraglichen Schlichtungsstelle ist eine betriebsver- 27
fassungsrechtliche Angelegenheit. Zur Tätigkeit dieser Schlichtungsstelle ist daher
erforderlich, aber auch ausreichend, daß der **Arbeitgeber** tarifgebunden ist (*D/R*
§ 76 Rz. 143; GK-*Kreutz* § 76 Rz. 149).

Soweit die tarifliche Schlichtungsstelle tätig wird, tritt sie an die Stelle der betrieb- 28
lichen Einigungsstelle. Eine zusätzliche Tätigkeit einer betrieblichen Einigungsstelle ist ausgeschlossen (*D/R* § 76 Rz. 144; GK-*Kreutz* § 76 Rz. 145).
Wenn jedoch die tarifliche Schlichtungsstelle nicht errichtet oder aktionsfähig ist,
können Arbeitgeber und Betriebsrat auf die gesetzliche Einigungsstelle zurückgreifen (*D/R* § 76 Rz. 144; GK-*Kreutz* § 76 Rz. 149). Können sich die Parteien auf
einen Einigungsstellenvorsitzenden nicht einigen, ist er von dem Vorsitzenden der
zuständigen Kammer des Arbeitsgerichts zu bestellen GK-*Kreutz* § 76 Rz. 148
m. w. N.).

Entscheidungen der tariflichen Schlichtungsstelle sind in gleicher Weise rechtlich 29
nachprüfbar wie Entscheidungen der betrieblichen Einigungsstelle (*BAG* vom
18. 8. 1987 – 1 ABR 30/86 – EzA § 77 BetrVG 1972 Nr. 18 = DB 1987, 2257;
Müller, G. ZfA 1972, 213, 235; *ders.* DB 1973, 76, 78; GK-*Kreutz* § 76 Rz. 150;
F/A/K/H § 76 Rz. 39 a; *D/R* § 76 Rz. 145; *G/L* § 76 Rz. 50).

IV. Die Zusammensetzung der Einigungsstelle

30 § 76 Abs. 2 regelt die Zusammensetzung der Einigungsstelle. Das Gesetz schreibt zwingend vor, daß die Einigungsstelle paritätisch, d. h. aus einer gleichgroßen Anzahl von Beisitzern, die vom Arbeitgeber und vom Betriebsrat ernannt werden, sowie aus einem unparteiischen Vorsitzenden besteht.

31 Für das Verfahren zur Bildung der Einigungsstelle ist zu unterscheiden zwischen den Fällen, in denen der Spruch der Einigungsstelle die Einigung zwischen Arbeitgeber und Betriebsrat ersetzt (§ 76 Abs. 5), und den Fällen, in denen die Einigungsstelle nur im Einvernehmen beider Seiten tätig wird (§ 76 Abs. 6). Sofern nicht eine ständige Einigungsstelle gem. § 76 Abs. 1 Satz 2 gebildet ist, kann im ersteren Falle jede Seite, sofern ihr ein Anrufungsrecht zusteht, die Initiative zur Bildung der Einigungsstelle ergreifen. Sie kann, sofern sie sich mit der anderen Seite über die Zahl der Beisitzer einigt, ihre Beisitzer benennen sowie erforderlichenfalls einseitig die Benennung des Vorsitzenden und beim Fehlen einer Übereinstimmung mit der anderen Seite über die Zahl der Beisitzer auch die Zahl der Beisitzer vom Arbeitsgericht bestimmen lassen. Die Einigungsstelle kann dann nach Maßgabe des in Abs. 5 geregelten Verfahrens tätig werden. Handelt es sich dagegen um ein Einigungsverfahren nach Abs. 6, so setzt auch die Errichtung einer für den Einzelfall zu bildenden Einigungsstelle die Übereinstimmung zwischen beiden Partnern voraus. Das Arbeitsgericht kann demgemäß nur tätig werden, wenn beide Partner dies übereinstimmend beantragen. Dies gilt sowohl hinsichtlich der Entscheidung über die Zahl der Beisitzer als auch hinsichtlich der Auswahl des Vorsitzenden.

32 Die Mitglieder der Einigungsstelle sind in ihrer Tätigkeit gegen Behinderungen gem. § 78 und § 119 Abs. 1 Ziff. 3 geschützt. Für sie gilt das Verbot der Benachteiligung oder Begünstigung in § 78 Abs. 2 mit dem strafrechtlichen Schutz des § 119 Abs. 1 Ziff. 3 (*D/R* § 76 Rz. 135). Sie unterliegen der Geheimhaltungspflicht nach § 79 Abs. 2 und der ihr entsprechenden Strafandrohung des § 120 Abs. 1 Ziff. 3 (*D/R* § 76 Rz. 136). Den Mitgliedern der Einigungsstelle, die als Arbeitnehmer dem Betrieb angehören, steht ein besonderer Kündigungsschutz i. S. d. §§ 15, 16 KSchG and 103 BetrVG nicht zu. Eine Kündigung wegen der Tätigkeit in der Einigungsstelle ist gem. § 134 BGB nichtig, da eine Benachteiligung nach § 78 verboten ist (*D/R* § 76 Rz. 137).

1. Die Beisitzer

33 Die Zahl der Beisitzer der Einigungsstelle läßt das Gesetz offen. Sie ist entsprechend den betrieblichen Verhältnissen und dem jeweiligen Einzelfall zu bestimmen. Sie sollte jedoch nicht zu hoch angesetzt werden, da dies die Beschlußfassung erschweren würde (*LAG Hamm* vom 1. 3. 1972 – 8 TaBV 1/72 – AP Nr. 1 zu § 112 BetrVG 1972 m. Anm. *Gaul* = DB 1972, 632, 648; siehe aber auch *LAG Hamm* vom 20. 6. 1975 – 8 TaBV 38/75 – BB 1975, 880). Nach *LAG München* (vom 15. 7. 1975 – 5 TaBV 27/75 – DB 1975, 2452) kommt eine Besetzung der Einigungsstelle mit mehr als 4 Beisitzern nur in Ausnahmefällen in Betracht. Betriebsgröße, Schwierigkeitsgrad und Anzahl der betroffenen Mitarbeiter, die eine größere Beisitzerzahl erforderlich machen, müssen durch nachprüfungsfähige Tatsachen belegt werden (*LAG Rheinland-Pfalz* vom 23. 6. 1983 – 4 TaBV 12/83 –

DB 1984, 56). Allgemein hat es sich in der Praxis bewährt, je zwei Beisitzer durch den Betriebsrat und den Arbeitgeber benennen zu lassen (*Pünnel* Die Einigungsstelle, 32; *Gaul* Die betriebliche Einigungsstelle F I Anm. 2; *F/A/K/H* § 76 Rz. 8; *G/L* § 76 Rz. 8).
Die Berufung von zwei Beisitzern jeder Seite kann als Regelbesetzung der Einigungsstelle angesehen werden, von der in besonders einfach gelagerten Fällen nach unten und bei schwierigen Verhandlungsgegenständen nach oben abgewichen werden kann (*LAG Hamm* vom 20. 6. 1975 – 8 TaBV 38/75 – DB 1975, 2452; *LAG München* vom 30. 10. 1985 – 8 TaBV 15/85 – NZA 1986, 577).

Einigen sich Arbeitgeber und Betriebsrat über die Zahl der Beisitzer jeder Seite 34 nicht, so entscheidet das Arbeitsgericht entweder auf Antrag nur einer Partei im verbindlichen Einigungsstellenverfahren oder auf Antrag beider Parteien im freiwilligen Einigungsstellenverfahren (*D/R* § 76 Rz. 43, 44).

Die Auswahl der Beisitzer ist dem Arbeitgeber und dem Betriebsrat überlassen. 35 Ihre Benennung liegt ausschließlich im Ermessen des jeweiligen Betriebspartners (*LAG Düsseldorf* vom 3. 4. 1981 – 8 TaBV 11/81 – EzA § 76 BetrVG 1972 Nr. 30 = BB 1981, 733).

Die Beisitzer können nach dem Wortlaut des Gesetzes sowohl Betriebsangehörige 36 wie nichtbetriebsangehörige Personen sein (*D/R* § 76 Rz. 37 m. w. N.; *G/L* § 76 Rz. 8 a; *F/A/K/H* § 76 Rz. 7; *BAG* vom 14. 1. 1983 – 6 ABR 67/79 – EzA § 76 BetrVG 1972 Nr. 34 = DB 1983, 2583), auch dann, wenn diese nur bereit sind, gegen ein Honorar tätig zu werden. Der Aufgabe der Einigungsstelle, Meinungsverschiedenheiten zwischen Arbeitgeber und Betriebsrat beizulegen, und der hieraus resultierenden betrieblichen Verbundenheit der Einigungsstelle wird es jedoch entsprechen, zweckmäßigerweise möglichst betriebsangehörige Beisitzer der Einigungsstelle zu benennen (*Erdmann* § 50 BetrVG 1952 Rz. 2; *Galperin/Siebert* § 50 BetrVG 1952 Rz. 6; *BAG* vom 18. 4. 1967 – 1 ABR 11/66 – EzA § 39 BetrVG 1952 Nr. 1 = DB 1967, 733, 1769; *Brill* BB 1964, 1343; *Pünnel* AuR 1966, 69, 71) bzw., da oft die im Betrieb vertretenen Gewerkschaften und der Arbeitgeberverband, dem der Betriebsinhaber angehört, direkt mit der betreffenden Angelegenheit befaßt sind, je einen betriebszugehörigen und einen betriebsfremden Beisitzer zu bestimmen. Gesetzlich vorgeschrieben ist dies aber nicht, so daß auch Betriebsfremde, insbesondere Vertreter der Arbeitgeberverbände und der Gewerkschaften, als Mitglieder der Einigungsstelle benannt werden können (*Dietz* BetrVG 1952 § 50 Rz. 15; *BAG* vom 18. 4. 1967 – a. a. O.).

Auch der Arbeitgeber selbst und die Betriebsratsmitglieder können als Beisitzer 37 bestimmt werden (*Pünnel* Die Einigungsstelle, 32; *BAG* vom 6. 5. 1986 – 1 AZR 553/84 – EzA § 112 BetrVG 1972 Nr. 39 = DB 1986, 2077; *LAG Düsseldorf* vom 3. 4. 1981 – 8 TaBV 11/81 – EzA § 76 BetrVG 1972 Nr. 30 = DB 1981, 733; *ArbG Heilbronn* vom 27. 9. 1974 – 1 BV 8/74 – BB 1975, 329; *Brill* BB 1964, 1343 f.; *Hueck/Nipperdey* II/1, 766; *Nikisch* III, 325; *Pünnel* AuR 1966, 69, 71; GK-*Kreutz* § 76 Rz. 40).

Die von der einen Seite bestimmten Beisitzer sind für die andere Seite bindend. Es 38 besteht kein Ablehnungsrecht (*BAG* vom 18. 4. 1967 – 1 ABR 11/66 – EzA § 39 BetrVG 1952 Nr. 1 = DB 1967, 733, 1769; *D/R* § 76 Rz. 38 m. w. N.; *F/A/K/H* § 76 Rz. 15; GK-*Kreutz* § 76 Rz. 4), jedoch entspricht es dem Gebot der vertrauensvollen Zusammenarbeit, daß die Parteien nur solche Beisitzer benennen dürfen, von denen erwartet werden kann, daß sie die berechtigten Interessen der anderen Seite nicht verletzen. Demnach dürfen keine Beisitzer benannt werden,

§ 76   4. Teil Mitwirkung und Mitbestimmung der Arbeitnehmer

die schon einmal Geschäftsgeheimnisse des Arbeitgebers an Dritte weitergegeben haben oder unzumutbar sind (*G/L* § 76 Rz. 8a; *Bischoff* Die Einigungsstelle, 78; *D/R* § 76 Rz. 38; *Gaul* Die betriebliche Einigungsstelle F I Anm. 8; **a. A.** *Pünnel* Die Einigungsstelle, 33; *F/A/K/H* § 76 Rz. 7).

2. Der Vorsitzende

39 Die Person des unparteiischen Vorsitzenden wird vom Arbeitgeber und Betriebsrat – nicht von den Beisitzern – gemeinsam bestellt (*D/R* § 76 Rz. 39; *G/L* § 76 Rz. 9; *F/A/K/H* § 76 Rz. 10; GK-*Kreutz* § 76 Rz. 43; *Bischoff* Die Einigungsstelle, 79f.; *Pünnel* Die Einigungsstelle, 27; **a. A.** *Müller* DB 1973, 431, an der ders. jedoch in: FS für *Barz*, 492 nicht mehr festgehalten hat). Arbeitgeber und Betriebsrat können die Auswahl des Vorsitzenden aber auch den von ihnen bestellten Beisitzern übertragen (*D/R* § 76 Rz. 39; *G/L* § 76 Rz. 9; GK-*Kreutz* § 76 Rz. 43).

40 Das Gesetz enthält keine Bestimmung darüber, aus welchem Personenkreis der Vorsitzende zu entnehmen ist. Die Auswahl bleibt somit dem Ermessen und der Einigung der beiden Parteien überlassen. In diesem Fall kann Vorsitzender auch eine betriebsangehörige Person sein (*Dietz* BetrVG 1952 § 50 Rz. 15; *Nikisch* III, 325; *F/A/K/H* § 76 Rz. 10; *D/R* § 76 Rz. 40; *Brill* BB 1964, 1343; *Bischoff* Die Einigungsstelle, 83; *G/L* § 76 Rz. 10; *G/K/S/B* § 76 Rz. 9; *Pünnel* Die Einigungsstelle, 27; GK-*Kreutz* § 76 Rz. 44).

41 Im Regelfall wird der Vorsitzende im Interesse seiner Unabhängigkeit allerdings nicht dem Betrieb angehören (vgl. auch *Bischoff* Die Einigungsstelle, 83; *Brill* BB 1964, 1343). Wenn die Auswahl des Vorsitzenden durch das Arbeitsgericht erfolgt, darf er weder Betriebsangehöriger noch Repräsentant des Arbeitgebers oder der Arbeitnehmerschaft, noch Funktionär eines Arbeitgeberverbandes oder einer Gewerkschaft sein (*D/R* § 76 Rz. 40; *F/A/K/H* § 76 Rz. 13; *G/L* § 76 Rz. 10; vgl. zu dem in Frage kommenden Personenkreis auch *Leinemann* AuR 1975, 26; *LAG Hamm* vom 16. 8. 1976 – 3 TaBV 43/76 – EzA § 76 BetrVG 1972 Nr. 7 = DB 1976, 2069; 1977, 1468).

V. Das Zusammentreten und die Entscheidung der Einigungsstelle

42 Für das Verfahren vor der Einigungsstelle enthält das Gesetz nur wenige Regelungen, so daß die Einigungsstelle über die Verfahrensregelung selbst bestimmen kann (*D/R* § 76 Rz. 72; GK-*Kreutz* § 76 Rz. 76). Die Einzelheiten können jedoch durch Betriebsvereinbarung geregelt werden.

1. Die Einladung zur Sitzung

43 Zu den Sitzungen der Einigungsstelle lädt der Vorsitzende der Einigungsstelle nach Rücksprache mit den Beteiligten ein, wie sich mittelbar aus § 76 Abs. 5 Satz 2 ergibt. Für die Einladung müssen nicht die Vorschriften der Zivilprozeßordnung eingehalten werden (*Bischoff* die Einigungsstelle, 85; *D/R* § 76 Rz. 73). Damit den Parteien die Möglichkeit gegeben wird, gehört zu werden, müssen sie jedoch

von dem Sitzungstermin in Kenntnis gesetzt werden, sei es mündlich, fernmündlich oder schriftlich. Wenn im verbindlichen Einigungsverfahren eine Seite ihre Beisitzer noch nicht benannt hat, muß der Vorsitzende sie mit der Ladung auffordern, diese zu benennen, da die Einigungsstelle dann ohne Beisitzer einer Seite entscheiden kann (*D/R* § 76 Rz. 73).
Die Einigungsstelle begeht keinen Verfahrensverstoß und verletzt nicht den Anspruch auf rechtliches Gehör, wenn zu ihrer konstituierenden Sitzung eine Seite keine Beisitzer entsendet und deshalb ein das Einigungsstellenverfahren beendender Sozialplan durch Säumnisspruch gem. § 76 Abs. 5 Satz 2 verabschiedet wird (*ArbG Mannheim* vom 2. 7. 1987 – 5 BV 4/87 – NZA 1987, 682).

2. Die mündliche Beratung

Die Verfahrensvorschrift des Abs. 3, die sowohl für das Verfahren nach Abs. 5 als auch für das Verfahren nach Abs. 6 gilt, sieht eine mündliche Beratung vor. 44
Mündliche Beratung bedeutet Erörterung des Falles bei Anwesenheit aller Mit- 45
glieder der Einigungsstelle, wobei beiden Betriebspartnern rechtliches Gehör gewährt werden muß, d.h. jede Seite die Möglichkeit hat, ihre Ansicht vorzutragen und Vorschläge zur Beilegung des Streits zu machen (*Pünnel* Die Einigungsstelle, 37; ders. AuR 1973, 44). Die Parteien haben der Einigungsstelle die erforderlichen Unterlagen zur Verfügung zu stellen (GK-*Kreutz* § 76 Rz. 80). Die Einigungsstelle kann Beweise erheben, insbesondere Zeugen und Sachverständige vernehmen (*F/A/K/H* § 76 Rz. 21; *D/R* § 76 Rz. 76; *G/L* § 76 Rz. 28; GK-*Kreutz* § 76 Rz. 80). Besondere Zwangsmittel stellt das Gesetz jedoch nicht zur Verfügung (*G/L* § 76 Rz. 28; *D/R* § 76 Rz. 76; GK-*Kreutz* § 76 Rz. 80), d.h. es besteht keine Zeugnispflicht, eine eidliche Vernehmung ist ausgeschlossen. Die Einigungsstelle kann auch zur Aufklärung des Tatbestandes andere Betriebsangehörige hören. Es besteht aber keine Aussagepflicht. Ein Verfahren nach Lage der Akten oder auf schriftlichem Wege ist mit dem Grundsatz der mündlichen Beratung nicht vereinbar (*D/R* § 76 Rz. 74; *Bischoff* Die Einigungsstelle, 86 m.w.N. in Fn. 359; vgl. auch *F/A/K/H* § 76 Rz. 19). Die Anhörung der Parteien jedoch kann schriftlich erfolgen, auch wenn dies im Regelfall unzweckmäßig sein wird (*D/R* § 76 Rz. 74; *Bischoff* Die Einigungsstelle, 104; GK-*Kreutz* § 76 Rz. 78; *Gaul* Die Einigungsstelle K II Anm. 17; **a.A.** *Pünnel* Die Einigungsstelle, 37).
Die an dem Verfahren Beteiligten müssen nicht persönlich vor der Einigungsstelle 46
erscheinen. Sie können sich durch Verfahrensbevollmächtigte vertreten lassen (*Bischoff* Die Einigungsstelle, 86; *D/R* § 76 Rz. 74; *G/L* § 76 Rz. 26; *F/A/K/H* § 76 Rz. 21; GK-*Kreutz* § 76 Rz. 79 m.w.N.; *LAG Berlin* vom 28. 2. 1978 – 8 TaBV 1/77 – DB 1978, 1283; *BAG* vom 5. 11. 1981 – 6 ABR 24/78 – EzA § 40 BetrVG 1972 Nr. 50 = DB 1982, 604). Der Einigungsstelle steht nicht das Recht zu, eine Stellvertretung auszuschließen (*G/L* § 76 Rz. 26; *Dütz* AuR 1973, 353, 363; *D/R* § 76 Rz. 74; *Pünnel* Die Einigungsstelle, 44; *Gaul* Die betriebliche Einigungsstelle K II Anm. 42; *Bischoff* Die Einigungsstelle, 105; **a.A.** *D/R* 5. Aufl. § 76 Rz. 24; *Pünnel* AuR 1973, 257, 261). Das Verfahren vor der Einigungsstelle ist nicht öffentlich (GK-*Kreutz* § 76 Rz. 81; *F/A/K/H* § 76 Rz. 22; *D/R* § 76 Rz. 75; *Gaul* Die betriebliche Einigungsstelle K II Anm. 29; *Pünnel* Die Einigungsstelle, 38; *Heinze* RdA 1990, 262, 266). Gegen die Anwesenheit des Betriebsratsvorsitzenden und des Arbeitgebers sowie der Verfahrensbevollmächtig-

§ 76   4. Teil Mitwirkung und Mitbestimmung der Arbeitnehmer

ten im Verlaufe des Verfahrens bestehen keine Bedenken (vgl. *Pünnel* Die Einigungsstelle, 43). Während der Beratung besteht keine Parteiöffentlichkeit (*Pünnel* Die Einigungsstelle, 43).

3. Die Beschlußfassung der Einigungsstelle mit Stimmenmehrheit

47 Die Einigungsstelle beschließt gem. § 76 Abs. 3 Satz 1 mit der Mehrheit der Stimmen der angeordneten Mitglieder. Zunächst sollen hierbei die von den Betriebspartnern genannten Beisitzer unter sich versuchen, eine Einigung zu erzielen bzw. einen Mehrheitsbeschluß zu fassen. Der Vorsitzende nimmt an der Beschlußfassung in diesem Stadium nicht teil. Stimmenmehrheit bedeutet, daß die Mehrheit der Mitglieder der Einigungsstelle der Entscheidung zugestimmt hat (GK-*Kreutz* § 76 Rz. 86; *D/R* § 76 Rz. 81; *BAG* vom 28. 9. 1988 – 1 ABR 23/87 – EzA § 112 BetrVG 1972 Nr. 49 = DB 1989, 48, 49). Die Einigungsstelle ist nicht beschlußfähig, wenn nicht alle Mitglieder anwesend sind, soweit nicht die Ausnahme für das verbindliche Einigungsverfahren nach Abs. 5 Satz 2 greift (GK-*Kreutz* § 76 Rz. 83; **a. A.** *D/R* § 76 Rz. 81).

Im verbindlichen Einigungsverfahren kann eine Entscheidung auch dann getroffen werden, wenn eine Seite keine Mitglieder benennt oder die von einer Seite genannten Mitglieder trotz rechtzeitiger Einladung nicht erschienen sind (Abs. 5 Satz 2). Damit besteht für den anderen Betriebspartner ein mittelbarer Einlassungszwang (*Pünnel* Die Einigungsstelle, 58; *F/A/K/H* § 76 Rz. 24; *D/R* § 76 Rz. 82). Auch in diesem Falle gilt Abs. 3 Satz 2 mit der Folge, daß die von einer Seite benannten Beisitzer allein entscheiden können, da die Stimmenmehrheit sich aus der Zahl der Erschienenen ergibt (GK-*Kreutz* § 76 Rz. 83, aber Rz. 76; *D/R* § 76 Rz. 82; *Gaul* Die betriebliche Einigungsstelle K III 16; *Pünnel* Die Einigungsstelle, 55; **a. A.** *Bischoff* Die Einigungsstelle, 95 f.; GK-*Thiele* § 76 Rz. 83). Gelingt den von den Parteien genannten Mitgliedern der Einigungsstelle die Bildung der Mehrheit nicht, so ist die Beratung fortzusetzen. Hierzu ist eine erneute Sitzung nicht erforderlich. Vielmehr kann die erneute Beratung und Beschlußfassung unmittelbar im Anschluß an das Scheitern der Bemühungen der von den Parteien genannten Mitglieder fortgesetzt werden (*D/R* § 76 Rz. 26; *F/A/K/H* § 76 Rz. 19). An der erneuten Beschlußfassung im Anschluß an die weitere Beratung nimmt dann auch der Vorsitzende teil. Ergibt sich dann eine Stimmengleichheit, so gibt die Stimme des Vorsitzenden den Ausschlag (*Nikisch* III, 327 f.; *Brecht* § 76 Rz. 5; *D/R* § 76 Rz. 83).

48 **Streitig ist, ob sich die Beisitzer** von der Abgabe **der Stimme enthalten dürfen (für die Zulässigkeit**: *Brecht* § 76 Rz. 10; *F/A/K/H* § 76 Rz. 19a; *Fitting/Heyer/Lorenzen* PersVG, 3. Aufl. 1964, § 63 Rz. 10; *S/W* § 76 Rz. 24; *Nikisch* III, 327; GK-*Kreutz* § 76 Rz. 84; hinsichtlich der ersten Stufe der Beschlußfassung *Bischoff* Die Einigungsstelle, 93; *Pünnel* Die Einigungsstelle, 55; **gegen die Zulässigkeit** *Brill* BB 1964, 1343, 1346; *D/R* § 76 Rz. 84; *Gnade* AuR 1973, 43, 44; *Müller* DB 1973, 76, 77; *Pünnel* AuR 1966, 69, 74; *G/L* § 76 Rz. 32; hinsichtlich der zweiten Stufe der Beschlußfassung *Bischoff* Die Einigungsstelle, 93; *Gaul* Die betriebliche Einigungsstelle K III Anm. 17 ff.; *G/K/S/B* § 76 Rz. 45). Die Stimmenthaltung der Beisitzer ist zulässig. Auch wenn die Funktion der Einigungsstelle in der Streitentscheidung liegt, folgt daraus nicht notwendigerweise, daß sich die Mitglieder zu einer Entscheidung durchzuringen haben. Dies ergibt sich schon daraus,

daß die Erkenntnismöglichkeiten der Einigungsstelle beschränkt sind. Zwar hat die Einigungsstelle das Recht, Beweise zu erheben und Sachverständige anzuhören (*D/R* § 76 Rz. 76; *F/A/K/H* § 76 Rz. 21), besondere Zwangsmittel für die Erhebung der Beweise stehen jedoch nicht zur Verfügung.

Enthalten sich die Beisitzer zulässigerweise der Stimme, muß die Stimmenenthal- 49 tung konsequenterweise den in Abs. 5 Satz 2 geregelten Fallgruppen gleichgestellt werden, so daß diese Stimmen nicht gewertet werden (*Pünnel* Die Einigungsstelle, 55; *F/A/K/H* § 76 Rz. 19; für eine Wertung als Nein-Stimme GK-*Kreutz* § 76 Rz. 85; *G/K/S/B* § 76 Rz. 45; *Gnade* AuR 1973, 44; *Bischoff* Die Einigungsstelle, 94; *D/R* § 76 Rz. 84).

Eine **Stimmenthaltung des Vorsitzenden in der zweiten Abstimmungsphase ist un-** 50 **zulässig**, da durch seine Stimmabgabe die Entscheidungsfähigkeit der Einigungsstelle sichergestellt werden soll (*Bischoff* Die Einigungsstelle, 91 m.w.N. in Fn. 391; *Pünnel* Die Einigungsstelle, 55).

Aufgrund dieser Abstimmungsmöglichkeiten kann das Vrfahren dadurch beendigt 51 werden, daß der Antrag mit der Mehrheit angenommen oder abgelehnt wird (*Bischoff* Die Einigungsstelle, 89 m.w.N. in Fn. 373). Findet sich keine Mehrheit für einen Antrag, ist die Einigungsstelle nicht verpflichtet, nach einer anderen Lösung zu suchen (*Bischoff* Die Einigungsstelle, 88; a.A. GK-*Kreutz* § 76 Rz. 86).

Nach § 76 Abs. 3 Satz 3 sind die Beschlüsse der Einigungsstelle schriftlich abzufas- 52 sen. Das gilt zwingend jedoch nur für die Beschlüsse selbst, nicht für die Begründung, deren schriftliche Formulierung aber gleichfalls zweckmäßig sein kann (*G/L* § 76 Rz. 34; GK-*Kreutz* § 76 Rz. 89; *BAG* vom 8. 3. 1977 – 1 ABR 33/75 – EzA § 87 BetrVG 1972 Lohn und Arbeitsentgelt Nr. 6 m. Anm. *Klinkhammer* = DB 1977, 1464; *D/R* § 76 Rz. 91; *F/A/K/H* § 76 Rz. 21a; *G/K/S/B* § 76 Rz. 47; *Schroeder-Printzen* ZIP 1983, 264, 265; *BAG* vom 30. 10. 1979 – 1 ABR 112/77 – EzA § 76 BetrVG 1972 Nr. 26 = DB 1980, 548; **kritisch** ArbG Lörrach vom 9. 8. 1976 – 4 BV 5/76 – DB 1977, 1371; ArbG Hamburg Beschl. vom 23. 1. 1979 – 9 BV 7/79 – DB 1980, 884). Sie sind vom Vorsitzenden der Einigungsstelle, zu unterschreiben, auch dann, wenn sie allein auf einer Beschlußfassung der Beisitzer beruhen, und sie sind den Betriebspartnern zuzuleiten. Mit der Zuleitung beginnt ggf. der Lauf der Ausschlußfrist nach Abs. 5 Satz 4.

4. Sonstige Verfahrensvorschriften

Nach § 76 Abs. 4 können durch Betriebsvereinbarung weiter Einzelheiten des 53 Verfahrens geregelt werden. Die Vereinbarung **solcher** Verfahrensregelungen ist auch durch Tarifvertrag möglich (*G/L* § 76 Rz. 35 m.w.N.; *D/R* § 76 Rz. 72; GK-*Kreutz* § 76 Rz. 90). Eine analoge Anwendung der Verfahrensregeln der ZPO, der VwGO und der StPO ist nicht möglich (*Bischoff* Die Einigungsstelle, 101 ff.).

5. Die Wirkung des Spruchs der Einigungsstelle

Im erzwingbaren Einigungsverfahren entfaltet die Entscheidung der Einigungs- 54 stelle in **Regelungsstreitigkeiten** die Wirkung einer Betriebsvereinbarung (*D/R* § 76 Rz. 94; abweichend GK-*Kreutz* § 76 Rz. 106; *F/A/K/H* § 76 Rz. 23; *G/L* § 76 Rz. 36, wonach der Spruch der Einigungsstelle nicht zwingend den Charakter

§ 76   4. Teil Mitwirkung und Mitbestimmung der Arbeitnehmer

einer Betriebsvereinbarung hat). Im freiwilligen Einigungsverfahren kommt dem Spruch diese Wirkung nur zu, wenn beide Parteien ihn anerkennen oder sich dem Spruch im voraus unterworfen haben (GK-*Kreutz* § 76 Rz. 102; *D/R* § 76 Rz. 92f.; *G/L* § 76 Rz. 36f.; vgl. hierzu *BAG* vom 8.3. 1977 – 1 ABR 33/75 – EzA § 87 BetrVG 1972 Lohn und Arbeitsentgelt Nr. 6 m. Anm. *Klinkhammer* = DB 1977, 1464; *BAG* vom 30. 10. 1979 – 1 ABR 112/77 – EzA § 76 BetrVG 1972 Nr. 26 = DB 1980, 548). Er entfaltet normative Wirkung. Der Spruch kann jederzeit durch gegenseitiges Übereinkommen oder durch Kündigung (soweit möglich) aufgehoben werden (*D/R* § 76 Rz. 94).

55 Der Spruch der Einigungsstelle in **Rechtsfragen** hat nur die Bedeutung eines außergerichtlichen Vorverfahrens (*D/R* § 76 Rz. 94; *G/L* § 76 Rz. 37) und hat streitentscheidende Wirkung (GK-*Kreutz* § 76 Rz. 108).

56 Der Spruch der Einigungsstelle ist kein Vollstreckungstitel. In einem Rechtsstreit der Arbeitsvertragsparteien unterliegt der Spruch der Inzidentkontrolle. Dieses Urteilverfahren ist gem. § 148 ZPO jedoch auszusetzen, wenn der Spruch im Beschlußverfahren angefochten wird (GK-*Kreutz* § 76 Rz. 109; *D/R* § 76 Rz. 95; *LAG Hamm* vom 22. 6. 1978 – 8 TaBV 85/78 – EzA § 148 ZPO Nr. 6 = DB 1978, 1699). Zu beachten ist dabei, daß die Ermessensüberschreitung nur innerhalb einer Frist von zwei Wochen geltend gemacht werden kann und bei Überschreitung dieser Frist auch inzident nicht im Urteilsverfahren geprüft werden kann (vgl. GK-*Kreutz* § 76 Rz. 109).

57 Wegen der Kosten der Einigungsstelle siehe die Kommentierung zu § 76a.

D. Die Haftung der Mitglieder der Einigungsstelle

58 Die Mitglieder der Einigungsstelle haften grundsätzlich gem. § 276 BGB für jede vorsätzliche oder fahrlässige Fehlentscheidung. Die Mitglieder können jedoch eine Haftungsbeschränkung ausdrücklich vereinbaren. Ist eine Haftungsbeschränkung nicht ausdrücklich vereinbart, so kann eine stillschweigende Haftungsbeschränkung vorliegen mit der Folge, daß Mitglieder der Einigungsstelle nur haften, wenn sie willkürlich gehandelt haben oder den ihnen eingeräumten Beurteilungsspielraum bewußt überschritten oder so offensichtlich fehlerhaft gehandelt haben, daß die Entscheidung mit den an eine gesetzmäßige Tätigkeit der Einigungsstelle zu stellenden Anforderungen schlechthin unvereinbar ist (*Bischoff* Die Einigungsstelle, 157; ähnlich *Gaul* Die betriebliche Einigungsstelle I, III).

E. Die Anfechtung der Entscheidung der Einigungsstelle vor dem Arbeitsgericht

59 Die Entscheidungen der Einigungsstelle sind im arbeitsgerichtlichen Beschlußverfahren einer gerichtlichen Überprüfung zugänglich (§ 2a Abs. 2 § 80 ArbGG; GK-*Kreutz* § 76 Rz. 111). Den Antrag kann nur eine Partei des Einigungsverfahrens stellen (GK-*Kreutz* § 76 Rz. 116), nicht ein betroffener Arbeitnehmer, die Gewerkschaften oder die Arbeitgeberverbände, da ihnen nicht die Aufsicht über die Sprüche der Einigungsstelle obliegt (*BAG* vom 18. 8. 1987 – 1 ABR 65/86 – EzA § 81 ArbGG 1979 Nr. 11 = DB 1987, 1796, 2368; *BAG* vom 23. 2. 1988 – 1 ABR 75/86 – EzA § 81 ArbGG 1979 Nr. 13 = BB 1988, 1465). Umfang und Reichweite der gerichtlichen Überprüfung richten sich danach, ob im Rahmen des verbindli-

chen Einigungsstellenverfahrens eine Rechtslage entschieden wurde oder ob es sich um einen Regelungsstreit handelte. Die Einigungsstelle kann in diesem Beschlußverfahren nicht Beteiligte i. S. v. § 83 Abs. 3 ArbGG sein (*BAG* vom 22. 1. 1980 – 1 ABR 28/78 – EzA § 111 BetrVG 1972 Nr. 11 m. Anm. *Fabricius/Cottmann* = DB 1980, 1402; *BAG* vom 22. 1. 1980 – 1 ABR 48/77 – EzA § 87 BetrVG 1972 Lohn und Arbeitsentgelt Nr. 11 = DB 1980, 1895; *BAG* vom 28. 7. 1981 – 1 ABR 65/79 – EzA § 87 BetrVG 1972 Arbeitszeit Nr. 9 m. Anm. *Kraft* = DB 1982, 386; *BAG* vom 13. 1. 1981 – 6 ABR 106/78 – EzA § 76 BetrVG 1972 Nr. 31 = DB 1981, 1192; *LAG Baden-Württemberg* vom 16. 8. 1972 – 4 Sa 58/72 – AuR 1973, 350; *F/A/K/H* § 76 Rz. 41 a; *G/L* § 76 Rz. 45; *GK-Kreutz* § 76 Rz. 117 m. w. N.; *Pünnel* Die Einigungsstelle, 67; a. A. *LAG Düsseldorf* vom 24. 1. 1978 – 8 TaBV 33/77 – EzA § 87 BetrVG 1972 Vorschlagswesen Nr. 1; *LAG Hamm* vom 21. 10. 1977 – 3 TaBV 57/77 – EzA § 76 BetrVG 1972 Nr. 19 = DB 1978, 1452; *ArbG Berlin* vom 5. 2. 1975 – 10 BV 16/74 – DB 1975, 652; *Lepke* BB 1977, 55; *Weber* SAE 1981, 114 ff.; vgl. auch *Grunsky* ArbGG § 83 Rz. 17). Die fehlende Beteiligtenfähigkeit der Einigungsstelle wird nach überzeugender Ansicht (*BAG* a. a. O.) damit begründet, daß ihr als innerbetriebliches Organ keine eigenen betriebsverfassungsrechtlichen Rechte zustehen, da sie lediglich eine Einrichtung darstellt, die Hilfs- und Ersatzfunktionen für die Betriebspartner ausübt.

Soweit die Einigungsstelle im verbindlichen Einigungsstellenverfahren über **Rechtsfragen** entscheidet, ist ihre Entscheidung **im vollen Umfang überprüfbar**. Die in Abs. 5 Satz 4 bezeichnete Ausschlußfrist von 2 Wochen greift nicht ein, da Rechtsfehler und nicht die Überschreitung des Ermessens gerügt werden (*D/R* § 76 Rz. 100; *G/L* § 76 Rz. 42; *GK-Kreutz* § 76 Rz. 119). 60

Soweit die Einigungsstelle über **Regelungsstreitigkeiten** entscheidet, hat sie **zwingende Rechtsvorschriften** zu beachten. Sie hat zunächst zu prüfen, ob im Einzelfall ihre Zuständigkeit gegeben ist, sie hat die zwingenden Verfahrensvorschriften des § 76 zu beachten, die gesetzlichen Voraussetzungen für ihr Tätigwerden zu prüfen, und ihr Spruch darf nicht gegen zwingendes Gesetzesrecht oder gegen für den Betrieb geltende Tarifverträge verstoßen. Auch **insoweit** sind ihre **Entscheidungen** – zeitlich unbegrenzt – **rechtlich nachprüfbar**, wie sich aus der ausdrücklichen Vorschrift des § 76 Abs. 7 ergibt (vgl. Ausschußbericht BT-Drucks. VI 2729, 10; *Dütz* DB 1972, 383, 389; *Brecht* § 76 Rz. 10; *D/R* § 76 Rz. 103; *GK-Kreutz* § 76 Rz. 120). 61

Im übrigen hat die Einigungsstelle bei der Entscheidung von Regelungsstreitigkeiten ihre »**Beschlüsse** unter angemessener Berücksichtigung der Belange des Betriebes und der betroffenen Arbeitnehmer **nach billigem Ermessen**« zu fassen. Verstößt ein Spruch der Einigungsstelle gegen diesen Grundsatz, indem er den Rahmen des damit gesetzten **Ermessensspielraums** überschreitet, so liegt ein Ermessensmißbrauch vor, der im arbeitsgerichtlichen Beschlußverfahren geltend gemacht werden kann. »Im Interesse des betrieblichen Rechtsfriedens« (Ausschußbericht, 10) kann dieser Ermessensmißbrauch jedoch nur während einer **Ausschlußfrist von zwei Wochen**, vom Tage der Zuleitung des Beschlusses an, geltend gemacht werden. Die Frist von zwei Wochen für die Geltendmachung der Überschreitung des Ermessens nach § 76 Abs. 4 Satz 4 wird nicht gewahrt, wenn innerhalb von zwei Wochen beim Arbeitsgericht die Feststellung der Unwirksamkeit eines Sozialplanes ohne Begründung beantragt wird (*BAG* vom 26. 5. 1988 – 1 ABR 11/87 – EzA § 76 BetrVG 1972 Nr. 41 = DB 1988, 2154). Die zweiwöchige 62

§ 76 4. Teil Mitwirkung und Mitbestimmung der Arbeitnehmer

Ausschlußfrist des § 76 Abs. 5 Satz 4 beginnt grundsätzlich bereits dann, wenn der Spruch in der Sitzung der Einigungsstelle den Betriebspartnern oder deren Verfahrensbevollmächtigten – auch wenn diese zugleich Beisitzer der Einigungsstelle sind – übergeben wird (*ArbG Neumünster* vom 12. 7. 1985 – 3 Bv 21/85 – NZA 1985, 788). Diese Ausschlußfrist gilt jedoch nur für die Geltendmachung des Ermessensmißbrauchs, nicht jedoch für die Geltendmachung anderer behaupteter Rechtsverstöße (Ausschußbericht a. a. O.).

63 Die Einigungsstelle faßt ihren Beschluß nach billigem Ermessen. Bei Aufstellung eines Sozialplanes muß sie sowohl die sozialen Belange der betroffenen Arbeitnehmer berücksichtigen, als auch auf die wirtschaftliche Vertretbarkeit ihrer Entscheidung für das Unternehmen achten (*BAG* vom 22. 5. 1979 – 1 ABR 17/77 – EzA § 111 BetrVG 1972 Nr. 7 m. Anm. *Löwisch/Schiff* = DB 1979, 1134, 1896).

64 Bei dem von § 76 Abs. 5 Satz 3 geforderten billigen Ermessen handelt es sich um einen unbestimmten Rechtsbegriff. Das Regelungsermessen der Einzugsstelle wird durch den Zweck des jeweiligen Mitbestimmungsrechts bestimmt. Dem Zweck dieses Mitbestimmungsrechts muß der Spruch Rechnung tragen. Die getroffene Regelung muß sich als Wahrnehmung dieses Mitbestimmungsrechts darstellen.

Ein Spruch der Einigungsstelle über eine Provisionsregelung muß die Frage, in welchem Verhältnis die Provisionssätze der einzelnen Vertriebsrepräsentanten zueinander stehen sollen, jedenfalls insoweit selbst regeln, daß die Festsetzung unterschiedlicher Provisionssätze sich an bestimmten Kriterien zu orientieren hat. Er darf die Festsetzung der Provisionssätze nicht ohne solche Kriterien dem Arbeitgeber allein überlassen (*BAG* vom 17. 10. 1989 – 1 ABR 31/87 – SAE 1990, 170 = NZA 1990, 399).

Bei der Anwendung unbestimmter Rechtsbegriffe hat das Gericht der Tatsacheninstanz grundsätzlich einen Beurteilungsspielraum (*BAG* vom 28. 7. 1981 – 1 ABR 79/79 – EzA § 87 BetrVG 1972 Urlaub Nr. 4 = DB 1981, 1780, 2621). Es ist eine Rechtsfrage, ob der Spruch der Einigungsstelle die Grenzen des Ermessens überschreitet. Ein Spruch wahrt die Grenzen des Ermessens, wenn die getroffene Regelung die Belange des Betriebes und der betroffenen Arbeitnehmer angemessen berücksichtigt. Darauf, welche Überlegungen die Einigungsstelle selbst angestellt hat und von welchen Tatbeständen sie sich bei ihrer Entscheidung leiten läßt, kommt es nicht an (*BAG* vom 31. 8. 1982 – 1 ABR 27/80 – EzA § 87 BetrVG 1972 Arbeitszeit Nr. 13 m. Anm. *Richardi* = DB 1982, 1884; 1983, 453; GK-*Kreutz* § 76 Rz. 30 m. w. N.).

Nicht überprüfbar durch das Arbeitsgericht ist das pflichtgemäße Ermessen der Einigungsstelle selbst. Kommt das Arbeitsgericht zu dem Ergebnis, daß die Grenzen des Ermessens der Einigungsstelle überschritten sind, so hat es den **beanstandeten Beschluß aufzuheben, nicht** dagegen selbst eine **Sachentscheidung** zu treffen (*Bleistein* § 76 Rz. 286; *Brecht* § 76 Rz. 8; *D/R* § 76 Rz. 113; *Dütz* DB 1972, 383, 389; *F/A/K/H* § 76 Rz. 33; *Gnade* AuR 1973, 43 f.; GK-*Kreutz* § 76 Rz. 138; **a. A.** *Müller* DB 1973, 73, 77; *Leipold* FS für *Schnorr v. Carolsfeld*, 273, 287 f.). Das bedeutet, daß die Sachentscheidung bei Regelungsstreitigkeiten bei der Einigungsstelle verbleibt (GK-*Kreutz* § 76 Rz. 139 m. w. N.). Dies gilt auch insoweit, als durch den Spruch der Einigungsstelle ein auf materielle Arbeitsbedingungen ausgedehntes Mitbestimmungsrecht des Betriebsrats durchgesetzt werden soll.

65 Die Einigungsstelle überschreitet ihr Ermessen nicht, wenn die Laufzeit eines Spruches der Einigungsstelle auf längere Zeit bestimmt ist als die Amtszeit des

Einigungsstelle § 76

jeweiligen Betriebsrats dauert (*BAG* vom 28. 7. 1981 – 1 ABR 79/79 – EzA § 87 BetrVG 1972 Urlaub Nr. 4 = DB 1981, 2621); dies gilt auch dann, wenn die Einigungsstelle die Ladenöffnungszeiten entgegen dem Wunsch des Arbeitgebers regelt. Es widerspricht jedoch billigem Ermessen, wenn im Konkurs des Unternehmens die vorhandene Konkursmasse durch den Sozialplan aufgezehrt wird und den übrigen Gläubigern nichts mehr verbleibt (a.A. *BAG* vom 30. 10. 1979 – 1 ABR 112/77 – EzA § 76 BetrVG 1972 Nr. 26 = DB 1980, 548). Das *BAG* verkennt insoweit die Schutzwürdigkeit auch der übrigen Gläubiger im Konkurs des Unternehmens.

Es widerspricht jedoch billigem Ermessen, wenn der Spruch der Einigungsstelle im Sozialplan Pauschalabfindungen für die Arbeitnehmer festgesetzt hat, ohne die auch in § 112 Abs. 4 aufgezeigten Kriterien zu beachten (*ArbG Hamburg* vom 23. 1. 1979 – 9 Bv 7/79 – DB 1980, 884).

Die Teilwirksamkeit des Spruchs der Einigungsstelle führt nicht zur Unwirksamkeit des gesamten Spruchs, wenn der wirksame Teil auch ohne die unwirksame Bestimmung eine sinnvolle und in sich geschlossene Regelung enthält (*BAG* vom 28. 4. 1981 – 1 ABR 53/79 – EzA § 87 BetrVG 1972 Vorschlagswesen Nr. 2 m. Anm. *Kraft* = DB 1981, 1882; *BAG* vom 28. 7. 1981 – 1 ABR 79/79 – EzA § 87 BetrVG 1972 Urlaub Nr. 4 = DB 1981, 2621; *F/A/K/H* § 76 Rz. 32; *GK-Kreutz* § 76 Rz. 140).

Ebensowenig wie der Spruch der Einigungsstelle Arbeitgeber oder Betriebsrat an **66** der gerichtlichen Verfolgung von Rechtsansprüchen hindert, hindert ihre Entscheidung einzelne Arbeitnehmer, ihre aus dem Arbeitsverhältnis herrührenden Rechtsansprüche vor den Arbeitsgerichten zu verfolgen. Für die Klage des einzelnen Arbeitnehmers ist die Durchführung des Einigungsstellenverfahrens keine Prozeßvoraussetzung. Auch dies folgt aus § 76 Abs. 7.

F. Streitigkeiten

Streitigkeiten über den Umfang der Tätigkeit der Einigungsstelle und über die **67** Rechtmäßigkeit der Sprüche der Einigungsstelle entscheiden die Arbeitsgerichte im Beschlußverfahren (vgl. dazu *F/A/K/H* § 76 Rz. 41 f.). Die Geltendmachung individueller Rechtsansprüche in den jeweils maßgebenden rechtlichen Verfahren wird durch die Spruchtätigkeit der Einigungsstelle nicht berührt.

Im Beschlußverfahren sind neben dem Antragsteller und dem Antragsgegner die **68** Arbeitnehmer und die Stellen zu hören, die nach dem BetrVG im Einzelfall beteiligt sind. Beteiligt ist jeder, der durch eine Entscheidung materiell betroffen wird. Die Beteiligten haben ein eigenes Recht auf Anhörung (*BAG* vom 21. 6. 1957 – 1 ABR 1/56 – AP Nr. 2 zu § 81 ArbGG 1953 m. Anm. *Pohle* = DB 1957, 972; *BAG* vom 26. 11. 1974 – 1 ABR 16/74 – EzA § 20 BetrVG 1972 Nr. 7 m. Anm. *Heckelmann* = DB 1975, 1178). In Angelegenheiten der Belegschaft ist der Betriebsrat zu hören. Der einzelne Arbeitnehmer ist zu hören, wenn seine Belange unmittelbar berührt werden (*BAG* vom 15. 12. 1978 – 6 ABR 93/77 – EzA § 76 BetrVG 1972 Nr. 23 m. zust. Anm. *Wohlgemuth* = DB 1979, 1800; *BAG* vom 31. 7. 1986 – 6 ABR 79/83 – AP Nr. 19 zu § 76 BetrVG 1972 = DB 1987, 441; *BAG* vom 19. 3. 1974 – 1 ABR 44/73 – EzA § 26 BetrVG 1972 Nr. 1 = DB 1974, 1629; *GK-Kreutz* § 76 Rz. 18). Die Gewerkschaft ist beteiligt, wenn ihre Rechtsstellung durch die Entscheidung unmittelbar berührt wird und sie im Betrieb vertreten ist.

§ 76a 4. Teil Mitwirkung und Mitbestimmung der Arbeitnehmer

Wurde die Anhörung eines Beteiligten versäumt, liegt ein wesentlicher Verfahrensmangel vor (*BAG* vom 22. 10. 1981 – 6 ABR 69/79 – EzA § 76 BetrVG 1972 Nr. 32 m. Anm. *Herschel* = DB 1982, 811). In der zweiten Instanz kann die Anhörung nachgeholt werden (*BAG* vom 19. 3. 1974 – 1 ABR 44/73 – EzA § 26 BetrVG 1972 Nr. 1 = DB 1974, 1629).

Wird in einem Beschlußverfahren die Überschreitung des eingeräumten Ermessens seitens der Einigungsstelle gerügt, dann kann die Durchführung des Spruches der Einigungsstelle nicht durch einstweilige Verfügung verhindert werden (*LAG Frankfurt/M.* vom 24. 9. 1987 – 12 TaBV Ga 70/87 – LAGE § 85 ArbGG 1979 Nr. 2 = BB 1988, 347), es sei denn, daß der Spruch der Einigungsstelle offensichtlich rechtswidrig ist (*LAG Frankfurt/M.* a. a. O. im Anschluß an *LAG Berlin* vom 6. 12. 1984 – 4 TaBV 2/84 – AuR 1985, 293; *LAG Berlin* vom 6. 4. 1984 – 4 TaBV 2/84 – BB 1985, 1199).

69 Sieht ein Tarifvertrag zur Umsetzung neuer tariflicher Arbeitszeitregelungen die Möglichkeit der Bildung einer Einigungsstelle vor, dann ist bei Überprüfung des Einigungsstellenspruchs die den Tarifvertrag abschließende Gewerkschaft nicht berechtigt, eine gerichtliche Überprüfung des Einigungsstellenspruchs zu beantragen (*ArbG Wuppertal* vom 13. 6. 1985 – 5 Bv 24/85 – NZA 1985, 675).

70 Soll die Unwirksamkeit eines Teils eines Einigungsstellenspruchs geltend gemacht werden, so können die Beteiligten den Feststellungsantrag auf die Teile des Spruchs beschränken, die sie für unwirksam halten (*LAG Hamm* vom 27. 3. 1985 – 12 TaBV 129/84 –).

71 Die Anrufung des Arbeitsgerichts wegen angeblicher Rechtunwirksamkeit des Spruchs der Einigungsstelle hat keine suspendierende Wirkung. Auch nach Anrufung des Arbeitsgerichts kann der Spruch der Einigungsstelle im Wege der einstweiligen Verfügung durchgesetzt werden, sofern die gesetzlichen Voraussetzungen des vorläufigen Rechtsschutzes gegeben sind (§§ 935, 940 ZPO; *LAG Berlin* vom 6. 12. 1984 – a. a. O.).

72 Geht in einem Beschlußverfahren der Streit nur um die Person des Einigungsstellenvorsitzenden, ist als Gegenstandswert grundsätzlich der Regelstreitwert in Höhe von DM 6 000,– anzusetzen. Ist neben der Person des Vorsitzenden auch die Vorfrage streitig, ob eine Zuständigkeit der Einigungsstelle überhaupt besteht, muß der Gegenstandswert in eine Relation zum Gegenstand des Beabsichtigten Einigungsstellenverfahrens gebracht werden (*LAG Baden-Württemberg* vom 4. 12. 1979 – 1 Ta 111/79 – BB 1980, 321; siehe auch *LAG Hamm* vom 26. 9. 1985 – 8 TaBV 118/85 – DB 1986, 132).

73 Vertritt ein Rechtsanwalt den Betriebsrat gegenüber (nicht in) der Einigungsstelle, so kann er seine Gebühren nach der Bundesrechtsanwaltsgebührenordnung abrechnen. Hierbei stellen die Kosten des zustandegekommenen Sozialplans den Gegenstandswert dar (*BAG* vom 5. 11. 1981 – 6 ABR 24/78 – EzA § 40 BetrVG 1972 Nr. 50 = DB 1982, 604).

§ 76a Kosten der Einigungsstelle

(1) Die Kosten der Einigungsstelle trägt der Arbeitgeber.
(2) Die Beisitzer der Einigungsstelle, die dem Betrieb angehören, erhalten für ihre Tätigkeit keine Vergütung; § 37 Abs. 2 und 3 gilt entsprechend. Ist die Einigungsstelle zur Beilegung von Meinungsverschiedenheiten zwischen Arbeitgeber

und Gesamtbetriebsrat oder Konzernbetriebsrat zu bilden, so gilt Satz 1 für die einem Betrieb des Unternehmens oder eines Konzernunternehmens angehörenden Beisitzer entsprechend.
(3) Der Vorsitzende und die Beisitzer der Einigungsstelle, die nicht zu den in Abs. 2 genannten Personen zählen, haben gegenüber dem Arbeitgeber Anspruch auf Vergütung ihrer Tätigkeit. Die Höhe der Vergütung richtet sich nach den Grundsätzen des Absatzes 4 Satz 3 bis 5.
(4) Der Bundesminister für Arbeit und Sozialordnung kann durch Rechtsverordnung die Vergütung nach Absatz 3 regeln. In der Vergütungsordnung sind Höchstsätze festzusetzen. Dabei sind insbesondere der erforderliche Zeitaufwand, die Schwierigkeit der Streitigkeit sowie ein Verdienstausfall zu berücksichtigen. Die Vergütung der Beisitzer ist niedriger zu bemessen als die des Vorsitzenden. Bei der Festsetzung der Höchstsätze ist den berechtigten Interessen der Mitglieder der Einigungsstelle und des Arbeitgebers Rechnung zu tragen.
(5) Von Absatz 3 und einer Vergütungsordnung nach Absatz 4 kann durch Tarifvertrag oder in einer Betriebsvereinbarung, wenn ein Tarifvertrag dies zuläßt oder eine tarifliche Regelung nicht besteht, abgewichen werden.

Literaturübersicht

Bauer Der Anwalt im Einigungsstellenverfahren, Anwaltsblatt 1985, 225; *ders.* Der Anwalt arbeitsrechtlicher Interessenvertretung neben den Verbänden, Anwaltsblatt 1987, 383; *Bengelsdorf* Die Vergütung der Einigungsstellenmitglieder, NZA 1989, 489; *Bischoff* Die Kosten der Einigungsstelle, AR-Blattei Einigungsstelle II 1975; *ders.* Die Vergütung der Mitglieder der betrieblichen Einigungsstelle, BB 1980, 1277; *ders.* Die Einigungsstelle im Betriebsverfassungsrecht 1975, 118ff.; *Brill* Die Vergütung der Mitglieder der betrieblichen Einigungsstelle, BB 1980, 1277; *Däubler* Die Kosten des Verfahrens vor der Einigungsstelle, DB 1973, 233; *Gaul* Zur Gebührenberechnuung bei Einigungsstellenverfahren, DB 1983, 1148; *ders.* Die betriebliche Einigungsstelle, 2. Aufl. 1980; *Glaubitz* Die Kosten von Einigungsstellenverfahren nach § 76 BetrVG, DB 1983, 555; *Gnade* Die Einigungsstelle und ihre Kosten, DB 1982, 1984; *Günther* Kosten der betrieblichen Schlichtungsstelle, BB 1964, 88; *Herschel* Die Einigungsstelle und ihre Kosten, DB 1982, 1984; *Hess* Das angemessene Honorar für den Vorsitzenden einer Einigungsstelle, BlStSozArbR 1983, 161; *Hunoldt* Bildung und Kosten der Einigungsstelle nach dem BetrVG, DB 1978, 2662; *Jäcker* Die Einigungsstelle nach dem BetrVG 1972, 1974, 152ff.; *Lepke* Zur Rechtsstellung der betrieblichen Einigungsstelle, insbesondere im arbeitsgerichtlichen Beschlußverfahren, BB 1977, 49; *Nipperdey* Gesetzliche Regelung der Einigungsstellenkosten – Kein Bedürfnis? –, DB 1982, 1321; *Pünnel* Die Einigungsstelle des BetrVG 1972, 2. Aufl. 1985; *Sbresny-Uebach* Die Einigungsstelle, AR-Blattei Einigungsstelle I 1983; *Schumann* Die Kosten der Einigungsstelle – kein unlösbares Problem, DB 1983, 1094; *Sowka* Die Tätigkeit von Rechtsanwälten als Parteivertreter vor der Einigungsstelle, NZA 1990, 91; *Wiese* Zu den Kosten der Betriebsverfassung, insbesondere der Einigungsstelle, JArbR Bd. 22 (1984), 37.

Inhaltsübersicht

		Rz.
I.	Allgemeines	1– 5
II.	Die Kostentragungspflicht des Arbeitgebers	6–10
III.	Die Kosten unternehmensangehöriger Einigungsstellenbeisitzer	11–14
IV.	Die Kosten des Einigungsstellenvorsitzenden	15–21

§ 76a   4. Teil Mitwirkung und Mitbestimmung der Arbeitnehmer

V. Die Kosten des nicht unternehmensangehörigen
   Einigungsstellenbeisitzers   22–27
VI. Die Höhe der Kosten des Einigungsstellenvorsitzenden und der
    betriebsfremden Beisitzer   28–37
VII. Die Durchsetzung der Kosten   38–40

I. Allgemeines

1 Durch die Einführung des § 76a (BGBl. I 1988 S. 2312) hat der Gesetzgeber die Möglichkeit geschaffen, die in der Vergangenheit teilweise ausgeuferten Kosten der Einigungsstelle durch Rechtsverordnung zu begrenzen (Zur Kritik an der bisherigen Rechtslage *D/R* § 76 Rz. 126; *G/L* § 76 Rz. 19; *S/W* § 76 Rz. 32; *Glaubitz* DB 1983, 555; *Bauer* Anwaltsblatt 1977, 383, 387; *Bengelsdorf* NZA 1989, 489, 490).

2 Ausgangspunkt der gesetzgeberischen Maßnahme war die Rechtsprechung des *BAG*, wonach der Vorsitzende einer Einigungsstelle (*BAG* vom 15. 12. 1978 – 6 ABR 64/77 – § 76 BetrVG 1972 Nr. 21 = DB 1979, 64, 1467) und der betriebsfremde Beisitzende (*BAG* vom 6. 4. 1973 – 1 ABR 20/72 – § 76 BetrVG 1972 Nr. 2 m. Anm. *Dütz* = DB 1973, 2197; *BAG* vom 15. 12. 1978 – 6 ABR 93/77 – EzA § 76 BetrVG 1972 Nr. 23 m. Anm. *Wohlgemuth* = DB 1979, 1800; *BAG* vom 13. 1. 1981 – 6 ABR 106/78 – EzA § 76 BetrVG 1972 Nr. 31 = DB 1981, 1192) eine Vergütung beanspruchen können, wobei die Vergütung des Vorsitzenden mangels einer Vereinbarung mit zwei 13/10 Gebühren nach der Bundesrechtsanwaltsgebührenordnung (BRAGO) als vertretbar angesehen wurde (*BAG* vom 15. 12. 1978 – 6 ABR 64/77 – EzA § 76 BetrVG 1972 Nr. 21 = DB 1979, 64, 1467; *BAG* vom 13. 1. 1981 – 6 ABR 106/78 – EzA § 76 BetrVG 1972 Nr. 31 = DB 1981, 1192) und die Vergütung des außerbetrieblichen Beisitzers regelmäßig nicht beanstandet wurde, wenn sie mangels einer Vereinbarung mit 7/10 des Vorsitzendenhonorars festgelegt wurde (*BAG* vom 15. 12. 1978 – 6 ABR 93/77 – EzA § 76 BetrVG 1972 Nr. 23 m. Anm. *Wohlgemuth* = DB 1979, 1800; *BAG* vom 13. 1. 1981 – 6 ABR 106/78 – EzA § 76 BetrVG 1972 Nr. 31 = DB 1981, 1192 ; *BAG* vom 14. 1. 1983 – 6 ABR 67/79 – EzA § 76 BetrVG 1972 Nr. 34 = DB 1983, 2583).

3 Die Neuregelung der Vergütungsansprüche durch § 76a BetrVG hat jedoch die dem Grunde nach gebilligten Vergütungsansprüche der hauptberuflichen Gewerkschaftssekretäre nicht eingeschränkt, obwohl es sich hierbei um eine vom Arbeitgeber zu tragende unzulässige Gegnerfinanzierung handelt, zumal die Gewerkschaftsfunktionäre als Interessenvertreter des Verbandes tätig sind (*Nipperdey* DB 1982, 1322; *Schumann* DB 1983, 1095; *LAG Berlin* DB 1978, 811; *LAG Düsseldorf/Köln* EzA § 76 BetrVG 1972 Nr. 30) und deshalb ihre Tätigkeit in der Einigungsstelle als Arbeit unter Fortbestand der Geschäftsansprüche gewertet wird mit der Folge, daß die Vergütung in der Einigungsstelle vertraglich an eine Einrichtung der Gewerkschaft abgeführt werden muß.

4 Auch solange die Rechtsverordnung noch nicht erlassen ist, sind bei der Bemessung der Einigungsstellenvergütung als Kriterien für die Höhe der Zeitaufwand, die Schwierigkeit der Streitigkeit sowie der eventuell entstehende Verdienstausfall zu berücksichtigen. Insoweit kann auf die bisherige, die Kosten beschränkende Rechtsprechung der Arbeitsgerichte zurückgegriffen werden, und es ist deutlich geworden, daß die BRAGO nicht mehr der Anknüpfungspunkt für die Bemes-

sung der Vergütung des Einigungsstellenvorstandes und der Beisitzer sein kann (*Bengelsdorf* NZA 1989, 489, 493).
Bei der Festsetzung der Kosten und nach der ausdrücklichen Anordnung des § 76a **5**
Abs. 4 Satz 3 ist den Interessen der Mitglieder der Einigungsstelle und denen des Arbeitgebers Rechnung zu tragen. Dies bedeutet, daß bei der Kostenfestsetzung die wirtschaftliche Situation des Arbeitgebers besonders zu beachten ist.

II. Die Kostentragungspflicht des Arbeitgebers

Auch nach der Neuregelung des § 76a steht fest, daß der Arbeitgeber nur die **6**
Aufwendungen zu übernehmen hat, die der Betriebsrat nach der Beurteilung eines vernünftigen Dritten und der Berücksichtigung der Interessen des Betriebes einerseits, des Betriebsrats und der Belegschaft andererseits für erforderlich halten durfte (*BAG* vom 15. 12. 1978 – 6 ABR 64/77 – EzA § 76 BetrVG 1972 Nr. 21 = DB 1979, 64, 1467; *BAG* vom 18. 4. 1967 – 1 ABR 11/66 – EzA § 39 BetrVG 1952 Nr. 1 = DB 1967, 733, 1769; *BAG* vom 6. 4. 1973 – 1 ABR 20/72 – EzA § 76 BetrVG 1972 Nr. 2 m. Anm. *Dütz* = DB 1973, 2197; *BAG* vom 11. 5. 1976 – 1 ABR 37/75 – EzA § 76 BetrVG 1972 Nr. 8 = DB 1976, 1772; *BAG* vom 15. 12. 1978 – 6 ABR 93/77 – EzA § 76 BetrVG 1972 Nr. 23 m. Anm. *Wohlgemuth* = DB 1979, 1800; *Wiese* SAE 1969, 122 m.w.N.; *Brecht* § 40 Rz. 2; *D/R* § 40 Rz. 5ff. m.w.N., § 37 Rz. 23, § 76 Rz. 115; *Frauenkron* § 40 Rz. 6; GK-*Kreutz* § 76a Rz. 4 m.w.N.; *Bischoff* Die Einigungsstelle, 121 m.w.N. in Fn. 526; GK-*Wiese* § 40 Rz. 9 m.w.N.). Hierzu gehören die Sachkosten der Einigungsstelle (GK-*Kreutz* § 76a Rz. 10), die Auslagen für die Mitglieder der Einigungsstelle (GK-*Kreutz* § 76a Rz. 11), die von der Einigungsstelle verursachten Sachverständigenkosten (GK-*Kreutz* § 76a Rz. 12).
Daraus ergibt sich, daß der Betriebsrat nur dann befugt ist, auch betriebsfremde **7**
Personen als Beisitzer zu bestellen, die nur bereit sind, gegen ein Honorar tätig zu werden, wenn er andere Personen, die sein Vertrauen genießen, nicht findet (*BAG* vom 14. 1. 1983 – 6 ABR 67/79 – EzA § 76 BetrVG 1972 Nr. 34 = DB 1983, 2583; *BAG* vom 3. 5. 1984 – 6 ABR 60/80 – EzA § 40 BetrVG 1972 Nr. 56 = DB 1984, 2307; *BAG* vom 15. 12. 1978 – 6 ABR 93/77 – EzA § 76 BetrVG 1972 Nr. 23 m. Anm. *Wohlgemuth* = DB 1979, 1800). Ein Honoraranspruch des vom Betriebsrat bestellten Beisitzers einer Einigungsstelle setzt in jedem Falle eine Vereinbarung mit dem Betriebsrat darüber voraus, daß diese Tätigkeit entgeltlich ist (*BAG* vom 1. 12. 1983 – 6 ABR 6/81 – EzA § 40 BetrVG 1972 Nr. 54 = DB 1984, 934).
Eine besondere Vergütungszusage gegenüber außerbetrieblichen Einigungsstel- **8**
lenbeisitzern aus Verbandskreisen muß die Ausnahme bilden und kommt auf Arbeitnehmerseite nur dann in Betracht, wenn der Betriebsrat sich außerstande sieht, ohne eine derartige Vergütungszusage einen Beisitzer seines Vertrauens zu gewinnen (*LAG Hamm* vom 20. 2. 1975 – 8 TaBV 74/74 – DB 1975, 985 = BB 1976, 551).
Der Arbeitgeber soll über § 40 nicht nach § 76a die Kosten eines Rechtsanwalts zu **9**
tragen haben, der den Betriebsrat gegenüber (nicht in) der Einigungsstelle vertritt (GK-*Kreutz* § 76a Rz. 14). Dies soll nach der Auffassung des *BAG* jedenfalls dann gelten, wenn der Betriebsrat bei pflichtgemäßer verständiger Würdigung aller Umstände die Hinzuziehung eines Rechtsanwalts für notwendig erachten konnte

§ 76a 4. Teil Mitwirkung und Mitbestimmung der Arbeitnehmer

(*BAG* vom 5.11.1981 – 6 ABR 24/78 – EzA § 40 BetrVG 1972 Nr. 50 = DB 1982, 604). Dies trifft jedenfalls dann zu, wenn der Regelungsgegenstand der Einigungsstelle schwierige Rechtsfragen aufwirft, die zwischen den Betriebspartnern umstritten sind, und kein Betriebsratsmitglied über den zur sachgerechten Interessenwahrnehmung notwendigen juristischen Sachverstand verfügt.
Für die Frage der Hinzuziehung eines Rechtsanwalts als Verfahrensbevollmächtigten des Betriebsrats vor der Einigungsstelle soll es rechtlich unbeachtlich sein, ob der Vorsitzende der Einigungsstelle die schriftliche Vorbereitung und die Darlegung der Standpunkte der Beteiligten vor der Einigungsstelle verlangt hat (Aufgabe von *BAG* vom 5.11.1981 – 6 ABR 24/78 – EzA § 40 BetrVG 1972 Nr. 50 = DB 1982, 604).
Der Betriebsrat ist nach der Auffassung des *BAG* (vom 21.6.1989 – 7 ABR 78/87 – DB 1989, 2436 = BB 1990, 139) berechtigt, einem Rechtsanwalt für die Wahrnehmung seiner Interessen vor der Einigungsstelle ein Honorar in Höhe der Vergütung eines betriebsfremden Beisitzers zuzusagen, wenn der von ihm ausgewählte Rechtsanwalt seines Vertrauens nur gegen eine derartige Honorarzahlung zur Mandatsübernahme bereit ist und sich das Erfordernis einer derartigen Honorarvereinbarung daraus ergibt, daß der Gegenstandswert der anwaltlichen Tätigkeit nach billigem Ermessen zu bestimmen wäre.

10 Zu Recht weist *Sowka* (NZA 1990, 91 ff.) darauf hin, daß dieser Beschluß aus einer Anzahl von Gründen angreifbar ist. Entgegen der Auffassung des *BAG* handelt es sich bei den in Frage stehenden Kosten nicht um Kosten der Betriebsratstätigkeit i.S.d. § 40 BetrVG, sondern um Einigungsstellenkosten. Die durch die Beauftragung des Rechtsanwalts entstandenen Kosten als Kosten der Einigungsstelle deshalb auszugrenzen, weil sie nicht durch die Anrufung der Einigungsstelle oder durch deren Besetzung entstanden oder auch nicht notwendig durch deren Verfahren bedingt sind, erscheint willkürlich. Die in Rede stehenden Kosten stehen und fallen schließlich mit der Durchführung des Einigungsstellenverfahrens (*Sowka* NZA 1990, 91, 92).
Selbst wenn man § 40 als Anspruchsgrundlage heranziehen würde, ist die Beauftragung eines Rechtsanwalts als Parteivertreter vor der Einigungsstelle durch den Betriebsrat zumindest in aller Regel nicht erforderlich. Der Betriebsrat hat es selbst in der Hand, für eine sachverständige Vertretung seiner Interessen in der Einigungsstelle zu sorgen, wobei er seine Beisitzer nach eigenem Belieben auswählen kann. Er darf sich jedoch, wenn er keine sachverständigen Beisitzer bestellt hat, nicht gegenüber dem Arbeitgeber darauf berufen, er müsse zusätzlich noch durch einen Rechtsanwalt als Parteivertreter in der Einigungsstelle vertreten sein (*Sowka* NZA 1990, 91, 92).
Entgegen der Auffassung des *BAG* scheidet unter der Neuregelung des § 76a eine Vergütung nach der BRAGO aus, da nach dem eindeutigen Wortlaut des § 76a der Wille des Gesetzgebers zum Ausdruck gekommen ist, daß sich die Höhe der Vergütung am Zeitaufwand und der Schwierigkeit, nicht aber am Gegenstandswert orientiert.

III. Die Kosten unternehmensangehöriger Einigungsstellenbeisitzer

§ 76a Abs. 2 Satz 1 normiert den bisherigen Grundsatz der Rechtsprechung, daß 11
Betriebsangehörige, auch wenn sie Betriebsratsmitglieder sind, als Beisitzer von
Einigungsstellen keinen Honoraranspruch haben (*BAG* vom 11. 5. 1976 – 1 ABR
15/75 – EzA § 78 BetrVG 1972 Nr. 5 = DB 1976, 1017 und *BAG* vom 11. 5. 1976 –
1 ABR 37/75 – EzA § 76 BetrVG 1972 Nr. 8 = DB 1976, 1772). Hiervon kann
auch vertraglich nicht abgewichen werden, weil solche Vereinbarungen eine Verletzung des Begünstigungsverbots des § 78 Abs. 2 darstellen würden (GK-*Kreutz*
§ 76a Rz. 47 m. w. N.). Dies gilt jedoch nicht nur für betriebsangehörige Betriebsrats- oder Gesamtbetriebsratsmitglieder, sondern auch für betriebsfremde oder
unternehmensangehörige Betriebsratsmitglieder (*LAG Niedersachsen* vom 18. 8.
1987 – 1 TaBV 6/87 – NZA 1988, 225).

In analoger Anwendung des § 37 Abs. 2 und Abs. 3 hat der betriebsangehörige 12
Einigungsstellenbeisitzer einen Anspruch auf Fortzahlung des Arbeitsentgelts sowie einen Anspruch auf Arbeitsbefreiung für die Tätigkeit in der Einigungsstelle
(GK-*Kreutz* § 76a Rz. 18; *Bengelsdorf* NZA 1989, 489, 493 m. w. N.).

Ist die Einigungsstelle zur Beilegung von Meinungsverschiedenheiten zwischen 13
Arbeitgeber und Gesamtbetriebsrat oder Konzernbetriebsrat zu bilden, so hat
auch das betriebsfremde, aber unternehmenszugehörige Betriebsratsmitglied oder
der unternehmenszugehörige Arbeitnehmer keinen Honoraranspruch für seine
Mitwirkung in einer Einigungsstelle, die in einem Betrieb desselben Unternehmens gebildet wurde und in die er von dem örtlichen Betriebsrat berufen wurde
(*LAG Niedersachsen* vom 18. 9. 1987 – a. a. O.; siehe auch *Bauer/Röder* DB 1989,
224, 225; GK-*Kreutz* § 76a Rz. 20).

Dem Beisitzer steht gegen den Arbeitgeber ein Anspruch auf Ersatz seiner per- 14
sönlichen Aufwendungen gem. §§ 670, 675 BGB zu. Hierbei sind nur die tatsächlich entstandenen Kosten zu erstatten, soweit die Parteien keine abweichende Regelung getroffen haben. Zu den erstattungsfähigen Aufwendungen i. S. v. § 670
BGB gehören die Fahrt- und die eventuell anfallenden Übernachtungskosten
(*LAG Schleswig-Holstein* vom 12. 8. 1986 – 5 (6) TaBV 42/85 – DB 1987, 104 =
BB 1987, 63).

IV. Die Kosten des Einigungsstellenvorsitzenden

Gem. §§ 670, 675, 611 ff., 631 ff. BGB hat der Vorsitzende der Einigungsstelle 15
gegen den Arbeitgeber einen Aufwendungsersatzanspruch (zu den Voraussetzungen siehe *BAG* vom 21. 9. 1966 – 1 AZR 504/65 – AP Nr. 2 zu § 675 BGB m. Anm.
Isele = DB 1967, 47; *D/R* § 76 Rz. 118; GK-*Kreutz* § 76a Rz. 21 m. w. N.).

Die Aufwendungen, die Reisekosten, Übernachtungskosten, Telefonkosten für 16
die Einstellung einer Schreibkraft und dergleichen mehr sind einzeln nachzuweisen, es sei denn, im Rahmen einer Betriebsvereinbarung ist eine pauschale Abgeltung vereinbart (vgl. *ArbG Arnsberg* vom 26. 11. 1974 – BV 29/74 – DB 1975,
107). Tagegelder können als Aufwendungsersatz nicht begehrt werden, da sie
durch den Honoraranspruch abgegolten werden (*Bischoff* Die Einigungsstelle,
130).

Der Vorsitzende der Einigungsstelle hat für die Dauer seiner Tätigkeit einen An- 17
spruch auf Ausgleich seines eventuellen Verdienstausfalls (*Bischoff* Die Eini-

gungsstelle, 130 m. w. N.), wobei sich insbesondere für freiberuflich Tätige eine Pauschalabgeltung anbietet.

18 Der Vorsitzende der Einigungsstelle, der aufgrund eines Vertrages sui generis tätig wird, der sowohl die Merkmale eines Werkvertrages als auch die eines Dienstvertrages enthält, kann gem. § 76a Abs. 3 entweder die vereinbarte oder die nach den Grundsätzen des § 76a Abs. 4 zu bestimmende Vergütung verlangen.

19 Der Honoraranspruch des Vorsitzenden einer Einigungsstelle, die vor Konkurseröffnung einen Sozialplan aufgestellt hat, ist keine Masseschuld i. S. v. § 59 Abs. 1 Nr. 1 KO (*LAG Niedersachsen* vom 21. 10. 1981 – 4 TaBV 5/81 – ZIP 1982, 488; GK-*Kreutz* § 76a Rz. 28).

20 Ist die Einigungsstelle vor Konkurseröffnung gebildet worden, hat sie ihren Beschluß aber erst nach Konkurseröffnung gefaßt, so ist der Vorsitzende dieser Einigungsstelle als Massegläubiger zu befriedigen (*BAG* vom 27. 3. 1979 – 6 ABR 39/76 – EzA § 76 BetrVG 1972 Nr. 22 = DB 1979, 1562; GK-*Kreutz* § 76a Rz. 28, der noch verlangt, daß der Konkursverwalter das Einigungsstellenverfahren im Rahmen des Konkursverfahrens führt).

21 Entstehen nach dem Spruch oder der Vereinbarung erneut Meinungsverschiedenheiten über die getroffene Regelung, die sich nicht einvernehmlich beseitigen lassen, so bedeuten die Verhandlungen der dann neu zu bildenden Einigungsstelle, auch wenn sie personell ebenso wie die bisherige besetzt ist, keine Fortsetzung des ursprünglichen Einigungsstellenverfahrens, so daß ein erneuter Vergütungsanspruch entsteht (*BAG* vom 25. 8. 1983 – 6 ABR 52/80 – EzA § 59 KO Nr. 11 = DB 1984, 303).

V. Die Kosten des nicht unternehmensangehörigen Einigungsstellenbeisitzers

22 Soweit ein nicht betriebsangehöriger Einigungsstellenbeisitzer bestellt werden durfte, nämlich dann, wenn ohne Vergütungszusage kein qualifiziertes Mitglied für die Einigungsstelle gewonnen werden konnte (*BAG* vom 3. 5. 1984 – 6 ABR 60/80 – EzA § 40 BetrVG 1972 Nr. 56 = DB 1984, 2307; *BAG* vom 11. 5. 1976 – 1 ABR 37/75 – EzA § 76 BetrVG 1972 Nr. 8 = DB 1976, 1772; vom 15. 12. 1978 – 6 ABR 93/77 – EzA § 76 BetrVG 1972 Nr. 23 m. Anm. *Wohlgemuth* = DB 1979, 1800; vom 13. 1. 1981 – 6 ABR 106/78 – EzA § 76 BetrVG 1972 Nr. 31 = DB 1981, 1192; vom 14. 1. 1983 – 6 ABR 67/79 – EzA § 76 BetrVG 1972 Nr. 34 = DB 1983, 2583; vom 3. 5. 1985 – 6 ABR 60/80 – AP Nr. 15 zu § 76 BetrVG 1972; vom 31. 7. 1986 – 6 ABR 79/83 – AP Nr. 19 zu § 76 BetrVG 1972 = DB 1987, 441; GK-*Kreutz* § 76a Rz. 23 m. w. N.; *BAG* vom 14. 12. 1988 – 7 ABR 73/87 – EzA § 76 BetrVG 1972 Nr. 47 = DB 1989, 888), richtet sich der Honoraranspruch des vom Betriebsrat bestellten Beisitzers einer Einigungsstelle nach der in jedem Falle abzuschließenden Vereinbarung mit dem Betriebsrat darüber, daß die Tätigkeit des Beisitzers entgeltlich ist (*BAG* vom 1. 12. 1983 – 6 ABR 6/81 – EzA § 40 BetrVG 1972 Nr. 54 = DB 1984, 934; GK-*Kreutz* § 76a Rz. 21 m. w. N.). Der Betriebsrat muß bei Honorarzusagen an Beisitzer, soweit diese statthaft sind, die Verhältnismäßigkeit der Kosten berücksichtigen und den Arbeitgeber rechtzeitig über eventuelle Zusagen informieren (*LAG Düsseldorf* vom 11. 1. 1974 – 9 TaBV 71/73 – DB 1974, 832).

23 Die Beisitzer der Einigungsstelle können nachgewiesene erforderliche Aufwendungen ersetzt verlangen (§§ 670, 675, 611, 631 BGB).

Betriebsfremde Beisitzer haben entweder einen Lohnfortzahlungsanspruch oder 24
einen Ersatzanspruch hinsichtlich des Verdienstausfalls. Etwas anderes gilt dann,
wenn Vertreter der Arbeitgeberverbände und der Gewerkschaften als Beisitzer in
den Einigungsstellen an Verhandlungen teilnehmen, da sich ihre Tätigkeit im
Rahmen der Unterstützungsfunktion der betrieblichen Parteien gem. § 2 Abs. 1
hält und demgemäß ein Verdienstausfall nicht zu erstatten ist (siehe oben Rz. 3;
a. A. *BAG* vom 14. 12. 1988 – 7 ABR 73/87 – EzA § 76 BetrVG 1972 Nr. 47 = DB
1989, 888; *Bischoff* Die Einigungsstelle, 134 f.).

Eine besondere Vergütungszusage gegenüber außerbetrieblichen Einigungsstel- 25
lenbeisitzern aus Verbandskreisen muß die Ausnahme bilden und kommt auf Arbeitnehmerseite nur dann in Betracht, wenn der Betriebsrat sich außerstande
sieht, ohne eine derartige Vergütungszusage einen Beisitzer seines Vertrauens zu
gewinnen (*LAG Hamm* vom 20. 2. 1975 – 8 TaBV 74/74 – DB 1975, 985; *BAG*
vom 6. 4. 1973 – 1 ABR 20/72 – EzA § 76 BetrVG 1972 Nr. 2 m. Anm. *Dütz* = DB
1973, 2197; *BAG* vom 15. 12. 1978 – 6 ABR 93/77 – EzA § 76 BetrVG 1972 Nr. 23
m. Anm. *Wohlgemuth* = DB 1979, 1800; *BAG* vom 14. 1. 1983 – 6 ABR 67/79 –
EzA § 76 BetrVG 1972 Nr. 34 = DB 1983, 2583; *BAG* vom 3. 5. 1984 – 6 ABR 60/
80 – EzA § 40 BetrVG 1972 Nr. 56 = DB 1984, 2307).

Mit Gewerkschaftsfunktionären können nach der zu beanstandenden Rechtspre- 26
chung – anders als mit Betriebsangehörigen – Honorarvereinbarungen im Hinblick auf ihre Tätigkeit als Beisitzer in betriebsverfassungsrechtlichen Einigungsstellen geschlossen werden (GK-*Kreutz* § 76a Rz. 26 m. w. N.; *D/R* § 76 Rz. 124;
F/A/K/H § 76 a Rz. 5; *Bauer/Röder* DB 1989, 224, 225). Geht der Betriebsrat
allein Honorarverpflichtungen ein, so hat der Arbeitgeber nur diejenigen Kosten
zu tragen, die der Betriebsrat als erforderlich ansehen konnte. Der Arbeitgeber
hat sich grundsätzlich rechtzeitig dem Betriebsrat gegenüber zu äußern, wenn dieser ihm Kenntnis von finanziell beschwerenden Betriebsratsbeschlüssen gibt, der
Arbeitgeber aber keine Zahlung vornehmen will (*BAG* vom 11. 5. 1976 – 1 ABR
37/75 – EzA § 76 BetrVG 1972 Nr. 8 = DB 1976, 1772).

Die Beisitzer der Einigungsstelle haben einen Anspruch auf die vereinbarte oder 27
auf die nach den Grundsätzen des § 76a zu bemessende Vergütung. Die Höhe der
Vergütung richtet sich nach der Honorarvereinbarung. Grundsätzlich gilt das
Prinzip der Vertragsfreiheit, das seine Grenze in § 76a findet.

VI. Die Höhe der Kosten des Einigungsstellenvorsitzenden und der betriebsfremden Beisitzer

Solange durch Rechtsverordnung, durch Tarifvertrag oder Betriebsvereinbarung 28
die Kosten der Einigungsstelle nicht konkret festgelegt sind und eine vertragliche
Vereinbarung nicht geschlossen wurde, muß die übliche Vergütung für den Vorsitzenden und die betriebsfremden Beisitzer bestimmt werden. Die übliche Vergütung betrug in der Praxis im Regelfall für den Vorsitzenden zweimal $^{13}/_{10}$ Gebühren
entsprechend den Grundsätzen der Rechtsanwaltsgebührenordnung (*BAG* vom
18. 4. 1967 – 1 ABR 11/66 – EzA § 39 BetrVG 1952 Nr. 1 = DB 1967, 733, 1769;
BAG vom 15. 12. 1978 – 6 ABR 64/77 – EzA § 76 BetrVG 1972 Nr. 21 = DB 1979,
64, 1467; *F/A/K/H* § 76a Rz. 5 ff.; *Pünnel* AuR 1973, 257, 265 m. w. N. in Fn. 49).

In schwierigen und zeitaufwendigen Verfahren konnte auch ein Mehrfaches dieses 29
Honorars vertretbar sein. Grundsätzlich war diese an der BRAGO orientierte

§ 76a   4. Teil Mitwirkung und Mitbestimmung der Arbeitnehmer

Vergütung jedoch unverhältnismäßig. Die Gebühren nach der BRAGO enthalten nämlich Bürounkosten, die dem Vorsitzenden der Einigungsstelle nicht entstehen.

30 Die gesetzliche Regelung nimmt nunmehr die in der Literatur vorgeschlagenen Kriterien auf, wonach die Vergütung des Vorsitzenden der Einigungsstelle aufgrund des Arbeitsaufwandes und der Verantwortung bestimmt werden sollte (*Hess* BlStSozArbR 1983, 161; vgl. aber auch *Schuhmann* DB 1983, 1094; *Nipperdey* DB 1982, 1321; *Herschel* DB 1982, 1984; *Glaubitz* DB 1983, 555; *Gaul* DB 1983, 1148; *ders.* DB 1980, 1894; *Brill* BB 1980, 1277; *Reuter* ZfA 1981, 165). Demnach muß nunmehr die Berechnung der Vergütung nach einem Stundensatz erfolgen, bei dem die Sachkunde des Vorsitzenden hinreichend berücksichtigt wird (*Hess* BlStSozArbR 1983, 161; *D/R* § 76 Rz. 126; *LAG Berlin* vom 22. 3. 1976 – 5 TaBV 7/75 – DB 1976, 1727; gebilligt in *BAG* vom 27. 3. 1979 – 6 ABR 39/76 – EzA § 76 BetrVG 1972 Nr. 22 = DB 1978, 1562).

31 Die Vergütung des Vorsitzenden läßt sich konkret nach Stunden und Tagessätzen bestimmen, wobei der Zeitaufwand für die Sitzungen, die Vorbereitung und die Nacharbeit zu vergüten sind (GK-*Kreutz* § 76 Rz. 32; *Engels/Natter* BB 1989 Beilage Nr. 8, 1, 26; *Bauer/Röder* DB 1989, 224, 225). Eine Pauschalvergütung ist damit unzulässig (GK-*Kreutz* § 76a Rz. 32).
Mangels einer Vergütungsverordnung können für die Vergütungshöhe die Stunden- oder Tagessätze nach Maßgabe des § 3 ZSEG (BGBl. I 1969 S. 1756) herangezogen werden (d. h. ein Rahmenstundensatz zwischen DM 40,00 und DM 140,00; GK-*Kreutz* § 76a Rz. 33, 34; *Hess*BlStSozArbR 1983, 161, 162; *Gaul* DB 1983, 1149; *Bengelsdorf* NZA 1989, 495; *Löwisch* DB 1989, 223, 224).

32 Handelt es sich bei dem Einigungsstellenvorsitzenden um einen Arbeitsrichter oder um einen Beamten, könnte die Bewertung der Tätigkeit in Anlehnung an die Besoldungsgesetze erfolgen, und zwar dergestalt, daß das Bruttoeinkommen des Vorsitzenden der Einigungsstelle auf der Basis der 40 Stunden-Woche durch den Devisor 174 geteilt wird und dadurch die Stundenvergütung festgelegt wird (*Bengelsdorf* NZA 1989, 489, 494, 495).

33 Wird in der Zukunft von der Praxis auch weiterhin die Bundesrechtsanwaltsgebührenordnung für die Berechnung des Honorars des Einigungsstellenvorsitzenden zugrundegelegt, so bereitet auch weiterhin die Bemessungsgrundlage für den Honoraranspruch Schwierigkeiten. Da das Einigungsstellenverfahren in der Regel eine nicht vermögensrechtliche Streitigkeit ist, kann § 8 Abs. 2 Satz 2 BRAGO herangezogen werden, wonach ein Gegenstandswert zwischen DM 300,00 und DM 1 Mio festgesetzt werden kann. Um den hierdurch entstehenden weiten Ermessensspielraum der Einigungsstelle einzuschränken, ist es sinnvoll, schon vor dem Zusammentritt der Einigungsstelle die Honoraransprüche unter Berücksichtigung der Umstände des zur Entscheidung stehenden Einzelfalles schriftlich zu vereinbaren.

34 Als übliche Vergütung für die betriebsfremden Einigungsstellenbeisitzenden wurden in der Regel 7/10 des an den Vorsitzenden gezahlten Honorars angesehen (*BAG* vom 6. 4. 1973 – 1 ABR 20/72 – EzA § 76 BetrVG 1972 Nr. 2 m. Anm. *Dütz* = DB 1973, 2197; *BAG* vom 11. 5. 1976 – 1 ABR 37/75 – EzA § 76 BetrVG 1972 Nr. 8 = DB 1976, 1772; *BAG* vom 15. 12. 1978 – 6 ABR 93/77 – EzA § 76 BetrVG 1972 Nr. 23 m. Anm. *Wohlgemuth* = DB 1979, 1800; *LAG Berlin* vom 19. 9. 1977 – 9 TaBV 2/77 AP Nr. 4 zu § 76 BetrVG 1972; *D/R* § 76 Rz. 127; *F/A/K/H* § 76a Rz. 8; *G/L* § 76 Rz. 4).

35 Da nur festgelegt ist, daß die Vergütung des externen Beisitzers niedriger zu be-

messen ist als die des Vorsitzenden, ist für eine feststehende ⁷/₁₀-Relation kein Raum mehr (GK-*Kreutz* § 76 Rz. 35; *Bauer/Röder* DB 1989, 224, 226; *Engels/ Natter* BB 1989 Beilage Nr. 8, 1, 26; *Bengelsdorf* NZA 1989, 489, 495). Die Vergütung ist ebenfalls wie bei dem Vorsitzenden nach dem erforderlichen Zeitaufwand und in Anlehnung an die Stundensätze nach § 3 ZSEG zu ermitteln. Der Vergütungsvorsprung des Vorsitzenden kann sich daraus ergeben, daß im Hinblick auf die besondere Verantwortung innerhalb des Gebührenrahmens ein höherer Stundensatz zugrundegelegt wird.

Ein Rechtsanwalt konnte als betriebsfremder Beisitzer einer Einigungsstelle auch dann nur ⁷/₁₀ von dem Honorar des Einigungsstellenvorsitzenden verlangen, wenn dieser ein wesentlich niedrigeres Pauschalhonorar vereinbart hatte, als ihm nach der BRAGO zustehen würde. Eine Ausnahme besteht nur, wenn er mit dem Betriebsrat und dem Arbeitgeber eine anderslautende Honorarvereinbarung getroffen hat (*LAG Hamburg* vom 22. 4. 1986 – 1 TaBV 6/85 –). 36

Ein mehrwertsteuerpflichtiger Rechtsanwalt kann als Mitglied einer Einigungsstelle die Erstattung der auf das Honorar entfallenden Mehrwertsteuer nur verlangen, wenn diese – in der Regel vorher – vereinbart worden ist (*BAG* vom 31. 7. 1986 – 6 ABR 79/83 – AP Nr. 19 zu § 76 BetrVG 1972 = DB 1987, 441).

Von den Vergütungsgrundsätzen des Abs. 3 und 4 kann nach Maßgabe des Abs. 5 durch Tarifvertrag und gegebenenfalls durch Betriebsvereinbarung abgewichen werden (GK-*Kreutz* § 76a Rz. 42). Obwohl § 76a zur Kostenbegrenzung Höchstsätze festschreibt, wenn es an einer Vergütungsvereinbarung fehlt, wird die Privatautonomie nicht beschränkt (GK-*Kreutz* § 76a Rz. 44; a. A. ebenso *Engels/Natter* BB 1989 Beilage Nr. 8, 1, 27). 37

Die vertragsautonome Erhöhung der Vergütungssätze steht der kostendämpfenden Wirkung nicht entgegen. Insbesondere ist der Arbeitgeber nicht einem Vergütungsdruck der Einigungsstellenmitglieder ausgesetzt. *Kreutz* (GK-*Kreutz* § 76a Rz. 45, 46) weist zu Recht darauf hin, daß mit dem Vorsitzenden der Einigungsstelle eine von der gesetzlichen Regelung abweichende höhere Pauschalvergütung vereinbart werden kann, daß aber eine die gesetzliche Regelung übersteigende höhere Vergütung dem Beisitzer nicht zugesagt werden muß. Selbst die Vereinbarung einer höheren Vergütung für die betriebsfremden Beisitzer der Arbeitgeberseite hat keinen Einfluß auf den gesetzlichen Vergütungsanspruch der Beisitzer der Arbeitnehmerseite, wenn keine Vereinbarung zustande kommt.

VII. Die Durchsetzung der Kosten

Soweit betriebsangehörige Arbeitnehmer als Beisitzer der Einigungsstelle ihren Verdienstausfall geltend machen, entscheidet das Arbeitsgericht im Urteilsverfahren (*D/R* § 76 Rz. 139). 38

Alle übrigen im Rahmen der Einigungsstelle geltend zu machenden Ansprüche, wie Aufwendungsersatz, Verdienstausfall, Vergütung der Beisitzer und des Vorsitzenden und die Kosten anwaltlicher Vertretung, müssen im arbeitsgerichtlichen Beschlußverfahren geltend gemacht werden (*D/R* § 76 Rz. 138; *Bischoff* Die Einigungsstelle, 143 m..w.N.; *BAG* vom 18. 4. 1967 – 1 ABR 11/66 – EzA § 39 BetrVG 1952 Nr. 1 = DB 1967, 733, 1769; *F/A/K/H* § 76a Rz. 10; *BAG* vom 6. 4. 1973 – 1 ABR 20/72 – EzA § 76 BetrVG 1972 Nr. 2 m. Anm. *Dütz* = DB 1973, 2197; *BAG* vom 11. 5. 1976 – 1 ABR 37/75 – EzA § 76 BetrVG 1972 Nr. 8 = DB 39

§ 77 *4. Teil Mitwirkung und Mitbestimmung der Arbeitnehmer*

1976, 1772; *BAG* vom 15. 12. 1978 – 6 ABR 64/77 – EzA § 76 BetrVG 1972 Nr. 21 = DB 1979, 64, 1467; *BAG* vom 15. 12. 1978 – 6 ABR 93/77 – EzA § 76 BetrVG 1972 Nr. 23 m. Anm. *Wohlgemuth* = DB 1979, 1800; *BAG* vom 27. 3. 1979 – 6 ABR 39/76 – EzA § 76 BetrVG 1972 Nr. 22 = DB 1979, 1562; *BAG* vom 13. 1. 1981 – 6 ABR 106/78 – EzA § 76 BetrVG 1972 Nr. 31 = DB 1981, 1192; *Lepke* BB 1977, 51, 53; *LAG Berlin* vom 19. 9. 1977 – 9 Ta BV 2/77 – AP Nr. 4 zu § 76 BetrVG 1972). Dies gilt auch, wenn Uneinigkeit besteht, ob der Honoraranspruch im Konkurs des Arbeitgebers zu den Masseschulden gehört oder ob es sich um eine Konkursforderung handelt (*BAG* vom 27. 3. 1979 – 6 ABR 39/76 – EzA § 76 BetrVG 1972 Nr. 22 = DB 1979, 1562).

40 Die Ansprüche des Vorsitzenden der Einigungsstelle sowie der Beisitzer der Einigungsstelle werden grundsätzlich direkt gegen den Arbeitgeber geltend gemacht (*Bischoff* Die Einigungsstelle, 144 ff.; *BAG* vom 15. 12. 1978 – 6 ABR 93/77 – EzA § 76 BetrVG 1972 Nr. 23 m. Anm. *Wohlgemuth* = DB 1979, 1800; *F/A/K/H* § 76 Rz. 18c; GK-*Kreutz* § 76 Rz. 41), da die Einigungsstellenmitglieder einen gesetzlichen Vergütungsanspruch haben.

§ 77 Durchführung gemeinsamer Beschlüsse, Betriebsvereinbarungen

(1) Vereinbarungen zwischen Betriebsrat und Arbeitgeber, auch soweit sie auf einem Spruch der Einigungsstelle beruhen, führt der Arbeitgeber durch, es sei denn, daß im Einzelfall etwas anderes vereinbart ist. Der Betriebsrat darf nicht durch einseitige Handlungen in die Leitung des Betriebs eingreifen.
(2) Betriebsvereinbarungen sind von Betriebsrat und Arbeitgeber gemeinsam zu beschließen und schriftlich niederzulegen. Sie sind von beiden Seiten zu unterzeichnen; dies gilt nicht, soweit Betriebsvereinbarungen auf einem Spruch der Einigungsstelle beruhen. Der Arbeitgeber hat die Betriebsvereinbarungen an geeigneter Stelle im Betrieb auszulegen.
(3) Arbeitsentgelte und sonstige Arbeitsbedingungen, die durch Tarifvertrag geregelt sind oder üblicherweise geregelt werden, können nicht Gegenstand einer Betriebsvereinbarung sein. Dies gilt nicht, wenn ein Tarifvertrag den Abschluß ergänzender Betriebsvereinbarungen ausdrücklich zuläßt.
(4) Betriebsvereinbarungen gelten unmittelbar und zwingend. Werden Arbeitnehmern durch die Betriebsvereinbarung Rechte eingeräumt, so ist ein Verzicht auf sie nur mit Zustimmung des Betriebsrats zulässig. Die Verwirkung dieser Rechte ist ausgeschlossen. Ausschlußfristen für ihre Geltendmachung sind nur insoweit zulässig, als sie in einem Tarifvertrag oder einer Betriebsvereinbarung vereinbart werden; dasselbe gilt für die Abkürzung der Verjährungsfristen.
(5) Betriebsvereinbarungen können, soweit nichts anderes vereinbart ist, mit einer Frist von drei Monaten gekündigt werden.
(6) Nach Ablauf einer Betriebsvereinbarung gelten ihre Regelungen in Angelegenheiten, in denen ein Spruch der Einigungsstelle die Einigung zwischen Arbeitgeber und Betriebsrat ersetzen kann, weiter, bis sie durch eine andere Abmachung ersetzt werden.

Literaturübersicht

1. BetrVG 1952:
Adomeit Die Regelungsabrede, 2. Auflage 1961; *ders.* Zur Rechtsnatur der Betriebsvereinbarung, BB 1962, 1246; *ders.* Mitbestimmung durch schlüssiges Verhalten des Betriebsrats, RdA 1963, 623; *ders.* Betriebliche Einigung, BB 1967, 1003; *ders.* Rechtsquellenfragen im Arbeitsrecht, 1969; *Ahrend* Der Dotierungsrahmen im Beschluß des Großen Senats des BAG zur ablösenden Betriebsvereinbarung, BB 1988, 333; *Ahrend/Forster/Rühmann* Die abändernde und ablösende Betriebsvereinbarung, BB 1987 Beilage Nr. 7; *Barwasser* Zur Zulässigkeit von Betriebsvereinbarungen über materielle Arbeitsbedingungen in nicht tarifgebundenen Betrieben, insbesondere in Mischbetrieben, BB 1975, 2275; *ders.* BB 1976, 110; *Belling* Das Günstigkeitsprinzip im Betriebsverfassungsgesetz, DB 1982, 2513; *ders.* Das Günstigkeitsprinzip nach dem Beschluß des Großen Senats des Bundesarbeitsgerichts vom 16. 9. 1986, DB 1987, 1888; *Bichler* Nochmals: Zur Zulässigkeit von Betriebsvereinbarungen über Arbeitsbedingungen für AT-Angestellte, DB 1979, 1939; *Bickel* Die normative Wirkung von Betriebsvereinbarungen, ZfA 1971, 181; *Bieback* Betriebliche Sozialpolitik, staatliche Subventionen und die Mitbestimmung des Betriebsrats, RdA 1983, 265; *Biedenkopf* Grenzen der Tarifautonomie, 1964; *Birk* Innerbetriebliche Absprachen – Typen und Rechtswirkungen, ZfA 1986, 73; *Bitter* Betriebsvereinbarungen im AT-Bereich in der Praxis, DB 1979, 695; *Bitzer* Zur Problematik des § 59 BetrVG, MitGespr. 1962, 196; *Blomeyer* Das kollektive Günstigkeitsprinzip – Bemerkungen zum Beschluß des Großen Senats vom 16. 9. 1986, DB 1987, 634; *ders.* Das Übermaßverbot im Betriebsverfassungsrecht, FS *BAG*, 1979, 17; *ders.* Kündigung und Neuabschluß einer Betriebsvereinbarung über teilmitbestimmungspflichtige Sozialleistungen, DB 1985, 2506; *ders.* Die »ablösende Betriebsvereinbarung« im Meinungsstreit, NZA 1985, 641; *ders.* Zur Problematik formloser betrieblicher Einigungen, BB 1969, 101; *Boewer* Das Initiativrecht des Betriebsrats in sozialen Angelegenheiten, DB 1973, 522; *ders.* Die Unterscheidung von formellen und materiellen Arbeitsbedingungen, DB 1970, 2319; *Buchner* Der Abbau arbeitsvertraglicher Ansprüche durch Betriebsvereinbarung im System der Mitbestimmung in sozialen Angelegenheiten (§ 87 BetrVG), DB 1983, 877; *Buschmann* Mitbestimmung des Betriebsrats bei der Festlegung der Arbeitszeit im Einzelhandel, DB 1982, 1059; *Bogs* Autonomie und verbandliche Selbstverwaltung im modernen Arbeits- und Sozialrecht, RdA 1956, 1; *Brecht* Kündigung von Betriebsnormen, BB 1951, 965; *ders.* Die Bekanntmachung der Betriebsvereinbarung als Voraussetzung ihrer Wirksamkeit, BB 1952, 520; *Brox* Die Bedeutung von Günstigkeitsklauseln in Kollektivereinbarungen, BB 1966, 1190; *Bulla* Die Nachwirkung der Normen einer beendeten Betriebsvereinbarung, DB 1962, 1207; *Canaris* Funktionelle und inhaltliche Grenzen kollektiver Gestaltungsmacht bei der Betriebsvereinbarung, AuR 1966, 129; *Citron* Die konstituierende Betriebsvereinbarung, DRZ 1948, 425; *ders.* Die heutige Betriebsvereinbarung und ihr Gegenstand, RdA 1949, 241; *Conze* Zur Zulässigkeit von Betriebsvereinbarungen für AT-Angestellte über materielle Arbeitsbedingungen, DB 1978, 490; *Courth* Günstigkeitsprinzip und Günstigkeitsvergleich im Spannungsfeld zwischen Individual- und Kollektivrecht, Diss. Köln, 1969; *Cuntz* Die Unzulässigkeit von Betriebsvereinbarungen bei bestehender Tariflichkeit, Diss. Frankfurt, 1969; *Dieckhoff* Abtretungsverbot durch Betriebsvereinbarung?, AuR 1958, 304; *Dietz* Die Betriebsvereinbarung im heutigen Arbeitsrecht, RdA 1949, 161; *ders.* Das Monopol der Sozialpartner und die Betriebsvereinbarung, RdA 1955, 241; *ders.* Betriebsvereinbarung und Dienstvereinbarung, FS für *Sitzler*, 1956, 131; *ders.* Probleme des Mitbestimmungsrechts, 1966; *Eich* Kürzung übertariflicher Einkommensbestandteile und Mitbestimmungsrecht des Betriebsrats, DB 1980, 1340; *Eickelberg* Probleme der Betriebsvereinbarung über Arbeitsentgelt und sonstige Arbeitsbedingungen als Mittel zur Verschlechterung von Arbeitsbedingungen?, DB 1984, 875; *Fauth* Individual- und Kollektivregelungen im Rahmen des erzwingbaren Mitbestimmungsrechts des Betriebsrats nach dem Betriebsverfassungsgesetz, BlStSozArbR 1959, 203; *Fitting* Zum Begriff der Betriebsvereinbarung, RdA 1949, 374; *ders.* Fortgeltung und Kündigungsmöglichkeiten von Betriebsvereinbarungen, Mitbestimmung 1956, 149; *ders.* Sinn und Zweck des § 59 BetrVG, BetrVerf.

§ 77   *4. Teil Mitwirkung und Mitbestimmung der Arbeitnehmer*

1956, 210; *Flatow* Betriebsvereinbarung und Arbeitsordnung, 2. Aufl. 1923; *Floretta* Die Betriebsvereinbarung, DRdA 1958, 99; 1959, 5, 50; *ders.* Kollektivmacht und Individualinteresse im Arbeitsrecht, in: *Floretta/Strasser* Die kollektiven Mächte des Arbeitslebens, Wien 1963, 59; *ders.* Die Rechtsnatur der Quellen des kollektiven Arbeitsrechts (Kollektivvertrag, Satzung, Betriebsvereinbarung), in: *Floretta/Kafka* Zur Rechtstheorie des kollektiven Arbeitsrechts, Wien 1970, 5; *v. Friesen* Betriebliche Lohngestaltung für AT-Angestellte, AuR 1980, 367; *ders.* Mitbestimmung bei der Einführung und Ausgestaltung eines Prämiensystems im zentralen Schreibdienst, DB 1983, 1871; *Galperin* Die betriebliche Ordnung, RdA 1955, 260; *ders.* Grundlagen und Grenzen der Betriebsvereinbarung, BB 1949, 374; *ders.* Betriebsvereinbarung und Arbeitsbedingungen, BB 1950, 25; *ders.* Möglichkeiten der betrieblichen Rechtsetzung, BB 1960, 454; *ders.* Die autonome Rechtsetzung im Arbeitsrecht, FS für *E. Molitor*, 1962, 143; *ders.* Begriff und Wesen des Betriebsverbandes, JArbR Bd. 1 (1963), 75; *Gamillscheg* Die Grundrechte im Arbeitsrecht, AcP Bd. 164, 385; *Gast* Tarifautonomie und die Normsetzung durch Betriebsvereinbarung, 1981; *Gaul* Betriebliche Gehaltspolitik für außertarifliche Angestellte und deren rechtliche Ordnung, BB 1978, 764; *ders.* Die Beendigung der Betriebsvereinbarung im betriebsratslosen Betrieb, NZA 1986, 628; *Gester* Die betriebsverfassungsrechtliche Stellung von Belegschaft und Betriebsrat, Diss. Köln, 1958; *Göbel* Die übliche Regelung durch Tarifvertrag im Sinne des § 59 BetrVG, Diss. Köln, 1969; *Goos* Mitbestimmung bei betrieblichen Zulagen, NZA 1986, 701; *Gülich* Die unmittelbare Geltung von Betriebsvereinbarungen im Konzern zu Lasten von beherrschten Gesellschaften, Diss. Erlangen 1978; *Gröner* Die Einwirkung einer Betriebsvereinbarung auf bestehende Arbeitsverhältnisse, DB 1955, 689, 727; *Gramm* Aufhebung von Betriebsordnungen, BB 1951, 758; *ders.* Zum Außerkrafttreten und zur Kündigung von Betriebsordnungen, BB 1953, 295; *ders.* Das Ordnungsprinzip im kollektiven Arbeitsrecht, AuR 1961, 353; *Großhauser* Die Unzulässigkeit von Betriebsvereinbarungen nach § 59 Betriebsverfassungsgesetz, Diss. Köln, 1970; *Gumpert* Rechtliche Formen der Mitbestimmung in sozialen Angelegenheiten, BB 1953, 359; *Hablitzel* Zur Zulässigkeit von Betriebsvereinbarungen bei bestehender Tarifüblichkeit, DB 1971, 2158; *Hammen* Die »richterliche Inhaltskontrolle« von Betriebsvereinbarungen (Sozialplänen) durch das *Bundesarbeitsgericht*, insbesondere aus revisionsrechtlicher Sicht, RdA 1986, 23; *Hanau* Allgemeine Grundsätze der betrieblichen Mitbestimmung, RdA 1973, 281; *Heinze* Betriebsvereinbarung versus Tarifvertrag?, NZA 1989, 41; *Henkel/Hagemeier* Mitwirkungs- und Mitbestimmungsrechte des Betriebsrats in Angelegenheiten der außertariflichen Angestellten, BB 1976, 1420; *Herschel* Tariffähigkeit und Tarifmacht, 1932; *ders.* Betriebsvereinbarung oder Betriebssatzung?, RdA 1948, 47; *ders.* Betriebssatzung oder Betriebsvereinbarung?, BABl. 1954, 731; *ders.* Die Auslegung der Tarifvertragsnormen, FS für *E. Molitor*, 1962, 161; *ders.* Verweisungen in Tarifverträgen und Betriebsvereinbarungen, BB 1963, 1220; *ders.* Beweislastregelungen in Tarifverträgen und Betriebsvereinbarungen, DB 1966, 227; *ders.* Abschied von den formellen und materiellen Arbeitsbedingungen, AuR 1968, 129; 1969, 65; *Hessel* Der Einfluß des kollektiven Arbeitsrechts auf das Einzelarbeitsverhältnis, in: Verhandlungen des 43. DJT, München 1960, Bd. II/F; *ders.* Die Betriebsvereinbarung nach deutschem Recht, DRdA 1958, 61; *Hilger* Das betriebliche Ruhegeld, 1959; *dies.* Änderung und Aufhebung betriebseinheitlich geltender Arbeitsbedingungen, BB 1958, 417; *dies.* Der Einfluß des kollektiven Arbeitsrechts auf das Einzelarbeitsverhältnis, in: Verhandlungen des 43. DJT, München 1960, Bd. II/F; *dies.* Arbeitstechnische Lohnfestsetzung zwischen formellen und materiellen Arbeitsbedingungen, BB 1969, 448; *Hilger/Stumpf* Ablösung betrieblicher Gratifikations- und Versorgungsordnungen durch Betriebsvereinbarung, in: FS für *G. Müller*, 1981, 209; *Höcker* Tarifvertrag und Betriebsvereinbarung in sozialen Angelegenheiten, RdA 1956, 17; *Höfer/Kister-Kölkes/Küpper* Betriebliche Altersversorgung und die Entscheidung des Großen Senats des *BAG* zur ablösenden Betriebsvereinbarung, DB 1987, 1585 ff.; *Höhne* Zur praktischen Notwendigkeit ablösender Betriebsvereinbarungen, RdA 1983, 225; *Hoppe* Die Betriebsvereinbarung und das 65. Lebensjahr, BlStSozArbR 1974, 29; *ders.* BB 1968, 757; *Hueck, A.* Normen des Tarifvertrages über betriebliche und betriebsverfassungsrechtliche Fragen, BB 1949, 530; *ders.* Normenverträge, Jherings Jahrbuch Bd. 73 (1923);

33; *Hueck, G.* Die Betriebsvereinbarung, 1952; *ders.* Die Betriebsvereinbarung nach dem Betriebsverfassungsgesetz des Bundes, RdA 1952, 366; *ders.* Entwicklungslinien im System der innerbetrieblichen Regelungen, RdA 1962, 376; *ders.* Zur kollektiven Gestaltung der Einzelarbeitsverhältnisse, FS für *E. Molitor*, 1962, 203; *v. Hoyningen-Huene* Die Billigkeit im Arbeitsrecht, 1978; *ders.* Ablösende Betriebsvereinbarungen für ausgeschiedene Arbeitnehmer, Pensionäre und leitende Angestellte?, RdA 1983, 225; *Hromadka* Die belastende Betriebsvereinbarung, DB 1985, 864; *ders.* Zur Mitbestimmung bei allgemeinen übertariflichen Zulagen, DB 1988, 2636; *ders.* Änderung und Ablösung von Einheitsarbeitsbedingungen – Zum Beschluß des Großen Senats des *BAG* über die ablösende Betriebsvereinbarung, NZA, Beilage Nr. 3, 1987, 2–14; *ders.* Übertarifliche Zulagen mitbestimmungspflichtig?, DB 1987, 1991; *Iffland* Verweisungen in Tarifverträgen und Betriebsvereinbarungen, DB 1964, 1737; *Isele* Reflexwirkungen der Betriebsverfassung im Individualbereich, RdA 1962, 373; *ders.* Ordnungsprinzip oder Parteiwille?, JZ 1964, 113; *Jaeckle* Die Ablösung kollektiver Ordnungen? (Ein Beitrag zur Lehre vom Ordnungsprinzip), Diss. Freiburg, 1969; *Jaerisch* Wesen und Rechtsnatur der Betriebsvereinbarung, ArbuSozPol. 1957, 127; *Janert* AT-Angestellte und Betriebsrat, DB 1976, 243; *Jobs* Gerichtliche Billigkeitskontrolle bei abänderbaren Betriebsvereinbarungen?, AuR 1986, 147; *Joost* Betriebsverfassungsrechtliche Mitbestimmung bei Arbeitszeiten und betrieblichen Öffnungszeiten, DB 1983, 1818; *Karakatsanis* Die kollektivrechtliche Gestaltung des Arbeitsverhältnisses und ihre Grenzen, 1963; *Kastner* Das Recht der Betriebsvereinbarungen, in: *Bühring* Handbuch der Betriebsverfassung, 1953, 87; *Kaufmann* Das Recht der Betriebsvereinbarungen, DB 1956, 988; *Kelsen* Zum Begriff der Norm, FS für *Nipperdey*, Bd. I, 1965, 57; *Kirchner* Die Sperrwirkung von Tarifvertrag und Tarifübung für die Verwirklichung des Mitbestimmungsrechts des Betriebsrats nach § 87 BetrVG, BB 1972, 1279; *Kissel* Das Spannungsfeld zwischen Betriebsvereinbarung und Tarifvertrag, NZA 1986, 73; *Koch* Die Betriebsvereinbarung, BlStSozArbR 1954, 267; *ders.* Die Arbeitsordnung, 3. Aufl. 1968; *König* Grundsätze der Normenwirkung von Betriebsvereinbarungen nach geltendem Recht, BlStSozArbR 1956, 123; *Konzen* Tarifvertragliche und innerbetriebliche Normsetzung, BB 1977, 1307; *ders.* Gleichbehandlungsgrundsatz und personelle Grenzen der Kollektivautonomie, in: FS für *G. Müller*, 1981, 245; *Kreutz* Kritische Gedanken zur gerichtlichen Billigkeitskontrolle von Betriebsvereinbarungen, ZfA 1975, 65; *ders.* Grenzen der Betriebsautonomie, 1979; *Kummer* Die Rechtsverbindlichkeit einer Betriebsvereinbarung, DRdA 1959, 235; *Kunst* Das Günstigkeitsprinzip im Betriebsverfassungsrecht, Diss. Bochum, 1973; *Kunze* Änderungen auf der Arbeitgeberseite von Kollektivvereinbarungen, RdA 1976, 31; *Lehmann, H.* Die Betriebsvereinbarung. Beiträge zum Wirtschaftsrecht, in: Festgabe für *Heymann*, Bd. II, 1931, 1274; *Leinemann* Änderung einzelvertraglicher Ansprüche durch Betriebsvereinbarungen, DB 1985, 1394; *Lieb* Die Regelungszuständigkeit des Betriebsrats für die Vergütung von AT-Angestellten, ZfA 1978, 179; *Linnenkohl/Rauschenberg* Tarifvertragliche Neuregelungen der Wochenarbeitszeit und betriebsverfassungsrechtliche Gestaltungsmöglichkeiten, BB 1984, 2197–2202; *Lorik* Betriebliche Arbeitnehmerbeteiligungen in Tarifverträgen und Betriebsvereinbarungen, DB 1985, 531; *Löwisch* Möglichkeiten und Grenzen der Betriebsvereinbarung, AuR 1978, 97; *ders.* Verfahren und Institutionen der Kollektivverhandlungen auf der Ebene des Unternehmens und des Betriebs, RdA 1985, 209; *Lüßmann* Anfechtbarkeit und Unwirksamkeit von Betriebsvereinbarungen, besonders im Hinblick auf die §§ 56 und 67 BetrVG, Diss. Würzburg, 1969; *Martens* Das betriebsverfassungsrechtliche Ablösungsprinzip im System der §§ 87, 88, 77 BetrVG, RdA 1983, 217; *Marzen* Abschlußnormen in Betriebsvereinbarungen, RdA 1966, 296; *Meinert* Zur Nachwirkung von Tarifverträgen und ihrem Vorrang gegenüber Betriebsvereinbarungen, BB 1976, 1615; *Meissinger* Die Betriebsvereinbarung, BetrV 1955, Nr. 3; *ders.* Zusammenarbeit der überbetrieblichen und der betrieblichen Sozialpartner. § 59 im System der Betriebsverfassung, DB 1955, 410; *Mengel* Die betriebliche Übung, 1967; *Mayer-Cording* Die Rechtsnormen, 1971; *Moll* Der Tarifvorrang im Betriebsverfassungsgesetz, 1980; *Molodovsky* Formlose Absprachen als Rechtsform des Mitbestimmungsrechts in sozialen Angelegenheiten nach § 56 Betriebsverfassungsgesetz (»Betriebsabsprachen«), Diss. München, 1959; *ders.* Zur Problematik formloser Absprachen zwischen

§ 77   4. Teil Mitwirkung und Mitbestimmung der Arbeitnehmer

Arbeitgeber und Betriebsrat in den Angelegenheiten des § 56 BetrVG, DB 1961, 338; *Monjau* Der Vorrang der Tarifvertragsparteien bei der Regelung materieller Arbeitsbedingungen, BB 1965, 632; *Müller, G.* Einflüsse des kollektiven Arbeitsrechts auf das Arbeitsverhältnis, DB 1967, 903; *Müller, W.* Die Grenzen der normativen Gestaltungswirkung der Betriebsvereinbarung, Diss. München, 1966; *Mummenhoff* Die Sperrwirkung des Tarifvertrags nach den §§ 56 und 59 BetrVG, Diss. Köln, 1968; *Musa* Die Zulässigkeit von Betriebsvereinbarungen, BetrV 1959, 84; *Nagels* Betriebsaufspaltung und Kollektivvereinbarungen, 1979; *Neukirchen* Betriebsvereinbarung und Betriebskollektivvertrag, Diss. Mainz, 1981; *Neumann-Duesberg* Wirkungsgrenzen der Betriebsordnung und Betriebsvereinbarung, RdA 1949, 48; *ders.* Kündigung der Betriebsvereinbarung, RdA 1958, 371; *ders.* Rechtsprobleme der betrieblichen Einigung, FS für *Bogs*, 1959, 275; *Nikisch* Die Regelungsabrede, DB 1964, 622; *Nipperdey* Mindestbedingungen und günstigere Arbeitsbedingungen nach dem Arbeitsordnungsgesetz (Ordnungsprinzip und Leistungsprinzip), in: FS für *H. Lehmann*, 1937, 257; *Nipperdey/Säcker* Das Verhältnis des Tarifvertrags zu den übrigen arbeitsrechtlichen Rechtsquellen, AR-Blattei, Tarifvertrag I. C; *Oppler* Schiedssprüche und Betriebsvereinbarungen, SJZ 1947, Sp. 169; *Popp* Was ist unter einem gemeinsamen Beschluß i. S. des § 52 Abs. 2 BetrVG zu verstehen?, DB 1958, 1100; *Pornschlegen/Rumpff* Die Betriebsvereinbarung, 1971; *Quasten* Zulässigkeit und Unzulässigkeit von Betriebsvereinbarungen, Diss. Köln, 1971; *Radkem* Zum Recht der Betriebsvereinbarung, RdA 1950, 338; *Reichel* Die Beseitigung von Dienstordnungen und Betriebsordnungen, DB 1957, 367; *Reinfeld* Kündigung und Nachwirkung von Betriebsvereinbarungen, Diss. Frankfurt, 1966; *Reuscher* Betriebsrätegesetz und Betriebsvereinbarung, SJZ 1948, Sp. 249; *Rewolle* Die Kündbarkeit von Betriebsvereinbarungen, DB 1959, 1400; *Richardi* Die betriebliche Übung, RdA 1960, 401; *ders.* Die arbeitsvertragliche Einheitsregelung und ihr Verhältnis zu Kollektivvereinbarungen, RdA 1965, 49; *ders.* Kollektivgewalt und Individualwille bei der Gestaltung des Arbeitsverhältnisses, 1968; *ders.* Die Beschränkung der Vertragsfreiheit durch das Mitbestimmungsrecht des Betriebsrats in sozialen Angelegenheiten, in: Festausgabe für *v. Lübtow*, 1970, 755; *ders.* Kritische Anmerkungen zur Reform der Mitbestimmung des Betriebsrats zu sozialen und personellen Angelegenheiten nach dem Regierungsentwurf, DB 1971, 621; *ders.* Eingriff in die Arbeitsvertragsregelung durch Betriebsvereinbarung, RdA 1983, 217, 278; *ders.* Der Beschluß des Großen Senats des *Bundesarbeitsgerichts* zur ablösenden Betriebsvereinbarung, NZA 1987, 185; *ders.* Erweiterung der Mitbestimmung des Betriebsrats durch Tarifvertrag, NZA 1988, 673; *Roesch* Rechtsfragen um die Betriebsvereinbarung, BlStSozArbR 1951, 152; *Rüthers* Betriebsverfassungsrechtliches Mitbestimmungsrecht und Individualbereich, in: *Rüthers/Boldt* Zwei arbeitsrechtliche Vorträge, 1970; *Säcker* Allgemeine Arbeitsbedingungen im Spannungsfeld von Individual- und Kollektivautonomie, 1969; *ders.* Zur Interpretation der Öffnungsklausel des § 59 BetrVG, RdA 1967, 370; *ders.* Gruppenautonomie und Übermachtkontrolle im Arbeitsrecht, 1972; *ders.* Inhaltliche Grenzen der Betriebs- und Dienstvereinbarungsautonomie, AR-Blattei Betriebsvereinbarung I. III; *ders.* Die Regelung sozialer Angelegenheiten im Spannungsfeld zwischen tariflicher und betriebsvereinbarungsrechtlicher Normensetzungsbefugnis, ZfA Sonderheft 1972, 41; *ders.* Tarifvertrag und Mitbestimmung des Betriebsrats im Arbeitsentgelt, BB 1979, 1201; *ders.* Eingriff in eine Arbeitsvertragsregelung durch Betriebsvereinbarung, RdA 1983, 201; *Salje* Betriebsvereinbarungen als Mittel zur Verbesserung des Umweltschutzes, BB 1988, 73; *Schauber* Zur Abgrenzung der Betriebsvereinbarung von anderen Vereinbarungen zwischen Betriebsrat und Arbeitgeber, RdA 1963, 375; *Scheid* Der Vorrang tariflicher Regelungen nach § 59 Betriebsverfassungsgesetz, Diss. München, 1972; *Schelp* Tarifvertrag und Betriebsvereinbarung im Rahmen von § 59 des Betriebsverfassungsgesetzes, DB 1962, 1242, 1275; *Schimana* Festsetzung der Altersgrenze für Arbeitnehmer durch Betriebsvereinbarung, BB 1970, 1138; *Schmidt, O.* Kritische Gedanken zu Kollektivwirkung, Individualbereich und personenrechtlichem Gemeinschaftsdenken im Arbeitsrecht, AcP Bd. 162, 1962, 42. Band der neuen Folge; 305; *Schneider, H.* Autonome Satzung und Rechtsverordnung, FS für *Ph. Möring*, 1965, 521; *Schnorr* Die für das Arbeitsrecht spezifischen Rechtsquellen, Wien 1969; *Schuldt* Die Betriebsvereinbarung im Verhältnis zum Einzelarbeitsvertrag und zum Tarifvertrag, 1925; *Schulze-Reimpell* Kündigung von Betriebsvereinbarungen, BB 1962, 139; *Schumann* Zur Bindungswirkung des Beschlusses des Großen Senats vom 16. 9. 1986 zur ablösenden Betriebsvereinbarung; *Schwendy* Abänderbarkeit betriebsverfassungsrechtlicher Rechtssätze durch Tarifvertrag und Betriebsvereinbarung, 1969; *Schwerdtner* Die Änderung kollektivrechtlich begründeter Ruhegeldberechtigungen, ZfA 1975, 171; *Seiter* Tarifverträge und Betriebsvereinbarungen beim Betriebsinhaberwechsel, DB 1980, 877; *ders.* Die Betriebsübung, 1967; *Siebert* Betriebsvereinbarung und betriebliche Einigung über Einzelfälle, BB 1952, 950; *ders.* Kollektivmacht und Individualsphäre beim Arbeitsverhältnis, BB 1953, 241; *ders.* Kollektivnorm und Individualrecht im Arbeitsverhältnis, FS für *Nipperdey*, 1955, 119; *ders.* Grundgedanken der Betriebsverfassung, RdA 1958, 161; *Sieg* Wesen und Geltung der Betriebsübung, RdA 1955, 441; *Sinzheimer* Der korporative Arbeitsnormenvertrag, Bd. 1, 2, 1907/1908; *Sitzler* Betriebsvereinbarung, AR-Blattei, Betriebsvereinbarung I.; *Söllner* Einseitige Leistungsbestimmung im Arbeitsverhältnis, 1966; *Spiertz* Das Ordnungsprinzip im Arbeitsrecht, Diss. Köln, 1971; *Stadler* Die rechtliche Bedeutung fehlerhafter Betriebsvereinbarungen, BB 1971, 709; *Stahlhacke* Bezugnahme und Tarifvertrag in Betriebsvereinbarungen, DB 1960, 579; *ders.* Kollektive Einwirkungen auf erworbene Rechte, RdA 1959, 266; *Thiele* Zur gerichtlichen Überprüfung von Tarifverträgen und Betriebsvereinbarungen, in: FS für *Larenz*, 1973, 1043; *Steinwedel* Die betriebliche Übung, DB 1963, 1572; *Straetmans* Betriebsvereinbarung und Ruhegeld unter besonderer Berücksichtigung des grundlegenden Beschlusses des *Bundesarbeitsgerichts* vom 16. 3. 1956, AuR 1969, 269; *Strasser* Zur Abgrenzung der Betriebsvereinbarung von der Einigung über den Einzelfall, RdA 1956, 448; *ders.* Die Betriebsvereinbarung nach österreichischem und deutschem Recht, Wien 1957; *ders.* Kollektivvertrag und Verfassung, 1968; *Tavlos/Tzanetatos* Die Regelungsbefugnis der Betriebspartner und ihre Grenzen im Einzelarbeitsverhältnis, Diss. Berlin 1973; *Thiele* Die Zustimmungen in der Lehre vom Rechtsgeschäft, 1966; *ders.* Bemerkungen zur Kündigung von Gesamtvereinbarungen, RdA 1968, 424; *Tomandl* Der Kollektivvertrag – doch ein Instrument des Privatrechts, ZAS 1969, 161, 206; *Vollmer* Aufgaben- und Zuständigkeitsverteilung zwischen mitbestimmungsrechtlicher und tarifvertraglicher Interessenvertretung, DB 1979, 308, 355; *ders.* Bestandssicherung existenzgefährdeter Unternehmen durch Kürzung von Löhnen und Leistungen, DB 1982, 1670; *Wank* Die Geltung von Kollektivvereinbarungen nach einem Betriebsübergang, NZA 1987, 505–510; *Weiß, D.* Einzelfragen zu Betriebsvereinbarungen in Angelegenheiten der außertariflichen Angestellten, BlStSozArbR 1979, 97; *Wiedemann* Zeitliche Grenzen kollektiver Gestaltungsmacht, RdA 1959, 454; *Wiese* Die Beschränkung der Sperrwirkung des § 59 BetrVG auf Arbeitsentgelte und sonstige Arbeitsbedingungen, RdA 1968, 41; *ders.* Der Persönlichkeitsschutz des Arbeitnehmers gegenüber dem Arbeitgeber, ZfA 1971, 273; *ders.* Zum Gesetzes- und Tarifvorbehalt nach § 87 Abs. 1 BetrVG, in: FS *BAG*, 1979, 661; *Wiesner* Betriebsvereinbarungen bei Betriebsübergang, BB 1986, 1636; *Wlotzke* Das Günstigkeitsprinzip im Verhältnis des Tarifvertrages zum Einzelvertrag und zur Betriebsvereinbarung, 1957; *Wolf, E.* Gutachten über die »betriebliche Übung« und die »betriebliche Ordnung«, 1967; *Zachert* Neue Entwicklungen zur Tarifautonomie und betrieblichen Mitbestimmung, NZA 1988, 185; *Zander* Betriebsautonomie und Tarifautonomie, BB 1987, 1315; *Zeuner* Zum Problem der betrieblichen Übung, BB 1957, 647; *Zigan* Betriebsvereinbarungen nach dem Kontrollratsgesetz Nr. 77 (Betriebsgerätegesetz), 1948; *Zöllner* Zur Publikation von Tarifvertrag und Betriebsvereinbarung, DVBl. 1958, 124; *ders.* Das Wesen der Tarifnormen, RdA 1964, 443; *ders.* Die Sperrwirkung des § 59 BetrVG, FS für *Nipperdey*, Bd. II, 1965, 699; *ders.* Die Rechtsnatur der Tarifnormen nach deutschem Recht, 1966; *ders.* Der Abbau einheitsvertraglicher Arbeitsbedingungen im nicht tariflich gesicherten Bereich, RdA 1969, 250.

II. BetrVG 1972:
Adomeit Das Günstigkeitsprinzip – neu verstanden, NJW 1984, 26; *ders.* Thesen zur betrieblichen Mitbestimmung nach dem neuen BetrVG, BB 1972, 53; *Ahrend* Die ablösende Betriebsvereinbarung im Ruhegeldrecht – ein Beitrag zum »sozialen Fortschritt?«, FS für *Hilger/Stumpf*, 1983, 17; *Ahrend/Dernberger/Rößler* Der Dotierungsrahmen im Beschluß des

§ 77   4. Teil Mitwirkung und Mitbestimmung der Arbeitnehmer

Großen Senats des *BAG* zur ablösenden Betriebsvereinbarung, BB 1988, 333; *Ahrend/Förster/Rühmann* Die ablösende Betriebsvereinbarung – Instrument zur Anpassung betrieblicher Versorgungsregelungen, DB 1982, 224; *dies.* Die abändernde und ablösende Betriebsvereinbarung, BB 1987 Beilage Nr. 7, 1; *Barwasser* Zur Zulässigkeit von Betriebsvereinbarungen über materielle Arbeitsbedingungen in nichttarifgebundenen Betrieben, insbesondere in Mischbetrieben, DB 1975, 2275; *ders.* DB 1976, 110; *Belling* Das Günstigkeitsprinzip im Betriebsverfassungsgesetz, DB 1982, 2513; *ders.* Das Günstigkeitsprinzip im Arbeitsrecht, 1984; *ders.* Das Günstigkeitsprinzip nach dem Beschluß des Großen Senats des *Bundesarbeitsgerichts* vom 16. 9. 1986, DB 1987, 1888; *Bender* Arbeitszeitflexibilisierung durch Tarifvertrag und Betriebsvereinbarung auf der Grundlage eines entschärften Tarifvorranges, BB 1987, 1117; *Beuthin* Unternehmerische Mitbestimmung kraft Tarif- oder Betriebsautonomie, ZfA 1983, 141; *ders.* Tariföffnungsklauseln zwecks Arbeitsplatzsicherung, BB 1983, 1992; *Biberacher* Betriebliche Rechtssetzungsmacht, 1983; *Bichler* Nochmals: Zur Zulässigkeit von Betriebsvereinbarungen über Arbeitsbedingungen für AT-Angestellte, DB 1979, 1939; *Bieback* Betriebliche Sozialpolitik, staatliche Subventionen und die Mitbestimmung des Betriebsrats, RdA 1983, 265; *Birk* Die arbeitsrechtliche Leitungsmacht, 1973; *ders.* Innerbetriebliche Absprachen – Typen und Rechtswirkungen, ZfA 1986, 73; *Bitter* Betriebsvereinbarungen im AT-Bereich der Praxis, DB 1979, 695; *Blomeyer* Das Übermaßverbot im Betriebsverfassungsrecht, FS *BAG*, 1979, 17; *ders.* Der Bestandsschutz der Ruhegeldanwartschaften bei einer Einschränkung der betrieblichen Altersversorgung, FS für *Hilger/Stumpf* 1983, 41; *ders.* Die »Billigkeitskontrolle« der abändernden Betriebsvereinbarung über betriebliche Ruhegelder, DB 1984, 926; *ders.* Die »ablösende Betriebsvereinbarung« im Meinungsstreit, NZA 1985, 641; *ders.* Kündigung und Neuabschluß einer Betriebsvereinbarung über teilmitbestimmungspflichtige Sozialleistungen, DB 1985, 2505; *ders.* Das kollektive Günstigkeitsprinzip – Bemerkungen zum Beschluß des Großen Senats des *Bundesarbeitsgerichts* vom 16. 9. 1986, DB 1987, 634; *ders.* Zur rückwirkenden Geltung von Richterrecht für Betriebsvereinbarungen, FS für *K. Molitor*, 1988, 41; *Boewer* Das Initiativrecht des Betriebsrats in sozialen Angelegenheiten, DB 1973, 522; *Boldt* Die Betriebsvereinbarung, NWB (1985) Fach 26, 1915; *Braun* Verbandstarifliche Normen in Firmentarifverträgen und Betriebsvereinbarungen, BB 1986, 1428; *Buchner* Der Abbau arbeitsvertraglicher Ansprüche und Betriebsvereinbarungen im System der Mitbestimmung in sozialen Angelegenheiten (§ 87 BetrVG), DB 1983, 877; *ders.* Rechtswirksamkeit der tarifvertraglichen Regelungen über die Flexibilisierung der Arbeitszeit in der Metallindustrie, DB 1985, 913; *ders.* Arbeitszeitregelungen im Spannungsfeld zwischen Tarifvertrag und Betriebsvereinbarung, NZA 1986, 377; *Buschmann* Mitbestimmung des Betriebsrats bei der Festlegung der Arbeitszeit im Einzelhandel, DB 1982, 1059; *Canaris* Tarifdispositive Normen und richterliche Rechtsfortbildung, Gedächtnisschrift für *Dietz*, 1973, 199; *ders.* Grundrechtswirkungen und Verhältnismäßigkeitsprinzip in der richterlichen Anwendung und Fortbildung des Privatrechts, JuS 1989, 161; *Coester* Zur Ablösung einheitsvertraglicher Leistungsordnungen, BB 1984, 797; *Conze* Zur Zulässigkeit von Betriebsvereinbarungen für AT-Angestellte über materielle Arbeitsbedingungen, DB 1978, 490; *Däubler* Verschlechterung der Arbeitsbedingungen durch Betriebsvereinbarung, AuR 1984, 1; *ders.* Der gebremste Sozialabbau, AuR 1987, 349; *Denck* Das kollektive Lohnabtretungsverbot, AuR 1979, 109; *Dieterich* Aktuelle Rechtsprechung des *BAG* zur betrieblichen Altersversorgung, NZA 1987, 545; *Ehmann* Betriebsrisikolehre und Kurzarbeit, 1979; *Eich* Kürzung übertariflicher Einkommensbestandteile und Mitbestimmungsrecht des Betriebsrats, DB 1980, 1340; *Eickelberg* Probleme der Betriebsvereinbarung über Arbeitsentgelte und sonstige Arbeitsbedingungen nach dem Betriebsverfassungsgesetz 1972, Diss. Bochum, 1973; *Falkenberg* Betriebsvereinbarung als Mittel zur Verschlechterung von Arbeitsplatzbedingungen?, DB 1984, 875; *ders.* Der rechtsgeschäftliche Betriebsübergang und seine Auswirkungen auf die betriebliche Altersversorgung, BB 1987, 328; *Farthmann* Die Mitbestimmung des Betriebsrats bei der Regelung der Arbeitszeit, RdA 1974, 65; *Firlei* Das Problem der Objektivierung des Günstigkeitsvergleichs im österreichischen und deutschen Arbeitsverfassungsrecht, DRdA 1981, 1; *Föhr* Mitbestimmung des Betriebsrats in sozialen Angelegenheiten unter besonderer Berücksichtigung der außertariflichen Angestellten, AuR 1975, 353; *v. Friesen* Die Rechtsstellung des Betriebsrats gegenüber nichtleitenden AT-Angestellten, DB 1980 Beilage Nr. 1, 1; *dies.* Betriebliche Lohngestaltung für AT-Angestellte, AuR 1980, 367; *dies.* Mitbestimmung bei der Einführung und Ausgestaltung eines Prämiensystems im zentralen Schreibdienst, DB 1983, 1871; *Gamillscheg* Zur Abfindung bei Verlust des Arbeitsplatzes, FS für *Bosch*, 1976, 209; *ders.* Der Große Senat zur ablösenden Betriebsvereinbarung, JArbR Bd. 25 (1987), 49; *Gast* Arbeitsvertrag und Direktion, 1978; *ders.* Tarifautonomie und die Normsetzung durch Betriebsvereinbarung, 1981; *Gaul* Betriebliche Gehaltspolitik für außertarifliche Angestellte und deren rechtliche Ordnung, BB 1978, 764; *ders.* Die kollektiven und kollektivrechtlichen Auswirkungen des Betriebsinhabers, DB 1980, 98; *ders.* Freiheit und Grenzen einer kollektivrechtlichen Gestaltung durch Betriebsvereinbarung, BB 1984, 931; *ders.* Die Beendigung der Betriebsvereinbarung im betriebsratslosen Betrieb, NZA 1986, 628; *Güllich* Die unmittelbare Geltung von Betriebsvereinbarungen im Konzern zu Lasten von beherrschten Gesellschaften, Diss. Erlangen, 1978; *Hammen* Die »richterliche Inhaltskontrolle« von Betriebsvereinbarungen (Sozialplänen) durch das Bundesarbeitsgericht insbesondere aus revisionsrechtlicher Sicht, RdA 1986, 23; *Hanau* Allgemeine Grundsätze der betrieblichen Mitbestimmung, RdA 1973, 281; *ders.* Probleme der Mitbestimmung des Betriebsrats über den Sozialplan, ZfA 1974, 89; *ders.* Zwangspensionierung des Arbeitnehmers mit 65?, RdA 1976, 24; *ders.* Aktuelle Probleme der Mitbestimmung über das Arbeitsentgelt gem. § 87 Nr. 10 BetrVG, BB 1977, 350; *ders.* Repräsentation des Arbeitgebers und der leitenden Angestellten durch den Betriebsrat?, RdA 1979, 324; *ders.* Probleme der Ausübung des Mitbestimmungsrechts des Betriebsrats, NZA Beilage Nr. 2/85, 3; *ders.* Verkürzung und Differenzierung der Arbeitszeit als Prüfsteine des kollektiven Arbeitsrechts, NZA 1985, 73; *Hanau/Preis* Der Übergang von Gesamtversorgung zu einer von der Sozialversicherung abgekoppelten Betriebsrente, RdA 1988, 65; *Hanau/Vossen* Die Auswirkungen des Betriebsinhaberwechsels auf Betriebsvereinbarungen und Tarifverträge, FS für *Hilger/Stumpf*, 1983, 271; *Haug* Tarifvorrang und innerbetriebliche Regelungsmechanismen, BB 1986, 1921; *Heinze* Die betriebsverfassungsrechtlichen Ansprüche des Betriebsrats gegenüber dem Arbeitgeber, DB 1983 Beilage Nr. 9, 1; *Henkel/Hagemeier* Mitwirkungs- und Mitbestimmungsrechte des Betriebsrats in Angelegenheiten der außertariflichen Angestellten, BB 1976, 1420; *Herbst* Umfang des Mitbestimmungsrechts bei freiwilligen übertariflichen Zulagen, DB 1987, 738; *Herschel* Verweisung in Betriebsvereinbarungen, AR-Blattei Betriebsvereinbarung II, 1975; *ders.* Eigenart und Auslegung der Tarifverträge, AuR 1976, 1; *ders.* Der Pensionär in der Betriebsverfassung, FS für *Hilger/Stumpf*, 1983, 311; *ders.* Überindividualrechtliche Elemente im Privatrecht, FS für *Küchenhoff*, 1972, 245; *ders.* Tarifautonomie und Betriebsautonomie, AuR 1984, 321; *ders.* Formelle und materielle Arbeitsbedingungen und kein Ende?, BABl. 1974, 134; *Heyer* Betriebliche Normsetzung und Tarifautonomie, Diss. Berlin, 1984; *Hilger* Zur Änderung betrieblicher Versorgungsordnungen durch Betriebsvereinbarung, in: *Blomeyer* Betriebliche Altersversorgung unter geänderten Rahmenbedingungen, 1984, 47; *Hilger/Stumpf* Ablösung betrieblicher Gratifikations- und Versorgungsordnungen durch Betriebsvereinbarung, FS für *G. Müller*, 1981, 209; *Hirschberg* Der Grundsatz der Verhältnismäßigkeit, 1981; *Höfer/Kisters-Kölkes/Küpper* Betriebliche Altersversorgung und die Entscheidung des Großen Senats des *BAG* zur ablösenden Betriebsvereinbarung, DB 1987, 1585; *Höfer/Küpper* Die Änderung genereller betrieblicher Versorgungszusagen durch Betriebsvereinbarungen, BB 1982, 565; *Höhne* Zur praktischen Notwendigkeit ablösender Betriebsvereinbarungen, RdA 1983, 233; *Hönn* Kompension gestörter Vertragsparität, 1982; *Holzer* Strukturfragen des Betriebsvereinbarungsrechts, Wien 1982; *Hoppe* Die Betriebsvereinbarung und das 65. Lebensjahr, BlStSozArbR 1974, 29; *v. Hoyningen-Huene* Die Billigkeit im Arbeitsrecht, 1978; *ders.* Ablösende Betriebsvereinbarungen für ausgeschiedene Arbeitnehmer, Pensionäre und leitende Angestellte?, RdA 1983, 225; *ders.* Fehlerhafte Betriebsvereinbarungen und ihre Auswirkungen auf Arbeitnehmer, DB 1984 Beilage Nr. 1, 1; *ders.* Kompetenzüberschreitende Tarifverträge zur Regelung unterschiedlicher Wochenarbeitszeit, NZA 1985, 169; *ders.* Die Einführung und Anwendung flexibler Arbeitszeiten im Betrieb, NZA 1985, 9; *v. Hoyningen-Huene/Maier-Krenz* Mitbestimmung

§ 77 *4. Teil Mitwirkung und Mitbestimmung der Arbeitnehmer*

trotz Tarifvertrages?, NZA 1987, 793; *dies.* Flexibilisierung des Arbeitsrechts durch Verlagerung tariflicher Regelungskompetenzen auf den Betrieb, ZfA 1988, 293; *Hromadka* Arbeitsordnung im Wandel der Zeit, 1979; *ders.* Die belastende Betriebsvereinbarung, DB 1985, 864; *ders.* Änderung und Ablösung von Einheitsarbeitsbedingungen, NZA Beilage Nr. 3/87, 2; *ders.* Betriebsvereinbarung über mitbestimmungspflichtige soziale Angelegenheiten bei Tariffüblichkeit: Zwei-Schranken-Theorie ade?, DB 1987, 1991; *Hueck, G./Fastrich* AR-Blattei, Betriebsübung I; *Jahnke* Tarifautonomie und Mitbestimmung, 1984; *Janert* AT-Angestellte und Betriebsrat, DB 1976, 243; *Jobs* Die Betriebsvereinbarung als kollektives Regelungsrecht zur Änderung von arbeitsvertraglichen Individual- und Gesamtzusagen, DB 1986, 1120; *ders.* Gerichtliche Billigkeitskontrolle bei abändernden Betriebsvereinbarungen, AuR 1986, 147; *Jost* Betriebsverfassungsrechtliche Mitbestimmung bei Arbeitszeiten und betrieblichen Öffnungszeiten, DB 1983, 1818; *ders.* Tarifrechtliche Grenzen der Verkürzung der Wochenarbeitszeit, ZfA 1984, 173; *ders.* Ablösende Betriebsvereinbarungen und allgemeine Arbeitsbedingungen, RdA 1989, 7; *Jung* Die Weitergeltung kollektivvertraglicher Regelungen (Tarifverträge, Betriebsvereinbarungen) bei einem Betriebsinhaberwechsel, RdA 1981, 360; *Käppler* Voraussetzungen und Grenzen tarifdispositiven Richterrechts, 1977; *Kemper* Zur Zulässigkeit verschlechternder Betriebsvereinbarungen kraft Vorbehalts bei betrieblicher Altersversorgung, DB 1987, 986; *Kirchhof* Private Rechtssetzung, 1987; *Kirchner* Die Sperrwirkung von Tarifvertrag und Tarifübung für die Verwirklichung des Mitbestimmungsrechts des Betriebsrats nach § 87 BetrVG, BB 1972, 1279; *Kissel* Das Spannungsfeld zwischen Betriebsvereinbarung und Tarifvertrag, NZA 1986, 73; *Konzen* Tarifvertragliche und innerbetriebliche Normsetzung, BB 1977, 1307; *ders.* Gleichbehandlungsgrundsatz und personelle Grenzen der Kollektivautonomie, FS für *G. Müller*, 1981, 245; *ders.* Betriebsverfassungsrechtliche Leistungspflichten des Arbeitgebers, 1984; *Kraft* Die betriebliche Lohngestaltung im Spannungsfeld von Tarifautonomie, betrieblicher Mitbestimmung und Vertragsfreiheit, FS für *K. Molitor*, 1988, 207; *Kreutz* Kritische Gedanken zur gerichtlichen Billigkeitskontrolle von Betriebsvereinbarungen, ZfA 1975, 65; *ders.* Grenzen der Betriebsautonomie, 1979; *ders.* Grenzen der Sozialplangestaltung, FS für *E. Wolf*, 1985, 309; *Kuderna* Zur Diskussion über die Auslegung kollektivrechtlicher Normen, ZAS 1981, 203; *Küttner/Schlüpers-Oehmen/Rebel* Rechtsprobleme der Tarifverträge über Arbeitszeitverkürzung und Arbeitszeitflexibilisierung, DB 1985, 172; *Kunst* Das Günstigkeitsprinzip im Betriebsvereinbarungsrecht, Diss. Bochum, 1973; *Kunze* Änderungen auf der Arbeitgeberseite von Kollektivvereinbarungen, RdA 1976, 31; *Leinemann* Änderung einzelvertraglicher Ansprüche durch Betriebsvereinbarungen, DB 1985, 1394; *Lieb* Kritische Gedanken zum tarifdispositiven Richterrecht, RdA 1972, 129; *ders.* Die Regelungszuständigkeit des Betriebsrats für die Vergütung von AT-Angestellten, ZfA 1978, 179; *Lieb/Westhoff* Voraussetzungen und Abgrenzung von richterlicher Inhaltskontrolle und Rechtsfortbildung, DB 1973, 69; *Linnenkohl/Rauschenberg* Tarifvertragliche Neuregelung der Wochenarbeitszeit und betriebsverfassungsrechtliche Gestaltungsmöglichkeiten, BB 1984, 2197; *Löwisch* Möglichkeiten und Grenzen der Betriebsvereinbarung, AuR 1978, 97; *ders.* Die Verschlechterung von Individualansprüchen durch Betriebsvereinbarung, DB 1983, 1709; *ders.* Die Einbeziehung der Nichtorganisierten in die neuen Arbeitszeittarifverträge der Metallindustrie, DB 1984, 2457; *Loritz* Betriebliche Arbeitnehmerbeteiligungen in Tarifverträgen und Betriebsvereinbarungen, DB 1985, 531; *Martens* Das betriebsverfassungsrechtliche Ablösungsprinzip im System der §§ 87, 88, 77 BetrVG, RdA 1983, 217; *Materne* Das Verhältnis zwischen Tarifverträgen und ihrem Vorrang gegenüber Betriebsvereinbarungen, BB 1976, 1615; *Mayer-Maly* Über die Teilnichtigkeit, Gedenkschrift für *Gschnitzer*, 1969, 265; *Meinert* Zur Nachwirkung von Tarifverträgen und ihrem Vorrang gegenüber Betriebsvereinbarungen, BB 1976, 1615; *Moll* Der Tarifvorrang im Betriebsverfassungsgesetz, 1980; *ders.* Der Ablösungsgedanke im Verhältnis zwischen Vertragsregelung und Betriebsvereinbarung, NZA Beilage Nr. 1/88, 17; *Nause* Die Grenzen der Regelungsbefugnis von Arbeitgeber und Betriebsrat gegenüber dem einzelnen Arbeitnehmer bei Abschluß von Betriebsvereinbarungen, Diss. Göttingen, 1982; *Nebel* Die Normen des Betriebsverbandes, Diss. Kiel, 1989; *Neukirchen* Betriebsvereinbarung und Betriebskollektivvertrag, Diss.

Mainz, 1981; *Pauly* Zu Umfang und Grenzen des Mitbestimmungsrechts aus § 87 Nr. 8 und 10 BetrVG im Bereich der betrieblichen Altersversorgung, DB 1985, 2246; *Pfarr* Mitbestimmung bei der Ablösung und der Verschlechterung allgemeiner Arbeitsbedingungen, BB 1983, 2001; *Raatz* Personalleitung und Betriebsverfassung, DB 1972 Beilage Nr. 1, 1; *Reuter* Vergütung von AT-Angestellten und betriebsverfassungsrechtliche Mitbestimmung, 1979; *ders.* Die Rolle des Arbeitsrechts im marktwirtschaftlichen System – Eine Skizze, Ordo Bd. 36 (1985), 51; *Reuter/Streckel* Grundfragen der betriebsverfassungsrechtlichen Mitbestimmung, 1973; *Richardi* Betriebsverfassung und Privatautonomie, 1973; *ders.* Richterrecht und Tarifautonomie, in: Gedächtnisschrift für *Dietz*, 1973, 269; *ders.* Die Mitbestimmung des Betriebsrats bei der Regelung des Arbeitsentgelts, ZfA 1976, 1; *ders.* Eingriff in die Arbeitsvertragsregelung durch Betriebsvereinbarung, RdA 1983, 201, 278; *ders.* Die tarif- und betriebsverfassungsrechtliche Bedeutung der tarifvertraglichen Arbeitszeitregelung in der Metallindustrie, NZA 1984, 387; *ders.* Verkürzung und Differenzierung der Arbeitszeit als Prüfsteine des kollektiven Arbeitsrechts, NZA 1985, 172; *ders.* Betriebsverfassungsrechtliche Mitbestimmung und Einzelarbeitsvertrag, 1986; *ders.* Der Beschluß des Großen Senats des *BAG* zur ablösenden Betriebsvereinbarung, NZA 1987, 185; *ders.* Erweiterung der Mitbestimmung des Betriebsrats durch Tarifvertrag, NZA 1988, 673; *Röder* Die Fortgeltung von Kollektivnormen bei Betriebsübergang gem. § 613a BGB, DB 1981, 1980; *Rose/Oberhofer* Die verschlechternde Betriebsvereinbarung, AiB 1983, 101; *Rühle* Aktuelle Probleme der betrieblichen Altersversorgung, ZIP 1984, 411; *Säcker* Gruppenautonomie und Übermachtkontrolle im Arbeitsrecht, 1972; *ders.* Die Betriebsvereinbarung, AR-Blattei, Betriebsvereinbarung I, 1979; *ders.* Regelung sozialer Angelegenheiten im Spannungsfeld zwischen tariflicher und betriebsvereinbarungsrechtlicher Normsetzungsbefugnis, ZfA Sonderheft 1972, 41; *ders.* Inhaltliche Grenzen der Betriebs- und Dienstvereinbarungsautonomie, AR-Blattei, Betriebsvereinbarung III, 1979; *ders.* Tarifvorrang und Mitbestimmung des Betriebsrats beim Arbeitsentgelt, BB 1979, 1202; *Salje* Betriebsvereinbarungen als Mittel zur Verbesserung des Umweltschutzes, BB 1988, 73; *Schlüter/Belling* Die Zulässigkeit von Altersgrenzen im Arbeitsverhältnis, NZA 1988, 297; *Schoden* Veschlechternden Betriebsvereinbarungen die Zähne gezogen, AiB 1987, 109; *Schüren* Neue rechtliche Rahmenbedingungen der Arbeitszeitflexibilisierung, RdA 1985, 22; *Schuhmann* Die Grenzen der Regelungsbefugnis der Betriebspartner bei der Regelung der Arbeitszeit, Diss. Würzburg, 1982; *Schulin* Änderung von betrieblichen Ruhegeldzusagen, DB 1984 Beilage Nr. 10, 1; *Schulze, P.* Das Günstigkeitsprinzip im Tarifvertragsrecht, Diss. Bremen, 1985; *Schumann* Gestaltungsmöglichkeiten zur Rückführung ausufernder Lasten der betrieblichen Altersversorgung, ZIP 1987, 137; *ders.* Zur Bindungswirkung des Beschlusses des Großen Senats vom 16.9. 1986 zur ablösenden Betriebsvereinbarung, DB 1988, 2510; *Schwerdtner* Die Änderung kollektivrechtlich begründeter Ruhegeldberechtigungen, ZfA 1975, 171; *Seiter* Tarifverträge und Betriebsvereinbarungen beim Betriebsinhaberwechsel, DB 1980, 877; *Simitis/Weis* Zur Mitbestimmung des Betriebsrats bei Kurzarbeit, DB 1973, 1240; *v. Stebut* Die Zulässigkeit der Einführung von Kurzarbeit, RdA 1974, 332; *Stumpf* Die ablösende Betriebsvereinbarung, in: *Höfer* Gegenwart und Zukunft der betrieblichen Altersversorgung, 1982, 102; *Tech* Günstigkeitsprinzip und Günstigkeitsbeurteilung im Arbeitsrecht, Diss. Kiel, 1989; *Thiele* Zur gerichtlichen Überprüfung von Tarifverträgen und Betriebsvereinbarungen, FS für *Larenz*, 1973, 1043; *Travlos-Tzanetatos* Die Regelungsbefugnis der Betriebspartner und ihre Grenzen zum Einzelarbeitsverhältnis, 1974; *Vassilakakis* Die Konkurrenz von Betriebsvereinbarungen mit Allgemeinen Arbeitsbedingungen – Zur Problematik der ablösenden Betriebsvereinbarungen, Diss. München, 1987; *Vollmer* Aufgaben- und Zuständigkeitsverteilung zwischen mitbestimmungsrechtlicher und tarifvertraglicher Interessenvertretung, DB 1979, 308, 355; *ders.* Bestandssicherung existenzgefährdeter Unternehmen durch Kürzung von Löhnen und Leistungen, DB 1982, 160; *Vossen* Tarifdispositives Richterrecht, 1974; *Wank* Die Geltung von Kollektivvereinbarungen nach einem Betriebsübergang, NZA 1987, 505; *Weiß* Einzelfragen zu Betriebsvereinbarungen in Angelegenheiten der außertariflichen Angestellten, BlStSozArbR 1979, 97; *Wenzeck* Die verschlechternde Betriebsvereinbarung, Diss. Gießen, 1986; *Wiedemann* Höhere Angestellte im Betriebsver-

§ 77   4. Teil Mitwirkung und Mitbestimmung der Arbeitnehmer

fassungsrecht, In memoriam Sir *Otto Kahn-Freund*, 1980, 343; *Wiese* Zum Gesetzes- und Tarifvorbehalt nach § 87 Abs. 1 BetrVG, FS *BAG*, 1979, 661; *Wiesner* Betriebsvereinbarungen bei Betriebsübergang, BB 1966, 1636; *Zander* Betriebsautonomie und Tarifautonomie, BB 1987, 1315; *Zöllner* Auswahlrichtlinien für Personalmaßnahmen, FS für *G. Müller*, 1981, 665.

Inhaltsübersicht

		Rz.
A. Allgemeines zur Betriebsvereinbarung		1–100
I. Vorbemerkung		1, 2
II. Begriff der Betriebsvereinbarung		3
III. Die Rechtsnatur der Betriebsvereinbarung		4– 7
IV. Der Geltungsbereich der Betriebsvereinbarung		8– 14
1. Der räumliche Geltungsbereich		8
2. Der persönliche Geltungsbereich		9– 14
V. Der Gegenstand der Betriebsvereinbarung		15– 54
VI. Rückwirkung der Betriebsvereinbarung		55– 59
VII. Auslegung der Betriebsvereinbarung		60– 66
VIII. Das Verhältnis von Betriebsvereinbarung zu anderen Normen		67–100
1. Betriebsvereinbarung/Gesetz		68– 79
2. Betriebsvereinbarung/Tarifvertrag		80– 84
3. Betriebsvereinbarung/Betriebsvereinbarung		85, 86
4. Betriebsvereinbarung/Einzelarbeitsvertrag		87– 95
5. Betriebsvereinbarung/Regelungsabrede		96–100
B. Die Durchführung der Vereinbarungen (Abs. 1)		101–114
I. Die Vereinbarungen		101–107
II. Die Durchführung		108, 109
III. Anderweitige Vereinbarungen über die Durchführung der Vereinbarungen		110
IV. Selbständige Entscheidungen des Betriebsrats		111
V. Einseitige Handlungen des Betriebsrats		112
VI. Eingriffe des Betriebsrats in das Direktionsrecht des Arbeitgebers		113, 114
C. Das Zustandekommen der Betriebsvereinbarung (Abs. 2)		115–125
I. Die schriftliche Niederlegung der Betriebsvereinbarung		118–122
II. Die Auslegung der Betriebsvereinbarung im Betrieb		123, 124
III. Die Aufhebung der Betriebsvereinbarung		125
D. Tarifautonomie und Betriebsvereinbarung (Abs. 3)		126–178
I. Vorbemerkung		126
II. Sinn und Zweck des § 77 Abs. 3		127–129
III. Gegenstand der Sperrwirkung des § 77 Abs. 3		130–135
IV. Die Abgrenzung zu § 87 BetrVG		136
V. Die Tarifvertragsregelungen		137–145
1. Der räumliche Bereich der Sperrwirkung		140
2. Der betriebliche Bereich der Sperrwirkung		141
3. Der persönliche und fachliche Umfang der Sperrwirkung		142, 143
4. Das Nebeneinander mehrerer Tarifverträge		144
5. Die Reichweite der Sperrwirkung des § 77 Abs. 3 bei Firmentarifverträgen		145
VI. Die Tarifüblichkeit		146–158
1. Tarifordnungen		147
2. Der Entstehungszeitraum einer Tarifüblichkeit		148, 149
3. Die Repräsentativität des Tarifvertrages		150, 151

4.	Generelle tarifliche oder tarifübliche Regelung	152–156
5.	Beendigung der Tarifüblichkeit	157, 158
VII.	Das Günstigkeitsprinzip im Verhältnis von Tarifvertrag zu Betriebsvereinbarung	159
VIII.	Tarifvertragsübernehmende Betriebsvereinbarungen	160–162
IX.	Die ausdrückliche Zulassung von Betriebsvereinbarungen in Tarifverträgen	163–168
X.	Rechtsfolgen bei einem Verstoß gegen § 77 Abs. 3	169–174
XI.	Streitigkeiten	175–178
E.	Rechtswirkungen der Betriebsvereinbarung (Abs. 4)	179–195
I.	Verzicht auf Rechte aus der Betriebsvereinbarung	183–185
II.	Verwirkung von Rechten aus der Betriebsvereinbarung	186–188
III.	Ausschlußfristen für die Geltendmachung von Rechten aus Betriebsvereinbarungen	189–195
F.	Die Beendigung der Betriebsvereinbarung (Abs. 5)	196–228
I.	Die Ersetzung der Betriebsvereinbarung durch eine andere Vereinbarung	204–207
II.	Das Erfordernis eines sachlichen Grundes zur Kündigung der Betriebsvereinbarung	208, 209
III.	Die außerordentliche Kündigung der Betriebsvereinbarung	210, 211
IV.	Die Form der Kündigung einer Betriebsvereinbarung	212–214
V.	Die Teilkündigung einer Betriebsvereinbarung	215
VI.	Andere Aufhebungsmöglichkeiten der Betriebsvereinbarung	216–228
G.	Die Nachwirkung der Betriebsvereinbarung (Abs. 6)	229–235
I.	Beendigung der Nachwirkung durch rechtsgeschäftliche Vereinbarung	231–233
II.	Die Nachwirkung einer Betriebsvereinbarung als dispositives Recht	234
III.	Freiwillige Betriebsvereinbarung und Nachwirkung	235

A. Allgemeines zur Betriebsvereinbarung

I. Vorbemerkung

Diese Bestimmung enthält eine zusammengefaßte und eingehende Regelung des **1** Rechts der Betriebsvereinbarung. § 77 Abs. 1 und 2 entsprechen § 52 Abs. 1 und 2 BetrVG 1952; § 77 Abs. 3 entspricht § 59 BetrVG 1952; § 77 Abs. 3 trägt dem Vorrang der Tarifautonomie Rechnung und soll darüber hinaus – nach der amtlichen Begründung – verhindern, daß der persönliche Geltungsbereich von Tarifverträgen auf einem anderen als dem hierfür vorgesehenen Wege der Allgemeinverbindlicherklärung (§ 5 TVG) ausgedehnt wird (BT-Drucks. VI/1786 zu § 77, 47).

§ 77 Abs. 4 bis 6 enthalten Bestimmungen über bisher im BetrVG 1952 nicht gere- **2** gelte Fragen der Verwirkung (Abs. 4), der Kündigung (Abs. 5) und der Nachwirkung von Betriebsvereinbarungen (Abs. 6); sie entsprechen der Regelung für Tarifverträge (§ 4 TVG) und sollen bisher für den Bereich der Betriebsvereinbarung bestehende Rechtsunklarheiten beseitigen.

II. Begriff der Betriebsvereinbarung

3 Die Betriebsvereinbarung ist ihrem Begriff nach ein schriftlicher, privatrechtlicher Vertrag, der für einen Betrieb zwischen den Betriebspartnern (Arbeitgeber und Betriebsrat) im Rahmen des gesetzlichen Aufgabenbereichs des Betriebsrats und für die von ihm repräsentierte Belegschaft zur Festsetzung von Rechtsnormen über den Inhalt, den Abschluß oder die Beendigung von Arbeitsverhältnissen oder über betriebliche und betriebsverfassungsrechtliche Fragen abgeschlossen wird (*Hueck/Nipperdey* II/2, 1256; vgl. auch *D/R* § 77 Rz. 19, 20). Sie enthält Regelungen, die für die einzelnen Arbeitsverhältnisse unmittelbar und zwingend gelten (GK-*Kreutz* § 77 Rz. 27). Damit unterscheidet sich die Betriebsvereinbarung von der Regelungsabrede, die keine Betriebsvereinbarung darstellt und deshalb auch nicht unmittelbar und zwingend auf die Arbeitsverhältnisse einwirkt.

III. Die Rechtsnatur der Betriebsvereinbarung

4 **Die Rechtsnatur der Betriebsvereinbarung ist umstritten.**
Nach der **Satzungstheorie** soll die Betriebsvereinbarung eine durch übereinstimmende parallele Beschlüsse des Arbeitgebers und des Betriebsrats zustande gekommene Normenordnung für den Betrieb sein (*Herschel* BABl. 1954, 731; *ders.* RdA 1984, 47; RdA 1956, 161, 168; vgl. auch die Nachweise in *D/R* § 77 Rz. 21).

5 Nach der überwiegenden und zutreffenden Auffassung kommt die Betriebsvereinbarung durch eine rechtsgeschäftliche Vereinbarung (Vertrag) zustande, wobei es sich um einen zweiseitig kollektiven Normenvertrag handelt (*Hueck/Nipperdey* II/2, 1272; *Bulla* DB 1962, 1207; *D/R* § 77 Rz. 26; *F/A/K/H* § 77 Rz. 17; *G/L* § 77 Rz. 6; *G/K/S/B* § 77 Rz. 15; GK-*Kreutz* § 77 Rz. 31 m.w.N.; enger die **Vereinbarungstheorie**, wonach anstelle sich ergänzender Willenserklärungen die rechtsetzende Vereinbarung durch parallel gerichtete Willenserklärung zustande kommt [*Dietz* FS für *Sitzler*, 137; *Jacobi* Grundlehren, 351; *Neumann-Duesberg* RdA 1962, 404, 409 für den normativen Teil]).

6 Der Wortlaut des Gesetzes ist zwar nicht eindeutig und kann sowohl für die Satzungstheorie als auch für die Vertragstheorie herangezogen werden. Es spricht jedoch einiges dafür, daß der Gesetzgeber der rechtsgeschäftlichen Vereinbarungslehre folgen wollte. Das folgt aus § 77 Abs. 1, wo von »Vereinbarungen« zwischen Betriebsrat und Arbeitgeber gesprochen wird. Auch enthält § 77 Abs. 5 ausdrücklich eine Kündigungsregelung für Betriebsvereinbarungen; Kündigungen aber beenden typischerweise vertragliche Dauerschuldverhältnisse, nicht Satzungen.

7 Der **Meinungsstreit** hat **keine praktische Bedeutung**. Es besteht Einigkeit, daß **Betriebsvereinbarungen normative Wirkung** haben und **objektives Recht** schaffen (*G/L* § 77 Rz. 6; *F/A/K/H* § 77 Rz. 17ff; *D/R* § 77 Rz. 24). Teils wird vertreten, daß neben den Betriebsvereinbarungen mit normativem Charakter auch Betriebsvereinbarungen mit schuldrechtlichem Charakter stehen können (vgl. unten Rz. 17).

IV. Der Geltungsbereich der Betriebsvereinbarung

1. Der räumliche Geltungsbereich

Der räumliche Geltungsbereich der Betriebsvereinbarung erstreckt sich ausschließlich auf den Betrieb, für den sie abgeschlossen ist. Betriebsvereinbarungen, die unter Mitwirkung des Gesamtbetriebsrats (§ 50) oder Konzernbetriebsrats (§ 58) im Rahmen ihrer Zuständigkeiten zustande gekommen sind, gelten für alle Einzelbetriebe des Unternehmens oder Konzerns, für die sie vereinbart sind; jedoch nicht für solche, die selbst keinen Betriebsrat haben (vgl. *Dietz* BetrVG 1952 § 46 Rz. 2; *G/L* § 77 Rz. 29; GK-*Kreutz* § 77 Rz. 161, 162; a.A. *F/A/K/H* § 77 Rz. 25). 8

2. Der persönliche Geltungsbereich

Persönlich erstreckt sich der Geltungsbereich der Betriebsvereinbarung auf alle im Betrieb Beschäftigten, die Arbeitnehmer i. S. d. § 5 Abs. 1 und 6 sind, und zwar ohne Rücksicht darauf, ob sie einer Gewerkschaft angehören (*D/R* § 77 Rz. 61). Das gilt auch dann, wenn die Betriebsvereinbarung in Ausführung eines Tarifvertrages ergeht (*ArbG Pforzheim* vom 25. 10. 1956 – Co. 519/56 ArbGeb. 1956, 819; *G/L* § 77 Rz. 30). Sie gilt auch für Arbeitnehmer, die erst nach Abschluß der Betriebsvereinbarung in den Betrieb eintreten (*BAG* vom 5. 9. 1960 – 1 AZR 509/57 – EzA § 399 BGB Nr. 2 = DB 1960, 309). 9

Nicht betroffen werden dagegen Arbeitnehmer, die aus dem Betrieb ausgeschieden sind, wie z. B. **Ruheständler, bzw. Pensionäre** (*BAG* vom 19. 6. 1962 – 3 AZR 413/61 – AP Nr. 5 zu § 1 TVG Rückwirkung; *BAG* vom 16. 3. 1957 GS 1/55 – AP Nr. 1 zu § 57 BetrVG 1952 m. ablehnender Anm. *Molitor* = DB 1956, 573, 988 m. Anm. *Kauffmann*; *BAG* vom 30. 1. 1970 – 3 AZR 44/68 – EzA § 242 BGB Nr. 31 = DB 1970, 1393; *BAG* vom 18. 5. 1977 – 3 AZR 371/76 – EzA § 242 BGB Nr. 65 = DB 1977, 1655; *BAG* vom 17. 1. 1980 – 3 AZR 456/78 – EzA § 242 BGB Ruhegeld Nr. 86 = DB 1980, 1399; *BAG* vom 9. 7. 1985 – 3 AZR 546/82 – EzA § 1 BetrAVG Nr. 37 = DB 1986, 1231; *BAG* vom 25. 10. 1988 3 AZR 483/86 – EzA § 77 BetrVG 1972 Nr. 26; GK-*Thiele* 3. Bearbeitung § 77 Rz. 51 f.; a.A. *Säcker* Gruppenautonomie und Übermachtkontrolle, 365; *Travlos/Tzanetatos* Regelungsbefugnis der Betriebspartner, 116; *Schwerdtner* ZfA 1975; *F/A/K/H* § 77 Rz. 26a; *G/L* § 77 Rz. 23; *Hanau* ZfA 1974, 89, 107; *Gamillscheg* FS für *Bosch*, 209, 223; *Löwisch/Hetzel* SAE 1981, 68; *Konzen* FS für *G. Müller*, 245, 261; *v. Hoyningen/Huene* RdA 1983, 225). Diese Personen sind nicht mehr Arbeitnehmer nach § 5. An ihren insoweit entstandenen Individualrechten (»gewordener Individualbereich« vgl. Rz. 20f.) kann durch Betriebsvereinbarung nichts mehr geändert werden. Da der Betriebsrat nicht legitimiert ist, für den Versorgungsempfänger Regelungen mit normativer Wirkung zu treffen, kann der Versorgungsempfänger trotz einer bestehenden Betriebsvereinbarung vom Arbeitsgericht überprüfen lassen, ob die Anpassungsentscheidung nach billigem Ermessen getroffen worden ist. Die Anpassung liegt allein in der Kompetenz des Arbeitgebers (§ 16 BetrVG). Die Entscheidung hierüber muß er nach billigem Ermessen treffen. Auch beim Widerrufsverbot hat der Arbeitgeber ein Leistungsverweigerungsrecht nur bei wirtschaftlicher Notlage. Es darf nur das mildeste Mittel ge- 10

§ 77   4. Teil Mitwirkung und Mitbestimmung der Arbeitnehmer

wählt werden, das zur Rettung des Unternehmens unerläßlich erscheint (*BAG* vom 10. 12. 1971 – 3 AZR 190/71 – EzA § 242 BGB Ruhegeld Nr. 10 = DB 1972, 491; *BAG* vom 8. 7. 1972 – 3 AZR 481/71 – EzA § 242 BGB Ruhegeld Nr. 15 = DB 1972, 2096; *BAG* vom 18. 5. 1977 – 3 AZR 371/76 – EzA § 242 BGB Ruhegeld Nr. 65 = DB 1977, 1655; *BAG* vom 24. 11. 1977 – 3 AZR 732/76 – EzA § 242 BGB Ruhegeld Nr. 67 = DB 1978, 545; *BAG* vom 17. 1. 1980 – 3 AZR 456/78 – EzA § 242 BGB Ruhegeld Nr. 86 = DB 1980, 1399). Gem. § 7 Abs. 1 Satz 3 Nr. 5 BetrAVG erhalten die Ruheständler gegen den Pensionssicherungsverein einen Anspruch entsprechend ihrem Ausfall (GK-*Thiele* 3. Bearbeitung § 77 Rz. 53). Lediglich bei der Vereinbarung eines Sozialplanes ist über den Wortlaut des § 112 Abs. 1 rechtsfortbildend eine gesetzliche Zuständigkeit des Betriebsrats anzunehmen, auch die Belange der bereits wegen der Betriebsänderung Entlassenen wahrzunehmen (GK-*Thiele* 3. Bearbeitung § 77 Rz. 52; GK-*Fabricius* § 112 Rz. 23 ff; *D/R* 3. Bearbeitung § 77 Rz. 62 und § 112 Rz. 73). *Kreutz* (GK-*Kreutz* § 77 Rz. 152 ff.) wendet sich eingehend gegen die h. M., verkennt aber, daß durch die Betriebsvereinbarung Arbeitsbedingungen geregelt werden sollen, und für ausgeschiedene Arbeitnehmer keine Arbeitsbedingungen mehr gesetzt werden können. Wenn es an einem Änderungsvorbehalt fehlt, können insoweit auch keine Regelungen hinsichtlich der neben dem Arbeitsverhältnis stehenden Rechtsverhältnisse (z. B. Werkmietwohnung, Arbeitnehmerdarlehen) erfolgen, wenn der Arbeitnehmer ausgeschieden ist. Es ist auch keine Durchbrechung dieses Prinzips, daß der Sozialplan auch für die Arbeitnehmer Geltung beansprucht, die schon vor Abschluß des Sozialplans aufgrund der Betriebsänderung ausgeschieden sind, da der Sozialplan zumindest teilweise die Schäden ausgleichen soll, die daraus entstehen, daß der Arbeitnehmer seinen Arbeitsplatz betriebsbedingt verliert.

11 Umstritten ist, ob in eine betriebliche **Ruhegeldvereinbarung** der Vorbehalt wirksam aufgenommen werden kann, daß auch noch nach Eintritt des Ruhestandsfalles die Ruhegeldregelung durch Betriebsvereinbarung oder den Arbeitgeber abgeändert werden kann (sog. **Änderungsvorbehalt oder Jeweiligkeitsklausel**); die Wirksamkeit solcher Vorbehalte wird überwiegend anerkannt (so *Hueck/Nipperdey* II/2, 1260; *BAG* vom 14. 3. 1961 – 3 AZR 83/60 – AP Nr. 78 zu § 242 BGB Ruhegehalt m. Anm. *Zeuner* = DB 1961, 881 mit der Einschränkung, daß die Änderungen im Rahmen des Angemessenen bleiben müssen; vgl. auch *BAG* vom 17. 1. 1969 – 3 AZR 96/67 – EzA § 242 BGB Nr. 22 = DB 1969, 752; *Straetmans* AuR 1969, 269 (272); **a. A.** *D/R* § 77 Rz. 62 f.; GK-*Thiele* 3. Bearbeitung § 77 Rz. 54).

12 Der persönliche Geltungsbereich einer Betriebsvereinbarung kann auf generell bestimmte Arbeitnehmergruppen beschränkt werden, z. B. auf Arbeiter, Angestellte, Jugendliche, Frauen, Schwerbehinderte oder eine bestimmte Betriebsabteilung (vgl. *BAG* vom 1. 2. 1957 – 1 AZR 195/55 – AP Nr. 1 zu § 32 SchwBeschG; *G/L* § 77 Rz. 34; GK-*Kreutz* § 77 Rz. 151).

13 Betriebsvereinbarungen **gelten nicht für die in § 5 Abs. 2 und 3 genannten Personen**, z. B. nicht für leitende Angestellte, so daß für leitende Angestellte durch Betriebsvereinbarung keine vermögenswirksamen Leistungen festgesetzt werden können (*D/R* § 77 Rz. 61; *G/L* § 77 Rz. 31 m. w. N.; GK-*Thiele* 3. Bearbeitung § 77 Rz. 49; **a. A.** nur bezüglich vermögenswirksamer Leistungen *F/A/K/H* § 77 Rz. 26 b; *Hueck/Nipperdey* II/2, 1258 Fn. 15 a; *Säcker* AR-Blattei, Betriebsvereinbarung I unter C II; *Kraus/Wagner* VermBG § 1 Anm. 1 f.; jetzt Neubearbeitung 1976 von *J. Giloy* § 1 Rz. 3 f.). Da der Betriebsrat nicht Repräsentant der leitenden Angestellten ist, hat er für sie keine Regelungskompetenz (*BAG* vom 31. 1. 1979 –

5 AZR 454/77 – EzA § 112 BetrVG 1972 Nr. 17 = DB 1979, 412, 1039). Bezieht er diese zu deren Gunsten in die Betriebsvereinbarung ein, so handelt es sich um ein Vertragsangebot des Arbeitgebers an die leitenden Angestellten, die durch die Geltendmachung der Rechte das Angebot annehmen; a.A. GK-*Kreutz* § 77 Rz. 14, der sich zu Recht gegen die analoge Anwendung von § 177 BGB wendet (so aber *D/R* § 77 Rz. 13 und *Hanau* RdA 1979, 324, 329). Das *BAG* (vom 31. 1. 1979 – a. a. O.) geht von einem Vertrag zugunsten Dritter aus. Gegen diese Auffassung spricht, daß es sich bei einer Betriebsvereinbarung um einen Normenvertrag handelt und grundsätzlich in ihr keine schuldrechtlichen Beziehungen zwischen Arbeitgeber und Betriebsrat geregelt werden können (GK-*Kreutz* § 77 Rz. 149, 158 ff.). Allerdings kann der Sprecherausschuß (§ 37 SprAuG) für die leitenden Angestellten mit dem Arbeitgeber Richtlinien (§ 28 SprAuG) vereinbaren, die aufgrund dieser Vereinbarung unmittelbar und zwingend für die Arbeitsverhältnisse gelten können.

§ 77 findet sowohl auf obligatorische als auch auf freiwillige Betriebsvereinbarungen (vgl. § 88) Anwendung. Die Vorschriften über Betriebsvereinbarungen gelten für Bordvereinbarungen entsprechend (§ 115 Abs. 7 Ziff. 3 Satz 2). **14**

V. Der Gegenstand der Betriebsvereinbarung

Generell können Gegenstand von Betriebsvereinbarungen – wie Tarifverträgen – normative Regelungen über Inhalt, Abschluß und Beendigung von Arbeitsverhältnissen sowie betriebliche und betriebsverfassungsrechtliche Fragen sein. **Betriebsvereinbarungen können** aber **nur über solche Materien abgeschlossen werden, die zum gesetzlichen Aufgabenbereich des Betriebsrats gehören** (*D/R* § 77 Rz. 39 ff.; *F/A/K/H* § 77 Rz. 30, 34). Dies sind insbesondere die sozialen (§§ 87 ff.), personellen (§§ 92 ff.) und wirtschaftlichen (§§ 106 ff.) Angelegenheiten, wobei es unerheblich sein soll, ob es sich um materielle oder um formelle Arbeitsbedingungen handelt (**a. A.** GK-*Kreutz* § 77 Rz. 68 ff. m. w. N., der sich gegen eine funktionelle Betrachtungsweise ausspricht und in § 77 Abs. 3 eine gegenstandsabgrenzende Funktion sieht, wobei die Sperrwirkung nicht auf die materiellen Arbeitsbedingungen beschränkt ist). **15**

Die beachtliche Ausweitung der Rechte des Betriebsrats durch dieses Gesetz hat zu einer noch größeren Bedeutung der Betriebsvereinbarungen geführt. Dabei ist zwischen Gegenständen zu unterscheiden, bei denen eine Betriebsvereinbarung erzwungen werden kann (z. B. § 87) und solchen, die Inhalt einer freiwilligen Betriebsvereinbarung sein können, z. B. § 88 für soziale Angelegenheiten. Nur die **Gegenstände, die Inhalt einer erzwingbaren Betriebsvereinbarung sein können**, sind **enumerativ im BetrVG geregelt** (vgl. §§ 39 Abs. 1, 47 Abs. 5 u. 6, 55 Abs. 4 Satz 2, 72 Abs. 5 u. 6, 87, 91, 94, 95, 98, 112). Gegenstand einer freiwilligen Betriebsvereinbarung kann darüber hinaus jede Regelung allgemeiner Natur über die innerbetrieblichen Verhältnisse auf dem Gebiet der Ordnung des Betriebes oder bezüglich der Arbeitsbedingungen sein (vgl. *BAG* vom 16. 3. 1956 – GS 1/55 – AP Nr. 1 zu § 57 BetrVG 1952; *D/R* § 77 Rz. 60, 93; *F/A/K/H* § 77 Rz. 32; **a. A.** GK-*Kreutz* § 77 Rz. 157, der davon ausgeht, daß sog. Solidarnormen, die dem Arbeitnehmer weder einen Erfüllungsanspruch noch ein Leistungsverweigerungsrecht geben, nicht Gegenstand einer Betriebsvereinbarung sein können. Solche Vereinbarungen sind Regelungsabsprachen). **16**

§ 77 4. Teil Mitwirkung und Mitbestimmung der Arbeitnehmer

17 Streitig ist, ob durch Betriebsvereinbarung auch die Rechtsbeziehungen des Arbeitgebers zu dem Betriebsrat in betriebsverfassungsrechtlichen Fragen geregelt werden können (so *D/R* § 77 Rz. 41; **a.A.** GK-*Kreutz* § 77 Rz. 158, der die Meinung vertritt, daß in einer Betriebsvereinbarung als einem Normenvertrag keine schuldrechtlichen Abreden getroffen werden können). Demnach können auch in der Form des § 77 Abs. 2 vereinbarte Auswahlrichtlinien für die Begründung von Arbeitsverhältnissen keine normative Wirkung erlangen (GK-*Kreutz* § 77 Rz. 174).

18 **Abschlußverbote und -gebote in Betriebsvereinbarungen binden nur den Arbeitgeber**, da sich die Wirkung der bestehenden Betriebsvereinbarung nicht auf Personen ausdehnen kann, die außerhalb des Betriebes stehen (*LAG Saarbrücken* vom 2.2. 1966 – 1 Sa 60/65 – NJW 1966, 2137; *Nikisch* III, 277f., 291; GK-*Kreutz* § 77 Rz. 134; *D/R* § 77 Rz. 43; *G/L* § 77 Rz. 36a; *Richardi* Kollektivgewalt, 318; **a.A.** *Hueck/Nipperdey* II/2, 1268f.; *Marzen* RdA 1966, 296 [302]; *Neumann-Duesberg* Betriebsverfassungsrecht, 374f.). Schließt der Arbeitgeber entgegen der übernommenen Verpflichtung Verträge mit einem neueinzustellenden Arbeitnehmer, so sind diese nicht wegen Verstoßes nach § 134 BGB nichtig (GK-*Kreutz* § 77 Rz. 174).

19 **Einzelfallabreden zur Regelung konkret individueller Arbeitsverhältnisse einzelner Arbeitnehmer können nicht Gegenstand einer Betriebsvereinbarung sein** (*BAG* vom 8.12.1981 – 3 ABR 53/80 – EzA § 242 BGB Ruhegeld Nr. 96 = DB 1982, 46, 336; *F/A/K/H* § 77 Rz. 69; *Galperin/Siebert* § 52 BetrVG 1952 Rz. 48; vor § 56 BetrVG 1952 Rz. 4ff.; *Nikisch* III, 261f.; *Jacobi* Grundlehren, 303; *Neumann-Duesberg* Betriebsverfassungsrecht, 352f.; *Richardi* Kollektivgewalt, 339ff.; **a.A.** *D/R* § 77 Rz. 69; *G/L* § 77 Rz. 28; *Löwisch* DB 1972, 2307; *Kreutz* Grenzen der Betriebsautonomie, 228ff.). Dies sind solche Vereinbarungen, die durch besondere Umstände des einzelnen individuellen Arbeitsverhältnisses bedingt sind, wie z.B. Vereinbarungen über Mehrarbeit für einzelne Arbeitnehmer. Davon zu unterscheiden sind die zulässigen, generell konkreten Betriebsvereinbarungen ohne Dauerwirkung, die zwar auch eine konkrete einmalige Regelung treffen, von der alle oder eine Gruppe von Arbeitnehmern betroffen werden, wie z.B. die einmalige Gewährung einer Weihnachtsgratifikation, Festlegung von Feierschichten an gesetzlichen Feiertagen.
Kreutz (GK-*Kreutz* § 77 Rz. 271) lehnt die Abgrenzung zwischen genereller und individueller konkreter Regelung ab, weil diese Lehre im Gesetz keine Stütze finde. Da selbst im Verfassungsrecht kein allgemeines Verbot von Einzelfallgesetzen bestünde, müßten erst recht in der Betriebsvereinbarung individuelle konkrete Regelungen zulässig sein.

20 Neben der Bindung an die immanenten Schranken der Rechtsetzungsbefugnis ergibt sich eine **Beschränkung der Regelungsgegenstände von Betriebsvereinbarungen aus dem Grundsatz der individuellen Entfaltungsfreiheit (Individualrechte) der Arbeitnehmer innerhalb der verfassungsmäßigen Ordnung** gem. Art. 2 Abs. 1 GG und dem Prinzip des freiheitlichen und sozialen Rechtsstaats, das Ausdruck in den Art. 18, 20, 21, 28 GG gefunden hat. Über diese Schranken darf sich die Kollektivmacht, d.h. hier der Regelungswille der Betriebspartner, nicht hinwegsetzen (*BAG* vom 20.12.1957 – 1 AZR 237/56 – EzA § 399 BGB Nr. 1 = DB 1958, 489; **a.A.** GK-*Kreutz* § 77 Rz. 287, der die Grenzziehung aus dem Schutzzweck der Betriebsvereinbarung ableitet). Die Zulässigkeit einer Betriebsvereinbarung hängt somit auch davon ab, ob sie den einzelnen Arbeitnehmer in seiner Individualsphäre in zumutbarer Weise beeinträchtigt.

Durchführung gemeinsamer Beschlüsse, Betriebsvereinbarungen § 77

Es besteht deshalb im Ergebnis Einigkeit, daß eine Betriebsvereinbarung über 21
Lohnabzüge zugunsten kirchlicher, karitativer oder auch politischer Einrichtungen einen unzulässigen Eingriff in die Individualsphäre darstellt, weil solche Abzüge mit dem Arbeitsverhältnis und seiner Abwicklung nichts zu tun haben (*BAG* vom 20. 12. 1957 – 1 AZR 237/56 – EzA § 399 BGB Nr. 1 = DB 1958, 489; *D/R* § 77 Rz. 80; *G/L* § 77 Rz. 49).
Kreutz (GK-*Kreutz* § 77 Rz. 287) leitet das Verbot aus dem Schutzzweck der Be- 22
triebsvereinbarung und der Verpflichtung der Betriebspartner zum Schutz der freien Entfaltung der Persönlichkeit her, so daß die private Lebenssphäre, z. B. die arbeitsfreie Zeit, nicht durch eine Betriebsvereinbarung gestaltet werden kann.
Das gleiche gilt für eine **Betriebsvereinbarung für die Einziehung von Gewerk-** 23
schaftsbeiträgen durch den Betrieb (GK-*Kreutz* § 77 Rz. 288; *G/L* § 77 Rz. 49; *D/R* § 77 Rz. 80; **a. A.** *F/A/K/H* § 77 Rz. 35; *Farthmann* AuR 1963, 353 ff.); im übrigen handelt es sich hier um eine Materie, die zum gesetzlichen Aufgabenbereich des Betriebsrats gehört, so daß sie schon deshalb nicht Gegenstand einer Betriebsvereinbarung sein kann. Auch kann in einer solchen Vereinbarung ein Verstoß gegen das Neutralitätsgebot gesehen werden.
Ein zulässiger Eingriff in die Individualsphäre würde ferner eine Verpflichtung des 24
Arbeitnehmers darstellen, einen bestimmten Teil des Lohnes zu sparen, in Aktien anzulegen oder ein Konto beim Arbeitgeber zu unterhalten (*Siebert* FS für *Nipperdey*, 119, 142 f.; GK-*Kreutz* § 77 Rz. 288).
Ebensowenig kann dem Arbeitnehmer durch Betriebsvereinbarung auferlegt wer- 25
den, einer bestimmten betrieblichen Sportgemeinschaft beizutreten oder den Jahresurlaub an einem bestimmten Ort oder im betriebseigenen Erholungsheim zu verbringen. Zu dem Bereich der außerbetrieblichen Lebensgestaltung gehört auch die Freiheit des Arbeitnehmers, seinen **Wohnsitz** selbst zu bestimmen, so daß die generelle Verpflichtung des Arbeitnehmers durch Betriebsvereinbarung, an der Betriebsstätte zu wohnen oder eine Werkswohnung zu beziehen, unzulässig wäre (GK-*Kreutz* § 77 Rz. 290).
Weitere Fälle unzulässiger Beeinträchtigungen von Individualrechten sind z. B. 26
Vorschriften über Verwendung des verdienten Arbeitsentgelts oder die Gestaltung der arbeitsfreien Zeit, Verwendung zurückgelassenen Eigentums ausgeschiedener Arbeitnehmer (**a. M.** *Rother* BB 1966, 583), Verpflichtung zur Teilnahme an **Betriebsferien oder -ausflügen**, auch während der Arbeitszeit (vgl. *ArbG Marburg* vom 27. 11. 1962 – 3 Ca 651/62 – AP Nr. 20 zu § 611 BGB Lehrverhältnis (GK-*Kreutz* § 74 Rz. 292; *Feller* RdA 1964, 41; *Neumann* AR-Blattei Betriebsfeier I; *F/A/K/H* § 77 Rz. 35).
Es wird die Ansicht vertreten, daß durch Betriebsvereinbarung weder **Nebenbe-** 27
schäftigungsverbote noch **Anzeigepflichten** begründet werden können (vgl. *Rewolle* BB 1959, 670; *Coppée* BB 1961, 1132; GK-*Kreutz* § 77 Rz. 291; *D/R* § 77 Rz. 80; *G/L* § 77 Rz. 49; *F/A/K/H* § 77 Rz. 35; für Tarifverträge siehe *BAG* vom 13. 6. 1958 – 1 AZR 491/57 – AP Nr. 6 zu Art. 12 GG m. Anm. *Wertenbruck* = DB 1958, 932). Diese Meinung wird darauf gestützt, daß in die arbeitsfreie Zeit eingegriffen werde; sie übersieht, daß die durch eine Nebenbeschäftigung oft eintretende Übermüdung und der Leistungsnachlaß auch das Arbeitsverhältnis und die allgemeine Arbeitsordnung beeinflussen, so daß Nebenbeschäftigungsverbote zur Sicherung der Arbeitspflichten erforderlich sind (vgl. auch hierzu *Gift* BB 1959, 43, 673; *BAG* vom 13. 6. 1958 – 1 AZR 491/57 – AP Nr. 6 zu Art. 12 GG m. Anm.

§ 77   4. Teil Mitwirkung und Mitbestimmung der Arbeitnehmer

Wertenbruck = DB 1958, 932; *Knevels* DB 1961, 168f.; *Galperin/Siebert* § 52 BetrVG 1952 Rz. 48).

28 Lehnt man jede die arbeitsfreie Zeit regelnde Betriebsvereinbarung ab, können auch Wettbewerbsverbote für die Zeit nach Beendigung des Arbeitsverhältnisses nicht durch Betriebsvereinbarung geregelt werden (**a. A.** GK-*Kreutz* § 77 Rz. 291; *v. Hoyningen/Huene* DB 1984 Beilage Nr. 1, 1, 4).

29 Die Vereinbarung eines **Impfzwanges** wird man wegen des schwerwiegenden Eingriffs in die persönliche Integrität des einzelnen Arbeitnehmers grundsätzlich als nicht zulässig ansehen müssen, auch wenn übergeordnete Bedürfnisse des Betriebes es sinnvoll erscheinen lassen (vgl. *F/A/K/H* § 77 Rz. 35).

30 Eine Betriebsvereinbarung kann ebenso nicht bereits entstandene Einzelansprüche der Arbeitnehmer wieder beseitigen, unabhängig davon, ob diese auf einzelvertraglicher oder kollektivvertraglicher Basis (Tarifvertrag oder Betriebsvereinbarung) beruhen (*Siebert* FS für *Nipperdey*, 129f., 139f., spricht hier vom »**gewordenen Individualbereich**« im Gegensatz zu dem vorher erörterten »**ursprünglichen Individualbereich**«). So ist z. B. eine **Stundung oder der Erlaß bereits verdienten Lohnes** durch Betriebsvereinbarung nicht möglich. Gleiches gilt für die bereits entstandenen **Urlaubsansprüche** (*D/R* § 77 Rz. 81; *G/L* § 77 Rz. 50; *F/A/K/H* § 77 Rz. 35; GK-*Thiele* 3. Bearbeitung § 77 Rz. 80; LAG Baden-Württemberg vom 27. 4. 1977 – 8 Sa 203/70 – DB 1977, 1706; **anders bei wirtschaftlicher Notlage** des Unternehmens *BAG* vom 24. 11. 1977 – 3 AZR 732/76 – EzA § 242 BGB Ruhegeld Nr. 67 = DB 1978, 545 und vom 17. 1. 1980 – 3 AZR 456/78 – EzA § 242 BGB Ruhegeld Nr. 86 = DB 1980, 1399). Dagegen ist die Begründung eines **Lohnabtretungsverbotes** durch Betriebsvereinbarung zulässig, weil einerseits keine bereits entstandenen Ansprüche der Arbeitnehmer davon berührt werden, andererseits diese Regelung der Ordnung des Betriebes dienen kann und soll und schließlich die Interessen der Arbeitnehmer im Wege der Lohnsicherung gewahrt werden (*BAG* vom 20. 12. 1957 – 1 AZR 237/56 – EzA § 399 BGB Nr. 1 = DB 1958, 489; *BAG* vom 5. 9. 1960 – 1 AZR 509/57 – EzA § 399 BGB Nr. 2 = DB 1960, 1309; *BAG* vom 2. 6. 1966 – 2 AZR 322/65 – EzA § 399 BGB Nr. 3 = DB 1966, 945, 1237; *F/A/K/H* § 77 Rz. 36a; *G/L* § 77 Rz. 51; **a. A.** *Biedenkopf* Tarifautonomie, 228f., *Canaris* AuR 1966, 129 [133]; *Neumann* BB 1957, 111 [112]; *Kreutz* Grenzen der Betriebsautonomie, 249; *Larenz* Anm. zu *BAG* vom 5. 9. 1960 – 1 AZR 509/57 – EzA § 399 BGB Nr. 2; *Siebert* FS für *Nipperdey*, 119, 140ff.; GK-*Kreutz* § 77 Rz. 289, die eine solche Regelung zu Unrecht mit dem Schutzzweck der Betriebsvereinbarung für unvereinbar halten, da sie für die Arbeitnehmer ausschließlich nachteilig sei).

31 Durch die Einführung einer auf das 65. Lebensjahr festgesetzten **Altersgrenze** für bestehende Arbeitsverhältnisse wird die Individualsphäre nicht in unzulässiger Weise beschränkt, wenn eine Versorgungsregelung besteht, deren Leistungen auf das 65. Lebensjahr abgestellt sind (*BAG* vom 25. 3. 1971 – 2 AZR 185/70 – EzA § 620 BGB Nr. 15 = DB 1971, 1113 m. zust. Anm. *Richardi*; *Canaris* AuR 1966, 134f.; *Hanau* RdA 1976, 30f.; *Schimana* BB 1970, 1140; **a. A.** *Hoppe* BB 1968, 757; *ders.* BlStSozArbR 1974, 29; *Kreutz* Grenzen der Betriebsautonomie, 249f., der eine solche Vereinbarung nur dann billigt, wenn die Sozialleistungen ebenfalls betriebsverfassungsrechtlich geregelt sind und insgesamt eine den Arbeitnehmer nur begünstigende Regelung vorliegt).

32 Von einer solchen Betriebsvereinbarung wird auch das Arbeitsverhältnis eines Betriebsratsmitgliedes erfaßt mit der Folge, daß dies auch schon vor Ende der Amts-

zeit enden kann (*BAG* a. a. O.). Als Zeitpunkt für die Beendigung des Arbeitsverhältnisses wird häufig nicht der Tag der Vollendung des 65. Lebensjahres, sondern das Ende des Kalendermonats oder Jahres, in das dieser Tag fällt, oder das Ende des 3. oder 6. Kalendermonats nach diesem Tag festgelegt. Zur allgemeinen Zulässigkeit belastender Betriebsvereinbarungen, d. h. Betriebsvereinbarungen, die Einheitsbedingungen verschlechtern, vgl. *Hromadka* DB 1985, 867 ff.

Eine andere Altersgrenze, z. B. durch Ersteinführung einer Altersgrenze für alle Arbeitnehmer oder die Herabsetzung vertraglich vereinbarter Altersgrenzen (siehe zur letzten Fallgestaltung den Vorlagebeschluß des *BAG* zu GS vom 19. 9. 1985 – 2 AZR 188/83 – EzA § 77 BetrVG 1972 Nr. 15 = DB 1986, 281), bei der die Arbeitnehmer ohne Kündigung aus dem Arbeitsverhältnis ausscheiden, kann nicht ohne weiteres durch Betriebsvereinbarung festgelegt werden (*D/R* § 77 Rz. 88; *Kreutz* Grenzen der Betriebsautonomie, 249 f.; *Canaris* AuR 1966, 143; *Hanau* RdA 1976, 24; *Schlüter/Belling* NZA 1988, 297; zu den Einwendungen, insbesondere zu der angeblichen Umgehung des Kündigungsschutzes, siehe GK-*Kreutz* § 77 Rz. 295, 297). Weitergehend hat das *BAG* (vom 20. 11. 1987 – 2 AZR 284/86 – EZA § 620 BGB Altersgrenze Nr. 1 = DB 1988, 1501) anerkannt, daß bei einem betriebsvereinbarungsoffenen Arbeitsverhältnis die auf das 65. Lebensjahr abstellende Betriebsvereinbarung dann wirksam ist, wenn sie nur für Arbeitnehmer gilt, die zu diesem Zeitpunkt ein gesetzliches Ruhegeld beanspruchen können. Fraglich ist, ob das *BAG* die Grundsätze des Beschlusses des Großen Senats (vom 16. 9. 1986 – GS 1/82 – EzA § 77 BetrVG 1972 Nr. 17 = DB 1986, 2027) zur Verschlechterung von Sozialleistungen durch Betriebsvereinbarung auch auf die Herabsetzung des Bestandsschutzes des Arbeitsverhältnisses anwendet, wenn die Altersgrenze durch vertragliche Einheitsregelung, durch eine Gesamtzusage oder durch betriebliche Übung festgelegt worden ist. Folgt man den Grundsätzen dieser Entscheidung, wird sich die Betriebsvereinbarung verbieten, weil auf das individuelle Günstigkeitsprinzip abzustellen wäre.

Zulässig ist ferner die Regelung durch Betriebsvereinbarung, daß die Arbeitnehmer verpflichtet sind, dem Arbeitgeber die **Verwaltungskosten** (Personal-, Schreib- und Portikosten) zu erstatten, daß der Arbeitgeber für jeden Fall der Lohnpfändung einen festen Pauschbetrag oder bei gepfändeten Beträgen – z. B. bis zu DM 500,00 3 %, bei Beträgen über DM 500,00 weitere 2 % von dem über DM 500,00 hinausgehenden Betrag – als Verwaltungskosten von dem pfändbaren Teil des Lohnes abzuziehen berechtigt ist (vgl. *Bobrowski/Gaul* 536; *Mertz* BB 1959, 493; *F/A/K/H* § 77 Rz. 37 m. w. N.; **a. A.** *Brecht* BB 1954, 415; *Schäcker* BB 1959, 492; GK-*Kreutz* § 77 Rz. 288).

Gegenstand von Betriebsvereinbarungen können selbstverständlich auch **Pflichten der Arbeitnehmer und Rechte der Arbeitgeber sein**. Dies gilt z. B. für **Rauch- und Trinkverbote, für Telefonbenutzungsregelung, Pausenregelung, Regelungen über Abwesenheitsmeldungen und dergleichen mehr**. Es handelt sich dabei um sogenannte Ordnungsnormen, die gleichzeitig Inhaltsnormen des Arbeitsverhältnisses sind (GK-*Kreutz* § 77 Rz. 177).

Nach Ansicht des *BAG* (vom 5. 3. 1959 – 2 AZR 268/56 – AP Nr. 26 zu § 611 BGB Fürsorgepflicht m. Anm. A *Hueck* = DB 1959, 322, 833; vom 7. 8. 1975 – 3 AZR 505/74 – EzA § 112 BetrVG 1972 Nr. 5 = DB 1975, 1991; vom 10. 3. 1976 – 5 AZR 34/75 – EzA § 618 BGB Nr. 2; vgl. auch *G/L* § 77 Rz. 47; *D/R* § 77 Rz. 88) kann jedoch eine Betriebsvereinbarung grundsätzlich **keinen ausschließlich einseitigen Haftungsausschluß des Arbeitgebers** zum Inhalt haben, weil dadurch nur einseitige Belange des Arbeitgebers, nicht aber zumindest auch Interessen der Arbeitnehmer gewahrt würden. Ein solcher Haftungsausschluß muß aber zumindest immer dann zulässig sein, wenn er in unmittelbarem Zusammenhang mit einer für die Belegschaft günstigen Regelung steht. Dies trifft z. B. zu, wenn der Arbeitgeber **Parkplätze** zur Verfügung stellt und eine Haftung ausschließt oder wenn er Einrichtungen zur Sicherung von persönlichen Gegenständen der Arbeitnehmer vorsieht und eine Haftung gegenüber solchen, die keinen Gebrauch davon machen, ausschließt (siehe auch *D/R* § 77 Rz. 89 m. w. N.). Deshalb ist diese Entscheidung des *BAG* abzulehnen (kritisch auch A. *Hueck* Anm. zu *BAG* vom 5. 3. 1959 – 2 AZR 268/56 – AP Nr. 26 zu § 611 BGB Fürsorgepflicht; *Bulla* SAE 1959, 148; ablehnend auch *F/A/K/H* § 77 Rz. 37; *Galperin/Siebert* § 52 BetrVG 1952 Rz. 48b; *Dietz* BetrVG § 52 Rz. 29; vgl. auch *G/L* § 77 Rz. 47; *D/R* § 77 Rz. 89; GK-*Kreutz* § 77 Rz. 300).

37 Demgegenüber sollen schuldrechtliche Vereinbarungen, die aus Fürsorgegesichtspunkten – wie die Bereitstellung von Waschräumen, Kantinen, Erholungsheimen, Pensions- und Urlaubskassen, besondere Arbeitskleidung – besondere klimatische Arbeitsplatzbedingungen zusagen, als Solidarnormen nicht Gegenstand einer Betriebsvereinbarung sein, die im arbeitsgerichtlichen Beschlußverfahren durchzusetzen seien (GK-*Kreutz* § 77 Rz. 178; **a. A.** *D/R* § 77 Rz. 93; *F/A/K/H* § 77 Rz. 32). Es ist der Gegenmeinung zu folgen, da auch diese Vereinbarung den Inhalt des Arbeitsverhältnisses bestimmt und regelmäßig sich aus der Auslegung ergeben wird, daß dem einzelnen Arbeitnehmer auch ein Individualanspruch zusteht.

38 Soweit die Betriebsverfassung betriebsvereinbarungsoffen gestaltet ist (vgl. § 38 Abs. 1 Satz 3; § 47 Abs. 4 und 5; § 55 Abs. 4; § 72 Abs. 4 und 5; § 76 Abs. 1 und 4; § 86), können in der Betriebsvereinbarung betriebsverfassungsrechtliche Fragen geregelt werden (*D/R* § 77 Rz. 94; *F/A/K/H* § 77 Rz. 94; GK-*Kreutz* § 77 Rz. 179). Auch Regelungen über die Sprechstunde des Betriebsrats in der Arbeitszeit oder darüber, daß Kündigungen des Arbeitgebers der Zustimmung des Betriebsrats bedürfen, sind zulässig, da sie sich auf den Inhalt des Arbeitsverhältnisses auswirken (GK-*Kreutz* § 77 Rz. 180).

39 Vereinbarungen über die Beendigung von Arbeitsverhältnissen (Verlängerung der Kündigungsfrist, Form des Kündigungsschreibens, Anforderungen an die Kündigungsgründe sowie Wiedereinstellungsklauseln für frühere Arbeitnehmer) können in einer Betriebsvereinbarung geregelt werden, da diese Regeln als Inhaltsnormen des zu beendigenden Arbeitsverhältnisses angesehen werden können (GK-*Kreutz* § 77 Rz. 175).

40 Vertragliche Kündigungsbeschränkungen und zwingende Kündigungsschutzbestimmungen können durch Betriebsvereinbarung nicht abbedungen werden (GK-*Kreutz* § 77 Rz. 293; *BAG* vom 6. 3. 1986 – 2 AZR 262/85 – EzA § 620 BGB Altersgrenze Nr. 1 = DB 1988, 1501).

41 Streitig ist, ob eine im Sozialplan vereinbarte Klageverzichtsklausel, wonach die Zahlung der Abfindung an den aus betrieblichen Gründen entlassenen Arbeitnehmer davon abhängig gemacht wird, daß er auf eine Kündigungsschutzklage verzichtet, wirksam ist (für die Unwirksamkeit der Vereinbarung *BAG* vom 20. 12. 1983 – 1 AZR 442/82 – EzA § 112 BetrVG 1972 Nr. 29 = DB 1984, 723; und 20. 6. 1985 – 2 AZR 427/84 – EzA § 4 KSchG 1969 Ausgleichsquittung Nr. 1 = DB 1985, 2357; **a. A.** GK-*Kreutz* § 77 Rz. 293; *Kreutz* Anm. zu *BAG* vom 20. 12. 1983 – 1 AZR 442/82 – EzA § 112 BetrVG 1972 Nr. 29; *Kreutz* FS für *E. Wolf*, 309, 313;

Durchführung gemeinsamer Beschlüsse, Betriebsvereinbarungen § 77

Hunold BB 1984, 2275, 2282). Dieser Streit hat keine wesentlichen praktischen Auswirkungen, da es unstreitig zulässig ist, die Fälligkeit der Sozialplanabfindung aufzuschieben, bis ein eventueller Kündigungsschutzrechtsstreit beendet ist. Durch die Vereinbarung einer solchen Regelung kann vermieden werden, daß es zu einer kumulierenden Abfindung nach dem Sozialplan und zu einer Abfindung im Kündigungsschutzrechtsstreit kommt.

Für die Verschlechterung von Ruhegeldansprüchen und Ruhegeldanwartschaften muß wie folgt differenziert werden: Beruhen die Ansprüche auf gesetzlicher, tariflicher oder einzelvertraglicher Grundlage und sind sie bereits fällig, sind sie durch Betriebsvereinbarung nicht abdingbar. 42

Beruhen die Ansprüche auf vertraglicher Einheitsregelung, einer Gesamtzusage oder betrieblicher Übung, müssen die Grundsätze des Großen Senats des *BAG* (vom 16. 9. 1986 – GS 1/82 – EzA § 77 BetrVG 1977 Nr. 17 = DB 1986, 2027) und das Verhältnismäßigkeitsprinzip beachtet werden (GK-*Kreutz* § 77 Rz. 280). 43

Versorgungsanwartschaften, die mit der Entstehung der Ruhegeldzusage entstehen und in der Regel erst dann zu einem Vollrecht erstarken, wenn der Versorgungsfall eintritt, können wie folgt verschlechtert werden. 44

Die Individualzusagen von Versorgungsanwartschaften können unter den Voraussetzungen des Wegfalls der Geschäftsgrundlage widerrufen werden, wobei es unerheblich ist, ob ein Abänderungsvorbehalt vereinbart worden ist (GK-*Kreutz* § 77 Rz. 282). 45

Die Ausübung des Widerrufs kann auch in der Form der Betriebsvereinbarung erfolgen (*BAG* GS vom 16. 9. 1986 – a. a. O.) und sollte zur Sicherheit auch mit einem Individualwiderruf gegenüber dem Anwartschaftsberechtigten erklärt werden (*BAG* vom 24. 11. 1977 – 3 AZR 732/76 – EzA § 242 BGB Ruhegeld Nr. 67 = DB 1978, 545). Auf den Wegfall der Geschäftsgrundlage kann sich der Arbeitgeber nur bei wirtschaftlicher Notlage (§ 7 Abs. 1 Satz 3 Nr. 5 BetrAVG) berufen, die dann vorliegt, wenn das Unternehmen gefährdet ist. Diese Grundsätze gelten auch, wenn die Versorgung durch eine Unterstützungskasse zugesagt worden ist (*BAG* vom 23. 4. 1985 – 3 AZR 194/83 – EzA § 1 BetrAVG Unterstützungskasse Nr. 1 = DB 1985, 2615). 46

Lediglich für die Versorgungszusage aus der Zeit vor dem Inkrafttreten des BetrAVG bedarf es für den Widerruf nicht der wirtschaftlichen Notlage des Arbeitgebers, sondern es reichen wirtschaftliche Schwierigkeiten aus (*BVerfG* vom 19. 10. 1983 – 2 BvR 298/81 – EzA § 242 BGB Ruhegeld Nr. 102 = DB 1984, 190; *BVerfG* vom 22. 4. 1986 – 3 AZR 100/83 – AP Nr. 11 zu § 1 BetrVG 1972 Unterstützungskasse). 47

Beruht die Versorgungszusage auf vertraglicher Einheitsregelung, Gesamtzusage oder betrieblicher Übung, richtet sich die Zulässigkeit der Abänderung durch Betriebsvereinbarung nach den Grundsätzen des Großen Senats des *BAG* (vom 16. 9. 1986 – GS 1/82 – EzA § 77 BetrVG Nr. 17 = DB 1986, 2027). 48

Ist die Versorgungszusage durch Betriebsvereinbarung gewährt worden, kann sie ohne Berücksichtigung des Günstigkeitsprinzips abgeändert werden (*BAG* vom 25. 10. 1988 – 3 AZR 473/86 – EzA § 77 BetrVG 1972 Nr. 26 = DB 1988, 2312). 49

Soweit die Abänderung der Versorgungsanwartschaften durch Betriebsvereinbarung in Frage kommt, muß jedoch das Verhältnismäßigkeitsprinzip beachtet werden, wobei der verdiente Anteil der Anwartschaften nur in seltenen Ausnahmefällen entzogen oder gekürzt werden kann und für den Widerruf des noch nicht verdienten Anteils sachliche Gründe vorliegen müssen. Der verdiente und der noch 50

§ 77   4. Teil Mitwirkung und Mitbestimmung der Arbeitnehmer

nicht verdiente Anteil der Versorgungsanwartschaften ergibt sich aus dem Verhältnis der erwarteten Gesamtdienstzeit zur bisher absolvierten tatsächlichen Dienstzeit (vgl. hierzu *BAG* vom 17. 3. 1987 – 3 AZR 64/84 – EzA § 1 BetrVG 1972 Nr. 48 = DB 1987, 1639; *BAG* vom 30. 4. 1985 – 3 AZR 611/83 – EzA § 77 BetrVG 1972 Nr. 14 = DB 1985, 2514; *BAG* vom 17. 4. 1985 – 3 AZR 72/83 – EzA § 1 BetrAVG Unterstützungskasse Nr. 2 = DB 1986, 228).

51 Über das Verhältnismäßigkeitsprinzip hinaus können nach der Auffassung des *Bundesarbeitsgerichts* die Betriebsvereinbarung und der Sozialplan einer Billigkeitskontrolle unterzogen werden (*BAG* vom 13. 9. 1974 – 5 AZR 48/74 – AP Nr. 84 zu § 611 Gratifikation m. Anm. *Schwerdtner* = DB 1974, 2483; *BAG* vom 11. 6. 1975 – 5 AZR 217/74 – EzA §§ 77 BetrVG 1972 Nr. 1 = DB 1975, 1945, 2044; *BAG* vom 13. 7. 1956 – 1 AZR 492/54 – AP Nr. 15 zu § 242 BGB Ruhegehalt; *BAG* vom 8. 12. 1981 – 3 AZR 518/80 – EzA § 242 BGB Ruhegehalt Nr. 97 = DB 1982, 50, 336; *BAG* vom 17. 2. 1981 – 1 AZR 290/78 – EzA § 112 BetrVG 1972 Nr. 21 = DB 1981, 1414; *BAG* vom 24. 3. 1981 – 1 AZR 805/78 – EzA § 112 BetrVG 1972 Nr. 22 = DB 1983, 2178; *BAG* vom 14. 2. 1984 – 1 AZR 574/82 – EzA § 112 BetrVG 1972 Nr. 30 = DB 1984, 1527), die über eine Rechtskontrolle hinausgeht und bei der das *Bundesarbeitsgericht* von einer Übermachtskontrolle ausgeht (*BAG* vom 30. 1. 1970 – 3 AZR 44/68 – EzA § 242 BGB Nr. 31 = DB 1970, 1393).

52 Die Rechtsprechung ist in der Literatur auf starken Widerspruch gestoßen (vgl. GK-*Kreutz* § 77 Rz. 259 mit eingehenden Nachweisen). Zustimmung hat die Rechtsprechung u. a. erfahren bei *D/R* § 77 Rz. 77; *G/L* § 77 Rz. 54; *Richardi* Gedächtnisschrift für *Dietz*, 269, 278; *Schwerdtner* Anm. zu *BAG* vom 26. 6. 1975 – AZR 412/74 – AP Nr. 86 zu § 611 BGB Gratifikation.).

53 Die Einwendungen gegen die Rechtsprechung, daß es für die Billigkeitskontrolle an der Grundlage fehle, daß die Billigkeitskontrolle nicht Kollektivtatbestände betreffe, sondern nur der Rechtsverwirklichung im Einzelfalle diene (*Konzen* Anm. zu *BAG* vom 14. 2. 1984 – 1 AZR 574/82 – EzA § 112 BetrVG 1972 Nr. 30 = DB 1984, 1527), daß sie zu einer Einbuße an Rechtssicherheit führe (*Kreutz* Grenzen der Betriebsautonomie, 8), daß sie unbegründet und überflüssig sei (GK-*Kreutz* § 77 Rz. 260), auch nicht auf §§ 315, 317, 319 BGB gestützt werden könne (GK-*Kreutz* § 77 Rz. 262 m. w. N.) und die §§ 75, 76 BetrVG nicht als Grundlage in Betracht kämen (GK-*Kreutz* § 77 Rz. 263; *Hommel* RdA 1986, 23, 24; **a. A.** *BAG* vom 11. 3. 1976 – 3 AZR 334/75 – EzA § 242 BGB Ruhegeld Nr. 51 = DB 1976, 1236; *G/L* § 77 Rz. 54), worauf *Kreutz* (GK-*Kreutz* § 77 Rz. 264) zutreffend hinweist, überzeugen nicht, weil die vom *BAG* ausgeübte Billigkeitskontrolle letztlich von den Auswirkungen her nichts anderes als die von der Literatur geforderte Rechtskontrolle ist. Hierfür spricht, daß das *BAG* keine abstrakte, sondern eine konkrete Billigkeitskontrolle ausübt, d. h. es prüft, ob die Betriebsvereinbarung im Einzelfall für die Arbeitnehmer negative, also unbillige Auswirkungen hat (*BAG* GS vom 16. 9. 1986 – GS 1/82 – EzA § 77 BetrVG 1972 Nr. 17 = DB 1986, 2027; *BAG* vom 17. 2. 1981 – 1 AZR 290/78 – EzA § 112 BetrVG 1972 Nr. 21 = DB 1981, 1414; *BAG* vom 9. 12. 1981 – 5 AZR 549/79 – EzA § 112 BetrVG 1972 Nr. 24 = DB 1982, 908; *BAG* vom 14. 2. 1984 – 1 AZR 574/82 – EzA § 112 BetrVG 1972 Nr. 30 = DB 1984, 1527). Dies bedeutet letztlich, daß zu prüfen ist, ob die Betriebsvereinbarung dem Gleichbehandlungsgrundsatz entspricht und das Verhältnismäßigkeitsprinzip beachtet wird (GK-*Kreutz* § 77 Rz. 264, 265).

54 Allgemeine Grenze für die Vereinbarungsbefugnis der Betriebspartner ist das

zwingende staatliche Recht (*BAG* vom 17.1. 1974 – 5 AZR 380/73 – EzA § 1 BurlG Nr. 17 = DB 1974, 783; *D/R* § 77 Rz. 76; GK-*Kreutz* § 77 Rz. 251; *G/L* § 77 Rz. 57). Tarifdispositive gesetzliche Bestimmungen gelten nicht in gleicher Weise für Betriebsvereinbarungen (*G/L* § 77 Rz. 56; *D/R* § 77 Rz. 57; GK-*Thiele* 3. Bearbeitung § 77 Rz. 58; GK-*Kreutz* § 77 Rz. 255). So kann durch Betriebsvereinbarung die nach der Arbeitszeitordnung vorgesehene Höchstarbeitszeit nicht verlängert werden. Auch vom Richterrecht kann eine Betriebsvereinbarung nicht abweichen (*D/R* § 77 Rz. 58; *G/L* § 77 Rz. 56; GK-*Thiele* 3. Bearbeitung § 77 Rz. 58; GK-*Kreutz* § 77 Rz. 256 m. w. N.), so im Bereich der Gratifikationsrückzahlungsklauseln (*BAG* vom 31. 3. 1966 – 5 AZR 516/65 – EzA § 611 BGB Nr. 17 = DB 1966, 587, 906; *BAG* vom 23. 2. 1967 – 5 AZR 234/66 – EzA § 611 BGB Gratifikationen, Prämie Nr. 18 = DB 1967, 398, 778; *BAG* vom 9. 10. 1969 – 5 AZR 48/69 – EzA § 611 BGB Gratifikationen, Prämie Nr. 26 = DB 1970, 401) und der Befristung von Arbeitsverhältnissen (*BAG* vom 4. 12. 1969 – 5 AZR 84/69 – AP Nr. 32 zu § 620 BGB Befristeter Arbeitsvertrag = DB 1970, 399; *BAG* vom 4. 2. 1971 – 2 AZR 144/70 – EzA § 620 BGB Nr. 14 = DB 1971, 1164; *BAG* vom 30. 9. 1971 – 5 AZR 146/71 – EzA § 620 BGB Nr. 16 = DB 1972, 49; *BAG* vom 25. 1. 1973 – 2 AZR 158/72 – EzA § 620 BGB Nr. 17; kritisch zur *BAG*-Rechtsprechung *Lieb* RdA 1972, 129; *Lieb-Westhoff* DB 1973, 69; *Thiele* FS für *Larenz*, 1043). Es besteht jedoch für die Betriebsvereinbarung keine Gemeinwohlbindung (GK-*Kreutz* § 77 Rz. 254; *G/L* § 77 Rz. 58).

VI. Rückwirkung der Betriebsvereinbarung

Die Betriebsvereinbarung tritt – wenn nichts anderes vereinbart wird – mit dem 55 Vertragsschluß in Kraft (§ 77 Abs. 2). Entscheidet die Einigungsstelle und ersetzt der Spruch die Einigung zwischen Arbeitgeber und Arbeitnehmer, tritt die Betriebsvereinbarung in Kraft, wenn dem letzten Beteiligten der Beschluß zugestellt wird; im freiwilligen Einigungsstellenverfahren dann, wenn die letzte Partei den Vorschlag der Einigungsstelle annimmt (GK-*Kreutz* § 77 Rz. 164).
Bei Abschluß der Betriebsvereinbarung haben die Betriebspartner die Möglich- 56 keit, den zeitlichen Geltungsbereich festzulegen, so daß sie ihrer Regelung auch rückwirkende Kraft beilegen können (*D/R* § 77 Rz. 64; *BAG* vom 22. 10. 1985 – 1 ABR 67/83 – EzA § 87 BetrVG 1972 Leistungslohn Nr. 11 = DB 1986, 544). Die Rückwirkung erfaßt nur die Arbeitnehmer, die bei Abschluß der Betriebsvereinbarung noch zum Betrieb gehören (*BAG* vom 16. 3. 1956 – GS 1/55 – AP Nr. 1 zu § 57 BetrVG 1952 = DB 1956, 573, 988 m. Anm. *Kaufmann*, *F/A/K/H* § 77 Rz. 26; *Richardi* Kollektivgewalt, 437f.; *D/R* § 77 Rz. 64; **a. A.** *Neumann-Duesberg* Betriebsverfassungsrecht, 402f.; GK-*Kreutz* § 77 Rz. 166). Eine Rückwirkung liegt dann vor, wenn die Betriebsvereinbarung zu einem Zeitpunkt vor ihrem Abschluß in Kraft treten soll (*D/R* § 77 Rz. 65).
Rückwirkungsvereinbarungen, die für die Arbeitnehmer **ausschließlich günstigere** 57 **Regelungen** enthalten, sind **zulässig** (GK-*Kreutz* § 77 Rz. 169). **Ungünstigere Regelungen** für die Arbeitnehmer wird man dann für **zulässig** erachten können, **wenn die hierdurch begründeten Rechte und Pflichten noch erfüllt werden können und die Arbeitnehmer** schon während des Rückwirkungszeitraumes **mit einer zukünftigen Regelung rechnen mußten und sich darauf einstellen konnten** (*D/R* § 77 Rz. 67 m. w. N.; *Hueck/Nipperdey* II/2, 1298f.). Es müssen auch hier die allgemei-

§ 77   4. Teil Mitwirkung und Mitbestimmung der Arbeitnehmer

nen Grundsätze über die Zulässigkeit von Rückwirkungsgesetzen gelten, d.h. die **Rückwirkung darf die Arbeitnehmer nicht unvorhersehbar in bereits erworbenen Rechts- und Vertrauensstellungen treffen** (*Richardi* Kollektivgewalt, 432; *BVerfG* vom 19. 12. 1961 – BvL 6/59 – *BVerGE* 13, 261 (272); vom 31. 3. 1965 – 2 BvL 17/63 – *BVerfGE* 18, 429 (439); vom 16. 11. 1965 – 2 BvL 8/64 – AP Nr. 4 zu Art. 20 GG = DB 1966, 19; abweichend GK-*Kreutz* § 77 Rz. 168, der methodisch den Vertrauenstatbestand aus §§ 75 BetrVG, 242 BGB herleiten will). Beispielsweise ist es zulässig, wenn sich die Verhandlungen zwischen Betriebsrat und Arbeitgeber längere Zeit hinziehen als vorgesehen, die schließlich getroffene Betriebsvereinbarung für den letzten vergangenen Monat in Kraft zu setzen. Dies ist nicht mit dem rechtsstaatlichen Gebot der Voraussehbarkeit unvereinbar. Die Rückwirkung ist auch dann zulässig, wenn die Rechtslage unklar und verworren ist und daher ein Vertrauenstatbestand für die Arbeitnehmer nicht bestand (vgl. *D/R* § 77 Rz. 67; *F/A/K/H* § 77 Rz. 38). Das *BAG* verneint die Rückwirkung zumindest für solche Arbeitnehmer, die zur Zeit des Abschlusses der Betriebsvereinbarung nicht mehr im aktiven Dienst standen (*BAG* vom 16. 3. 1956 – GS 1/55 – AP Nr. 1 zu § 57 BetrVG 1952 = DB 1956, 573, 988 m. Anm. *Kaufmann*), und hält eine nachträgliche Verschlechterung von bereits erworbenen Individualrechten nur unter besonderen Voraussetzungen für möglich (*BAG* vom 16. 3. 1962 – 2 AZR 267/60 – AP Nr. 4 zu § 1 TVG Rückwirkung; bezüglich Ruhegeldern vgl. die ausführlichen Hinweise oben Rz. 42ff.).

58 Im Verhältnis von Betriebsvereinbarungen zu arbeitsvertraglichen Arbeitsbedingungen gilt jedoch das Günstigkeitsprinzip, d.h. zugunsten des Arbeitnehmers kann vertraglich von der Betriebsvereinbarung abgewichen werden. Soweit beim Abschluß einer Betriebsvereinbarung günstigere arbeitsvertragliche Arbeitsbedingungen bestehen, gehen diese der Betriebsvereinbarung vor.

59 Eine **Rückwirkung zu Lasten des Arbeitgebers** ist im Rahmen der Vertragsfreiheit **zulässig** (*D/R* § 77 Rz. 68), soweit der Arbeitgeber die Betriebsvereinbarung selbst abgeschlossen hat.

VII. Auslegung der Betriebsvereinbarung

60 Für die Auslegung von Betriebsvereinbarungen **gelten** wie beim Tarifvertrag die **Regeln für die Auslegung kollektiver Normen** (*F/A/K/H* § 77 Rz. 24; *Hueck/Nipperdey* II/2, 1281; *G/L* § 77 Rz. 20; so vor allem auch *BAG* vom 19. 4. 1963 – 1 AZR 160/62 – AP Nr. 3 zu § 52 BetrVG 1952 = DB 1963, 1053; *BAG* vom 30. 8. 1963 – 1 ABR 12/62 – AP Nr. 4 zu § 57 BetrVG 1952 = DB 1963, 1290, 1718; *BAG* vom 26. 9. 1957 – 2 AZR 148/55 – AP Nr. 10 zu § 1 TVG Auslegung m. Anm. *Neumann-Duesberg*; *BAG* vom 27. 8. 1975 – 4 AZR 454/74 – EzA § 112 BetrVG 1972 Nr. 4; *BAG* vom 8. 12. 1976 – 5 AZR 613/75 – EzA § 112 BetrVG 1972 Nr. 11 = DB 1977, 729; *BAG* vom 20. 11. 1970 – 1 AZR 409/69 – EzA § 72 BetrVG 1952 Nr. 3 = DB 1971, 534; *BAG* vom 1. 12. 1961 – 1 ABR 15/60 – AP Nr. 1 zu § 77 BetrVG 1972; *D/R* § 77 Rz. 151; **kritisch** *Mayer-Maly* MünchKomm. zum BGB § 133 Rz. 35; *Wiedemann/Stumpf* TVG § 1 Rz. 390ff.; **differenzierend** GK-*Kreutz* § 77 Rz. 51ff.). Dabei ist nicht am buchstäblichen Sinn des Wortes zu haften, sondern es kommt auf den nach Treu und Glauben zu ermittelnden Sinn **entsprechend § 157 BGB** an, wobei **der von den Betriebsverfassunsorganen** (Betriebsrat und Arbeitgeber) **verfolgte Zweck in erster Linie zu berücksichtigen ist** (*BAG*

vom 26. 9. 1957 – 2 AZR 148/55 – a. a. O.; vom 14. 11. 1957 – 2 AZR 481/55 – AP Nr. 13 zu § 1 TVG Auslegung m. Anm. *Tophoven* = DB 1958, 167; vom 22. 1. 1960 – 1 AZR 449/57 – AP Nr. 96 zu § 1 TVG Auslegung; vom 19. 6. 1963 – 4 AZR 125/62 – AP Nr. 116 zu § 1 TVG Auslegung = DB 1963, 1222; vom 11. 7. 1957 – 2 AZR 469/54 – AP Nr. 4 zu § 611 BGB Lohnzuschläge; *F/A/K/H* § 77 Rz. 24; *D/R* § 77 Rz. 151). Der wirkliche Wille und verfolgte Zweck müsse aber im Wortlaut oder sonst irgendwie in der Betriebsvereinbarung zumindest andeutungsweise seinen Niederschlag gefunden haben (*BAG* vom 17. 9. 1957 – 1 AZR 312/56 – AP Nr. 4 zu § 1 TVG Auslegung; vom 26. 4. 1966 – 1 AZR 242/65 – EzA § 242 BGB Nr. 5 = DB 1966, 705, 1237; vom 30. 9. 1971 – 5 AZR 123/71 – AP Nr. 121 zu § 1 TVG Auslegung).

Auslegung entgegen dem eindeutigen Wortlaut ist unzulässig. Es kann zum Zwecke der Auslegung **auf** die **Entstehungsgeschichte** (*BAG* vom 26. 9. 1957 – 2 AZR 148/55 – AP Nr. 10 zu § 1 TVG Auslegung) und auf die **bisherige Tarifübung** (*BAG* vom 26. 4. 1966 – 1 AZR 242/65 – EzA § 242 BGB Nr. 5 = DB 1966, 1237, 1278) **zurückgegriffen werden.** Es kommt auf den objektiven Erklärungswert an, d. h., wie ein mit allen Umständen des Einzelfalles vertrauter Dritter die Betriebsvereinbarung zu verstehen hat, nicht darauf, wie die Parteien die Abrede verstanden haben (ebenso GK-*Kreutz* § 77 Rz. 53; zu Tarifverträgen *BAG* vom 2. 6. 1961 – 1 AZR 573/59 – AP Nr. 68 zu Art. 3 GG m. krit. Anm. *Hueck* = DB 1961, 1167; BAG vom 30. 9. 1971 – 5 AZR 123/71 – AP Nr. 121 zu § 1 TVG Auslegung m. kritischer Anm. *Richardi*; *F/A/K/H* § 77 Rz. 24; **a. A.** *D/R* § 77 Rz. 152, die hierzu Grenzen aus dem Vertrauensgrundsatz herleiten möchten). 61

Hilfsweise sind zur Auslegung **der systematische Gesamtzusammenhang und die Entstehungsgeschichte zu berücksichtigen** (GK-*Kreutz* § 77 Rz. 57), wobei diese **subsidiären Auslegungsmethoden** nur dann herangezogen werden dürfen, wenn die anderen Auslegungskriterien (Wortlaut, Sinn und Zweck) zu keiner Klarheit geführt haben oder wenn die Richtigkeit der durch die primären Mittel gefundenen Auslegung bestätigt werden soll (vgl. *BAG* vom 4. 11. 1970 – 4 AZR 121/70 – EzA § 6 ArbPlSchutzG Nr. 2 = DB 1971, 533; *BAG* vom 20. 11. 1970 – 1 AZR 409/69 – EzA § 72 BetrVG 1952 Nr. 3 = DB 1971, 534; vgl. allerdings für die Auslegung von Tarifverträgen *BAG* vom 26. 4. 1966 – 1 AZR 242/65 – EzA § 242 BGB Nr. 5 = DB 1966, 705, 1237, 1278). 62

Betriebsvereinbarungen sind im Zweifel auch **verfassungs- und gesetzeskonform auszulegen**, d. h. so, daß sie nicht gegen andere zwingende Vorschriften verstoßen, wie z. B. §§ 134, 138 BGB, 77 Abs. 3 BetrVG. Auch eine **bisherige tatsächliche betriebliche Übung kann zur Auslegung mit herangezogen werden** (*BAG* vom 29. 5. 1964 – 1 AZR 281/63 – AP Nr. 24 zu § 59 BetrVG 1952 m. Anm. *Neumann-Duesberg* = DB 1964, 1342; *LAG Düsseldorf* vom 20. 3. 1953 – 4 Sa 175/52 – BB 1953, 443; vgl. aber auch für Tarifverträge *BAG* vom 26. 4. 1966 – a. a. O.). 63

Wählen die Parteien eine **falsche Bezeichnung (falsa demonstratio)**, meinen sie aber übereinstimmend etwas anderes, so gilt nicht entsprechend den Grundsätzen bei der Vertragsauslegung das gemeinsam Gewollte. Die Ansicht des *BAG* (vom 9. 10. 1956 – 3 AZR 643/54 – AP Nr. 2 zu § 1 TVG Auslegung m. Anm. *Tophoven* = DB 1957, 24), wonach eine tarifliche Norm einen vom Wortlaut abweichenden Inhalt gewinnen kann, wenn sich ihre tatsächlichen und rechtlichen Grundlagen nachträglich ändern, kann auf die Betriebsvereinbarung nicht angewendet werden, da die Parteien jederzeit eine entsprechende Angleichung vornehmen können (*D/R* § 77 Rz. 152). 64

§ 77   4. Teil Mitwirkung und Mitbestimmung der Arbeitnehmer

65 Enthält die Betriebsvereinbarung eine **echte Lücke über einen regelungsbedürftigen Tatbestand**, so **greifen** die **Regeln über** eine **ergänzende Auslegung gem. §§ 157, 242 BGB ein**, wonach der hypothetische Wille der Parteien unter Berücksichtigung von Treu und Glauben und der Verkehrssitte zu ermitteln ist (vgl. auch *BAG* vom 13.7. 1962 – 1 ABR 2/61 – AP Nr. 3 zu § 57 BetrVG 1952 m. Anm. *Küchenhoff* = DB 1962, 1453; *BAG* vom 13.6. 1973 – 4 AZR 445/72 – EzA § 1 TVG Nr. 1 = DB 1973, 2303; *BAG* vom 21.2. 1967 – 1 ABR 2/66 – EzA § 56 BetrVG 1952 Nr. 13 = DB 1967, 385, 810; GK-*Kreutz* § 77 Rz. 58; *Larenz* Methodenlehre 1979, 341, 354 m. w. N.).

66 Die Auslegung der Betriebsvereinbarung kann im Gerichtsverfahren überprüft werden (GK-*Kreutz* § 77 Rz. 59; *D/R* § 77 Rz. 155; *F/A/K/H* § 77 Rz. 93; *G/L* § 77 Rz. 23; *BAG* vom 30.8. 1963 – 1 ABR 12/62 – AP Nr. 4 zu § 57 BetrVG 1952 = DB 1963, 1290, 1718; *BAG* vom 10.9. 1962 – 5 AZR 367/61 – AP Nr. 115 zu § 1 TVG; vom 26.4. 1966 – 1 AZR 242/65 – EzA § 242 BGB Nr. 5 = DB 1966, 705, 1237, 1278; vom 30.9. 1971 – 5 AZR 123/71 – AP Nr. 121 zu § 1 TVG Auslegung m. Anm. *Richardi*).

VIII. Das Verhältnis von Betriebsvereinbarung zu anderen Normen

67 Kollisionen von materiellen und formellen Arbeitsbedingungen in der Betriebsvereinbarung mit anderen die Arbeitsverhältnisse regelnden Bestimmungen können dadurch entstehen, daß die Regelungen der Betriebsverfassung in Widerspruch zu Verfassungsvorschriften, Gesetzen, Verordnungen, Satzungen (insbesondere Unfallverhütungsvorschriften), Tarifverträgen, anderen Betriebsvereinbarungen, Bordvereinbarungen (§ 115 Abs. 7 Ziff. 3) oder Einzelarbeitsverträgen stehen. **Grundsätzlich geht** dabei als allgemeines Rechtsprinzip in der aufgezeigten Reihenfolge die **höherrangige Regelung vor**. Es ist dabei möglich, daß die kollidierenden Regelungen schon vor der Betriebsvereinbarung bestanden, wie auch umgekehrt, daß sie erst nach der Betriebsvereinbarung entstehen.

1. Betriebsvereinbarung/Gesetz

68 Bei der Behandlung von **Verfassungsvorschriften** als besonders qualifizierte Gesetzesvorschriften (vgl. auch § 75 BetrVG, wo die wichtigsten Grundrechte nochmals ausdrücklich genannt werden) sowie Verordnungen und Satzungen als materielle Gesetze im weiteren Sinne, ergeben sich gegenüber sonstigen Gesetzen keine Unterschiede, so daß für sie das gleiche wie für Gesetze gilt. Ein Verstoß gegen Verfassungsvorschriften kann vor allem dann vorliegen, wenn eine Betriebsvereinbarung in nicht genügender Weise die Individualrechte der Arbeitnehmer berücksichtigt.

69 Bei den Gesetzen ist zunächst **zwischen dispositiven und zwingenden Gesetzesvorschriften zu unterscheiden**, wobei nochmals zwischen solchen Vorschriften differenziert werden muß, die absolut zwingend oder absolut dispositiv sind und solchen, die dispositiv zugunsten und zwingend zu Lasten der Arbeitnehmer sind.

70 **Absolut zwingende Gesetzesvorschriften können durch eine Betriebsvereinbarung nicht abgeändert werden.** Bereits bestehende Betriebsvereinbarungen werden unwirksam. Dies ergibt sich als logische Folge aus dem zwingenden Geltungswillen

Durchführung gemeinsamer Beschlüsse, Betriebsvereinbarungen § 77

des Gesetzes und seiner Vorrangstellung als höherrangige Norm. Von solchen Gesetzen abweichende Betriebsvereinbarungen sind **entsprechend § 134 BGB nichtig.** So wäre z. B. nicht möglich, durch Betriebsvereinbarung zu vereinbaren, daß an den Feiertagen im Betrieb voll gearbeitet wird (vgl. Landesgesetze über den Schutz der Sonn- und Feiertage). Nicht möglich wäre auch die Vereinbarung, den Lohn in Gastwirtschaften auszuzahlen, es sei denn, es läge eine Genehmigung der unteren Verwaltungsbehörde vor (§ 115a GewO). Absolut zwingende Vorschriften sind in §§ 617, 619, 626 BGB, 62, 63 HGB, 120a ff. GewO, im Angestellten-Kündigungsschutzgesetz (Ausnahmen: § 2 Abs. 2), Kündigungsschutzgesetz, Bundesurlaubsgesetz, Jugendarbeitsschutzgesetz, Mutterschutzgesetz und in den Unfallverhütungsvorschriften.

Absolut zwingend sind **insbesondere die Vorschriften des BetrVG; abweichende, 71 kollektive Vereinbarungen** (Betriebsvereinbarungen und Tarifverträge) sind in der Regel **nur insoweit möglich, als das Gesetz diese ausdrücklich zuläßt** (h. M. auch schon zum BetrVG 1952; vgl. *Hueck/Nipperdey* II/2, 1402 ff., 1450 ff., 1483 f.; *Richardi* Kollektivgewalt, 244; *Erdmann* § 90 BetrVG 1952 Rz. 5; *Dietz* § 49 BetrVG 1952; Vorbem. Rz. 36 ff. *Galperin/Siebert* vor § 1 BetrVG 1952 Rz. 44; *D/R* § 77 Rz. 57).

Die Gesetzesberatungen haben eindeutig bestätigt, daß der Gesetzgeber nicht 72 Mindestbedingungen, die abweichende Regelungen und eine Fortsetzung des politischen Streits um die Ausgestaltung des Betriebsverfassungsrechts auf betrieblicher oder tariflicher Ebene zulassen, sondern eine rechtseinheitliche und abschließende Neukodifikation des Betriebsverfassunsrechts schaffen wollte. Dieser Wille des Gesetzgebers hat seinen Niederschlag auch darin gefunden, daß er in das Gesetz eine – gegenüber dem BetrVG 1952 vergrößerte – Anzahl von Öffnungsklauseln aufgenommen hat, die abweichende Kollektivvereinbarungen über Aufgabenbereiche und Organisation der Betriebsvertretungen ausdrücklich zulassen und zugleich deren Grenzen festlegen. Im einzelnen gilt folgendes:

Für den Bereich der **sozialen Angelegenheiten kann gem. § 88** durch freiwillige 73 Betriebsvereinbarung das **Mitbestimmungsrecht auch auf solche Angelegenheiten erweitert werden, die nicht von § 87 erfaßt sind** (vgl. Rz. 1 zu § 88); überwiegend werden hier **auch Tarifverträge** für zulässig gehalten, ein **Streikrecht** wird jedoch **ausgeschlossen**, weil § 88 generell eine Öffnungsklausel für freiwillige Kollektivvereinbarungen darstellt.

Für den Bereich der **personellen Angelegenheiten läßt nur § 102 Abs. 6** freiwillige 74 Vereinbarungen zwischen Arbeitgeber und Betriebsrat über eine **Verstärkung des Mitbestimmungsrechts bei Kündigungen** zu.

Obwohl für den Bereich der **wirtschaftlichen Angelegenheiten** das **Gesetz keine** 75 **öffnenden Klauseln enthält, sind** hier **abweichende freiwillige Kollektivvereinbarungen zulässig**; Betriebsvereinbarungen oder Tarifverträge über eine Ausweitung der Tatbestände des § 111 oder eine Verstärkung des Mitbestimmungsrechts beim Interessenausgleich sind nicht gem. § 134 BGB nichtig (die entgegenstehende Auffassung aus der Vorauflage wird ausdrücklich aufgegeben).

Für die sogenannten **betriebsverfassungsrechtlichen Organisationsfragen** (Wahl, 76 Zusammensetzung und Geschäftsführung der Betriebsvertretungen) **sieht** das **Gesetz Öffnungsklauseln** in den §§ 3 Abs. 1, 38 Abs. 1, 47 Abs. 4, 55 Abs. 4, 72 Abs. 4, 76 Abs. 1 und 86 **vor**.

Bei **absolut dispositiven Gesetzesvorschriften**, d. h. bei solchen, von denen zugun- 77 sten und zu Lasten der Arbeitnehmer abgewichen werden kann, ist **jederzeit**

§ 77   4. Teil Mitwirkung und Mitbestimmung der Arbeitnehmer

durch Betriebsvereinbarung eine **andere Regelung möglich** (vgl. z.B. §§ 47 Abs. 4, 55 Abs. 4 BetrVG). Dies kann allerdings nur durch freiwillige Betriebsvereinbarung erfolgen (zur freiwilligen Betriebsvereinbarung vgl. § 88). Bereits bestehende Betriebsvereinbarungen werden durch neue dispositive Gesetzesvorschriften nicht verdrängt, sondern bleiben weiterhin gültig. Handelt es sich um eine Abweichung von gesetzlichen Vorschriften über Angelegenheiten des Katalogs des § 87 Abs. 1, so kann dies auch nur durch freiwillige Betriebsvereinbarung geschehen. Einer erzwingbaren Betriebsvereinbarung steht nämlich § 87 Abs. 1 Eingangssatz entgegen, der nicht nur zwingende, sondern auch dispositive Gesetzesvorschriften erfaßt (*Dietz* BetrVG 1952 § 56 Rz. 64; **a.A.** *Fitting/Kraegeloh/Auffarth* § 56 BetrVG 1952 Rz. 8; widersprüchlich *Hueck/Nipperdey* II/2, 1394 u. Fn. 45a). So können z.B. durch freiwillige Betriebsvereinbarung, abweichend von den Vorschriften der §§ 269, 270, 271 BGB, Leistungsort und Leistungszeit der Lohnzahlung bestimmt werden.

78 **Bei nur zugunsten der Arbeitnehmer dispositiven Gesetzesvorschriften** (vgl. z.B. § 13 Abs. 1 Satz 3 BUrlG, Gesetz über Mindestarbeitsbedingungen) **können** durch freiwillige Betriebsvereinbarungen **abweichende Regelungen zugunsten der Arbeitnehmer vereinbart werden**.

79 Nach Ansicht des *Bundesarbeitsgerichts* schließt eine tarifliche Regelung jegliche Betriebsvereinbarung nach § 87 Abs. 1 Eingangssatz aus (zuletzt *BAG* vom 13. 11. 1964 – 1 ABR 6/64 – EzA § 56 BetrVG 1952 Nr. 5 = DB 1965, 330). Obwohl das BAG hinsichtlich Gesetzesvorschriften noch keine solche Entscheidung getroffen hat, müßte wegen der Gleichstellung von Gesetz und Tarifvertrag in § 87 Abs. 1 Eingangssatz das *BAG* dies auch bei Gesetzesvorschriften in logischer Konsequenz seiner Rechtsprechung annehmen (vgl. auch unten zum Tarifvertrag).

2. Betriebsvereinbarung/Tarifvertrag

80 Die Möglichkeit von Kollisionen zwischen einer Betriebsvereinbarung und einem Tarifvertrag ist sehr groß, da beide Gesamtvereinbarungen zur Regelung der materiellen Arbeitsbedingungen und zur Ordnung des Arbeitslebens darstellen. Dabei ist zunächst, wie bei den Gesetzen, zwischen Tarifvertragsvorschriften zu unterscheiden, die absolut zwingend, absolut dispositiv oder nur dispositiv zugunsten der Arbeitnehmer sind.

81 **Absolut zwingende Tarifvorschriften können durch Betriebsvereinbarungen nicht abgeändert werden. Bestehende Betriebsvereinbarungen werden bei tarifvertraglicher Regelung unwirksam** (ebenso *F/A/K/H* § 77 Rz. 65; *Lieb* Arbeitsrecht, 145; *Säcker* ZfA Sonderheft 1972, 41, 69). Das ergibt sich, wie bei den Gesetzen, als logische Folge aus dem zwingenden Geltungswillen des Tarifvertrags und seiner Vorrangstellung als höherrangige Norm. Daß die Betriebsvereinbarung gegenüber Tarifvertrag die schwächere, untergeordnete Norm darstellt, folgt aus dem Unabdingbarkeitsgrundsatz des § 4 TVG (vorrangig gegenüber § 77 Abs. 4 BetrVG i.V.m. § 2 Abs. 1 BetrVG, wonach Arbeitgeber und Betriebsrat unter Beachtung der geltenden Tarifverträge vertrauensvoll zusammenarbeiten müssen). Absolut zwingend sind in der Regel alle tariflichen Vorschriften über materielle Arbeitsbedingungen (vgl. hierzu auch unten Rz. 130ff.). Gem. § 77 Abs. 3 Satz 1 kann hiervon weder zugunsten noch zu Lasten der Arbeitnehmer abgewichen werden (vgl. GK-*Thiele* 3. Bearbeitung § 77 Rz. 60; *D/R* § 77 Rz. 173). Das

Durchführung gemeinsamer Beschlüsse, Betriebsvereinbarungen § 77

Günstigkeitsprinzip nach § 4 Abs. 3 TVG gilt wegen der Sonderregelung in § 77 Abs. 3 nicht. Betriebsvereinbarungen, die hiergegen verstoßen, sind nichtig (vgl. auch Rz. 159).
Formelle tarifvertragliche Arbeitsbedingungen können nicht absolut zwingender 82 Natur sein, da insofern § 77 Abs. 3 nicht anwendbar ist und § 4 Abs. 3 TVG eingreift. **Bei formellen Arbeitsbedingungen kann gem. § 4 Abs. 3 TVG grundsätzlich zugunsten der Arbeitnehmer** durch freiwillige Betriebsvereinbarung vom Tarifvertrag **abgewichen werden** (vgl. GK-*Thiele* 3. Bearbeitung § 77 Rz. 65). Dabei ergibt sich gerade bei den formellen Arbeitsbedingungen oft die Schwierigkeit, festzustellen, welche Regelungen für die Arbeitnehmer günstiger sind, da man die Rechtsposition meist nicht mit Besserstellung oder Schlechterstellung bewerten kann, sondern die Arbeitnehmer eben nur »anders« gestellt werden. Man wird in diesen Fällen darauf abstellen müssen, ob die Mehrheit der Arbeitnehmer die Änderung subjektiv als Verbesserung ansieht, d. h. sie im Gesamtinteresse der betroffenen Arbeitnehmer liegt (*Hueck/Nipperdey/Stahlhacke* TVG § 4 Rz. 240; sowie jetzt *Wiedemann/Stumpf* § 4 Rz. 240, die nach dem sogenannten **»objektiv-hypothetischen« Maßstab** die Günstigkeit beurteilen). Handelt es sich um **formelle Arbeitsbedingungen in sozialen Angelegenheiten des Katalogs des § 87 Abs. 1, so kann auch hier immer durch freiwillige Betriebsvereinbarung eine** vom Tarifvertrag **abweichende Vereinbarung getroffen werden**. Durch die **Sperrwirkung** bei tarifvertraglicher Regelung nach § 87 Abs. 1 Eingangssatz **wird** nämlich **nicht** wie bei § 77 Abs. 3 die **Zulässigkeit, sondern nur die Erzwingbarkeit** der Betriebsvereinbarung durch den Betriebsrat über die Einigungsstelle ausgeschlossen.
Bei materiellen Arbeitsbedingungen ist eine **Abweichung zugunsten der Arbeit-** 83 **nehmer nur möglich, wenn** eine **ausdrückliche Zulassung im Tarifvertrag erfolgt ist**; § 77 Abs. 3 Satz 2 geht insofern § 4 Abs. 3 TVG vor; § 77 Abs. 3 Satz 2 erfaßt auch die ausdrückliche Zulassung abweichender Vereinbarungen; zugunsten bedeutet hier, daß für den einzelnen Arbeitnehmer eine Besserstellung erreicht wird. **Zu Lasten der Arbeitnehmer ist eine Betriebsvereinbarung bei ausdrücklicher Zulassung im Tarifvertrag gem. § 77 Abs. 3 Satz 2 auch möglich**; insofern gilt § 4 Abs. 3 TVG ebenfalls nicht (vgl. GK-*Thiele* 3. Bearbeitung § 77 Rz. 61).
Formelle Arbeitsbedingungen im Tarifvertrag können dagegen zu Lasten des Ar- 84 beitnehmers durch Betriebsvereinbarung abgeändert werden, wenn der Tarifvertrag dies gestattet (§ 4 Abs. 3 TVG). Dies kann aber bezüglich der in § 87 Abs. 1 genannten Angelegenheiten auch nur durch freiwillige Betriebsvereinbarung geschehen, da einer erzwingbaren Betriebsvereinbarung § 87 Abs. 1 Eingangssatz entgegensteht.

3. Betriebsvereinbarung/Betriebsvereinbarung

Betriebsvereinbarungen können in Kollision mit anderen Betriebsvereinbarungen 85 stehen. Bei Betriebsvereinbarungen mit gleichem betrieblichen Geltungsbereich können jederzeit bestehende Betriebsvereinbarungen durch neue abgeändert oder ersetzt werden. Dies folgt aus dem allgemeinen **Rechtsgrundsatz des Vorranges der späteren Regelung** (lex posterior derogat legi priori) und gilt auch, wenn die neue Betriebsvereinbarung gegenüber der bestehenden Betriebsvereinbarung zu einer schlechteren Regelung für die Arbeitnehmer führt (ebenso *Hueck/Nipperdey* II/2, 1293f.). Zur Kollision mit einer Gesamtbetriebsvereinbarung vgl. § 50.

86 **Bordvereinbarungen,** die den Betriebsvereinbarungen gleichzusetzen sind, sind **unzulässig, soweit die Angelegenheit durch** eine **Betriebsvereinbarung zwischen Seebetriebsrat und Arbeitgeber geregelt ist** (§ 115 Abs. 7 Ziff. 3).

4. Betriebsvereinbarung/Einzelarbeitsvertrag

87 Betriebsvereinbarungen können im Widerspruch zu Einzelarbeitsverträgen und diesen gleichzustellenden arbeitsvertraglichen Einheitsregelungen, Gesamtzusagen, betrieblichen Übungen stehen (*BAG* GS vom 16. 9. 1986 – GS 1/82 – EzA § 77 BetrVG 1972 Nr. 17 = DB 1986, 2027; 1987, 383; a. A. *Reuter* SAE 1983, 201, 202 und SAE 1987, 285, 286).

88 Nach der zwischenzeitlich in Rechtsprechung und Literatur unbestrittenen Meinung gilt die Betriebsvereinbarung nach § 77 Abs. 4 Satz 1 zwingend; die Kollektivmacht ist jedoch durch das Günstigkeitsprinzip eingeschränkt.

89 Die in der Vorauflage vertretene Auffassung, daß eine dem § 4 Abs. 3 TVG entsprechende Regelung bewußt in § 77 Abs. 4 nicht aufgenommen wurde und damit das Günstigkeitsprinzip keine Geltung beanspruchen könne, wird ausdrücklich aufgegeben. Selbst wenn die dogmatische Herleitung für die Beschränkung der Kollektivmacht durch das Günstigkeitsprinzip noch nicht vollkommen geklärt ist, spricht einiges dafür, daß das Günstigkeitsprinzip verfassungsmäßig aus dem Sozialstaatsprinzip (*Müller* DB 1967, 903, 905; *Ramm* JZ 1966, 214, 218) oder überzeugender aus der nach Art. 2 GG geschützten Privatautonomie (*Blomeyer* DB 1987, 634, 637; *Hromadka* DB 1985, 864; *Martens* RdA 1983, 217, 222; *Moll* NZA Beilage Nr. I/88, 17, 21; *Richardi* RdA 1983, 201, 216) hergeleitet werden kann und den zu weit gefaßten § 77 Abs. 4 einschränkt (GK-*Kreutz* § 77 Rz. 204).

90 Die Geltung des Günstigkeitsprinzips bedeutet, daß zugunsten der Arbeitnehmer durch einzelvertragliche Abrede von einer unmittelbar geltenden Betriebsvereinbarung abgewichen werden kann und daß günstigere Einzelarbeitsbedingungen grundsätzlich nicht von einer nachfolgenden Betriebsvereinbarung betroffen werden. Dabei ist es unerheblich, ob es sich um eine Betriebsvereinbarung handelt, bei der der Betriebsrat nach § 77 mitzubestimmen hat, oder ob es sich um den Bereich der freiwilligen betrieblichen Mitwirkung handelt (*BAG* GS a. a. O. C II 3 c; a. A. *BAG* vom 12. 8. 1982 – 6 AZR 1117/79 – EzA § 77 BetrVG 1972 Nr. 9 = DB 1982, 1775, 2298). Das Günstigkeitsprinzip wird auch nicht dadurch ausgeschlossen, daß die arbeitsvertragliche Regelung unter Verstoß gegen das Mitwirkungsrecht des Betriebsrats zustande gekommen ist (*BAG* GS a. a. O. C III 4; GK-*Kreutz* § 77 Rz. 206).

91 Das Günstigkeitsprinzip greift immer dann ein, wenn zwei den gleichen Sachverhalt regelnde konkurrierende Regelungen bestehen, wobei es nicht auf die subjektiven Vorstellungen des Arbeitnehmers ankommt, sondern eine objektive Beurteilung zugrunde zu legen ist (vgl. eingehend GK-*Kreutz* § 77 Rz. 207 ff.).

92 Streitig war, ob durch verschlechternde Betriebsvereinbarungen arbeitsvertragliche Einheitsregelungen, Gesamtzusagen und betriebliche Übungen zu Lasten der Arbeitnehmer nach Maßgabe des Ordnungsprinzips, des Ablösungsprinzips oder der Lehre von der Normsetzungsprärogative abgelöst werden können oder ob das Günstigkeitsprinzip einer Ablösung entgegensteht.

93 Das *BAG* geht davon aus, daß es sich bei der arbeitsvertraglichen Einheitsregelung, der Gesamtzusage und der betrieblichen Übung um vertragliche Ansprüche

Durchführung gemeinsamer Beschlüsse, Betriebsvereinbarungen § 77

handelt, die durch das Günstigkeitsprinzip geschützt sind. Da diese Regelungen aber einen kollektiven Bezug haben, greift nicht der individuelle Günstigkeitsvergleich, sondern es bedarf eines kollektiven Günstigkeitsvergleichs, bei der die Gesamtleistung der Sozialleistung vor und nach Abschluß der Betriebsvereinbarung gegenüberzustellen ist (zur Kritik an dieser Rechtsprechung siehe GK-*Kreutz* § 77 Rz. 222; *Belling* DB 1987, 1888; *Blomeyer* DB 1987, 34; *Hromadka* NZA Beilage Nr. 3/87, 2, 4; *Joost* RdA 1989, 7; *Moll* NZA Beilage Nr. 1/88, 17, 21, 24; EzA § 77 BetrVG 1972 Nr. 17 m. Anm. *Otto*; *Richardi* NZA 1987, 1985, 187).

Als Folge des Günstigkeitsvergleichs unterscheidet das *BAG* die verschlechternde Betriebsvereinbarung, bei der die Sozialleistungsansprüche der Belegschaft reduziert werden, und die umstrukturierende Betriebsvereinbarung, bei der die Gesamtbelastung des Arbeitgebers nicht reduziert wird, sondern gleich bleibt oder sogar höher wird, bei der aber die Verteilungsgrundsätze geändert werden. Bei der verschlechternden Betriebsvereinbarung sind die Ansprüche der Arbeitnehmer durch das individuell wirkende Günstigkeitsprinzip geschützt, was bedeutet, daß der Arbeitgeber sich von seiner Zusage nur durch Vertrag, Änderungskündigung oder den vorbehaltenen Widerruf der Sozialleistung lösen kann. Nur dann, wenn die Grundsätze über den Wegfall der Geschäftsgrundlage vorliegen und deshalb die Leistungen anzupassen sind, kann zur Schaffung der neuen Verteilungsgrundsätze, bei denen der Betriebsrat nach § 87 Abs. 1 Nr. 10 mitzubestimmen hat, die Form der verschlechternden Betriebsvereinbarung gewählt werden. 94

Bei der umstrukturierenden Betriebsvereinbarung steht das Günstigkeitsprinzip einer Umverteilung der Sozialleistung dann nicht entgegen, wenn für die Arbeitnehmer die kollektive Ausgestaltung der Leistung erkennbar war und die Parteien ausdrücklich oder stillschweigend vereinbart haben, daß die Vertragsregelung auch zu Lasten des Arbeitnehmers abgelöst werden kann (vgl. *BAG* vom 3. 11. 1987 – 8 AZR 316/81 – EzA § 77 BetrVG 1972 Nr. 20 = DB 1988, 966). 95

5. Betriebsvereinbarung/Regelungsabrede

Im Gegensatz zu der unmittelbaren und zwingenden Wirkungsweise der Betriebsvereinbarung (*BAG* vom 16. 3. 1956 – GS 1/56 – AP Nr. 1 zu § 57 BetrVG 1952 = DB 1956, 573, 988 m. Anm. *Kauffmann*; vom 25. 3. 1971 – 2 AZR 185/70 – EzA § 620 BGB Nr. 15 = DB 1971, 1113; GK-*Kreutz* § 77 Rz. 141) können zwischen den Betriebspartnern Regelungsabreden oder Betriebsabsprachen erfolgen, die nicht Betriebsvereinbarungen sind und diese Wirkung nicht entfalten (GK-*Kreutz* § 77 Rz. 7ff.). Während die herrschende Meinung davon ausgeht, daß es eines Vertrages bedarf (*D/R* § 77 Rz. 163; *Hueck/Nipperdey* II/2, 1306 m. w. N.) wird dies teilweise verneint und nur ein allseitiges Einverständnis verlangt (vgl. GK-*Kreutz* § 77 Rz. 9). 96

Solche Absprachen können auch ohne den Beschluß des Betriebsrats unter den Voraussetzungen der Anscheins- und Duldungsvollmacht zustande kommen (*BAG* vom 15. 12. 1961 – 1 AZR 492/59 – AP Nr. 1 zu § 56 BetrVG 1952 Arbeitszeit m. Anm. *Küchenhoff* = DB 1962, 442; *BAG* vom 8. 2. 1963 – 1 AZR 543/61 – AP Nr. 4 zu § 56 BetrVG Akkord; **a.A.** GK-*Kreutz* § 77 Rz. 10; *F/A/K/H* § 77 Rz. 92; *G/L* § 77 Rz. 103; *Richardi* Kollektivgewalt, 285f.; *Säcker* ZfA Sonderheft 1972, 58f.). 97

Mit der Regelungsabrede können Vereinbarungen getroffen werden, die in den 98

Bereich der funktionellen Zuständigkeit des Betriebsrats fallen (GK-*Kreutz* § 77 Rz. 13), wie z. B. der Interessenausgleich aus Anlaß von Betriebsänderungen (GK-*Kreutz* § 77 Rz. 14). Auch die Mitbestimmung kann in der Form der Regelungsabrede erfolgen (*BAG* vom 16. 9. 1986 – GS 1/82 – EzA § 77 BetrVG 1972 Nr. 17 = DB 1986, 2027; 1987, 383; *D/R* § 77 Rz. 52; GK-*Kreutz* § 77 Rz. 18).

99 Die Regelungsabrede erledigt sich durch Erfüllung und kann mit Ausnahme der Kündigung aus wichtigem Grund nur dann in analoger Anwendung des § 77 Abs. 5 gekündigt werden, wenn die Regelungen durch Betriebsvereinbarung hätten erfolgen können (GK-*Kreutz* § 77 Rz. 19; *G/L* § 77 Rz. 104; *F/A/K/H* § 77 Rz. 92).

100 Auf die Regelungsabrede kann die Vorschrift des § 77 Abs. 6 nicht angewandt werden, d. h., es besteht keine Nachwirkung (*F/A/K/H* § 77 Rz. 92; *G/L* § 77 Rz. 105; GK-*Kreutz* § 77 Rz. 19; **a. A.** *D/R* § 77 Rz. 164).

B. Die Durchführung der Vereinbarungen (Abs. 1)

I. Die Vereinbarungen

101 Nach § 77 Abs. 1 führt der Arbeitgeber »Vereinbarungen« zwischen dem Arbeitgeber und dem Betriebsrat durch. Mit dem Begriff »Vereinbarung« erfolgte eine Klarstellung gegenüber § 52 Abs. 1 BetrVG 1952, wonach auch die auf einem Spruch der Einigungsstelle beruhenden Vereinbarungen zwischen Arbeitgeber und Betriebsrat als Vereinbarungen (auch Betriebsvereinbarungen) i. S. d. § 77 zu qualifizieren sind.

102 Der Spruch der Einigungsstelle ersetzt nur die mangelnde Verständigung zwischen Arbeitgeber und Betriebsrat im Umfang der Meinungsverschiedenheit, und zwar – soweit es sich um eine der erzwingbaren Mitbestimmung unterliegende Angelegenheit handelt – mit verbindlicher Wirkung. Wenn § 77 Abs. 1 nicht mehr wie § 52 Abs. 1 BetrVG 1952 von »gemeinsam mit dem Betriebsrat gefaßten Beschlüssen« spricht, sondern diese Formulierung durch »Vereinbarungen zwischen Betriebsrat und Arbeitgeber« ersetzt hat, so soll dargetan werden, daß Arbeitgeber und Betriebsrat nie ein gemeinsames Gremium bildeten, das gemeinsam Beschlüsse fassen konnte. Beide beschlossen auch nach dem BetrVG 1952 stets für sich; sie konnten dabei durch parallele Beschlüsse nur Vereinbarungen treffen (vgl. *Dietz* BetrVG 1952 § 52 Rz. 2).

103 Der **Begriff der Vereinbarung umfaßt nicht nur Betriebsvereinbarungen** (§ 77 Abs. 2), **sondern alle Abreden zwischen Arbeitgeber und Betriebsrat**.

104 Nicht jede Vereinbarung von Arbeitgeber und Betriebsrat ist eine Betriebsvereinbarung, die ihrer Natur nach nur generelle Regelungen oder Maßnahmen für die Arbeitsverhältnisse und allgemeine Ordnung enthalten kann und eine Kollektivregelung zu abstrakter Regelung der Arbeitsverhältnisse aller oder einer Gruppe darstellen muß. Die Betriebsvereinbarung ist als die Rechtsform zu sehen, in der der Arbeitgeber und der Betriebsrat die betriebliche Ordnung und die Rechtsverhältnisse des Arbeitgebers zu den Arbeitnehmern gemeinsam gestalten, und die damit das Kernstück der Mitbestimmung der Belegschaft darstellt (*BAG* vom 16. 3. 1956 – GS 1/55 – AP Nr. 1 zu § 57 BetrVG 1952 = DB 1956, 573, 988 m. Anm. *Kauffmann*).

105 Neben der formbedürftigen Betriebsvereinbarung besteht die Möglichkeit der

formlosen Einigung des Betriebsrats mit dem Arbeitgeber zur kollektivrechtlichen Ausübung der Beteiligungsrechte namentlich in sozialen Angelegenheiten. Diese Form wird häufig als **Betriebsabsprache** oder **Regelungsabsprache** bezeichnet und **hat keine normative Wirkung** (vgl. *D/R* § 77 Rz. 158 ff.).

Außer der innerbetrieblichen Rechtsetzung in der Form der Betriebsvereinbarung und der formlosen Betriebsabsprache als zweiter Form der Ausübung des Mitbestimmungsrechts dienen die arbeitsvertragliche Einheitsregelung, die Gesamtzusage des Arbeitgebers und die betriebliche Übung als Bestandteil des Individualrechts dazu, auf der Betriebsebene einheitliche Arbeitsbedingungen zu schaffen (zu den Begriffen vgl. *D/R* § 77 Rz. 165 ff. m. w. N.). 106

Die Ausübung eines Beteiligungsrechtes des Betriebsrats auf dem personellen Gebiet, das nur ein individuelles Arbeitsverhältnis betrifft, gehört zwar zu der Vereinbarung i. S. d. § 77 Abs. 1, ist aber keine Betriebsvereinbarung, da der kollektivrechtliche Bezug fehlt. Bei solchen Einzelvereinbarungen kann, wie bei den Betriebsvereinbarungen, zwischen freiwilligen und durch einen Spruch der Einigungsstelle erzwingbaren Abreden unterschieden werden. Erzwingbare Vereinbarungen kommen vor allem in den Fällen vor, in denen ausnahmsweise ein Mitbestimmungsrecht bei Einzelmaßnahmen besteht (vgl. §§ 37 Abs. 6, 38 Abs. 2, 85 Abs. 2, 87 Abs. 1 Ziff. 5 und Ziff. 9 sowie 109). Solche Vereinbarungen müssen nicht die Formerfordernisse der Betriebsvereinbarung nach § 77 Abs. 2 einhalten. Es genügt, wenn der Betriebsrat der Maßnahme des Arbeitgebers erkennbar, wenn auch nur durch schlüssiges Verhalten, formlos zugestimmt hat (vgl. *BAG* vom 15. 12. 1961 – 1 AZR 492/59 – AP Nr. 1 zu § 56 BetrVG 1952 Arbeitszeit m. Anm. *Küchenhoff* = DB 1962, 442). Bei einem Spruch der Einigungsstelle liegt allerdings die Form des § 76 Abs. 3 Satz 3 immer vor. 107

II. Die Durchführung

Wegen der Notwendigkeit einer einheitlichen Betriebsleitung weist die Bestimmung darauf hin, daß die **Durchführung aller Vereinbarungen alleinige Angelegenheit des Arbeitgebers** ist (GK-*Kreutz* § 77 Rz. 20). Ein solches Recht ergibt sich auch schon daraus, daß dem Arbeitgeber die Betriebsleitung im Unternehmen aufgrund seines Direktionsrechts zusteht. Das bedeutet, daß unter Berücksichtigung der Grundsätze einer rechts- und sozialstaatlichen Ordnung zwar eine gewisse Beschränkung der Entscheidungsbefugnis des Arbeitgebers zugunsten der Arbeitnehmerseite im sozialen, personellen und wirtschaftlichen Bereich erfolgen kann, durch eine solche Maßnahme die wirtschaftlichen und arbeitstechnischen Geschäftsleitungsbefugnisse des Arbeitgebers aber nicht beeinträchtigt werden dürfen. Mitbestimmung bedeutet zwar Beschränkung der Entscheidungsbefugnis; das Direktionsrecht bleibt aber weiterhin unteilbar (vgl. *D/R* § 77 Rz. 8; *G/L* § 77 Rz. 1). Die Verantwortung für die Durchführung von Vereinbarungen obliegt allein dem Arbeitgeber. Indem dies auch für Vereinbarungen aufgrund eines Spruches der Einigungsstelle gilt, ist dies auch in den Fällen zu beachten, in denen Maßnahmen durchzuführen sind, die den Vorstellungen des Arbeitgebers nicht entsprechen. Der Arbeitgeber ist im Rahmen seines Durchführungsrechts dazu verpflichtet, die mit dem Betriebsrat getroffene Vereinbarung ordnungsgemäß einzuhalten. 108

§ 77 4. Teil Mitwirkung und Mitbestimmung der Arbeitnehmer

109 Der Betriebsrat hat gem. § 80 Abs. 1 Ziff. 1, die Jugendvertretung gem. § 70 Abs. 1 Ziff. 1 die Durchführung von Betriebsvereinbarungen zu überwachen.

III. Anderweitige Vereinbarungen über die Durchführung der Vereinbarungen

110 Eine **andere ausdrückliche Vereinbarung** über die Durchführung **ist im Einzelfall möglich.** **§ 77 Abs. 1 ist dispositiv** (*G/L* § 77 Rz. 2). Die Durchführung kann auf diese Weise ganz oder teilweise dem Betriebsrat obliegen. So kann z. B. dem Betriebsrat übertragen werden, einen Betriebsausflug zu veranstalten, die Werkskantine zu betreiben oder gemeinsam mit dem Arbeitgeber die Unterstützungskasse oder Sozialeinrichtungen (z. B. Altersheim) zu führen. Ob eine Übertragung der Durchführung erfolgt, hängt allein vom Willen des Arbeitgebers ab. Er kann dazu niemals gezwungen werden. Umgekehrt besteht auch keine Pflicht des Betriebsrats, die Durchführung zu übernehmen. Die Durchführung kann auch besonderen Kommissionen übertragen werden, über deren Zusammensetzung Arbeitgeber und Betriebsrat sich einigen.

IV. Selbständige Entscheidungen des Betriebsrats

111 Selbständige Entscheidungen des Betriebsrats (§ 33) werden hiervon nicht berührt, insbesondere nicht Angelegenheiten seiner Geschäftsführung (§§ 26 ff.). Solche kann der Betriebsrat allein durchführen (*D/R* § 77 Rz. 7; *F/A/K/H* § 77 Rz. 6; *Hueck/Nipperdey* II/2, 1320 f.). Dies gilt z. B. für die Bestellung des Wahlvorstandes (§ 16), Einladungen zu Betriebsratssitzungen oder Betriebsversammlungen (§§ 29, 43), Bildung eines Betriebsausschusses (§ 27) oder weiterer Ausschüsse (§ 28). Vor allem hat der Betriebsrat im Rahmen seiner gesetzlichen Aufgaben und Pflichten (vgl. *Neumann-Duesberg* Betriebsverfassungsrecht, 439 ff.) das Recht, eigene Beschlüsse durch Anschläge am Schwarzen Brett bekanntzumachen.

V. Einseitige Handlungen des Betriebsrats

112 **Keinesfalls darf der Betriebsrat** gem. § 77 Abs. 1 Satz 2 **durch einseitige Handlungen in die Leitung des Betriebes eingreifen** (GK-*Kreutz* § 77 Rz. 21). Er hat sich aller selbständigen Anordnungen zu enthalten. Ein Verstoß hiergegen läge z. B. vor, wenn er Anordnungen des Arbeitgebers widerrufen, die Arbeitnehmer nach Hause schicken, Einstellungen oder Entlassungen vornehmen, Lieferungsverträge abschließen oder sonstige Erklärungen für das Unternehmen abgeben würde. Dies gilt auch für die einzelnen Mitglieder des Betriebsrats. Das Mitbestimmungsrecht ist kein »Mitdirektionsrecht« (*F/A/K/H* § 77 Rz. 4; *D/R* § 77 Rz. 8; *G/L* § 77 Rz. 3; *Nikisch* III, 294; *Hueck/Nipperdey* II/2, 1319). Die Befugnisse des Betriebsrats liegen allein im Bereich der internen Beteiligung. Die Leitung des Betriebes nach außen ist allein Sache des Arbeitgebers.

VI. Eingriffe des Betriebsrats in das Direktionsrecht des Arbeitgebers

Verstöße des Betriebsrats gegen die vorstehend behandelten Grundsätze des § 77 **113**
Abs. 1 bedeuten eine Verletzung seiner gesetzlichen Pflichten, die die Handlungen unwirksam macht und die Rechtsfolgen des § 23 Abs. 1 nach sich ziehen kann (hinsichtlich des Gesamtbetriebsrats § 48, Konzernbetriebsrats § 56). Insbesondere kann der Arbeitgeber beim Arbeitsgericht die Auflösung des Betriebsrats oder den Ausschluß einzelner Mitglieder wegen grober Pflichtverletzung beantragen. Außerdem können, je nach Lage des Einzelfalls, unbefugte Eingriffe in die Betriebsleitung des Arbeitgebers aus §§ 823 Abs. 1 und Abs. 2, 826 BGB wegen unzulässigen Eingriffs in den ausgeübten Gewerbebetrieb rechtfertigen (vgl. *D/R* § 77 Rz. 10–12 m.w.N.).

Das Verbot des Eingriffs in die Betriebsleitung gilt selbst dann, wenn der Arbeit- **114**
geber sich nicht an die in der Vereinbarung getroffenen Absprachen hält und diese nicht ordnungsgemäß durchführt (*F/A/K/H* § 77 Rz. 8). Der Betriebsrat kann dann nur die odnungsgemäße Durchführung der beschlossenen Maßnahmen im arbeitsgerichtlichen Beschlußverfahren erzwingen (vgl. § 23 Abs. 3 BetrVG; §§ 2 Abs. 1 Ziff. 4, 80 ArbGG; *BAG* vom 10. 11. 1987 – 1 ABR 55/86 – EzA § 77 BetrVG 1972 Nr. 19 = DB 1988, 611; GK-*Kreutz* § 77 Rz. 22; *D/R* § 77 Rz. 15; *F/A/K/H* § 77 Rz. 8; *G/L* § 77 Rz. 1; *G/K/S/B* § 77 Rz. 59).

C. Das Zustandekommen der Betriebsvereinbarung (Abs. 2)

§ 77 Abs. 2 bestimmt, daß die Betriebsvereinbarungen durch den Betriebsrat oder **115**
im Rahmen der Zuständigkeit vom Gesamtbetriebsrat bzw. vom Konzernbetriebsrat und Arbeitgeber bzw. dessen Vertreter gemeinsam zu beschließen sowie schriftlich niederzulegen und von beiden Seiten zu unterzeichnen sind, soweit es sich nicht um Betriebsvereinbarungen handelt, die auf einem Spruch der Einigungsstelle beruhen (*D/R* § 77 Rz. 26ff.; GK-*Kreutz* § 77 Rz. 30). Mehrgliedrige Betriebsvereinbarungen, insbesondere solche zwischen Arbeitgeber und einem potentiellen Betriebsübernehmer und dem Betriebsrat sind nicht möglich, da der Betriebsübernehmer nicht Arbeitgeber ist und deshalb nicht Partei einer Betriebsvereinbarung sein kann (so zutreffend GK-*Kreutz* § 77 Rz. 36a; **a. A.** *Birk* ZfA 1986, 73, 99f.; *Hanau/Vossen* FS für *Hilger/Stumpf*, 271, 285).

Nach § 2 SprAuG (BGBl. I 1988 S. 2312ff.) ist vor Abschluß einer Betriebsverein- **116**
barung, wenn sie die Interessen der leitenden Angestellten berührt, der Sprecherausschuß anzuhören. Die Anhörung des Sprecherausschusses ist keine Wirksamkeitsvoraussetzung für den Abschluß der Betriebsvereinbarung (GK-*Kreutz* § 77 Rz. 44a m.w.N.), und die Verletzung der Anhörungspflicht ist sanktionslos.

Die Betriebsvereinbarungen müssen durch den Arbeitgeber an geeigneter Stelle **117**
im Betrieb ausgelegt werden. § 77 Abs. 2 entspricht damit fast wörtlich § 52 Abs. 2 BetrVG 1952, der ergänzend gegenüber der jetzigen Fassung noch vorsah, daß Betriebsvereinbarungen an geeigneter Stelle »im Betrieb« auszulegen und »in gut leserlichem Zustand zu erhalten« sind. Die Streichung hat an der Rechtslage nichts geändert. Von einer ausgelegten Betriebsvereinbarung kann nämlich auch heute nur gesprochen werden, solange diese noch lesbar ist. Daß geeignete Stellen wohl nur im Betrieb vorhanden sind, ist gleichermaßen selbstverständlich.

§ 77   4. Teil Mitwirkung und Mitbestimmung der Arbeitnehmer

I. Die schriftliche Niederlegung der Betriebsvereinbarung

118 Die **schriftliche Niederlegung und Unterzeichnung** durch die Parteien ist für das Zustandekommen der Betriebsvereinbarung **Wirksamkeitsvoraussetzung**. Sie muß von den Parteien eigenhändig durch Namensunterschrift unterzeichnet werden (§ 125 Abs. 1 BGB) und beide Unterschriften auf einer Urkunde aufweisen (§ 125 Abs. 2 BGB; *D/R* § 77 Rz. 29; *F/A/K/H* § 77 Rz. 11; GK-*Kreutz* § 77 Rz. 37; *BAG* vom 14. 12. 1978 – 1 AZR 154/76 – AP Nr. 60 zu Art. 9 GG Arbeitskampf). Die Betriebsvereinbarung muß nicht von allen Betriebsräten oder vom Arbeitgeber selbst unterzeichnet sein. Die Unterzeichnung kann durch Stellvertreter erfolgen, insbesondere durch den Betriebsratsvorsitzenden, wenn ein Betriebsratsbeschluß gem. § 33 vorliegt (vgl. § 26 Abs. 3; GK-*Kreutz* § 77 Rz. 38). Der Betriebsausschuß kann für den Betriebsrat keine Betriebsvereinbarungen abschließen (§ 27 Abs. 3 Satz 2; vgl. *G/L* § 77 Rz. 7; GK-*Kreutz* § 77 Rz. 37). Der Austausch einseitig unterzeichneter Urkunden reicht nicht aus.

119 Die Schriftform ist eingehalten, wenn die Vereinbarung in einer Niederschrift über Verhandlungen zwischen Arbeitgeber und Betriebsrat festgehalten und das **Verhandlungsprotokoll von beiden Seiten unterzeichnet** worden ist (*BAG* vom 20. 12. 1961 – 4 AZR 213/60 – AP Nr. 7 zu § 59 BetrVG 1952 = DB 1962, 375, 409).

120 Der Schriftform wird auch genügt, wenn die Betriebsvereinbarung **auf** einen derzeit geltenden **Tarifvertrag verweist**, ohne daß dieser als Anlage der Betriebsvereinbarung beigefügt wird (*BAG* vom 27. 3. 1963 – 4 AZR 72/62 – AP Nr. 9 zu § 59 BetrVG 1952; *BAG* vom 8. 10. 1959 – 2 AZR 503/56 – AP Nr. 14 zu § 56 BetrVG 1952; m. Anm. A. *Hueck* = DB 1959, 1257; *F/A/K/H* § 77 Rz. 12; *Nikisch* III, 283; GK-*Kreutz* § 77 Rz. 39; *D/R* § 77 Rz. 31). Die Betriebsvereinbarung gilt auch nach Ablauf des Tarifvertrages fort (GK-*Kreutz* § 77 Rz. 39; **a. A.** *Stahlhacke* DB 1960, 579; *BGH* vom 28. 11. 1957 – VII ZR 42/57 – *BGHZ* 26, 142, [146]). Man wird es gleichermaßen als zulässig erachten müssen, wenn in der Betriebsvereinbarung **für die Zukunft auf** die jeweils geltenden **Tarifverträge Bezug genommen** wird (vgl. auch *Herschel* BB 1963, 1220 [1221 f.]; *Iffland* DB 1964, 1727; *D/R* § 77 Rz. 31; *BAG* vom 28. 2. 1956 – 3 AZR 90/54 – AP Nr. 1 zu § 242 BGB Betriebliche Übung m. Anm. *Neumann-Duesberg* = DB 1956, 1156 m. Anm. *Moujan;* 1957, 1200 m. Anm. *Heimeier*; **a. A.** GK-*Kreutz* § 77 Rz. 40; *G/L* § 77 Rz. 11; *F/A/K/H* § 77 Rz. 12; noch *BAG* vom 27. 7. 1956 – 1 AZR 430/54). Nach zutreffender Meinung deckt die Verweisung auf den jeweils geltenden Tarifvertrag jedoch nur eine angemessene, im bisherigen Rahmen bleibende Tarifregelung (*BAG* vom 14. 3. 1971 – 3 AZR 83/60 – AP Nr. 78 zu § 242 BGB Ruhegehalt).

121 Ohne Einhaltung der Form kann keine Betriebsvereinbarung zustande kommen (*BAG* vom 9. 5. 1958 – 1 ABR 7/57 – AP Nr. 1 zu § 56 BetrVG 1952 Wohlfahrtseinrichtungen m. Anm. *Bettermann* = DB 1958, 871). *BAG* vom 20. 12. 1961 – 4 AZR 213/60 – AP Nr. 7 zu § 59 BetrVG 1952 = DB 1962, 375, 409; *BAG* vom 27. 3. 1963 – 4 AZR 72/62 – AP Nr. 9 zu § 59 BetrVG 1952). Mündliche oder andere, die Form nicht beachtende Vereinbarungen sind unwirksam und entfalten keine normative Wirkung auf die Arbeitsverhältnisse nach § 77 Abs. 4 (vgl. *Stadler* BB 1971, 709 [710]; *D/R* § 77 Rz. 36).

122 Die **Formerfordernisse müssen bei Betriebsvereinbarungen, die auf einem**

Spruch der Einigungsstelle beruhen, nicht eingehalten werden. Diese erst zuletzt in § 77 Abs. 2 eingeführte Formulierung stellt klar, daß in diesen Fällen § 76 Abs. 3 Satz 3 gilt. Solche betrieblichen Vereinbarungen sind schriftlich niederzulegen, vom Vorsitzenden der Einigungsstelle zu unterschreiben und Arbeitgeber und Betriebsrat zuzuleiten (*D/R* § 77 Rz. 33).

II. Die Auslegung der Betriebsvereinbarung im Betrieb

Der Arbeitgeber hat die Betriebsvereinbarung an geeigneter Stelle im Betrieb auszulegen (§ 77 Abs. 2 Satz 2). Diese Norm hat den Charakter einer **Ordnungsvorschrift** und ist **nicht Wirksamkeitsvoraussetzung**, da ansonsten der Arbeitgeber das Inkrafttreten durch Auslegen der Betriebsvereinbarung allein bestimmen könnte (*D/R* § 77 Rz. 34; *F/A/K/H* § 77 Rz. 14; *Frauenkron* § 77 Rz. 13; *G/L* § 77 Rz. 13; GK-*Kreutz* § 77 Rz. 42; **a. A.** *Adomeit* BB 1962, 125; *Zöllner* Arbeitsrecht § 46 II 2; *Zöllner* DVBl. 1958, 124, 127). Sie gilt auch für Betriebsvereinbarungen, die auf einem Spruch der Einigungsstelle beruhen. **Geeignete Stellen** sind dort vorhanden, wo sämtliche Arbeitnehmer sich ohne besondere Umstände mit dem Inhalt vertraut machen können. Es genügt nicht, wenn die Betriebsvereinbarung den Arbeitnehmern nur auf Anforderung von dem Arbeitgeber zugänglich gemacht wird (*F/A/K/H* § 77 Rz. 14; *G/L* § 77 Rz. 13; **a. A.** GK-*Kreutz* § 77 Rz. 43; *D/R* § 77 Rz. 35). Geeignete Stelle ist vor allem das **Schwarze Brett** des Arbeitgebers und des Betriebsrats. 123

Auch bei einer Verletzung der Auslegungspflicht kann sich der Arbeitgeber auf die Betriebsvereinbarung berufen, da weder die Nichtauslegung eine positive Forderungsverletzung des Arbeitsvertrages noch die Berufung auf die nichtausgelegte Betriebsvereinbarung eine unzulässige Rechtsausübung darstellt (*BAG* vom 15. 11. 1957 – 1 AZR 610/56 – AP Nr. 1 zu § 8 TVG; GK-*Kreutz* § 77 Rz. 44; **a. A.** *F/A/K/H* § 77 Rz. 14; *G/L* § 77 Rz. 13). 124

III. Die Aufhebung der Betriebsvereinbarung

§ 77 Abs. 2 ist entsprechend auf die einverständliche Aufhebung von Betriebsvereinbarungen anzuwenden (strittig, vgl. Rz. 216 ff.). 125

D. Tarifautonomie und Betriebsvereinbarung (Abs. 3)

I. Vorbemerkung

Die früher in § 59 BetrVG 1952 normierte Sperrwirkung üblicher tariflicher Regelungen für die Zulässigkeit einer Betriebsvereinbarung ist jetzt in § 77 Abs. 3 übernommen worden. § 77 Abs. 3 hat gegenüber § 59 BetrVG 1952 jedoch noch eine weitergehende Beschränkung der Regelungsbefugnis für die Betriebspartner insofern gebracht, als Betriebsvereinbarungen auch dann ausgeschlossen sind, wenn nur überhaupt eine tarifliche Regelung vorliegt, ohne daß eine zusätzliche Tarifüblichkeit bestehen müßte. Damit ist das **kollektivrechtliche Gestaltungsmonopol der Tarifvertragsparteien erweitert** worden und ihnen in umfassender Weise die 126

§ 77   4. Teil Mitwirkung und Mitbestimmung der Arbeitnehmer

Regelung der Arbeitsbedingungen überlassen, wenn sie nur überhaupt eine tarifliche Regelung bieten (siehe hierzu GK-*Kreutz* § 77 Rz. 65; *Säcker* RdA 1967, 370, 371; *Siebert* FS für *Nipperdey*, 119, 121).

II. Sinn und Zweck des § 77 Abs. 3

127 Sinn und Zweck des § 77 Abs. 3 liegen darin, eine klare Trennung zwischen den Zuständigkeiten der überbetrieblichen Sozialpartner und der betrieblichen Partner herzustellen (*BAG* vom 6. 3. 1958 – 2 AZR 230/57 – AP Nr. 1 zu § 59 BetrVG 1952 m. Anm. *Tophoven* = DB 1958, 548), wobei den Arbeitgeberverbänden und Gewerkschaften im Interesse der Wahrung einer Einheit der überbetrieblichen Ordnung und der einheitlichen Gestaltung der Arbeitsentgelte und Arbeitsbedingungen eine weitgehende Monopolstellung eingeräumt worden ist (**dagegen** *Hablitzel* DB 1971, 2158). Diese Regelung ergibt sich aus dem allgemeinen Rechtsgrundsatz des Vorranges des Tarifvertrages vor der Betriebsvereinbarung, d. h. der überbetrieblichen vor der betrieblichen Regelung (*BAG* vom 6. 3. 1958 – a. a. O.; *BAG* vom 22. 4. 1960 – 1 ABR 14/59 – AP Nr. 1 zu § 2 ArbGG 1953 Betriebsverfassungsstreit m. Anm. *Bötticher* = DB 1960, 1188; *BAG* vom 21. 2. 1957 – 1 ABR 9/66 – AP Nr. 26 zu § 59 BetrVG 1952; *BAG* vom 22. 5. 1979 – 1 ABR 100/77 – EzA § 118 BetrVG 1972 Nr. 22 = DB 1979, 2174; *Dietz* RdA 1955, 241 [242]; *D/R* § 77 Rz. 176; *G/L* § 77 Rz. 73; *F/A/K/H* § 77 Rz. 65; GK-*Kreutz* § 77 Rz. 66; *v. Hoyningen-Huene/Meyer-Kreuz* NZA 1987, 793, 794; *Neumann-Duesberg* Betriebsverfassungsrecht, 469; *Nikisch* FS für *Nipperdey* 1965 Bd. II, 465; *Schelp* DB 1962, 1242 [1244]; *Wiese* RdA 1968, 41 ff.; **kritisch** *Säcker* RdA 1967, 370 [371]; *Zöllner* FS für *Nipperdey* 1965 Bd. II, 701; **a. A.** *Fabricius* Anm. zu *BAG* vom 8. 12. 1970 – 1 ABR 20/70 – AP Nr. 28 zu § 59 BetrVG 1952; *Hablitzel* DB 1971, 2158 f.).

128 Die Tarifpolitik der Verbände soll nicht gestört, die Tarifautonomie nicht ausgehöhlt werden. Insbesondere sollen Unruhe und Spannungen innerhalb eines Interessenkonfliktes zwischen Gewerkschaften und Betriebsrat einerseits und Arbeitnehmern der Betriebe und Arbeitgebern andererseits wegen Aushandelns materieller Arbeitsbedingungen auf Betriebsebene vermieden werden (*BAG* vom 8. 12. 1970 – 1 ABR 81/70 – EzA § 611 BGB Gefahrgeneigte Arbeit Nr. 6 = DB 1971, 582; *BAG* vom 27. 3. 1963 – 4 AZR 72/62 – AP Nr. 9 zu § 59 BetrVG 1952; *BAG* vom 22. 5. 1979 – 1 ABR 100/77 – EzA § 118 BetrVG 1972 Nr. 22 = DB 1979, 2174; *D/R* § 77 Rz. 176; *Neumann-Duesberg* Betriebsverfassungsrecht, 469; *Dietz* RdA 1955, 241 [242]; *Schelp* DB 1962, 1242 [1244]; *Wiese* RdA 1968, 41 ff.; *Nikisch* FS für *Nipperdey* 1965 Bd. II, 465; **a. A.** *Hablitzel* DB 1971, 2158; *Biedenkopf* Tarifautonomie, 282, die die Funktions- und Leistungsfähigkeit der Sozialpartner als maßgeblichen Gesichtspunkt ansehen). Das gilt auch für Tendenzbetriebe gem. § 118 (*BAG* vom 8. 12. 1970 – 1 ABR 81/70 – EzA § 611 BGB Gefahrgeneigte Arbeit Nr. 6 = DB 1971, 582). § 77 Abs. 3 dient der Sicherung der ausgeübten aktualisierten Tarifautonomie (*BAG* vom 22. 5. 1979 – 1 ABR 100/77 – EzA § 118 BetrVG 1972 Nr. 22 = DB 1979, 2174) und dem Schutz der nach Art. 9 GG privilegierten Verbände (vgl. *Erdmann* § 59 BetrVG 1952 Rz. 2) und setzt daher zumindest den Abschluß eines Tarifvertrages voraus (*BAG* a. a. O.).

129 Diese Meinung ist nicht mehr unangefochten, nachdem das *BAG* entschieden hat, daß § 77 Abs. 3 nicht solche Betriebsvereinbarungen erfaßt, in denen Gegen-

stände geregelt werden, bei denen der Betriebsrat ein Mitbestimmungsrecht nach § 87 hat (*BAG* vom 24. 2. 1987 – 1 ABR 18/85 – EzA § 87 BetrVG 1972 Nr. 10 = DB 1987, 1435; **dagegen** *Kissel* NZA 1986, 73, 76).

III. Gegenstand der Sperrwirkung des § 77 Abs. 3

Die Sperrwirkung betrifft Regelungen von Arbeitsentgelten und sonstigen 130
Arbeitsbedingungen. Unter **Arbeitsentgelten** sind Geld oder jede geldwerte Leistung aus dem Arbeitsverhältnis, wie Lohn, Leistungs- und Sozialzulagen, Gratifikationen, Deputate, Gewinnbeteiligungen, vermögenswirksame Leistungen und ähnliches zu verstehen (ebenso *D/R* § 77a Rz. 184; *F/A/K/H* § 77 Rz. 51).

Wortlaut und Zweck des § 77 Abs. 3 bieten keinen Anhalt dafür, daß der Be- 131
griff der Arbeitsentgelte sich nur auf bestimmte Gruppen von Löhnen, insbesondere auf die Grundlöhne, erstreckt. Der Begriff des Arbeitsentgeltes ist dem der »vereinbarten Vergütung«, wie er in § 611 BGB gebraucht wird, gleichzusetzen. Darunter sind im wesentlichen die Löhne als Entgelt für die erbrachten oder noch zu erbringenden Arbeitsleistungen zu verstehen, wobei es keinen Unterschied macht, ob der Lohn nach der Arbeitszeit oder dem erzielten Arbeitsergebnis berechnet wird, oder ob er Bar- oder Naturallohn ist.

Unter den **sonstigen Arbeitsbedingungen** sind nach ständiger Rechtspr. des 132
BAG und h. L. nur die materiellen Arbeitsbedingungen zu verstehen (*BAG* vom 13. 11. 1964 – 1 ABR 6/64 – EzA § 56 BetrVG 1952 Nr. 5 = DB 1965, 330; *BAG* vom 21. 2. 1967 – 1 ABR 2/66 – EzA § 56 BetrVG 1952 Nr. 13 = DB 1967, 385, 810; *BAG* vom 21. 2. 1967 – 1 ABR 9/66 – AP Nr. 25 zu § 59 BetrVG 1952 m. Anm. G. *Hueck* = DB 1967, 385, 821; *LAG* Berlin vom 15. 6. 1977 – 9 Ta BV 1/77 – EzA § 87 BetrVG 1972 Nr. 6 = DB 1978, 117; *Zöllner* FS für *Nipperdey* 1965 Bd. II, 706; *D/R* § 77 Rz. 186 m. w. N.; *G/L* § 77 Rz. 75; *GK-Kreutz* 3. Bearbeitung § 77 Rz. 89; *Galperin/Siebert* § 59 BetrVG 1952 Rz. 6; *Schelp* DB 1962, 1242 [1244]; *Boewer* DB 1973, 526; *Konzen* BB 1977, 1311; a. A. *Adomeit* BB 1972, 54; *F/A/K/H* § 77 Rz. 67; *Kreutz* Grenzen der Betriebsautonomie, 211 ff.; *Moll* Der Tarifvorrang, 42 ff.; *Haug* BB 1986, 1921, 1928; *v. Hoyningen-Huene/Meier-Kreuz* NZA 1987, 793, 794, die die Abgrenzung von formellen und materiellen Arbeitsbedingungen als ungeeignet ansehen).

Unter materiellen Arbeitsbedingungen werden diejenigen Bestimmungen ver- 133
standen, die allein das individuelle Vertragsverhältnis zwischen Arbeitgeber und Arbeitnehmer gestalten und ausschließlich den Bereich von Leistung und Gegenleistung aus dem Arbeitsverhältnis betreffen (z. B. Arbeitsdauer, Urlaubsgeld und -entgelt). **Dagegen werden Betriebsvereinbarungen über formelle Arbeitsbedingungen**, d. h. für die betriebliche Ordnung und das Verhalten der Arbeitnehmer im Betrieb (z. B. Art der Benutzung der Werkskantine oder der Kontrolluhr, Beginn und Ende der täglichen Arbeit, Zeit und Ort der Auszahlung der Arbeitsentgelte), hierdurch **nicht berührt**. Dies ergibt sich zunächst aus dem Wortlaut des § 77 Abs. 3, nämlich aus der Gleichstellung der »sonstigen Arbeitsbedingungen« mit dem Arbeitsentgelt als der wichtigsten materiellen Arbeitsbedingung. Zweck des § 77 Abs. 3 ist, die Monopolstellung der Tarifvertragsparteien sicherzustellen und die Betriebsvereinbarung als Mittel der Lohn-

§ 77   4. Teil Mitwirkung und Mitbestimmung der Arbeitnehmer

politik auszuschalten, ihre betriebliche Ordnungsfunktion aber zu erhalten (*BAG* vom 21.2. 1967 – 1 ABR 9/66 – AP Nr. 26 zu § 59 BetrVG 1952 m. Anm. G. *Hueck* = DB 1967, 385, 821; *Siebert* RdA 1958, 161, 162).

134 Die in der Metall- und Druckindustrie tarifvertraglich zugelassene Flexibilisierung der Wochenarbeitszeit bedarf des Abschlusses entsprechender Betriebsvereinbarungen. § 77 Abs. 3 ist auf den Sozialplan nicht anwendbar (§ 112 Abs. 1 Satz 4).

135 Im Bereich der Arbeitnehmerbeteiligung besteht keine tarifliche Regelungsbefugnis über die Verwendung der Mittel. Da sich die Regelungsbefugnis auch auf die Verwendung der Mittel zur betrieblichen Beteiligung bezieht, gilt der Vorrang tariflicher Regelung nur für Geldleistungspflichten der Arbeitgeber und für nicht betriebsbezogene Anlageformen.

IV. Die Abgrenzung zu § 87 BetrVG

136 § 87 Abs. 1 bezieht sich, anders als § 56 Abs. 1 BetrVG 1952, auch auf materielle Arbeitsbedingungen, wie die vorübergehende Verkürzung oder Verlängerung der betriebsüblichen Arbeitszeit (Nr. 3), die betriebliche Lohngestaltung (Nr. 10) und auf die Festsetzung der leistungsbezogenen Entgelte (Nr. 11). Demnach begrenzt die Sperrwirkung des § 77 Abs. 3 die Zuständigkeit des Betriebsrats und gilt auch für die Angelegenheiten, die in § 87 Abs. 1 genannt sind, soweit es sich um materielle Angelegenheiten handelt (Zwei-Schranken-Theorie), mit der Folge, daß das an sich bestehende Mitbestimmungsrecht des Betriebsrats nicht durch den Abschluß einer Betriebsvereinbarung ausgeübt werden darf (*F/A/K/H* § 77 Rz. 68, § 87 Rz. 11; GK-*Wiese* § 87 Rz. 37; GK-*Kreutz* 3. Bearbeitung § 77 Rz. 90 ff.; *Zöllner* Arbeitsrecht 365; *Moll* Der Tarifvorrang, 39; *Hanau* BB 1972, 499; *Konzen* BB 1977, 1312; *Kirchner* BB 1972, 1279 ff.; *Boewer* DB 1973, 522 [525]; *D/R* § 77 Rz. 180, 187; *G/L* § 77 Rz. 76, § 87 Rz. 57; *Richardi* ZfA 1976, 3 f.; *ders.* Anm. zu *BAG* vom 14. 11. 1974 – 1 ABR 65/73 – AP Nr. 1 zu § 87 BetrVG 1972; *LAG Berlin* vom 15. 6. 1977 – 9 TaBV 1/77 – EzA § 87 BetrVG 1972 Nr. 6 = DB 1978, 115; *Haug* BB 1986, 1921, 1923; *Kraft* FS für *Molitor*, 207, 213; GK-*Kreutz* § 77 Rz. 118; *S/W* § 87 Rz. 35; *BAG* vom 18. 5. 1977 – 3 AZR 371/76 – EzA § 242 BGB Ruhegehalt Nr. 65 = DB 1977, 1655; *LAG Schleswig-Holstein* vom 20. 8. 1987 – 4 Sa 37/87 – BB 1987, 2298; a. A. *G/K/S/B* § 77 Rz. 32; *Säcker* ZfA Sonderheft 1972, 63 ff.; *Reuter* SAE 1976, 15, 17 f.; EzA § 87 BetrVG 1972 Initiativrecht Nr. 2 m. Anm. *Birk*; *Fabricius* RdA 1973, 125 f.; *Farthmann* RdA 1974, 65, 71; *v. Friesen* DB 1980 Beilage Nr. 1, 14; *ders.* DB 1983, 1871, 1872; *Gast* BB 1987, 1249; *BAG* vom 24. 2. 1987 – 1 ABR 18/85 – EzA § 87 BetrVG 1972 Nr. 10 = DB 1987, 1435; *BAG* vom 24. 11. 1987 – 1 ABR 57/86 – EzA § 87 BetrVG 1972 Betriebliche Lohngestaltung Nr. 17 = DB 1988, 556; *LAG Stuttgart* vom 10. 11. 1987 – 8 TaBV 3/87 – NZA 1988, 325, 327, die von einem Vorrang der Regelung in § 87 Abs. 1 ausgehen, so daß die Sperrwirkung des § 77 Abs. 3 nicht eingreife [Vorrangtheorie]).

V. Die Tarifvertragsregelungen

Die Sperrwirkung tritt ein bei Tarifregelung oder Tarifüblichkeit. Dabei kommt der Tarifüblichkeit im Gegensatz zu § 59 BetrVG 1952 geringere Bedeutung zu, da sie praktisch nur noch hemmend bei fehlender Tarifvertragsregelung eingreift. Bei fehlender tariflicher Regelung liegt aber fast immer auch keine Tarifüblichkeit vor. Anders kann dies nur einmal dann der Fall sein, wenn die Tarifverträge außer Kraft getreten sind oder für gewisse Zeitdauer Tarifüblichkeit besteht (*LAG Berlin* vom 15. 6. 1977 – 9 TaBV 1/77 – EzA § 87 BetrVG 1972 Nr. 6 = DB 1978, 115).

Ein nur noch nachwirkender Tarifvertrag entfaltet weder nach § 87 Abs. 1 Satz 1 noch nach § 77 Abs. 3 Satz 1, 1. Alternative eine Sperrwirkung (*LAG Berlin* vom 5. 11. 1980 – 5 TaBV 2/80 – DB 1981, 1730). Die erzwingbare Mitbestimmung ist nach § 77 Abs. 3 Satz 1, 2. Alternative jedoch weiterhin ausgeschlossen, wenn üblicherweise eine Regelung durch Tarifvertrag erfolgt (*LAG Berlin* a. a. O.).

Bezüglich der Feststellung der Tarifverträge, die eine Regelung durch Betriebsvereinbarung ausschließen, muß auf die Grundsätze zurückgegriffen werden, die zur Feststellung der Tarifüblichkeit im Rahmen des § 59 BetrVG 1952 entwickelt wurden. Praktisch läuft dies darauf hinaus, daß nunmehr jede tarifliche Regelung der Tarifüblichkeit gleichgestellt ist, ohne daß es bei der Tarifregelung darauf ankommt, daß sie schon besonders lange gilt. Das *BAG* hatte für die Tarifüblichkeit immer schon eine weite Auslegung für richtig erachtet (*BAG* vom 6. 12. 1963 – 1 ABR 7/63 – AP Nr. 23 zu § 59 BetrVG 1952 m. Anm. *G. Hueck* = DB 1963, 1774; 1964, 411), um eine tarifliche Üblichkeit der Regelung zu begründen (*BAG* vom 1. 2. 1963 – 1 ABR 6/61 – AP Nr. 8 zu § 59 BetrVG 1952 m. Anm. *Wlotzke*). Im einzelnen gilt:

1. Der räumliche Bereich der Sperrwirkung

Der räumliche Bereich der Sperrwirkung eines Tarifvertrages bezieht **nicht den gesamten Wirtschafts- und Gewerbezweig**, der sich über das Gebiet der Bundesrepublik erstreckt, mit ein (so noch *BAG* vom 6. 3. 1958 – 2 AZR 230/57 – AP Nr. 1 zu § 59 BetrVG 1952 m. Anm. *Tophoven* = DB 1958, 548 unter Bezugnahme auf »Die Metallindustrie« oder »Den Erzbergbau«; *BAG* vom 1. 2. 1963 – 1 ABR 6/61 – AP Nr. 8 zu § 59 BetrVG 1952 m. Anm. *Wlotzke*: »Jeweiliger Wirtschafts- und Gewerbezweig«; *BAG* vom 6. 12. 1963 – 1 ABlC 7/63 – AP Nr. 23 zu § 59 BetrVG 1952 m. Anm. *G. Hueck* = DB 1963, 1774; 1964, 411; wobei auf den ganzen Wirtschafts- und Gewerbezweig abgestellt wird, da durch weite Auslegung ein möglichst großer Bereich erfaßt werden müsse; **ablehnend** *Neumann-Duesberg* SAE 1964, 168; *Wlotzke* BABl. 1964, 627; *Zöllner* FS für *Nipperdey* Bd. II 1965, 714 ff.). Vielmehr tritt die **Sperrwirkung nur in dem Gebiet** ein, **in dem der Tarifvertrag Gültigkeit besitzt**, d. h. im räumlichen Geltungsbereich des Tarifvertrages (in diesem Zusammenhang zuletzt auch die neuere Rechtsprechung des *BAG* vom 29. 5. 1964 – 1 AZR 281/63 – AP Nr. 24 zu § 59 BetrVG 1952 m. Anm. *Nerumann-Duesberg* = DB 1964, 1352; *BAG* vom 21. 1. 1967 – 1 ABR 9/66 – AP Nr. 26 zu § 59 BetrVG 1952; *BAG* vom 8. 12. 1970 – 1 ABR 20/70 – AP Nr. 28 zu § 59 BetrVG 1952 m. Anm. *Fabricius* = DB 1971, 582; *BAG* vom 21. 11. 1982 – 1 ABR 20/81 – DB 1983, 996; *BAG* vom 27. 1. 1987 – 1 ABR 66/85 – AP Nr. 42 zu § 99 BetrVG 1972; *v. Hoyningen-Huene/Meier-Kreuz* NZA 1987, 793, 795; *D/R* § 77

§ 77   4. Teil Mitwirkung und Mitbestimmung der Arbeitnehmer

Rz. 202f.; *F/A/K/H* § 77 Rz. 72; GK-*Kreutz* 3. Bearbeitung § 77 Rz. 96; **anders** *BAG* vom 6. 12. 1963 – 1 ABR 7/63 – AP Nr. 23 zu § 59 BetrVG 1952 mit zust. Anm. *Hueck* = DB 1963, 1774; 1964, 411). Die Notwendigkeit einer Angabe des Tarifgebietes im Tarifvertrag ergibt sich aus § 4 Abs. 1 Satz 1 TVG.

2. Der betriebliche Bereich der Sperrwirkung

141   Der betriebliche Bereich der Sperrwirkung betrifft die Frage, ob die Sperrwirkung sich nur in tarifgebundenen Betrieben entfalten kann. Dies ist abzulehnen. § 77 Abs. 3 soll nämlich eine überbetriebliche Ordnung von materiellen Arbeitsbedingungen gegen störende betrieblich-kollektive Regelungen schützen, und **diese Ordnung kann auch durch Betriebsvereinbarungen in Betrieben mit nichttarifgebundenen Arbeitgebern gestört werden** (*F/A/K/H* § 77 Rz. 76; *Nikisch* II, 399; III, 384; *D/R* § 77 Rz. 197 m. w. N.; *G/L* § 77 Rz. 81; *BAG* vom 16. 9. 1960 – 1 ABR 5/59 – AP Nr. 1 zu § 2 ArbGG 1953 Betriebsvereinbarung m. Anm. *Auffarth* = DB 1960, 1459; GK-*Kreutz* 3. Bearbeitung § 77 Rz. 100; *Wiedemann/Stumpf* § 4 Rz. 291; *Moll* Der Tarifvorrang, 42; *Löwisch* AuR 1978, 107; *Bichler* DB 1979, 1940; *v. Friesen* DB 1980 Beilage 1, 14; a. A. *Barwasser* DB 1975, 2275; *Fabricius* RdA 1973, 126; *Nickel* ZfA 1979, 394; *Hablitzel* DB 1971, 2158 [2161]; *Erdmann* § 59 BetrVG 1952 Rz. 4; *Tödtmann* Das Mitbestimmungsrecht der Arbeitnehmer in sozialen Angelegenheiten nach § 56 BetrVG 1959, 41, die hierin eine unzulässige Erstreckung der Tarifhoheit der Verbände auf Außenseiter sehen). Diese abweichende Auffassung wird jedoch der bezweckten Monopolstellung der Koalition nicht in ausreichendem Maße gerecht. Hinsichtlich der Tarifgebundenheit der Arbeitnehmerseite verlangt der Grundsatz der Gleichbehandlung, daß hier gleiches gilt. Entgegen der Ansicht von *Erdmann* (§ 59 BetrVG 1952 Rz. 4) kann daher die tarifliche **Sperrwirkung auch in jenen Betrieben** wirksam **werden, in deren Belegschaft sich kein gewerkschaftlich organisierter Arbeitnehmer befindet** (vgl. *F/A/K/H* § 57 Rz. 76f.; *Neumann-Duesberg* Betriebsverfassungsrecht, 469; GK-*Kreutz* 3. Bearbeitung § 77 Rz. 100; *Moll* Der Tarifvorrang, 42; *D/R* § 77 Rz. 198). Demzufolge ist es unerheblich, ob in dem konkreten Betrieb kein Arbeitnehmer der Tarifvertragspartei angehört oder nur einzelne Belegschaftsmitglieder tarifgebunden sind.

3. Der persönliche und fachliche Umfang der Sperrwirkung

142   Der persönliche und fachliche Umfang der Sperrwirkung eines Tarifvertrages erstreckt sich nur auf die Arbeitnehmergruppen, deren Rechtsverhältnisse tatsächlich eine tarifliche Regelung erfahren haben. Ist z. B. die Gehaltsregelung nur hinsichtlich der kaufmännischen Angestellten durch Tarifvertrag geregelt, so sind die Betriebspartner im räumlichen und fachlichen Bereich des Tarifvertrages nicht gehindert, entsprechende Regelungen etwa für die technischen Angestellten durch Betriebsvereinbarung zu treffen (vgl. *D/R* § 77 Rz. 195; *G/L* § 77 Rz. 79; *F/A/K/H* § 77 Rz. 68; GK-*Thiele* 3. Bearbeitung § 77 Rz. 99).

143   So ist das Mitbestimmungsrecht des Betriebsrats in Entgeltfragen der AT-Angestellten weder durch § 87 Abs. 1 Einleitungshalbsatz noch durch § 77 Abs. 3 ausgeschlossen (*BAG* vom 22. 1. 1980 – ABR 48/47 – EzA § 87 BetrVG 1972 Lohn u.

Durchführung gemeinsamer Beschlüsse, Betriebsvereinbarungen § 77

Arbeitsentgelt Nr. 11 = DB 1980, 1895; *LAG Düsseldorf* vom 22. 2. 1978 – 16 TaBV 35/77 – EzA § 76 BetrVG 1972 Nr. 20 = DB 1978, 1182; *ArbG Düsseldorf* vom 16. 5. 1978 – 1 BV 28/78 – DB 1978, 1985; *F/A/K/H* § 77 Rz. 68; *GK-Thiele* 3. Bearbeitung § 77 Rz. 99; *D/R* § 77 Rz. 196; *Moll* Der Tarifvertrag, 74; *Richardi* ZfA 1976, 21; *Bitter* DB 1979, 695; *Bichler* DB 1979, 1940; *Hanau* BB 1977, 351; *v. Friesen* DB 1980 Beilage 1, 14 ff.; *GK-Kreutz* § 77 Rz. 94; a. A. *Janert* DB 1976, 243; *Conze* DB 1978, 490; *Lieb* ZfA 1978, 179).

4. Das Nebeneinander mehrerer Tarifverträge

Bei einem Nebeneinander verschiedener Tarifverträge, die sich infolge sich überschneidender Tarifzuständigkeiten der Tarifvertragsparteien ergeben können, sind alle zu berücksichtigen, die in der Branche bestehen. Es gilt das Spezialitätsprinzip, d. h. der dem Betrieb räumlich, betrieblich, fachlich und persönlich am nächsten stehende Tarifvertrag hat Vorrang (vgl. *BAG* vom 22. 2. 1957 – 1 AZR 536/55 – AP Nr. 2 zu § 4 TVG Tarifkonkurrenz m. Anm. *Gumpert* = DB 1957, 358; 632 m. Anm. *Schröder*; *BAG* vom 29. 3. 1957 – 1 AZR 208/55 – AP Nr. 4 zu § 4 TVG Tarifkonkurrenz m. Anm. *Gumpert* = DB 1957, 358, 632 m. Anm. *Schröder*; *BAG* vom 2. 11. 1960 – 1 AZR 251/58 – AP Nr. 8 zu § 4 TVG Tarifkonkurrenz; *BAG* vom 26. 10. 1983 – 4 AZR 219/81 – EzA § 3 TVG Nr. 4 = DB 1984, 1303; *BAG* vom 22. 2. 1957 – 1 AZR 426/56 – AP Nr. 2 zu § 2 TVG m. Anm. *Tophoven* = DB 1957, 382, 632 m. Anm. *Schröder*; *BAG* vom 31. 3. 1960 – 1 AZR 443/57 – AP Nr. 17 zu § 611 BGB Ärzte, Gehaltsansprüche m. Anm. *Böhm*, *Witting* = DB 1960, 879; *BAG* vom 21. 7. 1960 – 5 AZR 510/58 – AP Nr. 18 zu § 611 BGB Ärzte, Gehaltsansprüche = DB 1960, 1160; *BAG* vom 1. 12. 1960 – 5 AZR 174/58 – AP Nr. 19 zu § 611 BGB Ärzte, Gehaltsansprüche = DB 1961, 506; *Wiedemann/Stumpf* § 4 Rz. 165).

144

5. Die Reichweite der Sperrwirkung des § 77 Abs. 3 bei Firmentarifverträgen

Ob Firmentarifverträge auch von der Regelung des § 77 Abs. 3 erfaßt werden, erscheint zweifelhaft. Der Gesetzestext spricht zwar schlechthin von Tarifverträgen, so daß unter diesen grammatikalischen Oberbegriff auch Firmentarifverträge fallen müßten (so *D/R* § 77 Rz. 203; *GK-Thiele* 3. Bearbeitung § 77 Rz. 102; *F/A/K/H* § 77 Rz. 72; *Moll* Der Tarifvorrang, 40; *BAG* vom 22. 4. 1960 – 1 ABR 14/59 – AP Nr. 1 zu § 2 ArbGG 1953 Betriebsverfassungsstreit m. Anm. *Bötticher* = DB 1960, 1188). Sinn und Zweck des § 77 Abs. 3 erfordern aber, Firmentarifverträge aus dem Geltungsbereich herauszunehmen. Die Vorschrift will nur den Schutz der Tarifautonomie der nach Art. 9 Abs. 3 GG privilegierten Verbände sichern und ihnen eine Monopolstellung bei der Regelung der materiellen Arbeitsbedingungen einräumen. Diese Vorrangkompetenz muß dann aber in gleicher Weise sowohl den Koalitionen der Arbeitnehmer als auch denen der Arbeitgeber zukommen. Durch Einbeziehung von Firmentarifverträgen würde zwar das den Gewerkschaften eingeräumte Monopol gewahrt, den Arbeitgeberverbänden aber ihre Monopolstellung entzogen und sie statt dessen einer verstärkten Konkurrenz der einzelnen Arbeitgeber durch Firmentarifverträge ausgesetzt werden, was die überbetriebliche Ordnung der Arbeitsbedingungen zerstören würde (siehe *Hen-*

145

§ 77   4. Teil Mitwirkung und Mitbestimmung der Arbeitnehmer

sche RdA 1971, 9 ff.; vgl. auch *Zöllner* FS für *Nipperdey* Bd. II 1965, 712). **Firmentarifverträge fallen** also **nicht unter** § 77 Abs. 3, da ihnen – gegenüber der Betriebsvereinbarung – nicht eine solche starke Vorrangkompetenz wie den Verbandstarifverträgen eingeräumt werden soll (a. A. *F/A/K/H* § 77 Rz. 72; *D/R* § 77 Rz. 191; GK-*Kreutz* § 77 Rz. 85).

VI. Die Tarifüblichkeit

146 Von Tarifüblichkeit kann dann gesprochen werden, wenn überhaupt für den räumlichen, fachlichen und persönlichen Tätigkeitsbereich des Betriebes Tarifverträge über die jeweiligen Arbeitsbedingungen abgeschlossen zu werden pflegen (*BAG* vom 21. 12. 1982 – 1 ABR 20/81 – DB 1983, 996; GK-*Kreutz* § 77 Rz. 100; a. A. *F/A/K/H* § 77 Rz. 70; *G/L* § 77 Rz. 81). Die vorangegangenen Ausführungen gelten bei der Feststellung der Tarifüblichkeit entsprechend. Es muß in einem bestimmten geographischen Raum die Regelung der fraglichen materiellen Arbeitsbedingungen durch Tarifvertrag üblicherweise erfolgen (*BAG* vom 13. 11. 1964 – 1 ABR 6/64 – EzA § 56 BetrVG 1952 Nr. 5 = DB 1965, 330). Zur Bedeutung der Tarifüblichkeitsklausel vgl. Rz. 75.

1. Tarifordnungen

147 Tarifordnungen haben heute bei der Feststellung der Tarifüblichkeit keine Bedeutung mehr, da sie weitgehend durch Neuabschlüsse von Tarifverträgen ersetzt wurden. Das Bundesministerium für Arbeit hat durch Verordnung vom 17. 4. 1968 (Bundesanzeiger 1968 Nr. 78, 1) sämtliche Tarifordnungen mit Wirkung vom 1. 1. 1971 aufgehoben mit der Ausnahme von Tarifordnungen für die Theater- und Kulturorchester, die Bestimmungen über eine zusätzliche Altersversorgung enthalten.

2. Der Entstehungszeitraum einer Tarifüblichkeit

148 Der Entstehungszeitraum einer Tarifüblichkeit wird in Rechtsprechung und Lehre nicht durch absolute Werte bestimmt. Eine tarifvertragliche Regelung ist dann üblich, wenn sie sich eingebürgert hat (*LAG Berlin* vom 15. 6. 1977 – 9 TaBV 1/77 – EzA § 87 BetrVG 1972 Nr. 6 = DB 1978, 115; *LAG Berlin* vom 5. 11. 1980 – 5 TaBV 2/80 – DB 1981, 1730; GK-*Thiele* 3. Bearbeitung § 77 Rz. 104; *D/R* § 77 Rz. 207; GK-*Kreutz* § 77 Rz. 95, der ausführt, daß es hierauf nicht mehr ankommt). Das Bundesarbeitsgericht hat – der Rechtslehre folgend – den Zeitraum dahingehend bestimmt, daß im allgemeinen der Abschluß mehrerer aufeinanderfolgender Tarifverträge erforderlich ist (siehe auch *D/R* § 77 Rz. 207) oder daß ein einziger Tarifvertrag, insbesondere ein Manteltarifvertrag, bereits besonders lange zwischen den Tarifvertragsparteien gegolten hat (*BAG* vom 6. 12. 1963 – 1 ABR 7/63 – AP Nr. 23 zu § 59 BetrVG 1952 m. Anm. G. *Hueck* = DB 1963, 1774; 1964, 411). So wurde z. B. Tarifüblichkeit bejaht, weil eine tarifliche Regelung von Arbeitsbedingungen seit Jahrzehnten bestand (*BAG* vom 6. 3. 1958 – 2 AZR 230/57 – AP Nr. 1 zu § 59 BetrVG 1952 m. Anm. *Tophoven* = DB 1958,

548). Aber auch schon eine Tarifregelung während eines Zeitraumes von 3 Jahren und 7 Monaten hat das *Bundesarbeitsgericht* für ausreichend angesehen, eine Üblichkeit der tariflichen Regelung zu begründen (*BAG* vom 1.12.1963 – 1 ABR 6/ 61 – AP Nr. 8 zu § 59 BetrVG 1952). Im einzelnen ist der Zeitraum nur schwer zu bestimmen.

In der Literatur (GK-*Kreutz* § 77 Rz. 97; *F/A/K/H* § 77 Rz. 75; *v. Hoyningen-* **149** *Huene/Meier-Kreuz* NZA 1987, 793, 795) mehren sich die Stimmen, daß es für die Tarifüblichkeit überhaupt keines Entstehungszeitraums bedürfe und ein einmaliger Tarifvertragsabschluß ausreiche. Mit *Zöllner* (FS für *Nipperdey* Bd. II 1965, 707) wird man generell davon ausgehen können, daß Üblichkeit bei dreimaligem Abschluß eines Tarifvertrages vorliegt (a.A. *D/R* § 77 Rz. 207; GK-*Kreutz* § 77 Rz. 96). Für die erforderliche Laufdauer bei einmaliger Regelung ist der Zeitraum anzusetzen, binnen dessen bei Zugrundelegung der durchschnittlichen Laufdauer von Lohntarifverträgen normalerweise ein dreimaliger Abschluß erfolgt wäre. Diese Richtlinien stehen im Einklang mit dem in der Rechtsprechung entwickelten Grundsatz, wonach die dreimalige vorbehaltlose Gewährung einer zusätzlichen Leistung durch den Arbeitgeber einen Anspruch des Arbeitnehmers auf die Leistung entstehen läßt. Im übrigen kommt der Frage des Entstehungszeitraumes kaum noch praktische Bedeutung zu, da nach der jetzigen Rechtslage des § 77 Abs. 3 bereits jede vorliegende tarifliche Regelung der Üblichkeit gleichgestellt ist.

3. Die Repräsentativität des Tarifvertrages

Das *Bundesarbeitsgericht* forderte zum BetrVG 1952 eine Repräsentativität der **150** Tarifverträge, die zur Feststellung der Tarifüblichkeit herangezogen werden können. Die Zahl der in den tarifgebundenen Betrieben beschäftigten Arbeitnehmer mußte hiernach größer sein als die der in den nichttarifgebundenen Betrieben regelmäßig Beschäftigten (*BAG* vom 6.12.1963 – 1 ABR 7/63 – AP Nr. 23 zu § 59 BetrVG 1952 m. zust. Anm. *Hueck* = DB 1963, 1774; 1964, 411; *Dietz* BetrVG 1952 § 59 Rz. 6a; **a.A.** *Nikisch* III, 283 ff.; kritisch gegenüber *BAG* AP Nr. 23 zu § 59 BetrVG 1952: *Wlotzke* in Anm. zu *BAG* vom 1.2.1963 – 1 ABR 6/61 – AP Nr. 8 zu § 59 BetrVG 1952, die darauf abstellen wollen, ob der Arbeitgeberverband, der den Tarifvertrag abschließt, auf seinem Gebiet als Repräsentant der gleichartigen Betriebe angesehen werden kann). Wortlaut sowie Sinn und Zweck des § 77 Abs. 3 rechtfertigen es jedoch nicht, darauf abzustellen, ob die fraglichen Tarifverträge für ihren Bereich repräsentativ sind, denn es kommt nicht auf die Üblichkeit der Anwendung des Tarifvertrages, sondern auf die Üblichkeit der Regelungen an (so auch *Zöllner* FS für *Nipperdey* Bd. II 1965, 715).

Es widerspräche auch dem Gesetzeszweck, das Rechtsetzungsmonopol der Tarif- **151** vertragsparteien, das durch § 77 Abs. 3 gewährleistet und gestärkt werden soll, vom Organisationsgrad der Arbeitgeber oder Arbeitnehmer abhängig zu machen (*Wiedemann/Stumpf* § 4 Rz. 292; *F/A/K/H* § 77 Rz. 76; GK-*Kreutz* § 77 Rz. 101; *G/K/S/B* § 77 Rz. 38; *Lieb* Arbeitsrecht, 144; *BAG* vom 13.8.1980 – 5 AZR 325/ 78 – EzA § 77 BetrVG 1972 Nr. 8 = DB 1981, 274, die für § 77 Abs. 3 das Erfordernis der Repräsentativität nicht mehr verlangen; **a.A.** *D/R* § 77 Rz. 206; *G/L* § 77 Rz. 82; *S/W* § 77 Rz. 16).

§ 77   4. Teil Mitwirkung und Mitbestimmung der Arbeitnehmer

4. Generelle tarifliche oder tarifübliche Regelung

152 Durch generelle tarifliche oder tarifübliche Regelung wird nicht schlechthin jede Betriebsvereinbarung auf diesem Gebiete ausgeschlossen, sondern nur, sofern bei den konkreten Einzelarbeitsbedingungen eine solche besteht. Die Sperrwirkung des § 77 Abs. 3 beschränkt sich also auf den jeweils tariflich geregelten Gegenstand.

153 **Zulagen,** die einen bestimmten Zweck verfolgen oder aus einem bestimmten Anlaß gewährt werden, wie Leistungs- und Sozialzulagen, Schmutz- und Erschwerniszuschläge sowie Weihnachtsgratifikationen und Jubiläumszuwendungen, werden, soweit der Tarifvertrag sich nur auf Arbeitsentgelte bezieht, nicht von der Sperrwirkung erfaßt (*BAG* vom 6. 3. 1958 – 2 AZR 230/57 – AP Nr. 1 zu § 59 BetrVG 1952 m. Anm. *Tophoven* = DB 1958, 548; *BAG* vom 29. 5. 1964 – 1 AZR 281/63 – AP Nr. 24 zu § 59 BetrVG 1952 m. Anm. *Neumann-Duesberg* = DB 1964, 1342; *BAG* vom 13. 8. 1980 – 5 AZR 325/78 – EzA § 77 BetrVG 1972 Nr. 8 = DB 1981, 274; *D/R* § 77 Rz. 214 m. w. N.).

154 Auch **Anwesenheits-** und **Pünktlichkeitsprämien** werden nicht von der Sperrwirkung erfaßt, wenn es sich um Prämien für eine besondere Leistung oder ein besonderes Verhalten des Arbeitnehmers handelt. Werden sie jedoch nur für die Erfüllung der Pflichten aus dem Arbeitsverhältnis gewährt, so handelt es sich um verdeckte Lohnzulagen (vgl. *BAG* vom 13. 8. 1980 a. a. O.).

155 Eine Betriebsvereinbarung über die **Entgeltsätze beim Akkord- und Prämienlohn** ist möglich, wenn die tarifliche Regelung sich nur auf Zeitlohn bezieht und nicht dadurch zugleich ausgeschlossen sein soll, daß eine Akkord- und Prämienentlohnung ausgeschlossen sein soll (*BAG* vom 18. 3. 1964 – 1 ABR 10/63 – AP Nr. 4 zu § 56 BetrVG 1952 Entlohnung = DB 1964, 446, 993; *Schelp* DB 1962, 1276; GK-*Thiele* 3. Bearbeitung § 77 Rz. 112; *D/R* § 77 Rz. 214).

156 Die Betriebsvereinbarung kann auch **Zusatzurlaub** einführen, wenn dieser für Schwerstarbeit oder zur Teilnahme an Bildungsveranstaltungen oder aus Anlaß längerer Betriebszugehörigkeit gewährt wird (*LAG Hamm* vom 8. 8. 1979 – 12 TaBV 44/79 – DB 1979, 2236; *F/A/K/H* § 77 Rz. 82; *D/R* § 77 Rz. 218). Werden dagegen in Tarifverträgen die allgemeinen Voraussetzungen von Kurzarbeit und die Form ihrer Einführung bestimmt, so sind dennoch ergänzende Betriebsvereinbarungen mit unmittelbaren Regelungen für die einzelnen Betriebe möglich (*BAG* vom 1. 2. 1957 – 1 AZR 195/55 – AP Nr. 1 zu § 32 SchwBeschG).

5. Beendigung der Tarifüblichkeit

157 Die einmal entstandene Tarifüblichkeit kann auch wieder entfallen. Die Beendigung der Tarifüblichkeit tritt ein, wenn davon ausgegangen werden kann, daß in dem betreffenden Bereich über diese Arbeitsbedingungen keine tariflichen Regelungen mehr geschlossen werden. Wann das der Fall ist, läßt sich nicht generell beantworten. Durch einen kürzeren Zeitraum nach Ablauf des letzten Tarifvertrages wird die Tarifüblichkeit nicht aufgehoben (*Dietz* § 59 BetrVG 1952 Rz. 3; *Galperin/Siebert* § 59 BetrVG 1952 Rz. 10; *Neumann-Duesberg* Betriebsverfassungsrecht, 471). Wie groß der Zeitraum sein muß, ist unklar und Tatfrage. Das *BAG* hielt gegenüber einer 30 Jahre langen Übung einen tariflosen Zustand von 4 Jahren noch nicht für schlechthin ausreichend (*BAG* vom 16. 9. 1960 – 1 ABR 5/59 –

Durchführung gemeinsamer Beschlüsse, Betriebsvereinbarungen § 77

AP Nr. 1 zu § 2 ArbGG 1953 Betriebsvereinbarung m. Anm. *Auffarth* = DB 1960, 1459; siehe auch *BAG* vom 24. 2. 1987 – 1 ABR 18/85 – EzA § 87 BetrVG 1972 Nr. 10; *G/L* § 77 Rz. 83 a; *F/A/K/H* § 77 Rz. 77).
Kann mit Sicherheit festgestellt werden, daß tarifliche Regelungen überhaupt **158** nicht mehr erstrebt werden, so entfällt die Tarifüblichkeit, ohne daß es noch auf den Zeitraum ankommt (GK-*Kreutz* § 77 Rz. 98). Die Rechtsprechung zu § 77 Abs. 3 wird noch genaue Richtlinien für die Zeitspanne entwickeln müssen; einstweilig können etwa folgende Kriterien einen Anhalt bei der Bestimmung des Endes der Tarifüblichkeit geben: Bis zu 5 Jahren Tarifüblichkeit entfällt sie regelmäßig dann, wenn innerhalb eines Jahres nach dem Außerkrafttreten des letzten Tarifvertrages diese Arbeitsbedingung keine Regelung mehr erfahren hat. Bei einer Dauer von 5–10 Jahren sind zwei Jahre erforderlich, über 10 Jahre hinaus verlängert sich die Zeitspanne pro Jahrzehnt um ein weiteres Jahr (vgl. zu dieser Frage auch *D/R* § 77 Rz. 208; vgl. auch GK-*Kreutz* § 77 Rz. 98, der davon ausgeht, daß es auf die Relation zur Laufzeit des bisherigen Tarifvertrages nicht ankomme).

VII. Das Günstigkeitsprinzip im Verhältnis von Tarifvertrag zu Betriebsvereinbarung

Durch § 77 Abs. 3 ist das **Günstigkeitsprinzip** für das Verhältnis des Tarifvertrages **159** zur Betriebsvereinbarung in allen Bereichen **beseitigt** worden *(D/R* § 77 Rz. 211 f.; *F/A/K/H* § 77 Rz. 81; *G/L* § 77 Rz. 84; GK-*Thiele* 3. Bearbeitung § 77 Rz. 115; *Wiedemann/Stumpf* § 4 TVG Rz. 294 ff.; *Richardi* DB 1971, 621 [623]; *Buchner* Die AG 1971, 135 [139]; GK-*Kreutz* § 77 Rz. 111). War die Anwendung des Günstigkeitsprinzips bisher nur bei Tarifüblichkeit wegen der unbedingten Sperrwirkung des § 59 BetrVG 1952 nicht möglich (so die **h.M.**, vgl. *BAG* vom 29. 5. 1964 – 1 AZR 281/63 – AP Nr. 24 zu § 59 BetrVG 1952 m. Anm. *Neumann-Duesberg* = DB 1964, 1342; *Fitting/Kraegeloh/Auffarth* § 59 BetrVG 1952 Rz. 12), so gilt dies jetzt in jedem Fall, in dem ein Tarifvertrag vorliegt. Weil auf Betriebsebene keine eigene Lohnpolitik betrieben werden soll, die die Tarifautonomie aushöhlen würde, ist damit die Möglichkeit ausgeschlossen worden, auf Betriebsebene günstigere Bedingungen für die Arbeitnehmer zu schaffen. Gratifikationszulagen, vermögenswirksame Leistungen und Ruhegelder können z. B., auch wenn sie günstiger geregelt wären, nicht mehr Gegenstand einer Betriebsvereinbarung sein, sobald sie in einem Tarifvertrag geregelt sind, es sei denn, der Tarifvertrag läßt ausdrücklich ergänzende Betriebsvereinbarungen zu. Bestehende Betriebsvereinbarungen verlieren bei tariflicher Regelung ihre Geltung. § 77 Abs. 3 geht als Sonderregelung § 4 Abs. 3 TVG vor (vgl. *D/R* § 77 Rz. 212; *Wiedemann/Stumpf* § 4 TVG Rz. 296; *Moll* Der Tarifvorrang, 51; **a.A.** GK-*Thiele* 3. Bearbeitung § 77 Rz. 66).

VIII. Tarifvertragsübernehmende Betriebsvereinbarungen

Tarifvertragsübernehmende Betriebsvereinbarungen, die nur bestehende tarif- **160** liche Regelungen für alle Arbeitnehmer eines Betriebes für anwendbar erklären, waren bisher unter Geltung des § 59 BetrVG 1952 nach der Rechtsprechung des

§ 77   4. Teil Mitwirkung und Mitbestimmung der Arbeitnehmer

BAG und der herrschenden Lehre zulässig (*BAG* vom 27.3. 1963 – 4 AZR 72/62 – AP Nr. 9 zu § 59 BetrVG 1952; *Dietz* § 59 BetrVG 1952 Rz. 9; *Fitting/Kraegeloh/ Auffarth* § 59 BetrVG 1952 Rz. 12a; *Galperin/Siebert* BetrVG 1952 § 59 Rz. 12; *Hueck/Nipperdey* II/2, 1398; *Neumann-Duesberg* Betriebsverfassungsrecht, 469f.; *Hueck/Nipperdey/Stahlhacke* § 4 Rz. 83; *Stahlhacke* DB 1960, 597 [581]; *Gumpert* BB 1960, 448 [449]; *Zöllner* FS für *Nipperdey* 1965 Bd. II, 719; *Hablitzel* DB 1971, 2158 [2161]), da solche nicht im Widerspruch zum Sinn des § 59 BetrVG 1952 standen. Das galt auch für den Fall, daß der Arbeitgeber nicht tarifgebunden war (vgl. *Dietz* BetrVG 1952 § 59 Rz. 9; **a.A.** *Gumpert* BB 1960, 100 [101]; *Stahlhacke* DB 1960, 579 [581]; *Herschel* AuR 1965, 62; *Biedenkopf* Tarifautonomie, 280ff.). Begründet wurde es damit, daß eine andere Auslegung mit der negativen Koalitionsfreiheit des Art. 9 GG nicht vereinbar sei. Die vom Wortlaut des § 59 BetrVG 1952 abweichende Formulierung des § 77 Abs. 3 soll klarstellen, daß auch Betriebsvereinbarungen, die eine tarifliche Regelung lediglich übernehmen, unzulässig sind (*Hromadka* ZRP 1970, 268; auch *Wiedemann/Stumpf* TVG, 5. Aufl., § 4 Rz. 299). In diesem Sinne zumindest will die amtliche Begründung zum Regierungsentwurf § 77 Abs. 3 interpretiert wissen, wenn es dort heißt, die vorgelegte Fassung würde ausschließen, daß Tarifnormen durch Betriebsvereinbarung für die Nichttarifgebundenen übernommen werden (BT-Drucks. 715/70, 47). Damit sollte einer Forderung, die in den Vorschlägen des DGB zur Novellierung des BetrVG und im »Entwurf eines Gesetzes zur Neuregelung der Betriebsverfassung« der Bundestagsfraktion der SPD vom 16. 12. 1968 (BT-Drucks. V/3658, 13) enthalten war, entsprochen werden. Diese Vorschläge sahen ausdrücklich vor, daß »Betriebsvereinbarungen, welche die Anwendung tariflicher Regelungen auf nicht tarifgebundene Arbeitnehmer ausdehnen«; unzulässig sind (SPD-Entwurf in: RdA 1969, 24ff. [40]; vgl. hierzu auch GK-*Thiele* 3. Bearbeitung § 77 Rz. 118; *F/A/K/H* § 77 Rz. 81; *D/R* § 77 Rz. 220).

161 § 77 Abs. 3 hat diese Bestimmung nicht übernommen. Wie sich aus der Begründung ergibt, hielt man die jetzige Regelung für ausreichend, um zu verhindern, daß der persönliche Geltungsbereich von Tarifverträgen auf einem anderen als dem hierfür vorgesehenen Weg der Allgemeinverbindlicherklärung nach dem Tarifvertragsgesetz ausgedehnt wird (BT-Drucks. VI/1786, 47). Es bleibt abzuwarten, ob die Rechtsprechung dieser lediglich in der Begründung zum Regierungsentwurf geäußerten Auffassung folgen wird. Mit Recht hat *Richardi* darauf hingewiesen, daß der Wortlaut des § 77 Abs. 3 sich nicht so vom bisherigen Wortlaut des § 59 BetrVG 1952 unterscheidet, daß man diese Konsequenz daraus ziehen kann (*Richardi* DB 1971, 631 [623]; ebenso *Hablitzel* DB 1971, 2158 [2163]). Auf den Wortlaut war auch die bisherige Interpretation zu § 59 BetrVG 1952 nicht zu stützen; sie ergab sich vielmehr aus Sinn und Zweck dieser Vorschrift.

162 Da sich die Zielsetzung des § 77 Abs. 3 gegenüber § 59 BetrVG 1952 nicht geändert hat, ist **weiterhin von der Zulässigkeit solcher übernehmenden Betriebsvereinbarungen auszugehen** (vgl. auch *S/W* § 77 Rz. 21; *Biedenkopf* Tarifautonomie, 280ff.; *Buchner* Die AG 1971, 135 [140]; *Conze* DB 1978, 490ff., der tarifübernehmende Betriebsvereinbarungen im Bereich materieller Arbeitsbedingungen für AT-Angestellte ablehnt; *ArbG Siegburg* vom 3. 8. 1977 – 2 Ca 1689/76 – DB 1978, 1281 mit ausführlicher Begründung; **a.A.** *D/R* § 77 Rz. 220f.; *G/L* § 77 Rz. 85; GK-*Kreutz* § 77 Rz. 110; *Wiedemann/Stumpf* § 4 Rz. 299; *Moll* Der Tarifvorrang, 51ff.; *Hanau* RdA 1973, 284; *F/A/K/H* § 77 Rz. 81; *v. Hoyningen-Huene/Meier-Kreuz* NZA 1987, 793ff.).

IX. Die ausdrückliche Zulassung von Betriebsvereinbarungen in Tarifverträgen

Nach § 77 Abs. 3 Satz 2 kann eine ausdrückliche tarifvertragliche Zulassung erfolgen. Durch das Erfordernis einer »ausdrücklichen« Öffnungsklausel will das Gesetz der Möglichkeit vorbeugen, daß in einem nicht ganz eindeutigen Tarifvertrag nachträglich, vielleicht gegen den Willen der Tarifvertragsparteien, eine stillschweigende Zulassung hineininterpretiert wird. Außerdem sollen die Parteien des Tarifvertrages veranlaßt werden, falls sie ergänzende Betriebsvereinbarungen gestatten wollen, dies auch eindeutig zu sagen. Im Hinblick auf diesen Sinn und Zweck der Bestimmung muß der Begriff »**ausdrücklich**« **eng ausgelegt** werden. Ein stillschweigender Wille genügt nicht, vielmehr muß durch eine unzweifelhafte positive Bestimmung klargestellt sein, daß die Regelung von Arbeitsentgelten und sonstigen Arbeitsbedingungen im Wege einer den Tarifvertrag ergänzenden Betriebsvereinbarung zulässig sein soll (*BAG* vom 6. 3. 1958 – 2 AZR 230/57 – AP Nr. 1 zu § 59 BetrVG 1952 m. Anm. *Tophoven* = DB 1958, 548; *D/R* § 77 Rz. 229; GK-*Kreutz* § 77 Rz. 127; *G/L* § 77 Rz. 86). Die klare und eindeutige Zulassung muß aber nicht die Worte »ausdrücklich« oder »Betriebsvereinbarung« gebrauchen (*BAG* vom 6. 3. 1958 – a. a. O.; *BAG* vom 20. 12. 1961 – 4 AZR 213/60 – AP Nr. 7 zu § 59 BetrVG 1952 = DB 1962, 375, 409; *BAG* vom 1. 2. 1963 – 1 ABR 6/61 – AP Nr. 8 zu § 59 BetrVG 1952 m. Anm. *Wlotzke*; *BAG* vom 21. 2. 1967 – 1 ABR 9/66 – AP Nr. 26 zu § 59 BetrVG 1952 m. Anm. G. *Hueck* = DB 1967; 395, 821; *BAG* vom 14. 12. 1966 – 4 AZR 18/65 – AP Nr. 27 zu § 59 BetrVG 1952 m. Anm. *Rüthers* = DB 1966, 2033; 1967, 1181). Es genügt, wenn aus dem Tarifvertrag eindeutig der Wille der Tarifparteien zur Öffnung hervorgeht.

Nicht eindeutig ist, ob die Zulassung ergänzender Betriebsvereinbarungen auch die Möglichkeit abweichender Vereinbarungen gestattet. Bei wörtlicher Interpretation müßte dies verneint werden, da von Ergänzungen nur gesprochen werden kann, wenn unter Aufrechterhaltung der tariflichen Regelung zusätzliche Vereinbarungen getroffen werden. Sinn und Zweck des § 77 Abs. 3 eröffnen wohl aber auch die Möglichkeit abweichender Betriebsvereinbarungen bei ausdrücklicher Zulassung. Es besteht kein Grund für eine solche Beschränkung der Tarifvertragsparteien, zumal sie auf eine tarifliche Regelung ganz verzichten könnten (vgl. *D/R* § 77 Rz. 230; *F/A/K/H* § 77 Rz. 84; GK-*Kreutz* § 77 Rz. 131; *Beuthien* BB 1983, 1992; v. *Hoyningen-Huene/Meier-Kreuz* ZfA 1988, 293, 302; *dies.* NZA 1987, 793, 794). So hat auch das *LAG Baden-Württemberg* (vom 17. 3. 1970 – 7 Sa 1/70 = DB 1970, 1279 f.) entschieden, daß die Ermächtigung im Tarifvertrag, durch Betriebsvereinbarung die Fälligkeit des (zusätzlichen) Urlaubsgeldes abweichend vom Tarifvertrag zu regeln, unzulässig sei, andererseits aber nicht die Ermächtigung beinhalte, durch Betriebsvereinbarung eine Rückzahlungsklausel zu vereinbaren. Die Zulassung gilt sowohl für die tarifgebundenen als auch für die nicht tarifgebundenen Betriebe im räumlichen, fachlichen und persönlichen Geltungsbereich des ermächtigenden Tarifvertrages.

Eine ergänzende Betriebsvereinbarung ist in ihrer Laufzeit auf die Dauer des Tarifvertrages, ggf. auf dessen Nachwirkungszeitraum, beschränkt (*BAG* vom 14. 12. 1966 – 4 AZR 18/65 – AP Nr. 27 zu § 59 BetrVG 1952 m. abw. Anm. *Rüthers* = DB 1966, 2033; 1967, 1181; *BAG* vom 25. 8. 1983 – 6 ABR 40/82 – EzA § 77 BetrVG 1972 Nr. 12 = DB 1984, 1302; GK-*Thiele* 3. Bearbeitung § 77 Rz. 129; *D/R* § 77 Rz. 234). Die Nachwirkung einer einen Tarifvertrag ergänzenden Betriebsvereinbarung kann durch eine solche ausgeschlossen sein (*BAG* vom 9. 2. 1984 – 6 ABR 10/81 – EzA § 77 BetrVG 1972 Nr. 13 = DB 1984, 1477).

166 Die Zulässigkeit gilt auch nach Ablauf des ermächtigenden Tarifvertrages kraft Nachwirkung bis zum Abschluß eines neuen Tarifvertrages, der eine entsprechende Klausel nicht mehr enthält (vgl. auch § 4 Abs. 5 TVG; ebenso GK-*Thiele* 3. Bearbeitung § 77 Rz. 128; *F/A/K/H* § 77 Rz. 83; **einschränkend** *D/R* § 77 Rz. 234, die allerdings Nachwirkung bei nur **ergänzenden** Betriebsvereinbarungen auch auf diese erstrecken).

167 Durch die Regelung in einem nachfolgenden Tarifvertrag kann die Geltung von ergänzenden Betriebsvereinbarungen nicht zeitlich erweitert werden. Ist eine ergänzende Betriebsvereinbarung auch im Hinblick auf einen künftigen Tarifvertrag geschlossen, hängt ihre Weitergeltung von dem Inhalt dieses Tarifvertrages ab (*BAG* vom 25. 8. 1983 – 6 ABR 40/82 – EzA § 77 BetrVG 1972 Nr. 12 = DB 1984, 1302).

168 Die tarifvertragliche Öffnungsklausel sollte den Umfang der zugelassenen Betriebsvereinbarung konkretisieren. Eine pauschale Zulassung, wonach der Tarifvertrag für alle Regelungen Betriebsvereinbarungen für zulässig erklärt, ist nicht möglich, da sie den Grundsätzen der Tarifautonomie widerspricht (**a. A.** GK-*Kreutz* § 77 Rz. 132). Zu den Grenzen tarifvertraglicher Öffnungsklauseln siehe auch *Buchner* NZA 1986, 377, 380; *v. Hoyningen-Huene/Meier-Kreuz* ZfA 1988, 293, 305; *Kissel* NZA 1986, 73, 78.

X. Rechtsfolgen bei einem Verstoß gegen § 77 Abs. 3

169 Als Rechtsfolge bei einem Verstoß gegen § 77 Abs. 3 ergibt sich die **Nichtigkeit der Betriebsvereinbarung gem. § 134 BGB**, da sie gegen ein gesetzliches Verbot verstößt (*BAG* vom 6. 3. 1958 – 2 AZR 230/57 – AP Nr. 1 zu § 59 BetrVG 1952 m. zust. Anm. *Tophoven* = DB 1958, 548; *BAG* vom 13. 8. 1980 – 5 AZR 325/78 – EzA § 77 BetrVG 1972 Nr. 8 = DB 1981, 274; *D/R* § 77 Rz. 235; GK-*Kreutz* § 77 Rz. 104; *Haug* BB 1986, 1921, 1927; *v. Hoyningen-Huene* DB 1984, Beilage Nr. 1, 4; **kritisch** *Hablitzel* DB 1971, 2158 [2162]).

170 Die nichtige Betriebsvereinbarung begründet keine Rechte, aus denen die Arbeitnehmer unmittelbare Ansprüche gem. § 328 BGB herleiten könnten (vgl. *BAG* vom 6. 3. 1958 – a. a. O.; *Erdmann* § 59 BetrVG 1952 Rz. 2; *D/R* § 77 Rz. 236). Auch kann der Arbeitgeber nicht nach § 242 BGB gehalten sein, die unwirksame Betriebsvereinbarung als wirksam hinzunehmen (so aber *Neumann-Duesberg* Anm. zu *BAG* vom 29. 5. 1964 – 1 AZR 281/63 – AP Nr. 24 zu § 59 BetrVG 1952). Dies folgt aus der uneingeschränkten Sperrwirkung des § 77 Abs. 3 (vgl. auch *Dietz* BetrVG 1952 § 59 Rz. 11 a). Auch eine Umdeutung in eine Regelungsabrede ist nicht möglich (GK-*Kreutz* § 77 Rz. 16).

171 Eine Transformation der nichtigen Betriebsvereinbarung in Einzelarbeitsverhältnisse ist nicht in der Weise möglich, daß der Betriebsrat als Vertreter des einzelnen Belegschaftsmitgliedes i. S. d. § 164 BGB gesehen wird, denn der Betriebsrat schließt die Betriebsvereinbarung kraft seines Amtes ab (*BAG* 29. 5. 1964 – 1 AZR 281/63 – AP Nr. 24 zu § 59 BetrVG 1952 m. Anm. *Neumann-Duesberg* = DB 1964, 1342; *D/R* § 77 Rz. 236; vgl. auch *Stadler* BB 1971, 710 m. w. N.; GK-*Kreutz* § 77 Rz. 1).

172 Eine unwirksame Betriebsvereinbarung kann nachträglich nur in engen Grenzen stillschweigend als vertragliche Einheitsregelung Bestandteil der Einheitsarbeitsverträge geworden sein. Grundsätzlich ist davon auszugehen, daß Betriebsrat und Arbeitgeber nur eine kollektive Vereinbarung wollten, unabhängig davon, ob die Betriebsvereinbarung wirksam oder unwirksam ist (*D/R* § 77 Rz. 236). Der Inhalt der Betriebsvereinbarung soll nämlich nach dem Willen der Vertragsparteien durch eine andere kollektive Vereinbarung oder durch Kündigung (§ 77 Abs. 5) in der Zukunft wegfallen können, was aber bei einzelvertraglicher Übernahme nur unter erschwerten Umständen möglich wäre. Selbst wenn der Arbeitgeber die Nichtigkeit kannte, wird man deshalb einen Willen zur Änderung der Einzelarbeitsverträge nicht unterstellen können (vgl. auch *Stadler* BB 1971, 709 [711]; a. A. GK-*Kreutz* § 77 Rz. 48; *v. Hoyningen-Huene* DB 1984 Beilage Nr. 1, 1; 8; *Birk* ZfA 1986, 73, 103). Vor allem kann eine stillschweigende Übernahme nicht unterstellt werden, wenn die Einigung durch einen Spruch der Einigungsstelle ersetzt wurde. Nur ausnahmsweise ist eine Übernahme anzunehmen, nämlich wenn aus dem Verhalten des Arbeitgebers eindeutig zu schließen ist, daß er für den Fall der Nichtigkeit die in der Betriebsvereinbarung getroffene Regelung zum Inhalt des Einzelarbeitsverhältnisses machen wollte und die Arbeitnehmer stillschweigend damit einverstanden waren. Dies kann vor allem bei Betriebsvereinbarungen ohne Dauerwirkung der Fall sein, z. B. bei Gewährung einer Weihnachtsgratifikation für ein bestimmtes Jahr, da hier ohnehin keine Kündigungsmöglichkeit der Betriebsvereinbarung bestanden hätte und keine erschwerten Lösungsmöglichkeiten für die Zukunft entstehen.

Eine verbindliche betriebliche Übung kann durch die Anwendung der nichtigen **173** Betriebsvereinbarung auch nicht entstehen, da kein auf Veränderung der Einzelarbeitsverträge zielender Verpflichtungswille des Arbeitgebers unterstellt werden kann (*Stadler* BB 1971, 709 ff. [711]; *BAG* vom 17.9. 1970 – 5 AZR 539/69 – EzA § 242 BGB Betriebliche Übung Nr. 1 = DB 1970, 2225; *BAG* vom 13.8. 1980 – 5 AZR 325/78 – EzA § 77 BetrVG 1972 Nr. 8 = DB 1981, 274).

Auf die nichtige Betriebsvereinbarung können in Einzelfällen die Grundsätze **174** über das faktische Arbeitsverhältnis entsprechend angewandt werden. Dies muß aber in sehr engen Grenzen geschehen, um eine Umgehung der Tarifautonomie der überbetrieblichen Partner zu vermeiden (weitergehend *Stadler* BB 1971, 712, aber insofern mißverständlich, als er die faktische Betriebsvereinbarung gelten lassen will mit jederzeitiger Beendigungsmöglichkeit durch die Parteien, womit er aber die Regelungsmöglichkeit in unzulässiger Weise für die Zukunft dem Willen der betrieblichen Partner unterstellt). Diese Grundsätze sind spätestens von dem Augenblick an nicht mehr anwendbar, in dem alle Beteiligten von der Nichtigkeit wissen. Von diesem Zeitpunkt an gelten die allgemeinen Vorschriften über die Rückabwicklung nichtiger Rechtsgeschäfte, insbesondere §§ 812 ff. BGB.

XI. Streitigkeiten

Streitigkeiten über die Möglichkeit des Abschlusses einer Betriebsvereinbarung **175** werden vom Arbeitsgericht im Beschlußverfahren gem. §§ 2 Abs. 1 Ziff. 4, 80 ArbGG (geändert durch § 124 Ziff. 1 a) entschieden. Auch der Durchführungsanspruch des Betriebsrats ist im Beschlußverfahren geltend zu machen (GK-*Kreutz* § 77 Rz. 22; *D/R* § 77 Rz. 15; *F/A/K/H* § 77 Rz. 94; *G/L* § 77 Rz. 1). Gleiches gilt bei einem Streit über das Bestehen oder Nichtbestehen von Betriebsvereinbarun-

§ 77 4. Teil Mitwirkung und Mitbestimmung der Arbeitnehmer

gen oder Teilen derselben (GK-*Kreutz* § 77 Rz. 347; *BAG* vom 8. 12. 1970 – 1 ABR 20/70 – DB 1971, 582; *BAG* vom 25. 3. 1971 – 2 AZR 185/70 – EzA § 620 BGB Nr. 15 = DB 1971, 1113).

176 Der Betriebsrat kann ein berechtigtes Interesse daran haben, lediglich den materiellrechtlichen Teil einer Betriebsvereinbarung als von Anfang an rechtswirksam festgestellt zu wissen. Er handelt dabei nicht rechtsmißbräuchlich (*BAG* vom 8. 12. 1970 – 1 ABR 20/70 – DB 1971, 582). Antragsberechtigt sind auch die Tarifpartner, da ihre Kompetenz durch den Abschluß einer gegen § 77 Abs. 3 verstoßenden Betriebsvereinbarung gestört wird (*BAG* vom 22. 4. 1960 – 1 ABR 14/59 – AP Nr. 1 zu § 2 ArbGG 1953 Betriebsvereinbarung m. Anm. *Bötticher* = DB 1960, 1188; *BAG* vom 1. 2. 1963 – 1 ABR 6/61 – AP Nr. 8 zu § 59 BetrVG 1952; *BAG* vom 21. 2. 1967 – 1 ABR 2/66 – EzA § 56 BetrVG 1952 Nr. 13 = DB 1967, 385, 810; *BAG* vom 21. 2. 1967 – 1 ABR 9/66 – AP Nr. 26 zu § 59 BetrVG 1952 m. Anm. G. *Hueck* = DB 1967, 385, 821; *BAG* vom 17. 7. 1964 – 1 ABR 3/64 – AP Nr. 3 zu § 80 ArbGG 1953 m. Anm. *Küchenhoff* = DB 1964, 1743; *F/A/K/H* § 77 Rz. 98; a. A. die neue Rechtsprechung des *BAG* vom 18. 8. 1987 – 1 ABR 65/86 – EzA § 81 ArbGG 1979 Nr. 11 = DB 1987, 2368 und *BAG* vom 23. 2. 1988 – 1 ABR 75/86 – EzA § 81 ArbGG 1979 Nr. 13 = BB 1988, 1465; ablehnend *Matthießen* DB 1988, 285).

177 Für Leistungs-, Getaltungs- und Feststellungsklagen wegen bürgerlich-rechtlicher Rechtsstreitigkeiten zwischen Arbeitgeber und Arbeitnehmern aus dem Arbeitsverhältnis kann die Frage nach der Rechtswirksamkeit einer Betriebsvereinbarung Vorfrage sein, worüber die Arbeitsgerichte inzidenter im Urteilsverfahren gem. §§ 22 Abs. 1 Ziff. 2, 38 Abs. 1, 46 ff. ArbGG entscheiden (*BAG* vom 25. 3. 1971 – 2 AZR 185/70 – EzA § 620 BGB Nr. 15 = DB 1971, 1113; GK-*Kreutz* § 77 Rz. 349).

178 Auch die im Urteilsverfahren entscheidende Frage zur Wirksamkeit einer Betriebsvereinbarung hat in analoger Anwendung des § 9 TVG Bindungswirkung für Arbeitgeber und Betriebsrat (*Kraft* Anm. zu *BAG* vom 17. 2. 1981 – 1 AZR 290/78 – AP Nr. 11 zu § 112 BetrVG 1972).

E. Rechtswirkungen der Betriebsvereinbarung (Abs. 4)

179 Eine § 77 Abs. 4 entsprechende Vorschrift kannte das BetrVG 1952 nicht. Rechtsprechung und Lehre hatten aber bereits in Anlehnung an § 4 TVG zur Wirkung von Betriebsvereinbarungen ähnliche Grundsätze entwickelt, wie sie nunmehr ausdrücklich in § 77 Abs. 4 ihren Niederschlag gefunden haben (*Dietz* BetrVG 1952 § 52 Rz. 37 ff.; ders. FS für *Nipperdey* 1955, 148; *Fitting/Kraegeloh/Auffarth* § 52 BetrVG 1952 Rz. 21 ff.; *Galperin/Siebert* § 52 BetrVG 1952 Rz. 54 ff.; *Nikisch* III, 287 f.; *Hueck/Nipperdey* II/2, 1265 ff., 1290 ff.; *Neumann-Duesberg* Betriebsverfassungsrecht, 371 ff.).

180 Hiernach **gelten** Betriebsvereinbarungen **unmittelbar und zwingend** (GK-*Kreutz* § 77 Rz. 141). Sie unterstehen ferner einem dem Tarifvertrag in seiner Bedeutung entsprechenden **Ausschluß der Verwirkung** (§ 4 Abs. 4 TVG). Indem gleichzeitig auch die Ausschlußfristen in ihrer Geltung für durch Betriebsvereinbarung begründete Rechte nur durch Tarifvertrag oder Betriebsvereinbarung wirksam bestimmt werden dürfen, erhält damit die **Betriebsvereinbarung eine dem Tarifvertrag fast nahekommende kollektivrechtliche Gestaltungskraft** (vgl. BT-Drucks.

VI/1786, 47). Auf den Sozialplan ist die Vorschrift entsprechend anwendbar (§ 112 Abs. 1 Satz 3).

Unmittelbar bedeutet, daß die normativen Regelungen der Betriebsvereinbarung **181** als Gesetz des Betriebes von außen auf die Arbeitsverhältnisse einwirken, ohne deren Bestandteil zu werden; die Bestimmungen der Betriebsvereinbarung gehen nicht in die Einzelarbeitsverträge ein, sondern bestimmen den Inhalt des Arbeitsverhältnisses als übergeordnete Normen, wie das bei gesetzlichen Bestimmungen der Fall ist (*BAG* GS vom 16. 3. 1956 – GS 1/55 – AP Nr. 1 zu § 57 BetrVG 1952 = DB 1956, 573, 988 m. Anm. *Kauffmann*; *D/R* § 77 Rz. 92 m. w. N.). Die unmittelbare Gestaltung der Arbeitsverhältnisse gehört zum Wesen derartiger gesetzlich anerkannter Normenverträge (vgl. § 4 Abs. 1 TVG).

Zwingend bedeutet, daß die Regelungen der Betriebsvereinbarung grundsätzlich **182** nicht abdingbar sind, auch nicht zugunsten der Arbeitnehmer, es sei denn, es liegt im Rahmen der Betriebsvereinbarung eine Gestattung vor (vgl. *D/R* § 77 Rz. 96). Unabdingbarkeit ist somit nicht wie im Tarifrecht zu verstehen. Dies folgt daraus, daß in § 77 Abs. 4 bewußt das Günstigkeitsprinzip des § 4 Abs. 3 TVG nicht aufgenommen worden ist, (**differenzierend** *BAG* vom 12. 8. 1982 – 6 AZR 1117/79 – EzA § 77 BetrVG 1972 Nr. 9 m. Anm. *Buchner* = DB 1982, 1775, 2298, das für den Bereich der erzwingbaren Mitbestimmung das Günstigkeitsprinzip für unanwendbar hält, es aber für den Bereich der freiwilligen Mitbestimmung gelten lassen will; a. A. die h. L., die davon ausgeht, daß die Bestimmungen einer Betriebsvereinbarung nur einseitig zwingend seien und zugunsten der Arbeitnehmer stets dispositiven Charakter hätten, vgl. *D/R* § 77 Rz. 99; *Brecht* § 77 Rz. 14; *G/L* § 77 Rz. 94; *GK-Kreutz* § 77 Rz. 196; *F/A/K/H* § 77 Rz. 19, 40; *Frauenkron* § 77 Rz. 54 f.; *Raatz* DB 1972 Beilage Nr. 1, 4; *Kreutz* Grenzen der Betriebsautonomie, 224; *Belling* DB 1982, 2513).

I. Verzicht auf Rechte aus der Betriebsvereinbarung

Der **Verzicht** (§ 397 BGB) auf durch Betriebsvereinbarung eingeräumte Rechte ist **183** **grundsätzlich nicht möglich** (vgl. auch § 4 Abs. 4 Satz 1 TVG). Ein **dennoch vereinbarter Verzicht ist unwirksam**. Dies gilt nicht nur während der Dauer des Arbeitsverhältnisses, sondern auch nach dessen Beendigung. **Ausgleichsquittungen**, die einen dahingehenden Inhalt haben, sind **insoweit unwirksam**.
Verzicht kann jedoch mit Zustimmung des Betriebsrats erfolgen (*D/R* § 77 **184** Rz. 126). Zustimmung ist i. S. d. §§ 182 ff. BGB zu verstehen. Sie kann vorher (Einwilligung) oder nachher (Genehmigung) erteilt werden. Sie wird wirksam mit der Erklärung an den Arbeitnehmer oder Arbeitgeber. Die Zustimmung bedarf keiner Form, muß aber hinreichend deutlich bewirkt werden. Die Einwilligung ist bis zum Abschluß des Verzichts widerruflich. Hat der Betriebsrat nicht eingewilligt, so ist der Verzicht unwirksam, mit der Möglichkeit der Genehmigung. Er wird rückwirkend auf den Zeitpunkt des Abschlusses durch Genehmigung wirksam. Als nicht ausreichend wird man eine allgemeine Zustimmung des Betriebsrats erachten müsssen, in der dieser an den Arbeitgeber oder die Arbeitnehmer für alle Fälle seine Zustimmung erklärt hat. Es muß sich immer um eine Zustimmung zu einem konkreten Verzicht handeln.
Auch im Rahmen eines Vergleichs ist – **ohne Zustimmung des Betriebsrats** – ein **185** **Verzicht** auf durch Betriebsvereinbarung eingeräumte Rechte **nicht möglich** (*D/R*

§ 77   *4. Teil Mitwirkung und Mitbestimmung der Arbeitnehmer*

§ 77 Rz. 130). Ein unzulässsiger Vergleichsverzicht liegt jedoch dann nicht vor, wenn über die tatsächlichen Voraussetzungen eines Rechts gestritten und die Ungewißheit hierüber durch gegenseitiges Nachgeben in einem Vergleich beseitigt wird (vgl. *Hueck/Nipperdey* II/1, 622f.; *F/A/K/H* § 77 Rz. 20; GK-*Kreutz* § 77 Rz. 232; *D/R* § 77 Rz. 132).

II. Verwirkung von Rechten aus der Betriebsvereinbarung

186 **Verwirkung** der sich aus der Betriebsvereinbarung ergebenden Rechte ist **ausgeschlossen** (vgl. auch § 4 Abs. 4 Satz 2 TVG; *D/R* § 77 Rz. 133; GK-*Kreutz* § 77 Rz. 241). Unter Verwirkung ist dabei die verspätete Geltendmachung von Rechten der Arbeitnehmer aus der Betriebsvereinbarung derart zu verstehen, daß beim Arbeitgeber das berechtigte Vertrauen erweckt wurde, der Arbeitnehmer werde das Recht nicht mehr ausüben (vgl. *Hueck/Nipperdey* II/1, 626; *D/R* § 77 Rz. 133; GK-*Kreutz* § 77 Rz. 243; *F/A/K/H* § 77 Rz. 21).

187 Der Begriff Verwirkung soll lediglich ausschließen, daß der Arbeitnehmer seinen Anspruch bereits bei illoyaler Verspätung der Geltendmachung verliert. Es wird dadurch jedoch nicht ausgeschlossen, daß die Geltendmachung des Anspruchs aus anderen Gründen sich als unzulässige Rechtsausübung darstellt (GK-*Thiele* § 77 Rz. 178; *D/R* § 77 Rz. 133; *F/A/K/H* § 77 Rz. 21; *Wiedemann/Stumpf* § 4 Rz. 342). Allerdings betrifft das Verwirkungsverbot nur Rechte der Arbeitnehmer.

188 **Rechte des Arbeitgebers** aus der Betriebsvereinbarung **unterstehen** dagegen der **Verwirkungsmöglichkeit** (GK-*Kreutz* § 77 Rz. 241). Das ergibt sich aus der Bezugnahme auf »diese Rechte« in § 77 Abs. 4 Satz 3, worunter nur die Rechte der Arbeitnehmer gem. § 77 Abs. 4 Satz 2 verstanden werden können. Insofern ergibt sich eine entscheidende Abweichung zu § 4 Abs. 4 Satz 2 TVG (vgl. *Hueck/Nipperdey* II/1, 629; *D/R* § 77 Rz. 133).

III. Ausschlußfristen für die Geltendmachung von Rechten aus Betriebsvereinbarungen

189 Ausschlußfristen für die Geltendmachung von Arbeitnehmerrechten sind nur insoweit zulässig, als sie in einem Tarifvertrag oder einer Betriebsvereinbarung vereinbart worden sind (vgl. § 4 Abs. 4 Satz 3 TVG). Diese Vorschrift dient der weiteren Sicherung der Unabdingbarkeit. Unter Ausschlußfristen sind Fristen für die Geltendmachung von Rechten in dem Sinne zu verstehen, daß mit dem Ablauf der Frist das Recht erlischt und dieses Erlöschen von Amts wegen zu berücksichtigen ist (*BAG* vom 17.7.1958 – 2 AZR 312/58 – AP Nr. 10 zu § 611 BGB Lohnanspruch = DB 1958, 1187; *BAG* vom 27.3.1963 – 4 AZR 79/62 – AP Nr. 9 zu § 59 BetrVG 1952; *D/R* § 77 Rz. 134; GK-*Kreutz* § 77 Rz. 246). Die vereinbarten Ausschlußfristen bezwecken im Interesse der Vertragsparteien, des Betriebsfriedens und der Rechtssicherheit, über die Ansprüche schnellstens Klarheit zu erreichen. Deshalb werden regelmäßig von einer durch Betriebsvereinbarung begründeten Ausschlußfrist alle Ansprüche – also auch die vertraglichen und die gesetzlichen – erfaßt (**a.A.** *D/R* § 77 Rz. 135; GK-*Kreutz* § 77 Rz. 249), mit Ausnahme der tarifvertraglichen Rechte, da für die letzteren Ausschlußfristen gem. § 4 Abs. 4 Satz 3 TVG nur tarifvertraglich vereinbart werden können.

Ist eine Ausschlußfrist in einem Tarifvertrag vereinbart, so ist sie ohne weiteres 190
für Nichtorganisierte wirksam, wenn durch Betriebsvereinbarung die Geltung des
Tarifvertrages auf diese ausgedehnt oder einzelvertraglich die Geltung des Tarifvertrages oder der Ausschlußfrist vereinbart wurde. Die Erstreckung muß aber
eindeutig vereinbart sein.

Zu kurze Ausschlußfristen, die nur bezwecken, die Erfüllung von Ansprüchen zu 191
vereiteln, **können** wegen Verstoßes gegen die guten Sitten oder die soziale Ordnung **unwirksam sein** (GK-*Kreutz* § 77 Rz. 246). Die Festsetzung einer nur 14tägigen Ausschlußfrist in einer Betriebsvereinbarung für die Geltendmachung von
Entgeltansprüchen aus dem Arbeitsverhältnis kann angesichts ihrer Kürze gegen
die guten Sitten verstoßen und deshalb nichtig sein.

Ausschlußfristen sind eng auszulegen, weil sie die Geltendmachung der durch Be- 192
triebsvereinbarung begründeten Rechte stark einschränken. Unter Geltendmachung ist im Zweifel nicht die gerichtliche zu verstehen, sondern jede Inanspruchnahme, d. h. jede Willensäußerung, aus der eindeutig hervorgeht, daß Rechte aus
der Betriebsvereinbarung beansprucht werden.

Die Ausschlußfrist beginnt, wenn nichts anderes bestimmt ist, mit der Fälligkeit 193
des Anspruchs zu laufen. Kenntnis der Frist oder Kenntnis des Anspruchs ist
keine Voraussetzung für die Anwendung der Fristen. Ob man eine Ausnahme
hiervon für den Fall macht, daß der Arbeitnehmer ohne jegliches Verschulden
nicht in der Lage war, die Frist zu wahren, erscheint aus den bezweckten Gründen
der Rechtssicherheit bedenklich.

Der Berufung auf eine Ausschlußfrist kann ausnahmsweise der **Einwand unzuläs-** 194
siger Rechtsausübung entgegenstehen. Dieser für gesetzliche Ausschlußfristen anerkannte allgemeine Rechtsgrundsatz (*RG* vom 10.11. 1936 – III 59/36 – RGZ
152, 330 (338); *RG* vom 4. 2. 1943 – II 94/42 – RGZ 170, 358 (379); *BAG* vom
27. 3. 1963 – 4 AZR 72/62 – AP Nr. 9 zu § 59 BetrVG 1952) ist auch hier zu beachten, z. B. wenn der Arbeitgeber durch sein Verhalten den Arbeitnehmer von einer
fristgerechten Geltendmachung abgehalten hat.

Für die Abkürzung der Verjährungsfristen gilt dasselbe wie bei Ausschlußfristen. 195
Damit soll die Vorschrift des § 225 BGB ausgeschlossen werden.

F. Die Beendigung der Betriebsvereinbarung (Abs. 5)

Das BetrVG 1952 kannte nur Vorschriften über das Zustandekommen von Be- 196
triebsvereinbarungen (§ 52 Abs. 2 BetrVG 1952). Die Zulässigkeit und das Verfahren der Beendigung von Betriebsvereinbarungen waren nicht geregelt. Die sich
hieraus ergebenden Rechtsunsicherheiten hat § 77 Abs. 5 im wesentlichen beseitigt (zur Rechtslage nach dem BetrVG 1952 vgl. insbesondere *Strucksberg* Die
Kündigung der Betriebsvereinbarung unter Berücksichtigung anderer Lösungsmöglichkeiten, Diss. Köln, 1967). Vor allem in der Lehre wurden wegen der
Rechtsnormenqualität (vgl. § 77 Abs. 4) bisweilen Bedenken gegen die Kündbarkeit geäußert (*Adomeit* BB 1962, 1246 [1250]; *Radke* BB 1957, 927). Rechtsprechung und herrschende Meinung haben hingegen auch schon unter Geltung des
BetrVG 1952 die Zulässigkeit der Kündigung bejaht (*BAG* vom 19. 7. 1957 –
1 AZR 420/54 – AP Nr. 1 zu § 52 BetrVG 1952 m. Anm. G. *Hueck* = DB 1957,
925; *BAG* vom 22. 6. 1962 – 1 AZR 344/60 – AP Nr. 2 zu § 52 BetrVG 1952 = DB
1962, 1278; *BAG* vom 19. 4. 1963 – 1 AZR 160/62 – AP Nr. 3 zu § 56 BetrVG 1952

§ 77   *4. Teil Mitwirkung und Mitbestimmung der Arbeitnehmer*

= DB 1963, 1053; *BAG* vom 30. 8. 1963 – 1 ABR 12/62 – AP Nr. 4 zu § 57 BetrVG 1952 = DB 1963, 1290, 1718; *Erdmann* § 52 BetrVG 1952 Rz. 14; *Dietz* BetrVG 1952 § 52 Rz. 62; *Fitting/Kraegeloh/Auffarth* § 52 BetrVG 1952 Rz. 42).

197 Danach konnten Betriebsvereinbarungen grundsätzlich sowohl vom Arbeitgeber als auch vom Betriebsrat durch Kündigung zu jeder Zeit aufgehoben werden, es sei denn, daß sich aus der Betriebsvereinbarung selbst oder aus allgemeinen Gründen etwas anderes ergab (*BAG* vom 15. 2. 1957 – 1 ABR 10/55 – AP Nr. 3 zu § 56 BetrVG 1952 m. Anm. *Küchenhoff* = DB 1957, 261, 407).

198 Die Einhaltung von Kündigungsfristen war nur erforderlich, wenn in der Betriebsvereinbarung solche bestimmt waren (*BAG* vom 15. 2. 1957 – a. a. O.). Auch bei vereinbarter Kündigungsfrist war eine außerordentliche Kündigung ohne Einhaltung einer Frist zulässig, wenn ein wichtiger Grund vorlag. An den Begriff des wichtigen Grundes wurden strenge Anforderungen gestellt.

199 Die Streitfrage über die Kündbarkeit von Betriebsvereinbarungen ist nunmehr im Sinne der bisherigen Rechtsprechung und herrschenden Meinung geregelt. Gem. § 77 Abs. 5 sind Betriebsvereinbarungen **unter Einhaltung einer Frist von drei Monaten kündbar.** Diese Vorschrift räumt damit den Parteien grundsätzlich ein freies Kündigungsrecht ein. Dies gilt nach dem Gesetzestext für alle Betriebsvereinbarungen, insbesondere auch für solche, die auf einem Spruch der Einigungsstelle beruhen (früher streitig, vgl. *Radke* BB 1957, 927; GK-*Kreutz* § 77 Rz. 310; *F/A/K/H* § 77 Rz. 56; *G/L* § 77 Rz. 61; *D/R* § 77 Rz. 144).

200 Eine Einschränkung ist insoweit zu machen, als **nur solche Betriebsvereinbarungen kündbar** sind, **die ein Dauerrechtsverhältnis begründen.** Insofern sind die früheren Entscheidungen des Bundesarbeitsgerichts weiter zu beachten, die die grundsätzliche Kündbarkeit unter den Vorbehalt stellen, daß aus dem Inhalt der Betriebsvereinbarung oder aus anderen Rechtsgründen sich nicht etwas anderes ergibt (*BAG* vom 15. 2. 1957 – a. a. O.; *BAG* vom 22. 6. 1962 – 1 AZR 344/60 – AP Nr. 2 zu § 52 BetrVG 1952 = DB 1962, 1278).

201 Dieser Vorbehalt verbietet die Kündigung bei mangelnder Dauerwirkung. So ist es unzulässig, eine am 20. 12. abgeschlossene Betriebsvereinbarung über die Arbeitszeit am 24. 12. am 22. 12. zu kündigen (*BAG* vom 7. 9. 1956 – 1 AZR 646/54 – AP Nr. 2 zu § 56 BetrVG 1952 m. Anm. *Dersch* = DB 1956, 895; 1957, 166). Gleiches gilt bei einer Vereinbarung über sonstige einmalige Arbeitszeitverlegungen oder einmalige Weihnachtsgratifikationen.

202 Betriebsvereinbarungen, die nur für einmalige Fälle gedachte Regelungen beinhalten, sind daher nicht kündbar. Zu diesem Ergebnis kommt man auch, wenn man bei Betriebsvereinbarungen ohne Dauerwirkung einen konkludent vereinbarten Kündigungsausschluß als Geschäftsgrundlage der Parteien annimmt.

203 Auf Betriebsvereinbarungen ohne Dauerwirkung finden aber die Grundsätze über den Wegfall der Geschäftsgrundlage Anwendung.

I. Die Ersetzung der Betriebsvereinbarung durch eine andere Vereinbarung

204 Durch eine andere Vereinbarung (§ 77 Abs. 5) kann in den einzelnen Betriebsvereinbarungen ein Kündigungsausschluß schlechthin vereinbart werden, ebenso auch ein Wegfall oder eine Kürzung oder Verlängerung der dreimonatigen Kündigungsfrist (GK-*Kreutz* § 77 Rz. 308).

205 **Befristete Betriebsvereinbarungen,** die auf eine bestimmte Zeitdauer abgeschlos-

sen sind, enden mit Ablauf der Zeit und unterliegen nicht der ordentlichen Kündigungsmöglichkeit. In der Zeitvereinbarung kann ebenfalls ein konkludent vereinbarter Kündigungsausschluß gem. § 77 Abs. 5 gesehen werden.
Die Geltungsdauer kann ausdrücklich vereinbart sein, sie kann sich aber auch aus 206 dem mit der Betriebsvereinbarung verfolgten Zweck ergeben. Besteht der Zweck in einer nach § 77 Abs. 3 zulässigen Ergänzung eines bestimmten Tarifvertrages, so endet die Betriebsvereinbarung mit Ablauf des Tarifvertrages (*BAG* vom 22. 1. 1965 – 1 ABR 9/64 – AP Nr. 7 zu § 59 BetrVG 1952 Wohlfahrtseinrichtungen m. Anm. *Nikisch* = DB 1965, 147, 709 und *BAG* vom 14. 2. 1966 – 4 AZR 18/65 – AP Nr. 27 zu § 59 BetrVG 1952).
Gegen die Zulässigkeit eines vereinbarten Kündigungsausschlusses bestehen 207 keine Bedenken. Das Recht zur außerordentlichen Kündigung ist nicht unverzichtbar, so daß eine außerordentliche Kündigung von Betriebsvereinbarungen als Dauerrechtsverhältnis durch Parteivernehmung gem. § 242 BGB nicht völlig ausgeschlossen werden kann.

II. Das Erfordernis eines sachlichen Grundes zur Kündigung der Betriebsvereinbarung

Eine Kündigung sollte nach früherem Recht nur möglich sein, wenn für die Beendigung ein sachlicher Grund vorlag, d. h. ein Grund, der mit der Natur der jeweiligen Betriebsvereinbarung in einem direkten sachlichen Zusammenhang stand (vgl. *Küchenhoff* Anm. zu *BAG* vom 15. 2. 1957 – 1 ABR 10/55 – AP Nr. 3 zu § 56 BetrVG 1952 m. Anm. *Küchenhoff* = DB 1957, 261, 407; *Strucksberg* a. a. O. 94 f.). Dies sollte jedoch nicht bei vereinbarten Kündigungsfristen gelten (*Schulze/Reimpell* BB 1962, 139, 141). Entsprechend ist nunmehr aufgrund der generellen Kündigungsfrist von drei Monaten des § 77 Abs. 5 die Angabe eines sachlichen Grundes nicht mehr erforderlich.
Dies entspricht auch den Erfordernissen der Praktikabilität und Rechtssicherheit. 209 Rechtsmißbräuchlich darf die Kündigung jedoch nicht sein.

III. Die außerordentliche Kündigung der Betriebsvereinbarung

Nicht geregelt ist die **außerordentliche Kündigung aus wichtigem Grund**. Sie ist 210 durch § 77 Abs. 5 nicht ausgeschlossen, sondern **unabdingbar zulässig**. Dies folgt daraus, daß die Betriebsvereinbarung generell einer Kündigung zugänglich ist und ein als auf gegenseitigem Vertrauen beruhendes Rechtsverhältnis nach allgemeinen Rechtsprinzipien jederzeit kündbar sein muß (*BGH* vom 27. 2. 1963 – V ZR 100/61 (Celle) – NJW 1963, 1451). Dies gilt nicht nur für solche Betriebsvereinbarungen, die Bestimmungen über Kündigungsvoraussetzungen und -fristen nicht zum Inhalt haben, sondern auch für solche, bei denen ein Endtermin, eine Kündigungsfrist oder ein Kündigungsausschluß vereinbart wurden (vgl. *BAG* vom 12. 7. 1957 – 1 ABR 6/56 – AP Nr. 1 zu § 52 BetrVG 1952 m. zustimmender Anm. G. *Hueck*; *BAG* vom 29. 5. 1964 – 1 AZR 281/63 – AP Nr. 24 zu § 59 BetrVG 1952 m. Anm. *Neumann-Duesberg* = DB 1964, 1342 für den Fall der befristeten Betriebsvereinbarung).
Eine außerordentliche Kündigung setzt einen wichtigen Grund voraus, der für 211

§ 77 4. Teil Mitwirkung und Mitbestimmung der Arbeitnehmer

Arbeitgeber oder Betriebsrat ein weiteres Festhalten an der Betriebsvereinbarung unzumutbar macht (*BAG* vom 12.7.1957 – a.a.O.; *F/A/K/H* § 77 Rz.56; *Hueck/Nipperdey* II/2, 1284; *D/R* § 77 Rz.142). An den Begriff des **wichtigen Grundes** sind **strenge Anforderungen** zu stellen (*BAG* vom 12.7.1957 – a.a.O.; *BAG* vom 29.5.1964 – 1 AZR 281/63 – AP Nr.24 zu § 59 BetrVG 1952 m. Anm. *Neumann-Duesberg* = DB 1964, 1342; *Galperin/Siebert* § 52 BetrVG 1952 Rz.67c; *G/L* § 77 Rz.63; **a.A.** *GK-Kreutz* § 77 Rz.314). Ein **Betriebsinhaberwechsel stellt für sich allein keinen wichtigen Grund dar** (vgl. Anm. *Hueck, G.* zu *BAG* AP Nr.1 zu § 52 BetrVG 1952). Wenn längere Zeit mit dem Ausspruch der außerordentlichen Kündigung gewartet wird, spricht der erste Anschein gegen das Vorliegen eines wichtigen Grundes (*BAG* vom 29.5.1964 – a.a.O.).

IV. Die Form der Kündigung einer Betriebsvereinbarung

212 Die Form der Kündigung muß als einseitige empfangsbedürftige Willenserklärung im Interesse der Rechtssicherheit eindeutig und unmißverständlich erfolgen. Dabei ist der ausdrückliche Gebrauch der Worte »kündigen« oder »Kündigung« nicht erforderlich. Es genügt jedes Verhalten, durch das dem anderen Teil eindeutig der Wille kundgegeben wird, daß die bestehenden Bindungen gelöst werden sollen (*BAG* vom 15.2.1967 – 1 ABR 10/55 – AP Nr.3 zu § 56 BetrVG 1952; *BAG* vom 8.2.1963 – 1 AZR 543/61 – AP Nr.4 zu § 56 BetrVG 1952 Akkord m. Anm. *Dietz* = DB 1963, 697; *BAG* vom 29.5.1964 – 1 AZR 281/62 – AP Nr.24 zu § 59 BetrVG 1952 m. Anm. *Neumann-Duesberg* = DB 1964, 1342).

213 **Schriftform** (§ 126 BGB) ist **nicht erforderlich**, aus Beweisgründen jedoch zu empfehlen (*GK-Kreutz* § 77 Rz.315).

214 Die Kündigung muß zu ihrer Wirksamkeit dem Erklärungsempfänger entsprechend § 130 BGB **zugehen**. Eine Kündigung des Arbeitgebers ist dem Betriebsrat als Erklärungsempfänger zugegangen, wenn sie dem Betriebsratsvorsitzenden zugeht, z.B. wenn sie ihm mitgeteilt wird. Nicht erforderlich ist, daß der gesamte Betriebsrat von der Kündigung tatsächlich Kenntnis genommen hat (*BAG* vom 15.2.1967 – a.a.O.). Dies ergibt sich nun ausdrücklich aus der Vorschrift des § 26 Abs.3 Satz 2, wonach zur Entgegennahme von Erklärungen, die dem Betriebsrat gegenüber abzugeben sind, der Vorsitzende des Betriebsrats oder, im Falle seiner Verhinderung, sein Stellvertreter berechtigt ist. Die Kündigung geht nach allgemeinen Zugangsregeln zu, wenn sie in den Machtbereich des Vorsitzenden gelangt (ebenso *GK-Kreutz* § 77 Rz.315).

V. Die Teilkündigung einer Betriebsvereinbarung

215 Eine Teilkündigung von Betriebsvereinbarungen ist nur möglich, wenn sie entweder besonders vereinbart ist (*BAG* vom 17.4.1959 – 1 AZR 83/58 – AP Nr.1 zu § 4 TVG Günstigkeitsprinzip m. Anm. *Tophoven* = DB 1959, 767) oder einen selbständigen Teilkomplex betrifft (*BAG* vom 29.5.1964 – 1 AZR 281/63 – AP Nr.24 zu § 59 BetrVG 1952 m. Anm. *Neumann-Duesberg* = DB 1964, 1342; *F/A/K/H* § 77 Rz.58; *D/R* § 77 Rz.143; *GK-Kreutz* § 77 Rz.313).

VI. Andere Aufhebungsmöglichkeiten der Betriebsvereinbarung

Andere Aufhebungsmöglichkeiten sind einverständliche Aufhebung, Anfechtung 216 oder Wegfall der Geschäftsgrundlage. Die **einverständliche Aufhebung oder Abänderung** einer Betriebsvereinbarung zugunsten oder zu Lasten der Arbeitnehmer ist **jederzeit möglich** (*BAG* vom 16. 3. 1956 – GS 1/55 – AP Nr. 1 zu § 57 BetrVG 1952 = DB 1956, 573, 988 m. Anm. *Kaufmann*; ebenso *D/R* § 77 Rz. 138; GK-*Kreutz* § 77 Rz. 307).
Für die Aufhebung ist entsprechend § 77 Abs. 2 Satz 2 **Schriftform erforderlich.** Es 217 ist zwar im Zivilrecht allgemein anerkannt, daß auch formbedürftige Rechtsgeschäfte formlos aufgehoben werden können, weil der Hauptzweck zivilrechtlicher Formvorschriften, die Warnfunktion, auf das Aufhebungsgeschäft nicht zutrifft. Dagegen sind die Förmlichkeiten des § 77 Abs. 2 nicht so sehr im Interesse der beschließenden Partner, sondern aus rechtsstaatlichen Erwägungen im Interesse der normunterworfenen Arbeitnehmer festgesetzt und treffen die Aufhebung der Betriebsvereinbarung in gleicher Weise wie ihren Abschluß (*Adomeit* BB 1962, 1250, a. A. *Hueck/Nipperdey* II/2, 1283; *D/R* § 77 Rz. 138; GK-*Thiele* 3. Bearbeitung § 77 Rz. 206; *F/A/K/H* § 77 Rz. 55; *Bulla* DB 1962, 1208).
Eine **telefonische Einigung** der Betriebspartner über die Beendigung einer Be- 218 triebsvereinbarung berührt deren Wirksamkeit nicht, sondern kann allenfalls eine Aufhebungsverpflichtung begründen oder in eine Kündigung umgedeutet werden.
Die **gemeinsame Aufhebung** kann auch **durch Abschluß einer neuen Betriebsver-** 219 **einbarung** über die gleiche Materie mit einem anderen Inhalt erfolgen (*BAG* vom 16. 3. 1956 – a. a. O.; *D/R* § 77 Rz. 139; *F/A/K/H* § 77 Rz. 55; *G/L* § 77 Rz. 68; GK-*Kreutz* § 77 Rz. 308).
Die einseitige Aufhebung einer Betriebsvereinbarung ist – neben der Kündigung – 220 auch durch eine **Anfechtung** wegen Irrtums, arglistiger Täuschung oder Drohung entsprechend §§ 119, 123 BGB möglich. Dies gilt unbeschränkt sowohl für Betriebsvereinbarungen, die keine Dauerwirkung enthalten und der Kündigungsmöglichkeit somit entzogen sind, als auch für solche, die zwar Dauerrechtswirkung erzeugen, deren Vollzug aber noch nicht begonnen hat. Betriebsvereinbarungen mit Dauerwirkungen im Vollzug sind jedenfalls einer Anfechtung mit Rückwirkung entzogen. Ob man in diesen Fällen eine Anfechtung ohne rückwirkende Nichtigkeit (ex nunc) für zulässig erachtet (*Erdmann* § 52 BetrVG 1952 Rz. 14) oder mit der überwiegenden Meinung an deren Stelle nur eine fristlose Kündigung aus wichtigem Grund für möglich hält (*Dietz* BetrVG 1952 § 52 Rz. 53; *Fitting/Kraegeloh/ Auffarth* § 52 BetrVG Rz. 37; *Hueck/Nipperdey* II/2, 1282), ist für die Praxis unbedeutend, da die Rechtsfolgen gleich sind, nämlich Beendigung der Betriebsvereinbarung mit Wirkung für die Zukunft (*BAG* vom 29. 5. 1964 – a. a. O.).
Rücktritt und Widerruf von Betriebsvereinbarungen sind neben der Kündigung in 221 der Regel nicht möglich und **in Kündigungsklauseln umzudeuten.**
Auf Betriebsvereinbarungen können auch die **Grundsätze vom Fehlen oder Weg-** 222 **fall der Geschäftsgrundlage** angewendet werden, und zwar sowohl dann, wenn die Durchführung in der geplanten Art eine unzumutbare Beeinträchtigung eines betrieblichen Partners darstellen würde, als auch dann, wenn die Regelung unzweckmäßig oder gegenstandslos geworden ist (*BAG* vom 29. 5. 1964 – a. a. O.).
Dies folgt auch aus dem in § 2 Abs. 1 zum Ausdruck kommenden Prinzip der 223 betrieblichen Partnerschaft, das den Betriebspartnern ein erhöhtes Maß an gegenseitiger Rücksichtnahme unter dem übergeordneten Gesichtspunkt des Betriebs-

wohls abverlangt. Als Rechtsfolge kommt in erster Linie eine Anpassung an die veränderten Verhältnisse – z. B. Herabsetzung der vereinbarten Gratifikation –, nur notfalls eine Aufhebung der Betriebsvereinbarung in Betracht. Unter diesen Gesichtspunkten kann z. b. eine im Januar geschlossene Betriebsvereinbarung über Betriebsferien in der Zeit vom 10.–25. Juli aufgehoben werden, wenn plötzlich ein wichtiger Auftrag eingeht und bis zum 20. Juli abgewickelt werden muß. Verlegt oder verkürzt man mit Rücksicht auf eine Sportveranstaltung die Arbeitszeit und wird die Sportveranstaltung überraschend einen Tag vorher abgesagt, so ist auch eine solche Betriebsvereinbarung wegen Unzweckmäßigkeit mit der Verpflichtung zu betrieblicher Partnerschaft aufhebbar (vgl. hierzu GK-*Kreutz* § 77 Rz. 325; *D/R* § 77 Rz. 141).

224 Schließlich kann auch **Nichtigkeit** vorliegen, wenn z. B. die Schriftform nicht eingehalten wurde (§§ 77 Abs. 2 BetrVG, 125 BGB), bei Verstoß gegen ein gesetzliches Verbot (§ 134 BGB), wie z. B. gegen zwingende Vorschriften des BetrVG (§ 77 Abs. 3), bei Vereinbarungen mit einem nicht ordnungsgemäß gewählten Betriebsrat oder bei Vereinbarungen, die außerhalb des Aufgabengebietes des Betriebsrats liegen (*Stadler* BB 1971, 709 ff.; vgl. GK-*Kreutz* § 77 Rz. 49; *D/R* § 77 Rz. 141).

225 Sind einzelne Bestimmungen unwirksam, so ist entsprechend § 139 BGB zu entscheiden, ob die ganze Vereinbarung unwirksam ist, also Gesamtnichtigkeit oder nur Teilnichtigkeit vorliegt (*BAG* vom 15. 5. 1964 – 1 ABR 15/63 – EzA § 56 BetrVG 1972 Nr. 4; *BAG* vom 1. 12. 1961 – 1 AZR 357/60 – AP Nr. 70 zu Art. 3 GG = DB 1962, 171; *BAG* vom 15. 1. 1964 – 4 AZR 75/63 – AP Nr. 87 zu Art. 3 GG m. Anm. *Wertenbruch* = DB 1964, 553; *D/R* § 77 Rz. 37; *F/A/K/H* § 77 Rz. 30a; *G/L* § 77 Rz. 18; *Neumann-Duesberg* Betriebsverfassungsrecht, 370). Im Zweifel ist aber wegen des Normencharakters der Betriebsvereinbarung nur Teilnichtigkeit anzunehmen. Die Nichtigkeit einzelner Bestimmungen hat jedoch dann die Gesamtnichtigkeit der Betriebsvereinbarung zur Folge, wenn die anderen Bestimmungen keine selbständige Bedeutung haben und deshalb mit den nichtigen Bestimmungen eine untrennbare Einheit bilden.

226 Die **Betriebsvereinbarung endet nicht bei** einem **Wechsel der Betriebspartner** (*D/R* § 77 Rz. 146–148; GK-*Kreutz* § 77 Rz. 329). Bei Betriebsnachfolge besteht die Betriebsvereinbarung fort, solange die Identität des Betriebes gewahrt bleibt (*BAG* vom 19. 7. 1957 – 1 AZR 420/54 – AP Nr. 1 zu § 52 BetrVG 1952 m. Anm. G. *Hueck* = DB 1957, 925).

227 Bei Stillegung eines Betriebes oder Verschmelzung von zwei Betrieben zu einem neuen Betrieb enden die Betriebsvereinbarungen automatisch. Dies trifft jedoch nicht für den Fall zu, daß der Betrieb unter Beibehaltung seiner Identität in ein Unternehmen aufgenommen wird (*D/R* § 77 Rz. 147). Bei der Eingliederung eines Betriebes in einen anderen Betrieb bleiben nur die Betriebsvereinbarungen des aufnehmenden Betriebes bestehen.

228 Eine Betriebsvereinbarung, die als Ergänzung zu einem Tarifvertrag abgeschlossen wurde, ist grundsätzlich auf die Dauer des Tarifvertrages sowie gegebenenfalls dessen Nachwirkungszeitraum beschränkt. Ist eine solche Betriebsvereinbarung auch im Hinblick auf einen künftigen Tarifvertrag geschlossen worden, so hängt die Weitergeltung vom Inhalt dieses Vertrages ab. Die Geltung dieser Betriebsvereinbarungen kann durch die Regelungen in einem nachfolgenden Tarifvertrag nicht zeitlich erweitert werden (*BAG* vom 25. 8. 1983 – 6 ABR 40/82 – EzA § 77 BetrVG 1972 Nr. 12 = DB 1984, 1302).

G. Die Nachwirkung der Betriebsvereinbarung (Abs. 6)

Eine Nachwirkung tritt bei Ablauf der Betriebsvereinbarung nur bezüglich der 229
Regelungen ein, in denen die Einigung zwischen Arbeitgeber und Betriebsrat
durch einen Spruch der Einigungsstelle ersetzt werden kann (*D/R* § 77 Rz. 109;
F/A/K/H § 77 Rz. 60; *G/L* § 77 Rz. 42; GK-*Kreutz* § 77 Rz. 385). Dies betrifft
somit **nur die Regelungsgegenstände, die einer erzwingbaren Mitbestimmung unterliegen**, nicht jedoch solche, die durch freiwillige Betriebsvereinbarung (vgl. § 88
BetrVG) geregelt werden können. Bei letzteren kann nämlich ein Spruch der
Einigungsstelle nicht die mangelnde Einigung der Betriebspartner zwingend ersetzen. Bei freiwilliger Betriebsvereinbarung ist damit der Vertragsfreiheit der Vorrang eingeräumt worden (*BAG* vom 16. 3. 1956 – GS 1/55 – AP Nr. 1 zu § 57
BetrVG 1952 = DB 1956, 573, 998 m. Anm. *Kauffmann*; zur Terminologie vgl.
D/R § 77 Rz. 110).

Mit dieser differenzierenden Lösung hat § 77 Abs. 6 eine Streitfrage des BetrVG 230
1952 gelöst (vgl. zum Streitstand *D/R* § 77 Rz. 108) und Rechtssicherheit für alle
Beteiligten geschaffen. Allerdings hat sich der Gesetzgeber dabei gegen die bisher
herrschende Rechtsprechung und Lehre entschieden, die eine Nachwirkung von
Betriebsvereinbarungen generell ablehnten (*BAG* vom 16. 3. 1956 – a. a. O.;
Hueck/Nipperdey II/2, 1288). Ein Teil der Lehre hat aber bereits unter Geltung
des BetrVG 1952 eine Nachwirkung bezüglich der Gegenstände bejaht, die der
notwendigen Mitbestimmung unterliegen (*Neumann-Duesberg* Betriebsverfassungsrecht, 393f.; *Galperin/Siebert* § 52 BetrVG 1952 Rz. 59; *Nikisch* III, 290f.;
Bulla DB 1962, 1207ff.). Keine Nachwirkung tritt ein bei Nichtigkeit sowie bei
Fehlen oder Wegfall der Geschäftsgrundlage.

I. Beendigung der Nachwirkung durch rechtsgeschäftliche Vereinbarung

Die Nachwirkung endet dann, wenn eine andere Abmachung vorliegt. Eine an- 231
dere Abmachung kann sowohl in einem neuen Tarifvertrag oder einer Betriebsvereinbarung bestehen als auch in einer arbeitsvertraglichen Regelung durch ein
entsprechendes Übereinkommen zwischen dem Arbeitgeber und dem Arbeitnehmer (vgl. GK-*Thiele* 3. Bearbeitung § 77 Rz. 229).

Handelt es sich um eine Betriebsvereinbarung, so werden hierdurch die nachwir- 232
kenden Normen der bisherigen in dem Umfange ersetzt, wie sich dies aus der
neuen Betriebsvereinbarung ergibt. Die Neuregelung kann darauf beschränkt
sein, nur einzelne Bestimmungen der bisherigen abzuändern oder aufzuheben.
Dann gelten die übrigen Bestimmungen der alten Betriebsvereinbarung unverändert für die Arbeitsverhältnisse kraft Nachwirkung weiter. Die neue Vereinbarung
kann aber auch völlig an die Stelle der alten treten, womit die Nachwirkung ganz
wegfällt, auch wenn sie günstiger gewesen ist. Nur die Normen der neuen Betriebsvereinbarung gelten dann für die Zukunft unabdingbar und zwingend (vgl.
§ 77 Abs. 4).

Eine andere einzelvertragliche Abmachung ist nicht erzwingbar. Hierzu ist keine 233
Partei des Arbeitsvertrages verpflichtet. Stimmt der Arbeitnehmer einer einzelvertraglichen Abänderung nicht zu, so steht dem Arbeitgeber nur der Weg der
Änderungskündigung des Arbeitsverhältnisses offen. Für eine solche Änderungskündigung, wenn sie vom Arbeitgeber ausgesprochen wird, gilt allerdings der

§ 78   4. Teil Mitwirkung und Mitbestimmung der Arbeitnehmer

Kündigungsschutz nach dem Kündigungsschutzgesetz. Als unzulässig wird man es jedoch erachten müssen, wenn nach Beendigung einer Betriebsvereinbarung über Angelegenheiten des § 87 der Arbeitgeber mit allen Arbeitnehmern eines Betriebes eine andere einzelvertragliche Abmachung trifft. Das wäre eine unzulässige Umgehung des Mitbestimmungsrechts des Betriebsrats, indem ein solches Vorgehen doch belegt, daß die betreffende Angelegenheit betriebseinheitlich gelten soll, was aber nur über eine neue kollektiv-normative Regelung möglich ist (vgl. *BAG* vom 1.2. 1957 – 1 AZR 521/54 – AP Nr. 4 zu § 56 BetrVG 1972 m. Anm. *Küchenhoff* = DB 1957, 262, 286; 1958, 767 m. Anm. *Butz*, 1392 m. Anm. *Rewolle*; *LAG Düsseldorf* vom 15.1. 1962 – 1 Sa 376/61 – DB 1962, 806).

II. Die Nachwirkung einer Betriebsvereinbarung als dispositives Recht

234   Die Nachwirkung ist dispositives Recht und entfaltet keine zwingende Wirkung. Dies läßt sich zwar nicht aus dem Wortlaut entnehmen, ist aber entsprechend der Auslegung zu § 4 Abs. 5 TVG auch hier anzunehmen (vgl. *Hueck/Nipperdey/ Tophoven/Stahlhacke* § 4 TVG Rz. 34; GK-*Kreutz* § 77 Rz. 343; *D/R* § 77 Rz. 113; *F/A/K/H* § 77 Rz. 60). Insofern können die Parteien die Nachwirkung in der Betriebsvereinbarung von vornherein ausschließen. Das muß nicht ausdrücklich erfolgen, vielmehr genügt es, wenn gewisse Leistungen an die Arbeitnehmer nur für eine bestimmte Zeit und damit befristet auf einen Endpunkt zugesagt werden. Dann ist eine Nachwirkung nach diesem Zeitpunkt nicht anzunehmen (GK-*Kreutz* § 77 Rz. 343; *F/A/K/H* § 77 Rz. 60). Werden z. B. bestimmte Zulagen ausdrücklich nur für die Zeit vom 1.3. bis 30.6. vereinbart, so ist eine Nachwirkung über diese Zeit hinaus nicht anzunehmen.

III. Freiwillige Betriebsvereinbarung und Nachwirkung

235   Keine Nachwirkungen entfalten freiwillige Betriebsvereinbarungen (*BAG* vom 12.8. 1982 – 6 ABR 98/79 – AP Nr. 5 zu § 77 BetrVG 1972 = DB 1982, 2301). Sie sind nicht erzwingbar, sondern in das vertragsfreiheitliche Wollen der Betriebspartner gestellt. Infolgedessen ist hier erforderlich, den vertragsfreiheitlichen Willen des einen oder anderen Betriebspartners dahin zu respektieren, daß mit der formalen Beendigung auch die normative Regelung ohne Nachwirkung ihr Ende findet. Eröffnet ein Tarifvertrag den Betriebspartnern die Möglichkeit, durch freiwillige Betriebsvereinbarung statt des tariflich geregelten summarischen Verfahrens der Lohnfindung die analytische Arbeitsbewertung einzuführen, so gilt nach Ablauf der Kündigungsfrist für eine derartige Betriebsvereinbarung ohne weiteres wieder die tarifliche Regelung über das summarische Verfahren (*BAG* vom 12.8. 1982 – a. a. O.).

§ 78 Schutzbestimmungen

Die Mitglieder des Betriebsrats, des Gesamtbetriebsrats, des Konzernbetriebsrats, der Jugend- und Auszubildendenvertretung, der Gesamt-Jugend- und Auszubildendenvertretung, des Wirtschaftsausschusses, der Bordvertretung, des See-

betriebsrats, der in § 3 Abs. 1 Nr. 1 und 2 genannten Vertretungen der Arbeitnehmer, der Einigungsstelle, einer tariflichen Schlichtungsstelle (§ 76 Abs. 8) und einer betrieblichen Beschwerdestelle (§ 86) dürfen in der Ausübung ihrer Tätigkeit nicht gestört oder behindert werden. Sie dürfen wegen ihrer Tätigkeit nicht benachteiligt oder begünstigt werden; dies gilt auch für ihre berufliche Entwicklung.

Literaturübersicht

Brill Angabe der Betriebsratstätigkeit im Zeugnis?, BB 1981, 616; *Dütz* Erzwingbare Verpflichtungen des Arbeitgebers gegenüber dem Betriebsrat, DB 1984, 115; *ders.* Unterlassungs- und Beseitigungsansprüche des Betriebsrats gegen den Arbeitgeber, Rechtsgutachten für die Hans-Böckler-Stiftung, 1983; *Frey, E.* Zulässigkeit einer Änderungskündigung gegenüber Betriebsratsmitgliedern, Schwerbehinderten und Müttern, BetrVerf. 1958, 228; *Hennecke* Bemessung von Arbeitsentgelt und allgemeinen Zuwendungen für freigestellte Betriebsräte, BB 1986, 936; *Knevels* Die Änderungskündigung gegenüber Betriebsratsmitgliedern, BB 1961, 1390; *Konzen* Betriebsverfassungsrechtliche Leistungspflichten des Arbeitgebers, 1984; *ders.* Privatrechtssystem und Betriebsverfassung, ZfA 1985, 469; *Lauschke* Betriebsverfassungsrechtliche Fragen der Kündigung eines Betriebsratskandidaten, DB 1966, 1393; *Lepke* Zur Beschäftigungspflicht des Betriebsratsmitglieds, DB 1967, 2161; *Matthes* Problem des Kündigungsschutzes von Betriebsratsmitgliedern, DB 1980, 1165; *Neumann-Duesberg* Auswirkungen des Betriebsratsamtes auf die gegen Betriebsratsmitglieder möglichen Individualmaßnahmen des Arbeitgebers, RdA 1962, 291; *Peter* Mandatsausübung und Arbeitsverhältnis, BlStSozArbR 1977, 257; *Säcker* Betriebsratsamt und Arbeitsverhältnis. Ein Beitrag zum Problem der Unabhängigkeit des Anwaltes, RdA 1965, 372; *Strobel* Die Zulässigkeit von Änderungskündigungen gegenüber Betriebs- und Personalratsmitgliedern, RdA 1967, 205.

Inhaltsübersicht

		Rz.
I.	Vorbemerkungen	1, 2
II.	Störung oder Behinderung der Amtstätigkeit	3– 9
III.	Verbot der Begünstigung oder Benachteiligung	10–15
IV.	Die Reichweite des § 78	16

I. Vorbemerkungen

§ 78 entspricht im wesentlichen § 53 BetrVG 1952. Es werden kraft ausdrücklicher **1** Gesetzesvorschrift die Mitglieder aller nach dem BetrVG zu bildenden betriebsverfassungsrechtlichen Institutionen in den Schutz einbezogen (GK-*Kreutz* § 78 Rz. 6).

§ 78 enthält zwei Verbote, von denen das erste den Schutz der Ausübung des **2** Amtes, das zweite das persönliche Benachteiligungs- oder Begünstigungsverbot des Amtsträgers zum Gegenstand hat (GK-*Kreutz* § 78 Rz. 2), das jetzt ausdrücklich auch auf die berufliche Entwicklung ausgedehnt ist.

§ 78   *4. Teil Mitwirkung und Mitbestimmung der Arbeitnehmer*

II. Störung oder Behinderung der Amtstätigkeit

3   § 78 ergänzt die Bestimmung des § 20 Abs. 1 und 2, welche die Behinderung und Beeinflussung der Wahl des Betriebsrats verbietet, dahingehend, daß die ungehinderte und unbeeinflußte Tätigkeit des Betriebsrats und der anderen betriebsverfassungsrechtlichen Organe gesichert ist (GK-*Kreutz* § 78 Rz. 4). Das **Verbot der Störung der Amtstätigkeit ist zwingendes Recht** (GK-*Kreutz* § 78 Rz. 18) **und richtet sich gegen jedermann**, also nicht nur gegen den Arbeitgeber, sondern auch gegen leitende Angestellte, andere Arbeitnehmer und auch gegen Außenstehende, wie beispielsweise die Beauftragten der Verbände (GK-*Kreutz* § 78 Rz. 17; *F/A/K/H* § 78 Rz. 2; *D/R* § 78 Rz. 11, 12; *G/L* § 78 Rz. 5). In besonderen Fällen kann dem verbandsrechtlichen Interesse gegenüber § 78 Vorrang zukommen, nämlich dann, wenn das Verhalten des Mitgliedes der Gewerkschaft mit der satzungsmäßigen Zielsetzung nicht zu vereinbaren ist (vgl. hierzu *BAG* vom 2. 2. 1960 – 1 ABR 20/59 – AP Nr. 2 zu § 19 BetrVG 1952 m. Anm. *Neumann-Duesberg* = DB 1961, 377; *BGH* vom 13. 6. 1966 – II ZR 130/64 – AP Nr. 5 zu § 19 BetrVG 1952 = DB 1966, 1195).

4   Geschützt wird einmal die Tätigkeit der betriebsverfassungsrechtlichen Gremien insgesamt, zum anderen aber auch die Betätigung des einzelnen Mitglieds der verschiedenen, im Gesetz einzeln aufgeführten, betriebsverfassungsrechtlichen Institutionen (GK-*Kreutz* § 78 Rz. 9). Ersatzmitglieder sind im Gesetz nicht ausdrücklich erwähnt, sind jedoch insoweit geschützt, wie sie im Betriebsrat oder einer gleichgestellten Einrichtung tätig geworden sind. Auch für den Stellvertreter gilt der nachwirkende Schutz des § 78 Satz 2 (vgl. GK-*Kreutz* § 78 Rz. 10; *D/R* § 78 Rz. 7; *F/A/K/H* § 78 Rz. 1; *G/L* § 78 Rz. 3). Auf die Mitglieder des Wahlvorstandes und den Wahlbewerber ist § 78 analog anwendbar (GK-*Kreutz* § 78 Rz. 11). Für gewerkschaftliche Vertrauensleute im Betrieb gilt § 78 weder direkt noch entsprechend. Diese sind hinreichend durch § 75 Abs. 1 gegen Benachteiligungen geschützt (ebenso *G/L* § 78 Rz. 4; GK-*Kreutz* § 78 Rz. 13; **a. A.** *D/R* § 78 Rz. 10).

5   Der **Schutz erstreckt sich** allerdings **nur auf** die **rechtmäßige**, d. h. auf die **im Rahmen des BetrVG liegende Tätigkeit** (*BAG* vom 13. 10. 1977 – 2 AZR 387/86 – EzA § 74 BetrVG 1972 Nr. 3 m. Anm. *Löwisch* = DB 1978, 641; GK-*Kreutz* § 78 Rz. 23; *D/R* § 78 Rz. 13; *F/A/K/H* § 78 Rz. 3; *S/W* § 78 Rz. 3). Schreitet der Arbeitgeber gegen eine gesetzwidrige Betätigung des Betriebsrats oder einzelner Betriebsratsmitglieder ein, so liegt hierin keine Behinderung der Tätigkeit des Betriebsrats (*D/R* § 78 Rz. 13; *F/A/K/H* § 78 Rz. 3). So ist beispielsweise der Arbeitgeber berechtigt, einer gem. § 74 Abs. 2 verbotenen parteipolitischen Betätigung von Mitgliedern des Betriebsrats zu widersprechen, ohne daß hierin ein Verstoß gegen § 78 liegen würde.

6   **Innerhalb der gesetzmäßigen Tätigkeit** der betriebsverfassungsrechtlichen Einrichtungen ist **jede rechtswidrige Störung oder Behinderung verboten**, die durch ein Tun oder Unterlassen begangen werden kann (*D/R* § 78 Rz. 14–16; *F/A/K/H* § 78 Rz. 4, 5; GK-*Kreutz* § 78 Rz. 24, 25). Was im einzelnen unter Störung oder Behinderung der Tätigkeit der Institutionen oder ihrer Mitglieder zu verstehen ist, ist Tatfrage. Eine Störung oder Behinderung der Tätigkeit des Betriebsrats ist jede beharrliche Mißachtung der Mitbestimmungs- und Mitwirkungsrechte des Betriebsrats (GK-*Kreutz* § 78 Rz. 27; *F/A/K/H* § 78 Rz. 4). Im Einzelfall kann ausreichend sein: die Weigerung des Arbeitgebers, die für die Geschäftsführung des Betriebsrats erforderlichen Räume oder sachlichen Mittel im Rahmen des § 40

Abs. 2 zur Verfügung zu stellen, die grundsätzliche Weigerung, mit betriebsverfassungsrechtlichen Institutionen zusammenzuarbeiten, die Weigerung, ein Mitglied des Betriebsrats im Rahmen von § 37 Abs. 2 von der Arbeit zu befreien oder im Rahmen von § 38 von seiner beruflichen Tätigkeit freizustellen, die Behinderung der Durchführung der Überwachungsmaßnahmen nach § 80 Abs. 1, die Abhaltung eines Betriebsratsmitglieds von der Teilnahme an Betriebsratssitzungen oder die Weigerung des Arbeitgebers, Vereinbarungen zwischen Betriebsrat und Arbeitgeber durchzuführen (vgl. *D/R* § 78 Rz. 14; siehe auch die Beispiele bei GK-*Kreutz* § 78 Rz. 24). Die Anordnung einer Dienstreise für ein Mitglied des Betriebsrats am Tage einer Betriebsratssitzung kann eine Behinderung der Tätigkeit zumindest dieses Betriebsratsmitglieds darstellen, wenn sie zu dem Zweck erfolgt, die Beteiligung des Betriebsratsmitglieds an der Sitzung des Betriebsrats unmöglich zu machen. Andererseits ist das Betriebsratsmitglied, soweit es nicht nach § 38 Abs. 1 gänzlich von der Arbeit freigestellt ist, verpflichtet, seinen arbeitsvertraglichen Pflichten nachzukommen (siehe hierzu insbesondere *D/R* § 78 Rz. 16), soweit dies mit der ordnungsgemäßen Durchführung der Aufgaben des Betriebsrats vereinbar ist. Daher ist bei der in diesem Zusammenhang gebotenen Abwägung auch zu berücksichtigen, daß das Betriebsratsmitglied möglicherweise von einem Ersatzmitglied im Rahmen seiner betriebsverfassungsrechtlichen Tätigkeit vertreten werden kann.

Die **Störung oder Behinderung** kann **sowohl durch positives Tun als auch durch Unterlassen** erfolgen; allerdings **setzt** der **Verstoß durch Unterlassen** eine **Rechtspflicht zum Handeln voraus** (*D/R* § 78 Rz. 14, GK-*Kreutz* § 78 Rz. 24 m. w. N.). Daher ist es keine Störung der Betriebsratstätigkeit, wenn es der Arbeitgeber unterläßt, Mitglieder für die Einigungsstelle zu benennen, da in diesem Falle die Sondervorschrift des § 76 Abs. 5 eingreift (*D/R* § 78 Rz. 14; *F/A/K/H* § 78 Rz. 4 a; GK-*Kreutz* § 78 Rz. 26; *G/L* § 78 Rz. 9). 7

Die Störung und Behinderung muß wegen der Amtstätigkeit erfolgen. Voraussetzung dafür, daß eine Störung oder Behinderung wegen der Amtstätigkeit bejaht werden kann, ist, daß auf seiten des Störenden **Vorsatz** gegeben ist, d. h., daß ihm bewußt ist, daß sein Handeln eine Störung oder Behinderung der Amtstätigkeit zur Folge haben wird (*LAG Kiel* vom 21. 4. 1953 – 3 Sa 79/53 – BB 1953, 768; *Dietz* BetrVG 1952 § 53; *Brecht* § 78 Rz. 5; *S/W* § 78 Rz. 4; *Erdmann* § 53 BetrVG 1952 Rz. 2; vgl. auch *BAG* vom 6. 7. 1955 – 1 AZR 510/54 – AP Nr. 1 zu § 20 BetrVG 1952 Jugendvertreter = DB 1955, 692, 828; 1956, 645 m. Anm. *Wünnenberg*; *BAG* vom 4. 4. 1974 – 2 AZR 452/73 – EzA § 15 KSchG 1969 Nr. 1 = DB 1974, 1067; »willensmäßig ursächlicher Zusammenhang«; *BVerfG* vom 22. 5. 1975 – 2 BvL 13/73 – EzA Art. 33 GG Nr. 4 = DB 1975, 1555: »bezweckte Benachteiligung oder Bevorzugung«; **a. A.** *G/L* § 78 Rz. 10; *F/A/K/H* § 78 Rz. 5; *G/K/S/B* § 78 Rz. 8; *D/R* § 78 Rz. 15, die eine Störung oder Behinderung der Amtstätigkeit schon bei objektiver Beeinträchtigung annehmen und diese für einen Beseitigungsanspruch und Unterlassungsanspruch ausreichen lassen, während sie für die Bestrafung Vorsatz verlangen; vgl. auch *LAG Düsseldorf* vom 30. 7. 1970 – 7 Sa 371/70 – DB 1970, 2035; *BAG* vom 23. 6. 1975 – 1 ABR 104/73 – EzA § 40 BetrVG 1972 Nr. 21 = DB 1975, 1707). 8

Ist der Arbeitgeber der nachvollziehbaren, vertretbaren Auffassung, daß das Arbeitsverhältnis eines Betriebsratsmitglieds außerordentlich gekündigt werden kann und verweigert der Betriebsrat die Zustimmung zur außerordentlichen Kündigung, so ist der Arbeitgeber unter der Voraussetzung, daß den vorgetragenen

Kündigungsgründen einiges Gewicht zukommt, regelmäßig das Recht zuzubilligen, das Betriebsratsmitglied bis zum Abschluß des Zustimmungsersetzungsverfahrens unter Fortzahlung der Bezüge von der Arbeit zu suspendieren; eine Behinderung der Betriebsratstätigkeit i. S. d. § 78 kann hierin nicht gesehen werden (*LAG Hamm* vom 24. 10. 1974 – 8 TaBV 53/74 – EzA § 102 BetrVG 1972 Nr. 5 = DB 1975, 111; *BAG* Urteil vom 25. 10. 1988 – 1 AZR 368/87 – EzA Art. 9 GG Arbeitskampf Nr. 54 = DB 1989, 682; *LAG Baden-Württemberg* vom 4. 5. 1983 – 2 TaBV 7/82 – ZIP 1983, 1238; GK-*Kreutz* § 78 Rz. 29 m. w. N.; *D/R* § 78 Rz. 21).

Als Verstoß gegen §§ 78, 194 BGB kann eine Kündigung zu bewerten sein, wenn ein Kündigungsgrund lediglich vorgeschoben worden ist (GK-*Kreutz* § 78 Rz. 29). Vgl. zu den Verstößen gegen das Behandlungsverbot auch die Beispiele bei *Kreutz* (GK-*Kreutz* § 78 Rz. 39). Der Versetzung eines Betriebsratsmitglieds steht § 37 Abs. 5 nicht entgegen, wenn die Maßnahme einzelvertraglich möglich ist und die neu zugewiesene Tätigkeit nach Entgelt und Aufgabenstellung derjenigen vergleichbarer Arbeitnehmer gleichartig ist. Hat der Arbeitgeber mangels eines anderweitigen freien, gleichwertigen Arbeitsplatzes das Betriebsratsmitglied zunächst auf einen nicht gleichwertigen versetzt, so ist er verpflichtet, das Betriebsratsmitglied weiterzuversetzen, sobald ein Arbeitsplatz frei wird, damit dem Arbeitgeber nicht der Vorwurf einer unzulässigen Benachteiligung gemacht werden kann. Besteht der Betriebsrat auf der Versetzung eines Betriebsratsmitglieds, um zu erreichen, daß das betreffende Mitglied auf Dauer in einem ihm zugewiesenen Betreuungsgebiet anwesend sein kann, so bedeutet diese Versetzung keine Behinderung des versetzten Betriebsratsmitglieds (*ArbG Mannheim* vom 25. 1. 1982 – 4 Ca 467/81 – BB 1982, 1421).

Daß die Tätigkeit mit der **Absicht** erfolgt, eine Störung der Tätigkeit der betriebsverfassungsrechtlichen Institution zu erreichen, ist dagegen **nicht erforderlich** (ebenso *D/R* § 78 Rz. 15; GK-*Kreutz* § 78 Rz. 25 m. w. N.; a. A. zum österreichischen Recht *Floretta/Strasser* Kommentar zum Betriebsrätegesetz 1973, 346).

9 Rechtshandlungen des Arbeitgebers, die gegen das Behinderungsverbot verstoßen, sind gem. § 134 BGB nichtig (vgl. auch *D/R* § 78 Rz. 33; GK-*Kreutz* § 78 Rz. 19, 57). Beweispflichtig ist nach allgemeinem Rechtsgrundsatz derjenige, der sich auf sie beruft. Soweit eine Behinderung durch ein Verhalten des Arbeitgebers vorliegt, kann hierin ein Verstoß gegen Verpflichtungen aus dem BetrVG gem. § 23 Abs. 3 vorliegen. Die vorsätzliche Behinderung ist im übrigen nach § 119 Abs. 1 Ziff. 2 strafbar.

III. Verbot der Begünstigung oder Benachteiligung

10 Während das Verbot der Störung oder Behinderung dem Schutz des Amtes, d. h. der Ausübung der Tätigkeit des Betriebsrats gilt, soll durch das Verbot der Benachteiligung oder Begünstigung die persönliche Unabhängigkeit und Unparteilichkeit der Mitglieder der in § 78 genannten betriebsverfassungsrechtlichen Institutionen (vgl. Rz. 1) gesichert werden. Diese Personen dürfen wegen ihrer Tätigkeit nicht benachteiligt oder begünstigt werden. Auch dieses **Verbot richtet sich** nicht nur gegen den Arbeitgeber, sondern **gegen jedermann** (*D/R* § 78 Rz. 17). Es setzt voraus, daß ein Kausalzusammenhang zwischen der Amtstätigkeit des betreffenden Mandatsträgers und der Benachteiligung oder Begünstigung vorhanden ist.

Die in § 78 genannten Personen dürfen wegen ihres Amtes nicht anders behandelt 11
werden als die übrigen Arbeitnehmer des Betriebes. Sie dürfen nicht schlechter
gestellt werden als diese, z. B. dadurch, daß ihnen härtere, unangenehmere, zeitlich ungünstiger gelegene oder schlechter bezahlte Arbeit zugewiesen wird (GK-*Kreutz* § 78 Rz. 41) oder daß sie von bestimmten besonderen Zuwendungen ausgeschlossen werden, sie dürfen andererseits aber auch nicht wegen ihres Amtes besser gestellt werden als andere Arbeitnehmer, wie z. B. durch Geldgeschenke, Beförderungen, Lohn- und Gehaltserhöhungen, Arbeitszeitverkürzung, Bevorzugung bei dem Arbeitsplatz (GK-*Kreutz* § 78 Rz. 51; *D/R* § 78 Rz. 25; *F/A/K/H*
§ 78 Rz. 12; *G/L* § 78 Rz. 22). Der Arbeitgeber darf demgemäß einem Mitglied
des Betriebsrats nur das Entgelt gewähren, das ihm aufgrund seines Arbeitsvertrages zusteht (*D/R* § 78 Rz. 25; *G/L* § 78 Rz. 22). Eine Bezahlung von **pauschalen
Aufwandsentschädigungen** kann gegen § 78 verstoßen, wenn sie über regelmäßig
auftretende Auslagen hinausgeht und in Wahrheit versteckte Vergütung darstellt
(vgl. auch GK-*Kreutz* § 78 Rz. 51; siehe auch *LAG Köln* vom 13. 9. 1984 – 10 Sa
583/84 – DB 1985, 394). Eine Begünstigung ist auch die **über das erforderliche
Maß hinausgehende Freistellung** eines Betriebsratsmitgliedes bzw. die **über das
normale Maß hinausgehende Reisekostenregelung** (*BAG* vom 29. 1. 1974 –
1 ABR 34/73 – EzA § 40 BetrVG 1972 Nr. 14 m. Anm. *Dütz* = DB 1974, 1535,
1975 1707; GK-*Kreutz* § 78 Rz. 53). Ein Betriebsratsmitglied, das einen Lohnanspruch erfolglos klageweise gegen den Arbeitgeber geltend gemacht hat, kann von
dem Arbeitgeber nicht verlangen, daß dieser die Gerichtskosten erstattet, da dies
eine nach § 78 unzulässige Begünstigung des Betriebsratsmitgliedes wäre, wenn es
seine streitigen Lohnansprüche ohne Kostenrisiko geltend machen könnte (*BAG*
vom 14. 10. 1982 – 6 ABR 37/79 – EzA § 40 BetrVG 1972 Nr. 52 = DB 1983, 665).

Nachteile, die alle Arbeitnehmer des Betriebes gleichmäßig treffen, wie z. B. die 12
Einführung notwendiger **Kurzarbeit**, treffen unter dem Gesichtspunkt der Gleichbehandlung auch die Mitglieder der betriebsverfassungsrechtlichen Institutionen
(GK-*Kreutz* § 78 Rz. 46). Aus dem gleichen Grunde sind, ungeachtet der besonderen Kündigungsschutzvorschriften für einen Teil der in § 78 genannten Mandatsträger, **Massenänderungskündigungen auch gegenüber den Mandatsträgern zulässig**, wenn sie erforderlich sind, um die betrieblichen Arbeitsbedingungen an veränderte wirtschaftliche Verhältnisse anzupassen (*F/A/K/H* § 103 Rz. 3; *D/R* § 78
Rz. 28; GK-*Kreutz* § 78 Rz. 47; *G/L* § 103 Rz. 49; *Hueck* KSchG § 15 Rz. 29;
Hueck/Nipperdey II/2, 1170f.; *Linke* BB 1955, 385ff.; *Knevels* BB 1961, 1390ff.;
Herschel AuR 1958, 286f.; *Strobelt* RdA 1967, 205). Allerdings ist zu beachten,
daß auch für die Massenänderungskündigung der Kündigungsschutz nach § 15
KSchG gilt (*BAG* vom 29. 1. 1981 – 2 AZR 778/78 – EzA § 15 KSchG 1969 Nr. 26
= DB 1981, 2283; *BAG* vom 9. 4. 1987 – 2 AZR 279/86 EzA § 15 KSchG 1969
Nr. 37; *BAG* vom 24. 4. 1969 – 2 AZR 319/68 – EzA § 13 KSchG 1969 Nr. 2 = DB
1969, 1562; *BAG* vom 29. 1. 1981 – 2 AZR 778/78 – EzA § 15 KSchG 1969 Nr. 26
m. Anm. *Schwerdtner* = DB 1981, 2283; *BAG* vom 9. 4. 1987 – 2 AZR 279/86 –
DB 1987, 2209; *Neumann-Duesberg* Betriebsverfassungsrecht, 291 f.; *Herschel/
Steinmann* KSchG § 13 Rz. 2a; *Etzel* BlStSozArbR 1972, 87; *Seiter* ZfA 1970,
378). Zum Teil wird auch vertreten, daß eine einzelne Änderungskündigung gegenüber einem Betriebsratsmitglied zulässig sei (*LAG Hamm* vom 23. 6. 1978 –
3 Sa 598/78 – EzA § 15 KSchG 1969 Nr. 20 = DB 1978, 1745; *Matthes* DB 1980,
1165). Dem ist zuzustimmen, da dem Betriebsratsmitglied die Erklärung nach § 2
KSchG zumutbar ist.

§ 78   4. Teil Mitwirkung und Mitbestimmung der Arbeitnehmer

Auch die Voraussetzungen für die Erteilung einer Abmahnung wegen arbeitsvertraglicher Pflichtverletzungen dürfen bei einem Betriebsratsmitglied nicht enger gezogen werden als bei einem anderen Arbeitnehmer, da dies eine unzulässige Besserstellung des Betriebsratsmitgliedes darstellen würde (*BAG* vom 6.8. 1981 – 6 AZR 505/78 – EzA § 37 BetrVG 1972 Nr. 73 = DB 1982, 758).

13 Rechtsgeschäfte, die gegen § 78 verstoßen, sind gem. § 134 BGB nichtig (*BAG* vom 12.2. 1975 – 5 AZR 79/74 – EzA § 78 BetrVG 1972 Nr. 4 = DB 1975, 1226; *F/A/K/H* § 78 Rz. 14, 15; GK-*Kreutz* § 78 Rz. 19; *G/L* § 78 Rz. 27, 28). Ist die Begünstigung bereits gewährt, kommt § 817 Satz 2 BGB zur Anwendung (vgl. *F/A/K/H* § 78 Rz. 15; *D/R* § 78 Rz. 33; *G/L* § 78 Rz. 28).

Soweit aus einer Benachteiligung **ein materieller** Schaden entsteht, kann der Betreffende **Schadenersatz** verlangen, da § 78 ein Schutzgesetz i.S.d. § 823 Abs. 2 BGB darstellt (*BAG* vom 12.2. 1975 – a.a.O.; *BAG* vom 9.6. 1982 – 4 AZR 766/79 – AP Nr. 1 zu § 107 BetrVG 1972 = DB 1982, 2711; *D/R* § 78 Rz. 32; *F/A/K/H* § 1 Rz. 139, § 78 Rz. 1a, § 78 Rz. 14; *G/L* § 78 Rz. 28; **a.A.** GK-*Kreutz* § 78 Rz. 21, der lediglich das Benachteiligungsverbot als Schutzgesetz ansieht).

Sonstige Maßnahmen, die § 78 zuwiderlaufen, sind rechtswidrig. Die Rechtswidrigkeit kann von dem betroffenen Funktionsträger oder der Institution durch Feststellungs- oder Unterlassungsantrag beim Arbeitsgericht geltend gemacht werden (§§ 2a Abs. 1 Nr. 1 Abs. 2, 80 Abs. 1 ArbGG; vgl. dazu GK-*Kreutz* § 78 Rz. 31, 55). Unter der Voraussetzung der Wiederholungsgefahr einer Verbotsverletzung kann im Wege des arbeitsgerichtlichen Beschlußverfahrens verlängerter Rechtsschutz begehrt werden (GK-*Kreutz* § 78 Rz. 32). Zur Sicherung des Anspruchs kann auch nach §§ 85 ArbGG, 935 ZPO ein Antrag auf Erlaß einer einstweiligen Verfügung zulässig sein (*LAG Düsseldorf* vom 22.2. 1977 – 11 TaBV 7/77 – DB 1977, 1053; *G/L* § 78 Rz. 11; GK-*Kreutz* § 78 Rz. 31 m.w.N.). Bei groben Verstößen des Arbeitgebers gegen die Verbote gelten die besonderen Vorschriften des § 23 Abs. 3 (vgl. GK-*Kreutz* § 78 Rz. 20; *D/R* § 78 Rz. 35).

Auf Antrag (§ 119 Abs. 2) tritt die strafrechtliche Verfolgung nach § 119 Abs. 1 Nr. 2 und § 119 Abs. 1 Nr. 3 ein, wenn eine verbotswidrige vorsätzliche Benachteiligung oder Begünstigung gegeben ist (GK-*Kreutz* § 78 Rz. 58). Der Gesetzgeber hat ausdrücklich dargestellt, daß das Verbot der Benachteiligung auch für die **berufliche Entwicklung** der Mitglieder der betriebsverfassungsrechtlichen Institutionen gilt (GK-*Kreutz* § 78 Rz. 44). Hierin liegt sachlich keine Neuregelung. Denn einerseits ergibt sich dieses Verbot bereits aus dem allgemeinen Verbot, Mandatsträger wegen ihrer Tätigkeit zu benachteiligen oder zu begünstigen; zum anderen würde eine abweichende Handhabung auch gegen den Gleichbehandlungsgrundsatz des § 75 verstoßen. Das *Bundesarbeitsgericht* hatte den **Ausschluß** von Betriebsratsmitgliedern **vom Bewährungsaufstieg** im übrigen auch nach dem BetrVG 1952 für **unzulässig** erklärt (*BAG* vom 15.5. 1968 – 4 AZR 356/67 – AP Nr. 1 zu § 23a BAT m. Anm. *Spiertz* = BB 1968, 912). Eine Benachteiligung wäre es auch, wenn sich der Arbeitgeber unberechtigterweise weigert, ein befristetes Arbeitsverhältnis in ein unbefristetes umzuwandeln, oder wenn er ohne Grund sich weigert, ein Teilzeit-Arbeitsverhältnis in ein Vollzeit-Arbeitsverhältnis umzuwandeln (GK-*Kreutz* § 78 Rz. 45).

14 Der Schutz der Betriebsratsmitglieder hinsichtlich ihrer beruflichen Entwicklung führt dazu, daß der Arbeitgeber gegen den Willen des Arbeitnehmers die Betriebsratstätigkeit im Zeugnis des Arbeitnehmers nicht angeben darf (*Brill* BB 1981, 616; *LAG Hamm* vom 13.4. 1976 – 9 Sa 29/76 – DB 1976, 1112; *LAG*

Frankfurt/M. vom 18. 2. 1953 – II LA 22/53 – DB 1953, 404; *ArbG Ludwigshafen* vom 18. 3. 1987 – 2 Ca 281/87 – DB 1987, 1364, wonach die Betriebsratstätigkeit im Zeugnis nur auf ausdrücklichen Wunsch des Arbeitnehmers erwähnt werden darf; *Schaub* Arbeitsrechtshandbuch § 146 IV 1; *Etzel* Arbeitsrecht 1971, 298). Dies gilt grundsätzlich auch bei völliger Freistellung gem. § 38 Abs. 1; **aber** Ausnahme: Freistellung über längeren Zeitraum (*LAG Frankfurt/M.* vom 10. 3. 1977 – 6 Sa 779/76 – DB 1978, 167; *ArbG Kassel* vom 16. 8. 1976 – 4 (3) Ca 240/76 – DB 1976, 1487 = BB 1976, 978; *LAG Hamm* vom 13. 4. 1976 – 9 Sa 29/76 – DB 1976, 1112; *Neumann*, in Staudinger BGB § 630 Rz. 27; GK-*Kreutz* § 78 Rz. 44).

Das freigestellte Betriebsratsmitglied hat keinen Anspruch auf eine unversteuerte **15** und sozialabgabenfreie Auszahlung der Sonntags-, Feiertags- oder Nachtarbeitszuschläge (*BAG* vom 29. 7. 1980 – 6 AZR 231/78 – EzA § 37 BetrVG 1972 Nr. 70 m. Anm. *Kittner* = DB 1981, 427). Der Arbeitgeber ist gegenüber diesem Betriebsratsmitglied auch nicht verpflichtet, die Differenz zum Nettolohn zu zahlen, die sich für den Arbeitnehmer daraus ergibt, daß nach seiner Freistellung als Betriebsratsmitglied die an ihn weiterzuzahlenden Zuschläge (vgl. *BFH* vom 3. 5. 1974 – VI R 211/71 – DB 1974, 1991) steuer- und sozialversicherungspflichtig sind (*BAG* vom 29. 7. 1980 – a. a. O.; *BAG* vom 22. 8. 1985 – 6 AZR 504/83 – AP Nr. 50 zu § 37 BetrVG 1972; vom 29. 7. 1980 – 6 AZR 231/78 – EzA § 37 BetrVG 1972 Nr. 70 m. Anm. *Kittner* = DB 1981, 427; GK-*Kreutz* § 78 Rz. 47; **anders** noch *BAG* vom 10. 6. 1969 – 1 AZR 203/68 – EzA § 37 BetrVG 1952 Nr. 4 = DB 1969, 1755).

IV. Die Reichweite des § 78

§ 78 regelt die Schutzvorschriften für betriebsverfassungsrechtliche Mandatsträger **16** nicht abschließend, sondern greift nur **subsidiär** ein (*D/R* § 78 Rz. 2). Insbesondere ist auf den besonderen Kündigungsschutz zu verweisen, den nach § 15 KSchG Mitglieder eines Betriebsrats, einer Jugendvertretung, einer Bordvertretung oder eines Seebetriebsrats besitzen. Angehörigen dieser Gremien kann demnach nur im Wege der außerordentlichen Kündigung aus wichtigem Grund und mit Zustimmung des Betriebsrats nach § 103 gekündigt werden.

§ 78 a Schutz Auszubildender in besonderen Fällen

(1) Beabsichtigt der Arbeitgeber, einen Auszubildenden, der Mitglied der Jugend- und Auszubildendenvertretung, des Betriebsrats, der Bordvertretung oder des Seebetriebsrats ist, nach Beendigung des Berufsausbildungsverhältnisses nicht in ein Arbeitsverhältnis auf unbestimmte Zeit zu übernehmen, so hat er dies drei Monate vor Beendigung des Berufsausbildungsverhältnisses dem Auszubildenden schriftlich mitzuteilen.
(2) Verlangt ein in Absatz 1 genannter Auszubildender innerhalb der letzten drei Monate vor Beendigung des Berufsausbildungsverhältnisses schriftlich vom Arbeitgeber die Weiterbeschäftigung, so gilt zwischen Auszubildendem und Arbeitgeber im Anschluß an das Berufsausbildungsverhältnis ein Arbeitsverhältnis auf unbestimmte Zeit als begründet. Auf dieses Arbeitsverhältnis ist insbesondere § 37 Abs. 4 und 5 entsprechend anzuwenden.

§ 78 a 4. Teil Mitwirkung und Mitbestimmung der Arbeitnehmer

(3) Die Absätze 1 und 2 gelten auch, wenn das Berufsausbildungsverhältnis vor Ablauf eines Jahres nach Beendigung der Amtszeit der Jugend- und Auszubildendenvertretung, des Betriebsrats, der Bordvertretung oder des Seebetriebsrats endet.
(4) Der Arbeitgeber kann spätestens bis zum Ablauf von zwei Wochen nach Beendigung des Berufsausbildungsverhältnisses beim Arbeitsgericht beantragen,
1. festzustellen, daß ein Arbeitsverhältnis nach Absatz 2 oder 3 nicht begründet wird, oder
2. das bereits nach Absatz 2 oder 3 begründete Arbeitsverhältnis aufzulösen, wenn Tatsachen vorliegen, aufgrund derer dem Arbeitgeber unter Berücksichtigung aller Umstände die Weiterbeschäftigung nicht zugemutet werden kann. In dem Verfahren vor dem Arbeitsgericht sind der Betriebsrat, die Bordvertretung, der Seebetriebsrat, bei Mitgliedern der Jugend- und Auszubildendenvertretung auch diese Beteiligte.
(5) Die Absätze 2 bis 4 finden unabhängig davon Anwendung, ob der Arbeitgeber seiner Mitteilungspflicht nach Absatz 1 nachgekommen ist.

Literaturübersicht

Auffarth Das Verfahren nach § 78 a BetrVG 1972, FS für *Herschel*, 1982, 13; *Barwasser* Zeitweilige Tätigkeit im Betriebsrat und nachwirkender Kündigungsschutz, AuR 1977, 74; ders. Der Befreiungsantrag des Arbeitgebers nach § 78 a Abs. 4 BetrVG, DB 1976, 2114; *Benöhr* Ausbildungsverhältnis und Jugendvertretung, NJW 1973, 1788; *Blanke* Nochmals: Sind Redaktionsvolontäre Tendenzträger?, AiB 1983, 30; *Becker-Schaffner* Die Rechtsprechung zu § 78 a BetrVG, DB 1987, 2647; *Brecht* Schutz in Ausbildung befindlicher Mitglieder von Betriebsverfassungsorganen, NWB 1971, 441 = Fach 26, S. 1207; *Hayen* Der Schutz Auszubildender in besonderen Fällen durch § 78 a BetrVG, AiB 1982, 76; *Herschel* Das Verfahren zum Schutze Auszubildender in besonderen Fällen, DB 1976, 1285; *Hromadka* Mehr Rechte für die Jugendvertretung, DB 1971, 1964; *Künzel* Begründung von Teilzeitarbeitsverhältnissen gemäß § 78 a BetrVG, BB 1986, 2404; *Löwisch* Die Unzumutbarkeit der Weiterbeschäftigung Auszubildender nach § 78 a BetrVG, DB 1975, 1893; *Matthes* Die Aufträge des Arbeitgebers nach § 78 a Abs. 4 BetrVG und nach § 9 B PersVG, NZA 1989, 916–919; *Moritz* Das Weiterbeschäftigungsgebot des § 78 a BetrVG und seine Wirkung für die Jugendvertretung und ihre Mitglieder, DB 1974, 1016; ders. Die »Zumutbarkeitsklausel« des § 78 a Abs. 4 Nr. 2 BetrVG i. d. F. v. 18. 1. 1974, NJW 1974, 1494; *Müller, H. P.* Übernahme eines in Ausbildung befindlichen Mitgliedes eines Betriebsverfassungsorgane in das Arbeitsverhältnis kraft Gesetzes, DB 1974, 1526; *Natzel* Berufsbildungsrecht, 1982; *Pielsticker* Der Schutz in Ausbildung befindlicher Mitglieder von Betriebsverfassungsorganen nach § 78 a BetrVG, Diss. Münster, 1987; *Reinecke* Die Übernahme des Auszubildenden in ein Arbeitsverhältnis nach § 78 a BetrVG, DB 1981, 889; *Schäfer* Zum Begriff der Unzumutbarkeit in § 78 a Abs. 4 BetrVG, AuR 1978, 202; ders. Zum Wechsel des Jugendvertreters vom Ausbildungs- ins Arbeitsverhältnis, NZA 1985, 418; *Schwedes* Verbesserter Schutz der Jugendvertreter, BABl. 1974, 9; *Strieder* Besonderheiten der Auflösungsklage nach § 78 a Abs. 4 Nr. 2 BetrVG, BB 1983, 579; *Thiele* Schutz der in Ausbildung befindlichen Mitglieder von Betriebsverfassungsorganen, BlStSozArbR 1974, 177; *Weng* Weiterbeschäftigungsanspruch eines Jugendvertreters nach § 78 a BetrVG trotz entgegenstehender betrieblicher Gründe?, DB 1976, 1013; *Wiencke* Der Schutz Auszubildender in besonderen Fällen – § 78 a BetrVG, Diss. Berlin, 1983; *Wenzel* Der Kündigungsschutz des Arbeitnehmers (XIV), der besondere Kündigungsschutz der Jugendvertreter sowie der Wahlvorstandsmitglieder und Wahlkandidaten, MDR 1978, 541; *Wollenschläger* Gesetz zum Schutze in Ausbildung befindlicher Mitglieder von Betriebsverfassungsorganen, NJW 1974, 935.

Schutz Auszubildender in besonderen Fällen § 78a

Inhaltsübersicht

	Rz.
I. Gesetzeszweck und erfaßter Personenkreis	1– 9
II. Die Mitteilungspflicht des Arbeitgebers bei beabsichtigter Nichtweiterbeschäftigung	10
III. Das Weiterbeschäftigungsverlangen	11–15
IV. Antrag des Arbeitgebers auf Nichtbegründung oder Auflösung des Arbeitsverhältnisses	16–26
V. Streitigkeiten	27–35

I. Gesetzeszweck und erfaßter Personenkreis

§ 78a ist durch das Gesetz zum Schutze in Ausbildung befindlicher Mitglieder von **1** Betriebsverfassungsorganen vom 18.1.1974 (BGBl. I S. 85) in das BetrVG eingefügt worden. Es ist am 23.1.1974 in Kraft getreten.

§ 78a regelt die Übernahme Auszubildender, die einem Betriebsverfassungsorgan **2** angehören, in ein unbefristetes Arbeitsverhältnis. In der Regel ist der Arbeitgeber nicht verpflichtet, im Anschluß an das Berufsausbildungsverhältnis den Auszubildenden in ein Arbeitsverhältnis zu übernehmen (§ 14 BBiG).

In Ergänzung des Benachteiligungsverbotes des § 78 soll der Gefahr begegnet wer- **3** den, daß Arbeitgeber Auszubildende, die ein betriebsverfassungsrechtliches Amt übernommen haben, am Ende der Ausbildung, gegebenenfalls wegen ihrer Tätigkeit in einem betriebsverfassungsrechtlichen Amt, nicht in ein unbefristetes Arbeitsverhältnis übernehmen (vgl. Begründung zum Entwurf eines Gesetzes zum Schutz in Ausbildung befindlicher Mitglieder von Betriebsverfassungsorganen, BT-Drucks. VII/1170; KR-*Weigand* § 78a Rz. 3; *Benöhr* NJW 1973, 1778 m.w.N.). Auch soll die Kontinuität der Auszubildendenvertretung sichergestellt werden (*BAG* vom 16.1.1979 – 6 AZR 153/77 – EzA § 78a BetrVG 1972 Nr. 5 = DB 1979, 1138; *BAG* vom 5.4.1984 – 6 AZR 70/83 – EzA § 78a BetrVG 1972 Nr. 14 = DB 1984, 1992; *G/L* § 78 Rz. 78a, Rz. 1; *GK-Kreutz* § 78a Rz. 1; *Künzel* BB 1986, 2404, 2405).

Verfassungsrechtliche Bedenken gegen § 78a sind unbegründet (ebenso KR-*Wei-* **4** *gand* § 78a Rz. 6; *G/L* § 78a Rz. 2; *D/R* § 78 Rz. 3; *F/A/K/H* § 78a Rz. 2; *GK-Kreutz* § 78 Rz. 8; *Reinecke* DB 1981, 889; *Schwerdtner* ZfA 1977, 66; **a.A.** *Müller, H.P.* DB 1974, 1526). Die hierin liegende Beeinträchtigung der durch Art. 2 Abs. 1 GG geschützten Vertragsfreiheit ist mit dem Grundgesetz vereinbar.

§ 78a gilt für ein Ausbildungsverhältnis im kirchlichen Bereich nicht (*ArbG Darm-* **5** *stadt* vom 8.1.1981 – 1 Ca 444/80 – ARSt. 1981, 103; vgl. KR-*Weigand* § 78a Rz. 7; GK-*Kreutz* § 78a Rz. 29).

§ 78a gilt auch nicht für Mitglieder tarifvertraglich gebildeter betriebsverfassungsrechtlicher Vertretungen (GK-*Kreutz* § 78a Rz. 27).

Aufgrund dieses Gesetzeszweckes **erstreckt** sich der **Schutzbereich nur auf** die soge- **6** nannten **Ausbildungsverhältnisse, nicht auf Fortbildungs- und Umschulungsverhältnisse** (*G/L* § 78a Rz. 3; **a.A.** *D/R* § 78a Rz. 4; *F/A/K/H* § 78a Rz. 7; KR-*Weigand* § 78a Rz. 9, 10; *Reinecke* DB 1981, 889; **differenzierend** GK-*Kreutz* § 78a Rz. 17ff.: nach Umschüler im Rahmen des Arbeitsverhältnisses, nach dem isolierten Umschulungsverhältnis, das ein Ausbildungsverhältnis sein könne und nach Fortbildungsverhältnis).

§ 78a   4. Teil Mitwirkung und Mitbestimmung der Arbeitnehmer

7 Volontäre und Praktikanten sind grundsätzlich keine Auszubildenden i. S. d. § 78a. Das Gesetz lehnt sich offensichtlich an die Begriffsbestimmung des BBiG an. Danach sind Auszubildende Arbeitnehmer, deren Arbeitsverhältnis vom Ausbildungszweck beherrscht wird (vgl. GK-*Kreutz* § 78a Rz. 12; *F/A/K/H* § 78a Rz. 7; *G/L* § 78a Rz. 3; *D/R* § 78a Rz. 4; *S/W* § 78a Rz. 1). Eine entsprechende Anwendung des § 78a auf die Volontär- und Praktikantenverhältnisse ist nicht gerechtfertigt (vgl. hierzu eingehend GK-*Kreutz* § 78a Rz. 14 m. w. N.; *D/R* § 78a Rz. 4; *F/A/K/H* § 78a Rz. 7; *G/L* § 78a Rz. 3; **a. A.** KR-*Weigand* § 78a Rz. 11; *G/K/S/B* § 78a Rz. 2).

§ 78a ist nicht nur auf die nach §§ 25ff. BBiG staatlich anerkannten Ausbildungsberufe anzuwenden, sondern auch auf Ausbildungsverhältnisse, die tariflichen Regelungen entsprechen und eine geordnete Ausbildung von mindestens zwei Jahren Dauer vorsehen (*BAG* vom 23. 6. 1983 – 2 AZR 595/80 – EzA § 78a BetrVG 1972 Nr. 11 = DB 1984, 1786; *F/A/K/H* § 78a Rz. 7; GK-*Kreutz* § 78a Rz. 15; **a. A.** *S/W* § 78a Rz. 1; *Pielsticker* 8, 18 f.; *Natzel* Anm. zu *BAG* vom 23. 6. 1983 – 6 AZR 595/80 – AP Nr. 10 zu § 78a BetrVG 1972).

Aus Gründen des Tendenzschutzes kann die Weiterbeschäftigung entfallen, wenn tendenzbedingte Gründe eine Weiterbeschäftigung ausschließen (*BAG* vom 23. 6. 1983 – 2 AZR 595/80 – EzA § 78a BetrVG 1972 Nr. 11 = DB 1984, 1786; GK-*Kreutz* § 78a Rz. 16).

8 Erfaßt werden nur die Auszubildenden, welche bei Beendigung des Ausbildungsverhältnisses oder im Zeitraum eines Jahres vor diesem Zeitpunkt Mitglied eines betriebsverfassungsrechtlichen Organs sind oder waren. Der nachwirkende Schutz greift dann ein, wenn das Amt des betreffenden Mitglieds geendet hat, ohne daß die Amtszeit des betreffenden Organs geendet hat (GK-*Kreutz* § 78a Rz. 25 m. w. N.; *D/R* § 78a Rz. 7; *F/A/K/H* § 78a Rz. 4; *G/L* § 78a Rz. 4a; *G/K/S/B* § 78 Rz. 5; KR-*Weigand* § 78a Rz. 13; *BAG* vom 21. 8. 1979 – 6 AZR 789/77 – EzA § 78a BetrVG 1972 Nr. 6 = DB 1980, 454; *BAG* vom 15. 1. 1980 – 6 AZR 726/79 – EzA § 78a BetrVG 1972 Nr. 9 m. Anm. *Grunsky* = DB 1980, 1649; *BAG* vom 5. 7. 1979 – 2 AZR 521/77 – EzA § 15 KSchG 1969 Nr. 22 = DB 1979, 2327).

Nicht erfaßt werden die Ersatzmitglieder, wenn sie keine Funktion im Betriebsverfassungsorgan wahrnehmen oder wahrgenommen haben (GK-*Kreutz* § 78a Rz. 30; *G/L* § 78a Rz. 4a; *F/A/K/H* § 78a Rz. 6; vgl. hierzu *BAG* vom 9. 11. 1977 – 1 AZR 175/76 – EzA § 15 KSchG 1969 Nr. 13 = DB 1978, 495 und *BAG* vom 17. 1. 1979 – 5 AZR 891/77 – EzA § 15 KSchG 1969 Nr. 21 m. Anm. *Dütz* = DB 1979, 1136; *F/A/K/H* § 25 Rz. 5).

Während der Dauer der Mitgliedschaft greift § 78a unbeschränkt ein (GK-*Kreutz* § 78a Rz. 3; *D/R* § 78a Rz. 8; *F/A/K/H* § 78a Rz. 6; *G/L* § 78a Rz. 4). Dies gilt auch dann, wenn das Mitglied zur Zeit der Beendigung der Berufsausbildung das Amt in Vertretung eines lediglich verhinderten Mitgliedes versieht, sofern die Stellvertretung nicht von unbedeutender Dauer ist (GK-*Kreutz* § 78a Rz. 32; *D/R* § 78a Rz. 8; *F/A/K/H* § 78a Rz. 6; *G/K/S/B* § 78 Rz. 6; *BAG* vom 15. 1. 1980 – 6 AZR 726/79 – EzA § 78a BetrVG 1972 Nr. 9 m. Anm. *Grunsky* = DB 1980, 1649; *BAG* vom 6. 9. 1979 – 2 AZR 548/77 – EzA § 15 KSchG 1969 Nr. 23 m. Anm. *Kraft* = DB 1980, 451; **a. A.** *G/L* § 78a Rz. 4a). Ein Auszubildender, der über längere Zeit die Aufgaben eines Jugendvertreter-Obmannes faktisch wahrgenommen hat, ohne daß die formellen Voraussetzungen für sein Nachrücken als Jugendvertreter-Obmann vorlagen, hat ebenfalls einen Übernahmeanspruch gem. § 78a Abs. 2 (*ArbG Mannheim* vom 20. 1. 1982 – 5 Ca 378/81 – BB 1982, 1665;

GK-*Kreutz* § 78a Rz. 34). Der nachwirkende Schutz gem. Abs. 3 greift ein, wenn das Ersatzmitglied endgültig anstelle eines ausgeschiedenen Mitglieds eingerückt ist (GK-*Kreutz* § 78a Rz. 36). Der nachwirkende Schutz greift auch dann ein, wenn ein Ersatzmitglied lediglich vorübergehend als Stellvertreter für ein verhindertes Mitglied tätig war (*BAG* vom 13. 3. 1986 – 6 AZR 381/85 – EzA § 78 BetrVG 1972 Nr. 16 = DB 1986, 2235; *F/A/K/H* § 78a Rz. 6; GK-*Kreutz* § 78a Rz. 37 m. w. N.; *D/R* § 78a Rz. 8; KR-*Weigand* § 78a Rz. 17ff.; *Reinecke* DB 1981, 889; **a. A.** *G/L* § 78a Rz. 4a; *F/A/K/H* § 25 Rz. 12; AP Nr. 7 zu § 15 KSchG 1969 m. Anm. *Löwisch*; BVerwG vom 25. 6. 1986 – 6 P 27/84 – NZA 1986, 839). Der Kündigungsschutz des Wahlbewerbers beginnt erst, wenn er das Amt des Jugendvertreters angetreten hat. Die Mitgliedschaft des gewählten Amtsbewerbers beginnt frühestens mit der Bekanntgabe des Wahlergebnisses durch Aushang (*LAG Hamm* vom 13. 5. 1981 – 3 Sa 1310/80 – ARSt. 1982, 143; **a. A.** GK-*Kreutz* § 78a Rz. 24; *F/A/K/H* § 78 Rz. 5; KR-*Weigand* § 78a Rz. 15). Die Vorschrift führt den geschützten Personenkreis auf und bezieht die Wahlbewerber ausdrücklich nicht mit ein (*ArbG Bamberg* vom 5. 10. 1976 – 2 Ca 453/76 C – ARSt. 1977, 85 Nr. 82; *F/A/K/H* § 78a Rz. 1; GK-*Kreutz* § 78a Rz. 23; KR-*Weigand* § 78a Rz. 15). Eine ausdehnende Auslegung oder eine analoge Anwendung des § 15 KSchG ist ausgeschlossen (*ArbG Kiel* vom 10. 9. 1976 – 33 Ga 19/76 – BB 1976, 1367 = DB 1976, 2022; KR-*Weigand* § 78a Rz. 15). 9

II. Die Mitteilungspflicht des Arbeitgebers bei beabsichtigter Nichtweiterbeschäftigung

Drei Monate vor Abschluß des regelmäßigen Berufsausbildungsverhältnisses, d. h. mit Bestehen der Abschlußprüfung (*BAG* vom 31. 5. 1985 – 6 AZR 557/84 – EzA § 78a BetrVG 1972 Nr. 35; *BAG* vom 13. 11. 1987 – 7 AZR 246/87 – EzA § 78a BetrVG 1972 Nr. 19 = DB 1988, 2414; *D/R* § 78a Rz. 10; *S/W* § 78a Rz. 2; GK-*Kreutz* § 78a Rz. 42, **a. A.** *F/A/K/H* § 78a Rz. 8; *G/L* § 78a Rz. 7; *Reinecke* DB 1981, 889, 890), hat der Arbeitgeber schriftlich Mitteilung zu machen, wenn er den Auszubildenden nicht in ein unbefristetes Arbeitsverhältnis übernehmen will. Sollte das Ausbildungsverhältnis aus irgendwelchen Gründen verlängert werden, so ist dem Auszubildenden erneut drei Monate vor Ablauf der Ausbildungszeit Mitteilung zu machen, wenn eine Übernahme in ein Arbeitsverhältnis auf unbestimmte Zeit nicht in Betracht kommt. 10
Unterläßt der ausbildende Arbeitgeber die Mitteilung, so zieht dies keine unmittelbare rechtliche Folge nach sich; dies bedeutet auch nicht die Verlängerung des Arbeitsverhältnisses auf unbestimmte Zeit (KR-*Weigand* § 78a Rz. 25; GK-*Kreutz* § 78a Rz. 44 m. w. N.; *G/L* § 78a Rz. 6; *F/A/K/H* § 78a Rz. 8; *G/K/S/B* § 78a Rz. 7; *D/R* § 78a Rz. 15). Im Hinblick auf die besonderen Fürsorgepflichten des Ausbildenden im Ausbildungsverhältnis kann eine Verletzung der Mitteilungspflicht Schadensersatzansprüche aus positiver Forderungsverletzung auslösen (KR-*Weigand* § 78a Rz. 25; GK-*Kreutz* § 78a Rz. 44; *D/R* § 78a Rz. 15; *G/L* § 78a Rz. 6; *F/A/K/H* § 78a Rz. 8).

§ 78a 4. Teil Mitwirkung und Mitbestimmung der Arbeitnehmer

III. Das Weiterbeschäftigungsverlangen

11 Gem. Abs. 2 kann der Auszubildende innerhalb von drei Monaten vor regelmäßiger Beendigung des Berufsausbildungsverhältnisses schriftlich vom Arbeitgeber die Weiterbeschäftigung verlangen. Dann gilt im Anschluß an das Berufsausbildungsverhältnis ein Arbeitsverhältnis auf unbestimmte Zeit als begründet, und zwar als Vollzeitarbeitsverhältnis (*BAG* vom 13.11.1987 – 1 AZR 246/87 – EzA § 78a BetrVG 1972 Nr. 19 = DB 1988, 2414; siehe hierzu auch *Künzel* DB 1986, 2404f. und *LAG Düsseldorf* vom 29.8.1986 – 10 Sa 845/86 – DB 1987, 104; GK-*Kreutz* § 78a Rz. 54 m.w.N.; *F/A/K/H* § 78a Rz. 9; *S/W* § 78a Rz. 5; a.A. *G/L* § 78a Rz. 1; *Wollenschläger* NJW 1974, 935, 936). Die Weiterbeschäftigung des Jugendvertreters in einem Teilzeitarbeitsverhältnis kann möglich sein, wenn alle anderen Prüflinge dieses Jahrgangs ebenfalls nur Teilzeitarbeitsverhältnisse erhalten (*ArbG Hannover* vom 16.10.1986 – 7 Ca 341/86 – DB 1987, 179 = BB 1986, 2409; *ArbG Kassel* vom 3.9.1987 – 4 Ca 307/87 – DB 1987, 2418). Wird die Ausbildungszeit aus irgendwelchen Gründen verlängert, so ist das Weiterbeschäftigungsverlangen erneut drei Monate vor Ablauf der Ausbildungszeit zu stellen.
Wird das Weiterbeschäftigungsverlangen früher als drei Monate vor Beendigung des Ausbildungsverhältnisses erklärt, ist es unwirksam und kann demzufolge ein unbefristetes Arbeitsverhältnis nach Beendigung des Ausbildungsverhältnisses nicht begründen (GK-*Kreutz* § 78a Rz. 18 m.w.N.; *G/L* § 78a Rz. 7; KR-*Weigand* § 78a Rz. 27). Dies gilt auch, wenn der Arbeitgeber auf das Weiterbeschäftigungsverlangen des Auszubildenden schweigt, obwohl er erkannt hat, daß das Verlangen vor Fristbeginn gestellt wurde (*LAG Hamm* vom 1.8.1984 – 3 Sa 281/84 – BB 1985, 1985). Nach § 5 BBiG ist eine Vereinbarung zwischen Ausbildendem und Auszubildendem nichtig, die den Auszubildenden für die Zeit nach Beendigung des Berufsausbildungsverhältnisses in der Ausübung seiner Berufstätigkeit beschränkt, soweit sie nicht innerhalb der letzten drei Monate des Ausbildungsverhältnisses getroffen worden ist (*BAG* vom 15.1.1980 – 6 AZR 621/78 – EzA § 78a BetrVG 1972 Nr. 9 m. Anm. *Grunsky* = DB 1980, 1648). Ein Aufhebungsvertrag oder ein Verzicht auf den Schutz nach § 78a kann ebenfalls nur wirksam in den letzten 3 Monaten des Ausbildungsverhältnisses vereinbart werden.

12 Die Erklärung muß dem Arbeitgeber innerhalb der Dreimonatsfrist, berechnet ab dem Zeitpunkt der Bekanntgabe des Prüfungsergebnisses (*BAG* vom 31.10.1985 – 6 AZR 557/84 – EzA § 78a BetrVG 1972 Nr. 15 = DB 1986, 700) zugegangen, d.h. in seinen Machtbereich gelangt sein. Auf die tatsächliche Kenntnisnahme kommt es nicht an (GK-*Kreutz* § 78a Rz. 25; KR-*Weigand* § 78a Rz. 27). Wird das Weiterbeschäftigungsverlangen erst nach Beendigung des Ausbildungsverhältnisses gestellt, so kann es die Fiktionswirkung des Abs. 1 nicht auslösen (GK-*Kreutz* § 78a Rz. 52; KR-*Weigand* § 78a Rz. 27; *F/A/K/H* § 78a Rz. 9; *G/L* § 78a Rz. 6; a.A. *D/R* § 78 Rz. 19, die die Fiktionswirkung auch bei einem Weiterbeschäftigungsverlangen nach Beendigung der Amtszeit eintreten lassen wollen, wenn der Arbeitgeber seinerseits der Mitteilungspflicht nach Abs. 1 nicht nachgekommen ist).

13 Der Auszubildende muß die Weiterbeschäftigung schriftlich verlangen. Die Schriftform ist zwingend; eine mündliche Erklärung kann die Wirkung des Abs. 2 Satz 1 nicht herbeiführen (GK-*Kreutz* § 78a Rz. 46 m.w.N.; KR-*Weigand* § 78a Rz. 28; *F/A/K/H* § 78a Rz. 9; *G/L* § 78a Rz. 7; *S/W* § 78a Rz. 4; a.A. *D/R*

§ 78a Rz. 20: bloße Ordnungsvorschrift). Es kann jedoch dann ein Übernahme-Arbeitsvertrag abgeschlossen worden sein (GK-*Kreutz* § 78a Rz. 46).
Ist der Auszubildende noch minderjährig, so bedarf das Weiterbeschäftigungsverlangen der Zustimmung des gesetzlichen Vertreters (*G/L* § 78a Rz. 8; *D/R* § 78a Rz. 21; GK-*Kreutz* § 78a Rz. 47; a.A. KR-*Weigand* § 78a Rz. 29; *F/A/K/H* § 78a Rz. 11; *Moritz* DB 1974, 1017; *G/K/S/B* § 78 Rz. 10). Die Mitwirkung beim Abschluß des Ausbildungsvertrages deckt das Weiterbeschäftigungsverlangen nicht (*D/R* § 78a Rz. 21; GK-*Thiele* § 78a Rz. 21; *G/L* § 78a Rz. 7; a.A. *F/A/K/H* § 78a Rz. 11; KR-*Weigand* § 78a Rz. 29; *Moritz* DB 1974, 1016). **14**

Der gesetzliche Vertreter kann das Weiterbeschäftigungsverlangen entsprechend § 108 BGB genehmigen (*D/R* § 78a Rz. 21; GK-*Kreutz* § 78 Rz. 47).

Stellt der Auszubildende rechtzeitig sein Weiterbeschäftigungsverlangen, so gilt zwischen ihm und dem Arbeitgeber ein Arbeitsverhältnis auf unbestimmte Zeit als begründet. Bis zur Beendigung des Ausbildungsverhältnisses kann der Auszubildende sein Verlangen widerrufen (GK-*Kreutz* § 78a Rz. 55; *F/A/K/H* § 78a Rz. 7; KR-*Weigand* § 78a Rz. 32). Der Widerruf bedarf nicht der Schriftform (GK-*Kreutz* § 78a Rz. 55). **15**

Da das Gesetz lediglich auf die Beendigung der Ausbildungszeit abstellt und nicht auf das Bestehen der Abschlußprüfung, tritt die Fiktion des Abs. 2 auch bei Nichtbestehen ein (*LAG Baden-Württemberg* vom 13. 10. 1977 – 7 Sa 134/77 – AP Nr. 4 zu § 78a BetrVG 1972 = DB 1978, 548; *F/A/K/H* § 78a Rz. 13; GK-*Kreutz* § 78a Rz. 59; *G/L* § 78a Rz. 6; *D/R* § 78a Rz. 23).

Die Vorschriften des § 37 Abs. 4 und 5 sind entsprechend anzuwenden. Der Auszubildende soll nach der Übernahme die gleiche finanzielle und berufliche Entwicklung nehmen wie vergleichbare Arbeitnehmer des Betriebs (GK-*Kreutz* § 78 Rz. 61; *D/R* § 78a Rz. 23).

Vergleichbare Arbeitnehmer sind nur diejenigen, die im Übernahmezeitpunkt auf dem gleichen Ausbildungsstand stehen wie der übernommene Arbeitnehmer. Hat dieser die Abschlußprüfung nicht bestanden, so ist ihm die Entwicklung zu gewähren, die ein Arbeitnehmer zu nehmen pflegt, der die Prüfung nicht bestanden hat (ebenso *G/L* § 78a Rz. 10; a.A. GK-*Kreutz* § 78a Rz. 63, wenn das Scheitern des Abschlusses auf der Amtstätigkeit beruht, wenn der Amtsträger zur höherwertigen Arbeit fähig ist und die Arbeit ohne Prüfung rechtlich zulässig ist).

IV. Antrag des Arbeitgebers auf Nichtbegründung oder Auflösung des Arbeitsverhältnisses

Der Arbeitgeber kann nach Abs. 4 spätestens bis zum Ablauf von zwei Wochen (zur Fristberechnung vgl. GK-*Kreutz* § 78a Rz. 86) nach der Beendigung des Ausbildungsverhältnisses beim Arbeitsgericht beantragen, festzustellen, daß ein Arbeitsverhältnis nach Abs. 2 oder 3 entweder nicht begründet wird oder daß ein schon begründetes Arbeitsverhältnis aufgelöst wird, wenn Tatsachen vorliegen, die dem Arbeitgeber die Weiterbeschäftigung unzumutbar machen. Hierbei handelt es sich um eine prozessuale Antragsfrist (GK-*Kreutz* § 78a Rz. 77; *BAG* vom 26. 6. 1986 – 2 AZR 358/85 – EzA § 4 KSchG 1969 Nr. 25) und nicht um eine materielle Anschlußfrist (so aber *D/R* § 78a Rz. 27; *F/A/K/H* § 78a Rz. 15; *G/L* § 78a Rz. 16). **16**

§ 78a 4. Teil Mitwirkung und Mitbestimmung der Arbeitnehmer

Anders als nach § 626 Abs. 3 BGB und § 15 Abs. 4 BBiG beginnt die Frist nicht bereits mit der Kenntniserlangung der Tatsachen, aufgrund derer dem Arbeitgeber die Weiterbeschäftigung nicht zugemutet werden kann, d. h., die Ausschlußfrist des § 626 Abs. 2 BGB findet auf § 78a Abs. 4 keine Anwendung (*BAG* vom 15. 12. 1983 – 6 AZR 60/83 – EzA § 78a BetrVG 1972 Nr. 13 = DB 1984, 1101).

17 Damit die Angelegenheit frühzeitig geklärt wird, kann der Arbeitgeber die entsprechenden Anträge auch schon vor Abschluß des Ausbildungsverhältnisses stellen und das auch dann, wenn der Auszubildende einen Weiterbeschäftigungsantrag nicht gestellt hat.

18 Durch den Antrag des Arbeitgebers nach Abs. 4 kann das Arbeitsverhältnis, das auf das schriftliche Verlangen des Auszubildenden kraft gesetzlicher Fiktion zustande gekommen ist, nicht aufgelöst werden, sondern erst mit Rechtskraft einer dem Antrag stattgebenden gerichtlichen Entscheidung. Bis zu diesem Zeitpunkt besteht das Arbeitsverhältnis nach Maßgabe des Abs. 2 fort (*ArbG Kassel* vom 12. 6. 1975 – 1 BV 6/75 – BB 1975, 1018; *BAG* vom 15. 1. 1980 – 6 AZR 621/78 – EzA § 78a BetrVG 1972 Nr. 9 m. Anm. *Grunsky* = DB 1980, 1648; *F/A/K/H* § 78a Rz. 21; GK-*Kreutz* § 78a Rz. 91; a. A. *Moritz* DB 1974, 1016).
Der vor Beendigung des Ausbildungsverhältnisses gestellte Antrag des Arbeitgebers, festzustellen, daß das Arbeitsverhältnis nicht begründet wird, muß nach Zustandekommen des Arbeitsverhältnisses nicht in einen Auflösungsantrag übergehen, und der Feststellungsantrag, den Eintritt der Fiktionswirkung, daß ein Arbeitsverhältnis zustande kommt, festzustellen, bindet (*BAG* vom 16. 1. 1979 – 6 AZR 153/77 – EzA § 78a BetrVG 1972 Nr. 5 = DB 1979, 1138; *BAG* vom 15. 12. 1980 – 6 AZR 361/79 – EzA § 78a BetrVG 1972 Nr. 7; *BAG* vom 14. 5. 1987 – 6 AZR 498/85 – EzA § 78a BetrVG 1972 Nr. 18 = BB 1987, 2091; GK-*Kreutz* § 78a Rz. 92; *D/R* § 78a Rz. 26; *F/A/K/H* § 78a Rz. 16; *S/W* § 78a Rz. 10; a. A. *G/L* § 78a Rz. 17a; EzA § 78a BetrVG Nr. 5 m. Anm. *Grunsky*).

19 Das Verlangen des Arbeitgebers ist nur begründet, wenn ihm eine Weiterbeschäftigung nicht zugemutet werden kann. Da § 78a Abs. 4 dem Wortlaut nach dem § 626 BGB zumindest teilweise nachgebildet ist, ist eine an § 626 BGB orientierte Auslegung gerechtfertigt (vgl. zu der äußerst streitigen Rechtsfrage GK-*Kreutz* § 78a Rz. 67 mit umfangreichen Nachweisen).

20 In Betracht kommen vor allem in der Person oder im Verhalten des Auszubildenden liegende Gründe, wie mangelhafte Leistung, Arbeitsverweigerung, unbefugte Arbeitsversäumnis, Verstöße gegen die betriebliche Ordnung (GK-*Kreutz* § 78a Rz. 69), das Nichtbestehen auch bei der Wiederholungsprüfung (*LAG Niedersachsen* vom 8. 4. 1975 – 2 TaBV 60/74 – DB 1975, 1224), bewußte parteipolitische Beeinflussung auf einer Jugendversammlung (*ArbG Kiel* vom 25. 7. 1974 – 4b BV 10/74 – DB 1974, 1965 = BB 1974, 1250), wenn die allgemeinen Voraussetzungen des wichtigen Grundes i. S. d. § 626 Abs. 1 BGB gegeben sind (*D/R* § 78a Rz. 31; *F/A/K/H* § 78a Rz. 19; *G/L* § 78a Rz. 12; GK-*Kreutz* § 78a Rz. 68; *G/K/S/B* § 78a Rz. 18; KR-*Weigand* § 78a Rz. 38).
Sind die personen- oder verhaltensbedingten Gründe bereits während der Ausbildung entstanden und war die Dauer der bereits zurückgelegten Ausbildungszeit im Verhältnis zur Gesamtdauer der Ausbildung besonders lang (zu beachten *BAG* vom 10. 5. 1975 – 2 AZR 328/72 – EzA § 15 BBiG Nr. 2 = DB 1973, 1512) oder hat der Arbeitgeber im Hinblick auf die bevorstehende Beendigung des Ausbildungsverhältnisses von einer begründeten Kündigung Abstand genommen, so ist weder

Schutz Auszubildender in besonderen Fällen § 78a

die Frist nach § 15 Abs. 4 BBiG noch die des § 626 Abs. 2 BGB bei der Entscheidung nach § 78a Abs. 4 zu berücksichtigen (GK-*Kreutz* § 78a Rz. 68; *Hanau* AR-Blattei, Betriebsverfassung IX, Kündigungsschutz der Betriebsratsmitglieder, zu A VI; *G/L* § 78a Rz. 12; *Schäfer* NZA 1985, 418, 419; *Reineck* DB 1981, 889, 890; *Schäfer* AuR 1978, 202; **a.A.** *Barwasser* DB 1976, 2114f.).

Betriebliche Gründe können ebenfalls den Antrag des Arbeitgebers rechtfertigen. **21**
Bei der Frage, inwieweit betriebsbedingte Gründe zur Unzumutbarkeit der Weiterbeschäftigung herangezogen werden können, hat das *BAG* (vom 16. 1. 1979 – 6 AZR 153/77 – EzA § 78a BetrVG 1972 Nr. 5 = DB 1979, 1138) zutreffend entschieden, daß zwischen der Kündigungsschutzformulierung des § 626 Abs. 1 BGB und den Kontrahierungszwangsvoraussetzungen des § 78a Abs. 4 differenziert werden müsse. Unter Hinweis auf § 15 Abs. 4 KSchG kommt das *BAG* zu dem Ergebnis, daß betriebliche Gründe im Rahmen der Zumutbarkeit Berücksichtigung finden müssen, da mit der Vorschrift des § 78a bezweckt worden sei, für die im befristeten Ausbildungsverhältnis Stehenden eine dem Schutz der im Arbeitsverhältnis stehenden Betriebsratsmitglieder entsprechende Regelung zu schaffen. § 78a garantiere nicht jedem Auszubildenden einen Arbeitsplatz (*BAG* a.a.O.; *LAG Baden-Württemberg* vom 23. 9. 1976 – 1b SA 15/76 – DB 1977, 778; *LAG Schleswig-Holstein* vom 26. 11. 1976 – 5 Sa 464/76 – DB 1977, 777; *LAG Hamm* vom 13. 5. 1977 – 3 Sa 381/77 – DB 1978, 260; *Löwisch* DB 1975, 1893; *G/L* § 78a Rz. 13f.; *Reuter* SAE 1979, 281; **a.A.** *LAG Düsseldorf* vom 12. 6. 1975 – 3 TaBV 106/74 – DB 1975, 1995; *LAG Niedersachsen* vom 8. 4. 1975 – 2 TaBV 60/74 – DB 1975, 1224). Allerdings müssen die betrieblichen Gründe von einem erheblichen Gewicht sein (GK-*Kreutz* § 78a Rz. 78 m.w.N.; *S/W* § 78a Rz. 11; *Schulin* ZfA 1981, 557, 623; *F/A/K/H* § 78a Rz. 19; *G/L* § 78a Rz. 12; *Becker/Schaffner* DB 1987, 2647, 2650).

Es kann auch nicht Sinn dieser Vorschrift sein, Arbeitsplätze zu schaffen (vgl. **22**
GK-*Kreutz* § 78a Rz. 79 m.w.N.; *F/A/K/H* § 78 Rz. 20; *G/L* § 78a Rz. 13; *G/K/S/B* § 78a Rz. 18; *D/R* § 78a Rz. 30).
Dem Arbeitgeber sollte nicht die Möglichkeit genommen werden, zwischen mehreren Auszubildenden, von denen nur ein Teil in ein Arbeitsverhältnis übernommen werden kann, auszuwählen (*G/L* § 78a Rz. 33; *Gamillscheg* ZfA 1977, 287; *Weng* DB 1976, 1014; *LAG Niedersachsen* vom 8. 4. 1975 – 2 TaBV 60/74 – DB 1975, 1224; *LAG Düsseldorf* vom 12. 6. 1975 – 3 TaBV 106/74 – DB 1975, 1995; *BAG* vom 9. 12. 1975 – 1 ABR 7/75 – EzA § 78a BetrVG 1972 Nr. 2 = DB 1976, 442; *ArbG Kassel* vom 12. 6. 1975 – 1 BV 6/75 – BB 1975, 1018, 1019; *Moritz* DB 1974, 1016, 1017; *ders.* NJW 1974, 1494; *Schwedes* BABl. 1974, 911).

Der Arbeitgeber ist nicht verpflichtet, durch organisatorische Maßnahmen, z.B. **23**
Änderung betrieblicher Schichtpläne, einen Arbeitsplatz neu zu schaffen, um die Weiterbeschäftigung nach Beendigung des Ausbildungsverhältnisses zu gewährleisten (*BAG* vom 15. 1. 1980 – 6 AZR 621/78 – EzA § 78a BetrVG 1972 Nr. 9 m. Anm. *Grunsky* = DB 1980, 1648; *G/L* § 78a Rz. 13; *S/W* § 78a Rz. 13; GK-*Kreutz* § 78a Rz. 80).

Es kann dem Arbeitgeber auch nicht zugemutet werden, einen anderen Arbeits- **24**
platz für den Auszubildenden freizumachen (*BAG* vom 16. 1. 1979 – 6 AZR 153/77 – EzA § 78a BetrVG 1972 Nr. 5 = DB 1979, 1138; *LAG Hamm* vom 22. 2. 1978 – 10 Sa 1210/77 – BB 1978, 912; *ArbG Karlsruhe* vom 2. 9. 1976 – 3 Ca 346/76 – BB 1976, 1367; *ArbG Kiel* vom 16. 6. 1976 – 2 c Ca 782/76 – BB 1976, 1225; *G/K/S/B* § 78a Rz. 18; *S/W* § 78 Rz. 13; *G/L* § 78a Rz. 13; *F/A/K/H* § 78a Rz. 20;

§ 78a 4. Teil Mitwirkung und Mitbestimmung der Arbeitnehmer

GK-*Kreutz* § 78a Rz. 82 m.w.N.; *D/R* § 78a Rz. 32; **a.A.** *LAG Hamm* vom 6. 10. 1978 – 3 Sa 998/78 – EzA § 78a BetrVG 1972 Nr. 4; *Barwasser* DB 1976, 2114; *Etzel* Betriebsverfassungsrecht, 249; *ArbG Berlin* vom 24. 9. 1979 – 7 Ca 250/79 AuR 1980, 181; *Reinecke* DB 1981, 889, 894).

25 Stehen der Beschäftigung des Auszubildenden an dem in Betracht kommenden freien Arbeitsplatz gesetzliche oder tarifliche Bestimmungen entgegen, so hat er keinen Anspruch auf Weiterbeschäftigung (*BAG* vom 15. 1. 1980 – 6 AZR 621/78 – EzA § 78a BetrVG 1972 Nr. 9 m. Anm. *Grunsky* = DB 1980, 1648; *G/L* § 78a Rz. 14; *D/R* § 78a Rz. 32; GK-*Kreutz* § 78a Rz. 83). Ist nur ein Teilzeitarbeitsplatz vorhanden, ist eine Vollzeitbeschäftigung wie sie § 78a gebietet, grundsätzlich unzumutbar (*BAG* vom 13. 11. 1987 – 7 AZR 246/87 – EzA § 78a BetrVG 1972 Nr. 19 = DB 1988, 2414; GK-*Kreutz* § 78a Rz. 83 m.w.N.). Das gleiche gilt, wenn nur befristete Arbeitsplätze oder Arbeitsplätze mit einem anderen Anforderungsprofil zur Verfügung stehen (GK-*Kreutz* § 78a Rz. 83 m.w.N.).

26 Maßgeblich für die Beurteilung der Unzumutbarkeit der Weiterbeschäftigung des Auszubildenden ist der Zeitpunkt, zu dem das Arbeitsverhältnis begründet werden soll. Nur zu diesem Zeitpunkt gegebene Umstände können berücksichtigt werden. Wenn erst nach diesem Zeitpunkt ein Arbeitsplatz zur Verfügung steht, ist das für das Weiterbeschäftigungsverlangen des Auszubildenden bedeutungslos (*BAG* vom 15.1. 1980 – a.a.O.; KR-*Weigand* § 78a Rz. 46; *S/W* § 78a Rz. 14; differenzierter GK-*Kreutz* § 78a Rz. 96; *F/A/K/H* § 78a Rz. 20).

V. Streitigkeiten

27 Die Klage des Auszubildenden auf Feststellung des Bestehens eines Vollzeitarbeitsverhältnisses wird im Urteilsverfahren entschieden, so daß den Auszubildenden die Darlegungs- und Beweislast trifft (*BAG* vom 9. 12. 1975 – 1 ABR 7/75 – EzA § 78a BetrVG 1972 Nr. 2 = DB 1976, 442; *BAG* vom 23. 3. 1976 – 1 ABR 7/76 – AP Nr. 3 zu § 78a BetrVG 1972 m. Anm. *Hueck, G.*; *BAG* vom 21. 8. 1979 – 6 AZR 789/77 – EzA § 78a BetrVG 1972 Nr. 6 = DB 1980, 454; *BAG* vom 15. 1. 1980 – 6 AZR 726/89 – EzA § 78a BetrVG 1972 Nr. 9 = DB 1980, 1649; *BAG* vom 15. 1. 1980 – 6 AZR 361/79 – EzA § 78a BetrVG 1972 Nr. 7 m. Anm. *Grunsky* = DB 1980, 1647; GK-*Kreutz* § 78a Rz. 64; *D/R* § 78a Rz. 40; *G/L* § 78a Rz. 18a; KR-*Weigand* § 78a Rz. 48; **a.A.** *F/A/K/H* § 78a Rz. 22).
Für die Jugendvertreter im öffentlichen Dienst sind die Verwaltungsgerichte und nicht die Arbeitsgerichte zuständig (*LAG Frankfurt* vom 29. 1. 1987 – 12 Sa 1350/86 – BB 1987, 2028).

28 Falls der Arbeitgeber die Begründung eines Arbeitsverhältnisses verweigert, kann der Auszubildende im Wege der einstweiligen Verfügung auch einstweiligen Rechtsschutz begehren (*LAG Berlin* vom 15. 12. 1974 – 5 Sa 91/74 – BB 1975, 838; *LAG Frankfurt/M.* vom 14. 8. 1987 – 14 Sa Ga 967/87 – BB 1987, 2160; GK-*Kreutz* § 78a Rz. 64 m.w.N.; *Becker/Schaffner* DB 1987, 2647; *G/L* § 78a Rz. 19; *F/A/K/H* § 78a Rz. 23).

29 Der Weiterbeschäftigungsanspruch eines Jugendvertreters gem. § 78a Abs. 2 kann während des vom Arbeitgeber betriebenen Feststellungsverfahrens nach § 78a Abs. 4 Nr. 1 durch einstweilige Verfügung gesichert werden (*LAG Frankfurt/M.* vom 14. 8. 1987 – 14 Sa Ga 967/87 – BB 1987, 2160). Der Anspruch des Auszubildenden auf vorläufige Beschäftigung bis zum rechtskräftigen Abschluß des vom

Arbeitgeber gem. § 9 Abs. 4 Nr. 1 BPersVG vor den Verwaltungsgerichten eingeleiteten Beschlußverfahrens ist bei den Gerichten für Arbeitssachen im Urteilsverfahren geltend zu machen. Ein vom Arbeitgeber nach § 9 Abs. 4 Nr. 1 BPersVG bzw. § 78a Abs. 4 Nr. 1 BetrVG rechtzeitig eingeleitetes Beschlußverfahren verhindert – jedenfalls vorläufig bis zur anderslautenden rechtskräftigen Entscheidung – auch nach Beendigung des Berufsausbildungsverhältnisses den Eintritt der Fiktion, daß gem. § 9 Abs. 2 BPersVG bzw. § 78a Abs. 2 BetrVG ein Arbeitsverhältnis begründet worden ist (*BAG* vom 15.1. 1980 – 6 AZR 361/79 – EzA § 78a BetrVG 1972 Nr. 7 m. Anm. *Grunsky* = DB 1980, 1647; *BAG* vom 16.1. 1979 – 6 AZR 153/77 – EzA § 78a BetrVG 1972 Nr. 5 = DB 1979, 1138).

Die vom Großen Senat des *BAG* (vom 27.2. 1985 – GS 1/84 – EzA § 611 BGB 30 Beschäftigungspflicht Nr. 9 = DB 1985, 551, 2197; 1986, 168 *[Bengelsdorf]*, 692 *[Eich]*) aufgestellten Grundsätze über den Weiterbeschäftigungsanspruch nach einer Kündigung finden grundsätzlich auch auf den nach einem arbeitgeberseitigen Antrag gem. § 9 Abs. 4 Satz 1 Nr. 1 BPersVG eingetretenen Ungewißheitstatbestand sinngemäße Anwendung. Ein Anspruch auf Beschäftigung besteht dann, wenn der Auszubildende seine Weiterbeschäftigung ordnungsgemäß verlangt hat und der Feststellungsantrag des Arbeitgebers nach § 9 Abs. 4 Satz 1 Nr. 1 BPersVG offensichtlich unwirksam ist. Ein Anspruch auf Beschäftigung besteht ferner, wenn die Gerichte für Arbeitssachen unabhängig vom Vorliegen einer zwischenzeitlich ergangenen verwaltungsgerichtlichen Entscheidung nach umfassender selbständiger Würdigung des Sachverhalts zu dem Ergebnis kommen, der nach § 9 Abs. 4 Satz 1 Nr. 1 BPersVG gestellte Antrag des Arbeitgebers werde keinen Erfolg haben und deshalb bestehe ein Arbeitsverhältnis. Das Ergebnis einer im Rahmen der Gesamtwürdigung zu berücksichtigenden, nicht rechtskräftigen verwaltungsgerichtlichen Entscheidung kann von den Gerichten für Arbeitssachen nicht ohne weiteres, d.h. nicht ohne eigene Prüfung und Interessenabwägung, übernommen werden (*BAG* vom 14.5. 1987 – 6 AZR 498/85 – EzA § 78a BetrVG 1974 Nr. 18 = DB 1987, 2104; GK-*Kreutz* § 78a Rz. 93).

Solange der Auszubildende den Antrag nach § 78a Abs. 2 noch nicht gestellt hat 31 und damit ein Arbeitsverhältnis noch nicht begründet ist und deshalb auch der Auflösungsantrag des Arbeitgebers nach § 78a Abs. 4 Ziff. 2 noch nicht gestellt ist, entbehrt einem Antrag des Jugendvertreters, den Arbeitgeber im Wege der einstweiligen Verfügung zu verpflichten, ihn bis zum rechtskräftigen Abschluß des Beschlußverfahrens, in dem über die Begründung eines Arbeitsverhältnisses im Anschluß an die Lehre gestritten wird, weiterzubeschäftigen, regelmäßig sowohl der Verfügungsanspruch als auch der Verfügungsgrund (*LAG Schleswig-Holstein* vom 25.3. 1985 – 5 Sa 65/85 – DB 1985, 2412).

Der Antrag des Arbeitgebers, nach § 78 Abs. 4 festzustellen, es sei kein Arbeits- 32 verhältnis nach Maßgabe des § 78a Abs. 2 oder 3 BetrVG im Anschluß an das Ausbildungsverhältnis zustande gekommen, ist im Urteilsverfahren auszutragen. Der Arbeitgeber ist hierbei nicht an die Zweiwochenfrist des § 78a Abs. 4 gebunden. In diesem Individualrechtsstreit sind der Betriebsrat und die Jugendvertretung nicht zu beteiligen (*BAG* vom 29.11. 1989 – 7 ABR 67/88 –).

Für den Antrag des Arbeitgebers, das begründete Arbeitsverhältnis aufzulösen, 33 nimmt das *BAG* entgegen seiner früheren Rechtsprechung (*BAG* vom 9.12. 1975 – 1 ABR 7/75 – EzA § 78a BetrVG 1972 Nr. 2 = DB 1976, 442; *BAG* vom 3.2. 1976 – 1 ABR 59/75 – EzA § 78a BetrVG 1972 Nr. 3 = DB 1976, 777, 1285 *[Herschel]*; *BAG* vom 23.3. 1976 – 1 ABR 7/76 – RdA 1976, 210) nunmehr an, daß

§ 79   4. Teil Mitwirkung und Mitbestimmung der Arbeitnehmer

nicht im Urteilsverfahren, sondern daß im Beschlußverfahren zu entscheiden ist (*BAG* vom 5. 4. 1984 – 6 AZR 70/83 – EzA § 78 a BetrVG 1972 Nr. 14 = DB 1984, 1992; *BAG* vom 31. 11. 1987 – 7 AZR 246/87 – AP Nr. 18 zu § 78 a BetrVG 1972; *F/A/K/H* § 78 a Rz. 22; *Schäfer* NZA 1985, 418, 419; GK-*Kreutz* § 78 a Rz. 94).

34 Daneben oder auch isoliert kann der Arbeitgeber geltend machen, ihm sei die Weiterbeschäftigung unzumutbar. Diese Frage ist im Beschlußverfahren gem. § 78 a Abs. 4 BetrVG zu klären. In diesem Verfahren wird ausschließlich die Frage der Unzumutbarkeit der Weiterbeschäftigung geprüft, hingegen nicht, ob etwa ein Arbeitsverhältnis nach § 78 a Abs. 2 oder 3 begründet worden ist. Der Arbeitgeber muß dies innerhalb der Zweiwochenfrist tun. Im Verfahren sind Betriebsrat und Jugendvertretung zu beteiligen.

35 Einstweilige Verfügungen auf Entbindung von der Verpflichtung zur Weiterbeschäftigung sind im Rahmen des § 78 a Abs. 4 möglich (KR-*Weigand* § 78 a Rz. 50; *F/A/K/H* § 78 a Rz. 23; GK-*Kreutz* § 78 a Rz. 98; *G/L* § 78 a Rz. 19; *LAG Bremen* vom 26. 10. 1982 – 4 Sa 185/82 – AP Nr. 26 zu § 102 BetrVG 1972 = DB 1983, 345, 2145; *G/K/S/B* § 78 a Rz. 20).

§ 79 Geheimhaltungspflicht

(1) Die Mitglieder und Ersatzmitglieder des Betriebsrats sind verpflichtet, Betriebs- oder Geschäftsgeheimnisse, die ihnen wegen ihrer Zugehörigkeit zum Betriebsrat bekanntgeworden und vom Arbeitgeber ausdrücklich als geheimhaltungsbedürftig bezeichnet worden sind, nicht zu offenbaren und nicht zu verwerten. Dies gilt auch nach dem Ausscheiden aus dem Betriebsrat. Die Verpflichtung gilt nicht gegenüber Mitgliedern des Betriebsrats. Sie gilt ferner nicht gegenüber dem Gesamtbetriebsrat, dem Konzernbetriebsrat, der Bordvertretung, dem Seebetriebsrat und den Arbeitnehmervertretern im Aufsichtsrat sowie im Verfahren vor der Einigungsstelle, der tariflichen Schlichtungsstelle (§ 76 Abs. 8) oder einer betrieblichen Beschwerdestelle (§ 86).

(2) Absatz 1 gilt sinngemäß für die Mitglieder und Ersatzmitglieder des Gesamtbetriebsrats, des Konzernbetriebsrats, der Jugend- und Auszubildendenvertretung, der Gesamt-Jugend- und Auszubildendenvertretung, des Wirtschaftsausschusses, der Bordvertretung, des Seebetriebsrats, der gemäß § 3 Abs. 1 Nr. 1 und 2 gebildeten Vertretungen der Arbeitnehmer, der Einigungsstelle, der tariflichen Schlichtungsstelle (§ 76 Abs. 8) und einer betrieblichen Beschwerdestelle (§ 86) sowie für die Vertreter von Gewerkschaften oder von Arbeitgebervereinigungen.

Literaturübersicht

I. Betriebsverfassungsrechtliche Geheimhaltungspflicht

Anders Die Informationsrechte des Wirtschaftsausschusses in einer Aktiengesellschaft, Diss. Köln, 1979; *Auffarth* Allgemeine Vorschriften über die Zusammenarbeit von Betriebsrat und Arbeitgeber, AR-Blattei Betriebsverfassung XIV A zu IX; *Bischoff* Schweigepflicht und Zeugnisverweigerungsrecht der Betriebsratsmitglieder, AuR 1963, 200; *Bitzer* Organe und Geschäftsführung des Betriebsrats, BUV 1972, 125; *Blanke* Lohn- und Gehaltsdaten – Geheimhaltungspflicht des Betriebsrats?, AiB 1982, 6; *Bösche/Grimberg* Vorlage des Wirtschaftsprüferberichts im Wirtschaftsausschuß, AuR 1987, 133; *Brill* Die Einigungsstelle nach dem neuen BetrVG, BB 1972, 178; *Dütz* Betriebsverfassungsrechtliche Auskunftspflichten im Unternehmen, FS für *Westermann*, 1974, 37; *Eich* Die Kommunikation des Betriebsrats mit der Belegschaft, DB 1978, 395; *Fangemann* Rechtsprobleme der Kommunikation in mitbestimmten Unternehmen, AuR 1980, 129; *Gaul* Inhalt und Umfang der Schweigepflicht des Betriebsrats, DB 1960, 1099; *Hartung* Muß der Wirtschaftsausschuß über die eingeplante Tariferhöhung unterrichtet werden?, DB 1975, 885; *Hitzfeld* Geheimnisschutz im Betriebsverfassungsrecht, Diss. Mannheim, 1989; *v. Hoyningen-Huene* Die Information der Belegschaft durch Aufsichtsrats- und Betriebsratsmitglieder, DB 1979, 2422; *Hueck, G.* Die Verschwiegenheitspflicht der Arbeitnehmervertretungen im Aufsichtsrat, RdA 1975, 35; *Isele* Die Verschwiegenheitspflichten der Arbeitnehmervertretungen in den Mitbestimmungsorganen der Unternehmungen, Festgabe für *Kronstein*, 1967, 107; *Kraft* Der Informationsanspruch des Betriebsrats – Grundlagen, Grenzen und Übertragbarkeit, ZfA 1983, 171; *Leube* Übermittlung der Niederschriften über Unfallschutzmaßnahmen an den Betriebsrat (§ 89 Abs. 4 BetrVG), DB 1973, 236; *Nagel* Die Verlagerung der Konflikte um die Unternehmensmitbestimmung auf das Informationsproblem, BB 1979, 1799; *Neumann-Duesberg* Die Schweigpflicht des Betriebsrats und des Personalrats, BB 1957, 71; *Rengier* Zum strafprozessualen Zeugnisverweigerungsrecht des Betriebs- und Personalrats, BB 1980, 321; *Säcker* Informationsrechte der Betriebs- und Aufsichtsratsmitglieder, 1979; *Schmidt* Keine Angst vor der Verschwiegenheitspflicht, AiB 1980 Heft 4, 2; *Schwarz* Schutz und Verletzung von Betriebs- und Geschäftsgeheimnissen, AR-Blattei Geheimnisschutz im Arbeitsrecht I; *Simon* Das Betriebsgeheimnis unter besonderer Berücksichtigung des BetrVG und des Gesetzes gegen den unlauteren Wettbewerb, Diss. Würzburg, 1971; *Stege* Die Geheimhaltungspflicht für Arbeitnehmer, Betriebsräte und Arbeitnehmervertreter im Aufsichtsrat, DB 1977 Beilage Nr. 8, 1; *Taeger* Die Offenbarung von Betriebs- und Geschäftsgeheimnissen, 1988; *Vogt* Zur Vorlagepflicht von Unterlagen bei der Erteilung wirtschaftlicher Informationen an Wirtschaftsausschuß und Betriebsrat, BB 1978, 1125; *Wienke* Aufsichtsrat – Verschwiegenheitspflicht, ArbGeb. 1977, 12; *Wiese* Zur Zusammenarbeit zwischen Betriebsrat und Arbeitnehmervertretern im Aufsichtsrat, FS für *E. Wolf*, 1985, 685; *ders.* Sitzungen des Wirtschaftsausschusses und die Behandlung geheimhaltungsbedürftiger, vertraulicher sowie sonstiger Tatsachen, FS für *Karl Molitor*, 1988, 351; *Wochner* Die Geheimhaltungspflicht nach § 79 BetrVG und ihr Verhältnis zum Privatrecht, insbesondere Arbeitsvertragsrecht, BB 1975, 1541; *Wolff* Die Schweigepflicht der Arbeitnehmervertreter, BB 1952, 118; *Zachert* Der Konflikt um Informationen im Betrieb: Das Grundrecht auf Information – ein Kündigungsgrund?, AiB 1983, 55; *Zeitlmann* Die Geheimhaltungspflicht der Betriebsräte, ArbuSozR 1972, 86.

II. Allgemeiner Geheimnisschutz
Bischoff Schweigepflicht und Zeugnisverweigerungsrecht der Personalratsmitglieder, AuR 1963, 200; *Bremer* Organisatorische Maßnahmen zur Wahrung von Geschäftsgeheimnissen, DB 1952, 798; *Dannecker* Der Schutz von Geschäfts- und Betriebsgeheimnissen, DB 1987, 1614; *Dietz* Die Pflicht des ehemaligen Beschäftigten zur Verschwiegenheit über Betriebsgeheimnisse, FS für *Hedemann*, 1938, 330; *Druey* Geheimsphäre des Unternehmens, 1977; *Ehrmann*, Informationsschutz und Informationsverkehr im Zivilrecht, AcP Bd. 188, 230; *ders.* Betriebsstillegung und Mitbestimmung – Informationszeitpunkt, Verfahrensdauer, Sanktionen, 1978; *Fahlbusch* Informationsansprüche und Verschwiegenheitspflichten von Aufsichtsratsmitgliedern, GewUmschau 1988 Heft 6/7, 3; *Gaul* Die nachvertragliche Geheimhaltungspflicht eines ausgeschiedenen Arbeitnehmers, NZA 1988, 225; *Hensche* Rechte und Pflichten des Aufsichtsrats und seiner Mitglieder, MitGespr. 1971, 111; *Hueck, G.* Zur Verschwiegenheitspflicht der Arbeitnehmervertreter im Aufsichtsrat, RdA 1975, 35; *Kittner* Unternehmensverfassung und Informationen – Die Schweigepflicht von Aufsichtsratsmitgliedern, ZHR Bd. 136, 208; *Kraßer* Grundlagen des zivilrechtlichen Schutzes von Geschäfts- und Betriebsgeheimnissen sowie von Know-how, GRUR 1977, 177; *Maass* Informationen und Geheimnis im Zivilrecht, 1970; *Möhring* Betriebs- und Geschäftsgeheimnisse in wettbewerbs- und kartellrechtlicher Sicht, FS für *Nipperdey* zum 70. Geburtstag, 1965,

§ 79 *4. Teil Mitwirkung und Mitbestimmung der Arbeitnehmer*

Bd. II, 415; *Monjau* Die Schweigepflicht des Arbeitnehmers, DB 1956, 232; *Nastelski* Der Schutz des Betriebsgeheimnisses, GRUR 1957, 1; *Pfister* Das technische Geheimnis »Knowhow« als Vermögensrecht, 1974; *Spieker* Die Verschwiegenheitspflicht der Aufsichtsratsmitglieder, NJW 1965, 1937; *v. Stebut* Geheimnisschutz und Verschwiegenheitspflicht im Aktienrecht, 1972. Zum Datenschutz vgl. die Literatur unten zu § 83 unter II.

Inhaltsübersicht

		Rz.
I.	Allgemeines	1
II.	Gegenstand der Geheimhaltungpflicht	2–7
III.	Umfang der Geheimhaltungspflicht	8, 9
IV.	Verpflichteter Personenkreis	10–13
V.	Besondere Verschwiegenheitspflichten	14
VI.	Rechtsfolgen von Verstößen gegen die Geheimhaltungspflicht	15–18
VII.	Streitigkeiten	19

I. Allgemeines

1 Die Vorschriften über die Geheimhaltungspflicht seitens der Mitglieder der betriebsverfassungsrechtlichen Institutionen knüpfen an § 55 BetrVG 1952 an. Entfallen ist jedoch der in § 55 Abs. 1 BetrVG 1952 enthaltene Grundsatz, daß auch »vertrauliche Angaben« des Arbeitgebers die Geheimhaltungspflicht auslösen. Die **Geheimhaltungspflicht** des § 79 ist damit **auf echte Betriebs- oder Geschäftsgeheimnisse beschränkt** (*D/R* § 79 Rz. 2). Im übrigen ist festgelegt worden, daß die **Geheimhaltungspflicht grundsätzlich nicht zwischen den einzelnen Institutionen des BetrVG** gilt (Regierungsentwurf, Begründung, BT-Drucks. VI/1786, 47). Über die Ausnahme von diesem Grundsatz vgl. unten Rz. 11.

II. Gegenstand der Geheimhaltungspflicht

2 Gegenstand der Geheimhaltungspflicht gem. § 79 sind Betriebs- oder Geschäftsgeheimnisse (z.B. technische Geräte, Herstellungsverfahren, Konstruktionszeichnungen, Bezugsquellen, Planungen, Umsätze, Auftragslage, Lohn- und Gehaltslisten), die Mitgliedern oder Ersatzmitgliedern des Betriebsrats wegen ihrer Zugehörigkeit zum Betriebsrat bekanntgeworden sind. Dabei können die Parteien eines Arbeitsvertrages wirksam vereinbaren, daß der Arbeitnehmer bestimmte Betriebsgeheimnisse, die er aufgrund seiner Tätigkeit erfährt, nach Beendigung des Arbeitsverhältnisses nicht nutzen oder weitergeben darf. Die Verbindlichkeit einer solchen Geheimhaltungsklausel hängt nicht von der Zusage einer Entschädigung ab (*BAG* vom 16. 3. 1982 – 3 AZR 83/79 – AP Nr. 1 zu § 622 BGB Betriebsgeheimnis).

3 **Betriebs- und Geschäftsgeheimnisse** sind solche Tatsachen, die im Zusammenhang mit dem technischen Betrieb oder der wirtschaftlichen Betätigung des Unternehmens stehen, nicht offenkundig und nur einem eng begrenzten Personenkreis bekannt sind, nach dem Willen des Arbeitgebers geheimzuhalten sind und an deren Geheimhaltung ein begründetes Interesse besteht (*BAG* vom 16. 3. 1982 – 3 AZR 233/81 – EzA § 242 BGB Nachvertragliche Treuepflicht Nr. 1 = DB 1982,

2247; *BAG* vom 20.11. 1984 – 1 ABR 64/82 – EzA § 106 BetrVG 1972 Nr. 6 = DB 1985, 924; *BGH* vom 15.5. 1955 – I ZR 111/53 – AP Nr. 1 zu § 17 UnlWG m. Anm. *Vollmer* = RdA 1956, 79; *D/R* § 79 Rz. 4 m. w. N.). Dieser Begriff deckt sich mit dem des Wettbewerbsrechts (*D/R* § 79 Rz. 4; GK-*Wiese* § 79 Rz. 7; *F/A/K/H* § 79 Rz. 2; *G/L* § 79 Rz. 6; vgl. auch *Baumbach/Hefermehl* Wettbewerbsrecht § 17 Rz. 2; *Gaul* NZA 1988, 225, 227; *Isele* FS für *Kronstein*, 107, 112; *Wiese* FS für *Molitor*, 365, 380). Ob die Voraussetzungen für ein Betriebs- oder Geschäftsgeheimnis vorliegen, kann deshalb nach **objektiven Kriterien** festgestellt werden. Sofern diese nicht gegeben sind, kann auch durch die Erklärung einer Geheimhaltungsbedürftigkeit seitens des Arbeitgebers eine Geheimhaltungspflicht im betriebsverfassungsrechtlichen Sinne nicht begründet werden.
Die Rezeptur eines Reagenzes ist nicht offenkundig, wenn die quantitative Analyse für ausgebildete Chemiker einen mittleren Schwierigkeitsgrad bietet und die sinnvolle Verwendung der Bestandteile nicht ohne Detailkenntnisse und erst nach entsprechenden Überlegungen und Untersuchungen möglich ist (*BAG* vom 16.3. 1982 – 3 AZR 233/81 – EzA § 242 BGB Nachvertragliche Treuepflicht Nr. 1 = DB 1982, 2247).
Die Lohn- und Gehaltsdaten sind Teil der betriebswirtschaftlichen Kalkulation über Umsätze und Gewinnmöglichkeiten und können – unter Berücksichtigung der Besonderheiten des betroffenen Unternehmensbereichs – ein Geschäftsgeheimnis darstellen (*BAG* vom 26.2. 1987 – 6 ABR 46/84 – EzA § 79 BetrVG 1972 Nr. 1 = DB 1987, 2526).

Liegen die objektiven Voraussetzungen für die Geheimhaltung vor, ist also ein Betriebs- oder Geschäftsgeheimnis zu bejahen, so hängt die Verpflichtung zur Geheimhaltung davon ab, daß der **Arbeitgeber die zugrundeliegenden Tatsachen ausdrücklich als geheimhaltungspflichtig bezeichnet** hat (*D/R* § 79 Rz. 6 m. w. N.). Fehlt es an dieser Erklärung, so entfällt die betriebsverfassungsrechtliche Geheimhaltungspflicht. Daß die Geheimhaltungsbedürftigkeit aus den Gesamtumständen erkennbar war, ist nicht ausreichend. Die Erklärung des Arbeitgebers muß eindeutig sein. Sie bedarf jedoch keiner bestimmten Form. Es genügt eine Erklärung, durch die der Wille des Arbeitgebers an der Geheimhaltung deutlich zum Ausdruck kommt (*D/R* § 79 Rz. 6; **a. A.** *F/A/K/H* § 79 Rz. 3). Aus Beweissicherungsgründen kann es jedoch empfehlenswert sein, einen Vermerk über die Erklärung anzufertigen oder einen entsprechenden Hinweis in ein Sitzungsprotokoll aufzunehmen. 4

Die betriebsverfassungsrechtliche Geheimhaltungspflicht ist weiterhin davon abhängig, daß die vom Arbeitgeber als geheimhaltungsbedürftig bezeichneten Betriebs- oder Geschäftsgeheimnisse den **Mandatsträgern wegen ihrer Zugehörigkeit zu den betriebsverfassungsrechtlichen Institutionen bekanntgeworden** sind. In welcher Weise diese Kenntnis erlangt worden ist, ist hierfür unbeachtlich, insbesondere ist es nicht notwendig, daß die Kenntnis unmittelbar vom Arbeitgeber vermittelt worden ist (ebenso GK-*Wiese* § 79 Rz. 16; *G/L* § 79 Rz. 10; *F/A/K/H* § 79 Rz. 4; **a. A.** *Neumann-Duesberg* BB 1957, 715). Da es aber jedenfalls notwendig ist, daß die betreffenden Tatsachen vom Arbeitgeber als geheimhaltungsbedürftig bezeichnet worden sind, wird eine solche Information in der Regel ihren Ausgangspunkt beim Arbeitgeber haben. Betriebs- oder Geschäftsgeheimnisse, die den Angehörigen betriebsverfassungsrechtlicher Institutionen nicht in ihrer Eigenschaft als Mandatsträger bekanntwerden, begründen eine betriebsverfassungsrechtliche Geheimhaltungspflicht nach § 79 nicht, jedoch bleiben allgemeine 5

Geheimhaltungspflichten, die sich aus den arbeitsvertraglichen Beziehungen ergeben, unberührt (*F/A/K/H* § 79 Rz. 2 m. w. N.).

6 Das BetrVG 1952 hatte über die Betriebs- oder Geschäftsgeheimnisse hinaus alle Angaben, die der Arbeitgeber ausdrücklich als vertraulich bezeichnete, der betriebsverfassungsrechtlichen Geheimhaltungspflicht unterstellt. Diesen Grundsatz hat das neue Gesetz nicht übernommen (vgl. oben Rz. 1). Indessen dürfte sich aus dem Grundsatz der vertrauensvollen Zusammenarbeit nach § 2 Abs. 1 ergeben, daß der Arbeitgeber Angehörigen betriebsverfassungsrechtlicher Institutionen auch solche Angaben macht, an deren vertraulicher Behandlung er ein berechtigtes Interesse hat, ohne daß es sich bei diesen Angaben um Betriebs- oder Geschäftsgeheimnisse handelt (GK-*Wiese* § 79 Rz. 1 m. w. N.). Es würde dem Grundsatz der vertrauensvollen Zusammenarbeit widersprechen, wenn die Mitglieder betriebsverfassungsrechtlicher Einrichtungen in solchen Fällen sich ohne weiteres über den berechtigten Wunsch des Arbeitgebers hinwegsetzen und derartige Angaben offenbaren könnten (*D/R* § 79 Rz. 8). Ein solches Verhalten würde jedoch nicht den Tatbestand des § 79 erfüllen und damit auch nicht die strafrechtlichen Folgen des § 120 Abs. 1 zur Folge haben können. **Keine allgemeine Vertraulichkeitspflicht** besteht **hinsichtlich des Inhalts von Betriebsratssitzungen** (*BAG* vom 5. 9. 1967 – 1 ABR 1/67 – EzA § 23 BetrVG 1952 Nr. 1 = DB 1967, 1592, 1947, 1990).

7 Über die Wahrung der Vertraulichkeit von Tatsachen, welche die Persönlichkeitssphäre von Arbeitnehmern betreffen, vgl. unten Rz. 14. Zum Datenschutz vgl. *F/A/K/H* § 79 Rz. 25 ff. m. w. N.; GK-*Wiese* § 79 Rz. 52.

III. Umfang der Geheimhaltungspflicht

8 Die Geheimhaltungspflicht findet ihren Ausdruck darin, daß den zur Geheimhaltung Verpflichteten die **Offenbarung und Verwertung** der vom Arbeitgeber ausdrücklich als geheimhaltungsbedürftig bezeichneten Betriebs- und Geschäftsgeheimnisse **untersagt** ist (*D/R* § 79 Rz. 9).

9 Offenbarung bedeutet die Weitergabe an unberechtigte Dritte; Verwertung die Ausnutzung dieser Kenntnisse zum eigenen Vorteil (GK-*Wiese* § 79 Rz. 23; *Brecht* § 79 Rz. 4). Hierbei kommt es nicht darauf an, in welcher Form oder zu welchem Zweck die Offenbarung oder Verwertung erfolgt, um dem Arbeitgeber Schaden zuzufügen oder mit dem Ziel, sich selbst oder einem anderen materielle Vorteile zu verschaffen. Diese Umstände können nur im Rahmen des Straftatbestandes nach § 120 Abs. 3 von Bedeutung sein. § 79 verbietet jede Offenbarung oder Verwertung von Betriebs- oder Geschäftsgeheimnissen, unabhängig davon, aus welchen Motiven oder zu welchem Zweck diese Weitergabe erfolgt.

IV. Verpflichteter Personenkreis

10 Zur Wahrung der Geheimhaltung sind zunächst der Betriebsrat selbst als Organ (GK-*Wiese* § 79 Rz. 20 m. w. N.) und die **Mitglieder und Ersatzmitglieder des Betriebsrats** verpflichtet (GK-*Wiese* § 79 Rz. 19); letztere insoweit, als sie im Hinblick auf eine vertretungsweise Mitgliedschaft oder auf ein Nachrücken für ein ausscheidendes Betriebsratsmitglied Betriebs- oder Geschäftsgeheimnisse erfah-

Geheimhaltungspflicht § 79

ren. Die Verschwiegenheitspflicht gilt **gem. Abs. 2** sinngemäß für die **Mitglieder und Ersatzmitglieder aller dort genannten Institutionen der Betriebsverfassung** sowie für die **Vertreter von Koalitionen** (Gewerkschaften oder Arbeitgebervereinigungen) (GK-*Wiese* § 79 Rz. 21), die Betriebs- oder Geschäftsgeheimnisse im Rahmen ihrer unterstützenden Tätigkeit der betrieblichen Partner erfahren (GK-*Wiese* § 79 Rz. 16). Schließlich gilt die Geheimhaltungspflicht für **Sachverständige**, die der Betriebsrat gem. § 80 Abs. 3 hinzuzieht (GK-*Wiese* § 79 Rz. 18). **Arbeitnehmervertreter im Aufsichtsrat unterliegen der aktienrechtlichen Verschwiegenheitspflicht, die sie zur Wahrung der Vertraulichkeit auch gegenüber Angehörigen betriebsverfassungsrechtlicher Organe verpflichtet** (vgl. *D/R* § 79 Rz. 16–26, GK-*Wiese* § 79 Rz. 22 m. w. N.).

Die **Verschwiegenheitspflicht** gilt **grundsätzlich gegenüber jedermann** (GK-*Wiese* 11 § 79 Rz. 26), d. h. **gegenüber jedem unberechtigten Dritten**. Sie gilt **auch**, ungeachtet der Zusammenarbeit zwischen Betriebsrat und Gewerkschaft, **gegenüber den Gewerkschaften**, soweit nicht Gewerkschaftsbeauftragte von sich aus unmittelbar Kenntnis von Betriebs- oder Geschäftsgeheimnissen bekommen (vgl. die abschließende Aufzählung bei *D/R* § 79 Rz. 11; **a. A.** *G/K/S/B/K* § 79 Rz. 11). Die **Geheimhaltungspflicht gilt jedoch nicht innerhalb des Betriebsrats** selbst, und sie **gilt nicht im Verhältnis von Betriebsrat zu Gesamtbetriebsrat, Konzernbetriebsrat, Bordvertretung und Seebetriebsrat** (*D/R* § 79 Rz. 26; GK-*Wiese* § 79 Rz. 29; *F/A/K/H* § 79 Rz. 11; *S/W* § 79 Rz. 9), **auch nicht gegenüber den Arbeitnehmervertretern im Aufsichtsrat**, wohl aber umgekehrt seitens der Arbeitnehmervertreter im Aufsichtsrat den anderen betriebsverfassungsrechtlichen Institutionen gegenüber (vgl. oben Rz. 10). Die Pflicht zur Geheimhaltung von Betriebs- und Geschäftsgeheimnissen gilt **nicht im Verfahren vor der Einigungsstelle, der tariflichen Schlichtungsstelle oder einer betrieblichen Beschwerdestelle**; sie gilt indessen den Mitgliedern dieser Einrichtungen gegenüber außerhalb der Verfahren, die vor ihnen durchgeführt werden. Schließlich gilt die **Verschwiegenheitspflicht** der Betriebsratsmitglieder **gegenüber** der **Jugend- und Auszubildendenvertretung und der Gesamtjugend- und Auszubildendenvertretung, gegenüber den** gem. Abs. 1 Nr. 1 und 2 **gebildeten Vertretungen der Arbeitnehmer und gegenüber dem Wirtschaftsausschuß** (*G/L* § 79 Rz. 17; GK-*Wiese* § 79 Rz. 30; *F/A/K/H* § 79 Rz. 15). Die Angehörigen dieser zuletzt genannten Gremien sind andererseits, wie sich aus der entsprechenden Anwendung von § 79 Abs. 1 ergibt, berechtigt, dem Betriebsrat Mitteilung von Betriebs- oder Geschäftsgeheimnissen zu machen, die sie in ihrer Eigenschaft als betriebsverfassungsrechtliche Institutionen erfahren. Der Betriebsrat ist jedoch umgekehrt den Angehörigen dieser Gremien gegenüber zur Wahrung der Verschwiegenheit verpflichtet. Die Mitglieder einer nach § 3 Abs. 1 Nr. 2 gebildeten Vertretung der Arbeitnehmer sind den Betriebsratsmitgliedern nicht gleichzusetzen, sie dürfen deshalb weder von den in Abs. 2 bezeichneten Personen über Geheimnisse unterrichtet werden noch selbst Informationen erteilen (**a. A.** *F/A/K/H* § 79 Rz. 15; GK-*Wiese* § 79 Rz. 31; *G/L* § 79 Rz. 17).

Soweit nach dem Ausgeführten eine Weitergabe von Betriebs- oder Geschäftsge- 12 heimnissen innerhalb der verschiedenen Institutionen der Betriebsverfassung zulässig ist, darf diese **Weitergabe nur unter ausdrücklichem Hinweis auf die Geheimhaltung** erfolgen.

Die Wahrung der Geheimhaltung und das Vertrauen auf die Wahrung dieser Ge- 13 heimhaltung sind eine entscheidende Voraussetzung dafür, daß der Arbeitgeber

Angehörigen der betriebsverfassungsrechtlichen Institutionen Mitteilung von Betriebs- oder Geschäftsgeheimnissen machen kann. Er muß darauf vertrauen können, daß die Wahrung der Geheimnisse, unabhängig von der Amtsdauer oder Betriebszugehörigkeit, ständig gesichert ist. Daher verpflichtet § 79 Abs. 1 Satz 2 zur **Geheimhaltung auch nach dem Ausscheiden aus dem Amt**. Auch nach dem Ausscheiden aus dem Betrieb infolge Beendigung des Arbeitsverhältnisses gilt die Geheimhaltungspflicht für Organisationsvertreter, auf die gem. § 79 Abs. 2 die Vorschriften über die Geheimhaltungspflicht entsprechend anzuwenden sind, ohne zeitliche Begrenzung (GK-*Wiese* § 79 Rz. 25; *D/R* § 79 Rz. 14; *F/A/K/H* § 79 Rz. 6; *G/L* § 79 Rz. 15). Sachverständige, die gem. § 80 Abs. 3 vom Betriebsrat hinzugezogen werden und für die die Geheimhaltungspflicht ebenso entsprechend anwendbar ist, sind zur Wahrung von ihnen in Ausübung ihrer Sachverständigentätigkeit bekanntgewordenen Betriebs- oder Geschäftsgeheimnissen auch nach Beendigung ihrer Sachverständigentätigkeit verpflichtet.

V. Besondere Verschwiegenheitspflichten

14 § 79 behandelt nur die Geheimhaltungspflicht der Mitglieder betriebsverfassungsrechtlicher Institutionen bezüglich der Betriebs- oder Geschäftsgeheimnisse des Arbeitgebers. Das Gesetz kennt indessen noch **weitere Verschwiegenheitspflichten, die sich insbesondere** auch **auf die persönlichen Verhältnisse einzelner Arbeitnehmer beziehen**. Zu erwähnen sind die Schweigepflicht des Betriebsratsmitgliedes, das von einem Arbeitnehmer bei der Erörterung seines Arbeitsentgelts, seiner Leistungen sowie seiner beruflichen Entwicklung im Betrieb hinzugezogen wird (§ 82 Abs. 2), sowie die entsprechende Schweigepflicht des Betriebsratsmitgliedes, das ein Arbeitnehmer bei der Einsicht in die über ihn geführten Personalakten hinzuzieht (§ 83 Abs. 1). Aber auch für die persönlichen Angaben eines Arbeitnehmers, von denen der Betriebsrat im Zuge der Ausübung seiner Mitbestimmung bei personellen Einzelmaßnahmen Kenntnis erhält (§ 99 Abs. 1 und § 102 Abs. 2), gilt die Verschwiegenheitspflicht (vgl. *D/R* § 79 Rz. 29; GK-*Wiese* § 79 Rz. 42 f.).

VI. Rechtsfolgen von Verstößen gegen die Geheimhaltungspflicht

15 Ein Verstoß gegen die Geheimhaltungspflicht kann ein grobe Verletzung der gesetzlichen Pflichten eines Mitgliedes des Betriebsrats darstellen und gem. § 23 Abs. 1 zum Ausschluß dieses Mitgliedes führen (*F/A/K/H* § 79 Rz. 28; *D/R* § 79 Rz. 31; *G/K/S/B* § 79 Rz. 17; *G/L* § 79 Rz. 21; GK-*Wiese* § 79 Rz. 36; *Hueck/ Nipperdey* II/2, 1172). Offenbart der Betriebsrat in seiner Gesamtheit unbefugt ein Betriebs- oder Geschäftsgeheimnis, so kommt die gerichtliche Auflösung des Betriebsrats in Betracht (ebenso *G/L* § 79 Rz. 21; GK-*Wiese* § 79 Rz. 367; *D/R* § 79. Rz. 31; *Wochner* BB 1975, 1541; **a.A.** *Brecht* § 79 Rz. 8; *G/K/S/B* § 79 Rz. 17). Die gegenteilige Auffassung verkennt, daß die gemeinschaftliche Verletzung persönlicher Amtspflichten den Betriebsrat als Organ in Mißkredit bringt (so GK-*Thiele* § 79 Rz. 39).

16 Regelmäßig wird zugleich die sich aus dem Arbeitsverhältnis ergebende Verschwiegenheitspflicht verletzt werden (ebenso *D/R* § 79 Rz. 32; *G/L* § 79 Rz. 22;

einschränkend GK-*Wiese* § 79 Rz. 40, der eine Zurückhaltung bei der Bejahung des wichtigen Grundes verlangt; wohl auch *G/K/S/B* § 79 Rz. 18).

§ 79 ist darüber hinaus ein Schutzgesetz i. S. d. § 823 Abs. 2 BGB, dessen schuldhafte Verletzung zum Schadensersatz verpflichtet (GK-*Wiese* § 79 Rz. 37; *G/L* § 79 Rz. 23; *F/A/K/H* § 79 Rz. 28; *D/R* § 79 Rz. 33 m. w. N.; vgl. auch vor § 1 Rz. 35, insbes. 37). Stellt die Verletzung der Geheimhaltungspflicht zugleich einen Bruch des Arbeitsvertrages dar, besteht ein Schadensersatzanspruch aus positiver Forderungsverletzung (ebenso *G/L* § 79 Rz. 23; *D/R* § 79 Rz. 33; GK-*Wiese* § 79 Rz. 36). Verstößt der Beauftragte der Gewerkschaft gegen § 79, so ist die entsendende Gewerkschaft gem. § 278 BGB schadensersatzpflichtig (*G/L* § 79 Rz. 23; *Wochner* BB 1975, 1541). **17**

Die vorsätzliche Verletzung der betriebsverfassungsrechtlichen Geheimhaltungspflicht ist gem. § 120 strafbar (*D/R* § 79 Rz. 35; GK-*Wiese* § 79 Rz. 41). **18**

VII. Streitigkeiten **19**

– Streit um das Bestehen einer Geheimhaltungspflicht kann gem. § 2a Abs. 1 Nr. 1 Abs. 2 ArbGG im arbeitsgerichtlichen Beschlußverfahren entschieden werden. Das gleiche gilt bei der Klärung der Frage, ob ein Recht zur Offenbarung gem. Abs. 1 Satz 3 und 4 besteht (GK-*Wiese* § 79 Rz. 53).
– Im Antrag auf Ausschluß eines Mitglieds aus dem Betriebsrat im arbeitsgerichtlichen Beschlußverfahren sind das Bestehen und die Verletzung der Geheimhaltungspflicht als Vorfrage zu klären (GK-*Wiese* § 79 Rz. 54).
– Ist wegen Verletzung der Geheimhaltungspflicht gekündigt worden, so sind das Bestehen und die Verletzung dieser Pflicht im Urteilsverfahren als Vorfrage zu klären (GK-*Wiese* § 79 Rz. 55).
– Macht der Arbeitgeber Schadensersatz geltend, so ist diese Pflichtverletzung ebenfalls als Vorfrage im Urteilsverfahren zu klären (§§ 2 Abs. 1 Nr. 3, 46 ff. ArbGG; GK-*Wiese* § 79 Rz. 55).
– Aus § 79 Abs. 1 Satz 1 steht dem Arbeitgeber gegen den Betriebsrat und die einzelnen Betriebsratsmitglieder ein Unterlassungsanspruch zu (*BAG* vom 26. 2. 1987 – 6 ABR 46/84 – EzA § 79 BetrVG 1972 Nr. 1 = DB 1987, 2526; GK-*Wiese* § 79 Rz. 39).

§ 80 Allgemeine Aufgaben

(1) Der Betriebsrat hat folgende allgemeine Aufgaben:
1. **darüber zu wachen, daß die zugunsten der Arbeitnehmer geltenden Gesetze, Verordnungen, Unfallverhütungsvorschriften, Tarifverträge und Betriebsvereinbarungen durchgeführt werden;**
2. **Maßnahmen, die dem Betrieb und der Belegschaft dienen, beim Arbeitgeber zu beantragen;**
3. **Anregungen von Arbeitnehmern und der Jugend- und Auszubildendenvertretung entgegenzunehmen und, falls sie berechtigt erscheinen, durch Verhandlungen mit dem Arbeitgeber auf eine Erledigung hinzuwirken; er hat die betreffenden Arbeitnehmer über den Stand und das Ergebnis der Verhandlungen zu unterrichten;**

§ 80 4. Teil Mitwirkung und Mitbestimmung der Arbeitnehmer

4. die Eingliederung Schwerbehinderter und sonstiger besonders schutzbedürftiger Personen zu fördern;
5. die Wahl einer Jugend- und Auszubildendenvertretung vorzubereiten und durchzuführen und mit dieser zur Förderung der Belange der in § 60 Abs. 1 genannten Arbeitnehmer eng zusammenzuarbeiten; er kann von der Jugend- und Auszubildendenvertretung Vorschläge und Stellungnahmen anfordern;
6. die Beschäftigung älterer Arbeitnehmer im Betrieb zu fördern;
7. die Eingliederung ausländischer Arbeitnehmer im Betrieb und das Verständnis zwischen ihnen und den deutschen Arbeitnehmern zu fördern.

(2) Zur Durchführung seiner Aufgaben nach diesem Gesetz ist der Betriebsrat rechtzeitig und umfassend vom Arbeitgeber zu unterrichten. Ihm sind auf Verlangen jederzeit die zur Durchführung seiner Aufgaben erforderlichen Unterlagen zur Verfügung zu stellen; in diesem Rahmen ist der Betriebsausschuß oder ein nach § 28 gebildeter Ausschuß berechtigt, in die Listen über die Bruttolöhne und -gehälter Einblick zu nehmen.

(3) Der Betriebsrat kann bei der Durchführung seiner Aufgaben nach näherer Vereinbarung mit dem Arbeitgeber Sachverständige hinzuziehen, soweit dies zur ordnungsgemäßen Erfüllung seiner Aufgaben erforderlich ist. Für die Geheimhaltungspflicht der Sachverständigen gilt § 79 entsprechend.

Literaturübersicht

I. Allgemeines
Auernhammer Das Bundesdatenschutzgesetz, BB 1977, 205; *ders.* Zur Bestellung eines Beauftragten für den Datenschutz, DuD 1977; *ders.* Bundesdatenschutzgesetz, 1977; *Auffarth* Allgemeine Vorschriften über die Zusammenarbeit von Betriebsrat und Arbeitgeber, AR-Blattei Betriebsverfassung XIV A; *Buchner* Vom »gläsernen Menschen« zum »gläsernen Unternehmen«, ZfA 1988, 449; *v. Hoyningen-Huene* Datenüberwachung durch Betriebsrat und Datenschutzbeauftragten, NZA Beilage Nr. I/85; *Linnenkohl* Datenschutz und Tätigkeit des Betriebsrats, NJW 1981, 202; *Meisel* Die allgemeinen Aufgaben des Betriebsrats, DB 1962, 1694; *Schmidt, V.* Befristungskontrolle im arbeitsgerichtlichen Beschlußverfahren, AuR 1988, 26.

II. Zu Abs. 2
Becker-Schaffner Das Einsichtsrecht des Betriebsrats in die Lohn- und Gehaltslisten, BlStSozArbR 1973, 228; *Bergmann/Möhrle* Datenschutzgesetz, 1980; *Bitter* Besteht eine Pflicht des Arbeitgebers, dem Betriebsrat jeden Schwangerschaftsfall mitzuteilen?, DB 1969, 45; *Brill* Recht des Betriebsrats auf Einsichtnahme in Personalakten?, AuR 1976, 41; *ders.* Betriebsrat und Datenschutz, BlStSozArbR 1973, 163; *Buchner* Die Beziehungen zwischen dem einzelnen Arbeitnehmer und der Belegschaft (Betriebsrat), in: Innerbetriebliche Arbeitnehmerkonflikte aus rechtlicher Sicht, Wiener Beiträge zum Arbeits- und Sozialrecht, Bd. 8, Wien 1977; *Brill* Betriebsrat und Datenschutz, BlStSozArbR 1978, 163; *Dangers* Stellung und Aufgabe des betrieblichen Datenschutzbeauftragten, BlStSozArbR 1978, 99; *Dütz* Betriebsverfassungsrechtliche Auskunftpflichten im Unternehmen, FS für *Westermann*, 1974, 37; *Föhr* Vorlage von Unterlagen des Arbeitgebers an Betriebsrat und Wirtschaftsausschuß, DB 1976, 1378; *ders.* Die Vertretung außertariflicher Angestellter in sozialen Angelegenheiten durch den Betriebsrat, MitGespr. 1976, 30, 40; *v. Friesen* Die Rechtsstellung des Betriebsrats gegenüber nichtleitenden AT-Angestellten, DB 1980 Beilage Nr. 1; *ders.* Das Einblicksrecht des Betriebsrats nach § 80 Abs. 2 Satz 2 2. Halbsatz BetrVG, AuR 1982, 245; *Garstka* Datenschutzrecht und betriebliches Personalwesen, ZRP 1978, 237; *Gaul* Betriebli-

Allgemeine Aufgaben § 80

che Gehaltspolitik für außertarifliche Angestellte und deren rechtliche Ordnung, BB 1978, 764; *Gola* Zum Datenschutz der Beschäftigten gegenüber den Betriebs- und Personalräten, DuD 1987, 440; *Grossmann* Hat der Betriebsrat Mitwirkungsrechte bei der Bestellung des Datenschutzbeauftragten?, DB 1978, 985; *Hentschel* Datenschutzbeauftragter und Betriebsrat, ArbGeb. 1977, 781; *Hillert* Hat der Betriebsausschuß Kenntnisse aus Bruttogehaltslisten vertraulich zu behandeln?, Personal 1974, 226; *Hohn* Einsichtsrecht der Belegschaftsvertretungen in Lohn- und Gehaltslisten, BB 1972, 1274; *Hörle* Bundesdatenschutzgesetz und Betriebsrat, WRP 1977, 628; *Hümmerich* Rechte des Betriebsrats bei der Erfassung von Beschwerdedaten, RdA 1979, 143; *Hümmerich/Gola* Personaldatenrecht im Arbeitsverhältnis, 1975; *Hunold* Außertarifliche Vertragsverhältnisse und übertarifliche Vertragsbestandteile, DB 1981 Beilage Nr. 26; *Jürgens* Zur Informationsbeschaffung von Betriebsräten, insbesondere bei Rationalisierungsmaßnahmen (*LAG Hamburg* – Az I Ta BV 5/75 vom 2. 12. 1976), MitGespr. 1979, 150; *Karad* BDSG – Die Stellung des Betriebsrats, ArbGeb. 1978, 656; *Kilian* Personalinformationssysteme in deutschen Großunternehmen, 1981; *ders.* Arbeitsrechtliche Probleme automatisierter Personalinformationssysteme, JZ 1977, 481; *ders.* Auswirkungen des BDSG auf das BetrVG, RdA 1978, 201; *Kort* Datenverarbeitung und Informationsrecht des Betriebsrats, CR 1988, 220; *Kraft* Der Informationsanspruch des Betriebsrats – Grundlagen, Grenzen und Übertragbarkeit, ZfA 1983, 171; *Kraft/Kreutz* Die Vorlage von Lohn- und Gehaltslisten an den Betriebsrat – zugleich ein Beitrag zum Begriff »Umgruppierung« im Sinne des § 60 Abs. 2 BetrVG, ZfA 1971, 47; *Kriependorf* Datenschutz im Konzern, DuD 1977, 16; *ders.* Grundzüge der Subsidiarität des BDSG, DuD 1977, 66; *ders.* Datenschutz und Betriebsverfassung, DuD 1979, 17; *Kroll* Datenschutz im Arbeitsverhältnis, Diss. Köln, 1981, *ders.* Das Einblicksrecht des Betriebsrats in die Bruttolohn- und -gehaltslisten und das Bundesdatenschutzgesetz, DB 1979, 1182; *Leinemann* Betriebsrat und Mutterschutz, DB 1970, 1735; *Linnenkohl* Der betriebliche Beauftragte für den Datenschutz, NJW 1979, 1190; *ders.* Datenschutz und Tätigkeit des Betriebsrats, NJW 1981, 202; *Lunk* Nicht in Listen verzeichnete Lohn- und Gehaltsdaten und ihre Kenntniserlangung durch den Betriebsrat, DB 1990, 786; *Marienhagen* Umfang des Einblicksrechts des Betriebsrats in Lohn- und Gehaltslisten, BB 1980, 1331; *Mayer-Maly* Datenschutz gegen Arbeitnehmerinformation?, DB 1980, 1441; *ders.* Der Einblick in die Bruttolohnlisten nach § 80 Abs. 2 BetrVG, DB 1979, 985; *Mertens* Betriebsrat und Gewerkschaftsaufsicht, ArbSch 1977, 3; *Nebendahl* Überwachungspflicht des Betriebsrats nach § 80 Abs. 1 Satz 1 BetrVG als Grundlage für die Durchsetzung von Individualansprüchen?, DB 1990, 2018; *Pfarr* Zum Recht des Betriebsrats auf Einsichtnahme in Personalakten, AuR 1976, 198; *Pfelzer* Kostenoptimierung im Betrieb – Beteiligungsrechte des Betriebsrates im Verfahren der Gemeinkostenwertanalyse, NZA 1990, 514; *Pflüger* Die Hinzuziehung eines Sachverständigen gem. § 80 Abs. 3 BetrVG, NZA 1988, 45; *Pramann* Die Informationspflicht des Arbeitgebers nach § 80 Abs. 2 BetrVG, BB 1975, 519; *ders.* Zum Begriff der Einsichtnahme in betriebsverfassungsrechtliche Vorschriften, DB 1983, 1922; *Reeb* Kein Recht auf Einsichtnahme in die Lohn- und Gehaltslisten für Betriebsräte in Kleinbetrieben?, NJW 1973, 180; *Rothe* Einsicht in die Personalunterlagen des Betriebes, DB 1972, 1919; *ders.* Einblick des Betriebsrates in Lohn- und Gehaltslisten, MuA 1973, 207; *Säcker* Informationsrechte der Betriebs- und Aufsichtsratsmitglieder und Geheimsphäre des Unternehmens, 1979; *Schlessmann* Personalakten und Einsichtsrecht, BB 1972, 579; *Schlochauer* FS für *G. Müller*, 1981, 459; *Sendler* Rechtsprobleme personenbezogener Datenverarbeitung im öffentlichen und privaten Bereich, DuD 1977, 59; *ders.* Zur Subsidiarität des Bundesdatenschutzgesetzes, DuD 1979, 81; *Siegler* Die Aufgaben des Betriebs- und Personalrats gegenüber den Schwerbehinderten, ArbuSozR 1980, 82; *Simitis* Schutz von Arbeitnehmerdaten, Regelungsdefizite – Lösungsvorschläge, hrsg. vom Bundesminister für Arbeit und Sozialordnung, 1980; *ders.* Datenschutz und Arbeitsrecht, AuR 1977, 97; *Sturm* Das Einsichtsrecht des Betriebsrats bei übertariflicher Entlohnung, ArbuSozR 1974, 130; *Tönnies* Die datenschutzrechtliche Einordnung des Betriebsrats, DuD 1980, 128; *ders.* Das Zusammenwirken von Datenschutz und Betriebverfassungsgesetz, DuD 1981, 24; *Unterhinninghofen* Rundgänge des Betriebsrats, BetrR 1974, 557; *Vogt* Das Einsichtsrecht des Betriebsrats in Lohn- und Gehaltslisten und

§ 80 4. Teil Mitwirkung und Mitbestimmung der Arbeitnehmer

Personalakten der Arbeitnehmer, BB 1973, 479; *Wahsner/Borgaes* Datenschutz und Betriebsratsarbeit, BlStSozArbR 1980, 49; *Weckbach* Informationsrechte des Betriebsrats bei Einsatz von EDV in der Personalverwaltung, NZA 1988, 305; *Wiedemann* Höhere Angestellte im Betriebsverfassungsrecht, in memoriam *Otto Kahn-Freund*, 1980, 343; *Wittek* Der Status des Beauftragten für Datenschutz, DuD 1977, 55; *Wohlgemuth* Möglichkeiten des Betriebsrats im Bereich des Datenschutzes, MitGespr. 1980, 128; *ders.* Erforderlichkeit einer Betriebsratsschulung über Probleme des betrieblichen Datenschutzes, BlStSozArbR 1980, 209; *ders.* Datenschutz für Arbeitnehmer, 1983.

III. Zu Abs. 3
Jobs Hinzuziehung von Sachverständigen gem. § 80 Abs. 3 Satz 1 BetrVG zur Beurteilung der Beteiligtenrechte des Betriebsrats bei Einführung und Anwendung von EDV-Systemen, RDV 1987, 125; *Knauber-Bergs* Kostensersatz für die Heranziehung von Sachverständigen, AiB 1987, 160; *Linnenkohl* Die Hinzuziehung von Sachverständigen durch den Betriebsrat gem. § 80 Abs. 3 BetrVG, RDV 1988, 189; *ders.* Informationsrecht und Arbeitnehmerschutz, AuR 1984, 129; *Matthiessen* EDV-Sachverständige und Betriebsrat, CR 1988, 478; *Pflüger* Die Hinzuziehung eines Sachverständigen gem. § 80 Abs. 3 BetrVG, NZA 1988, 45; *Trittin/Weber* Nochmals: Der EDV-Sachverständige des Betriebsrats, AiB 1986, 182.

Inhaltsübersicht

		Rz.
I.	Einleitung	1– 3
	1. Allgemeines	1
	2. Das Bundesdatenschutzgesetz	2, 3
II.	Die allgemeinen Aufgaben des Betriebsrats	4–27
	1. Vorbemerkung	4– 7
	2. Überwachungsrechte (Abs. 1 Ziff. 1)	8–19
	a) Gesetze und Verordnungen	9, 10
	b) Tarifverträge und Betriebsvereinbarungen	11–19
	3. Das Antragsrecht des Betriebsrats (Abs. 1 Ziff. 2)	20
	4. Entgegennahme und Behandlung von Anregungen der Arbeitnehmer und der Jugend- und Auszubildendenvertretung (Abs. 1 Ziff. 3)	21–23
	5. Die Eingliederung Schwerbehinderter (Abs. 1 Ziff. 4)	24
	6. Die Wahl der Jugend- und Auszubildendenvertretung (Abs. 1 Ziff. 5)	25
	7. Die Förderung der Beschäftigung älterer Arbeitnehmer (Abs. 1 Ziff. 6)	26
	8. Die Eingliederung ausländischer Arbeitnehmer in den Betrieb (Abs. 1 Ziff. 7)	27
III.	Das Informationsrecht des Betriebsrats (Abs. 2 und 3)	28–55
	1. Die Unterrichtungsverpflichtung des Arbeitgebers	28–35
	2. Vorlage der Unterlagen	36–40
	3. Einblicksrecht in die Lohnlisten	41–50
	4. Hinzuziehung von Sachverständigen	51–55
IV.	Streitigkeiten	56–60

Allgemeine Aufgaben § 80

I. Einleitung

1. Allgemeines

Die Bestimmung schließt an die allgemeinen Aufgaben des Betriebsrats an, wie 1
sie § 54 BetrVG 1952 formuliert hatte. Der Katalog ist jedoch überarbeitet und
erweitert worden, wobei insbesondere die Betreuung der Jugend- und Auszubildendenvertretung, die Förderung der Beschäftigung älterer Arbeitnehmer und die
Förderung der Eingliederung ausländischer Arbeitnehmer in den Betrieb neu in
den Katalog der allgemeinen Aufgaben aufgenommen worden sind (GK-*Kraft*
§ 80 Rz. 2). Ebenso sind die allgemeinen Unterrichtungspflichten des Arbeitgebers gegenüber dem Betriebsrat in Abs. 2 konkretisiert und das Einblicksrecht des
Betriebsausschusses in die Listen über Bruttolöhne und -gehälter neu geregelt
worden (GK-*Kraft* § 80 Rz. 3). Schließlich ist in Abs. 3 dem Betriebsrat das Recht
eingeräumt worden, nach näherer Vereinbarung mit dem Arbeitgeber, zur Erfüllung seiner Aufgaben erforderlichenfalls Sachverständige hinzuziehen.

2. Das Bundesdatenschutzgesetz

Das Gesetz zum Schutz vor Mißbrauch personenbezogener Daten bei der Datenverarbeitung (BDSG) vom 27. 1. 1977 will die Datenverarbeitung nur für bestimmte Zwecke zulassen, um hiermit Beeinträchtigungen schutzwürdiger Belange der Betroffenen entgegenzuwirken. § 45 ordnet die Subsidiarität seiner Vorschriften an, soweit besondere Vorschriften des Bundes anzuwenden sind. Die
Aufzählung in § 45 Abs. 2 BDSG ist lediglich beispielhaft.
Die Vorschriften des BetrVG haben Vorrang vor dem Bundesdatenschutzgesetz,
soweit in ihnen eine Übermittlung oder Speicherung von personenbezogenen Daten geregelt ist (ebenso *D/R* § 80 Rz. 87; GK-*Wiese* § 83 Rz. 4; *Simitis/Dammann/
Mallmann/Reh* BDSG § 45 Rz. 15; *Simitis* Schutz von Arbeitnehmerdaten 22;
Wohlgemuth Das Mitbestimmungsgespräch, 129; *ders.* Datenschutz für Arbeitnehmer 156; *Kroll* DB 1979, 1182; *Linnenkohl* NJW 1981, 203; vgl. auch *LAG
Bremen* vom 1. 9. 1978 – 1 TaBV 12/77 – DB 1978, 2488; *F/A/K/H* § 1 Rz. 100,
die jedoch den Betriebsrat als Teil der speichernden Stelle einordnen; siehe auch
§ 79 Rz. 25 ff. m. w. N.).
Der Betriebsrat ist Dritter i. S. d. § 3 Abs. 3 Nr. 2 BDSG, soweit er allgemein für 3
seinen Arbeitsbereich eine Datei anlegt oder den Zugriff auf die Datei des Arbeitgebers erlangt (*D/R* § 80 Rz. 90; *Kroll* Datenschutz, 119 f.; *Kilian* RdA 1978, 207;
Tönnies DuD 1980, 131; *ders.* DuD 1981, 26; *Wahsner/Borgaes* BlStSozArbR
1980, 52 vertreten die Ansicht, daß der Betriebsrat stets Dritter sei. Dagegen
F/A/K/H § 1 Rz. 100 ff.; *Simitis/Dammann/Mallmann/Reh* BDSG § 2 Rz. 163;
Gola DuD 1978, 28; *Kriependorf* DuD 1979, 19, die den Betriebsrat als speichernde Stelle i. S. v. § 1 Abs. 2 Satz 1 BDSG ansehen).
Soweit der Betriebsrat Daten aufgrund betriebsverfassungsrechtlicher Vorschriften erlangt, ist er weder Dritter noch speichernde Stelle i. S. d. BDSG. Die Vorschriften des BetrVG sind vorrangig, gem. § 45 BDSG (ausführlich *D/R* § 80
Rz. 89 f.; vgl. *BAG* vom 17. 3. 1983 – 6 ABR 33/80 – EzA § 80 BetrVG 1972 Nr. 24
m. Anm. *Kroll* = DB 1983, 1607).
Das Bundesdatenschutzgesetz ist ein zugunsten der Arbeitnehmer geltendes Ge-

§ 80 4. Teil Mitwirkung und Mitbestimmung der Arbeitnehmer

setz i. S. v. § 80 Abs. 1 Nr. 1 BetrVG (GK-*Kraft* § 80 Rz. 14; *F/A/K/H* § 80 Rz. 4; *G/L* § 80 Rz. 79; *D/R* § 80 Rz. 6). Der Arbeitgeber ist verpflichtet, den Betriebsrat umfassend über alle Formen der Verarbeitung personenbezogener Daten der Arbeitnehmer zu unterrichten. Darauf, ob diese Datenverarbeitung gegen Vorschriften des Bundesdatenschutzgesetzes verstößt oder Mitbestimmungsrechte des Betriebsrats auslöst, kommt es nicht an. Die Unterrichtungspflicht des Arbeitgebers entfällt nicht dadurch, daß die Datenverarbeitung nicht im Betrieb selbst, sondern bei einem anderen Unternehmen einer Unternehmensgruppe erfolgt (*BAG* vom 17. 3. 1987 – 1 ABR 59/85 – EzA § 80 BetrVG 1972 Nr. 30 = DB 1987, 1491).

II. Die allgemeinen Aufgaben des Betriebsrats

1. Vorbemerkung

4 Der in Abs. 1 aufgeführte Katalog überträgt dem Betriebsrat allgemeine Aufgaben, die unabhängig von den konkreten Mitwirkungs- und Mitbestimmungsrechten bestehen, die dem Betriebsrat in sozialen, personellen und wirtschaftlichen Angelegenheiten eingeräumt sind (GK-*Kraft* § 80 Rz. 6).

5 Diese Aufgaben haben ihre Bedeutung für alle Tätigkeitsbereiche des Betriebsrats. Sie bilden jedoch keinen Ansatz für die Durchsetzung konkret erzwingbarer Mitbestimmungsrechte. Hierfür kommen nur seine ausdrücklich bei den einzelnen Bestimmungen jeweils normierten Rechte in Betracht.

6 Die in § 80 Abs. 1 geregelten Aufgaben berechtigen den Betriebsrat nicht zu einseitigen Eingriffen in die Betriebsführung (GK-*Kraft* § 80 Rz. 8). Auch soweit § 80 Abs. 1 in Frage steht, bleibt es beim Grundsatz des § 77 Abs. 1, wonach es Sache des Arbeitgebers ist, Vereinbarungen zwischen Betriebsrat und Arbeitgeber durchzuführen, und der Betriebsrat gehalten ist, nicht durch einseitige Handlungen in die Leitung des Betriebes einzugreifen. Basis für die Durchführung dieser Aufgaben ist vielmehr die vertrauensvolle Zusammenarbeit, die entsprechend § 2 Abs. 1 den Arbeitgeber verpflichtet, sich ernsthaft mit den Problemen, die der Betriebsrat im Rahmen von § 80 Abs. 1 an ihn heranträgt, auseinanderzusetzen und über diese Frage mit dem Betriebsrat mit dem ernsten Willen zur Einigung zu verhandeln, sowie Vorschläge für die Beilegung von Meinungsverschiedenheiten zu machen (vgl. auch § 74 Abs. 1 Satz 2).

7 Führen diese Verhandlungen des Arbeitgebers mit dem Betriebsrat nicht zu einer Übereinstimmung, so kann die Einigungsstelle nur im Rahmen des § 76 Abs. 6 tätig werden, d. h., wenn beide Seiten es beantragen oder mit ihrem Tätigwerden einverstanden sind. Der Spruch der Einigungsstelle ersetzt die Einigung zwischen Arbeitgeber und Betriebsrat hier nur, wenn beide Seiten sich dem Spruch im voraus unterwerfen oder ihn nachträglich annehmen.

2. Überwachungsrechte (Abs. 1 Ziff. 1)

8 Der Katalog der zugunsten der Arbeitnehmer geltenden kollektiven Regelungen, auf die sich die Überwachungspflicht des Betriebsrats erstreckt, entspricht praktisch dem des § 54 Abs. 1 BetrVG 1952. Durch die Neuaufnahme der Unfallverhü-

Allgemeine Aufgaben **§ 80**

tungsvorschriften in den Katalog dürfte sachlich kaum eine Ausweitung erfolgt sein, weil die Überwachung ihrer Einhaltung auch nach früherem Recht ohne ausdrückliche Erwähnung zu den Pflichten des Betriebsrats gezählt wurde. Diese Überwachungspflicht gehört seit Beginn der Betriebsratsgesetzgebung zu den Aufgaben des Betriebsrats. Eine entsprechende Bestimmung war bereits im Betriebsrätegesetz vom 4. 2. 1920 vorhanden (§ 78 Ziff. 1 BRG).
Die Aufgabenzuweisung in § 80 Abs. 1 hat nicht gleichzeitig die Einräumung entsprechender Mitbestimmungsrechte zum Inhalt. Die Überwachungsaufgabe des § 80 Ziff. 1 gibt dem Betriebsrat keinen eigenen Anspruch auf Einhaltung und Durchführung der zugunsten der Arbeitnehmer geltenden Normen. Daher hat der Betriebsrat in einem Beschlußverfahren kein eigenes Antragsrecht, das darauf gerichtet ist, die Einhaltung dieser Normen durch den Arbeitgeber zu erwirken (*BAG* vom 16. 1. 1985 – 1 ABR 9/83 – DB 1986, 231). Der Arbeitgeber ist grundsätzlich nicht verpflichtet, dem Betriebsrat von jeder Abmahnung, die er einem Arbeitnehmer des Betriebes wegen arbeitsvertraglicher Pflichtverletzung oder wegen eines Verstoßes gegen die betriebliche Ordnung erteilt, eine Durchschrift oder Fotokopie zukommen zu lassen (*LAG Schleswig-Holstein* vom 27. 5. 1983 – 3 [4] Ta BV 31/82 – DB 1983, 2145). Es bestehen auch keine rechtlichen Bedenken gegen die Durchführung einer Fragebogenaktion unter den jugendlichen Arbeitnehmern, soweit sich die Fragen im Rahmen der gesetzlichen Aufgaben der Jugendvertretung und des Betriebsrats halten und Betriebsablauf und Betriebsfrieden nicht gestört werden (*BAG* vom 8. 2. 1977 – 1 ABR 82/74 – EzA § 70 BetrVG 1972 Nr. 1 = DB 1977, 914; 1978, 395 m. Anm. *Eich*).

a) Gesetze und Verordnungen
Der **Begriff** der zugunsten der Arbeitnehmer geltenden Gesetze und Verordnungen ist **weit auszulegen** (vgl. *D/R* § 80 Rz. 4; *F/A/K/H* § 80 Rz. 3; *G/L* § 80 Rz. 7; GK-*Kraft* § 80 Rz. 10, 11). Es gehören hierher die geltenden Vorschriften des Arbeitsrechts und der Sozialversicherung sowie des AFG (GK-*Kraft* § 80 Rz. 12), insbesondere auch die Arbeitsschutzvorschriften sowie Gesetze, die zugunsten bestimmter Personenkreise gelten, wie z.B. Jugendschutz, Frauen- und Mutterschutz und überhaupt alle gesetzlichen Vorschriften, die zugunsten der Arbeitnehmer in ihrer Eigenschaft als Arbeitnehmer wirken einschließlich der arbeitsrechtlichen Grundsätze (*D/R* § 80 Rz. 59; *G/L* § 80 Rz. 7; GK-*Kraft* § 80 Rz. 16) sowie des Gleichbehandlungsgrundsatzes (*BAG* vom 11. 7. 1972 – 1 ABR 2/72 – EzA § 80 BetrVG 1972 Nr. 1 = DB 1972, 2020; *BAG* vom 18. 9. 1973 – 1 ABR 7/73 – EzA § 80 BetrVG 1972 Nr. 5 m. Anm. *Buchner* = DB 1974, 143; *BAG* vom 10. 6. 1974 – 1 ABR 23/73 – EzA § 5 BetrVG 1972 Nr. 8 m. Anm. *Kraft* = DB 1975, 60; *BAG* vom 12. 2. 1980 – 6 ABR 2/78 – EzA § 80 BetrVG 1972 Nr. 16 = DB 1980, 1699; *BAG* vom 30. 4. 1981 – 6 ABR 77/78 – EzA § 80 BetrVG 1972 Nr. 17 = DB 1981, 2131; *BAG* vom 30. 4. 1974 – 1 ABR 33/73 – EzA § 80 BetrVG 1972 Nr. 6 = DB 1974, 1776; *F/A/K/H* § 80 Rz. 8; *D/R* § 80 Rz. 12; *G/L* § 80 Rz. 11; GK-*Kraft* § 80 Rz. 17).
Nicht zu den Aufgaben des Betriebsrats gehört es, dafür Sorge zu tragen, daß der Arbeitgeber die Vorschriften des Lohnsteuerrechts einhält (*BAG* vom 11. 12. 1973 – 1 ABR 37/73 – EzA § 37 BetrVG 1972 Nr. 19 m. Anm. *Richardi* = DB 1974, 880), es sei denn, der Arbeitgeber verletzt seine aus der Fürsorgepflicht sich ergebende Aufgabe, die abzuführenden Lohnsteuern zu berechnen (*BAG* vom 17. 3. 1960 – 5 AZR 395/58 – EzA § 670 BGB Nr. 1 = DB 1960, 642; *BAG* vom

§ 80   4. Teil Mitwirkung und Mitbestimmung der Arbeitnehmer

11. 12. 1973 – 1 ABR 37/73 – EzA § 37 BetrVG 1972 Nr. 19 m. Anm. *Richardi* = DB 1974, 880; *G/L* § 80 Rz. 7; *D/R* § 80 Rz. 5; GK-*Kraft* § 80 Rz. 16).

b) Tarifverträge und Betriebsvereinbarungen

11 Die Überwachung der Durchführung der Tarifverträge bezieht sich auf die für den Betrieb geltenden, d. h. bereits bestehenden Tarifverträge.

Die Befugnis des Betriebsrats zur Überwachung der richtigen Tarifanwendung beinhaltet jedoch nicht, daß der Betriebsrat aus eigenem Recht vom Arbeitgeber die Einhaltung des Tarifvertrages für die einzelnen Arbeitnehmer verlangen kann (*BAG* vom 10. 6. 1986 – 1 ABR 59/84 – EzA § 80 BetrVG 1972 Nr. 26 = DB 1986, 2393).

12 Ein Recht auf Mitwirkung beim Abschluß von Tarifverträgen kann hieraus nicht hergeleitet werden, da der Abschluß von Tarifverträgen ausschließlich zu den Aufgaben der Tarifvertragsparteien gehört.

13 Neben der Sorge für die Einhaltung der Inhaltsnormen und der zugunsten der Arbeitnehmer getroffenen schuldrechtlichen Bestimmungen (ebenso *BAG* vom 11. 7. 1972 – 1 ABR 2/72 – EzA § 80 BetrVG 1972 Nr. 1 = DB 1972, 2020 m. zust. Anm. von *Richardi*; *BAG* vom 20. 12. 1988 – 1 ABR 63/87 – DB 1989, 1032; GK-*Kraft* § 80 Rz. 19; *G/L* § 80 Rz. 9; *D/R* § 80 Rz. 10; *F/A/K/H* § 80 Rz. 7; *Wiese* SAE 1974, 99; **kritisch** *Mayer-Maly* DB 1979, 987) kommt der Überwachung etwaiger betrieblicher und betriebsverfassungsrechtlicher Normen des Tarifvertrages besondere Bedeutung zu, weil hier keine individualrechtlichen Ansprüche einzelner Arbeitnehmer entstehen.

14 Für die Geltendmachung individueller Ansprüche, die sich aus den Tarifverträgen ergeben, ist in erster Linie der einzelne Anspruchsberechtigte zuständig. Der Betriebsrat hat aber auch insoweit das Recht, im Rahmen seiner Überwachung den Arbeitnehmer zu unterstützen und erforderlichenfalls mit dem Arbeitgeber Verbindung aufzunehmen.

15 Die Überwachung bezieht sich jedoch **nicht** auf die Einhaltung der Arbeitsbedingungen übertariflicher Angestellter und erst recht nicht auf die Einhaltung außertariflicher Verträge, also einzelvertraglicher Bestimmungen und Leistungen, da der Betriebsrat keine Kontrollinstanz für die individualrechtliche Sphäre der Beziehung zwischen Arbeitgeber und Arbeitnehmer ist (GK-*Kraft* § 80 Rz. 20 ff.; a. A. *F/A/K/H* § 80 Rz. 42, 43; *G/L* § 80 Rz. 36; *BAG* vom 18. 9. 1973 – 1 AB 7/3 – EzA § 80 BetrVG 1972 Nr. 5 m. Anm. *Buchner* = DB 1974, 143; *BAG* vom 28. 5. 1974 – 1 ABR 22/73 – EzA § 80 BetrVG 1972 Nr. 7 = DB 1974, 1917; *BAG* vom 28. 5. 1974 – 1 ABR 101/73 – EzA § 80 BetrVG 1972 Nr. 8 = DB 1974, 1868; *BAG* vom 12. 2. 1980 – 6 ABR 2/78 – EzA § 80 BetrVG 1972 Nr. 16 = DB 1980, 1699; *BAG* vom 30. 6. 1981 – 1 ABR 26/79 – EzA § 80 BetrVG 1972 Nr. 19 = DB 1981, 1469, 2386; *BAG* vom 3. 12. 1981 – 6 ABR 60/79 – EzA § 80 BetrVG 1972 Nr. 21 = DB 1982, 855). Auch unter dem Gesichtspunkt der Gleichbehandlung kann insoweit eine Überwachung grundsätzlich nicht gefordert werden (GK-*Kraft* § 80 Rz. 20; **a. A.** *BAG* vom 28. 5. 1974 – 1 ABR 22/73 – EzA § 80 BetrVG Nr. 7 = DB 1974, 1917). Da jedoch der Gleichbehandlungsgrundsatz zu den allgemeinen Grundsätzen gehört (vgl. Rz. 9), hat der Betriebsrat ein Überwachungsrecht hinsichtlich der allgemeinen Arbeitsbedingungen, die sich aus einzelvertraglicher Einheitsregelung ergeben (*D/R* § 80 Rz. 12; *F/A/K/H* § 80 Rz. 4; *G/L* § 80 Rz. 11; GK-*Kraft* § 80 Rz. 18; *Vogt* BB 1973, 480; *BAG* vom 11. 7. 1972 – 1 ABR 2/72 – EzA § 80 BetrVG 1972 Nr. 1 = DB 1972, 2020; *BAG* vom 18. 9. 1973 –

Allgemeine Aufgaben § 80

1 ABR 7/73 - EzA § 80 BetrVG 1972 Nr. 5 m. Anm. *Buchner* = DB 1974, 143; *BAG* vom 10. 6. 1974 - 1 ABR 23/73 - EzA § 5 BetrVG 1972 Nr. 8 m. Anm. *Kraft* = DB 1975, 60; *LAG Bremen* vom 1. 9. 1978 - 1 TaBV 12/77 - DB 1978, 2488; **kritisch** *Mayer-Maly* DB 1979, 985, 987).
Da die in § 80 bezeichneten Rechte dem Betriebsrat nur hinsichtlich der Arbeit- **16** nehmer i. S. d. BetrVG zustehen, also beispielweise sich nicht auf die leitenden Angestellten beziehen (*BAG* vom 19. 2. 1975 - 1 ABR 94/73 - EzA § 5 BetrVG 1972 Nr. 17 = DB 1975, 1271, 1320; *LAG Hamm* vom 22. 11. 1973 - 8 TaBV 62/73 - DB 1974, 291; GK-*Kraft* § 80 Rz. 4), und auch die **einzelvertraglich vereinbarten Leistungen** nicht dem Überwachungsrecht unterliegen (*LAG Bremen* - 11 TaBV 12/77 - in: *Hoppe* Ausgewählte Entscheidungen der Landesarbeitsgerichte, BlStSozArbR 1980, 68, 69, 70; a. A. *BAG* vom 30. 6. 1981 - 1 ABR 26/79 - EzA § 80 BetrVG 1972 Nr. 19 = DB 1981, 1469, 2386), kann der Betriebsrat auch keine Information und keine Überlassung von Unterlagen verlangen (vgl. hierzu bezüglich anderer Unterlagen unten Rz. 36 ff.).
Schließlich erstreckt sich die Überwachung des Betriebsrats auch auf die Durch- **17** führung der zwischen Arbeitgeber und Betriebsrat abgeschlossenen Betriebsvereinbarung, und zwar auch insoweit, als diese auf einem Spruch der Einigungsstelle beruht.
Die Durchführung der zugunsten der Arbeitnehmer geltenden Gesetze, Verord- **18** nungen, Tarifverträge und Betriebsvereinbarungen ist eine gesetzliche und arbeitsvertragliche Pflicht des Arbeitgebers, mithin eine Aufgabe der Betriebsleitung. Hierzu ist der Arbeitgeber auch unabhängig von den konkreten, sich aus dem jeweiligen Gesetz ergebenden Pflichten allgemein aufgrund des Arbeitsvertrages und der aus ihm herzuleitenden Fürsorgepflicht dem Arbeitnehmer gegenüber verpflichtet. In diese dem Arbeitgeber obliegende Aufgabe kann der Betriebsrat nicht einseitig eingreifen (siehe *Vielhaber* BB 1953, 981; *D/R* § 80 Rz. 14; zu der Problematik im allgemeinen vgl. oben Rz. 108 ff. zu § 77 Abs. 1).
Der **Betriebsrat** wird in Ausübung der ihm obliegenden Überwachungstätigkeit **19** **kein dem Arbeitgeber übergeordnetes Kontrollorgan** (*BAG* vom 11. 7. 1972 - 1 ABR 2/72 - EzA 80 BetrVG 1972 Nr. 1 = DB 1972, 2020 m. zust. Anm. *Richardi*; *LAG Frankfurt* vom 4. 2. 1972 - 5 Ta BV 3/71 - DB 1972, 2214; *D/R* § 80 Rz. 13; GK-*Thiele* § 80 Rz. 17). Die Überwachungstätigkeit des Betriebsrats erfolgt vielmehr dadurch, daß er den Arbeitgeber auf Verstöße, die zu seiner Kenntnis gelangen, aufmerksam macht, um sie zunächst mit ihm i. S. d. vertrauensvollen Zusammenarbeit nach § 2 Abs. 1 zu erörtern (GK-*Kraft* § 80 Rz. 27). Um diese Überwachungstätigkeit ausüben zu können, hat der **Betriebsrat** ein **Informationsrecht** gegenüber dem Arbeitgeber (vgl. im einzelnen unten Rz. 28 ff.) und den Arbeitnehmern, soweit diese Informationen erforderlich sind, um festzustellen, ob die zugunsten der Arbeitnehmer geltenden Gesetze, Verordnungen, Tarifverträge und Betriebsvereinbarungen ordnungsgemäß durchgeführt werden. Es gehört jedoch nicht zu den Aufgaben des Betriebsrats im Rahmen seiner Überwachungstätigkeit, bei festgestellten Verstößen gegen zugunsten der Arbeitnehmer geltende kollektive Regelungen, die zu Individualansprüchen von Arbeitnehmern führen, diese Arbeitnehmer vor den Arbeitsgerichten bei der Geltendmachung solcher Ansprüche zu vertreten (*D/R* § 80 Rz. 15 m. w. N.; *F/A/K/H* § 80 Rz. 9; *G/L* § 80 Rz. 13; GK-*Kraft* § 80 Rz. 27).
Der Betriebsrat kann im Rahmen der Unterrichtung über die Personalplanung die Aushändigung der Unterlagen verlangen, die der Arbeitgeber zu ihrer Grundlage

§ 80   4. Teil Mitwirkung und Mitbestimmung der Arbeitnehmer

macht, wenn anders dem Beratungsrecht des Betriebsrats nicht Rechnung getragen werden kann. Der Betriebsrat darf von den Unterlagen keine Abschriften herstellen (*LAG München* vom 6. 8. 1986 – 8 TaBV 34/86 – DB 1987, 281). § 80 normiert nicht nur die Verpflichtung des Arbeitgebers zur Vorlage von Unterlagen, sondern gewährt auch gleichzeitig einen Anspruch auf Erfüllung dieser Verpflichtung (*BAG* vom 17. 5. 1983 – 1 ABR 21/80 – EzA § 80 BetrVG 1972 Nr. 25 = DB 1983, 1986).

Bei dem Verdacht der unzulässigen Lärmbelästigung kann der Betriebsrat nicht die Installierung von Meßgeräten verlangen, um auf diese Weise Unterlagen über die tatsächliche Lärmbelästigung der Arbeitnehmer zu erhalten. Er kann lediglich die Überlassung vorhandener oder jederzeit erstellbarer Unterlagen verlangen (*BAG* vom 7. 8. 1986 – 6 ABR 77/83 – EzA § 80 BetrVG 1972 Nr. 27 = DB 1987, 101).

3. Das Antragsrecht des Betriebsrats (Abs. 1 Ziff. 2).

20 Das in dieser Ziffer normierte Antragsrecht des Betriebsrats an den Arbeitgeber entspricht wörtlich § 54 Abs. 1 a BetrVG 1952. Es besagt, daß der Betriebsrat im Rahmen der sich aus Anm. 2 ergebenden Grundsätze im Bereich seiner Tätigkeit allgemein das Recht hat, beim Arbeitgeber zu beantragen, daß Maßnahmen, die dem Betrieb und der Belegschaft dienlich sind, durchgeführt werden. Der Betriebsrat ist also nicht darauf angewiesen, Initiativen des Arbeitgebers abzuwarten und zu ihnen Stellung zu nehmen, sondern er kann von sich aus tätig werden. Der Betriebsrat hat bei diesen Anträgen nicht allein die Interessen der Belegschaft zu berücksichtigen, sondern – der allgemeinen Aufgabenstellung des § 2 Abs. 1 entsprechend – auch die Interessen und das Wohl des Betriebs in Rechnung zu stellen. Die Tätigkeit des Betriebsrats im Rahmen dieser Bestimmung ist beratender Natur. Initiativen, die im Wege des verbindlichen Spruchs der Einigungsstelle durchzusetzen sind, stehen dem Betriebsrat nur insoweit zu, als sie im Rahmen konkreter Mitbestimmungsrechte an anderer Stelle des Gesetzes normiert sind (vgl. im einzelnen *D/R* § 80 Rz. 16–19; *G/L* § 80 Rz. 14–17; GK-*Kraft* § 80 Rz. 30 ff.).

4. Entgegennahme und Behandlung von Anregungen der Arbeitnehmer und der Jugend- und Auszubildendenvertretung (Abs. 1 Ziff. 3).

21 Abs. 1 Ziff. 3 verpflichtet den Betriebsrat, Anregungen von Arbeitnehmern und seitens der Jugend- und Auszubildendenvertretung entgegenzunehmen. Das Recht des einzelnen Arbeitnehmers, sich mit Anregungen und Vorschlägen unmittelbar an den Arbeitgeber oder an die zuständige betriebliche Stelle zu wenden, wird durch diese Vorschrift nicht berührt. Der Betriebsrat hat die Anregung seinerseits zu prüfen und ist verpflichtet, dem Arbeitgeber diese Anregung vorzulegen, sofern er bei seiner eigenen Prüfung zu dem Ergebnis kommt, die Darlegung sei berechtigt. Bei dieser Prüfung ist der Betriebsrat an die Auffassung des Arbeitnehmers, von dem die Anregung kommt, nicht gebunden. Im Interesse der funktionierenden Kommunikation zwischen Arbeitnehmer und Betriebsrat verpflichtet die Vorschrift den Betriebsrat ausdrücklich, den Arbeitnehmer von dem

Allgemeine Aufgaben § 80

Ergebnis der mit dem Arbeitgeber geführten Verhandlung zu unterrichten. Entsprechendes dürfte gelten, wenn der Betriebsrat bei seiner Prüfung zu dem Ergebnis kommt, die Anregungen seien nicht berechtigt. Der Arbeitnehmer hat einen Rechtsanspruch auf diese Unterrichtung (*Brecht* § 80 Rz. 4).

Das Verhältnis zwischen Betriebsrat und Jugend- und Auszubildendenvertretung **22** ist nunmehr ausführlich geregelt. Für die Jugend- und Auszubildendenvertretung ist der Betriebsrat die entscheidende Kontaktstelle im Betrieb. Diesem Verhältnis entspricht es, daß der Gesetzgeber der Jugend- und Auszubildendenvertretung das Recht einräumt, Anregungen an den Betriebsrat heranzutragen, mit denen dieser sich in der gleichen Weise auseinanderzusetzen und sie zu bescheiden hat, wie es bei den Anregungen einzelner Arbeitnehmer (GK-*Kraft* § 80 Rz. 34) der Fall ist.

Die Jugend- und Auszubildendenvertretung hat indessen nicht das Recht, sich **23** unmittelbar und unter Umgehung des Betriebsrats an den Arbeitgeber zu wenden. Die Jugend- und Auszubildendenvertretung hat aber einen Anspruch darauf, vom Betriebsrat über seine Beurteilung ihrer Anregungen und über das Ergebnis von Verhandlungen mit dem Arbeitgeber über die von der Jugendvertretung vorgebrachten Anregungen unterrichtet zu werden. Dem Initiativrecht der Jugend- und Auszubildendenvertretung gegenüber dem Betriebsrat entspricht die Berechtigung des Betriebsrats, von der Jugend- und Auszubildendenvertretung Vorschläge und Stellungnahmen anzufordern (Abs. 1 Ziff. 5; vgl. unten Rz. 25).

5. Die Eingliederung Schwerbehinderter (Abs. 1 Ziff. 4)

Abs. 1 Ziff. 4 betreffend die Förderung der Eingliederung Schwerbehinderter und **24** sonstiger besonders schutzbedürftiger Personen ist fast wörtlich aus § 54 Abs. 1b BetrVG 1952 übernommen (vgl. Art. 3 § 4 des Gesetzes zur Weiterentwicklung des Schwerbeschädigtenrechts vom 24. 4. 1974, BGBl. I S. 981). Der Umfang der Verpflichtung des Arbeitgebers zur Einstellung von Schwerbehinderten ergibt sich aus dem Schwerbehindertengesetz in der Fassung vom 29. 4. 1974. Nach § 80 Abs. 1 Ziff. 4 hat der Betriebsrat demgemäß die Aufgabe, darauf hinzuwirken, daß der Arbeitgeber der ihm obliegenden gesetzlichen Verpflichtung nachkommt. Hierzu muß der Betriebsrat gegebenenfalls auf geeignete Arbeitsplätze aufmerksam machen und die Eingliederung fördern, indem er z. B. bei der Zuweisung des Schwerbehinderten an einen für ihn geeigneten Arbeitsplatz mitwirkt und für ein gutes Verhältnis der Schwerbehinderten zu den übrigen Arbeitnehmern des Betriebes sorgt. Bei diesen Aufgaben arbeitet der Betriebsrat mit dem Vertrauensmann der Schwerbehinderten zusammen (vgl. *F/A/K/H* § 80 Rz. 19; siehe auch die Erläuterungen zu § 32). Eine entsprechende Aufgabe hat der Betriebsrat gegenüber allen sonstigen schutzbedürftigen Personen und Personengruppen (vgl. allgemein *D/R* § 80 Rz. 25–28; *G/L* § 80 Rz. 21 u. 22; GK-*Kraft* § 80 Rz. 36 ff.).

6. Die Wahl der Jugend- und Auszubildendenvertretung (Abs. 1 Ziff. 5)

Abs. 1 Ziff. 5 überträgt dem Betriebsrat eine Reihe von allgemeinen Aufgaben im **25** Zusammenhang mit der Zusammenarbeit zwischen Betriebsrat und betrieblicher Jugend- und Auszubildendenvertretung. Über das Verhältnis zwischen Betriebs-

§ 80   4. Teil Mitwirkung und Mitbestimmung der Arbeitnehmer

rat und betrieblicher Jugendvertretung vgl. § 60 und § 67. In § 80 Abs. 1 Ziff. 5 ist zunächst die Aufgabe des Betriebsrats genannt, die Wahl einer Jugend- und Auszubildendenvertretung vorzubereiten (GK-*Kraft* § 80 Rz. 41). Die Durchführung der Wahl selbst ist Aufgabe des Wahlvorstands, der vom Betriebsrat gem. § 63 Abs. 2 bestellt wird. Im Rahmen von § 80 Abs. 1 Ziff. 5 handelt es sich demgemäß um die allgemeine Wahlvorbereitung. Die Pflicht, mit der Betriebsjugend- und Auszubildendenvertretung eng zusammenzuarbeiten, korrespondiert mit den allgemeinen Aufgaben der betrieblichen Jugend- und Auszubildendenvertretung in § 70. Sie verpflichtet den Betriebsrat, den Belangen der jugendlichen Arbeitnehmer besondere Aufmerksamkeit zu schenken und sie mit der Jugend- und Auszubildendenvertretung sorgfältig zu prüfen. Zum Zwecke der Zusammenarbeit kann der Betriebsrat von der Jugend- und Auszubildendenvertretung Vorschläge und Stellungnahmen anfordern (vgl. oben Rz. 23); dieser Aufforderung hat die Jugend- und Auszubildendenvertretung Folge zu leisten. Die verantwortliche Vertretung der Interessen der Jugendlichen gegenüber dem Arbeitgeber nimmt der Betriebsrat als der Vertreter aller Arbeitnehmer im Betrieb wahr. Der Betriebsrat hat hierbei die Jugend- und Auszubildendenvertretung zu beteiligen (vgl. die Erläuterungen zu § 68).

7. Die Förderung der Beschäftigung älterer Arbeitnehmer (Abs. 1 Ziff. 6)

26   Abs. 1 Ziff. 6 betreffend die Förderung der Beschäftigung älterer Arbeitnehmer im Betrieb stellt dem Betriebsrat hinsichtlich dieses Personenkreises Aufgaben, die nach Art und Umfang seinen Aufgaben bei der Eingliederung Schwerbehinderter entsprechen (vgl. oben Rz. 24). Die Bestimmng konkretisiert die in § 75 Abs. 1 Satz 2 gestellte Aufgabe, die Diskriminierung von Arbeitnehmern wegen der Überschreitung bestimmter Altersstufen zu vermeiden (vgl. § 75 Rz. 14), und wird ergänzt durch die Verpflichtung, bei der Förderung der Berufsausbildung auch die Belange älterer Arbeitnehmer zu berücksichtigen (vgl. die Erläuterungen zu § 96). Durch das Zusammenwirken im Rahmen der genannten Bestimmungen soll dazu beigetragen werden, die Beschäftigung älterer Arbeitnehmer in einer ihren psychischen und physischen Bedingungen Rechnung tragenden Weise zu sichern. Die Aufgabe des Betriebsrats bezieht sich deshalb nicht nur auf die bereits im Betrieb tätigen Arbeitnehmer. Er hat auch darauf hinzuwirken, daß für ältere Arbeitnehmer geeignete, freiwerdende Arbeitsplätze mit solchen besetzt werden (GK-*Kraft* § 80 Rz. 45).

8. Die Eingliederung ausländischer Arbeitnehmer in den Betrieb (Abs. 1 Ziff. 7)

27   Abs. 1 Ziff. 7 betreffend die Förderung der Eingliederung ausländischer Arbeitnehmer in den Betrieb ist als Folge der ständig wachsenden Beschäftigung ausländischer Arbeitnehmer in der Bundesrepublik in das Gesetz aufgenommen worden. Betriebsverfassungsrechtlich und weitgehend auch arbeitsrechtlich sind die ausländischen Arbeitnehmer ihren deutschen Arbeitskollegen gleichgestellt (vgl. § 75 Rz. 6). Die positive Eingliederung in den Betrieb und das harmonische Zusammenleben im Betrieb hängen aber weniger von rechtlichen Vorschriften als vielmehr von menschlichen Beziehungen und verständnisvoller Zusammenarbeit

Allgemeine Aufgaben § 80

ab. Ebenso wie Arbeitgeber und betriebliche Vorgesetzte ist der Betriebsrat aufgerufen, dieses Zusammenleben in der Praxis zu erleichtern. Deshalb ist es eine wichtige Aufgabe für den Betriebsrat, sich der besonderen Probleme ausländischer Arbeitnehmer anzunehmen.

III. Das Informationsrecht des Betriebsrats (Abs. 2 und 3)

1. Die Unterrichtungsverpflichtung des Arbeitgebers

Die hier geregelte Informationspflicht des Arbeitgebers gegenüber dem Betriebsrat hat gegenüber dem früheren Recht (vgl. § 54 Abs. 2 BetrVG 1952) eine Konkretisierung erfahren (Regierungsentwurf, Begründung, BT-Drucks. VI/1786, 47). § 54 Abs. 2 BetrVG 1952 beschränkte sich darauf, den Arbeitgeber zu verpflichten, dem Betriebsrat auf Verlangen die zur Durchführung seiner Aufgaben im Rahmen seiner überwachenden Tätigkeit (§ 80 Abs. 1 Ziff. 1; vgl. oben Rz. 8 ff.) erforderlichen Unterlagen vorzulegen. Das BetrVG 1972 regelt nunmehr die Informationspflicht des Arbeitgebers in einer konkreten und umfassenden Weise (*Kraft* ZfA 1983, 171, 175 ff.). 28

Für die Informationspflicht des Arbeitgebers und den Auskunftsanspruch des Betriebsrats genügt es, daß der Betriebsrat die Auskunft benötigt, um feststellen zu können, ob ihm ein Mitbestimmungsrecht zusteht, und zwar unabhängig von den Voraussetzungen des § 23 (*BAG* vom 26. 1. 1988 – 1 ABR 34/86 – EzA § 80 BetrVG 1972 Nr. 32 = DB 1988, 1551; GK-*Kraft* § 80 Rz. 50; *F/A/K/H* § 80 Rz. 25; *G/L* § 80 Rz. 45; *D/R* § 80 Rz. 42).

Nach Abs. 2 Satz 1 wird der Arbeitgeber verpflichtet, den Betriebsrat zur Durchführung seiner Aufgaben nach dem BetrVG **rechtzeitig und umfassend** zu unterrichten. Diese Informationspflicht ist nicht mehr nur auf die Aufgaben beschränkt, die heute in § 80 Abs. 1 Satz 1 geregelt sind. Auf der anderen Seite ist nicht zu verkennen, daß auch nach dem früheren Recht Informationspflichten bestanden, die – als Grundlage weitergehender Mitwirkungs- und Mitbestimmungsrechte des Betriebsrats – über die Informationpflicht zum Zwecke der in den allgemeinen Aufgaben normierten Überwachungsrechte hinausgingen (vgl. *Dietz* BetrVG 1952 vor § 49 Rz. 25). Auch aus dem allgemeinen Grundsatz der vertrauensvollen Zusammenarbeit läßt sich die Notwendigkeit herleiten, daß der Arbeitgeber es dem Betriebsrat durch entsprechende Informationen ermöglicht, die ihm vom Gesetz in den einzelnen konkreten Vorschriften übertragenen Mitwirkungs- und Mitbestimmungsrechte voll auszuüben. Dieses Recht wird hier noch einmal ausdrücklich formuliert. 29

Die Verpflichtung des Arbeitgebers zur Vorlage von Unterlagen oder zur Unterrichtung des Betriebsrates gewährt diesem gleichzeitig einen Anspruch auf Erfüllung dieser Verpflichtung. Ein solcher Anspruch ist durch § 23 Abs. 3 nicht auf den Fall beschränkt, daß die Nichterfüllung der Verpflichtung sich als ein grober Pflichtverstoß des Arbeitgebers darstellt (*BAG* vom 17. 5. 1983 – 1 ABR 21/80 – EzA § 80 BetrVG 1972 Nr. 25 = DB 1983, 1986).

Der Informationsanspruch des Betriebsrats besteht hinsichtlich der Aufgaben, die er nach dem BetrVG zu erfüllen hat. Soweit bei den einzelnen Mitwirkungs- und Mitbestimmungsrechten des Betriebsrats Inhalt und Umsatz der zu erteilenden Information konkret geregelt sind, gehen diese Sondervorschriften dem allgemei- 30 nen Grundsatz des § 80 Abs. 2 Satz 1 vor und richtet sich die Informationspflicht des Arbeitgebers nach diesen besonderen Vorschriften (vgl. z. B. §§ 99 Abs. 1, 102 Abs. 1, 105). Sonst bleibt es bei dem allgemeinen Grundsatz des § 80 Abs. 2 Satz 1. Der Anspruch auf Information besteht insoweit, als der Betriebsrat sie zur Durchführung seiner Aufgaben benötigt. Hinsichtlich solcher Fragen, in denen kein Mitwirkungs- oder Mitbestimmungsrecht des Betriebsrats besteht, kann auch kein Informationsanspruch geltend gemacht werden, da dieser nur Hilfsfunktion im Verhältnis zur Aufgabe hat und die allgemeine inhaltliche Grenze für die Informationspflicht sich aus dem Aufgabenbezug ergibt (*Kraft* ZfA 1983, 171; *D/R* § 80 Rz. 35; *G/L* § 80 Rz. 26).

31 Das Gesetz geht konzeptionell davon aus, daß die eigentlichen unternehmerischen Entscheidungen, insbesondere auf wirtschaftlichem Gebiet, Sache des Unternehmers bleiben sollen (Regierungsentwurf, Begründung, BT-Drucks. VI/1786, 31). Demgemäß ist, mit Ausnahme der Betriebsänderungen nach §§ 111 ff., die **Mitwirkung** der Arbeitnehmervertretung **in wirtschaftlichen Angelegenheiten auf** die **Unterrichtung begrenzt.** Für diese Unterrichtung ist nach § 106 in Unternehmen mit in der Regel mehr als 100 ständigen beschäftigten Arbeitnehmern ein Wirtschaftsausschuß zu bilden, der anstelle des gesamten Betriebsrats die Informationen entgegennimmt. Die Informationspflicht des Unternehmens besteht jedoch in diesem Falle nur insoweit, als durch die Unterrichtung nicht Betriebs- und Geschäftsgeheimnisse des Unternehmens gefährdet werden können (vgl. § 106 Rz. 27). Eine über diesen Rahmen hinausgehende Unterrichtung in wirtschaftlichen Angelegenheiten kann der Betriebsrat aufgrund von § 80 Abs. 2 nicht verlangen, weil § 106 als Sonderbestimmung den allgemeinen Informationspflichten des Arbeitgebers vorgeht. Ebensowenig kann der Betriebsrat Informationen hinsichtlich der persönlichen Vermögens- und Einkommensverhältnisse des Arbeitgebers verlangen.

32 Es besteht keine Verpflichtung des Arbeitgebers, dem Betriebsrat alle bekanntgewordenen Fälle von Schwangerschaften von Arbeitnehmerinnen unaufgefordert mitzuteilen (*D/R* § 80 Rz. 41; *G/L* § 80 Rz. 27; *Bitter* BB 1969, 45 ff.; *Federlin* NJW 1969, 649; *Menkens* DB 1968, 1223; **differenzierend** GK-*Thiele* § 80 Rz. 43, der vom Grundsatz her eine Verpflichtung bejaht, aber beim erklärten Geheimhaltungswillen der Betroffenen von einem Verbot der Unterrichtung ausgeht; ebenso *Bulla/Buchner* MuSchG § 5 Rz. 121; **a. A.** *BAG* vom 27.2. 1968 – 1 ABR 6/67 – EzA § 54 BetrVG 1952 Nr. 1 = DB 1968, 447, 1224; 1970, 735 m. Anm. *Leinemann*; *Monjau* JZ 1968, 673; *F/A/K/H* § 80 Rz. 35; GK-*Kraft* § 80 Rz. 67).

33 Die Information des Betriebsrats muß rechtzeitig und umfassend erfolgen; der Betriebsrat soll sich von den Angelegenheiten, die seiner Mitwirkung unterliegen, ein zutreffendes Bild machen können. **Rechtzeitig** bedeutet, daß die Information zu einem so frühen Zeitpunkt erfolgen muß, daß der Betriebsrat seine Meinungsbildung in einer Weise herbeiführen kann, die es ihm ermöglicht, an einer später zu treffenden endgültigen Entscheidung entsprechend seinen jeweiligen Mitwirkungs- oder Mitbestimmungsrechten teilzunehmen (*D/R* § 80 Rz. 37; GK-*Kraft* § 80 Rz. 61).
Soweit sich für den Betriebsrat Aufgaben erst dann stellen, wenn der Arbeitgeber eine Maßnahme ergreift oder plant, die Beteiligungsrechte des Betriebsrats auslöst, kann der Betriebsrat die Vorlage von Unterlagen, die zur Erfüllung seiner Aufgaben erforderlich sind, auch erst dann verlangen, wenn der Arbeitgeber tätig wird und damit Aufgaben des Betriebsrats auslöst. Revisionsberichte, die solche

Allgemeine Aufgaben § 80

Maßnahmen des Arbeitgebers lediglich anregen, sind daher nicht schon deswegen dem Betriebsrat zur Verfügung zu stellen (*BAG* Beschl. vom 27. 6. 1989 – 1 ABR 19/88 – DB 1990, 181 = NZA 1989, 929).

Die Information muß ferner **umfassend** sein. Dies bedeutet nicht, daß schlechthin 34 jede im Betrieb angestellte Überlegung, soweit sie sich auf eine Angelegenheit bezieht, in der ein Mitwirkungsrecht des Betriebsrats gegeben ist, mitgeteilt werden müßte (GK-*Kraft* § 80 Rz. 62); dies wäre schon aus praktischen Gesichtspunkten unmöglich. Vielmehr muß die Information sich auf die Tatsachen erstrecken, die für die Beurteilung von Bedeutung sind (vgl. § 106 Rz. 22). Die Information kann in jeder geeigneten Weise mündlich oder schriftlich erfolgen und ist nicht an bestimmte Formen gebunden.

Zum Zwecke der Informationsgewinnung darf der Betriebsrat den Arbeitnehmer 35 nicht am Arbeitsplatz aufsuchen, da dieses Recht nur auf § 80 Satz 1 gestützt werden konnte und daher nur gegen den Arbeitgeber gerichtet werden kann (*Kraft* ZfA 1983, 171, 181 ff.; *Schlochauer* 459, Fn. 54). Davon unabhängig besteht jedoch das Recht des Betriebsrats, die Arbeitnehmer an ihrem Arbeitsplatz aufzusuchen, soweit dies in Erfüllung konkreter Betriebsratsaufgaben in bezug auf diesen Arbeitsplatz geschieht (*Kraft* ZfA 1983, 171, 181; *Schlochauer* 469, Fn. 54). Wendet sich der Betriebsrat mit Fragebogen direkt an die Arbeitnehmer, so darf er hiermit keine Informationen erfragen, die zu geben allein der Arbeitgeber verpflichtet ist. Ein Recht, sich am Arbeitgeber »vorbeizuinformieren«, kennt das BetrVG nicht (*Kraft* ZfA 1983, 171, 181, 182; *Schlochauer* 459, Fn. 54; *G/L* § 80 Rz. 29). Steht eine Fragebogenaktion unmittelbar im Zusammenhang mit den Aufgaben des Betriebsrats, so dürfen jedenfalls Betriebsablauf und Betriebsfrieden nicht gestört werden (*Kraft* ZfA 1983, 171, 183; *BAG* vom 8. 2. 1977 – 1 ABR 82/74 – EzA § 70 BetrVG 1972 Nr. 1 = DB 1977, 914; 1978, 395 m. Anm. *Eich*).

2. Vorlage der Unterlagen

Über die Information hinaus räumt das Gesetz dem Betriebsrat auch das Recht 36 ein, die zur Durchführung seiner Aufgaben erforderlichen Unterlagen zur Verfügung gestellt zu bekommen (*D/R* § 80 Rz. 43).

Dieses Recht ist nicht nur im Rahmen der allgemeinen Aufgaben, sondern insbe- 37 sondere im Rahmen der Überwachungspflicht des § 80 Abs. 1 Ziff. 1 bedeutsam.

Da der Betriebsrat nach herrschender Meinung keine dem Arbeitgeber überge- 38 ordnete Kontrollinstanz ist, setzt die Geltendmachung dieses Überlassungsrechts voraus, daß der Betriebsrat Anhaltspunkte dafür objektiv und schlüssig vorträgt, daß bestimmte zugunsten der Arbeitnehmer des Betriebs geltende kollektive Rechtsregelungen nicht oder nicht richtig durchgeführt werden (*LAG Frankfurt* vom 22. 12. 1953 – IV LBR 8/53 – RdA 1954, 155; *Dietz* BetrVG 1952 § 54 Rz. 7 a; *Nikisch* III, 251; *Hueck/Nipperdey* II/2, 1351 Fn. 80; *Neumann-Duesberg* Betriebsverfassungsrecht, 446 f.; *Kraft/Kreutz* ZfA 1971, 47, 51; vgl. auch *Mayer-Maly* DB 1979, 985; GK-*Kraft* § 80 Rz. 72; **a. A.** *D/R* § 80 Rz. 46; *G/L* § 80 Rz. 34; *F/A/K/H* § 80 Rz. 35 ff.; *BAG* vom 11. 7. 1972 – 1 ABR 2/72 – EzA § 80 BetrVG 1972 Nr. 1 = DB 1972, 2020; *BAG* vom 18. 9. 1973 – 1 ABR 7/73 – EzA § 80 BetrVG 1972 Nr. 5 m. Anm. *Buchner* = DB 1974, 143; *BAG* vom 12. 2. 1980 – 6 ABR 2/78 – EzA § 80 BetrVG 1972 Nr. 16 = DB 1980, 1699; *BAG* vom 30. 6. 1981 – 1 ABR 26/79 – EzA § 80 BetrVG 1972 Nr. 19 = DB 1981, 1469, 2386;

Hohn BB 1972, 1275; *Föhr* DB 1976, 1378). Daß schon ein konkreter Streitfall vorliegt, ist nicht erforderlich. Der Schutz der Individualsphäre des einzelnen Arbeitnehmers soll durch die Beschränkung des Informationsrechtes gewährleistet werden (vgl. *Mayer-Maly* DB 1979, 985).

39 § 54 Abs. 2 BetrVG 1952 verpflichtet den Arbeitgeber, die im Rahmen dieser Bestimmung in Betracht kommenden Unterlagen dem Betriebsrat vorzulegen. Nach § 80 Abs. 2 hat der Betriebsrat ein Recht auf Überlassung dieser Unterlagen. Der Betriebsrat kann daher verlangen, daß er im Rahmen seines gesetzlichen Anspruchs die in Betracht kommenden Unterlagen ausgehändigt bekommt, damit er sie in Ruhe prüfen kann (*D/R* § 80 Rz. 45; *G/L* § 80 Rz. 33; GK-*Kraft* § 80 Rz. 79; *F/A/K/H* § 80 Rz. 35; *S/W* § 80 Rz. 12). Die Bestimmung gibt jedoch keinen Anspruch darauf, daß der Betriebsrat diese Unterlagen ständig behalten und bei seinen eigenen Akten aufbewahren kann; vielmehr sind sie in angemessener Zeit dem Arbeitgeber wieder zurückzureichen. Zur Weitergabe der Unterlagen an andere betriebsverfassungsrechtliche Institutionen oder an außenstehende Dritte, z. B. Gewerkschaften, ist der Betriebsrat nicht berechtigt. Sind die Voraussetzungen für die Überlassung von Unterlagen gegeben, so kann der Betriebsrat die Überlassung jederzeit verlangen. Der Arbeitgeber ist dann verpflichtet, diese Unterlagen unverzüglich verfügbar zu machen, sie ggf. – wenn die Originalunterlagen dringend zu anderen Zwecken benötigt werden – kopieren zu lassen und dem Betriebsrat zur Verfügung zu stellen.

40 Weder der **Betriebsrat** noch der **Betriebsausschuß** hat ein Überlassungs- und **Einsichtsrecht in die Personalakten des einzelnen Arbeitnehmers** (*D/R* § 80 Rz. 49; *Brecht* § 80 Rz. 11; *F/A/K/H* § 80 Rz. 36a; *G/L* § 80 Rz. 31; GK-*Kraft* § 80 Rz. 77; GK-*Wiese* § 83 Rz. 16; *LAG Hamm* vom 5. 12. 1974 – 8 Ta BV 48/74 – DB 1975, 360; *ArbG Reutlingen* vom 8. 5. 1981 – 2 BV 12/81 – BB 1981, 1092; *Brill* AuR 1976, 43; *Föhr* DB 1976, 1379; *Vogt* BB 1973, 479, 481; *Nikisch* III, 251; *Hueck/Nipperdey* II/2, 1351; **a. A.** *Pfarr* AuR 1976, 198; *Frauenkron* § 80 Rz. 23; *Halberstadt* § 80 Rz. 11). Dies folgt aus § 83, wonach dieses Recht dem einzelnen Arbeitnehmer zusteht und dem Arbeitnehmer gleichzeitig das Recht eingeräumt ist, ein Mitglied des Betriebsrats hinzuzuziehen. Dieses Betriebsratsmitglied ist hinsichtlich des Inhalts der Personalakte zum Stillschweigen verpflichtet, eine Verpflichtung, die sinnlos wäre, wenn der Betriebsrat in seiner Gesamtheit ein Einsichtsrecht in die Personalakte geltend machen könnte (ebenso *Brecht* § 80 Rz. 11).

Der Betriebsrat ist auch weder nach § 80 Abs. 2 noch nach § 90 Abs. 1 berechtigt, von dem Arbeitgeber die Vorlage einzelner Arbeitsverträge zu verlangen, da sie Bestandteil der Personalakten sind, die dem Einblicksrecht des Betriebsrats nicht unterliegen (*LAG Hamm* vom 5. 12. 1974 – 8 TaBV 48/74 – DB 1975, 360 = BB 1975, 183).

Der Betriebsrat hat jedoch einen Anspruch auf Zurverfügungstellung von Werkverträgen mit Fremdfirmen, um sein Mitbestimmungsrecht bei der Einstellung zu prüfen. Der Betriebsrat kann auch verlangen, daß ihm die Listen zur Verfügung gestellt werden, aus denen sich die Einsatztage und Einsatzzeiten der einzelnen Arbeitnehmer der Fremdfirmen ergeben (*BAG* vom 30. 11. 1989 – 1 ABR 72/87 – SAE 1990, 69). Der Betriebsrat kann verlangen, daß er über das Ergebnis einer vom Arbeitgeber durchgeführten Befragung der Arbeitnehmer über das Verhalten ihrer Vorgesetzten unterrichtet wird (*LAG Frankfurt/M.* vom 28. 6. 1977 – 5 TaBV Ga 29/77 – DB 1977, 2053). Während eines arbeitskampfbedingten Produktionsstillstandes hat der Betriebsrat ein Recht auf Versendung von situationsbezogenen Informationen an die Privatanschriften der Arbeitnehmer, die nicht beschäftigt werden. Zur Verwirklichung dieses Rechts hat der Betriebsrat gegen den Arbeitgeber einen Anspruch auf Mitteilung der Privatanschriften der Arbeitnehmer, ohne daß diesem Informationsanspruch datenschutzrechtliche Bedenken entgegenstünden. Wegen der zeitlichen Schranken der Information der Belegschaft kann der Anspruch auf Mitteilung der Anschriften im Wege der einstweiligen Verfügung durchgesetzt werden (*LAG Berlin* vom 28. 6. 1984 – 12 TaBV 3/84 – DB 1984, 1936).

3. Einblicksrecht in die Lohnlisten

Anders als noch im BetrVG 1952 (§ 54 Abs. 2) regelt das Gesetz nunmehr in Abs. 2 Satz 2 Halbsatz 2 ausdrücklich das Recht, in die Listen über die Bruttolöhne und -gehälter Einblick zu nehmen. Das Einblicksrecht besteht in dem Rahmen, wie das Informationsrecht gegeben ist. Da das Verlangen, Einsicht in die Lohn- und Gehaltslisten zu nehmen, jederzeit in einem Bezug zu den Aufgaben des Betriebsrats steht, ist dieses Verlangen nicht davon abhängig, daß ein Überwachungsbedürfnis besteht (*BAG* vom 30. 6. 1981 – 1 ABR 26/79 – EzA § 80 BetrVG 1972 Nr. 19 = DB 1981, 1469, 2386). **41**

Der Anspruch ist nach dem Wortlaut des Gesetzes davon abhängig, daß der Betrieb eine bestimmte Mindestgröße erreicht hat. Das Einsichtsrecht steht nicht dem Betriebsrat in seiner Gesamtheit, auch nicht dem Betriebsratsvorsitzenden allein, sondern nur einem Betriebsausschuß oder einem nach § 28 gebildeten Ausschuß zu. Ein Betriebsausschuß nach § 27 oder ein Ausschuß nach § 28 kann nur gebildet werden, wenn der Betriebsrat wenigstens 9 Mitglieder umfaßt, d. h., wenn der Betrieb in der Regel 301 oder mehr Arbeitnehmer beschäftigt (§ 9). **42**

In kleineren Betrieben entfällt das **Einblicksrecht**, es kann auch nicht vom Betriebsratsvorsitzenden allein wahrgenommen werden (ebenso *Hohn* BB 1972, 1275; a. A. *D/R* § 80 Rz. 54; *G/L* § 80 Rz. 37; *F/A/K/H* § 80 Rz. 40; GK-*Kraft* § 80 Rz. 87f.; *Reeb* NJW 1973, 180; *BAG* vom 23. 2. 1973 – 1 ABR 17/72 – EzA § 80 BetrVG 1972 Nr. 3 = DB 1973, 799; *BAG* vom 18. 9. 1973 – 1 ABR 7/73 – EzA § 80 BetrVG 1972 Nr. 5 m. zust. Anm. *Buchner* = DB 1974, 143; *BAG* vom 18. 9. 1973 – 1 ABR 17/73 – EzA § 80 BetrVG 1972 Nr. 4 = DB 1974, 296; *BAG* vom 30. 4. 1981 – 6 ABR 77/78 – EzA § 80 BetrVG 1972 Nr. 17 = DB 1981, 2131; *LAG Hamm* vom 3. 8. 1972 – 8 Ta BV 14/72 – DB 1972, 1829; *Vogt* BB 1973, 479, 481, die meinen, daß in Betrieben, in denen kein Betriebsausschuß oder ein nach § 28 gebildeter Ausschuß besteht, der Betriebsratsvorsitzende ein Einsichtsrecht haben soll). Für die Herausnahme der kleineren Betriebe aus dieser Regelung dürfte die Überlegung maßgebend gewesen sein, daß in diesen Betrieben, angesichts der unvermeidlich engeren persönlichen Beziehungen, die zwischen allen Betriebsangehörigen bestehen, ein Einsichtsrecht in die Lohn- und Gehaltslisten leicht einen Eingriff in die persönliche Sphäre der einzelnen Arbeitnehmer darstellen könnte. **43**

Entgegen der Ansicht insbesondere von *Reeb* (NJW 1973, 180) ist eine analoge Anwendung des § 80 Abs. 2 Satz 2 2. Halbsatz auf die Betriebsratsvorsitzenden bzw. Betriebsobleute kleinerer Betriebe nicht möglich; die zur Begründung einer Analogie notwendige Gesetzes- (= Regelungs-)Lücke (vgl. *Bartholomeyczik* Die

§ 80   4. Teil Mitwirkung und Mitbestimmung der Arbeitnehmer

Kunst der Gesetzesauslegung, 4. Aufl. 1967, 81) liegt nämlich nicht vor, so daß sich weitere lückenausfüllende Auslegungsversuche von vornherein verbieten. Die Auslegung des § 80 Abs. 2 ergibt vielmehr, daß der Gesetzgeber den zu entscheidenden Fall sehr wohl – negativ – aus den eben angeführten Gründen hat regeln wollen (»beredtes Schweigen des Gesetzes«, vgl. *Larenz* Methodenlehre, 2. Aufl. 1969, 357).
Eine **eigentliche Gesetzeslücke** (zum Begriff vgl. *Bartholomeyczik* a.a.O. 82) könnte nur dann vorliegen, wenn einer der nachfolgenden Gründe gegeben wäre, aus welchen das Gesetz zu den Fällen des Einblicksrechts in die Gehaltslisten durch die Betriebsratsvorsitzenden kleinerer Betriebe schweigt (nach *Bartholomeyczik* a.a.O.):
1. Bildung von sozialen Erscheinungen, die bei der Gesetzgebung noch nicht vorhanden und nicht voraussehbar gewesen sind.
  Diese Möglichkeit scheidet von vornherein aus, da das erwähnte Einblicksrecht zur Zeit der Schaffung des BetrVG bekannt war.
2. Übersehen des Lebenssachverhalts durch den Gesetzgeber infolge ungenügender Rechtstatsachenforschung. Auch unter diesem Gesichtspunkt kann im Falle des § 80 Abs. 2 keine Regelungslücke begründet werden, da das fragliche Einblicksrecht detailliert geregelt worden ist.
3. Bewußte Ablehnung des Gesetzgebers, den betreffenden Fall zu regeln, weil er ihm für eine Gesetzgebung noch nicht reif zu sein scheint.
  Auch für diese Entstehungsvoraussetzung einer Regelungslücke bestehen hinsichtlich § 80 Abs. 2 keine Anhaltspunkte.

Auch eine **uneigentliche Gesetzeslücke** (*Bartholomeyzcik* a.a.O. 82) liegt nicht vor.
Eine solche kann nur dann angenommen werden, wenn »die Entscheidung nach wörtlicher Anwendung und Auslegung aus einer bestimmten Vorschrift zwar möglich ist, aber mit dem Richtigkeitsgedanken der rechtspolitischen Zwecksetzung der als Einheit angesehenen Gesamtrechtsordnung nicht im Einklang stände« (*Bartholomeyzcik* a.a.O. 82ff.).
Dieser Fall ist daher nur dann gegeben, wenn für eine Entscheidung formal eine sie deckende Norm besteht, deren Rechtsfolgen aber untragbar sind. Auch dieser Gesichtspunkt vermag eine entsprechende Anwendung des § 80 Abs. 2 Satz 2 2. Halbsatz BetrVG auf kleine Betriebe nicht zu rechtfertigen; vielmehr bestehen beachtenswerte Gründe, den Einblick in die Lohn- und Gehaltslisten dem Betriebsrat in kleinen Betrieben nicht zu ermöglichen (vgl. oben). Die gegenseitige Ansicht von *Reeb* (a.a.O.), der das hier vertretene Ergebnis als »abenteuerlich« bezeichnet (in bezug auf zwei Entscheidungen der *ArbG Hamm* und *Nürnberg*), kann nicht überzeugen. Insbesondere vermag der Hinweis auf die Rechtslage nach dem BetrVG 1952, nach der es gesicherter Meinung entsprach, daß dem Betriebsrat – soweit erforderlich – Gehalts- und Lohnlisten unabhängig von der Betriebsgröße zur Einsicht vorzulegen waren, die hier vertretene Auffassung nicht zu widerlegen. Zum einen ist es nämlich – entgegen *Reeb* – sehr wohl denkbar, daß der Gesetzgeber des BetrVG 1972 hier aus den angeführten Gründen differenzieren wollte.
Zum anderen erscheint auch *Reebs* Begründung, »man hätte dann wenigstens eine Begründung für diese abweichende Lösung erwarten dürfen«, angesichts des vom Kompromißcharakter geprägten »unruhigen« Werdegangs des Gesetzes nicht tragfähig. So muß auch *Reeb* (a.a.O. 180, 181) einräumen, man sei hinsichtlich

Allgemeine Aufgaben § 80

der Frage, was sich der Gesetzgeber bei Schaffung des § 80 Abs. 2 Satz 2 2. Halbsatz BetrVG gedacht habe, »auf Vermutungen angewiesen«; überdies vermag auch Reeb der hier vertretenen, auf *Erdmann/Jürging/Kammann* (§ 80 Rz. 18) zurückreichenden Ansicht (von *Reeb* als »fast zynisch« bezeichnet) letztlich nur neue Fragen entgegenzuhalten (vgl. *Reeb* a.a.O. 180, 181).

Im Gegensatz zu dem in Rz. 39 behandelten Recht auf Überlassung der Unterlagen **beschränkt sich** das **Recht des Betriebsausschusses auf** ein Einblicksrecht. Der Betriebsausschuß hat also keinen Rechtsanspruch darauf, die Bruttolohn- und -gehaltslisten ausgehändigt zu bekommen (*BAG* vom 15. 6. 1976 – 1 ABR 116/74 – EzA § 80 BetrVG 1972 Nr. 14 = DB 1976, 1773; *BAG* vom 3. 12. 1981 – 6 ABR 8/80 – EzA § 80 BetrVG 1972 Nr. 20 = DB 1982, 653; *BAG* vom 27. 5. 1982 – 6 ABR 66/79 – EzA § 34 BetrVG 1972 Nr. 1 = DB 1982, 2578). Die rechtliche Verpflichtung des Arbeitgebers beschränkt sich vielmehr darauf, dem Betriebsausschuß beim Vorliegen der gesetzlichen Voraussetzungen diese Listen vorzulegen. Der Arbeitgeber ist nicht verpflichtet, dem Ausschuß Fotokopien der Bruttolohn- und -gehaltslisten zeitweilig zu überlassen (*BAG* a.a.O.; *D/R* § 80 Rz. 68; *F/A/K/H* § 80 Rz. 44; *GK-Kraft* § 80 Rz. 96; *Mayer-Maly* DB 1979, 986). Der Einblicksberechtigte darf sich jedoch selbst Auszüge anfertigen oder sich Notizen über die Listen machen (*BAG* vom 15. 6. 1976 – 1 ABR 116/74 – EzA § 80 BetrVG 1972 Nr. 14 = DB 1976, 1773; *G/L* § 80 Rz. 39; *D/R* § 80 Rz. 23). Diese Listen dürfen jedoch nicht im ganzen abgeschrieben werden (*BAG* vom 3. 12. 1981 – 6 ABR 8/80 – EzA § 80 BetrVG 1972 Nr. 20 = DB 1982, 653; *G/L* § 80 Rz. 39; GK-*Kraft* § 80 Rz. 96).

Der Begriff »Liste« in Abs. 2 Satz 2 BetrVG bezieht sich auch auf in EDV-Anlagen gespeicherte Gehaltsdaten (*BAG* vom 17. 3. 1983 – 6 ABR 33/80 – EzA § 80 BetrVG 1972 Nr. 24 m. Anm. *Kroll* = DB 1983, 1607).

Hat der Betriebsrat nach Abs. 2 Satz 2 BetrVG ein Recht, im Rahmen seiner Aufgaben nach Abs. 1 Ziff. 1 und § 75 Abs. 1 Einblick in die Bruttogehaltslisten zu bekommen, so handelt es sich nicht um eine unbefugte Weitergabe der Daten, sondern nur um eine gesetzlich vorgeschriebene Weitergabe; es gehört zur rechtmäßigen Aufgabenerfüllung des Arbeitgebers, diese Daten dem Betriebsrat bekanntzugeben. Es liegt kein Verstoß gegen § 5 BDSG vor (*LAG Bremen* vom 1. 9. 1978 – 1 TaBV 12/77 – DB 1978, 2488; *BAG* vom 17. 3. 1983 – a.a.O.; vgl. *D/R* § 80 Rz. 82ff.; vgl. hierzu auch oben Rz. 2, 3).

Da das Einblicksrecht des Betriebsrats seinen Ursprung in der Überwachungspflicht nach § 80 Abs. 1 Ziff. 1 findet, diese Überwachung sich aber nur auf die Einhaltung kollektiver Regelungen bezieht, besteht das **Einblicksrecht** auch nur insoweit, als es sich um die **kollektivrechtlich vereinbarten Entgelte handelt**. Bei der auf individualrechtlicher Basis vereinbarten übertariflichen und außertariflichen Vergütung fehlt es daher an der generellen Regelung, so daß eine Überwachungsaufgabe und damit ein Einblicksrecht des Betriebsrats nicht gegeben ist (ebenso GK-*Kraft* § 80 Rz. 81; *LAG Bremen* vom 27. 1. 1977 – 11 TaBV 12/77 – in: *Hoppe* Ausgewählte Entscheidungen der Landesarbeitsgerichte, BlStSozArbR 1980, 68, 69; *LAG Bremen* vom 1. 9. 1978 – 1 TaBV 12/77 – DB 1978, 2488; *LAG Hamm* vom 9. 12. 1977 – 3 TaBV 68/77 – DB 1978, 592; *Reuter* JuS 1982, 222; *Mayer-Maly* DB 1979, 988; *Vogt* BB 1973, 479, 480; *D/R* § 80 Rz. 63; *G/L* § 80 Rz. 11, 12, 36; *F/A/K/H* § 80 Rz. 44; **a. A.** *BAG* vom 12. 2. 1980 – 6 ABR 2/78 – EzA § 80 BetrVG 1972 Nr. 16 = DB 1980, 1699; *BAG* vom 30. 4. 1981 – 6 ABR 77/78 – EzA § 80 BetrVG 1972 Nr. 17 = DB 1981, 2131; *BAG* vom 30. 6. 1981 –

§ 80 4. Teil Mitwirkung und Mitbestimmung der Arbeitnehmer

1 ABR 26/79 – EzA § 80 BetrVG 1972 Nr. 19 = DB 1981, 1469, 2386; *BAG* vom 3. 12. 1981 – 6 ABR 60/79 – EzA § 80 BetrVG 1972 Nr. 21 = DB 1982, 855; *v. Friesen* AuR 1982, 245, 249; *G/K/S/B/K* § 80 Rz. 36). Nach Ansicht des *BAG* (vom 22. 5. 1979 – 1 ABR 45/77 – EzA § 1 Nr. 8 BetrVG 1972, 121 = DB 1979, 2183; zustimmend GK-*Kraft* § 80 Rz. 85). Nach Ansicht des *BAG* (AP Nr. 12 zu § 118 BetrVG 1972) hat der Betriebsrat auch ein Einblicksrecht in die Gehaltslisten von Tendenzträgern in Tendenzunternehmen (-betrieben). Das *BAG* verneint die Tendenzbeeinträchtigung des Einblicksrechts (bei Lehrern einer Privatschule).

Die Eigenart eines Presseunternehmens (Tendenzunternehmen) steht ebenfalls dem Einblicksrecht des Betriebsrats in die Gehaltslisten der Redakteure nicht entgegen (*BAG* vom 30. 6. 1981 – 1 ABR 26/79 – EzA § 80 BetrVG 1972 Nr. 19 = DB 1981, 1469, 2386).

Gilt die übertarifliche Vergütung ebenfalls aufgrund einer allgemeinen kollektiven oder kollektivähnlichen Regelung, so besteht jedoch das Einblicksrecht (ebenso *D/R* § 80 Rz. 63; *BAG* vom 18. 9. 1973 – 1 ABR 7/73 – EzA § 80 BetrVG 1972 Nr. 5 m. Anm. *Buchner* = DB 1974, 143; *BAG* vom 28. 5. 1974 – 1 ABR 22/73 – EzA § 80 BetrVG 1972 Nr. 7 = DB 1974, 1917).

47 Bei über- und außertariflichen Angestellten ist das Einblicksrecht nur zu gewähren, wenn der Betriebsrat schlüssig vorträgt, daß der Vergütung eine generelle Regelung zugrunde liegt oder daß bei der Gehaltsanpassung der Gleichbehandlungsgrundsatz verletzt worden ist oder Anlaß zu der Annahme besteht, daß die Grundsätze von Recht und Billigkeit über den Einzelfall hinaus verletzt worden sind (ebenso GK-*Kraft* § 80 Rz. 80; *LAG Hamm* vom 9. 12. 1977 – 3 TaBV 68/77 – DB 1978, 592; *LAG Bremen* vom 1. 9. 1978 – 1 TaBV 12/77 – DB 1978, 2488; *Mayer-Maly* DB 1979, 989; **a. A.** *D/R* § 80 Rz. 66; *BAG* vom 30. 6. 1981 – 1 ABR 26/79 – EzA § 80 BetrVG 1972 Nr. 19 = DB 1981, 1469, 2386).

Nach der Auffassung des *BAG* bezieht sich das Einsichtsrecht in die Bruttolohn- und -gehaltslisten auf die übertariflichen Zulagen (*BAG* vom 28. 5. 1974 – 1 ABR 101/73 – EzA § 80 BetrVG 1972 Nr. 8 = DB 1974, 1868), auf die übertariflichen Sonderzahlungen (*BAG* vom 10. 2. 1987 – 1 ABR 43/84 – EzA § 80 BetrVG 1972 Nr. 23 = DB 1987, 1152) und auf freiwillig gewährte Zulagen wie z. B. Prämien (*BAG* vom 17. 3. 1983 – 6 ABR 33/80 – EzA § 80 BetrVG 1972 Nr. 24 m. Anm. *Kroll* = DB 1983, 1607).

Da sich das Einblicksrecht des Betriebsrats auch auf übertarifliche Vergütungen erstreckt und es nicht der Darlegung eines besonderen Anlasses für die Ausübung des Informationsrechts bedarf, kommt es auch nicht darauf an, ob der einzelne betroffene Arbeitnehmer mit einer Einblicknahme in die Lohn- und Gehaltslisten einverstanden ist (*BAG* vom 17. 3. 1983 – a. a. O.). Der Begriff Lohn- und Gehaltsliste bezieht sich auch auf die in den EDV-Anlagen gespeicherten Daten und nicht nur auf tatsächlich ausgedruckte niedergeschriebene Listen (*BAG* vom 17. 3. 1983 – a. a. O.).

48 Das Gesetz schreibt im übrigen ausdrücklich vor, daß das Einsichtsrecht sich nur auf die **Brutto**löhne und -gehälter erstreckt, Einblick in Nettobezüge also nicht verlangt werden. Auch diese Bestimmung dient dem Schutz der Individualsphäre des einzelnen Arbeitnehmers und macht deutlich, daß die einzelvertraglichen Beziehungen zwischen Arbeitgeber und Arbeitnehmer nicht der Überwachung durch den Betriebsrat unterliegen (*D/R* § 80 Rz. 67; GK-*Kraft* § 80 Rz. 93; *F/A/K/H* § 80 Rz. 40; *G/L* § 80 Rz. 36). Freiwillig gewährte Prämien gehören als Gehaltsbestandteile zu den Bruttobezügen (*BAG* vom 17. 3. 1983 – a. a. O.).

Allgemeine Aufgaben § 80

Ein willkürlich verlangtes Einblicksrecht, etwa wenn im Betrieb unstreitig Lohn- 49
zahlungen ohne jede Verbindung zu kollektiven Regelungen oder zu Festsetzungen
aufgrund billigen Ermessens geleistet werden, bei denen von vornherein jeder Ansatzpunkt für die Wahrnehmung von Aufgaben durch den Betriebsrat fehlt, würde
gegen das Gebot der vertrauensvollen Zusammenarbeit nach § 2 Abs. 1 verstoßen
und rechtsmißbräuchlich sein (*BAG* vom 12. 2. 1980 – 6 ABR 2/78 – EzA § 80
BetrVG 1972 Nr. 16 = DB 1980, 1699; *BAG* vom 30. 6. 1981 – 1 ABR 26/79 – EzA
§ 80 BetrVG 1972 Nr. 19 = DB 1981, 1469, 2386; GK-*Kraft* § 80 Rz. 84).

Der Arbeitgeber ist nicht verpflichtet, dem Betriebsrat zur Wahrnehmung seiner 50
Aufgaben im Rahmen seines Einblicksrechts nach § 80 Abs. 2 jeweils Fotokopien
der Bruttolohn- und -gehaltslisten zeitweise zur Verfügung zu stellen. Das Recht
»Einblick nehmen« ist nicht gleichbedeutend mit »zur Verfügung stellen«. Letzteres bedeutet nach dem Sprachgebrauch die Aushändigung der Unterlagen, ersteres
die Vorlage der Unterlagen zum Zweck der Einsichtnahme. Es besteht aber das
Recht, sich Notizen über die Bruttolohn- und -gehaltslisten zu machen (*BAG* vom
15. 6. 1976 – 1 ABR 116/74 – EzA § 80 BetrVG 1972 Nr. 14 = DB 1976, 1773). Das
Einblicksrecht des Betriebsrats in die Bruttolohn- und -gehaltslisten umfaßt jedoch
nicht die Befugnis, die Listen abzuschreiben. Darin läge ein »zur Verfügung stellen«, das durch § 80 nicht gedeckt ist (*BAG* vom 3. 12. 1981 – 6 ABR 8/80 – EzA § 80
BetrVG 1972 Nr. 20 = DB 1982, 653).

4. Hinzuziehung von Sachverständigen

Abs. 3 gibt dem Betriebsrat das Recht, unter bestimmten Bedingungen Sachver- 51
ständige hinzuzuziehen.
Die Frage, ob die Zuziehung eines Sachverständigen zur ordnungsgemäßen Erfüllung der Aufgaben des Wirtschaftsausschusses erforderlich ist (§§ 108 Abs. 2 Satz 3,
80 Abs. 3 Satz 1), ist eine Rechts- und keine Ermessensfrage (GK-*Kraft* § 80
Rz. 106; *D/R* § 80 Rz. 72; *F/A/K/H* § 80 Rz. 63). Die Zuziehung eines Sachverständigen ist nur dann notwendig, wenn der Wirtschaftsausschuß einzelne seiner
gesetzlichen Aufgaben ohne Sachverständigenberatung nicht ordnungsgemäß
würde erfüllen können. Hierbei muß jedoch davon ausgegangen werden, daß die
Mitglieder des Wirtschaftsausschusses bereits über diejenigen Kenntnisse verfügen,
die im Regelfall zur ordnungsgemäßen Wahrnehmung ihrer Aufgaben erforderlich
sind. Zum Verständnis des vom Unternehmer dem Wirtschaftsausschuß unter Beteiligung des Betriebsrats zu erläuternden Jahresabschlusses bedarf es nicht ohne
weiteres der Zuziehung eines Sachverständigen. Vielmehr müssen besondere
Gründe dargelegt werden, die im Einzelfall die Notwendigkeit sachverständiger
Beratung ergeben (*BAG* vom 18. 7. 1978 – 1 ABR 34/75 – EzA § 108 BetrVG 1972
Nr. 3 m. Anm. *Richardi* = DB 1978, 2223).

Der Sachverständige soll die dem Betriebsrat fehlenden fachlichen oder rechtlichen 52
Kenntnisse diesem vermitteln (*BAG* vom 13. 9. 1977 – 1 ABR 67/75 – EzA § 45
BetrVG 1972 Nr. 1 m. Anm. *Hanau* = DB 1977, 1856, 2452; *BAG* vom 25. 4. 1978 –
6 ABR 9/75 – EzA § 80 BetrVG 1972 Nr. 15 m. Anm. *Blomeyer* = DB 1978, 1747;
BAG vom 18. 7. 1978 – a. a. O.; GK-*Kraft* § 80 Rz. 107; *F/A/K/H* § 80 Rz. 25; *D/R*
§ 80 Rz. 70). Geht es darum, dem Betriebsrat fehlende Rechtskenntnisse zu vermitteln, so kann auch ein Rechtsanwalt Sachverständiger sein (*BAG* vom 25. 4. 1978 –
a. a. O.).

§ 80   4. Teil Mitwirkung und Mitbestimmung der Arbeitnehmer

Ist ein Rechtsanwalt vor der Einigungsstelle als Verfahrensbevollmächtigter des Betriebsrats aufgetreten, so ist seine zusätzliche Hinzuziehung als juristischer Sachverständiger zur Prüfung der in der Einigungsstellenverhandlung vorgelegten Betriebsvereinbarungsentwürfe nicht notwendig (*LAG Düsseldorf* vom 5.5. 1986 – 5 TaBV 31/86 – DB 1987, 947). Wird der Rechtsanwalt zur Vorbereitung eines Einigungsstellenverfahrens für den Betriebsrat tätig und handelt es sich um eine Sachverständigentätigkeit gem. § 80 Abs. 3, so setzt die Vergütung dieser Tätigkeit eine Regelung zwischen dem Arbeitgeber und dem Betriebsrat voraus (*LAG Schleswig-Holstein* vom 5.12. 1986 – 6 TaBV 16/86 – BB 1987, 549). Wird ein Rechtsanwalt nach Abschluß einer Regelungsabrede zwischen Arbeitgeber und Betriebsrat zur Beratung über eine vom Arbeitgeber vorgeschlagene Betriebsvereinbarung hinzugezogen, ist er Sachverständiger i.S.d. § 80 Abs. 3. Für die Tätigkeit als Sachverständiger ist es nicht erforderlich, daß er ein schriftliches Gutachten erstattet (*BAG* vom 25.4. 1978 – 6 ABR 9/75 – EzA § 80 BetrVG 1972 Nr. 15 m. Anm. *Blomeyer* = DB 1978, 1747). Bereitet ein Rechtsanwalt nur einen Prozeß vor, ist er kein Sachverständiger i.S.d. § 80 Abs. 3, so daß der Arbeitgeber die hierfür in Rechnung gestellten Kosten nicht dem Betriebsrat zu erstatten hat.

Ein als Sachverständiger hinzugezogener Rechtsanwalt kann vom Grundbuchamt die Erteilung von Grundbuchauszügen bezüglich der Geschäftsgrundstücke, auf denen sich der in Frage stehende Betrieb befindet, verlangen (*LG Tübingen* vom 28.5. 1984 – 5 T 167/83 – NZA 1985, 99).

53 Der Betriebsrat hat einen Rechtsanspruch darauf, einen Sachverständigen hinzuziehen, wenn dies zur ordnungsgemäßen Erfüllung seiner Aufgaben erforderlich ist. Der Betriebsrat kann die Hinzuziehung eines Sachverständigen gem. § 80 Abs. 3 zur Beurteilung der technischen Funktion und betrieblichen Arbeitsweise von elektronischen Datenverarbeitungsanlagen und deren Möglichkeit von Leistungs- und Verhaltenskontrollen der Arbeitnehmer nicht verlangen, wenn er es grundsätzlich ablehnt, sich der ihm vom Arbeitgeber angebotenen betrieblichen Informationsquellen zu bedienen und sich z.B. durch die Mitarbeiter der EDV-Abteilung des Betriebes unterrichten und informieren zu lassen. Die Hinzuziehung betriebsfremder Sachverständiger kommt grundsätzlich erst dann in Betracht, wenn die betriebsinternen Informationsquellen ausgeschöpft sind (*BAG* vom 4.6. 1987 – 6 ABR 63/85 – EzA § 80 BetrVG 1972 Nr. 31 = DB 1988, 50). Er kann jedoch den Sachverständigen nur nach näherer Vereinbarung mit dem Arbeitgeber hinzuziehen. Einigen sich die Parteien nicht, so kann die Entscheidung des Arbeitsgerichts im Beschlußverfahren herbeigeführt werden, die dann die Einigung ersetzt (*BAG* vom 27.9. 1974 – 1 ABR 67/73 – EzA § 40 BetrVG 1972 Nr. 15 m. Anm. *Herschel* = DB 1975, 505; *BAG* vom 13.9. 1977 – 1 ABR 67/75 – EzA § 45 BetrVG 1972 Nr. 1 m. Anm. *Hanau* = DB 1977, 1856, 2452; *BAG* vom 25.4. 1978 – 6 ABR 9/75 – EzA § 80 BetrVG 1972 Nr. 15 m. Anm. *Blomeyer* = DB 1978, 1747; *BAG* vom 19.4. 1989 – 7 ABR 87/87 – DB 1989, 1774; *D/R* § 80 Rz. 72; *G/L* § 80 Rz. 40; GK-*Kraft* § 80 Rz. 101 f.). Weitergehend ist *LAG Frankfurt/M.* (vom 31.5. 1990 – 12 Ta BV 26/90 – DB 1990, 2125), wonach der Betriebsrat berechtigt ist, ohne vorherige Zustimmung des Arbeitgebers einen fachlich ausgewiesenen Berater mit einer Honorarzusage zuzuziehen, der von ihm zur Geheimhaltung im nach §§ 79, 80 Abs. 3 Satz 2 BetrVG gebotenen Umfang verpflichtet wurde, und zwar für die Erteilung interessengebundenen, aber kompetenten Rats bei der Umsetzung der dem Betriebsrat erteilten,

die EDV-Umstellung unter Beachtung der Vorgaben des LOG-Konzepts betreffenden Informationen in die Arbeitnehmerinteressen wahrende Betriebsvereinbarungen.
Die Einigung muß vor der Hinzuziehung des Sachverständigen durch das Arbeitsgericht ersetzt worden sein, damit diese zulässig ist (*BAG* a. a. O.).
Kosten für die Hinzuziehung eines Sachverständigen sind Kosten der Geschäftsführung des Betriebsrats, die der Arbeitgeber gem. § 40 zu tragen hat. Das Gebot der Erforderlichkeit und Verhältnismäßigkeit ist zu beachten. Auch bei Erforderlichkeit der Hinzuziehung eines Sachverständigen ist der Arbeitgeber nur verpflichtet, die Kosten zu tragen, wenn zuvor eine Vereinbarung zwischen ihm und dem Betriebsrat zustande gekommen oder ersetzt worden ist (*BAG* vom 25. 4. 1978 – a. a. O.; *D/R* § 80 Rz. 75; *GK-Kraft* § 80 Rz. 103). 54
Wegen der Verpflichtung des Sachverständigen zur Geheimhaltung vgl. § 79 Rz. 10. 55

IV. Streitigkeiten

Über Streitigkeiten im Rahmen des § 80 entscheidet das Arbeitsgericht im Beschlußverfahren (§ 2 Abs. 1 Nr. 4 ArbGG). 56
Streitfragen zwischen Arbeitgeber und Betriebsrat, sowohl hinsichtlich der Notwendigkeit der Hinzuziehung eines Sachverständigen als auch hinsichtlich der Person des Sachverständigen, entscheidet das Arbeitsgericht im Beschlußverfahren. Es besteht die Möglichkeit, im Beschlußverfahren eine einstweilige Verfügung zu beantragen (§ 85 Abs. 2 ArbGG). 57
Verstöße des Arbeitgebers gegen die Verpflichtung, den Betriebsrat zu unterrichten und die Unterlagen vorzulegen, können gem. § 23 geahndet werden. 58
Ist es dem Betriebsrat im Einzelfall nicht zumutbar, das Haftungsrisiko bezüglich der Sachverständigenkosten einzugehen, kann er eine einstweilige Verfügung auf Zustimmung gem. § 894 ZPO beantragen, wenn andernfalls zu gewärtigen ist, daß der Betriebsrat seine Rechtsposition unwiderbringlich verliert (*ArbG Frankfurt* vom 2. 6. 1986 – 1 BvGa 5/86 –). Dieser Fall wird nur höchst selten eintreten, weil die einmal vom Arbeitgeber abgegebene Zustimmung zur Sachverständigenhinzuziehung unter den Voraussetzungen des § 894 ZPO nicht mehr rückgängig zu machen ist (*LAG Köln* LAGE § 80 BetrVG 1972 Nr. 5). 59
Erklärt in den Rechtsmittelinstanzen eines Beschlußverfahrens allein der Antragsteller das Verfahren in der Hauptsache für erledigt, so ist vom Gericht darüber zu entscheiden, ob die Hauptsache erledigt ist. Eine Erledigung der Hauptsache liegt nicht vor, wenn der Antrag von Anfang an unzulässig oder unbegründet war. In diesem Fall ist in der Sache selbst zu entscheiden und der Antrag abzuweisen (*BAG* vom 10. 6. 1986 – 1 ABR 59/84 – SAE 1988, 275 m. Anm. *Dütz*). 60

vor §§ 81-86

Zweiter Abschnitt
Mitwirkungs- und Beschwerderecht des Arbeitnehmers

Vorbemerkung vor §§ 81-86

Literaturübersicht

Auffarth Mitwirkungs- und Beschwerderechte des Arbeitnehmers (§§ 81-86 BetrVG) AR-Blattei D Betriebsverfassung XIV F; *Boldt* Die Individualrechte des Arbeitnehmers nach dem BetrVG 1972, NWB 1978, 1927; *Mertz* Der individuelle Schutz des Arbeitnehmers im Rahmen der Betriebsverfassung, RdA 1971, 203; *Spiel/Piesker* Beteiligungsrechte von Betriebsrat und Arbeitnehmern im Rahmen des Betriebsverfassungsrechts, BB 1981, 796.

Zu § 81
Bächle Unterrichtungs- und Belehrungspflichten nach dem BetrVG 1972, DB 1973, 1400; *Dedert* Zuständigkeit der Einigungsstelle für Abmahnungen, BB 1986, 320.

Zu § 82
Halberstadt Der Arbeitsplatz und die neue Betriebsverfassung AuR 1972, 120.

Zu § 83
Auernhammer Bundesdatenschutz, 2. Aufl. 1981; *Becker/Schaffner* Die Personalakte – Einsichtsrechte – Berichtungsanspruch, BlStSozArbR 1980, 177; *Benninghaus* Weitergabe von Personaldaten – Probleme des § 24 Abs. 1 BDSG, ArbGeb. 1979, 71; *Besgen* Der Anspruch auf Entfernung einer unberechtigten Abmahnung aus den Personalakten, AiB 1986, 101 = Personalrat 1986, 73; *Birk, U.* Auskünfte über Arbeitnehmer, Diss. Mannheim, 1985; *Bittorf* Die Offenlegung der Personalakten im Beamten- und Arbeitsrecht unter Berücksichtigung des Status der Beamten der Europäischen Gemeinschaften, Diss. Würzburg, 1979; *Borgaes* Strukturelle Grenzen für die Auswahl des sogenannten Datenschutzbeauftragten, BlStSozArbR 1980, 232; *Borgaes/Poppen/Wahsner* Datenschutz und Betriebsratsarbeit, 1980; DBG Datenschutzfibel, o.J.; *Brettschneider/Sondermann* Grenzen innerbetrieblicher Informationen bei Betriebseinbußen, AuR 1980, 158; *Brill* Recht des Betriebsrats auf Einsichtnahme in Personalakten?, AuR 1976, 41; *ders.* Betriebsrat und Datenschutz, BlStSozArbR 1978, 163; *Conze* Die aktuelle Rechtsprechung des *BAG* zur Entfernung von Vorgängen aus Personalakten, DB 1989, 778; *Däubler* Gläserne Belegschaften? Datenschutz für Arbeiter, Angestellte und Beamte, 1987; *Duschanek* Arbeitsverhältnis und Datenschutz, ZAS 1983, 83; *Ehmann* Daten- und Informationsschutz im Arbeitsverhältnis, RdA 1983, 95; *ders.* Datenverarbeitung und Persönlichkeitsschutz im Arbeitsverhälnis, NZA Beilage Nr. 1/85, 2; *Eich* Die Kommunikation des Betriebsrats mit der Belegschaft, DB 1978, 395; *Falkenberg* Ausgewählte Probleme aus dem BetrVG 1972, DB 1972, 774, 775 f.; *Franz* Personalinformationssysteme und Betriebsverfassung, 1983; *Garstka* Datenschutz und betriebliches Personalwesen, ZRP 1978, 237; *Gerhardt* Die Personalakten in Arbeitsverhältnissen, Diss. Würzburg, 1975; *Geulen* Die Personalakte in Recht und Praxis, 1984; *Gola* Arbeitgeberauskünfte und Datenschutz, DuD 1986, 231; *Gola* Der arbeitsrechtliche Schutz von Personaldaten, DSWR 1974, 186; *ders.* Besteht ein Einsichtsrecht in Personalunterlagen, die mehrere Arbeitnehmer betreffen?, BlStSozArbR 1976, 356; *ders.* Datenschutz und Betriebsrat, DuD 1978, 25; *ders.* Personalinformationssysteme nach dem Bundesdatenschutzgesetz, Online 1977, 811; *ders.* Datenschutz und Betriebsrat, DuD 1978, 25; *ders.* Der Geltungsbereich des BDSG bei der Verarbeitung von Personaldaten, BlStSozArbR 1978, 209; *ders.* Rechtliche Grenzen für Personalinformationssysteme, BB 1980, 585; *ders.* Datenschutz – Ein Beitrag zur Humanisierung der Arbeitswelt, BlStSozArbR 1981, 209; *Gola/Hümmerich* Die Personalakte des Arbeitnehmers, BB 1974, 1167; *Gola/Hümmerich* Personaldatenrecht im Arbeitsverhältnis, 1985; *Gola/Hümmerich/Kerstan* Datenschutzrecht, Teil

vor §§ 81–86

I 1977, Teil II 1978; *Griese* Zur Notwendigkeit und Effektivität eines verbesserten datenrechtlichen Persönlichkeitsschutzes im Arbeitsrecht, 1987; *Händel* Einsichtnahme in Werksarztakten, BB 1977, 797; *Hanel* Einsicht in die Personalakten, Personal 1977, 168; *Heither* Die Rechtsprechung des *BAG* zum Datenschutz für Arbeitnehmer, BB 1988, 1049; *Hentschel* Personaldaten-Behandlung durch den Arbeitgeber, ArbGeb. 1977, 548; *ders.* Datenschutzbeauftragter ... und Betriebsrat, ArbGeb. 1977, 781; *ders.* Werden Personalakten nur vom BDSG geschützt?, Personal 1977, 164, 203; *ders.* Personalwesen im Zeichen des Datenschutzes. Grundforderungen für die Gewährleistung der Sicherung von Persönlichkeitsrechten der Arbeitnehmer, Datenschutz 1979, 67; *ders.* Datenschutzerfordernisse beim PC-Einsatz im Personalwesen, NZA 1987, 412; *Hentschel/Gliss* Die Personalakte als Datei i. S. des Bundesdatenschutzgesetzes, DB 1977, 2329; *Hentschel/Wronka* Personalinformationssysteme in der Diskussion, 1984; *Herschel* Daten- und Informationsschutz im Arbeitsverhältnis, BB 1982, 2128; *Hesse* Der Einfluß des Bundesdatenschutzgesetzes auf die Betriebsratstätigkeit, Diss. Regensburg, 1984; *Höfer* Der Problemkreis Datenschutz aus der Sicht der Unternehmen, DuD 1982, 113; *Hörle* Bundesdatenschutzgesetz und Betriebsrat, WRP 1977, 628; *Hümmerich* Erfassungsschutz im arbeitsvertraglichen Anbahnungsverhältnis, Diss. Bonn, 1977; *ders.* Kriterien für die Speicherung personenbezogener Daten bei der Erfassung von Bewerber-Daten, RdA 1979, 143; *Hümmerich/Gola* Auswirkungen des Bundesdatenschutzgesetzes auf das Personalwesen, BB 1977, 146; *dies.* Personaldatenrecht im Arbeitsverhältnis, 1975; *ders.* Auswirkungen des Bundesdatenschutzgesetzes auf das Personalwesen, BB 1977, 146; *Hohn* Maßnahmen der betrieblichen Bildung und Wahrung der Intimsphäre des Arbeitnehmers, BB 1979, 1298; *ders.* Die Korrektur von Personaldaten nach der Rechtsprechung, BlStSozArbR 1975, 147; *Hümmerich* Der Schutz der Beschäftigten vor Aufnahme ärztlicher Gutachten in Personalakten und Datenbanken, DB 1975, 1893; *ders.* Nochmals: Einsichtnahme in Werksarztakten, BB 1977, 996; *ders.* Streitfragen um Personalakten in der Privatwirtschaft, DB 1977, 541; *ders.* Betriebsverfassungsrechtliche Anforderungen an Personalinformationssysteme, DB 1978, 1932; *Janzen* Datenschutz im Arbeitsverhältnis – Gewerkschaftspolitische Forderungen, in: Datenschutz ist Bürgerrecht – Jahrestagung 1978 der Deutschen Vereinigung für Datenschutz, 1980, 65; *Jobs/Samland* Personalinformationssysteme, 1984; *[Kammerer* Abmahnung und Persönlichkeitsschutz im Arbeitsverhältnis, BB 1980, 1587;] *Kamlah/Schimmel/Schwan* Kommentar zum Bundesdatenschutzgesetz, in: *Burhenne/Perband*, EDV-Recht, 3. Band, Stand 1987; *Kilian* Arbeitsrechtliche Probleme automatisierter Personalinformationssysteme, JZ 1977, 481; *ders.* Auswirkungen des Bundesdatenschutzgesetzes auf das Betriebsverfassungsrecht, RdA 1978, 201; *ders.* Melde- und Auskunftspflichten des Arbeitgebers im Personalbereich, BB 1977, 1153; *ders.* Rechtliche Aspekte heutiger betriebsärztlicher Informationssysteme, BB 1980, 893; *ders.* Personalinformationssysteme in deutschen Großunternehmen, Ausbaustand und Rechtsprobleme, 2. Aufl. 1982; *Kriependorf* Grundzüge der Subsidiarität des Bundesdatenschutzgesetzes, DuD 1977, 66; *ders.* Datenschutz und Betriebsverfassung, DuD 1979, 17; *Kroll* Datenschutz im Arbeitsverhältnis, Diss. Köln, 1981; *Küpferle* Arbeitnehmerdatenschutz im Spannungsfeld von Bundesdatenschutzgesetz und BetrVG, 1986; *Küpferle/Wohlgemuth* Personaldatenverarbeitende Systeme, 1987; *Kuhla* Datenschutz im Beamten- und Arbeitsverhältnis, 1983; *Linnekohl* Datenschutz und Tätigkeit des Betriebsrats, NJW 1981, 202; *ders.* Betriebsverfassung und Datenschutz, AR-Blattei Betriebsverfassung XVI; *ders.* Informationsrecht und Arbeitnehmerschutz, AuR 1984, 129; *Linnekohl/Töfflinger* Personalakte und Inhaltskontrolle durch den Arbeitnehmer, AuR 1986, 199; *Lopacki* Personalaktenrecht der Beamten, Angestellten und Arbeiter des Bundes und der Länder, 1986; *Matysiak* Betriebsverfassungsrecht und Datenschutz, Diss. Köln, 1981; *Mayer-Maly* Datenschutz gegen Arbeitnehmerinformation?, DB 1980, 1441; *Meister* Datenschutz und Privatrechtsordnung, BB 1976, 1584; *Mertz* Rechtsfragen um Personalakten in der Privatwirtschaft, BB 1960, 1398; *Müller, G. F.* Der Datenschutzbeauftragte – Ein Handbuch zur Anwendung des Bundesdatenschutzgesetzes, 1981; *Müller-Hagen/Nipperdey* Personalakte und Personalfragebogen, 2. Aufl. 1976; *Ordemann/Schomerus* Bundesdatenschutzgesetz, 4. Aufl. 1988; *Peters, F.-E.* Arbeitnehmerdatenschutz, Diss. Frankfurt, 1982; *Pfarr* Zum Recht des Betriebsrats auf Ein-

vor §§ 81–86

sichtnahme in die Personalakte, AuR 1976, 198; *Pramann* Zum Begriff der Einsichtnahme in betriebsverfassungsrechtliche Vorschriften (§§ 34, 80, 83, 108 BetrVG), DB 1983, 1922; *Rose* Rechtliche und praktische Probleme der Personalakte, BetrR 1976, 431; *Rothe* Einsicht in die Personalunterlagen des Betriebes, DB 1972, 1919; *Sbresny-Uebach* Personalakten, AR-Blattei Personalakten I; *Schäfer* Erklärungen des Auszubildenden zum Inhalt der Personalakte, BB 1973, 1498; *Schimmel* Arbeitsrecht und Datenschutzrecht, in: Datenschutz ist Bürgerrecht – Jahrestagung 1978 der Deutschen Vereinigung für Datenschutz, 1980, 83; *Schlessmann* Personalakten und Einsichtsrecht, BB 1972, 579; *Schmid* Rechtliche Zulässigkeit von Bewertungskriterien bei Personalbeurteilungen und in Entlohnungssystemen, BB 1970, 351; *Schmidt, E.* Personalakten, AR-Blattei Personalakten I 1974; *Schmidt, E.* Datenschutz, AR-Blattei Personalakten II; *Schnupp* Anspruch von Arbeitnehmern auf Entfernung von unrichtigen/unzutreffenden Vorgängen aus der Personalakte, Personalvertretung 1987, 276; *Sendler* Rechtsprobleme personenbezogener Datenverarbeitung im öffentlichen und privaten Bereich, DuD 1977, 59; *ders.* Datenschutz im Personalwesen der Sozialversicherung, BlStSozArbR 1978, 86; *ders.* Zur Subsidiarität des Bundesdatenschutzgesetzes, DuD 1979, 81; *Simitis* Datenschutz und Arbeitsrecht, AuR 1977; 97; *ders.* Datenschutz von der legislativen Entscheidung zur richterlichen Interpretation, NJW 1981, 1697; *ders.* Schutz von Arbeitnehmerdaten, Regelungsdefizite – Lösungsvorschläge, Forschungsbericht 31 Humanisierung des Arbeitslebens, hrsg. vom Bundesminister für Arbeit und Sozialordnung, 1980; *Simitis/Dammann/Mallmann/Reh* Kommentar zum Bundesdatenschutzgesetz, 3. Aufl. 1981; *Sproll* Individualrechtliche Probleme des Arbeitnehmerdatenschutzes, Diss. Tübingen, 1982; *Stengel* Kann der Arbeitnehmer den Inhalt seiner Personalakte bestimmen?, BB 1976, 1083; *Tönnies* Die datenschutzrechtliche Einordnung des Betriebsrats, DuD 1980, 128; *ders.* Das Zusammenwirken von Datenschutz- und Betriebsverfassungsgesetz, DuD 1981, 24; *Wahsner/Bogaes* Datenschutz und Betriebsratsarbeit – Ein Beitrag zu Anwendungsproblemen des BDSG im Tätigkeitsbereich der Betriebsräte, BlStSozArbR 1980, 49; *Walz* Datenschutz und Mitbestimmung – Personalinformationssysteme in der Reformdiskussion, AuR 1985, 233; *Werckmeister* Datenschutz im Betrieb, BetrR 1977, 187; *Werner, C. P.* Datenschutz und Betriebsrat, Diss. Bremen, 1983; *Wiese, G.* Der Persönlichkeitsschutz des Arbeitnehmers gegenüber dem Arbeitgeber, ZfA 1971, 273, 307ff. *Wiese, W.* Personalakten, Arztgeheimnis und Datenschutz, DuD 1980, 17; *Wiesinger* Datenschutz im Arbeitsverhältnis, in: *Vollkommer* (Hrsg.) Datenverarbeitung und Persönlichkeitsschutz, 1986, 169; *Wohlgemuth* Datenschutz bei der Weitergabe von Arbeitnehmerdaten innerhalb von Konzernen, AuR 1987, 264; *ders.* Datenschutz für Arbeitnehmer, 2. Aufl. 1988; *ders.* Möglichkeiten des Betriebsrates im Bereich des Datenschutzes, MitGespr. 1980, 128; *ders.* Rechtliche Grenzen der Informationsgewinnung durch den Arbeitgeber – unter anderem auch bei der Einschaltung von Dritten –, BB 1980, 1530; *ders.* Arbeitsrechtliche Fragen der Personaldatenverarbeitung, AuR 1981, 269; *ders.* Neuere Entwicklung im Bereich des Arbeitnehmerdatenschutzes, AiB 1985, 54; *ders.* Augewählte Probleme des Arbeitnehmerdatenschutzes, AuR 1985, 239; *Zöllner* Daten- und Informationsschutz im Arbeitsverhältnis, 2. Aufl. 1983. Vgl. ferner vor § 81.

Zu § 84
Löwisch Die Beschwerderechte des Arbeitnehmers nach den §§ 84 und 85 BetrVG 1972, DB 1972, 2304; *Moll/Klunker* Das Beschwerdeverfahren nach dem BetrVG 1972, RdA 1973, 361; *Rehhahn* Die Behandlung von Sicherheitsbeschwerden nach § 84 BetrVG, AuR 1981, 161; *Wiese* Zur Zuständigkeit der Einigungsstelle nach § 85 Abs. 2 BetrVG, FS für *G. Müller*, 1981, 625; *Denck* Arbeitsschutz und Anzeigerecht des Arbeitnehmers, DB 1980, 2132; *Hinrichs* Das Beschwerde- und Anzeigerecht der Arbeitnehmer, JArbR Bd. 18 (1980), 35; *Löwisch* Die Beschwerderechte des Arbeitnehmers nach den §§ 84 und 85 BetrVG 1972, DB 1972, 2304; *ders.* Beschwerderecht des Arbeitnehmers nach dem BetrVG, in: *Richardi* Rechte der Betriebs- und Unternehmensmitbestimmung, 2. Aufl. 1979, Bd. 2, 48; *Möller* Zuständigkeit und Entscheidungsbefugnis der Einigungsstelle nach § 85 Abs. 2 BetrVG FS für *G. Müller*, 1981, 625.

vor §§ 81–86

Zu § 85
Deder Zuständigkeit der Einigungsstelle für Abmahnungen, BB 1986, 320; *Möller* Zuständigkeit und Entscheidungsbefugnis der Einigungsstelle im Beschwerdeverfahren nach § 85 BetrVG, Diss. Mainz, 1975; *Wiese* Zur Zuständigkeit der Einigungsstelle nach § 85 Abs. 2 BetrVG, FS für *G. Müller*, 1981, 625. Vgl. ferner vor § 81 und zu § 84.

Inhaltsübersicht

		Rz.
I.	Allgemeines	1
II.	Der Geltungsbereich der Individualrechte	2, 3
III.	Die Durchsetzung der Individualrechte	4–12
IV.	Streitigkeiten	13, 14

I. Allgemeines

Wenn Schwerpunkte des Betriebsverfassungsrechts auch die Regelung der Beziehungen zwischen den betrieblichen Partnern Arbeitgeber und Betriebsrat und die Ausgestaltung der Mitwirkungsrechte, die dem Betriebsrat als der Vertretung aller Arbeitnehmer im Betrieb eingeräumt sind, bilden, so darf doch nicht übersehen werden, daß diese Rechte letztlich dem einzelnen Arbeitnehmer und seiner persönlichen Stellung im Betrieb dienen sollen. Jeder Arbeitnehmer soll mit eigenen Mitwirkungs- und Mitgestaltungsrechten das Bewußtsein der unmittelbaren und persönlichen Einbezogenheit in das betriebliche Geschehen bekommen (GK-*Wiese* vor § 81 Rz. 1). Aus diesem Grunde enthalten die §§ 81 bis 86 erstmalig gesetzlich festgelegte Mitwirkungsrechte für den einzelnen Arbeitnehmer. Weitergehende, wenn auch im einzelnen unterschiedlich ausgeformte Rechte für den einzelnen Arbeitnehmer hatten der CDU/CSU-Entwurf und der Entwurf eines Betriebsverfassungsgesetzes, den die Bundesvereinigung der Deutschen Arbeiterverbände vorgelegt hatte, vorgesehen (vgl. hierzu GK-*Wiese* vor § 81 Rz. 9). 1
Die Koalition wollte jedoch im Rahmen des Betriebsverfassungsgesetzes **nur solche Individualrechte kodifizieren, bei denen ein »kollektiver Bezugspunkt« erkennbar ist und die wegen ihres betriebsbezogenen Charakters im Rahmen des BetrVG bleiben.** Andere Rechte sollten aus rechtssystematischen Gründen und insbesondere im Hinblick auf die von der Bundesregierung eingesetzte Sachverständigenkommission zur Vorbereitung eines Arbeitsgesetzbuches dem Arbeitsverhältnis vorbehalten bleiben (Ausschußbericht, BT-Drucks. zu VI/2729, 9). Dieser Konzeption folgend, konzentrieren sich die in §§ 81–86 niedergelegten Mitwirkungs- und Beschwerderechte des Arbeitnehmers vornehmlich auf Unterrichtungs- und Anhörungsrechte, auf Erörterungsrechte, die die unmittelbare Situation des Arbeitnehmers anbelangen, auf das Recht, Einsicht in die eigene Personalakte zu nehmen, sowie auf eine neue Kodifizierung des Beschwerderechts.

vor §§ 81–86

II. Der Geltungsbereich der Individualrechte

2 Die in den §§ 81 ff. geregelten Individualrechte der Arbeitnehmer ergeben sich schon aus der Fürsorgepflicht des Arbeitgebers zu seinen Arbeitnehmern (vgl. GK-*Wiese* § 81 Rz. 11–18).

3 Mit Rücksicht darauf, daß die normierten Rechte Ausfluß der arbeitsvertraglichen Fürsorgepflicht sind, gelten sie für alle Arbeitnehmer, und zwar sowohl in Betrieben, die betriebsratsfähig sind, in denen aber kein Betriebsrat gewählt wurde (*D/R* § 81 Rz. 5; GK-*Wiese* vor § 81 Rz. 21; *G/L* vor § 81 Rz. 4), als auch in Betrieben, die nicht betriebsratsfähig sind (*Brecht* § 81 Rz. 5; *G/K/S/B* § 81 Rz. 3, a.A. GK-*Wiese* § 81 Rz. 21; *G/L* vor § 81 Rz. 5; *D/R* vor § 81 Rz. 5).

III. Die Durchsetzung der Individualrechte

4 Soweit ein Betriebsrat besteht, können die Arbeitnehmer gem. §§ 82 Abs. 2, 83 Abs. 1 Satz 2, 84 Abs. 2 ein Mitglied des Betriebsrats zur Unterstützung, ggf. zur Vermittlung hinzuziehen (GK-*Wiese* vor § 81 Rz. 27).

5 Der Arbeitnehmer kann sich bei den zuständigen Stellen beschweren (§ 84) und seine Beschwerde auch dem Betriebsrat vortragen, der auf eine Abhilfe hinzuwirken hat, wenn er sie für begründet erachtet (§ 85).
Bei Meinungsverschiedenheiten zwischen Betriebsrat und Arbeitgeber, ob die Beschwerde des Arbeitnehmers begründet ist oder nicht, kann die Einigungsstelle angerufen werden (§ 85 Abs. 2), die die Einigung zwischen Arbeitgeber und Betriebsrat durch verbindlichen Spruch ersetzt.

6 Über § 23 Abs. 3 können dem Arbeitgeber Geldstrafen auferlegt werden, wenn er seine Pflichten gröblich verletzt (GK-*Wiese* vor § 81 Rz. 28).

7 Da sich die Individualrechte arbeitsvertraglich aus der Fürsorgepflicht des Arbeitgebers ableiten lassen, besteht für die Arbeitnehmer ein Erfüllungsanspruch, der klageweise geltend gemacht werden kann (GK-*Wiese* vor § 81 Rz. 32; *G/L* vor § 81 Rz. 7).

8 Verletzt der Arbeitgeber oder Erfüllungsgehilfe des Arbeitgebers schuldhaft seine Pflichten, so stellt dies eine zum Schadensersatz verpflichtende positive Vertragsverletzung dar (§§ 280, 286, 325, 326 analog; GK-*Wiese* vor § 81 Rz. 33; *G/L* § 81 Rz. 9).

9 Bei nicht geringfügigen Verstößen des Arbeitgebers gegen die Rechte der Arbeitnehmer aus den §§ 81 ff. kann der Arbeitnehmer ein Zurückbehaltungsrecht hinsichtlich seiner Arbeitsleistung geltend machen (GK-*Wiese* vor § 81 Rz. 34 m.w.N.; *G/L* § 81 Rz. 8; *Söllner* ZfA 1973, 1, 19 ff.

10 Bei besonders gravierenden Verstößen kann unter den Voraussetzungen des § 626 BGB das Recht zur außerordentlichen Kündigung gegeben sein (GK-*Wiese* vor § 81 Rz. 35).

11 Verstöße gegen die §§ 81 ff. gewähren keinen Deliktanspruch aus § 823 Abs. 1 BGB (GK-*Wiese* vor § 81 Rz. 36).

12 Da die §§ 81 ff. unmittelbar dem Schutz der Arbeitnehmer dienen, sind sie jedoch als Schutzgesetz i.S.d. § 823 Abs. 2 BGB anzusehen (GK-*Wiese* § 81 Rz. 36 m.w.N.; a.A. *G/L* § 81 Rz. 9, die einen Schadensersatzanspruch aus positiver Forderungsverletzung bejahen).

IV. Streitigkeiten

Streitigkeiten zwischen Arbeitnehmer und Arbeitgeber über Bestehen und Umfang der Individualrechte gehören in das arbeitsgerichtliche Urteilsverfahren (§§ 22 Abs. 1 Nr. 2, 8 Abs. 1, 46 ArbGG), da die Individualrechte nach den §§ 81–86 zwar Angelegenheiten aus dem Betriebsverfassungsrecht sind, das Schwergewicht der Streitigkeit sich jedoch aus der arbeitsvertraglichen Beziehung ergibt (GK-*Wiese* vor § 81 Rz. 38; *ArbG Aachen* vom 1. 9. 1975 – 2 BV Ga 9/75 – BB 1976, 1511; *D/R* § 81 Rz. 14; *G/L* § 81 Rz. 12; *BAG* vom 24. 4. 1979 – 6 AZR 69/77 – EzA § 82 BetrVG 1972 Nr. 1 = DB 1979, 1755). 13

Streitigkeiten zwischen Betriebsrat und Arbeitgeber, beispielsweise über die Hinzuziehung eines Betriebsratsmitgliedes, gehören in das arbeitsgerichtliche Beschlußverfahren (*G/L* vor § 81 Rz. 12; GK-*Wiese* vor § 81 Rz. 39). 14

§ 81 Unterrichtungs- und Erörterungspflicht des Arbeitgebers

(1) Der Arbeitgeber hat den Arbeitnehmer über dessen Aufgabe und Verantwortung sowie über die Art seiner Tätigkeit und ihre Einordnung in den Arbeitsablauf des Betriebs zu unterrichten. Er hat den Arbeitnehmer vor Beginn der Beschäftigung über die Unfall- und Gesundheitsgefahren, denen dieser bei der Beschäftigung ausgesetzt ist, sowie über die Maßnahmen und Einrichtungen zur Abwendung dieser Gefahren zu belehren.
(2) Über Veränderungen in seinem Arbeitsbereich ist der Arbeitnehmer rechtzeitig zu unterrichten. Absatz 1 gilt entsprechend.
(3) Der Arbeitgeber hat den Arbeitnehmer über die aufgrund einer Planung von technischen Anlagen, von Arbeitsverfahren und Arbeitsabläufen oder der Arbeitsplätze vorgesehenen Maßnahmen und ihre Auswirkungen auf seinen Arbeitsplatz, die Arbeitsumgebung sowie auf Inhalt und Art seiner Tätigkeit zu unterrichten. Sobald feststeht, daß sich die Tätigkeit des Arbeitnehmers ändern wird und seine beruflichen Kenntnisse und Fähigkeiten zur Erfüllung seiner Aufgaben nicht ausreichen, hat der Arbeitgeber mit dem Arbeitnehmer zu erörtern, wie dessen berufliche Kenntnisse und Fähigkeiten im Rahmen der betrieblichen Möglichkeiten den künftigen Anforderungen angepaßt werden können. Der Arbeitnehmer kann bei der Erörterung ein Mitglied des Betriebsrats hinzuziehen.

Literaturübersicht

Siehe vor § 81

Inhaltsübersicht

		Rz.
I.	Unterrichtung über Aufgabe und Verantwortung des Arbeitnehmers	1
II.	Belehrung über Unfall- und Gesundheitsgefahren	2
III.	Unterrichtungs- und Belehrungspflicht bei Veränderung des Arbeitsbereiches	3
IV.	Die Form der Unterrichtung	4– 6

§ 81 4. Teil 2. Abschn. Mitwirkungs- u. Beschwerderecht d. Arbeitnehmers

V. Unterrichtung bei der Planung technischer Anlagen, Arbeitsverfahren
und Arbeitsabläufen 7–10

I. Unterrichtung über Aufgabe und Verantwortung des Arbeitnehmers

1 Dem Arbeitgeber obliegt gem. § 81 die Unterrichtung über Aufgabe und Verantwortung des Arbeitnehmers sowie über die Einordnung seiner Tätigkeit in den Arbeitsablauf des Betriebes. Diese Unterrichtung soll den Arbeitnehmer in die Lage versetzen, nicht nur die ihm arbeitsvertraglich obliegenden Arbeiten sachgemäß zu verrichten, sondern auch ihre Bedeutung im Gesamtzusammenhang des Betriebs zu erkennen. Die Unterrichtung, die mehr als eine allgemeine Information ist, kann daher nicht pauschal und allgemein erfolgen, sondern sie muß individuell auf den einzelnen Arbeitnehmer und auf seinen Arbeitsplatz abgestellt werden; dazu gehört unter anderem auch die Beschreibung des Arbeitsgerätes und der Werkstoffe, mit denen der Arbeitnehmer umzugehen hat (vgl. auch *G/L* § 81 Rz. 2; *D/R* § 81 Rz. 2; GK-*Wiese* § 81 Rz. 4). Dem Sinn dieser Unterrichtung entsprechend, dürfte eine allgemeine Darstellung während eines Vorstellungsgespräches in der Regel nicht als ausreichend anzusehen sein.

II. Belehrung über Unfall- und Gesundheitsgefahren

2 Der Arbeitnehmer ist über die Unfall- und Gesundheitsgefahren und über Maßnahmen und Einrichtungen zur Abwendung dieser Gefahren zu belehren. Die Belehrung ist eine besonders intensive Form der Unterrichtung, so daß die Aushändigung schriftlichen Materials regelmäßig nicht ausreicht (GK-*Wiese* § 81 Rz. 12; *F/A/K/H* § 81 Rz. 7a; *G/L* § 81 Rz. 7; *D/R* § 81 Rz. 10). Sie hat stets vor Antritt der Arbeit zu erfolgen und muß die konkreten Gefahren des jeweiligen Arbeitsplatzes deutlich und in Einzelheiten zum Gegenstand haben. Ebenso sind Schutzmaßnahmen, Rettungsgerät und Alarmsignale zu erläutern (vgl. *D/R* § 81 Rz. 3, 4; *G/L* § 81 Rz. 5 ff.).

III. Unterrichtungs- und Belehrungspflicht bei Veränderung des Arbeitsbereiches

3 Bei einer Veränderung im Arbeitsbereich des Arbeitnehmers ist dieser ebenfalls über die Aufgabe und Verantwortung zu unterrichten, und es ist ihm eine Belehrung über die Unfall- und Gesundheitsgefahren sowie über Maßnahmen und Einrichtungen zur Abwendung dieser Gefahren zu erteilen. Arbeitsbereich ist hier zu verstehen als die über den einzelnen Arbeitsplatz hinausgehende räumliche und organisatorische Arbeitsumgebung des Arbeitnehmers. Eine derartige Veränderung wird häufig mit einer Versetzung des Arbeitnehmers gem. § 95 Abs. 3 verbunden sein, kann aber auch dann vorliegen, wenn ohne unmittelbare Veränderung des Arbeitsplatzes des einzelnen Arbeitnehmers technische Gegebenheiten seiner näheren Umgebung wesentlich verändert werden. Die Unterrichtung und Belehrung hat sich im Falle der Veränderungen auf die Tatbestände zu erstrecken, die gegenüber den bisherigen Gegebenheiten anders werden sol-

len. Sie hat so rechtzeitig zu erfolgen, daß der Arbeitnehmer sich mit diesen Veränderungen vertraut machen und auf sie einstellen kann (GK-*Wiese* § 81 Rz. 6).

IV. Die Form der Unterrichtung

Zur Unterrichtung bzw. Belehrung ist der Arbeitgeber verpflichtet. Dieser **4** braucht aber nicht persönlich tätig zu werden, es kann vielmehr durchaus zweckmäßig sein, die Unterrichtung durch den zuständigen betrieblichen Vorgesetzten, ggf. zusammen mit dem Sicherheitsbeauftragten und der Personalabteilung vornehmen zu lassen (GK-*Wiese* § 81 Rz. 10; *F/A/K/H* § 81 Rz. 6).
In der Regel wird die Unterrichtung in der Form der mündlichen Erörterung erfol- **5** gen. Sie kann jedoch auch schriftlich erfolgen, wobei jedoch alle erheblichen Gesichtspunkte vorgetragen werden müssen. Es ist auch möglich, ein Merkblatt auszuhändigen und nur eine ergänzende mündliche Erörterung vorzunehmen (GK-*Wiese* § 81 Rz. 8). Die bloße Aushändigung eines **Merkblattes reicht** jedoch **für eine Belehrung** i. S. d. Gesetzes **nicht aus** (vgl. *G/L* § 81 Rz. 7 für die Unterrichtung über Unfall- oder Gesundheitsgefahren).
Ausländische Arbeitnehmer, die des Deutschen nicht mächtig sind, müssen in ih- **6** rer Muttersprache unterrichtet werden (*G/L* § 81 Rz. 4 m. w. N.; GK-*Wiese* § 81 Rz. 9).

V. Unterrichtung bei der Planung technischer Anlagen, Arbeitsverfahren und Arbeitsabläufen

Der neu eingefügte Abs. 3 dient dazu, sicherzustellen, daß die einzelnen Arbeit- **7** nehmer über die Planung von technischen Anlagen, von Arbeitsverfahren und Arbeitsabläufen informiert werden. Mit dieser Norm wird die nach § 90 gegenüber dem Betriebsrat obliegende Informationspflicht ergänzt.
Die Informationspflicht entsteht in dem Zeitpunkt, in dem die Planung soweit **8** fortgeschritten ist, daß sich für den Arbeitnehmer konkrete Maßnahmen abzeichnen (GK-*Wiese* § 81 Rz. 17).
Da der technische Fortschritt meist auch weitergehende Anforderungen an die **9** Arbeitnehmer stellt, hat der Arbeitgeber mit den Arbeitnehmern zu erörtern, wie die beruflichen Fähigkeiten und Kenntnisse im Rahmen der betrieblichen Möglichkeiten den Anforderungen angepaßt werden können (GK-*Wiese* § 81 Rz. 18, verlangt über den Gesetzestext hinaus, daß auch außerbetriebliche Bildungsmaßnahmen erörtert werden müssen).
Der Arbeitnehmer kann verlangen, daß ein von ihm benanntes Mitglied des Be- **10** triebsrats an der Erörterung teilnimmt (GK-*Wiese* § 81 Rz. 20).

§ 82 Anhörungs- und Erörterungsrecht des Arbeitnehmers

(1) Der Arbeitnehmer hat das Recht, in betrieblichen Angelegenheiten, die seine Person betreffen, von den nach Maßgabe des organisatorischen Aufbaus des Betriebs hierfür zuständigen Personen gehört zu werden. Er ist berechtigt, zu Maß-

§ 82 4. Teil 2. Abschn. Mitwirkungs- u. Beschwerderecht d. Arbeitnehmers

nahmen des Arbeitgebers, die ihn betreffen, Stellung zu nehmen sowie Vorschläge für die Gestaltung des Arbeitsplatzes und des Arbeitsablaufs zu machen. (2) Der Arbeitnehmer kann verlangen, daß ihm die Berechnung und Zusammensetzung seines Arbeitsentgelts erläutert und daß mit ihm die Beurteilung seiner Leistungen sowie die Möglichkeiten seiner beruflichen Entwicklung im Betrieb erörtert werden. Er kann ein Mitglied des Betriebsrats hinzuziehen. Das Mitglied des Betriebsrats hat über den Inhalt dieser Verhandlungen Stillschweigen zu bewahren, soweit es vom Arbeitnehmer im Einzelfall nicht von dieser Verpflichtung entbunden wird.

Literaturübersicht

Siehe vor § 81

Inhaltsübersicht

		Rz.
I.	Gesetzeszweck	1
II.	Das Anhörungsrecht des § 82 Abs. 1 Satz 1	2
III.	Das Recht zur Stellungnahme nach § 82 Abs. 1 Satz 2	3
IV.	Erläuterung des Arbeitsentgelts	4
V.	Erörterung der beruflichen Leistung und Aufstiegschancen	5
VI.	Die Hinzuziehung eines Betriebsratsmitgliedes	6
VII.	Die Durchführung der Erörterung	7
VIII.	Streitigkeiten	8–10

I. Gesetzeszweck

1 Während § 81 den qualifizierten Informationsfluß vom Arbeitgeber zum Arbeitnehmer in allen den unmittelbaren Arbeitsbereich des Arbeitnehmers betreffenden Angelegenheiten sicherstellen will, überträgt § 82 umgekehrt dem einzelnen Arbeitnehmer das persönliche Recht, sich in Angelegenheiten, die seinen persönlichen Arbeitsplatz und Arbeitsbereich betreffen, an den Arbeitgeber bzw. die betrieblich zuständigen Vorgesetzten zu wenden, von ihnen gehört zu werden und in bestimmten, ihn betreffenden Angelegenheiten Vorschläge zu machen und ihn betreffende Fragen zu erörtern (GK-*Wiese* § 82 Rz. 1).

§ 82 will demgemäß die persönliche Initiative des Arbeitnehmers und seine Mitarbeit fördern. Es liegt im wohlverstandenen Interesse beider Parteien, die damit gegebenen und in der Praxis bereits weithin üblichen Rechte konstruktiv zu nutzen. Deshalb können die Rechte aus § 82 innerhalb der Arbeitszeit und ohne Minderung des Entgelts geltend gemacht werden (GK-*Wiese* § 82 Rz. 3; *F/A/K/H* § 82 Rz. 2; *G/L* § 82 Rz. 14; *G/K/S/B* § 82 Rz. 1).

II. Das Anhörungsrecht des § 82 Abs. 1 Satz 1

Zunächst hat der Arbeitnehmer nach § 82 Abs. 1 Satz 1 ein Anhörungsrecht. Dieses bezieht sich auf diejenigen betrieblichen Angelegenheiten, die seine Person betreffen. Die Formulierung »betriebliche Angelegenheiten« deutet darauf hin, daß in diesem Zusammenhang im wesentlichen Fragen der betrieblichen Organisation und der Arbeitsabläufe gemeint sind, die, ohne ausschließlich auf den Arbeitsplatz des Arbeitnehmers gerichtet zu sein, Auswirkungen auf seine Tätigkeit in seinem Arbeitsbereich haben (GK-*Wiese* § 82 Rz. 2; *F/A/K/H* § 82 Rz. 3; *G/K/S/B* § 82 Rz. 3; weitergehend *D/R* § 82 Rz. 2). Der Arbeitgeber hat das Recht, mit seinen Auffassungen zu diesen Fragen von denjenigen Personen gehört zu werden, die nach Maßgabe des organisatorischen Aufbaus des Betriebes für die betreffenden Maßnahmen zuständig sind (GK-*Wiese* § 82 Rz. 7; *D/R* § 82 Rz. 5; *F/A/K/H* § 82 Rz. 3). Eine Verweisung an andere Stellen des Betriebes ist demgemäß nicht zulässig. Dem Recht, gehört zu werden, entspricht die Pflicht der zuständigen Vorgesetzten, den Arbeitnehmer zu hören und die vorgetragenen Gründe zu prüfen und zu wägen (GK-*Wiese* § 82 Rz. 8; *F/A/K/H* § 82 Rz. 3; *G/K/S/B* § 82 Rz. 1). Die Entscheidungskompetenz des Arbeitgebers wird jedoch durch diese Anhörungspflicht nicht berührt.

2

III. Das Recht zur Stellungnahme nach § 82 Abs. 1 Satz 2

Das Recht zur Stellungnahme nach § 82 Abs. 1 Satz 2 ist nach dem Wortlaut der Vorschrift auf einen engeren Tatbestand bezogen, weil es nicht in betrieblichen Angelegenheiten, die die Person des Arbeitnehmers betreffen, sondern nur bei Maßnahmen des Arbeitgebers, die den Arbeitnehmer betreffen, d. h. ihn unmittelbar angehen, Platz greift. Ob diese Unterscheidung für die Praxis von großer Bedeutung sein wird, darf bezweifelt werden, zumal sich diese Äußerungsrechte im Grunde bereits aus allgemeinen arbeitsvertraglichen Vorschriften ergeben. Das gleiche gilt für das Recht, Vorschläge für die Gestaltung des Arbeitsplatzes und des Arbeitsablaufes zu machen (GK-*Wiese* § 82 Rz. 11).

3

IV. Erläuterung des Arbeitsentgelts

Über die in Abs. 1 normierten Anhörungs- und Vorschlagsrechte hinaus gewährt Abs. 2 dem Arbeitnehmer ausdrücklich Erörterungsrechte in Angelegenheiten, die für ihn besonders wesentlich sind. Der Arbeitnehmer hat zunächst das Recht, Berechnung und Zusammensetzung seines Arbeitsentgelts erläutert zu erhalten. Es handelt sich hierbei um ein Grunderfordernis der Personalverwaltung im Betrieb. Die Erläuterungspflicht bezieht sich auf die einzelnen tariflichen und außertariflichen Entgeltsbestandteile (Zulagen und Prämien usw.) sowie auf die verschiedenen Abzüge für Steuern, Sozialversicherungsbeiträge und dgl. mehr (GK-*Wiese* § 82 Rz. 12). Eine bloße pauschale Lohnbescheinigung genügt nicht, wohl aber eine detaillierte Lohn- und Gehaltsabrechnung, die die Zusammensetzung des Bruttoverdienstes sowie die Berechnung des Nettoverdienstes dem Empfänger klar ersichtlich ausweist und bei eventuellen Rückfragen weiter erläutert wird (*D/R* § 82 Rz. 8; *G/L* § 82 Rz. 7, 8; weitergehend GK-*Wiese* § 82 Rz. 13), wonach

4

§ 82   4. Teil 2. Abschn. Mitwirkungs- u. Beschwerderecht d. Arbeitnehmers

der Arbeitnehmer auch verlangen kann, daß die Rechtsgrundlagen für die Lohn- und Gehaltsabrechnung erläutert werden.

V. Erörterung der beruflichen Leistung und Aufstiegschancen

5   Das Recht auf Beurteilung von Leistungen und Aufstiegschancen im Betrieb soll dem Arbeitnehmer die Möglichkeit geben, sich Gewißheit darüber zu verschaffen, wie seine Leistungen beurteilt werden, ob der Arbeitgeber mit den Leistungen zufrieden ist bzw. in welcher Hinsicht er Leistungsverbesserungen erwartet. Er soll weiterhin wissen, welche zukünftigen Verdienstchancen und Aufstiegsmöglichkeiten im Betrieb für ihn gegeben sind. Die Ausübung dieses Rechts setzt nicht voraus, daß im Betrieb ein formelles Beurteilungssystem besteht, jedoch kann das Vorhandensein eines solchen Beurteilungssystems die Ausübung dieses Rechts und das Gespräch über die Leistungsbeurteilung erleichtern. Sofern schriftliche Leistungsbeurteilungen zu den Personalakten genommen werden, greift das Recht des Arbeitnehmers Platz, gem. § 83 Abs. 2 eine Erklärung zu einer solchen Leistungsbeurteilung einzureichen, die der Personalakte beizufügen ist.

Auch das Recht auf Erörterung seiner beruflichen Entwicklungsmöglichkeiten im Betrieb soll dem Arbeitnehmer die Möglichkeit geben, seine Position innerhalb des Betriebes richtig beurteilen und einsetzen zu können. Zur Erörterung dieser Entwicklungsmöglichkeit führt einmal das Gespräch über die persönliche Qualifikation des Arbeitnehmers, zum anderen aber auch die Darlegung der betrieblichen Situation, der hier zu erwartenden Veränderungen und der sich hieraus möglicherweise ergebenden Entwicklungschancen. Formelle Zusagen hinsichtlich der weiteren beruflichen Entwicklung des Arbeitnehmers im Betrieb können bei einem solchen Gespräch nicht verlangt werden (GK-*Wiese* § 82 Rz. 19; *F/A/K/H* § 82 Rz. 7; *G/K/S/B* § 82 Rz. 10).

VI. Die Hinzuziehung eines Betriebsratsmitgliedes

6   Alle in § 82 geregelten Rechte des Arbeitnehmers sind Individualrechte, über deren Ausübung der Arbeitnehmer allein entscheidet. Der **Betriebsrat** hat **kein kollektives Wirkungsrecht**, jedoch hat der Arbeitnehmer das Recht, insbesondere insoweit, als es sich um betriebliche Angelegenheiten im Rahmen von § 82 Abs. 1 Satz 1 handelt, eine Anregung i. S. d. § 80 Abs. 1 Ziff. 3 an den Betriebsrat heranzutragen. Bei den Erörterungsrechten im Rahmen von § 82 Abs. 2 hat der Arbeitnehmer das Recht, zu den Gesprächen mit den zuständigen Stellen des Betriebes ein Mitglied des Betriebsrats hinzuzuziehen. Das Recht auf Teilnahme eines Betriebsratsmitglieds wird aber nicht davon inhaltlich berührt, daß der Arbeitgeber selbst die Erörterung mit dem Arbeitnehmer sucht, da sonst die Existenz des Anspruchs des Arbeitnehmers jeweils davon abhängig wäre, ob er selbst die Anhörung und Erörterung nach § 82 verlangt, bevor sie der Arbeitgeber anregt (*BAG* vom 24. 4. 1979 – 6 AZR 69/77 – EzA § 82 BetrVG 1972 Nr. 1 = DB 1979, 1755; *D/R* § 82 Rz. 12; *G/L* § 82 Rz. 12; **kritisch** Ehmann ZfA 1980, 735). Die Auswahl dieses Betriebsratsmitglieds bleibt grundsätzlich der Entscheidung des Arbeitnehmers überlassen (GK-*Wiese* § 82 Rz. 20; *F/A/K/H* § 82 Rz. 8; *G/L* § 82 Rz. 13). Der Betriebsrat kann daher nicht durch Beschluß festlegen, wer von den Betriebs-

ratsmitgliedern diese Aufgabe wahrnimmt (ebenso *D/R* § 82 Rz. 11; *F/A/K/H* § 82 Rz. 8; GK-*Wiese* § 82 Rz. 20; *G/L* § 82 Rz. 13). Für das von ihm gewählte Mitglied des Betriebsrats ist eine Teilnahme an dem Gespräch die Ausübung einer Amtspflicht, der es sich nicht ohne Grund entziehen kann (GK-*Wiese* § 82 Rz. 20; *D/R* § 82 Rz. 12; *G/L* § 82 Rz. 13; a. A. *G/L* 5. Aufl., § 82 Rz. 13). Der Befugnis eines Arbeitnehmers, ein Betriebsratsmitglied zu einem Gespräch nach Abs. 2 Satz 1 hinzuziehen, entspricht kein Anspruch des hinzugezogenen Betriebsratsmitgliedes gegenüber dem Arbeitgeber, der von dem Betriebsratsmitglied selbständig geltend gemacht werden könnte (*BAG* vom 23. 2. 1984 – 6 ABR 22/81 – EzA § 82 BetrVG 1972 Nr. 2 = DB 1984, 2098). Das Betriebsratsmitglied kann bei der Erörterung selbst Fragen stellen und Vorschläge machen (GK-*Wiese* § 82 Rz. 21). Die **Schweigepflicht** des hinzugezogenen Betriebsratsmitglieds **ist allgemein**; sie **gilt auch gegenüber anderen Mitgliedern des Betriebsrats** oder anderen betriebsverfassungsrechtlichen Institutionen, es sei denn, daß der Arbeitnehmer das Betriebsratsmitglied im Einzelfalle von dieser Verpflichtung entbunden hätte. Verstöße gegen dieses Verbot können nach § 120 Abs. 2 bestraft werden (GK-*Wiese* § 82 Rz. 22, 23; *F/A/K/H* § 82 Rz. 9, § 79 Rz. 19).

VII. Die Durchführung der Erörterung

Die Einführung bestimmter Verfahren, z. B. Sprechstunden für die Ausübung dieses Anhörungs- und Erörterungsrechts während der Arbeitszeit, ist im Interesse eines ordnungsgemäßen Betriebsablaufs zulässig (*G/L* § 82 Rz. 14). 7

VIII. Streitigkeiten

Rügt der Arbeitnehmer die Verletzung seiner sich aus § 82 ergebenden Rechte, so erfolgt die Entscheidung im arbeitsgerichtlichen Urteilsverfahren (GK-*Wiese* § 82 Rz. 24; *D/R* § 82 Rz. 15; *F/A/K/H* § 82 Rz. 10). 8
Rechte aus § 82 kann der Betriebsrat nicht gegen den Arbeitgeber einklagen (*ArbG Aachen* vom 1. 9. 1975 – 2 BV Ga 9/75 – BB 1976, 1511). 9
Will der Arbeitnehmer seinen Anspruch gegenüber dem Betriebsratsmitglied auf Hinzuziehung durchsetzen oder wehrt sich der Arbeitnehmer gegen die Weigerung des Arbeitgebers, das von dem Arbeitnehmer bezeichnete Betriebsratsmitglied hinzuziehen, ist das Beschlußverfahren gegeben (GK-*Wiese* § 82 Rz. 25; a. A. *BAG* vom 24. 4. 1979 – 6 AZR 69/77 – EzA § 82 BetrVG 1972 Nr. 1 = DB 1979, 1755; *D/R* § 82 Rz. 16; *F/A/K/H* § 82 Rz. 11; *G/K/S/B* § 82 Rz. 14). 10

§ 83 Einsicht in die Personalakten

(1) Der Arbeitnehmer hat das Recht, in die über ihn geführten Personalakten Einsicht zu nehmen. Er kann hierzu ein Mitglied des Betriebsrats hinzuziehen. Das Mitglied des Betriebsrats hat über den Inhalt der Personalakte Stillschweigen zu bewahren, soweit es vom Arbeitnehmer im Einzelfall nicht von dieser Verpflichtung entbunden wird.

§ 83   4. Teil 2. Abschn. Mitwirkungs- u. Beschwerderecht d. Arbeitnehmers

(2) Erklärungen des Arbeitnehmers zum Inhalt der Personalakte sind dieser auf sein Verlangen beizufügen.

Literaturübersicht

Siehe vor § 81

Inhaltsübersicht

		Rz.
I.	Allgemeines	1– 9
II.	Der Begriff der Personalakten	10–13
III.	Das Einsichtsrecht des Arbeitnehmers	14–22
IV.	Erklärungen des Arbeitnehmers zur Personalakte	23–30
V.	Streitigkeiten	31–33

I. Allgemeines

1 In Angleichung an den öffentlichen Dienst, in dem das Einsichtsrecht des Beamten, Arbeiters und Angestellten in die Personalakten ausdrücklich geregelt ist, normiert § 83 dieses Recht auch für die Privatwirtschaft. Die Rechtsprechung hatte ein solches Recht aus der Fürsorgepflicht des Arbeitgebers abgeleitet, soweit das Vorliegen eines besonderen Grundes gegeben war. Ob aufgrund der Fürsorgepflicht jeder Arbeitgeber der privaten Wirtschaft stets verpflichtet werden könne, dem Arbeitnehmer Einsicht zu gewähren, hat die Rechtsprechung in dieser Entscheidung offengelassen (*BAG* vom 17. 3. 1970 – 5 AZR 263/69 – EzA § 611 BGB Fürsorgepflicht Nr. 9 = DB 1970, 886).

2 Das Einsichtsrecht hat individualrechtlichen Charakter. Es besteht in allen Betrieben, gleichgültig, ob der Betrieb betriebsratsfähig ist, aber keinen Betriebsrat hat, oder ob er nicht betriebsratsfähig ist (a. A. GK-*Wiese* vor § 81 Rz. 21).

3 Den außertariflichen Angestellten steht das Einsichtsrecht im gleichen Umfang wie normalen Arbeitnehmern zu (*Becker-Schaffner* BlStSozArbR 1980, 178).

4 Für den leitenden Angestellten i. S. v. § 5 Abs. 3 gibt § 83 Abs. 1 keine Anspruchsgrundlage her (GK-*Wiese* vor § 81 Rz. 21; D/R vor § 81 Rz. 4, § 83 Rz. 2; F/A/K/H § 81 Rz. 2, § 83 Rz. 1, 37; G/L vor § 81 Rz. 5, § 83 Rz. 3). Dieses Einsichtsrecht ergibt sich jedoch aus der Fürsorgepflicht des Arbeitgebers, soweit ein konkreter Anlaß besteht (*BAG* a. a. O.).

5 § 83 enthält keine abschließende Regelung der Rechte des Arbeitnehmers in Bezug auf die über ihn geführte Personalakte (*LAG Hamm* vom 30. 10. 1973 – 3 Sa 563/73 – DB 1974, 349; *LAG Berlin* vom 26. 2. 1979 – 10 Sa 50/78 – DB 1979, 1704).

6 Der Arbeitsvertrag eines Arbeitnehmers bildet das Kernstück seiner Personalakte. Über die Einsichtnahme in die Personalakte nach § 83 durch den Betriebsrat soll nach dem Willen des Gesetzgebers der betroffene Arbeitnehmer selbst frei entscheiden können (*ArbG Reutlingen* vom 8. 5. 1981 – 2 BV 12/81 – BB 1981, 1092).

7 § 83 verwirklicht den verfassungsrechtlich gewährleisteten Persönlichkeitsschutz.

Zum Verhältnis des § 83 zum Bundesdatenschutzgesetz (vom 27.1. 1977 BGBl. I, S. 201), dessen Normen subsidiär (§ 45 BDSG) ebenfalls dem Persönlichkeitsschutz dienen, siehe unten Rz. 9 und GK-*Wiese* § 83 Rz. 4ff., 14, 16ff., 22, 29f., 44ff. Wegen des überragenden Gebotes, die freie Entfaltung der Persönlichkeit des Arbeitnehmers zu achten, ist der Arbeitgeber verpflichtet, die Personalakten des Arbeitnehmers sorgfältig zu verwahren, bestimmte Informationen vertraulich zu behandeln und für die vertrauliche Behandlung durch die Sachbearbeiter Sorge zu tragen. Auch muß der Arbeitgeber den Kreis der mit Personalakten befaßten Arbeitnehmer möglichst eng halten (*BAG* vom 15. 7. 1987 – 5 AZR 215/86 – EzA § 611 BGB Persönlichkeitsrecht Nr. 5).

Der Arbeitgeber verletzt das allgemeine Persönlichkeitsrecht des Arbeitnehmers, **8** wenn er dessen Personalakten einem Dritten, ohne Wissen des Betroffenen, zugänglich macht. Das ist z. B. dann der Fall, wenn der Arbeitsvertrag und ein Personalkreditvertrag einem anderen Arbeitgeber gezeigt werden, bei dem sich der Arbeitnehmer bewerben will. Eine solche Rechtsverletzung begründet jedoch keinen Schmerzensgeldanspruch, wenn sie keinerlei Nachteile verursacht hat und aus der Sicht des Arbeitgebers auch den Interessen des Arbeitnehmers dienen sollte (*BAG* vom 18.12. 1984 – 3 AZR 389/83 – EzA § 611 BGB Persönlichkeitsrecht Nr. 2 = DB 1985, 2307).

Der Arbeitnehmer hat ein Auskunftsrecht über die zu seiner Person beim Arbeit- **9** geber gespeicherten Daten, wobei der Anspruch aus § 83 Abs.1 gem. § 45 Nr. 5 BDSG möglichen Anspruchsgrundlagen aus dem Bundesdatenschutzgesetz vorgeht (*ArbG Berlin* vom 24. 9. 1987 – 10 Ca 159/87 – DB 1988, 133).

II. Der Begriff der Personalakten

Zum Inhalt der Personalakten gehören alle Angaben über die Person des Arbeit- **10** nehmers (GK-*Wiese* § 82 Rz. 9; *D/R* § 83 Rz. 3f., 1; *F/A/K/H* § 83 Rz. 3) einschl. Bewerbungsschreiben, Zeugnissen, Hinweisen auf Aus- und Fortbildungsveranstaltungen und die eventuellen ärztlichen Bescheinigungen über die gesundheitliche Eignung des Arbeitnehmers, einschließlich der ärztlichen Befunde und Gutachten über Untersuchungen, die während des Arbeitsverhältnisses erfolgten und aufbewahrt wurden, und über Arbeitsunfälle wegen Krankheit, Kuren und Heilverfahren sowie die Akten des Werkarztes (*Hümmerich* BB 1977, 997; **a.A.** bezüglich der Unterlagen des Werkarztes, die dem Arbeitgeber nicht zugänglich sind: GK-*Wiese* § 82 Rz. 13; *F/A/K/H* § 83 Rz. 6; *G/L* § 83 Rz. 6a; *D/R* § 83 Rz. 6 m.w.N.) und eventuell vorhandene graphologische Gutachten (*Becker-Schaffner* BlStSozArbR 1980, 177).

Unterlagen, die vor Beginn des Arbeitsverhältnisses auf Anforderung des Arbeit- **11** gebers von Dritten zur Verfügung gestellt werden (Auskünfte früherer Arbeitgeber, graphologische Gutachten, Berichte von Auskunfteien und dergleichen mehr), gehören grundsätzlich nicht zur Personalakte (*BAG* vom 17. 3. 1970 – 5 AZR 263/69 – EzA § 611 BGB Fürsorgepflicht Nr. 9 = DB 1970, 886; **a.A.** GK-*Wiese* § 82 Rz. 19; *D/R* § 83 Rz. 5; *F/A/K/H* § 83 Rz. 4; *G/L* § 83 Rz. 4). Zu den Personalakten gehören jedoch die vertraglichen Vereinbarungen, die sich auf das Arbeitsverhältnis beziehen, also Arbeitsvertrag oder Einstellungsschreiben mit Angaben über Arbeitsbedingungen und Arbeitsentgelte sowie Beurteilungen während des Arbeitsverhältnisses, Beförderungen, Erholungs- und Sonderurlaub,

§ 83   4. Teil 2. Abschn. Mitwirkungs- u. Beschwerderecht d. Arbeitnehmers

Betriebsbußen sowie die Akten des Werkschutzes (*LAG Bremen* vom 4. 3. 1977 – 1 Sa 303/76 – DB 1977, 1006) und weiterer Schriftwechsel, der im Hinblick auf das Arbeitsverhältnis wichtig ist (siehe auch *G/L* § 83 Rz. 4; *D/R* § 83 Rz. 7; GK-*Wiese* § 83 Rz. 9; *F/A/K/H* § 83 Rz. 5). Auch für neben der Hauptpersonalakte geführte Neben- oder Sonderakten, die als Personalakten anzusehen sind, besteht das Einsichtsrecht des Arbeitnehmers. Die Einfügung eines Vermerks in die Hauptpersonalakte über die übrigen als Personalakten anzusehenden Unterlagen ist angemessen (*LAG Bremen* vom 4. 3. 1977 – a. a. O.).

12 Der Arbeitgeber ist nicht verpflichtet, Personalakten zu führen (GK-*Wiese* § 83 Rz. 11; *D/R* § 83 Rz. 9; *G/L* § 83 Rz. 16), jedoch ist dies aus zahlreichen Gründen zweckmäßig und in der betrieblichen Praxis weithin üblich. Welche Unterlagen gegebenenfalls in die Personalakte aufgenommen werden, entscheidet der Arbeitgeber nach pflichtgemäßem Ermessen. Dieses Ermessen ist eingeschränkt durch den Zweck der Personalakten, möglichst ein geschlossenes Bild über die Persönlichkeit des Arbeitnehmers und über den Verlauf des Arbeitsverhältnisses zu geben.

13 Soweit Personalakten geführt werden, müssen diese vollständig sein, d. h., daß **neben der offiziellen Personalakte keine weiteren Akten über den Arbeitnehmer im Betrieb geführt werden dürfen, die inhaltlich von der offiziellen Akte abweichen** (GK-*Wiese* § 83 Rz. 12).

III. Das Einsichtsrecht des Arbeitnehmers

14 Das Recht auf Einsicht in die Personalakte bedeutet, daß der Arbeitnehmer das Recht hat, die Personalakte zu lesen, sich mit ihrem Inhalt vertraut zu machen, gegebenenfalls auch Notizen und Aufzeichnungen über den Akteninhalt zu fertigen (GK-*Wiese* § 83 Rz. 23ff.). Es besteht aber weder ein Rechtsanspruch darauf, die Personalakte ausgehändigt zu bekommen, noch ein Rechtsanspruch auf die Überlassung von Fotokopien oder Abschriften (*D/R* § 83 Rz. 12; *Brecht* § 83 Rz. 3; GK-*Wiese* § 83 Rz. 25; *G/L* § 83 Rz. 7; *F/A/K/H* § 83 Rz. 11; *Becker-Schaffner* BlStSozArbR 1980, 177; *Rothe* DB 1972, 1919, 1920; *Schlessmann* BB 1972, 579, 581). Besteht jedoch im Betrieb die Möglichkeit, Fotokopien zu fertigen, so kann der Arbeitnehmer solche auf eigene Kosten fertigen (*Falkenberg* DB 1972, 774, 776; *D/R* § 83 Rz. 12; GK-*Wiese* § 83 Rz. 26; *G/L* § 83 Rz. 7, 9; *F/A/K/H* § 83 Rz. 11; *Hümmerich/Gola* Personaldatenrecht im Arbeitsverhältnis, 121 f.; *LAG Niedersachsen* vom 31. 3. 1981 – 2 Sa 79/80 – DB 1981, 1623; **a. A.** Arbeitsring Chemie § 83 Rz. 4).

15 Verschlüsselte Angaben sind dem Arbeitnehmer bei Ausübung des Einsichtsrechts zu erläutern und zu erklären (*Becker-Schaffner* BlStSozArbR 1980, 177).

16 Das Recht des Arbeitnehmers, bei der Akteneinsicht ein Mitglied des Betriebsrats hinzuziehen, das zum Stillschweigen verpflichtet ist (GK-*Wiese* § 83 Rz. 33f.), entspricht dem Recht auf Beteiligung eines Mitgliedes des Betriebsrats bei der Erörterung persönlicher Belange gem. § 82 Abs. 2 (vgl. Rz. 6 zu § 82; GK-*Wiese* § 83 Rz. 33). Weder der Betriebsrat noch der Betriebsausschuß haben ein Einsichtsrecht in die Personalakten des einzelnen Arbeitnehmers (GK-*Wiese* § 83 Rz. 36; *F/A/K/H* § 83 Rz. 9; *G/L* § 83 Rz. 12). Der Betriebsrat darf sich die sich aus den Personalakten ergebenden Informationen über die Arbeitnehmer auch nicht selbst dadurch beschaffen, daß im Wege von Umfragen die Daten gesammelt wer-

den, da insoweit der Schutz des Persönlichkeitsrechts des Arbeitnehmers gegenüber dem Informationsinteresse des Betriebsrats Vorrang hat (vgl. *Eich* DB 1978, 395).

Der Arbeitnehmer kann das Recht auf Akteneinsicht ausüben, wenn er besonderen Anlaß hierzu hat (*S/W* § 83 Rz. 89; **a. A.** GK-*Wiese* § 83 Rz. 23; *D/R* § 83 Rz. 8), darüber hinaus in angemessenen zeitlichen Abständen. Die Akteneinsicht erfolgt während der Arbeitszeit; hierbei ist der Arbeitnehmer verpflichtet, auf betriebliche Notwendigkeiten Rücksicht zu nehmen (vgl. GK-*Wiese* § 83 Rz. 23; *Brecht* § 83 Rz. 3; *D/R* § 83 Rz. 16; *G/L* § 83 Rz. 8; *F/A/K/H* § 83 Rz. 12; **a. A.** *S/W* § 83 Rz. 9 bezüglich der Arbeitszeit). Einzelheiten des Verfahrens über die Akteneinsicht nach § 83 können betrieblich geregelt werden (*G/L* § 83 Rz. 15; *D/R* § 83 Rz. 17; *F/A/K/H* § 83 Rz. 13; GK-*Wiese* § 83 Rz. 23; **a. A.** *Hümmerich/Gola* a. a. O. 148 ff.) **17**

Das Einsichtsrecht in die Personalakten kann der Arbeitnehmer auch durch einen Bevollmächtigten ausüben lassen (vgl. *G/L* § 83 Rz. 13; *Falkenberg* DB 1972, 774, 776; *F/A/K/H* § 83 Rz. 12a; *Simitis* BDSG § 4 Rz. 7; *Auernhammer* BDSG § 13 Rz. 4, § 26 Rz. 8; **a. A.** *D/R* § 83 Rz. 20; GK-*Wiese* § 83 Rz. 27; *ArbG München* vom 7. 3. 1979 – 24 Ca 439/79 – DB 1979, 2284; *Becker-Schaffner* BlStSozArbR 1980, 177; *Rothe* DB 1972, 1919, 1921), da nicht ersichtlich ist, aus welchem Grund es sich bei den Einsichtsrechten um ein höchstpersönliches Recht handeln soll (die in der Erstauflage vertretene Auffassung wird ausdrücklich aufgegeben). Teilweise wird vertreten, daß der Arbeitnehmer eine andere Person mit der Wahrnehmung seines Rechts beauftragen könne, soweit die Einsichtnahme in die Personalakte erforderlich sei und der Arbeitnehmer persönlich jedoch nicht in der Lage sei, von seinem Recht Gebrauch zu machen (*ArbG München* vom 7. 3. 1979 – a. a. O.; *Hümmerich/Gola* a. a. O. 116 f.; GK-*Wiese* § 83 Rz. 27; *D/R* § 83 Rz. 20; **a. A.** Arbeitsring Chemie § 83 Rz. 4). **18**

Das Einsichtsrecht besteht während der Dauer des Arbeitsverhältnisses. Auch nach der Beendigung des Arbeitsverhältnisses besteht ein solches Recht, wenn ein zwingendes Bedürfnis vorhanden ist (*G/L* § 83 Rz. 10; *Falkenberg* BB 1972, 774, 776; *D/R* § 83 Rz. 23; *Schlessmann* BB 1972, 581; *S/W* § 83 Rz. 14; *Becker-Schaffner* BlStSozArbR 1980, 178; **einschränkend** GK-*Wiese* § 83 Rz. 28). Auch Pensionären steht dieses Einsichtsrecht zu, soweit es sich auf die Nachprüfung richtig berechneter Betriebsrenten und Pensionen, für die ein Rechtsanspruch besteht, stützt (*Schlessmann* BB 1972, 581; *Becker-Schaffner* BlStSozArbR 1980, 178). **19**

Der ausgeschiedene Arbeitnehmer hat einen Anspruch auf Einsichtnahme in den Durchschlag eines Auskunftsschreibens, das der Arbeitgeber verfaßt hat (so *BGH* vom 10. 7. 1959 – VI ZR 149/58 – DB 1959, 979; AP Nr. 2 zu § 630 BGB vom 10. 7. 1959 – VI ZR 149/58; *Becker-Schaffner* BlStSozArbR 1980, 178). **20**

Darüber hinaus kann im Einzelfall ein Einsichtsrecht aus dem Gesichtspunkt des vorvertraglichen Vertrauensverhältnisses bestehen, wenn nach einer Bewerbung eines potentiellen Arbeitnehmers ein Arbeitsverhältnis nicht zustande gekommen ist (*G/L* § 83 Rz. 11; **a. A.** GK-*Wiese* § 83 Rz. 28). **21**

Das Einsichtsrecht in die Personalakten ist im Hinblick auf Ermittlungsakten eines schwebenden betrieblichen Ordnungsverfahrens beschränkt, solange die Ermittlungen noch nicht abgeschlossen sind und der Ermittlungszweck gefährdet würde (GK-*Wiese* § 83 Rz. 20; *G/L* § 83 Rz. 14; **a. A.** *F/A/K/H* § 83 Rz. 6; **22**

§ 83   4. Teil 2. Abschn. Mitwirkungs- u. Beschwerderecht d. Arbeitnehmers

D/R § 83 Rz. 21 treten für ein unbeschränktes Einsichtsrecht ein; kein Einsichtsrecht will *LAG Bremen* vom 4. 3. 1977 – 1 Sa 303/76 – DB 1977, 1006 gewähren).

IV. Erklärungen des Arbeitnehmers zur Personalakte

23 § 83 Abs. 2 räumt dem Arbeitnehmer das Recht ein, Erklärungen zum Inhalt der Personalakte abzugeben. Diese Erklärungen können Ergänzungen zu den bei der Personalakte befindlichen Unterlagen sein, aber auch Gegendarstellungen, Anmerkungen und kritische Äußerungen aus der Sicht des Arbeitnehmers, insbesondere auch zu Beurteilungen. Der Arbeitnehmer hat einen Rechtsanspruch darauf, daß die von ihm abgegebenen Erklärungen im Zusammenhang mit der Unterlage, auf die sie sich beziehen, zum Inhalt der Personalakte gemacht werden (vgl. GK-*Wiese* § 83 Rz. 37).

24 Darüber hinaus hat der Arbeitnehmer aus dem Gesichtspunkt der Fürsorgepflicht des Arbeitgebers einen Anspruch auf Berichtigung fehlerhafter Angaben in den Personalakten (*BAG* vom 25. 2. 1959 – 4 AZR 549/57 – AP Nr. 6 zu § 611 BGB Fürsorgepflicht = DB 1959, 264, 684; *G/L* § 83 Rz. 18 m. w. N.; *D/R* § 83 Rz. 33; GK-*Wiese* § 83 Rz. 38). Das Recht des Arbeitnehmers ist nicht auf Erklärungen zum Inhalt beschränkt, sondern gibt dem Arbeitnehmer das Recht, für seine Beurteilung wichtige Unterlagen der Personalakte beizufügen (*LAG Bremen* vom 4. 3. 1977 – a. a. O.; *Brecht* § 83 Rz. 5; *G/L* § 83 Rz. 17; GK-*Wiese* § 83 Rz. 37; **a. A.** *Stengel* BB 1976, 1038 f.). Der Arbeitgeber ist jedoch nicht verpflichtet, Unterlagen anzunehmen, die nicht in die Personalakte gehören (*LAG Bremen* a. a. O.; GK-*Wiese* § 83 Rz. 49; **a. A.** *F/A/K/H* § 83 Rz. 14; *G/K/S/B/K* § 83 Rz. 7; *Becker-Schaffner* BlStSozArbR 1980, 178). Der Arbeitnehmer kann, wenn eine Unterlage unwahr ist oder unrichtig oder einseitige Behauptungen enthält, darauf klagen, daß der Arbeitgeber in Erfüllung seiner im obliegenden Fürsorgepflicht es unterläßt, eine solche Unterlage zu den Personalakten zu nehmen, und – falls dies schon geschehen ist – diese zu entfernen, wenn sie ein unzutreffendes Bild über die Persönlichkeit des Arbeitnehmers entstehen läßt (*BAG* vom 25. 4. 1972 – 1 AZR 322/71 – AR-Blattei, Personalakten Entsch. 2; *Becker-Schaffner* BlStSozArbR 1980, 179).

25 Bei einer Abmahnung ist der Arbeitnehmer nicht auf das Recht der Gegendarstellung nach § 83 Abs. 2 beschränkt, sondern kann, soweit die Voraussetzungen vorliegen, die Entfernung des Schriftstücks aus der Personalakte verlangen (GK-*Wiese* § 83 Rz. 39 m. w. N.; *BAG* vom 22. 2. 1978 – 5 AZR 801/76 – EzA § 611 BGB Fürsorgepflicht Nr. 23 = DB 1978, 1548; *BAG* vom 27. 11. 1985 – 5 AZR 101/84 – EzA § 611 BGB Fürsorgepflicht Nr. 38 = DB 1986, 1076). Der Arbeitnehmer hat jedoch keinen Anspruch darauf, daß Vorgänge aus der Personalakte entfernt werden, die lediglich eine Mißbilligung des Arbeitgebers wegen Verletzung einzelvertraglicher Pflichten zum Ausdruck bringen (*BAG* vom 23. 9. 1975 – 1 AZR 60, 61/74 – DB 1975, 1946). Der Arbeitgeber, der einen Arbeitnehmer wegen einer arbeitsvertraglichen Pflichtverletzung abmahnt, übt ein vertraglich ihm eingeräumtes Rügerecht aus. Es gibt keine Regelausschlußfrist, innerhalb derer das Rügerecht ausgeübt werden muß (*BAG* vom 15. 1. 1986 – 5 AZR 70/84 – EzA § 611 BGB Fürsorgepflicht Nr. 39 = DB 1986, 1075).

26 Bezieht sich der Vermerk in der Personalakte auf einen Verstoß gegen die kollektive Ordnung des Betriebes und wurde dabei das Mitbestimmungsrecht des Be-

triebsrats mißachtet, muß der Vermerk auf Verlangen des Arbeitnehmers entfernt werden (*BAG* vom 5. 12. 1975 – 1 AZR 94/74 – EzA § 87 BetrVG 1972 Betriebliche Ordnung Nr. 1 m. Anm. *Wiese* = DB 1976, 583).

Der Arbeitnehmer kann verlangen, daß der Arbeitgeber eine mißbilligende Äußerung aus den Personalakten entfernt, wenn diese unrichtige Tatsachenbehauptungen enthält, die den Arbeitnehmer in seiner Rechtsstellung und seinem beruflichen Fortkommen beeinträchtigen können. Dies folgt aus der allgemeinen Fürsorgepflicht des Arbeitgebers, die auf dem Gedanken von Treu und Glauben beruht. Nach diesem Grundsatz hat der Arbeitgeber das allgemeine Persönlichkeitsrecht in bezug auf Ansehen, soziale Geltung und berufliches Fortkommen zu beachten. Bei einem objektiv rechtswidrigen Eingriff in sein Persönlichkeitsrecht hat der Arbeitnehmer in entsprechender Anwendung von §§ 242, 1004 BGB Anspruch auf Widerruf bzw. Beseitigung der Beeinträchtigung (*BAG* vom 27. 11. 1985 – 5 AZR 101/84 – EzA § 611 BGB Fürsorgepflicht Nr. 38 = DB 1986, 489; *BAG* vom 30. 1. 1979 – 1 AZR 342/76 – EzA § 87 BetrVG 1972 Betriebsbuße Nr. 3 = DB 1979, 1511; *BAG* vom 16. 3. 1982 – 1 AZR 406/80 – EzA § 108 BetrVG 1972 Nr. 5 = DB 1982, 1326). Der Arbeitnehmer kann die Entfernung eines auf einer wahren Sachverhaltsdarstellung beruhenden Schreibens aus der Personalakte verlangen, wenn es für die weitere Beurteilung des Arbeitnehmers überflüssig geworden ist und ihn in seiner beruflichen Entwicklungsmöglichkeit fortwirkend beeinträchtigen kann (*BAG* vom 13. 4. 1988 – 5 AZR 537/86 – EzA § 611 BGB Fürsorgepflicht Nr. 40 = DB 1988, 1702). 27

Auch eine mitbestimmungsfreie Abmahnung, die der Arbeitgeber wegen verletzter Vertragspflichten im Zusammenhang mit einem Warnstreik erteilt und zur Personalakte nimmt, ist unzulässig, wenn der Warnstreik rechtmäßig war. Sie ist in entsprechender Anwendung des § 1004 BGB aus der Personalakte zu entfernen und zu vernichten (*LAG Rheinland-Pfalz* vom 20. 3. 1981 – 6 Sa 815/80 – DB 1982, 438). 28

Zwar fallen Ansprüche des Arbeitnehmers aus Verletzung seines Persönlichkeitsrechts im allgemeinen nicht unter eine tarifliche Ausschlußklausel, die ihren Wirkungsbereich auf Ansprüche aus dem Arbeitsvertrag oder dem Arbeitsverhältnis erstreckt. Hierzu zählt jedoch nicht der Anspruch des Arbeitnehmers auf Widerruf bzw. Entfernung einer Abmahnung, denn im Vordergrund einer mißbilligenden Äußerung des Arbeitgebers in Form einer Abmahnung steht wegen ihrer Warnfunktion das Schicksal des Arbeitsvertrages und nicht das Ansehen des Arbeitnehmers gegenüber seinen Kollegen oder gar der Öffentlichkeit (*LAG Düsseldorf* vom 23. 11. 1987 – 17 Sa 1153/87 – BB 1988, 348). Trotzdem geht das *ArbG Berlin* (vom 8. 10. 1984 – 30 Ca 158/84 – DB 1985, 1140) davon aus, daß der Anspruch eines Arbeitnehmers auf Entfernung eines Abmahnungsschreibens aus seiner Personalakte regelmäßig verwirkt ist, wenn der Arbeitnehmer diesen Anspruch nicht innerhalb eines halben Jahres geltend gemacht hat. 29

Der Arbeitgeber ist berechtigt, die Lücke in der Personalakte durch erklärende schriftliche Vermerke aufzufüllen, wenn eine ersatzlose Entfernung von Vorgängen, die unwahre oder unrichtige Behauptungen enthalten, dazu führen, die Personalakte unvollständig oder lückenhaft zu machen (*BAG* vom 25. 4. 1972 – 1 AZR 322/71 – AR-Blattei Personalakten Entsch. 2, *Becker-Schaffner* BlStSozArbGR 1980, 180). 30

V. Streitigkeiten

31 Da das Recht auf Akteneinsicht ein Individualrecht des Arbeitnehmers ist, entscheidet bei Streitigkeiten das Arbeitsgericht im Urteilsverfahren (*ArbG Hamburg* vom 18.7. 1972 – 2 Ca 231/72 –; GK-*Wiese* § 83 Rz. 50; *F/A/K/H* § 83 Rz. 40; *D/R* § 83 Rz. 37). Bei Streitigkeiten über die Hinzuziehung eines Betriebsratsmitglieds handelt es sich um eine betriebsverfassungsrechtliche Angelegenheit, über die im Beschlußverfahren zu entscheiden ist (GK-*Wiese* § 83 Rz. 51; a. A. *F/A/K/H* § 83 Rz. 40; *D/R* § 83 Rz. 37).

32 Dem Arbeitgeber ist es im arbeitsgerichtlichen Verfahren, das die Überprüfung der Rechtmäßigkeit einer dem Arbeitnehmer erteilten Abmahnung zum Gegenstand hat, verwehrt, den Abmahnungssachverhalt auszuwechseln oder einen eigenständigen neuen Abmahnungssachverhalt nachzuschieben (*ArbG München* vom 6. 11. 1984 – 15 Ca 7995/84 – DB 1985, 818).

33 Der Streit um die Zulässigkeit einer zur Personalakte genommenen Abmahnung ist vermögensrechtlicher Natur. Die Festsetzung des Streitwertes von einem halben Monatsverdienst ist angemessen, jedenfalls nicht offensichtlich unrichtig (*LAG Mainz* vom 2. 7. 1982 – 6 Sa 150/82 – BB 1982, 2091).

§ 84 Beschwerderecht

(1) Jeder Arbeitnehmer hat das Recht, sich bei den zuständigen Stellen des Betriebs zu beschweren, wenn er sich vom Arbeitgeber oder von Arbeitnehmern des Betriebs benachteiligt oder ungerecht behandelt oder in sonstiger Weise beeinträchtigt fühlt. Er kann ein Mitglied des Betriebsrats zur Unterstützung oder Vermittlung hinzuziehen.
(2) Der Arbeitgeber hat den Arbeitnehmer über die Behandlung der Beschwerde zu bescheiden und, soweit er die Beschwerde für berechtigt erachtet, ihr abzuhelfen.
(3) Wegen der Erhebung einer Beschwerde dürfen dem Arbeitnehmer keine Nachteile entstehen.

Literaturübersicht

Siehe vor § 81

Inhaltsübersicht

		Rz.
I.	Allgemeines	1– 3
II.	Gegenstand der Beschwerde	4– 7
III.	Die Entscheidung über die Beschwerde	8–10
IV.	Das Benachteiligungsverbot	11
V.	Streitigkeiten	12, 13

Beschwerderecht § 84

I. Allgemeines

In § 84 wird aufbauend auf dem Informations-, Anhörungs- und Erörterungsrecht 1
das Beschwerderecht des einzelnen Arbeitnehmers gesetzlich geregelt (Regierungsentwurf, Begründung, 48).
Das Betriebsverfassungsrecht stellt nunmehr dem Arbeitnehmer **zwei** gesetzlich 2
geregelte **Verfahren zum Anbringen der Beschwerde** zur Verfügung: § 84 regelt
das unmittelbare Beschwerderecht gegenüber dem Arbeitgeber bzw. der von ihm
bestimmten zuständigen Stelle im Betrieb. § 85 baut auf dem bisherigen Recht
(§ 54 Abs. 1 c BetrVG 1952) auf und eröffnet einen Beschwerdeweg über den Betriebsrat, der seinerseits, wenn er die Beschwerde für berechtigt erachtet, mit dem
Arbeitgeber über die Abhilfe zu verhandeln hat (GK-*Wiese* § 84 Rz. 2).
Dem **Arbeitnehmer steht** die **Wahl zwischen** den **beiden Verfahrenswegen offen**. 3
Er kann sich sowohl an die zuständige betriebliche Stelle als auch an den Betriebsrat wenden, wobei nicht Voraussetzung ist, daß der Arbeitnehmer zunächst den
Beschwerdeweg über den betrieblichen Vorgesetzten einzuschlagen hat. Dies wird
jedoch vielfach der zweckmäßigste Weg sein, um mit möglichst geringem Aufwand eine Mißhelligkeit auszuräumen. Rechtliche Voraussetzung dafür, daß der
Beschwerdeweg über den Betriebsrat eingeschlagen werden kann, ist er aber nicht
(GK-*Wiese* § 84 Rz. 27). Es ist aber auch zulässig, zunächst die Beschwerde an den
Arbeitgeber nach § 84 zu wählen und im Falle einer abschlägigen Behandlung
dieser Beschwerde im Anschluß daran ein Beschwerdeverfahren nach § 85 in
Gang zu setzen. Hat der Arbeitgeber zunächst gem. § 85 die Beschwerde beim
Betriebsrat erhoben, dieser aber die Beschwerde nicht für begründet erachtet, so
kann der Arbeitnehmer auch dann noch den Beschwerdeweg nach § 84 beschreiten.

II. Gegenstand der Beschwerde

Gegenstand der Beschwerde des Arbeitnehmers kann praktisch jede Angelegen- 4
heit sein, durch die sich der Arbeitnehmer beeinträchtigt fühlt (*G/L* § 84 Rz. 4).
Es muß sich aber stets um eine Frage handeln, die ihn selbst und unmittelbar
berührt. Eine **»Popularbeschwerde« ist nicht gegeben** (*ArbG Mannheim* vom
20. 12. 1978 – 2 BV 11/78 – BB 1979, 833; *G/L* § 84 Rz. 4; GK-*Wiese* § 84 Rz. 8;
ders. FS für *G. Müller,* 627; *D/R* § 84 Rz. 3; *F/A/K/H* § 84 Rz. 2; *S/W* §§ 84–86
Rz. 3; *Löwisch* DB 1972, 2304; *Hanau* BB 1971, 485, 489; *D/R* § 84 Rz. 3
m.w.N.). Angelegenheiten, die eine größere Zahl von Arbeitnehmern oder die
Belegschaft in ihrer Gesamtheit betreffen, können aber als Anregungen i.S.v.
§ 80 Abs. 1 Satz 1 an den Betriebsrat herangetragen und selbstverständlich auch
dem Arbeitgeber vorgetragen werden, ohne daß es sich dabei um eine förmliche
Beschwerde handelt.
Die Beschwerde kann sich richten gegen den Arbeitgeber und gegen leitende 5
Angestellte, die für den Arbeitgeber handeln, gegen betriebliche Vorgesetzte,
aber auch gegen andere Arbeitnehmer des Betriebs und auch gegen den Betriebsrat oder einzelne Betriebsratsmitglieder (*Brecht* § 84 Rz. 3; *S/W* §§ 84–86
Rz. 4; **a.A.** *D/R* § 84 Rz. 8; *F/A/K/H* § 84 Rz. 3b; GK-*Wiese* § 84 Rz. 11). Voraussetzung ist allein, daß der Beschwerdeführer sich benachteiligt oder ungerecht
behandelt oder in sonstiger Weise beeinträchtigt fühlt (GK-*Wiese* § 84 Rz. 6). Für

die Beschwerde ist keine Form vorgeschrieben. Sie kann mündlich oder schriftlich erhoben werden, muß aber Beschwerdegegenstand oder Beschwerdegegner erkennen lassen (GK-*Wiese* § 84 Rz. 18). Gegebenenfalls kann die zuständige Stelle des Betriebes auf eine Präzisierung der Beschwerde hinwirken. Die Beschwerde gegen Forderungen des Arbeitgebers hat keine aufschiebende Wirkung (GK-*Wiese* § 84 Rz. 15; *D/R* § 84 Rz. 15; *F/A/K/H* § 84 Rz. 5; *G/L* § 84 Rz. 7).

6 Die Beschwerde ist bei der zuständigen Stelle zu erheben. Diese Stelle zu bestimmen, ist Sache des Arbeitgebers (GK-*Wiese* § 84 Rz. 13). In der Regel wird die Beschwerde an den unmittelbaren Vorgesetzten zu richten sein; wenn die Beschwerde sich gegen ihn richtet, an den nächsthöheren Vorgesetzten. Es kommen aber auch solche Stellen wie zum Beispiel die Personalabteilung oder das Lohnbüro in Betracht, wenn es sich um Fragen handelt, die in die Kompetenz dieser Bereiche fallen. In kleinen Betrieben wird die Beschwerde in der Regel beim Arbeitgeber selbst oder bei seinem Vertreter vorzubringen sein (vgl. *G/L* § 84 Rz. 5). Eine besondere Beschwerdestelle kann durch Tarifvertrag oder Betriebsvereinbarung vorgesehen werden (*G/L* § 84 Rz. 5).

7 Das Recht des Arbeitnehmers, zu seiner Unterstützung oder zur Vermittlung ein Mitglied des Betriebsrats hinzuziehen, entspricht im Grundsatz den entsprechenden Rechten in § 82 Abs. 2 und § 83 Abs. 1 (vgl. Rz. 6 zu § 82 und Rz. 16 zu § 83). Das Betriebsratsmitglied ist nach § 84 nicht einer Schweigepflicht unterworfen (vgl. GK-*Wiese* § 84 Rz. 20). Macht der Arbeitnehmer von diesem Recht Gebrauch, so kann das hinzugezogene Betriebsratsmitglied sowohl bei der Abfassung der Beschwerde mitwirken als auch zusammen mit dem beschwerdeführenden Arbeitnehmer oder auch für diesen mit der zuständigen Stelle des Betriebsrats über die Beschwerde verhandeln. Die für die Behandlung der Beschwerde zuständige Stelle kann der Heranziehung nicht widersprechen. Die Hinzuziehung eines Betriebsratsmitgliedes im Rahmen von § 84 ist zu unterscheiden von der Einlegung einer Beschwerde beim Betriebsrat nach § 85, weil im letzteren Falle der Betriebsrat als Organ der Belegschaft tätig wird.

III. Die Entscheidung über die Beschwerde

8 § 84 Abs. 2 regelt die Pflichten des Arbeitgebers im Beschwerdeverfahren. Die erste, an dieser Stelle nicht genannte Verpflichtung besteht darin, die Beschwerde entgegenzunehmen und sorgsam auf ihre Berechtigung zu überprüfen.

9 Der Arbeitnehmer hat einen Rechtsanspruch darauf, über die Behandlung der Beschwerde, d.h. über das Ergebnis der Prüfung seiner Beschwerde beschieden zu werden (GK-*Wiese* § 84 Rz. 24). Dieser Anspruch ist unabhängig davon, ob der Arbeitgeber die Beschwerde für berechtigt erachtet oder nicht. Sofern die Beschwerde nicht für berechtigt erachtet wird, sollen die Gründe hierfür mitgeteilt werden (GK-*Wiese* § 84 Rz. 24; *F/A/K/H* § 84 Rz. 6; *G/L* § 84 Rz. 10). Sofern die Prüfung der Beschwerde wider Erwarten längere Zeit in Anspruch nimmt, ergibt sich aus allgemeinen Rechtsgrundsätzen die Verpflichtung, einen Zwischenbescheid zu erteilen (GK-*Wiese* § 84 Rz. 24; *D/R* § 84 Rz. 18; *F/A/K/H* § 84 Rz. 5). Hält der Arbeitgeber die Beschwerde für berechtigt, so hat er ihr abzuhelfen. Auch hiervon ist der beschwerdeführende Arbeitnehmer zu unterrichten. Diese Benachrichtigungspflichten können an eine zuständige Stelle im Betrieb delegiert werden. Die Entscheidung darüber, ob die Beschwerde für berechtigt erachtet

wird, obliegt nach pflichtgemäßer Prüfung dem Arbeitgeber. Ebenso hat der Arbeitgeber darüber zu entscheiden, durch welche Maßnahmen er der Beschwerde abhilft.

Für den Bescheid nach § 84 Abs. 2 ist keine Form vorgeschrieben, er kann also **10** schriftlich oder mündlich erfolgen (*G/L* § 84 Rz. 10 m.w.N.). Die Schriftform dürfte sich aber insbesondere bei ablehnendem Bescheid empfehlen. Lehnt der Arbeitgeber es ab, der Beschwerde abzuhelfen, so bleibt bei Beschwerden, die ihren Grund in einem Rechtsanspruch haben, das Recht der Klage vor dem Arbeitsgericht unberührt. Bei Beschwerden, mit denen keine Rechtsansprüche geltend gemacht werden, bleibt es bei der Entscheidung des Arbeitgebers. Hinsichtlich des Rechts des Beschwerdeführers, sich bei Ablehnung der Beschwerde durch den Arbeitgeber noch an den Betriebsrat zu wenden, vgl. Rz. 2, 3.

IV. Das Benachteiligungsverbot

Das Benachteiligungsverbot des § 84 Abs. 3 soll sichern, daß der Arbeitnehmer von **11** dem ihm zustehenden Beschwerderecht ohne Furcht vor etwaigen Nachteilen Gebrauch machen kann (GK-*Wiese* § 84 Rz. 29). Das Verbot richtet sich gegen jedermann; benachteiligende Maßnahmen sind nichtig. In einem Rechtsstreit trifft die Beweislast den Arbeitnehmer für die Behauptung, daß er wegen der Erhebung einer Beschwerde benachteiligt worden sei.

V. Streitigkeiten

Da es sich bei dem Beschwerderecht des § 84 um einen Individualanspruch des **12** Arbeitnehmers handelt, entscheidet das Arbeitsgericht im Urteilsverfahren über den Umfang des Beschwerderechts und über die Einhaltung des in § 84 geregelten Verfahrens (GK-*Wiese* § 84 Rz. 32; *D/R* § 84, Rz. 27; *F/A/K/H* § 84 Rz. 9; *G/L* § 84 Rz. 16). Hinsichtlich der Weiterverfolgung von Beschwerden, die abschlägig beschieden sind, vgl. oben Rz. 10.

Streitigkeiten über die Hinzuziehung eines Betriebsratsmitgliedes sind im Be- **13** schlußverfahren zu entscheiden (GK-*Wiese* § 84 Rz. 33; *G/L* § 84 Rz. 16; **a.A.** *D/R* § 84 Rz. 27; *F/A/K/H* § 84 Rz. 9), und zwar auch dann, wenn der Arbeitnehmer durchsetzen will, daß ein bestimmtes Mitglied des Betriebsrats tätig wird, das ein Tätigwerden ablehnt (GK-*Wiese* § 84 Rz. 33; **a.A.** *F/A/K/H* § 84 Rz. 10; *G/L* § 84 Rz. 16; *G/K/S/B* § 84 Rz. 16).

§ 85 Behandlung von Beschwerden durch den Betriebsrat

(1) Der Betriebsrat hat Beschwerden von Arbeitnehmern entgegenzunehmen und, falls er sie für berechtigt erachtet, beim Arbeitgeber auf Abhilfe hinzuwirken.
(2) Bestehen zwischen Betriebsrat und Arbeitgeber Meinungsverschiedenheiten über die Berechtigung der Beschwerde, so kann der Betriebsrat die Einigungsstelle anrufen. Der Spruch der Einigungsstelle ersetzt die Einigung zwischen Arbeitgeber und Betriebsrat. Dies gilt nicht, soweit Gegenstand der Beschwerde ein Rechtsanspruch ist.

§ 85   4. Teil 2. Abschn. Mitwirkungs- u. Beschwerderecht d. Arbeitnehmers

(3) Der Arbeitgeber hat den Betriebsrat über die Behandlung der Beschwerde zu unterrichten. § 84 Abs. 2 bleibt unberührt.

Literaturübersicht

Siehe vor § 81

Inhaltsübersicht

		Rz.
I.	Beschwerdegegenstand	1– 3
II.	Das Beschwerdeverfahren	4–14
III.	Streitigkeiten	15–17

I. Beschwerdegegenstand

1 § 85 behandelt das Recht des Arbeitnehmers, eine Beschwerde auch an den Betriebsrat zu richten, sowie das in diesem Falle einzuschlagende Verfahren. Über das Verhältnis des Beschwerdeverfahrens nach § 84 zu dem Beschwerdeverfahren nach § 85 vgl. Rz. 2, 3 zu § 84. § 85 eröffnet gegenüber § 84 nur ein anderes Beschwerdeverfahren. Der Beschwerdegegenstand entspricht dem des § 84 (*ArbG Mannheim* vom 20. 12. 1978 – 2 BV 11/78 – BB 1979, 833; *G/L* § 85 Rz. 1; GK-*Wiese* § 85 Rz. 2; *D/R* § 85 Rz. 3; *Brecht* § 85 Rz. 2; *F/A/K/H* § 85 Rz. 4; *Löwisch* DB 1972, 2304, 2305).

2 Das **kollektive Beschwerdeverfahren** (gegen diesen Begriff wendet sich GK-*Wiese* § 85 Rz. 4, weil es der Regelung von Individualinteressen dient) **des § 85 scheidet** jedoch **in den Fällen aus, in denen dem Betriebsrat ein Mitwirkungs- und Mitbestimmungsrecht zusteht** (*D/R* § 85 Rz. 5, 22; *Dütz* DB 1972, 383, 385; siehe hierzu eingehend GK-*Wiese* § 85 Rz. 13 ff.).

3 Ist der Gegenstand der Beschwerde ein Rechtsanspruch, so findet gem. § 85 Abs. 2 ein verbindliches Einigungsstellenverfahren nicht statt (vgl. *Löwisch* DB 1972, 2304, 2306). Siehe unten Rz. 11.

II. Das Beschwerdeverfahren

4 § 85 Abs. 1 entspricht § 54 Abs. 1 c BetrVG 1952. Richtet der Arbeitnehmer seine Beschwerde an den **Betriebsrat** so wird dieser **im Beschwerdeverfahren** als **Organ der Belegschaft** tätig. Der Betriebsrat oder auch ein von ihm gegebenenfalls nach § 27 oder § 28 gebildeter Ausschuß (GK-*Wiese* § 84 Rz. 6) übernimmt die verantwortliche Behandlung der Beschwerde des einzelnen Arbeitnehmers. Er hat verantwortlich zu prüfen, ob er die Beschwerde für berechtigt erachtet. Er wird der verantwortliche Träger der mit dem Arbeitgeber zu führenden Verhandlung, wenn er die Berechtigung der Beschwerde bejaht. Der beschwerdeführende Arbeitnehmer bleibt auch insoweit Herr des Verfahrens, als er die Beschwerde jederzeit zurückziehen und damit dem Fortgang des Beschwerdeverfahrens nach § 85 die Grundlage entziehen kann.

Erste Aufgabe des Betriebsrats im Beschwerdeverfahren ist es, die Beschwerde 5
entgegenzunehmen und sie erforderlichenfalls hinsichtlich des Beschwerdegegenstandes und des Beschwerdegegners mit dem beschwerdeführenden Arbeitnehmer abzuklären.

Eine Form oder Frist für die beim Betriebsrat einzulegende Beschwerde ist 6
ebensowenig vorgesehen wie im Rahmen von § 84 (GK-*Wiese* § 84 Rz. 5), jedoch dürfte es sich empfehlen, eine schriftliche Fixierung vorzunehmen, zumal der beschwerdeführende Arbeitnehmer nicht mehr kraft Gesetzes an dem Verfahren beteiligt ist.

Der Betriebsrat hat sodann zu prüfen, ob er die Beschwerde für berechtigt erach- 7
tet. Zu diesem Zweck kann er mit dem Arbeitgeber und erforderlichenfalls auch mit anderen Personen im Betrieb Fühlung aufnehmen. Kommt der Betriebsrat zu dem Ergebnis, die Beschwerde sei nicht begründet, so hat er dies dem beschwerdeführenden Arbeitnehmer mitzuteilen (GK-*Wiese* § 85 Rz. 6; *D/R* § 85 Rz. 9; *F/A/K/H* § 85 Rz. 2). Das Verfahren nach § 85 ist damit abgeschlossen. Sofern der Arbeitnehmer noch nicht in der gleichen Sache ein Beschwerdeverfahren nach § 84 eingeleitet hat und dies durch ablehnenden Bescheid des Arbeitgebers beendet ist, behält er das Recht, ein unmittelbares Beschwerdeverfahren bei der zuständigen Stelle des Betriebs einzuleiten (Rz. 3 zu § 84).

Hält der Betriebsrat die Beschwerde für berechtigt, so hat er beim Arbeitgeber 8
auf Abhilfe hinzuwirken (GK-*Wiese* § 85 Rz. 7). Die Verhandlung mit dem Arbeitgeber bezieht sich nur auf die Berechtigung der Beschwerde. Ebenso erstreckt sich eine zwischen Arbeitgeber und Betriebsrat erzielte Einigung nur auf die Berechtigung, nicht aber auf die Art der Abhilfe der Beschwerde, die Aufgabe des Arbeitgebers im Rahmen seiner pflichtgemäßen Disposition bleibt. Das ergibt sich aus § 85 Abs. 3, der auf § 84 Abs. 2 verweist, in dem die Verpflichtung des Arbeitgebers enthalten ist, der Beschwerde im Falle der Berechtigung abzuhelfen. Aus dem gleichen Grunde ist es auch Aufgabe des Arbeitgebers, den Betriebsrat und den Arbeitnehmer über die Behandlung der Beschwerde zu unterrichten (§ 85 Abs. 3).

§ 85 Abs. 2 ist neu in das BetrVG eingeführt worden. Er regelt das weitere Verfah- 9
ren, das Platz greift, wenn **zwischen Betriebsrat und Arbeitgeber Meinungsverschiedenheiten über die Berechtigung der Beschwerde** bestehen. In diesem Fall räumt das Gesetz dem **Betriebsrat**, also dem Initiator des kollektiven Verfahrens, das **Recht** ein, die **Einigungsstelle anzurufen**. Allerdings ist die Einigungsstelle für eine Popularbeschwerde unzuständig (*LAG Schleswig-Holstein* vom 21. 12. 1989 – 4 TaBV 42/89 – NZA 1990, 703), d. h. die Arbeitnehmer müssen eine eigene Beeinträchtigung vortragen und dürfen sich keine vermeintliche Beeinträchtigung Dritter zu eigen machen. Der **Arbeitgeber hat** ein **entsprechendes Recht nicht**, aber auch keine Veranlassung, da er das Verfahren nicht betreibt. Auch das Verfahren vor der Einigungsstelle erstreckt sich ausschließlich auf die Berechtigung der Beschwerde, nicht aber gegebenenfalls auf die Abhilfe einer von der Einigungsstelle für berechtigt erachteten Beschwerde. Dennoch ist das Verfahren vor der Einigungsstelle nicht ohne Bedenken, weil es weder für den beschwerdeführenden Arbeitnehmer noch für andere Personen im Betrieb, die von der Beschwerde betroffen sind, rechtlich gesicherte Mitwirkungs- und Anhörungsrechte enthält, noch Mitwirkungspflichten enthalten kann. Eigene Ermittlungsrechte im Betrieb hat die Einigungsstelle nicht.

Der **Spruch der Einigungsstelle ersetzt nur die fehlende Einigung zwischen Be-** 10

§ 85   4. Teil 2. Abschn. Mitwirkungs- u. Beschwerderecht d. Arbeitnehmers

triebsrat und Arbeitgeber über die Berechtigung der Beschwerde (*BAG* vom 28. 6. 1984 – 6 ABR 5/83 – EzA § 85 BetrVG 1972 Nr. 1 = DB 1985, 1138; GK-*Wiese* § 85 Rz. 20; *D/R* § 85 Rz. 26; *F/A/K/H* § 85 Rz. 4). Der Beschwerde Abhilfe zu schaffen, bleibt auch im Rahmen des § 85 Abs. 2 Angelegenheit der pflichtgemäßen Disposition des Arbeitgebers. Der Betriebsrat könnte nur insoweit ein Mitwirkungsrecht haben, als es sich aus seinen im Gesetz festgelegten Zuständigkeiten ergeben würde; diese schließen aber in aller Regel die Mitbestimmung im Einzelfalle aus (*Brecht* § 85 Rz. 7).

11   Kraft ausdrücklicher Gesetzesvorschrift (§ 85 Abs. 2 Satz 3) ist die **Anrufung der Einigungsstelle unzulässig, soweit Gegenstand der Beschwerde ein Rechtsanspruch ist** (*Obermayer* DB 1971, 1715, 1721; Ausschußbericht, BT-Drucks. VI/2729, 9, 29). Die Formulierung in § 85 Abs. 2 Satz 3 ist anders als in § 76 Abs. 7, in dem nur bestimmt ist, daß der Rechtsweg durch den Spruch der Einigungsstelle nicht ausgeschlossen werden kann, soweit er nach anderen Vorschriften gegeben ist. Die Vorschrift des § 85 Abs. 2 Satz 3 bezieht sich auf Abs. 2 ingesamt. Daher ist bei Rechtsansprüchen weder eine Einigungsstelle zu bilden (*LAG Düsseldorf* vom 1. 8. 1980 – 9 TaBV 60/80 –; *G/L* § 85 Rz. 8; GK-*Wiese* § 85 Rz. 12), noch ist der Arbeitgeber in der Sache zur Einlassung vor der betrieblichen Einigungsstelle oder betrieblichen Beschwerdestelle verpflichtet (GK-*Wiese* § 85 Rz. 12; *D/R* § 85 Rz. 16; *F/A/K/H* § 85 Rz. 4; *G/L* § 85 Rz. 8). Die Zuständigkeit der Einigungsstelle kann bei Rechtsansprüchen nur aufgrund einer freiwilligen Vereinbarung nach § 76 Abs. 6 begründet werden (GK-*Wiese* § 85 Rz. 12; *ArbG Lübeck* vom 7. 1. 1974 – 1 BV 15/73 I – DB 1974, 636; *D/R* § 85 Rz. 16; *G/L* § 85 Rz. 8; *F/A/K/H* § 85 Rz. 4; *Moll/Klunker* RdA 1973, 361 ff.). Der Rechtsweg ist weiterhin gegeben gem. § 76 Abs. 7 (vgl. GK-*Wiese* § 85 Rz. 12). Der **Begriff des Rechtsanspruchs** ist hierbei **im weitesten Sinne zu verstehen**, er umfaßt neben vermögenswerten Rechten auch alle anderen Rechtsansprüche, die aus der Ordnung des Rechtsverhältnisses zwischen Arbeitnehmer und dem Arbeitgeber oder einem Dritten hergeleitet werden (*Obermayer* DB 1971, 1715, 1721, 1724). Hinsichtlich der Beschwerden, die sich auf Rechtsansprüche beziehen, bleibt es demgemäß bei dem Verfahren gem. § 85 Abs. 1, wonach der Betriebsrat, für den Fall, daß er eine Beschwerde für berechtigt ansieht, beim Arbeitgeber auf Abhilfe hinzuwirken hat.

12   Soweit die Einigungsstelle im Rahmen ihrer Zuständigkeit die Berechtigung der Beschwerde anerkannt hat, und der Arbeitgeber der daraus resultierenden Verpflichtung, der Beschwerde abzuhelfen, entsprochen hat, ist er gem. § 85 Abs. 3 verpflichtet, sowohl den Betriebsrat als auch den beschwerdeführenden Arbeitnehmer über die Behandlung der Beschwerde zu unterrichten, wenn dieser seine Beschwerde beim Arbeitgeber eingereicht hat (GK-*Wiese* § 85 Rz. 25; *F/A/K/H* § 85 Rz. 6; a. A. *Brecht* § 85 Rz. 9; *G/L* § 85 Rz. 4; *D/R* § 85 Rz. 30).

13   Bei der vom Arbeitnehmer begehrten Herausnahme einer Abmahnung aus den Personalakten handelt es sich um einen Rechtsanspruch und nicht um eine Regelungsstreitigkeit. Die Einigungsstelle ist demnach in solchen Fällen zur Überprüfung einer vom Arbeitnehmer vorgebrachten und vom Arbeitgeber zurückgewiesenen Beschwerde i. S. v. § 85 Abs. 1 Satz 2 offensichtlich unzuständig (§ 98 ArbGG; GK-*Wiese* § 85 Rz. 12; *F/A/K/H* § 85 Rz. 4). Dies gilt auch dann, wenn sich der Arbeitnehmer deshalb gegen die Abmahnung wehrt, weil – nach seiner Behauptung – in ihr u. a. Verstöße gegen betriebsverfassungsrechtliche Grundsätze (hier: Gleichbehandlung i. S. v. § 75 Abs. 1) enthalten sind (*LAG Rheinland-*

Pfalz vom 17.1. 1985 – 5 TaBV 36/84 – NZA 1985, 190; *LAG Berlin* vom 19. 8. 1988 – 2 TaBV 4/88 – DB 1988, 2060; **a.A.** *LAG Köln* vom 16. 11. 1984 – 7 TaBV 40/84 – DB 1985, 1240, das davon ausgeht, daß die Einigungsstelle nicht offensichtlich unzuständig ist, wenn der Arbeitnehmer die Rücknahme einer Abmahnung geltend macht).

Schreibt der Arbeitgeber mehrere Arbeitnehmer wegen häufiger krankheitsbedingter Fehlzeiten an und beschweren sich die betroffenen Arbeitnehmer darüber beim Betriebsrat, so kann dieser nicht deswegen die Einigungsstelle anrufen (*LAG Hamm* vom 16. 4. 1986 – 12 Ta BV 170/85 – BB 1986, 359). **14**

III. Streitigkeiten

Bei Streitigkeiten zwischen dem Arbeitgeber und dem Betriebsrat über die Berechtigung der Anrufung der Einigungsstelle und insbesondere darüber, ob der Gegenstand der Beschwerde ein Rechtsanspruch ist, entscheidet das Arbeitsgericht im Beschlußverfahren (§§ 80 Abs. 1, 2 Abs. 1 Nr. 4 ArbGG; *BAG* vom 28. 6. 1984 – 6 ABR 5/83 – EzA § 85 BetrVG 1972 Nr. 1 = DB 1985, 1138; GK-*Wiese* § 85 Rz. 27; *D/R* § 85 Rz. 34; *F/A/K/H* § 85 Rz. 8; *G/L* § 85 Rz. 13). Dieser Beschluß schafft aber für ein etwaiges späteres, zwischen dem einzelnen Arbeitnehmer und dem Arbeitgeber zu führendes arbeitsgerichtliches Verfahren keine Rechtskraft. **15**

Den Anspruch auf Abhilfe einer vor der Einigungsstelle für begründet erachteten Beschwerde kann der Arbeitnehmer im Urteilsverfahren durchsetzen (GK-*Wiese* § 85 Rz. 28; *D/R* § 85 Rz. 35; *F/A/K/H* § 85 Rz. 9; *G/L* § 85 Rz. 17). **16**

Antragsrechte des einzelnen Arbeitnehmers an das Arbeitsgericht bestehen im Rahmen von § 85 nicht, insbesondere auch dann nicht, wenn der beschwerdeführende Arbeitnehmer der Auffassung ist, daß der Betriebsrat sich seiner nicht in ordnungsgemäßer Weise annimmt. In diesem Falle könnte höchstens ein Verfahren wegen Verletzung der gesetzlichen Pflichten des Betriebsrats nach § 23 Abs. 1 in Betracht kommen, das der Arbeitnehmer allein jedoch nicht anstrengen kann (*D/R* § 85 Rz. 33; *Löwisch* DB 1972, 2304, 2305; *G/L* § 85 Rz. 5; **a.A.** GK-*Wiese* § 85 Rz. 29). **17**

§ 86 Ergänzende Vereinbarungen

Durch Tarifvertrag oder Betriebsvereinbarung können die Einzelheiten des Beschwerdeverfahrens geregelt werden. Hierbei kann bestimmt werden, daß in den Fällen des § 85 Abs. 2 an die Stelle der Einigungsstelle eine betriebliche Beschwerdestelle tritt.

Literaturübersicht

Siehe vor § 81

§ 86   4. Teil 2. Abschn. Mitwirkungs- u. Beschwerderecht d. Arbeitnehmers

Inhaltsübersicht

		Rz.
I.	Allgemeines	1
II.	Regelungsgegenstand für das Beschwerdeverfahren	2, 3
III.	Die betriebliche Beschwerdestelle	4–7

I. Allgemeines

1 Im Interesse einer möglichst betriebsnahen Regelung des Beschwerdewesens eröffnet § 86 die Möglichkeit, die Einzelheiten des Beschwerdeverfahrens durch Tarifvertrag oder Betriebsvereinbarung zu regeln. Besteht ein Tarifvertrag, so kommt eine Regelung durch Betriebsvereinbarung nicht in Betracht (GK-*Wiese* § 86 Rz. 1; *D/R* § 86 Rz. 6; *F/A/K/H* § 86 Rz. 1a; *G/L* § 86 Rz. 6). Die Betriebsvereinbarung nach § 86 ist eine freiwillige Betriebsvereinbarung (*D/R* § 86 Rz. 6); sie kann also nicht durch verbindlichen Spruch der Einigungsstelle erzwungen werden.

II. Regelungsgegenstand für das Beschwerdeverfahren

2 Geregelt werden können die das Verfahren betreffenden Fragen, z.B. Fragen der Frist und der Form für die Einlegung von Beschwerden (GK-*Wiese* § 86 Rz. 3). Fragen eines etwaigen Instanzenzuges innerhalb des Betriebes, bevor eine Beschwerdestelle angerufen wird, sollen nicht regelbar sein (GK-*Wiese* § 86 Rz. 3). Auch kann die Bestimmung der zuständigen Stellen i.S.v. § 84 Abs. 1 durch Betriebsvereinbarung erfolgen. Weiterhin können sich die betrieblichen Partner über Formfragen in der Bescheidung des Arbeitnehmers hinsichtlich der Behandlung seiner Beschwerde einigen.

3 Nicht geregelt werden kann das Verfahren vor der Einigungsstelle. Der Gesetzeswortlaut läßt eindeutig nur Regelungen im Hinblick auf das Beschwerdeverfahren zu (ebenso *D/R* § 86 Rz. 3; a.A. *G/L* § 86 Rz. 2; *F/A/K/H* § 86 Rz. 3; GK-*Wiese* § 86 Rz. 10).

III. Die betriebliche Beschwerdestelle

4 Sofern die Vereinbarung vorliegt, daß an die Stelle der Einigungsstelle eine betriebliche Beschwerdestelle tritt, sind die Partner frei, die Zusammensetzung dieser Beschwerdestelle zu vereinbaren (GK-*Wiese* § 86 Rz. 9; *F/A/K/H* § 86 Rz. 2; a.A. *D/R* § 86 Rz. 10; *G/L* § 86 Rz. 4). Sie können insbesondere vereinbaren, daß die betriebliche Beschwerdestelle ohne einen unparteiischen Vorsitzenden tätig werden soll (GK-*Wiese* § 86 Rz. 9; a.A. *D/R* § 86 Rz. 10), und sie können ihr Verfahren im einzelnen festlegen, insbesondere auch die Modalitäten ihrer Anrufung.

5 Die sachliche Kompetenz der betrieblichen Beschwerdestelle ist hingegen der Vereinbarungsmöglichkeit entzogen. Hier bleibt es bei der Zuständigkeit nach § 85 Abs. 2 (GK-*Wiese* § 86 Rz. 4; *D/R* § 86 Rz. 2; *F/A/K/H* § 86 Rz. 3; *G/L* § 86 Rz. 3). Das bedeutet einmal, daß die Beschwerdestelle nur für die Entscheidung über die Berechtigung der Beschwerde, nicht aber über die Entscheidung über die Form der Abhilfe zuständig ist; es bedeutet zum anderen, daß die Zuständigkeit der betrieblichen Beschwerdestelle nicht auf Beschwerden ausgedehnt werden kann, deren Gegenstand ein Rechtsanspruch gem. § 85 Abs. 2 Satz 3 ist.

Die Mitglieder einer betrieblichen Beschwerdestelle sind in der Ausübung ihrer Tätigkeit gleichermaßen geschützt wie die Mitglieder der Einigungsstelle (§§ 78, 119 Abs. 1 Nr. 3), und sie unterliegen hinsichtlich der Schweigepflicht den gleichen Voraussetzungen wie die Mitglieder der Einigungsstelle (§ 79 Abs. 2; GK-*Wiese* § 86 Rz. 11). 6

§ 86 spricht nur davon, daß anstelle der Einigungsstelle eine betriebliche Beschwerdestelle treten kann. Hieraus muß geschlossen werden, daß auch der Tarifvertrag keine außerbetriebliche Beschwerdeinstanz schaffen kann, daß insbesondere nicht in entsprechender Anwendung von § 76 Abs. 8 an die Stelle einer betrieblichen Einigungsstelle eine tarifliche Schlichtungsstelle treten kann (*D/R* § 86 Rz. 9; GK-*Wiese* § 86 Rz. 7; a. A. *G/L* § 86 Rz. 5; *F/A/K/H* § 86 Rz. 4). 7

Dritter Abschnitt
Soziale Angelegenheiten

§ 87 Mitbestimmungsrechte

(1) Der Betriebsrat hat, soweit eine gesetzliche oder tarifliche Regelung nicht besteht, in folgenden Angelegenheiten mitzubestimmen:
1. Fragen der Ordnung des Betriebs und des Verhaltens der Arbeitnehmer im Betrieb;
2. Beginn und Ende der täglichen Arbeitszeit einschließlich der Pausen sowie Verteilung der Arbeitszeit auf die einzelnen Wochentage;
3. vorübergehende Verkürzung oder Verlängerung der betriebsüblichen Arbeitszeit;
4. Zeit, Ort und Art der Auszahlung der Arbeitsentgelte;
5. Aufstellung allgemeiner Urlaubsgrundsätze und des Urlaubsplans sowie die Festsetzung der zeitlichen Lage des Urlaubs für einzelne Arbeitnehmer, wenn zwischen dem Arbeitgeber und den beteiligten Arbeitnehmern kein Einverständnis erzielt wird;
6. Einführung und Anwendung von technischen Einrichtungen, die dazu bestimmt sind, das Verhalten oder die Leistung der Arbeitnehmer zu überwachen;
7. Regelungen über die Verhütung von Arbeitsunfällen und Berufskrankheiten sowie über den Gesundheitsschutz im Rahmen der gesetzlichen Vorschriften oder der Unfallverhütungsvorschriften;
8. Form, Ausgestaltung und Verwaltung von Sozialeinrichtungen, deren Wirkungsbereich auf den Betrieb, das Unternehmen oder den Konzern beschränkt ist;
9. Zuweisung und Kündigung von Wohnräumen, die den Arbeitnehmern mit Rücksicht auf das Bestehen eines Arbeitsverhältnisses vermietet werden, sowie die allgemeine Festlegung der Nutzungsbedingungen;
10. Fragen der betrieblichen Lohngestaltung, insbesondere die Aufstellung von

Entlohnungsgrundsätzen und die Einführung und Anwendung von neuen Entlohnungsmethoden sowie deren Änderung;
11. Festsetzung der Akkord- und Prämiensätze und vergleichbarer leistungsbezogener Entgelte, einschließlich der Geldfaktoren;
12. Grundsätze über das betriebliche Vorschlagswesen.
(2) Kommt eine Einigung über eine Angelegenheit nach Abs. 1 nicht zustande, so entscheidet die Einigungsstelle. Der Spruch der Einigungsstelle ersetzt die Einigung zwischen Arbeitgeber und Betriebsrat.

Literaturübersicht

Allgemeines
Adomeit Die Regelungsabrede, 2. Aufl. 1961; *ders.* Thesen zur betrieblichen Mitbestimmung nach dem neuen Betriebsverfassungsgesetz, BB 1972, 53; *Auffarth* Die Mitbestimmung in sozialen Angelegenheiten, BUV 1972, 237; *Badura* Die Verfassung als Auftrag, Richtlinie und Grenze der wirtschafts- und arbeitspolitischen Gesetzgebung, WiR 1974, 1; *Badura/Rittner/Rüthers* Mitbestimmungsgesetz 1976 und Grundgesetz, 1977; *Beuthien* Tarifverträge betriebsverfassungsrechtlichen Inhalts, ZfA 1986, 131; *ders.* Die Unternehmensautonomie im Zugriff des Arbeitsrechts, ZfA 1988, 1; *Bichler* Nochmals: zur Zulässigkeit von Betriebsvereinbarungen über Arbeitsbedingungen für AT-Angestellte, DB 1979, 1939; *Boemke* „Ausstrahlungen" des Betriebsverfassungsgesetzes ins Ausland, NZA 1992, 112; *Boewer* Das Initiativrecht des Betriebsrats in sozialen Angelegenheiten, DB 1973, 522; *ders.* Zur Unterscheidung von formellen und materiellen Arbeitsbedingungen, DB 1970, 2319; *Bommermann* Übertarifliche Zulagen – Anrechenbarkeit und Mitbestimmung, DB 1991, 2185; *Brill* Einseitige Anordnung des Arbeitgebers in eiligen sozialen Angelegenheiten?, BlStSozArbR 1975, 177; *Buchner* Der Abbau arbeitsvertraglicher Ansprüche durch Betriebsvereinbarung im Grund-System der Mitbestimmung in sozialen Angelegenheiten, DB 1983, 877; *Coen* Rechtsverwirklichung durch Verfahren vor den Arbeitsgerichten, DB 1984, 2459; *Däubler* Das Grundrecht auf Mitbestimmung und seine Realisierung durch tarifvertragliche Begründung von Beteiligungsrechten, 1973; *ders.* Verschlechterung der Arbeitsbedingungen durch Betriebsvereinbarung?, AuR 1984, 1; *Derleder* Betriebliche Mitbestimmung ohne vorbeugenden Rechtsschutz?, AuR 1983, 289; *ders.* Einstweiliger Rechtsschutz und Selbsthilfe im Betriebsverfassungsrecht, AuR 1985, 85; *Diekhoff* Ist die Mitbestimmung nach § 56 BetrVG Rechtswirksamkeitsvoraussetzung?, DB 1965, 555; *Droste* Zur Möglichkeit der einseitigen Umsetzung einer tariflichen Arbeitszeitverkürzung, DB 1992, 138; *Dütz* Einstweiliger Rechts- und Interessenschutz in der Betriebsverfassung, ZfA 1972, 247; *ders.* Erzwingbare Verpflichtungen des Arbeitgebers gegenüber dem Betriebsrat, DB 1984, 115; *Eich* Rechtsmißbräuchliche Nutzung von Mitbestimmungsrechten durch den Betriebsrat (Koppelungsgeschäfte), ZfA 1988, 93; *Erdmann* Unternehmerische Freiheit und Mitbestimmung, FS für *Molitor*, 1988, 81; *Erdmann/Mager* Technik – Mitbestimmung – Zusammenarbeit, DB 1987, 46; *Etzel* Aus der Rechtsprechung des *Bundesarbeitsgerichts*, BlStSozArbR 1978, 6; *Farthmann* Die Beschränkung der Mitbestimmung nach § 56 BetrVG auf die sogenannten formellen Arbeitsbedingungen, RdA 1966, 249; *Fenn* Die Entwicklung des Arbeitsrechts im Jahre 1970, ZfA 1971, 347; *Gester/Isenhardt* Das Initiativrecht des Betriebsrats zur Regelung materieller Lohnbedingungen, RdA 1979, 80; *Hanau* Praktische Fragen der Mitbestimmung in sozialen Angelegenheiten, DB 1972, 499; *ders.* Probleme der Ausübung des Mitbestimmungsrechts des Betriebsrats, NZA 1988 Beilage Nr. 2, 3; *ders.* Rechtsfolgen mitbestimmungswidrigen Arbeitgeberverhaltens, JuS 1985, 360; *Haug* Tarifvorrang und innerbetriebliche Regelungsmechanismen, BB 1986, 1921; *Heinze* Betriebsvereinbarung versus Tarifvertrag?, NZA 1989, 41; *ders.*, Einstweiliger Rechtsschutz im arbeitsgerichtlichen Verfahren, RdA 1986, 273; *Herschel* Abschied von den formellen und mate-

riellen Arbeitsbedingungen, AuR 1968, 129; *ders.* Nochmals: Formelle und materielle Arbeitsbedingungen, AuR 1969, 65; *ders.*, Inhalt und Grenzen betriebsverfassungsrechtlicher Rechte, ZfA 1988, 53; *Hueck, G.* Erweiterung des Mitbestimmungsrechts durch Tarifvertrag, BB 1952, 925; *v. Hoyningen-Huene* Die fehlerhafte Beteiligung des Betriebsrats in sozialen Angelegenheiten – Rechtsfolgen und Handlungsmöglichkeiten des Betriebsrats, DB 1987, 1426; *v. Hoyningen-Huene/Meier-Krenz* Flexibilisierung des Arbeitsrechts durch Verlagerung tariflicher Regelungskompetenzen auf den Betrieb, ZfA 1988, 293; *Hromadka* Betriebsvereinbarung über mitbestimmungspflichtige soziale Angelegenheiten bei Tarifüblichkeit: Zwei Schranken-Theorie ade?, DB 1987, 1941; *ders.* Mitbestimmung bei übertariflichen Zulagen, DB 1991, 2133; *ders.* (Hrsg) Änderung von Arbeitsbedingungen, 1990; *Hurlebaus* Fehlende Mitbestimmung bei § 87 BetrVG, Diss. 1987; *Kirchner* Die Sperrwirkung von Tarifvertrag und Tarifübung für die Verwirklichung des Mitbestimmungsrechts des Betriebsrats nach § 87 BetrVG, DB 1972, 1279; *Kissel* Das Spannungsfeld zwischen Betriebsvereinbarung und Tarifvertrag, NZA 1986, 73; *Konzen* Tarifvertrag und innerbetriebliche Normsetzung, BB 1977, 1307; *ders.* Betriebsverfassungsrechtliche Leistungspflichten des Arbeitgebers, 1984; *Konzen/Rupp* Effektiver Gerichtsschutz und negatorischer Rechtsschutz im BetrVG, DB 1984, 2695; *Kreutz* Grenzen der Betriebsautonomie, 1979; *Laux* Die Antrrags- und Beteiligungsbefugnis im arbeitsgerichtlichen Beschlußverfahren, 1985; *Leinemann* Änderung von Arbeitsbedingungen durch Betriebsvereinbarung, BB 1989, 1905; *Lieb* Die Regelungszuständigkeit des Betriebsrats für die Vergütung von AT-Angestellten, ZfA 1978, 179; *Loritz* Sinn und Aufgabe der Mitbestimmung heute, ZfA 1991, 1; *Meier-Krenz* Die Erweiterung von Mitbestimmungsrechten des Betriebsrats durch Tarifvertrag, DB 1988, 2149; *Moll* Der Tarifvorrang im Betriebsverfassungsgesetz, 1980; *Obermayer* Verfassungsrechtliche Bedenken gegen den Regierungsentwurf eines Betriebsverfassungsgesetzes, DB 1971, 1715; *Olderog* Probleme des einstweiligen Rechtsschutzes im Bereich der sozialen Mitbestimmung, NZA 1985, 753; *Pahle* Der vorläufige Rechtsschutz des Betriebsrats gegen mitbestimmungswidrige Maßnahmen des Arbeitgebers, NZA 1990, S. 1; *Pfarr* Mitbestimmung bei der Auflösung und der Verschlechterung allgemeiner Arbeitsbedingungen, BB 1983, 2001; *Reuter* Die Entwicklung des arbeitsrechtlichen Schrifttums im Jahre 1973, ZfA 1974, 235; *ders.* Vergütung von AT-Angestellten und betriebsverfassungsrechtliche Mitbestimmung, 1979; *Richardi* Kollektivgewalt und Individualwille bei der Gestaltung des Arbeitsverhältnisses, 1968; *ders.* Kritische Anmerkungen zur Reform der Mitbestimmung des Betriebsrats in sozialen und personellen Angelegenheiten im Spannungsfeld zwischen tariflicher und betriebsvereinbarungsrechtlicher Normsetzungsbefugnis, ZfA Sonderheft 1972, 41; *ders.* Eingriff in eine Arbeitsvertragsregelung durch Betriebsvereinbarung, RdA 1983, 217 und 278; *ders.* Erweiterung der Mitbestimmung durch Tarifvertrag, NZA 1988, 673; *Salje* Quasinegatorischer Rechtsschutz im Betriebsverfassungsrecht, DB 1988, 909; *Schönherr* Mitbestimmung nach Bildung eines Betriebsrats im bisher betriebsratslosen Betrieb, BB 1965, 993; *Scholz* Verdeckt Verfassungsneues zur Mitbestimmung?, NJW 1986, 587; *Schulze-Reimpell* Kündigung von Betriebsvereinbarungen, BB 1962, 139; *Schwarze,* Der Betriebsrat im Dienste der Tarifvertragsparteien, 1991; *Siebert* Erweiterung des Mitbestimmungsrechts des Betriebsrats durch Betriebsvereinbarung oder Tarifvertrag?, BB 1958, 421; *Söllner* Der verfassungsrechtliche Rahmen für Privatautonomie im Arbeitsrecht, RdA 1989, 144; *Spilger* Tarifvertragliches Betriebsverfassungsrecht, Rechtstatsachen und Rechtsfragen, tarifvertragliche Regelung von Betriebsratsrechten, Diss. 1987; *Starck* Leistungspflichten und betriebliche Mitbestimmung, 1983; *Trittin* Betriebsräte ohne vorbeugenden Rechtsschutz?, BB 1984, 1169; *Waltermann,* Beschäftigungspolitik durch Tarifvertrag? NZA 1991, 754; *Wank,* Tarifautonomie oder betriebliche Mitbestimmung?, RdA 1991, 129; *Weyand* Möglichkeiten und Grenzen der Verlagerung tariflicher Regelungskompetenzen auf die Betriebsebene, AuR 1989, 193; *Wiese* Das Initiativrecht nach dem Betriebsverfassungsgesetz, 1977; *ders.* Zum Gesetzes- und Tarifvorbehalt nach § 87 Abs. 1 BetrVG, FS *BAG,* 1979, 661; *ders.* Stellung und Aufgaben des Betriebsrats im Arbeitskampf, NZA 1984, 378; *Witt* Die Beteiligungsrechte des Betriebsrats und das Verbot des Rechtsmißbrauchs, BB 1986, 2194; *Wittke* Die Beteiligungsrechte des Betriebsrats im sozialen Bereich, 1981; *Za-*

§ 87   4. Teil 3. Abschn. Soziale Angelegenheiten

chert Neue Entwicklungen zur Tarifautonomie und betrieblichen Mitbestimmung, NZA 1988, 185; *Ziegler* Die betriebliche Mitbestimmung und das Atomrecht, NZA 1987, 224.

Abs. 1 Nr. 1 Ordnung des Betriebs

1. Allgemeines

Fenge Arztbesuch-Kontrolle mitbestimmungspflichtig?, BB 1981, 1577; *Fleck* Kontrolle am Arbeitsplatz, BB 1987, 2029; *Fuchs* Das betriebliche Rauchverbot, BB 1977, 299; *Galperin* Die betriebliche Ordnung, RdA 1955, 260; *Glaubitz* Alkohol im Betrieb, BB 1979, 579; *Hermsen* Die Mitbestimmung des Betriebsrats nach § 87 Abs. 1 Nr. 1 BetrVG bei Stellenbeschreibungen, BB 1980, 1219; *Hromadka* Arbeitsordnung und Arbeitsverfassung, ZfA 1979, 203; *ders.* Kanari im Betrieb, DB 1986, 1573; *Hunold* Mitarbeiterkontrolle, Erfassung betrieblicher Leistungsdaten und die Mitbestimmung des Betriebsrats, DB 1982 Beilage Nr. 18; *Kraft* Sanktionen im Arbeitsverhältnis, NZA 1989, 777; *Kreßel* Parkplätze für Betriebsangehörige, RdA 1992, 169; *Löwisch* Der Erlaß von Rauchverboten zum Schutz von Passivrauchern am Arbeitsplatz, DB 1979 Beilage Nr. 1; *Mummenhoff* Rauchen am Arbeitsplatz, RdA 1976, 364; *Neumann-Duesberg* Das betriebliche Singverbot, DB 1966, 74; *Schwarz* Rauchverbot im Betrieb, AR-Blattei Rauchverbot I, 1976; *Willemsen/Brune* Alkohol und Arbeitsrecht, DB 1988, 2304; *Wilke/Ziegler* Probleme mit dem Alkohol, 4. Aufl. 1989; *Wolber* Betriebliche Maßnahmen gegen den Genuß von Alkohol am Arbeitsplatz, BlStSozArbR 1977, 134; *Zöllner* Das Rauchverbot, DB 1957, 117.

2. Betriebsbußen

Arndt Private Betriebs-»Justiz«? NJW 1965, 26; *Arzt* u. a. Entwurf eines Gesetzes zur Regelung der Betriebsjustiz, 1975; *Baumann* Eine Sonderentwicklung des Arbeitsrechts?, ZZP 1971, 297; *Baur* Betriebsjustiz, JZ 1965, 163; *Becker-Schaffner* Zur Frage der Überprüfbarkeit vom Arbeitgeber gegenüber dem Arbeitnehmer ausgesprochener Verweise, BlStSozArbR 1975, 10; *ders.* Die Abmahnung im Arbeitsrecht in der Rechtsprechung, DB 1985, 650; *Beuth* Die richterliche Kontrolle von Vereinsstrafen und Vertragsstrafen, BB 1968 Beilage Nr. 12, 33; *Bötticher* Wesen und Arten der Vertragstrafe sowie deren Kontrolle, ZfA 1970, 3; *Brettschneider/Sondermann* Grenzen innerbetrieblicher Information bei Betriebsbußen, AuR 1980, 158; *Burger* Abmahnung im Arbeitsverhältnis – Begriff und praktische Probleme –, DB 1992, 836; *Conze* Zur Tilgung und Wirkungsdauer von berechtigten Abmahnungen, DB 1987, 889; *Falkenberg* Die Abmahnung, NZA 1988, 490; *Fischer/Klebe* Abmahnung, Ermahnung und Verwarnung im Arbeitsverhältnis, BlStSozArbR 1978, 212; *Flume* Die Vereinsstrafe, in: FS für *Bötticher* 1969, 101; *Galperin* Betriebsjustiz, ihre Zulässigkeit, ihre Grenzen, BB 1970, 933; *Germelmann* Die gerichtliche Überprüfbarkeit von Verwarnungen, RdA 1977, 75; *Harbeck* Materielle Grundlagen der betrieblichen Strafbefugnis, AuR 1971, 173; *Heinze* Zur Abgrenzung von Betriebsbuße und Abmahnung, NZA 1990, 169; *Herschel* Betriebsbußen, 1967; *ders.* Betriebsjustiz und Rechtsstaat, BB 1975, 1209; *v. Hoyningen-Huene* Die Abmahnung im Arbeitsrecht, RdA 1990, 193; *Kaiser/Metzger/Pregizer* Betriebsjustiz, 1976; *Kammann* Zulässigkeit von Betriebsbußen, DB 1969, 2132; *Kammerer* Abmahnung und Persönlichkeitsschutz im Arbeitsverhältnis, BB 1980, 1587; *Kuhlmann* Betriebsjustiz, JZ 1976, 537; *ders.* Betriebsjustiz und Werkschutz, ZRP 1977, 298; *ders.* Entwurf eines Gesetzes zur Regelung der Betriebsjustiz, DB 1979, 100; *Leinemann* Betriebsbußen – Betriebs- oder Vertragsstrafen?, AuR 1970, 134; *Lohse* Grundgesetz und Betriebsgerichtsbarkeit, in: Gedächtnisschrift für *Friedrich Klein*, 1977, 288; *Löwisch/Würtenberger* Vertragsstrafe und Betriebsstrafe im Arbeitsrecht, JuS 1970, 261; *Luhmann* Betriebsjustiz und Rechtsstaat, 1975; *Lunk* Die Betriebsversammlung – das Mitgliederorgan des Belegschaftsverbandes, 1991; *Meyer-Cording* Betriebsstrafe und Vereinsstrafe im Rechtsstaat, NJW 1966, 225; *Neumann* Die Rechtsgrundlage von Betriebsstrafenordnungen, RdA 1968, 250; *Rewolle* Die Abmahnung im Arbeitsverhältnis, DB 1976, 774; *Schaub* Betriebsbußen, AR-Blattei, Betriebsbußen I, 1976; *ders.* Die arbeitsrechtliche Abmahnung, NJW 1990, 872; *Schlochauer* Mitbestimmungsfreie Abmahnung und mitbestimmungspflichtige Betriebsbuße, DB 1977, 254; *Schmid* Die Abmahnung und ihre rechtliche Problematik, NZA 1985, 409; *Schumann* Abschied von der

Betriebsjustiz, in: Gedächtnisschrift für *Dietz* 1973, 323; *Stadler* Voraussetzungen und Grenzen von Betriebsbußen, BB 1968, 801; *Tschöpe* Formelle und prozessuale Probleme der Abmahnung, NZA 1990 Beilage Nr. 2, 10; *Weitnauer* Vereinsstrafe, Vertragsstrafe und Betriebsstrafe, in: FS für *Reinhardt*, 1972, 179; *Zöllner* Betriebsjustiz, ZZP 1970, 365.

Abs. 1 Nr. 2 und 3 Arbeitszeit

1. Arbeitszeit außerhalb des Arbeitskampfes
Albracht Sonntagsarbeit – Auswirkungen und rechtliche Probleme, AuR 1989, 97; *Anzinger/Koberski* Das Gesetz zur Einführung eines Dienstleistungsabends und seine Auswirkungen auf individualarbeitsrechtliche, kollektivrechtliche und kartellrechtliche Fragen, NZA 1989, 737; *Bähringer/Spiegelhalter* Kurzarbeit, 11. Aufl. 1987; *Becker-Schaffner* Einzelheiten zum Mitbestimmungsrecht des Betriebsrats bei der Einführung von Kurzarbeit bzw. dem Abbau von Überstunden, BlStSozArbR 1975, 17; *Bender* Arbeitszeitflexibilisierung durch Tarifvertrag und Betriebsvereinbarung auf der Grundlage eines entschärften Tarifvorrangs, BB 1987, 1117; *Bengelsdorf* Tarifliche Arbeitszeitbestimmungen und Günstigkeitsprinzip, ZfA 1990, 63; *ders.* Rechtliche Möglichkeiten zur Beschleunigung des erzwingbaren Einigungsstellenverfahrens, BB 1991, 613; *Blomeyer* Besitzstandswahrung durch Tarifvertrag, ZfA 1980, 1; *Brötzmann* Neues Tarifrecht durch flexible Arbeitszeitregelungen, NZA 1986, 593, *Brunz* Die neuen tariflichen Arbeitszeitbestimmungen für die Metallindustrie in der Rechtsprechung, NZA 1986 Beilage Nr. 2; *Buchner* Rechtswirksamkeit der tariflichen Regelung über die Flexibilisierung der Arbeitszeit, DB 1985, 913; *ders.* Die Umsetzung der Tarifverträge im Betrieb, Bewältigtes und Unbewältigtes aus dem Spannungsverhältnis tariflicher und betrieblicher Regelungsbefugnis, RdA 1990, 1; *ders.* Arbeitszeit und Günstigkeitsprinzip im Arbeitszeitrecht im Umbruch, herausgegeben von *Hromadka*, Schriftenreihe »Der Betrieb«, 1988; *ders.* Tarifliche Arbeitszeitbestimmungen und Günstigkeitsprinzip, DB 1990, 1715; *Buschmann* Mitbestimmung des Betriebsrats bei der Festlegung der Arbeitszeit im Einzelhandel, DB 1982, 1059; *ders.* Mitbestimmung bei Teilzeitbeschäftigung, NZA 1988, 177; *Däubler* Der Arbeitsvertrag – ein Mittel zur Verlängerung der Wochenarbeitszeit?, DB 1989, 2354; *ders.* Sonntagsarbeit aus technischen und wirtschaftlichen Gründen, DB 1988 Beilage Nr. 7; *Denecke/Neumann/Biebl* Arbeitszeitordnung, 11. Aufl. 1991; *Droste* Zur Möglichkeit der einseitigen Umsetzung einer tariflichen Arbeitszeitverkürzung, DB 1992, 138; *Dütz* Mitbestimmung des Betriebsrats bei Arbeitszeitmaßnahmen in Pressebetrieben, AfP 1988, 193; *ders.* Rechtsgrenzen für koalitionsautonome Arbeitszeitregelungen im Pressebereich, insbes. zur tariflichen Einschränkung der Wochenendarbeit, AfP 1989, 605; *Eich* Das Job-sharing-Arbeitsverhältnis, DB 1982 Beilage Nr. 9; *Farthmann* Arbeitszeit und Betriebsverfassung, AR-Blattei Arbeitszeit I. D. 1974; *ders.* Die Mitbestimmung des Betriebsrats bei der Regelung der Arbeitszeit, RdA 1974, 65; *Farthmann/Bürger* Kurzarbeit, AR-Blattei, Arbeitszeit V., 1976; *Gaul* Die Mitbestimmung bei der schichtübergreifenden Vertretungsregelung, NZA 1989, 48; *Goos* Entscheidungen des *BAG* zur Mitbestimmung des Betriebsrats bei der Arbeitszeit von Teilzeitbeschäftigten, NZA 1988, 870; *Hagemeier* Personalabbau in wirtschaftlichen Krisenzeiten, BB 1984, 1100; *Hanau* Befristung und Abrufarbeit nach dem Beschäftigungsförderungsgesetz 1985, RdA 1987, 25; *ders.* Verkürzung und Differenzierung der Arbeitszeit als Prüfsteine des kollektiven Arbeitsrechts, NZA 1985, 73; *v. Hoyningen-Huene* Die Einführung und Anwendung flexibler Arbeitszeiten im Betrieb, NZA 1985, 9; *ders.* Flexibilisierung des Arbeitsrechts durch Verlagerung tariflicher Regelungskompetenzen auf den Betrieb, ZfA 1988, 293; *ders.* Rechtliche Gestaltungsmöglichkeiten beim Job-Sharing-Arbeitsverhältnis, BB 1982, 1240; *Hromadka* Privat- versus Tarifautonomie – Ein Beitrag zur Arbeitszeitdiskussion, DB 1992, 1042; *Joost* Betriebsverfassungsrechtliche Mitbestimmung bei Arbeitszeiten und betrieblichen Öffnungszeiten, DB 1983, 1818; *ders.* Tarifrechtliche Grenzen der Verkürzung der Wochenarbeitszeit, ZfA 1984, 173; *Käppler*, Tarifvertragliche Regelungsmacht, NZA 1991, 745; *Kappus* Sonntagsarbeit und Mitbestimmung, DB 1990, 478; *ders.* Wirtschaftliche und technische Notwendigkeiten als Ausnahme von gewerberechtlichen Verboten der Sonntagsarbeit, BB 1987, 120; *Kleveman* Die neuere Rechtsprechung des *BAG* zur Mitbestimmung des Betriebsrats über die Arbeits-

§ 87 4. Teil 3. Abschn. Soziale Angelegenheiten

zeit und ihre Konsequenzen für die betriebliche Praxis, DB 1988, 334; *Koeve* Das Job-Sharing-Arbeitsverhältnis, AuR 1983, 75; *Küttner/Schlüpers-Oehmen/Rebel* Rechtsprobleme der Tarifverträge über Arbeitszeitverkürzung und Arbeitszeitflexibilisierung, DB 1985, 172; *Leinemann* Rechtsprobleme der Wochenendarbeit, NZA 1988, 337; *ders.* Wirkungen von Tarifverträgen und Betriebsvereinbarungen auf das Arbeitsverhältnis, DB 1990, 732; *Leisten*, Einstweilige Verfügung zur Sicherung von Mitbestimmungsrechten des Betriebsrats beim Einsatz von Fremdfirmen, BB 1992, 266; *Lieb* Die Mitbestimmung des Betriebsrats bei der Festsetzung der Arbeits- und Öffnungszeiten in Betrieben des Handels, DB 1981 Beilage Nr. 17; *Linnenkohl* Begriff und Bedeutung der Arbeitszeitflexibilisierung, BB 1985, 1920; *ders.* Das Problem der Neugestaltung der Arbeitszeit aus arbeitsrechtlicher Sicht, ArbRGegw 1989, 83; *ders.* Rechtsfragen der Neugestaltung der Arbeitszeit, DB 1990, 2472; *Linnenkohl/Rauschenberg* Tarifvertragliche Neuregelung der Wochenarbeitszeit und betriebsverfassungsrechtliche Gestaltungsmöglichkeiten, BB 1984, 2197; *Linnenkohl/Rauschenberg/Reh* Abschied vom »Leber-Kompromiß« durch das Günstigkeitsprinzip?, BB 1990, 628; *Lipke* Betriebsverfassungsrechtliche Probleme der Teilzeitarbeit, NZA 1990, 758; *Löwisch* Die Einbeziehung der Nichtorganisierten in die neuen Arbeitszeittarifverträge der Metallindustrie, DB 1984, 2457; *ders.* Die Rechtsstellung der Nichtorganisierten gegenüber dem Tarifvertrag, NZA 1985, 170; *ders.* Die Mitbestimmung des Betriebsrats bei der Einarbeitung arbeitsfreier Tage, FS für *Molitor*, 1988, 225; *ders.* Zur Zulässigkeit freiwilliger Samstagsarbeit nach dem Günstigkeitsprinzip, DB 1989, 1185; *ders.* Dienstleistungsabend mit freiwilligen Mitarbeitern, NZA 1989, 959; *ders.* Die Freiheit zu arbeiten – nach dem Günstigkeitsprinzip, BB 1991, 59; *Löwisch/Schüren* Aktuelle arbeitsrechtliche Fragen von Teilzeitarbeit und kürzerer Arbeitszeit, BB 1984, 925; *Loritz* Möglichkeiten und Grenzen der Sonntagsarbeit, 1989; *ders.* Rechtsprobleme der tarifvertraglichen Regelung des »Freien Wochenendes«, ZfA 1990, 133; *ders.* Der Verzicht auf Schadensersatzansprüche in tarifvertraglichen Maßregelungsklauseln, ZfA 1982, 77; *Mager/Winterfeld/Göbel/Seelmann* Beschäftigungsförderungsgesetz 1985; *Meinhold* Mitbestimmung des Betriebsrats bei der Einführung von Kurzarbeit und betriebsbedingte Kündigung, BB 1988, 623; *Meisel* Arbeitszeit, ArbRGegw 1974, 35; *Meisel/Hiersemann* Arbeitszeitordnung, 2. Aufl. 1977; *Neumann* Betriebsfeier, AR-Blattei I. 1975; *Neudel* Tarifverträge und Sonntagsarbeit, AuR 1988, 337; *Neumann* Arbeitszeit und Flexibilisierung, NZA 1990, 961; *Neyses* Grenzen der Mitbestimmung bei Sonderschichten, BlStSozArbR 1977, 181; *Otto* Mitbestimmung des Betriebsrats bei der Regelung von Dauer und Lage der Arbeitszeit, NZA 1992, 97; *Papier* Der verfassungsrechtliche Rahmen für Privatautonomie im Arbeitsrecht, RdA 1989, 137; *Plander* Kapazitätsorientierte variable Arbeitszeit als Gegenstand von Tarifverträgen und Betriebsvereinbarungen, AuR 1989, 281; *Ramrath* Arbeitsrechtliche Fragen der Teilzeitarbeit während des Erziehungsurlaubs, DB 1987, 1785; *Reuter* Die Mitbestimmung des Betriebsrats über die Lage der Arbeitszeit von Ladenangestellten, ZfA 1981, 165; *ders.* Arbeitsrechtliche Aspekte neuer Arbeitszeitstrukturen, RdA 1981, 201; *Richardi* Die tarif- und betriebsverfassungsrechtliche Bedeutung der tarifvertraglichen Arbeitszeitregelung in der Metallindustrie, NZA 1984, 387; *ders.* Grenzen industrieller Sonntagsarbeit, 1988; *ders.* Arbeitszeitverlängerung nach der Tarifvertragsregelung in der Metallindustrie, DB 1990, 1613, *ders.* Kollektivvertragliche Arbeitszeitregelung, ZfA 1990, 211; *ders.* Grenzen industrieller Sonntagsarbeit, 1988; *Säcker/Oetker* Tarifliche Kurzarbeits-Ankündigungsfristen, ZfA 1991, 131; *Schoden/Bösche* Die Schichtarbeit und ihre rechtliche Bedeutung, AR-Blattei Schichtarbeit I, 1977; *Scholz* Die Berufsfreiheit als Grundlage und Grenze arbeitsrechtlicher Regelungssysteme, ZfA 1981, 265; *Schüren* Neue rechtliche Rahmenbedingungen der Arbeitszeitflexibilisierung, RdA 1985, 22; *Schwerdtner* Die Reichweite der Mitbestimmungsrechte nach § 87 Abs. 1 Nr. 2, 3 BetrVG bei Teilzeitbeschäftigten mit variabler Arbeitszeit, DB 1983, 2763; *ders.* Beschäftigungsförderungsgesetz, Tarifautonomie und Betriebsverfassung, NZA 1985, 577; *Siebel* Die Auswirkungen von Arbeitszeitverkürzungen und ungleichmäßiger Arbeitszeitverteilung auf Wochenfeiertage und Urlaub sowie auf deren Bezahlung, BB 1987, 2222; *Simitis/Weiss* Zur Mitbestimmung des Betriebsrats bei Kurzarbeit, DB 1973, 1240; *Springer* Die VO über die Arbeitszeit in Krankenpflegeanstalten und die Festsetzung der Arbeitszeit in Krankenhäusern, BB 1992, 348; *Stahlhacke* Die Begrenzung von Arbeitsverhältnissen durch Festlegung einer Altersgrenze, DB 1989, 2329; v. *Stebut* Die Zulässigkeit der Einführung von Kurzarbeit, RdA 1974, 332; *Waltermann,* Beschäftigungspolitik durch Tarifvertrag?, NZA 1991, 754; *Zachert* Aufhebung der Tarifautonomie durch »freiwillige Regelungen« im Arbeitsvertrag?, DB 1990, 986; *Ziepke* Die Einführung und Anwendung der neuen tarifvertraglichen Arbeitszeitregelung in der Metallindustrie, BB 1985, 281; *ders.* Die Anrechnung von Arbeitszeitverkürzungen, BB 1985, 287; *ders.* Kommentar zum Manteltarifvertrag für die Arbeiter, Angestellten und Auszubildenden in der Eisen-, Metall-, Elektro- und Zentralheizungsindustrie Nordrhein-Westfalen vom 29. 2. 1988, 3. Auflage 1988; *Zilius* Arbeitsrechtliche Probleme bei der Einführung der Sommerzeit, AuR 1980, 236; *Zmarzlik* Jugendarbeitsschutz, 3. Aufl. 1985; *ders.* Die Anrechnung von Arbeitszeitverkürzungen, BB 1985, 287; *ders.* Gesetzlicher Rahmen für Wochenendarbeit, NZA 1989, 537; *Zöllner* Der kritische Weg des Arbeitsrechts zwischen Privatkapitalismus und Sozialstaat, NJW 1990, 1; *ders.* Die Zulässigkeit einzelvertraglicher Verlängerung der tariflichen Wochenarbeitszeit, DB 1989, 2121; *ders.* Maßregelungsverbote und sonstige tarifliche Nebenfolgenklauseln, 1977.

2. Arbeitskampfbedingter Arbeitsausfall

Beuthien Der Arbeitskampf als Wirtschaftsstörung, 1990; *Birk/Conzen/Löwisch/Raiser/ Seiter* Gesetz zur Regelung kollektiver Arbeitskonflikte – Entwurf und Begründung –, 1988; *Bobke* Mitbestimmungsrecht des Betriebsrates bei der Einführung arbeitskampfbedingter Kurzarbeit, BlStSozArbR 1980, 129; *Borrmann* Auswirkungen des Arbeitskampfes auf außerhalb des umkämpften Tarifvertrages liegende Betriebe, DB 1978, 1978; *Brill* Betriebsrat und Arbeitskampf, DB 1979, 403; *Dütz* Die Grenzen von Aussperrung und arbeitskampfbedingter Entgeltverweigerung nach Risiko-Prinzipien und Kurzarbeitsregeln, DB 1979 Beilage Nr. 14; *Ehmann* Betriebsrisikolehre und Kurzarbeit, 1979; *Ehmann/Schnauder* Das Lohnrisiko im Arbeitsfrieden und im Arbeitskampf, Jura 1983, 181; *Eich* Mitbestimmungsrechte des Betriebsrats bei arbeitskampfbedingten Maßnahmen des Arbeitgebers, DB 1979, Beilage Nr. 9; *Eisemann* Aussperrung und Betriebsrisiko, BB 1979, 218; *ders.* Betriebsrisiko und Aussperrung, AuR 1981, 357; *Hergenröder* Der Arbeitskampf mit Auslandsberührung, 1987; *Jahnke* Betriebsrisiko und Mitbestimmung des Betriebsrats, ZfA 1984, 69; *Kalb* Mitbestimmung bei arbeitskampfbedingter Kurzarbeit?, BB 1979, 1829; *ders.* Rechtsgrundlage und Reichweite der Betriebsrisikolehre, 1977; *Kraft* Die Mitwirkungs- und Mitbestimmungsrechte des Betriebsrats während des Arbeitskampfes, FS für *G. Müller,* 1981, 265; *Lieb* Zum gegenwärtigen Stand der Arbeitskampfrisikolehre, NZA 1990, 289; *ders.* Zur Mitbestimmung des Betriebsrats bei der Bewältigung der Fernwirkungen von Arbeitskämpfen, NZA 1990, 377; *ders.* Fernwirkungen von Arbeitskämpfen, in: FS *BAG,* 1979, 327; *Lieb/von Stebut/Zöllner,* Arbeitskampfrecht, Symposion Hugo Seiter zum Gedächtnis, 1990; *Linnenkohl/Rauschenberg* Zur arbeitskampfbedingten Betriebsstörung, AuR 1990, 137; *Löwisch* (Hrsg.) Schlichtungs- und Arbeitskampfrecht, Schriften zur Arbeitsrechtsblattei, Band 17, 1989; *Mayer* Fernwirkungen von Arbeitskämpfen und Mitbestimmung des Betriebsrats, AuR 1980, 65; *Mayer* Lohnrisikoverteilung und Mitbestimmungsrechte bei Fernwirkungen von Arbeitskämpfen, BB 1990, 2482; *Mayer-Maly* Lohnzahlungspflicht und Kurzarbeit in mittelbar kampfbetroffenen Betrieben, BB 1979, 1305; *Mayer-Maly/Nipperdey* Risikoverteilung in mittelbar von rechtmäßigen Arbeitskämpfen betroffenen Betrieben, 1965; *Ossenbühl/Richardi* Neutralität im Arbeitskampf, 1987; *Picker* Betriebsrisikolehre und Arbeitskampf, JZ 1979, 285; *ders.* Fristlose Kündigung und Unmöglichkeit, Annahmeverzug und Vergütungsgefahr im Dienstvertragsrecht, JZ 1985 681, 693; *Richardi* Das Ordnungsmodell des Tarifvertragssystems und der Arbeitskampf, JZ 1985, 410; *ders.* Die Bedeutung des zivilrechtlichen Haftungssystems für den Arbeitskampf, ZfA 1985, 101; *ders.* Auswirkungen des Arbeitskampfes auf Schuldverhältnisse mit Dritten, JuS 1984, 825; *Schmidt* Fernwirkungen von Schwerpunktstreiks und Modellarbeitskämpfen im Arbeitsvertragsrecht und Sozialversicherungsrecht, ZfA 1985, 159; *Seiter* Mitbestimmung des Betriebsrats bei vorübergehender Stillegung mittelbar arbeitskampfbetroffener Be-

§ 87 4. Teil 3. Abschn. Soziale Angelegenheiten

triebe?, RdA 1979, 393; *ders.* Die neue Betriebsrisiko- und Arbeitskampfrisikolehre, DB 1981, 578; *ders.* Staatsneutralität im Arbeitskampf, 1987; *Trittin* Das Betriebsrisiko bei mittelbaren Arbeitskampffolgen, DB 1990, 322.

Abs. 1 Nr. 4 – Zeit, Art und Ort der Lohnzahlung
Gola Übernahme der Gebühren eines Gehaltskontos durch den Arbeitgeber, BB 1975, 46; *Huber* Die Grenzen der erzwingbaren Mitbestimmung des Betriebsrats bei sog. Annexregelungen in sozialen Angelegenheiten, DB 1980, 1643; *Rüthers/Germelmann* Zum Mitbestimmungsrecht des Betriebsrates beim Übergang zur bargeldlosen Entlohnung, DB 1969, 2034, 2084.

Abs. 1 Nr. 5 – Urlaub
Faßhauer Rechtsfragen zur unbezahlten Freistellung, NZA 1986, 453; *v. Hoyningen-Huene* Die unbezahlte Freistellung von Arbeit, NJW 1981, 713; *von der Laden* Die Bestimmung der Urlaubszeit nach dem Bundesurlaubsgesetz und dem Betriebsverfassungsgesetz, 1971; *Palme* Vereinbarung von Betriebsferien, BlStSozArbR 1977, 289; *Stahlhacke* Die Festsetzung des Urlaubszeitpunktes, BlStSozArbR 1969, 109; *Zöllner* Die Festsetzung des Urlaubs und ihre Erzwingung, DB 1957, 508.

Abs. 1 Nr. 6 – Technische Überwachungseinrichtungen
Apitzsch/Schmitz Technische Aspekte der Mitbestimmung des Betriebsrats nach § 87 Abs. 1 Nr. 6 BetrVG bei Einführung und Anwendung von EDV-Systemen, DB 1984, 983; *Bähringer* Die Rechte des Betriebsrates bei der Einführung von Bildschirmarbeitsplätzen, RdA 1981, 364; *Brill* Betriebsrat und Datenschutz, BlStSozArbR 1978, 163; *Buchner* Vom »gläsernen Menschen« zum »gläsernen Unternehmen«, ZfA 1988, 449; *ders.* Mitbestimmungsrechte des Betriebsrats beim Einsatz technischer Kontrolleinrichtungen, BB 1987, 1942; *Denck* Bildschirmarbeitsplätze und Mitbestimmung des Betriebsrats, RdA 1982, 279; *Ehmann* Arbeitsschutz und Mitbestimmung bei neuen Technologien, 1981; *ders.* Technische Arbeitnehmer-Überwachung und Datensicherung, in FS für *Hilger/Stumpf* 1983, 125; *ders.* Daten- und Informationsschutz im Arbeitsverhältnis, RdA 1983, 95; *ders.* Datenverarbeitung und Persönlichkeitsschutz im Arbeitsverhältnis, NZA 1985 Beilage Nr. 1, 2; *ders.* Grenzen des Mitbestimmungsrechts bei der Arbeitnehmer-Datenverarbeitung, NZA 1986, 657; *ders.* Über Datenverarbeitung zur Generalklausel betrieblicher Mitbestimmung, ZfA 1986, 357; *Eichhoff/Kaufmann* Tonbandaufzeichnung von Telefongesprächen im Betrieb, BB 1990, 914; *Erdmann* Auswirkungen der Arbeitsrechtsprechung auf die wirtschaftliche Unternehmensführung, DB 1985, 41; *Erdmann/Mager* Technik – Mitbestimmung – Zusammenarbeit, DB 1987, 46; *Engel* Die Mitbestimmung des Betriebsrats bei Bildschirmarbeitsplätzen, AuR 1982, 79; *Färber/Kappes* Telefondatenerfassung und Datenschutz, BB 1986, 520; *Färber/Theilenberg* Personaldatenverarbeitung im Einigungsstellenverfahren, 1985; *Gaul* Die rechtliche Ordnung der Bildschirm-Arbeitsplätze, 1981; *Gola* Zur Mitbestimmung des Betriebsrats bei der automatischen Erfassung von Telefongebühren, BlStSozArbR 1975, 147; *ders.* Mitbestimmung bei technischen Überwachungseinrichtungen – Voraussetzung und Reichweite –, AuR 1988, 108; *Gola/Wronka,* Arbeitnehmerdatenverarbeitung beim Betriebs-/Personalrat, NZA 1991, 790; *Goos* Technische Überwachungsmöglichkeit durch EDV, BB 1983, 581; *Heither* Die Rechtsprechung des *Bundesarbeitsgerichts* zum Datenschutz für Arbeitnehmer, BB 1988, 1049; *Hentschel* Pesonalinformationssysteme in Unternehmen, DB 1984, 186; *Herschel* Daten- und Informationsschutz im Arbeitsverhältnis, BB 1982, 2128; *Hesse* Die Weiterentwicklung der Mitbestimmungsrechte des Betriebsrats bei technischen Kontrolleinrichtungen, NZA 1985 Beilage Nr. 1, 15; *Hilger* Zulässigkeit der Telefondatenerfassung, DB 1986, 911; *v. Hoyningen-Huene* Datenüberwachung durch Betriebsrat und Datenschutzbeauftragten, NZA 1985 Beilage Nr. 1, 19; *Hunold* Mitarbeiterkontrolle, Erfassung betrieblicher Leistungsdaten und die Mitbestimmung des Betriebsrats, DB 1982 Beilage Nr. 18; *Jahnke* Zur Mitbestimmung des Betriebsrats bei der Anwendung technischer Überwachungseinrichtungen, DB 1978, 1691; *Jobs* Mitbestimmung des Be-

triebsrats gem. § 87 Abs. 1 Nr. 6 BetrVG bei Personalinformationssystemen und Bildschirmarbeitsplätzen, DB 1983, 2307; *Jobs/Samland* Personalinformationssysteme in Recht und Praxis, 1984; *Kaiser* Abhörverbot und rationelle Betriebsführung, BB 1970, 263; *Kilian* Bildschirmarbeitsplätze und Mitbestimmung, NJW 1981, 2545; *ders.* Überwachen durch Auswerten?, BB 1985, 403; *Klebe/Schumann* Die Rechte des Betriebsrats bei der Einführung und Anwendung von Personalinformationssystemen, AuR 1983, 40; *Klebe* Mitbestimmung bei technischer Überwachung, NZA 1985, 44; *ders.* Personaldatenverarbeitung und Verhaltenskontrolle, DB 1986, 380; *Kraft* Technische Einrichtung im Sinne von § 87 Abs. 1 Nr. 6 BetrVG, ZfA 1985, 141; *Krause* Grundrechtliche Grenzen staatlicher und privater Informationserhebung und -verarbeitung, DB 1983 Beilage Nr. 23; *Linnenkohl* Informationsrecht und Arbeitnehmerschutz, AuR 1984, 129; *Linnenkohl, K./Linnenkohl, K.-S.* Betriebsverfassungsrechtlicher Schutz des Persönlichkeitsrechts bei der Einführung neuer Kommunikationstechnologien, BB 1992, 770; *Linnenkohl/Schütz/Rauschenberg* Unterscheidung zwischen »Verhaltens- u. Leistungs-« sowie »anderen« oder »persönlichen« Daten bei moderner Informationsverarbeitung, NZA 1986, 769; *Löwisch* Fragen der Mitbestimmung bei der Einführung neuer Techniken, AuR 1987, 96; *Marsch-Barner* Mitbestimmung des Betriebsrates bei der Einführung neuer Techniken, AR-Blattei, Betriebsverfassung XIV B 1, 1982; *Moll* Telefondatenerfassung und betriebliche Mitbestimmung, DB 1982, 1722; *Müllner* Beteiligungsrechte des Betriebsrats bei Personalinformationssystemen, BB 1984, 475; *ders.* Verhalten und Leistung gem. § 87 Abs. 1 Nr. 6 BetrVG, DB 1984, 1677; *Pulte* Mitbestimmung bei CAD/CAM-Systemen, NZA 1985 Beilage Nr. 1, 24; *Samland* Zum Mitbestimmungsrecht des Betriebsrats bei der Einführung von Personalabrechnungs- und Informationssystemen, BB 1982, 1800; *ders.* Personaldatenverarbeitung nach dem Beschluß des *BAG* vom 14. 9. 1984, NZA 1985 Beilage Nr. 1, 11; *Schaefer* Arbeitstechnische Betrachtungen zum BetrVG 1972, BB 1972, 711; *Schapper/Waniorek* Die Bestimmung des Betriebsrats bei der Einführung und Anwendung von Personalinformatinssystemen, AuR 1985, 246; *Schmidt-Dorrenbach/Goos* Beteiligungsrechte des Betriebsrats bei Personaldateninformationssystemen, DB 1983 Beilage Nr. 11; *Schulin/Babl* Rechtsfragen der Telefondatenverarbeitung NZA 1986, 46; *Schwarz* Die Reichweite des Mitbestimmungsrechts des Betriebsrats bei Einführung und Anwendung technischer Kontrolleinrichtungen (§ 87 Abs. 1 Nr. 6 BetrVG), DB 1983, 226; *ders.* Arbeitnehmerüberwachung und Mitbestimmung, 1982; *ders.* Personalabrechnungs- und Informationssysteme und das Mitbestimmungsrecht des Betriebsrats nach § 87 Abs. 1 Nr. 6 BetrVG, BB 1983, 202; *ders.* Das Mitbestimmungsrecht des § 87 Abs. 1 Nr. 6, BB 1985, 531; *Simitis* Schutz von Arbeitnehmerdaten, Regelungsdefizite – Lösungsvorschläge, hrsg. vom Bundesminister für Arbeit und Sozialordnung, Forschungsbericht 31, Humanisierung des Arbeitslebens, 1980; *ders.* Mitbestimmung als Regulativ einer technisierten Kontrolle von Arbeitnehmern, NJW 1985, 401; *Söllner* Zur Beteiligung des Betriebsrats und zur Zuständigkeit der Einigungsstelle bei Einführung und Anwendung von Personalinformationssystemen, DB 1984, 1243; *Spitzner* Betriebsverfassungsrechtliche Fragen bei der Einführung neuer Techniken, BlStSozArbR 1981, 257; *Stadler* Die Mitbestimmung des Betriebsrats nach dem neuen Betriebsverfassungsgesetz in Fragen der Leistungsentlohnung, BB 1972, 800; *Tonner* Mitbestimmung des Betriebsrats bei der Einführung von EDV im Spiegel der höchstrichterlichen Rechtsprechung BB 1988, 1813; *Versteyl* Telefondatenerfassung im Betrieb, NZA 1987, 7; *Walz* Datenschutz und Mitbestimmung – Personalinformationssysteme in der Reformdiskussion, AuR 1985, 233; *Weng* Mitbestimmung des Betriebsrats nach § 87 Abs. 1 Ziff. 6 BetrVG bei Erfassung von Verhalten und Leistung der Arbeitnehmer und der Verarbeitung entsprechender personenbezogener bzw. personenbeziehbarer Daten, DB 1985, 1341; *Wiedemeyer/Schuster,* Risiken moderner Informationstechnologie für die Beteiligungsrechte der Arbeitnehmer, BB 1991, 970; *Wohlgemuth* Ausgewählte Probleme des Arbeitnehmerdatenschutzes, AuR 1985, 239; *ders.* Grenzen der Personaldatenverarbeitung – Mitbestimmung des Betriebsrats nach § 87 Abs. 1 Ziff. 6 BetrVG, AuR 1984, 257; *Wohlgemuth/Mostert* Rechtsfragen der betrieblichen Telefondatenverarbeitung, AuR 1986, 138; *Zehner* Telefondatenerfassung und Benachrichtigungspflicht, DB 1984, 666; *Zöllner* Die Nutzung DV-gestützter Personalinformationssysteme im Schnittpunkt von Datenschutzrecht und Betriebsverfassung, DB 1984, 241; *ders.* Daten- und Informationsschutz im Arbeitsverhältnis, 1982.

Abs. 1 Nr. 7 – Arbeitsschutzregelungen
Bähringer Die Rechte des Betriebsrates bei der Einführung von Bildschirmarbeitsplätzen, RdA 1981, 364; *Bieback* Die Arbeitsstättenverordnung und die Mitbestimmung des Betriebsrats beim Technischen Arbeitsschutz, BlStSozArbR 1977, 305; *Denck* Arbeitsschutz und Mitbestimmung des Betriebsrats, ZfA 1976, 447; *ders.* Bildschirmarbeitsplätze und Mitbestimmung des Betriebsrats, RdA 1982, 285; *Doetsch/Schnabel* Gesetz über Betriebsärzte, Sicherheitsingenieure und andere Fachkräfte für Arbeitssicherheit, 2. Auflage 1980; *Egger* Die Rechte der Arbeitnehmer und des Betriebsrats auf dem Gebiet des Arbeitsschutzes, BB 1992, 629; *Ehmann* Arbeitsschutz und Mitbestimmung bei neuen Technologien, 1981; *Engel* Die Mitbestimmung des Betriebsrats bei Bildschirmarbeitsplätzen, AuR 1982, 79; *Gaul* Die rechtliche Ordnung der Bildschirm-Arbeitsplätze, 1981 *Giese/Ibels/Rehkopf* Kommentar zum Arbeitssicherheitsgesetz, 3. Aufl., 1977; *Glaubitz* Arbeitssicherheitsgesetz – Die Mitwirkung des Betriebsrats, ArbGeb. 1975, 826; *ders.* Mitbestimmung des Betriebsrats gemäß § 87 Abs. 1 Nr. 7 BetrVG bei Regelungen über den Arbeitsschutz, BB 1977, 1403; *Graeff* Gesetz über Betriebsärzte, Sicherheitsingenieure und andere Fachkräfte für Arbeitssicherheit, 2. Aufl., 1979; *Günter* Probleme der Interpretation und der praktischen Umsetzung von § 87 Abs. 1 Ziff. 7 BetrVG, BlStSozArbR 1981, 244; *Heß* Mitbestimmung nach § 87 Abs. 1 Nr. 7 (Gesundheitsschutz) bei der Einrichtung von Bildschirmarbeitsplätzen?, DB 1982, 2241; *Hofe* Betriebliche Mitbestimmung und Humanisierung der Arbeitswelt, 1978; *Hütig* Die Rechtsstellung des Betriebsrats nach dem Gesetz über Betriebsärzte, Sicherheitsingenieure und andere Fachkräfte für Arbeitssicherheit, DB 1975, 594; *Hunold* Zum Einfluß der ArbStättV auf die Mitwirkungs- und Mitbestimmungsrechte des Betriebsrates bei der menschengerechten Gestaltung der Arbeit, DB 1976, 1059; *Kilian* Bildschirmarbeitsplätze und Mitbestimmung, NJW 1981, 2545; *Klempt* Rechte und Pflichten des Betriebsrats im Rahmen des gesetzlichen Mutterschutzes, BlStSozArbR 1976, 369; *Kliesch/Nöthlichs/Wagner* Arbeitssicherheitsgesetz, Kommentar, 1978; *Klinkhammer* Zur Mitbestimmung des Betriebsrats bei Bildschirmarbeitsplätzen, AuR 1983, 321; *Kohte* Ein Rahmen ohne Regelungsinhalt? Kritische Anmerkungen zur Auslegung des § 87 Abs. 1 Ziffer 7 BetrVG, AuR 1984, 263; *ders.* die arbeitsrechtliche Bedeutung der Störfallverordnung, BB 1981, 1277; *Krebs* Arbeitssicherheitsgesetz, Kommentar (Loseblattwerk); *Landmann/Rohmer* Gewerbeordnung und ergänzende Vorschriften, 13. Auflage 1983; *Lauterbach* Gesetzliche Unfallversicherung, 3. Auflage 1984; *Marsch-Barner* Mitbestimmung des Betriebsrates bei der Einführung neuer Techniken, AR-Blattei, Betriebsverfassung XIV B 1, 1982; *Natzel* Zur Mitbestimmung bei der menschengerechten Gestaltung der Arbeit, RdA 1974, 280; *Rottmann* Zur Mitbestimmung des Betriebsrats beim Umgang mit Gefahrstoffen, BB 1989, 1115; *Rudolph* Die Mitwirkung des Betriebsrats nach § 9 Abs. 3 des Gesetzes über Betriebsärzte, Sicherheitsingenieure und andere Fachkräfte für Arbeitssicherheit, BB 1976, 370; *Scholz* Staatliche Forschungsförderung – Mitbestimmung des Betriebsrats?, BB 1981, 441; *Spinnarke* Sicherheitstechnik, Arbeitsmedizin, Arbeitsplatzgestaltung, Eine Einführung in das Recht der Arbeitssicherheit, 2. Auflage 1990; *ders.* Mitbestimmungsrechte des Betriebsrats nach dem Arbeitssicherheitsgesetz, BB 1976, 798; *Spinnarke/Schork* Arbeitssicherheitsrecht (Loseblattwerk); *Spitzner* Betriebsverfassungsrechtliche Fragen bei der Einführung neuer Techniken, BlStSozArbR 1981, 257; *Willemsen/Brune* Alkohol und Arbeitsrecht, DB 1988, 2304; *Wlotzke* Technischer Arbeitsschutz im Spannungsverhältnis von Arbeits- und Wirtschaftsrecht, RdA 1992, 85; *Wolber* Bestellung und Abberufung der Mitglieder des Arbeitsschutzausschusses und Sicherheitsausschusses, BlStSozArbR 1977, 228; *ders.* Die Bestellung von Betriebsärzten und Fachkräften für Arbeitssicherheit bei Unternehmen mit Zweigniederlassungen, BlStSozArbR 1979, 119; *Zöllner* Arbeitsrecht und menschengerechte Arbeitsgestaltung, RdA 1973, 212.

Abs. 1 Nr. 8 – Sozialeinrichtungen

Dangers Betriebliche Sozialeinrichtungen und Mitbestimmung, BB 1974, 1076; *Gumpert* Mitbestimmung bei der Umstellung von Werkskantinen auf Automatenverpflegung, BB 1978, 968; *Hanau* Neuerungen in der Mitbestimmung über Sozialeinrichtungen, insbesondere der Altersversorgung, BB 1973, 1274; *Hiersemann* Die Mitbestimmung bei Sozialeinrichtungen und im Werkwohnungswesen, BB 1973, 850; *Jahnke* Die Mitbestimmung des Betriebsrats auf dem Gebiet der betrieblichen Sozialleistungen, ZfA 1980, 863; *Schirdewahn* Mitbestimmung bei Arbeitgeberdarlehen aus laufenden Mitteln, BB 1980, 891; Zur Mitbestimmung bei der betrieblichen Altersversorgung vgl. nachfolgenden besonderen Schrifttumsnachweis.

Abs. 1 Nr. 8 und Nr. 10 – Betriebliche Altersversorgung

Ahrend/Dernberger/Rößler Der Dotierungsrahmen im Beschluß des Großen Senats des BAG zur ablösenden Betriebsvereinbarung, BB 1988, 333; *Blomeyer/Otto* Gesetz zur Verbesserung der betrieblichen Altersversorgung, 1984; *Blomeyer* Die »Billigkeitskontrolle« der abändernden Betriebsvereinbarung über betriebliche Ruhegelder, DB 1984, 926; *Dieterich* Die Rechtsprechung des *Bundesarbeitsgerichts* zur Mitbestimmung des Betriebsrats bei der betrieblichen Altersversorgung, BetrAV 1976, 25; *ders.* Betriebsverfassungsrecht und betriebliche Altersversorgung, NZA 1984, 273; *Griebeling* Arbeits- und insolvenzrechtliche Fragen zur Unterstützungskasse, DB 1991, 2336; *Gumpert* Mitbestimmung bei betrieblicher Altersversorgung in Form von Ruhegeldzusagen und Direktversicherungen?, BB 1976, 605; *Hanau* Neuerungen in der Mitbestimmung über Sozialeinrichtungen, insbesondere der Altersversorgung, BB 1973, 1274; *ders.* Die Mitbestimmung in der betrieblichen Altersversorgung nach der neuen Rechtsprechung des *Bundesarbeitsgerichts*, BB 1976, 91; *Heither* Die Rechtsprechung des BAG zur Beteiligung des Betriebsrats bei der Ausgestaltung der betrieblichen Altersversorgung, DB 1991, 700; *Höfer/Kemper* Betriebliche Ruhegeldzusagen und Mitbestimmungsrecht des Betriebsrats, DB 1974, 241; *Hütig* Die arbeitsrechtlichen Möglichkeiten zur Änderung von betrieblichen Versorgungsregelungen, DB 1978, 693; *Jahnke* Die Mitbestimmung des Betriebsrats auf dem Gebiet der betrieblichen Sozialleistungen, ZfA 1980, 863; *Metz* Rahmenabkommen zwischen Lebensversicherern und Arbeitgebern, DB 1988, 1267; *Moll* Altersversorgung in Form von Direktzusagen als Sozialeinrichtung?, BB 1988, 400; *Pauly* Zu Umfang und Grenzen des Mitbestimmungsrechts aus § 87 Abs. 1 Nr. 8 und 10 im Bereich der betrieblichen Altersversorgung, DB 1985, 2246; *Richardi* Rechtsbindung des Arbeitgebers bei Gratifikationen, Leistungen einer betrieblichen Altersversorgung und sonstigen Zuwendungen, JA 1975, 761; *ders.* Die Mitbestimmung des Betriebsrats bei der Regelung des Arbeitsentgelts, ZfA 1976, 1; *Schaub* Die Anpassung von Betriebsrenten, NJW 1978, 2076; *ders.* Die Mitbestimmung des Betriebsrats in der betrieblichen Altersversorgung, AuR 1992, 193; *Schoden* Die betriebliche Altersversorgung, 1978; *Sieber* Der mitbestimmungsfreie Dotierungsrahmen der betrieblichen Altersversorgung, BB 1976, 367; *Weigel* Das Mitbestimmungsrecht des Betriebsrats im Rahmen der betrieblichen Altersversorgung, BB 1974, 1583.

Abs. 1 Nr. 9 – Werkwohnungen

Giese Mitbestimmung bei der Mietpreisfestsetzung von Werkswohnungen, BB 1973, 198; *Hiersemann* Die Mitbestimmung bei Sozialeinrichtungen und im Werkwohnungswesen, BB 1973, 850; *Röder* Mieterhöhungen bei Werkmietverträgen, MDR 1982, 276; *Schmidt-Futterer* Streitfragen bei der Kündigung von Werkwohnungen wegen Betriebsbedarfs, DB 1974, 579; *ders.* Die betriebsfremde Werkwohnung, AR-Blattei, Werkwohnung II, 1976; *Schmidt-Futterer/Blank* Wohnraumschutzgesetze, Kommentar, 5. Aufl., 1984; *dies.* Die Werkdienstwohnung nach neuem Recht, BB 1976, 1033; *dies.* Mitbestimmung des Betriebsrates bei Vermietung von Werkwohnungen, DB 1976, 1233; *dies.* Die betriebseigene Wohnung, AR-Blattei, Werkwohnung I, 1979.

§ 87   4. Teil 3. Abschn. Soziale Angelegenheiten

Abs. 1 Nr. 10 – Fragen der betrieblichen Lohngestaltung
Becker-Schaffner Die Rechtsprechung zur Gewinnbeteiligung, AuR 1991, 304; *Bitter* Betriebsvereinbarungen im AT-Bereich in der Praxis, DB 1979, 695; *Conze* Zur Zulässigkeit von Betriebsvereinbarungen für AT-Angestellte über materielle Arbeitsbedingungen, DB 1978, 490; *Bommermann* Übertarifliche Zulagen – Anrechenbarkeit und Mitbestimmung, DB 1991, 2185; *Eich* Kürzung übertariflicher Einkommensbestandteile und Mitbestimmungsrecht des Betriebsrates, DB 1980, 1340; *v. Friesen* Betriebliche Lohngestaltung für AT-Angestelle, AuR 1980, 367; *dies.* Die Rechtsstellung des Betriebsrats gegenüber nichtleitenden AT-Angestellten, DB 1980 Beilage Nr. 1; *Gaul* Die Arbeitsbewertung und ihre rechtliche Bedeutung, 4. Auflage 1981; *ders.* Betriebliche Gehaltspolitik für außertarifliche Angestellte und deren rechtliche Ordnung, DB 1978, 764; *Gester/Isenhardt* Das Initiativrecht des Betriebsrats zur Regelung materieller Lohnbedingungen, RdA 1974, 80; *Goos* Mitbestimmung bei betrieblichen Zulagen, NZA 1986, 701; *Hanau* Aktuelle Probleme der Mitbestimmung über das Arbeitsentgelt gem. § 87 Abs. 1 Nr. 10 BetrVG, BB 1977, 350; *Heinze* Die Mitbestimmungsrechte des Betriebsrats bei Provisionsentlohnung, NZA 1986, 1; *Herbst* Umfang des Mitbestimmungsrechts bei freiwilligen übertariflichen Zulagen, DB 1987, 738; *Hönsch* Mitbestimmung des Betriebsrats bei der Anrechnung von Tariflohnerhöhungen auf freiwillige übertarifliche Zulagen, DB 1988, 2312; *Hromadka* Übertarifliche Zulagen mitbestimmungspflichtig?, DB 1986, 1921; *ders.* Zur Mitbestimmung bei allgemeinen tariflichen Zulagen, DB 1988, 2636; *ders.* Mitbestimmung bei übertariflichen Zulagen, DB 1991, 2133; *ders.* Der Große Senat zu den übertariflichen Zulagen, DB 1992, 1573; *Hunold* Außertarifliche Vertragsverhältnisse und übertarifliche Vertragsbestandteile, DB 1981 Beilage Nr. 26; *Jahnke* Die Mitbestimmung des Betriebsrats auf dem Gebiet der betrieblichen Sozialleistungen, ZfA 1980, 863; *Janert* AT-Angestellte und Betriebsrat, DB 1976, 243; *Jedzig* Einführung standardisierter Verfahren zur Leistungsbeurteilung von Arbeitnehmern, DB 1991, 753; *Kappes* Mitbestimmungsrecht des Betriebsrats bei übertariflichen Zulagen?, DB 1986, 1520; *Klinkhammer* Die Mitbestimmung des Betriebsrats bei der Provisionsfestsetzung, AuR 1977, 363; *Leinemann* Änderung einzelvertraglicher Ansprüche durch Betriebsvereinbarungen, DB 1985, 1394; *Lieb* Die Regelungszuständigkeit des Betriebsrats für die Vergütung von AT-Angestellten, ZfA 1978, 179; *ders.* Die Mitbestimmung beim Prämienlohn, ZfA 1988, 413; *Löwisch* Die Mitbestimmung des Betriebsrats bei der Gehaltsfestsetzung für Angestellte nach Arbeitsplatzrangfolge und Leistungsbeurteilung, DB 1973, 1746; *ders.* Die Mitbestimmung des Betriebsrats bei Provisionsregelungen für kaufmännische Angestellte, ZHR 1975, 362; *Mache* Übertarifliche Leistungen und Tariflohnerhöhungen: Die individualrechtlichen Folgen unterbliebener Mitbestimmung, DB 1989, 2170; *Matthes* Die Rechtsprechung des *Bundesarbeitsgerichts* zur Mitbestimmung des Betriebsrats in Entgeltfragen, NZA 1987, 289; *Meisel* Übertarifliches Entgelt und Tarifentgelterhöhung, BB 1991, 406; *Moll* Die Mitbestimmung des Betriebsrats beim Entgelt, 1977; *Oetker* Vorruhestand durch Betriebsvereinbarungen, NZA 1986, 148; *ders.* Die Auswirkungen tariflicher Entgelterhöhungen für den Effektivverdienst im Zielkonflikt von individueller Gestaltungsfreiheit und kollektivrechtlicher Gewährleistung innerbetrieblicher Verteilungsgerechtigkeit, RdA 1991, 16; *Ramrath* Die Mitbestimmung des Betriebsrats bei der angeblichen »Verrechnung« sogenannter »übertariflicher Zulagen« mit Tariflohnerhöhungen, DB 1990, 2593; *Reuter* Vergütung von AT-Angestellten und betriebsverfassungsrechtliche Mitbestimmung, 1979; *Richardi* Die Mitbestimmung des Betriebsrats bei der Regelung des Arbeitsentgelts, ZfA 1976, 1; *Röder* Die Beteiligung von Arbeitnehmern an Unternehmen, NZA 1987, 799; *Rüthers* Rechtsprobleme des Zeitlohns an taktgebundenen Produktionsanlagen, ZfA 1973, 399; *Rumpff* Das Mitbestimmungsrecht des Betriebsrats bei Entgeltfragen, insbesondere beim Leistungslohn nach dem Betriebsverfassungsgesetz 1972, AuR 1972, 65; *Schirdewahn* Entlohnungsgrundsätze und Entlohnungsmethoden, DB 1979, 791; *ders.* Ist die Mitbestimmung bei der Lohngestaltung verfassungsgemäß?, BB 1980, 163; *ders.* Mitbestimmung bei Arbeitgeberdarlehen aus laufenden Mitteln?, BB 1980, 891; *Schirge* Kündigung und Nachwirkung von Betriebsvereinbarungen über betriebliche, übertarifliche Leistungen, DB 1991, 441; *Schüren* Mitbestimmung bei der automatischen Anrechnung von Tariflohnerhöhungen auf übertarifliche Zulagen, RdA 1991, 139; *Stege/Rinke* Die Mit-

bestimmung des Betriebsrats bei der Anwendung übertariflicher Zulagen auf eine Tariflohnerhöhung, DB 1991, 2386; *Stadler* Die Mitbestimmung des Betriebsrats nach dem neuen Betriebsverfassungsgesetz in Fragen der Leistungsentlohnung, BB 1972, 800; *Strieder* Betriebliche Lohnpolitik, BB 1980, 420; *Trittin* Zum Mitbestimmungsrecht bei übertariflichen Zulagen, AuR 1991, 329; *Westhoff* Die bisherige Rechtsprechung zur Mitbestimmung bei Provisionssystemen und ihre Folgen für die Praxis, DB 1980, 1260; *Wiese* Zur Mitbestimmung des Betriebsrats bei freiwilligen, jederzeit widerruflichen Zulagen und/ oder auf diese anrechenbaren Tariflohnerhöhungen, NZA 1990, 793; *Ziepke* Die Anrechnung von Tariflohnerhöhungen, BB 1981, 61; vgl. außerdem Schrifttumsnachweise zu Abs. 1 Nr. 11 sowie zur betrieblichen Altersversorgung oben zu Abs. 1 Nr. 8 und 10.

Abs. 1 Nr. 11 – Akkord, Prämienlohn und Provision
Böhner/Ziepke Handkommentar zum Lohnrahmenabkommen, 2. Auflage 1972; *Bolten* Ist die Abschlußprovision ein leistungsbezogenes Entgelt i.S. des § 87 Abs. 1 Nr. 11 BetrVG?, DB 1977, 1650; *Gaul* Betriebsvereinbarungen über Prämienlohn, 4. Aufl. 1978; *ders.* Rechtsprobleme der Akkordentlohnung, BB 1990, 1549; *Giese* Einigungsstellenverfahren – Pausen bei Akkordentlohnung – Verfahrenskosten als Druckmittel, ZfA 1991, 53; *Heinze* Die Mitbestimmungsrechte des Betriebsrats bei Provisionsentlohnung, NZA 1986, 1; *Heuking* Provisionen als Entgelte im Sinne von § 87 Abs. 1 Nr. 11 BetrVG?, DB 1982, 279; *Lieb* Mitbestimmungsrechte des Betriebsrats gemäß § 87 Nr. 11 BetrVG bei Provisionsentlohnung?, DB 1975, 1748; *ders.* Die Mitbestimmung beim Prämienlohn ZfA 1988, 413; *Löwisch* Die Mitbestimmung des Betriebsrats bei Provisionsregelungen für kaufmännische Angestellte, ZHR 1975, 362; *Moll* Die Mitbestimmung des Betriebsrats beim Entgelt, 1977; *Moritz* Mitbestimmung des Betriebsrats bei Leistungsvergütungen – insbesondere bei Provisionsregelungen, AuR 1985, 97; *Neudel* Zur Mitbestimmung des Betriebsrats bei der Einführung von Verfahren vorbestimmter Zeiten, AuR 1975, 143; *Pornschlegel* Begriff und Systematik leistungsbezogener Entgelte, AuR 1983, 193; *Richardi* Die Mitbestimmung des Betriebsrats bei der Regelung des Arbeitsentgelts, ZfA 1976, 1; *Seifert* Der Angestellte mit Provisionsbezahlung, DB 1979, 2034.

Abs. 1 Nr. 12 – Betriebliches Vorschlagswesen
Bächle Schwachstellen im betrieblichen Vorschlagswesen, DB 1984, 1333; *Gaul* 20 Jahre Arbeitnehmererfinderrecht, GRUR 1977, 686; *ders.* Die Rechtsstellung der Erfinderberaters nach dem Arbeitnehmererfindungsgesetz, BB 1981, 1781; *ders.* Der Verbesserungsvorschlag in seiner Abgrenzung zur Arbeitnehmererfindung, BB 1983, 1357; *ders.* Einflußrechte des Betriebsrats bei Arbeitnehmererfindungen – 30 Jahre Arbeitnehmererfindungsgesetz –, AuR 1987, 361; *Gaul/Bartenbach* Arbeitnehmererfindung und Verbesserungsvorschlag, 2. Aufl. 1972; *dies.* Die kollektivrechtliche Ordnung des betrieblichen Verbesserungsvorschlagswesens, DB 1980, 1843; *Heilmann/Taeger* Praktische Rechtsfragen des Arbeitnehmererfindungsrechts, BB 1990, 1969; *Krafft* Das betriebliche Vorschlagswesen als Gruppenaufgabe und Gruppenproblem, 1966; *Krauß* Rechtliche Aspekte des betrieblichen Vorschlagswesens, Personal 1975, 182; *ders.* Betriebliches Vorschlagswesen – Beispiel für eine das Vorschlagswesen betreffende Betriebsvereinbarung, Personal 1975, 234; *Kunze* Arbeitnehmererfinder- und Arbeitnehmerurheberrecht als Arbeitsrecht, RdA 1975, 42; *Schoden* Die Beteiligungsrechte des Betriebsrats beim betrieblichen Vorschlagswesen, AuR 1980, 73; *Schüler* Das betriebliche Vorschlagswesen, 1972; *Schwab* Erfindung und Verbesserungsvorschlag im Arbeitsverhältnis, Schriften zur AR-Blattei, Band 15, 2. Auflage 1991; *Schüttkemper* Quality-Circles-Probleme in Recht und Praxis, BB 1983, 1163; *Troidl* Technische Verbesserungsvorschläge, BB 1974, 468; *Volmer* Das betriebliche Vorschlagswesen, AR-Blattei, Vorschlagswesen I, 1976; *ders.* Richtlinien über Vergütungen für Arbeitnehmererfindungen und Prämien für Verbesserungsvorschläge, 1964; *Wrieske* Die Organisation des betrieblichen Vorschlagswesens, DB 1971, 2028; *o. Verf.* Betriebliches Vorschlagswesen, Arbeitsberichte Nr. 26 des Ausschusses für Soziale Betriebsgestaltung bei der Bundesvereinigung der Deutschen Arbeitgeberver-

bände, 1988; Modell-Richtlinien für das Betriebliche Vorschlagswesen, hrsg. vom Deutschen Institut für Betriebswirtschaft, AuL 1972, 129.

Inhaltsübersicht

	Rz.
A. Allgemeines zum Mitbestimmungsrecht des Betriebsrats in sozialen Angelegenheiten	1–95
I. Geschichtliche Entwicklung	3– 6
II. Zweck der Mitbestimmung	7, 8
III. Voraussetzungen des Mitbestimmungsrechts	9–41
1. Formelle und materielle Arbeitsbedingungen	12–16
2. Kollektivtatbestände und Individualtatbestände	17–28
3. Eilbedürftige Fälle	29–34
4. Notfälle	35, 36
5. Zwingender und erschöpfender Gesetzeskatalog	37–41
IV. Initiativrecht	42–44
V. Schranken des Mitbestimmungsrechts	45–73
1. Gesetzes- und Tarifvorbehalt	46–63
a) Zweck der Vorbehalte	46
b) Gesetzesvorbehalt	47–51
c) Tarifvorbehalt	52–63
2. Unternehmerische Entscheidungsfreiheit	64–69
3. Arbeitskampf im Betrieb	70–73
VI. Ausübung des Mitbestimmungsrechts	74–78
VII. Rechtsfolgen der Nichtbeachtung des Mitbestimmungsrechts	79–95
1. Rechtsfolgen für mitbestimmungspflichtige Rechtsgeschäfte	80–92
2. Auswirkungen auf die Arbeitnehmer	93
3. Auswirkungen auf Dritte	94, 95
B. Die mitbestimmungspflichtigen Angelegenheiten	96–597
I. Fragen der Ordnung des Betriebs und des Verhaltens der Arbeitnehmer im Betrieb (Nr. 1)	98–140
1. Allgemeines	98–118
a) Voraussetzungen des Mitbestimmungsrechts	98–115
aa) Mitbestimmungspflichtige Ordnungsregelungen	113
bb) Mitbestimmungsfreie Anordnungen über das Arbeitsverhalten der Arbeitnehmer	114
cc) Mitbestimmungsfreie Entscheidungen aufgrund der Sachherrschaft über den Betrieb	115
b) Schranken des Mitbestimmungsrechts	116
c) Ausübung des Mitbestimmungsrechts	117, 118
2. Abmahnung und Betriebsbußen	119–140
a) Abmahnung	120–125
b) Betriebsbuße	126–140
aa) Vereinbarung der Betriebsbußenordnung	129–136
bb) Festsetzung der Betriebsbuße	137–139
cc) Gerichtliche Nachprüfung	140
II. Arbeitszeitfragen	141–239
1. Begriff und Bedeutung der Arbeitszeit im Arbeitsrecht	141–150
2. Entstehungsgeschichte	151
3. Beginn und Ende der täglichen Arbeitszeit einschließlich der Pausen sowie Verteilung der Arbeitszeit auf die einzelnen Wochentage (Nr. 2)	152–182

		a)	Voraussetzungen des Mitbestimmungsrechts	153–168
		b)	Schranken des Mitbestimmungsrechts	169–177
		c)	Ausübung des Mitbestimmungsrechts	178, 179
		d)	Rechtsfolgen der Nichtbeachtung des Mitbestimmungsrechts	180–182
	4.	Vorübergehende Verkürzung oder Verlängerung der betriebsüblichen Arbeitszeit (Nr. 3)		183–212
		a)	Voraussetzungen des Mitbestimmungsrechts	185–197
			aa) Verlängerung	190–193
			bb) Verkürzung	194–197
		b)	Schranken des Mitbestimmungsrechts	198–204
		c)	Ausübung des Mitbestimmungsrechts	205–208
		d)	Rechtsfolgen der Nichtbeachtung des Mitbestimmungsrechts	209–212
	5.	Arbeitsausfall infolge Fernwirkungen von Arbeitskämpfen		213–239
		a)	Rechtsgrundsätze über das Arbeitskampfrisiko	214–229
			aa) Voraussetzungen des Fortfalls der Entgeltzahlungspflicht	225–228
			bb) Beweisfragen	229
		b)	Mitwirkung des Betriebsrats	230–239
III.	Zeit, Ort und Art der Auszahlung der Arbeitsentgelte (Nr. 4)			240–258
	1.	Voraussetzungen des Mitbestimmungsrechts		242–252
		a)	Zeit	245, 246
		b)	Ort	247
		c)	Art	248–252
	2.	Schranken des Mitbestimmungsrechts		253–255
	3.	Ausübung des Mitbestimmungsrechts		256–258
IV.	Urlaubsfragen (Nr. 5)			259–282
	1.	Aufstellung allgemeiner Urlaubsgrundsätze und des Urlaubsplans		266–277
		a)	Voraussetzungen des Mitbestimmungsrechts	266–272
			aa) Aufstellung allgemeiner Urlaubsgrundsätze	266–269
			bb) Aufstellung des Urlaubsplans	270–272
		b)	Schranken des Mitbestimmungsrechts	273
		c)	Ausübung des Mitbestimmungsrechts	274–276
		d)	Rechtsfolgen der Nichtbeachtung des Mitbestimmungsrechts	277
	2.	Festsetzung der zeitlichen Lage des Urlaubs für einzelne Arbeitnehmer		278–282
V.	Einführung und Anwendung technischer Überwachungseinrichtungen (Nr. 6)			283–331
	1.	Reichweite des Schutzzwecks		283–286
	2.	Verhältnis zu anderen Mitbestimmungstatbeständen		287
	3.	Voraussetzungen des Mitbestimmungsrechts		288–318
		a)	Allgemeine Abgrenzung des Mitbestimmungstatbestandes	288–308
		b)	Technische Einrichtung nach ihrer unterschiedlichen Zweckbestimmung	309–318
			aa) Einrichtungen zur Erhebung von Informationen	309–312
			bb) Einrichtungen zur Verarbeitung von Informationen	313–318
		4.	Schranken des Mitbestimmungsrechts	319–327
	5.	Ausübung des Mitbestimmungsrechts		328, 329
	6.	Rechtsfolgen der Nichtbeachtung des Mitbestimmungsrechts		330, 331
VI.	Unfallverhütung und Gesundheitsschutz (Nr. 7)			332–386
	1.	Regelungen im Rahmen der gesetzlichen Vorschriften und der Unfallverhütungsvorschriften		333–369

§ 87   4. Teil 3. Abschn. *Soziale Angelegenheiten*

	a)	Voraussetzungen des Mitbestimmungsrechts	336–365
	aa)	Allgemeine Abgrenzung des Mitbestimmungstatbestandes	336–354
	bb)	Folgerungen für konkrete Fragen	355–365
	b)	Ausübung des Mitbestimmungsrechts	366–368
	c)	Rechtsfolgen der Nichtbeachtung des Mitbestimmungsrechts	369
2.		Durchführung des Arbeitssicherheitsgesetzes (ASiG)	370–386
	a)	Personenbezogene Entscheidungen	372–382
	b)	Organisationsentscheidungen	383–386
VII.		Sozialeinrichtungen und Werkmietwohnungen	387–456
1.		Sozialeinrichtungen (Nr. 8)	390–433
	a)	Voraussetzungen des Mitbestimmungsrechts	390–411
	aa)	Sozialeinrichtungen mit bestimmtem Wirkungsbereich	390–399
	aaa)	Abgrenzung der Sozialeinrichtungen	390–395
	bbb)	Abgrenzung des Wirkungsbereichs der Sozialeinrichtung	396–399
	bb)	Form, Ausgestaltung und Verwaltung	400–411
	aaa)	Form	401–403
	bbb)	Ausgestaltung	404–406
	ccc)	Verwaltung	407–411
	b)	Schranken des Mitbestimmungsrechts	412–420
	c)	Ausübung des Mitbestimmungsrechts	421–430
	aa)	Rechtlich unselbständige Sozialeinrichtungen	425
	bb)	Rechtlich selbständige Sozialeinrichtungen	426–430
	d)	Rechtsfolgen der Nichtbeachtung des Mitbestimmungsrechts	431, 432
	e)	Verhältnis des Mitbestimmungsrechts zur betriebsverfassungsrechtlichen Ordnung innerhalb der Sozialeinrichtung	433
2.		Werkmietwohnung (Nr. 9)	434–456
	a)	Voraussetzungen des Mitbestimmungsrechts	434–446
	aa)	Abgrenzung der Werkmietwohnungen	434–439
	bb)	Zuweisung und Kündigung im Einzelfall	440–445
	cc)	Allgemeine Festlegung der Nutzungsbedingungen	446
	b)	Schranken des Mitbestimmungsrechts	447–450
	c)	Ausübung des Mitbestimmungsrechts	451, 452
	d)	Rechtsfolgen der Nichtbeachtung des Mitbestimmungsrechts	453–456
VIII.		Entgeltfragen	457–577
1.		Begriff und Bedeutung des Entgelts im Arbeitsrecht	457–460
2.		Entstehungsgeschichte der Mitbestimmungsregelungen zu den Entgeltfragen	461, 462
3.		Fragen der betrieblichen Entgeltgestaltung (Nr. 10)	463–530
	a)	Zweck des Mitbestimmungsrechts	463
	b)	Reichweite der »betrieblichen Lohngestaltung«	464–468
	c)	Voraussetzungen des Mitbestimmungsrechts	469–506
	aa)	Allgemeines	469–476
	bb)	Unmittelbare Abgeltung der Arbeitsleistung	477–505
	aaa)	Aufstellung und Änderung von Entlohnungsgrundsätzen	478–497
	bbb)	Einführung, Anwendung und Änderung von neuen Entlohnungsmethoden	498–505
	cc)	Betriebliche Sozialleistungen	506
	d)	Schranken des Mitbestimmungsrechts	507–520
	aa)	Schranken bei unmittelbarer Abgeltung der Arbeitsleistung	508–516

		bb)	Schranken bei betrieblichen Sozialleistungen	517–520
		e)	Initiativrecht	521, 522
		f)	Ausübung des Mitbestimmungsrechts	523–526
		g)	Rechtsfolgen der Nichtbeachtung des Mitbestimmungsrechts	527–530
	4.	Leistungsbezogene Entgelte (Nr. 11)		531–577
		a)	Zweck und Reichweite des Mitbestimmungsrechts	532, 533
		b)	Voraussetzungen des Mitbestimmungsrechts	534–567
		aa)	Akkordsätze	535–553
		bb)	Prämiensätze	554–560
		cc)	Vergleichbare leistungsbezogene Entgelte	561–567
		c)	Schranken des Mitbestimmungsrechts	568–572
		d)	Ausübung des Mitbestimmungsrechts	573–576
		e)	Rechtsfolgen der Nichtbeachtung des Mitbestimmungsrechts	577
IX.	Grundsätze über das betriebliche Vorschlagswesen (Nr. 12)			578–597
	1.	Betriebliches Vorschlagwesen		579–585
	2.	Zweck des Mitbestimmungsrechts		586
	3.	Voraussetzungen des Mitbestimmungsrechts		587–589
	4.	Schranken des Mitbestimmungsrechts		590–592
	5.	Initiativrecht		593–595
	6.	Ausübung des Mitbestimmungsrechts		596
	7.	Rechtsfolgen der Nichtbeachtung des Mitbestimmungsrechts		597
C. Streitigkeiten				598–613
	1.	Regelungsstreitigkeiten		598–605
	2.	Rechtsstreitigkeiten		606–613
		a)	Allgemeines	606–612
		b)	Einstweiliger Rechtsschutz	613

A. Allgemeines zum Mitbestimmungsrecht des Betriebsrats in sozialen Angelegenheiten

Die Vorschrift regelt den **Kernbereich der betrieblichen Mitbestimmung**. Die ihr unterworfenen sozialen Angelegenheiten sind überwiegend sogenannte **formelle**, nämlich die Ordnung des Betriebsablaufs betreffende Arbeitsbedingungen wie etwa die Lage der betrieblichen Arbeitszeit. Demgegenüber sind die sogenannten **materiellen** (geldwerten) Arbeitsbedingungen, z. B. Dauer der regelmäßigen Arbeitszeit, Lohn, Urlaub, vornehmlich durch Tarifvertrag festgelegt und damit gemäß dem Satzeingang der Vorschrift dem Mitbestimmungsrecht des Betriebsrats entzogen. Gegenüber dem BetrVG 1952 sind die Mitbestimmungsrechte des Betriebsrats auf wichtigen Gebieten erweitert worden. Nach dem Willen des Gesetzgebers sollte damit aber in die eigentlichen unternehmerischen Entscheidungen, insbesondere auf wirtschaftlichem Gebiet, nicht eingegriffen werden. Die Beteiligung der Arbeitnehmer an der **Unternehmensführung** sollte nicht im Rahmen des BetrVG geregelt werden, sondern einer Neuregelung des Unternehmensverfassungsrechts vorbehalten bleiben (Begründung zum Regierungsentwurf in BT-Drucks. VI/1786, 31). Diese Neuregelung ist später durch das Gesetz über die Mitbestimmung der Arbeitnehmer vom 4. 5. 1976 (BGBl. I S. 1153) getroffen worden. **1**

Das Mitbestimmungsrecht in sozialen Angelegenheiten besteht unabhängig von **2**

§ 87   4. Teil 3. Abschn. Soziale Angelegenheiten

der Stärke der Belegschaft in allen Betrieben, in denen ein Betriebsrat gewählt worden ist. Das Mitbestimmungsrecht ist nur dann zu beachten, wenn in dem Zeitpunkt, in dem der Arbeitgeber über die soziale Angelegenheit entscheidet, z. B. Kurzarbeit einführt, ein Betriebsrat besteht (*BAG* vom 25. 11. 1981 – 4 AZR 274/79 – AP Nr. 3 zu § 9 TVAL II = DB 1982, 909; *LAG Berlin* vom 9. 1. 1984 – 12 Sa 127/83 – DB 1984, 2098; *ArbG Berlin* vom 9. 8. 1983 – 6 Ca 216/83 – DB 1983, 2476; *S/W* § 87 Rz. 4; *F/A/K/H* § 87 Rz. 2; *Schönherr* BB 1965, 993 f.). Dabei ist der Betriebsrat dann als bestehend anzusehen, wenn er sich konstituiert hat und damit handlungsfähig ist (vgl. dazu oben § 26 Rz. 2). Eine vor Bestehen des Betriebsrats geregelte Angelegenheit bleibt erhalten, bis der Betriebsrat ihre Änderung oder Abschaffung aufgrund seines in der Regel bestehenden Initiativrechts erreicht hat (vgl. unten Rz. 42–44; ebenso *LAG* und *ArbG Berlin, F/A/K/H* sowie *Schönherr*, jeweils a. a. O.).

I. Geschichtliche Entwicklung

3   Das Recht der Mitwirkung des Betriebsrats in sozialen Angelegenheiten hat bereits eine lange Gesetzestradition. Sie ist vor allem bedingt durch die starke Stellung des Arbeitgebers bei der Gestaltung dieser Fragen; das bestehende Ungleichgewicht hat den Gesetzgeber seit dem letzten Jahrzehnt des 19. Jahrhunderts dazu veranlaßt, durch kollektive Beteiligung der Arbeitnehmer ein Gegengewicht zu schaffen.

4   Schon § 134b GewO i. d. F. der Novelle vom 1. 6. 1891 verpflichtete den Arbeitgeber öffentlichrechtlich, für gewerbliche Betriebe mit in der Regel mindestens 20 Arbeitern eine Arbeitsordnung zu erlassen, in der Fragen der Ordnung des Betriebs, das Verhalten der Arbeitnehmer im Betrieb, Beginn und Ende der täglichen Arbeitszeit einschließlich der Pausen, Zeit und Art der Abrechnung und Auszahlung des Lohnes sowie die Festsetzung von Betriebsstrafen geregelt waren. Zunächst wurde die Arbeitsordnung einseitig vom Arbeitgeber erlassen; vor dem Erlaß war nach § 134d Abs. 2 GewO ein etwa bestehender Arbeiterausschuß zu hören. Das BRG vom 4. 2. 1920 (RGBl. I S. 147) legte dann fest, daß die Arbeitsordnung zusammen mit dem Gruppenrat oder, wenn ein solcher fehlte, mit dem Betriebsrat durch Betriebsvereinbarung zu erlassen war (§ 78 Nr. 3, § 80 BRG; vgl. auch *D/R* § 87 Rz. 1).

5   Das BetrVG 1952 stellte einen neuen Katalog der mitbestimmungspflichtigen Angelegenheiten auf, der über den Inhalt der Arbeitsordnung hinausging. Er war jedoch so abgegrenzt, daß dem Mitbestimmungsrecht des Betriebsrats nur betriebliche Angelegenheiten, nicht aber die sogenannten materiellen Arbeitsbedingungen (vgl. dazu oben Rz. 1) unterworfen waren (*D/R* § 87 Rz. 2).

6   Das BetrVG 1972 hat dann den Katalog der mitbestimmungspflichtigen Angelegenheiten umgestellt und erweitert (vgl. Begründung des Regierungsentwurfs in BT-Drucks. VI/1786, 48 f.). Danach bezieht sich die Mitbestimmung teilweise auch auf **Einzelfälle**, nämlich z. B. bei der Festlegung der zeitlichen Lage des Urlaubs für einzelne Arbeitnehmer sowie bei Zuweisung und Kündigung von Werkwohnungen. Hingegen bezieht sie sich eindeutig nur auf **Kollektivtatbestände**, soweit es um die Aufstellung allgemeiner Urlaubsgrundsätze, die allgemeine Festsetzung der Nutzungsbedingungen für Werkwohnungen, die Aufstellung von Entlohnungsgrundsätzen sowie um Grundsätze über das betriebliche Vorschlagswe-

sen geht. Die Mitbestimmung ist nun auch unzweifelhaft nicht auf sogenannte formelle Arbeitsbedingungen (zur Unterscheidung zwischen formellen und materiellen Arbeitsbedingungen vgl. oben Rz. 1) beschränkt.

II. Zweck der Mitbestimmung

Die Mitbestimmung in den sozialen Angelegenheiten soll nach allgemeiner Rechtsauffassung sicherstellen, daß die Arbeitnehmerinteressen bei der Gestaltung der sie unmittelbar berührenden Fragen gleichrangig berücksichtigt werden (*BAG* vom 18. 4. 1989 – 1 ABR 100/87 – AP Nr. 18 zu § 87 BetrVG 1972 Tarifvorrang = EzA 87 BetrVG 1972 Nr. 13 = DB 1989, 1676; GK-*Wiese* § 87 Rz. 52; *D/R* § 87 Rz. 7; *Hromadka* DB 1987, 1991, 1994; *Hurlebaus* 26 m. w. Nachw.). Ohne das Mitbestimmungsrecht des Betriebsrats wären die Arbeitnehmer in vielen Hinsichten der alleinigen Regelungs- und Entscheidungsbefugnis des Arbeitgebers ausgesetzt, die sich aus der Bündelung individualrechtlicher Weisungsrechte gegenüber allen betriebsangehörigen Arbeitnehmern ergibt (*Richardi* DB 1971, 621). 7

Dieser Deutung des Mitbestimmungsrechts ist zuzustimmen. In der Tat verwirklicht es in besonderer Weise den **Schutz der Belegschaftsmitglieder.** Daneben und sogar primär dem § 87 eine Integrationsfunktion zuzuschreiben, die dem Persönlichkeitswert des Arbeitnehmers und seinem Streben nach sozialer Anerkennung diene (*D/R* a. a. O.; *Adomeit* Die Regelungsabrede 54ff.; vgl. dazu auch *Hurlebaus* 33), ist aber durch die gesetzliche Regelung nicht gerechtfertigt, der auf diese Weise nicht ein mit dem Gesetz verwirklichter Zweck zugeordnet, sondern ein sozialpolitisches Postulat übergestülpt wird; denn das Mitbestimmungsrecht des Betriebsrats hindert nicht nur den Arbeitgeber, sondern auch die Belegschaftsmitglieder selbst, die sie angehenden Entscheidungen zu treffen. Aus diesem Grunde läßt sich das Mitbestimmungsrecht auch nicht mit einem Teilhabezweck erklären (so aber *BAG* und GK-*Wiese*, jeweils a. a. O.; vgl. dazu *Hurlebaus* 37; gegen derartige Umdeutungen des Gesetzeszwecks auch *Hromadka* DB 1991, 2133, 2137). Ebensowenig kann der Auffassung zugestimmt werden, das Mitbestimmungsrecht diene der betrieblichen Ordnung (so aber *Löwisch* DB 1983, 1709, 1710; vgl. dazu *Hurlebaus* 43 m. w. Nachw.); denn die betriebliche Ordnung könnte auch ohne Mitbestimmung verwirklicht werden; die Betriebe ohne Betriebsrat sind Beweis dafür.

Der Schutzzweck des Gesetzes wird dadurch verwirklicht, daß der Arbeitgeber in den vom Gesetz aufgezählten Angelegenheiten grundsätzlich nur mit Zustimmung des Betriebsrats entscheiden darf. Ist eine Veränderung nicht möglich, so muß der Arbeitgeber oder der Betriebsrat die Einigungsstelle nach § 76 anrufen, deren Entscheidung nach Abs. 2 die Einigung ersetzt (zu den möglichen Rechtsfolgen einer Verletzung des Mitbestimmungsrechts vgl. unten Rz. 79ff.). 8

III. Voraussetzungen des Mitbestimmungsrechts

Gegenstand des Mitbestimmungsrechts in sozialen Angelegenheiten sind ausschließlich die in Abs. 1 Nr. 1–12 aufgeführten Fragen. Dabei können diese Fragen auch ausschließlich solche Belegschaftsmitglieder betreffen, die im Ausland 9 tätig sind, sofern und soweit sie von der Ausstrahlungswirkung des inländischen Betriebes (dazu oben vor § 1 Rz. 4ff.) erfaßt werden (so auch *Boemke* NZA 1992, 112, 116).

10 Das Mitbestimmungsrecht hängt nicht davon ab, ob der Arbeitgeber die Angelegenheit einseitig, nämlich aufgrund seines Weisungsrechts, oder nur durch Vertrag regeln kann. Die vertragliche Vereinbarung mit den Arbeitnehmern macht daher die Mitbestimmung des Betriebsrats nicht überflüssig (GK-*Wiese* vor § 87 Rz. 4 m. Nachw.; für den Fall des Abs. 1 Nr. 3 auch *BAG* vom 8. 6. 1982 – 1 ABR 56/80 – § 87 BetrVG 1972 Arbeitszeit Nr. 12 = DB 1982, 2356 m. Anm. Marsch-Barner; vom 21. 12. 1982 – 1 ABR 14/81 – EzA § 87 BetrVG 1972 Arbeitszeit Nr. 16 = DB 1983, 47; zustimmend *Jahnke* Anm. SAE 1983, 145).

11 In Rechtsprechung und Fachschrifttum wird die Auffassung vertreten, Abs. 1 schaffe dem Arbeitgeber in den dort genannten Angelegenheiten auch dann eine Rechtsgrundlage für sein Handeln, wenn sie sonst fehle, Abs. 1 sei also auch eine **Kompetenzzuweisung** zu entnehmen (*BAG* vom 19. 4. 1963 – 1 ABR 6/62 – AP Nr. 2 zu § 56 BetrVG 1952 Entlohnung m. Anm. *Küchenhoff* = DB 1963, 966; vom 12. 9. 1967 – 1 AZR 34/66 – DB 1968, 45 = EzA § 52 BetrVG 1952 Nr. 4; GK-*Wiese* § 87 Rz. 82ff.; *Raatz* BB 1972 Beilage Nr. 1, 5; *Otto* NZA 1992, 97, 98; G/L § 87 Rz. 106 und die Vorauflage). Das ist etwa von Bedeutung für den Fall, daß der Arbeitgeber vorübergehend die Arbeitszeit verkürzen will, ohne daß ihn eine besondere Tarifnorm dazu ermächtigt. Dieser Auffassung kann nicht zugestimmt werden. Der Arbeitgeber kann zwar gemeinsam mit dem Betriebsrat gem. § 77 Abs. 3 Satz 1 durch Betriebsvereinbarung Arbeitsbedingungen wirksam regeln und deshalb auch Kurzarbeit einführen. Eine solche Betriebsvereinbarung ist aber freiwillig und kann deshalb auch vom Arbeitgeber nicht erzwungen werden (so auch *BAG* vom 18. 8. 1987 – 1 ABR 30/86 – AP Nr. 23 zu § 77 BetrVG 1972, Bl. 65 = EzA § 77 BetrVG 1972 Nr. 18 = DB 1987, 2257; vgl. auch *Buchner* NZA 1986, 377, 379). Es würde dem Schutzzweck des Mitbestimmungsrechts (vgl. dazu oben Rz. 7) zuwiderlaufen, könnte eine solche Betriebsvereinbarung vom Arbeitgeber mittels der Einigungsstelle erzwungen werden (so auch *v. Stebut* RdA 1974, 332, 343).

1. Formelle und materielle Arbeitsbedingungen

12 Die gesetzlichen Mitbestimmungstatbestände müssen in erster Linie aus der jeweiligen Gesetzesregelung heraus abgegrenzt werden. Der unter der Geltung des BetrVG 1952 zur Abgrenzung herangezogene Gegensatz zwischen formellen – mitbestimmungsunterworfenen – und materiellen – mitbestimmungsfreien – Arbeitsbedingungen ist für das geltende Recht nicht maßgeblich. Es kann dahinstehen, ob sich diese beiden Arten von Arbeitsbedingungen überhaupt klar voneinander unterscheiden lassen (zweifelnd D/R § 87 Rz. 26) und ob sich das Mitbestimmungsrecht nach früherem Recht wirklich nur auf formelle Arbeitsbedingungen erstreckt hat (dafür die höchstrichterliche Rechtsprechung, z.B. *BAG* vom 15. 12. 1961 – 1 AZR 492/59 – AP Nr. 1 zu § 56 BetrVG 1952 Arbeitszeit Bl. 2 R m. Anm. *Küchenhoff* = DB 1962, 442; vom selben Tag – 1 AZR 310/60 – AP Nr. 2 a. a. O., ebenfalls m. Anm. *Küchenhoff* = DB 1962, 338; Kritik hieran vor allem bei *Farthmann* BB 1963, 786 sowie RdA 1966, 249 und *Herschel* AuR 1968, 129 sowie 1969, 65) und damit der Bereich, der die Bestimmung von Lei-

stung und Gegenleistung, also von Arbeitspflicht und Vergütungspflicht betrifft, der Mitbestimmung des Betriebsrats schlechterdings entzogen war. Das BetrVG 1972 unterstellt jedenfalls z. B. mit der vorübergehenden Verkürzung oder Verlängerung der betrieblichen Arbeitszeit (Abs. 1 Nr. 3) auch materielle Arbeitsbedingungen dem Mitbestimmungsrecht des Betriebsrats. Mit Recht wird deshalb diese Unterscheidung nicht mehr zur Grundlage für die Abgrenzung der Mitbestimmungstatbestände gemacht (vgl. *BAG* vom 13. 3. 1973 – 1 ABR 16/72 – EzA § 87 BetrVG 1972 Werkswohnungen Nr. 2 = DB 1973, 1458 = AP Nr. 1 zu § 87 BetrVG 1972 Werkmietwohnungen; (vgl. unten Rz. 14) vom 12. 6. 1975 – 3 ABR 13/74 – EzA § 87 BetrVG 1972 Lohn- und Arbeitsentgelt Nr. 4 m. Anm. *Birk* = DB 1975, 1559; vom selben Tage – 3 ABR 137/73 – EzA § 87 BetrVG 1972 Lohn und Arbeitsentgelt Nr. 2 m. Anm. *Birk* = DB 1975, 1224 ebenfalls vom selben Tag – 3 ABR 66/74 – EzA § 87 BetrVG 1972 Lohn und Arbeitsentgelt Nr. 3 m. Anm. *Birk*; vom 8. 3. 1977 – 1 ABR 33/75 – EzA § 87 BetrVG 1972 Lohn und Arbeitsentgelt Nr. 6 m. Anm. *Klinkhammer* = DB 1977, 1464; *D/R* § 87 Rz. 27; GK-*Wiese* § 87 Rz. 33; *G/L* § 87 Rz. 2; *F/A/K/H* § 87 Rz. 20; *S/W* § 87 Rz. 14; *D/K/K/S* § 87 Rz. 17; *Lieb* ZfA 1978, 179, 184; *Wiese* Initiativrecht, 35; *Hanau* RdA 1973, 282; *Löwisch* BB 1973, 1746; *Farthmann* RdA 1974, 66; *Gester/Isenhardt* RdA 1974, 83).

Dennoch hat die Unterscheidung zwischen formellen und materiellen Arbeitsbedingungen einen **berechtigten Kern** (*D/R* § 87 Rz. 28; *G/L* § 87 Rz. 3 f.; *Zöllner/ Loritz* Arbeitsrecht § 47 IV 1; *Hanau* RdA 1973, 282 f.; *Konzen* BB 1977, 1307, 1312). Ihr Grundgedanke bestimmt auch Rechtsprechung und Fachschrifttum zum BetrVG 1972. So wird der Mitbestimmungstatbestand in Abs. 1 Nr. 8 so abgegrenzt, daß der Betriebsrat weder die Schaffung einer Sozialeinrichtung noch zusätzliche Leistungen des Arbeitgebers durch Ausübung des Mitbestimmungsrechts erzwingen kann (vgl. unten Rz. 412 ff.). Bei der allgemeinen Festlegung der Nutzungsbedingungen für Werkmietwohnungen nach Abs. 1 Nr. 9 erstreckt sich das Mitbestimmungsrecht zwar auf die Mietzinsbildung, läßt aber die vorhandene finanzielle Grundausstattung unberührt (vgl. unten Rz. 447). Die Mitbestimmung bei Fragen der betrieblichen Lohngestaltung nach Abs. 1 Nr. 10 ermächtigt nicht dazu, Lohnpolitik zu treiben (vgl. unten Rz. 507). Für die betriebliche Altersversorgung ist anerkannt, daß mitbestimmungsfrei ist, ob der Arbeitgeber finanzielle Mittel für diesen Zweck bereitstellen, in welchem Umfang er das tun, welche Versorgungsform er wählen und welchen Arbeitnehmerkreis er bedenken will (vgl. unten Rz. 519).

13

Bei Anerkennung dieser Rechtsschranke verstößt § 87 nicht gegen **Grundrechte des Arbeitgebers** (so auch *BAG* vom 13. 3. 1973 a. a. O., in AP Bl. 4; vom 29. 3. 1977 – 1 ABR 123/74 – EzA § 87 BetrVG 1972 Leistungslohn Nr. 2 m. Anm. *Löwisch* = DB 1977, 1650 m. Anm. *Bolten*; LAG Düsseldorf vom 17. 7. 1973 – 8 TaBV 11/73 – EzA § 87 BetrVG 1972 Initiativrecht Nr. 1; GK-*Wiese* § 87 Rz. 35; *Moll* Die Mitbestimmung des Betriebsrats beim Entgelt, 46; *Auffarth* AuR 1972, 33, 41; *Dütz* DB 1972, 383, 390; *Simitis/Weiss* DB 1973, 1240, 1245; **a. A.** *Kammann/Hess/Schlochauer* § 77 Rz. 73). So wird das Grundrecht auf Eigentum deshalb nicht verletzt, weil Inhalt und Schranken des Eigentums nach Art. 14 Abs. 1 Satz 2 GG durch die Gesetze bestimmt werden und das Eigentum nach Art. 14 Abs. 2 GG sozial gebunden ist. Auch die unternehmerische Entscheidungsfreiheit gem. Art. 2 Abs. 1 und Art. 12 GG wird nicht über Gebühr beschränkt, weil der Gesetzgeber aufgrund Art. 20 Abs. 1 und Art. 28 Abs. 1 GG Maßnahmen zum

14

§ 87 4. Teil 3. Abschn. Soziale Angelegenheiten

Schutz der sozial Schwächeren ergreifen darf, wenn er dabei den Grundsatz der Verhältnismäßigkeit beachtet und das Grundrecht gem. Art. 19 Abs. 2 GG nicht in seinem Wesensgehalt antastet (GK-*Wiese* § 87 Rz. 26). Der durch Art. 9 Abs. 3 GG geschützte Kernbereich spezifisch koalitionsgemäßer Betätigung wird wegen des ausdrücklich im Gesetz geregelten Vorrangs des Tarifvertrags (§ 77 Abs. 3 und § 87 Abs. 1 Satzeingang) ohnehin nicht berührt (*BAG* vom 13. 3. 1973 a. a. O., in AP Bl. 4 R.; vom 5. 3. 1974 – 1 ABR 38/73 – EzA § 87 BetrVG 1972 Nr. 3 m. Anm. *Herschel* = DB 1974, 1389; GK-*Wiese* a. a. O.).

15 Bisher noch sehr umstritten ist die Frage, welche Kriterien die mitbestimmungsfreie unternehmerische Entscheidung kennzeichnen (vgl. dazu die Erläuterungen zur unternehmerischen Entscheidungsfreiheit unter Rz. 62 ff.).

16 Das Mitbestimmungsrecht des Betriebsrats in den vom Gesetz abschließend aufgeführten sozialen Angelegenheiten kann auch nicht über die Denkfigur einer **»materiellen Annex-Regelung«** (so aber *Hanau* RdA 1973, 281, 283 und NZA 1985 Beilage Nr. 2, 2, 7; ihm zustimmend *F/A/K/H* § 87 Rz. 56; *Reuter* RdA 1981, 201, 207; *Hess/Kammann/Schlochauer* § 87 Rz. 21; *Wiedemann/Moll* Anm. AP Nr. 1 zu § 87 BetrVG 1972 Auszahlung Bl. 4 R; wie hier GK-*Wiese* § 87 Rz. 31; *D/R* § 87 Rz. 29; *LAG Düsseldorf/Köln* vom 27. 2. 1975 – 16 Ta BV 113/74 – EzA § 87 BetrVG 1972 Lohn- und Arbeitsentgelt Nr. 1 m. Anm. *Blomeyer; Peterek* Anm. SAE 1978, 142 f.; *Huber* DB 1980, 1643; *Mengel* BB 1982, 43, 44; ausführlich *Starck* Leistungspflichten und betriebliche Mitbestimmung, 39 ff.) auf weitere Angelegenheiten ausgedehnt werden, selbst wenn sie mit der kraft Gesetzes mitbestimmungspflichtigen Angelegenheit in einem gewissen Zusammenhang stehen. Demgegenüber hat die höchstrichterliche Rechtsprechung das Mitbestimmungsrecht bei »materiellen Annex-Regelungen« für den Fall anerkannt, daß der Betriebsrat nach Abs. 1 Nr. 4 die Übernahme der Kosten bargeldloser Entgeltzahlung durch den Arbeitgeber verlangt (*BAG* vom 8. 3. 1977, a. a. O.; vom 31. 8. 1982 – 1 ABR 8/81 – AP Nr. 2 zu § 87 BetrVG 1972 Auszahlung = DB 1982, 2519 = EzA § 87 BetrVG 1972 Nr. 9; vom 24. 11. 1987 – 1 ABR 25/86 – EzA § 87 BetrVG 1972 Lohn- u. Arbeitsentgelt Nr. 14 = DB 1988, 813; vom 5. 3. 1991 – 1 ABR 41/90 – NZA 1991, 611; vgl. dazu auch *BVerfG* vom 18. 10. 1987 – 1 BvR 1426/83 – AP Nr. 7 zu § 87 BetrVG 1972 Auszahlung; vgl. des näheren unter Rz. 221 f.). Diese Rechtsprechung ist mit dem Gesetz nicht vereinbar, das die mitbestimmungspflichtigen sozialen Angelegenheiten abschließend geregelt hat (vgl. dazu auch unten Rz. 37 ff.). Sonst wäre § 87 auch offen für die Begründung unübersehbarer zusätzlicher Leistungspflichten für Arbeitgeber und Arbeitnehmer (GK-*Wiese* § 87 Rz. 24). Zu denken ist etwa an die Übernahme erhöhter Urlaubsreisekosten, wenn der Betriebsurlaub in die Hauptreisezeit gelegt wird, oder an eine Garantieverpflichtung des Arbeitgebers für die Zahlung von Kurzarbeitergeld bei Verkürzung der betrieblichen Arbeitszeit (weitere Beispiele bei *Huber* DB 1980, 1643). Außerdem darf nicht übersehen werden, daß die sogenannten Annex-Regelungen wieder selbst unmittelbare Folgewirkungen nach sich ziehen können, für die ebenfalls ein Mitbestimmungsrecht in Anspruch genommen werden könnte. Die Anerkennung eines Mitbestimmungsrechts kraft materieller Annex-Wirkung droht somit die Grenzen der Mitbestimmungstatbestände im Ungewissen verschwimmen zu lassen.

2. Kollektivtatbestände und Individualtatbestände

Das Gesetz unterwirft nur ausnahmsweise – nämlich in Abs. 1 Nr. 5 und 9 – **ausdrücklich** auch Individualtatbestände dem Mitbestimmungsrecht. Seit jeher und weiter anhaltend besteht aber ein Meinungsstreit darüber, ob das Mitbestimmungsrecht nach § 87 im **übrigen** nur kollektive Angelegenheiten betrifft oder nicht. Das *BAG* hat bisher eine generelle Festlegung vermieden (*BAG* vom 18.11.1980 – 1 ABR 87/78 – EzA § 87 BetrVG 1972 Arbeitszeit Nr. 8 m. Anm. *Klinkhammer* = DB 1981, 946), sondern allein für **den Tatbestand der vorübergehenden Verlängerung der betriebsüblichen Arbeitszeit** anerkannt, daß er nur bei Vorliegen einer kollektiven Maßnahme erfüllt sei (*BAG* vom 16.7. 1991 – 1 ABR 69/90 – BB 1991, 2156 = NZA 1992, 70; vom 10.6.1986 – 1 ABR 61/84 – EzA § 87 BetrVG 1972 Arbeitszeit Nr. 18 = DB 1986, 2391; vom 22.2.1983 – 1 ABR 27/81 – EzA § 23 BetrVG 1972 Nr. 9 = DB 1983, 1926; vom 21.12.1982 – 1 ABR 14/81 – DB 1983, 611 = EzA § 87 BetrVG 1972 Arbeitszeit Nr. 16; vom 6.6.1982 – 1 ABR 56/80 – EzA § 87 BetrVG 1972 Arbeitszeit Nr. 12 = DB 1982, 2356; vom 2.3.1982 – 1 ABR 74/79 – EzA § 87 BetrVG 1972 Arbeitszeit Nr. 11 = DB 1982, 1115; vom 18.11.1980 a.a.O.; gegen eine generelle Beschränkung auf Kollektivtatbestände auch *D/R* § 87 Rz. 17ff.; *Söllner* § 21 III 2; *Simitis/Weiss* DB 1973, 1240, 1242; *D/K/K/S* § 87 Rz. 16). Allerdings ist in der instanzgerichtlichen Rechtsprechung und im Fachschrifttum die Gegenmeinung weit verbreitet, daß das Mitbestimmungsrecht des Betriebsrats in sozialen Angelegenheiten durchweg, soweit nicht ausdrückliche Ausnahmen bestünden, auf Kollektivtatbestände beschränkt sei (*LAG Niedersachsen* vom 25.2.1980 – 3 TaBV 4/79 – EzA § 87 BetrVG 1972 Lohn- und Arbeitsentgelt Nr. 12 = DB 1980, 1849; *ArbG Hamburg* vom 16.6.1976 – 6 Bv 5/76 – DB 1977, 590; GK-*Wiese* § 87 Rz. 13 ff.; *F/A/K/H* § 87 Rz. 16; *G/L* § 87 Rz. 6 ff.; *Lieb* Arbeitsrecht § 8 III 1; *S/W* § 87 Rz. 16; *Meisel* Anm. in AP Nr. 3 zu § 87 BetrVG 1972 Arbeitszeit Bl. 5; *Böhm* DB 1974, 372, 373 ff.; *Hanau* RdA 1973, 281, 287; *Zöllner* Arbeitsrecht § 47 IV 2; *Löwisch* AuR 1978, 97, 101; *Reuter/Streckel* Grundfragen der betriebsverfassungsrechtlichen Mitbestimmung, 23ff., und die Vorauflage; ferner *Otto* NZA 1992, 97, 98, der BAG vom 21.12.1982, a.a.O., so versteht, daß das Gericht auch bei Abs. 1 Nr. 2 einen kollektiven Tatbestand voraussetze, was aber aus der Begründung nicht zwingend abzuleiten ist; vgl. dazu unten Rz. 154). Diese Auffassung kann sich aber nur scheinbar auf den Willen des Gesetzgebers und auf die Gesetzgebungsgeschichte berufen: Im Bericht des zuständigen Bundestagsausschusses für Arbeit und Sozialordnung (**zu** BT-Drucks. VI/2729, 4 vgl. dazu auch *BAG* vom 3.12. 1991 – GS 2/90 – EzA § 87 BetrVG 1972 Betriebliche Lohngestaltung Nr. 30); heißt es zwar, in Übereinstimmung mit dem Regierungsentwurf und der Oppositionsvorlage werde daran festgehalten, daß sich die Mitbestimmung des Betriebsrats grundsätzlich nur auf generelle Tatbestände und nicht auf die Regelung von Einzelfällen beziehe. Damit ist auch die in § 56 des SPD-Entwurfs (BT-Drucks. V/3681, 12 = RdA 1969, 35, 40) und in § 56 der DBG-Vorschläge (RdA 1967, 462, 465; 1970, 237, 244) vorgesehene Ausdehnung der Mitbestimmung auf soziale Angelegenheiten, die nur einzelne Arbeitnehmer betreffen, abgelehnt worden (GK-*Wiese* a.a.O.). Es ist aber die Abgrenzung zwischen genereller und Individualregelung unklar geblieben (vgl. dazu unten Rz. 20 ff.) zumal das Wort »grundsätzlich« in den Materialien mehrdeutig und deshalb

17

§ 87   4. Teil 3. Abschn. Soziale Angelegenheiten

zur Stützung der These von der Beschränkung des Mitbestimmungsrechts auf generelle Tatbestände ungeeignet ist.

18 Freilich sprechen für eine grundsätzliche Beschränkung des Mitbestimmungsrechts auf Kollektivtatbestände Eigenart und Konzeption des BetrVG, das dem Betriebsrat in erster Linie die Wahrnehmung der kollektiven Interessen der Belegschaft aufgibt und ihm bei der Wahrnehmung individueller Interessen von Belegschaftsmitgliedern lediglich eine Unterstützungsrolle zuweist (vgl. § 82 Abs. 2 Satz 2, § 83 Abs. 1 Satz 2, § 83 Abs. 1 Satz 2, § 84 Abs. 1 Satz 2, § 85). In dieser Beschränkung läßt die Mitbestimmung auch die Vertragsfreiheit der Arbeitnehmer grundsätzlich unangetastet (GK-*Wiese* § 87 Rz. 20). Die Mitbestimmung greift erst dort ein, wo die Interessen der Arbeitnehmer nur gemeinsam wahrgenommen werden können (*Reuter/Strecker* a. a. O. 24). Es kommt schließlich noch hinzu, daß das Gesetz kaum praktikabel wäre, wenn das Mitbestimmungsrecht des Betriebsrats grundsätzlich auch Individualtatbestände erfassen würde (*G/L* § 87 Rz. 6; *S/W* § 87 Rz. 17).

19 Diese Gesichtspunkte **rechtfertigen aber nicht den Schluß auf eine generelle Beschränkung** des Mitbestimmungsrechts auf Kollektivtatbestände. Sie ist dem Gesetz nicht zu entnehmen. Es unterscheidet vielmehr bei der Beschreibung des jeweiligen Mitbestimmungstatbestandes deutlich zwischen kollektiven und individuellen Fragen. Daraus ergibt sich, daß beide Arten von Fragen Gegenstand des Mitbestimmungsrechts sein können. Deshalb muß bei jeder einzelnen sozialen Angelegenheit nach Abs. 1 Nr. 1 bis 12 gesondert durch Auslegung des jeweiligen Tatbestandes festgestellt werden, ob kollektive oder Individualfragen dem Mitbestimmungsrecht unterliegen.

20 Nach welchen **Kriterien** Kollektiv- und Individualtatbestände voneinander abzugrenzen sind, ist **unter den Vertretern der geschilderten Gegenmeinung umstritten**. Hierzu werden drei Auffassungen vertreten. Sie werden hier samt den jeweils gegen sie vorgebrachten Einwänden wiedergegeben. Wie die Abgrenzung zutreffend vorzunehmen ist, wird entsprechend der hier vertretenen Grundauffassung (vgl. oben Rz. 17–19) **bei den einzelnen Mitbestimmungstatbeständen erörtert**.

21 Nach der **ersten Auffassung** kommt es darauf an, ob der **Arbeitgeber** eine Einzelfallmaßnahme oder eine generelle Regelung **anstrebt**. Ziele er auf eine generelle Regelung, die für alle Arbeitnehmer oder wenigstens für abstrakt abgrenzbare Gruppen von Arbeitnehmern des Betriebs gelten solle, so handele es sich um einen Kollektivtatbestand, selbst wenn das Ziel durch Abschluß mehr oder weniger gleichlautender Einzelverträge erreicht werden solle (*G/L* § 87 Rz. 6 ff.; *S/W* § 87 Rz. 16; *Hueck* RdA 1962, 376, 376; *Kammann/Hess/Schlochauer* § 87 Rz. 10). Diesem Ansatz werden jedoch die folgenden Bedenken entgegengehalten:

21a Ob der Arbeitgeber generelle oder nur individuelle Maßnahmen anstrebe, sei vielfach allenfalls bei einer auffälligen Häufung von Vorgängen derselben oder ähnlicher Art vom Betriebsrat festzustellen. Durch geschicktes Vorgehen könnte der Arbeitgeber seine wirkliche Zielsetzung verdecken (*Jahnke* Anm. SAE 1983, 145, 146). Vor allem aber bleibe dabei unberücksichtigt, daß kollektive Interessen der Arbeitnehmer des Betriebs auch von Einzelfallmaßnahmen berührt sein können, wenn es z. B. um die Frage gehe, nach welchen Gesichtspunkten einzelne Arbeitnehmer zur Leistung von Überstunden herangezogen werden sollen (*Jahnke* a. a. O.; *Wiese* Anm. SAE 1983, 325, 328).

22 Von der herrschenden Meinung zum BetrVG 1952 – das ist die **zweite Auffassung**

– wurde ein Kollektivtatbestand dann angenommen, wenn von einer Maßnahme eine **größere**, nämlich im Verhältnis zur Gesamtzahl **nicht unerhebliche Anzahl von Arbeitnehmern erfaßt** wird (*BAG* vom 1.2. 1957 – 1 AZR 521/54 – AP Nr. 4 zu § 56 BetrVG 1952 Bl. 4 R m. Anm. *Küchenhoff* = DB 1957, 262, 286; 1958, 767 m. Anm. *Butz*, 1392 m. Anm. *Rewolle*; vom 31.1. 1969 – 1 ABR 11/68 – EzA § 56 BetrVG 1952 Nr. 17 = DB 1969, 797; auch *LAG Niedersachsen* vom 25.2. 1980 – 3 TaBV 4/79 – EzA § 87 BetrVG 1972 Lohn- und Arbeitsentgelt Nr. 12 = DB 1980, 1849; *LAG Rheinland-Pfalz* vom 11.8. 1978 – 6 TaBV 5/78 – AuR 1979, 315; *Siebert/Hilger* BB 1955, 670; *Strasser* RdA 1956, 448, 449). Auch dieser Ansatz begegnet Einwänden: Es überzeuge nämlich nicht, bei der Abgrenzung auf ein »quantitatives Kollektiv« (*BAG* vom 3. 12. 1991 a. a. O.; vom 31. 1. 1969, a. a. O.) abzustellen (GK-*Wiese* § 87 Rz. 22; *Böhm* BB 1974, 372, 373 f.; *Dietz* Anm. zu der vorgenannten BAG-Entscheidung in AP Nr. 5 zu § 56 BetrVG 1952 Entlohnung; *Rüthers/Germelmann* DB 1969, 2034, 2084, 2085; *Schlüter* BB 1972, 139, 140; kritisch, aber noch ohne eigene Stellungnahme *BAG* vom 18. 11. 1980, a. a. O.). Der Maßstab einer relativ nicht unerheblichen Anzahl von Arbeitnehmern sei für die betriebliche Praxis zu unsicher (GK-*Wiese* a. a. O.). Vor allem werde er aber dem Zweck des Mitbestimmungsrechts nicht gerecht, das Gesamtinteresse der Belegschaft zu wahren. Ob dieses Interesse berührt wird, könne nicht von der mehr oder weniger zufälligen Anzahl der von einer Maßnahme betroffenen Arbeitnehmer abhängen (vgl. dazu *Jahnke* und *Wiese* jeweils Anm. a. a. O.). Quantitative Kriterien böten daher allenfalls ein Indiz für das Vorliegen eines Kollektivtatbestandes (*BAG* vom 3. 12. 1991, a. a. O.; vom 11. 11. 1986 – 1 ABR 17/85 – EzA § 87 BetrVG 1972 Arbeitszeit Nr. 21 = DB 1987, 336 für den Fall des Abs. 1 Nr. 3; *Jahnke* Anm. a. a. O.).

Von einer **dritten Auffassung**, die das *BAG* zu Abs. 1 Nr. 3 vertritt, wird gefordert, daß ein »**qualitativer« Kollektivtatbestand** vorliegt. Dies sei immer dann der Fall, wenn eine Angelegenheit nach ihrem Gegenstand einen kollektiven Bezug habe, weil sie kollektive Interessen der Arbeitnehmer des Betriebs berührt (*BAG* vom 11. 11. 1986, vom 10. 6. 1986, vom 22. 2. 1983, vom 21. 12. 1982 und vom 8. 6. 1982, jeweils a. a. O.; *Wiese* Anm. SAE 1983, 326 f. und GK-*Wiese* § 87 Rz. 16; *Reuter* SAE 1981, 242; *Jahnke* a. a. O.; *Klinkhammer* Anm. EzA § 87 BetrVG 1972 Arbeitszeit Nr. 8). 23

Ein kollektiver Bezug sei gegeben, wenn eine Angelegenheit sich nicht nur auf das Verhältnis zwischen dem Arbeitgeber und dem einzelnen Arbeitnehmer auswirke, sondern **auch das Belegschaftsinteresse berühre** (*Klinkhammer* Anm. a. a. O.; vgl. auch *F/A/K/H* § 87 Rz. 18). Das könne auch der Fall sein, wenn der Arbeitgeber nur für einen einzigen Arbeitnehmer Mehrarbeit anordnen will (*BAG* vom 10. 6. 1986 a. a. O.). Diese Beurteilung ergebe sich aus dem oben dargelegten (Rz. 7) Schutzzweck des Mitbestimmungsrechts in sozialen Angelegenheiten und dem systematischen Zusammenhang mit den Individualrechten der §§ 81 ff. (vgl. dazu oben Rz. 18). Danach komme es auf den Regelungsgegenstand an. Soweit eine Angelegenheit allein die individuellen Interessen einzelner Arbeitnehmer berühre, könne der Betriebsrat nur nach diesen Vorschriften unterstützend tätig werden. Eine Angelegenheit sei aber als soziale Angelegenheit anzusehen, wenn sie die gesamte Belegschaft oder eine nach besonderen Merkmalen bestimmbare Arbeitnehmergruppe betreffe, z. B. eine Betriebsabteilung oder sämtliche Arbeitnehmer einer Schicht, oder wenn eine Regelung 24

§ 87 4. Teil 3. Abschn. Soziale Angelegenheiten

für einen oder mehrere Arbeitsplätze nach funktionsbezogenen, von der Person des jeweiligen Inhabers unabhängigen Merkmalen zu treffen sei und sie deshalb jeden potentiellen Inhaber des Arbeitsplatzes berühre (*Wiese* Anm. a. a. O.).

25 Ein kollektiver Bezug bestehe auch dann, wenn der Arbeitgeber einzelne **Arbeitnehmer aus einer größeren Gruppe heraussuche** und zu Überstunden heranziehe; denn dabei gehe es auch um die angemessene Verteilung der anfallenden Mehrarbeit auf die in Betracht kommenden Arbeitnehmer (*BAG* vom 16. 7. 1991 und vom 21. 12. 1982 jeweils a. a. O.; *Jahnke* Anm. a. a. O.). Der kollektive Bezug fehle demgegenüber, wenn betrieblich begründete Überstunden nur von einzelnen Arbeitnehmern geleistet werden könnten, die über bestimmte Eigenschaften, Kenntnisse und Erfahrungen verfügten, etwa als besonders vertrauenswürdig gälten oder einen bestimmten Vorgang bearbeiteten (*Jahnke* a. a. O.). Ein mitbestimmungsfreier Individualtatbestand liege ferner dann vor, wenn aus persönlichen Gründen des Arbeitnehmers die Arbeitszeit für ihn verkürzt werde. Soweit dies jedoch dazu führe, daß andere Arbeitnehmer Überstunden leisten sollen – etwa weil ein Auftrag andernfalls nicht termingerecht erledigt werden könnte –, sei die individuelle vertragliche Ebene verlassen und ein Kollektivtatbestand gegeben (*Klinkhammer* a. a. O.).

26 Zu Abs. 1 Nr. 3 wird in mehreren Entscheidungen des *BAG* (vom 18. 11. 1980, 2. 3. 1982, 8. 6. 1982 und 21. 12. 1982, jeweils a. a. O.) angenommen, daß ein »qualitativer« Kollektivtatbestand »jedenfalls« dann gegeben sei, wenn ein zusätzlicher Arbeitsbedarf **regelmäßig auftrete** und **vorhersehbar** sei. Diese Annahme ist mit Recht durchweg auf Widerspruch gestoßen (*Wiese* Anm. SAE 1983, 325, 327; *Jahnke* Anm. SAE 1983, 145, 146f.; *Klinkhammer* a. a. O.; *Marsch-Barner* DB 1982, 2357, 2358; **a. A.** *F/A/K/H* § 87 Rz. 54):

27 Die **regelmäßige Wiederkehr** des Falles kann indessen schon deshalb nicht den Kollektivtatbestand begründen, weil sie auch in bezug auf einen einzelnen Arbeitnehmer möglich ist, etwa einen Spezialisten, der allein für die Deckung eines häufigen zusätzlichen Arbeitsbedarfs in Betracht kommt. Hinzu tritt, daß beim Eintreten eines einmaligen Ereignisses das Mitbestimmungsrecht des Betriebsrats nach allgemeiner Auffassung gerade nicht ausgeschlossen ist (*BAG* vom 13. 7. 1977 – 1 AZR 336/75 – EzA § 87 BetrVG 1972 Arbeitszeit Nr. 3 = DB 1977, 2235; *G/L* § 87 Rz. 7; GK-*Wiese* § 87 Rz. 18ff.). Dann kann auch nicht umgekehrt das regelmäßige Eintreten eines Ereignisses den kollektiven Bezug einer Angelegenheit begründen (*Wiese* und *Jahnke*, jeweils a. a. O.).

28 Auch die **Vorhersehbarkeit** ist als Unterscheidungsmerkmal ungeeignet. Sie kann auch bei typischen Individualfällen gegeben sein, z. B. bei dem erwähnten Spezialisten oder bei einer Arbeitnehmerin, die eine veränderte Arbeitszeit wünscht, um ihr Kind vor Arbeitsbeginn zur Schule fahren zu können (*Wiese* a. a. O.).

3. Eilbedürftige Fälle

29 Auch in eilbedürftigen Fällen besteht das Mitbestimmungsrecht des Betriebsrats (*BAG* vom 5. 3. 1974 – 1 ABR 38/73 – EzA § 87 BetrVG 1972 Nr. 3 m. Anm. *Herschel* = DB 1974, 1389; vom 13. 7. 1977, a. a. O.; vom 2. 3. 1982 und 22. 2. 1983, jeweils a. a. O.; vom 19. 2. 1991 – ABR 31/90 – DB 1991, 2043 = NZA 1991, 609; *G/L* § 87 Rz. 22; *F/A/K/H* § 87 Rz. 21; *S/W* § 87 Rz. 8; GK-*Wiese* § 87 Rz. 110ff.; *D/R* § 87 Rz. 41; *D/K/K/S* § 87 Rz. 21; *Dütz* ZfA 1972, 264; *Ha-*

nau BB 1972, 499, 500; *v. Stebut* RdA 1974, 337; *v. Hoyningen-Huene* DB 1987, 1426, 1431). Dies ergibt sich schon daraus, daß der Gesetzgeber für andere Fälle, nämlich z. B. in § 100 sowie in § 115 Abs. 7 Nr. 4 für dringende Maßnahmen auf Seeschiffen eine einseitige Regelung ausdrücklich zugelassen hat, nicht jedoch im Bereich des § 87. Auch könnte es bei der großen Schwierigkeit, den Eilfall genau abzugrenzen, leicht dazu kommen, daß das Mitbestimmungsrecht des Betriebsrats ausgehöhlt wird. Es ist deshalb Sache des Arbeitgebers, **rechtzeitig vorzusorgen**, und ggf. das Verfahren gem. § 87 einzuleiten (*Brill* BlStSozArbR 1975, 179; *Farthmann* RdA 1974, 68 ff.; *Säcker* ZfA 1972, 60; *Simitis/Weiss* DB 1973, 1243; *Dütz* ZfA 1972, 264; GK-*Wiese* § 87 Rz. 114).

Der Betriebsrat ist umgekehrt aufgrund des Gebots zur vertrauensvollen Zusammenarbeit verpflichtet, in begründeten Eilfällen **unverzüglich in Verhandlungen mit dem Arbeitgeber einzutreten**, um eine Regelung herbeizuführen. Ebenso muß der Betriebsrat bereit sein, für immer wiederkehrende Eilfälle angemessen vorzusorgen, indem er z. B. seine Zustimmung generell für **bestimmte absehbare Fälle**, etwa Reparaturarbeiten an den Produktionsanlagen des Betriebs, bereits vorher erteilt (*BAG* vom 2. 3. 1982, a. a. O.; *G/L* und GK-*Wiese*, jeweils a. a. O.; *S/W* § 87 Rz. 11; vgl. auch *BAG* vom 3. 12. 1991, a. a. O.). Verweigert der Betriebsrat ohne Grund die kurzfristige Mitwirkung an der Entscheidung über einen Eilfall oder die mögliche Vorsorge für sich wiederholende dringende Angelegenheiten, so verletzt er damit seine gesetzlichen Pflichten. Ein solcher Verstoß kann nach § 23 Abs. 1 geahndet werden (*G/L* a. a. O.; GK-*Wiese* § 87 Rz. 115). Eine solche vorsorgliche Regelung kann aber nicht darin bestehen, daß ein bloßes Verfahren bereitgestellt wird, nach dem der Arbeitgeber in einer mitbestimmungspflichtigen Angelegenheit allein tätig werden dürfte (vgl. dazu unten Rz. 58, 60; zur Frage der Notsituation vgl. unten Rz. 35). 30

Hingegen kommen Haftungsansprüche gegen den Betriebsrat schon deshalb nicht in Betracht, weil er weder rechts- noch vermögensfähig ist (vgl. oben § 40 Rz. 101; a. A. *G/L* § 87 Rz. 24; GK-*Wiese* a. a. O., der eine Schadenersatzpflicht der Mitglieder des Betriebsrats für möglich erklärt, obwohl er dafür weder eine vertragliche noch eine gesetzliche Rechtsgrundlage anführt und auch keine Auskunft darüber gibt, welche Mitglieder haftbar sein sollen, wenn mit Mehrheit abgestimmt worden ist oder wenn in der fraglichen Zeit nicht abgestimmt worden ist, der Betriebsrat im Falle einer Abstimmung aber zum Teil auch mit Ersatzmitgliedern besetzt gewesen wäre). Wenn ferner die Auffassung vertreten wird, nach dem Grundgedanken der Betriebsrisikolehre könnten bei solchem pflichtwidrigen Verhalten des Betriebsrats die Entgeltansprüche von Arbeitnehmern entfallen, die infolge der Nichtregelung des Eilfalles nicht beschäftigt werden können (so *G/L* und GK-*Wiese*, jeweils a. a. O.), so kann dem in dieser Allgemeinheit nicht gefolgt werden. Die Arbeitnehmer müssen das Risiko der Entgeltzahlung nur dann selbst tragen, wenn die Arbeit infolge eines Arbeitskampfes ausfällt (vgl. unten Rz. 213 ff.). Diese Abweichung von dem sonst geltenden Grundsatz, daß das Betriebsrisiko dem Arbeitgeber zur Last fällt, ist nur aus der Funktion des Arbeitskampfes zu rechtfertigen, in einem sonst nicht lösbaren Tarifkonflikt eine Einigung herbeizuführen. Die Entgeltzahlungspflicht des Arbeitgebers kann in den hier gegebenen Fällen deshalb nur dann erlöschen, wenn das pflichtwidrige Verhalten des Betriebsrats dem Zweck dient, die Gewerkschaft im Arbeitskampf zu unterstützen. 31

Ein eilbedürftiger Fall aus dem Bereich der sozialen Angelegenheiten kann auch 32

§ 87   4. Teil 3. Abschn. Soziale Angelegenheiten

nicht gem. § 85 Abs. 2 ArbGG durch **einstweilige Verfügung** des Arbeitsgerichts geregelt werden (*ArbG Bielefeld* vom 16. 7. 1987 – 2 [5] BV Ga 10/87 – DB 1987, 2663; *ArbG Siegburg* vom 3. 3. 1975 – 1 BV Ca 2/75 – DB 1975, 555; *Brill* a. a. O.; GK-*Wiese* § 87 Rz. 116; *F/A/K/H* § 76 Rz. 21; *G/L* § 87 Rz. 23; *D/K/ K/S* § 87 Rz. 22; *Grunsky* ArbGG § 85 Rz. 14; *Simitis/Weiss* DB 1973, 1240, 1244, 1252; wohl auch *BAG* vom 3. 4. 1979 – 6 ABR 29/77 – EzA § 87 BetrVG 1972 Nr. 7 = DB 1979, 2186; **a. A.**, nämlich für Zuständigkeit des Arbeitsgerichts zum Erlaß einer vorläufigen Regelung: *LAG Frankfurt* vom 3. 4. 1978 – 5 TaBV Ga 27/78 – NJW 1979, 783; *D/R* § 87 Rz. 42; *S/W* § 87 Rz. 10; *Dütz* ZfA 1972, 247, 259 ff. und AuR 1973, 353, 372; *Hanau* BB 1972, 499, 501 und RdA 1973, 281, 292; *Otto* Anm. SAE 1979, 149 f.; *Säcker* ZfA Sonderheft 1972, 41; *Schaub* § 235 IV 2). Die Arbeitsgerichte sind zur Entscheidung von Rechtsstreitigkeiten berufen, während die Regelungsfragen in sozialen Angelegenheiten durch Abs. 2 der Einigungsstelle vorbehalten sind. Diese Regelung sichert das Mitbestimmungsrecht des Betriebsrats im Konfliktfall. Sie kann nicht durch eine vorläufige Entscheidung des Arbeitsgerichts durchbrochen werden, die nicht nur für eine vorübergehende Zeit die notwendige Einigung zwischen Betriebsrat und Arbeitgeber ersetzen, sondern darüber hinaus die spätere Entscheidung der Einigungsstelle faktisch auch präjudizieren würde. Schließlich wäre eine solche Vermischung von Zuständigkeiten auch unter dem Gesichtspunkt der Rechtssicherheit bedenklich.

33 Abzulehnen ist auch die Auffassung (*Kammann/Hess/Schlochauer* § 87 Rz. 16), der **Vorsitzende der Einigungsstelle** könne in eilbedürftigen Fällen eine **einstweilige Anordnung** treffen (GK-*Wiese* a. a. O.). Der Vorsitzende der Einigungsstelle hat für sich allein in der zu regelnden Angelegenheit keine Befugnis zur sachlichen Entscheidung; er hat nach § 76 lediglich die Einigungsstelle zu leiten und nötigenfalls an der Beschlußfassung mitzuwirken. Könnte er einstweilige Anordnungen treffen, wäre er in den entsprechenden Fällen faktisch präjudiziert und deshalb bei der Erfüllung seiner gesetzlichen Aufgaben nicht mehr unbelastet.

34 Ob in eilbedürftigen Fällen, in denen es rechtzeitig weder zu einer Einigung noch zu einem Spruch der Einigungsstelle kommt, der Arbeitgeber notwendige Maßnahmen vorläufig allein durchführen kann (vgl. dazu *LAG Schleswig-Holstein* vom 14. 11. 1986 – 6 TaBV 12/86 – BB 1987, 901; *S/W* § 87 Rz. 9; *Hanau* RdA 1973, 281, 294; *Dütz* ZfA 1972, 270; ablehnend *LAG Hamm* vom 23. 4. 1975 – 2 Sa 182/75 – DB 1975, 1515), wird an anderer Stelle erörtert (vgl. unten Rz. 35).

4. Notfälle

35 Nach allgemeiner Auffassung im Fachschrifttum besteht das Mitbestimmungsrecht in sozialen Angelegenheiten nicht in Notfällen (*G/L* § 87 Rz. 25; *F/A/K/H* § 87 Rz. 22; GK-*Wiese* § 87 Rz. 117; *Farthmann* RdA 1974, 68; *D/R* § 87 Rz. 43; *S/ W* § 87 Rz. 13; *Küttner* DB 1988, 704; *v. Hoyningen-Huene* DB 1987, 1426, 1431; stark einschränkend *D/K/K/S* § 87 Rz. 23). Die höchstrichterliche Rechtsprechung hat die Frage bisher offengehalten, dabei aber die Voraussetzungen des Notfalls bereits definiert. Danach kann unter Notfall einmal eine Extremsituation, nämlich eine plötzliche, nicht voraussehbar gewesene und schwerwiegende Lage verstanden werden, die zur Verhinderung nicht wiedergutzumachender Schäden

zu unaufschiebbaren Maßnahmen zwingt (*BAG* vom 2.3. 1982, a.a.O.; vom 13.7. 1977, a.a.O.). Beispiele hierfür sind: Ausbruch eines Brandes, Auftreten einer Überschwemmung, Gefahr einer Explosion, Anlieferung verderblicher Waren kurz vor Arbeitsende (*BAG* vom 13.7. 1977, a.a.O.). Nach höchstrichterlicher Rechtsprechung kommt ein Notfall aber auch dann in Betracht, wenn eine bisher bestehende betriebliche Regelung (z.B. über die Lage der Arbeitszeit) tarifwidrig wurde (vgl. *BAG* vom 19.2. 1991, a.a.O.; noch weitergehend *LAG Schleswig-Holstein* vom 5.12. 1986 – 6 Sa 366/86 – DB 1987, 1442 und *Droste* DB 1992, 138 ff.: Notfall auch dann, wenn tarifliche Verkürzung der Wochenarbeitszeit eine neue betriebliche Regelung über die Lage der Arbeitszeit erfordert und sie nicht rechtzeitig zustandekommt). Von der weiteren instanzgerichtlichen Rechtsprechung ist das Mitbestimmungsrecht in Notfällen teils ebenfalls verneint (*LAG Hamm* a.a.O.) teils aber auch bejaht worden (*ArbG Siegburg* a.a.O.). Entsprechend der einhelligen Auffassung im Fachschrifttum ist davon auszugehen, daß in den beschriebenen Notsituationen der **Arbeitgeber allein** die erforderlichen Maßnahmen treffen kann (zur rechtsdogmatischen Begründung dieses Ergebnisses vgl. unten Rz. 91). Eine solche Notsituation muß aber auch dann anerkannt werden, wenn der Arbeitgeber ohne die mitbestimmungspflichtige Maßnahme einen unaufschiebbaren Liefertermin nicht einhalten oder eine notwendige Maschinenreparatur nicht durchführen kann, es sei denn, diese Umstände wären ausreichend lange vorher konkret erkennbar gewesen. Bei der einseitigen Maßnahme hat der Arbeitgeber sich, soweit dies nach der Natur der Sache möglich ist, auf eine vorläufige Regelung zu beschränken. Außerdem hat er den Betriebsrat unverzüglich entsprechend zu unterrichten (*D/R* § 87 Rz. 44; GK-*Wiese* § 87 Rz. 91). Er braucht auch nicht eine einstweilige Verfügung beim Arbeitsgericht zu erwirken (*D/R* und GK-*Wiese* a.a.O.; *Zöllner/Loritz* Arbeitsrecht § 47 IV 4; vgl. dazu auch oben Rz. 32; **a.A.** *Dütz* ZfA 1972, 247, 263 ff.; *ders.* AuR 1973, 353, 372; *Hanau* RdA 1973, 281, 292).

Soweit die Angelegenheit noch einer Regelung für die Zukunft bedarf, ist auch **36** nach Erlaß der einseitigen Anordnung eine Einigung mit dem Betriebsrat anzustreben, die nötigenfalls durch den Spruch der Einigungsstelle ersetzt wird. Bei abgeschlossenen Fällen ist die Durchführung eines Einigungsverfahrens hingegen als nicht mehr sinnvoll entbehrlich (GK-*Wiese* a.a.O.; *D/R* § 87 Rz. 45; **a.A.** *BAG* vom 15. 12. 1961 – 1 AZR 492/59 – AP Nr. 1 zu § 56 BetrVG 1952 Arbeitszeit Bl. 3 R m. Anm. *Küchenhoff* = DB 1962, 442).

5. Zwingender und erschöpfender Gesetzeskatalog

Das Mitbestimmungsrecht des Betriebsrats in sozialen Angelegenheiten kann **37** nach einhelliger Rechtsauffassung durch Tarifvertrag, Betriebsvereinbarung, Betriebsabsprache oder Arbeitsvertrag **weder aufgehoben noch eingeschränkt** werden (*D/R* § 87 Vorbem. Rz. 8; GK-*Wiese* § 87 Rz. 5; *G/L* § 87 Rz. 15; *D/K/K/S* § 87 Rz. 38; *Wiedemann/Stumpf* § 1 Rz. 253; *Nikisch* III, 351). Eine unzulässige Aufhebung läge z.B. dann vor, wenn eine Betriebsvereinbarung dem Arbeitgeber das Recht übertrüge, eine mitbestimmungspflichtige Angelegenheit einseitig zu ordnen (vgl. *D/R* a.a.O.). Das Mitbestimmungsrecht kann allerdings durch Tarifvertrag ausgeschlossen werden, soweit er eine der gesetzlich aufgeführten sozialen Angelegenheiten in der Sache selbst regelt (vgl. unten Rz. 52 ff.).

§ 87   4. Teil 3. Abschn. Soziale Angelegenheiten

38 Der Katalog der sozialen Angelegenheiten kann nicht durch **Tarifvertrag** wirksam **erweitert** werden (sehr **umstritten**; in der Sache ebenso *Lieb* Arbeitsrecht § 8 III; *D/R* § 87 Vorbem. Rz. 9 ff.; § 2 Rz. 84 ff.; *Richardi* NZA 1985, 172 f. und NZA 1988, 673; *Linnenkohl* ArbRGegw 1989, 83, 91 ff.; *S/W* § 87 Rz. 6; *Beuthien* ZfA 1986, 131, 139, allerdings nur, soweit es nicht »um die soziale Begleit- oder Folgeregelung einer unternehmerischen Maßnahme geht«; *Buchner* Die Aktiengesellschaft 1972, 139, sehr eingehend auch in Anm. SAE 1991, 356 ff.; *Kraft* ZfA 1973, 250 f.; *v. Hoyningen-Huene* NZA 1985, 9, 11; *Bötticher* Anm. SAE 1965, 16; *Galperin* BB 1966, 620, 622; *Nikisch* RdA 1964, 305, 308; *Siebert* RdA 1959, 167, 172; *Wittke* 18; einschränkend *Säcker* ZfA Sonderheft 1972, 47 und *Brecht* § 1 Rz. 29, denenzufolge nämlich eine Erweiterung möglich, aber Arbeitskämpfe um solche Tarifbestimmungen unzulässig sein sollen; a. A. *BAG* vom 18. 8. 1987 – 1 ABR 30/86 – EzA § 77 BetrVG 1972 Nr. 18; vom 10. 2. 1988 – 1 ABR 70/86 – AP Nr. 53 zu § 99 BetrVG 1972 = DB 1988, 1397 = EzA § 1 TVG Nr. 34; vom 24. 9. 1959 – 2 AZR 28/57 – AP Nr. 11 zu § 611 BGB Akkordlohn Bl. 4 R m. Anm. *Nikisch* = DB 1959, 1403; vom 8. 10. 1959 – 2 AZR 503/56 – AP Nr. 14 zu § 56 BetrVG 1952 Bl. 5 R m. Anm. *A. Hueck* = DB 1959, 1258; LAG Hamm vom 21. 10. 1977 – 3 TaBV 57/77 – DB 1978, 1452; *G/L* § 87 Rz. 13; *F/A/K/H* § 88 Rz. 3 – vgl. aber auch § 87 Rz. 10 c –; *GK-Wiese* § 87 Rz. 10; *D/K/K/S* § 87 Rz. 35; *Otto* NZA 1992, 97, 102; *Weyand* AuR 1989, 193, 199; *Meier-Krenz* DB 1988, 2419; *Löwisch* AuR 1978, 97, 98; *Hanau* RdA 1973, 281, 293; *A. Hueck* BB 1952, 925, 928; *Raiser* RdA 1972, 65; *Biedenkopf* Tarifautonomie, 295; *Wiedemann/Stumpf* § 1 Rz. 254; *Kammann/Hess/Schlochauer* vor § 1 Rz. 73; ohne abschließende Stellungnahme: *v. Hoyningen-Huene/Meier-Krenz* ZfA 1988, 293, 311, aber in jedem Fall für bestimmte Grenzen bei der Ausweitung des Mitbestimmungsrechts; vgl. auch *Spilger* 35 ff.). Vereinzelt wird die angebliche Befugnis zur tarifvertraglichen Ausweitung der Mitbestimmungsrechte nur in begrenzter Form angenommen, nämlich für Fragen, die »wesensmäßig« als soziale Angelegenheiten anzusehen seien; sie ermächtige auch nicht zu Eingriffen in die unternehmerische Entscheidungsfreiheit (*GK-Wiese* § 87 Rz. 11); ferner müßten die Tarifparteien rechtlich in der Lage sein, in der Sache eine Regelung auch selbst zu treffen (*GK-Wiese* § 87 Rz. 12).

39 Die hier vertretene Auffassung ergibt sich einmal aus der gesetzlichen Regelung selbst. Das BetrVG läßt an mehreren Stellen Abweichungen von seinen Bestimmungen durch Tarifvertrag ausdrücklich zu (z. B. §§ 3, 38 Abs. 1 Satz 3, 47 Abs. 4, 55 Abs. 4, 76 Abs. 8). Dieser Regelung hätte es nicht bedurft, wenn die Bestimmungen des BetrVG ohnehin tarifvertraglich abgeändert werden könnten. Auch die Verschiedenheit der Ordnungsgrundsätze und der Legitimationsgrundlage von Tarifparteien einerseits und Betriebsrat andererseits steht einer Abänderung des Mitbestimmungskatalogs durch Tarifregelungen entgegen (so *Richardi* NZA 1988, 673, 676). Der vor dem BetrVG 1952 erlassene § 1 Abs. 1 TVG, der zunächst auf eine lückenhafte und regional zersplitterte Regelung des Betriebsverfassungsrechts durch Kontrollrats- und Ländergesetze traf (vgl. *F/A/K/H* Einleitung 63 ff.; *Bötticher* a. a. O.), ermächtigt somit nach geltendem Recht nur zum Erlaß solcher betriebsverfassungsrechtlicher Normen, die vom BetrVG selbst zugelassen worden sind. Die Entstehungsgeschichte des BetrVG 1972 selbst ist für die Streitfrage unergiebig, weil der Regierungsentwurf sie ausdrücklich offenläßt (vgl. BT-Drucks. VI/1786, 36; so auch *GK-Wiese* § 87 Rz. 7 mit insoweit zutreffender Kritik an der Gegenposition der Vorauflage). Bei einem anderen Verständnis des Regelungszusammenhangs könnte im übrigen die gesetzliche Mitbestimmungsordnung – ggf. mit Hilfe von Arbeitskämpfen – weitgehend verändert, nach Branchen differenziert und bei Wechsel der Stärkeverhältnisse zwischen den Tarifvertragsparteien möglicherweise auch wieder zurückgebildet werden. Wenn mehrere Tarifverträge nebeneinander anzuwenden wären (z. B. DGB-Gewerkschaft, DAG), könnte es sogar zu einer Zersplitterung der Mitbestimmungsordnung innerhalb des Betriebes kommen. Die 1952 erreichte Rechtseinheit wäre zerstört (*Bötticher* a. a. O.). Es wäre außerdem mit der großen Bedeutung des BetrVG für die Beziehungen zwischen den Partnern im Betrieb nicht vereinbar, wenn eines seiner Kernstücke dem Wandel infolge unabsehbarer tarifpolitischer Entwicklungen ausgesetzt wäre (vgl. dazu *Siebert* a. a. O.), zumal bei der prinzipiellen Gleichgewichtigkeit der Tarifvertragsparteien dann nicht nur die Ausweitung von Mitbestimmungsrechten, sondern konsequenterweise auch deren Einschränkung zulässig sein müßte.

Auch durch **Betriebsvereinbarung** kann ein Mitbestimmungsrecht des Betriebsrats **40** nicht geschaffen werden (*D/R* § 87 Vorbem. Rz. 11; *S/W* § 87 Rz. 7; *G/L* § 87 Rz. 14; *Löwisch* AuR 1978, 97; *Nikisch* RdA 1964, 305, 307 f. sowie *Beuthien* ZfA 1986, 131, 136, allerdings nur, soweit es nicht »um die soziale Begleit- oder Folgeregelung einer unternehmerischen Maßnahme geht«; **a. A.** *BAG* vom 13. 7. 1962 – 1 ABR 2/61 – AP Nr. 3 zu § 57 BetrVG 1952 Bl. 2 R m. Anm. *Küchenhoff* = DB 1962, 1473; *GK-Wiese* § 87 Rz. 9; *F/A/K/H* § 88 Rz. 4; *D/K/K/S* a. a. O; *Hanau* RdA 1973, 281, 292 f.; *Säcker* ZfA Sonderheft 1972, 46 f.). Dies ergibt sich ebenfalls schon aus dem Zusammenhang der Gesetzesregelung. Sie läßt an mehreren Stellen Abweichungen durch Betriebsvereinbarung ausdrücklich zu (z. B. §§ 38 Abs. 1 Satz 3, 47 Abs. 4, 55 Abs. 4, 102 Abs. 6). Dieser Öffnungen hätte es nicht bedurft, wenn die Bestimmungen des BetrVG ohnehin durch Betriebsvereinbarung abgeändert werden könnten. Zwar läßt § 88 eine umfassende Regelung aller sozialen Angelegenheiten im Betrieb zu. Dies ist aber etwas grundlegend anderes als die Begründung von Mitbestimmungsrechten. Sie würde dem Arbeitgeber unter Umständen unüberschaubare Bindungen auferlegen und damit die gesetzliche Kompetenzverteilung verändern, während die Regelung einer konkreten Angelegenheit nach § 88 für den Arbeitgeber in der Regel ohne weiteres überschaubar ist (*G/L* a. a. O.). Außerdem kann die Mitbestimmung in sozialen Angelegenheiten als eines der Kernstücke der Betriebsverfassung nicht den vielfältigen Wandlungen im Verhältnis der Partner der Betriebsverfassung ausgesetzt sein. Vielmehr ist die gesetzliche Regelung das unverrückbare Fundament, das Arbeitgeber und Betriebsrat der Gestaltung ihrer Beziehungen zugrundezulegen haben.

Selbst wenn der **Tarifvertrag** eine Beteiligung des Betriebsrats **im Rahmen der von** **41** **ihm selbst getroffenen Regelung** vorsehen könnte (hierfür *Buchner* DB 1985, 913, 915; *Hanau* NZA 1985, 73, 76; *D/R* § 87 Vorbem. Rz. 12; *Richardi* NZA 1988, 673; *Linnenkohl* a. a. O.; *Nikisch* III, 365 f.; *Siebert* BB 1958, 422), wofür § 317 BGB als Rechtsgrundlage in Betracht käme, wäre damit aber die Zuständigkeit der Einigungsstelle für die Entscheidung von Regelungsstreitigkeiten rechtlich nicht zu begründen. Einem solchen vertraglich begründeten Mitbestimmungsrecht stehen ebenfalls die bereits dargelegten Einwände entgegen (im Ergebnis ebenso *v. Hoyningen-Huene* NZA 1985, 169 f.; *Löwisch* NZA 1985, 170, 172). Es kommt noch hinzu, daß die Tarifpartner dann ein Konfliktlösungsinstrument, eben die Einigungsstelle, das ihnen selbst nicht zu Gebote steht, durch Tarifvertrag in

Dienst nehmen würden (vgl. dazu v. *Hoyningen-Huene* NZA 1985, 9, 11). Schließlich gäbe es für die im Zusammenhang mit dem Einigungsstellenverfahren ggfs. notwendigen gerichtlichen Entscheidungen, z.B. die gerichtliche Bestellung des Vorsitzenden, keine gesetzliche Zuständigkeit, weil es sich hier nicht gem. § 2a ArbGG um eine Angelegenheit aus dem BetrVG handeln würde. Solche tariflichen Bestimmungsklauseln könnten deshalb Arbeitgeber und Betriebsrat allenfalls zu einer freiwilligen gemeinsamen Regelung ermächtigen (so auch *D/R* § 87 Vorbem. Rz. 13; a.A. *Richardi, Buchner* und *Hanau*; jeweils a.a.O.).

IV. Initiativrecht

42 Das Mitbestimmungsrecht des Betriebsrats in sozialen Angelegenheiten umfaßt nach einhelliger Rechtsauffassung grundsätzlich auch ein Initiativrecht; sehr umstritten ist allerdings die Reichweite dieses Rechts (vgl. dazu unten Rz. 45ff.). Mitbestimmung bedeutet gleiche Rechte für beide Teile mit der Folge, daß sowohl der Arbeitgeber als auch der Betriebsrat die Initiative für eine Regelung ergreifen und zu deren Erreichung nötigenfalls die Einigungsstelle anrufen kann (*BAG* vom 4.3.1986 – 1 ABR 15/84 – AP Nr. 3 zu § 87 BetrVG 1972 Kurzarbeit = DB 1986, 1395 = EzA § 87 BetrVG 1972 Arbeitszeit Nr. 17; vom 31.8.1982 – 1 ABR 27/80 – Arbeitszeit m. Anm. *Rath-Glawatz* = EzA § 87 BetrVG 1972 Arbeitszeit Nr. 13 1982, 1884 m. Anm. *Richardi* = DB 1983, 453; vom 14.11.1974 – 1 ABR 65/73 – EzA § 87 BetrVG 1972 Initiativrecht Nr. 2 = DB 1975, 647 = SAE 1976, 14 m. Anm. *Reuter; G/L* § 87 Rz. 26; *D/R* § 87 Rz. 46; *S/W* § 87 Rz. 19; GK-*Wiese* § 87 Rz. 76ff.; ders. Initiativrecht, 26ff.; *F/A/K/H* § 87 Rz. 26; *Beuthien* Anm. SAE 1984, 195; *D/K/K/S* § 87 Rz. 18).

43 Der **Gesetzeswortlaut** ist zwar nicht eindeutig (*Wiese* Initiativrecht, 26; *D/R* a.a.O.). Der Begriff der Mitbestimmung, der nur dem Betriebsrat, nicht aber dem Arbeitgeber zugeordnet wird, spricht eher gegen ein Initiativrecht des Betriebsrats (*Wiese* a.a.O.; ders. Anm. in AP Nr. 3 zu § 87 BetrVG 1972 Kurzarbeit Bl. 140). Auch eine **systematische Auslegung** des Gesetzes ergibt keinen sicheren Anhaltspunkt für ein Initiativrecht des Betriebsrats in sozialen Angelegenheiten (*Wiese* Initiativrecht, 27f.). Für das Bestehen eines Initiativrechts spricht aber die **Entstehungsgeschichte** des Gesetzes. Im Entwurf der CDU/CSU-Fraktion war nämlich zwischen sozialen Angelegenheiten unterschieden worden, in denen dem Betriebsrat ein Mitbestimmungsrecht einschließlich eines Initiativrechts zusteht, und solchen, die ausschließlich von der Initiative des Arbeitgebers abhängen, aber nur mit vorheriger Zustimmung des Betriebsrats durchgeführt werden können (§§ 28ff. CDU/CSU-Entwurf, BT-Drucks. VI/1806). Diese Unterscheidung wurde vom zuständigen Ausschuß für Arbeit und Sozialordnung ausdrücklich verworfen, weil sie eine sachlich nicht gebotene Einschränkung des Mitbestimmungsrechts bedeute (Schriftlicher Bericht zu BT-Drucks. VI/2729, 4; vgl. dazu *Wiese* a.a.O., 28ff.).

44 Das Initiativrecht besteht aber nur in den Grenzen, die dem Mitbestimmungsrecht selbst entweder durch die gesetzliche Definition der jeweiligen sozialen Angelegenheit oder durch die weiteren gesetzlichen Schranken gezogen sind (*Wiese* a.a.O., 30ff.; GK-*Wiese* § 87 Rz. 101ff.; *S/W* § 87 Rz. 20; *D/R* § 87 Rz. 51; *G/L* § 87 Rz. 29ff.; vgl. dazu oben Rz. 17ff. und unten Rz. 45ff.). Das Initiativrecht besteht darüber hinaus dann nicht, wenn die betreffende Initiative zugleich eine mitbestimmungsfreie **unternehmerische Entscheidung** ist (vgl. dazu unten Rz. 64 ff.). Von einem Initiativrecht kann der Betriebsrat auch dann Gebrauch machen, wenn er lediglich die bisher mit seiner Zustimmung geübte betriebliche Praxis zum Inhalt einer Betriebsvereinbarung machen will (*BAG* vom 8. 8. 1989 – 1 ABR 62/88 – DB 1990, 281 = AP Nr. 3 zu § 87 BetrVG 1972 Initiativrecht = EzA § 87 BetrVG 1972 Initiativrecht Nr. 6). Er kann eine Regelung auch dann anstreben, wenn eine mitbestimmungspflichtige Angelegenheit schon vor der Wahl eines Betriebsrats geordnet worden ist und weiter durchgeführt wird (*BAG* vom 22. 10. 1986 – 5 AZR 660/85 – AP Nr. 2 zu § 23 BDSG = DB 1987, 1048; vgl. dazu auch *LAG Frankfurt/M.* vom 6. 3. 1990 – 5 Sa 1202/89 – BB 1990, 1628 = DB 1990, 1975; GK-*Wiese* § 87 Rz. 106; **a. A.** für Entlohnungsfragen S/W § 87 Rz. 187). Das Mitbestimmungsrecht des Betriebsrats erlischt auch nicht, wenn er längere Zeit sein Recht in dieser Angelegenheit nicht geltend gemacht hat (*LAG Frankfurt* a. a. O.; **a. A.** *BAG* a. a. O.; vgl. dazu auch unten Rz. 74). Das Mitbestimmungsrecht begründet allerdings keinen Anspruch auf Abschluß einer Betriebsvereinbarung; sie ist vielmehr Teil der mitbestimmten Entscheidungsfindung (vgl. *Käppler* Anm. SAE 1991, 288 ff.).

V. Schranken des Mitbestimmungsrechts

Das Mitbestimmungsrecht in sozialen Angelegenheiten besteht nicht uneingeschränkt. Es erfaßt einmal selbstverständlich nur die Personen, die unter das BetrVG fallen, also nicht **leitende Angestellte**. Nach dem Satzeingang des Abs. 1 ist es auch ausgeschlossen, soweit eine **gesetzliche oder tarifliche Regelung** besteht. Die Auslegung der einzelnen Mitbestimmungstatbestände muß außerdem der vom BetrVG grundsätzlich aufrechterhaltenen **unternehmerischen Entscheidungsfreiheit** gerecht werden. Schließlich muß auch die Rechtsstellung des Arbeitgebers im **Arbeitskampf** gewahrt bleiben. An diesen Schranken endet das Mitbestimmungsrecht. Es kann insoweit vom Arbeitgeber nicht verletzt werden. Die Rechtsfolgen einer Verletzung des Mitbestimmungsrechts kommen deshalb dann nicht in Betracht (vgl. dazu unten Rz. 79 ff.). 45

1. Gesetzes- und Tarifvorbehalt

a) Zweck der Vorbehalte
Der im Satzeingang des Abs. 1 ausgedrückte Vorbehalt zugunsten gesetzlicher und tariflicher Regelungen bestätigt einmal die ohnehin bestehende Geltung dieser Bestimmungen. Er bestätigt ferner den Vorrang der Tarifvertragsparteien, deren Regelungskompetenz bereits durch § 77 Abs. 3 gewährleistet ist (*Wiese* FS *BAG*, 661; GK-*Wiese* § 87 Rz. 41; **a. A.** – allerdings beiläufig – nämlich für Schutz der Tarifautonomie als Zweck des Tarifvorbehalts: *BAG* vom 22. 12. 1981 – 1 ABR 38/79 – EzA § 87 BetrVG 1972 Betriebliche Lohngestaltung Nr. 3 = DB 1982, 1274). Dabei kann an dieser Stelle dahinstehen, ob die Sperrwirkung des Tarifvertrags nach § 77 Abs. 3 auch für sog. formelle Arbeitsbedingungen gilt (vgl. dazu einerseits *Konzen* DB 1977, 1307, 1310 ff., andererseits *Kreutz* Grenzen der Betriebsautonomie, 211 ff.). Mit der Sicherung des **Vorrangs der Tarifvertragsparteien** wäre aber der Zweck des Vorbehalts schon deshalb nicht geklärt, weil er 46

auch **gesetzliche Regelungen** betrifft (*BAG* vom 31. 1. 1984 – 1 ABR 46/81 – EzA § 87 BetrVG 1972 Betriebliche Lohngestaltung Nr. 7 = DB 1984, 1351; GK-*Wiese* a. a. O.). Der mit dem Satzeingang des Abs. 1 verfolgte eigenständige Gesetzeszweck ist somit ein anderer als der, der dem § 77 Abs. 3 zugrundeliegt (*Wiese* FS *BAG*, 646; **a. A.** *D/R* § 87 Rz. 115). Er folgt aus dem Zweck der in § 87 getroffenen Regelung. Danach sollen in den sozialen Angelegenheiten die individualrechtlichen Gestaltungsmöglichkeiten des Arbeitgebers, insbesondere die Ausübung seines Weisungsrechts und der Abschluß von ihm inhaltlich bestimmter einheitlicher Einheitsverträge (vgl. dazu oben Rz. 7) zugunsten kollektiver betrieblicher Regelungen zum Schutz der Belegschaftsangehörigen zurückgedrängt werden. Dieser Zweck ist aber bereits erreicht, wenn eine gesetzliche oder tarifliche Regelung besteht, weil beide Arten von Regelungen einen ausreichenden Schutz der Arbeitnehmer grundsätzlich gewährleisten (ebenso *BAG* vom 31. 1. 1984 a. a. O.; *Wiese* a. a. O. und GK-*Wiese* a. a. O.; *Kreutz* a. a. O. 222; *Koller* ZfA 1980, 521, 553f.; *Simitis/Weiss* DB 1973, 1240, 1246ff.; *G/L* § 87 Rz. 42; *D/K/K/S* § 87 Rz. 25; wohl auch *BAG* vom 29. 3. 1977 – 1 ABR 123/74 – EzA § 87 BetrVG 1972 Leistungslohn m. Anm. *Löwisch* Nr. 8; vom 13. 2. 1979 – 1 ABR 80/77 – DB 1977, 1650 m. Anm. *Bolten.* = EzA § 87 BetrVG 1972 Sozialeinrichtung Nr. 11 = DB 1979, 2495; vom 22. 1. 1980 – 1 ABR 48/77 – EzA § 87 BetrVG 1972 Lohn und Arbeitsentgelt Nr. 11 = DB 1980, 1895; **abweichend** *Reuter* Vergütung von AT-Angestellten und betriebsverfassungsrechtliche Mitbestimmung, 27f.).

b) Gesetzesvorbehalt

47 Der Betriebsrat hat kein Mitbestimmungsrecht, soweit eine gesetzliche Regelung besteht. Solche Regelungen sind einmal im BetrVG selbst enthalten, z. B. in § 75 Abs. 1 und 2 (vgl. *BAG* vom 21. 8. 1990 – 1 AZR 567/89 – AP Nr. 17 zu § 87 BetrVG 1972 = DB 1991, 394 = NZA 1991, 154). Dazu gehören ferner etwa die gesetzlichen Vorschriften des **Arbeitsschutzes** (z. B. Arbeitszeitordnung, Mutterschutzgesetz, Jugendarbeitsschutzgesetz, Berufsbildungsgesetz, Schwerbehindertengesetz). Dabei gehen aber nicht nur Regelungen in formellen Gesetzen dem Mitbestimmungsrecht vor, sondern jedes Gesetz im materiellen Sinn, also auch Normen in **Rechtsverordnungen** und in den **Unfallverhütungsvorschriften** der Träger der gesetzlichen Unfallversicherung (*BAG* vom 25. 5. 1982 – 1 AZR 1073/79 – AP Nr. 53 zu § 611 BGB Dienstordnungs-Angestellte m. Anm. *Stuzky* = DB 1982, 2712; *D/R* § 87 Rz. 116; *F/A/K/H* § 87 Rz. 4; GK-*Wiese* § 87 Rz. 42). Sperrwirkung entfaltet ferner das **gesetzesvertretende Richterrecht** (GK-*Wiese* und *D/R*, jeweils a. a. O.; *Ziegler* NZA 1987, 224, 226; **a. A.** *F/A/K/H* a. a. O.; *D/K/K/S* § 87 Rz. 26). Zwar schaffen Richtersprüche keine Norm (*BAG* vom 10. 6. 1980 – 1 AZR 822/79 – EzA Art. 9 GG Arbeitskampf Nr. 37 m. Anm. *Rüthers* = DB 1980, 1266, 1593 m. Anm. *Konzen/Scholz*, 1694 m. Anm. H. P. *Müller*, 2188 m. Anm. *Lieb*). Aber bei der faktischen Verbindlichkeit des gesetzesvertretenden Richterrechts trifft auch hier der Zweck des Gesetzesvorbehalts zu, daß eine von Betriebsrat und Arbeitgeber gemeinsam festgelegte Regelung zum Schutz der Arbeitnehmer des Betriebs entbehrlich ist. Es wäre auch mit der Rechtsordnung nicht vereinbar, wenn Arbeitgeber und Betriebsrat derartige Grundsatzentscheidungen der höchsten Gerichte überspielen könnten.

48 Nur eine **Norm mit zwingender Wirkung** vermag das Mitbestimmungsrecht auszuschließen (*BAG* vom 29. 3. 1977, a. a. O.; *D/R* § 87 Rz. 117; *F/A/K/H* § 87 Rz. 6; *G/L* § 87 Rz. 45; GK-*Wiese* § 87 Rz. 32; *D/K/K/S* § 87 Rz. 25; **a. A.** *Köhler* DB

1972, 524); denn bei nachgiebigem Recht könnte vom Arbeitgeber durch Vereinbarung mit den Arbeitnehmern jederzeit eine abweichende Regelung herbeigeführt werden, bei der die Billigkeit des Interessenausgleichs nicht in dem Maße gesichert wäre wie bei einer Vereinbarung mit dem Betriebsrat. Indessen steht eine Regelung durch **tarifdispositives** Recht dem Mitbestimmungsrecht entgegen, weil die Betriebspartner hiervon nicht abweichen können (so auch *D/R* § 87 Rz. 118; *GK-Wiese* a. a. O.).

Verwaltungsakte aufgrund gesetzlicher Vorschriften stehen in ihrer Wirkung ge- 49 setzlichen Vorschriften gleich und schließen deshalb eine Regelung durch die Betriebspartner ebenfalls aus, soweit sie den Entscheidungsspielraum des Arbeitgebers beschränken (*BAG* vom 9. 7. 1991 – 1 ABR 57/90 – DB 1992, 143; vom 26. 5. 1988 – 1 ABR 9/87 – AP Nr. 14 zu § 87 BetrVG 1972 Ordnung des Betriebs = DB 1988, 1276 = EzA § 87 BetrVG 1972 Nr. 11; *F/A/K/H* § 87 Rz. 4a; *GK-Wiese* § 87 Rz. 44; *G/L* a. a. O.; *D/K/K/S* § 87 Rz. 28; auch *Ziegler* NZA 1987, 224, 227, der aber im Falle einer atomrechtlich genehmigten Anlage ein Letztentscheidungsrecht des betreibenden Arbeitgebers annimmt; vgl. dazu aber unten Rz. 64 ff.). Dies gilt etwa für Einzelfallordnungen der Gewerbeaufsichtsämter nach § 12 ASiG oder solche der Berufsgenossenschaften nach § 712 RVO.

Die Sperrwirkung greift aber nur ein, wenn eine **sachliche Regelung** der sozia- 50 len Angelegenheit vorliegt. Es genügt nicht, daß dem Arbeitgeber die Möglichkeit zur Durchführung einer Angelegenheit eingeräumt ist (*BAG* vom 13. 3. 1973 – 1 ABR 16/72 – EzA § 87 BetrVG 1972 Werkwohnungen Nr. 2 = DB 1973, 1458; *D/R* § 87 Rz. 119; *S/W* § 87 Rz. 27; a. A. *Hiersemann* BB 1975, 851). Für den Ausschluß des Mitbestimmungsrechts genügt auch nicht, daß durch Gesetz, Verordnung oder Verwaltungszwang lediglich ein faktischer, z. B. finanzieller Zwang zugunsten einer bestimmten Entscheidung des Arbeitgebers ausgeübt wird (*BAG* vom 8. 8. 1989 – 1 ABR 62/88 – DB 1990, 281 = AP Nr. 3 zu § 87 BetrVG 1972 Initiativrecht = EzA § 87 BetrVG 1972 Initiativrecht Nr. 6; *D/K/K/S* § 87 Rz. 33).

Ist der Arbeitgeber gesetzlich verpflichtet, eine bestimmte betriebliche Regelung 51 zu erlassen, so hat der Betriebsrat gleichwohl ein Mitbestimmungsrecht, soweit noch ein **Regelungsspielraum** verbleibt (vgl. dazu auch oben Rz. 47). Ein typisches Beispiel hierfür sind die Regelungen über den Arbeitsschutz, für die das Gesetz in Abs. 1 Nr. 7 das Mitbestimmungsrecht »im Rahmen der gesetzlichen Vorschriften oder der Unfallverhütungsvorschriften« ausdrücklich vorsieht (*BAG* vom 26. 5. 1988, a. a. O.; *D/R* a. a. O.; *Wiese* FS *BAG*, 676 ff. und *GK-Wiese* § 87 Rz. 50; *F/A/K/H* § 87 Rz. 4).

c) Tarifvorbehalt

Das Mitbestimmungsrecht des Betriebsrat in sozialen Angelegenheiten ist auch 52 ausgeschlossen, soweit eine tarifliche Regelung besteht. Einer tariflichen Regelung steht nach § 19 Abs. 3 HAG eine bindende Festsetzung des Heimarbeitsausschusses gleich (*BAG* vom 13. 9. 1983 – 3 AZR 343/81 – AP Nr. 11 zu § 19 HAG = DB 1984, 2047 = NZA 1984, 41; *D/R* § 87 Rz. 120; *F/A/K/H* § 87 Rz. 15; *GK-Wiese* § 87 Rz. 44).

Wie beim Gesetzesvorbehalt schließt nur eine **zwingende tarifliche Bestimmung** 53 das Mitbestimmungsrecht aus (*D/R* § 87 Rz. 121; *GK-Wiese* § 87 Rz. 52; *F/A/K/H* § 87 Rz. 13; *D/K/K/S* § 87 Rz. 29; a. A. *Boewer* DB 1973, 522, 524; zur

§ 87   4. Teil 3. Abschn. Soziale Angelegenheiten

Begründung vgl. oben Rz. 45). Ein abgelaufener und nach § 4 Abs. 5 TVG nur noch kraft **Nachwirkung** geltender Tarifvertrag sperrt deshalb das Mitbestimmungsrecht des Betriebsrats nicht. Die tarifvertragliche Regelung kann nämlich dann durch jede andere Abmachung ersetzt werden (*BAG* vom 14. 2. 1989 – 1 AZR 97/88 – AP Nr. 8 zu § 87 BetrVG 1972 Akkord = DB 1989, 1929 = EzA § 87 BetrVG 1972 Leistungslohn Nr. 17; vom 24. 2. 1987 – 1 ABR 18/85 – EzA § 87 BetrVG 1972 Nr. 10 = DB 1987, 1435; vom 13. 7. 1977 – 1 AZR 336/75 – Arbeitszeit Nr. 3 = DB 1977, 2235; EzA § 87 BetrVG 1972; vom 17. 12. 1968 – 1 AZR 178/68 – EzA § 56 BetrVG 1952 Nr. 16 = DB 1969, 576; vom 31. 1. 1969 – 1 ABR 11/68 – EzA § 56 BetrVG 1952 Nr. 17 = DB 1969, 797; *D/R* § 87 Rz. 122; *Simitis/Weiss* DB 1973, 1240, 1250; *G/L* § 87 Rz. 46; *S/W* § 87 Rz. 34; *GK-Wiese* § 87 Rz. 33; *D/K/K/S* § 87 Rz. 31; *Haug* BB 1986, 1921, 1927; a. A. *Farthmann* RdA 1974, 71).

54 Die Sperrwirkung der tariflichen Regelung tritt nur ein, wenn der **Betrieb** auch von dem Tarifvertrag **erfaßt** ist. Dies ist im Geltungsbereich des Vertrages jedenfalls immer dann der Fall, wenn der Tarifvertrag nach § 5 TVG für allgemeinverbindlich erklärt worden ist. Bei bindenden Festsetzungen für Heimarbeit (vgl. oben Rz. 52) ist nach § 19 Abs. 3 HAG die Allgemeinverbindlichkeit kraft Gesetzes gegeben.

55 Handelt es sich bei den Tarifnormen um **betriebliche Normen**, so genügt nach § 3 Abs. 2 TVG die Tarifgebundenheit des Arbeitgebers (für die Qualifizierung aller Angelegenheiten nach § 87 als Gegenstände von betrieblichen Normen: *Heinze* NZA 1989, 41 ff.; dagegen der Sache nach *Zöllner* DB 1989, 2121, 2125, der mit Recht darauf hinweist, daß betriebliche Normen nur bei **notwendig betriebseinheitlicher** Regelung in Betracht kommen). Unter welchen Voraussetzungen aber **Inhaltsnormen** das Mitbestimmungsrecht ausschließen, ist umstritten: Indessen hat die höchstrichterliche Rechtsprechung entschieden, daß hier ebenfalls die Tarifgebundenheit des Arbeitgebers genüge (*BAG* vom 24. 11. 1987 – 1 ABR 25/86 – EzA § 87 BetrVG 1972 Lohn u. Arbeitsentgelt Nr. 14 = DB 1988, 813; vom 24. 2. 1987, a. a. O.; ebenso *F/A/K/H* § 87 Rz. 9; *S/W* § 87 Rz. 33; *D/K/K/S* § 87 Rz. 30; *Moll* Der Tarifvorrang, 22; *Säcker* ZfA Sonderheft 1972, 68; *Boewer* DB 1973, 522, 525; *Farthmann* RdA 1974, 70; *Reuter* Anm. SAE 1976, 17; *Bichler* DB 1979, 1940; im Ergebnis auch *Heinze* a. a. O.; *Haug* BB 1986, 1921 ff.; **kritisch** zur Rechtsprechung: *Wiese* Anm. SAE 1989, 6 ff. und *GK-Wiese* § 87 Rz. 49; *Hromadka* DB 1987, 1991 ff.; a. A. auch die Vorauflage). Dem ist zuzustimmen. Zwar würde der Tarifvertrag dann sogar Sperrwirkung entfalten, wenn er vom Arbeitgeber überhaupt nicht angewendet werden müßte, wenn nämlich kein Belegschaftsmitglied der Gewerkschaft angehört (so richtig *Hromadka* a. a. O., 1994 und *Wiese* a. a. O., 10). Aber in der Regel wird der tarifgebundene Arbeitgeber den Tarifvertrag auch tatsächlich anwenden. Außerdem können sich die betriebsangehörigen Arbeitnehmer, falls der Arbeitgeber sich anders verhalten sollte, durch Beitritt zur Gewerkschaft die beiderseitige Tarifbindung und damit den unabdingbaren Schutz des Tarifvertrages verschaffen (*BAG* a. a. O.). Eine **zweite** Auffassung fordert **zusätzlich**, daß **wenigstens ein Arbeitnehmer im Betrieb tarifgebunden** ist (*G/L* § 87 Rz. 56; *Kammann/Hess/Schlochauer* § 87 Rz. 41; *Rumpff* AuR 1972, 78). Diese Auffassung wird dem Zweck des Mitbestimmungsrechts aber nicht gerecht, weil bei Fehlen eines tarifgebundenen Arbeitnehmers die Sperrwirkung entfallen würde, obwohl möglicherweise für den

ganzen Betrieb der Tarifvertrag tatsächlich angewendet wird. Eine **dritte Auffassung** verlangt, daß **der Arbeitgeber und sämtliche Arbeitnehmer tarifgebunden sind** (*Wiese* a.a.O. sowie *ders.* FS *BAG*, 671f. und GK-*Wiese* § 87 Rz. 44). Bei einer solchen Auslegung wäre der Tarifvorbehalt praktisch ohne Bedeutung. Die **vierte Auffassung** läßt genügen, daß durch (vertragliche) Bezugnahme auf den Tarifvertrag **im wesentlichen alle in Betracht kommenden Arbeitnehmer des Betriebs tarifgemäß behandelt werden** (*D/R* § 87 Rz. 126; *Wiedemann/Stumpf* § 4 Rz. 284). Abgesehen von der Unsicherheit, was unter »im wesentlichen alle« Arbeitnehmer zu verstehen ist, spricht gegen diese Annahme, daß es danach allein vom Willen des Arbeitgebers abhinge, ob den Arbeitnehmern der Schutz des Tarifvertrages zugutekommt oder nicht.

Die Sperrwirkung tritt indessen nur ein, **soweit** die tarifliche Regelung **reicht**. 56
Das bedeutet zunächst, daß das Mitbestimmungsrecht nur **innerhalb des fachlichen und persönlichen Geltungsbereichs** des Tarifvertrags verdrängt werden kann 57
(*BAG* vom 21.12.1982 – 1 ABR 20/81 – DB 1983, 996). Soweit es sich um Angestellte handelt, die vom persönlichen Geltungsbereich des Tarifvertrags nicht erfaßt sind **(außertarifliche Angestellte)**, bleibt das Mitbestimmungsrecht des Betriebsrats bestehen, selbst wenn ein Tarifvertrag, der für den Betrieb gilt, die mitbestimmungspflichtige Angelegenheit regelt (*BAG* vom 22.1.1980 – 1 ABR 48/77 – EzA § 87 BetrVG 1972 Lohn- und Arbeitsentgelt Nr. 11 = DB 1980, 1895; *F/A/K/H* § 87 Rz. 14; *D/R* § 87 Rz. 128; GK-*Wiese* § 87 Rz. 55; *G/L* § 87 Rz. 54a *D/K/K/S* § 87 Rz. 40; *Moll* Der Tarifvorrang, 74; *Reuter* Vergütung von AT-Angestellten und betriebsverfassungsrechtliche Mitbestimmung, 30ff.; *Hanau* BB 1979, 351; *Bichler* DB 1979, 1940; *Bitter* DB 1979, 696; *v. Friesen* DB 1980 Beilage 1, 42ff.; *Föhr* AuR 1975, 353ff.; *Henkel/Hagemeier* BB 1976, 1420; *Haug* BB 1986, 1921, 1927; **a.A.** *Janert* DB 1976, 243; *Lieb* ZfA 1978, 179, 204ff.; *Conze* DB 1978, 490ff.). Selbst wenn der Tarifvertrag festlegen würde, daß für die außertariflichen Angestellten ausschließlich einzelvertragliche Regelungen gelten, könnte eine solche Bestimmung, da sie keine Sachregelung enthält, das Mitbestimmungsrecht nicht verdrängen (ebenso *D/R* a.a.O.; *Moll* a.a.O. 75; **a.A.** *Lieb* a.a.O. 179, 209f.).

Das Mitbestimmungsrecht in einer sozialen Angelegenheit wird aber auch nur 58
dann verdrängt, wenn die Tarifvertragsparteien die Angelegenheit **abschließend geregelt** haben, nicht schon dann, wenn die tariflichen Normierungen insgesamt oder in einzelnen Punkten nur ergänzungsbedürftige Rahmenvorschriften geben (vgl. auch dazu Rz. 51). Ob die Tarifvertragsparteien Raum für eigene betriebliche Regelungen lassen wollten, muß, wenn es im Tarifvertrag an einem ausdrücklichen Hinweis fehlt, aus den tariflichen Bestimmungen eindeutig zu entnehmen sein. Mit Rücksicht auf den vom Gesetz normierten Vorrang des Tarifvertrages entfaltet jede tarifliche Regelung, die nicht ohne weiteres als nur unvollständig gemeint erkennbar ist, Sperrwirkung für die Betriebsparteien. Jede auch nur einigermaßen vollständige, aus sich heraus anwendbare Regelung in einem Tarifvertrag schließt das Mitbestimmungsrecht aus (*BAG* vom 4.7.1989 – 1 ABR 40/88 – AP Nr. 20 zu § 87 BetrVG 1972 Tarifvorrang = EzA § 87 BetrVG 1972 Betriebliche Lohngestaltung Nr. 24 = DB 1990, 127; vom 31.8.1982 – 1 ABR 8/81 – EzA § 87 BetrVG 1972 Nr. 9 = DB 1982, 1884, 2519; vom 4.8.1981 – 1 ABR 54/78 – EzA § 87 BetrVG 1972 Nr. 8 = DB 1982, 383; vom 3.4.1979 – 6 ABR 29/77 – EzA § 87 BetrVG 1972 Nr. 7 = DB 1979, 2186; vom 18.3.1976 – 3 ABR 32/75 – EzA § 87 BetrVG 1972 Lohn und Arbeitsentgelt Nr. 5 m. Anm. *Weiss* = DB 1976,

1631; vom 5.3. 1974 – 1 ABR 38/73 – EzA § 87 BetrVG 1972 Nr. 3 m. Anm. *Herschel* = DB 1974, 1389; vom 13.11. 1964 – 1 ABR 6/64 – EzA § 56 BetrVG 1952 Nr. 5 = DB 1965, 330; vom 6.7. 1962 – 1 AZR 488/60 – AP Nr. 7 zu § 37 BetrVG 1952 m. Anm. *Küchenhoff* = DB 1962, 1474; vom 23.3. 1962 – 1 ABR 7/60 – AP Nr. 1 zu § 56 BetrVG 1952 Akkord m. Anm. *Küchenhoff* = DB 1962, 743; *D/R* § 87 Rz. 129; GK-*Wiese* § 87 Rz. 53; *G/L* § 37 Rz. 48; *S/W* § 87 Rz. 28 ff.; enger, nämlich für Ausschluß des Mitbestimmungsrechts nur dann, wenn der Arbeitgeber durch die Tarifnorm auf deren bloße Vollziehung beschränkt ist: GK-*Wiese* § 87 Rz. 52 f.; *F/A/K/H* § 87 Rz. 10; vgl. dazu unten Rz. 59).

59 Die das Mitbestimmungsrecht sperrende tarifliche Regelung kann auch so angelegt sein, daß sie die betreffende Angelegenheit abschließend und vollständig regelt, den Betriebsparteien aber durch eine **Öffnungsklausel** gem. § 77 Abs. 3 die Befugnis zu einer abweichenden Regelung im beiderseitigen Einvernehmen gibt. Auch in diesem Fall ist das Mitbestimmungsrecht ausgeschlossen. Der Betriebsrat wirkt nur an der Verwirklichung der tariflichen Regelung mit. Schlägt der Einigungsversuch fehl, bleibt es bei der tariflichen Regelung (*BAG* vom 28.2. 1984 – 1 ABR 37/82 – EzA § 87 BetrVG 1972 Leistungslohn Nr. 9 = DB 1984, 1682; unklar insoweit *BAG* vom 22.12. 1981 – 1 ABR 38/79 – EzA § 87 BetrVG 1972 Betriebliche Lohngestaltung Nr. 3 = DB 1982, 1274; wie hier *F/A/K/H* § 87 Rz. 10 a; *S/W* § 87 Rz. 28 d).

60 Das Mitbestimmungsrecht des Betriebsrats ist aber nicht ausgeschlossen, wenn der Tarifvertrag den **Arbeitgeber** ermächtigt, die mitbestimmungspflichtige Angelegenheit **einseitig** zu ordnen. Das Mitbestimmungsrecht kann nach seinem Zweck nur dann hinter einer tariflichen Regelung zurücktreten, wenn die Angelegenheit durch den gemeinsamen Willen der Tarifvertragsparteien der Sache nach geordnet ist. Der Satzeingang von Abs. 1 ermächtigt die Tarifvertragsparteien nicht dazu, in einer mitbestimmungspflichtigen Angelegenheit das Alleinbestimmungsrecht des Arbeitgebers wiederherzustellen (so auch *BAG* vom 4.7. 1989, a. a. O.; 18.4. 1989 – 1 ABR 100/87 – AP Nr. 18 zu § 87 BetrVG 1972 Tarifvorrang = EzA § 87 BetrVG 1972 Nr. 13 = DB 1989, 1676; vom 13.3. 1973 – 1 ABR 16/72 – EzA § 87 BetrVG 1972 Werkswohnungen Nr. 2 = DB 1973, 1458; zweifelnd, aber mit demselben Ergebnis für vor dem BetrVG abgeschlossene Tarifverträge, die mit einer Kompetenzzuweisung an den Arbeitgeber allein gegen den Geist des Gesetzes verstoßen sollen: *BAG* vom 5.3. 1974, a. a. O.; **wie hier** *ArbG Berlin* vom 25.1. 1973 – 39 BV 3/72 – BB 1973, 289, 291; *F/A/K/H* § 87 Rz. 10 b; *D/R* § 87 Rz. 131; GK-*Wiese* § 87 Rz. 57 und FS *BAG*, 1979, 675 f.; *D/K/K/S* § 87 Rz. 25; *Haug* BB 1986, 1921, 1926; *Kraft* FS für *Karl Molitor* 207, 209; **a. A.** allerdings nicht für Verträge aus der Zeit vor Erlaß des BetrVG 1972: *G/L* § 87 Rz. 51 ff.; *S/W* § 87 Rz. 31; *Säcker* ZfA Sonderheft 1972, 48/49; *Lieb* ZfA 1978, 179, 210; *Koller* ZfA 1980, 521, 554; *Kammann/Hess/Schlochauer* § 87 § 39).

61 Die Sperrwirkung des Satzeingangs von Abs. 1 hängt indessen nicht davon ab, ob die tarifliche Regelung inhaltlich ausreichend ist, nämlich den durch das Mitbestimmungsrecht vom Gesetz bezweckten Schutz substanziell bereits verwirklicht (so aber *Wiese* FS *BAG*, 674 f. und GK-*Wiese* § 87 Rz. 52 f.; *F/A/K/H* § 87 Rz. 10; vgl. auch oben Rz. 56). Ein solcher **Mindestinhalt der tariflichen Regelung** ist dem Gesetz nicht zu entnehmen.

62 Der Satzeingang von Abs. 1 entfaltet keine Sperrwirkung gegenüber **freiwilligen Betriebsvereinbarungen** (*D/R* § 87 Rz. 133 ff.; *F/A/K/H* § 87 Rz. 8; *Moll* Der Tarifvorrang, 32; *G/L* § 87 Rz. 43; *Kraft* a. a. O. 209; *Wiese* FS *BAG*, 669 und GK-

Wiese § 87 Rz. 47; *Kreutz* Grenzen der Betriebsautonomie, 221; *Konzen* BB 1977, 1307, 1310; *Conze* DB 1978, 492; *Boewer* DB 1973, 522, 525; ebenso zu der entsprechenden Frage unter dem BetrVG 1952: *BAG* vom 16. 9. 1960 – 1 ABR 5/59 – AP Nr. 1 zu § 2 ArbGG 1953 Betriebsvereinbarung Bl. 2 R. m. Anm. *Auffarth* = DB 1960, 1459; a. A. *Säcker* ZfA Sonderheft 1972, 66f. und BB 1979, 1202 sowie für das BetrVG 1952 *BAG* vom 6. 7. 1962, a. a. O.; vom 15. 5. 1964 – 1 ABR 15/63 – EzA § 56 BetrVG 1952 Nr. 4 = BB 1964, 639, 1004; vom 13. 11. 1964, a. a. O.). Der Gesetzes- und Tarifvorbehalt in Abs. 1 bezieht sich nur auf das Mitbestimmungsrecht und betrifft deshalb nur die Erzwingbarkeit, nicht die Zulässigkeit einer Betriebsvereinbarung. Diese letzte Frage beantwortet sich aus § **77 Abs. 3** (so auch *D/R* § 87 Rz. 139; *G/L* § 87 Rz. 44; GK-*Wiese* § 87 Rz. 48). Das ergibt sich aus Wortlaut und Systematik des Gesetzes. Die Sicherung des Vorrangs tarifvertraglicher Regelungen gegenüber freiwilligen Betriebsvereinbarungen ist ausschließlich ein Problem der Auslegung des § 77 Abs. 3 (vgl. dazu oben unter § 77 Rz. 126ff., sowie *Kreutz* Grenzen der Betriebsautonomie, 213).

Umgekehrt gilt die Schranke des § 77 Abs. 3 für **Betriebsvereinbarungen** in Ange- **63** legenheiten, die unter Abs. 1 fallen. Die Betriebsvereinbarung muß unter den Voraussetzungen des § 77 Abs. 3 (vgl. dazu oben § 77 Rz. 68ff.) als Regelungsinstrument für soziale Angelegenheiten ausscheiden. Dies hat zur Folge, daß sich § 77 Abs. 3 in Fragen, die einer normativen Regelung bedürfen, als eine zweite Mitbestimmungsschranke auswirkt (sog. Zwei-Schranken-Theorie; dafür auch *LAG-Schleswig-Holstein* vom 20. 8. 1987 – 4 Sa 37/87 – BB 1987 2298; *Wiese* Anm. SAE 1989, 1ff. mit Gründen aus Wortlaut, Entstehungsgeschichte, Systematik und Zweck der gesetzlichen Regelung; sehr gründlich auch *Wank* RdA 1991, 129ff.; *Hromadka* DB 1987, 1991ff.; *Kraft* FS für *Karl Molitor*, 207, 213ff.; *Haug* BB 1986, 1921ff.; *Bengelsdorf* Anm. in AR-Blattei (D) Betriebsverfassung XIV B, Entscheidung Nr. 118, 3. Fortsetzungsblatt; weitere Nachweise zu dieser Auffassung oben § 77 Rz. 136). Demgegenüber steht die ständige **höchstrichterliche Rechtsprechung** auf dem Standpunkt, daß die Sperre des Satzeingangs von § 87 als spezielle Regelung in den mitbestimmungspflichtigen Angelegenheiten allein maßgeblich sei (sog. Vorrangtheorie; vgl. *BAG* vom 3. 12. 1991 – GS 2/90 – EzA § 87 BetrVG 1972 Betriebliche Lohngestaltung Nr. 30; vom 20. 8. 1991 – 1 AZR 326/90 – EzA § 87 BetrVG 1972 Betriebliche Lohngestaltung Nr. 29; vom 14. 2. 1989 – 1 AZR 97/88 – EzA § 87 BetrVG 1972 Leistungslohn Nr. 17 = DB 1989, 1929; vom 9. 2. 1989 – 8 AZR 310/87 – AP Nr. 40 zu § 77 BetrVG 1972 = DB 1989, 2339 = NZA 1989, 765; vom 31. 1. 1989 – 1 ABR 69/87 – EzA § 87 BetrVG 1972 Arbeitszeit Nr. 32 = DB 1989; 1631; vom 10. 2. 1988 – 1 ABR 56/86 – EzA § 87 BetrVG 1972 Betriebliche Lohngestaltung Nr. 18 = DB 1988, 1223; vom 24. 11. 1987 und 24. 2. 1987, jeweils a. a. O.; ebenso *LAG Baden-Württemberg* vom 10. 11. 1987 – 8 TaBV 3/87 – NZA 1988, 325, 327; *Meier-Krenz* NZA 1987, 793, 797f.; *Zachert* NZA 1988, 185, 188; *Heinze* NZA 1989, 41, 45; *Matthes* NZA 1987, 289, 293; *D/K/K/S* § 87 Rz. 32; weitere Nachweise zu dieser Gegenauffassung oben § 77 Rz. 136).

2. Unternehmerische Entscheidungsfreiheit

Weitere Schranken des Mitbestimmungsrechts in sozialen Angelegenheiten sollen **64** sich nach höchstrichterlicher Rechtsprechung nur aus der Regelung des einzelnen Mitbestimmungstatbestandes ergeben können, wobei sowohl die gesetzliche Ge-

§ 87   4. Teil 3. Abschn. Soziale Angelegenheiten

samtregelung als auch der darin zum Ausdruck gekommene Gesetzeszweck zu berücksichtigen seien; eine darüber hinausgehende betriebsverfassungsrechtliche Norm zur Absicherung der unternehmerischen Entscheidungsfreiheit bestehe nicht. Somit sind bisher Initiativrechte des Betriebsrats zur Einführung von Kurzarbeit und zur Erzwingung einer früheren als der gesetzlichen Ladenschlußzeit höchstrichterlich anerkannt worden (*BAG* vom 4. 3. 1986 – 1 ABR 15/84 – AP Nr. 3 zu § 87 BetrVG 1972 Kurzarbeit = DB 1986, 1395; vom 31. 8. 1982 – 1 ABR 27/80 – EzA § 87 BetrVG 1972 Arbeitszeit Nr. 13 m. Anm. *Richardi* = DB 1982, 1884; 1983, 453; zur Kurzarbeit auch *LAG Niedersachsen* vom 24. 1. 1984 – 8 Ta BV 5/83 – BB 1984, 1096). Diese Rechtsprechung hat nur wenig Zustimmung gefunden (*F/A/K/H* § 87 Rz. 20; *v. Hoyningen-Huene/Meier-Krenz* ZfA 1988, 293, 313f.; *Gäbert* NZA 1986, 412; *Beuthien* ZfA 1988, 1, 19; *Anzinger/Koberski* NZA 1989, 737, 741); überwiegend ist sie aber auf Ablehnung gestoßen (vgl. *Wiese* in einer eingehenden Anm. in AP Nr. 3 zu § 87 BetrVG 1972 Kurzarbeit Bl. 139ff. und GK-*Wiese* Rz. 254; *Erdmann* FS für *Karl Molitor*, 81, 92f.; *Reuter* Anm. SAE 1987, 34; *Scholz* NJW 1986, 1587; *Lieb* ZfA 1988, 413, 434ff.; *Martens* RdA 1989, 164ff.; *Rath-Glawatz* Anm. AP Nr. 20 zu § 87 BetrVG 1972 Arbeitszeit; *Schwerdtner* DB 1983, 2763, 2768; *Lieb* Arbeitsrecht § 8 III 3 d; *S/W* § 87 Rz. 21a und 78; *Otto* NZA 1992, 97, 100). Auch schon vor dieser höchstrichterlichen Rechtsprechung waren die Auffassungen geteilt (**gegen eine derartige Beschränkung** des Mitbestimmungsrechts: *D/R* § 87 Rz. 51; *Joost* DB 1983, 1818, 1820; *Jahnke* ZfA 1984, 69, 92; **dafür** *Lieb* DB 1981 Beilage Nr. 17 und ZfA 1978, 179, 185f.; *Reuter* ZfA 1981, 165ff.; *Rüthers* ZfA 1973, 399, 418; *Kammann/Hess/Schlochauer* § 87 Rz. 20; *Kalb* BB 1979, 1829, 1831; *Boewer* DB 1973, 522, 526ff.; *Adomeit* BB 1972, 54; *Hromadka* NJW 1972, 183, 185). Die gegen die Entscheidung des *BAG* vom 31. 8. 1982 (a. a. O.) eingelegte Verfassungsbeschwerde ist durch Beschluß des seinerzeitigen Dreierausschusses des *BVerfG* (vom 18. 12. 1985 – 1 BvR 143/83 – AP Nr. 15 zu § 87 BetrVG 1972 Arbeitszeit = DB 1986, 486) nicht angenommen worden (kritisch dazu *Scholz* a. a. O.; *Papier* RdA 1989, 138, 142).

65   Eine allgemeine Schranke des Mitbestimmungsrechts ergibt sich in der Tat aber nicht, wie verschiedentlich angenommen worden ist (*Badura* WiR 1974, 1, 23; *D/R* § 87 Rz. 30) aus § 76 Abs. 5 Satz 3 und 4. Die Grenzen des Mitbestimmungsrechts lassen sich nämlich nicht aus der Ermessensbindung der Einigungsstelle ableiten. Es wäre inkonsequent, wenn die Einigungsstelle von einer anderen Mitbestimmungsregelung auszugehen hätte als die Betriebspartner selbst (im Ergebnis ebenso *BAG* vom 31. 8. 1982, a. a. O.). Es läßt sich auch nicht sinnvoll rechtlich zwischen der mitbestimmungsfreien unternehmerischen Entscheidung und ihrer mitbestimmungspflichtigen arbeitstechnischen Verwirklichung unterscheiden (hierfür aber *D/R* § 87 Rz. 30; *Joost* DB 1983, 1818, 1820; *Reuter* ZfA 1981, 165, 178ff. und Anm. SAE 1987, 34ff.; *Zöllner/Loritz* Arbeitsrecht § 44 III 4; dagegen zutreffend *BAG* vom 31. 8. 1982, a. a. O.; *Löwisch* Anm. SAE 1983, 141f.; *Wiese* Anm. AP a. a. O. Bl. 142). Die arbeitstechnische Verwirklichung berührt – vor allem wegen der damit verbundenen Kosten – immer auch die unternehmerische Entscheidung in ihrem Kern.
Gleichwohl kann der höchstrichterlichen Rechtsprechung, die eine Beschränkung des Mitbestimmungsrechts durch die unternehmerische Entscheidungsfreiheit generell ausschließt, nicht zugestimmt werden. Gegen sie sprechen schon die Gesetzesmaterialien. So ist in der Begründung des Regierungsentwurfs und in der parla-

mentarischen Beratung die grundsätzliche Wertentscheidung des Gesetzgebers zum Ausdruck gekommen, durch die Mitbestimmungsrechte nicht in »eigentliche unternehmerische Entscheidungen« einzugreifen und die Beteiligung der Arbeitnehmer an der Unternehmensführung nicht im Rahmen der Betriebsverfassung zu regeln (vgl. oben Rz. 1 sowie *Wiese* Initiativrecht, 38). Diese Grundentscheidung ist im Gesetz selbst auch bereits verwirklicht worden. Das Gesetz hat nämlich die Beteiligungsrechte des Betriebsrats an den einzelnen Entscheidungen unterschiedlich stark ausgestaltet und damit seiner Grundentscheidung Rechnung getragen (vgl. *BAG* a.a.O.). So ist etwa die Beteiligung des Betriebsrats bei der Gestaltung von Arbeitsablauf und Arbeitsumgebung auf Unterrichtungs- und Beratungsrechte (§ 90) und auf Maßnahmen der Abwendung, Milderung oder zum Ausgleich der Belastungen (§ 91) beschränkt. In den wirtschaftlichen Angelegenheiten (§§ 106ff.) hat der Wirtschaftsausschuß nur ein Unterrichtungs- und Beratungsrecht. Dementsprechend hat der Betriebsrat solche Rechte bei geplanten Betriebsänderungen, die lediglich zu einem mitbestimmungspflichtigen Sozialplan führen können, mit dem die Auswirkungen der Betriebsänderung auf die davon betroffenen Arbeitnehmer ausgeglichen werden sollen (GK-*Wiese* § 87 Rz. 103). Damit ist eine abgestufte Mitwirkungsordnung durch das Gesetz selbst bereits geschaffen worden.

Das rechtfertigt aber nicht den Schluß, daß es eine ungeschriebene Schranke des Mitbestimmungsrechts nicht gäbe. Das BAG hat sogar selbst die unternehmerische Entscheidungsfreiheit in seiner Rechtsprechung zu den freiwilligen Sozialleistungen des Arbeitgebers als Schranke ständig anerkannt (vgl. z.B. *BAG* vom 12.6. 1975 – 3 ABR 66/74 – EzA § 87 BetrVG 1972 Lohn u. Arbeitsentgelt Nr. 3 m. Anm. *Birk* = BB 1975, 1065; 1976, 90 m. Anm. *Hanau*, 605 m. Anm. *Gumpert*; vom 3.6. 1975 – 1 ABR 118/73 – EzA § 87 BetrVG 1972 Werkswohnungen Nr. 4 = DB 1975, 1752; vom 13.3. 1973 – 1 ABR 16/72 – EzA § 87 BetrVG 1972 Werkswohnungen Nr. 2 = DB 1973, 1458; vgl. ferner die unter Rz. 412ff. aufgeführten Entscheidungen). Entsprechend dieser Rechtsprechung muß die unternehmerische Entscheidungsfreiheit auch in anderen Zusammenhängen beachtet werden, in denen die Ausübung des Initiativrechts durch den Betriebsrat zugleich eine unternehmerische Entscheidung zum Ziel hat, z.B. bei der Bestimmung des Unternehmenszwecks, der Festlegung der Ladenöffnungszeit oder der Betriebsnutzungszeit, der Festlegung des Umfangs der Produktion und der Schließung des Betriebs (vgl. *Wiese* Anm. a.a.O., Bl. 145 und GK-*Wiese* § 87 Rz. 104; *Loritz* ZfA 1991, 1, 24; ferner *Erdmann* a.a.O. 90). 66

Nur diese Beschränkung des Mitbestimmungsrechts genügt auch einer **verfassungskonformen Auslegung** des § 87. Die unternehmerische Entscheidungsfreiheit ist nämlich durch mehrere Spezialfreiheiten grundrechtlich geschützt, so durch die allgemeine Handlungsfreiheit nach Art. 2 Abs. 1, die Berufsausübungsfreiheit nach Art. 12 Abs. 1, die Eigentumsgarantie gem. Art. 14 Abs. 1 und die Koalitionsfreiheit gem. Art. 9 Abs. 3 GG (vgl. dazu *BAG* vom 29.3. 1977 – 1 ABR 123/74 – EzA § 87 BetrVG 1972 Leistungslohn Nr. 2 m. Anm. *Löwisch* = DB 1977, 1650 m. Anm. *Bolten*; vom 13.3. 1973, a.a.O.; vgl. auch *Rüthers* ZfA 1973, 399, 421; Paul DB 1985, 2246, 2249). Im Fachschrifttum sind dementsprechend früher wiederholt verfassungsrechtliche Einwände gegen § 87 geltend gemacht worden (vgl. *Obermayer* DB 1971, 1715, 1722; *Erdmann/Jürging/Kammann* § 87 Rz. 7ff.). Bei der Anwendung von Gesetzen muß nach der ständigen Rechtsprechung des Bundesverfassungsgerichts diejenige Auslegung gewählt werden, die 67

§ 87   4. Teil 3. Abschn. Soziale Angelegenheiten

den Grundrechten die stärkste Wirkung verleiht (*BVerfG* vom 9. 2. 1982 – 1 BvR 799/78 – NJW 1982, 1635; vom 3. 4. 1979 – 1 BvR 1460, 1482/78, 169/79 – NJW 1979, 1541). Eine streng positivistische Auslegung der Mitbestimmungsregelungen (vgl. etwa *BAG* vom 31. 8. 1982, a. a. O.; *Auffarth* RdA 1976, 2; *Farthmann* RdA 1974, 65, 68; *Gester/Isenhardt* RdA 1974, 80) wird diesem Grundsatz nicht gerecht. Vielmehr ist das Mitbestimmungsrecht in den Angelegenheiten, in denen die unternehmerische Entscheidungsfreiheit berührt wird, grundrechtskonform und damit restriktiv anzuwenden (im Ergebnis ebenso *LAG Baden-Württemberg* vom 28. 2. 1980 – 11 TaBV 15/79 – EzA § 87 BetrVG 1972 Initiativrecht Nr. 4 m. Anm. *Schwerdtner*; *Boewer* DB 1973, 522, 527 mit Hilfe einer teleologischen Interpretation; *Wiese* Initiativrecht, 44; *Rüthers* ZfA 1973, 399, 419 ff.; *D/R* § 87 Rz. 226; *G/L* § 87 Rz. 96 a; *Lieb* DB 1981 Beilage Nr. 17, 4; *Reuter* ZfA 1981, 165, 180 ff.; *Beuthien* Anm. SAE 1984, 194; *S/W* § 87 Rz. 20; *Scholz* NJW 1986, 1587 ff.; *Papier* RdA 1989, 138, 143; *Martens* a. a. O.; unentschieden *Söllner* RdA 1989, 144, 150).

68 Die unternehmerische Entscheidungsfreiheit wird vor allem durch Mitbestimmungstatbestände in Abs. 1 Nr. 2, 3, 5, 6, 9 und 10 berührt und ist dementsprechend bei der Anwendung dieser Regelungen besonders zu beachten (vgl. Erläuterungen dort).

69 Die dargelegte Schranke ist aber nicht nur dem Initiativrecht des Betriebsrats (vgl. oben Rz. 42 ff.), sondern dem **Mitbestimmungsrecht überhaupt** gezogen. Grundsätzlich macht es keinen Unterschied, ob der Betriebsrat z. B. einen Entlohnungsgrundsatz verlangt, den der Arbeitgeber für wirtschaftlich untragbar hält, oder ob der Arbeitgeber wegen gesunkener Absatzmöglichkeiten oder wegen einer Umstellung auf andere Produkte einen Wechsel der Entgeltform anstrebt (*Richardi* ZfA 1976, 1, 43; **a. A.** GK-*Wiese* § 87 Rz. 104).

3. Arbeitskampf im Betrieb

70 Das Mitbestimmungsrecht des Betriebsrats in sozialen Angelegenheiten gilt nach allgemeiner Rechtsauffassung grundsätzlich auch dann, wenn der Betrieb von einem Arbeitskampf erfaßt wird, und zwar unabhängig davon, ob die Mitglieder des Betriebsrats mitstreiken oder selbst ausgesperrt sind (vgl. z. B. *BAG* vom 26. 1. 1988 – 1 ABR 34/85 – EzA § 80 BetrVG 1972 Nr. 32 = DB 1988, 1551; vom 16. 12. 1986 – 1 ABR 35/85 – EzA Art. 9 GG Arbeitskampf Nr. 64 = DB 1987, 791; vom 24. 4. 1979 – 1 ABR 43/77 – EzA Art. 9 GG Arbeitskampf Nr. 34 = DB 1979, 994, 1655; vom 22. 12. 1980 – 1 ABR 2/79 und 76/79 – EzA § 615 BGB Betriebsrisiko Nr. 7 und 8 m. Anm. *Dütz* und *Ehmann/Schnauder* = DB 1981, 578; *Brox/Rüthers* Rz. 437 ff.; *F/A/K/H* § 74 Rz. 6 ff.; *G/L* § 74 Rz. 13 ff.; *Kraft* FS für *G. Müller*, 1981, 265, 266 ff.; *Heinze* DB 1982 Beilage Nr. 23, 6 ff.; *Brill* DB 1979, 404 f.; *Jahnke* ZfA 1984, 69, 87 f.; *GK-Kreutz* § 74 Rz. 54; *D/R* § 74 Rz. 30 ff.; *Wiese* ZfA 1978, 380; *Löwisch/Rumler* in: *Löwisch* Schlichtungs- und Arbeitskampfrecht Rz. 747 f.; *Küttner* DB 1988, 741). Überwiegend werden aber mit Recht für den Fall eines Arbeitskampfes im Betrieb Einschränkungen des Mitbestimmungsrechts für geboten erachtet (vgl. Rechtsprechung und Fachschrifttum a. a. O.; gegen jegliche Einschränkung allerdings *D/K/K/S* § 74 Rz. 19 ff.; *Weiss* AuR 1982, 266 ff.). Das Mitbestimmungsrecht darf nämlich nicht dazu führen, daß der Betriebsrat durch die Ausübung dieses Rechts in die Kon-

frontation der Arbeitskampfparteien einbezogen wird. Der ausschlaggebende Grund hierfür ist allerdings nicht, daß die Betriebsratsmitglieder als Arbeitnehmer oder ggfs. als Gewerkschaftsmitglieder am Kampferfolg der Gewerkschaft allgemein interessiert sind. Dies zeigt schon § 74 Abs. 3, der die gewerkschaftliche Betätigung von Betriebsratsmitgliedern im Betrieb und damit auch ihre Befugnis zur Teilnahme am Arbeitskampf ausdrücklich rechtlich absichert. Entscheidend ist auch nicht, ob die Ausübung des Mitbestimmungsrechts den Betriebsrat überfordern würde (so aber *BAG* vom 24. 4. 1979, a. a. O. und – für das Mitbestimmungsrecht in personellen Angelegenheiten – *BAG* vom 26. 10. 1971 – 1 AZR 113/68 – EzA Art. 9 GG Nr. 7 = DB 1972, 143; vom 14. 2. 1978 – 1 AZR 54/76 – EzA § 15 KSchG 1969 Nr. 19 m. Anm. *Herschel* = DB 1978, 1231; ebenfalls vom 14. 2. 1978 – 1 AZR 76/76 – EzA Art. 9 GG Arbeitskampf Nr. 22 m. Anm. *Herschel* = DB 1978, 1403). Ebensowenig kommt es darauf an, ob durch die Beteiligung des Betriebsrats an arbeitskampfbedingten Maßnahmen die Chancengleichheit (so aber *BAG* vom 24. 4. 1979, a. a. O.) oder die Waffengleichheit der Kampfparteien (so *BAG* vom 14. 2. 1978, a. a. O.) gefährdet ist oder ob durch sie die materielle Kampfparität gestört wird (*BAG* vom 22. 12. 1980, a. a. O.). Die das Arbeitskampfrecht beherrschenden Grundsätze der Kampfparität und der Verhältnismäßigkeit bieten keine praktikablen Abgrenzungskriterien für die Geltung des Mitbestimmungsrechts im Arbeitskampf. So versagt der Hinweis auf das Paritätsgebot schon im Fall des wilden Streiks (vgl. *Konzen* zu *BAG* vom 14. 2. 1978 – 1 AZR 54/76 – und vom 14. 2. 1978 – 1 AZR 103/76 – in: AP Nr. 57, 59 zu Art. 9 GG Arbeitskampf; *Kraft* Anm. SAE 1979, 304 und FS für *G. Müller* 265, 269; *Wiese* NZA 1984, 378, 380). Die Einschränkung des Mitbestimmungsrechts im Arbeitskampf ist vielmehr durch das in § 74 Abs. 2 Satz 1 niedergelegte betriebsverfassungsrechtliche **Gebot zur Neutralität im Arbeitskampf** begründet. Dieses Gebot soll nicht die Kampfparität sichern, sondern die betriebsverfassungsrechtliche Kooperations- und Friedensordnung gewährleisten, indem es die Beziehungen der Betriebsparteien arbeitskampffrei hält (so *Wiese* a. a. O.; GK-*Kreutz* § 74 Rz. 63; der Sache nach auch *Mayer-Maly* BB 1979, 1305, 1312). Als Arbeitskampfmaßnahme i. S. d. § 74 Abs. 2 Satz 1 ist die Ausübung der beiderseitigen betriebsverfassungsrechtlichen Rechte und Pflichten von Betriebsrat und Arbeitgeber zu verstehen, soweit sie Arbeitskampfwirkungen entfaltet, nämlich zur Druckausübung auf den anderen betriebsverfassungsrechtlichen Partner objektiv geeignet ist, z. B. die Verweigerung von Mehrarbeit durch den Betriebsrat zur Ausübung von Druck auf die Tarifvertragspartei, der der Arbeitgeber angehört (vgl. dazu *Natzel* Anm. SAE 1989, 246, 248). Würde man nur Maßnahmen des geltenden Arbeitskampfrechts, also insbesondere Streik und Aussperrung, als Gegenstand des § 74 Abs. 2 Satz 1 ansehen, wäre die Vorschrift inhaltlos, da solche Schritte von den Betriebsparteien ohnehin nicht unternommen werden können (*Heinze* DB 1983 Beilage Nr. 23, 8 f.).

Das Mitbestimmungsrecht des Betriebsrats greift folglich gem. § 74 Abs. 2 Satz 1 **71** nicht ein, soweit es sich auf Maßnahmen des Arbeitgebers bezieht, die **dem Arbeitskampf entspringen und auf ihn einwirken** (*Jahnke* ZfA 1984, 69, 88; *Kraft* a. a. O. 271; *Wiese* NZA 1984, 378, 381; ähnlich *Heinze* a. a. O. 6 ff.; *Löwisch/Rumler* a. a. O. Rz. 764 f.). Insbesondere ist dem Betriebsrat verwehrt, an Kampfmaßnahmen gegen den Arbeitgeber selbst teilzunehmen oder an ihrer Durchführung mitzuwirken (vgl. *BAG* vom 16. 12. 1986, a. a. O.; *Löwisch/Rumler* a. a. O. Rz. 762). Das gilt sowohl für Maßnahmen, durch die Druck ausgeübt wird, als

§ 87 4. Teil 3. Abschn. Soziale Angelegenheiten

auch für druckabwehrende Maßnahmen. Dem *BAG* ist deshalb im Ergebnis zuzustimmen, daß die Anordnung arbeitskampfbedingter Überstunden mitbestimmungsfrei möglich ist (*BAG* vom 24. 4. 1979, a. a. O.; *Wiese, Jahnke* und *Küttner*, jeweils a. a. O.). Es genügt aber nicht für den Ausschluß des Mitbestimmungsrechts, daß es sich um Maßnahmen des Arbeitgeber zur Vorbereitung auf den Arbeitskampf oder zur Abwehr von Folgen eines Arbeitskampfes handelt (*BAG* vom 10. 2. 1988 − 1 ABR 39/86 − EzA § 98 BetrVG 1972 Nr. 4 = DB 1988, 1325; *Löwisch/Rumler* a. a. O. Rz. 769; **a. A.** *LAG Berlin* vom 21. 2. 1986 − 2 TaBV 5/85 − NZA 1986, 758).

72 Nicht nur der **Einsatz von Kampfmitteln** durch den Arbeitgeber ist mitbestimmungsfrei. Der Betriebsrat darf auch nicht durch **andere Maßnahmen** in die Auseinandersetzung zwischen den Arbeitskampfparteien hineingezogen werden. Mitbestimmungsfrei sind deshalb nicht nur Maßnahmen, mit denen der Arbeitgeber seine Interessen bei arbeitskampfbedingten rechtswidrigen Angriffen auf sein Eigentum wahren. Dies gilt z. B. trotz Abs. 1 Nr. 6 für den Einsatz von Kameras zur Beweissicherung bei unerlaubten Handlungen (*Wiese* a. a. O.); dies gilt ferner trotz Abs. 1 Nr. 1 für Regelungen über das Verhalten der Arbeitnehmer im Betrieb bei sog. Warnstreiks sowie trotz Abs. 1 Nr. 5 für Meinungsverschiedenheiten zwischen dem Arbeitgeber und Arbeitnehmer über die zeitliche Lage des Urlaubs während eines Arbeitskampfes (zur Durchführung von Betriebs- oder Abteilungsversammlungen während des Arbeitskampfes vgl. oben § 43 Rz. 8).

73 Aus § 74 Abs. 2 Satz 1 ergibt sich indessen keine Schranke für ein etwaiges Mitbestimmungsrecht bei **arbeitskampfbedingten Fernwirkungen auf den Betrieb** (*Wiese* a. a. O.; *Heinze* a. a. O., 6). Diese Frage wird unter Abs. 1 Nr. 2 und 3 erörtert (vgl. unten Rz. 213 ff.).

VI. Ausübung des Mitbestimmungsrechts

74 Aufgrund des Gebots zur vertrauensvollen Zusammenarbeit gelten die zivilrechtlichen Regeln von **Treu und Glauben** (§ 242 BGB) grundsätzlich auch bei der Ausübung von Mitbestimmungsrechten (*D/R* § 2 Rz. 10; *GK-Kraft* § 2 Rz. 10; *Witt* NZA 1986, 2194). Verstöße gegen diese Regeln ziehen aber nur Sanktionen gem. § 23 nach sich. Ein Verlust des Mitbestimmungsrechts kommt nicht in Betracht, weil es zum Schutz der Belegschaft, nicht des Betriebsrats, eingeräumt ist (vgl. oben Rz. 7; im Ergebnis so auch *Witt* a. a. O., 2195 ff.). Nach der hier ebenfalls eingreifenden Regel des § 226 BGB kann der Betriebsrat sein Mitbestimmungsrecht aber nicht ausüben, wenn die Ausübung nur das Ziel hat, einem anderen, z. B. dem Arbeitgeber Schaden zuzufügen (so auch *Witt* a. a. O., 2194); denn insoweit hat auch die Belegschaft kein schutzwertes Interesse an der Ausübung des Mitbestimmungsrechts. Eine solche schikanöse Rechtsausübung kann etwa dann vorliegen, wenn der Betriebsrat vorübergehende Mehrarbeit verweigert, um den Arbeitgeber als Mitglied der zuständigen Tarifvertragspartei zu schädigen und so unter Druck zu setzen (so auch, allerdings unter Bezugnahme auf § 74 Abs. 2, *Küttner/Schmidt* DB 1988, 704, 705).

75 Aus dem Gebot zur vertrauensvollen Zusammenarbeit folgt ferner die Pflicht des Betriebsrats, bei der Ausübung des Mitbestimmungsrechts den Rahmen des jeweiligen konkreten Mitbestimmungstatbestandes zu wahren. Es ist ihm verwehrt, seine Zustimmung von Zugeständnissen des Arbeitgebers abhängig zu machen,

die er aufgrund seiner Mitbestimmung nicht erwirken kann (**Verbot von Koppelungsgeschäften**; Sammlung von Beispielen bei *Eich* ZfA 1988, 93 ff.; wie hier für den Fall, daß die Zustimmung zur Einführung von Kurzarbeit von einer Entgeltzahlungsgarantie des Arbeitgebers im Ausmaß des Arbeitsausfalls abhängig gemacht wird: *LAG Köln* vom 14. 6. 1989 – 2 TaBV 17/89 – NZA 1984, 939; so auch GK-*Wiese* § 87 Rz. 30; vgl. aber auch *LAG Nürnberg* vom 6. 11. 1990 – 4 TaBV 13/90 – DB 1991, 707 = NZA 1991, 281).

Bei der Ausübung des Mitbestimmungsrechts ist der Betriebsrat auch an den Gleichbehandlungsgrundsatz des § 75 gebunden. Vereinbarungen mit dem Arbeitgeber, die hiergegen verstoßen, sind unwirksam (*BAG* vom 26. 6. 1990 – 1 AZR 263/88 – BB 1991, 621; vgl. auch oben § 75 Rz. 4 ff.). **76**

Das Gesetz regelt nicht, in welcher Form die Mitbestimmung auszuüben ist. Nach der höchstrichterlichen Rechtsprechung und der herrschenden Lehre im Fachschrifttum ist nicht erforderlich, daß eine **Betriebsvereinbarung** gem. § 77 abgeschlossen wird; vielmehr genügt die **formlose Übereinkunft**, für die sich die Begriffe Betriebsabsprache, Regelungsabrede und betriebliche Einigung eingebürgert haben (*BAG* vom 15. 12. 1961 – 1 AZR 492/59 – AP Nr. 1 zu § 56 BetrVG 1952 Arbeitszeit Bl. 3 R m. Anm. *Küchenhoff* = DB 1962, 442; *G/L* § 87 Rz. 36; *S/W* § 87 Rz. 22; GK-*Wiese* § 87 Rz. 64; *F/A/K/H* § 87 Rz. 27; *D/K/K/S* § 87 Rz. 9, *Käppler* Anm. SAE 1991, 288 ff.; einschränkend, nämlich für Wirksamkeit der formlosen Einigung nur dort, wo nicht eine generelle Regelung einen förmlichen Rechtssatz erfordere: *Blomeyer* BB 1969, 101, 102; ähnlich *D/R* § 87 Rz. 58; für Notwendigkeit einer Betriebsvereinbarung auch vereinzelte Stimmen im älteren Schrifttum, vgl. Nachweise bei *D/R* § 87 Rz. 53 und GK-*Wiese* a. a. O.). Betriebsvereinbarungen und Regelungsabreden können auch unter Bedingungen geschlossen werden, jedoch nur dann, wenn der Eintritt der Bedingung für alle Beteiligten, auch für die Arbeitnehmer, ohne weiteres feststellbar ist (*Hanau* NZA 1985 Beilage Nr. 2, 5). Arbeitgeber und Betriebsrat können ihre Einigung nicht durch Widerruf ihrer Erklärung wieder beseitigen (*Hanau* a. a. O. 6). Die Übereinkunft kann nach den allgemeinen Regeln für den Vertragsabschluß auch durch schlüssiges Verhalten des Betriebsratsvorsitzenden zustande kommen (*BAG* a. a. O.; *S/W* a. a. O.; GK-*Wiese* § 87 Rz. 49; *D/R* § 87 Rz. 59; vgl. auch oben § 26 Rz. 45). Voraussetzung ist jedoch, daß von einem wirksamen Beschluß des Betriebsrats gesprochen werden kann, der zu einer gültigen Willensbildung des Betriebsrats notwendig ist (vgl. dazu oben § 33 Rz. 4). Durch **bloßes Stillschweigen** kann ein solcher Beschluß auf keinen Fall zustandekommen (*D/R* a. a. O.; GK-*Wiese* § 87 Rz. 69; **a. A.** *BAG* vom 8. 2. 1963 – 1 AZR 543/61 – AP Nr. 4 zu § 56 BetrVG 1952 Akkord Bl. 3 R m. Anm. *Dietz* = DB 1963, 697; *LAG Düsseldorf* vom 26. 2. 1992 – 12 Sa 1341/91 – LAGE § 87 BetrVG 1972 Nr. 7; *S/W* a. a. O.). Ebensowenig kann eine Bindung des Betriebsrats an das Handeln seines Vorsitzenden kraft Rechtsscheins entstehen (vgl. dazu § 26 Rz. 46; **a. A.** *D/R* § 87 Rz. 59 a. E.; *Hanau* a. a. O. 5, und die Vorauflage). **77**

Häufig wird für die Übereinkunft aber eine **Betriebsvereinbarung** gewählt, die nach § 77 Abs. 2 zur Wirksamkeit der Schriftform bedarf. Sie hat den Vorteil, daß damit Beweisschwierigkeiten über den Inhalt der Einigung vermieden werden. Nur mit einer Betriebsvereinbarung kann auch eine **normative Gestaltung** der Arbeitsverhältnisse der Arbeitnehmer bewirkt werden. Sie erspart dem Arbeitgeber, die mit dem Betriebsrat getroffene Übereinkunft – sei es durch einzelvertragliche Vereinbarungen, sei es durch Änderungskündigung mit Rechtswirkung für **78**

§ 87   *4. Teil 3. Abschn. Soziale Angelegenheiten*

die einzelnen Arbeitnehmer – gesondert umzusetzen. Durch die Betriebsvereinbarung werden Arbeitgeber und Arbeitnehmer gem. § 77 Abs. 4 unmittelbar berechtigt und verpflichtet, wobei allerdings in einzelvertragliche Rechtspositionen der Arbeitnehmer nur begrenzt eingegriffen werden kann (vgl. dazu oben § 77 Rz. 51). Außerdem können Betriebsvereinbarungen, soweit nichts anderes vereinbart ist, nur mit einer Frist von 3 Monaten gekündigt werden (§ 77 Abs. 5). Schließlich gelten Betriebsvereinbarungen über Angelegenheiten des Abs. 1 gem. § 77 Abs. 6 auch nach ihrem Ablauf kraft Nachwirkung weiter, bis sie durch eine andere Abmachung ersetzt werden (*S/W* § 87 Rz. 25; zur Nachwirkung von Betriebsvereinbarungen vgl. § 77 Rz. 229 ff.). Weder der Betriebsrat noch der Arbeitgeber haben einen Rechtsanspruch auf Abschluß einer Betriebsvereinbarung (*Käppler* a. a. O.)

Zuständig für die Ausübung des Mitbestimmungsrechts ist im Betrieb der Betriebsrat in seiner Gesamtheit; im Unternehmen kann der Gesamtbetriebsrat, im Konzern der Konzernbetriebsrat zuständig sein (vgl. Erläuterungen zu den §§ 50 und 58). Diese Gremien können indessen ihre Aufgaben auch einem Ausschuß zur selbständigen Erledigung übertragen, der dann in den durch die Übertragung gezogenen Grenzen auch die Mitbestimmungsrechte ausüben kann (vgl. dazu Erläuterungen zu den §§ 27 und 28 sowie 51 und 59).

VII. Rechtsfolgen der Nichtbeachtung des Mitbestimmungsrechts

79   Beachtet der Arbeitgeber – ob gewollt oder ungewollt – das Mitbestimmungsrecht des Betriebsrats nicht, so fragt sich,
– ob dies Auswirkungen auf die von ihm abgeschlossenen mitbestimmungspflichtigen Rechtsgeschäfte hat,
– welche Befugnisse ihm für diesen Fall zustehen und
– welche Auswirkungen sich für die beteiligten Arbeitnehmer und für Dritte ergeben.

1. Rechtsfolgen für mitbestimmungspflichtige Rechtsgeschäfte

80   Nach der herrschenden, aber zunehmend angefochtenen und in der Tat abzulehnenden (vgl. unten Rz. 83 ff.) Auffassung können die sozialen Angelegenheiten des Abs. 1 nur gemeinsam von Arbeitgeber und Betriebsrat geregelt werden, es sei denn, die Einigungsstelle würde eine fehlende Einigung ersetzen (Theorie der **notwendigen Mitbestimmung** oder der Mitbestimmung als **Wirksamkeitsvoraussetzung**). Diese Lehre wird von der höchstrichterlichen Rechtsprechung seit 1956 vertreten und überwiegt auch stark im Fachschrifttum. Sie wird vor allem mit dem Hinweis auf den Schutzzweck des Mitbestimmungsrechts begründet (vgl. *BAG* vom 3. 12. 1991 – GS 2/90 – EzA § 87 BetrVG 1972 Betriebliche Lohngestaltung Nr. 30; vom 5. 7. 1976 – 5 AZR 264/75 – EzA § 12 AZO Nr. 2 = DB 1976, 1868; vom 13. 7. 1977 – 1 AZR 336/75 – EzA § 87 BetrVG 1972 Arbeitszeit Nr. 3 = DB 1977, 2235; vom 4. 5. 1982 – 3 AZR 1202/79 – EzA § 87 BetrVG 1972 Lohn u. Arbeitsentgelt Nr. 13 = DB 1983, 2159; vom 3. 8. 1982 – 3 AZR 1219/79 – EzA § 87 BetrVG 1972 Betriebliche Lohngestaltung Nr. 5; vom 31. 1. 1984 – 1 AZR 174/81 – EzA § 87 BetrVG 1972 Betriebliche Lohngestaltung Nr. 8 – DB 1984,

1353; vom 16. 9. 1986 – GS 1/82 – AP Nr. 17 zu § 77 BetrVG 1972 = DB 1987, 383 DB = EzA § 77 BetrVG 1972 Nr. 17; vom 20. 8. 1991 – 1 AZR 326/90 – EzA § 87 BetrVG 1972 Betriebliche Lohngestaltung Nr. 29 = DB 1992, 687; **zum BetrVG 1952:** z. B. vom 7. 9. 1956 – 1 AZR 646/54 – AP Nr. 2 zu § 56 BetrVG Bl. 3 m. Anm. *Dersch* – DB 1956, 895; 1957, 166; im Fachschrifttum: *F/A/K/H* § 87 Rz. 23; *G/L* § 87 Rz. 16; *Konzen* Betriebsverfassungsrechtliche Leistungspflichten des Arbeitgebers, 83 ff.; *D/K/K/S* § 87 Rz. 4 ff.; *Kammann/Hess/Schlochauer* § 87 Rz. 2 ff.; *Boewer* DB 1973, 522; *Simitis/Weiss* DB 1973, 1240 ff.; *Hanau* RdA 1973, 281, 289 ff.; *v. Hoyningen-Huene* DB 1987, 1426, 1428; *S/W* § 87 Rz. 3; *Jahnke* Anm. SAE 1983, 147; *GK-Wiese* § 87 Rz. 73–99; *Otto* NZA 1992, 97, 112; mit erheblichen Vorbehalten auch *Zöllner/Loritz* Arbeitsrecht § 47 V 3). Zum Teil wird diese Auffassung noch dahin verstärkt, daß nur eine **vorherige Einigung** wirksam sei, eine nachträgliche Zustimmung die Unwirksamkeit einer vom Arbeitgeber einseitig getroffenen Maßnahme nicht heilen könne (*F/A/K/H* a. a. O.; *GK-Wiese* § 87 Rz. 77; *Säcker* ZfA Sonderheft 1972, 41, 59; *Simitis/Weiss* DB 1973, 1240, 1243; *G/L* § 87 Rz. 18 a; *v. Hoyningen-Huene* DB 1987, 1426, 1432). Schließlich wird von der höchstrichterlichen Rechtsprechung – jedenfalls bei freiwilligen betrieblichen Leistungen des Arbeitgebers (vgl. dazu unten Rz. 506) – die Unwirksamkeit sogar dann angenommen, wenn der Arbeitgeber in der betreffenden Angelegenheit von der Zustimmung des Betriebsrats unabhängig ist, weil dem Mitbestimmungsrecht Schranken (vgl. dazu oben Rz. 45 ff.) gezogen sind (*BAG* vom 4. 5. 1982 und 3. 8. 1982, jeweils a. a. O.; vgl. dazu *Belling* Anm. SAE 1984, 74, 76). Demnach müßte auch dann, wenn eine Mitbestimmungsmöglichkeit effektiv gar nicht besteht, nur um der Wirksamkeit der getroffenen Regelung willen der Betriebsrat um seine Zustimmung angegangen und im Weigerungsfalle ein Einigungsstellenverfahren durchgeführt werden.

Trotz der Unwirksamkeit eines mitbestimmungspflichtigen Rechtsgeschäfts sollen die **Arbeitnehmer** nach der herrschenden Auffassung im Fachschrifttum **Ansprüche aus solchen Rechtsgeschäften** herleiten können. Dies ergebe sich aus dem Grundsatz, daß der Arbeitgeber sich nicht auf sein eigenes rechtswidriges Verhalten berufen könne (*GK-Wiese* § 87 Rz. 99; *G/L* § 87 Rz. 20; *F/A/K/H* § 87 Rz. 23 f.; *Kammann/Hess/Schlochauer* § 87 Rz. 4; im Ergebnis ebenso *Däubler* AuR 1984, 1, 12 sowie trotz entgegengesetzter Grundauffassung – vgl. unten Rz. 83 – auch *Richardi* RdA 1983, 217, 284; **a. A.** aber *Hanau* JuS 1985, 360, 361). Dies wird von der höchstrichterlichen Rechtsprechung indessen abgelehnt. Bei Verletzung des Mitbestimmungsrechts könnten nicht Zahlungsansprüche entstehen, die vorher nicht bestanden haben (*BAG* vom 20. 8. 1991, a. a. O.). Mit Hilfe des Vertrauensschutzes kommt die höchstrichterliche Rechtsprechung allerdings dann zu Ansprüchen, wenn der Arbeitnehmer aus Anlaß der unwirksamen Vertragsregelung bereits Leistungen erbracht oder in Anspruch genommen hat, die nicht mehr rückgängig gemacht werden können, wenn z. B. Mehrarbeit oder Akkordarbeit geleistet oder Urlaub genommen worden ist (so *BAG* vom 4. 5. 1982, a. a. O.; vom 22. 11. 1963 – 1 ABR 6/63 – EzA § 56 BetrVG 1952 Nr. 3 = DB 1963, 1647; 1964, 410; vom 18. 3. 1964 – 1 ABR 10/63 – AP Nr. 4 zu § 56 BetrVG 1952 Entlohnung = DB 1964, 446; 993). In Betracht kommen als Begründung für das Ergebnis auch die Grundsätze über das faktische Arbeitsverhältnis (so auch *Hanau* a. a. O. und, allerdings für Maßnahmen des Arbeitgebers, die gegen Mitbestimmungsrechte in personellen Angelegenheiten verstoßen: *BAG* vom 14. 6. 1972 – 4 AZR 315/71 – AP Nr. 54 zu §§ 22, 23 BAT Bl. 3 R m. Anm. *Wiedemann*

§ 87   4. Teil 3. Abschn. Soziale Angelegenheiten

= DB 1972, 2488). Für den Bereich der freiwilligen Arbeitgeberleistungen (vgl. dazu unten Rz. 506) wird darüber hinaus die Auffassung vertreten, daß die Unwirksamkeit des mitbestimmungswidrigen Handelns sich nur auf den mitbestimmungspflichtigen Teil der Angelegenheit, nämlich die Verteilung des Gesamtvolumens auf die Arbeitnehmer des Betriebs beziehe; der Betriebsrat könne eine abweichende Verteilung durchsetzen; der Arbeitgeber bleibe aber an das einmal festgelegte Gesamtvolumen gebunden (*Pfarr* BB 1983, 2001, 2009; *Dieterich* NZA 1984, 273, 277).

82 Vereinzelt wird die herrschende Auffassung in einer abgeschwächten Form vertreten. Danach soll eine ohne Mitbestimmung des Betriebsrats vom Arbeitgeber getroffene Regelung nur dann unwirksam sein, wenn sie die **Interessen der Arbeitnehmer ohne sachlichen Grund verletzt** (*Adomeit* BB 1972, 53f.; *Sahmer* § 87 Rz. 3; vgl. dazu *G/L* § 87 Rz. 18). Eine andere Auffassung schließt die Unwirksamkeit eines mitbestimmungswidrig vorgenommenen Rechtsgeschäfts dann aus, wenn **die betroffenen Arbeitnehmer sich damit freiwillig ohne Druck einverstanden erklärt** haben (*Lieb* Arbeitsrecht, 137). Schließlich wird auch – mit ausführlicher Begründung – die Meinung vertreten, daß zwischen den einzelnen Tatbeständen des § 87 nach der jeweils verfolgten Schutzrichtung zu differenzieren sei. Danach seien im Rahmen der Nrn. 2, 3, 4, 6, 10, 11 und 12 nur einseitige Rechtsakte des Arbeitgebers ohne Zustimmung des Betriebsrats unwirksam, während im Rahmen der übrigen Tatbestände dies ganz allgemein gelte (*Hurlebaus* 55ff.).

83 Die herrschende Auffassung ist mit dem Gesetz unvereinbar und ergibt sich auch nicht zwingend aus dem Zweck der gesetzlichen Regelung. Zustimmung verdient die Mindermeinung, derzufolge die Regelungen des Arbeitgebers in sozialen Angelegenheiten auch dann wirksam sind, wenn das Mitbestimmungsrecht des Betriebsrats nicht beachtet oder nicht ausgeübt ist (*D/R* § 87 Rz. 80–102; *Schlüter* DB 1972, 92ff., 139ff.; *Belling* Anm. SAE 1984, 74, 77; *Dickhoff* DB 1965, 555f.; *Schulze-Reimpell* DB 1962, 139, 142; *Fenn* ZfA 1971, 384; *Leinemann* BB 1989, 1905, 1907; *Schlochauer* in Hromadka (Hrsg) Änderung der Arbeitsbedingungen, 221, 236ff.; *Hromadka* DB 1991, 2133, 2134; *Bommermann* DB 1991, 2185, 2188; kritisch zur herrschenden Auffassung auch *Misera* Anm. AP Nr. 12 zu § 87 BetrVG 1972 Lohngestaltung Nr. 12; *Zöllner/Loritz* Arbeitsrecht § 47 V; *Adomeit* BB 1972, 53; sehr eingehend *Hurlebaus* 55ff.).

84 Nahezu Einigkeit besteht darin, daß sich die Theorie der notwendigen Mitbestimmung aus dem **Wortlaut des § 87** für sich allein nicht rechtfertigen läßt (*BAG* vom 22. 2. 1983 – 1 ABR 27/81 – EzA § 23 BetrVG 1972 Nr. 9 m. Anm. *Rüthers, Hennsler* = DB 1983, 502, 1926; *D/R* § 87 Rz. 81; *v. Hoyningen-Huene* DB 1987, 1426, 1428; *Hurlebaus* 16; vgl. auch *Heinze* ZfA 1988, 53, 79; a. A. GK-*Wiese* § 87 Rz. 79). Aus dem Wortlaut ergibt sich nur ein Anspruch des Betriebsrats auf Mitbestimmung gegen den Arbeitgeber (*Schlüter* a. a. O., 94) wie auch eine Amtspflicht des Betriebsrats, das Mitbestimmungsrecht auszuüben.

85 Bei **systematischer Auslegung** des Gesetzes zeigt sich aber schon, daß die herrschende Auffassung auf tönernen Füßen steht. Das BetrVG erklärt nämlich an anderer Stelle (§ 102 Abs. 1 Satz 3) eine betriebsverfassungswidrige Maßnahme des Arbeitgebers ausdrücklich für unwirksam, verzichtet aber bei den sozialen Angelegenheiten auf eine entsprechende Regelung (vgl. *Schlüter* a. a. O., 96; zur systematischen Auslegung auch *Hurlebaus* 19ff.). Auch aus § 101 ergibt sich, daß eine personelle Maßnahme des Arbeitgebers, die ohne Zustimmung des

Betriebsrats durchgeführt wird, nicht ohne weiteres unwirksam ist. Mitbestimmungswidriges Verhalten ist auch weder verbots- noch in der Regel sittenwidrig, so daß die Nichtigkeitsgründe der §§ 134 und 138 BGB ebensowenig eingreifen. Bei dieser Gesetzeslage ist es nicht zu rechtfertigen, Vereinbarungen von Arbeitgeber und Arbeitnehmer wie die Rechtsgeschäfte geschäftsunfähiger Personen als null und nichtig zu behandeln, weil der Zweck der Mitbestimmungsregelung (vgl. dazu oben Rz. 7) dies angeblich erfordere, zumal die Theorie der notwendigen Mitbestimmung bei einseitiger Durchführung von mitbestimmungspflichtigen **tatsächlichen** Maßnahmen wie etwa der Einführung technischer Kontrolleinrichtungen (Abs. 1 Nr. 6) die Arbeitnehmer auch nicht schützen kann (*Schlüter* a. a. O., 242; vgl. auch *Konzen* a. a. O., 85; wenn GK-*Wiese* § 87 Rz. 97 demgegenüber auf die Rechtswidrigkeit solcher Maßnahmen hinweist, so trifft dies zu und wird hier keineswegs übersehen; nicht anzuerkennen ist aber ein Beseitigungsanspruch bei Verstoß gegen Abs. 1 Nr. 6; vgl. dazu unten Rz. 325). 86

Zur Rechtfertigung der Unwirksamkeit mitbestimmungswidriger Rechtsgeschäfte wird darauf verwiesen, daß die Arbeitnehmer ohne eine solche scharfe Sanktion gegenüber dem Arbeitgeber **schutzlos** wären. Dies indessen ist aus mehreren Gründen nicht der Fall. Einmal ist der Arbeitgeber in den meisten mitbestimmungspflichtigen Angelegenheiten schon wegen der praktischen Notwendigkeit einer einheitlichen wirksamen Regelung auf die Unterschrift des Betriebsrats angewiesen, da er ohne Betriebsvereinbarung den nur schwer gangbaren Weg der Änderungskündigung beschreiten müßte (vgl. dazu *Kammann/Hess/Schlochauer* § 87 Rz. 7). Außerdem hat der Betriebsrat in den sozialen Angelegenheiten auch ein **eigenes Initiativrecht** (vgl. oben Rz. 42), so daß er gegen etwaige vom Arbeitgeber durchgeführte einseitige Maßnahmen in mitbestimmungspflichtigen Angelegenheiten die Einigungsstelle anrufen kann (*Schlüter* a. a. O., 143). Darüber hinaus kann er sein Mitbestimmungsrecht im Beschlußverfahren gerichtlich feststellen lassen. Bei groben Verstößen gegen das Mitbestimmungsrecht können sowohl der Betriebsrat als auch eine im Betrieb vertretene Gewerkschaft gem. § 23 Abs. 3 gegen den Arbeitgeber vorgehen (vgl. dazu oben Rz. 64ff. zu § 23 sowie unten Rz. 610). Ferner bleibt dem Betriebsrat als letzte rechtliche Möglichkeit noch der Strafantrag nach § 119 Abs. 2, wenn der Arbeitgeber hartnäckig die Mitbestimmungsrechte mißachten sollte (*Schlüter* a. a. O.). Schließlich darf nicht übersehen werden, daß die Gesamtheit seiner gesetzlichen Befugnisse den Betriebsrat zu einem unentbehrlichen Partner des Arbeitgebers macht (*Loritz* ZfA 1991, 1, 17). 87

Somit vermögen weder Wortlaut noch Systematik noch Zweck des Gesetzes die Ausübung des Mitbestimmungsrechts als Wirksamkeitsvoraussetzung zu stützen. Dies kann außerdem auch die **Gesetzesgeschichte** nicht leisten. Dem Gesetzgeber des BetrVG 1972 waren diese Theorie und die auf ihr fußende höchstrichterliche Rechtsprechung bekannt. Er hätte sie in eine entsprechende gesetzliche Regelung gießen können, um sie so gegen einen möglichen Wandel der Rechtsprechung abzusichern, wie dies auch sonst häufig geschieht. Er hat hierauf verzichtet und die Streitfrage damit weiterhin Rechtsprechung und Wissenschaft überlassen (im Ergebnis so auch *Buchner* Anm. SAE 1987, 45, 51; **a. A.** *v. Hoyningen-Huene* a. a. O. 1429), die bei Fehlen einer ausdrücklichen Sanktionsbestimmung die Aufgabe haben, den insoweit geltenden Gesetzesinhalt mit Hilfe der allgemein anerkannten Auslegungsmethoden zu ermitteln (deshalb besteht entgegen GK-*Wiese* § 87 Rz. 79 kein Widerspruch zu den Erläuterungen oben Rz. 85). 88

Die herrschende Auffassung führt schließlich zu nicht vertretbaren Konsequen- 89

§ 87   4. Teil 3. Abschn. Soziale Angelegenheiten

zen: Wirkt es schon sehr behelfsmäßig, daß die Nachteile der Unwirksamkeit für die beteiligten Arbeitnehmer mit dem Grundsatz des Vertrauensschutzes aufgefangen werden müssen (vgl. oben Rz. 81), so erscheint es indessen nicht hinnehmbar, daß z.B. eine unter Nichtbeachtung des Mitbestimmungsrechts getroffene **Regelung über den Arbeitsschutz** nach Abs. 1 Nr. 7 unverbindlich sein oder daß eine im Einzelfall bestehende **eindeutige einzelvertragliche Verpflichtung** zur Leistung von Mehrarbeit außer Kraft treten soll. Dasselbe gilt etwa für die **Durchführung der betrieblichen Berufsausbildung**, bei der nach § 98 Abs. 1 ein dem § 87 entsprechendes Mitbestimmungsrecht besteht. Dabei ist zu berücksichtigen, daß die Nichtbeachtung des Mitbestimmungsrechtes durchaus auch dem Betriebsrat zuzurechnen sein kann. Besonders dann, wenn der Betriebsrat – möglicherweise amtspflichtwidrig – sich dafür entscheidet, von seinem Mitbestimmungsrecht **überhaupt keinen Gebrauch** zu machen, also einer vom Arbeitgeber vorgeschlagenen Maßnahme weder zuzustimmen noch zu widersprechen (vgl. dazu etwa *LAG Düsseldorf* vom 26. 2. 1992 – 12 Sa 1341/91 – LAGE § 87 BetrVG 1972 Nr. 7), wäre es nicht verständlich, wenn dies die Unwirksamkeit der Maßnahme zur Folge hätte (vgl. dazu auch *Adomeit* BB 1981, 1086) oder die Arbeitnehmer sogar die Arbeit verweigern könnten (so aber GK-*Wiese* § 87 Rz. 96). Teilweise wird deshalb die Auffassung vertreten, der Betriebsrat könne sein Mitbestimmungsrecht auch durch widerspruchslose Hinnahme der mitbestimmungspflichtigen Maßnahme des Arbeitgebers ausüben (so *LAG Düsseldorf* a. a. O.; vgl. dazu aber oben Rz. 77).

90   Das *BAG* hat die von ihm vertretene Theorie der notwendigen Mitbestimmung dementsprechend auch nicht durchhalten können, sondern eingeschränkt. So soll die Zustimmung des Betriebsrats jedenfalls bei Fernwirkungen von Arbeitskämpfen nur dann Wirksamkeitsvoraussetzung sein, wenn dem Arbeitgeber möglich und zumutbar ist, vor der zu treffenden Maßnahme eine Entscheidung des Betriebsrates herbeizuführen; dies soll bereits dann nicht anzunehmen sein, wenn die betriebsverfassungsrechtliche Lage weitgehend ungeklärt ist (*BAG* vom 22. 12. 1980 – 1 ABR 2/79 und 76/79 – AP Nr. 70 und 71 zu Art. 9 GG Arbeitskampf = DB 1981, 578 = EzA § 615 BGB Betriebsrisiko Nr. 7 und 8; kritisch dazu GK-*Wiese* § 87 Rz. 78; vgl. ferner *BAG* vom 9. 5. 1989 – 3 AZR 439/83 – BB 1989, 1982). Damit wird die sich aus der herrschenden Theorie der notwendigen Mitbestimmung ergebende Konsequenz, daß die vielfachen Schwierigkeiten bei der Auslegung der Mitbestimmungstatbestände auf die individuellen Vertragsverhältnisse durchschlagen und damit die Rechtsunsicherheit vergrößern (so auch *Adomeit* a. a. O.; *D/R* § 87 Rz. 93 und 271), zwar abgemildert. In rechtsdogmatischer Sicht ist diese Einschränkung jedoch widersprüchlich.

91   Es gibt deshalb keine notwendige, sondern nur eine **erzwingbare Mitbestimmung**. Allein auf diese Weise ist auch rechtlich einwandfrei begründbar, daß der Arbeitgeber nach herrschender Auffassung bei Vorliegen eines Notfalles (vgl. oben Rz. 32) in mitbestimmungspflichtigen Angelegenheiten auch einseitig rechtswirksam handeln kann. Er handelt nämlich dann objektiv dem Mitbestimmungsrecht des Betriebsrats zuwider. Wegen der bestehenden Notsituation kommen aber Sanktionen weder nach § 23 Abs. 3 noch nach § 119 in Betracht.

92   Die Nichtbeachtung des Mitbestimmungsrechts führt selbst dann, wenn der Arbeitgeber das Mitbestimmungsrecht bewußt außer acht läßt, nicht zur Unwirksamkeit der getroffenen Regelungen, sondern nur zu den schon geschilderten Sanktionsmöglichkeiten, die das Gesetz für den Fall eines gesetzwidrigen Vorgehens des Arbeitgebers bereithält (vgl. Rz. 87).

2. Auswirkungen auf die Arbeitnehmer

Nach der hier vertretenen Theorie der erzwingbaren Mitbestimmung bleiben auch mitbestimmungswidrige Vereinbarungen zwischen Arbeitgeber und Arbeitnehmer wirksam. Aber auch die herrschende Theorie der notwendigen Mitbestimmung erkennt an, daß die Arbeitnehmer Ansprüche auf die gewährte oder noch zu gewährende Gegenleistung für von ihnen erbrachte Arbeitsleistungen behalten (vgl. oben Rz. 81). Aus der Theorie der erzwingbaren Mitbestimmung folgt aber auch, daß etwaige Anordnungen des Arbeitgebers in den Grenzen seines Weisungsrechts für die Arbeitnehmer zunächst verbindlich sind (a.A. anscheinend *D/R* Rz. 107). Auch für diesen Fall gelten die Argumente, die gegen die Unwirksamkeit mitbestimmungswidriger Rechtsgeschäfte dargelegt worden sind (vgl. oben Rz. 85 ff.); die Arbeitnehmer können von ihrem Beschwerderecht Gebrauch machen oder den Betriebsrat veranlassen, seine Befugnisse bei mitbestimmungswidrigem Vorgehen des Arbeitgebers auszuüben (vgl. Rz. 87).

93

3. Auswirkungen auf Dritte

Auch nach der herrschenden Theorie der notwendigen Mitbestimmung sollen Rechtsverhältnisse des Arbeitgebers zu Dritten durch ein etwaiges mitbestimmungswidriges Verhalten nicht berührt werden, da die rechtsgeschäftliche Kompetenz des Arbeitgebers durch das Mitbestimmungsrecht nur im Verhältnis zum Betriebsrat und gegenüber den Arbeitnehmern eingeschränkt sei (*G/L* § 87 Rz. 192; *Zöllner/Loritz* Arbeitsrecht § 47 V 3 a; *Gumpert* BB 1978, 968, 971; GK-*Wiese* § 87 Rz. 87; **a.A.** *Reuter/Streckel* Grundfragen der betriebsverfassungsrechtlichen Mitbestimmung, 27, die dem von der Unwirksamkeit des Geschäfts betroffenen Dritten mit einem Schadensersatzanspruch gegen den Arbeitgeber aus Verschulden bei Vertragsschluß helfen wollen). Verpachtet der Arbeitgeber z. B. die Kantine ohne Zustimmung des Betriebsrats, so ist der Pachtvertrag in jedem Fall wirksam, auch wenn das Mitbestimmungsrecht nach Abs. 1 Nr. 8 dabei unbeachtet geblieben ist. Die **Verpflichtungs- und Verfügungsfähigkeit des Arbeitgebers im Rechtsverkehr mit Dritten** wird auch nach der Theorie der notwendigen Mitbestimmung nicht beschränkt (*Zöllner/Loritz* und *Gumpert*, jeweils a. a. O., *v. Hoyningen-Huene* a. a. O. 1430).

94

Dritte können aber **Schadensersatzansprüche** gegen den Arbeitgeber haben, wenn er seine Verpflichtungen aus dem wirksam vorgenommenen Rechtsgeschäft aus Gründen der Mitbestimmung nicht erfüllen kann (GK-*Wiese*, *Gumpert* und *v. Hoyningen-Huene*, jeweils a. a. O.). Nach der hier vertretenen Theorie der erzwingbaren Mitbestimmung könnte dies in dem genannten Beispiel etwa dann eintreten, wenn dem Arbeitgeber auf Antrag des Betriebsrats durch Beschluß des Arbeitsgerichts nach § 23 Abs. 3 die Überlassung der Kantine an den Pächter verboten worden ist.

95

B. Die mitbestimmungspflichtigen Angelegenheiten

96 Das Mitbestimmungsrecht des Betriebsrats hängt davon ab, daß mindestens einer der unter Abs. 1 Nr. 1–12 aufgeführten Tatbestände erfüllt ist. Die Aufzählung ist erschöpfend und kann weder durch Tarifvertrag noch durch Betriebsvereinbarung ergänzt werden (vgl. dazu oben Rz. 38 ff.). Auch ein Mitbestimmungsrecht kraft Sachzusammenhangs mit einem der das Mitbestimmungsrecht auslösenden Tatbestände ist nicht gegeben (vgl. dazu oben Rz. 16).

97 Die nachfolgenden Erläuterungen behandeln jeweils nur die Besonderheiten der einzelnen Mitbestimmungstatbestände. Ergänzend wird auf die allgemeinen Erläuterungen zum Mitbestimmungsrecht in sozialen Angelegenheiten (vor allem unter Rz. 9 ff.) verwiesen.

I. Fragen der Ordnung des Betriebs und des Verhaltens der Arbeitnehmer im Betrieb (Nr. 1)

1. Allgemeines

a) Voraussetzungen des Mitbestimmungsrechts

98 Der Mitbestimmungstatbetand in Abs. 1 Nr. 1 ist nach dem ersten Anschein außerordentlich **weit gefaßt**. Seine Auslegung muß deshalb der gesetzlichen Gesamtregelung gerecht werden, die das Mitbestimmungsrecht des Betriebsrats nicht an einen generalklauselartig umschriebenen Sammeltatbestand, sondern an festumrissene Einzeltatbestände knüpft. Eine Angelegenheit ist nach Abs. 1 Nr. 1 der Mitbestimmung nur dann unterworfen, wenn sie die betriebliche Ordnung in der nachfolgend (vgl. Rz. 99) näher beschriebenen Eingrenzung betrifft. Daß in den Betrieben häufig sog. »Arbeitsordnungen« vereinbart sind (vgl. z. B. das von der Landesvereinigung der Arbeitgeberverbände Nordrhein-Westfalens e. V. herausgegebene »Muster für eine Arbeitsordnung« 9. Aufl. 1990), in denen sämtliche für die Belegschaftsmitglieder einheitlich geltenden Rechten und Pflichten niedergelegt sind, besagt für die Abgrenzung des Mitbestimmungstatbestandes nach Abs. 1 Nr. 1 nichts (wegen eines geschichtlichen Überblicks zur »Arbeitsordnung« vgl. *Hromadka* ZfA 1979, 203).

99 Die betriebliche Ordnung umfaßt nach herrschender Rechtsauffassung nur **allgemeingültige, für die Arbeitnehmer oder doch für Gruppen von ihnen verbindliche Verhaltensregeln zur Sicherung des ungestörten Arbeitsablaufs und des reibungslosen Zusammenlebens und Zusammenwirkens der Arbeitnehmer im Betrieb** (*BAG* vom 24. 11. 1981 – 1 ABR 108/79 – AP Nr. 3 zu § 87 BetrVG 1972 Ordnung des Betriebes m. Anm. *Herschel* = DB 1982, 1116 = EzA § 87 BetrVG 1972 Betriebliche Ordnung Nr. 7 m. Anm. *Weiss*; vom 9. 12. 1980 – 1 ABR 1/78 – AP Nr. 2 zu § 87 BetrVG 1972 Ordnung des Betriebes m. Anm. *Pfarr* = DB 1981, 1092 = EzA § 87 BetrVG 1972 Betriebliche Ordnung Nr. 5; vom 27. 5. 1960 – 1 ABR 11/59 – AP Nr. 1 zu § 56 BetrVG 1952 Ordnung des Betriebes m. Anm. *Küchenhoff* = DB 1960, 983; *D/R* § 87 Rz. 139; *S/W* § 87 Rz. 43; *G/L* § 87 Rz. 59; ähnlich *D/K/K/S* § 87 Rz. 42). Dieser Definition ist im wesentlichen zuzustimmen; sie wäre allerdings klarer, wenn die Sicherung des »Arbeitsablaufs« durch die Sicherung des **»Betriebsablaufs«** ersetzt würde (vgl. dazu unten Rz. 107 ff.).

Mitbestimmungsrechte § 87

»Fragen der Ordnung des Betriebs und des Verhaltens der Arbeitnehmer im Betrieb« betreffen dabei nicht zwei verschiedene Regelungsbereiche. Soweit das **Verhalten der Arbeitnehmer** angesprochen ist, wird es nur erfaßt, soweit es sich auf **die betriebliche Ordnung** bezieht (*BAG* vom 9.12. 1980 a.a.O., vom 18.7. 1978 – 1 ABR 80/75 – AuR 1978, 278; *LAG Baden-Württemberg* vom 5.3. 1991 – 14 TaBV 15/90 – NZA 1992, 189 = LAGE § 87 BetrVG 1972 Betriebliche Ordnung Nr. 9; *LAG Hamburg* vom 10.7. 1991 – 8 TaBV 3/91 – LAGE § 87 BetrVG 1972 Betriebliche Ordnung Nr. 8; GK-*Wiese* § 87 Rz. 126; *S/W* und *D/R*, jeweils a.a.O.). Die beiden Teile des Mitbestimmungstatbestandes sind systematisch aufeinander bezogen und erfassen die gesamte Gestaltung des Zusammenlebens der Arbeitnehmer im Betrieb (*BAG* vom 24.3. 1981 – 1 ABR 32/78 – AP Nr. 2 zu § 87 BetrVG 1972 Arbeitssicherheit Bl. 3 m. Anm. *Wiese/Starck* = DB 1981, 1886 = EzA § 87 BetrVG 1972 Betriebliche Ordnung Nr. 6; **a. A.** *F/A/K/H* § 87 Rz. 29; *Pfarr* Anm. AP a.a.O.; *Weiss* Anm. EzA a.a.O.). Zweck des Mitbestimmungsrechts ist es nach Auffassung der höchstrichterlichen Rechtsprechung, den Arbeitnehmern eine gleichberechtigte Teilhabe an der Gestaltung des betrieblichen Zusammenlebens zu geben (*BAG* vom 10.4. 1984 – 1 ABR 69/82 – AP Nr. 7 zu § 87 BetrVG 1972 Ordnung des Betriebes = DB 1984, 2097 = EzA § 87 BetrVG 1972 Betriebliche Ordnung Nr. 10 = DB 1984, 2097; vom 24.3. 1981, a.a.O.; vgl. aber dazu die eigene Gegenauffassung oben unter Rz. 7).

Durch die Maßnahme oder Anordnung des Arbeitgebers braucht nicht den Arbeitnehmern **eine bestimmte Verhaltensweise zur Pflicht** gemacht zu werden; denn Gegenstand des Mitbestimmungsrechts ist nicht nur die Ordnung des Betriebs, die in der Tat normativen Charakter hat, sondern daneben auch das Verhalten der Arbeitnehmer im Betrieb (wie hier *BAG* vom 8.8. 1989 – 1 ABR 65/88 – EzA § 87 BetrVG 1972 Betriebl. Ordnung Nr. 13 = DB 1990, 893; vom 8.12. 1981 – 1 ABR 91/79 – AP Nr. 15 zu § 87 BetrVG 1972 Ordnung des Betriebs = EzA § 87 BetrVG 1972 Betriebliche Ordnung Nr. 8 = DB 1982, 184, 960; vom 24.3. 1981, a.a.O.; vom 18.7. 1978 – 1 ABR 80/75 – AuR 1978, 278; GK-*Wiese* § 87 Rz. 128; *D/R* § 87 Rz. 139; *F/A/K/H* § 87 Rz. 29a; *G/L* § 87 Rz. 59b; **a. A.** *LAG Hamm* vom 13.8. 1980 – 12 TaBV 12/80 – BB 1980, 1582; *S/W* § 87 Rz. 44; *Harmsen* BB 1980, 1219f. und die Vorauflage). 100

Maßnahmen des Arbeitgebers fallen auch dann unter Abs. 1 Nr. 1, wenn sie nur der Bewahrung einer bestehenden betrieblichen Ordnung dienen, sei es, daß sie besondere Anreize zur Beachtung der betrieblichen Ordnung schaffen (vgl. *BAG* vom 24.3. 1981, a.a.O.), sei es, daß sie die Überwachung der Einhaltung dieser Ordnung regeln (*BAG* vom 13.2. 1990 – 1 ABR 11/89 – unveröffentlicht; GK-*Wiese* § 87 Rz. 147; *F/A/K/H* § 87 Rz. 34; *D/K/K/S* a.a.O.). 101

Betrifft die Maßnahme des Arbeitgebers der Sache nach das Verhalten der Arbeitnehmer, steht dem Mitbestimmungsrecht nicht entgegen, daß der Arbeitgeber sich mit der Maßnahme **an die betrieblichen Vorgesetzten wendet** (*BAG* vom 13.2. 1990, a.a.O.). 102

Der Tatbestand des Abs. 1 Nr. 1 kann aber trotz der besonderen Regelung in Abs. 1 Nr. 7 auch durch **Fragen der Unfallverhütung und des betrieblichen Gesundheitsschutzes** erfüllt sein, weil Abs. 1 Nr. 7 keine erschöpfende Regelung dieses Bereichs enthält (*BAG* vom 24.3. 1981, a.a.O.; vom 9.12. 1980 – 1 ABR 80/77 – EzA § 87 BetrVG 1972 Betriebliche Lohngestaltung Nr. 1 m. Anm. *Weiss* = DB 1981, 996; *F/A/K/H* a.a.O.). Fragen der Ordnung des Betriebs 103

§ 87 4. Teil 3. Abschn. Soziale Angelegenheiten

und Fragen des betrieblichen Gesundheitsschutzes würden sich auch ohnehin nicht einwandfrei voneinander abgrenzen lassen.

104 Mitbestimmungspflichtige Verhaltensregeln sind zu unterscheiden von **Weisungen im Einzelfall**, die der Arbeitgeber mitbestimmungsfrei geben kann (*LAG Hamm* a. a. O. und vom 17. 12. 1980 – 12 TaBV 61/80 – DB 1981, 1336 f.; *LAG Düsseldorf* vom 3. 7. 1981 – 13 TaBV 20/81 – DB 1981, 1676; *LAG Berlin* vom 19. 1. 1976 – 5 Sa 106/75 – BB 1976, 602; *S/W* § 87 Rz. 45; GK-*Wiese* § 87 Rz. 129; *G/L* § 87 Rz. 67; *D/K/K/S* § 87 Rz. 47).

105 Betrifft eine Anordnung des Arbeitgebers die Arbeitnehmer des Betriebs selbst überhaupt nicht, so ist sie mitbestimmungsfrei. Dies gilt etwa für die Anordnung, daß vor Einstellung von Arbeitnehmern eine **ärztliche Eignungsuntersuchung** durchzuführen sei (**a. A.** *ArbG München* vom 3. 12. 1980 – 24 BV 33/80 – AuR 1981, 284; *D/K/K/S* § 87 Rz. 52; vgl. dazu auch unten § 95 Rz. 14).

106 Maßnahmen des Arbeitgebers lösen dann ein Mitbestimmungsrecht nicht aus, wenn sie sich auf die **Sachherrschaft über die Betriebsmittel**, z. B. das Eigentum an ihnen stützen (im Ergebnis auch *BAG* vom 10. 4. 1985 – 1 ABR 69/82 – EzA § 87 BetrVG 1972 Betriebliche Ordnung Nr. 10 = DB 1984, 2097; *LAG Frankfurt/M.* vom 28. 7. 1988 – 12 Ta BV 42/88 – BB 1988, 2460; *S/W* § 87 Rz. 49; so auch GK-*Wiese* § 87 Rz. 133, aber nur, soweit kein Spielraum für Verhaltensregeln mehr bestehe; für mitbestimmungsfreie Maßnahmen zum Schutz vor der Existenzvernichtung auch *Zöllner* DB 1957, 117, 118; **a. A.** aber *D/R* § 87 Rz. 150; *G/L* § 87 Rz. 59 a und die Vorauflage).

107 Die Abgrenzung des Mitbestimmungstatbestandes nach Abs. 1 Nr. 1 ergibt sich nicht nur aus dem Bezug zur betrieblichen Ordnung. Hinzu kommt noch das negative Tatbestandsmerkmal, daß die Angelegenheit **nicht das Arbeitsverhalten der Arbeitnehmer betrifft** (*BAG* vom 14. 1. 1986 – 1 ABR 75/83 – AP Nr. 10 zu § 87 BetrVG 1972 Ordnung des Betriebs = DB 1986, 1025; vom 23. 10. 1984 – 1 ABR 2/83 – EzA § 94 BetrVG 1972 Nr. 1 = DB 1984, 2353; 1985, 495; vom 10. 4. 1984 – 1 ABR 69/82 – AP Nr. 7 zu § 87 BetrVG 1972 Ordnung des Betriebs = DB 1984, 2097 = EzA § 87 BetrVG 1972 Betriebliche Ordnung Nr. 10; vom 8. 12. 1981, 24. 11. 1981 und 24. 3. 1981, jeweils a. a. O.; vom 23. 1. 1979 – 1 ABR 101/76 – DB 1981, 1144; vom 15. 12. 1961 – 1 ABR 3/60 – EzA § 56 BetrVG 1952 Nr. 7 = DB 1962, 274; *LAG Schleswig-Holstein* vom 4. 7. 1985 – 5 TaBV 15/85 – BB 1984, 533; *D/R* § 87 Rz. 142; *G/L* § 87 Rz. 60; *F/A/K/H* § 87 Rz. 31; *S/W* § 87 Rz. 47; GK-*Wiese* § 87 Rz. 142; kritisch dazu *D/K/K/S* § 87 Rz. 44). Zur Konkretisierung der Pflichten aus dem individuellen Arbeitsverhältnis in bezug auf die zu leistende Arbeit und das bei der Arbeitsleistung zu beachtende Verhalten ist der Arbeitgeber also mitbestimmungsfrei in der Lage. Diese Begrenzung sichert ihm die Möglichkeit, die ihm vertraglich geschuldete Arbeitsleistung einzufordern und durchzusetzen. Gegenstand des Mitbestimmungsrechts ist somit nicht die arbeitstechnische Organisation der Arbeit und des Betriebs, die rechtlich in den Händen des Arbeitgebers liegt, sondern allein die innere soziale Ordnung des Betriebs (*G/L* § 87 Rz. 59; *D/R* § 87 Rz. 138). Häufig wird es sich bei Arbeitsanweisungen um konkrete Einzelfälle handeln, so z. B., wenn der Arbeitgeber einen Arbeitnehmer anweist, bei der Herstellung eines Erzeugnisses in einer bestimmten Reihenfolge vorzugehen (vgl. auch *F/A/K/H* § 87 Rz. 30; *G/L* § 87 Rz. 61; *D/R* § 87 Rz. 143), so daß schon aus diesem Grunde (vgl. oben Rz. 104 ff.) ein Mitbestimmungsrecht ausscheidet (so auch *BAG* vom 27. 5. 1960, a. a. O.; GK-*Wiese* § 87 Rz. 141; *G/L* § 87 Rz. 67).

Mitbestimmungsrechte § 87

Handelt es sich aber um eine allgemeine Regelung, kann es im Einzelfall schwierig sein, zwischen Regelungen über das Ordnungsverhalten und solchen über das Arbeitsverhalten zu unterscheiden. Dabei ist vom **Inhalt des Arbeitsvertrages** auszugehen, der zur Leistung von Arbeit verpflichtet und damit zugleich ausschließt, daß der Arbeitnehmer während der Arbeitsleistung auch andere Tätigkeiten ausführt. Somit ist jede Regelung, die arbeitsbegleitende Tätigkeiten gestattet oder verbietet, als Konkretisierung der Art und Weise der Arbeitserbringung mitbestimmungsfrei (*LAG Schleswig-Holstein* vom 24. 8. 1988 – 5 Ta BV 13/88 – LAGE § 87 BetrVG 1972 Betriebliche Ordnung Nr. 4; GK-*Wiese* § 87 Rz. 154; *S/W* § 87 Rz. 47; *v. Hoyningen-Huene* Anm. AP Nr. 10 zu § 87 BetrVG 1972 Ordnung des Betriebs; im Ergebnis auch *Hromadka* DB 1986, 1573, 1574; *Natzel* Anm. SAE 1987, 42 ff.; **a. A.** für den Fall des Radiohörens im Betrieb: *BAG* vom 14. 1. 1986, a. a. O.; *D/K/K/S* § 87 Rz. 53).

Mit seiner neueren Rechtsprechung hat das *BAG* seine frühere Auffassung, derzufolge **sog. arbeitsnotwendige Maßnahmen** mitbestimmungsfrei waren, modifiziert. Sie war als zu unscharf und unpraktikabel mit Recht im Fachschrifttum abgelehnt worden (*F/A/K/H* a. a. O.; *G/L* § 87 Rz. 61; GK-*Wiese* § 87 Rz. 140; *D/R* a. a. O.). Das *BAG* hat sich auch die im Fachschrifttum vertretene Unterscheidung zwischen **arbeitsbezogenen** und **verhaltensbezogenen Maßnahmen** nicht zu eigen gemacht (vgl. *Hueck/Nipperdey* II/2, 1374 f.; ablehnend *D/R* a. a. O.), weil sie ebenfalls keine klare Zuordnung erlaubt. Die jüngste Rechtsprechung wird trotz kritikwürdiger Ergebnisse im einzelnen (vgl. z. B. bei Radiohören im Betrieb) im Prinzip der vertraglichen Rechtsstellung des Arbeitgebers gegenüber seinen Arbeitnehmern und seiner unternehmerischen Aufgabe zur Organisation des Arbeitsablaufs gerecht. Abzulehnen ist die in der Rechtsprechung (*LAG Hamm* vom 17. 12. 1980 – 12 TaBV 61/80 – DB 1981, 1336 f.) vertretene Auffassung, daß mitbestimmungspflichtig auch solche generellen Anordnungen seien, die auf eine Bestätigung oder Bekräftigung arbeitsvertraglicher Pflichten hinwirken und sich ausschließlich und unmittelbar auf die Arbeitspflicht und die Ausführung der Arbeit beziehen (GK-*Wiese* § 87 Rz. 146; vgl. dazu *D/R* § 87 Rz. 142 f.).

Soweit eine Anordnung des Arbeitgebers nur **teilweise das Arbeitsverhalten** betrifft, wenn sie z. B. nicht nur eine einheitliche Kleidung vorschreibt, sondern darüber hinaus eine bestimmte optische Gestaltung, obwohl dies für den Betriebszweck ohne Bedeutung ist, erfüllt der überschießende Teil des Anordnungsinhalts den Mitbestimmungstatbestand (*BAG* vom 8. 8. 1989, a. a. O.; *LAG Köln* vom 8. 6. 1988 – 5 TaBV 19/88 – DB 1989, 686; GK-*Wiese* § 87 Rz. 148; *F/A/K/H* § Rz. 34; vgl. ferner unten Rz. 113). Auf der anderen Seite kann der Arbeitgeber mitbestimmungsfrei von seinen Arbeitnehmern im Verkauf verlangen, in Gegenwart von Kunden korrekte Kleidung zu tragen (*LAG Hamm* vom 22. 10. 1991 – 13 TaBV 36/9 – LAGE § 611 BGB Direktionsrecht Nr. 11).

Nicht unter den Mitbestimmungstatbestand des Abs. 1 Nr. 1 fällt die Kontrolle der Arbeitsleistung und des Verhaltens der Arbeitnehmer **durch den Arbeitgeber** (*BAG* vom 23. 10. 1984, a. a. O.; vom 9. 12. 1980 – 1 ABR 1/78 – EzA § 87 BetrVG 1972 Betriebliche Ordnung Nr. 5 = DB 1981, 1092; *D/R* § 87 Rz. 146; *S/W* § 87 Rz. 48; *G/L* § 87 Rz. 62; kritisch dazu *D/K/K/S* § 87 Rz. 44), auch nicht, wenn zur Überwachung der Arbeitnehmer bei der Erfüllung ihrer Arbeitspflicht ein **Privatdetektiv** eingesetzt wird (*BAG* vom 26. 3. 1991 – 1 ABR 26/90 – EzA § 87 BetrVG 1972 Überwachung Nr. 1 = NZA 1991, 729 = BB 1991, 691). Hingegen wird das Mitbestimmungsrecht dann ausgelöst, wenn der Arbeitgeber

108

109

110

§ 87   4. Teil 3. Abschn. Soziale Angelegenheiten

zur Pünktlichkeitskontrolle Anwesenheitslisten führen läßt und zusätzlich anordnet, daß zu spät kommende Arbeitnehmer sich zur Eintragung in die Liste beim Listenführer melden müssen (*BAG* vom 18. 7. 1978 – 1 ABR 80/78 – AuR 1978, 278; *G/L* a. a. O.). Soweit aber eine Überwachung durch technische Einrichtungen durchgeführt wird, kommt ein Mitbestimmungsrecht nach Abs. 1 Nr. 6 in Betracht (vgl. Erläuterungen dort).

111 Zur Frage der sog. **materiellen Annexregelungen** wird auf die Erläuterungen an anderer Stelle verwiesen (vgl. oben Rz. 16 sowie unten Rz. 249 f.).

112 Aus dieser grundsätzlichen Abgrenzung des Mitbestimmungstatbestandes nach Abs. 1 Nr. 1 leitet sich die Beurteilung der nachfolgenden **Einzelfälle** ab:

aa) Mitbestimmungspflichtige Ordnungsregelungen

113 In Betracht kommen z. B. (vgl. auch *S/W* § 87 Rz. 44):
– Anordnungen über das **Betreten und Verlassen des Betriebs** oder von Betriebsteilen, besonders über Torkontrollen (*BAG* vom 21. 8. 1990 – 1 AZR 567/89 – EzA § 87 BetrVG 1972 Betriebliche Ordnung Nr. 16; *LAG Düsseldorf/Köln* vom 21. 11. 1967 – 8 BV Ta 5/67 – EzA § 56 BetrVG 1952 Nr. 1 = DB 1967, 2230 f.; *F/A/K/H* § 87 Rz. 34; GK-*Wiese* § 87 Rz. 150; *G/L* § 87 Rz. 59 a; *D/R* § 87 Rz. 140),
– Verbot, während der Mittagspause **den Betrieb zu verlassen** (*BAG* a. a. O.),
– **Führung von Anwesenheitslisten mit Meldepflicht** für den Fall der Verspätung (vgl. oben Rz. 110),
– Regelung über das **Abstellen von Fahrzeugen der Belegschaft** (*BAG* vom 5. 3. 1959 – 2 AZR 268/56 – AP Nr. 26 zu § 611 BGB Fürsorgepflicht Bl. 5 m. Anm. *Hueck, A.* = DB 1959, 322, 833; *LAG Hamm* vom 11. 6. 1986 – 12 TaBV 16/86 – NZA 1987, 35; *G/L* § 87 Rz. 59 a; *F/A/K/H* a. a. O.; vgl. auch *Kreßel* RdA 1992, 169); dagegen ist die Entscheidung mitbestimmungsfrei, ob vorhandener Raum als Parkplatz für die Belegschaft oder anderweitig benutzt (*ArbG Wuppertal* vom 7. 1. 1975 – 1 BV 33/73 – BB 1975, 561; *F/A/K/H* a. a. O.), z. B. für leitende Angestellte reserviert wird (*LAG Düsseldorf* vom 20. 6. 1978 – 5 TaBV 90/77 – DB 1979, 115) und welcher Teil eines Geländes für das Abstellen von Fahrzeugen bestimmt wird (*LAG Baden-Württemberg* vom 4. 11. 1986 – 14 TaBV 4/86 – NZA 1987, 428; zur Sicherungspflicht des Arbeitgebers hinsichtlich abgestellter Fahrzeuge von Belegschaftsmitgliedern vgl. *BAG* vom 16. 3. 1966 – 1 AZR 340/65 – EzA § 611 BGB Nr. 6 = DB 1966, 465, 1056),
– Regelung über **Kleiderablage** und **Sicherung des Eigentums der Belegschaftsmitglieder** (vgl. dazu *G/L* a. a. O.),
– **Rauchverbot,** sofern es nicht, z. B. bei Tätigkeit in den Stations- und Funktionsräumen eines Krankenhauses, schon durch arbeitsvertragliche Verpflichtung begründet ist (*LAG München* vom 30. 10. 1985 – 8 TaBV 15/85 – NZA 1986, 577 und vom 2. 3. 1990 – 6 Sa 88/90 – BB 1990, 1910; *LAG Baden-Württemberg* vom 9. 12. 1977 – 7 Sa 163/77 – EzA § 611 BGB Fürsorgepflicht Nr. 22 = DB 1978, 213; GK-*Wiese* § 87 Rz. 151; *D/K/K/S* § 87 Rz. 50; *Löwisch* DB 1979 Beilage Nr. 1, 11; *Fuchs* BB 1977, 299, jeweils mit weiteren Nachweisen; zur Reichweite des Weisungsrechts beim Rauchverbot vgl. *LAG Frankfurt/M.* vom 6. 7. 1989 – 9 Sa 1295/88 – DB 1990, 1193),
– **absolutes Alkoholverbot,** das über die arbeitsvertraglichen Verpflichtungen und die damit in der Regel übereinstimmenden Beschränkungen aus § 38 der

Unfallverhütungsvorschrift »Allgemeine Vorschriften« (vgl. dazu Abs. 1 Nr. 7) hinausgeht (selbst wenn es sich dabei um Kraftfahrzeug- oder Kranführer handelt, vgl. *BAG* vom 13. 2. 1990 – 1 ABR 11/89 – unveröffentlicht; vom 23. 9. 1986 – 1 AZR 83/85 – AP Nr. 20 zu § 75 BPersVG = DB 1987, 337; *LAG München* vom 23. 9. 1975 – 5 Sa 590/75 – DB 1976, 465; *F/A/K/H* und *D/K/ K/S*, jeweils a. a. O.; a. A. hinsichtlich Fahrzeugführer: Vorauflage und *Glaubitz* BB 1979, 579; unklar *Willemsen* DB 1989, 2304, 2306),
– Anordnung, daß Arbeitnehmer sich bei Anzeichen für Alkohol- oder Drogengenuß dem **Betriebsarzt vorzustellen haben** (*S/W* a. a. O.),
– **Ausgestaltung einer einheitlichen Arbeitskleidung** (vgl. dazu oben Rz. 109),
– **Singverbot** soweit nicht schon das Arbeitsverhalten betroffen ist (*D/R* § 87 Rz. 145; GK-*Wiese* § 87 Rz. 153; vgl. auch oben Rz. 107),
– Sitzverbot im Verkaufsraum (*ArbG Köln* vom 13. 7. 1989 – 13 BV 61/89 – AiB 1990, 73),
– Regelung über **Verteilung von Flugblättern, Handzetteln und anderen Druckschriften sowie den Aushang von Plakaten** (GK-*Wiese* § 87 Rz. 157; zu den Grenzen gewerkschaftlicher Information und Werbung im Betrieb vgl. *BAG* vom 14. 2. 1967 – 1 AZR 494/65 – EzA Art. 9 GG Nr. 2 = DB 1967, 341; vom 14. 2. 1978 – 1 AZR 280/77 – EzA Art. 9 GG Nr. 25 m. Anm. *Rüthers/Klosterkemper* = DB 1978, 892; vom 23. 2. 1979 – 1 AZR 540/77 – EzA Art. 9 GG Nr. 30 m. Anm. *Zöllner* = DB 1979, 1185; ebenfalls vom 23. 2. 1979 – 1 AZR 172/78 – AP Nr. 30 zu Art. 9 GG m. Anm. *Mayer-Maly* = DB 1979, 1089 = EzA Art. 9 GG Nr. 29 m. Anm. *Zöllner* = DB 1979, 1089; *Schönfeld* BB 1989, 1818; *Sowka/Krichel* DB 1989 Beilage Nr. 11),
– Regelung des **Warenverkaufs** (*F/A/K/H* und GK-*Wiese*, jeweils a. a. O.; *D/K/K/S* § 87 Rz. 55),
– Richtlinien über die Ausübung des Rechts der Arbeitnehmer auf **Einsicht in die Personalakten** (*LAG Saarland* vom 30. 11. 1974 – 1 Sa BV 14/73 – AuR 1974, 217; *D/R* § 87 Rz. 141; GK-*Wiese* a. a. O.; *D/K/K/S* § 87 Rz. 52),
– allgemeine und verbindliche Regelung für das **Verhalten der Arbeitnehmer während polizeilicher Ermittlungen** im Betrieb, etwa die Aufforderung an Arbeitnehmer, sich im Betrieb einer polizeilichen Kontrolluntersuchung zur Aufdeckung eines Gelddiebstahls zum Nachteil eines Betriebsangehörigen zu stellen; die bloße Weitergabe polizeilicher Anordnungen durch den Arbeitgeber ist dagegen mitbestimmungssfrei (*BAG* vom 17. 8. 1982 – 1 ABR 50/ 80 – AP Nr. 5 zu § 87 BetrVG 1972 Ordnung des Betriebes = DB 1982, 2579 = EzA § 87 BetrVG 1972 Betriebliche Ordnung Nr. 9; GK-*Wiese* § 87 Rz. 138),
– Anordnung zur Abnahme von **Fingerabdrücken** aus Sicherheitsgründen (*LAG Rheinland-Pfalz* vom 8. 3. 1991 – 6 TaBV 98/90 – BB 1991, 1119),
– Regelung über das **Tragen von Werbeplaketten** (*G/L* und *D/K/K/S*, jeweils a. a. O.), soweit dies nicht als provozierend im Betrieb unzulässig ist (vgl. § 45 Rz. 11),
– Regelung der **Benutzung von Wasch- und Umkleideräumen** (*F/A/K/H* a. a. O.; GK-*Wiese* § 87 Rz. 155),
– Regelung über das **Fahren auf dem Betriebsgelände** (GK-*Wiese* § 87 Rz. 157),
– Regelung über das **Fotografieren und Filmen im Betrieb** (GK-*Wiese* a. a. O.),
– **Verteilung einer Unterschriftsliste,** auf der Arbeitnehmer schriftlich bestätigen sollen, daß sie Geheimhaltungspflichten der Arbeitsordnung in Zukunft sorg-

fältig beachten werden (*LAG Hamm* vom 17.12. 1980 – TaBV 61/80 – DB 1981, 1336; GK-*Wiese* § 87 Rz. 146; *S/W* § 87 Rz. 44; *D/K/K/S* § 87 Rz. 51; a. A. die Vorauflage).

bb) Mitbestimmungsfreie Anordnungen über das Arbeitsverhalten der Arbeitnehmer

114 Beispiele für solche Maßnahmen (vgl. dazu oben Rz. 107) sind (vgl. auch Einschränkungen bei den mitbestimmungspflichtigen Angelegenheiten unter Rz. 113):
- Vereinbarung von **Vertragsstrafen zur Sicherung der Arbeitsleistung** (*BAG* vom 5. 2. 1986 – 5 AZR 564/84 – EzA § 339 BGB Nr. 2 = DB 1986, 1979),
- Einführung eines **Ab- und Rückmeldeverfahrens**, auch wenn es von Betriebsratsmitgliedern (vgl. dazu § 37 Rz. 41) zu beachten ist (*LAG Berlin* vom 10. 10. 1980 – 10 TaBV 4/80 – DB 1981, 1416; *v. Friesen* DB 1981, 1618; GK-*Wiese* § 87 Rz. 131; a. A. *LAG Baden-Württemberg* vom 1. 6. 1976 – 7 TaBV 3/76 – BB 1976, 1662 = DB 1976, 1820; *D/K/K/S* § 87 Rz. 50),
- Bestimmung einer Person für die **Entgegennahme der Abmeldung von Betriebsratsmitgliedern** bei Wahrnehmung von amtlichen Aufgaben (*LAG Hamm* vom 28. 10. 1981 – 12 TaBV 107/80 – BB 1982, 1236 = DB 1982, 1113; GK-*Wiese* a. a. O.; a. A. *F/A/K/H* § 87 Rz. 32),
- Einführung von **Formularen für Bescheinigung von Arztbesuchen** (*S/W* § 87 Rz. 46; *Fenge* BB 1981, 1577; teilweise a. A. *LAG Düsseldorf* vom 27. 4. 1981 – 20 TaBV 12/81 – DB 1981, 1677: Mitbestimmungsrecht, soweit das Verhalten der Arbeitnehmer beim Aufsuchen des Arztes durch die Gestaltung des Formulars unmittelbar beeinflußt werden soll; a. A. auch *D/K/K/S* § 87 Rz. 52),
- **Führung von sog. Krankengesprächen** mit Arbeitnehmern, die häufig wegen Arbeitsunfähigkeit abwesend sind (so auch *LAG Baden-Württemberg* vom 5. 3. 1991 – 14 TaBV 15/90 – LAGE § 87 BetrVG 1972 Betriebliche Ordnung Nr. 9 = NZA 1992, 184; a. A. *LAG Hamburg* vom 10. 7. 1991 – 8 TaBV 3/91 – LAGE § 87 BetrVG 1972 Betriebliche Ordnung Nr. 8),
- Erlaß von **Führungsrichtlinien**, die nur das Arbeitsverhalten der Arbeitnehmer betreffen (*BAG* vom 23. 10. 1984, a. a. O.; GK-*Wiese* § 87 Rz. 143; *S/W* § 87 Rz. 47; a. A. *F/A/K/H* § 87 Rz. 19 a; *D/K/K/S* § 87 Rz. 51),
- **Hinweise des Arbeitgebers auf ohnehin geltende Pflichten**, z. B. über Nebentätigkeit, Meldung und Nachweis bei Arbeitsunfähigkeit (*BAG* vom 2. 3. 1982 – 1 AZR 694/79 – EzA Art. 5 GG Nr. 10 m. Anm. *Löwisch/Schönfeld* = DB 1982, 2142; *S/W* a. a. O.; GK-*Wiese* § 87 Rz. 146),
- **Erlaß gleichlautender Schreiben an Arbeitnehmer** mit der Bitte um Auskunft über Gründe für häufiges Fehlen wegen Arbeitsunfähigkeit (*LAG Hamm* vom 16. 4. 1986 – 12 TaBV 170/85 – BB 1986, 1359; *ArbG Berlin* vom 3. 4. 1974 – 10 BV 2/74 – BB 1974, 1299 = DB 1974, 1174),
- **Führung von Anwesenheitslisten** (*S/W* a. a. O.; a. A. *LAG Düsseldorf* vom 3. 9. 1973 – 1 TaBV 49/73 – AuR 1974, 92; *D/K/K/S* § 87 Rz. 50; vgl. aber auch oben Rz. 113),
- **Regelung über die Herausgabe von Werbegeschenken durch Arbeitnehmer** (GK-*Wiese* § 87 Rz. 157; a. A. *LAG Köln* vom 20. 6. 1984 – TaBV 20/84 – DB 1984, 2202; *D/K/K/S* § 87 Rz. 55),
- Erlaß betrieblicher **Dienstreiseordnung** mit Bestimmungen über Genehmigung der Reise, Wahl des Verkehrsmittels, Abmeldung im Betrieb, Kostenabrech-

nung, Kostenbelege, Zahlungsanweisungen, da die Regeln nur eine Konkretisierung der vertraglichen Pflichten enthalten (*BAG* vom 8. 12. 1981 – 1 ABR 91/79 – EzA § 87 BetrVG 1972 Betriebliche Ordnung Nr. 8 = DB 1982, 184, 960; *S/W* § 87 Rz. 47; *F/A/K/H* § 87 Rz. 31; GK-*Wiese* § 87 Rz. 145; a. A. *D/K/K/S* § 87 Rz. 51),
- **Regelung für Auslandsmontagen** mit Bestimmungen über Wahl des Verkehrsmittels, Festsetzung des Zeitpunkts, zu dem Fahrunterlagen zur Verfügung zu stellen sind, Festsetzung des Zeitpunkts einer Heimfahrt, Erstattungspflicht von Zöllen, Mitnahme von Familienangehörigen, Bekanntmachung der weisungsbefugten Personen einschließlich einer möglichen Hinzuziehung von Dolmetschern, Durchführung von ärztlichen Untersuchungen, Beschaffung der Reisepapiere durch den Arbeitgeber (vgl. *LAG Düsseldorf/Köln* vom 14. 2. 1979 – 16 TaBV 52/78 – DB 1979, 2233; *S/W* a. a. O.; vgl. aber auch oben Rz. 9, wonach allein die Beschäftigung im Ausland dem Mitbestimmungsrecht nicht entgegensteht),
- Maßnahmen zur **Leistungserfassung**, besonders die Einführung und Verwendung sog. arbeitsbegleitender Papiere (»Zeitpläne«, »Zeitberichtsformulare«, »Zeitlohnkarten«, »Tätigkeitsberichte«, »Tagesnotizen«, »Arbeitsbücher«, »Arbeitsscheine« u. ä.), auch wenn die Papiere jeweils mit Namen oder Personalnummer der Arbeitnehmer versehen und auch wenn Eintragungen vorzunehmen sind, die Rückschlüsse auf die individuelle Arbeitsleistung zulassen (*BAG* vom 23. 1. 1979 – 1 ABR 101/76 – DB 1981, 1144; vom 9. 12. 1980 und 24. 11. 1981, jeweils a. a. O.; *LAG Hamm* vom 23. 9. 1981 – 12 TaBV 90/81 – DB 1982, 385; vom 12. 11. 1976 – 3 TaBV 56/75 – EzA § 87 BetrVG 1972 Nr. 2 Betriebliche Ordnung; *LAG Düsseldorf/Köln* vom 17. 1. 1975 – 9 TaBV 115/74 – BB 1975, 328; GK-*Wiese* § 87 Rz. 145; *D/R* § 87 Rz. 146; vgl. auch *BAG* vom 4. 8. 1981 – 1 ABR 54/78 – EzA § 87 BetrVG 1972 Nr. 8 = DB 1982, 383, allerdings mit der Begründung, die Ausfüllung und Einreichung von Formularen über den Nachweis von Mehrarbeit sei den Arbeitnehmern nicht zur Pflicht gemacht worden; a. A. *D/K/K/S* § 87 Rz. 50),
- Anordnung und Durchführung von **Multimomentaufnahmen durch Arbeitnehmer** mit Hilfe von Stoppuhr, Bleistift und Papier (*LAG Schleswig-Holstein* vom 4. 7. 1985 – 5 TaBV 15/85 – BB 1985, 1791),
- Anfertigung von **Stellenbeschreibungen** (*Harmsen* BB 1980, 1219 ff.),
- Regelungen über das **Aufräumen des Arbeitsplatzes**, die Ausgabe und Verwendung des vom Arbeitgeber zur Verfügung gestellten Werkzeugs, sonstiger Arbeitsmittel und der Arbeitskleidung (**a. A.** *D/K/K/S* a. a. O., teilweise auch GK-*Wiese* § 87 Rz. 143),
- Verbot des **Radiohörens im Betrieb** (vgl. dazu aber oben Rz. 107),
- **Verbot des Rauchens** in Räumen, die ständig von dritten Personen, z. B. Kunden, aufgesucht werden (*LAG Frankfurt/M.* vom 6. 7. 1989 – 9 Sa 1295/88 – BB 1990, 781) oder in denen Patienten liegen (*LAG München* vom 30. 10. 1985 – 8 TaBV 15/85 – NZA 1986, 577; vgl. auch oben Rz. 113).

cc) **Mitbestimmungsfreie Entscheidungen aufgrund der Sachherrschaft über den Betrieb**

Beispiele für solche Maßnahmen (vgl. dazu oben Rz. 106) sind: **115**
- Installation eines **technischen Zugangssicherungssystems**, bei dem der Zugang zum Betrieb durch Benutzung einer codierten Ausweiskarte – vergleichbar

§ 87   4. Teil 3. Abschn. Soziale Angelegenheiten

einem Schlüssel – automatisch freigegeben wird, sofern nicht zugleich geregelt wird, wer wann durch welchen Eingang das Betriebsgelände betreten und verlassen darf (so auch *BAG* vom 10. 4. 1984, a. a. O.; *S/W* § 87 Rz. 112; *Schmidt-Dorrenbach/Goos* DB 1983 Beilage Nr. 11, 4; **a. A.** *D/K/K/S* § 87 Rz. 53; vgl. auch unten Rz. 310),

– Verbot des **Tragens von spitzen Absätzen** (*S/W* § 87 Rz. 49; GK-*Wiese* § 87 Rz. 134; **a. A.** *Gumpert* BB 1961, 1380; *G/L* § 87 Rz. 59 a und die Vorauflage),

– Regelung über die **Mitnahme betrieblicher Unterlagen** in die Wohnung (*S/W* § 87 Rz. 47; **a. A.** *F/A/K/H* § 87 Rz. 34; *D/K/K/S* § 87 Rz. 50; teilweise auch *D/R* § 87 Rz. 141; GK-*Wiese* § 87 Rz. 157),

– **Auslobung von Prämien für die Meldung von Personen,** die mutwillig Betriebseinrichtungen zerstören oder Gegenstände stehlen (*LAG Niedersachsen* vom 4. 2. 1982 – 7 TaBV 8/81 – DB 1982, 1992),

– **Organisation des Werkschutzes** vorbehaltlich der Rechte des Betriebsrats bei personellen Entscheidungen in bezug auf den Werkschutz und soweit nicht den Belegschaftsmitgliedern Duldungs- oder Handlungspflichten auferlegt werden (vgl. dazu *LAG Hamm* vom 13. 8. 1980 – 12 TaBV 12/80 – BB 1980, 1582; *S/W* § 87 Rz. 50; GK-*Wiese* § 87 Rz. 137; **a. A.** *D/K/K/S* § 87 Rz. 55),

– **Observation** des Verhaltens der Arbeitnehmer durch Detektive (GK-*Wiese* a. a. O.; vgl. auch oben Rz. 110),

– Regelung der **Benutzung von Firmenfahrzeugen** für private Zwecke (*D/R* § 87 Rz. 152; GK-*Wiese* § 87 Rz. 135),

– Regelung über die Nutzung der betrieblichen **Fernsprechanlage** für Privatgespräche (*LAG Nürnberg* vom 29. 1. 1987 – 5 TaBV 4/86 – LAGE § 87 BetrVG 1972 Kontrolleinrichtung Nr. 9; GK-*Wiese* § 87 Rz. 135; *S/W* § 87 Rz. 49; **a. A.** *D/R* § 87 Rz. 141; *G/L* § 87 Rz. 59 a und die Vorauflage),

– Bestimmungen über das **Anschließen von elektrischen Geräten an das betriebliche Stromnetz** (GK-*Wiese* und *S/W*, jeweils a. a. O.; **a. A.** *D/R* und *G/L*, jeweils a. a. O., sowie die Vorauflage),

– Einführung und Anwendung von **Personalinformationssystemen** (vgl. dazu aber auch Erläuterungen zu Abs. 1 Nr. 6 und 7),

– Regelung, daß **Verkäufe an Arbeitnehmer** nur mit Zustimmung der Geschäftsleitung zulässig sind (*ArbG Hamm* vom 14. 7. 1982 – 3 BV 14/82 – BB 1982, 2632).

b) Schranken des Mitbestimmungsrechts

116   Das Mitbestimmungsrecht besteht dann nicht, wenn eine Regelung der Durchführung des Arbeitskampfes dient (vgl. dazu oben Rz. 70). Sperrt also der Arbeitgeber nur einen Teil der Belegschaft aus, so hat der Betriebsrat nicht mitzubestimmen, wenn der Arbeitgeber zum Zweck der Unterscheidung den mit dem Betriebsrat vereinbarten Werkausweis um einen Hinweis ergänzt, daß der Inhaber nicht ausgesperrt ist (*BAG* vom 16. 12. 1986 – 1 ABR 35/85 – EzA Art. 9 GG Arbeitskampf Nr. 64 = DB 1987, 791).

116a In Betracht kommen ferner Schranken durch feuerpolizeiliche Vorschriften (z. B. bei Zutrittsregelungen, vgl. dazu GK-*Wiese* § 87 Rz. 157) durch die Bestimmungen der Arbeitsstättenverordnung (z. B. §§ 5 und 32 ArbStättV beim Rauchverbot, vgl. dazu oben Rz. 113 und GK-*Wiese* § 87 Rz. 151) sowie durch gesetzliche Vorschriften und darauf beruhende Verwaltungsakte, z. B. über eine erforderliche Sicherheitsüberprüfung (vgl. oben Rz. 49).

Ein Verbot, während der Mittagspause den Betrieb zu verlassen (vgl. dazu oben Rz. 113), verstößt jedenfalls dann nicht gegen § 75 Abs. 2 (vgl. dazu oben Rz. 47 sowie unten Rz. 117), wenn die Arbeitnehmer berechtigt sind, den Betrieb außerhalb der Mittagspause während einer weiteren Stunde zu verlassen und wenn Gründe der Zeiterfassung eine unterschiedliche Gestaltung der beiden Arbeitsunterbrechungen sinnvoll erscheinen lassen. Auch fordert § 12 Abs. 2 AZO nicht, daß der Arbeitnehmer während der Ruhepause den Betrieb verlassen können muß (so auch *BAG* vom 21. 8. 1990 – 1 AZR 567/89 – EzA § 87 BetrVG 1972 Betriebliche Ordnung Nr. 16). **116b**

c) Ausübung des Mitbestimmungsrechts
Die Regelung von Fragen nach Abs. 1 Nr. 1 kann und sollte, wenn sie die Arbeitnehmer verpflichten soll, durchweg durch **Betriebsvereinbarung** getroffen werden, die nach § 77 Abs. 4 normative Wirkung entfaltet (*D/R* § 87 Rz. 156; teilweise a. A. wohl *G/L* § 87 Rz. 68). Das Mitbestimmungsrecht ist aber nicht verletzt, wenn es zwischen Arbeitgeber und Betriebsrat lediglich zu einer formlosen Betriebsabsprache kommt (*D/R* a. a. O.). In diesem Fall ist die Ordnungsregelung aber unwirksam. **117**

Arbeitgeber und Betriebsrat müssen bei der Regelung der betrieblichen Ordnung und des Verhaltens der Arbeitnehmer deren durch § 75 Abs. 2 geschützte **Persönlichkeitsrechte** achten (vgl. dazu § 75 Rz. 15 f. sowie oben Rz. 99). Bei der Ausübung des Mitbestimmungsrechts in den Grenzen des § 75 Abs. 2 ist allerdings zu berücksichtigen, daß im betrieblichen Alltag die Persönlichkeitsrechte der einzelnen Arbeitnehmer in Konflikt geraten können, etwa wenn der eine rauchen und der andere frei von Rauchbelästigung arbeiten will. Hier ist es Aufgabe von Arbeitgeber und Betriebsrat, durch Verhaltensnormen zur Förderung des Zusammenwirkens der Arbeitnehmer im Betrieb für einen Ausgleich zu sorgen (*G/L* § 87 Rz. 66; *Löwisch* DB 1979 Beilage Nr. 1, 11; vgl. auch § 32 ArbStättV). **118**

2. Abmahnung und Betriebsbußen

In der betrieblichen Praxis werden Leistung und Verhalten von Arbeitnehmern auf verschiedene Weise beanstandet (z. B. durch Mahnung, Ermahnung, Rüge, Verwarnung, Verweis; vgl. dazu *Schlochauer* DB 1977, 254; *Schmid* NZA 1985, 409; *Falkenberg* NZA 1988, 489; *Conze* DB 1987, 889; *Kraft* NZA 1989, 777, 780). Solche Erklärungen des Arbeitgebers können dazu bestimmt sein, ein als vertragswidrig angesehenes Verhalten zu mißbilligen (Abmahnung). Sie können aber auch als betriebliche Ordnungsmittel zur Ahndung von Verstößen gegen die Ordnung des Betriebes ausgesprochen werden (Betriebsbußen). Eine Betriebsbuße, die zugleich den Erklärungsinhalt einer Abmahnung erfüllt (vgl. dazu unten Rz. 120), ist rechtlich zugleich Abmahnung (*Heinze* NZA 1990, 169, 174). **119**

a) Abmahnung
Von der Verwarnung als Sanktionsmittel für Verstöße gegen die kollektive betriebliche Ordnung ist zu unterscheiden die Abmahnung des Arbeitnehmers wegen Verletzung seiner arbeitsvertraglichen Pflichten. Sie ist die **Ausübung eines** **120**

vertraglichen Rügerechts, mit dem der Gläubiger den Schuldner auf objektive Vertragsverletzungen hinweist, von ihm für die Zukunft vertragsgemäßes Verhalten fordert und ihm mögliche individualrechtliche Konsequenzen bei erneuter Vertragsverletzung in Aussicht stellt (vgl. *BAG* vom 9. 8. 1984 – 2 AZR 400/83 – EzA § 1 KSchG 1969 Verhaltensbedingte Kündigung Nr. 11 = DB 1984, 2703; vom 30. 1. 1979 – 1 AZR 342/76 – EzA § 87 BetrVG 1972 Betriebsbuße Nr. 3 = DB 1979, 1511; vom 7. 11. 1979 – 5 AZR 962/77 – AP Nr. 3 zu § 87 BetrVG 1972 Betriebsbuße = EzA § 87 BetrVG 1972 Betriebsbuße Nr. 4 = DB 1980, 550; vgl. auch vom 5. 12. 1975 – 1 AZR 94/74 – EzA § 87 BetrVG 1972 Betriebliche Ordnung Nr. 1 m. Anm. *Wiese* = DB 1976, 583; GK-*Wiese* § 87 Rz. 173, *D/R* § 87 Rz. 176; *F/A/K/H* § 87 Rz. 36a; *G/L* § 87 74a; *S/W* § 87 Rz. 53ff.; *D/K/K/S* § 87 Rz. 66; *Schlochauer, Falkenberg* und *Kraft*, jeweils a. a. O.; *Stadler* BB 1968, 801, 803). Dieses vertragliche Rügerecht kann unter Umständen sogar zu einer Gläubigerobliegenheit werden. So wird vom Arbeitgeber in der Regel eine vorherige Abmahnung verlangt, wenn er dem Arbeitnehmer wegen eines Fehlverhaltens im sog. Leistungsbereich kündigen will (vgl. *BAG* vom 17. 1. 1991 – 2 AZR 375/90 – EzA § 1 KSchG Verhaltensbedingte Kündigung Nr. 37; vom 18. 1. 1980 – 7 AZR 75/78 – EzA § 1 KSchG 1969 Verhaltensbedingte Kündigung Nr. 7 = DB 1980, 1351; vom 30. 1. 1979, a. a. O., sowie vom 29. 7. 1976 – 3 AZR 50/75 – EzA § 1 KSchG 1969 Nr. 34 = DB 1976, 2356; *Schmid* NZA 1985, 409f; zur möglichen Doppelnatur einer Betriebsbuße vgl. oben Rz. 119). Wie der Arbeitgeber eine solche Abmahnung bezeichnet, ob er sie Verwarnung, Verweis oder Mahnung nennt, ist rechtlich ohne Bedeutung. Entscheidend ist allein, ob die durch die Abmahnung als schlichte Ausübung einer arbeitsvertraglichen Befugnis gezogenen Grenzen eingehalten werden (so *BAG* vom 30. 1. 1979 und 5. 12. 1975, jeweils a. a. O.). Die Abmahnung darf **kein Unwerturteil** über die Person des Arbeitnehmers enthalten (*BAG* vom 7. 11. 1979, a. a. O.; *D/R* § 87 Rz. 177; *F/A/K/H* § 87 Rz. 37). Ob mit einer Beanstandung des Verhaltens von Arbeitnehmern eine Betriebsbuße festgesetzt oder lediglich ein vertragswidriges Verhalten abgemahnt werden soll, kann im Einzelfall zweifelhaft sein, wenn nämlich das beanstandete Verhalten des Arbeitnehmers sowohl eine Vertragsverletzung als auch einen Verstoß gegen die kollektive betriebliche Ordnung darstellt. Wird in der mißbilligenden Äußerung des Arbeitgebers nicht eindeutig gesagt, was gemeint ist, so muß der erklärte Wille durch Auslegung gefunden werden (*BAG* a. a. O.; *F/A/K/H* a. a. O.; GK-*Wiese* § 87 Rz. 179; *D/K/K/S* § 87 Rz. 66). Die Ausdrücke »Verwarnung« und »Verweis« deuten eher auf eine Betriebsbuße hin, besonders dann, wenn sie in einer betrieblichen Bußordnung verwendet werden (GK-*Wiese* § 87 Rz. 177). Zur Vermeidung von Mißdeutungen sollte aber eine Abmahnung immer auch als solche bezeichnet werden (*BAG* a. a. O., in AP Bl. 3; so auch *Falkenberg* NZA 1988, 489, 490)

121 Die Abmahnung ist nicht auf die Verletzung solcher arbeitsvertraglichen Pflichten beschränkt, die keinen Bezug zur kollektiven betrieblichen Ordnung haben. In der Regel wird sie zwar eine **Verletzung der Arbeitspflicht** zum Gegenstand haben, z.B. die Tatsache, daß der Arbeitnehmer die geschuldete Arbeitsleistung überhaupt nicht oder nur schlecht erbracht hat. Indessen sind auch **Verstöße gegen rechtmäßig erlassene Bestimmungen über die betriebliche Ordnung** zugleich Vertragsverletzungen. Der Arbeitgeber hat daher einen vertraglichen Anspruch auf deren Einhaltung. Betriebsbuße und Abmahnung unterscheiden sich demzufolge nicht durch die Art des gerügten Verhaltens, sondern durch den mit ihnen verfolgten Zweck (*BAG* vom 17.10. 1989 – 1 ABR 100/88 – DB 1990, 483; vom 5. 12. 1975 – 1 AZR 94/74 – AP Nr. 1 zu § 87 BetrVG 1972 Betriebsbuße = EzA § 87 BetrVG 1972 Betriebliche Ordnung Nr. 1; m. Anm. *Wiese* = DB 1976, 583; vom 22. 2. 1978 – AZR 801/76 – EzA § 611 BGB Fürsorgepflicht Nr. 23; m. Anm. *Buchner; Schlochauer* DB 1977, 254, 258; GK-*Wiese* § 87 Rz. 179; *D/R* § 87 Rz. 175; *F/A/K/H* § 87 Rz. 37; *S/W* § 87 Rz. 57; *v. Hoyningen-Huene* RdA 1990, 193, 202; a. A. *LAG Frankfurt/M.* vom 3. 8. 1977 – 10 Sa 57/77 – DB 1977, 2000; *Kammann* DB 1969, 2132, 2134 f.; *D/K/K/S* a. a. O.).

Die Abmahnung kann **mündlich oder schriftlich** erteilt werden (GK-*Wiese* § 87 **122** Rz. 177; das *BAG* erwähnt nur die in der Praxis übliche schriftliche Abmahnung).

Rechtsgrundlage der Abmahnung ist die jedem Gläubiger zustehende Befugnis, **123** Pflichtverstöße zu rügen (*BAG* vom 17. 10. 1989 und 30. 1. 1979, jeweils a. a. O.; *Heinze* NZA 1990, 169, 173; *Schmid* NZA 1985, 409, 410; vgl. auch oben Rz. 120; a. A. *Falkenberg* NZA 1988, 489, der den Grundsatz der Verhältnismäßigkeit zugrundelegt). Das Recht zur Abmahnung ergibt sich nicht aus dem Weisungsrecht des Arbeitgebers (so indessen *Gaul* DB 1965, 666; *Herbst* BB 1965, 421; *Kammann* a. a. O.). Das Weisungsrecht hat vielmehr zum Inhalt, die im Arbeitsvertrag in der Regel nur allgemein bezeichnete Arbeitspflicht zu konkretisieren (*Dietz* Anm. AP Nr. 27 zu § 56 BetrVG 1952 Betriebsbuße; *Leinemann* AuR 1970, 134, 140; *Rüthers* Anm. AP Nr. 27 zu § 59 BetrVG 1952; *Zöllner* ZZP 1970, 369 Fn. 5; *D/R* § 87 Rz. 178). Die Abmahnung kann mitbestimmungsfrei erteilt werden; das gilt auch, soweit mit der Vertragsverletzung zugleich ein Verstoß gegen die kollektive betriebliche Ordnung geltend gemacht wird (*BAG* vom 7. 10. 1989, 7. 11. und 30. 1. 1979 sowie 5. 12. 1975, jeweils a. a. O.; vgl. auch vom 23. 10. 1984 – 1 ABR 2/83 – EzA § 94 BetrVG 1972 Nr. 1 = DB 1984, 2353; 1985, 495; *D/R* § 87 Rz. 176, 180; GK-*Wiese* § 87 Rz. 179; *Schlochauer* a. a. O.; a. A. *D/K/K/S* a. a. O.). Der Arbeitgeber kann mit der Abmahnung aber nur eine Verletzung der Pflichten aus dem Arbeitsverhältnis, nicht die Verletzung betriebsverfassungsrechtlicher Pflichten **durch Betriebsratsmitglieder** rügen; denn der Arbeitgeber hat keinen vertraglichen Anspruch gegen die Betriebsratsmitglieder auf Wahrnehmung ihrer amtlichen Aufgaben (*BAG* vom 5. 12. 1975, a. a. O.; *D/R* § 87 Rz. 180; *Schlochauer* DB 1977, 254, 259; vgl. auch *D/K/K/S* a. a. O.; a. A. *LAG Düsseldorf* vom 25. 10. 1974 – 4 Sa 1184/74 – DB 1975, 359; *G/L* § 87 Rz. 60; GK-*Wiese* § 87 Rz. 181). Damit ist der Arbeitgeber allerdings nicht gehindert, das Betriebsratsmitglied auf den Rechtsverstoß hinzuweisen. Rechtliche Sanktionen sind indessen nur nach § 23 zulässig (so auch *Schaub* § 235 II 1).

Auf der anderen Seite können auch **Arbeitsvertragsverletzungen von Betriebsrats- 124 mitgliedern** wirksam abgemahnt werden. Das gilt einmal dann, wenn ein Betriebsratsmitglied gegen seine Arbeitspflicht verstößt (ebenso *BAG* vom 19. 7. 1983 – 1 AZR 307/81 – EzA § 611 BGB Fürsorgepflicht Nr. 34 = DB 1983, 2695; vom 6. 8. 1981 – 6 AZR 1086/79 – EzA § 37 BetrVG 1972 Nr. 74 = DB 1982, 758; *ArbG Darmstadt* vom 30. 1. 1973 – 3/2 Ca 397/72 – DB 1973, 1408; *Becker-Schaffner* DB 1985, 650, 654; GK-*Wiese* § 87 Rz. 180), etwa weil es ohne ausreichenden Grund Arbeitsbefreiung in Anspruch nimmt. Es gilt ferner, wenn es gegen die betriebliche Ordnung verstößt (*Schlochauer* a. a. O. 259; *S/W* § 87 Rz. 60). Es kommt auch nicht darauf an, ob es zugleich gegen seine betriebsverfassungsrechtlichen Pflichten verstoßen hat (*LAG Düsseldorf* vom 25. 10. 1974 – 4 Sa 1184/74 – DB 1975, 359 f.; *ArbG Hanau* vom 20. 6. 1979 – 2 Ca 112/79 – BB 1979, 1144; *G/L* § 87 Rz. 60; GK-*Wiese* a. a. O.; *Konzen* Anm. AP Nr. 1 zu § 87 BetrVG 1972

§ 87   4. Teil 3. Abschn. *Soziale Angelegenheiten*

Betriebsbuße Bl. 5 R; **a. A.** *BAG* vom 5. 12. 1975, a. a. O., in AP Bl. 3 R; *LAG Bremen* vom 28. 6. 1989 – 2 Sa 39/89 – DB 1990, 742). Auch das Betriebsratsmitglied ist an die arbeitsvertraglichen Pflichten gebunden. Der Arbeitgeber muß deshalb in der Lage sein, es zur Erfüllung dieser Pflichten wie jeden anderen Arbeitnehmer anzuhalten (zur Abmahnung eines gewerkschaftlichen Vertrauensmannes vgl. *ArbG Kiel* vom 28. 9. 1977 – 2 a Ca 1320/77 – BB 1978, 152 m. Anm. *Bengelsdorf*; GK-*Wiese* § 87 Rz. 182).

125 Der Arbeitnehmer kann verlangen, daß ein Verweis, der die Grenzen der zulässigen Abmahnung überschreitet, **aus den Personalakten entfernt** wird (*BAG* vom 17. 10. 1989 und 5. 12. 1975, jeweils a. a. O.; *Falkenberg* NZA 1988, 489, 491; *Kraft* NZA 1989, 777, 781). Dasselbe gilt, wenn der in der Abmahnung erhobene Vorwurf nicht gerechtfertigt ist (*BAG* vom 19. 7. 1983, a. a. O.; vom 30. 3. 1982 – 1 AZR 265/80 – EzA Art. 9 GG Arbeitskampf Nr. 46 m. Anm. *Buschmann* = DB 1982, 2139; *D/R* § 87 Rz. 181).

b) Betriebsbuße

126 Betriebsbußen sind Maßnahmen zur **Ahndung von Verstößen gegen die betriebliche Ordnung**. Sie werden z. B. festgesetzt bei Zuspätkommen zur Arbeit, Rauchen am Arbeitsplatz, Verbreiten von Druckschriften, parteipolitischer Betätigung im Betrieb, kleineren Diebstählen, Stechkartenbetrug und ähnlichem (vgl. *D/R* § 87 Rz. 159; *F/A/K/H* § 87 Rz. 42). Da alle diese Ordnungsverstöße zugleich Vertragsverletzungen sind (vgl. oben Rz. 121), kann der Arbeitgeber sie auch mit Hilfe der in jedem Fall mitbestimmungsfreien Abmahnung bekämpfen. Soweit Betriebsbußen zulässig sind, stellen sie also bei sog. gemeinschaftswidrigem Verhalten von Arbeitnehmern (so *BAG* vom 5. 12. 1975, a. a. O., in AP Bl. 2) neben der Abmahnung ein weiteres mögliches Sanktionsmittel dar. In Betracht kommen als Betriebsbußen: mündliche **Verwarnung, schriftlicher Verweis und Geldbuße** (*D/R* a. a. O.; *D/K/K/S* § 87 Rz. 57; *Kraft* NZA 1989, 777, 783).

127 Betriebsbuße soll auch sein der **Entzug von Vergünstigungen**, z. B. der Möglichkeit zum Erwerb verbilligter Flugscheine (*BAG* vom 22. 10. 1985 – 1 ABR 38/83 – EzA § 87 BetrVG 1972 Betriebliche Lohngestaltung Nr. 10 = DB 1986, 384; *Kraft* a. a. O.). Dem kann nicht gefolgt werden. Betriebsbußen sind entsprechend dem bisherigen Sprachgebrauch in Rechtsprechung und Fachschrifttum nur solche Reaktionsmöglichkeiten des Arbeitgebers, die zusätzlich zu dem vertraglichen bestehen können (*Glaubitz* Anm. AP Nr. 18 zu § 87 BetrVG 1972 Lohngestaltung; ähnlich *Roemheld* Anm. SAE 1980, 159; GK-*Wiese* § 87 Rz. 185).

127a Die **Entlassung** scheidet als mögliche Betriebsbuße aus, ohne daß es hierfür darauf ankäme, auf welcher Rechtsgrundlage (vgl. dazu unten Rz. 128 ff.) Betriebsbußen überhaupt festgesetzt werden können (im Ergebnis ebenso *BAG* vom 28. 4. 1982 – 7 AZR 962/79 – EzA § 87 BetrVG 1972 Betriebsbuße Nr. 5 = DB 1983, 775; vom 25. 2. 1966 – 4 AZR 179/63 – AP Nr. 8 zu § 66 PersVG Bl. 4 R m. Anm. *Ballerstedt* = DB 1966, 745 = SAE 1966, 129 m. Anm. *Nikisch*; GK-*Wiese* § 87 Rz. 185; *Hueck/Nipperdey* II/2, 1379 f.; *Kammann* DB 1969, 2132, 2135; *Meisel* Anm. SAE 1977, 91 f.; *D/R* § 87 Rz. 197; *Kraft* a. a. O.; **a. A.** *G/L* § 87 Rz. 74 ff.; *Herschel* Betriebsbußen, Rz. 27 f.; *Gaul* DB 1965, 668; *Meyer-Cording* NJW 1966, 226). Die Kündigung ist ein vertragliches Gestaltungsmittel, für das zwingende tarifliche und gesetzliche Bestimmungen gelten, kein betriebliches Disziplinierungsmittel (*Luhmann* 123 ff.; *Schwerdtner* Arbeitsrecht I, 165; *D/R* a. a. O.). Dasselbe gilt für **Änderungskündigungen** zum Zwecke einer **Rückgruppierung** oder **Versetzung** (vgl. dazu GK-*Wiese* und *Kraft,* jeweils a.a.O.; *D/R* § 87 Rz. 198). Die Veröffentlichung der Namen von Arbeitnehmern am Schwarzen Brett als Betriebsbuße wäre ebenfalls unzulässig, weil eine solche Anprangerung mit der Achtung der Menschenwürde nicht vereinbar wäre (*D/R* § 87 Rz. 202; GK-*Wiese* § 87 Rz. 187; *G/L* § 87 Rz. 77; *D/K/K/S* § 87 Rz. 57; **a.A.** *LAG Bayern* vom 20. 1. 1970 – 7 Ra BV 2/69 – DB 1970, 888).

Die **Rechtsgrundlage** für die Festsetzung von Betriebsbußen ist umstritten: Im Gegensatz zu früheren Vorschriften (z.B. § 80 Abs. 2 BRG 1920 i.V.m. § 134b Abs. 1 Nr. 4 und Abs. 2 GewO, § 27 Abs. 1 Nr. 4, § 28 AOG) enthält § 87 Abs. 1 Nr. 1 ebensowenig wie bisher § 56 Abs. 1 Buchst. f BetrVG 1952 eine Basis für Sanktionen bei Verstößen gegen die betriebliche Ordnung (GK-*Wiese* § 87 Rz. 165; *D/R* § 87 Rz. 162; vgl. dazu auch oben Rz. 11). Auch sonst findet sich keine gesetzliche Grundlage für das Betriebsbußenwesen (so auch *Herschel* Betriebsbußen, 26 Fn. 1). Abs. 1 Nr. 1 selbst bietet schon deshalb keine Rechtsgrundlage, weil er lediglich ein Mitbestimmungsrecht des Betriebsrats begründet und somit nicht ein gemeinsames Handeln von Arbeitgeber und Betriebsrat oder sogar allein des Arbeitgebers legitimieren kann (so auch *Konzen* Anm. AP Nr. 1 zu § 87 BetrVG 1972 Betriebsbuße Bl. 4; *D/R* § 87 Rz. 165 ff.; *Dietz* Anm. AP Nr. 1 zu § 56 BetrVG 1952 Betriebsbuße; **a.A.** GK-*Wiese* § 87 Rz. 166, der aber zu Unrecht *BAG* vom 5. 12. 1975, a.a.O. als Beleg anführt, weil in dieser Entscheidung die Frage der Rechtsgrundlage für die Betriebsbuße unerörtert bleibt, so zutreffend *Konzen* a.a.O.). Schon aus diesem Grunde kann auch nicht von einer mit Abs. 1 Nr. 1 gegebenen Annexkompetenz die Rede sein (*Konzen* a.a.O., Bl. 5; so aber *Scholz* in *Kaiser/Metzger/Pregizer* 311 ff.; vgl. gegen die Möglichkeit einer Annexkompetenz oben Rz. 16).

Nach **herrschender Rechtsauffassung** hat die Belegschaft eine **soziale Autonomie**, die, vergleichbar dem Verein des Bürgerlichen Rechts, zu einer satzungsmäßigen Aufstellung einer Betriebsbußenordnung durch Betriebsvereinbarung oder Tarifvertrag berechtigen soll (*Neumann* RdA 1968, 252f.; *Herschel* Betriebsbußen, 21; *Meyer-Cording* NJW 1966, 226; *Galperin* BB 1970, 936). Das *BAG* hat sich diesen Gedanken zu eigen gemacht; in seiner früheren Rechtsprechung hat es gemeint, daß es sich beim Betriebsbußenwesen um einen »Ausfluß der autonomen Gewalt der Betriebspartner im Bereich des insoweit autonomen Betriebsverbandes« handelt (*BAG* vom 12. 9. 1967 – 1 AZR 34/66 – EzA § 52 BetrVG 1952 Nr. 4 = DB 1967, 1637; DB 1968, 45 = SAE 1968, 29 m. Anm. *Sieg*; zweifelnd später *BAG* vom 28. 4. 1982, a.a.O.). Indessen ist der Betrieb kein rechtlicher Verband mit Befugnis zur autonomen Rechtsetzung (*D/R* § 87 Rz. 166; **a.A.** *Lunk* 73). Auch ist der Betrieb nicht autonom. Aufbau und Organisation des Betriebs hängen nämlich allein von seinem Inhaber ab (*Leinemann* AuR 1970, 134, 136). Auch Hinweise auf die genossenschaftliche Rechtstheorie sind (entgegen *Herschel* Betriebsbußen, 26f. und *Meyer-Cording* NJW 1966, 230) hier nicht hilfreich, weil weder der Betrieb noch die Belegschaft rechtlich eine Genossenschaft – im übrigen auch keine Gemeinschaft – ist (*D/R* a.a.O.; *Leinemann* a.a.O. 137). Die Arbeitsverhältnisse sind rein schuldrechtliche Beziehungen. Kollektivrechtliche Beziehungen gibt es nur im Rahmen des BetrVG und TVG, die auch weder eine Genossenschaft noch eine Gemeinschaft begründen (*Leinemann* a.a.O.). Schließlich scheidet auch **Gewohnheitsrecht** als Rechtsgrundlage aus (*Leinemann* a.a.O., 140; *Grasmann* Anm. SAE 1979, 247; **a.A.** *Herschel* Betriebsbußen, 28; *Stadler* BB 1968, 801,

803). Zumindest fehlt es nämlich am Nachweis einer entsprechenden Rechtsüberzeugung der Beteiligten.

128a Deshalb kommt nur eine **vertragliche Rechtsgrundlage** für die Betriebsbußenordnung in Betracht (*Konzen* und *Grasmann*, jeweils a.a.O.; *D/R* § 87 Rz. 169; *Leinemann* a.a.O., 141; *Luhmann* 103 ff.; *Bötticher* ZfA 1970, 361; *Weitnauer* FS für *Reinhardt*, 179, 188; *v. Hoyningen-Huene* Die Billigkeit im Arbeitsrecht 1978, 190f; *Schwerdtner* Arbeitsrecht I, 166f.; *Baur* JZ 1965, 165; **a.A.** GK-*Wiese* § 87 Rz. 170; *Schaub* § 61 I 3; *F/A/K/H* § 87 Rz. 35; *Kammann/Hess/Schlochauer* § 87 Rz. 53). Verfassungsrechtliche Bedenken gegen eine satzungsgemäß begründete betriebliche Strafgewalt (z. B. wegen des staatlichen Strafmonopols und der Gewährleistung des gesetzlichen Richters; vgl. dazu *D/R* § 87 Rz. 167; *Grasmann* a.a.O. sowie *BAG* a.a.O.; *F/A/K/H* § 87 Rz. 39) bestehen deshalb nicht.

128b Bei einer solchen Vertragslösung scheiden Einzelvertrag und Tarifvertrag aus naheliegenden Gründen aus; der Einzelvertrag, weil er nur bei einheitlicher Gestaltung für alle Belegschaftsmitglieder sinnvoll wäre (**a. A.** *G/L* § 87 Rz. 76, der von einer »im Arbeitsvertrag liegenden Disziplinargewalt des Arbeitgebers« ausgeht), der Tarifvertrag, weil er die betriebsbezogenen Regelungen nicht bieten könnte (*Konzen* a.a.O.). Die Betriebsbußenordnung kann aber auf eine **Betriebsvereinbarung** gestützt werden (im Ergebnis ebenso *BAG* vom 17. 10. 1989 sowie *Konzen* und *Leinemann*, jeweils a.a.O.; *D/R* § 87 Rz. 172; *D/K/K/S* § 87 Rz. 58; auch *Grasmann* a.a.O., der allerdings dazu eine ausdrückliche Bevollmächtigung durch die Arbeitnehmer des Betriebs verlangt), in der nicht nur Tatbestände und Rechtsfolgen konkret festgelegt, sondern auch nach § 317 BGB die Zuständigkeit zur Sankionierung, etwa durch Einsetzung eines paritätischen »Betriebsordnungsausschusses« oder durch Übertragung auf den Arbeitgeber mit Zustimmung des Betriebsrats, geregelt werden können (*Konzen* a.a.O.).

aa) Vereinbarung der Betriebsbußenordnung

129 Die vertragliche Vereinbarung einer Betriebsbußenordnung ist nach allgemeiner Rechtsüberzeugung, wie aus den vorangegangenen Erläuterungen hervorgeht, Voraussetzung dafür, daß Betriebsbußen überhaupt festgesetzt werden können. Nach der herrschenden, auch von der höchstrichterlichen Rechtsprechung vertretenen, inzwischen aber stark angefochtenen Rechtsauffassung umfaßt das Mitbestimmungsrecht des Betriebsrats nach Abs. 1 Nr. 1 sowohl die **Aufstellung einer Betriebsbußenordnung**, die für die Festsetzung einer Betriebsbuße unerläßlich sei, wie auch die **Festsetzung im Einzelfall** (*BAG* vom 17. 10. 1989, a.a.O.; vom 7. 11. und 30. 1. 1979 sowie vom 5. 12. 1975, jeweils a.a.O.; vom 12. 9. 1967, a.a.O.; *F/A/K/H* § 87 Rz. 38; *G/L* § 87 Rz. 79; *S/W* § 87 Rz. 51; GK-*Wiese* § 87 Rz. 190; *D/K/K/S* § 87 Rz. 62; *Kammann/Hess/Schlochauer* § 87 Rz. 52; *Kraft* a.a.O.; *Heinze* NZA 1990, 169, 173). Ihr steht eine gewichtige Mindermeinung gegenüber, die das Mitbestimmungsrecht des Betriebsrats beim Erlaß der Betriebsbußenordnung (*Konzen* a.a.O., Bl. 5; *D/R* § 87 Rz. 172; *Grasmann* a.a.O.; *Luhmann* 66 ff.; *Isele* JZ 1968, 339; *Schwerdtner* a.a.O., 158 ff.; *Schumann* Gedächtnisschrift für *Dietz*, 326 ff.; *Leinemann* AuR 1970, 134, 141) verneint. Der Mindermeinung ist zuzustimmen. Abs. 1 Nr. 1 begründet zwar ein Mitbestimmungsrecht für Fragen der Ordnung des Betriebs und des Verhaltens der Arbeitnehmer im Betrieb. Diese Regelung umfaßt aber **nicht auch die Regelung möglicher Sanktionen zur Durchsetzung der geltenden Ordnung** (*Konzen* a.a.O., Bl. 4; *Schumann* a.a.O., 328; *Leinemann* a.a.O., 138; so aber GK-*Wiese* § 87 Rz. 167;

Gaul DB 1965, 666; *F/A/K/H* a.a.O.). Die Befugnisse zur Ordnung eines bestimmten Geschehens schließen im allgemeinen gerade nicht eine Sanktionsbefugnis für Verstöße mit ein (*Konzen* und *Schumann*, jeweils a.a.O.).
Nach der hier vertretenen Meinung kann somit eine Betriebsbußenordnung nicht 130 vor der **Einigungsstelle** erzwungen werden. Nach herrschender Rechtsauffassung ist dies jedoch möglich.
Die unterschiedlichen Auffassungen haben auch unterschiedliche Konsequenzen 131 für den **Inhalt der Betriebsbußenordnung**:
Nach der hier vertretenen Vertragslösung für die Betriebsbußenordnung sind die 132 Betriebspartner in der Gestaltung verhältnismäßig frei, wie es dem Institut der Vertragsstrafe entspricht. Da die Betriebsbußenordnung Nebenpflichten aus dem Arbeitsverhältnis betrifft, bedarf die Festlegung von Vertragsstrafen insoweit allerdings einer ganz **eindeutigen Vereinbarung** (vgl. *BAG* vom 4.9. 1964 – 5 AZR 511/63 – AP Nr. 3 zu § 339 BGB m. Anm. *Schnorr v. Carolsfeld* = DB 1964, 1666; *Zöllner* AuR 1981, 97, 104; Muster einer Betriebsbußenordnung bei *S/W* Anl. 3 und *Stadler* BB 1968, 800, 803). Nicht zu folgen ist aber der verbreiteten Auffassung, Geldbußen dürften nur für den Fall eines »schadensrechtlich relevanten Interesses des Arbeitgebers« vorgesehen werden, also z.B. als Sanktion für Stechkartenbetrug, Diebstahl, Rauchen trotz Rauchverbots (so aber *D/R* § 87 Rz. 185, 187; *Herschel* Betriebsbußen, 50; *Kienapfel* JZ 1965, 601; wie hier GK-*Wiese* § 87 Rz. 184). Zwingende rechtliche Gründe einer solchen Beschränkung sind nicht zu erkennen. Außerdem wäre eine einwandfreie und praktikable Abgrenzung solcher Fälle von anderen Fällen kaum zu erreichen.
Auch die **Höhe der Geldbuße** braucht nicht bestimmt zu sein; es genügt vielmehr 133 die Festlegung eines entsprechenden Rahmens (*D/R* § 87 Rz. 188; ebenso wohl auch GK-*Wiese* a.a.O.). Die Arbeitnehmer sind durch § 343 BGB geschützt, der die Herabsetzung einer möglichen Vertragsstrafe durch gerichtliches Urteil auf Antrag des betroffenen Arbeitnehmers erlaubt (*D/R* a.a.O.; *Zöllner* ZZP 1970, 387; für Anwendung des § 319 BGB MK-*Söllner* Rz. 36; *G/L* § 87 Rz. 81).
Es empfiehlt sich aber, in der Betriebsbußenordnung für ein **faires Verfahren** zu 134 sorgen. Anhaltspunkte hierfür bieten die Verfahrenserfordernisse auf der Grundlage der herrschenden Rechtsauffassung (vgl. unten). Dabei ist auch zu berücksichtigen, daß die Betriebsbußenordnung als Betriebsvereinbarung nach der höchstrichterlichen Rechtsprechung (vgl. z.B. *BAG* vom 11.6. 1975 – 5 AZR 217/74 – EzA § 77 BetrVG 1972 Nr. 1 = DB 1975, 1945, 2044) der gerichtlichen Billigkeitskontrolle unterliegt. In der Betriebsbußenordnung kann der Arbeitgeber sich verpflichten, Geldbußen wegen eines Ordnungsverstoßes einer betrieblichen Sozialeinrichtung zuzuführen oder einem caritativen Zweck zuzuwenden (*D/R* § 87 Rz. 190). Er ist dazu aber nicht verpflichtet (*D/R* a.a.O.; *Luhmann* 176; *Leinemann* AuR 1970, 134, 141; **a.A.** *G/L* § 87 Rz.78; GK-*Wiese* § 87 Rz. 188; *Kammann/Hess/Schlochauer* § 87 Rz. 55).
Die höchstrichterliche Rechtsprechung hat **auf der Grundlage der herrschenden** 135 **Rechtsauffassung** für die **rechtswirksame Festsetzung** von Betriebsbußen die **folgenden Voraussetzungen** aufgestellt (vgl. *BAG* vom 12.9. 1967 a.a.O.; zustimmend GK-*Wiese* § 87 Rz. § 87 Rz. 189ff.; *D/K/K/S* § 87 Rz. 60; *G/L* und *Kammann/Hess/Schlochauer*, jeweils a.a.O.):
(a) Die Bußenordnung muß wirksam geschaffen und bekanntgemacht sein.
(b) In der Bußenordnung müssen die die Verhängung von Bußen bedingenden Tatbestände festgelegt und zulässige Bußen normiert sein.

§ 87 4. Teil 3. Abschn. Soziale Angelegenheiten

(c) Ein rechtsstaatliches, ordnungsgemäßes Verfahren muß vorgesehen sein und eingehalten werden.

(d) Es muß rechtliches Gehör gewährt und eine Vertretung zugelassen werden.

(e) Auch bei Verhängung der einzelnen Buße ist der Betriebsrat im Sinne der Mitbestimmung einzuschalten.

136 Ferner wird die Auffassung vertreten, daß die Betriebsbuße im Hinblick auf die gerichtliche Nachprüfbarkeit einer **schriftlichen Begründung** bedürfe (*F/A/K/H* § 87 Rz. 40; *Kaiser* BB 1967, 1295; GK-*Wiese* § 87 Rz. 191). Eine schriftliche Begründung ist in der Tat zweckmäßig; rechtlich notwendig ist sie aber ebensowenig wie bei vielen anderen Maßnahmen, die der gerichtlichen Nachprüfung unterworfen sind.

bb) Festsetzung der Betriebsbuße

137 Die Festsetzung der Betriebsbuße **im Einzelfall** ist unwirksam, wenn es an einer wirksamen Betriebsbußenordnung als Rechtsgrundlage fehlt (*BAG* vom 17. 10. 1989 und 5. 12. 1975 sowie *F/A/K/H*, jeweils a. a. O.; zur möglichen Doppelnatur einer Betriebsbuße vgl. oben Rz. 119). Im Gegensatz zur herrschenden Rechtsauffassung ist sie aber bei Bestehen einer Betriebsbußenordnung mitbestimmungsfrei.

138 Nach der höchstrichterlichen Rechtsprechung (vgl. oben Rz. 129) wie auch nach einem großen Teil des Fachschrifttums (*F/A/K/H* § 87 Rz. 38; *S/W* § 87 Rz. 52), selbst nach einigen Vertretern der Vertragslösung für das Betriebsbußenwesen (*D/R* § 87 Rz. 194; *Konzen* a. a. O., Bl. 5) sind solche Maßnahmen dem Mitbestimmungsrecht des Betriebsrats nach Abs. 1 Nr. 1 unterworfen. Die Festsetzung der Sanktion im Einzelfall fällt aber ebensowenig unter Fragen der betrieblichen Ordnung wie die Aufstellung der Betriebsbußenordnung (vgl. dazu oben Rz. 129; ebenso *Leinemann* a. a. O., 141; nicht konsequent *Konzen* a. a. O., Bl. 5f., der das Mitbestimmungsrecht bejaht, weil es bei der Festsetzung der Betriebsbuße um die Durchsetzung der betrieblichen Ordnung gehe, was gerade auch der Sinn des Erlasses einer Betriebsbußenordnung ist, der von *Konzen* für mitbestimmungsfrei erachtet wird). Eine individuelle Sanktion läßt sich schwerlich als »soziale Angelegenheit« einordnen, selbst wenn damit auch die betriebliche Ordnung durchgesetzt werden soll (so auch *BVerwG* vom 11. 11. 1960 – VII P. 9.59 – AP Nr. 2 zu § 66 PersVG m. Anm. *Küchenhoff* = DB 1961, 848). Könnte dieser Zweck der Festsetzung einer Betriebsbuße das Mitbestimmungsrecht des Betriebsrats auslösen, so müßte auch jede – nach herrschender Rechtsauffassung mitbestimmungsfreie (vgl. oben Rz. 120ff.) – Abmahnung, die sich auf einen Verstoß gegen das auch arbeitsvertraglich gebotene Ordnungsverhalten des Arbeitnehmers bezieht, mitbestimmungspflichtig sein (so in der Tat, aber zu Unrecht *Pfarr* Anm. AP Nr. 2 zu § 87 BetrVG Betriebsbuße Bl. 5; erwogen auch von *Konzen* a. a. O., Bl. 6 R).

139 Die **Zuständigkeit** für die Festsetzung der Betriebsbuße richtet sich folglich nur nach der Regelung in der Betriebsbußenordnung. Sie kann etwa dem Arbeitgeber allein oder ihm gemeinsam mit dem Betriebsrat oder einem »Betriebsordnungsausschuß« zugewiesen sein. Die Anrufung der **Einigungsstelle** scheidet im Gegensatz zur herrschenden Rechtsauffassung aus.

cc) Gerichtliche Nachprüfung

Die Festsetzung einer Betriebsbuße unterliegt in vollem Umfang der gerichtlichen **140** Nachprüfung (*BAG* vom 12. 9. 1967, a. a. O.; GK-*Wiese* § 87 Rz. 193; *D/K/K/S* § 87 Rz. 63; *Bötticher* ZfA 1970, 3, 61; *G/L* § 87 Rz. 80; *Germelmann* RdA 1977, 75; *Schaub* § 61 III 2; *Zöllner* ZZP 1970, 365, 387; für nur eingeschränkte Nachprüfbarkeit, vor allem hinsichtlich der Angemessenheit der Buße: *F/A/K/H* § 87 Rz. 41). Die Nachprüfung erstreckt sich darauf, ob die Betriebsbußenordnung wirksam erlassen worden ist, ob der Arbeitnehmer die beanstandete Handlung begangen hat, ob das in der Betriebsbußenordnung vorgeschriebene Verfahren eingehalten worden ist, ob die Maßnahmen in der Betriebsbußenordnung vorgesehen und eine etwaige Geldbuße angemessen war (vgl. hierzu § 343 BGB; ebenso GK-*Wiese* a. a. O.; *D/R* § 87 Rz. 196; *v. Hoyningen-Huene* Die Billigkeit im Arbeitsrecht, 191; *Zöllner* und *G/L*, jeweils a. a. O.). Der Arbeitnehmer kann auf Feststellung der Unwirksamkeit der Betriebsbuße, bei einer Geldbuße auf Zahlung des vom Arbeitsentgelt einbehaltenen oder des entrichteten Betrags klagen (GK-*Wiese* a. a. O.; *G/L* § 87 Rz. 81).

II. Arbeitszeitfragen

1. Begriff und Bedeutung der Arbeitszeit im Arbeitsrecht

Nach der Legaldefinition in § 2 Abs. 1 AZO ist Arbeitszeit i. S. der Arbeitszeitord- **141** nung die Zeit vom Beginn bis zum Ende der Arbeit ohne die Ruhepausen. Arbeitszeit ist danach die für die Arbeitsleistung zur Verfügung stehende Zeit ohne die Pausen (so auch *Denecke/Neumann/Biebl* § 2 Rz. 1). Diese eindeutige Festlegung gilt auch für die übrigen gesetzlichen Regelungen über Arbeitszeit, sofern sie keine abweichende Definition enthalten, somit auch für das BetrVG (*D/R* § 87 Rz. 204; *Schwerdtner* DB 1983, 2763, 2770; *Bengelsdorf* Anm. AR-Blattei Betriebsverfassung XIV B, 118, 6. Fortsetzungsblatt, Rückseite; **a.A.** *BAG* vom 21. 12. 1982 – 1 ABR 14/81 – EzA § 87 BetrVG 1972 Arbeitszeit Nr. 16 = DB 1983, 47, 611, wonach auch die nicht zur Arbeit gehörende Rufbereitschaft jedenfalls Arbeitszeit i. S. v. Abs. 1 Nr. 2 sein soll; vgl. dazu unten Rz. 167; auch *BAG* vom 18. 4. 1989 – 1 AZR 3/88 – DB 1989, 1978 = AP Nr. 33 zu § 87 BetrVG 1972 Arbeitszeit = EzA § 87 BetrVG 1972 Arbeitszeit Nr. 35, wonach offenbar außerdem sogar die Zeit einer Fortbildung als Arbeitszeit i. S. des BetrVG anzusehen sein soll). **Vertragliche Regelungen** über die Arbeitszeit (Tarifvertrag, Betriebsvereinbarung oder Einzelvertrag) können aber von einem anderen Verständnis der Arbeitszeit ausgehen. Welche Bedeutung maßgebend ist, ergibt die Auslegung der jeweiligen Regelung.

Arbeitszeit liegt nur vor, wenn in der betreffenden Zeit Arbeit geleistet wird, **141a** nämlich in persönlicher Abhängigkeit, also weisungsgebunden erbrachte Dienste (vgl. *Schaub* § 8 II 3). Diese Voraussetzung ist nicht erfüllt, wenn der Arbeitnehmer sich, wie es bei Führungskräften häufig ist, außerhalb seiner persönlichen Arbeitszeit im Betrieb aufhält, selbst wenn er dabei teilweise oder sogar ausnahmslos Tätigkeiten ausführt, die er auch während seiner Arbeitszeit erbringt. Arbeitsrechtlich ist dann seine Tätigkeit, die er jederzeit abbrechen kann, so zu bewerten, wie wenn er außerhalb des Betriebs, z. B. zu Hause, eine Tätigkeit zugunsten des Arbeitgebers ausüben würde (Mitbestimmungsrecht in einem sol-

§ 87   4. Teil 3. Abschn. *Soziale Angelegenheiten*

chen Fall im Ergebnis auch verneint vom *LAG Schleswig-Holstein* vom 30. 10. 1991 – 5 (3) TaBV 22/91 – unveröffentlicht). Arbeitszeit wäre aber dann gegeben, wenn sich der Arbeitnehmer außerhalb seiner regelmäßigen persönlichen Arbeitszeit dem Weisungsrecht des Arbeitgebers unterstellt, indem er z. B. freiwillig eine bestimmte Spanne von Mehrarbeit auf sich nimmt.

142 Der Begriff der Arbeitszeit wird im Arbeitsrecht **zu unterschiedlichen Zwecken und damit auch zu unterschiedlichen Arten von Regelungen** verwandt:

143 So setzen Vorschriften der AZO, des JArbSchG und des MuSchG als Normen **zum Schutz der Gesundheit der Arbeitnehmer** der Dauer der Beschäftigung rechtliche Grenzen, indem sie vorschreiben, daß die Dauer der Arbeitszeit eine bestimmte Stundenzahl in einem gegebenen Zeitraum nicht überschreiten darf. Nach § 7 Abs. 1 AZO können die Tarifvertragsparteien die gesetzlichen Arbeitszeitgrenzen ausweiten. Machen die Tarifvertragsparteien von dieser Ermächtigung Gebrauch, was generell oder nur für bestimmte Gruppen von Arbeitnehmern geschehen kann, so sind die vereinbarten Regelungen ebenfalls solche Schutznormen.

144 Tarifliche Bestimmungen, in denen der Begriff der Arbeitszeit verwendet wird, geben aber vielfach nur das Zeitmaß, in der Regel eine bestimmte Stundenzahl je Woche an, die mit dem normalen Entgelt oder der Grundvergütung bezahlt wird; sie sind dann **Regelungen über die Bemessung des Entgelts**, die allerdings wegen ihrer Auswirkungen auf die Kosten des Arbeitgebers eine ähnlich starke Steuerungsfunktion haben wie eine etwaige Regelung über den Umfang der Arbeits- und Beschäftigungspflicht (vgl. dazu weiter unten). Wenn z. B. ein Tarifvertrag festlegt, daß die regelmäßige wöchentliche Arbeitszeit 40 Stunden betrage, dann bedeutet dies, daß bei gleichmäßiger Verteilung der Wochenarbeitszeit bis zu 40 Stunden wöchentlich zuschlagfrei, die darüber hinausgehenden Stunden aber als zuschlagpflichtige Mehrarbeit vergütet werden. Solche tariflichen Arbeitszeitbestimmungen regeln indessen **nicht den Umfang der Arbeits- und Beschäftigungspflicht**, sondern überlassen dies der einzelvertraglichen Vereinbarung, die dafür auch allein maßgeblich ist (so auch *BAG* vom 12. 6. 1972 – 4 AZR 318/71 – AP Nr. 1 zu § 15 MTB II m. Anm. *Fettback*; *Richardi* DB 1990, 1613ff., ZfA 1990, 211 ff. und NZA 1985, 172, 173; *Schwerdtner* DB 1983, 2763, 2772; *Meisel/Hiersemann* § 3 MuschG Rz. 6; *Denecke/Neumann/Biebl* § 3 Rz. 4; *Neumann* NZA 1990, 961, 965; *Schaub* § 45 VI. 4.; vgl. dazu auch *Zöllner* DB 1989, 2121 f. und NJW 1990, 1, 6ff.; **a. A.** früher *BAG* vom 15. 12. 1961 – 1 AZR 310/60 – AP Nr. 2 zu § 56 BetrVG Arbeitszeit Bl. 3 m. Anm. *Küchenhoff* = DB 1962, 338; neuerdings auch *BAG* vom 18. 8. 1987 – 1 ABR 30/86 – EzA § 77 BetrVG 1972 Nr. 18 = DB 1987, 2257, allerdings ohne Auseinandersetzung mit dem sich hier stellenden und von der höchstrichterlichen Rechtsprechung im Jahre 1972 auch erkannten Problem; ebenso *BAG* vom 13. 1. 1987 – 1 ABR 69/85 – EzA § 87 BetrVG 1972 Arbeitszeit Nr. 2 = DB 1987, 892 und vom 27. 6. 1989 – 1 AZR 404/88 – DB 1989, 2228; *Kammann/Hess/Schlochauer* § 87 Rz. 62; *G/L* § 87 Rz. 85; *Däubler* AuR 1989, 2534ff.; widersprüchlich: *Wiedemann/Stumpf* § 4 Rz. 410). Wäre dies anders, so wäre unter der Geltung eines Tarifvertrages, der, wie es oft der Fall ist, Teilzeitarbeit nicht ausdrücklich zuläßt, die **einzelvertragliche Vereinbarung von Teilzeitarbeit rechtlich unzulässig;** denn nach § 4 Abs. 3 TVG sind dann vom Tarifvertrag abweichende Vereinbarungen nur zulässig, wenn sie eine Änderung enthalten, die entweder vom Tarifvertrag gestattet ist, oder zugunsten der Arbeitnehmer ausfällt (vgl. dazu *BAG* vom 12. 4. 1972 – 4 AZR – 211/71 – EzA § 4 TVG

Nr. 36; *Wiedemann/Stumpf* § 4 Rz. 251; *Hueck/Nipperdey* II/1, 613. Auch wenn Tarifverträge eine Verpflichtung zur Leistung von Mehrarbeit festlegen, ergibt sich daraus nicht, daß eine tarifliche Verpflichtung zur Leistung der regelmäßigen Arbeitszeit besteht (so aber *Buchner* DB 1990, 1715, 1717; *Bengelsdorf* ZfA 1990, 563, 566; wohl auch *Leinemann* DB 1990, 732), weil die tarifliche Mehrarbeitsregelung nur eine vorübergehende Verlängerung der zu leistenden Arbeitszeit anspricht, die der Arbeitszeitregelung auf Dauer nicht gleichgesetzt werden kann (vgl. dazu auch unten Rz. 154). Eher ergibt sich aus der tariflichen Verpflichtung zur Leistung von Mehrarbeit der Gegenschluß, daß eine tarifliche Pflicht zur Leistung der regelmäßigen Arbeitszeit gerade nicht besteht.

Die zurückhaltende Fassung der geltenden Tarifregelungen über die regelmäßige Arbeitszeit entspricht der Begrenzung der Tarifmacht, die sich bereits aus dem **einfachgesetzlichen Recht** ergibt. Der Tarifvertrag ist zwar eine Gestaltungsform zur Regelung der Arbeits- und Wirtschaftsbedingungen für die Arbeitsverhältnisse. Er kann aber nicht den rechtlichen Grund ersetzen, aus dem sich die Verpflichtung zur Arbeitsleistung ergibt. Rechtsgrund ist der Vertrag zwischen Arbeitgeber und Arbeitnehmer, auch wenn der Inhalt des Arbeitsverhältnisses durch Gesetz, Tarifvertrag oder Betriebsvereinbarung geregelt wird. Der Vorrang dieser Regelungen betrifft nicht den Arbeitsvertrag als Verpflichtungsgrund, sondern nur den Arbeitsvertrag als Gestaltungsfaktor für den Inhalt des Arbeitsverhältnisses. Der Tarifvertrag ist das Rechtsinstitut zur Regelung der Arbeits- und Wirtschaftsbedingungen für ein durch den individuellen Arbeitsvertrag begründetes Leistungsversprechen. Damit entfaltet er entsprechend dem Sozialstaatsgebot nach Art. 20 Abs. 1 GG eine Schutzfunktion für den Arbeitnehmer, ohne aber die individuelle Vertragsfreiheit als Rechtsgrundlage des Arbeitsverhältnisses zu beseitigen (so zutreffend *Richardi* ZfA 1990, 211, 240 ff.; zustimmend *Neumann* NZA 1990, 961, 965; hiergegen *Löwisch* BB 1991, 59, 60; *Otto* NZA 1992, 97, 106). Der Tarifvertrag erfüllt eine dienende Funktion bei der Verwirklichung der Privatautonomie auf dem Arbeitsmarkt (ähnlich *Richardi* DB 1990 1613, 1615; vgl. auch die frühere Lehre von der »ursprünglichen Individualsphäre«; dazu *Siebert* BB 1953, 241, 243; *Biedenkopf* Tarifautonomie, 74 ff.; *Richardi* Kollektivgewalt, 182 ff.). Danach liegt hier nur eine Entgeltregelung (vgl. oben Rz. 144) vor. Die **geltenden Tarifverträge** beschränken sich in der Regel auf »**neutrale**« Bestimmungen **über die Dauer der regelmäßigen Arbeitszeit** (z. B. »die regelmäßige wöchentliche Arbeitszeit beträgt 37 Stunden«). Damit haben sie die oben (Rz. 144) aufgezeigte Frage, ob es sich um eine Entgeltbemessungsregelung oder um eine Regelung über den Umfang der Arbeits- und Beschäftigungspflicht handelt, unbeantwortet gelassen. Selbst wenn sie übereinstimmend die zweite Alternative hätten regeln wollen, hätte der Wille in der getroffenen Regelung keinen Niederschlag gefunden. Nach ständiger höchstrichterlicher Rechtsprechung (vgl. dazu *Schaub* § 198 III m. Nachw.) ist dann **der Wille der Tarifvertragsparteien für die Auslegung nicht maßgeblich.** Deshalb bleibt nur das Mittel der gesetzeskonformen und der grundrechtskonformen Auslegung, um die wegen der Zurückhaltung der Tarifvertragsparteien bestehende Rechtsfrage zu entscheiden.

Dieser Rechtsgehalt der tariflichen Regelungen über die regelmäßige Arbeitszeit ist auch **grundrechtskonform**. Auch die Tarifvertragsparteien sind nämlich an die Grundrechte der Verfassung gebunden (so *BAG* vom 21. 3. 1991 – 2 AZR 616/90 – DB 1991, 1879; vom 25. 2. 1987 – 8 AZR 430/84 – EzA Art. 3 GG Nr. 21 = DB 1987, 2047; vom 13. 11. 1985 – 4 AZR 234/84 – EzA Art. 3 GG Nr. 18 = DB

§ 87 *4. Teil 3. Abschn. Soziale Angelegenheiten*

1985, 2567; *Söllner* RdA 1989, 144 ff.; *Zöllner* DB 1989, 2121 ff. und *ders.* Maßregelungsverbote und sonstige tarifliche Nebenfolgen nach Arbeitskämpfen, 38; *Käppler* NZA 1991, 745, 748; *Stahlhacke* DB 1989, 2329 ff.; *Bengelsdorf* ZfA 1991, 563, 568 und NZA 1991, 121 ff.; *Blomeyer* ZfA 1980, 1 ff., 20; *Scholz* ZfA 1981, 265 ff.; *Loritz* ZfA 1982, 77 ff.; kritisch dazu *Däubler* DB 1989, 2534, 2536). Damit haben sie die **Berufsfreiheit sowohl der Unternehmer als auch der Arbeitnehmer** zu wahren. Nach der ständigen Rechtsprechung des *BVerfG* ist ein Eingriff in die Freiheit der Berufsausübung nur zulässig, wenn er durch Gründe des Gemeinwohls getragen ist und dem Grundsatz der Erforderlichkeit und Verhältnismäßigkeit entspricht (Beschl. vom 15. 12. 1987 – 1 BvR 563/85 – DB 1988, 709 m. w. Nachw.; vgl. auch *Zöllner* DB 1989, 2121 f.; *Richardi* a. a. O.). Gründe des Gemeinwohls lassen sich aber für eine Beschränkung der Arbeits- und Beschäftigungszeit nicht auffinden: Der dafür in Betracht kommende Schutz der Gesundheit ist bereits durch die gesetzlichen Regeln der AZO verwirklicht, nach denen grundsätzlich eine wöchentliche Arbeitszeit von 48 Stunden zulässig ist (§ 3) und nach denen diese Grenze durch Tarifvertrag noch bis auf 60 Stunden **ausgeweitet** werden kann (§ 7 Abs. 1), während eine Verkürzung durch Tarifvertrag gerade nicht vorgesehen ist. Ebensowenig kann eine tarifliche Verkürzung der Arbeitszeit mit dem **Ziel der Bekämpfung der Arbeitslosigkeit** gerechtfertigt werden, weil nicht nachgewiesen werden kann, ob die Verkürzung der Arbeitszeit überhaupt ein geeignetes Mittel gegen die Arbeitslosigkeit ist (vgl. dazu z. B. die Stellungnahme der führenden deutschen Wirtschaftsforschungsinstitute in Wochenbericht 43/89 des Deutschen Instituts für Wirtschaftsforschung, 526, 542; vgl. auch *Loritz* ZfA 1991, 1, 26) und die Tarifparteien dementsprechend dazu völlig entgegengesetzte Auffassungen vertreten (vgl. auch *Zöllner* a. a. O., 2123; *Bengelsdorf* ZfA 1991, 563 ff. einerseits sowie *Waltermann* NZA 1991, 754 ff. andererseits). Infolgedessen könnten die Tarifparteien, selbst wenn sie es wollten, den Arbeitsvertragsparteien nicht wirksam verbieten, eine längere als die tariflich vorgesehene regelmäßige Arbeitszeit zu vereinbaren (so auch *Hromadha* DB 1992, 1042 ff.). Gerade dem Arbeitnehmer, der seinen Vertrag durch höchstpersönliche Leistung zu erfüllen hat, darf es nicht verwehrt sein, den zeitlichen Umfang seiner Verpflichtung frei zu wählen, zumal er nach verbreiteter – zutreffender – Auffassung auch nicht daran gehindet werden kann, eine **Nebenbeschäftigung** auszuüben, sofern nicht besondere Gründe ihr entgegenstehen (so *BAG* vom 26. 8. 1976 – 2 AZR 377/75 – DB 1977, 544 = EzA § 626 a. F. BGB Nr. 49; vom 3. 12. 1970 – 2 AZR 110/70 – AP Nr. 60 zu § 626 BGB = DB 1971, 581; *Hueck/Nipperdey* I § 33 IV; *Richardi* ZfA 1990, 211, 219; *Zöllner/Loritz* § 7 II 9). Er muß darin ebenso frei sein wie bei der Art seiner Arbeitsleistung, die ihm auch nicht durch Kollektivregelungen aufgezwungen werden kann.

146a Demgegenüber könnten tarifliche Klauseln über die Zulässigkeit von Mehrarbeit die erforderliche Freiheit nicht wahren, weil sie einmal nur eine vorübergehende Verlängerung aus besonderen Gründen zulassen und außerdem die Mehrarbeit an die Zustimmung des Betriebsrats knüpfen.

147 Wäre eine Tarifregelung über die regelmäßige Arbeitszeit nicht gesetzes- und grundrechtskonform als Regelung über die Entgeltbemessung auszulegen (vgl. dazu oben Rz. 144 ff.), sondern wegen eines eindeutig entgegengesetzten Wortlauts als ein Verbot zu verstehen, regelmäßig mehr zu arbeiten, als im Tarifvertrag vorgesehen, wäre sie rechtsunwirksam.

148 Arbeitgeber und Arbeitnehmer können somit nach den geltenden Tarifverträgen

innerhalb der gesetzlichen Höchstgrenzen **frei entscheiden**, ob und in welchem zeitlichen Umfang sie sich aneinander binden; sie können auch eine längere als die tariflich vorgesehene Zeit zu der zu leistenden Arbeitszeit bestimmen (im Ergebnis ebenso *BAG* in Verzichtsurteil vom 29. 11. 1989 – 4 AZR 412/98 –, mitgeteilt von *Buchner* DB 1990, 1715, 1720 und *Neumann* NZA 1990, 961, 963; **a. A.** *LAG Baden-Württemberg* vom 14. 6. 1989 – 9 Sa 154/88 – DB 1989, 2028). Demgegenüber ist die im Fachschrifttum verbreitete Auffassung, dieses Ergebnis mit Hilfe des Günstigkeitsprinzips nach § 4 Abs. 3 TVG (in einem anderen Sinne als dem herkömmlichen Verständnis) zu begründen (vgl. *Joost* ZfA 1984, 175; *v. Hoyningen-Huene* NZA 1985, 9, 14; *Buchner* DB 1990, 1715, 1719 und RdA 1990, 1, 8 ff.; *Ziepke* § 4 Anm. 12 III.2; *Bengelsdorf* und *Neumann*, jeweils a. a. O.; *Denecke-Neumann/Biebl* § 3 Rz. 7 a, *Käppler* NZA 1991, 745 ff.; *Otto* NZA 1992, 97, 107; *Löwisch* BB 1991, 59 ff.; *Zöllner* DB 1989, 2121, 2122 ff., der diesen Gedanken allerdings nur als Hilfsargument verwendet; **a. A.**: *Däubler* DB 1989, 2354 ff.; *Linnenkohl/Rauschenberg/Reh* BB 1990, 628 ff.; *Zachert* DB 1990, 986) ein rechtssystematischer Notbehelf, der bei richtiger Anwendung der tariflichen Arbeitszeitregelungen entbehrlich wäre (ähnlich *Richardi* DB 1990, 1613, 1617); auch könnte diese Auffassung nicht auf die Bemessung der Arbeitszeit beschränkt, sondern müßte folgerichtig auf alle anderen Arbeitsbedingungen (z. B. Urlaub und Freistellungen) erstreckt werden (vgl. dazu *Löwisch* und *Däubler*, jeweils a. a. O.; wegen der Probleme aufgrund einer möglichen obligatorischen Bindung der Tarifvertragsparteien an die vereinbarte Arbeitszeitbegrenzung vgl. *Käppler* NZA 1991, 745, 751 und *Neumann* NZA 1990, 961, 966).

Ist der zeitliche Umfang der Arbeitspflicht **im Arbeitsvertrag nicht ausdrücklich vereinbart**, muß er durch Auslegung ermittelt werden. Im Zweifel ist die betriebliche Arbeitszeit vereinbart (*Schaub* § 45 VI 1; *Hueck/Nipperdey* I § 33 VI 2, die zwar von betriebsüblicher Arbeitszeit sprechen, wohl aber betriebliche Arbeitszeiten meinen). Dabei können im Betrieb zugleich mehrere betriebliche Arbeitszeiten gelten – etwa wenn eine Abteilung 37, eine andere 40 Stunden wöchentlich arbeitet – (so auch *BAG* vom 16. 7. 1991 – 1 ABR 69/90 – unveröffentlicht; *G/L* § 87 Rz. 108; *Schwerdtner* DB 1985, 2763, 2775; *Lipke* NZA 1990 758, 765; zur Frage des Mitbestimmungsrechts bei der Dauer der Arbeitszeit vgl. unten Rz. 155). **149**

Ebensowenig wie durch Tarifvertrag kann durch **Betriebsvereinbarung** der zeitliche Umfang der Arbeitspflicht geregelt werden, obwohl im BetrVG anders als in § 73 BPersVG eine Beschränkung der Regelungsmacht auf die im Gesetz ausdrücklich aufgeführten Angelegenheiten fehlt. Zwar wird von der herrschenden Rechtsauffassung vertreten, daß durch freiwillige Betriebsvereinbarung die Dauer der Arbeitszeit festgelegt werden könne, soweit dem nicht der Tarifvorrang nach § 77 Abs. 3 entgegenstehe (GK-*Wiese* § 87 Rz. 205; *G/L* § 87 Rz. 85 und 104; *Kammann/Hess/Schlochauer* § 87 Rz. 76). Dabei wird aber offengelassen, welchen Inhalt die freiwillige Regelung der Dauer der Arbeitszeit haben kann, ob Festlegung einer Höchstarbeitszeit oder auch Verpflichtung zur Arbeitsleistung während der Dauer der Arbeitszeit. Die oben erörterten Gründe gegen die Zulässigkeit einer tariflichen Regelung des Umfangs der Arbeitspflicht (Rz. 145 ff.) gelten auch gegen die Zulässigkeit entsprechender Betriebsvereinbarungen (im Ergebnis ebenso *Schwerdtner* DB 1983, 2763, 2772; *D/R* § 77 Rz. 54; *Richardi* ZfA 1990, 211, 240 ff.; *ders.* DB 1990, 1613, 1615 sowie *ders.* Kollektivgewalt, 320; *Kreutz* Grenzen der Betriebsautonomie, 247; *Canaris* AuR 1966, 129, 135; **a. A.** aber *BAG* vom 18. 8. 1987, a. a. O.). Eine Ausnahme besteht nur für die **vorüber-** **150**

gehende Verkürzung und Verlängerung der betriebsüblichen Arbeitszeit (vgl. dazu unten Rz. 183 ff.).

2. Entstehungsgeschichte

151 Abs. 1 Nr. 2 entspricht inhaltlich § 56 Abs. 1 Buchst. a BetrVG 1952. Es ist aber durch das BetrVG 1972 klargestellt worden, daß das Mitbestimmungsrecht des Betriebsrats auch bei der Verteilung der Arbeitszeit auf die einzelnen Wochentage besteht (Begründung zum Regierungsentwurf in BT-Drucks. VI/1786, 48). Abs. 1 Nr. 3 ist neu. Diese Regelung hat die vorher bestehende Streitfrage, ob der Betriebsrat bei **Überstunden und Kurzarbeit** mitzubestimmen habe, zugunsten der Mindermeinung entschieden, die diese Frage bejaht hatte (vgl. GK-*Wiese* § 87 Rz. 247; *D/R* § 87 Rz. 236). Sie hat damit das Mitbestimmungsrecht auf eine materielle Arbeitsbedingung erstreckt (*BAG* vom 5. 3. 1974 – 1 ABR 38/73 – EzA § 87 BetrVG 1972 Nr. 3 m. Anm. *Herschel* = DB 1974, 1389; *D/R* a. a. O.; *F/A/K/H* § 87 Rz. 20; *G/L* § 87 Rz. 3; GK-*Wiese* § 87 Rz. 27; *Hanau* BB 1972, 500).

3. Beginn und Ende der täglichen Arbeitszeit einschließlich der Pausen sowie Verteilung der Arbeitszeit auf die einzelnen Wochentage (Nr. 2)

152 Bedingt durch die tarifliche Entwicklung seit 1984, besonders durch die in diesem Jahr abgeschlossenen Manteltarifverträge für die Metallindustrie (Darstellung bei *Schüren* RdA 1985, 22 ff.; Bestandsaufnahme über die damit aufgeworfenen Probleme und ihre Behandlung in Rechtsprechung und Fachschrifttum bei *Buchner* RdA 1990, 1 ff., der in DB 1990, 1715 ff. auch die weitere Entwicklung aufgrund der Tarifverträge von 1990 erörtert) hat in den Betrieben eine verstärkte »**Flexibilisierung**« der Arbeitszeiten eingesetzt. Im Zuge dieser Enwicklung ist es weithin zu einer Entkoppelung von Betriebszeit und persönlicher Arbeitszeit gekommen; dementsprechend gibt es in vielen Betrieben versetzt angeordnete Arbeitszeiten für die Belegschaftsmitglieder; außerdem können die Arbeitszeiten eines längeren Zeitraums bedarfsgerecht auch ungleichmäßig verteilt werden (Beispiele für betriebliche Regelungen in DB 1985, 923 sowie NZA 1985, 769 und 1986, 85). Diese Entwicklung hat besonders dem Mitbestimmungstatbestand in Abs. 1 Nr. 2 erhöhte praktische Bedeutung verschafft.

a) Voraussetzungen des Mitbestimmungsrechts
153 Unter täglicher Arbeitszeit ist nach dem Gesetzeswortlaut nicht nur die betriebsübliche – wie in Abs. 1 Nr. 3 –, sondern jede Art der Arbeitszeit zu verstehen (*BAG* vom 21. 11. 1978 – 1 ABR 67/76 – EzA § 87 BetrVG 1972 Arbeitszeit Nr. 7 = DB 1979, 655). Deshalb erfaßt das Mitbestimmungrecht auch **einmalige Arbeitszeitverlegungen**; denn auch dann werden Beginn und Ende der Arbeitszeit eines Tages anderweitig geregelt (*BAG* vom 13. 7. 1977 – 1 AZR 336/75 – EzA § 87 BetrVG 1972 Arbeitszeit Nr. 3 = DB 1977, 2235; *D/R* § 87 Rz. 223; *G/L* § 87 Rz. 93; GK-*Wiese* § 87 Rz. 210; *D/K/K/S* § 87 Rz. 75).

154 Nach verbreiteter Rechtsauffassung soll die Festlegung der Lage der Arbeitszeit mitbestimmungsfrei sein, wenn sie **nur einzelne Arbeitnehmer** betrifft (zum früheren Recht *BAG* vom 7. 9. 1956 – 1 AZR 646/54 – AP Nr. 2 zu § 56 BetrVG 1952 m.

Mitbestimmungsrechte § 87

Anm. *Dersch* = DB 1956, 895; 1957, 166; zum geltenden Recht *LAG Köln* vom 29.2. 1988 – 6/8 TaBV 67/87 – NZA 1989, 73; *LAG Düsseldorf* vom 23.8. 1983 – 11 TaBV 35/83 – BB 1983, 2052; *LAG Hamm* vom 2.6. 1978 – 3 TaBV 23/78 – EzA § 87 BetrVG 1972 Arbeitszeit Nr. 5; *S/W* § 87 Rz. 70; *G/L* § 87 Rz. 95 f.; GK-*Wiese* § 87 Rz. 21 f. und die Vorauflage; vgl. dazu auch oben Rz. 17 ff.). Diese Beschränkung des Mitbestimmungsrechts nach Abs. 1 Nr. 2 auf Kollektivtatbestände ist aber dem Gesetz nicht zu entnehmen, das im Unterschied zu Abs. 1 Nr. 3 uneingeschränkt die Arbeitszeit erfaßt. Eine solche Regelung ist auch sinnvoll, weil die Lage der Arbeitszeit auch einzelner Arbeitnehmer immer einen kollektiven Bezug hat, wirkt sie sich doch in aller Regel auf die Arbeitszeit anderer Arbeitnehmer des Betriebs aus (*LAG Baden-Württemberg* vom 19.11. 1990 – 11 TaBV 3/90 – unveröffentlicht). Sie ist auch nicht mit dem Schutzzweck des Mitbestimmungsrechts zu vereinbaren (vgl. dazu oben Rz. 7; wie hier auch *D/R* § 87 Rz. 224; *Hurlebaus* 91).

Das Mitbestimmungsrecht besteht aber stets nur in bezug auf die Arbeitnehmer 154 a des Betriebs, nicht in bezug auf **betriebsfremde** Arbeitnehmer, die im Auftrag anderer Firmen im Betrieb tätig sind (vgl. dazu oben § 5 Rz. 11; a. A. zu Unrecht *Leisten* BB 1992, 266, 269).

Das Mitbestimmungsrecht erstreckt sich nicht auf die **Dauer der Arbeitszeit** (*BAG* 155 vom 16.7. 1991 – 1 ABR 71/90 – DB 1992, 145; vom 25.7. 1989 – 1 ABR 46/88 – AP Nr. 38 zu § 87 BetrVG 1972 Arbeitszeit = EzA § 87 BetrVG 1972 Arbeitszeit Nr. 38 = DB 1990, 791; vom 31.1. 1989 – 1 AZR 67/87 – EzA § 87 BetrVG 1972 Arbeitszeit Nr. 31 = DB 1989, 1630; vom 13.10. 1987 – 1 ABR 10/86 – EzA § 87 BetrVG 1972 Arbeitszeit Nr. 25 = DB 1988, 341; vom 18.8. 1987 – 1 AZR 30/86 – EzA § 77 BetrVG 1972 Nr. 18 = DB 1987, 2257; *D/R* § 87 Rz. 205–209 mit Hinweisen auf die diese Auslegung bestätigende historische Entwicklung; *G/L* § 87 Rz. 85; GK-*Wiese* § 87 Rz. 200 ff.; *S/W* § 87 Rz. 62; *Bengelsdorf* ZfA 1991, 563 ff.; so auch schon die herrschende Auffassung zu § 56 Abs. 1 Buchst. a BetrVG 1952; vgl. dazu *D/R* a.a.O. m. Nachw. von Rechtsprechung und Fachschrifttum; a.A. *F/A/K/H* § 87 Rz. 44; *D/K/K/S* § 87 Rz. 73; *Anzinger/Koberski* NZA 1989, 737, 740; *Plander* AuR 1987, 287; *Farthmann* RdA 1974, 66 f.; *Bührig* BB 1956, 964; *Rewolle* AuR 1959, 13; *Herschel* AuR 1964, 258). Würde Abs. 1 Nr. 2 die Dauer der Arbeitszeit erfassen, so wäre Abs. 1 Nr. 3 überflüssig. Auch trifft es nicht zu, daß Dauer und Lage der Arbeitszeit sich nicht voneinander trennen ließen (so aber *F/A/K/H* a.a.O.). Gerade von der Trennbarkeit ist der Gesetzgeber ausgegangen; sonst hätte er nicht zwei verschiedene Mitbestimmungstatbestände im Bereich der Arbeitszeit aufgestellt. Die Dauer der wöchentlichen Arbeitszeit ist die vorgegebene Größe, auf deren Grundlage Dauer und Lage der Arbeitszeit an den einzelnen Wochentagen von den Betriebspartnern gestaltet werden können (GK-*Wiese* a.a.O.). Nach höchstrichterlicher Rechtsprechung soll aber das Mitbestimmungsrecht durch Tarifvertrag auf die Dauer der Arbeitszeit erstreckt werden können (*BAG* vom 18.8. 1987, a.a.O.; vgl. dazu aber oben Rz. 37 ff.).

Der Betriebsrat hat mitzubestimmen, wenn die Arbeitszeit aus Anlaß einer Be- 156 triebsfeier oder eines Feiertages verlegt wird, wenn z. B. für Arbeitstage zwischen Weihnachten und dem Neujahrstag, die arbeitsfrei bleiben sollen, im Rahmen des § 4 Abs. 2 AZO **vor- oder nachzuarbeiten** ist (GK-*Wiese* § 87 Rz. 214; *G/L* § 87 Rz. 93; *D/K/K/S* § 87 Rz. 75; *Löwisch* FS für *Karl Molitor*, 225 ff.); maßgebender Bezugspunkt für das Mitbestimmungsrecht ist dabei die einzelvertraglich vorgegebene Wochenarbeitszeit (vgl. dazu oben Rz. 145 ff.), nicht die hochgerechnete

Glaubitz

Arbeitszeit eines längeren Zeitraums, z. B. eines Jahres; der Betriebsrat könnte folglich nicht mit Hilfe dieses Mitbestimmungsrechtes durchsetzen, daß eine Kalenderwoche völlig arbeitsfrei bleibt (*Löwisch* a. a. O., 236 ff.; vgl. dazu auch *Schwerdtner* DB 1983, 2763 ff.).

157 Bereits nach Abs. 1 Nr. 2 mitbestimmungspflichtig ist, wie Mehrarbeit und Kurzarbeit (vgl. Abs. 1 Nr. 3) auf die einzelnen Wochentage verteilt werden (*D/R* § 87 Rz. 223; *G/L* § 87 Rz. 86 a; GK-*Wiese* § 87 Rz. 217; *S/W* § 87 Rz. 66).

158 Nicht mitbestimmungspflichtig ist die **Festlegung von Freischichten**, die Arbeitnehmer im Rahmen eines Freischichtenmodells bei flexibler Arbeitszeitgestaltung zum Ausgleich für Arbeitszeitguthaben erhalten, da es sich hier – anders als beim mitbestimmungspflichtigen Rolliersystem (vgl. dazu unten Rz. 159) – nicht um die Verteilung von Arbeitszeit, sondern von Freizeit handelt (so auch *S/W* § 87 Rz. 62 c; **a. A.** GK-*Wiese* § 87 Rz. 221).

159 Mitbestimmungspflichtig ist die **Planung** eines sog. **Rolliersystems** für Arbeitszeit und Freizeit. Ein solches System ermöglicht es, daß auf der einen Seite der Betrieb an allen sechs Werktagen »arbeitet«, auf der anderen Seite jeder einzelne Arbeitnehmer nicht mehr als die tariflich vorgesehenen Arbeitsstunden in der Woche (z. B. 37 Stunden) im Durchschnitt eines längeren Zeitraums (z. B. eines halben Jahres) ableisten muß. Der Arbeitnehmer erhält deshalb in jeder Woche einen arbeitsfreien Tag, der von Woche zu Woche auf einen anderen Werktag fällt. Bei einem von Montag bis Samstag geführten System wird die Belegschaft in der Regel in sechs Gruppen eingeteilt. Jeder Arbeitnehmer erhält einen aufgrund dieser Arbeitszeitgestaltung erstellten Rollierkalender, dem er entnehmen kann, an welchen Tagen eines längeren Zeitraums er freihat. Der Betriebsrat hat bei der **Ausgestaltung dieses Systems** mitzubestimmen. Dazu gehört auch die Entscheidung, nach welchem System die 5 Tage-Woche für die Beschäftigten verwirklicht wird, wenn der Betrieb an sechs Werktagen geöffnet ist. In diesem Fall unterliegt der Mitbestimmung nicht nur, ob die freien Tage auf den gleichen Wochentag fallen sollen, ein vorwärtsrollierendes Freizeitsystem eingeführt oder freie Zeit nach einem anderen System gewährt werden soll (vgl. dazu aber unten Rz. 160). Vielmehr unterliegt auch die nähere Durchgestaltung des jeweiligen Systems im Detail bis hin zu den Fragen, in wieviele Rolliergruppen die Belegschaft aufzuteilen ist, welche Arbeitnehmer den einzelnen Gruppen zuzuordnen sind und ob für die Rolliergruppen Freizeitkalender geführt werden müssen, dem Mitbestimmungsrecht des Betriebsrats (*BAG* vom 25. 7. 1989 und 31. 1. 1989, jeweils a. a. O., sowie vom 31. 1. 1989 – 1 ABR 69/87 – EzA § 87 BetrVG 1972 Arbeitszeit Nr. 32 = DB 1989, 1631; *LAG Bremen* vom 15. 7. 1987 – 2 TaBV 6/86 – DB 1987, 1945 = *LAG Frankfurt/M.* vom 25. 8. 1987 – 4 TaBV 266/86 – LAGE § 87 BetrVG 1972 Arbeitszeit Nr. 9; *LAG Hamm* vom 31. 3. 1982 – 12 TaBV 93/81 – DB 1982, 2710; zustimmend *S/W* § 87 Rz. 62 e; GK-*Wiese* § 87 Rz. 227; *D/K/K/S* § 87 Rz. 89; *Otto* NZA 1992, 97, 99). Der Betriebsrat kann aufgrund seines Mitbestimmungsrechts auch verlangen, bestimmte gesetzliche Wochenfeiertage aus dem Rolliersystem herauszunehmen (*BAG* vom 31. 1. 1989 – 1 ABR 69/87 – a. a. O.; *LAG Bremen* und *LAG Frankfurt*, jeweils a. a. O.). Wegen der Beschränkung des Mitbestimmungsrechts auf die Lage der Arbeitszeit (vgl. oben Rz. 155) kann der Betriebsrat aber nicht verlangen, daß für einen auf einen **Wochenfeiertag** fallenden Rolliertag ein zusätzlicher arbeitsfreier Tag gewährt wird (*LAG Hamm* a. a. O.; *Bengelsdorf* Anm. AR-Blattei (D) Betriebsverfassung XIV B, Entscheidung 118, 3. Forts.-Blatt; *S/W* a. a. O.).

Mitbestimmungsrechte § 87

Die Rechtsprechung des *BAG* geht aber zu weit, wenn sie auch die Entscheidung 160 darüber, **ob überhaupt ein Rolliersystem eingeführt wird**, dem Mitbestimmungsrecht nach Abs. 1 Nr. 2 unterwirft. Diese Entscheidung betrifft nicht die Lage der Arbeitszeit, sondern ist eine vorgegebene unternehmerische Maßnahme; dem Arbeitgeber muß freistehen, den Betrieb auch mit einem starren Arbeitszeitsystem zu führen und die dabei entstehenden Arbeitszeitdefizite mit Teilzeitkräften abzudecken (vgl. dazu *Rath-Glawatz* Anm. AP Nr. 20 zu § 87 BetrVG 1972 Arbeitszeit und *Bengelsdorf* a. a. O.; a. E.; vgl. dazu ferner unten Rz. 162). Dementsprechend ist auch mitbestimmungsfrei, welche Personen in das Rolliersystem überhaupt einbezogen werden.

Das Mitbestimmungsrecht besteht auch bei der Einführung von **Schichtarbeit**, so- 161 weit es um die Schichtplanung geht (*BAG* vom 28. 10. 1986 – 1 ABR 11/85 – EzA § 87 BetrVG 1972 Arbeitszeit Nr. 20 = DB 1987, 692; vom 4. 6. 1969 – 3 AZR 180/68 – AP Nr. 1 zu § 16 BMT-G II m. Anm. *Herschel*; *LAG Hamm* vom 2. 6. 1978 – 3 TaBV 23/78 – EzA § 87 BetrVG 1972 Arbeitszeit Nr. 5; *F/A/K/H* § 87 Rz. 45; GK-*Wiese* § 87 Rz. 226; *G/L* § 87 Rz. 88; *S/W* § 87 Rz. 62b; *D/K/K/S* § 87 a. a. O.). Es ist aber nach dem insoweit eindeutigen Gesetzeswortlaut beschränkt auf die Festlegung von Beginn und Ende der Schichten. Dazu gehört auch die Festlegung der **Feiertagsruhe im Schichtbetrieb** (*BAG* vom 31. 1. 1969 – 3 AZR 439/68 – EzA § 1 FeiertagslohnzahlungsG Nr. 9 = DB 1969, 1065; GK-*Wiese* a. a. O.).

Mitbestimmungsfrei bleibt aber wegen der Beschränkung des Mitbestimmungs- 162 rechts auf die Lage der Arbeitszeit die Entscheidung, ob im Betrieb **überhaupt Schichtarbeit geleistet und ob in zwei oder mehr Schichten gearbeitet wird** (*Rath-Glawatz* a. a. O.; *Schwerdtner* DB 1983, 2763, 2770; *Säcker* 10 Jahre Betriebsverfassungsgesetz 1972, 30; *Güntner* AuR 1958, 129, 139; **a. A.** *BAG* vom 19. 2. 1991 – 1 ABR 21/90 – NZA 1991, 601; vom 18. 4. 1989 – 1 ABR 2/88 – EzA § 76 BetrVG 1972 Nr. 48 = DB 1989, 1926; *LAG Frankfurt/M.* vom 24. 10. 1989 – 5 TaBV Ga 155/89 – DB 1990, 2126; vom 28. 10. 1986, a. a. O.; *LAG Baden-Württemberg* vom 24. 1. 1986 – 14 TaBV 6/85 – LAGE § 87 BetrVG 1972 Arbeitszeit Nr. 6; *LAG Hamm*, *F/A/K/H*, *G/L* und *S/W*, jeweils a. a. O.; *D/R* § 87 Rz. 117, *D/K/K/S* a. a. O.; *Otto* NZA 1992, 97, 98 sowie GK-*Wiese* a. a. O., der mit Recht darauf hinweist, daß es hier sonst zu erheblichen Eingriffen in die unternehmerische Entscheidungsfreiheit kommen könnte). Mitbestimmungsfrei ist ferner die Entscheidung, für welchen Kreis von Arbeitnehmern Schichtarbeit eingeführt werden soll (*Güntner* a. a. O.; **a. A.** *LAG Hamm* und GK-*Wiese*, jeweils a. a. O.; vgl. auch Rz. 159 f.). Mitbestimmungspflichtig ist aber die Zuweisung der für die Schichtarbeit bestimmten Arbeitnehmer zu den verschiedenen Schichten, ebenso die Umsetzung von einer Schicht in eine andere (*BAG* vom 19. 2. 1991, a. a. O., deshalb auch keine Versetzung nach § 99 –; vom 27. 6. 1989 – 1 ABR 33/88 – DB 1989, 2386 = NZA 1990, 35; *LAG Köln* vom 29. 2. 1988 – 6/8 TaBV 67/87 – NZA 1989, 73; *Gaul* NZA 1989, 48 ff.; **a. A.** GK-*Wiese* und *S/W*, jeweils a. a. O., und die Vorauflage; vgl. dazu auch oben Rz. 158).

Der Betriebsrat hat grundsätzlich auch mitzubestimmen bei der Lage der 163 Arbeitszeit von **Teilzeitbeschäftigten** (*BAG* vom 28. 9. 1988 – 1 ABR 41/87 – AP Nr. 29 zu § 87 BetrVG 1972 Arbeitszeit = DB 1989, 385 = NZA 1989, 184; vom 13. 10. 1987 a. a. O.; *LAG Rheinland-Pfalz* vom 13. 1. 1986 – 5 TaBV 1/85 – NZA 1986, 618; ebenso GK-*Wiese* a. a. O.; *S/W* § 87 Rz. 65; *D/R* § 87 Rz. 204; *Schwerdtner* DB 1983, 2763, 2774; *Löwisch/Schüren* BB 1984, 925, 929; *Löwisch*

§ 87   4. Teil 3. Abschn. Soziale Angelegenheiten

RdA 1984, 197, 199; *Buschmann* NZA 1986, 177; *Plander* AuR 1987, 281, 285; *Kleveman* DB 1988, 334ff.; *Lipke* NZA 1990, 758, 763; *D/K/K/S* § 87 Rz. 85). Mitbestimmungsfrei ist Einführung oder Beibehaltung der Teilzeitarbeit, dementsprechend auch die Entscheidung der Frage, mit welchen Arbeitnehmern solche Arbeitsverhältnisse abzuschließen sind (GK-*Wiese* § 87 Rz. 22; *S/W* Rz. 65; *Ramrath* DB 1987, 1785, 1789; *Schwerdtner* DB 1983, 2763, 2772; **a.A.** *Hagemeier* BB 1989, 1100, 1102).

164 Umstritten sind die sich aus dem Mitbestimmungsrecht ergebenden Konsequenzen für die **Abrufarbeit** (sog. »Kapazitätsorientierte variable Arbeitszeit«). Zutreffend hat die höchstrichterliche Rechtsprechung aus Abs. 1 Nr. 2 abgeleitet, der Betriebsrat habe mitzubestimmen bei der Festlegung der Mindestdauer der täglichen Arbeitszeit, der Höchstzahl von Beschäftigungstagen in der Woche, der Mindestzahl arbeitsfreier Samstage, der Dauer der Pausen teilzeitbeschäftigter Arbeitnehmer und der Regelung der Frage, ob die tägliche Arbeitszeit in ein oder mehreren Schichten geleistet werden soll (vgl. zu diesen Punkten *BAG* vom 13.10. 1987, a.a.O.; so auch *Lipke* NZA 1990, 758, 765; GK-*Wiese* § 87 Rz. 222; *F/A/K/H* § 87 Rz. 45a; *D/K/K/S* § 87 Rz. 81; im wesentlichen auch *S/W* § 87 Rz. 65b), sowie bei der Frage, ob Teilzeitbeschäftigte zu festen Zeiten oder nach Bedarf beschäftigt werden (*BAG* vom 28. 9. 1988 a.a.O.). Ebenfalls zutreffend geht diese Rechtsprechung dabei davon aus, daß die **Dauer der Teilzeitarbeit** mitbestimmungsfrei vereinbart werden kann (vgl. dazu auch oben Rz. 155); der Arbeitgeber ist dabei an die Regeln des Art. 1 § 4 Abs. 1 BeschFG (Festlegung einer bestimmten Dauer der Arbeitszeit, bei Fehlen einer Festlegung fiktive Vereinbarung von 10 Stunden wöchentlich) gebunden (vgl. dazu *Hanau* RdA 1987, 25; *Plander* AuR 1987, 281; *Kleveman* DB 1987, 2096); vorgegebener Bezugspunkt für die Mitbestimmung ist die vom Arbeitgeber festgelegte Wochenarbeitszeit, nicht eine hochgerechnete Jahresarbeitszeit (*Schwerdtner* DB 1983, 2763ff.; *Löwisch* FS für *Karl Molitor*, 225, 237). Demgegenüber sind Versuche im Fachschrifttum, dem Mitbestimmungsrecht nach Abs. 1 Nr. 2 bei Abrufarbeit nur eine eingeschränkte Reichweite zuzuerkennen (vgl. *Peterek* Anm. SAE 1990, 76, 78 und *Schwerdtner* DB 1983, 2763ff., die nur den frühestmöglichen Beginn und das spätestmögliche Ende der Arbeitszeit, also Rahmenbedingungen der Abrufarbeit, als mitbestimmungspflichtig anerkennen; (kritisch zur höchstrichterlichen Rechtsprechung auch *Goos* NZA 1988, 870ff.), bei der Schwierigkeit, diese Beschäftigungsform durch kollektivrechtliche Regeln sinnvoll zu ordnen, zwar sehr verständlich, müssen aber nach geltendem Gesetz scheitern, zumal bei dem betroffenen Personenkreis ein berechtigtes Schutzbedürfnis besteht (insoweit richtig *Buschmann* NZA 1986, 177ff.; *Plander* AuR 1987, 281, 287; *Hanau* RdA 1987, 25, 27; vgl. auch *Mager/Winterfeld/Göbel/Seelmann* Rz. 293). Nachdem das Gesetz die Vereinbarung von Abrufarbeit grundsätzlich für zulässig erklärt hat, können der Betriebsrat nach § 2 Abs. 1 und die Einigungsstelle nach § 76 Abs. 5 dieses Mitbestimmungsrecht nicht dazu nutzen, Abrufarbeit generell zu verhindern; sie sind vielmehr darauf beschränkt, sie entspechend den Bedürfnissen beider Seiten angemessen auszugestalten (so auch *Hanau* a.a.O.; *Otto* NZA 1992, 97, 99; so schon früher *Schwerdtner* DB 1983, 2763, 2774; **a.A.** *Lipke* NZA 1990, 758, 764; *Plander* AuR 1987, 281, 290). Besonders zu beachten sind hier auch die dem Mitbestimmungsrecht gezogenen Schranken (vgl. dazu unten Rz. 169ff.).

Mitbestimmungspflichtig ist ferner die Regelung von **Gleitzeitarbeit**. Dies gilt so- 165 wohl für die Einführung wie auch für die Gestaltung aller Einzelheiten dieses Arbeitszeitsystems. Hier ist insbesondere an die Gleitspannen am Vor- und Nachmittag, an die Kernarbeitszeit, innerhalb deren alle Arbeitnehmer anwesend sein müssen, an den Zeitraum, innerhalb dessen Zeitrückstände oder Zeitguthaben ausgeglichen werden müssen, sowie an Kontrollbestimmungen zu denken (*G/L* § 87 Rz. 89; *F/A/K/H* § 87 Rz. 46; GK-*Wiese* § 87 Rz. 229; *D/K/K/S* § 87 Rz. 80; *Schwerdtner* DB 1983, 2783, 2770; *Eich* DB 1982 Beilage Nr. 9, 10; v. *Hoyningen-Huene* BB 1982, 1240, 1246; zu den weiteren Rechtsfragen der Gleitzeitarbeit vgl. *Schmidt* BB 1971, 46; *Schultz* DB 1971, 249; *Neumann* RdA 1971, 106; *Garbers* DB 1972, 1871; *Langholz* DB 1972, 580; *Schudt* BB 1972, 755).

Für die Einführung von **Arbeitsplatzteilungen** (sog. »Job-sharing« – vgl. dazu 166 Art. 1 § 5 BeschFG –; zur Vertragsgestaltung *Goos* DB 1980, 2339) besteht, da sie keine Entscheidung über die Lage der Arbeitszeit ist, kein Mitbestimmungsrecht des Betriebsrats (ebenso *Eich* und v. *Hoyningen-Huene*; jeweils a. a. O.; a. A. *Linnenkohl/Bauerochse* BB 1981, 1845, 1847; *Koeve* AuR 1983, 75, 79, *D/K/K/S* a. a. O. sowie *Löwisch* RdA 1984, 197, 199, der aber nur den Modus des Wechsels für mitbestimmungspflichtig hält). Mitzubestimmen hat der Betriebsrat jedoch bei einer Vertragsregelung, nach der der Arbeitgeber jeweils über die Lage der von den beteiligten Arbeitnehmern zu erbringenden Zeitanteile entscheidet (so auch GK-*Wiese* a. a. O.), oder wenn mit der Arbeitsplatzteilung auch gleitende Arbeitszeit eingeführt wird (v. *Hoyningen-Huene* und GK-*Wiese*, jeweils a. a. O.; vgl. dazu oben Rz. 165).

Das Mitbestimmungsrecht umfaßt auch nicht die Aufstellung eines **Rufbereit-** 167 **schaftsplans** (*S/W* § 87 Rz. 63; a. A. *BAG* vom 21. 12. 1982 – 1 AZR 14/81 – EzA § 87 BetrVG 1972 Arbeitszeit Nr. 16 = DB 1983, 47, 611; *D/R* § 87 Rz. 219; *F/A/K/H* § 87 Rz. 45; *G/L* § 87 Rz. 88 a; *D/K/K/S* § 87 Rz. 83; GK-*Wiese* § 87 Rz. 232 und *Wiese* Anm. SAE 1983, 325 ff.). Die Gegenmeinung stützt sich auf den Zweck dieses Mitbestimmungsrechts; es solle gewährleisten, daß die Interessen der Arbeitnehmer an der Lage der für sie verbindlichen Arbeitszeit zur Geltung gebracht werden können; die Lage der Arbeitszeit berühre die Interessen der Arbeitnehmer in erheblicher Weise. Durch Beginn und Ende der täglichen Arbeitszeit werde zugleich die Freizeit der Arbeitnehmer fixiert; es werde festgelegt, welche Zeiten ihnen für die Gestaltung ihres Privatlebens zur Verfügung stehen. Deshalb sei es gerechtfertigt, Rufbereitschaftszeiten der Arbeitszeit i. S. d. Abs. 1 Nr. 2 gleichzustellen, unabhängig davon, wie solche Zeiten arbeitszeit- und vergütungsrechtlich zu bewerten seien (*D/R* § 87 Rz. 219; *Schlüter* Anm. AP Nr. 10 zu § 12 AZO). Der Betriebsrat habe daher auch mitzubestimmen über Beginn und Ende von Rufbereitschaftszeiten und die Verteilung solcher Zeiten auf die einzelnen Wochentage (*BAG* a. a. O.). Dies gelte erst recht für die Regelung von **Bereitschaftsdienst** (vgl. dazu *Meisel/Hiersemann* § 2 MuSchG Rz. 34; ebenso *D/R*, *D/K/K/S* und *G/L*, jeweils a. a. O.; a. A. *S/W* a. a. O.). Diese allein aus dem Zweck der gesetzlichen Regelung abgeleiteten Ergebnisse lassen sich aber mit dem Wortlaut der gesetzlichen Regelung, die ein Mitbestimmungsrecht nur hinsichtlich der Arbeitszeit vorsieht (vgl. dazu oben Rz. 141), nicht vereinbaren und wären deshalb nur bei entsprechender Gesetzesänderung anzuerkennen.

Mitbestimmungspflichtig ist die **Festlegung der Pausen**. Das Mitbestimmungsrecht 168 bezieht sich nach dem Gesetzeswortlaut auf Beginn und Ende der Pausen, also

§ 87   4. Teil 3. Abschn. *Soziale Angelegenheiten*

auch auf deren Dauer, nicht nur auf deren Lage (*D/R* § 87 Rz. 213; GK-*Wiese* § 87 Rz. 236; *G/L* § 87 Rz. 90; *D/K/K/S* § 87 Rz. 79; **a. A.** *Kammann/Hess/Schlochauer* § 87 Rz. 68). Es betrifft aber lediglich Ruhepausen, durch die die Arbeitszeit unterbrochen wird, die also nicht selbst zur Arbeitszeit gehören. Deshalb kann der Betriebsrat unter Berufung auf sein Mitbestimmungsrecht nicht die Einführung **bezahlter Lärmpausen** fordern (*BAG* vom 28. 7. 1981 – 1 ABR 65/79 – EzA § 87 BetrVG 1972 Arbeitszeit Nr. 9 m. Anm. *Kraft* = DB 1982, 386); ebensowenig kann er auf diese Weise **bezahlte Arbeitsunterbrechungen für Tätigkeiten an Bildschirmgeräten** durchsetzen (*BAG* vom 6. 12. 1983 – 1 AZR 43/81 – EzA § 87 BetrVG 1972 Bildschirmarbeitsplatz Nr. 1 m. Anm. *Ehmann* = DB 1984, 775; *S/W* § 87 Rz. 69; GK-*Wiese* § 87 Rz. 237; *D/K/K/S* a. a. O.; vgl. dazu auch *Bähringer* RdA 1981, 364, 367). Keine Pausen sind auch die sog. **Erholungszeiten bei Leistungslohn** (*ArbG München* vom 21. 2. 1980 – 12 BV 97/79 – DB 1980, 1700; *D/R* § 87 Rz. 214; GK-*Wiese* § 87 Rz. 238), für die allerdings ein Mitbestimmungsrecht nach Abs. 1 Nr. 11 gegeben sein kann (GK-*Wiese* a. a. O.; vgl. dazu unten Rz. 540). Keine Pause ist schließlich auch eine **Arbeitsunterbrechung aus technischen Gründen** (*LAG Niedersachsen* vom 25. 3. 1982 – 11 TaBV 7/81 – DB 1982, 2039; *D/R* § 87 Rz. 215; GK-*Wiese* § 87 Rz. 236; *D/K/K/S* a. a. O.).

b) Schranken des Mitbestimmungsrechts

169 Bei Regelungen über die Lage der Arbeitszeit sind nach dem Satzeingang des § 87 **gesetzliche und tarifliche Arbeitszeitschranken zu beachten**. Einzelvertragliche Vereinbarungen können demgegenüber das Mitbestimmungsrecht nicht einschränken (*BAG* vom 13. 10. 87, a. a. O.; *Plander* AuR 1987, 281, 285).

170 Das Mitbestimmungsrecht besteht nur in den Grenzen der **gesetzlichen Regelungen über die Höchstarbeitszeit**, vor allem der AZO, des JArbSchG und des MuSchG. Bei **Abrufarbeit** schließen die Regelungen in Art. 1 § 4 Abs. 2 und 3 (Ankündigungsfrist und Mindestdauer der täglichen Inanspruchnahme des Arbeitnehmers durch den Arbeitgeber) ein Mitbestimmungsrecht des Betriebsrats hinsichtlich dieser Punkte aus (so auch *Hanau* RdA 1987, 25, 27; *Mager/Winterfeld/Göbel/Seelmann* Rz. 297; **a. A.** *Plander* AuR 1987, 281, 286; *Peterek* Anm. SAE 1990, 76 ff.).

171 Die gesetzlichen Betimmungen über die beschränkte Zulässigkeit oder Zulassung von **Sonntagsarbeit** (§§ 105 a ff. GewO und § 28 AZO) schließen das Mitbestimmungsrecht nicht aus, sondern engen lediglich die Ausübungsmöglichkeiten ein; denn diese öffentlich-rechtlichen Vorschriften ziehen nur den Rahmen, innerhalb dessen der Arbeitgeber gemeinsam mit dem Betriebsrat Arbeitszeit festlegen kann (im Ergebnis ebenso *F/A/K/H* § 87 Rz. 48; *Leinemann* NZA 1988, 337, 343; *Däubler* DB 1988 Beilage Nr. 7, 14; *Albracht* AuR 1989, 97, 115; *Springer* BB 1992, 348, 351; **a. A.**, nämlich für Mitbestimmungsrecht nur bei »Durchführung«, nicht aber bei »Einführung« von Sonntagsarbeit: *Kappus* DB 1990, 478 ff.). Möglich ist aber eine Beschränkung des Mitbestimmungsrechts bei Sonntagsarbeit unter dem Gesichtspunkt der unternehmerischen Entscheidungsfreiheit (vgl. dazu unten Rz. 175; zum weiteren Mitbestimmungsrecht nach Abs. 1 Nr. 3 vgl. unten Rz. 183 ff.).

172 Wird für einen **Wochenfeiertag Arbeit eingeführt, so besteht kein Mitbestimmungsrecht nach Abs. 1 Nr. 2**, weil durch die Einführung von Feiertagsarbeit die Lage der Arbeitszeit an dem betreffenden Wochentag nicht geändert wird (vgl. auch unten Rz. 191).

Nicht beschränkt wird das Mitbestimmungsrecht nach Abs. 1 Nr. 2 durch § 3 **173**
Abs. 1 der VO über die Arbeitszeit in Krankenpflegeanstalten v. 13. 2. 1924 (in
der Fassung des Art. 241 des Einführungsgesetzes zum Strafgesetzbuch v. 2. 3.
1974, BGBl. I S. 469), nach dem Dauer und Verteilung der Arbeitszeit und der
Pausen sowie der wöchentlichen Freizeiten durch die Anstaltsleitung geregelt werden (so auch *BAG* vom 6. 11. 1990 – 1 ABR 88/89 – BB 1991, 1119; *LAG Berlin*
vom 15. 1. 1990 – 9 TaBV 5/89 – BB 1990, 490; *Springer* BB 1992, 348).
Grenzen für die Regelung der Lage der Arbeitszeit ergeben sich auch aus **Tarif-** **174**
verträgen, die z. B. die Arbeit am Samstag einschränken. Die Tarifvertagsparteien
sind aber auch insoweit an die Grundrechte der Verfassung gebunden (vgl. zunächst oben Rz. 146). Ein generelles tarifliches Verbot der Arbeit an bestimmten
Tagen wäre aufgrund der Berufsausübungsfreiheit nach Art. 12 GG insoweit unwirksam, als der Arbeitgeber dadurch gehindert wird, als Unternehmer auf dem
Markt bestimmte Leistungen anzubieten. Das gilt etwa für Zeitungsverlage, die
eine Sonntagszeitung herstellen wollen und deshalb auf Arbeit am Samstag angewiesen sind (so unter Berufung auf Art. 5 GG *Dütz* AfP 1989, 605 ff.). Das gilt für
Fuhrunternehmen, die Wochenendausflüge anbieten, und für Restaurants mit
Wochenendbetrieb (für generelle Zulässigkeit **jederzeit widerruflicher** Samstagarbeit trotz tariflichen Verbots unter Berufung auf das tarifrechtliche Günstigkeitsprinzip: *Löwisch* DB 1989, 1185 ff.). Das gilt für Einzelhandelsunternehmen, die
ihr Geschäft während der gesamten Dauer der gesetzlichen Öffnungszeit offenhalten wollen (**a. A.** aber *BAG* vom 27. 6. 1989 – AZR 404/88 – DB 1989, 2228);
dementsprechend sind tarifvertragliche Regelungen, die das Ende der Arbeitszeit
für einen Zeitpunkt vor dem Ablauf der Ladenöffnungszeit vorschreiben, als wettbewerbsbeschränkende Vereinbarung nach § 1 GWB unwirksam (so auch das
Bundeskartellamt in einer Stellungnahme vom 3. April 1989 gegenüber dem *LG
Berlin* – P 178/88 – nicht veröffentlicht; ebenso *Immenga* Rechtsgutachten, inhaltlich wiedergegeben von *Anzinger/Koberski* NZA 1989, 737, 744; *Kulka* RdA
1988, 336 ff.; **a. A.** aber *BAG* a. a. O., *KG Berlin* vom 21. 2. 1990 – Kart U 4357/89
– NZA 1991, 24 und *LG Berlin* vom 4. 4. 1989 – 16.0.942/88 –, mitgeteilt von
Anzinger/Koberski a. a. O.).
Für das Mitbestimmungsrecht nach Abs. 1 Nr. 2 besteht auch eine Schranke zur **175**
Sicherung der **unternehmerischen Entscheidungsfreiheit** (vgl. dazu auch oben
Rz. 74 ff. sowie zu den entsprechenden Schranken der Tarifmacht oben Rz. 164).
Dies gilt vor allem für Dienstleistungsunternehmen. Das Mitbestimmungsrecht
beteiligt den Betriebsrat nicht an der Entscheidung, wann ein Kaufhaus oder Restaurant geöffnet hat. Der Arbeitgeber ist vielmehr in den gesetzlichen Grenzen
frei, die **Öffnungszeiten** festzulegen. Dementsprechend kann die Einigungsstelle im
Mitbestimmungsverfahren nicht gegen seinen Willen das Ende der täglichen Arbeitszeit für das Personal vor dem Ende der Öffnungszeit festlegen (*D/R* § 87 Rz. 226;
S/W § 87 Rz. 62 a; *Reuter* ZfA 1981, 196 ff.; *Lieb* DB 1981 Beilage Nr. 17; hinsichtlich
Verlängerung der Öffnungszeiten auch *ArbG Bremen* vom 19. 12. 1991 – GBV 100/91
– BB 1992, 1352; **a. A.** *BAG* vom 13. 10. 1987, a. a. O.; vom 31. 8. 1982 – 1 ABR 27/80
– EzA § 87 BetrVG 1972 Arbeitszeit Nr. 13 = DB 1982, 1884; 1983, 453 = SAE 1983,
134 m. Anm. *Löwisch*, der auf die bereits durch das Gesetz über den Ladenschluß
geltenden Schutzvorschriften sowie auf die tariflichen Schutzbestimmungen über die
Lage der Arbeitszeit verweist, die eine weitere Einschränkung der Öffnungszeiten
entbehrlich machten; dieser Rechtsprechung zustimmend *F/A/K/H* § 87 Rz. 47;
D/K/K/S § 87 Rz. 82; *Buschmann* 1982, 1059; *Anzinger/Koberski* NZA 1987, 737,

§ 87   4. Teil 3. Abschn. Soziale Angelegenheiten

741; *Lipke* NZA 1990, 758, 764; kritisch zur Rechtsprechung GK-*Wiese* § 87 Rz. 219; die gegen die Entscheidung des *BAG* eingelegte Verfassungsbeschwerde ist durch Beschluß des BVerfG vom 18.12. 1985 – 1 BvR 143/83 – AP Nr. 15 zu § 87 BetrVG 1972 Arbeitszeit = DB 1986, 468 nicht angenommen worden).

176 Ist der Arbeitgeber während eines **Arbeitskampfes in seinem Betrieb** gezwungen, die Lage der Arbeitszeit zu verändern, so bedarf er dazu nicht der Zustimmung des Betriebsrats (so für Abs. 1 Nr. 3: *BAG* vom 24. 4. 1979 – 1 ABR 43/77 – EzA Art. 9 GG Arbeitskampf Nr. 34 = DB 1979, 994, 1655; ebenso *S/W* § 87 Rz. 67; vgl. auch oben Rz. 70 ff.). Betriebsvereinbarungen über Gleitzeit sind deshalb gesetzeskonform dahin auszulegen, daß die Beteiligung am Arbeitskampf als Abwesenheitszeit i. S. einer solchen Regelung anzusehen ist (*LAG Frankfurt/M.* vom 3. 10. 1984 – 2 Sa 310/84 – DB 1986, 178; *S/W* a. a. O.). Die Frage eines Mitbestimmungsrechts bei Arbeitsausfall infolge von **Fernwirkungen des Arbeitskampfes** wird nachfolgend (Rz. 213 ff.) erörtert.

177 Auch **tendenzbedingte Gründe** gem. § 118 Abs. 1 Satz 1 können das Mitbestimmungsrecht des Betriebsrats bei der Lage der Arbeitszeit beschränken (*BAG* vom 18. 4. 1989 – 1 ABR 2/88 – AP Nr. 34 zu § 87 BetrVG 1972 Arbeitszeit = DB 1989, 1926 = EzA § 76 BetrVG 1972 Nr. 48; vom 4. 8. 1981 – 1 ABR 106/79 – AP Nr. 5 zu § 87 BetrVG 1972 Arbeitszeit m. Anm. *Herschel* = DB 1982, 705 = EzA § 87 BetrVG 1972 Arbeitszeit Nr. 10; vom 22. 5. 1979 – 1 ABR 100/77 – AP Nr. 13 zu § 118 BetrVG 1972 = DB 1979, 2184 = EzA § 118 BetrVG 1972 Nr. 22; *Dütz* AfP 1988, 193, 195).

c) **Ausübung des Mitbestimmungsrechts**
178 Das Mitbestimmungsrecht des Betriebsrats nach Abs. 1 Nr. 2, das auch ein Initiativrecht einschließt (vgl. oben Rz. 42 ff.), wird in der Regel durch Abschluß einer **Betriebsvereinbarung** ausgeübt. In diesem Fall wird durch die Bekanntmachung der Betriebsvereinbarung nach § 77 Abs. 2 Satz 3 zugleich der Aushangpflicht nach § 24 Abs. 1 Nr. 2 AZO und § 48 JArbSchG genügt. Da aber die Lage der Arbeitszeit auch vom Arbeitgeber aufgrund seines Weisungsrechts bestimmt werden kann, kommt für die Einigung zwischen den Betriebspartnern auch eine formlose Regelungsabrede in Betracht (*G/L* § 87 Rz. 97; GK-*Wiese* § 87 Rz. 241).

179 Nach herrschender Rechtsauffassung sind Arbeitgeber und Betriebsrat, was den **Inhalt ihrer Einigung** betrifft, frei, ob sie bestimmte Grundregeln festlegen, die die jeweilige Arbeitszeitregelung, z. B. der Schichtplan, einhalten muß, oder ob alle Einzelheiten zwischen ihnen vereinbart werden. Vereinbaren sie nur bestimmte Grundsätze und Kriterien, könne die Aufstellung der einzelnen Dienstpläne auch dem Arbeitgeber überlassen werden; der Betriebsrat habe dann nach § 80 Abs. 1 Nr. 1 darüber zu wachen, daß die vereinbarten Grundsätze und Kriterien eingehalten werden (*BAG* vom 27. 6. 1989 – 1 ABR 33/88 – DB 1989, 2386 = AP Nr. 35 zu § 87 BetrVG 1972 Arbeitszeit = EzA § 87 BetrVG 1972 Arbeitszeit Nr. 36; vom 12. 1. 1988 – 1 ABR 54/86 – EzA § 87 BetrVG 1972 Arbeitszeit Nr. 26 = DB 1988, 1272; vom 31. 1. 1989 – 1 ABR 67/87 – EzA § 87 BetrVG 1972 Arbeitszeit Nr. 31 = DB 1989, 1630; vom 28. 10. 1986, a. a. O.; zustimmend *Rath-Glawatz* Anm. AP a. a. O.; *Blomeyer* Anm. SAE 1987, 277 ff.). Auch die Einigungsstelle könne sich auf eine solche Grundsatzregelung beschränken (*BAG* und *Blomeyer*, jeweils a. a. O.; **a. A.** *Rath-Glawatz* a. a. O.). Dementsprechend könne dem Arbeitgeber durch Betriebsvereinbarung auch das Recht eingeräumt werden, unter bestimmten Voraussetzungen einseitig eine Schicht zu verlegen (*LAG Düsseldorf* vom

Mitbestimmungsrechte § **87**

19. 6. 1975 – 7 Sa 805/74 – DB 1975, 1463; GK-*Wiese* § 87 Rz. 244; *G/L* § 87 Rz. 101; *S/W* § 87 Rz. 71). Diese Auffassung ist das Ergebnis eines verständlichen und anerkennenswerten Bemühens um einen Ausweg aus den praktischen Schwierigkeiten bei der Ausübung des Mitbestimmungsrechts nach Abs. 1 Nr. 2. Es ist aber nicht gesetzeskonform, mitbestimmungspflichtige Entscheidungen dem Arbeitgeber zu überlassen (vgl. oben Rz. 60) und ihn dafür nur an gewisse Grundsätze zu binden. Folgerichtig ist deshalb auch von der instanzgerichtlichen Rechtsprechung dem Betriebsrat verwehrt worden, den Abschluß einer allgemeinen Betriebsvereinbarung über Mehrarbeit zu verlangen (*LAG Hamm* vom 22. 1. 1986 – 12 TaBV 131/85 – DB 1986, 806); denn insoweit besteht kein Mitbestimmungsrecht. Den praktischen Bedürfnissen kann aber gesetzeskonform dadurch Rechnung getragen werden, daß der Betriebsrat mehreren bestimmten oder bestimmbaren Regelungen des Arbeitgebers, die für die Ordnung einer Angelegenheit in Betracht kommen, im voraus zustimmt (vgl. dazu oben Rz. 30).

d) Rechtsfolgen der Nichtbeachtung des Mitbestimmungsrechts
Nach der eindeutig herrschenden, gleichwohl abzulehnenden Rechtsauffassung ist **180** eine einseitige Anordnung des Arbeitgebers über Beginn und Ende der täglichen Arbeitszeit oder der Pausen oder über die Verteilung der Arbeitszeit auf die einzelnen Wochentage **unwirksam** (so *BAG* vom 5. 7. 1976 – 5 AZR 264/75 – EzA § 12 AZO Nr. 2 = DB 1976, 1868; *LAG Hamm* vom 19. 4. 1973 – 8 TaBV 9/73 – DB 1973, 1024; GK-*Wiese* § 87 Rz. 243; *G/L* § 87 Rz. 99; *Kammann/Hess/Schlochauer* § 87 Rz. 74; **a. A.** *D/R* § 87 Rz. 235). Die Anordnung sei danach für die Arbeitnehmer unbeachtlich. Sie seien berechtigt, in der Zeit, die bisher Pause war und nach dem Willen des Arbeitgebers Arbeitszeit sein soll, ihre **Arbeitsleistung zurückzuhalten**. Im umgekehrten Fall soll der Anspruch der Arbeitnehmer auf **Zahlung des Arbeitsentgelts nach § 615 BGB** bestehen bleiben, wenn sie dem Arbeitgeber während der früheren Arbeitszeit und der jetzigen Pause ihre Arbeitsleistung anbieten (*G/L* und GK-*Wiese*, jeweils a. a. O.; von seinem abweichenden Ausgangspunkt aus auch *D/R* a. a. O.). Es wird auch zu Unrecht die Auffassung vertreten, daß die einseitige Arbeitszeitregelung des Arbeitgebers durch **einstweilige Verfügung** des Arbeitsgerichts einstweilen ausgesetzt werden könne (*LAG Hamm* a. a. O.; GK-*Wiese* § 87 Rz. 246; *G/L* § 87 Rz. 100; *Kammann/Hess/Schlochauer* a. a. O.). Hierfür würde es auf der Grundlage der herrschenden Auffassung aber schon am Rechtsschutzbedürfnis fehlen, da die Anordnung des Arbeitgebers unwirksam sein soll (vgl. oben).
Der herrschenden Auffassung muß aus den schon angegebenen Gründen (vgl. **181** oben Rz. 79 ff.) widersprochen werden. Gerade bei der Regelung der Lage der Arbeitszeit wird deutlich, daß die Theorie der Wirksamkeitsvoraussetzung (vgl. dazu oben Rz. 77) die einzelvertragliche und die betriebsverfassungsrechtliche Ebene zu Unrecht nicht auseinanderhält. Es wäre nämlich eine völlig unangemessene, sogar kaum vertretbare Konsequenz, wenn im Falle der erstmaligen Festlegung der Lage der Arbeitszeit, in dem also auch keine nach § 77 Abs. 6 nachwirkende frühere Betriebsvereinbarung vorhanden ist, infolge einer fehlenden Einigung über die nachrangige Frage der Lage der Arbeitszeit die **Erfüllung der Arbeitsverträge überhaupt verhindert** würde.
Bei Verletzung des Mitbestimmungsrechts hinsichtlich der Lage der Arbeitszeit **182** kann der Betriebsrat durch **gerichtliche Entscheidung** sein Mitbestimmungsrecht

§ 87   4. Teil 3. Abschn. Soziale Angelegenheiten

feststellen oder gem. § 23 Abs. 3 bei einem groben Gesetzesverstoß (vgl. unten Rz. 606a) dem Arbeitgeber aufgeben lassen, eine Veränderung der bisherigen Lage der Arbeitszeit zu unterlassen oder eine anderweitige Arbeitszeitanordnung zu treffen.

4. Vorübergehende Verkürzung oder Verlängerung der betriebsüblichen Arbeitszeit (Nr. 3)

183 Der in das BetrVG 1972 neu aufgenommene Mitbestimmungstatbestand des Abs. 1 Nr. 3 ist mißverständlich formuliert: Von einer vorübergehenden Verkürzung oder Verlängerung der betriebsüblichen Arbeitszeit zu sprechen, enthält einen Widerspruch, da die Arbeitszeit, die durch eine vorübergehende Maßnahme verlängert oder verkürzt wird, nicht mehr betriebsüblich sein kann. Gemeint ist vielmehr die vorübergehende Verlängerung oder Verkürzung der regelmäßigen Arbeitszeit im Betrieb (also der Zeit, die im Betrieb als regelmäßige Arbeitszeit geleistet wird, nicht eine erst durch längere Übung »zur Regel« gewordene Arbeitszeit, wobei auch verschiedene regelmäßige Arbeitszeiten im Betrieb nebeneinander bestehen können; vgl. oben Rz. 149; vgl. dazu auch *BAG* vom 21. 11. 1978 – 1 ABR 67/76 – EzA § 87 BetrVG 1972 Arbeitszeit Nr. 7 = DB 1979, 655; vom 25. 10. 1977 – 1 AZR 452/74 – EzA § 615 BGB Nr. 1 = DB 1978, 403; *D/R* § 87 Rz. 238; *GK-Wiese* § 87 Rz. 263; *Loritz* Anm. SAE 1988, 187, 190; *F/A/K/H* § 87 Rz. 50; vgl. dazu auch *Hanau* ZfA 1984, 453, 511). Über die Dauer der betriebsüblichen Arbeitszeit entscheiden die Arbeitsvertragsparteien im Rahmen der gesetzlichen und tariflichen Bestimmungen (vgl. dazu oben Rz. 144 ff.).

183a Das Mitbestimmungsrecht besteht aber auch hier (vgl. dazu oben Rz. 154a) nur in bezug auf die Arbeitnehmer des Betriebs, nicht in bezug auf betriebsfremde Arbeitnehmer, die im Auftrag anderer Firmen im Betrieb tätig sind (vgl. dazu oben § 5 Rz. ; a. A. zu Unrecht *Leisten* BB 1992, 266, 269).

184 Abs. 1 Nr. 3 begründet das Mitbestimmungsrecht bei **Maßnahmen, deren Rechtsgrundlagen teilweise umstritten und zweifelhaft waren.** Der Arbeitgeber ist nach dem Arbeitsvertrag ohne eine entsprechende besondere Vereinbarung nämlich in der Regel nicht befugt, vom Arbeitnehmer die Erbringung von Überstunden zu verlangen (vgl. z. B. *Zöllner/Loritz* § 13 II 2 c; vgl. auch *Otto* NZA 1992, 97, 100). Allerdings sind in vielen Arbeitsverträgen und Tarifverträgen Klauseln über die Pflicht zur Leistung von Mehrarbeit enthalten. Auf der anderen Seite enthalten die Arbeitsverträge in der Regel keine Kurzarbeitsklauseln. Ob eine Verpflichtung der Arbeitnehmer zur Hinnahme von Kurzarbeit durch Tarifvertrag oder Betriebsvereinbarung begründet werden kann, ist nicht selbstverständlich und in der Vergangenheit teilweise verneint worden, weil der zeitliche Umfang der Arbeits- und Beschäftigungspflicht grundsätzlich durch Kollektivvertrag nicht geregelt sei und auch nicht geregelt werden könne (vgl. oben Rz. 144 ff.; vgl. dazu *Canaris* AuR 1966, 129, 135 und *Söllner* Anm. AP Nr. 2 zu § 615 BGB Kurzarbeit). Mit Recht ist aber heute allgemein anerkannt, daß die einzelvertraglich vereinbarte Arbeitszeit durch Tarifvertrag oder Betriebsvereinbarung vorübergehend verkürzt oder verlängert werden kann (*D/R* § 87 Rz. 259; *G/L* § 87 Rz. 106; *Schaub* § 47 I; *v. Stebut* RdA 1974, 332, 335 ff.; *Otto* a. a. O.; im Ergebnis auch *GK-Wiese* § 87 Rz. 251). Die vorübergehende Senkung der vertraglichen Arbeitszeit dient bei auftretendem Arbeitsmangel zumindest dann, wenn der Betriebsrat ihr zugestimmt oder die Einigungsstelle seine Zustimmung ersetzt hat, eindeutig sowohl dem Interesse des Arbeitgebers an der Beibehaltung der eingearbeiteten Belegschaft als auch dem Interesse der Arbeitnehmer an der Erhaltung ihrer Arbeitsplätze. Um dieser Schutzzwecke willen erscheint eine kollektivvertragliche Beschränkung der sonst für die Arbeitsvertragsparteien geltenden Vertragsfreiheit gerechtfertigt. Von der Zulässigkeit einer kollektivvertraglichen Entscheidung über eine vorübergehende Arbeitszeitverkürzung ist der Gesetzgeber bei der Begründung eines entsprechenden Mitbestimmungsrechts auch ersichtlich ausgegangen. Auf der anderen Seite wäre eine **dauernde** Senkung der vertraglichen Arbeitszeit durch Kollektivvertrag nicht zulässig. Sie ist nur möglich, indem der Arbeitgeber die **betriebliche Arbeitszeit** vertraglich oder mit Hilfe einer Änderungskündigung entsprechend herabsetzt. Dies gilt sinngemäß auch für die Verlängerung der vertraglichen Arbeitszeit, die bei Vorliegen dringender betrieblicher Bedürfnisse zumindest dann, wenn der Betriebsrat ihr zugestimmt oder die Einigungsstelle seine Zustimmung ersetzt hat, den Interessen nicht nur des Betriebes, sondern auch der Belegschaft dient.

a) Voraussetzungen des Mitbestimmungsrechts

Veränderungen der betriebsüblichen Arbeitszeit sind nur mitbestimmungspflichtig, wenn sie **vorübergehend** sind. Schon wegen des mit der Verkürzung oder Verlängerung in der Regel verbundenen Eingriffs in die Einzelarbeitsverträge sind grundsätzlich strenge Anforderungen an den vorübergehenden Charakter der Maßnahme zu stellen. Es muß sich deshalb um einen von vornherein begrenzten Zeitraum handeln (*G/L* § 87 Rz. 107a; **a.A.** GK-*Wiese* § 87 Rz. 264; *D/K/K/S* § 87 Rz. 88; *Farthmann* RdA 1974, 65, 69, die die Absicht genügen lassen, nach Fortfall des Anlasses für die Änderung der betriebsüblichen Arbeitszeit zu ihrer vorherigen Dauer zurückzukehren). Die Begrenzung des Zeitraumes hängt naturgemäß stark von der **Einschätzung der zukünftigen Beschäftigungslage durch den Arbeitgeber** ab. Im Streitfall muß er deshalb seine entsprechenden Zukunftserwartungen durch sie stützende tatsächliche Angaben begründen. Im übrigen setzen die erhöhten Kosten der Mehrarbeit ihrer zeitlichen Ausdehnung enge Grenzen. Dasselbe gilt für die vorübergehende Arbeitszeitverkürzung, die den Arbeitgeber aufgrund der §§ 163 und 166 AFG mit Aufwendungen für Sozialversicherungsbeiträge überproportional belastet. Hinzu kommen noch die zeitlichen Beschränkungen für die Gewährung von Kurzarbeitergeld (§ 67 AFG).

Das Mitbestimmungsrecht bei vorübergehender Verkürzung oder Verlängerung der Arbeitszeit besteht nicht bei jeglicher Arbeitszeitänderung, sondern nur bei einer Veränderung der »**betriebsüblichen**«, nämlich der **regelmäßigen Arbeitszeit** im Betrieb (vgl. dazu oben Rz. 183; zur allgemeinen Unterscheidung zwischen Kollektiv- und Individualtatbestand vgl. oben Rz. 17ff.). Es erfaßt also eindeutig nur einen **Kollektivtatbestand** (so im Ergebnis auch die höchstrichterliche Rechtsprechung; vgl. eingehende Nachweise oben unter Rz. 17; ebenso der weit überwiegende Teil des Fachschrifttums: GK-*Wiese* § 87 Rz. 256; *F/A/K/H* § 87 Rz. 54; *G/L* § 87 Rz. 108; *S/W* § 87 Rz. 79; *D/R* § 87 Rz. 21; *Otto* NZA 1992, 97, 98; **a.A.** *Farthmann* RdA 1974, 65, 68; *D/K/K/S* § 87 Rz. 16). Der höchstrichterlichen Rechtsprechung ist auch darin beizupflichten, daß sie als Kollektivtatbestand einen bloßen Kollektivbezug genügen läßt und so u.U. schon die Einführung von Mehrarbeit für nur einen einzigen Arbeitnehmer für mitbestimmungspflichtig erklärt, sogar dann, wenn es dem Arbeitnehmer freigestellt wird, die

§ 87   *4. Teil 3. Abschn. Soziale Angelegenheiten*

Mehrarbeit zu leisten (vgl. die Nachweise oben unter Rz. 23). Das Mitbestimmungsrecht endet erst dort, wo es um die Gestaltung konkreter Arbeitsverhältnisse geht und wo besondere, nur den einzelnen Arbeitnehmer betreffende Umstände die Maßnahmen veranlassen oder inhaltlich bestimmen (so *BAG* vom 11.11. 1986 – 1 ABR 17/85 – EzA § 87 BetrVG 1972 Arbeitszeit Nr. 21 = DB 1987, 336; vom 10.6. 1986 – 1 ABR 61/84 = EzA § 87 BetrVG 1972 Arbeitszeit Nr. 18 = DB 1986, 2391; dem *BAG* zustimmend *Otto*, GK-*Wiese* D/K/K/S und F/A/K/H, jeweils a. a. O.). Damit besteht Übereinstimmung mit der Auslegung des Merkmals der betrieblichen Lohngestaltung nach Abs. 1 Nr. 10 (vgl. unten Rz. 470). Es ist somit nicht erforderlich, daß die regelmäßige Arbeitszeit des ganzen Betriebs oder eines ganzen Betriebsteils verkürzt oder verlängert wird (so aber im Ergebnis *ArbG Wuppertal* vom 12. 1. 1978 – 2 BV Ga 77 – BB 1978, 964; *Loritz* Anm. SAE 1988, 187ff.; *Meisel* Anm. AP Nr. 3 zu § 87 BetrVG 1972 Arbeitszeit; G/L § 87 Rz. 108 und 10). Es kommt auch nicht darauf an, wieviele Arbeitnehmer von der Arbeitszeitregelung tatsächlich betroffen werden. So entfällt das Mitbestimmungsrecht bei der Einführung von Mehrarbeit nicht etwa dann, wenn bei Einführung freiwilliger Mehrarbeit für eine Betriebsabteilung nur einzelne Arbeitnehmer diese Arbeit leisten wollen (so auch *LAG Frankfurt/M.* vom 24. 1. 1989 – 5 TaBV 123/88 – NZA 1989, 943; **a. A.** *Loritz* a. a. O.). Kein Kollektivtatbestand liegt vor, wenn der Arbeitgeber seinen Angestellten ermöglicht, sich außerhalb der betrieblichen Arbeitszeit im Betrieb aufzuhalten, auch wenn sie dabei in ihren Aufgabenbereich fallende Tätigkeiten ausüben (*LAG Schleswig-Holstein* vom 30. 10. 1991 – 5 C 3) TaBV 22/91 – unveröffentlicht). In der Regel wird es sich in dieser Zeit aber auch nicht um Arbeitszeit handeln (vgl. oben Rz. 141 a).

187 Auch wenn vorübergehende Verkürzung oder Verlängerung der betriebsüblichen Arbeitszeit durch Änderungskündigung erreicht werden soll, ein Weg, der in der Regel allerdings schon aus Gründen der Praktikabilität ausscheidet, besteht das Mitbestimmungsrecht des Betriebsrats, soweit es sich um einen Kollektivtatbestand handelt (*D/R* § 87 Rz. 273; GK-*Wiese* § 87 Rz. 292).

188 Mitbestimmungspflichtig ist auch die Verkürzung oder Verlängerung der Arbeitszeit, die infolge des Beginns oder Endes der gesetzlichen **Sommerzeit** notwendig wird (G/L § 87 Rz. 107; F/A/K/H § 87 Rz. 50; GK-*Wiese* § 87 Rz. 261; S/W § 87 Rz. 74; *Zilius* AuR 1980, 238f.).

189 Zu den Fragen bei **eilbedürftigen** Fällen oder **Notfällen** wird auf die allgemeinen Erläuterungen verwiesen (Rz. 29ff.).

aa) Verlängerung

190 Unabhängig von der im Fachschrifttum getroffenen Unterscheidung zwischen **Überstunden** (= Überschreitung der vertraglich vereinbarten regelmäßigen Arbeitszeit) und **Mehrarbeit** (= Überschreitung der gesetzlichen Grenzen der regelmäßigen Arbeitszeit; vgl. dazu D/R § 87 Rz. 241; GK-*Wiese* § 87 Rz. 272; D/K/K/S § 87 Rz. 99) besteht das Mitbestimmungsrecht nur, wenn vorübergehend eine höhere als die betriebsübliche Arbeitszeit (vgl. dazu oben Rz. 183) gelten soll. Auch hier wird in der Praxis von Mehrarbeit gesprochen. Die vorübergehende Verlängerung betriebsüblicher **Teilzeitarbeit** ist deshalb mitbestimmungspflichtig (so auch *BAG* vom 16. 7. 1991 – 1 ABR 69/90 – NZA 1992, 80 = BB 1991, 2156; *LAG Frankfurt/M.* vom 14. 8. 1990 – 5 TaBV 7/90 – DB 1991, 708; GK-*Wiese* § 87 Rz. 273; *Lipke* NZA 1990, 758, 765; *Löwisch/Schüren* BB 1984,

925 f.; im Grundsatz auch *Schwerdtner* DB 1983, 2763, 2775; **a. A.** *S/W* § 87 Rz. 73 a). Das Mitbestimmungsrecht besteht nach höchstrichterlicher Rechtsprechung auch dann, wenn der Arbeitgeber, der die Zustimmung zur Anordnung von Überstunden nicht erhalten hat, die Arbeiten auf eine geschäftlich nicht tätige Firma »überträgt«, die von denselben Geschäftsführern wie er selbst geführt wird und die die Arbeiten im Betrieb des Arbeitgebers mit den Arbeitnehmern ausführt, die vom Arbeitgeber zu den Überstunden herangezogen werden sollten (*BAG* vom 22. 10. 1991 – 1 ABR 28/91 – EzA § 87 BetrVG 1972 Arbeitszeit Nr. 49 = DB 1991, 2292 = BB 1992 275). Mitbestimmungsfrei ist aber die **vorzeitige Aufhebung vereinbarter Kurzarbeit**, durch die die betriebsübliche Arbeitszeit wiederhergestellt wird (*BAG* vom 21. 11. 1978 – 1 ABR 67/76 – AP Nr. 2 zu § 87 BetrVG 1972 Arbeitszeit – EzA § 87 BetrVG 1972 Nr. 7 = DB 1979, 655; *D/R* § 87 Rz. 240; *G/L* § 87 Rz. 107 b; *S/W* § 87 Rz. 76; **a. A.** GK-*Wiese* § 87 Rz. 266; *F/A/K/H* § 87 Rz. 53; vgl. auch *D/K/K/S* § 87 Rz. 91; *Otto* NZA 1992, 97, 99). Sie bedarf aber, sofern die Einführung von Kurzarbeit allein auf einer Betriebsvereinbarung beruht (vgl. dazu oben Rz. 184), dann der zumindest schlüssig erklärten Zustimmung der betroffenen Arbeitnehmer, die für die Dauer der vereinbarten Kurzarbeit nur zur Arbeitsleistung während der verkürzten Arbeitszeit verpflichtet sind (*Wiedemann/ Moll* Anm. AP Nr. 2 zu § 87 BetrVG 1972 Arbeitszeit Bl. 5; vgl. dazu auch GK-*Wiese* a. a. O.). Mit der Zustimmung kann aber schon deshalb gerechnet werden, weil dann, wenn der Arbeitsausfall nicht unvermeidbar ist, die Zahlung von Kurzarbeitergeld beendet wird (vgl. § 64 Abs. 1 Nr. 2 AFG). Die Zustimmung der Arbeitnehmer ist indessen nicht erforderlich, wenn der Arbeitgeber durch eine sog. Bestimmungsklausel (vgl. dazu *Wiedemann/Stumpf* § 1 Rz. 296) im Tarifvertrag, Einzelvertrag oder in einer Betriebsvereinbarung ermächtigt worden ist, mit Zustimmung des Betriebsrats die Arbeitszeit vorübergehend zu verkürzen (vgl. dazu *BAG* a. a. O., AP Bl. 3 R/4; vgl. auch *G/L* a. a. O.; *v. Stebut* RdA 1974, 322, 343).

Eine mitbestimmungspflichtige Verlängerung der Arbeitszeit ist auch die vorübergehende Einführung **zusätzlicher Sonntagsarbeit** (so auch *F/A/K/H* § 87 Rz. 48; GK-*Wiese* § 87 Rz. 273; *Albracht* AuR 1989, 97, 115; **a. A.** *Kappus* BB 1990, 478 ff.), soweit sie gesetzlich zulässig ist (vgl. dazu *Zmarzlik* NZA 1989, 537; *Loritz* Möglichkeiten und Grenzen der Sonntagsarbeit, 1 ff.; *Löwisch* DB 1989, 1185). Nicht mitbestimmungspflichtig ist aber die Einführung von Arbeit an einem **Wochenfeiertag**, weil damit an der Arbeitszeit nichts geändert, sondern nur die gesetzliche Befreiung von der Arbeit aufgehoben wird (im Ergebnis **a. A.** GK-*Wiese* und *Albracht*, jeweils a. a. O.; zum Mitbestimmungsrecht bei der Lage von Sonn- und Feiertagsarbeit vgl. oben Rz. 171). **191**

Nicht nach Abs. 1 Nr. 3 mitbestimmungspflichtig ist die **Vergütung der Überstunden**. Dies ergibt sich schon aus dem Wortlaut des gesetzlichen Mitbestimmungstatbestandes und wird durch einen Vergleich mit § 19 KSchG bestätigt, wo Arbeitszeit- und Entgeltregelung in je einem Absatz besonders geregelt sind (im Ergebnis ebenso *LAG Köln* vom 14. 6. 1989 – 2 TaBV 1789 – NZA 1989, 939; *Jahnke* ZfA 1984, 69, 97, der ferner zu Recht auf § 11 Abs. 1 Satz 3 BUrlG und § 2 Abs. 2 Satz 1 LFG hinweist). Die Vergütung ergibt sich aus den geltenden Tarifverträgen und aus den Einzelverträgen, die für Überstunden in der Regel ein erhöhtes Entgelt vorsehen, ggf. auch aus den gesetzlichen Arbeitszeitvorschriften. Deshalb kann der Betriebsrat seine Zustimmung zur vorübergehenden Verlängerung der betriebsüblichen Arbeitszeit nicht von einer bestimmten Entgeltregelung abhängig machen (vgl. dazu *LAG Köln* a. a. O.; *Otto* NZA 1992, 97, 109; **a. A.** **192**

§ 87   4. Teil 3. Abschn. Soziale Angelegenheiten

LAG Nürnberg vom 6. 11. 1990 – 4 TaBV 13/90 – DB 1991, 707 und die Vorauflage).

192a Abs. 1 Nr. 3 greift ferner dann nicht ein, wenn Arbeitnehmer außerhalb ihrer persönlichen Arbeitszeit an einer **beruflichen Fortbildungsmaßnahme** des Arbeitgebers teilnehmen, weil es sich dabei nicht um Arbeit handelt; etwas anderes kann nur dann gelten, wenn es sich nicht um Fortbildung, sondern um eine Einweisung gemäß § 81 handelt (vgl. dazu unten § 96 Rz. 6; wie hier *ArbG Osnabrück* vom 8. 10. 1991 – 3 BV 12/91 – unveröffentlicht). Allerdings ist dann das Mitbestimmungsrecht nach § 98 zu beachten (vgl. Erläuterungen dort).

193 Nach höchstrichterlicher Rechtsprechung löst auch die Duldung (»Entgegennahme und Bezahlung«) freiwillig geleisteter Überstunden das Mitbestimmungsrecht aus (*BAG* vom 27. 11. 1990 – 1 ABR 77/89 – DB 1991, 706). Richtig ist daran, daß es für das Mitbestimmungsrecht nicht darauf ankommt, ob der Arbeitnehmer arbeitsvertraglich verpflichtet ist, die Überstunden zu leisten, oder ob er sie jeweils freiwillig auf sich nimmt (vgl. oben Rz. 186). Nicht entscheidend ist aber die Bezahlung der Zeit (vgl. dazu oben Rz. 192), schon deshalb nicht, weil dann unbezahlte Überstunden mitbestimmungsfrei sein könnten. Eine mitbestimmungspflichtige Verlängerung der Arbeitszeit liegt nur dann vor, wenn der Arbeitnehmer bei seiner Tätigkeit außerhalb der regelmäßigen Arbeitszeit dem Weisungsrecht des Arbeitgebers untersteht. Übt der Arbeitgeber bei einer Tätigkeit des Arbeitnehmers im Betrieb das Weisungsrecht nicht aus, bleibt es ihm z. B. freigestellt, ob er private oder betriebliche Angelegenheiten erledigt, handelt es sich nicht um verlängerte Arbeitszeit (vgl. oben Rz. 141a).

bb) Verkürzung

194 Das Mitbestimmungsrecht nach Abs. 1 Nr. 3 besteht bei **jeder** vorübergehenden Senkung der regelmäßigen Arbeitszeit im Betrieb (vgl. dazu oben Rz. 183). Gleichgültig ist, ob Stunden, Tage (»Feierschichten«; vgl. dazu *BAG* vom 9. 5. 1984 – 5 AZR 412/81 – EzA § 1 LohnFG Nr. 71 m. Anm. *Söllner* = DB 1984, 2099) oder einzelne Wochen ausfallen (*BAG* vom 13. 7. 1977 – 1 AZR 336, 75 – EzA § 87 BetrVG 1972 Arbeitszeit Nr. 3 = DB 1977, 2235; *F/A/K/H* § 87 Rz. 50; *G/L* § 87 Rz. 107; *GK-Wiese* § 87 Rz. 267).

195 Kein Mitbestimmungsrecht nach Abs. 1 Nr. 3 besteht beim **Abbau von Überstunden** durch den Arbeitgeber, weil dann nur die betriebsübliche Arbeitszeit wiederhergestellt wird (*BAG* vom 25. 10 1977 – 1 AZR 452/74 – EzA § 615 BGB Nr. 1 = DB 1978, 403; im Ergebnis ebenso *LAG Hamm* vom 4. 12. 1985 – TaBV 101/85 – DB 1986, 547; *G/L* § 87 Rz. 107a; *S/W* § 87 Rz. 76a; *D/R* § 87 Rz. 240; **a.A.** *F/A/K/H* § 87 Rz. 53; *GK-Wiese* § 87 Rz. 266; *D/K/K/S* § 87 Rz. 91; *Otto* NZA 1992, 97, 100). Für die Verwirklichung des Abbaus von Überstunden auf der individualvertraglichen Ebene gelten die Erläuterungen zum Abbau der Kurzarbeit entsprechend (vgl. oben Rz. 190).

196 Mitbestimmungspflichtig ist auch nicht die Einführung von Kurzarbeit für die zu entlassenden Arbeitnehmer während der Sperrfrist nach § 18 KSchG aufgrund einer **Zulassung durch das Landesarbeitsamt** gem. § 19 Abs. 1 KSchG (so auch *S/W* § 87 Rz. 83; *Ehmann* Betriebsrisikolehre und Kurzarbeit, 23 Fn. 13; *Böhm* BB 1974, 284; *Säcker* ZfA 1972 Sonderheft 49; *Hanau* BB 1972, 499 f.; **a. A.** *D/R* § 87 Rz. 256; *GK-Wiese* § 87 Rz. 269; *G/L* § 87 Rz. 114; *F/A/K/H* § 87 Rz. 51; *Farthmann* RdA 1974, 65, 69; *v. Stebut* RdA 1974, 332, 345; *Jahnke* ZfA 1984, 69, 97; *D/K/K/S* § 87 Rz. 102). Dies ergibt sich allerdings

nicht aus dem Gesetzesvorbehalt im Satzeingang des Abs. 1; denn § 19 KSchG regelt die Einführung von Kurzarbeit nicht bereits selbst. Die Abs. 1 und 2 dieser Vorschrift schaffen lediglich die Rechtsgrundlage für den Eingriff in die Regelung des Arbeitsvertrages über die zu leistende Arbeit und das zu zahlende Entgelt. Die Einführung von Kurzarbeit nach § 19 KSchG ist aber **keine vorübergehende Maßnahme**, sondern eine endgültige, da die betriebsübliche Arbeitszeit für die betroffenen Arbeitnehmer nicht wiederhergestellt werden soll.

Obwohl das Mitbestimmungsrecht bei vorübergehender Verkürzung der betriebsüblichen Arbeitszeit sich nach dem Wortlaut des Gesetzes nur auf die Veränderung der Arbeitszeit bezieht, geht die herrschende Rechtsauffassung ersichtlich, ohne dies zu begründen, davon aus, daß zugleich die **Entgeltzahlungspflicht des Arbeitgebers** von diesem Recht erfaßt wird (vgl. *BAG* vom 21. 11. 1978 a. a. O., in AP Bl. 3; *G/L* § 87 Rz. 111a, 112; *S/W* § 87 Rz. 81; richtig indessen *LAG Köln* a. a. O. sowie mit eingehender Begründung *Säcker/Oetker* ZfA 1991, 131, 170ff.). Eine solche Ausdehnung des Mitbestimmungsrechts auf die Entgeltzahlungspflicht ist rechtlich nicht begründbar. Die »vorübergehende Verkürzung der betriebsüblichen Arbeitszeit« bezieht sich allein auf die Arbeitszeit im Betrieb und sagt über die Leistungspflicht des Arbeitgebers nichts aus. Es kommt hinzu, daß der Betriebsrat unbestritten bei der parallel geregelten Arbeitszeitverlängerung nicht die Zahlung einer besonderen Vergütung, etwa von Überstundenzuschlägen, unter Berufung auf ein Mitbestimmungsrecht verlangen kann (*LAG Hamm* vom 22. 1. 1986 – 12 TaBV 131/85 – DB 1986, 806, 807; GK-*Wiese* § 87 Rz. 249; *S/W* § 87 Rz. 75b). Ebenso hat sich zu Recht die Auffassung durchgesetzt, daß das Mitbestimmungsrecht des Betriebsrats über die Lage der Arbeitszeit nach Abs. 1 Nr. 2 sich nicht auf Zuschläge für Schicht- und Nachtarbeit sowie für Arbeit an Sonn- und Feiertagen erstreckt (*BAG* vom 21. 12. 1982 – 1 ABR 14/81 – EzA § 87 BetrVG 1972 Arbeitszeit Nr. 16 = DB 1987, 47, 611; *G/L* § 87 Rz. 88, 96; GK-*Wiese* § 87 Rz. 226; **a. A.** *Hanau* RdA 1974, 281, 283). Das Mitbestimmungsrecht des Betriebsrats beschränkt sich also in allen diesen Fällen auf die Änderung der Arbeitszeit. Sie hat lediglich mittelbar Auswirkungen auf die Entgeltzahlungspflicht, weil die im Wege der Mitbestimmung geänderte Arbeitszeit ggf. zu einer höheren oder geringeren Entlohnung führt. Bei einer Verkürzung der Arbeitszeit könnte nämlich ein Arbeitsangebot des Arbeitnehmers während der ausfallenden Zeit den Arbeitgeber nicht in Annahmeverzug setzen und damit den ursprünglichen Entgeltanspruch gem. § 615 BGB aufrechterhalten (vgl. dazu *LAG Köln* a. a. O. sowie unten Rz. 210). Man kann dem auch nicht entgegenhalten, Verkürzung der Arbeitszeit und Entgeltzahlungspflicht seien so eng miteinander verbunden, daß die eine Angelegenheit nicht ohne die andere geregelt werden könne. Trotz ihres synallagmatischen Zusammenhangs im Arbeitsvertrag können Arbeitsleistung und Arbeitsentgelt durchaus getrennt geregelt werden. Dies zeigt zur Genüge die allgemeine Interpretation des Mitbestimmungsrechts im umgekehrten Fall der Verlängerung der betriebsüblichen Arbeitszeit (so auch *Jahnke* ZfA 1984, 69, 96). Somit kann der Betriebsrat nicht bei vorübergehender Verkürzung der betriebsüblichen Arbeitszeit unter Berufung auf sein Mitbestimmungsrecht eine von ihm geforderte Entgeltregelung durchsetzen (*Jahnke* ZfA 1984, 69, 92; *Säcker/Oetker* a. a. O.). Dasselbe gilt für eine Regelung, nach der für die Zeit von Feierschichten bezahlter oder unbezahlter Urlaub genommen werden kann (**a. A.** *BAG* vom 9. 5. 1984, a. a. O.; zur Frage eines Mitbestimmungsrechts nach Abs. 1 Nr. 5 vgl. unten Rz. 259ff.).

b) Schranken des Mitbestimmungsrechts

198 Das Mitbestimmungsrecht des Betriebsrats in sozialen Angelegenheiten, das grundsätzlich auch das **Initiativrecht** einschließt (vgl. dazu oben Rz. 42 ff.), ist hinsichtlich der vorübergehenden Verlängerung oder Verkürzung der betriebsüblichen Arbeitszeit insoweit eingeschränkt:

199 Das Initiativrecht wird allerdings nicht dadurch ausgeschlossen, daß tarifliche Kurzarbeits- oder Überstundenklauseln die vorübergehende Veränderung der regelmäßigen Arbeitszeit im Betrieb (vgl. dazu oben Rz. 183) von einer **der Zustimmung des Betriebsrats bedürfenden Entscheidung des Arbeitgebers** abhängig machen (so für den Fall der Kurzarbeit aber *BAG* vom 4. 3. 1986 – 1 ABR 15/84 – AP Nr. 3 zu § 87 BetrVG 1972 Kurzarbeit = DB 1986, 1395; *v. Stebut* RdA 1974, 332, 343). Die tariflichen Bestimmungen betreffen nämlich die individuelle Arbeitszeit der Arbeitnehmer, nicht die »betriebsübliche« Arbeitszeit (vgl. dazu oben Rz. 183; **a.A.** die Vorauflage).

200 Ein Initiativrecht bei der **Verkürzung** der Arbeitszeit besteht nicht. Es ist entgegen der höchstrichterlichen Rechtsprechung nicht mit der notwendigen **unternehmerischen Entscheidungsfreiheit** zu vereinbaren (vgl. dazu Rechtsprechungs- und Schrifttumsnachweise sowie eingehende Auseinandersetzung mit der Gegenauffassung oben unter Rz. 64 ff.).

201 Höchstrichterlich noch nicht entschieden ist über das Initiativrecht bei der **Verlängerung** der »betriebsüblichen« Arbeitszeit. Für diese Frage gelten aber die Hinweise zur Verkürzung (Rz. 200) entsprechend.

202 Die Schranken des Mitbestimmungsrechts bei **Streik oder Aussperrung im Betrieb** sind an anderer Stelle erläutert (Rz. 70 ff.; zu den Fernwirkungen von Arbeitskämpfen vgl. unten Rz. 213 ff.).

203 Bei einer Verlängerung der Arbeitszeit sind nach dem Satzeingang des Abs. 1 die **Grenzen des gesetzlichen Arbeitszeitrechts** (AZO, JArbSchG, MuSchG) zu beachten (GK-*Wiese* § 87 Rz. 261 und 197; *G/L* § 87 Rz. 113; vgl. oben Rz. 170). Die gesetzlich zulässige regelmäßige Arbeitszeit ist dabei außer der achtstündigen werktäglichen Arbeitszeit nach § 3 AZO auch die gem. § 4 Abs. 1 AZO anders verteilte Arbeitszeit. Deshalb wird kein Tag der in § 6 AZO zugelassenen 30 Mehrarbeitstage im Jahr verbraucht, solange sich die betriebliche Arbeitszeit bei Überschreitungen der tariflichen Arbeitszeit noch in den Grenzen der §§ 3 und 4 AZO hält (*BAG* vom 28. 7. 1981 – 1 ABR 90/79 – EzA § 6 AZO Nr. 1 m. Anm. *Kreutz* = DB 1982, 117). Einzuhalten sind ferner tarifliche Höchstarbeitszeiten (vgl. dazu oben Rz. 143).

204 Eine Tarifregelung, die den Arbeitgeber ermächtigen würde, die Verkürzung oder Verlängerung einseitig durchzuführen, würde das Mitbestimmungsrecht des Betriebsrats nicht ausschließen, da es nicht die im Satzeingang des Abs. 1 gemeinte Sachregelung der mitbestimmungspflichtigen Angelegenheit enthalten würde (vgl. dazu oben Rz. 60).

c) Ausübung des Mitbestimmungsrechts

205 Es bedarf einer **Betriebsvereinbarung**, wenn eine Rechtsgrundlage für die vorübergehende Verlängerung oder Verkürzung im Tarifvertrag oder Einzelarbeitsvertrag fehlt (vgl. dazu oben Rz. 184) und die gemeinsame Entscheidung von Arbeitgeber und Betriebsrat sich rechtlich unmittelbar auf die Arbeitsverhältnisse auswirken soll; denn die Anordnung von Kurzarbeit oder von Überstunden fällt nicht unter das Weisungsrecht des Arbeitgebers (*BAG* vom 14. 2. 1991 – 2 AZR

415/90 – DB 1991, 1990 = NZA 1991, 607; *LAG Köln* vom 6. 6. 1990 – 5 Sa 281/90 – DB 1990, 2530; *D/R* § 87 Rz. 269; GK-*Wiese* § 87 Rz. 291; *Otto* NZA 1992, 97, 108). Soweit der Arbeitgeber dagegen vertraglich zu diesen Maßnahmen berechtigt ist, genügt eine formlose Betriebsabsprache (*G/L* § 87 Rz. 110; *v. Stebut* RdA 1974, 232, 337 ff.; GK-*Wiese* a.a.O.), ebenso, wenn im Falle der Mehrarbeit den Arbeitnehmern die Teilnahme freigestellt werden soll. Die Ausübung des Mitbestimmungsrechts nach Abs. 1 Nr. 3 darf aber nicht zu einer Dauerregelung führen (*BAG* vom 18. 12. 1990 – 1 ABR 11/90 – DB 1991, 1076).

Nach der Rechtsprechung genügt es zur Ausübung des Mitbestimmungsrechts bei der Einführung von Mehrarbeit, daß zwischen Arbeitgeber und Betriebsrat ein Verfahren vereinbart wird, demzufolge der Arbeitgeber unter bestimmten Voraussetzungen allein entscheiden kann (vgl. z. B. *BAG* vom 12. 1. 1988 – 1 ABR 54/86 – DB 1988, 1272 = AP Nr. 8 zu § 81 ArbGG 1979 = EzA § 87 BetrVG 1972 Arbeitszeit Nr. 26; vom 2. 3. 1982 – 1 ABR 74/79 – EzA § 87 BetrVG 1972 Arbeitszeit Nr. 11 = DB 1982, 1115; weitere Nachweise oben unter Rz. 179; zustimmend *S/W* § 87 Rz. 74 a; *F/A/K/H* § 87 Rz. 53; *D/K/K/S* § 87 Rz. 100; mit detailliertem Regelungsvorschlag: *Bengelsdorf* BB 1991, 613, 620; für Regelung nur durch freiwillige Betriebsvereinbarung nach § 88; GK-*Wiese* § 87 Rz. 276). Hält der Arbeitgeber eine solche Verfahrensvereinbarung nicht ein, dann könne er mit der Anordnung von Überstunden grob gegen das Mitbestimmungsrecht verstoßen (*LAG Frankfurt/M.* vom 24. 2. 1987 – 5 TaBV 118/86 – NZA 1987, 609; *LAG Schleswig-Holstein* vom 14. 11. 1986 – 6 TaBV 12/86 – NZA 1987, 714; vgl. dazu unten Rz. 610). Dann soll er sogar durch einstweilige Verfügung zur Unterlassung gezwungen werden können (*LAG Frankfurt/M.* vom 12. 7. 1988 – 5 TaBV Ga 89/88 – DB 1989, 332). Diese Auffassung ist zwar praxisnah, entspricht aber nicht dem geltenden Recht (vgl. dazu die entsprechenden Erörterungen zu Abs. 1 Nr. 2 oben unter Rz. 179). Eine bloße Verfahrensregelung würde auch der normativen Wirkung auf die Arbeitsverhältnisse ermangeln; diese Wirkung ist zur Begründung der Pflicht zur Leistung von Mehrarbeit u. U. notwendig, bei deren Gegenstück, der Kurzarbeit, sogar in jedem Fall unerläßlich (vgl. oben Rz. 205). Die praktischen Schwierigkeiten, die sich auch bei der Durchführung der Mitbestimmung nach Abs. 1 Nr. 3 ergeben, sind nur mit Hilfe einer vorherigen Zustimmung des Betriebsrats für bestimmte oder bestimmbare Fälle gesetzeskonform zu lösen (vgl. auch insoweit oben Rz. 179).

Von der Ausübung des Mitbestimmungsrecht nach BetrVG zu unterscheiden ist die Befugnis des Betriebsrats, **im Verfahren der Bewilligung von Kurzarbeitergeld nach dem AFG mitzuwirken**. Diese Sozialleistung kann nach den §§ 63 ff. AFG Arbeitnehmern gewährt werden, wenn aus wirtschaftlichen Gründen in ihrem Betrieb ein unvermeidbarer vorübergehender Arbeitsausfall eintritt, der nicht notwendig auf einer Verkürzung der Arbeitszeit beruhen muß, sondern auch durch eine arbeitskampfbedingte Arbeitseinstellung verursacht sein kann (vgl. dazu unten Rz. 213 ff.). Notwendige Voraussetzung dafür ist aber eine rechtzeitig erstattete schriftliche Anzeige über den Arbeitsausfall (vgl. § 64 Abs. 1 Nr. 4, § 66 AFG). Zur Erstattung dieser Anzeige nach § 72 Abs. 1 Satz 2 AFG ist auch der Betriebsrat berechtigt; er kann außerdem gem. § 72 Abs. 2 Satz 2 AFG den erforderlichen Antrag auf Auszahlung stellen. Er ist somit rechtlich in der Lage, anstelle des Arbeitgebers die formellen Voraussetzungen für die Gewährung von Kurzarbeitergeld zu erfüllen (Einzelheiten hierzu bei *Bähringer/Spiegelhalter* 60 ff.).

§ 87 4. Teil 3. Abschn. Soziale Angelegenheiten

208 Ist die Arbeitszeit wirksam verkürzt worden und **widerruft das Arbeitsamt die zunächst erteilte Bewilligung des Kurzarbeitergeldes**, so kann, wenn Arbeitgeber und Betriebsrat vom Bestehen dieses sozialrechtlichen Entgeltersatzanspruchs ausgegangen sind, eine Anpassung der Betriebsvereinbarung nach den Grundsätzen über den Wegfall der Geschäftsgrundlage (vgl. dazu oben § 77 Rz. 118) erforderlich sein, derzufolge dann der Arbeitgeber Entgelt in Höhe des Kurzarbeitergeldes zu leisten hat (im Ergebnis ebenso, aber mit nicht zutreffender Begründung »aus dem fortbestehenden bzw. wiederaufgelebten Wirtschaftsrisiko« des Arbeitgebers; *BAG* vom 11. 7. 1990 – 5 AZR 557/89 – BB 1990, 2493). Der Arbeitgeber kann das darin liegende Risiko nur vermeiden, wenn er die Kurzarbeit schon mit der unternehmerischen Entscheidung, die zum Widerruf der Bewilligung von Kurzarbeitergeld führt, z. B. der Entscheidung über die endgültige Stillegung des Betriebes, wieder aufhebt (vgl. oben Rz. 190).

d) Rechtsfolgen der Nichtbeachtung des Mitbestimmungsrechts

209 Die herrschende Rechtsauffassung, die die Ausübung des Mitbestimmungsrechts als Wirksamkeitsvoraussetzung für die in Abs. 1 bezeichneten Maßnahmen auffaßt, sieht die vorübergehende Verlängerung oder Verkürzung der regelmäßigen Arbeitszeit im Betrieb (vgl. dazu oben Rz. 183) ohne Zustimmung des Betriebsrats und ohne Spruch der Einigungsstelle stets als unwirksam an (vgl. eingehende Nachweise oben unter Rz. 80; *G/L* § 87 Rz. 112; GK-*Wiese* § 87 Rz. 292). Diese Auffassung ist abzulehnen (vgl. oben unter Rz. 83 ff.; zu den rechtlichen Befugnissen des Betriebsrats bei Nichtbeachtung seiner Rechte vgl. oben Rz. 87). Allerdings könnte der Arbeitgeber die persönliche Arbeitszeit der Arbeitnehmer einseitig allenfalls mit Hilfe einer Änderungskündigung verkürzen; eine verlängerte Arbeitszeit könnte er in der Regel einseitig nicht durchsetzen (vgl. oben Rz. 205).

210 Ist die persönliche Arbeitszeit des Arbeitnehmers nicht wirksam verkürzt worden, kommt der Arbeitgeber in **Annahmeverzug**, wenn er die angebotene Arbeitsleistung ablehnt; die betroffenen Arbeitnehmer haben nach § 615 BGB Anspruch auf das volle Arbeitsentgelt (so auch *BAG* vom 14. 2. 1991, a. a. O.; vom 13. 7. 1977 – 1 AZR 336/75 – EzA § 87 BetrVG 1972 Arbeitszeit Nr. 3 = DB 1977, 2235; *D/R* § 87 Rz. 272; GK-*Wiese* a. a. O.; *F/A/K/H* § 87 Rz. 52; *v. Stebut* RdA 1974, 332, 337).

211 Ist die Arbeitszeit nicht wirksam verlängert worden, leistet der Arbeitnehmer aber gleichwohl die geforderten Überstunden, so hat er **Anspruch auf die Vergütung** einschließlich der tariflich oder einzelvertraglich oder in der AZO vorgesehenen Zuschläge (GK-*Wiese* und *D/R*, jeweils a. a. O.).

212 Von der instanzgerichtlichen Rechtsprechung ist in Einzelfällen entschieden worden, daß der Betriebsrat bei Verletzung des Mitbestimmungsrechts nach Abs. 1 Nr. 3 vom Arbeitgeber die Unterlassung des Gesetzesverstoßes verlangen und sogar durch einstweilige Verfügung durchsetzen könne (*LAG Köln* vom 22. 4. 1985 – 6 Ta BV 5/85 – BB 1985, 1332; vgl. auch oben Rz. 205 a. E.). Dies entspricht nicht dem Gesetz und ist dementsprechend auch von der höchstrichterlichen Rechtsprechung abgelehnt worden (vgl. dazu unten Rz. 610 ff.).

Mitbestimmungsrechte § **87**

5. Arbeitsausfall infolge Fernwirkungen von Arbeitskämpfen

Nach umstrittener (vgl. unten Rz. 230ff.) höchstrichterlicher Rechtsprechung hat **213** der Betriebsrat, wie es heißt, »gem. Abs. 1 Nr. 2 und 3« im Rahmen der Rechtsgrundsätze über das Arbeitskampfrisiko ein **Mitbestimmungsrecht** auch bei Fernwirkungen von Arbeitskämpfen auf den Betrieb, soweit ein »Regelungsspielraum« bestehe. Zu solchen Fernwirkungen kann es z. B. in Abnehmerbetrieben kommen, wenn deren Zulieferunternehmen infolge des Arbeitskampfes seinen Verpflichtungen nicht nachkommen kann. Dies zwingt die Abnehmerbetriebe zu Produktionseinschränkungen, die die Weiterbeschäftigung der Arbeitnehmer ganz oder teilweise unmöglich macht. Dasselbe kann in Zulieferbetrieben geschehen, wenn Abnehmer infolge des Arbeitskampfes ausfallen. Schließlich können auch Montagebetriebe durch den Arbeitskampf mittelbar betroffen werden, wenn die Montagearbeiten in einem fremden Betrieb stattfinden und infolge arbeitskampfbedingter Betriebseinschränkungen in diesem Betrieb nicht mehr ausgeführt werden können.

a) Rechtsgrundsätze über das Arbeitskampfrisiko

Nach den Rechtsgrundsätzen über das Arbeitskampfrisiko, die von der höchst- **214** richterlichen Rechtsprechung seit 1923 (vgl. *RGZ* 106, 272ff.) – wenn auch mit unterschiedlicher Begründung – unter grundsätzlicher Zustimmung des Fachschrifttums angewendet worden sind (*BAG* vom 22. 12. 1980 – 1 ABR 2/79 und 76/79 – EzA § 615 BGB Betriebsrisiko Nr. 7 und 8 = DB 1981, 578 = AP Nr. 70 und 71 zu Art. 9 GG Arbeitskampf; vom 7. 11. 1975 – 5 AZR 61/75 – EzA § 615 BGB Betriebsrisiko Nr. 4 = DB 1976, 776; vom 1. 2. 1973 – 5 AZR 382/72 – EzA § 615 BGB Betriebsrisiko Nr. 2 = DB 1973, 827; vom 8. 2. 1957 – 1 AZR 338/55 – AP Nr. 2 zu § 615 BGB Betriebsrisiko m. Anm. *Hueck* = DB 1957, 165, 310, 718 m. Anm. *Müller*, 845 m. Anm. *Kaufmann*; 1958, 572 m. Anm. *Natzel*; *LAG Niedersachsen* vom 14. 8. 1987 – 15 Sa 161/85 – NZA 1988, 408; *LAG Berlin* vom 6. 8. 1985 – 11 Sa 6/85 – DB 1986, 808; *LAG Hamburg* vom 28. 5. 1984 – 5 Ta BV 4/84 – EzA § 615 BGB Betriebsrisiko Nr. 10; *Zöllner/Loritz* § 18 V 2, 3; *Brox/Rüthers* Rz. 169ff.; *Seiter* Streikrecht und Aussperrungsrecht § 20, sowie RdA 1979, 393 und DB 1981, 578; *Lieb* FS *BAG*, 1979, 327; *ders.* Arbeitsrecht § 3 II; *ders.* NZA 1990, 289; *Beuthien* Der Arbeitskampf als Wirtschaftsstörung, 5ff.; *Löwisch* Schlichtungs- und Arbeitskampfrecht Rz. 593ff.; *Mayer-Maly* BB 1979, 1305; *Hanau* BB 1972, 499; *Dütz* DB 1979 Beilage Nr. 14; *Eich* DB 1979 Beilage Nr. 9; *Kalb* BB 1979, 1829; *Kraft* FS für *G. Müller*, 265; *Scholz/Konzen* Die Aussperrung im System von Arbeitsverfassung und kollektivem Arbeitsrecht 1980, 219; *Picker* JZ 1979, 285; *Ehmann* Betriebsrisikolehre und Kurzarbeit 1979; *Otto* RdA 1981, 285; *Jahnke* ZfA 1984, 69; *Richardi* JZ 1985, 410, 420; *ders.* ZfA 1985, 101ff.; *ders.* in *Ossenbühl/Richardi* 71ff.; *Birk/Konzen/Löwisch/Raiser/Seiter* Gesetzentwurf § 30 und S. 88ff.; GK-*Wiese* § 87 Rz. 279ff.; *Mayer-Maly/Nipperdey* Risikoverteilung in mittelbar von rechtmäßigen Arbeitskämpfen betroffenen Betrieben 1965; a. A. *Eisemann* BB 1979, 218 und AuR 1981, 357ff., der zu Unrecht die von Fernwirkungen betroffenen Arbeitgeber auf die Möglichkeit der Aussperrung verweist; ferner *Trittin* DB 1990, 322f.; *Linnenkohl/Rauschenberg* AuR 1990, 137; *Mayer* BB 1990, 2482, 2485) und die im Kern auch durch Art. 9 Abs. 3 GG geschützt sind (vgl. *Seiter* DB 1981, 578, 579), haben Arbeitnehmer **keinen Anspruch auf Arbeitsentgelt**, soweit die Produktion infolge eines Arbeitskampfes im

§ 87   4. Teil 3. Abschn.   *Soziale Angelegenheiten*

selben oder in einem anderen Betrieb eingestellt oder eingeschränkt werden muß (vgl. aber nähere Einzelheiten unten).

215 Dies gilt auch dann, wenn die Produktionseinschränkung nicht unmittelbar durch den Produktionsausfall in einem selbst vom Arbeitskampf betroffenen Betrieb, sondern **durch den Produktionsausfall in einem nur mittelbar vom Arbeitskampf beeinträchtigten Betrieb verursacht** ist (Beispiel: Autozulieferer kann nicht mehr arbeiten, weil der Autohersteller infolge Streiks bei einem anderen Zulieferer für notwendige Einbauteile stilliegt; vgl. dazu *Lieb* NZA 1990, 289). Dies gilt ferner, falls die Produktionseinschränkung **erst nach Beendigung des Arbeitskampfes** notwendig wird. Die Grundsätze sind schließlich auf den Fall anzuwenden, daß **Montagefirmen** durch einen Arbeitskampf mittelbar betroffen werden, wenn also ihre Montagearbeitnehmer in dem bestreikten oder aussperrenden Betrieb nicht mehr beschäftigt werden können. Zwar hat das *BAG* früher (vom 7. 11. 1975, a. a. O.) Montageunternehmen zur Entgeltzahlung für verpflichtet erklärt, wenn sie ihre Monteure nicht beschäftigen können, weil der Betrieb bestreikt wird, in dem sie die Montagearbeiten ausführen. Die Entgeltzahlungspflicht ist jedoch ausdrücklich für solche Fälle verneint worden, in denen die Montagefirma ausschließlich oder jedenfalls ganz überwiegend für Unternehmen einer bestimmten Art arbeitet und infolge des Arbeitskampfes bei keinem ihrer Kunden von ihr angebotene Montagearbeiten ausgeführt werden können.

216 Nach der Rechtsprechung des *BAG* (vom 22. 12. 1980, a. a. O., in AP Nr. 70 zu Art. 9 GG Arbeitskampf Bl. 4; ebenso *Kalb* BB 1979, 1829 f.) kommt es stets darauf an, daß die Weiterbeschäftigung unmöglich oder wirtschaftlich sinnlos ist. **Betriebs- und Wirtschaftsrisiko**, also technische Unmöglichkeit der Beschäftigung einerseits und wirtschaftliche Sinnlosigkeit des Einsatzes der Arbeitskräfte andererseits sind mithin insoweit gleichzubehandeln (ebenso schon *BAG* vom 26. 10. 1971 – 1 AZR 113/68 – EzA Art. 9 GG Nr. 7 = DB 1972, 143; ferner *Zöllner/ Loritz* § 18 V 2; *Seiter* DB 1981, 578, 583; *Brox/Rüthers* Rz. 171; *Dütz* DB 1979 Beilage Nr. 14, 10; *Kalb* BB 1979, 1829 f.; *Lieb* a. a. O., 350; *Löwisch* a. a. O. Rz. 598; im Ergebnis auch *Picker* JZ 1979, 285, 293), zumal die beiden Risiken sich nicht sicher voneinander abgrenzen lassen (vgl. *Lieb* a. a. O., 331 mit Beispielen). Man kann zusammenfassend vom Unternehmerrisiko sprechen (*Ehmann/ Schnauder* Anm. EzA § 615 Betriebsrisiko Anm. Nr. 8).

217 Unerheblich ist ferner, ob die Fernwirkungen **innerhalb oder außerhalb des umkämpften Tarifgebiets** eintreten (*BAG* vom 22. 12. 1980, a. a. O.; vgl. aber auch unten Rz. 218 ff.; *Konzen* Anm. SAE 1981, 210; *Picker* JZ 1979, 285 ff.; *Richardi* ZfA 1985, 101, 114 ff. und JZ 1985, 410, 420; *Lieb* NZA 1990, 289 ff.; **a. A.** *Dütz* a. a. O., 11 ff.; *Zöllner/Loritz* a. a. O., die aber für den Fortfall des Entgeltanspruchs außerhalb des umkämpften Tarifgebiets voraussetzen, daß die betroffenen Arbeitnehmer an dem erkämpften Vorteil wenigstens mittelbar teilhaben). Es macht auch keinen Unterschied, ob die Fernwirkungen aus einem **bestreikten Betrieb oder einem aussperrenden Betrieb** herrühren oder ob der unmittelbar betroffene Betrieb Streik und Aussperrung zugleich hinzunehmen hat (so für den Fall der Abwehraussperrung *BAG* vom 22. 12. 1980 – 1 ABR 76/79 – a. a. O.; *Seiter* DB 1981, 578 f.; *Löwisch* a. a. O. Rz. 598; *Zöllner/Loritz* Arbeitsrecht § 18 V 2 d; *Mayer-Maly/Nipperdey* 43; **a. A.** früher und nur in einem obiter dictum *BAG* vom 8. 2. 1957, a. a. O.; für jeden Fall der Aussperrung auch *Brox/Rüthers* Rz. 177 ff.; *Lieb* a. a. O.; *Löwisch* a. a. O. Rz. 609). Darüber hinaus soll es unerheblich sein, ob der Streik, der die Fernwirkungen verursacht, **rechtmäßig oder rechtswidrig** ist

Mitbestimmungsrechte § 87

(*BAG* vom 25.7. 1957 – 1 AZR 194/56 – AP Nr. 3 zu § 615 BGB Betriebsrisiko m. Anm. *A. Hueck* = DB 1957, 922; 1958, 572 m. Anm. *Natzel*; *Brox/Rüthers* Rz. 180; zweifelnd *Zöllner/Loritz* § 18 V 2; **a.A.** *Ehmann* DB 1973, 1994 Fn. 120; *Löwisch* a.a.O. Rz. 610). Schließlich kommt es auch nicht darauf an, ob die betroffenen Arbeitnehmer der im Arbeitskampf stehenden **Gewerkschaft angehören oder nicht** (*BAG* vom 8.2. 1957, a.a.O.; *Zöllner/Loritz* a.a.O.).
Zu Unrecht hat die höchstrichterliche Rechtsprechung (*BAG* vom 22.12. 1980, a.a.O.; zustimmend aber *Löwisch* a.a.O. Rz. 599) die Grundsätze über das Arbeitskampfrisiko eingeengt, indem sie nicht nur ein Mitbestimmungsrecht des Betriebsrats bei ihrer Anwendung anerkennt (vgl. dazu unten Rz. 230 ff.), sondern ihr Eingreifen auch davon abhängig macht, daß die Fernwirkungen von Streik oder Aussperrung das Kräfteverhältnis der kampfführenden Parteien beeinflussen können. **218**
Diese Beeinflussungsmöglichkeit (»Paritätsrelevanz«) wird **nicht genau abgegrenzt**. Sie könne sich aus den unterschiedlichen Interessenverbindungen ergeben (vgl. dazu *Löwisch* a.a.O. Rz. 617 ff.). In Betracht kämen »wirtschaftliche Abhängigkeiten« (etwa in einem Konzern) ebenso wie »koalitionspolitische Verbindungen«. Hingegen seien »denkbare Schadenersatzansprüche ohne Bedeutung«. Der Gesichtspunkt der **koalitionspolitischen Verbindung** wird zwar noch näher erläutert. Die Beeinflussungsmöglichkeit unter diesem Gesichtspunkt wird nämlich bejaht, wenn die für den mittelbar betroffenen Betrieb zuständigen Verbände mit den unmittelbar kämpfenden Verbänden identisch oder doch organisatorisch eng verbunden sind. Nach Ansicht des *BAG* soll bei den Koordinationsmöglichkeiten eines Fachspitzenverbandes wie Gesamtmetall die Interessenverbindung »deutlich« sein, »offen zutageliegen«. Daraus ist zu folgern, daß auch weniger intensive zwischenverbandliche Einflußmöglichkeiten nach dieser Rechtsprechung ausreichen können (*Seiter* DB 1981, 578, 581). Die Beeinflussungsmöglichkeit muß also vom Ausgangspunkt des *BAG* selbst dann als gegeben angesehen werden, wenn zumindest auf einer der beiden Seiten das Vorgehen der im Kampf stehenden Tarifvertragsparteien wegen des Betroffenseins gemeinsamer Interessen **in einer übergreifenden Verbandsorganisation koordiniert** wird. Dies geschieht auf der Arbeitgeberseite z.B. durch die Bundesvereinigung der Deutschen Arbeitgeberverbände, in der die meisten Fach- und Regionalverbände der Arbeitgeber zusammengeschlossen sind, wie auch durch die sog. Schutzgemeinschaft, in der die beteiligten Gefahrengemeinschaften der Fachspitzenverbände sich im Falle eines Arbeitskampfes von gemeinsamem Interesse gegenseitig finanziell unterstützen (so auch *Seiter* a.a.O.; kritisch aber *Konzen.* Anm. SAE 1981, 210). Auf der Arbeitnehmerseite gibt es eine solche Koordinations- und Solidaritätsverpflichtung z.B. beim Deutschen Gewerkschaftsbund, dem alle Industriegewerkschaften in der Bundesrepublik Deutschland angehören. Mit dieser konsequenten Ergänzung würde sich die neue Rechtsprechung des *BAG* nicht allzu sehr von den bisherigen Grundsätzen entfernen, wonach es für den Fortfall des Entgeltanspruchs genügte, daß die Fernwirkungen arbeitskampfbedingt waren (für dieses Ergebnis auch *Seiter* DB 1981, 578, 582; *Beuthien* a.a.O.; vgl. *Ehmann/Schnauder* Anm. EzA § 615 Betriebsrisiko Nr. 8). **219**
Die Einführung der »Paritätsrelevanz« wird dem Problem schon deshalb nicht gerecht, weil Fernwirkungen nicht nur während des Arbeitskampfes, sondern auch noch nach Abschluß eines Arbeitskampfes einzutreten pflegen. Ist der Arbeitskampf durch Unterzeichnung eines Tarifvertrages beendet worden, so kann durch **220**

die Fernwirkungen das Kampfgleichgewicht nicht mehr beeinträchtigt werden. Bliebe der Arbeitgeber in solchen Fällen mit der Entgeltzahlungspflicht belastet, wäre dies unverständlich und auch mit der bisherigen höchstrichterlichen Rechtsprechung nicht vereinbar (*BAG* vom 26.10. 1971, a.a.O.). Ein solches Ergebnis würde außerdem denjenigen Arbeitgeber »bestrafen«, der bei Fernwirkungen von Arbeitskämpfen den Arbeitsausfall unter erheblichen Anstrengungen – ggf. durch kostspielige Behelfslösungen – möglichst weit hinausgeschoben hat. Das Beispiel der Fernwirkungen nach Abschluß des Arbeitskampfes macht deutlich, daß die Fernwirkungen **nicht Teil des Arbeitskampfes** sind (so *Ehmann/Schnauder* und *Beuthien*, jeweils a.a.O.). Das Hinnehmenmüssen von Fernwirkungen des Arbeitskampfes kann **nicht als Arbeitskampfmittel** verstanden werden. Die Begründung des *BAG* überzeugt auch deshalb nicht, weil es sich bei der Abgrenzung des Arbeitskampfrisikos mit seiner eigenen neuen Rechtsprechung zur Zulässigkeit der Abwehraussperrung (vom 10.6. 1980 – 1 AZR 168/79 – EzA Art. 9 GG Arbeitskampf Nr. 36 m. Anm. *Rüthers* = DB 1980, 1274, 1593 m. Anm. *Konzen/Scholz*, 1594 m. Anm. H. P. *Müller*, 2188 m. Anm. *Lieb*) in Widerspruch setzt. Beschränkt es dort seine Paritätsprüfung für die Regel auf das umkämpfte Tarifgebiet, so soll im Bereich der Fernwirkungen diese Grenze in der Regel keine Rolle spielen (so *Dütz* Anm. EzA § 615 BB Betriebsrisiko Nr. 8; *BAG* vom 22.12. 1980 – 1 ABR 76/79 = DB 1981, 327, 578 m. Anm. *Seiter*).

221 Vor allem aber entsteht durch das Kriterium der Paritätsbeeinflussung auf dem bisher verhältnismäßig sicheren Rechtsboden der Arbeitskampfrisikolehre ein beträchtliches Maß an Rechtsunsicherheit. Es ist äußerst zweifelhaft, ob dieses Kriterium jemals die Sicherheit in der Abgrenzung herbeiführen kann, auf die nicht nur die Tarifparteien selbst, sondern auch die von Arbeitskämpfen unmittelbar und mittelbar betroffenen Arbeitnehmer und Arbeitgeber dringend angewiesen sind (vgl. dazu auch *Jahnke* ZfA 1984, 69, 105; *Dütz* a.a.O., 73). Arbeitskämpfe treten in sehr unterschiedlichen Formen auf; sie stehen auch in immer wieder anderen wirtschaftlichen, sozialen und politischen Zusammenhängen. Es fragt sich, wie unter diesen Voraussetzungen die von Fernwirkungen des Arbeitskampfes ausgehenden Einflüsse auf die kämpfenden Parteien mit einer gewissen Sicherheit festgestellt werden sollen. Offen ist nicht nur die Frage, wann eine wirtschaftliche Abhängigkeit vorliegen kann; offen ist ferner, ob jeder Arbeitskampf, auch wenn er um regionale oder branchenspezifische Besonderheiten geführt wird, die an sich bestehenden Interessenverbindungen tatsächlich berührt oder ob bei der »im Interesse der Rechtssicherheit erforderlichen typisierenden Betrachtungsweise« dies ohne weiteres unterstellt werden kann. Es muß schließlich gefragt werden, wie der betroffene einzelne Arbeitgeber, z.B. der vom Arbeitskampf in einem großen Industriezweig betroffene Handwerksmeister, die »Paritätsrelevanz« überhaupt feststellen kann.

222 Der Einengung der bisherigen Arbeitskampfrisikogrundsätze (*BAG* vom 22.12. 1980, a.a.O.; vgl. grundlegend: *Mayer-Maly/Nipperdey* a.a.O.; *Kalb* Rechtsgrundlage und Reichweite der Betriebsrisikolehre, 97ff. sowie – mit rein zivilrechtlicher Begründung – *Ehmann* Betriebsrisikolehre und Kurzarbeit 48ff.), die an die Stelle der früheren und in der Begründung mit Recht abgelehnten »Sphärentheorie« (vgl. dazu *Ehmann* a.a.O.; *Scholz/Konzen* Die Aussperrung im System von Arbeitsverfassung und kollektivem Arbeitsrecht 1980, 209; *Weiss* AuR 1974, 37, 40f.; *Jahnke* ZfA 1984, 69, 73) getreten war und die der Praxis eine

sichere Orientierung geboten hatte, kann deshalb **nicht zugestimmt** werden (so auch *Richardi* Anm. AP Nr. 70 und 71 zu Art. 9 GG Arbeitskampf und ZfA 1985, 101, 117; *Zöllner/Loritz* § 18 V 2 d; *Otto* RdA 1981, 285, 293; *Brox/Rüthers* Rz. 191; *Ehmann/Schnauder* a. a. O. 107; *Dütz* a. a. O.; *Lieb* NZA 1990, 289 ff.; *Beuthien* a. a. O. 5 ff.).

Die Rechtsgrundsätze über das Arbeitskampfrisiko müssen sich auch künftig im Kern an der bis 1980 durch höchstrichterliche Rechtsprechung und die überwiegende Meinung im Fachschrifttum gedeckten Regel orientieren, daß im Arbeitskampf **das Entgeltrisiko vom Arbeitnehmer, das Unternehmerrisiko vom Arbeitgeber zu tragen** ist (so auch mit überzeugender Begründung die klare Formulierung von *Mayer-Maly/Nipperdey* a. a. O.; im wesentlichen Ergebnis auch *Zöllner/ Loritz, Otto, Brox/Rüthers, Ehmann/Schnauder, Picker, Richardi, Lieb* und *Beuthien*, jeweils a. a. O.). Diese Regel ergibt sich für die Fälle des **Betriebsrisikos** (vgl. dazu oben Rz. 216) wie auch für die Fälle des **Wirtschaftsrisikos** (vgl. oben Rz. 216) aus einer paritätswahrenden und damit funktionsgerechten Verteilung der durch den Arbeitskampf verursachten und mangels eines Arbeitskampfgesetzes gesetzlich nicht geregelten Risiken (*Lieb* Arbeitsrecht § 3 II und NZA 1990, 289, 293; *Beuthien* a. a. O.; ähnlich *Picker* JZ 1979, 285 ff.; *Richardi* ZfA 1985, 101; im Ergebnis ebenso *Birk/Konzen/Löwisch/Raiser/Seiter* in der Begründung zu ihrem Gesetzentwurf S. 89). 223

Wegen der internationalen Verflechtungen auf der Unternehmer- und der Gewerkschaftsseite sind ausländische Arbeitskämpfe den inländischen gleichzuachten, sofern der Arbeitskampf als Ursache der Fernwirkungen nachgewiesen werden kann (so auch *Hanau/Adomeit* Arbeitsrecht; 174 Fn. 31; im Ergebnis ebenso *Hergenröder* Der Arbeitskampf mit Auslandsberührung, 315; a. A. *Löwisch* a. a. O. Rz. 614; für Differenzierung: *Ehmann* Betriebsrisikolehre und Kurzarbeit, 142). 224

aa) Voraussetzungen des Fortfalls der Entgeltzahlungspflicht

Fehlt es infolge des Arbeitskampfes an für die Produktion erforderlichen Zulieferungen, fällt nach den vorangegangenen Erörterungen die Entgeltzahlungspflicht fort, sobald die Vorräte so erschöpft sind, daß eine Weiterarbeit unmöglich oder wirtschaftlich sinnlos ist. Bei der Feststellung dieses Zeitpunkts muß berücksichtigt werden, daß nach Beendigung des Arbeitskampfes eine geordnete Wiederaufnahme der Arbeit gewährleistet ist (so auch *Löwisch* a. a. O. Rz. 640). 225

Dem Arbeitgeber kann nicht entgegengehalten werden, er hätte im Hinblick auf etwaige Arbeitskämpfe über das betriebsübliche Maß hinaus **Vorräte halten** müssen (*ArbG Kassel* vom 17. 4. 1972 – 3 Ca 643/71 – DB 1972, 1121, 1124; *Ehmann* a. a. O., 140 f.; im Ergebnis auch *BAG* vom 22. 12. 1980, a. a. O., AP Nr. 70 Bl. 5 R, obwohl bei einer »unternehmerischen Fehldisposition« die Befreiung von der Entgeltzahlungspflicht nicht in Betracht kommen soll, vgl. *BAG* a. a. O., Bl. 7; zust. auch *Seiter* DB 1981, 578, 582; *Löwisch* a. a. O. Rz. 633; ebenso für die Anwendung des § 72 Abs. 1 a AFG der Runderlaß Nr. 16/87 der Bundesanstalt für Arbeit vom 4. 3. 1987, abgedruckt bei *Seiter* Staatsneutralität und Arbeitskampf, 401 ff.). Der Arbeitgeber wird zwar grundsätzlich prüfen müssen, ob er auf **Ersatzlieferungen** aus nicht vom Arbeitskampf betroffenen Unternehmen ausweichen kann. In der Regel wird aber ein solches Ausweichen schon wegen der Ungewißheit über Beginn und Dauer des Arbeitskampfes technisch unmöglich oder wirtschaftlich nicht zumutbar sein (vgl. dazu *BAG* vom 22. 12. 1980 – 1 ABR 100/79 – 226

§ 87   4. Teil 3. Abschn.   Soziale Angelegenheiten

unveröffentl.; so auch *Löwisch* a.a.O. Rz. 638f.; GK-*Wiese* § 87 Rz. 285). Dies gilt besonders dann, wenn ein Konzernunternehmen die bisher von einem ebenfalls konzernangehörigen Unternehmen erhaltenen Lieferungen durch Ausweichen auf ein konzernfremdes Unternehmen ersetzen müßte. Schließlich kann dem Arbeitgeber auch nicht ein **solidaritätswidriges Verhalten** gegenüber dem im Arbeitskampf stehenden Unternehmen zugemutet werden, wenn er also, um Ersatzlieferungen zu erhalten, seine Geschäftsbeziehungen mit dem im Arbeitskampf stehenden Partner abbrechen müßte (GK-*Wiese* a.a.O.).

227 Da Entscheidungen über den Umfang der Vorratshaltung und der Produktion auf Lager sowie über die Zuliefer- und Absatzorganisation grundsätzlich unternehmerische Entscheidungen sind, können sie von den Arbeitsgerichten auch nur begrenzt nachgeprüft werden. Die **Grenze der Nachprüfbarkeit** ist dabei so zu ziehen wie bei den unternehmerischen Maßnahmen, die die Grundlage für betriebsbedingte Kündigungen sein können (so auch *Ehmann* a.a.O.; ähnlich *LAG Hamburg* vom 28. 5. 1984 – 5 TaBV 4/84 – a.a.O.; *Seiter* Staatsneutralität und Arbeitskampf, 276ff., sowie DB 1981, 578, 583; GK-*Wiese* § 87 Rz. 284; *Löwisch* a.a.O. Rz. 626ff. und 635; *ders.* Anm. SAE 1976, 251; vgl. zu den dort geltenden Maßstäben *Hueck* – v. *Hoyningen-Huene* Kündigungsschutzgesetz, 11. Auflage 1992, § 1 Rz. 378; anders allerdings im Rahmen des § 72 Abs. 1a AFG: Runderlaß der Bundesanstalt für Arbeit a.a.O.).

228 Bei arbeitskampfbedingten Produktionseinstellungen oder -einschränkungen dieser Art kann der Arbeitgeber die Arbeitnehmer unbezahlt freistellen, soweit sie nicht mehr mit der vertraglich vereinbarten Arbeit wirtschaftlich sinnvoll beschäftigt werden können. Ruht die Produktion, müssen **Führungskräfte und Verwaltungspersonal** (z.B. Personalverwaltung, Werbung, Konstruktion) nur dann weiterbeschäftigt werden, wenn trotz der Produktionseinschränkung noch wirtschaftlich sinnvolle Arbeit erbracht werden kann (GK-*Wiese* § 87 Rz. 285; *Seiter* Staatsneutralität und Arbeitskampf, 276).

bb) Beweisfragen
229 Die **Beweislast** für die Voraussetzungen des Wegfalls der Entgeltansprüche treffen in einem etwaigen Streitfall den **Arbeitgeber** (*Kalb* BB 1979, 1829f.). Dies zwingt – besonders in größeren Betrieben mit ihrer komplexen Struktur – zu einer sehr sorgfältigen Prüfung der Produktionseinschränkung, bei der für eine enge Abstimmung zwischen den verschiedenen Betriebsabteilungen gesorgt sein muß. Zu dieser Prüfung gehört auch, daß das betriebsübliche Maß für Vorratshaltung oder Produktion auf Lager für alle Beteiligten klargestellt und festgehalten wird. Es empfiehlt sich deshalb, Aufzeichnungen zu machen und die betreffenden Unterlagen aufzubewahren.

b) Mitwirkung des Betriebsrats
230 Entgegen *BAG* vom 22. 12. 1980 (a.a.O.) steht dem Betriebsrat bei der Produktionseinschränkung infolge von Fernwirkungen des Arbeitskampfes nur dann ein Mitbestimmungsrecht zu, wenn der Arbeitgeber in dieser Situation **den Weg einer vorübergehenden Verkürzung der betriebsüblichen Arbeitszeit wählt**. Dazu kann es etwa dann kommen, wenn der Arbeitgeber die mit der Anwendung der Grundsätze über das Arbeitskampfrisiko verbundenen rechtlichen und prozessualen Unsicherheiten vermeiden will (*LAG Hamm* vom 3. 11. 1978 – 3 TaBV 96/78 – DB 1979, 216; *Ehmann* Betriebsrisikolehre und Kurzarbeit, 125). Entscheidet er sich

aber für die Anwendung der Risikogrundsätze, ist er nicht an die Zustimmung des Betriebsrats gebunden.

Demgegenüber sollen nach der dargestellten Rechtsprechung (vgl. auch Rz. 237 ff.) **Voraussetzungen und Umfang der Arbeitseinschränkung** bei Fernwirkungen von Arbeitskämpfen zwar durch das Recht vorgegeben und nicht von der Zustimmung des Betriebsrats abhängig sein; bei einem Streit über diese Fragen seien die Gerichte zur Entscheidung berufen. Die Regelung der **Modalitäten der Einschränkung** unterliege jedoch gem. Abs. 1 Nr. 2 und 3 der Mitbestimmung des Betriebsrats, sofern nicht Teile der vom Betriebsrat vertretenen Belegschaft selbst streiken oder ausgesperrt seien (vgl. hierzu oben Rz. 176). Wie die betriebliche Regelung auszugestalten sei, die den Fernwirkungen des Arbeitskampfes Rechnung trägt, richte sich nach den Maßstäben der betrieblichen Zweckmäßigkeit und der sozialen Angemessenheit. Hierüber hätten Arbeitgeber und Betriebsrat gemeinsam zu bestimmen. Im Falle der Nichteinigung habe grundsätzlich die **Einigungsstelle** zu entscheiden. 231

Mit der Zuerkennung eines begrenzten Mitbestimmungsrechts nach Abs. 1 Nr. 2 und 3 widerspricht das *BAG* schon seinem eigenen Ausgangspunkt, daß durch Fernwirkungen des Arbeitskampfes das Gleichgewicht zwischen den kampfführenden Parteien nicht beeinflußt werden dürfe, zumal diese Fernwirkungen weitgehend vorhersehbar, bis zu einem gewissen Grad kalkulierbar und auch kampftaktisch bestimmt sein könnten (*BAG* vom 22. 12. 1980 – 1 ABR 2/79 – AP Nr. 70 zu Art. 9 GG Arbeitskampf Bl. 4 und 5). Es setzt nämlich den durch Fernwirkungen des Arbeitskampfes betroffenen Arbeitgeber nicht nur dem rechtlichen Risiko aus, daß der Fortfall der Entgeltzahlungspflicht später im Rechtszug nicht anerkannt wird, sondern zwängt ihn zusätzlich in ein Mitbestimmungsverfahren mit dem Betriebsrat, der einem **schweren Interessenkonflikt** ausgesetzt ist, weil er einerseits nach § 2 Abs. 1 dem Wohl der Arbeitnehmer und des Betriebs verpflichtet ist, andererseits seine Mitglieder, soweit sie der Gewerkschaft angehören, aufgrund ihrer mitgliedschaftlichen Pflichten die Ziele ihrer Organisation zu unterstützen haben (vgl. dazu *Eich* DB 1979 Beilage Nr. 9, 8). Dieser Konflikt ist besonders kraß, wenn der Arbeitskampf von der Gewerkschaft geführt wird, dem auch die Betriebsratsmitglieder angehören. Der Konflikt steigert sich noch, soweit die von Fernwirkungen des Arbeitskampfes betroffenen Arbeitnehmer wegen der Neutralitätspflicht der Bundesanstalt für Arbeit nach den §§ 70 und 116 AFG Lohnersatzleistungen aus der Arbeitslosenversicherung nicht erwarten können (vgl. dazu *Seiter* Staatsneutralität und Arbeitskampf, 184 ff. und DB 1981, 578, 580 f.; *Ossenbühl/Richardi* Neutralität im Arbeitskampf, 88 ff.; *Raiser* NZA 1984, 369). Das *BAG* (vom 22. 12. 1980 – 1 ABR 2/79 – AP Nr. 70 zu Art. 9 GG Arbeitskampf Bl 9) hat zwar einen **Mißbrauch** des angeblichen Mitbestimmungsrechts für möglich erklärt und im gewerkschaftlichen Schulungsmaterial auch Hinweise auf Mißbrauchstendenzen gefunden (*Ehmann/Schnauder* a. a. O., 106 m. w. N.). Der somit auf der Hand liegenden Notwendigkeit, mit der Bejahung eines solchen Mitbestimmungsrechts zugleich aufzuzeigen, wie der Arbeitgeber dem Mißbrauch begegnen könne, hat es sich mit der unbestimmten Behauptung entzogen, Mißbräuche müßten »mit den Mitteln des Rechts bekämpft« werden, und wie das im einzelnen geschehen könne, brauche im abhängigen Verfahren nicht geklärt zu werden (krit. *Konzen* Anm. SAE 1981, 211). Vor allem aber ist die Schranke des Mißbrauchs von vornherein kein ausreichendes Korrektiv gegen die **Gefahr einer Unterstützung der kämpfenden Gewerkschaft mit betriebsverfassungsrechtlichen** 232

Mitteln (so auch *Konzen* a. a. O.; vgl. dazu ferner *Lieb* NZA 1990, 377, 383; zu weiteren praktischen Schwierigkeiten aus der Bejahung des Mitbestimmungsrechts: *Seiter* DB 1981, 578, 583 ff.). Die Inkonsequenz des *BAG* wird schließlich noch dadurch gesteigert, daß es (AP Nr. 70 Bl. 8 R) dem Betriebsrat das Recht zuerkennt, eine gerichtliche Entscheidung über die Rechtsfrage, ob die behaupteten Fernwirkungen vorliegen, herbeizuführen und unter Umständen auch eine einstweilige Verfügung zu erwirken, obwohl insoweit allenfalls **Individualansprüche der betroffenen Arbeitnehmer** in Betracht kommen. Der Arbeitgeber wird wegen der in der Regel sehr unsicheren Rechtslage während des Arbeitskampfes durch derartige verfahrensrechtliche Möglichkeiten beträchtlich belastet. Besonders bei einem **Schwerpunktstreik**, der auf Fernwirkungen von großer Breite und Tiefe abzielt, ergibt sich aus dieser wirtschaftlichen und psychischen Belastung der betroffenen Arbeitgeber eine erhebliche Verschiebung des Kampfgleichgewichts zugunsten der streikenden Gewerkschaft.

233 Aber nicht nur innere Widersprüchlichkeit und Realitätsferne prägen diese Rechtsprechung, sondern auch der **Mangel einer überzeugenden Herleitung aus dem geltenden Recht**. Weder Wortlaut noch Systemzusammenhang des BetrVG stützen ein aus Gründen der Kampfparität beschränktes Mitbestimmungsrecht des Betriebsrats (im Ergebnis ebenso *LAG Düsseldorf* vom 10. 10. 1979 – 2 Sa 336/79 – EzA § 615 BGB Betriebsrisiko Nr. 6 = DB 1980, 165; vom 20. 12. 1979 – 25/3 TaBV 56/78 – BB 1980, 523; *LAG Frankfurt/M.* vom 3. 4. 1978 – 5 TaBV Ga 27/78 – BB 1979, 942; bei Auswirkungen innerhalb des umkämpften Tarifgebiets auch: *LAG Hamm* vom 30. 5. 1979 – 12 TaBV 27/79 – DB 1979, 1657; *LAG Düsseldorf* vom 13. 8. 1979 – 18 TaBV 49/79 – DB 1979, 2136; *LAG Hamm* vom 31. 10. 1979 – 2 Sa 970/79 – DB 1980, 118; im Ergebnis wie hier auch *Brox/Rüthers* Rz. 456 ff.; *Lieb* FS *BAG*, 327, 343 ff. und NZA 1990, 377 ff.; *Kalb* BB 1979, 1829, die mit Recht wegen des Enumerationsprinzips für die mitbestimmungspflichtigen sozialen Angelegenheiten auch eine analoge Anwendung von Abs. 1 Nr. 3 verneinen; ferner *S/W* § 87 Rz. 81; *Ehmann/Schnauder* Anm. EzA § 615 BGB Betriebsrisiko Nr. 8; *BAG* vom 22. 12. 1980 – 1 ABR 76/79 = DB 1981, 327, 578 m. Anm. *Seiter*; *Ehmann* Betriebsrisikolehre und Kurzarbeit, 58 ff.; *Seiter* RdA 1979, 394 f.; *Konzen* Anm. SAE 1981, 211; *Zöllner/Loritz* § 18 V 4b; *Eich* DB 1979 Beilage Nr. 9, 8; *Birk/Konzen/Löwisch/Raiser/Seiter* Gesetzentwurf § 32; problematisierend: *D/R* § 87 Rz. 260 ff.; *Seiter* DB 1981, 578 ff.; *Jahnke* ZfA 1984, 69 ff.; *Beuthien* a. a. O., 47 ff.; dem *BAG* zustimmend: GK-*Wiese* § 87 Rz. 287; *Löwisch* a. a. O. Rz. 652 ff.; *Otto* NZA 1992, 97, 104; *G/L* § 74 Rz. 13b; sogar für uneingeschränktes Mitbestimmungsrecht: *F/A/K/H* § 87 Rz. 54a ff.; *D/K/K/S* § 87 Rz. 92 ff.; *Borrmann* DB 1978, 1978 ff.; *Farthmann* RdA 1974, 65, 70; *Simitis/Weiss* DB 1973, 1240, 1244; *Trittin* DB 1990, 322 ff.; *Mayer* BB 1990, 2482, 2487).

234 Nach dem Wortlaut des Abs. 1 Nr. 3 ist **nur die vertragliche Verkürzung** der Arbeitszeit mitbestimmungspflichtig (*Seiter* RdA 1979, 393, 394 mit Hinweisen auf die dieses Ergebnis bestätigende Entstehungsgeschichte des Mitbestimmungstatbestandes; *Ehmann* a. a. O.); denn dabei geht es um eine vorübergehende Veränderung des zeitlichen Umfangs der Arbeits- und Beschäftigungspflicht (vgl. oben Rz. 143 ff.). Die Anwendung der Rechtsgrundsätze über das Arbeitskampfrisiko läßt aber die vertraglichen Pflichten aus dem Arbeitsverhältnis unberührt und betrifft lediglich die Rechtsfolgen der Nichterfüllung dieser Pflichten. Hinzu kommt noch, daß ein Betriebspartner die vom *BAG* (AP Nr. 70 Bl. 7 R) unterstellte Re-

gelungsbefugnis, den »Arbeitskräftebedarf«, der ohne Kostenbelastung eingespart werden darf, in den betrieblichen Ablauf umzusetzen und diejenigen Arbeitnehmer zu bestimmen, die dadurch im Ergebnis betroffen werden, überhaupt fehlt. Sie können durch Kollektivvertrag nur begrenzt **in die einzelvertraglichen Verhältnisse eingreifen** (vgl. dazu oben Rz. 205). Sie sind rechtlich gar nicht in der Lage, nach ihren Vorstellungen von sozialer Angemessenheit und betrieblicher Zweckmäßigkeit den Inhalt der einzelvertraglich festgelegten Arbeits- und damit auch Vergütungspflicht zu verändern (so auch *Ehmann/Schnauder* EzA § 615 BGB Betriebsrisiko Nr. 8). Eine solche Regelungsbefugnis ist ihnen auch nicht durch die geltenden **tariflichen Regelungen über die Tragung des Betriebsrisikos** zugewachsen: dies schon deshalb, weil die tariflichen Bestimmungen keine Regelung über das Arbeitskampfrisiko treffen. Zwar schließt ihr Wortlaut dies häufig nicht ausdrücklich aus; es ist jedoch offensichtlich, daß die Tarifparteien sich bei den tiefgreifenden Meinungsverschiedenheiten in dieser Frage zwischen der Arbeitgeberseite und den Gewerkschaften über die Rechtsfolgen des Arbeitskampfrisikos tatsächlich nicht geeinigt haben (vgl. dazu *Ehmann* a.a.O., 73ff.; im Ergebnis ebenso *LAG Niedersachsen* vom 14.8. 1987 – 15 Sa 161/85 – NZA 1988, 408; *Otto* NZA 1992, 97, 104; *S/W* a.a.O.; vgl. auch *Säcker/Oetker* ZfA 1991, 131, 174ff.; **a.A.** *D/K/K/S* § 87 Rz. 96).

Schließlich kann auch nicht das Vorhandensein eines Entscheidungsspielraums 235 (sog. **Regelungsspielraum**) das Mitbestimmungsrecht nach Abs. 1 Nr. 3 begründen. Bei der Produktionseinschränkung infolge von Fernwirkungen des Arbeitskampfes liegt zwar häufig der Eintritt der technischen Unmöglichkeit oder der wirtschaftlichen Sinnlosigkeit der Weiterarbeit nicht nach Tag und Stunde von selbst fest. Dies gilt ganz besonders für den Fall, daß festgestellt werden muß, ab wann die Arbeit wirtschaftlich sinnlos ist. Es handelt sich aber hier lediglich um einen in der Regel nur zeitweilig bestehenden Beurteilungsspielraum bei der Anwendung der unbestimmten Rechtsbegriffe über das Arbeitskampfrisiko (*Ehmann* a.a.O., 69; *Seiter* RdA 1979, 393, 395; vgl. auch *Lieb* NZA 1990, 377, 380). Schließlich können auch die **Vorschriften des AFG** über das Kurzarbeitergeld nicht zur Stützung des Mitbestimmungsrechts des Betriebsrats nach Abs. 1 Nr. 3 herangezogen werden; denn diese Leistung setzt gem. § 64 AFG nicht die Verkürzung der Arbeitszeit, sondern den **Eintritt eines Arbeitsausfalls** voraus (vgl. dazu *Ehmann* a.a.O., 52 sowie oben Rz. 207). Wenn der Arbeitgeber geltend macht, der Arbeitsausfall sei Folge eines Arbeitskampfes, hat er dies allerdings unter Beifügung einer Stellungnahme des Betriebsrats dem Arbeitsamt darzulegen und glaubhaft zu machen (§ 72 Abs. 1 a AFG).

Schließlich ergibt sich ein Mitbestimmungsrecht des Betriebsrats bei Fernwirkun- 236 gen des Arbeitskampfes auch nicht aus Abs. 1 Nr. 2; denn Beginn und Ende der täglichen Arbeitszeit und die Verteilung der Arbeitszeit auf die einzelnen Wochentage bleiben bei Anwendung der Rechtsgrundsätze über das Arbeitskampfrisiko unberührt. Ein etwa früheres Ende oder ein späterer Beginn der Arbeit sind nicht die Folge der Lage der Arbeitszeit, sondern eine Folge der nach diesen Grundsätzen entfallenen Arbeits- und Beschäftigungspflicht (*Seiter* RdA 1979, 393, 400; im Ergebnis **a.A.** *Beuthien* a.a.O. 47ff.).

Stellt man sich aber **auf den Boden der Rechtsprechung des BAG** vom 22.12. 237 1980, so ist von folgender Umschreibung der danach mitbestimmungspflichtigen »Modalitäten« der Produktionseinschränkung auszugehen:
»... Wenn die Betriebsstörung mit ausreichender Sicherheit vorhersehbar ist,

muß nicht voll weitergearbeitet werden, sondern es kann der zu erwartende Arbeitskräfteüberhang durch Arbeitsstreckung ausgeglichen werden. Ferner läßt sich durch Umsetzung innerhalb der Belegschaft die Last des Arbeitskampfes gleichmäßiger oder sozialer verteilen. Das liegt besonders nahe, wenn in anderen Abteilungen Überstunden geleistet werden. In besonderen Fällen, wie z. B. bei der Störung der Stromversorgung oder schnellverderblichen Rohstoffen und Produkten, bei sehr kleinen oder besonders abhängigen Betrieben usw. können sich allerdings betriebliche Störungen oder wirtschaftliche Schwierigkeiten so unvermittelt und stark auswirken, daß jeglicher Regelungsspielraum entfällt...« (*BAG* a. a. O., in AP Nr. 70 Bl. 7 R).

238 Der Arbeitgeber muß deshalb den Betriebsrat gem. § 80 Abs. 2 rechtzeitig über den unter Umständen **bevorstehenden Arbeitsausfall unterrichten**. Dies hat zu geschehen, sobald konkrete Anhaltspunkte dafür vorliegen, daß eine vorübergehende Produktionseinschränkung notwendig werden kann (GK-*Wiese* § 87 Rz. 286; *S/W* § 87 Rz. 81 b). Unmittelbar nach der Unterrichtung muß eine **Einigung über die Modalitäten der Produktionseinschränkung** angestrebt werden; in der instanzgerichtlichen Rechtsprechung wird es für notwendig gehalten – auf der Grundlage der bestehenden BAG-Rechtsprechung ist dies auch konsequent –, daß die Einigung durch Betriebsvereinbarung getroffen wird, weil nur so die notwendige normative Wirkung erzielt werden könne (*LAG Berlin* vom 6. 8. 1985 – 11 Sa 6/85 – DB 1986, 808; *S/W* a. a. O.; vgl. dazu oben Rz. 205). Dieser Einigung ist ggf. die mitbestimmungsfreie Entscheidung des Arbeitgebers vorgegeben, ob auf Lager produziert oder die Produktion eingeschränkt wird (*LAG Hamburg* vom 28. 5. 1984 – 5 Ta BV 4/84 – EzA § 615 BGB Betriebsrisiko Nr. 10; vgl. auch oben Rz. 231). Der Betriebsrat kann aufgrund der höchstrichterlichen Rechtsprechung darüber mitbestimmen, wie die vom Arbeitgeber festgesetzte Einsparung des Arbeitskräftebedarfs in den betrieblichen Ablauf umzusetzen ist. Der dabei angenommene Regelungsspielraum betrifft etwa die Frage, ob bei ausreichender Vorhersehbarkeit der Betriebsstörung vorerst voll weitergearbeitet oder ob der zu erwartende Arbeitskräfteüberhang zunächst durch Arbeitsstreckung (z. B. durch stunden- oder tageweisen Arbeitsausfall) ausgeglichen werden soll, ferner die Frage, welche Arbeitnehmer von der Produktionseinschränkung betroffen werden sollen (*BAG* a. a. O.). Dabei kann vom Betriebsrat aber nur die **Auswahl unter solchen Arbeitnehmern** verlangt werden, die nach ihrer Arbeitsaufgabe untereinander **austauschbar** sind (*S/W* a. a. O.; GK-*Wiese* § 87 Rz. 283). Der Regelungsspielraum kann immer kleiner werden, bis schließlich nur noch die Stillegung des Betriebs oder des betroffenen Betriebsteils möglich bleibt (*BAG* a. a. O., in AP Nr. 70 Bl. 9). In diesem Fall besteht kein Mitbestimmungsrecht (*S/W* § 87 Rz. 81 d). Dann kann der Arbeitgeber die Produktionseinschränkung einseitig durchführen. Vielfach wird aber ein solcher Spielraum noch vorhanden sein. Wegen der Unsicherheit, wie die Gerichte diese Frage später beurteilen werden, empfiehlt es sich, **in der Regel von einem verbleibenden Spielraum auszugehen** (so auch *S/W* a. a. O.). In diesen Fällen muß der Arbeitgeber, wenn er sich nicht rechtzeitig mit dem Betriebsrat über die »Modalitäten« der Produktionseinschränkung einigen kann, die **Einigungsstelle** anrufen, um das Risiko der Belastung mit den Entgeltansprüchen der betroffenen Arbeitnehmer möglichst einzudämmen.

239 Kommt es nicht zu einer rechtzeitigen **Entscheidung der Einigungsstelle**, bleibt nur die vom *BAG* angedeutete Möglichkeit, daß der Arbeitgeber wegen eines

»Notfalls« vorläufig eine Regelung trifft, wenn die volle Weiterarbeit technisch unmöglich oder wirtschaftlich sinnlos ist (*BAG* a.a.O., in AP Nr. 70 Bl. 9 R; *S/W* a.a.O.) Die Einigungsstelle kann später keine Entscheidung treffen, die eine erhöhte Kostenbelastung mit sich bringt; denn nach der Entscheidung des *BAG* darf der »Arbeitskräftebedarf, der für eine absehbare Zeit innerhalb eines bestimmten Rahmens wegfällt, ... ohne Kostenbelastung eingespart werden« (*BAG* a.a.O., in AP Nr. 70 Bl. 7 R). Hält sich der Spruch der Einigungsstelle nicht in diesen Grenzen, kann er vor dem Arbeitsgericht nach § 76 Abs. 5 wegen Ermessensmißbrauch angefochten werden. Die Anfechtung hat binnen 2 Wochen nach Zuleitung des Spruchs zu erfolgen (*S/W* a.a.O.).

III. Zeit, Ort und Art der Auszahlung der Arbeitsentgelte (Nr. 4)

Abs. 1 Nr. 4 entspricht inhaltlich § 56 Abs. 1 Buchst. b BetrVG 1952. Allerdings **240** ist der Tatbestand um die Art der Auszahlung der Arbeitsentgelte klarstellend ergänzt worden; denn nach h. M. war sie schon früher mitbestimmungspflichtig (über den damaligen Streitstand vgl. *D/R* § 87 Rz. 279; GK-*Wiese* § 87 Rz. 301). Durch die Beteiligung des Betriebsrats soll gesichert werden, daß auch bei der **241** Auszahlung der Arbeitsentgelte das Interesse des Arbeitgebers an einer einheitlichen Ordnung mit den Interessen der Arbeitnehmer zu einem für beide Seiten angemessenen Ausgleich gebracht wird (*D/R* § 87 Rz. 275; *G/L* § 87 Rz. 118).

1. Voraussetzungen des Mitbestimmungsrechts

Arbeitsentgelte i. S. dieses Mitbestimmungstatbestandes sind nicht nur alle **Ver-** **242** **gütungen in Geld** ohne Rücksicht auf ihre Bezeichnung als Lohn, Gehalt, Provision, Urlaubsentgelt oder zusätzliche Urlaubsvergütung (hierzu *BAG* vom 25.4. 1989 – 1 ABR 91/89 – EzA § 98 ArbGG 1979 Nr. 6 = DB 1989, 1928; *LAG Baden-Württemberg* vom 10. 11. 1987 – 8 Ta BV 3/87 – NZA 1988, 325), sondern auch alle **Sachleistungen** wie Unterkunft und Kost (*F/A/K/H* § 87 Rz. 57; *G/L* § 87 Rz. 119; GK-*Wiese* § 87 Rz. 296; *D/R* § 87 Rz. 276; *D/K/K/S* § 87 Rz. 105). Das Mitbestimmungsrecht gilt auch für **vermögenswirksame Leistungen** (*Stegel Weinspach* § 87 Rz. 96; *D/K/K/S* a.a.O.). Hinzu kommt noch das Mitbestimmungsrecht nach § 11 Abs. 4 des 5. VermBG, wonach der Arbeitgeber mit Zustimmung des Betriebsrats einen Termin im Kalenderjahr bestimmen kann, zu dem die Arbeitnehmer die einmalige Anlage von Teilen ihres Arbeitsentgelts verlangen können (GK-*Wiese* § 87 Rz. 299; *S/W* a.a.O.). Es kommt auch nicht darauf an, ob es sich um eine **freiwillige Leistung** des Arbeitgebers oder um eine von ihm geschuldete Leistung handelt (*D/R* a.a.O.; GK-*Wiese* § 87 Rz. 297). **Auslösungen** als pauschalierter Aufwendungsersatz sind hier Entgelt (vgl. dazu oben § 37 Rz. 47) und fallen somit nicht unter Abs. 1 Nr. 4 (**a. A.** *F/A/K/H*, *D/K/K/S* und *D/R*, jeweils a.a.O.; GK-*Wiese* § 87 Rz. 296).
Das Mitbestimmungsrecht des Betriebsrats bezieht sich aber nur auf die **Modali-** **243** **täten der Auszahlung** des Arbeitsentgelts, nicht auf seine Festsetzung, insbesondere seine Bemessung (GK-*Wiese* § 87 Rz 297; z. B. als Stundenlohn oder Monatslohn *S/W* § 87 Rz. 88a und *D/R*, jeweils a.a.O.). Auf der anderen Seite kann der Arbeitgeber aber das Mitbestimmungsrecht nach Abs. 1 Nr. 4 bei einer

§ 87 4. Teil 3. Abschn. Soziale Angelegenheiten

freiwilligen Leistung nicht dadurch ausschließen, daß er eine bestimmte Art der Auszahlung zusagt (**a.A.** GK-*Wiese* a.a.O.).

244 Das Mitbestimmungsrecht nach Abs. 1 Nr. 4 bezieht sich nicht nur auf **ständige**, sondern auch auf **einmalige Regelungen** (GK-*Wiese* § 87 Rz. 308; *D/R* § 87 Rz. 284; *F/A/K/H* § 87 Rz. 58; *D/K/K/S* a.a.O.). Der Betriebsrat hat daher mitzubestimmen, wenn aus besonderen Gründen – z.b. wegen eines Feiertags oder Betriebsferien – der Entgeltzahlungstermin verschoben werden soll. Nach herrschender Rechtsauffassung soll das Mitbestimmungsrecht nicht eingreifen, wenn nur **einzelne individuelle Abreden** – z.B. über die bargeldlose Lohnzahlung – getroffen werden (so GK-*Wiese* a.a.O.; *D/R* § 87 Rz. 288; *G/L* § 87 Rz. 125 und die Vorauflage), es sei denn, daß damit die Mitbestimmung des Betriebsrats umgangen würde (vgl. *BAG* vom 31.1.1969 – 1 ABR 11/68 – EzA § 56 BetrVG 1952 Nr. 17 = DB 1969, 311, 797; GK-*Wiese* a.a.O.). Dem kann nicht zugestimmt werden; denn der Wortlaut des Mitbestimmungstatbestandes bietet keinen Anhalt für eine solche Beschränkung des Mitbestimmungsrechts; auch fehlt es an einem allgemeinen Grundsatz, daß nach § 87 nur kollektive Tatbestände mitbestimmungspflichtig seien (vgl. oben Rz. 17 ff.); schließlich wären individuelle Abweichungen von einer generellen Regelung über die Auszahlung auch nicht mit § 77 Abs. 1 zu vereinbaren, wonach der Arbeitgeber die getroffenen Vereinbarungen durchzuführen hat.

a) Zeit

245 Mit der Zeit der Auszahlung der Arbeitsentgelte ist nicht nur der **Zeitpunkt** der Vergütungszahlung gemeint, also die Festlegung der Fälligkeit nach Tag und Stunde; erfaßt wird auch die Festlegung der **Zeitabschnitte**, für die jeweils das Entgelt zu zahlen ist, also die Bestimmung, ob wöchentlich oder monatlich gezahlt wird (ebenso *D/R* § 87 Rz. 277; *F/A/K/H* § 87 Rz. 55; *G/L* § 87 Rz. 120; GK-*Wiese* § 87 Rz. 298; *D/K/K/S* § 87 Rz. 106). Um eine Frage der Entgeltgestaltung nach Abs. 1 Nr. 10 handelt es sich aber, wenn bei Anwendung eines Provisionssystems der Erwerb des Provisionsanspruchs von **vermittelten** auf **ausgeführte** Aufträge umgestellt wird (*D/R* und *G/L*, jeweils a.a.O.; **a.A.** *LAG Bayern* vom 27.11.1973 – 4 TaBV 70/72 – AuR 1974, 217; *S/W* § 87 Rz. 88; GK-*Wiese* § 87 Rz. 299 sowie *D/K/K/S* a.a.O., die sogar beide Mitbestimmungstatbestände bejahen). Dasselbe gilt, sofern für den Erwerb eines anderweitigen Anspruchs, z.B. auf betriebliche Sonderzahlungen, ein Stichtag für die Erfüllung der Anspruchsvoraussetzungen festgelegt wird, auch wenn der Stichtag zugleich den Eintritt der Fälligkeit bezeichnet (**a.A.** GK-*Wiese* a.a.O.).

246 Die **Fälligkeit** der Arbeitsentgelte ergibt sich aus den getroffenen Vereinbarungen oder den besonderen Umständen des Arbeitsverhältnisses (§ 271 BGB). Nach der abdingbaren Vorschrift des § 614 BGB ist die Vergütung **nach Erbringung der Arbeitsleistung** zu entrichten. Der Arbeitnehmer ist also grundsätzlich vorleistungspflichtig. Ist die Vergütung nach Zeitabschnitten bemessen, so ist sie nach Ablauf der einzelnen Zeitabschnitte zu zahlen (§ 614 Satz 2 BGB). Für **Handlungsgehilfen** kann der Zeitabschnitt nicht über einen Monat erstreckt werden (§ 64 HGB); dies gilt jedoch nicht für Sondervergütungen wie z.B. Tantiemen. Weitere gesetzliche Vorschriften bestehen in § 87c HGB für **Provisionen** und § 119a GewO für **gewerbliche Arbeitnehmer** (so *Schaub* § 70 III 1). Für **Heimarbeiter** kann die Fälligkeit durch bindende Festsetzung gem. § 19 HAG geregelt werden (*F/A/K/H* a.a.O.; GK-*Wiese* § 87 Rz. 298; wegen der zu beachtenden Schranken vgl. unten, Rz. 253).

b) Ort

Ort der Entgeltauszahlung, d. h. die Stelle, an der der Arbeitnehmer sein Arbeitsentgelt in Empfang nehmen kann, ist **in der Regel der Betrieb des Arbeitgebers** (§ 269 Abs. 1 BGB). Bei einer auswärtigen Beschäftigung des Arbeitnehmers kann dies auch der Ort der Beschäftigung sein (GK-*Wiese* § 87 Rz. 300; *D/R* § 87 Rz. 278; *D/K/K/S* § 87 Rz. 107). Der Betriebsrat kann jedoch mit dem Arbeitgeber eine abweichende Regelung treffen. Dabei sind zwingende gesetzliche Vorschriften, z. B. § 115a GewO zu beachten; danach ist z. B. eine Auszahlung in Gastwirtschaften unzulässig. 247

c) Art

Als Art der Auszahlung kommen vor allem **Barzahlung** oder **bargeldlose Zahlung**, also die Überweisung der Löhne und Gehälter auf Konten der Arbeitnehmer, in Betracht (GK-*Wiese* § 87 Rz. 301; *F/A/K/H* § 87 Rz. 56; *D/R* § 87 Rz. 279f.; *D/K/K/S* § 87 Rz. 108). Bei ins Ausland entsandten Monteuren fallen besondere für das Ausland geltende Regelungen, z. B. in welcher Währung Auslösungen und Übernachtungsgelder festgesetzt werden sollen, wann sie auszuzahlen sind, daß Zuschläge auf das Lohn- oder Gehaltskonto zu überweisen sind, in welcher Währung und an welchem Ort die Arbeitsvergütung auszuzahlen und an welchem Ort die Vergütungsabrechnung zu erteilen ist, nicht unter das Mitbestimmungsrecht des Betriebsrats (*LAG Düsseldorf* vom 14. 2. 1979 – 16 Ta BV 52/78 – DB 1979, 2233; GK-*Wiese* § 87 Rz. 301; *S/W* § 87 Rz. 89). Lohnverwendungsabreden zwischen dem Arbeitgeber und einzelnen Arbeitnehmern fallen ebenfalls nicht unter das Mitbestimmungsrecht nach Abs. 1 Nr. 4. Der Betriebsrat hat also bei einer Gehaltsumwandlung aufgrund des § 40b EStG nicht mitzubestimmen, wenn auf Wunsch von Arbeitnehmern Teile des Arbeitsentgelts für eine Direktversicherung auf ein Lebensversicherungskonto überwiesen werden sollen. Auch wenn das Entgelt damit auf verschiedene Konten (Gehaltskonto, Lebensversicherungskonto) überwiesen wird, bleibt die bargeldlose Entgeltzahlung erhalten (*S/W* § 87 Rz. 94). 248

Nach umstrittener (vgl. dazu unten Rz. 251) höchstrichterlicher Rechtsprechung erstreckt sich das Mitbestimmungsrecht auch auf die Tragung der **Kontoführungsgebühren**, soweit derartige Gebühren zwangsläufig im Zusammenhang mit bargeldloser Auszahlung der Arbeitsentgelte entstehen (*BAG* vom 5. 3. 1991 – 1 ABR 41/90 – NZA 1991, 611; vom 24. 11. 1987 – 1 ABR 25/86 – EzA § 87 BetrVG 1972 Lohn und Arbeitsentgelt Nr. 15 = DB 1988, 813; vom 21. 12. 1982 – 1 ABR 20/81 – DB 1983, 996; vom 31. 8. 1982 – 1 ABR 8/81 – EzA § 87 BetrVG 1972 Nr. 9 = DB 1982, 1884, 2519; vom 8. 3. 1977 – 1 ABR 33/75 – AP Nr. 1 zu § 87 BetrVG 1972 Auszahlung m. Anm. *Wiedemann* = DB 1977, 1464). Nach Auffassung des *BAG* lassen sich die Entscheidungen über die Art der Auszahlung der Arbeitsentgelte und über die Tragung der Gebühren einer bargeldlosen Entgeltzahlung nicht voneinander trennen. Dann müsse sich das Mitbestimmungsrecht des Betriebsrats auch auf die Kostentragung als sog. »Annex-Regelung« erstrecken (so *Hanau* RdA 1973, 281, 283). Das Mitbestimmungsrecht erstrecke sich aber nur insoweit auf die Gebühren, als diese zwangsläufig und für den Arbeitnehmer unvermeidlich gerade durch die Überweisung des Arbeitsentgelts anfielen, also höchstens auf eine Gebühr für die Errichtung und (oder) Unterhaltung eines Kontos, auf eine Gebühr für die Überweisung des Arbeitsentgelts und auf eine Gebühr für die einmalige Abhebung des Arbeitsentgelts. Insoweit ließen sich 249

§ 87   4. Teil 3. Abschn. Soziale Angelegenheiten

Überweisungsvorgang und Gebührenpflicht nicht trennen. Alle darüber hinausgehenden Gebühren für weitere Buchungsvorgänge stünden nicht mehr in dem erforderlichen unmittelbaren Zusammenhang mit der Überweisung des Arbeitsentgelts und beträfen regelmäßig die private Lebensführung des Arbeitnehmers (*BAG* vom 8. 3. 1977, a. a. O., in AP Bl. 2 R).

250 Nach Auffassung des **BVerfG** verletzt ein Spruch der Einigungsstelle zur Art und Weise der Entgeltzahlung und zur Belastung des Arbeitgebers mit einer pauschalen Kontoführungsgebühr nicht den verfassungsrechtlich geschützten Freiheitsraum des Arbeitgebers nach Art. 12 Abs. 1 GG, wenn die Belange sowohl des Betriebs als auch der Arbeitnehmer ausreichend berücksichtigt worden seien (Beschluß vom 18. 10. 1987 – 1 BvR 1426/83 – AP Nr. 7 zu § 87 BetrVG 1972 Auszahlung).

251 Die Anerkennung eines Mitbestimmungsrechts hinsichtlich der Kontoführungsgebühren ist **vom Gesetz nicht gedeckt** (GK-*Wiese* § 87 Rz. 305; *S/W* § 87 Rz. 90; *Huber* DB 1980, 1643; **a.A.** *D/R* § 87 Rz. 281; *F/A/K/H* § 87 Rz. 56; *G/L* § 87 Rz. 123; *D/K/K/S* § 87 Rz. 109). Die Annahme einer sog. »materiellen Annex-Regelung« kann ein Mitbestimmungsrecht ebenfalls nicht begründen (ausführlich dazu oben Rz. 16). Die Annahme des *BAG*, die Einführung der bargeldlosen Entgeltzahlung und die Tragung der Kontoführungsgebühren ließen sich sachlich nicht trennen, wird durch bestehende Tarifregelungen, die das eine auch ohne das andere regeln, widerlegt (vgl. Sachverhalte in den Entscheidungen des *BAG* vom 5. 3. 1991 und 31. 8. 1982, jeweils a. a. O.). Hinzu kommt noch dies: Könnte der Betriebsrat aufgrund seines Mitbestimmungsrechts, wie das *BAG* dargelegt hat (vgl. Entscheidung vom 8. 3. 1977, a. a. O., in AP Bl. 2 R), dafür sorgen, daß der Arbeitnehmer wie bisher sein Arbeitsentgelt ungeschmälert um die Kosten der Abhebung vom Konto erhält, müßten auch zusätzliche Wegekosten zum Aufsuchen des Kreditinstituts dem Mitbestimmungsrecht unterworfen sein (so richtig GK-*Wiese* a. a. O.). Dies wird aber mit Recht bisher abgelehnt (vgl. *D/R* § 87 Rz. 283; GK-*Wiese* a. a. O.). Nach der hier vertretenen Auffassung ist eine betriebliche Regelung über die Tragung der Kontoführungsgebühren deshalb nur durch freiwillige Betriebsvereinbarung möglich (so auch *S/W*, *Huber*, jeweils a. a. O.; GK-*Wiese* § 87 Rz. 306; *Blomeyer* Anm. EzA § 87 BetrVG 1972 Lohn und Arbeitsentgelt Nr. 1).

252 Der Betriebsrat kann aufgrund seines Mitbestimmungsrechts nicht verlangen, daß die Arbeitnehmer Freizeit und Wegekostenersatz für das Abheben ihres Entgelts vom Konto erhalten, weil Abs. 1 Nr. 4 nur die Auszahlung erfaßt (so auch GK-*Wiese* § 87 Rz. 304 und 305; *S/W* und *D/R*, jeweils a. a. O.; **a.A.** wohl *F/A/K/H* a. a. O., die sich dabei aber zu Unrecht auf die Entscheidung des *BAG* vom 20. 4. 1982 – 1 ABR 22/80 – DB 1982, 1674 berufen).

2. Schranken des Mitbestimmungsrechts

253 **Tarifvertragliche Regelungen** haben auch hier Vorrang (vgl. dazu oben Rz. 52 ff.), verdrängen das Mitbestimmungsrecht des Betriebsrats aber nur, soweit sie für die Auszahlung der Arbeitsentgelte abschließend sind (so auch *D/R* § 87 Rz. 287; GK-*Wiese* § 87 Rz. 307; vgl. aber auch unten Rz. 254). Ist der Auszahlungszeitpunkt im Tarifvertrag nur »grundsätzlich« geregelt, bleibt wegen der damit ermöglichten Abweichungen das Mitbestimmungsrecht bestehen (*LAG Baden-Württem-*

berg vom 10.11.1987 – 8 Ta BV 3/87 – NZA 1988, 325). Soweit **zwingende gesetzliche Bestimmungen** über die Auszahlung der Arbeitsentgelte bestehen (z. B. § 64 HGB über die Fälligkeit), sind sie von den Betriebsparteien und ggf. von der Einigungsstelle einzuhalten.

Enthält der Tarifvertrag zur bargeldlosen Entgeltzahlung keine ausdrückliche Bestimmung über die Erstattung von Kontoführungsgebühren, so entfaltet er Sperrwirkung für das von der höchstrichterlichen Rechtsprechung bejahte Mitbestimmungsrecht des Betriebsrats hinsichtlich der Kontoführungsgebühren (*BAG* vom 31.8.1982, a. a. O.; vom 20.12.1988 – 1 ABR 57/87 – EzA § 87 BetrVG 1972 Nr. 12 = DB 1989, 1340; *S/W* § 87 Rz. 91). Enthält der Tarifvertrag nur eine Bestimmung, daß »grundsätzlich« bargeldlos zu zahlen sei, besteht die Sperrwirkung nicht (*BAG* vom 5.3.1991, a. a. O.) 254

Hat der Arbeitgeber durch Vereinbarung mit den Kreditinstituten sichergestellt, daß den Arbeitnehmern bei einer bargeldlosen Zahlung überhaupt keine Kosten entstehen, so könnte ihm die Einigungsstelle nicht eine generelle Kostenerstattungspflicht auferlegen; damit würde sie ihren Regelungsspielraum überschreiten (*BAG* vom 21.12.1982, a. a. O.; *D/K/K/S* § 87 Rz. 110). 255

3. Ausübung des Mitbestimmungsrechts

Der Betriebsrat hat nach den allgemeinen Grundsätzen auch hier ein **Initiativrecht** (*BAG* a. a. O.; *D/R* § 87 Rz. 285; GK-*Wiese* § 87 Rz. 309; *S/W* § 87 Rz. 90 a; vgl. auch oben Rz. 42). 256

Das Mitbestimmungsrecht wird im allgemeinen durch Abschluß einer **Betriebsvereinbarung** ausgeübt (*D/R* § 87 Rz. 288). Die Arbeitnehmer können durch Betriebsvereinbarung aber nicht verpflichtet werden, ihr Konto bei einer bestimmten Bank oder Sparkasse zu errichten (*D/R* § 87 Rz. 282), weil damit in ihre Privatsphäre eingegriffen würde. Die Betriebsvereinbarung kann die Arbeitnehmer indessen verpflichten, ein Konto bei einem von ihnen zu wählenden Institut zu begründen. Ist eine solche Verpflichtung nicht beabsichtigt, genügt für die Ausübung des Mitbestimmungsrechts eine **formlose** Betriebsabsprache (GK-*Wiese* § 87 Rz. 310). 257

Das *BAG* (vom 21.12.1982 und 8.3.1977, jeweils a. a. O.) hat die **Pauschalierung** des Erstattungsbetrages gebilligt, soweit es sich um Durchschnittsbeträge innerhalb vorhandener Erfahrungswerte zur Höhe der Kontoführungsgebühren handelt. Für Teilzeitkräfte kann ein Betrag, der den Vollzeitkräften zuerkannt wird, überhöht sein (vgl. *LAG Düsseldorf* vom 28.10.1980 – 19 Ta BV 14/80 – DB 1981, 149). Die Erstattung von Kontoführungsgebühren, die bis zu dem Betrag von DM 2,50 lohnsteuerfrei waren, ist ab 1.1.1990 **lohnsteuerpflichtig** (vgl. Abschnitt 70 Abs. 2 Nr. 13 der Lohnsteuer-Richtlinien 1990). 258

IV. Urlaubsfragen (Nr. 5)

Dieser Mitbestimmungstatbestand, an dessen Stelle im BetrVG 1952 allein die Aufstellung des Urlaubsplans stand, bezieht sich nur auf den bezahlten **Erholungsurlaub** i. S. d. § 1 BUrlG, der auch durch tarifvertragliche Regelungen festgelegt sein kann (vgl. § 13 BUrlG); er bezieht sich ferner auf den Zusatzurlaub für 259

§ 87   4. Teil 3. Abschn. Soziale Angelegenheiten

Schwerbehinderte (*LAG Frankfurt/M.* vom 16.2. 1987 – 11 Sa 609/86 – BB 1987, 1461; *S/W* § 87 Rz. 98 c). Nach herrschender, aber abzulehnender Auffassung erfaßt er auch **jede andere Form der bezahlten oder unbezahlten Freistellung von der Arbeit** (*LAG Baden-Württemberg* vom 9. 1. 1991 – 2 Ta BV 11/90 – unveröffentlicht; *F/A/K/H* § 87 Rz. 63; *D/R* § 87 Rz. 293; *G/L* § 87 Rz. 128; *D/K/K/S* § 87 Rz. 111; GK-*Wiese* § 87 Rz. 313; *Kammann/Hess/Schlochauer* § 87 Rz. 98; zumindest hinsichtlich der Gewährung von unbezahltem Sonderurlaub in unmittelbarem Zusammenhang mit dem Erholungsurlaub an ausländische Arbeitnehmer auch: *BAG* vom 18. 6. 1974 – 1 ABR 25/73 – EzA § BetrVG 1972 Urlaub Nr. 1 = DB 1974, 2263 vom 17. 11. 1977 – 5 AZR 599/76 – EzA § 9 BUrlG Nr. 9 = DB 1978, 499; *S/W* § 87 Rz. 99; vgl. auch *v. Hoyningen-Huene* NJW 1981, 713; a. A. *Faßhauer* NZA 1986, 453, 457). Diese Auffassung dehnt aber das Mitbestimmungsrecht nach Abs. 1 Nr. 5 in unzulässiger Weise aus. Allerdings ist der Wortlaut des Gesetzes nicht eindeutig; denn zwar ist **Urlaub i.S. des BUrlG** allein der **Erholungsurlaub** (vgl. § 1 BUrlG sowie *Dersch/Neumann* § 1 Rz. 34); der Begriff des **Urlaubs** ist aber im **übrigen juristischen Sprachgebrauch** nicht eindeutig abgegrenzt (vgl. *Dersch/Neumann* § 1 Rz. 35, der sich allerdings dafür ausspricht, den Begriff des Urlaubs auch dort auf den Erholungsurlaub zu beschränken; *v. Hoyningen-Huene* a. a. O.); deshalb muß durch Auslegung ermittelt werden, welchen Inhalt das Wort Urlaub im BetrVG hat.

260 Für das hier vertretene engere Verständnis des Urlaubs sprechen die systematische Auslegung des Gesetzes wie auch die Entstehungsgeschichte. Ferner spricht dafür, daß der Zweck dieses Mitbestimmungsrechts bei anderen Formen der Freistellung als dem Urlaub nur in sehr abgeschwächter Weise eine Rolle spielen kann.

261 Bei der **systematischen Auslegung** zeigt sich, daß das BetrVG selbst andere Freistellungen von der Arbeitspflicht eben nicht als Urlaub bezeichnet. Hauptbeleg dafür ist § 37 Abs. 7; aber auch § 38 kann dafür herangezogen werden. Innerhalb eines und desselben Gesetzes werden die Begriffe aber im allgemeinen mit identischem Inhalt verwendet. Es kommt hinzu, daß die in Abs. 1 Nr. 5 verwendeten weiteren Begriffe »Urlaubsgrundsätze« und »Urlaubsplan« nur im Recht des Erholungsurlaubs gebräuchlich sind.

262 Auch die **Entstehungsgeschichte** läßt eindeutige Schlüsse zu: Vor Erlaß der Vorschrift durch das BetrVG 1972 galt es als selbstverständlich und bedurfte keiner näheren Erörterung, daß das damals bestehende Mitbestimmungsrecht hinsichtlich des Urlaubsplans andere Freistellungen als den Erholungsurlaub nicht erfaßte (vgl. *Fitting/Kraegeloh/Auffarth*, Betriebsverfassungsgesetz, 9. Auflage 1970, § 56 Rz. 23). Der Gesetzgeber hat danach mit der Verwendung des Wortes Urlaub im BetrVG 1972 ein Mitbestimmungsrecht nur beim Erholungsurlaub schaffen wollen.

263 Zu keinem anderen Ergebnis führt die Untersuchung des Gesetzeszwecks. Im allgemeinen besteht nämlich nur beim Erholungsurlaub die Gefahr eines allseitigen Interessenkonflikts. Nur dort sind Freistellungsansprüche der gesamten Belegschaft zu erfüllen, die von erheblichem Zeitumfang sind und auf eine begrenzte Zeitspanne von in der Regel nicht mehr als 15 Monaten so verteilt werden müssen, daß sowohl die Interessen des Arbeitgebers als auch die Interessen der Belegschaftsmitglieder an einer möglichst wunschgerechten zeitlichen Lage des Urlaubs zu einem Ausgleich kommen. Eine so schwierige Abwägung soll nicht ohne Beteiligung des Betriebsrats durchgeführt werden (*Blomeyer* Anm. SAE 1976, 12; vgl. auch GK-*Wiese* § 87 Rz. 312). Dieser Zweck des Mitbestimmungsrechts trifft auf

den sog. **Sonderurlaub** oder **unbezahlten Urlaub** nicht zu, der in verschiedenen Formen vorkommt, z. B. als Freistellung für einige Monate zur beruflichen Weiterbildung oder für mehrere Jahre zur Übernahme einer Position in einem anderen inländischen oder ausländischen Unternehmen oder auch nur für wenige Stunden oder Tage zur Teilnahme an einem familiären Ereignis. In diesen Fallen, in denen die Arbeitnehmer keinen Anspruch auf Freistellung haben, kann ein Interessenausgleich, soweit er überhaupt notwendig ist, im Mitbestimmungsverfahren nicht erreicht werden, da der Arbeitgeber über die Frage, ob eine Freistellung erfolgt, allein entscheiden kann (vgl. *Blomeyer* a. a. O.). Bei anderen Formen der Freistellung – wie z. B. der **Gewährung von Freizeitblöcken zum Ausgleich für vorgeleistete Arbeit** ist zwar ein solcher Interessenkonflikt nicht ausgeschlossen. Aber diese Möglichkeit kann nicht ein Mitbestimmungsrecht begründen, wenn das Gesetz eine dementsprechende Auslegung nicht erlaubt.

Noch weniger vertretbar ist ein Mitbestimmungsrecht bei dem sog. Bildungsurlaub, der den Arbeitnehmern von einer Reihe von Landesgesetzen zugebilligt wird (vgl. ArbeitnehmerweiterbildungsG NRW v. 6. 11. 1984, GVBl. S. 678; Zweites Gesetz zur Änderung des Niedersächsischen Gesetzes über den Bildungsurlaub v. 23. 7. 1984, GVBl. S. 179; Hessisches Gesetz über den Anspruch auf Bildungsurlaub v. 16. 10. 1984, GVBl. I S. 261; Saarländisches Weiterbildungs- und Bildungsgesetz v. 17. 1. 1990, Amtsbl. des Saarlandes 1990, 234). Insoweit kommt zu den schon dargelegten Erwägungen noch hinzu, daß es bei Erlaß des BetrVG 1972 Gesetze über den Bildungsurlaub noch nicht gegeben hat. Der Gesetzgeber kann aber nur die Angelegenheiten dem Mitbestimmungsrecht unterworfen haben, die bei Erlaß des Gesetzes vorhanden waren. Auch konnten die Landesgesetze nicht durch die Wahl des Begriffs Urlaub das bundesgesetzlich geregelte Mitbestimmungsrecht auf die Weiterbildung erstrecken (so auch im Ergebnis für den Bereich des Arbeitnehmerweiterbildungsgesetzes NRW, das den Begriff Bildungsurlaub auch nicht enthält: *S/W* § 87 Rz. 99 a; *Stege/Färber* DB 1985 Beilage Nr. 2, 9/10; **a. A.** *F/A/K/H*, *G/L*, *D/R* jeweils a. a. O., und die Vorauflage). 264

Das Mitbestimmungsrecht beim Erholungsurlaub erstreckt sich nicht auf die **Dauer des Urlaubs, die Gewährung von Urlaubsentgelt und zusätzlichem Urlaubsgeld**. Es erfaßt vielmehr nur die Festsetzung der zeitlichen Lage des Urlaubs (*D/R* § 87 Rz. 306; *F/A/K/H* § 87 Rz. 62; *G/L* § 87 Rz. 137; GK-*Wiese* § 87 Rz. 314 f.). Vorbehaltlich einer tariflichen Regelung (§ 77 Abs. 3) können diese Fragen nur in einer freiwilligen Betriebsvereinbarung geregelt werden (*D/R* § 87 Rz. 307; GK-*Wiese* § 87 Rz. 314). Auch ist nicht die Rechtsfrage der Mitbestimmung unterworfen, ob **Kuren und Schonungszeiten** auf den Urlaub anzurechnen sind (*BAG* vom 26. 11. 1964 – 5 AZR 124/64 – EzA § 10 BUrlG Nr. 1 = DB 1964, 1744; 1965, 75; *D/R* a. a. O.; *F/A/K/H* § 87 Rz. 60; GK-*Wiese* § 87 Rz. 315). 265

§ 87   4. Teil 3. Abschn. *Soziale Angelegenheiten*

1. Aufstellung allgemeiner Urlaubsgrundsätze und des Urlaubsplans

a) Voraussetzungen des Mitbestimmungsrechts

aa) Aufstellung allgemeiner Urlaubsgrundsätze

266   Unter allgemeinen Urlaubsgrundsätzen sind Richtlinien zu verstehen, nach denen den einzelnen Arbeitnehmern vom Arbeitgeber Urlaub zu gewähren ist oder aber nicht gewährt werden darf oder soll (*BAG* vom 18.6.1974, a.a.O.; GK-*Wiese* § 87 Rz. 316; *S/W* § 87 Rz. 101; *F/A/K/H* § 87 Rz. 59; *D/K/K/S* § 87 Rz. 112). Solche Grundsätze liegen beispielsweise in der Festlegung einer **Urlaubsperiode**, d.h. der Zeit, in der auch abgesehen von dem Fall der Betriebsferien der Urlaub im Jahr zu nehmen ist. In aller Regel erfolgt eine solche Festlegung in Saison- und Kampagnebetrieben, in denen diese Zeiten von der Urlaubsperiode ausgenommen werden. Zu den Grundsätzen des Urlaubs gehört ferner die **Regelung der Vertretung**, aber auch die Bestimmung der **Reihenfolge**, nach der die Wünsche der Arbeitnehmer berücksichtigt werden sollen, die Regelung einer **Teilung des Urlaubs** und seiner **Übertragung**. Außerdem gehört hierzu das formelle **Verfahren zur Festlegung des Urlaubs**, wie die Auslegung der Urlaubsliste, der Zeitpunkt, bis zu dem Wünsche in sie einzutragen sind, die darauf erfolgende Festsetzung des Urlaubs, ggf. die Bestimmung, daß der Arbeitnehmer sich auf den gewünschten Urlaubszeitpunkt einrichten kann, wenn innerhalb bestimmter Zeit der Eintragung in die Urlaubsliste nicht widersprochen worden ist (*Dersch/Neumann* § 7 Rz. 24; vgl. auch *D/R* § 87 Rz. 295; GK-*Wiese* § 87 Rz. 317; *F/A/K/H* a.a.O.; *G/L* § 87 Rz. 129). Der Arbeitgeber verstößt aber nicht gegen das Mitbestimmungsrecht des Betriebsrats, wenn er seine Vorgesetzten anweist, bei der Aufstellung der Urlaubsliste darauf hinzuwirken, daß die Arbeitnehmer den Urlaub möglichst zu bestimmten Zeiten nehmen (*LAG Hamm* vom 19.8.1977 – 3 TaBV 52/77 – EzA § 87 BetrVG 1972 Nr. 2 Urlaub = DB 1977, 2191; GK-*Wiese* a.a.O.; *F/A/K/H* § 87 Rz. 60). Mitbestimmungspflichtig ist auch die **nachträgliche Änderung der Urlaubsgrundsätze** (GK-*Wiese* § 87 Rz. 319), nach dem klaren Gesetzeswortlaut aber nicht die **Aufhebung der Grundsätze** (a.A. GK-*Wiese* a.a.O.), die aber im Fall einer Festlegung der Grundsätze durch **Betriebsvereinbarung** nur durch rechtzeitige Kündigung möglich ist.

267   In den meisten Fällen sind die Urlaubsgrundsätze nicht auf ein Urlaubsjahr beschränkt, sondern enthalten eine **Dauerregelung** für mehrere Jahre. Dem steht die Bindung des Urlaubs an das Urlaubsjahr nicht entgegen (*BAG* vom 28.7.1981 – 1 ABR 79/79 – EzA § 87 BetrVG 1972 Urlaub Nr. 4 = DB 1981, 1780, 2621; *G/L* § 87 Rz. 140; GK-*Wiese* § 87 Rz. 316; *D/K/K/S* a.a.O.).

268   Auch die Frage, ob im Betrieb oder einzelnen Betriebsabteilungen für eine bestimmte Zeit **Betriebsferien** gemacht werden sollen oder nicht, unterliegt grundsätzlich der Mitbestimmung (*BAG* a.a.O.; im Ergebnis ebenso *BAG* vom 9.5.1984 – 5 AZR 412/81 – EzA § 1 LohnFG Nr. 71 m. Anm. *Söllner* – DB 1984, 2099; *G/L* § 87 Rz. 129; *D/R* § 87 Rz. 296; *F/A/K/H* a.a.O.; GK-*Wiese* § 87 Rz. 316; *D/K/K/S* § 87 Rz. 112, 114; vgl. dazu aber die Schranken unter Rz. 273). Betriebsferien bringen Vorteile nicht nur für den Betrieb, sondern auch für die Arbeitnehmer. Es entfallen nämlich die durch Urlaubsvertretung, Vor- und Nacharbeiten bedingten Belastungen. Auf der anderen Seite können Betriebsferien für die Arbeitnehmer auch nachteilig sein. Sie werden in ihren zeitlichen Dispositionen beschränkt und unter Umständen genötigt, Urlaub in einer

Mitbestimmungsrechte § 87

Zeit zu nehmen, in der die Kosten von Urlaubsreisen höher sind als zu anderen Zeiten des Jahres. Die Einführung von Betriebsferien ist nicht nur dann zulässig, wenn dafür dringende betriebliche Belange i. S. d. § 7 Abs. 1 BUrlG sprechen. Vielmehr begründet die rechtswirksame Einführung von Betriebsferien solche betrieblichen Belange, die der Berücksichtigung der individuellen Urlaubswünsche der Arbeitnehmer entgegenstehen können (*BAG* a. a. O.; *S/W* § 87 Rz. 98 a).
Die Aufstellung allgemeiner Urlaubsgrundsätze ist rechtlich **nicht notwendig**; 269 sie kann auch unterbleiben (GK-*Wiese* § 87 Rz. 319; *D/R* § 87 Rz. 303).

bb) Aufstellung des Urlaubsplans
Über den Begriff des Urlaubsplans besteht Streit. Zum Teil wird darin ein **vor-** 270 **läufiges Programm** gesehen, das vom Arbeitgeber durch die Festsetzung des Urlaubs für die einzelnen Arbeitnehmer konkretisiert wird (*G/L* § 87 Rz. 131; *Dersch/Neumann* § 7 Rz. 26; *D/R* § 87 Rz. 298–302; *S/W* § 87 Rz. 101). Zum Teil wird der Urlaubsplan auch als **zeitliche Festlegung der Lage des Urlaubs der einzelnen Arbeitnehmer** gewertet (*F/A/K/H* § 87 Rz. 60; GK-*Wiese* § 87 Rz. 322 und 327; *D/K/K/S* § 87 Rz. 115; *Kammann/Hess/Schlochauer* § 87 Rz. 102). Der zuerst genannten Auffassung ist beizutreten, weil das Mitbestimmungsrecht sich nach dem Gesetz ausschließlich dann auf die zeitliche Lage des Urlaubs erstreckt, wenn Arbeitgeber und Arbeitnehmer sich im Einzelfall nicht einigen können. Der Urlaubsplan kann aber nach § 88 als **freiwillige Betriebsvereinbarung** die Lage des Urlaubs der einzelnen Arbeitnehmer festlegen (*D/R* § 87 Rz. 300–302; **a. A.** GK-*Wiese* § 87 Rz. 327; zum Grad der Verbindlichkeit eines solchen Urlaubsplans vgl. unten Rz. 281).
Zur Aufstellung des Urlaubsplans gehört – im Gegensatz zu den allgemeinen Ur- 271 laubsgrundsätzen – die Bestimmung **konkreter jährlicher Urlaubszeiten** für einzelne Arbeitnehmer sowie die Regelung der einzelnen Urlaubsvertretungen (*F/A/K/H* § 87 Rz. 59; *G/L* § 87 Rz. 130; GK-*Wiese* § 87 Rz. 322 f.; über die rechtliche Bedeutung des Urlaubsplans vgl. unten Rz. 275 f.). Das Mitbestimmungsrecht greift aber dann nicht ein, wenn in einem **Einzelfall** die Urlaubsvertretung geregelt wird. Auch eine Urlaubsliste, in die die Arbeitnehmer ihre Urlaubswünsche eintragen, zählt nicht zum mitbestimmungspflichtigen Urlaubsplan (*G/L* § 87 Rz. 130; *D/R* § 87 Rz. 298; GK-*Wiese* § 87 Rz. 327). Der Urlaubsplan gilt jeweils für ein **Kalenderjahr**. Auch die **nachträgliche Änderung** des Urlaubsplans unterliegt dem Mitbestimmungsrecht des Betriebsrats (GK-*Wiese* § 87 Rz. 328; *D/R* § 87 Rz. 303; *F/A/K/H* § 87 Rz. 60; *D/K/K/S* § 87 Rz. 117). Der Arbeitgeber kann jedoch mit dem einzelnen Arbeitnehmer eine abweichende Vereinbarung über die Lage des Urlaubs treffen, soweit sich daraus keine Rückwirkungen auf den Urlaubsplan ergeben. Wird jedoch der generelle Interessenausgleich innerhalb des Betriebs berührt, so hat der Betriebsrat mitzubestimmen (GK-*Wiese* § 87 Rz. 329; *Zöllner* DB 1957, 508, 511).
Die Aufstellung eines Urlaubsplans ist ebensowenig rechtlich notwendig wie die 272 Aufstellung von Urlaubsgrundsätzen (vgl. Rz. 266; so auch GK-*Wiese* § 87 Rz. 324). Besteht kein Urlaubsplan, so konkretisiert die Eintragung des Urlaubs in die Urlaubsliste den Urlaub noch nicht, weil es dazu einer ausdrücklichen Erteilung durch den Arbeitgeber bedarf. Schweigt der Arbeitgeber über einen längeren Zeitraum hinweg, widerspricht er also den Urlaubswünschen der Arbeitnehmer nicht, so gilt unter dem Gesichtspunkt von Treu und Glauben der Urlaub als er-

§ 87   *4. Teil 3. Abschn. Soziale Angelegenheiten*

teilt (*LAG Düsseldorf* vom 8. 5. 1970 – 3 Sa 89/70 – DB 1970, 1136, das einen Zeitraum von ungefähr einem Monat nach Mitteilung der Urlaubswünsche als angemessen ansieht; *LAG Frankfurt/M.* vom 5. 4. 1956 – IV LA 597/55 – DB 1956, 647; GK-*Wiese* § 87 Rz. 327; *F/A/K/H* a. a. O.; *D/K/K/S* § 87 Rz. 116; **a. A.** *Zöllner* DB 1957, 508, 510; enger auch *Kammann/Ziepke/Weinspach/Meisel* § 7 Rz. 9, die vom Arbeitnehmer eine Rückfrage beim Arbeitgeber verlangen). Im übrigen kann der Arbeitgeber, sofern kein Urlaubsplan besteht, mitbestimmungsfrei unter Berücksichtigung des § 7 BUrlG und etwaiger betrieblicher Urlaubsgrundsätze den Urlaub für die einzelnen Arbeitnehmer festsetzen, wenn zwischen ihm und den beteiligten Arbeitnehmern Einverständnis erzielt wird (GK-*Wiese* § 87 Rz. 337).

b) Schranken des Mitbestimmungsrechts

273 Aufgrund seines **Initiativrechts** (vgl. dazu oben Rz. 42) kann der Betriebsrat zwar die Aufstellung von allgemeinen Urlaubsgrundsätzen und Urlaubsplänen verlangen (*G/L* § 87 Rz. 138; GK-*Wiese* § 87 Rz. 325; *Zöllner* a. a. O.; *D/R* § 87 Rz. 304). Er kann aber nicht die Schließung des Betriebs verlangen, damit die Arbeitnehmer während dieser Zeit ihren Urlaub nehmen (ebenso *D/R* § 87 Rz. 305; GK-*Wiese* § 87 Rz. 320; *Schwerdtner* DB 1983, 2763, 2774; **a. A.** *ArbG Osnabrück* vom 1. 2. 1984 – 2 BV 14/83 – AuR 1984, 380; *F/A/K/H* § 87 Rz. 59; *G/L* § 87 Rz. 129; *D/K/K/S* § 87 Rz. 114). Dies ist eine mitbestimmungsfreie unternehmerische Entscheidung (vgl. dazu oben Rz. 64 ff.). Der Betriebsrat kann deshalb nicht erzwingen, sondern nur verhindern, daß Betriebsferien gemacht werden. Er hat aber ein Initiativrecht hinsichtlich der zeitlichen Lage der Betriebsferien (*D/R* § 87 Rz. 306).

c) Ausübung des Mitbestimmungsrechts

274 Das Mitbestimmungsrecht kann durch Abschluß einer **Betriebsvereinbarung** oder durch **Betriebsabsprache** ausgeübt werden (ebenso *G/L* § 87 Rz. 138; GK-*Wiese* § 87 Rz. 336; **a. A.** *D/R* § 87 Rz. 310: nur Betriebsvereinbarung).

275 Soll durch den Urlaubsplan (in einer nur freiwillig zu vereinbarenden Form – vgl. dazu oben Rz. 265) die **zeitliche Lage des Urlaubs der einzelnen Arbeitnehmer** festgelegt werden, ist zu seiner Wirksamkeit eine Betriebsvereinbarung notwendig (lediglich empfohlen von GK-*Wiese* a. a. O.). Soweit der Urlaubsplan diesen Inhalt hat, bedeutet dies indessen lediglich, daß die Arbeitnehmer zu den festgesetzten Zeitpunkten ihren Urlaub antreten können, ohne daß es einer Erklärung des Arbeitgebers bedarf (*D/R* § 87 Rz. 302; *F/A/K/H* § 87 Rz. 60; GK-*Wiese* § 87 Rz. 326). Vom Urlaubsplan kann der Arbeitgeber aber abweichen, wenn seiner Durchführung dringende betriebliche Belange entgegenstehen (*D/R* a. a. O.; GK-*Wiese* § 87 Rz. 329).

276 Vereinbaren die Betriebspartner, für eine bestimmte Zeit Betriebsferien einzulegen, so haben arbeitsbereite und noch **nicht urlaubsberechtigte Arbeitnehmer** Anspruch auf Entgeltzahlung. Hiervon kann durch Parteivereinbarung abgewichen werden, sofern dabei die beiderseitigen Interessen angemessen gegeneinander abgewogen werden (*BAG* vom 30. 6. 1976 – 5 AZR 246/75 – EzA § 7 BUrlG Nr. 19 = DB 1976, 2167; vom 2. 10. 1974 – 5 AZR 507/73 – EzA § 7 BUrlG Nr. 17 = DB 1975, 157; *D/R* § 87 Rz. 296; *D/K/K/S* § 87 Rz. 112). Arbeitgeber und Betriebsrat können jedoch in einer Betriebsvereinbarung nicht wirksam festlegen, daß der Urlaubsanspruch bereits vor Beginn des jeweiligen Urlaubsjahres, also im Vorgriff, ge-

nommen werden kann (*BAG* vom 17.1. 1974 – 5 AZR 380/73 – EzA § 1 BUrlG Nr. 17 = DB 1974, 783; *F/A/K/H* § 87 Rz. 62; *S/W* § 87 Rz. 98).

d) Rechtsfolgen der Nichtbeachtung des Mitbestimmungsrechts

Die Aufstellung allgemeiner Urlaubsgrundsätze und des Urlaubsplans ist keine **277** **Wirksamkeitsvoraussetzung** für die Erteilung des Urlaubs, selbst wenn dies sonst anzunehmen wäre (vgl. dazu Rz. 79 ff.); denn der Betriebsrat hat bei der Festsetzung der zeitlichen Lage des Urlaubs nur mitzubestimmen, wenn zwischen dem Arbeitgeber und den beteiligten Arbeitnehmern kein Einverständnis erzielt wird (vgl. unten Rz. 278). Nach einer früheren Entscheidung des *BAG* ist die einseitig unter Widerspruch des Betriebsrats vom Arbeitgeber vorgenommene Festsetzung des Urlaubsbeginns unwirksam (vom 26. 10. 1956 – 1 AZR 350/55 – AP Nr. 15 zu § 611 BGB Urlaubsrecht m. Anm. *Küchenhoff* = DB 1957, 192); diese Entscheidung ist indessen durch die Neufassung des Mitbestimmungstatbestandes im BetrVG 1972 überholt (vgl. dazu oben Rz. 259, 262). Darum steht der Rechtswirksamkeit einer Urlaubserteilung nicht entgegen, daß der Betriebsrat die Aufstellung eines Urlaubsplans verlangt und der Arbeitgeber dieser Forderung nicht entsprochen hat (so im Ergebnis auch GK-*Wiese* § 87 Rz. 338; *D/R* § 87 Rz. 312; *G/L* § 87 Rz. 139; a. A. *Kammann/Hess/Schlochauer* § 87 Rz. 110). Die Gegenansicht würde darauf hinauslaufen, daß die Arbeitnehmer vor dem Zustandekommen des Urlaubsplans überhaupt keinen Urlaub bekommen könnten (*G/L* a. a. O.).

2. Festsetzung der zeitlichen Lage des Urlaubs für einzelne Arbeitnehmer

Wird zwischen dem Arbeitgeber und einzelnen Arbeitnehmern hinsichtlich der **278** endgültigen Festlegung der zeitlichen Lage des Urlaubs **kein Einverständnis** erzielt, so hat der Betriebsrat auch in einem solchen Einzelfall ein Mitbestimmungsrecht. Es besteht nicht nur, wenn mehrere Arbeitnehmer betroffen sind (so aber GK-*Wiese* § 87 Rz. 332), sondern auch dann, wenn lediglich **ein einziger Arbeitnehmer** sich durch den Urlaubsplan oder die Urlaubsfestlegung des Arbeitgebers zu Unrecht zurückgesetzt fühlt (*G/L* § 87 Rz. 134; *D/R* § 87 Rz. 315; *F/A/K/H* § 87 Rz. 61; *S/W* § 87 Rz. 103; *D/K/K/S* § 87 Rz. 118; v. *Hoyningen-Huene* NJW 1981, 713, 718).

Der **Widerruf eines erteilten Urlaubs**, zu dem der Arbeitgeber nur in Nofällen **279** berechtigt ist (*BAG* vom 12. 10. 1961 – 5 AZR 423/60 – AP Nr. 84 zu § 611 BGB Urlaubsrecht m. Anm. *Neumann-Duesberg* = DB 1962, 70; *Dersch/Neumann* § 7 Rz. 37), ist nicht der Mitbestimmung unterworfen, weil es dabei nicht um die zeitliche Festlegung des Urlaubs geht (*F/A/K/H* § 87 Rz. 60; a. A. *LAG München* vom 23. 3. 1988 – 8 Sa 1060/88 – BB 1988, 2175, das den Widerruf ohne Beteiligung des Betriebsrats als unwirksam ansieht, und *S/W* § 87 Rz. 103).

Das Mitbestimmungsrecht hinsichtlich der zeitlichen Lage des Urlaubs für ein- **280** zelne Arbeitnehmer wird in der Regel durch **formlose Betriebsabsprache** ausgeübt (*D/R* § 87 Rz. 318).

Arbeitgeber und Betriebsrat können jedoch **nicht mit verbindlicher Wirkung für** **281** **den einzelnen Arbeitnehmer** den Urlaub festsetzen. Dieser kann vielmehr, wenn er mit der zeitlichen Lage seines Urlaubs nicht einverstanden ist, unmittelbar Klage beim Arbeitsgericht erheben (*G/L* § 87 Rz. 135; *D/R* § 87 Rz. 321; GK-

§ 87   4. Teil 3. Abschn. Soziale Angelegenheiten

Wiese § 87 Rz. 335; *S/W* § 87 Rz. 104; *D/K/K/S* § 87 Rz. 119). Die gesetzliche Regelung schließt also nicht aus, daß über den Rechtsstreit das Arbeitsgericht im Urteilsverfahren entscheidet, während zugleich die Einigungsstelle mit der Angelegenheit befaßt ist und deren Spruch durch das Arbeitsgericht im Beschlußverfahren überprüft wird (*D/R* und *D/K/K/S*, jeweils a. a. O.).

282 Wenn zwischen Arbeitgeber und Betriebsrat über die Festsetzung der zeitlichen Lage des Urlaubs eine Einigung nicht erreicht wird, entscheidet die **Einigungsstelle**. Der Spruch der Einigungsstelle ist aber eine Rechtsentscheidung, weil er sich darauf bezieht, ob der Urlaubswunsch des Arbeitnehmers zu berücksichtigen ist (*Zöllner* FS *BAG*, 611, 616; *D/R* § 87 Rz. 319; *G/L* § 87 Rz. 134). Er ist deshalb in vollem Umfang der arbeitsgerichtlichen Kontrolle unterworfen; auch gilt hier nicht die Zwei-Wochen-Frist des § 76 Abs. 5 Satz 4 (*D/R* a. a. O.; *S/W* § 87 Rz. 104). Eine Ausnahme besteht dann, wenn man von einem weiteren Urlaubsbegriff (vgl. dazu oben 259 ff.) und deshalb § 7 Abs. 1 BUrlG wie etwa bei Ansprüchen auf Bildungsurlaub nicht eingreift; in solchen Fällen trifft die Einigungsstelle eine Ermessensentscheidung, so daß eine Überschreitung der Grenzen des Ermessens nur innerhalb der genannten Frist geltend gemacht werden kann (*D/R* § 87 Rz. 320).

V. Einführung und Anwendung technischer Überwachungseinrichtungen (Nr. 6)

1. Reichweite des Schutzzwecks

283 Dieser Mitbestimmungstatbestand ist erst durch das BetrVG 1972 eingeführt worden. Er ist die Reaktion des Gesetzgebers auf die von ihm als unbefriedigend angesehene höchstrichterliche Rechtsprechung, wonach dem Betriebsrat bei der **Aufstellung eines Produktographen**, nämlich einer Apparatur, die Daten zum Betrieb einer Maschine (Lauf, Stillstand, Taktfolge, Fertigungsmenge usf.) registrierte und ins Büro des Betriebs übermittelte, unter dem Gesichtspunkt der Ordnung des Betriebs (§ 56 Abs. 1 Buchst. f BetrVG 1952) ein Mitbestimmungsrecht nicht zustand (*BAG* vom 27. 5. 1960 – 1 ABR 11/59 – AP Nr. 1 zu § 56 BetrVG 1952 Ordnung des Betriebs m. Anm. *Küchenhoff* = DB 1960, 669, 983; 1961, 914 m. Anm. *Schäcker*; zustimmend: *Dietz*, Betriebsverfassungsgesetz mit Wahlordnung, 4. Auflage 1967 § 56 Rz. 164; *Hueck/Nipperdey* II/2, 1374 Fn. 24 e; *Nikisch* III 416; ablehnend: *Fitting/Kraegeloh/Auffarth* a. a. O. Rz. 37 a; *Monjau* BB 1964, 887, 889; *Musa* AuR 1961, 357, 359; vgl. dazu GK-*Wiese* § 87 Rz. 341; *Wiedemeyer/Schuster* BB 1991, 970, 971). Zur Begründung heißt es im Gesetzentwurf der Bundesregierung (BT-Drucks. VI/1786, 45), daß »derartige Kontrolleinrichtungen stark in den persönlichen Bereich der Arbeitnehmer eingreifen«.

284 Aus diesem Nebensatz der Gesetzesbegründung ist später in Rechtsprechung und Fachschrifttum ein umfassendes Persönlichkeitsschutzprogramm abgeleitet worden. Das »Eingreifen in den **persönlichen Bereich**« wurde entweder als »Eingriff in den **Persönlichkeitsbereich**« (*BAG* vom 9. 9. 1975 – 1 ABR 20/74 – EzA § 87 BetrVG 1972 Kontrolleinrichtung Nr. 2 = DB 1975, 2233) verstanden, nachdem in der ersten Entscheidung des *BAG* zu diesem Mitbestimmungstatbestand (vom 14. 5. 1974 – 1 ABR 45/73 = EzA § 87 BetrVG 1972 Kontrolleinrichtung Nr. 1 = DB 1974, 1868) noch vom Eingriff in die **persönliche Sphäre** des einzelnen Arbeit-

nehmers die Rede gewesen war (ebenso *LAG Düsseldorf* vom 14. 12. 1981 – 26 Ta BV 80/81 – EzA § 87 BetrVG 1972 Kontrolleinrichtung Nr. 10 = DB 1982, 550; *Jobs* DB 1983, 2307, 2308; *D/R* § 87 Rz. 324; *G/L* § 87 Rz. 141; *Löwisch* AuR 1987, 96, 98; *F/A/K/H* § 87 Rz. 66; *Moll* DB 1982, 1722, 1724; *Hunold* DB 1982 Beilage Nr. 18, 9; *Kammann/Hess/Schlochauer* § 87 Rz. 113), oder es wurde sogar vom »Eingriff in ein **Persönlichkeitsrecht an der Eigensphäre**« (*Ehmann* Arbeitsschutz und Mitbestimmung bei neuen Technologien, 103; *Wiese* ZfA 1971, 273, 302) gesprochen (kritisch zum Gesichtspunkt des Persönlichkeitsschutzes an dieser Stelle auch *Buchner* ZfA 1988, 449, 468, BB 1987, 1942, 1950 und Anm. SAE 1975, 153 f. und *Kraft* ZfA 1985, 141, 153; vgl. auch die weit ausgreifenden und mit außerjuristischen Argumenten angereicherten Ausführungen für ein angeblich dem Persönlichkeitsschutz dienendes Mitbestimmungsrecht bei *D/K/K/S* § 87 Rz. 123–134).

Eine nähere Prüfung, ob diese wegen ihrer vielfältigen Verwendung sehr **unbestimmten Begriffe** nicht unterschiedliche Inhalte haben, ist unterblieben. Eine solche Prüfung hätte schon deshalb nahegelegen, weil die nach bisheriger Auffassung in Rechtsprechung und Fachschrifttum durch das allgemeine Persönlichkeitsrecht geschützten Rechtsgüter, nämlich Individualsphäre (= Sphäre zur Bewahrung der Eigenart des Menschen in seinen Beziehungen zur Umwelt), Privatsphäre und Intimsphäre (vgl. *Palandt* § 823 Rz. 15 B), die persönliche Ehre, das Verfügungsrecht über die Darstellung der eigenen Person, das Recht am gesprochenen Wort sowie u. U. das Recht, von der Unterschiebung nicht getaner Äußerungen verschont zu bleiben (vgl. *Krause* DB 1983 Beilage Nr. 23, 11 m. Beisp. aus der Rechtsprechung des *BVerfG*), durch die Einführung und Anwendung z. B. von Produktographen, Multimomentkameras oder Fahrtenschreibern kaum berührt werden können. Hätte man den »persönlichen Bereich« aus dem oben dargelegten Entstehungszusammenhang (vgl. oben Rz. 283) heraus mit der vorausgegangenen höchstrichterlichen Rechtsprechung zur Einführung von Produktographen in den Betrieb interpretiert, hätte dieser unbestimmte Begriff des »Eingreifens in den persönlichen Bereich« einen gänzlich anderen Inhalt gewinnen müssen, nämlich den einer **psychisch belastenden Einwirkung auf die Person** (ablehnend GK-*Wiese* § 87 Rz. 343 und *F/A/K/H* § 87 Rz. 64). Diese Deutung erfaßt die gerade von technischen Überwachungseinrichtungen und nur von ihnen ausgehende Belastung des arbeitenden Menschen, der vom Arbeitgeber einer **Kontrolle durch technische Mittel** ausgesetzt wird. Kontrolle auf technischem Wege belastet den Arbeitnehmer nämlich deshalb im besonderen Maße, weil sie sein Verhalten oder seine Leistung einer anonymen Beurteilung zugänglich macht. Die Apparatur liefert zwar objektive und unbeeinflußbare, wenn auch in der Regel den Lebenssachverhalt verkürzende Informationen. Entscheidender Grund für das Mitbestimmungsrecht ist der Mangel an Ermessensspielraum innerhalb der technischen Systeme sowie der erhöhte Überwachungsdruck durch die Dauer, Häufigkeit und Nichtablenkbarkeit der auf den Arbeitnehmer einwirkenden Verfahren (*Müllner* BB 1984, 475, 477; ähnlich *Zöllner* BB 1984, 241, 244; *Hunold* a. a. O.; *Kraft* ZfA 1985, 141, 155; *Weng* DB 1985, 1341, 1344; *Söllner* DB 1984, 1245; *Hesse* NZA 1985 Beilage Nr. 15, 17). Die technische Kontrolle ist infolgedessen erheblich schwerer zu ertragen als die Beobachtung durch eine Person (so auch *Jahnke* DB 1978, 1691 f.).

Wird dieser **begrenzte Schutzzweck** (zum Schutzzweck allgemein vgl. oben Rz. 7) zugrundegelegt, so wird klar, daß die Annahme der höchstrichterlichen Recht-

285

286

sprechung, der allgemeine Persönlichkeitsschutz werde durch Abs. 1 Nr. 6 ergänzt, diese Bestimmung zu Unrecht zu einer zentralen Schutznorm für den Arbeitnehmer im modernen, technisch hochorganisierten Betrieb aufgewertet hat, obwohl die Persönlichkeitsrechte des Arbeitnehmers einschließlich seiner Rechte aus dem Bundesdatenschutzgesetz im Betrieb ohnehin zu respektieren sind und der Betriebsrat über ihre Beachtung gem. § 75 Abs. 1 zu wachen hat (vgl. dazu *BAG* vom 7. 10. 1987 − 5 AZR 116/86 − AP Nr. 15 zu § 611 BGB Persönlichkeitsrecht − EzA § 611 BGB Persönlichkeitsrecht Nr. 6 = DB 1988, 403; im Grundsatz auch *BAG* vom 12. 1. 1988 − 1 AZR 352/86 − AP Nr. 23 zu § 76 BPersVG = DB 1988, 1552; vgl. ferner *D/R* § 75 Rz. 37; *G/L* § 75 Rz. 30 b; GK-*Wiese* § 87 Rz. 344; *F/A/K/H* a. a. O.; *Zöllner* Daten- und Informationsschutz im Arbeitsverhältnis, 1 ff.; *Schmidt-Dorrenbach/Goos* DB 1983 Beilage Nr. 11, 5; *Goos* BB 1983, 581, 584). Auch ohne Mitbestimmungsrechte des Betriebsrats sind die Arbeitnehmer daher rechtlich z. B. davor geschützt, technischen Überwachungseinrichtungen ohne ihr Wissen ausgesetzt zu werden (vgl. *G/L* § 87 Rz. 151 a, § 75 Rz. 24 ff.; *D/R* § 87 Rz. 338; GK-*Wiese* a. a. O.). Zur Rechtfertigung des Mitbestimmungsrechts nach Abs. 1 Nr. 6 kann daher folgerichtig nicht angeführt werden, die technische Ermittlung von Informationen sei in vielen Fällen vom Arbeitnehmer nicht wahrnehmbar, seine Abwehrreaktionen und -mechanismen gegen eine Überwachung würden damit ausgeschaltet (so aber *BAG* vom 6. 12. 1983 − 1 AZR 43/81 − EzA § 87 BetrVG 1972 Bildschirmarbeitsplatz Nr. 1 m. Anm. *Ehmann* = DB 1984, 775; 1985, 1341 m. Anm. *Weng*). Die von der höchstrichterlichen Rechtsprechung vorgenommene Ausweitung des Schutzzwecks hat in den Betrieben, die vielfach mit Hilfe von Datenverarbeitungssystemen organisiert sind, zu einem **im Gesetz nicht vorgesehenen Mitbestimmungsrecht bei der Betriebsgestaltung** geführt (vgl. *Buchner* ZfA 1988, 449, 468; *Ehmann* ZfA 1986, 357, 361, Anm. SAE 1986, 257 und NZA 1986, 657 f.).

2. Verhältnis zu anderen Mitbestimmungstatbeständen

287 Einführung und Anwendung von technischen Überwachungseinrichtungen erfüllen nicht zugleich **andere Mitbestimmungstatbestände**, z. B. nach Abs. 1 Nr. 1 (vgl. Rz. 98 ff.; im Ergebnis ebenso *Moll* DB 1982, 1722 f.; *Hunold* DB 1982 Beilage Nr. 18, 8; GK-*Wiese* § 87 Rz. 342; a. A. *D/R* § 87 Rz. 325). Andere Tatbestände können aber im engen Zusammenhang mit der Einführung oder Anwendung der Einrichtungen gegeben sein, wenn also z. B. die durch die Einrichtung überwachten Arbeitnehmer zu einem bestimmten Verhalten in bezug auf die Ordnung des Betriebs verpflichtet werden.

3. Voraussetzungen des Mitbestimmungsrechts

a) Allgemeine Abgrenzung des Mitbestimmungstatbestandes

288 Da Abs. 1 Nr. 6 nur den Schutz der Arbeitnehmer bei einer Überwachung durch technische Einrichtungen gewährleistet, hat der Betriebsrat kein Mitbestimmungsrecht bei Überwachung durch **Vorgesetzte oder andere Personen** (*BAG* vom 26. 3. 1991 − 1 ABR 26/90 − AP Nr. 21 zu § 87 BetrVG 1972 Überwachung = DB 1991, 1834 = EzA § 87 BetrVG 1972 Überwachung Nr. 1; *LAG Düsseldorf*

Mitbestimmungsrechte § **87**

vom 17.1. 1975 – 9 Ta BV 115/74 – DB 1975, 556; *F/A/K/H* § 87 Rz. 70; GK-*Wiese* § 87 Rz. 353; *G/L* § 87 Rz. 142 a; *D/K/K/S* § 87 Rz. 137; *Schaub* § 235 II 6). Dies gilt auch bei Anordnungen zur Anfertigung schriftlicher Leistungsnachweise und Tätigkeitsberichte (vgl. oben Rz. 114 sowie *D/R* § 87 Rz. 326; GK-*Wiese* a.a.O.). Es muß sich um eine **Kontrolle durch technische Einrichtungen** handeln. Darunter fallen alle Apparate und Geräte im weitesten Sinn, die mit oder ohne Hilfe des Menschen selbsttätig operieren, z.B. Bilder herstellen, chemische Reaktionen auslösen oder steuern, hergestellte Stücke zählen, die Zeit oder die gefahrene Geschwindigkeit messen und aufzeichnen (*Kraft* ZfA 1985, 141, 145; vgl. auch GK-*Wiese* § 87 Rz. 349 und *D/K/K/S* § 87 Rz. 137). Dagegen können Spiegelsysteme und Einwegscheiben, die nicht selbsttätig operieren können, sondern nur ein Hilfsmittel bei der Beobachtung von Menschen sind, nicht als technische Einrichtungen in diesem Sinne angesehen werden. Sie sind vergleichbar mit Uhren (vgl. dazu *LAG Schleswig-Holstein* vom 4.7. 1985 – 5 Ta BV 15/85 – NZA 1985, 673), Brillen, Lupen, Taschenrechnern und Lesegeräten, die mit Sicherheit nicht unter Abs. 1 Nr. 6 fallen (*Kraft* a.a.O.; **a.A.** hinsichtlich Spiegelsystemen und Einwegscheiben: *F/A/K/H* § 87 Rz. 73, GK-*Wiese* § 87 Rz. 358 sowie *Schwarz* DB 1983, 226, 228, der allerdings die nach seiner Ansicht erforderliche »eigenständige Kontrollwirkung« verneint; noch weitergehend für Erfassung aller optischen, akustischen, mechanischen und elektronischen Geräte: *D/K/K/S* § 87 Rz. 137).

Es spielt keine Rolle, ob die Arbeitnehmer, deren Verhalten oder Leistung überwacht wird, an dem mit der technischen Überwachungseinrichtung versehenen Arbeitsgerät beschäftigt sind oder nicht (*BAG* vom 9.9. 1975, a.a.O.; GK-*Wiese* § 87 Rz. 350; *F/A/K/H* § 87 Rz. 72 b). **289**

Für das Mitbestimmungsrecht ist es schließlich unerheblich, ob die technische Einrichtung **automatisch** funktioniert oder von Personen oder von betroffenen Arbeitnehmern selbst betätigt wird (*BAG* a.a.O. für den Produktographen; *LAG Düsseldorf* vom 21.11. 1978 – 19 Ta BV 39/78 – DB 1979, 459 für den Zeitstempler; *G/L* § 87 Rz. 143; *D/K/K/S* § 87 Rz. 145; *F/A/K/H* und GK-*Wiese*, jeweils a.a.O.). **290**

Das Mitbestimmungsrecht besteht auch dann, wenn der Arbeitgeber die Einführung oder Anwendung von technischen Kontrolleinrichtungen einem **Dritten überlassen** hat (*BAG* vom 17.3. 1987 – 1 ABR 59/85 – AP Nr. 29 zu § 80 BetrVG 1972 = DB 1987, 1491 = EzA § 80 BetrVG 1972 Nr. 30; *LAG Frankfurt/M.* vom 9.10. 1984 – 5 Ta BV 104/84 – NZA 1985, 34; vgl. auch *LAG Hamburg* vom 20.6. 1985 – 7 Ta BV 10/84 – BB 1985, 2110). Er muß dann durch entsprechende Vertragsgestaltung die Ausübung des Mitbestimmungsrechts ermöglichen (*F/A/K/H* § 87 Rz. 76 b). **291**

Mitbestimmungspflichtig ist die **Einführung und Anwendung** konkreter technischer Einrichtungen (zum Verlangen des Betriebsrats nach einer Rahmenregelung über den Einsatz technischer Anlagen vgl. unten Rz. 327). Zur Einführung gehört die Entscheidung darüber, ob, ggf. für welchen Zeitraum, an welchem Ort, mit welcher Zweckbestimmung und Wirkungweise eine Einrichtung eingesetzt werden soll (GK-*Wiese* § 87 Rz. 400; *F/A/K/H* § 87 Rz. 76; *D/K/K/S* § 87 Rz. 139; zum Initiativrecht des Betriebsrats vgl. aber unten Rz. 325). Die Einführung ist auch dann mitbestimmungspflichtig, wenn sie nur versuchsweise geschieht (*LAG Berlin* vom 12.8. 1986 – 8 TaBV 4/86 – DB 1987, 594). Unter Anwendung ist die allgemeine Handhabung eingeführter Einrichtungen zu verstehen, einschließlich **292**

§ 87   *4. Teil 3. Abschn. Soziale Angelegenheiten*

der Art und Weise, in der die Einrichtung zur Überwachung der Arbeitnehmer tatsächlich verwendet werden soll (*G/L* § 87 Rz. 148; *F/A/K/H* § 87 Rz. 76a; GK-*Wiese* § 87 Rz. 401; *D/K/K/S* § 87 Rz. 141). Entweder als Einführung oder als Anwendung mitbestimmungspflichtig ist auch die **Erweiterung** einer bereits bestehenden Überwachungseinrichtung (*G/L* und GK-*Wiese*, jeweils a.a.O.; noch weitergehend *D/K/K/S* § 87 Rz. 156). Nicht der Mitbestimmung unterliegt die **Abschaffung** einer Überwachungseinrichtung, wie sich sowohl aus dem Wortlaut wie auch aus dem Schutzzweck der Regelung ergibt (im Ergebnis ebenso *BAG* vom 28.11.1989 – 1 ABR 97/88 – AP Nr. 4 zu § 87 BetrVG Initiativrecht = DB 1990, 743 = EzA § 87 BetrVG 1972 Kontrolleinrichtung Nr. 18; GK-*Wiese* § 87 Rz. 402; *Schwarz* Arbeitnehmerüberwachung und Mitbestimmung, 123; **a.A.** *F/A/K/H* § 87 Rz. 77). Nicht notwendig ist nach Wortlaut und Zweck des Mitbestimmungstatbestandes (vgl. oben Rz. 283 ff.), daß die **Überwachung längere Zeit währt** (*BAG* vom 10.7.1979 – 1 ABR 97/77 – EzA § 87 BetrVG 1972 Kontrolleinrichtung Nr. 7 = DB 1979, 2427; *F/A/K/H* § 87 Rz. 71; GK-*Wiese* § 87 Rz. 351; *D/K/K/S* § 87 Rz. 145; **a.A.** *LAG Hamm* vom 24.8.1977 – 3 Ta BV 34/77 – EzA § 87 BetrVG 1972 Kontrolleinrichtung Nr. 3 = DB 1977, 2189; *Kammann/Hess/Schlochauer* § 87 Rz. 115). Nicht mitbestimmungspflichtig ist die Erlaubnis des Arbeitgebers für einen Arbeitnehmer, einen privaten Kleincomputer zur Erledigung dienstlicher Aufgaben zu benutzen, sofern dabei nicht Daten über Leistung oder Verhalten anderer Arbeitnehmer erfaßt werden (*BVerwG* vom 12.10.1989 – 6 P 9/88 – NJW 1990, 1248).

293 Die technische Einrichtung muß dazu bestimmt sein, **das Verhalten oder die Leistung der Arbeitnehmer** zu überwachen. Es reicht also nicht aus, daß nur der Lauf oder die Ausnutzung einer technischen Anlage überwacht wird (*BAG* vom 9.9.1975 und *LAG Düsseldorf* vom 14.12.1981, jeweils a.a.O.; *D/R* § 87 Rz. 327; *F/A/K/H* § 87 Rz. 69d; *G/L* § 87 Rz. 144; GK-*Wiese* § 87 Rz. 387; *Stadler* BB 1972, 801; *S/W* § 87 Rz. 107b; *D/K/K/S* § 87 Rz. 146). Auf der anderen Seite braucht die technische Einrichtung nicht ausschließlich oder auch nur überwiegend dem Zweck der Überwachung von Verhalten oder Leistung der Arbeitnehmer zu dienen. Entscheidend ist, ob die technische Einrichtung **nach ihrer Konstruktion zu einer solchen Kontrolle bestimmt** ist (*D/R* a.a.O.: »objekiv-finales Kriterium«); denn auch dann besteht die psychisch belastende Einwirkung auf die betroffenen Arbeitnehmer (vgl. oben Rz. 285). Deshalb ist dem *BAG* zuzustimmen, wenn es ausreichen läßt, daß die Einrichtung »zur Überwachung objektiv und unmittelbar geeignet ist, ohne Rücksicht darauf, ob der Arbeitgeber dieses Ziel tatsächlich verfolgt und die durch die Überwachung gewonnen Daten auch auswertet« (*BAG* vom 9.9.1975, vom 10.7.1979 und vom 6.12.1983, jeweils a.a.O.; *LAG Berlin* vom 31.3.1981 – 8 Ta BV 5/80 und 6/80 – DB 1981, 1519, 1522; *LAG Düsseldorf* vom 14.12.1981, a.a.O.; vom 21.11.1978 – 19 Ta BV 39/78 – DB 1979, 459 und vom 28.11.1980 – 16 Ta BV 13/80 – EzA § 87 BetrVG 1972 Kontrolleinrichtung Nr. 9 = DB 1981, 379f.; *G/L* § 87 Rz. 145; *D/R* § 87 Rz. 327; GK-*Wiese* § 87 Rz. 355; *F/A/K/H* § 87 Rz. 71; *D/K/K/S* § 87 Rz. 154; *Jahnke* DB 1978, 1691, 1694; *Kilian* NJW 1981, 2545, 2549; *Klinkhammer* AuR 1983, 321, 323; *Heinze* Anm. SAE 1985, 245, 249; für die entsprechende Bestimmung des BPersVG ebenso *BVerwG* vom 16.12.1987 – 6 P 32/84 – NZA 1988, 513; **a.A.** *LAG Düsseldorf* vom 13.10.1977 – 3 Ta BV 22/77 – EzA § 87 BetrVG 1972 Kontrolleinrichtung Nr. 4 = DB 1977, 2334; *S/W* § 87 Rz. 107; *Schmidt-Dorrenbach/Goos* DB 1983 Beilage Nr. 11, 5; *Stadler*

BB 1972, 800, 801; *Buchner* Anm. SAE 1975, 152; *Peterek* Anm. SAE 1976, 191). Diese Auslegung ist mit dem Wortlaut des Gesetzes vereinbar, wenn man die Bestimmung zur Überwachung entsprechend dem Schutzzweck des Mitbestimmungstatbestandes an der Sicht der betroffenen Arbeitnehmer ausrichtet (*Schwarz* Arbeitnehmerüberwachung und Mitbestimmung, 109 und BB 1985, 531, 532; *Kraft* ZfA 1985, 141, 145f.).

Das Mitbestimmungsrecht entfällt deshalb auch nicht, wenn der **Arbeitgeber erklärt** hat, mit einer technischen Einrichtung keine Überwachung und Kontrolle durchführen zu wollen (*BAG* vom 6.12. 1983, a.a.O.; ebenso *Ehmann* Arbeitsschutz und Mitbestimmung bei neuen Technologien, 115f.; *Denck* RdA 1982, 298; GK-*Wiese* und *F/A/K/H*, jeweils a.a.O.; *Schwarz* BB 1985, 531, 534). Auch sonst bleiben Mitbestimmungsrechte bestehen, wenn ein von einer Mitbestimmungsregelung bezweckter Schutz der Arbeitnehmer vom Arbeitgeber freiwillig zugestanden wird (*BAG* a.a.O. sowie vom 21. 12. 1982 – 1 ABR 14/81 – EzA § 87 BetrVG 1972 Arbeitszeit Nr. 16 = DB 1983, 47, 611).

Das Mitbestimmungsrecht nach Abs. 1 Nr. 6 greift auch dann ein, wenn die Ausführung der Überwachung von Arbeitnehmern **bei der von ihnen geschuldeten Arbeit** geschieht (so auch GK-*Wiese* § 87 Rz. 362; *F/A/K/H* § 87 Rz. 72b; *Moll* DB 1982, 1722f.). 294

Schwierigkeiten bereitet die Frage, unter welchen Voraussetzungen eine technische Einrichtung bestimmt ist, **das Verhalten oder die Leistung der Arbeitnehmer zu überwachen**. Die Abgrenzungsfragen sind noch dadurch erschwert worden, daß das *BAG* zu Unrecht das Mitbestimmungsrecht von der technischen Erhebung auf die technische Verarbeitung von Informationen ausgedehnt hat (vgl. dazu unten Rz. 313). Damit ist mit besonderer Schärfe das Problem gestellt, was unter Verhalten i.S.d. Abs.1 Nr.6 verstanden werden muß (vgl. unten Rz. 300ff.). 295

Das *BAG* versteht unter Überwachung einen **Vorgang, durch den aufgrund vorhandener Programme Informationen über das Verhalten oder die Leistung bestimmter Arbeitnehmer erhoben und – jedenfalls in der Regel – in irgendeiner Form aufgezeichnet werden** (vom 18. 2. 1986 – 1 ABR 21/89 – AP Nr. 13 zu § 87 BetrVG 1972 Überwachung = DB 1986, 1178; vom 6.12. 1983, a.a.O.). Dementsprechend hat es z.B. Fahrtenschreiber, Produktographen und Filmkameras der Mitbestimmung nach Abs. 1 Nr. 6 unterstellt (vgl. dazu unten Rz. 309). Die technische Einrichtung mußte nach der früheren Rechtsprechung von 1983 aber **unmittelbar**, d.h. wenigstens in ihrem Kern schon selbst die Überwachung bewirken (so auch weiterhin S/W § 87 Rz. 107c). Die Möglichkeit, daß erst durch zusätzliche andere Anordnungen oder bestimmte Gestaltungen einer technischen Einrichtung Arbeitnehmer künftig überwacht werden könnten, genüge nicht. »Eine Überwachung muß unmittelbar und aktuell erfolgen und deren Auswertung möglich sein« (*BAG* vom 9. 9. 1975 und 10. 7. 1979, jeweils a.a.O.). 297

Mit Recht kritisiert worden ist aber die – inzwischen aufgegebene (vgl. unten a.E. des Absatzes) – Annahme des *BAG*, daß die technische Einrichtung unmittelbar die Überwachung bewirken müsse (so *Hinz* Anm. AP Nr. 2 zu § 87 BetrVG 1972 Überwachung Bl. 5 R; *Ehmann* a.a.O. 106ff.; *Hunold* DB 1982 Beilage Nr. 18, 9; **a.A.** *LAG Frankfurt/M.* vom 1.9. 1983 – 4 Ta BV 9/83 – DB 1984, 460). Träfe dies zu, so wäre es konsequent, vorauszusetzen, daß die Einrichtung selbst einen Vergleich zwischen Norm und Realität **(Soll-Ist-Vergleich)** durchführen muß (so in der Tat *Ehmann* Anm. EzA § 87 BetrVG 1972 Bildschirmarbeitsplatz Nr. 1; 298

§ 87   4. Teil 3. Abschn.   Soziale Angelegenheiten

Schmidt-Dorrenbach/Goos DB 1982 Beilage Nr. 11, 6; *Goos* BB 1983, 581, 583; hiergegen *Kraft* ZfA 1985, 141, 150). Zutreffend hatte aber das *BAG* schon (vom 9. 9. 1975 und vom 6. 12. 1983, jeweils a. a. O.) ausgesprochen, daß von Überwachung nicht erst mit der Auswertung der durch die Einrichtung ermittelten und aufgezeichneten Informationen die Rede sein kann (zustimmend *Schwarz* Arbeitnehmerüberwachung und Mitbestimmung, 74; *Hunold* a. a. O., 9f.; *Jobs* DB 1983, 2307, 2309). Wäre für das Vorliegen eines Mitbestimmungsrechts zusätzlich die Auswertung der auf technischem Wege erhobenen Informationen durch das Gerät selbst erforderlich, so wäre nicht einmal die Einführung und Anwendung eines Produktographen, also der eigentliche Anlaßfall für die Aufnahme dieses Mitbestimmungstatbestandes (vgl. dazu oben Rz. 283), mitbestimmungspflichtig *BAG* vom 6. 12. 1983 – 1 ABR 43/81 – DB 1984, 775; 1985, 1341 m. Anm. *Weng*). Die vom BAG zeitweilig geforderte Unmittelbarkeit hat aber einen richtigen Kern: Ausgangspunkt ist dabei, daß zu einer Überwachung im Sinne eines wertenden Beurteilens die technische Einrichtung selbst überhaupt nicht fähig ist. Diese Fähigkeit hat allein der Mensch, hier der Arbeitgeber (*Kraft* ZfA 1985, 141, 154; *Zöllner* Daten- und Informationsschutz im Arbeitsverhältnis, 85; *Goos* BB 1983, 581, 583). Die technische Einrichtung kann nur die Informationen für die Beurteilung durch den Menschen bereitstellen. Erforderlich für den Mitbestimmungstatbestand ist aber, daß die von der Einrichtung durch Aufzeichnung verfügbar gemachten Informationen **von der Einrichtung selbst erhoben** worden sind und deshalb die solchen Informationen allgemein zuerkannte Objektivität und Unbeeinflußbarkeit aufweisen. Mit dieser Klarstellung ist dem vom *BAG* angenommenen Merkmal der Unmittelbarkeit zuzustimmen (so auch *Jahnke* DB 1978, 1691 f.; *Hunold* DB 1982 Beilage Nr. 18, 10; *Moll* ZZP 1982, 889, 895; *Kraft* ZfA 1985, 141, 149; im Ergebnis ebenso GK-*Wiese* § 87 Rz. 357; *F/A/K/H* § 87 Rz. 72b; für Aufgabe der Unmittelbarkeit *Schwarz* BB 1985, 531, 534 und *Schapper/Waniorek* AuR 1985, 246, 248; *D/K/K/S* § 87 Rz. 154). Dementsprechend hat es das *BAG* später genügen lassen, wenn diese Aussagen erst in Verbindung mit weiteren Daten und Umständen zu einer vernünftigen und sachgerechten Beurteilung führen können (vom 23. 4. 1985 – 1 ABR 39/81 – EzA § 87 BetrVG 1972 Überwachung Nr. 12 = DB 1985, 1897; vom selben Tag – 1 ABR 2/82 – EzA § 87 BetrVG 1972 Kontrolleinrichtung Nr. 13 = DB 1985, 1898).

299 Das Mitbestimmungsrecht besteht nur, soweit die **Einrichtung** so eingesetzt wird, daß sie Informationen **über Leistung** oder **Verhalten von Arbeitnehmern** bereitstellt (*BAG* vom 6. 12. 1983, a. a. O.; vgl. dazu auch Entscheidung vom 14. 9. 1984 – 1 ABR 23/82 – EzA § 87 BetrVG 1972 Kontrolleinrichtung Nr. 11 m. Anm. *Löwisch/Rieble* = DB 1984, 2045, 2513; 1985, 1341; *D/R* § 87 Rz. 327; *F/A/K/H* § 87 Rz. 75; *Schwarz* Arbeitnehmerüberwachung und Mitbestimmung, 83; im Grundsatz auch *Apitzsch/Schmitz* DB 1984, 983, 989 und GK-*Wiese* § 87 Rz. 359; *D/K/K/S* a. a. O.; vgl. auch Erläuterungen zur Anwendung computergestützter Bildschirmgeräte unter Rz. 309). Es kommt sonach darauf an, was unter Verhalten und Leistung der Arbeitnehmer zu verstehen ist. Eine Unterscheidung dieser beiden Begriffe hat das *BAG* in seiner neueren Rechtsprechung (vom 11. 3. 1986 – 1 ABR 12/84 – EzA § 87 BetrVG 1972 Kontrolleinrichtung Nr. 15 = DB 1986, 1469; zustimmend *Gola* AuR 1988, 105, 109; *F/A/K/H* § 87 Rz. 69a; GK-*Wiese* § 87 Rz. 380f.) für entbehrlich erklärt (kritisch dazu *Ehmann* ZfA 1986, 357, 369; vgl. dazu unten Rz. 303ff.).

300 Das **Verhalten** im arbeitsrechtlichen Verständnis ist individuell steuerbar; von Arbeitnehmern nicht gestaltbare Zustände können nicht als Verhalten bezeichnet werden (*Müllner* DB 1984, 1677). Das Verhalten i. S. v. Abs. 1 Nr. 6 erfaßt vor allem die willensmäßig gesteuerte Erfüllung der arbeitsvertraglichen Pflichten. Hierzu gehören also die Erbringung der Arbeitsleistung am Arbeitsplatz und alle damit unmittelbar zusammenhängenden Handlungen. Das Verhalten kann dabei vertragsgerecht wie auch vertragswidrig sein. Es kann sich z. B. handeln um die Verweigerung eines Teils der geschuldeten Arbeit, die Ablehnung eines neuen Aufgabenbereichs, die mangelhafte Erfüllung der Arbeitspflicht, den verspäteten Beginn oder die vorzeitige Beendigung der Arbeitsleistung, ferner um Tätlichkeiten, Beleidigungen und sonstige Störungen des Betriebsfriedens, die während der Arbeit begangen werden (*Müllner* DB 1984, 1677, 1678). In Betracht kommen ferner Daten über Arbeits- und Fehlzeiten, Überstundenleistung, Gleitzeitarbeit, Streikbeteiligung (*Apitzsch/Schmitz* DB 1984, 983, 987).

Nicht verhaltensbezogen sind Informationen über den allgemeinen Status des Arbeitnehmers, z. B. Name, Anschrift, Alter, Geschlecht, Familienstand, Kinderzahl, Steuerklasse, Tarifgruppe, Schulausbildung, Sprachkenntnisse, Vorbeschäftigungen, Gehaltshöhe (im wesentlichen ebenso *BAG* vom 22. 10. 1986 – 5 AZR 60/85 – AP Nr. 2 zu § 23 BDSG = DB 1987, 1048; *Ehmann* NZA 1985 Beilage Nr. 1, 8; *Heinze* Anm. SAE 1985, 245; *Schwarz* Arbeitnehmerüberwachung und Mitbestimmung, 83 und BB 1985, 531, 532; *F/A/K/H* § 87 Rz. 69 und 75; *Zöllner* DB 1984, 1243, 1245; *Müllner* DB 1984, 1677 unter Anlehnung an die gesetzliche Unterscheidung zwischen verhaltens- und personenbezogener Kündigung in § 1 Abs. 1 KSchG; ferner *Marsch-Barner* Anm. AR-Blattei, D, Betriebsverfassung XIV B, Entsch. 83, 8. Forts.-Blatt; **a. A.** *D/K/K/S* § 87 Rz. 150), ebensowenig Bestehen oder Fehlen der Arbeitserlaubnis, Verpflichtung zur Wehrdienstleistung, Innehaben eines Ehrenamtes, Schwangerschaft, verwandtschaftliche Beziehungen, schließlich körperliche und geistige Eignung für einen Arbeitsplatz, soweit sie nicht aus einem Verhalten bei der Arbeitsleistung erschlossen wird (*Müllner* a. a. O.; zur Möglichkeit der Verknüpfung vgl. unten Rz. 302). Hingegen sind krankheitsbedingte Fehlzeiten als Verhaltensdaten anzusehen (*BAG* vom 11. 3. 1986 – 1 ABR 12/84 – EzA § 87 BetrVG 1972 Kontrolleinrichtung Nr. 15 = DB 1986, 1469; *LAG Frankfurt/M.* vom 1. 9. 1983, a. a. O.; *Ehmann* ZfA 1986, 357, 370; *F/A/K/H* § 87 Rz. 69c; *GK-Wiese* § 87 Rz. 384; **a. A.** die Vorauflage). Keine Verhaltensdaten sind aber Angaben über Trunk- oder Drogensucht (*Müllner* a. a. O.; **a. A.** *GK-Wiese* und *F/A/K/H*, jeweils a. a. O.).

Auch die **Möglichkeit der Verknüpfung** der genannten Statusdaten mit betrieblichen Daten, die nicht Verhalten oder Leistung von Arbeitnehmern betreffen, löst noch kein Mitbestimmungsrecht aus (*Marsch-Barner* a. a. O.; *Ehmann* ZfA 1986, 357, 371; **a. A.** *Apitzsch/Schmitz* DB 1984, 983, 987; *D/K/K/S* a. a. O.; *Klebe* NZA 1985, 44, 47 und DB 1986, 380ff.; *Heither* BB 1988, 1049, 1052; *GK-Wiese* § 87 Rz. 383; *Linnenkohl/Schütz/Rauschenberg* NZA 1986, 769, 771; *Schapper/Waniorek* AuR 1985, 246, 249; *Gola* AuR 1988, 105, 110; *F/A/K/H* § 87 Rz. 69b). Nur wenn ein Datenverarbeitungssystem ein Anwendungsprogramm (vgl. unten Rz. 309) enthält, das neutrale mit verhaltens- oder leistungsbezogenen Informationen tatsächlich verknüpft, kommt insoweit ein Mitbestimmungsrecht in Betracht (*Marsch-Barner, Müllner*, jeweils a. a. O.; *Löwisch/Rieble* Anm. EzA § 87 BetrVG 1972 Kontrolleinrichtung Nr. 11).

§ 87   4. Teil 3. Abschn. Soziale Angelegenheiten

303 Kein Anhaltspunkt ergibt sich im Gesetz dafür, daß das Mitbestimmungsrecht nur das Leistungs-, nicht auch anderes Verhalten im Betrieb erfassen würde. Nur unter Beachtung des Mitbestimmungsrechts können deshalb überwacht werden: die Verhaltensweisen von Arbeitnehmern bei Abrechnung des Kantinenessens, Fahrgeldabrechnung bei Werkbusverkehr, bargeldlosen Einkäufen in unternehmenseigenen Geschäften, Kauf von Unternehmenserzeugnissen, Verkehrsverhalten auf dem Firmenparkplatz (a. A. *Müllner* a. a. O.; *S/W* § 87 Rz. 109b; *Hunold* DB 1982 Beilage Nr. 18, 9; und die Vorauflage), Inanspruchnahme von vermögenswirksamen Leistungen oder Darlehen, Vorliegen von Pfändungen (vgl. *Ehmann* ZfA 1986, 357, 371; *Klebe* DB 1986, 380, 381; *Apitzsch/Schmitz* DB 1984, 983, 987; *Schapper/Waniorek* AuR 1985, 246, 249). Dementsprechend kann auch eine Beschränkung auf Informationen über innerbetriebliches Verhalten nicht anerkannt werden (*Ehmann* a. a. O.; *Klebe* DB 1986, 380; *Gola* AuR 1988, 105, 109; GK-*Wiese* § 87 Rz. 382; offengelassen in *BAG* vom 11. 3. 1986, a. a. O.). Grenzen ergeben sich aber insofern aus dem Datenschutzrecht (vgl. unten Rz. 319).

304 Eine Überwachung des Verhaltens liegt auch unabhängig davon vor, ob die gewonnenen Informationen eine sinnvolle Überwachung überhaupt ermöglichen (**Beurteilungsrelevanz**). Eine solche Feststellung läßt sich im voraus verläßlich nicht treffen. Wollte man auf die Beurteilungsrelevanz der Daten abstellen, wäre eine Grenze zwischen mitbestimmungsfreier und -pflichtiger Erfassung von Verhaltens- oder Leistungsdaten nicht zu ziehen (*BAG* vom 6. 12. 1983, a. a. O.; vom 23. 4. 1985 – 1 ABR 2/82 – a. a. O.; *Heinze* Anm. SAE 1985, 245, 249; *D/R* § 87 Rz. 331; GK-*Wiese* § 87 Rz. 364; *F/A/K/H* § 87 Rz. 69a; *Klebe* NZA 1986, 44, 46; *D/K/K/S* § 87 Rz. 151; *Schwarz* BB 1985, 531, 532; **a. A.** *Ehmann* Arbeitsschutz und Mitbestimmung bei neuen Technologien, 112 und 214; *ders.* Anm. SAE 1985, 273, 276; *ders.* NZA 1985 Beilage Nr. 1, 1, 7; *Weng* DB 1985, 1341, 1343).

305 Unter **Leistung** i. S. d. Abs. 1 Nr. 6 kann nach dem Schutzzweck dieser Bestimmung nur die **Arbeits**leistung verstanden werden (so auch *Müllner* a. a. O.; *S/W* § 87 Rz. 109b). Leistung ist dabei nicht im naturwissenschaftlich-technischen Sinne als Arbeit je Zeiteinheit aufzufassen, sondern als vom Arbeitnehmer in Erfüllung seiner vertraglichen Pflicht erbrachte Arbeit (*BAG* vom 18. 2. 1986 und 23. 4. 1985, jeweils a. a. O.; GK-*Wiese* § 87 Rz. 381; *F/A/K/H* § 87 Rz. 69; *D/K/K/S* § 87 Rz. 148). Leistung ist z. B. die Menge der fertiggestellten Stücke im Verhältnis zum Verbrauch von Material oder Werkzeug (vgl. dazu *Apitzsch/Schmitz* a. a. O.). Auf die Beurteilungsrelevanz der Daten kommt es aber auch hier nicht an (vgl. *BAG* a. a. O. und Fundstellen im Fachschrifttum unter Rz. 304; **a. A.** *Müllner* a. a. O., 1680). **Verhaltensweisen bei der Erbringung der Arbeitsleistung** sind aber aus dem Mitbestimmungstatbestand nicht ausgenommen (vgl. dazu oben Rz. 295). Der höchstrichterlichen Rechtsprechung zur Abgrenzung von Leistung und Verhalten (vgl. oben Rz. 299) ist deshalb im Ergebnis beizupflichten. Ein **bloßes Arbeitsergebnis** ohne Zeitbezug ist jedoch in keinem Fall Leistungsdatum (GK-*Wiese* a. a. O.; *Ehmann* ZfA 1986, 357, 368), ebensowenig ein bloßes Unterlassen (**a. A.** aber *D/K/K/S* a. a. O.).

306 Die Überwachung von Arbeitnehmern durch technische Einrichtungen setzt aber voraus, daß die ermittelten und aufgezeichneten Verhaltens- und Leistungsdaten auch bestimmten **einzelnen Arbeitnehmern zugeordnet** werden können, der einzelne Arbeitnehmer also identifizierbar ist. Mitbestimmungspflichtig ist nicht die Erhebung von anonymisierten Verhaltens- und Leistungsdaten schlechthin, son-

Mitbestimmungsrechte § 87

dern nur die Erhebung auf den Arbeitnehmer bezogener Daten. Das Erfassen der Leistung oder des Verhaltens einer ganzen Abteilung oder Gruppe reicht nicht aus (*BAG* vom 6.12. 1983, a.a.O.; *LAG Düsseldorf* vom 28.11. 1980, a.a.O.; *G/L* § 87 Rz. 145; *Denck* RdA 1982, 297; *Bartl* DB 1982, 1097, 1102; *Moll* ZIP 1982, 889, 804; GK-*Wiese* § 87 Rz. 385; *F/A/K/H* § 87 Rz. 68; *D/K/K/S* § 87 Rz. 146; *Schwarz* Arbeitnehmerüberwachung und Mitbestimmung, 102 f.; *Jobs* DB 1983, 2307, 2310).

Eine Ausnahme gilt auch dann nicht, wenn die Mitglieder der Gruppe für eine bestimmte Leistung oder ein bestimmtes Verhalten **gemeinschaftlich verantwortlich** sind; denn die Überwachung des einzelnen geschieht dann **nicht mittels einer technischen Einrichtung**, sondern durch Menschen, und zwar nicht durch den Arbeitgeber, sondern durch die Arbeitskollegen (*Ehmann* ZfA 1986, 357, 381; kritisch auch *Buchner* BB 1987, 1942, 1945; a.A. *BAG* vom 18.2. 1986 – 1 ABR 21/84 – AP Nr. 13 zu § 87 BetrVG 1972 Überwachung = DB 1986, 1178; dem *BAG* zustimmend: *Gola* AuR 1988, 105, 109; in der Sache ebenso *Schwarz* a.a.O., 102 ff. und BB 1985, 531, 532; *Heinze* Anm. SAE 1985, 245, 250; *F/A/K/H* § 87 Rz. 68 a; GK-*Wiese* § 87 Rz. 386; *D/K/K/S* § 87 Rz. 147 und die Vorauflage). 307

Auf welche Weise die erfaßten Verhaltens- und Leistungsdaten bestimmten Arbeitnehmern zugeordnet werden können, diese Arbeitnehmer also identifizierbar sind, ist gleichgültig. Die **Identifizierung** muß **nicht durch die technische Einrichtung** selbst erfolgen. Es genügt vielmehr, daß die erfaßten Daten auch in Verbindung mit anderen bekannten oder außerhalb der technischen Einrichtung gewonnenen Daten die Zuordnung zu einem bestimmten Arbeitnehmer erlauben. So werden etwa die durch einen Fahrtenschreiber aufgezeichneten Daten einem Arbeitnehmer erst dadurch zugeordnet, daß festgestellt wird, welcher Arbeitnehmer das Fahrzeug während des Aufzeichnungszeitraums gefahren hat (*BAG* vom 6.12. 1983 – 1 AZR 43/81 – EzA § 87 BetrVG 1972 Bildschirmarbeitsplatz Nr. 1 m. Anm. *Ehmann* = DB 1984, 775; 1985, 1341 m. Anm. *Weng*; vom 9.9. 1975 – 1 ABR 20/74 – AP Nr. 2 zu § 87 BetrVG 1972 Überwachung = DB 1975, 2233 = EzA § 87 BetrVG 1972 Kontrolleinrichtung Nr. 2; so auch GK-*Wiese* § 87 Rz. 385; *F/A/K/H* § 87 Rz. 68; *D/K/K/S* § 87 Rz. 146). 308

b) Technische Einrichtungen nach ihrer unterschiedlichen Zweckbestimmung

aa) Einrichtungen zur Erhebung von Informationen
Entsprechend den vorangegangenen allgemeinen Erläuterungen begründen z.B. **die folgenden Geräte zur Erhebung von Informationen** (vgl. auch Aufzählungen bei *F/A/K/H* § 87 Rz. 72 b–74, *D/K/K/S* § 87 Rz. 164 ff. und *S/W* § 87 Rz. 106) nach Abs. 1 Nr. 6 ein Mitbestimmungsrecht des Betriebsrats: 309
– **Multimomentkamera,** auch wenn sie nur zur Arbeitsplatzgestaltung in einer geplanten neuen Werkhalle eingesetzt wird (*BAG* vom 14.5. 1974 – 1 ABR 45/73 – EzA § 87 BetrVG 1972 Kontrolleinrichtung Nr. 1 = DB 1974, 1868),
– **Filmkamera,** auch wenn nur kurzzeitige Filmaufnahmen der einzelnen Arbeitsplätze von jeweils 4 bis 12 Minuten Dauer gemacht werden (*BAG* vom 10.7. 1979 – 1 ABR 97/77 – EzA § 87 BetrVG 1972 Kontrolleinrichtung Nr. 7 = DB 1979, 2427),
– **Produktograph,** (vgl. dazu oben Rz. 283; ebenso *BAG* vom 9.9. 1975, a.a.O.),
– **automatische Erfassung und Speicherung der Daten** über die mittels der betrieblichen Telefonanlage geführten Gespräche, wenn die erfaßten Daten be-

§ 87   4. Teil 3. Abschn. Soziale Angelegenheiten

stimmten Arbeitnehmern zugeordnet werden können (*BAG* vom 27. 5. 1986 – 1 ABR 48/84 – EzA § 87 BetrVG 1972 Kontrolleinrichtung Nr. 16 = DB 1986, 2080; *LAG Düsseldorf* vom 30. 4. 1984 – 10 [12] Ta BV 10/84 – DB 1984, 2624; *ArbG Hamburg* vom 3. 10. 1984 – 23 BV 6/84 – DB 1984, 2625 und vom 19. 12. 1984 – 6 BV 14/84 – DB 1985, 599; *Moll* DB 1982, 1722; *G/L* § 87 Rz. 142 und 145; GK-*Wiese* § 87 Rz. 391; *D/R* § 87 Rz. 326; *F/A/K/H* § 87 Rz. 73; *S/W* § 87 Rz. 109 e; *Schulin/Babl* NZA 1986, 46, 50; zu den dabei einzuhaltenden Schranken vgl. unten Rz. 319 ff.), nicht aber die **automatische Erfassung der Gebühren des Nebenanschlusses des Betriebsrats** (*LAG Hamburg* vom 17. 3. 1986 – 2 Ta BV 5/85 – DB 1986, 1473),
– **Telefonabhöranlage** (*ArbG Hamburg* vom 22. 7. 1980 – 15 BvGa 1/80 – DB 1980, 1224; *D/R*, GK-*Wiese* und *F/A/K/H*, jeweils a. a. O.), soweit das Abhören von Telefongesprächen rechtlich überhaupt zulässig ist (vgl. auch hierzu unten Rz. 319 ff.),
– **Gerät zum Mithören von telefonischen Verkaufsgesprächen** einschl. der Kundenberatung, auch wenn dies nur mit dem Ziel geschieht, die Schulung der betroffenen Arbeitnehmer sachgerecht ergänzen zu können (*LAG Köln* vom 19. 1. 1983 – 5 Ta BV 16/82 – DB 1983, 1101; *F/A/K/H* a. a. O.; *S/W* § 87 Rz. 106),
– **Fertigung von Tonbandaufnahmen** (*F/A/K/H* und *G/L*, jeweils a. a. O.; *Eickhoff/Kaufmann* BB 1990, 914, 915),
– **Fahrtenschreiber** (*BAG* vom 10. 7. 1979, a. a. O.; *LAG Baden-Württemberg* vom 23. 5. 1978 – 7 Ta BV 1/78 – DB 1978, 1600; *D/R* a. a. O.; vgl. dazu aber auch unten Rz. 319), nicht aber ein Lese- und Auswertungsgerät für Diagrammscheiben des Fahrtenschreibers, weil die Verarbeitung technisch ermittelter Daten von Abs. 1 Nr. 6 nicht erfaßt wird (vgl. unten Rz. 314; ebenso *Jahnke* BB 1978, 1691; *G/L* § 87 Rz. 151, die aber Abs. 1 Nr. 1 für anwendbar erklären, obwohl dessen Voraussetzungen ebenfalls nicht vorliegen, vgl. oben Rz. 94; a. A., nämlich für Anwendung von Abs. 1 Nr. 6: *LAG Düsseldorf* vom 13. 10. 1977 – 3 Ta BV 22/77 – EzA § 87 BetrVG 1972 Kontrolleinrichtung Nr. 4 = DB 1977, 2334; *Schwarz* DB 1983, 226, 229),
– **Zeitstempler** zur Feststellung der Abweichung zwischen tatsächlich aufgewendeter Arbeitszeit und vorgegebener Sollzeit (*LAG Düsseldorf* vom 21. 11. 1978, a. a. O.; *G/L* § 87 Rz. 142; GK-*Wiese* § 87 Rz. 388; **a. A.** *Ehmann* Arbeitsschutz und Mitbestimmung bei neuen Technologien, 106 f.),
– **Stech- oder Stempeluhren** (*G/L*, GK-*Wiese* und *S/W*, jeweils a. a. O.; *D/K/K/S* § 87 Rz. 166; *Schwarz* BB 1985, 531, 533),
– **Videoanlagen** für Beobachtungen in Warenhaus, Werkhalle oder anderen Arbeitsräumen (*G/L* und *F/A/K/H*, jeweils a. a. O.; für das Personalvertretungsrecht ebenso *BVerwG* vom 31. 8. 1988 – 6 P 35/85 – NJW 1989, 848; vgl. dazu ferner *BAG* vom 7. 10. 1987 – 5 AZR 116/86 – EzA § 611 BGB Persönlichkeitsrecht Nr. 6 = DB 1988, 403), nicht aber, wenn Arbeitnehmer nicht beobachtet werden können (vgl. *S/W* a. a. O.),
– **Datensichtgeräte in Verbindung mit einem Rechner (computergestütztes Bildschirmsystem),** sofern aufgrund des eingesetzten Programms (software) – gleichgültig, ob Betriebs- oder Anwendungsprogramm – Verhaltens- oder Leistungsdaten (vgl. dazu Rz. 299 ff.) von bestimmten Arbeitnehmern erfaßt und aufgezeichnet werden, gleichgültig auch, ob diese Daten für eine Überwachung genutzt werden sollen oder lediglich zur Erledigung der mit dem Anwendungs-

programm zu bearbeitenden Aufgaben erforderlich oder nützlich sind oder für andere Zwecke benötigt werden, gleichgültig schließlich, ob ein anderes Programm eingesetzt wird oder schon sog. Betriebsprogramme dafür sorgen, daß solche Daten erhoben werden (*BAG* vom 6. 12. 1983, a. a. O.; vom 23. 4. 1985 – 1 ABR 2/82 – EzA § 87 BetrVG 1972 Kontrolleinrichtung Nr. 13 = DB 1985, 1898; *LAG Niedersachsen* vom 25. 3. 1982 – 11 Ta BV 7/81 – DB 1982, 2039; *LAG Schleswig-Holstein* vom 9. 6. 1982 – 5 Ta BV 4/84 – DB 1983, 995; *LAG Düsseldorf* vom 28. 11. 1980 – 16 Ta BV 13/80 – EzA § 87 BetrVG 1972 Kontrolleinrichtung Nr. 9 = DB 1981, 379; *F/A/K/H* § 87 Rz. 74; GK-*Wiese* § 87 Rz. 390; *D/R* § 87 Rz. 331; *G/L* § 87 Rz. 145; *S/W* § 87 Rz. 106; *D/K/K/S* § 87 Rz. 164; *Schwarz* BB 1983, 203 und BB 1985, 531; *Denck* RdA 1982, 226; *Samland* BB 1982, 1800; *Schapper/Waniorek* AuR 1985, 246; *Kilian* NJW 1981, 2549; vgl. auch Erläuterungen unten zu Abs. 1 Nr. 7).

Kein Mitbestimmungsrecht nach Abs. 1 Nr. 6 besteht bei technischen Einrichtungen zur bloßen **Maschinenkontrolle** (*BAG* vom 9. 9. 1975, a. a. O.; *LAG Düsseldorf* vom 14. 12. 1981 – 26 Ta BV 80/81 – EzA § 87 BetrVG 1972 Kontrolleinrichtung Nr. 10 = DB 1982, 550; *G/L* § 87 Rz. 144; *D/R* § 87 Rz. 327; GK-*Wiese* § 87 Rz. 387; *F/A/K/H* § 87 Rz. 69 d), nämlich etwa Warnlampen, Druckmesser, Stückzähler bei Automaten, Drehzahlmesser, Maschinen, die zur Vermeidung des Stillstandes einen Knopfdruck in bestimmten Abständen erfordern. 310

Ebensowenig fallen unter Abs. 1 Nr. 6 technische Hilfsmittel, die nicht einer anonymen, sondern der **Überwachung durch Personen dienen**, z. B. **Stoppuhr** (*LAG Hamm* vom 17. 3. 1978 – 3 Ta BV 29/78 – EzA § 87 BetrVG 1972 Kontrolleinrichtung Nr. 5 = DB 1978, 1987; vgl. auch *LAG Schleswig-Holstein* vom 4. 7. 1985 – 5 Ta BV 15/85 – NZA 1985, 673; *F/A/K/H* § 87 Rz. 72), **Lupe** (*F/A/K/H* a. a. O.; GK-*Wiese* § 87 Rz. 358; *G/L* § 87 Rz. 143 a; *S/W* § 87 Rz. 105 a), **herkömmliche Schreibgeräte** (*BAG* vom 24. 11. 1981 – 1 ABR 108/79 – EzA § 87 BetrVG 1972 Betriebliche Ordnung Nr. 7 m. Anm. *Weiss* = DB 1982; 1116; *F/A/K/H* a. a. O.), **Spiegelsysteme zur Beobachtung von Räumen** (vgl. oben Rz. 288). 311

Mitbestimmungsfrei, da nicht zur Überwachung geeignet, ist die **Installation eines technischen Zugangssicherungssystems für den Betrieb** (vgl. oben Rz. 115) sowie die **Schaltung für die Bandgeschwindigkeit bei Fließbandarbeit**, da es sich insoweit um die Organisation der Arbeit handelt, die, wie ein Gegenschluß aus den §§ 90, 91 ergibt, mitbestimmungsfrei ist (im Ergebnis auch *F/A/K/H* und GK-*Wiese*, jeweils a. a. O.). 312

bb) Einrichtungen zur Verarbeitung von Informationen

Nach der kritisch zu bewertenden (vgl. unten Rz. 314) Rechtsprechung des *BAG* (vom 14. 9. 1984 – 1 ABR 23/82 – EzA § 87 BetrVG 1972 Kontrolleinrichtung Nr. 11 m. Anm. *Löwisch/Rieble* = DB 1984, 2045, 2513; 1985, 1341; vom 23. 4. 1985 – 1 ABR 39/81 – § 87 BetrVG 1972 Überwachung Nr. 12 = DB 1985, 1897; vom 11. 3. 1986 – 1 ABR 12/84 – EzA § 87 BetrVG 1972 Kontrolleinrichtung Nr. 15 = DB 1986, 1469; vom 22. 10. 1986 – 5 AZR 60/85 – AP Nr. 2 zu § 23 BDSG = DB 1987, 1048; auch *LAG Berlin* vom 17. 8. 1982 – 8 Ta BV 1/82 – DB 1983, 2584; *LAG Frankfurt/M.* vom 1. 9. 1983 – 4 Ta BV 9/83 – BB 1984, 402; ebenso *BVerwG* vom 16. 12. 1987 – 6 P 32/84 – NZA 1988, 513) rechtfertigen weder Wortlaut noch Sinn des Abs. 1 Nr. 6, unter technischer Überwachung nur einen Vorgang zu verstehen, der entweder ausschließlich die Erhebung von Ver- 313 haltens- oder Leistungsdaten von Arbeitnehmern erfaßt oder sie zumindest mitenthält. **Sprachlich** umfasse Überwachen sowohl das Sammeln von Informationen als auch das Auswerten bereits vorliegender Informationen im Hinblick auf eine Beurteilung des zu überwachenden Objekts. Auch der **Schutzzweck** dieser Bestimmung rechtfertige und gebiete es, die Auswertung von Verhaltens- oder Leistungsdaten als Überwachung gem. Abs. 1 Nr. 6 zu begreifen. Sie sei ebenfalls geeignet, die freie Entfaltung der Persönlichkeit des Arbeitnehmers zu behindern. Das *BAG* bezieht sich dabei auf die **Entscheidung des BVerfG zum Volkszählungsgesetz** (vom 15. 12. 1983 – 1 BvR 209/83 – BB 1984, 36 = NJW 1984, 419) und meint, die dort aufgezeigten Gefahren für das Persönlichkeitsrecht der Betroffenen durch die technische Datenverarbeitung des Staates rechtfertige auch die Annahme eines Mitbestimmungsrechts des Betriebsrats, wenn und soweit sich diese Gefahren gerade bei der technischen Überwachung von Verhalten oder Leistung der Arbeitnehmer verwirklichten. Jedenfalls »die notwendige Selektion der Daten und der damit verbundene Kontextverlust sowie die unbegrenzt mögliche Erstreckung der Verarbeitung« könnten den Arbeitnehmer zu einem bloßen »Beurteilungsobjekt« machen. Das Wissen von einer derartigen Verarbeitung erzeuge einen »Anpassungsdruck«, der zu erhöhter Abhängigkeit des Arbeitnehmers führe. Er sei in einer »Objektstellung« und deshalb in der Entfaltung seiner Persönlichkeit behindert. Mit diesen Kernerwägungen hat das *BAG* das Mitbestimmungsrecht des Betriebsrats bei einem umfassenden **Technikerberichtssystem** bejaht, das aufgrund eines entsprechenden Programms von den Kundendiensttechnikern eines Unternehmens selbst unter Angabe ihrer Personalnummer aufgezeichnete Daten über ihre Tätigkeit, z.B. Reisezeit und Arbeitszeit je Kundenbesuch, Zeit für Ersatzteilbeschaffung, Art der Arbeitsaufgabe usf., speichert und verarbeitet (*BAG* vom 14. 9. 1984, a.a.O.). Zum selben Ergebnis ist es bei der **elektronischen Auswertung von Prüfbelegen** der Prüfer und Sachverständigen eines Technischen Überwachungsvereins gekommen (*BAG* vom 23. 4. 1985, a.a.O.), weil auch in diesem Fall nach dem konkreten Programm Verhaltens- und Leistungsdaten zu Aussagen über Verhalten und Leistung einzelner Arbeitnehmer verarbeitet würden. Schließlich hat das *BAG* (vom 11. 3. und 20. 10. 1986, jeweils a.a.O.) das Mitbestimmungsrecht auch dann bejaht, wenn in einem Personalinformationssystem auf einzelne Arbeitnehmer bezogene Aussagen über krankheitsbedingte Fehlzeiten, attestfreie Krankheitszeiten und unentschuldigte Fehlzeiten verarbeitet werden (wie das *BAG* auch BVerwG vom 16. 12. 1987 – 6 P 32/84 – NZA 1988, 513).

314 Diese Rechtsprechung ist **mit Abs. 1 Nr. 6 nicht vereinbar** (so auch *Buchner* ZfA 1988, 449, 468 und BB 1987, 1942, 1949; *Meisel* Anm. SAE 1987, 100; *Erdmann/ Mager* DB 1987, 46, 48; *Erdmann* DB 1985, 143; *Hunold* BB 1985, 195 unter Bestätigung seiner früheren Stellungnahme in DB 1982 Beilage Nr. 18, 11; *Kraft* ZfA 1985, 141, 150 ff.; *Weng* DB 1985, 1341 ff.; *Hesse* NZA 1985 Beilage Nr. 1, 15 ff.; *Färber/Theilenberg* 20; *S/W* § 87 Rz. 107 e; sachlich ebenso schon vor dieser Rechtsprechung: *Samland* NZA 1985 Beilage Nr. 1, 11 ff.; *Söllner* DB 1984, 1243 ff.; *Zöllner* Daten- und Informationsschutz im Arbeitsverhältnis, 84 ff. und DB 1984, 241 ff.; *Müllner* BB 1984, 475, 477; *Goos* BB 1983, 581; *Schmidt-Dorrenbach/ Goos* DB 1983 Beilage Nr. 11, 5; *Jahnke* DB 1978, 1961; *Hümmerich* DB 1978, 1934; *D/R* § 87 Rz. 333; Abschn. C.II.; **a.A.** *Simitis* AuR 1977, 100 und NJW 1985, 402 ff.; *Schwarz* BB; *Denck* RdA 1982, 206; *Engel* AuR 1982, 79; *Klebe* NZA 1985, 44; *D/K/K/S* § 87 Rz. 158; *Wohlgemuth* AuR 1984, 257; *Apitzsch/*

Schmitz DB 1984, 983; *Walz* AuR 1985, 233; *Schapper/Waniorek* AuR 1985, 246 ff.; *Kilian* NJW 1981, 2594; *Linnenkohl* AuR 1984, 134). Schon der Wortlaut des Gesetzes spricht gegen das Ergebnis des *BAG*: »Überwachen« bedeutet im normalen Sprachgebrauch, das Verhalten von Personen genau zu beobachten (*Duden* Deutsches Universalwörterbuch 1983: »Genau verfolgen, was jemand tut«; »jemand durch ständiges Beobachten kontrollieren«). Für eine Abweichung von diesem üblichen Sprachsinn hätte das *BAG* besondere Gründe anführen müssen, um zu überzeugen. Das hat es indessen nicht getan (so auch *Kraft* a.a.O., 152; *Weng* a.a.O. 1342; *Ehmann* NZA 1985 Beilage Nr. 1, 8; *ders.* Anm. SAE 1985, 273 f.; **a.A.** *Simitis* NJW 1985, 405 f.). Das vom *BAG* angenommene Mitbestimmungsrecht ergibt sich aber auch nicht aus dem Schutzzweck des Abs. 1 Nr. 6, wie er sich aus der Gesetzesgeschichte erschließt (vgl. oben Rz. 283) und von der vorangegangenen Rechtsprechung konsequent i. S. einer **psychischen Belastung durch technisch bewirkte Informationserhebung** zugrunde gelegt worden ist (*Kraft* a.a.O., 153; *Weng* a.a.O., 1344). Arbeitnehmer, über die Informationen in einem Personalinformationssystem gespeichert und verarbeitet werden, sind einer technischen Überwachungseinrichtung nicht ausgesetzt, wie es etwa bei einer Multimomentkamera oder bei einem Produktographen der Fall ist. Sie können die Anlage in der Regel im Betrieb weder sehen noch hören noch spüren. Dementsprechend bleibt auch im Dunkeln, welches die vom *BAG* gemeinten Gefahren für die Arbeitnehmer wirklich sind (*Kraft* a.a.O., 156 f.). Daß die Datenauswertung »Anpassungsdruck« beim Arbeitnehmer erzeuge, eine »Objektstellung« für ihn entstehe, was immer unter diesen außerjuristischen Begriffen und gesellschaftspolitischen Reizworten (*Kraft* a.a.O.) auch zu verstehen sein mag, hätte eines empirischen Belegs bedurft, den das *BAG* indessen schuldiggeblieben ist. Ebensowenig belegt ist die Behauptung, daß diese angenommenen Wirkungen der elektronischen Verarbeitung von Daten des Arbeitnehmers die Entfaltung seiner Persönlichkeit behinderten. Mit Recht ist die frühere Rechtsprechung davon ausgegangen, daß Abs. 1 Nr. 6 die **technische Überwachung durch unmittelbar am Arbeitsplatz oder in seiner Nähe installierte Apparaturen** dem Mitbestimmungsrecht des Betriebsrats unterwirft, nicht aber menschlich vorgewertete und geformte sowie zeitlich nachgeschaltete Kontrollmaßnahmen, deren Ausgangsdaten schon durch einen menschlichen Filter gelaufen sind (so *Müllner* BB 1984, 475, 477). Technische Einrichtungen nach Abs. 1 Nr. 6 sind nur solche, die die menschlichen Sinnesorgane ersetzen und sich dadurch als Überwachungsapparaturen erweisen (so *Söllner* BB 1984, 1243, 1244). Freiheit und Menschenwürde der Arbeitnehmer sind bei Anwendung eines Personalinformationssystems bereits durch die Bestimmungen des Bundesdatenschutzgesetzes geschützt. Außerdem ist die **Gefahr von Fehlurteilen** über Verhalten oder Leistung von Arbeitnehmern und die Gefahr einer unsachgemäßen Behandlung ihrer Interessen **sogar geringer**, als wenn die vorhandenen Informationen ohne das technische Gerät verarbeitet werden müßten. Schließlich werden die großen Chancen für die Freiheit des Individuums, die in der technischen Entwicklung ebenfalls liegen, beeinträchtigt, wenn Denken und Handeln durch die Rücksicht auf rein subjektive Faktoren bestimmt werden, die nicht nachprüfbar und sogar manipulierbar sind (ähnlich *Krause* DB 1983 Beilage Nr. 23, 3; zu den wirtschaftlichen Folgen solcher durch Emotionen erzeugter und rational nicht kontrollierbarer Haltungen vgl. *Zöllner* DB 1984, 241, 246).

Stellt man sich aber **auf den Boden der Rechtsprechung des BAG**, so ist Anknüp-

§ 87   4. Teil 3. Abschn. *Soziale Angelegenheiten*

fungspunkt des Mitbestimmungsrechts – wie beim computergestützten Bildschirmsystem (vgl. oben Rz. 309) – auch hier nicht die technische Anlage. Entscheidend ist vielmehr, in welcher Weise die Anlage durch die jeweilige **Programmierung** genutzt wird. Hat ein Programm die Auswertung von Verhaltens- oder Leistungsdaten der Arbeitnehmer zum Gegenstand, so ist nicht der Betrieb des Systems insgesamt mitbestimmungspflichtig. Dies ginge über den vom *BAG* schon zu Unrecht ausgeweiteten Gesetzeszweck noch einmal hinaus (so auch *Marsch-Barner* Anm. AR-Blattei, D, Betriebsverfassung XIV B, Entsch. 83, 8. Forts.-Blatt; *F/A/K/H* § 87 Rz. 75c; *Schwarz* Arbeitnehmerüberwachung und Mitbestimmung, 83 und 151; vgl. auch oben Rz. 293–298; **a.A.** *Klebe* NZA 1985, 44, 47; *D/K/K/S* § 87 Rz. 159; vgl. auch *Apitzsch/Schmitz* DB 1984, 983, 987). Weil nach höchstrichterlicher Rechtsprechung das technische Gerät (hardware) nur in Verbindung mit dem Programm (software) als technische Kontrolleinrichtung anzusehen ist, erstreckt sich das Mitbestimmungsrecht weder auf die Entscheidung für ein bestimmtes Gerät noch auf die Entscheidung für Programme bestimmter Hersteller (*S/W* § 87 Rz. 106d; *Färber/Theilenberg* 19; so ferner *Schwarz* BB 1983, 202, 203; *Samland* BB 1982, 1801).

316 Das vom *BAG* anerkannte Mitbestimmungsrecht setzt die Verarbeitung von **Verhaltens- oder Leistungsdaten der Arbeitnehmer** durch das verwendete Programm voraus (vgl. dazu im einzelnen oben Rz. 293ff.). Verarbeitet ein technisches System wie z.B. ein Entgeltabrechnungssystem nur andere Daten als solche über Leistung und Verhalten von Arbeitnehmern, greift auch nach der höchstrichterlichen Rechtsprechung das Mitbestimmungsrecht nicht ein (*BAG* vom 14. 9. 1984 – 1 ABR 23/82 – EzA § 87 BetrVG 1972 Kontrolleinrichtung Nr. 11 m. Anm. *Löwisch/Rieble* = DB 1984, 2045, 2513; 1985, 1341). Wie bei der Datenermittlung besteht ein Mitbestimmungsrecht nur, wenn die verarbeiteten Daten **individualisiert oder individualisierbar** sind (*Marsch-Barner* a.a.O.; vgl. auch oben Rz. 306ff.). Sind solche Daten anonymisiert worden, entfällt das Mitbestimmungsrecht.

317 Das vom *BAG* anerkannte Mitbestimmungsrecht bei Einführung und Anwendung von Informationssystemen erstreckt sich ferner nur auf die **Auswertung** der vorhandenen Daten. Dazu gehören aber schon das bloße Sichten, Sortieren, Zusammenstellen, Trennen und Inbeziehungsetzen ebenso wie reine Rechenoperationen. Die Durchführung eines Soll-Ist-Vergleichs ist nicht erforderlich (*BAG* a.a.O.). Keine Auswertung ist die **bloße Datenspeicherung**, weil ohne ein entsprechendes Programm noch nicht feststeht, ob die Daten überhaupt zu Aussagen verarbeitet werden (*Marsch-Barner* a.a.O.; **a.A.** *Schwarz* BB 1983, 202f.; *Samland* BB 1982, 1800; wiederum **a.A.** *Klebe* NZA 1985, 44, 46, der das Mitbestimmungsrecht eingreifen läßt, sobald Daten gespeichert sind, die Aussagen über Leistung oder Verhalten von Arbeitnehmern erlauben, und diese Daten »überhaupt« verarbeitet werden).

318 Das *BAG* hat offengelassen, ob eine Bestimmung zur Überwachung auch dann gegeben ist, wenn die technische Einrichtung Verhaltens- oder Leistungsdaten nicht aufgrund eines Programms, sondern bei Anwendung von **Abfragesprachen** auswertet. Da nach der bisherigen Rechtsprechung ein Programm als »technische Einrichtung« gegeben sein muß, kommt insoweit ein Mitbestimmungsrecht nicht in Betracht (*Heinze* Anm. SAE 1985, 245, 252; vgl. auch *Marsch-Barner* a.a.O.; **a.A.**, nämlich für Mitbestimmungsrecht in diesem Fall auch *Klebe* a.a.O.; *D/K/K/S* § 87 Rz. 157; *Schapper/Waniorek* a.a.O., 250; *Ehmann* NZA 1985 Beilage Nr. 1, 1, 10; *ders.* Anm. SAE 1985, 273f.; *F/A/K/H* a.a.O.; *Gola* AuR 1988,

111; *Linnenkohl/Schulz/Rauschenberg* NZA 1986, 769, 771; *GK-Wiese* § 87 Rz. 375). Nicht dem Mitbestimmungsrecht unterliegt aber in jedem Fall der **bloße Abruf von Daten aus einer Datenbank**, weil es sich dabei nicht um eine Verarbeitung von Daten handelt (*Marsch-Barner* a. a. O.; *Heinze* Anm. SAE 1985, 245).

4. Schranken des Mitbestimmungsrechts

Ein Mitbestimmungsrecht nach Abs. 1 Nr. 6 besteht bei Vorliegen des Mitbestimmungstatbestandes dann nicht, wenn die Einführung oder Anwendung einer technischen Überwachungseinrichtung **gesetzlich vorgeschrieben** ist. Dies gilt z. B. nach § 57a StVZO für Fahrtenschreiber in Lastkraftwagen und Omnibussen, nicht aber in leichteren Fahrzeugen (*BAG* vom 10. 7. 1979 – 1 ABR 97/77 – EzA § 87 BetrVG 1972 Kontrolleinrichtung Nr. 7 = DB 1979, 2427; vom 12. 1. 1988 – 1 AZR 352/86 – AP Nr. 23 zu § 75 BPersVG; *LAG* Baden-Württemberg vom 23. 5. 1978 – 7 Ta BV 1/78 – DB 1978, 1600; *G/L* § 87 Rz. 151; *F/A/K/H* § 87 Rz. 79; *GK-Wiese* § 87 Rz. 405; *D/R* § 87 Rz. 336; *S/W* § 87 Rz. 113). Entsprechendes gilt, wenn eine **tarifvertragliche Regelung** Einführung und Anwendung technischer Kontrolleinrichtungen abschließend vorschreibt (vgl. dazu oben Rz. 52ff.). Es genügt aber nicht eine tarifliche Zuweisung einseitiger Regelungsbefugnisse an den Arbeitgeber (vgl. oben Rz. 60; so auch *GK-Wiese* § 87 Rz. 406; *a. A. S/W* § 87 Rz. 113a).

Eine **über den gesetzlichen oder tariflichen Zweck hinausgehende Verwendung** der Einrichtung ist nach überwiegender Auffassung mitbestimmungspflichtig (vgl. *BAG* vom 12. 1. 1988, a. a. O.; *G/L* und *F/A/K/H*, jeweils a. a. O.; *D/R* § 87 Rz. 337; *Schwarz* Arbeitnehmerüberwachung und Mitbestimmung, 134; *Ehmann* FS für *Hilger/Stumpf*, 146; **a. A.** *Jahnke* DB 1978, 1691, 1693). Diese Auffassung ist indessen nur dann vertretbar, wenn der hier abgelehnte Standpunkt eingenommen wird, daß auch die Auswertung von Informationen für sich allein ein Mitbestimmungsrecht nach Abs. 1 Nr. 6 begründen könne (vgl. dazu oben Rz. 314ff.) und wenn die von der gesetzlich oder tariflich vorgeschriebenen Einrichtung erhobenen Informationen auch auf technischem Wege verarbeitet werden.

Ein Mitbestimmungsrecht besteht indessen dann, wenn der Arbeitgeber wie nach § 9 BDSG **zu Sicherungsmaßnahmen gesetzlich verpflichtet** ist, dabei aber offenbleibt, ob er seiner Sicherungspflicht gerade durch eine technische Überwachungseinrichtung gem. Abs. 1 Nr. 6 nachkommt oder dafür einen anderen Weg wählt (so auch *BAG* vom 23. 4. 1985, a. a. O.; *ArbG* Düsseldorf vom 9. 1. 1980 – 10 BV 79/79 – BB 1980, 468; *G/L* § 87 Rz. 151b; **a. A.** *Heinze* Anm. SAE 1985, 245; *Ehmann* Anm. SAE 1985, 273, 281).

Auch bei Beachtung des Mitbestimmungsrechts kann nicht in **Persönlichkeitsrechte von Arbeitnehmern** eingegriffen werden. Heimliche akustische oder optische Überwachungsmaßnahmen bleiben auch dann unzulässig (*G/L* § 87 Rz. 151a; *GK-Wiese* § 87 Rz. 344; *D/R* § 87 Rz. 338; vgl. auch *D/K/K/S* § 87 Rz. 163; noch weitergehend *BAG* vom 7. 10. 1987 – 5 AZR 116/86 – EzA § 611 BGB Persönlichkeitsrecht Nr. 6 = DB 1988, 403: unzulässig auch Ausübung von »Überwachungsdruck« durch unangekündigtes Einschalten versteckter Kameras, wenn Arbeitgeber nicht gewichtige schutzwürdige Interessen für sich ins Feld führen kann; kritisch mit Recht dazu *Buchner* ZfA 1988, 449, 468; der Sache nach ebenso *Ehmann* NZA 1986, 657, 659). Verwendung von **Mithöranlagen** und An-

319

320

321

322

§ 87   4. Teil 3. Abschn. *Soziale Angelegenheiten*

fertigung von **Ton- und Bildaufnahmen** sind nur zulässig, wenn die Einwilligung der betroffenen Arbeitnehmer vorliegt (vgl. *Kaiser* BB 1970, 263; *Eichhoff/Kaufmann* BB 1990, 914, 915).

323 Bei der technischen Erfassung von **Telefongesprächen** verstößt die Speicherung von Gesprächszeit, Gesprächsdauer, Gebühreneinheiten und Gebührenbeträgen nicht gegen den gesetzlichen **Datenschutz**, wenn sie durch Betriebsvereinbarung oder den Spruch der Einigungsstelle erlaubt ist, die beide wegen ihrer normativen Wirkung als »andere Rechtsvorschriften« nach § 4 Abs. 1 BDSG anzusehen sind (*BAG* vom 27. 5. 1986 – 1 ABR 48/84 – EzA § 87 BetrVG 1972 Kontrolleinrichtung Nr. 16 = DB 1986, 2080; *Schulin/Babl* NZA 1986, 46, 49; *Kappes* BB 1986, 2334; Bedenken hiergegen bei *Gola* AuR 1988, 105, 112 und *Buchner* ZfA 1988, 449, 475; für datenschutzrechtliche Zulässigkeit aufgrund § 23 BDSG mit Recht *LAG Düsseldorf* vom 30. 4. 1984 – 10 [12] Ta BV 10/84 – DB 1984, 2624; *Färber/Kappes* BB 1986, 520; a. A. *ArbG Hamburg* vom 3. 10. 1984 und 19. 12. 1984, allerdings jeweils für den Sonderfall, daß der Arbeitnehmer ein presserechtliches Zeugnisverweigerungsrecht hat). Die Erfassung der Telefongespräche von Betriebsratsmitgliedern führt auch nicht zu einer Störung oder Behinderung der Betriebsratsarbeit, solange der Inhalt der Gespräche vertraulich bleibt (*BAG* vom 27. 5. 1986, a. a. O.; *LAG Hamburg* vom 17. 3. 1986 – 2 TaBV 5/85 – DB 1986, 1473; *Kappes* BB 1986, 2334, 2336; a. A. *Moll* DB 1982, 1722 ff.; Bedenken auch bei *Wohlgemuth/Mostert* AuR 1986, 138, 146 und *Färber/Kappes* BB 1986, 520, 523).

324 Obwohl auch die **Zielnummern** personenbezogene Daten sein können und damit u. U. geschützt sind, ergibt sich insoweit aus dem BDSG keine rechtliche Schranke für das Mitbestimmungsrecht des Betriebsrats, weil der Schutz von Dritten nicht zu dessen Aufgaben gehört. Eine Betriebsvereinbarung oder ein Spruch der Einigungsstelle, der die Erfassung von Telefondaten regelt, ist somit auch dann nicht unwirksam, wenn die Telefondatenerfassung gegenüber den Dritten datenschutzrechtlich unzulässig sein sollte (*BAG* vom 27. 5. 1986, a. a. O.; für Zulässigkeit dieser Datenerfassung nach § 23 Satz 1 2. Alt. BDSG = § 28 Abs. 1 Nr. 2 BDSG n. F.: *Färber/Kappes* BB 1986, 520, 522; *Schulin/Babl* a. a. O. und *Hilger* DB 1986, 911, 912; für Unzulässigkeit der Erfassung der Zielnummer gegenüber einem angestellten Psychologen, der von seinem Arbeitsplatz aus Gespräche mit von ihm betreuten Personen führt: *BAG* vom 13. 1. 1987 – 1 AZR 267/85 – EzA § 87 BetrVG 1972 Kontrolleinrichtung Nr. 17 = DB 1987, 1153).

325 Der Betriebsrat hat im Rahmen des Abs. 1 Nr. 6 zwar grundsätzlich auch ein **Initiativrecht** (vgl. oben Rz. 42; *D/R* § 87 Rz. 335). Vor allem kann er alle Maßnahmen verlangen, um Gefahren und Belastungen von den Arbeitnehmern abzuwenden, indem er etwa Zeitpunkt, Ort, Art, Wirkungsweise, Zeitraum der Anwendung in bestimmter Weise zu beeinflussen sucht (*GK-Wiese* § 87 Rz. 403; vgl. dazu auch *F/A/K/H* § 87 Rz. 78; *Buchner* ZfA 1988, 482 ff.; *Hentschel* DB 1984, 187). Auf der anderen Seite bietet aber Abs. 1 Nr. 6 dem Betriebsrat keine rechtliche Handhabe, in die unternehmerische Entscheidungsfreiheit einzugreifen (vgl. dazu oben Rz. 64 ff.). Es ist ihm deshalb verwehrt, die Einführung einer technischen Überwachungseinrichtung von sich aus zu fordern (so auch *BAG* vom 28. 11. 1989 – 1 ABR 97/88 – AP Nr. 4 zu § 87 BetrVG 1972 Initiativrecht = EzA § 87 BetrVG 1972 Kontrolleinrichtung Nr. 18 = DB 1990, 743; *GK-Wiese* a. a. O.; *Schwarz* Arbeitnehmerüberwachung und Mitbestimmung, 124 und *Buchner* ZfA 1988, 449, 482, allerdings jeweils mit der Begründung, daß insoweit der Schutzzweck des

Mitbestimmungsrechts nicht eingreife; im Ergebnis ebenso ferner *Ehmann* Anm. SAE 1989, 277, 281; *S/W* § 87 Rz. 109 f.). Umgekehrt kann er deshalb auch nicht die Einführung einer technischen Kontrolleinrichtung überhaupt verhindern *(G/L* § 87 Rz. 147; im Ergebnis auch *Denck* RdA 1982, 279, 298; *Buchner* a. a. O.; **a. A.** GK-*Wiese* und *Schwarz*, jeweils a. a. O.). Gegenstand des Mitbestimmungsrechts nach Abs. 1 Nr. 6 ist somit nur die Durchführung einer technischen Kontrolle, bei der die Interessen der betroffenen Arbeitnehmer und des Arbeitgebers zu berücksichtigen sind. Der Betriebsrat kann zum Schutz der betroffenen Arbeitnehmer z. B. verlangen, ihre Daten nach einer bestimmten Zeit zu anonymisieren oder ganz zu löschen (vgl. dazu auch § 35 BDSG). Auch können Regelungen über Auskunfts- und Kontrollrechte des Betriebsrats getroffen werden. Würde durch die technische Einrichtung die körperliche Unversehrtheit oder das Persönlichkeitsrecht von Arbeitnehmern verletzt, so müßte der Betriebsrat aufgrund seiner allgemeinen Aufgaben gem. § 75 und § 80 Abs. 1 Nr. 1 tätig werden (vgl. dazu *v. Hoyningen-Huene* NZA 1985 Beilage Nr. 1, 19 ff.; zur Abschaffung einer technischen Überwachungseinrichtung vgl. oben Rz. 292). Ein Initiativrecht zur Einführung einer technischen Überwachungseinrichtung kann auch nicht aus Abs. 1 Nr. 1 hergeleitet werden, weil das Mitbestimmungsrecht bei diesen Einrichtungen in Abs. 1 Nr. 6 abschließend geregelt ist *(BAG* a. a. O.).

Der Betriebsrat kann auch nicht verlangen, daß der Arbeitgeber die **Nutzung** **326** **der betrieblichen Telefonanlage für Privatgespräche** gestattet, weil es sich insoweit um eine freiwillige Leistung handelt (*LAG Nürnberg* vom 29. 1. 1987 – 5 Ta BV 4/86 – NZA 1987, 572; *S/W* § 87 Rz. 109 e; *Schulin/Babl* NZA 1986, 46, 50).

Der Betriebsrat kann ferner nicht den Abschluß einer sog. Rahmenbetriebsver- **327** einbarung über den Einsatz von Informationstechnik im Betrieb verlangen, weil ein Mitbestimmungsrecht nur hinsichtlich einer konkreten Anlage bestehen kann (*LAG Düsseldorf* vom 4. 11. 1988 – 17 [6] Ta BV 114/88 – NZA 1989, 146; *F/A/K/H* § 87 Rz. 77; *S/W* § 87 Rz. 106 b; vgl. auch *D/K/K/S* § 87 Rz. 162).

5. Ausübung des Mitbestimmungsrechts

Das Mitbestimmungsrecht kann durch **Regelungsabrede** mit dem Arbeitgeber **328** ausgeübt werden *(G/L* § 87 Rz. 149; GK-*Wiese* § 87 Rz. 407; *S/W* § 87 Rz. 114; ähnlich *F/A/K/H* § 87 Rz. 80; **a. A.** *D/R* § 87 Rz. 339, der eine **Betriebsvereinbarung** für notwendig hält, wenn die Verwendung der Einrichtung Auswirkungen auf das Arbeitsverhältnis der betroffenen Arbeitnehmer hat; ähnlich *Schwarz* a. a. O., 139; zur Betriebsvereinbarung als datenschutzrechtliche Erlaubnisnorm vgl. oben Rz. 323; Beispiel für Betriebsvereinbarung zur Telefondatenerfassung: NZA 1987, 11; zu den Gestaltungsmöglichkeiten von Personalinformationssystemen: *Hentschel* BB 1984, 186).

Der Betriebsrat kann, sofern ein Mitbestimmungsrecht bei Personalinformations- **329** systemen mit der höchstrichterlichen Rechtsprechung bejaht wird (vgl. dazu oben Rz. 315 ff.), Auskunft verlangen, welche Verhaltens- und Leistungsdaten der Arbeitnehmer durch die von ihm verwendeten Programme zu welchem Zweck erfaßt und aufgezeichnet werden. Er kann, soweit ihm die erforderliche Sachkunde fehlt, mit Zustimmung des Arbeitgebers einen Sachverständigen hinzuziehen

§ 87   4. Teil 3. Abschn. Soziale Angelegenheiten

(*BAG* vom 6.12. 1983 – 1 AZR 43/81 – EzA § 87 BetrVG 1972 Bildschirmarbeitsplatz Nr. 1 m. Anm. *Ehmann* = DB 1984, 775; 1985, 1341 m. Anm. *Weng*).

6. Rechtsfolgen der Nichtbeachtung des Mitbestimmungsrechts

330 Nach der herrschenden Rechtsauffassung haben die betroffenen Arbeitnehmer, wenn der Betriebsrat bei Einführung oder Anwendung einer technischen Überwachungseinrichtung nicht mitbestimmt hat, ein **Leistungsverweigerungsrecht**, ohne durch seine Ausübung ihren Entgeltanspruch zu verlieren (GK-*Wiese* § 87 Rz. 408; *F/A/K/H* § 87 Rz. 81; *S/W* § 87 Rz. 115; *G/L* § 87 Rz. 150; *Schwarz* a. a. O., 140 und BB 1985, 531, 535; *Kammann/Hess/Schlochauer* § 87 Rz. 123; *D/R* § 87 Rz. 340).
Indessen ist ein Durchschlagen des Betriebsverfassungsrechts auf das Einzelarbeitsverhältnis ohne entsprechende gesetzliche Regelung (wie z. B. in § 102 Abs. 1 Satz 3) aus dem Gesetz nicht ableitbar (vgl. dazu ausführlich oben Rz. 79 ff.). Ein solches Leistungsverweigerungsrecht würde besonders bei Erstreckung des Mitbestimmungsrechts auf **technische Informationssysteme** (vgl. dazu oben Rz. 315 ff.) zu gänzlich unverhältnismäßigen Rechtsfolgen führen. So würde bei unerledigten Meinungsverschiedenheiten zwischen Arbeitgeber und Betriebsrat über die Anwendung eines seit langem eingeführten und laufenden Systems der gesamte Betrieb unter Umständen für mehrere Wochen stillstehen, wenn alle Arbeitnehmer mit Ausnahme der leitenden Angestellten die Arbeit verweigern könnten. Würde nur ein Teil der Arbeitnehmer die Arbeit verweigern, würde die Frage aufgeworfen, ob der Arbeitgeber das Entgelt auch den die Arbeitsleistung nicht verweigernden Arbeitnehmern zahlen müßte, sofern sie wegen der Arbeitsverweigerung ihrer Kollegen nicht mehr beschäftigt werden können. Sanktionen für das Fehlen der Erfüllung des Mitbestimmungsrechts auf der einzelvertraglichen Ebene sind deshalb auch hier abzulehnen.

331 Zur Sicherung seines Mitbestimmungsrechts kann der Betriebsrat ein gerichtliches Feststellungsverfahren einleiten oder dem Arbeitgeber durch gerichtliche Entscheidung nach § 23 Abs. 3 unter den dort genannten Voraussetzungen die Unterlassung von Einführung oder Anwendung der betreffenden technischen Einrichtung aufgeben lassen (vgl. dazu unten Rz. 610 sowie zu den weiteren Möglichkeiten des Betriebsrats oben Rz. 87).

VI. Unfallverhütung und Gesundheitsschutz (Nr. 7)

332 Mitbestimmungsrechte des Betriebsrats im Bereich der Unfallverhütung und des Gesundheitsschutzes ergeben sich aus Abs. 1 Nr. 7 und aus § 9 Abs. 3 ASiG (Zustimmungsrecht bei Bestellung und Abberufung von Betriebsärzten und Sicherheitsfachkräften sowie bei der entsprechenden Aufgabenzuweisung). Sie werden ergänzt durch Mitwirkungsbefugnisse des Betriebsrats nach § 88 Nr. 1 und § 89 sowie gem. § 9 Abs. 1 und 2 ASiG (Zusammenwirken mit Betriebsärzten und Sicherheitsfachkräften), § 11 ASiG (Mitwirkung mit Arbeitsschutzausschuß) und § 719 RVO (Mitwirkung im Bestellung der Sicherheitsbeauftragten). Die folgenden Erläuterungen beschränken sich auf die in diesem Bereich bestehenden **Mitbestimmungsrechte**.

1. Regelungen im Rahmen der gesetzlichen Vorschriften und der Unfallverhütungsvorschriften

Das BetrVG 1972 hat mit Abs. 1 Nr. 7 ein Mitbestimmungsrecht des Betriebsrats in bezug auf Regelungen über die Verhütung von Arbeitsunfällen und Berufskrankheiten sowie über den Gesundheitsschutz neu eingeführt, soweit der Arbeitgeber im Rahmen der gesetzlichen Vorschriften oder der Unfallverhütungsvorschriften Maßnahmen zum Zwecke der Unfallverhütung oder des Gesundheitsschutzes der Arbeitnehmer zu treffen hat (BT-Drucks. VI/1786, 49). Nach dem BetrVG 1952 gehörte demgegenüber der Arbeitsschutz in den Anwendungsbereich des § 56 Abs. 1 Buchst. f, der die Ordnung des Betriebs zum Gegenstand hatte. Da Abs. 1 Nr. 7 den Arbeitsschutz aus dem Bereich der Ordnung des Betriebs ausgegliedert und in einem besonderen Mitbestimmungstatbestand erfaßt hat, kommt **innerhalb seines Rahmens** ein anderer Mitbestimmungstatbestand nicht in Betracht: 333

Es verbietet sich einmal ein Rückgriff auf Abs. 1 Nr. 1. Daher kann der Betriebsrat eine dem Arbeitsschutz dienende Ordnung des Betriebs nur insoweit verlangen, als sie in dem durch Abs. 1 Nr. 7 gezogenen Rahmen der gesetzlichen Vorschriften oder Unfallverhütungsvorschriften bleibt. Arbeitsschutzregelungen dieser Art unterliegen als Sonderregelungen nicht zugleich dem Abs. 1 Nr. 1 (*BAG* vom 24. 3. 1981 – 1 ABR 32/78 – EzA § 87 BetrVG 1972 Betriebliche Ordnung Nr. 6 = DB 1981, 1886; *G/L* § 87 Rz. 154; GK-*Wiese* § 87 Rz. 410; *D/R* § 87 Rz. 341 und 344). Ein vom Arbeitgeber ausgeschriebener Sicherheitswettbewerb, in dem Prämien für unfallfreie Arbeit ausgesetzt werden, fällt danach unter Abs. 1 Nr. 1, weil er außerhalb des Rahmens von Abs. 1 Nr. 7 liegt (*BAG, G/L* und GK-*Wiese*, jeweils a. a. O.; **a. A.** die Vorauflage; vgl. dazu auch oben Rz. 103). Neben Abs. 1 Nr. 7 (vgl. dazu aber unten Rz. 336) kommt noch Abs. 1 Nr. 10 in Betracht (vgl. dazu unten Rz. 477). 334

Vom **reglementierten Arbeitsschutz**, der in Abs. 1 Nr. 7 gemeint ist, muß der **nicht reglementierte Arbeitsschutz** (*F/A/K/H* vor § 89 Rz. 2, *Denck* ZfA 1976, 447, 483 und *Hess* DB 1982, 2241, 2242 sprechen beim nicht reglementierten von **autonomem Arbeitsschutz**) unterschieden werden, über den der Betriebsrat gem. § 88 Nr. 1 freiwillige Betriebsvereinbarungen abschließen kann. Vom Arbeitsschutz überhaupt zu trennen ist der Bereich der **Ergonomie**, der im Vorfeld des Arbeitsschutzes liegt und für den dem Betriebsrat in § 91 ein korrigierendes Mitbestimmungsrecht eingeräumt ist (so auch *Zöllner/Loritz* § 29 IV; *S/W* § 87 Rz. 117; wohl auch GK-*Wiese* § 87 Rz. 411; vgl. dazu ausführlich oben § 90 Rz. 1 ff.; *Natzel* RdA 1974, 280 ff.). Die Trennlinie zwischen Gesundheitsschutz und Ergonomie ist aber in der Praxis nicht immer leicht zu ziehen (*Ehmann* Arbeitsschutz und Mitbestimmung bei neuen Technologien, 70). 335

a) Voraussetzungen des Mitbestimmungsrechts

aa) Allgemeine Abgrenzung des Mitbestimmungstatbestandes

Das Mitbestimmungsrecht besteht nur bei **Regelungen**. Eine Regelung ist die Festlegung einer allgemeinen Ordnung für eine unbestimmte Anzahl von Fällen. Die Regelung hat also normativen Charakter. Hier ist z. B. an ein Rauchverbot im Betrieb zu denken. Demgegenüber hat der Begriff der **Maßnahme** (§ 88 Nr. 1) einen weitergehenden Inhalt. Er umfaßt z. B. auch die Anlage, Änderung, In- 336

§ 87   *4. Teil 3. Abschn. Soziale Angelegenheiten*

gangsetzung oder Außerbetriebnahme technischer Vorrichtungen. Der Betriebsrat muß folglich nur dann eingeschaltet werden, wenn Bestimmungen über das Verhalten der Arbeitnehmer erlassen werden sollen, nicht aber bei den vielen Arten von technischen Maßnahmen des Arbeitsschutzes (so auch *Ehmann* a.a.O., 81; *S/W* § 87 Rz. 126; *Glaubitz* BB 1977, 1403, 1405; ähnlich *Rudolph* BB 1976, 370, 371; **a.A.** *Weiss* AuR 1982, 257; *G/L* § 87 Rz. 159a; *F/A/K/H* vor § 89 Rz. 41a; GK-*Wiese* § 87 Rz. 427; *D/K/K/S* § 87 Rz. 184; ferner auch *BAG* vom 10. 4. 1979 – 1 ABR 34/77 – EzA § 87 BetrVG 1972 Arbeitssicherheit Nr. 2 m. Anm. *Gaul* = DB 1979, 1995; GK-*Wiese* § 87 Rz. 222f.; *Denck* ZfA 1976, 447, 453; *Spinnarke* BB 1976, 798, 799 und Sicherheitstechnik, Arbeitsmedizin, Arbeitsplatzgestaltung, 64, die aber das Vorliegen eines Kollektivtatbestandes verlangen, vgl. dazu oben Rz. 17ff.).

337 Die Beschränkung des Mitbestimmungsrechts auf Regelungen normativen Charakters ist auch von der Sache her geboten. Auf diese Weise wird der Betriebsrat dann eingeschaltet, wenn Bestimmungen über das **Verhalten der Arbeitnehmer** erlassen werden sollen, z.B. über die Teilnahme an Alkohol-Tests zur Durchführung des in § 38 Abs. 1 der Unfallverhütungsvorschrift »Allgemeine Vorschriften« aufgestellten Gefährdungsverbots, nicht aber bei den zahllosen Fällen von **technischen Maßnahmen** des Arbeitsschutzes; sonst würde die Entwicklung des Arbeitsschutzes im Betrieb ungemein schwerfällig und könnte somit stark behindert werden (*Glaubitz* BB 1977, 1403, 1405; *S/W* § 87 Rz. 126a). Das gilt besonders dann, wenn auch hier die Ausübung des Mitbestimmungsrechts als Wirksamkeitsvoraussetzung für Maßnahmen angesehen würde (vgl. dazu oben Rz. 89 und unten Rz. 369).

338 Die Regelungen müssen die Verhütung von Arbeitsunfällen oder Berufskrankheiten oder den Gesundheitsschutz zum Gegenstand haben.

339 Der Begriff des **Arbeitsunfalls** ist zwar im Gesetz nicht definiert, aber durch eine jahrzehntelange Entwicklung in Rechtsprechung und Fachschrifttum zum Recht der gesetzlichen Unfallversicherung im wesentlichen gefestigt. Danach ist ein **Unfall** ein von außen her auf den Menschen einwirkendes, körperlich schädigendes, plötzliches Ereignis; ein **Arbeitsunfall** liegt vor, wenn der Unfall in innerem, ursächlichem Zusammenhang mit einer der nach den §§ 539, 540 und 543 bis 545 RVO versicherten Tätigkeiten steht, vor allem also mit der Leistung von Arbeit (*Lauterbach/Watermann* Gesetzliche Unfallversicherung § 548 Rz. 3; GK-*Wiese* § 87 Rz. 414). Die Verhütung von Arbeitsunfällen ist nach den §§ 120a GewO, § 62 HGB, § 618 BGB in erster Linie Aufgabe des Arbeitgebers, ist aber durch § 546 RVO zusätzlich den Berufsgenossenschaften übertragen, die danach mit allen geeigneten Mitteln für die Verhütung von Arbeitsunfällen zu sorgen haben.

340 **Berufskrankheiten** sind nach § 551 RVO die Krankheiten, die die Bundesregierung durch eine besondere Rechtsverordnung (Berufskrankheiten-Liste, vgl. § 88 Rz. 4 sowie GK-*Wiese* § 87 Rz. 415) mit Zustimmung des Bundesrates bezeichnet und die versicherte Arbeitnehmer bei der versicherten Tätigkeit erleiden (z.B. Lärm-Schwerhörigkeit, Quarzstaub-Lungenerkrankung, schwere Hauterkrankungen). Die Berufsgenossenschaften sollen aber im Einzelfall eine Krankheit, auch wenn sie nicht in der Rechtsverordnung bezeichnet ist oder die dort bestimmten Voraussetzungen nicht vorliegen, wie eine Berufskrankheit behandeln, sofern sie nach neuen Erkenntnissen durch besondere Einwirkungen verursacht ist, denen bestimmte Personengruppen durch ihre Arbeit in erheblich höherem Grade als die übrige Bevölkerung ausgesetzt sind. Der Arbeitgeber ist für die Verhütung von

Berufskrankheiten gleichermaßen verantwortlich wie für die Verhütung von Arbeitsunfällen. Da § 551 RVO die Berufskrankheiten den Arbeitsunfällen gleichstellt, haben zusätzlich die Berufsgenossenschaften gegen die Entstehung und Verschlimmerung von Berufskrankheiten anzugehen.

Aber auch Regelungen im Betrieb, die über den Schutz vor Berufskrankheiten 341 oder Arbeitsunfällen hinausgehen, sind mitbestimmungspflichtig, sofern sie dem **Gesundheitsschutz** dienen und außerdem im Rahmen von gesetzlichen Vorschriften getroffen werden (vgl. unten Rz. 342 ff.). Der Gesundheitsschutz muß sich dabei auf die Arbeitnehmer des Betriebs beziehen, nicht auf Dritte oder die Allgemeinheit. Deshalb besteht kein Mitbestimmungsrecht für die Vorsorge bei gefährlichen technischen Anlagen nach § 5 Nr. 2 BImSchG (so auch *S/W* § 87 Rz. 117; **a.A.** hinsichtlich etwa gefährdeter Arbeitnehmer: *F/A/K/H* vor § 89 Rz. 43; GK-*Wiese* § 87 Rz. 416).

Das Mitbestimmungsrecht besteht nur »im Rahmen der gesetzlichen Vorschrif- 342 ten oder der Unfallverhütungsvorschriften«. Damit ist das Mitbestimmungsrecht nur hinsichtlich solcher Regelungen gegeben, die der Arbeitgeber **aufgrund bestehender arbeitsschutzrechtlicher Vorschriften** zu treffen hat. Das Mitbestimmungsrecht des Betriebsrats beschränkt sich damit auf die **Ausfüllung vorgegebener Normen**, und zwar solcher Normen, die dem Arbeitgeber einen Entscheidungsspielraum belassen. Nur soweit der Arbeitgeber noch wählen kann, auf welche Weise er Anforderungen des öffentlich-rechtlichen Arbeits- und Gesundheitsschutzes genügen will, setzt das Mitbestimmungsrecht des Betriebsrats ein. Voraussetzung ist also das Vorhandensein ausfüllungsbedürftiger Rahmenvorschriften des öffentlich-rechtlichen Gesundheitsschutzes (*BAG* vom 6.12. 1983, a.a.O.; vom 28.7. 1981 – 1 ABR 65/79 – EzA § 87 BetrVG 1972 Arbeitszeit Nr. 9 m. Anm. *Kraft* = DB 1982, 386; vom 24.3. 1981, a.a.O.; *LAG Baden-Württemberg* vom 5.3. 1991 – 14 TaBV 15/90 – NZA 1992, 184 = LAGE § 87 BetrVG 1972 Betriebliche Ordnung Nr. 9; vgl. ferner *BAG* vom 13.2. 1990 – 1 ABR 11/89 – unveröffentlicht; *D/R* § 87 Rz. 346, 349; *G/L* § 87 Rz. 154, 155; GK-*Wiese* § 87 Rz. 417; *F/A/K/H* vor § 89 Rz. 41 b; *D/K/K/S* § 87 Rz. 173 ff.; *S/W* § 87 Rz. 121 ff.; *Ehmann* Arbeitsschutz und Mitbestimmung bei neuen Technologien, 76; *Denck* ZfA 1976, 447 ff.; *Kohte* AuR 1984, 263; *Spinnarke* a.a.O., 64). Gegenstand des Mitbestimmungsrechtes des Betriebsrats ist somit die **Konkretisierung der ausfüllungsbedürftigen Rahmenvorschrift.**

Die das Mitbestimmungsrecht begrenzenden Rahmenvorschriften können beson- 343 ders die von den Berufsgenossenschaften nach § 708 RVO erlassenen **Unfallverhütungsvorschriften** sein, in denen eine Vielzahl konkreter Regelungen zur Gefahrenabwehr im Betrieb enthalten ist.

Weitere mögliche Rahmenvorschriften sind **gesetzliche Bestimmungen**. Obwohl 344 nicht ausdrücklich bestimmt, sind, wie sich aus der Gleichordnung mit den Unfallverhütungsvorschriften ergibt, nur öffentlich-rechtliche Vorschriften gemeint, nicht etwa Regelungen über die vertragliche Fürsorgepflicht, wie sie in § 120a GewO, § 618 BGB oder § 62 HGB enthalten sind (*ArbG München* vom 21.2. 1980 – 12 BV 97/79 – DB 1980, 1700; *D/R* § 87 Rz. 347; *Heinze* Anm. SAE 1985, 245 f.; **a.A.** *D/K/K/S* § 87 Rz. 177; vgl. aber Rz. 347 f.). Beispiele dafür sind Vorschriften in AZO, JArbSchG, LadenschlußG, ChemikalienG, SprengstoffG (vgl. auch den Katalog bei *F/A/K/H* vor § 89 Rz. 52 und Rz. 53). Ein solches Rahmengesetz ist aber nicht das Gerätesicherheitsgesetz, weil es nur

§ 87 4. Teil 3. Abschn. Soziale Angelegenheiten

Hersteller und Importeure von technischen Arbeitsmitteln betrifft, nicht aber den Arbeitgeber, der diese verwendet (so auch *F/A/K/H* vor § 89 Rz. 28; GK-*Wiese* § 87 Rz. 435).

345 Vielfach handelt es sich aber auch um **Rechtsverordnungen**, die als Rahmenvorschriften anerkannt sind (*LAG Berlin* vom 31. 3. 1981 – 8 Ta BV 5/80 und 6/80 – DB 1981, 1519; GK-*Wiese* § 87 Rz. 428; *S/W* § 87 Rz. 121 c; *D/R* § 87 Rz. 347; *D/K/K/S* § 87 Rz. 175; zur Umsetzung des EG-Arbeitsschutzrechts vgl. *Wlotzke* RdA 1992, 85, 95). Beispiele für derartige Rahmenvorschriften sind die **Arbeitsstättenverordnung** vom 20. 3. 1975 (BGBl. I S. 729) und die **Verordnung über gefährliche Stoffe** (Gefahrstoffverordnung – GefStoffV) vom 25. 9. 1991 (BGBl. I S. 1931), die Verordnung über Druckbehälter, Druckgasbehälter und Füllanlagen vom 27. 2. 1980 (BGBl. I S. 173, 184) i. d. F. vom 21. 4. 1989 (BGBl. I S. 830), die Verordnung über Dampfkesselanlagen i. d. F. vom 16. 12. 1986 (BGBl. I S. 2441), die Verordnung über den Schutz vor Schäden durch Röntgenstrahlen i. d. F. vom 8. 1. 1987 (BGBl. I S. 114), die Arbeitsschutz-Verordnung für Winterbaustellen i. d. F. vom 20. 3. 1975 (BGBl. I S. 729) usf. (vgl. Aufzählung bei *F/A/K/H* vor § 89 Rz. 50 a).

346 Eine **Übersicht über die geltenden Arbeitsschutzvorschriften** enthalten die von der Bundesregierung nach § 722 RVO zu erstattenden Unfallverhütungsberichte.

347 Umstritten ist, ob auch die **generalklauselartigen Arbeitsschutzverpflichtungen** des Arbeitgebers z. B. aufgrund § 120 a GewO, § 618 BGB, § 62 HGB, § 3 Abs. 1 der ArbStVO oder § 2 Abs. 1 der Unfallverhütungsvorschrift »Allgemeine Vorschriften« als Rahmenvorschriften in Betracht kommen (ausdrücklich offengelassen in *BAG* vom 6. 12. 1983, a. a. O.). Zum Teil wird angenommen, Arbeitgeber und Betriebsrat seien berufen, diese umfassenden Verpflichtungen durch konkretisierende Regelungen auszufüllen (so *F/A/K/H* vor § 89 Rz. 45; GK-*Wiese* § 87 Rz. 422 f.; *G/L* § 87 Rz. 156; *D/K/K/S* § 87 Rz. 178; *Engel* AuR 1982, 79, 80; *Kohte* BB 1981, 1287, 1292 und AuR 1984, 263; *Denck* ZfA 1976, 447, 454; *Kammann/Hess/Schlochauer* § 87 Rz. 126 sowie ferner *Klinkhammer* AuR 1983, 321, 325 und *Ehmann* a. a. O. 97 f., die allerdings Abs. 1 Nr. 7 auf diejenigen Fälle beschränken wollen, »in denen eine echte Gefährdung der Gesundheit der Arbeitnehmer zu besorgen ist«).

348 Dieser Annahme muß widersprochen werden: Die außerordentlich weitgefaßten Generalklauseln in den genannten Bestimmungen, von denen § 120 a GewO, § 618 BGB und § 62 HGB als privatrechtliche Regelungen ohnehin hier ausscheiden (vgl. oben Rz. 344), würden praktisch jede Regelung zum Gesundheitsschutz dem Mitbestimmungsrecht des Betriebsrats unterwerfen. Das BetrVG unterscheidet jedoch zwischen erzwingbaren Regelungen (Abs. 1 Nr. 7) und freiwilligen Maßnahmen (§ 88 Nr. 1). Wären die genannten Generalklauseln ebenfalls Rahmenvorschriften gem. Abs. 1 Nr. 7, dann gäbe es nur noch erzwingbare Regelungen, nicht aber freiwillige. Die in § 88 Nr. 1 vorgesehenen freiwilligen Betriebsvereinbarungen hätten keinen Anwendungsbereich mehr. Deshalb können in Abs. 1 Nr. 7 nur solche Regelungen gemeint sein, die **Ermessensspielraum in Gesetzen, Verordnungen und Unfallverhütungsvorschriften ausfüllen**. Das Ausfüllen von Generalklauseln würde hingegen bedeuten, daß Arbeitgeber und Betriebsrat anstelle des Gesetzgebers oder der Berufsgenossenschaft tätig würden. Sie würden nicht einen Gesetzesrahmen ausfüllen, sondern selbst Vorschriften erlassen. Dies ist im Gesetz nicht vorgesehen (so im Ergebnis auch *LAG München* vom 16. 4.

1987 – 8 [9] Ta BV 56/86 – BB 1988, 186; *LAG Düsseldorf* vom 27. 5. 1980 – 5 Ta BV 2/80 – DB 1981, 1780; *LAG Berlin* vom 31. 3. 1980, a. a. O.; *Hess* DB 1982, 2241; *D/R* § 87 Rz. 350; *S/W* § 87 Rz. 121 e; *Bähringer* RdA 1981, 364, 368; *Ehmann* a. a. O., 94 f.; *Heinze* Anm. SAE 1985, 245 f.; *Färber/Theilenberg* 29). Dementsprechend hat das *BAG* § 120 a GewO und die weiteren Generalklauseln über die Verpflichtung des Arbeitgebers zum Arbeitsschutz als Rahmenvorschriften dort, wo sie als solche hätten herangezogen werden können, nicht einmal erwähnt (vgl. z. B. *BAG* vom 28. 7. 1981, a. a. O.).

Nicht zu den Rahmenvorschriften i. S. v. Abs. 1 Nr. 7 gehören auch die Vorschriften **zum Schutz des Anstandes und der guten Sitten**, die gem. § 120 e i. V. m. § 120 b Abs. 1 bis 3 GewO vom Bundesminister für Arbeit und Sozialordnung mit Zustimmung des Bundesrates erlassen werden können (so auch GK-*Wiese* § 87 Rz. 416). Etwas anderes gilt für die Regelungen nach § 120 e i. V. m. § 120 b Abs. 4 sowie nach § 120 c GewO, da sie auch dem Gesundheitsschutz dienen (*F/A/K/H* vor § 89 Rz. 34; *Ehmann* a. a. O., 73 f.). 349

§ 9 Abs. 3 ASiG ist keine Rahmenvorschrift in diesem Sinn. Sie regelt die Beteiligung des Betriebsrats bei der Bestellung und Abberufung der **Betriebsärzte und Sicherheitsfachkräfte** und bei der Übertragung der entsprechenden Aufgaben. Sie ist keine Vorschrift des materiellen Gesundheitsschutzes. Wollte man dies annehmen, wäre der materielle Gesundheitsschutz unterschiedlich geregelt, je nachdem ob die Aufgaben des Betriebsarztes von einem angestellten Betriebsarzt oder von einem freiberuflichen Arzt oder einem arbeitsmedizinischen Dienst wahrgenommen werden. Für die beiden zuletzt genannten Möglichkeiten sieht § 9 Abs. 3 Satz 3 ASiG nämlich nur vor, daß vor der Verpflichtung oder Entpflichtung eines solchen Arztes oder Dienstes **der Betriebsrat zu hören** ist. Mitbestimmungsrechte und daraus abgeleitete Initiativrechte insbesondere hinsichtlich der Übertragung bestimmter Aufgaben stehen dem Betriebsrat in diesen Fällen nicht zu. Wäre es richtig, daß das Mitbestimmungsrecht des Betriebsrats hinsichtlich angestellter Betriebsärzte auch das Recht enthält, bestimmte ärztliche Untersuchungen der Arbeitnehmer vom Arbeitgeber zu verlangen (so aber *LAG Berlin* vom 31. 3. 1981, a. a. O.), könnte der Betriebsrat in Betrieben, in denen ein angestellter Betriebsarzt vorhanden ist, die Verpflichtung des Arbeitgebers zu solchen Untersuchungen erzwingen, in anderen Betrieben jedoch nicht. Für eine solche unterschiedliche Regelung des materiellen Gesundheitsschutzes je nach der Art der betriebsärztlichen Versorgung ist kein sachlicher Gesichtspunkt erkennbar (*BAG* vom 6. 12. 1983, a. a. O., *Ehmann* a. a. O., 95 ff. und Anm. EzA § 87 BetrVG 1972 Bildschirmarbeitsplatz Nr. 1; *Heinze* Anm. SAE 1985, 245, 247). Mangels einer entsprechenden Rahmenregelung besteht auch kein Mitbestimmungsrecht hinsichtlich einer Befragung der Arbeitnehmer nach ihrem Gesundheitszustand; a. A. *ArbG Hamburg* vom 17. 12. 1990 – 2 BV 15/90 – DB 1991, 1078). Einer solchen Befragung kann aber der rechtliche Schutz der Intimsphäre entgegenstehen (vgl. GK-*Kreutz* § 75 Rz. 77). 350

Nicht verbindlich und deshalb als Rahmenvorschriften nicht einschlägig sind die von den Berufsgenossenschaften erlassenen **Durchführungsanweisungen** (Lösungsbeispiele und Erläuterungen zu Unfallverhütungsvorschriften), **Richtlinien** (in der Regel Vorläufer von Unfallverhütungsvorschriften), **Sicherheitsregeln** (Zusammenstellung einschlägiger Bestimmungen aus Vorschriften, technischen Regelwerken, Regeln der Technik), **Grundsätze** (z. B. zu Verfahrensfragen) und **Merkblätter** (Informationen zur Anwendung der geltenden Vorschriften und Re- 351

§ 87   4. Teil 3. Abschn. Soziale Angelegenheiten

geln für die betriebliche Praxis); hierbei (vgl. Verzeichnis ZH 1 der Zentralstelle für Unfallverhütung und Arbeitsmedizin beim Hauptverband der gewerblichen Berufsgenossenschaften) handelt es sich nur um Hilfen zur Anwendung des geltenden Rechts, nicht aber um das geltende Recht selbst (*F/A/K/H* vor § 89 Rz. 24a; *Heß* DB 1982, 2241, 2242; *S/W* § 87 Rz. 121f.; GK-*Wiese* § 87 Rz. 432). Dasselbe gilt für die technischen Normen privater Normungsorganisationen (z. B. DIN, VDE usw.; vgl. *Heß* und *S/W*, jeweils a. a. O.). Alle diese Regeln sind aber geeignet, den Regelungsspielraum der Betriebspartner auszufüllen, soweit ein Mitbestimmungsrecht besteht (*F/A/K/H* vor § 89 Rz. 38; *Ehmann*, a. a. O., 77 f., 88 f). Sie dienen auch als Leitlinien für das Vorgehen der technischen Aufsichtsbeamten der Berufsgenossenschaften, die nach §§ 712 ff. RVO ermächtigt sind, im Einzelfall zur Durchsetzung der Unfallverhütungsvorschriften oder zur Abwendung besonderer Unfall- oder Gesundheitsgefahren verbindliche Anordnungen zu erlassen, sowie für das in §§ 120d und 120f GewO entsprechend geregelte Vorgehen der Gewerbeaufsichtsämter.

352 Das Mitbestimmungsrecht nach Abs. 1 Nr. 7 setzt außerdem voraus, daß die Rahmenvorschriften noch einen Entscheidungsspielraum lassen (*BAG* vom 6. 12. 1983 – 1 AZR 43/81 – AP Nr. 7 zu § 87 BetrVG Überwachung Bl. 9 = DB 1984, 775; 1985, 1341 m. Anm. *Weng*; vom 24. 3. 1981 – 1 ABR 32/78 – AP Nr. 2 zu § 87 BetrVG 1972 Arbeitssicherheit Bl. 32 = DB 1981, 1886; *LAG Niedersachsen* vom 25. 3. 1982 – 11 Ta BV 7/81 – DB 1982, 2039; *S/W* § 87 Rz. 123; GK-*Wiese* § 87 Rz. 424; *D/R* § 87 Rz. 349; *G/L* § 87 Rz. 155; *F/A/K/H* vor § 89 Rz. 47; *Denck* ZfA 1976, 447, 453; *D/K/K/S* § 87 Rz. 182; *Glaubitz* BB 1977, 1403, 1404). Dabei kommt es auf das Vorliegen eines **echten Ermessensspielraums** an; es genügt nicht das Vorhandensein eines **Beurteilungsspielraums** (*LAG München* vom 16. 4. 1987, a. a. O.; *LAG Baden-Württemberg* vom 8. 12. 1987 – 14 Ta BV 18/87 – NZA 1988, 515; *Ehmann* a. a. O., 78; *G/L* § 87 Rz. 155a; *S/W* und *Glaubitz*, jeweils a. a. O.; *Meyer* in *Landmann/Rohmer* vor § 120a Rz. 22; *Spinnarke* a. a. O., 66; **a. A.** *F/A/K/H* a. a. O.; *D/K/K/S* § 87 Rz. 183; *Kohte* AuR 1984, 269 und BB 1981, 1282; *Denck* a. a. O.; kritisch auch *Egger* BB 1992, 629, 633). Der Arbeitgeber muß also die Befugnis haben, zwischen mehreren Möglichkeiten zu wählen. Die meisten der in den Rahmenvorschriften verwendeten unbestimmten Rechtsbegriffe räumen dem Arbeitgeber aber kein Ermessen ein, sondern geben ihm lediglich einen **Beurteilungsspielraum**. Es handelt sich dabei um Rechtsbegriffe, die der Arbeitgeber auf den konkreten Arbeitsplatz anzuwenden hat und die bei richtiger Anwendung nur eine einzige Entscheidung zulassen. Sie können sowohl bei den Voraussetzungen einer Arbeitsschutzmaßnahme als auch bei der Durchführung der Maßnahme eine Rolle spielen. Es ist beispielsweise eine solche Rechtsfrage, ob mit Fußverletzungen durch die in § 4 der Unfallverhütungsvorschrift »Allgemeine Vorschriften« genannten Vorgänge (z. B. Stoßen, Einklemmen, umfallende Gegenstände) zu rechnen ist; ebenso ist es eine Rechtsfrage, wie der erforderliche Fußschutz beschaffen sein muß, um den Anforderungen des Unfallschutzes zu genügen. Diese Fragen hat der Arbeitgeber aufgrund der konkreten Verhältnisse in seinem Betrieb zu beantworten und dementsprechend zu handeln. Ein Ermessensspielraum bleibt ihm dabei grundsätzlich nicht. Verwirklicht er die geforderte Lösung nicht, so kann sie ihm die Berufsgenossenschaft gem. § 712 Abs. 1 RVO durch eine Anordnung aufgeben, deren Nichtbefolgung ein Bußgeld auslösen kann (§ 717a RVO). Läßt der Arbeitgeber zugleich Bestimmungen der Arbeitsstättenverordnung oder der GewO

außer acht oder wendet er sie nicht richtig an, so kann gem. § 120d und § 120f auch das Gewerbeaufsichtsamt eine solche Anordnung erlassen.
Der Betriebsrat braucht bei von ihm erkannten Mängeln des Arbeitsschutzes keineswegs tatenlos zu bleiben. Nach § 80 Abs. 1 Nr. 1 hat er sogar die Aufgabe, **darüber zu wachen**, daß Gesetze, Verordnungen und die Vorschriften der Berufsgenossenschaft eingehalten werden. Erreicht er beim Arbeitgeber nicht die erforderliche Abhilfe, kann er sich aufgrund § 89 Abs. 1 mit dem Gewerbeaufsichtsamt oder der Berufsgenossenschaft in Verbindung setzen und dort auf den Erlaß einer entsprechenden Anordnung hinwirken (vgl. Erläuterungen dort). 353

Nur bei einer solchen Handhabung der unbestimmten Rechtsbegriffe des Arbeitsschutzes wird vermieden, daß auf dieselbe Sachfrage die Einigungsstelle einerseits und das Gewerbeaufsichtsamt oder die Berufsgenossenschaft andererseits **unterschiedliche Antworten** geben. Nur so kann also die **Rechtssicherheit**, auf die die Beteiligten angewiesen sind, erreicht und gewährleistet werden (*Glaubitz* BB 1977, 1403, 1405). Gegen dieses Ergebnis spricht auch nicht, daß der Betriebsrat im Bereich der sozialen Angelegenheiten grundsätzlich auch Rechtsfragen mit zu beurteilen hat (vgl. oben Rz. 282 sowie *Söllner* FS *BAG*, 605 ff.). Würde dies auch gelten, wenn der Arbeitgeber wie im Bereich des Arbeitsschutzes eine öffentlich-rechtliche Verantwortung zu erfüllen hat, so könnte er dieser Aufgabe nicht gerecht werden. 354

bb) Folgerungen für konkrete Fragen
Für die **Arbeit an Bildschirmarbeitsplätzen** besteht kein Mitbestimmungsrecht nach Abs. 1 Nr. 7, weil entsprechende Rahmenvorschriften nicht bestehen (*LAG Düsseldorf* vom 27. 5. 1980 und *LAG Berlin* vom 31. 3. 1981, jeweils a. a. O.; *S/W* § 87 Rz. 122; *Hess* DB 1982, 2241, 2244; *Marsch-Barner* AR-Blattei B II 1 d; *Heinze* Anm. SAE 1985, 245 f.; *Kilian* NJW 1981, 2545, 2550; *Bähringer* RdA 1981, 364, 368; *Moll* ZIP 1982, 889, 895 ff.; *GK-Wiese* § 87 Rz. 435; **a. A.** *Engel* AuR 1982, 79; *Kohte* AuR 1984, 263 ff.; *D/K/K/S* § 87 Rz. 203; offengelassen von *BAG* vom 6. 12. 1983, a. a. O., da jedenfalls die vom Betriebsrat im Streitfall verlangten Regelungen über die Ausgestaltung der Bildschirmarbeitsplätze, die zeitliche Begrenzung und Unterbrechung der Arbeit sowie die Beschäftigung Schwangerer an Bildschirmgeräten und über augenärztliche Untersuchungen von den vorhanden generalklauselartigen gesetzlichen Arbeitsschutzregelungen nicht gedeckt würden, weil sie nicht vor den durch die Arbeitsleistung selbst ausgehenden Gefahren für die Arbeitnehmer schützen sollten, sondern nur vor den Gefahren, die von den Arbeitsräumen, Betriebsvorrichtungen, Maschinen und Gerätschaften herrühren). 355

Der Betriebsrat kann auch nicht die **Einführung bezahlter Lärmpausen** verlangen, da es keine Rahmenvorschrift über solche Pausen gibt, die durch die betriebliche Regelung ausgefüllt werden könnte (*BAG* vom 28. 7. 1981, a. a. O. **a. A.** *D/K/K/S* § 87 Rz. 201). Mangels einer entsprechenden Rahmenvorschrift ist auch die **Einführung eines Sicherheitswettbewerbs** (vgl. dazu oben Rz. 334) nicht nach Abs. 1 Nr. 7 mitbestimmungspflichtig (so auch *BAG* vom 24. 3. 1981, a. a. O., wo aber ein Mitbestimmungsrecht nach Abs. 1 Nr. 1 bejaht wird; vgl. dazu oben Rz. 103 und 108 sowie unten Rz. 477). 356

Ebenfalls kein Mitbestimmungsrecht besteht bei den **Organisationsentscheidungen für den betriebsärztlichen und sicherheitstechnischen Dienst** (vgl. dazu aber unten Rz. 370 ff.). 357

§ 87   4. Teil 3. Abschn. Soziale Angelegenheiten

358 Mitbestimmungsfrei ist ferner die Entscheidung der Frage, wer die **Kosten** bestimmter Unfallverhütungsmaßnahmen zu tragen hat. Die Kosten etwa der nach Gesetz oder Unfallverhütungsvorschriften erforderlichen persönlichen Schutzausrüstungen hat nach der insoweit zutreffenden Rechtsprechung des *BAG* (vom 18. 8. 1982 – 5 AZR 493/80 – EzA § 618 BGB Nr. 4 m. Anm. *Herschel* = DB 1983, 234; vom 10. 3 1976 – 5 AZR 34/75 – AP Nr. 17 zu § 618 BGB m. Anm. *Herschel* = EzA § 618 BGB Nr. 2; ebenso *LAG Düsseldorf* vom 8. 11. 1977 – 11 Sa 1005/77 – BB 1978, 611; *S/W* § 87 Rz. 127; GK-*Wiese* § 87 Rz. 434) grundsätzlich der Arbeitgeber zu tragen, weil es ihm obliegt, diese Ausrüstung zur Verfügung zu stellen. Unter bestimmten Voraussetzungen muß sich der Arbeitnehmer aber **an den Kosten beteiligen**. Das kommt in Betracht, wenn der Arbeitgeber den Arbeitnehmern erlaubt, die Schutzausrüstung (z. B. Sicherheitsschuhe) auch privat zu benutzen. Kostenregelungen im Hinblick auf die Erlaubnis zur privaten Benutzung von Schutzausrüstungen betreffen nicht mehr die betriebliche Unfallverhütung, liegen also jenseits des Mitbestimmungstatbestandes nach Abs. 1 Nr. 7. Die Kostenbeteiligung der Arbeitnehmer kann nur in einer freiwilligen Betriebsvereinbarung nach § 88 festgelegt werden (*S/W* und GK-*Wiese*, jeweils a. a. O.; *D/K/K/S* § 87 Rz. 186; *D/R* § 87 Rz. 356; *Glaubitz* BB 1977, 1404, 1406; vgl. auch *Spinnarke* a. a. O., 68; **a. A.** *G/L* § 87 Rz. 159; *Denck* ZfA 1976, 447, 458 f.; *Kammann/Hess/Schlochauer* § 87 Rz. 130; ferner *Lorenz* Anm. AP Nr. 18 zu § 618 BGB, der solche Vereinbarungen nur durch Einzelvertrag zulassen will).

359 Es besteht auch kein Mitbestimmungsrecht bei der Anwendung der Vorschriften der Gefahrstoffverordnung (GefStoffV; vgl. dazu oben Rz. 345) über den **Umgang mit Gefahrstoffen** (§§ 14 ff.; generell **a. A.** *F/A/K/H* § 89 Rz. 55; *D/K/K/S* § 87 Rz. 200). Die insoweit auftretenden Einzelfragen sind wie folgt zu beurteilen:

360 § 16 Abs. 1 GefStoffV, wonach sich der Arbeitgeber zu vergewissern hat, ob ein verwendeter Stoff ein Gefahrstoff ist, bietet keinen Raum für ein Mitbestimmungsrecht (**a. A.** *Rottmann* BB 1989, 1115, 1118), weil es sich bei der bloßen Feststellung der Stoffeigenart nicht um Gesundheitsschutz handelt, sondern um einen rein internen Vorgang beim Arbeitgeber, der der Mitbestimmung des Betriebsrates und der Entscheidung der Einigungsstelle nicht zugänglich ist (im Ergebnis ebenso *LAG Baden-Württemberg* vom 8. 12. 1987 – 14 TaBV 18/87 – NZA 1988, 515 f., das allerdings den entscheidenden Grund im Fehlen eines Ermessensspielraums sieht, obwohl dem Arbeitgeber verschiedene Erkenntniswege zur Verfügung stehen; vgl. auch *G/L* § 87 Rz. 155 a). Außerdem ist diese Prüfung auch keine »Regelung«, mit der eine allgemeine Ordnung für eine unbestimmte Anzahl von Fällen festgelegt wird (vgl. dazu oben Rz. 336). Diese Gesichtspunkte gelten entsprechend für § 16 Abs. 2 Satz 1 GefStoffV, der den Arbeitgeber verpflichtet, die Erhältlichkeit von Ersatzstoffen zu prüfen (**a. A.** *Rottmann* a. a. O.). Hinzu kommt, daß § 21 Abs. 1 Nr. 1 GefStoffV dem Betriebsrat zu dieser Prüfung ein Anhörungsrecht besonders einräumt; dessen hätte es nicht bedurft, wenn der Betriebsrat ein Mitbestimmungsrecht hätte.

361 Auch die Entscheidung über die Verwendung zumutbarer Ersatzstoffe nach § 16 Abs. 2 Satz 2 GefStoffV ist keine »Regelung« i. S. v. Abs. 1 Nr. 7 (vgl. dazu oben Rz. 336). Außerdem eröffnet der unbestimmte Rechtsbegriff der Zumutbarkeit keinen Ermessensspielraum (so auch *LAG Baden-Württemberg* a. a. O.; vgl. dazu oben Rz. 352; im Ergebnis **a. A.** *Rottmann* BB 1989, 1115, 1119). Schließlich spricht auch hier das besondere Anhörungsrecht in § 21 Abs. 1 Nr. 1 GefStoffV gegen das Bestehen eines Mitbestimmungsrechts (vgl. oben Rz. 360 a. E.).

§ 17 Abs. 1 GefStoffV, wonach der Arbeitgeber die erforderlichen Schutzmaßnah- 362 men zu treffen hat, eröffnet ebensowenig einen Ermessensspielraum. Vielmehr ergeben sich diese Schutzmaßnahmen allein aus der Anwendung der Regeln in § 17 und der sie ergänzenden detaillierten Vorschriften im § 19, wobei auch der danach maßgebliche »Stand der Technik« durch § 3 Abs. 6 des Bundesimmissionsschutzgesetzes festgelegt ist. Auch für diesen Fall geht § 21 Abs. 1 Nr. 1 GefStoffV davon aus, daß ein Mitbestimmungsrecht nicht besteht (ebenso *LAG Baden-Württemberg* a. a. O.; **a. A.** *Rottmann* a. a. O.).

Bei der Erstellung der nach § 20 GefStoffV vorgeschriebenen Betriebsanweisung 363 hat der Arbeitgeber keinen Entscheidungsspielraum; die Anweisung hat lediglich die ohnehin nach der Verordnung geltenden Vorschriften darzustellen. Für ein Mitbestimmungsrecht ist deshalb kein Raum (**a. A.** – allerdings in einem obiter dictum – *LAG Baden-Württemberg* a. a. O.; ferner *F/A/K/H* a. a. O.; GK-*Wiese* § 87 Rz. 424; *Rottmann* BB 1989, 1115, 1120).

Mitbestimmungspflichtig ist die Entscheidung des Arbeitgebers gem. § 45 Abs. 1 364 der Unfallverhütungsvorschrift »Allgemeine Vorschriften«, wonach er bei **Beschäftigung im Freien** wahlweise entweder den Arbeitsplatz wetterfest herzurichten oder Schutzkleidung zur Verfügung zu stellen hat (so auch *S/W* § 87 Rz. 125).

Eine Wahlmöglichkeit, die das Mitbestimmungsrecht nach Abs. 1 Nr. 7 eröffnet, 365 enthält auch **§ 4 Abs. 1 Nr. 1 ArbStVO**, wonach das Gewerbeaufsichtsamt auf schriftlichen Antrag des Arbeitgebers **Ausnahmen von den Vorschriften der Verordnung** zulassen kann, wenn er eine andere, ebenso wirksame Maßnahme trifft. Mitzubestimmen hat der Betriebsrat hierbei aber nur, wenn diese andere Maßnahme die Verpflichtung der Arbeitnehmer zu einem bestimmten Verhalten umfaßt (vgl. oben Rz. 336), wenn also etwa an die Stelle einer an sich erforderlichen technischen Sicherheitsmaßnahme die Arbeitnehmer verpflichtet werden sollen, persönliche Schutzausrüstungen zu tragen (so auch *S/W* a. a. O.; gegen ein Mitbestimmungsrecht bei Ausnahmeanträgen überhaupt *Meyer* in *Landmann/ Rohmer* vor § 120a Rz. 20). Das Gewerbeaufsichtsamt kann allerdings in einem solchen Fall nicht schon vor der Entscheidung über die Ausnahmegenehmigung die Zustimmung des Betriebsrats verlangen. Vielmehr setzt die Erteilung der Genehmigung nur einen schriftlichen Antrag des Arbeitgebers voraus. Wäre für die Erledigung des Antrags auch eine Stellungnahme des Betriebsrats erforderlich, hätte dies in der ArbStVO ausdrücklich bestimmt sein müssen, wie es etwa in § 20 Abs. 1 KSchG für die Entscheidung des Landesarbeitsamtes über anzeigepflichtige Entlassungen und in § 72 Abs. 1 und 1a AFG für die Bewilligung von Kurzarbeitergeld durch das Arbeitsamt geschehen ist (vgl. *Glaubitz* a. a. O.; ebenso, aber nicht nur für die Arbeitnehmer verpflichtende »Regelung« *F/A/ K/H* vor § 89 Rz. 48; GK-*Wiese* § 87 Rz. 425). Der Betriebsrat ist indessen von der zuständigen Behörde vor der Entscheidung über den Antrag nach § 89 Abs. 2 zu beteiligen (*F/A/K/H* und GK-*Wiese*, jeweils a. a. O.). Dementsprechend schreibt § 3 Abs. 1 der Unfallverhütungsvorschrift »Allgemeine Vorschriften« ausdrücklich vor, daß dem Antrag auf Zulassung einer Ausnahme von einer Regelung der Unfallverhütungsvorschriften eine Stellungnahme der Betriebsvertretung beizufügen ist.

b) Ausübung des Mitbestimmungsrechts

366 Das Mitbestimmungsrecht des Betriebsrats nach Abs. 1 Nr. 7 umfaßt auch ein **Initiativrecht** (so auch *D/R* § 87 Rz. 355; GK-*Wiese* § 87 Rz. 440; *Egger* BB 1992, 629, 633; vgl. dazu oben Rz. 42; **a. A.** *G/L* § 87 Rz. 156d).

367 Das Mitbestimmungsrecht kann, obwohl es sich auf Regelungen normativen Charakters bezieht, auch durch **Regelungsabrede** ausgeübt werden (GK-*Wiese* § 87 Rz. 441; *F/A/K/H* vor § 89 Rz. 41; **a. A.** *D/R* § 87 Rz. 359, die eine **Betriebsvereinbarung** für notwendig erachten). Wäre eine Betriebsvereinbarung notwendig, könnten in betriebsratslosen Betrieben auch notwendige Regelungen über den Arbeitsschutz nicht wirksam erlassen werden. Da aber die öffentlich-rechtlichen Pflichten im Bereich des Arbeitsschutzes nach herrschender Rechtsauffassung zugleich Inhalt des Arbeitsverhältnisses sind (*BAG* vom 10. 3. 1976, a. a. O.; *Herschel* RdA 1964, 7, 11; *G. Hueck* Anm. AP Nr. 5 zu § 611 BGB Fürsorgepflicht; *Söllner* Arbeitsrecht § 25 III; *Schaub* § 153 I 2; GK-*Wiese* a. a. O.), kann der Arbeitgeber sie auch durch Ausübung seines Weisungsrechts wirksam konkretisieren.

368 Soweit ein Mitbestimmungsrecht des Betriebsrats bei der Gestaltung des Arbeitsschutzes nicht besteht, wird es sich gleichwohl häufig sehr empfehlen, **freiwillige Betriebsvereinbarungen** abzuschließen; denn solche Abmachungen schaffen klare Verhältnisse im Betrieb und stärken auch die gerade auf dem Gebiet des Arbeitsschutzes erforderliche Zusammenarbeit zwischen den Betriebspartnern. Die bisher bekannten Erfahrungen aus den Betrieben sprechen dafür, daß in diesem Bereich das Zusammenwirken von Arbeitgeber und Betriebsrat weit überwiegend sachlich und reibungslos verläuft.

c) Rechtsfolgen der Nichtbeachtung des Mitbestimmungsrechts

369 Das Mitbestimmungsrecht des Betriebsrats entbindet den Arbeitgeber nicht von seiner öffentlich-rechtlichen Verpflichtung, Arbeitsschutzregelungen und Unfallverhütungsvorschriften auch dann einzuhalten, wenn sie ihm einen Entscheidungsspielraum lassen. Das gilt auch, wenn er den Betriebsrat nach Abs. 1 Nr. 7 zu beteiligen hat; die Mitbestimmung ist insoweit **keine Wirksamkeitsvoraussetzung** (vgl. dazu oben Rz. 79ff.; ebenso *D/R* § 87 Rz. 360; *Egger* a. a. O.; **a. A.** GK-*Wiese* § 87 Rz. 442; *F/A/K/H* vor § 89 Rz. 44). Bei keiner anderen sozialen Angelegenheit erweist sich die Unhaltbarkeit der Theorie von der notwendigen Mitbestimmung so stark wie hier (vgl. auch oben Rz. 89ff.). Sie würde dazu führen, daß u. U. notwendige Regelungen zum Schutz von Leben und Gesundheit der Arbeitnehmer unwirksam wären, solange sich die Betriebspartner nicht darauf geeinigt haben oder die Einigungsstelle die Einigung nicht ersetzt hat, es sei denn, man könnte dieses Dilemma mit Hilfe einer mitbestimmungsfreien Notfallregelung überwinden (hierfür GK-*Wiese* a. a. O.), die aber in den meisten Fällen nicht in Betracht kommen dürfte. Der Betriebsrat hat also auch hier nur die sonst bei Nichtbeachtung des Mitbestimmungsrechts bestehenden Befugnisse (vgl. oben Rz. 87 und unten Rz. 610). Die Arbeitnehmer können unabhängig von der Ausübung eines etwa bestehenden Mitbestimmungsrechts aufgrund des Arbeitsvertrages unter bestimmten Voraussetzungen die **Arbeitsleistung zurückhalten** (so ausdrücklich geregelt in § 21 Abs. 6 Satz 2 GefStoffV) oder **Schadenersatzansprüche** geltend machen, wenn der Arbeitgeber seinen Verpflichtungen aus den Arbeitsschutzvorschriften nicht nachkommt (vgl. dazu *Söllner, D/R* und GK-*Wiese*, jeweils a. a. O.). Weitere mögliche Sanktion bei Nichterfüllung von Arbeitsschutzpflichten ist in bestimmten Fällen das Beschäftigungsverbot, z. B. nach § 38 der

Unfallverhütungsvorschrift »Allgemeine Vorschriften«, nach dem Bundesseuchengesetz oder nach der Gefahrstoffverordnung (vgl. oben Rz. 359).

2. Durchführung des Arbeitssicherheitsgesetzes (ASiG)

Auch bei der Durchführung des ASiG hat der Betriebsrat Mitbestimmungsrechte. 370
Nach diesem Gesetz hat der Arbeitgeber Betriebsärzte zu bestellen, soweit dies im Hinblick auf Betriebsart, Zahl und Zusammensetzung der Arbeitnehmer, z. B. besonders betreuungsbedürftige Arbeitnehmergruppen wie Frauen, Jugendliche und ausländische Arbeitnehmer, notwendig ist (§ 2 Abs. 1). Dies gilt entsprechend für die Fachkräfte für Arbeitssicherheit (§ 5 Abs. 1). Die Betriebsärzte und Sicherheitsfachkräfte haben **den Arbeitgeber beim Arbeits- und Gesundheitsschutz im Betrieb zu unterstützen**. Betriebsarzt und Sicherheitsfachkraft können als Arbeitnehmer eingestellt oder auch freiberuflich für den Betrieb tätig werden. Der Arbeitgeber kann ferner einen überbetrieblichen arbeitsmedizinischen oder sicherheitstechnischen Dienst verpflichten (§ 19 ASiG). Die Betriebsärzte und Sicherheitsfachkräfte unterstehen unmittelbar dem Leiter des Betriebs (§ 8 Abs. 2 ASiG). Die **Verantwortung für die Durchführung des Arbeitsschutzes** bleibt nach wie vor beim Arbeitgeber und den betrieblichen Führungskräften. Sie liegt nicht bei den Betriebsärzten oder den Sicherheitsfachkräften (*F/A/K/H* § 87 Rz. 84; GK-*Wiese* § 87 Rz. 444). Sie sollen jedoch den Arbeitgeber sowie die im Betrieb für den Arbeitsschutz Verantwortlichen und den Betriebsrat unterstützen, insbesondere ist der Betriebsrat über wichtige Angelegenheiten des Arbeitsschutzes und der Unfallverhütung zu unterrichten. Auf Verlangen haben sie ihn auch in Angelegenheiten des Arbeitsschutzes und der Unfallverhütung zu beraten (§ 9 Abs. 1 und 2 ASiG).

Bei der Entscheidung der Frage, ob und in welchem Umfang Betriebsärzte und 371
Sicherheitsfachkräfte zu bestellen sind, muß der Arbeitgeber die **Unfallverhütungsvorschriften** der für ihn zuständigen Berufsgenossenschaft beachten. Durch § 708 Abs. 1 Nr. 4 RVO sind die Berufsgenossenschaften ermächtigt, in Unfallverhütungsvorschriften die Verpflichtungen des Arbeitgebers nach diesem Gesetz zu konkretisieren. Soweit die Berufsgenossenschaften keine oder unzureichende Unfallverhütungsvorschriften erlassen haben, kann auch der Bundesminister für Arbeit und Sozialordnung die gesetzlichen Verpflichtungen nach § 14 Abs. 1 ASiG durch eine **Verordnung** festlegen (Näheres zu diesem Gesetz in den besonderen Kommentaren; vgl. Literaturübersicht).

a) Personenbezogene Entscheidungen

Die Betriebsärzte und Sicherheitsfachkräfte sind **mit Zustimmung des Betriebsrats** 372
zu bestellen und abzuberufen, sofern es sich dabei um in den Betrieb als Arbeitnehmer eingeordnete Personen handelt. Vor der Verpflichtung oder Entpflichtung eines freiberuflich tätigen Arztes, einer freiberuflich tätigen Sicherheitsfachkraft oder eines überbetrieblichen Dienstes ist der Betriebsrat nach § 9 Abs. 3 Satz 3 ASiG nur zu hören. Das Zustimmungsrecht besteht auch dann, wenn es sich bei den zu bestellenden Personen um **leitende Angestellte** handelt (GK-*Wiese* § 87 Rz. 454; *F/A/K/H* § 87 Rz. 87; *D/R* § 87 Rz. 374; *Spinnarke* a. a. O., 70; *Hütig* DB 1975, 596; vgl. auch *D/K/K/S* § 87 Rz. 188). Bestellung und Abberufung i. S. d. § 9 Abs. 3 ASiG sind von der Begründung und der Kündigung des Arbeitsverhält-

§ 87   4. Teil 3. Abschn. Soziale Angelegenheiten

nisses zu unterscheiden, auf die die allgemeinen Regeln des BetrVG über personelle Einzelmaßnahmen nach den §§ 99ff. einschließlich des § 105 anzuwenden sind (so auch *BAG* vom 24. 3. 1988 – 2 AZR 369/87 – AP Nr. 1 zu § 9 ASiG = EzA § 9 ASiG Nr. 1 = DB 1989, 227; GK-*Wiese* § 87 Rz. 455; *D/R* § 87 Rz. 369).

373 Nach § 9 Abs. 3 ASiG hat der Betriebsrat auch **einer Einschränkung oder Erweiterung der Aufgaben** des angestellten Betriebsarztes und der angestellten Sicherheitsfachkraft zuzustimmen. Daraus darf indessen nicht der Gegenschluß gezogen werden, daß der Betriebsrat bei der **erstmaligen Übertragung der Aufgaben** kein Zustimmungsrecht hätte. Vielmehr gehört die Übertragung der Aufgaben mit zu der zustimmungspflichtigen Bestellung nach § 2 Abs. 1 und § 5 Abs. 1. Die Regelung wäre kaum sinnvoll, wenn nur die Aufgabenerweiterung und -einschränkung mitbestimmungspflichtig wäre, nicht aber die ihr vorausgehende Übertragung (so auch *Kliesch/Nöthlichs/Wagner* § 9 Rz. 7; *Krebs* § 9 Rz. VII, 11f; GK-*Wiese* § 87 Rz. 462; *F/A/K/H* § 87 Rz. 88; *D/K/K/S* § 87 Rz. 192; a.A. *Spinnarke* BB 1976, 798, 799; *Giese/Ibels/Rehkopf* § 9 Rz. 9). Dabei ist aber zu beachten, daß die Aufgaben des arbeitsmedizinischen und sicherheitstechnischen Dienstes, deren Erfüllung im konkreten Betrieb erforderlich ist, in den §§ 2 Abs. 1 und 3 Abs. 1 sowie §§ 5 Abs. 1 und 6 ASiG bereits festgelegt sind. Inwieweit der Arbeitgeber überhaupt Aufgaben zu übertragen verpflichtet ist, unterliegt daher als Rechtsfrage nicht der Mitbestimmung.

374 Das Mitbestimmungsrecht bei der Bestellung und Abberufung von Betriebsärzten und Sicherheitsfachkräften im Angestelltenverhältnis sowie bei der Übertragung, Erweiterung und Einschränkung der Aufgaben ist als **Zustimmungsrecht** ausgeformt. Das bedeutet: Diese Maßnahmen des Arbeitgebers bedürfen der Billigung des Betriebsrats; der Betriebsrat kann aber nicht von sich aus die Maßnahmen verlangen. Dem Betriebsrat ist im Schriftlichen Bericht des für das ASiG im Bundestag federführenden Ausschusses für Arbeit und Sozialordnung ein Initiativrecht zwar zugeschrieben worden (BT-Drucks. 7/1085, zu § 9 Abs. 3); maßgeblich ist jedoch die insoweit eindeutige, nicht anders interpretierbare Fassung des Gesetzes, die allein auch der im gesamten Betriebsverfassungsrecht durchgehaltenen Grenzlinie entspricht, daß personelle Einzelentscheidungen dem Arbeitgeber vom Betriebsrat oder der Einigungsstelle nicht aufgezwungen werden können (im Ergebnis ebenso *S/W* § 87 Rz. 130a; *Doetsch/Schnabel* § 9 Rz. 4; *Egger* BB 1992, 629, 634; *Giese/Ibels/Rehkopf* § 9 Rz. 11; *Hütig* DB 1975, 595f.; *Rudolph* DB 1976, 372; **a.A.** *F/A/K/H* § 87 Rz. 86; *D/K/K/S* § 87 Rz. 199; *Kliesch/Nöthlichs/Wagner* § 9 Rz. 7.7; *Spinnarke* Sicherheitstechnik, Arbeitsmedizin, Arbeitsplatzgestaltung, 72; wiederum **a.A.** nur für die Abberufung, Aufgabenerweiterung und -einschränkung, nicht aber für die Bestellung; *D/R* § 87 Rz. 372f.; *G/L* § 87 Rz. 169; GK-*Wiese* § 87 Rz. 474f.). Wünscht der Betriebsrat z.B. die Bestellung eines bestimmten Arbeitsmediziners oder hat er umgekehrt Bedenken gegen die weitere Tätigkeit eines Betriebsarztes, kann er dies folglich nur erreichen, wenn er den Arbeitgeber von der Richtigkeit der gewünschten Maßnahme zu überzeugen vermag. Rechtlich durchsetzen kann er sie nicht.

375 Die Zustimmung kann **vor oder nach der Bestellung oder Aufgabenübertragung, -erweiterung oder -einschränkung** erteilt werden (*Giese/Ibels/Rehkopf* § 9 Rz. 10; *Doetsch/Schnabel* § 9 Rz. 7; *Kliesch/Nöthlichs/Wagner* § 9 Rz. 7.4; *Krebs* § 9 Rz. III; **a.A.** nämlich für Notwendigkeit der vorherigen Zustimmung: GK-*Wiese* § 87 Rz. 457; *F/A/K/H* § 87 Rz. 85).

376 Soweit ein Betriebsarzt oder eine Sicherheitsfachkraft als Angestellter tätig wer-

Mitbestimmungsrechte **§ 87**

den soll, muß zwischen Bestellung und Abberufung nach dem ASiG einerseits und damit verbundenen personellen Einzelmaßnahmen andererseits rechtlich unterschieden werden (so auch *F/A/K/H* § 87 Rz. 87; GK-*Wiese* § 87 Rz. 455; vgl. auch die entsprechende Rechtslage bei der mit der Durchführung der betrieblichen Berufsbildung beauftragten Person und dazu unten § 98 Rz. 50).

Das hindert indessen nicht, in der Zustimmung des Betriebsrats zur Bestellung in **377** einem konkreten Fall zugleich das Einverständnis mit der Einstellung nach § 99 zu sehen und umgekehrt. Jedoch kann dies nur gelten, wenn der Betriebsrat nicht ausdrücklich etwas anderes erkärt (**a. A.** insoweit *F/A/K/H* und GK-*Wiese*, jeweils a. a. O.). Sofern der Betriebsrat der Einstellung zustimmt, weil er keinen der in § 99 Abs. 2 aufgeführten Verweigerungsgründe geltend machen kann, er aber der Bestellung widerspricht, weil er den Bewerber für persönlich ungeeignet hält, so muß der Arbeitgeber, wenn er an seiner Absicht festhalten will, die Einigungsstelle anrufen (vgl. unten Rz. 380); da der Ausgang dieses Verfahrens aber ungewiß ist, wird er auch den Verzicht auf die Einstellung in Betracht ziehen müssen. Verhält sich der Betriebsrat in entgegengesetzter Weise, weil er die persönliche Eignung des Bewerbers anerkennt, aber etwa das Fehlen einer erforderlichen Ausschreibung (vgl. § 99 Abs. 2 Nr. 5) beanstandet, dann kann der Arbeitgeber das Arbeitsgericht anrufen, um die Zustimmung des Betriebsrats ersetzen zu lassen. Wegen des damit verbundenen Risikos kann in diesem Fall für den Arbeitgeber der Verzicht auf die Bestellung naheliegen.

Diese Erwägungen gelten sinngemäß auch für das Nebeneinander von Bestellung **378** und **Versetzung** (für Gleichbehandlung mit der Einstellung auch *F/A/K/H* und GK-*Wiese*, jeweils a. a. O.).

Auch bei **Abberufung** und **Kündigung** müssen die unterschiedlichen Mitbestim- **379** mungsverfahren beachtet werden. Dabei ist es denkbar, daß der Betriebsrat der Abberufung zustimmt, der Kündigung jedoch widerspricht (*BAG* a. a. O.; *S/W*, *F/A/K/H* und GK-*Wiese*, jeweils a. a. O.; *D/R* § 87 Rz. 369). In einem solchen Fall kann es für den Arbeitgeber zweckmäßig sein, mit der Durchführung der Abberufung bis zum Ausgang eines etwaigen Kündigungsschutzprozessen zu warten und ggf. von ihr abzusehen. Fehlt hingegen die Zustimmung des Betriebsrats zur Abberufung, dann soll nach höchstrichterlicher Rechtsprechung die ausgesprochene Beendigungskündigung wegen objektiver Umgehung des § 9 Abs. 3 ASiG jedenfalls dann unwirksam sein, wenn sie auf Gründe gestützt wird, die sachlich mit der Tätigkeit des Betriebsarztes oder der Sicherheitsfachkraft in untrennbarem Zusammenhang stehen (so *BAG* a. a. O.; zustimmend *F/A/K/H* und *S/W*, jeweils a. a. O.; ähnlich *Kliesch/Nöthlichs/Wagner* § 9 Rz. 7.4; **a. A.** *G/L* § 87 Rz. 167 und GK-*Wiese* § 87 Rz. 456, die das Fehlen der Zustimmung zur Abberufung nur bei der Prüfung der sozialen Rechtfertigung der Kündigung für beachtlich erklären). Diese Rechtsprechung führt jedoch zu einem erhöhten Kündigungsschutz für Betriebsärzte und Sicherheitsfachkräfte, der im Gesetz nicht vorgesehen ist (so zutreffend *G/L* a. a. O.). Vor allem aber trifft die Annahme des *BAG* nicht zu, das Mitbestimmungsrecht des Betriebsrats nach § 9 Abs. 3 ASiG werde durch die Kündigung umgangen. Ohne Zustimmung des Betriebsrats (vgl. zu deren Rechtswirkung unten Rz. 382) bleibt nämlich die Bestellung des Betriebsarztes oder der Sicherheitsfachkraft rechtlich aufrechterhalten. Somit hat der Arbeitgeber auch nach Wirksamwerden der Kündigung nach § 2 Abs. 2 oder § 5 Abs. 2 ASiG dafür zu sorgen, daß der Betriebsarzt oder die Sicherheitsfachkraft die gesetzlichen Aufgaben erfüllen kann, ihnen also die Betätigung

§ 87 4. Teil 3. Abschn. Soziale Angelegenheiten

im Betrieb zu ermöglichen. Ggf. kommt dann nach § 611 und 612 BGB zumindest stillschweigend ein neues Arbeitsverhältnis zustande.

380 Stimmt der Betriebsrat der Bestellung oder Abberufung nicht zu, so kann die **Einigungsstelle** angerufen werden. Die Einigungsstelle kann die Zustimmung des Betriebsrats ersetzen. Dies ergibt sich aus der Rechtsfolgenverweisung in § 9 Abs. 3 Satz 2 ASiG, wonach im übrigen § 87 i. V. m. § 76 gilt (so im Ergebnis auch *D/R* § 87 Rz. 370; *Giese/Ibels/Rehkopf* § 9 Rz. 14; *Kliesch/Nöthlichs/Wagner* § 9 Rz. 7.5 und 7.6; *GK-Wiese* § 87 Rz. 457; *S/W* a. a. O.).

381 § 9 Abs. 3 ASiG führt im Gegensatz zu § 98 Abs. 2 **keine Gründe** auf, aus denen der Betriebsrat seine Zustimmung verweigern kann. Er kann deshalb der Bestellung nicht nur widersprechen, wenn die erforderliche Eignung fehlt (vgl. §§ 4, 7 ASiG), sondern auch, wenn nach seiner Meinung die Vertrauensgrundlage für eine Zusammenarbeit nicht gegeben ist (ebenso *D/R* § 87 Rz. 371; *GK-Wiese* § 87 Rz. 458).

382 Da die in § 9 Abs. 3 ASiG genannten Maßnahmen mit Zustimmung des Betriebsrats zu treffen sind, ist seine Zustimmung im Gegensatz zur Ausübung des Mitbestimmungsrechts nach § 87 **Wirksamkeitsvoraussetzung**. Ohne Zustimmung des Betriebsrats oder den sie ersetzenden Spruch der Einigungsstelle sind also Bestellung und Abberufung von Betriebsärzten und Sicherheitsfachkräften sowie die Aufgabenübertragung, -erweiterung und -einschränkung unwirksam. Der Arbeitgeber hat dann ggf. insoweit seine Pflichten aus dem ASiG nicht erfüllt (so auch *Doetsch/Schnabel* § 9 Rz. 8; *Giese/Ibels/Rehkopf* § 9 Rz. 10; *GK-Wiese* § 87 Rz. 457; *Hütig* DB 1975, 594, 595).

b) Organisationsentscheidungen

383 Den vorstehend behandelten personenbezogenen Maßnahmen des Arbeitgebers gehen sachlich und zeitlich bestimmte Organisationsentscheidungen voraus. Weder das ASiG noch die auf seiner Grundlage erlassenen Unfallverhütungsvorschriften legen den Arbeitgeber nämlich auf eine bestimmte **Gestaltung des arbeitsmedizinischen und sicherheitstechnischen Dienstes** fest. Es steht ihm frei, Betriebsarzt und Sicherheitskraft
– aufgrund eines Anstellungsverhältnisses oder
– als freiberuflichen Mitarbeiter zu bestellen oder
– einen überbetrieblichen Dienst der Berufsgenossenschaften oder anderer Träger
mit der Erfüllung der gesetzlichen Aufgaben zu betrauen. Nach den Vorschriften braucht der Arbeitgeber in der Regel als Sicherheitsfachkraft nicht einen Sicherheitsingenieur zu bestellen; er kann einen Sicherheitstechniker oder Sicherheitsmeister einsetzen. Schließlich bleibt es ihm unbenommen, statt einer hauptamtlichen Sicherheitsfachkraft mehrere nebenamtliche zu bestellen. Es muß nur gewährleistet sein, daß die in den Unfallverhütungsvorschriften für den Betrieb festgelegten **Mindesteinsatzzeiten** durch die Tätigkeit der in einer der dargestellten Formen organisierten arbeitsmedizinischen und sicherheitstechnischen Dienstes ausgefüllt sind.

384 Bei diesen Organisationsentscheidungen steht dem Betriebsrat **entgegen der höchstrichterlichen Rechtsprechung und einem Teil des Fachschrifttums** (vgl. *BAG* vom 10. 4. 1979 – 1 ABR 34/77 – EzA § 87 BetrVG 1972 Arbeitssicherheit Nr. 2 m. Anm. *Gaul* = DB 1979, 1995; *D/R* § 87 Rz. 366; *F/A/K/H* § 87 Rz. 88; *GK-Wiese* § 87 Rz. 451; *G/L* § 87 Rz. 162; *D/K/K/S* § 87 Rz. 188; *Kliesch/*

Nöthlichs/Wagner § 19 Rz. 5; *Ehmann* Arbeitsschutz und Mitbestimmung bei neuen Technologien, 95; *Spinnarke* DB 1976, 798, 799; *Denck* ZfA 1976, 447, 464) ein **Mitbestimmungsrecht nach Abs. 1 Nr. 7 nicht zu** (so auch *LAG Berlin* vom 10. 2. 1977 – 4 Ta BV 2/76 – BB 1977, 1399; *LAG Hamm* vom 16. 6. 1978 – 3 Ta BV 83/77 – DB 1978, 2494; *Doetsch/Schnabel* § 9 Rz. 4a; *Giese/Ibels/Rehkopf* § 9 Rz. 15; *S/W* § 87 Rz. 130b; *Rudolph* BB 1976, 370f.; *Glaubitz* BB 1977, 1403, 1405). Bei der Organisation der Dienste nach dem ASiG trifft der Arbeitgeber keine »Regelung« (vgl. dazu oben Rz. 336). Ein Mitbestimmungsrecht des Betriebsrats bei diesen Entscheidungen widerspricht auch der durch das ASiG festgelegten öffentlich-rechtlichen Ordnung, wonach allein der Arbeitgeber für die Einhaltung der Vorschriften verantwortlich ist und entweder nach § 21 ASiG vom Gewerbeaufsichtsamt oder nach § 712 RVO von der zuständigen Berufsgenossenschaft mit Zwangsmitteln dazu angehalten werden kann (vgl. dazu auch oben Rz. 342ff.).

Stellt man sich aber **auf den Boden der Rechtsprechung des BAG**, so steht dem Betriebsrat bei den Organisationsentscheidungen auch ein **Initiativrecht** zu (*D/R* § 87 Rz. 366; *Spinnarke* a. a. O.). **385**

In Betrieben, in denen Betriebsärzte oder Sicherheitsfachkräfte bestellt sind, ist vorgesehen, daß der Arbeitgeber einen **Arbeitsschutzausschuß** zu bilden hat, der sich aus dem Arbeitgeber oder einem von ihm Beauftragten, zwei vom Betriebsrat bestimmten Betriebsratsmitgliedern, Betriebsärzten, Sicherheitsfachkräften und Sicherheitsbeauftragten zusammensetzt. Der Betriebsrat hat lediglich das Recht, die beiden von ihm zu entsendenden Betriebsratsmitglieder zu bestimmen. Hinsichtlich der übrigen Mitglieder hat der Arbeitgeber das ausschließliche Berufungs- und Abberufungsrecht (so auch *LAG Düsseldorf* vom 25. 3. 1977 – 4 Sa 171/77 – DB 1977, 915; *G/L* § 87 Rz. 166; *S/W* § 87 Rz. 131). Zu Unrecht wird aber überwiegend im Fachschrifttum die Auffassung vertreten, der Betriebsrat habe nach Abs. 1 Nr. 7 bei der Festlegung der im Gesetz nicht bestimmten Anzahl von Betriebsärzten, Sicherheitsfachkräften und Sicherheitsbeauftragten im Arbeitsschutzausschuß mitzubestimmen (GK-*Wiese* § 87 Rz. 471; *F/A/K/H* § 89 Rz. 28; *G/L* a. a. O.; *D/K/K/S* § 87 Rz. 197; *Denck* ZfA 1976, 447, 461). Bei dieser Entscheidung des Arbeitgebers handelt es sich nicht um eine »Regelung« i. S. v. Abs. 1 Nr. 7 (vgl. dazu oben Rz. 336). **386**

VII. Sozialeinrichtungen und Werkmietwohnungen

Abs. 1 Nr. 8 und 9 sind aus der **gemeinsamen Wurzel** des § 56 Abs. 1 Buchst. e BetrVG 1952 hervorgegangen, der die Mitbestimmung bei der Verwaltung von Wohlfahrtseinrichtungen zum Gegenstand hatte und damit auch zumindest teilweise die Werkmietwohnungen mit erfaßte (*D/R* § 87 Rz. 458; GK-*Wiese* § 87 Rz. 476 und 554). Abs. 1 Nr. 8 erweitert das bisher bestehende Mitbestimmungsrecht des Betriebsrats in bezug auf Sozialeinrichtungen insofern, als es nunmehr nicht lediglich auf die Verwaltung, sondern auch auf die **Form, insbesondere die Rechtsform, und die Ausgestaltung der Sozialeinrichtungen** erstreckt wird. Außerdem werden auch solche Sozialeinrichtungen, die sich über Betrieb und Unternehmen hinaus auf den **Konzern** erstrecken, dem Mitbestimmungsrecht unterworfen. Nicht dem Mitbestimmungsrecht des Betriebsrats unterliegt die Entscheidung des Arbeitgebers, ob er eine Sozialeinrichtung errichten will; hier hat der **387**

§ 87   4. Teil 3. Abschn. Soziale Angelegenheiten

Betriebsrat nach § 88 Nr. 2 nur die Möglichkeit, freiwillige Betriebsvereinbarungen abzuschließen. Abs. 1 Nr. 9 sieht ein Mitbestimmungsrecht des Betriebsrats bei der **Zuweisung und Kündigung** solcher **Wohnräume** vor, die dem Arbeitnehmer vom Arbeitgeber oder von einem Dritten nur mit Rücksicht auf das Bestehen des Arbeitsverhältnisses vermietet werden. Außerdem wird die **allgemeine Festlegung der Nutzungsbedingungen** dem Mitbestimmungsrecht des Betriebsrats unterstellt (Begründung zum Regierungsentwurf, BT-Drucks. VI/1786, 49).

388 Abs. 1 Nr. 9 enthält eine **Sonderregelung für Wohnräume**, die dem Arbeitnehmer mit Rücksicht auf das Bestehen eines Arbeitsverhältnisses vermietet werden. Nach Auffassung des *BAG* ist dieser Tatbestand ein Unterfall von Abs. 1 Nr. 8 (vom 13. 3. 1973 – 1 ABR 16/72 – EzA § 87 BetrVG 1972 Werkswohnungen Nr. 2 = DB 1973, 1458; vom 3. 6. 1975 – 1 ABR 118/73 – EzA § 87 BetrVG 1972 Werkswohnung Nr. 4 = DB 1975, 1752; zutreffend von einem Sonderfall spricht *v. Hoyningen-Huene* Anm. SAE 1979, 153). Aber daraus, daß Werkmietwohnungen eine Sozialeinrichtung darstellen können, darf nicht abgeleitet werden, daß das Mitbestimmungsrecht nach Abs. 1 Nr. 9 nur unter den Voraussetzungen gegeben wäre, die an eine Sozialeinrichtung gestellt werden. Das Mitbestimmungsrecht ist hier vielmehr **eigenständig geregelt**. Es besteht unter den in der Regelung angegebenen Voraussetzungen, ohne daß zusätzlich der Charakter einer Sozialeinrichtung vorhanden sein müßte (*G/L* § 87 Rz. 200; GK-*Wiese* § 87 Rz. 556; *F/A/K/H* § 87 Rz. 108; *D/K/K/S* § 87 Rz. 228; *v. Hoyningen-Huene* a. a. O.).

389 Soweit ein Bestand von Werkmietwohnungen **auch eine Sozialeinrichtung** darstellt, wird Abs. 1 Nr. 9 nicht von Abs. 1 Nr. 8 verdrängt; dies gilt aber auch umgekehrt. Abs. 1 Nr. 8 ist anzuwenden, soweit nicht Abs. 1 Nr. 9 bereits die konkretisierende Bestimmung für die Ausgestaltung und Verwaltung der Sozialeinrichtung enthält (GK-*Wiese* § 87 Rz. 557; *F/A/K/H* a. a. O.; *D/R* § 87 Rz. 461).

1. Sozialeinrichtungen (Nr. 8)

a) Voraussetzungen des Mitbestimmungsrechts

aa) Sozialeinrichtungen mit bestimmtem Wirkungsbereich

aaa) Abgrenzung der Sozialeinrichtungen

390 Der Mitbestimmungstatbestand des Abs. 1 Nr. 8 knüpft an die entsprechende Vorschrift des § 56 Abs. 1 Buchst. e BetrVG 1952 an. Damals hatte der Betriebsrat ein Mitbestimmungsrecht bei der »Verwaltung von Wohlfahrtseinrichtungen«. Das Bestehen einer Wohlfahrtseinrichtung setzte nach der ständigen Rechtsprechung des BAG ein **zweckgebundenes Sondervermögen** voraus, das der Verwaltung bedarf und deshalb eine eigene Organisation erfordert (Nachweise bei GK-*Wiese* § 87 Rz. 479). Daran hat das BetrVG 1972 nach seiner Entstehungsgeschichte und seinem Zweck nichts geändert. Mit dem Begriff der »Sozialeinrichtung« wurde lediglich eine zeitgemäßere Bezeichnung gewählt. Eine Erweiterung des Tatbestandes war damit nach fast einhelliger Ansicht nicht beabsichtigt (*BAG* vom 9. 12. 1980 – 1 ABR 80/77 – EzA § 87 BetrVG 1972 Betriebliche Lohngestaltung Nr. 1 m. Anm. *Weiss* = DB 1981, 996; vom 18. 3. 1976 – 3 ABR 32/75 – EzA § 87 BetrVG 1972 Lohn und Arbeitsentgelt Nr. 5 m. Anm. *Weiss* = DB 1976, 1631; vom 12. 6. 1975 – 3 ABR 66/74 – EzA § 87 BetrVG 1972 Lohn und Arbeits-

entgelt Nr. 3 m. Anm. *Birk*; vom 12. 6. 1975 – 3 ABR 13/74 – EzA § 87 BetrVG 1972 Lohn und Arbeitsentgelt Nr. 4 m. Anm. *Birk* = DB 1975, 1559; im Ergebnis ebenso GK-*Wiese* § 87 Rz. 478; *F/A/K/H* § 87 Rz. 92; *D/R* § 87 Rz. 383; *G/L* § 87 Rz. 171; *D/K/K/S* § 87 Rz. 206; *Jahnke* ZfA 1980; 863, 866; *Hanau* BB 1973, 1274, 1275; a. A. *Weiss* § 87 Rz. 22).

Bei dieser Auslegung schließen sich die Tatbestände von Abs. 1 Nr. 8 und Abs. 1 Nr. 10 nicht gegenseitig aus. Die Leistungen einer Sozialreinrichtung können zugleich **Teil der betrieblichen Lohngestaltung** sein (vgl. dazu unten Rz. 457 ff.). Der Betriebsrat hat ein Mitbestimmungsrecht, gleichgültig ob die Sozialleistungen vom Arbeitgeber unmittelbar gewährt oder über ein zweckgebundenes Sondervermögen abgewickelt werden. Jedoch ergeben sich bei Vorliegen einer solchen Sozialeinrichtung hinsichtlich ihrer Form, Ausgestaltung und Verwaltung zusätzliche Regelungsfragen und Interessenkonflikte, die nach der Sonderregelung des Abs. 1 Nr. 8 gelöst werden (*BAG* vom 9. 12. 1980, a. a. O.; *Jahnke* ZfA 1980, 863, 887). Das Mitbestimmungsrecht bei den gewährten Leistungen folgt im Falle der Einschaltung einer Einrichtung aus Abs. 1 Nr. 8, sonst aus Abs. 1 Nr. 10 (*BAG* vom 26. 4. 1988 – 3 AZR 168/86 – EzA § 87 BetrVG 1972 Altersversorgung Nr. 2 = DB 1988, 2411; *Moll* BB 1988, 400). Das Mitbestimmungsrecht bei der Verwaltung der eingesetzten Mittel nach Abs. 1 Nr. 8 scheidet nicht schon deshalb aus, weil Leistungen der betrieblichen Altersversorgung aufgrund von Direktzusagen des Arbeitgebers gewährt werden (*Moll* a. a. O., 401; **a. A.** *D/R* § 87 Rz. 357; *Blomeyer/Otto* Einleitung Rz. 332). **391**

Zu einer Einrichtung gehört ein **zweckgebundenes Sondervermögen mit einer eigenen Organisation** (*BAG* vom 9. 7. 1985 – 1 AZR 631/80 – AP Nr. 16 zu § 75 BPersVG = DB 1986, 230; vom 9. 12. 1980, a. a. O.; vom 15. 5. 1957 – 1 ABR 8/55 – AP Nr. 5 zu § 56 BetrVG 1952 = DB 1957, 634; *F/A/K/H* a. a. O.; *Moll* BB 1988, 400; *S/W* § 87 Rz. 138; *Jahnke* a. a. O.; GK-*Wiese* § 87 Rz. 479; *D/K/K/S* § 87 Rz. 207). Bei einer betrieblichen Altersversorgung in der Form von Direktzusagen des Arbeitgebers können diese Voraussetzungen etwa dann erfüllt sein, wenn für die zum Zweck der Altersversorgung unterhaltenen Guthaben und Wertpapierbestände besondere Regeln aufgestellt werden und ein besonderes Gremium gebildet wird (ähnlich *Moll* a. a. O., 401). Werden die Leistungen aus laufenden Betriebsmitteln erbracht, greift Abs. 1 Nr. 8 nicht ein (so auch *BAG* vom 9. 12. 1980, a. a. O. und *S/W, D/K/K/S*, jeweils a. a. O.). **392**

Die Sozialeinrichtung muß den Arbeitnehmern oder ihren Angehörigen **soziale Vorteile gewähren oder sichern**. Der Annahme einer Sozialeinrichtung steht nicht entgegen, daß mit ihrer Hilfe Leistungen erbracht werden, die zugleich **Entgeltcharakter** haben (*BAG* vom 12. 6. 1975 – 3 ABR 13/74 – EzA § 87 BetrVG 1972 Lohn und Arbeitsentgelt Nr. 4 m. Anm. *Birk* = DB 1975, 1559; *F/A/K/H* § 87 Rz. 94; *D/R* § 87 Rz. 386; *G/L* § 87 Rz. 173; GK-*Wiese* § 87 Rz. 487; *D/K/K/S* § 87 Rz. 208; *Jahnke* a. a. O., 872 ff.). Damit wird von der entgegengesetzten früher herrschenden Auffassung abgerückt (vgl. Näheres bei *D/R* a. a. O.), die der neueren Erkenntnis in Rechtsprechung und Fachschrifttum weichen mußte, daß Sozialleistungen auch dann Entgeltcharakter haben können, wenn sie nicht in einer synallagmatischen Rechtsbeziehung zur Arbeitsleistung stehen (vgl. dazu unten Rz. 459). Es ist auch nicht erforderlich, daß der Arbeitgeber **uneigennützig** handelt; vielmehr genügt, daß die Sozialeinrichtung objektiv dem Zweck dient, die soziale Lage der Arbeitnehmer oder ihrer Angehörigen zu verbessern (*D/R* § 87 Rz. 387; *F/A/K/H* und *D/K/K/S*, jeweils a. a. O.; GK-*Wiese* § 87 Rz. 490). Die **393**

§ 87 4. Teil 3. Abschn. Soziale Angelegenheiten

Sozialeinrichtung braucht ihre Leistungen auch **nicht unentgeltlich** zu erbringen (*LAG Düsseldorf* vom 12. 10. 1973 – 4 Ta BV 58/73 – DB 1974, 97; *F/A/K/H* und *D/K/K/S*, jeweils a. a. O.; *GK-Wiese* § 87 Rz. 255; *S/W* § 87 Rz. 135; **a. A.** *Frohn* RdA 1957, 93; *Sasse* BB 1960, 610) – wie z. B. bei Pensionskassen und Kantinen –, sofern den Arbeitnehmern oder ihren Angehörigen trotz der Entgeltlichkeit noch Vorteile zufließen. Dabei ist es unerheblich, ob für die Benutzung der Einrichtung **kostendeckende Entgelte** erhoben werden oder nicht (ebenso *G/L* § 87 Rz. 174; *GK-Wiese* a. a. O.; **a. A.** *LAG Düsseldorf* und *S/W*, jeweils a. a. O.). Im Fall der Kostendeckung ist der mit Abs. 1 Nr. 8 bezweckte Schutz in besonderem Maße angebracht. Deshalb kommt es auch nicht darauf an, ob eine Einrichtung – wie etwa bei der Verpachtung einer Kantine – zur Gewinnerzielung betrieben wird (*GK-Wiese* und *G/L*, jeweils a. a. O.). Eine Sozialeinrichtung läge aber dann nicht mehr vor, wenn der Arbeitgeber selbst sie zum Zwecke der Gewinnerzielung betreiben würde (ähnlich *BAG* vom 26. 10. 1965 – 1 ABR 7/65 – EzA § 56 BetrVG 1952 Nr. 1 = DB 1965, 1634; 1966, 77; *G/L* a. a. O.). Für das Mitbestimmungsrecht ist es auch unerheblich, ob die Einrichtung ursprünglich **freiwillig** gebildet worden ist oder nicht (*BAG* vom 26. 4. 1988 – 3 AZR 168/86 – AP Nr. 16 zu § 87 BetrVG 1972 Altersversorgung = DB 1989, 1019; *F/A/K/H* § 87 Rz. 94a; *Moll* Die Mitbestimmung des Betriebsrats beim Entgelt, 96).

394 **Beispiele für Sozialeinrichtungen** nach Abs. 1 Nr. 8 sind (vgl. dazu *F/A/K/H* § 87 Rz. 93; *G/L* § 87 Rz. 178; *GK-Wiese* § 87 Rz. 491 ff.; *S/W* § 87 Rz. 139):
– **Pensionskasse und Unterstützungskasse** gemäß der gesetzlichen Definition in § 1 Abs. 3 und 4 BetrAVG (*BAG* vom 18. 3. 1976 – 3 ABR 32/75 – a. a. O.; vom 26. 4. 1988, a. a. O.; *Griebeling* DB 1991, 2336, 2341; *Heither* DB 1991, 700 ff., *D/K/K/S* § 87 Rz. 226), nicht aber andere Formen der betrieblichen Altersversorgung, selbst wenn für Versorgungszusagen in der Bilanz Rückstellungen gebildet oder eine Rückdeckungsversicherung abgeschlossen worden ist (*D/R* § 87 Rz. 399; vgl. aber auch oben Rz. 392); dann kann aber das Mitbestimmungsrecht nach Abs. 1 Nr. 10 eingreifen (vgl. *GK-Wiese* § 87 Rz. 486, sowie unten Rz. 457 ff.); unerheblich ist, ob die Kasse in der Rechtsform eines Vereins, einer GmbH oder einer Stiftung geführt wird,
– **Werkküche und Kantine** (*BAG* vom 15. 9. 1987 – 1 ABR 31/86 – EzA § 87 BetrVG 1972 Sozialeinrichtung Nr. 15 = DB 1988, 404; vom 15. 1. 1987 – 6 AZR 589/84 – EzA § 4 TVG Rundfunk Nr. 14 = DB 1987, 2315; vom 24. 4. 1986 – 6 AZR 607/83 – EzA § 1 BetrVG 1972 Nr. 4 = DB 1986, 2680; vom 26. 10. 1965, a. a. O.; vom 22. 1. 1965 – 1 ABR 9/64 – AP Nr. 7 zu § 56 BetrVG 1952 Wohlfahrtseinrichtungen m. Anm. *Nikisch* = DB 1965, 147, 709; vom 6. 12. 1963 – 1 ABR 9/63 – EzA § 56 BetrVG 1952 Nr. 6 = DB 1963, 1718; 1964, 154; *D/K/K/S* a. a. O.),
– **Wohnheime** (*BAG* vom 3. 6. 1975, a. a. O.),
– **Betriebskindergarten** (*LAG Hamm* vom 27. 11. 1975 – 8 Ta BV 88/75 – EzA § 87 BetrVG 1972 Nr. 6 = DB 1976, 201),
– **Erholungsheim, Kinderheim**,
– **Sportanlage**, (*D/K/K/S* a. a. O.),
– **Bibliothek und Leseraum** (*D/K/K/S* a. a. O.),
– **Getränkeautomat** (*BAG* vom 26. 10. 1965, *D/K/K/S*, jeweils a. a. O.; einschränkend *S/W* a. a. O.),

Mitbestimmungsrechte § 87

- **Verkaufsstand** (ArbG Ludwigshafen vom 25. 5. 1976 – 5 BV 13/76 M – BB 1976, 1607), nicht aber Gelegenheit zum Einkauf von Erzeugnissen des eigenen Unternehmens (*BAG* vom 18. 5. 1965 – 2 AZR 329/64 – EzA § 56 BetrVG 1952 Nr. 10 = DB 1965, 1144; *ArbG Hamm* vom 14. 7. 1982 – 3 BV 14/82 – DB 1982, 2632; *D/K/K/S* a. a. O.),
- **Werkbuslinie** unter bestimmten Voraussetzungen (vgl. unten Rz. 395).

Keine Sozialeinrichtungen nach Abs. 1 Nr. 8 sind z. B.: 395
- **Werkbuslinie**, die der Arbeitgeber nur bezahlt und nicht mit eigenem Personal selbst betreibt (*LAG Schleswig-Holstein* vom 17. 3. 1983 – 2 [3] Sa 548/62 – BB 1984, 140), wohl aber, wenn der Arbeitgeber die Busse selbst stellt (*BAG* vom 9. 7. 1985 – 1 AZR 631/80 – AP Nr. 16 zu § 75 BPersVG = DB 1986, 230; *F/A/K/H*, GK-*Wiese*, *D/K/K/S* und *S/W*, jeweils a. a. O.; ohne Differenzierung *G/L* a. a. O.),
- **Betriebskrankenkasse** gem. § 147 ff. SGB V, die als Körperschaft des öffentlichen Rechts dem Recht der paritätischen Selbstverwaltung in der Sozialversicherung unterliegt (GK-*Wiese* § 87 Rz. 494; *G/L* § 87 Rz. 176; *D/R* § 87 Rz. 403; *D/K/K/S* § 87 Rz. 227),
- **betriebsärztlicher und sicherheitstechnischer Dienst**, weil es sich dabei nicht um Sozial-, sondern um Arbeitsschutzeinrichtungen handelt (*D/R* § 87 Rz. 402; *G/L* § 87 Rz. 177; im Ergebnis ebenso GK-*Wiese* a. a. O.; vgl. hierzu Erläuterungen zu Abs. 1 Nr. 7 unter Rz. 370 ff.),
- **Werkzeitung,** die vorwiegend der Unterrichtung der Belegschaft dient, ohne ihr wirtschaftliche Vorteile zu bieten (*D/R* § 87 Rz. 400; *G/L* § 87 Rz. 174; GK-*Wiese* § 87 Rz. 493; zur Herausgabe eines Informationsblattes durch den Betriebsrat vgl. Rz. 99 zu § 40),
- **Betriebsfeier und Betriebsausflug** (*D/R* § 87 Rz. 401; *G/L* § 87 Rz. 172; *F/A/K/H* und *D/K/K/S*, jeweils a. a. O.),
- **Stiftung Dritter für die Arbeitnehmer** des Betriebs, z. B. wenn ein Aktionär eines Unternehmens aus seinem Privatvermögen Mittel zur Verfügung stellt (*LAG Hannover* vom 25. 1. 1961 – 4 Ta BV 4/60 – BB 1961, 529; *G/L* § 87 Rz. 181; *D/R* § 87 Rz. 393; *D/K/K/S* § 87 Rz. 209); dies gilt auch dann, wenn dem Arbeitgeber Rechte in der Stiftungsverfassung eingeräumt worden sind (*D/R* a. a. O.; **a. A.** *G/L* a. a. O.),
- dem Betrieb angegliederte **öffentliche Gaststätte**, auch wenn die Arbeitnehmer dort ihr Essen unter Inanspruchnahme eines Arbeitgeberzuschusses einnehmen können (*BAG* vom 21. 10. 1980 – 1 AZR 145/79 – EzA § 111 BetrVG 1972 Nr. 12 = DB 1981, 698; GK-*Wiese* § 87 Rz. 498),
- **Ausgabe von Essensmarken** an die Arbeitnehmer (*BAG* vom 15. 1. 1987 – 6 AZR 589/84 – EzA § 4 TVG Rundfunk Nr. 14 = DB 1987, 2315).

bbb) Abgrenzung des Wirkungsbereichs der Sozialeinrichtungen
Voraussetzung des Mitbestimmungsrechts ist weiterhin, daß der Wirkungsbereich 396 der Sozialeinrichtung auf den **Betrieb, das Unternehmen oder den Konzern beschränkt** ist. Eine für einen Gewerbezweig errichtete Pensions- oder Unterstützungskasse oder eine solche Kasse für bloße Gruppen von Unternehmen ist keine Sozialeinrichtung i. S. dieser Bestimmung; sie begründet deshalb kein Mitbestimmungsrecht nach Abs. 1 Nr. 8 (so auch für eine Gruppen-Unterstützungskasse *BAG* vom 9. 5. 1989 – 3 AZR 439/88 – AP Nr. 18 zu § 87 BetrVG 1972 Altersversorgung = EzA § 87 BetrVG 1972 Altersversorgung Nr. 3 = DB 1989, 2491; vom

§ 87   *4. Teil 3. Abschn. Soziale Angelegenheiten*

22. 4. 1986 – 3 AZR 100/83 – EzA § 87 BetrVG 1972 Altersversorgung Nr. 1 = DB 1986, 1343; ebenso *D/R* § 87 Rz. 389; GK-*Wiese* § 87 Rz. 498; *S/W* § 87 Rz. 133b, 134; *F/A/K/H* § 87 Rz. 95). Allerdings haben dann die Betriebsräte der Trägerunternehmen ein Mitbestimmungsrecht nach Abs. 1 Nr. 10 (ebenso *BAG*, GK-*Wiese*, *S/W* und *F/A/K/H*, jeweils a. a. O.; *Griebeling* DB 1991, 2336, 2341; vgl. dazu unten Rz. 525).

397 Ob eine Sozialeinrichtung in ihrem Wirkungsbereich auf den Betrieb, das Unternehmen oder den Konzern beschränkt ist, richtet sich nach ihrer Satzung. Dürfen auch **Außenstehende** die Einrichtung nutzen, so entfällt nicht bereits deshalb das Mitbestimmungsrecht, sofern sie nur als Gäste zugelassen sind. Das Mitbestimmungsrecht ist auch dann anzuerkennen, wenn die selbständige Versorgungskasse eines Konzerns unmittelbar allein den Angestellten des Konzerns offensteht, während »befreundete Gesellschaften« oder deren Angestellte nur im Einverständnis mit der Konzernmutter auf besonderen Beschluß des Kassenvorstandes zu einer Mitgliedschaft mit minderem Bestandsschutz zugelassen werden können (*BAG* vom 21. 6. 1979 – 3 ABR 3/78 – EzA § 87 BetrVG 1972 Sozialeinrichtung Nr. 10; *D/K/K/S* § 87 Rz. 210 = DB 1979, 2039; vgl. hierzu auch *D/R* § 87 Rz. 391; ähnlich GK-*Wiese* a. a. O.; *S/W* § 87 Rz. 134).

398 Ein Mitbestimmungsrecht bei Sozialeinrichtungen, deren Wirkungsbereich sich auf einen Konzern erstreckt, besteht nur, wenn es sich um einen Konzern gem. § 18 Abs. 1 AktG, also um einen **Unterordnungskonzern** handelt, nicht aber, wenn ein **Gleichordnungskonzern** vorliegt (vgl. dazu § 54 Rz. 8). Der Gesetzestext enthält zwar keinen Hinweis auf § 18 Abs. 1 AktG, wie etwa § 8 Abs. 1 Satz 2 und § 54 Abs. 1; aber hier wie dort kommt es auf den Konzern i. S. d. Betriebsverfassungsrechts an, zumal ein Konzernbetriebsrat nur für einen Unterordnungskonzern, nicht für einen Gleichordnungskonzern errichtet werden kann (*D/R* § 87 Rz. 390; *G/L* § 87 Rz. 179; GK-*Wiese* § 87 Rz. 497). Dann greift aber das Mitbestimmungsrecht nach Abs. 1 Nr. 10 ein (*D/K/K/S* § 87 Rz. 211; vgl. auch oben Rz. 396).

399 Das Mitbestimmungsrecht kommt auch nur in Betracht, wenn die Sozialeinrichtung Arbeitnehmer begünstigt, die vom Betriebsrat repräsentiert werden. Mitbestimmungsfrei ist deshalb eine Sozialeinrichtung, die nur für **leitende Angestellte** gem. § 5 Abs. 3 bestimmt ist. Wenn nutzungsberechtigt aber nicht nur leitende Angestellte, sondern auch sonstige Arbeitnehmer sind, greift das Mitbestimmungsrecht ein (*BAG* vom 30. 4. 1974 – 1 ABR 36/73 – EzA § 87 BetrVG 1972 Werkswohnungen Nr. 3 m. Anm. *Herschel* = DB 1974, 1627; *LAG Düsseldorf* vom 20. 6. 1978 – 5 Ta BV 90/77 – DB 1979, 115; *G/L* § 87 Rz. 182; GK-*Wiese* § 87 Rz. 496; *F/A/K/H* § 87 Rz. 96; *D/R* § 87 Rz. 394).

bb) Form, Ausgestaltung und Verwaltung

400 Die **Abgrenzung dieser drei Anknüpfungspunkte** für das Mitbestimmungsrecht ist in Rechtsprechung und Fachschrifttum nicht geklärt. Sie ist zwar für die Praxis von untergeordnetem Gewicht (*G/L* § 87 Rz. 184; GK-*Wiese* § 87 Rz. 513), kann aber wegen ihrer Bedeutung für die richtige Erfassung des gesamten Mitbestimmungstatbestandes nach Abs. 1 Nr. 8 nicht völlig dahingestellt bleiben (vgl. dazu z. B. unten Rz. 404).

Mitbestimmungsrechte § 87

aaa) Form
Das Mitbestimmungsrecht erstreckt sich zunächst auf die Form der Sozialeinrich- **401**
tung. Form i. S. dieses Gesetzes ist die Rechtsform (vgl. dazu oben Rz. 387 sowie
D/R § 87 Rz. 410; *G/L* § 87 Rz. 183; *F/A/K/H* § 87 Rz. 98). Der Betriebsrat kann
darüber mitbestimmen, ob die Sozialeinrichtung eine **unselbständige Einrichtung**
des Unternehmens sein oder ob sie als selbständige juristische Person geführt werden soll, sei es als GmbH, Versicherungsverein a. G., Stiftung oder rechtsfähiger
Verein (ebenso *F/A/K/H* und *G/L*, jeweils a. a. O.; *D/K/K/S* § 87 Rz. 215; GK-
Wiese § 87 Rz. 516; *D/R* § 87 Rz. 411). Auch ein Wechsel der Form ist mitbestimmungspflichtig (*ArbG Düsseldorf* vom 22. 6. 1983 – 10 BVGa 10/83 – AuR 1984,
55; GK-*Wiese* § 87 Rz. 519; *G/L* und *D/K/K/S*, jeweils a. a. O.). Der Betriebsrat
kann aber nicht erzwingen, daß die Sozialeinrichtung in der Form einer GmbH
gebildet wird, wenn der Arbeitgeber die Dotierung (vgl. dazu unten Rz. 417) niedriger gehalten hat, als das dafür erforderliche Mindeststammkapital von
DM 50 000 (§ 5 Abs. 1 GmbHG) beträgt (GK-*Wiese* § 87 Rz. 515; ähnlich *D/R* und
G/L, jeweils a. a. O.).
Zur Entscheidung über die Form gehört die Festlegung der Satzung bei einer juri- **402**
stischen Person, weil sie für deren Bildung konstitutive Bedeutung hat (für Zuordnung zur Ausgestaltung: GK-*Wiese* § 87 Rz. 524; *D/R* § 87 Rz. 415; *D/K/K/S* § 87
Rz. 216).
Die Entscheidung, ob die Einrichtung vom Arbeitgeber oder **von einem Dritten** **403**
betrieben werden soll – z. B. bei Einführung eines Warenautomaten im Betrieb –
betrifft nicht die Form, weil damit an der Rechtsträgerschaft des Arbeitgebers
nichts geändert, vielmehr nur festgelegt wird, daß zur Durchführung schuldrechtliche Vereinbarungen – etwa ein Werkvertrag oder, wenn die Sozialeinrichtung
schon funktionsfähig vorhanden ist, ein Pachtvertrag – abgeschlossen werden sollen (ebenso *F/A/K/H* § 87 Rz. 100; a. A. *D/R* § 87 Rz. 412; GK-*Wiese* § 87
Rz. 517 f.; *Gumpert* BB 1978, 968, 969; *Moll* Die Mitbestimmung des Betriebsrats
beim Entgelt, 107). Diese Enscheidung liegt nicht auf derselben Ebene wie die
Wahl zwischen Eigenträgerschaft und Bildung einer entsprechenden juristischen
Person. Würde auch sie als Entscheidung über die Form der Einrichtung gewertet,
hätte dies die absurde Konsequenz, daß bei einer Verkaufseinrichtung, die aus
einem Verkaufsautomaten von dritter Hand und einem in Eigenregie betriebenen
Laden kombiniert wird, zwei verschiedene juristische Formen bestehen würden.
Es handelt sich somit bei der Entscheidung darüber, ob ein Dritter eingeschaltet
werden soll, um eine Entscheidung über die Verwaltung, die auch sinnvoll erst
getroffen werden kann, wenn über die Ausgestaltung der Einrichtung Klarheit
besteht (zur Verwaltung vgl. unten Rz. 407 ff.).

bbb) Ausgestaltung
Mit der Ausgestaltung der Sozialeinrichtung werden nach höchstrichterlicher **404**
Rechtsprechung alle Entscheidungen erfaßt, die nach ihrer Bedeutung und zeitlichen Reihenfolge, nach der grundsätzlichen Entscheidung über die Errichtung,
zwischen der Bestimmung der Form und der laufenden Verwaltung der Sozialeinrichtung liegen (*BAG* vom 13. 3. 1973 – 1 ABR 16/72 – EzA § 87 BetrVG 1972
Werkswohnungen Nr. 2 = DB 1973, 1458; zustimmend *F/A/K/H* § 87 Rz. 99;
G/L § 87 Rz. 184; GK-*Wiese* § 87 Rz. 523). Diese Abgrenzung steht schon deshalb
nicht im Einklang mit dem Gesetz, weil sie auf die »laufende« Verwaltung abstellt,
von der im Gesetzestext an dieser Stelle nicht die Rede ist. Nach dem Zusammen-

§ 87   4. Teil 3. Abschn. *Soziale Angelegenheiten*

hang der Begriffe ist vielmehr die Ausgestaltung gleichzusetzen mit der **Konkretisierung der den Arbeitnehmern zugedachten Vorteile einschließlich des dafür ggf. zu entrichtenden Preises**, während die **Verwaltung alle Maßnahmen umfaßt, die dazu dienen, daß die Sozialeinrichtung ihrer Bestimmung nachkommen kann**.

405 Unter die Ausgestaltung fällt insbesondere die Konkretisierung der bei der Errichtung mitbestimmungsfrei festgelegten Zweckbestimmung (vgl. dazu unten Rz. 414), also z. B. die **Leistungspläne oder Nutzungsordnungen, in denen geregelt wird, welche Arbeitnehmer unter welchen Voraussetzungen welche Leistungen erhalten** (*BAG* a. a. O.; vom 10. 11. 1977 – 3 AZR 705/76 – EzA § 242 BGB Ruhegeld Nr. 69 = DB 1978, 939; vom 13. 7. 1978 – 3 ABR 108/77 – EzA § 87 BetrVG 1972 Sozialeinrichtung Nr. 9 = DB 1978, 2129; *D/R* § 87 Rz. 416; *F/A/K/H*, *D/K/K/S* und *G/L*, jeweils a. a. O.; *Blomeyer/Otto* Einleitung Rz. 545). Ferner gehören dazu die **Benutzungsrichtlinien** für Sportstätten (GK-*Wiese* § 87 Rz. 524), die **Bestimmung der Öffnungszeiten** eines betrieblichen Verkaufsstandes (*ArbG Ludwigshafen* vom 25. 5. 1976 – 5 BV 13/76 M – BB 1976, 1607; *D/K/K/S* a. a. O.), die **Festsetzung von Kantinenpreisen** (*BAG* vom 6. 12. 1963 – 1 ABR 9/63 – EzA § 56 BetrVG 1952 Nr. 6 = DB 1963, 1718; 1964, 154; vom 22. 1. 1965 – 1 ABR 9/64 – AP Nr. 7 zu § 56 BetrVG 1952 Wohlfahrtseinrichtungen = DB 1965, 147, 709; *D/R* § 87 Rz. 417; *F/A/K/H* § 87 Rz. 102; *Gumpert* BB 1978, 968, 970), die **Festsetzung der Arbeitnehmerbeiträge** zu einer Sozialeinrichtung (*LAG Hamm* vom 27. 11. 1975 – 8 Ta BV 88/75 – EzA § 87 BetrVG 1972 Nr. 6 = DB 1976, 201; *D/R* § 87 Rz. 418; GK-*Wiese* § 87 Rz. 525).

406 Nicht zur Ausgestaltung, sondern zur Verwaltung gehört die Entscheidung über die Ersetzung eines Verkaufsstandes mit Bedienungspersonal durch einen **Verkaufsautomaten**, weil damit nur die Art der Leistungserbringung geändert wird (a. A. *F/A/K/H* § 87 Rz. 99; GK-*Wiese* § 87 Rz. 526; *G/L* § 87 Rz. 184, 189; *D/K/K/S* a. a. O.).

ccc) **Verwaltung**

407 Nach herrschender Rechtsauffassung ist die mitbestimmungspflichtige Verwaltung der Sozialeinrichtung nicht auf die **Aufstellung von Verwaltungsrichtlinien beschränkt, sondern erfaßt auch die einzelnen Verwaltungsmaßnahmen** (*BAG* 16. 3. 1982 – 1 ABR 63/80 – EzA § 87 BetrVG 1972 Vorschlagswesen Nr. 3 = DB 1982, 1468 – allerdings in einem obiter dictum –; vom 14. 2. 1967 – 1 ABR 6/66 – EzA § 56 BetrVG 1952 Nr. 12 = DB 1967, 385, 777, 1500 m. Anm. *Peters*; vom 22. 1. 1965 – 1 ABR 9/64 – AP Nr. 7 zu § 56 BetrVG 1952 Wohlfahrtseinrichtungen = DB 1965, 147, 709; vom 6. 12. 1963 – 1 ABR 9/63 – EzA § 56 BetrVG 1952 Nr. 6 = DB 1963, 1718; 1964, 154; GK-*Wiese* § 87 Rz. 529; *G/L* § 87 Rz. 185; *F/A/K/H* § 87 Rz. 99a; *D/R* § 87 Rz. 419; *S/W* § 87 Rz. 147a; *D/K/K/S* § 87 Rz. 217; *Jahnke* ZfA 1980, 863, 894; *Kammann/Hess/Schlochauer* § 87 Rz. 155; a. A. *Erdmann/Jürging/Kammann* § 87 Rz. 88; *Siebert* BB 1953, 833, 834 sowie weitere Stellungnahmen zum BetrVG 1952, vgl. dazu Nachweise bei GK-*Wiese* a. a. O.). Dabei wird aber eingeräumt, daß die Annahme einer so großen Reichweite des Mitbestimmungsrechts zu praktischen Schwierigkeiten führt, zumal dann, wenn es sich um Einrichtungen mit überbetrieblichem oder sogar konzernweitem Wirkungsbereich handelt; der Mitbestimmungsaufwand lasse sich indessen – vor allem durch Einsetzung paritätischer Kommissionen – bewältigen (GK-*Wiese* § 87 Rz. 530; *G/L* und *F/A/K/H*, jeweils a. a. O.; *S/W* § 87 Rz. 148).

Die Annahme eines Mitbestimmungsrechts auch bei einzelnen Verwaltungsmaß- **408**
nahmen ist **in dieser Allgemeinheit nicht haltbar**. Abs. 1 Nr. 8 würde dann dazu
führen, daß z.B. die Festsetzung der Rente aus einer Unterstützungskasse oder
die Beitreibung rückständiger Eigenanteile am Beitrag jeweils im Einzelfall, oder
etwa die Geltendmachung von Schadenersatzansprüchen wegen schuldhafter Beschädigung von Sportgeräten, ja sogar die Anschaffung eines Scheuertuchs der
Zustimmung des Betriebsrats bedürften. Bei dieser Auslegung wird dem Gesetz
ein Inhalt unterstellt, der sich, wenn man ihn ernstnähme, überhaupt nicht verwirklichen ließe. Dementsprechend wird den offensichtlichen praktischen
Schwierigkeiten, die sich besonders dann ergeben, wenn man gemäß der herrschenden Theorie die Ausübung des Mitbestimmungsrechts als Wirksamkeitsvoraussetzung für alle ihm unterliegenden Maßnahmen ansieht (vgl. dazu oben
Rz. 80), mit dem Hinweis begegnet, der Widerspruch des Betriebsrats – etwa gegen die erwähnte Anschaffung eines Scheuertuchs für die Sozialeinrichtung – sei
nach § 242 BGB wegen Rechtsmißbrauchs unbeachtlich (GK-*Wiese* § 87
Rz. 532). Ferner wird auf die angebliche Möglichkeit verwiesen, dem Arbeitgeber allein die Verwaltung zu übertragen (GK-*Wiese* § 87 Rz. 539; a A. *G/L* § 87
Rz. 193; *D/K/K/S* § 87 Rz. 223), obwohl eine Ermächtigung des Arbeitgebers
zur einseitigen Regelung gerade nicht als Ausübung des Mitbestimmungsrechts
betrachtet werden kann (vgl. dazu oben Rz. 60 sowie *D/K/K/S* a.a.O.). Zur
Abmilderung dieses Widerspruchs wird vertreten, daß der Betriebsrat dann aber
gleichberechtigt an der Aufsicht beteiligt bleiben müsse (GK-*Wiese* und *Kammann/Hess/Schlochauer* jeweils a.a.O.), was auf eine fortlaufende Überwachung des Arbeitgebers durch den Betriebsrat hinausliefe und die Frage nach der
Lösung möglicher Konflikte zwischen den beiden Seiten aufwirft. Den praktischen Schwierigkeiten könne man auch entgehen, indem man die Verwaltung allein dem Betriebsrat übertrage (GK-*Wiese* § 87 Rz. 538; *G/L* a.a.O.; *F/A/K/H*
§ 87 Rz. 104; *Kammann/Hess/Schlochauer* a.a.O.; *D/K/K/S* §87 Rz. 222), obwohl gegen eine solche Übertragung erhebliche rechtliche Bedenken bestehen
(vgl. dazu unten Rz. 424). Mit Recht wird freilich (unter Hinweis auf die Entscheidung des *BAG* vom 13.3. 1973 – 1 ABR 16/72 – AP Nr. 1 zu § 87 BetrVG
1972 Werkmietwohnungen, Bl. 4 R) auf die Möglichkeit zur Bildung gemeinsamer Ausschüsse gem. § 28 Abs. 3 Bezug genommen (GK-*Wiese* § 87 Rz. 537;
G/L a.a.O.). Da aber dieses Verfahren ebenfalls Schwierigkeiten bereitet (vgl.
z.B. *Hanau* BB 1973, 1274, 1277 sowie Erläuterungen zu § 28 unter Rz. 33 ff.),
werden auch andere gemeinsame Verwaltungsgremien für möglich gehalten
(GK-*Wiese* und *G/L*, jeweils a.a.O.). Solche Gremien kommen aber, weil sie im
Gesetz überhaupt nicht vorgesehen sind, für die Ausübung von Mitbestimmungsrechten nicht in Betracht.

Das Mitbestimmungsrecht bei der Verwaltung von Sozialeinrichtungen ist des- **409**
halb zwar in der Tat nicht beschränkt auf die Festlegung von Grundsätzen oder
Richtlinien für die Verwaltung, sondern erfaßt auch **einzelne Verwaltungsentscheidungen**; es erstreckt sich aber nicht auf die **Führung der laufenden Geschäfte**, die als in der Regel wiederkehrende Maßnahmen lediglich Vollzug der
getroffenen Verwaltungsentscheidungen sind (zum Gesetzesbegriff der laufenden
Geschäfte vgl. § 27 Abs. 3 und 4; im Ergebnis wie hier *Dangers* BB 1974, 1076,
1077; *Auffarth* DB 1962, 672; *Frey* BB 1961 Beilage Nr. 12, 4).

Beispiele für **mitbestimmungspflichtige Verwaltungsentscheidungen** sind: **410**
– Entscheidung über die **Verpachtung einer Kantine** (*ArbG Düsseldorf* vom

§ 87   4. Teil 3. Abschn. Soziale Angelegenheiten

22. 6. 1983 – 10 BV Sa 10/83 – AuR 1984, 55; *D/K/K/S* § 87 Rz. 217; vgl. dazu auch oben Rz. 403; **a. A.** *S/W* § 87 Rz. 141),
- **Abschluß, Änderung und Kündigung von Pachtverträgen** über Sozialeinrichtungen (*F/A/K/H* § 87 Rz. 100; GK-*Wiese* § 87 Rz. 524; *D/R* § 87 Rz. 412; *D/K/K/S* a. a. O.); das Mitbestimmungsrecht bezieht sich auch auf die Bedingungen des Pachtvertrages einschießlich der grundsätzlichen Ausrichtung des Warensortiments und der Preise (vgl. dazu *F/A/K/H* a.a. O.; *Gumpert* BB 1978, 968),
- **Umstellung** einer bisher vom Arbeitgeber selbst betriebenen **Kantine** auf Automatenverpflegung durch ein fremdes Unternehmen, das den Betrieb beliefert (so auch im Ergebnis *D/R* und GK-*Wiese*, jeweils a.a.O.; *G/L* § 87 Rz. 184; *Gumpert* BB 1978, 968, 969; vgl. dazu auch oben Rz. 406; **a.A.**, aber durch Gesetzeswortlaut von 1972 überholt: *BAG* vom 26. 10. 1965 – 1 ABR 7/65 – EzA § 56 BetrVG 1952 Nr. 1 = DB 1965, 1634; 1966, 77, da es sich hierbei um die mitbestimmungsfreien Akte der Schließung und Neubildung einer Sozialeinrichtung handele),
- **Erlaß einer Hausordnung** für ein betriebliches Wohnheim (unter dem Gesichtspunkt der Ausgestaltung ebenso *F/A/K/H* § 87 Rz. 99a; GK-*Wiese* a. a. O.),
- **Anlage des Vermögens** der Einrichtung (*F/A/K/H* a.a.O.).

411 **Beispiele** für (entgegen der herrschenden Rechtsauffassung) **mitbestimmungsfreie laufende Geschäfte** sind:
- **Verteilung der Zimmer eines Erholungsheims,**
- **Aufstellung des Speiseplans** einer Kantine,
- **Festlegung von Zigaretten- und Schokoladensorten** für einen Verkaufsstand,
- weitere im Text bereits erwähnte Maßnahmen (am Beginn von Rz. 408).

b) Schranken des Mitbestimmungsrechts

412 Mitbestimmungsfrei ist die **Errichtung** der Sozialeinrichtung (zur mitbestimmungsfreien Auflösung und Einschränkung vgl. unten Rz. 419). Dies ergibt sich aus der Nichterwähnung der Errichtung in Abs. 1 Nr. 8 und wird durch § 88 Nr. 2 bestätigt, der ausdrücklich als Gegenstand einer freiwilligen Betriebsvereinbarung die Sozialeinrichtung mit demselben Wirkungsbereich wie in Abs. 1 Nr. 8 nennt (*BAG* vom 13. 3. 1973 – 1 ABR 16/72 – EzA § 87 BetrVG 1972 Werkswohnungen Nr. 2 = AP Nr. 1 zu § 87 BetrVG 1972 Werkmietwohnungen = DB 1973, 1458; *G/L* § 87 Rz. 186; *F/A/K/H* § 87 Rz. 97; GK-*Wiese* § 87 Rz. 503; *D/K/K/S* § 87 Rz. 213). Die Entscheidungsfreiheit des Arbeitgebers bei der Errichtung setzt dem Mitbestimmungsrecht des Betriebsrats bei Form, Ausgestaltung und Verwaltung der Sozialeinrichtung Schranken (*D/R* § 87 Rz. 409; GK-*Wiese* § 87 Rz. 504 und 511; *G/L* § 87 Rz. 191). Deshalb kann der Betriebsrat nach Abs. 1 Nr. 8 nicht verlangen, daß der Arbeitgeber eine bestimmte Sozialeinrichtung schafft (*LAG Baden-Württemberg* vom 4. 11. 1986 – 14 Ta BV 4/86 – NZA 1987, 428; GK-*Wiese*, *D/K/K/S* und *F/A/K/H*, jeweils a.a.O.).

413 Diese Schranke entspricht der Begrenzung des Mitbestimmungsrechts nach Abs. 1 Nr. 10 bei der Erbringung zusätzlicher sozialer Leistungen (vgl. unten Rz. 517). Die Errichtung besteht dementsprechend aus drei Bestandteilen, nämlich aus
- der grundsätzlichen Entscheidung über die Schaffung einer Sozialeinrichtung,
- der Festlegung des konkreten Zwecks der Einrichtung und
- der Dotierung (so auch *BAG* vom 26. 4. 1988 – 3 AZR 168/86 – EzA § 87

Mitbestimmungsrechte § 87

BetrVG 1972 Altersversorgung Nr. 2 = DB 1988, 2411; im wesentlichen auch GK-*Wiese* § 87 Rz. 504ff.; *F/A/K/H* a.a.O.; *Stege/Weinspach* § 87 Rz. 141; *Griebeling* DB 1991, 2336, 2341).

Mitbestimmungsfreie **Zweckbestimmung** ist in erster Linie die Festlegung der Art der Sozialeinrichtung, also die Entscheidung, ob z.B. eine Kantine, eine Sportanlage oder ein Altersversorgungswerk geschaffen wird (*BAG* vom 15.9. 1987 – 1 ABR 31/86 – EzA § 87 BetrVG 1972 Sozialeinrichtung Nr. 15 = DB 1988, 404; GK-*Wiese* § 87 Rz. 505f.; *D/R* § 87 Rz. 407; *G/L* § 87 Rz. 188). Dabei ist die Abgrenzung zur mitbestimmungspflichtigen Ausgestaltung der Einrichtung im Einzelfall schwierig. Maßgeblich ist dafür der Gesichtspunkt, der auch bei der Abgrenzung des Mitbestimmungstatbestandes in Abs. 1 Nr. 10 den Ausschlag gibt: Mitbestimmungspflichtige Ausgestaltung der Einrichtung liegt dementsprechend nur dort vor, wo es um die Verteilungsgerechtigkeit geht (vgl. dazu unten Rz. 474ff.). Deshalb ist das Verbot des Arbeitgebers, die Kantine wie bisher für Jubiläumsfeiern der Arbeitnehmer zu nutzen, nicht dem Mitbestimmungsrecht des Betriebsrats unterworfen (so auch *Brunz* Anm. SAE 1988, 272; im Ergebnis auch GK-*Wiese* § 87 Rz. 505; **a.A.** *BAG* a.a.O.; zustimmend *F/A/K/H* § 87 Rz. 99). 414

Mitbestimmungsfreie Zweckbestimmung ist auch die **Festlegung des begünstigten Personenkreises** (*LAG Hamm* vom 25.9. 1985 – 12 Ta BV 66/85 – DB 1986, 919; *D/R* § 87 Rz. 407; *G/L* § 87 Rz. 188; GK-*Wiese* § 87 Rz. 506; *S/W* a.a.O.). Der Arbeitgeber kann deshalb eine Sozialeinrichtung nur für Familien mit Kindern schaffen (ebenso *BAG* vom 14.2. 1967, a.a.O.). Er ist bei seiner Entscheidung allerdings an den arbeitsrechtlichen Gleichbehandlungsgrundsatz gebunden (*LAG Hamm* a.a.O.; *Moll* Die Mitbestimmung des Betriebsrats beim Entgelt, 115; *D/K/K/S* § 87 Rz. 214). Er kann auch mitbestimmungsfrei entscheiden, ob ein **Rechtsanspruch** auf die Leistung oder Benutzung der Sozialeinrichtung **begründet** werden soll (so auch *D/R* und GK-*Wiese*, jeweils a.a.O.). **Stichtagsregelungen** und **Wartezeiten** bestimmen ebenfalls den Kreis der Nutzungsberechtigten und sind deshalb mitbestimmungsfrei (so zu Abs. 1 Nr. 10 hinsichtlich der Wartezeiten: Entscheidungen des *BAG* vom 12.6. 1975 – 3 ABR 66/74 – AP Nr. 3 zu § 87 BetrVG 1972 Altersversorgung = EzA § 87 BetrVG 1972 Lohn- und Arbeitsentgelt Nr. 3 und – 3 ABR 13/74 – AP Nr. 1 zu § 87 BetrVG 1972 Altersversorgung = DB 1975, 1559 = EzA § 87 BetrVG 1972 Lohn- und Arbeitsentgelt; *S/W* § 87 Rz. 171; zu Stichtagsregelungen: *LAG Düsseldorf* vom 20.9. 1977 – 11 Ta BV 116/76 – BB 1978, 202, 203; **a.A.** GK-*Wiese* § 87 Rz. 507, nach dessen Auffassung Stichtagsregelungen und Wartezeiten auch mitbestimmungspflichtig sein können, wenn sie regelungsbedürftige Kriterien bei der Festlegung der Leistungsvoraussetzungen seien). 415

Zur Festlegung des Zwecks gehört auch dessen **Änderung**. Der Arbeitgeber kann deshalb vom Betriebsrat über die Einigungsstelle nicht gezwungen werden, z.B. statt einer Einrichtung zur beruflichen Fortbildung eine Ruhegeldeinrichtung, statt einer Kantine eine Kindertagesstätte zu schaffen (ebenso *BAG* vom 13.3. 1973 und vom 14.2. 1967, jeweils a.a.O.; *D/R* § 87 Rz. 406, 447; GK-*Wiese* § 87 Rz. 505; *Hanau* BB 1973, 1274, 1275). 416

Die mitbestimmungsfreie **Dotierung** hat die höchstrichterliche Rechtsprechung bisher nicht genau definiert. Häufig, besonders bei Einrichtungen der betrieblichen Altersversorgung, ist der reale Finanzaufwand für eine Einrichtung überhaupt nicht oder allenfalls annähernd berechenbar. Dies folgt aus der Ungewißheit 417

§ 87   4. Teil 3. Abschn. Soziale Angelegenheiten

über zahlreiche Daten, wie z. B. über die künftige Fluktuation der Belegschaft, die auch versicherungsmathematisch nicht bestimmbar ist, und die Anpassungsverpflichtungen nach § 16 BetrAVG (*Blomeyer/Otto* Einleitung Rz. 340). Unter der Dotierung kann deshalb in solchen Fällen, in denen der reale Finanzaufwand nicht zu ermitteln ist, nur ein hypothetischer Finanzaufwand verstanden werden, der mit den vorhandenen Erkenntnismöglichkeiten – ggf. einschließlich versicherungsmathematischer Berechnungen – in einem überschaubaren Zeitraum – bei der Altersversorgung z. B. zehn Jahre – aus dem Leistungsplan oder den Nutzungsbedingungen der Einrichtung bei normalem Verlauf berechnet werden kann (*G/L* § 87 Rz. 191a; vgl. dazu auch *Blomeyer* DB 1984, 926, 933; *Ahrend/Dernberger/Rößler* BB 1988, 333; *Heinze* NZA 1986, 1, 7). Wenn der Betriebsrat demnach eine Änderung des Leistungsplans oder der Nutzungsbedingungen erreichen will, muß er nachweisen, daß der bisherige Dotierungsrahmen nicht überschritten wird (so auch *BAG* vom 12. 6. 1975 – 3 ABR 66/74 – a. a. O., in AP Nr. 3 zu § 87 BetrVG 1972 Altersversorgung Bl. 6 R).

418 Mit der Dotierung einer Sozialeinrichtung ist die Entscheidung verbunden, welches **Sondervermögen** ihr zur Verfügung gestellt werden soll; deshalb entscheidet der Arbeitgeber mitbestimmungsfrei über die finanzielle Grundausstattung einer Sozialeinrichtung (*BAG* vom 13. 3. 1973 und vom 12. 6. 1975, jeweils a. a. O.; GK-*Wiese* § 87 Rz. 508; *F/A/K/H* § 87 Rz. 102; *Hanau* BB 1973, 1274). Dies betrifft nicht nur den Umfang der Sachmittel und die Höhe der finanziellen Grundausstattung, sondern auch die **Art der Zuwendung**. Deshalb hat der Arbeitgeber die Wahl, ob er die erforderlichen Barmittel jeweils zuschießen oder ein ausreichendes Grundkapital zur Verfügung stellen will (*BAG* vom 13. 7. 1978, a. a. O.). Bei der Altersversorgung entscheidet er mitbestimmungsfrei nicht nur, ob sie aus einem zweckgebundenen Sondervermögen oder aufgrund von Direktzusagen oder durch Versicherung bei einem Versicherungsunternehmen gewährt wird; frei ist auch die Wahl zwischen einer Unterstützungs- und einer Pensionskasse (*D/R* § 87 Rz. 408).

419 Mitbestimmungsfrei ist ferner die **Auflösung** und **Einschränkung** der Sozialeinrichtung (*BAG* vom 10. 3. 1992 – 3 AZR 221/91 – zur Veröff. vorgesehen; vom 26. 4. 1988 – 3 AZR 168/86 – EzA § 87 BetrVG 1972 Altersversorgung Nr. 2 = DB 1988, 2411; vom 9. 7. 1985 – 1 AZR 631/80 – AP Nr. 16 zu § 75 BPersVG = DB 1986, 230; vom 13. 3. 1973, a. a. O., in AP Bl. 2 R; GK-*Wiese* § 87 Rz. 510; *S/W* § 87 Rz. 141; *F/A/K/H* § 87 Rz. 97; *D/K/K/S* § 87 Rz. 213). So kann der Arbeitgeber z. B. einseitig eine Einrichtung der betrieblichen Altersversorgung für neu in den Betrieb eintretende Arbeitnehmer schließen (*BAG* vom 26. 4. 1988, a. a. O.; *S/W* § 87 Rz. 142). Nach Kürzung der Mittel müssen nach der Rechtsprechung die verbleibenden Mittel nach einem neuen Leistungsplan verteilt werden. Dabei habe der Betriebsrat mitzubestimmen (*BAG* a. a. O. und vom 10. 3. 1992, a. a. O.; so auch *D/K/K/S* § 87 Rz. 214). Dies ist aber abzulehnen, soweit sich die Verteilung nicht verändert (vgl. dazu unten Rz. 488).

420 Soweit die Sozialeinrichtung juristische Person bekleidet, besteht das Mitbestimmungsrecht nur in den Grenzen, die durch vereins- oder gesellschaftsrechtliche Vorschriften sowie durch die Bestimmungen des Versicherungsaufsichtsgesetzes gezogen sind (*F/A/K/H* § 87 Rz. 98a; *D/R* § 87 Rz. 432).

c) Ausübung des Mitbestimmungsrechts

Beschränkt eine Sozialeinrichtung sich in ihrem **Wirkungsbereich** auf den Betrieb, so hat der Betriebsrat das Mitbestimmungsrecht auszuüben. Erstreckt der Wirkungsbereich sich dagegen auf mehrere Betriebe eines Unternehmens, so ist der Gesamtbetriebsrat nach § 50 Abs. 1 zuständig. Die Zuständigkeit des Konzernbetriebsrats nach § 58 Abs. 1 greift ein, wenn sich die Sozialeinrichtung auf den Konzern oder auch nur auf zwei oder mehrere Konzernunternehmen bezieht. Der Konzernbetriebsrat ist auch dann zuständig, wenn die Sozialeinrichtung ihren Wirkungsbereich auf bestimmte Betriebe beschränkt, Betriebe dieser Art aber in mehreren Konzernunternehmen bestehen (*D/R* § 87 Rz. 455; GK-*Wiese* § 87 Rz. 502; *S/W* § 87 Rz. 133; vgl. dazu oben § 50 Rz. 26 mit weiteren Nachweisen). Besteht eine einheitliche Versorgungsordnung für den gesamten Konzern, erhalten aber die Angestellten in einem einzigen Konzernunternehmen zusätzliche Versorgungsleistungen, so ist diese Zusatzversorgung nicht Angelegenheit des Konzernbetriebsrats, sondern des für das betreffende Unternehmen gebildeten Gesamtbetriebsrats, es sei denn, es ginge um die Ausdehnung der Zusatzversorgung auf alle Konzernunternehmen (*BAG* vom 19.3. 1981 – 3 ABR 38/80 – EzA § 80 BetrVG 1972 Nr. 18 = DB 1981, 2181; GK-*Wiese* und *S/W*, jeweils a. a. O.). 421

Soweit es um Form und Ausgestaltung der Sozialeinrichtung geht, empfiehlt sich für die Ausübung des Mitbestimmungsrechts der Abschluß einer **Betriebsvereinbarung**. Sie schafft klare Verhältnisse und erlaubt am ehesten auch die Anpassung von Sozialeinrichtungen an sich im Laufe der Zeit verändernde Bedingungen. Notwendig ist die Betriebsvereinbarung jedoch nur, soweit den Belegschaftsmitgliedern Verpflichtungen auferlegt werden sollen, z. B. eine Eigenbeteiligung bei der Finanzierung einer Pensionskasse. Im übrigen genügt die Regelungsabrede (GK-*Wiese* § 87 Rz. 522; **a.A.** *D/R* § 87 Rz. 453, die hinsichtlich der Form, der Satzung und des Leistungsplans eine Betriebsvereinbarung für notwendig erachten). 422

Soweit das Mitbestimmungsrecht reicht, hat der Betriebsrat auch ein **Initiativrecht** (*D/R* § 87 Rz. 452; GK-*Wiese* § 87 Rz. 512, 527). 423

Die Verwaltung einer Sozialeinrichtung kann – wie dies in der Praxis manchmal bei Kantinen tatsächlich geschieht – nach herrschender Rechtsauffassung dem Betriebsrat allein übertragen werden (*BAG* vom 24.4. 1986 – 6 AZR 607/83 – EzA § 1 BetrVG 1972 Nr. 4 = DB 1986, 2860; GK-*Wiese* § 87 Rz. 538; *G/L* § 87 Rz. 193; *F/A/K/H* § 87 Rz. 104; *S/W* § 87 Rz. 147a; *D/K/K/S* § 87 Rz. 222). Dies soll allerdings nur durch freiwillige Betriebsvereinbarung möglich sein (GK-*Wiese*, *F/A/K/H*, *D/K/K/S* und *G/L*, jeweils a. a. O.). Die herrschende Auffassung ist nicht haltbar. Die Rechtsstellung des Betriebsrats beruht auf dem Gesetz, das auch seine Aufgaben begrenzt. Er kann deshalb nur im Rahmen dieser Aufgaben wirksam tätig werden. Die Verwaltung einer Sozialeinrichtung gehört nicht zu seinen Aufgaben; sie wird weder von seiner allgemeinen Aufgabenteilung in § 80 gedeckt noch von dem Mitbestimmungsrecht nach Abs. 1 Nr. 8, das ihm nur Mitentscheidungsbefugnisse bei der Verwaltung zuweist. Der Arbeitgeber könnte auch mit der Überlassung der Sozialeinrichtung an den Betriebsrat seiner rechtlichen Verantwortlichkeit für die Sicherheit und den Gesundheitsschutz nicht gerecht werden; zwar kann er seine entsprechenden Pflichten durchaus delegieren, jedoch nicht an ein Gremium, gegenüber dem er kraft Gesetzes nicht weisungsbefugt ist. Schließlich ist auf die bei einer Alleinverwaltung durch 424

§ 87   4. Teil 3. Abschn. *Soziale Angelegenheiten*

den Betriebsrat auftretenden und kaum lösbaren Haftungsfragen hinsichtlich der eingegangenen Verbindlichkeiten zu verweisen (vgl. z. B. *BAG* a. a. O.). Der Arbeitgeber kann somit allenfalls Betriebsratsmitglieder als weisungsunterworfene Arbeitnehmer mit der Verwaltung betrauen. Sie üben dann aber keine amtliche Tätigkeit aus.

aa) Rechtlich unselbständige Sozialeinrichtungen

425 Soweit das Mitbestimmungsrecht eingreift, kann es vom Betriebsrat durch Abschluß von Betriebsvereinbarungen oder Regelungsabreden, vom Betriebsausschuß nach § 27 oder einem besonderen Ausschuß nach § 28 allein durch Regelungsabrede (vgl. dazu § 27 Abs. 3 und § 28 Abs. 1) ausgeübt werden. In Betracht kommt ferner ein gemeinsamer Ausschuß nach § 28 Abs. 3 (vgl. dazu *BAG* vom 13. 3. 1973, a. a. O.; *F/A/K/H* § 87 Rz. 103). Diese Möglichkeiten stehen auch zur Verfügung, wenn man auf dem Boden der herrschenden Auffassung sogar jede Einzelfallentscheidung im Rahmen der Verwaltung für mitbestimmungspflichtig hält (vgl. dazu oben Rz. 407 ff.). Wegen der relativen Schwerfälligkeit dieser Formen werden auch auf Betriebsvereinbarung beruhende informelle Kommissionen als zulässig angesehen (GK-*Wiese* § 87 Rz. 537; *G/L* § 87 Rz. 193; *S/W* § 87 Rz. 148), die entweder paritätisch besetzt sein (so *S/W* a. a. O.; zur Lösung der in diesem Fall möglichen Pattsituation vgl. *F/A/K/H* § 87 Rz. 106) oder der gleichberechtigten Aufsicht von Arbeitgeber und Betriebsrat unterstehen (GK-*Wiese* a. a. O.; *Kammann/Hess/Schlochauer* § 87 Rz. 166) oder eine den Bedürfnissen der Praxis angepaßte Form der Mitbestimmung (*Hanau* BB 1973, 1274, 1277) haben sollen. Soweit diese informellen Gremien über nicht mitbestimmungspflichtige Einzelmaßnahmen entscheiden (vgl. oben Rz. 408 und 411), ist dies rechtlich unbedenklich.

bb) Rechtlich selbständige Sozialeinrichtungen

426 Nach der höchstrichterlichen Rechtsprechung und nach der bisher einhelligen Auffassung im Fachschrifttum kann bei Sozialeinrichtungen mit eigener Rechtspersönlichkeit das Mitbestimmungsrecht des Betriebsrats entweder in den unter aa) dargestellten Formen (sog. zweistufige Lösung, vgl. näher unten Rz. 427) oder aber auch durch eine sog. organschaftliche Lösung verwirklicht werden (*BAG* vom 26. 4. 1988, a. a. O.; vom 10. 11. 1977 – 3 AZR 705/76 – EzA § 242 BGB Ruhegeld Nr. 69 = DB 1978, 939; vom 13. 7. 1978 – 3 ABR 108/77 – EzA § 87 BetrVG 1972 Sozialeinrichtung Nr. 9 = DB 1978, 2129; *G/L* § 87 Rz. 196; *F/A/K/H* § 87 Rz. 105; *S/W* § 87 Rz. 145b; *D/R* § 87 Rz. 422ff.; GK-*Wiese* § 87 Rz. 545; *Hanau* BB 1973, 1274, 1276; *Promberger* DB 1970, 1437ff.; *Kammann/Hess/Schlochauer* § 87 Rz. 164; *S/W* § 87 Rz. 145b; *D/K/K/S* § 87 Rz. 221; *Griebeling*, DB 1991, 2336, 2341).

427 Bei der **zweistufigen Lösung** werden mitbestimmungspflichtige Fragen zwischen dem Betriebsrat und dem Arbeitgeber so beraten und ausgehandelt, als wenn die Sozialeinrichtung nicht selbständig wäre. Es ist dann Sache des Arbeitgebers, in einem zweiten Schritt dafür zu sorgen, daß die mit dem Betriebsrat getroffenen Regelungen von der Sozialeinrichtung durchgeführt werden. Dazu hat der Arbeitgeber seine tatsächlichen und rechtlichen Möglichkeiten auszunutzen, z. B. durch Einflußnahme oder in der Form von Weisungen an die von ihm ernannten und entsandten Vereinsorgane (*BAG* vom 13. 7. 1978, a. a. O.; GK § 87 Rz. 197; *F/A/K/H* a. a. O.; *D/K/K/S* § 87 Rz. 220; zur Mitbestimmung bei der Festlegung des

Abstimmungsverhaltens in einer Gruppenunterstützungskasse, die nicht unter Abs. 1 Nr. 8 fällt, vgl. unten Rz. 525.

Bei der **organschaftlichen Lösung** entsendet der Betriebsrat in die satzungsmäßi- **428** gen Organe der rechtlich selbständigen Einrichtung Vertreter, die dafür sorgen sollen, daß keine mitbestimmungspflichtigen Beschlüsse gegen seinen Willen gefaßt werden. Auch diese Form der Mitbestimmung verwirkliche das Recht des Betriebsrats, das sich gegen den Arbeitgeber richtet. Einigen sich die Betriebspartner auf die organschaftliche Lösung, so müßten sie sich das Handeln der von ihnen entsandten Vertreter zurechnen lassen. Mitbestimmungspflichtige Fragen seien dann nur noch innerhalb der Entscheidungsgremien der Sozialeinrichtung zu erörtern und zu entscheiden (so *BAG* vom 13.7.1978, a.a.O.). Die Ausgestaltung der organschaftlichen Ausübung des Mitbestimmungsrechts soll durch Betriebsvereinbarung, im Falle der Nichteinigung durch den Spruch der Einigungsstelle möglich sein (*D/R* § 87 Rz. 426; GK-*Wiese* § 87 Rz. 548; *D/K/K/S* § 87 Rz. 221; *Hanau* a.a.O., 1277; **a.A.**, wonach der Betriebsrat die organschaftliche Lösung nicht erzwingen könne: *Peters* DB 1968, 1712ff.). Teilweise wird außerdem verlangt, daß die Organe paritätisch besetzt sind (*F/A/K/H* und *G/L*, jeweils a.a.O.). Eine Mindermeinung begnügt sich damit, daß Arbeitgeber und Betriebsrat gemeinsam die Organmitglieder der Sozialeinrichtung bestellen (*ArbG Hagen* vom 28.5.1968 – BV/68 – DB 1968, 1180, 1181; GK-*Wiese* a.a.O.; *D/R* § 87 Rz. 427; *Blomeyer/Otto* Einleitung Rz. 547).

Die organschaftliche Lösung ist praktikabel; sie wäre sogar praktisch notwendig, **429** wenn man von der Annahme ausginge, daß jede einzelne Verwaltungsmaßnahme mitbestimmungspflichtig sei. Unter dieser Voraussetzung wäre ohne sie die Beteiligung des Betriebsrats kaum zu verwirklichen. Diese Notlösung stößt aber auf **gewichtige Bedenken** (*Blomeyer/Otto* a.a.O. halten sie wegen des möglichen Übergewichts der Arbeitnehmerseite für »nicht ganz unproblematisch«). Sie widerspricht einmal der gesetzlichen Regelung, daß sich die Willensbildung des Betriebsrats oder des an seine Stelle tretenden Betriebsratsausschusses in Sitzungen dieser Gremien zu vollziehen hat, bei denen Regeln über die Einladung, die Teilnahme, die Beschlußfähigkeit usf. einzuhalten sind (vgl. §§ 27ff. und die Erläuterungen dort). Entscheidungen des Betriebsrats, zumal solche im Rahmen seiner Mitbestimmungsrechte, können nicht auf einzelne Mitglieder delegiert werden (vgl. dazu oben § 26 Rz. 60). Ein weiteres Bedenken ergibt sich aus dem Fehlen einer Konfliktlösungsmöglichkeit. Nach der herrschenden Rechtsauffassung soll in einer Pattsituation, wenn also Arbeitgeber- und Betriebsratsvertreter im Verwaltungsorgan sich gegenseitig blockieren, die Entscheidung wieder an Arbeitgeber und Betriebsrat zurückfallen und ggfs. von der Einigungsstelle getroffen werden (*D/R*, GK-*Wiese*, *F/A/K/H* und *Kammann/Hess/Schlochauer*, jeweils a.a.O.). Indessen ist es inkonsequent, im Konfliktfall die »Außensteuerung« der Sozialeinrichtung durch Arbeitgeber und Betriebsrat wiederherzustellen. Überdies würde eine solche Form der Ausübung von Mitbestimmungsrechten faktisch zu deren Erstreckung auf Personen führen, für die der Betriebsrat nicht zuständig ist; dies gilt z.B. für Ruheständler oder für leitende Angestellte. Endlich gibt die herrschende Auffassung keine Antwort auf die Frage, ob und inwieweit die Vertreter des Betriebsrats im Verwaltungsorgan bei Eintritt eines Schadens haften sollen oder nicht und wer, falls diese Frage zu verneinen ist, sonst für einen etwaigen Schaden einzutreten hat.

Die organschaftliche Lösung für die Ausübung von Mitbestimmungsrechten bei **430**

§ 87   4. Teil 3. Abschn. *Soziale Angelegenheiten*

der Verwaltung der Sozialeinrichtung ist deshalb **rechtlich nicht haltbar**. Sie aufzugeben würde aber mit dringenden Bedürfnissen der Praxis kollidieren, wenn damit nicht zugleich die Mitbestimmungsrechte bei der Verwaltung von Sozialeinrichtungen auf Entscheidungen beschränkt würden, die über die Erledigung der laufenden Geschäfte hinausgehen (vgl. dazu oben Rz. 407 ff.). Geschähe dies, so wäre das Leitungsorgan der Sozialeinrichtung nur für nicht mitbestimmungspflichtige Entscheidungen zuständig. Ihm könnten dann auch Vertreter der Belegschaft angehören, wobei es gleichgültig wäre, ob sie aus der Mitte des Betriebsrats kämen oder nicht.

d) Rechtsfolgen der Nichtbeachtung des Mitbestimmungsrechts

431 Nach herrschender Rechtsauffassung ist die Ausübung des Mitbestimmungsrechts auch in den Fällen des Abs. 1 Nr. 8 grundsätzlich Wirksamkeitsvoraussetzung für die mitbestimmungspflichtigen Entscheidungen (GK-*Wiese* § 87 Rz. 532; *G/L* § 87 Rz. 192; *D/K/K/S* § 87 Rz. 225; vgl. dazu ferner allgemein oben Rz. 79 ff.). Dieser Annahme stehen aber hier die schon erörterten Gründe entgegen (vgl. dazu und zu den Befugnissen des Betriebsrats im Falle der Nichtbeachtung des Mitbestimmungsrechts oben Rz. 87 ff.). Die herrschende Rechtsauffassung schränkt allerdings die Geltung ihres Prinzips insoweit ein, als Rechtsgeschäfte mit Dritten im Rahmen der Verwaltung einer Sozialeinrichtung, z. B. der Vertrag mit einem Kantinenpächter, auch ohne Zustimmung des Betriebsrats wirksam sein und bei Nichterfüllung zum Schadenersatz verpflichten sollen (GK-*Wiese* und *G/L*, jeweils a. a. O.; *Gumpert* BB 1978, 968, 971; *v. Hoyningen-Huene* DB 1987, 1426, 1431; auch *D/R* § 87 Rz. 456, der allerdings Rechtswirksamkeit nur annimmt, wenn eine betriebsverfassungsrechtliche Pflichtwidrigkeit dem Arbeitgeber keinen Rechtsvorteil im Rahmen des Einzelverhältnisses bringen kann). Abzulehnen ist die Sanktion der Unwirksamkeit besonders dann, wenn bei Kürzung der Mittel einer Unterstützungskasse ohne Vereinbarung eines neuen Verteilungsplans (vgl. dazu oben Rz. 419) Zusagen gekürzt werden (vgl. dazu unten Rz. 514).

432 Sind die Organe der Sozialeinrichtung paritätisch besetzt, so kann sich nach höchstrichterlicher Rechtsprechung der Betriebsrat jedenfalls nach 20 Jahren nicht darauf berufen, er habe dieser Form der Mitbestimmung nicht zugestimmt. Er könne dem Arbeitgeber nicht vorwerfen, sein Mitbestimmungsrecht verletzt zu haben (*BAG* vom 13. 7. 1978 und 10. 11. 1977, jeweils a. a. O.).

e) Verhältnis des Mitbestimmungsrechts zur betriebsverfassungsrechtlichen Ordnung innerhalb der Sozialeinrichtung

433 Ist eine **Sozialeinrichtung selbst ein Betrieb** und ist für sie ein Betriebsrat gebildet worden, so wird dadurch das Mitbestimmungsrecht des für die Sozialeinrichtung zuständigen Betriebsrats, Gesamtbetriebsrats oder Konzernbetriebsrats nicht berührt (*D/R* § 87 Rz. 441; GK-*Wiese* § 87 Rz. 551; *F/A/K/H* § 87 Rz. 101; *G/L* § 87 Rz. 198; *D/K/K/S* § 87 Rz. 212). Es hängt aber von der Art der Maßnahme ab, welcher Betriebsrat mitzubestimmen hat. Im Einzelfall können die Mitbestimmungsrechte beider Betriebsräte berührt werden. Dann vollzieht sich die Mitbestimmung auf zwei Stufen: Zunächst hat der Betriebsrat des Stammbetriebs mitzubestimmen; danach ist der Betriebsrat der Sozialeinrichtung zu beteiligen (*D/R*, *D/K/K/S* und *G/L*, jeweils a. a. O.; GK-*Wiese* § 87 Rz. 552; **a. A.** *F/A/K/H* a. a. O.; die »notfalls« das Mitbestimmungsrecht des Betriebsrats des Stammbetriebs vorgehen lassen). Sollen z. B. die Öffnungszeiten der Kantine geändert

Mitbestimmungsrechte § 87

werden, so hat zunächst der Betriebsrat des Stammbetriebs nach Abs. 1 Nr. 8 über diese Maßnahme, dann der Betriebsrat der Kantine nach Abs. 1 Nr. 2 über die Lage der Arbeitszeit der dort beschäftigten Arbeitnehmer mitzubestimmen (*D/R* § 87 Rz. 442). Dabei ist aber die Leitung der Sozialeinrichtung gegenüber deren Betriebsrat frei, die Öffnungszeiten festzulegen. Sic muß wie die Leitung eines sonstigen Dienstleistungsunternehmens rechtlich in der Lage sein, die Erfüllung des Zwecks, für den die Sozialeinrichtung geschaffen worden ist, durchzusetzen (vgl. dazu oben Rz. 175).

2. Werkmietwohnungen (Nr. 9)

a) Voraussetzungen des Mitbestimmungsrechts

aa) Abgrenzung der Werkmietwohnungen
Vom Mitbestimmungsrecht erfaßt werden nur Wohnräume, die an Arbeitnehmer mit Rücksicht auf das Bestehen eines Arbeitsverhältnisses vermietet werden, also Werkmietwohnungen gem. § 565b–565d BGB, nicht sog. Werkdienstwohnungen (vgl. unten Rz. 438; ebenso *BAG* vom 24.1.1990 – 5 AZR 749/87 – EzA § 2 ArbGG 1979 Nr. 17 = AP Nr. 16 zu § 2 ArbGG 1979; vom 3.6.1975 – 1 ABR 118/73 – EzA § 87 BetrVG 1972 Werkswohnung Nr. 4 = DB 1975, 1752; *G/L* § 87 Rz. 200; GK-*Wiese* § 87 Rz. 558; *F/A/K/H* § 87 Rz. 109; *D/R* § 87 Rz. 462; *S/W* § 87 Rz. 149; *D/K/K/S* § 87 Rz. 231). Gleichgültig ist, ob Wohnräume auch zu einer Sozialeinrichtung gehören (vgl. oben Rz. 388). Voraussetzung ist nur, daß **zwei Vertragsverhältnisse**, nämlich **Arbeits- und Mietverhältnis**, vorliegen, zwischen denen ein innerer Zusammenhang besteht; der Arbeitsvertrag muß Anlaß für den Abschluß des Mietvertrages sein (ebenso GK-*Wiese* § 87 Rz. 559; *D/R* § 87 Rz. 464; *D/K/K/S* a.a.O.). Der Zusammenhang ist zu verneinen, wenn der Arbeitgeber – z.B. eine Wohnungsbaugesellschaft – Wohnungen errichtet und sie zu normalen Bedingungen an Bewerber vermietet, ohne zwischen seinen Arbeitnehmern und anderen Personen zu unterscheiden (ebenso GK-*Wiese* a.a.O.; *Stege/Weinspach* § 87 Rz. 149b; *G/L* § 87 Rz. 206). Eine Werkmietwohnung liegt aber auch dann vor, wenn sie kostendeckend vermietet wird (GK-*Wiese* und *F/A/K/H*, jeweils a.a.O.; *G/L* § 87 Rz. 206). Gleichgültig ist auch, in welcher zeitlichen Reihenfolge Miet- und Arbeitsverhältnis oder ob beide Rechtsverhältnisse gleichzeitig vereinbart worden sind (GK-*Wiese* a.a.O.; *G/L* § 87 Rz. 209).
Es ist nicht erforderlich, daß es sich bei den Wohnräumen um eine abgeschlossene Wohnung handelt. Es genügen auch **einzelne zum Wohnen oder Schlafen geeignete und bestimmte Räumlichkeiten**. Auch Zweibettzimmer mit Nebenräumen fallen unter das Mitbestimmungsrecht (*BAG* vom 3.6.1975, a.a.O.; *G/L* § 87 Rz. 201; *S/W* § 87 Rz. 150; GK-*Wiese* § 87 Rz. 566; *D/R* § 87 Rz. 463; *D/K/K/S* § 87 Rz. 229). Behelfsheime, transportable Baracken, Wohnwagen, Schiffskajüten kommen ebenfalls in Betracht (GK-*Wiese*, *D/K/K/S* und *G/L*, jeweils a.a.O.; offengelassen in *BAG* a.a.O.).
Das Mitbestimmungsrecht besteht aber nur, wenn der **Arbeitgeber verfügungsberechtigt** ist; er muß also Eigentümer sein oder ein Belegrecht haben, weil er z.B. bei der Errichtung der Wohnungen finanzielle Zuschüsse geleistet hat (*BAG* vom 18.7.1978 – 1 ABR 20/75 – EzA § 87 BetrVG 1972 Werkswohnung Nr. 6 = DB 1978, 2418; *F/A/K/H* § 87 Rz. 112). Ist der Arbeitgeber lediglich Vermittler,

434

435

436

§ 87   4. Teil 3. Abschn. *Soziale Angelegenheiten*

sucht er etwa durch Zeitungsanzeigen oder Einschaltung eines Maklers auf seine Kosten Wohnraum für seine Arbeitnehmer, so ist dies kein mitbestimmungspflichtiger Tatbestand (*G/L* § 87 Rz. 207; GK-*Wiese* § 87 Rz. 569; *S/W* § 87 Rz. 159; *D/K/K/S* § 87 Rz. 230).

437 Unerheblich ist, ob die Vermietung für längere Zeit oder **nur vorübergehend** erfolgt. Daher fällt die Überlassung von Unterkünften auf dem Betriebsgelände an Montagearbeiter gegen eine Übernachtungsgebühr unter Abs. 1 Nr. 9 (*BAG* vom 3. 6. 1975, a. a. O.; GK-*Wiese* § 87 Rz. 567; *G/L* § 87 Rz. 205; **a. A.** *LAG Düsseldorf* vom 12. 10. 1973 – 4 TaBV 58/73 – DB 1974, 97).

438 Nicht unter Abs. 1 Nr. 9 fallen **Werkdienstwohnungen**, also Wohnraum, der im Rahmen des Arbeitsverhältnisses überlassen wird und aufgrund des Arbeitsverhältnisses bezogen werden muß (§ 565 e BGB). Hier ist die Wohnraumnutzung Bestandteil des Arbeitsvertrages, wobei sie oft auch einen Teil des Entgelts für die Arbeitsleistung darstellt (*BAG* vom 23. 8. 1989 – 5 AZR 569/88 – AP Nr. 3 zu § 565 e BGB = EzA §§ 565 b–e BGB Nr. 3 = DB 1990, 740; GK-*Wiese* § 87 Rz. 562; *S/W* § 87 Rz. 149a; *D/K/K/S* § 87 Rz. 231). Beispiele sind die Arbeitsverhältnisse von Pförtnern, Hausmeistern und Kraftfahrern. Bei der Abgrenzung zwischen Werkmiet- und Werkdienstwohnungen im Einzelfall muß immer auf die Funktion des Wohnraums abgestellt werden. Abs. 1 würde in unzulässiger Weise umgangen, wenn Werkwohnungen, die zur Erfüllung eines Arbeitsverhältnisses nicht notwendig sind, nicht aufgrund eines Mietverhältnisses, sondern im Rahmen eines Arbeitsverhältnisses überlassen würden (*G/L* § 87 Rz. 203; *F/A/K/H* § 87 Rz. 109; im Ergebnis GK-*Wiese* a. a. O.).

439 Dem Mitbestimmungsrecht nach Abs. 1 Nr. 9 unterliegen nicht Wohnungen von **Organmitgliedern oder leitenden Angestellten**, wenn sie von vornherein nur dieser Gruppe zugewiesen sind. Anderes gilt jedoch, wenn ein einheitlicher Bestand von Wohnungen vorhanden ist, die sowohl den unter den Geltungsbereich des BetrVG fallenden Arbeitnehmern als auch leitenden Angestellten zugewiesen werden können. Hier kann das Mitbestimmungsrecht grundsätzlich eingreifen (*BAG* vom 30. 4. 1974 – 1 ABR 36/73 – EzA § 87 BetrVG 1972 Werkswohnung Nr. 3 m. Anm. *Herschel* = DB 1974, 1627; *G/L* § 87 Rz. 208; *D/R* § 87 Rz. 467; GK-*Wiese* § 87 Rz. 564). Entsprechendes gilt auch bei der Vermietung von Wohnungen an Ruheständler des Betriebs sowie bei Wohnungen, die an Gäste des Betriebs vermietet werden (*ArbG Mannheim* vom 26. 2. 1973 – 6 BV 1/73 – BB 1973, 1170; *G/L* und *D/R*, jeweils a. a. O.; GK-*Wiese* § 87 Rz. 565).

bb) Zuweisung und Kündigung im Einzelfall

440 Dem Mitbestimmungsrecht unterliegen Zuweisung und Kündigung von Wohnräumen im Einzelfall (*F/A/K/H* § 87 Rz. 113; *D/R* § 87 Rz. 469; *D/K/K/S* § 87 Rz. 233; *Hanau* BB 1972, 500; *G/L* § 87 Rz. 209a; GK-*Wiese* § 87 Rz. 573). Nach höchstrichterlicher Rechtsprechung gilt dies auch für die Zuweisung einer Wohnung an einen **leitenden Angestellten** (*BAG* vom 30. 4. 1974, a. a. O.; zustimmend *D/R* § 87 Rz. 467, 470; GK-*Wiese* § 87 Rz. 564; *D/K/K/S* § 87 Rz. 434). Mitbestimmungspflichtig ist jedoch in einem solchen Fall in Wirklichkeit nur die Zuweisung der von dem leitenden Angestellten gewünschten Wohnung an einen nicht leitenden Arbeitnehmer. Das Mitbestimmungsverfahren kann dann allerdings dazu führen, daß die Wohnung nicht dem leitenden Angestellten, sondern dem anderen Arbeitnehmer zugesprochen wird. Die erwähnte höchstrichterliche Rechtsprechung würde in ihrer Konsequenz zu dem unverständlichen Ergebnis führen, daß

der Betriebsrat auch mitzubestimmen hätte, wenn sich allein leitende Angestellte um eine Werkmietwohnung bewerben würden.

Unter Zuweisung ist die Entscheidung über die Person des Begünstigten zu verste- 441 hen, nicht aber der **Abschluß des Mietvertrages** (GK-*Wiese* § 87 Rz. 573; *S/W* § 87 Rz. 157; *F/A/K/H* § 87 Rz. 113; *G/L* a. a. O.; vgl. aber auch unten Rz. 453). Dies gilt schon deshalb, weil Vermieter der Wohnung oft ein Dritter ist (vgl. oben Rz. 436) und das Mitbestimmungsrecht allein den Arbeitgeber binden kann (GK-*Wiese* a. a. O.). Ist der Arbeitgeber selbst Vermieter, so muß er mit dem Arbeitnehmer, dem die Wohnung im Einvernehmen mit dem Betriebsrat zugewiesen ist, gem. § 77 Abs. 1 den Mietvertrag abschließen. Hat er hingegen nur ein Belegrecht, so hat er aufgrund der genannten Vorschrift die ihm zustehenden Rechte gegenüber dem Dritten geltend zu machen, um in den Grenzen seiner Möglichkeiten die Einigung mit dem Betriebsrat durchzuführen (*BAG* vom 18. 7. 1978, a. a. O.).

Die **Kündigung** ist mitbestimmungspflichtig ohne Rücksicht darauf, ob die Wohn- 442 räume vom Arbeitgeber oder einem Dritten vermietet worden sind. Solange das Arbeitsverhältnis besteht, gelten für die Kündigung außerdem die **allgemeinen Vorschriften** der §§ 564a, 564b, 565 BGB (*D/R* § 87 Rz. 472; GK-*Wiese* § 87 Rz. 578; *D/K/K/S* § 87 Rz. 236).

Wird das Arbeitsverhältnis gekündigt, so ist die Kündigung der Werkmietwoh- 443 nung jedenfalls so lange mitbestimmungspflichtig, wie das Arbeitsverhältnis noch nicht abgelaufen ist. Hat der Arbeitgeber **Kündigungsschutzklage** erhoben, so ist noch ungewiß, ob der Arbeitnehmer aus dem Arbeitsverhältnis ausgeschieden ist. Deshalb bedarf eine Kündigung des Vermieters bis zum rechtskräftigen Abschluß des Kündigungsrechtsstreits der Zustimmung des Betriebsrats (ebenso *D/R* § 87 Rz. 473; *F/A/K/H* § 87 Rz. 110; S/W § 87 Rz. 162). Zu Unrecht wird auch ein Mitbestimmungsrecht nach Ablauf des Arbeitsverhältnisses angenommen (vgl. *G/L* § 87 Rz. 209 b; *D/K/K/S* § 87 Rz. 236; GK-*Wiese* § 87 Rz. 577; vgl. dazu auch unten Rz. 444).

Nicht mitbestimmungspflichtig ist die Kündigung der Werkmietwohnung eines **lei-** 444 **tenden Angestellten** oder eines aus dem Betrieb **ausgeschiedenen Arbeitnehmers**, weil die Zuständigkeit des Betriebsrats sich auf diese Personen nicht erstreckt (*S/W* § 87 Rz. 162 sowie außerdem *D/R* a. a. O., die jedoch dem Betriebsrat zu Lasten dieser Personen ein Initiativrecht zugestehen, damit der Betriebsrat erreichen könne, daß der Wohnraum für Arbeitnehmer freigemacht wird, die unter sozialen Gesichtspunkten den Vorrang verdienen; **a. A.** GK-*Wiese* a. a. O. sowie für den Fall des Ruheständlers auch *G/L* a. a. O.). Der Betriebsrat kann jedoch auf andere Weise erreichen, daß solche Wohnungen freigegeben werden, indem er nämlich deren Zuweisung an andere Arbeitnehmer verlangt. Der Arbeitgeber muß dann ggf. dem leitenden Angestellten oder dem aus dem Betrieb ausgeschiedenen Arbeitnehmer kündigen, es sei denn, daß deren Wohnungen vom Arbeitgeber nur für diesen Personenkreis bestimmt sind (vgl. dazu oben Rz. 439).

Mitbestimmungsfrei ist ferner der **Aufhebungsvertrag** über Werkmietwohnungen 445 (GK-*Wiese* § 87 Rz. 578; *G/L* § 87 Rz. 209c; *D/K/K/S* a. a. O.).

§ 87 4. Teil 3. Abschn. Soziale Angelegenheiten

cc) Allgemeine Festlegung der Nutzungsbedingungen

446 In dem vom Arbeitgeber gesetzten finanziellen Rahmen (vgl. dazu unten Rz. 448) können unter Nutzungsbedingungen nicht nur die formellen Bedingungen für die Benutzung von Werkmietwohnnungen, z. B. die Aufstellung einer Hausordnung, verstanden werden. Die für den Arbeitnehmer entscheidende Nutzungsbedingung ist die Höhe des **Mietzinses**. Demgegenüber ist z. B. die Frage, in welcher Reihenfolge das Treppenhaus zu reinigen ist oder Schönheitsreparaturen vorzunehmen sind, von untergeordneter Bedeutung. Das Gesetz enthält keine Einschränkung des Nutzungsbegriffs auf diese Gesichtspunkte. Der Begriff der Nutzungsbedingungen ist demnach ganz allgemein zu verstehen und umfaßt auch die Festlegung der Grundsätze über die Mietzinsbildung, allerdings im Rahmen der vom Arbeitgeber zur Verfügung gestellten Mittel (so *BAG* vom 13. 3. 1973, a. a. O.; *F/A/K/H* § 87 Rz. 116; GK-*Wiese* § 87 Rz. 583; *D/R* § 87 Rz. 476; *D/K/K/S* § 87 Rz. 238; vgl. dazu auch unten Rz. 448). Die Festsetzung des Mietzinses für die einzelnen Werkmietwohnungen ist hingegen mitbestimmungsfrei (*BAG* a. a. O. und vom 3. 6. 1975, ebenfalls a. a. O.; *G/L* § 87 Rz. 211; *D/R* § 87 Rz. 477; GK-*Wiese* § 87 Rz. 587; *S/W* § 87 Rz. 155). Zu den Nutzungsbedingungen zählen ferner **alle anderen Modalitäten der Nutzung von Wohnräumen**, wie sie üblicherweise in den Mietverträgen festgelegt werden (*D/R* § 87 Rz. 475; *D/K/K/S* a. a. O.). Nicht zu den Nutzungsbedingungen gehört die Belieferung mit Heizgas, selbst wenn der Arbeitgeber der Lieferant ist (so auch GK-*Wiese* § 87 Rz. 588), ebenso jedenfalls dann, wenn Energielieferung nicht zum Bestandteil des Mietvertrags gemacht worden ist (*BAG* vom 22. 10. 1985 – 1 ABR 47/83 – EzA § 87 BetrVG 1972 Werkswohnung Nr. 7 = DB 1986, 704; *D/K/K/S* § 87 Rz. 239).

b) Schranken des Mitbestimmungsrechts

447 Das Mitbestimmungsrecht nach Abs. 1 Nr. 9 ist daran geknüpft, daß Wohnräume der genannten Art **vorhanden** sind. Der Betriebsrat kann ebensowenig wie bei der Errichtung von Sozialeinrichtungen durchsetzen, daß Wohnräume vom Arbeitgeber geschaffen oder finanzielle Mittel hierfür von ihm zur Verfügung gestellt werden (*BAG* vom 13. 3. 1973 – 1 ABR 16/72 – EzA § 87 BetrVG 1972 Werkswohnung Nr. 2 = DB 1973, 1458; GK-*Wiese* § 87 Rz. 570; *Dangers* DB 1974, 1076, 1077; *D/R* § 87 Rz. 468; *S/W* § 87 Rz. 153; *D/K/K/S* § 87 Rz. 232). Auch über die **Zweckbestimmung** dieser Räume und die **generelle Abgrenzung des Kreises der Nutzungsberechtigten** entscheidet der Arbeitgeber allein (GK-*Wiese* und *D/R*, jeweils a. a. O.; *F/A/K/H* § 87 Rz. 120). Der Arbeitgeber kann die Wohnräume also von vornherein nur für Gastarbeiter oder Monteure oder auch für leitende Angestellte bestimmen (**a. A.** lediglich *G/L* § 87 Rz. 210, die dann ein Leerlaufen des Mitbestimmungsrechts befürchten). Nach einhelliger Rechtsauffassung kann der Arbeitgeber aber die Werkmietwohnungen für einen anderen Zweck bestimmen (»Entwidmung«; so auch *G/L* § 87 Rz. 210a; GK-*Wiese* § 87 Rz. 571; *D/K/K/S* § 87 Rz. 232).

448 Das Mitbestimmungsrecht bei der Festsetzung der Grundsätze für die Mietzinsbildung besteht nur im Rahmen der vom Arbeitgeber vorgegebenen Dotierung (*BAG* vom 13. 3. 1973, a. a. O.; *LAG Düsseldorf* vom 22. 5. 1987 – 4 Sa 178/87 – NZA 1987, 679; *D/R* § 87 Rz. 478; zum Begriff der Dotierung vgl. oben Rz. 417). Der Betriebsrat kann deshalb nicht generell eine Herabsetzung des Mietzinses erzwingen oder dessen Erhöhung verhindern (vgl. *Bötticher* Anm. SAE 1973, 233). Doch muß in diesem Zusammenhang beachtet werden, daß das Mietrecht

Grenzen für eine Mietzinserhöhung aufstellt (*D/R* a.a.O.; *F/A/K/H* § 87 Rz. 116a; GK-*Wiese* § 87 Rz. 586):
Bei **nicht preisgebundenem** Wohnraum kann die Höhe des Mietzinses bei Abschluß des Mietvertrages frei vereinbart werden. Für Mieterhöhungen während des Mietverhältnisses gilt dagegen das Gesetz zur Regelung der Miethöhe vom 18.12.1974 (BGBl. I S. 3604). Der Vermieter muß sich bei der Erhöhung des Mietzinses nach diesem Gesetz richten. Dabei ist zwischen der Grundmiete und den Mietnebenkosten (insbesondere den Betriebskosten) zu unterscheiden. Die Mitbestimmung bezieht sich hier auf die Frage, ob die Festsetzung der Grundmiete für den qm der Wohnung im Verhältnis zu einer zulässigen Anhebung der ortsüblichen Grundmiete gem. § 2 des Gesetzes steht und ob die Betriebskosten und die auf den Mieter umlegbare Kapitalkostensteigerung (§§ 4 und 5 des Gesetzes) richtig berechnet sind (*D/R* § 87 Rz. 479, *F/A/K/H* und GK-*Wiese*, jeweils a.a.O.). 449

Bei Wohnungen aus dem **öffentlich geförderten Wohnungsbau** (§ 1 des Wohnungsbindungsgesetzes i.d.F. v. 22.7.1982, BGBl. I S. 973) kann als Mietzins nur die Kostenmiete verlangt werden (§§ 8, 8a und 8b dieses Gesetzes). Mieterhöhungen sind nach § 10 des Gesetzes vorzunehmen. Die gesetzliche Regelung gibt dem Vermieter ein einseitiges Gestaltungsrecht; da dies nicht eine das Mitbestimmungsrecht verdrängende Gesetzesregelung ist (vgl. dazu oben Rz. 60), hat der Betriebsrat bei der generellen Festlegung der Faktoren für die Ermittlung der Kostenmiete mitzubestimmen. Das Mitbestimmungsrecht betrifft hier also die Beurteilung einer Rechtsfrage. Eine Besonderheit besteht weiterhin insofern, als bei Sozialwohnungen, die der Inhaber eines gewerblichen Betriebs zur Unterbringung seiner Arbeitnehmer schafft, die Bewilligung der öffentlichen Mittel mit der Auflage verbunden ist, daß mit den Betriebsangehörigen Mietverhältnisse zu vereinbaren sind, die nach Ablauf von 5 Jahren von dem Bestehen des Arbeitsverhältnisses unabhängig werden (§ 53 des 2. Wohnungsbaugesetzes i.d.F. v. 30.7.1980, BGBl. I S. 1085). Mietverträge mit dieser Klausel können nach Ablauf der Frist nicht mehr als Werkmietverträge angesehen werden (*BAG* vom 18.7.1978 – 1 ABR 20/75 – EzA § 87 BetrVG 1972 Werkswohnung Nr. 6 = DB 1978, 2418; *F/A/K/H* § 87 Rz. 118; vgl. auch *D/R* § 87 Rz. 480; *D/K/K/S* a.a.O.). 450

c) **Ausübung des Mitbestimmungsrechts**
Soweit das Mitbestimmungsrecht reicht, hat der Betriebsrat auch ein **Initiativrecht** (GK-*Wiese* § 87 Rz. 591; *D/R* § 87 Rz. 481); dies gilt auch für die Kündigung von Wohnräumen (ebenso GK-*Wiese* und *D/R*, jeweils a.a.O.; *Schmidt-Futterer/Blank* DB 1976, 1235; **a.A.** *Adomeit* BB 1972, 53, 54). 451

Das Mitbestimmungsrecht in Abs. 1 Nr. 9 kann stets durch formlose **Betriebsabsprache** ausgeübt werden, weil der Inhalt der Vereinbarung zwischen Arbeitgeber und Betriebsrat zu seiner Verwirklichung nicht der normativen Wirkung bedarf (GK-*Wiese* § 87 Rz. 590). Der Abschluß einer **Betriebsvereinbarung** empfiehlt sich aber hinsichtlich der Nutzungsbedingungen. Das Mitbestimmungsrecht besteht nur gegenüber dem Arbeitgeber, nicht gegenüber Dritten. Gehören die Wohnräume einem Dritten, so reicht das Mitbestimmungsrecht nur so weit, wie der Arbeitgeber selbst Rechte bei der Begründung und Durchführung der Mietverträge hat (*BAG* vom 18.7.1978, a.a.O.; *D/R* § 87 Rz. 485). Haben sich Arbeitgeber und Betriebsrat geeinigt, so muß der Arbeitgeber den Inhalt dieser Einigung aufgrund seiner Rechtsstellung gegenüber dem Dritten nach § 77 Abs. 1 durchfüh- 452

§ 87   4. Teil 3. Abschn. Soziale Angelegenheiten

ren (*D/R* § 87 Rz. 486). Dabei hat der Arbeitgeber sich naturgemäß innerhalb der Grenzen seiner Rechtsstellung zu halten.

d) Rechtsfolgen der Nichtbeachtung des Mitbestimmungsrechts

453 Die Beteiligung des Betriebsrats bei der Zuweisung von Wohnräumen ist **keine Wirksamkeitsvoraussetzung** für den Abschluß der Mietverträge über Werkmietwohnungen (*D/R* § 87 Rz. 488; GK-*Wiese* § 87 Rz. 575; *Schmidt-Futterer/Blank* DB 1976, 1234; vgl. dazu auch allgemein oben Rz. 77 ff.; a. A. *F/A/K/H* § 87 Rz. 113; *G/L* § 87 Rz. 209 a; *D/K/K/S* § 87 Rz. 235; *Kammann/Hess/Schlochauer* § 87 Rz. 181). Der Arbeitgeber hat aber ggf. den abgeschlossenen Mietvertrag wieder aufzulösen.

454 Nach bisher einhelliger Rechtsauffassung ist dagegen die **Kündigung** nur mit Zustimmung des Betriebsrats rechtswirksam, soweit sie durch den **Arbeitgeber** erfolgt. Wird die Kündigung von einem **Dritten** ausgesprochen, soll der Betriebsrat lediglich vom Arbeitgeber verlangen können, dafür zu sorgen, daß die mitbestimmungswidrig vorgenommene Kündigung zurückgenommen wird (*D/R* § 87 Rz. 489; GK-*Wiese* § 87 Rz. 579; *G/L* § 87 Rz. 209 a, 214; *D/K/K/S* § 87 Rz. 237; *Schmidt-Futterer* DB 1974, 579; *Schmidt-Futterer/Blank* DB 1976, 1233, 1234 sowie *F/A/K/H* § 87 Rz. 113 und *Kammann/Hess/Schlochauer* § 87 Rz. 182, die sogar undifferenziert jede Kündigung, der nicht die Einigung mit dem Betriebsrat vorausgegangen ist, für unwirksam erklären). Teilweise wird auch die nachträgliche Zustimmung des Betriebsrats für wirksam gehalten (*G/L* a. a. O.; **a. A.** *Schmidt-Futterer* a. a. O.). Ferner wird aufgrund entsprechender Anwendung des § 182 Abs. 3 i. V. m. § 111 Satz 2 und 3 BGB vertreten, daß die Kündigung selbst dann unwirksam sei, wenn der Arbeitgeber die Einwilligung des Betriebsrats zwar habe, aber nicht in schriftlicher Form vorlege und der Arbeitnehmer die Kündigung aus diesem Grund unverzüglich zurückweise (*D/R*, GK-*Wiese* und *Schmidt-Futterer*, jeweils a. a. O.). Es wird als unvermeidlich in Kauf genommen, daß über die Wirksamkeit der Kündigung sowohl im arbeitsgerichtlichen Beschlußverfahren als auch im zivilgerichtlichen Mietprozeß entschieden wird (GK-*Wiese* § 87 Rz. 580; *G/L* § 87 Rz. 216) und dabei auch sich widersprechende Entscheidungen gefällt werden können.

455 Diese auf der Theorie der notwendigen Mitbestimmung beruhenden Annahmen überzeugen nicht. Die **betriebsverfassungsrechtliche und die einzelvertragliche Ebene müssen vielmehr auseinandergehalten** werden. Die Kündigung ist nach Abs. 1 Nr. 9 eine mitbestimmungspflichtige Angelegenheit. Über sie sollen Betriebsrat und Arbeitgeber zu einer Einigung kommen, die im Streitfall nach Abs. 2 durch den Spruch der Einigungsstelle ersetzt werden kann. Die tatsächlich getroffene oder ersetzte Einigung ist dann vom Arbeitgeber nach § 77 Abs. 1 auf der einzelvertraglichen Ebene umzusetzen. Kündigt der Arbeitgeber einseitig einen Werkmietvertrag, so verletzt er damit zwar seine betriebsverfassungsrechtlichen Pflichten; die Kündigung ist damit aber nicht unwirksam; der Betriebsrat kann vielmehr nur die Wiederherstellung des ungekündigten Mietverhältnisses verlangen (weitere Gründe gegen die Theorie der Wirksamkeitsvoraussetzung oben Rz. 87 ff.; im Ergebnis wie hier *Schlüter* DB 1972, 139, 143).

456 Auch zur **allgemeinen Festlegung der Nutzungsbedingungen** wird die Auffassung vertreten, die Rechtsfolgen der Nichtbeachtung des Mitbestimmungsrechts hingen davon ab, ob der Arbeitgeber oder ein Dritter den Inhalt des Mietverhältnisses

festlegt. Nur wenn eine Änderung der Nutzungsbedingungen unmittelbar vom Arbeitgeber festgelegt werde, sei die Maßnahme insoweit unwirksam, als durch sie die Rechtsstellung des Arbeitnehmers verschlechtert werde (*D/R* § 87 Rz. 490; *GK-Wiese* § 87 Rz. 589). Da die einseitige Festlegung der Nutzungsbedingungen ein interner Akt des Arbeitgebers ist, stellt sich die Frage der Rechtswirksamkeit erst bei der Umsetzung in die abzuschließenden oder bereits abgeschlossenen Mietverträge. Es erscheint konsequent, dann die einzelnen Umsetzungsakte, z. B. eine Änderung der Hausordnung oder eine Erhöhung des vertraglichen Mietzinses für unwirksam zu erachten (gegen diese letztere Konsequenz aber *Schmidt-Futterer/Blank* DB 1976, 1233, 1235). Nach der hier vertretenen Auffassung (vgl. oben Rz. 455 und Rz. 83 ff.) handelt der Arbeitgeber in solchen Fällen zwar betriebsverfassungswidrig, aber rechtswirksam. Der Betriebsrat kann mit den ihm zur Verfügung stehenden Befugnissen (vgl. oben Rz. 87) sein Mitbestimmungsrecht durchsetzen.

VIII. Entgeltfragen

1. Begriff und Bedeutung des Entgelts im Arbeitsrecht

Das BetrVG regelt Entgeltfragen an verschiedenen Stellen, z. B. in § 87 Abs. 1 **457** Nr. 4, 10 und 11, in § 37 Abs. 2–4, § 39 Abs. 3, ohne jedoch zu definieren, was unter den verwendeten Begriffen »Arbeitsentgelt«, »Lohn«, »Entlohnung«, »allgemeine Zuwendungen des Arbeitgebers« zu verstehen ist. Nach dem Gesetzeswortlaut ist deshalb die Reichweite des Mitbestimmungsrechts in Entgeltangelegenheiten eine offene Frage, insbesondere unter dem Blickwinkel des Abs. 1 Nr. 10, dessen Tatbestand sehr allgemein gefaßt ist. Im Arbeitsrecht haben sich – abgesehen von gesetzlichen und tariflichen Sonderregelungen – zwei verschiedene Entgeltbegriffe entwickelt, die für die Abgrenzung des Mitbestimmungsrechts in Betracht kommen, nämlich ein enger und ein weiter Begriff des Arbeitsentgelts.

Das **Arbeitsentgelt im engeren Sinne** ist die unmittelbare Abgeltung der Arbeits- **458** leistung (vgl. dazu *BAG* vom 20. 9. 1972 – 5 AZR 239/72 – EzA § 611 BGB Gratifikation, Prämie Nr. 33 = DB 1973, 85; vom 14. 2. 1974 – 5 AZR 235/73 – EzA § 611 BGB Gratifikation, Prämie Nr. 38 = DB 1974, 973; vom 21. 2. 1974 – 5 AZR 302/73 – EzA § 611 BGB Gratifikation, Prämie Nr. 39 = DB 1974, 1169; vom 13. 9. 1974 – 5 AZR 48/74 – AP Nr. 84 zu § 611 BGB Gratifikation m. Anm. *Schwerdtner* = DB 1974, 2483; vgl. auch *D/K/K/S* § 87 Rz. 253) und damit eines der beiden Hauptelemente im Austauschverhältnis (= synallagmatische Beziehung) zwischen Arbeitgeber und Arbeitnehmer. Der Anspruch auf das Arbeitsentgelt in diesem Sinn setzt – abgesehen von den gesetzlich geregelten Ausnahmen (z. B. in §§ 615, 616 BGB, § 1 LohnFG, § 1 BUrlG) – die Erbringung der Arbeitsleistung oder der besonders zu vergütenden Leistung (z. B. Überstunden) voraus. Es erscheint zweckmäßig, allgemein im Arbeitsrecht diese Form des Entgelts als **Entlohnung** zu bezeichnen (vgl. dazu unten Rz. 460).

Demgegenüber erfaßt der **weite Entgeltbegriff** neben der unmittelbaren Abgel- **459** tung der Arbeitsleistung auch betriebliche Sozialleistungen. Hierbei handelt es sich um Zuwendungen des Arbeitgebers in Form von Geld oder Sachleistungen oder sonstige geldwerte Vergünstigungen, die der Arbeitgeber dem Arbeitnehmer mit Rücksicht auf das Bestehen des Arbeitsverhältnisses zusätzlich zur unmittelba-

§ 87   *4. Teil 3. Abschn. Soziale Angelegenheiten*

ren Abgeltung der Arbeitsleistung gewährt (*BAG* vom 10. 6. 1986 – 1 ABR 65/84 – EzA § 87 BetrVG 1972 Betriebliche Lohngestaltung Nr. 12 = DB 1986, 2340; vom 30. 3. 1982 – 1 ABR 55/80 = EzA § 87 BetrVG Betriebliche Lohngestaltung Nr. 4 = DB 1982, 1519; *F/A/K/H* § 87 Rz. 122; GK-*Wiese* § 87 Rz. 607–616; *D/K/K/S* § 87 Rz. 254). Ihr Rechtsgrund ist das Arbeitsverhältnis unabhängig davon, welchen Zweck der Arbeitgeber mit der Leistung oder Vergünstigung verfolgt, unabhängig auch davon, ob ein Rechtsanspruch des Arbeitnehmers begründet worden ist. Die rechtliche Verknüpfung mit dem Arbeitsverhältnis verbietet es, sie als unentgeltliche Zuwendungen des Arbeitgebers aufzufassen. Für ihre Gewährung kommt es deshalb regelmäßig nur auf den Bestand des Arbeitsverhältnisses, nicht aber darauf an, ob der Arbeitnehmer tatsächlich gearbeitet hat. Sie sind nicht Bestandteil der das Arbeitsverhältnis konstituierenden Hauptpflichten, sondern sog. Nebenpflichten, die außerhalb des schuldvertraglichen Synallagmas stehen (vgl. dazu *Jahnke* ZfA 1980, 863, 870f.).

460 Der weite Begriff des Arbeitsentgelts, der nach § 14 SGB IV grundsätzlich auch für das Sozialversicherungsrecht maßgeblich ist, **bestimmt die Abgrenzung des Mitbestimmungstatbestandes in Abs. 1 Nr. 10** (vgl. dazu unter Rz. 463), allerdings nur beim Gesamttatbestand, nicht aber bei den exemplifizierenden Untertatbeständen, die die unmittelbare Abgeltung der Arbeitsleistung zum Gegenstand des Mitbestimmungsrechts machen (vgl. dazu oben Rz. 458 sowie die Ausführungen bei GK-*Wiese* § 87 Rz. 646 ff.; **a. A.** offenbar *G/L* § 87 Rz. 218 ff.; *D/K/K/S* § 87 Rz. 253; *Moll* Die Mitbestimmung des Betriebsrats beim Entgelt, 145 ff.; ebenso die herrschende Auffassung zur Auslegung des § 56 Abs. 1 Buchst. h BetrVG 1952, wonach das Wort Entlohnung sich auf alle Leistungen des Arbeitgebers bezog, auf die ein Rechtsanspruch bestand (vgl. z. B. *Fitting/Kraegeloh/Auffarth* Betriebsverfassungsgesetz, 9. Auflage 1970, § 56 Rz. 46). Mit der Wahl des Wortes Entlohnung bringt das Gesetz das synallagmatische Verhältnis zwischen diesem Teil des Entgelts und der Arbeitsleistung zum Ausdruck.

2. Entstehungsgeschichte der Mitbestimmungsregelungen zu den Entgeltfragen

461 Abs. 1 Nr. 10 knüpft an § 56 Abs. 1 Buchst. h BetrVG 1952 an, der die Aufstellung von Entlohnungsgrundsätzen und die Einführung von neuen Entlohnungsmethoden erfaßt hatte, und erweitert die Mitbestimmung auf alle Fragen der betrieblichen Lohngestaltung. Dabei werden die Entlohnungsgrundsätze und Entlohnungsmethoden nur als Beispiele genannt. Neu ist auch die besondere Erwähnung der »Anwendung« und »Änderung« der neuen Entlohnungsmethoden (GK-*Wiese* § 87 Rz. 592).

462 Der in seiner Anwendung heftig umstrittene Mitbestimmungstatbestand des § 56 Abs. 1 Buchst. g (Regelung von Akkord- und Stücklohnsätzen) ist durch Abs. 1 Nr. 11 abgelöst worden. Damit werden die Geldfaktoren ausdrücklich in die Mitbestimmung mit einbezogen. Außerdem wird sachlich zutreffend nur noch von Akkordsätzen (nicht mehr von Akkord- und Stücklohnsätzen) gesprochen. Ferner werden die Prämiensätze besonders erwähnt, nachdem früher die Mitbestimmung beim Prämienlohn – unter Ausschluß der Geldseite – überwiegend aus § 56 Abs. 1 Buchst. h BetrVG 1952 abgeleitet worden war. Schließlich ist das Mitbestimmungsrecht auf alle leistungsbezogenen Entgelte erstreckt worden, die den Akkord- und Prämiensätzen vergleichbar sind (GK-*Wiese* § 87 Rz. 693; *D/R* § 87 Rz. 491).

Mitbestimmungsrechte § 87

3. Fragen der betrieblichen Entgeltgestaltung (Nr. 10)

a) Zweck des Mitbestimmungsrechts

Nach der Gesetzesbegründung erstreckt Abs. 1 Nr. 10 das Mitbestimmungsrecht über das frühere Recht hinaus auf alle Fragen der betrieblichen Entgeltgestaltung, soweit es sich um die Festlegung allgemeiner Regelungen auf diesem Felde handelt. Hierdurch solle ein umfassendes Mitbestimmungsrecht des Betriebsrats in diesem Bereich sichergestellt werden (Begründung zum Regierungs-Entwurf in BT-Drucks. VI/1786, 49). Dieses Mitbestimmungsrecht soll nach der ständigen Rechtsprechung des *BAG* den Arbeitnehmer vor einer einseitig an den Interessen des Unternehmens orientierten oder willkürlichen Entgeltgestaltung schützen; es soll die **Angemessenheit und Durchsichtigkeit des innerbetrieblichen Entgeltgefüges** sicherstellen und damit der innerbetrieblichen Entgeltgerechtigkeit dienen (*BAG* vom 10. 2. 1988 – 1 ABR 56/86 – AP Nr. 33 zu § 87 BetrVG 1972 Lohngestaltung = DB 1988, 1223 = EzA § 87 BetrVG 1972 Betriebliche Lohngestaltung Nr. 18; vom 17. 12. 1985 – 1 ABR 6/84 – EzA § 87 BetrVG 1972 Betriebliche Lohngestaltung Nr. 12 = DB 1986, 1921; vom 31. 1. 1984 – 1 ABR 46/81 – EzA § 87 BetrVG 1972 Betriebliche Lohngestaltung Nr. 7 = DB 1984, 1351; vom 8. 3. 1983 – 1 ABR 38/81 – EzA § 87 BetrVG 1972 Betriebliche Lohngestaltung Nr. 6 = DB 1983, 2040; vom 22. 12. 1981 – 1 ABR 38/79 – EzA § 87 BetrVG Betriebliche Lohngestaltung Nr. 3 = DB 1982, 1274; vom 22. 1. 1980 – 1 ABR 48/77 – EzA § 87 BetrVG 1972 Lohn- und Arbeitsentgelt Nr. 11 = DB 1980, 1895; ebenso *D/R* § 87 Rz. 493; *G/L* § 87 Rz. 218; *F/A/K/H* § 87 Rz. 121; GK-*Wiese* § 87 Rz. 593; *S/W* § 87 Rz. 167; *D/K/K/S* § 87 Rz. 241; *Kraft* FS für *Karl Molitor*, 207, 212; *Goos* NZA 1986, 701; *Matthes* NZA 1987, 289).

463

b) Reichweite der »betrieblichen Lohngestaltung«

Der Mitbestimmungstatbestand des Abs. 1 Nr. 10 hat nach der zutreffenden herrschenden Auffassung in Rechtsprechung und Fachschrifttum den Charakter einer **Generalklausel, die nicht nur die unmittelbaren synallagmatischen Rechtsbeziehungen betrifft**, also das Austauschverhältnis von Arbeitsleistung und Entgelt im engeren Sinne (vgl. dazu oben Rz. 458 ff.), sondern alle Formen von Vergütung aus Anlaß eines Arbeitsverhältnisses (*BAG* Entscheidungen vom 12. 6. 1975, und zwar – 3 ABR 13/74 – EzA § 87 BetrVG 1972 Lohn und Arbeitsentgelt Nr. 4 m. Anm. *Birk* = DB 1975, 1559; – 3 ABR 137/73 – EzA § 87 BetrVG 1972 Lohn und Arbeitsentgelt Nr. 2 m. Anm. *Birk* = DB 1975, 1224; – 3 ABR 66/74 – EzA § 87 BetrVG 1972 Lohn und Arbeitsentgelt Nr. 3 m. Anm. *Birk*; weitere Entscheidungen vom 18. 3. 1976 – 3 ABR 32/75 – EzA § 87 BetrVG 1972 Lohn und Arbeitsentgelt Nr. 5 m. Anm. *Weiss* = DB 1976, 1631 – sämtlich zur **Betrieblichen Altersversorgung** –; vom 9. 12. 1980 – 1 ABR 80/77 – EzA § 87 BetrVG 1972 Betriebliche Lohngestaltung Nr. 1 m. Anm. *Weiss* = DB 1981, 996 – zur **Gewährung zinsgünstiger Darlehen** –; vom 22. 10. 1981 – 6 ABR 69/79 – EzA § 76 BetrVG 1972 Nr. 32 m. Anm. *Herschel* = DB 1982, 811 – zur **Ermäßigung des Elternbeitrags** bei der Unterbringung von Kindern in Einrichtungen des Arbeitgebers –; vom 30. 3. 1982 – 1 ABR 55/80 – EzA § 87 BetrVG 1972 Betriebliche Lohngestaltung Nr. 4 = DB 1982, 1519 – zur **Ausschreibung von Reisen in einem betrieblichen Wettbewerb** –; vom 4. 5. 1982 – 3 AZR 1202/79 – EzA § 87 BetrVG 1972 Lohn und Arbeitsentgelt Nr. 13 = DB 1983, 2159 – zur **Betrieblichen Altersversorgung** –; vom 9. 7. 1985 – 1 AZR 631/80 – AP Nr. 16 zu § 75 BPersVG = DB 1986, 230 und *LAG Nürnberg*

464

§ 87 4. Teil 3. Abschn. Soziale Angelegenheiten

vom 29. 9. 1989 – 4 TaBV 40/89 – NZA 1990, 503 – zur **Bereitstellung kostenloser oder verbilligter Personalfahrten** –; vom 22. 10. 1985 – 1 ABR 47/83 – EzA § 87 BetrVG 1972 Werkwohnung Nr. 7 = DB 1986, 704 – zur **Lieferung von verbilligtem Heizgas** durch den Arbeitgeber –; vom 22. 10. 1985 – 1 ABR 38/83 – EzA § 87 BetrVG 1972 Betriebliche Lohngestaltung Nr. 10 = DB 1986, 384 – zum **Erwerb verbilligter Flugscheine** –; vom 10. 6. 1986 – 1 ABR 65/84 – AP Nr. 22 zu § 87 BetrVG 1972 Lohngestaltung = DB 1986, 2340 = EzA § 87 BetrVG 1972 Betriebliche Lohngestaltung Nr. 12 – zur **Gewährung von Mietzuschüssen und Erstattung von Kosten für Familienheimfahrten** –; vom 15. 1. 1987 – 6 AZR 589/84 – EzA § 4 TVG Rundfunk Nr. 14 = DB 1987, 2315 – zur **Gewährung von Essenszuschüssen** –; vom 9. 2. 1989 – 8 AZR 310/87 – AP Nr. 40 zu § 77 BetrVG 1972 = DB 1989, 2339 = EzA § 77 BetrVG 1972 Nr. 27 – zu einem **zusätzlichen Urlaubsgeld** –; vom 9. 5. 1989 – 3 AZR 439/88 – AP Nr. 18 zu § 87 BetrVG 1972 Altersversorgung = DB 1989, 1982 = EzA § 87 BetrVG 1972 Altersversorgung Nr. 3 – zum **Abstimmungsverhalten des Unternehmens bei Beschlüssen der Organe einer von ihm mitgetragenen Gruppenunterstützungskasse in Fragen des Leistungsplans** –; vom 30. 1. 1990 – ABR 2/89 – DB 1990, 1090 = AP Nr. 41 zu § 87 BetrVG 1972 Lohngestaltung = EzA § 87 BetrVG 1972 Betriebliche Lohngestaltung Nr. 27 – zur Regelung von **Zulagen für vorübergehenden Auslandseinsatz** –; GK-*Wiese* § 87 Rz. 600 ff.; *D/R* § 87 Rz. 515; *D/K/K/S* § 87 Rz. 243; *Richardi* RdA 1981, 217, 219; *F/A/K/H* § 87 Rz. 122 und 130; *G/L* § 87 Rz. 218 c; *Hanau* BB 1977, 350, 351 f.; *Jahnke* ZfA 1980, 863 ff.; *Dieterich* NZA 1984, 273, 274). Demgemäß besteht im wesentlichen Einigkeit darüber, daß der »Lohn« wie die »Arbeitsentgelte« nach Abs. 1 Nr. 4 Sonderformen der Vergütung einschließt, z. B. **Jahressonderzahlungen** und **Gratifikationen** (*Jahnke* a. a. O., 866), **Gewinn- oder Ergebnisbeteiligungen, vermögenswirksame Leistungen** (GK-*Wiese* § 87 Rz. 600 und 609; *Becker-Schaffner* AuR 1991, 304, 308; vgl. auch *F/A/K/H* § 87 Rz. 123; *Stege/Weinspach* § 87 Rz. 172), **Vorruhestandsgeld**, (*Oetker* NZA 1986, 148, 150), **Umsatzbeteiligungen für Bedienungspersonal** (*G/L* § 87 Rz. 219; *F/A/K/H* § 87 Rz. 135; vgl. auch GK-*Wiese* § 87 Rz. 611), sowie **Systeme der Betriebsergebnisbeteiligung** (*LAG* Bremen vom 27. 10. 1978 – 1 TaBV 5/78 – DB 1978, 2489; *G/L* a. a. O.; *D/R* § 87 Rz. 505; vgl. auch GK-*Wiese* § 87 Rz. 609), **Sonderzahlungen für Tätigkeit während des Arbeitskampfes** (*LAG Niedersachsen* vom 17. 9. 1985 – 6 TaBV 4/85 – DB 1986, 335), ferner **betriebliche Wettbewerbe zur Förderung des Leistungswillens der Arbeitnehmer**, die mit wirtschaftlichen Vorteilen ausgestattet sind (*BAG* vom 10. 7. 1979 und 30. 3. 1982, jeweils a. a. O.) und entsprechende **Wettbewerbe zur Förderung des sicherheitsgerechten Verhaltens im Betrieb** (*BAG* vom 24. 3. 1981 – 1 ABR 32/78 – EzA § 87 BetrVG 1972 Betriebliche Ordnung Nr. 6 = DB 1981, 1886, allerdings unter Anwendung von Abs. 1 Nr. 1; vgl. dazu auch oben Rz. 101 und 334; vgl. ferner *Matthes* NZA 1987, 289 f.). Einbezogen ist auch die **Gestattung der privaten Nutzung von Dienstwagen**, weil auch darin ein geldwerter Vorteil für den Arbeitnehmer liegt (zur steuer- und sozialversicherungsrechtlichen Bewertung vgl. *Benner/Bals* DB 1989 Beilage Nr. 17, 11; im Ergebnis a. A. *LAG Frankfurt/M.* vom 21. 5. 1983 – 5 TaBV 20/83 – unveröffentlicht, das die Erlaubnis zur privaten Nutzung nur als unwesentlichen Reflex der vorrangigen dienstlichen Nutzung betrachtet und so eine Beeinflussung des Arbeitnehmereinkommens durch die Nutzungsmöglichkeit für private Zwecke verneint). Leistungen des Arbeitgebers, die nicht ein Mitbestimmungsrecht nach Abs. 1 Nr. 10 auslösen, sind unten aufgeführt (Rz. 468).

Dieses weitreichende Mitbestimmungsrecht ist aus dem in der Gesetzesbegründung zum Ausdruck gekommenen **Regelungswillen** des Gesetzgebers (vgl. oben Rz. 461) und aus dem **Zweck** der getroffenen Regelung (vgl. oben Rz. 463) zu erschließen und mit dem **Gesetzeswortlaut** (vgl. dazu oben Rz. 457 ff.) vereinbar. Es kommt hinzu, daß betriebliche Sozialleistungen dann, wenn sie von einer Sozialeinrichtung erbracht werden, kraft der eindeutigen gesetzlichen Regelung in Abs. 1 Nr. 8 dem Mitbestimmungsrecht des Betriebsrats unterliegen. Ein einsichtiger Grund für eine abweichende mitbestimmungsrechtliche Behandlung vom Arbeitgeber unmittelbar erbrachter Sozialleistungen ist nicht zu erkennen (so auch Entscheidungen des *BAG* vom 12. 6. 1975, a. a. O.; *D/R* § 87 Rz. 528; GK-*Wiese* § 87 Rz. 628; *Jahnke* ZfA 1980, 863, 868). 465

Dieser weiten Auslegung des Mitbestimmungstatbestandes steht auch nicht entgegen, daß es sich bei den meisten betrieblichen Sozialleistungen einschließlich der betrieblichen Altersversorgung um sog. **freiwillige Leistungen** des Arbeitgebers handelt, also um Leistungen, deren Gewährung oder Zusage auf einem ursprünglich freien Entschluß des Arbeitgebers beruht. Auch diese Leistungen werden aus Anlaß des Arbeitsverhältnisses gewährt und sind deshalb dem hier maßgeblichen Entgelt zuzurechnen. Der Freiwilligkeit muß aber durch dem Mitbestimmungsrecht gezogene besondere Schranken Rechnung getragen werden (so *BAG* Entscheidungen vom 12. 6. 1975, a. a. O.; vgl. z. B. – 3 ABR 13/74 – in AP Nr. 1 zu § 87 BetrVG 1972 Altersversorgung Bl. 4 ff.; vom 9. 12. 1980, a. a. O.; vom 8. 12. 1981 – 1 ABR 55/79 – EzA § 87 BetrVG 1972 Leistungslohn Nr. 6 m. Anm. *Hanau* = DB 1982, 1276; vom 3. 8. 1982 – 3 AZR 1219/79 – EzA § 87 BetrVG 1972 Betriebliche Lohngestaltung Nr. 5 = DB 1983, 237; vom 9. 7. 1985 und 10. 6. 1986, jeweils a. a. O.; *LAG Hamm* vom 22. 12. 1982 – 12 TaBV 53/82 – DB 1983, 1985; GK-*Wiese* § 87 Rz. 627 ff.; *D/R* § 87 Rz. 519 und 530 ff.; *F/A/K/H* § 87 Rz. 126 ff.; *G/L* § 87 Rz. 226 a ff.; *S/W* § 87 Rz. 171; *Jahnke* ZfA 1980, 863, 879 ff.; *Blomeyer/ Otto* Einleitung Rz. 339 ff.; *Matthes* NZA 1987, 289 ff.; *Lieb* ZfA 1988; 413, 437 ff.; *D/K/K/S* § 87 Rz. 243; *Griebeling* DB 1991, 2336, 2341). Die zu § 56 Abs. 1 Buchst. h BetrVG 1952 nahezu einhellig vertretene Auffassung, daß freiwillige Leistungen mitbestimmungsfrei seien, kann für das geltende Recht nicht mehr vertreten werden (vgl. dazu m. Nachw.: *D/R* § 87 Rz. 519 und *Jahnke* ZfA 1980, 863, 880). 466

Der Entgeltcharakter von Leistungen des Arbeitgebers wird auch nicht dadurch ausgeschlossen, daß ihnen zugleich **Fürsorge- oder Versorgungscharakter** zukommt (*BAG*, Entscheidungen vom 12. 6. 1975, a. a. O., z. B. – 3 ABR 13/74 – in AP Nr. 1 zu § 87 BetrVG 1972 Altersversorgung Bl. 4; GK-*Wiese* § 87 Rz. 614; *F/A/K/H* § 87 Rz. 125; *D/R* § 87 Rz. 516 ff.; *G/L* § 87 Rz. 227; *Jahnke* ZfA 1980, 863, 872 ff.). Auch das betriebliche Ruhegeld ist Gegenleistung aus dem Arbeitsvertrag und damit eine besondere Form der Vergütung (so die ständige Rechtsprechung des *BAG*: vom 4. 5. 1982, 18. 3. 1976 und 12. 6. 1975, jeweils a. a. O.; vom 12. 2. 1971 – 3 AZR 83/70 – EzA § 242 BGB Nr. 3 = DB 1971, 920; vom 27. 6. 1969 – 3 AZR 297/68 – AP Nr. 2 zu § 242 BGB Ruhegehalt – VBL m. Anm. *Weitnauer/v. Arnim* = DB 1969, 1753; auch *BVerfG* vom 22. 7. 1970 – 1 BvR 285/ 66, 1 BvR 445/67, 1 BvR 192/69 – AP Nr. 1 zu § 6 a EStG = DB 1970, 1519; *Moll* Die Mitbestimmung des Betriebsrats beim Entgelt, 141). 467

Der weite Begriff des »Lohns« erfaßt aber nicht solche Leistungen, die **keinerlei Vergütungscharakter** haben. Dies gilt z. B. für den Ersatz der Aufwendungen durch Dienstreisen, auch wenn er aus Gründen einer praktikablen Handhabung 468

§ 87   4. Teil 3. Abschn. Soziale Angelegenheiten

pauschaliert wird (*BAG* vom 30. 1. 1990, a. a. O.; vom 8. 12. 1981 – 1 ABR 91/79 – EzA § 87 BetrVG 1972 Betriebliche Ordnung Nr. 8 = DB 1982, 184, 960; *S/W* § 87 Rz. 170; GK-*Wiese* § 87 Rz. 613; *G/L* § 87 Rz. 218; *D/K/K/S* § 87 Rz. 244; *Hanau* BB 1977, 350, 352; *Matthes* NZA 1987, 289 f.). Dies gilt ferner für eine Pauschalzahlung, die der Arbeitgeber solchen Arbeitnehmern zahlt, die ihr privates Kraftfahrzeug auch für Dienstreisen benutzen (*BAG* vom 30. 1. 1979 – 1 ABR 23/76 – unveröffentlicht). Ebensowenig kommt Abs. 1 Nr. 10 in Betracht für die Vereinbarung der Übernahme von Kontoführungsgebühren bei bargeldloser Lohnzahlung (*BAG* vom 8. 3. 1977 – 1 ABR 33/75 – EzA § 87 BetrVG 1972 Lohn und Arbeitsentgelt Nr. 6 m. Anm. *Klinkhammer* = DB 1977, 1464; *S/W* a. a. O.; vgl. auch oben Rz. 249). Dem Mitbestimmungsrecht unterliegt ferner nicht der Abschluß eines **Sammelversicherungsvertrages** zwischen dem Arbeitgeber und einem Lebensversicherungsunternehmen zugunsten der Arbeitnehmer (so auch *Metz* DB 1988, 1267; Bedenken hiergegen bei GK-*Wiese* § 87 Rz. 627), weil damit das Entgelt der Arbeitnehmer nicht erhöht wird; ein geldwerter Vorteil entsteht ihnen vielmehr erst mit der eigenen Entscheidung, einen Versicherungsvertrag in diesem Rahmen einzugehen und dafür einen Teil des Entgelts zu verwenden. Kein Entgelt i. S. d. Abs. 1 Nr. 10 ist schließlich ein **Zusatzurlaub** (*BAG* vom 27. 6. 1985 – 6 AZR 392/81 – EzA § 77 BetrVG 1972 Nr. 16 = DB 1986, 596).

c) **Voraussetzungen des Mitbestimmungsrechts**

aa) **Allgemeines**

469 Das Mitbestimmungsrecht nach Abs. 1 Nr. 10 betrifft die Festlegung **abstrakt-genereller Grundsätze der Entgeltfindung**. Es geht um die Struktur des Entgelts einschließlich ihrer näheren Vollziehungsformen (*BAG* vom 8. 3. 1983, 22. 12. 1981 und 22. 1. 1980, jeweils a. a. O.; vom 10. 7. 1979 – 1 ABR 88/77 – EzA § 87 BetrVG 1972 Leistungslohn Nr. 3 = DB 1979, 2496; vom 29. 3. 1977 – 1 ABR 123/74 – EzA § 87 BetrVG 1972 Leistungslohn Nr. 2 m. Anm. *Löwisch* = DB 1977, 1650 m. Anm. *Bolten;* ähnlich *BAG* vom 17. 12. 1980 – 5 AZR 570/78 – EzA § 87 BetrVG 1972 Betriebliche Lohngestaltung Nr. 2 m. Anm. *Weiss* = DB 1981, 1045; vgl. auch vom 3. 12. 1991 – GS 1/90 und GS 2/90 – EzA § 87 BetrVG 1972 Betriebliche Lohngestaltung Nr. 30 = DB 1992, 1577, 1585; *G/L* § 87 Rz. 224; *D/R* § 87 Rz. 499; *F/A/K/H* § 87 Rz. 121; GK-*Wiese* § 87 Rz. 601; *S/W* § 87 Rz. 166; *Stadler* BB 1972, 800, 802). Dies entspricht einmal der Begründung zum Regierungsentwurf des Gesetzes (vgl. oben Rz. 463); ferner heißt es im Bericht des zuständigen Bundestagsausschusses zur Mitbestimmung in sozialen Angelegenheiten, daß der Ausschuß mit dem Regierungsentwurf und der Oppositionsvorlage daran festhalte, »daß sich die Mitbestimmung des Betriebsrats grundsätzlich nur auf generelle Tatbestände und nicht auf die Regelung von Einzelfällen« beziehe (BT-Drucks. VI/2729, 4 sowie oben Rz. 17). Diese Beschränkung ergibt sich ferner aus dem Zusammenhang mit den beispielhaft genannten Unterfällen der Entgeltgestaltung, nämlich der Aufstellung von Entlohnungsgrundsätzen, der Einführung und Anwendung von neuen Entlohnungsmethoden sowie deren Änderung (GK-*Wiese* a. a. O.).

470 Deshalb greift das Mitbestimmungsrecht nicht ein, soweit es um die Entgeltgestaltung für **einzelne Arbeitnehmer** aufgrund der bei ihnen vorliegenden individuellen Umstände geht (*BAG* vom 24. 11. 1987 – 1 ABR 57/86 – EzA § 87 BetrVG 1972 Betriebliche Lohngestaltung Nr. 17 = DB 1988, 556; vom 21. 12. 1982 – 1 AZR 14/

Mitbestimmungsrechte § 87

81 – EzA § 87 BetrVG 1972 Arbeitszeit Nr. 16 = DB 1983, 47, 611; vom 3. 8. 1982 und 9. 12. 1980, jeweils a. a. O.; *LAG Schleswig-Holstein* vom 20. 8. 1987 – 4 Sa 37/ 87 – NZA 1988, 35; *LAG Niedersachsen* vom 25. 2. 1980 – 3 TaBV 4/79 – EzA § 87 BetrVG 1972 Lohn- und Arbeitsentgelt Nr. 12 = DB 1980, 1849; *F/A/K/H* § 87 Rz. 121 a; *v. Hoyningen-Huene* Anm. SAE 1985, 298, 300 f.; *S/W* § 87 Rz. 166; GK-*Wiese* § 87 Rz. 60; vgl. auch die Abgrenzung bei Abs. 1 Nr. 3 unter Rz. 165; vgl. dazu auch die die einzelnen Mitbestimmungstatbestände übergreifenden Erörterungen oben unter Rz. 17 ff.). Eine mitbestimmungsfreie Einzelfallentscheidung liegt dann vor, wenn es sich um die Ausgestaltung eines oder mehrerer konkreter Arbeitsverhältnisse handelt und besondere, den jeweiligen Arbeitnehmer betreffende Umstände die Maßnahme veranlassen oder inhaltlich bestimmen (*BAG* vom 3. 12. 1991 und vom 24. 11. 1987, jeweils a. a. O.; *Hönsch* BB 1988, 2312 und 700; *Matthes* NZA 1987, 289, 294). Dies kann z. B. der Fall sein, wenn der Arbeitgeber einzelnen Arbeitnehmern **besondere** individuelle Leistungen zusätzlich vergüten oder dem individuellen »**Marktwert**« einzelner Arbeitnehmer oder bei ihnen bestehenden persönlichen Umständen bei der Bemessung der Vergütung Rechnung tragen will (ähnlich *Matthes* a. a. O.; vgl. aber *ArbG Darmstadt* vom 14. 1. 1992 – 3 BV 6/91 – DB 1992, 1298).
Demgegenüber kann wegen des kollektiven Bezugs ein Mitbestimmungstatbestand auch dann vorliegen, wenn nur ein einziger Arbeitsplatz (z. B. die Tätigkeit des Pförtners) betroffen ist (*Stege/Weinspach* a. a. O.; GK-*Wiese* § 87 Rz. 602 und 23).
Der Arbeitgeber kann das Mitbestimmungsrecht aber nicht dadurch ausschließen, **471** daß er **dem Regelungsbedürfnis entsprechende einzelvertragliche Vereinbarungen** trifft (*BAG* vom 3. 12. 1991 und vom 30. 1. 1990, a. a. O.; vom 10. 6. 1986 – 1 ABR 61/84 – EzA § 87 BetrVG 1972 Arbeitszeit Nr. 18 = DB 1986, 2391; vom 21. 12. 1982 a. a. O.). Das Mitbestimmungsrecht entfällt auch nicht allein deshalb, weil der Arbeitgeber sich nicht binden und keine allgemeine Regelung will und sie ausdrücklich ausschließt (*BAG* vom 24. 11. 1987, a. a. O.; vom 17. 12. 1985 – 1 ABR 6/84 – EzA § 87 BetrVG 1972 Betriebliche Lohngestaltung Nr. 11 = DB 1986, 914, 1921; **a. A.** *Kappes* DB 1986, 1520; *Goos* NZA 1986, 701 ff.; kritisch zur höchstrichterlichen Rechtsprechung auch *Kraft* FS für *Karl Molitor*, 207, 220; vgl. auch zu den Schranken durch tarifvertragliche Regelungen unter Rz. 508 ff.).
Dem Mitbestimmungsrecht steht auch nicht entgegen, daß eine Entgeltfrage nur **472** **für eine begrenzte Zeit** zu entscheiden ist (*BAG* vom 30. 3. 1982, a. a. O.; GK-*Wiese* § 87 Rz. 601).
Die mitbestimmungspflichtige normative Festlegung der Gesichtspunkte, von de- **473** nen die Entgeltfindung im Einzelfall abhängen soll, ist eine rechtsgestaltende Aufgabe (so *BAG* vom 8. 3. 1983, a. a. O.). Sie steht **im Gegensatz zur mitbestimmungsfreien Rechtsanwendung**, z. B. der Subsumtion von Arbeitsbereichen unter tarifliche Vergütungsgruppenmerkmale (*BAG* und *D/R*, jeweils a. a. O.; *S/W* § 87 Rz. 168). Eine solche bloße Rechtsanwendung liegt auch dann vor, wenn durch mitbestimmte Entscheidung das Entgelt von der Entwicklung anderer Entgelte, z. B. der Vergütung im Öffentlichen Dienst, abhängig gemacht ist und diese Vergütung sich ändert (so auch *BAG* vom 10. 2. 1988 – 1 ABR 56/86 – EzA § 87 BetrVG 1972 Betriebliche Lohngestaltung Nr. 18 = DB 1988, 1223; *S/W* § 87 Rz. 187; GK-*Wiese* § 87 Rz. 671).
Das Mitbestimmungsrecht nach Abs. 1 Nr. 10 bezieht sich nicht auf die Entschei- **474** dung über die **Entgelthöhe** (*BAG* vom 23. 12. 1981, vom 22. 1. 1980 und vom

§ 87   4. Teil 3. Abschn. Soziale Angelegenheiten

29. 3. 1977, jeweils a. a. O.; GK-*Wiese* § 87 Rz. 596; *D/R* § 87 Rz. 496; *F/A/K/H* § 87 Rz. 121; *G/L* § 87 Rz. 226 d; *S/W* § 87 Rz. 167; *Hanau* BB 1977, 350, 352; *Jahnke* ZfA 1980, 863, 898; *Lieb* ZfA 1978, 171, 194; *Löwisch* DB 1973, 1746, 1747 f.; *Reuter* Vergütung von AT-Angestellten und betriebsverfassungsrechtliche Mitbestimmung, 9 ff., 53; *Richardi* ZfA 1976, 1, 18; *Säcker* BB 1979, 1201, 1203; *Stadler* BB 1972, 800, 801; *Westhoff* DB 1980, 1260, 1262; *Heinze* NZA 1986, 1, 7; a. A. *Birk* Anm. EzA § 87 BetrVG 1972 Initiativrecht Nr. 2; *Föhr* AuR 1975, 353, 361 f.; *Gester/Isenhardt* RdA 1974, 82 ff.; *Klinkhammer* AuR 1977, 363, 364 ff.; *Strieder* BB 1980, 420 ff.). Schon der Begriff der Lohngestaltung weist darauf hin, daß das Mitbestimmungsrecht sich nicht auf alle Entgeltfragen, sondern nur auf Fragen bezieht, von denen die Gestaltung der Arbeitsentgelte abhängt. Die beispielhafte Hervorhebung der Entlohnungsgrundsätze und Entlohnungsmethoden zeigt, daß mit der betrieblichen Lohngestaltung die Grundlagen der Entgeltfindung gemeint sind, nicht aber die Ermittlung der Entgelthöhe (so *BAG* vom 22. 1. 1980, a. a. O.; *D/R* § 87 Rz. 497; *Jahnke* a. a. O.; *Bichler* DB 1979, 1939, 1941; *Hanau* RdA 1973, 281, 282). Die Auslegung wird durch den Zusammenhang mit Nr. 11 bestätigt. Dieser Mitbestimmungstatbestand wäre überflüssig, wenn die Höhe der Entlohnung schon nach Abs. 1 Nr. 10 der Mitbestimmung unterworfen wäre (*Jahnke* a. a. O., 890; *Gumpert* BB 1976, 605, 610; *Hanau* a. a. O. und BB 1977, 350, 353; *Stadler* a. a. O.). Nur bei dieser Beschränkung des Mitbestimmungsrechts wird das Verhältnis der Betriebspartner nicht mit der Austragung des zentralen Interessengegensatzes zwischen Arbeitnehmer und Arbeitgeber belastet (vgl. dazu *Jahnke* a. a. O.) und bleibt auch die verfassungsrechtlich geschützte unternehmerische Entscheidungsfreiheit (vgl. dazu oben Rz. 64 ff.) gewahrt.

475 Daß die Entscheidung über die Entgelthöhe mitbestimmungsfrei ist, schließt jedoch nicht aus, daß der Betriebsrat aufgrund seines Mitbestimmungsrechts bei der Entgeltgestaltung unter dem Gesichtspunkt der Verteilungsgerechtigkeit (vgl. dazu oben Rz. 463) eine **andere Relation zwischen den Entgelten der einzelnen Arbeitnehmer des Betriebes** durchsetzen kann. Dabei ist eine Erhöhung von Entgelten im Einzelfall möglich, die aber durch eine Senkung an anderer Stelle ausgeglichen werden muß (vgl. dazu unten Rz. 445).

476 Trotz der weitgreifenden Formulierung ist Abs. 1 Nr. 10 nicht wegen Unbestimmtheit verfassungswidrig (so auch *D/R* § 87 Rz. 495; *Schulze-Osterloh* Anm. in AP Nr. 2 zu § 87 BetrVG 1972 Lohngestaltung Bl. 5 R; a. A. *Schirdewahn* BB 1980, 163 ff.).

bb) Unmittelbare Abgeltung der Arbeitsleistung

477 Das Gesetz selbst exemplifiziert den weitgefaßten Mitbestimmungstatbestand durch mehrere Untertatbestände, nämlich die Aufstellung und Änderung von Entlohnungsgrundsätzen sowie die Einführung, Anwendung und Änderung von Entlohnungsmethoden. Es hebt damit die unmittelbare Abgeltung der Arbeitsleistung als Gegenstand des Mitbestimmungsrechts besonders hervor (vgl. dazu oben Rz. 460). Unter **Entlohnungsgrundsatz** ist die Entscheidung über das System zu verstehen, nach dem ein Arbeitsentgelt ermittelt werden soll, also z. B. die Entscheidung für Zeitentgelt oder für Leistungsentgelt sowie innerhalb des Kreises der Leistungsentgelte die Entscheidung für Prämienentgelt oder Akkordentgelt (*LAG Düsseldorf* vom 23. 12. 1988 – 2 Sa 1118/88 – NZA 1989, 404; vgl. GK-*Wiese* § 87 Rz. 646 ff.; *S/W* § 87 Rz. 178; *F/A/K/H* § 87 Rz. 134).

Mitbestimmungsrechte § 87

Demgegenüber wird unter dem gesetzlichen Begriff der **Entlohnungsmethode** (vgl. dazu unten Rz. 498) die Art und Weise der Durchführung des gewählten Entlohnungsgrundsatzes erfaßt (*BAG* vom 6.12. 1988 – 1 ABR 44/87 – EzA § 87 BetrVG 1972 Betriebliche Lohngestaltung Nr. 23 = DB 1989, 984; vom 10. 7. 1979, a. a. O.; vom 29. 3. 1977, a. a. O.; GK-*Wiese* § 87 Rz. 660; *G/L* § 87 Rz. 219; *F/A/K/H* a. a. O.; *D/R* § 87 Rz. 500 und 509; *S/W* § 87 Rz. 179; *Stadler* BB 1972, 800, 802). Nach höchstrichterlicher Rechtsprechung (vgl. dazu aber unten Rz. 494) fallen unter das Mitbestimmungsrecht nach Abs. 1 Nr. 10 alle Elemente, die das Entlohnungssystem zu einer geschlossenen Einheit machen (*BAG* vom 24. 11. 1987 – 1 ABR 12/86 – EzA § 87 BetrVG 1972 Leistungslohn Nr. 15 = DB 1988, 811; vom 16. 12. 1986 – 1 ABR 26/85 – EzA § 87 BetrVG 1972 Leistungslohn Nr. 14 = DB 1987, 1198; vom 13. 9. 1983 – 1 ABR 32/81 – EzA § 87 BetrVG 1972 Leistungslohn Nr. 8 m. Anm. *Löwisch/Reimann* = DB 1983, 2038, 2470; *S/W* § 87 Rz. 182; vgl. dazu auch GK-*Wiese* § 87 Rz. 653).

aaa) Aufstellung und Änderung von Entlohnungsgrundsätzen
Dementsprechend ist als Aufstellung eines Entlohnungsgrundsatzes mitbestimmungspflichtig. z. B. die **Wahl zwischen Zeitentgelt und Leistungsentgelt** (*BAG* vom 8. 12. 1981 – 1 ABR 55/79 – AP Nr. 1 zu § 87 BetrVG 1972 Prämie = DB 1986, 1276 = EzA § 87 BetrVG 1972 Leistungslohn Nr. 6; *Matthes* NZA 1987, 289 f.; vgl. auch oben Rz. 477), aber auch die Festlegung von **Mischformen**, z. B. Zeitlohn, kombiniert mit Prämienlohn (*BAG* vom 6. 12. 1988 – 1 ABR 44/87 – AP Nr. 37 zu § 87 BetrVG 1972 Lohngestaltung = DB 1989, 984 = EzA § 87 BetrVG 1972 Betriebliche Lohngestaltung Nr. 23; GK-*Wiese* § 87 Rz. 649; vgl. dazu aber unten Rz. 494). Die Aufstellung eines Entlohnungsgrundsatzes ist auch die Regelung für die **Bezahlung von Mehrarbeit, Nacht-, Sonntags- und Feiertagsarbeit** (vgl. *v. Friesen* AuR 1980, 367, 371; GK-*Wiese* § 87 Rz. 655), die **Regelung von Zulagen** (*BAG* vom 13. 2. 1990 – 1 ABR 35/87 – AP Nr. 43 zu § 87 BetrVG 1972 Lohngestaltung = EzA § 87 BetrVG 1972 Betriebliche Lohngestaltung Nr. 25 = DB 1990, 1238; vom 30. 1. 1990, a. a. O.; vom 4. 7. 1989 – 1 ABR 40/88 – AP Nr. 20 zu § 87 BetrVG 1972 Tarifvorrang = DB 1990, 127 = EzA § 87 BetrVG 1972 Betriebliche Lohngestaltung Nr. 24; vom 10. 2. 1988 – 1 ABR 56/86 – AP Nr. 33 zu § 87 BetrVG 1972 Lohngestaltung = DB 1988, 1223 = EzA § 87 BetrVG 1972 Betriebliche Lohngestaltung Nr. 18; vom 24. 11. 1987 – 1 ABR 57/86 – AP Nr. 31 zu § 87 BetrVG 1972 Lohngestaltung = DB 1988, 556 = NZA 1988, 322; vom 3. 6. 1987 – 4 AZR 44/87 – AP Nr. 58 zu § 1 TVG Tarifverträge Metallindustrie = DB 1987, 1303, 1943; vom 13. 1. 1987 – 1 ABR 51/85 – AP Nr. 26 zu § 87 BetrVG 1972 Lohngestaltung = DB 1987, 1096 = EzA § 87 BetrVG 1972 Betriebliche Lohngestaltung Nr. 14; vom 17. 12. 1985 – 1 ABR 6/84 – AP Nr. 5 zu § 87 BetrVG 1972 Tarifvorrang = DB 1986, 914, 1921 = EzA § 87 BetrVG 1972 Betriebliche Lohngestaltung Nr. 11; vom 22. 12. 1981 – 1 ABR 38/79 – AP Nr. 7 zu § 87 BetrVG 1972 Lohngestaltung = DB 1982, 1274 = EzA § 87 BetrVG 1972 Betriebliche Lohngestaltung Nr. 3; vom 3. 8. 1982 und 17. 12. 1980, jeweils a. a. O.; vom 4. 6. 1980 – 4 AZR 530/78 – AP Nr. 13 zu § 4 TVG Übertarifliche Löhne und Tariflohnerhöhung = DB 1980, 2243), die Regelung der **Entgeltzahlung nach einem Provisionssystem** (*BAG* vom 29. 3. 1977, a. a. O.; vom 28. 7. 1981 – 1 ABR 56/78 – AP Nr. 2 zu § 87 BetrVG 1972 Provision = DB 1981, 2236 = EzA § 87 BetrVG 1972 Leistungslohn Nr. 4), die Zusage einer **erfolgsabhängigen Ver-**

§ 87   4. Teil 3. Abschn. Soziale Angelegenheiten

gütung (*LAG Hamm* vom 14. 5. 1976 – 3 TaBV 16/76 – EzA § 87 BetrVG 1972 Leistungslohn Nr. 1 = BB 1976, 1028; *S/W* § 87 Rz. 178; *D/K/K/S* § 87 Rz. 247), schließlich auch die Regelung über die Gewährung von **Naturallohn** (*D/R* § 87 Rz. 507; *G/L* a. a. O.; vgl. auch GK-*Wiese* § 87 Rz. 608; *S/W* § 87 Rz. 172).

479 Unter Aufstellung von Entlohnungsgrundsätzen ist aber nicht nur die Entscheidung über das Prinzip, sondern auch die Entscheidung über seine **konkrete Ausformung im Betrieb** zu verstehen, sofern nicht besondere Schranken (vgl. dazu unten Rz. 508 ff.; vgl. im übrigen auch unten Rz. 524) zu beachten sind.

480 Zur Entscheidung über den Entlohnungsgrundsatz gehört somit die **sachliche Konkretisierung des Grundsatzes** (*BAG* vom 29. 3. 1977 und 10. 7. 1979, jeweils a. a. O.; *D/R* § 87 Rz. 502; GK-*Wiese* § 87 Rz. 650; *F/A/K/H* § 87 Rz. 134). Sie ist das Kernstück der Mitbestimmung bei der Entgeltgestaltung (so auch *Matthes* NZA 1987, 289, 290). Bei der Entscheidung für ein **zeitbezogenes Entgelt** hat der Betriebsrat somit auch darüber mitzubestimmen, ob die Entgeltfestsetzung nach abstrakten Tätigkeitsmerkmalen erfolgt, wie sie in den Tarifverträgen als Regelfall meistens vorgesehen ist, oder ob ein bestimmtes Arbeitsbewertungsverfahren maßgeblich ist (so auch *D/R* a. a. O.; vgl. hierzu ausführlich *Löwisch* DB 1973, 1746 ff.). Ebenso besteht ein Mitbestimmungsrecht, wenn der Arbeitgeber festlegt, daß Zeiten der Dienstbereitschaft nicht mehr wie bisher unter Ansatz einer Mindeststundenzahl pauschal, sondern nach tatsächlichem Anfall bezahlt werden (*LAG Frankfurt/M.* vom 26. 2. 1985 – 4 TaBV 97/84 – BB 1988, 259). Bildet der Arbeitgeber **Entgeltgruppen**, so bezieht sich die Mitbestimmung nicht nur auf die Zuordnung von Arbeiten oder mit der Arbeit verbundenen Belastungen zu diesen Gruppen, sondern auch auf den Wertunterschied zwischen den einzelnen Gruppen (*BAG* vom 22. 12. 1981 – 1 ABR 38/79 – EzA § 87 BetrVG 1972 Betriebliche Lohngestaltung Nr. 3 = DB 1982, 1274; *D/R* § 87 Rz. 502 und 545; GK-*Wiese* § 87 Rz. 662; *G/L* § 87 Rz. 226 f.). Wäre die Festlegung des Wertunterschiedes zwischen den einzelnen Gruppen mitbestimmungsfrei, könnte die unter dem Gesichtspunkt der Entgeltgerechtigkeit erfolgte Gruppenbildung dadurch unterlaufen werden, daß den einzelnen Gruppen gleichwohl gleiche oder nahezu gleiche Entgeltsätze zugeordnet würden, die dem sachlichen Unterschied zwischen den Gruppen nicht Rechnung tragen. Eine solche Gruppenbildung unter Festlegung der Wertunterschiede zwischen den einzelnen Gruppen hat zwar Einfluß auf die Gesamthöhe des Entgelts, ist aber noch nicht Mitbestimmung über die Entgelthöhe selbst. Der Ausgangssatz, etwa die Höhe des niedrigsten Gehalts oder die Höhe der Erschwerniszulage für Arbeiten mit dem geringsten Belastungsgrad, bleibt mitbestimmungsfrei (vgl. *BAG* a. a. O.). Der Betriebsrat kann deshalb nicht unter Berufung auf sein Mitbestimmungsrecht durchsetzen, daß die Dotierung der Entgeltgruppen in ein bestimmtes Verhältnis zu tariflich festgelegten Entgelten gesetzt wird (*BAG* vom 22. 1. 1980 – 1 ABR 48/77 – EzA § 87 BetrVG 1972 Lohn und Arbeitsentgelt Nr. 11 = DB 1980, 1895; *Lieb* ZfA 1978, 179, 194; *Bichler* BB 1979, 1939, 1941). Ebensowenig kann er auf diese Weise eine Regelung erreichen, daß die den Gruppen zugeordneten Entgelte im selben Rhythmus wie die Tarifentgelte steigen müssen (*Lieb* a. a. O.; *S/W* § 87 Rz. 177). Auch die **Änderung eines Vergütungsgruppensystems** unterliegt dem Mitbestimmungsrecht (*BAG* vom 31. 1. 1984 – 1 AZR 174/81 – EzA § 87 BetrVG 1972 Betriebliche Lohngestaltung Nr. 8 = DB 1984, 1353).

481 Nicht mitbestimmungspflichtig nach Abs. 1 Nr. 10 ist die Aufstellung von **Stellen-**

beschreibungen, **Funktionsbeschreibungen, Beurteilungsgrundsätzen** gem. § 94 Abs. 2 und **Personalauswahlrichtlinien** gem. § 95, es sei denn, diese betrieblichen Organisationsmittel würden mit der Entlohnung rechtlich unmittelbar verknüpft (so auch *BAG* vom 14. 1. 1986 – 1 ABR 82/83 – EzA § 95 BetrVG 1972 Nr. 11 = DB 1986, 1286; *Jedzig* DB 1991, 753, 755; *F/A/K/H* § 87 Rz. 134; *S/W* § 87 Rz. 167a) sowie andere nur der Vorbereitung einer bestimmten Entgeltgestaltung dienende Maßnahmen des Arbeitgebers (*Matthes* NZA 1987, 289f.). Nicht mitbestimmungspflichtig ist ferner die Festsetzung der **Bandgeschwindigkeit** bei Fließbandarbeit, weil sie nicht die Entlohnung, sondern den Arbeitsablauf betrifft; der Betriebsrat kann deshalb allenfalls nach §§ 90, 91 zu beteiligen sein (*G/L* § 87 Rz. 222; *F/A/K/H* § 87 Rz. 137; *GK-Wiese* § 87 Rz. 668; *Rüthers* ZfA 1973, 399, 410f.; vgl. dazu auch oben Rz. 312).

Das Mitbestimmungsrecht bezieht sich auch darauf, welche **Arbeitnehmergruppen** nach einem bestimmten Entlohnungsgrundsatz bezahlt werden sollen (*ArbG Hagen* vom 15. 5. 1972 – 2 BV 7/72 – DB 1972, 1024; *GK-Wiese* § 87 Rz. 649; *G/L* § 87 Rz. 220; *Hanau* 1977, 350, 356). Eine Ausnahme hiervon besteht bei freiwilligen Leistungen des Arbeitgebers (vgl. unten Rz. 515). Auch sind die bestehenden Tarifregelungen zu beachten (vgl. dazu unten Rz. 509).

482

In diesen Grenzen sind auch die Gehaltsfindung und die Ermittlung weiterer Entgelte für diejenigen Angestellten mitbestimmungspflichtig, die aufgrund ihrer Tätigkeit nicht mehr unter den persönlichen Geltungsbereich von Gehaltstarifverträgen fallen, ohne schon zum Personenkreis der leitenden Angestellten nach § 5 Abs. 3 zu gehören (**außertarifliche Angestellte**; vgl. dazu oben Rz. 57; so *BAG* vom 22. 1. 1980 und 22. 12. 1981, jeweils a. a. O.; vom 21. 8. 1990 – 1 ABR 72/89 – NZA 1991, 434; *D/R* § 87 Rz. 502 und 544; *F/A/K/H* § 87 Rz. 139; *GK-Wiese* § 87 Rz. 674–679; *G/L* § 87 Rz. 218b und 226ff.; *Bichler* a. a. O.; *S/W* § 87 Rz. 175; *D/K/K/S* § 87 Rz. 267; **a. A.** *Lieb* a. a. O.; *Reuter* a. a. O.; *Conze* DB 1978, 490ff.; *Janert* BB 1976, 243ff.; sogar noch weitergehend aber *v. Friesen* AuR 1980, 367, 370 sowie *F/A/K/H* a. a. O., die das Mitbestimmungsrecht des Betriebsrats auch hinsichtlich des Wertunterschiedes zwischen der höchsten Tarifgruppe und der untersten außertariflichen Gruppe anerkennen; hiergegen *BAG* vom 21. 8. 1990, a. a. O.). Dem Mitbestimmungsrecht des Betriebsrats hinsichtlich dieses Personenkreises steht der Tarifvorbehalt gem. dem Satzeingang des Abs. 1 nicht entgegen (*BAG* vom 21. 8. 1990 und 22. 1. 1980, jeweils a. a. O.; *S/W* a. a. O.; *Matthes* NZA 1987, 289, 292; vgl. dazu auch oben Rz. 57). Damit ist das Mitbestimmungsrecht hinsichtlich der außertariflichen Angestellten nur durch nichttarifliche Schranken begrenzt. Zu ihnen gehört besonders die Beschränkung dieses Rechts auf abstrakt-generelle (oder kollektive) Tatbestände (so auch ausdrücklich *BAG* vom 21. 8. 1990, a. a. O.). Soweit deshalb vor allem in mittleren und kleinen Betrieben die Arbeitsbedingungen dieses Personenkreises unterschiedlich einzelvertraglich geregelt werden, greift das Mitbestimmungsrecht nach Abs. 1 Nr. 10 nicht ein (*S/W* § 87 Rz. 176; *F/A/K/H* § 87 Rz. 138; *GK-Wiese* § 87 Rz. 674; zum Initiativrecht vgl. unten Rz. 522).

483

Zu den mitbestimmungspflichtigen Entlohnungsgrundsätzen gehören auch **Zulagen** zum Grundentgelt (vgl. Rechtsprechungsnachweise oben unter Rz. 478; *GK-Wiese* § 87 Rz. 639ff. und 655 m. w. N.). Dabei steht dem Mitbestimmungsrecht nicht entgegen, daß Zulagen vom Arbeitgeber nur für **ins Ausland entsandte Arbeitnehmer** gewährt werden (*BAG* vom 30. 1. 1990, a. a. O.; vgl. oben Rz. 9 sowie zum Geltungsbereich des BetrVG oben vor § 1 Rz. 4ff.). Von der Mitbestimmung

484

§ 87   4. Teil 3. Abschn. Soziale Angelegenheiten

ausgenommen sind nur Einzelfallregelungen (zur Abgrenzung von Einzelfall- und Kollektivregelung vgl. zunächst oben Rz. 470). Bei Zulagen handelt es sich in der Regel dann um eine mitbestimmungspflichtige Kollektivregelung, wenn die der Zulagengewährung zugrundeliegende Entscheidung **auf einem Vergleich der Tätigkeiten und Leistungen der Arbeitnehmer untereinander beruht** und daher die Frage der innerbetrieblichen Entgeltgerechtigkeit zu entscheiden ist (vgl. hierzu *Hromadka* DB 1986, 1921, 1923).

485 Hat der Arbeitnehmer auf die Zulage einen von der Entscheidung des Arbeitgebers unabhängigen **Rechtsanspruch**, z. B. bei einer **tariflichen Erschwerniszulage**, so kann der Betriebsrat bei der Ausfüllung des verbleibenden Regelungsspielraums mitbestimmen (vgl. dazu oben Rz. 58 ff.). Dazu gehört bei einer Erschwerniszulage z. B.
 - die Aufstellung eines Katalogs zulagepflichtiger Arbeiten,
 - die Festlegung des Zeitraums, für den eine zulagepflichtige Erschwernis anzunehmen ist,
 - die Zuordnung der zulagepflichtigen Arbeiten zu bestimmten Lästigkeitsgruppen,
 - die Festlegung des Verhältnisses der für die Arbeiten der einzelnen Lästigkeitsgruppen zu zahlenden Erschwerniszulage untereinander,
aber nicht die Höhe der einzelnen Zulagen, und zwar unabhängig davon, ob ein bestimmter Geldbetrag festgesetzt oder ein bestimmtes Verhältnis zum Tarifentgelt hergestellt wird (so auch *BAG* vom 4. 7. 1989 – 1 ABR 40/88 – AP Nr. 20 zu § 87 BetrVG 1972 Tarifvorrang = DB 1990, 127 = EzA § 87 BetrVG 1972 Betriebliche Lohngestaltung Nr. 24; vom 22. 12. 1981, a. a. O.; GK-*Wiese* § 87 Rz. 655).

486 Bei **tariflichen Leistungszulagen** besteht Raum für das Mitbestimmungsrecht, wenn für die Bemessung der Leistungszulage Punktwerte je Beurteilungsmerkmal bestimmt werden oder wenn festgelegt wird, ob dem Punktwert bei mehreren Arbeitnehmergruppen gleiche oder unterschiedliche Geldwerte entsprechen (*BAG* vom 22. 10. 1985, a. a. O.; GK-*Wiese* a. a. O.; vgl. auch *Jedzig* DB 1991, 753, 755).

487 Auch die Einführung und Ausgestaltung einer vom Arbeitgeber **freiwillig unter dem Vorbehalt des jederzeitigen Widerrufs gewährten Zulage** sind grundsätzlich dem Mitbestimmungsrecht des Betriebsrats unterworfen, sofern es sich nicht um eine Einzelfallregelung handelt (vgl. hierzu oben Rz. 470). Der Betriebsrat kann die Einführung der freiwilligen Zulage nicht erzwingen; er kann sie aber verhindern (*BAG* vom 10. 2. 1988 – 1 ABR 56/88 – EzA § 87 BetrVG 1972 Betriebliche Lohngestaltung Nr. 18 = DB 1989, 1223; vom 24. 11. 1987 und 17. 12. 1985, jeweils a. a. O.; vgl. dazu auch *BAG* vom 31. 1. 1984 – 1 AZR 174/81 – EzA § 87 BetrVG 1972 Betriebliche Lohngestaltung Nr. 8 = DB 1984, 1353; ebenso GK-*Wiese* a. a. O.; *D/R* § 87 Rz. 523; *Herbst* DB 1987, 738; 741; *G/L* § 87 Rz. 226a und 226i; *Matthes* NZA 1987, 289, 293; **a. A.** *LAG Niedersachsen* vom 17. 9. 1985 – 6 Ta BV 4/85 – DB 1986, 335; *Lieb* ZfA 1988, 413, 445; *Eich* DB 1980, 1340, 1342). Das Mitbestimmungsrecht des Betriebsrats bei **freiwilligen** Zulagen ist indessen erheblich beschränkt (vgl. dazu unten Rz. 510 ff.).

488 Umstritten ist das Mitbestimmungsrecht bei der **Anrechnung** von Tarifentgelterhöhungen auf freiwillige Zulagen. Unbestritten anerkannt ist dabei, daß freiwillige Zulagen grundsätzlich angerechnet werden können, sofern den Arbeitnehmern nicht ausnahmsweise einzelvertraglich zugesichert ist, daß die Zulage auf Dauer neben dem jeweiligen Tarifentgelt zustehen soll (*BAG* vom 8. 12. 1982 –

4 AZR 1981/80 – EzA § 4 TVG Tariflohnerhöhung Nr. 6 = DB 1983, 997; vom 22. 8. 1979 – 5 AZR 769/77 – EzA § 4 TVG Tariflohnerhöhung Nr. 3 = DB 1980, 406; *S/W* § 87 Rz. 174b; *Hönsch* BB 1988, 2312, 2314; *Ziepke* BB 1981, 61 ff.; *Herbst* DB 1987, 738, 741; *Meisel* BB 1991, 406 ff., *Bommermann* BB 1991, 2185) Tarifentgelt und Zulage machen zusammen die Entlohnung (vgl. dazu oben Rz. 458) aus. Da für sie eine tarifliche Regelung besteht, greift schon deshalb nach dem Satzeingang des § 87 das Mitbestimmungsrecht bei der Anrechnung nicht ein (vgl. zu dieser ebenfalls umstrittenen Auffassung im einzelnen unten Rz. 510). Aber auch **ohne diese Tarifsperre** scheidet das Mitbestimmungsrecht aus, wenn die Anrechnung nicht zu einer Änderung der Entlohnung, sondern nur zu einer höheren tariflichen Absicherung der Entlohnung führt. Dies ist der Fall, wenn der Arbeitgeber gleichmäßig und vollständig anrechnet (so im Ergebnis auch *BAG* vom 3. 12. 1991 – GS 2/90 – EzA § 87 BetrVG 1972 Betriebliche Lohngestaltung Nr. 30 = DB 1992, 1577). Es geht weder um die Aufstellung oder Änderung eines Entlohnungsgrundsatzes noch fällt irgendeine andere Entscheidung über die Entgeltgestaltung (so auch 4. und 5. Senat des *BAG*, nämlich vom 4. 6. 1980 – 4 AZR 530/78 – EzA § 4 TVG Tariflohnerhöhung Nr. 5 = DB 1980, 2243; vom 3. 6. 1987 – 4 AZR 44/87 – EzA § 7 TVG Metallindustrie Nr. 31; vom 28. 10. 1987 – 4 AZR 242/87 – BB 1988, 702; zu den unveröffentlichten Entscheidungen des 5. Senats vgl. die Vorlage des 1. Senats an den Großen Senat vom 13. 2. 1990 – 1 ABR 35/87 – DB 1990, 1238, 1239 = AP Nr. 43 zu § 87 BetrVG 1972 Lohngestaltung = EzA § 87 BetrVG 1982 Betriebliche Lohngestaltung Nr. 25; ebenso *LAG Hamm* vom 14. 12. 1989 – 17 Sa 994/89 – DB 1990, 1571 sowie *Hromadka* DB 1991, 2133 ff. und DB 1988, 2636, 2644; *Kraft* FS für *Karl Molitor*, 207, 221; *Ziepke* BB 1981, 61, 72; *Eich* DB 1980, 1340, 1342; *Wank* Anm. SAE 1989, 325; *Ramrath* DB 1990, 2593 ff.; im Ergebnis ebenso GK-*Wiese* § 87 Rz. 645 und *Wiese* NZA 1990, 793 ff.; *Bommermann* DB 1991, 2185, 2189; unter Annahme einer Anrechnungsautomatik mit entsprechender Zusage auch *Schüren* RdA 1991, 139, 144; unentschieden *F/A/K/H* § 87 Rz. 127 c). Rechtlich ist die Anrechnung nichts anderes als das Unterlassen einer Änderung der bisher gezahlten Entlohnung (*Lieb* Anm. SAE 1990, 226, 230; *Ramrath* DB 1990, 2593, 2597; *Meisel* BB 1991, 406, 410; ähnlich *Hönsch* BB 1988, 2312, 2314; *S/W* § 87 Rz. 174b). Nach der Rechtsprechung des Großen Senats des BAG (a.a.O.) kommt es nicht darauf an, ob in der Anrechnung eine konstitutive Entscheidung des Arbeitgebers liegt. Das Mitbestimmungsrecht greift ein, wenn die Anrechnung eine Änderung der Verteilungsgrundsätze für die Zulage – dies ist nichts anderes als die tatsächliche Verteilung der Zulagen (vgl. *Hromadka* DB 1992, 1573) zur Folge hat. Ist dies der Fall, soll das Mitbestimmungsrecht bei gleichmäßiger und vollständiger Anrechnung aber deshalb ausscheiden, weil der Arbeitgeber hier keinen Regelungsspielraum hat.

Das Mitbestimmungsrecht tritt, wenn die Tarifsperre nicht eingreifen sollte (vgl. **489** dazu oben Rz. 488) dann ein, wenn der Arbeitgeber aus Anlaß einer Erhöhung des Tarifentgelts die **Zulagengestaltung verändert**, wenn er z. B. die Zulagen insgesamt gleichmäßig oder auch nur gegenüber einer Gruppe von Arbeitnehmern erhöht (man spricht hier von **anteiliger** und von **unterschiedlicher Anrechnung**). Bei einer solchen Änderung des Entlohnungsgrundsatzes Zulage ist nach allgemeinen Grundsätzen die Zustimmung des Betriebsrats ebenso erforderlich wie bei seiner Aufstellung (vgl. dazu oben Rz. 487; so auch der Große Senat des *BAG*, vgl. oben Rz. 488; *Meisel* BB 1991, 406, 410; *Hromadka* DB 1991, 2133, 2139;

§ 87   4. Teil 3. Abschn. Soziale Angelegenheiten

Bommermann DB 1991, 2185, 2189; *Wiese* a.a.O.; **a.A.** *Eich* BB 1980, 1340, 1342; nur für den Fall der anteiligen gleichmäßigen Anrechnung: *Hönsch* BB 1988, 2312, 2314; *S/W* § 87 Rz. 174d; wie hier für den Fall der unterschiedlichen Anrechnung: *LAG Düsseldorf* vom 31.3. 1989 – 2 Sa 1638/88 – DB 1989, 1830; *Lieb* Anm. SAE 1990, 226, 232; *Oetker* RdA 1991, 16, 29).

490 Stockt der Arbeitgeber die freiwillige Zulage nach Eintritt der Tarifentgelterhöhung um einen dementsprechenden Betrag wieder auf oder führt er die von der Tarifänderung aufgezehrte Zulage wieder ein (hier spricht man von **Nichtanrechnung**), hat der Betriebsrat, wenn die Tarifsperre nicht eingreift (vgl. dazu oben Rz. 488 f.), folgerichtig ein Mitbestimmungsrecht in der Form des Vetorechts (so auch *Hromadka, Meisel, Wiese* und *Bommermann*, jeweils a.a.O., vgl. ferner oben Rz. 487).

491 Auch bei **leistungsbezogenen Entgelten** betrifft das Mitbestimmungsrecht nicht nur die Grundentscheidung über den Entgeltgrundsatz, sondern auch dessen Ausgestaltung (vgl. dazu oben Rz. 479 f.). Bei **Heimarbeitern**, die nach § 6 Abs. 1 zur Belegschaft gehören, ist dies sogar der alleinige Gegenstand der Mitbestimmung hinsichtlich des Entlohnungsgrundsatzes, weil schon das Gesetz (§ 20 HAG) die Grundentscheidung für eine dem Akkord entsprechende Vergütung getroffen hat.

Im Mitbestimmungsverfahren ist vor allem zu entscheiden, welcher **Personenkreis** nach einem bestimmten leistungsbezogenen Entgeltgrundsatz bezahlt werden soll (GK-*Wiese* § 87 Rz. 649; *F/A/K/H* § 87 Rz. 134; *G/L* § 87 Rz. 220; *S/W* § 87 Rz. 178; vgl. auch oben Rz. 480). In dieser Weise zu entscheiden ist ferner, ob bei der **Akkord- oder Prämienbezahlung** die individuelle oder eine Gruppenleistung maßgebend sein soll (GK-*Wiese* § 87 Rz. 652; *D/R* § 87 Rz. 507; *S/W* § 87 Rz. 184; zu den Schranken bei vom Arbeitgeber freiwillig eingeführter Prämienzahlung vgl. unten Rz. 512). Die Festsetzung der Bemessungsfaktoren für die Leistungsvergütung, nämlich Zeitfaktor und Geldfaktor bei der Akkordvergütung, und Zeitfaktor (oder andere Bezugsgrößen) und Geldfaktor bei der Prämienvergütung, ist allein nach der dafür besonders geltenden Regelung in Abs. 1 Nr. 11 mitbestimmungspflichtig (so auch Anm. *Gaul* EzA § 87 BetrVG Leistungslohn Nr. 5; *v. Hoyningen-Huene* Betriebsverfassungsrecht § 12 II Nr. 11; GK-*Wiese* § 87 Rz. 726; *F/A/K/H* § 87 Rz. 134). Auch im Betriebsverfassungsrecht ist die Auslegungsregel zu beachten, daß die besondere Regelung der allgemeinen vorzugehen hat. Es dient im übrigen auch nicht der Klärung der schwierigen Abgrenzungsfragen im Bereich der Mitbestimmung beim Entgelt, die genaue Zuordnung dahinstehen zu lassen, weil die Mitbestimmung »jedenfalls umfassend gegeben« sei (so aber GK-*Wiese* a.a.O.).

492 Für die Praxis besonders bedeutsam ist das Mitbestimmungsrecht bei der **Prämienvergütung**. Bei diesem Entlohnungsgrundsatz ist anders als bei der Akkordvergütung nicht das mengenmäßige Arbeitsergebnis die maßgebende Bezugsgröße. Prämienvergütung kann vielmehr an verschiedene, auch nebeneinander an mehrere vom Arbeitnehmer beeinflußbare Größen angeknüpft werden. Möglich ist dies z. B. bei der Menge, aber auch bei der Qualität, der Maschinenausnutzung, der Materialverwertung, der Ersparnis von Rohstoffen oder Energie sowie der Einhaltung von Terminen (vgl. *BAG* vom 28.7. 1981 – 1 ABR 56/78 – EzA § 87 BetrVG 1972 Leistungslohn Nr. 4 m. Anm. *Gaul* = DB 1981, 2031, 2336; *G/L* § 87 Rz. 243; *D/R* § 87 Rz. 576; GK-*Wiese* § 87 Rz. 652; *Schaub* § 64 II). Im Rahmen der Entscheidung über diesen Entloh-

nungsgrundsatz ist vor allem festzulegen, für welche Art der Leistung (sog. Bezugsgröße, z. B. Menge oder Qualität oder Kombination von beiden) die Prämie gewährt werden soll (*LAG Hamm* vom 14. 5. 1976 – 3 TaBV 16/76 – EzA § 87 BetrVG 1972 Leistungslohn Nr. 1 = DB 1976, 1973; *D/R* § 87 Rz. 503; *Richardi* ZfA 1976, 1, 9; GK-*Wiese* a. a. O.; *F/A/K/H* § 87 Rz. 148a; *Gaul* BB 1990, 1549; *S/W* § 87 Rz. 182, die diese Frage allerdings der Mitbestimmung bei der Entlohnungsmethode zuordnen; vgl. dazu Rz. 501).

Mitbestimmungspflichtig nach Abs. 1 Nr. 10 ist ferner die Entscheidung, ob Angestellten mit Vertriebsfunktionen zur Steigerung des Eigeninteresses an ihrer Tätigkeit neben dem Gehaltsfixum **Provision** (vgl. dazu *Schaub* § 76 und *Seifert* DB 1979, 2034 ff.) gezahlt wird und welche Arten von Provision zum Zuge kommen (*BAG* vom 6. 12. 1988 und 29. 3. 1977, jeweils a. a. O.; vom 26. 7. 1988 – 1 AZR 54/87 – EzA § 87 BetrVG 1972 Leistungslohn Nr. 16 = DB 1989, 384; *F/A/K/H* § 87 Rz. 134; GK-*Wiese* § 87 Rz. 656; *S/W* § 87 Rz. 183), schließlich auch alle anderen Elemente, die diese Vergütungsform ausmachen (vgl. auch die Verfahrensfragen unter Rz. 502 ff.), allerdings nicht die Aufteilung von Verkaufsgebieten, bei der es sich nicht um die Gestaltung des Entgelts, sondern um die Gestaltung der zu erbringenden Arbeitsleistung handelt (so auch *BAG* vom 16. 7. 1991 – 1 ABR 66/90 – NZA 1992, 178 = BB 1992, 564; *D/K/K/S* § 87 Rz. 266). Die Mitbestimmung erstreckt sich auch nicht auf die Höhe der Provision (*BAG* vom 26. 7. 1988, a. a. O.; GK-*Wiese* und *S/W,* jeweils a. a. O.; *Heinze* NZA 1986, 1, 9). Nach höchstrichterlicher Rechtsprechung soll auch dem Mitbestimmungsrecht unterliegen, in welchem Verhältnis Fixum und Provision zueinander sowie mehrere Provisionen untereinander stehen sollen (vgl. dazu aber unten Rz. 494). **493**

Bei einem **gemischten Entgelt**, z. B. Zeitentgelt, kombiniert mit Prämienentgelt, oder Gehaltsfixum, kombiniert mit Provision, sollen nach höchstrichterlicher Rechtsprechung nicht nur die einzelnen Formen des Arbeitsentgelts, sondern auch deren jeweiliges Verhältnis zueinander, z. B. die Anrechnung von Provisionen auf das Fixum, mit dem Betriebsrat zu vereinbaren sein (*BAG* vom 6. 12. 1988, a. a. O. m. zust. Anm. *Wiese* in SAE 1990, 6 f.; zust. auch *S/W* § 87 Rz. 183 und D/K/K/S a. a. O.; *BAG* vom 29. 3. 1977, ebenfalls a. a. O.). Dem kann indessen nicht gefolgt werden. Diese Auffassung führt nämlich zu der in Abs. 1 Nr. 10 nicht enthaltenen Mitbestimmung über die Höhe des Gesamtentgelts (so richtig die vom *BAG* aufgehobene Entscheidung des *LAG Hamm* vom 11. 3. 1987 – 12 TaBV 22/86 – LAGE § 87 BetrVG 1972 Betriebliche Lohngestaltung Nr. 3; vgl. dazu auch GK-*Wiese* § 87 Rz. 662; *Hanau* Anm. AP Nr. 4 zu § 87 BetrVG 1972 Provision Bl. 7; *Westhoff* DB 1980, 1260, 1262); denn der Arbeitgeber wäre dann gehindert, das Grundgehalt oder auch die anderen Bestandteile des Gesamtentgelts zu erhöhen oder zu senken; davon abgesehen ist das von der höchstrichterlichen Rechtsprechung (*BAG* vom 6. 12. 1988, a. a. O.) für möglich gehaltene feste prozentuale Verhältnis zwischen den Entgeltbestandteilen wegen der Variabilität einzelner Bestandteile überhaupt nicht durchführbar. Der Grundsatz, daß die Entgelthöhe nicht nach Abs. 1 Nr. 10 mitbestimmungspflichtig ist (vgl. dazu oben Rz. 474), bleibt deshalb nur dann gewahrt, wenn das Mitbestimmungsrecht **auf die verschiedenen Entgeltbestandteile jeweils für sich** bezogen wird. Hierfür spricht auch der Wortlaut des Gesetzes, das im Bereich der unmittelbaren Abgeltung der Arbeitsleistung (vgl. dazu oben Rz. 477) die »Aufstellung von Entlohnungsgrundsätzen«, nicht **494**

§ 87   4. Teil 3. Abschn. Soziale Angelegenheiten

aber die Gestaltung von umfassenden Entlohnungssystemen für mitbestimmungspflichtig erklärt.

495 Bei der Einführung einer **erfolgsabhängigen Vergütung** oder einer **Gewinn- oder Ergebnisbeteiligung** gehört zum Entlohnungsgrundsatz die Entscheidung über die Strukturelemente solcher Arten von Zuwendungen (GK-*Wiese* § 87 Rz. 657; *D/R* § 87 Rz. 505; *F/A/K/H* a.a.O.; *Röder* NZA 1987, 799, 804; *Becker-Schaffner* AuR 1991, 304, 308).

496 Dem Mitbestimmungsrecht unterliegt nicht nur die Aufstellung von Entlohnungsgrundsätzen, sondern auch ihre **Änderung** (*BAG* vom 31. 1. 1984 – 1 AZR 174/81 – EzA § 87 BetrVG 1972 Betriebliche Lohngestaltung Nr. 8 = DB 1984, 1353; *LAG Düsseldorf* vom 11. 9. 1974 – 4 Sa 988/74 – DB 1975, 747; *G/L* § 87 Rz. 220; GK-*Wiese* § 87 Rz. 671; *S/W* § 87 Rz. 178; *D/K/K/S* § 87 Rz. 252). Deshalb ist mitbestimmungspflichtig auch der Übergang von einem Entlohnungsgrundsatz zum anderen, z.B. vom Zeitlohn zum Leistungslohn und umgekehrt (*BAG* vom 2. 12. 1960 – 1 ABR 22/59 – AP Nr. 1 zu § 56 BetrVG 1952 Entlohnung m. Anm. *Küchenhoff* = DB 1961, 411; *LAG Düsseldorf* vom 23. 12. 1988 – 2 Sa 1118/88 – NZA 1989, 404), der Übergang von einer leistungsbezogenen Prämienordnung zu einem leistungsunabhängigen Entgelt (so auch *S/W* a.a.O.; vgl. aber die Einschränkungen unten unter Rz. 508 und 516).

497 Wird im Betrieb ein Entlohnungsgrundsatz **bereits durchgeführt**, kann der Betriebsrat, auch wenn dies schon seit längerem geschieht, aufgrund seines Initiativrechts gleichwohl die Vereinbarung einer entsprechenden Regelung verlangen (vgl. dazu unten Rz. 521; vgl. aber auch oben Rz. 44).

bbb) Einführung, Anwendung und Änderung von neuen Entlohnungsmethoden

498 Entlohnungsmethoden sind Verfahren zur Durchführung von Entlohnungsgrundsätzen (vgl. dazu oben Rz. 478). Das sind z.B. Verfahren der Arbeitsbewertung (*LAG Hamm* vom 8. 10. 1975 – 8 Ta BV 49/75 – DB 1975, 2282; *D/R* § 87 Rz. 511; *S/W* § 87 Rz. 180; GK-*Wiese* § 87 Rz. 660; *F/A/K/H* § 87 Rz. 136; **a.A.** *G/L* § 87 Rz. 219, der insoweit einen Entlohnungsgrundsatz annimmt). Der Arbeitswert ist der Schwierigkeitsgrad der Arbeitsaufgabe. Er kann z.B. nach einer Punkt- oder einer Rangreihenbewertungsmethode beurteilt werden. Im ersten Fall werden Punkte für den jeweiligen Schwierigkeitsgrad festgesetzt, im letzten Fall Vergütungsgruppen gebildet, denen bestimmte Tätigkeiten beispielhaft zugeordnet sind (GK-*Wiese* § 87 Rz. 661). Mitbestimmungspflichtig sind auch der Aufbau der Vergütungsgruppen und die Festlegung der Vergütungsmerkmale (*BAG* vom 31. 1. 1984, a.a.O.; GK-*Wiese* § 87 Rz. 662), die Wertigkeit der Gruppen innerhalb der Gruppenskala (vgl. dazu *LAG Hamm* vom 11. 3. 1987 – 12 TaBV 22/86 – LAGE § 87 BetrVG 1972 Betriebliche Lohngestaltung Nr. 3; **a.A.** GK-*Wiese* a.a.O. und *Hanau* BB 1977, 350, 353, die die Entgeltrelationen innerhalb einer vorgegebenen Entgeltsumme als mitbestimmungspflichtig ansehen) und die Grundsätze für die Einordnung der Arbeitnehmer in Bandbreiten für die Entgeltfindung (*LAG Hamm* a.a.O.). Die geldliche Bewertung der Einordnung ist aber mitbestimmungsfrei (*LAG* Hamm a.a.O.; vgl. auch *BAG* vom 13. 3. 1984 – 1 ABR 57/82 – EzA § 87 BetrVG 1972 Leistungslohn Nr. 10 m. Anm. *Otto* = DB 1984, 2145; GK-*Wiese* a.a.O.).

499 Die Entlohnungsmethode bei der **Akkordentlohnung** ist das Akkordverfahren, in dem die Akkordsätze ermittelt werden. Die herrschende Rechtsauffassung ordnet die betreffenden Entscheidungen dem Mitbestimmungstatbestand in Abs. 1 Nr. 10

zu (GK-*Wiese* § 87 Rz. 663; *F/A/K/H* § 87 Rz. 136; *S/W* § 87 Rz. 181; *G/L* § 87 Rz. 242; *Stadler* BB 1972, 800, 804; *Gaul* BB 1990, 1549, 1553; auch die Vorauflage § 87 Rz. 433). Dabei wird aber außer acht gelassen, daß das BetrVG 1972 die Festsetzung aller Akkordsätze und damit nicht nur die Festsetzung der Geldfaktoren dem besonderen Mitbestimmungsrecht in Abs. 1 Nr. 11 unterstellt hat. Nach den allgemeinen Grundsätzen der Gesetzesauslegung geht deshalb die Sonderregelung der allgemeinen vor (vgl. dazu auch oben Rz. 491); das Akkordverfahren ist einer der Hauptgegenstände des Mitbestimmungsrechts nach Abs. 1 Nr. 11 und kann deshalb nicht zugleich unter Abs. 1 Nr. 10 fallen (so auch *S/W* § 87 Rz. 181; a. A. *Matthes* NZA 1987, 289, 291).

Die Fragen des Akkordverfahrens werden dementsprechend unten an der ihnen systematisch zukommenden Stelle erörtert (vgl. unten Rz. 542 ff.).

Entsprechendes gilt für die Vergütung der **Heimarbeiter**, die gem. § 20 HAG eine dem Akkordarbeiter vergleichbare Entlohnungsform ist (vgl. dazu oben Rz. 491 und unten Rz. 563). **500**

Entsprechendes gilt auch für das **Verfahren bei der Prämienvergütung** (vgl. oben Rz. 491 und unten Rz. 554; zur abweichenden systematischen Einordnung durch die herrschende Rechtsauffassung vgl. z. B. GK-*Wiese* § 87 Rz. 664). **501**

Bei der **Provision** sind als Entlohnungsmethode mitbestimmungspflichtig die Bildung von Provisionsgruppen und die Zuordnung der provisionswürdigen Leistungen (z. B. Verkaufs- oder Versicherungsgeschäfte) zu diesen Gruppen (*BAG* vom 26. 7. 1988 und vom 29. 3. 1977, jeweils a. a. O.; *S/W* § 87 Rz. 183). Wird für jedes Geschäft eine bestimmte Anzahl von Provisionspunkten festgelegt, so ist auch diese Entscheidung der Mitbestimmung unterworfen, selbst wenn nach dem zwischen Arbeitgeber und Angestellten vereinbarten Provisionssystem jedem Provisionspunkt ein fester Geldbetrag zugeordnet ist; dabei bleibt aber die Festlegung des Geldfaktors dem Mitbestimmungsrecht entzogen, weil Abs. 1 Nr. 11 Provisionen nicht erfaßt (*BAG* vom 26. 7. 1988 und vom 13. 3. 1984, jeweils a. a. O.; GK-*Wiese* § 87 Rz. 656; gegen Erstreckung des Mitbestimmungsrechts auf den Provisionspunkt in einem solchen Fall: *S/W* a. a. O.; *Heinze* NZA 1986, 1, 9; vgl. dazu unten Rz. 564). Zu Unrecht verwehrt aber die höchstrichterliche Rechtsprechung dem Arbeitgeber, für die Provisionspunkte unterschiedliche Geldbeträge festzusetzen (so *BAG* vom 13. 3. 1984 – ABR 57/82 – AP Nr. 4 zu § 87 BetrVG 1972 Provision Bl. 6 R mit zust. Anm. *Hanau*). Dies ist mit der Mitbestimmungsfreiheit der Geldfaktoren eines Provisionssystems unvereinbar, die nicht nur für den Ausgangswert, sondern für alle Werte gilt (im Ergebnis ebenso *Heinze* NZA 1986, 1, 11; *Sibben* Anm. AP Nr. 6 zu § 87 BetrVG 1972 Provision; *Lieb* ZfA 1988, 413, 426). Das bedeutet, daß der Arbeitgeber der mitbestimmungspflichtigen Festlegung von Provisionspunkten, mit der er wegen der von ihm verfolgten Vertriebspolitik nicht einverstanden ist (vgl. dazu *Seifert* a. a. O.), durch eine mitbestimmungsfreie geldmäßige Bewertung der Punkte gegensteuern kann, indem er etwa eine bestimmte Anzahl von Punkten höher vergütet als die über diese Anzahl hinausgehenden Punkte (**a. A.** anscheinend *BAG* vom 17. 10. 1989 – 1 ABR 31/87 – BB 1990, 853). Damit läuft das Mitbestimmungsrecht nach Abs. 1 Nr. 10 aber keineswegs leer, weil die Provisionsbemessung auf dem mit dem Betriebsrat vereinbarten Punktesystem aufbaut, das es dem Betriebsrat ermöglicht, gleichberechtigt zur Durchschaubarkeit und Entgeltgerechtigkeit im Bereich der Provisionen beizutragen. Auf der anderen Seite wird es dem Mitbestimmungsrecht nach Abs. 1 Nr. 10 nicht gerecht, bei arbeitsvertraglich fixiertem Geldbetrag (oder Anteil vom **502**

§ 87   4. Teil 3. Abschn. Soziale Angelegenheiten

Geschäftswert) die Festlegung von Provisionspunkten für bestimmte Geschäfte dem Arbeitgeber allein zu überlassen (so aber *Heinze* NZA 1986, 1, 9 und *S/W* a.a.O.; vgl. auch *Hanau* a.a.O.); denn die Höhe des Geldbetrages ist auch dann mitbestimmungsfrei, wenn sie arbeitsvertraglich vereinbart ist; allerdings bedarf es zu einer Änderung in diesem Fall einer entsprechenden Abwandlung des Vertragsinhalts durch Einigung zwischen den Parteien oder Änderungskündigung; wegen der dabei möglichen Schwierigkeiten empfiehlt es sich, dann, wenn ein fester Geldfaktor für die Provisionsbemessung vereinbart werden soll, den Vorbehalt einer einseitigen Änderung durch den Arbeitgeber in den Vertrag einzubauen (vgl. dazu *BAG* vom 7.10. 1982 – 2 AZR 455/80 – EzA § 315 BGB Nr. 28 m. Anm. *Herschel* = DB 1983, 1368; *Schaub* § 76 V 1; zu den Schranken des Mitbestimmungsrechts bei freiwilligen Zusatzprovisionen vgl. unten Rz. 517).

503 Das Mitbestimmungsrecht besteht nach dem Gesetz nur bei **neuen** Entlohnungsmethoden. Ob eine Methode neu ist, bestimmt sich jedoch allein nach dem **bisherigen Zustand im Betrieb**, nicht danach, ob es sich um eine Neuschöpfung handelt (GK-*Wiese* § 87 Rz. 670; *G/L* § 87 Rz. 223; *Rumpff* AuR 1972, 65, 73). Für die Fortgeltung schon bestehender Entlohnungsmethoden gelten die Ausführungen zu den Entlohnungsgrundsätzen entsprechend (vgl. oben Rz. 497; *S/W* § 87 Rz. 187).

504 **Anwendung** von Entlohnungsmethoden bedeutet gemäß der Ausrichtung des Abs. 1 Nr. 10 auf abstrakt-generelle Tatbestände (vgl. oben Rz. 469) die Handhabung der einmal gewählten Entlohnungsmethode. Das Gesetz trägt damit dem Umstand Rechnung, daß auch bei der Entscheidung für eine bestimmte Entlohnungsmethode, selbst wenn sie bis in Einzelheiten festliegt, immer wieder Fragen auftreten, die durch eine Weiterentwicklung der Methode gelöst werden müssen. Das Gesetz sichert damit die Mitbestimmung bei der Verwirklichung der Methode über längere Zeiträume hinweg ab, erstreckt sich aber **nicht auf die Anwendung im Einzelfall** (*BAG* vom 17.12. 1980 und 29.3. 1977, jeweils a.a.O.; *LAG Niedersachsen* vom 25.2. 1980 – 3 TaBV 4/79 – EzA § 87 BetrVG 1972 Lohn und Arbeitsentgelt Nr. 12 = DB 1980, 1849 f.; *G/L* § 87 Rz. 224; GK-*Wiese* § 87 Rz. 672; *F/A/K/H* § 87 Rz. 133; *S/W* § 87 Rz. 181; *Rumpff* AuR 1972, 65, 69; *Stadler* BB 1972, 800, 802). Anwendung von Entlohnungsmethoden ist auch nicht die bloße Feststellung des tatsächlichen Zeitaufwandes für Arbeitsvorgänge. Das Mitbestimmungsrecht greift vielmehr erst dann ein, wenn Zeitaufnahmen für eine leistungsbezogene Entlohnung verwendet werden (*BAG* vom 24.11. 1981 – 1 ABR 108/79 – EzA § 87 BetrVG 1972 Betriebliche Ordnung Nr. 7 m. Anm. *Weiss* = DB 1982, 1116; *LAG Hamm* vom 24.8. 1977 – 3 TaBV 34/77 – EzA § 87 BetrVG 1972 Kontrolleinrichtung Nr. 3 = DB 1977, 2189; *S/W* a.a.O.).

505 Der **Übergang von der Barzahlung zur bargeldlosen Entgeltzahlung** hat mit der Entlohnungsmethode nichts zu tun; er ist nicht Entgeltgestaltung, sondern betrifft die Art der Auszahlung des Arbeitsentgelts (*BAG* vom 8.3. 1977 – 1 ABR 33/75 – EzA § 87 BetrVG 1972 Lohn- und Arbeitsentgelt Nr. 6 m. Anm. *Klinkhammer* = DB 1977, 1464; GK-*Wiese* § 87 Rz. 604; *D/R* § 87 Rz. 513; *Rüthers/Germelmann* DB 1969, 2084).

cc) Betriebliche Sozialleistungen

Neben der unmittelbaren Abgeltung der Arbeitsleistung fallen infolge des weitgefaßten allgemeinen Tatbestandes »Fragen der betrieblichen Lohngestaltung« (vgl. dazu oben Rz. 464ff.) auch alle übrigen Entgeltleistungen des Arbeitgebers unter das Mitbestimmungsrecht (zu Mitbestimmung bei einer Gruppenunterstützungskasse vgl. oben Rz. 396 und unten Rz. 525). Sie sind sogar das praktische Hauptanwendungsgebiet für Abs. 1 Nr. 10 geworden, weil die Regelungsfragen bei der unmittelbaren Abgeltung der Arbeitsleistung im weitem Umfang durch Tarifvertrag geordnet sind. Das Mitbestimmungsrecht bei den betrieblichen Sozialleistungen wirft vor allem die **Frage nach seinen Schranken** auf (vgl. dazu unten Rz. 517ff.). 506

d) Schranken des Mitbestimmungsrechts

Wegen der weiten Fassung des Mitbestimmungstatbestandes in Abs. 1 Nr. 10 spielen die dem Mitbestimmungsrecht gesetzten Schranken eine besondere Rolle. Dabei ist die Beschränkung des Mitbestimmungsrechts auf **abstrakt-generelle Regelungen** (vgl. dazu oben Rz. 469ff.) und die Mitbestimmungsfreiheit der **Entgelthöhe** (vgl. dazu oben Rz. 474) allen Angelegenheiten gemeinsam. Im übrigen sind die Schranken bei unmittelbarer Abgeltung der Arbeitsleistung einerseits und bei betrieblichen Sozialleistungen andererseits zu **unterscheiden**: 507

aa) Schranken bei unmittelbarer Abgeltung der Arbeitsleistung

Zunächst sind, soweit es sich nicht um außertarifliche Angestellte handelt (vgl. dazu oben Rz. 483), die geltenden tariflichen Regelungen zu beachten (vgl. dazu ausführlich oben Rz. 52–62; vgl. auch *G/L* § 87 Rz. 232–234; *S/W* § 87 Rz. 188; *GK-Wiese* § 87 Rz. 680; *D/R* § 87 Rz. 550). 508

Sieht der die Entlohnung regelnde Tarifvertrag (z. B. Lohnrahmen- oder Gehaltsrahmenvertrag) nur Zeitentgelt vor und enthält er auch keine Öffnung für andere Entlohnungsformen, so kann der Betriebsrat nicht an Stelle von Zeitentgelt Leistungsentgelt verlangen (*Gaul* BB 1990, 1549, 1553; *Lieb* ZfA 1988, 413, 440 und Anm. SAE 1988, 260f.; im Ergebnis auch *Matthes* NZA 1987, 289, 293); ein Verlangen nach Zusatzprämien zum Zeitentgelt würde am Grundsatz der Freiwilligkeit scheitern (vgl. unten Rz. 510; vgl. auch *Lieb* und *Matthes*, jeweils a. a. O.). 509

Freiwillige Zulagen zum tariflichen Grundentgelt, die ohne besondere Voraussetzungen – wie etwa erhöhte Erschwernisse bei der Arbeit – gewährt werden, sind deshalb gemäß der zutreffenden früheren höchstrichterlichen Rechtsprechung dem Mitbestimmungsrecht entzogen (*BAG* vom 31. 1. 1984 – 1 ABR 46/81 – EzA § 87 BetrVG 1972 Betriebliche Lohngestaltung Nr. 7 = DB 1984, 1351; ebenso *LAG Schleswig-Holstein* vom 20. 8. 1987 – 4 Sa 37/87 – NZA 1988, 35; *LAG Niedersachsen* vom 17. 9. 1985 – 6 TaBV 4/85 – DB 1986, 335; *S/W* § 87 Rz. 169; *Kraft* FS für *Karl Molitor*, 207, 211; *Kappes* DB 1986, 520; *Goos* NZA 1986, 701; *Stege/Rinke* DB 1991, 2386ff.; *Meisel* BB 1991, 406, 409). Demgegenüber hat die neuere höchstrichterliche Rechtsprechung die Anwendung des Tarifvorbehalts im Satzeingang zu Abs. 1 auf schlichte freiwillige Zulagen zum Tarifentgelt abgelehnt. Sie hat dafür angeführt, daß gerade bei solchen Zulagen und deren Bemessung Fragen der innerbetrieblichen Lohngerechtigkeit und die Einsehbarkeit und Durchschaubarkeit dieser Zulagengewährung zu entscheiden seien und daher ein Mitbestimmungsrecht des Betriebsrats erforderten (*BAG* vom 17. 12. 1985 – 1 ABR 6/84 – EzA § 87 BetrVG 1972 Be- 510

§ 87 *4. Teil 3. Abschn. Soziale Angelegenheiten*

triebliche Lohngestaltung Nr. 11 = DB 1986, 914, 1921; bestätigt durch *BAG* vom 24. 11. 1987 – 1 ABR 57/86 – EzA § 87 BetrVG 1972 Betriebliche Lohngestaltung Nr. 17; *Trittin* AuR 1991, 329 f.; zust. *Matthes* NZA 1987, 289, 293; *GK-Wiese* § 87 = DB 1988, 565; Rz. 680; *Herbst* DB 1987, 738; grundsätzlich auch *Hromadka* DB 1986, 1921 f.). Die lediglich an die tariflichen Regelungen anknüpfenden übertariflichen Zulagen, deren Gewährung gerade nicht an weitere Voraussetzungen geknüpft ist, sind aber Teil der tariflich bereits geregelten Abgeltung der Arbeitsleistung. In diesem Bereich ist deshalb durch die Tarifregelung die notwendige Entgeltgerechtigkeit bereits verwirklicht (so auch *Kraft* und *S/W*, jeweils a. a. O.; zu § 77 Abs. 3 als Schranke des Mitbestimmungsrechts vgl. oben Rz. 62). Die Schranke des Tarifvorbehalts schließt ein Mitbestimmungsrecht auch aus, soweit es durch Entscheidungen des Arbeitgebers im Zusammenhang mit der sog. **Anrechnung** von Tarifentgelterhöhungen auf freiwillige Zulagen bedingt ist (bei der anteiligen **Anrechnung** oder bei der Nichtanrechnung; vgl. dazu oben Rz. 487 ff.; so auch *Stege/Weinspach* § 87 Rz. 174 f. sowie *Stege/Rinke* und *Meisel*, jeweils a. a. O., auch *Hönsch* BB 1988, 2312, 2315).

511 Einer tariflichen Regelung steht nach § 19 Abs. 3 HAG eine **bindende Festsetzung des zuständigen Heimarbeitsausschusses** gleich (vgl. oben Rz. 52).

512 Schranken des Mitbestimmungsrechts ergeben sich aus der **Freiwilligkeit** einer Arbeitgeberleistung. Diese Schranken haben ihr Hauptanwendungsgebiet bei den betrieblichen Sozialleistungen (vgl. unten Rz. 517), spielen aber auch bei der unmittelbaren Abgeltung der Arbeitsleistung eine gewichtige Rolle. Die Freiwilligkeit einer Leistung schließt das Mitbestimmungsrecht des Betriebsrats nicht völlig aus, beschränkt es aber insoweit, wie dies erforderlich ist, um die Entscheidungsfreiheit des Arbeitgebers darüber zu wahren, in welchem Umfang er **finanzielle Mittel** für die Leistung zur Verfügung stellt, zu welchem **Zweck** er die Leistung erbringt und welchen Personenkreis er mit der Leistung begünstigt (*BAG* vom 8. 12. 1981 – 1 ABR 55/79 – EzA § 87 BetrVG 1972 Leistungslohn Nr. 6 m. Anm. *Hanau* = DB 1982, 1276; vom 17. 12. 1980 – 5 AZR 570/78 – EzA § 87 BetrVG 1972 Betriebliche Lohngestaltung Nr. 2 m. Anm. *Weiss* = DB 1981, 1045; vom 10. 7. 1979 – 1 ABR 88/77 – EzA § 87 BetrVG 1972 Leistungslohn Nr. 3 = DB 1979, 2496; *Matthes* NZA 1987, 289, 293; *GK-Wiese* § 87 Rz. 640 ff.; *Lieb* ZfA 1988, 413, 439 ff.; *Hromadka* DB 1986, 1921 ff.; *Heinze* NZA 1986, 1, 10; *LAG Frankfurt/M.* vom 12. 9. 1991 – 4 TaBV 93/91 – NZA 1992, 565; **a. A.** *Hilger* a. a. O.; *F/A/K/H* § 87 Rz. 127 a; *Herbst* DB 1987, 738, 741).

512a Dem Arbeitgeber bleibt es auch nach einem Spruch der Einigungsstelle unbenommen, die Leistung, für die der Spruch gilt, einzustellen (*BAG* vom 16. 12. 1986 – 1 ABR 26/85 – EzA § 87 BetrVG 1972 Leistungslohn Nr. 141; vom 13. 9. 1983 – 1 ABR 32/8 = DB 1987, 1198 = EzA § 87 BetrVG 1972 Leistungslohn Nr. 8 m. Anm. *Löwisch/Reimann* = DB 1983, 2038, 2470; *Lieb* ZfA 1988, 413, 443; *Matthes* NZA 1987, 289, 293; *S/W* § 87 Rz. 169; *Jedzig* DB 1991, 753, 755).

512b Die genannten Schranken gelten für **alle freiwilligen Arbeitgeberleistungen**, die der unmittelbaren Abgeltung der Arbeitsleistung dienen, z. B. bei freiwilligen Zulagen zum Zeitlohn (*Hromadka* DB 1986, 1921, 1924; *Matthes* und *S/W*, jeweils a. a. O.), bei der freiwilligen Einführung einer Akkordentlohnung oder Prämienentlohnung (*Matthes* a. a. O.) oder einer freiwilligen Zusatzprovision (*Westhoff* DB 1980, 1260 f.). Nicht um eine freiwillig gewährte Prämienvergütung

Mitbestimmungsrechte § **87**

handelt es sich jedoch dann, wenn durch Tarifvertrag die Prämienvergütung als gleichberechtigte Entgeltform neben Zeitentgelt festgelegt ist (*Matthes* a. a. O.).
Diese Schranken können aber nicht auf Leistungen des Arbeitgebers übertragen werden, auf die nach Gesetz, Tarifvertrag oder Arbeitsvertrag ein Anspruch besteht, weil der Grund für die Geltung dieser Schranken (vgl. oben Rz. 512) dann gerade nicht vorliegt (**a. A.** *Heinze* NZA 1986, 1, 8; *Sibben* Anm. AP Nr. 6 zu § 87 BetrVG 1972 Provision Bl. 6). **513**

Aus dieser Beschränkung des Mitbestimmungsrechts folgt nicht nur, daß der Betriebsrat die Einführung der Leistung nicht erzwingen kann (vgl. oben Rz. 48 f), sondern auch, daß der Arbeitgeber von ihm nicht gehindert werden kann, die Leistung einzustellen oder zu kürzen (*BAG* vom 15. 1. 1987 – 6 AZR 589/84 – AP Nr. 21 zu § 75 BPersVG = DB 1987, 2315 = EzA § 4 TVG Rundfunk Nr. 14; vom 13. 1. 1987 – 1 ABR 51/85 – EzA § 87 BetrVG 1972 Betriebliche Lohngestaltung Nr. 14 = DB 1987, 1096; *Eich* DB 1980, 1340, 1342; GK-*Wiese* § 87 Rz. 643; *S/W* § 87 Rz. 174 g). Nach höchstrichterlicher Rechtsprechung soll aber bei einer Kürzung die Verteilung des verkürzten Leistungsvolumens dem Mitbestimmungsrecht unterliegen (*BAG* vom 13. 1. 1987, a. a. O. und vom 3. 8. 1982 – 3 AZR 1219/79 – EzA § 87 BetrVG 1972 Betriebliche Lohngestaltung Nr. 5 = DB 1983, 237; zust. GK-*Wiese* § 87 Rz. 644). Diese Auffassung kann nicht allgemein gebilligt werden. Läßt nämlich der Arbeitgeber die bisherige Verteilung unangetastet, indem er die Leistungen um denselben Prozentsatz senkt, so liegt in seinem Vorgehen weder die Aufstellung oder Änderung eines Entlohnungsgrundsatzes noch sonst eine Art von Entgeltgestaltung (so auch im Ergebnis *S/W* § 87 Rz. 174 j). Mitbestimmungspflichtig ist also nur eine andere Verteilung der Leistung (vgl. dazu oben Rz. 488); sie kann entweder vom Arbeitgeber oder vom Betriebsrat betrieben werden (zu den Rechtsfolgen eines Widerrufs zum Zwecke einer anderen Verteilung vgl. unten Rz. 528). **514**

Bei **freiwilligen Leistungsentgelten** kann der Betriebsrat, da die Festlegung des Zwecks der Leistung mitbestimmungsfrei ist, nicht verlangen, daß statt der **Individualleistung die Leistung einer Gruppe** oder umgekehrt für die Entgeltbemessung maßgebend sein soll (*BAG* vom 8. 12. 1981, a. a. O.; GK-*Wiese* § 87 Rz. 641; *Stege/Weinspach* § 87 Rz. 184). **515**

Das Mitbestimmungsrecht ist auch durch die **unternehmerische Entscheidungsfreiheit** beschränkt. Würde z. B. der vom Betriebsrat durchgesetzte Übergang vom Zeit- zum Leistungslohn zu einer vom Arbeitgeber nicht gewünschten Mehr- oder Überproduktion führen, so wäre dies ein unzulässiger Eingriff (vgl. dazu oben Rz. 64 ff.; so auch *LAG Düsseldorf* vom 17. 7. 1973 – 8 TaBV 11/73 – EzA § 87 BetrVG 1972 Initiativrecht Nr. 1 m. Anm. *Rüthers* = BB 1973, 1168; *Boewer* DB 1973, 522, 528; *Rüthers* ZfA 1973, 399, 418–420; *Dütz* AuR 1973, 353, 364; *S/W* § 87 Rz. 178; vgl. auch *Löwisch* DB 1973, 1746, 1760; **a. A.** GK-*Wiese* § 87 Rz. 686; *Matthes* NZA 1987, 289, 294; *G/L* § 87 Rz. 230). Mit der Entgeltfindung unter dem Gesichtspunkt der Entgeltgerechtigkeit (vgl. dazu oben Rz. 463) hat diese Entscheidung nichts zu tun. Soweit der Beschränkung des Mitbestimmungsrechts in diesem Punkt entgegengehalten wird, die unternehmerische Entscheidungsfreiheit werde dadurch nicht berührt, weil der Arbeitgeber der unerwünschten Mehrproduktion durch die Einführung von Kurzarbeit oder durch Entlassungen oder Versetzungen begegnen könne (so z. B. GK-*Wiese* und *G/L*, jeweils a. a. O.), so wird dabei verkannt, daß solche Maßnahmen einen erheblichen Kostenaufwand verursachen würden (für den Fall der Kurzarbeit vgl. oben **516**

§ 87   4. Teil 3. Abschn. Soziale Angelegenheiten

Rz. 185); außerdem bestünde dann die Gefahr, daß das Mitbestimmungsrecht sich wirtschaftlich zu Lasten der Belegschaft auswirkt, weil deren Arbeitsplätze aufs Spiel gesetzt würden.

bb) Schranken bei betrieblichen Sozialleistungen

517 Soweit betriebliche Sozialleistungen (vgl. oben Rz. 506) einschließlich der betrieblichen Altersversorgung tariflich geregelt sind (wie z.B. Jahressonderzahlung, Urlaubsvergütung oder vermögenswirksame Leistungen), ist auch bei ihnen das Mitbestimmungsrecht entsprechend beschränkt (vgl. oben Rz. 52 ff.). Für die betriebliche Altersversorgung ist außerdem das BetrAVG als Schranke zu beachten (*D/R* § 87 Rz. 541; *Blomeyer/Otto* Einleitung Rz. 335).

518 Soweit die Gewährung oder Zusage betrieblicher Sozialleistungen nicht auf einem gesetzlichen, tariflichen oder arbeitsvertraglichen Anspruch gegen den Arbeitgeber beruht **(freiwillige Leistungen)**, muß dem nach ständiger Rechtsprechung des *BAG* und herrschender Auffassung im Fachschrifttum wie bei der unmittelbaren Abgeltung der Arbeitsleistung (vgl. dazu oben Rz. 512 ff.) durch entsprechende Schranken des Mitbestimmungsrechts Rechnung getragen werden: Der Arbeitgeber entscheidet mitbestimmungsfrei über den **Zweck**, den er mit der Leistung verfolgt, über den **Personenkreis**, den er begünstigt, sowie über den **finanziellen Rahmen**, den er für die Erbringung der Leistungen zur Verfügung stellt (vgl. die umfangreichen Rechtsprechungsnachweise unter Rz. 464 und 466; GK-*Wiese* § 87 Rz. 640 ff.; *F/A/K/H* § 87 Rz. 126; *S/W* § 87 Rz. 171 und 174 g; a. A. *Leinemann* DB 1985, 1394, 1397 – dagegen aber *Pauly* DB 1985, 2246 ff. und *D/K/K/S* § 87 Rz. 257 ff.).

519 Bei der **betrieblichen Altersversorgung** entscheidet der Arbeitgeber auch allein zwischen den vier Grundformen der Durchführung, nämlich Direktzusage, Unterstützungskasse, Pensionskasse und Direktversicherung (vgl. *BAG*-Entscheidungen vom 12. 6. 1975, a. a. O.; *D/R* § 87 Rz. 533; GK-*Wiese* § 87 Rz. 632). Näheres zum mitbestimmungspflichtigen Leistungsplan und zum mitbestimmungsfreien Dotierungsrahmen ist in den Erläuterungen zu Abs. 1 Nr. 8 ausgeführt (vgl. oben Rz. 413); es gilt hier entsprechend (vgl. *D/R* § 87 Rz. 537 ff.; GK-*Wiese* § 87 Rz. 631; *Blomeyer/Otto* Einleitung Rz. 838 ff.).

520 Ein Mitbestimmungsrecht besteht auch nicht bei Entscheidungen über eine Anpassung der Leistungen der betrieblichen Altersversorgung aufgrund einer Prüfung gem. § 16 BetrAVG (*Blomeyer/Otto* § 16 Rz. 258 ff.); GK-*Wiese* § 87 Rz. 637; *Hanau* BB 1976, 91, 93; a. A. *Schaub* NJW 1978, 2076, 2081). Insoweit sind nur die aus dem Betrieb ausgeschiedenen Ruhegeldempfänger betroffen, für die der Betriebsrat nicht zuständig ist. Außerdem handelt es sich dabei um eine Frage der Entgelthöhe (vgl. dazu oben Rz. 474).

e) Initiativrecht

521 Soweit ein Mitbestimmungsrecht nach Abs. 1 Nr. 10 besteht, hat der Betriebsrat auch ein Initiativrecht (*Richardi* ZfA 1976, 1, 43; GK-*Wiese* § 87 Rz. 682 ff.; *G/L* § 87 Rz. 230; *D/K/K/S* § 87 Rz. 261; *v. Friesen* DB 1980 Beilage Nr. 1, 11; vgl. dazu ausführlich oben Rz. 42 ff.). Teilweise werden die bestehenden Schranken des Mitbestimmungsrechts (vgl. dazu oben Rz. 441 und 445) auch als bloßer Ausschluß des Initiativrechts aufgefaßt (vgl. z.B. *Boewer* DB 1973, 522, 527; *S/W* § 87 Rz. 178; *Kammann/Hess/Schlochauer* § 87 Rz. 213). Ein sachlicher Unterschied ergibt sich daraus aber nicht.

Hinsichtlich der **außertariflichen Angestellten** wird im Fachschrifttum mit Recht 522
überwiegend die Auffassung vertreten, daß, soweit nicht Individualabreden bestehen (vgl. oben Rz. 483), der Betriebsrat unter Berufung auf sein Mitbestimmungsrecht auch für außertarifliche Angestellte die Aufstellung eines Gehaltsgruppensystems **verlangen** könne, (GK-*Wiese* § 87 Rz. 679; *D/R* § 87 Rz. 544; *Föhr* AuR 1975, 353, 362; *Henkel/Hagemeier* DB 1976, 1420, 1422; *Gaul* BB 1978, 764, 766; *Bitter* DB 1979, 695, 698; *Bichler* DB 1979, 1939, 1941; *v. Friesen* DB 1980 Beilage Nr. 1, 12; *Weber* Anm. SAE 1981 114, 120; **a. A.** *Lieb* ZfA 1978, 182; *S/W* a. a. O.; einschränkend auch die Vorauflage).

f) Ausübung des Mitbestimmungsrechts
Bei der Ausübung des Mitbestimmungsrechts empfiehlt sich in der Regel der Ab- 523
schluß einer **Betriebsvereinbarung** (wegen der Gründe vgl. oben Rz. 422). Notwendig ist die Betriebsvereinbarung jedoch nur, soweit den Arbeitnehmern Verpflichtungen auferlegt werden. Im übrigen genügt die Regelungsabrede (*G/L* § 87 Rz. 231; GK-*Wiese* § 87 Rz. 688; **a. A.** *D/R* § 87 Rz. 551).
Nach höchstrichterlicher Rechtsprechung (*BAG* vom 17. 12. 1985, a. a. O.; zustim- 524
mend *Matthes* NZA 1987, 289, 294) braucht die Regelung von Arbeitgeber und Betriebsrat oder der Einigungsstelle **nicht jede Einzelfrage** zu entscheiden, sondern kann dem Arbeitgeber bei der Gestaltung der Leistungen Freiheiten belassen und so seinem Interesse an einer flexiblen Ausrichtung der betrieblichen Entgeltpolitik Rechnung tragen. So kann etwa die Regelung der freiwilligen Zulagen Bandbreiten vorsehen, in deren Rahmen der Arbeitgeber leistungsgerecht zu differenzieren vermag.
Bei mitbestimmungspflichtigen **Anrechnungen** (vgl. dazu oben Rz. 488 und 520) 524a
kann der Arbeitgeber bis zur Einigung mit dem Betriebsrat des Zulagenvolumen und – unter Beibehaltung der bisherigen Verteilungsgrundsätze – auch dementsprechend die einzelnen Zulagen kürzen (*BAG* vom 3. 12. 1991 – GS 2/90 – EzA § 87 BetrVG 1972 Betriebliche Lohngestaltung Nr. 30 = DB 1992, 1579).
Wird die betriebliche Altersversorgung durch eine **Gruppenunterstützungskasse** 525
gewährt, der der Arbeitgeber angehört, betrifft die Mitbestimmung das Abstimmungsverhalten in den Organen der Kasse bei der Ausgestaltung des Leistungsplans (*BAG* vom 9. 5. 1989 – 3 AZR 439/88 – DB 1989 2491 = AP Nr. 18 zu § 87 BetrVG 1972 Altersversorgung = EzA § 87 BetrVG 1972 Altersversorgung Nr. 3; vom 22. 4. 1986 – 3 AZR 100/83 – EzA § 87 BetrVG 1972 Altersversorgung Nr. 1 = DB 1986, 1343; GK-*Wiese* § 87 Rz. 636; vgl. auch oben Rz. 506 und 396).
Handelt es sich um ein **komplexes Vertragswerk**, dessen Entstehung mehrere Re- 526
gelungsphasen durchläuft, z. B. ein Altersversorgungssystem, ist das Mitbestimmungsrecht ggf. schrittweise auszuüben. Regelt etwa eine Betriebsvereinbarung nur die grundlegenden Fragen der Versorgung, während sie die Ausarbeitung des Vertragswerks einem Beratungsinstitut überläßt, so ist das Mitbestimmungsrecht damit noch nicht ausgeschöpft. Vielmehr bedeutet ein solches zweistufiges Regelungsverfahren, daß auch die endgültige Fassung der Versorgungsordnung vom Betriebsrat gebilligt werden muß (*BAG* vom 4. 5. 1982 – 3 AZR 1202/79 – EzA § 87 BetrVG Lohn und Arbeitsentgelt Nr. 13 = DB 1983, 2159; GK-*Wiese* § 87 Rz. 635; *S/W* § 87 Rz. 171).

§ 87   4. Teil 3. Abschn. Soziale Angelegenheiten

g) Rechtsfolgen der Nichtbeachtung des Mitbestimmungsrechts

527 Nach der herrschenden, gleichwohl abzulehnenden Rechtsauffassung (vgl. ausführlich dazu· oben Rz. 79 ff.) können auch die Angelegenheiten nach Abs. 1 Nr. 10 nur gemeinsam von Betriebsrat und Arbeitgeber wirksam geregelt werden (vgl. außer den unter Rz. 79 zitierten Rechtsprechungs- und Literaturstellen: GK-*Wiese* § 87 Rz. 689; *G/L* § 87 Rz. 231; **a. A.** *D/R* § 87 Rz. 553). Bei einer **Gruppenunterstützungskasse** soll es aber nicht zur Unwirksamkeit von Beschlüssen des Kassenorgane führen, wenn der Betriebsrat eines Trägerunternehmens übergangen worden ist (vgl. dazu oben Rz. 525; so *BAG* vom 22. 4. 1986, a. a. O. und GK-*Wiese* a. a. O.). Der Widerruf von Leistungen oder Anwartschaften zur Durchsetzung des beschlossenen Leistungsplans soll aber unwirksam sein, sofern sich feststellen läßt, daß die Beachtung des Mitbestimmungsrechts die für die Arbeitnehmer nachteilige Änderung des Leistungsplans ganz oder teilweise verhindert hätte (*BAG* vom 9. 5. 1989, a. a. O.; *Griebeling* DB 1991, 2336, 2342; ähnlich GK-*Wiese* a. a. O.).

528 Von besonderer Bedeutung ist die herrschende Rechtsauffassung für den nach höchstrichterlicher Rechtsprechung mitbestimmungspflichtigen **Widerruf von Zulagen** für den Fall, daß der Arbeitgeber die Zulage gegenüber sämtlichen Arbeitnehmern widerruft, um sie künftig nach anderen Grundsätzen gewähren zu können (vgl. *BAG* vom 3. 8. 1982 – 3 AZR 1219/79 – EzA § 87 BetrVG 1972 Betriebliche Lohngestaltung Nr. 5 = DB 1983, 237; vgl. dazu oben Rz. 514, aber auch Rz. 81 f.), weil der Arbeitgeber dann trotz Freiwilligkeit der Zulage weiterhin an sie gebunden sein soll. Diese Ausdehnung der Unwirksamkeitsfolgen auf eine nicht mitbestimmungspflichtige Entscheidung wäre selbst dann nicht anzuerkennen, wenn der Lehre von der Wirksamkeitsvoraussetzung der Mitbestimmung zu folgen wäre; denn damit würde das Mitbestimmungsrecht auf die vom Arbeitgeber allein zu bestimmende Dotierung seiner Leistung erstreckt (vgl. dazu *S/W* § 87 Rz. 174j). Um den unbilligen Folgen dieser Auslegung für die **Arbeitnehmer** zu entgehen, vertritt die herrschende Rechtsauffassung, daß ihnen aus der Nichtbeachtung des Mitbestimmungsrechts in der Regel keine Nachteile erwachsen dürfen (vgl. dazu oben Rz. 81; ferner GK-*Wiese*, *G/L*, auch *D/R*, jeweils a. a. O.).

529 Wendet sich der Betriebsrat gegen die Kürzung einer freiwilligen übertariflichen Zulage, erklärt er aber auf Befragen des Arbeitgebers, daß er gegen die »**Verteilung der Kürzung**« keine Bedenken habe, dann soll die Kürzung wirksam sein (*BAG* vom 10. 2. 1988 – 1 ABR 56/86 – EzA § 87 BetrVG 1972 Betriebliche Lohngestaltung Nr. 18 = DB 1988, 1223).

530 Beachtet der Arbeitgeber nicht das Mitbestimmungsrecht bei einer Änderung der Verteilungsgrundsätze infolge **Anrechnung** von Tarifentgelten auf freiwillige Zulagen (vgl. dazu oben Rz. 488 und 510), so ist die Anrechnung nach höchstrichterlicher Rechtsprechung unwirksam (*BAG* GS vom 3. 12. 1991 – GS 1/90 und 2/90 –, a. a. O.).

4. Leistungsbezogene Entgelte (Nr. 11)

Der Betriebsrat hat auch ein Mitbestimmungsrecht bei der Festsetzung der Akkord- und Prämiensätze und vergleichbarer leistungsbezogener Entgelte einschließlich der Geldfaktoren. **531**

a) Zweck und Reichweite des Mitbestimmungsrechts

Über den Zweck des Mitbestimmungsrechts nach Abs. 1 Nr. 11 herrscht Streit. Nach Auffassung des *BAG* (vom 13. 9. 1983 – 1 ABR 32/81 – EzA § 87 BetrVG 1972 Leistungslohn Nr. 8 m. Anm. *Löwisch/Reimann* = DB 1983, 2038, 2470; entsprechende obiter dicta in den Entscheidungen vom 28. 7. 1981 – 1 ABR 56/78 – EzA § 87 BetrVG 1972 Leistungslohn Nr. 4 m. Anm. *Gaul* = DB 1981, 2031, 2336; und vom 10. 7. 1979 – 1 ABR 88/77 – EzA § 87 BetrVG 1972 Leistungslohn Nr. 3 = DB 1979, 2496; ebenso *LAG Hamm* vom 25. 4. 1988 – 17 Sa 1793/87 – LAGE § 611 BGB Akkord Nr. 1; zust. GK-*Wiese* § 87 Rz. 691; *D/K/K/S* § 87 Rz. 269 und 284; *Heinze* NZA 1986, 1 f.; *Matthes* NZA 1987, 289, 292) soll es die Arbeitnehmer vor den besonderen Gefahren der Leistungsvergütung schützen. Diese Gefahren lägen nicht nur in einer möglichen unzutreffenden Bewertung der Leistungsansätze, sondern auch darin, daß jedes Leistungsvergütungssystem einen Anreiz zur Mehrleistung schaffe, die den Arbeitnehmer überfordern und damit letztlich an seiner **Gesundheit** schädigen könne. Aus dieser Zweckbestimmung zieht das *BAG* den Schluß, daß der Betriebsrat nach Abs. 1 Nr. 11 auch bei der **Entgelthöhe** mitzubestimmen habe (vgl. unten Rz. 551). Demgegenüber bezweckt nach anderer, zutreffender Auffassung das Mitbestimmungsrecht nach Abs. 1 Nr. 11, daß der Betriebsrat auch bei der **Durchführung** des gewählten Entlohnungsgrundsatzes und der für seine Ausformung maßgeblichen Entlohnungsmethoden beteiligt wird. Durch das Mitbestimmungsrecht bei der Festsetzung der Akkord- und Prämiensätze sowie vergleichbarer leistungsbezogener Entgelte solle eine **gerechte leistungsbezogene Vergütung** gesichert werden (*LAG Düsseldorf* vom 18. 11. 1975 – 17 Ta BV 72/75 – DB 1976, 1438 f.; *D/R* § 87 Rz. 558, 598; *Richardi* ZfA 1976, 1, 25 ff.; *G/L* § 87 Rz. 241 ff.; *Zöllner/Loritz* § 97 II 11; *S/W* § 87 Rz. 195 a; krit. zum *BAG* auch *Pornschlegel* AuR 1983, 193, 202). **532**

Der Meinung des *BAG* über den Zweck des Mitbestimmungsrechts nach Abs. 1 Nr. 11, für die keinerlei wissenschaftliche Untersuchungsergebnisse über die Auswirkungen der Arbeit bei leistungsbezogenem Entgelt angeführt werden, kann nicht zugestimmt werden. Vor allem spricht die **systematische Auslegung** des Gesetzes gegen sie; denn die Mitwirkungs- und Mitbestimmungsrechte des Betriebsrats in Fragen des Gesundheitsschutzes sind in anderen Bestimmungen (§§ 87 Abs. 1 Nr. 7, 88 und 89) ausdrücklich differenziert geregelt und genau abgegrenzt. Dieser Systematik würde zuwiderlaufen, wenn der Betriebsrat auch über eine mitbestimmte Entgeltbemessung eigene Vorstellungen zum Gesundheitsschutz durchsetzen könnte. Das *BAG* muß sich aber ferner den Wortlaut des Abs. 1 Nr. 11 entgegenhalten lassen; das Gesetz lautet nicht etwa »Festsetzung der Akkord- und Prämiensätze... sowie der Entgelthöhe beim Leistungsentgelt«, sondern spricht lediglich von den »Akkord- und Prämiensätzen... einschließlich der Geldfaktoren«; dabei ist zu berücksichtigen, daß zur Zeit der Ausarbeitung des BetrVG 1972 der Geldfaktor als nur technische Größe, nicht als materieller Richtsatz angesehen worden ist (vgl. *D/R* § 87 Rz. 592; *Löwisch* Anm. EzA § 87 **533**

BetrVG 1972 Leistungslohn Nr. 2). In diesem engeren Sinn bestimmt der Geldfaktor nur das Verhältnis des Entgelts für die Leistung eines bestimmten Leistungsgrades zum mitbestimmungsfrei festgelegten Entgelt für die Ausgangsleistung (vgl. dazu *BAG* vom 25. 5. 1982 – 1 ABR 19/80 – EzA § 87 BetrVG 1972 Leistungslohn Nr. 7 m. Anm. *Gaul* = DB 1982, 2467). Schließlich spricht auch die Gesetzesbegründung gegen die Annahme des *BAG*: Sie geht davon aus, daß sich nach überwiegender Auffassung das Mitbestimmungsrecht des Betriebsrat gem. § 56 Abs. 1 Buchst. h BetrVG 1952 nicht auf den Geldfaktor als den zweiten technischen Faktor der Akkord-Entgeltberechnung neben dem Zeitfaktor erstreckte (vgl. dazu GK-*Wiese* § 87 Rz. 690; *D/R* § 87 Rz. 593). Der Betriebsrat konnte wegen der aus seiner Sicht »offenen Flanke« der Geldseite Manipulationen bei der Akkordentgeltberechnung zu Lasten der Arbeitnehmer nicht verhindern. Deshalb wurde »die in Rechtsprechung und Literatur umstrittene Frage klargestellt, daß sich das Mitbestimmungsrecht des Betriebsrats auf die Festlegung aller Bezugsgrößen erstreckt, die für die Ermittlung und Berechnung der leistungsbezogenen Entgelte von Bedeutung sind; so soll z. B. bei Akkordlohn ein Mitbestimmungsrecht des Betriebsrats sowohl hinsichtlich der Festlegung des Zeitfaktors als auch des Geldfaktors bestehen« (Begründung zum Regierungs-Entwurf, BT-Drucks. VI/1786, 49). Mit der veränderten Gesetzesfassung sollte also nur eine Klarstellung vorgenommen, aber nicht bei leistungsbezogenem Entgelt ein neues Mitbestimmungsrecht hinsichtlich der Entgelthöhe geschaffen werden, das in Fällen, in denen keine tarifliche Regelung des Akkordrichtsatzes oder der Prämienausgangsleistung besteht, – vor allem bei einem Nebeneinander von leistungs- und zeitbezogener Vergütung im Betrieb – die Gefahr erheblicher lohnpolitischer Konflikte schaffen würde. An diesem Regelungswillen ist auch durch die im zuständigen Ausschuß des Bundestages modifizierte Gesetzesfassung nichts geändert worden, weil damit nur eine Präzisierung beabsichtigt war (vgl. BT-Drucks. VI/2729, 4, 29). Das Gegenargument des *BAG* (vom 13. 9. 1983, a. a. O.), die ausdrückliche Erwähnung der Geldfaktoren in Abs. 1 Nr. 11 habe nur einen Sinn, wenn sie die Höhe des Entgelts für die Ausgangsleistung der leistungsbezogenen Vergütung betreffe, weil die Geldfaktoren in dem oben dargelegten engen, entgelttechnischen Sinn bereits durch die Festlegung des Entlohnungsgrundsatzes und der Entlohnungsmethoden nach Abs. 1 Nr. 10 mitbestimmungspflichtig seien, ist aus mehreren Gründen nicht stichhaltig: Einmal hat das *BAG* verkannt, daß die Entscheidung über die Geldfaktoren der besonderen Regelung in Abs. 1 Nr. 11 zugeordnet hat und deshalb ein Mitbestimmungsrecht nach Abs. 1 Nr. 10 gerade nicht besteht (vgl. oben Rz. 499). Aber selbst wenn es nicht so wäre, dann müßten den als prämienwürdig festgelegten Leistungsgraden jedenfalls bei der Prämienvergütung noch nach Abs. 1 Nr. 11 Geldfaktoren zugeordnet werden. Dem *BAG* ist schließlich entgegenzuhalten, daß beim leistungsbezogenen Entgelt ebenso wie beim zeitbezogenen Entgelt die Maßstäbe fehlen, mit denen im Konfliktfall die Einigungsstelle die entgeltpolitische Entscheidung treffen könnte (*G/L* § 87 Rz. 242).

b) Voraussetzungen des Mitbestimmungsrechts

534 Das Mitbestimmungsrecht des Betriebsrats bezieht sich auf die Festlegung der Bezugsgrößen, die für die Ermittlung und Berechnung der leistungsbezogenen Entgelte von Bedeutung sind, sofern die Entscheidung für einen derartigen Entlohnungsgrundsatz gefallen ist. Leistungsbezogene Entgelte, die den Zweck ha-

ben, durch finanzielle Anreize die Leistung der Arbeitnehmer zu steigern, sind **Vergütungsformen, bei denen eine Leistung des Arbeitnehmers gemessen und mit einer Bezugsleistung verglichen wird und bei der sich die Höhe der Vergütung in irgendeiner Weise nach dem Verhältnis der Leistung des Arbeitnehmers zur Bezugsleistung bemißt** (*BAG* vom 22. 10. 1985 – 1 ABR 67/83 – EzA § 8 / BetrVG 1972 Leistungslohn Nr. 11; vom 13. 3. 1984, vom 13. 9. 1983 und 28. 7. 1981, jeweils a. a. O., sowie vom 13. 3. 1984 – 1 ABR 57/82 – EzA § 87 BetrVG 1972 Leistungslohn Nr. 10 m. Anm. *Otto* = DB 1984, 2145; *S/W* § 87 Rz. 198; GK-*Wiese* § 87 Rz. 695; ähnlich *D/R* § 87 Rz. 561). Leistungsbezogene Entgelte sind vor allem die im Gesetz konket angesprochenen Formen der Akkord- und Prämienvergütung. Die Bedeutung des Mitbestimmungsrechts bei den leistungsbezogenen Entgelten, die der Akkord- und Prämienvergütung vergleichbar sind, liegt vor allem darin, daß bisher noch nicht bekannte oder nicht praktizierte Formen auch erfaßt werden (GK-*Wiese* § 87 Rz. 706; *G/L* § 87 Rz. 253; vgl. dazu unten Rz. 561 ff.).

aa) Akkordsätze
Akkordarbeit liegt vor, wenn sachbezogene Bestimmungsgrößen für die Erreichung einer Solleistung, die der menschlichen Normalleistung (vgl. dazu unten Rz. 540) entspricht, vorgegeben werden. Der Verdienst richtet sich ausschließlich nach dem **mengenmäßigen Arbeitsergebnis** (*BAG* vom 28. 7. 1981, a. a. O.; *Böhner/Ziepke* 157; *G/L* § 87 Rz. 236; GK-*Wiese* § 87 Rz. 707; *F/A/K/H* § 87 Rz. 141; *S/W* § 87 Rz. 190; *D/K/K/S* § 87 Rz. 270; *Gaul* BB 1990, 1549). 535

Das Arbeitsergebnis kann nach verschiedenen Kriterien bestimmt werden. So wird beispielsweise zugrunde gelegt beim 536
- **Stückakkord** die hergestellte Stückzahl eines Erzeugnisses,
- **Gewichtsakkord** das Gewicht von zu beförderndem Material,
- **Flächenakkord** die Größe einer zu bearbeitenden Fläche,
- **Maßakkord** etwa die Länge der Nähte bei der Herstellung von Fahnen,
- **Pauschalakkord** eine größere Arbeitsaufgabe mit verschiedenen Arbeitsinhalten, etwa Aufreißen und Pflastern einer Straße (vgl. hierzu *Schaub* § 64 II; GK-*Wiese* a. a. O.).

Die Höhe des individuellen Vergütungsanspruchs hängt bei der Akkordarbeit davon ab, in welchem Verhältnis das individuelle Arbeitsergebnis zur **Akkordvorgabe** steht. Für die Bestimmung der Akkordvorgabe gibt es unterschiedliche Methoden. Früher wurde die Akkordvorgabe zwischen Arbeitgeber und Arbeitnehmer frei vereinbart (**ausgehandelter Akkord**). Beim **Faust- oder Meisterakkord** wird die Akkordvorgabe aufgrund betrieblicher Erfahrungen »über den Daumen gepeilt«. Ähnliches gilt vom **Schätzakkord**; diese Form ist allerdings ein methodisch gebundener Akkord (*D/R* § 87 Rz. 574); hier werden die notwendigen Zeiten für Bestandteile einer Arbeitsaufgabe aufgrund der Erfahrung geschätzt und zusammengerechnet. Im Vordergrund der betrieblichen Praxis steht indessen der **arbeitswissenschaftliche Akkord**. Die für die Arbeit notwendige Zeit wird methodisch nach abstrakten Bewertungsmaßstäben ermittelt. Die Methode des Schätzens ist hier zu einem ausgefeilten System verfeinert. Am bekanntesten sind die Zeitermittlungsverfahren nach den vom Reichsausschuß für Arbeitszeitermittlung (REFA) aufgestellten Grundsätzen, dem Bédaux-System und dem Methods Time Measurement (MTM) (*Schaub* § 64 IV; *Dietz/Gaul/Hilger* Akkord und Prämie, 40 ff.; *D/R* § 87 Rz. 573). 537

538 Zunächst gehört zu jeder Akkordart ein Richtwert, der angibt, welchen Verdienst ein Akkordarbeiter bei Normalleistung je Zeiteinheit, z.B. Stunde oder Minute, erreichen kann. Man spricht hier vom **Akkordrichtsatz**. Akkorde werden dann häufig so vorgegeben, daß der Arbeitnehmer bei Normalleistung in einer Stunde mindestens den tariflichen Akkordrichtsatz seiner Lohngruppe verdient (*Böhner/Ziepke* 157; vgl. auch *D/K/K/S* § 87 Rz. 276).

539 Die Akkorde unterscheiden sich sodann nach der Form der Errechnung der Vergütung: Entweder wird für die Arbeit ein Stückpreis gezahlt **(Geldakkord)**, oder es wird für die Ausführung der Arbeit die bei Normalleistung benötigte Zeit vorgegeben **(Zeitakkord)**. Bei Zeitakkord wird die Vorgabezeit so ermittelt und festgelegt, daß der Arbeitnehmer bei **Normalleistung** in einer Stunde 60 Akkordminuten erbringen kann. Für eine solche Akkordminute ist mindestens ein Sechzigstel des tariflichen Akkordrichtsatzes zu vergüten (*Böhner/Ziepke* und *S/W*, jeweils a.a.O.; GK-*Wiese* § 87 Rz. 708; *F/A/K/H* § 87 Rz. 141; *Gaul* BB 1990, 1549f.). Der in der Praxis weithin übliche Zeitakkord hat den Vorteil, daß er die Möglichkeit bietet, auf der Grundlage der Vorgabezeiten und bestimmter Erfahrungswerte über den Zeitgrad der Akkordarbeiter zu planen, in welchem Zeitraum bestimmte Arbeiten abgewickelt werden können (*Gaul* a.a.O.); außerdem braucht bei einer Entgelterhöhung nur der Akkordrichtsatz geändert zu werden (GK-*Wiese* a.a.O.; *D/K/K/S* § 87 Rz. 273).

540 Die **Normalleistung** ist nach den REFA-Grundsätzen, die Eingang in viele Tarifverträge gefunden haben, diejenige Leistung, die von jedem genügend geeigneten Arbeitnehmer nach genügender Übung und genügender Einarbeitung ohne Gesundheitsstörung auf die Dauer erreicht und erwartet werden kann. Dabei müssen in der Vorgabezeit die erforderlichen Verteilzeiten (für sachliche und persönliche Bedürfnisse) und, falls notwendig, genügend Erholzeiten für den Ausgleich von arbeitsablaufbedingten Ermüdungserscheinungen enthalten sein (vgl. dazu *Böhner/Ziepke, Gaul* und *S/W*, jeweils a.a.O.; vgl. auch *BAG* vom 28.7.1981, a.a.O., und *D/K/K/S* § 87 Rz. 275).

541 Bei der Regelung der Akkordvergütung im Betrieb kommen sonach Mitbestimmungsrechte sowohl gem. Nr. 10 als auch gem. Nr. 11 von Abs. 1 in Betracht: Die **Einführung oder Abschaffung** der Akkordvergütung ist als Aufstellung von Entlohnungsgrundsätzen nach Abs. 1 Nr. 10 mitbestimmungspflichtig (vgl. dazu oben Rz. 478). Die Entscheidung, ob der Akkord als Geldakkord oder als Zeitakkord zu gestalten ist, nach welchen Verfahren die Akkordvorgaben festgestellt werden sollen, vor allem ob eine arbeitswissenschaftliche Methode (vgl. oben Rz. 537) und ggf. welche von ihnen anzuwenden ist, unterliegt, obwohl es sich dabei sachlich um Einführung und Anwendung einer Entlohnungsmethode handelt, entgegen der herrschenden Rechtsauffassung (vgl. dazu oben Rz. 499) dem besonders dafür geschaffenen Mitbestimmungsrecht nach Abs. 1 Nr. 11 (vgl. zur Wahl zwischen Einzel- und Gruppenakkord oben Rz. 491).

542 Nach Abs. 1 Nr. 11 besteht ein **Mitbestimmungsrecht bei der Festsetzung der Akkordsätze**. Diese Wortwahl – im Unterschied zur »Regelung der Akkordsätze« nach dem BetrVG 1952 – stellt im Hinblick auf den früheren Meinungsstreit (vgl. dazu *D/R* § 87 Rz. 604) klar und legt in einem eigenen Tatbestand fest, daß der Betriebsrat abstrakt-generell über die Festlegung aller Faktoren mitzubestimmen hat, die für die Ermittlung und Berechnung der Akkordvergütung von Bedeutung sind (*D/R* § 87 Rz. 605; *G/L* § 87 Rz. 238ff.; *F/A/K/H* § 87 Rz. 147).

543 Beim sog. **ausgehandelten Akkord** ist der einzelne Akkordsatz stets unmittelbar

zwischen Arbeitgeber und Betriebsrat zu vereinbaren; Entsprechendes gilt für die sog. Faust- und Meisterakkorde (so auch GK-*Wiese* § 87 Rz. 716).
Anders ist es beim sog. **methodisch gebundenen** oder **arbeitswissenschaftlich** ermittelten Akkord. Hier bezieht sich das Mitbestimmungsrecht nach Abs. 1 Nr. 11 zunächst auf die **Festsetzung der Regeln zur Ermittlung des Zeitfaktors.** Dem Mitbestimmungsrecht unterliegt hiernach die Entscheidung, ob für die Ermittlung der Vorgabezeiten (vgl. dazu auch unten Rz. 548) z. B. das REFA- oder das Bédaux-Verfahren, ein Verfahren vorbestimmter Zeiten oder nur ein Schätzverfahren angewendet werden soll (*LAG Düsseldorf* vom 24. 8. 1981 – 26 Ta BV 46/81 – EzA § 87 BetrVG 1972 Leistungslohn Nr. 5 m. Anm. *Gaul*; *S/W* § 87 Rz. 181; GK-*Wiese* § 87 Rz. 663; *F/A/K/H* § 87 Rz. 136). Auch eine Abweichung von anerkannten arbeitswissenschaftlichen Verfahren ist von Arbeitgeber und Betriebsrat gemeinsam festzulegen (*BAG* vom 14. 2. 1989 – 1 AZR 97/88 – EzA § 87 BetrVG 1972 Leistungslohn Nr. 17 = DB 1989, 1929; vom 24. 11. 1987 – 1 ABR 12/86 – EzA § 87 BetrVG 1972 Lohn und Arbeitsentgelt Nr. 14 = DB 1988, 813; *S/W* a. a. O.).

544

Zu der jeweiligen arbeitswissenschaftlichen Methode gehört auch eine sog. Verfassungsordnung. Darin ist z. B. die Verfahrensweise festgelegt, wie im Rahmen der gewählten Methode die Vorgabezeiten zu ermitteln sind, z. B. durch Messen (etwa mit Zeitmeßgeräten oder durch automatisch registrierende Geräte), Rechnen (für technologische oder Prozeßzeiten), Schätzen (vor allem bei Erstfertigung oder geringen Stückzahlen), Verfahren vorbestimmter Zeiten, Planzeiten. Die Vereinbarung braucht sich nicht auf eines der genannten Verfahren zu beschränken, sondern kann je nach den betrieblichen Gegebenheiten und der Art der anfallenden Arbeiten auch mehrere Verfahren für anwendbar erklären. Häufig wird eine solche Verfahrensordnung in Tarifverträgen festgelegt. Dann ist für eine betriebliche Mitbestimmung nach Abs. 1 Nr. 11 kein Raum mehr (*LAG Hamm* vom 3. 10. 1974 – 8 TaBV 39/74 – DB 1974, 2161; *S/W* § 87 Rz. 192; vgl. auch GK-*Wiese* § 87 Rz. 728; *Gaul* BB 1990, 1549, 1554; vgl. dazu auch unten Rz. 569).

545

Mit der gemeinsamen Festlegung der arbeitswissenschaftlichen Methode zur Ermittlung des Zeitfaktors wird zugleich auch über die Berücksichtigung von **Erholzeiten** entschieden (vgl. oben Rz. 540). Sie gehen dann in die Vorgabezeiten mit ein (*S/W* § 87 Rz. 192a; GK-*Wiese* § 87 Rz. 722f.). Haben Arbeitgeber und Betriebsrat das Verfahren zur Feststellung der Erholzeiten ausdrücklich aus ihrer Vereinbarung ausgeschlossen, ist das Mitbestimmungsrecht insoweit noch nicht ausgeübt (*BAG* vom 24. 2. 1987 – 1 ABR 18/85 – EzA § 87 BetrVG 1972 Nr. 10 = DB 1987, 1435; *F/A/K/H* § 87 Rz. 144a; GK-*Wiese* a. a. O.; *Gaul* BB 1990, 1549, 1553). Der Betriebsrat kann aber nicht darüber mitbestimmen, ob innerhalb eines Akkordentgeltsystems die in der Vorgabezeit enthaltenen Erholzeiten zu **feststehenden Kurzpausen zusammengefaßt** werden (so auch *S/W* § 87 Rz. 192a; ähnlich *Giese* ZfA 1991, 53, 58; **a. A.** *BAG* vom 24. 11. 1987 – 1 ABR 12/86 – Lohn und Arbeitsentgelt Nr. 14 = DB 1988, 811 = EzA § 87 BetrVG 1972 unter Berufung auf Abs. 1 Nr. 10). Die Entscheidung dieser Frage hat mit Entgeltgestaltung, auf die allein sich Abs. 1 Nr. 10 und 11 beziehen, nichts zu tun; bei ihr geht es deshalb auch nicht um die Sicherung der Entgeltgerechtigkeit (vgl. dazu oben Rz. 463 und 532). Dementsprechend ist allgemein – auch von der höchstrichterlichen Rechtsprechung – anerkannt, daß der Betriebsrat die Einführung bezahlter Pausen nicht verlangen kann (vgl. dazu oben Rz. 168).

546

§ 87   4. Teil 3. Abschn. Soziale Angelegenheiten

547 Die Erläuterungen zu den Erholzeiten gelten entsprechend für das Verfahren zur Festlegung der **Verteilzeiten** (GK-*Wiese* § 87 Rz. 723; vgl. dazu oben Rz. 546) und auch bei **Wartezeiten**, wenn sie wegen ihrer Häufigkeit, Vorhersehbarkeit und Meßbarkeit als Verteilzeit in die Vorgabezeit einbezogen und nicht gesondert erfaßt werden (*BAG* vom 14. 2. 1989, a. a. O.; *S/W* § 87 Rz. 192 b; vgl. auch unten Rz. 552).

548 Abs. 1 Nr. 11 erstreckt das Mitbestimmungsrecht aber entgegen überwiegender Auffassung in Rechtsprechung und Fachschrifttum nicht auf die **Ermittlung der einzelnen Vorgabezeit**, wenn dafür eine arbeitswissenschaftliche Methode vereinbart worden ist (vgl. dazu oben Rz. 544; so auch *Stadler* BB 1972, 800, 804; *S/W* § 87 Rz. 193; *Gaul* in eingehender Anm. zu *LAG Düsseldorf* vom 24. 8. 1981 – 26 TaBV 46/81 – EzA § 87 BetrVG 1972 Leistungslohn Nr. 5; **a. A.** *LAG Düsseldorf* a. a. O.; *LAG Berlin* vom 7. November 1988 – 9 Sa 73/88 – LAGE § 87 BetrVG 1972 Leistungslohn Nr. 5; GK-*Wiese* § 87 Rz. 722; *F/A/K/H* § 87 Rz. 144 a; *G/L* § 87 Rz. 238; *D/R* § 87 Rz. 623; *D/K/K/S* § 87 Rz. 283; *Hilger* BB 1956, 10 ff., nicht aber die häufig zitierte Entscheidung des *BAG* vom 12. 10. 1955 – 1 ABR 13/54 – AP Nr. 1 zu § 56 BetrVG 1952 = DB 1955, 1142, weil sie nicht einen methodisch gebundenen Akkord zum Gegenstand hatte). Es ist zwar davon auszugehen, daß die Festsetzung der einzelnen Akkordsätze (z. B. der Vorgabezeiten) nach Abs. 1 Nr. 11 mitbestimmungspflichtig sein kann (vgl. oben Rz. 543) und daß außerdem rechtliche Beurteilungsfragen auch sonst Ansatzpunkte für ein Mitbestimmungsrecht bieten können (vgl. z. B. oben Rz. 282). Ein Mitbestimmungsrecht kann aber dann nicht mehr eingreifen, wenn die Betriebsparteien bereits die Art und Weise der Festsetzung dieser Sätze durch eine Betriebsvereinbarung geregelt haben, die kraft zwingenden Rechts nach § 77 Abs. 1 Satz 1 vom Arbeitgeber durchzuführen ist. An der Durchführung wäre der Arbeitgeber gehindert, wenn er ein weiteres Mitbestimmungsrecht nach Abs. 1 Nr. 11 zu beachten hätte. Ferner besteht auch kein sachliches Bedürfnis für eine Mitentscheidung des Betriebsrats bei den ermittelten Akkordsätzen. Zwar ist einzuräumen, daß die arbeitswissenschaftlichen Zeitermittlungsverfahren geringfügige Ungenauigkeiten nicht vermeiden (vgl. dazu *S/W* a. a. O.); denn sie sind keine naturwissenschaftlichen, sondern solche Methoden, die Fähigkeiten und Verhalten von Menschen zum Gegenstand haben und wegen der Vielzahl physisch und psychisch unterschiedlicher menschlicher Konstitutionen letzte Genauigkeit nicht erreichen können. Die Ungenauigkeiten können auch zeitweilig zu geringfügigen Ungerechtigkeiten bei der leistungsbezogenen Entlohnung führen; sie können sich aber sowohl zu Ungunsten wie auch zu Gunsten der jeweils betroffenen Arbeitnehmer auswirken. Im Durchschnitt der Belegschaft und auf längere Sicht auch für den einzelnen Arbeitnehmer gleichen sich aber in aller Regel die wirtschaftlichen Auswirkungen der Ungenauigkeiten aus. Außerdem können die Ungenauigkeiten bei der Ermittlung der Zeitfaktoren auch im Mitbestimmungsverfahren nicht beseitigt werden, weil die Einigungsstelle nur dieselbe Zeitermittlungsmethode anwenden könnte, zu der ein Rest von Ungenauigkeit notwendig gehört. Die vorhandenen Zufälligkeiten würden dann nur durch andere Zufälligkeiten ersetzt. Ein Mitbestimmungsverfahren in diesem Bereich kann deshalb auch sinnvoll gar nicht durchgeführt werden. Schließlich spricht auch der Gesichtspunkt der Praktikabilität für die hier vertretene Gesetzesauslegung: Hätte der Betriebsrat nämlich auch nach Vereinbarung einer arbeitswissenschaftlichen Methode zur Zeitermittlung ein Mitbestimmungsrecht bei der einzelnen Vorgabezeit, könnte er die Durch-

Mitbestimmungsrechte § 87

führung von Akkordarbeit praktisch verhindern; er könnte nämlich aufgrund seines Initiativrechts (vgl. dazu unten Rz. 573) die Richtigkeit der festgesetzten und auch der schon angewendeten Vorgabezeiten bestreiten und so zum Gegenstand von Einigungsstellenverfahren machen. Nach der Lehre von der Wirksamkeitsvoraussetzung der Mitbestimmung (vgl. dazu oben Rz. 79) wäre dann jeweils in der Schwebe, welche Akkordvorgaben gelten. Ein solcher Zustand wäre für Betrieb und Belegschaft nicht tragbar.

Das Mitbestimmungsrecht erstreckt sich nicht auf die Durchführung von **Zeitstudien**, die der Arbeitgeber vor der Festlegung der Zeitfaktoren oder unabhängig davon vornimmt (*BAG* vom 24. 11. 1981 – 1 ABR 108/79 – EzA § 87 BetrVG 1972 Betriebliche Ordnung Nr. 7 m. Anm. *Weiss* = DB 1982, 116; vom 10. 7. 1979 – 1 ABR 97/77 – EzA § 87 BetrVG 1972 Kontrolleinrichtung Nr. 7 = DB 1979, 2420; vom 14. 2. 1963 – 2 AZR 364/62 – AP Nr. 22 zu § 66 BetrVG Bl. 3 m. Anm. *Neumann-Duesberg* = DB 1963, 801; *G/L* § 87 Rz. 239; *Stege/Weinspach* § 87 Rz. 191; **a.A.** *LAG Berlin* a. a. O.; *D/K/K/S* § 87 Rz. 285; GK-*Wiese* § 87 Rz. 724; *F/A/K/H* § 87 Rz. 144 sowie *D/R* § 87 Rz. 601, der allerdings ein Mitbestimmungsrecht dann ausschließt, wenn die Zeitstudien nur zur Arbeitskontrolle dienen). Derartige Zeitstudien sind häufig notwendig, wenn festgestellt werden soll, ob eine Arbeit überhaupt akkordfähig ist (*Böhner/Ziepke* 159). Sollen die Zeitstudien allerdings später auch zur Entgeltfindung herangezogen werden, so empfiehlt es sich, den Betriebsrat bereits in diesem frühen Stadium einzuschalten. Der Betriebsrat braucht nämlich bei Einführung einer leistungsbezogenen Vergütung die Ergebnisse der vom Arbeitgeber vorgenommenen Zeitstudien nicht ungeprüft zu übernehmen. Er kann sich vielmehr aufgrund seines Informationsrechts nach § 80 Abs. 2 und durch Heranziehung von Sachverständigen nach § 80 Abs. 3 ggf. auch ein eigenes Bild verschaffen (*G/L* und *Stege/Weinspach*, jeweils a. a. O.). In Betracht kommt aber ein Mitbestimmungsrecht nach Abs. 1 Nr. 6 (vgl. oben Rz. 278ff).

549

Kein Mitbestimmungsrecht besteht auch hinsichtlich der Person des **Zeitstudienmannes** oder des eingeschalteten **Unternehmensberaters**. Der Betriebsrat hat auch nicht das Recht, an den einzelnen Vorgabezeitermittlungen teilzunehmen (*Gaul* BB 1990, 1549, 1554).

550

Auch die **Festsetzung der Geldfaktoren** wird vom Mitbestimmungsrecht nach Abs. 1 Nr. 11 erfaßt. Es bezieht sich nach allgemeiner Auffassung nicht auf die Berechnung der Vergütung für den einzelnen Arbeitnehmer (*D/R* § 87 Rz. 611; *F/A/K/H* § 87 Rz. 147; *G/L* § 87 Rz. 240; GK-*Wiese* § 87 Rz. 716; *D/K/K/S* § 87 Rz. 283). Umstritten ist aber, ob zu diesen Geldfaktoren nur die Geldbeträge gehören, die auf der Grundlage eines mitbestimmungsfrei vorgegebenen Akkordrichtsatzes die Richtigkeit der jeweiligen Akkordentgelte sichern, oder auch der **Akkordrichtsatz selbst und damit auch die entgeltpolitische Entscheidung über die Höhe der Leistungsvergütung.** Da der Akkordrichtsatz in der Regel tariflich festgelegt ist, hat diese Streitfrage ihre Hauptbedeutung bei der tariflich nur selten geregelten und auch so kaum regelbaren Prämienentlohnung. Deshalb ist dort dargelegt (vgl. Rz. 559f.), daß sich das Mitbestimmungsrecht bei den Geldfaktoren nicht auf die Prämienausgangsleistung und den Akkordrichtsatz erstreckt (vgl. eingehend zu dieser Streitfrage GK-*Wiese* § 87 Rz. 717–720).

551

Nicht zu den mitbestimmungspflichtigen Akkordsätzen gehört die Vergütungshöhe für eine aus der Vorgabezeit einvernehmlich ausgeklammerte **Wartezeit** (vgl. dazu oben Rz. 547). In dieser Zeit kann ein Leistungsentgelt nicht verdient

552

§ 87 *4. Teil 3. Abschn. Soziale Angelegenheiten*

werden, weil sie aus dem Akkordsystem ausgeschieden ist. Vielmehr handelt es sich dann um ein sog. Mischsystem, eine Kombination der Entgeltgrundsätze Leistungsentgelt und Zeitentgelt (vgl. dazu oben Rz. 494 und 491). Für die Bezahlung der Wartezeit kommt deshalb nur ein Mitbestimmungsrecht nach Abs. 1 Nr. 10 in Betracht, das sich auf Geldfaktoren nicht erstreckt (a. A. *BAG* vom 14. 2. 1989, a. a. O., wonach eine Betriebsvereinbarung vom Mitbestimmungsrecht gedeckt sein soll, die als Bezahlung der Wartezeit den persönlichen Durchschnittsverdienst des Arbeitnehmers in einem bestimmten Referenzzeitraum festlegt; vgl. dazu *S/W* § 87 Rz. 192 b).

553 Auch eine **Änderung** der Akkordsätze ist mitbestimmungspflichtig. Werden die Sätze aber selbst nicht geändert, sondern wechselt lediglich der Inhalt des Arbeitsplatzes, so löst dies nicht ein Mitbestimmungsrecht nach Abs. 1 Nr. 11 aus; es kann sich aber um eine Versetzung handeln, die unter das Mitbestimmungsrecht nach § 99 fällt (*D/R* § 87 Rz. 612; *G/L* § 87 Rz. 240; *F/A/K/H* § 87 Rz. 147; GK-*Wiese* § 87 Rz. 729; *S/W* § 87 Rz. 194).

bb) Prämiensätze

554 Bei der Prämienvergütung (zur näheren Chrakterisierung dieses Entlohnungsgrundsatzes vgl. oben Rz. 492) kommt es darauf an, daß die Vergütung sich **nach der individuellen Leistung des Arbeitnehmers oder einer abgegrenzten Gruppe von Arbeitnehmern** bemißt. Hieraus folgt einmal, daß solche »Prämien« ausscheiden, die dem Arbeitnehmer – unabhängig von seiner Leistung – nach den wirtschaftlichen Ergebnissen des Betriebs (Gewinn, Umsatz, Produktion) – meistens nach größeren Zeiträumen (Quartal, Halbjahr, Jahr) – gezahlt werden. Hier kann allerdings ein Mitbestimmungsrecht des Betriebsrats bei der Ausgestaltung gem. Abs. 1 Nr. 10 in Betracht kommen (vgl. dazu oben Rz. 464 und 496). Keine Leistungsentgelte gem. Abs. 1 Nr. 11 sind ferner betriebliche Zuwendungen, die für Pünktlichkeit, Anwesenheit, Betriebszugehörigkeit gewährt werden (*S/W* § 87 Rz. 196; GK-*Wiese* § 87 Rz. 713; vgl. dazu auch unten Rz. 565 f.).

555 Die Prämie wird üblicherweise **in Verbindung mit Zeitvergütung** vereinbart (*D/R* § 87 Rz. 577; GK-*Wiese* § 87 Rz. 712). Prämiensysteme gewinnen in der betrieblichen Praxis im Hinblick auf die zunehmende Automatisierung und die Entwicklung hin zu höherwertigen Arbeiten erheblich an Bedeutung (*G/L* § 87 Rz. 243; zu den Vorzügen der Prämien- gegenüber Akkordvergütung vgl. *Gaul* BB 1990, 1549).

556 Hinsichtlich der Prämienvergütung besteht ein Mitbestimmungsrecht bereits nach Abs. 1 Nr. 10 (vgl. dazu oben Rz. 492; vgl. auch *D/R* § 87 Rz. 578). Abs. 1 Nr. 11 erstreckt das Mitbestimmungsrecht auf die Prämiensätze einschließlich der Geldfaktoren.

557 Die Prämienvergütung baut wie die Akkordvergütung (vgl. dazu oben Rz. 535) auf der Annahme einer bestimmten **Ausgangsleistung** (oder Grund- oder Richtleistung) auf, für die das Ausgangsentgelt zu gewähren ist. Der Begriff der Normalleistung ist dafür weniger gebräuchlich, weil er sich stark auf die mengenmäßige Leistung verengt hat, die bei der Prämienvergütung nur eine der möglichen Bezugsgrößen ist. Die Entscheidung darüber, welche **Bezugsgröße** (z. B. Menge oder Qualität) maßgeblich sein soll, ist nach Abs. 1 Nr. 10 mitbestimmungspflichtig (vgl. oben Rz. 492), ebenso die **Wahl zwischen Individual- und Gruppenprämien** (vgl. oben Rz. 491). Diese Entscheidungen betreffen die Ausformung des Entlohnungsgrundsatzes Prämienvergütung. Demgegenüber ist das ebenfalls mitbestim-

1230 Glaubitz

Mitbestimmungsrechte § 87

mungspflichtige **Prämienverfahren** (vgl. dazu unten Rz. 559) der wesentliche Teil der Entlohnungsmethode bei der Prämienvergütung. Es ist aber entgegen der herrschenden Rechtsauffassung nicht nach Abs. 1 Nr. 10, sondern nach der Sonderregelung in Abs. 1 Nr. 11 mitbestimmungspflichtig (vgl. dazu oben Rz. 501 i. V. m. Rz. 499).

Im Rahmen des Prämienverfahrens ist gemeinsam mit dem Betriebsrat festzulegen, **wie die Ausgangsleistung (auch Grund- oder Richtleistung) ermittelt wird**, auf die das Prämienausgangsentgelt bezogen ist, ob sie also ausgehandelt oder aus der Erfahrung mit Hilfe statistischer Methoden oder aber arbeitswissenschaftlich gewonnen wird (vgl. dazu *Schaub* § 65 IV; so auch GK-*Wiese* § 87 Rz. 664; *G/L* § 87 Rz. 221, 245f.; *D/R* § 87 Rz. 626; *Moll* Die Mitbestimmung des Betriebsrats beim Entgelt, 59). Dasselbe gilt für die **Ermittlung des Grades der tatsächlich erbrachten Leistung** (GK-*Wiese* a. a. O.; *S/W* § 87 Rz. 182; zu den in der Praxis gebräuchlichen Methoden vgl. *Schaub* § 65 V). 558

Bei der nach Abs. 1 Nr. 11 mitbestimmungspflichtigen Festsetzung von Leistungsgraden (das sind die Prämiensätze, die nicht Geldfaktoren sind) entsteht die sog. **Prämienlinie** (oder Prämienkurve), die die Prämienausgangsleistung mit der Prämienhöchstleistung verbindet, also die Leistungsgrade aufreiht, denen Geldfaktoren zugeordnet werden können. Ihr wird eine zweite Linie, die **Prämienentgeltlinie** (oder Prämienentgeltkurve) zugeordnet, auf der die den Leistungsgraden entsprechenden Geldfaktoren aufgereiht sind. Diese Linie, deren Festlegung ebenfalls nach Abs. 1 Nr. 11 mitbestimmungspflichtig ist, kann entweder gerade oder parallel zur ersten Linie oder aber stufenförmig ansteigend oder in einer progressiven oder in einer degressiven Kurve verlaufen (vgl. *G/L* § 87 Rz. 642; *S/W* § 87 Rz. 182; *Lieb* ZfA 1988, 413, 423; *Moll* a. a. O., 60; GK-*Wiese* § 87 Rz. 653). Diese sog. Geldfaktoren im engeren Sinn (so *BAG* vom 25. 5. 1982 – 1 ABR 19/80 = EzA § 87 BetrVG 1972 Leistungslohn Nr. 7 m. Anm. *Gaul* = AP Nr. 2 zu § 87 BetrVG 1972 Prämie [vgl. unten Rz. 560 a. E.!]) sollen jedoch nach neuerer höchstrichterlicher Rechtsprechung schon nach Abs. 1 Nr. 10 mitbestimmungspflichtig sein und so ein Mitbestimmungsrecht auch beim sog. Entgeltfaktor im weiteren Sinn, nämlich beim zentralen Wert des Prämienausgangsentgelts und damit bei der eigentlichen Höhe der Prämienentlohnung nach Abs. 1 Nr. 11 ermöglichen (*BAG* vom 16. 12. 1986 – 1 ABR 26/85 – 1198 = EzA § 87 BetrVG 1972 Leistungslohn Nr. 14 = DB 1987, 1198; vom 13. 9. 1983 – 1 ABR 32/81 – AP Nr. 3 zu § 87 BetrVG 1972 Prämien = DB 1983, 2470 = EzA § 87 BetrVG 1972 Leistungslohn Nr. 8 m. Anm. *Löwisch/Reimann* = DB 1983, 2038, 2470; zust. GK-*Wiese* und *F/A/K/H*, jeweils a. a. O.). Die Einwände gegen diese Rechtsprechung sind an anderer Stelle dargelegt (vgl. unten Rz. 560 und oben Rz. 533). 559

Unter dem Geldfaktor ist nach höchstrichterlicher Rechtsprechung (vgl. dazu die Nachweise unter Rz. 532, sowie *BAG* vom 16. 12. 1986, a. a. O., wonach der Betriebsrat aufgrund seines Mitbestimmungsrechts sogar verlangen könne, daß das Prämienausgangsentgelt an das jeweilige Tarifentgelt angeknüpft und somit dynamisiert wird) und einem Teil des Fachschrifttums (vgl. Nachweise unter Rz. 532) **auch die Prämienhöhe** (beim Akkord dementsprechend der **Akkordrichtsatz**; vgl. dazu oben Rz. 551) zu verstehen; zur Prämienhöhe gehört auch die Prämienhöchstvergütung (vgl. GK-*Wiese* § 87 Rz. 727; *Lieb* ZfA 1988, 413, 447). Dieser Rechtsprechung kann nicht gefolgt werden (vgl. dazu zunächst oben Rz. 533). Unter Geldfaktor ist nur diejenige Größe zu verstehen, die das Verhältnis des Entgelts für einen bestimmten Leistungsgrad zum Entgelt für die Ausgangsleistung 560

§ 87 4. Teil 3. Abschn. Soziale Angelegenheiten

(auch Grund- oder Richtleistung) ausweist. Die Reihe der Geldfaktoren in diesem Sinne entscheidet darüber, ob die Leistungsvergütungskurve linear, degressiv oder progressiv verläuft. Auch die Bestimmung des Geldfaktors in diesem Sinn hat deshalb Einfluß auf die Vergütungshöhe. Aus ihm ergibt sich nämlich einmal die Höhe der Vergütung für eine konkrete Leistung. Er beeinflußt darüber hinaus die Summe der zu zahlenden Leistungsentgelte. Je steiler die Leistungsvergütungskurve ansteigt, um so größer wird die gesamte Vergütungssumme. Dies kann aber nicht als Mitbestimmung bei der entgeltpolitischen Entscheidung über die Entgelthöhe angesehen werden (vgl. dazu *BAG* vom 25. 5. 1982, a. a. O., in AP Bl. 2 R; im Ergebnis wie hier *G/L* § 87 Rz. 247; *D/R* § 87 Rz. 591 ff.; *S/W* § 87 Rz. 182 und 197).

cc) Vergleichbare leistungsbezogene Entgelte

561 Abs. 1 Nr. 11 erstreckt das Mitbestimmungsrecht auch auf mit Akkord- und Prämienvergütung vergleichbare leistungsbezogene Entgelte. Bei solchen Entgelten muß eine **unmittelbare Abhängigkeit der Vergütung von der Arbeitsleistung** bestehen (vgl. dazu oben Rz. 534). Es handelt sich um Vergütungen, bei denen die **Leistung** des Arbeitnehmers, gleichgültig, worin sie besteht, gemessen und mit einer Bezugsleistung verglichen wird, und bei der sich das Entgelt in irgendeiner Weise nach dem Verhältnis der Leistung des Arbeitnehmers zur Bezugsleistung bestimmt (*BAG* vom 22. 10. 1985 – 1 ABR 67/83 – NZA 1986, 296 = EzA § 87 BetrVG 1972 Leistungslohn Nr. 11; vom 13. 3. 1984 – 1 ABR 57/82 – EzA § 87 BetrVG 1972 Leistungslohn Nr. 10 m. Anm. *Otto* = DB 1984, 2145; vom 28. 7. 1981 – 1 ABR 56/78 – AP Nr. 2 zu § 87 BetrVG 1972 Provision = DB 1981, 2336 = EzA § 87 BetrVG 1972 Leistungslohn Nr. 4; *GK-Wiese* § 87 Rz. 695; *G/L* § 87 Rz. 250; *S/W* § 87 Rz. 198; *Matthes* NZA 1987, 289, 292; *Heinze* NZA 1986, 1, 2 f.; *Stadler* BB 1972, 800, 803; **a. A.** *F/A/K/H* § 87 Rz. 153; *D/K/K/S* § 87 Rz. 281).

562 Dem Mitbestimmungsrecht unterliegt deshalb z. B. der **Gedingelohn**, die auf die Bedürfnisse des Bergbaus zugeschnittene besondere Form der Leistungsvergütung (so auch *GK-Wiese* § 87 Rz. 704; *D/R* § 87 Rz. 588; *Moll* Die Mitbestimmung des Betriebsrats beim Entgelt, 75; vgl. dazu auch *Schaub* § 67 IV).

563 Ferner gehört hierhin die Festsetzung der Zeit- und Geldfaktoren bei der Vergütung für **Heimarbeiter**, soweit sie nach § 6 zur Belegschaft gehören (vgl. dazu oben Rz. 52 und 500; wie hier GK-*Wiese* § 87 Rz. 705; *S/W* § 87 Rz. 194a).

564 **Provisionen** sind in aller Regel dem Mitbestimmungsrecht nach Abs. 1 Nr. 11 nicht unterworfen (ebenso *G/L* § 87 Rz. 251; *S/W* § 87 Rz. 200; *Seifert* DB 1979, 2034, 2036 f.; *Heinze* NZA 1986, 1 ff.; GK-*Wiese* § 87 Rz. 699–703; **a. A.** *D/K/K/S* § 87 Rz. 282; *Moritz* AuR 1983, 97; 106 f.; *Pornschlegel* AuR 1983, 193 ff. und 1984, 96; zum Mitbestimmungsrecht nach Abs. 1 Nr. 10 vgl. oben Rz. 493), weil sie mit Akkord- und Prämienvergütung nicht vergleichbar sind (vgl. dazu oben Rz. 475). Dies ist höchstrichterlich anerkannt sowohl für Anteils- und Leitungsprovisionen (*BAG* vom 28. 7. 1981, a. a. O.; zustimmend insoweit *D/R* § 87 Rz. 587) als auch für Abschlußprovisionen (*BAG* vom 26. 7. 1988 – 1 AZR 54/87 – EzA § 87 BetrVG 1972 Leistungslohn Nr. 16 = DB 1989, 384; vom 13. 3. 1984, a. a. O., unter Aufgabe der früheren Entscheidung vom 29. 3. 1977 – 1 ABR 123/74 – EzA § 87 BetrVG 1972 Leistungslohn Nr. 2 m. Anm. *Löwisch* = DB 1977, 1650 m. Anm. *Bolten*; wie die neuere Rechtsprechung

des *BAG* auch *LAG Düsseldorf* vom 30. 7. 1982 – 2 TaBV 27/82 – DB 1982, 1990; **a. A.** insoweit *D/R* § 87 Rz. 586; *F/A/K/H* § 87 Rz. 153).
Ein Mitbestimmungsrecht nach Abs. 1 Nr. 11 besteht ferner nicht, wenn die **565** Höhe des Arbeitsentgelts nur insofern von der Leistung des Arbeitnehmers abhängt, als der Arbeitgeber in längeren oder kürzeren Zeitabständen die Leistung beurteilt und danach Zulagen **(Leistungszulagen)** gewährt, da hier keine unmittelbare Abhängigkeit zwischen Arbeitsentgelt und Arbeitsleistung besteht (*BAG* vom 22. 10. 1985, a. a. O.; ebenso *LAG Niedersachsen* vom 25. 2. 1980 – 3 TaBV 4/79 – EzA § 87 BetrVG 1972 Lohn und Arbeitsentgelt Nr. 12 = DB 1980, 1849; *G/L* § 87 Rz. 252; GK-*Wiese* § 87 Rz. 696; *F/A/K/H* § 87 Rz. 151; *S/W* § 87 Rz. 199; *Matthes* NZA 1987, 289, 292; *Jedzig* DB 1991, 753, 756; **a. A.** *D/K/K/S* § 87 Rz. 281; vgl. auch *F/A/K/H* § 87 Rz. 150 zu sog. Leistungszulagen, die aber als Prämien angesehen werden müssen; vgl. dazu oben Rz. 492). Bei Leistungszulagen kann aber ein Mitbestimmungsrecht nach Abs. 1 Nr. 10 eingreifen (*LAG Hamm* vom 8. 10. 1975 – 8 TaBV 49/75 – DB 1975, 2282; *F/A/K/H* § 87 Rz. 151).
Aus denselben Gründen, wie sie für die Leistungszulage gelten, fällt auch nicht **566** unter Abs. 1 Nr. 11 die Vergütung durch **Bedienungsgelder** im Gaststättengewerbe (GK-*Wiese* § 87 Rz. 698; **a. A.** *D/R* § 87 Rz. 589; vgl. auch oben Rz. 464).
Gleiches gilt für die **Gewinn- und Ergebnisbeteiligungen** (vgl. dazu oben Rz. 495), **567** **Jahresabschlußvergütungen, Gratifikationen, Treueprämien, Anwesenheits- und Pünktlichkeitsprämien** (*LAG Bremen* vom 27. 10. 1978 – 1 TaBV 5/78 – AP Nr. 1 zu § 87 BetrVG 1972 Lohngestaltung = DB 1978, 2488; GK-*Wiese* § 87 Rz. 697; *G/L* § 87 Rz. 249; *S/W* a. a. O.).

c) Schranken des Mitbestimmungsrechts

Dem Mitbestimmungsrecht bei den Akkordsätzen, Prämiensätzen und vergleich- **568** baren leistungsbezogenen Entgelten sind in der Praxis vielfach Schranken gesetzt:
Nach dem Satzeingang des Abs. 1 gehen **tarifliche Regelungen**, die häufig für die **569** Akkordvergütung gelten, dem Mitbestimmungsrecht vor (vgl. dazu oben Rz. 52 ff.); sie enthalten fast stets nicht nur den Akkordrichtsatz, sondern auch die Ausgestaltung des Akkordsystems einschließlich des Verfahrens (Verfahrensordnung; vgl. dazu oben Rz. 545); wegen der eingehenden Regelung bleiben für die Betriebspartner nur wenige Fragen offen (*S/W* § 87 Rz. 192). Selbst wenn der **Akkordrichtsatz** entsprechend der herrschenden Rechtsauffassung zu den mitbestimmungspflichtigen Geldfaktoren gehören würde (vgl. dazu oben Rz. 551 und 560), wäre das Mitbestimmungsrecht bei einer entsprechenden tariflichen Regelung nach dem Satzeingang des § 87 ausgeschlossen (*S/W* § 87 Rz. 195; GK-*Wiese* § 87 Rz. 728; *F/A/K/H* § 87 Rz. 146; *Matthes* NZA 1987, 289, 292; vgl. auch oben Rz. 52–62).
Für den Fall, daß der Arbeitgeber den Akkordrichtsatz **freiwillig höher** ansetzt, **570** als tariflich vorgesehen ist, gelten die Ausführungen zu den freiwilligen übertariflichen Zulagen entsprechend (vgl. oben Rz. 508 ff.; im Ergebnis ebenso *S/W* § 87 Rz. 195).
Bei der Prüfung der von den Betriebspartnern noch auszufüllenden Freiräume ist **571** zu unterscheiden, ob Raum für die Ausübung eines Mitbestimmungsrechts gelassen oder nur die **Befugnis zu einer einvernehmlichen Abweichung von der tariflich festgelegten Regelung** eingeräumt worden ist (vgl. dazu oben Rz. 59).
Bei der Festsetzung der Sätze für die Berechnung des **Heimarbeitsentgelts** (vgl. **572**

oben Rz. 563) sind die von den Heimarbeitsausschüssen erlassenen **bindenden Festsetzungen** zu beachten, die nach § 19 Abs. 3 HAG die Wirkung eines allgemeinverbindlichen Tarifvertrages haben und damit dem Mitbestimmungsrecht ebenfalls vorgehen (vgl. dazu oben Rz. 52).

d) Ausübung des Mitbestimmungsrechts

573 Auch nach Abs. 1 Nr. 11 hat der Betriebsrat, soweit sein Mitbestimmungsrecht reicht, ein **Initiativrecht** (vgl. dazu oben Rz. 42; ebenso *D/R* § 87 Rz. 630; *G/L* § 87 Rz. 255; GK-*Wiese* § 87 Rz. 729). Dies bedeutet jedoch nicht, daß er die Einführung von Leistungsentgelten aufgrund seines Mitbestimmungsrechts verlangen könnte (vgl. dazu oben Rz. 510).

574 Werden Akkord- und Prämiensätze sowie vergleichbare leistungsbezogene Entgelte im Mitbestimmungsverfahren unmittelbar festgesetzt, ist dies durch **Betriebsvereinbarung** möglich. Im Hinblick auf das häufig umfangreiche Zahlenwerk und die starke Anpassungsbedürftigkeit der Daten ist dies aber nicht zweckmäßig. Durch Betriebsvereinbarung sollte indessen in jedem Fall die arbeitswissenschaftliche Methode für die Leistungsentgeltberechnung festgelegt werden (*D/R* § 87 Rz. 619; ähnlich GK-*Wiese* § 87 Rz. 730 f.), soweit nicht schon eine tarifliche Regelung (für Heimarbeiter eine bindende Festsetzung, vgl. dazu oben Rz. 563) gilt.

575 Das Mitbestimmungsrecht braucht nicht durch den Betriebsrat selbst ausgeübt zu werden. Er kann dafür einen Ausschuß bilden oder gem. § 28 Abs. 3 mit dem Arbeitgeber einen gemeinsamen Ausschuß (z. B. **Akkordkommission**) vereinbaren. Das Mitbestimmungsrecht kann aber, soweit es überhaupt bei der Festsetzung der einzelnen Faktoren für die leistungsbezogenen Entgelte besteht (vgl. zu dieser umstrittenen Frage vor allem oben Rz. 544), nicht durch Ausschüsse oder Gremien wirksam ausgeübt werden, die im BetrVG nicht vorgesehen sind (*G/L* § 87 Rz. 254; *F/A/K/H* § 87 Rz. 152; **a. A.** *D/R* § 87 Rz. 618 und GK-*Wiese* § 87 Rz. 731, die auch eine nichtparitätische Zusammensetzung des Gremiums durch Betriebsvereinbarung zulassen, sofern der gleichberechtigte Einfluß des Betriebsrats – z. B. durch Einräumung eines Einspruchsrechts – gewährleistet sei). Akkordkommissionen können durch tarifliche Regelungen vorgesehen sein (z. B. zur Behandlung nachträglicher Beanstandungen einzelner Vorgabezeiten durch Betriebsrat oder Arbeitnehmer); sie üben dann aber nicht das Mitbestimmungsrecht nach Abs. 1 Nr. 11 aus (**a. A.** die Vertreter der abgelehnten Rechtsauffassung – vgl. oben Rz. 544 –, daß auch bei der nach arbeitswissenschaftlichen Methoden vorzunehmenden Festsetzung der einzelnen Vorgabezeiten ein Mitbestimmungsrecht bestehe; sie lassen es zu, die Mitwirkung des Betriebsrats durch Betriebsvereinbarung auf ein Nachprüfverfahren zu beschränken; vgl. *G/L* § 87 Rz. 256; GK-*Wiese* a. a. O.).

576 Ist ein Akkord-, Prämiensatz oder ein vergleichbares leistungsbezogenes Entgelt **falsch festgesetzt**, so wird dies durch die Zustimmung des Betriebsrats rechtlich nicht geheilt. Arbeitnehmer, die deshalb zu wenig Entgelt erhalten, können den Differenzbetrag einklagen (*D/R* § 87 Rz. 632).

e) Rechtsfolgen der Nichtbeachtung des Mitbestimmungsrechts

577 Nach der herrschenden, gleichwohl abzulehnenden Rechtsauffassung ist die einseitige Festsetzung der Akkord- und Prämiensätze und vergleichbarer leistungsbezogener Entgelte **unwirksam** (vgl. dazu ausführlich oben Rz. 79 ff. und 527). Der Betriebsrat hat aber auch ohne die Annahme, daß die Ausübung des Mitbestim-

mungsrechts Wirksamkeitsvoraussetzung für die Festsetzung sei, ausreichende Möglichkeiten, sein Mitbestimmungsrecht bei Nichtbeachtung gegen den Arbeitgeber durchzusetzen (vgl. oben Rz. 87).

IX. Grundsätze über das betriebliche Vorschlagswesen (Nr. 12)

Dieses Mitbestimmungsrecht ist erst aufgrund eines Antrags des Bundestags-Ausschusses für Arbeit und Sozialordnung in das BetrVG 1972 eingefügt worden (BT-Drucks. VI/2729, 29; GK-*Wiese* § 87 Rz. 733). **578**

1. Betriebliches Vorschlagswesen

Zum betrieblichen Vorschlagswesen gehören alle Systeme und Methoden, durch die Vorschläge der Arbeitnehmer zur Vereinfachung oder Verbesserung der betrieblichen Arbeit angeregt, gesammelt und bewertet werden. Das betriebliche Vorschlagswesen ist ein Mittel, um Arbeitnehmer in die Organisation des Betriebsablaufs einzubeziehen. Die Arbeitnehmer werden dabei ermuntert, zum Betriebserfolg beizutragen; sie erhalten nicht nur Gelegenheit, durch Prämien einen finanziellen Vorteil zu erzielen, sondern können auf diese Weise auch ihre Fähigkeiten entwickeln (*F/A/K/H* § 87 Rz. 155; GK-*Wiese* § 87 Rz. 735; *Schoden* AuR 1980, 73). Durch Verbesserungsvorschläge können die Arbeitnehmer auch Einfluß auf die betriebliche Unfallverhütung und den Gesundheitsschutz am Arbeitsplatz nehmen (ähnlich *D/R* § 87 Rz. 634). **579**

Verbesserungsvorschläge sind Anregungen, die im Falle ihrer Verwirklichung zu einer Verbesserung des Betriebs gegenüber dem bisherigen Zustand führen (GK-*Wiese* a. a. O.; *S/W* § 87 Rz. 202; ähnlich *D/K/K/S* § 87 Rz. 290). **580**

Durch das betriebliche Vorschlagswesen können Verbesserungsvorschläge **aller Art**, also nicht nur aus dem technischen, sondern auch aus dem organisatorischen und kaufmännischen Bereich erfaßt werden. Für das Mitbestimmungsrecht besteht kein Unterschied zwischen diesen Kategorien von Verbesserungsvorschlägen, zumal die Grenzen häufig fließend sind (vgl. *D/R* § 87 Rz. 635; GK-*Wiese* und *S/W*, jeweils a. a. O.; *F/A/K/H* § 87 Rz. 154; *D/K/K/S* § 87 Rz. 292). **581**

Technische Verbesserungsvorschläge müssen aber von **Arbeitnehmererfindungen** unterschieden werden (*D/K/K/S* § 87 Rz. 290; vgl. dazu ausführlich *Gaul* BB 1983, 1357ff.). **582**

Erfindungen, die **patent- oder gebrauchsmusterfähig** sind, fallen nicht in den Bereich des betrieblichen Vorschlagswesens. Für sie gilt das ArbNErfG. Da das Gesetz eine abschließende Regelung enthält, besteht für sie kein Mitbestimmungsrecht (*D/R* § 87 Rz. 636; *G/L* § 87 Rz. 262; *F/A/K/H* § 87 Rz. 156; *S/W* § 87 Rz. 201; GK-*Wiese* § 87 Rz. 737). Gem. § 21 ArbNErfG können aber durch freiwillige Übereinkunft zwischen Arbeitgeber und Betriebsrat (für Mitbestimmungsrecht des Betriebsrats – ausgenommen bei der Grundentscheidung über die Bestellung eines Erfinderberaters – zu Unrecht und ohne Begründung: *Gaul* BB 1981, 1781, 1782) ein oder mehrere Erfinderberater bestellt werden. Für die Arbeitnehmererfindungen gelten ferner die Richtlinien für die Vergütung von Arbeitnehmererfindungen im privaten Dienst v. 20. Juli 1959 (Beilage zum BAnz

§ 87   4. Teil 3. Abschn. Soziale Angelegenheiten

Nr. 156 v. 18. 8. 1959, sowie bei *Vollmer* Richtlinien über Vergütungen für Arbeitnehmererfindungen, 25 ff.).

583 Demgegenüber sind technische Verbesserungsvorschläge nach § 3 ArbNErfG Vorschläge für technische Neuerungen, die wegen ihres geringen Neuheitsgrades nicht patent- oder gebrauchsmusterfähig sind. Für sie besteht nach § 20 Abs. 1 ArbNErfG bei Verwertung durch den Arbeitgeber ein Anspruch auf angemessene Vergütung. Voraussetzung ist weiterhin, daß sie dem Arbeitgeber eine ähnliche Vorzugsstellung geben wie ein gewerbliches Schutzrecht (sog. **qualifizierter technischer Verbesserungsvorschlag**). Eine solche Vorzugsstellung erhält der Arbeitgeber dann, wenn für ihn wenigstens eine tatsächliche Ausschlußmöglichkeit besteht, er also verhindern kann, daß Wettbewerber die technische Neuerung verwerten. Ist ihm dies nicht möglich, so handelt es sich um einfache technische Verbesserungsvorschläge, deren Behandlung gem. § 20 Abs. 2 ArbNErfG der Regelung durch Tarifvertrag oder Betriebsvereinbarung überlassen bleibt (*D/R* § 87 Rz. 637; GK-*Wiese* § 87 Rz. 736). Einfache technische Verbesserungsvorschläge gehören ebenso wie nichttechnische Verbesserungsvorschläge in den Bereich des betrieblichen Vorschlagswesens. Dies gilt aber auch für qualifizierte technische Verbesserungsvorschläge, weil § 20 Abs. 1 ArbNErfG für sie keine abschließende Regelung enthält, sondern nur Vorschriften über die Vergütung aufweist, indem er die §§ 9 und 12 ArbNErfG für sinngemäß anwendbar erklärt (ebenso *G/L* § 87 Rz. 262; GK-*Wiese* § 87 Rz. 737; *D/R* § 87 Rz. 638; **a. A.** *Kammann/Hess/Schlochauer* § 87 Rz. 242).

584 Verbesserungsvorschläge gehören nur dann zum betrieblichen Vorschlagswesen, wenn sie als **zusätzliche Leistung** anzusehen, also nicht aus dem durch das Arbeitsverhältnis gegebenen Pflichtenkreis hervorgegangen sind (*D/R* § 87 Rz. 639; GK-*Wiese* § 87 Rz. 736; *S/W* § 87 Rz. 202; *D/K/K/S* § 87 Rz. 293). Deshalb bieten sog. **Qualitätszirkel**, nämlich Arbeitskreise von Mitarbeitern, in denen Möglichkeiten zur Verbesserung des Betriebsablaufs entwickelt werden, keinen Anknüpfungspunkt für ein Mitbestimmungsrecht (so auch GK-*Wiese* a. a. O.; *S/W* § 87 Rz. 204a; **a. A.** *Schüttkemper* BB 1983, 1163, 1165 f.; *F/A/K/H* § 87 Rz. 154a; *D/K/K/S* a. a. O.; *Heilmann/Taeger* BB 1990, 1969, 1973).

585 Das betriebliche Vorschlagswesen ist ab dem Veranlagungszeitraum 1989 **steuerlich nicht mehr begünstigt** (zur früheren steuerlichen Behandlung vgl. die Vorauflage und GK-*Wiese* § 87 Rz. 752; *S/W* § 87 Rz. 207).

2. Zweck des Mitbestimmungsrechts

586 Das Mitbestimmungsrecht des Betriebsrats bei den Grundsätzen über das betriebliche Vorschlagswesen bezweckt vor allem, die Behandlung betrieblicher Verbesserungsvorschläge so zu gestalten, daß sie für den Arbeitnehmer durchschaubar wird. Es dient damit der Entfaltung der persönlichen Fähigkeiten des Arbeitnehmers (*G/L* § 87 Rz. 274; GK-*Wiese* § 87 Rz. 738; *F/A/K/H* § 87 Rz. 155), da der Arbeitnehmer zum Mitdenken und damit zur Teilnahme an der Gestaltung der Arbeit und der Entwicklung des Betriebes angeregt wird. Es dient seinem Schutz, indem es die Berücksichtigung seiner Initiative und seiner Leistung ordnet und durchschaubar macht und damit dazu beiträgt, daß die Arbeitnehmer des Betriebs insoweit gleichmäßig und nach den Grundsätzen von Recht und Billigkeit (§ 75 Abs. 1) behandelt werden (*BAG* vom 28. 4. 1981 – 1 ABR 53/79 – EzA § 87

BetrVG 1972 Vorschlagswesen Nr. 2 m. Anm. *Kraft* = DB 1981, 1882 = AP Nr. 1 zu § 87 BetrVG 1972 Vorschlagswesen [vgl. unten Rz. 589!]; vom 16. 3. 1982 – 1 ABR 63/80 – DB 1982, 1468 = EzA § 87 BetrVG 1972 Vorschlagswesen Nr. 3 = DB 1982, 1468).

3. Voraussetzungen des Mitbestimmungsrechts

Das Mitbestimmungsrecht erstreckt sich nur auf die **Grundsätze** des betrieblichen 587
Vorschlagswesens. Zu diesen Grundsätzen gehören die **Regeln** über die **Organisation** des betrieblichen Vorschlagswesens und das **Verfahren** innerhalb dieser Organisation. Die Grundsätze über das betriebliche Vorschlagswesen können danach Bestimmungen enthalten über die Bestellung eines **Beauftragten für das betriebliche Vorschlagswesen** oder eines **Prüfungsausschusses**. Mitbestimmungspflichtig ist dabei auch die Zusammensetzung eines solchen Ausschusses (*BAG* vom 28. 4. 1981 und 16. 3. 1982, jeweils a. a. O.; *G/L* § 87 Rz. 269; GK-*Wiese* § 87 Rz. 751; *S/W* § 87 Rz. 204; *D/K/K/S* § 87 Rz. 297). Nicht nach Abs. 1 Nr. 12 mitbestimmungspflichtig ist aber die Entscheidung, mit wem die Position eines Beauftragten für das betriebliche Vorschlagswesen zu besetzen ist (*BAG* vom 16. 3. 1982, GK-*Wiese* und *S/W*, jeweils a. a. O.).

Das Mitbestimmungsrecht umfaßt auch die Festlegung des **Personenkreises**, der 588
zur Teilnahme am Vorschlagswesen berechtigt sein soll, wobei die leitenden Angestellten kraft Gesetzes (§ 5 Abs. 3) ausgeklammert bleiben (*G/L* § 87 Rz. 272; *D/R* § 87 Rz. 642; GK-*Wiese* § 87 Rz. 750; *F/A/K/H* § 87 Rz. 158; *S/W* a. a. O.).

Zu den Grundsätzen über das betriebliche Vorschlagswesen gehören ferner generelle 589
Regelungen über die Bestimmung der zu gewährenden Vergütung. So hat der Betriebsrat mitzubestimmen, nach welchen Grundsätzen und Methoden die Prämie bemessen werden soll (*D/R* § 87 Rz. 644; GK-*Wiese* § 87 Rz. 754; *F/A/K/H* § 87 Rz. 154b; *D/K/K/S* § 87 Rz. 298), bei den Fragen, wie der Nutzen eines Verbesserungsvorschlags zu ermitteln ist (*G/L* § 87 Rz. 268, 274) und wie die Prämie bei Gruppenvorschlägen zu verteilen ist (GK-*Wiese* a. a. O.), sowie darüber, wie eine Prämie für einen Verbesserungsvorschlag bestimmt werden soll, dessen wirtschaftlicher Nutzen nicht zu ermitteln ist (*BAG* vom 28. 4. 1981, a. a. O., in AP Bl. 5 R). Die Bewertung des Verbesserungsvorschlags im Einzelfall kann aber nicht mehr unter dem Begriff der Grundsätze erfaßt werden und ist deshalb mitbestimmungsfrei (*BAG* vom 16. 3. 1982, a. a. O.; GK-*Wiese* § 87 Rz. 755; *S/W* § 87 Rz. 205; *D/R* § 87 Rz. 643; *G/L* § 87 Rz. 274f.; **a. A.** *Schoden* AuR 1980, 73, 76; *D/K/K/S* a. a. O.). Auch greift hier nicht ergänzend das Mitbestimmungsrecht nach Abs. 1 Nr. 10 ein, weil die Grundsätze des Vorschlagswesens einem Sondertatbestand zugeordnet sind, der die allgemeine Regelung verdrängt (**a. A.** *F/A/K/H* a. a. O.). Möglich und in der Praxis verbreitet ist aber, daß im Wege freiwilliger Vereinbarungen die Bewertung und Prämierung im Einzelfall einer paritätisch besetzten **Bewertungskommission** übertragen wird (*G/L* und GK-*Wiese*, jeweils a. a. O.).

§ 87   *4. Teil 3. Abschn. Soziale Angelegenheiten*

4. Schranken des Mitbestimmungsrechts

590 Aufgrund des Mitbestimmungsrechts kann der Arbeitgeber nicht verpflichtet werden, Verbesserungsvorschläge zu **prämieren** (*BAG* vom 16.3. 1982, a.a.O.; *D/R* § 87 Rz. 644; *G/L* § 87 Rz. 275).

591 Der Arbeitgeber kann aufgrund des Mitbestimmungsrechts nicht gezwungen werden, Verbesserungsvorschläge **anzunehmen und zu verwerten** (*D/R* § 87 Rz. 645; *G/L* a.a.O.). Ihm kann auch nicht die Zahlung von **Anerkennungsprämien** für nicht verwertete Verbesserungsvorschläge auferlegt werden; denn dann würde er zu einer Leistung verpflichtet, auf die, anders als beim verwerteten Verbesserungsvorschlag, der Arbeitnehmer keinen Anspruch hat. Insoweit steht das Mitbestimmungsrecht wie bei jeder freiwilligen Leistung unter dem Vorbehalt, daß der Arbeitgeber frei bleibt zu entscheiden, ob er eine solche Leistung erbringen will (vgl. dazu oben Rz. 517; so *BAG* vom 16.3. 1982, a.a.O.; *G/L* a.a.O.; *S/W* § 87 Rz. 204).

592 Mitbestimmungsfrei ist auch die Festlegung der **Prämienhöhe** (vgl. hierzu auch Nr. 29 der Richtlinien über Vergütungen für Arbeitnehmererfindungen; vgl. dazu oben Rz. 582; vgl. dazu auch oben Rz. 589; wie hier *BAG* vom 28.4. 1981, a.a.O.; im Ergebnis ebenso *G/L* § 87 Rz. 273; *D/R* § 87 Rz. 646; *S/W* § 87 Rz. 205; GK-*Wiese* § 87 Rz. 754; **a.A.** *Schoden* AuR 1980, 76f.; *D/K/K/S* a.a.O.). Die Einigungsstelle könnte deshalb auch einem paritätisch besetzten Ausschuß die Entscheidungen über die Höhe der zu zahlenden Prämie nicht übertragen (*Kraft* Anm. EzA § 87 BetrVG 1972 Vorschlagswesen Nr. 2).

5. Initiativrecht

593 Der Betriebsrat hat, soweit sein Mitbestimmungsrecht reicht, auch nach Abs. 1 Nr. 12 ein Initiativrecht (*D/R* § 87 Rz. 647; vgl. auch oben Rz. 42). Er kann daher die Einführung von Grundsätzen über das betriebliche Vorschlagswesen vor der Einigungsstelle durchsetzen, sofern nicht sein Verlangen wegen Fehlens eines entsprechenden Bedürfnisses rechtsmißbräuchlich ist (*BAG* vom 28.4. 1981, a.a.O., in AP Bl. 3). Es war zwar früher nahezu einhellige Meinung im Fachschrifttum, daß die Einführung eines betrieblichen Vorschlagswesens mitbestimmungsfrei sei (*Kammann/Hess/Schlochauer* § 87 Rz. 244; wegen weiterer Nachweise vgl. *BAG* a.a.O.; gegen ein Initiativrecht nach wie vor *S/W* § 87 Rz. 203a). Die dafür angeführten Gründe überzeugen indessen nicht. So wird zu Unrecht angenommen, daß das betriebliche Vorschlagswesen eine Einrichtung – ähnlich einer Sozialeinrichtung – sei, die zunächst eingeführt oder errichtet sein müsse, bevor dafür überhaupt Grundsätze aufgestellt werden könnten. Verbesserungsvorschläge i.S. eines betrieblichen Vorschlagswesens können in einem Betrieb aber auch ohne Vorliegen entsprechender Grundsätze gemacht werden. Ob sie angenommen oder verwertet werden, unterliegt der freien Entscheidung des Arbeitgebers. Für verwertete Verbesserungsvorschläge hat der Arbeitnehmer regelmäßig einen Anspruch auf angemessene Vergütung (vgl. oben Rz. 582). Dieser Rechtszustand gilt unabhängig davon, ob der Arbeitgeber sich entschließt, ein betriebliches Vorschlagswesen einzuführen. Auch mit der weiteren Überlegung, der Arbeitgeber könne nicht gezwungen werden, finanzielle Mittel für ein betriebliches Vorschlagswesen zur Verfügung zu stellen, kann das Initiativrecht nicht

ausgeschlossen werden. Verwertet der Arbeitgeber nämlich einen Verbesserungsvorschlag seines Arbeitnehmers, so ist er zur Zahlung einer Vergütung grundsätzlich verpflichtet. Die Notwendigkeit, finanzielle Mittel aufzuwenden, ist daher nicht die Folge der vom Betriebsrat durchgesetzten Grundsätze über das betriebliche Vorschlagswesen, sondern folgt unmittelbar aus der Verwertung des Verbesserungsvorschlags. Der Arbeitgeber wäre zur Vergütung auch dann verpflichtet, wenn der Betriebsrat von seinem Mitbestimmungsrecht keinen Gebrauch machen würde und die Annahme und Verwertung betrieblicher Verbesserungsvorschläge ohne jede generelle Regelung erfolgen würde (*BAG* a.a.O., in AP Bl. 3, 4; im Ergebnis ebenso *G/L* § 87 Rz. 264f.; *D/R* § 87 Rz. 647; GK-*Wiese* § 87 Rz. 740; BAG vom 28. 4. 1981 – 1 ABR 53/79 – EzA § 87 BetrVG 1972 Vorschlagswesen Nr. 2 m. Anm. *Kraft* = DB 1981, 1882).

Das Bestehen des Initiativrechts soll nach Auffassung des *BAG* davon abhängen, **594** ob aufgrund der konkreten betrieblichen Situation ein **Bedürfnis zur Regelung des betrieblichen Vorschlagswesens** besteht (*BAG* vom 28. 4. 1981, a.a.O., Leitsatz 1 sowie in AP Bl. 3 R). Dazu wird die Auffassung vertreten, das *BAG* begrenze auf diese Weise nur den Regelungsspielraum der Einigungsstelle (so *Kraft* a.a.O. sowie *Herschel* Anm. AP Nr. 1 zu § 87 BetrVG 1972 Vorschlagswesen; GK-*Wiese* § 87 Rz. 746 und die Vorauflage). Indessen kann, wie das *BAG* (a.a.O.) auch ausdrücklich darlegt, bei Fehlen eines Bedürfnisses von Anfang an der Einwand des Rechtsmißbrauchs entgegengehalten werden.

Ebensowenig wie der Arbeitgeber die Einführung von Grundsätzen über das be- **595** triebliche Vorschlagswesen verhindern kann, ist er zur **Aufhebung** der Grundsätze allein in der Lage (so auch *LAG Düsseldorf* vom 24. 1. 1978 – 8 Ta BV 33/77 – EzA § 87 BetrVG 1972 Vorschlagswesen Nr. 1; GK-*Wiese* § 87 Rz. 748; *G/L* § 87 Rz. 267; **a.A.** *S/W* § 87 Rz. 203b). Der Arbeitgeber kann indessen für die Zukunft einseitig entscheiden, Verbesserungsvorschläge nicht mehr zu verwerten (*G/L* und GK-*Wiese*, jeweils a.a.O.).

6. Ausübung des Mitbestimmungsrechts

Das Mitbestimmungsrecht braucht nicht durch den Abschluß einer **Betriebsver-** **596** **einbarung** ausgeübt zu werden; vielmehr kann sich der Betriebsrat in einer Regelungsabrede darauf beschränken, der Einführung der Grundsätze über das betriebliche Vorschlagswesen durch einseitige **Organisationsanweisung** des Arbeitgebers zuzustimmen (*G/L* § 87 Rz. 276; GK-*Wiese* § 87 Rz. 756; **a.A.** *D/R* § 87 Rz. 649; vgl. auch Muster für eine Betriebsvereinbarung über das betriebliche Vorschlagswesen, herausgegeben vom Gesamtverband der metallindustriellen Arbeitgeberverbände, 1982, sowie »Betriebliches Vorschlagswesen«, Arbeitsbericht Nr. 26 des Ausschusses für Soziale Betriebsgestaltung der Bundesvereinigung der Deutschen Arbeitgeberverbände).

7. Rechtsfolgen der Nichtbeachtung des Mitbestimmungsrechts

Nach herrschender Rechtsauffassung ist auch im Rahmen von Abs. 1 Nr. 12 die **597** Zustimmung des Betriebsrats oder der Spruch der Einigungsstelle **Wirksamkeitsvoraussetzung** der Regelung. Die Unwirksamkeit soll sich aber nur gegen den

§ 87   4. Teil 3. Abschn. Soziale Angelegenheiten

Arbeitgeber auswirken, so daß er z. B. unter Nichtbeachtung des Mitbestimmungsrechts gezahlte Prämien nicht zurückfordern könne (GK-*Wiese* § 87 Rz. 757; *G/L* a. a. O.; *Kammann/Hess/Schlochauer* § 87 Rz. 251). Diese Auffassung ist abzulehnen (so auch *D/R* § 87 Rz. 650; wegen der Gründe hierfür vgl. oben Rz. 83ff.).

C. Streitigkeiten

1. Regelungsstreitigkeiten

598   Nach Abs. 2 können sowohl der Arbeitgeber als auch der Betriebsrat die **Einigungsstelle** anrufen, wenn sie sich in einer der Angelegenheiten nach Abs. 1 Nr. 1–12 nicht verständigen können (zu dem möglichen Antrag des Betriebsrats an das Arbeitsgericht, den Arbeitgeber zur **Unterlassung eines mitbestimmungswidrigen Vorgehens** zu verurteilen, vgl. unten Rz. 610).

599   Die Anrufung der Einigungsstelle scheitert nicht daran, daß der Arbeitgeber das Mitbestimmungsrecht durch Anrufung des Arbeitsgerichts (vgl. unten Rz. 606ff.) bestreitet. Der Betriebsrat kann vielmehr, wenn die Einigungsstelle noch nicht gebildet ist, beim Arbeitsgericht beantragen, daß ein Vorsitzender der Einigungsstelle bestellt und die Zahl der Beisitzer festgelegt wird. Das Arbeitsgericht kann wegen Fehlens der Zuständigkeit der Einigungsstelle den Antrag nur zurückweisen, wenn die Einigungsstelle offensichtlich unzuständig ist (§ 98 Abs. 1 Satz 2 ArbGG). Die Entscheidung in diesem Verfahren ist für das Arbeitsgericht, wenn es zur Entscheidung über das Bestehen des Mitbestimmungsrechts oder die Wirksamkeit eines Spruchs der Einigungsstelle angerufen wird, nicht präjudiziell (*BAG* vom 25. 4. 1989 – 1 ABR 91/87 – AP Nr. 3 zu § 98 ArbGG 1979 = DB 1989, 1928 = EzA § 98 ArbGG 1979 Nr. 6; *D/R* § 87 Rz. 664).

600   Die Einigungsstelle entscheidet sowohl in der Sache als auch über die Frage, ob die Regelung eine Betriebsvereinbarung erfordert oder eine Regelungsabrede genügt (so auch GK-*Wiese* § 87 Rz. 759; vgl. dazu oben Rz. 74ff.).

601   Die Einigungsstelle darf nur tätig werden, wenn sie ihre **Zuständigkeit** bejaht. Sofern für eine Angelegenheit kein Mitbestimmungsrecht besteht, ist auch die Einigungsstelle zur Entscheidung im verbindlichen Einigungsstellenverfahren nicht zuständig; sie hat dann ihre Unzuständigkeit durch Beschluß festzustellen. Dies gilt auch dann, wenn der Betriebsrat eine Regelung fordert, der eine Schranke des Mitbestimmungsrechts absolut entgegensteht, er z. B. die Errichtung einer Sozialeinrichtung verlangt (so auch *D/R* § 87 Rz. 65f.; vgl. auch *Grundmann/Matthes/Prütting* § 98 Rz. 11).

602   Der **Spruch der Einigungsstelle** ersetzt die Einigung zwischen Arbeitgeber und Betriebsrat. Nach § 77 Abs. 1 ist der Spruch der Einigungsstelle vom Arbeitgeber durchzuführen, es sei denn, daß im Einzelfall etwas anderes vereinbart ist. Der Spruch der Einigungsstelle ist anders als ein Urteil nicht vollstreckbar. Kommt der Arbeitgeber seiner Durchführungspflicht nicht nach, kann ihm auf Antrag des Betriebsrats im Beschlußverfahren vom Arbeitsgericht aufgegeben werden, seiner gesetzlichen Pflicht nachzukommen (vgl. *BAG* vom 24. 2. 1987 – 1 ABR 18/85 – EzA § 87 BetrVG 1972 Nr. 10 = DB 1987, 1435; GK-*Kreutz* § 77 Rz. 21 f.; *G/L* § 77 Rz. 1 und 102; *D/R* § 77 Rz. 15).

603   An die Stelle der Einigungsstelle kann gem. § 76 Abs. 8 eine **tariflich vereinbarte Schlichtungsstelle** treten (GK-*Wiese* § 87 Rz. 54).

Der Spruch der Einigungsstelle schließt nach § 76 Abs. 7 den **Rechtsweg** nicht aus. 604
Rechtliche Entscheidungen der Einigungsstelle sind im vollen Umfang gerichtlich
nachprüfbar (*D/R* § 87 Rz. 659; GK-*Kreutz* § 76 Rz. 111 ff.).
Zustandekommen, Besetzung und Verfahren der Einigungsstelle richten sich nach 605
§ 76 (vgl. Erläuterungen dort).

2. Rechtsstreitigkeiten

a) Allgemeines

Ist streitig, ob in einer Angelegenheit ein Mitbestimmungsrecht besteht, so ent- 606
scheidet darüber auf Antrag des Betriebsrats oder des Arbeitgebers nach § 2a
ArbGG das Arbeitsgericht im Beschlußverfahren (zur möglichen Vorentscheidung der Einigungsstelle vgl. oben Rz. 599). Für den Antrag muß ein **Rechtsschutzbedürfnis** bestehen (*BAG* in ständiger Rechtsprechung, vgl. vom 8. 2. 1957
– 1 ABR 11/55 – AP Nr. 1 zu § 82 BetrVG 1952 m. Anm. *Küchenhoff* = DB 1957,
263 und vom 22. 12. 1980 – 1 ABR 2/79 und 76/79 – AP Nr. 70 und 71 zu Art. 9 GG
= DB 1981, 578 = EzA § 615 BGB Betriebsrisiko Nr. 7 und 8; vom 25. 4. 1989,
a. a. O.; so auch GK-*Wiese* § 87 Rz. 764; *Matthes* DB 1984, 453, 457). Es besteht
nicht, wenn der Arbeitgeber das Mitbestimmungsrecht anerkennt (vgl. *BAG* vom
3. 6. 1960 – 1 ABR 6/59 – AP Nr. 21 zu § 56 BetrVG 1952 = BB 1960, 939). Dagegen ist es zu bejahen, wenn der Arbeitgeber zwar zum Abschluß einer Betriebsvereinbarung bereit ist, aber einen Anspruch des Betriebsrats darauf verneint
(*BAG* vom 19. 4. 1963 – 1 ABR 6/62 – AP Nr. 2 zu § 56 BetrVG 1952 Entlohnung
m. Anm. *Küchenhoff* = DB 1963, 966). Es entfällt, wenn der Betriebsrat bereits
sein Mitbestimmungsrecht ausgeübt hat (*BAG* vom 15. 9. 1965 – 1 ABR 3/65 – AP
Nr. 4 zu § 94 ArbG 1953 m. Anm. *Zöllner* = DB 1965, 1707). Das gilt aber nur,
wenn sich bereits aus der Tatsachenbehauptung des Antragstellers ergibt, daß das
Mitbestimmungsrecht ausgeübt worden ist, nicht hingegen, wenn erst das Gericht
zum Ergebnis kommt, das Mitbestimmungsrecht sei bereits ausgeübt; in diesem
Fall ist der Feststellungsantrag als unbegründet zurückzuweisen (ebenso *Zöllner*
a. a. O.; *D/R* § 87 Rz. 663). Das Rechtsschutzinteresse ist ferner auch dann zu
bejahen, wenn der Antrag des Betriebsrats auf Bestellung eines Einigungsstellenvorsitzenden zunächst wegen offensichtlicher Unzuständigkeit der Einigungsstelle
rechtskräftig abgewiesen, danach aber das Bestehen des Mitbestimmungsrechts
zwischen den Beteiligten rechtskräftig festgestellt worden ist (*BAG* vom 25. 4.
1989, a. a. O.).

Die **Durchführung des Einigungsstellenverfahrens** ist keine Prozeßvoraussetzung 607
für ein arbeitsgerichtliches Beschlußverfahren, in dem über das Bestehen eines
Mitbestimmungsrechts des Betriebsrats und damit über die Zuständigkeit der
Einigungsstelle in einer bestimmten Angelegenheit gestritten wird (*BAG* a. a. O.;
vom 24. 11. 1981 – 1 ABR 42/79 – EzA § 76 BetrVG 1972 Nr. 33 m. Anm. *Gaul* =
DB 1982, 1413; vom 28. 7. 1981 – 1 ABR 65/79 – EzA § 87 BetrVG 1972 Arbeitszeit Nr. 9 m. Anm. *Kraft* = DB 1982, 386; vom 15. 10. 1979 – 1 ABR 49/77 – EzA
§ 111 BetrVG 1972 Nr. 6 = DB 1980, 459, 550; *D/R* § 76 Rz. 87; *G/L* § 76 Rz. 25;
F/A/K/H § 76 Rz. 42).

Der Antragsteller muß im Beschlußverfahren mit seinem Antrag den **Streitgegen-** 608
stand so bestimmt fassen, daß die Streitfrage mit Rechtskraftwirkung zwischen
den Beteiligten entschieden werden kann (*BAG* vom 24. 11. 1981, a. a. O.; vom

§ 87   4. Teil 3. Abschn. Soziale Angelegenheiten

13.10. 1987 – 1 ABR 10/86 – EzA § 87 BetrVG 1972 Arbeitszeit Nr. 25 = DB 1988, 241; GK-*Wiese* § 87 Rz. 763; *Matthes* DB 1984, 453 ff.). Der Feststellungsantrag unterliegt deshalb ebenso wie ein Leistungsantrag der Vorschrift des § 253 Abs. 2 Nr. 2 ZPO. Danach muß die Antragsschrift neben der bestimmten Angabe des Gegenstandes und des Grundes des erhobenen Anspruchs einen **bestimmten Antrag** enthalten, damit für den Umfang der Rechtskraft klare und eindeutige Verhältnisse geschaffen werden. Bei Feststellungsanträgen ist eine eindeutige Bezeichnung des Rechtsverhältnisses notwendig, dessen Bestehen oder Nichtbestehen der Antragsteller nach § 256 ZPO festgestellt wissen will. Das setzt voraus, daß die Angelegenheit, deren Mitbestimmungspflichtigkeit behauptet oder bestritten wird, im Antrag näher bezeichnet wird (*BAG* vom 3. 5. 1984 – 6 ABR 68/81 – EzA § 81 ArbGG 1979 Nr. 6 = DB 1984, 2413; vgl. auch vom 17. 5. 1983 – 1 ABR 21/80 – EzA § 80 BetrVG 1972 Nr. 25 = DB 1983, 1986; vom 16. 8. 1983, a. a. O.; vom 8. 11. 1983 – 1 ABR 57/81 – EzA § 81 ArbGG 1979 Nr. 4 = DB 1984, 1478). Dabei müssen die betrieblichen Fallgestaltungen, für die ein Mitbestimmungsrecht in Anspruch genommen oder verneint wird, genau bezeichnet werden.

609 Ein Antrag auf Feststellung, daß hinsichtlich eines vom Betriebsrat dem Arbeitgeber vorgelegten umfassenden **Entwurfs einer Betriebsvereinbarung** weder in seiner Gesamtheit noch in seinen Einzelregelungen ein Mitbestimmungsrecht besteht, ist in der Regel unzulässig (*BAG* vom 24. 11. 1981, a. a. O., sowie vom 16. 8. 1983 – 1 ABR 11/82 – EzA § 81 ArbGG 1979 Nr. 3 = DB 1984, 408), weil es ihm an der erforderlichen Bestimmtheit (vgl. dazu Rz. 608) und am Rechtsschutzinteresse fehlt. Der Antrag muß deshalb darauf gerichtet sein, daß das Bestehen oder Nichtbestehen eines Mitbestimmungsrechts in der konkret zu bezeichnenden Angelegenheit festgestellt und/oder daß festgestellt wird, daß eine bestimmte Detailregelung von Mitbestimmungsrechten des Betriebsrats gedeckt/nicht gedeckt ist (*BAG* vom 16. 8. 1983, a. a. O.; *Matthes* DB 1984, 453 ff.).

610 Nach § 23 Abs. 3 kann der Betriebsrat unter der Voraussetzung, daß der Arbeitgeber **grob gegen ein Mitbestimmungsrecht nach Abs. 1 verstoßen** hat, beim Arbeitsgericht Sanktionen gegen den Arbeitgeber beantragen. Zu den möglichen Sanktionen gehört auch die Verurteilung zur Unterlassung des mitbestimmungswidrigen Vorgehens (vgl. dazu die eingehenden Erläuterungen zu § 23 unter Rz. 64 ff.). Als grober Verstoß gegen Mitbestimmungsrechte nach Abs. 1 ist es in der Rechtsprechung z. B. angesehen worden, wenn

– der Arbeitgeber weiterhin Dienstpläne unter Beteiligung des Betriebsrats ändert, nachdem das *BAG* für die Betriebspartner rechtskräftig entschieden hat, daß die Änderung von Dienstplänen mitbestimmungspflichtig ist (*BAG* vom 8. 8. 1989 – 1 ABR 59/88 – DB 1990, 1191),

– in einer mitbestimmungspflichtigen Angelegenheit der Arbeitgeber schon mehrfach den Betriebsrat übergangen hat (*BAG* vom 18. 4. 1985 – 6 ABR 19/84 – EzA § 23 BetrVG 1972 Nr. 10 = DB 1985, 2511),

– der Arbeitgeber Überstunden anordnet, ohne ein mit dem Betriebsrat vereinbartes Verfahren einzuhalten, das die Einholung der Zustimmung regelt (*LAG Frankfurt/M.* vom 24. 2. 1987 – 5 TaBV 118/86 – BB 1987, 1877),

– der Arbeitgeber fortgesetzt duldet, daß ohne seine ausdrückliche oder konkludente Anordnung Überstunden geleistet werden (*LAG Frankfurt/M.* vom 24. 1. 1989 – 5 TaBV 123/88 – NZA 1989, 943; ähnlich *LAG Frankfurt/M.* vom 1. 12. 1987 – 5 TaBV 98/87 – LAGE § 23 BetrVG 1972 Nr. 13).

Mitbestimmungsrechte **§ 87**

Neben diesem Anspruch nach § 23 Abs. 3 gibt es keinen entsprechenden **Unter- 611 lassungsanspruch** des Betriebsrats in den Angelegenheiten nach Abs. 1 Nr. 1–12, der ohne die Voraussetzungen des § 23 Abs. 3 durchsetzbar wäre. Dies ist auch der Standpunkt der höchstrichterlichen Rechtsprechung, dem aber einzelne Instanzgerichte nicht gefolgt sind (vgl. *BAG* vom 22. 2. 1983 – 1 ABR 27/81 – EzA § 23 BetrVG 1972 Nr. 9 m. Anm. *Rüthers/Henssler* = DB 1983, 502, 1926; – zweifelnd allerdings *BAG* vom 18. 4. 1985, a. a. O. –; gegen einen allgemeinen Unterlassungsanspruch auch *LAG Niedersachsen* vom 5. 6. 1987 – 12 TaBV 17/ 87 – LAGE § 23 BetrVG 1972 Nr. 11; *LAG Hamburg* vom 28. 5. 1984 – TaBV 4/84 – EzA § 615 BGB Betriebsrisiko Nr. 10 und vom 12. 12. 1983 – 4 TaBV 3/ 83 – DB 1984, 567; *LAG Rheinland-Pfalz* vom 30. 4. 1986 – 2 TaBV 17/86 – DB 1986, 1629; *LAG Schleswig-Holstein* vom 15. 11. 1984 – 2 TaBV 26/84 – BB 1985, 997; **a. A.** *LAG Bremen* vom 15. 6. 1984 – 3 TaBV 12/84 – AuR 1985, 99 und vom 25. 7. 1986 – 2 TaBV 50/86 – LAGE § 87 BetrVG 1972 Arbeitszeit Nr. 7; *LAG Köln* vom 22. 4. 1985 – 6 TaBV 5/85 – BB 1985, 1332; *LAG Berlin* vom 12. 8. 1986 – 8 TaBV 4/86 – LAGE § 87 BetrVG 1972 Kontrolleinrichtung Nr. 8; *LAG Frankfurt/M.* vom 11. 8. 1987 – 5 TaBV Ga 88/87 – BB 1988, 68; vom 19. 4. 1988 – 5 TaBV Ga 52/88 – DB 1989, 128 und vom 4. 8. 1987 – 5 TaBV Ga 82/87, sowie *ArbG Düsseldorf* vom 2. 9. 1987 – 4 BV Ga 26/87 –, jeweils AuR 1988, 91; *ArbG Hamburg* vom 24. 1. 1984 – 13 Ga BV 1/84 – AuR 1984, 347; *ArbG Münster* vom 8. 9. 1986 – 3 BV Ga 7/86 – BB 1987, 61). Im Fachschrifttum herrscht ebenfalls Streit (i. S. der höchstrichterlichen Rechtsprechung: *Zöllner/Loritz* § 46 III 6; *Heinze* RdA 1986, 273, 290 und DB 1983 Beilage Nr. 3, der mit Recht darauf hinweist, daß die spezielle Bestimmung des § 23 Abs. 3 auch den allgemeinen Abwehranspruch nach § 1004 BGB verdrängt; *Joost* Anm. SAE 1985, 59 ff.; *Konzen* Betriebsverfassungsrechtliche Leistungspflichten des Arbeitgebers, 83 ff.; *Konzen/Rupp* DB 1984, 2695 ff.; *Buchner* Anm. SAE 1984, 187 ff.; *v. Hoyningen-Huene* DB 1984, 1426, 1434 und Anm. AP Nr. 2 zu § 23 BetrVG 1972; *S/W* § 23 Rz. 17 a und § 87 Rz. 3 b; *Beuthien* ZfA 1988, 1, 24; **a. A.** *Derleder* AuR 1985, 65 ff.; *Trittin* BB 1984, 170 ff.; *Hanau* NZA Beilage Nr. 2/85, 2, 12; *Pahle* NZA 1990, 51 f.; *F/A/K/H* § 87 Rz. 161; *GK-Wiese* § 87 Rz. 762; *D/K/K/S* § 23 Rz. 68 ff.; *Coen* DB 1984, 2459; *Dütz* DB 1984, 115; *Springer* BB 1992, 348, 352; *Leisten* BB 1992, 266, 270). Liegt nur ein »einfacher Verstoß« des Arbeitgebers gegen das Mitbestimmungsrecht vor, also ein Verstoß, der z. B. wegen des Bestehens einer unklaren Rechtslage nicht die Voraussetzungen des § 23 Abs. 3 erfüllt, kann der Betriebsrat im Wege des arbeitsgerichtlichen Beschlußverfahrens sein Mitbestimmungsrecht feststellen lassen. Außerdem bietet auch Abs. 2 dem Betriebsrat effektiven Rechtsschutz gegen mitbestimmungswidriges Vorgehen des Arbeitgebers, da er die Einigungsstelle anrufen kann (so auch *Joost* a. a. O., 60; vgl. auch oben Rz. 87).

Nach dem Gesetz besteht auch kein **Anspruch des Betriebsrats auf Beteiligung** in 612 den mitbestimmungspflichtigen Angelegenheiten (*BAG* vom 22. 2. 1983, a. a. O.; **a. A.** aber *v. Hoyningen-Huene* und *Buchner*, jeweils a. a. O.). Selbst wenn man das Gebot zur vertrauensvollen Zusammenarbeit nicht nur als Programmsatz, sondern als unmittelbar geltendes Recht ansieht (hierfür *D/R* § 2 Rz. 8), darf diese Generalklausel nicht in der Weise konkretisiert werden, daß die gesetzliche Konzeption der betrieblichen Mitbestimmung beiseitegeschoben wird (*D/R* § 2 Rz. 11; vgl. dazu auch GK-*Kraft* § 2 Rz. 12). Nach der Konzeption der Mitbestimmung in

§ 88   4. Teil 3. Abschn. Soziale Angelegenheiten

sozialen Angelegenheiten werden die Regelungsstreitigkeiten gem. Abs. 2 ausnahmslos durch Anrufung der Einigungsstelle gelöst.

b) Einstweiliger Rechtsschutz
613 Gerichtliche Sanktionen gegen den Arbeitgeber können nach überwiegender und zutreffender Rechtsauffassung auch nicht im Wege der einstweiligen Verfügung durchgesetzt werden. Für eine solche Entscheidung nach § 85 Abs. 2 ArbGG i. V. m. § 935 ZPO fehlt es schon am Verfügungsanspruch (vgl. oben Rz. 611). Es fehlt bis zu einer Einigung zwischen Arbeitgeber und Betriebsrat oder bis zum Spruch der Einigungsstelle aber auch an einem Rechtsverhältnis unter den Betriebspartnern, aus dem Rechte und Pflichten erwachsen könnten; deshalb kommt eine einstweilige Verfügung »zum Zwecke der Regelung eines einstweiligen Zustandes in bezug auf ein strittiges Rechtsverhältnis« nach § 85 Abs. 2 ArbGG i. V. m. § 940 ZPO ebenfalls nicht in Betracht (so auch *Heinze* RdA 1986, 273, 291; im Ergebnis wie hier *LAG Rheinland-Pfalz, Hamburg* und *Niedersachsen,* jeweils a.a.O.; *S/W* § 87 Rz. 3c; **a.A.** *LAG Frankfurt* vom 11.8. 1987, a.a.O.; *LAG Bremen, Köln* und *Berlin,* jeweils a.a.O.; *ArbG Münster* a.a.O.; *ArbG Solingen* vom 9.1. 1986 – 4 BV Ga 1/86 – DB 1986, 1027; *Olderog* NZA 1985, 753, 759; *Dütz* DB 1984, 115ff.; *F/A/K/H* § 87 Rz. 163; *D/K/K/S* a.a.O.; *GK-Wiese* a.a.O.; *v. Hoyningen-Huene* Anm. AP Nr. 2 zu § 23 BetrVG Bl. R; *Buchner* Anm. SAE 1984, 187, 191; im Rahmen des § 23 Abs. 3 auch *LAG Düsseldorf* vom 16. 5. 1990 – 12 TaBV 9/90 – NZA 1991, 29; *Konzen* a.a.O., 75).

§ 88 Freiwillige Betriebsvereinbarungen

Durch Betriebsvereinbarung können insbesondere geregelt werden
1. zusätzliche Maßnahmen zur Verhütung von Arbeitsunfällen und Gesundheitsschädigungen;
2. die Errichtung von Sozialeinrichtungen, deren Wirkungsbereich auf den Betrieb, das Unternehmen oder den Konzern beschränkt ist;
3. Maßnahmen zur Förderung der Vermögensbildung.

Literaturübersicht

Denck Arbeitsschutz und Mitbestimmung des Betriebsrats, ZfA 1976, 447; *Fitting/Hentrich/ Schwedes* Drittes Gesetz zur Förderung der Vermögensbildung der Arbeitnehmer, 8. Aufl. 1975; *Guski* Betriebliche Vermögensbeteiligung, RdA 1971, 282; *Konzen* Tarifvertragliche und innerbetriebliche Normsetzung, BB 1977, 1307; *Noppeney* Einfluß der Mitarbeiterbeteiligung auf die Rechtsstellung des Arbeitnehmers, DB 1976, 578; *Säcker* Die Regelung sozialer Angelegenheiten im Spannungsfeld zwischentariflicher und betriebsvereinbarungsrechtlicher Normsetzungsbefugnis, ZfA 1972 Sonderheft, 41; *Schimana/Frauenkron* Arbeitsrechtliche Aspekte einer betrieblichen Regelung der Vermögensbildung durch Gewinn- und Kapitalbeteiligung, DB 1980, 445; vgl. ferner Literaturangaben zu § 77.

Inhaltsübersicht

		Rz.
I.	Allgemeines	1, 2
II.	Zulässiger Regelungsinhalt von Betriebsvereinbarungen	3–11
	1. Allgemeine Abgrenzung	3 5
	2. Gesetzlich hervorgehobene Regelungsinhalte	6–11
	a) Zusätzliche Maßnahmen zur Verhütung von Arbeitsunfällen und Gesundheitsschädigungen	6, 7
	b) Errichtung von Sozialeinrichtungen	8, 9
	c) Maßnahmen zur Förderung der Vermögensbildung	10, 11
III.	Streitigkeiten	12, 13

I. Allgemeines

Während in § 87 festgelegt ist, in welchen sozialen Angelegenheiten der Betriebsrat ein Mitbestimmungsrecht hat, stellt diese Bestimmung klar, daß durch Betriebsvereinbarung auch weitere soziale Angelegenheiten geregelt werden können. Solche Betriebsvereinbarungen können aber nicht wie nach § 87 Abs. 2 nötigenfalls durch die Einigungsstelle erzwungen werden; vielmehr handelt es sich hier ausschließlich um **freiwillige Betriebsvereinbarungen**. 1

Die Bestimmung entspricht im wesentlichen § 57 BetrVG 1952. Allerdings wurde auf Empfehlung des Bundestags-Ausschusses für Arbeit und Sozialordnung Nr. 3 neu eingefügt; damit soll die Bedeutung unterstrichen werden, die der Vermögensbildung der Arbeitnehmer zukommt; ferner sollte klargestellt werden, daß auch andere Formen der Vermögensbildung, als sie das Vermögensbildungsgesetz vorsieht, vereinbart werden können (vgl. zu BT-Drucks. VI/2729, 4, 30; vgl. ferner *D/R* § 88 Rz. 2). 2

II. Zulässiger Regelungsinhalt von Betriebsvereinbarungen

1. Allgemeine Abgrenzung

Das Gesetz stellt den Partnern der Betriebsverfassung einen weiten Rahmen für Regelungen zur Verfügung, der in den Nrn. 1–3 exemplifiziert wird. Die Vorschrift gilt freilich **nur für soziale Angelegenheiten**, nicht für personelle (§§ 92–105), wirtschaftliche (§§ 106–113) oder sonstige betriebsverfassungsrechtliche Angelegenheiten. Dies ergibt sich aus der systematischen Stellung der Vorschrift im Dritten Abschnitt des Vierten Teils des BetrVG, der die sozialen Angelegenheiten behandelt (im Ergebnis ebenso *D/R* § 88 Rz. 3f.; *G/L* § 88 Rz. 3, 5f.; *F/A/K/H* § 88 Rz. 2; GK-*Wiese* § 88 Rz. 10; *D/K/K/S* § 88 Rz. 1 und 4 = AP Nr. 46 zu § 77 BetrVG 1972; **a. A.** *BAG* vom 7. 11. 1989 – GS 3/85 – DB 1990, 1724 = BB 1990, 1840, wonach gem. § 88 auch eine Altersgrenze für die Arbeitsverhältnisse vereinbart werden könne, die als ein »schwerpunktmäßig den personellen Angelegenheiten zuzuordnender Regelungstatbestand« – allerdings mit einem »Bezug zu sozialen Angelegenheiten« – anzusehen sei; wegen der Zulässigkeit von Betriebsvereinbarungen in personellen Angelegenheiten vgl. unten § 99 Rz. 1 und § 102 Rz. 190; zum Umweltschutz vgl. unten Rz. 6). 3

§ 88   4. Teil 3. Abschn. Soziale Angelegenheiten

4 Die **Abgrenzung** der sozialen von anderen Angelegenheiten richtet sich nach der gesetzlichen Zuordnung. So kann der Betriebsrat bei **personellen Einzelmaßnahmen** sowie bei **Personalplanungsmaßnahmen** nur gem. §§ 92 ff. und 99 ff. mitwirken. Die Regelung allgemeiner Voraussetzungen, unter denen solche Maßnahmen durchgeführt werden können und die den Inhalt des Arbeitsverhältnisses bestimmen – z. B. die Festlegung von Kündigungsfristen, -terminen und -formen – zählt zu den sozialen Angelegenheiten und kann in einer Betriebsvereinbarung nach § 88 getroffen werden (GK-*Wiese* und *F/A/K/H*, jeweils a. a. O.; *D/R* § 88 Rz. 4; *G/L* § 88 Rz. 3; *Säcker* ZfA 1972 Sonderheft, 41, 47 f.). Demensprechend kann auf § 88 auch die Regelung einer Altersgrenze für die Arbeitsverhältnisse gestützt werden (*BAG* a. a. O., aber unter Qualifizierung der Regelung als personelle Angelegenheit; vgl. dazu oben Rz. 3; für Einordnung als soziale Angelegenheit *BAG* vom 27. 10. 1988 – 2 AZR 109/88 – AP Nr. 16 zu § 620 BGB Bedingung = BB 1989, 1347; vom 20. 11. 1987 – 2 AZR 284/86 = EzA § 620 BGB Altersgrenze Nr. 1 = DB 1988, 1501; vom 19. 9. 1985 – 2 AZR 188/83 – AP = DB 1986, 281; EzA § 77 BetrVG 1972 Nr. 15; *S/W* § 87 Rz. 5 d; *F/A/K/H* a. a. O.; Bedenken gegen die Zulässigkeit bei GK-*Wiese* § 88 Rz. 12).

5 Im übrigen sind **Möglichkeiten und Grenzen der Betriebsvereinbarung** in sozialen Angelegenheiten an anderer Stelle behandelt; auf diese Erläuterungen wird verwiesen (§ 77 Rz. 15–54 und 102–114; § 87 Rz. 40, 62 ff. und 150). Begriff und Geltungsbereich der Betriebsvereinbarung, ihr Verhältnis zu anderen Rechtsquellen, ihr Zustandekommen, ihre Rechtswirkungen sowie ihre Beendigung sind ebenfalls an anderer Stelle erörtert (vgl. § 77 Rz. 3–14, 55–59, 67–100 und 115–125).

2. Gesetzlich hervorgehobene Regelungsinhalte

a) Zusätzliche Maßnahmen zur Verhütung von Arbeitsunfällen und Gesundheitsschädigungen

6 Durch freiwillige Betriebsvereinbarung können insbesondere zusätzliche Maßnahmen zur Verhütung von Arbeitsunfällen und Gesundheitsschädigungen geregelt werden. Nr. 1 ergänzt deshalb § 87 Abs. 1 Nr. 7, der einen beträchtlichen Teil des Arbeitsschutzes dem Mitbestimmungsrecht des Betriebsrats unterstellt (vgl. dazu § 87 Rz. 332–386). In Betracht kommen aber nur Regelungen über den innerbetrieblichen Arbeitsschutz, nicht Regelungen über den außerbetrieblichen Umweltschutz (so auch *D/K/K/S* § 88 Rz. 9). Zu beachten ist ferner das besondere Mitbestimmungsrecht in § 91 (vgl. Erläuterungen dort).

7 Es kommen z. B. in Betracht (GK-*Wiese* § 88 Rz. 17; *D/R* § 88 Rz. 10; *G/L* § 88 Rz. 11; *S/W* § 88 Rz. 6): Vorschriften über die Entlüftung, Entstaubung, Heizung, Verbesserung der sanitären Anlagen, Einführung eines Gesundheitsdienstes, Errichtung einer Unfallstation, Einführung gesetzlich nicht vorgeschriebener Feuerschutzeinrichtungen oder Alarmvorrichtungen, Bereitstellung von Schutzräumen (zu Betriebsvereinbarungen über die Beteiligung der Arbeitnehmer an den Kosten persönlicher Schutzausrüstungen vgl. § 87 Rz. 358, zur Mitbestimmung bei Einführung eines Sicherheitswettbewerbs vgl. § 87 Rz. 334).

b) Errrichtung von Sozialeinrichtungen

Nach Nr. 2 können Arbeitgeber und Betriebsrat durch freiwillige Betriebsvereinbarung auch die Errichtung einer Sozialeinrichtung regeln. Grundsätzlich steht die Entscheidung hierüber allein dem Arbeitgeber zu (vgl. dazu § 87 Rz. 412 f.). Es ist indessen zweckmäßig, dennoch mit dem Betriebsrat Regelungen zu treffen, die in den Bereich der Errichtungsfragen gehören; dies sind vor allem die Festlegung des Zwecks der Einrichtung sowie der Höhe der vom Arbeitgeber bereitzustellenden Mittel (vgl. hierzu Näheres unter § 87 Rz. 413 ff.). Schließlich können auch Regelungen über eine Änderung der Zweckbestimmung oder die Aufhebung der Einrichtung getroffen werden (GK-*Wiese* § 88 Rz. 20; vgl. auch § 87 Rz. 414). Enthält eine Betriebsvereinbarung über die Errichtung einer Sozialeinrichtung keine Regelung über die Änderung der Zweckbestimmung oder der Dotierung, so kann der Arbeitgeber solche Maßnahmen nicht einseitig treffen, sondern muß vielmehr die Betriebsvereinbarung kündigen (*G/L* § 88 Rz. 13; GK-*Wiese* a.a.O.).

Zuständig für den Abschluß solcher Betriebsvereinbarungen ist nach Maßgabe des Wirkungsbereichs der Sozialeinrichtung entweder der Betriebsrat oder der Gesamtbetriebsrat oder der Konzernbetriebsrat (GK-*Wiese* § 88 Rz. 21).

c) Maßnahmen zur Förderung der Vermögensbildung

Nr. 3 weist eigens darauf hin, daß durch freiwillige Betriebsvereinbarung Maßnahmen zur Förderung der Vermögensbildung getroffen werden können (zur Zweckbestimmung dieser Regelung vgl. oben Rz. 2). Die Bestimmung entspricht den Regelungen des Vermögensbildungsgesetzes. Nach § 10 VermBG kann die Betriebsvereinbarung Grundlage für zusätzlich zum Arbeitsentgelt gewährte vermögenswirksame Leistungen sein. Der Arbeitnehmer kann ferner nach § 11 Abs. 1 VermBG vom Arbeitgeber verlangen, mit ihm einen Vertrag über die vermögenswirksame Anlage von Teilen des Arbeitslohns abzuschließen. Für diesen Fall regelt § 11 Abs. 3–5 VermBG nähere Einzelheiten, von denen aber durch Tarifvertrag oder Betriebsvereinbarung gem. § 11 Abs. 6 VermBG abgewichen werden kann.

Umstritten ist, ob trotz der in § 3 Abs. 1 VermBG und Nr. 3 des § 88 zum Ausdruck gekommenen Zielsetzung, die Vermögensbildung der Arbeitnehmer auch durch Betriebsvereinbarungen zu fördern, bei Vorliegen einer **tariflichen Regelung** über vermögenswirksame Leistungen oder einer entsprechenden Tarifüblichkeit die **Sperrwirkung** des § 77 Abs. 3 eingreift (bejaht von GK-*Wiese* § 88 Rz. 25; *S/W* § 88 Rz. 9; *Konzen* BB 1977, 1307, 1312; verneint aufgrund einer restriktiven Auslegung des § 77 Abs. 3 von *F/A/K/H* § 88 Rz. 10; *Fitting/Hentrich/Schwedes* § 3 Rz. 33; *D/R* § 88 Rz. 22; *G/L* § 88 Rz. 14; *D/K/K/S* § 88 Rz. 13; *Schimana/Frauenkron* BB 1980, 445, 448; *Kammann/Hess/Schlochauer* § 88 Rz. 13). Der Wortlaut der Sperrvorschrift, die nicht, wie in § 112 Abs. 1 für den Sozialplan geschehen, ausdrücklich für unanwendbar erklärt wird, läßt eine einschränkende Auslegung unter rechtspolitischen Gesichtspunkten nicht zu. Der Vorrang der Tarifvertragsparteien gilt deshalb auch hier (zum Mitbestimmungsrecht bei vermögenswirksamen Leistungen vgl. oben § 87 Rz. 464).

§ 89   4. Teil 3. Abschn. *Soziale Angelegenheiten*

III. Streitigkeiten

12 Bei Streitigkeiten gibt es keinen verbindlichen Spruch der Einigungsstelle wie nach § 87 Abs. 2. Möglich ist allerdings die freiwillige Einschaltung der Einigungsstelle gem. § 76 Abs. 6 (*F/A/K/H* § 88 Rz. 11; GK-*Wiese* § 88 Rz. 26; *D/R* § 88 Rz. 1).

13 Streitigkeiten über das Bestehen oder die Durchführung von Betriebsvereinbarungen entscheidet gem. § 2 a ArbGG das Arbeitsgericht im **Beschlußverfahren**. Gleiches gilt für Streitigkeiten über die Frage, ob eine Angelegenheit durch Betriebsvereinbarung geregelt werden kann. Ansprüche einzelner Arbeitnehmer aus einer Betriebsvereinbarung sind gegen den Arbeitgeber nach § 2 Abs. 1 Nr. 1 ArbGG im Urteilsverfahren geltend zu machen (GK-*Wiese* a. a. O.; *D/K/K/S* § 88 Rz. 15).

§ 89 Arbeitsschutz

(1) Der Betriebsrat hat bei der Bekämpfung von Unfall- und Gesundheitsgefahren die für den Arbeitsschutz zuständigen Behörden, die Träger der gesetzlichen Unfallversicherung und die sonstigen in Betracht kommenden Stellen durch Anregung, Beratung und Auskunft zu unterstützen sowie sich für die Durchführung der Vorschriften über den Arbeitsschutz und die Unfallverhütung im Betrieb einzusetzen.
(2) Der Arbeitgeber und die in Absatz 1 genannten Stellen sind verpflichtet, den Betriebsrat oder die von ihm bestimmten Mitglieder des Betriebsrats bei allen im Zusammenhang mit dem Arbeitsschutz oder der Unfallverhütung stehenden Besichtigungen und Fragen und bei Unfalluntersuchungen hinzuzuziehen. Der Arbeitgeber hat dem Betriebsrat unverzüglich die den Arbeitsschutz und die Unfallverhütung betreffenden Auflagen und Anordnungen der in Absatz 1 genannten Stellen mitzuteilen.
(3) An den Besprechungen des Arbeitgebers mit den Sicherheitsbeauftragten oder dem Sicherheitsausschuß nach § 719 Abs. 3* der Reichsversicherungsordnung nehmen vom Betriebsrat beauftragte Betriebsratsmitglieder teil.
(4) Der Betriebsrat erhält die Niederschriften über Untersuchungen, Besichtigungen und Besprechungen, zu denen er nach den Absätzen 2 und 3 hinzuzuziehen ist.
(5) Der Arbeitgeber hat dem Betriebsrat eine Durchschrift der nach § 1552 der Reichsversicherungsordnung vom Betriebsrat zu unterschreibenden Unfallanzeige auszuhändigen.

Literaturübersicht

Bieback Die Arbeitsstättenverordnung und die Mitbestimmung des Betriebsrats beim Technischen Arbeitsschutz, BlStSozArbR 1977, 305; *Brill* Die Zusammenarbeit des Betriebsrats mit außerbetrieblichen Stellen, AuR 1981, 202; *Denck* Arbeitsschutz und Mitbestimmung des Betriebsrats, ZfA 1976, 447; *ders.* Arbeitsschutz und Anzeigerecht des Arbeitnehmers,

---

* Jetzt § 719 Abs. 4

DB 1980, 2132; *Eberstein* Technik und Recht, BB 1977, 1723; *Egger* Die Rechte der Arbeitnehmer und des Betriebsrats auf dem Gebiet des Arbeitsschutzes BB 1992, 629; *Hessel* Staatliche Gewerbeaufsicht und Betriebsrat, BB 1955, 610; *Hinrichs* Rechtliche Aspekte zur Schweigepflicht der Betriebsärzte und des betriebsärztlichen Personals, DB 1980, 2287; *Hütig* Die Rechtsstellung des Betriebsrats nach dem Gesetz über Betriebsärzte, Sicherheitsingenieure und andere Fachkräfte für Arbeitssicherheit, DB 1975, 594; *Kaufmann* Die Verordnung über gefährliche Arbeitsstoffe, DB 1975, 2230; *Klempt* Rechte und Pflichten des Betriebsrats im Rahmen des gesetzlichen Mutterschutzes, BlStSozArbR 1976, 369; *Kloepfer/ Veit* Grundstrukturen des technischen Arbeitsschutzrechts, NZA 1990, 121; *Krebs* Das Gesetz über Betriebsärzte, Sicherheitsingenieure und andere Fachkräfte für Arbeitssicherheit, RdA 1975, 153; *Leube* Übermittlung der Niederschriften über Unfallschutzmaßnahmen an den Betriebsrat (§ 89 Abs. 4 BetrVG), DB 1973, 236; *Marburger* Die Regeln der Technik im Recht, 1979; *Nöthlichs* Arbeitsstätten, Lose-Blatt; *Opfermann* Die neue Arbeitsstättenverordnung, BB 1975, 886; *Partikel* Der Arbeitsschutz im Betriebsverfassungsgesetz, Zentralblatt für Arbeitsmedizin und Arbeitsschutz 1974, 77; *Spinnarke* Sicherheitstechnik, Arbeitsmedizin und Arbeitsplatzgestaltung, 2. Auflage 1990; *Streit* Die Verordnung über Arbeitsstätten, DB 1975, 1219; *Wolber* Die Zusammenarbeit zwischen Technischem Aufsichtsdienst der Unfallversicherungsträger und den Betriebsvertretungen, BlStSozArbR 1980, 1; *Zmarzlik* Frauenarbeitsschutz, DB 1975, 1700; vgl. auch Literaturübersicht zu § 87 Abs. 1 Nr. 7.

Inhaltsübersicht

		Rz.
I.	Allgemeines	1, 2
II.	Aufgaben des Betriebsrats bei der Bekämpfung von Unfall- und Gesundheitsgefahren	3–13
	1. Unterstützung der für den Arbeitsschutz in Betracht kommenden Stellen	3– 8
	2. Bemühung um die Durchführung der Vorschriften über den Arbeitsschutz und die Unfallverhütung im Betrieb	9–13
III.	Hinzuziehung des Betriebsrats bei Besichtigungen, Fragen und Unfalluntersuchungen	14–17
IV.	Unterrichtung des Betriebsrats über Auflagen und Anordnungen	18
V.	Beteiligung des Betriebsrats an Besprechungen des Arbeitgebers mit den Sicherheitsbeauftragten	19–23
VI.	Überlassung von Niederschriften	24, 25
VII.	Aushändigung von Unfallanzeigen	26–28
VIII.	Rechtsfolgen der Nichterfüllung der gesetzlichen Aufgaben	29, 30
IX.	Streitigkeiten	31

I. Allgemeines

Die Vorschrift legt **Aufgabe und Pflichten in bezug auf den Arbeitsschutz im Betrieb** für Arbeitgeber, Betriebsrat und die für den Arbeitsschutz in Betracht kommenden Stellen fest, während § 87 Abs. 1 Nr. 7 ein Mitbestimmungsrecht und § 88 Nr. 1 eine Regelungsmöglichkeit für Fragen aus diesem Bereich vorsieht (ähnlich *D/R* § 87 Rz. 1; *GK-Wiese* § 89 Rz. 3). 1
Die Abs. 1 und 2 entsprechen inhaltlich im wesentlichen dem § 58 BetrVG 1952. 2
In Abs. 2 wird klargestellt, daß nicht nur der Arbeitgeber, sondern auch die mit dem Unfallschutz befaßten sonstigen Stellen verpflichtet sind, den Betriebsrat zu beteiligen. Nach früherem Recht war nur der Arbeitgeber verpflichtet, den Be-

triebsrat mit diesen Stellen zusammenzuführen. Die neuen Abs. 3 und 5 übernehmen zwecks einheitlicher Darstellung der Rechte und Pflichten des Betriebsrats im Zusammenhang mit der Arbeitssicherheit bereits geltende Regelungen der RVO (§ 719 Abs. 4, der bei Erlaß des BetrVG 1972 § 719 Abs. 3 war, sowie § 1552). Abs. 4 schreibt vor, daß der Betriebsrat im Rahmen seiner Beteiligungsrechte die entsprechenden Niederschriften erhält (Begründung zum Regierungsentwurf in BT-Drucks. VI/1786, 49).

II. Aufgaben des Betriebsrats bei der Bekämpfung von Unfall- und Gesundheitsgefahren

1. Unterstützung der für den Arbeitsschutz in Betracht kommenden Stellen

3 Abs. 1 begründet zunächst die Pflicht des Betriebsrats, die für den Arbeitsschutz in Betracht kommenden Stellen durch Anregung, Beratung und Auskunft zu unterstützen. Die »Bekämpfung von Unfallgefahren« ist der »Verhütung von Arbeitsunfällen und Berufskrankheiten« in § 87 Abs. 1 Nr. 7 gleichzuachten (vgl. dazu oben § 87 Rz. 338–340). Die »Bekämpfung von Gesundheitsgefahren« deckt sich mit dem dort erwähnten »Gesundheitsschutz« (vgl. dazu § 87 Rz. 339 ff.).

4 Die für den Arbeitsschutz **zuständigen Behörden** sind in erster Linie die Gewerbeaufsichtsämter (§§ 24d und 139b GewO), die Staatlichen Gewerbeärzte (vgl. § 7 Berufskrankheiten-Verordnung), die Bergämter (§ 154a GewO i. V. m. § 139b GewO sowie § 142 Bundesberggesetz v. 13. 8. 1980) und Seemannsämter (vgl. z. B. § 9 Nr. 2 und § 102a SeemG). Die Ordnungsämter sind neben den Gewerbeaufsichtsämtern gem. § 139b GewO nur zuständig, wenn den Gewerbeaufsichtsämtern durch das jeweils zuständige Bundesland nicht die alleinige Zuständigkeit übertragen worden ist. Die Schutzpolizei hat nach den Polizeiorganisationsgesetzen der Länder in der Regel nur eine Notzuständigkeit (*Schaub* § 154 II 4). Für den Arbeitsschutz zuständige Behörden sind aber nicht die Gesundheitsämter, Wasserämter, Bauaufsichtsbehörden (vgl. § 139b GewO; **a. A.** GK-*Wiese* § 89 Rz. 9; *F/A/K/H* § 89 Rz. 7; *G/L* § 89 Rz. 4).

5 **Träger der gesetzlichen Unfallversicherung** sind vor allem die Berufsgenossenschaften. Da sie im Bereich der Unfallverhütung und der Bekämpfung von Berufskrankheiten neben den Gewerbeaufsichtsämtern zuständig sind, hat die Bundesregierung die »Allgemeine Verwaltungsvorschrift über das Zusammenwirken der Träger der Unfallversicherung und der Gewerbeaufsichtsbehörden« erlassen, die diesen beiden Überwachungsträgern zum Zwecke einer möglichst wirkungsvollen Durchführung der Arbeitsschutzvorschriften eine enge Zusammenarbeit zur Pflicht macht.

6 **Sonstige in Betracht kommende Stellen** sind z. B. die Technischen Überwachungsvereine (*G/L* und *D/R*, jeweils a. a. O.; GK-*Wiese* § 89 Rz. 11), die mit öffentlich-rechtlichen Aufgaben beliehene private Rechtsträger sind (vgl. *Wolff/Bachof* Verwaltungsrecht II § 104). Solche Stellen sind aber nicht die Sicherheitsbeauftragten nach § 719 Abs. 1 RVO, der Sicherheitsausschuß gem. § 719 Abs. 4 RVO, die Betriebsärzte und Fachkräfte für Arbeitssicherheit sowie der nach § 11 ASiG zu bildende Arbeitsschutzausschuß (**a. A.** *D/R*, GK-*Wiese*, *F/A/K/H*, *G/L*, jeweils a. a. O.; *D/K/K/S* § 89 Rz. 14; *Kammann/Hess/Schlochauer* § 89 Rz. 8), auch nicht die aufgrund von Unfallverhütungsvorschriften oder Rechtsverordnun-

gen zur gesundheitlichen Überwachung von Arbeitnehmern besonders ermächtigten Ärzte (**a. A.** auch hier GK-*Wiese* a. a. O.); denn einmal deutet schon die gesetzliche Gleichordnung mit den Behörden und Unfallsicherungsträgern darauf hin, daß es sich um Träger öffentlich-rechtlicher Befugnisse handelt; außerdem ist die Zusammenarbeit der innerhalb des Betriebs für die Sicherheit zuständigen Personen und Gremien bereits in anderen Bestimmungen geregelt (vgl. § 719 RVO und §§ 9 und 11 ASiG); vor allem aber ergibt sich die hier vertretene Auffassung aus Abs. 2, da die genannten Personen und Gremien nicht die dort erwähnten Auflagen und Anordnungen (vgl. unten Rz. 18) erlassen können. Aus den dargelegten Gründen sind auch weder der Arbeitgeber noch die Personen, denen er die Erfüllung der ihm obliegenden Schutzpflichten übertragen hat, als sonstige in Betracht kommende Stelle anzusehen (**a. A.** *G/L*, D/R, GK-*Wiese*, *Kammann/ Hess/Schlochauer*, jeweils a. a. O.). Der Arbeitgeber und seine Beauftragten sind bereits nach § 2 Abs. 1 zur Zusammenarbeit mit dem Betriebsrat in allen die Arbeitnehmer betreffenden Fragen einschließlich des Arbeitsschutzes verpflichtet.

Die Unterstützung hat durch **Anregung, Beratung und Auskunft** zu erfolgen. Damit wird die allgemeine Aufgabe des Betriebsrats nach § 80 Abs. 1 Nr. 1 und 2 verstärkt. Die Anregung von Kontrollen durch die Behörden oder den zuständigen Unfallversicherungsträger setzt aber nach § 2 Abs. 1 und § 74 Abs. 1 Satz 2 die vergebliche Bemühung um eine innerbetriebliche Einigung mit dem Arbeitgeber voraus (ebenso *D/R* § 89 Rz. 8; GK-*Wiese* § 89 Rz. 6; *F/A/K/H* § 89 Rz. 8; *Spinnarke*, 60; *S/W* § 89 Rz. 2; *Denck* DB 1980, 2132 f.; *Hütig* DB 1975, 594; weitergehend *D/K/S* § 89 Rz. 12). 7

Gegenüber den Behörden, Unfallversicherungsträgern und sonstigen Stellen sind die Mitglieder des Betriebsrats im Hinblick auf ihre Auskunftspflicht nicht der **Amtsverschwiegenheit** nach § 79 unterworfen, soweit die Offenbarung eines Betriebs- oder Geschäftsgeheimnisses zur Gefahrenbekämpfung erforderlich ist (*G/L* § 89 Rz. 5; *D/R* § 89 Rz. 7; *F/A/K/H* a. a. O.; GK-*Wiese* § 89 Rz. 8; *S/W* § 89 Rz. 2). 8

2. Bemühung um die Durchführung der Vorschriften über den Arbeitsschutz und die Unfallverhütung im Betrieb

Der Betriebsrat hat sich für die Durchführung der Vorschriften über den Arbeitsschutz und die Unfallverhütung im Betrieb einzusetzen. Der letzte Halbsatz von Abs. 1 bestätigt und bekräftigt zugleich die Aufgabe in § 80 Abs. 1 Nr. 1 (GK-*Wiese* § 89 Rz. 12). Damit wird die **Bedeutung des Arbeitsschutzes** als Schwerpunkt in der Arbeit des Betriebsrats besonders hervorgehoben, ohne daß damit die Verantwortung des Arbeitgebers für Leben und Gesundheit der von ihm beschäftigten Arbeitnehmer geschmälert würde (vgl. *D/R* § 89 Rz. 16; *F/A/K/H* § 89 Rz. 4). Damit haben Arbeitgeber und Betriebsrat bei der Durchführung der Vorschriften über den Arbeitsschutz und der Unfallverhütung im Betrieb eine vom Gesetz besonders geregelte und hervorgehobene **gemeinsame Aufgabe** (*D/R* § 89 Rz. 9; *S/W* a. a. O.). 9

Der Betriebsrat hat sich nicht nur beim **Arbeitgeber** sondern bei allen Beteiligten, also auch bei den **Arbeitnehmern**, für die Durchführung dieser Vorschriften einzusetzen (so auch *D/R* § 89 Rz. 12; *F/A/K/H* a. a. O.; *G/L* § 89 Rz. 8; GK-*Wiese* § 89 Rz. 14; *D/K/S* § 89 Rz. 18). Er hat deshalb bei den Arbeitnehmern, soweit 10

§ 89 4. Teil 3. Abschn. *Soziale Angelegenheiten*

für sie Verhaltenspflichten zum Schutz ihrer eigenen Gesundheit und der Gesundheit der anderen Arbeitnehmer gelten, auf die Einhaltung dieser Pflichten hinzuwirken; das gilt beispielsweise für das Tragen von persönlichen Schutzausrüstungen und das Unterlassen von unzulässigem Alkoholgenuß (vgl. §§ 4 und 38 der Unfallverhütungsvorschrift »Allgemeine Vorschriften«).

11 **Vorschriften über den Arbeitsschutz und die Unfallverhütung** sind die staatlichen Gesetze und Verordnungen sowie die von den Trägern der gesetzlichen Unfallversicherung gem. § 708 RVO erlassenen Unfallverhütungsvorschriften (vgl. oben unter § 87 Rz. 333 ff.). Aufgrund Verweisung in § 3 Abs. 1 der Arbeitsstättenverordnung (vgl. dazu § 87 Rz. 345) und in § 2 Abs. 1 der Unfallverhütungsvorschrift »Allgemeine Vorschriften« (zum Gerätesicherheitsgesetz vgl. § 87 Rz. 344) sind ferner die allgemein anerkannten sicherheitstechnischen, arbeitsmedizinischen und hygienischen Regeln sowie die sonstigen gesicherten arbeitswissenschaftlichen Erkenntnisse zu beachten (GK-*Wiese* § 89 Rz. 18; *G/L* § 89 Rz. 6; *D/R* § 89 Rz. 10). Regeln der Technik gelten als allgemein anerkannt, wenn die Mehrheit der Fachleute von ihrer Zweckmäßigkeit überzeugt ist und wenn sie sich in der Fachpraxis bewährt haben (*Kliesch/Nöthlichs/Wagner* § 3 Rz. 1.2). Der Begriff der gesicherten arbeitswissenschaftlichen Erkenntnisse ist an anderer Stelle erläutert (vgl. § 90 Rz. 18). Zu den durchzuführenden Vorschriften gehören ferner Tarifverträge und Betriebsvereinbarungen, die Fragen des Arbeitsschutzes und der Unfallverhütung regeln (*D/R* § 89 Rz. 9; *G/L* § 89 Rz. 6).

12 Aus dieser weitgehenden Verpflichtung des Betriebsrats auf dem Gebiet des Arbeitsschutzes und der Unfallverhütung erwächst ihm auch das Recht, sich von dem Vorhandensein und der ordnungsgemäßen Benutzung der vorgeschriebenen Schutzvorrichtungen fortlaufend zu überzeugen. Deshalb dürfen Mitglieder des Betriebsrats auch **Anlagen betreten**, die nach den Arbeitsschutz- und Unfallverhütungsvorschriften Unbefugten verschlossen sind (so auch *LAG Frankfurt/M.* vom 4. 2. 1972 – 5 Ta BV 3/71 – DB 1972, 2214; *D/R* a. a. O.; GK-*Wiese* § 89 Rz. 15; *F/A/K/H* § 89 Rz. 3; *S/W* § 89 Rz. 4; *D/K/K/S* § 89 Rz. 17). Das vom Betriebsrat bestimmte Mitglied hat sich aufgrund des Gebots zur vertrauensvollen Zusammenarbeit gem. § 2 Abs. 1 wie auch zu seinem eigenen Schutz bei der vom Arbeitgeber mit der Aufsicht betrauten Person **vorher zu melden** (so auch *S/W* und GK-*Wiese*, jeweils a. a. O.; **a. A.** *LAG Frankfurt/M.*, *F/A/K/H* und *D/K/K/S* jeweils a. a. O.).

13 Die in Abs. 1 bezeichnete Aufgabe des Betriebsrats berechtigt ihn jedoch nicht, dem Arbeitsschutz dienende technische oder organisatorischen Maßnahmen im Betrieb selbst durchzuführen (vgl. § 77 Abs. 1 S. 2; ebenso *D/R* § 89 Rz. 16; *S/W* § 89 Rz. 1; GK-*Wiese* § 89 Rz. 7).

III. Hinzuziehung des Betriebsrats bei Besichtigungen, Fragen und Unfalluntersuchungen

14 Um dem Betriebsrat eine umfassende Mitwirkung beim Arbeitsschutz und bei der Unfallverhütung zu ermöglichen, verpflichtet Abs. 2 sowohl den Arbeitgeber als auch die nach Abs. 1 für den Arbeitsschutz in Betracht kommenden Stellen (vgl. oben Rz. 4–6), ihn in allen mit dem Arbeitsschutz zusammenhängenden Fragen zu beteiligen. Besichtigungen und Unfalluntersuchungen werden als wichtige Fragen besonders erwähnt. Diese Regelung entspricht der aufgrund § 712 Abs. 4 RVO

Arbeitsschutz **§ 89**

erlassenen »Allgemeinen Verwaltungsvorschrift über das Zusammenwirken der technischen Aufsichtsbeamten der Träger der Unfallversicherung mit den Betriebsvertretungen« (BAnz. Nr. 116 vom 21. 6. 1968, geändert in BAnz. Nr. 225 vom 2. 12. 1977; vgl. insbesondere § 4). Die Bestimmungen machen den technischen Aufsichtsbeamten auf dem Gebiet der Unfallverhütung und Ersten Hilfe ein enges Zusammenwirken mit den Betriebsvertretungen zur Pflicht (zu weitergehenden Dienstanweisungen der Bundesländer vgl. GK-*Wiese* § 89 Rz. 24).

Besondere Bedeutung kommt der Hinzuziehung bei **Unfalluntersuchungen** zu. Sie ist auch dann erforderlich, wenn kein Arbeitnehmer zu Schaden gekommen ist (vgl. *BVerwG* vom 8. 12. 1961 − VII P 7.59 − AP Nr. 2 zu § 68 PersVG = RdA 1962, 360; GK-*Wiese* § 89 Rz. 26; *G/L* § 89 Rz. 11). Es spielt auch keine Rolle, ob sich der Unfall in den Betriebsräumen oder bei Außenarbeiten ereignet hat (*F/A/K/H* § 89 Rz. 21; *S/W* § 89 Rz. 7; *G/L* a. a. O.). Die Beteiligung des Betriebsrats bezieht sich auf die gesamte betriebliche Untersuchung; sie ist insbesondere erforderlich bei Zeugenvernehmungen, Besichtigungen des Unfallortes wie bei Anhörungen von Sachverständigen. Ist zur Untersuchung Einsicht in Unterlagen notwendig, so ist auch dem Betriebsrat Gelegenheit dazu zu geben. Schließlich muß er auch den abschließenden Bericht über den Unfall einsehen können (*F/A/K/H* § 89 Rz. 17). Beteiligt der Arbeitgeber den Betriebsrat nicht selbst, so hat die in Abs. 1 genannte Stelle (vgl. oben Rz. 4–6) den Betriebsrat von sich aus hinzuzuziehen (*G/L* a. a. O.). 15

Der Betriebsrat ist ferner bei der **Einführung und Prüfung von Arbeitsschutzeinrichtungen** zu beteiligen. Hier ist insbesondere an Schutzvorrichtungen an Maschinen und Einrichtungen zu denken, die zum Beleuchten, Heizen, Kühlen oder zum Be- oder Entlüften oder zum Entstauben und Entgasen von Arbeitsräumen bestimmt sind (*D/R* § 89 Rz. 17; GK-*Wiese* § 89 Rz. 25; *F/A/K/H* § 89 Rz. 19). 16

Die Verpflichtung des Arbeitgebers, den Betriebsrat in allen Fragen im Zusammenhang mit dem Arbeitsschutz und der Unfallverhütung hinzuzuziehen, betrifft nicht sämtliche Besprechungen, die der Arbeitgeber mit der betrieblichen Sicherheitsfachkraft über Arbeitssicherheit führt. Die Hinzuziehungspflicht besteht vielmehr nur bei der Erörterung solcher Fragen, die einen vergleichbar konkreten Inhalt haben, wie Besichtigungen und Unfalluntersuchungen (*LAG Düsseldorf* vom 3. 1. 1989 − 11 Ta BV 160/88 − NZA 1989, 733; *S/W* § 89 Rz. 9). Ebenso ist der Betriebsrat nicht stets zu Besprechungen mit dem Betriebsarzt hinzuzuziehen. 16a

Wie im Gesetz ausdrücklich hervorgehoben, ist nicht erforderlich, daß der Betriebsrat in seiner Gesamtheit beteiligt wird; es genügt vielmehr, daß die von ihm bestimmten Mitglieder hinzugezogen werden. Ob der Betriebsrat die Beteiligung auf eines oder mehrere Mitglieder zu delegieren hat, beurteilt sich danach, was nach Art und Umfang des Betriebs zur ordnungsgemäßen Durchführung erforderlich ist (*D/R* § 89 Rz. 20; zum Gebot der möglichst rationellen Amtsführung vgl. oben § 37 Rz. 28). 17

IV. Unterrichtung des Betriebsrats über Auflagen und Anordnungen

Nach Abs. 2 Satz 2 hat der Arbeitgeber dem Betriebsrat unverzüglich, also gem. § 121 BGB ohne schuldhaftes Zögern, die den Arbeitsschutz und die Unfallverhütung betreffenden Auflagen und Anordnungen der in Abs. 1 genannten Stellen 18

Glaubitz   1253

§ 89   4. Teil 3. Abschn. Soziale Angelegenheiten

(vgl. oben Rz. 4–6) mitzuteilen. **Anordnungen** sind verbindliche Regelungen für den Einzelfall (vgl. z. B. § 712 RVO, § 120 d GewO, § 12 ASiG). Durch eine **Auflage** wird von dem Betroffenen ein bestimmtes Tun oder Unterlassen verlangt. In der Regel ist sie einem den Arbeitgeber begünstigenden Vewaltungsakt hinzugefügt, inhaltlich mit ihm verbunden und in ihrem rechtlichen Bestand von dem Verwaltungsakt abhängig (GK-*Wiese* § 89 Rz. 30; *D/K/K/S* § 89 Rz. 26). Zu denken ist z. B. an eine Betriebsgenehmigung für eine Anlage, verbunden mit der Verpflichtung, bestimmte Sicherheitsvorkehrungen zu treffen, damit die Arbeitnehmer durch die Anlage nicht gefährdet werden.

V. Beteiligung des Betriebsrats an Besprechungen des Arbeitgebers mit den Sicherheitsbeauftragten

19   Nach Abs. 3 nehmen vom Betriebsrat beauftragte Mitglieder an den Besprechungen des Arbeitgebers mit den Sicherheitsbeauftragten oder dem Sicherheitsausschuß (vgl. dazu oben Rz. 2) teil.

20   Der Arbeitgeber hat gem. § 719 Abs. 1 RVO einen oder mehrere **Sicherheitsbeauftragte zu bestellen**, sofern er im Unternehmen mehr als 20 Arbeitnehmer einschließlich leitender Angestellter (bei abweichender Regelung durch die Satzung der Berufsgenossenschaft erst ab einer höheren Anzahl von Arbeitnehmern) beschäftigt. Bei der Bestellung der Sicherheitsbeauftragten hat der Betriebsrat gem. § 719 Abs. 1 RVO kein Mitbestimmungsrecht, sondern nur ein **Beteiligungsrecht** (so auch GK-*Wiese* § 89 Rz. 32; *F/A/K/H* § 89 Rz. 24; *S/W* § 89 Rz. 8; vgl. auch oben § 87 Rz. 338; **a. A.** LAG Düsseldorf vom 25. 3. 1977 – 4 Sa 171/77 – DB 1977, 915; *D/K/K/S* § 89 Rz. 31). Es sollte aber im Interesse des Betriebs und der Arbeitnehmer eine einvernehmliche Lösung angestrebt werden. Dasselbe gilt für die Abberufung von Sicherheitsbeauftragten, obwohl nach dem Gesetz insoweit ein Beteiligungsrecht des Betriebsrats überhaupt nicht besteht (**a. A.** GK-*Wiese*, *D/K/K/S* und *F/A/K/H* jeweils a. a. O.; *Kammann/Hess/Schlochauer* § 81 Rz. 25).

21   Werden mehr als drei Sicherheitsbeauftragte bestellt, so bilden sie aus ihrer Mitte einen **Sicherheitsausschuß** (§ 719 Abs. 4 Satz 1 RVO). Sind in einem Betrieb Betriebsärzte oder Fachkräfte für Arbeitssicherheit bestellt, so ist nach § 11 ASiG ein **Arbeitsschutzausschuß** zu bilden, an dem auch Sicherheitsbeauftragte zu beteiligen sind. Dann braucht ein Sicherheitsausschuß nicht mehr gebildet zu werden (§ 719 Abs. 4 Satz 1, Abs. 2 RVO). Der Betriebsrat kann eine andere als die gesetzliche Regelung nicht erzwingen (*LAG Niedersachsen* vom 20. 4. 1978 – 8 TaBV 1/78 – BABl. 1979, 32; *S/W* § 89 Rz. 8; zur Bildung des Arbeitsschutzausschusses durch den Arbeitgeber vgl. oben § 87 Rz. 386 und *F/A/K/H* § 89 Rz. 28).

22   Die Sicherheitsbeauftragten haben den Arbeitgeber **bei der Durchführung des Unfallschutzes zu unterstützen**. Sie haben sich insbesondere von dem Vorhandensein und der ordnungsgemäßen Benutzung der vorgeschriebenen Schutzvorrichtungen **fortlaufend zu überzeugen** (§ 719 Abs. 2 RVO). Daraus folgt, daß der Sicherheitsbeauftragte dem Arbeitgeber oder der von ihm bestellten Führungskraft **Hinweise und Empfehlungen in bezug auf die Sicherheit in seinem Zuständigkeitsbereich** zu geben hat. Er muß ferner alle Arbeitskollegen auf Unfallgefahren aufmerksam machen, sie beraten und aufklären, hat jedoch ihnen gegenüber keine Weisungsbefugnis (*F/A/K/H* § 89 Rz. 25; GK-*Wiese* § 89

Rz. 35). Der Arbeitgeber ist rechtlich nicht verpflichtet, den Vorschlägen und Anregungen des Sicherheitsbeauftragten nachzukommen (*F/A/K/H* und GK-*Wiese*, jeweils a. a. O.).

Der Arbeitgeber oder die von ihm bestellte Führungskraft sollen mindestens einmal im Monat mit den Sicherheitsbeauftragten oder – soweit ein solcher vorhanden ist – mit dem Sicherheitsausschuß unter Beteiligung des Betriebsrats zum Zwecke des Erfahrungsaustausches zusammentreffen (§ 719 Abs. 4 Satz 2 RVO). Die Pflicht zu diesem **Zusammentreffen mit den Sicherheitsbeauftragten** besteht für den Arbeitgeber auch dann, wenn gem. § 719 Abs. 4 Satz 1 Halbsatz 2 RVO ein Sicherheitsausschuß nicht zu bilden ist, weil ein Betriebsarzt oder eine Sicherheitsfachkraft für den Betrieb bestellt und deshalb nach § 11 ASiG ein Arbeitsschutzausschuß einzurichten ist (*F/A/K/H* § 89 Rz. 27a; *D/R* § 89 Rz. 30; zur Frage eines Mitbestimmungsrechts in dieser Angelegenheit vgl. oben § 87 Rz. 386). Der Arbeitsschutzausschuß besteht nach § 11 aus dem Arbeitgeber oder der von ihm bestellten Führungskraft, zwei Betriebsratsmitgliedern, einem oder mehreren Betriebsärzten, Sicherheitsfachkräften und Sicherheitsbeauftragten und tritt mindestens einmal vierteljährlich zusammen. **23**

VI. Überlassung von Niederschriften

Nach Abs. 4 sind dem Betriebsrat die Niederschriften über Untersuchungen, Besichtigungen und Besprechungen zur Verfügung zu stellen, sofern solche Niederschriften angefertigt werden (GK-*Wiese* § 89 Rz. 27; *F/A/K/H* § 89 Rz. 17; *D/K/K/S* § 89 Rz. 34). **24**

Die Verpflichtung, dem Betriebsrat Niederschriften zu überlassen, trifft denjenigen, der sie angefertigt hat. Soweit dies eine **für den Arbeitsschutz in Betracht kommende Stelle** (vgl. oben Rz. 4–6) ist, hat sie die Niederschrift dem Betriebsrat unmittelbar zuzuleiten (*D/R* § 89 Rz. 21; *F/A/K/H* a. a. O.; *D/K/K/S* § 89 Rz. 33). Allerdings muß der Arbeitgeber vorher Kenntnis von ihr erhalten und so Gelegenheit bekommen, in der Niederschrift etwa angesprochene **Betriebs- oder Geschäftsgeheimnisse** dem Betriebsrat gegenüber ausdrücklich gem. § 79 Abs. 1 als geheimhaltungsbedürftig zu bezeichnen (*G/L* § 89 Rz. 13; zu weitgehend *Leube* DB 1973, 236, der wegen § 79 nur dem Arbeitgeber die Übermittlung der Niederschriften vorbehalten will; vgl. auch GK-*Wiese* a. a. O.; zu eng *F/A/K/H* a. a. O.). **25**

VII. Aushändigung von Unfallanzeigen

Nach Abs. 5 ist dem Betriebsrat eine Durchschrift der nach § 1552 RVO vom Betriebsrat mit zu unterschreibenden Unfallanzeige auszuhändigen. Aufgrund dieser Vorschrift hat der Arbeitgeber jeden Unfall in seinem Betrieb anzuzeigen, wenn durch ihn ein im Betrieb Beschäftigter getötet oder so schwer verletzt worden ist, daß er stirbt oder für mehr als drei Tage völlig oder teilweise arbeitsunfähig wird. Anzuzeigen ist der Unfall der durch die Satzung der Berufsgenossenschaft bestimmten Stelle. Dies sind in der Regel die Berufsgenossenschaft selbst und das zuständige Gewerbeaufsichtsamt; bei Bergbaubetrieben tritt an die Stelle des Gewerbeaufsichtsamtes die Bergbehörde (vgl. dazu auch GK-*Wiese* § 89 Rz. 38, 40). **26**

§ 90   *4. Teil 4. Abschn. Gestaltung v. Arbeitsplatz, -ablauf u. -umgebung*

27   Durch die Aushändigung einer Durchschrift der Unfallanzeige erhält der Betriebsrat die Möglichkeit, den Bericht des Arbeitgebers über den Unfallhergang mit seiner eigenen Kenntnis vom Geschehen zu vergleichen. Er kann der Berufsgenossenschaft oder dem Gewerbeaufsichtsamt seine etwa abweichende Sicht mitteilen (*G/L* § 89 Rz. 14; GK-*Wiese* § 89 Rz. 39; *F/A/K/H* § 89 Rz. 22; *D/K/K/S* § 89 Rz. 35).

28   Ist der Berufsgenossenschaft eine nicht vom Betriebsrat mitunterzeichnete Anzeige erstattet worden, so hat der technische Aufsichtsbeamte der Berufsgenossenschaft eine Abschrift der Unfallanzeige dem Betriebsrat zu übersenden oder dem Betriebsrat mitzuteilen, daß die Unfallanzeige eingegangen ist (vgl. § 5 der Allgemeinen Verwaltungsvorschrift, vgl. dazu Rz. 14; vgl. auch *G/L* a.a.O.; GK-*Wiese* § 89 Rz. 40; *F/A/K/H* a.a.O.).

VIII. Rechtsfolgen der Nichterfüllung der gesetzlichen Aufgaben

29   Vorsätzliche Behinderungen des Betriebsrats bei der Erfüllung der ihm nach dieser Bestimmung obliegenden Aufgaben sind gem. § 119 Abs. 1 Nr. 2 strafbar. Die Strafverfolgung ist nach § 119 Abs. 2 nur auf Antrag zulässig. Vernachlässigt der Arbeitgeber grob, den Betriebsrat zu beteiligen, so kann gegen ihn ein gerichtliches Verfahren nach § 23 Abs. 3 durchgeführt werden (*D/R* § 89 Rz. 31; *F/A/K/H* § 89 Rz. 29; GK-*Wiese* § 89 Rz. 41; *D/K/K/S* § 89 Rz. 72).

30   Erfüllt der Betriebsrat beharrlich nicht die ihm nach dieser Bestimmung obliegenden Aufgaben, so liegt darin eine grobe Pflichtverletzung, die nach § 23 Abs. 1 auf Antrag zur Auflösung des Betriebsrats durch Beschluß des Arbeitsgerichts berechtigt (GK-*Wiese* und *D/R*, jeweils a.a.O.; *F/A/K/H* § 89 Rz. 30; *D/K/K/S* § 89 Rz. 73).

IX. Streitigkeiten

31   Streitigkeiten über die Mitwirkung des Betriebsrats bei der Durchführung des Arbeitsschutzes nach dieser Bestimmung entscheidet das Arbeitsgericht gem. § 2a ArbGG im Beschlußverfahren. Das gilt auch für Streitigkeiten zwischen dem Betriebsrat und den mit dem Arbeitsschutz befaßten außerbetrieblichen Stellen, soweit der Streitgegenstand sich auf Ansprüche aus § 89 bezieht (ebenso *D/R* § 89 Rz. 32; *G/L* § 89 Rz. 17; GK-*Wiese* § 89 Rz. 42; *F/A/K/H* § 89 Rz. 31; *D/K/K/S* § 89 Rz. 74; *Dütz* AuR 1973, 369; **a. A.** *LAG Düsseldorf* vom 22. 7. 1971 – 7 TaBV 84/70 – AuR 1972, 190, jedoch vor Erlaß der generalklauselartigen Zuständigkeitsregelung in § 2a Abs. 1 Nr. 1 ArbGG).

Vierter Abschnitt
Gestaltung von Arbeitsplatz, Arbeitsablauf und Arbeitsumgebung

Literaturübersicht zu § 90 u. § 91

Auffarth Gestaltung von Arbeitsplatz, Arbeitsablauf und Arbeitsumgebung (§§ 90, 91 BetrVG), AR-Blattei, Betriebsverfassung XIV G; *Bähringer* Die Rechte des Betriebsrates

§ 90 Unterrichtungs- und Beratungsrechte

bei der Einführung von Bildschirmarbeitsplätzen, RdA 1981, 364; *Birkwald-Pornschlegel* Gesicherte arbeitswissenschaftliche Erkenntnisse, MitGespr. 1973, 95; *Bosmann* Arbeitsrechtliche Fragen bei der Einführung von Neuen Medien, NZA 1984, 185; *Buchner* Die Betriebsänderung noch eine unternehmerische Entscheidung?, Köln 1984; *Burmester* »Humanisierung der Arbeitswelt« – Schlagwort oder neuer Weg, DB 1978, 8; *Bundesminister für Forschung und Technologie* (Hrsg.) Menschengerechte Gestaltung der Arbeitsbedingungen, ZArbWiss. 1980, 141; *Christliche Demokratische Union Deutschlands und Sozialausschüsse der Christlich Demokratischen Arbeitnehmerschaft* (Hrsg.). Humanität im Arbeitsleben, Bonn 1975; *Degott* § 90 BetrVG – Beteiligungsrechte, die infolge Nichtausübung bei Planungsende untergehen, BB 1982, 1195; *Denck* Bildschirmarbeitsplätze und Mitbestimmung des Betriebsrats, RdA 1982, 279; *Dörken-Krankenhagen* Die §§ 90 und 91 BetrVG aus der Sicht der Arbeitswissenschaft, REFA-Nachrichten, 26. Jg., 4/1974; *Ehmann* Arbeitsschutz und Mitbestimmung bei neuen Technologien, 1981; *Gaul* Die rechtlichen Grundlagen der REFA-Arbeit im Betrieb, 2. Aufl. 1973; *Gerum* Grundfragen der Arbeitsgestaltungspolitik – Ein integrativer Ansatz zur Problematik der »gesicherten arbeitswissenschaftlichen Erkenntnisse über die menschengerechte Gestaltung der Arbeit«, 1981; *Hofe* Betriebliche Mitbestimmung und Humanisierung der Arbeitswelt (= Die Mitwirkung und Mitbestimmung des Betriebsrats bei der menschengerechten Gestaltung der Arbeit), Diss. Freiburg i. Br., 1978; *ders.* Die Mitbestimmung nach § 91 BetrVG im Verhältnis zum Arbeitsschutzrecht, AuR 1979, 79; *Hübner-Becker* Der Begriff der menschengerechten Gestaltung der Arbeit – §§ 90, 91 BetrVG, Diss. Würzburg, 1976; *Hunold* Zum Einfluß der ArbStättV auf die Mitbestimmung des Betriebsrats bei der menschengerechten Gestaltung der Arbeit, DB 1976, 1059; *De Jong* Die Methode der menschengerechten Gestaltung der Arbeit, AuL 1974, 179; *Jungbluth* Management und Arbeitswissenschaft, MitGespr. 1973, 75; *ders.* Verwirklichung der vom Gesetz geforderten arbeitswissenschaftlichen Gestaltung ZArbWiss. 1977, 67; *Jürgens* Zur Informationsbeschaffung von Betriebsräten, insbesondere bei Rationalisierungsmaßnahmen, MitGespr. 1979, 150; *Karstens* Die gesetzlichen Grundlagen und die arbeitswissenschaftlichen Aspekte für die Mitwirkung und Mitbestimmung an Maßnahmen des Arbeitsstudiums im Industiebetrieb aufgrund des BetrVG 1972, Wirtschafts- und Sozialwissenschaftl. Diss. Hamburg, 1976; *Kilian* Arbeitsrechtliche Probleme automamtisierter Personalinformationssysteme, JZ 1977, 481; *ders.* Bildschirmarbeitsplätze und Mitbestimmung, NJW 1981, 2545; *Kirchner/Rohmert* Ergonomische Leitregeln zur menschengerechten Arbeitsgestaltung, Katalog arbeitswissenschaftlicher Richtlinien über die menschengerechte Gestaltung der Arbeit (BVG §§ 90, 91), 1974; *Kittner* Mitbestimmung der Arbeitnehmer über die Arbeitsorganisation und über die Ausgestaltung und Umgebung des Arbeitsplatzes, WSI-Mitt. 1975, 256; *Köstler* Die Sicherung des Betriebsratsrechte gem. § 90 BetrVG durch Verbot der geplanten Maßnahme ist möglich, BB 1982, 861; *Konzen* Betriebsverfassungsrechtliche Leistungspflicht des Arbeitgebers, 1984; *Leminsky* Gewerkschaftliche Ansatzmöglichkeiten zur Humanisierung der Arbeit, MitGespr. 1974, 116; *Mank* Humanisierung der Arbeitswelt durch Einzelarbeitsplätze, DB 1978, 897, 950, 998; *Matthes* Die Beteiligung des Betriebsrats bei Maßnahmen der Personaldatenverarbeitung, RDV 1985, 16; *Müllner* Beteiligungsrechte des Betriebsrat bei Personalinformationssystemen, BB 1984, 475; *Natzel* Mitwirkung und Mitbestimmung des Betriebsrats bei der menschengerechten Gestaltung der Arbeit, DB 1972 Beilage Nr. 24; *ders.* Gestaltung von Arbeitsstätte, Arbeitsplatz und Arbeitsablauf – individuelle und betriebsverfassungsrechtliche Rechte und Pflichten, LuL Nr. 37/40, 1973; *ders.* Menschengerechte Arbeitsgestaltung und Gewerkschaftspolitik, LuL Nr. 88/92, 1979; *ders.* Zur Mitbestimmung bei der menschengerechten Gestaltung der Arbeit, RdA 1974, 280; *Oberhoff* Menschengerechte Gestaltung der Arbeit im Sinne des Betriebsverfassungsgesetzes, BB 1973, 1641; *Pornschlegel-Birkwald* Ebenen und Kategorien gesicherter arbeitswissenschaftlicher Erkenntnisse im Sinne der §§ 90 und 91 BetrVG, afa-Informationen, 1973, Heft 6; *REFA, Verband für Arbeitsstudien – REFA e. V.* Methodenlehre des Arbeitsstudiums, 5. Aufl. 1976; *Rehhahn* Grundgedanken und Ziele menschengerechter Arbeitsgestaltung, MitGespr. 1974, 95; *Rohmert* Arbeitsgestaltung, Handbuch der Rationalisierung, Bd. 17, 1968; *ders.* Arbeitsplatzgestaltung, in: *Gaugler (Hrsg.)* Handwörterbuch des Personalwesens, 1975, Sp. 289; *Rühl* Die angebliche Krise der Arbeitswissenschaft sowie offene Probleme der Gesichertheit arbeitswissenschaftlicher Erkenntnisse, ZArbWiss. 1975, 52; *Schaefer* Arbeitstechnische Betrachtungen zum Betriebsverfassungsgesetz 1972, BB 1972, 711; *ders.* Arbeitswissenschaftlicher Aspekte der §§ 90 und 91, MitGespr. 1974, 89; *ders.* Menschengerechte Gestaltung der Arbeit als gewerkschaftliche Aufgabe, MitGespr. 1973, 62; *Schmidt* Sicherung der Betriebsrechte gem. § 90 BetrVG durch Verbot der geplanten Maßnahme?, BB 1982, 48; *Schneider* Der rechtliche Aspekt der §§ 90 und 91. MitGespr. 1974, 83; *Schulte/Dörken-Krankenhagen* Die arbeitswissenschaftlichen Gesichtspunkte des Betriebsverfassungsgesetzes – Ideal und Wirklichkeit, Berlin 1974; *Schweres* Die Verwirklichung der §§ 90 und 91 im Betrieb, MitGespr. 1974, 103; *Spitzner* Betriebsverfassungsrechtliche Fragen bei der Einführung neuer Techniken, BlStSozArbR 1981, 257; *Trittin* Der Unterlassungsanspruch des Betriebsrats zur Sicherung seiner Mitwirkungsrechte gem. §§ 90, 111, 112 BetrVG, DB 1983, 230; *Vitt* Humanisierung der Arbeit durch Mitbestimmung, MitGespr. 1974, 132; *Vogt* Personaleinschränkungen als Betriebsänderungen im Sinne der §§ 90, 106 und 111 ff. BetrVG, DB 1976, 625; *ders.* Personaleinschränkungen im Rahmen betriebsbedingter Kündigungen und sozialplanpflichtiger Betriebsänderungen, DB 1981, 1823; *Weil* Alternative Formen der Arbeitsorganisation: Verbesserungen der Arbeitbedingungen und bei der Produktivität in Westeuropa, RdA 1977, 95; *Wlotzke* Die Änderung des Betriebsverfassungsgesetzes und das Gesetz über Sprecherausschüsse der leitenden Angestellten, DB 1989, 111, 173; *Zöllner* Arbeitsrecht und menschengerechte Arbeitsgestaltung, RdA 1973, 212. (Vgl. auch Literatur zu § 89.)

§ 90 Unterrichtungs- und Beratungsrechte

(1) Der Arbeitgeber hat den Betriebsrat über die Planung
1. **von Neu-, Um- und Erweiterungsbauten von Fabrikations-, Verwaltungs- und sonstigen betrieblichen Räumen,**
2. **von technischen Anlagen,**
3. **von Arbeitsverfahren und Arbeitsabläufen oder**
4. **der Arbeitsplätze**
rechtzeitig unter Vorlage der erforderlichen Unterlagen zu unterrichten.
(2) Der Arbeitgeber hat mit dem Betriebsrat die vorgesehenen Maßnahmen und ihre Auswirkungen auf die Arbeitnehmer, insbesondere auf die Art ihrer Arbeit sowie die sich daraus ergebenden Anforderungen an die Arbeitnehmer so rechtzeitig zu beraten, daß Vorschläge und Bedenken des Betriebsrats bei der Planung berücksichtigt werden können. Arbeitgeber und Betriebsrat sollen dabei auch die gesicherten arbeitswissenschaftlichen Erkenntnisse über die menschengerechte Gestaltung der Arbeit berücksichtigen.

Literaturübersicht
Vgl. die Literaturübersicht vor § 90

Inhaltsübersicht

		Rz.
I.	Allgemeines zu §§ 90, 91	1–1c
II.	Unterrichtung des Betriebsrats (§ 90 Abs. 1)	2–11
	1. Begriff der Planung	3, 3a
	2. Gegenstand der Unterrichtung	4–9

	a) Neu-, Um- und Erweiterungsbauten	5
	b) Technische Anlagen	6
	c) Arbeitsverfahren und Arbeitsablauf	7, 8
	d) Arbeitsplätze	9
	3. Durchführung der Unterrichtung	10, 11
III.	Beratungsrecht des Betriebsrats (§ 90 Abs. 2)	12–21
	1. Kein Initiativrecht des Betriebsrats	12
	2. Gegenstand der Beratung	13–17
	3. Berücksichtigung gesicherter arbeitswissenschaftlicher Erkenntnisse	18–21
IV.	Sanktionen	22
V.	Streitigkeiten	23

I. Allgemeines zu §§ 90, 91

Der vierte Abschnitt des Betriebsverfassungsgesetzes gibt dem Betriebsrat **erstmals Beteiligungsrechte** bei der Gestaltung von Arbeitsplatz, Arbeitsablauf und Arbeitsumgebung. Die berechtigte Belange der Arbeitnehmer hinsichtlich der Auswirkungen dieser Maßnahmen auf die Art der Arbeit und die Anforderungen an die Arbeitnehmer sollen beachtet, arbeitswissenschaftliche Erkenntnisse über die menschengerechte Gestaltung der Arbeit dabei berücksichtigt werden. Hier ist offensichtlich an Maßnahmen des Arbeitsschutzes, aber auch an Maßnahmen, die der Erhaltung der Gesundheit der Arbeitnehmer dienen können, zu denken. Im Vordergrund steht der Gedanke der Humanisierung der Arbeitswelt (vgl. auch *Schellenberg* BT-Prot. 75, 5842). Nach dem Bericht des BT-Ausschusses für Arbeit und Sozialordnung (zu BT-Drucks. VI/2729, 4, 5) »soll ein Bereich erfaßt werden, der zwar nicht durch arbeitsschutzrechtliche Bestimmungen geregelt ist, dem aber im **Vorfeld des Arbeitsschutzes** eine erhebliche Bedeutung für die Erhaltung der Gesundheit der Arbeitnehmer zukommt«. Dies bedeutet aber nicht, daß nur der Gesundheitsschutz gemeint ist, vielmehr sollen dabei tragender Gesichtspunkt die gesicherten Erkenntnisse der Arbeitswissenschaft einschließlich der Arbeitsmedizin, der Arbeitsphysiologie und der Arbeispsychologie über eine menschengerechte Gestaltung der Arbeit (Ergonomie) sein (Bericht des BT-Ausschusses für Arbeit und Sozialordnung zu BT-Drucks. VI/2729, 5; *D/R* vor § 90 Rz. 1; *S/W* § 90 Rz. 2; GK-*Wiese* vor § 90 Rz. 1).

§ 90 gibt dem Betriebsrat **ein Unterrichtungs- und Beratungsrecht** bereits im **Planungsstadium**, dagegen kein Initiativrecht (vgl. Rz. 12). Werden die Abeitnehmer durch Maßnahmen i. S. d. § 90, die den gesicherten arbeitswissenschaftlichen Erkenntnissen über die menschengerechte Gestaltung der Arbeit offensichtlich widersprechen, in besonderer Weise belastet, so hat der Betriebsrat ein »**korrigierendes Mitbestimmungsrecht**« (vgl. § 91 Rz. 1 f.). Neben den Beteiligungsrechten nach §§ 90, 91 können Mitbestimmungsrechte insbesondere nach § 87 Abs. 1 Nr. 6 und 7, sowie nach §§ 111 ff. bestehen (vgl. Rz. 14). Zweck der Beteiligung bei §§ 111 ff. ist die Sicherung wirtschaftlicher Interessen der Arbeitnehmer bei einer Betriebsänderung, bei §§ 90 f. die Gewährleistung, daß die genannten arbeitswissenschaftlichen Erkenntnisse berücksichtigt werden. Soweit die Mitberatungs- und Mitbestimmungsrechte denselben Gregenstand betreffen, bestehen sie nebeneinander (*D/R* vor § 90 Rz. 3; *G/L* vor § 90 Rz. 2; GK-*Wiese* vor § 90 Rz. 1).

Die **Regelungen** der §§ 90, 91 sind **zwingend**; sie können weder durch Tarifvertrag noch durch Betriebsvereinbarung eingeschränkt werden (*D/R* vor § 90 Rz. 4; GK-

1

1a

1b

§ 90   4. Teil 4. Abschn. Gestaltung v. Arbeitsplatz, -ablauf u. -umgebung

Wiese vor § 90 Rz. 5; *D/K/K/S* § 90 Rz. 5; *Natzel* DB 1972 Beilage Nr. 24, 4; *S/W* § 90 Rz. 2; vgl. auch vor § 1 Rz. 64). Zusätzliche oder abweichende Mitwirkungs- und Mitbestimmungsrechte können ebenfalls nicht durch Tarifvertrag oder Betriebsvereinbarung geschaffen werden (*D/R* § 87 Rz. 10 ff.; *S/W* § 87 Rz. 6 f; **a. A.** *BAG* vom 10. 2. 1988 – 1 ABR 70/86 – EzA § 1 TVG Nr. 34 = DB 1988, 1397 für § 99 BetrVG mit dem als zu generell abzulehnenden Hinweis auf die »in aller Regel einseitig zwingende Natur« von Mitwirkungsbestimmungen des BetrVG); dies ist nur im Rahmen der zu § 87 entwickelten Grundsätze möglich (vgl. § 87 Rz. 37 ff.; *D/R* § 87 Rz. 10 ff. und vor § 90 Rz. 4; GK-*Wiese* vor § 90 Rz. 5).

1c Das Gesetz zur Änderung des BetrVG vom 20. 12. 1988 hat die Vorschrift erweitert, um so dazu beizutragen, Vorbehalte gegen den Einsatz neuer Techniken in Produktion und Verwaltung abzubauen. Das **Unterrichtungsrecht** soll dadurch verbessert werden, daß der Arbeitgeber nunmehr **von sich aus** die zur Unterrichtung erforderlichen **Unterlagen** vorzulegen hat.

Das **Beratungsrecht** des Betriebsrats soll durch Präzisierung des Zeitpunkts der Beratung und ferner dadurch verstärkt werden, daß Beratungsgegenstand nicht mehr nur die gesicherten arbeitswissenschaftlichen Erkenntnisse über die menschengerechte Gestaltung der Arbeit, sondern **alle** Auswirkungen sind, die sich aufgrund der vorgesehenen Maßnahme für die Arbeitnehmer ergeben können (Amtl. Begründung, BT-Drucks. 11/2503, 25; *Wlotzke* DB 1989, 111, 116).

Die mit der Neufassung verbundene Erweiterung beschränkt sich im wesentlichen darauf, den zwischenzeitlichen Stand von Rechtsprechung und Lehre festzuschreiben (*F/A/K/H*, § 90, Rz. 1; *Schneider* RDV 1989, 113, 116).

II. Unterrichtung des Betriebsrats (§ 90 Abs. 1)

2 Der Arbeitgeber hat den Betriebsrat über die Planung der im einzelnen in § 90 Abs. 1 Ziff. 1–4 aufgeführten »arbeitstechnischen« (vgl. *S/W* § 90 Rz 5) Änderungen rechtzeitig zu **unterrichten**.

1. Begriff der Planung

3 **Der Begriff »Planung«** bedeutet, daß unternehmerische Vorüberlegungen bereits abgeschlossen sein müssen. Der Arbeitgeber ist folglich nicht verpflichtet, den Betriebsrat über alle noch vagen und wenig konkretisierten Vorüberlegungen zu unterrichten. Die Unterrichtspflicht setzt erst ein, wenn der Denkprozeß abgeschlossen ist und die Überlegungen die Form eines konzeptionellen Entwurfs annehmen, der in der Regel schriftlich festgelegte konkrete Vorstellungen enthält, welche arbeitstechnischen Betriebsänderungen der Arbeitgeber beabsichtigt und wie diese technisch gestaltet werden sollen; (a. A. GK-*Wiese* § 90 Rz. 5). Erst zu diesem Zeitpunkt können auch die Auswirkungen der Planung auf die Arbeit und deren Anforderungen übersehen werden. Werden die Planungen noch innerhalb der Geschäftsleitung erörtert, besteht keine Unterrichtungspflicht; das gleiche gilt, solange der Arbeitgeber für seine eigene Entscheidung Material, z. B. Daten, sammelt, Denkmodelle entwickelt, Gutachten einholt. Erst wenn der Arbeitgeber den Entschluß gefaßt hat, eine der in § 90 genannten Maßnahmen durchzuführen, es also nur noch um das Wie der Durchführung geht, setzt die Unterrichtungs-

pflicht des Arbeitgebers ein (*Brecht* § 90 Rz. 2; *D/R* § 90 Rz. 15; *F/A/K/H* § 90 Rz. 9; *G/L* § 90 Rz. 6; *S/W* § 90 Rz. 13; *Natzel* DB 1972, Beilage Nr. 24, 4f.; *ders.* RdA 1974, 281; **a. A.** *D/K/K/S* § 90 Rz. 18). Andererseits muß der Betriebsrat aber die Möglichkeit haben, die Planungsvorstellungen des Arbeitgebers noch zu beeinflussen. Die Planung darf deshalb noch nicht ein solches Stadium erreicht haben, daß eine Abänderung der Pläne von vornherein nicht mehr durchführbar ist (*D/R* § 90 Rz. 16). Zeitlich gesehen bedeutet Planung, daß die Änderungen noch nicht, auch nicht teilweise verwirklicht worden sind (*BAG* vom 20. 11. 1970 – 1 AZR 409/69 – EzA § 72 BetrVG 1952 Nr. 3 = DB 1971, 534). Sind die unternehmerischen Vorüberlegungen abgeschlossen und wird eine entscheidungsreife Planung in Ausführung gegeben, so besteht eine Unterrichtungspflicht auch dann, wenn sich der Arbeitgeber die Letztentscheidung über das Ob der Maßnahme noch vorbehalten hat (*G/L* § 90 Rz. 6; GK-*Wiese* § 90 Rz. 2f.). Erfolgt die Planung in fortschreitenden Stufen, ist die Unterrichtung des Betriebsrats entsprechend zu ergänzen (*F/A/K/H* § 90 Rz. 10).

Die Unterrichtungspflicht erstreckt sich nur auf **zukünftige Maßnahmen**. War bei Inkrafttreten des Gesetzes ein konkretes Vorhaben bereits abgeschlossen, die Ausführungen z. B. eines Erweiterungsbaues jedoch noch nicht begonnen, so besteht kein Mitwirkungsrecht des Betriebsrats nach § 90 (*F/A/K/H* § 90 Rz. 4; GK-*Wiese* § 90 Rz. 6; *Natzel* DB 1972 Beilage Nr. 24, 4; *Zöllner* RdA 1973, 215). Aus § 90 Abs. 1 erwächst aber dem Betriebsrat nicht das Recht, gestützt auf § 80 Abs. 3 die Zuziehung eines Sachverständigen zu verlangen, um sich über die möglichen Folgewirkungen einer Neubewertung des Anlagevermögens, der Aufnahme eines neuen Gesellschafters und der Anschaffung einer neuen Großmaschine auf die zukünftige Personalplanung »auf Vorrat« unterrichten zu lassen (*BAG* vom 25. 7. 1988 – 1 ABR 41/88 – DB 1990, 434). 3a

2. Gegenstand der Unterrichtung

Der Katalog des § 90 Abs. 1 ist **abschließend**, d. h. die Unterrichtungspflicht des Arbeitgebers besteht nur hinsichtlich bestimmter Projekte, die in Ziff. 1–4 aufgeführt sind (*D/R* § 90 Rz. 3; GK-*Wiese* § 90 Rz. 7; *Natzel* DB 1972 Beilage Nr. 24, 5; *LAG Düsseldorf* vom 3. 7. 1981 – 13 Ta BV 20/81 – DB 1981, 1676). Dabei ist allerdings zu berücksichtigen, daß der Unternehmer auch den Wirtschaftsausschuß über die generelle Planung nach § 106 unterrichten muß (vgl. Rz. 14). Der Meinung von *G/L* (§ 90 Rz. 7a), daß die Grenze der Unterrichtungspflicht in analoger Anwendung von § 106 Abs. 2 gegeben ist, wenn Betriebs- und Geschäftsgeheimnisse des Unternehmens gefährdet werden, ist zu folgen (**a. A.** *D/K/K/S* § 90 Rz. 4). Das gilt jedenfalls, soweit es um **wirtschaftliche Angelegenheiten** im Sinne des § 106 Abs. 3 geht und sich für den Betriebsrat noch keine konkrete Aufgabe stellt (*BAG* vom 5. 2. 1991 – 1 ABR 24/90 – DB 1991, 1382/1383). 4

Die **Unterrichtungspflicht** über sämtliche **Formen** der **Verarbeitung personenbezogener Daten** im Zusammenhang mit der geplanten Einführung und Anwendung eines On-Line-Systems in der Personalverwaltung **entfällt nicht**, wenn diese Datenverarbeitung nicht im Betrieb selbst, sondern in einem anderen Unternehmen der Unternehmensgruppe erfolgt (*BAG* vom 17. 3. 1987 – 1 ABR 59/85 – EZA § 80 BetrVG 1972 Nr. 30 = DB 1987, 1491). 4a

§ 90   4. Teil 4. Abschn. Gestaltung v. Arbeitsplatz, -ablauf u. -umgebung

a) Neu-, Um- und Erweiterungsbauten

5 Mitwirkungspflichtig nach Ziff. 1 ist die Planung von **Neu-, Um- und Erweiterungsbauten** von **Fabrikations-, Verwaltungs- und sonstigen betrieblichen Räumen**. Eine Beschränkung etwa auf wesentliche oder größere Bauvorhaben hinsichtlich betrieblicher Räume sieht das Gesetz nicht vor. Erfaßt werden in erster Linie der Um-, Neu- oder Erweiterungsbau einer Lehrwerkstatt, eines Laboratoriums oder einer Lagerhalle. Unter Verwaltungsräumen sind alle baulichen Einrichtungen zu verstehen, die der technichen, kaufmännischen oder allgemeinen Verwaltung dienen. Unter »sonstige betriebliche Räume« fallen Sozialräume wie Kantinen, Aufenthalts-, Wasch- und Umkleideräume und Toiletten. Da betriebliche Räume nur solche sind, in denen Arbeitnehmer tätig sind, wird die Errichtung eines Parkplatzes oder eines Sportplatzes nicht von § 90 erfaßt (*D/R* § 90 Rz. 4; *F/A/K/H* vor § 89 Rz. 63; GK-*Wiese* § 90 Rz. 8; teilw. abweichend für Sport- und Spielräume *S/W* § 90 Rz. 6). Ebenso fallen Renovierungs- und Reparaturarbeiten nicht unter diese Vorschrift (*D/R* § 90 Rz. 5; *F/A/K/H* § 90 Rz. 11; *G/L* § 90 Rz. 1; GK-*Wiese* § 90 Rz. 9; *D/K/K/S* § 90 Rz. 7). Ferner müssen die in Ziff. 1 genannten Räume in Abgrenzung zum privaten Bereich dem Betrieb zugehörig, d. h. der Zweckbindung des Betriebes unterworfen sein. Eine Unterrichtungspflicht dürfte entfallen, wenn die Planung sich auf ein so geringfügiges Projekt erstreckt, daß irgendwelche Auswirkungen offensichtlich nicht anzunehmen sind. Bauliche Veränderungen ohne Änderung der Bausubstanz, wie z. B. ein Ersatz der Fenster durch andere Rahmen mit Thermopane-Verglasung, fallen nicht unter § 90. Das Brechen neuer Türen dürfte in der Regel keine Auswirkungen haben (*D/R* § 90 Rz. 5; *F/A/K/H* § 90 Rz. 11; **a. A.** *G/L* § 90 Rz. 1; GK-*Wiese* § 90 Rz. 9; *D/K/K/S* § 90 Rz. 7). Auch reine Abbrucharbeiten fallen nicht unter § 90 Ziff. 1 (*F/A/K/H* § 90 Rz. 11; GK-*Wiese* § 90 Rz. 9).

b) Technische Anlagen

6 Zu den **technischen Anlagen** im Sinne der Ziff. 2 gehören solche, von denen in irgendeiner Form Auswirkungen für die Art der Arbeit und die Anforderungen an die Arbeitnehmer ausgehen können. In erster Linie sind das ortsfeste Einrichtungen, die unmittelbar dem Arbeitsablauf dienen, z. B. Maschinen, auch numerisch gesteuerte (NC), computergesteuerte (CNC) oder zentralcomputergesteuerte Maschinen; Geräte zum computerunterstützten Konstruieren (CAD) oder Fertigen (CAM), Roboter, Bildschirmgeräte (vgl. § 91 Rz. 7a), Förderbänder, aber auch technische Arbeitsgeräte, die mittelbar den Arbeitsablauf ermöglichen oder erleichtern (*D/R* § 90 Rz. 8; *F/A/K/H* § 90 Rz. 12; *S/W* § 90 Rz. 7b; teilw. abw.: GK-*Wiese* § 90 Rz. 11), z. B. der Neubau von Fahrstühlen, die Errichtung einer Klimaanlage, das Einziehen einer Schallschutzdecke oder die Gestaltung der Raumbeleuchtung oder andere betriebliche Hilfsmittel. Auch Handwerkszeug oder Büromobiliar können Auswirkungen auf die Art der Arbeit und die Anforderungen an die Arbeitnehmer haben und sind insoweit als technische Anlagen anzusehen (*Frauenkron* § 90 Rz. 4; *G/L* § 90 Rz. 2; **a. A.** GK-*Wiese* § 90 Rz. 14). Die Ersatzbeschaffung für Teile bereits vorhandener technischer Anlagen unterfällt nicht der Ziff. 2 (*D/R* § 90 Rz. 9; *F/A/K/H* § 90 Rz. 12). Dies gilt auch für in Aussicht genommene Reparaturarbeiten an vorhandenen technischen Anlagen (z. B. Reparatur oder Ersatz eines Fahrstuhlmotors); es sei denn, es ergeben sich daraus wesentliche Änderungen der bisherigen Arbeitsbedingungen (*S/W* § 90 Rz. 7b; GK-*Wiese* § 90 Rz. 14; *OLG Düsseldorf* vom 8. 4. 1982 – 5 Ss (OWI) 136/

82 I – DB 1982, 1575). Nicht zu den technischen Anlagen im Sinne der Ziff. 2 gehört die Einrichtung eines Gebührenzählers zur Erfassung der Telefonnebenstellen-Kosten des Betriebsrats (*LAG Hamburg* vom 17. 3. 1986 – 2 Ta BV 5/85 – DB 1986, 1473), wohl aber die Umstellung der edv-gestützten Personalabrechnung von Off-line- auf On-line-Betrieb (*LAG Hamburg* vom 20. 6. 1985 – 7 Ta BV 10/84 – DB 1985, 2308 und vor allem: *BAG* vom 17. 3. 1987 – 1 ABR 59/85 – EzA § 80 BetrVG 1972 Nr. 30 = DB 1987, 1491, 1493).

c) Arbeitsverfahren und Arbeitsablauf

Auch die Planung von **Arbeitsverfahren und Arbeitsabläufen** fällt unter das Beteiligungsrecht des Betriebsrats (Ziff. 3). Unter **Arbeitsablauf** ist die räumliche und zeitliche Folge des Zusammenwirkens von Mensch und Betriebsmitteln zu verstehen mit dem Ziel, die gestellte Arbeitsaufgabe zu lösen. Im Arbeitsablauf wird erfaßt, wo z. B. in welcher Abteilung oder an welchem Arbeitsplatz, wann, d. h. in welcher zeitlichen Aufeinanderfolge und womit, z. B. mit welchen Betriebsmitteln, ein Arbeitsgegenstand gemäß der Arbeitsaufgabe verändert wird. Beispiele: Fließband-, Gruppen- oder Einzelarbeit, Arbeit in der Halle, im Freien oder in einem Fahrzeug, über oder unter Tage, Lage der Arbeitszeit, z. B. Spät-, Nachtschicht. Der Begriff **Arbeitsverfahren** bezieht sich dagegen auf die nähere Beschreibung des Arbeitsablaufs in einem Teilabschnitt. Hierunter wird die Technologie verstanden, die zur Veränderung des Arbeitsgegenstandes im Sinne der Arbeitsaufgabe verwandt wird, z. B. Einsatz technischer Hilfsmittel, Verfahren der Formung, der Oberflächenbehandlung usw. (*D/R* § 90 Rz. 10; *F/A/K/H* § 90 Rz. 13; *G/L* § 90 Rz. 3; GK-*Wiese* § 90 Rz. 17 ff.; *Natzel* DB 1972 Beilage Nr. 24, 5). Dem Arbeitsablauf zuzuordnen ist auch eine geplante Änderung der Bandgeschwindigkeit bei taktgebundenen Produktionsanlagen (*G/L* § 90 Rz. 3; *Rüthers* ZfA 1973, 408 ff.). 7

Aus der Zielsetzung des § 90 ergibt sich, daß **nicht jede Anweisung des Arbeitgebers** hinsichtlich der vom einzelnen Arbeitnehmer zu verrichtenden Arbeit erfaßt wird, auch wenn diese Einfluß auf den **Arbeitsablauf** hat. Gegenstand der Beteiligung kann nur die Schaffung und Gestaltung oder generelle Änderung von Arbeitsaufgaben einzelner Arbeitnehmer zum Zwecke der menschengerechten Gestaltung und deren allgemeine Einordnung in das planmäßige Ineinandergreifen der einzelnen Arbeitsaufgaben sein, nicht aber schon die (Einzel-)Anweisung innerhalb der allgemeinen Aufgabe, bestimmte Tätigkeiten zu verrichten (*LAG Hamm* Beschl. v. 3. 12. 1976 – 3 Ta BV 68/76 – EzA § 90 BetrVG 1972 Nr. 1 = DB 1977, 2190; *S/W* § 90 Rz. 9; GK-*Wiese* § 90 Rz. 9 a). Vergibt z. B. der Arbeitgeber vorübergehend Buchungsarbeiten an eine andere Firma zur Aufarbeitung von Buchungsrückständen, besteht kein Mitwirkungsrecht des Betriebsrats, da durch die vorübergehende Vergabe die Arbeitsaufgabe der in der Buchhaltung Beschäftigten nicht berührt wird (*LAG Hamm* a. a. O.). 8

d) Arbeitsplätze

Das Unterrichtsrecht bezieht sich nach Ziff. 4 ferner auf die **Planung der einzelnen Arbeitsplätze**. Hierunter ist die Arbeitsplatzgestaltung im arbeitstechnischen Sinne zu verstehen, insbesondere die Gestaltung der Arbeitsbedingungen, der Arbeitsmethode, des Arbeitsverfahrens und die Einflüsse der Arbeitsumgebung auf den Arbeitsplatz. Jede Planung, die Auswirkungen auf die arbeitstechnische Gestaltung des Arbeitsplatzes – auch des einzelnen – und seiner Umgebung 9

§ 90 *4. Teil 4. Abschn. Gestaltung v. Arbeitsplatz, -ablauf u. -umgebung*

hat, fällt unter Ziff. 4 (*D/R* § 90 Rz. 12; *F/A/K/H* § 90 Rz. 14 und 14a; *G/L* § 90 Rz. 4; GK-*Wiese* § 90 Rz. 19). Arbeitsplatz ist räumlich und funktional zu verstehen (*D/R* § 90 Rz. 12; *S/W* § 90 Rz. 9; GK-*Wiese* § 90 Rz. 19). Durch die Mitwirkung des Betriebsrats soll folglich erreicht werden, daß der arbeitende Mensch, Betriebsmittel und Arbeitsgegenstände möglichst optimal unter Beachtung der Arbeitsaufgabe zusammenwirken. Dabei sollen auch menschliche Leistungsfähigkeit und Bedürfnisse beachtet werden. Beratungsgegenstand kann also z. B. die Frage sein, wieviel qm Bodenfläche dem einzelnen für seinen Arbeitsplatz zur Verfügung stehen müssen, welche Lichtverhältnisse gegeben sein müssen, an welchem Platz Maschinen oder Apparaturen am günstigsten aufgestellt werden; ferner gehören hierher Planungen über Lärm- und Klimaschutz am Arbeitsplatz (*D/K/K/S* § 90 Rz. 14, 15).

3. Durchführung der Unterrichtung

10 Der Arbeitgeber hat den Betriebsrat über die Planung in Angelegenheiten nach Abs. 1 Ziff. 1 bis 4 **rechtzeitig zu unterrichten**. Die Unterrichtung kann mündlich oder schriftlich erfolgen (GK-*Wiese* § 90 Rz. 21). In Großbetrieben wird es zweckmäßig sein, einen Ausschuß nach § 28 Abs. 1 und 2 zu bilden, der regelmäßig oder bei Bedarf über die geplanten Objekte unterrichtet wird (*F/A/K/H* § 90 Rz. 8; *G/L* § 90 Rz. 7; *S/W* § 90 Rz. 10). Ferner kann ein gemeinsamer Ausschuß von Arbeitgeber und Betriebsrat nach § 28 Abs. 3 gebildet werden, dem die Planungsobjekte rechtzeitig zur Unterrichtung und Planung vorgelegt werden (*G/L* § 90 Rz. 7; *F/A/K/H* § 90 Rz. 8; vgl. *Rehhahn* a. a. O. 24). Der Betriebsrat kann jedoch nicht eine Betriebsvereinbarung über die Durchführung der Mitwirkungsrechte oder die Bildung einer paritätischen Kommission, die als ständige Einrichtung über alle Planungen beraten soll, verlangen, da er kein Mitbestimmungsrecht nach § 90 hat (*D/R* § 90 Rz. 1; *F/A/K/H* § 90 Rz. 8a; *S/W* § 90 Rz. 10). Die Unterrichtung muß so rechtzeitig erfolgen, daß der Betriebsrat noch die Möglichkeit hat, die Planungsvorstellungen des Arbeitgebers zu beeinflussen (*D/R* § 90 Rz. 17; *G/L* § 90 Rz. 6; GK-*Wiese* § 90 Rz. 3; so speziell für geplante Maßnahmen der Personaldatenverarbeitung: *Matthes* RDV 1985, 16, 17 und vor allem für die geplante Einführung eines On-line-Systems in der Personalverwaltung: *BAG* vom 17. 3. 1987 – vorzitiert Rz. 4a – DB 1987, 1491, 1493). Rechtzeitig ist die Einschaltung des Betriebsrats nach der gesetzlichen Neuregelung jedenfalls, wenn Vorschläge und Bedenken des Betriebsrats bei der Planung noch berücksichtigt werden können.

11 Im Rahmen der Unterrichtungspflicht hat der Arbeitgeber die mit der Planung **verfolgten Ziele darzulegen** sowie die zu erwartenden Auswirkungen auf die Art der Arbeit und die Anforderungen an die Arbeitnehmer zu erläutern. Er hat dabei die erforderlichen Unterlagen **von sich aus** vorzulegen (BT-Drucks. 11/2503, 35). Hierzu können auch Unterlagen gehören, die in anderem Zusammenhang erarbeitet werden, z. B. betreffend Produktions-, Investitions- und Rationalisierungsentscheidungen (*BAG* vom 19. 6. 1984 – 1 ABR 6/83 – EzA § 92 BetrVG 1972 Nr. 1 = DB 1984, 2305). Auf diese Unterlagen erstreckt sich die Geheimhaltungspflicht des Betriebsrats ebenfalls (GK-*Wiese* § 90 Rz. 21). Bei u. U. bedrohten **Betriebs- oder Geschäftsgeheimnissen** besteht eine Pflicht zur Unterlagenvorlage bei wirtschaftlichen Angelegenheiten im Sinne des § 106 Abs. 3 nur, sofern sich für den

Betriebsrat insoweit eine **konkrete Aufgabe** stellt (*BAG* vom 5. 2. 1991 – a. a. O. Rz. 4). In jedem Falle bedeutet **Unterlagenvorlage** Gewährung der Einsichtnahmemöglichkeit auf Zeit und nicht »Überlassung auf Dauer« (**a. A.** *D/K/K/S* § 90 Rz. 21; *Wlotzke*, DB 1989, 111, 118).

III. Beratungsrecht des Betriebsrats (§ 90 Abs. 2)

1. Kein Initiativrecht des Betriebsrats

Ein **Initiativrecht** steht dem Betriebsrat im Rahmen des § 90 nicht zu (*BAG* vom 12
6. 12. 1983 – 1 ABR 43/81 – EzA § 87 BetrVG 1972 Bildschirmarbeitsplatz Nr. 1 m. Anm. *Ehmann* = DB 1984, 775; 1985, 1341 m. Anm. *Weng*). Er kann seinerseits weder irgendwelche Planungen erzwingen, noch die Durchführung von Planungen verhindern (*D/R* § 90 Rz. 2: *F/A/K/H* § 90 Rz. 7; *S/W* § 90 Rz. 1; GK-*Wiese* § 90 Rz. 20 ; *BAG* vom 6. 12. 1983 – 1 ABR 43/81 – vorzitiert –; *LAG Düsseldorf/Köln* vom 3. 7. 1981 – 13 Ta BV 20/81 – DB 1981, 1676). Der Arbeitgeber kann also nach durchgeführter Unterrichtung und Beratung mit dem Betriebsrat auch gegen dessen Willen handeln (*G/L* § 90 Rz. 3; *S/W* § 90 Rz. 1). Selbst eine Nichtbeachtung der Unterrichtungs- und Beratungspflicht macht die Planung nicht hinfällig. Allerdings handelt der Arbeitgeber gegebenenfalls ordnungswidrig (§ 121 Abs. 1); (vgl. aber Rz. 22). Unberührt bleiben jedoch andere Mitbestimmungstatbestände insbesondere nach §§ 87 Abs. 1 Ziff. 6 und 6, 91 und 111ff.

2. Gegenstand der Beratung

Der Arbeitgeber hat die **geplanten Maßnahmen** mit dem Betriebsrat **zu beraten**. 13
Bei schwierigen Vorhaben sollte allerdings zwischen Unterrichtung und Beratung ein gewisser Zeitraum liegen, um dem Betriebsrat Gelegenheit zu geben, sich selbst eine Meinung zu bilden und seinerseits Vorschläge auszuarbeiten. Im Rahmen der Beratungspflicht ist der Arbeitgeber gehalten, sich mit der Auffassung des Betriebsrats auseinanderzusetzen. Der Betriebsrat kann eigene Stellungnahmen abgeben und Gegenvorstellungen entwickeln. Der Arbeitgeber ist jedoch nicht gehindert, nach vorausgegangener Erörterung die geplante Maßnahme durchzuführen (*G/L* § 90 Rz. 8; GK-*Wiese* § 90 Rz. 25). Der Betriebsrat kann nur unter den Voraussetzungen des § 91 Maßnahmen zur Abwendung, Milderung oder zum Ausgleich von Belastungen durchsetzen.
Die **Beteiligungsrechte** des Betriebsrat **nach** § 90 sind von seinen Rechten nach 14
den §§ **106ff. zu** unterscheiden. Soweit sie den gleichen Gegenstand betreffen, bestehen sie nebeneinander (*D/R* § 90 Rz. 19; *F/A/K/H* § 80 Rz. 23b; *G/L* Vorbem. vor § 90 Rz. 2; GK-*Wiese* vor § 90 Rz. 2; *Natzel* DB 1972 Beilage Nr. 24, 3). Das Beratungsrecht des Betriebsrats besteht nicht für die wirtschaftlichen Auswirkungen einer geplanten Maßnahme auf die Arbeitnehmer. Hierfür gelten die §§ 111ff. unter den dort genannten Voraussetzungen (*D/R* § 90 Rz. 19; *G/L* § 90 Rz. 12). Zum Verhältnis des § 90 zu §§ 111ff. vgl. § 111 Rz. 72, 82.
Arbeitgeber und Betriebsrat (bzw. Betriebsausschuß) sollen gemeinsam darüber 15
beraten, welche **Auswirkungen** die geplanten Maßnahmen **auf die Art der Arbeit und die Anforderungen an die Arbeitnehmer** haben können. Dabei sind nach der

§ 90   4. Teil 4. Abschn. Gestaltung v. Arbeitsplatz, -ablauf u. -umgebung

gesetzlichen Neuregelung **alle** Gesichtspunkte zu erörtern, auch solche, die mit arbeitswissenschaftlichen Erkenntnissen nicht im Zusammenhang stehen (*Wlotzke* DB 1989, 111, 116). Damit ist aber keine signifikante Ausdehnung des Beratungsgegenstandes verbunden, weil – wie bisher – die Auswirkungen der geplanten Maßnahmen auf die Arbeit der und die Anforderungen an die Arbeitnehmer im Vordergrund stehen dürften (*S/W* § 90 Rz. 20; a. A. *Wlotzke* DB 1989, 116). Für diese Beratung werden insbesondere die Erkenntnisse der Arbeitsmedizin, Arbeitspädagogik, Arbeitsphysiologie und -psychologie eine Rolle spielen. Aber auch Unfallverhütungsvorschriften und sonstige Arbeitsschutzvorschriften sind in diesem Rahmen zu beachten. Zu den gesicherten arbeitswissenschaftlichen Erkenntnissen über die menschengerechte Gestaltung der Arbeit vgl. Rz. 18ff. Bei den Beratungen wird es daher vorwiegend auf die Beurteilung durch die Arbeitswissenschaftler des Betriebes und die fachlich entsprechend vorgebildeten Mitglieder des Betriebsrats ankommen. Nur diese dürften auch in der Lage sein, die betrieblichen Besonderheiten zu berücksichtigen (*S/W* § 90 Rz. 30). Die Begriffe Art der Arbeit und Anforderungen an die Arbeitnehmer betreffen die Bedingungen, die bei der Durchführung des Planungsvorhabens für die Erbringung der Arbeitsleistung maßgebend sind. Die Planung muß nicht nur unmittelbare Auswirkungen auf die Art der Arbeit, sondern auch auf die Anforderungen an die Arbeitnehmer selbst haben (*D/R* § 90 Rz. 19; *G/L* § 90 Rz. 9).

16 Im Hinblick auf die **Auswirkungen** der geplanten Maßnahmen auf die **Art der Arbeit** haben Arbeitgeber und Betriebsrat über die Festlegung bzw. Abgrenzung der Arbeitsaufgabe wie auch über die Auswirkungen von Arbeitsmethoden und Arbeitsverfahren zu beraten (*F/A/K/H* § 90 Rz. 16; *D/K/K/S* § 90 Rz. 23). Über **Auswirkungen** auf die Art der Arbeit **ist beispielsweise zu beraten**, wenn im Betrieb darüber diskutiert wird, ob neben der Tagarbeit auch Nachtarbeit, neben der Einzelarbeit auch Gruppenarbeit eingeführt, ob von Handarbeit auf Maschinenarbeit, von Stapelarbeit zu Fließarbeit übergegangen werden soll, oder auch welche Überlegungen anzustellen sind, wenn anstelle von körperlicher Arbeit durch Rationalisierung mehr geistige Arbeit gefordert wird (zu den Auswirkungen auf die Art der Arbeit speziell bei der Einführung neuer EDV-Anlagen: *S/W* § 90 Rz. 21).

17 Beim **Begriff Anforderungen** an die Arbeitnehmer unterscheidet die Arbeitswissenschaft 6 Anforderungsarten:

a) Kenntnisse   d. h. Ausbildung,
                              Erfahrung,
                              Denkfähigkeit

b) Geschicklichkeit   d. h. Handfertigkeit
                              Körpergewandheit

c) Verantwortung   d. h. für die eigene Arbeit,
                              für die Arbeit anderer,
                              für die Sicherheit anderer

d) Geistige Belastung d. h. Aufmerksamkeit,
                              Denktätigkeit

e) Muskelmäßige Belastung   d. h. dynamische Muskelarbeit,
statische Muskelarbeit,
einseitige Muskelarbeit

f) Umgebungseinflüsse   d. h. Hitze, Nässe, Öl, Fett,
Staub, Gase, Dämpfe,
Lärm, Erschütterung,
Blendung oder Lichtmangel,
Schutzkleidung,
Erkältungsgefahr,
Unfallgefahr.

Allerdings dürften nicht alle Anforderungsarten in vollem Umfang im Rahmen der Beratung des § 90 zu berücksichtigen sein, da es entscheidend auf ihre Auswirkungen auf die menschengerechte Gestaltung der Arbeit ankommt. Zu denken ist daher in erster Linie an die Anforderungsarten d), e) und f), dagegen weniger an die Anforderungsarten a), b) und c) (*G/L* § 90 Rz. 9).

3. Berücksichtigung gesicherter arbeitswissenschaftlicher Erkenntnisse

Im Rahmen der Beratung sollen die **gesicherten arbeitswissenschaftlichen Erkenntnisse** über die menschengerechte Gestaltung der Arbeit berücksichtigt werden. Der Begriff »Arbeitswissenschaft« ist ein komplexer Sammelbegriff für die verschiedensten Spezialgebiete. REFA versteht unter Arbeitswissenschaft die Wissenschaft von den Erscheinungsformen menschlicher Arbeit, speziell unter den Gesichtspunkten der Zusammenarbeit von Menschen und des Zusammenwirkens von Menschen, Betriebsmitteln und Arbeitsgegenständen; Voraussetzungen und Bedingungen, unter denen die Arbeit sich vollzieht; Wirkungen und Folgen, die sie auf Menschen, ihr Verhalten und damit auch auf auf ihre Leistungsfähigkeit hat, sowie Faktoren, durch die Erscheinungsformen, Bedingungen und Wirkungen menschengerecht beeinflußt werden können (REFA I, 27; zum Versuch einer Definition vgl.: GK-*Wiese* § 90 Rz. 27). Der Gesetzgeber geht offensichtlich von einem weitgefaßten Begriff aus (vgl. Bericht des Ausschusses für Arbeit und Sozialordnung zu BT-Drucks. VI/2729, 5). Man wird folglich auch die Erkenntnisse der Arbeitsmedizin, Arbeitspädagogik, Arbeitsphysiologie und -psychologie und ggf. auch der Arbeitssoziologie und -technologie berücksichtigen müssen. Von besonderer Bedeutung wird hierbei die Arbeitsphysiologie bzw. die sog. Ergonomie, d. h. die Lehre von der menschlichen Arbeit (vgl. REFA I, 96), sein. Sie beruht auf der Erforschung der Eigenarten und Fähigkeiten des menschlichen Organismus und schafft die Voraussetzungen für eine Anpassung der Arbeit an den Menschen sowie umgekehrt des Menschen an die Arbeit. Diese Anpassung oder Aufeinanderzuordnung kann sowohl im Bereich der Gestaltung der Arbeitsplätze in einer Herabsetzung der Beanspruchung des Menschen durch die Arbeit oder durch die Umwelteinflüsse, aber auch im Streben nach einem möglichst rationellen Einsatz der menschlichen Fähigkeiten liegen. Einerseits soll der Arbeitnehmer soweit wie möglich geschützt werden, andererseits aber soll eine möglichst hohe Arbeitsleistung erbracht werden.

Die Erkenntnisse der Arbeitswissenschaft müssen »**gesichert**« sein. Es entspricht dem Zweck des § 90, nicht sämtliche arbeitswissenschaftlichen Erkenntnisse, sondern nur diejenigen zu erfassen, die nach dem jeweiligen Stand der Arbeitswissenschaft bei den Fachleuten allgemeine Anerkennung gefunden haben. Da es in zahlreichen Bereichen der Arbeitswissenschaft noch keine umfassenden theoretischen und empirischen Untersuchungen gibt, ist davon auszugehen, daß als gesichert anzusehen ist, was methodisch erforscht, mit gesicherten Ergebnissen praktisch erprobt wurde und auch Allgemeingeltung in der Fachwelt erworben hat (*D/R* § 90 Rz. 25; *Frauenkron* § 90 Rz. 15; *GK-Wiese* § 90 Rz. 29, *S/W* § 90 Rz. 26; *Natzel* DB 1972 Beilage Nr. 24, 8; *Schaefer* MitGespr. 1974, 92f.; *LAG Baden-Württemberg* vom 18. 2. 1981 – 2 TaBV 5/80 – DB 1981, 1781; *LAG Niedersachsen* vom 25. 3. 1982 – 11 TaBV 7/81 – DB 1982, 2039). Die praktische Bewährung ist in der Regel Voraussetzung für die Entstehung gesicherter Erkenntnisse (*S/W* § 90 Rz. 26; *GK-Wiese* § 90 Rz. 30; *LAG Baden-Württemberg* vom 18. 2. 1981 a. a. O.). Nicht zu den gesicherten arbeitswissenschaftlichen Erkenntnissen gehören theoretische Überlegungen oder eine »eindeutig überwiegende Meinung« innerhalb der Fachkreise (a. A. *D/K/K/S* § 90 Rz. 30) oder umstrittene praktische Erprobungen (*S/W* § 90 Rz. 26) oder optimale Bedingungen, über deren »Menschengerechtigkeit« vernünftigerweise überhaupt kein Streit bestehen kann, sondern es muß sich um Erkenntnisse handeln, die besagen, daß die davon nach unten abweichende Gestaltung der Arbeit nicht mehr als menschengerecht angesehen werden kann (*BAG* vom 6. 12. 1983; vgl. Rz. 19a).

19a **Arbeitswissenschaftliche Erkenntnisse in gesetzlichen Vorschriften** gelten ungeachtet der §§ 90, 91 verbindlich, ohne daß es darauf ankommt, ob diese Erkenntnisse gesichert sind (*D/R* § 90 Rz. 26; *S/W* § 90 Rz. 27; *GK-Wiese* § 90 Rz. 31); so z. B. Vorschriften in der Arbeitsstättenverordnung, Verordnung über gefährliche Arbeitsstoffe, Strahlenschutzverordnung, im Maschinenschutzgesetz usw. Es kommt eine Beteiligung des Betriebsrats nach §§ 80 Abs. 1 Nr. 1, 87 Abs. 1 Nr. 7, 88 Nr. 1, 89 in Betracht. Die aufgrund des § 3 Abs. 2 Satz 2 ArbStättV vom Bundesminister für Arbeit und Sozialordnung erlassenen und im Bundesarbeitsblatt – Fachteil Arbeitsschutz – bekanntgemachten **Arbeitsstätten-Richtlinien** begründen lediglich eine **widerlegliche Vermutung**, daß sie gesicherte arbeitswissenschaftliche Erkenntnisse sind (*D/R* § 90 Rz. 25; *Ehmann* a. a. O. 42f.). Ebenfalls keine verbindlichen Rechtsnormen, sondern allenfalls ein **Indiz** für gesicherte arbeitswissenschaftliche Erkenntnisse sind die **DIN-Normen** und die **Sicherheitsregeln der Berufsgenossenschaft** (*D/R* § 90 Rz. 25; *Ehmann* a. a. O. 43f.; *S/W* § 90 Rz. 28; *GK-Wiese* § 90 Rz. 33; ferner § 91 Rz. 18; weitergehend *G/L* § 91 Rz. 8 und *D/K/K/S* § 90 Rz. 30). Gleiches gilt für die vom Fachausschuß »Verwaltung« im Hauptverband der gewerblichen Berufsgenossenschaften herausgegebenen »**Sicherheitsregeln** für Bildschirm-Arbeitsplätze im Bürobereich« (Ausgabe 10, 1980 – ZH 1/618). Für jede einzelne Empfehlung ist gesondert zu prüfen, ob es sich um gesicherte arbeitswissenschaftliche Erkenntnisse handelt (im Erg. ebenso: *BAG* vom 6. 12. 1983 – 1 ABR 43/81 – EzA § 87 BetrVG 1972 Bildschirmarbeitsplatz Nr. 1 m. Anm. *Ehmann* DB 1984, 775, 779; 1985, 1341 m. Anm. *Weng*; *D/R* § 90 Rz. 28; *Ehmann* a. a. O. 46ff.; *S/W* § 90 Rz. 28). Auch tarifvertragliche Regelungen, die auf arbeitswissenschaftlichen Erkenntnissen beruhen, finden in ihrem Geltungsbereich Anwendung unabhängig davon, ob sie gesichert sind. Sie können ein Indiz für gesicherte arbeitswissenschaftliche Erkenntnisse sein. Sind sie üblich

geworden, so ist davon auszugehen, daß sie gesicherte arbeitswissenschaftliche Erkenntnisse enthalten (*G/L* § 91 Rz. 8; GK-*Wiese* § 90 Rz. 16; *LAG Baden-Württemberg* vom 18.2.1981; vgl. Rz. 19).
Die gesicherten arbeitswissenschaftlichen Erkenntnisse müssen sich auf die **men-** **20** **schengerechte Gestaltung der Arbeit** beziehen. Der Begriff »menschengerechte Gestaltung der Arbeit« ist kein in der Arbeitswissenschaft klar definierter Begriff. Darüber hinaus ist dieser Begriff derart verschwommen, daß es schwierig sein dürfte, hierüber objektive Maßstäbe aufzustellen. Offensichtlich ist hier nicht der gesetzlich geregelte Arbeitsschutz (also z.B. die §§ 618 BGB, 120a und 120b GewO, 40 JArbSchG) gemeint. Ebensowenig dürften hierunter auch die durch Rechtsverordnung aufgrund der §§ 120e und 139h GewO von den Gewerbeaufsichtsämtern getroffenen Regelungen oder Richtlinien fallen. Aufgrund dieser Bestimmungen ist der Arbeitgeber bereits gesetzlich verpflichtet, die Arbeitsstätte so einzurichten und zu unterhalten, daß die Arbeitnehmer gegen Gefahren für Leib, Leben und Gesundheit so weit wie möglich geschützt sind. Zu berücksichtigen sind also im wesentlichen die Erkenntnisse im Bereich der Ergonomie. Hier liegen teilweise Erkenntnisse vor, mit deren Hilfe die Arbeit menschengerecht gestaltet werden kann. Das bedeutet, daß einerseits Schäden an der Gesundheit möglichst verhindert, die Belastung des Menschen möglichst gering gehalten, andererseits aber auch eine Unterbeanspruchung vermieden, gewisse Leistungsanreize gegeben sein sollten. Der Grundgedanke ist auch hier wiederum die Humanisierung der Arbeit (*G/L* § 90 Anm. 10; GK-*Wiese* § 90 Rz. 34; *Natzel* DB 1972 Beilage Nr. 24, 8; *ders.* RdA 1974, 281; *Oberhoff* BB 1973, 1641 ff.). Diesem Ziele dient es, die Arbeitsbedingungen so zu gestalten, daß sie den physischen und psychischen Eigenschaften des Menschen angeglichen werden. Dies bedeutet jedoch nicht, daß die Gestaltung der Arbeit nur dann menschengerecht ist, wenn die Arbeit zumutbar ist und zum subjektiven körperlichen und seelischen Wohlbefinden führt (so aber wohl *D/R* § 90 Rz. 16). Der Zweck des Gesetzes besteht darin, zu erörtern, wie Bauten, technische Anlagen, Arbeitsverfahren, Arbeitsabläufe und Arbeitsplätze so gestaltet werden können, daß körperliche und psychische Schäden möglichst vermieden, menschliche Belastungsgrenzen nicht überschritten und hohe, an die Leistungsgrenzen heranreichende Beanspruchungen abgebaut werden, aber auch eine Unterbeanspruchung vermieden wird.
Nach § 90 Satz 2 sollen Arbeitgeber und Betriebsrat bei der Beratung die gesi- **21** cherten arbeitswissenschaftlichen Erkenntnisse über die menschengerechte Gestaltung der Arbeit berücksichtigen. Dies bedeutet, daß Arbeitgeber und Betriebsrat sich über die gesicherten arbeitswissenschaftlichen Erkenntnisse nicht hinwegsetzen sollen, was nicht ausschließt, daß **noch nicht gesicherte Erkenntnisse** in die Beratung einbezogen werden können (ausführlich GK-*Wiese* § 90 Rz. 35; *G/L* § 90 Rz. 12; *Hofe* a.a.O. 72; *Zöllner* 1973, 216). Dagegen gibt aber § 90 dem Betriebsrat nicht das Recht, vom Arbeitgeber die Beachtung von noch nicht zu Rechtsnormen erhobenen gesicherten arbeitswissenschaftlichen Erkenntnissen über die menschengerechte Gestaltung der Arbeit zu verlangen (*BAG* vom 6.12.1983 – 1 ABR 43/81 – EzA § 87 BetrVG 1972 Bildschirmarbeitsplatz Nr. 1 m. Anm. *Ehmann* = BB 1984, 850 = D 1984, 775). Soweit andererseits wegen der Einfügung des Wortes »auch« in den Gesetzestext ferner **Gesichtspunkte personeller, wirtschaftlicher** und **sozialer Art Berücksichtigung bei der Beratung** finden sollen, kann damit jedenfalls keine maßgebliche Ausdeh-

§ 90   4. Teil 4. Abschn. Gestaltung v. Arbeitsplatz, -ablauf u. -umgebung

nung des Beratungsgegenstandes verbunden sein (vgl. oben § 90 Rz. 19; a.A. *Wlotzke* DB 1989, 116 und *D/K/K/S* § 90 Rz. 25).

IV. Sanktionen

22 Kommt der Arbeitgeber seiner Verpflichtung zur Unterrichtung nicht nach der gibt er wahrheitswidrige, unvollständige oder verspätete Auskünfte, handelt er ordnungswidrig (§ 121 Abs. 1), so daß eine **Geldbuße** bis zu 20000 DM gegen ihn verhängt werden kann (*OLG Düsseldorf* vom 8. 4. 1982 – 5 Ss (OWI) 136/82 I – DB 1982, 1575; ferner m. weit. Nachw. GK-*Wiese* § 90 Rz. 36). Ferner kann bei einem groben Verstoß ein Verfahren nach **§ 23 Abs. 3** in Betracht kommen, d. h. der Arbeitgeber kann auf Antrag durch Beschluß des Arbeitsgerichts mittels Androhung eines Zwangsgeldes angehalten werden, seiner Verpflichtung nachzukommen. Den **Anspruch auf Unterrichtung** und Beratung kann der Betriebsrat auch im Wege der **einstweiligen Verfügung** durchsetzen (*F/A/K/H* § 90 Rz. 19; GK-*Wiese* § 90 Rz. 37; *Degott* BB 1982, 1995; *Konzen* Betriebsverfassungsrechtliche Leistungspflichten des Arbeitgebers, 87; a.A. *S/W* § 90 Rz. 37, *Natzel* Leistung und Lohn Nr. 88/92, 57 unter Hinweis auf *Grunsky* ArbGG § 85 Anm. 14 – die Fundstelle betrifft aber nicht diese Frage); allerdings muß der Antrag genügend bestimmt sein (*BAG* vom 17. 5. 1983 – 1 ABR 21/80 – EzA § 80 BetrVG 1972 Nr. 25 = DB 1983, 1986). Die Geltendmachung eines Unterrichtungs- und Beratungsanspruchs, der keine unmittelbare Beteiligung des Betriebsrats an Maßnahmen des Arbeitgebers darstellt, wird nicht durch § 23 Abs. 3 BetrVG auf den Fall des groben Verstoßes beschränkt (*BAG* a. a. O.).

Dagegen kann dem Arbeitgeber **nicht** bis zur Erfüllung seiner Unterrichtungs- und Beratungspflicht **durch einstweilige Verfügung die Durchführung** der vorgesehenen Maßnahmen untersagt werden. Der Gesetzgeber hat sich mit einem Unterrichtungs- und Beratungsanspruch des Betriebsrats begnügt und die Verletzung dieses Anspruchs abschließend in § 121 und § 23 Abs. 3 geregelt. Auch aus dem gesetzlich erweiterten Beratungsanspruch erwächst dem Betriebsrat kein sekundärer Unterlassungsanspruch, der im Eilverfahren sicherbar wäre (*Schlochauer* JArbR Bd. 20 (1982), 61; ausführlich zur gleichen Problemlage bei § 111 BetrVG: *Bengelsdorff* DB 1990, 1233, 1235, 1282, 1283; *S/W* § 90 Rz. 32). Die Untersagung der Maßnahme nach § 90 durch **einstweilige Verfügung ginge zudem erheblich über den Inhalt des Hauptanspruchs hinaus**, was im Rahmen des einstweiligen Rechtsschutzes **nicht möglich** ist (zum Grundsatz: *LAG Frankfurt/M.* vom 22. 2. 1990 – 12 TaBV Ga 1/90 – und vom 8. 2. 1990 – 12 TaBV Ga 13/90 –; *Heinze* RdA 1986, 273 ff.; ferner hier: *F/A/K/H* § 90 Rz. 19; *S/W* § 90 Rz. 32; GK-*Wiese* § 90 Rz. 37; *Konzen* a. a. O. 109; a.A. *D/R* § 90 Rz. 3, aber anscheinend nur bei offensichtlichen Widerspruch der Maßnahme gegen die gesicherten arbeitswissenschaftlichen Erkenntnisse; *Derleder* AuR 1983, 302; *Trittin* DB 1983, 232; *D/K/K/S* § 90 Rz. 32). Es gibt auch keinen allgemeinen Anspruch des Betriebsrats gegen den Arbeitgeber auf Unterlassung von Maßnahmen, bei denen der Betriebsrat ein Mitwirkungsrecht hat (*BAG* vom 22. 2. 1983 – 1 ABR 27/81 – EzA § 23 BetrVG 1972 Nr. 9 m. Anm. *Rüthers/Henssler* = DB 1983, 502, 1926; *Buchner* Die Betriebsänderung, 40; *Konzen* a. a. O. 87 ff.; vgl. auch § 23 Rz. 83; a.A. *LAG Frankfurt/M.* vom 21. 9. 1982 – 4 TaBV Ga 94/82 – DB 1983, 613).

V. Streitigkeiten

Bei Streitigkeiten über das **Bestehen eines Unterrichtungs- und Beratungsrechts** 23
nach § 90 entscheidet das Arbeitsgericht im Beschlußverfahren (§ 2a Abs. 1 Nr. 1,
§§ 80ff. ArbGG; *LAG Düsseldorf/Köln* vom 3.7. 1981 – 13 TaBV 20/81 – DB
1981, 1676).

§ 91 Mitbestimmungsrecht

Werden die Arbeitnehmer durch Änderungen der Arbeitsplätze, des Arbeitsablaufs oder der Arbeitsumgebung, die den gesicherten arbeitswissenschaftlichen Erkenntnissen über die menschengerechte Gestaltung der Arbeit offensichtlich widersprechen, in besonderer Weise belastet, so kann der Betriebsrat angemessene Maßnahmen zur Abwendung, Milderung oder zum Ausgleich der Belastung verlangen. Kommt eine Einigung nicht zustande, so entscheidet die Einigungsstelle. Der Spruch der Einigungsstelle ersetzt die Einigung zwischen Arbeitgeber und Betriebsrat.

Literaturübersicht

Vgl. die Literaturübersicht vor § 90

Inhaltsübersicht

	Rz.
I. Anwendungsbereich der Vorschrift	1, 2
II. Voraussetzungen des Mitbestimmungsrechts	3– 8
1. Änderungen der Arbeitsplätze, des Arbeitsablaufs oder der Arbeitsumgebung	3– 5
2. Offensichtlicher Widerspruch zu den gesicherten arbeitswissenschaftlichen Erkenntnissen	6– 7a
3. Besondere Belastung der Arbeitnehmer	8
III. Angemessene Maßnahmen zur Abwendung, Milderung oder zum Ausgleich	9–12
1. Angemessenheit	9
2. Abwendung	10
3. Milderung	11
4. Ausgleich	12
IV. Streitigkeiten	13–17

I. Anwendungsbereich der Vorschrift

Der Betriebsrat hat nach § 91 ein durch die Einigungsstelle erzwingbares **korrigie-** 1
rendes Mitbestimmungsrecht (amtl. Begründung BR-Drucks. 751/70 – 49 r.; *D/R*
§ 91 Rz. 1; *G/L* § 91 Rz. 13; *F/A/K/H* § 91 Rz 1; *GK-Wiese* § 91 Rz. 1; *Schneider*
MitGespr. 1974, 85; *BAG* vom 6. 12. 1983 – 1 ABR 43/81 – EzA § 87 BetrVG 1972
Bildschirmarbeitsplatz Nr. 1 m. Anmerkung *Ehmann* = DB 1984, 775; *LAG Ber-*

§ 91   4. Teil 4. Abschn. Gestaltung v. Arbeitsplatz, -ablauf u. -umgebung

lin vom 31. 3. 1981 – 8 Ta BV 5/80 und 6/80 – DB 1981, 1519). Voraussetzung ist allerdings, daß die Arbeitnehmer durch Änderung der Arbeitsplätze, des Arbeitsablaufs oder der Arbeitsumgebung, die den gesicherten arbeitswissenschaftlichen Erkenntnissen über die menschengerechte Gestaltung der Arbeit offensichtlich widersprechen, in besonderer Weise belastet werden. Der Betriebsrat kann dann angemessene Maßnahmen zur Abwendung, Milderung oder zum Ausgleich der Belastung verlangen. Im Gegensatz zu § 90 steht dem Betriebsrat insoweit ein Initiativrecht zu (*F/A/K/H* § 91 Rz. 1; GK-*Wiese* § 91 Rz. 1; *ders.* Initiativrecht, 22 f.). Eine Erweiterung des Mitbestimmungsrechts aus § 91 durch Tarifverträge, sofern sie lediglich allgemein mit dem Hinweis auf den »in der Regel einseitig zwingenden Normcharakter von Arbeitnehmerschutzbestimmungen« gestützt werden soll, ist abzulehnen (so für § 99 aber: *BAG* vom 10. 2. 1988 – 1 ABR 70/86 – EzA § 1 TVG Nr. 34 = DB 1988, 1397; wie hier: *S/W* § 91 Rz. 1a; **a. A.:** *G/L* § 91 Rz. 19).

2   Wie sich bereits aus der Stellung im Gesetz ergibt, besteht zwischen den §§ **90 und 91 ein innerer Zusammenhang.** § 91 ergänzt in bestimmter Weise die Unterrichtungs- und Beratungsrechte des Betriebsrats nach § 90. Beide Bestimmungen sind jedoch selbständig; sie bestehen nebeneinander. Das Mitbestimmungsrecht beginnt, wo es um die Korrektor von Belastungen geht (*S/W* § 91 Rz. 1). Auch wenn der Arbeitgeber seinen Verpflichtungen nach § 90 nicht nachkommt, besteht ein Mitbestimmungsrecht des Betriebsrats nach § 91 (*D/R* § 91 Rz. 13; GK-*Wiese* § 91 Rz. 4, 7; *D/K/K/S* § 91 Rz. 2). Hat der Betriebsrat jedoch im Rahmen der Beratung nach § 90 den Maßnahmen des Arbeitgebers zugestimmt, so trägt er auch eine gewisse Mitverantwortung für die menschengerechte Gestaltung der geplanten Arbeit. Die Voraussetzungen des § 91, also ein Mitbestimmungsrecht nach dieser Bestimmung, sind dann grundsätzlich nicht mehr gegeben. Durch seine **Zustimmung hat der Betriebsrat indirekt bestätigt,** daß eine Veränderung die gesicherten arbeitswissenschaftlichen Erkenntnisse über die menschengerechte Gestaltung der Arbeit nicht berührt oder diese bereits berücksichtigt worden sind (*Raatz* DB 1972 Beilage Nr. 1, 8; *Natzel* DB 1972 Beilage Nr. 24, 10, *ders.* Leistung und Lohn Nr. 37/40, 63 ff. und Nr. 88/92, 9 f.; *S/W* § 91 Rz. 6; *LAG Niedersachsen* vom 25. 3. 1982 – 11 Ta BV 7/81 – DB 1982, 2039; **a. A**; *D/K/K/S* § 91 Rz. 2) GK-*Wiese* § 91 Rz. 11 m. w. Nachw.). Ausnahmsweise ist das Mitbestimmungsrecht des § 91 bei Zustimmung des Betriebsrats im Rahmen der Mitberatung nach § 90 nicht verbraucht, wenn erst bei der Durchführung der geplanten Maßnahme ein offensichtlicher Widerspruch gegen gesicherte arbeitswissenschaftliche Erkenntnisse und besondere Belastungen der Arbeitnehmer auftritt (weitergehend *D/R* § 91 Rz. 13; *F/A/K/H* § 91 Rz. 8; *G/L* § 91 Rz. 12). Das Mitbestimmungsrecht nach § 91 bleibt dem Betriebsrat ferner erhalten, wenn der Arbeitgeber von den Beratungsergebnissen abweicht (*Raatz* DB 1972 Beilage Nr. 1, 8). Der Gesamtbetriebsrat/Betriebsrat kann aber nicht – gestützt auf § 91 – die Einsetzung einer Einigungsstelle zwecks Regelung einer Rahmengesamtbetriebsvereinbarung »Informationstechnik« für sämtliche Fälle der Einführung und Änderung von Datenverarbeitungsanlagen verlangen, wenn konkret nur über die Einführung eines CAD-Systems und des Personalinformationssystems PAISY Meinungsunterschiede bestehen (*LAG Düsseldorf* vom 4. 11. 1988 – 17 (6) Ta BV 114/88 – NZA 1989, 146, 147).

II. Voraussetzungen des Mitbestimmungsrechts

1. Änderungen der Arbeitsplätze, des Arbeitsablaufs oder der Arbeitsumgebung

Das Mitbestimmungsrecht des Betriebsrats erstreckt sich nur auf **Änderungen der Arbeitsplätze, des Arbeitsablaufs oder der Arbeitsumgebung**. Es besteht daher nur in den von § 90 Abs. 1 Ziff. 3 und 4 erfaßten Fällen. Es ist jedoch darüber hinaus erweitert auch auf die Arbeitsumgebung. Nicht unter das Mitbestimmungsrecht des Betriebsrats fallen daher die in den Ziff. 1 und 2 des § 90 Abs. 1 geregelten Tatbestände. Bei diesen Fällen verbleibt es bei dem Unterrichtungs- und Beratungsrecht. Das Mitbestimmungsrecht wird allerdings nur wirksam, wenn sich bei einer Verwirklichung dieser Tatbestände **Änderungen** der Arbeitsplätze, des Arbeitsablaufs und der Arbeitsumgebung herausstellen (*D/R* § 91 Rz. 2; *G/L* § 91 Rz. 1; GK-*Wiese* § 91 Rz. 2). Die Mitbestimmung nach § 91 besteht also **nur unter engeren Voraussetzungen** als die Mitwirkung nach § 90 (GK-*Wiese* § 91 Rz. 2). 3

Während die Begriffe »Arbeitsplatz« (vgl. § 90 Rz. 9) und »Arbeitsablauf« (vgl. § 90 Rz. 7) bereits in § 90 enthalten sind, ist unter **Arbeitsumgebung** die Gesamtheit aller Umwelteinflüsse zu verstehen, die auf den Arbeitsplatz und den Arbeitsablauf von außen her einwirken. Als Belastung kommen somit die sich aus der Veränderung der Arbeitsumgebung ergebenden Umwelteinflüsse (z. B. Hitze, Kälte, Nässe, Lärm, Erschütterung, Blendung, Lichtmangel, Staub, Gase, Dämpfe) in Betracht (*D/R* § 91 Rz. 3; *F/A/K/S* § 91 Rz. 6; *G/L* § 91 Rz. 1; *S/W* § 91 Rz. 3; GK-*Wiese* § 91 Rz. 5). Das Mitbestimmungsrecht des Betriebsrats greift nur dann ein, wenn unmittelbare Auswirkungen auf Arbeitnehmer erkennbar werden (*G/L* § 91 Rz. 1; GK-*Wiese* § 91 Rz. 4), weil das Mitbestimmungsrecht nach § 91 besondere Belastungen der Arbeitnehmer durch Änderungen voraussetzt. 4

Voraussetzungen des Mitbestimmungsrechts ist ferner, daß es zu einer **Änderung** der Arbeitsplätze, des Arbeitsablaufs oder der Arbeitsumgebung gekommen ist. Nicht erfaßt werden daher die unverändert bestehenden Verhältnisse im Betrieb, selbst wenn sie den gesicherten arbeitswissenschaftlichen Erkenntnissen über die menschengerechte Gestaltung der Arbeit widersprechen (*Brecht* § 91 Rz. 1; *D/K/K/S* § 91 Rz. 4; *F/A/K/S* § 91 Rz. 4; *G/L* § 91 Rz. 2; *S/W* § 91 Rz. 2a; GK-*Wiese* § 91 Rz. 4; *Natzel* DB 1972 Beilage Nr. 24, 10; *Zöllner* RdA 1973, 215; *BAG* vom 28. 7. 1981 – 1 ABR 65/79 – EzA § 87 BetrVG 1972 Arbeitszeit Nr. 9 m. Anm. *Kraft* = DB 1982, 386; einschränkend *D/R* § 91 Rz. 11, die auch Änderungen erfaßt wissen wollen, die nicht final auf dem Willen des Arbeitgebers beruhen). Das korrigierende Mitbestimmungsrecht nach § 91 besteht nur, wenn die Änderung bereits eingetreten ist (*LAG Düsseldorf/Köln* vom 3. 7. 1981 – 13 Ta BV 20/81 – DB 1981, 1676; *S/W* § 91 Rz. 2a); über § 80 Abs. 1 Nr. 2 kann der Betriebsrat im Planungsstadium zwar eine Mitberatung nach § 90, nicht aber eine Änderung nach § 91 erreichen. Im übrigen steht im Planungsstadium noch gar nicht fest, welche Änderungen eintreten werden (*G/L* § 91 Rz. 2; GK-*Wiese* § 91 Rz. 7/8; **a. A.** *D/K/K/S* § 91 Rz. 5). 5

§ 91   4. Teil 4. Abschn. Gestaltung v. Arbeitsplatz, -ablauf u. -umgebung

2. Offensichtlicher Widerspruch zu den gesicherten arbeitswissenschaftlichen Erkenntnissen

6   Die Änderung muß im **Widerspruch zu den gesicherten arbeitswissenschaftlichen Erkenntnissen** über die menschengerechte Gestaltung der Arbeit stehen. Zunächst muß objektiv ein Widerspruch zu den gesicherten arbeitswissenschaftlichen Erkenntnissen über die menschengerechte Gestaltung der Arbeit vorliegen (vgl. hierzu § 90 Rz. 18 ff.). Hier ist an unzumutbare Arbeitsbedingungen zu denken, z. B. unerträgliche Hitze- oder Kälteeinwirkungen, außerordentliche Geräusch- und Geruchsbeeinträchtigungen oder auch zu große Feuchtigkeit, unerträgliche Zugluft usw. Gesicherte arbeitswissenschaftliche Erkenntnisse i. S. d. § 91 sind nicht irgendwelche optimalen Bedingungen, über deren Menschengerechtigkeit »vernünftigerweise überhaupt kein Streit bestehen kann, sondern es muß sich um Erkenntnisse handeln, die besagen, daß die davon nach unten abweichende Gestaltung der Arbeit nicht mehr als menschengerecht angesehen werden kann« (*BAG* vom 6. 12. 1983 – 1 ABR 43/81 – wie in Rz. 1 (unter C II 4 a der Gründe).

7   Der Widerspruch muß **offensichtlich**, d. h. nicht nur für den Fachmann klar erkennbar sein. Jeder nur einigermaßen Fachkundige muß ohne nähere Prüfung den Widerspruch feststellen können (*F/A/K/H* § 91 Rz. 7; GK-*Wiese* § 91 Rz. 13; *S/W* § 91 Rz. 4; *Natzel* DB 1972 Beilage Nr. 24, 10; *Schneider* MitGespr. 1974, 82; *LAG Baden-Württemberg* vom 18. 2. 1981 – 2 Ta BV 5/80 – DB 1981, 1781; *LAG Niedersachsen* vom 25. 3. 1982 – 11 Ta BV 7/81 – DB 1982, 2039, 2041; a. A. *D/R* § 91 Rz. 6, die die Erkennbarkeit durch den Fachmann für ausreichend halten; weitergehend *D/K/K/S* § 91 in Rz. 9 und a. A. in Rz. 11). Soweit die Auffassung vertreten wird, ein Mitbestimmungsrecht sei nur bei objektiv schwerwiegendem Widerspruch gegen die gesicherten arbeitswissenschaftlichen Erkenntnisse gegeben (so *G/L* § 91 Rz. 10), wird verkannt, daß dieser Gesichtspunkt im Rahmen der korrigierenden angemessenen Abwendungsmaßnahme zu berücksichtigen ist (*F/A/K/H* § 91 Rz. 7). Der Widerspruch muß daher so deutlich sein, daß es nicht der Nachfrage bei einem Sachverständigen bedarf.

7a   Die Einführung von **Bildschirmarbeitsplätzen** und die Tätigkeit an ihnen als solche widerspricht nicht offensichtlich den gesicherten arbeitswissenschaftlichen Erkenntnissen über die menschengerechte Gestaltung der Arbeit; das korrigierende Mitbestimmungsrecht besteht daher nicht generell (*D/R* § 91 Rz. 17; *S/W* § 91 Rz. 7; GK-*Wiese* § 90 Rz. 18; *BAG* vom 6. 12. 1983 wie in Rz. 1 (unter C II 4. a); *LAG Baden-Württemberg* vom 18. 2. 1981 a. a. O.; *LAG Niedersachsen* vom 25. 3. 1982 a. a. O.). Insbesondere gibt es **keine** gesicherten **arbeits**wissenschaftlichen Erkenntnisse, daß die **Arbeit an Bildschirmgeräten zeitlich beschränkt** werden und Arbeitsunterbrechungen enthalten muß (*BAG* a. a. O.; *D/K/K/S* § 91 Rz. 10; GK-*Wiese* § 90 Rz. 19). Bei der Einführung von **Personalinformationssystemen** scheitert das Mitbestimmungsrecht nach § 91 darüber hinaus schon regelmäßig daran, daß es sich nicht um eine Änderung der Arbeitsplätze, des Arbeitsablaufs oder der Arbeitsumgebung und auch nicht um eine Einwirkung darauf handelt (*S/W* § 91 Rz. 8; vgl. zur Problematik *Jobs/Samland* a. a. O. 141 ff.).

3. Besondere Belastung der Arbeitnehmer

Darüber hinaus müssen die betroffenen Arbeitnehmer durch die vorgesehenen **8**
Maßnahmen **in besonderer Weise belastet** werden. Der Gesetzgeber spricht offensichtlich mit Absicht nicht von Beanspruchung, sondern von Belastung. Eine Belastung ist ein höherer Grad der Beanspruchung. Gemeint ist also nicht die typische Beanspruchung des arbeitenden Menschen, es muß sich vielmehr um eine Beeinträchtigung handeln, die den Arbeitnehmer in außergewöhnlicher und untypischer Art und Weise belastet. Aber auch hier scheidet jede regelmäßig auftretende und zumutbare Belastung aus. Diese muß der Arbeitnehmer hinnehmen. Die Belastung muß sich vielmehr aus der ohne Berücksichtigung der gesicherten Erkenntnisse der Arbeitswissenschaft vorgenommenen Veränderung der Arbeitsplätze, des Arbeitsablaufes oder der Arbeitsumgebung ergeben und den Arbeitnehmer in erheblichem Ausmaße belasten. Der offensichtliche Widerspruch muß also kausal für die Belastung sein (*D/R* § 91 Rz. 8). Diese besondere Belastung muß auch auf Dauer gegeben sein (*F/A/K/H* § 90 Rz. 3; *G/L* § 90 Rz. 11; **a. A.** GK-*Wiese* § 90 Rz. 15). Der »Arbeitnehmer wird nicht in besonderer Weise belastet«, wenn nur für eine bestimmte Zeit der Einarbeitung die Anforderungen an den Arbeitnehmer infolge der veränderten Arbeit besonders hoch sind. Auch die Möglichkeit einer etwaigen besonderen Belastung genügt allein nicht (*Brecht* § 90 Rz. 2; *F/A/K/H* § 91 Rz. 3; *G/L* § 91 Rz. 11; *S/W* § 91 Rz. 5; *Natzel* DB 1972 Beilage Nr. 24, 10; für die Einarbeitungszeit **a. A.** GK-*Wiese* § 91 Rz. 15; *D/R* § 91 Rz. 9). Der Schutzcharakter des § 91 spricht dagegen, daß – wie der Wortlaut nahelegt – »die Arbeitnehmer«, also alle Arbeitnehmer, betroffen sein müssen; es genügt vielmehr, daß ein einzelner oder einzelne Arbeitnehmer in besonderer Weise belastet werden (*D/R* § 91 Rz. 10; *F/A/K/H* § 91 Rz. 3; *G/L* § 91 Rz. 11; GK-*Wiese* § 91 Rz. 17). Ggf. muß der Betriebsrat das **konkret für jeden einzelnen Arbeitsplatz** geltend machen (zutreffend: *D/K/K/S* § 91 Rz. 12). Wird nur ein einzelner ausnahmsweise wegen nur bei ihm vorliegender Eigenschaften belastet, so greift § 91 nicht ein, da für die Feststellung der Belastung ein objektiver Maßstab gilt (*D/R* § 91 Rz. 9; **a. A.** *D/K/K/S* § 91 Rz. 15). Dieser Arbeitnehmer kann gegebenenfalls seine Individualrechte nach § 84 geltend machen (*F/A/K/H* § 91 Rz. 3; GK-*Wiese* § 91 Rz. 17; *S/W* § 91 Rz. 5a). Darlegungsbelastet dafür, daß und gfs. weshalb eine Änderung im Gesetzessinne »offensichtlich den gesicherten arbeitswissenschaftlichen Erkenntnissen über die menschengerechte Gestaltung der Arbeit widerspricht« ist im Streitfall der Betriebsrat (*LAG Düsseldorf* vom 27. 5. 1980 – 5 Ta BV 2/80 – DB 1980, 1780 und *LAG Düsseldorf (Köln)* vom 3. 7. 1981 – 13 Ta BV 20/81 – DB 1981, 1676, 1677; *F/A/K/H* § 91 Rz. 8a). Insoweit reicht z. B. der pauschale Hinweis, im Betrieb würden Bildschirmgeräte installiert, nicht aus (GK-*Wiese* § 91 Rz. 18).

III. Angemessene Maßnahmen zur Abwendung, Milderung oder zum Ausgleich

1. Angemessenheit

Bei der Frage, ob eine Maßnahme zur Abwendung, Milderung oder zum Aus- **9**
gleich der Belastung **angemessen** ist, ist abzuwägen zwischen dem Umfang der Belastung und den wirtschaftlichen und technischen Möglichkeiten des Betriebs

§ 91   4. Teil 4. Abschn. Gestaltung v. Arbeitsplatz, -ablauf u. -umgebung

zur Abwendung bzw. Milderung. Danach ist eine Maßnahme angemessen, wenn ihre Durchführung technisch möglich und wirtschaftlich vertretbar ist und im vernünftigen Verhältnis zum Erfolg in bezug auf die Abwendung, Milderung oder den Ausgleich der Belastung steht (*D/R* § 91 Rz. 19; *F/A/K/H* § 91 Rz. 11; *G/L* § 91 Rz. 14; GK-*Wiese* § 91 Rz. 24; *S/W* § 91 Rz. 10). Die Gegenmaßnahmen reichen von Nichtverwirklichung über Milderung bis hin zum Ausgleich der Belastung. Aus der Reihenfolge ergibt sich, daß eventuellen Belastungen grundsätzlich zunächst mit Maßnahmen zur Abwendung oder Milderung begegnet werden soll. Nur wenn dies nicht möglich ist, kommt ein Ausgleich der Belastung in Betracht (*D/R* § 91 Rz. 20; *F/A/K/H* § 91 Rz. 11; *G/L* § 91 Rz. 14 ff.; GK-*Wiese* § 91 Rz. 25). Unberührt bleiben im Rahmen der Gegenmaßnahmen die gesetzlichen Arbeitsvorschriften und die Vorschriften der Berufsgenossenschaften (*F/A/K/H* § 90 Rz. 11, GK-*Wiese* § 91 Rz. 25).

2. Abwendung

10   Die **Abwendung der Belastung** kann bedeuten, daß die geplanten Arbeitsplätze oder der Arbeitsablauf völlig geändert oder die Umweltbedingungen völlig neu gestaltet werden müssen. Unter Abwendung ist jedoch nicht die völlige Rückgängigmachung der eingetretenen Änderung zu verstehen, da sich das Mitbestimmungsrecht nur auf korrigierende angemessene Abwendungsmaßnahmen erstreckt (*G/L* § 91 Rz 17; GK-*Wiese* § 91 Rz. 26; *Natzel* DB 1972 Beilage Nr. 24, 4; **a. A.** *D/R* § 91 Rz. 22; *F/A/K/H* § 91 Rz. 12; *D/K/K/S* § 91 Rz. 16; *Frauenkron* § 91 Rz. 10). So kann nicht der Abbau einer Maschine mit außergewöhnlicher Lärmentwicklung verlangt werden, sondern allenfalls deren konstruktive Änderung etwa durch Einbau schalldämpfender Teile. Im übrigen können als Maßnahmen zur Abwendung in Betracht kommen:
- Umgestaltung des Arbeitsplatzes entsprechend den biologischen Gegebenheiten der Arbeitnehmer unter Berücksichtigung arbeitsphysiologischer Erkenntnisse,
- Ersetzung gesundheitsschädlichen Arbeitsmaterials durch unschädliches,
- Nutzung von Servomechanismen,
- Einsatz von Transportmitteln zur Abwendung übermäßiger körperlicher Belastung,
- Änderung der Licht-, Sicht- oder Temperaturverhältnisse,
- Beseitigung von Lärm, Staub, Gasen, Nebeln, Dämpfen,
- Abbau von Nachtschichten

(vgl. *D/R* § 91 Rz. 22; *F/A/K/H* § 91 Rz. 12; *G/L* § 91 Rz. 16; GK-*Wiese* § 91 Rz. 27) (zur verfassungsrechtlich gebotenen Einschränkung von Nachtarbeit neuestens: *BVerfG* vom 28. 1. 1992 – 1 BvR 1025/82 – und 1 BvL 16/83, 1 BvL 10/91 – DB 1992, 377, 378).

3. Milderung

11   Ist eine Abwendung der besonderen Belastungen nicht möglich oder zumutbar, so ist eine **Milderung** anzustreben. Die Milderung bedeutet eine teilweise Beseitigung der Belastung. Hier ist z. B. an die Benutzung von Schutzmitteln (z. B. Si-

cherheitsfarben) zu denken, oder an Schutzkleidung, Schutzbrillen oder auch Sicherheitsschuhe. Eine Milderung kann auch durch Verkürzung der Belastung, also durch Springerregelung, oder häufigere Pausen herbeigeführt werden. Gegebenenfalls kann auch zur Abwendung von Arbeitsmonotonie oder zur Verringerung von Unterbelastungen eine gewisse Ausgleichstätigkeit eingeführt werden. Ferner kann an Lärmschutzmaßnahmen (*ArbG Hamm* vom 13. 12. 1972 – 2 BV 30/72 – AuR 1973, 122) gedacht werden (*D/R* § 91 Rz. 23; *F/A/K/H* § 91 Rz. 13; *G/L* § 91 Rz. 18; GK-*Wiese* § 91 Rz. 28).

4. Ausgleich

Erst wenn weder eine Abwendung noch eine Milderung in Betracht kommen, kann 12 der Betriebsrat einen **Ausgleich** verlangen. Hier ist grundsätzlich nicht an einen finanziellen Ausgleich, also an die Gewährung von Zulagen gedacht, da § 91 seinem Schutzzweck entsprechend die menschengerechte Gestaltung der Arbeit sichern will und sich nicht auf die Gestaltung der Löhne und der materiellen Arbeitsbedingungen erstreckt (*D/K/K/S* § 91 Rz. 18; *D/R* § 91 Rz. 18, 26; *S/W* § 91 Rz. 13; *Natzel* DB 1972 Beilage Nr. 24, 11; a. A. *F/A/K/H* § 91 Rz. 14; *G/L* § 91 Rz. 19; GK-*Wiese* § 91 Rz. 29). Gemeint sind vielmehr Maßnahmen, die weder eine Abwendung noch eine Milderung der Belastung herbeiführen, aber dem Arbeitnehmer Gelegenheit geben, sich rascher von der Belastung zu erholen oder ihr für einen längeren Zeitraum zu entgehen. Denkbar ist hier also die Gestellung von kalten Getränken bei Arbeit in ungewöhnlicher Hitze, von warmen Getränken bei Arbeit in besonderer Kälte, ggf. auch die Lieferung einer ausgleichenden Zwischenverpflegung oder Stärkungsmitteln. Schließlich kann auch eine Verkürzung der Arbeitszeit, unter ganz besonderen Voraussetzungen auch ein Zusatzurlaub in Betracht kommen (vgl. aber § 77 Abs. 3). Im übrigen muß berücksichtigt werden, inwieweit bei der analytischen Arbeitsbewertung bestimmte Erschwernisse bei der Entlohnung bereits berücksichtigt worden sind (GK-*Wiese* § 91 Rz. 29).

IV. Streitigkeiten

Einigen sich Arbeitgeber und Betriebsrat nicht über angemessene Maßnahmen zur 13 Abwendung, Milderung oder zum Ausgleich der Belastung, so kann der Betriebsrat die **Einigungsstelle** anrufen. Der Spruch der Einigungsstelle ersetzt die Einigung zwischen Arbeitgeber und Betriebsrat (§ 91 Satz 2 und 3).
Die Einigungsstelle kann nur die Meinungsverschiedenheiten über **Art und Um-** 14 **fang** der Abhilfemaßnahmen schlichten. Sie kann folglich z. B. eine bestimmte Milderung der Belastung durch häufigere Pausen bei zu schnellem Arbeitstakt oder bei Nachtarbeit festlegen.
Voraussetzung für die Anrufung der Einigungsstelle ist deshalb, daß Arbeitgeber 15 und Betriebsrat gemeinsam davon ausgehen, daß eine die Arbeitnehmer belastende Änderung der Arbeitsplätze, des Arbeitsablaufs oder der Arbeitsumgebung vorliegt und daher das Mitbestimmungsrecht des Betriebsrats nach § 91 in Betracht kommt. Besteht dagegen Streit darüber, ob die vorgenannten Voraussetzungen des Mitbestimmungsrechts des Betriebsrats gegeben sind, so handelt es sich um einen Streit über Rechtsfragen, der im Beschlußverfahren vom Arbeitsgericht zu ent-

§ 92   4. Teil 5. Abschn. Personelle Angelegenheiten

scheiden ist (*D/R* § 91 Rz. 36; *F/A/K/H* § 91 Rz. 16; *G/L* § 91 Rz. 21; GK-*Wiese* § 91 Rz. 31; *S/W* § 91 Rz. 14). Kommt dennoch in einem solchen Fall z. B. durch Bestellung durch das Arbeitsgericht die Einigungsstelle zustande, so hat diese als Vorfrage zu prüfen, ob die Voraussetzungen des Mitbestimmungsrechts vorliegen und damit ihre Zuständigkeit gegeben ist (*D/R* § 91 Rz. 34, 35; *F/A/K/H* § 91 Rz. 16; *G/L* § 91 Rz. 20; GK-*Wiese* § 91 Rz. 30).

15a Die vom Betriebsrat angerufene Einigungsstelle soll **nicht schon dann offensichtlich unzuständig** (und deshalb vom Arbeitsgericht einzusetzen) sein, wenn bereits im Planungsstadium erkennbar ist, daß gegen arbeitswissenschaftliche Erkenntnisse offensichtlich verstoßen wird und die Arbeitnehmer deswegen besonders belastet werden (so für die Verteilung von Arbeitsplätzen in einem Großraumbüro: *LAG München* vom 6. 4. 1987 – 8 (9) TaBV 56/86 – DB 1988, 186, 187, das sich insoweit zu Unrecht auf *BAG* vom 6. 12. 1983 – 1 ABR 43/81 – EzA § 87 BetrVG 1972 Bildschirmarbeitsplatz Nr. 1 m. Anm. *Ehmann* = DB 1984, 775, 779; 1985 1341 m. Anm. *Weng* beruft). Jedenfalls ist es Aufgabe der Einigungsstelle, in eigener Kompetenz ihre Zuständigkeit zu verneinen, wenn sie keinen »offensichtlichen Verstoß gegen gesicherte arbeitswissenschaftliche Erkenntnisse feststellen kann« (*LAG München* a. a. O.; ähnlich: GK-*Wiese* § 91 Rz. 31).

16 Der **Spruch der Einigungsstelle** kann im arbeitsgerichtlichen Beschlußverfahren angefochten werden; dabei kann er auf die Einhaltung der **Ermessensgrenzen** hinsichtlich der Frage, welche Maßnahmen zur Abwendung, Milderung oder zum Ausgleich angemessen sind, wie auch auf die Frage, ob ein Mitbestimmungsrecht des § 91 in einem konkreten Fall gegeben ist, überprüft werden (*G/L* § 92 Rz. 21; GK-*Wiese* § 91 Rz. 31). Über **Streitigkeiten** hinsichtlich des Umfangs des Unterrichtungs- und Beratungsrechtes des Betriebsrats entscheidet das Arbeitsgericht im Beschlußverfahren (§§ 2a Abs. 1 Nr. 1, 80ff. ArbGG).

17 Besteht aufgrund einer Betriebsvereinbarung oder eines Spruchs der Einigungsstelle die Verpflichtung des Arbeitgebers zu einer bestimmten Leistung, dann kann diese vom Arbeitnehmer im **Urteilsverfahren** geltend gemacht werden. Gegebenenfalls hat der einzelne Arbeitnehmer auch ein Recht der Zurückbehaltung der Arbeitsleistung nach § 273 BGB (*G/L* § 91 Rz. 22; GK-*Wiese* § 91 Rz. 32).

**Fünfter Abschnitt
Personelle Angelegenheiten**

**Erster Unterabschnitt
Allgemeine personelle Angelegenheiten**

§ 92 Personalplanung

(1) Der Arbeitgeber hat den Betriebsrat über die Personalplanung, insbesondere über den gegenwärtigen und künftigen Personalbedarf sowie über die sich daraus ergebenden personellen Maßnahmen und Maßnahmen der Berufsbildung an Hand von Unterlagen rechtzeitig und umfassend zu unterrichten. Er hat mit dem Betriebsrat über Art und Umfang der erforderlichen Maßnahmen und über die Vermeidung von Härten zu beraten.
(2) Der Betriebsrat kann dem Arbeitgeber Vorschläge für die Einführung einer Personalplanung und ihre Durchführung machen.

Literaturübersicht

Brill Die Rechtsprechung zur personellen Mitbestimmung des Betriebsrats, DB 1978, Beilage Nr. 14; *Haberkorn* Mitbestimmungsrecht des Betriebsrats in personellen und sozialen Angelegenheiten, 1978; *Hanau* Praktische Fragen zur Neuregelung der Mitbestimmung in personellen Angelegenheiten, BB 1972, 451; *Heinze* Personalplanung, Einstellung und Kündigung, 1982; *Hoyningen-Huene* Die Rechtsstellung des Arbeitnehmers bei betriebsverfassungswidrigen personellen Maßnahmen, RdA 1982, 205; *Hunold* Die Mitbestimmung des Betriebsrats in allgemeinen personellen Angelegenheiten (§§ 91–95), DB 1976, 98; *Jobs/Samland* Personalinformationssysteme in Recht und Praxis, 1984; *Kilian* Auswirkungen des BDSG auf das Betriebsverfassungsgesetz, RdA 1978, 201; *Linnenkohl* Verarbeitung personenbezogener Arbeitnehmerdaten durch den Betriebsrat, NJW 1981, 202; *Meisel* Die Mitwirkung und Mitbestimmung des Betriebsrats in personellen Angelegenheiten, 4. Aufl. Heidelberg 1975; *Müllner* Beteiligungsrechte des Betriebsrats bei Peronalinformationssystemen, BB 1984, 475; *Peltzer* Personalplanung, innerbetriebliche Stellenausschreibung, Personalfragebogen und Auswahlrichtlinien (§§ 92 ff. BetrVG 1972), DB 1972, 1164; *Raatz* Personalleitung und Betriebsverfassung, Aufgaben un Verfahren nach dem neuen BetrVG, DB 1972 Beilage Nr. 1, 1; *Richardi* Die Mitbestimmung des Betriebsrats in personellen Angelegenheiten, ZfA Sonderheft 1972, 1; *Ritter* Vom Betriebsverfassungsgesetz 1972 abweichende Regelungen durch Tarifvertrag und Betriebsvereinbarung, Diss. Heidelberg, 1974; *Schinke* Die personellen Angelegenheiten im neuen BetrVG aus rechtlicher und organisatorischer Sicht, Düsseldorf 1973; *Schmidt-Dorrenbach/Goos* Beteiligungsrecht des Betriebsrats bei Personaldatensystemen, DB 1983 Beilage Nr. 1, 1; *Stahlhacke* Das personelle Mitbestimmungsrecht des Betriebsrats nach dem BetrVG 1972, BlStSozArbR 1972, 51; *Dedering* Personalplanung und Mitbestimmung, 1972; *Dormsch* Stichwort Personaleinsatzplanung, in: Handwörterbuch des Personalwesens, 1975, hrsg. von Gaugler; *Frey* Was ist Personalplanung im Sinne von § 92 des BetrVG?, BB 1973, 388; *Gaugler* Betriebliche Personalplanung, 1974; *Gola* Zur Mitbestimmung des Betriebsrats beim Einsatz von Personalinformationssystemen, DSWR 1974, 282; *Gossens* Personalleiterhandbuch, 6. Aufl. 1974, 607; *Hetzel* Die Beteiligung des Betriebsrats an der Personalplanung, Diss. Köln, 1975; *Hunold* Die Mitwirkung und Mitbestimmung des Betriebsrats in allgemeinen personellen Angelegenheiten, DB 1989, 1334; *Kador-Porschlegel* Handlungsanleitung zur betrieblichen Personalplanung, 1977; *Kiefer* Personalplanung und Beschaffung von Führungsnachwuchs und Führungskräften, DB 1976, 1683; *Lutz* Betriebliche Personalplanung zwischen Unternehmensplanung und Personalpolitik, 1977/1979; *Mohr* Personalplanung nach Betriebsverfassungsgesetz, 1977; *Rehhahn* Die Personalplanung nach dem Betriebsverfassungsgesetz 1972, AuR 1974, 65; *RKW-Handbuch* Praxis der Personalplanung, 1978; *Rummel* Die Beteiligung des Betriebsrats an der Personalplanung und an personellen Einzelmaßnahmen, 1978; *Rumpff* Betriebsverfassung und Personalplanung, MitGespr. 1972, 91; *ders*. Betriebsverfassung und Personalplanung MitGespr. 1972, 160; *ders*. Mitbestimmung in wirtschaftlichen Angelegenheiten, 2. Aufl. Heidelberg, 1978; *Schneider* Die Personalplanung im System der Beteiligungsrechte des Betriebsrats, BlStSozArbR 1973, 60; *Wenzel* Betriebliche Personalplanung, ArbGeb. 1972, 579; *ders*. Personalplanung im Gesamtplansystem der Unternehmung, DB 1972, 1736; *Wohlgemuth* Betriebsrat und Personaldatenverarbeitung, AiB, 1981, 164.

Inhaltsübersicht

		Rz.
I.	Grundsätze	1– 3
	1. Beteiligungsrechte des Betriebsrats in allgemeinen personellen Angelegenheiten	1, 2
	2. Erweiterung der Beteiligungsrechte	3
II.	Personalplanung	4–22

§ 92   4. Teil 5. Abschn. Personelle Angelegenheiten

	1. Anwendungsbereich	4–10
	2. Begriff der Personalplanung	11, 12
	3. Gegenstand der Personalplanung	13–21 b
	a) Personalbedarfsplanung	13, 14
	b) Personaldeckungsplanung	15, 16
	c) Personalentwicklungsplanung	17
	d) Nicht zur Personalplanung gehörende Maßnahmen	18–21 b
	4. Planung von Maßnahmen	22
III.	Durchführung der Beteiligungsrechte	23–31 a
	1. Unterrichtungsrecht	23–26 b
	2. Beratungsrecht	27–30
	3. Vorschlagsrecht	31, 31 a
IV.	Sanktionen	32
V.	Streitigkeiten	33

I. Grundsätze

1. Beteiligungsrechte des Betriebsrats in allgemeinen personellen Angelegenheiten

1 Die Beteiligungsrechte des Betriebsrats in allgemeinen personellen Angelegenheiten sind durch das Betriebsverfassungsgesetz 1972 erheblich erweitert worden. Der Betriebsrat soll nunmehr zu einem möglichst frühen Zeitpunkt – im Planungsstadium – über die personelle Situation des Betriebes und deren Entwicklung umfassend unterrichtet und es sollen mit ihm Vorsorgemaßnahmen beraten werden. Wie sich aus der Gesetzbegründung ergibt (BT-Drucks. VI/1786, 50), erwartet man hiervon eine stärkere Objektivierung und bessere Durchschaubarkeit der allgemeinen Personalwirtschaft als auch der personellen Einzelentscheidung. Diese möglichst frühzeitige Einschaltung des Betriebsrats ergibt sich schon aus § 90. Nach dieser Bestimmung hat der Arbeitgeber den Betriebsrat über die Planung von Bauten und technische Anlagen sowie von Arbeitsverfahren und Arbeitsabläufen oder von Arbeitsplätzen zu unterrichten. Darüber hinaus ist in § 90 vorgesehen, daß der Arbeitgeber mit dem Betriebsrat die vorgesehenen Maßnahmen, insbesondere bezüglich ihrer Auswirkungen auf die Art der Arbeit und die Anforderungen an die Arbeitnehmer zu beraten hat. Dieses Informations- und Beratungsrecht des Betriebsrats bildet die Voraussetzung für eine Mitwirkung bei der Personalplanung.

2 Bei den **allgemeinen personellen Angelegenheiten** räumt das Gesetz dem Betriebsrat dementsprechend **abgestufte Beteiligungsrechte** ein, und zwar bei der Personalplanung (§ 92), der Ausschreibung von Arbeitsplätzen (§ 93), der Erstellung von Personalfragebogen, von schriftlichen Arbeitsverträgen und allgemeinen Beurteilungsgrundsätzen (§ 94) sowie bei der Aufstellung von Auswahlrichtlinien (§ 95). Im Zusammenhang mit den allgemeinen personellen Maßnahmen stehen ferner die Beteiligungsrechte des Betriebsrats in Fragen der betrieblichen Berufsausbildung (§§ 96 ff.) sowie die Rechte des Betriebsrats bei personellen Einzelmaßnahmen (§§ 99–105). Darüber hinaus erfolgt eine Unterrichtung des Betriebsrats nach § 106 Abs. 2 über die Auswirkungen wirtschaftlicher Maßnahmen auf die Personalplanung auch im Rahmen der Unterrichtungspflicht gegenüber dem Wirtschaftsausschuß sowie im Rahmen von geplanten Betriebsänderungen nach § 111 ff.

2. Erweiterung der Beteiligungsrechte

Eine Änderung der Beteiligungsrechte des Betriebsras in personellen Angelegenheiten, und zwar sowohl eine **Ausdehnung** zugunsten des Betriebsrats wie auch eine **Einschränkung** zum Nachteil des Betriebsrats, ist ausgeschlossen. Weder durch Tarifvertrag noch durch Betriebsvereinbarung können andere als die in §§ 92 ff. enthaltenen Regelungen getroffen werden (vgl. vor § 1 Rz. 64, 69 ff. mit weiteren Literaturangaben und § 99 Rz. 9, 10; *D/R* vor § 92 Rz. 8). Soweit allgemeine personelle Angelegenheiten zu den sozialen Angelegenheiten gehören, gelten die dort entwickelten Grundsätze zur Erweiterung der Beteiligung (vgl. auch § 90 Rz. 1 b; *D/R* vor § 92 Rz. 8). Die Frage der Erweiterung der Beteiligung des Betriebsrats ist aber umstritten. So wird angenommen, daß die Mitwirkungsrechte durch Tarifvertrag überhaupt nicht, durch Betriebsvereinbarung nur im Bereich der allgemeinen personellen Angelegenheiten erweitert werden können (GK-*Kraft* vor § 92 Rz. 22, 15; *G/L* vor § 92 Rz. 3 a ff.) halten eine Erweiterung durch Tarifvertrag bei den §§ 94, 95 für zulässig, durch Betriebsvereinbarung nur soweit soziale Angelegenheiten berührt sind (vor § 92 Rz. 2 a)). Die auch vom *Bundesarbeitsgericht* vertretene Auffassung, daß die Beteiligunsrechte des Betriebsrats allgemein durch Tarifvertrag erweitert und verstärkt werden könnten (*BAG* vom 18. 8. 1987 – 1 ABR 30/86 – EzA § 77 BetrVG 1972 Nr. 49 = DB 1987, 2257) und ferner auch die Mitbestimmungsrechte im personellen Bereich tariflich erweiterbar seien (*BAG* vom 10. 2. 1988 – 1 ABR 70/86 – EzA § 1 TVG Nr. 34 = DB 1988, 1397) ist abzulehnen (vgl. § 91 Rz. 1). Entgegen dieser Ansicht kann nicht generell von einer »einseitig zwingenden« Natur betriebsverfassungsrechtlicher Mitwirkungsbestimmungen ausgegangen werden (abl. auch: *Beuthien* ZfA 1986, 131 ff. und *D/R* § 2 Rz. 134 ff., 137 m. w. Nachw., sowie die bei GK-*Kraft* vor § 92 Rz. 16 genannten). Jedenfalls ist die streikweise Durchsetzung einer tarifvertraglichen Erweiterung der Mitbestimmungsrechte wegen der prinzipiell politisch-befriedigenden Funktion des BetrVG (§ 74 Abs. 2 Satz 1 BetrVG) auszuscheiden (GK-*Kraft* vor § 92 Rz. 22 ff. m. w. Nachw.).

II. Personalplanung

1. Anwendungsbereich

§ 92 enthält drei große Komplexe:
- das **Unterrichtsrecht** des Betriebsrats, d. h. Verpflichtung des Arbeitgebers, den Betriebsrat anhand von Unterlagen rechtzeitig und umfassend über die Personalplanung zu unterrichten, insbesondere über den gegenwärtigen Personalbedarf, den künftigen Personalbedarf, die sich daraus ergebenden personellen Maßnahmen und die sich daraus ergebenden Maßnahmen der Berufsbildung,
- das **Beratungsrecht** des Betriebsrats, d. h. die Verpflichtung des Arbeitgebers, mit dem Betriebsrat zu beraten über die Art der erforderlichen Maßnahmen, den Umfang der erforderlichen Maßnahmen und über die Vermeidung von Härten,
- das **Vorschlagsrecht** des Betriebsrats, d. h. das Recht des Betriebsrats, dem

§ 92   *4. Teil 5. Abschn. Personelle Angelegenheiten*

Arbeitgeber Vorschläge für die Einführung einer Personalplanung und die Durchführung der Personalplanung zu machen.

5 Mit diesen dem Betriebsrat eingeräumten Rechten soll dem Betriebsrat bereits im **Planungsstadium** die Mitwirkung bei den allgemeinen personellen Grundsatzentscheidungen, die die Grundlagen für personelle Einzelentscheidungen bilden, eingeräumt werden. Der Gesetzgeber erwartet hierdurch eine »bessere Objektivierung und bessere Überschaubarkeit sowohl der allgemeinen personellen Angelegenheiten als auch der personellen Einzelentscheidungen« (amtl. Begr. a. a. O. Rz. 1).

6 Die Beteiligungsrechte des Betriebsrats setzen **keine Mindestbetriebsgröße** voraus. Die Unterrichtungs- und Beratungspflicht des Arbeitgebers bei der Personalplanung besteht unabhängig von der Beschäftigtenzahl eines Betriebes, also auch bei Kleinbetrieben unter 20 Arbeitnehmern. Allerdings werden die Beteiligungsrechte in betriebsratsfähigen Kleinbetrieben kaum eine praktische Bedeutung erlangen (*D/R* § 92 Rz. 20; *S/W* § 92 Rz. 3).

7 Die Beteiligungsrechte des Betriebsrats beziehen sich auf die **Personalplanung für Arbeitnehmer im Sinne des BetrVG**, also für Auszubildende, gewerbliche Arbeitnehmer, Tarifangestellte und außertarifliche Angestellte, **leitende Angestellte** i. S. v. § 5 Abs. 3 werden nur dann von der Personalplanung erfaßt, wenn es um ihr Verhältnis zu den sonstigen Arbeitnehmern des Betriebes geht. Zu Förderungsmaßnahmen für Arbeitnehmer, die die Qualifikation des leitenden Angestellten schaffen sollen, vgl. Rz. 17. Soweit sich Personalplanungsmaßnahmen ausschließlich auf leitende Angestellte beziehen, besteht kein Unterrichtungs- und Beratungsrecht des Betriebsrats (*D/R* § 92 Rz. 21; *F/A/K/H* § 92 Rz. 1, 6; *G/L* § 92 Rz. 2; GK-*Kraft* § 92 Rz. 5; *S/W* § 92 Rz. 4; **a. A.** *D/K/K/S* § 92 Rz. 42; *Rumpff* MitGespr. 1972, 164; *ders.* Mitbestimmung in wirtschaftlichen Angelegenheiten 1977, 99); zur Beteiligung des Sprecherausschusses der leitenden Angestellten vgl.: § 30 Satz 1 Nr. 2 und §§ 31, 32 Abs. 2 SprAuG.

8 Erfolgt die Personalplanung bei einem Unternehmen mit mehreren Betrieben auf **Unternehmensebene**, so sind die Beteiligungsrechte nicht durch die Einzelbetriebsräte auszuüben, vielmehr ist der **Gesamtbetriebsrat** nach § 50 Abs. 1 zuständig (*D/R* § 92 Rz. 34; *F/A/K/H* § 92 Rz. 35; *G/L* § 92 Rz. 3; GK-*Kraft* § 92 Rz. 27; *S/W* § 92 Rz. 4a; *LAG Hamm* vom 7. 3. 1974 – 8 BV 65/73 –), erfolgt sie auf **Konzernebene** ist der **Konzernbetriebsrat** zuständig nach § 58 Abs. 1 Satz 1 (*D/R* § 92 Rz. 27).

9 Soweit die Unterrichtung des Betriebsrats über die Personalplanung im Rahmen der **Unterrichtungspflicht** nach § 106 **gegenüber dem Wirtschaftsausschuß** und im Rahmen von geplanten **Betriebsänderungen** nach §§ 111 ff. erfolgt, sind die dortigen Vorschriften maßgebend (*S/W* § 92 Rz. 16).

10 Die Einrichtung eines paritätisch besetzten **Personalplanungsausschusses** durch Betriebsvereinbarung in Betrieben, die einen Betriebsausschuß haben – denn nur dort ist dies wegen § 28 Abs. 1 möglich –, kann vom Betriebsrat **nicht erzwungen** werden (GK-*Kraft* § 92 Rz. 27; *S/W* § 92 Rz. 17; im Ergebnis ebenso, da nur auf freiwilliger Basis: *D/R* § 92 Rz. 36f.; *G/L* § 92 Rz. 4; *F/A/K/H* § 92 Rz. 31; **a. A.** *Rumpff* Mitbestimmung in wirtschaftlichen Angelegenheiten 1977, 101). Das Gesetz sieht keinen paritätischen Ausschuß vor. Die Bildung eines paritätisch besetzten Ausschusses für Personalplanung durch Betriebsvereinbarung würde die unternehmerische Handlungsfreiheit einengen; die Personalplanung ist abhängig von der Finanzierungs- und Investitionsplanung. Darüber hinaus

würde dem Betriebsrat das Recht eingeräumt, zu personellen Einzelmaßnahmen seine Zustimmung zu verweigern, wenn diese nach seiner Ansicht gegen die Betriebsvereinbarung über die Personalplanung verstoßen. Dies würde zu einer Erweiterung der Mitbestimmung bei personellen Einzelmaßnahmen führen. Mit dem Betriebsrat kann dagegen geregelt werden, ob Gesprächspartner des Arbeitgebers der Betriebsrat insgesamt, ein bestehender Betriebsausschuß oder ein besonderer Ausschuß des Betriebsrats nach § 28 Abs. 1 (z. B. Personalausschuß) sein soll (*D/R* § 92 Rz. 37; *G/L* § 92 Rz. 4; teilweise abweichend: *F/A/K/H* § 92 Rz. 23). Eine sachliche Notwendigkeit für eine paritätische Besetzung solcher Ausschüsse, die von ihrem Zweck her Informations- und Beratungsgremien sind, besteht jedenfalls nicht.

2. Begriff der Personalplanung

Eine Definition des **Begriffes der Personalplanung** enthält das Betriebsverfassungsgesetz nicht. Er umfaßt alle systematisch erarbeiteten und festgelegten Überlegungen über den qualitativen und quantitativen Personalbedarf des Betriebes, die unter Berücksichtigung der Gegebenheiten des Betriebes, des Marktes und der Planziele des Unternehmens als Grundlage für künftige Personalentscheidungen vorgesehen sind (so *S/W* § 92 Rz. 5; ferner: *LAG Berlin* vom 13. 6. 1988 – 9 TaBV 1/88 – DB 1988, 1860; die teilweise abweichende Begriffsbildung bei *D/K/K/S* § 92 Rz. 9, 10 und bei *F/A/K/H* § 92 Rz. 5 a–c ist bedenklich; vgl. *Hunold* DB 1989, 1334). Die Personalplanung ist somit kein isoliertes Unternehmensinstrument, sondern unterliegt der ständigen Abhängigkeit von der Investitions- und Finanzplanung, aber auch von der Absatz- und Produktionsplanung. Nur unter diesen Gesichtspunkten wie auch unter Berücksichtigung des schwankenden Arbeitsmarktes kann der Arbeitgeber planende personelle Maßnahmen durchführen. Nach Sinn und Zweck umfaßt § 92 die Personalplanung im engen Sinne, d. h. die Planung, die objektiv geeignet ist, die mitbestimmungspflichtigen Einzelmaßnahmen nach den §§ 96–105 nach sich zu ziehen (GK-*Kraft* § 92 Rz. 7, 8; *Heinze* a. a. O. Rz. 38). Nach Auffassung des *Bundesarbeitsgerichts* wird vom Begriff Personalplanung jede Planung umfaßt, »die sich auf den gegenwärtigen und künftigen Personalbedarf in quantitativer und qualitativer Hinsicht, auf deren Deckung im weitesten Sinne und auf den abstrakten Einsatz der personellen Kapazität bezieht« (*BAG* vom 6. 11. 1990 – 1 ABR 60/89 – DB 1991, 654).

Das Gesetz selbst sagt nichts über die **Planungszeiträume** aus, für die eine Mitwirkung des Betriebsrats in Betracht kommt. In der betrieblichen Praxis unterscheidet man zwischen einer kurzfristigen Personalplanung (bis etwa 2 Jahre), einer mittelfristigen (bis zu 5 Jahren) und einer langfristigen Personalplanung (über 5 Jahre). Von besonderer Bedeutung ist die kurzfristige Personalplanung, da hier der Arbeitgeber in der Lage sein dürfte, konkrete Zahlenangaben zu machen. Bei der mittel- und langfristigen Personalplanung kann der Arbeitgeber sich in der Regel zwangsläufig auf mehr oder weniger unpräzise Angaben und Vorstellungen beschränken. Auch eine »intuitive« und kurzfristige Personalplanung aufgrund nur solcher nachvollziehbarer Vorstellungen des Arbeitgebers fällt unter § 92 BetrVG (*LAG Berlin* a. a. O. Rz. 11; *Hunold* DB 1989, 1334; *F/A/K/H* § 92 Rz. 5 unter c m. w. Nachw.)

Das **Beratungsrecht** aus § 92 Abs. 1 Satz 2 setzt zeitlich regelmäßig erst bei der

§ 92   4. Teil 5. Abschn. *Personelle Angelegenheiten*

Personaldeckungsplanung (vgl. Rz. 15) ein (*BAG* vom 6. 11. 1990 – a. a. O. Rz. 11 – DB 1991, 656/657, wonach dann der Unternehmer »von sich aus« mit dem Betriebsrat zu beraten hat; *LAG* Berlin a. a. O. Rz. 11; *G/L* § 92 Rz. 6, 7; GK-*Kraft* § 92 Rz. 28; **a. A.:** *F/A/K/H* § 92 Rz. 32; *G/K/S/B/K* § 92 Rz. 6). Mit dem Betriebsrat können generelle Anpassungsmöglichkeiten an ein steigendes oder sinkendes Arbeitsvolumen eingeplant und beraten werden (*S/W* § 92 Rz. 10).

3. Gegenstand der Personalplanung

a) Personalbedarfsplanung

13 Die **Personalbedarfsplanung** umfaßt den gegenwärtigen und künftigen Personalbedarf in quanitativer und qualitativer Hinsicht. Zunächst wird festgestellt, wieviel Mitarbeiter unterschiedlicher Qualifikation zur Durchführung der gegenwärtigen und künftigen Betriebsaufgaben notwendig sind. Diesen wird der gegenwärtige und künftige Personalbestand gegenübergestellt. Aus einem Vergleich dieser Positionen kann eine Prognose über den Personalbedarf vorgenommen werden (vgl. im einzelnen die Neufassung des Arbeitsberichts des Ausschusses für soziale Betriebsgestaltung bei der Bundesvereinigung der Deutschen Arbeitgeberverbände Nr. 27 – Stand Januar 1976). Teil der Personalbedarfsplanung kann die Erstellung von **Anforderungsprofilen** sein (*BAG* vom 31. 5. 1983 – 1 ABR 6/80 – EzA § 95 BetrVG 1972 Nr. 6 = DB 1983, 2311); dies gilt auch für eine Stellenbeschreibung (*BAG* vom 31. 1. 1984 – 1 ABR 63/81 – EzA § 95 BetrVG 1972 Nr. 7 = DB 1984, 1199). Sie umfaßt ferner auch den sog. **genehmigten Stellenplan**, dessen »Genehmigung« der Arbeitgeber im Hinblick auf eine beabsichtigte Betriebserweiterung und den dafür als erforderlich angesehenen Personalbedarf bei einer Behörde beantragt; er ist bereits **vor** der Vorlage bei der Behörde dem Betriebsrat – auch bei Tendenzbezug des Unternehmens – zur Kenntnis zu bringen (*BAG* vom 6. 11. 1990 – a. a. O. Rz. 11 – DB 1991, 655).

14 Die Personalbedarfsplanung umfaßt jedoch **nicht die vorgegebebenen wirtschaftlichen unternehmerischen Entscheidungen** wie Kapazitätsauslastung, Investitions- und Finanzplanung, Absatz- und Produktionsplanung. In diesen Fällen greift die Unterrichtungspflicht des Arbeitgebers gegenüber dem Wirtschaftsausschuß nach §§ 106 ff. ein. Nach § 92 Abs. 1 Satz 1 hat der Betriebsrat **lediglich ein Unterrichtungsrecht über die Planung des Personalbedarfs**, so wie dieser sich als Ergebnis der sonstigen betriebs- und unternehmenspolitischen Entscheidungen darstellt, während das Beratungsrecht erst bei der Personaldeckungsplanung einsetzt (vgl. Rz. 23); *BAG* vom 6. 11. 1990 – a. a. O. Rz. 11 – DB 1991, 655; *LAG* Berlin vom 13. 6. 1988 – 9 Ta BV 1/88 – DB 1988, 1860; *G/L* § 92 Rz. 6, 7; GK-*Kraft* § 92 Rz. 28; *S/W* § 92 Rz. 10; **a. A.:** *F/A/K/H* § 92 Rz. 32; *G/K/S/B/K* § 92 Rz. 6).

b) Personaldeckungsplanung

15 Die **Personaldeckungsplanung** umfaßt alle Maßnahmen, durch die der in der Personalbedarfsplanung festgestellte quantitative und qualitative Personalbedarf gedeckt werden kann – **Personalbeschaffungsplanung** – und, sofern die Personalbedarfsprognose einen Personalüberhang ergibt, wie die vorhandene Personalüberdeckung abgebaut werden kann – **Personalabbauplanung** – (vgl. *BAG* vom 6. 11. 1990 – wie in Rz. 11 – DB 1991, 654; *D/R* § 92 Rz. 12 und 13; *G/L* § 92 Rz. 7; *S/W* § 92 Rz. 11; GK-*Kraft* § 92 Rz. 15; teilw. abweich.: *Hunold* DB

1989, 1334). Zur **Personalbeschaffungsplanung** gehören z. B.: Einstellungen, Beschäftigung von Leiharbeitnehmern (*Hunold* DB 1989, 1334, 1335; vgl. für die Beteiligung des Betriebsrats nach § 99 BetrVG beim Einsatz von Leiharbeitnehmern auch: *BAG* vom 10. 9. 1985 – 1 ABR 28/83 – EzA § 99 BetrVG 1972 Nr. 41 = DB 1986, 331), innerbetriebliche Versetzungen und Umsetzungen, betriebliche Aus- und Weiterbildungsmaßnahmen, Anwerbung ausländischer Arbeitnehmer im Ausland (*BAG* vom 18. 7. 1978 – 1 ABR 8/75 – EzA § 99 BetrVG 1972 Nr. 22 m. Anm. *Peterek* = DB 1978, 2320). Hierher gehört ferner auch die Eingliederung von Fremdfirmenarbeitnehmern, wobei es auch nicht darauf ankommen soll, ob an den betreffenden Arbeitstagen überhaupt hauseigene Arbeitnehmer und/oder Vorgesetzte im Betrieb anwesend sind (so für die Durchführung von Wartungsarbeiten sehr weitgehend: *LAG Frankfurt/M.* vom 19. 4. 1988 – 5 Ta BV Ga 52/88 – DB 1989, 128; ferner: *LAG Baden-Württemberg* vom 11. 5. 1988 – 9 Ta BV 2/88 –; *Hunold* DB 1989, 1335). Maßnahmen der **Personalabbauplanung** sind z. B.: Einstellungsstop, Abbau von Überstunden, Einführung von Kurzarbeit, Entlassungen (*F/A/K/H* § 92 Rz. 18).

Führt die Personaldeckungsplanung zur Durchführung **einzelner Maßnahmen**, 16 stehen dem Betriebsrat darüber hinaus Mitbestimmungsrechte zu, die nicht durch die Beratungen mit dem Betriebsrat über Personalplanungsmaßnahmen ersetzt werden (*D/R* § 92 Rz. 13; *S/W* § 92 Rz. 11; *LAG Düsseldorf* vom 7. 6. 1973 – 3 Sa 489/72 –). Dementsprechend sind z. B. bei Einstellungen, Versetzungen und Kündigungen die Mitbestimmungsrechte des Betriebsrates nach §§ 99 ff. zu beachten. Müssen anzeigepflichtige Entlassungen (§ 17 KSchG) vorgenommen werden, so hat der Arbeitgeber nach § 17 Abs. 2 KSchG den Betriebsrat rechtzeitig über die Gründe für die Entlassungen, die Zahl der zu entlassenden Arbeitnehmer, die Zahl der in der Regel beschäftigten Arbeitnehmer und den Zeitraum, in dem die Entlassungen vorgenommen werden sollen, schriftlich zu unterrichten sowie weitere zweckdienliche Auskünfte zu erteilen. Im Rahmen des § 17 Abs. 2 KSchG erfüllt der Arbeitgeber somit bereits seine Unterrichtungs- und Beratungspflicht nach § 92 (vgl. amtl. Begr. zu § 17 Abs. 2 KSchG, BT-Drucks. 8/1041; *S/W* § 92 Rz. 11 a).

c) **Personalentwicklungsplanung**
Die **Personalentwicklungsplanung** umfaßt die Personalförderungs- und Ausbil- 17 dungsplanung. Aufgabe der Personalentwicklungsplanung ist die Ermittlung des gegenwärtigen und zukünftigen Bildungsbedarfs und die Planung von Maßnahmen zur Aus-, Fortbildung und Umschulung der Beschäftigten, um Personalbeschaffung aus dem innerbetrieblichen Arbeitskräftepotential soweit wie möglich vorzunehmen (*D/R* § 92 Rz. 11, 13; *F/A/K/H* § 92 Rz. 15; *G/L* § 92 Rz. 8; *S/W* § 92 Rz. 12).
Der Betriebsrat ist auch bei Förderungsmaßnahmen für Arbeitnehmer zu beteiligen, die die Qualifikation als leitende Angestellte erreichen sollen (*GK-Kraft* § 92 Rz. 5; *D/R* § 92 Rz. 22;*F/A/K/H* § 92 Rz. 16; *G/L* § 92 Rz. 2; vgl. auch Rz. 7). Im Rahmen der Personalförderungs- und Ausbildungsplanung stehen dem Betriebsrat weitere Beteiligungsrechte nach den §§ 96–98 bei Maßnahmen der Berufsbildung zu. Darüber hinaus kann der Betriebsrat nach § 93 eine innerbetriebliche Stellenausschreibung verlangen (vgl. hierzu die Anm. zu § 93). Zur Personalentwicklungsplanung gehören ferner die allgemeinen Beurteilungsgrundsätze i. S. d. § 94 (*D/R* § 92 Rz. 13; *F/A/K/H* § 92 Rz. 15; *G/L* § 92 Rz. 8).

§ 92   4. Teil 5. Abschn. Personelle Angelegenheiten

d) Nicht zur Personalplanung gehörende Maßnahmen

18 Gegenstand der Personalplanung ist nicht die gesamte ihr vorgelagerte **Unternehmensplanung**. Wirtschaftliche Daten (vgl. Rz. 14), die Relevanz für die Personalplanung haben, muß der Arbeitgeber dem Betriebsrat nicht mitteilen (*Hunold* DB 1989, 1334; *Heinze* a.a.O. Rz. 37, 43). Hier besteht die Informationspflicht gegenüber dem Wirtschaftsausschuß (*D/R* § 92 Rz. 8; *G/L* § 92 Rz. 6; *Hunold* DB 1989, 1334, 1335; GK-*Kraft* § 92 Rz. 9; *Rumpff* Mitbestimmung in wirtschaftlichen Angelegenheiten 1977, 83; a.A. *Rehhahn* AuR 1974, 66ff.; *F/A/K/H* § 92 Rz. 24; *BAG* vom 19.6. 1984 – 1 ABR 6/83 – EzA § 92 BetrVG 1972 Nr. 1 = DB 1984, 2305; vgl. auch Rz. 23). **Das Erkunden von Möglichkeiten für eine Personalerweiterung oder Personalreduzierung** ist noch keine »Planung« und löst noch keine Unterrichtungs- oder gar Beratungspflichten aus (*BAG* vom 6.11. 1990 – a.a.O. Rz. 11 – DB 1991, 655).

19 Nicht zur Personalplanung gehört die **individuelle Personalplanung** (*F/A/K/H* § 92 Rz. 17; *G/L* § 92 Rz. 9; GK-*Kraft* § 92 Rz. 11, 17; a.A. *Rumpff* Mitbestimmung in wirtschaftlichen Angelegenheiten 1977, 84). Bereits aus der Systematik des Gesetzes folgt, daß personelle Maßnahmen nach §§ 92–95 alle Arbeitnehmer oder wenigstens Arbeitnehmergruppen betreffen müssen. Die Mitwirkung des Betriebsrats bei individuellen Personalplanungsmaßnahmen bestimmt sich nach den Vorschriften der §§ 99 ff.

20 Die Personalplanung i.S.d. § 92 umfaßt ferner nicht den **konkreten Arbeitseinsatz** des einzelnen Arbeitnehmers (*F/A/K/H* § 92 Rz. 17; *GL* § 92 Rz. 9; a.A. *Rumpff* Mitbestimmung in wirtschaftlichen Angelegenheiten 1977, 84). Das Gesetz stellt nicht auf einen konkreten individuellen Einzelfall ab, z.B. bei Besetzung eines bestimmten Arbeitsplatzes, aufgrund des dem Arbeitgeber zustehenden Direktionsrechts, sondern knüpft an globale Maßnahmen an, die für eine Vielzahl von Arbeitnehmern, Betriebsabteilungen oder sogar den ganzen Betrieb gelten sollen. Zutreffend weisen *G/L* (a.a.O.) darauf hin, daß, soweit unter dem Begriff der Personalplanung auch die betriebswirtschaftliche **Personaleinsatzplanung** gerechnet wird (vgl. *Dedering* 124ff.; *D/R* § 92 Rz. 12; *F/A/K/H* § 92 Rz. 17; GK-*Kraft* § 92 Rz. 17), diese im Rahmen des § 92 nur die allgemeinen Grundsätze zur Überwindung von kurzfristig auftretenden Mißverhältnissen zwischen Personalbedarf und Personaldeckung in quantitativer und qualitativer Hinsicht betreffen kann. Nicht der Beteiligung nach § 92 unterliegt die **Vergabe** von **Arbeiten nach außen** (etwa: Ausgliederung einer Schicht des Werks-Wachdienstes und Übertragung dieser Teilaufgabe im Rahmen eines Werksvertrages auf ein Wachdienstunternehmen, ohne daß noch ein Arbeitgeber-Weisungsrecht bestünde: *LAG München* vom 6.9. 1988 – 3 Ta BV 30/87 – LAGE § 99 BetrVG 1972 Nr. 22; ferner so für die Beauftragung hochqualifizierter externer Berater: *Hunold* DB 1989, 1334, 1335; *S/W* § 92 Rz. 13).

21 Nicht zur Personalplanung i.S.d. § 92 gehören ferner die **Planung von Beschäftigungsbedingungen**, insbesondere der Arbeitsentgelte und der Arbeitszeit (*G/L* § 92 Rz. 9; GK-*Kraft* § 92 Rz. 12; a.A. *Dedering* 159ff.; *Rumpff* Mitbestimmung in wirtschaftlichen Angelegenheiten 1977, 85). In diesen Fällen geht das Mitbestimmungsrecht des Betriebsrats in sozialen Angelegenheiten nach § 87 vor. Ferner besteht für den Betriebsrat die Möglichkeit der Unterrichtung nach § 80 Abs. 2. Die Vorschriften des § 92 umfaßt die personelle Situation des Betriebs und deren Entwicklung, nicht aber die Beschäftigungsbedingungen.

21a Auch die **Kontrollplanung** gehört nicht zur Personalplanung i.S.d. § 92 (GK-*Kraft*

§ 92 Rz. 18; *Hunold* DB 1976, 100; **a. A.** *D/R* § 92 Rz. 15; *F/A/K/H* § 92 Rz. 21), da nach Sinn und Zweck nur solche Planungen erfaßt werden, die zu einer mitbestimmungspflichtigen Einzelmaßnahme im personellen Bereich führen können (vgl. Rz. 11); die Kontrollplanung ist aber lediglich eine Folgeplanung zur abgeschlossenen Personalplanung. Das gleiche gilt für die **Personalkostenplanung** (GK-*Kraft* § 92 Rz. 18; **a. A.** *D/R* § 92 Rz. 16; *F/A/K/H* § 92 Rz. 20). Soweit sich aus der Kontroll- und/oder Personalkostenplanung Folgewirkungen ergeben können, sind diese in der Personalbedarfs-, Personaldeckungs- oder Personalentwicklungsplanung erfaßt. Für die Personalkostenplanung kommt darüber hinaus allenfalls § 106 Abs. 2 in Betracht.
Die **Planung von Personalinformationssystemen** gehört ebenfalls nicht zur Personalplanung (*D/R* § 92 Rz. 17; GK-*Kraft* § 92 Rz. 25; *Schmidt-Dorrenbach/Goos* DB 1983 Beilage Nr. 11, 3; *S/W* § 92 Rz. 7; **a. A.** *F/A/K/H* § 92 Rz. 26; zur Vorlage von Unterlagen vgl. Rz. 26); sie ist lediglich ein Hilfsmittel zur Vorbereitung der Personalplanung. **21b**

4. Planung von Maßnahmen

Erst in der sich an die eigentliche Personalplanung anschließenden Phase der **Planung von Maßnahmen** hat der Betriebsrat eine Mitwirkungsmöglichkeit. Der Betriebsrat hat also keine Beteiligungsrechte i. S. d. § 92 bei der Überlegung, ob überhaupt personelle Maßnahmen oder auch Maßnahmen der Berufsbildung vorgenommen werden sollen. Das Stadium der Planung ist erst erreicht, wenn die Überlegungen des Arbeitgebers über Personalplanungsmaßnahmen konkretisiert, jedoch noch nicht, auch nicht teilweise, verwirklicht worden sind (vgl. Rz. 3 zu § 90 mit weiteren Literaturangaben; so zur Planung bei Betriebsänderungen *BAG* vom 20. 11. 1970 – 1 AZR 409/69 – EzA § 72 BetrVG 1952 Nr. 3 = DB 1971, 534; ferner *BAG* vom 19. 6. 1984 a. a. O. Rz. 18: kein Einblickrecht des Betriebsrats in einem Bericht über Rationalisierungsmöglichkeiten, mit dessen Hilfe der Arbeitgeber das für und wider und den Umfang einer Personalreduzierung erst noch erkundet; *D/R* § 92 Rz. 24; *G/L* § 92 Rz. 10; *S/W* § 92 Rz. 13). **22**

III. Durchführung der Beteiligungsrechte

1. Unterrichtungsrecht

Es ist zwischen dem **Unterrichtungsrecht** nach § 92 Abs. 1 Satz 1 und dem **Beratungsrecht** nach Abs. 1 Satz 2 zu unterscheiden. Der Betriebsrat muß erst beteiligt werden, wenn die Überlegungen des Arbeitgebers das Planungsstadium erreicht haben. Solange er z. B. nur die Möglichkeiten einer Personalreduzierung erkundet oder sonst reine Handlungsspielräume überprüft, braucht er dies dem Betriebsrat ebensowenig zu erläutern wie einem etwaige Verzicht auf spätere Rationalisierungsmaßnahmen (*BAG* vom 19. 6. 1984 – a. a. O. Rz. 18 – DB 1984, 2305 und vom 6. 11. 1990 a. a. O. Rz. 11 – DB 1991, 654).
Das **Unterrichtungsrecht** des Betriebsrats nach § 92 Abs. 1 Satz 1 bezieht sich auf die Personalbedarfs-, Personaldeckungs- und Personalentwicklungsplanung. Aus der mitbestimmungsfreien, vorgegebenen, wirtschaftlichen, unternehmerischen Entscheidungsfreiheit (vgl. oben Rz. 14) folgt, daß die Planung des Personalbe- **23**

standes nicht der Mitbestimmung des Betriebsrats unterliegt (*Heinze* a.a.O. Rz. 37). Die Personalplanung ist kein isoliertes Unternehmensinstrument, sondern unterliegt der ständigen Abhängigkeit von der Investitions- und Finanzplanung, aber auch von der Absatz- und Produktionsplanung. Erst aus den sich hieraus ergebenden mitbestimmungsfreien unternehmerischen Entscheidungen läßt sich dann der Personalsollbestand festlegen. Über Planungsdaten wirtschaftlicher Art, die zur unternehmerischen Entscheidung geführt haben, ist der Betriebsrat nicht zu unterrichten (vgl. Rz. 18). Die Personalplanung ist, soweit es die Rechte nach § 92 betrifft, losgelöst von den wirtschaftlichen Planungen zu sehen (*D/R* § 92 Rz. 8; *G/L* Rz. 6; GK-*Kraft* § 92 Rz. 9; *Heinze* a.a.O. Rz. 37f.; **a.A.** *BAG* vom 19.6. 1984 a.a.O. Rz. 18; *F/A/K/H* § 92 Rz. 10), deshalb fallen Planungsdaten, die in einem anderen Zusammenhang erhoben und festgestellt wurden, z.B. Rationalisierungsvorschläge, Produktions- und Investitionsentscheidungen nicht unter § 92 (**a.A.** *BAG* a.a.O.; *Hunold* DB 1989, 1336; *F/A/K/H* § 92 Rz. 28). Eine andere Auslegung würde dazu führen, daß durch das Verfahren nach § 92 das Verfahren vor dem Wirtschaftsausschuß sinnlos werden könnte (*Heinze* a.a.O. Rz. 37). Auch der Weg zur Festlegung der Personalsollzahlen, also z.B. durch die Einrichtung und Betreibung von Personalinformationssystemen (vgl. Rz. 26), durch Analysieren von Statistiken, Betriebsanalysen oder auch durch Vergleich gegenwärtiger oder künftiger Stellenbesetzungs- und Laufbahnpläne sowie die Planerstellung z.B. in Form von Modellen, Ablaufbildern oder Programmen, ist mitwirkungsfrei (GK-*Kraft* § 92 Rz. 20; *Schmidt-Dorrenbach/Goos* DB 1983, Beilage Nr. 11, 4; *S/W* § 92 Rz. 13).

Die Unterrichtung des Betriebsrats hat **über** die Personalplanung zu erfolgen, nicht aber ist der Betriebsrat in alle Phasen der diesbezüglichen Entscheidungsfindung einzuschalten (so mit Recht gegen *BAG* vom 19.6. 1984 a.a.O. Rz. 18: *S/W* § 92 Rz. 18).

24 Die Unterrichtung des Betriebsrats hat **rechtzeitig** zu erfolgen. Dies bedeutet, daß der Betriebsrat noch die Möglichkeit der Einflußnahme auf die Personalplanung haben muß (vgl. oben Rz. 22; GK-*Kraft* § 92 Rz. 21; *Hunold* DB 1989, 1336). Das bedeutet zwar keine Einschaltung **in** die Personalplanung, wohl aber wäre es problematisch, mit der Unterrichtung des Betriebsrats zu warten, bis ein definitiver Vorstandsbeschluß über eine Betriebs- oder Betriebsteilschließung vorliegt (*ArbG Bamberg* vom 30. 11. 1984 – 3 BV Ga 3/84 – NZA 1985, 259; vgl. auch Rz. 11, 18). Die Unterrichtung des Betriebsrats und die daran anschließende Beratung sollte als Richtwert ein- bis zweimal im Jahr erfolgen (GK-*Kraft* § 92 Rz. 23). Eine Zwischeninformation bei eintretenden unwesentlichen Abweichungen ist nicht erforderlich (enger und eine »laufende Unterrichtung« fordernd: *D/K/K/S* § 92 Rz. 38). Der Betriebsrat sollte erst dann informiert werden, wenn der Wirtschaftsausschuß unterrichtet ist. Diesem sind nach § 106 Abs. 2 die sich aus den wirtschaftlichen Angelegenheiten ergebenden Auswirkungen auf die Personalplanung darzulegen.

25 Die Unterrichtung des Betriebsrats muß weiterhin **umfassend** sein, d.h. so vollständig, daß sich der Betriebsrat eine klare Vorstellung von den einzelnen Maßnahmen machen kann. Dabei sind dem Betriebsrat alle Tatsachen bekanntzugeben, auf die der Arbeitgeber die Personalplanung stützt (z.B. Personaldaten, Stellenpläne, Beschäftigungsdaten und natürliche Übersichten, etwa über den Kranken- und Fluktuationsstand: *BAG* vom 19.6. 1984 a.a.O. Rz. 18). Hierzu können auch Planungsdaten und Unterlagen gehören, die in einem anderen Zusammen-

hang erarbeitet wurden (z. B. Rationalisierungsvorschläge, Produktions- und Investitionsentscheidungen), wenn sich der Betriebsrat nur anhand dieser Unterlagen ein verläßliches Bild von der Personalplanung machen kann (*BAG* a.a.O. Rz. 18 und *Hunold* DB 1989, 1336). Läßt der Arbeitgeber zur Ermittlung der optimalen personellen Ausstattung **Produktionsanalysen** erstellen, die ihrerseits auf Aktivitätslisten (= Aufstellungen über die für die angefallenen Arbeiten erforderlichen Arbeitszeiten) basieren, muß er dem Betriebsrat in beide Unterlagenarten Einblick gewähren (z. T. weitergehend [». . . für eine gewisse Zeit aushändigen. . .«]: *LAG München* vom 6. 8. 1986 – 8 Ta BV 34/86 – LAGE § 92 BetrVG 1972 Nr. 1).

Für die Unterrichtung »**anhand von Unterlagen**« kommen in Betracht, soweit vorhanden, z. B. Stellenpläne, Altersaufbau, bevorstehende Pensionierungen, Ableisten von Bundeswehrdienst, Fluktuationsstatistik, Fehlzeitenstatistik, Ausbildungsstatistik, Personalbeschaffungsplan, wie Anwerben ausländischer Arbeitnehmer und Teilzeitbeschäftigter, aber auch die Personalentwicklungsplanung z. B. im Zusammenhang mi der Fort- und Weiterbildung zu Führungskräften (vgl. *D/R* § 92 Rz. 27; *G/L* § 92 Rz. 13). Bei einem **automatisierten Personaldatensystem** entspricht der **Computerausdruck** mit den maßgeblichen Daten den Unterlagen, aufgrund derer die Unterrichtung zu erfolgen hat (*D/R* § 92 Rz. 27; *G/L* § 92 Rz. 13 a; *S/W* § 92 Rz. 7, 15; *Schmidt-Dorrenbach/Goos* a.a.O. 3). Die **Unterlagen** sind dem Betriebsrat **nicht zur Verfügung zu stellen**, sie brauchen ihm auch weder im Original noch in Fotokopie überlassen zu werden. Es genügt vielmehr, wenn dem Betiebsrat die vorhandenen Unterlagen bekanntgegeben und zur Einsicht vorgelegt werden (*D/R* § 92 Rz. 27; *G/L* § 92 Rz. 13 b; GK-*Kraft* § 92 Rz. 25; *Meisel* 61; *S/W* § 92 Rz. 15; **a.A.** *F/A/K/H* § 92 Rz. 30, die § 80 Abs. 2 Satz 1 unzutreffend als eine übergreifende Norm verstehen). Dies ergibt sich aus der Wortwahl in § 92 im Gegensatz zu § 80 Abs. 2 Satz 2, 1. Halbsatz (zur Verfügung stellen). Der Betriebsrat hat auch kein Recht, sich selbst vollständige Abschriften der Fotokopien anzufertigen (so sinngemäß übertragbar *BAG* vom 27. 5. 1982 – 6 AZR 66/79 – EzA § 34 BetrVG 1972 Nr. 1 = DB 1982, 2578). Wenn nach dem Gesetzeszweck der Betriebsrat in die Lage versetzt werden soll, sich anhand der Unterlagen zu vergewissern, ob die vom Arbeitgeber zur Personalplanung gemachten Angaben tatsächlich zutreffen (so *BAG* vom 19. 6. 1984 a.a.O. Rz. 18 (zu II 1 a d. Gr.)), so reicht jedenfalls in aller Regel die Vorlage der Unterlagen zur Einsicht (weitergehend: *Hunold* DB 1989, 1336 und *LAG München* vom 6. 8. 1986 a.a.O. Rz. 25; wie hier: *S/W* § 92 Rz. 15 b; *G/L* § 92 Rz. 4).

Die Bestimmungen des Bundesdatenschutzgesetzes (BDSG) stehen der Übermittlung personenbezogener Daten in Erfüllung der Unterrichtungspflicht nicht entgegen (§ 45 BDSG; *D/R* § 92 Rz. 28; *S/W* § 92 Rz. 15 b; *Simitis/Dammann/Mallmann/Reh* BDSG § 24 Rz. 11; *BAG* vom 17. 3. 1983 – 6 ABR 33/80 – EzA § 80 BetrVG 1972 Nr. 24 m. Anm. *Knoll* = DB 1983, 1607).

Stellen sich für den Betriebsrat Aufgaben erst dann, wenn der Arbeitgeber eine Maßnahme ergreift oder plant, so kann der Betriebsrat die Unterlagenvorlage auch erst dann verlangen, wenn der Arbeitgeber tätig wird und Betriebsratsaufgaben erst auslöst. Deshalb sind **Berichte der** unternehmensinternen **Revision**, die solche Maßnahmen des Arbeitgebers oder eine bestimmte Planung lediglich anregen, dem Betriebsrat weder zur Verfügung zu stellen noch zur Einsicht vorzulegen (*BAG* vom 27. 6. 1989 – 1 ABR 19/88 – NZA 1989, 929).

2. Beratungsrecht

27 Nach § 92 Abs. 1 Satz 2 hat der Arbeitgeber mit dem Betriebsrat über **Art und Umfang der erforderlichen Maßnahmen** und über die **Vermeidung von Härten zu beraten.** Der Betriebsrat hat kein Beratungsrecht bei der Überlegung, ob überhaupt personelle Maßnahmen oder auch Maßnahmen der Berufsbildung vorgenommen werden sollen. Das Beratungsrecht erstreckt sich nicht auf die Personalbedarfsplanung (*D/R* § 92 Rz. 30; *G/L* § 92 Rz. 15; *GK-Kraft* § 92 Rz. 28; a.A. *F/A/K/H* § 92 Rz. 32; *Rumpff* Mitbestimmung in wirtschaftlichen Angelegenheiten 1977, 97), es beginnt mit der Personaldeckungsplanung (vgl. Rz. 15; *BAG* vom 6. 11. 1990 – a. a. O. Rz. 11 – DB 1991, 656 r. Sp.; *GK-Kraft* § 92 Rz. 28). Die Beratungspflicht beginnt daher **auf der Grundlage der Personalplanung** und erstreckt sich auf Art und Umfang der sich daraus ergebenden notwendigen Maßnahmen (VHU-Hinweise für die Praxis, 172), und nicht auf die Planung und ihre Hilfsmittel (z. B. Personalinformationssystem; *Matthes* RDV 1985, 16, 18).

28 Gedacht ist hier aber **nicht an konkrete individuelle Einzelfälle**, z. B. die Besetzung bestimmter Arbeitsplätze, sondern an globale Maßnahmen, die sich aus der Planung für eine Vielzahl von Arbeitnehmern, Betriebsabteilungen oder sogar den ganzen Betrieb gelten sollen. Der Betriebsrat hat z. B. kein Beratungsrecht bei der Frage, ob überhaupt personelle Maßnahmen der Berufsbildung vorgenommen werden sollen, wohl aber insoweit, ob und in welchem Umfang Maßnahmen getroffen werden sollen, z. B. Einstellungen, Versetzungen, Kündigungen oder aber Maßnahmen der Berufsbildung durchgeführt werden sollen (*D/R* § 92 Rz. 29; *G/L* § 92 Rz. 15; *GK-Kraft* § 92 Rz. 28; *Matthes* RDV 1985, 16, 18).

29 Von seiner Funktion her wird der **Betriebsrat** seine **Aufmerksamkeit** insbesondere auf die Vermeidung von Härten, also auf die **soziale Sicherung der Arbeitnehmer** richten. Dies wirkt sich insbesondere bei Reduzierungen oder Umgruppierungen aus. Hier geht es darum, über Anpassungsmöglichkeiten kurz- bis langfristiger Art zu beraten. Zu denken ist an einen Einstellungsstop, an Einführung von Kurzarbeit, an Kündigungen bestimmter Arbeitnehmergruppen (*G/L* § 92 Rz. 15; *GK-Kraft* § 92 Rz. 28). Es handelt sich hier nicht um die personelle Einzelmaßnahme, sondern um allgemeine Lösungsmöglichkeiten.

30 Das Berufungsrecht des Betriebsrats beschränkt sich darauf, **Vorschläge** zu machen und **Stellungnahmen** mit dem Arbeitgeber **zu erörtern.** Der Arbeitgeber ist jedoch nicht gehindert, die Personaldeckungsplanung nach Erörterung mit dem Betriebsrat nach eigenen Vorstellungen abzuwickeln (*G/L* § 92 Rz. 16; *Heinze* a. a. O. Rz. 46).

3. Vorschlagsrecht

31 Nach § 92 Abs. 2 kann der Betriebsrat Vorschläge für die **Einführung einer Personalplanung** machen, mit denen sich der Arbeitgeber ernsthaft auseinandersetzen muß (*F/A/K/H* § 92 Rz. 33; *S/W* § 92 Rz. 30; *D/K/K/S* § 92 Rz. 43, 44 verlangen eine »gewissenhafte Prüfung«.). Ein durchsetzbarer Anspruch des Betriebsrats auf Einführung einer Personalplanung besteht nicht (*D/R* § 92 Rz. 19; 32 f.; § 92 Rz. 36; *G/L* § 92 Rz. 17; *GK-Kraft* § 92 Rz. 30; *Heinze* a. a. O. Rz. 41). Findet im Betrieb keine Personalplanung statt, so entfällt auch ein Unterrichtungsrecht des Betriebsrats. Andererseits darf nicht verkannt werden, daß

eine systematische Personalplanung in aller Regel Arbeitgeber und Betriebsrat zur Zusammenarbeit zwingt. Hierzu ist daran zu denken, in gemeinsamen Arbeitskreisen einen Gedankenaustausch zu führen (vgl. im übrigen Anm. zu §§ 96 ff.)..
Sog. paritätisch besetzte Planungsausschüsse können aber vom Betriebsrat ebensowenig erzwungen werden wie die z. T. von Gewerkschaften befürwortete Regelung der Übernahme im Betrieb ausgebildeter Jugendlicher nach Ausbildungsabschluß in ein Dauerverhältnis (S/W § 92 Rz. 17, 17a).
Das **Vorschlagsrecht** aus § 92 Abs. 2 Satz 1 rechtfertigt kein Verlangen des Betriebsrats, die internen **Revisions- und Fachinspektionsberichte** vorgelegt zu bekommen. Es bezieht sich auf die Ein- und Durchführung einer Personalplanung, nicht aber darauf, **personelle Einzelmaßnahmen** vorzuschlagen. In derartigen Revisionsberichten angesprochene personelle Fehlbesetzungen bei einzelnen Arbeitsplätzen rechtfertigen normalerweise nicht den Eintritt in eine Personalplanung i. S. d. § 92 BetrVG (*BAG* vom 27. 6. 1989 a. a. O. Rz. 26b; NZA 1989, 931). 31a

IV. Sanktionen

Eine **Verletzung der Unterrichtungs- und Beratungspflicht** durch den Arbeitgeber hat auf spätere personelle Einzelmaßnahmen keine Auswirkungen (*D/R* § 92 Rz. 40; *F/A/K/H* § 92 Rz. 36; *S/W* § 92 Rz. 18). Der Arbeitgeber handelt jedoch ordnungswidrig, wenn er seine Pflicht zur Unterrichtung nach § 92 Abs. 1 Satz 1 nicht, wahrheitswidrig, unvollständig oder verspätet nachkommt. Die Ordnungswidrigkeit kann mit einer Geldbuße bis zu DM 20 000,– geahndet werden (§ 121). Bei grober Pflichtverletzung kann § 23 Abs. 3 in Betracht kommen (*D/R* a. a. O.; *G/L* § 92 Rz. 18; *GK-Kraft* § 92 Rz. 32; *D/K/K/S* § 92 Rz. 48). 32

V. Streitigkeiten

Bei Streitigkeiten über den **Umfang der Beteiligungsrechte** des Betriebsrats entscheiden die Arbeitsgerichte im Beschlußverfahren (§§ 2a Abs. 1 Nr. 1, 80 ff. ArbGG). 33

§ 93 Ausschreibung von Arbeitsplätzen

Der Betriebsrat kann verlangen, daß Arbeitsplätze, die besetzt werden sollen, allgemein oder für bestimmte Arten von Tätigkeiten vor ihrer Besetzung innerhalb des Betriebs ausgeschrieben werden.

Literaturübersicht

Bormann Lohnt sich die Stellenausschreibung?, Mit Gespr. 1973, 36; *Dedering* Personalplanung und Mitbestimmung, Opladen 1972; *Franke* Geschlechtsneutrale Stellenausschreibung gem. § 611b BGB, BB 1981, 1221; *Hanel* Die innerbetriebliche Stellenausschreibung, Personal 1977, 31; *Lichtenstein* Ausschreibung von Arbeitsplätzen, BetrR 1973, 47; *Peltzer* Perso-

§ 93 4. Teil 5. Abschn. *Personelle Angelegenheiten*

nalplanung, innerbetriebliche Stellenausschreibung, Personalausschreibung, Personalfragebogen und Auswahlrichtlinien §§ 92 ff. BetrVG 72, DB 1972, 1164.

Inhaltsübersicht

		Rz.
I.	Zweck der Vorschrift	1, 2
II.	Umfang der Ausschreibungspflicht	3–13
	1. Zu besetzende Arbeitsplätze	3
	2. Ausschreibung	4–11
	3. Innerhalb des Betriebes	12
	4. Allgemein oder für bestimmte Arten von Tätigkeiten	13
III.	Außerbetriebliche Stellenausschreibung – Auswahlrecht	14, 15
IV.	Sanktionen	16
V.	Streitigkeiten	17

I. Zweck der Vorschrift

1 Grundgedanke dieser Bestimmung ist, daß die im innerbetrieblichen Arbeitsmarkt selbst vorhandenen Möglichkeiten eines rationellen Personaleinsatzes ausgeschöpft werden sollen. Jeder Arbeitnehmer des Betriebes soll die Chance erhalten, sich um eine im Betrieb freigewordene Stelle zu bewerben. Verärgerungen bei qualifizierten Mitarbeitern, die sich übergangen fühlen, werden dadurch vermieden (*BAG* vom 23. 2. 1988 – 1 ABR 82/86 – EzA § 93 BetrVG 1972 Nr. 3 = DB 1988, 1452).

2 Der Arbeitgeber hat vor jeder Einstellung zunächst zu prüfen, ob der zu besetzende Arbeitsplatz innerbetrieblich ausgeschrieben werden muß. Denn der Betriebsrat hat nach § 93 auf einem Teilgebiet der Personalplanung, der Personaldeckungsplanung, über die Mitberatung hinaus ein **Mitbestimmungsrecht**: Er kann verlangen, daß Arbeitsplätze, die besetzt werden sollen, allgemein oder für bestimmte Arten von Tätigkeiten vor ihrer Besetzung innerhalb des Betriebes ausgeschrieben werden. Das Gesetz trägt damit den Interessen der Belegschaftsangehörigen Rechnung, bei der Besetzung einer im Betrieb freigewordenen Stelle gleiche Chancen gegenüber außerbetrieblichen Bewerbern zu erhalten (*D/R* § 93 Rz. 1; *F/A/K/H* § 93 Rz. 1; *G/L* § 93 Rz. 1; GK-*Kraft* § 93 Rz. 1; *S/W* § 93 Rz. 1). Ergänzt wird § 93 durch § 3 BeschFG, wonach ein Arbeitnehmer, der dem Arbeitgeber seinen Wunsch nach einer Veränderung von Dauer oder Lage der Arbeitszeit angezeigt hat, über freie Arbeitsplätze zu unterrichten ist (z. B.: durch Aushang) (*S/W* § 93 Nr. 16).

II. Umfang der Ausschreibungspflicht

1. Zu besetzende Arbeitsplätze

3 Das Recht des Betriebsrats, eine innerbetriebliche Stellenausschreibung zu verlangen, bezieht sich **sowohl auf freiwerdende als auch neugeschaffene Arbeitsplätze, nicht** hingegen auf **Arbeitsplätze leitender Angestellter** (*D/K/K/S* § 93

Rz. 3; *D/R* § 93 Rz. 5; *F/A/K/H* § 93 Rz. 3; *G/L* § 93 Rz. 3; GK-*Kraft* § 93 Rz. 3; *Meisel* 77; *S/W* § 93 Rz. 3); es gilt auch in **Tendenzbetrieben** (*D/R* § 93 Rz. 11; *G/L* § 93 Rz. 2 b; *BAG* vom 30. 1. 1979 – 1 ABR 78/76 – EzA § 118 BetrVG 1972 Nr. 20 = DB 1979, 1609; **a. A.** GK-*Kraft* § 93 Rz. 3).

2. Ausschreibung

Unter **Ausschreibung** ist die schriftliche Aufforderung an alle Arbeitnehmer oder eine bestimmte Gruppe von Arbeitnehmern des Betriebes zu verstehen, sich für bestimmte Arbeitsplätze im Betrieb zu bewerben (*BAG* vom 23. 2. 1988 a. a. O. Rz. 1). Die Ausschreibung sollte zweckmäßigerweise auf einer besonderen Tafel (»Schwarzes Brett«) erfolgen. Sie ist aber auch in der Werkszeitung möglich. Die Ausschreibung muß **innerhalb des Betriebes** erfolgen, deshalb genügt ein Inserat in einer Tageszeitung nicht; es sei denn, dies wird innerbetrieblich bekanntgemacht. In jedem Fall muß also sichergestellt sein, daß jeder in Betracht kommende Arbeitnehmer des Betriebes die Möglichkeit hat, von der Stellenausschreibung Kenntnis zu erlangen. Ein Mitbestimmungsrecht des Betriebsrats über die **Art und Weise und Inhalt** der Ausschreibung besteht nicht. Der Arbeitgeber bestimmt im Rahmen seiner Organisationsgewalt allein, welche Funktionen auf einer bestimmten Stelle auszufüllen sind und welche Anforderungen er demnach an die Stellenbewerber richten will (*BAG* vom 23. 2. 1988 a. a. O. Rz. 1; **a. A.** *F/A/K/H* § 93 Rz. 4 und *D/K/K/S* § 93 Rz. 6, die in der Festlegung der »fachlichen und persönlichen Voraussetzungen«, die an den Stellenbewerber gerichtet werden sollen, »Auswahlrichtlinien« sehen wollen). Gleiches gilt für die Art und Weise, in der die Ausschreibung vorzunehmen ist (*D/R* § 93 Rz. 12; *G/L* § 93 Rz. 6; GK-*Kraft* § 93 Rz. 7; **a. A.** *F/A/K/H* § 93 Rz. 4, *D/K/K/S* § 93 Rz. 4; *Hunold* DB 1976, 100). **Inhaltlich sind Mindestinhalt** einer innerbetrieblichen Stellenausschreibung: **Angaben über den zu besetzenden Arbeitsplatz** und die **Anforderungen**, die der Bewerber erfüllen muß (*BAG* vom 23. 2.1988 a. a. O. Rz. 1). Beide Inhalte sind mitbestimmungsfrei (*BAG*, vorzitiert). Nach § 611 b BGB soll die innerbetriebliche Stellenausschreibung geschlechtsneutral erfolgen. Weicht der Arbeitgeber in der Art und Weise sowie im Inhalt von Wünschen des Betriebsrats ab, entspricht die Stellenausschreibung aber den Mindestanforderungen, so hat der Betriebsrat nicht das Recht aus § 99 Abs. 2 Nr. 5, da er insoweit **kein erzwingbares Mitbestimmungsrecht** hat (**a. A.** *F/A/K/H* § 93 Rz. 4). So kann der Betriebsrat weder die Angabe eines Gehaltsrahmens noch eine tarifliche Eingruppierung im Text der Ausschreibung durchsetzen (*LAG Frankfurt/M.* vom 21. 12. 1982 – 4 Ta BV 70/82 – rkr., unveröffentlicht). Ohne Beachten der Mindestanforderungen handelt es sich nicht um eine Stellenausschreibung, so daß das Recht nach § 99 Abs. 2 Nr. 5 gegeben ist (*BAG* vom 23. 2. 1988 a. a. O. Rz. 1; *G/L* § 93 Rz. 5). Vgl. auch *Zander* BUV 1971, 34; *Dedering* a. a. O. 131.

In größeren Betrieben kann es zweckmäßig sein, wenn Arbeitgeber und Betriebsrat eine **freiwillige Betriebsvereinbarung** über Form, Umfang und Inhalt der Ausschreibung abschließen. Dabei sollte auf folgende Punkte geachtet werden:
Die Ausschreibung sollte eine **angemessene Frist** für die Einreichung von Bewerbungen enthalten, wobei die Art und die Dringlichkeit der zu besetzenden Position berücksichtigt werden sollte. Im allgemeinen wird eine Frist von einer Woche genügen (*G/L* § 93 Rz. 4; *Meisel* 80). Bewirbt sich ein Betriebsangehöriger erst

§ 93 4. Teil 5. Abschn. *Personelle Angelegenheiten*

nach **Ablauf der Frist**, so kann der Arbeitgeber ihn dennoch als Bewerber berücksichtigen (*BAG* vom 18. 11. 1980 – 1 ABR 63/78 – EzA § 93 BetrVG 1972 Nr. 1 = DB 1981, 998). In Eilfällen sollte dem Arbeitgeber die Möglichkeit vorbehalten bleiben, von einer Ausschreibung abzusehen oder die Ausschreibungsfrist zu verkürzen. Es sollte ferner festgelegt werden, daß sich nur solche Mitarbeiter für eine innerbetrieblich ausgeschriebene Position bewerben können, die eine **Mindestzeit im Betrieb** und in der jetzigen Position tätig sind. Zu denken wäre hier an einen Zeitraum von 12 Monaten im Betrieb und in seinem jetzigen Aufgabengebiet.

7 Für die Beurteilung der **Eignung** des internen Bewerbers gelten die gleichen Maßstäbe wie für den Bewerber von außen. Ausschlaggebend ist folglich die fachliche Qualifikation des Bewerbers. In der freiwilligen Betriebsvereinbarung kann geregelt werden, daß bei gleichwertigen externen und internen Bewerbern den internen der Vorzug zu geben ist. Die Praxis zeigt, daß der Mitarbeiter gegenüber einem externen Bewerber den Vorzug hat, die Verhältnisse zu kennen. Man sollte ihm die betriebliche Entwicklungsmöglichkeit eröffnen.

8 Erfahrungsgemäß wird es zwischen abgebender und aufnehmender Abteilung zu Meinungsverschiedenheiten über den **Zeitpunkt der Versetzung** kommen. Um diesen Schwierigkeiten, die sich meist aus Interessengegensätzen ergeben, aus dem Wege zu gehen, empfiehlt es sich festzulegen, welche Zeitspanne minimal und maximal zwischen der Entscheidung für den Mitarbeiter und der tatsächlichen Versetzung liegen soll.

9 Bei der **Formulierung der Stellenausschreibung** sollte darauf geachtet werden, daß der neue Arbeitsbereich sowie die an den Stelleninhaber zu richtende Anforderung in bezug auf Ausbildung und Berufserfahrung so genau wie möglich umschrieben werden. Diese Einschränkung verhindert eine Flut von Bewerbungen, die von vornherein aussichtslos sind, deren Ablehnung aber zu Verärgerungen oder Unruhe führen könnte.

10 Der **Betriebsrat** kann den Abschluß einer **Betriebsvereinbarung nicht erzwingen** (*D/R* § 93 Rz. 10; *G/L* § 93 Rz. 6; GK-*Kraft* § 93 Rz. 10). Werden allerdings in einer Betriebsvereinbarung zugleich die fachlichen und persönlichen Voraussetzungen festgelegt, unter denen sich ein Arbeitnehmer um den zu besetzenden Arbeitsplatz bewerben kann, so handelt es sich um Auswahlrichtlinien nach § 95, bei deren Aufstellung der Betriebsrat ein Mitbestimmungsrecht hat (*D/R* § 93 Rz. 15; *F/A/K/H* § 93 Rz. 10; *G/L* § 93 Rz. 6; GK-*Kraft* § 93 Rz. 11; *Meisel* § 98; *LAG Hamm* vom 24. 11. 1978 – 3 TaBV 92/78 – DB 1979, 1468). Sieht eine Betriebsvereinbarung vor, daß »vakante« Arbeitsplätze auszuschreiben sind, so gilt das auch für Vorarbeiter-Stellen (*LAG Frankfurt/M.* vom 6. 3. 1990 – 5 TaBV 89/89).

11 Die innerbetriebliche Ausschreibung hat zeitlich **vor der Besetzung des Arbeitsplatzes** zu erfolgen. Sie kann nicht mehr verlangt werden, wenn das Verfahren nach § 99 bereits eingeleitet ist (*D/R* § 93 Rz. 7; *F/A/K/H* § 93 Rz. 2; *G/L* § 93 Rz. 7; GK-*Kraft* § 93 Rz. 3). Hat der Betriebsrat allgemein oder für die Art des zu besetzenden Arbeitsplatzes eine Ausschreibung nicht verlangt, so braucht der Arbeitgeber den Arbeitsplatz nicht auszuschreiben. Der Betriebsrat kann dann die Zustimmung für eine Einstellung nicht mit der Begründung verweigern, daß die Stelle nicht zuvor im Betrieb ausgeschrieben wurde (*D/R* § 93 Rz. 7, 19; *ArbG Minden* vom 20. 3. 1973 – BV 9/72 –; *LAG Berlin* vom 27. 9. 1982 – 9 TaBV 3/82 – BB 1983, 574 = DB 1983, 775). Der **Betriebsrat** muß daher **im voraus festlegen, ob er eine Ausschreibung verlangen will** oder nicht, damit sich der Arbeitgeber im

Rahmen seiner allgemeinen Personalplanung auch organisatorisch darauf einstellen kann.

3. Innerhalb des Betriebes

Nach § 93 sind die Stellen **innerhalb des Betriebes** auszuschreiben. Der Betriebsrat kann also nicht verlangen, daß die freigewordene Stelle im gesamten Unternehmensbereich ausgeschrieben wird (so im Grundsatz zu recht: *LAG München* vom 8. 11. 1988 – 2 Sa 691/88 – DB 1989, 1880). Die Auffassung, daß eine Ausschreibung auch innerhalb des gesamten Unternehmens oder des Konzerns erfolgen müsse, wenn der Gesamt- oder Konzernbetriebsrat dies verlange und die Voraussetzungen des § 50 Abs. 1 gegeben seien (so *D/R* § 93 Rz. 8 ff.; *F/A/K/H* § 93 Rz. 7; GK-*Kraft* § 93 Rz. 5; *Hanau* BB 1972, 453 Fn. 15; im Erg. so wohl auch: *BAG* vom 18. 11. 1980 – 1 ABR 63/78 – EzA § 93 BetrVG 1972 Nr. 1 = DB 1981, 998), ist zu weitgehend. Der Betriebsrat hat nur die Interessen der Arbeitnehmer des Betriebes und nicht der Arbeitnehmer in anderen Betrieben des Unternehmens zu vertreten, und die Zuständigkeit des Gesamtbetriebsrats ist schon von der Regelungsmaterie der innerbetrieblichen Ausschreibung her nicht gegeben, da ein zwingendes Erfordernis für eine einheitliche Regelung auf Unternehmensebene nicht besteht. Auch sprechen Praktikabilitätsgesichtspunkte für eine Beschränkung der Ausschreibung auf den Betrieb einschließlich der unselbständigen Betriebsteile, da der Kreis der Bewerber von an verschiedenen Orten gelegenen Betrieben des Unternehmens sehr gering sein wird (*G/L* § 93 Rz. 8; *Meisel* 79; *S/W* § 93 Rz. 5; a. A. s. o. und wohl *BAG* vom 18. 11. 1980, vorzitiert).

12

4. Allgemein oder für bestimmte Arten von Tätigkeiten

Der Betriebsrat kann die Ausschreibung nur generell verlangen, und zwar **allgemein oder für bestimmte Arten von Tätigkeiten**. Nach dem Wortlaut des Gesetzes kann der Betriebsrat eine Ausschreibung jedes Arbeitsplatzes verlangen, auch wenn er keinerlei Aufstiegschancen bietet. Dies erscheint aber sinnlos, da dadurch ein innerbetriebliches »Versetzungskarussell« ausgelöst würde (GK-*Kraft* § 93 Rz. 2; *Marienhagen* BB 1971, 1011). Die Forderung kann aber nur generell gestellt werden. Sie kann nicht von Fall zu Fall wegen bestimmter Arbeitsplätze im Einzelfall erhoben werden (*D/R* § 93 Rz. 5; *F/A/K/H* § 93 Rz. 3; *G/L* § 93 Rz. 9; GK-*Kraft* § 93 Rz. 3; *Stahlhacke* BlStSozArbR 1972, 71; *S/W* § 92 Rz. 4; *Heinze* a. a. O. Rz. 83; a. A. *D/K/K/S* § 93 Rz. 3). Besteht für die Art der Tätigkeit nur ein Arbeitsplatz im Betrieb, so kann der Betriebsrat verlangen, daß dieser generell ausgeschrieben wird. Der Betriebsrat kann auch verlangen, daß die Ausschreibung nur für bestimmte Arten von Tätigkeiten – also für bestimmte Arbeitsplätze – erfolgt. Eine entsprechende Vereinbarung mit dem Betriebsrat ist personalpolitisch zweckmäßig. Hierfür kommen vor allem **qualifizierte Tätigkeiten** in Betracht, z. B. Vorarbeiter, Konstrukteure, Chefsekretärinnen, Meister. In Kleinbetrieben wird die Ausschreibung nur eine untergeordnete Rolle spielen; in Großbetrieben hingegen dürfte die Stellenausschreibung durchaus die Personalsituation verbessern. Die Beschränkung der Stellenausschreibung auf **bestimmte Arten von Tätigkeiten** ist auch deswegen vorzuziehen, weil die Versetzung auf den ausge-

13

schriebenen Arbeitsplatz für den Mitarbeiter eine Beförderung darstellen sollte. Allerdings ist der Arbeitgeber auch hier wiederum auf die Kooperationswilligkeit des Betriebsrats angewiesen. Eine **Anrufung** der **Einigungsstelle** für den Fall, daß der Betriebsrat die Ausschreibung sämtlicher Arbeitsplätze verlangt, ist im Gesetz **nicht** vorgesehen. Ausnahmsweise wird allerdings im Rahmen des § 99 Abs. 4 i. V. m. Abs. 2 Nr. 5 eine gerichtliche Überprüfung der Notwendigkeit einer Ausschreibung dann in Betracht kommen, wenn das Verlangen des Betriebsrats rechtsmißbräuchlich ist (*S/W* § 93 Rz. 3; vgl. auch *ArbG Kassel* vom 29. 5. 1973 – 2 BV 5/73 – DB 1973, 1359). Aus der Tatsache, daß der Betriebsrat die Ausschreibung nur generell verlangen kann, folgt dem Zweck des Gesetzes entsprechend, daß der Betriebsrat eine innerbetriebliche Stellenausschreibung nicht mehr verlangen kann, wenn der Arbeitgeber den Einstellungsvorgang bereits eingeleitet, also z.B. bereits Einstellungsverhandlungen mit dem Bewerber geführt hat (vgl. Rz. 11).

III. Außerbetriebliche Stellenausschreibung – Auswahlrecht

14 Der Arbeitgeber kann sich neben der innerbetrieblichen Stellenausschreibung auch durch **Stellenanzeigen oder Nachfragen beim Arbeitsamt** um Arbeitskräfte bemühen. Alle Maßnahmen können gleichzeitig durchgeführt werden. Der Arbeitgeber ist nicht etwa verpflichtet, unter allen Umständen zunächst den betrieblichen Arbeitsmarkt auszuschöpfen (*D/R* § 93 Rz. 16; GK-*Kraft* § 93 Rz. 8; *S/W* § 93 Rz. 9).

15 Bei mehreren Bewerbern ist der Arbeitgeber **nicht verpflichtet, dem innerbetrieblichen Bewerber den Vorrang** einzuräumen (*D/R* § 93 Rz. 17; *G/L* § 93 Rz. 11; GK-*Kraft* § 93 Rz. 8; *S/W* § 93 Rz. 10; *BAG* vom 7. 11. 1977 – 1 ABR 55/75 – EzA § 100 BetrVG 1972 Nr. 1 = DB 1978, 447). Die innerbetriebliche Ausschreibung bedeutet nämlich für sich allein weder eine Festlegung auf den Kreis der Bewerber aus dem Betrieb, noch verpflichtet sie den Arbeitgeber, diesen Bewerbern bei der Besetzung des Arbeitsplatzes einen Vorrang einzuräumen. Es liegt grundsätzlich im Ermessen des Arbeitgebers, die Stelle einem Arbeitnehmer – auch extern – seiner Wahl zu übertragen (*BAG* vom 18. 11. 1980 a. a. O. Rz. 6 – DB 1981, 998 –). Der Arbeitgeber ist daher auch nicht verpflichtet, den Arbeitsplatz nur mit jemandem zu besetzen, der sich um ihn beworben hat (*D/R* § 93 Rz. 6, 17). Etwas anderes gilt dann, wenn Auswahlrichtlinien im Sinne des § 95 eine zulässige Bevorzugung innerbetrieblicher Bewerber vorsehen (vgl. im einzelnen hierzu § 95 Rz. 10). Andererseits genügt der Arbeitgeber der vom Betriebsrat geforderten innerbetrieblichen Stellenausschreibung nicht, wenn er zwar eine bestimmte Stelle innerbetrieblich ausschreibt, in einer Stellenanzeige in der Tagespresse aber **geringere Anforderungen an die externen Bewerber** stellt als an die mit der Stellenausschreibung angesprochenen innerbetrieblichen. In diesem Fall kann der Betriebsrat seine Zustimmung zur Einstellung eines solchen externen Bewerbers verweigern (*BAG* vom 23. 2. 1988 a. a. O. Rz. 1).

IV. Sanktionen

Kommt der Arbeitgeber dem Verlangen des Betriebsrats nach einer **innerbetrieblichen Stellenausschreibung nicht nach**, so kann der **Betriebsrat** im Geltungsbereich des § 99, also in Betrieben mit in der Regel mehr als 20 wahlberechtigten Arbeitnehmern, die **Zustimmung** zu einer geplanten Einstellung oder Versetzung **verweigern** (§ 99 Abs. 2 Ziff. 5; vgl. hierzu § 99 Rz. 132–134). Im Hinblick auf diese betrieblichen Rechtsnachteile wird der Arbeitgeber praktisch gezwungen sein, einem entsprechenden Verlangen des Betriebsrats nachzukommen. Der Betriebsrat hat das Recht, über die Einhaltung von § 93 nach § 80 Abs. 1 Nr. 1 zu wachen; ein Zustimmungsverweigerungsrecht nach § 99 Abs. 2 Nr. 1 steht ihm aber bei Verletzung nicht zu (vgl. § 99 Rz. 109). 16

V. Streitigkeiten

Bei Streitigkeiten über den **Inhalt und Umfang der Ausschreibungspflicht** nach § 93 entscheidet das Arbeitsgericht im Beschlußverfahren (§§ 2a Abs. 1 Nr. 1, 80 ff. ArbGG). In schwerwiegenden Fällen kann bei wiederholtem Unterlassen einer innerbetrieblichen Stellenausschreibung trotz Verlangens des Betriebsrats ein Verfahren gegen den Arbeitgeber nach § 23 Abs. 3 in Betracht kommen. 17

§ 94 Personalfragebogen, Beurteilungsgrundsätze

(1) Personalfragebogen bedürfen der Zustimmung des Betriebsrats. Kommt eine Einigung über ihren Inhalt nicht zustande, so entscheidet die Einigungsstelle. Der Spruch der Einigungsstelle ersetzt die Einigung zwischen Arbeitgeber und Betriebsrat.
(2) Absatz 1 gilt entsprechend für persönliche Angaben in schriftlichen Arbeitsverträgen, die allgemein für den Betrieb verwendet werden sollen, sowie für die Aufstellung allgemeiner Beurteilungsgrundsätze.

Literaturübersicht

Brill Der Einstellungsfragebogen, AuR 1968, 136; *Buchner,* Freiheit und Bindung des Arbeitgebers bei Einstellungsentscheidungen, NZA 1991, 577; *Degener* Das Fragerecht des Arbeitgebers gegenüber Bewerbern, Diss. Göttingen, 1975; *Eich* Aids und Arbeitsrecht, NZA Beilage Nr. 2/87, 10 ff.; *Endemann* Der vorbestrafte Arbeitnehmer, AR-Blattei D – Vorstrafen I Bedeutung im Arbeitsverhältnis; *Falkenberg* Fragen des Arbeitgebers an den einzustellenden Arbeitnehmer, BB 1970, 1013; *Fuchs* Aktuelle Fragen zum Einstellungsfragebogen, BlStSozArbR 1978, 161; *Gerhardt* Die Personalakten in Arbeitsverhältnissen, Diss. Würzburg, 1975; *Götz* Zur Zulässigkeit der Befragung von Stellenbewerbern nach Vorstrafen, BB 1971, 1325; *Gola* Zur Mitbestimmung des Betriebsrats beim Einsatz von Personalinformationssystemen, DSWR 1974, 282; *Hagenbruck* Beurteilungsgrundsätze, Mit Gespr. 1973, 38; *Hofmann* Zur Offenbarungspflicht des Arbeitnehmers, ZfA 1975, 1; *Hoppe* Offenbarungspflicht und Kündigungsschutz der Arbeitnehmerin während und nach der Schwangerschaft, BlStSozArbR 1972, 375; *Hümmerich* Betriebsverfassungsrechtliche Anforderungen an Personalinformationssysteme, DB 1978, 1932; *ders.* Rechte des Betriebs-

§ 94   4. Teil 5. Abschn. Personelle Angelegenheiten

rats bei der Erfassung von Bewerber-Daten, RdA 1979, 143; *ders.* Wonach darf der Arbeitnehmer bei der Einstellung gefragt werden?, BB 1979, 428; *Hunold* Die Mitwirkung und Mitbestimmung des Betriebsrats in allgemeinen personellen Angelegenheiten (§§ 91–95 BetrVG) DB 1976, 98; *ders.* Gleichbehandlung im Betrieb, DB 1991, 1670; *Jedzig* Einführung standardisierter Verfahren zur Leistungsbeurteilung von Arbeitnehmern, DB 1991, 753; *ders.* Mitbestimmung des Betriebsrats bei der Durchführung von Betriebsvereinbarungen über Leistungsbeurteilung von Arbeitnehmern, DB 1991, 859; *Kehrmann* Personalfragebogen, Mit Gespr. 1973, 47; *Keller* Die ärztliche Untersuchung des Arbeitnehmers im Rahmen des Arbeitsverhältnisses, NZA 1988, 561 ff.; *Kilian* Personalinformationssysteme in deutschen Großunternehmen, 1981; *ders.* Arbeitsrechtliche Probleme automatisierter Personalinformationssysteme, JZ 1977, 481; *ders.* Melde- und Auskunftspflichten des Arbeitgebers im Personalbereich, BB 1977, 1153; *Knevels* Offenbarung der Gewerkschaftszugehörigkeit, BB 1965, 336; *ders.* Pflicht zur Offenbarung der Gewerkschaftszugehörigkeit?, BB 1966, 826; *Leipold* Einstellungsfragebögen und das Recht auf Arbeit, AuR 1971, 161; *Lichtenberg-Schücking* Stand der arbeitsrechtlichen Diskussion zur HIV-Infektion und Aids-Erkrankung, NZA 1990, 41 ff.; *Linnenkohl* Arbeitsverhältnis und Vorstrafen-Fragen, AuR 1983, 129 ff.; *Löwisch* Arbeitsrechtliche Fragen von Aids-Erkrankung und Aids-Infektion, DB 1987, 936 *Maurer* Befragung von Stellenbewerbern nach Vorstrafen nach Inkrafttreten des Bundeszentralregistergesetzes, AuR 1972, 9; *Marschner* Rechtsprobleme bei der Anwendung von Intelligenztests zur Bewerberauslese, DB 1971, 2260; *Moritz* Fragerecht des Arbeitgebers sowie Auskunfts- und/oder Offenbarungspflicht des Arbeitnehmers bei der Anbahnung von Arbeitsverhältnissen, NZA 1987, 329 ff.; *Oberhofer* Personalfragebogen und Arbeits(Anstellungs-)verträge, BetrR 1980, 353; *Peltzer* Personalplanung, innerbetriebliche Stellenausschreibung, Personalfragebogen und Auswahlrichtlinien (§§ 92 ff. BetrVG 72), DB 1972, 1164; *Rüthers* Pflicht zur Offenbarung der Gewerkschaftszugehörigkeit? BB 1968, 824; *Sandross* Das Dilemma der Personalfragebogen, Mit Gespr. 1976, 165; *Schlessmann* Personalakten und Einsichtsrecht, BB 1972, 579; *Schmidt K.* Rechtsprobleme bei der Anwendung von Intelligenztests zur Bewerberauslese, DB 1971, 1420; *ders.* Die rechtliche Zulässigkeit psychologischer Testverfahren im Personalbereich, NJW 1971, 1863; *ders.* Mitbestimmungsrechte des Betriebsrats bei der Verwendung psychologischer Testverfahren, DB 1974, 1910; *ders.* Zur rechtlichen Zulässigkeit der Verhaltensbeurteilung bei der Bewerberauslese, BB 1980, 1865; *Scholz* Schweigepflicht des Berufspsychologen und Mitbestimmung des Betriebsrats bei psychologischen Einstellungsuntersuchungen, NJW 1981, 1987; *Söllner* Zur Beteiligung des Betriebsrats und zur Zulässigkeit der Einigungsstelle bei der Einführung und Anwendung von Personalinformationssystemen, DB 1984, 1243; *Wißmann* EuGH: Neues zur Geschlechtsdiskriminierung, DB 1991, 650; *Wohlgemuth* Rechtliche Grenzen der Informationsgewinnung durch den Arbeitgeber, BB 1980, 1530; *Zeller* Die arbeitsrechtlichen Aspekte des Personalfragebogens als Mittel der Personalauswahl, BB 1987, 1522; *Zöllner* Die Nutzung DV-gestützter Personalinformationssysteme im Schnittpunkt von Datenschutz und Betriebsverfassung, DB 1984, 241; *ders.* Daten- und Informationsschutz im Arbeitsverhältnis, 2. Aufl. 1983.

Inhaltsübersicht

		Rz.
I.	Allgemeines	1
II.	Personalfragebogen und Formulararbeitsverträge	2–18
	1. Gegenstand des Mitbestimmungsrechts	2–15
	a) Bei Personalfragebogen	2– 5
	b) Bei Formulararbeitsverträgen	6
	c) Zulässige Fragestellungen	7–15
	2. Inhalt und Ausübung des Zustimmungsrechts	16–18
III.	Beurteilungsgrundsätze	19–33

1. Gegenstand des Mitbestimmungsrechts	19–31
2. Inhalt und Ausübung des Zustimmungsrechts	32, 33
IV. Auswirkungen der Vereinbarung über Personalfragebogen, Formulararbeitsverträge und allgemeine Beurteilungsgrundsätze	34–36
V. Streitigkeiten	37, 38

I. Allgemeines

Personalfragebogen, persönliche Angaben in schriftlichen Arbeitsverträgen und die Aufstellung allgemeiner Beurteilungsgrundsätze unterliegen dem **Mitbestimmungsrecht** des Betriebsrats, wenn der Arbeitgeber diese Hilfsmittel der Personalplanung einführen will. Auf der einen Seite besteht ein berechtigtes Interesse des Arbeitgebers, möglichst viele Daten über die Person des Bewerbers zu erhalten. Auf der anderen Seite besteht ein Interesse des Arbeitnehmers an Wahrung seiner Intimsphäre. Durch das dem Betriebsrat im Rahmen dieser Vorschrift eingeräumte Mitbestimmungsrecht soll der Gefahr unzulässiger **Eingriffe in die Persönlichkeitssphäre** vorgebeugt werden. Es soll daher sichergestellt werden, daß die Fragen auf die Gegenstände und den Umfang beschränkt bleiben, für die ein **berechtigtes Auskunftsbedürfnis** des Arbeitgebers besteht (so die amtl. Begr. zum RegE BT-Drucks. VI/1786, 50; *BAG* vom 9. 7. 1991 – 1 ABR 57/90 – DB 1992, 143, 144). Der Arbeitnehmer darf regelmäßig nur über solche Umstände befragt werden, die für die in Aussicht genommene Stellung oder den zu besetzenden Arbeitsplatz von Bedeutung sind (*BAG* vom 2. 5. 1957 – 2 AZR 469/55 – AP Nr. 1 zu § 180 BGB m. Anm. *Lorenz* = RdA 1957, 437). Die Mitbestimmung besteht jedoch nur, soweit der **Arbeitgeber selbst** Personalfragebögen verwendet um Daten über persönliche Verhältnisse wie Familienverhältnisse, Ausbildung, Kenntnisse, Berufsweg und ähnliches zu erlangen. Werden von einer Aufsichtsbehörde (z. B. für eine Kernforschungsanlage) **Sicherheitsüberprüfungen** und für diese wiederum das Ausfüllen von Erhebungsbögen vorgeschrieben, sind Inhalt und Anwendung dieser **Erhebungsbögen** als **Teil der Sicherheitsüberprüfung** aus § 94 mitbestimmungsfrei (*BAG* vom 9. 7. 1991 – vorzitiert; ausführlich hierzu: *Buchner* NZA 1991, 577 (588). Zum Anspruch des erfolglos gebliebenen Stellenbewerbers auf Vernichtung des Personalfragebogens wegen **Verletzung des Persönlichkeitsrechts** vgl. *BAG* vom 6. 6. 1984 – 5 AZR 286/81 – EzA Art. 2 GG Nr. 4 = DB 1984, 2626 = NZA 1984, 321.

II. Personalfragebogen und Formulararbeitsverträge

1. Gegenstand des Mitbestimmungsrechts

a) Bei Personalfragebogen

Personalfragebogen sind schriftlich formularmäßig gefaßte oder schematisierte Zusammenstellungen von Fragen über die persönlichen Verhältnisse, Kenntnisse und Fähigkeiten eines Bewerbers oder Mitarbeiters (*BAG* vom 9. 7. 1991 – a. a. O. Rz. 1; zu Begriff und Inhalt eines Personalfragebogens ausführl.: *Zeller* BB 1987, 1522; *D/R* § 94 Rz. 3; *F/A/K/H* § 94 Rz. 6; *G/L* § 94 Rz. 3; *S/W* § 94 Rz. 5; *Heinze* a. a. O. Rz. 93; *Jobs* in *Jobs/Samland* 146). Enthält ein vom Arbeitnehmer

§ 94   4. Teil 5. Abschn. Personelle Angelegenheiten

auszufüllender sog. **Arbeitsplatzerhebungsbogen** neben fach- auch personenbezogene Daten, kann es sich um einen (mitbestimmungspflichtigen) Personalfragebogen handeln (*LAG Frankfurt/M.* vom 26. 1. 1989 – 9 Sa Ga 1583/88 – DB 1989, 2030; anders für § 87 bei handschriftlicher Eintragung der Arbeitszeiten je laufendem Arbeitsprojekt in einen Erfassungsbogen: *BAG* vom 24. 11. 1981 – 1 ABR 108/79 – EzA § 87 BetrVG 1972 Betriebliche Ordnung Nr. 7 m. Anm. *Weiss* = DB 1982, 1116).

3 Hieraus folgt, daß der Betriebsrat keinen Einfluß auf die Art und den Inhalt der Befragung eines Bewerbers bei einem **Vorstellungsgespräch** nehmen kann (*G/L* § 94 Rz. 4; GK-*Kraft* § 94 Rz. 11; *S/W* § 94 Rz. 5 b; *Hanau* BB 1972, 453; **a.A.** *D/R* § 94 Rz. 5). Ebenso scheidet eine Beteiligung des Betriebsrats bei **Interviews und mündlichen Tests** aus (*D/R* § 94 Rz. 5; *S/W* § 94 Rz. 5 d.). Von einem Berufspsychologen, der der besonderen Schweigepflicht (§ 203 StGB – Verletzung von Privatgeheimnissen) unterliegt, durchgeführte psychologische Einstellungsuntersuchungen sind aus § 94 mitbestimmungsfrei (*Scholz* NJW 1981, 1987, 1990; *Schmidt, K.* DB 1974, 1910, 1912; teilw. **a.A.** *F/A/K/H* § 94 Rz. 5 und *Wohlgemuth* Datenschutz für Arbeitnehmer, 35 m. w. Nachw.; *D/K/K/S* § 94 Rz. 7). Gleiches gilt für **sog. Assessment Centers**. Die dort gestellten Fragen und Rollenspiele sind in aller Regel auf den oder die konkret zu besetzenden Arbeitsplätze zugeschnitten und stellen nicht einmal eine standardisierte Informationserhebung dar (**a.A.** *D/K/K/S* § 94 Rz. 9 unter Berufung auf *Schönfeld-Gennen* NZA 1989, 544). Treten allerdings Tests an die Stelle der Ausfüllung von Personalfragebogen oder werden Fragebogen bzw. »**Check**«**-Listen** vom Befrager schriftlich ausgefüllt, greift das Zustimmungsrecht des Betriebsrats ein (*D/R* § 94 Rz. 5; *F/A/K/H* § 94 Rz. 11; *G/L* § 94 Rz. 4; GK-*Kraft* § 94 Rz. 8; *Hanau* BB 1972, 453; *Heinze* a. a. O. Rz. 94; *Koffka* in *Jobs/Samland* 111; *Zöllner* Datenschutz, 83). Der Inhalt eines **Datenkataloges**, dessen Daten erstmals erhoben und direkt in ein **Personalinformationssystem** eingegeben werden sollen, ist nach § 94 nur mitbestimmungspflichtig, soweit diese Datenzusammenstellung nach Zweck (Konzept) und Datenart dem an Personalplanungs- und Personalverwaltungszwecken auszurichtenden Inhalt eines Fragebogens vergleichbar ist (im Grundsatz: *Zöllner* a. a. O. 82, 83; *ders.* DB 1984, 241, 243; weitergehend *Jobs* in *Jobs/Samland* 147, der insoweit auf ein einheitliches Konzept für die **Personalplanung und** die Personaleinsetzung abstellen will; für die mitbestimmungsfreie Erhebung von Daten für die Personaleinsatzplanung mit Recht: *Wolf-Köppen* in *Jobs/Samland* 72, 73).

4 Nicht dem Mitbestimmungsrecht des Betriebsrats unterliegt der einem Bewerber bei einer **ärztlichen Einstellungsuntersuchung** vorgelegte Fragebogen. Der Arzt unterliegt der ärztlichen Schweigepflicht und darf den ausgefüllten Fragebogen nicht an den Arbeitgeber weitergeben. Er ist daher berechtigt, uneingeschränkt alle ihm zur Beurteilung notwendig erscheinenden Fragen zu stellen und ist insoweit auch nicht an die Weisungen des Arbeitgebers gebunden (*D/R* § 94 Rz. 6; *F/A/K/H* § 94 Rz. 21; *G/L* § 94 Rz. 5; GK-*Kraft* § 94 Rz. 12; *Meisel* 74 ff.; **a.A.** *D/K/K/S* § 94 Rz. 10). Ärztliche Fragebogen nebst Antworten sollten nicht in die Personalakte aufgenommen werden (*F/A/K/H* § 94 Rz. 4; *Heinze* a. a. O. Rz. 94, Fn. 132). Gesundheitsdaten sind grundsätzlich getrennt oder in besonderen, verschlossenem Umschlag gesichert in den Personalakten zu verwahren (*BAG* vom 15. 7. 1987 – 5 AZR 215/86 – EzA § 611 BGB Persönlichkeitsrecht Nr. 5 m. Anm. *Wiese* = DB 1987, 2571). Die Anordnung in einer Betriebsordnung, ein zur Ein-

stellung vorgesehener Kundendienstfahrer müsse sich einer verkehrsmedizinischen Untersuchung unterziehen, ist aus § 94 mitbestimmungsfrei (*LAG Frankfurt/M.* vom 8.6.1982 – 4 TaBV 76/81 –).
Dem Mitbestimmungsrecht des Betriebsrats unterliegt nur die Aufstellung von **5** Personalfragebogen und Frageschemata, die der Beurteilung der Eignung und Leistung des Arbeitnehmers dienen, nicht aber alle formalisierten Informationserhebungen des Arbeitgebers und deren Zwecke schlechthin (*G/L* § 94 Rz. 14; GK-*Kraft* § 94 Rz. 12; *S/W* § 94 Rz. 7, 29; *Söllner* DB 1984, 1243; **a.A.** *Jobs* in *Jobs/Samland* 146 m.w. Nachw.; *Müllner* BB 1984, 475, 476; *D/K/K/S* § 94 Rz. 3). Deshalb ist die **Verwaltung des Fragebogeninhalts** aus § 94 ebensowenig mitbestimmungspflichtig wie die **Verarbeitung** der daraus gewonnenen Daten (*G/L* § 94 Rz. 14; GK-*Kraft* § 94 Rz. 14, *Müllner* BB 1984, 475, 476; **a.A.** *F/A/K/H* § 94 Rz. 14 m.w. Nachw.; *D/K/K/S* § 94 Rz. 6). Werden z.B. Erhebungsbogen mit Einzeldaten aus den Personalakten an die EDV-Abteilung weitergegeben oder wird ein Personalfragebogen in ein EDV-System mit Hilfe von **Mikrofilmen** eingegeben (vgl. *Jobs* in *Jobs/Samland* 146), ist eine aus § 94 nicht mitbestimmungspflichtige Datenverarbeitung betroffen. Denn die **Speicherung** (und **Verarbeitung**) der Daten aus einem vorhandenen und betrieblich angewandten Personalfragebogen unter Einsatz technischer Mittel unterliegt keinen schärferen mitbestimmungsrechtlichen Anforderungen als die herkömmliche Verwaltung des Fragebogeninhalts (*Zöllner* a.a.O. 87; ähnlich *Jobs* a.a.O. 146). Zwar sind bei **Datenerhebung** und der **Datenverarbeitung** mit Hilfe eines **Personalinformationssystems** die individualrechtlichen Grenzen der §§ 33–35 BDSG 1990 zu beachten. Diese Vorgänge sind mithin nur im Rahmen der Zweckbestimmung des Arbeitsverhältnisses oder bei Bewerbern – entsprechend dem Zweck des vorvertraglichen Vertrauensverhältnisses zur Begründung eines Arbeitsverhältnisses zu führen – zulässig (*BAG* vom 22.10.1986 – 5 AZR 660/85 – AP Nr. 2 zu § 23 BDSG m. Anm. *Däubler* = DB 1987, 1048; *D/R* § 94 Rz. 17; *F/A/K/H* § 94 Rz. 14; ähnlich *G/L* § 94 Rz. 14). Der **Normzweck** des § 94 Abs. 1 würde jedoch **überdehnt**, wenn aus dieser Vorschrift auch die **Verwertung und Verarbeitung der Daten** mit Hilfe eines Personalinformationssystems mitbestimmungspflichtig wären (ebenso für mitbestimmungsfreie Daten-Verwendungszwecke: *Zöllner* a.a.O. 89f. und *ders.* DB 1984, 241, 243; mitbestimmungsfreie »Datenverwendung« und »Datenverknüpfung«: *Jobs/Samland* 147; ferner *G/L* § 94 Rz. 14; GK-*Kraft* § 94 Rz. 12; **a.A.** *F/A/K/H* § 94 Rz. 2; *D/K/K/S* § 94 Rz. 6). Lediglich die **Aufnahme neuer Daten** in den wegen Einführung eines Personalinformationssystems **zu erweiternden Personalfragebogen** bedarf der Zustimmung des Betriebsrats (*Jobs* a.a.O. 147). Fehlt die Zustimmung des Betriebsrats zum Personalfragebogen und ist sie auch nicht durch die Einigungsstelle ersetzt, ist diese **Datenerhebung** mitbestimmungsrechtlich **unzulässig**. Die Speicherung der solchermaßen fehlerhaft erfaßten Personaldaten mit EDV-Mitteln ist auch datenschutzrechtlich unwirksam, weil dann nicht mehr vom BDSG und der Zwecksetzung des Arbeitsverhältnisses gedeckt (*BAG* vom 22.10.1986, vorzitiert). Der Arbeitnehmer kann die Löschung solcher Daten verlangen (*BAG*, vorzitiert).

b) Bei Formulararbeitsverträgen
Persönliche Angaben in schriftlichen Formulararbeitsverträgen, die allgemein für **6** den Betrieb verwendet werden sollen, bedürfen der Zustimmung des Betriebsrats. Damit soll verhindert werden, daß die Betriebe durch Verwendung von Formular-

verträgen die Mitbestimmung des Betriebsrats an der Aufstellung von Personalfragebogen nach § 94 Abs. 1 umgehen (BT-Ausschuß für Arbeit und Sozialordnung, BT-Drucks. VI/2729, 30). Erfaßt werden nur Arbeitsverträge, die allgemein für den Betrieb verwendet werden sollen, **nicht aber individuelle Arbeitsverträge und Arbeitsverträge für leitende Angestellte** (*D/R* § 94 Rz. 22; GK-*Kraft* § 94 Rz. 9; *S/W* § 94 Rz. 24). Im übrigen gilt das zu dem Personalfragebogen ausgeführte entsprechend.

c) Zulässige Fragestellungen

7 Personalfragebogen sollten alle **wesentlichen Merkmale**, die zur Beurteilung der Person des Bewerbers erforderlich sind und die in die Personalakte des möglichen späteren Mitarbeiters übernommen werden sollen, enthalten. Sowohl Personalfragebogen als auch Formulararbeitsverträge dürfen vom Inhalt her nur solche Fragen enthalten, die die **Persönlichkeitssphäre** des Arbeitnehmers wahren. Zulässig sind nur solche Fragen, an deren Beantwortung der Arbeitgeber zur Beurteilung der Eignung und Befähigung des Arbeitnehmers ein objektiv gerechtfertigtes Interesse hat (*BAG* vom 22. 10. 1986 a. a. O., m. w. Nachw.). Zu diesen Fragen erhobene Daten dürfen – unbeschadet des Mitbestimmungsrechts aus § 94 Abs. 1 – unter **persönlichkeitsrechtlichen Gesichtspunkten** gespeichert werden, wenn dies zur Erfüllung konkreter Vertragszwecke i. S. d. § 23 BDSG (jetzt: § 28 BDSG 1990) erforderlich ist (*BAG* vom 22. 10. 1986, vorzitiert).

8 Personalfragebogen sollten zunächst **allgemeine Angaben** für die Beurteilung der persönlichen und fachlichen Eignung des Bewerbers enthalten. Hierher gehören Angaben zur Person wie Name, Wohnort, Geburtsdatum, Familienstand, Kinder, bei Minderjährigen Name und Anschrift des gesetzlichen Vertreters sowie Angaben zur Schulbildung, Berufsbildung, Berufserfahrung, Überblick über die bisherigen Tätigkeiten, über bereits erhaltenen Urlaub, über abgeleisteten oder bevorstehenden **Wehr- oder Ersatzdienst**, das Bestehen einer Konkurrenzklausel (vgl. *G/L* § 94 Rz. 8; GK-*Kraft* § 94 Rz. 18; *S/W* § 94 Rz. 14, 15; **a. A.** f. d. Frage nach Wehrdienst: *D/K/K/S* § 94 Rz 18 unter Berufung auf *LAG Baden-Württemberg* vom 11. 7. 1985 – DB 1985, 2567), ferner – bei entspr. daraus möglichen Schlüssen auf die Eignung des Bewerbers für den ausgeschriebenen Posten bzw. bei einer entsprechenden Mindestbedingung des Bewerbers – die Frage nach dem **bisherigen Verdienst** (*BAG* vom 19. 5. 1983 – 2 AZR 171/81 – EzA § 123 BGB Nr. 23 m. Anm. *Wank* = DB 1984, 298 [299] = ohne diese Einschränkung *LAG Baden-Württemberg* vom 16. 11. 1959 – IV Sa 44/79 – BB 1960, 174 = DB 1960, 179) sowie die Frage nach Lohn- bzw. Gehaltsvorstellungen und danach, ob der Bewerber sich in einem ungekündigten Arbeitsverhältnis befindet (*S/W* § 94 Rz. 15).

9 Zulässig sind Fragen nach dem **Gesundheitszustand**, sofern er für den vorgesehenen Einsatz hinsichtlich des Arbeitsplatzes, der Arbeitszeit, der Belastbarkeit usw. von Bedeutung ist (*BAG* vom 7. 2. 1964 – 1 AZR 251/63 – EzA § 123 BGB Nr. 5 = BGB Verschulden bei Vertragsschluß = DB 1964, 555; *BAG* vom 28. 3. 1974 – 2 AZR 92/73 – EzA § 119 BGB Nr. 5 = DB 1974, 729, 1531; *LAG Berlin* vom 9. 7. 1973 – 3 Sa 48/73 – BB 1974, 510). Insoweit besteht für den Arbeitgeber ein berechtigtes Interesse, schwere Erkrankungen und gesundheitliche Schädigungen, insbesondere chronische Erkrankungen des Bewerbers zu erfahren, die seine Arbeitsfähigkeit erheblich beeinträchtigen, einen Ansteckungsherd bilden oder besondere soziale Aufwendungen verursachen können (GK-*Kraft* § 94 Rz. 19;

S/W § 94 Rz. 16; *Richardi* NZA 1988, 74). Etwas enger ist die Rechtsprechung des BAG; danach soll nur nach solchen **Gesundheitsbeeinträchtigungen** gefragt werden können, die die Eignung für die vorgesehene Tätigkeit auf Dauer oder in periodisch wiederkehrenden Abständen einschränken oder mit einer ansteckenden Krankheit verbunden sind, die Kunden oder Arbeitskollegen gefährden könnte; ferner nach akuten Erkrankungen, die alsbald oder in absehbarer Zeit mit Arbeitsunfähigkeitszeiten rechnen lassen, etwa wegen anstehender Operationen oder bereits bewilligter Kur (*BAG* vom 7.6. 1984 − 2 AZR 270/83 − EzA § 123 BGB Nr. 24 = DB 1984, 2706; ausführl.: *Zeller* BB 1987, 1523). Unzulässig dürfte die Frage nach den Erkrankungen »in den letzten zwölf Monaten« (vor der Einstellung) sein (*LAG Frankfurt/M.* vom 21.7. 1981 − 7 Sa 204/81 −). Die Frage nach der **Schwerbehinderteneigenschaft** ist zulässig (*BAG* vom 25.3. 1976 − 2 AZR 136/75 − EzA § 123 BGB Nr. 16 = DB 1976, 1240; *D/R* § 93 Rz. 12; *F/A/K/H* § 94 Rz. 19; *G/L* § 94 Rz. 8; GK-*Kraft* § 92 Rz. 21; *S/W* § 94 Rz. 16c; bei **Körperbehinderung** enger: nur zulässig, wenn die Körperbehinderung erfahrungsgemäß die Eignung des Arbeitnehmers für die vorgesehene Tätigkeit beeinträchtigt (*BAG* vom 7.6. 1984, vorzitiert), wie nach der Inhaberschaft eines Bergmannsversorgungsscheins (*BAG* vom 9.2. 1956 − 2 AZR 176/55 − AP Nr. 1 zu § 10 BergmannsVersorg.ScheinG NRW m. Anm. *Schmidt* = DB 1956, 236).

Die Frage nach einer (eingetretenen) **Aids-Erkrankung** ist generell zulässig; weil **10** dadurch die Leistungsfähigkeit erheblich eingeschränkt oder sogar gänzlich ausgeschlossen sein kann (*Zeller* BB 1987, 1523; *Lichtenberg-Schücking* NZA 1990, 41, 44 m. w. Nachw.). Dagegen ist die Frage nach dem Vorliegen einer **HIV-Infektion** nur bei besonders infektionsgefährdeten Tätigkeiten (wie: Arzt, Krankenpflege) unbedenklich (*Lichtenberg-Schücking* a. a. O. 44 mit Bezug auf *BAG* vom 5.12. 1957 − 1 AZR 594/56 − EzA § 123 BGB Nr. 1 = DB 1958, 227, 282 und *Eich* NZA 1987 Beilage Nr. 2, 10). Streitig ist, ob daneben auch bei Küchenpersonal oder bei Arbeitnehmern in der Lebensmittelherstellung nach einer HIV-Infektion gefragt werden darf (*Keller* NZA 1988, 561, 563; *Richardi* NZA 1988, 75; *Zeller* BB 1987, 1523; **a.A.** wohl mit Recht: *Lichtenberg-Schücking* NZA 1990, 41, 44).

Nach der früheren Rechtsprechung war die Frage nach dem Bestehen einer **11** **Schwangerschaft** ohne Rücksicht auf die Art der vorgesehenen Tätigkeit zulässig (*BAG* vom 22.9. 1961 − 1 AZR 241/60 − EzA § 123 BGB Nr. 4 = DB 1961, 1522; *LAG Berlin* vom 25.11. 1982 − 4 Sa 77/82 − ARSt. 1983, 129; *D/R* § 94 Rz. 11; *F/A/K/H* § 94 Rz. 18; *G/L* § 94 Rz. 8; GK-*Kraft* § 94 Rz. 20; *Hunold* DB 1984 Beilage Nr. 5, 13; **a.A.** *Gola* NJW 1983, 915, 920). Das BAG will jetzt wegen § 611a BGB danach differenzieren, ob sich nur Frauen um den Arbeitsplatz bewerben. Es »neigt« dazu, in der Frage nach dem Bestehen einer Schwangerschaft dann eine unzulässige Differenzierung wegen des Geschlechts zu sehen, wenn sich männliche und weibliche Arbeitnehmer bewerben (*BAG* vom 20.2. 1986 − 2 AZR 244/85 − EzA § 123 BGB Nr. 27 = DB 1987, 2287). Diese Auffassung ist schon deshalb problematisch, weil nicht von vornherein erkennbar ist, ob sich für eine Position nur Frauen oder gfs. auch Männer bewerben (so mit Recht: *F/A/K/H* § 94 Rz. 18 m. w. Nachw. zur Kritik; *Keller* NZA 1988, 562, 563; wie *BAG*: *Moritz* NZA 1987, 329, 336). Unter Rechtssicherheitsgesichtspunkten ist die Ansicht des *BAG* abzulehnen, weil sie Klarheit nur schafft, wenn objektiv für eine bestimmte Position nur Männer oder nur Frauen in Betracht kommen (eingehend: *S/W* § 94 Rz. 16c). Sie hindert den Arbeitgeber in den Fällen an einer **berechtigten** Fragestellung nach dem

§ 94   4. Teil 5. Abschn. Personelle Angelegenheiten

Bestehen einer Schwangerschaft, in denen er einen Arbeitsplatz (z. B.: Sekretariat) mit einer Frau besetzen will, sich tatsächlich auch nur Frauen bewerben, aber eine Stellenbesetzung mit einem Mann nicht ausgeschlossen ist. Für die Zulässigkeit der Fragestellung überzeugend: *Zeller* BB 1987, 1524, 1525. Der *EuGH* (Entsch. vom 8. 11. 1990 – Rs. C – 177/88 – DB 1991, 286) sieht demgegenüber – ohne Rücksicht darauf, ob sich nur Frauen oder auch Männer bewerben – einen Verstoß gegen den Grundsatz der Gleichbehandlung von Männern und Frauen beim Zugang zur Beschäftigung (Art. 2 Abs. 1 und 3 Abs. 1 der EWG – Richtlinie 76/207 vom 9. 2. 1976) in der Ablehnung eines Arbeitgebers, mit einer von ihm für geeignet befundenen Bewerberin einen Arbeitsvertrag zu schließen, weil er wegen der Einstellung einer Schwangeren (Kosten-)Nachteile befürchtet. Daraus wird für die nationale Rechtsordnung gefolgert, daß – mit Ausnahme der in Art. 2 Abs. 2 und 3 der Richtlinie genannten Fälle – die Frage nach der Schwangerschaft bei der Einstellung nicht mehr zulässig ist (*Wißmann* DB 1991, 651, 653; *Hunold* DB 1991, 1670, 1674; *D/K/K/S* § 94 Rz. 13). Zulässig bleibt sie jedoch, soweit es um die Besetzung von Arbeitsplätzen geht, für die Beschäftigungsverbote für werdende Mütter bestehen (§§ 3, 4 MuSchG *LAG Frankfurt* vom 8. 1. 1991 – 5 TaBV 162/90 – LAGE § 94 BetrVG Nr. 1). Immer aber sollte die Frage mit der im Einzelfall gebotenen Rücksicht gestellt werden. Unzulässig wäre die Frage nach Menstruationsbeschwerden (*LAG Düsseldorf/Köln* vom 30. 9. 1971 – 3 Sa 305/71 – EzA § 9 n. F. MuSchG Nr. 10 = DB 1971, 2071) oder ob eine Schwangerschaft demnächst zu erwarten ist (*Meisel/Hiersemann* § 9 MuSchG Anm. 29; *D/R* § 94 Rz. 11; GK-*Kraft* § 94 Rz. 20).
Im Hinblick auf die Schutzvorschriften der §§ 5, 9 MuSchG ist dagegen die Frage zulässig, ob in letzter Zeit eine Entbindung stattgefunden hat (GK-*Kraft* § 94 Rz. 16; *S/W* § 94 Rz. 16).

12 Fragen nach **Vorstrafen** und schwebenden Strafverfahren sind nur zulässig, wenn und soweit diese Fragen für die zu besetzende Position und in bezug auf die vorgesehene Stellung des Arbeitnehmers im Betrieb erforderlich sind (*BAG* vom 5. 12. 1957 – 1 AZR 594/56 – EzA § 123 BGB Nr. 1 = DB 1958, 227, 282; *BAG* vom 15. 1. 1970 – 2 AZR 64/69 – EzA § 1 KschG Nr. 16 = DB 1970, 1276). Dabei ist unerheblich, welche Vorstrafen der Arbeitgeber als einschlägig ansieht. Es ist ein objektiver Maßstab anzulegen. Beispiele: zulässig ist die Frage nach Verkehrsdelikten bei einem Kraftfahrer, nach Vermögensdelikten bei einem Buchhalter oder Lagerverwalter und nach Sittlichkeitsdelikten bei einem Ausbilder, der zur Betreuung und Beaufsichtigung von Jugendlichen eingesetzt wird. Die Frage nach Vorstrafen wird ferner eingeschränkt durch § 51 des Bundeszentralregistergesetzes. Danach darf sich ein Verurteilter als unbestraft bezeichnen, wenn die Verurteilung nicht im Register einzutragen, nicht in das Führungszeugnis aufzunehmen oder wenn sie getilgt ist. Nach getilgten Strafen darf der Arbeitnehmer daher nicht gefragt werden, wohl aber nach eintragungsfähigen und für die vorgesehene Verwendung einschlägigen Delikten, soweit deswegen Ermittlungs- oder Strafverfahren anhängig sind (GK-*Kraft* § 94 Rz. 22; *S/W* § 94 Rz. 20; ausführlich allerdings teilweise **a. A.** *Linnenkohl* AuR 1983, 129; *D/K/K/S* § 94 Rz. 16). Auf eine demnächst anzutretende achtmonatige **Freiheitsstrafe** muß ein Arbeitnehmer, der sich um eine Dauerstellung bewirbt, auch **ungefragt** und **von sich aus hinweisen**. Entscheidend ist insoweit nicht die »Einschlägigkeit« der Vorstrafe, sondern das sich für den Arbeitgeber aus der sicher zu erwartenden längeren Nichterfüllung des Vertrages ergebende, außergewöhnliche Vertragsrisiko (*LAG Frankfurt/M.* vom

Personalfragebogen, Beurteilungsgrundsätze § 94

7. 8. 1986 – 12 Sa 361/86 – NZA 1987, 352, 353; zust. insoweit: *Conze* Anm. zu *BAG* AP Nr. 32 zu § 123 BGB; *S/W* § 94 Rz. 20 a). In einem solchen Fall kann aber der Arbeitgeber den Arbeitsvertrag nicht mehr anfechten, wenn seine Rechtsstellung (hier: wegen Bewilligung des »Freigänger«-Status für den Arbeitnehmer) im Zeitpunkt der Anfechtungserklärung nicht mehr beeinträchtigt ist (*BAG* vom 18. 9. 1987 – 7 AZR 507/86 – EzA § 123 BGB Nr. 28).
Unzulässig sind Fragen nach **Religion, Rasse** und **Parteizugehörigkeit**, es sei denn, **13** es handelt sich um Tendenzbetriebe und -unternehmen i. S. d. § 118 (*D/R* § 94 Rz. 38; *F/A/K/H* § 94 Rz. 15; *G/L* § 94 Rz. 10; GK-*Kraft* § 94 Rz. 25). Die für die Abführung der Kirchensteuer erforderlichen Angaben können der Lohnsteuerkarte entnommen werden. Nach der **Gewerkschaftszugehörigkeit** kann im (koalitionspolitischen) Tendenzbetrieb und im übrigen jedenfalls dann gefragt werden, wenn es für die Abwicklung des Arbeitsverhältnisses auf die Tarifbindung des Arbeitnehmers besonders ankommt oder die Beantwortung dieser Frage für die Lohn- und Gehaltsbuchhaltung, etwa wegen vereinbarter Abführung der Gewerkschaftsbeiträge, von Bedeutung ist. Allerdings sollte eine entsprechende Frage nicht in den Personalfragebogen aufgenommen werden, sofern alle Arbeitnehmer nach dem einschlägigen Tarifvertrag gleichbehandelt werden (*S/W* § 94 Rz. 21; enger: *D/R* § 94 Rz. 9; wie hier: *Knevels* BB 1965, 336; 1966, 826; für die Zulässigkeit der Frage **erst nach** Abschluß des Arbeitsvertrages: *G/L* § 94 Rz. 12; GK-*Kraft* § 94 Rz. 25; *Heinze* a. a. O. Rz. 97; *F/A/K/H* § 94 Rz. 15 sowie *Wohlgemuth* Datenschutz, 31, 32, außer: bei Einstellung durch eine Gewerkschaft).
Fragen nach **Vermögensverhältnissen** sind nur zulässig, wenn wegen der vorgese- **14** henen Tätigkeit des Bewerbers ein berechtigtes Interesse des Arbeitgebers an geordneten Vermögensverhältnissen besteht, z. B. Schulden bei einem Buchhalter oder Kassierer (*Brill* AuR 1968, 143; *D/R* § 94 Rz. 14; *G/L* § 94 Rz. 11; GK-*Kraft* § 94 Rz. 23 (*F/A/K/H* § 94 Rz. 17). Zulässig sind Fragen nach vorliegenden **Lohn- und Gehaltspfändungen** (*S/W* § 94 Rz. 12; **a. A.** *ArbG Berlin* vom 16. 7. 1986 – 8 Ca 141/86 – AuR 1987, 32; für die Zulässigkeit bei berechtigtem Interesse des Arbeitgebers an geordneten Vermögensverhältnissen: *D/R* § 94 Rz. 14; für die Zulässigkeit der Frage erst nach der Einstellung: *G/L* § 94 Rz. 12; GK-*Kraft* § 94 Rz. 23; *Wohlgemuth* Datenschutz für Arbeitnehmer, 33; *D/K/K/S* § 94 Rz. 17).
Der Arbeitnehmer ist grundsätzlich verpflichtet, eine ihm zulässigerweise gestellte **15** Frage auch **wahrheitsgemäß** zu beantworten. Eine vorsätzliche falsche Angabe bei einer zulässigen Frage berechtigt zur Anfechtung des Arbeitsvertrages nach § 123 BGB (*BAG* vom 19. 5. 1983 – 2 AZR 171/81 – EzA § 123 BGB Nr. 23 m. Anm. *Wank* DB 1984, 298, 299). Voraussetzung ist allerdings, daß die fragliche Tatsache für die Einstellung des Bewerbers kausal war (vgl. *BAG* vom 22. 9. 1961 a. a. O. Rz. 10). Zum Wegfall des Anfechtungsrechts bei an sich bestehender Offenbarungspflicht des Arbeitnehmers (demnächst anzutretende Freiheitsstrafe) wegen zwischenzeitlicher Bewilligung des »Freigänger«-Status: *BAG* vom 18. 9. 1987 a. a. O. Rz. 12).

§ 94   4. Teil 5. Abschn. Personelle Angelegenheiten

2. Inhalt und Ausübung des Zustimmungsrechts

16 Die **Aufstellung** von Personalfragebogen bzw. Formulararbeitsverträgen bedarf der Zustimmung des Betriebsrates. § 94 begründet aber für den Arbeitgeber keine Pflicht, Personalfragebogen bzw. Formulararbeitsverträge aufzustellen. Der Betriebsrat kann nicht gegen den Willen des Arbeitgebers die Aufstellung eines besonderen Personalfragebogens oder Formulararbeitsvertrages verlangen und gegebenenfalls über die Einigungsstelle erzwingen. Der Betriebsrat hat daher **kein Initiativrecht**, Personalfragebogen oder Formulararbeitsverträge **einzuführen** oder bereits eingeführten einen **bestimmten Inhalt** zu geben (*LAG Düsseldorf* vom 24. 7. 1984 – 3 Ta BV 67/84 – BB 1985, 55 = DB 1985, 135; *LAG Frankfurt/ M.* vom 8. 1. 1991 – 5 TaBV 162/90 – LAGE § 94 BetrVG Nr. 1). Das Zustimmungsrecht des Betriebsrats bezieht sich lediglich auf den Inhalt von Personalfragebogen oder Formulararbeitsverträgen, nicht dagegen darauf, ob der Arbeitgeber Personalfragebogen oder Formulararbeitsverträge einführen will (*D/R* § 94 Rz. 18, 19 und 23; *G/L* § 94 Rz. 13 und 14; *GK-Kraft* § 94 Rz. 3).

17 Ein Mitbestimmungsrecht des Betriebsrats besteht nicht nur für die **erstmalig eingeführten Fragebogen bzw. Formulararbeitsverträge**, auch die **Änderung** bereits im Gebrauch befindlicher unterliegt der Mitbestimmung (*D/R* § 94 Rz. 20; *S/W* § 94 Rz. 4). Auch sog. »Altfragebögen« sind mitbestimmungspflichtig. Allerdings kann der Arbeitgeber sie für eine Übergangszeit zunächst weiterverwenden, wenn der Betriebsrat jahrelang nicht widerspricht (*BAG* vom 22. 10. 1986 – 5 AZR 660/ 85 – AP Nr. 2 zu § 23 BDSG m. Anm. *Däubler* = DB 1987, 1048). Der Arbeitgeber muß insoweit nicht die Initiative ergreifen (a. A.: *F/A/ K/H* § 94 Rz. 3; *D/K/ K/S* § 94 Rz. 22). Beruht die Zustimmung des Betriebsrats **nicht auf** einer **Betriebsvereinbarung, sondern** einer **Regelungsabrede**, kann der Betriebsrat diese – in entsprechender Anwendung des § 77 Abs. 5 BetrVG – nur insgesamt kündigen, nicht aber nur einzelne Fragen des (zugestimmten) Personalfragebogens angreifen (*LAG Frankfurt/M.* vom 8. 1 1991 – a. a. O. Rz. 15).

18 Beabsichtigt der Arbeitgeber, einen Personalfragebogen oder Formulararbeitsvertrag einheitlich im Unternehmen oder für mehrere Betriebe seines Unternehmens einzuführen, ist für die **Zuständigkeit des Gesamtbetriebsrats** (bejahend: *D/R* § 94 Rz. 32; *F/A/K/H* § 94 Rz. 12; *GK-Kraft* § 94 Rz. 5) entscheidend, ob ein zwingendes Erfordernis für eine einheitliche Regelung auf Unternehmensebene besteht. In aller Regel kann eine Einigung über den Inhalt von Personalfragebogen oder Formulararbeitsverträgen für jeden Betrieb gesondert erfolgen (*G/L* § 94 Rz. 19; *BAG* vom 23. 9. 1975 – 1 ABR 122/73 – EzA § 50 BetrVG 1972 Nr. 1 m. Anm. *Kittner* = DB 1976, 56; vgl. ferner die Anm. zu § 50).

III. Beurteilungsgrundsätze

I. Gegenstand des Mitbestimmungsrechts

19 Nach § 94 Abs. 2 hat der Betriebsrat weiterhin ein Mitbestimmungsrecht bei der **Aufstellung von allgemeinen Beurteilungsgrundsätzen**. Allgemeine Beurteilungsgrundsätze sind Regelungen, die die Bewertung des Verhaltens oder der Leistung der Arbeitnehmer verobjektivieren und nach einheitlichen, für die Beurteilung jeweils erheblichen Kriterien ausrichten sollen (*BAG* vom 14. 1. 1986 – 1 ABR 82/

83 – EzA § 95 BetrVG 1972 Nr. 11 = DB 1986, 1286 und vom 23. 10. 1984 – 1 ABR 2/83 – EzA § 94 BetrVG 1972 Nr. 1 = DB 1984, 2353; 1985, 495; *LAG Frankfurt/M.* vom 6. 3. 1990 – 5 Sa 1202/89 – DB 1991, 1027, wo ergänzend auch auf die Vergleichbarkeit der Beurteilungsergebnisse mitabgestellt ist). Wie sich aus der amtlichen Begründung (a. a. O. Rz. 1) ergibt, soll auch hier die Verwirklichung des Mitbestimmungsrechts der Objektivierung solcher Beurteilungsgrundsätze im Interesse der Arbeitnehmer dienen. Die Bewertung eines Arbeitnehmers soll nach objektiven und nach den für das Arbeitsverhältnis erheblichen Kriterien, dagegen weniger nach subjektivem Gutdünken durchgeführt werden. Sinn derartiger Beurteilungsgrundsätze ist es zu prüfen, ob der Arbeitnehmer entsprechend der jeweiligen Zielsetzung optimal gearbeitet hat, ob er für andere Funktionen geeignet ist und ob Maßnahmen der Fort- und Weiterbildung in Betracht kommen (*Raatz* DB 1972 Beilage Nr. 1; GK-*Kraft* § 94 Rz. 26).
Nicht aus § 94 Abs. 2 mitbestimmungspflichtig ist, ob im Einzelfall ein sog. **Assessment Center** als ergänzendes Hilfsmittel bei der Personalauswahl durchgeführt wird. Regelmäßig handelt es sich bei diesen um eine im Einzelfall an den Erfordernissen eines konkreten Arbeitsplatzes orientierte, das Bewerberverhalten im Rollenspiel ergänzend beurteilende Methode, der **keine allgemeinen Beurteilungsgrundsätze** zugrundeliegen (a. A., aber wohl von einem anderen Begriffsinhalt ausgehend: *F/A/K/H* § 94 Rz. 29 und *D/K/K/S* § 94 Rz. 9 unter Berufung auf *Schönfeld-Gennen* NZA 1989, 543). Insoweit gilt nichts anderes als bei der Einführung und Anwendung von **Führungsrichtlinien**. Nicht die Beurteilung als solche löst das Mitbestimmungsrecht aus, auch wenn Vorgesetzte unter bestimmten Voraussetzungen die Erfüllung der Arbeitsaufgaben für Beförderungsvorschläge berücksichtigen können, sondern nur, wenn darüber hinaus **allgemeine** Grundsätze aufgestellt werden, die diese Beurteilung näher regeln und gestalten (*BAG* vom 23. 10. 1984, vorzitiert).

1. **Beurteilungsgrundsätze** können z. B. sein: 20
Ein besonderes System der Auswertung von Bewerbungsunterlagen, Psychologischen Testverfahren (vgl. hierzu *Schmidt* DB 1974, 1910; *F/A/K/H* § 94 Rz. 28; *G/L* § 94 Rz. 28; GK-*Kraft* § 94 Rz. 30); nicht dagegen **Führungsrichtlinien** (*BAG* vom 23. 10. 1984 a. a. O. Rz. 18; **a. A.** *D/K/K/S* § 94 Rz. 33) und **Funktionsbeschreibungen** (*BAG* vom 14. 1. 1986 – 1 ABR 82/83 – EzA § 95 BetrVG 1972 Nr. 11 = DB 1986, 1286). Werden Beurteilungen mit Hilfe eines **Personalinformationssystems** nach allgemeinen (Beurteilungs-)Grundsätzen oder einer klassifizierenden Bewertungsskala z. B. für Zwecke der Personalentwicklungsplanung zu einem Gesamtbild verarbeitet, greift § 94 Abs. 2 ein (GK-*Kraft* § 94 Rz. 26; *S/W* § 94 Rz. 29; *F/A/K/H* § 94 Rz. 29; vgl. näher: Rz. 18).

2. **Grundmerkmale für Beurteilungsgrundsätze gewerblicher Arbeitnehmer** können z. B. das Arbeitsergebnis, die Arbeitsausführung, der Arbeitseinsatz und die Arbeitssorgfalt sein. 21
a) Beim **Arbeitsergebnis** kommt es auf das Leistungsverhalten durch Einsatz und Wirksamkeit,
b) bei der **Arbeitsausführung** auf die Güteleistung durch Einhaltung der vorgeschriebenen Qualität, der Arbeitsmethode, der Fertigungsvorschriften, der Ausschußhäufigkeit,
c) beim **Arbeitseinsatz** auf Selbständigkeit, Zuverlässigkeit, Aufsicht übertragener, verschiedener Arbeitsaufgaben, erforderliche Anleitung,
d) bei der **Arbeitssorgfalt** auf sachgemäße Behandlung der Betriebsmittel, sparsa-

§ 94 *4. Teil 5. Abschn. Personelle Angelegenheiten*

men Verbrauch von Energie, Werk- und Hilfsstoffen, Beachtung der Sicherheitsvorschriften usw. an.

22 3. Die **Grundmerkmale von Beurteilungsgrundsätzen der Angestellten** können noch weiter ausgebaut werden, z. B. wird man beim Arbeitseinsatz folgende Einzelmerkmale festlegen können:
a) **Aktivität,** d. h. zügige Erledigung übertragener Arbeitsaufgaben,
b) **Initiative,** d. h. eigener Antrieb bei der Durchführung von Arbeitsaufgaben,
c) **Gleichmäßigkeit,** d. h. Durchführung von Arbeitsaufgaben ohne nennenswerte Schwankungen,
d) **Belastbarkeit,** d. h. Befähigung, nach Art und Intensität unterschiedlichen Anforderungen gerecht zu werden,
e) **Einsatzfähigkeit,** d. h. vorübergehende Ausführungen anderer und/oder zusätzlicher Arbeitsaufgaben sowie, wenn notwendig, vielseitige Einsetzbarkeit (vgl. *Jobs* a. a. O. 147).

23 Bei der **Arbeitssorgfalt** können die einzelnen Merkmale wie folgt aussehen:
a) Gründlichkeit, d. h. Arbeitsaufgaben gewissenhaft zu erledigen,
b) Zuverlässigkeit, d. h. Arbeitsaufgaben richtig und termingerecht auszuführen,
c) kostengerechtes Verhalten, d. h. kostenorientierte und rationale Erledigung von Arbeitsaufgaben. Ein weiteres Grundmerkmal kann die Anwendung der Kenntnisse sein. In Betracht kommt auch als Einzelmerkmal die Beweglichkeit des Denkens, d. h. die Fähigkeit, sich auf veränderte Sachlagen, Probleme und Aufgaben rasch ein- und umzustellen. Ein weiteres Einzelmerkmal kann Überblick sein, d. h. Erkennen von Zusammenhängen, dann auch Erkennen und Beurteilen des Wesentlichen, d. h. Arbeitsvorgänge ihrer Wichtigkeit nach einzuordnen.

24 Als besonders wichtig hat sich in der betrieblichen Praxis das **Grundmerkmal Zusammenarbeit und personelle Wirksamkeit herausgestellt.** Hier wird man wieder folgende Einzelmerkmale unterscheiden können:
a) Informationsaustausch, d. h. sachdienlicher Informationsaustausch innerhalb und/oder außerhalb des Unternehmens,
b) Zusammenarbeit, d. h. aufgeschlossen sein für gemeinsame Lösungen von Arbeitsaufgaben
c) Überzeugungsfähigkeit, d. h. Fähigkeit, einen Sachverhalt klar verständlich auszudrücken und andere für seine Meinung zu gewinnen,
d) Führungsverhalten, d. h. Mitarbeiter zu überwachen, anzuweisen oder anzuleiten, zu beurteilen, zu fördern und weiterzubilden. Auch hier können differenzierte Beurteilungsstufen festgelegt werden. Die Beurteilung soll durch den Vorsitzenden oder die Personalstelle jährlich erfolgen.

25 Nicht zu den Beurteilungsgrundsätzen gehören **Stellenbeschreibungen** und **analytische Arbeitsplatzbewertungen,** da diese sich nicht auf die Person des Arbeitnehmers, sondern auf die Beschreibung des Arbeitsplatzes beziehen (*D/R* § 94 Rz. 39; *F/A/K/H* § 94 Rz. 6a; *G/L* § 94 Rz. 29; GK-*Kraft* § 94 Rz. 11; *S/W* § 94 Rz. 30; *D/K/K/S* § 94 Rz. 33). Ebenfalls nicht nach § 94 Abs. 2 zustimmungsbedürftig sind **Anforderungsprofile**, mit deren Hilfe die vom Arbeitgeber für den jeweiligen Arbeitsplatz geforderten fachlichen und personellen Voraussetzungen in einem nach einheitlichen Kriterien festgelegten Verfahren bestimmt werden (*BAG* vom 31. 5. 1983 – 1 ABR 6/80; vom 31. 1. 1984 – 1 ABR 63/81 – beide a. a. O. § 92 Rz. 13; *Wolff/Köppen* in *Jobs/Samland*, 75 und *Jobs* a. a. O., 147); auch nicht Regelungen, nach denen der Vorgesetzte nachgeordnete Mitar-

beiter unter bestimmten Voraussetzungen auf die Erfüllung ihrer Arbeitsaufgaben hin zu kontrollieren hat (*BAG* vom 23. 10. 1984 – 1 ABR 2/83 – a. a. O. Rz. 18).

Dem Mitbestimmungsrecht des Betriebsrats nach § 94 Abs. 2 unterliegt ferner **26** nicht die Gestaltung **ärztlicher Einstellungsuntersuchungsbögen** (vgl. die Anm. zu Rz. 4 m. w. N.; a. A. *D/K/K/S* § 94 Rz. 33).

Das Zustimmungsrecht des Betriebsrats besteht nur hinsichtlich **allgemeiner Beur- 27 teilungsgrundsätze.** Will also der Arbeitgeber für den ganzen Betrieb, für eine Betriebsabteilung oder für bestimmte Gruppen von Arbeitnehmern (z. B. gewerbliche Arbeitnehmer, Angestellte, Auszubildende) generell vor der Einstellung Prüfungen oder psychologische Testverfahren durchführen, um die persönliche und fachliche Qualifikation der Bewerber zu ermitteln, so muß er die Zustimmung des Betriebsrats einholen (*D/R* § 94 Rz. 38; *G/L* § 94 Rz. 31 und 34; *S/W* § 94 Rz. 31).

Beurteilungsgrundsätze aus einer Zeit, zu der noch **kein Betriebsrat** gewählt war, **28** werden nach der späteren Wahl im Grundsatz mitbestimmungspflichtig (*LAG Frankfurt/M.* v. 6. 3. 1990 – 5 Sa 1202/89 DB 1991, 1027). Zur Frage, wer dann die Initiative ergreifen muß vgl. Rz. 32.

Bei der **Durchführung der Beurteilung** im Einzelfall besteht kein Mitbestim- **29** mungsrecht – auch dann nicht, wenn der Arbeitgeber nur von Fall zu Fall bei einem bestimmten Bewerber einen Test vornimmt (*D/R* § 94 Rz. 51; *G/L* § 94 Rz. 31; *Meisel* 77; *S/W* § 94 Rz. 32). Zum Assessment Center als Hilfsmittel bei der Bewerberauswahl vgl. Rz. 19.

Beurteilungsgrundsätze, deren Ergebnisse unmittelbar die **Höhe des Arbeitsent- 30 geltes** beeinflussen, insbesonere für die Bemessung von Leistungszulagen, fallen unter § 87 Ziff. 10 und 11. Es gilt dann der Vorrang des Tarifvertrages (§ 87 Abs. 1 Einleitungssatz; ausführlich: *Jedzig* DB 1991, 757; *S/W* § 94 Rz. 30; *G/L* § 94 Rz. 36 teilw. abw. in Rz. 26). Entsprechende Regelungen sind teilweise von den Tarifvertragsparteien bereits festgelegt worden. Meist sind dann verschiedene Beurteilungsstufen eingeführt worden. Die Beurteilungen selber erfolgen in regelmäßigen Abständen, z. B. jährlich durch den dienstlichen Vorgesetzten, aber auch durch die Personalabteilung (*G/L* § 94 Rz. 36; *S/W* § 94 Rz. 30).

Wird im Verlaufe des Arbeitsverhältnisses ein **Mitarbeiter einer besonderen Eig- 31 nungsprüfung** nach klaren Richtlinien und Kriterien unterzogen, um etwa seine **Qualifikation für eine höhere Position** feststellen zu können, so dürfte ein Mitbestimmungsrecht bei der Aufstellung dieser Richtlinien gegeben sein. Nicht hierunter fallen jedoch Informationsgespräche allgemeiner Art, auch dann nicht, wenn der Personalleiter hierbei nach einer gewissen Systematik vorgeht und sich die eine oder andere Notiz macht. Bedient sich der Arbeitgeber eines **Personalinformationssystems** für Zwecke der **Personalentwicklungsplanung** und läßt er – etwa mit Hilfe eines speziellen Erhebungsbogens – alle Vorgesetzten anhand bestimmter Kriterien die Entwicklungschancen der jeweils unterstellten Mitarbeiter »einschätzen«, so unterliegen nur diese Kriterien und die abstrakten »Schätz«-Stufen der Mitbestimmung des Betriebsrats und zwar nur, soweit diese »Einschätzung« eine **Beurteilung bisheriger Leistungen** einschließt (im Grundsatz: *Zöllner* DB 1984, 241, 242; *D/R* § 94 Rz. 41; *F/A/K/H* § 94 Rz. 7; enger: *Wolf/Köppen* in *Jobs/Samland* 72 f.). Die konkrete **»Einschätzung«** eines Mitarbeiters ist **mitbestimmungsfrei** (zu Beurteilungen nach allgemeinen Grundsätzen im Einzelfall ebenso: *LAG Niedersachsen* vom 25. 2. 1980 – 3 TaBV 4/79 – EzA § 87 BetrVG 1972 Lohn und Arbeitsentgelt Nr. 12 = DB 1980, 1849; *D/R* § 94 Rz. 51; *G/L* § 94

§ 94 4. Teil 5. Abschn. Personelle Angelegenheiten

Rz. 31). Werden im Wege eines automatisierten **Profilabgleichs** das **Fähigkeits- und Eignungsprofil** des Arbeitnehmers und das **Anforderungsprofil** des zu besetzenden Arbeitsplatzes miteinander verglichen, so besteht auch dafür **kein Mitbestimmungsrecht** aus § 94 Abs. 2 sondern allenfalls aus § 87 Abs. 1 Nr. 6, weil es dabei nicht um die Feststellung materieller Beurteilungsmerkmale geht (**a. A.**: *F/A/K/H* § 94 Rz. 29). Die **Durchführung** einer **Beurteilung** in einem Einzelfall ist ohne Zustimmung des Betriebsrates möglich.

Fehlt es an einer Vereinbarung materieller Beurteilungskriterien zwischen Arbeitgeber und Betriebsrat im Bereich der allgemeinen unnd nach einheitlichen Kriterien festzulegenden »Fähigkeits- und Eignungsprofile« von Mitarbeitern, oder sind an diesen Kriterien die für Profilabgleiche verwendeten Programme noch nicht ausgerichtet, so unterliegt die Vornahme solcher automatisierter Profilabgleiche jedenfalls dann der Mitbestimmung, wenn die Festlegung materieller Beurteilungskriterien bereits mit der soft-ware des Personalinformationssystems vorgegeben ist und mithin vom System selbst bei Profilabgleichung bewerkstelligt wird (*Jobs* a. a. O. 147, 148; *D/R* § 94 Rz. 41; § 94 Rz. 29; GK-*Kraft* § 94 Rz. 26; *S/W* § 94 Rz. 29).

Ebenso wie bei der Verwendung von Personalfragebogen besteht schließlich auch bei der Aufstellung von Beurteilungsgrundsätzen für **leitende Angestellte** i. S. d. § 5 Abs. 3 kein Mitbestimmungsrecht des Betriebsrats (*D/R* § 94 Rz. 43; *G/L* § 94 Rz. 2 und 27). Anderes gilt jedoch bei **Leistungsbeurteilungsgrundsätzen für AT-Angestellte** (*BAG* vom 20. 12. 1988 – 1 ABR 63/87 – DB 1989, 1032, 1033).

2. Inhalt und Ausübung des Zustimmungsrechts

32 Ebenso wie bei Personalfragebogen und Formulararbeitsverträgen kann der Betriebsrat die Aufstellung von Beurteilungsgrundsätzen nicht erzwingen (vgl. die Anm. zu Rz. 16). Der Betriebsrat hat daher **kein Initiativrecht** (GK-*Kraft* § 94 Rz. 3). Er hat lediglich ein Vetorecht, wenn der Arbeitgeber allgemeine Beurteilungsgrundsätze einführen will (*D/R* § 94 Rz. 45; *G/L* § 94 Rz. 33, 34; *S/W* § 94 Rz. 26). Entgegen der Ansicht des *LAG Frankfurt/M.* (Urt. vom 6. 3. 1990 – 5 Sa 1202/89 – DB 1991, 1027) kann keine Rede davon sein, dem Betriebsrat werde insoweit – gesetzwidrig – eine »Initiativpflicht« zugeschoben, wenn von ihm erwartet wird, daß er der Weiterverwendung von **Beurteilungsgrundsätzen aus der Zeit vor der erstmaligen Betriebsratswahl** widersprechen müsse. Vielmehr ist es Sache des Betriebsrats zu entscheiden und kundzutun, ob er sein insoweit gegebenes Mitbestimmungsrecht (vgl. oben Rz. 28) ausüben will. Solange er nicht initiativ wird und der Weiterverwendung der alten Beurteilungsgrundsätze widerspricht, kann der Arbeitgeber davon ausgehen, es bestünden keine Bedenken gegen deren vorläufige Weiterverwendung (ebenso: *BAG* vom 22. 10. 1986 – 5 AZR 660/85 – AP Nr. 2 zu § 23 BDSG m. Anm. *Däubler* = DB 1987, 1048). Von daher besteht **kein Anspruch** auf **Entfernung von** auf diese Grundsätze geführten **Beurteilungen aus der Personalakte** (**a. A.**: *LAG Frankfurt* vom 6. 3. 1990 – vorzitiert).

33 Zur **Zuständigkeit** des Gesamtbetriebsrats vgl. oben Rz. 17. Kommt eine unternehmensweit gültige Vereinbarung mit dem Gesamtbetriebsrat zustande, bleiben gleichwohl die **örtlichen Betriebsräte für die Überwachung** der korrekten Durchführung zuständig (*BAG* vom 20. 12. 1988 – 1 ABR 63/87 – DB 1989, 1033; *Jedzig* DB 1991, 859, 863).

IV. Auswirkungen der Vereinbarung über Personalfragebogen, Formulararbeitsverträge und allgemeine Beurteilungsgrundsätze

Hat der Arbeitgeber in Personalfragebogen und Formulararbeitsverträgen **zulässige Fragen** gestellt, liegt aber die Zustimmung des Betriebsrats i. S. d. § 94 Abs. 1 nicht vor und ist auch durch die Einigungsstelle nicht ersetzt worden, wird dadurch die **Wirksamkeit** des **Arbeitsvertrages** nicht berührt. Die Vorschrift des § 94 ist eine betriebsverfassungsrechtliche Norm und betrifft das Verhältnis Arbeitgeber – Betriebsrat, kann jedoch keinen Einfluß auf die individualrechtlichen Beziehungen zwischen Arbeitnehmer und Arbeitgeber haben. Auch wenn der Arbeitgeber in diesem Fall seinen betriebsverfassungsrechtlichen Pflichten nicht nachgekommen ist, berechtigt eine vorsätzlich falsche Angabe bei einer individualrechtlich zulässigen Frage zur Anfechtung des Arbeitsvertrages. Dies gilt unabhängig davon, ob es sich um einen Arbeitnehmer des Betriebes oder um einen externen Bewerber handelt (*Heinze* a. a. O. Rz. 98, 10; GK-*Kraft* § 94 Rz. 32, **a. A.** *G/L* § 94 Rz. 15, 17; *F/A/K/H* § 94 Rz. 34). 34

Liegt die Zustimmung des Betriebsrats vor oder ist sie ersetzt worden und gibt der Arbeitnehmer auf eine **unzulässige Frage** eine wahrheitswidrige Antwort, so soll darin keine arglistige Täuschung liegen (so *BAG* vom 5. 12. 1957 – 1 AZR 594/56 – EzA § 123 BGB Nr. 1 = DB 1958, 227, 282; *Heinze* a. a. O. Rz. 100; *F/A/K/H* § 94 Rz. 3; **a. A.** *Misera* Anm. zu *BAG* vom 19. 5. 1983 – 2 AZR 171/81 – SAE 1984, 1973 ff.). Der Arbeitnehmer ist jedoch berechtigt, die Beantwortung solcher Fragen abzulehnen (*F/A/K/H* § 93 Rz. 2; *Misera* a. a. O.). 35

Für die Verwendung **allgemeiner Beurteilungsgrundsätze** gilt das Vorstehende entsprechend (vgl. *Heinze* a. a. O. Rz. 101, 98; **a. A.** teilw. *G/L* § 94 Rz. 34; ferner: *F/A/K/H* § 94 Rz. 34 [Anspruch des Arbeitnehmers auf Entfernung der Beurteilung bzw. Nichtverwendung für Beförderungsentscheidungen]). 36

V. Streitigkeiten

Erzielen Arbeitgeber und Betriebsrat keine Einigung über den Inhalt von Personalfragebogen, Formulararbeitsverträgen oder Beurteilungsgrundsätzen, so entscheidet auf Antrag des Arbeitgebers oder des Betriebsrats die **Einigungsstelle**. Der Spruch der Einigungsstelle ersetzt die Einigung zwischen Arbeitgeber und Betriebsrat (§ 94 Abs. 1 und 2). Unzuständig ist die Einigungsstelle zur Klärung der Frage, ob in einem Personalfragebogen nach dem Bestehen einer Schwangerschaft gefragt werden kann, da es insoweit um eine reine Rechtsfrage geht (*LAG Düsseldorf* vom 24. 7. 1984 – 3 Ta BV 67/84 – DB 1985, 134, 135; im Ergebnis: *LAG Frankfurt/M.* vom 8. 1. 1991 – a. a. O. Rz. 11). In aller Regel wird es sich um eine solche Rechtsentscheidung (und nicht um eine Regelungsentscheidung) handeln, die der arbeitsgerichtlichen Kontrolle unterliegt und für die die zur Anfechtung eines Einigungsvorschlages einzuhaltende Zweiwochenfrist des § 76 Abs. 5 Satz 4 nicht gilt (*D/R* § 94 Rz. 56; *S/W* § 94 Rz. 2). 37

Hat der Betriebsrat seine **Zustimmung zu Personalfragebögen**, persönlichen Angaben in Arbeitsverträgen oder allgemeinen Beurteilungsgrundsätzen gegeben, so kann er diese **nicht widerrufen**, da die Zustimmung mit dem Zugang beim Arbeitgeber bindend wird (vgl. auch § 102 Rz. 97; *D/R* § 94 Rz. 29, 50; GK-*Kraft* § 94 Rz. 29; **a. A.** *D/K/K/S* § 94 Rz. 22). Der Betriebsrat kann aber die Zustimmungs- 38

§ 95   4. Teil 5. Abschn. Personelle Angelegenheiten

erklärung nach §§ 119ff. BGB bei Vorliegen der Voraussetzungen anfechten (**a.A.** und für eine entsprechende Anwendung des § 77 Abs. 5 BetrVG (Kündigung der Betriebsvereinbarung oder Regelungsabrede insgesamt): *D/R* § 94 Rz. 30, 50; *G/L* § 94 Rz. 18, 34; GK-*Kraft* § 94 Rz. 27; *Heinze* a.a.O. Rz. 102; *LAG Frankfurt/M.* vom 8.1.1991 – a.a.O. Rz. 11). Stellt sich nachträglich heraus, daß der Personalfragebogen, dem der Betriebsrat zugestimmt hat, unzulässige Fragestellungen enthält, so kann der Betriebsrat allerdings eine Korrektur durch den Arbeitgeber verlangen (ähnlich *S/W* § 94 Rz. 3).

§ 95 Auswahlrichtlinien

(1) Richtlinien über die personelle Auswahl bei Einstellungen, Versetzungen, Umgruppierungen und Kündigungen bedürfen der Zustimmung des Betriebsrats. Kommt eine Einigung über die Richtlinien oder ihren Inhalt nicht zustande, so entscheidet auf Antrag des Arbeitgebers die Einigungsstelle. Der Spruch der Einigungsstelle ersetzt die Einigung zwischen Arbeitgeber und Betriebsrat.
(2) In Betrieben mit mehr als 1 000 Arbeitnehmern kann der Betriebsrat die Aufstellung von Richtlinien über die bei Maßnahmen des Absatzes 1 Satz 1 zu beachtenden fachlichen und persönlichen Voraussetzungen und sozialen Gesichtspunkte verlangen. Kommt eine Einigung über die Richtlinien oder ihren Inhalt nicht zustande, so entscheidet die Einigungsstelle. Der Spruch der Einigungsstelle ersetzt die Einigung zwischen Arbeitgeber und Betriebsrat.
(3) Versetzung im Sinne dieses Gesetzes ist die Zuweisung eines anderen Arbeitsbereichs, die voraussichtlich die Dauer von einem Monat überschreitet, oder die mit einer erheblichen Änderung der Umstände verbunden ist, unter denen die Arbeit zu leisten ist. Werden Arbeitnehmer nach der Eigenart ihres Arbeitsverhältnisses üblicherweise nicht ständig an einem bestimmten Arbeitsplatz beschäftigt, so gilt die Bestimmung des jeweiligen Arbeitsplatzes nicht als Versetzung.

Literaturübersicht

Fritz Die Auswahlrichtlinien bei der Kündigung gemäß § 95 BetrVG, Diss. Gießen, 1978; *Fenski* Zur Zulässigkeit von Punktetabellen bei der Sozialauswahl im Rahmen einer betriebsbedingten Kündigung, DB 1990, 1917; *Gift* Mitbestimmung und soziale Auswahl zu Entlassender, ZfA 1974, 123; *Gola* Die Mitwirkung des Datenschutzbeauftragten bei der Personalauswahl, BB 1979, 581; *Kraft/Kreutz* Zur Vorlage von Lohn- und Gehaltslisten an den Betriebsrat – zugleich ein Beitrag zum Begriff »Umgruppierung« im Sinne des § 60 Abs. 2 BetrVG, ZfA 1971, 47; *Löwisch* Arbeitsrechtliche Fragen von AIDS-Erkrankung und AIDS-Infektion, DB 1987, 936ff.; *Nyses* Auswahlkriterien, Auswahlschema und Auswahlrichtlinien, DB 1983, 2414; *Peltzer* Personalplanung, innerbetriebliche Stellenausschreibung, Personalfragebogen und Auswahlrichtlinien (§§ 92ff. BetrVG 72), DB 1972, 1164; *Rehhahn* Auswahlrichtlinien nach dem Betriebsverfassungsgesetz, BetrR 1972, 491; *ders.* Die Aufstellung von Auswahlrichtlinien nach dem Betriebsverfassungsgesetz, MitGespr. 1973, 30; *Reuter/Streckel* Grundfragen der betriebsverfassungsrechtlichen Mitbestimmung, 1973, 36; *Rumpff* Die mitbestimmungsrechtliche Lage bei Verlegung von Arbeitnehmern von einem Betrieb zu einem anderen Betrieb desselben Unternehmens, BB 1973, 707; *Schmidt* Mitbestimmungsrecht des Betriebsrats bei der Verwendung psychologischer Testverfahren, DM 1974, 1910; *Weller* Betriebliche und Tarifvertragliche Regelungen, die sich auf die soziale Auswahl nach § 1 Abs. 3 KSchG auswirken, RdA 1986, 222 ff.; *Wiese* Genetische Analyse bei Arbeitnehmern, RdA 1986, 120 ff.; *Zöllner* Auswahlrichtlinien für Personalmaßnahmen, in: FS für *G. Müller*, 1981, 665.

Inhaltsübersicht

		Rz.
I.	Allgemeines	1, 2
II.	Begriff und Inhalt der Auswahlrichtlinien	3–35
	1. Begriff der Auswahlrichtlinien	4–15
	2. Einstellungsrichtlinien	16–21
	3. Versetzungs- und Umgruppierungsrichtlinien	22–28
	4. Kündigungsrichtlinien	29–35
III.	Zustimmungs- und Mitbestimmungsrecht des Betriebsrats	36–45
	1. Zustimmungsrecht des Betriebsrats in Betrieben bis zu 1 000 Arbeitnehmern	36–41
	2. Mitbestimmungsrecht des Betriebsrats in Betrieben mit mehr als 1 000 Arbeitnehmern	42–44
	3. Auswirkungen der Auswahlrichtlinien	45
IV.	Anrufung der Einigungsstelle	46
V.	Begriff der Versetzung	47
VI.	Streitigkeiten	48

I. Allgemeines

Nach § 95 Abs. 1 bedürfen Richtlinien über die personelle Auswahl bei Einstellungen, Versetzungen, Umgruppierungen und Kündigungen **in Betrieben bis zu tausend Arbeitnehmern der Zustimmung** des Betriebsrats. Mit der Beteiligung des Betriebsrats bei der Aufstellung solcher Richtlinien soll einerseits eine weitgehende Transparenz der über die personelle Maßnahmen angewandten Grundsätze und andererseits eine Versachlichung dieser Grundsätze erreicht werden (amtl. Begr. BT-Drucks. VI/1786, 50, 32). Im Interesse des Betriebsfriedens und einer gerechteren Behandlung der Arbeitnehmer sollen also personelle Entscheidungen durchschaubarer und übersichtlicher gemacht werden. Die Auswahlrichtlinien sollen jedoch die Entscheidung des Arbeitgebers nicht ersetzen, sondern nur an objektive Kriterien binden (Aussch. Ber. zu BT-Drucks. VI/2729, 5). 1

In Betrieben mit mehr als tausend Arbeitnehmern kann der Betriebsrat die Aufstellung von Auswahlrichtlinien verlangen, in denen die sachlichen und persönlichen Voraussetzungen sowie die sozialen Gesichtspunkte festgelegt sind. In Betrieben dieser Größenordnung kann daher der Betriebsrat in Zukunft die unternehmerische Personalwirtschaft weitgehend beeinflussen. Auch wenn der Arbeitgeber sich einer zu starken Einflußnahme des Betriebsrats widersetzt, kann der Betriebsrat über die Einigungsstelle seine Ziele weiterverfolgen. Dadurch wird die Personalpolitik in wesentlichen Bereichen aus der Hand des Unternehmers in die Hand der Einigungsstelle gelegt. Die Entscheidungs- und Handlungsfähigkeit der Unternehmensführung auf diesem außerordentlich wichtigen Gebiet wird empfindlich beeinträchtigt (*Krüger* 39 ff.). Die Betriebsratsmehrheit kann also mit Hilfe der Einigungsstelle dem Arbeitgeber verbindlich vorschreiben, nach welchen fachlichen, persönlichen und sozialen Voraussetzungen er seine Mitarbeiter 2

§ 95   4. Teil 5. Abschn. Personelle Angelegenheiten

auszuwählen hat. Mit Recht hat *Galperin* (DB 1971, 38) darauf hingewiesen, daß die im Grundgesetz gewährleistete unternehmerische Freiheit damit in einem entscheidenden Punkt, nämlich in der Auswahl der Mitarbeiter, aufgehoben bzw. derart weitgehend ausgehöhlt wird, daß man von einer **verfasssungswidrigen Regelung** sprechen muß (Verstoß gegen Art. 2 und 12 GG, aber auch im Hinblick auf die Zwangsschlichtung durch die Einigungsstelle; Verstoß gegen Art. 2, 18, 20 Abs. 1, 28 Abs. 1 GG). Diese von **Hanau** (BB 1971, 485), **Richardi** (DB 1970, 880 und BB 1971, 630) sowie **Zöllner** (FS für G. Müller 1981, 665, 670) geteilten Bedenken haben sie in der Rechtspraxis nicht durchgesetzt und werden deshalb – abweichend von der Vorauflage – aufgegeben (zusammenfassend hierzu: GK-*Kraft* § 95 Rz. 25, 26).

II. Begriff und Inhalt der Auswahlrichtlinien

3   Es ist zu **differenzieren** zwischen:
a) Auswahlrichtlinien bei der Einstellung von Mitarbeitern,
b) Richtlinien für Versetzungen, Umgruppierungen,
c) Richtlinien für Kündigungen.

1. Begriff der Auswahlrichtlinien

4   **Auswahlrichtlinien** sind **Grundsätze**, mit deren Hilfe bei personellen Einzelmaßnahmen, für die **mehrere Arbeitnehmer** oder Bewerber in Frage kommen, eine **Entscheidung gefunden** werden soll (GK-*Kraft* § 95 Rz. 2; *Zöllner* a. a. O. 665, 667 ff.; weitergehend: *F/A/K/H* § 95 Rz. 4). Generell geht es bei diesen Auswahlrichtlinien darum, die als **Auswahlkriterien** zu beachtenden fachlichen und persönlichen Voraussetzungen und sonstigen (z. B. sozialen) Gesichtspunkte festzulegen, nach denen allein oder neben sonstigen Umständen über die personelle Einzelmaßnahme zu entscheiden ist (*BAG* vom 31. 1. 1984 – 1 ABR 63/81 – EzA § 95 BetrVG 1972 Nr. 7 = DB 1984, 1199). **Zweck der Richtlinien** ist festzulegen, unter welchen Voraussetzungen Einstellungen und Versetzungen, aber auch Kündigungen erfolgen sollen, um dadurch die jeweilige Personalentscheidung zu versachlichen und durchschaubar zu machen (*BAG* vom 31. 5. 1983 – 1 ABR 6/80 – EzA § 95 BetrVG 1972 Nr. 6 = DB 1983, 2311; *Zöllner* a. a. O. 670). Zwar verlangt das Gesetz bei Auswahlrichtlinien nicht die Wahrung der **Schriftform**, sie ist aber aus praktischen Gründen nicht verzichtbar (*G/L* § 95 Rz. 4 a; § 95 Rz. 7; GK-*Kraft* § 95 Rz. 5; *Zöllner* a. a. O. 673, Fn. 29; *S/W* § 95 Rz. 8). Mithin kann Auswahlrichtlinie auch eine einseitig aufgestellte Regelung mit formloser Zustimmung des Betriebsrats (Regelungsabrede) sein (*Zöllner* a. a. O. 673; GK-*Kraft* § 95 Rz. 5). Das bedeutet, daß auch ein **EDV-Programm** zumindest dann der Beteiligung nach § 95 unterliegt, wenn es eine Auswahlrichtlinie enthält (GK-*Kraft* § 95 Rz. 5; weitergehend: *F/A/K/H* § 95 Rz. 8; *D/K/K/S* § 95 Rz. 10; einschränkend: *Zöllner* a. a. O. 672, 675).

5   Das Gesetz enthält **keine Begriffsbestimmung** der »Auswahlrichtlinien«. Da nur von »Richtlinien« und nicht »Auswahlregeln« die Rede ist, unterliegen auch nur die Grundsätze, nicht aber alle Einzelheiten der Auswahl dem Mitbestimmungsrecht des Betriebsrats aus § 95 Abs. 1 und seinem Initiativrecht aus § 95 Abs. 2.

§ 95 Auswahlrichtlinien

Zöllner hat dies überzeugend dargelegt (a.a.O. 668ff.; *ders.* DB 1984, 241, 242; *Löwisch* Anm. zu *BAG* AP Nr. 2 und 3 zu § 95 BetrVG 1972; *Müllner* BB 1984, 475, 476; GK-*Kraft* § 95 Rz. 6ff.). Bei derartigen »Richtlinien« handelt es sich nicht um Betriebsvereinbarungen i. S. d. § 77 Abs. 2, sondern um betriebsverfassungsrechtliche Abreden besonderer Art (so mit Recht unter Hinweis auf die unterschiedliche gesetzliche Regelung in § 99 Abs. 2 Nr. 1 bzw. Nr. 2 noch *Kraft* in GK-*Kraft*, 3. Bearb. 1982, § 95 Rz. 6; anders jetzt GK-*Kraft* § 95 Rz. 6; wie hier: *Zöllner* a.a.O. 668). Für die Richtigkeit dieser Ansicht sprechen die im Verhältnis zu einer Betriebsvereinbarung eingeschränkten Normwirkungen einer Auswahlrichtlinie, die gerade nicht unmittelbar auf das Einzelarbeitsverhältnis einwirkt, sondern lediglich Arbeitgeber und Betriebsrat schuldrechtlich verpflichtet (ausführlich: *Zöllner* a.a.O. 673ff.). Von daher ist *Zöllner* auch zuzustimmen, daß immer nur **Präferenzregeln** und **nicht Maßnahmevoraussetzungen** den Inhalt von Auswahlrichtlinien bilden (*Zöllner* a.a.O. 675, 676; *Löwisch* Anm. zu *BAG* a.a.O.; **a.A.** *D/R* § 95 Rz. 15; offengelassen in *BAG* vom 31. 5. 1983 a.a.O. unter b II 3 der Gründe). Präferenzregel bedeutet eine Regel, nach der die Auswahl in dem Fall getroffen wird, daß mehrere Bewerber oder Mitarbeiter von einer Entscheidung betroffen sind. Danach steht auch bei vorhandener Auswahlrichtlinie dem Arbeitgeber frei, die Mindestvoraussetzungen zu bestimmen, ohne deren Erfüllung er eine personelle Einzelmaßnahme nicht vornehmen will, oder einen Arbeitnehmer einzustellen, der zwar die für den betreffenden Arbeitsplatz zu treffende Auswahlrichtlinie nicht erfüllt, aber der einzige Bewerber überhaupt ist (*Löwisch* a.a.O.; *Zöllner* a.a.O. 678; im Ergebnis wohl auch *G/L* § 95 Rz. 12).

Abzulehnen ist die **Auffassung** des **Bundesarbeitsgerichts**, von einer »Richtlinie« 6 könne allenfalls dann ausgegangen werden, wenn der Arbeitgeber sich generell dahin entschiede, künftig keinen Arbeitsplatz mehr mit einem Arbeitnehmer zu besetzen, der die in den Anforderungsprofilen festgelegten Qualifikationsmerkmale der Stelle nicht erfülle (so *BAG* vom 31. 5. 1983 a.a.O. unter B II 4 der Gründe; ablehn. *Löwisch* Anm. zu *BAG* a.a.O. unter Hinweis darauf, daß wegen des **Präferenzregelcharakters** der Auswahlrichtlinien der Arbeitgeber sehr wohl derartige **Mindestqualifikationen** für einen Arbeitsplatz außerhalb des § 95 verlangen könne. Andererseits folgt aus deren »Richtlinien«- (und nicht »Regel«-Qualität, daß zu den zustimmungsbedürftigen Auswahlrichtlinien **nur die allgemeinen**, an bestimmte Gruppen von Arbeitsplätzen gestellten fachlichen und persönlichen **Voraussetzungen** gehören (*Zöllner* a.a.O. 677, 678; *Löwisch* a.a.O.). Demnach sind Anforderungsprofile allenfalls aus § 95 mitbestimmungspflichtig oder zustimmungsbedürftig, soweit sie allgemein fachliche und persönliche Voraussetzungen festlegen und der Arbeitgeber diese Richtlinien förmlich bei Entscheidungen über personelle Einzelmaßnahmen zugrunde legen will. Keine Mitbestimmungspflichtigkeit besteht, soweit diese Anforderungsprofile arbeitsplatzspezifische Detailregelungen enthalten oder die Anforderungsprofile, zum Beispiel im Hinblick auf eine bereits vorhandene Auswahlrichtlinie, bei Auswahlentscheidungen keine Verwendung finden (*Löwisch* a.a.O., wohl auch GK-*Kraft* § 95 Rz. 29, 30).

Ungeachtet dieser **Beschränkung** des **Inhalts** von Auswahlrichtlinien können die 7 für Betriebsvereinbarungen in § 77 vorgesehenen Regeln teilweise sinngemäß für Auswahlrichtlinien herangezogen werden (*G/L* § 95 Rz. 17; Einzelheiten unter Rz. 31ff.). Diese Inhaltsbeschränkung gilt gleichermaßen für das in § 95 Abs. 1 geregelte Zustimmungsrecht bei »Richtlinien über die personelle Auswahl« wie auch bei dem in § 95 Abs. 2 geregelten mitbestimmungsförmigen »Initiativrecht

§ 95   4. Teil 5. Abschn. *Personelle Angelegenheiten*

über die bei (personellen) Maßnahmen des Abs. 1 Satz 1« zu beachtenden »fachlichen und persönlichen Voraussetzungen und sozialen Gesichtspunkte«. Bereits von diesem Wortlaut des Gesetzes her ist mithin § 95 Abs. 1 etwas umfassender als § 95 Abs. 2. Dieser Unterschied wirkt sich allerdings nur bei der Frage aus, in welchem Umfang auch das **Auswahlverfahren** in einer Auswahlrichtlinie geregelt werden kann. Das ist lediglich für Richtlinien nach § 95 Abs. 1 zu bejahen. Eine **Auswahl-Verfahrens-Regelung** kann also nicht über § 95 Abs. 2 Satz 2 *erzwungen* werden (*Zöllner* a. a. O. 679, 681; GK-*Kraft* § 95 Rz. 14, 19; zur **Verfahrensregelung** ebenso: *G/L* § 95 Rz. 26 und ferner unten Rz. 36; teilw. abweich. *D/R* § 95 Rz. 9, 10; *Heinze* a. a. O. Rz. 67; *Hunold* DB 1976, 98 [102] *Weller* RdA 1986, 222, 226, 227 offengelassen: *BAG* vom 31. 5. 1983 a. a. O.). Zu den Begriffen der Einstellung, Umgruppierung, Versetzung und Kündigung vgl. § 99 Rz. 15 ff. und § 102 Rz. 14 f.

8 Im Rahmen des § 95 muß wegen der Einordnung der Auswahlrichtlinien als Präferenz-Regeln eine **Wahlmöglichkeit** zwischen mehreren Arbeitnehmern bestehen (*Zöllner* a. a. O. 678; **a. A.** *BAG* vom 31. 5. 1983 a. a. O. unter B II 3 Gründe). Betriebliche oder wirtschaftliche Gründe für eine bestimmte Personalbeschaffungs- oder Personalabbau-Planung können allenfalls als vorgegebene Größen von mittelbarem Einfluß auf den Inhalt der Auswahlrichtlinien sein (*D/R* § 95 Rz. 9). Insoweit besteht höchstens ein Beratungsrecht nach § 92 Abs. 1 Satz 2.

9 **Auswahlrichtlinien** müssen eine **abstrakt generelle Regelung** für mehrere Abteilungen, Arbeitsbereiche oder Gruppen von Arbeitsplätzen enthalten, die für gleichartige zukünftige Fälle gelten sollen (*G/L* § 95 Rz. 4; GK-*Kraft* § 95 Rz. 2; *Zöllner* a. a. O. 674, 675; *Weller* RdA 1986, 222, 225). Nur bei einem solchen abstrakten Regelungsansatz im Sinne eines prinzipiellen Geltungsanspruchs für gleichgelagerte zukünftige Fälle kann die **Richtlinie nach § 95 Abs. 2** erzwingbar sein. Dafür läßt sich zum einen der von Zöllner hervorgehobene systematische Gesichtspunkt anführen, daß sonst in zu weitgehendem Umfang konkrete Einzelumstände einbezogen werden könnten, was mit dem »Richtlinien«-Charakter unvereinbar wäre (*Zöllner* a. a. O. 674, 675 Fn. 39). Zwingend für diese Lösung spricht aber die ansonsten naheliegende Gefahr, daß Interessenausgleichsverhandlungen bei beabsichtigtem Personalabbau regelmäßig vom Betriebsrat mit Verhandlungen über eine (auf diese Maßnahme bezogene) Kündigungsrichtlinie »kombiniert« werden könnten, mit dem Ziel, diese – und gegebenenfalls damit mittelbar den Interessenausgleich – erzwingen zu können. Daß dies mit dem Zweck der in § 112 Abs. 2 und 4 vorgesehenen Regelung unvereinbar wäre, liegt auf der Hand. Das übersieht aber die Gegenansicht (*Weller* RdA 1986, 222, 225), die insbesondere »Detailregelungen« zu Auswahlrichtlinien dem Arbeitgeber nicht allein überlassen will, weil damit zu dessen Gunsten ein »Freiraum« bei der sozialen Auswahl entstünde, wobei noch ergänzend auf »Abgrenzungsschwierigkeiten« hinzuweisen sei. Über eine solchermaßen mitbestimmungspflichtige Detailregelung wäre die aus § 112 gegebene Mitbestimmungsfreiheit des Interessenausgleichs indes erheblich gefährdet, während die grundsätzliche Funktion von Auswahlrichtlinien über Kriterien das Sozialauswahl-Ermessen des Arbeitgebers einzuengen, voll erhalten bliebe.

»Auswahlrichtlinien« bei einer **konkreten Betriebsänderung** sind für einen Interessenausgleich **nicht erzwingbar**. Soweit in einem Interessenausgleich freiwillig Auswahlkriterien für Kündigungen vereinbart werden, binden diese die Arbeitsgerichte, sofern gewisse kündigungsrechtliche Grundvoraussetzungen gewahrt

§ 95

sind (*BAG* vom 20. 10. 1983 – 2 AZR 211/82 – EzA § 1 KSchG 1969 Betriebsbedingte Kündigung Nr. 28 m. Anm. *Kraft* = DB 1984 563; näheres unten Rz. 25 f.). Auswahlrichtlinien können nicht – abweichend von geltenden Tarifverträgen und Gesetzen – neue Entscheidungsgrundlagen schaffen, sondern nur **vorhandene Ermessensspielräume eingrenzen**, aber nicht gänzlich beseitigen (GK-*Kraft* § 95 Rz. 16; *Zöllner* a.a.O. 669, 670). Die Bedeutung der Auswahlrichtlinien liegt darin, daß sie unter Beachtung der Besonderheiten des jeweiligen Betriebes eine **Vorausplanung** zulassen, nach welchen Auswahlkriterien bei notwendig werdenden Personalmaßnahmen zu verfahren ist (*BAG* vom 18. 1. 1990 – 2 AZR 357/88 – DB 1990, 1335, 1336; *Fenski* DB 1990, 1917). So können Auswahlrichtlinien unter bestimmten Voraussetzungen im Rahmen des § 1 Abs. 3 Satz 1 KSchG wesentliche Gesichtspunkte nach objektiven Merkmalen, etwa in Form einer **Punktetabelle** näher umschreiben und damit für Arbeitgeber, Betriebsrat und Arbeitnehmer die Frage der richtigen sozialen Auswahl durchschaubar machen (*BAG* vom 18. 1. 1990 – vorzitiert – DB 1990, 1336; ferner *BAG* vom 11. 3. 1976 – 2 AZR 43/75 – EzA § 95 BetrVG 1972 Nr. 1 m. Anm. *Gamillscheg* = DB 1976, 1470; vor allem *BAG* vom 20. 10. 1983 – 2 AZR 211/82 – a.a.O. Rz. 9, das dem Arbeitgeber und dem Betriebsrat einen Ermessensspielraum zur Vereinbarung sozialer Gesichtspunkte in einer Auswahlrichtlinie unter der Voraussetzung zugesteht, daß dabei die **drei Grunddaten** Betriebszugehörigkeit, Lebensalter und Unterhaltsverpflichtungen »in erheblichem und ausgewogenem Maße berücksichtigt werden; ebenso jetzt: *BAG* vom 15. 6. 1989 – 2 AZR 580/88 – DB 1990, 380). Dabei wird mit Recht empfehlend auf das Auswahlrichtlinien-Muster von *Neyses* (DB 1983, 2414) hingewiesen. Mindestens als Instrument zur beiderseits bindenden »**Vorauswahl**« sind derartige Punktesysteme in Auswahlrichtlinien zulässig und unter dem Aspekt, mehr innerbetriebliche Entscheidungs-Transparenz zu schaffen, auch nützlich (*BAG* vom 18. 1. 1990 – vorzitiert – DB 1990, 1336; ausführlich *Fenski* DB 1990, 1917; F/A/K/H § 95 Rz. 19; GK-*Kraft* § 95 Rz. 35; teilw. einschränkend *Zöllner* a.a.O. 671, 673 Fn. 28 und für den Fall von Massenentlassungen *Preis* DB 1984, 2244, 2249; ohne Stellungnahme *Falkenberg* DB 1984, 1984, 1987; vgl. auch unten Rz. 29 ff.).

Keine Auswahlrichtlinien sind **Stellenausschreibungen** oder die betriebliche Vereinbarung über einen Fristenrahmen für den Aushang von innerbetrieblichen Stellenausschreibungen (*BAG* vom 18. 11. 1980 – 1 ABR 63/78 – a.a.O. § 93 Rz. 5; ferner *BAG* vom 27. 5. 1982 – 6 ABR 105/79 – EzA § 83 ArbGG 1979 Nr. 1 = DB 1982, 2410, 2411). Erst recht ist die einzelne Ausschreibung konkreter Stellen nicht aus § 95 zustimmungsbedürftig (G/L § 95 Rz. 4; *Zöllner* a.a.O. 675). Auch **Arbeitsplatz- und Stellenbeschreibungen** sind keine Auswahlrichtlinien; sie gehören dem Inhalt nach zur Personalplanung und können – bei Beachtung der Unterrichtungspflichten aus § 92 – vom Arbeitgeber frei gestaltet werden (*BAG* vom 31. 1. 1984 – 1 ABR 63/81 – a.a.O. Rz. 4; D/R § 95 Rz. 18; *Jobs* a.a.O. 148).

Anforderungsprofile, mit deren Hilfe der Arbeitgeber **auf der Grundlage von Stellenbeschreibungen** in einem formalisierten Verfahren die aufgabenorientierten Anforderungen an die jeweiligen Stelleninhaber nach einheitlichen Kriterien ermittelt und festlegt, sind als Mittel der Personalentwicklungs- und Personalbedarfsplanung ebenfalls **nicht** nach § 95 **beteiligungspflichtig** (*BAG* vom 31. 5. 1983 – 1 ABR 6/80 – a.a.O. § 92 Rz. 13; *BAG* vom 31. 1. 1984 – 1 ABR 63/81 – a.a.O. Rz. 4; beide mit zu den Anforderungsprofilen teilweise ablehnender Anmerkung von *Löwisch* bei AP Nr. 2 a.a.O.; *Zöllner* a.a.O., 677; *Jobs* a.a.O. 149; **a.A.**

§ 95   4. Teil 5. Abschn. Personelle Angelegenheiten

F/A/K/H § 95 Rz. 8; *D/R* § 95 Rz. 15; *D/K/K/S* § 95 Rz. 6). Anforderungsprofile sind nach der zutreffenden Ansicht des *Bundesarbeitsgerichtes* (a. a. O.) nicht identisch mit den gegebenenfalls im Wege einer betrieblichen Einigung oder im Falle des § 95 Abs. 2 evtl. durch die Einigungsstelle festzulegenden fachlichen und persönlichen Voraussetzungen und den daneben berücksichtigungsfähigen sonstigen (z. B. sozialen) Gesichtspunkten in einer Auswahlrichtlinie, die der Arbeitnehmer erfüllen muß. Anforderungsprofile enthalten dagegen Voraussetzungen, die der Arbeitgeber für eine bestimmte Stelle als seiner Ansicht nach erforderlich festlegt (**a. A.** *D/K/K/S* § 95 Rz. 6).

13 Sog. **Funktionsbeschreibungen** (mit den verfolgten Zielsetzungen: Hilfsmittel bei der Leistungsbeurteilung; transparentere und geschlossenere Gehaltspolitik; Grundlage einer systematischen Personalförderung und -entwicklung; Ordnungskriterien für Statistiken und Personalplanung; Information für Bewerber) sind weder bei ihrer Erstellung schon als Beurteilungsgrundsätze nach § 94 Abs. 2 mitbestimmungspflichtig, noch handelt es sich insbesondere um aus § 95 der Mitbestimmung unterworfene Auswahlrichtlinien (*BAG* vom 14. 1. 1986 – 1 ABR 82/83 = EzA § 95 BetrVG 1972 Nr. 11 = DB 1986, 1286). Sie besagen selbst nicht dazu, welcher Tarifgruppe oder Gehaltsbandbreite der jeweiligen Funktionsträger zuzuordnen ist und enthalten auch keine Anforderungen zu den fachlichen und persönlichen Voraussetzungen (**a. A.** *D/K/K/S* § 95 Rz. 8).

14 Auch die Formulierung der Fragen an die jeweiligen Bewerber und die Auswahl der Fragen und konkreten Tests im Rahmen eines sog. **Assessment Center** sind – mangels Abstraktheit der dabei in der Regel auf einen konkreten Arbeitsplatz zugeschnittenen Fragestellungen – nicht am § 95 als Auswahlrichtlinie mitbestimmungspflichtig (**a. A.** *D/K/K/S* § 95 Rz. 10). **Regelanfragen bei Verfassungsschutzbehörden** sind Teil des Anforderungsprofils und als Qualifikationsvoraussetzung nicht aus § 95 mitbestimmungspflichtig (ausführlich und überzeugend: *Buchner* NZA 1991, 577, 592, 593; **a. A.** *D/K/K/S* § 95 Rz. 9).

15 Die Personaldatenverarbeitung im Rahmen eines **Personalinformationssystems** unterliegt nur ausnahmsweise und in engen Grenzen der Beteiligung des Betriebsrates aus § 95. Das entscheidungsvorbereitende Ermitteln und Speichern von Daten mit Hilfe einer EDV-Anlage ist noch keine Auswahlrichtlinie (*F/A/K/H* § 95 Rz. 8; *Jobs* a. a. O. 149; *Müllner* BB 1984, 475, 476; *Söllner* DB 1984, 1243; *Zöllner* a. a. O. 672, 673; **a. A.** *Klebe/Schumann* AuR 1983, 40, 43; *D/K/K/S* § 95 Rz. 10). Selbst wenn das Personalinformationssystem den für einen bestimmten Arbeitsplatz **bestgeeigneten Arbeitnehmer in einem Einzelfall** (vor-)ermittelt, unterliegt dieser Vorgang nicht dem Mitbestimmungsrecht aus § 95, weil der Betriebsrat an der einzelnen Entscheidung nicht beteiligt ist (*Jobs* a. a. O. 149). Allenfalls die Grundstruktur der im Programm für eine automatisierte (Vor-)Auswahl festgelegten Kriterien bedarf bei einem Personalinformationssystem der Zustimmung des Betriebsrats (*Zöllner* DB 1984, 241, 242; *ders.* FS für G. Müller, 672; wohl auch GK-*Kraft* § 95 Rz. 5; *Müllner* BB 1984, 476; weitergehend *F/A/K/H* § 95 Rz. 8; *D/K/K/S* § 95 Rz. 10 und *Schmidt-Dorrenbach/Goos* DB 1983 Beilage Nr. 11, 7). Die **konkrete Auswahl-Abfrage** mit Hilfe dieses **Programmes** ist sodann ohne Einschaltung des Betriebsrats möglich (*F/A/K/H* § 95 Rz. 8).

Auswahlrichtlinien § 95

2. Einstellungsrichtlinien

Bei der **Einstellung** neuer Mitarbeiter stehen die **fachliche Qualifikation** und die 16
persönliche Eignung im Vordergrund (*BAG* vom 31.5. 1983 – 1 ABR 6/80 –
a.a.O. § 92 Rz. 13 unter B II 3 der Gründe a.E.). Lediglich in allgemeiner Form
für bestimmte Gruppen von Arbeitsplätzen kann die Auswahlrichtlinie die Qualifikationsmerkmale festlegen (*Löwisch* Anm. zu *BAG* a.a.O.; *Zöllner* a.a.O. 677,
678). Man kann dabei die erforderlichen Fachkenntnisse und Fähigkeiten umschreiben. Maßgebend sind die beruflichen Erfahrungen und Kenntnisse sowie
auch der berufliche Werdegang, die Ausbildung. Ebenso ist es denkbar, die erforderlichen Spezialkenntnisse zu umschreiben. Es kann auch festgehalten werden,
daß die fachlichen Fähigkeiten durch die Erprobung in einem sog. Assessment
Center oder die Mitarbeit in einer Arbeitsgruppe belegt oder in einem Textverfahren ergänzt werden müssen (*G/L* § 95 Rz. 8).

Die **persönlichen** Voraussetzungen ergeben sich ebenfalls allgemein aus den Anforderungen des Arbeitsplatzes oder des Aufgabengebietes. Alter, Gesundheitszustand, psychische, physische Belastbarkeit, Bereitschaft zur Kooperation, Führungsverhalten usw. sind denkbare Auswahlkriterien (*D/R* § 95 Rz. 19). Es kann
auch festgehalten werden, daß für die Beurteilung der persönlichen Voraussetzungen die Ergebnisse von Assessment Center Testverfahren (vgl. *Schmidt* BB 1981,
1646), ärztliche Untersuchungen, Referenzen, Zeugnisse usw. maßgebend sein
sollen. 17

Einstellungsrichtlinien können (freiwillig) auch besondere **soziale Gesichtspunkte** 18
vorsehen, z.B. daß in einer Richtlinie eine Klausel aufgenommen wird, wonach
Frauen wegen § 611a BGB und Schwerbehinderten oder Betriebsangehörigen bei
der Besetzung eines neugeschaffenen Arbeitsplatzes ein **gewisser Vorzug** bei gleicher persönlicher und fachlicher Qualifikation im übrigen eingeräumt werden soll
(*BAG* vom 31.5. 1983 a.a.O.; *Zöllner* a.a.O. 671; a.A. *Hanau* BB 1972, 453; im
wes. wie hier *D/R* § 95 Rz. 26; bedeutsam ist insoweit auch, daß neuerdings das
Bundesverfassungsgericht dem Art. 3 Abs. 2 GG ein **Gleichberechtigungsgebot**
entnimmt, wonach »**faktische Nachteile**, die **typischerweise Frauen** treffen, ...
durch **begünstigende Regelungen ausgeglichen** werden dürfen« (*BVerfG* Beschl.
vom 22.1. 1992 – 1 BvR 1025/82 – 1 BvL 16/83 – u.a. – DB 1992, 377)). Unzulässig wäre jedoch eine Regelung, die den Arbeitgeber verpflichtet, bevorzugt den
sozial schwächeren einzustellen, wenn weitere Bewerber für die in Betracht
kommende Stelle fachlich und persönlich höher qualifiziert sind. Allerdings kann
(freiwillig) festgelegt werden, daß bei gleicher fachlicher und persönlicher Qualifikation den internen Bewerbern der Vorzug vor externen Bewerbern gegeben werden soll (*D/R* § 95 Rz. 26; *G/L* § 95 Rz. 10; GK-*Kraft* § 95 Rz. 31; *S/W* § 95
Rz. 15).

Die Auswahlkriterien sollen jedoch immer konkreten **Erfordernissen** der betref- 19
fenden Arbeitsplätze als Auslese- oder Abgrenzungsmerkmale entsprechen (GK-
Kraft § 95 Rz. 29). Unzulässig ist es, abstrakt ohne konkreten Bezug etwa ein bestimmtes Alter vorzuschreiben oder eine bestimmte Staatsangehörigkeit, einen
bestimmten Familienstand und dergleichen. Dies verbietet sich bereits wegen des
Gleichbehandlungsgrundsatzes des § 75. Die Richtlinie wäre unzulässig, wenn die
Einstellung von Frauen ausgeschlossen würde für Arbeiten, die objektiv für
Frauen geeignet sind (zur entsprechenden EG-Rechtslage vgl. § 94 Rz. 11).
Ebenso würde bei Einschränkung der Einstellung ausländischer Arbeitnehmer ein

Verstoß gegen den Gleichbehandlungsgrundsatz des § 75 vorliegen (GK-*Kraft* § 95 Rz. 31; *S/W* § 95 Rz. 14).

20 Soweit **ärztliche Untersuchungen** oder psychologische Tests als Kriterien herausgestellt werden, muß klargestellt werden, daß die Tests und Untersuchungsverfahren nur insoweit **angewendet** werden dürfen, als es im **Interesse der Eignungsfeststellung notwendig** und erforderlich ist (*D/R* § 95 Rz. 22; *G/L* § 95 Rz. 11). Eine **Einstellungsuntersuchung** mit dem Ziel, eine **HIV-Infektion** oder **AIDS-Erkrankung** zu erkennen, ist nur freiwillig und nur bei Bewerbern zulässig, die sich für eine Tätigkeit mit Infektionsgefahren für sie selbst oder Dritte bewerben. Mit der Entscheidung des Arbeitgebers, von Bewerbern eine solche ärztliche Untersuchung zu verlangen, ist eine Auswahlrichtlinie über eine persönliche Voraussetzung der Einstellung aufgestellt. Sie bedarf mithin der Zustimmung des Betriebsrats nach § 95 (*Löwisch* DB 1987, 936, 940; *Wiese* RdA 1986, 120, 124; *D/K/K/S* § 95 Rz. 10).

21 Man kann in den Auswahlrichtlinien auch festlegen, daß bei der **Besetzung von Führungspositionen** das **Führungsverhalten** gegenüber der fachlichen Eignung den **Vorzug verdient**.

3. Versetzungs- und Umgruppierungsrichtlinien

22 Bei **Versetzungen** sind im wesentlichen dieselben Gesichtspunkte zu berücksichtigen wie bei der Einstellung neuer Mitarbeiter. Im Vordergrund stehen ebenfalls die **fachliche Qualifikation** und die persönliche Eignung (*BAG* vom 31. 5. 1983 a. a. O. unter B II 3 der Gründe; *D/R* § 95 Rz. 29). Zu beachten ist aber, daß § 95 Abs. 3 einen neuen Begriff der Versetzung definiert (vgl. hierzu im einzelnen § 99 Rz. 43 ff.). Versetzung im Sinne des Betriebsverfassungsgesetzes ist die Zuweisung eines anderen Arbeitsbereiches, die voraussichtlich die Dauer von einem Monat überschreitet, oder aber die Zuweisung eines anderen Arbeitsbereiches, die mit einer erheblichen Änderung der Umstände verbunden ist. Die **Zuweisung eines anderen Arbeitsbereiches** fällt folglich auch dann unter den Begriff der Versetzung, wenn sie zwar keine nachteiligen Folgen hat, aber für länger als einen Monat geplant ist, jedoch mit einer erheblichen Änderung der Umstände verbunden ist, unter denen die Arbeit zu leisten ist. Eine Ausnahme besteht nur dann, wenn Arbeitnehmer nach der Eigenart ihres Arbeitsverhältnisses üblicherweise nicht ständig an einem bestimmten Arbeitsplatz beschäftigt werden. Hier gilt die Zuweisung des jeweiligen Arbeitsplatzes nicht als Versetzung. **Maßgeblich** ist für das Vorliegen eines anderen Arbeitsbereiches, ob ein neuer Tätigkeitsbereich zugewiesen ist, so daß der Gegenstand der geschuldeten Arbeitsleistung oder der Inhalt der Arbeitsaufgabe sich ändern und damit das Gesamtbild der Tätigkeit ein anderes wird (vgl. § 99 Rz. 46; dies ist nicht der Fall, wenn Texte, die bislang mit Kugelkopf-Schreibmaschinen geschrieben wurden, nunmehr über eine Bildschirmgerät-Tastatur eingegeben werden; *BAG* vom 10. 4. 1984 a. a. O. § 99 Rz. 47).

23 Die Versetzung kann mit einer Umgruppierung verbunden sein. Unter **Umgruppierung** ist jede Änderung der Einreihung in die tariflichen Lohn- und Gehaltsgruppen durch Höher- oder Herabstufung zu verstehen (vgl. hierzu im einzelnen § 99 Rz. 33 ff.). Die einschlägigen tariflichen Vorschriften sind maßgebend. Die Umgruppierung kann sowohl auf einer Änderung der Stellung des Arbeitnehmers

im Betrieb durch Versetzung oder Beförderung als auch bei unverändertem Tätigkeitsbereich infolge der Berichtigung der Ersteingruppierung oder aufgrund neuer tariflicher Lohn- und Gehaltsgruppen erforderlich werden.
Im Gegensatz zu § 99 Abs. 1 Satz 1 erwähnt § 95 zu Recht nicht die **Eingruppierung**, da es bei dieser nur um die richtige Einstufung in die tarifliche oder betriebliche Lohn- oder Gehaltsgruppe geht (*F/A/K/H* § 95 Rz. 9; **a.A.** wohl: *Zöllner* FS für G. Müller, 670). Auswahlrichtlinien kommen daher in aller Regel nicht in Betracht, sie würden nur eine kommentierende Bedeutung haben (GK-*Kraft* § 95 Rz. 33). Streng genommen gilt dasselbe für die Umgruppierung, auch hier geht es nur um die Richtigkeit der Einstufung (*D/R* § 95 Rz. 11, weitergehend aber in Rz. 33, 34, wonach Auswahlrichtlinien bei Umgruppierungen i. S. einer Richtigkeitskontrolle möglich sein sollen; ferner *F/A/K/H* § 95 Rz. 8; *G/L* § 95 Rz. 14; GK-*Kraft* § 95 Rz. 33).   24

Bei den personellen Maßnahmen der **Versetzung und Umgruppierung** wird man zwischen **fachlichen, persönlichen Voraussetzungen und sozialen Gesichtspunkten** differenzieren können. Die fachlichen Voraussetzungen können eine wichtige Rolle spielen. Sie ergeben sich aus den Anforderungen des vorgesehenen Arbeitsplatzes oder Aufgabengebietes. Ergänzend kann jedoch an Berufserfahrung und an Betriebszugehörigkeit gedacht werden. Bei Versetzungen spielt die im Betrieb gewonnene Erfahrung eine Rolle. Aus den gleichen Erwägungen heraus wird man bei der Beurteilung der fachlichen Qualifikation auch primär die im Betrieb gezeigte Leistung berücksichtigen müssen; zu berücksichtigen sind aber auch die ausgeübte Tätigkeit und der berufliche Werdegang. Die fachlichen Fähigkeiten können durch innerbetriebliche Beurteilung durch Vorgesetzte, durch Fachgespräche, durch Zwichenzeugnisse, ggf. aber auch wiederum durch psychologische Eignungsuntersuchungen oder Tests, aber auch durch Arbeitsproben festgestellt werden. Innerbetriebliche Beurteilungen unterliegen allerdings nur dann als Auswahlrichtlinie der Zustimmung des Betriebsrats, wenn sie allgemein und für mehrere Arbeitsplätze bei personellen Auswahlentscheidungen vorgegeben werden sollen. Das arbeitgeberische **Ermessen**, ob ein in die Auswahl einzubeziehender Arbeitnehmer **konkret** geeignet ist, muß in erheblichem Umfang erhalten bleiben (*BAG* vom 7. 11. 1977 – 1 ABR 55/75 – EzA § 100 BetrVG 1972 Nr. 1 = DB 1978, 447; *Zöllner* a.a.O., 678; *S/W* § 95 Rz. 15; *Buchner* NZA 1991, 590, 591; **a.A.** und ohne die hier befürwortete Einschränkung *D/R* § 95 Rz. 30).   25

Auch die **persönlichen Voraussetzungen** ergeben sich aus den Anforderungen des Arbeitsplatzes oder Aufgabenbereiches. Bei der Besetzung von Führungspositionen sollte die Führungsqualifikation wiederum den Vorrang vor der sonstigen Eignung genießen. Für die persönliche Beurteilung sind der Werdegang des Mitarbeiters und das allgemeine Persönlichkeitsbild ausschlaggebend. Die Bewertung erfolgt durch Auswertung von Personalunterlagen, durch innerbetriebliche Beurteilung durch Vorgesetzte, aber auch durch ärztliche Untersuchung, Assessment Center oder sonstige Testverfahren.   26

Soziale Gesichtspunkte werden immer dann eine Rolle spielen, wenn sich die Situation für den Arbeitnehmer verschlechtert. Liegen die gleichen fachlichen und persönlichen Voraussetzungen vor, so kann die Auswahl der herabzugruppierenden oder zu versetzenden Arbeitnehmer nach sozialen Gesichtspunkten erfolgen. So kann in einer Richtlinie vorgesehen werden, daß für bestimmte Arbeitsplätze (z. B. Pförtner, Boten) bevorzugt behinderte oder ältere Arbeitnehmer aus dem eigenen Unternehmen oder Betrieb berücksichtigt werden müssen, bevor dafür   27

§ 95   4. Teil 5. Abschn. Personelle Angelegenheiten

externe Bewerber eingestellt werden (*S/W* § 95 Rz. 15). Hier können die Betriebszugehörigkeit aber auch das Lebensalter eine Rolle spielen (GK-*Kraft* § 95 Rz. 31, 32). Diese Gesichtspunkte werden insbesondere bei Richtlinien für Kündigungen in Betracht kommen (s. dazu Rz. 29 ff.).

28 Bei **Versetzungen** auf einen **gleichwertigen Arbeitsplatz** ist zu bedenken, daß sich ältere Arbeitnehmer weniger leicht umstellen können. Als Auswahlkriterien könnten festgelegt werden, daß hier jüngere versetzt werden und ältere Arbeitnehmer auf ihren bisherigen Arbeitsplätzen verbleiben können (*D/R* § 95 Rz. 29).

4. Kündigungsrichtlinien

29 Kündigungsrichtlinien sind abstrakte, für die Zukunft aufgestellte **Grundsatzregeln** für personelle Auswahlentscheidungen (*Weller* RdA 1986, 222, 225; *D/R* § 95 Rz. 8). Sie erfassen nur solche Kündigungen, bei denen tatsächlich aus materiellen Gründen eine **Wahlmöglichkeit** hinsichtlich der personellen Auswahl zwischen mehreren Arbeitnehmern besteht, d. h. also, nur bei solchen Kündigungen, die durch dringende betriebliche Erfordernisse bedingt sind. Bei personen- oder insbesondere auch verhaltensbedingten Kündigungen scheidet eine Auswahl unter mehreren Arbeitnehmern aus (*G/L* § 95 Rz. 12; *Weller* RdA 1986, 222, 225; *F/A/ K/H* § 95 Rz. 20; GK-*Kraft* § 95 Rz. 34; *Hunold* DB 1976, 103; *Schlochauer* RdA 1973, 158; *Stahlhacke* BlStSozArb 1972, 54; *S/W* § 95 Rz. 19; *Zöllner* a. a. O. 665; a. A. *D/R* § 95 Rz. 37; *LAG Frankfurt/M.* vom 20. 10. 1976 – 6 Sa Ga 884/76 – ARSt. 1977, 130; *G/K/S/B/K* § 95 Rz. 8). Soweit *D/R* (a. a. O. Rz. 37) in Auswahlrichtlinien z. B. für regelbar halten, daß Kündigungen erst nach einer bestimmten Dauer der Erkrankung, die ihrerseits nach Betriebszugehörigkeitsjahren gestaffelt werden könne, »sozialgerechtfertigt« sein sollen, geht dies über den Transparenzzweck von Auswahlrichtlinien bei weitem hinaus. Gegen solche **zusätzlichen Kündigungsveraussetzungen** als Inhalt von Auswahlrichtlinien mit Recht auch *Weller* (RdA 1986, 222, 226). Darin läge eine (gesetzwidrige) **materielle Kündigungsbeschränkung**, die abzulehnen ist (abl. auch GK-*Kraft* § 95 Rz. 34; a. A. wohl *D/K/K/S* § 95 Rz. 22). Regelungstatbestand hinsichtlich der personellen Auswahl können also nicht die kündigungsauslösenden betrieblichen und wirtschaftlichen Gründe sein (*VHU-Hinweise* für die Praxis, 176; *S/W* § 95 Rz. 19). Um eine unzulässige materielle Kündigungsbeschränkung handelt es sich auch, sofern regelungsförmig festgelegt werden soll, einer Kündigung im »Leistungsbereich« müßten jeweils ein oder mehrere **Abmahnungen** vorausgehen (GK-*Kraft* § 95 Rz. 34; a. A. *F/A/K/H* § 95 Rz. 20).

30 Die **personelle Auswahl** ist vorzunehmen nach der Notwendigkeit einer Weiterbeschäftigung aus betriebstechnischen, wirtschaftlichen oder sonstigen berechtigten betrieblichen Gründen, nach betrieblichen Bedürfnissen und nach sozialen Gesichtspunkten, die auch wiederum unter Berücksichtigung der betrieblichen Belange zu werten sind. Eine **Auswahl** ist nur unter denjenigen **Arbeitnehmern des Betriebes vorzunehmen, die eine gleichartige Tätigkeit** ausüben und die **untereinander vergleichbar und austauschbar** sind. An der **Vergleichbarkeit** fehlt es, wenn der Arbeitgeber den Arbeitnehmer **nicht einseitig** auf einen anderen Arbeitsplatz **versetzen** kann (*BAG* vom 15. 6. 1989 – 2 AZR 580/88 – DB 1990, 380; ferner: *BAG* vom 16. 9. 1982 – 2 AZR 271/80 – EzA § 1 KSchG 1969 Betriebsbedingte Kündigung Nr. 18 = DB 1983, 504, 506). Dementsprechend sind Arbeitnehmer in

die Auswahl nicht einzubeziehen, deren Weiterbeschäftigung durch betriebstechische, wirtschaftliche oder sonstige berechtigte betriebliche Bedürfnisse bedingt ist. Dies ist dann gegeben, wenn aufgrund der besonderen Kenntnisse, Fähigkeiten und Leistungen des Arbeitnehmers dessen Weiterbeschäftigung für den geordneten und rentablen Betriebsablauf von erheblicher Bedeutung oder der Arbeitnehmer für die ordnungsmäßige Abwicklung einer Betriebsstillegung unentbehrlich ist (*BAG* vom 16. 9. 1982 – 2 AZR 271/80 – a. a. O.). In diesen Fällen haben die betrieblichen Bedürfnisse im Endergebnis den Vorrang vor sozialen Gesichtspunkten (*BAG* vom 28. 3. 1957 – 2 AZR 307/55 – AP Nr. 25 zu § 1 KSchG = RdA 1957, 310; *BAG* vom 20. 1. 1961 – 2 AZR 495/59 – AP Nr. 7 zu § 1 KSchG 1969 Betriebsbedingte Kündigung m. Anm. *Hueck* = DB 1961, 475), wobei es **nicht mehr** darauf ankommt, ob sich der Betrieb **in einer »Zwangslage«** befindet, sondern nur noch darauf, ob die Beschäftigung der weniger schutzbedürftigen Arbeitnehmer **erforderlich** (notwendig) ist (*BAG* vom 24. 3. 1983 – 2 AZR 21/82 – EzA § 1 KSchG 1969 Betriebsbedingte Kündigung Nr. 21 = DB 1983, 830, 1822 = Korrektur der Entscheidung vom 20. 1. 1961 – 2 AZR 495/59 – a. a. O.). Ob solche vorrangigen betrieblichen Bedürfnisse bestehen, kann in der Auswahlrichtlinie allerdings nicht in die Mitbestimmung des Betriebsrates einbezogen werden (ebenso *D/R* § 95 Rz. 41; *G/L* § 95 Rz. 13).

Die **soziale Auswahl** aus dem Kreis der betroffenen Arbeitnehmer ist so vorzunehmen, daß grundsätzlich derjenige in erster Linie entlassen wird, den eine Kündigung am wenigsten hart trifft. Dabei sind alle denkbaren Umstände zu berücksichtigen, so z. B. Alter, Gesundheitszustand, Betriebszugehörigkeit, Familienstand, Zahl der unterhaltsberechtigten Kinder und Angehörigen. Aber auch die sozialen Verhältnisse müssen mitberücksichtigt werden, etwa der Vermögensstand, die Einkünfte durch andere Familienangehörige, vermutliche Dauer der Arbeitslosigkeit, Verlust einer Anwartschaft auf die betriebliche Altersversorgung. Eine Auswahlrichtlinie, die die **Sozialauswahl** ohne ausreichende Berücksichtigung der **Grunddaten** in § 1 Abs. 3 KSchG (Lebensalter, Betriebsangehörigkeit, Unterhaltsverpflichtungen) und damit die soziale Vergleichsbasis enger als das Gesetz ziehen will, ist unwirksam (*BAG* vom 15. 6. 1989 – vorzitiert – Rz. 30; ferner *Weller* RdA 1986, 222, 224). Andererseits haben die Betriebsparteien für die Regelung der Sozialauswahl in Auswahlrichtlinien einen **gewissen Ermessens- und Bewertungsspielraum** (*BAG* vom 18. 1. 1990 – 2 AZR 357/88 – DB 1990, 1335 und vom 18. 10. 1984 – 2 AZR 543/83 – DB 1985, 1083). Daher ist die **Aufstellung** eines **Punktesystems** zur Verobjektivierung sozialer Auswahlgesichtspunkte für eine **Vorauswahl** zu kündigender Arbeitnehmer zulässig. Entscheidend muß aber die **endgültige Auswahl** im Sinne einer Gesamtabwägung im Einzelfall bleiben, leider gfs. auch **zusätzliche** individuelle Gesichtspunkte bei den vergleichbaren Arbeitnehmern Berücksichtigung finden (*BAG* vom 18. 1. 1990 – vorzitiert – DB 1990, 1336; *Weller* RdA 1986, 222, 224; ausführlich *Fenski* DB 1990, 1917). Ergibt die Abwägung der sozialen Verhältnisse nur geringfügige Unterschiede zwischen den zur Auswahl stehenden Arbeitnehmern, können auch **Leistungsgesichtspunkte** Berücksichtigung finden (vgl. *BAG* vom 26. 6. 1964 – 2 AZR 373/63 – AP Nr. 14 zu § 1 KSchG 1969 Betriebsbedingte Kündigung m. Anm. *Herschel* = DB 1964, 1487). Soziale Gesichtspunkte entfallen bei der Auswahl, sofern (z. B. bei etappenweiser Betriebsstillegung) keine mit dem zu kündigenden Arbeitnehmer vergleichbaren im Betrieb (mehr) vorhanden sind (*BAG* vom 16. 9. 1982 – 2 AZR 271/80 – a. a. O. Rz. 30). Allerdings kann die Sozialauswahl – auch nicht durch

§ 95   4. Teil 5. Abschn. Personelle Angelegenheiten

Auswahlrichtlinien – **nicht** auf die **Arbeitnehmer einzelner** Betriebsabteilungen (z. B. solche, in denen der Bedarf an Arbeitskräften rückläufig ist) beschränkt werden (*BAG* vom 15. 6. 1989 – vorzitiert – Rz. 30; *Färber* NZA 1985, 175; *Weller* AuR 1986, 225, 230).

32 Zu beachten ist, daß Auswahlrichtlinien die soziale Auswahl bei betriebsbedingten Kündigungen **nicht** abweichend von § 1 Abs. 3 Satz 1 KschG (Berücksichtigung sozialer Gesichtspunkte) zum Nachteil der Arbeitnehmer regeln können und etwa allein auf die Dauer der Betriebszugehörigkeit abstellen, während Lebensalter und die Familienverhältnisse außer Betracht bleiben. In einem solchen Fall sind die Auswahlrichtlinien unbeachtlich (*BAG* vom 18. 1. 1990 – vorzitiert – Rz. 30 = DB 1990, 1337; *BAG* vom 11. 3. 1976 – 2 AZR 43/75 – EzA § 95 BetrVG 1972 Nr. 1 m. Anm. *Gamillscheg* = DB 1976, 1470; *D/R* § 95 Rz. 43; *F/A/K/H* § 95 Rz. 19; *G/L* § 95 Rz. 13; *Weller* RdA 1986, 222, 228). Grundsätzlich ist der Begriff der »**sozialen Gesichtspunkte**« in § 1 Abs. 3 Satz 1 KSchG **arbeitsplatzbezogen** zu interpretieren. Das bedeutet, daß neben Alter, Betriebszugehörigkeit und Unterhaltspflichten nur persönliche **Umstände** des **betreffenden Arbeitnehmers selbst** (z. B. Erkrankung, Schwerbehinderteneigenschaft), nicht aber solche naher Angehöriger berücksichtigt werden können, es sei denn, eine Auswahlrichtlinie sähe dies (z. B. »besondere Pflegebedürftigkeit« eines nahen Angehörigen) ausdrücklich vor (*BAG* vom 18. 1. 1990 – vorzitiert – Rz. 31 – DB 1990, 1337).

33 **Fachliche Kriterien** werden nur eine **untergeordnete Bedeutung** haben. Zu denken ist hier an die Stellung im Unternehmen, an Qualifikation und Verhalten am Arbeitsplatz (vgl. im übrigen auch *Gumpert* BB 1972, 49).
Es ist auch hier denkbar, ein bestimmtes Punktesystem aufzustellen (vgl. oben Rz. 32). Auch Beurteilungsgrundsätze nach § 94 Abs. 2 können miteinbezogen werden. Allerdings muß ein Beurteilungsspielraum offen bleiben; die Entscheidung darf nicht aus der Richtlinie errechenbar bzw. ablesbar sein (GK-*Kraft* § 95 Rz. 11). Die Festlegung von materiellen Arbeitsbedingungen ist hingegen unzulässig. Hierbei handelt es sich nicht um »soziale Gesichtspunkte«, die allein bei Maßnahmen in diesem Bereich zu beachten sind.

34 Eine Auswahlrichtlinie, die die Kündigung von Arbeitnehmern eines bestimmten Alters und/oder einer bestimmten Dauer der Betriebszugehörigkeit ausschließt, ist **nicht erzwingbar**; sie kann allenfalls freiwillig vereinbart werden (*Weller* RdA 1986, 222, 226; *D/R* § 95 Rz. 40; *F/A/K/H* § 95 Rz. 20). Entscheidend ist immer die Abwägung der einzelnen Kriterien. Kein Gesichtspunkt kann von vornherein absolute Wirkung haben (*Stahlhacke* BlStSozArbR 1972, 70). Die betrieblichen Partner können keine Kündigungsgründe ausschließen. Das Vorliegen von Kündigungsgründen kann nur vom Gericht festgestellt werden (*Gumpert* BB 1972, 49).

35 Zu beachten ist, daß **Kündigungen**, die **entgegen** oder **abweichend** von einer Auswahlrichtlinie ausgesprochen werden, nach § 1 Abs. 2 Nr. 1 a KSchG **sozialwidrig** sind (hierzu auch: *Weller* RdA 1986, 222, 225). Hält sich aber der Arbeitgeber insoweit an eine zulässige Auswahlrichtlinie, kann der Betriebsrat einer solchen Kündigung nicht nach § 102 Abs. 3 Nr. 1 mit der Begründung widersprechen, bei der Auswahl seien soziale Gesichtspunkte nicht ausreichend berücksichtigt (a. A. *Weller* RdA 1986, 222, 227). § 102 Abs. 3 Nr. 2 schließt Nr. 1 der Bestimmung als weniger spezielle Regelung aus.

III. Zustimmungs- und Mitbestimmungsrecht des Betriebsrats

1. Zustimmungsrecht des Betriebsrats in Betrieben bis zu 1000 Arbeitnehmern

In Betrieben mit weniger als 1000 Arbeitnehmern sind Auswahlrichtlinien nicht zwingend vorgeschrieben; es steht dem Arbeitgeber frei, ob er Auswahlrichtlinien schaffen will. Unter Arbeitnehmern sind alle Arbeitnehmer mit Ausnahme der leitenden Angestellten zu verstehen (GK-*Kraft* § 95 Rz. 20). 36

Für die **Beschäftigtenzahl** ist darauf abzustellen, ob der Betrieb **in der Regel** (vgl. § 1 Rz. 28, § 9 Rz. 8) bis zu 1000 Arbeitnehmer beschäftigt (*D/R* § 95 Rz. 51; *F/A/K/H* § 95 Rz. 11; *G/L* § 95 Rz. 23; GK-*Kraft* § 95 Rz. 22; *Meisel* 65; *S/W* § 95 Rz. 2). Maßgebend ist ferner die Zahl der im Betrieb beschäftigten Arbeitnehmer, **nicht** die des **Unternehmens** (*D/R* § 95 Rz. 53; *G/L* § 95 Rz. 24; *Meisel* 60; *S/W* § 95 Rz. 2). Bei der Aufstellung von Auswahlrichtlinien ist insbesondere daran zu denken, daß jeder Verstoß gegen die Auswahlrichtlinien den Betriebsrat berechtigt, seine Zustimmung zu einer vorgesehenen personellen Maßnahme zu verweigern (§ 99 Abs. 2 Ziff. 2; vgl. die Anm. 109 ff. zu § 99) und einer vorgesehenen Kündigung zu widersprechen (§ 102 Abs. 3 Ziff. 2; vgl. § 102 Rz. 111 ff.). Entschließt sich der Arbeitgeber jedoch zur Aufstellung solcher Auswahlrichtlinien, so hat der Betriebsrat ein Zustimmungsrecht. 37

Das **Zustimmungsrecht** des Betriebsrats erstreckt sich sowohl auf den Inhalt der Auswahlrichtlinien als auch darauf, ob im Betrieb Auswahlrichtlinien verwandt werden dürfen. Nimmt der Betriebsrat die Anwendung solcher vom Arbeitgeber aufgestellter Richtlinien zunächst hin, so liegt darin noch keine Zustimmung; sie können mithin einem Widerspruch nach § 99 Abs. 2 Nr. 2 nicht als Grundlage dienen (*LAG Frankfurt/M.* vom 16. 10. 1984 – 4 Ta BV 98/83 – DB 1985, 1534). Kommt es zwischen Arbeitgeber und Betriebsrat zu keiner Einigung, kann der Arbeitgeber auf die Auswahlrichtlinien verzichten. Im Rahmen des § 95 Abs. 1 hat der Betriebsrat also **kein Initiativrecht**, um die Aufstellung von Auswahlrichtlinien zu erzwingen (*D/R* § 95 Rz. 46; *F/A/K/H* § 95 Rz. 11, 12; *G/L* § 95 Rz. 16; *S/W* § 95 Rz. 4; **a. A.** *D/K/K/S* § 95 Rz. 14). Der Betriebsrat hat auch nicht das Recht, von sich aus die **Einigungsstelle** anzurufen. Lediglich der Arbeitgeber kann eine Entscheidung der Einigungsstelle beantragen (*F/A/K/H* § 95 Rz. 11, *S/W* § 95 Rz. 3). Hat der Arbeitgeber die Einigungsstelle angerufen, so kann er noch während des Einigungsstellenverfahrens seinen Antrag zurückziehen und auf die Aufstellung von Auswahlrichtlinien verzichten (*F/A/K/H* § 95 Rz. 12; *G/L* § 95 Rz. 20; *S/W* § 95 Rz. 4). 38

Hat der Betriebsrat den Auswahlrichtlinien zugestimmt, kann er sie nicht widerrufen (*D/R* § 95 Rz. 57). Ein **Kündigungsrecht** wird – sofern es sich um eine Regelungsabrede handelt – dem Betriebsrat in entsprechender Anwendung des § 77 Abs. 5 zuzugestehen sein (**a. A.** Vorauflage; zur entspr. Rechtslage hierzu Personalfragebogen: *LG Frankfurt/M.* vom 8. 1. 1991 – vgl. oben § 94 Rz. 17, 18; ferner im Erg. ebenso *D/R* § 95 Rz. 58; *F/A/K/H* § 95 Rz. 12; *G/L* § 95 Rz. 18; GK-*Kraft* § 95 Rz. 8). Eine **Nachwirkung** der gekündigten Richtlinie entfällt (*D/R* § 95 Rz. 59; *F/A/K/H* § 95 Rz. 12; GK-*Kraft* § 95 Rz. 8; *G/L* § 95 Rz. 118; *Zöllner* a. a. O. 674). 39

Bestanden beim Inkrafttreten des Betriebsverfassungsgesetzes bereits Auswahlrichtlinien, bedarf zumindest für eine Übergangszeit die **Weiterverwendung** kei- 40

§ 95   4. Teil 5. Abschn. Personelle Angelegenheiten

ner Bestätigung durch den Betriebsrat (vgl. § 94 Rz. 17; a.A. D/R § 95 Rz. 47; G/L § 95 Rz. 15, 16).
41 **Zur Zuständigkeit des Gesamtbetriebsrats** vgl. § 94 Rz. 17. Eine automatische Zuständigkeit des Gesamtbetriebsrates kommt nicht in Betracht. Es müssen die allgemeinen Voraussetzungen der Zuständigkeit gem. § 50 gewahrt sein, wobei es auf die Unternehmensstruktur und den Inhalt einer evtl. schon vorhandenen Gesamtbetriebsvereinbarung für die Frage ankommt, ob daneben noch die Zuständigkeit eines Betriebsrats für eine zusätzliche (ergänzende) Auswahlrichtlinie unter Berücksichtigung der Besonderheiten des Betriebes gegeben sein kann (*BAG* vom 3.5. 1984 – 6 ABR 68/81 – EzA § 81 ArbGG. 1979 Nr. 6 = DB 1984, 2413; *D/R* § 95 Rz. 60; *F/A/K/H* § 95 Rz. 14; *G/L* § 95 Rz. 19; GK-*Kraft* § 95 Rz. 24; *Löwisch* Anm. zu BAG a.a.O.).

2. Mitbestimmungsrecht des Betriebsrats in Betrieben mit mehr als 1000 Arbeitnehmern

42 In **Betrieben mit mehr als 1000 Arbeitnehmern** kann der Betriebsrat die Aufstellung von Auswahlrichtlinien verlangen; er hat also ein **Initiativrecht** (vgl. oben Rz. 5). Wird die Meßzahl von mehr als 1000 Arbeitnehmern nicht in allen Betrieben des Unternehmens überschritten, scheidet eine **Initiative** des **Gesamtbetriebsrats** für unternehmensweite Auswahlrichtlinien aus (*D/R* § 95 Rz. 61; *G/L* § 95 Rz. 24; GK-*Kraft* § 95 Rz. 24; *D/K/K/S* § 95 Rz. 20; **a.A.** *F/A/K/H* § 95 Rz. 14).
43 Das **Initiativrecht** des Betriebsrats erstreckt sich lediglich auf Auswahlrichtlinien über die bei personellen Einzelmaßnahmen zu beachtenden fachlichen und persönlichen Voraussetzungen sowie auf die sozialen Gesichtspunkte, nicht hingegen auf die **Verfahrensweise** (ähnlich für »Anforderungsprofile« als in einem formalisierten Verfahren der Personalplanung ermittelte Arbeitsplatzanforderungen *BAG* vom 31.1. 1984 – 1 ABR 63/81 – a.a.O. Rz. 4) (*G/L* § 95 Rz. 11, 26; GK-*Kraft* § 95 Rz. 14, 16; *Zöllner* a.a.O. 681; *Weller* RdA 1986, 222, 227; *Buchner* NZA 1991, 590; **a.A.** *D/R* § 95 Rz. 10, 22; *F/A/K/H* § 95 Rz. 22; *D/K/K/S* § 95 Rz. 18 und Rz. 25). Dem Arbeitgeber darf eine bestimmte Art und Weise der betrieblichen Personalverwaltung nicht vorgeschrieben werden. Jedenfalls gehört nicht zu den nach § 95 Abs. 2 mitbestimmungspflichtigen Auswahlrichtlinien, ob und wie für Zwecke von Auswahlentscheidungen ermittelte Personaldaten mit Hilfe einer EDV-Anlge zu speichern sind (*Zöllner* a.a.O. 682; *Jobs* a.a.O. 148, 149; GK-*Kraft* § 95 Rz. 11; **a.A.** für das »ob« der edv-gestützten Speicherung und zustimmend nur für das »wie« derselben *D/R* § 95 Rz. 10). Enthalten Auswahlrichtlinien dennoch Verfahrensfragen, so hat der Betriebsrat allenfalls ein Zustimmungsrecht (*Weller* RdA 1986, 222, 228; *G/L* § 95 Rz. 26; *Zöllner* a.a.O. 681).
44 Kommt es zwischen Arbeitgeber und Betriebsrat zu keiner Einigung über die Auswahlrichtlinien, so entscheidet die **Einigungsstelle** verbindlich (§ 95 Abs. 2).

3. Auswirkungen der Auswahlrichtlinien

45 **Jeder Verstoß gegen die Auswahlrichtlinien** berechtigt den Betriebsrat, seine Zustimmung zu einer vorgegebenen personellen Maßnahme zu verweigern (§ 99 Abs. 2 Ziff. 2; vgl. § 99 Rz. 109ff.) und einer vorgesehenen Kündigung zu wider-

sprechen (§ 102 Abs. 3 Ziff. 2; vgl. § 102 Rz. 111 ff.). Eine Anrufung des Arbeitsgerichts nach § 99 Abs. 4 zur Ersetzung der Zustimmung des Betriebsrats wird nur dann Erfolg haben, wenn die Auswahlrichtlinie selbst rechtswidrig ist (§ 99 Rz. 121). Ein Verstoß gegen Auswahlrichtlinien hat nicht die Unwirksamkeit der personellen Maßnahme im individualrechtlichen Bereich zur Folge (vgl. § 99 Rz. 120; *Weller* RdA 1986, 222, 225). Auswahlrichtlinien gem. § 95 Abs. 2 können **nachwirken** (*D/R* § 95 Rz. 59; *F/A/K/H* § 95 Rz. 12; *G/L* § 95 Rz. 25; a. A. GK-*Kraft* § 95 Rz. 9 und *Zöllner* a. a. O. 674).

IV. Anrufung der Einigungsstelle

Im Falle des § 95 Abs. 1 kann nur der Arbeitgeber, im Falle des § 95 Abs. 2 können Arbeitgeber und Betriebsrat die Einigungsstelle anrufen (vgl. Rz. 38; *F/A/K/H* § 95 Rz. 13; GK-*Kraft* § 95 Rz. 20). Kommen Auswahlrichtlinien durch den Spruch der Einigungsstelle zustande, dann hat dieser die Rechtswirkung einer Betriebsvereinbarung. Für die **gerichtliche Überprüfung** ist entscheidend, ob die Einigungsstelle eine Regelungsentscheidung oder eine Rechtsentscheidung getroffen hat (vgl. die Anm. zu § 76). Wird vom Betriebsrat die rechtliche Unzulässigkeit der vom Arbeitgeber vorgeschlagenen Auswahlrichtlinien geltend gemacht und teilt die Einigungsstelle diese Auffassung, so handelt es sich um eine Rechtsentscheidung. Die Arbeitsgerichte haben dann die Vereinbarkeit des Spruchs der Einigungsstelle mit dem Gesetz zu überprüfen, und zwar unabhängig von der Zweiwochenfrist des § 76 Abs. 5 Satz 4 (*D/R* § 95 Rz. 53; GK-*Kraft* § 95 Rz. 18; *BAG* vom 11. 3. 1976 – 2 AZR 43/75 – EzA § 95 BetrVG 1972 Nr. 1 m. Anm. *Gamillscheg* DB 1976, 1470). Die Überprüfung oder Vereinbarkeit des Spruchs der Einigungsstelle wegen Ermessensüberschreitung ist innerhalb einer Frist von 14 Tagen beim Arbeitsgericht geltend zu machen. Aber auch später kann innerhalb eines Beschlußverfahrens nach § 99 Abs. 4 oder innerhalb eines kündigungsschutzrechtlichen Urteilverfahrens die rechtliche Gültigkeit der Auswahlrichtlinien als Vorfrage geprüft werden (*BAG* a. a. O.; GK-*Kraft* § 95 Rz. 18). 46

V. Begriff der Versetzung

Der **Begriff** der Versetzung wird wegen des Sachzusammenhangs bei § 99 erläutert (vgl. Rz. 43–59 zu § 99). 47

VI. Streitigkeiten

Streitigkeiten über **Auswahlrichtlinien**, insbesondere über den Inhalt und Umfang des Mitbestimmungsrechts des Betriebsrats entscheiden die Arbeitsgerichte im Beschlußverfahren (§§ 2a Abs. 1 Nr. 2, 80 ff. ArbGG). 48

Zweiter Unterabschnitt
Berufsbildung

§ 96 Förderung der Berufsbildung

(1) Arbeitgeber und Betriebsrat haben im Rahmen der betrieblichen Personalplanung und in Zusammenarbeit mit den für die Berufsbildung und den für die Förderung der Berufsbildung zuständigen Stellen die Berufsbildung der Arbeitnehmer zu fördern. Der Arbeitgeber hat auf Verlangen des Betriebsrats mit diesem Fragen der Berufsbildung der Arbeitnehmer des Betriebs zu beraten. Hierzu kann der Betriebsrat Vorschläge machen.

(2) Arbeitgeber und Betriebsrat haben darauf zu achten, daß unter Berücksichtigung der betrieblichen Notwendigkeiten den Arbeitnehmern die Teilnahme an betrieblichen oder außerbetrieblichen Maßnahmen der Berufsbildung ermöglicht wird. Sie haben dabei auch die Belange älterer Arbeitnehmer zu berücksichtigen.

Literaturübersicht

Brill Die Zusammenarbeit des Betriebsrats mit außerbetrieblichen Stellen, AuR 1981, 202; *Dedering* Personalplanung und Mitbestimmung, 1972; *Eich* Die Beteiligungsrechte des Betriebsrats im Ausbildungswesen, DB 1974, 2154; *Gola* Mitbestimmung des Betriebsrats bei der Gewährung von Bildungsurlaub, DB 1976, 1156; *Herkert* Berufsbildungsgesetz, Loseblatt; *Hohn* Maßnahmen der betrieblichen Bildung und Wahrung der Intimsphäre des Arbeitnehmers, BB 1979, 1298; *Meisel* Die Mitwirkung und Mitbestimmung des Betriebsrats in personellen Angelegenheiten, 5. Aufl. 1984; *Natzel* Berufsbildungsrecht, 3. Aufl. 1982; *Neyses* Mitwirkung und Mitbestimmung des Betriebsrats bei der Berufsbildung, BlStSozArbR 1977, 321; *Oetker* Betriebsverfassungsrechtliche Aspekte des Ausbildungsverbundes, DB 1985, 1739; *ders.* Die Mitbestimmung der Betriebs- und Personalräte bei der Durchführung von Berufsbildungsmaßnahmen, 1986; *Peterek* Zur Mitbestimmung des Betriebsrats bei der Durchführung der Berufsausbildung, DB 1970, 587; *Raatz* Personalleitung und Betriebsverfassung, DB 1972 Beilage Nr. 1; *Rumpff* Mitbestimmung in wirtschaftlichen Angelegenheiten und bei der Unternehmensplanung und Personalplanung, 2. Aufl. 1978.

Inhaltsübersicht

		Rz.
I.	Allgemeines	1
II.	Geltungsbereich	2– 7
	1. Persönlicher Geltungsbereich	2
	2. Sachlicher Geltungsbereich	3– 7
III.	Förderung der Berufsbildung	8–12
IV.	Beratungspflicht des Arbeitgebers und Vorschlagsrecht des Betriebsrats	13–15
V.	Teilnahme an Maßnahmen der Berufsbildung	16–19
VI.	Streitigkeiten	20

I. Allgemeines

Das Gesetz sieht für die Mitwirkung des Betriebsrats bei der Berufsbildung, deren 1
vertragsrechtlicher und ordnungsrechtlicher Rahmen im Berufsbildungsgesetz geregelt ist, in den §§ 96–98 einen eigenen Unterabschnitt innerhalb des Abschnitts über personelle Angelegenheiten vor, während das BetrVG 1952 die Berufsausbildung noch im Rahmen der sozialen Angelegenheiten behandelt hatte. Das Gesetz unterstreicht damit die große Bedeutung, die bei dem raschen technischen und wirtschaftlichen Wandel in der Arbeitswelt diesem Teil der betrieblichen Personalplanung zukommt (*F/A/K/H* § 96 Rz. 1 f.; *G/L* Rz. 1 vor § 96 und § 97; *D/R* § 96 Rz. 1; GK-*Kraft* § 96 Rz. 1). Während in den §§ 96 und 97 die allgemeine betriebliche Zusammenarbeit behandelt wird, regelt § 98 das Mitbestimmungsrecht des Betriebsrats bei der Durchführung betrieblicher und außerbetrieblicher Berufsbildungsmaßnahmen, die für die Arbeitnehmer des Betriebs ausgerichtet werden. Im Hinblick auf den hohen Rang der Berufsbildung für die Arbeitnehmer und deren Anpassung an die sich ständig ändernden beruflichen Anforderungen verpflichtet das BetrVG in Abs. 1 Satz 1 Arbeitgeber und Betriebsrat, sich der Berufsbildung der Arbeitnehmer in Zusammenarbeit mit den sonstigen hierfür zuständigen Stellen anzunehmen. In diesem Rahmen wird dem Betriebsrat in Abs. 1 Satz 2 und 3 ein Anspruch auf Beratung über entsprechende Fragen mit dem Arbeitgeber sowie ein eigenes Vorschlagsrecht eingeräumt. Abs. 2 verpflichtet Arbeitgeber und Betriebsrat, unter Beachtung der betrieblichen Notwendigkeiten den Arbeitnehmern – und hier insbesondere auch den älteren Arbeitnehmern – die Teilnahme an Berufsbildungsmaßnahmen zu ermöglichen (Regierungsentwurf zum Betriebsverfassungsgesetz, BT-Drucks. VI/1786, 51).

II. Geltungsbereich

1. Persönlicher Geltungsbereich

§ 96 erfaßt (ebenso wie §§ 97 und 98) nur Bildungsmaßnahmen für diejenigen Ar- 2
beitnehmer, die unter das BetrVG fallen (§ 5 Abs. 1 und § 6), nicht aber die Maßnahmen für leitende Angestellte gem. § 5 Abs. 3 (*F/A/K/H* § 96 Rz. 10; GK-*Kraft* § 98 Rz. 32; *S/W* § 98 Rz. 1a; *G/L* Rz. 5 vor § 96 und § 97; *D/K/K/S* § 97 Rz. 5; vgl. auch unten § 98 Rz. 2).

2. Sachlicher Geltungsbereich

Das BetrVG definiert nicht selbst, was es unter Berufsbildung versteht. Da die 3
Gesetzesbegründung (vgl. oben Rz. 1) aber inhaltlich auf das kurz vorher erlassene Berufsbildungsgesetz (BGBl. 1969 I S. 112) verweist und die Abs. 2 und 5 auch ausdrücklich auf dieses Gesetz Bezug nehmen, muß die dort normierte Abgrenzung zur Auslegung des BetrVG herangezogen werden. Nach § 1 Abs. 1 BBiG umfaßt die Berufsbildung demgemäß jedenfalls **die Berufsausbildung, die berufliche Fortbildung und die berufliche Umschulung** (vgl. auch §§ 40, 41, 47 AFG; ebenso *BAG* vom 5. 11. 1985 – 1 ABR 49/83 – EzA § 98 BetrVG 1972 Nr. 2 DB 1986, 1341; *Kraft* NZA 1990, 457, 459 und GK-*Kraft* § 96 Rz. 3; *F/A/K/H*

§ 96   4. Teil 5. Abschn. Personelle Angelegenheiten

§ 96 Rz. 12; *Oetker* 81; *S/W* §§ 96–98 Rz. 10; *Herkert* § 11 Rz. 1; weitergehend *D/K/K/S* § 96 Rz. 4). Unter diesen Begriffen ist nach § 1 Abs. 2–4 BBiG folgendes zu verstehen:

a) **Die Berufsausbildung** hat eine breit angelegte berufliche Grundbildung und die für die Ausübung einer qualifizierten beruflichen Tätigkeit notwendigen fachlichen Fertigkeiten und Kenntnisse in einem geordneten Ausbildungsgang zu vermitteln. Sie hat ferner den Erwerb der erforderlichen Berufserfahrungen zu ermöglichen.

b) Die **berufliche Fortbildung** soll es ermöglichen, die beruflichen Kenntnisse und Fertigkeiten zu erhalten, zu erweitern, der technischen Entwicklung anzupassen oder beruflich aufzusteigen.

c) Die **berufliche Umschulung** soll zu einer anderen beruflichen Tätigkeit befähigen.

4   Der Begriff Berufsbildung nach § 1 BBiG erfaßt aber **nicht nur** Ausbildung, Fortbildung und Umschulung **nach staatlichen Ausbildungsordnungen**, die gem. § 25 Abs. 1, § 46 Abs. 2 und § 47 Abs. 2 BBiG durch Rechtsverordnung erlassen werden können. Es genügt, daß es sich um berufliche Bildung in einem geordneten Bildungsgang handelt, daß also systematisch ausgebildet, fortgebildet oder umgeschult wird. Die zeitliche Dauer der Bildungsmaßnahmen spielt dann keine Rolle (so *Kraft* a. a. O.; *Eich* DB 1974, 2154 f.). Maßnahmen der betrieblichen Berufsbildung sind deshalb auch Lehrgänge, die den Teilnehmern die für die Ausfüllung ihres Arbeitsplatzes und ihrer beruflichen Tätigkeit notwendigen Kenntnisse und Fähigkeiten verschaffen sollen (*BAG* vom 23. 4. 1991 – 1 ABR 49/90 – DB 1991, 2347 = BB 1992, 565; vom 10. 2. 1988 – 1 ABR 39/86 – AP Nr. 5 zu § 98 BetrVG 1972 = DB 1988, 1325 = EzA § 98 BetrVG 1972 Nr. 4). Ein umfassendes Mitbestimmungsrecht bei beruflichen Bildungsmaßnahmen besteht somit auch ohne die Annahme, daß der Begriff der Berufsbildung in den §§ 96–98 weiter sei als in § 1 BBiG (so aber *BAG* vom 5. 11. 1985, a. a. O.; *S/W* a. a. O.; *F/A/K/H* § 96 Rz. 13; *G/L* Rz. 5 vor § 96 und § 97; *D/K/K/S* a. a. O.; im übrigen auch die höchstrichterliche Rechtsprechung zum Begriff der Berufsausbildung gem. § 5 Abs. 1: *BAG* vom 30. 10. 1991 – 7 ABR 11/91 – unveröff.; vom 24. 9. 1981 – 6 ABR 7/81 – AP Nr. 26 zu § 5 BetrVG 1972 m. Anm. *Natzel* = DB 1982, 606; vom 10. 2. 1981 – 6 ABR 86/78 – DB 1981 = EzA § 5 BetrVG 1972 Nr. 37 = DB 1981, 1935; kritisch zu diesen Entscheidungen *Gast* Anm. SAE 1982, 280; *Natzel* Anm. AP Nr. 26 zu § 5 BetrVG 1972 Bl. 4 f.).

5   **Nicht zur Berufsbildung** zählen dementsprechend **Rechtsverhältnisse nach § 19 BBiG**, also etwa Maßnahmen von kurzer Dauer für Praktikanten oder Volontäre. Sie sind weder als Berufsausbildung noch als -fortbildung noch als -umschulung anzusehen (so auch *Eich* a. a. O.; vgl. dazu *Natzel*, 313; **a. A.** GK-*Kraft* § 96 Rz. 3; *F/A/K/H* § 96 Rz. 18; *D/R* § 96 Rz. 4; *Rumpff* Mitbestimmung in wirtschaftlichen Angelegenheiten, 196; *S/W* und *G/L*, jeweils a. a. O.). Daß solche Maßnahmen, die allerdings **von § 98 Abs. 6 erfaßt** werden, nicht in den Rahmen des § 96 fallen, ist auch sachlich begründet: Sie haben mit der betrieblichen Personalplanung, in die die Berufsbildung nach dem BetrVG eingebettet ist, nichts zu tun. Die künftige Qualifikation und Leistungsfähigkeit der Belegschaft, um derentwillen die Mitwirkungsrechte in § 96 eingeräumt worden sind, wird von den genannten Maßnahmen weder gefördert noch beeinträchtigt.

6   Nicht zur Berufsbildung gehört auch die **Unterrichtung von Arbeitnehmern** über ihre konkrete Tätigkeit nach § 81, also etwa die Einweisung in ein bestimmtes

Aufgabengebiet, die Anleitung zur Benutzung von Arbeitsgeräten (insoweit ebenso *BAG* vom 23. 4. 1991, 10. 2. 1988 und 5. 11. 1985, jeweils a. a. O.; *ArbG Hamburg* vom 29. 5. 1981 – 13 BV 12/80 – BB 1981, 1213 f.; *F/A/K/H* § 96 Rz. 14, 26) oder zur freundlichen Bedienung von Kunden (*BAG* vom 28. 1. 1992 – 1 ABR 41/91 – BB 1992, 1488), die Unterweisung über ein in Gruppenarbeit durchzuführendes Arbeitsvorhaben (z. B. Gemeinkostenanalyse; so auch *ArbG Karlsruhe* vom 22. 8. 1985 – 5 BV Ga 1/85 – NZA 1986, 236) sowie die unternehmens- oder produktbezogene Unterweisung der Mitarbeiter oder die seminarmäßige Vorbereitung für eine Tätigkeit im Ausland (insgesamt wie hier *Kraft* NZA 1990, 457, 459 und GK-*Kraft* § 96 Rz. 4; *G/L* Rz. 4 vor § 96 und § 97; *Neyses* BlStSozArbR 1977, 321; *S/W* § 96–98 Rz. 15; **a. A.** hinsichtlich von unternehmen- und produktbezogenen Unterweisungen: *F/A/K/H* § 96 Rz. 27; *D/K/K/S* § 96 Rz. 5 und 7 f.; vgl. auch unten § 98 Rz. 66). Bei diesen Vorgängen handelt es sich nicht um Bildungsmaßnahmen, sondern um Arbeitsvorbereitung. Sie verbessern nicht die Stellung des teilnehmenden Arbeitnehmers auf dem Arbeitsmarkt (vgl. dazu *Kraft* NZA 1990, 457, 459), sondern erleichtern ihm nur die Erfüllung seiner arbeitsvertraglichen Pflichten (vgl. *Oetker* 88).

Das Mitwirkungsrecht des Betriebsrats nach § 96 bezieht sich nur auf die **generelle** 7 **Ordnung** der Berufsbildung im Betrieb, nicht aber auf die Gestaltung der Berufsbildung beim einzelnen Teilnehmer (GK-*Kraft* § 96 Rz. 5; *G/L* § 97 Rz. 18).

III. Förderung der Berufsbildung

Die Förderung der Berufsbildung der Arbeitnehmer ist eine **gemeinsame Aufgabe** 8 von Arbeitgeber und Betriebsrat, die im Rahmen der betrieblichen Personalplanung und in Zusammenarbeit mit den für die Berufsbildung und den für die Förderung der Berufsbildung zuständigen Stellen zu erfüllen ist. Danach muß sich die gemeinsame Förderung der Berufsbildung der Personalplanung (vgl. Erläuterungen zu § 92) einordnen. Ergeben sich aus der Personalplanung Maßnahmen der Berufsbildung, so ist der Betriebsrat schon nach § 92 Abs. 1 anhand von Unterlagen rechtzeitig und umfassend zu unterrichten. Der Arbeitgeber hat danach außerdem mit dem Betriebsrat über Art und Umfang der erforderlichen Maßnahmen und über die Vermeidung von Härten zu beraten (vgl. dazu GK-*Kraft* § 96 Rz. 7).

Abs. 1 Satz 1 überträgt Arbeitgeber und Betriebsrat zwar die Aufgabe, die Berufs- 9 bildung der Arbeitnehmer zu fördern. Für die Belegschaftsmitglieder ergeben sich aus dieser Aufgabenstellung aber keine durchsetzbaren Ansprüche; GK-*Kraft* § 96 Rz. 6; *G/L* § 97 Rz. 10; *S/W* §§ 96–98 Rz. 2; *Natzel*, 516 f.; *D/R* § 96 Rz. 2; *F/A/ K/H* § 96 Rz. 31).

Die alleinige **Zuständigkeit des Arbeitgebers** für die Planung der Berufsbildung 10 und die Einführung von Berufsbildungsmaßnahmen bleibt bestehen (*Natzel*, 517; *Eich* a. a. O. 2155; *D/R* § 96 Rz. 3).

Die Berufsbildung der Arbeitnehmer ist stets in Zusammenarbeit mit den für die 11 Berufsbildung und den für die Förderung der Berufsbildung **zuständigen Stellen** zu fördern. Die für die Berufsbildung zuständigen Stellen sind als solche im BBiG aufgeführt. Es handelt sich um die Handwerkskammern (§ 74), die Industrie- und Handelskammern (§ 75), die Landwirtschaftskammern (§ 79), die nach §§ 84 und 84a für zuständig erklärten Behörden des öffentlichen Dienstes und der Kirchen, die Rechtsanwaltskammern, Patentanwaltskammern, Notarkammern, Notarkas-

§ 96   4. Teil 5. Abschn. Personelle Angelegenheiten

sen (§ 87), Wirtschaftsprüferkammern, Berufskammern der Steuerberater und der Steuerbevollmächtigten (§ 89), die Ärzte-, Zahnärzte- und Apothekerkammern (§ 91) sowie die nach den §§ 93 und 97 für zuständig erklärten weiteren Stellen (vgl. Beilage 45/83 zum Bundesanz. vom 27.7.1983). Zuständige Stellen sind aber nicht die Ausbildungsberater der zuständigen Stellen (§ 45), die Berufsbildungsausschüsse der zuständigen Stellen (§§ 56 ff.), die lediglich über die zuständige Stelle selbst für den Betrieb erreichbar sind. Keine zuständigen Stellen sind auch das Institut für Berufsbildung (§ 6 des Berufsbildungsförderungsgesetzes), die Landesausschüsse (§§ 54 ff. BBiG) und der Bundesausschuß für Berufsbildung (§§ 50 ff. BBiG); sie sind im BBiG nicht als zuständige Stellen bezeichnet. Es ist auch nicht ersichtlich, wie sich eine Zusammenarbeit mit überregionalen oder sogar bundesweit zuständigen Institutionen der Berufsbildung praktisch vollziehen sollte (im Ergebnis ebenso *D/R* § 96 Rz. 9; *F/A/K/H* § 96 Rz. 38; *GK-Kraft* § 96 Rz. 10; **a.A.** aber *Natzel*, 518; *Kammann/Hess/Schlochauer* § 96 Rz. 9; *D/K/K/S* § 96 Rz. 16). Eine gesetzliche Zuständigkeit für die Berufsbildung haben auch weder die Gewerkschaften noch die Arbeitgeberverbände. (*GK-Kraft* § 96 Rz. 11). Nach § 2 Abs. 1 ist aber mit ihnen auch in dieser Hinsicht zusammenzuarbeiten, wenn sie sich der Berufsbildung in ihrer Tätigkeit annehmen (*G/L* § 97 Rz. 6; *GK-Kraft* a.a.O.). Zuständige Stellen sind ferner die berufsbildenden Schulen (*F/A/K/H*, *G/L* und GK-*Kraft* jeweils a.a.O.; *S/W* §§ 96–98 Rz. 3).

12 Das Gebot der Zusammenarbeit bedeutet, daß Arbeitgeber und Betriebsrat auf Anregungen und Vorschläge der zuständigen Stellen eingehen müssen. Andererseits müssen die zuständigen Stellen dem Betrieb auch in Fragen der Berufsbildung beratend und helfend zur Seite stehen (*G/L* § 97 Rz. 7).

IV. Beratungspflicht des Arbeitgebers und Vorschlagsrecht des Betriebsrats

13 Der Arbeitgeber hat nach Abs. 1 Satz 2 mit dem Betriebsrat auf dessen Verlangen Fragen der Berufsbildung der Arbeitnehmer im Betrieb zu beraten. Hierzu kann der Betriebsrat nach Abs. 1 Satz 3 Vorschläge machen.

14 Beratung bedeutet, dem Betriebsrat Gelegenheit zu Fragen und Anregungen zu geben und ein Gespräch mit ihm zu führen. Der Arbeitgeber muß dabei die Äußerungen des Betriebsrats berücksichtigen, braucht dessen Wünsche und Forderungen aber nicht zu erfüllen (*Natzel*, 519; *F/A/K/H* § 96 Rz. 41; *D/R* § 96 Rz. 41). Die Befugnis des Betriebsrats, Vorschläge zu machen, bedeutet, daß der Arbeitgeber mündliche und schriftliche Anregungen entgegenzunehmen hat; eine weitere Verpflichtung ist damit nicht verbunden.

15 Die Beratungspflicht des Arbeitgebers ist umfassend und betrifft alle Fragen der Berufsbildung, soweit sie die Arbeitnehmer des Betriebs betreffen (*F/A/K/H* § 96 Rz. 30; *G/L* § 97 Rz. 16; *GK-Kraft* § 96 Rz. 14).

V. Teilnahme an Maßnahmen der Berufsbildung

16 Nach Abs. 2 Satz 1 haben Arbeitgeber und Betriebsrat darauf zu achten, daß unter Berücksichtigung der betrieblichen Notwendigkeiten den Arbeitnehmern die Teilnahme an betrieblichen oder außerbetrieblichen Maßnahmen der Berufsbildung ermöglicht wird. Diese Bestimmung stellt lediglich eine allgemeine Verpflichtung auf, aus der allein sich noch keine durchsetzbaren Ansprüche ergeben (*D/R* § 96 Rz. 15; *F/A/K/H* § 96 Rz. 33; *G/L* § 97 Rz. 21; GK-*Kraft* § 96 Rz. 16; *Eich* DB 1974, 2154, 2155; *Rumpff* a. a. O. 191 ff.; *Natzel* a. a. O.; *Raatz* DB 1972 Beilage Nr. 1, 9; zur Mitbestimmung des Betriebsrats bei der Festlegung der Teilnehmer vgl. § 98 Abs. 3).

Außerbetriebliche Maßnahmen der Berufsbildung werden z. B. von den Bildungseinrichtungen der Gewerkschaften und der Arbeitgeberverbände, von Kammern, Schulen, Akademien sowie von der Bundesanstalt für Arbeit durchgeführt (*F/A/K/H* § 96 Rz. 35). **17**

Bei der Teilnahme an Maßnahmen der Berufsbildung müssen Arbeitgeber und Betriebsrat gem. § 75 jede unterschiedliche Behandlung von Personen wegen ihrer Abstammung, Religion, Nationalität, Herkunft, politischen oder gewerkschaftlichen Betätigung oder Einstellung oder wegen ihres Geschlechts unterlassen. Sie haben auch darauf zu achten, daß Arbeitnehmer nicht wegen Überschreitung bestimmter Altersstufen benachteiligt werden. Dabei haben sie nach Abs. 2 Satz 2 die besonderen Belange älterer Arbeitnehmer in diesem Zusammenhang zu berücksichtigen, sich also darauf einzustellen, daß diesem Personenkreis die berufliche Anpassung an neue Entwicklungen erfahrungsgemäß besonders schwerfällt (*Natzel* a. a. O.; vgl. auch GK-*Kraft* § 96 Rz. 17; *D/K/K/S* § 96 Rz. 19). Dies entspricht der allgemeinen Aufgabe des Betriebsrats nach § 80 Abs. 1 Nr. 6, die Beschäftigung älterer Arbeitnehmer im Betrieb zu fördern. Auf der anderen Seite dürfen aber ältere Arbeitnehmer durch Bildungsmaßnahmen nicht überfordert werden. In diesem Zusammenhang ist auch die besondere Förderungsaufgabe der Bundesanstalt für Arbeit nach § 2 Nr. 6 AFG zu beachten (vgl. dazu Näheres bei *F/A/K/H* § 96 Rz. 36). Der Arbeitgeber hat ferner die Pflicht zur besonderen beruflichen Förderung von Schwerbehinderten gem. § 14 Abs. 2 Satz 2 SchwbG; er hat nämlich die Schwerbehinderten zur Förderung ihres beruflichen Fortkommens bei innerbetrieblichen Maßnahmen der beruflichen Bildung bevorzugt zu berücksichtigen und deren Teilnahme an außerbetrieblichen Maßnahmen im zumutbaren Umfang zu erleichtern. **18**

Die Teilnahme an Berufsbildungsmaßnahmen ist **unter Berücksichtigung der betrieblichen Notwendigkeiten** zu ermöglichen; die Anzahl der Teilnehmer und der Zeitpunkt der Teilnahme bestimmen sich also nach Größe und Eigenart des Betriebs. Hier gilt der Grundsatz der Verhältnismäßigkeit (*D/R* § 96 Rz. 14; *Natzel* a. a. O.). **19**

VI. Streitigkeiten

Lehnt der Arbeitgeber es ab, auf Verlangen des Betriebsrats Fragen der Berufsbildung der Arbeitnehmer des Betriebs zu beraten, so kann der Betriebsrat das Arbeitsgericht anrufen, das nach § 2a ArbGG im Beschlußverfahren entscheidet (bei einer groben Verletzung der Pflichten der Betriebspartner kann ein Verfahren nach § 23 Abs. 1 oder Abs. 3 eingeleitet werden; *Heinze* DB 1983 Beilage Nr. 9, 18; *F/A/K/H* § 96 Rz. 42; GK-*Kraft* § 96 Rz. 18; *D/K/K/S* § 96 Rz. 20). Bei einem Streit über die Auswahl der Teilnehmer an betrieblichen oder außerbetrieblichen Berufsbildungsmaßnahmen, bei der der Betriebsrat nach § 98 Abs. 3 ein Mitbestimmungsrecht hat, entscheidet im Streitfall die Einigungsstelle (§ 98 Abs. 4). **20**

§ 97 Einrichtungen und Maßnahmen der Berufsbildung

Der Arbeitgeber hat mit dem Betriebsrat über die Errichtung und Ausstattung betrieblicher Einrichtungen zur Berufsbildung, die Einführung betrieblicher Berufsbildungsmaßnahmen und die Teilnahme an außerbetrieblichen Berufsbildungsmaßnahmen zu beraten.

Literaturübersicht

Vgl. die Literaturübersicht zu § 96.

Inhaltsübersicht

		Rz.
I.	Allgemeines	1
II.	Beratungspflicht des Arbeitgebers	2–7
	1. Errichtung und Ausstattung betrieblicher Einrichtungen zur Berufsbildung	3, 4
	2. Einführung betrieblicher Berufsbildungsmaßnahmen	5
	3. Teilnahme an außerbetrieblichen Berufsbildungsmaßnahmen	6, 7
III.	Streitigkeiten	8

I. Allgemeines

1 Bei der Errichtung von betrieblichen Bildungseinrichtungen, z. B. einer betrieblichen Ausbildungsstätte, und der Einführung von betrieblichen Bildungsmaßnahmen, z. B. der Einrichtung von Fortbildungskursen, wird dem Betriebsrat vom Gesetz ein Recht auf Beratung solcher Maßnahmen mit dem Arbeitgeber eingeräumt (Begründung zum Regierungsentwurf, BT-Drucks. VI/1786, 51). Der Betriebsrat hat also hinsichtlich der Einführung der betrieblichen Berufsbildung nur ein Mitwirkungsrecht, während bei der Durchführung betrieblicher Berufsbildungsmaßnahmen ein Mitbestimmungsrecht nach § 98 besteht (*D/R* § 97 Rz. 1). Das Beratungsrecht erstreckt sich auch auf die Teilnahme von Arbeitnehmern an außerbetrieblichen Berufsbildungsmaßnahmen. Wenn der Arbeitgeber Arbeitnehmer für außerbetriebliche Maßnahmen der Berufsbildung freistellt oder er die durch die Teilnahme an ihnen entstehenden Kosten ganz oder teilweise trägt, besteht für die Auswahl der Teilnehmer ein Mitbestimmungsrecht des Betriebsrats nach § 98 Abs. 3.

II. Beratungspflicht des Arbeitgebers

2 Über die in dieser Vorschrift genannten Angelegenheiten der Berufsbildung (vgl. zum Begriff der Berufsbildung § 96 Rz. 3 ff.) hat der Arbeitgeber mit dem Betriebsrat von sich aus zu beraten, ohne daß es auf ein besonderes Verlangen ankäme (*Natzel*, 520; GK-*Kraft* § 97 Rz. 1; *F/A/K/H* § 97 Rz. 3). Dabei gelten die oben hinsichtlich der leitenden Angestellten aufgezeigten Grenzen (vgl. § 96

Rz. 2). Es besteht nur eine Beratungspflicht des Arbeitgebers, nicht aber ein Mitbestimmungsrecht des Betriebsrats. Eine Entscheidung der Einigungsstelle könnte gem. § 76 Abs. 6 nur im beiderseitigen Einverständnis ergehen (GK-*Kraft* § 97 Rz. 3).

1. Errichtung und Ausstattung betrieblicher Einrichtungen zur Berufsbildung

Die Beratungspflicht bezieht sich einmal auf die Errichtung und Ausstattung betrieblicher Einrichtungen zur Berufsbildung. Gleiches gilt nach herrschender Auffassung für die Änderung bereits bestehender Einrichtungen (*D/R* § 97 Rz. 2; *Natzel*, 521; GK-*Kraft* § 97 Rz. 4; *F/A/K/H* § 97 Rz. 3; *D/K/K/S* § 97 Rz. 1), obwohl die Änderung des mitwirkungspflichtigen Tatbestandes anders als in § 87 Abs. 1 Nr. 10 hier nicht erwähnt ist. Außerdem wird die Auffassung vertreten, daß sogar die Beseitigung von Einrichtungen beratungspflichtig sei (*Natzel* a. a. O.). Damit wird aber der Gesetzeswortlaut ohne Grund verlassen. Wenn das Gesetz nur einzelne Tatbestände für die zwingend vorgesehene Beratungspflicht aufführt, so darf dies nicht verallgemeinert werden, selbst wenn andere Tatbestände möglicherweise ebenso oder sogar im höheren Maße beratungsbedürftig erscheinen sollten. Eine Beratung auch dieser Angelegenheiten mit dem Betriebsrat ist in aller Regel zwar zweckmäßig; rechtlich geboten ist sie bei der eindeutigen Gesetzesfassung jedoch nur, wenn sie der Betriebsrat gem. § 96 Abs. 1 Satz 2 verlangt.

3

Betriebliche Einrichtungen der Berufsbildung sind z. B. Lehrwerkstätten, Lehrecken, Unterrichtsräume, Übungskontore, Übungslabors, Werkschulen, Berufsbildungszentren (*Natzel*, 521). Ausstattung bedeutet Sachausstattung, also die Anschaffung von Anlagen, Maschinen, Werkzeugen und Lehrmaterial (*D/R* § 97 Rz. 2; *Natzel*, 521 f.; *S/W* § 96–98 Rz. 7; *D/K/K/S* § 97 Rz. 2). Über den Einsatz von Personen für die Berufsbildung ist im Rahmen der Ausübung des Mitbestimmungsrechts nach § 98 Abs. 2 zu beraten (*G/L* § 97 Rz. 13; *F/A/K/H* § 97 Rz. 3; im Ergebnis auch GK-*Kraft* § 97 Rz. 5, der allerdings Ausstattung auch personell versteht).

4

2. Einführung betrieblicher Berufsbildungsmaßnahmen

Die Beratungspflicht erstreckt sich ferner auf die Einführung betrieblicher Bildungsmaßnahmen. Die Begründung zum Regierungsentwurf (vgl. oben Rz. 1) erwähnt zwar als Beispiel für solche Maßnahmen nur die Einrichtung von Fortbildungskursen. Das Gesetz erfaßt aber alle denkbaren Maßnahmen der Berufsbildung im Betrieb. Zu beraten ist also auch über die Einführung aller Erstausbildungsgänge sowie über die Einrichtung von Umschulungskursen (*Natzel*, 522; GK-*Kraft* § 97 Rz. 6; *G/L* § 97 Rz. 14; *D/K/K/S* § 97 Rz. 3), ferner über die Einführung von betrieblichem Zusatzunterricht für Auszubildende, der eine eigenständige ergänzende Bildungsmaßnahme neben den eigentlichen Berufsbildungsmaßnahmen ist (vgl. *G/L* und GK-*Kraft* , jeweils a. a. O.). Es kommt nicht darauf an, ob die Maßnahmen innerhalb oder außerhalb der Arbeitszeit durchgeführt werden sollen (*F/A/K/H* § 97 Rz. 5; GK-*Kraft* und *D/K/K/S*, jeweils a. a. O.). Die vorgeschriebene Beratung betrifft die gesamte Organisation solcher Berufsbildungsmaßnahmen, also auch die zeitliche Lage und die Teilnehmerzahl. Bei der

5

§ 98   4. Teil 5. Abschn. *Personelle Angelegenheiten*

Auswahl der Teilnehmer hat der Betriebsrat unter Umständen ein Mitbestimmungsrecht nach § 98 Abs. 3.

3. Teilnahme an außerbetrieblichen Berufsbildungsmaßnahmen

6   Beraten werden muß ferner über die Teilnahme an außerbetrieblichen Berufsbildungsmaßnahmen. Dies betrifft einmal Teile eines Ausbildungsganges, die in einem anderen Betrieb oder in einer überbetrieblichen Einrichtung (z. B. Gemeinschaftslehrwerkstatt oder Berufsfachschule) absolviert werden (vgl. § 4 Abs. 1 Nr. 3 und § 7 BBiG sowie *BAG* vom 13. 3. 1991 – 7 ABR 89/89 – DB 1992, 99; so im Ergebnis auch *Natzel*, 521; *Oetker* DB 1985, 1739, 1741). Dies betrifft aber ferner eigenständige Berufsbildungsgänge der Fortbildung und Umschulung, die von außerbetrieblichen Trägern (z. B. Kammern, Verbänden, Gewerkschaften, öffentlichen oder privaten Schulen) angeboten werden (GK-*Kraft* § 97 Rz. 7; *Natzel*, 522). Die Beratung hat sich auf Anzahl und Auswahl der zu entsendenden Betriebsangehörigen zu beziehen, während zeitliche Lage und inhaltliche Gestaltung der Maßnahmen dem Einfluß des Arbeitgebers in der Regel entzogen sind (vgl. dazu *Natzel* a. a. O.; *F/A/K/H* § 97 Rz. 6; *D/R* § 97 Rz. 4). Hinsichtlich der Auswahl der Teilnehmer hat der Betriebsrat unter den Voraussetzungen des § 98 Abs. 3 ein Mitbestimmungsrecht.

7   Nach Sinn und Zweck der Beratungspflicht muß der Arbeitgeber die Beratung durchführen, bevor Belegschaftsmitglieder an einer solchen Maßnahme teilnehmen (vgl. *Natzel*, 521; GK-*Kraft* § 97 Rz. 3; *F/A/K/H* § 97 Rz. 7).

III. Steitigkeiten

8   Streitigkeiten über das Bestehen und den Umfang der Beratungspflicht entscheidet das Arbeitsgericht nach § 2a ArbGG im Beschlußverfahren.

§ 98 Durchführung betrieblicher Bildungsmaßnahmen

(1) Der Betriebsrat hat bei der Durchführung von Maßnahmen der betrieblichen Berufsbildung mitzubestimmen.
(2) Der Betriebsrat kann der Bestellung einer mit der Durchführung der betrieblichen Berufsbildung beauftragten Person widersprechen oder ihre Abberufung verlangen, wenn diese die persönliche oder fachliche, insbesondere die berufs- und arbeitspädagogische Eignung im Sinne des Berufsbildungsgesetzes nicht besitzt oder ihre Aufgaben vernachlässigt.
(3) Führt der Arbeitgeber betriebliche Maßnahmen der Berufsbildung durch oder stellt er für außerbetriebliche Maßnahmen der Berufsbildung Arbeitnehmer frei oder trägt er die durch die Teilnahme von Arbeitnehmern an solchen Maßnahmen entstehenden Kosten ganz oder teilweise, so kann der Betriebsrat Vorschläge für die Teilnahme von Arbeitnehmern oder Gruppen von Arbeitnehmern des Betriebs an diesen Maßnahmen der beruflichen Bildung machen.
(4) Kommt im Falle des Absatzes 1 oder über die nach Absatz 3 vom Betriebsrat vorgeschlagenen Teilnehmer eine Einigung nicht zustande, so entscheidet die Eini-

gungsstelle. Der Spruch der Einigungsstelle ersetzt die Einigung zwischen Arbeitgeber und Betriebsrat.

(5) Kommt im Falle des Absatzes 2 eine Einigung nicht zustande, so kann der Betriebsrat beim Arbeitsgericht beantragen, dem Arbeitgeber aufzugeben, die Bestellung zu unterlassen oder die Abberufung durchzuführen. Führt der Arbeitgeber die Bestellung einer rechtskräftigen gerichtlichen Entscheidung zuwider durch, so ist er auf Antrag des Betriebsrats vom Arbeitsgericht wegen der Bestellung nach vorheriger Androhung zu einem Ordnungsgeld zu verurteilen; das Höchstmaß des Ordnungsgeldes beträgt 20 000 Deutsche Mark. Führt der Arbeitgeber die Abberufung einer rechtskräftigen gerichtlichen Entscheidung zuwider nicht durch, so ist auf Antrag des Betriebsrats vom Arbeitsgericht zu erkennen, daß der Arbeitgeber zur Abberufung durch Zwangsgeld anzuhalten sei; das Höchstmaß des Zwangsgeldes beträgt für jeden Tag der Zuwiderhandlung 500 Deutsche Mark. Die Vorschriften des Berufsbildungsgesetzes über die Ordnung der Berufsbildung bleiben unberührt.

(6) Die Absätze 1 bis 5 gelten entsprechend, wenn der Arbeitgeber sonstige Bildungsmaßnahmen im Betrieb durchführt.

Literaturübersicht

Bleistein Das Mitbestimmungsrecht des Betriebsrat nach § 56 BetrVG bei der Durchführung der Berufsausbildung, DB 1965, 1046; *Eich* Die Beteiligungsrechte des Betriebsrats im Ausbildungswesen, DB 1974, 2154; *Gaul* Mitbestimmungsrecht des Betriebsrats bei der Lehrlingsausbildung, DB 1961, 1647; *Heinze* Personalplanung, Einstellung und Kündigung, 1982; *Kraft* Mitbestimmungsrechte des Betriebsrats bei betrieblichen Berufsbildungs- und sonstigen Bildungsmaßnahmen nach § 98 BetrVG, NZA 1990, 457; *Neyses* Mitwirkung und Mitbestimmung des Betriebsrats bei der Berufsbildung, BlStSozArbR 1977, 321; *Oetker* Betriebsverfassungsrechtliche Aspekte des Ausbildungsverbundes, DB 1985, 1739; *ders.* Die Mitbestimmung der Betriebs- und Personalräte bei der Durchführung von Berufsbildungsmaßnahmen, 1986; *Peterek* Zur Mitbestimmung des Betriebsrats bei der Durchführung der Berufsbildung, DB 1970, 587; *Viets* Zur Beteiligung des Betriebsrats bei der Auswahl von Arbeitnehmern zur Teilnahme an Berufsbildungsmaßnahmen, DB 1980, 2085; vgl. auch Literaturübersicht zu § 96.

Inhaltsübersicht

		Rz.
I.	Allgemeines	1
II.	Geltungsbereich der Vorschrift	2– 6
	1. Persönlicher Geltungsbereich	2– 4
	2. Sachlicher Geltungsbereich	5, 6
III.	Durchführung betrieblicher Berufsbildungsmaßnahmen	7–21
	1. Voraussetzungen des Mitbestimmungsrechts	7–13b
	2. Schranken des Mitbestimmungsrechts	14–17
	a) Schranken hinsichtlich der beruflichen Ausbildung	15
	b) Schranken hinsichtlich der beruflichen Fortbildung und Umschulung	16, 17
	3. Ausübung des Mitbestimmungsrechts	18–20
	4. Rechtsfolgen der Nichtbeachtung des Mitbestimmungsrechts	21

§ 98   4. Teil 5. Abschn. Personelle Angelegenheiten

IV.	Bestellung und Abberufung mit der Durchführung der betrieblichen Berufsbildung beauftragter Personen	22–52
	1. Voraussetzungen des Mitbestimmungsrechts	23–33
	2. Schranken des Mitbestimmungsrechts	34
	3. Ausübung des Mitbestimmungsrechts	35–51
	4. Geltung des Berufsordnungsrechts	52
V.	Auswahl der Arbeitnehmer für die Teilnahme an Berufsbildungsmaßnahmen	53–62
	1. Voraussetzungen des Mitbestimmungsrechts	54
	2. Schranken des Mitbestimmungsrechts	55
	3. Ausübung des Mitbestimmungsrechts	56–62
VI.	Sonstige Bildungsmaßnahmen	63–68
	1. Voraussetzungen des Mitbestimmungsrechts	64–67
	2. Schranken und Ausübung des Mitbestimmungsrechts	68
VII.	Streitigkeiten	69

I. Allgemeines

1 Während der Betriebsrat in den Angelegenheiten des § 97 auf einen Beratungsanspruch beschränkt ist, sieht Abs. 1 **bei der Durchführung der betrieblichen Berufsbildung ein Mitbestimmungsrecht** des Betriebsrats vor. Außerdem hat er das Recht, nach Maßgabe des Abs. 3 Arbeitnehmer für die Teilnahme an betrieblichen oder auch außerbetrieblichen Berufsbildungsmaßnahmen vorzuschlagen. Abs. 2 räumt dem Betriebsrat ein Widerspruchs- und Abberufungsrecht hinsichtlich der mit der Durchführung der betrieblichen Berufsbildung beauftragten Personen ein. Durch Abs. 6 soll die Beteiligung des Betriebsrats bei sonstigen Bildungsmaßnahmen im Betrieb, z. B. der Durchführung von Kursen der Ersten Hilfe, entsprechend der Regelung der vorangehenden Absätze ermöglicht werden (so die Begründung zum Regierungsentwurf des Betriebsverfassungsgesetzes, BT-Drucks. VI/786, 51).

II. Geltungsbereich der Vorschrift

1. Persönlicher Geltungsbereich

2 § 98 erfaßt (ebenso wie §§ 96 und 97) nur Bildungsmaßnahmen für diejenigen Arbeitnehmer, die unter das BetrVG fallen, nicht aber die Bildungsmaßnahmen für leitende Angestellte (vgl. oben § 96 Rz. 2; GK-*Kraft* § 98 Rz. 32; *S/W* §§ 96–98 Rz. 20; *F/A/K/H* § 98 Rz. 36). Kein Mitbestimmungsrecht besteht auch bei betrieblichen Bildungsmaßnahmen, die dazu dienen, Arbeitnehmern die Qualifikation für eine Tätigkeit als **leitende Angestellte** zu verschaffen.

3 Dies gilt einmal für die **Durchführung** solcher Maßnahmen. Der Arbeitgeber muß nämlich freie Hand haben, die künftigen leitenden Angestellten nach seinen Vorgaben heranzubilden. Denn er allein bestimmt auch die Anforderungen, die an eine solche Führungskraft zu stellen sind (so auch *Kraft* NZA 1990, 457, 458 und GK-*Kraft* a. a. O.; *S/W* §§ 96–98 Rz. 21; *Oetker* 108f.; *Eich* DB 1974, 2154, 2159; *D/R* § 98 Rz. 3; **a. A.** *F/A/K/H* a. a. O.).

Dasselbe gilt für die Mitbestimmung bei **Bestellung und Abberufung der Ausbil-** 4
der für solche Maßnahmen (*Kraft* und *Eich*, jeweils a. a. O.; **a. A.** *F/A/K/H*
a. a. O.; *Kammann/Hess/Schlochauer* § 98 Rz. 7). Ein Mitbestimmungsrecht ist
entgegen der überwiegenden Meinung im Fachschrifttum (*Kraft* a. a. O.; *S/W*
§§ 96-98 Rz. 26; *F/A/K/H* und *Kammann/Hess/Schlochauer*, jeweils a. a. O.)
aber auch zu verneinen, soweit es um die Zusammensetzung des Teilnehmerkreises
für solche Maßnahmen geht (*Eich* a. a. O.). Aus § 5 Abs. 3 und § 105 ergibt sich,
daß die leitenden Angestellten der Einflußsphäre des Betriebsrats entzogen sind.
Dem würde zuwiderlaufen, wenn der Betriebsrat durchsetzen könnte, daß an
einer Bildungsmaßnahme für künftige leitende Angestellte auch Arbeitnehmer
nach seiner Wahl teilnehmen.

2. Sachlicher Geltungsbereich

Die Bestimmung erfaßt in Abs. 1–5 berufliche Bildungsmaßnahmen (vgl. dazu 5
oben § 96 Rz. 3 ff.), unterwirft aber durch Abs. 6 alle sonstigen Bildungsmaßnahmen im Betrieb (vgl. dazu unten Rz. 63 ff.) denselben betriebsverfassungsrechtlichen Regeln.
Eine **betriebliche** Berufsbildungsmaßnahme liegt vor, wenn der Arbeitgeber Trä- 6
ger oder Veranstalter der Maßnahme ist und sie für seine Arbeitnehmer durchführt. Träger oder Veranstalter der Maßnahme ist der Arbeitgeber auch, wenn er
sie in Zusammenarbeit mit einem Dritten durchführt und hierbei auf Inhalt und
Organisation rechtlich oder tatsächlich beherrschenden Einfluß hat (*BAG* vom
12. 11. 1991 – 1 ABR 21/9 – DB 1992, 741 = NZA 1992, 657; vom 4. 12. 1990 –
1 ABR 10/90 – EzA § 98 BetrVG 1972 Nr. 6 = SAE 1991, 261; *F/A/K/H* § 98
Rz. 30; *Eich* DB 1974, 2156; *S/W* § 96–98 Rz. 39; *D/K/K/S* § 98 Rz. 20). Den
Mitbestimmungsrechten des Betriebsrats nach § 98 steht nicht entgegen, daß die
betriebliche (vgl. dazu unten Rz. 54 und 67) oder außerbetriebliche Bildungsmaßnahme im Ausland durchgeführt wird (*BAG* vom 20. 2. 1988 – 1 ABR 39/86 –
BetrVG 1972 = DB 1988, 1325 = EzA § 98 BetrVG 1972 Nr. 4).

III. Durchführung betrieblicher Berufsbildungsmaßnahmen

1. Voraussetzungen des Mitbestimmungsrechts

Das Mitbestimmungsrecht nach Abs. 1 erstreckt sich nur auf die Durchführung, 7
nicht auf die Einführung von Berufsbildungsmaßnahmen oder die Errichtung von
Berufsbildungseinrichtungen; insoweit hat der Betriebsrat nach § 97 nur einen Beratungsanspruch (*Kraft* NZA 1990, 457, 460 und GK-*Kraft* § 98 Rz. 4; vgl. auch
oben § 97 Rz. 5). Diese Abgrenzung zwischen mitbestimmten und mitbestimmungsfreien Entscheidungen entspricht der Sache nach der Trennung zwischen
Einführung und Durchführung freiwilliger Leistungen nach § 87 Abs. 1 Nr. 8 und
10 (*Oetker* 98 ff.; *Kraft* NZA 1990, 457, 460; vgl. dazu oben § 87 Rz. 412 ff. und
512 ff.).
Das Mitbestimmungsrecht bezieht sich allein auf die **Aufstellung von Regeln** für 8
die Durchführung der betrieblichen Berufsbildung (**Ausbildung, Fortbildung und
Umschulung**). Nur diese Auslegung des Gesetzes führt zu einem sinnvollen Er-

§ 98 4. Teil 5. Abschn. *Personelle Angelegenheiten*

gebnis: Hätte der Betriebsrat bei jeder Einzelmaßnahme und -anweisung mitzubestimmen, so wären Berufsbildungsmaßnahmen praktisch kaum durchzuführen (im Ergebnis ebenso *BAG* vom 3. 12. 1985 – 1 ABR 58/83 – EzA § 95 BetrVG 1972 Nr. 10 = DB 1986, 915; *LAG Frankfurt/M.* vom 13. 4. 1976 – 5 Sa 715/75 – AuR 1977, 187; *D/R* § 98 Rz. 6; GK-*Kraft* § 98 Rz. 5; *F/A/K/H* § 98 Rz. 7; *S/W* §§ 96–98 Rz. 9; *G/L* § 98 Rz. 6 f.; *D/K/K/S* § 98 Rz. 3; *Eich* DB 1974, 2154, 2158; *Natzel*, 524; *Oetker* DB 1985, 1739, 1742).

9 Bei der **Berufsausbildung** kommen danach für eine Mitbestimmung in Betracht: Festlegen von **Versetzungs- oder Durchlaufplänen**, Aufstellung allgemeiner Grundsätze über Anzahl, Art, Zeitpunkt und Verfahren für **betriebliche Beurteilungen und Prüfungen** einschließlich der Frage, ob ein betriebliches Zeugnis zu erteilen ist und was darin festzustellen ist (für die Prüfungsgrundsätze ebenso *LAG Köln* vom 12. 4. 1983 – 6 Ta BV 6/83 – EzA § 96 BetrVG 1972 Nr. 1; ebenso *F/A/K/H* § 98 Rz. 6; *G/L*, § 98 Rz. 7 a; GK-*Kraft* § 98 Rz. 5; *S/W* §§ 96–98 Rz. 9; vgl. auch *Peterek* DB 1970, 587, 590), ferner die Aufstellung allgemeiner Regeln über die **Anwendung von Erziehungsmaßnahmen** gem. § 6 Abs. 1 Nr. 5 BBiG (*S/W* a. a. O.; im Ergebnis ebenso *Natzel*, 525, der allerdings auf § 87 Abs. 1 Nr. 1 zurückgreift).

10 Ein Mitbestimmungsrecht besteht auch hinsichtlich des **Berichtshefts**, das zu führen der Ausbildende den Auszubildenden anzuhalten und das er durchzusehen hat (§ 6 Abs. 1 Nr. 4 BBiG). Die Führung des Berichtshefts, das nach einer Empfehlung des Bundesausschusses für Berufsbildung in der Form von Ausbildungsnachweisen (vgl. dazu *Natzel*, 208) gehalten sein soll, beruht primär auf einer in den Ausbildungsordnungen normierten öffentlich-rechtlichen Verpflichtung und ist nach § 39 Abs. 1 Nr. 2 BBiG Voraussetzung für die Zulassung zur Abschlußprüfung. Wird die Führung des Berichtshefts in der Ausbildungsordnung verlangt, wird sie entsprechend den Vertragsmustern der zuständigen Stellen auch in zulässiger Weise vertraglich vereinbart (vgl. dazu *Herkert* § 6 Rz. 26 sowie BB 1971, 400). Damit gehört die Führung des Berichtshefts, auch wenn sie außerhalb der betrieblichen Ausbildungszeit zu geschehen hat (*BAG* vom 11. 1. 1973 – 5 AZR 467/72 – EzA § 6 BBiG Nr. 1 = DB 1973, 831; *D/K/K/S* a. a. O.), zur Durchführung von Maßnahmen der betrieblichen Berufsausbildung (so auch *Peterek* a. a. O., 591; *Bleistein* BB 1965, 1408; GK-*Kraft*, *F/A/K/H*, *G/L* und *S/W*, jeweils a. a. O.; *Eich* DB 1974, 2154, 2158; **a. A.** *Natzel*, 524, der diese Verpflichtung des Auszubildenden nicht als Bestandteil der betrieblichen Berufsausbildung gelten läßt). Kein Mitbestimmungsrecht besteht bei der Entscheidung über die Durchführung von Ausbildungsabschnitten in anderen Betrieben oder überbetrieblichen Einrichtungen (*Oetker* 192 und DB 1985, 1739, 1741).

11 In der gemeinsamen Regelung über die Durchführung kann auch, soweit nicht gesetzlich geregelt, eine innerbetriebliche Prüfung vorgesehen werden, die mit zur Durchführung der Berufsbildung gehört (*BAG* vom 5. 11. 1985 – 1 ABR 49/83 – AP Nr. 2 zu § 98 BetrVG 1972 = DB 1986, 1341 = EzA § 98 BetrVG 1972 Nr. 2; *F/A/K/H* § 98 Rz. 10; *D/K/K/S* a. a. O.).

12 Die **Abschlußprüfung für den anerkannten Ausbildungsberuf**, die in den §§ 32 ff. BBiG geregelt ist, gehört als außerbetriebliche Prüfung nicht mehr zur Durchführung der betrieblichen Berufsausbildung, so daß insoweit ein Mitbestimmungsrecht des Betriebsrats nicht in Betracht kommt.

13 Vom Mitbestimmungsrecht bei der Durchführung der Berufsbildung nicht mehr gedeckt ist eine Regelung, nach der ein Betriebsratsmitglied an der Ausbildung

oder an Prüfungen im Betrieb beobachtend teilnehmen kann; denn die Beobachtung der Berufsbildung kann nicht als Teil der Durchführung der Berufsbildung betrachtet werden, zu der vielmehr nur entsprechende Sachregelungen gehören (vgl. dazu auch oben § 87 Rz. 50); das Mitbestimmungsrecht ist nicht Grundlage für die Begründung von Rechten des Betriebsrats, die er nach dem Gesetz nicht hat (vgl. weiter unten; **a. A.** für den Fall der Beobachtung einer innerbetrieblichen Prüfung *BAG* vom 5. 11. 1985, a. a. O.; allgemein für Recht des Betriebsrats, sich bei Berufsbildungsmaßnahmen stichprobenweise durch Teilnahme zu informieren *LAG Frankfurt/M.* a. a. O.). Ein Anwesenheitsrecht des Betriebsrats bei der Durchführung der Berufsbildung kann aus den gesetzlichen Vorschriften nicht abgeleitet werden; der Betriebsrat ist für die von ihm benötigten Informationen auf Auskünfte des Arbeitgebers nach § 80 Abs. 2 und auf Hinweise aus der Belegschaft angewiesen (so im Ergebnis auch *BAG* a. a. O.; *Oetker* 118; *G/L* § 98 Rz. 7 a; *S/W* §§ 96–98 Rz. 19 a).

Bei der **beruflichen Fortbildung** umfaßt das Mitbestimmungsrecht nicht Inhalt und Umfang der zu vermittelnden Kenntnisse oder Fähigkeiten, ebensowenig die Dauer der Bildungsmaßnahme, die von dem angestrebten Bildungsziel abhängt; denn insoweit hat der Betriebsrat nur einen Beratungsanspruch (vgl. oben Rz. 7; so auch *S/W* §§ 96–98 Rz. 17; *D/R* § 98 Rz. 5; *Eich* DB 1974, 2154, 2157; **a. A.** *F/A/K/H* § 98 Rz. 10; *D/K/K/S* § 98 Rz. 5; *G/L* § 98 Rz. 6; abw. auch die Vorauflage unter Rz. 9). Dies gilt entsprechend für die **berufliche Umschulung**, bei der der Arbeitgeber aber die dafür geltenden gesetzlichen Regelungen zu beachten hat (vgl. dazu unten Rz. 16). 13a

Der Betriebsrat hat bei Fortbildung und Umschulung auch hinsichtlich der zeitlichen Lage der Maßnahmen mitzubestimmen (so auch *S/W* §§ 96–98 Rz. 18; *F/A/ K/H* und *D/K/K/S*, jeweils a. a. O.; vgl. aber zu den dabei geltenden Schranken unten 17). 13b

2. Schranken des Mitbestimmungsrechts

Das Mitbestimmungsrecht entfällt nicht deshalb, weil eine Bildungsmaßnahme auch oder sogar vor allem der Vorsorge für den Fall eines etwaigen Arbeitskampfes dient (*BAG* vom 10. 2. 1988 – 1 ABR 39/86 – AP Nr. 5 zu § 98 BetrVG 1972 = DB 1988, 1325 = EzA § 98 BetrVG 1972 Nr. 4; **a. A.** *LAG Berlin* vom 21. 2. 1986 – 2 Ta BV 5/85 – NZA 1986, 758). Mitbestimmungsfrei wäre allenfalls eine Bildungsmaßnahme bei einem schon feststehenden oder bereits laufenden Arbeitskampf im Betrieb (vgl. oben § 87 Rz. 70 ff.) 14

a) Schranken hinsichtlich der beruflichen Ausbildung

Bei der Berufsausbildung, die durch Gesetz und aufgrund § 25 BBiG, § 25 HandwO erlassener oder nach § 108 BBiG fortgeltender Ausbildungsordnungen eingehend geregelt ist, besteht nur geringer Spielraum. Das Mitbestimmungsrecht bei der Berufsausbildung ist im wesentlichen auf den Erlaß einer **den Besonderheiten des Betriebs entsprechenden Ordnung** beschränkt (*D/R* § 98 Rz. 5; *F/A/K/H* § 98 Rz. 6; *Kraft* und *G/L*, jeweils a. a. O.; *D/K/K/S* § 98 Rz. 3; *Natzel* 523). Dabei richtet sich aber die Mitbestimmung bei der Bestellung und Abberufung der Ausbilder nach den besonderen Vorschriften des Abs. 2 (GK-*Kraft* § 98 Rz. 6; *D/R* a. a. O.). 15

b) Schranken hinsichtlich der beruflichen Fortbildung und Umschulung

16 Da zur Berufsbildung auch die berufliche Fortbildung und Umschulung gehören (vgl. oben § 96 Rz. 3, nicht aber Maßnahmen nach § 19 BBiG, die allerdings von Abs. 6 erfaßt werden (vgl. unten Rz. 64), gelten die Erläuterungen unter a) auch für diese Bereiche. Das Mitbestimmungsrecht ist aber an gesetzliche Schranken gebunden, die sich vor allem aus den §§ 46 und 47 BBiG und aus nach diesen Bestimmungen erlassenen Rechtsverordnungen ergeben. Im Hinblick darauf, daß bei der beruflichen Umschulung für einen anerkannten Ausbildungsberuf nach § 47 Abs. 3 BBiG das für die Erstausbildung geltende Berufsausbildungsrecht anzuwenden ist (nicht berücksichtigt bei *D/R* § 98 Rz. 5), müssen die sich daraus ergebenden Grenzen auch vom Betriebsrat beachtet werden (*Eich* DB 1974, 2154, 2157).

17 Aufgrund des Mitbestimmungsrechts bei der Lage der Bildungszeit (vgl. dazu oben Rz. 13b) kann aber nicht deren Bezahlung erreicht werden (im Ergebnis ebenso *S/W* §§ 96–98 Rz. 18); denn selbst wenn der Betriebsrat aufgrund des § 87 Abs. 1 Nr. 3 eine entsprechende Verkürzung der Arbeitszeit zum Austausch gegen die Bildungszeit durchsetzen könnte, ergäbe sich daraus kein Vergütungsanspruch der Teilnehmer (vgl. dazu auch oben § 87 Rz. 197). Zeiten der beruflichen Fortbildung oder Umschulung werden deshalb nur dann vom Arbeitgeber bezahlt, wenn er es mit den Teilnehmern so vereinbart hat.

3. Ausübung des Mitbestimmungsrechts

18 Das Mitbestimmungsrecht des Betriebsrats wird durch Abschluß einer **Betriebsvereinbarung** oder durch **Regelungsabrede** mit dem Arbeitgeber ausgeübt (GK-*Kraft* § 98 Rz. 8; *Oetker* 115; *G/L* § 98 Rz. 8; a.A. *D/R* § 98 Rz. 7: nur durch Betriebsvereinbarung). Dementsprechende Beschlüsse des Betriebsrats sind unter Beachtung des Stimmrechts der Jugend- und Auszubildendenvertretung gem. § 67 Abs. 2 zu fassen (vgl. dazu *F/A/K/H* § 98 Rz. 9; *D/K/K/S* § 98 Rz. 4). Soweit der Betriebsrat einen Ausschuß für Berufsbildungsfragen gebildet hat, ist ihm nach § 27 Abs. 3 Satz 2 der Abschluß einer entsprechenden Betriebsvereinbarung allerdings verwehrt.

19 Eine Zuständigkeit des Gesamtbetriebsrats oder des Konzernbetriebsrats kann sich aus den §§ 50 (Rz. 34) und 58 (Rz. 13) ergeben.

20 Können sich Arbeitgeber und Betriebsrat nicht darüber einigen, wie die Maßnahmen der betrieblichen Berufsbildung durchzuführen sind, so entscheidet nach Abs. 4 i. V. m. § 76 Abs. 5 (vgl. Erläuterungen dort) auf Antrag einer Seite oder beider Seiten die Einigungsstelle. Der Spruch der Einigungsstelle ersetzt gem. Abs. 4 Satz 2 die fehlende Einigung. Mit dem Spruch der Einigungsstelle können sowohl Rechtsfragen wie auch Regelungsfragen entschieden werden. Handelt es sich um die Entscheidung einer Rechtsfrage, unterliegt sie im vollen Umfang der arbeitsgerichtlichen Kontrolle, ohne daß die Zwei-Wochen-Frist nach § 76 Abs. 5 Satz 4 eingehalten zu werden braucht (*D/R* § 98 Rz. 10f.; GK-*Kraft* § 98 Rz. 18).

4. Rechtsfolgen der Nichtbeachtung des Mitbestimmungsrechts

Insoweit wird auf die allgemeinen Erläuterungen zu dieser Frage verwiesen (vgl. 21 oben § 87 Rz. 79 ff., besonders Rz. 89).

IV. Bestellung und Abberufung mit der Durchführung der betrieblichen Berufsbildung beauftragter Personen

Führt der Arbeitgeber die Maßnahme der betrieblichen Berufsausbildung – 22 wie es in größeren Betrieben die Regel ist – nicht selbst durch und bestellt er deshalb gem. § 20 Abs. 4 BBiG, § 21 Abs. 4 HandwO einen Ausbilder (sog. Ausbildungsleiter), so kann der Betriebsrat gem. Abs. 2 der Bestellung widersprechen oder sogar die Abberufung verlangen, wenn der Ausbilder die persönliche oder fachliche, insbesondere die berufs- und arbeitspädagogische **Einigung im Sinne des Berufsbildungsgesetzes** (§ 20 Abs. 1 bis 3 und § 21) nicht hat oder seine **Aufgaben vernachlässigt**. Auf diese Weise wird die Überwachung der betrieblichen Ausbildung durch die zuständige Stelle (vgl. § 24 BBiG) ergänzt. Führt der Arbeitgeber jedoch die Berufsausbildung selbst durch, so kann der Betriebsrat allein über die zuständige Stelle erreichen, daß dem Arbeitgeber bei Fehlen der persönlichen oder fachlichen Voraussetzungen das Einstellen und Ausbilden untersagt wird (GK-*Kraft* § 98 Rz. 10). Abs. 2 gilt nur zum Teil auch für die **berufliche Fortbildung und Umschulung** (vgl. unten Rz. 28 und 32).

1. Voraussetzungen des Mitbestimmungsrechts

Das Mitbestimmungsrecht des Betriebsrats nach Abs. 2 i. V. m. Abs. 5 bezieht sich 23 auf die mit der Durchführung der betrieblichen Berufsbildung beauftragte Person. Dies ist bei der beruflichen Ausbildung die nach § 20 Abs. 4 BBiG, § 21 Abs. 4 HandwO bestellte Person. Hilfskräfte, die nach § 9 Nr. 3 BBiG gegenüber den Teilnehmern an der Bildungsmaßnahme weisungsberechtigt sein können, werden jedoch von dem Mitbestimmungsrecht nicht erfaßt; denn für diese Personen wird vom BBiG die persönliche und fachliche Eignung rechtlich nicht gefordert. Der Wortlaut des Abs. 2 deutet außerdem darauf hin, daß nur die Personen gemeint sind, die gegenüber dem Arbeitgeber für die Durchführung von Berufsbildungsmaßnahmen insgesamt verantwortlich sind (im Ergebnis ebenso *Natzel*, 542; a. A. *F/A/K/H* § 98 Rz. 18 und *D/K/K/S* § 98 Rz. 11 sowie *S/W* §§ 96–98 Rz. 32, die auch Referenten bei betrieblichen Lehrveranstaltungen einbeziehen, sofern sie nicht nur gelegentlich tätig werden).

Das Mitbestimmungsrecht kann auch dann eingreifen, wenn der Ausbilder nicht 24 Arbeitnehmer des Betriebs ist oder zum Kreis der leitenden Angestellten gehört (*D/R* § 98 Rz. 13; *Natzel* a. a. O.; *D/K/K/S* § 98 Rz. 12).

Das Mitbestimmungsrecht nach Abs. 2 greift jedoch nicht ein, wenn Berufsbil- 25 dungsmaßnahmen auch nicht dem Mitbestimmungsrecht nach Abs. 1 unterliegen (vgl. oben Rz. 2–4; so auch *S/W* §§ 96–98 Rz. 33; GK-*Kraft* § 98 Rz. 32).

Das Mitbestimmungsrecht nach Abs. 2 i. V. m. Abs. 5 hat die folgenden engen 26 Voraussetzungen, deren jede für sich allein allerdings genügt. Maßgebend sind

§ 98   4. Teil 5. Abschn. Personelle Angelegenheiten

dabei die objektiven Umstände; auf Verschulden kommt es nicht an (*F/A/K/H* § 98 Rz. 4):

27 a) Nach § 20 BBiG ist **persönlich nicht geeignet** insbesondere, wer Kinder und Jugendliche nicht beschäftigen darf oder wiederholt oder schwer gegen das BBiG oder die aufgrund dieses Gesetzes erlassenen Vorschriften verstoßen hat so auch *D/K/K/S* § 98 Rz. 10). Für Ausbilder in Handwerksbetrieben gilt die entsprechende Vorschrift des § 21 HandwO. Wegen der Gesetzesverweisung in § 73 BBiG ist aber auch die persönliche Eignung nach der HandwO für das BetrVG maßgebend.

28 Da eine persönliche Eignung für die mit der Durchführung der betrieblichen Fortbildung und Umschulung beauftragten Personen gesetzlich nicht vorgeschrieben ist, kommt bei diesen Personen ein Mitbestimmungsrecht nur wegen Vernachlässigung der Aufgaben in Betracht (GK-*Kraft* § 98 Rz. 12; *S/W* §§ 96–98 Rz. 31; *G/L* § 98 Rz. 12).

29 b) **Fachlich** ist **nicht geeignet**, wer die erforderlichen beruflichen Fertigkeiten und Kenntnisse gem. § 20 Abs. 1 Nr. 1 und §§ 76–97 BBiG sowie §§ 21 Abs. 3 und 33 HandwO oder die erforderlichen berufs- und arbeitspädagogischen Kenntnisse nicht hat. Maßgebend ist ferner die aufgrund § 21 BBiG ergangene Ausbilder-Eignungsverordnung vom 20. 4. 1972 (BGBl. I S. 707, zuletzt geändert durch Verordnung vom 3. 10. 1984, BGBl. I S. 1261; zur Ausbilder-Eignungsverordnung vgl. *F/A/K/H* § 98 Rz. 15).

30 Auch das Fehlen der fachlichen Eignung kann bei Personen, die mit der betrieblichen Fortbildung und Umschulung beauftragt sind, vom Betriebsrat nicht geltend gemacht werden (vgl. oben Rz. 28).

31 c) Der Ausbilder **vernachlässigt** seine **Aufgabe**, wenn er sie nicht mit der erforderlichen Gründlichkeit und Gewissenhaftigkeit ausführt, so daß befürchtet werden muß, daß die Auszubildenden das Ziel der Ausbildung nicht erreichen (*F/A/K/H* § 98 Rz. 17; GK-*Kraft* § 98 Rz. 12; *G/L* § 98 Rz. 13; *D/K/K/S* a. a. O.).

32 Dies gilt entsprechend für die mit der Durchführung der betrieblichen Fortbildung und Umschulung beauftragte Person (vgl. oben Rz. 28).

33 Es muß sich aber immer um **schwerwiegende Gründe** handeln, die für die betreffende Person charakteristisch sind. Geringfügige oder einmalige Vorfälle genügen nicht (*S/W* §§ 96–98 Rz. 34; ähnlich *Natzel*, 528f.). Die Vernachlässigung der Aufgaben muß sich so auswirken wie das Fehlen der fachlichen oder persönlichen Eignung (*Kraft* a. a. O.).

2. Schranken des Mitbestimmungsrechts

34 Die Erläuterungen zu Abs. 1 in bezug auf die Vorsorge für den Fall eines Arbeitskampfes (vgl. oben Rz. 14) gelten hier entsprechend.

3. Ausübung des Mitbestimmungsrechts

35 Liegen die genannten Voraussetzungen vor, kann der Betriebsrat der Bestellung der Person widersprechen oder ihre Abberufung verlangen. Beide Schritte setzen einen ordnungsgemäß gefaßten (§ 33) Beschluß des Betriebsrats voraus. Soweit es

Durchführung betrieblicher Bildungsmaßnahmen § 98

um die Berufsausbildung geht, haben die Jugend- und Auszubildendenvertreter nach § 67 Abs. 2 Stimmrecht. Die Jugend- und Auszubildendenvertretung kann beim Betriebsrat einen entsprechenden Antrag stellen (GK-*Kraft* § 98 Rz. 13; *F/A/K/H* § 98 Rz. 9).

Der Betriebsrat kann sein Mitbestimmungsrecht nur geltend machen, wenn er **36** seinen Widerspruch oder sein Verlangen **mit Tatsachen begründet** und sich nicht mit der Anführung der entsprechenden gesetzlichen Vorschriften begnügt (GK-*Kraft* § 98 Rz. 12; *S/W* §§ 96–98 Rz. 34; *D/R* § 98 Rz. 16; *Natzel* 528). Umgekehrt hat auch der Arbeitgeber den Betriebsrat rechtzeitig und umfassend zu unterrichten, bevor er einen Ausbilder bestellt. Diese Informationspflicht ergibt sich aus § 80 Abs. 2 (*G/L* § 98 Rz. 15; GK-*Kraft* § 98 Rz. 9).

Kommt es zwischen Betriebsrat und Arbeitgeber nicht zu einer Einigung, so ent- **37** scheidet auf **Antrag des Betriebsrats das Arbeitsgericht**. Demgegenüber hat der Arbeitgeber kein Antragsrecht. Dies ist auch nicht erforderlich, weil er erst durch eine entsprechende rechtskräftige Entscheidung, die auf Antrag des Betriebsrat ergangen ist, gehindert wird, einen Ausbilder zu bestellen (so auch *G/L* § 98 Rz. 16; GK-*Kraft* § 98 Rz. 19 f.; *Eich* DB 1974, 2154, 2158; *Natzel*, 530; **a. A.** *F/A/K/H* § 98 Rz. 21; *Heinze* Rz. 124; *D/R* § 98 Rz. 22, die auch dem Arbeitgeber ein Antragsrecht zuerkennen und ihm dann ein einseitiges Bestellungsrecht einräumen, wenn der Betriebsrat den Antrag auf gerichtliche Entscheidung nicht unverzüglich gestellt hat). Das Gesetz sieht aber ein Bestellungsverbot ohne eine rechtskräftige gerichtliche Entscheidung nicht vor – es könnte nur durch eine einstweilige Verfügung herbeigeführt werden (vgl. *Natzel* a. a. O.) – und verweist den Arbeitgeber auch nicht wie § 99 auf den Weg nach § 100. Ist der vom Betriebsrat abgelehnte Ausbilder bereits bestellt, so muß der Antrag auf seine Abberufung gerichtet werden (*Eich* a. a. O.; GK-*Kraft* § 98 Rz. 20).

Das Arbeitsgericht kann dem Arbeitgeber gem. Abs. 5 Satz 1 unter bestimmten **38** Voraussetzungen aufgeben, die Bestellung zu unterlassen oder die Abberufung durchzuführen. Für die Durchsetzung der gerichtlichen Entscheidung sieht das Gesetz besondere Regeln vor:

a) Ist rechtskräftig entschieden, daß die **Bestellung zu unterbleiben hat**, und be- **39** stellt der Arbeitgeber die betreffende Person gleichwohl, ist er nach Abs. 5 Satz 2 und § 85 Abs. 1 ArbGG auf Antrag des Betriebrats vom Arbeitsgericht zu einem **Ordnungsgeld** zu verurteilen, dessen Höchstmaß DM 20 000,– beträgt. Der Verurteilung muß wie auch sonst bei der Vollstreckung von Unterlassungspflichten (vgl. § 890 ZPO) eine Androhung vorausgehen. Sie wird auf Antrag des Betriebsrats durch Beschluß des Arbeitsgerichts ausgesprochen, der nach § 85 Abs. 1 ArbGG i. V. m. § 890 Abs. 2 ZPO mit dem Bestellungsverbot zusammen oder auch in einem gesonderten Verfahren erwirkt werden kann. Die Androhung braucht keine bestimmte Summe anzugeben. Es genügt die Bezeichnung des gesetzlichen Rahmens (*F/A/K/H* § 98 Rz. 24; vgl. auch *D/K/K/S* § 98 Rz. 15).

Die Festsetzung von **Ordnungshaft** ist ausgeschlossen (vgl. Abs. 5 Satz 2 und § 85 **40** Abs. 1 Satz 2 ArbGG).

Sowohl vor der Androhung als auch vor der Festsetzung des Ordnungsgeldes ist **41** nach den für die Vollstreckung geltenden Vorschriften (§ 85 Abs. 1 ArbGG i. V. m. § 891 ZPO) **der Arbeitgeber zu hören**. Eine mündliche Verhandlung ist nicht erforderlich. Nach § 83 Abs. 1 ArbGG ist der Sachverhalt von Amts wegen aufzuklären. Die Entscheidung ergeht, wenn eine mündliche Verhandlung nicht stattgefunden hat, nach § 53 Abs. 1 ArbGG durch den Vorsitzenden allein. Die

§ 98   4. Teil 5. Abschn. *Personelle Angelegenheiten*

Festsetzung des Ordnungsgeldes setzt **Verschulden des Arbeitgebers** nicht voraus, da diese Maßnahme nach geltendem Recht weder eine Strafe ist noch strafähnlichen Charakter hat (sehr umstr.; im Ergebnis ebenso *Heinze* Rz. 138 Fn. 210; *Hartmann* in *Baumbach/Lauterbach/Albers/Hartmann* Zivilprozeßordnung § 890 Rz. 3 E. b) m. w. Nachw.; a. A. *F/A/K/H* § 98 Rz. 25; *D/R* § 98 Rz. 25; GK-*Kraft* § 98 Rz. 21; *Natzel*, 530). Der Betriebsrat kann seinen Antrag auf Festsetzung des Ordnungsgeldes bis zur Rechtskraft des Beschlusses zurücknehmen (*F/A/K/H* a. a. O.; *Hartmann* a. a. O. Rz. C. 3.).

42   Das Ordnungsgeld ist, da es für die Bestellung festgesetzt wird, auch dann verwirkt, wenn der Arbeitgeber vor Verhängung des Ordnungsgeldes die Bestellung wieder **rückgängig macht** (*F/A/K/H* a. a. O.). Hat der Arbeitgeber die Bestellung bereits bei Rechtskraft der arbeitsgerichtlichen Entscheidung durchgeführt, so ist das Ordnungsgeld dann verwirkt, wenn der Arbeitgeber die Bestellung auch noch nach Androhung des Ordnungsgeldes aufrechterhält (*D/R* § 98 Rz. 29).

43   b) Führt der Arbeitgeber die **Abberufung** entgegen einer rechtskräftigen Entscheidung nicht durch, so ist nach Abs. 5 Satz 3 auf Antrag des Betriebsrats vom Arbeitsgericht zu erkennen, daß der Arbeitgeber zur Abberufung durch **Zwangsgeld** anzuhalten sei, dessen Höchstmaß DM 500,– für jeden Tag der Zuwiderhandlung beträgt. Dieses Zwangsgeldverfahren, das der Regelung in § 888 ZPO entspricht, erfordert kein Verschulden des Arbeitgebers. Es handelt sich hier nicht um eine Strafe, sondern nur um eine Zwangsmaßnahme zur Durchsetzung einer gerichtlichen Entscheidung (*D/R* § 98 Rz. 32; *F/A/K/H* § 98 Rz. 26; GK-*Kraft* § 98 Rz. 22; vgl. auch *D/K/K/S* § 98 Rz. 16 f.). Das Zwangsgeld kann nicht mehr verhängt oder vollstreckt werden, wenn der Arbeitgeber der Anordnung des Gerichts nachgekommen ist (*D/K/K/S*, *D/R* und GK-*Kraft*, jeweils a. a. O.; *F/A/K/H* § 98 Rz. 26).

44   Die Androhung eines Zwangsgeldes ist nicht erforderlich, da der Arbeitgeber auch nach der Festsetzung die Zahlung des Zwangsgeldes abwenden kann, indem er seiner Abberufungspflicht nachkommt (*D/R* § 98 Rz. 34).

45   Der Beschluß kann auch hier ohne mündliche Verhandlung ergehen. Geschieht dies, so wird er vom Vorsitzenden der Kammer allein erlassen (§ 85 Abs. 1 ArbGG i. V. m. § 891 ZPO, § 53 Abs. 1 ArbGG).

46   Das Zwangsgeld kann auch **wiederholt** festgesetzt werden (*D/R* § 98 Rz. 36).

47   Gegen den Beschluß über die Festsetzung von Ordnungsgeld oder Zwangsgeld kann die **sofortige Beschwerde** zum Landesarbeitsgericht erhoben werden (§ 85 Abs. 1 ArbGG i. V. m. § 793 ZPO). Da nach § 78 Abs. 1 ArbGG die Vorschrift des § 573 Abs. 1 ZPO anzuwenden ist, kann die Entscheidung ohne mündliche Verhandlung ergehen. Nach § 87 Abs. 2, § 64 Abs. 7 und § 53 Abs. 1 ArbGG entscheidet in diesem Fall der Vorsitzende der zuständigen Kammer allein (*D/R* § 98 Rz. 38). Gem. § 78 Abs. 2 ArbGG ist eine weitere Beschwerde ausgeschlossen.

48   Die **Vollstreckung** des Beschlusses über Ordnungsgeld oder Zwangsgeld richtet sich gem. § 85 Abs. 1 ArbGG nach den §§ 803 ff. ZPO. Die eingehenden Gelder fallen an die Staatskasse (*F/A/K/H* § 98 Rz. 25; *D/K/K/S* a. a. O.). Gem. § 85 Abs. 1 Satz 2 ArbGG ist die Umwandlung nicht einbringbarer Ordnungs- und Zwangsgelder in Ordnungs- oder Zwangshaft unzulässig.

49   Abs. 5 Satz 2 und 3 enthalten eine **Sonderregelung** für die Durchsetzung der dort genannten Verpflichtungen des Arbeitgebers. Deshalb ist daneben ein Verfahren nach der allgemeinen Vorschrift des § 23 Abs. 3 ausgeschlossen (*D/R* § 98 Rz. 40; *F/A/K/H* § 98 Rz. 23; GK-*Kraft* § 98 Rz. 20; *S/W* §§ 96–98 Rz. 36).

Bestellung und Abberufung der mit der Durchführung der betrieblichen Berufs- 50
bildung beauftragten Personen sind von damit unter Umständen zusammenhängenden **Einzelmaßnahmen nach den §§ 99 und 102** rechtlich unterschieden
(*F/A/K/H* § 98 Rz. 23; GK-*Kraft* § 98 Rz. 25; *Eich* DB 1974, 2154, 2158).
Die gerichtliche Entscheidung über die Abberufung (vgl. oben Rz. 37) ersetzt 51
nicht eine **Kündigung des Ausbilders** sowie das dafür in § 102 vorgesehene Mitwirkungsverfahren (*F/A/K/H* a.a.O.; GK-*Kraft* § 98 Rz. 26; *G/L* § 98 Rz. 21; *S/W*
§§ 96–98 Rz. 37). Der Widerspruch des Betriebsrats gegen eine Kündigung kann
sich in einem solchen Fall nur auf die in § 102 Abs. 3 Nr. 3 und 5 genannten
Gründe stützen (GK-*Kraft* und *F/A/K/H*, jeweils a.a.O.; einschränkend *Eich*
DB 1974, 2154, 2159, der nur den Grund in Abs. 3 Nr. 5 anerkennt). Der Widerspruchsgrund des § 102 Abs. 3 Nr. 4 scheidet aus, da andernfalls der Arbeitgeber
verpflichtet wäre, dafür zu sorgen, daß der Ausbildende die für seine Tätigkeit
erforderliche Qualifikation erlangt (vgl. auch *G/L* § 98 Rz. 21; *Eich* a.a.O.).
Auch § 102 Abs. 5 kommt bei der Kündigung eines Ausbilders nicht in Betracht;
die Weiterbeschäftigung als Ausbilder würde der gerichtlichen Entscheidung entgegenstehen (ebenso *G/L*, *F/A/K/H*, *Eich*, jeweils a.a.O.).

4. Geltung des Berufsordnungsrechts

Abs. 5 Satz 4 stellt klar, daß durch das Mitbestimmungsrecht des Betriebsrats bei 52
Bestellung und Abberufung der mit der Durchführung der betrieblichen Berufsbildung beauftragten Personen die Vorschriften des BBiG über die Ordnung der
Berufsbildung unberührt bleiben. Dies bedeutet vor allem, daß die rechtliche Verantwortlichkeit der zuständigen Stellen, also der Kammern der verschiedenen
Wirtschafts- und Berufszweige, für die Durchführung der Berufsbildung (vgl. z.B.
§ 23 BBiG und § 23a HandwO) nicht geschmälert wird. Der Betriebsrat ist durch
sein Mitbestimmungsrecht grundsätzlich auch nicht gehindert, ein amtliches Einschreiten der zuständigen Stelle anzuregen (*F/A/K/H* § 98 Rz. 27; GK-*Kraft* § 98
Rz. 23; *Natzel*, 530; *D/K/K/S* § 98 Rz. 13).

V. Auswahl der Arbeitnehmer für die Teilnahme an Berufsbildungsmaßnahmen

Nach Abs. 3 besteht ein besonderes Mitbestimmungsrecht des Betriebsrats bei der 53
Auswahl der Arbeitnehmer, die an Berufsbildungsmaßnahmen teilnehmen sollen.
Hierdurch soll die Chancengleichheit der Arbeitnehmer beim beruflichen Fortkommen gefördert werden (*G/L* § 98 Rz. 22; *F/A/K/H* § 98 Rz. 28; *D/K/K/S*
§ 98 Rz. 18). Ziel ist also die Verwirklichung des Gleichbehandlungsgrundsatzes in
einem wichtigen Teilbereich des Betriebsgeschehens (*D/R* § 98 Rz. 45; GK-*Kraft*
§ 98 Rz. 15; *Natzel*, 532). Aus § 96 Abs. 2 Satz 2 ergibt sich, daß Arbeitgeber und
Betriebsrat dabei auch die Belange **älterer Arbeitnehmer** zu berücksichtigen haben.

§ 98   *4. Teil 5. Abschn. Personelle Angelegenheiten*

1. **Voraussetzungen des Mitbestimmungsrechts**

54 Das Mitbestimmungsrecht des Betriebsrats bei der Teilnehmerauswahl besteht, wenn der Arbeitgeber
- betriebliche Maßnahmen der Berufsbildung durchführt, wobei diese Maßnahmen nicht im Betrieb durchgeführt, sondern nur vom Arbeitgeber des Betriebs veranstaltet zu sein brauchen (vgl. oben Rz. 6) oder
- für außerbetriebliche Maßnahmen der Berufsbildung Arbeitnehmer von der Arbeit mit oder ohne Fortzahlung des Entgelts (*F/A/K/H* a.a.O.; *D/R* § 98 Rz. 44; *Natzel* a.a.O.; **a.A.** GK-*Kraft* § 98 Rz. 17, der das Vorschlagsrecht nur bei Freistellung unter Fortsetzung des Entgelts anerkennt) freistellt oder
- die Kosten (Teilnehmergebühren, Reise-, Aufenthaltskosten) der Teilnahme an außerbetrieblichen Veranstaltungen ganz oder teilweise übernimmt.

2. **Schranken des Mitbestimmungsrechts**

55 Auch hier entfällt das Mitbestimmungsrecht nicht deswegen, weil die berufliche Bildungsmaßnahme der Vorsorge für den Fall eines Arbeitskampfes dient (vgl. oben Rz. 14; so auch *D/K/K/S* § 98 Rz. 20).

3. **Ausübung des Mitbestimmungsrechts**

56 Ist einer der oben (unter Rz. 54) genannten Mitbestimmungstatbestände erfüllt, so hat der Arbeitnehmer den Betriebsrat nach § 80 Abs. 2 entsprechend zu unterrichten (*D/R* § 98 Rz. 48; *Kaiser* BB 1988 2468f.). Der Betriebsrat kann dem Arbeitgeber **vorschlagen**, welche Arbeitnehmer oder auch welche Gruppen von Arbeitnehmern an diesen Berufsbildungsmaßnahmen teilnehmen sollen. Eine Frist hierfür ist im Gesetz nicht festgelegt. Dem Betriebsrat muß aber eine angemessen lange Zeit bleiben. Analog zu den Vorschriften in § 99 Abs. 3 und § 102 Abs. 2 ist deshalb eine Frist von einer Woche einzuhalten (vgl. dazu *Kaiser* a.a.O.). Nimmt der Betriebsrat sein Vorschlagsrecht nicht oder nicht rechtzeitig wahr, so kann der Arbeitgeber die Teilnehmer allein festlegen (*BAG* vom 8.12.1987 – 1 ABR 32/86 – EzA § 98 BetrVG 1972 Nr. 3 = DB 1988, 760; vom 20.2.1988 – 1 ABR 39/86 – EzA § 98 BetrVG 1972 Nr. 4 = DB 1988, 1325; GK-*Kraft* § 98 Rz. 15; *S/W* §§ 96–98 Rz. 25; *D/R* a.a.O.; **a.A.** *Viets* DB 1980, 2085, 2087, nach dessen Auffassung auch in diesem Fall die Einigungsstelle entscheiden müßte). Macht der Betriebsrat von seinem Vorschlagsrecht Gebrauch, hat der Arbeitgeber mit dem Betriebsrat zum Zwecke der Einigung zu verhandeln (*G/L* § 98 Rz. 23). Schlägt der Einigungsversuch fehl, entscheidet gem. Abs. 4 auf Antrag des Arbeitgebers oder des Betriebsrats die **Einigungsstelle**. Ihr Spruch ersetzt die Einigung zwischen Arbeitgeber und Betriebsrat.

57 Der Arbeitgeber kann aber einseitig **fachliche Zulassungsvoraussetzungen** für die Teilnahme an einer beruflichen Bildungsmaßnahme aufstellen (*D/R* § 98 Rz. 47; GK-*Kraft* § 98 Rz. 15; *G/L* § 98 Rz. 26; einschränkend *F/A/K/H* § 98 Rz. 31). So kann der Arbeitgeber z.B. für einen Fortbildungskurs ausschließlich Ingenieure zulassen oder die erfolgreiche Ablegung der Facharbeiterprüfung als Voraussetzung für die Teilnahme an einem Technikerkurs verlangen. Ebenso kann der Ar-

beitgeber ohne Mitbestimmung des Betriebsrats die **Zahl der Teilnehmer** einer betrieblichen Bildungsmaßnahme festlegen. Schließlich kann er auch frei darüber entscheiden, für welche außerbetrieblichen Maßnahmen er Arbeitnehmer freistellt oder Kosten übernimmt. Der Betriebsrat hat insoweit lediglich einen Beratungsanspruch nach § 97 (*G/L* a.a.O.; *D/K/K/S* § 98 Rz. 21; *Kraft* NZA 1990, 457, 461).

Die Einigungsstelle entscheidet im Rahmen der zulässigen Vorgaben des Arbeitgebers über die Auswahl der Teilnehmer. Dabei stehen sowohl die vom Betriebsrat vorgeschlagenen wie die vom Arbeitgeber vorgesehenen Arbeitnehmer zur Disposition. Bei Beschränkung auf die vom Betriebsrat vorgeschlagenen Personen (hierfür *Eich* DB 1974, 2154, 2159) könnte der Arbeitgeber das Mitbestimmungsrecht des Betriebsrats unterlaufen, da er die Teilnehmerzahl frei begrenzen kann (wie hier *BAG* vom 8. 12. 1987, *Kraft* und *D/K/K/S*, jeweils a.a.O.; GK-*Kraft* § 98 Rz. 15; *S/W* §§ 96–98 Rz. 25; *Natzel*, 533; *F/A/K/H* § 98 Rz. 33; *G/L* § 98 Rz. 23; *Heinze* Rz. 129; **a.A.** *Meisel* Rz. 87). 58

Die von der Einigungsstelle als Teilnehmer bestimmten Personen sollen nch herrschender Rechtsauffassung einen **arbeitsvertraglichen Anspruch** gegen den Arbeitgeber darauf haben, daß er sie teilnehmen läßt, freistellt oder Kosten ganz oder teilweise übernimmt. Der Spruch der Einigungsstelle soll aber keine Verpflichtung des Arbeitgebers begründen, die vorgesehenen Maßnahmen überhaupt durchzuführen (*G/L* § 98 Rz. 24; *D/R* § 98 Rz. 51; *Natzel* a.a.O.; *F/A/K/H* § 98 Rz. 34; **a.A.** *Heinze* Rz. 131, 137, da der Spruch nur schuldrechtliche Wirkung zwischen Arbeitgeber und Betriebsrat habe). Dies überzeugt weder rechtlich noch sachlich: 59

Wenn ein Anspruch aus dem Arbeitsverhältnis besteht, dann ist der Arbeitgeber nicht mehr frei, ihn zu erfüllen oder auf die Durchführung der Maßnahmen zu verzichten. Außerdem fehlt es an einer Erklärung, wie ohne die normative Regelung der Betriebsvereinbarung ein Anspruch aus dem Arbeitsverhältnis entstehen kann. Richtig ist demgegenüber, daß der Arbeitgeber den Spruch der Einigungsstelle, der auf Gleichstellung des oder der vom Betriebsrat vorgeschlagenen Teilnehmer gerichtet ist, nach § 77 Abs. 1 Satz 1 durchzuführen hat. Tut er dies nicht, kann der Betriebsrat ihn im Beschlußverfahren dazu zwingen. Im Falle einer bezahlten Freistellung hat allerdings der ausgewählte Arbeitnehmer, der an der Maßnahme teilgenommen hat, seinen Entgeltanspruch im Urteilsverfahren durchzusetzen. 60

Das Auswahlverfahren kann durch die Festlegung von **Auswahlrichtlinien** objektiviert werden. Solche Richtlinien fallen zwar nicht unter die Bestimmung des § 95, sind jedoch gleichwohl nur mit Zustimmung des Betriebrats wirksam, weil sie sein Vorschlagsrecht nach Abs. 3 präjudizieren (so auch *D/R* § 98 Rz. 49; *F/A/K/H* § 98 Rz. 35; *D/K/K/S* § 98 Rz. 22). In derartigen Richtlinien können bindend z. B. die Durchführung von Aufnahmeprüfungen und psychologischen Eignungsuntersuchungen vorgesehen werden (GK-*Kraft* § 98 Rz. 16; *F/A/K/H* a.a.O.). 61

Soweit Gesetze der Länder über den **Bildungsurlaub** den Arbeitgeber verpflichten, Arbeitnehmer für die Teilnahme an beruflichen Bildungsmaßnahmen freizustellen, scheidet ein Mitbestimmungsrecht des Betriebsrats nach Abs. 3 aus. Dies ergibt sich aus dem Zweck dieser Vorschrift. Danach soll der Betriebsrat darauf hinwirken können, daß bei Bildungsmaßnahmen, die der Arbeitgeber selbst durchführt oder fördert, eine gerechte Teilnehmerauswahl stattfindet. Die Teilnahme am gesetzlichen Bildungsurlaub beruht demgegenüber auf einem indivi- 62 duellen Anspruch, den die Arbeitnehmer ohne ein Mitbestimmungsrecht des Betriebsrats durchsetzen können (*S/W* §§ 96–98 Rz. 43; *F/A/K/H* § 98 Rz. 37; vgl. dazu auch oben § 87 Rz. 264).

VI. Sonstige Bildungsmaßnahmen

63 Wenn der Arbeitgeber sonstige Bildungsmaßnahmen durchführt, also solche, die **nicht Berufsbildungsmaßnahmen** sind, gelten nach Abs. 6 die bisher erläuterten Bestimmungen des § 98 entsprechend, wenn die Maßnahmen **im Betrieb** (vgl. dazu aber unten Rz. 67) durchgeführt werden.

1. Voraussetzungen des Mitbestimmungsrechts

64 Bildungsmaßnahmen, die nicht zur Berufsbildung gehören, vermitteln Kenntnisse oder Fertigkeiten, die entweder der **Allgemeinbildung** dienen oder zwar berufliche Bedeutung haben, ohne indessen Berufsbildung zu sein (vgl. § 19 BBiG sowie oben Rz. 5 zu § 96). Sonstige Bildungsmaßnahmen sind wie auch berufliche Bildungsmaßnahmen **didaktisch gestaltet** und führen auf ein bestimmtes Lernziel hin (*S/W* §§ 96–98 Rz. 16 und 44; *Kraft* NZA 1990, 457, 460 und GK-*Kraft* § 98 Rz. 30; *G/L* § 98 Rz. 27; wohl auch *F/A/K/H* § 98 Rz. 38). Die Anzahl der Beteiligten ist nur so groß, daß noch eine **individuelle Beziehung** zwischen den Lehrpersonen und den Teilnehmern besteht.

65 Beispiele für solche Maßnahmen sind Fremdsprachenunterricht, Kurse in Kurzschrift oder Buchführung, Koch- oder Nähkurse, Kurse in Erster Hilfe, Lehrgänge über Elektronische Datenverarbeitung, REFA-Lehrgänge, Kurse über Arbeits- und Sozialrecht (*S/W* §§ 96–98 Rz. 44; *Meisel* Rz. 101; *F/A/K/H* und GK-*Kraft*, jeweils a. a. O.; *D/K/K/S* § 98 Rz. 25), auch Veranstaltungen zur Staatsbürger-, Gesundheits- oder Kunsterziehung (vgl. *Meisel* Rz. 102). Dabei wird es sich oft auch um berufliche Bildungsmaßnahmen handeln, je nachdem, ob damit eine berufliche Weiterentwicklung verbunden ist oder nicht.

66 Keine Bildungsmaßnahmen nach Abs. 6 sind der Erfüllung der Arbeitsaufgaben dienende Veranstaltungen, z. B. die Unterrichtung der Arbeitnehmer über ihre Aufgabe und Verantwortung sowie über die Art ihrer Tätigkeit und ihre Einordnung in den Arbeitsablauf des Betriebs (§ 81 Abs. 1 Satz 1), die Belehrung über die bei der vereinbarten Arbeit auftretenden Unfall- und Gesundheitsgefahren sowie über die Maßnahmen und Einrichtungen zu ihrer Abwehr (§ 81 Abs. 1 Satz 2), Informationen über Aufbau, Organisation und Bedeutung des Unternehmens, den Zusammenhang der betrieblichen Arbeitsabläufe, über die wirtschaftliche Lage des Unternehmens, Schulung zum Vertrieb neuer Erzeugnisse, Unterweisung in der Bedienung neuer technischer Einrichtungen (vgl. dazu § 96 Rz. 6 mit Rechtsprechungsnachweisen). Nicht auf die Erzielung eines bestimmten Lernergebnisses gerichtet und deshalb keine Bildungsmaßnahme ist auch der reine Erfahrungsaustausch, schließlich auch die verschiedenen Formen der Freizeitbeschäftigung wie Aufbau und Förderung eines Werkorchesters oder betriebliche Schachclubs, Sport- und Spielveranstaltungen, Betriebsausflüge, Jubilarehrungen (vgl. *S/W* §§ 96–98 Rz. 45; GK-*Kraft* § 98 Rz. 31; *G/L* § 98 Rz. 27; *D/R* § 98 Rz. 53; *D/K/K/S* § 98 Rz. 26; z. T. **a. A.** *F/A/K/H* § 98 Rz. 40, die

Unterweisung hinsichtlich neuer Geräte und Erzeugnisse sowie den Erfahrungsaustausch als Bildungsmaßnahmen betrachten).
Das Mitbestimmungsrecht des Betriebsrats bei sonstigen Bildungsmaßnahmen besteht nur, soweit sie **im Betrieb** durchgeführt werden. Das Merkmal »im Betrieb« ist aber nicht wörtlich zu verstehen, schon deshalb, weil sich der Arbeitgeber sonst dem Mitbestimmungsrecht auf einfache Weise entziehen könnte. Es handelt sich bei dieser Formulierung des Gesetzes vielmehr nur um eine andere Beschreibung der in Abs. 1–5 genannten »betrieblichen« Maßnahmen (vgl. oben Rz. 54). In beiden Fällen erfaßt das Gesetz nämlich Maßnahmen, die vom Arbeitgeber für Arbeitnehmer des Betriebs ausgerichtet werden (wie hier GK-*Kraft* § 98 Rz. 27; *F/A/K/H* § 98 Rz. 41; a.A. *S/W* §§ 96–98 Rz. 46; *G/L* § 98 Rz. 27; *D/R* § 98 Rz. 54). Schon wegen der Beschränkung auf betriebliche Maßnahmen muß ein Mitbestimmungsrecht des Betriebsrats beim Besuch von Ausstellungen, Messen und Fachkongressen ausscheiden (im Ergebnis ebenso *S/W* §§ 96–98 Rz. 16; GK-*Kraft* § 98 Rz. 31).

67

2. Schranken und Ausübung des Mitbestimmungsrechts

Aufgrund der Verweisung in Abs. 6 gelten die Erläuterungen zu den Abs. 1–5 entsprechend, soweit sie betriebliche Maßnahmen betreffen (vgl. oben Rz. 67). Ein Widerspruch gegen die Bestellung oder die Abberufung der mit der Durchführung der Bildungsmaßnahmen beauftragten Person kommt naturgemäß nur bei Vernachlässigung der Aufgaben in Betracht (vgl. dazu oben Rz. 28, 31, 32; a.A. *D/R* § 98 Rz. 55, der auch das Fehlen der erforderlichen fachlichen Qualifikation als Grund anerkennt).

68

VII. Streitigkeiten

Streitigkeiten über die Durchführung der Berufsbildung oder sonstiger Bildungsmaßnahmen und über die Auswahl von Teilnehmern an solchen Maßnahmen entscheidet die Einigungsstelle (vgl. oben Rz. 20). Über die Bestellung und Abberufung von Ausbildern entscheidet im Streitfall nach § 2a ArbGG das Arbeitsgericht im Beschlußverfahren (GK-*Kraft* § 98 Rz. 21 und 22; *D/K/K/S* § 98 Rz. 28; vgl. auch oben Rz. 37ff.).

69

**Dritter Unterabschnitt
Personelle Einzelmaßnahmen**

§ 99 Mitbestimmung bei personellen Einzelmaßnahmen

(1) In Betrieben mit in der Regel mehr als zwanzig wahlberechtigten Arbeitnehmern hat der Arbeitgeber den Betriebsrat vor jeder Einstellung, Eingruppierung, Umgruppierung und Versetzung zu unterrichten, ihm die erforderlichen Bewerbungsunterlagen vorzulegen und Auskunft über die Person der Beteiligten zu geben; er hat dem Betriebsrat unter Vorlage der erforderlichen Unterlagen Auskunft über die Auswirkungen der geplanten Maßnahme zu geben und die Zustim-

§ 99   4. Teil 5. Abschn. Personelle Angelegenheiten

mung des Betriebsrats zu der geplanten Maßnahme einzuholen. Bei Einstellungen und Versetzungen hat der Arbeitgeber insbesondere den in Aussicht genommenen Arbeitsplatz und die vorgesehene Eingruppierung mitzuteilen. Die Mitglieder des Betriebsrats sind verpflichtet, über die ihnen im Rahmen der personellen Maßnahmen nach den Sätzen 1 und 2 bekanntgewordenen persönlichen Verhältnisse und Angelegenheiten der Arbeitnehmer, die ihrer Bedeutung oder ihrem Inhalt nach einer vertraulichen Behandlung bedürfen, Stillschweigen zu bewahren; § 79 Abs. 1 Satz 2 bis 4 gilt entsprechend.

(2) Der Betriebsrat kann die Zustimmung verweigern, wenn
1. die personelle Maßnahme gegen ein Gesetz, eine Verordnung, eine Unfallverhütungsvorschrift oder gegen eine Bestimmung in einem Tarifvertrag oder in einer Betriebsvereinbarung oder gegen eine gerichtliche Entscheidung oder eine behördliche Anordnung verstoßen würde,
2. die personelle Maßnahme gegen eine Richtlinie nach § 95 verstoßen würde,
3. die durch Tatsachen begründete Besorgnis besteht, daß infolge der personellen Maßnahme im Betrieb beschäftigte Arbeitnehmer gekündigt werden oder sonstige Nachteile erleiden, ohne daß dies aus betrieblichen oder persönlichen Gründen gerechtfertigt ist.
4. der betroffene Arbeitnehmer durch die personelle Maßnahme benachteiligt wird, ohne daß dies aus betrieblichen oder in der Person des Arbeitnehmers liegenden Gründen gerechtfertigt ist.
5. eine nach § 93 erforderliche Ausschreibung im Betrieb unterblieben ist oder
6. die durch Tatsachen begründete Besorgnis besteht, daß der für die personelle Maßnahme in Aussicht genommene Bewerber oder Arbeitnehmer den Betriebsfrieden durch gesetzwidriges Verhalten oder durch grobe Verletzung der in § 75 Abs. 1 enthaltenen Grundsätze stören werde.

(3) Verweigert der Betriebsrat seine Zustimmung, so hat er dies unter Angabe von Gründen innerhalb einer Woche nach Unterrichtung durch den Arbeitgeber diesem schriftlich mitzuteilen. Teilt der Betriebsrat dem Arbeitgeber die Verweigerung seiner Zustimmung nicht innerhalb der Frist schriftlich mit, so gilt die Zustimmung als erteilt.

(4) Verweigert der Betriebsrat seine Zustimmung, so kann der Arbeitgeber beim Arbeitsgericht beantragen, die Zustimmung zu ersetzen.

Literaturübersicht zu §§ 99–101

Auffarth Beteiligung des Betriebsrats in personellen Angelegenheiten, AR-Blattei D Betriebsverfassung XIVC; *Bieback/Mayer* Mitbestimmung des Betriebsrats während des Arbeitskampfes, AuR 1982, 169; *Brune* Anforderungen an die Zustimmungsverweigerung des Betriebsrats gem. § 99 II BetrVG bei Eingruppierungen, NZA 1986, 705; *Dannhäuser* Die Unbeachtlichkeit der Zustimmungsverweigerung des Betriebsrats bei personellen Einzelmaßnahmen, NZA 1989, 617; *Franz* Zustimmungsverweigerung bei personellen Einzelmaßnahmen DB 1981, 422; v. *Friesen* Zustimmungsverweigerung des Betriebsrats/Personalrats als auflösende Bedingung des Arbeitsvertrags?, BB 1984, 677; *Gaul* Mitbestimmungsrechte des Betriebsrats bei Eingruppierungen im übertariflichen Bereich, BB 1981, 193; *Gola/Hümmerich* Vertrauenshaltung des Arbeitgebers bei unterbliebener Einstellung von Bewerbern, BB 1976, 795; *Halbach* Betriebsverfassungsrechtliche Aspekte des Einsatzes von Leiharbeitnehmern und Unternehmerarbeitern, DB 1980, 2389; *Hassan* Mitbestimmungsrechtliche Relevanz von »außerbetrieblichen Versetzungen« innerhalb eines Unternehmens nach dem Betriebsverfassungsgesetz, NZA 1989, 373; *ders.* Zur Entwicklung des Einstellungsbegriffs in der Rechtsprechung (Randbelegschaften), NZA 1990, 461; *Heinze* Personalplanung, Einstellung und Kündigung, 1982; *v. Hoyningen-Huene* Die Rechtsstellung des Arbeitnehmers bei betriebsverfassungswidrigen personellen Einzelmaßnahmen, RdA 1982, 205; *Hromadka (Herausgeber)* Änderung von Arbeitsbedingungen, Schriften des BB, Band 79, 1989; *Hunold* Gleichbehandlungsgrundsatz im Betrieb, DB 1984 Beilage Nr. 5; *Kraft* Mitwirkungs- und Mitbestimmungsrecht des Betriebsrats während des Arbeitskampfes, FS für *G. Müller*, 1981, 265; *Lahusen* Zur Durchsetzung vorläufiger personeller Einzelmaßnahmen, NZA 1989, 869; *Lipke* Einstweiliger Rechtsschutz des Betriebsrats bei Mißachtung betriebsverfassungsrechtlicher Beteiligungsrechte nach § 99 BetrVG?, DB 1980, 2239; *Lörcher* Zeitarbeitsverträge als Problem der Mitbestimmung von Betriebs- und Personalräten bei der Einstellung (§ 99 Abs. 1 BetrVG), BlStSozArbR 1981, 177; *Matthes* Verfahrensrechtliche Fragen im Zusammenhang mit Beteiligungsrechten des Betriebsrats bei personellen Einzelmaßnahmen, DB 1989, 1285; *Meisel* Die Mitwirkung und Mitbestimmung des Betriebsrats in personellen Angelegenheiten, 5. Aufl. 1984; *Otto* Personale Freiheit und soziale Bindung, 1978; *Pauly* Zum Umfang der Informationspflicht des Unternehmers bei Einstellung von Arbeitnehmern gemäß § 99 BetrVG, BB 1981, 501; *Richter* Die Änderung von Arbeitsbedingungen kraft des Direktionsrechts des Arbeitgebers unter Beachtung der Beteiligung des Betriebsrats, DB 1989, 2382, 2430; *Rixecker* Die Beendigung kollektivrechtswidriger Arbeitsverhältnisse, AuR 1983, 238; *Schlicht* Wiedereinsetzung nach Versäumnis der Dreitagefrist im betriebsverfassungsrechtlichen Zustimmungsverfahren, BB 1980, 632; *Schmidt-Dorrenbach/Goos* Beteiligungsrechte des Betriebsrats bei Personaldatensystemen, DB 1983 Beilage Nr. 11; *Schmitz* Die Mitbestimmung des Betriebsrats bei der Verlängerung und Umwandlung von befristeten Arbeitsverträgen, BlStSozArbR 1983, 273; *Schreiber* Probleme der Mitbestimmung bei personellen Maßnahmen, RdA 1987, 257; *Söllner* Mitbestimmung als Mitgestaltung und Mitbeurteilung, FS *BAG*, 605; *Ulber* Rechtliche Grenzen des Einsatzes von betriebsfremden Arbeitnehmern und Mitbestimmung des Betriebsrats, AuR 1982, 54; *Zöllner* Der Einsatz neuer Technologien als arbeitsrechtliches Problem, BB 1986 Beilage Nr. 7.

Inhaltsübersicht

		Rz.
I.	Grundsätze	1–13
	1. Mitbestimmung bei jeder personellen Einzelmaßnahme	1
	2. Mitbestimmung nur in Betrieben einer bestimmten Größe	2–4
	3. Persönlicher Geltungsbereich des Mitbestimmungsrechtes	5–8
	4. Ausgestaltung des Mitbestimmungsrechtes	9
	5. Erweiterung der Mitbestimmung	10, 11
	6. Mitbestimmung und Arbeitskampf	12, 13
II.	Einzelfälle des Mitbestimmungsrechtes	14– 59
	1. Einstellung	15– 26
	2. Eingruppierung	27– 32
	3. Umgruppierung	33– 42
	4. Versetzung	43– 59
III.	Durchführung der Mitbestimmung	60– 89
	1. Unterrichtung und Einholung der Zustimmung des Betriebsrats	61– 65
	2. Auskunfterteilung über die Beteiligten	66– 73
	3. Vorlage von Bewerbungsunterlagen	74– 79
	4. Auskunft über die Auswirkungen der personellen Maßnahme	80
	5. Mitteilung des Arbeitsplatzes	81
	6. Mitteilung der Eingruppierung	82– 84

§ 99 4. Teil 5. Abschn. Personelle Angelegenheiten

	7. Mitteilung der Versetzung	85
	8. Folgen der Verletzung der Unterrichtungspflicht	86– 89
IV.	Das Verfahren nach Unterrichtung des Betriebsrates	90–108
	1. Zustimmung des Betriebsrates	90– 95
	2. Verweigerung der Zustimmung	96–102
	3. Schriftform der Zustimmungsverweigerung	103
	4. Äußerungsfrist des Betriebsrats	104–108
V.	Verweigerungsgründe	109–137
	1. Verstoß gegen Gesetze, Verordnungen oder Kollektivvereinbarungen	109–118
	2. Verstoß gegen eine Auswahlrichtlinie	119–121
	3. Nachteile für andere betriebsangehörige Arbeitnehmer	122–127
	4. Nachteil für den betroffenen Arbeitnehmer	128–131
	5. Versäumnis der Ausschreibung	132–134
	6. Störung des Betriebsfriedens	135–137
VI.	Das Verfahren nach Verweigerung der Zustimmung	138–144
	1. Reaktion des Arbeitgebers	138, 139
	2. Anrufung des Arbeitsgerichts durch den Arbeitgeber	140, 141
	3. Beweislastfrage	142, 143
	4. Frist zur Anrufung des Arbeitsgerichts	144
VII.	Streitigkeiten	145

I. Grundsätze

1. Mitbestimmung bei jeder personellen Einzelmaßnahme

1 Das Gesetz spricht bereits in der Überschrift im dritten Unterabschnitt von personellen Einzelmaßnahmen. Es stellt damit klar, daß ein **Mitbestimmungsrecht** des Betriebsrats nicht nur bei kollektiven Regelungen in Betracht kommt, sondern auch **bei jeder personellen Einzelmaßnahme**. Der Kernbereich des Mitbestimmungsrechts bezieht sich somit jeweils auf ein konkretes Arbeitsverhältnis, und zwar auf Einstellung, Eingruppierung, Umgruppierung und Versetzung. Alle Maßnahmen nach § 99 sind selbständige, voneinander unabhängige Vorgänge und unterliegen jeweils getrennt der Zustimmungsverweigerung des Betriebsrats, d. h. die Zustimmung des Betriebsrats ist zu jeder Maßnahme getrennt und voneinander unabhängig einzuholen (*BAG* vom 10. 2. 1976 – 1 ABR 49/74 – DB 1976, 775 = EzA § 99 BetrVG 1972 Nr. 9 = DB 1976, 775; *D/R* § 99 Rz. 41; *F/A/K/H* § 99 Rz. 14; vgl. Rz. 102).

2. Mitbestimmung nur in Betrieben einer bestimmten Größe

2 Das Mitbestimmungsrecht in personellen Angelegenheiten steht dem Betriebsrat nur in Betrieben zu, in denen **in der Regel mehr als zwanzig wahlberechtigte Arbeitnehmer** beschäftigt werden. Diese Einschränkung gilt jedoch nur bei Einstellungen, Eingruppierungen, Umgruppierungen und Versetzungen, nicht hingegen bei Kündigungen (siehe hierzu §§ 102ff.). Es kommt auf den einzelnen Betrieb im Sinne dieses Gesetzes an. Betriebsteile, die nach § 4 als selbständige Betriebe anzusehen sind, werden nicht berücksichtigt. Nebenbetriebe und Betriebsteile, die nicht die Voraussetzung des § 4 erfüllen, zählen zum Betrieb (*D/R* § 99 Rz. 8).

Auch kleine selbständige, nicht betriebsratsfähige Betriebe mit gleicher arbeitstechnischer Zwecksetzung wie der Hauptbetrieb werden nach Ansicht des *BAG* diesem zugerechnet; es kommt nicht darauf an, ob die Arbeitnehmer dieser Betriebe bei der Betriebsratswahl als wahlberechtigt angesehen wurden (*BAG* vom 3. 12. 1985 – 1 ABR 29/84 – EzA § 4 BetrVG 1972 Nr. 4 = DB 1986, 1076). In allen Betrieben unter 21 Arbeitnehmern bestehen folglich keine Mitbestimmungsrechte in personellen Angelegenheiten. Das personelle Mitbestimmungsrecht kommt also, wenn die Zahl der in der Regel beschäftigten Arbeitnehmer seit der Wahl gleichgeblieben ist, nur bei einem mehrgliedrigen Betriebsrat, nicht bei einem Betriebsobmann (§ 9) in Betracht (**h.M.**; *D/R* § 99 Rz. 11). Besteht der Betriebsrat aus mindestens neun Mitgliedern, so kann er die Wahrnehmung des Mitbestimmungsrechts bei personellen Einzelmaßnahmen auch einem Betriebsausschuß (Personalausschuß) übertragen (*BAG* vom 1. 6. 1976 – 1 ABR 99/74 – EzA § 28 BetrVG 1972 Nr. 3 m. Anm. *Herschel*). Der Betriebsausschuß nimmt dann dieses Mitbestimmungsrecht eigenverantwortlich und selbständig wahr. Die Übertragung bedarf eines Beschlusses, der von der Mehrheit der Stimmen der Mitglieder des Betriebsrats getragen ist, sowie der Schriftform (§ 27 Abs. 3).

Ein Mitbestimmungsrecht bei personellen Einzelmaßnahmen (nicht bei Kündigungen) besteht nur dann, wenn der Betrieb **zum Zeitpunkt der betreffenden personellen Maßnahme mehr als zwanzig** wahlberechtigte Arbeitnehmer beschäftigt. **Wahlberechtigt** sind nach § 7 alle Arbeitnehmer i. S. v. § 5 (vgl. § 7 Rz. 2 ff.), die das achtzehnte Lebensjahr vollendet haben. leitende Angestellte zählen also nicht mit. Maßgebend ist die normale, dem gewöhnlichen Gang des Betriebes entsprechende Zahl der wahlberechtigten Arbeitnehmer. Es kommt somit nicht auf den zufälligen Stand am Tage der Maßnahme an. Dies ergibt sich aus dem Ausdruck »in der Regel« (vgl. § 1 Rz. 23 ff.; § 9 Rz. 8 ff.; *D/K/K/S* § 99 Rz. 6; *D/R* § 99 Rz. 9 f.; *F/A/K/H* § 99 Rz. 4, *G/L* § 99 Rz. 3 f.; *GK-Kraft* § 99 Rz. 5). Im Falle der Einstellung ist der Einzustellende selbst nicht mitzuzählen, da er nicht wahlberechtigter Arbeitnehmer des Betriebes ist (*D/R* § 99 Rz. 10; *G/L* § 99 Rz. 4; *S/W* §§ 99–100 Rz. 4). **Zeitpunkt** der betreffenden personellen Maßnahme ist bei der **Einstellung** der Zeitpunkt des Abschlusses des Arbeitsvertrages, nicht der Arbeitsaufnahme (**a.A.** *D/R* § 99 Rz. 10, 24) bei den anderen Maßnahmen der Zeitpunkt, zu dem die Maßnahme tatsächlich durchgeführt werden soll (*S/W* §§ 99–101 Rz. 4). Steigt die Zahl der wahlberechtigten Arbeitnehmer auf über zwanzig, so stehen dem Betriebsobmann die Rechte aus § 99 zu; sinkt andererseits die Zahl der wahlberechtigten Arbeitnehmer während der Wahlperiode unter zwanzig, so kann auch ein im Amt befindlicher mehrgliedriger Betriebsrat diese Rechte nicht mehr in Anspruch nehmen (vgl. § 9 Rz. 16 mit weiteren Literaturangaben; *D/R* § 99 Rz. 11; *F/A/K/H* § 99 Rz. 3; *G/L* § 99 Rz. 4). Es ist stets auf die **Arbeitnehmerzahl** des **konkreten Betriebs** abzustellen. Auch wenn in Ausnahmefällen eine Zuständigkeit des Gesamtbetriebsrats in personellen Angelegenheiten besteht, führt dies nicht dazu, daß es auf die Arbeitnehmerzahl aller im Gesamtbetriebsrat vertretenen Betriebe ankommt (*F/A/K/H* § 99 Rz. 5).

In einem **betriebsratslosen Betrieb** – gleichgültig, ob es sich um einen Betrieb mit weniger als fünf wahlberechtigten Arbeitnehmern handelt oder ob kein Betriebsrat gewählt wurde, obwohl der Betrieb betriebsratsfähig ist – bestehen keine Mitbestimmungsrechte (so zur wirtschaftlichen Mitbestimmung *BAG* vom 20. 4. 1982 – 1 ABR 3/80 – EzA § 112 BetrVG 1972 Nr. 25 = DB 1982, 961, 1727; bestätigt durch *BAG* vom 29. 11. 1983 – 1 ABR 20/82 – unveröffentl.). Der Arbeitgeber

§ 99   4. Teil 5. Abschn. Personelle Angelegenheiten

kann jede personelle Einzelmaßnahme alleine treffen; er ist bei der Durchführung der mitbestimmungsfreien personellen Einzelmaßnahme frei (*D/R* § 99 Rz. 15; *F/A/K/H* § 99 Rz. 4; *G/L* § 99 Rz. 6; GK-*Kraft* § 99 Rz. 8; *Hueck/Nipperdey* II/2, 1414 Fn. 7; *LAG Düsseldorf* vom 2. 1. 1968 – 8 Sa 350/67 – rkr., DB 1968, 623; vgl. auch § 1 Rz. 25). Dies gilt auch, wenn die Amtszeit des Betriebsrats abgelaufen ist und noch kein neuer Betriebsrat gewählt wurde und auch kein Fall des § 22 gegeben ist (vgl. auch § 102 Rz. 3; § 22 Rz. 7) oder wenn der Betriebsrat zwar gewählt wurde, aber noch nicht konstituiert ist (*BAG* vom 23. 8. 1984 – 6 AZR 520/82 – EzA § 102 BetrVG 1972 Nr. 59 m. Anm. *Wiese* = DB 1985, 1085; vgl. § 21 Rz. 10). Bei Konstituierung eines Betriebsrats während einer personellen Maßnahme vgl. Rz. 16.

3. Persönlicher Geltungsbereich des Mitbestimmungsrechtes

5 Das Mitbestimmungsrecht des § 99 kommt für **alle Arbeitnehmer** des Betriebes in Betracht mit **Ausnahme der leitenden Angestellten** (vgl. § 5 und die Erläuterungen dort). Für diesen Personenkreis besteht lediglich die Unterrichtungspflicht nach § 105 und die Mitteilungspflicht gegenüber dem Sprecherausschuß der leitenden Angestellten gem. § 31 Abs. 1 SprAuG. Dies gilt auch, wenn ein Arbeitnehmer durch die Maßnahme erst in den Kreis aufrückt (vgl. § 105 Rz. 3; *BAG* vom 8. 2. 1977 – 1 ABR 22/76 – EzA § 5 BetrVG 1972 Nr. 27 = DB 1977, 1146; *BAG* vom 29. 1. 1980 – 1 ABR 49/78 – AP Nr. 24 zu § 5 BetrVG 1972 = DB 1980, 1946). Zum Arbeitnehmerbegriff vgl. § 7 Rz. 2–9 und Rz. 14 ff.

6 Wird ein Arbeitnehmer für einen **eigenständigen ausländischen Betrieb** eines inländischen Unternehmens **eingestellt**, so besteht – auch wenn der Arbeitsvertrag im Inland geschlossen wurde und deutschem Recht unterfällt – kein Mitbestimmungsrecht des Betriebsrat (vgl. vor § 1 Rz. 3; *LAG Berlin* vom 23. 5. 1977 – 9 Sa 75/76 – rkr., BB 1977, 1302). Kein Mitbestimmungsrecht besteht auch, wenn die Einstellung ausschließlich für einen einmaligen befristeten Auslandseinsatz (*BAG* vom 21. 10. 1980 – 6 AZR 640/79 – EzA § 102 BetrVG 1972 Nr. 43 = DB 1981, 696) oder im Ausland erfolgt (*LAG Düsseldorf* vom 2. 2. 1982 – 11 Ta BV 102/81 – rkr., DB 1982, 962). Eine Ausnahme von diesem Territorialitätsgrundsatz ist dann zu machen, wenn es sich um sogenannte **Ausstrahlungen eines inländischen Betriebs** über die Grenzen der Bundesrepublik hinaus handelt. Zur Frage, wann es sich um eine Ausstrahlung handelt vgl. vor § 1 Rz. 4. Nach der Rechtsprechung ist dies bei einer vorübergehenden Beschäftigung im Ausland der Fall (*LAG Düsseldorf* vom 14. 2. 1979 – 6 Ta BV 52/78 – DB 1979, 2233; *LAG Hamm* vom 12. 3. 1980 – 3 Ta BV 7/80 – DB 1980, 1030). Dieses Kriterium ist aber ungenau. Es ist darauf abzustellen, ob der für eine Auslandstätigkeit eingestellte Arbeitnehmer nach seinem Arbeitsvertrag verpflichtet ist, auch **jederzeit im Inland tätig zu sein**, ob er also jederzeit **rückrufbar** ist. Wird also jemand für eine **Auslandstätigkeit** eingestellt, aber nicht für einen eigenständigen ausländischen Betrieb des Unternehmens, so besteht dann ein Mitbestimmungsrecht des Betriebsrats, wenn er jederzeit aufgrund seines Arbeitsvertrages aus dem Ausland zurückgerufen werden kann. Dies gilt auch dann, wenn es sich um langfristige Auslandstätigkeiten handelt. Wird er dagegen ausschließlich für **Auslandstätigkeit** eingestellt, ohne daß er verpflichtet ist, auch im Inland tätig zu sein, so besteht kein Mitbestimmungsrecht des Betriebsrats (vgl. auch § 102 Rz. 4).

Für **Ausländer**, die in einem im **Inland** gelegenen **Betrieb eines ausländischen** Unternehmens beschäftigt sind und die einem **ausländischen Arbeitsvertragsstatut** unterliegen, gelten die Beteiligungsrechte des Betriebsrats, wenn nicht für sämtliche Betriebsratsangehörige, sondern nur für einen Teil von ihnen ausländisches Recht vereinbart ist (*BAG* vom 9. 11. 1977 – 5 AZR 132/76 – EzA § 102 BetrVG 1972 Nr. 31 = DB 1978, 451). Die Mitwirkungsrechte gelten nicht für Zivilbedienstete bei den Stationierungsstreitkräften des Nordatlantikpakts, die in einem öffentlichrechtlichen Dienstverhältnis nach dem Recht des Entsendestaats beschäftigt werden (*BAG* vom 23. 7. 1981 – 6 ABR 44/79 – DB 1981, 1678). 7

Bei **Tendenzträgern** gilt § 99 grundsätzlich nur eingeschränkt (vgl. § 118 Rz. 29 ff.); der Betriebsrat ist aber z. B. über die Maßnahmen nach § 99 Abs. 1 zu informieren, hat jedoch kein Zustimmungsverweigerungsrecht nach Abs. 2 (vgl. Rz. 99). Zur Beschäftigung von **Strafgefangenen** vgl. Rz. 25, von **Leiharbeitnehmern** Rz. 17, 19 und **Heimarbeitern** Rz. 20. § 99 gilt ebenfalls nicht für **freie Mitarbeiter**. Zur Bestellung eines Arbeitnehmers zum **Datenschutzbeauftragten** vgl. Rz. 49. 8

4. Ausgestaltung des Mitbestimmungsrechtes

Umstritten ist, ob die Beteiligung des Betriebsrats in § 99 als ein Mitbestimmungsrecht im Sinne eines positiven Konsensprinzips – also **Wirksamkeitsvoraussetzung auch** für die personelle Maßnahme im **individuellen Bereich** – ausgestaltet ist, die ohne Mitbestimmung des Betriebsrats durchgeführte personelle Maßnahme also unwirksam oder schwebend unwirksam ist (so *Brecht* § 99 Rz. 9; *F/A/K/H* § 99 Rz. 64; *D/K/K/S* § 99 Rz. 215 ff.; mit Differenzierung nach einzelnen Maßnahmen *Boewer* RdA 1974, 73; *Meyer* BB 1982, 1614; *Hanau* RdA 1973, 289; *Richardi* ZfA Sonderheft 1972, 20; *ders.* DB 1973, 428; *BAG* vom 26. 1. 1988 – 1 AZR 531/86 – EzA § 99 BetrVG 1972 Nr. 56 = DB 1988, 1167 für Versetzungen). Dieser Ansicht kann nicht gefolgt werden; dem Betriebsrat steht lediglich eine **Richtigkeitskontrolle** bezüglich enumerativ aufgezählter Gründe der vom Arbeitgeber beabsichtigten Entscheidung zu; dagegen ist die Zustimmung des Betriebsrats keine Wirksamkeitsvoraussetzung für die Maßnahme im individuellen Bereich (*D/R* § 99 Rz. 232; *G/L* § 99 Rz. 11; GK-*Kraft* § 99 Rz. 107 ff; mit Differenzierung nach einzelnen Maßnahmen; *Meisel* a. a. O. Rz. 289; 118 f.; *Alberty* a. a. O. 70 ff., 102 f.; *Hahn* a. a. O. 125 ff., 277; *v. Hoyningen-Huene* RdA 1982, 205 ff., 209; *Matthes* DB 1974, 2007; *Stahlhacke* BlStSozArbR 1972, 55; *BAG* vom 14. 5. 1974 – 1 ABR 40/73 – EzA § 99 BetrVG 1972 Nr. 6 = DB 1974, 1580; *BAG* vom 2. 7. 1980 – 5 AZR 56/79 – AP Nr. 59 § 101 BetrVG 1972 m. Anm. *Misera* und 5 AZR 1241/79 – EzA § 99 BetrVG 1972 Nr. 28 = DB 1981, 272). Eine systematische Betrachtung spricht gegen die Unwirksamkeit z. B. eines Arbeitsvertrages, der ohne Zustimmung des Betriebsrats abgeschlossen wurde. Die Rechtsfolgen der Verletzung von betriebsverfassungsrechtlichen Rechten sind im Betriebsverfassungsgesetz geregelt. Auf das individuelle Recht könnte sich die Verletzung des Mitbestimmungsrechts durch den Arbeitgeber nur auswirken, wenn dies unmißverständlich im Gesetz geregelt wäre (*BAG* vom 2. 7. 1980 a. a. O.; vgl. auch Arg. bei *v. Hoyningen-Huene* RdA 1982, 209); aus dem Gesetz ergeben sich aber keine Anhaltspunkte für die Unwirksamkeit der individuellen Maßnahme. Zum einen ist eine Analogie zu § 102 Abs. 1 Satz 3, wonach eine Kündigung bei fehlender Anhörung unwirksam ist, wegen der kraft Gesetzes unterschiedlichen Ausgestaltung der Verfahren nach § 99 und § 102 nicht möglich. Zum anderen spricht § 100 9

§ 99   4. Teil 5. Abschn. Personelle Angelegenheiten

Abs. 3 davon, daß eine vorläufige personelle Maßnahme bei einer abweisenden Entscheidung des Arbeitsgerichts mit Ablauf von zwei Wochen nach Rechtskraft endet. Das »Enden« bezieht sich auf die rechtliche Gültigkeit des Arbeitsverhältnisses und zeigt, daß die vorläufige personelle Maßnahme nach § 100 zum rechtlichen Bestehen eines Arbeitsverhältnisses geführt hat (*Adomeit* DB 1971, 2361). Gegen die Annahme, daß die Zustimmung des Betriebsrats Wirksamkeitsvoraussetzung für die personelle Einzelmaßnahme ist, spricht weiterhin § 101, der bei fehlender Zustimmung vorsieht, daß der Arbeitgeber zur Aufhebung der Maßnahme verpflichtet ist. Bei den personellen Einzelmaßnahmen nach § 99 handelt es sich um einzelvertragliche Maßnahmen individualrechtlicher Art, deren Wirksamkeit nicht unmittelbar von betriebsverfassungsrechtlichen Vorgängen abhängig sein kann, d. h. eine ohne Zustimmung des Betriebsrats durchgeführte Maßnahme i. S. v. § 99 Abs. 1 ist zunächst wirksam. Das Recht des Betriebsrats stellt sich als ein Zustimmungsverweigerungsrecht aus den in § 99 Abs. 2 abschließend aufgezählten Gründen dar. Zur Auswirkung im individuellen Bereich bei Nichtbeachtung der Rechte des Betriebsrats oder Verweigerung der Zustimmung aus einem der in Abs. 2 aufgezählten Gründe vgl. das vorher Ausgeführte und Rz. 86 ff., 139 und § 101 Rz. 12 f.

5. Erweiterung der Mitbestimmung

10 Das **Mitbestimmungsrecht** des Betriebsrats besteht vor jeder Einstellung, Eingruppierung, Umgruppierung und Versetzung. Die Aufzählung dieser personellen Einzelmaßnahmen ist erschöpfend. Eine Änderung, sowohl eine **Ausdehnung** zugunsten des Betriebsrats, wie auch eine **Einschränkung** zum Nachteil des Betriebsrats, ist **ausgeschlossen** (*Buchner* Die AG 1971, 194). Weder durch Tarifvertrag noch durch Betriebsvereinbarung können anderslautende Regelungen, als in den §§ 99 ff. enthalten, getroffen werden. Dagegen hat das *BAG* mit Beschluß vom 20. 2. 1988 – 1 ABR 70/86 – (EzA § 1 TVG Nr. 34 = DB 1988, 503) eine Tarifvertragsregelung für zulässig gehalten, die dem Betriebsrat bei der Bewerberauswahl ein Mitbestimmungsrecht zugesteht. Dies soll zumindest dann gelten, wenn im Streitfall die Einigungsstelle das Letztentscheidungsrecht behält. Der Gesetzgeber hat jedoch ausdrücklich geregelt, in welchen Fällen eine Änderung der bestehenden gesetzlichen Bestimmungen durch Tarifvertrag oder Betriebsvereinbarung möglich ist. So hat er gem. § 3 in einem abschließenden Katalog bestimmte Ergänzungen des Betriebsverfassungsgesetzes durch Tarifverträge zugelassen. So hat er ferner in § 87 Abs. 1 eine Änderung des Mitbestimmungskataloges in sozialen Angelegenheiten durch eine tarifliche Regelung indirekt zugelassen. Er hat ferner in § 102 Abs. 6 eine Erweiterung des Mitbestimmungsrechts des Betriebsrats durch Betriebsvereinbarung ausdrücklich gestattet. Nach dieser Bestimmung können Arbeitgeber und Betriebsrat vereinbaren, daß Kündigungen der Zustimmung des Betriebsrats bedürfen und daß bei Meinungsverschiedenheiten über die Berechtigung der Nichterteilung der Zustimmung die Einigungsstelle entscheidet. Daraus ergibt sich der zwingende Schluß, daß über diese Bestimmungen hinaus eine Änderung der bestehenden gesetzlichen Regelung auf betriebsverfassungsrechtlicher, insbesondere auf personellen Ebene nicht gewollt und damit nicht zulässig ist (vgl. vor § 1 Rz. 65, 69 ff. mit weiteren Literaturangaben; *Brecht* § 99 Rz. 14; *D/R* § 99 Rz. 5 f.; *G/L* § 99 Rz. 8; GK-*Kraft* vor § 92 Rz. 9 ff., 22 ff. und § 99 Rz. 4;

S/W §§ 99–101 Rz. 10ff.; *LAG Berlin* vom 10. 4. 1978 – 10 Ta BV 1/78 – BB 1979, 45; **a. A.** *D/K/K/S* § 99 Az. 31).
Die vom *BAG* in seinem Beschluß vom 20. 2. 1988 – 1 ABR 7086 – (a. a. O.) vertretene Auffassung, Mitbestimmungsrechte des Betriebsrats in personellen Angelegenheiten seien Arbeitnehmerschutzrechte, die nur einseitig zwingend angelegt seien, verkennt, daß Rechte des Betriebsrats, die der kollektiven Interessenvertretung der vorhandenen Belegschaft dienen, nicht mit individuellen Schutzrechten, die einseitig zwingend sind, gleichgesetzt werden können. Die mögliche Erweiterung individueller Rechte zugunsten eines Arbeitnehmers hat eine völlig andere Reichweite als die nach Auffassung des *BAG* mögliche Erweiterung von Mitbestimmungsrechten des Betriebsrats durch unter gewerkschaftlichem Druck abgeschlossene Tarifverträge (ebenso: *S/W* §§ 99–100 Rz. 10a). Jede Erweiterung der Rechte des Betriebsrats begrenzt außerdem nicht nur Rechte des Arbeitgebers, sondern auch des betroffenen Arbeitnehmers (*D/R* § 99 Rz. 6; GK-*Kraft* § 99 Rz. 4).

Zulässig hingegen ist eine **Konkretisierung der gesetzlichen Bestimmungen durch** 11 **Tarifvertrag oder Betriebsvereinbarung** (GK-*Kraft* § 99 Rz. 4). Das Betriebsverfassungsgesetz 1952 sah eine Konkretisierung ausdrücklich für den Begriff der Versetzung vor (§ 60 Abs. 3 BetrVG 1952). Diese Bestimmung ist zwar in das neue Betriebsverfassungsgesetz nicht übernommen worden, es bestehen jedoch keine Bedenken dagegen, sie sinngemäß anzuwenden. In gleicher Weise können auch rein formelle Fragen, z. B. der Umfang des Auskunftsbegehrens in einem Tarifvertrag oder einer Betriebsvereinbarung, geregelt werden. Dadurch werden weder die personellen Angelegenheiten selbst, noch die Mitbestimmungsrechte des Betriebsrats geändert.
Eine Konkretisierung durch Betriebsvereinbarung sieht das Gesetz auch ausdrücklich in § 95 vor; hier können Richtlinien über die personelle Auswahl bei Einstellungen, Versetzungen, Umgruppierungen und Kündigungen, also bei personellen Angelegenheiten nur mit Zustimmung des Betriebsrats aufgestellt werden. Auch in diesen Fällen können die betrieblichen Partner die einzelnen Begriffe Einstellung, Versetzung usw. näher definieren.

6. Mitbestimmung und Arbeitskampf

Während eines **Arbeitskampfes besteht** das Betriebsratsamt grundsätzlich weiter 12 unabhängig davon, ob sich das einzelne Betriebsratsmitglied am Arbeitskampf beteiligt oder nicht, der Betriebsrat ist **nicht** generell **funktionsunfähig** (h. M. vgl. § 74 Rz. 27 f.; *D/K/K/S* § 99 Rz. 24; *D/R* § 74 Rz. 21 ff. insbes. 29, 30, 35; *F/A/K/H* § 74 Rz. 8; *G/L* § 74 Rz. 13a; GK-*Kreutz* § 74 Rz. 49 f.; für einen rechtswidrigen Streik *BAG* vom 14. 2. 1978 in 4 Urteilen des ersten Senats (1 AZR) 76/76 – EzA Art. 9 GG Arbeitskampf Nr. 22 = DB 1978, 1403; – 103/76 – EzA Art. 9 GG Arbeitskampf Nr. 24 = DB 1978, 1403; – 154/76 – EzA § 102 BetrVG 1972 Nr. 33 = DB 1978, 1501; – 54/76 – EzA § 15 KSchG 1969 Nr. 19 = DB 1978, 1231; *van Gelder* BUV 1971, 129; *Brox/Rüthers* Rz. 436 S. 263; *Hueck/Nipperdey* II/2, 973, 1186 f.). Umstritten ist aber, inwieweit das **Arbeitskampfgeschehen Einfluß auf die Mitwirkungsrechte des Betriebsrats** hat. Die Meinung, daß der Arbeitskampf zu einem Ruhen der Mitwirkungsrechte im personellen Bereich führe, wird heute fast nicht mehr vertreten (so aber *Erdmann/Jürging/Kam-*

§ 99   4. Teil 5. Abschn. Personelle Angelegenheiten

mann § 74 Rz. 9; *Meisel* 26 f.; *Mayer-Maly* DB 1979, 1312, der das Mitbestimmungsrecht nach Ende des Arbeitskampfes nachholen lassen will; so früher auch *G/L*, 5. Aufl. 1976, § 74 Rz. 13, 99 Rz. 7; Nachweis für die frühere Meinung bei *Brox/Rüthers* a.a.O. Rz. 436 Fn. 97). Es ist davon auszugehen, daß die Mitwirkungsrechte nach § 99 während des Arbeitskampfes eingeschränkt weiterbestehen, d.h. soweit eine Beteiligung des Betriebsrats geeignet ist, die Kampffähigkeit des Arbeitgebers zu beeinträchtigen, besteht kein Mitwirkungsrecht des Betriebsrats an einer prsonellen Einzelmaßnahme; bei anderen nicht in unmittelbarem Zusammenhang mit dem Kampfgeschehen stehenden Maßnahmen besteht dagegen das Mitwirkungsrecht bei personellen Einzelmaßnahmen (*D/R* § 99 Rz. 16ff.; *G/L* § 99 Rz. 7, § 74 Rz. 13a; *F/A/K/H* § 99 Rz. 8; GK-*Kraft* § 99 Rz. 12 und FS für G. Müller, 265; *Reuter* AuR 1973, 5; *S/W* §§ 99–101 Rz. 7ff.; GK-*Thiele* § 74 Rz. 42; einschränkend *Brox/Rüthers* a.a.O. Rz. 440 insbes. Rz. 449, die § 100 für anwendbar halten; ähnlich *Bieback* AuR 1982, 175ff.). In diesem Sinne ist auch das Bundesarbeitsgericht zu verstehen: arbeitskampfbeeinflussende Maßnahmen des Arbeitgebers unterliegen nicht der Mitbestimmung (*BAG* vom 26.10.1971 – 1 AZR 113/68 – EzA Art. 9 GG Nr. 7 = DB 1972, 143; ausdrücklich *BAG* vom 14.2.1978 a.a.O. für den Fall eines rechtswidrigen Streiks; vom 24.4.1979 – 1 ABR 43/77 – EzA Art. 9 Arbeitskampf Nr. 34 = DB 1979, 994, 1655). Maßnahmen während des Arbeitskampfes, die mit diesem nicht in Zusammenhang stehen, unterliegen der Mitbestimmung des Betriebsrats (*BAG* vom 6.3.1979 – 1 AZR 866/77 – EzA § 102 BetrVG 1972 Nr. 40 = DB 1979, 1464). Das *Bundesarbeitsgericht* nimmt also eine Funktionsfähigkeit des Betriebsrats mit Rücksicht auf die durch den Arbeitskampf geschaffene Konfrontation zwischen Belegschaft und Arbeitgeber jedenfalls hinsichtlich derartiger personeller Maßnahmen an, die Wirkung auf das Kampfgeschehen haben; zu einer generellen Funktionsunfähigkeit des Betriebsrats hinsichtlich personeller Maßnahmen im Arbeitskampf trifft es keine Aussage (vgl. BAG vom 26.10.1971 – 1 AZR 113/68 – EzA Art. 9 GG Nr. 7 = DB 1972, 143; *LAG Frankfurt/M.* vom 20.10.1988 – 12 Sa 1187/87 – AP EzA Art. 9 GG Nr. 49). Dagegen betont das *Bundesarbeitsgericht* (vom 14.2.1978 a.a.O.), daß der Betriebsrat als Organ während eines Arbeitskampfes nicht allgemein »funktionsunfähig« sei, er vermöge lediglich einige Beteiligungsrechte nicht auszuüben, wie bei arbeitskampfbedingten personellen Maßnahmen des Arbeitgebers. Der Betriebsrat hat also kein Zustimmungsverweigerungsrecht aus § 99 Abs. 2 während eines Arbeitskampfes, wenn der Arbeitgeber z.B. durch die Einstellung oder Versetzung Arbeitsplätze streikender Arbeitnehmer besetzt (*LAG Frankfurt/M.* vom 7.7.1977 – 6 Sa 1300/76 – DB 1978, 1257; *D/R* § 74 Rz. 35; GK-*Kraft* § 99 Rz. 13; **a.A.** *D/K/K/S* § 99 Rz. 24). Das Unterrichtungsrecht des Betriebsrats ist dagegen arbeitskampfneutral (*LAG Frankfurt/M.* vom 22.2.1990 – 12 Ta BV GA 1/90 – rkr.; GK-*Kraft* § 99 Rz. 13; *F/A/K/H* § 99 Rz. 8; *Heinze* Personalplanung Rz. 435). Der Betriebsrat hat das Zustimmungsverweigerungsrecht des Abs. 2 bei nicht arbeitskampfbedingten Einstellungen, Eingruppierungen, Umgruppierungen und Versetzungen (*BAG* vom 6.3.1979 a.a.O.). Aus den gleichen Gründen kann das Mitbestimmungsrecht eingeschränkt sein, wenn **Drittbetriebe** durch Liefer- oder Abnahmeschwierigkeiten kurzfristig zu personellen Einzelmaßnahmen gezwungen werden (vgl. *S/W* §§ 99–101 Rz. 9a; *D/R* § 99 Rz. 18; *BAG* vom 22.12.1980 – 1 ABR 76/79 – EzA § 615 BGB Betriebsrisiko Nr. 8 = DB 1981, 327, 578 m. Anm. *Seiter*). Eine Einschränkung des Mitbestimmungsrechts kommt nach Auffassung des Bundesarbeitsgerichts aber nicht in Betracht, wenn der Arbeitgeber während eines Streiks in einem Tochterunternehmen mit einem anderen fachlichen Tarifbereich Arbeitnehmer in das Tochterunternehmen abordnet (*BAG* vom 19.2. 1991 – 1 ABR 36/90 – DB 91, 1627). Der **Betriebsrat** ist **verpflichtet**, während eines Arbeitskampfes bei nicht arbeitskampfbedingten Maßnahmen nach § 99 seinen **Mitwirkungsrechten** nachzukommen, d. h. er hat im Falle des Streiks, der Arbeitgeber im Falle der Aussperrung dafür Sorge zu tragen, daß dem Betriebsrat Erklärungen in der betriebsüblichen Weise zugehen können; dies kann u. U. bedeuten, daß der Erklärungsempfänger des Betriebsrats für personelle Maßnahmen (vgl. § 26 Abs. 3, § 28) von Streik und Aussperrung im Rahmen des Notdienstes ausgenommen werden sollte. Hat der Arbeitgeber in der betriebsüblichen Weise den Betriebsrat von der beabsichtigten personellen Maßnahme unterrichtet, so fällt es in die Risikosphäre des Betriebsrats, wie er während eines Arbeitskampfes seinen Beschluß faßt. Der Arbeitgeber darf den Betriebsrat aber seinerseits nicht daran hindern, zur Beschlußfassung auch während Streik und/oder Aussperrung in den Betrieb zu kommen. Für die Zeit der Teilnahme an dieser Sitzung ist das **Arbeitsentgelt** fortzuzahlen. Der Arbeitgeber kann jedenfalls die personelle Maßnahme vornehmen, falls der Betriebsrat nicht innerhalb einer Woche nach Unterrichtung durch den Arbeitgeber i. S. d. Abs. 3 seine Zustimmung zu der Maßnahme verweigert.

Bei einem **rechtswidrigen Arbeitskampf** bestehen die **Beteiligungsrechte** des Betriebsrats auch im personellen Bereich **weiter**; eine Einschränkung ist schon deswegen nicht gerechtfertigt, weil der Betriebsrat zusammen mit dem Arbeitgeber dafür zu sorgen hat, daß diese rechtswidrige Maßnahme beendet wird (*D/R*, 5. Aufl. 1973, § 102 Rz. 27; *S/W* §§ 99–101 Rz. 9; vgl. auch § 102 Rz. 8, aber auch § 103 Rz. 2). Zur Beteiligung des Betriebsrats am rechtswidrigen Streik vgl. § 103 Rz. 2. 13

II. Einzelfälle des Mitbestimmungsrechtes

Bei den Einzelfällen, die dem Mitbestimmungsrecht des Betriebsrats unterliegen, müssen stets die **arbeitsvertraglichen und betriebsverfassungsrechtlichen Voraussetzungen** der personellen Maßnahme **unabhängig voneinander geprüft werden**, da sie sich nicht immer decken (*Stege* DB 1975, 1506 ff.). 14

1. Einstellung

Regelfall der **Einstellung** ist die Begründung eines **Arbeitsverhältnisses** durch Abschluß eines Arbeitsvertrages. Maßgeblich ist immer der schriftliche oder mündliche **Abschluß des Arbeitsvertrages**, nicht etwa die Aufnahme der Arbeit (*D/K/K/S* § 99 Rz. 37; *D/R*, 5. Aufl. § 99 Rz. 9; *GK-Kraft* § 99 Rz. 18; *S/W* §§ 99–101 Rz. 12; **a. A.** *D/R* § 99 Rz. 23 ff.; *G/L* § 99 Rz. 10 ff., die eine tatsächliche Eingliederung in den Betrieb verlangen). In der betrieblichen Praxis werden Vertragsschluß und Arbeitsaufnahme (Eingliederung) bei Arbeitern vielfach zusammenfallen, bei Angestellten wird jedoch eine zeitliche Differenz des öfteren vorliegen. Da der Abschluß des Vertrages auch durch schlüssiges Verhalten erfolgen kann, ist eine Arbeitsaufnahme ohne gleichzeitigen Vertragsabschluß nur denkbar, wenn der Arbeitnehmer ohne Wissen und Wollen des Arbeitgebers die 15

§ 99   4. Teil 5. Abschn. *Personelle Angelegenheiten*

Arbeit aufnimmt, was keine »Einstellung« darstellt (GK-*Kraft* § 99 Rz. 13). Betriebsverfassungsrechtlich ist daher die Unterscheidung von geringer Bedeutung. Als Einstellung wird daher ganz überwiegend angesehen sowohl die Begründung eines Arbeitsverhältnisses als auch die zeitlich damit zusammenfallende vorhergehende oder auch nachfolgende tatsächliche Arbeitsaufnahme in einem bestimmten Betrieb (*BAG* vom 14. 5. 1974 – 1 ABR 40/73 – EzA § 99 BetrVG 1972 Nr. 6 = DB 1974, 1580; *BAG* vom 2. 7. 1980 – 5 AZR 56/79 – EzA § 99 BetrVG 1972 Nr. 28; *F/A/K/H* § 99 Rz. 10; GK-*Kraft* § 99 Rz. 18; *S/W* §§ 99–101 Rz. 14). Fallen Abschluß des Arbeitsvertrages und tatsächliche Arbeitsaufnahme zeitlich auseinander, so besteht das Mitbestimmungsrecht des Betriebsrats jeweils bei der zeitlich ersten Maßnahme, d.h. dem Abschluß des Arbeitsvertrages bzw. der tatsächlichen Arbeitsaufnahme vor Abschluß eines formellen Vertages, die aber dann selbst einen Vertrag durch Angebot der Arbeit darstellt (*F/A/K/H* § 99 Rz. 10; *LAG Berlin* vom 27. 9. 1982 – 9 Ta BV 3/82 – DB 1983, 775).

16 Besteht bei der ersten Maßnahme, die als Einstellung im Sinne des Gesetzes zu werten ist (z. B. Arbeitsvertragsschluß) noch kein Betriebsrat, hat sich dieser aber bis zur Arbeitsaufnahme konstituiert, so ist der Betriebsrat nicht nachträglich zur Einstellung durch Arbeitsaufnahme anzuhören (*LAG Berlin* vom 27. 11. 1986 – Ta BV 5/86 – DB 1987, 2206). Im Umkehrschluß löst auch der nachträgliche Abschluß eines schriftlichen Arbeitsvertrages keine Anhörungsrechte aus, wenn der Arbeitnehmer vor der Konstituierung des Betriebsrats die Arbeit aufgenommen hat.

17 Den bisher üblichen Begriff der Einstellung nach § 99 gibt das *Bundesarbeitsgericht* in seiner neusten Rechtsprechung fast vollkommen auf. Es soll nicht mehr auf das Rechtsverhältnis, in dem die aufzunehmende Person zum Betriebsinhaber steht, ankommen. Wesentlich soll nur sein, ob die zu verrichtende Tätigkeit weisungsgebunden und dazu bestimmt ist, dem arbeitstechnischen Zweck des Betriebes zu dienen und vom Arbeitgeber organisiert werden muß. Entscheidend sei die Frage der Eingliederung in den Betrieb. Es soll unerheblich sein, ob ein Arbeitsverhältnis besteht. Liegen diese vom *Bundesarbeitsgericht* herausgestellten Kriterien vor, so handelt es sich auch nach herrschender Meinung um Arbeitnehmer, für die zumindest ein faktischer Arbeitsvertrag besteht. Es sollte also an den bisherigen Merkmalen für eine Einstellung festgehalten werden, die genauer und eindeutiger sind.

Das *Bundesarbeitsgericht* kommt unter Zugrundelegung der von ihm aufgestellten Kriterien dazu, daß der Einsatz von **Schülerpraktikanten** in einem Betrieb keine Einstellung ist, da ihr Einsatz hauptsächlich der Eigenunterrichtung und nicht dem arbeitstechnischen Zweck des Betriebes dient (*BAG* vom 8. 5. 1990 – 1 ABR 7/89 – DB 1990, 2124). Unverständlich ist, daß auch die unentgeltliche und unverbindliche Ausbildung von Sprachlehrern in einem **betrieblichen Auswahlverfahren** ohne Arbeitseinsatz bereits eine Einstellung sein soll (*BAG* vom 3. 10. 1989 – 1 ABR 68/88 – DB 1990, 1140). Die Situation ist hier anders als bei einer **betrieblichen Berufsausbildung**, die eine Integration in den Betrieb voraussetzt (*S/W* §§ 99–101 Rz. 16a), z. B. bei **Praktikanten**, deren 6monatiges Praktikum vom Arbeitsamt finanziert wird (*LAG Düsseldorf*, vom 20. 12. 1978 – 6 Ta BV 60/78 –) und **Umschülern** und Teilnehmern an berufsvorbereitenden Maßnahmen, für die die Arbeitsverwaltung Fördermittel gewährt (*BAG* vom 16. 2. 1981 – 6 ABR 86/78 – EzA § 5 BetrVG 1972 Nr. 37 = DB 1981, 1935).

Auch der Einsatz von **Wachmännern** im Rahmen eines **Dienstvertrages** ist keine Einstellung, da es sich um absonderbare Arbeiten handelt, die keine organisatorische Zusammenarbeit mit den Arbeitnehmern des Betriebes erfordern und nicht dem arbeitstechnischen Zweck des Betriebes dienen (*BAG* vom 28. 11. 1989 – 1 ABR 90/88 – BB 1990, 1343). Werden dagegen **Fremdfirmen** mit betriebstypischen Aufgaben beschäftigt, die eine organisatorische Zusammenarbeit mit dort beschäftigten Arbeitnehmern erfordern, so liegt eine Einstellung vor, wenn diese Tätigkeit weisungsgebunden ist. Eine Einstellung liegt nach Auffassung des *Bundesarbeitsgerichts* nur dann nicht vor, wenn die Personalhoheit und das Weisungsrecht insgesamt bei der Fremdfirma liegen (*BAG* vom 5. 3. 1991 – 1 ABR 39/90 – DB 1991, 654, 1334; *BAG* vom 1. 10. 1991 – 1 ABR 75/90, 1 ABR 80/90 – bisher unveröffentlicht). Eine arbeitstechnische Einweisung durch betriebseigene Arbeitnehmer führt dabei noch nicht zum Übergang des Weisungsrechts (*BAG* vom 9. 7. 1991 – 1 ABR 45/90 – DB 1992/327). Das Kriterium der Weisungsgebundenheit wird jedoch durch die Rechtsprechung des *BAG* faktisch bis zur Bedeutungslosigkeit aufgelöst. Es soll nicht darauf ankommen, ob tatsächlich Weisungen erteilt werden und ob diese vom Arbeitgeber des Betriebes erteilt werden können (*BAG* vom 1. 8. 1989 – 1 ABR 54/88 – BB 1990, 419; **a. A.** *S/W* §§ 99–101 Rz. 19 d). Damit werden nunmehr auch Personen erfaßt, die mit Arbeitnehmern des Betriebes nicht vergleichbar sind; der Einsatz von Fremdfirmen wird als »Einstellung« behandelt (ebenso zum Einsatz von **Selbständigen**, die ohne Weisungsgebundenheit betriebstypische Arbeiten verrichten: *BAG* vom 15. 4. 1986 – 1 ABR 44/84 – EzA § 99 BetrVG 1972 Nr. 50 = DB 1986, 2497, sog. Taxifahrerentscheidung; **a. A.** *Hunold* NZA 1990, 461; zum Einsatz von Honorarlehrkräften als **freie Mitarbeiter**: *BAG* vom 3. 7. 1990 – 1 ABR 36/89 – EzA § 99 BetrVG 1972 Nr. 90; **a. A.** *S/W* §§ 99–101 Rz. 19 b). Diese Rechtsprechung dehnt den Begriff der Einstellung faktisch auf alle Personen aus, die aufgrund eines beliebigen Rechtsverhältnisses zum Betriebsinhaber in eine Beziehung zu Arbeitnehmern des Betriebes treten und löst sich somit völlig vom Gesetzeswortlaut (so *Hunold* NZA 1990, 465), der den Einsatz von Fremdfirmen, Selbständigen, Unternehmerarbeitern (vgl. § 7 Rz. 5) und echten Leiharbeitnehmern (vgl. § 7 Rz. 24) gerade nicht erfaßt. So soll auch der Einsatz von 83 Arbeitnehmern mit eigenen Meistern, eigenen Einrichtern etc. für 3 Wochen in einem anderen Betrieb eines Konzerns durch § 99 erfaßt werden (*BAG* vom 9. 3. 1976 – 1 ABR 53/74 – AuR 1976, 152; **a. A.** *D/R* § 99 Rz. 38; *S/W* §§ 99–101, Rz. 19 a). Typisch für solche **echten Leiharbeitsverhältnisse** ist jedoch gerade, daß der Einsatz kurzzeitig, vorübergehend und damit ohne Eingliederung in den Betrieb erfolgt.

Das Mitbestimmungsrecht des Betriebsrats nach § 99 Abs. 1 setzt nicht voraus, **18** daß ein rechtswirksamer Arbeitsvertrag zustande gekommen ist. Eine Einstellung im Sinne des Gesetzes liegt auch dann vor, wenn nur ein **faktisches Arbeitsverhältnis** begründet worden ist. Auch eine Einstellung, die gegen ein gesetzliches Verbot verstößt und somit nach § 134 BGB nichtig ist, ist mitbestimmungspflichtig. Zu denken ist hier z. B. an den Fall, daß ein Arbeitgeber schwangere Arbeitnehmerinnen einstellt in der Absicht, sie mit Akkordarbeiten zu beschäftigen, obwohl dies nach § 4 MSchG verboten ist. Gleiches gilt auch für die Beschäftigung von Jugendlichen mit Akkordarbeiten oder gefährlichen Arbeiten (§§ 22 ff. JArbSchG; *D/R* § 99 Rz. 33; GK-*Kraft* § 99 Rz. 21; *S/W* §§ 99–101 Rz. 14).

§ 99   4. Teil 5. Abschn. Personelle Angelegenheiten

19 Die früher umstrittene Frage der Beteiligung des Betriebsrats bei der **Beschäftigung von Leiharbeitnehmern** ist nunmehr gesetzlich in § 14 Abs. 3 AÜG geregelt; der Betriebsrat des Entleiherbetriebs ist nach § 99 vor der Übernahme eines Leiharbeitnehmers zu beteiligen (*BAG* vom 10. 9. 1985 – 1 ABR 28/83 – EzA § 99 BetrVG 1972 Nr. 41 = DB 1986, 331). Das *Bundesarbeitsgericht* nahm vorher schon eine »Einstellung« i. S. d. § 99 an (*BAG* vom 14. 5. 1974 – 1 ABR 40/73 – AP = EzA § 99 BetrVG 1972 Nr. 6 = DB 1974, 1580, der unter gewissen Bedenken der Entscheidung zustimmt). Die Entscheidung des Bundesarbeitsgerichts befaßt sich mit **unechten Leiharbeitnehmern** (zum Begriff vgl. § 7 Rz. 22; zur Wählbarkeit § 8 Rz. 14). Die Rückkehr in den Verleiherbetrieb stellt dagegen nach h. M. keine Einstellung dar, da der unechte Leiharbeitnehmer betriebsverfassungsrechtlich dem Verleiherbetrieb nach wie vor zugeordnet geblieben ist (*F/A/K/H* § 99 Rz. 11; *G/L* § 99 Rz. 15; *Heinze* Rz. 412); die Entsendung in den Verleiherbetrieb ist keine Versetzung, da nach dem Arbeitsvertrag üblich. Das *Bundesarbeitsgericht* geht bei dem Mitbestimmungsrecht hinsichtlich der »Einstellung« von unechten Leiharbeitnehmern von eingeschränkten Unterrichtungspflichten aus (vgl. Rz. 68; *S/W* §§ 99–101 Rz. 17, 18). Zur Beschäftigung von **echten Leiharbeitnehmern** vgl. Rz. 17.

20 Die **Beschäftigung von Heimarbeitern**, die der Gesetzgeber gem. § 6 als Arbeitnehmer des Betriebes ansieht (vgl. § 7 Rz. 20 und § 6 Rz. 4), ist als Einstellung i. S. d. § 99 zu werten (**h. M.** *F/A/K/H* § 99 Rz. 12; *S/W* §§ 99–101 Rz. 16). Allerdings muß bereits bei der ersten Vergabe von Heimarbeit feststehen, daß die Voraussetzungen des § 6 vorliegen; also daß sie in der Hauptsache für diesen Betrieb tätig sind.

21 Als Einstellung im übernehmenden Betrieb ist die auf Dauer angelegte **»Versetzung«** (vgl. hierzu Rz. 57) eines Arbeitnehmers **von einem Betrieb in einen anderen Betrieb desselben Unternehmens** anzusehen; der Betriebsrat des übernehmenden Betriebes hat daher ein Mitbestimmungsrecht nach § 99 (*BAG* vom 30. 4. 1981 – 6 ABR 59/78 – EzA § 95 BetrVG 1972 Nr. 4 = DB 1981, 1833); dies gilt auch, wenn die »Versetzung« in eine andere Filiale weniger als einen Monat dauert (*BAG* vom 16. 12. 1986 – 1 ABR 62/85 – EzA § 99 BetrVG 1972 Nr. 54 = DB 1987, 747).

22 Schließt der Arbeitgeber **im privaten Bereich** einen Arbeitsvertrag, z. B. mit Hausangestellten, Fahrer, Sekretärin, so ist dies keine Einstellung für den Betrieb; es handelt sich nicht um Arbeitnehmer des Betriebes. Wird der betreffende Arbeitnehmer jedoch anschließend in den Betrieb übernommen, so ist das Mitbestimmungsrecht des Betriebsrats zum Zeitpunkt dieser Vertragsänderung zu beachten. In einem derartigen Fall wird nämlich das Kollektivinteresse des Betriebsrats berührt, denn die Übernahme setzt zumindest einen stillschweigenden, auf Beschäftigung im Betrieb gerichteten Arbeitsvertrag voraus (*GK-Kraft* § 99 Rz. 19).

23 **Keine Einstellung** i. S. d. § 99 und damit keine mitbestimmungspflichtige Maßnahme liegt in folgenden Fällen vor:
 – während der Kündigungsfrist vereinbaren Arbeitgeber und Arbeitnehmer die **Fortsetzung des Arbeitsverhältnisses** gegebenenfalls auch unter anderen Arbeitsbedingungen (*D/R* § 99 Rz. 26; *F/A/K/H* § 99 Rz. 13; *GK-Kraft* § 99 Rz. 27);
 – ein **befristetes** Arbeitsverhältnis wird vor Ablauf der Befristung in ein **unbefristetes umgewandelt** (*S/W* §§ 99–101 Rz. 19f; *Gumpert* BB 1978, 1718; *Heinze*

a. a. O. Rz. 202, Fn. 292; **a. A. *BAG*** vom 28. 10. 1986 – 1 ABR 16/85 – EzA § 118 BetrVG 1972 Nr. 38 = DB 1987, 847; *BAG* vom 7. 8. 1990 – 1 ABR 68/89 – EzA § 99 BetrVG 1972 Nr. 91; *D/R* § 99 Rz. 27; *F/A/K/H* § 99 Rz. 13; GK-*Kraft* § 99 Rz. 16; *Schmitz* BlStSozArbR 1983, 273). Eine mitbestimmungspflichtige Maßnahme liegt nach der Entscheidung des BAG vom 7. 8. 1990 a. a. O. aber dann nicht vor, wenn dem Betriebsrat bereits bei der Einstellung mitgeteilt wurde, das Arbeitsverhältnis sei auf Probe befristet und der Arbeitnehmer werde bei Bewährung weiterbeschäftigt; ein durch Manteltarifvertrag auf das **65. Lebensjahr befristetes** Arbeitsverhältnis wird einzelvertraglich darüber hinaus verlängert (GK-*Kraft* § 99 Rz. 27; *S/W* §§ 99–101 Rz. 19h; *Gumpert* Anm. zu AP Nr. 9 zu § 99 BetrVG 1972; *Jobs/Bader* DB 1981 Beilage Nr. 21, 7; **a. A.** *D/R* § 99 Rz. 27; *F/A/K/H* § 99 Rz. 13; *BAG* vom 18. 7. 1978 – 1 ABR 79/75 – EzA § 99 BetrVG 1972 Nr. 21 = DB 1978, 2319; *BAG* vom 12. 7. 1988 – 1 ABR 85/86 – EzA § 99 BetrVG 1972 Nr. 59 = DB 1988, 1556);

– **Weiterbeschäftigung** eines Arbeitnehmers bei **reduzierter Arbeitszeit** nach Inanspruchnahme des vorgezogenen Altersruhegeldes (*LAG Düsseldorf* vom 18. 3. 1983 – 3 Ta BV 132/82 –);
– **Übergang von einem Ausbildungsverhältnis** zu einem Arbeitsverhältnis aufgrund einer vertraglichen Weiterarbeitsklausel oder nach § 17 BBiG (*S/W* §§ 99–101 Rz. 19j; **a. A.** *D/R* § 99 Rz. 29; *F/A/K/H* § 99 Rz. 13; GK-*Kraft* § 99 Rz. 24; *LAG Hamm* vom 14. 7. 1982 – 12 Ta BV 27/82 – DB 1982, 2303); bzgl. der Umgruppierung vgl. Rz. 36, bei Weiterbeschäftigung nach § 78a entfällt das Recht des Betriebsrats aus § 99 (**h. M.** *D/R* § 99 Rz. 29; *F/A/K/H* § 99 Rz. 13; GK-*Kraft* § 99 Rz. 24; s. auch unten);
– Übernahme aufgrund **gesetzlicher Vorschriften** oder **gerichtlicher Entscheidungen (h. M.)**, so aufgrund § 78a, § 613a BGB **Betriebsübergang**; dies gilt auch dann, wenn der Arbeitgeber mit den Arbeitnehmern nachträglich neue Arbeitsverträge abschließt (*BAG* vom 7. 11. 1975 – 1 ABR 78/74 – EzA § 118 BetrVG 1972 Nr. 7 = DB 1976, 152); **gerichtliche Feststellung**, daß ein freies Mitarbeiterverhältnis ein Arbeitsverhältnis ist (*BAG* vom 3. 10. 1975 – 5 AZR 162/74 – EzA § 611 BGB Arbeitnehmerbegriff Nr. 1 = DB 1976, 393) oder daß ein befristeter Arbeitsvertrag ein unbefristeter ist.

Allen diesen Fällen ist gemeinsam, daß bereits ein Arbeitsverhältnis oder ein Ausbildungsverhältnis besteht, weil die entsprechenden Verträge abgeschlossen wurden und der Arbeitnehmer auch die Tätigkeit aufgenommen hat, also in den Betrieb eingegliedert ist. Es werden lediglich die Arbeitsverträge einverständlich, individualrechtlich oder kraft Gesetzes hinsichtlich z. B. der Befristung geändert. Der Betriebsrat hat kein Mitbestimmungsrecht und auch kein Kontrollrecht hinsichtlich des Inhaltes des Arbeitsvertrages (hierzu sinngemäß *BAG* vom 20. 6. 1978 – 1 ABR 65/75 – EzA § 99 BetrVG 1972 Nr. 20 unter B. II 3. der Gründe, insbes. auch a. a. O. Anm. *Löwisch* = DB 1978, 2033; auch *BAG* vom 7. 11. 1975 a. a. O., welches eine Änderung der Arbeitsverträge nach Betriebsübergang für unschädlich bezüglich der behaupteten »Einstellung« hält); also auch nicht bezüglich der einverständlichen Änderung des Arbeitsvertrages; er hat nur ein Zustimmungsverweigerungsrecht bei der Einstellung. Nach der Systematik des Gesetzes besteht dieses Zustimmungsverweigerungsrecht des § 99 nicht bei einer Änderung des Arbeitsvertrages, sondern lediglich bei den dort einzeln aufgeführten Fällen der Einstellung, Eingruppierung, Umgruppierung und Versetzung. Änderungen

§ 99 4. Teil 5. Abschn. Personelle Angelegenheiten

des Arbeitsvertrages und Änderungen der Tätigkeit können betriebsverfassungsrechtlich eine Versetzung sein; es kommt dann eine Zustimmungsverweigerung zur Versetzung in Betracht. Ist die Änderung des Arbeitsvertrages und/oder die Änderung der Tätigkeit in demselben Betrieb betriebsverfassungsrechtlich keine Versetzung, so ist sie aber aus den dargelegten Gründen auch keine Einstellung. Dies zeigt, daß der Begriff der Einstellung i. S. d. § 99 richtigerweise nur auf die Neueinstellung/Wiedereinstellung nach einer Unterbrechung der Tätigkeit im Betrieb beschränkt werden sollte und nicht auf Änderungen des Vertragsverhältnisses bei bestehender Betriebszugehörigkeit. Auch Sinn und Zweck des § 99 (so *BAG* vom 18. 7. 1978, 28. 10. 1986 und 7. 8. 1990 a. a. O. – mit dem Hinweis auf mögliche andere Widerspruchgründe bei nicht nur befristeter Einstellung) oder arbeitsmarktpolitische Gesichtspunkte (GK-*Kraft* § 99 Rz. 17) rechtfertigen keine andere Auslegung, insbesondere nicht eine derart weite Auslegung des Einstellungsbegriffes. Die Widerspruchsgründe des § 99 beziehen sich auf das Ob der Einstellung, nicht auf die Frage, wie lange ein Arbeitsvertrag dauert. Während der Dauer des Arbeitsvertrages werden die Rechte des Betriebsrats durch die Mitwirkung bei Versetzung, Umgruppierung oder Änderungskündigung gewahrt. Die Literatur nimmt in einigen der genannten Fälle teils eine Einstellung an, in anderen nicht; die Argumentation erscheint zu sehr einzelfallbezogen und ist teilweise widersprüchlich. Wenn z. B. die Vereinbarung der Fortsetzung des Arbeitsverhältnisses nicht als Einstellung, dagegen die Umwandlung eines befristeten Arbeitsverhältnisses in ein unbefristetes oder die Verlängerung über das 65. Lebensjahr hinaus als Einstellung angesehen werden (vgl. o. a. Literatur), so ist dies nicht verständlich, denn im Falle der Kündigung ist der Neuabschluß eines Arbeitsvertrages erforderlich, in den anderen Fällen lediglich eine Änderung des Arbeitsvertrages, die Eingliederung in den Betrieb bleibt in allen Fällen bestehen. Insbesondere wird sowohl bei der Aufhebung der Befristung als auch bei der Aufhebung der Befristung zum 65. Lebensjahr lediglich der ursprünglich vorgesehene Beendigungsgrund aufgehoben (GK-*Kraft* § 99 Rz. 23), so daß keine unterschiedliche Behandlung der beiden Fälle (so aber GK-*Kraft* § 99 Rz. 22) gerechtfertigt erscheint.

Weiterhin ist **keine Einstellung** i. S. d. § 99
- die Wiederaufnahme eines ruhenden Arbeitsverhältnisses (vgl. Rz. 24),
- die Arbeitsaufnahme nach einem Arbeitskampf (Rz. 24),
- die Entsendung von Bauarbeitern zu einer Arbeitsgemeinschaft (Rz. 24),
- Abschluß eines Dienstvertrages mit einem freien Mitarbeiter (*D/R* § 99 Rz. 40), Beauftragung von selbständigen Unternehmensberatern (*D/R* § 99 Rz. 13; *S/W* §§ 99–101 Rz. 19c; *LAG Hamm* vom 3. 12. 1980 – 12 Ta BV 74/80 –; **a. A.** *LAG Hamm* vom 20. 2. 1979 – 3 Ta BV 123/78 – ARSt. 1980, 95),
- Beschäftigung von Strafgefangenen (Rz. 25),
- Anwerbung von Arbeitnehmern im Ausland (Rz. 26).

24 Ebensowenig liegt eine Einstellung vor, wenn ein Arbeitnehmer **ein nur ruhendes Arbeitsverhältnis wieder aufnimmt**. Zu denken ist hier an den Fall, daß ein Arbeitnehmer nach Ableistung seines Wehrdienstes seine Arbeit wieder aufnimmt (§ 1 Abs. 1 ArbPlSchG), oder daß ein Arbeitnehmer nach Beendigung eines Streiks oder einer suspendierenden Aussperrung an seinen Arbeitsplatz zurückkehrt (*D/R* § 99 Rz. 30; *G/L* § 99 Rz. 14 GK-*Kraft* § 99 Rz. 28; *S/W* § 99 Rz. 191). Das gleiche gilt für den seltenen Fall einer mit lösender Wirkung

ausgesprochenen Aussperrung (GK-*Kraft* § 28; einschränkend *D/R* § 99 Rz. 30). Auch in diesem Fall bleiben gewisse Beziehungen zwischen Arbeitgeber und Arbeitnehmer bestehen, das Arbeitsverhältnis wird nicht restlos vernichtet. Die Kampfgegner vereinbaren durchweg auch nach Beendigung des Arbeitskampfes eine Wiedereinstellungsklausel. Das Arbeitsverhältnis wird dann unverändert fortgesetzt. Ein rechtliches Interesse für die Ausübung eines Mitbestimmungsrechts des Betriebsrats bei der Wiedereinstellung fehlt. Eine Einstellung im Sinne des Gesetzes liegt somit nicht vor (*G/L* § 99 Rz. 14; GK-*Kraft* § 99 Rz. 28; *BAG* vom 15. 6. 1964 – 1 AZR 356/63 – DB 1964, 922, 1159; vgl. auch *BAG* vom 21. 4. 1971 – GS 1/68 – EzA Art. 9 GG Nr. 6 = DB 1971, 1061). Auch die Entsendung von **Bauarbeitern** zu einer **Arbeitsgemeinschaft** ist keine Einstellung (*S/W* §§ 99–101 Rz. 9n; *LAG Düsseldorf* vom 10. 2. 1973 – 10 Ta BV 64/73 = DB 1974, 1628).

Keine Einstellung ist die **Beschäftigung von Strafgefangenen** im Rahmen eines 25 mit der Strafanstalt geschlossenen Vertrages (*LAG Schleswig-Holstein* vom 14. 6. 1976 – 3 Ta BV 7/76 – DB 1976, 1824; bestätigt durch *BAG* vom 3. 10. 1978 – 6 ABR 46/76 – EzA § 5 BetrVG 1972 Nr. 33 = DB 1979, 1186; *S/W* §§ 99–101 Rz. 19o). Strafgefangene sind keine Arbeitnehmer im Sinne des Betriebsverfassungsgesetzes, sie sind durch die Vorschrift des § 5 Abs. 2 Ziff. 4 aus dem Betriebsverfassungsgesetz ausgenommen (*D/R* § 99 Rz. 12; *F/A/K/H* § 5 Rz. 9; *G/L* § 5 Rz. 12; GK-*Kraft* § 99 Rz. 31). Das Mitbestimmungsrecht nach §§ 99 ff. gilt nur für Arbeitnehmer des Betriebes (*D/R* § 99 Rz. 12; *F/A/K/H* § 99 Rz. 7; *Meisel* 28).

Die **Anwerbung von Arbeitnehmern im Ausland** ist **keine Einstellung**; es handelt 26 sich vielmehr um eine Maßnahme der Personalplanung i. S. v. § 92 (vgl. § 92 Rz. 15), der Betriebsrat hat ein Recht auf Information, aber kein Mitbestimmungsrecht nach § 99 (*BAG* vom 18. 7. 1978 – 1 ABR 8/75 – EzA § 99 BetrVG 1972 Nr. 22 = DB 1978, 2320; GK-*Kraft* § 99 Rz. 30). Der Betriebsrat hat auch kein Recht auf Beteiligung in der Anwerbekommission und Mitfahrt ins Ausland (*BAG* a. a. O.; vgl. auch Rz. 68; *S/W* §§ 99–101 Rz. 19p). Erst wenn die Aktion im Ausland abgeschlossen ist, besteht ein Mitbestimmungsrecht nach § 99 Abs. 1 (vgl. Rz. 73), denn dann handelt es sich um die Einstellung; diese vollzieht sich also praktisch in zwei Stufen.

2. Eingruppierung

Die **Eingruppierung** wird in der Regel mit der Einstellung zusammenfallen, sie 27 stellt aber einen gesonderten Mitbestimmungstatbestand auch für den Betriebsrat dar (vgl. Rz. 1). Der Betriebsrat kann daher nicht die Zustimmung zur Einstellung verweigern mit der Begründung, die Eingruppierung sei falsch oder nicht erfolgt; in einem solchen Fall kann er nur die Zustimmung zur Eingruppierung verweigern (*BAG* vom 10. 2. 1976 – 1 ABR 49/74 – EzA § 49 BetrVG 1972 Nr. 9 = DB 1976, 775; *BAG* vom 20. 12. 1988 – 1 ABR 68/87 – EzA § 99 BetrVG 1972 Nr. 7o = DB 1989, 1240; vgl. Rz. 97). Meist wird bei Abschluß des Arbeitsvertrages bzw. bei der Begründung des Arbeitsverhältnisses zwischen den Parteien die erste Eingruppierung festgelegt, d. h. in welche tarifliche Lohn- oder Gehaltsgruppe der Arbeitnehmer eingestuft werden soll. Diese Einstufung ergibt sich grundsätzlich aus den Tätigkeitsmerkmalen der jeweiligen Lohn- und Gehaltsgruppe. Eine mitbestim-

§ 99   4. Teil 5. Abschn. *Personelle Angelegenheiten*

mungspflichtige Eingruppierung liegt auch vor, wenn nach einer Zulagenregelung bestimmten Arbeitnehmern einer Vergütungsgruppe eine **Zulage** gewährt wird, die an Tätigkeitsmerkmale anknüpft, die bei der Eingruppierung in die tarifliche Vergütungsgruppe nicht maßgebend waren. Dies gilt jedoch nur für Merkmale, die etwas über die Stellung des Arbeitnehmers in der Vergütungsordnung aussagen. Es gilt nicht für zeitlich begrenzte Zulagen unter bestimmten Bedingungen, z. B. Erschwerniszulagen (*BAG* vom 24. 6. 1986 – 1 ABR 31/84 – EzA § 99 BetrVG 1972 Nr. 51 = DB 1986, 2392, *S/W* §§ 99–101 Rz. 20b). Eine Eingruppierung nach dem Tarifvertrag ist auch für **versicherungsfreie Beschäftigungsverhältnisse** erforderlich, wenn diese nicht vom Geltungsbereich des Tarifvertrages ausgenommen sind (*LAG Frankfurt/M.* vom 13. 3. 1990 – 4 Ta BV 133/38 – rkr.; DB 1991, 183; *BAG* vom 20. 12. 1988 – 1 ABR 68/87 – EzA § 99 BetrVG 1972 Nr. 70 = DB 1989, 1240; *BAG* vom 18. 6. 1991 – 1 ABR 60/90 – DB 91, 2140: auch bei Nettolohnvereinbarung). Der **Tendenzcharakter** eines Unternehmens schließt das Mitbestimmungsrecht nicht aus (*BAG* vom 3. 12. 1985 – 4 ABR 80/83 – EzA § 118 BetrVG 1972 Nr. 37 = DB 1986, 1932). Für eine Entscheidung des Arbeitgebers oder für ein Aushandeln zwischen den Parteien bleibt meistens kein Raum, es sei denn, die Parteien kämen überein, bewußt tarifwidrig zugunsten des Arbeitnehmers einzustufen. Das Mitbestimmungsrecht des Betriebsrats hat somit nur Kontrollfunktion (*D/R* § 99 Rz. 50; *F/A/K/H* § 99 Rz. 14b; *G/L* § 99 Rz. 29; GK-*Kraft* § 99 Rz. 36; *Alberty* a. a. O. 86 ff.; *Söllner* FS BAG 1979, 607 ff.; *BAG* vom 10. 2. 1976 – 1 ABR 49/74 – EzA § 99 BetrVG 1972 Nr. 9 = DB 1976, 775; *BAG* vom 22. 3. 1983 – 1 ABR 49/81 – EzA § 101 BetrVG 1972 Nr. 5 = DB 1983, 2313; *BAG* vom 31. 5. 1983 – 1 ABR 57/80 – EzA § 118 BetrVG 1972 Nr. 36 = DB 1984, 995; *BAG* vom 15. 4. 1986 – 1 ABR 55/84 – EzA § 99 BetrVG 1972 Nr. 49 = DB 1986, 1783). Einer tariflichen Lohngruppeneinteilung gleich steht eine solche durch Betriebsvereinbarung, soweit eine solche wegen § 77 Abs. 3 überhaupt in Betracht kommt (*D/R* § 99 Rz. 46; *G/L* § 99 Rz. 30; GK-*Kraft* § 99 Rz. 33). Die Eingruppierung in die Lohn- bzw. Gehaltsgruppe des Tarifvertrages erfolgt nämlich zwingend, je nach der vertraglich ausgeführten Tätigkeit (*BAG* vom 27. 10. 1970 – 4 AZR 485/69 – EzA § 4 TVG Metallindustrie Nr. 1 = DB 1971, 198). Es handelt sich also nicht um einen rechtsgestaltenden Akt des Arbeitgebers, sondern um einen Akt rechtlicher Beurteilung, also um Normenvollzug. Eine Mitbestimmung im eigentlichen Sinne durch Mitgestaltung ist nicht möglich, sondern nur eine Mitbeurteilung der gegebenen Rechtslage, die in einer Richtigkeitskontrolle besteht (*BAG* vom 10. 2. 1976, 22. 3. 1983, 31. 5. 1983, 15. 4. 1986 a. a. O.). Eine Einstufung, die dem Tarifvertrag widerspricht, ist unwirksam, und der tarifliche Anspruch besteht unabhängig von dem Beteiligungsrecht des Betriebsrats, d. h. der einzelne Arbeitnehmer kann Klage auf entsprechende Eingruppierung erheben (*D/R* § 99 Rz. 50, 237; *F/A/K/H* § 99 Rz. 14c; *G/L* § 99 Rz. 32; GK-*Kraft* § 99 Rz. 37; *Boewer* RdA 1974, 78). Dies schließt allerdings ein Mitwirkungsrecht des Betriebsrats nicht aus. da auch bei der Eingruppierung die Bewertungskriterien einen Beurteilungsspielraum zulassen (*D/R* § 99 Rz. 50, *BAG* vom 22. 3. 1983, a. a. O.). Die Mitwirkung des Betriebsrats ist aber keine Wirksamkeitsvoraussetzung der Eingruppierung. Ein Beschlußverfahren über die Ersetzung der Zustimmung des Betriebsrats zur Eingruppierung hat keine präjudizielle Wirkung für den individualrechtlichen Eingruppierungsstreit des Arbeitnehmers (*BAG* vom 13. 5. 1981 – 4 AZR 1076/78 – EzA § 59 HGB Nr. 2 = DB 1981, 2547, 292; *BAG* vom 27. 5. 1982 – 6 ABR 105/79 – EzA § 83 ArbGG Nr. 1 = DB 1982, 2410).

Mitbestimmung bei personellen Einzelmaßnahmen § 99

Eine Eingruppierung kann aufgrund einer tariflichen oder betrieblichen Vergü- 28
tungsordnung erfolgen. Das Mitbestimmungsrecht besteht auch bei Vergütungsordnungen, die außerhalb des Geltungsbereichs eines Tarifvertrages einseitig vom Arbeitgeber festgelegt wurden (*BAG* vom 28. 1. 1986 – 1 ABR 8/84 – EzA § 99 BetrVG 1972 Nr. 47 = DB 1986, 1398; *D/R* § 99 Rz. 48; *S/W* §§ 99–101 Rz. 20). Eine solche Vergütungsordnung muß jedoch hinreichend konkret sein. Zu beachten ist, daß es nicht darauf ankommt, ob der betroffene Arbeitnehmer tarifgebunden ist oder nicht, oder ob z. B. der Tarifvertrag für allgemeinverbindlich erklärt wurde. **Maßgeblich** ist allein, ob der **Arbeitgeber eine Eingruppierung entsprechend dem Tarifvertrag vornimmt** und die Entlohnung danach richtet. Die Bezugnahme kann sich auch aus einer betrieblichen Übung oder einer arbeitsvertraglichen Einheitsregelung ergeben. Auch in derartigen Fällen hat der Betriebsrat ein legitimes Interesse, für die Einhaltung der dem Tarifvertrag entsprechenden Ordnung Sorge zu tragen (*D/R* § 99 Rz. 45; *G/L* § 99 Rz. 30; GK-*Kraft* § 99 Rz. 33).

Bei **AT-Angestellten** entfällt ein Mitbestimmungsrecht des Betriebsrats, es sei 29
denn, daß bei dieser Gruppe von Arbeitnehmern besondere betriebliche Gruppeneinteilungen bestehen, die auf eine Betriebsvereinbarung oder vom Arbeitgeber einseitig erlassenen Vergütungsordnungen zurückzuführen sind (*BAG* vom 28. 1. 1986 – 1 ABR 8/84 – a. a. O.; *D/R* § 99 Rz. 46, 48; GK-*Kraft* § 99 Rz. 33; *F/A/K/H* § 99 Rz. 14a). Ein allgemeines, betriebsübliches, aber nicht konkretisiertes Schema eignet sich nicht. Auch das *Bundesarbeitsgericht* (*BAG* vom 31. 5. 1983 – 1 ABR 57/80 – EzA § 118 BetrVG 72 Nr. 36 = DB 1984, 995) geht davon aus, daß die Eingruppierung die Einstufung in eine Lohn- oder Gehaltsgruppe voraussetze, gebe es aber keine solche für AT-Angestellte, so sei auch kein Mitbestimmungsrecht des Betriebsrats gegeben.

Ein Mitbestimmungsrecht des Betriebsrats scheidet bei **individueller Verabre-** 30
dung der Lohn- und Arbeitsbedingungen aus – gleichgültig, ob für den Betrieb ein Tarifvertrag maßgebend ist oder nicht (*D/R* § 99 Rz. 47; *F/A/K/H* § 99 Rz. 14a, GK-*Kraft* § 99 Rz. 34; *Hueck/Nipperdey* II/2, 1417 Fn. 18). Eine mitbestimmungsfreie Vereinbarung liegt auch dann vor, wenn durch den Arbeitsvertrag eine höhere als die tarifvertragliche Eingruppierung vereinbart wurde (*D/R* § 99 Rz. 47; GK-*Kraft* § 99 Rz. 34). In diesem Fall ist die entsprechende Eingruppierung nicht »falsch«, da sie durch die individuelle Vereinbarung bedingt ist (*BAG* vom 15. 4. 1986 – 1 ABR 55/84 – EzA § 99 BetrVG 1972 Nr. 49 = DB 1986, 1783). Die Eingruppierung kann sich auch danach unterscheiden, ob ein Arbeitnehmer tarifgebunden ist oder nicht. Da mit nicht tarifgebundenen Arbeitnehmern individuelle Vereinbarungen zulässig sind, kann z. B. eine vom Tarifvertrag abweichende – auch ungünstigere – Eingruppierung richtig sein (*BAG* vom 30. 1. 1990 – 1 ABR 98/88 – EzA § 99 BetrVG 1972 Nr. 86 = DB 1990, 2023).

Die **Zuweisung des ersten Arbeitsplatzes**, die mit der Eingruppierung zusam- 31
menhängt, unterliegt dem Direktionsrecht des Arbeitgebers und ist mitbestimmungsfrei (*F/A/K/H* § 99 Rz. 15; GK-*Kraft* § 99 Rz. 35).

Die Zuordnung der Entgeltgruppen gemäß bindender Festsetzungen für **Heim-** 32
arbeiter (§ 19 HAG) soll in Verbindung mit der Tätigkeitszuweisung eine Eingruppierung sein, von der der erste Schritt (Zuordnung der Entgeltgruppen) der Mitbestimmung des Betriebsrat unterliegen soll (*BAG* vom 20. 9. 1990 – 1 ABR 17/90 – EzA § 99 BetrVG 1972 Nr. 96). Dem kann nicht gefolgt werden,

§ 99   *4. Teil 5. Abschn. Personelle Angelegenheiten*

da hier lediglich Arbeitsgänge unabhängig von der Person des Heimarbeiters klassifiziert werden und nicht die Tätigkeit einer Person beurteilt wird.

3. Umgruppierung

33 Unter **Umgruppierung** ist jede Änderung in der Stellung des Arbeitnehmers innerhalb eines Lohngruppen- und Gehaltssystems zu verstehen (*BAG* vom 6. 7. 1962 – 1 ABR 16/60 – EzA § 63 BetrVG 1952 Nr. 1 = DB 1962, 1115), also sowohl die Höher- als auch die Herabstufung. Eine Umgruppierung liegt also immer dann vor, wenn ein Arbeitnehmer aus seiner bisherigen tariflichen oder betrieblichen Lohngruppe oder Gehaltsgruppe herausgenommen wird und in eine andere eingruppiert wird. Zur Gewährung von **Zulagen** vgl. Rz. 27. Die Anwendung eines tariflichen Lohn- oder Gehaltsgruppensystems kann auch einzelvertraglich vereinbart sein oder aufgrund Betriebsvereinbarung oder Betriebsübung erfolgen (*BAG* vom 5. 2. 1971 – 1 ABR 24/70 – EzA § 63 BetrVG 1952 Nr. 4 = DB 1971, 1528; *D/R* § 99 Rz. 65; GK-*Kraft* § 99 Rz. 40). Auch eine einseitig vom Arbeitgeber erlassene Vergütungsordnung ist ausreichend (*BAG* vom 28. 1. 1986 – 1 ABR 8/84 – EzA § 99 BetrVG 1972 Nr. 47 = DB 1986, 1398). Gleichgültig ist, ob die Umgruppierung kraft Direktionsrecht des Arbeitgebers, einer übereinstimmenden Vertragsänderung oder einer Änderungskündigung erfolgt; es ist ferner gleichgültig, ob die Umgruppierung vorgenommen wird, weil dem Arbeitnehmer eine andere Arbeit zugewiesen wird oder ob sie erfolgt, ohne daß sich die bisherige Tätigkeit des Arbeitnehmers ändert, z. B. bei Inkrafttreten eines Tarifvertrages mit anderen Lohn- oder Gehaltsgruppen oder bei einer Berichtigung einer falschen Eingruppierung (**h. M.**, *Brecht* § 99 Rz. 5; *D/K/K/S* § 99 Rz. 75; *D/R* § 99 Rz. 54; *F/A/K/H* § 99 Rz. 16; *G/L* § 99 Rz. 33; GK-*Kraft* § 99 Rz. 40 ff.; *Hueck/Nipperdey* II/2, 1418; *S/W* §§ 99–101 Rz. 126 f.; *BAG* vom 12. 10. 1955 – 1 ABR 1/54 – AP Nr. 1 zu § 63 BetrVG 1952 = DB 1955, 1143; *BAG* vom 6. 7. 1962 a. a. O.; **a. A.** *Nikisch* III, 451 f., der eine Umgruppierung nur annimmt bei einer Änderung der betrieblichen Stellung des Arbeitnehmers »nach oben oder unten«, also in der Betriebshierarchie; vgl. hierzu *Kraft/Kreutz* ZfA 1971, 55 f. m. w. Nachw.). Voraussetzung ist aber immer, daß der Arbeitgeber eine Umgruppierung vornimmt. Hält der Betriebsrat eine ursprünglich richtige Eingruppierung auf Grund geänderter Umstände nicht mehr für richtig, so hat er keinen Anspruch auf eine neue Eingruppierungsentscheidung (*BAG* vom 18. 6. 1991 – 1 ABR 53/90 – NZA 1991, 852). Die Umgruppierung ist häufig mit einer Versetzung verbunden; dies muß aber nicht der Fall sein; es gibt vielmehr auch eine Umgruppierung ohne **Versetzung**; genausowenig braucht sich die Stellung des Arbeitnehmers in der Betriebshierarchie ändern. Genauso wie bei der Eingruppierung besteht das Mitbestimmungsrecht des Betriebsrats bei der Umgruppierung in einer **Richtigkeitskontrolle**, da es sich um Normenvollzug handelt (vgl. Rz. 27; *LAG Hamm* vom 1. 8. 1979 – 12 Ta BV 39/79 – DB 1979, 2499; *BAG* vom 28. 1. 1986 a. a. O.; *BAG* vom 15. 4. 1986 – 1 ABR 55/84 – EzA § 99 BetrVG 1972 Nr. 49 = DB 1986, 1783).

34 Werden z. B. aufgrund eines **neuen Tarifvertrages** die bisherigen Lohngruppen ganz oder teilweise geändert, so ist auch die sich daraus ergebende **Neueingruppierung** des betreffenden Arbeitnehmers eine mitbestimmungspflichtige Umgruppierung (*BAG* vom 3. 10. 1989 – 1 ABR 66/88 – DB 1990, 1092), auch dann, wenn es sich um **Massenneueinstufungen** handelt. Das Gesetz spricht zwar nur von einer Mitbestimmung bei personellen Einzelmaßnahmen, besser solchen Maßnahmen, die einen individuellen Sachverhalt betreffen. Bei Masseneinstufungen handelt es sich jedoch um einen gruppenmäßig bestimmten Sachverhalt. Dennoch bestehen auch die Masseneinstufungen aus einer Summe von Einzelmaßnahmen (*BAG* vom 6. 7. 1962 – 1 ABR 16/60 – AP Nr. 2 zu § 63 BetrVG 1952 = DB 1962, 1115; *BAG* vom 9. 10. 1970 – 1 ABR 18/69 – EzA § 63 BetrVG 1952 Nr. 3 = DB 1971, 53; *D/R* § 99 Rz. 59; *F/A/K/H* § 99 Rz. 17; *S/W* §§ 99–101 Rz. 128 b). Zweckmäßigerweise wird der Arbeitgeber dann dem Betriebsrat die neuen Lohnlisten mit der neuen Eingruppierung vorlegen (*BAG* vom 5. 2. 1971 – 1 ABR 24/70 – EzA § 63 BetrVG 1952 Nr. 4 = DB 1971, 1528). Ein Mitbestimmungsrecht wegen Eingruppierung besteht dagegen nicht, wenn lediglich ein neuer, aber inhaltlich im wesentlichen unveränderter Tarifvertrag angewandt wird (*LAG Frankfurt/M.* vom 3. 5. 1988 – 4 Ta BV 47/87 = DB 1989, 983).

Eine Umgruppierung liegt auch dann vor, wenn es sich um die **Korrektur einer** 35 **irrtümlichen Eingruppierung** handelt, der Arbeitnehmer also bisher nicht nach der seiner Tätigkeit entsprechenden Tarifgruppe bezahlt worden ist (*BAG* vom 20. 3. 1990 – 1 ABR 20/89 – EzA § 99 BetrVG 1972 Nr. 87 = DB 1990, 1671; *D/R* § 99 Rz. 58; *F/A/K/H* § 99 Rz. 17; *G/L* § 99 Rz. 33; a. A. *BAG* vom 21. 4. 1982 – 4 AZR 671/79 – EzA § 4 TVG Eingruppierung Nr. 1 = DB 1982, 2521; *S/W* § 99–101 Rz. 129 b).

Auch die Überführung eines **Ausbildungsverhältnisses** in ein Arbeitsverhältnis auf 36 unbestimmte Zeit nach § 78 a Abs. 2 bzw. § 17 BBiG ist eine mitbestimmungspflichtige Umgruppierung (*S/W* §§ 99–101 Rz. 128 d; vgl. Rz. 23).

Eine Umgruppierung liegt, wenn dem Arbeitnehmer eine **andere Tätigkeit** zuge- 37 wiesen wird, nur vor, wenn damit auch die Tätigkeitsmerkmale einer **anderen** Lohn- bzw. **Gehaltsgruppe** verbunden sind (*D/R* § 99 Rz. 56; *S/W* §§ 99–101 Rz. 128 a; *Meisel* 301).

Wird ein **Arbeitnehmer befördert**, ohne daß sich die tarifliche Gruppe ändert, so 38 liegt **keine Umgruppierung** vor. Wird ein Arbeiter zum Angestellten »befördert«, so ist entscheidend, ob er tatsächlich Angestelltentätigkeit ausführt. Es liegt dann eine Umgruppierung vor, auch wenn sein Arbeitsentgelt gleichbleibt. Ändert sich jedoch an der Tätigkeit des Arbeitnehmers nichts, wird er arbeitsvertraglich nur wie ein Angestellter behandelt, so ist diese Änderung tarifrechtlich ohne Bedeutung. Eine Mitbestimmung scheidet aus (*D/R* § 99 Rz. 57; *Hueck/Nipperdey* II/2, 1419 und Fn. 24).

Keine Umgruppierung liegt vor, wenn sich der Höher- oder Herabstufung des Arbeitnehmers zwingend aus der kollektivrechtlichen Regelung, insbesondere dem Tarifvertrag, ergibt, d. h. sie nicht auf einer Maßnahme des Arbeitgebers beruht. Dies gilt z. B. für den Fall, daß sich lediglich die Tarifgruppe aufgrund des Eintretens gewisser Voraussetzungen, aber nicht die Tätigkeit des Arbeitnehmers ändert. Folgt die **Höhergruppierung** unmittelbar und zwingend bei Vorliegen bestimmter Voraussetzungen, z. B. Alter, Betriebszugehörigkeit, aus der Tarifnorm, so liegt keine mitbestimmungspflichtige Umgruppierung vor, auch dann nicht, wenn eine Tätigkeit im Laufe der Zeit durch Anwachsen weiterer Aufgaben zu einer höherwertigen Tätigkeit wird und damit einer höheren Vergütungsgruppe unterfällt (ständige Rechtsprechung des *BAG* u. a. vom 5. 7. 1967 – 4 AZR 162/66 – AP Nr. 10 zu § 1 TVG Tarifverträge BAVAV = DB 1967, 1772; *BAG* vom 23. 2. 1966 – 4 AZR 447/64 – AP Nr. 8 zu § 1 TVG Tarifverträge BAVAV m. Anm.

§ 99   4. Teil 5. Abschn. *Personelle Angelegenheiten*

Crisolli; *BAG* vom 28. 8. 1974 – 4 AZR 496/73 – AP Nr. 3 zu § 9 MTB II; *G/L* § 99 Rz. 35; *S/W* §§ 99–101 Rz. 129e; *Meisel* 300; **a. A.** *D/R* § 99 Rz. 60; GK-*Kraft* § 99 Rz. 42; vgl. aber auch *D/R* § 99 Rz. 63).

39 Eine Änderung lediglich **arbeitsvertraglicher Bedingungen**, ohne daß sich an der Lohneingruppierung etwas ändert, ist **keine Umgruppierung**. Dies gilt auch dann, wenn der Lohn geändert wird, z. B. eine übertarifliche Zulage gewährt oder er auf die tarifliche Lohnhöhe herabgesetzt wird. Wird ein Arbeitnehmer, dem arbeitsvertraglich bewußt eine höhere Lohneingruppierung zugesagt worden ist, nunmehr echt seiner Tätigkeit entsprechend eingestuft, so liegt keine Umgruppierung vor. Auch in diesem Falle handelt es sich um eine einzelvertraglich vereinbarte Entlohnung, die nur in ihrer äußeren Form auf den Tarifvertrag Bezug nimmt (*D/R* § 99 Rz. 68; *G/L* § 99 Rz. 36; GK-*Kraft* § 99 Rz. 44; *Hueck/Nipperdey* II/2, 1420 Fn. 28).

40 Keine Umgruppierung i. S. d. § 99 liegt vor bei einem **Aufstieg** zum **AT-Angestellten**, denn der Angestellte wird hiermit aus dem kollektiven Eingruppierungssystem herausgenommen (*G/L* § 99 Rz. 37; *BAG* vom 31. 5. 1983 – ABR 57/80 – DB 1984, 995). Dies ist allerdings dann anders, wenn es auch für AT-Angestellte ein betriebliches Gehaltsgruppen-System gibt (*S/W* §§ 99–101 Rz. 129c). Die Rückgruppierung in den Tarifvertrag ist dagegen eine Umgruppierung (*BAG* vom 28. 1. 1986 – 1 ABR 8/84 – EzA § 99 BetrVG 1972 Nr. 47 = DB 1986, 1398; *S/W* §§ 99–101 Rz. 128c).

41 Wird ein Arbeitnehmer **leitender Angestellte**, so liegt keine mitbestimmungspflichtige Umgruppierung vor; es besteht lediglich eine Mitteilungspflicht nach § 105 (*D/R* § 105 Rz. 3; *F/A/K/H* § 99 Rz. 20; *G/L* § 99 Rz. 37; *BAG* vom 8. 2. 1977 – 1 ABR 22/76 – EzA § 5 BetrVG 1972 Nr. 27 = DB 1977, 1146; *BAG* vom 29. 1. 1980 – 1 ABR 49/78 – AP Nr. 24 zu § 5 BetrVG 1972 m. Anm. *Martens* = DB 1980, 1946). Zur Mitteilungspflicht gegenüber dem **Sprecherausschuß der leitenden Angestellten** vgl. § 31 Abs. 1 SprAuG.

42 Der **betriebsverfassungsrechtliche Vorgang** der Umgruppierung ist von dem **arbeitsvertraglichen zu trennen**, d. h. auch wenn der Arbeitnehmer z. B. mit einer Umgruppierung einverstanden ist, muß dennoch unabhängig davon das betriebsverfassungsrechtliche Zustimmungsverfahren eingeleitet werden (*D/R* § 99 Rz. 64; *F/A/K/H* § 99 Rz. 18; *G/L* § 99 Rz. 39). Hat der Arbeitnehmer aufgrund des Lohn- oder Gehaltsgruppensystems einen arbeitsvertraglichen Anspruch auf Umgruppierung, so kann er diesen einklagen, auch wenn der Betriebsrat die Zustimmung zur Umgruppierung verweigert hat (*G/L* § 99 Rz. 32; vgl. Rz. 27); in diesem Fall besteht das Mitbestimmungsrecht des Betriebsrats nach § 99 nur in einer »**Richtigkeitskontrolle**«. Ist, arbeitsvertraglich gesehen, für die Umgruppierung eine **Änderungskündigung** erforderlich, so besteht neben dem Mitbestimmungsrecht nach § 99 dasjenige nach § 102. Beide Verfahren müssen nebeneinander durchgeführt werden (vgl. hierzu § 102 Rz. 17f.; *D/R* § 102 Rz. 279; *G/L* § 99 Rz. 40; *S/W* §§ 99–101 Rz. 130ff.; *BAG* [zum BPersVG] vom 3. 11. 1977 – 2 AZR 277/76 – AP Nr. 1 zu § 75 BPersVG m. Anm. *Richardi* = DB 1978, 1135). *F/A/K/H* (§ 99 Rz. 18) halten in einem solchen Fall eine **zusätzliche** Anhörung nicht für erforderlich; dem ist zu folgen, falls damit gemeint ist, daß die Unterrichtung des Betriebsrats über die beabsichtigte Umgruppierung gleichzeitig die Einleitung des Anhörungsverfahrens nach § 102 enthält, falls die Unterrichtung in der dort vorgesehenen Form erfolgt (vgl. § 102 Rz. 17f.; *S/W* §§ 99–101 Rz. 131; zum Verhältnis der personellen Maßnahme nach § 99 zur Änderungskündigung vgl.

Meisel BB 1973, 944; *Schlochauer* RdA 1973, 157, 161; *Stege* DB 1975, 1510ff.). Der Betriebsrat kann bei einer Umgruppierung, für die eine Änderungskündigung erforderlich ist, nicht etwa die **Zustimmung zur Umgruppierung** mit der Begründung **verweigern**, die **Änderungskündigung** sei wegen des besonderen Kündigungsschutzes für Organmitglieder nach § 15 KSchG **nicht möglich** (*LAG Hamm* vom 16. 6. 1978 – 3 Ta BV 49/78 – EzA § 99 BetrVG 1972 Nr. 17; vgl. auch § 103 Rz. 19), da die Umgruppierung einen gesonderten Mitbestimmungstatbestand gegenüber der Kündigung darstellt (vgl. Rz. 27).

4. Versetzung

Es ist zwischen dem **betriebsverfassungsrechtlichen und dem arbeitsvertraglichen** 43
Versetzungsbegriff zu unterscheiden. Die für den Bereich des Betriebsverfassungsgesetzes gültige **Legaldefinition** des Begriffes »**Versetzung**« ist in § 95 Abs. 3 enthalten. Als Versetzung gilt danach entweder
- die Zuweisung eines anderen Arbeitsbereiches, die voraussichtlich die Dauer von einem Monat überschreitet oder
- die – auch kurzfristige – Zuweisung eines anderen Arbeitsbereichs, die mit einer erheblichen Änderung der Umstände verbunden ist, unter denen die Arbeit zu leisten ist.

Diese Definition ist wesentlich weiter als die des Betriebsverfassungsgesetzes 1952. Eine Versetzung im Sinne des Betriebsverfassungsgesetzes kann also nicht nur dann vorliegen, wenn ein neuer Arbeitsplatz, von den Anforderungen her gesehen, höher oder niedriger ist, sondern auch, wenn er gleichwertig ist. Die Zuweisung muß nur voraussichtlich die Dauer von einem Monat überschreiten; damit werden die allein vom Direktionsrecht abhängigen sogenannten Umsetzungen stark eingeschränkt (*D/R* § 99 Rz. 71; *F/A/K/H* § 99 Rz. 26; GK-*Kraft* § 99 Rz. 45). Kraft Gesetzes stellt die Bestimmung des jeweiligen Arbeitsplatzes keine Versetzung dar bei Arbeitnehmern, die nach der Eigenart ihres Arbeitsverhältnisses üblicherweise nicht ständig an einem bestimmten Arbeitsplatz beschäftigt werden.

Der **arbeitsvertragliche Begriff der Versetzung** wird definiert als jede nicht nur 44
vorübergehende Zuweisung eines anderen Arbeitsplatzes oder Aufgabenbereichs, d. h. eines anderen als des vertraglich vereinbarten Tätigkeitsbereichs im Betrieb (**h. M.**; *F/A/K/H* § 99 Rz. 21; *Hueck/Nipperdey* I, 201 ff., II/1, 1420/21 mit Literaturangaben in Fn. 30; *Hromadka* DB 1972, 1532; *Nikisch* I, 258; *Stege* DB 1975, 1506; GK-*Kraft* § 99 Rz. 46).

Die **Versetzung** im **arbeitsrechtlichen, individualrechtlichen Sinn** ist eine einsei- 45
tige, rechtsgeschäftliche Handlung durch die der Arbeitgeber die Arbeitsbedingungen und den Arbeitsbereich des Arbeitnehmers ändern kann. Die Reichweite der Versetzungsbefugnis des Arbeitgebers richtet sich somit nach den vertraglich vereinbarten Aufgaben oder dem Einsatzbereich des Arbeitnehmers. Es hängt von dem Inhalt des Arbeitsvertrages ab, ob der Arbeitgeber die Versetzung einseitig kraft Direktionsrecht anordnen kann, oder ob der Tätigkeitsbereich des Arbeitnehmers vertraglich so genau abgegrenzt ist, daß die Versetzung nur mit Zustimmung des Arbeitnehmers – also durch einverständliche Vertragsänderung – oder durch eine Änderungskündigung erfolgen kann (*BAG* vom 10. 11. 1955 – 2 AZR 591/54 – EzA § 611 BGB Nr. 1 = DB 1955, 1091; 1956, 114; 1958, 1462

§ 99   4. Teil 5. Abschn. *Personelle Angelegenheiten*

m. Anm. *Röhsler*; *BAG* vom 12. 7. 1957 – 1 AZR 129/56 – AP Nr. 5 zu § 242 BGB Gleichbehandlung = DB 1957, 947; *BAG* vom 27. 3. 1980 – 2 AZR 506/78 – EzA § 611 BGB Direktionsrecht Nr. 2 = DB 1980, 1603; *LAG Frankfurt/M.* vom 22. 2. 1983 – 5 Ta BV 88/82 – DB 1983, 2143). Bei einer Versetzung kraft Direktionsrechts muß die im neuen Arbeitsbereich zu leistende Arbeit nach ihrer Art in den Rahmen derjenigen Arbeiten fallen, die der Arbeitnehmer überhaupt zu übernehmen verpflichtet ist. In der Regel kann der Arbeitgeber den Arbeitnehmer nicht in einen Arbeitsbereich mit geringerer Entlohnung versetzen (*BAG* vom 11. 6. 1958 – 4 AZR 514/55 – AP Nr. 2 zu § 611 BGB Direktionsrecht m. Anm. *Hueck* = DB 1958, 1186). Das gilt sogar dann, wenn er die bisherige Vergütung fortzahlt (*BAG* vom 14. 7. 1965 – 4 AZR 347/63 – AP Nr. 19 zu § 611 BGB Direktionsrecht m. Anm. *Criselli* = DB 1965, 1446). Etwas anderes gilt allerdings dann, wenn dem Arbeitgeber eine derartige Versetzungsbefugnis tarifvertraglich durch Betriebsvereinbarung oder auch einzelvertraglich ausdrücklich eingeräumt ist. Hier ist an die typischen Umsetzklauseln zu denken (*BAG* vom 18. 8. 1961 – 4 AZR 132/60 – AP Nr. 20 zu § 615 BGB Direktionsrecht m. Anm. *Zöllner* = DB 1961, 1360).

46 Eine **Versetzung** im **betriebsverfassungsrechtlichen Sinn** liegt vor, wenn der Arbeitnehmer aus seinem bisherigen Arbeitsbereich herausgelöst und einem **anderen Arbeitsbereich innerhalb desselben Betriebes** zugeteilt wird. Es muß sich um einen anderen Arbeitsbereich innerhalb desselben Betriebes handeln; bei einem Wechsel zu einem anderen Betrieb desselben Unternehmens liegt keine Versetzung vor (*BAG* vom 30. 4. 1981 – 6 ABR 59/78 – EzA § 95 BetrVG 1972 Nr. 4 = DB 1981, 1833; **a. A.** *BAG* vom 29. 9. 1990 – 1 ABR 37/90 – EzA § 99 BetrVG 1972 Nr. 95; vgl. Rz. 57). Die Änderung kann funktional und/oder räumlich sein; hierbei spielen folgende Kriterien eine Rolle:
– Art und Umfang der Tätigkeit (vgl. Rz. 49),
– Eingliederung in die betriebliche Organisation (Rz. 50),
– Ort der Tätigkeit (Rz. 51).
Meist werden die Änderungen sowohl den räumlichen als auch funktionalen Bereich betreffen – also sowohl den Arbeitsplatz (Ort der Tätigkeit), als auch den Aufgabenbereich innerhalb der betrieblichen Organisation. Denkbar ist aber auch, daß die Änderung nur in einem Bereich erfolgt, was z. B. hinsichtlich des Ortes der Tätigkeit allein äußerst selten auftreten wird, weil der Versetzungsbegriff auf den Betrieb bezogen ist (vgl. aber Rz. 51).
Änderungen in einem oder mehreren der drei genannten Bereiche stellen aber nur dann eine Versetzung dar, wenn schutzwürdige Interessen des zu versetzenden Arbeitnehmers berührt werden. **Bagatellfälle** müssen daher außer Betracht bleiben. Dafür sprechen sowohl die Definition der Versetzung in § 95 Abs. 3 Satz 1, als auch die Ausnahme nach § 95 Abs. 3 Satz 2 (*Hromadka* DB 1972, 1533; **a. A.** und ausdrücklich ablehnend *D/R* § 99 Rz. 75; GK-*Kraft* § 99 Rz. 51 f.). Auch das *Bundesarbeitsgericht* sieht solche Bagatellfälle nicht als »Versetzung« an; eine solche liegt nach dem *Bundesarbeitsgericht* (vom 10. 4. 1984 – 1 ABR 67/82 – EzA § 95 BetrVG 1972 Nr. 8 = DB 1984, 2198) jedenfalls dann vor, wenn dem Arbeitnehmer auf Dauer ein neuer Tätigkeitsbereich zugewiesen wird, so daß der Gegenstand der geschuldeten Arbeitsleistung ein anderer wird, wenn also der Inhalt der Arbeitsaufgabe ein anderer wird und sich deshalb das Gesamtbild der Tätigkeit des Arbeitnehmers ändert (so auch *BAG* vom 25. 10. 1983 – 1 AZR 47/82 – unveröff.). Soweit *Kraft* (a. a. O.) und *D/R* (a. a. O.) ausführen, daß die hier vertretene korrigierende Auslegung bzw. teleologische Reduktion dogmatisch nicht

haltbar sei, ist dem entgegenzuhalten, daß sie offensichtlich die Einschränkung, wenn schutzwürdige Interessen des zu versetzenden Arbeitnehmers berührt werden, nicht richtig gewertet haben. Die schutzwürdigen Interessen des zu versetzenden Arbeitnehmers liegen darin, daß sich der Gegenstand der geschuldeten Arbeitsleistung nicht ohne weiteres ändert (vgl. hierzu *BAG* vom 10.4. 1984 a.a.O.); dieser Gegenstand kann sich in allen Kriterien, mehreren oder einem ändern. Es muß aber stets eine grundlegende Abweichung sein (*BAG* vom 27.3. 1980 – 2 AZR 506/78 – EzA § 611 BGB Direktionsrecht Nr. 2 = DB 1980, 1603; *BAG* vom 10.4. 1984 a.a.O. unter B 1. der Gründe). Im einzelnen ist hierzu in den folgenden Ziffern Stellung genommen. Der von *D/R* vorgeschlagene Begriff »Stellung des Arbeitnehmers innerhalb der betrieblichen Organisation« zur Verdeutlichung des Begriffes »Versetzung« bedarf genauso der Auslegung wie letzterer. Die hier vertretene Auffassung verkennt auch keineswegs das Mitbestimmungsrecht des Betriebsrats, wie *Kraft* (§ 99 Rz. 52) meint. Aus den Widerspruchsgründen des Abs. 2 ergibt sich vielmehr, so insbes. Ziff. 3 und 4, daß der Betriebsrat bei § 99 durchaus die individuellen Belange des Arbeitnehmers als Teil des Kollektivs zu wahren hat.

Treten Änderungen ein, ohne daß es sich um **eine Änderung des Arbeitsbereiches** 47 handelt, so liegt **keine Versetzung** vor. Dies gilt z. B. bei Austausch der bisherigen Maschine durch eine andere, auch wenn dadurch andere Handgriffe notwendig werden, beim Wechsel von Kugelschreibmaschine auf Datensichtgeräte im Fließsatz (*BAG* vom 10.4. 1984 – 1 ABR 67/82 – EzA § 95 BetrVG 1972 Nr. 8 = DB 1984, 2198), Zuweisung neuer Arbeitsmittel, Zuteilung einer Stenotypistin an einen anderen Sachbearbeiter mit derselben Materie und in derselben Abteilung (*Brecht* § 95 Rz. 7; *D/R* § 99 Rz. 78; *F/A/K/L* § 99 Rz. 26; *G/L* § 99 Rz. 17; GK-*Kraft* § 99 Rz. 58; *S/W* §§ 99–101 Rz. 155 ff.).

Ändern sich – wie in den obigen Beispielen – nur die **Umstände der Arbeit**, so soll darin jedoch eine Änderung des Arbeitsbereichs und damit eine Versetzung liegen können, wenn sich das Gesamtbild der Tätigkeit gemessen an den Verhältnissen des Betriebes entscheidend ändert (*BAG* vom 26.5. 1988 – 1 ABR 18/87 – EzA § 95 BetrVG 1972 Nr. 13 = DB 1988, 2158; *D/R* § 99 Rz. 78; *F/A/K/L* § 99 Rz. 22; **a.A.** GK-*Kraft* § 99 Rz. 52). Dem ist nur in extremen Fällen zuzustimmen (vgl. Rz. 49). Das *BAG* hat mit diesem Beschluß seine bisherige Rechtsprechung, nach der eine bloße Änderung der Umstände nur im Rahmen einer Zuweisung eines anderen Arbeitsbereichs für bis zu einem Monat relevant sei (*BAG* vom 10.4. 1984 a.a.O.), ausdrücklich aufgegeben. Maßgebend soll nunmehr sein, ob die Tätigkeit in den Augen eines mit den betrieblichen Verhältnissen vertrauten Beobachters eine andere ist. Damit werden in der Praxis kaum nachvollziehbare subjektive Kriterien eingeführt (vgl. *S/W* §§ 99–101 Rz. 155). In der betrieblichen Praxis können nunmehr auch Fälle erfaßt werden, in denen Arbeitsbedingungen ohne Änderung des Arbeitsbereichs verändert werden. Dies widerspricht dem Gesetzeswortlaut des § 95 Abs. 3 Satz 1, der immer eine Änderung des Arbeitsbereichs voraussetzt und bei Maßnahmen unter einem Monat für die Annahme einer Versetzung gleichzeitig eine erhebliche Änderung der Umstände der Arbeit verlangt.

Der **Wechsel des Vorgesetzten** ist keine Versetzung (*BAG* vom 10.4. 1984 a.a.O.; *LAG Frankfurt/M.* vom 24.8. 1979 – 6/7 Sa 700/79 – rkr.). Auch eine Änderung der **Lage und Dauer der Arbeitszeit** stellt für sich allein keine Versetzung dar, da Beginn, Ende und Verteilung der Arbeitszeit keine Elemente des

§ 99   4. Teil 5. Abschn. Personelle Angelegenheiten

Arbeitsbereichs sind; es besteht aber ein Mitbestimmungsrecht nach § 87 Abs. 1 Nr. 2. Als Beispiele seien genannt der Wechsel in eine zeitlich anders gelegene Schicht oder Übernahme eines Arbeitnehmers von der Normalarbeitszeit in den Zwei-Schicht-Dienst, ohne daß damit ein Wechsel des Tätigkeitsbereichs verbunden ist (*D/R* § 99 Rz. 80; GK-*Kraft* § 99 Rz. 59; *Hromadka* DB 1972, 1534; *S/W* §§ 99–101 Rz. 158a; *BAG* vom 19. 2. 1991 – 1 ABR 21/90 – DB 91, 1469); Weiterbeschäftigung als Teilzeitkraft nach Inanspruchnahme des vorgezogenen Altersruhegeldes (*LAG Düsseldorf* vom 18. 3. 1983 – 3 Ta BV 132/82); Übergang von Voll- in Teilzeitarbeit (*LAG Frankfurt/M.* vom 14. 6. 1988 – 4 Ta BV 167/87 – DB 1989, 332, rkr.; Verlängerung oder Verkürzung der Mindestarbeitszeit bei Teilzeitbeschäftigten mit variabler Arbeitszeit (*BAG* vom 16. 7. 1991 – 1 ABR 71/90 – EzA § 95 BetrVG 1972 Nr. 25).

48 **Keine Versetzung** liegt vor bei einer Änderung der **materiellen Arbeitsbedingungen** ohne Änderung des Arbeitsbereichs. So bedeutet eine Beförderung oder Degradierung, die Umstellung von Akkord- auf Zeitlohn für sich allein noch keine Versetzung. In diesen Fällen kann vor allem eine Umgruppierung oder/und eine Änderungskündigung in Frage kommen (*D/R* § 99 Rz. 80; *F/A/K/H* § 99 Rz. 23; GK-*Kraft* § 99 Rz. 58; *Hromadka* DB 1972, 1534 r. Sp.; *S/W* §§ 99–101 Rz. 158d; *LAG Düsseldorf* vom 1. 7. 1981 – 5 Sa 1605/80 – DB 1981, 1938).

49 Als Kriterium dafür, ob es sich um einen anderen Arbeitsbereich handelt, ist zunächst auf **Art und Umfang der Tätigkeit** abzustellen. Nicht jede **Zuweisung von zusätzlichen** oder **Wegnahme von Aufgaben** stellt eine Änderung des Arbeitsbereichs dar, sondern nur eine solche, die zu einem von dem bisherigen grundlegend abweichenden Arbeitsbereich führt (*BAG* vom 27. 3. 1980 – 2 AZR 506/78 – EzA § 611 BGB Direktionsrecht Nr. 2 = DB 1980, 1603); dies ist z. B. nicht der Fall, wenn einem Kreditsachbearbeiter die Kundenberatung oder einem Vertriebsrepräsentanten die Betreuung der Altkunden entzogen wird (*LAG Frankfurt/M.* vom 22. 2. 1983 – 5 Ta BV 88/82 – DB 1983, 2143; das gleiche gilt für eine Anhebung der Sachbearbeiteraufgaben von 40 % auf 70 %; in allen Fällen handelt es sich lediglich um eine quantitative Änderung der Tätigkeit. Eine relevante Änderung hinsichtlich Art und Umfang der Tätigkeit liegt nicht vor, wenn sich die Maßnahme in einem Schwankungsbereich hält, dem eine Tätigkeit normalerweise unterworfen ist (*BAG* vom 10. 4. 1984 – 1 ABR 67/82 – EzA § 95 BetrVG 1972 Nr. 8 = DB 1984, 2198; *LAG Hamm* vom 1. 8. 1979 – 12 Ta BV 39/79 – DB 1979, 2499; *LAG München* vom 16. 11. 1978 – 8 Ta BV 6/78 – EzA § 95 BetrVG 1972 Nr. 2 = DB 1979, 1561). Jede einem Arbeitnehmer zugewiesene Tätigkeit ist laufend Änderungen unterworfen, die in der technischen Gestaltung des Arbeitsablaufes, in einer Änderung der Hilfsmittel oder Maschinen oder auch in einer anderen Organisation des Arbeitsablaufs ihre Ursache haben können. Zu denken ist hier z. B. daran, daß infolge bestimmter vom Markt her vorgegebener Verhältnisse der Arbeitgeber in relativ raschem Wechsel Produktionsumstellungen vornehmen muß. Die sich hieraus zwangsläufig ergebenden Anpassungsmaßnahmen sind keine Änderungen des Arbeitsbereiches. Das gilt um so mehr, als heute dem einzelnen Arbeitnehmer im eigenen Interesse möglichst vielgestaltige Aufgaben übertragen werden. Daher liegt auch keine Änderung des Arbeitsbereiches vor, wenn der Arbeitgeber die bisherige Maschine durch eine andere Maschine ersetzt, auch wenn damit andere Handgriffe notwendig werden (vgl. Rz. 47). Das gleiche gilt bei einer Umsetzung eines Kraftfahrzeugmechanikers von einem Produktionstyp auf einen anderen, bei der Umsetzung eines Drehers von einem Drehautomaten auf eine Spitzendrehbank (*G/L* § 99 Rz. 18 a; *Meisel* BB 1974, 562), der Verkleinerung oder Vergrößerung des Verkaufsgebiets bei einem angestellten Reisenden, der Abgabe oder des Zuwachsens bestimmter Aufgaben; wird z. B. einem Meister, der bisher nur eine Gruppe von Arbeitnehmern beaufsichtigt hat, die Verantwortung für die ordnungsmäßige Produktion einer ganzen Abteilung übertragen, so ist dies nicht die Zuweisung eines anderen Arbeitsbereichs (*Hromadka* DB 1972, 1534; *Meisel* BB 1974, 563; *S/W* §§ 99–101 Rz. 155). Falls bei einer Wegnahme von Aufgaben oder der zusätzlichen Zuweisung von Aufgaben der Arbeitsbereich derart verändert wird, daß es sich um einen anderen Arbeitsbereich handelt, liegt eine Versetzung vor; letzteres beurteilt sich nach der Art der anderen Aufgabe – also dem Grad der Abweichung vom bisherigen Aufgabenbereich (*BAG* vom 27. 3. 1980 – a. a. O.; *BAG* vom 26. 5. 1988 – 1 ABR 18/87 – EzA § 95 BetrVG 1972 Nr. 13 = DB 1988, 2158; vgl. aber Rz. 46). Eine Änderung des Arbeitsbereiches liegt jedoch vor, wenn ein bisher mit Reinigungsarbeiten betrauter Hilfsarbeiter nunmehr eine Maschine bedienen soll, wenn eine Schreibkraft nunmehr zur Sachbearbeiterin aufrückt oder wenn eine Spülfrau zur Materialverwalterin ernannt wird (*D/R* § 99 Rz. 77; *G/L* § 99 Rz. 18; GK-*Kraft* § 99 Rz. 58; *Hromadka* a. a. O.). Ob die **Bestellung zum Datenschutzbeauftragten** eine Versetzung ist, hängt ebenfalls davon ab, ob hiermit eine Änderung der Art und des Umfangs der Tätigkeit und/oder der Eingliederung in die betriebliche Organisation verbunden ist (*G/L* § 99 Rz. 9b; GK-*Kraft* § 99 Rz. 57; *Grossmann* DB 1978, 985; **a. A.** wohl *F/A/K/H* § 99 Rz. 24, die stets eine Versetzung annehmen; *LAG München* vom 16. 11. 1978 – 8 Ta BV 6/78 – DB 1979, 1561 nimmt eine Versetzung an, wenn 20 % der Gesamttätigkeit geändert wurde, und wegen der Bedeutung der Stellung in der betrieblichen Hierarchie).

Insbesondere dürfte in größeren Betrieben und Unternehmen die **Eingliederung** 50 **in die betriebliche Organisation** von erheblicher Bedeutung sein. In kleineren Betrieben wird im Regelfall eine einheitliche Organisation bestehen, allenfalls dürften zwei Arbeitsbereiche, nämlich Produktion und Verwaltung gegeben sein; in größeren Betrieben dagegen umfassen Produktion und Verwaltung mehrere Unterbereiche. Änderungen des Arbeitsbereiches durch eine andere Eingliederung in die Organisation können z. B. beim Wechsel von der Forschung in die Produktion oder auch von einer Hauptabteilung in die andere vorliegen. Grundsätzlich wird man aber eine Zuweisung eines anderen Arbeitsbereiches und damit eine Versetzung nur dann annehmen können, wenn jemand aus einer Einheit, die bis zu einem gewissen Grade eine in sich geschlossene Gemeinschaft mit einem gewissen Zusammengehörigkeitsgefühl bildet, in eine andere Einheit wechselt. Eine Versetzung liegt vor, wenn die Verkäuferin eines Warenhauses aus einer fachspezifischen Abteilungsgruppe in eine andere wechselt (*LAG Düsssseldorf* vom 28. 1. 1987 – 6 Ta BV 116/86 – DB 1987, 1439 rkr.).

Keine Änderung des Arbeitsbereiches liegt vor, wenn lediglich die Kolonne oder der Meisterbereich gewechselt wird oder wenn eine Sekretärin von einem zum anderen Sachbearbeiter umgesetzt wird. Auch der Wechsel des dienstlichen Vorgesetzten ist unerheblich. Eine Beförderung ist nur dann eine Versetzung, wenn damit die Zuweisung eines anderen Arbeitsbereiches verbunden ist. Das Aufrücken eines Vorarbeiters zum Werkmeister ist nur dann eine Versetzung, wenn damit auch eine Änderung seiner Position im Betrieb verbunden ist, er nunmehr die Aufsicht über andere Arbeitsbereiche erhält. Erhält er dagegen nur ehrenhalber den Titel »Werkmeister«, so ist diese Maßnahme mitbestimmungsfrei. Auch die Beförderung zum leitenden Angestellten ist nicht mitbestimmungspflichtig (vgl. auch Rz. 48; G/L § 99 Rz. 17; GK-*Kraft* § 95 Rz. 58f.; *Hromadka* DB 1972, 1534; S/W §§ 99–101 Rz. 160f.).

51 Eine **Änderung des Ortes**, an dem die Tätigkeit geleistet wird, ist dann eine Versetzung i.S.v. § 95 Abs. 3, wenn dies zu einem erheblich veränderten Anmarschweg führt, der Arbeitnehmer z.B. ein anderes Verkehrsmittel benutzen muß. Das wird in aller Regel der Fall sein, wenn der Arbeitnehmer von einem Betriebsteil zu einem räumlich weit entfernten Betriebsteil wechselt (*BAG* vom 18. 2. 1986 – 1 ABR 27/84 – EzA § 95 BetrVG 1972 Nr. 12 = DB 1986, 488; *BAG* vom 14. 11. 1989 – 1 ABR 87/88 – DB 1990, 1093; F/A/K/H § 99 Rz. 22b; **a.A.** S/W §§ 99–101 Rz. 159: D/R § 99 Rz. 79; GK-*Kraft* § 99 Rz. 54, die neben dem Ortswechsel auch die Eingliederung in eine andere betriebliche Organisation fordern). Nur der Tausch von Zimmern oder auch der Wechsel von einer Fabrikhalle in eine andere reicht nicht aus, es sei denn, daß eines der anderen beiden Kriterien – also Wechsel von Art und Umfang der Tätigkeit oder Eingliederung in die betriebliche Organisation – zusätzlich gegeben ist (D/R § 99 Rz. 74, 79; G/L § 99 Rz. 17; GK-*Kraft* § 95 Rz. 55).

52 Für die Annahme einer betriebsverfassungsrechtlichen Versetzung ist neben der Zuweisung eines anderen Arbeitsbereiches weitere Voraussetzung, daß sie die **Dauer eines Monats übersteigen** wird oder unter einer erheblichen Änderung der äußeren Arbeitsbedingungen erfolgt. Die Fristberechnung beginnt grundsätzlich vom Tag der Versetzung an, es kommt nicht auf die tatsächliche, sondern auf die geplante Dauer der Zuweisung an. Stellt sich bei einer Versetzung, die für nicht länger als einen Monat geplant ist, später heraus, daß sie länger anhalten wird, so berechnet sich die Monatsfrist vom Tag der Kenntnis ab. Wird z.B. eine Sekretärin für die Dauer von drei Wochen wegen einer Urlaubsvertretung versetzt, so bleibt diese Maßnahme mitbestimmungsfrei, auch wenn sich später herausstellt, daß die Versetzung wegen einer Erkrankung des vertretenen Arbeitnehmers noch weitere Zeit anhalten wird. Hier kommen vor allem Krankheits- und Ferienversetzungen in Betracht; verlängern sich diese unerwartet über einen Monat, ohne daß dies vorher bekannt war, so bedarf es auch für die längere Versetzung keiner Zustimmung des Betriebsrats, es sei denn, sie würde nun voraussichtlich noch länger als einen Monat dauern (D/R § 99 Rz. 82; F/A/K/H § 99 Rz. 27; G/L § 99 Rz. 19; *Hromadka* a.a.O. 1535; *Stege* DB 1975, 1509; **a.A.** bei wesentlicher Überschreitung der Monatsfrist GK-*Kraft* § 99 Rz. 65).

53 Handelt es sich um eine kurzfristige Maßnahme des Arbeitgebers, die also **maximal einen Monat** dauert, so liegt eine Versetzung im betriebsverfassungsrechtlichen Sinn nur vor, wenn dies mit einer **erheblichen Änderung der Umstände** verbunden ist, unter denen die Arbeit zu leisten ist. Allein eine Veränderung des Arbeitsbereichs ist bei kurzfristigen Maßnahmen nicht ausreichend für die Annahme einer Versetzung (*BAG* vom 18. 10. 1988 – 1 ABR 26/87 – EzA § 95 BetrVG 1972 Nr. 15 = DB 1989, 732, B II 2b der Gründe). Es kommt also auf die äußeren Bedingungen an, unter denen die Arbeit zu leisten ist, nicht auf die materiellen Arbeitsbedingungen. In der Praxis betrifft dies z.B. Urlaubs- und Krankheitsvertretungen sowie kurze Arbeitseinsätze in anderen Abteilungen oder Niederlassungen. Wesentliche Änderungen können z.B. sein: Zuweisung einer schmutzigen, belastenden Arbeit bei sonst besseren Arbeitsbedingungen, Einwirkung von Hitze, Kälte, Nässe, eine gravierende Änderung der Arbeitszeit und/

§ 99 Mitbestimmung bei personellen Einzelmaßnahmen

oder des Arbeitsorts, Zuweisung einer untergeordneten Tätigkeit bei sonst selbständiger Arbeitsweise, Wechsel vom Einzelzimmer in ein Großraumbüro. Es ist unerheblich, ob dies durch eine Änderung der materiellen Arbeitsbedingungen (z. B. Zulagen) ausgeglichen wird (*D/R* § 99 Rz. 84; *G/L* § 99 Rz. 20; GK-*Kraft* § 99 Rz. 67).

Die **Änderung der Arbeitsbedingungen** muß jedoch **erheblich** sein. Kleine Änderungen wie der Wechsel in ein anderes Zimmer oder die Bedienung einer anderen Maschine reichen nicht aus. Es kommt darauf an, wie ein verständig urteilender, neutraler Dritter die Änderung der Umstände beurteilen würde (*D/R* § 99 Rz. 84; GK-*Kraft* § 99 Rz. 67). Es ist darauf abzustellen, ob die Änderung für den betroffenen Arbeitnehmer erheblich ist (*BAG* vom 28. 9. 1988 – 1 ABR 37/87 – EzA § 95 BetrVG 1972 Nr. 14 = DB 1989, 386), ohne daß jedoch rein subjektive Maßstäbe ausschlaggebend sind. Ein Wechsel im **Ort** der Arbeitsleistung durch die Abordnung in eine andere Filiale und ein damit verbundener Wechsel des **Vorgesetzten** begründen noch keine erhebliche Änderung der Umstände (*BAG* vom 28. 9. 1988 a. a. O.; *BAG* vom 19. 2. 1991 – 1 ABR 36/90 – DB 91, 1627). Eine Entfernung zu einer anderen Filiale von 10–15 km ist noch nicht erheblich. Es ist jedoch zusätzlich zu berücksichtigen, wo der Arbeitnehmer wohnt (*BAG* vom 16. 12. 1986 – 1 ABR 52/85 – EzA § 99 BetrVG 1972 Nr. 54 = DB 1987, 747). Ein Anfahrts- oder Anflugweg von 180 km ist jedenfalls als erheblich anzusehen (*BAG* vom 1. 8. 1989 – 1 ABR 51/88 – DB 1990, 382), ebenso eine Entsendung in die damals (1987) noch existierende DDR (*BAG* vom 8. 8. 1989 – 1 ABR 63/88 – DB 1990, 537). Werden Arbeitnehmer für eine Woche mit geänderten Arbeitszeiten und wesentlich längerer Fahrzeit zu einer Filialeröffnung abgeordnet, liegt eine Versetzung vor (*BAG* vom 18. 10. 1988 – 1 ABR 26/87 – EzA § 95 BetrVG 1972 Nr. 15 = DB 1989, 732). Für einen **Auszubildenden** ist die kurzfristige Änderung der Ausbildungsstätte wegen der geänderten Ausbildungsbedingungen eine erhebliche Änderung (*BAG* vom 3. 12. 1985 – 1 ABR 58/83 – EzA § 95 BetrVG 1972 Nr. 10 = DB 1986, 915).

Eine **erhebliche** Änderung kann sowohl in einer **Verbesserung** als auch in einer **Verschlechterung** der Umstände liegen. Der Betriebsrat hat mitzuwirken, wenn die über einen Monat andauernde Versetzung für den Arbeitnehmer eine Beförderung und eine erhebliche Verbesserung der Arbeitsbedingungen bedeutet. Entsteht jedoch durch eine Versetzung, die einen Monat nicht überschreitet, ausschließlich eine wesentliche Verbesserung, so ist das Mitbestimmungsrecht nicht gegeben, da schützenswerte Interessen des Arbeitnehmers oder Kollektivinteressen der Belegschaft nicht berührt sind (GK-*Kraft* § 99 Rz. 67; *D/R* § 99 Rz. 85; *F/A/K/H* § 99 Rz. 27; *S/W* § 99 Rz. 165).

Eine **Ausnahme ist** nur dann gegeben, wenn die Arbeitnehmer nach der Eigenart ihres Arbeitsverhältnisses **üblicherweise nicht ständig** an einem bestimmten Arbeitsplatz beschäftigt werden. Maßgebend ist also nicht, ob der Arbeitgeber nach dem Vertagsinhalt des Arbeitsverhältnisses einen Wechsel des Arbeitsplatzes verlangen kann, sondern daß der Wechsel des Arbeitsplatzes für das Arbeitsverhältnis typisch ist (*BAG* vom 8. 8. 1989 – 1 ABR 63/88 – DB 1990, 537). Hier gilt die Bestimmung des jeweiligen Arbeitsplatzes nicht als Versetzung (§ 95 Abs. 3, 3). Dabei ist in erster Linie an Montagekolonnen, aber auch an Springer zu denken. Viele Betriebe beschäftigen Hilfsarbeiter, die nach ihrem Arbeitsvertrag zu allen möglichen Arbeiten in den verschiedensten Betriebsabteilungen herangezogen werden können. Der häufige Wechsel des Arbeitsbereiches bzw. des

54

55

56

Arbeitsplatzes dieser Hilfskräfte ist keine Versetzung, da sie ihrem Arbeitsvertrag nach keinem festen Abeitsbereich oder Arbeitsplatz haben. Sie können vielmehr, je nach Bedarf, zu dieser oder jener Tätigkeit herangezogen werden. Ähnlich ist die Situation bei Springern, die jeweils an verschiedenen Arbeitsplätzen ausfallende Arbeitskollegen ersetzen müssen (*D/R* § 99 Rz. 86 ff.; *F/A/K/H* § 99 Rz. 28; *G/L* § 99 Rz. 9; GK-*Kraft* § 99 Rz. 63; *S/W* § 99–101 Rz. 167 f.; *LAG Düsseldorf* vom 10.12.1973 – 10 Ta BV 64/73 – DB 1974, 1628). Auch der Wechseleinsatz an mehreren Arbeitsplätzen im Rahmen einer »job-rotation« gehört dazu (*D/R* § 99 Rz. 89; *S/W* §§ 99–101 Rz. 168; *G/L* § 99 Rz. 21). Bei **Auszubildenden** ist die Zuweisung einer anderen Ausbildungsstätte mitbestimmungsfrei, wenn der Wechsel sich aus der Eigenart des Ausbildungsverhältnisses ergibt. Dies gilt z. B. bei einem turnusmäßigen Wechsel zwischen Zentrale und Filialen (*BAG* vom 3.12.1985 – 1 ABR 58/83 – EzA § 95 BetrVG 1972 Nr. 10 = DB 1986, 915). Eine individuelle Vereinbarung, nach der ein Arbeitnehmer auch in anderen Abteilungen und mit anderen Arbeiten beschäftigt werden darf, genügt nicht, sofern die nicht ständige Tätigkeit für einen Arbeitnehmer dieses Typs nicht üblich ist (*G/L* § 99 Rz. 21; *LAG Düsseldorf* vom 21.12.1972 – 3 Sa 489/72 –).

57 Die endgültige Zuweisung eines anderen Arbeitsbereichs **in einem anderen Betrieb desselben Unternehmens** ist keine Versetzung im betriebsverfassungsrechtlichen Sinn, da § 95 Abs. 1 und 2 und § 99 nur auf den Betrieb bezogen sind (**a. A.**: *BAG* vom 29.9.1990 – 1 ABR 37/90 – EzA § 99 BetrVG 1972 Nr. 95); es handelt sich vielmehr um ein Ausscheiden aus dem einen Betrieb – mit oder ohne Kündigung, je nach dem ob der Arbeitnehmer mit der Maßnahme einverstanden ist – und eine Einstellung in dem anderen Betrieb (*F/A/K/H* § 99 Rz. 32; GK-*Kraft* § 99 Rz. 87 f.; *S/W* §§ 99–101 Rz. 171; *BAG* vom 30.4.1981 – 6 ABR 59/78 – EzA § 95 BetrVG Nr. 4 = DB 1981, 1833; *LAG Hamm* vom 5.11.1980 – 2 Sa 959/80 – DB 1981, 800; *LAG Düsseldorf* vom 11.8.1980 – 21 Ta BV 54/80 – ; vom 10.12.1973 – 10 Ta BV 64/73 – DB 1974, 1628; *Boewer* DB 1979, 1035; **a. A.** *D/R* § 99 Rz. 95 aus Praktikabilitätsgesichtspunkten wegen kaum lösbarer Konkurrenzprobleme für Zuständigkeit des Gesamtbetriebsrats; *G/L* § 99 Rz. 22). Der Betriebsrat des aufnehmenden Betriebs hat ein Mitbestimmungsrecht zur Einstellung, der Betriebsrat des abgebenden Betriebs bei der Kündigung, falls eine solche erforderlich ist (**a. A.** nunmehr: *BAG* vom 20.9.1990 – 1 ABR 37/90 – EzA § 99 BetrVG 1972 Nr. 95 = DB 1991, 335). Nach dieser Entscheidung hat der Betriebsrat des abgebenden Betriebs auch dann mitzubestimmen, wenn der Arbeitnehmer endgültig aus dem Betrieb ausscheidet, es sei denn, der Arbeitnehmer habe dies selbst gewünscht oder dies entspreche seiner freien Entscheidung. In diesem Fall soll das Mitbestimmungsrecht, nicht aber das Informationsrecht, entfallen. Diese Entscheidung ist nicht nachvollziehbar. Sie vermischt die individualrechtliche Ebene mit der betriebsverfassungsrechtlichen (vgl. Rz. 43 ff.). Der ausscheidende Arbeitnehmer ist entweder mit dem Wechsel einverstanden oder vertraglich dazu verpflichtet – was gegebenenfalls gerichtlich nachprüfbar ist – oder es ist eine Änderungskündigung erforderlich, bei der der Betriebsrat gem. § 102 zu beteiligen ist. Die kollektiven Interessen der Belegschaft des abgebenden Betriebs sind genausowenig zu prüfen wie bei einer Arbeitgeber- oder Eigenkündigung oder einem einvernehmlichen Ausscheiden (**a. A.** *D/K/K/S* § 99 Rz. 95). In der Praxis kann diese Entscheidung bei einer personellen Maßnahme zu widersprechenden Ergebnissen bei den eventuell erforderlichen Zustimmungsersetzungsverfahren, bezogen auf den aufnehmenden und abgebenden Betrieb, führen.

Ist die Versetzung in den anderen Betrieb dagegen von vorneherein zeitlich **befristet**, so hat der Betriebsrat des abgebenden Betriebs ein Mitbestimmungsrecht bei der Versetzung (*BAG* vom 18.2. 1986 – 1 ABR 27/84 – EzA § 95 BetrVG 1972 Nr. 12 = DB 1986, 488). Hier ist durch den Aus- und Wiedereintritt der abgebende Betrieb betroffen. Bei der Rückkehr entsteht aber kein neues Mitbestimmungsrecht (*LAG Düsseldorf* vom 1.9. 1988 – 4 Ta BV 44/88 – DB 1988, 2326). Dies gilt auch dann, wenn der Zeitpunkt der Rückkehr nicht von vorneherein festgelegt war (*BAG* vom 14.11. 1989 – 1 ABR 87/88 – DB 1990, 1093). Zum Mitbestimmungsrecht im aufnehmenden Betrieb vgl. Rz. 21 f.

Bei der Versetzung eines **Betriebsratsmitglieds** in einen anderen Betrieb erwägt das *BAG*, ohne diese Frage bisher entschieden zu haben, ob nicht § 103 analog anzuwenden ist (*BAG* vom 21.9. 1989 – 1 ABR 32/89 – EzA § 99 BetrVG 1972 Nr. 76).

Eine **Zuständigkeit des Gesamtbetriebsrats** bei Wechsel von einem Betrieb zu 58 einem anderen Betrieb des gleichen Unternehmens ist nicht gegeben, da es sich nicht um eine Angelegenheit handelt (§ 50 Abs. 1 Satz 1), die nicht durch die einzelnen Betriebsräte innerhalb ihres Betriebes geregelt werden kann (*F/A/K/H* § 99 Rz. 32; *G/L* § 99 Rz. 24; GK-*Kraft* § 99 Rz. 91; *S/W* §§ 99–101 Rz. 171; a.A. *D/R* § 99 Rz. 97).

Auch bei der Versetzung ist der **betriebsverfassungsrechtliche Vorgang** von dem 59 **arbeitsvertraglichen zu trennen**. Ein Mitbestimmungsrecht des Betriebsrats besteht daher auch dann, wenn der Arbeitgeber aufgrund der arbeitsvertraglichen Regelung einseitig, also ohne daß es einer Änderungskündigung bedarf, eine Versetzung vornehmen kann; das gleiche gilt, wenn die Versetzung einverständlich erfolgt (*D/R* § 99 Rz. 92; *F/A/K/H* § 99 Rz. 29; GK-*Kraft* § 99 Rz. 68; *S/W* §§ 99–101 Rz. 151 ff.). Ist zur Versetzung eine Änderungskündigung erforderlich, so besteht das Mitbestimmungsrecht des Betriebsrats nach § 99 und nach § 102; es gilt insofern das gleiche wie bei einer Umgruppierung mit Änderungskündigung (vgl. Rz. 42; § 102 Rz. 17 f.; *G/L* § 99 Rz. 27 f.; *S/W* §§ 99–101 Rz. 154). Es kann sich auch betriebsverfassungsrechtlich gleichzeitig um eine Umgruppierung, Versetzung und Änderungskündigung handeln; in diesem Fall besteht das Mitbestimmungsrecht zu allen drei Tatbeständen gesondert. Führt der Arbeitgeber einzelvertraglich eine Versetzung ohne Zustimmung des Betriebsrats durch, so ist die Maßnahme individualrechtlich nicht unwirksam. Die Zustimmung des Betriebsrats ist **keine Wirksamkeitsvoraussetzung** für die individualrechtliche Maßnahme des Arbeitgebers, (*D/R* § 99 Rz. 238; *S/W* § 99–101 Rz. 152 a; GK-*Kraft* § 99 Rz. 110, der jedoch dem Arbeitnehmer bei fehlender Zustimmung ein Arbeitsverweigerungsrecht einräumt; a. A. *BAG* vom 26.1. 1988 – 1 AZR 531/86 – EzA § 99 BetrVG 1972 Nr. 58 = DB 1988, 1167 = SAE 1989, 73 m. abl. Anm. *Kraft*; *F/A/K/H* § 99 Rz. 29, 66; vgl. Rz. 9). Nach der Rechtsprechung des *BAG* ist die Versetzung ohne Zustimmung des Betriebsrats dem Arbeitnehmer gegenüber unwirksam (vgl. Rz. 9).

III. Durchführung der Mitbestimmung

Vor jeder dieser personellen **Einzelmaßnahmen** hat der Arbeitgeber den Betriebs- 60 rat zu unterrichten, ihm die erforderlichen Bewerbungsunterlagen vorzulegen und Auskunft über die Person der Beteiligten zu geben. Außerdem hat der Arbeitgeber dem Betriebsrat unter Vorlage der erforderlichen Unterlagen Auskunft über die Auswirkungen der geplanten personellen Einzelmaßnahme zu geben und die Zustimmung des Betriebsrats zu dieser Maßnahme einzuholen. Der Gesetzgeber hat offensichtlich die Einstellung als Modell der gesetzlichen Regelung verwandt. Im einzelnen gilt folgendes:

1. Unterrichtung und Einholung der Zustimmung des Betriebsrats

61 Der Arbeitgeber hat den Betriebsrat vor diesen personellen Einzelmaßnahmen zu unterrichten. Diese **Unterrichtung** ist an keine besondere Form gebunden. Sie kann mündlich oder schriftlich erfolgen. Einzelne Angaben können sich auch konkludent aus der betriebsüblichen Handhabung ergeben (*BAG* vom 20. 12. 1988 – 1 ABR 68/87 – EzA § 99 BetrVG 1972 Nr. 70 = DB 1989, 1240). Es empfiehlt sich jedoch, auch aus Nachweiszwecken, hier schriftliche Formulare zu verwenden (*G/L* § 99 Rz. 37; GK-*Kraft* § 99 Rz. 92; *S/W* §§ 99–101 Rz. 25). Der Arbeitgeber muß den Betriebsrat von sich aus unterrichten und nicht etwa nur, wenn der Betriebsrat Auskunft verlangt. Die Unterrichtung ist gegenüber dem Betriebsratsvorsitzenden oder im Falle seiner Verhinderung seinem Stellvertreter vorzunehmen (*D/R* § 99 Rz. 122; *G/L* § 99 Rz. 55; GK-*Kraft* § 99 Rz. 70). Sind die Beteiligungsrechte bei personellen Einzelmaßnahmen auf einen Personalausschuß nach § 28 übertragen, was zulässig ist (*BAG* vom 1. 6. 1976 – 1 ABR 99/74 – EzA § 28 BetrVG 1972 Nr. 3), so genügt die Unterrichtung von dessen Vorsitzenden (*BAG* vom 4. 8. 1975 – 2 AZR 266/74 – EzA § 102 BetrVG 1972 Nr. 14 m. Anm. *Nickel, Pabst* = DB 1975, 2184). Eine Unterrichtung anderer Betriebsratsmitglieder genügt grundsätzlich nicht (so für § 102 *BAG* vom 28. 2. 1974 – 2 AZR 455/73 – EzA § 102 BetrVG 1972 Nr. 8 m. Anm. *Kraft* = DB 1974, 1294; *BAG* vom 4. 8. 1975 – 2 AZR 266/74 – a. a. O.). Hat der Betriebsrat aber ein anderes Mitglied zur Entgegennahme der Mitteilung des Arbeitgebers ermächtigt, so genügt die Unterrichtung dieses Betriebsratsmitgliedes (*G/L* § 102 Rz. 33 m. w. N.; GK-*Kraft* § 99 Rz. 70). Der Arbeitgeber sollte sich aber über die Ermächtigung vergewissern. Ausnahmsweise ist auch ein anderes Mitglied des Betriebsrats ohne besondere Ermächtigung berechtigt und verpflichtet, Erklärungen des Arbeitgebers hinsichtlich personeller Einzelmaßnahmen für den Betriebsrat entgegenzunehmen; dies ist z. B. dann der Fall, wenn der Betriebsrat versäumt, Vorkehrungen für den Fall zu treffen, daß sowohl der Betriebsratsvorsitzende als auch sein Stellvertreter verhindert sind (*LAG Frankfurt/M.* vom 23. 3. 1976 – 9 Sa 118/75 – rkr. – BB 1977, 1048). Zuständig ist der Betriebsrat des Betriebes, in dem die personelle Maßnahme getroffen werden soll; dies ist insbesondere bei »Versetzungen« von einem Betrieb in einen anderen Betrieb desselben Unternehmens von Bedeutung (vgl. hierzu Rz. 57).

62 Der Arbeitgeber sollte zweckmäßigerweise **mit der Unterrichtung** nach § 99 Abs. 1 Satz 2 gleichzeitig die **Zustimmung des Betriebsrats** zu der personellen Einzelmaßnahme einholen. Auch die Einholung der Zustimmung ist an keine Form gebunden. Aus der Unterrichtung durch den Arbeitgeber muß sich zweifelsfrei ergeben, daß diese den Zweck verfolgt, die Zustimmung des Betriebsrats einzuholen; eine ausdrückliche Aufforderung zur Zustimmungserklärung ist nicht erforderlich (*G/L* § 99 Rz. 56; GK-*Kraft* § 99 Rz. 96; *D/R* § 99 Rz. 124). Mit der Unterrichtung, aus der sich gleichzeitig das Begehren auf Einholung der Zustimmung

ergibt, beginnt die Frist von einer Woche nach Abs. 3 zu laufen. Aus Beweisgründen erscheint es daher zweckmäßig, wenn der Arbeitgeber sich den Zugang der Unterrichtung vom Betriebsrat bestätigen läßt.

Die **Unterrichtung** muß sich eindeutig auf die **konkret vorgesehene Einzelmaß-** 63 **nahme** beziehen. Allgemeine Unterrichtungen, wie z. B. über Personalplanungsmaßnahmen nach § 92 genügen nicht (*LAG Düsseldorf* vom 1. 8. 1974 – 7 Sa 469/74 – DB 1974, 1917; *G/K/S/B/K* § 99 Rz. 14; *G/L* § 99 Rz. 57; *S/W* §§ 99–101 Rz. 28). Andererseits geht die Unterrichtungspflicht nur so weit, daß der Betriebsrat seine Rechte aus § 99 Abs. 2 wahrnehmen, also mögliche Zustimmungsverweigerungsgründe beurteilen kann. Die ältere Rechtsprechung, in der das *BAG* den Umfang nach der allgemeinen Informationspflicht gem. § 80 Abs. 2 bestimmte, wurde ausdrücklich aufgegeben (*BAG* vom 18. 10. 1988 – 1 ABR 33/87 – EzA § 99 BetrVG 1972 Nr. 69 = DB 1989, 530). Handelt es sich bei der Maßnahme, über die unterrichtet wird, gleichzeitig um mehrere personelle Einzelmaßnahmen, wie z. B. Änderungskündigung, Versetzung und Umgruppierung, so muß sich dies aus der Unterrichtung ergeben, da die Einholung der Zustimmung zu jeder einzelnen Maßnahme erforderlich ist.

Die **Unterrichtung** muß grundsätzlich **vor der Durchführung** der personellen Maß- 64 nahme erfolgen. Dies ergibt sich aus dem Wortlaut des § 99. Einen bestimmten Zeitpunkt sieht das Gesetz hierfür nicht vor. Vor der Durchführung bedeutet, daß die Unterrichtungspflicht erst besteht, wenn feststeht, auf wen sich die personelle Maßnahme beziehen soll, nicht schon wenn der Arbeitgeber z. B. bei der Einstellung generell die Absicht hat, einzustellen, ohne daß an konkrete Bewerber gedacht ist (*D/R* § 99 Rz. 103; GK-*Kraft* § 99 Rz. 92; *BAG* vom 18. 7. 1978 – 1 ABR 8/75 – 1 ABR 8/75 – EzA § 99 BetrVG 1972 Nr. 22 = DB 1978, 2320). Die Unterrichtung muß rechtzeitig erfolgen. **Rechtzeitig** in diesem Sinne bedeutet grundsätzlich, daß die Mitteilung früh genug erfolgen muß, um den Betriebsrat noch in die Lage zu versetzen, eine Prüfung vorzunehmen und im Falle von Bedenken gegebenenfalls vorab eine Verständigung zu versuchen. Allerdings hat der Betriebsrat gem. § 99 Abs. 3 nach Unterrichtung durch den Arbeitgeber eine Woche Zeit, diesem seine Zustimmung zu erteilen bzw. zu verweigern (vgl. Rz. 104 ff.). Die Unterrichtung des Betriebsrats hat daher in der Regel mindestens eine Woche vor der geplanten personellen Maßnahme zu erfolgen (*G/L* § 99 Rz. 58).

Die **Einhaltung dieser Frist** kann in der betrieblichen Praxis auf erhebliche 65 **Schwierigkeiten** stoßen, insbesondere bei der Einstellung von Arbeitern, die meistens sehr kurzfristig erfolgt. Dies gilt insbesondere dann, wenn unvorhergesehen ein größerer Ausfall von Arbeitskräften eingetreten ist, der unverzüglich durch kurzfristig eintretende Arbeitnehmer ausgeglichen werden muß, oder wenn Aushilfskräfte für die Erledigung plötzlich anfallender Arbeiten einzustellen sind. In solchen **Eilfällen** bleibt dem Arbeitgeber die Möglichkeit nach § 100 vorläufig einzustellen (*F/A/K/H* § 99 Rz. 30; *G/L* § 99 Rz. 58; *S/W* §§ 99–101 Rz. 23). In einer erst unmittelbar vor oder bei der Durchführung der Maßnahme vorgenommenen Unterrichtung kann in solchen Fällen keine Pflichtverletzung des Arbeitgebers gesehen werden, die etwa die Folge des § 121 nach sich zieht (GK-*Kraft* § 99 Rz. 92). Für derartige in der Praxis größerer Betriebe sicherlich nicht seltene Fälle werden Arbeitgeber und Betriebsrat – ausgehend vom Grundsatz der vertrauensvollen Zusammenarbeit – eine Verfahrensregelung finden müssen.

2. Auskunfterteilung über die Beteiligten

66 Der Arbeitgeber ist ferner verpflichtet, dem Betriebsrat Auskunft über die **Person der Beteiligten** zu geben und die erforderlichen Bewerbungsunterlagen (vgl. Rz. 74f.) vorzulegen. Der Umfang der Auskunftspflicht wird durch die Zustimmungsverweigerungsgründe des § 99 Abs. 2 bestimmt. Nicht hierzu zählen grundsätzlich Informationen, die ein Zustimmungsverweigerungsrecht nicht begründen können (*BAG* vom 18. 10. 1988 – 1 ABR 33/87 – EzA § 99 BetrVG 1972 Nr. 69 = DB 1989, 530). Diese gesetzlichen Regelungen kommen in erster Linie **bei Einstellungen** (*Richardi* DB 1973, 379: Einstellung als Modell der gesetzlichen Regelung), auch bei Versetzungen, kaum jedoch bei Eingruppierungen und Umgruppierungen in Betracht; so können bei Umgruppierungen in Folge einer tariflichen Neuregelung lediglich die neuen Lohn- und Gehaltslisten vorgelegt werden, aus denen sich die Neueingruppierung der betroffenen Arbeitnehmer ergibt.

67 Unklar ist, wer **Beteiligte** im Sinne der Vorschrift sind. Für die Auslegung des Begriffs Beteiligte ist von Bedeutung, daß nach einhelliger Auffassung § 99 dem **Betriebsrat kein Auswahlrecht bei personellen Einzelmaßnahmen** gibt; die Auswahl unter den Stellenbewerbern ist Sache des Arbeitgebers (*BAG* vom 18. 7. 1978 – 1 ABR 8/75 – EzA § 99 BetrVG 1972 Nr. 22 m. Anm. *Peterek* = DB 1978, 2320). Der Betriebsrat kann also bei personellen Einzelmaßnahmen nicht etwa einen Arbeitnehmer seiner Wahl durchsetzen; er hat lediglich ein Zustimmungsverweigerungsrecht aus den in Abs. 2 abschließend aufgezählten Gründen (*D/K/K/S* § 99 Rz. 171; *D/R* § 99 Rz. 143; *F/A/K/H* § 99 Rz. 31, 40; *G/L* § 99 Rz. 71 f.; *GK-Kraft* § 99 Rz. 75, 83, 112; *S/W* §§ 99–101 Rz. 31; *BAG* vom 7. 11. 1977 – 1 ABR 55/75 – EzA § 100 BetrVG 1972 Nr. 1 = DB 1978, 447; *BAG* vom 18. 11. 1980 – 1 ABR 63/78 – EzA § 93 BetrVG 1972 Nr. 1 = DB 1981, 998). Gibt es kein Auswahlrecht des Betriebsrats, so kann auch keine Unterrichtung über sämtliche Beteiligten (Bewerber) infrage kommen. Ein Anhaltspunkt für die Auslegung des Begriffs Beteiligte ist auch das Prozeßrecht, in dem der Begriff »Beteiligter« häufiger verwandt wird, so z. B. in den §§ 10, 81, 83 ArbGG. Hiernach ist Beteiligter, wer in seiner Rechtsposition unmittelbar betroffen ist (*BAG* vom 24. 5. 1957 – 1 ABR 9/56 – AP Nr. 6 zu § 76 BetrVG 1952 Bl. 571 m. Anm. *Dietz* = DB 1957, 723; *BAG* vom 19. 2. 1975 – 1 ABR 94/73 – EzA § 5 BetrVG 1972 Nr. 17 = DB 1975, 1271, 1320; vgl. auch *Rohlfing/Rewolle* § 81 Rz. 1; *Grunsky* § 80 ArbGG Rz. 15, 83 Anm. 15 ff.). Beteiligter i. S. d. § 99 Abs. 1 kann also nur sein, wer von der geplanten personellen Maßnahme in seiner Rechtsposition im Bereich der von § 99 Abs. 2 genannten Tatbestände betroffen ist.

68 Aus der hier vertretenen Auffassung (so auch GK-*Kraft* § 99 Rz. 74f.) ergibt sich, daß als **Beteiligte** i. S. d. § 99 Abs. 1 Satz 1 die **folgenden Personen** anzusehen sind:
a) der oder die außer- oder innerbetrieblichen Arbeitnehmer oder Bewerber, die der Arbeitgeber im Rahmen der ihm allein zustehenden Zweckmäßigkeitsüberlegungen für die geplante personelle Einzelmaßnahme ausgewählt hat,
b) weitere innerbetriebliche Bewerber (etwa nach einer Stellenausschreibung gem. § 93), die aufgrund ihrer Qualifikation für die zu besetzende Stelle infrage kommen und einen Rechtsanspruch oder zumindest eine Anwartschaft auf Berücksichtigung haben (nicht dagegen weiter außerbetriebliche Bewerber, deren Rechtspositionen durch eine Nichtberücksichtigung in keiner Weise berührt werden),

Mitbestimmung bei personellen Einzelmaßnahmen § 99

c) sonstige Arbeitnehmer des Betriebes, die durch die personelle Einzelmaßnahme i. S. d. § 99 Abs. 3 Nr. 3 und 4 unmittelbar betroffen werden und
d) die Arbeitnehmer, die beim Bestehen von Auswahlrichtlinien gem. § 95 nach den dort aufgestellten Kriterien infrage kommen. Es kann auch sein, daß die Auswahlrichtlinie eine besondere Definition des Begriffs »Beteiligter« festlegt oder sogar dem Betriebsrat ein Auswahlrecht bei den einzustellenden oder zu versetzenden Arbeitnehmern gibt. In einem derartigen Fall hat der Arbeitgeber Auskunft über alle Bewerber zu geben, die die in der Auswahlrichtlinie aufgestellten Qualifikationsmerkmale erfüllen (GK-*Kraft* § 99 Rz. 76).

Die überwiegende Meinung faßt dagegen den **Begriff der Beteiligten**, über deren 69 Person Auskunft zu geben ist, **weit** und zählt dazu außer den in Rz. 68 a–d genannten **sämtliche Bewerber** für die Einstellung, Eingruppierung, Umgruppierung oder Versetzung und nicht nur solche, die der Arbeitgeber berücksichtigen will; sie verlangt daher folgerichtig auch die Vorlage der Bewerbungsunterlagen sämtlicher Bewerber (*Brecht* § 99 Rz. 6; *D/R* § 99 Rz. 105 ff.; *F/A/K/H* § 99 Rz. 31; *G/L* § 99 Rz. 43; *BAG* vom 6. 4. 1973 – 1 ABR 13/72 – EzA § 99 BetrVG 1972 Nr. 4 = DB 1973, 1456; bestätigt durch *BAG* vom 18. 7. 1978 – 1 ABR 8/75 – EzA § 99 BetrVG 1972 Nr. 22 m. Anm. *Peterek* = DB 1978, 2320 und vom 19. 5. 1981 – 1 ABR 109/78 – EzA § 99 BetrVG 1972 Nr. 32 = DB 1981, 1191, 2384; *Adomeit* DB 1971, 2360; *Richardi* DB 1973, 379). Diese Auffassung stützt sich in erster Linie auf den Regierungsentwurf und seine Begründung (BT-Drucks. VI/1786, 56) sowie auf den Bericht des Ausschusses für Arbeit und Sozialordnung (BT-Drucks. VI/2729, 31), verkennt aber dabei die gegenüber dem Regierungsentwurf geänderte Gesetzesfassung (GK-*Kraft* § 99 Rz. 74) und daß die Vorstellungen des Regierungsentwurfs im Gesetz keinen erkennbaren Ausdruck gefunden haben; dies wäre aber notwendig gewesen, um eine Auslegung der gesetzlichen Bestimmungen imSinne des Regierungsentwurfs zu rechtfertigen (vgl. *BAG* vom 22. 1. 1960 – 1 AZR 449/57 – AP Nr. 96 zu § 1 TVG Auslegung; *BAG* vom 19. 4. 1963 – 1 AZR 160/62 – AP Nr. 3 zu § 52 BetrVG 1952 = DB 1963, 1053). Darüber hinaus wird die Auskunftspflicht hinsichtlich sämtlicher Bewerber und die Vorlagepflicht der Bewerbungsunterlagen aller Bewerber damit begründet, daß nur dann der Betriebsrat prüfen könne, ob ein Zustimmungsverweigerungsgrund nach § 99 Abs. 2 vorliege. Dieser Ansicht kann – wie oben ausgeführt – nicht gefolgt werden im Falle außerbetrieblicher Bewerber und auch bei innerbetrieblichen Bewerbern, soweit nicht einer der Fälle der Rz. 63 a–d vorliegt.

Selbst wenn man der überwiegenden Meinung folgt, die als **Beteiligte** sämtliche 70 Bewerber ansieht, fallen hierunter nicht solche Bewerber, die ihre Bewerbung zurückgezogen haben und solche, denen ganz offensichtlich die Qualifikationsvoraussetzungen fehlen, die z. B. in der Stellenausschreibung oder in Inseraten gefordert werden (*D/R* § 99 Rz. 106; *G/L* § 99 Rz. 44; *S/W* §§ 99–101 Rz. 33; *Heinze* a. a. O. Rz. 233, 237; *Neef* BB 1973, 1989; *LAG Köln* vom 29. 4. 1988 – 9 a BV 3/88 – DB 1988, 59, rkr.; *Wiedemann* Anm. zu *BAG* vom 6. 4. 1973 AP Nr. 1 zu § 99 BetrVG 1972; dies ergibt sich auch aus *BAG* vom 18. 7. 1978 – 1 ABR 8/75 – EzA § 99 BetrVG 1972 Nr. 22 = DB 1978, 2320). Wird eine **Unternehmensberatungsfirma** mit der Vorauswahl der Bewerber beauftragt, so hat der Arbeitgeber den Betriebsrat nur über die ihm von der Firma benannten Bewerber zu informieren (*F/A/K/H* § 99 Rz. 31; GK-*Kraft* § 99 Rz. 73; *BAG* vom 18. 12. 1990 – 1 ABR 15/90 – DB 1991, 969).

Der Arbeitgeber muß den Betriebsrat **über die Person des Beteiligten soweit in-** 71

§ 99 4. Teil 5. Abschn. Personelle Angelegenheiten

formieren, als es erforderlich ist, damit sich der Betriebsrat ein Urteil über die Person, insbesondere seine persönliche und fachliche Eignung, machen kann. Er muß in die Lage versetzt werden zu prüfen, ob ihm ein Zustimmungsverweigerungsrecht nach § 99 Abs. 2 hinsichtlich dieses Beteiligten zusteht. Infrage kommen sowohl vom Bewerber eingereichte als auch vom Arbeitgeber ermittelte Angaben. Hier ist an **Angaben** über Name, Vorname, Alter, Familienstand, Anschrift, fachliche Vorbildung, insbesondere soziale Eigenschaften, z. B. Schwerbehinderteneigenschaft und Schwangerschaft, zu denken (*D/R* § 99 Rz. 108 aber **a. A.** hinsichtlich der Schwangerschaft; *F/A/K/H* § 99 Rz. 33; *G/L* § 99 Rz. 49; *GK-Kraft* § 99 Rz. 78). Auch der Zeitpunkt der Maßnahme, z. B. Einstellungstermin (*BAG* vom 7. 11. 1975 – 1 ABR 78/74 – a. a. O. vgl. Rz. 17; *LAG Düsseldorf* vom 4. 3. 1976 – 1 Ta BV 97/75 – BB 1976, 510 = DB 1976, 779) und eine Befristung sind dem Betriebsrat mitzuteilen (*BAG* vom 20. 12. 1988 – 1 ABR 68/87 – EzA § 99 BetrVG 1972 Nr. 70 = DB 1989, 1240). Wird eine Einstellung vorgezogen, so ist eine erneute Unterrichtung des Betriebsrats nicht erforderlich (*LAG Düsseldorf* vom 4. 3. 1976 a. a. O.; *G/L* § 99 Rz. 52 a).

72 Die **Auskunftspflicht** des Arbeitgebers **endet** dort, wo der Arbeitgeber selbst gegenüber dem Bewerber kein Fragerecht hat, weil die **Persönlichkeitssphäre** betroffen ist (*D/R* § 99 Rz. 108; *G/L* § 99 Rz. 49; GK-*Kraft* § 99 Rz. 72). **Vorstrafen** braucht der Arbeitgeber daher nur mitzuteilen, wenn sie zur Beurteilung der fachlichen Eignung oder im Hinblick auf § 99 Abs. 2 Ziff. 6 (Erhaltung des Betriebsfriedens) von Bedeutung sind (*F/A/K/H* § 99 Rz. 34). Nur in diesem Rahmen darf auch der Arbeitgeber einen Bewerber nach Vorstrafen fragen (*BAG* vom 5. 12. 1957 – 1 AZR 594/56 → EzA § 123 BGB Nr. 1 = DB 1958, 227, 282, 282). Ebensowenig sind Angaben zu machen über private Verhältnisse des Arbeitnehmers, die zur Beurteilung seiner Person als neuer Mitarbeiter ohne Belang sind, für ihn jedoch einen Eingriff in seinen geschützten Persönlichkeitsbereich darstellen. Hier ist z. B. an Scheidung, uneheliche Vaterschaft, Schulden zu denken. Der Arbeitgeber braucht den Arbeitnehmer weder nach diesen privaten Dingen zu fragen, noch ist er verpflichtet, sie dem Betriebsrat mitzuteilen, wenn er sie zufällig erfahren hat (*F/A/K/H* § 99 Rz. 35).

73 Der Arbeitgeber braucht den Betriebsrat **nur insoweit zu unterrichten, als er selbst unterrichtet ist**, er braucht sich keine zusätzlichen Informationen beschaffen, die er selbst nicht hat oder für die keine Offenbarungspflicht des Bewerbers besteht (*D/R* § 99 Rz. 109; *F/A/K/H* § 99 Rz. 33). Deshalb können bei **Anwerbung von ausländischen Arbeitnehmern** vom Arbeitgeber nicht mehr Informationen verlangt werden, als er selbst hat, insbesondere hat der Betriebsrat kein Recht, durch Entsendung von Betriebsratsmitgliedern an Werbeaktionen im Ausland beteiligt zu werden (*G/L* § 99 Rz. 50 und 59; *S/W* §§ 99–101 Rz. 30; *LAG Düsseldorf* vom 9. 3. 1974 – 11 Ta BV 43/74 –; *BAG* vom 18. 7. 1978 – 1 ABR 8/75 – EzA § 99 BetrVG 1972 Nr. 22 m. Anm. *Peterek* = DB 1978, 2320). Bei der Pauschalanwerbung von ausländischen Arbeitnehmern hat der Arbeitgeber lediglich die Daten des Anwerbeauftrags dem Betriebsrat mitzuteilen, so z. B. die Nationalität und berufliche Qualifikation der angeforderten Arbeitnehmer. Bei der Beschäftigung von **Leiharbeitnehmern** geht auch das *BAG* (vom 14. 5. 1974 – 1 ABR 40/73 – EzA § 99 BetrVG 72 Nr. 6;= DB 1974, 1580) von eingeschränkten Unterrichtspflichten aus (zur Mitbestimmung hier vgl. aber Rz. 19). Die Unterrichtungspflicht beschränkt sich im wesentlichen auf Anzahl, Qualifikation, Einstellungstermin, vorgesehene Arbeitsplätze und Auswirkungen

der Einstellung auf die Stammbelegschaft (*D/R* § 99 Rz. 120; § 99 Rz. 35a; *S/W* §§ 99–101 Rz. 17; GK-*Kraft* § 99 Rz. 77; *LAG Köln* vom 12. 6. 1987 – 4 Ta BV 10/ 87, rkr. – DB 1987, 2106, *Hunold* BB 1976, 648 ff.). Dem Betriebsrat brauchen nicht die vertraglichen Arbeitsbedingungen, also die zwischen der Verleiherfirma und dem Leiharbeitnehmer abgeschlossenen Arbeitsverträge mitgeteilt werden, dagegen aber die Vertragsbedingungen mit der Verleiherfirma, d. h. dem Betriebsrat muß Einsicht gewährt werden in den Arbeitnehmerüberlassungsvertrag zwischen Verleiherfirma und Entleiher (*BAG* vom 6. 6. 1978 – 1 ABR 66/75 – EzA § 99 BetrVG 1972 Nr. 19 = DB 1978, 1841). Darüberhinaus soll dem Betriebsrat auch ein Anspruch aus § 80 Abs. 2 Satz 2 auf Überlassung von **Werkverträgen** zustehen, damit er in die Lage versetzt wird zu überprüfen, ob nicht tatsächlich erlaubte oder verbotene Arbeitnehmerüberlassung vorliegt, die ein Mitbestimmungsrecht auslöst (*BAG* vom 31. 1. 1989 – 1 ABR 72/87 – EzA § 80 BetrVG 1972 Nr. 34 = DB 1989, 982 mit Besprechung *Jedzig* [978] = BB 1989, 1693 m. abl. Anm. *Hunold*). Außerdem ist dem Betriebsrat die schriftliche Erklärung des Verleihers über die Erlaubnis zur Arbeitnehmerüberlassung vorzulegen (§ 14 Abs. 3 AÜG). In diesen Fällen der für den Arbeitgeber eingeschränkten Unterrichtungspflicht beginnt die Frist von einer Woche nach § 99 Abs. 3 ebenso nach Mitteilung an den Betriebsrat zu laufen wie bei einer ausführlichen Unterrichtung.

3. Vorlage von Bewerbungsunterlagen

Im Rahmen der aufgezeigten Unterrichtungs- bzw. Auskunftspflichten hat der Arbeitgeber die **erforderlichen Bewerbungsunterlagen** vorzulegen. Diese Bestimmung bezieht sich auf Einstellungen und Versetzungen. Vorzulegen sind die Bewerbungsunterlagen des vom Arbeitgeber ausgewählten Bewerbers, da dem Betriebsrat kein Auswahlrecht hinsichtlich verschiedener Bewerber (**a. A.** die überwiegende Meinung und *BAG* vom 6. 4. 1973 – 1 ABR 13/72 – EzA § 99 BetrVG 72 Nr. 4 = DB 1973, 1456; vgl. zu Meinungsstreit und Begründung der hier vertretenen Auffassung Rz. 69 ff.; wie hier GK-*Kraft* § 99 Rz. 74 ff.), sondern nur ein Zustimmungsverweigerungsrecht hinsichtlich des vom Arbeitgeber ausgewählten Bewerbers zusteht. Auch aus § 99 Abs. 2 Ziff. 3 und 4, die für den Begriff der Beteiligten von Bedeutung sind (vgl. Rz. 70), ergibt sich keine Pflicht zur Vorlage der Unterlagen der Bewerber, denn für die Möglichkeit der Wahrnehmung des Zustimmungsverweigerungsrechts durch den Betriebsrat genügt es, wenn der Arbeitgeber die Bewerbungsunterlagen des ausgewählten Bewerbers vorlegt und Auskunft über die Person der übrigen Beteiligten (vgl. Rz. 70) gibt. Etwas anderes gilt dann, wenn Auswahlrichtlinien nach § 95 einen Vergleich zwischen mehreren Bewerbern vorsehen oder bei einer innerbetrieblichen Stellenausschreibung festgelegt ist, daß innerbetriebliche Bewerber den Vorrang haben (GK-*Kraft* § 99 Rz. 76).

Der Arbeitgeber ist lediglich verpflichtet, **erforderliche Bewerbungsunterlagen** vorzulegen; das sind solche, die Rückschlüsse auf die **fachliche und persönliche Eignung** des Bewerbers für die Beschäftigung im Betrieb erlauben, d. h. er hat alle Unterlagen vorzulegen, die für die Ausübung des Mitbestimmungsrechtes nach § 99 Abs. 2 von Bedeutung sind (*D/R* § 99 Rz. 111; *G/L* § 99 Rz. 46; GK-*Kraft* § 99 Rz. 71). Hierzu gehören Bewerbungsschreiben, Personalfragebogen, Lebens-

§ 99   *4. Teil 5. Abschn. Personelle Angelegenheiten*

lauf, Zeugnisse früherer Arbeitgeber und sonstige Referenzen, Tauglichkeitsbescheinigung des Werksarztes, nicht jedoch das ärztliche Untersuchungsergebnis. Alle Anlagen, z. B. beim Lebenslauf, brauchen dem Betriebsrat nicht vorgelegt werden, wenn sich auch ohne die Anlagen bereits das Wesentliche ergibt. Erforderliche Bewerbungsunterlagen sind stets die in einer Auswahlrichtlinie vorgesehenen Unterlagen. **Keine** erforderlichen Bewerbungsunterlagen sind ein polizeiliches Führungszeugnis und das Ergebnis einer ärztlichen Einstellungsuntersuchung (*LAG Hamburg* vom 30. 4. 1975 – 5 Ta BV 1/75). Ebensowenig sind graphologische Gutachten, Ergebnisse von Tests und Einstellungsprüfungen (**a.A.** *BAG* vom 3. 12. 1985 – 1 ABR 72/83 – EzA § 99 BetrVG 1972 Nr. 46 = DB 1986, 917) oder Notizen des Personalleiters über das Einstellungsgespräch vorlagepflichtig (*S/W* §§ 99–101 Rz. 34; **a.A.** *G/L* § 99 Rz. 45). Bei Versetzungen von Betriebsangehörigen sind die **Personalakten** nicht als erforderliche Bewerbungsunterlagen anzusehen (*D/R* § 99 Rz. 113; *F/A/K/H* § 99 Rz. 38; *G/L* § 99 Rz. 45). Das Recht zur Einsicht in die Personalakten steht nach § 83 allein dem Arbeitnehmer zu. Auch der **Arbeitsvertrag** als Bestandteil der Personalakte darf Dritten ohne Einwilligung des Arbeitnehmers nicht zugänglich gemacht werden (*F/A/K/H* § 99 Rz. 38; *G/L* § 99 Rz. 45; *LAG Hamm* vom 5. 12. 1974 – 8 Ta BV 48/74 – DB 1975, 360; *LAG Düsseldorf/Köln* vom 19. 10. 1976 – 8 Ta BV 18/76 – EzA § 99 BetrVG 1972 Nr. 11); dies gilt bei der Einstellung auch für die Entwürfe von Arbeitsverträgen (GK-*Kraft* § 99 Rz. 73). Insbesondere ergibt sich weder aus § 80 Abs. 2 noch aus § 99 Abs. 1, 2 ein Recht auf Vorlage der Arbeitsverträge (*BAG* vom 18. 10. 1988 – 1 ABR 33/87 – EzA § 99 BetrVG 1972 Nr. 69 = DB 1989, 530). Der Betriebsrat ist aber darüber zu unterrichten, ob die Einstellung **befristet oder unbefristet erfolgt** (*BAG* vom 20. 12. 1988 – 1 ABR 68/87 – EzA § 99 BetrVG 1972 Nr. 70 = DB 1989, 1240). Soweit Bewerbungsunterlagen **EDV-mäßig** erstellt werden, sind die entsprechenden Ausdrucke vorzulegen. Gem. § 45 Abs. 1 BDSG steht der Datenschutz der Arbeitnehmer dem nicht entgegen (*F/A/K/H* § 99 Rz. 33; *G/L* § 99 Rz. 45).

76 Eine **persönliche Vorstellung** des Bewerbers oder die Hinzuziehung zu Einstellungsgesprächen kann der Betriebsrat nicht verlangen (*D/R* § 99 Rz. 123; *F/A/K/H* § 99 Rz. 37; *G/L* § 99 Rz. 50; *Meisel* a.a.O. 92; *BAG* vom 18. 7. 1978 – 1 ABR 8/75 – EzA § 99 BetrVG 1972 Nr. 22 m. Anm. *Peterek* = DB 1978, 2320). Der Arbeitgeber braucht den Arbeitnehmer auch nicht zu veranlassen, sich beim Betriebsrat zu melden oder vorzustellen. Ebensowenig kann der Betriebsrat von einem neu eingestellten Arbeitnehmer verlangen, zu einer **Rücksprache** zu kommen. Dennoch hat es sich in vielen Fällen als recht zweckmäßig erwiesen, hier eine Abrede mit dem Betriebsrat zu treffen.

77 Die **Vorlagepflicht** beschränkt sich auf die **Bewerbungsunterlagen, die der Arbeitgeber hat**. Es besteht keine Verpflichtung des Arbeitgebers, Nachforschungen anzustellen, die er selbst für die Beurteilung eines Bewerbers nicht für erforderlich hält (*F/A/K/H* § 99 Rz. 33; *G/L* § 99 Rz. 47; GK-*Kraft* § 99 Rz. 73).

78 **Vorlage der Bewerbungsunterlagen** bedeutet, daß dem Betriebsrat lediglich **Einblick in die Unterlagen zu gewähren** ist, sie ihm dagegen nicht auszuhändigen sind. Die Unterlagen können daher z. B. im Personalbüro ausgelegt werden. Das Recht des Betriebsrats nach § 99 Abs. 1 ist also nicht so weitgehend wie sein Recht nach § 80 Abs. 2. Nach dieser Bestimmung kann der Betriebsrat verlangen, daß ihm zur Durchführung seiner Aufgaben die erforderlichen Unterlagen »zur Verfügung zu stellen« sind. § 99 Abs. 1 ist aber gegenüber § 80 Abs. 2 eine Spezialvorschrift. Bei

Mitbestimmung bei personellen Einzelmaßnahmen § 99

den personellen Einzelmaßnahmen ist folglich ausschließlich diese Bestimmung zu beachten (*D/R* § 99 Rz. 115; *G/L* § 99 Rz. 48; GK-*Kraft* § 99 Rz. 82; *S/W* §§ 99–101 Rz. 38; *F/A/K/H* § 99 Rz. 37; *BAG* vom 3. 12. 1985 – 1 ABR 72/83 – EzA § 99 BetrVG 1972 Nr. 46 = DB 1986, 917). Nach der Rechtsprechung des *BAG* müssen dem Betriebsrat die Unterlagen aller Bewerber bis zur Beschlußfassung überlassen werden. Die Begründung, nur so könne dem Betriebsrat Gelegenheit für eigene Vorschläge gegeben werden, überzeugt nicht. Der Betriebsrat hat kein Mitbestimmungsrecht bei der Bewerberauswahl (GK-*Kraft* § 99 Rz. 83; vgl. Rz. 67).

Der Betriebsrat ist verpflichtet, über die persönlichen Verhältnisse und Angelegenheiten der Arbeitnehmer, die ihm im Zusammenhang mit der personellen Einzelmaßnahme nach § 99 bekannt wurden und die ihrer Bedeutung oder dem Inhalt nach einer vertraulichen Behandlung bedürfen, **Stillschweigen** zu bewahren (§ 99 Abs. 1, 3; *D/R* § 99 Rz. 136; *F/A/K/H* § 79 Rz. 18; *G/L* § 99 Rz. 63 ff.; GK-*Kraft* § 99 Rz. 93 ff.). Es bedarf keines besonderen Hinweises auf die Schweigepflicht, denn diese gilt auch, ohne daß die Angelegenheit ausdrücklich als geheimhaltungsbedürftig bezeichnet worden ist (GK-*Kraft* § 99 Rz. 95). Ein solcher Hinweis des Arbeitgebers dürfte aber zweckmäßig sein. Die Schweigepflicht gilt insbesondere für die Familienverhältnisse sowie besondere persönliche Eigenschaften des Arbeitnehmers, wie z. B. Krankheiten, Schwangerschaft oder Vorstrafen. Für die Abgrenzung, welche Angaben einer vertraulichen Behandlung bedürfen, kann das Datenschutzgesetz herangezogen werden (so auch *S/W* §§ 99–101 Rz. 35; GK-*Kraft* § 99 Rz. 95). Hiernach sind alle persönlichen Angaben geschützt außer den Daten des § 24 Abs. 2 Nr. 1–6 BDSG, dies sind Namen, Titel, akademische Grade, Geburtsdatum, Beruf, Branchen- und Geschäftsbezeichnung, Anschrift und Rufnummer. Die Vorschrift des § 99 Abs. 1 Satz 3 stellt sicher, daß der Schutz der Intimsphäre der Arbeitnehmer auch im Rahmen der Beteiligung des Betriebsrats bei personellen Einzelmaßnahmen gewährleistet bleibt. § 79 Abs. 1 Satz 2–4 findet Anwendung; danach gilt die Geheimhaltungspflicht auch nach dem Ausscheiden aus dem Betriebsrat. Die Verpflichtung gilt nicht gegenüber Mitgliedern von Betriebs-, Gesamtbetriebs-, Konzernbetriebsräten, Bordvertretungen, Seebetriebsräten sowie gegenüber Arbeitnehmervertretern im Aufsichtsrat sowie im Verfahren vor der Einigungsstelle, der tariflichen Schlichtungsstelle oder einer betrieblichen Beschwerdestelle, da die Mitglieder dieser Gremien ebenfalls einer Schweigepflicht unterliegen (vgl. § 79 sowie die Erläuterungen dort). Der **Bewerber** kann die **Vorlage** von Unterlagen an den Betriebsrat **nicht verbieten**; er ist durch die Geheimhaltungspflicht des Betriebsrats sowie durch den begrenzten Umfang der Vorlagepflicht genügend geschützt. Außerdem weiß jeder, der sich um z. B. eine Einstellung bewirbt, daß der Betriebsrat das Recht auf Vorlage der Unterlagen hat (*F/A/K/H* § 99 Rz. 37; *G/L* § 99 Rz. 47; GK-*Kraft* § 99 Rz. 73; *S/W* §§ 99–101 Rz. 37; **a. A.** *D/R* § 99 Rz. 114; *Wiedemann* Anm. zu *BAG* AP Nr. 1 zu § 99 BetrVG 1972, Bl. 6; zum Meinungsstand vgl. *Heinze* a. a. O. Rz. 239 ff. und ein Beschränkungsrecht des Arbeitnehmers mit der Begründung [Rz. 241] bejahend, daß dieser genauso das Recht hierzu haben müsse, wie etwa ein Unternehmensberatungsbüro. *Heinze* verkennt aber, daß der Arbeitnehmer dem Arbeitgeber die Unterlagen vorlegt, dagegen das Unternehmensberatungsbüro nicht). Eine Verletzung der Schweigepflicht nach § 99 Abs. 1 zieht die Folgen des § 120 Abs. 2 und 3 nach sich.

4. Auskunft über die Auswirkungen der personellen Maßnahme

80 Der Arbeitgeber hat ferner dem Betriebsrat unter Vorlage der entsprechenden Unterlagen Auskunft über die **Auswirkungen der geplanten Maßnahme** zu geben. Diese Unterrichtung ist auf die subjektive Kenntnis des Arbeitgebers über mögliche Auswirkungen beschränkt (*BAG* vom 18. 10. 1988 – 1 ABR 33/87 – EzA § 99 BetrVG 1972 Nr. 69 = DB 1989, 530). Führen z. B. Neueinstellungen zum Abbau von Überstunden oder kann durch Versetzungen Kurzarbeit vermieden werden, so muß der Betriebsrat hierauf ausdrücklich hingewiesen werden. Dazu müssen ihm auch die entsprechenden **Unterlagen** vorgelegt werden. Hier ist vor allem an Unterlagen nach § 92 zu denken, wie Personalbedarfs- und Personaldeckungsrechnung, Personalstatistiken, Auftragszahlen, Fluktuationszahlen usw. Der Betriebsrat soll auch hier in die Lage versetzt werden, sich ein Bild über die Auswirkungen der vom Arbeitgeber beabsichtigten Personalmaßnahmen machen zu können, und zwar in ihrer Rückwirkung auf die Verhältnisse anderer Arbeitnehmer (*D/R* § 99 Rz. 116; *G/L* § 99 Rz. 51; *S/W* §§ 99–101 Rz. 42; GK-*Kraft* § 99 Rz. 81). Rein wirtschaftliche Auswirkungen einer personellen Einzelmaßnahme zählen nicht hierzu (*G/L* § 99 Rz. 51).

5. Mitteilung des Arbeitsplatzes

81 Bei Einstellungen und Versetzungen hat der Arbeitgeber darüber hinaus den in Aussicht genommenen **Arbeitsplatz** dem Betriebsrat mitzuteilen. Dazu gehört die Angabe der Stellung, die der Bewerber im Betrieb erhalten soll, also z. B. die Umschreibung seines Aufgabenbereiches. Dazu gehört ferner auch die Angabe, in welcher Betriebsabteilung der Bewerber tätig sein soll, also der Ort der Arbeitsleistung. Hierzu gehört aber nicht nur die Funktion, in der der betreffende Arbeitnehmer im Betrieb tätig werden soll, sondern auch die arbeitstechnischen Bedingungen (*F/A/K/H* § 99 Rz. 36; GK-*Kraft* § 99 Rz. 80; *S/W* §§ 99–101 Rz. 40f.). Die Angabe der **Schichteneinteilung** ist nicht erforderlich, da sich dies aus der laufenden Information gem. § 87 Abs. 1 Nr. 2, 3 ergibt (*LAG Schleswig-Holstein* vom 29. 1. 1987 – 4 Ta BV – NZA 1988, 68).

6. Mitteilung der Eingruppierung

82 Dem Betriebsrat ist ferner auch die geplante **Eingruppierung** mitzuteilen, damit der Betriebsrat seiner Überwachungspflicht nach § 80 Abs. 1 Ziff. 1 Genüge tun kann, also gegebenenfalls nachprüfen kann, ob die Eingruppierung nicht etwa tariflichen oder betrieblichen Normen widerspricht. Dem Betriebsrat muß also die vorgesehene tarifliche, gegebenenfalls auch betriebliche Lohn- bzw. Gehaltsgruppe (GK-*Kraft* § 99 Rz. 84) und die Eingruppierung in eine Zulagenordnung (Einzelheiten Rz. 22) angegeben werden. Ihm brauchen jedoch keine einzelvertraglichen Abmachungen wie z. B. über eine übertarifliche Entlohnung oder auch sonstige arbeitsvertagliche Abreden mitgeteilt werden; dies gilt auch für die Höhe des Einzelgehaltes (*D/R* § 99 Rz. 132; *F/A/K/H* § 99 Rz. 36; *G/L* § 99 Rz. 53; *S/W* §§ 89–101 Rz. 41; *BAG* vom 3. 10. 1989 – 1 ABR 73/88 – DB 1990, 995). Aufgrund des § 99 Abs. 1 kann die Vorlage der betrieblichen Lohn- und Gehalts-

listen nicht gefordert werden, da der Betriebsrat nur ein Nachprüfungsrecht hinsichtlich der Gruppen hat (*D/R* § 99 Rz. 134; *GK-Kraft* § 99 Rz. 84; *BAG* vom 5. 10. 1989 a. a. O.). Allerdings kann der Betriebsausschuß bzw. der Betriebsobmann oder ein nach § 28 eingesetzter Ausschuß über § 80 Abs. 2, 2 (vgl. § 80 Rz. 41 f.) den Bruttolohn bzw. das Bruttogehalt bei Vorliegen der vom *Bundesarbeitsgericht* aufgestellten Voraussetzungen (vgl. *BAG* vom 28. 5. 1974 – 1 ABR 101/73 – EzA § 80 BetrVG 1972 Nr. 8 = DB 1974, 1868) auch hinsichtlich übertariflicher Bestandteile durch Einblick in die allgemeine Lohn- und Gehaltslisten erfahren. Bei der Einstellung aber sind jedoch Effektivlöhne nicht anzugeben, sondern lediglich die Eingruppierung.

Besteht weder eine Tarifbindung, sei es kraft Gewerkschaftszugehörigkeit oder 83 kraft betrieblicher Übung oder Einzelvereinbarung, noch eine betriebliche kollektive Lohn- und Gehaltsordnung (vgl. Rz. 28 f.) oder fällt der Arbeitnehmer nicht oder nicht mehr unter eine solche Ordnung wie ein AT-Angestellter, so **entfällt eine Eingruppierung des Arbeitnehmers** und damit die Mitteilungspflicht des Arbeitgebers (*D/R* § 99 Rz. 132; *BAG* vom 31. 5. 1983 – 1 ABR 57/80 – EzA § 118 BetrVG 1972 Nr. 36 = DB 1984, 995). In diesen Fällen braucht der Arbeitgeber dem Betriebsrat auch nicht den vertraglich ausbedungenen Effektivlohn des Arbeitnehmers mitzuteilen.

Für die **Umgruppierung** gilt das gleiche wie für die Eingruppierung. Zusätzlich ist 84 aber die bisherige Tarifgruppe und die in Aussicht genommene zu nennen (*GK-Kraft* § 99 Rz. 85).

7. Mitteilung der Versetzung

Bei der **Versetzung** gelten die gleichen Grundsätze wie bei der Einstellung 85 (Rz. 61 ff.); auch eine etwa vorgesehene Umgruppierung ist anzugeben. Ergibt sich bei der Zuweisung eines anderen Arbeitsbereiches erst später, daß sie die Dauer von einem Monat überschreiten wird (vgl. auch Rz. 52), so genügt die Mitteilung dieser Tatsache (*D/R* § 99 Rz. 82; *G/L* § 99 Rz. 60; **a. A.** *GK-Kraft* § 99 Rz. 65, bei wesentlicher Überschreitung). Nicht ausreichend für eine Unterrichtung des Betriebsrats über eine Versetzung ist, wenn dem betroffenen Arbeitnehmer, der zufälligerweise der Betriebsratsvorsitzende ist, sein neuer Arbeitsplatz (Versetzungsanweisung) mitgeteilt wird (*LAG Hamm* vom 28. 5. 1973 – 8 Ta BV 3/73 – DB 1973, 1407). Beim **Wechsel eines Arbeitnehmers in einen anderen Betrieb** des Unternehmens geht das *BAG* (vom 13. 3. 1989 – 1 ABR 37/90 – EzA § 99 BetrVG 1972 Nr. 95) nunmehr von einem Mitbestimmungsrecht wegen Versetzung aus. Dies soll zwar bei einvernehmlichem Ausscheiden wieder entfallen, das Informationsrecht des Betriebsrats soll jedoch bestehen bleiben (vgl. Rz. 57).

8. Folgen der Verletzung der Unterrichtungspflicht

Eine **ohne** die **erforderliche, ordnungsgemäße Unterrichtung** des Betriebsrats 86 durchgeführte personelle Maßnahme ist zunächst **wirksam** (vgl. Rz. 9, zur Versetzung Rz. 43). Sie ist auch nicht wegen Gesetzesverstoßes gem. § 134 BGB nichtig (**a. A.** *BAG* vom 26. 1. 1988 – 1 AZR 531/86 – DB 1988, 1167). Allerdings kann der Betriebsrat beim Arbeitsgericht beantragen, dem Arbeitgeber zu untersagen, die personelle Maßnahme aufrechtzuerhalten (§ 101 und Anmerkungen dazu). § 23 Abs. 3 findet daneben keine Anwendung (vgl. § 23 Rz. 82; vgl. zur Problematik *Heinze* a. a. O. Rz. 261 ff. insbes. Fn. 388; *LAG Hamm* vom 30 7. 1976 – 3 Ta BV 22/76 – DB 1976, 1917). Der Betriebsrat kann im übrigen die Unterrichtung im arbeitsgerichtlichen Beschlußverfahren erzwingen, denn nur bei Erfüllung des Gesetzes durch den Arbeitgeber kann der Betriebsrat seine gesetzlichen Rechte ausüben (*G/L* § 99 Rz. 67; *BAG* vom 6.7. 1962 – 1 ABR 16/60 – EzA § 63 BetrVG 1952 Nr. 1 = DB 1962, 1115). Dies gilt auch für den Fall, daß die Unterrichtung unzureichend ist.

87 Die Verletzung der Pflichten nach § 99 Abs. 1 ist eine **Ordnungswidrigkeit** i. S. d. § 121 (vgl. Anm. dort), die mit einer Geldbuße bis zu 20 000 DM belegt werden kann.

88 **Die Frist** nach Abs. 3 (vgl. Rz. 104 f.) **beginnt** nur, und die Fiktion der Zustimmungserteilung kann nur eintreten, wenn die **Unterrichtung rechtzeitig** und **ordnungsgemäß** unter Vorlage der erforderlichen Unterlagen erfolgt ist (*D/R* § 99 Rz. 202; *F/A/K/H* § 90 Rz. 61; *G/L* § 99 Rz. 106; GK-*Kraft* § 99 Rz. 97; *Heinze* a. a. O. Rz. 268).

89 Ein **Verstoß gegen die Unterrichtungspflichten** des § 99 Abs. 1 stellt keinen Gesetzesverstoß i. S. d. § 99 Abs. 2 Nr. 1 dar und gibt dem Betriebsrat daher keinen Grund zur Zustimmungsverweigerung (*D/R* § 99 Rz. 154; *G/L* § 99 Rz. 70; GK-*Kraft* § 99 Rz. 115; *S/W* §§ 99–101 Rz. 57; *Heinze* a. a. O. Rz. 265 ff.; *F/A/K/H* § 99 Rz. 44; § 99 Rz. 69; *BAG* vom 28. 1. 1986 – 1 ABR 10, 84 – EzA § 99 BetrVG 1972 Nr. 48 = DB 1986, 1077; *BAG* vom 15. 4. 1986 – 1 ABR 55/84 – EzA § 99 BetrVG 1972 Nr. 49 = DB 1986, 1783; *BAG* vom 18. 10. 1988 – 1 ABR 33/87 – EzA § 99 BetrVG 1972 Nr. 69 = DB 1989, 530). Das Zustimmungsrecht des Betriebsrats wird durch die Sanktionen der §§ 101, 121 abschließend genügend geschützt, falls der Arbeitgeber eine personelle Maßnahme ohne Zustimmung des Betriebsrats durchführt oder die Unterrichtungspflichten verletzt (*G/L* § 99 Rz. 70; *Heinze* a. a. O. Rz. 266; *F/A/K/H* § 99 Rz. 44). Solange der Betriebsrat nicht ordnungsgemäß unterrichtet wurde, beginnt die einwöchige Frist des Abs. 3 nicht zu laufen (vgl. Rz. 88), so daß auch die Zustimmung des Betriebsrats nicht nach Abs. 3 Satz 2 fingiert werden kann. Der Betriebsrat behält also, solange er nicht ordnungsgemäß unterrichtet wurde, die Rechte aus §§ 101, 121. Es ist daher nicht erforderlich und nicht gerechtfertigt, wenn eine unterlassene oder nicht ordnungsgemäße Beteiligung des Betriebsrats durch den Arbeitgeber nachgeholt wird – sei es außergerichtlich oder gerichtlich im Zustimmungsersetzungsverfahren nach Abs. 4 –, dem Betriebsrat ein Zustimmungsverweigerungsrecht i. S. v. Abs. 2 Nr. 1 aufgrund der unterlassenen Beteiligung zu geben (*D/R* § 99 Rz. 154; *G/L* § 99 Rz. 70; *S/W* §§ 99–101 Rz. 57). Außerdem liegt ein Gesetzesverstoß i. S. d. Abs. 2 Nr. 1 nur vor, wenn die personelle Maßnahme als solche gegen das Gesetz verstößt, nicht dagegen, wenn das Verfahren gesetzeswidrig ist (*D/R* § 99 Rz. 154; *BAG* a. a. O.).

IV. Das Verfahren nach Unterrichtung des Betriebsrates

1. Zustimmung des Betriebsrates

Das Mitbestimmungsrecht des Betriebsrats nach § 99 ist als Zustimmungsverwei- 90
gerungsrecht – also ein Vetorecht ausgestaltet. Nach dem Wortlaut des Gesetzes
ist **zur kollektivrechtlichen** (betriebsverfassungsrechtlichen) **Wirksamkeit** einer
personellen Einzelmaßnahme die Zustimmung des Betriebsrats erforderlich; dagegen ist sie nach der hier vertretenen Auffassung keine individualrechtliche
Wirksamkeitsvoraussetzung (vgl. Rz. 9). Die Zustimmung des Betriebsrats muß
demnach ausdrücklich erklärt, nach § 99 Abs. 3 fingiert oder durch rechtskräftige
Entscheidung des Arbeitsgerichts ersetzt sein; ist dies nicht der Fall, so hat der
Betriebsrat die Möglichkeit nach § 101, beim Arbeitsgericht zu beantragen, die
personelle Maßnahme aufzuheben. Zur Möglichkeit der vorläufigen personellen
Einzelmaßnahme vgl. § 100.

Für eine Zustimmung des Betriebsrats ist ein **Beschluß des gesamten Betriebsrats** 91
nach § 33 erforderlich; ist ein Betriebsausschuß oder z. B. ein Personalausschuß
nach § 28 gebildet, so entscheidet dieser Ausschuß als Gremium (vgl. *BAG* vom
1. 6. 1976 – 1 ABR 99/74 – EzA § 28 BetrVG 1972 Nr. 3 m. Anm. *Herschel*). Der
Betriebsratsvorsitzende oder der Vorsitzende eines Ausschusses kann nicht alleine entscheiden (*D/R* § 99 Rz. 193f.; *F/A/K/H* § 99 Rz. 62; *G/L* § 99 Rz. 111;
GK-*Kraft* § 99 Rz. 70, 137; vgl. auch Rz. 61).

Der Betriebsrat bzw. der Betriebs- oer Personalausschuß haben nach **pflichtge-** 92
mäßem Ermessen zu beschließen. Der Betriebsrat kann seine Zustimmung ausdrücklich erklären. Diese **Erklärung** ist mangels einer besonderen Bestimmung
des Gesetzes **formfrei** und kann daher auch mündlich erklärt werden, aus Beweisgründen ist aber eine Schriftlichkeit vorzuziehen (*D/R* § 99 Rz. 196; *F/A/K/
H* § 99 Rz. 62). Empfänger der Erklärung des Betriebsrates ist der Arbeitgeber
bzw. die von ihm bezeichnete Stelle.

Der zustimmende Beschluß kann **nicht widerrufen** werden, auch nicht innerhalb 93
der Wochenfrist des Abs. 3 (*D/R* § 99 Rz. 197; *F/A/K/H* § 99 Rz. 62, *G/L* § 99
Rz. 111; GK-*Kraft* § 99 Rz. 139; *Meisel* 100; a.A. *Hueck/Nipperdey* II/2, 1427
Fn. 54a. Eine auf Willensmängel gestützte **Anfechtung** des Beschlusses ist auf die
einzelne Stimmabgabe beschränkt, vgl. § 33 Rz. 23f. (*D/R* § 99 Rz. 197; GK-
Kraft § 99 Rz. 139). Ist der Betriebsratsbeschluß aufgrund von Willensmängeln
wirksam angefochten, so greift dennoch mit Ablauf der Wochenfrist die Zustimmungsfiktion ein (GK-*Kraft* § 99 Rz. 140). Wurde die unwirksame Zustimmungserklärung dem Arbeitgeber vor Ablauf der Wochenfrist bereits mitgeteilt, so ist
der Betriebsrat an diese Erklärung gebunden, es sei denn, auch die Erklärung an
den Arbeitgeber ist selbständig anfechtbar (**a. A.**, aber für Vertrauensschutz bei
bereits durchgeführter personeller Maßnahme GK-*Kraft* a. a. O.). Dagegen kann
der Betriebsrat zunächst aus einem der in Abs. 2 im einzelnen aufgeführten
Gründe seine Zustimmung verweigern, dann aber aufgrund besserer Einsicht
oder weil sich bestimmte Tatsachen nunmehr anders darstellen, die Zustimmung
erteilen. Dies ist auch noch möglich, nachdem die Wochenfrist abgelaufen ist
(*D/R* § 99 Rz. 216; *F/A/K/H* § 99 Rz. 63; *G/L* § 99 Rz. 112; GK-*Kraft* § 99
Rz. 141).

Die **Zustimmung** des Betriebsrats ist zu jeder der in Abs. 1 genannten personel- 94
len Maßnahmen **selbständig und voneinander unabhängig** einzuholen. Einstel-

lung, Eingruppierung, Umgruppierung und Versetzung sind voneinander getrennt zustimmungspflichtig (vgl. Rz. 99).

95 Führt der Arbeitgeber eine **Maßnahme** nach Unterrichtung des Betriebsrats, aber **vor dessen Äußerung** und vor Ablauf der Einwochenfrist nach Abs. 3 durch, so gilt die Zustimmung als erteilt, falls der Betriebsrat nicht noch innerhalb der Frist nach Abs. 3 die Zustimmung verweigert. Verweigert der Betriebsrat rechtzeitig seine Zustimmung, so gelten in diesem Fall, wenn der Arbeitgeber die Maßnahme als vorläufige durchgeführt hat, §§ 100 Abs. 2, 101 oder falls er sie als endgültige Maßnahme durchführt, § 101.

2. Verweigerung der Zustimmung

96 Für den **Beschluß über die Verweigerung der Zustimmung**, der ebenfalls nach pflichtgemäßem Ermessen zu fassen ist, gilt hinsichtlich der Beschlußfassung das gleiche wie in Rz. 91 ausgeführt. Bei der Entscheidung nach pflichtgemäßem Ermessen hat der Betriebsrat zu beachten, daß er seine Entscheidung nicht nur zum Wohle der Arbeitnehmer, sondern auch zum Wohle des Betriebes fällen muß (§ 2 Abs. 1). Fehler in der Beschlußfassung oder in dem zur Beschlußfassung führenden Verfahren hat der Betriebsrat zu vertreten; sie führen dazu, daß die Zustimmung als erteilt gilt (*G/L* § 99 Rz. 103; *S/W* §§ 99–101 Rz. 88; so zu § 102 Abs. 2 *BAG* vom 28. 3. 1974 – 2 AZR 472/73 – EzA § 102 BetrVG 1972 Nr. 9 = DB 1974, 1438; *BAG* vom 4. 8. 1975 – 2 AZR 266/74 – EzA § 102 BetrVG 1972 Nr. 14 m. Anm. *Nickel, Pabst* = DB 1975, 2184). Macht der Betriebsrat von seinem Vetorecht Gebrauch, verstößt er aber dabei gegen die Grundsätze des pflichtgemäßen Ermessens in grober Weise, so kann eine Inanspruchnahme nach § 23 in Betracht kommen.

97 Die **Verweigerung der Zustimmung** ist nur **wirksam**, wenn sie
– unter Angabe von Gründen (Rz. 99 ff.),
– schriftlich (Rz. 103),
– innerhalb der Wochenfrist (Rz. 104 ff.)
erfolgt (Abs. 3).
Bei Verweigerung der Zustimmung ist zwischen Zulässigkeit und Begründetheit der Betriebsratsmaßnahmen zu unterscheiden. Die hier aufgezählten formellen Voraussetzungen zählen zur Zulässigkeit der Zustimmungsverweigerung. Fehlt eine dieser Voraussetzungen, so ist die Zustimmungsverweigerung unbeachtlich, die Zustimmung gilt als erteilt (*D/R* § 99 Rz. 201; *LAG Düsseldorf* vom 23. 12. 1974 – 11 Ta BV 125/74 – DB 1975, 1371 und vom 9. 10. 1975 – 7 Ta BV 114/74 – DB 1977, 172; *LAG Frankfurt/M.* vom 25. 4. 1978 – 5 Ta BV 34/77 – BB 1979, 1604). Zu beachten ist, daß der Betriebsrat aber innerhalb der Wochenfrist Gründe nachschieben kann (vgl. Rz. 105); deshalb kann grundsätzlich erst nach einer Woche von einer Fiktion der Zustimmung ausgegangen werden, es sei denn, der Betriebsrat hat zum Ausdruck gebracht, daß es sich bei seiner Zustimmungsverweigerung um eine abschließende Stellungnahme handelt.

98 Die **Zustimmungsverweigerung ist dem Arbeitgeber selbst** oder einem zum Empfang bevollmächtigten Vertreter unter Beachtung dieser Grundsätze **mitzuteilen** (GK-*Kraft* § 99 Rz. 105). Die Verwendung des Wortes »Widerspruch« oder »widersprechen« statt die Zustimmung verweigern ist unschädlich; es muß nur deutlich werden, daß der Betriebsrat von seinem Recht nach Abs. 2 Gebrauch macht

(*BAG* vom 21.11. 1978 – 1 ABR 91/76 – EzA § 101 BetrVG 1972 unter II 2. S. 5 unten der Gründe = DB 1979, 749). Trotz eines Aussetzungsverlangens des Betriebsrats oder der Jugendvertretung (vgl. aber § 66 Rz. 3 i. V. m. § 67 Rz. 11) nach § 35 kann dem Arbeitgeber die beschlossene Zustimmungsverweigerung mit fristwahrender Wirkung mitgeteilt werden (*D/R* § 35 Rz. 27; *F/A/K/H* § 99 Rz. 62; *G/L* § 99 Rz. 104; vgl. Rz. 107 und § 35 Rz. 24). Eine Zustimmung kann ohnehin auch nach erfolgloser Zustimmungsverweigerung erteilt werden (vgl. Rz. 93). Der Betriebsrat kann seine Zustimmung **nur aus den in § 99 Abs. 2 abschließend aufgeführten Gründen verweigern**; sonstige, im Gesetz nicht genannte Gründe kann der Betriebsrat nicht als Zustimmungsverweigerungsgrund vorbringen. Er hat also nicht zu prüfen, ob die personelle Maßnahme zweckmäßig ist, sondern nur, ob sie wegen der Zustimmungsverweigerungsgründe des Abs. 2 zu beanstanden ist, d. h. ob der Arbeitgeber die dort aufgestellten Rechtsgrundsätze beachtet hat (*D/R* § 99 Rz. 145; *F/A/K/H* § 99 Rz. 40; *G/L* § 99 Rz. 72; GK-*Kraft* § 99 Rz. 112); es handelt sich also um ein **Vetorecht** des Betriebsrats, dagegen **nicht** um ein **Auswahlrecht** (*BAG* vom 7.11. 1977 – 1 ABR 55/75 – EzA § 100 BetrVG 1972 Nr. 1 = DB 1978, 447; *BAG* vom 18.7. 1978 – 1 ABR 8/75 – EzA § 99 BetrVG 1972 Nr. 22 m. Anm. *Peterek* = DB 1978, 2320). Der Betriebsrat hat also nicht das Recht, eine personelle Maßnahme zugunsten einer bestimmten Person, z. B. die Einstellung eines bestimmten Bewerbers zu verlangen. Der Arbeitgeber kann nach wie vor entscheiden, wen er einstellen will bzw. auf wen sich die personelle Maßnahme beziehen soll. Allerdings kann dann der Betriebsrat, wenn einer der abschließend in Abs. 2 aufgeführten Zustimmungsverweigerungsgründe vorliegt, seine Zustimmung zu der Einstellung des vom Arbeitgeber ausgesuchten Bewerbers versagen.

Die Zustimmungsverweigerung muß unter **Angabe von Gründen** innerhalb der Wochenfrist erfolgen. Führt der Betriebsrat innerhalb der Wochenfrist **keine Gründe** oder diese nicht in der vom Gesetz vorgeschriebenen Form an, so ist die Zustimmungsverweigerung **unwirksam** (*BAG* vom 18.7. 1978 – 1 ABR 43/75 – EzA § 99 BetrVG 1972 Nr. 23 m. Anm. *Ehmann* = DB 1978, 2322). Die Gründe müssen sich auf den konkreten Sachverhalt beziehen und Tatsachen angeben, die einen der Zustimmungsverweigerungsgründe des Abs. 2 ausfüllen und beschreiben; sie müssen also substantiiert vorgetragen werden; lediglich eine Bezugnahme auf einen der Gründe des Abs. 2 oder deren formelhafte Wiederholung genügt diesen Anforderungen nicht (*D/R* § 99 Rz. 211; *G/L* § 99 Rz. 110; *S/W* §§ 99–101 Rz. 94; *BAG* vom 5.2. 1971 – 1 ABR 24/70 – EzA § 63 BetrVG 1952 Nr. 4 = DB 1971, 1528; *BAG* vom 24.7. 1979 – 1 ABR 78/77 – EzA § 99 BetrVG 1972 Nr. 26 = DB 1979, 2327). Die Anforderungen an eine beachtliche Zustimmungsverweigerung wurden durch die neuere Rechtsprechung jedoch weiter herabgesetzt. Ein Widerspruch ist danach bereits dann beachtlich, wenn die Begründung es als möglich erscheinen läßt, daß einer der Zustimmungsverweigerungsgründe geltend gemacht wird (*BAG* vom 26.1. 1988 – 1 AZR 531/86 – EzA § 99 BetrVG 1972 Nr. 58 = DB 1988, 1167 unter ausdrücklicher Aufgabe der gegenteiligen Ansicht in *BAG* vom 18.7. 1978 – 1 ABR 43/75 – a.a.O.; *BAG* vom 18.10. 1988 – 1 ABR 33/87 – EzA § 99 BetrVG 1972 Nr. 69 = DB 89, 530). Die Angabe von konkreten Tatsachen soll dabei nur noch für die Zustimmungsverweigerungsgründe des Abs. 2 Nr. 2 und 6 erforderlich sein (*BAG* vom 26.1. 1988 a.a.O.; *F/A/K/H* § 99 Rz. 59 f.; GK-*Kraft* § 99 Rz. 102 f.). Entfernen sich die vom Betriebsrat angeführten Gründe so weit von dem Katalog der gesetzlichen Zustimmungsverweige-

§ 99   4. Teil 5. Abschn. Personelle Angelegenheiten

rungsgründe, daß sie sich keinem der Tatbestände der Nr. 1–6 zuordnen lassen, so ist die Zustimmungsverweigerung allerdings unbeachtlich (*BAG* vom 18. 7. 1978 – 1 ABR 43/75 a. a. O.; *BAG* vom 18. 10. 1988 – 1 ABR 33/87 – a. a. O.). Faktisch kann der Arbeitgeber durch diese Auslegung auch ohne jeden konkreten Anhaltspunkt für Zustimmungsverweigerungsgründe durch einen Widerspruch des Betriebsrats gezwungen werden, das Zustimmungsersetzungsverfahren einzuleiten, da jeder unsubstantiierte Hinweis auf einen Widerspruchsgrund schon beachtlich ist (*S/W* §§ 99 Rz. 96). Der Betriebsrat kann sich allerdings nach Ablauf der Wochenfrist nur noch auf die Gründe berufen, die er rechtzeitig geltend gemacht hat (*BAG* vom 3. 7. 1984 – 1 ABR 74, 82 – DB 1984, 2304; *BAG* vom 15. 9. 1987 – 1 ABR 29/86 – EzA § 99 BetrVG 1972 Nr. 56 = DB 1988, 235). Die Zustimmungsverweigerung kann in besonderen Fällen auch wegen **Rechtsmißbrauchs** unbeachtlich sein, etwa wenn der Betriebsrat immer wieder in gleichgelagerten Fällen mit der gleichen Begründung widerspricht, die erkennbar unbeachtlich ist (*BAG* vom 16. 7. 1985 – 1 ABR 35/83 – unter II 5a der Gründe; EzA § 99 BetrVG 1972 Nr. 40 = DB 1986, 124; *S/W* §§ 99 Rz. 56b). Es ist kein Zustimmungsverweigerungsgrund gegeben, wenn der Arbeitsvertrag ein automatisches Ausscheiden mit Vollendung des 65. Lebensjahres vorsieht. Im Rahmen des § 99 steht dem Betriebsrat nämlich kein Mitbestimmungsrecht bei der materiellen Gestaltung der Arbeitsverträge zu (*ArbG Wuppertal* vom 2. 9. 1974 – 2 BV 23/74 – BB 1974, 1440 = DB 1974, 1917; *BAG* vom 18. 10. 1988 a. a. O.). Das gleiche gilt, wenn der Betriebsrat etwa die Zustimmung zur Einstellung davon abhängig machen wollte, daß der Arbeitnehmer keine Mehrarbeit leistet oder eine übertarifliche Bezahlung erhält. Führt der Betriebsrat also **Gründe** an, die **nicht im Katalog des Abs. 2** enthalten sind, so handelt es sich nicht um eine wirksame Zustimmungsverweigerung, seine Zustimmung gilt dann als erteilt (h. M. vgl. *Heinze* a. a. O. Rz. 287 Fn. 414; *BAG* vom 18. 10. 1988 a. a. O.). Der Betriebsrat kann Gründe, die nicht unter den Katalog des Abs. 2 fallen, als **Bedenken** geltend machen, auf die im Rahmen der vertrauensvollen Zusammenarbeit (§ 2 Abs. 1) einzugehen ist; sie können aber keinen Zustimmungsverweigerungsgrund darstellen. Bei **Tendenzträgern** kann der Betriebsrat ebenfalls Bedenken geltend machen. In diesem Fall zählen auch die Gründe des Abs. 2 lediglich als Bedenken, weil der Betriebsrat kein Zustimmungsverweigerungsrecht hat (*BAG* vom 7. 11. 1975 – 1 ABR 78/74 – EzA § 118 BetrVG 1972 Nr. 7 = DB 1976, 152; bestätigt durch *BAG* vom 22. 5. 1979 – 1 ABR 45/77 – EzA § 118 BetrVG 1972 Nr. 21 unter 2c)bb) S. 170 der Gründe = DB 1979, 2183; *BAG* vom 19. 5. 1981 – 1 ABR 39/70 – EzA § 118 BetrVG 1972 Nr. 30 unter II S. 238 der Gründe = DB 1981, 1191; 1982, 129).

101 Die vom Betriebsrat angegebenen Gründe müssen **nicht schlüssig** oder logisch nachvollziehbar sein; es genügt, daß sie einen Bezug zu einem der in Abs. 2 genannten Tatbestände haben (*BAG* vom 21. 11. 1978 – 1 ABR 91/76 – a. a. O. Rz. 98). Es genügt nach den bedenklich reduzierten Anforderungen der neueren Rechtsprechung, wenn das Vorgetragene den Gründen irgendwie zuzuordnen ist (*BAG* vom 26. 1. 1988 – 1 AZR 531/86 – EzA § 99 BetrVG 1972 Nr. 58 = DB 1988, 1167). Nach dieser Auffassung wird also über die Begründetheit ausschließlich im gerichtlichen Verfahren entschieden, es gibt auch bei offensichtlicher Unsinnigkeit oder Widersprüchlichkeit kein Vorprüfungsrecht des Arbeitgebers, soweit nur irgendein Bezug herzustellen ist (so *F/A/K/H* § 99 Rz. 59a; GK-*Kraft* § 99 Rz. 103).

102 Die **Zustimmungsverweigerung** kann nur **gesondert** bezüglich **jeder einzelnen per-**

sonellen Maßnahme erfolgen (*BAG* vom 20. 12. 1988 – 1 ABR 68/87 – EzA § 99 BetrVG 1972 Nr. 70 = DB 1989, 1240; GK-*Kraft* § 99 Rz. 105; vgl. Rz. 27, 42). Der Betriebsrat kann daher auch nicht die Zustimmung zur Einstellung mit der Begründung verweigern, die Eingruppierung entspreche nicht dem Tarifvertrag (*BAG* vom 10. 2. 1976 – 1 ABR 49/74 – 1 ABR 49/74 = DB 1976, 775; EzA § 99 BetrVG 72 Nr. 9; *BAG* vom 20. 12. 1988 a. a. O.) oder die Zustimmung zur Umgruppierung, weil damit eine unzulässige Änderungskündigung verbunden sei (*LAG Hamm* vom 16. 6. 1978 – 3 Ta BV 49/78 – a. a. O. Rz. 42). Mit dieser Begründung kann er nur seine Zustimmung zur Eingruppierung verweigern; die Einstellung kann der Arbeitgeber daher vornehmen. Genauso kann der Betriebsrat seine Zustimmung zur Versetzung nicht mit der Begründung verweigern, die Umgruppierung unterfalle einem der Verweigerungsgründe des Abs. 2 Nr. 1–6 (*G/L* § 99 Rz. 31, 38). Die Zustimmung zur Einstellung kann auch nicht deshalb verweigert werden, weil der Betriebsrat Einwände gegen die vorgesehene außertarifliche Zulage hat (*ArbG Essen* vom 2. 3. 1972 – 1 BV 4/72 – DB 1972, 977).

3. Schriftform der Zustimmungsverweigerung

Die **Gründe**, die den Betriebsrat veranlassen, seine Zustimmung zu der geplanten 103 personellen Einzelmaßnahme zu verweigern, sind **schriftlich** vorzutragen; eine mündliche Mitteilung genügt nicht (*BAG* vom 28. 1. 1986 – 1 ABR 10/84 – EzA § 99 BetrVG 1972 Nr. 48 = DB 1986, 1077). Die **Erklärung** der Zustimmungsverweigerung durch den Betriebsrat **und die Gründe** dafür müssen also schriftlich in einer oder verschiedenen Urkunden niedergelegt sein und vom Vorsitzenden oder stellvertretenden Vorsitzenden des Betriebsrats eigenhändig (§ 126 Abs. 1 BGB) unterzeichnet sein (*S/W* §§ 99–101 Rz. 89); ist dies nicht der Fall, so ist die Schriftform nicht gewahrt (*BAG* vom 24. 7. 1979 – 1 ABR 78/77 – a. a. O. Rz. 100). Die Wahrung der Schriftform innerhalb der Wochenfrist ist für die Zustimmungsverweigerung Wirksamkeitsvoraussetzung (*D/R* § 99 Rz. 207; *F/A/K/H* § 99 Rz. 59; *G/L* § 99 Rz. 109; GK-*Kraft* § 99 Rz. 101; *Heinze* Personalplanung Rz. 293; *Meisel* 101). Zustimmungsverweigerung und Begründung brauchen nicht in derselben Urkunde enthalten zu sein (*BAG* vom 5. 2. 1971 a. a. O. Rz. 100; *F/A/K/H* § 99 Rz. 59; GK-*Kraft* § 99 Rz. 101).

4. Äußerungsfrist des Betriebsrats

Die Verweigerung seiner Zustimmung hat der Betriebsrat dem Arbeitgeber unter 104 Angabe von Gründen **innerhalb einer Woche schriftlich** im oben genannten Sinne mitzuteilen. Die **Wochenfrist beginnt** mit der Unterrichtung des Betriebsratsvorsitzenden oder seines Stellvertreters von der geplanten personellen Maßnahme, d. h. also gem. § 187 Abs. 1 BGB, daß der Tag der Unterrichtung bei der Berechnung der Frist nicht mitzählt. Fällt das Ende der Frist auf einen Samstag, Sonntag oder Feiertag, so verlängert sich die Frist um den nächstfolgenden Werktag (§ 193 BGB).
Die **Frist beginnt erst** zu laufen, wenn der Betriebsrat ordnungsgemäß unterrichtet 105 wurde – also über die personelle Einzelmaßnahme unter Vorlage der erforderlichen Bewerbungsunterlagen; erfolgt überhaupt keine Mitteilung, so beginnt die

§ 99 4. Teil 5. Abschn. Personelle Angelegenheiten

Frist nicht zu laufen (vgl. Rz. 88f.; *D/R* § 99 Rz. 202; *F/A/K/H* § 99 Rz. 61; *G/L* § 99 Rz. 106; GK-*Kraft* § 99 Rz. 97). Eine anderweitige sichere Kenntnisnahme des Betriebsrats genügt nicht, um die Frist in Gang zu setzen (*S/W* §§ 99–101 Rz. 906; *BAG* vom 17.5. 1983 – 1 ABR 5/80 – EzA § 99 BetrVG 1972 Nr. 36 = DB 1984, 2638). Auch die Unterrichtung nach § 100 Abs. 2 Satz 1 reicht nicht. Sind die Informationen nicht ausreichend, so beginnt der Lauf der Wochenfrist erst vom Tage des Zugangs der vollständigen und ordnungsgemäßen Unterrichtung (*D/K/K/S* § 99 Rz. 156; *D/R* § 99 Rz. 202; *F/A/K/H* § 99 Rz. 61; *S/W* §§ 99–101 Rz. 90; GK-*Kraft* § 99 Rz. 9).
Voraussetzung ist aber, daß der Betriebsrat den Arbeitgeber innerhalb der Wochenfrist auf die unvollständige Unterrichtung hinweist (*BAG* vom 28.1. 1986 – 1 ABR 10/844 – EzA § 99 BetrVG Nr. 48 = DB 1986, 1077; *D/R* § 99 Rz. 202; *F/A/K/H* § 99 Rz. 61; GK-*Kraft* § 99 Rz. 97; *S/W* §§ 99 Rz. 90a). Unterbleibt ein solcher Hinweis des Betriebsrats auf die Unvollständigkeit der Unterrichtung, so greift nach einer Woche die Zustimmungsfiktion des § 99 Abs. 3 ein (*BAG* vom 14.3. 1989 – 1 ABR 80/87 – EzA § 99 BetrVG 1972 Nr. 71 = DB 1989, 1523; *F/A/K/H* § 99 Rz. 61; GK-*Kraft* § 99 Rz. 97; *S/W* §§ 99 Rz. 90a). Hat der Betriebsrat auf eine unvollständige Unterrichtung die Zustimmung verweigert, so kann der Arbeitgeber noch im Zustimmungsersetzungsverfahren die vollständige Unterrichtung nachholen. Der Betriebsrat kann dann binnen einer Woche weitere Verweigerungsgründe geltend machen, die sich aus der nunmehr vollständigen Unterrichtung ergeben (*BAG* vom 20.12. 1988 – 1 ABR 68/87 – EzA § 99 BetrVG 1972 Nr. 70 = DB 1989, 1240). Der Arbeitgeber kann somit auf einen Hinweis des Betriebsrats auf die Unvollständigkeit der Information entweder darauf bestehen, die Information sei vollständig, oder weitere angeforderte Informationen nachreichen. Im Zustimmungsersetzungsverfahren kann sich der Betriebsrat nur dann darauf berufen, die Frist habe wegen unvollständiger Information nicht zu laufen begonnen, wenn er ausdrücklich erklärt hat, welche Information ihm fehlt (*D/K/K/S* § 99 Rz. 156; *BAG* vom 14.3. 1989 – 1 ABR 80/87 – EzA § 99 BetrVG 1972 Nr. 71 = DB 1989, 1523). Besteht der Arbeitgeber darauf, die Information sei vollständig und widerspricht der Betriebsrat nicht form- und fristgerecht, so ist im Verfahren nach § 101 zu entscheiden, ob die Information vollständig war (GK-*Kraft* § 99 Rz. 97). Der Arbeitgeber kann jedoch auch vorsorglich ein Zustimmungsersetzungsverfahren mit dem Antrag einleiten, festzustellen, daß die Zustimmung als erteilt gilt, und hilfsweise Zustimmungsersetzung beantragen (*BAG* vom 28.1. 1986 – 1 ABR 10/84 – EzA § 99 BetrVG 1972 Nr. 48 = DB 1986, 1077). Zu beachten ist auch hier, daß der Arbeitgeber nur die ihm selbst bekannten Informationen zu geben hat.

106 Die Frist von einer Woche stellt eine **Ausschlußfrist** dar. Die Frist kann nach überwiegender Ansicht nicht verlängert werden (*D/R* § 99 Rz. 203; *G/L* § 99 Rz. 107; *S/W* §§ 99–101 Rz. 92; *LAG Frankfurt/M.* vom 25.4. 1978 – 5 Ta BV 34/77 – BB 1979, 1604 [*LAG Berlin* vom 22.9. 1986 – 9 Ta BV 5/86 – DB 1987, 234]; **a. A.** *F/A/K/H* § 99 Rz. 60; GK-*Kraft* § 99 Rz. 93; *BAG* vom 17.5. 1983 – 1 ABR 5/80 – EzA § 99 BetrVG 1972 Nr. 36 = DB 1984, 2638; *BAG* vom 22.10. 1985 – 1 ABR 42/84 – EzA § 99 BetrVG 1972 Nr. 44 = DB 1986, 593; *Alberty* a.a.O. 30ff.). Der Ansicht, daß eine Verlängerung möglich sei, weil die Begrenzung der Frist für die Zustimmungsverweigerung allein im Interesse des Arbeitgebers liege (so *BAG* a.a.O.), kann nicht gefolgt werden. Das *Bundesarbeitsgericht* verkennt, daß die Wochenfrist eine Begrenzung der betriebsverfassungsrechtlichen Kollek-

tivmacht bedeutet, die also dem Betriebsrat im Interesse des oder der betroffenen Arbeitnehmer Grenzen setzt (*LAG Berlin* vom 22.9. 1986 – 9 Ta BV 5/86 – DB 1987, 234). Eine Verlängerung der Wochenfrist ist daher ausgeschlossen (Lit. wie oben und insbes. *G/L* § 99 Rz. 107), sie kann auch nicht durch Tarifvertrag erfolgen (a.A. *BAG* vom 22. 10. 1985 – 1 ABR 42/84 – EzA § 99 BetrVG 1972 Nr. 44 = DB 1986, 593; *S/W* §§ 99–101 Rz. 93 a; *F/A/K/H* § 99 Rz. 93 a; GK-*Kraft* § 99 Rz. 98, aber für ein Verbot der Erstreikbarkeit). Nach der bisherigen Meinung des *Bundesarbeitsgerichts* kann sich der Arbeitgeber jedoch nicht auf den Fristablauf berufen, wenn er, sei es auch unabsichtlich, verhindert hat, daß der Betriebsrat die Frist einhält (*BAG* vom 5. 2. 1971 – 1 ABR 24/70 – EzA § 63 BetrVG 1952 Nr. 4 = DB 1971, 1528; *S/W* §§ 99–101 Rz. 92); das gleiche gilt, wenn der Arbeitgeber sich mit der Verlängerung einverstanden erklärt hat (*BAG* vom 20. 6. 1978 – 1 ABR 65/75 – EzA § 99 BetrVG 1972 Nr. 20 m. Anm. *Löwisch, Schift* unter B II. 2 der Gründe = DB 1978, 2034). Ein Teil der Literatur folgt dieser Ansicht mit der Einschränkung, daß dies nur im Verhältnis vom Arbeitgeber zum Betriebsrat gelte, dagegen nicht im Verhältnis vom Arbeitgeber zum Arbeitnehmer; nimmt also der Arbeitgeber die Maßnahme nach Ablauf der Wochenfrist vor, so hat diese auch dann Bestand, wenn der Arbeitgeber gegenüber dem Betriebsrat treuwidrig gehandelt hat (*D/R* § 99 Rz. 204; *F/A/K/H* § 99 Rz. 60). Diese Ansicht hat jedenfalls vor der früher vertretenen Ansicht des *Bundesarbeitsgerichts* den Vorzug, daß sie die Interessen der Arbeitnehmer bei personellen Einzelmaßnahmen in den Vordergrund stellt.

Auch wenn man der Auffassung folgt, daß eine Fristverlängerung möglich ist, so kann diese jedenfalls nicht mehr erfolgen, nachdem die Frist bereits abgelaufen ist (*LAG Berlin* vom 22.9. 1986 – 9 Ta BV 5/86 – DB 1987, 234; GK-*Kraft* § 99 Rz. 88). Auch ein Vorbehalt des Betriebsrats während der Frist, seine Meinung noch einmal zu überprüfen oder noch Gründe nachzuschieben, ist unbeachtlich (*BAG* vom 15. 4. 1986 – 1 ABR 55/84 – EzA § 99 BetrVG 1972 Nr. 49 = DB 1986, 1783).

Es tritt **keine Unterbrechung** oder **Hemmung** dieser Ausschlußfristen ein bei einem Antrag auf Aussetzung eines Betriebsratsbeschlusses nach § 35 für die Dauer der Aussetzung des Betriebsratsbeschlusses (vgl. § 35 Rz. 98; vgl. Rz. 24; *D/R* § 35 Rz. 27; *G/L* § 35 Rz. 12 a; *F/A/K/H* § 35 Rz. 27 ff.). § 35 stellt lediglich eine interne Ordnungsvorschrift dar. Lediglich wegen **höherer Gewalt** wird der Lauf der Wochenfrist für die Dauer der Verhinderung gehemmt (*G/L* § 99 Rz. 108). **107**

Die **Zustimmung** des Betriebsrats gilt nach der Fiktion des Abs. 3 Satz 2 dann als **erteilt**, wenn sie nicht **innerhalb einer Woche** unter Beachtung aller der in Rz. 96–106 aufgeführten Voraussetzungen verweigert wurde. **Ein Nachschieben der Gründe** nach Ablauf der Wochenfrist ist nicht möglich (*S/W* §§ 99–101 Rz. 91; *BAG* vom 3. 7. 1984 – 1 ABR 74/82 – EzA § 99 BetrVG 1972 Nr. 37 = DB 1984, 2304; *BAG* vom 15. 4. 1986 – 1 ABR 55/84 – EzA § 99 BetrVG 1972 Nr. 49 = DB 1986, 1783; a.A. *F/A/K/H* § 99 Rz. 70; *G/L* § 99 Rz. 110 a; *G/K/S/B/K* § 99 Rz. 80; *Heinze* a.a.O. Rz. 353). Mit der Bekanntgabe der Gründe gegenüber dem Arbeitgeber entscheidet der Betriebsrat über den Streitstoff, über den in einem möglichen anschließenden Beschlußverfahren entschieden werden muß; es kommt nur auf die Berechtigung der rechtzeitig und formgerecht vorgebrachten Gründe an (*BAG* vom 15. 4. 1986 a.a.O.). **108**

§ 99   4. Teil 5. Abschn. *Personelle Angelegenheiten*

V. Verweigerungsgründe

1. Verstoß gegen Gesetze, Verordnungen oder Kollektivvereinbarungen

109 Der Betriebsrat kann seine **Zustimmung** zu der geplanten Einzelmaßnahme **verweigern**, wenn diese gegen ein Gesetz, eine Verordnung, eine Unfallverhütungsvorschrift oder gegen eine Bestimmung in einem Tarifvertrag oder gegen eine Betriebsvereinbarung oder gegen eine gerichtliche Entscheidudng oder eine behördliche Anordnung verstoßen würde. Es handelt sich hierbei um ausschließlich rechtliche Gesichtspunkte, dagegen nicht um Zweckmäßigkeitserwägungen. Das Gesetz muß gerade der personellen Einzelmaßnahme als solcher entgegenstehen. Die Maßnahme als solche, nicht einzelne Vertragsbestimmungen müssen gesetzeswidrig sein (*F/A/K/H* § 99 Rz. 42; *G/L* § 99 Rz. 74; vgl. auch Rz. 113).
Ein Gesetzesverstoß liegt nicht darin, daß der Arbeitgeber dem Betriebsrat nicht ordnungsgemäß über die personelle Maßnahme informiert hat (h. M. vgl. Rz. 89). In § 99 Abs. 2 Nr. 1 sind nur solche Bestimmungen gemeint, die der Maßnahme selbst entgegenstehen. § 99 regelt dagegen nur den Verfahrensablauf der Einstellung. Ohne ordnungsgemäße Unterrichtung muß allerdings der Zustimmungsersetzungsantrag des Arbeitgebers als unbegründet zurückgewiesen werden (*BAG* vom 28. 1. 1986 – 1 ABR 10/84 – EzA § 99 BetrVG 1972 Nr. 48 = DB 1986, 1077). Die Unterrichtung kann aber noch im Zustimmungsersetzungsverfahren nachgeholt werden (*BAG* vom 20. 12. 1988 – 1 ABR 68/87 – EzA § 99 BetrVG 1972 Nr. 70 = DB 1989, 1240).

110 Ein Verstoß gegen ein **Gesetz** oder eine **Verordnung** kommt insbesondere, im Falle der Einstellung, bei **Beschäftigungsverboten** in Betracht. Hier ist z. B. an das Beschäftigungsverbot von schwangeren Frauen, Jugendlichen mit Akkordarbeit, weiblichen Arbeitnehmern ohne Gesundheitsattest oder Ausländern aus Nicht-EG-Staaten ohne Arbeitserlaubnis (§§ 3, 4, 6, 8 MuSchG, 22ff. JArbSchG, 16 AZO, 17, 18 BSeuchG, 19 AFG) zu denken. Auch die Einhaltung des Gleichbehandlungsgrundsatzes nach § 75, der Schutzvorschriften nach § 78, des Diskriminierungsverbotes nach § 611a BGB ist eine in Betracht kommende gesetzliche Bestimmung (*G/L* § 99 Rz. 74), allerdings gilt dies nur hinsichtlich bereits beschäftigter Arbeitnehmer und kann daher auch nur bei Eingruppierung, Umgruppierung und Versetzung in Betracht kommen. Einer Einstellung kann daher z. B. nicht wegen des Verdachtes der Benachteiligung älterer, nicht betriebsangehöriger Arbeitnehmer widersprochen werden. Ein Gesetzesverstoß (Art. 1 § 3 Abs. 1 Nr. 6 AÜG) liegt in der beabsichtigten Einstellung eines Leiharbeitnehmers über 6 Monate (*BAG* vom 28. 9. 1988 – 1 ABR 85/87 – EzA §§ 99 BetrVG 1972 Nr. 68 = DB 1989, 433). **Kein Verstoß** gegen ein Gesetz ist gegeben, wenn der Arbeitgeber durch die Einstellung eines Bewerbers **Rechte** eines anderen **betriebsfremden Bewerbers beeinträchtigt**, der einen **besonderen Beschäftigungsschutz** genießt, wie z. B. Schwerbehinderte. Deshalb kann kein Zustimmungsverweigerungsgrund gegeben sein, wenn der Arbeitgeber nicht gem. § 14 SchwbG vor der Einstellung geprüft hat, ob ein Schwerbehinderter eingestellt werden kann (*F/A/K/H* § 99 Rz. 45; **a. A.** *BAG* vom 14. 11. 1989 – 1 ABR 88/88 – EzA § 99 BetrVG 1972 Nr. 84). Die Einstellung eines nicht Schwerbehinderten ist kein Verstoß gegen ein Gesetz. Die Verweigerung der Zustimmung kann auch nicht darauf gestützt werden, daß zwecks Erfüllung der Mindestzahl von Schwerbehinderten der Arbeitgeber einen dieser Gruppe angehörigen Bewerber hätte auswählen müssen (GK-

Kraft § 99 Rz. 113; *D/R* § 99 Rz. 149); der Betriebsrat hat nämlich kein Auswahlrecht, sondern ein Zustimmungsverweigerungsrecht (vgl. Rz. 99). Etwas anderes gilt allerdings dann, wenn ein Tarifvertrag eine entsprechende Bestimmung enthält (GK-*Kraft* § 99 Rz. 113).

Zur Bestellung und Einstellung eines **Datenschutzbeauftragten** kann nicht die Zustimmung verweigert werden mit der Behauptung, dieser besitze nicht die nach § 28 Abs. 2 BDSG erforderliche Qualifikation (GK-*Kraft* § 99 Rz. 113; *Brill* BlStSozArbR 1978, 164; *Hörle/Wronka* BDSG § 28 Rz. 9; a.A. *F/A/K/H* § 99 Rz. 43; *Simitis/Dammann/Mallmann/Reh* BDSG § 28 Rz. 93). Besitzt der zu Bestellende nicht die Qualifikation nach Abs. 2, so verstößt weder die Einstellung als solche noch die Beschäftigung gegen ein gesetzliches Verbot, sondern allenfalls die Bestellung. Hinsichtlich der Bestellung hat der Betriebsrat aber kein Mitwirkungsrecht (vgl. *LAG München* vom 16. 11. 1978 – 8 Ta BV 6/78 – EzA § 95 BetrVG 1972 Nr. 7 = DB 1979, 1561). **111**

Weiterhin stellt es **keinen Gesetzesverstoß** i. S. d. § 99 Abs. 2 dar, wenn einzelne **Bestimmungen des Arbeitsvertrages** gegen zwingendes Recht verstoßen, die Beschäftigung als solche auf dem vorgesehenen Arbeitsplatz aber nicht verboten ist (*D/K/K/S* § 99 Rz. 175; *F/A/K/H* § 99 Rz. 45; *G/L* § 99 Rz. 74; GK-*Kraft* § 99 Rz. 113; *Etzel* 179; *BAG* vom 20. 6. 1978 – 1 ABR 65/75 – EzA § 99 BetrVG 1972 Nr. 20 m. Anm. *Löwisch, Schift* = DB 1978, 2034; *BAG* vom 16. 7. 1985 – 1 ABR 35/83 – EzA § 99 BetrVG 1972 Nr. 40 = DB 1986, 124; *BAG* vom 10. 2. 1988 – 1 ABR 51/87 – EzA § 72a ArbGG 1979 Nr. 50 = DB 1988, 1327; *BAG* vom 28. 9. 1988 – 1 ABR 85/87 – EzA §§ 99 BetrVG 1972 Nr. 68 = DB 1989, 434; *BAG* vom 18. 10. 1988 – 1 ABR 33/87 – EzA § 99 BetrVG 1972 Nr. 69 = DB 1989, 530; a.A. *D/R* § 99 Rz. 151f.; *Lörcher* BlStSozArbR 1981, 178; *LAG Baden-Württemberg* vom 9. 8. 1985 – 5 Ta BV 3/85 – rkr., BB 1985, 2321 für Formulararbeitsverträge). Dem Betriebsrat steht nämlich keine Inhaltskontrolle des Arbeitsvertrages zu, so liegt kein Zustimmungsverweigerungsgrund nach Nr. 1 vor, wenn der Arbeitsvertrag rechtsunwirksam befristet ist; denn in einem solchen Fall verstößt nicht die Einstellung als solche gegen ein Gesetz, sondern erst die vorgesehene Art der späteren Beendigung des Arbeitsverhältnisses (*BAG* vom 20. 6. 1978 a.a.O.; *BAG* vom 16. 7. 1985 – 1 ABR 35/83 – a.a.O.; *BAG* vom 10. 2. 1988 – 1 ABN 51/87 – a.a.O.; zur Befristung auf das 65. Lebensjahr vgl. *ArbG Wuppertal* vom 2. 9. 1974 – 2 BV 23/74 – BB 1974, 1140 = DB 1974, 1917). **112**

Ein Verstoß gegen § **611a BGB** (Grundsatz der Gleichbehandlung von Männern und Frauen) und das Gebot der geschlechtsneutralen Stellenausschreibung (§ **611b BGB**) stellt bei der Einstellung keinen Zustimmungsverweigerungsgrund nach Nr. 1 dar (GK-*Kraft* § 99 Rz. 114; *S/W* §§ 99–101 Rz. 59; a.A. *D/K/K/S* § 99 Rz. 175; *F/A/K/H* § 99 Rz. 42). Die Einstellung eines wegen des Geschlechts begünstigten Arbeitnehmers wird durch das Gesetz gerade nicht verboten (*Eich* NJW 1980, 2334), der oder die »Benachteiligte« hat lediglich einen Schadensersatzanspruch. **113**

Der Betriebsrat kann ferner die Zustimmung verweigern, wenn die personelle Einzelmaßnahme gegen eine **Unfallverhütungsvorschrift** verstoßen würde. Hier ist an Unfallverhütungsvorschriften in verschiedenen Industriezweigen zu denken, die eine Beschäftigung von bestimmten Personen verbieten. In Betracht kommen hier Bestimmungen, die aufgrund § 16 AZO und insbesondere § 120i GewO erlassen worden sind (*D/K/K/S* § 99 Rz. 176; *G/L* § 99 Rz. 75). **114**

Die Zustimmung kann ferner verweigert werden, wenn die geplante personelle **115**

Einzelmaßnahme gegen einen **Tarifvertrag** verstoßen würde. Es gilt grundsätzlich das gleiche wie bei einem Verstoß gegen ein Gesetz. Hier ist in erster Linie an Bestimmungen eines Tarifvertrages über **Abschlußverbote** zu denken, so z.B. der Ausschluß von Frauen, Jugendlichen oder auch von ungelernten Arbeitern von der Beschäftigung an bestimmten Arbeitsplätzen oder das Verbot der Unterschreitung einer Mindesarbeitszeit (*BAG* vom 28. 1. 1992 – 1 ABR 45/91 – DB 92, 1049. Es kommen auch **Abschlußgebote** in Betracht, z.B. Bestimmungen, wonach bestimmte Arbeitsplätze gewissen Arten von Arbeitnehmern vorbehalten bleiben sollen (Schwerbehinderte, ältere Arbeitnehmer). Auch aus einer Wiedereinstellungsklausel nach einem Arbeitskampf kann sich die Unzulässigkeit der Einstellung anderer Arbeitnehmer ergeben. Weiterhin kommen Verstöße gegen Inhaltsnormen in Betracht, die die Pflichten und Rechte aus dem Arbeitsvertrag zwischen Arbeitgeber und Arbeitnehmer regeln. Insbesondere bei **Eingruppierungen** und **Umgruppierungen** kommt ein Verstoß gegen den Tarifvertrag in Betracht. Bei der Rückgruppierung eines **AT-Angestellten** in eine tarifliche Gehaltsgruppe kann der Betriebsrat mit der Begründung widersprechen, es lägen die Voraussetzungen zur Eingruppierung in eine betriebliche Vergütungsordnung für AT-Angestellte vor (*BAG* vom 28. 1. 1986 – 1 ABR 8/84 – DB 1986, 1389).
Der Betriebsrat kann auch mit der Begründung widersprechen, die angewandte Vergütungsordnung entspreche nicht dem gültigen Tarifvertrag (*BAG* vom 27. 1. 1987 – 1 ABR 66/85 – EzA § 99 BetrVG 1972 Nr. 55 = DB 1987, 2316; *BAG* vom 30. 1. 1990 – 1 ABR 98/88 – EzA § 99 BetrVG 1972 Nr. 86 = DB 1990, 2023). Bei den Widerspruchsgründen ist jedoch klar zwischen den einzelnen Mitbestimmungstatbeständen zu trennen. Der Betriebsrat kann nicht der Einstellung mit der Begründung widersprechen, die Eingruppierung sei falsch. Er muß in diesem Fall der Einstellung zustimmen und eine richtige Eingruppierung verlangen (*BAG* vom 20. 12. 1988 – 1 ABR 68/87 – EzA § 99 BetrVG 1972 Nr. 70 = DB 1989, 1240). Entgegen der Auffassung des *BAG* (a.a.O.) hat er jedoch kein Initiativrecht auf Vornahme einer Eingruppierung, wenn diese vom Arbeitgeber nicht vorgenommen wurde (vgl. *Schlochauer* in: *Hromadka* (Hrsg.), Änderung von Arbeitsbedingungen, 229f.). Zu nennen sind vor allem die Bestimmungen über den Lohn, etwa hinsichtlich der Einstufung in die Lohngruppe oder hinsichtlich zu zahlender Zulagen, vgl. Rz. 27f. Nach § 99 Abs. 1 kann der Betriebsrat seine Zustimmung zur Eingruppierung z.B. mit der Begründung verweigern, daß der betreffende Arbeitnehmer zu niedrig eingestuft worden ist. Eine Berufung auf diesen Tatbestand kommt allerdings nur dann in Betracht, wenn der Arbeitnehmer tarifgebunden ist oder aber der Tarifvertrag kraft einzelvertraglicher Bezugnahme, betrieblicher Übung oder Allgemeinverbindlichkeitserklärung für das Arbeitsverhältnis gilt und die ausgeübte Tätigkeit von einem Tarifvertrag erfaßt wird (*D/R* § 99 Rz. 159; *F/A/K/H* § 99 Rz. 46; *G/L* § 99 Rz. 76; *S/W* §§ 99–101 Rz. 64; GK-*Kraft* § 99 Rz. 109; *BAG* vom 5. 2. 1971 – 1 ABR 24/70 – EzA § 63 BetrVG 1952 Nr. 4 = DB 1971, 1528; *BAG* vom 20. 12. 1988 – 1 ABR 68/87 – EzA § 99 BetrVG 1972 Nr. 70 = DB 1989, 1240).
Ein Zustimmungsverweigerungsgrund liegt nicht vor, wenn nach dem Tarifvertrag korrekt eingruppiert wurde, eine ergänzende, im Tarifvertrag vorgesehene Betriebsvereinbarung über eine zusätzliche Verdienstsicherung aber noch nicht abgeschlossen wurde (*BAG* vom 8. 10. 1985 – 1 ABR 40/83 – EzA § 99 BetrVG 1972 Nr. 42 = DB 1986, 594, zu § 14 MTV gewerbliche Arbeitnehmer und Angestellte der chemischen Industrie, Stand 24. 3. 1979).

§ 99 Mitbestimmung bei personellen Einzelmaßnahmen

Ist ein Tarifvertrag gekündigt und gilt daher nur noch kraft **Nachwirkung** so kann der Arbeitgeber einzelvertragliche Abreden treffen, die den nachwirkenden Tarifvertrag einzelvertraglich ersetzen. In einem solchen Fall kann der Betriebsrat z. B. die Zustimmung zur Umgruppierung nicht mit der Begründung verweigern, der Tarifvertrag sei bezüglich der Lohngruppe gekündigt und es sei noch keine Neuregelung getroffen (*G/L* § 99 Rz. 76; *ArbG Bonn* vom 18. 9. 1972 – 2 BV 13/72 –). Ist jedoch eine Tarifvertragsnorm eines nachwirkenden Tarifvertrags in einem ungekündigten Tarifvertrag in Bezug genommen, so ist die Norm nach wie vor zwingend (*BAG* vom 30. 1. 1990 – 1 ABR 98/88 – EzA § 99 BetrVG 1972 Nr. 86 = DB 1990, 2023). **Mindestarbeitsbedingungen** stehen Tarifnormen gleich (§ 8 MindArbG).

116 Ene personelle Einzelmaßnahme kann auch – vorbehaltlich des Vorrangs des Tarifvertrages nach § 77 Abs. 3, § 87 Abs. 1 Satz 1 – gegen eine **Betriebsvereinbarung** verstoßen (*D/R* § 99 Rz. 160), z. B. bei Eingruppierung in eine betriebliche Vergütungsordnung. Dies gilt entsprechend, wenn die Vergütungsordnung unter Mißachtung des Mitbestimmungsrechts einseitig erlassen wurde (*BAG* vom 28. 1. 1986 – 1 ABR 8/84 – DB 1986, 1389). Es kommen auch hier Abreden über den Abschluß oder Nichtabschluß von Arbeitsverträgen in Betracht. Dieser Tatbestand wird allerdings weitgehend bedeutungslos, da Arbeitgeber und Betriebsrat nach § 95 besondere Richtlinien, d. h. also auch Einstellungsrichtlinien vereinbaren können und der Betriebsrat nach § 99 Abs. 2 Ziff. 2 seine Zustimmung zu der geplanten personellen Maßnahme auch verweigern kann, wenn diese gegen eine entsprechende Richtlinie nach § 95 verstoßen würde (vgl. Rz. 119).

Ein Verstoß gegen eine Betriebsvereinbarung liegt nicht vor, wenn ein Bewerber eingestellt wird, der sich nach Ablauf einer in einer Betriebsvereinbarung festgelegten Frist für eine Stellenausschreibung beworben hat; denn eine solche Betriebsvereinbarung beschränkt nicht das Auswahlrecht des Arbeitgebers (*BAG* vom 18. 11. 1980 – 1 ABR 63/78 – EzA § 93 BetrVG 1972 Nr. 1 = DB 1981, 998). Regelt eine Betriebsvereinbarung Einzelheiten des Einstellungsverfahrens wie z. B. ein Teilnahmerecht des Betriebsrats bei Bewerbergesprächen, so kann ein Widerspruch des Betriebsrats gegen die Einstellung auf diese Verfahrensverletzung gestützt werden (*LAG Berlin* vom 11. 2. 1985 – 9 Ta BV 5/84 – rkr. – DB 1986, 49).

117 Eine personelle Einzelmaßnahme kann z. B. dann gegen eine **gerichtliche Entscheidung** verstoßen, wenn das Gericht die Verweigerung der Zustimmung des Betriebsrats für Rechtens erkannt hat, die Zustimmung somit nicht ersetzt und der Arbeitgeber dennoch erneut versucht, die betreffende Maßnahme, z. B. eine Einstellung, durchzuführen. Allerdings wird dieser Zustimmungsverweigerungsgrund nur durchgreifen, wenn der vorher geltend gemachte Grund nach wie vor gegeben ist. Eine Blockierung der beendeten oder rückgängig gemachten personellen Maßnahmen für alle Zukunft stände mit den Interessen von Arbeitgeber und Arbeitnehmer im Widerspruch, ohne gleichzeitig einem schutzwürdigen Belegschaftsinteresse zu dienen (*Heinze* a. a. O. Rz. 305; *LAG Baden-Württemberg* vom 7. 9. 1961 – 7 Ta BV 1/61 – AP Nr. 2 zu § 61 BetrVG 1952 = DB 1961, 1396). Es ist hier allerdings auch das besondere Verfahren nach § 101 zu beachten. Ferner kann der Betriebsrat z. B. eine Einstellung ablehnen, wenn der Bewerber zu einem früheren Zeitpunkt auf Betreiben des Betriebsrats nach § 104 aus dem Betrieb wegen betriebsstörenden Verhaltens entfernt worden ist. Ein Verstoß liegt ferner dann vor, wenn der Arbeitgeber z. B. einen Kraftfahrer einstellen will, obwohl ihm der Führerschein durch gerichtliche Entscheidung entzogen worden und ein Fahrver-

§ 99 4. Teil 5. Abschn. Personelle Angelegenheiten

bot nach § 44 StGB ausgesprochen worden ist. (*D/K/K/S* § 99 Rz. 179; *F/A/K/H* § 99 Rz. 48, **a. A.** GK-*Kraft* § 99 Rz. 118). Das gleiche gilt generell für Verbote der Berufsausübung nach § 70 StGB (*D/R* § 99 Rz. 161; *F/A/K/H* § 99 Rz. 48; *G/L* § 99 Rz. 78; *LAG Baden-Württemberg* vom 7.9. 1961 – 7 Ta BV 1/61 – a.a. O.).

118 Eine **behördliche Anordnung** wird einer personellen Einzelmaßnahme nur selten entgegenstehen. Hier ist an den Fall zu denken, daß die Einstellung bestimmter Personen, z. B. Jugendlicher, durch das Gewerbeaufsichtsamt (§§ 22 ff. JArbSchG; § 1 VO über das Verbot der Beschäftigung von Personen unter 18 Jahren mit sittlich gefährdenden Tätigkeiten) bzw. Auszubildender (§§ 22, 24 BBiG, 23, 24 HandwO) verboten ist, wenn die fachliche oder persönliche Eignung nicht (mehr) vorliegt. Hierzu zählen auch Anordnungen nach § 120d GewO, § 16 ArbStoffVO.

2. Verstoß gegen eine Auswahlrichtlinie

119 Der Betriebsrat kann die Zustimmung zur personellen Einzelmaßnahme ferner verweigern, wenn die personelle Maßnahme gegen eine **Richtlinie nach § 95 (Auswahlrichtlinie)** verstoßen würde (zum Begriff »Auswahlrichtlinie« vgl. die Anm. zu § 95). Es muß sich also um eine mitbestimmte Richtlinie handeln, d. h. eine, der der Betriebsrat zugestimmt hat bzw. auf die sich Arbeitgeber und Betriebsrat geeinigt haben oder über die die Einigungsstelle verbindlich entschieden hat (*LAG Frankfurt/M.* vom 16. 10. 1984 – 4 Ta BV 98/83 – DB 1985, 1534). Nur ein Verstoß gegen eine solche Richtlinie wird durch Nr. 2 sanktioniert (*S/W* §§ 99–101 Rz. 67; GK-*Kraft* § 99 Rz. 121; *G/L* § 99 Rz. 33, 80). Enthält eine mit dem Betriebsrat vereinbarte Einstellungsrichtlinie z. B. die Klausel, daß auf bestimmten Arbeitsplätzen nur solche Arbeitnehmer eingesetzt werden dürfen, die über eine mindestens einjährige Betriebszugehörigkeit bzw. Betriebserfahrung verfügen, so kann der Betriebsrat seine Zustimmung verweigern, wenn der Arbeitgeber einen derartigen Arbeitsplatz mit einem betriebsfremden Arbeitnehmer besetzen will. Es kommt hier wesentlich darauf an, welchen Inhalt die Auswahlrichtlinie im einzelnen besitzt. Je nachdem sind hier die Rechte des Betriebsrats stark ausgeweitet. Jeder Verstoß gegen eine Auswahlrichtlinie durch eine personelle Einzelmaßnahme berechtigt den Betriebsrat zur Verweigerung der Zustimmung (*D/K/K/S* § 99 Rz. 181; *D/R* § 99 Rz. 163 ff.; *F/A/K/H* § 99 Rz. 50; *G/L* § 99 Rz. 81; GK-*Kraft* § 99 Rz. 121; **a. A.** *Blomeyer*, Gedächtnisschrift *Dietz*, 165, nach dem es darauf ankommt, daß die Verweigerung der Zustimmung nicht »unangemessen« ist). Allerdings enthalten die meisten Auswahlrichtlinien einen gewissen Ermessensspielraum für den Arbeitgeber. Ein Verstoß gegen die Richtlinie liegt erst dann vor, wenn die personelle Maßnahme unter Mißachtung der Grundsätze der Auswahlrichtlinie oder unter Überschreitung des Ermessensspielraums erfolgt ist (*Meisel* 105).

120 Macht der Betriebsrat von seinem Zustimmungsverweigerungsrecht wegen Verstoßes gegen eine Auswahlrichtlinie **keinen Gebrauch**, so gilt die Zustimmung als erteilt. Der Richtlinie kommt keine Wirkung derart zu, daß ein Verstoß gegen sie etwa die personelle Einzelmaßnahme im individualrechtlichen Bereich unwirksam machen würde (*D/R* § 99 Rz. 167; *G/L* § 99 Rz. 82).

121 Bei einem Verstoß gegen eine Auswahlrichtlinie wird dem Arbeitgeber im Regelfall auch die **Anrufung des Arbeitsgerichts auf Ersetzung der Zustimmung** nichts

nutzen. Das Arbeitsgericht dürfte im Regelfall nicht in der Lage sein, das Veto des Betriebsrats auszuräumen. Eine Korrektur kommt nur dann in Betracht, wenn die Auswahlrichtlinie selbst gegen zwingendes Recht, z. B. gegen den Gleichbehandlungsgrundsatz des § 75 verstoßen würde. Sollte z. B. in der Auswahlrichtlinie eine Klausel enthalten sein, wonach alle nicht den EWG-Staaten angehörigen Arbeitnehmer nicht eingestellt werden düfen, und stellt der Arbeitgeber nun dennoch Türken ein, so kann der Arbeitgeber mit Hilfe des Arbeitsgerichts diese Klausel durch das Arbeitsgericht für unzulässig erklären lassen (so auch *D/R* § 99 Rz. 166; *S/W* §§ 99–101 Rz. 66). Ist dagegen die Auswahlrichtlinie durch Spruch der Einigungsstelle unter Überschreitung der Ermessensgrenze zustande gekommen, so ist das Arbeitsgericht an sie gebunden, wenn der Arbeitgeber versäumt hat, das Arbeitsgericht innerhalb der Zweiwochenfrist des § 76 Abs. 5 Satz 4 anzurufen (*D/K/K/S* § 99 Rz. 181; *D/R* § 99 Rz. 166; *S/W* §§ 99–101 Rz. 67; GK-*Kraft* § 99 Rz. 121).

3. Nachteile für andere betriebsangehörige Arbeitnehmer

Der Betriebsrat kann seine Zustimmung zu einer personellen Einzelmaßnahme **122** verweigern, wenn die **durch Tatsachen begründete Besorgnis** besteht, daß infolge der personellen Maßnahme im Betrieb beschäftigte Arbeitnehmer gekündigt werden oder sonstige Nachteile erleiden, ohne daß dies aus betrieblichen oder persönlichen Gründen gerechtfertigt ist. Der Widerspruchsgrund kommt in erster Linie bei einer Einstellung und Versetzung in Betracht, bei einer Umgruppierung und Eingruppierung ist er nicht denkbar (*D/R* § 99 Rz. 169; *G/L* § 99 Rz. 83; GK-*Kraft* § 99 Rz. 122). Die Besorgnis der Erleidung von Nachteilen muß durch nachprüfbare Tatsachen begründet sein. Nicht erforderlich ist etwa, daß die geplante Maßnahme mit dem Ziel erfolgt, andere Arbeitnehmer zu kündigen oder ihnen sonstige Nachteile zuzufügen; die Nachteile müssen auch nicht tatsächlich eintreten. Erforderlich ist aber, daß die Durchführung der geplanten personellen Maßnahme eine Entlassung oder sonstige Nachteile befürchten läßt. Diese Befürchtung muß auf Tatsachen beruhen, eine reine Vermutung reicht nicht aus (*LAG Frankfurt/M.* vom 29. 10. 1980 – 1 BV 11/80 –; *LAG Rheinland-Pfalz* vom 10. 12. 1981 – 4 Ta BV 27/81 – DB 1982, 652; GK-*Kraft* § 99 Rz. 122); andererseits ist keine Gewißheit erforderlich (*D/R* § 99 Rz. 174). Diese Kündigungen oder Nachteile müssen **unmittelbar** durch die personelle Maßnahme bedingt sein. Mittelbare Nachteile, die durch weitere Umstände ausgelöst werden, reichen nicht aus (*S/W* §§ 99–101 Rz. 71; *Meisel* 105; *Stahlhacke* BlStSozArbR 1972, 56; *BAG* vom 7. 11. 1977 – 1 ABR 55/75 – EzA § 100 BetrVG 1972 Nr. 1 = DB 1978, 447; im Ergebnis auch *D/R* § 99 Rz. 175). Zum Teil wird demgegenüber das Kriterium der **Ursächlichkeit** verwandt (*BAG* vom 15. 9. 1987 – 1 ABR 29/86 – EzA § 99 BetrVG 1972 Nr. 56 = DB 1988, 128; *D/K/K/S* § 99 Rz. 184; GK-*Kraft* § 99 Rz. 123). Dabei besteht die Gefahr, daß selbst weit entfernte Verkettungen noch in die Prüfung einbezogen werden. »Infolge« der Maßnahme bedeutet durch die Maßnahme selbst – ohne Hinzutreten von weiteren Umständen. Eine andere Auslegung würde diesen Widerspruchsgrund zu stark ausweiten.
In der betrieblichen Praxis wird es allerdings selten sein, daß die Maßnahme un- **123** mittelbar zu **Kündigungen** anderer Arbeitnehmer führt. Wird im Rahmen einer Betriebsänderung ein Arbeitnehmer auf den Arbeitsplatz eines vergleichbaren

§ 99   *4. Teil 5. Abschn. Personelle Angelegenheiten*

Arbeitnehmers versetzt, dem daraufhin im Rahmen der Sozialauswahl gekündigt wird, so stehen Versetzung und Kündigung nach der Rechtsprechung (*BAG* vom 15.9. 1987 – 1 ABR 29/86 – a.a.O.) in ursächlichem Zusammenhang, obwohl nicht die Versetzung, sondern die Betriebsänderung Ursache der Kündigung ist. Es muß folglich weiter die Frage der Rechtfertigung (vgl. Rz. 126) geprüft werden. Stellt der Arbeitgeber, um einen Produktionsstau zu überwinden, kurzfristig ausländische Arbeitnehmer ein und schließt mit diesen einen – wie üblich – einjährigen Vertrag, so ist nicht auszuschließen, daß im Falle einer Rezession, zumindest eines Auftragsmangels, der Arbeitgeber wiederum zu Entlassungen schreiten muß, dann aber deutsche Arbeitnehmer entläßt, deren Arbeitsverhältnis mit normaler Kündigungsfrist beendet werden kann. Die Kündigung der deutschen Arbeitnehmer ist nicht die unmittelbare Folge der Einstellung der ausländischen Arbeitnehmer, sondern sie wurde durch den zusätzlichen Umstand des Auftragsmangels ausgelöst (*S/W* §§ 99–101 Rz. 71; **a.A.** *G/L* § 99 Rz. 85). Selbst wenn man aber davon ausgeht, daß die Kündigung eine unmittelbare Folge der Einstellung wäre, so könnte der Arbeitgeber das Veto des Betriebsrats unter Hinweis auf dringende betriebliche Erfordernisse abwehren. Nach dem Wortlaut des Gesetzes ist nämlich weiter erforderlich, daß diese Kündigungen bzw. die sonstigen Nachteile nicht aus betrieblichen oder persönlichen Gründen gerechtfertigt sind. In dem oben angeführten Beispiel könnte somit der Arbeitgeber darauf hinweisen, daß er zur Überwindung des plötzlichen Produktionsstaus keine anderen Möglichkeiten gehabt habe, als ausländische Arbeitnehmer mit einem Einjahresvertrag einzustellen. Die Verweigerung der Zustimmung durch den Betriebsrat dürfte daher nicht gerechtfertigt sein.

124 Häufiger wird in der betrieblichen Praxis der Fall sein, daß durch die personelle Maßnahme des Arbeitgebers **Folgemaßnahmen** für andere Arbeitnehmer ausgelöst werden, die für diese nachteilig sind. Als **sonstiger Nachteil** ist nach Sinn und Zweck der Bestimmung eine Verschlechterung des status quo der Arbeitnehmer des Betriebes – also **ihrer faktischen und rechtlichen Stellung** – anzusehen. Die Nachteile müssen von nicht unerheblichem Gewicht sein (*BAG* vom 15.9. 1987 – 1 ABR 44/86 – EzA § 99 BetrVG 1972 Nr. 57 = DB 1988, 128). Unter dieser Voraussetzung kommen auch rein tatsächliche Erschwernisse der Arbeit in Betracht (*BAG* vom 15.9. 1987 a.a.O.; *BAG* vom 26.1. 1988 – 1 AZR 531/86 – EzA § 99 BetrVG 1972 Nr. 58 = DB 1988, 1167; *F/A/K/H* § 99 Rz. 51; GK-*Kraft* § 99 Rz. 125; **a.A.** *S/W* §§ 99 Rz. 72). Dies bedeutet, daß es nicht darum gehen kann, den Arbeitnehmern des Betriebes für alle nur denkbaren Vorteile vorzubehalten; vielmehr ist nach dem Wortlaut des Gesetzes nur zu vermeiden, daß die Durchführung von personellen Einzelmaßnahmen die Stellung der im Betrieb beschäftigten Arbeitnehmer negativ beeinflußt (*D/R* § 99 Rz. 171; *G/L* § 99 Rz. 88). Keinen Nachteil stellt daher der evtl. zu erwartende Abbau von Überstunden wegen Neueinstellungen dar (*D/R* § 99 Rz. 173; **a.A.** *G/L* § 99 Rz. 91; GK-*Kraft* § 99 Rz. 126). Dagegen kann es ein Nachteil sein, wenn aufgrund der Einstellung von Arbeitnehmern, die nicht durch betriebliche oder persönliche Gründe gerechtfertigt ist, im Betrieb Kurzarbeit eingeführt werden muß (*D/R* § 99 Rz. 173; *G/L* § 99 Rz. 90).

125 **Keinen Nachteil** im Sinne der Vorschrift stellt es dar, wenn dem Arbeitnehmer **Beförderungschancen** verlorengehen, da dies kein Nachteil im bestehenden Arbeitsverhältnis ist. So ist z.B. daran zu denken, daß eine sogenannte Zweitsekretärin sich Chancen ausgerechnet hat, nach dem Ausscheiden der Erstsekretärin an deren Stelle gesetzt zu werden. Nunmehr muß sie aber feststellen, daß der Arbeitgeber eine andere Kollegin unter gleichzeitiger tariflicher Höhergruppierung auf diesen Platz setzt. Chancen oder unverbindliche Zusagen begründen keinen Nachteil im Sinne der Vorschrift. Die Entscheidung der Frage, ob auf eine personelle Einzelmaßnahme wegen der Chancen anderer Arbeitnehmer verzichtet werden soll, ist eine reine Auswahlentscheidung, auf die der Betriebsrat keinen Einfluß hat (vgl. Rz. 67). Ein Nachteil im Sinne des Gesetzes liegt nur dann vor, wenn ein **Rechtsanspruch** oder eine rechtsverbindliche Anwartschaft auf den Arbeitsplatz bestanden hat – also bei dem Verlust einer Rechtsposition (*D/R* § 99 Rz. 171; *F/A/K/H* § 99 Rz. 51; *G/L* § 99 Rz. 88; GK-*Kraft* § 99 Rz. 125; *S/W* §§ 99–101 Rz. 72; *BAG* vom 6. 10. 1978 – 1 ABR 51/77 – EzA § 99 BetrVG 1972 Nr. 24 = DB 1979, 311; bestätigt duch *BAG* vom 15. 9. 1987 – 1 ABR 44/86 – EzA § 99 BetrVG 1972 Nr. 57 = DB 1988, 128; a. A. *D/K/K/S* § 99 Rz. 186). Dies gilt auch dann, wenn ein Mitbewerber eventuell wegen gesundheitlicher Beeinträchtigung einen Anspruch auf Versetzung auf einen anderen Arbeitsplatz hat, da auch dann kein Anspruch auf Versetzung auf den konkreten Arbeitsplatz besteht (*BAG* vom 13. 6. 1989 – 1 ABR 11/88 – DB 1990, 283).

Der Zustimmungsverweigerungsgrund der Nr. 3 ist nicht gegeben, wenn die personelle Einzelmaßnahme »**aus betrieblichen oder persönlichen Gründen gerechtfertigt ist**«. Diese Formulierung bezieht sich offensichtlich auf § 1 Abs. 1 Kündigungsschutzgesetz. Nach dieser Bestimmung muß eine Kündigung aus dringenden betrieblichen oder aus persönlichen Erfordernissen sozial gerechtfertigt sein. § 99 Abs. 2 Ziff. 3 läßt dagegen betriebliche oder persönliche Gründe ausreichen und verzichtet auf den Maßstab der sozialen Rechtfertigung. Diese sprachlichen Unterschiede sind zu beachten (so *Oetker* Anm. zu *BAG* vom 15. 9. 1987 – 1 ABR 44/86, SAE 1988, 197, 205 f.). Während nach § 1 Kündigungsschutzgesetz eine eingehende Prüfung der ausgesprochenen Kündigung vorgenommen werden muß, ist hier nur zu untersuchen, ob die eigentliche personelle Maßnahme gegenüber den möglichen Kündigungen oder den möglichen Nachteilen höherwertig ist. Das Gesetz fordert also nicht, daß die potentielle Kündigung eines anderen Arbeitnehmers, etwa i. S. d. § 1 Abs. 1 KSchG, auf ihre soziale Rechtfertigung untersucht werden muß (*D/R* § 99 Rz. 177; GK-*Kraft* § 99 Rz. 126). Eine entsprechende Prüfung ist erst bei der beabsichtigten Kündigung des anderen Arbeitnehmers durchzuführen, um festzustellen, ob der Widerspruch des Betriebsrats nach § 102 Abs. 3 BetrVG zu Recht besteht oder nicht. Ebensowenig ist bis ins letzte Detail nachzuprüfen, ob die durch die geplante Maßnahme möglicherweise eintretenden Nachteile gerechtfertigt sind. Zwar ist der Tatbestand der Ziff. 3 nicht erst dann erfüllt, wenn die personelle Maßnahme beabsichtigt, dem anderen Arbeitnehmer Nachteile zuzufügen. Es genügt vielmehr, wenn sich aus der Maßnahme möglicherweise Nachteile als Folge ergeben können. Im Regelfall wird man aber davon ausgehen können, daß diese Nachteile doch aus betrieblichen oder persönlichen Gründen gerechtfertigt sind, es sei denn, daß die Interessen des anderen Arbeitnehmers offenkundig höherwertig sind, die Durchführung der pesonellen Maßnahme also einen Unrechtstatbestand setzen würde. Eine betriebliche Rechtfertigung für eine Kündigung liegt jedenfalls dann immer vor, wenn im Zuge der Sozialauswahl während einer Betriebsänderung ein sozial schwächerer Arbeitnehmer auf den Arbeitsplatz eines vergleichbaren Arbeitnehmers versetzt wird, dem daraufhin gekündigt wird. In diesem Fall ist die Maßnahme durch das Kündigungsschutzrecht geboten (*BAG* vom 15. 9. 1987 – 1 ABR 29/86 – EzA § 99

§ 99   *4. Teil 5. Abschn. Personelle Angelegenheiten*

BetrVG 1972 Nr. 56 = DB 1988, 235). Weitere betriebliche oder persönliche Gründe sind z. B. die Notwendigkeit, einen besonders qualifizierten Arbeitnehmer, auch gegen höheren Lohn, zu gewinnen oder zu versetzen (*D/R* § 99 Rz. 177; § 99 Rz. 52; *G/L* § 99 Rz. 86). Entscheidungen über die wirtschaftlichen Maßnahmen in betriebstechnischer und -organisatorischer Hinsicht des Unternehmens berechtigen den Betriebsrat in der Regel nicht zu einer Zustimmungsverweigerung wegen anderer Beurteilung der wirtschaftlichen Lage (*G/L* § 99 Rz. 87). Wird für einen gekündigten Arbeitnehmer ein anderer eingestellt, so kann der Betriebsrat der Einstellung nicht widersprechen mit der Begründung, dies stelle einen Nachteil für den gekündigten Arbeitnehmer dar, falls dieser im Prozeß obsiege. Dies ist nicht der Fall, da er in diesem Fall einen Anspruch auf Beschäftigung nach seinem Arbeitsvertrag hat (*G/L* § 99 Rz. 86a; *ArbG Offenbach* vom 24. 6. 1981 – 1 BV 23/ 81 – BB 1981, 1462; **a. A.** *D/K/K/S* § 99 Rz. 190).

127 Der Betriebsrat hat die **Beweislast** dafür, daß die personelle Maßnahme Kündigungen oder Nachteile auslösen kann. Die Besorgnis muß der Betriebsrat durch Tatsachen begründen, Vermutungen reichen nicht aus. Er muß also dartun und gegebenenfalls beweisen, daß mit großer Wahrscheinlichkeit die Durchführung der vom Arbeitgeber geplanten Maßnahme zu Kündigungen oder zu sonstigen Nachteilen führt. Der Betriebsrat muß im letzten Fall auch konkret dartun, um welche Nachteile es sich hier handelt. Der Arbeitgeber hat darzulegen und zu beweisen, daß die als möglich anzusehenden Folgemaßnahmen – sei es eine Kündigung, seien es sonstige Nachteile – aus betrieblichen oder perssönlichen Gründen gerechtfertigt sind (*D/R* § 99 Rz. 178; *G/L* § 99 Rz. 92; *GK-Kraft* § 99 Rz. 128).

4. Nachteil für den betroffenen Arbeitnehmer

128 Ein Zustimmungsverweigerungsrecht ist ferner dann gegeben, wenn der **betroffene Arbeitnehmer** durch die personelle Maßnahme benachteiligt wird, ohne daß dies aus betrieblichen oder in der Person des Arbeitnehmers liegenden Gründen gerechtfertigt ist. Betroffener Arbeitnehmer ist nämlich immer nur der Arbeitnehmer, auf den sich die Maßnahme unmittelbar bezieht; die Maßnahme muß ihn auch unmittelbar benachteiligen. Der Nachteilsbegriff ist hier derselbe wie der »sonstige Nachteil« in § 99 Abs. 2 Ziff. 3, vgl. Rz. 24. Ein Nachteil kann jedoch nur bei Maßnahmen vorliegen, mit denen der Arbeitnehmer nicht einverstanden ist. Es geht hier nur um individuelle Interessen (GK-*Kraft* § 99 Rz. 129; **a. A.** *D/K/K/S* § 99 Rz. 194; *F/A/K/H* § 99 Rz. 55). Eine Einstellung bringt dem Arbeitnehmer keinen Nachteil i. S. d. Abs. 2 Ziff. 4; dies gilt auch für nur **befristete Einstellungen**. Es kommt hier nur auf Nachteile durch die Einstellung selbst, nicht auf nachteilige Vertragsbestimmungen an (*BAG* vom 16. 7. 1985 – 1 ABR 35/83 – EzA § 99 BetrVG 1972 Nr. 40 = DB 1986, 124, *BAG* vom 18. 10. 1988 – 1 ABR 33/87 – EzA § 99 BetrVG 1972 Nr. 69 = DB 1989, 530; *S/W* §§ 99–101 Rz. 76a **a. A.** *D/K/K/S* § 99 Rz. 193).

Hier ist daher insbesondere an die Fälle der Eingruppierung, Umgruppierung, vor allem aber auch der Versetzung gedacht, denn nur diese personellen Maßnahmen können für den betroffenen Arbeitnehmer einen **Nachteil** zur Folge haben (*D/R* § 99 Rz. 180; *G/L* § 99 Rz. 93; GK-*Kraft* § 99 Rz. 132; *S/W* §§ 99–101 Rz. 76; *BAG* vom 6. 10. 1978 – 1 ABR 51/77 – EzA § 99 BetrVG 1972 Nr. 24 = DB

1979, 311; **a. A.** Ziff. 4 auch bei Neueinstellung: *D/K/K/S* § 99 Rz. 193; *F/A/K/H* § 99 Rz. 54, *Heinze* a. a. O. Rz. 55). Bei einer Eingruppierung dürfte allerdings im Regelfall bereits der Tatbestand des Abs. 2 Ziff. 1 verwirklicht sein, da diese Eingruppierung dann gegen einen Tarifvertrag verstoßen dürfte, denn nur eine zu niedrige Einstufung und damit eine nicht tarifgerechte Eingruppierung könnte für den Arbeitnehmer einen Nachteil bedeuten. Ähnliches gilt auch für die Umgruppierung. Hier greift lediglich die Richtigkeitskontrolle nach Abs. 2 Nr. 1 ein (*D/R* § 99 Rz. 181; *G/L* § 99 Rz. 93; *S/W* §§ 99–101 Rz. 143c, d). Bei der **Feststellung des Nachteile** muß stets darauf abgestellt werden, ob der betreffende Arbeitnehmer gegenüber einem **vergleichbaren Arbeitnehmer** des Betriebes benachteiligt ist; es genügt nicht, daß er es gegenüber irgendeinem Arbeitnehmer ist (*LAG Düsseldorf* vom 1. 3. 1978 – 5 Ta BV 100/77 – rkr.).

Ziff. 4 kann vor allem bei einer **Versetzung** (vgl. hierzu Rz. 43 ff.) eines Arbeitnehmers mit der Folge ungünstigerer Arbeitsbedingungen Bedeutung erlangen. Solche ungünstigeren Bedingungen können in einer Verschlechterung der materiellen Arbeitsbedingungen und der tatsächlichen Umstände der Arbeit liegen (*BAG* vom 26. 1. 1988 – 1 AZR 531/86 – EzA § 99 BetrVG 1972 Nr. 58 = DB 1988, 1167; *F/A/K/H* § 99 Rz. 54; *D/R* § 99 Rz. 193; *G/L* § 99 Rz. 95). Die Versetzung kann keinen Nachteil für den betroffenen Arbeitnehmer darstellen, wenn er mit ihr einverstanden ist (*G/L* § 99 Rz. 94). **129**

Bei der **Versetzung** kann eine **Konkurrenz zum Mitbestimmungsrecht des Betriebsrats bei Kündigungen** (§ 102) eintreten, da vielfach eine derartige Versetzung nur durch eine Änderungskündigung ausgesprochen werden kann. Für diesen Fall gelten dann auch die besonderen Bestimmungen bei Kündigungen (§ 102 Rz. 17 ff.). Soweit jedoch der Arbeitgeber eine Versetzung i. S. d. § 95 Abs. 3 kraft seines Direktionsrechts aussprechen kann, greift das Mitbestimmungsrecht nach Abs. 2 Ziff. 4 ein. Es muß dann geprüft werden, ob die Versetzung nicht aus **betrieblichen oder in der Person des Arbeitnehmers** liegenden Gründen **gerechtfertigt** ist. Es fällt auf, daß der Gesetzgeber in Ziff. 3 von »persönlichen Gründen«, in Ziff. 4 aber von »in der Person des Arbeitnehmers liegenden Gründen« spricht. Es ist jedoch kaum anzunehmen, daß diese beiden Tatbestandsmerkmale unterschiedlich ausgelegt werden müssen. Beide Male soll wohl auf die Person des betreffenden Arbeitnehmers abgestellt werden. Die Prüfung hat nach ähnlichen Maßstäben zu erfolgen, wie sie oben in Rz. 126 dargelegt worden sind. Auch Abs. 2 Ziff. 4 will kein besonderes Versetzungsschutzrecht in Anlehnung an das Kündigungsschutzrecht einführen. Dennoch wird der Betriebsrat seine Zustimmung zu einer Versetzung mit Recht veweigern können, wenn diese Maßnahme offensichtlich dem wohlverstandenen Interesse des Arbeitnehmers widerspricht und betriebliche Gründe nicht für das Gegenteil sprechen, eine Interessenabwägung also eindeutig zugunsten des Arbeitnehmers ausfällt. **130**

Die **Beweislast** dafür, daß die personelle Einzelmaßnahme aus betrieblichen oder in der Person des Arbeitnehmers liegenden Gründen gerechtfertigt ist, liegt in gleicher Weise wie beim Tatbestand der Ziff. 3 beim Arbeitgeber (vgl. Rz. 127). Den Gegenbeweis muß der Betriebsrat im Streitfall z. B. mit der Behauptung führen, daß diese Versetzung aus Schikane oder aus Willkür erfolgt oder aber, daß der Arbeitgeber einen bestimmten Arbeitsplatz freimachen will, um einen Günstling auf diesen Platz zu setzen. Im Ergebnis wird der Arbeitgeber also nicht die Zustimmung des Betriebsrats zu einer Versetzung mit für den Arbeitnehmer nachteiligen Folgen erhalten, die nicht sachlich gerechtfertigt ist. Ob diese Maßnahme **131**

§ 99   4. Teil 5. Abschn. *Personelle Angelegenheiten*

gerechtfertigt ist, beurteilt sich nicht nach dem subjektiven Ermessen des Betriebsrats oder des Arbeitgebers. Hinzukommen muß vielmehr, daß ein vernünftiger Dritter die Versetzung bei Berücksichtigung der Interessen des Betriebes einerseits und des Betriebsrats sowie des betroffenen Arbeitnehmers andererseits für sachlich geboten halten würde.

5. Versäumnis der Ausschreibung

132 Der Betriebsrat kann seine Zustimmung auch ohne weitere Angabe von Gründen verweigern, wenn eine nach § 93 erforderliche **Ausschreibung im Betrieb unterblieben** ist. Nach § 93 (s. die Kommentierung dort) kann der Betriebsrat verlangen, daß Arbeitsplätze, die besetzt werden sollen, allgemein oder für bestimmte Arten von Tätigkeiten vor ihrer Besetzung innerhalb des Betriebes ausgeschrieben werden. Sinn und Zweck dieser Vorschrift ist offensichtlich freiwerdende Arbeitsplätze zunächst einmal mit Belegschaftsmitgliedern zu besetzen. Nicht jede unterbliebene Ausschreibung neu zu besetzender Stellen führt zu diesem Widerspruchsrecht, sondern nur die vom **Betriebsrat vorher verlangte** (also § 93 entsprechend), aber vom Arbeitgeber nicht durchgeführte Ausschreibung (*D/R* § 99 Rz. 186; *F/A/K/H* § 99 Rz. 56; *G/L* § 99 Rz. 98). Ist die Ausschreibung im Betrieb nicht allgemein vorgesehen und verlangt der Betriebsrat die Ausschreibung erst während des bereits begonnenen Einstellungsverfahrens, so muß der Arbeitgeber diesem Verlangen nicht nachkommen (*LAG Berlin* vom 11. 2. 1985 – 9 Ta BV 5/84 – DB 1986, 49). Hieraus kann sich kein Zustimmungsverweigerungsgrund ergeben (vgl. § 93 Rz. 11).

133 **Unterbleibt** eine **Ausschreibung** trotz vorherigen Verlangens des Betriebsrats, weil feststeht, daß kein Arbeitnehmer des Betriebes für die zu besetzende Stelle in Betracht kommt, so kann der Betriebsrat seine Zustimmungsveweigerung nicht auf die unterbliebene Ausschreibung stützen, weil dies ein übertriebener Formalismus wäre (*G/L* § 99 Rz. 99; GK-*Kraft* § 99 Rz. 134; *S/W* §§ 99–101 Rz. 81; die Zustimmungsverweigerung für rechtsmißbräuchlich, aber formell für wirksam halten *D/R* § 99 Rz. 188; a.A. *D/K/K/S* § 99 Rz. 201; *F/A/K/H* § 99 Rz. 56). **Keinen Zustimmungsverweigerungsgrund** nach Ziff. 5 stellt es dar, wenn der Betriebsrat mit dem Inhalt der Stellenausschreibung nicht einverstanden ist, so wenn diese z. B. nicht **geschlechtsneutral** erfolgt ist (vgl. § 93 Rz. 4; *S/W* §§ 99–101 Rz. 82; a.A. *LAG Berlin* vom 25. 4. 1983 – 43 BV 14/82 – rkr. = DB 1983, 2633), da Form und Inhalt der Stellenausschreibung nicht dem Mitbestimmungsrecht des Betriebsrats unterliegen (GK-*Kraft* § 99 Rz. 134; *S/W* §§ 99–101 Rz. 82). Ebenfalls ist es kein Widerspruchsgrund nach Ziff. 5, wenn der Arbeitgeber einen Bewerber einstellt, der sich nicht aufgrund der Stellenausschreibung oder nach der darin gesetzten Frist beworben hat (*BAG* vom 7. 11. 1977 – 1 ABR 55/75 – EzA § 100 BetrVG 1972 Nr. 1 = DB 1978, 447; *BAG* vom 18. 11. 1980 – 1 ABR 63/78 – EzA § 93 BetrVG 1972 Nr. 1 = DB 1981, 998; *D/R* § 99 Rz. 187).

134 Kommt der **Arbeitgeber** dem **Verlangen** des Betriebsrats nach **einer Ausschreibung im Betrieb nicht nach**, so kann der Betriebsrat seine Zustimmung zu der vom Arbeitgeber geplanten personellen Maßnahme verweigern. Der Arbeitgeber hat dann auch keine Möglichkeit, dieses Veto des Betriebsrats irgendwie auszuräumen. Er kann nur die Ausschreibung nachholen und dann das Einstellungsverfahren von vorne beginnen; er kann die Ausschreibung aber auch während des Zu-

stimmungsersetzungsverfahrens oder nach vorläufiger Einstellung nachholen; dann erlischt das Widerspruchsrecht (*D/R* § 99 Rz. 188; *S/W* §§ 99–101 Rz. 79; enger *F/A/K/H* § 99 Rz. 56). Der Betriebsrat kann seine Zustimmung auch verweigern, wenn zwar innerbetrieblich ausgeschrieben wurde, der Arbeitgeber aber gleichzeitig in einer außerbetrieblichen Anzeige geringere Anforderungen stellt und einen außerbetrieblichen Bewerber einstellen will (*BAG* vom 23. 2. 1988 – 1 ABR 82/86 – EzA § 93 BetrVG 1972 Nr. 3 = DB 1988, 1452).

6. Störung des Betriebsfriedens

Der Betriebsrat kann seine Zustimmung ferner verweigern, wenn die durch Tatsachen begründete Besorgnis besteht, daß der für die personelle Maßnahme in Aussicht genommene Bewerber oder Arbeitnehmer den **Betriebsfrieden durch gesetzwidriges Verhalten stören** werde (§ 99 Abs. 2 Ziff. 6). Dieser Widerpsruchsgrund kann nur bei der Einstellung, unter bestimmten Voausssetzungen auch bei der Versetzung in Betracht kommen (*D/R* § 99 Rz. 189; GK-*Kraft* § 99 Rz. 135). Die Besorgnis muß durch Tatsachen objektiv begründet sein (*D/R* § 99 Rz. 192; *F/A/K/H* § 99 Rz. 57; *G/L* § 99 Rz. 100; *S/W* §§ 99–101 Rz. 84). Es muß die Gefahr bestehen, daß der Bewerber wiederum gesetzliche Bestimmungen verletzt. Vage Vermutungen, ein unbestimmter Verdacht reichen nicht aus. Auch kann die politische Überzeugung oder Weltanschauung, das religiöse Bekenntnis oder die persönliche Einstellung des Bewerbers keine Rolle spielen. So genügt es nicht, wenn der Bewerber etwa den Gewerkschaften negativ gegenübersteht oder aus seiner ablehnenden Haltung gegenüber einer bestimmten Partei, z.B. der SPD oder der DKP, keinen Hehl macht. Hinzutreten muß vielmehr, daß der betreffende Arbeitnehmer z.B. Mitarbeiter, die einer Gewerkschaft angehören, schikaniert oder schlecht behandelt, sei es durch Tätlichkeiten oder durch Beleidigungen, und dadurch wiederholt den Betriebsfrieden ernstlich gestört hat. Zu denken ist hier auch an Belästigung von Mitarbeitern durch unanständige Handlungen Diebstahl, Mißachtung von Arbeitnehmerschutzgesetzen u.ä., Beleidigungen, Raufereien am Arbeitsplatz, Denunziation, unsittliche Handlungen gegenüber weiblichen Arbeitnehmern oder Jugendlichen (*F/A/K/H* § 99 Rz. 58). An das Vorliegen der Voraussetzungen sind **strenge Anforderungen** zu stellen, da das Ausüben des Zustimmungsverweigerungsrechts einen schweren Nachteil für den Betroffenen darstellen kann (*G/L* § 99 Rz. 100; GK-*Kraft* § 99 Rz. 136).

Das Verhalten muß in engem **Zusammenhang mit dem Betrieb** stehen und zu einer ernsten **Störung des Betriebsfriedens** geführt haben. Gesetzeswidriges Verhalten außerhalb der betrieblichen Sphäre, z.B. Übertretung von Verkehrsvorschriften oder auch unsoziales gesetzwidriges Verhalten im Familienbereich genügt nicht (*D/R* § 99 Rz. 190; *F/A/K/H* § 99 Rz. 57; GK-*Kraft* § 99 Rz. 136). Eine Ausnahme wäre allenfalls dann anzunehmen, wenn dieses gesetzwidrige Verhalten außerhalb der betrieblichen Sphäre im Betrieb selbst bekannt geworden wäre und hier zu starker Ablehnung durch die Belegschaft, zu einer erheblichen Unruhe, eben zu einer Störung des Betriebsfriedens geführt hätte. Hier ist etwa daran zu denken, daß der betreffende Arbeitnehmer mehrfach einschlägig wegen Raufhandel, räuberischer Überfälle oder ähnlicher Vorgänge vorbestraft wäre und mit Ausschreitungen auch in Zukunft gerechnet werden müßte. Allerdings kommen Vorstrafen grundsätzlich nur in Betracht, wenn sie mit dem vorgesehenen Arbeitsplatz in enger Beziehung stehen (*F/A/K/H* § 99 Rz. 58; *BAG* vom 5. 12. 1952 – 1 AZR 594/56 – AP Nr. 2 zu § 123 BGB = DB 1958, 282).

137 Ein Einspruchsrecht des Betriebsrats ist auch dann gegeben, wenn die begründete Besorgnis besteht, daß der betreffende Arbeitnehmer durch **grobe Verletzung der in § 75 Abs. 1 enthaltenen Grundsätze** den Betriebsfrieden stören würde. Nach dieser Bestimmung haben Arbeitgeber und Betriebsrat darüber zu wachen, daß alle im Betrieb tätigen Personen nach dem Grundsätzen von Recht und Billigkeit behandelt werden, insbesondere jede unterschiedliche Behandlung von Personen wegen ihrer Abstammung, Religion, Nationalität, Herkunft, politischen oder gewerkschaftlichen Betätigung oer Einstellung oder wegen ihres Geschlechts unterbleibt. Der betreffende Arbeitnehmer muß also in dem früheren Betrieb entsprechend grobe Verstöße begangen haben, beispielsweise weil er türkische Gastarbeiter schikaniert oder jedenfalls schlechter behandelt hat als seine deutschen Kollegen. Hier ist an solche Fälle zu denken, wo der betreffende Arbeitnehmer, der sich in einer Führungsposition befindet, aus einem irrationalen, nicht erklärbaren Haß heraus Personen anderer Nationalität oder auch Abstammung verfolgt und zu schädigen versucht. Gerade der in § 75 aufgestellte Grundsatz gehört mit zu den Leitsätzen des BetrVG. Hierzu zählen auch solche Personen, die aufgrund ihrer politischen Überzeugung Andersdenkende zu schikanieren versuchen. Gleiches gilt auch für gewerkschaftliche Betätigung. Es darf niemand wegen seines gewerkschaftlichen Engagements benachteiligt werden, es sei denn, er hat dabei die ihm nach dem Arbeitsvertrag gezogenen Grenzen überschritten, indem er z. B. einen rechtswidrigen Arbeitskampf organisiert. Nach § 75 Abs. 1, 2 zählen hierzu auch die Fälle, wo Personen wegen Überschreitens einer Altersgrenze der Gefahr der Benachteiligung ausgesetzt sind. Dieser Fall dürfte allerdings in der betrieblichen Praxis sehr selten vorkommen, da bereits viele Tarifverträge älteren Arbeitnehmern einen besonderen Schutz gewähren und dieser Fall dann unter Nr. 1 fallen würde. Hinzukommen muß aber in allen diesen Fällen – und darauf muß sorgfältig geachtet werden –, daß durch dieses vorangegangene Verhalten des Arbeitnehmers nunmehr im neuen Betrieb die durch Tatsachen begründete Besorgnis besteht, daß der Arbeitnehmer wiederum **den Betriebsfrieden** durch gleichgeartetes Verhalten stört (*D/R* § 99 Rz. 117; *G/L* § 99 Rz. 101); die religiöse, rassische, politische oder gewerkschaftliche Einstellung des Arbeitnehmers begründet für sich allein jedenfalls kein Vetorecht des Betriebsrats (*D/R* § 99 Rz. 191; *G/L* § 99 Rz. 101; *S/W* §§ 99–101 Rz. 86). Die Befürchtung, daß die Einstellung oder Versetzung des betreffenden Arbeitnehmers zu Unruhen im Betrieb führen wird, weil sich etwa andere betriebsinterne Arbeitnehmer Hoffnung auf diese Stelle gemacht haben, genügt nicht für den Widerspruch des Betriebsrats (*G/L* § 99 Rz. 101; *S/W* §§ 99–101 Rz. 84).

VI. Das Verfahren nach Verweigerung der Zustimmung

1. Reaktion des Arbeitgebers

138 **Verweigert** der Betriebsrat seine Zustimmung und erkennt der Arbeitgeber die Berechtigung dieses Vetos an, so muß der Arbeitgeber von der Durchführung der geplanten Einzelmaßnahme absehen. Gegebenenfalls hat er die Verhandlungen mit den Bewerbern abzubrechen. Allerdings ist hier eine gewisse Vorsicht geboten. Eine Haftung des Arbeitgebers gegenüber dem Bewerber kann unter dem Gesichtspunkt der culpa in contrahendo in Betracht kommen (so auch GK-*Kraft* § 99 Rz. 106). Zu beachten ist hierbei jedoch, daß grundsätzlich auch dem Arbeitnehmer die Abhängigkeit der Einstellungsverhandlungen vom Vetorecht des Betriebsrats unverzüglich mitzuteilen, wenn eine Einstellung aufgrund des Vetorechts des Betriebsrats nicht in Betracht kommt.

Will der **Arbeitgeber** die **Verweigerung der Zustimmung** des Betriebsrats **nicht hinnehmen**, so muß er das in Abs. 4 beschriebene Verfahren bis zu einer rechtskräftigen Entscheidung durchführen. Zu einer vorläufigen Maßnahme ist der Arbeitgeber nur unter den Voraussetzungen des § 100 berechtigt. Liegen diese Voraussetzungen nicht vor oder will der Arbeitgeber keine vorläufige Maßnahme durchführen, so sollte er auf die Durchführung vorerst bis zur gerichtlichen Klärung verzichten. Das wird allerdings bei Einstellungen zur Folge haben, daß die Bewerber auf eine Aufrechterhaltung ihrer Bewerbung verzichten werden, da das Gerichtsverfahren bekanntlich Monate, wenn nicht sogar Jahre dauern wird. Führt der Arbeitgeber trotz Verweigerung der Zustimmung durch den Betriebsrat die personelle Einzelmaßnahme durch, so ist diese individualrechtlich nicht von vornherein unwirksam (vgl. hierzu Rz. 9, 86ff.). Führt der Arbeitgeber eine **Maßnahme trotz Zustimmungsverweigerung** als endgültige und nicht als vorläufige nach § 100 durch, so ist diese individualrechtlich nicht aus diesem Grunde unwirksam (vgl. Rz. 9, 27, 42f., 59, 86; *D/R* § 99 Rz. 229ff.; GK-*Kraft* § 99 Rz. 108; a. A. *F/A/K/H* § 99 Rz. 64); dies richtet sich vielmehr nach den individuellen arbeitsrechtlichen Beziehungen. **139**

Das *Bundesarbeitsgericht* differenziert dagegen in seiner neueren Rechtsprechung nach dem Sinn und Zweck der einzelnen Regelungen (*BAG* vom 26. 1. 1988 – 1 AZR 531/86 – EzA § 99 BetrVG 1972 Nr. 58 = DB 1988, 1167). So soll die Einstellung trotz Zustimmungsverweigerung wirksam, die Versetzung dagegen individualrechtlich unwirksam sein, während die Ein- und Umgruppierung als bloße Richtigkeitskontrolle völlig unabhängig von der betriebsverfassungsrechtlichen Beurteilung sein soll (*BAG* a. a. O.; *D/K/K/S* § 99 Rz. 215ff.).

2. Anrufung des Arbeitsgerichts durch den Arbeitgeber

Bei Zustimmungsverweigerung kann der Arbeitgeber das Arbeitsgericht anrufen mit dem Antrag, die **Zustimmung zu ersetzen** (§ 99 Abs. 4). Dieser Antrag ist an keine Frist gebunden. Der Arbeitgeber sollte jedoch möglichst rasch von dieser Möglichkeit Gebrauch machen, wenn er sich dazu entschieden hat, die personelle Maßnahme trotz des Vetos des Betriebsrats weiter zu verfolgen (*S/W* §§ 99–101 Rz. 99c; vgl. aber Rz. 144). **140**

Der Arbeitgeber kann jedoch auch, etwa bei Streit über die Vollständigkeit der Information oder die Beachtlichkeit des Widerspruchs des Betriebsrats beantragen festzustellen, daß die Zustimmung als erteilt gilt, und hilfsweise Zustimmungsersetzung beantragen (*BAG* vom 28. 1. 1986 – 1 ABR 10/84 – EzA § 99 BetrVG 1972 Nr. 48 = DB 1986, 1077). Er schützt sich damit in Zweifelsfällen vor einem Antrag des Betriebsrats aus § 101. Dieses Verfahren hat den Vorteil, daß Rechtsklarheit geschaffen wird, ohne daß der Arbeitgeber sich zu seiner eigenen Auffassung in Widerspruch setzt, daß die Zustimmungsfiktion eingegriffen habe. Stellt sich in einem Verfahren auf Zustimmungsersetzung heraus, daß die Zustim-

§ 99   4. Teil 5. Abschn. *Personelle Angelegenheiten*

mungsfiktion bereits eingegriffen hat, so muß das Gericht auch ohne ausdrückliche Antragsumstellung feststellen, daß die Zustimmung als erteilt gilt (*BAG* vom 18. 10. 1988 – 1 ABR 33/87 – EzA § 99 BetrVG 1972 Nr. 69 = DB 1989, 530).

141 Das Arbeitsgericht entscheidet im Beschlußverfahren (§§ 2a Abs. 1 Ziff. 1, 80 Abs. 1 ArbGG). Das Arbeitsgericht wird entweder die **Zustimmung des Betriebsrats ersetzen**, feststellen, daß die Zustimmung als erteilt gilt, oder den **Antrag des Arbeitgebers ablehnen**. Das Gericht ist jedoch nicht berechtigt, auf einen etwa vom Betriebsrat gestellten Antrag hin die Einstellung eines anderen Bewerbers zu beschließen (*S/W* §§ 99–101 Rz. 101). Ebensowenig kann bei einer Umgruppierung das Arbeitsgericht die Eingruppierung in die ihm als richtig erscheinende Tarifgruppe verbindlich festlegen. Der Vorschlag eines anderen Stellenbewerbers bzw. die Vornahme einer anderen Eingruppierung ist alein Sache des Arbeitgebers. Gegebenenfalls ist ein neues Verfahren durchzuführen (*BAG* vom 10. 2. 1976 – 1 ABR 49/74 – EzA § 99 BetrVG 1972 Nr. 9 = DB 1976, 775). Dem durch die verweigerte Zustimmung benachteiligten **Arbeitnehmer** steht neben dem Antragsrecht des Arbeitgebers **kein eigenes Antragsrecht** auf Ersetzung der Zustimmung des Betriebsrats zu (*F/A/K/H* § 99 Rz. 67a; *G/L* § 99 Rz. 114; GK-*Kraft* § 99 Rz. 146; *Heinze* a. a. O. Rz. 352; *Matthes* DB 1974, 2010; **a. A.** *D/R* § 99 Rz. 222 ff. [224] aus verfassungsrechtlichen Gründen; *Hahn* a. a. O. 65 f.; *Hanau* RdA 1973, 288; *Richardi* ZfA Sonderheft 1972, 17). Leitet der Arbeitgeber das Verfahren nach Abs. 4 nicht ein, so kann der betroffene **Arbeitnehmer** einen **im Urteilsverfahren einklagbaren Anspruch** auf Einleitung eines solchen Verfahrens **haben**, wenn er bereits beschäftigt ist oder eine verbindliche Zusage hat (*D/R* § 99 Rz. 222; *F/A/K/H* § 99 Rz. 68; *G/L* § 99 Rz. 114; GK-*Kraft* § 99 Rz. 146; *Boewer* RdA 1974, 76 Fn. 57; **a. A.** *S/W* §§ 99–101 Rz. 102). Dieses Verfahren ist aber äußerst unpraktikabel, und es wird daher davon kaum Gebrauch gemacht werden. Wegen Schadensersatzansprüchen vgl. § 100 Rz. 15.

3. Beweislastfrage

142 Der Arbeitgeber hat in diesem arbeitsgerichtlichen Verfahren die **Darlegungs- und Beweislast**. Er muß insbesondere beweisen, daß er den Betriebsrat im vorgeschriebenen Umfang informiert hat (*BAG* vom 28. 1. 1986 – 1 ABR 10/84 – EzA § 99 BetrVG 1972 Nr. 48 = DB 1986, 1077). Zwar muß der Betriebsrat die Gründe vortragen, die ihn berechtigt haben, die Zustimmung zu der geplanten personellen Maßnahme zu verweigern. Der Arbeitgeber muß aber diese Gründe widerlegen (**h. M.**, vgl. hierzu die amtliche Begründung BT-Drucks. VI/1786, 51, auch *Buchner* Die AG 1971, 194; **a. A.** *G/L* § 99 Rz. 116). Da im Beschlußverfahren der Untersuchungsgrundsatz gilt, kann von Beweislast im rechtstechnischen Sinne nicht gesprochen werden, denn das Arbeitsgericht hat von sich aus die entscheidungserheblichen Tatsachen zu ermitteln (*D/R* § 99 Rz. 227; *F/A/K/H* § 99 Rz. 69; *G/L* § 99 Rz. 115; GK-*Kraft* § 99 Rz. 145; *Heinze* a. a. O. Rz. 353). Allerdings sind auch die Beteiligten im Beschlußverfahren verpflichtet, diejenigen Tatsachen vorzubringen, die zur Stützung ihres Anspruchs notwendig sind (*Grunsky* ArbGG § 80 Anm. 35; *BAG* vom 13. 3. 1973 – 1 ABR 15/72 – EzA § 20 BetrVG 1972 Nr. 1 Anm. *Richardi* = DB 1973, 1257; vom 6. 11. 1973 – 1 ABR 8/73 – EzA § 37 BetrVG 1972 Nr. 16 m. Anm. *Richardi* = DB 1974, 781). Der Untersuchungsgrundsatz berechtigt das Gericht nicht, nachzuprüfen, ob etwa weitere, vom Betriebsrat nicht geltend gemachte Gründe für die Verweigerung der Zustimmung vorliegen (*F/A/K/H* § 99 Rz. 69; *G/L* § 99 Rz. 115).

Der **Betriebsrat** trägt die **Beweislast** dafür, daß er dem Arbeitgeber die Mitteilung nach § 99 Abs. 4 form- und fristgerecht gemacht hat. Dies geschieht am zweckmäßigsten durch entsprechend ausgefüllte und unterschriebene Formulare. Der Betriebsrat kann nach Ablauf der Wochenfrist keine Gründe mehr nachschieben (vgl. Rz. 108). 143

4. Frist zur Anrufung des Arbeitsgerichts

Das Gesetz regelt nicht die Frage, innerhalb welcher **Frist** der Arbeitgeber das **Arbeitsgericht anrufen** muß, z. B. wenn der Betriebsrat der Einstellung, nicht aber der vom Arbeitgeber vorgenommenen vorläufigen Maßnahme widersprochen hat. Da die Einstellung jedoch nur vorläufigen Charakter haben soll, dürfte der Arbeitgeber verpflichtet sein, innerhalb einer angemessenen Frist eine endgültige Regelung durch das Arbeitsgericht herbeizuführen (a. A. *Adomeit* DB 1971, 2361). Diese sollte im Regelfall drei Monate nicht überschreiten. 144

VII. Streitigkeiten

Streitigkeiten über das **Zustimmungsverweigerungsrecht des Betriebsrats** und den Umfang der Unterrichtungspflicht durch den Arbeitgeber entscheidet das Arbeitsgericht im Beschlußverfahren (§§ 2a Abs. 1 Nr. 1, 80 Abs. 1 ArbGG). Eine **einstweilige Verfügung** hinsichtlich der Ersetzung der Zustimmung kann nicht erlassen werden, da § 100 hierfür eine Sonderregelung enthält (*LAG Frankfurt/M.* vom 15. 12. 1987 – 4 Ta BV Ga 160/87 – DB 1988, 915; *D/R* § 99 Rz. 241). Der betroffene Arbeitnehmer oder der Stellenbewerber ist **nicht Beteiligter** am Beschlußverfahren (*BAG* vom 27. 5. 1982 – 6 ABR 105/79 – EzA § 83 ArbGG 1979 Nr. 1 = DB 1982, 2410; vom 22. 3. 1983 – 1 ABR 49/81 – EzA § 101 BetrVG 1972 Nr. 5 = AP Nr. 6 zu § 101 BetrVG 1972 mit Anm. *Löwisch* = DB 1983, 2313). Beteiligter in einem arbeitsgerichtlichen Beschlußverfahren kann nach der Rechtsprechung des *Bundesarbeitsgerichts* nur sein, wer von der zu erwartenden Entscheidung in seiner betriebsverfassungsrechtlichen Stellung unmittelbar betroffen oder berührt wird; dies ist aber bei dem Verfahren auf Ersetzung der Zustimmung und den daraus folgenden Verfahren nicht der Fall. Führt man die hier vertretene (vgl. Rz. 139) Trennung zwischen individualrechtlicher Stellung und kollektivrechtlicher konsequent durch, so ist dem *Bundesarbeitsgericht* zu folgen. Die Mitwirkungs- und Mitbestimmungstatbestände der §§ 99 ff. regeln kollektiv-rechtliche und keine individualrechtlichen Rechtsbeziehungen. Das Beschlußverfahren hat zum Gegenstand die ordnungsgemäße Beteiligung des Betriebsrats; es dient damit der Kompetenzbestimmung und -abgrenzung zwischen Arbeitgeber und Betriebsrat. 145

§ 100 Vorläufige personelle Maßnahmen

(1) Der Arbeitgeber kann, wenn dies aus sachlichen Gründen dringend erforderlich ist, die personelle Maßnahme im Sinne des § 99 Abs. 1 Satz 1 vorläufig durchführen, bevor der Betriebsrat sich geäußert hat oder wenn er die Zustimmung verweigert hat. Der Arbeitgeber hat den Arbeitnehmer über die Sach- und Rechtslage aufzuklären.
(2) Der Arbeitgeber hat den Betriebsrat unverzüglich von der vorläufigen personellen Maßnahme zu unterrichten. Bestreitet der Betriebsrat, daß die Maßnahme aus sachlichen Gründen dringend erforderlich ist, so hat er dies dem Arbeitgeber unverzüglich mitzuteilen. In diesem Fall darf der Arbeitgeber die vorläufige personelle Maßnahme nur aufrechterhalten, wenn er innerhalb von drei Tagen beim Arbeitsgericht die Ersetzung der Zustimmung des Betriebsrats und die Feststellung beantragt, daß die Maßnahme aus sachlichen Gründen dringend erforderlich war.
(3) Lehnt das Gericht durch rechtskräftige Entscheidung die Ersetzung der Zustimmung des Betriebsrats ab oder stellt es rechtskräftig fest, daß offensichtlich die Maßnahme aus sachlichen Gründen nicht dringend erforderlich war, so endet die vorläufige personelle Maßnahme mit Ablauf von zwei Wochen nach Rechtskraft der Entscheidung. Von diesem Zeitpunkt an darf die personelle Maßnahme nicht aufrechterhalten werden.

Inhaltsübersicht

		Rz.
I.	Zweck der Bestimmung	1, 2
II.	Voraussetzungen der vorläufigen Durchführung	3–11
	1. Fehlen der Zustimmung des Betriebsrats	4–6
	a) Fehlen der Äußerung des Betriebsrats	4
	b) Zustimmungsverweigerung	5
	c) Fehlen der Unterrichtung des Betriebsrats	6
	2. Erforderlichkeit aus sachlichem Grund	7–11
III.	Vorläufige Durchführung der Maßnahme	12–16
	1. Aufklärungspflicht gegenüber dem Arbeitnehmer	12–15
	2. Unterrichtung des Betriebsrats	16
IV.	Reaktion des Betriebsrats	17–24
	1. Keine Einwendungen des Betriebsrats	17–20
	2. Bestreiten der dringenden Erforderlichkeit aus sachlichen Gründen	21–24
V.	Arbeitsgerichtliches Verfahren	25–37
	1. Frist für Anrufung des Arbeitsgerichts durch Arbeitgeber	25, 26
	2. Antrag	27–30
	3. Entscheidung des Arbeitsgerichts	31–37
VI.	Beendigung der vorläufigen Maßnahme	38–44

Literaturübersicht zu §§ 100, 101

Dütz Einstweiliger Rechts- und Interessenschutz in der Betriebsverfassung, ZfA 1972, 247; *v. Friesen* Zustimmungsverweigerung des Betriebsrats/Personalrats als auflösende Bedingung des Arbeitsvertrages, BB 1984, 674 ff.; *v. Hoyningen/Huene* Die Rechtsstellung des Arbeitnehmers bei betriebsverfassungswidrigen personellen Einzelmaßnahmen, RdZ 1984,

Vorläufige personelle Maßnahmen **§ 100**

205 ff.; *Lipke* Einstweiliger Rechtsschutz des Betriebsrates bei Mißachtung betriebsverfassungsrechtlicher Beteiligungsrechte nach § 99 BetrVG?, DB 1980, 2239; *Schlicht* Wiedereinsetzung nach Versäumnis der Dreitagefrist in betriebsverfassungsrechtlichen Zustimmungsverfahren, BB 1980, 632.

I. Zweck der Bestimmung

Das vom Gesetzgeber in § 99 vorgesehene **Verfahren der Beteiligung** des Betriebsrats bei der Durchführung von personellen Einzelmaßnahmen wird der betrieblichen Praxis oftmals **nicht gerecht**. Dies gilt insbesondere, wenn schnelle Personalentscheidudngen notwendig werden. So können z. B. wirtschaftliche, arbeits- oder produktionstechnische Maßnahmen die entsprechenden sofortigen Personalveränderungen verlangen; andererseits kann eine schnelle Entscheidung auch erforderlich sein, um einen Bewerber nicht zu verlieren. Der Gesetzgeber hat daher für den Fall, daß die betriebliche Praxis für derartige Fälle nicht einen Weg zur schnellen Abwicklung des recht bürokratischen Verfahrens nach § 99 findet, mit der Vorschrift des § 100 die grundsätzliche Möglichkeit einer vorläufigen Durchführung der personellen Einzelmaßnahme eröffnet. Das Verfahren ist allerdings so ausgestaltet, daß es nur bedingt als Erleichterung der Regelung des § 99 (als welche der § 100 wohl gedacht war, so RegE BT-Drucks. VI/1786, 52) anzusehen ist (GK-*Kraft* § 100 Rz. 4). 1

Das Verfahren nach § 100 stellt gegenüber dem Verfahren auf vorläufigen Rechtsschutz (z. B. einstweilige Verfügung) nach § 85 Abs. 2 ArbGG eine **Sonderregelung** dar, so daß wegen vorläufiger Durchführung einer personellen Einzelmaßnahme eine einstweilige Verfügung unzulässig ist (*D/K/K/S* § 99 Rz. 1; *D/R* § 99 Rz. 241; *F/A/K/H* § 100 Rz. 1; *G/L* § 100 Rz. 2; GK-*Kraft* § 99 Rz. 3). 2

II. Voraussetzungen der vorläufigen Durchführung

Bei **allen personellen Einzelmaßnahmen** hat der Arbeitgeber das Recht, diese **vorläufig durchzuführen** – selbstverständlich nur, wenn die arbeitsrechtlichen Voraussetzungen im übrigen vorliegen, z. B. eine Versetzung arbeitsvertraglich vorbehalten ist oder der Arbeitnehmer zustimmt –, wenn dies aus sachlichen Gründen dringend erforderlich ist, und zwar in folgenden Fällen 3
– bevor der Betriebsrat innerhalb der Wochenfrist nach § 99 Abs. 3 über die Erteilung oder Verweigerung der Zustimmung entschieden und sich entsprechend geäußert hat oder
– wenn der Betriebsrat nach § 99 Abs. 3 seine Zustimmung verweigert hat oder
– bevor der Arbeitgeber den Betriebsrat überhaupt nach § 99 unterrichtet hat (*D/R* § 100 Rz. 6; *G/L* § 100 Rz. 7; GK-*Kraft* § 100 Rz. 15; *S/W* §§ 99–101 Rz. 104).

§ 100   4. Teil 5. Abschn. Personelle Angelegenheiten

1. Fehlen der Zustimmung des Betriebsrats

a) Fehlen der Äußerung des Betriebsrats

4   Der Arbeitgeber kann eine personelle Einzelmaßnahme durchführen, **bevor der Betriebsrat sich** innerhalb der Wochenfrist (§ 99 Abs. 3) **geäußert** hat; § 100 Abs. 2 Satz 1 setzt also nicht unbedingt voraus, daß dem Betriebsrat vor Durchführung der angeordneten vorläufigen Maßnahme Gelegenheit gegeben wird, zu deren Dringlichkeit besonders Stellung zu nehmen (*BAG* vom 7. 11. 1977 – 1 ABR 55/75 – EzA § 100 BetrVG 1972 Nr. 1 = DB 78, 447). In der betrieblichen Praxis wird dies relativ selten sein bei Eingruppierungen, Umgruppierungen und Versetzungen. Etwas anderes gilt für Einstellungen. Hier ist der Arbeitgeber oft gezwungen, sehr rasch zu handeln. Dieser Zwang kann sich z. B. aus einer momentanen, durch eine angespannte Auftragslage entstandenen Drucksituation ergeben und es erforderlich machen, zur Überwindung eines Engpasses rasch eine oder mehrere Arbeitskräfte einzustellen. Der Arbeitgeber kann dann nicht mehr das Verfahren nach § 99 durchführen, zumal der Betriebsrat nach § 99 Abs. 3 eine Woche Zeit hat, sich zu äußern.

b) Zustimmungsverweigerung

5   Auch bei einer **Zustimmungsverweigerung** des Betriebsrats kann der Arbeitgeber die personelle Einzelmaßnahme vorläufig durchführen. In Betracht kommt allerdings nur eine ordnungsgemäße Zustimmungsverweigerung (vgl. § 99 Rz. 96 ff.). Entspricht die Zustimmungsverweigerung daher nicht den Form- und Fristvorschriften des § 99 Abs. 3 oder ist sie nicht aus Gründen des § 99 Abs. 2 erfolgt, braucht der Arbeitgeber keine Maßnahmen nach § 100 durchzuführen, sondern er kann die endgültige Maßnahme vornehmen. Im Streitfall kann er den Betriebsrat auf den Weg nach § 101 verweisen (GK-*Kraft* § 99 Rz. 97). Eine vorläufige Durchführung kommt vor allem in Betracht, wenn der Arbeitgeber der Ansicht ist, daß das Veto des Betriebsrats nach § 99 Abs. 2 nicht gerechtfertigt ist. Hier ist insbesondere an solche Fälle zu denken, in denen der Arbeitgeber einen **interessanten Bewerber** für einen Arbeitsplatz einstellen möchte, er aber genau weiß, daß der Bewerber nicht willens ist, eine rechtskräftige, arbeitsgerichtliche Entscheidung nach § 99 Abs. 4 abzuwarten. Denkbar ist allerdings auch hier, daß der Arbeitgeber eine notwendig gewordene Versetzung vornehmen möchte, weil der neu zu besetzende Arbeitsplatz einfach nicht länger unbesetzt bleiben kann. Auch in diesen Fällen kann der Arbeitgeber die Maßnahme vorläufig durchführen, falls die gesetzlichen Voraussetzungen gegeben sind. Hat allerdings das Arbeitsgericht den Zustimmungsersetzungsantrag des Arbeitgebers nach § 99 Abs. 4 bereits rechtskräftig abgewiesen, ist eine vorläufige personelle Maßnahme gem. § 100 nicht mehr möglich (*D/R* § 100 Rz. 7; GK-*Kraft* § 100 Rz. 14), es sei denn, der Arbeitgeber führt das Anhörungsverfahren nach § 99 erneut durch.

c) Fehlen der Unterrichtung des Betriebsrats

6   Eine **vorläufige Maßnahme** kann auch durchgeführt werden, wenn der **Betriebsrat noch nicht nach § 99 Abs. 1 unterrichtet wurde** (*Brecht* § 100 Rz. 3; *D/R* § 100 Rz. 6; *G/L* § 100 Rz. 7; GK-*Kraft* § 100 Rz. 19; *S/W* §§ 99–101 Rz. 104; a. A. *D/K/K/S* § 100 Rz. 12). Dies gilt insbesondere für vorläufige Maßnahmen in Eilfällen bei Einstellungen oder Versetzungen. Nach der amtlichen Begründung (BT-Drucks. VI/1786, 52 1. Sp.) soll sichergestellt werden, daß un-

aufschiebbare personelle Maßnahmen vorläufig durchgeführt werden können. Diese Formulierung deckt auch den Fall, daß der Betriebsrat überhaupt nicht unterrichtet wurde. Allerdings kann auch im Fall einer vorläufigen personellen Maßnahme auf die Unterrichtung nach § 99 Abs. 1 nicht verzichtet werden. Insbesondere ersetzt die Unterrichtung des Betriebsrats nach § 100 Abs. 2 nicht die Unterrichtung nach § 99 Abs. 1. Beide Unterrichtungen können jedoch miteinander verbunden werden, d. h. mit der Unterrichtung nach § 100 Abs. 2 Satz 1 kann gleichzeitig diejenige nach § 99 Abs. 1 vorgenommen werden. Die Unterrichtung nach § 99 muß aber den in Abs. 1 aufgestellten Voraussetzungen entsprechen. Die Frist des § 99 Abs. 3 beginnt deshalb nur zu laufen, wenn die Unterrichtung den Voraussetzungen des § 99 Abs. 1 entspricht. Die Möglichkeit der vorläufigen Einstellung ohne vorherige Unterrichtung des Betriebsrats nimmt diesem nicht seine Mitwirkungsrechte. Da ihm die vorläufige Durchführung der Maßnahme unverzüglich mitzuteilen ist, hat er sowohl das Zustimmungsverweigerungsrecht nach § 99 Abs. 2 und 3, das Widerspruchsrecht nach § 100 Abs. 2 Satz 2 und das Recht auf Herbeiführung von Sanktionen nach § 101. Auch bei einer **nicht vollständigen** Unterrichtung ist eine vorläufige Einstellung möglich (*BAG* vom 6. 4. 1973 – 1 ABR 13/72 – EzA § 99 BetrVG 1972 Nr. 4 = DB 1973, 1456).

2. Erforderlichkeit aus sachlichem Grund

Das Gesetz schreibt ausdrücklich vor, daß eine vorläufige personelle Maßnahme nur vorgenommen werden kann, wenn dies aus **sachlichen Gründen** dringend **erforderlich** ist. Die Handlungsfreiheit des Arbeitgebers wird also beträchtlich eingeschränkt; er muß jeweils prüfen, ob ein sachlicher Grund gegeben ist, der die vorläufige Durchführung der Maßnahme dringend erforderlich macht. Dies ist der Fall, wenn ohne Durchführung der vorläufigen Maßnahme für den Betrieb spürbare Nachteile eintreten würden oder diesem Vorteile entgehen würden (*D/R* § 100 Rz. 8; § 100 Rz. 3; *G/L* § 100 Rz. 3; GK-*Kraft* § 100 Rz. 9). 7

Als **sachliche Gründe** kommen einerseits **betriebliche Gründe** in Frage; so können die Auftrags- und Absatzlage, produktions- und arbeitstechnische Gründe eine Rolle spielen. Dabei ist es unerheblich, ob auch andere Arbeitnehmer den Arbeitsplatz vorläufig besetzen könnten (*G/L* § 100 Rz. 5a; GK-*Kraft* § 100 Rz. 8), ob der Arbeitgeber unverschuldet in die Situation, die nunmehr einen sachlichen Grund für eine vorläufige Maßnahme gibt, hineingeraten ist oder aber ob ein gewisses Organisationsverschulden anzunehmen ist (**a. A.** *D/K/K/S* § 100 Rz. 3). Eine betriebliche Notlage kann auch ohne Einfluß des Arbeitgebers auftreten; außerdem kann dem Arbeitgeber seine unternehmerische Freiheit bezüglich technischer, wirtschaftlicher und organisatorischer Entscheidungen nicht genommen werden (*G/L* § 100 Rz. 5a; *Meisel* Rz. 229). Andererseits kann aber ein sachlicher Grund auch in einem **persönlichen Grund** zu sehen sein. Dies kann dann in Frage kommen, wenn der Arbeitgeber an der Person des betroffenen Arbeitnehmers ein besonderes Interesse hat und der Bewerber nur bei sofortigem Handeln gewonnen werden kann; es muß aber auch hier eine betriebliche Notwendigkeit für die Gewinnung gerade dieses Arbeitnehmers bestehen (*Frauenkron* § 100 Rz. 5; GK-*Kraft* § 100 Rz. 11). 8

Liegt ein sachlicher Grund vor, reicht dies nach dem Wortlaut des Gesetzes aber nur dann aus, wenn die Durchführung der vorläufigen Maßnahme **gerade aus die-** 9

§ 100 *4. Teil 5. Abschn. Personelle Angelegenheiten*

sem Grund dringend erforderlich ist. Hierbei ist nicht die subjektive Betrachtung des Arbeitgebers ausschlaggebend; das Merkmal »dringend erforderlich« ist objektiv zu sehen (so auch *S/W* §§ 99–101 Rz. 106; GK-*Kraft* § 100 Rz. 9). Es kommt also darauf an, wie ein objektiver verständiger Beobachter die betriebliche Situation beurteilen würde (*D/K/K/S* § 100 Rz. 3; *F/A/K/H* § 100 Rz. 3). Soziale Gesichtspunkte scheiden bei der Beurteilung der Frage, ob aus sachlichen Gründen die vorläufige Durchführung einer Personalmaßnahme dringend erforderlich ist, aus (*BAG* vom 7. 11. 1977 – 1 ABR 55/75 – EzA § 100 BetrVG 1972 Nr. 1 = DB 1978, 447). Zu erwägen ist, welche Vorteile dem Betrieb bei Durchführung der Maßnahme entstehen und welche Nachteile entstehen würden, wenn die Maßnahme nicht vorgenommen werden könnte. Die Erlangung des Vorteiles muß notwendig sein, um z. B. den ordnungsgemäßen Produktionsablauf garantieren zu können. Ein Nachteil ist nicht nur dann anzunehmen, wenn die Firma einen Schaden erleiden oder zumindest in ganz erhebliche Schwierigkeiten geraten würde. Ein Nachteil ist vielmehr schon dann gegeben, wenn durch die Nichtvornahme der geplanten Maßnahme der Firma ein nicht unbeträchtlicher Vorteil entgehen würde. Bei einem akuten Mangel an Arbeitskräften, z. B. von Facharbeitern, dürften die Voraussetzungen für eine vorläufige Einstellung stets gegeben sein (vgl. GK-*Kraft* § 100 Rz. 11). Maßgebend ist immer die betriebliche Situation. Nicht entscheidend ist etwa, ob das persönliche Interesse des Bewerbers die Maßnahme rechtfertigt oder sogar als geboten erscheinen läßt. Das Individualinteresse des Arbeitnehmers ist gegebenenfalls vom Betriebsrat im Rahmen seiner Überlegungen mit zu berücksichtigen.

10 Eine dringende Erforderlichkeit aus sachlichen Gründen kann in folgenden **Beispielsfällen** vorliegen:

Einstellung
- für den Arbeitsplatz kommt nur ein qualifizierter Bewerber in Betracht, der das Zustimmungsverfahren nicht abwarten will und ohne vorläufige Maßnahme sich nach einem anderen Arbeitsplatz umsehen würde (*D/R* § 100 Rz. 8; *G/L* § 100 Rz. 4; *S/W* §§ 99–101 Rz. 109);
- Einstellung zur Sicherung des weiteren ordnungsgemäßen Arbeitsablaufs;
- Erledigung dringender Aufträge, die mit der vorhandenen Belegschaft – auch durch Überstunden – nicht durchzuführen sind;
- kurzfristiges Ausscheiden von Arbeitnehmern aus einer EDV-Organisationsabteilung, in der im ganzen 4 Arbeitnehmer beschäftigt werden;
- das Ausscheiden eines Arbeitnehmers bei gleichzeitigem Urlaub eines anderen Arbeitnehmers in einem für die Produktion wichtigen Labor;
- Ersetzen eines fristlos entlassenen oder plötzlich verhinderten Arbeitnehmers (*D/R* § 100 Rz. 8).

Versetzungen
- kurzfristige Versetzungen nach § 95 Abs. 3 Satz 1 2. Alt. (*D/R* § 100 Rz. 8; *G/L* § 100 Rz. 5); hier spricht die Vermutung für die dringende betriebliche Notwendigkeit;
- der Arbeitsplatz einer Werkstattschreiberin muß besetzt werden, um die »Arbeitsscheine« für die Abrechnung eines Monats zu bearbeiten (*BAG* vom 7. 11. 1977 – 1 ABR 55/75 – EzA § 100 BetrVG 1972 Nr. 1 = DB 1978, 447).

Eingruppierungen, Umgruppierung
– hier kommt eine vorläufige Maßnahme regelmäßig nicht in Betracht, da sie nicht unaufschiebbar sein wird (*BAG* vom 27.1. 1987 – 1 ABR 66/85 – DB 1987, 2316; *F/A/K/H* § 100 Rz. 3; *G/L* § 100 Rz. 6; a. A. *D/R* § 100 Rz. 9).
Für das Vorliegen der Voraussetzungen der vorläufigen personellen Maßnahme 11 kommt es nur auf die Verhältnisse zum Zeitpunkt der Durchführung an; bei einem späteren Wegfall, z. B. im Laufe des anschließenden arbeitsgerichtlichen Beschlußverfahrens, bleibt die **vorläufige Maßnahme wirksam** (*G/L* § 100 Rz. 5 b; *S/W* §§ 99–101 Rz. 106).

III. Vorläufige Durchführung der Maßnahme

1. Aufklärungspflicht gegenüber dem Arbeitnehmer

Der Arbeitgeber ist bei der vorläufigen Duchführung einer personellen Einzel- 12 maßnahme verpflichtet, den Arbeitnehmer über die **Sach- und Rechtslage aufzuklären** (§ 100 Abs. 1 Satz 2). Durch diese Verpflichtung gerät der Arbeitgeber in eine schwierige Situation, denn die Aufklärung über die **Rechtslage** wird einen Bewerber bei einem Einstellungsverfahren vielfach dazu verleiten, seine Bewerbung zurückzuziehen. Der Arbeitgeber hat auf die Vorläufigkeit der Maßnahme und darauf, daß sie möglicherweise nach § 100 Abs. 3 wieder rückgängig gemacht werden muß, hinzuweisen (**h. M.**). Er kann nicht umhin, den Bewerber darüber aufzuklären, daß gegebenenfalls ein kompliziertes arbeitsgerichtliches Verfahren abzuwarten ist, bevor seine Einstellung rechtlich abgeschlossen ist. Eine am Arbeitsmarkt gesuchte und umworbene Arbeitskraft wird vielfach diese Unsicherheit und das damit verbundene Risiko nicht eingehen wollen (*Stahlhacke* BlStSozArbR 1972, 72).
Aufklärung über die Sachlage bedeutet, daß der Arbeitgeber den Bewerber oder 13 den betroffenen Arbeitnehmer auch über die Gründe unterrichten muß, die den Betriebsrat dazu bewogen haben, seine Zustimmung zu der geplanten personellen Maßnahme zu verweigern. Er hat gegebenenfalls auch zu einem späteren Zeitpunkt den Bewerber wiederum zu unterrichten, falls sich die Sachlage geändert hat, wenn z. B. das Arbeitsgericht eine erste Entscheidung getroffen hat. Im Zusamamenhang damit ist auch die Aufklärung über die **Rechtslage** zu sehen. Der Arbeitgeber hat den Bewerber bzw. den betroffenen Arbeitnehmer über das anhängige Verfahren nach § 99 Abs. 4 zu unterrichten, das zum Ziel hat, die Zustimmung des Betriebsrates zu ersetzen. Außerdem ist der betroffene Arbeitnehmer darüber zu unterrichten, welche Folgen ein möglicher Einspruch des Betriebsrats gegen die vorläufige Maßnahme nach § 100 Abs. 1 haben kann (*D/R* § 100 Rz. 11; *GK-Kraft* § 100 Rz. 19).
Die **Aufklärung** des Arbeitnehmers ist **keine Wirksamkeitsvoraussetzung** für die 14 vorläufige Durchführung der personellen Maßnahme (*D/K/K/S* § 100 Rz. 17; *D/R* § 100 Rz. 12; *S/W* §§ 99–101 Rz. 110a).
Kommt der Arbeitgeber jedoch dieser Aufklärungspflicht nicht nach, so kann er 15 gegebenenfalls dem betroffenen Arbeitnehmer gegenüber **schadensersatzpflichtig** werden, und zwar aus culpa in contrahendo bei einer Einstellung, bei schon bestehendem Arbeitsverhältnis aus positiver Forderungsverletzung (*Brecht* § 100 Rz. 4; *D/K/K/S* § 100 Rz. 18; *D/R* § 100 Rz. 13; *F/A/K/H* § 100 Rz. 4; *G/L* § 100 Rz. 9;

§ 100   4. Teil 5. Abschn. Personelle Angelegenheiten

GK-*Kraft* § 100 Rz. 19). Nach dem Rechtsgrundsatz der culpa in contrahendo ist jeder potentielle Vertragspartner verpflichtet, schon bei den Vertragsverhandlungen, also auch vor Abschluß des eigentlichen Vertrages, über gewisse Umstände, die für den Arbeitnehmer wesentlich sind und die der Arbeitgeber nach Treu und Glauben nicht verschweigen darf, zu unterrichten (*Hueck/Nipperdey* I, 415). Diese Verpflichtung ist nunmehr im Gesetz festgelegt. Hat der Arbeitgeber folglich den Bewerber über die Situation nicht unterrichtet und gibt der Bewerber im Vertrauen auf den Abschluß des Vertrages seine frühere Tätigkeit auf, zerschlägt sich aber nunmehr die Einstellung, so wird der Arbeitgeber möglicherweise dem Bewerber den Schaden ersetzen müssen, den dieser dadurch erlitten hat, daß er im Vertrauen auf die neue Stelle seine bisherige Tätigkeit aufgegeben hat. Für den Arbeitgeber erscheint es daher zweckmäßig, den Arbeitsvertrag oder dessen Änderung unter der auflösenden Bedingung einer negativen arbeitsgerichtlichen Entscheidung zu schließen, damit er Schadensersatzansprüche vermeidet (*F/A/K/H* § 100 Rz. 4; GK-*Kraft* § 100 Rz. 19; *G/L* § 100 Rz. 8). Im Einzelfall dürfte es allerdings schwierig sein, den Schaden des Arbeitnehmers zu bestimmen, zumal nur der Ersatz des sogenannten negativen Interesses in Rede steht. Der Arbeitnehmer kann also nur verlangen, so gestellt zu werden, wie er bei erfüllter Aufklärungspflicht seitens des Arbeitgebers stünde (*D/R* § 100 Rz. 15). Unterläßt es der Arbeitnehmer, den Arbeitgeber auf persönliche Umstände hinzuweisen, die zu einer Zustimmungsverweigerung des Betriebsrates führen könnte, so führt dies unter dem Gesichtspunkt des **Mitverschuldens** (§ 254 BGB) zu einer Minderung etwaiger Schadensersatzansprüche des Arbeitnehmers im oben genannten Sinne (*D/K/K/S* § 100 Rz. 19; *F/A/K/H* § 100 Rz. 4; *G/L* § 100 Rz. 10).

2. Unterrichtung des Betriebsrats

16 Gem. § 100 Abs. 2 Satz 1 hat der Arbeitgeber den **Betriebsrat unverzüglich** von der vorläufigen personellen Maßnahme **zu unterrichten**. Diese Unterrichtung ist von der nach § 99 Abs. 1 zu unterscheiden, kann aber mit dieser verbunden werden (vgl. Rz. 6). Sie hat auch zu erfolgen, wenn der Arbeitgeber den Betriebsrat bereits nach § 99 informiert hat. Die Unterrichtung ist an keine Form gebunden; sie sollte aber zweckmäßigerweise aus Beweisgründen schriftlich erfolgen. Sie muß unverzüglich, d. h. ohne schuldhaftes Zögern (§ 121 Abs. 1 BGB) vorgenommen werden; es empfiehlt sich nach Möglichkeit noch **vor Durchführung** der vorläufigen Maßnahme, spätestens jedoch **unmittelbar danach**, der Unterrichtungspflicht zu genügen (*BAG* vom 7. 11. 1977 – 1 ABR 55/75 – EzA § 100 BetrVG 1972 Nr. 1 = DB 1978, 447; *D/R* § 100 Rz. 18; *F/A/K/H* § 100 Rz. 5; *G/L* § 100 Rz. 11). In der Praxis wird die Unterrichtung allerdings wegen der Dringlichkeit in der Regel erst unverzüglich nach Durchführung der Maßnahme vorgenommen werden. Auch wenn der Arbeitgeber die Maßnahmen nach der Unterrichtung des Betriebsrats nach § 99 Abs. 1, aber vor dessen Äußerung vorgenommen hat, kann er mit der Mitteilung nach § 100 Abs. 2 nicht etwa warten, bis der Betriebsrat sich innerhalb der Wochenfrist äußert. Eine Sanktion bei unterbliebener oder nicht rechtzeitiger Mitteilung sieht das Gesetz jedoch nicht vor (GK-*Kraft* § 100 Rz. 22). Mit der Unterrichtung hat der Arbeitgeber dem Betriebsrat die Tatsachen mitzuteilen, die die vorläufige Maßnahme sachlich rechtfertigen (*F/A/K/H* § 100 Rz. 5; *G/L* § 100 Rz. 11; GK-*Kraft* § 100 Rz. 22); der Arbeitgeber ist aber nicht ver-

pflichtet, dem Betriebsrat vor Durchführung der angeordneten vorläufigen Personalmaßnahmen Gelegenheit zu geben, zu deren Dringlichkeit gesondert Stellung zu nehmen (*BAG* vom 7.11. 1977 a.a.O.; *Sl/W* §§ 99–101 Rz. 110b; GK-*Kraft* § 100 Rz. 23).

IV. Reaktion des Betriebsrats

1. Keine Einwendungen des Betriebsrats

Stimmt der Betriebsrat der Durchführung der vorläufigen Maßnahme zu, so kann 17 diese als vorläufige und nach Erteilung der Zustimmung nach § 99 als endgültige aufrechterhalten werden. Fehlt in diesem Falle die Zustimmung oder Zustimmungsersetzung nach § 99, so kann zunächst die vorläufige Maßnahme aufrechterhalten werden, der Betriebsrat hat aber die Rechte aus § 101 (*G/L* § 100 Rz. 15; vgl. auch *LAG Hamm* vom 29.3. 1976 – 3 Ta BV 1/76 – EzA § 99 BetrVG 1972 Nr. 10 = DB 1976, 2023). Dies gilt auch dann, wenn der Betriebsrat von Anfang an seine Zustimmung zur endgültigen Maßnahme verweigert hat und der Arbeitgeber nicht das Zustimmungsersetzungsverfahren nach § 99 Abs. 4 einleitet. Zur Frist für diesen Antrag vgl. § 99 Rz. 144.

Erhebt der Betriebsrat nicht unverzüglich (vgl. Rz. 21) nach der Mitteilung des 18 Arbeitgebers **Bedenken** und äußert sich nicht, so ist die **vorläufige Maßnahme gedeckt.** § 100 sieht keine dem § 99 Abs. 3 Satz 2 entsprechende Regelung vor, aber da § 100 Abs. 2 darauf abstellt, daß dem Arbeitgeber unverzüglich mitgeteilt werde, daß der Betriebsrat die Erforderlichkeit der vorläufigen Maßnahme bestreitet, so ist beim Unterbleiben dieser Mitteilung die vorläufige Maßnahme gültig (GK-*Kraft* § 100 Rz. 26). Damit ist allerdings die Hauptfrage, nämlich die Ersetzung der Zustimmung des Betriebsrates nach § 99 Abs. 4, noch nicht geklärt. Zwei Fälle sind denkbar:

– Hat der Arbeitgeber eine vorläufige **Maßnahme** nach Unterrichtung des Be- 19 triebsrats nach § 99 (wobei diese mit derjenigen aus § 100 zusammenfallen kann; vgl. Rz. 6) **durchgeführt, bevor** sich der **Betriebsrat** zustimmend oder ablehnend **geäußert hat**, so ist zunächst die Entscheidung des Betriebsrates abzuwarten. Stimmt der Betriebsrat zu oder beachtet er die Formvorschriften des § 99 Abs. 3 nicht, so ist die Maßnahme endgültig. Lehnt der Betriebsrat jedoch ab, so muß der Antrag auf Ersetzung der Zustimmung nach § 99 Abs. 4 gestellt werden (*D/R* § 100 Rz. 24; GK-*Kraft* § 100 Rz. 27; *S/W* §§ 99–101 Rz. 113; vgl. § 99 Rz. 144). Die vorläufige Maßnahme bleibt in diesem Fall aufrechterhalten.

– Ist die personelle Maßnahme vorläufig durchgeführt worden, **nachdem** der Be- 20 triebsrat seine Zustimmung verweigert hat, so ist ebenfalls der Antrag beim Arbeitsgericht auf Ersetzung der Zustimmung zu stellen. Auch in diesem Fall bleibt die vorläufige Maßnahme vorerst bestehen (*D/R* § 100 Rz. 24).

§ 100   4. Teil 5. Abschn. Personelle Angelegenheiten

2. Bestreiten der dringenden Erforderlichkeit aus sachlichen Gründen

21 **Bestreitet** der **Betriebsrat**, daß die vorläufige personelle Maßnahme aus **sachlichen Gründen dringend erforderlich** ist, hat er dies **dem Arbeitgeber unverzüglich**, d.h. ohne schuldhaftes Zögern (§ 121 Abs. 1 BGB) **mitzuteilen**. Unverzüglich heißt, so schnell wie es der ordnungsgemäße Geschäftsgang des Betriebsrats erlaubt. Eine schuldhaft verzögerte Stellungnahme des Betriebsrats ist daher unbeachtlich, der Arbeitgeber kann die vorläufige Maßnahme aufrechterhalten (*G/L* § 100 Rz. 14; *S/W* §§ 99–101 Rz. 112). Die Stellungnahme hat gegenüber dem Arbeitgeber oder seinem Bevollmächtigten zu erfolgen. Wird die Stellungnahme gegnüber einem Unzuständigen abgegeben und tritt dadurch eine Verzögerung ein, so geht diese zu Lasten des Betriebsrats (*Meisel* 267). Im übrigen empfiehlt sich für die betriebliche Praxis auch hier die Schriftform. Ist das **Bestreiten rechtzeitig**, darf der Arbeitgeber entweder seine vorläufige Maßnahme nicht aufrechterhalten, oder er muß das Arbeitsgericht anrufen. Es sind folgende Fälle zu unterscheiden:

22 – Hat der Arbeitgeber die Maßnahme vor Äußerung des Betriebsrats durchgeführt und **bestreitet** dieser **nur die dringende Erforderlichkeit aus sachlichen Gründen** – also die Notwendigkeit der vorläufigen Durchführung der Maßnahme –, läßt aber die Frist nach § 99 Abs. vergehen, ohne wirksam die Zustimmung zu verweigern, so ist die Maßnahme als endgültige wirksam. Ein nach § 100 Abs. 2 Satz 3, Abs. 3 anhängiges Verfahren ist in der Hauptsache erledigt (GK-*Kraft* § 100 Rz. 29). Der Widerspruch des Betriebsrats gegen die Notwendigkeit der vorläufigen Maßnahme stellt nicht zugleich eine Zustimmungsverweigerung nach § 99 Abs. 3 dar (*G/L* § 100 Rz. 19; GK-*Kraft* § 100 Rz. 29; *S/W* §§ 99–101 Rz. 113; *D/R* § 100 Rz. 31).

23 – **Verweigert** der Betriebsrat seine **Zustimmung** nach § 99 Abs. 3, **bestreitet** er jedoch **nicht die Notwendigkeit der vorläufigen Durchführung**, so kommt nur das Verfahren auf Ersetzung der Zustimmung nach § 99 Abs. 4 in Betracht, ein Antrag nach § 100 Abs. 2 Satz 3 wäre unzulässig. Ruft der Arbeitgeber nicht das Arbeitsgericht nach § 99 Abs. 4 an (vgl. aber hierzu § 99 Rz. 144), so findet § 101 Anwendung (*D/R* § 100 Rz. 24 f.; *G/L* § 100 Rz. 15; GK-*Kraft* § 100 Rz. 30).

24 – **Verweigert** der Betriebsrat sowohl seine Zustimmung nach § 99 Abs. 3 und **bestreitet** er die **Notwendigkeit** der **vorläufigen Durchführung** der Maßnahme, so ist sowohl das Verfahren nach § 99 Abs. 4 als auch das nach § 100 Abs. 2 Satz 3 durchzuführen (GK-*Kraft* § 100 Rz. 31).

V. Arbeitsgerichtliches Verfahren

1. Frist für Anrufung des Arbeitsgerichts durch Arbeitgeber

25 Der Arbeitgeber muß nach einem Veto des Betriebsrats prüfen, ob er die vorläufige personelle Maßnahme aufrechterhalten will. Ist er nach wie vor der Auffassung, daß die Maßnahme aus sachlichen Gründen dringend erforderlich ist und damit aufrechterhalten werden muß, so muß er innerhalb von drei Tagen beim Arbeitsgericht die **Ersetzung der Zustimmung** des Betriebsrats zu dieser Maßnahme beantragen und **die Feststellung begehren, daß die Maßnahme aus sachli-**

chen Gründen dringend erforderlich war. Es handelt sich um eine **Ausschlußfrist** (*D/R* § 100 Rz. 34). Die außerordentlich kurze **Frist von drei Tagen** zwingt den Arbeitgeber bzw. seine Personalabteilung, sehr sorgfältig den Eingang der Mitteilungen des Betriebsrats festzuhalten und entsprechend rasch zu handeln. Dennoch ist nicht zu verkennen, daß in nicht selten gelagerten Fällen die Einhaltung der Dreitagefrist auf nahezu unüberwindliche Schwierigkeiten stößt. Da das Gesetz nicht von Werktagen spricht, handelt es sich um Kalendertage. Der Gesetzgeber hat offensichtlich eine außerordentlich kurze Frist setzen wollen, um zu verhindern, daß der Arbeitgeber einer gerichtlichen Klärung ausweicht (vgl. hierzu die amtliche Begründung, RegE BT-Drucks. VI/1786, 52). Die **Frist beginnt** mit dem Zugang der ablehnenden Erklärung beim Arbeitgeber. Der Tag des Zugangs wird entsprechend § 187 BGB nicht mitgerechnet. Die Frist verlängert sich, wenn der letzte Tag auf einen Samstag, Sonntag oder einen gesetzlichen Feiertag fällt, gem. § 193 BGB bis zum Ablauf des nächsten Werktages. Die Dreitagefrist sollte auch unbedingt beachtet werden, da die vorläufige Maßnahme nach § 100 Abs. 2 Satz 3 nur bei Fristeinhaltung aufrechterhalten werden darf. Bei Nichtbeachtung hat der Arbeitgeber die vorläufige Maßnahme rückgäng zu machen. Im übrigen kann die Beachtung dieser Bestimmung auch durch Beugestrafen nach § 101 erzwungen werden.

Die **Einhaltung der Dreitagefrist** kann den Arbeitgeber in schwierige Situationen 26 bringen. So ist z. B. daran zu denken, daß der Betriebsrat sein Veto erst am Freitagnachmittag einreicht. Da es sich um drei Kalendertage handelt, läuft also die Frist für die Anrufung des Arbeitsgerichts bereits am Montag ab. Der Arbeitgeber muß also am Montag eine Entscheidung darüber herbeiführen, ob er die vorläufige personelle Maßnahme aufrechterhalten will. Bejahendenfalls muß er sodann noch am gleichen Tage Klage beim Arbeitsgericht einreichen. Er kann sich dazu also nicht einmal dem üblichen postalischen Weg anvertrauen, sondern er muß dann die Klage selbst beim Arbeitsgericht erheben oder aber einen Boten mit dem entsprechenden Schriftsatz zum Gericht schicken (Zur Möglichkeit der Wiedereinsetzung nach versäumter Dreitagefrist vgl. *Schlicht* BB 1980, 632).

2. Antrag

Hat sich der Arbeitgeber entschlossen, die vorläufige personelle Maßnahme auf- 27 rechtzuerhalten und das Veto des Betriebsrats anzugreifen, so hat er innerhalb der Dreitagefrist das Arbeitsgericht **mit einem doppelten Antrag** nach § 100 Abs. 2 Satz 3 anzurufen, nämlich
- die Zustimmung des Betriebsrats zu ersetzen und
- festzustellen, daß die Maßnahme aus sachlichen Gründen dringend erforderlich war.

Der Antrag auf Ersetzung der Zustimmung richtet sich auf die Maßnahme als solche, nicht nur auf die vorläufige Maßnahme. Es wird also im Verfahren nach § 100 Abs. 2 Satz 3 das Verfahren nach § 99 Abs. 4 miterledigt (*D/R* § 100 Rz. 28; *F/A/K/H* § 100 Rz. 7; *G/L* § 100 Rz. 18; vgl. *BAG* vom 7. 11. 1977 – 1 ABR 55/75 – EzA § 100 BetrVG 1972 Nr. 1 = DB 1978, 447 **a. A.** GK-*Kraft* § 100 Rz. 36, der die Zustimmung nur als solche zur vorläufigen Maßnahme, dagegen nicht zur endgültigen ansieht). Es handelt sich um zwei verschiedene Anträge; auch die Auswirkungen der gerichtlichen Entscheidung über diese beiden Anträge sind ver-

§ 100   4. Teil 5. Abschn. *Personelle Angelegenheiten*

schieden. Beide Anträge sollten jedoch zweckmäßigerweise zusammengefaßt in einem Schriftsatz gestellt werden. Das Arbeitsgericht soll offensichtlich in ein und demselben Verfahren über sie entscheiden (Bericht des Ausschusses für Arbeit und Sozialordnung zu BT-Drucks. VI/2729, 7). Die **Anträge** können jedoch **ausnahmsweise auseinanderfallen.** Der Antrag des Arbeitgebers kann sich zunächst nur auf die Feststellung der Erforderlichkeit der Maßnahme beziehen, wenn der Betriebsrat innerhalb der Dreitagesfrist zu der endgültigen Einstellung noch nicht Stellung genommen hat. Verweigert der Betriebsrat dann seine Zustimmung zur Einstellung, so kann der Antrag auf Ersetzung der Zustimmung auch noch nach Ablauf der Dreitagefrist nachgereicht werden (*D/R* § 100 Rz. 33; *S/W* §§ 99–101 Rz. 118a.). Es sind folgende Fälle denkbar:

28 a) Der Arbeitgeber nimmt eine **vorläufige Maßnahme** vor und **teilt diese zugleich mit seiner geplanten personellen Maßnahme dem Betriebsrat mit.** Der Betriebsrat widerspricht unverzüglich nur der vorläufigen Durchführung der personellen Maßnahme entsprechend § 100 Abs. 2 Satz 2. Der Arbeitgeber stellt sodann unverzüglich den Antrag beim Arbeitsgericht auf Feststellung, daß die Maßnahme aus sachlichen Gründen dringend erforderlich war. Erst nach Ablauf der Dreitagefrist widerspricht der Betriebsrat auch der endgültigen personellen Maßnahme. Der Arbeitgeber ist dann berechtigt, in dem bereits anhängigen Verfahren nach § 100 Abs. 2 Satz 3 nunmehr auch den Antrag auf Ersetzung der Zustimmung des Betriebsrat nach § 99 Abs. 4 nachzureichen. Eine Frist ist hierfür zwar nicht vorgesehen, der Arbeitgeber sollte aber auch diesen Antrag so schnell wie möglich stellen. Beachtet der Betriebsrat hingegen die Form- und Fristvorschriften des § 99 Abs. 3 nicht oder stimmt er der endgültigen personellen Maßnahme zu, obwohl er gegen die vorläufige Maßnahme Einspruch eingelegt hat, so braucht der Arbeitgeber keinen Antrag mehr auf Überprüfung der vorläufigen Einstellung zu stellen. Sein bereits eingereichter Antrag wird dann gegenstandslos. Nach dem Sinn des § 100 Abs. 2 soll nämlich die Berechtigung einer vorläufigen personellen Maßnahme nur für den Fall gerichtlich überprüft werden, daß der Betriebsrat form- und fristgemäß nach § 99 Abs. 3 seine Zustimmung zur endgültigen personellen Maßnahme verweigert hat. Die Frage, ob der Arbeitgeber aus sachlichen Gründen die personelle Maßnahme vornehmen konnte (entsprechend § 100 Abs. 1), bedarf dann keiner Klärung mehr; die Hauptsache ist erledigt (vgl. auch Rz. 21).

29 b) Der **Betriebsrat verweigert form- und fristgerecht entsprechend § 99 Abs. 3 seine Zustimmung.** Der Arbeitgeber entschließt sich, diese Zustimmung durch Anrufung des Gerichts ersetzen zu lassen (§ 99 Abs. 4). Er verzichtet zunächst auf eine vorläufige personelle Maßnahme. Nach einigen Tagen tritt eine neue Situation ein, die den Arbeitgeber nun doch veranlaßt, eine Versetzung vorläufig entsprechend § 100 Abs. 1 durchzuführen. Der Betriebsrat legt nach der entsprechenden Mitteilung des Arbeitgebers sein Veto ein. Dann ist der Arbeitgeber berechtigt, in dem bereits anhängigen Verfahren nach § 99 Abs. 4 nunmehr auch den Antrag nach § 100 Abs. 2 Satz 3 auf Feststellung, daß die vorläufige Maßnahme aus sachlichen Gründen dringend erforderlich war, nachzureichen. Anderenfalls wäre denkbar, daß dieser zweite Antrag bei einer anderen Kammer desselben Gerichts anhängig würde – ein wenig zweckmäßiges Ergebnis.

30 Der **Antrag muß begründet werden**. Die Begründung kann jedoch ohne eine ausdrückliche Fristsetzung noch bis zur Entscheidung nachgeholt werden (*LAG Frankfurt/M.* vom 13. 9. 1988 – 4 Ta BV 43/88 – rkr., DB 1989, 1092). Nicht zu

folgen ist der Auffassung, bei Fristgebundenheit des Antrags wie in § 100 Abs. 2 Satz 2 sei eine Begründung innerhalb der 3-Tagesfrist Zulässigkeitsvoraussetzung (so aber *LAG Frankfurt/M.* a.a.O.). Im Beschlußverfahren gilt nicht der Beibringungsgrundsatz, sondern nur das Verbot des prozessualen Rechtsmißbrauchs. Es reicht daher aus, wenn die Begründung rechtzeitig zur Vorbereitung einer Entscheidung vorliegt. Dies gilt insbesondere, da die 3-Tagesfrist in der Praxis schwierig zu handhaben ist (vgl. Rz. 25, 26).

3. Entscheidung des Arbeitsgerichts

Das Arbeitsgericht entscheidet im **Beschlußverfahren** (§ 2a Abs. 1 Nr. 1 ArbGG). 31
Der betroffene Arbeitnehmer ist **nicht Beteiligter** i.S.d. § 83 ArbGG (*D/K/K/S* § 100 Rz. 31; *F/A/K/H* § 100 Rz. 8; GK-*Kraft* § 100 Rz. 38; vgl. hierzu § 99 Rz. 145). Entsprechend den gestellten Anträgen muß das Arbeitsgericht in der Regel zwei Entscheidungen fällen. Es muß einmal darüber befinden, ob es die **Zustimmung** des Betriebsrats **ersetzen** will, und es muß zum anderen darüber eine **Feststellung** treffen, ob die Maßnahme aus **sachlichen Gründen dringend erforderlich war**. Jede der beiden Entscheidungen kann – sofern sie rechtskräftig sind – grundsätzlich zur Beendigung der vorläufigen Maßnahme führen. Dies ergibt sich aus dem Wörtchen »oder« in § 100 Abs. 3. Lehnt das Arbeitsgericht die Ersetzung ab, so ist die Maßnahme stets beendet. Dagegen ist die Maßnahme nur in Ausnahmefällen beendet, wenn das Gericht die Feststellung trifft, daß die Maßnahme offensichtlich nicht aus sachlichen Gründen dringend erforderlich war (vgl. Rz. 35, 36).

Das **Gericht** ist grundsätzlich **frei**, welche der beiden vom Arbeitgeber **gestellten** 32
Anträge es **zuerst behandeln** will. Nach dem ausdrücklichen Gesetzeswortlaut hat nur eine **rechtskräftige Entscheidung** des Arbeitsgerichts Auswirkung auf das vorläufige Arbeitsverhältnis. Folgende Entscheidungen des Arbeitsgerichts sind denkbar:

– **Ersetzung der Zustimmung** zur endgültigen personellen Maßnahme und **Fest-** 33
stellung, daß die vorläufige Maßnahme **dringend erforderlich** war. In diesem Fall kann der Arbeitgeber die Maßnahme endgültig durchführen (*G/L* § 100 Rz. 22);

– **unterliegt** der **Arbeitgeber** mit **beiden Anträgen**, so treten die Rechtsfolgen des 34
§ 100 Abs. 3 ein; die Maßnahme endet mit Ablauf von zwei Wochen nach Rechtskraft der Entscheidung (vgl. Rz. 37 ff.). Beim Feststellungsantrag hinsichtlich der Erforderlichkeit der vorläufigen Maßnahme unterliegt der Arbeitgeber nur, wenn das Gericht feststellt, daß offensichtlich die Maßnahme aus sachlichen Gründen nicht dringend erforderlich war. Zur Erreichung der Feststellung der offensichtlichen Nichterforderlichkeit ist kein entsprechender Gegenantrag des Betriebsrats erforderlich (*D/R* § 100 Rz. 42; *F/A/K/H* § 100 Rz. 8). »Offensichtlich« i.S.d. § 100 Abs. 3 bedeutet, daß der Arbeitgeber bei objektiver Beurteilung der Sachlage klar erkennen mußte, daß kein dringender sachlicher Grund für ein vorläufige Einstellung gegeben war; es muß sich also um eine grobe Verkennung der sachlich-betrieblichen Notwendigkeiten handeln (*BAG* vom 7.11.1977 – 1 ABR 55/75 – EzA § 100 BetrVG 1972 Nr. 1 = DB 1978, 447; *D/R* § 100 Rz. 41; *S/W* §§ 99–101 Rz. 124; amtliche Begründung BT-Drucks. VI/1786, 52);

35 – das gleiche gilt, wenn das Arbeitsgericht zwar feststellt, daß die **vorläufige Maßnahme** aus sachlichen Gründen **dringend erforderlich** war, die **Zustimmung** jedoch **nicht ersetzt**; die vorläufige Maßnahme endet gem. § 100 Abs. 3 (*D/R* § 100 Rz. 48; *G/L* § 100 Rz. 23; GK-*Kraft* § 100 Rz. 40);

36 – das Arbeitsgericht **ersetzt** die **Zustimmung**, hält aber die **vorläufige** Durchführung für **offensichtlich sachlich nicht dringend erforderlich**. Es stellt sich die Frage, ob in diesem Fall, obwohl die Zustimmung ersetzt ist, die vorläufige personelle Maßnahme nach Ablauf von zwei Wochen nach Rechtskraft der Entscheidung endet. Obwohl der Wortlaut des Gesetzes dafür spricht, ist dies nicht zu bejahen. Auch in diesem Fall wird die personelle Maßnahme aufgrund der Ersetzung der Zustimmung, obwohl sie offensichtlich nicht dringend als vorläufige erforderlich war, zu einer endgültigen (*BAG* vom 18. 10. 1988 – 1 ABR 36/87 – DB 1989, 487; *D/K/K/S* § 100 Rz. 36; *D/R* § 100 Rz. 49; *G/L* § 100 Rz. 22; GK-*Kraft* § 100 Rz. 41; *S/W* §§ 99–101 Rz. 123e; **a. A.** *F/A/K/H* § 100 Rz. 8b). Mit Rechtskraft der Entscheidung über die Zustimmungsersetzung ist das Verfahren gem. § 100 BetrVG einzustellen (*BAG* vom 18. 10. 1988 a. a. O.). Die Gegenmeinung verkennt, daß bei Beendigung der Maßnahme in diesem Fall in erster Linie der Arbeitnehmer bzw. Bewerber getroffen wird, so daß die Individualinteressen gegenüber den Kollektivinteressen in einem nicht vertretbaren Maß zurückgestellt werden. Es ist auch zu beachten, daß der Arbeitgeber praktisch dafür »bestraft« wird, daß er den Weg nach § 100 beschritten hat und nicht nur Ersetzung der Zustimmung nach § 99 Abs. 4 beantragt hat; in letzterem Fall könnte er nach rechtskräftiger Ersetzung der Zustimmung die Personalveränderung endgültig durchführen. Im übrigen ist nicht einzusehen, daß der Arbeitgeber eine Sanktion hinnehmen soll, wenn der Betriebsrat der Maßnahme entgegengetreten ist, obwohl kein gesetzlicher Grund für eine Verweigerung der Zustimmung vorlag (*D/R* § 100 Rz. 49; *G/L* § 100 Rz. 22; GK-*Kraft* § 100 Rz. 41).

37 Eine **Beendigung** der vorläufigen Maßnahme aufgrund der rechtskräftigen Entscheidung des Arbeitsgerichts, daß diese **offensichtlich nicht erforderlich** war, kann nur in eng begrenzten **Ausnahmefällen** in Betracht kommen. Ein solcher Fall ist der, daß nur eine rechtskräftige Entscheidung über die offensichtliche Unbegründetheit der vorläufigen Maßnahme vorliegt, dagegen noch nicht über die Ersetzung der Zustimmung (vgl. *D/R* § 100 Rz. 48; *S/W* §§ 99–101 Rz. 123d).

VI. Beendigung der vorläufigen Maßnahme

38 Die vorläufige personelle Maßnahme **endet mit Ablauf von zwei Wochen nach Rechtskraft** der Entscheidung nach Abs. 3. **Rechtskräftig** wird der arbeitsgerichtliche **Beschluß**, falls kein Rechtsmittel (Beschwerde) eingelegt wird, nach Ablauf der Beschwerdefrist von einem Monat (§ 87 Abs. 2 i. V. m. § 66 Abs. 1 ArbGG). Wird Beschwerde eingelegt, so wird die Entscheidung des Landesarbeitsgerichts nach Ablauf der Rechtsbeschwerdefrist von einem Monat (§ 92 Abs. 2 ArbGG i. V. m. § 74 Abs. 1 ArbGG) rechtskräftig. Dies gilt auch dann, wenn die Rechtsbeschwerde nicht vom Landesarbeitsgericht zugelassen wurde, da in diesem Fall die Möglichkeit einer Nichtzulassungsbeschwerde besteht (§ 92a ArbGG; *D/R* § 100 Rz. 45; *F/A/K/H* § 100 Rz. 9). Beschlüsse des Bundesarbeitsgerichts werden mit der Verkündung rechtskräftig.

Vorläufige personelle Maßnahmen § **100**

Die Zweiwochenfrist beginnt mit dem Tag nach Eintritt der Rechtskraft (§ 187). 39
Zur **Fristberechnung** vgl. Rz. 25.
Wenn das Gesetz in Abs. 3 Satz 1 das **Ende der vorläufigen Maßnahme** anordnet, 40
so ist damit **nicht** gemeint, daß der zugrunde liegende **individualrechtliche Vorgang automatisch aufgehoben** ist (ebenso *D/R* § 100 Rz. 53 ff.; *G/L* § 100 Rz. 26; GK-*Kraft* § 100 Rz. 43 ff.; **a. A.** *F/A/K/H* § 100 Rz. 10; *D/K/K/S* § 100 Rz. 40 f.). Darauf weist Satz 2 mit dem gleichzeitigen Verbot der Aufrechterhaltung ebenso wie die Möglichkeit des Aufhebungsantrags seitens des Betriebsrats in § 101 Satz 1 hin. Dies folgt aber vor allem daraus, daß die Zustimmung des Betriebsrats keine Wirksamkeitsvoraussetzung der individualrechtlichen Maßnahme darstellt (*BAG* vom 2. 7. 1980 – 5 AZR 1241/79 – EzA § 99 BetrVG 1972 Nr. 28 m. Anm. *Löwisch, Röder* = DB 1981, 272; **a. A.** für Versetzungen *BAG* vom 26. 1. 1988 – 1 ABR 531/86 – EzA § 99 BetrVG 1972 Nr. 58 = DB 1988, 1167). Wenn die vorläufige Maßnahme nicht individualrechtlich befristet oder auflösend bedingt war durch die rechtskräftige Nichtersetzung der Zustimmung, was dringend zu empfehlen ist (das *BAG* hält in diesen Fällen eine auflösende Bedingung offenbar für zulässig, *BAG* vom 17. 2. 1983 – 2 AZR 208/81 – EzA § 620 BGB Nr. 2 = DB 1983, 1880), bedarf es einer individualrechtlichen Gestaltungserklärung oder eines Aufhebungsvertrags.
Handelt es sich um eine **vorläufige Einstellung**, so ist zu differenzieren. Hat der 41
Arbeitgeber den Arbeitnehmer über die Sach- und Rechtslage aufgeklärt, so daß der Arbeitnehmer sich auf das mögliche Ende dieses Beschäftigungsverhältnisses einrichten mußte, ist eine Kündigung ohne Beachtung von Fristen oder besonderen Kündigungsvorschriften möglich. Hat der Arbeitgeber dagegen die gesetzlich gebotene Aufklärung unterlassen und mußte der Arbeitnehmer von einem unbefristeten Beschäftigungsverhältnis ausgehen, bedarf es der ordentlichen Kündigung (*D/K/K/S* § 100 Rz. 41). Eine hiergegen gerichtete Kündigungsschutzklage des betroffenen Arbeitnehmers ist zwar – bei Vorliegen der Voraussetzungen im übrigen, etwa der 6-Monats-Frist – möglich, wird jedoch angesichts der Rechtskraft der das gesetzliche Beschäftigungsverbot auslösenden Entscheidung ohne Erfolg bleiben (wie hier wohl *D/R* § 100 Rz. 53 ff.; ähnlich *v. Friesen* BB 1984, 677 ff.; nur in Ausnahmefällen für fristlose Kündigung: *v. Hoyningen-Huene* RdA 1982, 205 ff.; für Kündigung, aber ohne Differenzierung *G/L* § 100 Rz. 26; gegen die Notwendigkeit von Gestaltungserklärungen: GK-*Kraft* § 100 Rz. 44 *F/A/K/H* § 100 Rz. 10). Eventuelle Schadensersatzansprüche des Arbeitnehmers bleiben unberührt, vgl. Rz. 15.
Bei einer **vorläufigen Eingruppierung oder Umgruppierung** bedeutet die Beendi- 42
gung, daß der Arbeitgeber den Arbeitnehmer nicht mehr nach der Gruppe bezahlen darf, in die er vorläufig eingruppiert war; dies bedeutet aber nicht, daß er notwendigerweise in seine alte Lohn- oder Gehaltsgruppe einzuweisen ist (vgl. *D/R* § 100 Rz. 59 mit ausführlicher Begründung; *F/A/K/H* § 101 Rz. 4a GK-*Kraft* § 100 Rz. 44). **Individualrechtlich** kann der Arbeitnehmer, falls der Arbeitgeber keinen entsprechenden Vorbehalt gemacht hat, weiterhin faktisch den Lohn oder das Gehalt der Gruppe beanspruchen, in die er vorläufig eingestuft wurde (*G/L* § 99 Rz. 122 f.). Dies kann er aus Schadensersatzgesichtspunkten (vgl. Rz. 15) oder weil der Arbeitgeber ihm den Lohn oder das Gehalt verbindlich zugesagt hat. Bei einer Umgruppierung wird dies nur bei einer Höhergruppierung in Frage kommen; er erhält dann übertariflichen Lohn oder übertarifliches Gehalt (*Matthes* DB 1975, 1654). Darüber hinaus kann der Arbeitnehmer im Urteilsverfahren kla-

§ 101   4. Teil 5. Abschn. *Personelle Angelegenheiten*

gen, daß er aufgrund seiner Tätigkeit in eine bestimmte Lohn- oder Gehaltsgruppe einzustufen ist, und zwar ohne Beteiligung des Betriebsrats (vgl. § 99 Rz. 22, 37; *D/R* § 100 Rz. 60; *BAG* vom 9.10.1970 – 1 ABR 18/69 – EzA § 63 BetrVG 1952 Nr. 3 = DB 1971, 53).

43 Bei der **vorläufigen Versetzung** ist der Arbeitnehmer mit Ablauf von zwei Wochen auf seinen alten Arbeitsplatz zurückzuversetzen (*D/R* § 100 Rz. 58; *S/W* §§ 99–101 Rz. 186f.). Hatte sich infolge der Versetzung der Vertragsinhalt materiell zugunsten des Arbeitnehmers verbessert, bedarf es einer Kündigungserklärung, wie bei der vorläufigen Einstellung, vgl. Rz. 40 (*D/R* § 100 Rz. 58).

44 Auch **tatsächlich** darf die **personelle Maßnahme** nicht aufrechterhalten werden nach Ablauf der Zweiwochenfrist. Das Gesetz bestimmt im § 100 Abs. 3 Satz 2, daß der Arbeitgeber nach Ablauf von zwei Wochen nach Rechtskraft der Entscheidung die personelle Maßnahme **nicht aufrechterhalten** darf. Der Arbeitnehmer darf weder nur an dem in Aussicht genommenen Arbeitsplatz noch an jedem anderen im Betrieb beschäftigt werden; es sei denn, das Einstellungs- oder Versetzungsverfahren wird neu in Gang gesetzt und der Betriebsrat hat wegen der Beschäftigung dieses Arbeitnehmers gerade an diesem Arbeitsplatz widersprochen (*D/R* § 100 Rz. 61). Kommt der Arbeitgeber dem Gesetzesbefehl des Abs. 3 nicht nach, so kann der Betriebsrat die Beachtung des Gesetzes durch Beugestrafen nach § 101 erzwingen.

§ 101 Zwangsgeld

Führt der Arbeitgeber eine personelle Maßnahme im Sinne des § 99 Abs. 1 Satz 1 ohne Zustimmung des Betriebsrats durch oder hält er eine vorläufige personelle Maßnahme entgegen § 100 Abs. 2 Satz 3 oder Abs. 3 aufrecht, so kann der Betriebsrat beim Arbeitsgericht beantragen, dem Arbeitgeber aufzugeben, die personelle Maßnahme aufzuheben. Hebt der Arbeitgeber entgegen einer rechtskräftigen gerichtlichen Entscheidung die personelle Maßnahme nicht auf, so ist auf Antrag des Betriebsrats vom Arbeitsgericht zu erkennen, daß der Arbeitgeber zur Aufhebung der Maßnahme durch Zwangsgeld anzuhalten sei. Das Höchstmaß des Zwangsgeldes beträgt für jeden Tag der Zuwiderhandlungen 500 Deutsche Mark.

Literaturübrsicht

Vgl. die Literaturübersicht bei § 100.

Inhaltsübersicht

		Rz.
I.	Zweck der Bestimmung	1
II.	Anordnung der Aufhebung einer personellen Maßnahme	2–13
	1. Tatbestandliche Voraussetzung	3–9
	2. Antrag des Betriebsrats als Voraussetzung	10
	3. Arbeitsgerichtliches Verfahren	11–13
III.	Zwangsgeldverfahren	14–17

I. Zweck der Bestimmung

Die Regelung des § 101 soll die Durchsetzung der Rechte des Betriebsrats nach 1
den §§ 99, 100 sichern; es handelt sich um ein **zweistufiges Verfahren**. Das eine
zielt darauf, daß das Arbeitsgericht dem Arbeitgeber aufgibt, eine gegen die Vorschriften der §§ 99 und 100 durchgeführte und/bzw. aufrechterhaltene personelle
Maßnahme aufzuheben; das zweite Verfahren zielt auf die Durchsetzung einer
gerichtlichen Entscheidung im ersten Verfahren durch Zwangsgeld (Zwangsgeldverfahren).

II. Anordnung der Aufhebung einer personellen Maßnahme

Führt der Arbeitgeber eine personelle Maßnahme ohne Zustimmung des Be- 2
triebsrats durch, so kann der Betriebsrat beim **Arbeitsgericht beantragen**, dem
Arbeitgeber zu untersagen, die **personelle Maßnahme aufrechtzuerhalten**. Der
Betriebsrat kann dieses Recht allerdings auch **verwirken**, etwa wenn er jahrelang
eine personelle Einzelmaßnahme des Arbeitgebers wissentlich duldet, bevor er
den Antrag nach § 101 stellt (*LAG Frankfurt/M.* vom 24. 1. 1984 – 4 Ta BV 47/83
– BB 1984, 1684).

1. Tatbestandliche Voraussetzung

In **folgenden Fällen** kann der Betriebsrat beim Arbeitsgericht beantragen, dem 3
Arbeitgeber aufzugeben, **die personelle Maßnahme aufzuheben:**
- der Arbeitgeber führt eine **endgültige personelle Maßnahme ohne Zustim-** 4
  mung des Betriebsrats durch. Ohne Zustimmung heißt:
a) die Ersetzung der Zustimmung wurde vom Arbeitgeber beim Arbeitsgericht
beantragt, dieses hat sie aber nicht rechtskräftig ersetzt;
b) die Zustimmung gilt auch nicht wegen Ablaufs der Wochenfrist als erteilt;
c) der Arbeitgeber hat die Zustimmung des Betriebsrats nicht eingeholt, sei es,
daß er den Betriebsrat überhaupt nicht unterrichtet hat, sei es, daß er ihn nicht
§ 99 Abs. 1 entsprechend unterrichtet hat (vgl. hierzu § 99 Rz. 88);
d) der Betriebsrat verweigert die Zustimmung; nach dem *Bundesarbeitsgericht*
soll auch dann das Verfahren nach § 101 eingeleitet werden können, wenn die
Zustimmungsverweigerung zu Unrecht erfolgte, weil kein gesetzlicher Zustimmungsverweigerungsgrund vorlag (*BAG* vom 18. 7. 1978 – 1 ABR 43/75 – EzA
§ 99 BetrVG 1972 Nr. 23 m. Anm. *Ehmann* = DB 1978, 2322). In einem solchen
Fall müsse der Arbeitgeber das gesetzlich vorgesehene Zustimmungsverfahren
nach § 99 Abs. 4 und § 100 Abs. 2 Satz 3 betreiben. Dies gilt nach dem *Bundesarbeitsgericht* aber nur dann, wenn die formellen Voraussetzungen der Zustimmungsverweigerung vorliegen (vgl. § 99 Rz. 97) und die Zustimmungsverweigerung zumindest auf einem denkbaren Zustimmungsverweigerungsgrund beruht,
auch wenn dieser nicht schlüssig dargetan ist. Ist dies nicht der Fall und haben die
in der Zustimmungsverweigerung aufgeführten Gründe zu den gesetzlichen Zustimmungsverweigerungsgründen keinerlei Bezug (vgl. § 99 Rz. 100 f.), gilt die
Zustimmung nach Ablauf der Wochenfrist als erteilt und für das Verfahren nach
§ 101 fehlt die Voraussetzung.

5 – der Arbeitgeber **hält eine vorläufige personelle Einzelmaßnahme aufrecht, ohne** nach ablehnender Stellungnahme des Betriebsrats innerhalb von drei Tagen das Arbeitsgericht anzurufen (§ 100 Abs. 2 Satz 3). Zu dem Sonderfall, daß der Betriebsrat der vorläufigen Maßnahme zugestimmt hat, aber nicht der endgültigen, und der Arbeitgeber nicht nach § 99 Abs. 4 Ersetzung der Zustimmung beim Arbeitsgericht beantragt, vgl. § 100 Rz. 17;
6 – der Arbeitgeber hält eine vorläufige personelle Maßnahme **länger als zwei Wochen nach einer negativen rechtskräftigen Entscheidung** des Arbeitsgerichts gem. § 100 Abs. 3 Satz 1 **aufrecht**;
7 – der Arbeitgeber führt eine **vorläufige Maßnahme** i. S. v. § 100 Abs. 2 Satz 1 **ohne Unterrichtung des Betriebsrats** durch, d. h. er unterrichtet ihn auch nicht unmittelbar nach Durchführung der Maßnahme (vgl. § 100 Rz. 16). Hat in diesem Fall der Arbeitgeber den Betriebsrat nach § 99 Abs. 1 unterrichtet, aber lediglich nicht von der vorläufigen Durchführung, und wird die Zustimmung durch das Arbeitsgericht ersetzt oder gilt nach § 99 Abs. 3 als erteilt, so ist der Antrag auf Aufhebung der Maßnahme nicht begründet (vgl. § 100 Rz. 36). Ist dagegen weder eine Unterrichtung nach § 99 Abs. 1 noch nach § 100 Abs. 2 erfolgt und ist die Maßnahme als vorläufige durchgeführt, so besteht das Antragsrecht des Betriebsrats nach § 101; anderenfalls könnte sich der Arbeitgeber der Sanktion des § 101 dadurch entziehen; daß er überhaupt nicht den Betriebsrat unterrichtet. Außerdem kamen in diesem Fall die Maßnahme als endgültige betrachtet werden, für die bei mangelnder Unterrichtung die Sanktion des § 101 gilt (GK-*Kraft* § 101 Rz. 4; *LAG Frankfurt/M.* vom 6. 9. 1986 – 4 Ta BV 134/85 – NZA 1987, 645).

8 **Verletzt der Arbeitgeber** schuldhaft seine **Pflicht**, dem Betriebsrat eine **personelle Maßnahme** zugunsten eines **leitenden Angestellten** mitzuteilen, so kann er nicht durch eine analoge Anwendung des § 101 Satz 1 in einem Beschlußverfahren gezwungen werden, diese Maßnahme rückgängig zu machen (*LAG Düsseldorf/Köln* vom 13. 5. 1976 – 3 Ta BV 2/76 – DB 1976, 1383).

9 Teilweise wird die Ansicht vertreten, **§ 101** finde **nur Anwendung** auf die **Einstellung und Versetzung**, da nur dort ein wirkliches Mitbestimmungsrecht des Betriebsrats bestehe. Bei der **Eingruppierung** und **Umgruppierung** soll dagegen die Anwendung des § 101 ausscheiden, da dort das Mitwirkungsrecht des Betriebsrats nur in Form einer **Richtigkeitskontrolle** bestehe (*LAG Köln* vom 27. 1. 1983 – 3 Ta BV 33/82 – DB 1983, 2143; *Matthes* DB 1975, 1653f.). Dieser Ansicht kann nicht gefolgt werden, da auch hier der betriebsverfassungsrechtliche Vorgang vom individualrechtlichen zu trennen ist. Betriebsverfassungsrechtlich ist die Maßnahme aufzuheben (GK-*Kraft* § 101 Rz. 5). Freilich bedeutet dies, daß der Arbeitgeber – sofern die Ein- oder Umgruppierung materiellrechtlich zutreffend war – die unterlassene Beteiligung des Betriebsrats nachholen bzw., wenn dieser die Zustimmung verweigert hatte, das Verfahren nach § 99 Abs. 4 durchführen muß (*BAG* vom 31. 5. 1983 – EzA § 118 BetrVG 1972 Nr. 36 = DB 1984, 995 – 1 ABR 57/80 – vom 22. 3. 1983 – 1 ABR 49/81 – EzA § 101 BetrVG 1972 Nr. 5 = DB 1983, 2313; *BAG* vom 20. 3. 1990 – 1 ABR 20/89 – EzA § 99 BetrVG 1972 Nr. 87 = DB 90, 1671; *BAG* vom 3. 10. 1989 – 1 ABR 66/88 – DB 1990, 1092; *D/R* § 101 Rz. 13). Individualrechtlich gilt das gleiche wie nach § 100 (vgl. Rz. 44).

2. Antrag des Betriebsrats als Voraussetzung

Das Verfahren wird nur **auf Antrag des Betriebsrats** eingeleitet. Der Antrag ist **10** nur zulässig, wenn der Betriebsrat nach pflichtgemäßem Ermessen einen Beschluß nach § 33 über die Antragstellung herbeigeführt hat.

3. Arbeitsgerichtliches Verfahren

Das Arbeitsgericht entscheidet im **Beschlußverfahren** (§ 2a Abs. 1 Nr. 1 ArbGG). **11**
Beteiligte sind der Arbeitgeber, der Betriebsrat, aber **nicht** der betroffene **Arbeitnehmer** (*BAG* vom 27.5. 1982 – 6 ABR 105/79 – EzA § 83 ArbGG 1979 Nr. 1 = DB 1982, 2410; *BAG* vom 22.3. 1983 – 1 ABR 49/81 – EzA § 101 BetrVG 1972 Nr. 5 = DB 1983, 2313; vgl. auch § 99 Rz. 145). In dem Verfahren nach § 101 kann der **Arbeitgeber** dem Antrag des Betriebsrats **nicht** mit dem **Hilfsantrag** begegnen, die fehlende Zustimmung zu ersetzen (*LAG Hamm* vom 28.5. 1973 – 8 Ta BV 3/73 – rkr., DB 1973, 1407; *BAG* vom 18.7. 1978 – 1 ABR 43/75 – EzA § 99 BetrVG 1972 Nr. 23 m. Anm. *Ehmann* = DB 1978, 2322). Führt der Arbeitgeber ein Verfahren nach § 100 Abs. 2 Satz 3 durch, so kann der Betriebsrat seinen Abweisungsantrag mit dem Antrag nach § 101 verbinden (*F/A/K/H* § 101 Rz. 3; *G/L* § 101 Rz. 5; GK-*Kraft* § 101 Rz. 8). Das gleiche gilt für das Verfahren nach § 99 Abs. 4, falls zu diesem Zeitpunkt die Maßnahme bereits als vorläufige durchgeführt ist (*D/R* § 101 Rz. 11).

Die Rechtsfolgen der arbeitsgerichtlichen Entscheidung sind im Gegensatz zu der **12** Vorschrift des § 100 Abs. 3 nicht ausdrücklich geregelt. Auszugehen ist davon, daß zunächst **nur** eine **rechtskräftige Entscheidung** zur Aufhebung der Maßnahme **verpflichten kann**. Der Arbeitgeber ist daher berechtigt, die vorläufige personelle Maßnahme bis zur Rechtskraft der letztinstanzlichen Entscheidung aufrechtzuerhalten. Nach dem Wortlaut des Gesetzes wäre der Arbeitgeber allerdings verpflichtet, mit Eintritt der Rechtskraft die Maßnahme aufzuheben. Dabei erscheinen jedoch die berechtigten Interessen des betroffenen Arbeitnehmers bzw. Bewerbers völlig unberücksichtigt. Während § 100 Abs. 3 noch eine Frist von zwei Wochen nach rechtskräftiger Entscheidung vorsieht, ist dies bei § 101 nicht der Fall. Für eine derartig unterschiedliche Behandlung des betroffenen Arbeitnehmers ist jedoch kein Grund ersichtlich. Im Gegenteil kann das Schutzbedürfnis des Arbeitnehmers im Verfahren nach § 101 im Einzelfall – z.B. wenn er nicht gem. § 100 Abs. 1 Satz 2 unterrichtet wurde – noch größer sein. Die Regelung des **§ 100 Abs. 3 Satz 1** ist hier **daher analog anzuwenden**; die personelle Maßnahme ist **erst zwei Wochen nach rechtskräftiger Entscheidung aufzuheben** (*F/A/K/H* § 101 Rz. 4; *G/L* § 101 Rz. 7; GK-*Kraft* § 101 Abs. 11; *ArbG Göttingen* vom 5.1. 1973 – 2 BV 41/72 – BB 1973, 193; *Adomeit* DB 1971, 2361/2362; *Richardi* ZfA Sonderheft 1972, 22; a.A. *D/K/K/S* § 101 Rz. 13). Vgl. auch § 100 Rz. 38f.

Der **Beschluß** des Arbeitsgerichts wirkt ebensowenig wie bei § 100 **rechtsgestal-** **13** **tend** (*D/R* § 101 Rz. 14; a.A. *F/A/K/H* § 101 Rz. 4). Es gilt das zu § 100 Gesagte (vgl. dort Rz. 40ff.).

III. Zwangsgeldverfahren

14 Hebt der Arbeitgeber entgegen einer rechtskräftigen Entscheidung des Arbeitsgerichts mit Ablauf von zwei Wochen (vgl. Rz. 12) die personelle Maßnahme **nicht auf**, so kann er hierzu vom Arbeitsgericht durch **Zwangsgeld von höchstens 500 DM** für jeden Tag der Zuwiderhandlung angehalten werden. Voraussetzung ist ein entsprechender Antrag des Betriebsrats. Das Verfahren entspricht demjenigen nach § 888 ZPO zur Vornahme einer unvertretbaren Handlung; einer vorherigen Androhung durch das Arbeitsgericht bedarf es daher nicht (*D/R* § 101 Rz. 20; *F/A/K/H* § 101 Rz. 4b). Es handelt sich um eine Zwangsmaßnahme zur Durchsetzung einer gerichtlichen Entscheidung; ein Verschulden des Arbeitgebers ist deshalb nicht erforderlich (*D/K/K/S* § 101 Rz. 15; *D/R* § 101 Rz. 18; *F/A/K/H* § 101 Rz. 5; *G/L* § 101 Rz. 8; GK-*Kraft* § 101 Rz. 13). Die Zwangsmaßnahme kann nicht mehr verhängt oder vollstreckt werden, wenn der Arbeitgeber die Maßnahme aufhebt oder der Betriebsrat seinen Antrag zurücknimmt (Lit. wie vor Rz. 12).

15 Das Arbeitsgericht entscheidet im Beschlußverfahren. Eine mündliche Verhandlung ist nicht erforderlich (§ 85 Abs. 1 ArbGG i. V. m. § 891 ZPO); in diesem Fall entscheidet der Vorsitzende allein (§ 53 Abs. 1 ArbGG). Das Gericht setzt das **Zwangsgeld** nach freiem Ermessen fest, die Mindestgrenze ist 1 DM (*F/A/K/H* § 101 Rz. 4a), die **Höchstgrenze 500 DM für jeden Tag der Zuwiderhandlung**. Eine Haftstrafe ist ausgeschlossen (§§ 101 BetrVG, 85 Abs. 1 Satz 2 ArbGG; *D/R* § 101 Rz. 24; *F/A/K/H* § 101 Rz. 4a). Die Vollstreckung erfolgt von Amts wegen insbesondere nach §§ 803 ff. ZPO. Die Beträge fließen der Staatskasse zu.

16 Gegenüber § 23 Abs. 3 enthält § 101 Satz 2 eine Sondervorschrift; ein Verfahren nach § 23 Abs. 3 scheidet daher bei Verstößen des Arbeitgebers gegen die Mitbestimmungsrechte des Betriebsrats nach §§ 99, 100 aus; es findet ausschließlich § 101 Anwendung (*BAG* vom 5. 12. 1978 – 6 ABR 70/77 – EzA § 101 BetrVG 1972 Nr. 4 = BetrVG 1972 = DB 1979, 1282; *D/R* § 101 Rz. 3; *F/A/K/H* § 101 Rz. 5). Dies soll aber nicht für einen Unterlassungsanspruch wegen zukünftiger Verletzung von Mitbestimmungsrechten gelten (*BAG* vom 17. 3. 1987 – 1 ABR 65/85 – EzA § 23 BetrVG 1972 Nr. 16 = DB 1987, 2051; *D/K/K/S* § 101 Rz. 21; *F/A/K/H* § 101 Rz. 5; GK-*Kraft* § 101 Rz. 15; vgl. § 23 Rz. 82).

17 Eine einstweilige Verfügung zur Aufhebung personeller Maßnahmen ist unzulässig, da §§ 99–101 eine abschließende und ausgewogene Sonderregelung zum Ausgleich der Interessen enthalten (*LAG Frankfurt/M.* vom 15. 12. 1987 – 4 Ta BV Ga 160/87 – DB 1988, 915).

§ 102 Mitbestimmung bei Kündigungen

(1) Der Betriebsrat ist vor jeder Kündigung zu hören. Der Arbeitgeber hat ihm die Gründe für die Kündigung mitzuteilen. Eine ohne Anhörung des Betriebsrats ausgesprochene Kündigung ist unwirksam.
(2) Hat der Betriebsrat gegen eine ordentliche Kündigung Bedenken, so hat er diese unter Angabe der Gründe dem Arbeitgeber spätestens innerhalb einer Woche schriftlich mitzuteilen. Äußert er sich innerhalb dieser Frist nicht, gilt seine Zustimmung zur Kündigung als erteilt. Hat der Betriebsrat gegen eine außerordentliche Kündigung Bedenken, so hat er diese unter Angabe der Gründe dem

Arbeitgeber unverzüglich, spätestens jedoch innerhalb von drei Tagen, schriftlich mitzuteilen. Der Betriebsrat soll, soweit dies erforderlich erscheint, vor seiner Stellungnahme den betroffenen Arbeitnehmer hören. § 99 Abs. 1 Satz 3 gilt entsprechend.

(3) Der Betriebsrat kann innerhalb der Frist des Absatzes 2 Satz 1 der ordentlichen Kündigung widersprechen, wenn
1. der Arbeitgeber bei der Auswahl des zu kündigenden Arbeitnehmers soziale Gesichtspunkte nicht oder nicht ausreichend berücksichtigt hat,
2. die Kündigung gegen eine Richtlinie nach § 95 verstößt,
3. der zu kündigende Arbeitnehmer an einem anderen Arbeitsplatz im selben Betrieb oder in einem anderen Betrieb des Unternehmens weiterbeschäftigt werden kann,
4. die Weiterbeschäftigung des Arbeitnehmers nach zumutbaren Umschulungs- oder Fortbildungsmaßnahmen möglich ist oder
5. eine Weiterbeschäftigung des Arbeitnehmers unter geänderten Vertragsbedingungen möglich ist und der Arbeitnehmer sein Einverständnis hiermit erklärt hat.

(4) Kündigt der Arbeitgeber, obwohl der Betriebsrat nach Absatz 3 der Kündigung widersprochen hat, so hat er dem Arbeitnehmer mit der Kündigung eine Abschrift der Stellungnahme des Betriebsrats zuzuleiten.

(5) Hat der Betriebsrat einer ordentlichen Kündigung frist- und ordnungsgemäß widersprochen, und hat der Arbeitnehmer nach dem Kündigungsschutzgesetz Klage auf Feststellung erhoben, daß das Arbeitsverhältnis durch die Kündigung nicht aufgelöst ist, so muß der Arbeitgeber auf Verlangen des Arbeitnehmers diesen nach Ablauf der Kündigungsfrist bis zum rechtskräftigen Abschluß des Rechtsstreits bei unveränderten Arbeitsbedingungen weiterbeschäftigen. Auf Antrag des Arbeitgebers kann das Gericht ihn durch einstweilige Verfügung von der Verpflichtung zur Weiterbeschäftigung nach Satz 1 entbinden, wenn
1. die Klage des Arbeitnehmers keine hinreichende Aussicht auf Erfolg bietet oder mutwillig erscheint oder
2. die Weiterbeschäftigung des Arbeitnehmers zu einer unzumutbaren wirtschaftlichen Belastung des Arbeitgebers führen würde oder
3. der Widerspruch des Betriebsrats offensichtlich unbegründet war.

(6) Arbeitgeber und Betriebsrat können vereinbaren, daß Kündigungen der Zustimmung des Betriebsrats bedürfen und daß bei Meinungsverschiedenheiten über die Berechtigung der Nichterteilung der Zustimmung die Einigungsstelle entscheidet.

(7) Die Vorschriften über die Beteiligung des Betriebsrats nach dem Kündigungsschutzgesetz und nach § 8 Abs. 1 des Arbeitsförderungsgesetzes bleiben unberührt.

Literaturübersicht zu § 102 allgemein

Adomeit Der allgemeine Kündigungsschutz, AR-Blattei-Kündigungsschutz I; *Barwasser* Anhörung des Betriebsrats nach § 102 BetrVG bei Verhinderung des ersatzmannlosen Betriebsobmanns, DB 1976, 914; *ders.* Zeitweilige Tätigkeit im Betriebsrat und nachwirkender Kündigungsschutz, AuR 1977, 74; *Bieback/Mayer* Mitbestimmung des Betriebsrats während des Arbeitskampfes, AuR 1982, 169; *Bösche* Die Rechte des Betriebsrats bei Kündigungen,

§ 102   4. Teil 5. Abschn. *Personelle Angelegenheiten*

1979; *Braasch* Anhörung des Betriebs- oder Personalrats zur Kündigung Schwerbehinderter, BlStSozArbR 1981, 1; *Eich* Der Einfluß eines Antrags auf Aussetzung eines Beschlusses des Betriebsrats auf den Lauf der Frist des § 626 II BGB im Zustimmungsverfahren nach § 103 BetrVG, DB 1978, 586; *Gamillscheg* Betriebsrat und Kündigung, in: FS BAG, 1979, 117; *Gaul* Der Widerruf einer Zustimmungserklärung des Betriebsrates bei Kündigungen, RdA 1979, 267; *Griese* Neuere Tendenzen bei der Anhörung des Betriebsrats vor der Kündigung, BB 1990, 1899; *Hager* Die Umdeutung der außerordentlichen in eine ordentliche Kündigung, BB 1989, 693; *Heinze* Mitbestimmung des Betriebsrates und Arbeitskampf, DB 1982, Beilage Nr. 23; *Höland* Zur Problematik des Nachschiebens von Kündigungsgründen aus rechtstatsächlicher Sicht, ZIP 1982, 1982; *Hueck, G.* Kündigungsschutz und Mitwirkung des Betriebsrats in der Rechtsprechung des *Bundesarbeitsgerichts*, in: FS BAG, 1979, 243; *Klebe* Das Widerspruchsrecht des Betriebsrats bei personen- und verhaltensbedingten Kündigungen, BB 1980, 838; *Kraft* Die Mitwirkungs- und Mitbestimmungsrechte des Betriebsrats während des Arbeitskampfes, FS für *G. Müller* 1981, 265; *Oetker* Die Anhörung des Betriebsrats vor Kündigung und die Darlegungs- und Beweislast im Kündigungsschutzprozeß, BB 1989, 417; *Schlochauer* Untersagung von Entlassungen oder Kündigungen durch einstweilige Verfügung bis zum Abschluß eines Interessenausgleichs, JArbR Bd. 21 (1983), 61; *Schumann* Zur Anhörung des Betriebsrats bei einer Kündigung wegen häufiger Kurzerkrankung; DB 1984, 1878; *Schwerdtner* Nachschieben von Kündigungsgründen, BlStSozArbR 1981, 145; *ders.* Betriebsverfassungsrechtliches Anhörungsverfahren und Nachschieben von Kündigungsgründen, ZIP 1981, 809; *ders.* Kündigungsrechtliche und betriebsverfassungsrechtliche Probleme der Änderungskündigung, in: FS BAG, 1979, 555; *Stahlhacke* Kündigung und Kündigungsschutz im Arbeitsverhältnis, 4. Aufl. 1982; *Zeuner* Zur Bestimmung des für die Rechte nach § 102 BetrVG zuständigen Betriebsrats bei aufgespaltener Arbeitgeberstellung im Konzern, FS für *Hilger/Stumpf*, 1983, 771; *Zöllner* Sind im Interesse einer gerechteren Verteilung der Arbeitsplätze Begründung und Beendigung der Arbeitsverhältnisse neu zu regeln? Gutachten D zum 52. Deutschen Juristentag, 1978.

Literaturübersicht zu § 102 Abs. 5

Berkowsky Das Weiterbeschäftigungsangebot des Arbeitgebers während des Kündigungsschutzprozesses und seine Auswirkungen auf seinen Annahmeverzug, DB 1981, 1569; *ders.* Nochmals: Zum Weiterbeschäftigungsangebot des Arbeitgebers während des Kündigungsschutzprozesses, DB 1982, 902; *ders.* Zum Weiterbeschäftigungsanspruch des gekündigten Arbeitnehmers während des Kündigungsschutzprozesses, DB 1983, 2362; *ders.* Der allgemeine Weiterbeschäftigungsanspruch des Arbeitnehmers während des Kündigungsschutzprozesses – ein Phantom?, NJW 1982, 905; *Bötticher* Zum »allgemeinen« Weiterbeschäftigungsanspruch des Arbeitnehmers während des Kündigungsschutzprozesses, BB 1981, 1954; *Brox* Zum Anspruch des Arbeitnehmers auf Weiterbeschäftigung während des Kündigungsschutzprozesses nach Ablauf der Kündigungsfrist, in: FS BAG, 1979, 37; *Eich* Die einstweilige Verfügung auf Lohn- und Gehaltszahlung während des Rechtsstreits über den Bestand des Arbeitsverhältnisses, DB 1976 Beilage Nr. 10; *Heinze* Bestandsschutz durch Beschäftigung trotz Kündigung?, DB 1985, 111; *Jobs* Der Weiterbeschäftigungsanspruch des gekündigten Arbeitnehmers als rechts- und arbeitsmarktpolitisches Problem, AuR 1981, 16; *Kamphausen* Weiterbeschäftigungsanspruch nach Ablauf der Kündigungsfrist, BlStSozArbR 1982, 65; *Klebe* Der Weiterbeschäftigungsanspruch des Arbeitnehmers gem. § 102 Abs. 5 BetrVG bei verbundener Kündigung, BlStSozArbR 1980, 161; *Klebe/Schumann* Das Recht auf Beschäftigung im Kündigungsschutzprozeß, 1981; *Kleemann* Zum Weiterbeschäftigungsanspruch gekündigter Arbeitnehmer, DB 1981, 2276; *Kraft* Beschäftigungsanspruch und Weiterbeschäftigungsanspruch, ZfA 1979, 123; *Mayer-Maly* Die Grenzen des Anspruchs auf Weiterbeschäftigung nach Ablauf der Kündigungsfrist, BB 1984, 1752; *Ohlendorf* Die Weiterbeschäftigung während eines Kündigungsschutzprozesses auf Wunsch des

Arbeitgebers, AuR 1981, 109; *Schaub* Vorläufiger Rechtsschutz bei der Kündigung von Arbeitsverhältnissen, NJW 1981, 1807; *Wank* Das Recht auf Arbeit im Verfassungsrecht und im Arbeitsrecht, 1980; *Wenzel* Der Weiterbeschäftigungsanspruch im Kündigungsschutzprozeß unter rechtspolitischen und rechtsgrundsätzlichen Aspekten, AuR 1980, 97; *Wlotzke/Lorenz* Weiterbeschäftigung während des Kündigungsschutzprozesses, AuR 1980, 1; *Wolf/Pfeiffer* Weiterbeschäftigung ohne Ende?, AuR 1985, 33.

Inhaltsübersicht

		Rz.
I.	Grundsätze	1– 12
	1. Allgemeines	1, 2
	2. Geltungsbereich	3– 7
	3. Kündigung während eines Arbeitskampfes	8, 9
	4. Beteiligungsrechte des Betriebsrats nach anderen Vorschriften (Abs. 7)	10, 11
	5. Erweiterung der Mitbestimmung	12
II.	Gegenstand der Anhörung des Betriebsrats	13– 18
	1. Begriff der Kündigung	14, 15
	2. Ausnahme von der Anhörungspflicht	16
	3. Zusammenfallen von Tatbeständen nach § 99 mit einer Änderungskündigung	17, 18
III.	Anhörungsverfahren	19– 64
	1. Zeitpunkt der Anhörung	19– 27
	2. Mitteilung der Kündigung und der Gründe	28– 52
	a) Mitteilung der Kündigung	28– 30
	b) Mitteilung der Kündigungsgründe	31– 42
	c) Nachschieben von Kündigungsgründen	43– 49
	d) Form der Mitteilung	50– 52
	3. Anhörung des Betriebsrats	53– 57
	a) Adressat der Mitteilung	53, 54
	b) Wahrnehmung der Mitwirkungsrechte	55– 57
	4. Anhörung als Wirksamkeitsvoraussetzung	58– 63
	5. Darlegungs- und Beweislast für die erfolgte Anhörung	64
IV.	Stellungnahme des Betriebsrats	65– 77
	1. Möglichkeiten der Stellungnahme	65, 66
	2. Anhörung des Arbeitnehmers	67
	3. Beschlußfassung	68, 69
	4. Inhalt und Form der Stellungnahme	70– 72
	a) Bedenken	70
	b) Zustimmung	71
	c) Widerspruch	72
	5. Äußerungsfrist	73– 76
	6. Mitteilung der Stellungnahme an den Arbeitgeber	77
V.	Mängel des Anhörungsverfahrens	78– 80
	1. Grundsatz	78
	2. Verantwortungsbereich des Arbeitgebers	79
	3. Verantwortungsbereich des Betriebsrats	80
VI.	Beendigung des Anhörungsverfahrens und Kündigung	81, 82
VII.	Widerspruchsverfahren	83–138
	1. Voraussetzungen des Widerspruchs	83– 96
	2. Widerruf des Widerspruchs	97
	3. Die einzelnen Widerspruchsgründe	98–137

§ 102   4. Teil 5. Abschn. *Personelle Angelegenheiten*

	a)	Nichtberücksichtigung sozialer Gesichtspunkte bei der Auswahl	98–110
	b)	Verstoß gegen eine Richtlinie	111–114
	c)	Weiterbeschäftigungsmöglichkeit im Betrieb bzw. Unternehmen	115–123
	d)	Weiterbeschäftigungsmöglichkeit bei Umschulungsmaßnahmen	124–132
	e)	Weiterbeschäftigungsmöglichkeit bei Vertragsänderung	133–137
	4.	Schweigepflicht des Betriebsrats	138
VIII.		Kündigung trotz Widerspruchs	139–144
	1.	Keine Zustimmungserfordernis zur Kündigung	139–141
	2.	Auswirkungen des Widerspruchs auf den Kündigungsschutzprozeß	142–144
IX.		Besonderheiten bei der außerordentlichen Kündigung	145–150
	1.	Allgemeines	145
	2.	Freistellung von der Arbeit (Suspendierung)	146, 147
	3.	Umdeutung in eine ordentliche Kündigung	148–150
X.		Weiterbeschäftigungspflicht bei ordentlicher Kündigung	151–175
	1.	Voraussetzungen	151–160
	2.	Rechtsnatur und Inhalt des Weiterbeschäftigungsverhältnisses	161–170
	3.	Weiterbeschäftigungspflicht und Änderungskündigung	171–173
	4.	Weiterbeschäftigungspflicht außerhalb des Abs. 5	174, 175
XI.		Entbindung von der Weiterbeschäftigung	176–189
	1.	Gründe	176–187
	2.	Verfahren	188, 189
XII.		Erweiterung des Mitbestimmungsrechts	190–203
	1.	Zustimmungserfordernis bei Kündigung	190–197
	2.	Erweiterung des Mitbestimmungsrechts nur durch Betriebsvereinbarung	198, 199
	3.	Einschaltung der Einigungsstelle	200–203

I. Grundsätze

1. Allgemeines

1   Nach § 102 Abs. 1 Satz 1 ist eine **ohne Anhörung** des Betriebsrats ausgesprochene Kündigung **absolut unwirksam** (im einzelnen vgl. Rz. 58 ff.). Die Anhörung des Betriebsrats ist also Wirksamkeitsvoraussetzung der Kündigung. Die Unwirksamkeit wegen fehlender Anhörung des Betriebsrats kann jederzeit geltend gemacht werden, es sei denn, es läge eine Verwirkung vor.

2   Abs. 2 enthält einen **abschließenden Katalog der Widerspruchsgründe** für den Betriebsrat bei einer ordentlichen Kündigung. Der Arbeitgeber kann **trotz** dieses **Widerspruchs kündigen**; es handelt sich also nicht um ein echtes Mitbestimmungsrecht des Betriebsrats. Der Widerspruch kann aber folgende **Auswirkungen** haben:
– Auf das **Kündigungsschutzverfahren**; wenn der Betriebsrat aus einem der Gründe des Abs. 3 Nr. 2–5 widersprochen hat und diese Gründe objektiv vorliegen, ist die Kündigung nämlich nach § 1 Abs. 2 Satz 2 KSchG sozial ungerechtfertigt (vgl. Rz. 142).
– Nur bei ordnungsgemäßem Widerspruch des Betriebsrats gegen eine ordentliche Kündigung kann der **Weiterbeschäftigungsanspruch** des Abs. 5 gegeben sein (vgl. Rz. 151 ff.).

Es liegt also eine **weitgehende Verknüpfung** von **Kündigungsschutz** und **Betriebsverfassung** vor.

2. Geltungsbereich

Das **Mitbestimmungsrecht** des Betriebsrats nach § 102 besteht anders als das des § 99 **in allen Betrieben**, die einen Betriebsrat haben, also nicht nur in Betrieben ab 20 wahlberechtigten Arbeitnehmern. In **betriebsratslosen Betrieben** – gleichgültig aus welchem Grund sie betriebsratslos sind – findet § 102 keine Anwendung (vgl. § 1 Rz. 26, § 9 Rz. 4; § 22 Rz. 11; § 103 Rz. 15; *F/A/K/H* § 102 Rz. 4a; *G/L* § 102 Rz. 3; KR-*Etzel* § 102 Rz. 18), da es dort keine Mitbestimmungsrechte gibt (vgl. § 99 Rz. 4 mit Literaturangaben). Dies gilt auch, wenn die Amtszeit des Betriebsrats abgelaufen ist, kein oder noch kein neuer Betriebsrat gewählt wurde und es sich nicht um einen Fall des § 22 handelt (*BAG* vom 15. 1. 1974 – 1 AZR 234/73 – DB 1975, 455 für die Personalvertretung), wenn der Betriebsrat noch nicht konstituiert ist (*BAG* vom 23. 8. 1984 – 6 AZR 52/82 – DB 1985, 1095), wenn nach einer Betriebsaufspaltung im abgetrennten Betrieb noch kein neuer Betriebsrat gewählt wurde (*BAG* vom 23. 11. 1988 – 7 AZR 121/88 – EzA § 102 BetrVG 1972 Nr. 72), oder wenn der Betriebsobmann erkrankt, also verhindert und kein Ersatzmann vorhanden ist (*BAG* vom 15. 11. 1984 – 2 AZR 341/83 – EzA § 102 BetrVG 1972 Nr. 58 = DB 1985, 1028). 3

Für **eigenständige ausländische Betriebe** eines inländischen Unternehmens gilt § 102 nicht, auch wenn das Arbeitsverhältnis des Arbeitnehmers, dem gekündigt werden soll, vereinbarungsgemäß deutschem Recht unterfällt. Nach dem Territorialitätsprinzip findet das BetrVG auf einen im Ausland gelegenen Betrieb eines deutschen Unternehmens keine Anwendung (vgl. vor § 1 Rz. 3 und § 99 Rz. 6; *G/L* § 102 Rz. 3; KR-*Etzel* § 102 Rz. 16; *S/W* § 102 Rz. 11). Kein Mitbestimmungsrecht nach § 102 besteht auch bei Kündigung eines Arbeitnehmers, der ausschließlich für einen bestimmten Auslandseinsatz eingestellt ist (*BAG* vom 21. 10. 1980 – 6 AZR 640/79 – EzA § 102 BetrVG 1972 Nr. 43 = DB 1981, 696), wobei es unerheblich ist, ob er dort in eine feste betriebliche Organisation eingegliedert ist. § 102 gilt auch nicht für die am Ort des ausländischen Betriebes eingestellten Arbeitnehmer (*LAG Düsseldorf* vom 2. 2. 1982 – 11 Ta BV 102/81 – DB 1982, 962). Eine Ausnahme von diesem Territorialitätsgrundsatz ist dann zu machen, wenn es sich um sogenannte **Ausstrahlungen eines inländischen Betriebes** über die Grenzen der Bundesrepublik Deutschland hinaus handelt (vgl. vor § 1 Rz. 4 und § 99 Rz. 6). Ist der Arbeitnehmer eines inländischen Betriebes **kurzfristig** in das **Ausland entsendet** worden und soll ihm während des Zeitraums des Auslandsaufenthalts gekündigt werden, so findet § 102 Anwendung (KR-*Etzel* § 102 Rz. 16); dies gilt aber dann nicht, wenn er lediglich für einen bestimmten Auslandseinsatz eingestellt wurde – also nicht entsendet wird (*BAG* vom 21. 10. 1980 a. a. O.). Wurde ein Arbeitnehmer **langfristig** in das Ausland entsendet oder wurde er nur für eine Tätigkeit im Ausland, aber nicht in einem eigenständigen ausländischen Betrieb des Unternehmens eingestellt, so ist bei einer Kündigung § 102 anwendbar, wenn der Arbeitnehmer gemäß seinem Arbeitsvertrag jederzeit für eine Inlandstätigkeit rückrufbar ist (*BAG* vom 7. 12. 1989 – 2 AZR 228/89 – EzA § 102 BetrVG 1972 Nr. 74 = DB 1990, 992; vgl. vor § 1 Rz. 4 und § 99 Rz. 6). Es ist für die Beurteilung unerheblich, ob die Arbeitsvertragsparteien Deutsche 4

§ 102   4. Teil 5. Abschn. Personelle Angelegenheiten

sind oder deutsches Recht vereinbart haben (*BAG* vom 30. 4. 1987 – 2 AZR 192/86 – EzA § 12 SchwbG Nr. 15 = DB 1987, 1897).

5 Für **Ausländer**, die in einem im Inland gelegenen Betrieb eines ausländischen Unternehmens beschäftigt sind und die einem **ausländischen Arbeitsvertragsstatut** unterliegen, gelten die Beteiligungsrechte des Betriebsrats, wenn nicht für sämtliche Betriebsangehörige, sondern nur für einen Teil von ihnen ausländisches Recht vereinbart ist (*BAG* vom 9. 11. 1977 – 5 AZR 132/76 – EzA § 102 BetrVG 1972 Nr. 31 = DB 1978, 451; weitergehend KR-*Etzel* § 102 Rz. 17: auch wenn für alle Arbeitnehmer ausländischer Arbeitsstatut vereinbart wurde).

6 Die Vorschrift gilt für **alle Arbeitnehmer** i. S. des BetrVG, gleichgültig, ob der betreffende Arbeitnehmer unter das Kündigungsschutzgesetz fällt oder nicht. § 102 gilt auch für **Kündigungen vor Dienstantritt** (*LAG Frankfurt/M.* vom 31. 5. 1985 – 13 Sa 833/84 – nicht rechtskräftig, LAGE § 5 BetrVG 1972 Nr. 14 = DB 1985, 2689). Fällt der Arbeitnehmer nicht unter das Kündigungsschutzgesetz, so kann er keine Kündigungsschutzklage erheben und daher auch keine Weiterbeschäftigung nach Abs. 5 verlangen. Für **leitende Angestellte** nach § 5 Abs. 3 gilt § 102 nicht, sondern die entsprechende Regelung in § 31 Abs. 2 SprAuG. Personelle Veränderungen bei leitenden Angestellten sind dem Betriebsrat nach § 105 lediglich rechtzeitig mitzuteilen (vgl. § 105 Rz. 1 ff. insbes. Rz. 6 f.). Bei Mitgliedern von **Betriebsverfassungsorganen** ist § 103 zu beachten.

7 Auf sogenannte **Tendenzträger** findet die Vorschrift eingeschränkt Anwendung. Nach dem *Bundesarbeitsgericht* (vom 7. 11. 1975 – 1 AZR 282/74 – EzA § 118 BetrVG 1972 Nr. 9 = DB 1976, 585; vom 7. 11. 1975 – 1 AZR 74/74 – EzA § 118 BetrVG 1972 Nr. 8 = DB 1976, 248; beide m. krit. Anm. *Dütz* nach EzA a. a. O. Nr. 9) muß der Betriebsrat unter Mitteilung der Kündigungsgründe nach § 102 Abs. 1 auch gehört werden, wenn in einem Tendenzbetrieb i. S. d. § 118 einem sogenannten Tendenzträger aus tendenzbedingten Gründen gekündigt wird. Das Grundrecht der Pressefreiheit (Art. 5 Abs. 1 Satz 2 GG) wird durch eine solche Anhörung des Betriebsrats in einem Presseunternehmen nicht verletzt (*BVerfG* vom 6. 11. 1979 – 1 BvR 81/76 – EzA § 118 BetrVG 1972 Nr. 23 = DB 1980, 259). Allerdings finden die Widerspruchsgründe mit der Folge des Anspruchs auf Weiterbeschäftigung keine Anwendung (*LAG Hamburg* vom 17. 7. 1974 – 4 Sa 45/74 – EzA § 102 BetrVG 1972 Beschäftigungspflicht Nr. 2; *F/A/K/H* § 118 Rz. 36; *G/L* § 118 Rz. 79; GK-*Kraft* § 102 Rz. 12; KR-*Etzel* § 102 Rz. 13; *S/W* § 102 Rz. 5; **a. A.** GK-*Fabricius* § 118 Rz. 634; *Heinze* Rz. 713 hinsichtlich des Widerspruchsrechts). Vgl. im einzelnen Anm. zu § 118.

3. Kündigung während eines Arbeitskampfes

8 Für **Kündigungen während eines Arbeitskampfes** gilt hinsichtlich der Mitwirkungsrechte das gleiche wie zu § 99 ausgeführt (vgl. dort Rz. 12); der Betriebsrat ist **nicht generell funktionsunfähig**. Soweit daher eine Beteiligung des Betriebsrats geeignet ist, die Kampffähigkeit des Arbeitgebers zu beeinträchtigen, besteht kein Mitwirkungsrecht des Betriebsrats; bei anderen, nicht in unmittelbarem Zusammenhang mit dem Kampfgeschehen stehenden Kündigungen bleibt dagegen das Mitwirkungsrecht nach § 102 bestehen (vgl. § 99 Rz. 12; *D/R* § 102 Rz. 39 f.; *F/A/K/H* § 74 Rz. 6 a; *G/L* § 74 Rz. 13 a; GK-*Kraft* § 102 Rz. 13; *S/W* § 102 Rz. 17; *Kraft* FS für *G. Müller*, 275; *BAG* vom 26. 10. 1971 – 1 AZR

113/68 – EzA Art. 9 GG Nr. 7 = DB 1972, 143; vom 14. 2. 1978 – 1 AZR 76/76 – EzA Art. 9 GG Arbeitskampf Nr. 22 m. Anm. *Herschel* = DB 1978, 1403; 103/76 – EzA Art. 9 GG Arbeitskampf Nr. 24 = DB 1978, 1403; 154/76 – EzA § 102 BetrVG 1972 Nr. 33 m. Anm. *Herschel* = DB 1978, 1501; 54/76 – EzA § 15 KSchG 1969 Nr. 19 m. Anm. *Herschel* = DB 1978, 1231; vom 24. 4. 1979 – 1 ABR 43/77 – EzA Art. 9 GG Arbeitskampf Nr. 34 = DB 1979, 994, 1655; *BAG* vom 6. 3. 1979 – 1 AZR 866/77 – EzA § 102 BetrVG 1972 Nr. 40 = DB 1979, 1464; **a. A.** gegen eine Einschränkung des Mitbestimmungsrechts KR-*Etzel* § 102 Rz. 26; ähnlich *Heinze* Rz. 721 ff.). Auch hier gilt, daß der Betriebsrat verpflichtet ist, während eines Arbeitskampfes **bei nicht arbeitskampfbedingten Kündigungen** seinen Mitwirkungsrechten bzw. -pflichten nach § 102 nachzukommen, d. h., er hat im Falle des Streiks, der Arbeitgeber im Falle der Aussperrung dafür Sorge zu tragen, daß dem Betriebsrat Erklärungen in der betriebsüblichen Weise zugehen können; das kann bedeuten, daß der Erklärungsempfänger des Betriebsrats für personelle Maßnahmen (vgl. §§ 26, 28) von Streik und Aussperrung, z. B. im Rahmen des Notdienstes, auszunehmen ist. Hat der Arbeitgeber den Betriebsrat in der betriebsüblichen oder für den Fall des Arbeitskampfes vereinbarten Weise von der beabsichtigten, nicht mit dem Arbeitskampf zusammenhängenden Kündigung unterrichtet, so fällt es in die Risikosphäre des Betriebsrats, die er während eines Arbeitskampfs seinen Entschluß faßt. Zur Vergütungspflicht für diese Betriebsratssitzung vgl. § 99 Rz. 12. Der Arbeitgeber kann jedenfalls die Kündigung nach Ablauf der Wochenfrist nach Unterrichtung oder vorher nach endgültiger Stellungnahme des Betriebsrats vornehmen. Nicht anzuhören ist der Betriebsrat, wenn der Arbeitgeber nach dem System der **abgestuften Kampfmaßnahme** eine **Einzellösung** des Arbeitsverhältnisses vornimmt (*BAG* vom 21. 4. 1971 – GS 1/68 – EzA Art. 9 GG Nr. 6 = DB 1971, 1061). Genausowenig besteht ein Mitbestimmungsrecht, wenn der Arbeitgeber wegen Streikausschreitungen kündigt. Bei einem **rechtswidrigen Streik** dagegen, der den Arbeitgeber mit einer außerordentlichen Kündigung der streikenden Arbeitnehmer beantwortet, besteht die Anhörungspflicht des Betriebsrats (*D/R* § 102 Rz. 40; insoweit **a. A.** GK-*Kraft* § 102 Rz. 13; vgl. für den Fall, daß der Betriebsrat selbst sich an einem rechtswidrigen Streik beteiligt § 103 Rz. 2; *BAG* vom 14. 2. 1978 – 1 AZR 54/76 – EzA § 15 KSchG n. F. Nr. 19 = DB 78, 1231). Eine Einschränkung der Beteiligung des Betriebsrats ist schon deshalb nicht gerechtfertigt, weil der Betriebsrat mit dem Arbeitgeber dafür zu sorgen hat, daß rechtswidrige Aktionen unterbleiben (*D/R*, 5. Aufl., § 102 Rz. 27). Keine Pflicht zur Anhörung besteht bei einer **Aussperrung** (**h. M.** *D/R* § 102 Rz. 27; *F/A/K/H* § 102 Rz. 10a; GK-*Kraft* § 102 Rz. 13; KR-*Etzel* § 102 Rz. 45; *Hueck/Nipperdey* II/2, 1429). Die Aussperrung führt zwar grundsätzlich nicht zur Lösung der Arbeitsverhältnisse, hat also suspendierende Wirkung; sie kann aber nach dem Grundsatz der Verhältnismäßigkeit auch mit lösender Wirkung zulässig sein (*BAG* vom 21. 4. 1971 – GS 1/68 – a. a. O. Rz. 8). Die Aussperrung ist ein Lösungstatbestand eigener Art; sie ist keine Kündigung.

9

4. Beteiligungsrechte des Betriebsrats nach anderen Vorschriften (Abs. 7)

Nach Abs. 7 bleiben die Vorschriften über z. B. die Beteiligung des Betriebsrats nach dem **Kündigungsschutzgesetz**, nach §§ 8 Abs. 1 **Arbeitsförderungsgesetz** und §§ 15 ff. **Schwerbehindertengesetz** im Verfahren vor der Hauptfürsorgestelle un-

10

§ 102   4. Teil 5. Abschn. Personelle Angelegenheiten

berührt. Nach § 9 Abs. 3 **Arbeitssicherheitsgesetz** sind Betriebsärzte mit Zustimmung des Betriebsrats zu bestellen und abzuberufen. Nach der Rechtssprechung des *BAG* führt die fehlende Zustimmung des Betriebsrats bei einer Abberufung jedenfalls dann zur Unwirksamkeit der Kündigung des Betriebsarztes, wenn diese wegen der Tätigkeit als Betriebsarzt erfolgt (*BAG* vom 24. 3. 1988 – 2 AZR 369/87 – DB 1989, 227 = SAE 1989, 290 m. ablehnender Anm. *Blomeyer*). Nach § 3 KschG kann ein Arbeitnehmer binnen einer Woche nach der Kündigung **beim Betriebsrat Einspruch einlegen**. Dieser hat, falls er den Einspruch für begründet erachtet, zu versuchen, eine Verständigung mit dem Arbeitgeber herbeizuführen. Diese Vorschrift dürfte neben § 102 nur noch dann Bedeutung haben, wenn der Betriebsrat keinen Widerspruch gegen die Kündigung erhoben hat (*G/L* § 102 Rz. 8). Der Arbeitnehmer kann dadurch nach § 3 Satz 3 KSchG eine schriftliche Stellungnahme des Betriebsrats erreichen (KR-*Rost* § 3 KSchG Rz. 8). Bedeutung kann die Vorschrift auch haben, wenn der Arbeitnehmer glaubt, eine geänderte Stellungnahme des Betriebsrats gegenüber der im Verfahren nach § 102 abgegebenen zu erreichen.

11 Der Anzeige einer **Massenentlassung** ist nach § 17 Abs. 3 KSchG eine Stellungnahme des Betriebsrats beizufügen, andernfalls die Anzeige nicht ordnungsgemäß ist. Nach § 8 Abs. 1 AFG ist der Arbeitgeber verpflichtet, unter Beifügung einer Stellungnahme des Betriebsrats den Präsidenten des Landesarbeitsamtes von voraussichtlichen Massenentlassungen zu unterrichten.

5. Erweiterung der Mitbestimmung

12 Abgesehen von der **Öffnungsklausel** nach Abs. 6 (vgl. Rz. 190ff.), die eine freiwillige Betriebsvereinbarung darüber erlaubt, daß die Kündigung von der Zustimmung des Betriebsrats abhängig gemacht wird und bei Meinungsverschiedenheiten die Einigungsstelle entscheidet, ist **weder** eine **Einschränkung** noch eine **Ausdehnung** der **Mitwirkungsrechte** des Betriebsrats **bei personellen Einzelmaßnahmen möglich** (vgl. Rz. 190 und § 99 Rz. 10f.; GK-*Kraft* § 102 Rz. 150; *S/W* § 102 Rz. 18; *Heinze* Rz. 734; weitergehend *D/R* § 102 Rz. 289; **a. A.** *F/A/K/H* § 102 Rz. 75; *G/L* vor § 92 Rz. 9; KR-*Etzel* § 102 Rz. 244; *BAG* vom 10. 2. 1988 – 1 ABR 70/86 = EzA § 1 TVG Nr. 34 – DB 1988, 1397).

II. Gegenstand der Anhörung des Betriebsrats

13 Nach § 102 Abs. 1 Satz 1 ist der Betriebsrat vor **jeder Kündigung**, gleichgültig ob für sie das Kündigungsschutzgesetz gilt (vgl. Rz. 42) oder ob die Kündigung vor Dienstantritt erfolgt (*LAG Frankfurt/M.* vom 31. 5. 1985 – 13 Sa 833/84 – LAGE § 5 BetrVG 1972 Nr. 14 = DB 1985, 2689), zu hören. Dies gilt auch, wenn der Arbeitnehmer mit der Kündigung einverstanden ist. Die **Anhörungspflicht** besteht **nur**, wenn das Arbeitsverhältnis durch **Kündigung des Arbeitgebers** aufgelöst wird; endet es infolge eines anderen Grundes; so besteht kein Mitbestimmungsrecht des Betriebsrats (**h. M.** *D/R* § 102 Rz. 12ff.; *F/A/K/H* § 102 Rz. 10; *G/L* § 102 Rz. 9ff.; GK-*Kraft* § 102 Rz. 21; KR-*Etzel* § 102 Rz. 27f.). Gleichgültig ist, um welche Art des Arbeitsverhältnisses es sich handelt; § 102 gilt auch für Ausbildungsverhältnisse, Aushilfsarbeitsverhältnisse, Probearbeitsverhältnisse und befristete Arbeitsverhältnisse, soweit diese durch Kündigung enden.

1. Begriff der Kündigung

Die **Kündigung** ist eine einseitig empfangsbedürftige Willenserklärung, durch die 14
das Arbeitsverhältnis für die Zukunft beendet wird. Im einzelnen handelt es sich
um
- die **ordentliche Kündigung**, die unter Beachtung der gesetzlichen, tariflichen
  oder auch einzelvertraglichen Fristen ausgesprochen wird, auch wenn sie innerhalb der Probezeit erfolgt;
- die **Änderungskündigung**, mit der der Arbeitgeber ebenfalls unter Beachtung
  der Kündigungsfristen dem Arbeitnehmer die Fortsetzung des Arbeitsverhältnisses unter veränderten Arbeitsbedingungen anbietet, für den Fall der Ablehnung durch den Arbeitnehmer aber das Arbeitsverhältnis aufkündigt (h.M.;
  D/K/K/S § 102 Rz. 8; *D/R* § 102 Rz. 15; *F/A/K/H* § 102 Rz. 3, 6ff.; *G/L*
  § 102 Rz. 10; GK-*Kraft* § 102 Rz. 24; KR-*Etzel* Rz. 102 Rz. 30; *S/W* § 102
  Rz. 200ff.; vgl. Rz. 17f.);
- die **außerordentliche Kündigung**, die gem. § 626 BGB nur aus wichtigem
  Grund erfolgen kann, und zwar fristlos oder mit einer Frist;
- die **Kündigung des Konkursverwalters nach § 22 KO** (*F/A/K/H* § 102 Rz. 10a;
  G/L § 102 Rz. 14; GK-*Kraft* § 102 Rz. 26; *S/W* § 102 Rz. 8; KR-*Etzel* § 102
  Rz. 34). Zum Fortbestehen des Betriebsratsamtes und den Beteiligungsrechten
  des Betriebsrates im Falle des Konkurses vgl. § 21 Rz. 24ff.;
- die **Nichtverlängerung befristeter Arbeitsverträge**, sofern diese, wie z.B. Kettenarbeitsverträge, unzulässig sind und das Arbeitsverhältnis als auf unbestimmte Zeit eingegangen anzusehen ist (*BAG* vom 12. 10. 1960 – GS 1/59 –
  EzA § 620 BGB Nr. 2 = AP Nr. 16 zu § 620 BGB befristeter Arbeitsvertrag =
  BB 1961, 368), da für die wiederholte Befristung (Kettenarbeitsverträge) kein
  sachlicher Grund vorlag. Solche Arbeitsverhältnisse können in der Regel nur
  durch Kündigung gelöst werden; die Anhörung des Betriebsrats hat zu erfolgen. Bei Nichtverlängerung eines solchen Arbeitsverhältnisses ohne ausdrückliche Kündigung ist der Betriebsrat ebenfalls anzuhören, damit die Berufung
  des Arbeitgebers auf die Beendigung durch Fristablauf in eine Kündigung umgedeutet werden kann (*F/A/K/H* § 102 Rz. 11; *G/L* § 102 Rz. 16; GK-*Kraft*
  § 102 Rz. 25; KR-*Etzel* § 102 Rz. 40). Nach der überwiegenden Meinung ist
  eine solche Umdeutung nur ausnahmsweise zulässig (*G/L* § 102 Rz. 16; KR-*Etzel* § 102 Rz. 40; KR-*Hillebrecht* § 620 BGB Rz. 210ff.; *BAG* vom 15. 3. 1978
  – 5 AZR 831/76 – EzA § 620 BGB Nr. 34 m. Anm. *Bunge* = DB 1978, 1744;
  vom 26. 4. 1979 – 2 AZR 431/77 – EzA § 620 BGB Nr. 39 = DB 1979, 1991;
  a.A. Nichtverlängerung als hilfsweise erklärte Kündigung ansehend *F/A/K/H*
  § 102 Rz. 11; Umdeutung nicht möglich, hilfsweise Kündigung muß erklärt
  werden *D/R* § 112 Rz. 20). Unterbleibt die Anhörung, so ist auch in diesem
  Fall die Kündigung unwirksam (h.M.);
- die **Kündigung** von in Heimarbeit Beschäftigten i.S.d. § 6 Abs. 1 Satz 2 und
  Abs. 2 Satz 2. Die Beendigung ihrer Beschäftigung bedarf einer Kündigung
  (§ 29 HAG).

Keine Kündigung des Arbeitgebers liegt vor und infolgedessen ist **keine Anhörung** 15
des Betriebsrats erforderlich in folgenden Fällen der Beendigung bzw. Änderung
des Arbeitsverhältnisses (*D/R* § 102 Rz. 16ff.; *F/A/K/H* § 102 Rz. 10ff.; *G/L*
§ 102 Rz. 15ff.; GK-*Kraft* § 102 Rz. 21ff., KR-*Etzel* 38ff.) durch:
- **einverständliche Auflösung** des Arbeitsverhältnisses (Aufhebungsvertrag); es

§ 102 4. Teil 5. Abschn. *Personelle Angelegenheiten*

sei denn, es handelt sich um eine unzulässige Umgehung der Kündigungsschutzvorschriften. Dies hat das *BAG* (vom 19. 12. 1974 – 2 AZR 565/73 – EzA § 305 BGB Nr. 6 = DB 1975, 890) in einem Fall angenommen, in dem das Arbeitsverhältnis automatisch aufgehoben sein sollte, wenn ein Gastarbeiter nach Ablauf seines Urlaubs die Arbeit nicht an einem vorausbestimmten Tag wieder aufnimmt; das gleiche gilt für die **einverständliche Änderung** des Arbeitsvertrages;
- **Zeitablauf oder Zweckerreichung** bei einem befristeten Arbeitsverhältnis (vgl. aber Rz. 14 Kettenarbeitsvertrag), z. B. befristetes Probearbeitsverhältnis oder Aushilfsarbeitsverhältnis, Fertigstellung einer bestimmten Arbeit, für die allein der Arbeitnehmer eingestellt wurde (§ 620 BGB), befristete Arbeitsverträge nach dem Beschäftigungsförderungsgesetz vom 1. 5. 1985; Berufsausbildungsverhältnis mit Bestehen der Abschlußprüfung oder Ablauf der Ausbildungszeit nach § 14 BBiG;
- bei der Abgabe einer tarifvertraglich vorgesehenen **Nichtverlängerungsanzeige** vor Ablauf eines befristeten Arbeitsverhältnisses (*BAG* vom 28. 10. 1986 – 1 ABR 16/85 – EzA § 118 BetrVG 1972 Nr. 38 = DB 1987, 847);
- **Eintritt einer auflösenden Bedingung** (§ 158 Abs. 2 BGB), z. B. Beendigung des Arbeitsverhältnisses, wenn der für längere Zeit erkrankte Inhaber des Arbeitsplatzes an diesen zurückkehren kann. Die auflösende Bedingung darf aber nicht nur ein Willensentschluß oder ein Werturteil des Arbeitgebers über die Leistungen des Arbeitnehmers sein, da eine solche Äußerung des Arbeitgebers in Wahrheit eine Kündigung darstellt (*Hueck/Nipperdey* I, 624 Fn. 2);
- schriftliche Mitteilung der **Nichtübernahme eines auszubildenden Jugendvertreters** in ein Arbeitsverhältnis auf unbestimmte Zeit nach § 78a (*F/A/K/H* § 78a Rz. 8);
- **Kündigung des Arbeitnehmers;**
- **Anfechtung oder Geltendmachung der Nichtigkeit** des Arbeitsvertrages;
- **Gesetz** im Falle des § **100 Abs. 3** bzw. § **101** mit Ablauf der Zweiwochenfrist (vgl. § 100 Rz. 38 ff. und § 101 Rz. 13); des § **613a BGB**, wenn das Arbeitsverhältnis auf einen **Betriebsnachfolger** übergeht (KR-*Etzel* § 102 Rz. 43);
- **Beginn des Ruhens des Arbeitsverhältnisses** kraft Gesetzes oder Vereinbarung wie bei Ableistung des Grundwehrdienstes (§ 1 ArbPlSchG) oder bei suspendierender Aussperrung;
- **Unwirksamkeit des Arbeitsvertrages** weil der gesetzliche Vertreter einem in der Geschäftsfähigkeit Beschränkten die Zustimmung zum Abschluß des Arbeitsvertrages nicht gegeben hat oder weil der Vertreter des Arbeitgebers keine Vertretungsmacht für den Abschluß des Arbeitsvertrages hatte und der Arbeitgeber sich auf § 177 BGB beruft;
- **Widerruf** einzelner Leistungen aufgrund des Direktionsrechts oder vertraglichen Vorbehalts;
- **Teilkündigung** bezüglich einzelner Teile des Arbeitsvertrages, die nur zulässig ist, soweit der Arbeitsvertrag sie vorsieht (*D/R* § 102 Rz. 6; *F/A/K/H* § 102 Rz. 3; *G/L* § 102 Rz. 12; GK-*Kraft* § 102 Rz. 23; KR-*Etzel* § 102 Rz. 37). Es handelt sich also um die Ausübung eines vertraglichen Widerrufsvorbehalts. Nach dem *Bundesarbeitsgericht* ist eine Teilkündigung im allgemeinen unzulässig (vom 7. 10. 1982 – 2 AZR 455/80 – EzA § 315 BGB Nr. 28 m. Anm. *Herschel* = DB 1983, 1368);
- **Kündigung des Vertrages mit einem freien Mitarbeiter;** stellt sich allerdings im

Mitbestimmung bei Kündigungen § 102

Streitfall heraus, daß er Arbeitnehmer war, dann ist die Kündigung wegen mangelnder Anhörung unwirksam (*LAG Frankfurt/M.* vom 20. 6. 1979 – 10/7 Sa 821/78 –AuR 1980, 251).

2. Ausnahme von der Anhörungspflicht

Eine **Anhörung des Betriebsrats** ist auch **nicht erforderlich**, 16
- wenn die **Kündigung von ihm selbst angeregt** wurde, z. B. nach § 104 (*D/R* § 102 Rz. 35; *G/L* § 100 Rz. 19; GK-*Kraft* § 102 Rz. 23; *LAG München* vom 6. 8. 1974 – 5 Sa 395/74 – DB 1975, 1228);
- wenn der Arbeitgeber während eines **rechtmäßigen Arbeitskampfes** kündigt und die Kündigung im Zusammenhang mit dem Arbeitskampf steht (*BAG* vom 26. 10. 1971 – 1 AZR 113/68 – EzA Art. 9 GG Nr. 7 = DB 1972, 143; vgl. auch Rz. 8 f.);
- wenn der **Betriebsrat funktionsunfähig** ist (vgl. auch § 103 Rz. 54), z. B. bei Abwesenheit aller Betriebsratsmitglieder und Ersatzmitglieder bei Betriebsurlaub oder wenn alle Betriebsratsmitglieder einschließlich der Ersatzmitglieder nicht nur kurzfristig verhindert sind (*D/R* § 102 Rz. 29; KR-*Etzel* § 102 Rz. 24 a; *F/A/K/H* § 102 Rz. 4 a). Das gilt auch für den neugewählten Betriebsrat nach Beginn der Amtszeit, aber vor der Konstituierung, denn der Betriebsrat hat vor seiner Konstituierung keine Amtsausübungsbefugnis (*BAG* vom 23. 8. 1984 – 6 AZR 520/82 – EzA § 102 BetrVG 1972 Nr. 59 m. Anm. *Wiese* = DB 1985, 1085; vgl. § 21 Rz. 10; *LAG Frankfurt/M.* vom 30. 7. 1982 – 13 Sa 483/82 – AuR 1983, 284; *D/R* § 102 Rz. 29) und für den Betriebsobmann, der verhindert ist und keinen Ersatzmann hat (*BAG* vom 15. 11. 1984 – 2 AZR 341/83 – EzA § 102 BetrVG 1972 Nr. 58 = DB 1985, 1028). Der Arbeitgeber kann in diesen Fällen die personelle Maßnahme auch ohne Einschaltung des Betriebsrats vornehmen, so wie in Betrieben, die keinen Betriebsrat haben *D/R* § 102 Rz. 29; *F/A/K/H* § 102 Rz. 4 a; GK-*Kraft* § 102 Rz. 3 ff.; KR-*Etzel* § 102 Rz. 24; *S/W* § 102 Rz. 43 c; *BAG* vom 18. 8. 1982 – 7 AZR 437/80 – EzA § 102 BetrVG 1972 Nr. 48 m. Anm. *Heinze* = DB 1983, 288; **a. A.** für den Fall des Betriebsurlaubs *D/R* § 102 Rz. 29; *F/A/K/H* § 102 Rz. 4 a). Eine solche Situation kann z. B. eintreten, wenn ein Arbeitnehmer während der Betriebsferien bei der Konkurrenz arbeitet (*Meisel*, 26). Der Arbeitgeber darf aber während der Zeit der Funktionsunfähigkeit des Betriebsrats nicht rechtsmißbräuchlich kündigen, also z. B. mit der Kündigung bis zum Zeitpunkt der Betriebsferien warten, um die Mitbestimmung des Betriebsrats zu umgehen (*Meisel* 26; *ders.* DB 1972, 1627; KR-*Etzel* § 102 Rz. 24 c ff.; *S/W* § 102 Rz. 43 c; *LAG Düsseldorf/Köln* vom 2. 1. 1968 – 8 Sa 350/67 – BB 1968, 628); das gleiche gilt, wenn feststeht, daß der Betriebsrat alsbald wieder funktionsfähig wird und dem Arbeitgeber durch das Warten darauf keine Nachteile entstehen (KR-*Etzel* § 102 Rz. 24 c ff.) und auch, wenn der Arbeitgeber den erkrankten Betriebsobmann, der ersatzmannlos ist, vorher außerhalb des Betriebes während seiner Erkrankung in einer Personalangelegenheit beteiligt hat, die den Arbeitnehmer betrifft, dem nun gekündigt werden soll (*BAG* vom 15. 11. 1984 a. a. O.). Ist noch ein Rumpf-(Rest-)betriebsrat vorhanden, der nicht beschlußfähig ist, so ist der Betriebsrat nicht funktionsunfähig; der Restbetriebsrat nimmt – auch wenn er nur noch aus einem Mitglied

§ 102   4. Teil 5. Abschn. Personelle Angelegenheiten

besteht – in analoger Anwendung von § 22 die Mitbestimmungsrechte wahr (*BAG* vom 18. 8. 1982 – 7 AZR 437/80 – a. a. O.; vgl. auch § 21 Rz. 26, § 22 Rz. 4);
– wenn der Betriebsrat **bereits** zu der Kündigungsabsicht **gehört wurde**, so z. B. im Rahmen des Verfahrens nach § 111 (vgl. Rz. 28; *S/W* § 102 Rz. 43 a, *LAG Hamm* vom 21. 7. 1975 – 2 Sa 392/1270 = DB 1975, 1899), oder bei der Kündigung eines **Schwerbehinderten** bei der der Betriebsrat vor Erteilung der Zustimmung durch die Hauptfürsorgestelle gehört wurde, ist danach keine erneute Anhörung erforderlich (*BAG* vom 1. 4. 1981 – 7 AZR 1003/78 – EzA § 102 BetrVG 1972 Nr. 45 m. Anm. *Löwisch* = DB 1981, 2128). Der Arbeitgeber kann das Anhörungsverfahren vor, während oder nach dem Zustimmungsverfahren vor der Hauptfürsorgestelle einleiten (*BAG* vom 5. 9. 1979 – 4 AZR 875/77 – EzA § 12 SchwbG Nr. 8 = DB 1980, 455; *BAG* vom 3. 7. 1980 – 2 AZR 340/78 – EzA § 18 SchwbG Nr. 3 = DB 1981, 103; *D/R* § 102 Rz. 49). Teilt aber ein gekündigter Arbeitnehmer innerhalb eines Monats nach Zugang der Kündigung mit, er habe vor Zugang der Kündigung bereits einen Antrag auf Zuerkennung der Schwerbehinderteneigenschaft gestellt, und will der Arbeitgeber mit Zustimmung der Hauptfürsorgestelle erneut kündigen, so muß er den Betriebsrat zu dieser Kündigung erneut anhören (*LAG Hamm* vom 9. 10. 1987 – 17 Sa 494/87 – DB 1988, 916). Der Betriebsrat braucht vor einer ordentlichen Kündigung nicht erneut angehört zu werden, nachdem er kurz zuvor bei der Anhörung zu einer wegen desselben Kündigungsgrundes beabsichtigten außerordentlichen Kündigung desselben Arbeitnehmers erklärt hat, er könne nur einer ordentlichen Kündigung zustimmen (*LAG Baden-Württemberg/ Mannheim* vom 3. 11. 1976 – 6 Sa 84/76 – rkr., DB 1977, 777; KR-*Etzel* § 102 Rz. 57; *S/W* § 102 Rz. 43 a). Eine Anhörung des Betriebsrats zu einem angekündigten Fehlverhalten eines Arbeitnehmers, welches aber noch nicht eingetreten ist, bedeutet nicht, daß der Betriebsrat zu dem Fehlverhalten als Kündigungsgrund angehört wurde; er muß vielmehr nach Eintritt des Fehlverhaltens nochmals gehört werden (*BAG* vom 19. 1. 1983 – 7 AZR 514/80 – EzA § 102 BetrVG 1972 Nr. 50 = DB 1983, 1153). Wird die Kündigung erst geraume Zeit nach der Anhörung ausgesprochen, so gilt die Anhörung nur als erfolgt, wenn sich zwischenzeitlich der Kündigungssachverhalt nicht oder nicht wesentlich verändert hat (*BAG* vom 26. 5. 1977 – 2 AZR 201/76 – EzA § 102 BetrVG Nr. 30 m. Anm. *Käppler* = DB 1977, 2455; vgl. auch Rz. 26).

3. Zusammenfallen von Tatbeständen nach § 99 mit einer Änderungskündigung

17 Ist zum Zwecke **der Umgruppierung und/oder Versetzung eine Änderungskündigung** erforderlich, so kann das Mitwirkungsrecht des Betriebsrats nach § 99 (vgl. § 99 Rz. 42, 59) und nach § 102 in Betracht kommen. Beide Verfahren stehen grundsätzlich nebeneinander, weil Zustimmungsverweigerungsgründe nach §§ 99 und 102 sich nicht decken (*BAG* vom 3. 11. 1977 – 2 AZR 277/76 – DB 1978, 1135; *D/R* § 102 Rz. 278 ff.; *G/L* § 102 Rz. 10; *Schwerdtner* FS BAG 1979, 555, 576). Bevor eine Änderungskündigung ausgesprochen wird, hat auf jeden Fall die Anhörung nach § 102 zu erfolgen, sonst wäre die Änderungskündigung unwirksam (*F/A/K/H* § 102 Rz. 6). In diesem Fall liegt in der Unterrichtung nach § 99 gleichzeitig die Einleitung des Anhörungsverfahrens nach § 102 (*D/R* § 102 Rz. 280;

F/A/K/H § 102 Rz. 6; *G/L* § 102 Rz. 10; GK-*Kraft* § 102 Rz. 24; *S/W* § 99–101 Rz. 131); dies gilt aber nur, wenn die Unterrichtung durch den Arbeitgeber sowohl den Voraussetzungen des § 99 Abs. 1 als auch denen des § 102 Abs. 1 entspricht (*BAG* a. a. O.). Beide Verfahren sind auch dann durchzuführen, wenn sich der Arbeitnehmer bei einer Änderungskündigung mit den geänderten Arbeitsbedingungen einverstanden erklärt unter dem Vorbehalt, daß sich im Kündigungsschutzprozeß herausstellt, sie seien nicht sozial ungerechtfertigt (*D/R* § 102 Rz. 279; *Heinze* Rz. 464; *Schlochauer* RdA 1973, 160; *Schwerdtner* a. a. O. 577 ff.; 579; **a. A.** *F/A/K/H* § 102 Rz. 7). Widerspricht der Betriebsrat nicht form- und fristgemäß im Rahmen des § 99 Abs. 3 oder § 102 Abs. 2, so gilt die Zustimmung sowohl zu der Maßnahme nach § 99 als auch nach § 102 als erteilt.

Ausnahmsweise ist nur ein Verfahren durchzuführen, je nachdem, wie sich der betroffene Arbeitnehmer verhält. Bevor der Arbeitgeber eine **Änderungskündigung ausspricht**, sollte er deshalb feststellen, ob der Arbeitnehmer unter keinen Umständen mit der Änderung seiner Arbeitsbedingungen einverstanden ist (vgl. *Schlochauer* RdA 1973, 160). Läßt sich dies nicht eindeutig feststellen und will der Arbeitgeber eine Änderungskündigung aussprechen, so ist auf jeden Fall das Verfahren nach § 99 und § 102 nebeneinander durchzuführen. Läßt sich der Wille des betroffenen Arbeitnehmers dagegen eindeutig feststellen, so gilt folgendes: Will der Arbeitnehmer auf keinen Fall auf die **geänderten Vertragsbedingungen** eingehen, so führt eine Mitbestimmung des Betriebsrats nach § 99 zu keinem Ergebnis (*F/A/K/H* § 102 Rz. 9; *Schlochauer* RdA 1973, 160). In diesem Fall geht es letzten Endes um den Bestand des Arbeitsverhältnisses, es liegt also eine **Kündigung** i. S. d. **§ 102** vor. Es genügt daher eine Anhörung des Betriebsrats nach § 102. Der Betriebsrat hat die Widerspruchsgründe des § 102 Abs. 3 Nr. 1–4, nicht dagegen die der Nr. 5, da der Arbeitnehmer nicht zu einer Weiterbeschäftigung zu geänderten Arbeitsbedingungen bereit ist (**a. A.** *D/R* § 102 Rz. 282; *F/A/K/H* § 102 Rz. 9 bei Versetzungsmöglichkeit auf einen anderen als den vorgesehenen Arbeitsplatz). Ist der Arbeitnehmer mit der Änderung der Arbeitsbedingungen vorbehaltlos einverstanden, so ist, falls es sich gleichzeitig um eine Umgruppierung oder/und Versetzung handelt, nur § 99 anzuwenden. Zur Weiterbeschäftigungspflicht bei einer Änderungskündigung vgl. Rz. 172.

18

III. Anhörungsverfahren

1. Zeitpunkt der Anhörung

Die Anhörung hat **vor** jeder Kündigung im Sinne der Rz. 14 ff. zu erfolgen. Vor der Kündigung bedeutet **vor Ausspruch der Kündigung** – also vor Kündigungserklärung, nicht erst vor Zugang (h. M.). Eine mündliche Kündigung ist ausgesprochen, wenn der Empfänger – also derjenige, dem gekündigt werden soll – in der Lage ist, sie zu vernehmen (*Palandt/Thomas* 48. Aufl. § 130 Anm. 3 a); eine schriftliche, wenn das Kündigungsschreiben den Machtbereich des Arbeitgebers verlassen hat, also zur Post gegeben ist, wenn es auch noch nicht zugegangen ist, oder das Schreiben dem Arbeitnehmer übergeben worden ist (*BAG* vom 13. 11. 1975 – 2 AZR 610/74 – EzA § 102 BetrVG 1972 Nr. 20 = DB 1976, 969). Ist die Anhörung des Betriebsrats nicht **vor Ausspruch** der Kündigung erfolgt, so vermag auch eine **nachträgliche ausdrückliche** Zustimmung des Betriebsrats zu der bereits

19

§ 102   4. Teil 5. Abschn. *Personelle Angelegenheiten*

ausgesprochenen Kündigung den Mangel der fehlenden Anhörung nicht zu heilen (*BAG* vom 28.2. 1974 – 2 AZR 455/73 – EzA § 102 BetrVG 1972 Nr. 8 m. Anm. *Kraft* = DB 1974, 1294; *BAG* vom 18.9. 1975 – 2 AZR 594/74 – EzA § 102 BetrVG 1972 Nr. 17 m. Anm. *Schlüter* = DB 1976, 344; *D/K/K/S* § 102 Rz. 19; *D/R* § 102 Rz. 100; *F/A/K/H* § 102 Rz. 27; *G/L* § 102 Rz. 49; GK-*Kraft* § 102 Rz. 37; nur für die ordentliche Kündigung *Richardi* Anm. zu *BAG* vom 28.2. 1974 – 2 AZR 455/73 – AP Nr. 2 zu § 102 BetrVG 1972; *Meisel* 260, Rz. 620; nur **a. A.** für die außerordentliche Kündigung *Richardi* Anm. zu *BAG* vom 28.2. 1974 a. a. O.; *D/R* § 102 Rz. 103). Der Gedanke der Rechtsklarheit verbietet eine rückwirkende Heilung der ohne Anhörung erfolgten Kündigung. Die Kündigung ist daher trotz nachträglicher Zustimmung des Betriebsrats unwirksam. In diesem Fall bedarf es zu einer erneuten Kündigung einer erneuten Anhörung vor Ausspruch der Kündigung. Der Betriebsrat muß wissen, daß das Anhörungsverfahren wegen einer noch auszusprechenden Kündigung eingeleitet wird (*BAG* vom 18.9. 1975 a. a. O.).

20 Zum Anhörungsverfahren bei **Kündigung von Schwerbehinderten** vgl. Rz. 16.

21 Das Gesetz legt lediglich fest, daß der Betriebsrat **vor Ausspruch** der Kündigung zu hören ist, dagegen legt es **keinen genauen Zeitpunkt** hierfür fest. Die Mitteilung an den Betriebsrat hat so **frühzeitig** zu erfolgen, daß diesem genügend Zeit bleibt, die beabsichtigte Kündigung zu prüfen. Der Zeitpunkt der Mitteilung wird durch Abs. 2 konkretisiert. Da der Betriebsrat bei der ordentlichen Kündigung eine Äußerungsfrist von einer Woche, bei der außerordentlichen eine von drei Tagen hat, muß dem Betriebsrat die Mitteilung über die beabsichtigte Kündigung mindestens, da der Tag des Zugangs der Mitteilung bei der Fristberechnung nicht mitzählt (§ 187 Abs. 1 BGB), bei der ordentlichen Kündigung acht Tage, bei der außerordentlichen vier Tage vor Ausspruch der Kündigung zugegangen sein. Bei der **außerordentlichen Kündigung** hat der Arbeitgeber zusätzlich darauf zu achten, die Mitteilung der beabsichtigten Kündigung dem Betriebsrat so rechtzeitig zukommen zu lassen, daß der Zugang der Kündigung noch innerhalb der Zweiwochenfrist des § 626 Abs. 2 BGB gewährleistet ist. Die zweiwöchige Überlegungsfrist für den Ausspruch einer außerordentlichen Kündigung wird durch die Dreitagesfrist, die dem Betriebsrat zur Stellungnahme zu gewähren ist, verkürzt (*D/R* § 102 Rz. 74; *F/A/K/H* § 102 Rz. 30; GK-*Kraft* § 102 Rz. 36; KR-*Etzel* § 102 Rz. 79; **a. A.** *Meisel* DB 1974, 138; *ders.*, Mitwirkung, 195; *Müller, H. P.* DB 1975, 1363). Bei der ordentlichen Kündigung empfiehlt sich in der Praxis, die Mitteilung an den Betriebsrat so frühzeitig zu machen, daß dieser hierüber ohne Schwierigkeiten in der nächst folgenden ordentlichen Betriebsratssitzung beraten kann. Damit erspart sich der Betrieb die Kosten einer eventuellen Sondersitzung (*Meisel* 161).

22 Auch in **Eilfällen** hat die Anhörung nach der Rechtsprechung des Bundesarbeitsgerichts vor Ausspruch der Kündigung und unter Beachtung der in Rz. 21 genannten Fristen zu erfolgen (*BAG* vom 13.11. 1975 – 2 AZR 610/74 – EzA § 102 BetrVG 1972 Nr. 20 = DB 1976, 969; vom 29.3. 1977 – 1 AZR 46/75 – EzA § 102 BetrVG 1972 Nr. 27 = DB 1977, 1320). Nach dem Bundesarbeitsgericht ist eine einseitig vom Arbeitgeber veranlaßte Verkürzung der gesetzlichen Anhörungsfrist des Abs. 2 vor allem aus Gründen der Rechtssicherheit und der Rechtsklarheit in Eilfällen grundsätzlich nicht möglich. Eine Ausnahme soll nur bei betriebsbedingten Gründen gelten, wenn sich die wirtschaftliche Lage des Unternehmens plötzlich unvorhergesehen ändert, so daß der sofortige Ausspruch von Kündigungen

Mitbestimmung bei Kündigungen § 102

»unabweisbar notwendig ist« (*BAG* vom 13. 11. 1975 a. a. O.), dies darf aber nicht auf einer verspäteten Unternehmensentscheidung beruhen (*BAG* vom 29. 3. 1977 a. a. O.). Die Möglichkeit der Verkürzung der Fristen wird von einem Teil der Literatur ebenfalls abgelehnt (*D/K/K/S* § 102 Rz. 64; *F/A/K/H* § 102 Rz. 13, GK-*Kraft* § 102 Rz. 74; *Hanau* DB 1972, 453; *Kitzelmann* BUV 1972, 211). Gegen diese Ansicht bestehen erhebliche Bedenken. **Entgegen dieser Ansicht kann der Arbeitgeber** bei besonders **eilbedürftigen Kündigungen verlangen**, daß der Betriebsrat oder der betreffende Ausschuß (vgl. Rz. 55) **unverzüglich zusammentritt**, um über die Kündigung zu beraten; es besteht eine entsprechende Pflicht des Betriebsrats (*D/R* § 102 Rz. 72; *G/L* § 102 Rz. 37a; KR-*Etzel* § 102 Rz. 88; *Meisel* DB 1972, 1631; *ders.* a. a. O. 202 Rz. 480f.; *Schlochauer* RdA 1973, 159; *S/W* § 102 Rz. 34). Die **Eilbedürftigkeit** muß aber **objektiv gegeben** sein und nicht auf einem Verschulden des Arbeitgeber beruhen (*G/L* § 102 Rz. 37a). Das Gesetz spricht bei der Äußerungsfrist von »spätestens«; daraus ergibt sich, daß der Betriebsrat nicht in allen Fällen die Frist ausschöpfen darf und eine Verkürzung der Frist zulässig ist. Der Arbeitgeber muß jedoch in solchen Fällen den Betriebsrat auf die besondere Eilbedürftigkeit und die entsprechend verkürzte Frist, innerhalb deren er die Stellungnahme erwartet, **ausdrücklich** hinweisen.
Würde der Betriebsrat dennoch in diesen **Eilfällen** die Wochenfrist voll ausschöpfen, so wäre dies als ein Verstoß gegen die vertrauensvolle Zusammenarbeit treuwidrig. Entsprechend dem Rechtsgedanken des § 162 BGB gilt dann die Zustimmung als erteilt (*G/L* § 102 Rz. 37a; *Meisel* a. a. O.; *Adomeit* DB 1971, 2362; *Brill* DB 1975, 931; *Meisel* DB 1972, 1629 und DB 1974, 140; *Schlochauer* RdA 1973, 159; **enger** *D/R* § 102 Rz. 72, die weitere Umstände verlangen; **a. A.** KR-*Etzel* § 102 Rz. 88, der eine Fiktion der Zustimmung ablehnt und nur § 23 für anwendbar hält). Für die Praxis ist die Befolgung der hier richtigerweise vertretenen Ansicht allerdings mit einem erheblichen Prozeßrisiko verbunden, da das Bundesarbeitsgericht gegenteilig entschieden hat.

Besonders kurze Kündigungsfristen in einigen Tarifverträgen, z. B. im Verkehrs- 23
gewerbe oder Baugewerbe oder auch wegen der Probezeit begründen nicht objektiv die Eilbedürftigkeit im dargelegten Sinn. In diesen Fällen gelten also die Fristen des Gesetzes.

Zur **Suspendierung** (Freistellung von der Arbeitspflicht) des Arbeitnehmers bei 24
einer außerordentlichen Kündigung vor Anhörung des Betriebsrats vgl. Rz. 146f.

Hat der Arbeitgeber **vor Anhörung** des Betriebsrats oder während des Anhö- 25
rungsverfahrens **den Kündigungswillen erkennbar bereits abschließend gebildet**, so steht dies einer ordnungsgemäßen Anhörung nicht entgegen (*BAG* vom 28. 2. 1974 – 2 AZR 455/73 – EzA § 102 BetrVG 1972 Nr. 8 m. Anm. *Kraft* = DB 1974, 1294; *BAG* vom 13. 11. 1975 – 2 AZR 610/74 – EzA § 102 BetrVG 1972 Nr. 20 = DB 1976, 969; *BAG* vom 28. 9. 1978 – 2 AZR 2/77 – EzA § 102 BetrVG 1972 Nr. 39 = DB 1979, 1135; *D/R* § 102 Rz. 44; *G/L* § 102 Rz. 40; GK-*Kraft* § 102 Rz. 22; KR-*Etzel* § 102 Rz. 55; *Heinze* Rz. 460; *S/W* § 102 Rz. 31; **a. A.** *F/A/K/H* § 102 Rz. 26). Für die Praxis empfiehlt es sich dennoch, bei der Unterrichtung des Betriebsrats von der **Absicht der Kündigung** zu sprechen (*S/W* § 102 Rz. 31).

Steht die **Anhörung** des Betriebsrats nicht in einem **nahen zeitlichen Zusammen-** 26
hang mit der späteren **Kündigungserklärung** des Arbeitgebers, so ist eine **erneute Anhörung** jedenfalls dann nicht zu verlangen, wenn sich der Kündigungssachverhalt nicht oder nicht wesentlich geändert hat (*BAG* vom 26. 5. 1977 – 2 AZR 201/ 76 – EzA § 102 BetrVG 1972 Nr. 30 m. Anm. *Käppler* = DB 1977, 2455). Das

§ 102   4. Teil 5. Abschn. Personelle Angelegenheiten

gleiche gilt, wenn eine nach Anhörung des Betriebsrats ausgesprochene Kündigungserklärung am fehlenden Zugang scheitert und die **Kündigung** in engem zeitlichen Zusammenhang **wiederholt wird** (*BAG* vom 11. 10. 1989 – 2 AZR 88/89 – EzA § 102 BetrVG 1972 Nr. 78 = DB 1990, 1974). Bei einer wesentlichen Änderung dagegen, vor allem beim Hinzutreten neuer Kündigungsgründe oder beim Wechsel von einer Beendigungskündigung zu einer Änderungskündigung, ist eine **erneute Anhörung** erforderlich (*BAG* a. a. O.; *BAG* vom 28. 6. 1984 – 2 AZR 217/ 83 – unveröff.; *BAG* vom 27. 5. 1982 – 2 AZR 96/80 – DB 1984, 620). Offengelassen wurde, ob bei einer längeren Zeitspanne zwischen Anhörung des Betriebsrats und Ausspruch der Kündigung auch auf einen »einheitlichen Kündigungswillen« des Arbeitgebers abzustellen ist. Dieser Ansicht des *Bundesarbeitsgerichts* ist zu folgen. Das *Bundesarbeitsgericht* hat zu Recht die in der Literatur und von Instanzgerichten vertretene Auffassung zurückgewiesen, daß eine erneute Anhörung des Betriebsrats stets erforderlich sei, wenn der Arbeitgeber längere Zeit nach der Anhörung von seinem Kündigungsrecht keinen Gebrauch gemacht habe (*LAG Frankfurt/M.* vom 18. 3. 1976 – 6 Sa 645/75 – DB 1977, 125; *LAG Hamm* vom 18. 2. 1975 – 6 Sa 1076/74 – AuR 1975, 250; *BAG* vom 14. 10. 1965 – 2 AZR 455/64 – EzA § 66 BetrVG 1952 Nr. 5 = DB 1966, 78; *D/R* § 102 Rz. 46; *F/A/K/ H* § 102 Rz. 28; *Meisel* 161; **a.A.** *Heinze* Rz. 503, der nach längerem Zeitraum stets eine neue Anhörung für erforderlich hält). Ein naher zeitlicher Zusammenhang wurde nach dem *LAG Hamm* (a. a. O.) als nicht mehr bestehend angesehen, wenn der Betriebsrat zehn Wochen vor der Kündigung angehört worden ist, das *LAG Frankfurt/M.* (a. a. O.) hat einen Zeitraum von sechs Monaten jedenfalls als zu lang angesehen, das *Bundesarbeitsgericht* (a. a. O.) einen solchen von drei Monaten. Da das BetrVG eine Bestimmung enthält, die ausdrücklich einen zeitlichen Zusammenhang zwischen dem Abschluß des der Kündigung vorgeschalteten Verfahrens und dem Ausspruch der Kündigung vorschreibt, ist die Länge des zwischen der Beendigung des Anhörungsverfahrens und dem Ausspruch der Kündigung liegenden Zeitraums nicht allein entscheidend für die Frage, ob eine erneute Anhörung erfolgen muß. Die Anhörung muß aber stets wegen einer dahinterstehenden Kündigungsabsicht erfolgt sein; es darf sich um keine »Anhörung auf Vorrat« gehandelt haben (*BAG* vom 26. 5. 1977 a. a. O.; *D/R* § 102 Rz. 46; GK-*Kraft* § 102 Rz. 35; KR-*Etzel* § 102 Rz. 54; vgl. auch *BAG* vom 19. 1. 1983 – 7 AZR 514/ 80 – EzA § 102 BetrVG 1972 Nr. 50 = DB 1983, 1153).

27 Bei der **Kündigung** von **Schwerbehinderten** hat die Kündigung unverzüglich nach Erteilung der Zustimmung durch die Hauptfürsorgestelle zu erfolgen (*BAG* vom 5. 9. 1979 – 4 AZR 875/77 – EzA § 12 SchwbG Nr. 8 = DB 1980, 455; *BAG* vom 3. 7. 1980 – 2 AZR 340/78 – EzA § 18 SchwbG Nr. 3 = DB 1981, 103; *BAG* vom 27. 5. 1983 – 7 AZR 482/81 – EzA § 12 SchwbG Nr. 12 = DB 1984, 134). Der Arbeitgeber braucht nicht die behördliche Zustimmung abzuwarten, ehe er das Anhörungsverfahren beim Betriebsrat einleitet (*BAG* vom 1. 4. 1981 – 7 AZR 1003/78 – EzA § 102 BetrVG 1972 Nr. 45 m. Anm. *Löwisch* = DB 1982, 2128). Teilt ein Arbeitnehmer binnen eines Monats nach Zugang der Kündigung mit, daß er einen Antrag auf Zuerkennung der Schwerbehinderteneigenschaft gestellt habe, so muß der Arbeitgeber den Betriebsrat jedoch erneut anhören, wenn er mit Zustimmung der Hauptfürsorgestelle erneut kündigen will (*LAG Hamm* vom 9. 10. 1987 – 17 Sa 494/87 – DB 1988, 916).

2. Mitteilung der Kündigung und der Gründe

a) Mitteilung der Kündigung

Die Anhörung des Betriebsrats vor einer Kündigung setzt voraus, daß der Arbeit- 28
geber diesem seine **Kündigungsabsicht** rechtzeitig vorher mitteilt. Er muß den Betriebsrat in die Lage versetzen, sich mit der Kündigung und den für die Kündigung maßgeblichen Gründen auseinanderzusetzen. Das Anhörungsverfahren hat über die reine Unterrichtung hinaus den Sinn, dem Betriebsrat Gelegenheit zu geben, seine Überlegungen zur Kündigungsabsicht aus der Sicht der Arbeitnehmerseite dem Arbeitgeber zur Kenntnis zu bringen, damit dieser bei seiner Entscheidung die Stellungnahme des Betriebsrats berücksichtigen kann (*BAG* vom 18. 9. 1975 – 2 AZR 594/74 – EzA § 102 BetrVG 1972 Nr. 17 m. Anm. *Schlüter* = DB 1976, 344). Die Anhörung bedeutet also mehr als Information, jedoch weniger als Beratung (*G/L* § 102 Rz. 40; GK-*Kraft* § 102 Rz. 31).

Die Mitteilung der Kündigungsabsicht und damit die Anhörung des Betriebsrats 29
muß sich auf **eine bestimmte** auszusprechende **Kündigung eines Arbeitnehmers** oder mehrerer **bestimmter Arbeitnehmer** beziehen (*D/R* § 102 Rz. 50; GK-*Kraft* § 102 Rz. 41). Es muß deutlich werden, daß es sich um die Mitteilung einer beabsichtigten Kündigung und die Einleitung des Anhörungsverfahrens handelt (KR-*Etzel* § 102 Rz. 53 a). Die Mitteilung nach § 105 kann daher nicht ohne weiteres in die Einleitung des Anhörungsverfahrens umgedeutet werden (vgl. Rz. 51 und § 105 Rz. 7). Das Anhörungsverfahren wird auch nicht dadurch in Gang gesetzt, daß der Arbeitgeber anläßlich der Beratung mit dem Betriebsrat über die Personalentwicklung eine eventuelle Entlassung eines Arbeitnehmers aufgrund der zu erwartenden wirtschaftlichen Entwicklung anführt (*LAG Düsseldorf* vom 1. 8. 1974 – 7 Sa 469/74 – DB 1974, 1917) oder daß er dem Betriebsrat eine »Liste der zum 30. Juni Betroffenen« übergibt, aber betont, daß es noch an den endgültigen Gesellschafterbeschlüssen für eine Betriebsstillegung fehle und man die Verhandlung vor der Einigungsstelle abwarten müsse (*LAG Hamm* vom 9. 12. 1976 – 8 Sa 1098/76 – rkr. – EzA § 102 BetrVG 1972 Nr. 26 = DB 1977, 1515). Gibt der Arbeitgeber allerdings ohne Vorbehalte die Absicht bekannt, den Betrieb zu einem bestimmten Zeitpunkt stillzulegen, so liegt in dieser Erklärung zugleich nach dem *LAG Hamm* (vom 21. 7. 1975 – 2 Sa 392/75 – DB 1975, 1899) die Mitteilung über die beabsichtigte ordentliche Kündigung aller Betriebsangehörigen zum Zeitpunkt der Stillegung. Genausowenig wird das Anhörungsverfahren eingeleitet, wenn der Arbeitgeber den Betriebsrat nachträglich lediglich über die Gründe einer ohne Anhörung ausgesprochenen Kündigung unterrichtet, ohne darauf hinzuweisen, daß er erneut aufgrund des gleichen Sachverhalts kündigen will (*BAG* vom 18. 9. 1975 – 2 AZR 594/74 – EzA § 102 BetrVG 1972 Nr. 17 m. Anm. *Schlüter* = DB 1976, 344).

Der Arbeitgeber muß bei einer **beabsichtigten Kündigung** dem Betriebsrat fol- 30
gende Angaben mitteilen:
- die **Person** des zu kündigenden Arbeitnehmers mit seinen Personalien; es genügt nicht, wenn der Arbeitgeber dem Betriebsrat die Zahl der aus einer genau umschriebenen Gruppe zu Entlassender mitteilt und dem Betriebsrat die Auswahl überläßt (*LAG Berlin* vom 14. 9. 1981 – 9 Sa 63/81 – EzA § 102 BetrVG 1972 Nr. 46; KR-*Etzel* § 102 Rz. 58; **a. A.** GK-*Kraft* § 102 Rz. 41);
- die **sozialen Verhältnisse** des zu kündigenden Arbeitnehmers – also seine Sozialdaten wie Alter, Familienstand, Zahl der Kinder, Dauer der Betriebszuge-

§ 102   4. Teil 5. Abschn. Personelle Angelegenheiten

hörigkeit, Umstände für einen besonderen Kündigungsschutz wie Schwerbehinderteneigenschaft (vgl. auch Rz. 35); dies gilt insbesondere für betriebsbedingte Kündigungen;
- zur **Art der Kündigung, ordentlich oder außerordentlich**. Kann ein Arbeitsverhältnis auf Grund tariflicher Bestimmungen nur außerordentlich gekündigt werden und kündigt der Arbeitgeber aus wichtigem Grund (z. B. wegen Betriebsschließung) **außerordentlich mit** einer **Auslauffrist**, die der ordentlichen Kündigungsfrist entspricht, so muß er den Betriebsrat hierauf hinweisen (*BAG* vom 29. 8. 1991 – 2 AZR 59/91 – DB 92, 379). Will der Arbeitgeber zur außerordentlichen Kündigung hilfsweise eine ordentliche aussprechen, so ist der Betriebsrat über beide Kündigungen zu unterrichten und das Anhörungsverfahren mit den entsprechenden Fristen durchzuführen (*BAG* vom 28. 2. 1974 – 2 AZR 455/73 – 2 AZR 455/73 – EzA § 102 BetrVG 1972 Nr. 8 m. Anm. *Kraft* = DB 1974, 1294; *BAG* vom 12. 8. 1976 – 2 AZR 311/75 – EzA § 102 BetrVG 1972 Nr. 25 m. Anm. *Löwisch, Schreiner* = DB 1976, 2163; *BAG* vom 17. 12. 1976 – 1 AZR 605/75 – EzA Art. 9 GG Nr. 19 m. Anm. *Otto* = DB 1977, 824). Für beide Arten der Kündigung gelten unterschiedliche Voraussetzungen und Folgen hinsichtlich des Beteiligungsverfahrens des Betriebsrats. Eine Anhörung nur zu einer außerordentlichen Kündigung ersetzt nicht die Anhörung zu einer hilfsweisen ordentlichen Kündigung (*BAG* a. a. O.; *D/R* § 102 Rz. 50; *F/A/K/H* § 102 Rz. 31; *G/L* § 102 Rz. 26; *Hueck* KSchG § 13 Rz. 26; GK-*Kraft* § 102 Rz. 42; *Meisel* DB 1974, 142; *S/W* § 102 Rz. 47). Will der Arbeitgeber eine beabsichtigte außerordentliche Kündigung im Falle ihrer Unwirksamkeit hilfsweise als ordentliche aufrechterhalten oder umdeuten, so muß er den Betriebsrat nach dem *Bundesarbeitsgericht* deutlich darauf hinweisen (*BAG* vom 16. 3. 1978 – 2 AZR 424/76 – EzA § 102 BetrVG 1972 Nr. 32 = DB 1978, 1454; vgl. aber auch Rz. 149 zur Umdeutung allgemein Rz. 148ff.). Eine Ausnahme gilt dann, wenn der Betriebsrat im Anhörungsverfahren, das nur die außerordentliche Kündigung betraf, dieser vorbehaltlos und ausdrücklich zugestimmt hat und aus keinen Umständen zu ersehen ist, daß er für den Fall von deren Unwirksamkeit einer ordentlichen Kündigung entgegengetreten wäre (*BAG* a. a. O.). Zur Umdeutung einer außerordentlichen Kündigung in eine ordentliche und zur Wahrung der Anhörungsfristen vgl. Rz. 148. Die Anhörung des Betriebsrats zu einer zunächst beabsichtigten ordentlichen Kündigung genügt nicht für den dann erfolgenden Ausspruch einer außerordentlichen Kündigung (*BAG* vom 12. 8. 1976 – 2 AZR 311/75 – a. a. O.; vgl. auch Anm. *Löwisch* hierzu: EzA § 102 BetrVG 1972 Nr. 25, 145);
- die **Kündigungsfrist**, wenn diese dem Betriebsrat nicht ohnehin bekannt ist (*BAG* vom 29. 3. 1990 – 2 AZR 420/89 – EzA § 102 BetrVG 1972 Nr. 79 = DB 1990, 2124; *F/A/K/H* § 102 Rz. 16). Die Angabe des **Endtermins** der Kündigungsfrist kann nicht verlangt werden, da dieser zur Zeit der Anhörung noch nicht feststeht (*BAG* vom 29. 1. 1986 – 7 AZR 257/84 – EzA § 102 BetrVG 1972 Nr. 64 = DB 1986, 2549; GK-*Kraft* § 102 Rz. 44; **a. A.** *D/K/K/S* § 102 Rz. 26; *F/A/K/H* § 102 Rz. 16);
- bei einer **Änderungskündigung**, ob im Falle der Ablehnung des Angebots eine **Beendigungskündigung** beabsichtigt ist; andernfalls muß der Arbeitgeber bei einer Ablehnung des Änderungsangebots durch den Arbeitgeber den Betriebsrat zu einer Beendigungskündigung erneut anhören (*BAG* vom 30. 11. 1989 – 2 AZR 197/89 – EzA § 102 BetrVG 1972 Nr. 77 = DB 1990, 993; GK-*Kraft*

§ 102 Rz. 24). Er hat außerdem die **Gründe** für die **Änderung der Arbeitsbedingungen** und das **Änderungsangebot** mitzuteilen (*BAG* vom 30. 11. 1989 – 2 AZR 197/89 – a. a. O.; *BAG* vom 29. 3. 1990 – 2 AZR 420/89 – EzA § 102 BetrVG 1972 Nr. 79 = DB 1990, 2124; GK-*Kraft* § 102 Rz. 24);
– die **wesentlichen Kündigungsgründe** (§ 102 Abs. 1 Satz 2), soweit sie dem Arbeitgeber bekannt sind und er die Kündigung darauf stützen will (zu allen Punkten: *BAG* vom 28. 2. 1974 a. a. O.; vom 12. 8. 1976 a. a. O.).

b) Mitteilung der Kündigungsgründe
Gründe für die Kündigung sind die Tatsachen, die den Arbeitgeber zu der beabsichtigten Kündigung veranlassen; die konkreten Tatumstände müssen dem Betriebsrat mitgeteilt werden, nicht nur der abstrakte Begriff. Es genügt also nicht mitzuteilen, es sei eine Entlassung wegen Schlechtleistung beabsichtigt, sondern es muß mitgeteilt werden, worin die Schlechtleistung besteht. Die Tatumstände sind zu beschreiben (*D/R* § 102 Rz. 31). Es können Gründe sein, die in der Person oder dem Verhalten des Arbeitnehmers oder in dringenden betrieblichen Erfordernissen, die einer Weiterbeschäftigung des Arbeitnehmers entgegenstehen, liegen (vgl. im einzelnen *Hueck* KSchG § 1 Rz. 81 ff.). Als in der **Person** des Arbeitnehmers **liegende Gründe** kommen in Betracht: mangelnde körperliche oder geistige Eignung wie Ungeschicklichkeit, mangelnde Vorbildung, mangelnde Fähigkeit, sich die erforderlichen Kenntnisse zu erwerben, Krankheit; auf Verschulden kommt es nicht an. **Verhaltensbedingte Gründe** können sein: vor allem die schuldhafte und unter besonderen Umständen auch die nicht schuldhafte Verletzung der arbeitsvertraglichen Pflichten (*Hueck* a. a. O. Rz. 89) wie bewußte Arbeitsverweigerung, wiederholt fahrlässiges Zuspätkommen, Schlechtleistung, Verletzung der Verschwiegenheitspflicht, Verstoß gegen Treuepflichten; Streit mit anderen Arbeitnehmern, wenn dadurch der Arbeitsablauf gestört oder doch ernsthaft gefährdet ist; Straftaten zum Nachteil des Arbeitgebers oder der dringende Verdacht solcher Straftaten. Diese letztgenannten Kündigungsgründe werden vom BAG als getrennte Sachverhalte behandelt, so daß für beide der Betriebsrat ausdrücklich angehört werden muß. Erfolgt die Anhörung nur zur erwiesenen Straftat, läßt sich aber im Prozeß nur ein dringender Verdacht beweisen, so ist dieser Kündigungsgrund wegen fehlender Anhörung nicht verwertbar (*BAG* vom 3. 4. 1986 – 2 AZR 324/85 – EzA § 102 BetrVG 1972 Nr. 63 = DB 1986, 2187; *BAG* vom 2. . 1989 – 2 AZR 280/88 – EzA § 626 n. F. Nr. 118), wenn er nicht nachgeschoben werden kann (vgl. zum Nachschieben von Kündigungsgründen Rz. 41a). **Dringende betriebliche Erfordernisse** (vgl. *Hueck* a. a. O. Rz. 101 ff.) können vorliegen bei Absatzschwierigkeiten, Rohstoffmangel, Rationalisierungsmaßnahmen, Einführung arbeitssparender Maschinen, Änderung der Produktionsmethoden, Betriebseinschränkungen und ähnlichen Vorgängen. Das *Bundesarbeitsgericht* verlangt, daß der Arbeitgeber im Anhörungsverfahren deutlich macht, ob er aus personen-, verhaltens- oder betriebsbedingten Gründen oder aus mehreren nebeneinander kündigen will (*BAG* vom 5. 2. 1981 – 2 AZR 1135/78 – EzA § 102 BetrVG 1972 Nr. 47 = DB 1982, 1171).

An Kündigungsgründen sind dem Betriebsrat die **maßgeblichen, d. h. die wesentlichen, dem Arbeitgeber bekannten Kündigungsgründe** mitzuteilen, die zur Kündigung führen sollen, dagegen nicht alle Gründe, Motive oder Vorüberlegungen (*BAG* vom 22. 10. 1968 – 1 AZR 46/68 – EzA § 66 BetrVG 1952 Nr. 8 = DB 1969, 311; *Meisel* SAE 1975, 115; *G/L* § 102 Rz. 28; *S/W* § 102 Rz. 48). Die

§ 102 4. Teil 5. Abschn. Personelle Angelegenheiten

Betriebsratsanhörung hat eine **objektive** und eine **subjektive** Seite (*BAG* vom 24. 11. 1983 – 2 AZR 347/82 – EzA § 102 BetrVG 1972 Nr. 54 m. Anm. *Grunsky* = DB 1984, 1149; *BAG* vom 8. 9. 1988 – 2 AZR 103/88 – EzA § 102 BetrVG 1972 Nr. 73 = DB 1989, 1575). Diese bedeutet, daß unter wesentlichen Kündigungsgründen alle Gründe zu verstehen sind, die den Arbeitgeber zur Kündigung veranlassen, die also nach seiner Ansicht seine Kündigungsabsicht (-entschluß) tragen. Gründe, auf die er die Kündigung nicht stützen will, muß er nicht mitteilen; er kann sich dann allerdings später auch nicht darauf berufen (*D/R* § 102 Rz. 51; *G/L* § 102 Rz. 28; GK-*Kraft* § 102 Rz. 45; *S/W* § 102 Rz. 55; vgl. auch Rz. 43 ff.; *BAG* vom 24. 3. 1977 – 2 AZR 289/76 – EzA § 102 BetrVG 1972 Nr. 28 m. Anm. *Kittner* = DB 1977, 1853; *BAG* vom 13. 7. 1978 – 2 AZR 798/77 – EzA § 102 BetrVG 1972 Nr. 36 m. Anm. *Otto* = DB 1979, 313; *BAG* vom 18. 12. 1980 – 2 AZR 1006/78 – EzA § 102 BetrVG 1972 Nr. 44 = DB 1981, 1624; *BAG* vom 24. 11. 1983 – 2 AZR 347/82 – EzA § 102 BetrVG 1972 Nr. 54 m. Anm. *Grunsky* = DB 1984, 1149; *BAG* vom 8. 9. 1988 – 2 AZR 103/88 – a. a. O.; *BAG* vom 11. 7. 1991 – 2 AZR 119/91 – DB 1991, 2445), es sei denn, er kann diese Gründe nachschieben (vgl. hierzu Rz. 46).

33 Die die Kündigung **tragenden Gründe**, also die konkreten Tatumstände, sind dem Betriebsrat so **detailliert darzulegen**, daß der Betriebsrat beurteilen kann, ob es sinnvoll ist, Bedenken oder Widerspruch zu erheben. Pauschale, schlagwort- oder stichwortartige Bezeichnungen des Kündigungsgrundes reichen hierbei nicht aus, genausowenig wie die Mitteilung eines Werturteils ohne Angabe der für die Bewertung maßgeblichen Tatsachen (*D/R* § 102 Rz. 52; *G/L* § 102 Rz. 28 a; GK-*Kraft* § 102 Rz. 46; KR-*Etzel* § 102 Rz. 62; *S/W* § 102 Rz. 56; *BAG* vom 28. 9. 1978 – 2 AZR 2/77 – EzA § 102 BetrVG 1972 Nr. 39 = DB 1979, 1135, 1136). Es genügt also nicht, wenn der Arbeitgeber z. B. angibt: Auftragsmangel, Arbeitsmangel, Rationalisierungsmaßnahmen, sondern er hat diejenigen **Tatumstände im einzelnen** mitzuteilen, die seiner Ansicht nach einer Weiterbeschäftigung des betreffenden Arbeitnehmers im Betrieb entgegenstehen (*G/L* § 102 Rz. 28 a). Auch eine vorherige **Abmahnung** kann zu den Tatumständen gehören (*BAG* vom 18. 12. 1980 – 2 AZR 1006/78 – EzA § 102 BetrVG 1972 Nr. 44 = DB 1981, 1624), ebenso eine Gegendarstellung des Arbeitnehmers zur Abmahnung (*BAG* vom 31. 8. 1989 – 2 AZR 453/88 – EzA § 102 BetrVG 1972 Nr. 75) und sonstige Tatsachen, die für den Arbeitnehmer sprechen könnten (*BAG* vom 2. 11. 1983 – 7 AZR 65/82 – EzA § 102 BetrVG 1972 Nr. 53 m. Anm. *Streckel* = DB 1984, 407). Wird der Kündigungsvorgang allerdings nur auf ein bestimmtes Ereignis, z. B. Arbeitsverweigerung beschränkt, so genügt die Mitteilung dieses Grundes (*BAG* vom 28. 2. 1974 – 2 AZR 455/73 – EzA § 102 BetrVG 1972 Nr. 8 m. Anm. *Kraft* = DB 1974, 1294; insbes. AP Nr. 2 zu § 102 BetrVG 1972 Bl. 735). Sind dem Betriebsratsvorsitzenden die ausschlaggebenden Tatsachen und Vorgänge **bereits** durch vorhergehende Mitteilungen **bekannt**, so ist eine nochmalige detaillierte Angabe der Kündigungsgründe nicht mehr erforderlich (*BAG* vom 28. 3. 1974 – 2 AZR 472/73 – EzA § 102 BetrVG 1972 Nr. 9 = DB 1974, 1438; *BAG* vom 27. 6. 1985 – 2 AZR 412/84 – EzA § 102 BetrVG 1972 Nr. 60 = DB 1986, 332). In diesem Fall reicht eine schlagwortartige Bezeichnung der Kündigungsgründe oder eine erkennbare Bezugnahme auf bereits mitgeteilte Tatsachen aus. Das gleiche gilt für stichwortartige Bezeichnungen, wenn deren Bedeutung innerbetrieblich bekannt ist (*D/R* § 102 Rz. 52; *BAG* vom 28. 9. 1978 a. a. O.). Unerheblich ist, ob die genannten

Gründe die Kündigung objektiv rechtfertigen (*BAG* vom 24. 3. 1977 – 2 AZR 289/ 76 – EzA § 102 BetrVG 1972 Nr. 28 m. Anm. *Kittner* = DB 1977, 1853); eine bei objektiver Würdigung unvollständige Mitteilung führt nicht zur Folge des § 102 Abs. 1 Satz 3, sie kann aber zur Sozialwidrigkeit der Kündigung führen (*BAG* vom 24. 11. 1983 – 2 AZR 347/82 – EzA § 102 BetrVG 1972 Nr. 54 m. Anm. *Grunsky* = DB 1984, 1149; *BAG* vom 18. 12. 1980 – 2 AZR 1006/78 – EzA § 102 BetrVG 1972 Nr. 44 = DB 1981, 1624; *BAG* vom 8. 9. 1988 – 2 AZR 103/88 – EzA § 102 BetrVG 1972 Nr. 73 = DB 1989, 1575). **Keine formelhafte Angabe** stellt die Mitteilung des Wegfalles des Arbeitsplatzes dar, weil damit zugleich die Behauptung des Arbeitgeber aufgestellt ist, daß eine Versetzung nicht möglich sei (*BAG* vom 3. 2. 1977 – 2 AZR 476/75 – EzA § 1 KSchG 1969 Betriebsbedingte Kündigung Nr. 7 = DB 1977, 1326). An die Mitteilung der Kündigungsgründe nach § 102 dürfen jedenfalls keine strengeren Anforderungen gestellt werden als an diejenigen im Kündigungsschutzprozeß (*BAG* vom 12. 4. 1984 – 2 AZR 439/83 – unveröff.).

Bei einer **betriebsbedingten Kündigung** sind die Tatsachen anzugeben, die einer **34** Weiterbeschäftigung im Betrieb entgegenstehen. Will der Arbeitgeber die Kündigung mit der Sanierungsbedürftigkeit des Betriebes begründen, so ist es für die Verwertbarkeit dieses Kündigungsgrundes im Kündigungsschutzprozeß nicht ausreichend, wenn er lediglich die schlechte Ertragslage einer unselbständigen Betriebsabteilung darlegt, da der Kündigungsschutz betriebsbezogen ist und es somit nur auf die finanzielle Situation des gesamten Betriebes ankommen kann (*BAG* vom 11. 10. 1989 – 2 AZR 61/89 – NZA 1990, 607).

Der weitere **Mindestinhalt** der Angaben des Arbeitgebers gem. § 102 Abs. 1 Satz 2 **35** war bisher umstritten, insbesondere inwieweit die **Kriterien der sozialen Auswahl** einzubeziehen sind.
Einigkeit bestand schon bisher, daß dem Betriebsrat Alter, Familienstand, Zahl der Kinder, Dauer der Betriebszugehörigkeit, Schwerbehinderteneigenschaft, also die **Sozialdaten**, mitzuteilen sind (*S/W* § 102 Rz. 45; *Meisel* 151; *ders.* Anm. zu *BAG* vom 4. 8. 1975 – 2 AZR 266/74 – EzA § 102 BetrVG 1972 Nr. 14 m. Anm. *Nickel, Pabst* = DB 1975, 2184; KR-*Etzel* § 102 Rz. 58). Die Angabe der Sozialdaten kann sich insbesondere in kleineren Betrieben erübrigen, wenn der Betriebsrat das Belegschaftsmitglied und dessen Verhältnisse kennt (*Meisel* Anm. zu *BAG* vom 4. 8. 1975 – a. a. O. Bl. 705; dem Gedanken nach ähnlich *BAG* vom 28. 3. 1974 – 2 AZR 472/73 – EzA § 102 BetrVG 1972 Nr. 9 = DB 1974, 1438; *BAG* vom 6. 7. 1978 – 2 AZR 810/76 – EzA § 102 BetrVG 1972 Nr. 37 = DB 1978, 2367).

Zu der **umstrittenen Frage**, ob der Arbeitgeber bei einer beabsichtigten betriebs- **36** bedingten Kündigung dem Betriebsrat **unaufgefordert** die **Gründe für die soziale Auswahl** mitteilen muß und die **Namen und sozialen Daten derjenigen Arbeitnehmer, zwischen denen eine Auswahl getroffen worden ist**, hat das *Bundesarbeitsgericht* inzwischen mehrfach Stellung genommen (*BAG* vom 6. 7. 1978 – 2 AZR 810/ 76 – EzA § 102 BetrVG 1972 Nr. 37 m. Anm. *Hanau* = DB 1978, 2367; 1979, 316; *BAG* vom 29. 3. 1984 – 2 AZR 429/83 A – EzA § 102 BetrVG 1972 Nr. 55 m. Anm. *Moll* = DB 1984, 1990; zum Meinungsstand vgl. *Moll* Anm. II zu *BAG* vom 29. 3. 1984 EzA a. a. O.).

Nach der älteren Rechtsprechung des *Bundesarbeitsgerichts* (vom 6. 7. 1978) sind die Gründe für die soziale Auswahl vom Arbeitgeber nicht unaufgefordert, sondern erst auf Verlangen des Betriebsrats innerhalb der Wochenfrist mitzuteilen. Danach genügte es also zunächst, daß der Arbeitgeber nur die Tatsachen bekannt-

§ 102   4. Teil 5. Abschn. Personelle Angelegenheiten

gibt, die das dringende betriebliche Erfordernis begründen. Fehlen dem Betriebsrat Tatsachen für die soziale Auswahl, so muß er innerhalb der Wochenfrist gegenüber dem Arbeitgeber aktiv werden. Verlangt er Angaben zur sozialen Auswahl, so hat der Arbeitgeber die erforderlichen Angaben zu machen (*G/L* § 102 Rz. 28 b; *S/W* § 102 Rz. 60 ff.; **enger** *D/R* § 102 Rz. 57 f.; **a. A.** für **unaufgeforderte** Mitteilungen KR-*Etzel* § 102 Rz. 62 e; GK-*Kraft* § 102 Rz. 48). Macht der Arbeitgeber zwar Angaben zur Sozialauswahl, genügen diese aber dem Betriebsrat nicht, so kann er Ergänzung oder Vervollständigung der Angaben innerhalb der Wochenfrist verlangen. Ein solches Verlangen kann bereits darin liegen, daß der Betriebsrat äußert, wegen der fehlenden Kenntnis der Gründe für die soziale Auswahl könne er sich nicht abschließend äußern (KR-*Etzel* § 102 Rz. 69). Die Sozialdaten vergleichbarer Arbeitnehmer hat der Arbeitgeber im Anhörungsverfahren nur mitzuteilen, soweit er sie bei der Auswahl berücksichtigt hat und sie ihm bekannt sind (*D/R* § 102 Rz. 60; KR-*Etzel* § 102 Rz. 66; *S/W* § 102 Rz. 62 a; *BAG* vom 24. 3. 1977 – 2 AZR 289/76 – EzA § 102 BetrVG 1972 Nr. 28 m. Anm. *Kittner* = DB 1977, 1853).

37 Das *Bundesarbeitsgericht* hat in **seinem neuesten Urteil** (vom 29. 3. 1984 – 2 AZR 429/83 A – EzA § 102 BetrVG 1972 Nr. 55 m. Anm. *Moll* = DB 1984, 1990) unter **ausdrücklicher** Aufgabe seiner bisherigen Rechtsprechung entschieden, daß der Arbeitgeber seine (also die subjektiven) **Gründe** für die **Sozialauswahl unaufgefordert** mitteilen muß und zwar die Gründe, die nach Auffassung des Arbeitgebers die soziale Auswahl rechtfertigen (a. a. O. III 2 c) cc) der Gründe). Eine Kündigung, die ohne Mitteilung der Gründe für die soziale Auswahl erfolgt, ist nach § 102 Abs. 1 Satz 2 unwirksam (*BAG* vom 6. 7. 1978 – 2 AZR 810/76 – EzA § 102 BetrVG 1972 Nr. 37 = DB 1978, 2367 m. Anm. *Hanau*; 1979, 316; *BAG* vom 29. 3. 1984 – 2 AZR 429/83 A – a. a. O.). Begründet hat das *Bundesarbeitsgericht* seine Entscheidung im wesentlichen damit, daß sowohl die genannte Einschränkung der Mitteilungspflicht des Arbeitgebers hinsichtlich seiner Gründe für die soziale Auswahl, als auch die Möglichkeit für den Betriebsrat, durch Rückfrage nach diesen Gründen die Wochenfrist für seine Stellungnahme erneut in Gang zu setzen, mit dem Gesetz nicht vereinbar seien. Eine solche Rechtsfortbildung sei mit den vom Senat früher angestellten Praktikabilitätserwägungen nicht zu rechtfertigen (zur Rechtsfortbildung vgl. Beschluß des *BVerfG* vom 19. 10. 1983 – 2 BvR 485/80, 2 BvR 486/80 – EzA § 102 BetrVG 1972 Nr. 27 = DB 1984, 189, 346 und 772 jeweils m. Anm. *Kraushaar*, 1246 m. Anm. *Löwisch*). Diese Ansicht des Bundesarbeitsgerichts überzeugt nicht. Die Darlegungs- und Beweislast für die soziale Auswahl im Kündigungsschutzprozeß liegt nämlich beim Arbeitnehmer. Im Anhörungsverfahren können grundsätzlich an die Mitteilungspflicht keine strengeren Anforderungen gestellt werden als im Kündigungsschutzverfahren (vgl. Rz. 35). Daher ist es auch **nicht Aufgabe des Arbeitgeber**, bei Einleitung des Anhörungsverfahrens mit dem Kündigungsgrund **Angaben über die soziale Auswahl** zu machen; er hat auch nicht die Namen und Sozialdaten der für die soziale Auswahl in Betracht kommenden Arbeitnehmer unaufgefordert mitzuteilen (*Meisel* Anm. zu *BAG* vom 4. 8. 1975 – 2 AZR 266/74 in AP Nr. 4 zu § 102 BetrVG 1972 Bl. 106; *LAG München* vom 10. 2. 1976 – 5 Sa 763/75 – DB 1976, 1439; *LAG Baden-Württemberg* vom 5. 7. 1976 – 2 SA 37/76 – BB 1976, 1662; *LAG Düsseldorf* vom 5. 1. 1976 – 9 Sa 1604/75 – DB 1976, 1065; vom 14. 6. 1976 – 9 SA 416/76 – DB 1977, 122; offensichtlich auch *BAG* vom 24. 3. 1977 – 2 AZR 289/76 – EzA § 102 BetrVG 1972 Nr. 28, 3 a der Gründe m. Anm. *Kittner* = DB 1977, 1853; *D/R*

§ 102 Rz. 57; *S/W* § 102 Rz. 60 ff.; *LAG Baden-Württemberg* vom 30. 11. 1976 – 4 SA 108/76 – BB 1977, 294; **a. A.:** *D/K/K/S* § 102 Rz. 27; *F/A/K/H* § 102 Rz. 17; GK-*Kraft* § 102 Rz. 48; KR-*Etzel* § 102 Rz. 62 e). Aus diesen Gründen ist die Ansicht richtig, die den Arbeitgeber verpflichtet, auf Verlangen des Betriebsrats die Sozialdaten mitzuteilen, aber sich gleichzeitig gegen eine Verlängerung der Wochenfrist ausspricht (so auch die Vorauflage Rz. 35). Die Rechtsfortbildung des *Bundesarbeitsgerichts* in der Entscheidung vom 6. 7. 1978 (a. a. O. Rz. 35) lag darin, daß die Frist des § 102 Abs. 2 Satz 1 – also die Wochenfrist –, nachdem der Arbeitgeber dem Verlangen des Betriebsrats nachgekommen war, erneut zu laufen beginnen sollte; dies konnte zu einer Äußerungsfrist bis zu zwei Wochen führen. Diese Ansicht war abzulehnen, da es sich bei der Frist von Abs. 2 Satz 1 um eine Ausschlußfrist handelt, die nicht verlängert werden kann (Vorauflage Rz. 35; vgl. Rz. 74; ablehnend auch *D/R* § 102 Rz. 60).

Das **Bundesdatenschutzgesetz** steht der Mitteilung der persönlichen Daten der **38** betreffenden Arbeitnehmer nicht entgegen, wenn man mit der überwiegenden Meinung den Betriebsrat als unselbständigen Teil der speichernden Stelle ansieht (*F/A/K/H* § 102 Rz. 17; GK-*Kraft* § 102 Rz. 48; KR-*Etzel* § 102 Rz. 71).

Zu der bisher in der Rechtsprechung umstrittenen Frage (vgl. *S/W* § 102 Rz. 58 a), **39** welche Angaben der Arbeitgeber bei einer **krankheitsbedingten** Kündigung machen muß, um das Anhörungsverfahren ordnungsgemäß einzuleiten, hat das *Bundesarbeitsgericht* sehr einengend Stellung genommen. Bisher wurde davon ausgegangen, daß mit der Angabe der Fehlzeiten in der Vergangenheit der Arbeitgeber auch auf die Wiederholungsgefahr hingewiesen habe, da sich diese aus den bisherigen Fehlzeiten ergeben kann (*BAG* vom 26. 5. 1977 – 2 AZR 201/76 – EzA § 102 BetrVG 1972 Nr. 30 m. Anm. *Käppler* = DB 1977, 2455) und damit auch auf die wirtschaftlich und betrieblich übermäßige Belastung. Nach dem *Bundesarbeitsgericht* dagegen muß der Arbeitgeber über die einzelnen Fehlzeiten hinaus konkrete Tatsachen mitteilen, die die unzumutbare betriebliche und wirtschaftliche Beeinträchtigung belegen (*BAG* vom 24. 11. 1983 – 2 AZR 347/82 – EzA § 102 BetrVG 1972 Nr. 54 m. Anm. *Grunsky* = DB 1984, 1149; *BAG* vom 12. 4. 1984 – 2 AZR 76/83 – unveröffentlicht). Die Beeinträchtigung sei Teil des Kündigungsgrundes (*BAG* vom 12. 4. 1984 – 2 AZR 76/83 –; *Schumann* DB 1984, 1878, 1879). Deshalb genüge es nicht, die bisherigen Fehlzeiten mitzuteilen, sondern substantiiert die wirtschaftlichen Belastungen und Betriebsbeeinträchtigungen, die infolge der Fehlzeiten entstanden sind und mit denen noch gerechnet werden muß, darzulegen (*BAG* a. a. O.); pauschale, schlagwort- und stichwortartige Angaben genügen regelmäßig nicht (*BAG* vom 2. 11. 1983 – 7 AZR 272/82 – EzA § 1 KSchG 1969 Krankheit Nr. 13 m. Anm. *Peterek* = DB 1984, 831). Hiervon kann allerdings dann abgewichen werden, wenn dem Betriebsrat die wirtschaftlichen und betrieblichen Auswirkungen der Fehlzeiten bekannt sind (*BAG* vom 12. 4. 1984 – 2 AZR 439/83 – unveröffentlicht). Ausgehend von der These des Bundesarbeitsgerichts, die betriebliche und wirtschaftliche Beeinträchtigung sei Teil des Kündigungsgrundes, ist diese Unterrichtungspflicht im Anhörungsverfahren konsequent. Die Kritik hat daher bereits anzusetzen bei dieser Annahme des Bundesarbeitsgerichts. Kündigungsgrund ist die Krankheit; die Frage der Beeinträchtigung ist im Zusammenhang mit der Rechtfertigung der Kündigung – also im Kündigungsschutzprozeß – zu prüfen. Wenn das *Bundesarbeitsgericht* ausführt, daß »keine so strengen Anforderungen ... wie an die Darlegungslast im Kündigungsschutzprozeß zu stellen sind« (*BAG* vom 24. 11. 1983 a. a. O., kritisch hierzu

§ 102   4. Teil 5. Abschn. Personelle Angelegenheiten

Grunsky Anm. in EzA § 102 BetrVG Nr. 54), führt dieses – bei dieser ungenauen Aussage – dennoch in der Praxis dazu, daß die Darlegung im Anhörungsverfahren sich nicht von derjenigen im Kündigungsschutzverfahren unterscheiden wird und damit das Anhörungsverfahren zu einem kündigungsschutzrechtlichen Vorverfahren wird.

40 Der Arbeitgeber ist nicht verpflichtet, die für die Kündigung maßgebenden Tatsachen, also die **Kündigungsgründe zu beweisen**, er hat nach § 102, anders als nach § 99, auch keine Unterlagen vorzulegen (*D/K/K/S* § 102 Rz. 34; *D/R* § 102 Rz. 58; *F/A/K/H* § 102 Rz. 16; *G/L* § 102 Rz. 29; GK-*Kraft* § 102 Rz. 51; *BAG* vom 24. 3. 1977 – 2 AZR 289/76 – EzA § 102 BetrVG 1972 Nr. 28 m. Anm. *Kittner* = DB 1977, 1853; vgl. auch Rz. 35). Einsicht in die Personalakte darf er grundsätzlich nur im Rahmen des § 83 gewähren. Der Arbeitnehmer könnte also während des Anhörungsverfahrens ein Mitglied des Betriebsrats hinzuziehen, wenn er selbst Einsicht in die Personalakte nimmt. Eine Mitteilung der Gründe für die Kündigung liegt auch dann vor, wenn die **mitgeteilten Gründe die Kündigung nicht objektiv rechtfertigen, nicht bewiesen werden können oder unwahr sind** (*BAG* vom 24. 3. 1977 – 2 AZR 289/76 – a. a. O.; *BAG* vom 18. 12. 1980 – 2 AZR 1006/78 – EzA § 102 BetrVG 1972 Nr. 44 = DB 1981, 1624; *BAG* vom 24. 11. 1983 – 2 AZR 347/82 – EzA § 102 BetrVG 1972 Nr. 54 m. Anm. *Grunsky* = DB 1984, 1149; vgl. auch Rz. 32). Entscheidend ist nur, ob der Arbeitgeber seine subjektiven Kündigungsgründe mitteilt (*BAG* vom 8. 9. 1988 – 2 AZR 103/88 – EzA § 102 BetrVG 1972 Nr. 73 = DB 1989, 1575). Stellt sich also im Kündigungsschutzprozeß heraus, daß der Kündigungsgrund objektiv die Kündigung nicht rechtfertigt, so ändert dies nichts an der Wirksamkeit der Anhörung. Es kann nämlich nicht vom Ergebnis des Kündigungsschutzprozesses abhängen, ob der Arbeitgeber seine Mitteilungspflicht gegenüber dem Betriebsrat nach § 102 Abs. 1 erfüllt hat; sonst wäre jede Kündigung, die nicht sozial gerechtfertigt ist, weil die vom Arbeitgeber behaupteten Tatsachen nicht erwiesen oder widerlegt sind, zugleich auch nach § 102 Abs. 1 wirksam (*BAG* vom 24. 3. 1977, 18. 12. 1980 und 8. 9. 1988 a. a. O.).

41 Auch im Anhörungsverfahren gilt der **Grundsatz der vertrauensvollen Zusammenarbeit** zwischen Arbeitgeber und Betriebsrat (*BAG* vom 27. 8. 1982 – 7 AZR 30/80 – EzA § 102 BetrVG 1972 Nr. 49 = DB 1983, 181; *BAG* vom 2. 11. 1983 – 7 AZR 65/82 – EzA § 102 BetrVG 1972 Nr. 53 m. Anm. *Strickel* = DB 1984, 407). Bestätigt die einzige Tatzeugin nicht den von einer Zeugin vom Hörensagen erhobenen Vorwurf einer schweren Pflichtverletzung und unterrichtet der Arbeitgeber den Betriebsrat im Anhörungsverfahren nicht darüber, so kann dies zur Unwirksamkeit der Kündigung wegen mangelnder Anhörung führen (*BAG* vom 2. 11. 1983 a. a. O.).

42 **Keine geringeren Anforderungen** sind zu stellen nach nunmehr ganz überwiegender Meinung in Rechtsprechung und Literatur an den **Umfang der Unterrichtungspflicht** des Arbeitgebers bei Kündigungen von Arbeitnehmern, die nicht unter das Kündigungsschutzgesetz fallen, weil sie noch keine sechs Monate dem Betrieb angehören (*D/R* § 102 Rz. 33; *F/A/K/H* § 102 Rz. 19; *G/K/S/B* § 102 Rz. 11; GK-*Kraft* § 102 Rz. 47; KR-*Etzel* § 102 Rz. 28; *BAG* vom 13. 7. 1978 – 2 AZR 798/77 – EzA § 102 BetrVG 1972 Nr. 36 m. Anm. *Otto* = DB 1979, 313; *BAG* vom 13. 7. 1978 – 2 AZR 717/76 – EzA § 102 BetrVG 1972 Nr. 35 = DB 1979, 314; *BAG* vom 28. 9. 1978 – 2 AZR 2/77 – EzA § 102 BetrVG 1972 Nr. 39 = DB 1979, 1135). Eine pauschale, schlagwort- oder stichwortartige Bezeichnung

der Kündigungsgründe, wie z. B. für uns nicht geeignet, nicht zurfriedenstellende Leistungen, mangelnde Zusammenarbeit und Kooperationsbereitschaft, genügt nicht. Etwas anderes gilt, wenn der Arbeitgeber, wie häufig in der Probezeit, keine konkreten Kündigungsgründe angeben kann, sondern seinen Kündigungsentschluß nur aufgrund subjektiver Bewertungen faßt. Dann reicht die Angabe dieser Gründe, da durch § 102 der Kündigungsschutz nicht in die ersten 6 Monate vorverlagert wird (*BAG* vom 8. 9. 1988 – 2 AZR 103/88 – EzA § 102 BetrVG 1972 Nr. 73 = DB 1989, 1575; *BAG* vom 11. 7. 1991 – 2 AZR 119/91 – DB 1991, 2449). Eine lediglich schlagwortartige Angabe von Kündigungsgründen genügt ausnahmsweise auch dann, wenn der Betriebsrat die Tatsachen bereits kennt (*BAG* vom 28. 9. 1978 a. a. O.; *BAG* vom 27. 6. 1985 – 2 AZR 412/84 – EzA § 102 BetrVG 1972 Nr. 60 = DB 1986, 332; KR-*Etzel* § 102 Rz. 69). Nach dem *BAG* genügt es, wenn der Arbeitgeber diejenigen Gründe mitteilt, die nach seiner Ansicht die Kündigung rechtfertigen; er ist nicht gehalten, auch solche Gründe mitzuteilen, die er tatsächlich nicht zum Anlaß für die Kündigung nehmen will. Die objektiv unvollständige Angabe der Kündigungsgründe macht das Anhörungsverfahren nicht unwirksam (*BAG* vom 8. 9. 1988 – 2 AZR 103/88 – a. a. O.; *BAG* vom 7. 11. 1991 – 2 AZR 119/91 a. a. O.). Die Anhörungspflicht besteht auch bei einer Kündigung vor Dienstantritt (*LAG Frankfurt/M.* vom 31. 5. 1985 – 13 Sa 833/84 – LAGE § 5 BetrVG 1972 Nr. 14 = DB 1985, 2689).

Die Differenzierungen des *Bundesarbeitsgerichts* zur Anhörung des Betriebsrat werden der Praxis immer weniger gerecht (vgl. Anm. *Schwerdtner* zu *BAG* vom 8. 9. 1988 – 2 AZR 103/88 – EzA a. a. O.). Zwar kommt das *BAG* nunmehr zu dem richtigen Ergebnis, daß die Angabe von konkreten Tatsachen nicht immer erforderlich ist, wenn das Arbeitsverhältnis noch keine 6 Monate besteht (vgl. Vorauflage). Trotzdem ist nach seiner Logik die Anhörung fehlerhaft, wenn der Arbeitgeber nur pauschale Gründe angibt, die Kündigung aber außerdem noch auf konkrete Tatsachen stützt, die diese Werturteile tragen, dies aber in der Anhörung nicht offenlegt (*BAG* vom 8. 9. 1988 – 2 AZR 102/88 – a. a. O.). Die Anhörung soll nur wirksam sein, wenn alle subjektiven Erwägungen vollständig dargelegt werden. Die Angabe eines Kündigungsgrundes ist aber, auch wenn er subjektiv ausschlaggebend war, rechtlich innerhalb der ersten 6 Monate belanglos (*Hueck/Nipperdey* I, 552, 53). Da das Kündigungsschutzgesetz in diesem Fall keine Anwendung findet, bedarf es zur Kündigung keines konkreten Kündigungsgrundes; die Angabe eines Kündigungsgrundes sollte daher auch nicht auf dem Umweg über § 102 eingeführt werden. Es ist somit daran festzuhalten, daß innerhalb der ersten 6 Monate immer die pauschale, schlagwortartige Angabe des Kündigungsgrundes ausreicht, z. B. keine zufriedenstellenden Leistungen in der Probezeit, für uns nicht geeignet etc. (*Meisel* 180).

c) Nachschieben von Kündigungsgründen

Der Arbeitgeber genügt seinen Mitteilungspflichten nach § 102 Abs. 1 nur, wenn er **vor** Ausspruch der Kündigung die wesentlichen Kündigungsgründe mitteilt, die ihm bekannt sind und auf die er die Kündigung stützen will (vgl. Rz. 32 ff.), andernfalls ist die Kündigung wegen mangelnder Anhörung unwirksam. Die Auswirkung dieser Vorschrift auf die Möglichkeit des **Nachschiebens von Kündigungsgründen** ist umstritten. Individualrechtlich und materiellrechtlich gesehen – also nach dem bürgerlichen Recht – ist sowohl bei der **ordentlichen** als auch bei der **außerordentlichen Kündigung** ein Nachschieben von Kündigungsgründen möglich

43

§ 102   4. Teil 5. Abschn. *Personelle Angelegenheiten*

und zwar sowohl von solchen, die dem Arbeitgeber **bei Ausspruch der Kündigung bekannt** waren, als auch von solchen, die ihm **nicht bekannt waren**. Der Arbeitgeber kann also die Kündigung auch im Kündigungsschutzprozeß mit Gründen verteidigen, die in der Kündigungserklärung keinen Ausdruck finden. Voraussetzung ist allerdings, daß diese Gründe bereits vor Ausspruch der Kündigung vorlagen; ein Nachschieben von Gründen, die erst nach Ausspruch der Kündigung entstanden sind, ist dagegen nicht möglich. Die Begründung hierfür ist, daß Kündigungen grundsätzlich, soweit nicht im Gesetz etwas anderes bestimmt ist (z.B. § 15 BBiG), auch ohne Angabe von Gründen ausgesprochen werden können, also die Angabe von Gründen keine Wirksamkeitsvoraussetzung der Kündigung ist (*Hueck* KSchG § 1 Rz. 157; *Hueck/Nipperdey* I, 552f.; KR-*Wolf* Grunds. Rz. 261; *Stahlhacke* 73 Rz. 181; *Trappe* 45ff.; *Zöllner* 167f.; *Kaup* DB 1974, 2302; *Stahlhacke* BlStSozArbR 1974, 295; *BAG* vom 17.8. 1972 – 2 AZR 415/71 – EzA § 626 BGB n. F. Nr. 22 mit ausführlicher Begründung und unter Ablehnung der gegenteiligen Meinung = DB 1973, 481; *BAG* vom 23.3. 1972 – 2 AZR 226/71 – EzA § 626 BGB n. F. Nr. 11 = DB 1972, 1539; *BAG* vom 18.1. 1980 – 7 AZR 260/78 – EzA § 626 KSchG n. F. Nr. 71 = DB 1980, 1350). Die Nichtangabe des Kündigungsgrundes kann individualrechtlich gegebenenfalls zu Auskunfts- und Schadensersatzansprüchen führen – z.B. wegen der Prozeßkosten (*BAG* vom 17.8. 1972 – 2 AZR 415/71 – a. a. O.; vom 30.1. 1963 – 2 AZR 143/62 – EzA § 626 BGB Nr. 4 = DB 1963, 555). Von der Frage der Möglichkeit des materiellrechtlichen Nachschiebens von Kündigungsgründen ist die prozeßrechtliche Frage zu trennen, auf die hier nicht eingegangen werden soll (vgl. z. B. *Zöllner* 168).

44 Konkretisiert der Arbeitgeber im Kündigungsschutzprozeß lediglich dem Betriebsrat bereits mitgeteilte Kündigungsgründe durch den Vortrag weiterer Tatsachen, so liegt darin noch **kein Nachschieben von Kündigungsgründen**, wenn der vorgetragene Sachverhalt nicht erst durch die Ergänzung das Gewicht eines Kündigungsgrundes erhält. Der **ergänzende Vortrag von Tatsachen** zu bereits mitgeteilten Kündigungsgründen ist immer zulässig (*BAG* vom 18.12. 1980 – 2 AZR 1006/78 – EzA § 102 BetrVG 1972 Nr. 44 = DB 1981, 1624; *BAG* vom 11.4. 1985 – 2 AZR 239/84 – EzA § 102 BetrVG 1972 Nr. 62 m. Anm. *Kraft* = DB 1986, 1726; KR-*Etzel* § 102 Rz. 70).

45 **Umstritten** ist, welche **Auswirkung** die **Pflicht zur Anhörung** des Betriebsrats auf die **Zulässigkeit des Nachschiebens** von Kündigungsgründen hat (zum Meinungsstand ausführlich KR-*Etzel* § 102 Rz. 185). Zu unterscheiden sind folgende Fallgruppen:
– Kündigungsgründe, die **vor oder bei Ausspruch der Kündigung** bereits **vorhanden** waren, aber dem Arbeitgeber **erst danach** – aus welchen Gründen auch immer – **bekannt** wurden (Rz. 46);
– Kündigungsgründe, die **vor oder bei Ausspruch** der Kündigung vorhanden und dem Arbeitgeber **bekannt** waren, zu denen er aber den Betriebsrat nicht angehört hat (Rz. 47);
– Kündigungsgründe, die **vor oder bei Ausspruch der Kündigung** vorhanden waren und die der Arbeitgeber **nicht kannte**, aber **hätte kennen müssen** (Rz. 48);
– Kündigungsgründe, die erst **nach Ausspruch** der Kündigung **entstanden** sind (Rz. 49).

46 Ausgehend von der individualrechtlichen Zulässigkeit des Nachschiebens von Kündigungsgründen ist das **Nachschieben von Kündigungsgründen zulässig**, die vor oder bei **Ausspruch der Kündigung vorlagen, aber erst später bekannt wurden**

(h. M. *BAG* vom 11. 4. 1985 – 2 AZR 239/84 – EzA § 102 BetrVG 1972 Nr. 62 m. Anm. *Kraft* = DB 1986, 1726; *D/R* § 102 Rz. 112, 113; *G/L* § 102 Rz. 30 a; *F/A/K/H* § 102 Rz. 18; GK-*Kraft* § 102 Rz. 108; KR-*Etzel* § 102 Rz. 187; *Hueck* KSchG Einl. Rz. 104; *S/W* § 102 Rz. 49; *Gammillscheg FS BAG 1979, 122; Hueck FS BAG, 1979, 262; LAG Hamm* vom 20. 5. 1974 – 2 Sa 252/74 – EzA § 102 BetrVG 1972 Nr. 3 m. Anm. *Naendrup* = DB 1974, 1344; a. A. *D/K/K/S* § 102 Rz. 49; *Schwerdtner* ZIP 1981, 809, 1122). Allerdings ist auch in diesen Fällen eine **nachträgliche Anhörung** des Betriebsrats erforderlich, denn es handelt sich um eine wesentliche Änderung des Kündigungssachverhaltes (vgl. zur Erforderlichkeit der erneuten Anhörung in diesem Fall bei zeitlichem Auseinanderfallen von Anhörung und Kündigungserklärung *BAG* vom 26. 5. 1977 – 2 AZR 201/76 – EzA § 102 BetrVG 1972 Nr. 30 m. Anm. *Käppler* = DB 1977, 2455). Will der Arbeitgeber einen Kündigungsgrund nachschieben, so muß er **vorher das Anhörungsverfahren zu diesem nachzuschiebenden Grund einleiten** (*BAG* vom 11. 4. 1985 – 2 AZR 239/84 – EzA § 102 BetrVG 1972 Nr. 62 m. Anm. *Kraft* = DB 1976, 1726); erst nach Abschluß des Anhörungsverfahrens kann er den Grund in den Prozeß einführen und sich auf ihn berufen, andernfalls ist er mit diesen Gründen im Verfahren ausgeschlossen (so auch *BAG* vom 11. 4. 1985 – 2 AZR 239/84 – a. a. O.; *BAG* vom 22. 8. 1974 – 2 ABR 17/74 – EzA § 103 BetrVG 1972 Nr. 6 = DB 1974, 2310 und 2360; BAG vom 27. 5. 1975 – 2 ABR 125/74 – EzA § 103 BetrVG 1972 Nr. 9 m. Anm. *Dütz* = DB 1975, 1706; *D/R* § 102 Rz. 114; KR-*Etzel* § 102 Rz. 188; *S/W* § 102 Rz. 49; *D/K/K/S* § 102 Rz. 49, die eine erneute Anhörung und erneute Kündigung verlangen). Das nachträgliche Anhörungsverfahren wird dem Sinn und Zweck des § 102 BetrVG gerecht, denn würde man ohne Anhörung des Betriebsrats das Nachschieben von Gründen zulassen, so könnte dies eine Aushöhlung des § 102 Abs. 1 und eine Umgehung dieser Vorschrift bedeuten. Für nachgeschobene Kündigungsgründe enthält das Gesetz keine Regelung, so daß sich eine analoge Anwendung des § 102 Abs. 1 anbietet, also eine **Anhörung vor Zugrundelegung eines neuen Kündigungsgrundes** – damit ist der Zweck des § 102 hinreichend gewährleistet (*BAG* vom 11. 4. 1985 a. a. O.). Das nachträgliche Anhörungsverfahren entspricht demjenigen vor Ausspruch der Kündigung, insbesondere auch hinsichtlich der Fristen und Rechte sowie Pflichten des Betriebsrats. Der **Betriebsrat** kann auch nach Abs. 3 **Widerspruch gegenüber dem nachgeschobenen Grund einlegen** (hierdurch sind auch die Bedenken von *Kaup* DB 1974, 2302 und *Hueck* FS BAG 1979, 263; *ders.* KSchG vor § 1 Rz. 104a ausgeräumt, die ein Nachschieben bei der ordentlichen Kündigung nur zulassen wollen, wenn diese Kündigungsgründe nicht zu einem begründeten Widerspruch des Betriebsrats mit der Folge des Weiterbeschäftigungsanspruchs geführt hätten).

Nach **überwiegender Meinung** können **Kündigungsgründe**, die dem Arbeitgeber bei Einleitung des Anhörungsverfahrens **bekannt** sind, zu denen er aber den Betriebsrat nicht gehört hat, **nicht nachgeschoben** werden. Gleiches gilt für Kündigungsgründe, die erst nach Einleitung des Anhörungsverfahrens, aber vor Ausspruch der Kündigung bekannt werden. Dies soll selbst dann gelten, wenn der **Betriebsrat** bereits aus den ihm mitgeteilten Gründen **ausdrücklich zugestimmt** hat oder wenn der Betriebsrat zu den Gründen, die nachgeschoben werden sollen, **erneut angehört** wurde (*D/R* § 102 Rz. 111; *F/A/K/H* § 102 Rz. 18; GK-*Kraft* § 102 Rz. 106; KR-*Hillebrecht* § 626 BGB Rz. 133; KR-*Etzel* § 102 Rz. 185 b, 186 – anders aber für den Fall der ausdrücklichen Zustimmung Rz. 189 –; *Hueck* FS

47

§ 102   4. Teil 5. Abschn. Personelle Angelegenheiten

BAG 1979, 261 f.; *BAG* vom 1. 4. 1981 – 7 AZR 1003/78 m. Anm. *Löwisch* – EzA § 102 BetrVG 1972 Nr. 45 = DB 1981, 2128; **a. A.** *G/L* § 102 Rz. 30; Nachschieben generell möglich: *Stahlhacke* BlStSozArbR, 295 ff.; Nachschieben möglich, aber nicht wenn neuer Kündigungsgrund den Betriebsrat zum Widerspruch veranlaßt hätte: *Meisel* 185 Rz. 418 ff.; 424). Diese überwiegende Ansicht ist abzulehnen, sie ist weder durch den Wortlaut noch durch den Schutzzweck des Abs. 1 gerechtfertigt und macht aus der Anhörung des Betriebsrats ein kündigungsschutzrechtliches Vorverfahren (so auch *Meisel* 184 Rz. 421). Vielmehr können **Kündigungsgründe**, die bereits **bekannt** waren, auf die der Arbeitgeber aber **nicht** seinen **Kündigungsentschluß** stützt, nachgeschoben werden, wenn die Anhörung des Betriebsrats hierzu vor Einführung dieser Gründe in den Prozeß erfolgt (vgl. auch Vorauflage Rz. 41; *S/W* § 102 Rz. 50; so wohl auch *BAG* vom 18. 12. 1980 – 2 AZR 1006/78 – EzA § 102 BetrVG 1972 Nr. 44 = DB 1981, 1624; *Löwisch* Anm. zu *BAG* vom 1. 4. 1981 – 7 AZR 1003/78 – in EzA § 102 BetrVG 1972 Nr. 45, der aber den Beginn des Laufs der Widerspruchsfrist bis zu dem Zeitpunkt hinausschieben will, in dem der Betriebsrat von dem neuen Kündigungsgrund Kenntnis erlangt). In diesem Fall bedarf es keiner erneuten Kündigung. Da der Arbeitgeber im Anhörungsverfahren seiner Mitteilungspflicht genügt, wenn er von mehreren Gründen nur die Gründe oder den Grund bekanntgibt, auf die er seine Kündigung stützen will (vgl. hierzu Rz. 32), handelt es sich nicht um eine mangelnde Anhörung, wenn der Arbeitgeber einen bereits bekannten Kündigungsgrund, auf den er aber die Kündigung nicht stützen will, im Anhörungsverfahren nicht mitteilt. Dem Sinn und Zweck des Anhörungsverfahrens ist daher Genüge getan, wenn er den Betriebsrat zu dem Kündigungsgrund, den er nachschieben will, nachträglich anhört (vgl. auch *Löwisch* a. a. O. Anm. 13). Außerdem kann es im Interesse des Arbeitnehmers liegen, daß im Anhörungsverfahren zunächst nicht alle Umstände ausgebreitet werden, die ihm gegenüber einen Kündigungsgrund abgeben könnten, den der Arbeitgeber aber gar nicht zum Anlaß für die Kündigung nimmt. **Zulässig** ist auch nach der hier abgelehnten Ansicht die **Erläuterung (Substantiierung oder Konkretisierung)** der dem Betriebsrat mitgeteilten Kündigungsgründe im Kündigungsschutzprozeß (*BAG* vom 18. 12. 1980 – 2 AZR 1006/78 – a. a. O.; vgl. Rz. 44).

48 **Kündigungsgründe**, die der Arbeitgeber nicht kannte, aber **hätte kennen müssen**, stehen unbekannten Kündigungsgründen gleich (KR-*Etzel* § 102 Rz. 186 a). Ein neuer, zum Zeitpunkt der Kündigung noch unbekannter Kündigungsgrund kann sich auch aus der geänderten Beurteilung des Kündigungssachverhalts ergeben. Hat der Arbeitgeber z. B. wegen einer erwiesenen Straftat gekündigt, stellt sich jedoch im Kündigungsschutzverfahren heraus, daß die Straftat nicht nachweisbar ist, so liegt nunmehr für den Arbeitgeber als möglicher neuer Kündigungsgrund der dringende Verdacht einer Straftat vor. Er kann diesen Kündigungsgrund nur nach einer erneuten Anhörung nachschieben (vgl. Anm. *Rüthers* zu *BAG* vom 3. 4. 1986 – 2 AZR 324/85 – EzA § 102 BetrVG 1972 Nr. 63 und *BAG* vom 11. 4. 1985 – 2 AZR 239/84 – EzA § 102 BetrVG 1972 Nr. 62 m. Anm. *Kraft* = DB 1986, 1726).

49 Sind die weiteren **Gründe erst nach Ausspruch der Kündigung entstanden**, so muß nach Anhörung des Betriebsrats eine erneute Kündigung ausgesprochen werden (**h. M.** vgl. *G/L* § 102 Rz. 31 m. w. N.; *BAG* vom 15. 12. 1955 – 2 AZR 228/54 – AP Nr. 1 zu § 67 HGB = DB 1956, 599; vom 3. 5. 1956 – 2 AZR 388/54 – AP Nr. 9 zu § 626 BGB = DB 1956, 599; **a. A.** für ausnahmsweises Nachschieben: KR-*Etzel* § 102 Rz. 190 a; KR-*Hillebrecht* § 626 BGB Rz. 127, 138).

d) Form der Mitteilung

Die **Mitteilung** der Kündigungsabsicht und der Gründe ist an **keine Form gebunden**: sie kann schriftlich oder mündlich erfolgen (*D/R* § 102 Rz. 61; *F/A/K/H* § 102 Rz. 14; *G/L* § 102 Rz. 33; GK-*Kraft* § 102 Rz. 52). Es empfiehlt sich jedoch auf jeden Fall eine schriftliche Mitteilung unter stichwortartiger, aber dennoch ausführlicher Angabe der Gründe an den Betriebsrat. Der Arbeitgeber sollte sich auch den Empfang dieser Mitteilung vom Betriebsrat bestätigen lassen, um jederzeit die Einwochenfrist des § 102 Abs. 2 feststellen und beweisen zu können (*D/R* § 102 Rz. 61; GK-*Kraft* § 102 Rz. 52). Die Mitteilung hat grundsätzlich **während der Arbeitszeit** und in den Betriebsräumen zu erfolgen (*BAG* vom 27. 8. 1982 – 7 AZR 30/80 – EzA § 102 BetrVG 1972 Nr. 49 = DB 1983, 181; *F/A/K/H* § 102 Rz. 14; KR-*Etzel* § 102 Rz. 84). Nimmt allerdings der Betriebsratsvorsitzende oder sein Stellvertreter die Mitteilung außerhalb der Arbeitszeit und außerhalb der Betriebsräume widerspruchslos entgegen, so setzt dies die Äußerungsfrist für den Betriebsrat in Lauf (*BAG* a. a. O.). **Unterlagen** sind anders als bei § 99 Abs. 1 **nicht vorzulegen** (*F/A/K/H* § 102 Rz. 16; KR-*Etzel* § 102 Rz. 68; *G/L* § 102 Rz. 29). Es findet die allgemeine Vorschrift des § 80 Abs. 2 Anwendung. 50

Der **Arbeitgeber** kann auch, nicht zuletzt im Interesse des Arbeitnehmers, eine **vertrauliche Behandlung der Angelegenheit verlangen**. Eine entsprechende **Geheimhaltungspflicht** des Betriebsrates ergibt sich zwingend aus § 102 Abs. 2 Satz 4 i. V. m. § 99 Abs. 1 Satz 3 (vgl. ausführlich § 99 Rz. 79). Eine **Verletzung der Verschwiegenheitspflicht** ist nach § 120 Abs. 2 bzw. 3 strafbar, die Strafverfolgung tritt nur auf Antrag des betroffenen Arbeitnehmers ein (§ 120 Abs. 5). 51

Eine **ausdrückliche Aufforderung** an den Betriebsrat, **Stellung zu nehmen**, ist **nicht erforderlich**; es muß aber deutlich werden, daß es sich um eine Mitteilung einer beabsichtigten noch bevorstehenden konkreten Kündigung handelt (*D/K/K/S* § 102 Rz. 36; *D/R* § 102 Rz. 66; *F/A/K/H* § 102 Rz. 15; KR-*Etzel* § 102 Rz. 72; *S/W* § 102 Rz. 65; *Meisel* 190, Rz. 445; *BAG* vom 28. 2. 1974, – 2 AZR 455/73 – EzA § 102 BetrVG 1972 Nr. 8 m. Anm. *Kraft* = DB 1974, 1294; vom 18. 9. 1975 – 2 AZR 594/74 – EzA § 102 BetrVG 1972 Nr. 17 m. Anm. *Schlüter* = DB 1976, 344; a. A. *Bösche* 41). Um Schwierigkeiten zu vermeiden, ist die Aufforderung zur Stellungnahme zweckmäßig. In der betrieblichen Praxis haben sich entsprechende Formblätter hierfür bewährt. Allerdings ist darauf zu achten, daß in derartigen Formblättern genügend Raum für eine Aufführung der Gründe, die zur Kündigung geführt haben, vorhanden ist. In der **Mitteilung der Kündigungsabsicht liegt** in der Regel die **Aufforderung zur Stellungnahme**. Dies ist dann **nicht** der Fall, **wenn** die Beteiligten sich im unklaren sind, ob der Arbeitnehmer, dem gekündigt werden soll, **leitender Angestellter** i. S. d. § 5 Abs. 3 ist (*BAG* vom 26. 5. 1977 – 2 AZR 135/76 – EzA § 102 BetrVG 1972 Nr. 29 m. Anm. *Klinkhammer* = DB 1977, 1852). Ist es **zweifelhaft**, ob es einer **Anhörung** bedarf, dann muß der Arbeitgeber dem Betriebsrat eindeutig zu erkennen geben, daß er nicht nur eine Mitteilung nach § 105 bezweckt, sondern zugleich – **zumindest vorsorglich** – das **Anhörungsverfahren** nach § 102 Abs. 1 einleiten will (*BAG* a. a. O.). In diesem Fall bedarf es also einer ausdrücklichen Aufforderung zur Stellungnahme. Eine **Information** an den Betriebsrat nach § 105 kann **nicht** ohne weiteres in die Einleitung eines **Anhörungsverfahrens nach § 102** umgedeutet werden (*BAG* vom 19. 8. 1975 – 1 AZR 565/74 – EzA § 102 BetrVG 1972 Nr. 16 m. Anm. *Meisel* = DB 1975, 2231; vom 26. 5. 1977 a. a. O.; vom 7. 12. 1979 – 7 AZR 1063/77 – EzA § 102 BetrVG 1972 Nr. 42 = DB 1980, 742). 52

3. Anhörung des Betriebsrats

a) Adressat der Mitteilung

53 Die Unterrichtung ist genauso wie bei § 99 (vgl. dort Rz. 61) gegenüber dem **Betriebsratsvorsitzenden oder** im Falle seiner Verhinderung gegenüber **seinem Stellvertreter** vorzunehmen (*D/R* § 102 Rz. 63; *F/A/K/H* § 102 Rz. 14; *G/L* § 102 Rz. 33; GK-*Kraft* § 102 Rz. 40; KR-*Etzel* § 102 Rz. 81; *BAG* vom 28. 2. 1974 – 2 AZR 455/73 – EzA § 102 BetrVG 1972 Nr. 8 m. Anm. *Kraft* = DB 1974, 1294). Sind die Beteiligungsrechte bei personellen Einzelmaßnahmen auf einen Personalausschuß nach § 28 übertragen, was zulässig ist (*BAG* vom 1. 6. 1976 – 1 ABR 99/74 – EzA § 28 BetrVG 1972 Nr. 3 m. Anm. *Herschel*), so genügt die Unterrichtung von dessen Vorsitzenden (*BAG* vom 4. 8. 1975 – 2 AZR 266/74 – EzA § 102 BetrVG 1972 Nr. 14 m. Anm. *Nickel, Pabst* = DB 1975, 2184; *BAG* vom 12. 7. 1984 – 2 AZR 320/83 – EzA § 102 BetrVG 1972 Nr. 57 = DB 1985, 340). Eine Unterrichtung anderer Betriebsratsmitglieder genügt grundsätzlich nicht (*BAG* vom 28. 2. 1974 – 2 AZR 455/73 – a. a. O.; *BAG* vom 4. 8. 1975 – 2 AZR 266/74 – a. a. O.). Hat der Betriebsrat bzw. der Betriebs- oder Personalausschuß (vgl. Rz. 54) aber ein anderes Mitglied zur Entgegennahme der Mitteilung des Arbeitgebers ermächtigt, so genügt die Unterrichtung dieses Betriebsratsmitglieds (*D/R* § 102 Rz. 63; *F/A/K/H* § 26 Rz. 35; *G/L* § 102 Rz. 33; GK-*Kraft* § 102 Rz. 40; KR-*Etzel* § 102 Rz. 83; *S/W* § 102 Rz. 67). Ausnahmsweise ist auch ein anderes Mitglied des Betriebsrats ohne besondere Ermächtigung berechtigt und verpflichtet, Erklärungen des Arbeitgebers hinsichtlich personeller Einzelmaßnahmen für den Betriebsrat entgegenzunehmen; dies ist z. B. dann der Fall, wenn der Betriebsrat versäumt, Vorkehrungen für den Fall zu treffen, daß sowohl der Betriebsratsvorsitzende als auch sein Stellvertreter verhindert sind (*BAG* vom 27. 6. 1985 – 2 AZR 412/84 – EzA § 102 BetrVG 1972 Nr. 60 = DB 1986, 332; *D/R* § 102 Rz. 65; GK-*Kraft* § 102 Rz. 40; KR-*Etzel* § 102 Rz. 84). In Fällen einer behaupteten Ermächtigung eines anderen Betriebsrats- oder Ausschußmitgliedes sollte der Arbeitgeber sich vergewissern, ob die Ermächtigung wirklich vorliegt. Vielfach wird diese Frage in der Geschäftsordnung der Betriebsräte geregelt (§ 36). Liegt keine Ermächtigung vor, so ist das betreffende Betriebsratsmitglied lediglich **Erklärungsbote** des Arbeitgebers; der Arbeitgeber trägt dann das Übermittlungsrisiko. Die Mitteilung wird erst wirksam, wenn sie dem empfangsberechtigten Betriebsratsmitglied zugeht (*BAG* vom 27. 6. 1985 – 2 AZR 412/84 – a. a. O.; *D/R* § 102 Rz. 64; KR-*Etzel* § 102 Rz. 85; *S/W* § 102 Rz. 68). Läßt der Betriebsrat allerdings eine Mitteilung an ein nicht empfangsberechtigtes Mitglied unwidersprochen genügen, so kann er sich später nicht auf den mangelnden Zugang berufen (*D/R* a. a. O.; *Meisel* 191, Rz. 447; *BAG* vom 27. 8. 1972 – 7 AZR 30/80 – EzA § 102 BetrVG 1972 Nr. 49 = DB 1983, 181). Ist die Mitteilung nicht gegenüber dem richtigen Adressaten erfolgt, so beginnt die Frist des Abs. 2 nicht zu laufen.

54 **Zuständig** ist **der Betriebsrat des Betriebs**, in dem die die **personelle Maßnahme getroffen** werden soll; dies kann insbesondere Bedeutung haben bei einem Wechsel von einem Betrieb des Unternehmens zu einem anderen, wenn im abgehenden Betrieb eine Kündigung erforderlich ist. Der Betriebsrat einer Arbeitsgemeinschaft des Baugewerbes ist bei »Rückversetzung« eines Arbeitnehmers zum Stammbetrieb zu beteiligen (*LAG Düsseldorf* vom 17. 10. 1974 – 3 Sa 313/74 – rkr., DB 1975, 650 = BB 1975, 559).

b) Wahrnehmung der Mitwirkungsrechte
Im Regelfall ist **der Betriebsrat** als Organ beauftragt und befugt, die **Stellung-** 55
nahme gegenüber dem Arbeitgeber **abzugeben**. In größeren Betrieben ist dieses
Gremium jedoch zu umfangreich. Der Gesetzgeber sieht daher ausdrücklich vor,
daß in Betrieben ab 301 Arbeitnehmer, d. h. ab 9 Betriebsratsmitgliedern, ein
besonderer **Betriebsausschuß** gebildet wird, der die laufenden Geschäfte des Betriebsrats führt und dem der Betriebsrat mit der Mehrheit der Stimmen seiner
Mitglieder bestimmte Aufgaben zur selbständigen Erledigung übertragen kann.
Hierzu kann und sollte in erster Linie auch die Wahrnehmung der Mitbestimmungsrechte in personellen Angelegenheiten zählen (§ 27 Abs. 3; vgl. amtliche
Begründung zu § 27 Abs. 3, BT-Drucks. VI/1786, 39). Der Betriebsausschuß kann
also Mitbestimmungsrechte wahrnehmen. Die Ausübung der Beteiligungsrechte
nach § 102 gehört nicht zu den laufenden Geschäften, die der Betriebsausschuß
auch ohne Übertragung erledigen kann (*D/R* § 102 Rz. 67; *F/A/K/H* § 27 Rz. 42;
G/L § 102 Rz. 23; KR-*Etzel* § 102 Rz. 93; GK-*Wiese* § 27 Rz. 44; *S/W* § 102
Rz. 80). Eine Zuständigkeit des **Gesamtbetriebsrats** oder **Konzernbetriebsrat** ist
regelmäßig nicht gegeben (vgl. hierzu KR-*Etzel* § 102 Rz. 47f.; *G/L* § 50 Rz. 9;
LAG Köln vom 20. 12. 1983 – 1 Sa 1143/83 – DB 1984, 937).
Ist ein Betriebsausschuß gebildet, so kann daneben ein **Personalausschuß** gebildet 56
werden, dem durch Mehrheitsbeschluß schriftlich die Personalangelegenheiten
zur selbständigen Erledigung auch hinsichtlich der Mitbestimmungsrechte übertragen werden können (*BAG* vom 4. 8. 1975 – 2 AZR 266/74 – EzA § 102 BetrVG
1972 Nr. 14 m. Anm. *Nickel, Pabst* = DB 1975, 2184). Betriebsrat und Arbeitgeber können neben dem Personalausschuß auch **paritätische Personalausschüsse**
für Arbeiter und Angestellte bilden. Auf seine Mitglieder in diesen Ausschüssen
kann der Betriebsrat seine Mitwirkungsrechte zur selbständigen Wahrnehmung
übertragen, wenn seine Mitglieder im paritätischen Ausschuß identisch sind mit
denen des Personalausschusses (*BAG* vom 12. 7. 1984 – 2 AZR 320/83 – EzA
§ 102 BetrVG 1972 Nr. 57 = DB 1985, 340). Wird in einem nicht betriebsausschußfähigen Betrieb mit 7 Betriebsratsmitgliedern ein Personalausschuß gebildet
und stimmt dieser der Kündigung zu, so ist die Anhörung nicht ordnungsgemäß
erfolgt (*LAG Bremen* vom 26. 10. 1982 – 4 Sa 185/82 – AP Nr. 26 zu § 102 BetrVG
1972 = DB 1983, 345, 2145). Dieser Ansicht ist nicht zu folgen (vgl. Rz. 78f.).
In **kleineren Betrieben** (bis 300 Arbeitnehmer) kann die Wahrnehmung der Mit- 57
bestimmungsrechte auch in personellen Angelegenheiten – abgesehen vom Einmannbetriebsrat (Betriebsobmann) – **nur durch den Betriebsrat** erfolgen. Eine
Delegation an den Betriebsratsvorsitzenden ist unzulässig, denn die Ausübung der
Mitbestimmungsrechte gehört nicht zu den laufenden Geschäften i. S. d. § 27
Abs. 4 (*D/R* § 102 Rz. 68; *G/L* § 102 Rz. 21; KR-*Etzel* § 102 Rz. 93; *S/W* § 102
Rz. 80; *BAG* vom 28. 2. 1974 – 2 AZR 455/73 – EzA § 102 BetrVG 1972 Nr. 8
m. Anm. *Kraft* = DB 1974, 1294). Das BetrVG 1972 unterscheidet klar zwischen
laufenden Geschäften, die dem Betriebsratsvorsitzenden übertragen werden können, und Aufgaben zur selbständigen Erledigung, die lediglich dem Betriebsausschuß überlassen werden können.

§ 102   4. Teil 5. Abschn. Personelle Angelegenheiten

4. Anhörung als Wirksamkeitsvoraussetzung

58 Eine Kündigung, die **ohne Anhörung** des Betriebsrats ausgesprochen wird, ist **absolut unwirksam**, ohne daß es noch auf die materiellen Gründe für die Kündigung ankäme (*D/R* § 102 Rz. 91 ff.; *F/A/K/H* § 102 Rz. 25; **h.M.**). Ohne Anhörung bedeutet entweder, daß der Betriebsrat überhaupt nicht zugezogen wurde oder daß es sich um eine mangelhafte, d.h. nicht wirksame Anhörung handelt und dieser Mangel in die Risikosphäre des Arbeitgebers fällt (vgl. hierzu Rz. 78). Die Anhörung ist zivilrechtlich **Wirksamkeitsvoraussetzung** sowohl der ordentlichen als auch der außerordentlichen Kündigung. Das Unterbleiben der Anhörung ist **nicht von Amts wegen** zu berücksichtigen (*BAG* vom 23. 6. 1983 – 2 AZR 15/82 – EzA § 1 KSchG 1969 Krankheit Nr. 12 B I 1 der Gründe = DB 1983, 2524; *S/W* § 102 Rz. 41; GK-*Kraft* § 102 Rz. 65, anders aber Rz. 57; **a. A.** KR-*Etzel* § 102 Rz. 192; *LAG Hamm* vom 18. 8. 1972 – 2 Sa 332/72 – EzA § 102 BetrVG 1972 Nr. 5 = DB 1972, 2408).

59 § 102 bestimmt nicht, wie die Unwirksamkeit der ohne Anhörung des Betriebsrats ausgesprochenen Kündigung geltend zu machen ist. Es handelt sich um eine **Rechtsunwirksamkeit eigener Art** i. S. d. § 13 Abs. 3 KschG, für deren Geltendmachung die dreiwöchige Klagefrist des § 4 KSchG nicht gilt (**h.M.;** *BAG* vom 28. 2. 1974 – 2 AZR 455/73 – EzA § 102 BetrVG 1972 Nr. 8 m. Anm. *Kraft* = DB 1974, 1294; *D/K/K/S* § 102 Rz. 46; *D/R* § 102 Rz. 104; *F/A/K/H* § 102 Rz. 25; *G/L* § 102 Rz. 47; GK-*Kraft* § 102 Rz. 42; *S/W* § 102 Rz. 37, 235). Der **Arbeitnehmer** kann die **Unwirksamkeit** also **ohne Fristbindung in beliebiger Form und in jedem Verfahren** geltend machen (*Hueck* KSchG Einl. Rz. 105 a). Besteht Streit über die Unwirksamkeit, so muß er diese im Wege der Feststellungsklage angreifen, ohne indessen an die Voraussetzungen des KSchG gebunden zu sein, also auch nicht an die sechsmonatige Betriebszugehörigkeit (§ 13 Abs. 3). Die Unwirksamkeit der Kündigung kann auch als Vorfrage in einem Prozeß, in dem es um andere Fragen geht, geltend gemacht werden. Nur der Arbeitnehmer kann die Unwirksamkeit geltend machen, nicht dagegen jedermann (so aber *D/K/K/S* § 102 Rz. 46 und *F/A/K/H* § 102 Rz. 25 a). Stützt der Arbeitnehmer eine Klage lediglich auf die Unwirksamkeit wegen mangelnder Anhörung, so kann er die Rechte aus dem KSchG wie den Antrag auf Auflösung des Arbeitsverhältnisses gegen Abfindung nach §§ 9, 10 KSchG nicht stellen, selbst wenn er unter das Kündigungsschutzgesetz fällt und Klage innerhalb von drei Wochen erhebt (*D/R* § 102 Rz. 108; *F/A/K/H* § 102 Rz. 25; *G/L* § 102 Rz. 46; KR-*Etzel* § 102 Rz. 191; *S/W* § 102 Rz. 39). Beruft sich der Arbeitnehmer in diesem Fall auch auf die Sozialwidrigkeit der Kündigung, so stehen ihm bei Vorliegen der Voraussetzungen auch die Rechte aus § 9 KSchG zu (*D/R* § 102 Rz. 109; KR-*Etzel* § 102 Rz. 191; *S/W* § 102 Rz. 40; *Hueck* KSchG § 9 Rz. 13); richtiger Ansicht nach kann auch der Arbeitgeber den Antrag stellen (KR-*Becker* § 9 KSchG Rz. 27 m. w. N. und ausführlicher Begründung; **a.A.** *BAG* vom 9. 10. 1979 – 6 AZR 1059/77 – EzA § 9 KSchG 196 Nr. 9 = DB 1980, 501; *D/R* a. a. O.; *Hueck* a. a. O.; KR-*Etzel* a. a. O.). Aus Sinn und Zweck des § 9 KSchG läßt sich nicht herleiten, daß der Arbeitgeber nicht berechtigt sei, den Auflösungsantrag zu stellen, wenn die Kündigung nicht nur sozialwidrig, sondern bereits aus einem anderen Grund unwirksam ist. Die Begründung, daß die Lösungsmöglichkeit eine Vergünstigung für den Arbeitgeber bedeute, die nur bei der Sozialwidrigkeit allein gelte, überzeugt nicht. Dies würde bedeuten, daß der Vorwurf der Sozialwidrigkeit geringer ins Gewicht fällt als ein

formeller Verstoß gegen das Anhörungsverfahren, was die Auflösung des Arbeitsverhältnisses betrifft.

Der Arbeitnehmer kann die **Unwirksamkeit** der Kündigung aber **nicht unbegrenzte Zeit geltend machen**; er kann dies vielmehr nur bis zum Zeitpunkt der **Verwirkung**. Eine Verwirkung ist gegeben, wenn seit der Kündigung eine erhebliche Zeit verflossen ist und der Arbeitgeber darauf vertrauen konnte, daß der Arbeitnehmer die Unwirksamkeit nicht mehr geltend machen würde (*D/R* § 102 Rz. 105; *G/L* § 102 Rz. 47; *GK-Kraft* § 102 Rz. 58; *S/W* § 102 Rz. 37; *Meisel* 261 Rz. 621). Hat der **Arbeitnehmer** selbst **veranlaßt**, daß der **Betriebsrat nicht angehört wurde**, so kann es gegen Treu und Glauben verstoßen, wenn er sich später auf die Unwirksamkeit wegen Nichtanhörung des Betriebsrats beruft (*D/R* § 102 Rz. 106; *G/L* § 102 Rz. 47; *GK-Kraft* § 102 Rz. 64; KR-*Etzel* § 102 Rz. 75). 60

Auch in **jedem Fall einer außerordentlichen Kündigung** ist die ohne Anhörung des Betriebsrats ausgesprochene Kündigung unwirksam (*F/A/K/H* § 102 Rz. 25a; *G/L* § 102 Rz. 50; *GK-Kraft* § 102 Rz. 57; *Etzel* DB 1973, 1018 f.; amtl. Begründung, BT-Drucks. VI/1786, 52). Der Ansicht, wonach in besonders schwerwiegenden Fällen dem Arbeitgeber nach Treu und Glauben eine Anhörung unzumutbar ist (*D/R*, 5. Aufl., § 102 Rz. 65; *Adomeit* DB 1971, 2362) kann nicht gefolgt werden, da sie gegen den Wortlaut des Gesetzes verstößt (*G/L* § 102 Rz. 50). Den Interessen des Arbeitgebers kann in diesen Fällen durch eine Suspendierung des Arbeitsverhältnisses, d. h. eine Freistellung von der Arbeitsleistung ohne Lohnzahlung, Rechnung getragen werden (vgl. Rz. 146 ff.). 61

Eine **nachträgliche Zustimmung** des Betriebsrats vermag den Mangel der nicht erfolgten Anhörung nicht zu heilen (vgl. Rz. 19). 62

Ein **Verzicht** auf die Anhörung ist **weder durch den Betriebsrat** noch **durch den Arbeitnehmer** möglich. Der Betriebsrat kann auf dieses Recht nicht verzichten, weil er im Interesse der gesamten Belegschaft und des einzelnen Arbeitnehmers wahrnimmt. Ein Verzicht könnte sich wegen der Widerspruchsmöglichkeit zu Lasten des Arbeitnehmers auswirken (*G/L* § 102 Rz. 51; GK-*Kraft* § 102 Rz. 60; KR-*Etzel* § 102 Rz. 75; *LAG Hamm* vom 9. 9. 1974 – 2 Sa 382/74 – DB 1974, 2063). Das Beteiligungsrecht des Betriebsrats kann auch nicht durch eine Vereinbarung zwischen Arbeitgeber und Arbeitnehmer ausgeschlossen werden (*D/K/K/S* § 102 Rz. 17; *D/R* § 102 Rz. 36; *GK-Kraft* § 102 Rz. 62; KR-*Etzel* § 102 Rz. 75), da es kollektivrechtlich ist. 63

5. Darlegungs- und Beweislast für die erfolgte Anhörung

Die **Darlegungs- und Beweislast** für die **erfolgte ordnungsgemäße Anhörung** trägt der **Arbeitgeber** (*BAG* vom 19. 8. 1975 – 1 AZR 613/74 – EzA § 102 BetrVG 1972 Nr. 15; *D/K/K/S* § 102 Rz. 45; *D/R* § 102 Rz. 107; *F/A/K/H* § 102 Rz. 25a; *G/L* § 102 Rz. 48; GK-*Kraft* § 102 Rz. 65; *S/W* § 102 Rz. 41). Aus diesem Grunde ist es empfehlenswert, die Einleitung des Anhörungsverfahrens auf Formblättern festzuhalten. 64

IV. Stellungnahme des Betriebsrats

1. Möglichkeiten der Stellungnahme

65 Der **Betriebsrat** hat zu der ihm vom Arbeitgeber mitgeteilten beabsichtigten Kündigung **Stellung zu nehmen**. Er hat die Möglichkeit, der Kündigung **zuzustimmen**, **Bedenken** anzumelden, bei einer ordentlichen Kündigung förmlichen **Widerspruch** nach Abs. 3 zu erheben oder sich gar **nicht zu äußern**, was nach Ablauf der Frist des Abs. 2 als Zustimmung gilt.

66 Genügen dem **Betriebsrat** die Informationen des Arbeitgebers nicht für eine Stellungnahme, so kann er von diesem **weitere Angaben verlangen**. Dies spielt insbesondere bei betriebsbedingten Kündigungen eine Rolle. Hier kann der Betriebsrat vom Arbeitgeber die Angaben von weiteren Tatsachen verlangen, die einer Weiterbeschäftigung an einem anderen Arbeitsplatz im Betrieb oder in einem anderen Betrieb des Unternehmens oder auch nach zumutbaren Umschulungs- oder Fortbildungsmaßnahmen oder aufgrund sonstiger Vertragsänderungen entgegenstehen (vgl. hierzu den Katalog des § 100 Abs. 3 insbes. Nrn. 3–5). Auch die Angaben der Sozialdaten kann der Betriebsrat vom Arbeitgeber verlangen (vgl. Rz. 36 f.; *Meisel* Anm. zu *BAG* vom 4. 8. 1975, AP Nr. 5 zu § 102 BetrVG 1972 Bl. 105/106). Nach der neuesten Rechtsprechung muß der Arbeitgeber allerdings die Sozialdaten unaufgefordert mitteilen (*BAG* vom 29. 3. 1984 – 2 AZR 429/83 – EzA § 102 BetrVG 1972 Nr. 55 = DB 1984, 199; vgl. auch Rz. 37). Gibt der Betriebsrat trotz ungenügender Angaben eine endgültige Stellungnahme ab, so soll dies nach dem *Bundesarbeitsgericht* nicht ausreichen für eine ordnungsgemäße Anhörung (*BAG* vom 28. 9. 1978 – 2 AZR 2/77 – EzA § 102 BetrVG 1972 Nr. 39 = DB 1979, 1285; **a. A.** *LAG Hamm* vom 7. 5. 1976 – 3 Sa 1093/75 – EzA § 102 BetrVG 1972 Nr. 24 = DB 1976, 1727; vgl. hierzu Rz. 82).

2. Anhörung des Arbeitnehmers

67 Vor seiner Stellungnahme soll der Betriebsrat, soweit erforderlich, den **betroffenen Arbeitnehmer hören** (Abs. 2 Satz 4). Der Betriebsrat sollte auf jeden Fall den Arbeitnehmer hören, wenn er sein Widerspruchsrecht darauf stützen will, daß der Arbeitnehmer möglicherweise an einem anderen Arbeitsplatz im selben Betrieb oder in einem anderen Betrieb des Unternehmens beschäftigt werden kann (§ 102 Abs. 3 Ziff. 3), oder wenn die Weiterbeschäftigung des Arbeitnehmers nach Meinung des Betriebsrats nach zumutbaren Umschulungs- oder Fortbildungsmaßnahmen möglich ist (Ziff. 4), oder auch, wenn der Betriebsrat glaubt, daß eine Weiterbeschäftigung dann möglich ist, wenn gewisse Arbeitsbedingungen geändert werden (Ziff. 5). In diesen Fällen muß das Einverständnis des Arbeitnehmers vorliegen. Liegt dieses nämlich nicht vor, so ist das Widerspruchsrecht des Betriebsrats nach dieser Bestimmung gegenstandslos. Der Betriebsrat soll sich also Klarheit verschaffen können, ob ein Widerspruch gegen die Kündigung sinnvoll ist. Unterläßt der Betriebsrat ermessensfehlerhaft die Anhörung des Arbeitnehmers, so stellt dies keine Verletzung des Grundsatzes des rechtlichen Gehörs dar, das Anhörungsverfahren bleibt ordnungsgemäß durchgeführt (*BAG* vom 2. 4. 1976 – 2 AZR 513/75 – EzA § 102 BetrVG 1972 Nr. 21 m. Anm. *Buchner* = DB 1976, 1063; *BAG* vom 12. 10. 1979 – 7 AZR 959/77 – EzA § 1 KSchG 1969 Betriebsbe-

dingte Kündigung Nr. 12 = DB 1980, 502; *F/A/K/H* § 102 Rz. 36; *G/L* § 102 Rz. 43; KR-*Etzel* § 102 Rz. 94; *S/W* § 102 Rz. 82). Die Durchführung der Anhörung ist allein Sache des Betriebsrats; er kann hierzu im Betrieb nicht die Gewerkschaft hinzuziehen, auch nicht, wenn der Arbeitnehmer dies wünscht. Die Beratung und Betreuung von Arbeitnehmern durch ihre zuständige Gewerkschaft hat außerhalb des Betriebes zu erfolgen (*S/W* § 102 Rz. 84).

3. Beschlußfassung

Um eine Stellungnahme des Betriebsrats herbeizuführen, hat der Betriebsratsvorsitzende oder sein Stellvertreter eine **Betriebsratssitzung einzuberufen** (§ 29 Abs. 2). Sind die personellen Angelegenheiten dem Betriebsausschuß oder dem Personalausschuß nach § 27 Abs. 3 bzw. § 28 Abs. 1 übertragen, so hat der Vorsitzende des Ausschusses zu der Sitzung zu laden. Für verhinderte Mitglieder sind Ersatzmitglieder zu laden (§ 29 Abs. 2 Satz 2; zur Verhinderung vgl. § 25 Rz. 7ff.). Für Ausschußsitzungen gilt gleiches wie für Betriebsratssitzungen (*D/R* § 27 Rz. 38). 68

Die **Stellungnahme** erfolgt durch einen Mehrheitsbeschluß des Betriebsrats (§ 33) oder des zuständigen Ausschusses in einer Sitzung (*D/R* § 102 Rz. 69; *F/A/K/H* § 102 Rz. 20; *G/L* § 102 Rz. 21; GK-*Kraft* § 102 Rz. 67); ein sogenanntes »**Umlaufverfahren**« genügt nach dem *Bundesarbeitsgericht* nicht (*BAG* vom 4. 8. 1975 – 2 AZR 266/74 – EzA § 102 BetrVG 1972 Nr. 14 III der Gründe m. Anm. *Nickel, Pabst* = DB 1975, 2184; *D/R* § 102 Rz. 69; *F/A/K/H* § 102 Rz. 20; *G/L* § 102 Rz. 21; **a.A.** *LAG München* vom 6. 8. 1974 – 5 Sa 395/74 = DB 1975, 1228 bei einfach gelagerten Sachverhalten, die eingehend vorberaten sind; *Meisel* 196 Rz. 458). Auch der Betriebs- oder Personalausschuß kann die Stellungnahme nur durch Beschluß herbeiführen, eine formlose Einholung der Meinung der Ausschußmitglieder genügt nicht (*D/R* § 102 Rz. 38). 69

4. Inhalt und Form der Stellungnahme

a) Bedenken

Der Betriebsrat kann sowohl gegen eine geplante **ordentliche als auch außerordentliche Kündigung Bedenken äußern**. Ob er sie äußert, liegt im **freien** pflichtgemäßen **Ermessen des Betriebsrats**; er kann – im Gegensatz zum formellen Widerspruch nach Abs. 3 (vgl. Rz. 86) – Gründe jeglicher Art als Bedenken anführen. Weder muß sich seine Stellungnahme auf die Gründe des Abs. 3 stützen, noch gelten die Besonderheiten hinsichtlich betriebs-, personen- oder verhaltensbedingter Kündigungen (*Schlochauer* RdA 1973, 159). So kann er z.B. soziale Gründe in den Vordergrund schieben, wenn der Arbeitgeber einem Arbeitnehmer schuldhaftes vertragswidriges Verhalten zum Vorwurf macht und darauf seine Kündigung stützen will. Der Betriebsrat kann zur Begründung seiner Bedenken Gründe heranziehen, die völlig außerhalb des Katalogs des Abs. 3 liegen (*D/R* § 102 Rz. 86; *F/A/K/H* § 102 Rz. 37; *Heinze* Rz. 530; KR-*Etzel* § 102 Rz. 132). Zu den Bedenken zählen auch alle Gegenvorstellungen gegenüber einer außerordentlichen Kündigung; gegen diese kann kein Widerspruch nach Abs. 3 eingelegt werden. Kündigt der Arbeitgeber trotz der Bedenken des Betriebsrats, so hat dies für 70 ein anschließendes Kündigungsschutzverfahren keine Bedeutung, dort sind nur die Widerspruchsgründe des Abs. 3 von Bedeutung (vgl. Rz. 142 ff.; *F/A/K/H* § 102 Rz. 37; KR-*Etzel* § 102 Rz. 135). Der **Widerspruch** des Betriebsrats ist nur aus den in Abs. 3 genannten Widerspruchsgründen zulässig (vgl. Rz. 86). **Bedenken** und Widerspruch können zusammen mitgeteilt werden. Beide müssen schriftlich unter Angabe von Gründen innerhalb der Frist von einer Woche bzw. drei Tagen erfolgen (vgl. Rz. 73 ff.).

b) Zustimmung

71 **Stimmt der Betriebsrat** der geplanten Kündigung **zu**, so ist die Zustimmung, wenn sie dem Arbeitgeber zugegangen ist, unwiderruflich (*F/A/K/H* § 102 Rz. 24, 32 a; *D/R* § 33 Rz. 30; *G/L* § 33 Rz. 16; § 102 Rz. 85; GK-*Kraft* § 102 Rz. 71; GK-*Wiese* § 33 Rz. 30; *Schlochauer* RdA 1973, 160). Die Zustimmung kann schriftlich oder mündlich erfolgen, eine bestimmte Form ist nicht vorgeschrieben (GK-*Kraft* § 102 Rz. 73; KR-*Etzel* § 102 Rz. 125). Aus Beweisgründen empfiehlt es sich jedoch, sich die Zustimmung schriftlich bestätigen zu lassen. Die Zustimmung kann vom Betriebsrat angefochten werden, falls er einen Anfechtungsgrund i. S. d. § 119 BGB geltend macht (*G/L* § 102 Rz. 85; *Schlochauer* RdA 1973, 160; **a. A.** GK-*Kraft* § 102 Rz. 72; KR-*Etzel* § 102 Rz. 127). Eine Anfechtung hat aber nur Sinn, wenn sie innerhalb der Wochenfrist oder Dreitagefrist erfolgt und gleichzeitig mit dem ordnungsgemäßen Widerspruch bzw. den Bedenken verbunden wird, weil sonst die Zustimmung als erteilt gilt (*G/L* § 102 Rz. 85); ist der Mangel allerdings vom Arbeitgeber veranlaßt, so kann er dazu führen, daß die Anhörung als nicht erfolgt gilt (vgl. Rz. 79). Die Zustimmung des Betriebsrats zur Kündigung hindert den Arbeitnehmer nicht, individualrechtlich Kündigungsschutzklage zu erheben.

c) Widerspruch

72 Bei der **ordentlichen Kündigung** kann der Betriebsrat der Kündigung aus einem der Gründe des Abs. 3 Ziff. 1–5 **widersprechen**. Aus anderen Gründen kann der Betriebsrat nicht widersprechen, sondern nur Bedenken äußern; der **Katalog der Widerspruchsgründe** des Abs. 3 ist im Gesetz **abschließend** geregelt (*D/R* § 102 Rz. 124; *F/A/K/H* § 102 Rz. 38; GK-*Kraft* § 102 Rz. 80; KR-*Etzel* § 102 Rz. 148; *Meisel* vor Rz. 507; amtliche Begründung, BT-Drucks. VI/1786, 33, 52). Der Widerspruch hat schriftlich unter Angabe von Gründen innerhalb der Wochenfrist zu erfolgen. Eine **Rücknahme** des **Widerspruches** ist nicht möglich (vgl. Rz. 97). Zu den Einzelheiten und den weiteren Voraussetzungen eines ordnungsgemäßen Widerspruchs vgl. Rz. 83 ff.

5. Äußerungsfrist

73 Die **Frist** für die Mitteilung der **Bedenken** und der in Abs. 2 aufgeführten **Widerspruchsgründe** beträgt bei der **ordentlichen Kündigung** eine Woche. Bei der **außerordentlichen Kündigung** sind nur Bedenken möglich, dagegen kein Widerspruch nach Abs. 3; die Bedenken sind unverzüglich, spätestens innerhalb von drei Tagen vorzubringen. Beide Fristen stellen **Höchstfristen** dar; gibt der Betriebsrat, ohne die Fristen auszuschöpfen, eine für den Arbeitgeber erkennbar abschließende Stellungnahme ab (vgl. Rz. 82), so ist die Anhörung erfolgt. Vor allem bei der **außerordentlichen Kündigung** hat der Betriebsrat sich **unverzüglich**

zu äußern. Unverzüglich bedeutet, sobald dies im ordentlichen Geschäftsgang möglich ist. Im Rahmen des ordentlichen Geschäftsgangs ist in dringenden Fällen **sofort** eine **Sitzung des Betriebsrats** oder Personalausschusses einzuberufen, um über die Kündigung zu beschließen (*G/L* § 102 Rz. 37 a; *Etzel* DB 1973, 1019). Es handelt sich um **Ausschlußfristen**, die grundsätzlich **nicht verlängert** werden **74** können (*Heinze* Rz. 491; *S/W* § 102 Rz. 92; *BAG* vom 5. 2. 1971 – 1 ABR 24/70 – EzA § 63 BetrVG 1952 Nr. 4 = DB 1971, 1528; **a.A.** *BAG* vom 14. 8. 1986 – 2 AZR 561/85 – EzA § 102 BetrVG 1972 Nr. 69 = DB 1987, 1050: für eine einvernehmliche Fristverlängerung durch Arbeitgeber und Betriebsrat; *D/K/K/S* § 102 Rz. 64; *D/R* § 102 Rz. 71; *F/A/K/H* § 102 Rz. 32; GK-*Kraft* § 102 Rz. 75; *G/L* § 102 Rz. 39; KR-*Etzel* § 102 Rz. 87 mit Hinweis darauf, daß dem betroffenen Arbeitnehmer keine Nachteile entstehen *Meisel* Rz. 479). Die ablehnende Ansicht verkennt, daß § 102 Abs. 1 kollektivrechtlichen Interessen dient und es nicht auf das Interesse des einzelnen Arbeitnehmers ankommt. Auch bei **Massenentlassungen** verlängert sich die Anhörungsfrist nicht (GK-*Kraft* § 102 Rz. 76; KR-*Etzel* § 102 Rz. 87); es besteht auch kein Anspruch des Betriebsrats auf eine Verlängerung der Frist (*BAG* vom 14. 8. 1986 – 2 AZR 561/85 a. a. O.). Eine Berufung auf den Fristablauf kann nach der Rechtsprechung des BAG aber in besonderen Ausnahmefällen **rechtsmißbräuchlich** sein. Dies gilt jedoch nur, wenn der Betriebsrat eine Fristverlängerung ausdrücklich verlangt hat und weitere Gesichtspunkte hinzukommen, wie z.B. eine für den Betriebsrat wegen fehlender Information über die Personalplanung gem. § 92 völlig überraschende Massenentlassung (*BAG* vom 14. 8. 1986 – 2 AZR – 561/85 a. a. O.). Auch Rückfragen des Betriebsrats trotz ordnungsgemäßer Unterrichtung zwecks weiterer Informationen unterbrechen oder verlängern die Frist nicht (*LAG Frankfurt/M.* vom 21. 3. 1973 – 7 Sa 667/72 – rkr., DB 1973, 1806; KR-*Etzel* § 102 Rz. 87; zu Rückfragen des Betriebsrats wegen der sozialen Auswahl bei betriebsbedingter Kündigung vgl. Rz. 35 f.). Durch einen Aussetzungsantrag nach § 35 wird die Frist weder **gehemmt** noch **unterbrochen** (vgl. § 99 Rz. 107; *BAG* vom 14. 8. 1986 – 2 AZR 561/85 – EzA § 102 BetrVG 1972 Nr. 69 = DB 1987, 1050; *D/R* § 102 Rz. 71; GK-*Kraft* § 102 Rz. 74; KR-*Etzel* § 102 Rz. 98). Lediglich **höhere Gewalt** kann den Lauf der Frist für die Dauer der Verhinderung aus diesem Grund hemmen analog § 203 Abs. 2 BGB (*G/L* § 102 Rz. 38). Dies gilt aber nur, falls dadurch keine vom Arbeitgeber einzuhaltenden Kündigungsfristen versäumt werden, andernfalls der Arbeitgeber trotz der höheren Gewalt kündigen kann. Da es sich bei den Ausschlußfristen um Höchstfristen handelt, ist in **Eilfällen** unter bestimmten Umständen eine Verkürzung möglich (**str.** vgl. ausführlich Rz. 22).

Für den **Beginn der Frist** ist § 187 BGB maßgebend, d.h. der Tag der Unterrich- **75** tung durch den Arbeitgeber wird nicht mitgerechnet. Die Frist verlängert sich bis zum Ablauf des nächsten Werktages, wenn der letzte Tag der Frist ein Samstag, Sonntag oder ein gesetzlicher Feiertag ist (§ 193 BGB). Die **Frist beginnt nicht** zu laufen, wenn der Betriebsrat nicht ordnungsgemäß über die beabsichtigte Kündigung unterrichtet wurde (vgl. Rz. 28 ff.; *LAG Hamm* vom 7. 5. 1976 – 3 Sa 1093/75 – EzA § 102 BetrVG 1972 Nr. 24 = DB 1976, 1727; vgl. zur betriebsbedingten Kündigung Rz. 36 f.).

Äußert sich der **Betriebsrat** innerhalb der Wochen- bzw. Dreitagefrist **nicht**, so **gilt** **76** seine **Zustimmung** zur ordentlichen Kündigung als **erteilt**; bei der außerordentlichen Kündigung ist das Anhörungsverfahren erfolgt. Dies gilt aber nur, wenn die Frist zu laufen begonnen hat (vgl. Rz. 75). Da die Äußerung schriftlich, unter

Angabe von Gründen innerhalb der Frist erfolgen muß, liegt keine Äußerung bzw. keine beachtliche Äußerung und damit eine Zustimmungserteilung in folgenden Fällen vor:
- der Betriebsrat äußert sich überhaupt nicht;
- der Betriebsrat äußert sich nur mündlich innerhalb der Frist;
- der Betriebsrat äußert sich schriftlich, aber ohne Angabe von Gründen innerhalb der Frist (zu den Besonderheiten beim Widerspruch vgl. Rz. 83 ff.);
- der Betriebsrat äußert sich mündlich mit dem Versprechen, eine schriftliche Äußerung nachzureichen, dem kommt er auch nach Ablauf der Frist nach;
- der Betriebsrat teilt den Widerspruch oder die Bedenken zwar schriftlich innerhalb der Frist mit, jedoch unter dem Vorbehalt, daß die Gründe erst nach Ablauf der Frist nachgereicht werden.

In all diesen Fällen gilt die Zustimmung kraft Gesetzes nach Ablauf der Fristen gem. Abs. 2 als erteilt bzw. ist das Anhörungsverfahren durchgeführt. Der Arbeitgeber ist nicht etwa verpflichtet, festzustellen, warum der Betriebsrat keine Äußerung oder eine nicht ordnungsgemäße Äußerung abgegeben hat; gleichgültig ist, aus welchen Gründen der Betriebsrat sich nicht oder nur mangelhaft geäußert hat (*BAG* vom 28. 3. 1974 – 2 AZR 472/73 – EzA § 102 BetrVG 1972 Nr. 9 = DB 1974, 1438; *D/K/K/S* § 102 Rz. 63; *D/R* § 102 Rz. 82; *G/L* § 102 Rz. 38; GK-*Kraft* § 102 Rz. 78; *S/W* § 102 Rz. 93).

6. Mitteilung der Stellungnahme an den Arbeitgeber

77 Die **Stellungnahme** des Betriebsrats muß dem **Arbeitgeber** innerhalb der Wochen- bzw. Dreitagefrist **schriftlich zugehen**. Sie hat gegenüber dem Arbeitgeber oder seinem Bevollmächtigten zu erfolgen. Der Vorsitzende des Betriebsrats oder des betreffenden Ausschusses ist befugt, die Stellungnahme gegenüber dem Arbeitgeber abzugeben (§ 26 Abs. 3; *F/A/K/H* § 102 Rz. 21). Aus der Stellungnahme muß eindeutig **hervorgehen, ob** es sich um einen **Widerspruch** i. S. d. Abs. 3 **oder** um die Äußerung von **Bedenken** handelt (*LAG Frankfurt/M.* vom 20. 10. 1976 – 6 Sa Ga 891/76 – rkr., ARSt. 1977, 142 = AuR 1978, 57); auf die Bezeichnung kommt es nicht an, wenn sich aus den aufgeführten Gründen ergibt, was gemeint ist (*ArbG Bochum* vom 7. 3. 1974 – 2 Ga 2/74 – DB 1974, 729; *ArbG Minden* vom 4. 6. 1974 – Ga 7/74 – DB 1974, 1918; *D/R* § 102 Rz. 153; *G/L* § 102 Rz. 81; KR-*Etzel* § 102 Rz. 136; *S/W* § 102 Rz. 89). Die Stellungnahme muß sich konkret auf den Einzelfall beziehen und deutlich machen, aufgrund welcher Tatsachen ein bestimmter gesetzlicher Widerspruchsgrund gegeben sein soll. Betrifft die Stellungnahme mehrere Arbeitnehmer, so muß – ggf. aus den gesamten Umständen – ersichtlich sein, welche Arbeitnehmer im einzelnen gemeint sind und auf wen sich bei verschiedenen Begründungen diese jeweils beziehen (*LAG Frankfurt/M.* a. a. O.). Der Arbeitgeber ist nicht verpflichtet, sich aufgrund der Stellungnahme des Betriebsrats mit diesem zu beraten (*D/R* § 102 Rz. 42; *G/L* § 102 Rz. 40; **a. A.** GK-*Kraft* § 102 Rz. 31). Es besteht auch grundsätzlich keine Pflicht des Arbeitgebers, sich über die Richtigkeit der Erklärung des Betriebsratsvorsitzenden zu vergewissern und festzustellen, ob ein ordnungsgemäßer Beschluß des Betriebsrats oder des zuständigen Ausschusses vorliegt (*D/R* § 102 Rz. 80; *G/L* § 102 Rz. 41; GK-*Kraft* § 102 Rz. 78; KR-*Etzel* § 102 Rz. 117; *BAG* vom 26. 9. 1969 – 2 AZR 220/63 – AP Nr. 2 zu § 70 PersVG Kündigungen = BB 1963, 1461; *BAG* vom 4. 8.

1975 – 2 AZR 266/74 – EzA § 102 BetrVG 1972 Nr. 14 m. Anm. *Nickel, Pabst* = DB 1975, 2184; *LAG Hamm* vom 27. 5. 1974 – 2 Sa 282/74 – EzA § 102 BetrVG 1972 Nr. 11 = DB 1974, 1343). Dies ist aber dann anders, wenn die Erklärung zu begründeten Zweifeln Anlaß gibt (Lit. wie vor, vgl. auch Rz. 79).

V. Mängel des Anhörungsverfahrens

1. Grundsatz

Das **Anhörungsverfahren** nach § 102 Abs. 1 und 2 vollzieht sich in **zwei aufeinanderfolgenden Verfahrensabschnitten**, die nach ihrem Zuständigkeits- und Verantwortungsbereich voneinander abgegrenzt sind. In den **Verwaltungsbereich (Risikobereich) des Arbeitgebers** fällt die Einleitung des Anhörungsverfahrens unter Beachtung der in § 102 Abs. 1 umschriebenen Erfordernisse (vgl. Rz. 19ff.); in den **Verantwortungsbereich (Risikobereich) des Betriebsrats** fällt die Aufgabe, sich mit der beabsichtigten Kündigung zu befassen und darüber durch Beschluß zu entscheiden, ob und in welchem Sinne er Stellung nehmen will (*BAG* vom 4. 8. 1975 – 2 AZR 266/74 – EzA § 102 BetrVG 1972 Nr. 14 m. Anm. *Nickel, Pabst* = DB 1975, 2184; *BAG* vom 2. 4. 1976 – 2 AZR 513/75 – EzA § 102 BetrVG 1972 Nr. 21 m. Anm. *Buchner* = DB 1976, 1063). **Mängel** des Anhörungsverfahrens, die der **Arbeitgeber zu verantworten hat** fallen in seinen Risikobereich und führen damit wegen mangelnder Anhörung **zur Unwirksamkeit der Kündigung**. Auf die Anhörung wirken sich **Mängel**, die der **Betriebsrat zu verantworten** hat, nicht zu Lasten des Arbeitnehmers aus. Solche Mängel stehen einer ordnungsgemäßen Anhörung nicht entgegen; durch sie wird die **Kündigung nicht unwirksam**. Dies gilt selbst dann, wenn der Arbeitgeber weiß oder vermuten kann, daß die Behandlung der Angelegenheit durch den Betriebsrat nicht fehlerfrei gewesen ist (*BAG* a. a. O.; *G/L* § 102 Rz. 41; KR-*Etzel* § 102 Rz. 115; *S/W* § 102 Rz. 103; *Heinze* Rz. 492; *Hunold* DB 1976, 1866ff.; *Meisel* Rz. 503; **a. A.** *D/R* § 102 Rz. 95 f.; *F/A/K/H* § 102 Rz. 23; *Buchner* DB 1976, 532; *Eich* DB 1975, 1603; *Hueck* KSchG Einl. Rz. 110 bei Offenkundigkeit des Mangels), dagegen nicht, wenn der Fehler im Risikobereich des Betriebsrats vom Arbeitgeber veranlaßt ist. Bei vom Arbeitgeber durch unsachgemäßes Verhalten veranlaßtem Fehler des Betriebsrat ist nach dem *Bundesarbeitsgericht* (vom 4. 8. 1975 – 2 AZR 266/74 – a. a. O.) zu erwägen, ob der Arbeitgeber verpflichtet ist, auf Mängel bei der Willensbildung des Betriebsrats hinzuweisen; sonst könnte u. U. der Fall eintreten, daß der Arbeitgeber wegen unrichtiger Rechtsausübung, nämlich wegen widersprüchlichen Verhaltens, sich entgegenhalten lassen müsse, eine wirksame Anhörung liege nicht vor (*Herschel* Anm. II/2 zu AP Nr. 3 zu § 102 BetrVG 1972; *G/L* § 102 Rz. 41; GK-*Kraft* § 102 Rz. 56; KR-*Etzel* § 102 Rz. 117). Dies ist z. B. anzunehmen, wenn der Arbeitgeber den Betriebsratsvorsitzenden auffordert, den Beschluß im Umlaufverfahren herbeizuführen oder wenn er diesen zur sofortigen alleinigen Stellungnahme veranlaßt (*BAG* vom 28. 2. 1974 – 2 AZR 455/73 – EzA § 102 BetrVG 1972 Nr. 8 m. Anm. *Kraft* = DB 1974, 1294; *G/L* a. a. O.; *Kraft* a. a. O.; *Etzel* a. a. O.).

2. Verantwortungsbereich des Arbeitgebers

79 **Mängel des Anhörungsverfahrens im Verantwortungsbereich des Arbeitgebers,** die zur **Unwirksamkeit der Kündigung** führen, sind die Verletzung aller mit der Einleitung des Anhörungsverfahrens zusammenhängenden Pflichten des Arbeitgebers (vgl. Rz. 19 ff.). Im einzelnen handelt es sich um die Verletzung folgender Pflichten:
- Anhörung des Betriebsrats;
- schriftliche oder mündliche Mitteilung einer beabsichtigten bevorstehenden Kündigung unter Angabe des zu kündigenden Arbeitnehmers und der Art der Kündigung – ordentliche oder fristlose (*BAG* vom 28. 2. 1974 – 2 AZR 455/ 73 – EzA § 102 BetrVG 1972 Nr. 8, m. Anm. *Kraft* = DB 1974, 1294). Die Vorankündigung einer Kündigung reicht nicht aus; auch nicht die Mitteilung allgemeiner Kündigungsabsichten des Arbeitgebers, ohne konkret zu werden (*LAG Düsseldorf* vom 1. 7. 1974 – 10 (1) Sa 85/74 – AuR 1975, 156); vgl. auch Rz. 28 ff.;
- Mitteilung der Kündigungsfrist, vgl. Rz. 30 (*BAG* vom 29. 3. 1990 – 2 AZR 420/89 – EzA § 102 BetrVG 1972 Nr. 79 = DB 1990, 2124). Die Angabe einer falschen Kündigungsfrist bzw. eines falschen Endtermins macht das Anhörungsverfahren aber nicht fehlerhaft, da der Arbeitgeber nur seine subjektiven Vorstellungen wiederzugeben hat (*BAG* vom 29. 1. 1986 – 7 AZR 257/84 – EzA § 102 BetrVG 1972 Nr. 64 = DB 1986, 2549; KR-*Kraft* § 102 Rz. 44);
- Mitteilung der wesentlichen Kündigungsgründe, die dem Arbeitgeber bekannt sind (vgl. Rz. 31 ff.). Werden weitere Kündigungsgründe erst nach Ausspruch der Kündigung bekannt und will der Arbeitgeber diese verwerten, so muß der Betriebsrat erneut gehört werden (*BAG* vom 11. 4. 1985 – 2 AZR 239/84 – EzA § 102 BetrVG 1972 Nr. 62 m. Anm. *Kraft* = DB 1986, 1726);
- Mitteilung an den Erklärungsempfänger des Betriebsrats, also den Vorsitzenden oder im Falle seiner Verhinderung an den Stellvertreter bzw. an den Vorsitzenden des betreffenden Ausschusses (vgl. Rz. 53; *BAG* vom 28. 2. 1974 – 2 AZR 455/73 a. a. O.; *BAG* vom 4. 8. 1975 – 2 AZR 266/74 – EzA § 102 BetrVG 1972 Nr. 14 m. Anm. *Nickel, Pabst* = DB 1975, 2184);
- Ausspruch der Kündigung vor Ablauf der Anhörungsfrist, ohne daß eine endgültige Stellungnahme des Betriebsrats vorliegt (*BAG* vom 4. 8. 1975 a. a. O.). Vor Ablauf der in § 102 Abs. 2 bezeichneten Fristen ist das Anhörungsverfahren nur dann beendet, wenn es sich um eine abschließende Stellungnahme des Betriebsrats handelt (*BAG* vom 1. 4. 1976 – 2 AZR 179/75 – EzA § 102 BetrVG 1972 Nr. 23 = DB 1976, 1241).

Vom Arbeitgeber veranlaßte Fehler im Anhörungsverfahren sind:
- wenn der Arbeitgeber dem Betriebsrat als Gremium zeitlich keine Gelegenheit zur **ordnungsgemäßen Beschlußfassung** in einer Betriebsratssitzung gibt, z. B. weil er den Betriebsratsvorsitzenden auffordert, zu einer Kündigung unverzüglich Stellung zu nehmen (vgl. auch *BAG* vom 24. 3. 1977 – 2 AZR 289/ 76 – EzA § 102 BetrVG 1972 Nr. 28 m. Anm. *Kittner* = DB 1977, 1853 und Rz. 80). Die im unmittelbaren Anschluß an die Mitteilung der Kündigungsabsicht auf Befragen des Arbeitgebers abgegebene Erklärung des Betriebsratsvorsitzenden, er stimme der beabsichtigten Kündigung zu, ist ohne rechtliche Bedeutung. In einem solchen Fall weiß der Arbeitgeber, daß der aus mehreren Mitgliedern bestehende Betriebsrat sich noch nicht mit dem Kündigungs-

fall befaßt haben kann. Das Anhörungsverfahren ist damit noch nicht abgeschlossen, eine daraufhin gleichwohl ausgesprochene Kündigung gem. § 102 Abs. 1 unwirksam (*BAG* vom 28. 2. 1974; vom 4. 8. 1975 a. a. O.; *BAG* vom 18. 9. 1975 – 2 AZR 594/74 – EzA § 102 BetrVG 1972 Nr. 17 m. Anm. *Schlüter* = DB 1976, 344);
- wenn der Arbeitgeber durch unsachgemäßes Verhalten Mängel bei der Beteiligung des Betriebsrats veranlaßt, z. B. wenn der Arbeitgeber den Betriebsratsvorsitzenden auffordert, die Stellungnahme der anderen Betriebsratsmitglieder im Umlaufverfahren einzuholen (*BAG* vom 4. 8. 1975 a. a. O.);
- wenn der Arbeitgeber bewußt auf eine fehlerhafte Zusammenarbeit des Betriebsrats bei seiner Beschlußfassung hinwirkt (*LAG Düsseldorf* vom 25. 4. 1975 – (15) Sa 364/75 – BB 1975, 301 = DB 1975, 2041 und vom 7. 3. 1975 – 16 SA 690/74 – EzA § 102 BetrVG 1972 Nr. 12 = DB 1975, 743; *G/L* § 102 Rz. 41);
- wenn in einem nicht betriebsausschußfähigen Betrieb ein gebildeter Personalausschuß der Kündigung zustimmt und der Arbeitgeber den Betriebsrat nicht auf die Bestimmungen der §§ 27, 28 hinweist (*LAG Bremen* vom 26. 10. 1982 – 4 Sa 185/82 – DB 1983, 345, 2145), richtiger Ansicht nach gehört dies aber zur Risikosphäre des Betriebsrats (*S/W* § 102 Rz. 103);
- unzulässige Einflußnahme auf den Betriebsrat durch arglistige Täuschung oder rechtswidrige Drohung (KR-*Etzel* § 102 Rz. 114).

3. Verantwortungsbereich des Betriebsrats

Mängel, die in den **Verantwortungsbereich des Betriebsrats** fallen, machen die **Kündigung nicht** wegen mangelnder Anhörung des Betriebsrats **unwirksam**. Der einzelne Arbeitnehmer kann aber in diesen Fällen, falls die Voraussetzungen vorliegen, aus anderen Gründen Kündigungsschutzklage erheben. 80
Folgende Fehler des Anhörungsverfahrens sind dem **Risikobereich des Betriebsrats** zuzurechnen:
- fehlerhafte Besetzung des Betriebsrats oder des zuständigen Ausschusses bei der Beschlußfassung infolge nicht ordnungsgemäßer Ladung der Mitglieder oder eines Mitglieds (*BAG* vom 2. 4. 1976 – 2 AZR 513/75 – EzA § 102 BetrVG 1972 Nr. 21 m. Anm. *Buchner* = DB 1976, 1063);
- nicht erfolgte Ladung von Ersatzmitgliedern (*BAG* vom 4. 8. 1975 – 2 AZR 266/74 – EzA § 102 BetrVG 1972 Nr. 14 m. Anm. *Nickel, Pabst* = DB 1975, 2184);
- Fehler bei der Einladung zur Sitzung (*LAG Düsseldorf* vom 4. 12. 1974 – 12 Sa 947/74 – AuR 1975, 157);
- alle Mängel bei der Beschaffung (*BAG* vom 12. 10. 1979 – 7 AZR 959/77 – EzA § 1 KSchG 1969 Betriebsbedingte Kündigung Nr. 12 = DB 1980, 502) wie Beschlußfassung im Umlaufverfahren (*BAG* vom 4. 8. 1975 a. a. O.) oder durch einen Personalausschuß in einem nicht ausschußfähigen Betrieb (**a. A.** *LAG Bremen* vom 26. 10. 1982 – 4 Sa 185/82 – AP Nr. 26 zu § 102 BetrVG 1972 = DB 1983, 345, 2145);
- Übertragung des Anhörungsverfahrens an den Betriebsausschuß ohne schriftlichen Beschluß des Betriebsrates (*BAG* vom 24. 8. 1983 – 7 AZR 475/81 – unveröff.);

§ 102 4. Teil 5. Abschn. *Personelle Angelegenheiten*

- ermessensfehlerhafte Nichtanhörung des Arbeitnehmers (*BAG* vom 2. 4. 1976 a. a. O.);
- alle Mängel bei der Beschlußfassung wie Beschlußfassung im Umlaufverfahren (*BAG* vom 4. 8. 1975 a. a. O.);
- Anwesenheit des Arbeitgebers während der Beschlußfassung (*BAG* vom 24. 3. 1977 – 2 AZR 289/76 – EzA § 102 BetrVG 1972 Nr. 28 m. Anm. *Kittner* = DB 1977, 1853); wenn der Arbeitgeber während einer auf sein Verlangen einberufenen Sitzung des Betriebsrats, in der die beabsichtigte Kündigung eines Arbeitnehmers behandelt wird, auch bei der Beschlußfassung des Betriebsrats anwesend ist, dann wirkt sich das auf die Ordnungsmäßigkeit des Anhörungsverfahren i. S. d. § 102 Abs. 1 jedenfalls dann nicht aus, wenn er den Betriebsrat weder veranlaßt hat, sofort eine Stellungnahme abzugeben, noch davon abgehalten hat, eine weitere Sitzung ohne seine Anwesenheit durchzuführen (*BAG* vom 24. 3. 1977 a. a. O.);
- unterlassene Weitergabe der Mitteilung des Arbeitgebers an die Betriebsratskollegen durch das empfangsberechtigte Betriebsratsmitglied oder eine rechtlich fehlerhafte Beschlußfassung durch den Betriebsrat (*BAG* vom 28. 3. 1974 – 2 AZR 472/73 – EzA § 102 BetrVG 1972 Nr. 9 = DB 1974, 1438);
- Nichteinberufung einer Betriebsratssitzung zur Beschlußfassung;
- verspätete Stellungnahme;
- fehlerhafte Abgabe der Stellungnahme wie mangelnde Schriftlichkeit, mangelnde Begründung;
- Fehlverhalten des Vorsitzenden z. B. durch Nichteinschaltung des Betriebsrats als Gremium oder falsche Weitergabe der Stellungnahme (GK-*Kraft* § 102 Rz. 55).

VI. Beendigung des Anhörungsverfahrens und Kündigung

81 Das **Anhörungsverfahren ist beendet** und der Kündigung steht betriebsverfassungsrechtlich nichts mehr im Wege, wenn die **Wochenfrist** oder **Dreitagefrist abgelaufen ist. Schweigt der Betriebsrat** auf die Mitteilung des Arbeitgebers von seiner Kündigungsabsicht, so kann der Arbeitgeber, wenn er seine Anhörungspflicht nicht verletzen will, erst nach Ablauf der Fristen des § 102 Abs. 2 die Kündigung aussprechen (*BAG* vom 18. 9. 1975 – 2 AZR 594/74 – EzA § 102 BetrVG 1972 Nr. 17 m. Anm. *Schlüter* = DB 1976, 344). Nach dem *BAG* soll dies auch in Eilfällen gelten (*BAG* vom 13. 11. 1975 – 2 AZR 610/74 – EzA § 102 BetrVG 1972 Nr. 20 = DB 1976, 969); vgl. aber hierzu Ausführungen unter Rz. 22. Beginnt die Wochenfrist wegen mangelnder Unterrichtung nicht zu laufen (vgl. Rz. 73), so kann der Arbeitgeber selbst nach Ablauf der Fristen des Abs. 2 nicht kündigen, da keine Anhörung erfolgt ist. Etwas anderes gilt nur dann, wenn der Betriebsrat sich trotz mangelnder Unterrichtung zur Kündigung äußert. Eine Äußerung des Betriebsrats ist bei mangelnder Unterrichtung durch den Arbeitgeber aber nicht in dem Wunsch nach weiterer Information zu sehen (vgl. auch Rz. 66). Wird aber durch die weitere Information innerhalb der Fristen die mangelnde Unterrichtung behoben, so laufen vom Zeitpunkt der ausreichenden Unterrichtung an die Fristen erneut, d. h. der Arbeitgeber kann, gerechnet vom Zeitpunkt der ordnungsgemäßen Information nach Ablauf der Fristen, auf jeden Fall kündigen. Die Anhörung ist damit beendet. Teilt der Betriebsrat dem Arbeitgeber vor Ablauf der

Wochenfrist lediglich mit, er habe die Kündigung »zur Kenntnis« genommen, so muß der Arbeitgeber dennoch die Wochenfrist einhalten, denn in dieser Äußerung kann keine abschließende gesehen werden (vgl. Rz. 82; *F/A/K/H* § 102 Rz. 32 a); dies kann anders sein, wenn nach der betrieblichen Übung durch diese Mitteilung das Anhörungsverfahren beim Betriebsrat abgeschlossen ist (*BAG* vom 12. 3. 1987 – 2 AZR 176/86 – EzA § 102 BetrVG 1972 Nr. 71 = DB 1988, 658; *LAG Hamm* vom 17. 8. 1982 – 13 Sa 331/82 – DB 1983, 48; KR-*Etzel* § 102 Rz. 103).

Vorher, d. h. vor Ablauf der Frist, ist das Anhörungsverfahren beendet und der Ausspruch der Kündigung möglich, **wenn** der Betriebsrat Stellung genommen hat und es sich für den Arbeitgeber um eine **erkennbar abschließende Stellungnahme des Betriebsrats** handelt (*F/A/K/H* § 102 Rz. 32 a; *BAG* vom 4. 8. 1975 – 2 AZR 266/74 – EzA § 102 BetrVG 1972 Nr. 14 m. Anm. *Nickel, Pabst* = DB 1975, 2184; *BAG* vom 1. 4. 1976 – 2 AZR 179/75 – EzA § 102 BetrVG 1972 Nr. 23 = DB 1976, 1241); hierbei ist es unerheblich, ob die Stellungnahme fehlerhaft oder unvollständig ist, soweit dies in die Risikosphäre des Betriebsrats fällt (vgl. Rz. 80; *BAG* vom 4. 8. 1975 a. a. O. und vom 2. 4. 1976 – 2 AZR 513/75 – EzA § 102 BetrVG 1972 Nr. 21 m. Anm. *Buchner* = DB 1976, 1063; *G/L* § 102 Rz. 41; ausführlich *Eich* DB 1975, 1603). Ist das Anhörungsverfahren nicht ordnungsgemäß eingeleitet (vgl. Rz. 53 ff.), so soll auch eine »abschließende« Stellungnahme nicht geeignet sein, den Fehler des Arbeitgebers zu heilen; es sei denn, daß der Betriebsrat der Kündigung vorbehaltlos und ausdrücklich zugestimmt habe (*BAG* vom 28. 9. 1978 – 2 AZR 2/77 – EzA § 102 BetrVG 1972 Nr. 39 = DB 1979, 1135). Eine **abschließende Stellungnahme liegt** dann **vor**, wenn der Betriebsrat eine Erklärung abgegeben hat, aus der sich ergibt, daß er keine weitere Erörterung mehr wünscht (*BAG* vom 1. 4. 1976 a. a. O.). Dies ist z. B. der Fall, wenn der Betriebsrat in einer gemeinsamen Sitzung mit dem Arbeitgeber nach der Mitteilung der Kündigungsgründe sofort einstimmig seine Zustimmung zur Kündigung erteilt, ohne daß der Arbeitgeber die sofortige Stellungnahme veranlaßt oder den Betriebsrat von einer gesonderten Beratung abgehalten hat (*BAG* vom 24. 3. 1977 – 2 AZR 289/76 – EzA § 102 BetrVG 1972 Nr. 28 m. Anm. *Kittner* = DB 1977, 1853). Teilt der Betriebsrat mit, daß er keine Stellungnahme wolle, so ist dies als abschließende Stellungnahme anzusehen (*BAG* vom 12. 3. 1987 – 2 AZR 176/86 – EzA § 102 BetrVG 1972 Nr. 71 = DB 1988, 658; KR-*Etzel* § 102 Rz. 103); dagegen nicht, wenn er mitteilt, daß es sich bei der geplanten Kündigung um einen sozialen Härtefall handle und um Überprüfung bittet, ob nicht anderen Arbeitnehmern gekündigt werden könne (so *BAG* vom 1. 4. 1976 a. a. O.). **Keine abschließende Stellungnahme** liegt in der mündlichen Mitteilung von Bedenken, wenn noch eine schriftliche Stellungnahme angekündigt wird oder der Arbeitgeber den Umständen nach damit rechnen muß (*F/A/K/H* § 102 Rz. 32 a; KR-*Etzel* § 102 Rz. 103 a; *BAG* vom 28. 7. 1982 – 7 AZR 1181/79 – unveröff.; **a. A.** *LAG Hamm* vom 5. 12. 1975 – 9 Sa 1149/75 – rkr., DB 1976, 680) oder wenn der Betriebsrat der Kündigung mündlich zwar an sich zustimmt, aber noch Vorlage von Beweisstücken verlangt (*BAG* vom 1. 12. 1977 – 2 AZR 426/76 – EzA § 103 BetrVG 1972 Nr. 21 = DB 1978, 355).

§ 102   4. Teil 5. Abschn. *Personelle Angelegenheiten*

VII. Widerspruchsverfahren

1. Voraussetzungen des Widerspruchs

83 Der Widerspruch nach Abs. 3 ist nur bei der **ordentlichen** Kündigung möglich (vgl. auch Rz. 72). Ein **ordnungsgemäßer Widerspruch** des Betriebsrats ist nur dann gegeben, **wenn er**
- **innerhalb der Wochenfrist** (Rz. 73 ff.),
- **schriftlich** (Rz. 85 f.),
- **unter Angabe von Gründen aus dem abschließenden Katalog des Abs. 3** (Rz. 87 ff.) **erfolgt.**

Beim Widerspruch ist ebenfalls wie bei der Zustimmungsverweigerung des § 99 (vgl. § 99 Rz. 97) zwischen den formellen Voraussetzungen, die die Zulässigkeit des Widerspruchs betreffen, und den materiellen Voraussetzungen der Begründetheit zu unterscheiden. Fehlt eine der hier aufgezählten formellen Voraussetzungen, so ist der Widerspruch nicht ordnungsgemäß und daher unbeachtlich; ein solcher Widerspruch vermag die Weiterbeschäftigungspflicht des Abs. 5 nicht zu begründen (*D/K/K/S* § 102 Rz. 71; *D/R* § 102 Rz. 165, 184; *G/L* § 102 Rz. 83; GK-*Kraft* § 102 Rz. 79 ff.; KR-*Etzel* § 102 Rz. 147, 200; *S/W* § 102 Rz. 165; *Schlochauer* RdA 1973, 162). Aber auch in den Fällen des nicht ordnungsgemäßen Widerspruchs kann der Arbeitgeber nur dann vor Ablauf der Wochenfrist kündigen, wenn der Betriebsrat erkennbar abschließend durch den nicht ordnungsgemäßen Widerspruch Stellung genommen hat (vgl. hierzu Rz. 82). Soweit die Stellungnahme für den Arbeitgeber nicht erkennbar abschließend war, kann der Betriebsrat den nicht ordnungsgemäßen Widerspruch noch innerhalb der Wochenfrist so ergänzen, daß er zu einem ordnungsgemäßen wird.

84 Erfolgt der **ordnungsgemäße Widerspruch** nicht innerhalb der Wochenfrist, so gilt die Zustimmung des Betriebsrats als erteilt (vgl. Rz. 73 ff.).

85 Zur Wirksamkeit des Widerspruchs ist die Einhaltung der **Schriftform** innerhalb der Wochenfrist erforderlich (*D/R* § 102 Rz. 155; *F/A/K/H* § 102 Rz. 38; *G/L* § 102 Rz. 80; GK-*Kraft* § 102 Rz. 81; KR-*Etzel* § 102 Rz. 142; *S/W* § 102 Rz. 106; *ArbG Ludwigshafen* vom 13. 3. 1973 – 5 Ca 5/73 L – ARSt. 1974, 2). Die Schriftform bezieht sich auch auf die Gründe des Widerspruchs. Die Erklärung des Widerspruchs durch den Betriebsrat und die Gründe dafür müssen also schriftlich in einer oder verschiedenen Urkunden niedergelegt sein, sowie vom Vorsitzenden oder stellvertretenden Vorsitzenden bzw. Ausschußvorsitzenden oder dessen Stellvertreter eigenhändig unterschrieben sein (§ 126 Abs. 1 BGB; Lit. vgl. § 99 Rz. 98). An die Unterschrift sind nicht die gleichen Anforderungen zu stellen wie etwa an die Unterschrift der Klageschrift; aus der Unleserlichkeit der Unterschrift dürften aber keine Bedenken gegen die Ordnungsmäßigkeit herzuleiten sein (*LAG Düsseldorf* vom 28. 5. 1976 – 17 Sa 377/76 – AuR 1977, 281).

86 Die **schriftliche Begründung** des Widerspruchs muß sich auf einen der abschließend in Abs. 3 Nr. 1–5 aufgezählten Gründe beziehen. Eine Ausweitung der in Abs. 3 abschließend aufgeführten Tatbestände ist nicht möglich (*LAG Düsseldorf* vom 2. 9. 1977 – 4 Sa 1060/77 – BB 1978, 963 und vom 7. 3. 1979 – 12 Sa 52/79 – AuR 1979, 314). Andere als im Katalog der Widerspruchsgründe abschließend aufgezählte Gründe kann der Betriebsrat nicht als Widerspruch vorbringen, er kann bei anderen Gründen höchstens Bedenken geltend machen (*D/K/K/S* § 102 Rz. 71; *D/R* § 102 Rz. 156; *F/A/K/H* § 102 Rz. 38; *G/L* § 102 Rz. 82 f.; GK-*Kraft*

Mitbestimmung bei Kündigungen § 102

§ 102 Rz. 82ff.; KR-*Etzel* § 102 Rz. 148; *S/W* § 102 Rz. 107; *LAG Düsseldorf* vom 21. 6. 1974 – 15 Sa 633/74 – EzA § 102 BetrVG 1972 Beschäftigungspflicht Nr. 3 = DB 1974, 2113; *LAG Frankfurt/M.* vom 21. 3. 1973 – 7 Sa 667/72 – DB 1973, 1806; *LAG Berlin* vom 11. 6. 1974 – 8 Sa 37/74 – DB 1974, 1628; *LAG Hamburg* vom 29. 10. 1975 – 5 Sa 92/75 – BB 1976, 184; *LAG Düsseldorf* vom 2. 9. 1977 a. a. O.). So würde es lediglich eine Äußerung von Bedenken bedeuten, wenn der Betriebsrat z. B. mitteilte, die Kündigungsbegründung des Arbeitgebers sei unzutreffend (*ArbG Rosenheim* vom 1. 4. 1976 – 3 Ga 3/76 – BB 1976, 696) oder er glaube nicht, daß es keine andere Stellung innerhalb des Hauses gebe, an der man die Arbeitnehmerin auch als Halbtagskraft einsetzen könne (*LAG Düsseldorf* vom 15. 3. 1978 – 12 Sa 316/76 – DB 1978, 1282). Auch bei der Kündigung von **Tendenzträgern** können Bedenken, dagegen keine Widerspruchsgründe geltend gemacht werden (vgl. Rz. 7).

Der Widerspruch muß durch die **Angaben konkreter Tatsachen** begründet werden; lediglich eine formelhafte Bezugnahme auf eine der Nummern des Abs. 3 genügt nicht, auch nicht die Wiederholung des Gesetzestextes der Nr. 1–5 (*D/R* § 102 Rz. 157; *F/A/K/H* § 102 Rz. 38; *G/L* § 102 Rz. 82 a; GK-*Kraft* § 102 Rz. 82; KR-*Etzel* § 102 Rz. 143; *S/W* § 102 Rz. 109; *LAG Düsseldorf/Köln* vom 23. 5. 1975 – 8 Sa 152/75 – EzA § 102 BetrVG 1972 Beschäftigungspflicht Nr. 4; *LAG Hamburg* vom 29. 10. 1975 – 5 Sa 92/75 – BB 1976, 184; *LAG Niedersachsen* vom 22. 8. 1975 – 7 a (3) Sa 80/75 – DB 1975, 1898; *LAG Frankfurt/M.* vom 20. 10. 1976 – 6 Sa Ga 891/76 – ARSt. 1977, 142; *LAG Düsseldorf* vom 15. 3. 1978 – 12 Sa 316/76 – DB 1978, 1282; vgl. auch § 99 Rz. 100). Die vom Betriebsrat **angegebenen Widerspruchsgründe** brauchen **nicht stichhaltig zu sein**. Es genügt für einen ordnungsgemäßen Widerspruch, wenn der Betriebsrat unter Angabe konkreter Tatsachen behauptet, einer der Tatbestände des Abs. 2 Nr. 1–5 spreche gegen die Kündigung (*D/R* § 102 Rz. 158; *F/A/K/H* § 102 Rz. 38; *G/L* § 102 Rz. 82b; KR-*Etzel* § 102 Rz. 144; **a. A.** *S/W* § 102 Rz. 109; *LAG Düsseldorf* vom 5. 1. 1976 – 9 Sa 1604/75 – DB 1976, 1065; vom 15. 5. 1978, a. a. O.; *Stahlhacke* Rz. 305; *LAG Hamburg* vom 29. 10. 1975 a. a. O.); über die **Begründetheit des Widerspruchs** kann erst im gerichtlichen Verfahren entschieden werden. 87

Umstritten ist, ob der **Widerspruch** des Betriebsrats aus den Gründen des Abs. 3 88 Nr. 1–5 **nur möglich ist bei einer betriebsbedingten oder auch bei personen-** oder **verhaltensbedingten** Kündigungen. Die Rechtsprechung der Landesarbeitsgerichte ist hierzu unterschiedlich.

Einen Widerspruch halten **nur bei betriebsbedingten Kündigungen** (Rz. 31) für 89 zulässig: z. B. *LAG Düsseldorf* vom 2. 9. 1975 – 5 Sa 323/75 – DB 1975, 1995; *LAG Berlin* vom 11. 6. 1974 – 8 Sa 37/74 – DB 1974, 1629; vom 11. 6. 1974 – 8 Sa 42/74 – AuR 1975, 189; vom 22. 8. 1974 – 7 Sa 67/74 – ARSt. 1975, 101; vgl. auch folgende Arbeitsgerichte: *Siegburg* vom 24. 7. 1972 – GA 4/72 – EzA § 102 BetrVG 1972 Nr. 3; *Saarbrücken* vom 13. 4. 1972 – 5 BV 12/72 – EzA § 102 BetrVG 1972 Nr. 4 und weitere Arbeitsgerichte (vgl. *S/W* § 102 Rz. 111).

Auch bei **personenbedingten Kündigungen** (Rz. 31) halten einige der Landesar- 90 beitsgerichte den **Widerspruch** nach Abs. 3 für zulässig, nicht jedoch bei verhaltensbedingten Kündigungen: *LAG Frankfurt/M.* vom 20. 10. 1976 – 6 Sa Ga 884/76 – rkr., ARSt. 1977, 130 und – 6 Sa Ga 891/76 – rkr., ARSt. 1977, 142; vom 1. 6. 1977 – 4 Sa 234/77 –; *LAG Düsseldorf* vom 21. 5. 1976 – 9 Sa 138/76 – DB 1977, 121; *LAG Rheinland-Pfalz* vom 12. 6. 1972 – 4 Sa 107/72 – unveröff., Fn. 10 in AuR 1973, 331; die personenbedingte Kündigung einschließend, aber ohne Stel-

§ 102   4. Teil 5. Abschn. Personelle Angelegenheiten

lungnahme zur verhaltensbedingten Kündigung; *BAG* vom 10. 3. 1977 – 2 AZR 79/76 – EzA § 1 KSchG 1969 Krankheit Nr. 4 m. Anm. *Falkenberg* = DB 1977, 1463).

91 Einzelne Landesarbeitsgerichte gehen auch bei **verhaltensbedingten Kündigungen** (Rz. 31) von einem Widerspruchsrecht aus, wie das *LAG Düsseldorf* vom 13. 11. 1975 – 14 Sa 1259/75 – BB 1976, 464 (bei nicht verschuldeter Schlechtleistung); (*LAG Frankfurt/M.* vom 18. 6. 1976 – 8 Sa Ga 302/76 – NJW 1978, 76; *LAG Berlin* vom 15. 9. 1980 – 12 Sa 42/80 – DB 1980, 2449).

92 Das *Bundesarbeitsgericht* vertritt die Ansicht, daß der Widerspruch auch bei **personen- und verhaltensbedingten Gründen** grundsätzlich zulässig sei (*BAG* vom 22. 7. 1982 – 2 AZR 30/81 – EzA § 1 KSchG 1969 Verhaltensbedingte Kündigung Nr. 10 = DB 1983, 180). Diese Ansicht des Bundesarbeitsgerichts wird weder dem Gesamtzusammenhang noch Sinn und Zweck der Widerspruchsgründe gerecht. Keine Rechtfertigung ist insbesondere, daß die Abgrenzung zwischen verhaltensbedingten und personenbedingten Gründen schwierig sei (vgl. hierzu Rz. 93).

93 In der **Literatur** wird davon ausgegangen, daß der **Widerspruch** nach Abs. 3 **überwiegend für betriebsbedingte Kündigungen** infrage kommt, **im Einzelfall auch bei personenbedingten** Gründen, dagegen **grundsätzlich nicht bei verhaltensbedingten** Gründen (*Boewer* DB 1978, 251; *Bleistein* § 102 Rz. 512; *Gamillscheg* FS BAG 1979, 129; *Meisel* DB 1972, 1675; *ders.* Rz. 516; *Schlochauer* RdA 1973, 158; *S/W* § 102 Rz. 114; a. A. *D/R* § 102 Rz. 121; *G/L* § 102 Rz. 64; GK-*Kraft* § 102 Rz. 87; *F/A/K/H* § 102 Rz. 42, falls zu erwarten ist, daß das zu mißbilligende Verhalten bei Einsatz auf einem anderen Arbeitsplatz entfällt; *G/K/S/B* § 102 Rz. 74; KR-*Etzel* § 102 Rz. 146; *Großmann* DB 1977, 1363; *Meisel* für die Widerspruchsgründe Nr. 3–5 Rz. 519; nach *D/R* § 102 Rz. 123 soll vom Widerspruchsgrund aus zu entscheiden sein, ob die Widerspruchsmöglichkeit bei einer betriebs-, personen- oder verhaltensbedingten Kündigung besteht). Teilweise wird bei einer verhaltensbedingten Kündigung dann ein Widerspruchsrecht angenommen, wenn es sich um **unverschuldet verhaltensbedingte** Gründe handelt, also um den **Grenzbereich zur personenbedingten Kündigung** (*Hueck* KSchG § 1 Rz. 141; *Stahlhacke*; Rz. 757; *ders.* BlStSozArbR 1972, 58; *G/L* § 102 Rz. 64). Es handelt sich z. B. um Fälle, in denen ein Arbeitnehmer ohne sein Verschulden schlechte Leistungen erbringt, aber auf einem anderen Arbeitsplatz in der Lage wäre, ordnungsgemäß zu arbeiten. Diese »Grenzfälle« lassen sich befriedigend und eindeutig lösen, wenn man der **Abgrenzung** zwischen **personenbedingter und verhaltensbedingter** Kündigung folgt, wie sie von *Stege* (RdA 1978, 77) vertreten wird. Danach sind nur vom Arbeitnehmer verschuldete Umstände den personenbedingten Kündigungsgründen zuzuordnen, dagegen verschuldete Umstände stets den verhaltensbedingten Kündigungsgründen. Die aufgeführten »Grenzfälle« zählen also, soweit sie unverschuldet sind, zu den personenbedingten Kündigungsgründen, und nur für diese wird ausnahmsweise ein Widerspruchsrecht angenommen. Bei verhaltensbedingten Gründen, wie sie hier definiert sind, ist daher kein Widerspruch möglich (*G/L* § 102 Rz. 64; *S/W* § 102 Rz. 116 f.). Die Kündigung aus verhaltensbedingten Gründen hat nämlich auch Sanktionscharakter. Wann ein Widerspruchsrecht auch bei personenbedingten Gründen möglich ist, kommt darauf an, aus welchem Grund des Abs. 3 widersprochen wird.

94 Ein Widerspruch gegen die ordentliche Kündigung, weil der Arbeitgeber bei der Auswahl der zu kündigenden Arbeitnehmer soziale Gesichtspunkte nicht oder nicht ausreichend berücksichtigt hat **(Abs. 3 Nr. 1)** ist **ausschließlich** bei **betriebs-**

bedingten Kündigungen möglich (**h.M.**: *D/R* § 102 Rz. 125; *G/L* § 102 Rz. 56; GK-*Kraft* § 102 Rz. 85; KR-*Etzel* § 102 Rz. 149; *S/W* § 102 Rz. 115, 119; *Meisel* Rz. 507 ff.; *Schlochauer* RdA 1973, 158). Nur bei der betriebsbedingten Kündigung ist eine Auswahlentscheidung aus den genannten Gründen denkbar.

Wegen Verstoßes gegen eine **Auswahlrichtlinie (Abs. 3 Nr. 2)** kann ebenfalls nur 95 einer **betriebsbedingten Kündigung** widersprochen werden, da sich Auswahlrichtlinien nur auf die bei betriebsbedingten Kündigungen zu berücksichtigenden sozialen Gesichtspunkte beziehen können (vgl. auch § 95 Rz. 12; *Hueck* § 1 KSchG Rz. 137; *G/L* § 102 Rz. 60; KR-*Etzel* § 102 Rz. 158; *S/W* § 102 Rz. 115; *Blank* BB 1972, 536; *Meisel* DB 1972, 1675; *ders.* Rz. 519; *Schlochauer* RdA 1973, 158; *LAG Frankfurt/M.* vom 20. 10. 1976 – 6 Sa Ga 884/76 – ARSt. 1977, 130; **a.A.** *D/R* Rz. 131).

Die Widerspruchsgründe des **Abs. 3 Nr. 3–5** beziehen sich ebenfalls in erster Linie 96 auf **betriebsbedingte** Gründe, aber in besonderen Fällen auch auf **personenbedingte, nicht** jedoch auf **verhaltensbedingte** Gründe (*G/L* § 102 Rz. 64, 72, 79; *S/W* § 102 Rz. 116, 149; **a.A.** *D/K/K/S* § 102 Rz. 74; KR-*Etzel* § 102 Rz. 163, 169, 172; *D/R* § 102 Rz. 134 f.). Zur Abgrenzung zwischen personen- und verhaltensbedingten Gründen vgl. Rz. 85 (insbes. *Stege* RdA 1978, 77). Bereits der Ausschuß für Arbeit und Sozialordnung hat in seinem schriftlichen Bericht ausgeführt, daß es sich bei den Widerspruchsgründen in erster Linie um Gesichtspunkte handele, die infolge ihres kollektiven Einschlags vom Betriebsrat wegen der größeren Sachkenntnis und des vollständigeren Überblicks besser geltend gemacht werden könnten als vom einzelnen Arbeitnehmer (zu BT-Drucks. VI/2729, 7 r. Sp.). Diese Darstellung des Gesetzgebers zeigt bereits, daß von den Widerspruchsgründen zumindest nicht die verhaltensbedingten Kündigungen erfaßt sein sollten, denn diese haben keinen kollektiven Einschlag. Außerdem ist bei verhaltensbedingten Kündigungen das Vertrauensverhältnis zwischen Arbeitgeber und Arbeitnehmer so gestört, daß diese Störung an jedem anderen Arbeitsplatz weiterwirken würde. Die aufgrund des Widerspruchs mögliche Verpflichtung zur Weiterbeschäftigung würde bei einer verhaltensbedingten Kündigung zu einer unzumutbaren Belastung des Arbeitgebers führen und eine Überspannung der Fürsorgepflicht sowie einen Eingriff in die Betriebsorganisation bedeuten (*G/L* § 102 Rz. 64; *S/W* § 102 Rz. 116 f.; *Schlochauer* RdA 173, 158).

2. Widerruf des Widerspruchs

Ein **Widerruf des Widerspruchs** ist nach Zugang gegenüber dem Arbeitgeber **nicht** 97 **möglich** durch einseitige Erklärung des Betriebsrats (*Schlochauer* RdA 1973, 160). Genauso wie die Zustimmung (vgl. Rz. 71) zur Kündigung stellt der Widerruf eine einseitige, empfangsbedürftige Willenserklärung dar, die mit dem Zugang bindend wird. Es ist daher nicht einzusehen, warum man überwiegend (vgl. Rz. 71) die Zustimmung für unwiderrufbar hält, dagegen beim Widerspruch annimmt, daß dieser zurückgenommen werden, der Arbeitnehmer sich im Kündigungsschutzprozeß aber weiterhin auf ihn berufen könne, also die individualrechtlichen Folgen des Widerspruchs bestehen bleiben (*D/R* § 102 Rz. 161; GK-*Kraft* § 102 Rz. 83; *F/A/K/H* § 102 Rz. 52; KR-*Etzel* § 102 Rz. 139 f.; *Meisel* Rz. 498, 557; für einen Widerruf ohne jeglich Einschränkung: *S/W* § 102 Rz. 109 a, 170; *Brede* BlStSozArbR 1973, 19; *Stahlhacke* BlStSozArbR 1972, 59 *ders.* Rz. 1270) bzw.

daß der Widerspruch vom Betriebsrat nur so lange zurückgenommen werden kann, wie der Arbeitgeber die Kündigung noch nicht ausgesprochen hat – also diese dem Arbeitnehmer noch nicht zugegangen ist (*LAG Berlin* vom 20. 3. 1978 – 9 Sa 10/78 – AuR 1979, 253; *G/L* § 102 Rz. 86; im Ergebnis ebenso *D/R* § 102 Rz. 161). Diese verschiedene Behandlung von Widerspruch und Zustimmung erscheint nicht gerechtfertigt. Eine Zurücknahme bzw. ein Widerruf von beiden Willenserklärungen ist nicht zulässig, weil beide gleichermaßen eine gewisse Drittwirkung für den Arbeitnehmer haben und einen Vertrauensschutz für den Arbeitnehmer begründen. Für die Ansicht, weder Widerruf noch Zustimmung seien widerruflich, spricht, daß der Gesetzgeber immer dann, wenn er einen Widerruf von Willenserklärungen für zulässig erachtet hat, dies im Gesetz ausdrücklich geregelt und bestimmte Rechtsfolgen an den Widerruf geknüpft hat (vgl. z. B. § 183 BGB). Die hier vertretene Ansicht entspricht im Ergebnis materiellrechtlich derjenigen von *F/A/K/H* und *Meisel*, die auch nach Widerruf die individualrechtlichen Folgen des Widerspruchs weiterbestehen lassen. Der Widerspruch kann auch nicht bis zum Ausspruch der Kündigung zurückgenommen werden; in diesem Fall kann der Betriebsrat aber selbstverständlich einem neuen Kündigungswunsch des Arbeitgebers zustimmen (*F/A/K/H* § 102 Rz. 52). Wegen der Auswirkungen eines offensichtlich unbegründeten Widerspruchs auf die Weiterbeschäftigungspflicht vgl. Rz. 181 ff.. Eine **Anfechtung** des Widerspruchs ist bei Vorliegen der Anfechtungsvoraussetzungen nach § 119 ff. BGB genauso möglich wie bei einer anderen Willenserklärung.

3. Die einzelnen Widerspruchsgründe

a) Nichtberücksichtigung sozialer Gesichtspunkte bei der Auswahl

98 Ein Widerspruchsrecht nach **Ziff. 1** ist dann gegeben, wenn der Arbeitgeber bei der Auswahl des zu kündigenden Arbeitnehmers **soziale Gesichtspunkte** nicht oder nicht ausreichend berücksichtigt hat. Diese Bestimmung kommt nur dann zum Zuge, wenn der Arbeitgeber eine sogenannte **betriebsbedingte** und nicht etwa eine personen- oder verhaltensbedingte Kündigung ausgesprochen hat (**h. M.** vgl. Rz. 94). Denn nur im Fall der betriebsbedingten Kündigung steht der Arbeitgeber vor der Frage, welche Arbeitnehmer er entlassen muß und kann. Nur in diesem Fall kann er überhaupt eine Auswahl im Sinne dieser Bestimmung vornehmen. Bei einer personenbedingten oder Verhaltensbedingten Kündigung erfolgt die Kündigung eben gerade nicht aus im Betrieb selbst gelegenen, sondern vielmehr in der Person des Arbeitnehmers bzw. in dessen Verhalten zu suchenden Gründen. In diesem Fall kommt es also nur auf den einzelnen Arbeitnehmer selbst an, eine Auswahl scheidet aus. Bei einer betriebsbedingten Kündigung hingegen muß der Arbeitgeber, z. B. aus wirtschaftlichen Gründen, eine bestimmte Anzahl von Arbeitnehmern entlassen. Er muß diese bestimmte Zahl aus einer Vielzahl von möglichen Arbeitnehmern heraussuchen, also eine echte Auswahl treffen. Im übrigen gebietet § 1 Abs. 2 und 3 KSchG bereits dem Arbeitgeber, bei dieser Auswahl soziale Gesichtspunkte zu berücksichtigen, will er nicht Gefahr laufen, daß der Arbeitnehmer in einem Kündigungsschutzprozeß dartun und beweisen kann, daß der Arbeitgeber einen sozial Schwächeren entlassen und einen sozial Stärkeren behalten hat.

99 Die Vorschrift schafft **keinen neuen Tatbestand der Sozialwidrigkeit**. Die mangelnde soziale Auswahl kann im Kündigungsschutzprozeß nachgeprüft werden, ohne daß der Betriebsrat widersprochen hat; der Arbeitnehmer kann also unabhängig von einem etwaigen Widerspruch des Betriebsrats Kündigungsschutzklage erheben (*D/R* § 102 Rz. 127; *F/A/K/H* § 102 Rz. 40). Der Widerspruch hat aber die Bedeutung, daß der Arbeitnehmer gem. Abs. 5 Weiterbeschäftigung verlangen kann (vgl. Rz. 151 ff.). Zu den Voraussetzungen für eine betriebsbedingte Kündigung vgl. *Hueck* KSchG § 1 Rz. 100 ff., zur Beweislast Rz. 158 ff.

Widerspricht der Betriebsrat der Kündigung wegen **Nichtberücksichtigung sozialer Gesichtspunkte** so kann er nicht gleichzeitig die **Betriebsbedingtheit** der Kündigung **bestreiten**. In diesem Fall müßte er seinen Widerspruch auf die Fälle Nr. 3–5 stützen (*Meisel* Rz. 508; *S/W* § 102 Rz. 119 a; *LAG Berlin* vom 3. 6. 1976 – 7 Sa 33/76 – ARSt. 1977, 62; **a. A.** aber nur dahingehend, daß er zwar die Betriebsbedingtheit bestreiten kann, dies aber keinen Widerspruchsgrund darstellt: *D/R* § 102 Rz. 126; KR-*Etzel* § 102 Rz. 149; *LAG Düsseldorf/Köln* vom 23. 5. 1975 – 8 Sa 152/75 – EzA § 102 BetrVG 1972 Beschäftigungspflicht Nr. 4). 100

Zur **Mitteilungspflicht des Arbeitgebers** gegenüber dem Betriebsrat bei einer betriebsbedingten Kündigung insbesondere hinsichtlich der sozialen Auswahl vgl. Rz. 35 ff. 101

Bei der **Auswahl** der zu entlassenden Arbeitnehmer muß der Arbeitgeber die Interessen des betroffenen Arbeitnehmers und die Interessen des Betriebes sorgfältig gegeneinander abwägen (*BAG* vom 28. 3. 1957 – 2 AZR 307/55 – AP Nr. 25 zu § 1 KSchG m. Anm. *A. Hueck* = RdA 1957, 310; *BAG* vom 25. 6. 1964 – 2 AZR 382/63 – AP Nr. 14 zu 1 KSchG Betriebsbedingte Kündigung m. Anm. *Herschel* = DB 1964, 958). Die Entlassung muß den betreffenden Arbeitnehmer weniger hart treffen als andere Arbeitnehmer (*BAG* vom 12. 10. 1979 – 7 AZR 959/77 – EzA § 1 KSchG 1969 Betriebsbedingte Kündigung Nr. 12 = DB 1980, 502; vom 26. 6. 1964 – 2 AZR 373/63 – AP Nr. 14 zu § 1 KSchG Betriebsbedingte Kündigung m. Anm. *Herschel* = DB 1964, 1487). Dabei sind vor allem das Lebensalter, die Dauer der Betriebszugehörigkeit, der Familienstand und die wirtschaftliche Lage, z. B. die Zahl der sonst verdienenden Familienmitglieder, gesetzliche Unterhaltspflichten, Existenzsicherung durch ausreichenden Verdienst des Ehegatten, aber auch die Vermögensverhältnisse, etwaiges sonstiges Einkommen, gegebenenfalls auch eine im Betrieb erlittene Gesundheitsschädigung zu berücksichtigen. Der Arbeitgeber muß prüfen, welche Arbeitnehmer auf die Erhaltung des Arbeitsplatzes am wenigsten angewiesen sind (*BAG* vom 12. 10. 1979 und 26. 6. 1964 a. a. O.). Ein 55 jähriger Arbeitnehmer wird bei der Stellensuche sicherlich gegenüber einem 25 jährigen benachteiligt sein. Ein Familienvater mit 3 minderjährigen Kindern ist schutzbedürftiger als ein Junggeselle. Ein materiell gutsituierter 40 jähriger ist nicht so sehr auf den Arbeitsplatz angewiesen wie ein 50 jähriger Arbeitnehmer, der seit 20 Jahren im gleichen Betrieb tätig ist. Zu ungunsten des Arbeitnehmers kann die Tatsache ins Gewicht fallen, daß er von sich aus Vorbereitungen für die Lösung des Arbeitsverhältnisses getroffen hat (*G/L* § 102 Rz. 57; *Hueck* KSchG § 1 Rz. 119; *BAG* vom 22. 10. 1964 – 2 AZR 515/63 – EzA § 1 KSchG Nr. 2 = DB 1965, 38). 102

Die Auswahl der zu entlassenden Arbeitnehmer sind selbstverständlich auch solche Arbeitnehmer **einzubeziehen**, die noch **keinen Kündigungsschutz** genießen, weil ihr Arbeitsverhältnis noch keine 6 Monate bestanden hat. Das bedeutet jedoch noch nicht, daß sie immer zuerst zu entlassen wären, denn die Dauer der Betriebszugehörigkeit oder z. B. jugendliches Alter ist nur einer der bei der Aus- 103

§ 102   4. Teil 5. Abschn. *Personelle Angelegenheiten*

wahl zu berücksichtigenden Gesichtspunkte. Es ist durchaus denkbar, daß andere Gesichtspunkte zu einem gegenteiligen Ergebnis führen (*BAG* vom 20. 1. 1961 m. Anm. A. *Hueck* – 2 AZR 495/59 – AP Nr. 7 zu § 1 KSchG Betriebsbedingte Kündigung = DB 1961, 475). **Auszuklammern** dürften allerdings Arbeitnehmer sein, die einen **besonderen Kündigungsschutz** genießen. Das sind einmal soche Personen, die ein betriebsverfassungsrechtliches Ehrenamt innehaben, also Betriebsratsmitglieder, Jugendvertreter usw., zum anderen aber auch Schwerbehinderte und werdende Mütter. Hingegen sind die gewerkschaftlichen Vertrauensleute genauso zu behandeln wie andere Arbeitnehmer, es sei denn, daß der Tarifvertrag etwas anderes vorschreibt.

104 Die Auswahl ist grundsätzlich **unter allen vergleichbaren Arbeitnehmern** des **betreffenden Betriebes** vorzunehmen, nicht dagegen innerhalb des Unternehmens (**h. M.** *F/A/K/H* § 102 Rz. 43; *G/L* § 102 Rz. 58; *Heinze* Rz. 546 *Weller* AuR 1986, 230 *Hueck* KSchG § 1 Rz. 123; KR-*Becker* § 1 KSchG Rz. 345; *S/W* § 102 Rz. 122; *BAG* vom 22. 5. 1986 – 2 AZR 612/85 – EzA § 1 KSchG 1969 Soziale Auswahl Nr. 22 = DB 1986, 2547; vom 25. 4. 1985 – 2 AZR 140/84 – EzA § 1 KSchG 1969 Betriebsbedingte Kündigung Nr. 35 = DB 1985, 2205). In Großbetrieben kann ein Vergleich nur auf die **Betriebsabteilung** beschränkt werden (*S/W* § 102 Rz. 122; *Auffarth/Müller* § 1 KSchG Rz. 233; *Müller* DB 1956, 965; *LAG Frankfurt/M.* vom 15. 10. 1957 – IV LA 82/57 m. Anm. *Herschel* = DB 1958, 140; AP Nr. 45 zu § 1 KSchG 1969; **a. A.** *G/L* § 102 Rz. 58; KR-*Becker* § 1 KSchG Rz. 345; *Hueck* KSchG § 1 Rz. 124). **Vergleichbar** sind nur Arbeitnehmer, die gegeneinander ausgetauscht werden können, also Arbeitnehmer derselben Beschäftigungs- oder Berufsgruppe (*G/L* § 102 Rz. 58; *S/W* § 102 Rz. 123; *Hueck* KSchG 1969 § 1 Rz. 125; *BAG* vom 12. 10. 1979 – 7 AZR 959/77 – EzA § 1 KSchG 1969 Betriebsbedingte Kündigung Nr. 12 = DB 1980, 502; *BAG* vom 16. 9. 1982 – 2 AZR 271/80 – EzA § 1 KSchG 1969 Betriebsbedingte Kündigung Nr. 18 = DB 1983, 504). **Nicht** in den Vergleich **einbezogen** werden dürfen Arbeitnehmer, die der Arbeitgeber neu einstellen will (*G/L* § 102 Rz. 58; *Hueck* KSchG § 1 Rz. 123 m. w. N.; KR-*Becker* § 1 KSchG Rz. 346). Sind Arbeitnehmer einer bestimmten Berufsgruppe entbehrlich, so fragt sich, wer unter den Angehörigen dieser Berufsgruppe am wenigsten schutzbedürftig ist. Es kann nicht statt dessen ein Arbeitnehmer einer anderen Berufsgruppe entlassen werden (*Hueck* KSchG § 1 Rz. 125). Eine solche Austauschkündigung kommt allenfalls dann in Betracht, wenn für einen Schwerbehinderten ein Arbeitsplatz freigemacht werden muß (*BAG* vom 8. 2. 1966 – 1 AZR 365/66 – AP Nr. 4 zu § 12 SchwbG m. Anm. *Schnorr von Carolsfeld* = DB 1966, 667).

105 **Zum Nachteil** des Arbeitnehmers dürfen bei der Auswahl z. B. die Teilnahme als Freiwilliger an einer Eignungsübung (§ 2 Abs. 2 Satz 2 EignungsübungsG) oder aber die Einberufung des Arbeitnehmers zum Wehrdienst und die Teilnahme an freiwilligen Übungen (§ 10 ArbPlSchG) **nicht berücksichtigt** werden.

106 Entsprechend § 1 Abs. 3 Satz 2 KSchG können aber die sozialen Gesichtspunkte zurücktreten, wenn betriebstechnische, wirtschaftliche oder sonstige **berechtigte betriebliche Bedürfnisse** die Weiterbeschäftigung eines oder mehrerer bestimmter Arbeitnehmer bedingen und damit der Auswahl nach sozialen Gesichtspunkten entgegenstehen (*D/R* § 102 Rz. 128; *G/L* § 102 Rz. 59; *S/W* § 102 Rz. 120). Hierbei können auch **Leistungsgesichtspunkte** den Vorrang haben (*LAG Düsseldorf/Köln* vom 7. 9. 1976 – 8 Sa 750/75 – EzA § 102 BetrVG 1972 Betriebsbedingte Kündigung Nr. 3). Der Arbeitgeber kann also auch einen sozial schwächeren Arbeitnehmer entlassen, wenn der sozial besser gestellte Arbeitnehmer für den Betrieb erheblich wertvoller ist, seine Weiterbeschäftigung mithin notwendig ist. Hier ist etwa an den Fall zu denken, daß sich ein Arbeitnehmer besondere Spezialkenntnisse angeeignet hat, die für das Funktionieren des Betriebes von außerordentlicher Bedeutung sind (*BAG* vom 28. 3. 1957 – 2 AZR 307/55 – AP Nr. 25 zu § 1 KSchG m. Anm. A. *Hueck* = RdA 1957, 310). Es reicht aber nicht aus, wenn die Weiterbeschäftigung eines bestimmten Arbeitnehmers dem Betrieb nur einen größeren Nutzen verspricht; vielmehr muß sie für einen geordneten Betriebsablauf oder die Rentabilität des Betriebes erforderlich sein (*D/R* § 102 Rz. 127; *G/L* § 102 Rz. 59; *S/W* § 102 Rz. 120; *Hueck* KSchG § 1 Rz. 117 a; *BAG* vom 20. 1. 1961 – 2 AZR 495/59 – AP Nr. 7 zu § 1 KSchG Betriebsbedingte Kündigung m. Anm. A. *Hueck* = DB 1961, 475; vom 24. 3. 1983 – 2 AZR 21/82 – EzA § 1 KSchG 1969 Betriebsbedingte Kündigung Nr. 21 = DB 1983, 830, 1822).

Der Betriebsrat kann sein **Widerspruchsrecht nach Nr. 1 nicht** auf die Behauptung **107** **stützen**, der Arbeitgeber habe andere personelle Maßnahmen statt der Kündigung treffen können, wie z. B. die **Einführung von Kurzarbeit**. Die Frage der Einführung von Kurzarbeit spielt bei der sozialen Auswahl keine Rolle; sie kann nur bei der Frage der Betriebsbedingtheit der Kündigung (vgl. aber Rz. 100) von Bedeutung sein (*BAG* vom 25. 6. 1964 – 2 AZR 382/63 – AP Nr. 14 zu § 1 KSchG Betriebsbedingte Kündigung m. Anm. *Herschel* = DB 1964, 958).

Aus allen diesen Erwägungen folgt, daß der Arbeitgeber bei der sozialen Auswahl **108** sehr sorgfältig vorzugehen hat. Es genügt nach der Rechtsprechung nicht, daß der Arbeitgeber sich ernstlich um eine möglichst gerechte Auswahl bemüht hat, die Auswahl muß vielmehr nach **objektiven Gesichtspunkten** sozial gerechtfertigt sein (vom Abstellen auf objektive Tatsachen bei betriebsbedingten Kündigungsgründen *BAG* vom 3. 2. 1977 – 2 AZR 476/75 – EzA § 1 KSchG 1969 Betriebsbedingte Kündigung Nr. 7 = DB 1977, 1326). Die vom Arbeitgeber zunächst zu treffende Auswahl kann also nicht nur dann vom Betriebsrat mit Erfolg beanstandet werden, wenn der Arbeitgeber mißbräuchlich gehandelt hat, sondern bereits dann, wenn ihm bei der Auswahl Fehler unterlaufen sind, er also die in Betracht kommenden sozialen Gesichtspunkte nicht hinreichend oder falsch gewürdigt hat. Auf der anderen Seite braucht der Arbeitgeber allerdings nicht übertrieben genau zu verfahren und auch noch die letzte, kaum ins Gewicht fallende Differenzierung zu berücksichtigen. Weichen die Verhältnisse der in Betracht kommenden Arbeitnehmer nur ganz geringfügig voneinander ab, so braucht der Arbeitgeber eine Auswahl nicht mehr vorzunehmen. Er kann dann entscheiden (*BAG* vom 26. 6. 1964 – 2 AZR 373/63 – AP Nr. 14 zu § 1 KSchG Betriebsbedingte Kündigung m. Anm. *Herschel* = DB 1964, 1487).

Widerspricht der **Betriebsrat** aus den Gründen der Nr. 1, so muß er in seinem **109** schriftlichen Widerspruch die **sozialen Daten von Arbeitnehmern mit einem vergleichbaren Tätigkeitsbereich angeben**, die nach seiner Ansicht im Rahmen der sozialen Auswahl vorrangig zu kündigen sind. Er muß also in der Widerspruchsbegründung angeben, welche oder welcher Arbeitnehmer aus welchen Gründen sozial besser gestellt ist bzw. sind und daher statt des vom Arbeitgeber ausgewählten Arbeitnehmers zu kündigen sind (*S/W* § 102 Rz. 126; *LAG Düsseldorf* vom 5. 1. 1976 – 9 Sa 1604/75 = DB 1976, 1065; *LAG München* vom 2. 8. 1983 – 6 Sa 439/83 – ARSt. 1985, 125; vgl. auch Rz. 35; **a. A.** *D/R* § 102 Rz. 159; *F/A/K/H* § 102 Rz. 43 a; *G/L* § 102 Rz. 82 a; KR-*Etzel* § 102 Rz. 152; *LAG Rh.-Pfalz* vom 19. 1. 1982 – 3 Sa 883/81 – AuR 1982, 323). Es reicht nicht aus, wenn der Betriebsrat

§ 102 4. Teil 5. Abschn. Personelle Angelegenheiten

lediglich auf soziale Gesichtspunkte hinweist, die der Arbeitgeber nicht berücksichtigt hat (so aber *LAG Rheinland-Pfalz* vom 19.1. 1982 a.a.O.; *LAG Niedersachsen* vom 22.8. 1975 – 7a (3) Sa 80/75 – DB 1975, 1898; KR-*Etzel* § 102 Rz. 151). Denn gegenüber dieser geringen Intensität der Mitwirkung des Betriebsrats würden die detaillierten Mitteilungspflichten des Arbeitgebers (vgl. Rz. 35 f.) völlig außer Verhältnis stehen.

110 Die Frage der **Beweislast** spielt hier keine entscheidende Rolle, da, wie oben aufgezeigt, der Widerspruch des Betriebsrats nur in einem Kündigungsschutzprozeß Wirksamkeit und Bedeutung erlangen kann (so auch *D/R* § 102 Rz. 129). Im Kündigungsschutzprozeß gelten die üblichen Beweislastregeln, d.h. der Arbeitgeber muß die Tatsachen beweisen, die die Kündigung bedingen (§ 1 Abs. 2, 4 KSchG). Hingegen muß der Arbeitnehmer beweisen, daß bei der Auswahl des zu Entlassenden soziale Gesichtspunkte nicht oder nicht ausreichend berücksichtigt sind (§§ 1 Abs. 3, 3 KSchG). Dazu gehört nicht nur der Nachweis, daß und warum ihn die Kündigung besonders hart trifft, sondern auch die Darlegung, daß andere Arbeitnehmer des Betriebes weniger schutzbedürftig sind (*BAG* vom 25. 6. 1964 – 2 AZR 382/63 – AP Nr. 14 zu § 1 KSchG Betriebsbedingte Kündigung m. Anm. *Herschel* = DB 1964, 958). Der Arbeitgeber muß dem Arbeitnehmer die Gründe auf Verlangen angeben, die zu der getroffenen sozialen Auswahl geführt haben (§ 1 Abs. 3 Satz 1, 2. Teil KSchG). Selbstverständlich muß der Arbeitgeber darüber hinaus auch die Gegengründe dartun und beweisen, die der Entlassung eines Arbeitnehmers, dem vom sozialen Standpunkt aus eher hätte gekündigt werden können, aus betrieblicher Sicht entgegenstehen (§ 1 Abs. 3 Satz 2 KSchG). Eine ausdrückliche Zustimmung des Betriebsrats zur Kündigung dürfte im Kündigungsschutzprozeß für das Gericht allerdings zunächst die tatsächliche Vermutung begründen, daß bei der Auswahl des Arbeitnehmers soziale Gesichtspunkte ausreichend berücksichtigt sind (*ArbG Kiel* vom 23. 1. 1974 – 2a Ca 1293/73 – DB 1974, 437).

b) Verstoß gegen eine Richtlinie

111 Der Betriebsrat kann der Kündigung ferner **nach Ziff. 2 widersprechen**, wenn diese gegen eine **Richtlinie nach § 95 verstößt**. Der Widerspruch ist nur bei der betriebsbedingten Kündigung möglich (vgl. Rz. 95). Hier wird erkennbar, welche Bedeutung die Auswahlrichtlinien erhalten. Durch diese Richtlinie können die betrieblichen Partner die ordentliche Kündigung nur noch unter bestimmten Voraussetzungen zulassen. Hat der Betriebsrat Widerspruch unter Berufung auf Ziff. 2 eingelegt und hat der Arbeitnehmer Kündigungsschutzklage erhoben, so ist die Kündigung sozial ungerechtfertigt, wenn die Kündigung in der Tat gegen eine entsprechende Richtlinie verstößt. Dadurch gewinnt Ziff. 2 ganz besonderes Gewicht. Darauf wird auch in der amtlichen Begründung ausdrücklich aufmerksam gemacht. Die Kündigungsschutzklage des Arbeitnehmers wird also in derartigen Fällen im allgemeinen zum Erfolg führen. Eine Ausnahme ist nur dann anzunehmen, wenn die Auswahlrichtlinie selbst **gegen zwingendes Recht verstößt**, z.B. also der Gleichbehandlungsgrundsatz des § 75 verletzt worden ist. In einem derartigen Fall braucht der Arbeitgeber diese Richtlinie nicht zu beachten, es sei denn, die Auswahlrichtlinie wäre durch die Einigungsstelle unter Überschreitung der Ermessensgrenze zustande gekommen und der Arbeitgeber hat es versäumt, das Arbeitsgericht innerhalb der Zweiwochenfrist des § 76 Abs. 3 anzurufen (vgl. § 99 Rz. 119 und *D/R* § 99 Rz. 166). Ist der Arbeitgeber und damit auch das Arbeitsge-

richt nicht an die Auswahlrichtlinie gebunden, weil sie gegen zwingendes Recht verstößt, so kann die Kündigungsschutzklage des Arbeitnehmers nicht mit der Behauptung gewonnen werden, daß die Kündigung gegen eine Auswahlrichtlinie verstoße und der vom Betriebsrat eingelegte Widerspruch zu Recht besteht (*BAG* vom 11. 3. 1976 – 2 AZR 43/75 – EzA § 95 BetrVG 1972 Nr. 1 m. Anm. *Gamillscheg* = DB 1976, 1470; vom 24. 3. 1983 – 2 AZR 21/82 – EzA § 1 KSchG 1969 Betriebsbedingte Kündigung Nr. 21 = DB 1983, 830, 1822; *S/W* § 102 Rz. 128; *Gumpert* BB 1972, 50).

Unzulässig wäre eine **Auswahlrichtlinie**, in der nur die Dauer der Betriebszugehörigkeit als Kriterium aufgestellt wird. Infolgedessen kündigt der Arbeitgeber einem 50jährigen Arbeitnehmer mit 4 Kindern, der erst seit 3 Jahren im Betrieb ist, und beschäftigt einen 30jährigen Arbeitnehmer, unverheiratet, der seit 10 Jahren im Betrieb tätig ist, weiter. Diese Auswahlrichtlinie verstößt gegen den Grundsatz der sozialen Auswahl des § 1 Abs. 3 KSchG im Kernpunkt. Nach dieser Bestimmung kann die Betriebszugehörigkeit nicht einziges Auswahlmerkmahl sein. Diese gesetzliche Regelung geht der Auswahlrichtlinie nach § 95 stets vor. Der gekündigte 50jährige Arbeitnehmer könnte sich daher zu Recht auf die Nichtbeachtung der Auswahlgrundsätze des § 1 Abs. 3 KSchG berufen. Eine **Auswahlrichtlinie** wäre **ferner** dann **unzulässig**, wenn in ihr beispielsweise festgelegt wäre, daß im Falle von betriebsbedingten Kündigungen ausländische Arbeitnehmer zuerst gekündigt werden müßten. Würde in einem derartigen Fall der Arbeitnehmer einem 40jährigen ausländischen Arbeitnehmer mit 4 Kindern kündigen, so könnte dieser mit einer Kündigungsschutzklage Erfolg haben, wenn er dartun kann, daß an seiner Stelle durchaus ein unverheirateter, 25jähriger deutscher Arbeitnehmer hätte entlassen werden können. Die Auswahlrichtlinie würde gegen § 75 (Gleichbehandlungsgrundsatz) verstoßen und somit unbeachtlich sein. 112

Enthält die **Auswahlrichtlinie** einen **gewissen Ermessensspielraum** für den Arbeitgeber, so liegt ein Verstoß dagegen erst dann vor, wenn die Kündigung unter Mißachtung der Grundsätze der Auswahlrichtlinie oder unter Überschreitung des Ermessensspielraums erfolgt ist (vgl. auch § 99 Rz. 120). 113

Auch wenn der **Betriebsrat nicht** wegen Verstoßes gegen die Auswahlrichtlinie **widerspricht**, kann sich der Arbeitnehmer im Kündigungsschutzprozeß darauf berufen (vgl. Rz. 143). 114

c) Weiterbeschäftigungsmöglichkeit im Betrieb bzw. Unternehmen

Der Betriebsrat kann ferner nach **Ziff. 3** der ordentlichen Kündigung widersprechen, wenn nach seiner Ansicht der zu kündigende Arbeitnehmer **an einem anderen freien Arbeitsplatz im selben Betrieb** oder in **einem anderen Betrieb des Unternehmens weiterbeschäftigt** werden könnte. Der Arbeitgeber ist also gezwungen, vor einer Kündigung, die ggf. mit einer Kündigungsschutzklage angefochten werden kann, sorgfältig zu prüfen, ob der zu kündigende Arbeitnehmer nicht umgesetzt oder versetzt werden kann. Diese Prüfung wird vorwiegend bei betriebsbedingten Kündigungen, in Ausnahmefällen aber auch bei personenbedingten, nicht dagegen bei verhaltensbedingten Kündigungen aktuell (vgl. Rz. 88 ff., insbes. Rz. 96). Eine Ausnahme wird z. B. dann in Betracht kommen, wenn der Arbeitnehmer wegen seiner körperlichen Konstitution von diesem Platz oder in der Betriebsabteilung entfernt werden muß, sonst aber gegen seine Leistungen und sein Verhalten keine Einwendungen gemacht werden können. 115

Der Arbeitgeber hat zu untersuchen, ob in seinem Betrieb bzw. Unternehmen ein 116

§ 102 4. Teil 5. Abschn. *Personelle Angelegenheiten*

freier Arbeitsplatz vorhanden ist, der für den an sich zu entlassenden Arbeitnehmer geeignet ist. Es muß sich also um einen **tatsächlich freien, bereits vorhandenen Arbeitsplatz** handeln (vgl. auch *BAG* vom 3.2.1977 – 2 AZR 476/75 – EzA § 1 KSchG 1969 Betriebsbedingte Kündigung Nr. 7 = DB 1977, 1326; *LAG Düsseldorf* vom 2.9.1975 – 5 Sa 323/75 – DB 1975, 1995; *F/A/K/H* § 102 Rz. 45; *G/L* § 102 Rz. 62; GK-*Kraft* § 102 Rz. 88; KR-*Becker* § 1 KSchG Rz. 392; *S/W* § 102 Rz. 132; *Hueck* KSchG § 1 Rz. 142b). Vom Arbeitgeber kann nicht verlangt werden, daß er erst einen anderen Arbeitnehmer kündigt, um diesen Arbeitsplatz für den zu entlassenden Arbeitnehmer freizumachen (*BAG* vom 7.2.1985 – 2 AZR 91/84 – EzA § 1 KSchG 1969 Soziale Auswahl Nr. 20 = DB 1986, 436). Ausnahmsweise kann für Schwerbehinderte etwas anderes gelten (*BAG* vom 8.2.1966 – 1 AZR 365/66 – AP Nr. 4 zu § 12 SchwbG m. Anm. *Schnorr von Carolsfeld* = DB 1966, 667). Ferner kann man vom Arbeitgeber auch nicht erwarten, daß er erst neue Arbeitsplätze schafft, ohne daß dies aus betrieblichen Gründen sinnvoll oder notwendig erscheint. In Betracht kommen also nur solche Arbeitsplätze, die für den betreffenden Arbeitnehmer aufgrund seiner Vorbildung oder auch seiner im Betrieb erworbenen Kenntnisse geeignet sind. Der Arbeitgeber ist selbstverständlich auch nicht verpflichtet, einen Arbeitnehmer, nur um das Arbeitsverhältnis aufrecht erhalten zu können, auf einen Arbeitsplatz zu setzen, der weitaus höhere Anforderungen an die Person des Arbeitnehmers stellt oder sonst einen höherwertigen Stellenwert besitzt. Eine Beförderung kann vom Arbeitgeber nicht verlangt werden.

117 Der Widerspruch kann nur auf die Weiterbeschäftigungsmöglichkeit an einem **anderen Arbeitsplatz** desselben Betriebes oder Unternehmens gestützt werden, nicht dagegen darauf, daß die Weiterbeschäftigung am selben Arbeitsplatz möglich sei (*D/R* § 102 Rz. 137; *G/L* § 102 Rz. 62a; *S/W* § 102 Rz. 134; *Hueck* KSchG § 1 Rz. 142; KR-*Becker* § 1 KSchG Rz. 392; GK-*Kraft* § 102 Rz. 87; *Gamillscheg* FS BAG 1979, 129; *BAG* vom 12.9.1985 – 2 AZR 324/84 – EzA § 102 BetrVG 1972 Nr. 61 = DB 1986, 752; a.A. *F/A/K/H* § 102 Rz. 47; *G/K/S/B* § 102 Rz. 83; KR-*Etzel* § 102 Rz. 164; *Brox* FS BAG 1979, 50). Die Behauptung, die Weiterbeschäftigung am selben Arbeitsplatz sei möglich, stellt schon dem Wortlaut nach keinen Widerspruchsgrund i.S.d. Abs. 3 dar – a.a.O.; (*BAG* vom 12.9.1985 – *S/W* § 102 Rz. 134). Sie wäre ein Bestreiten der Erforderlichkeit der Kündigung; diese kann aber nur im Kündigungsschutzprozeß nachgeprüft werden. Unter Ziff. 3 wird man aber rechnen können, daß der Arbeitnehmer zwar am selben Arbeitsplatz, aber in einer anderen Schicht weiterbeschäftigt werden kann (*ArbG Ludwigshafen* vom 6.3.1972 – 2 Ca 173/72 – EzA § 102 BetrVG 1972 Nr. 1 = BB 1972, 446; *G/L* § 102 Rz. 62 *F/A/K/H* § 102 Rz. 47; GK-*Kraft* § 102 Rz. 87). Dieser Fall kann aber auch einer der Ziff. 5 sein, falls eine Änderung der Vertragsbedingungen erforderlich ist.

118 Der Betriebsrat kann die **wirtschaftlich-unternehmerische** Entscheidung, daß z.B. bei der betriebsbedingten Kündigung der Arbeitsplatz entfällt, nicht mit Hilfe der Nr. 3 angreifen; dies wäre aber der Fall, wenn er behauptete, die Weiterbeschäftigung sei am selben Arbeitsplatz möglich. Unbegründet ist jeder Widerspruch, der auf die wirtschaftlich-unternehmerische Entscheidung Einfluß zu nehmen sucht, wie etwa die Argumentation, die betreffende Arbeitnehmerin könne als Raumpflegerin eingesetzt werden, wenn der Arbeitgeber die Reinigungsarbeiten nicht wie bisher durch eine Raumpflegefirma, sondern durch eigenes Personal durchführen lassen würde (*G/L* § 102 Rz. 62). Auch im Kündigungsprozeß kann das

Mitbestimmung bei Kündigungen § 102

Gericht nur nachprüfen, ob die aufgrund der unternehmerischen Entscheidungen eingetretene Lage die Kündigung rechtfertigt, nicht dagegen, ob die unternehmerische Entscheidung zweckmäßig war (*BAG* vom 22. 11. 1973 – 2 AZR 543/72 – EzA § 1 KSchG 1969 Nr. 28 = DB 1974, 438; *S/W* § 102 Rz. 134). Die Entscheidung unterliegt nur der Nachprüfung, ob sie offenbar unsachlich, unvernünftig oder willkürlich war (*BAG* vom 12. 10. 1979 – 7 AZR 959/77 – EzA § 1 KSchG 1969 Betriebsbedingte Kündigung Nr. 12 = DB 1980, 502; vom 24. 10. 1979 – 2 AZR 940/77 – EzA § 1 KSchG 1969 Betriebsbedingte Kündigung Nr. 13 = DB 1980, 1400).

Die Prüfung, ob ein **freier Arbeitsplatz** vorhanden ist, erstreckt sich nicht nur auf 119 den **Betrieb**, sondern auch auf das **Unternehmen**, dagegen nicht auf den Konzern. Das Unternehmen muß eine einheitliche und selbständige Organisation aufweisen. Eine wirtschaftliche Verflechtung von Konzernbetrieben oder eine Personenidentität der Inhaber rechtlich selbständiger Gesellschaften reicht nicht aus (*BAG* vom 14. 10. 1982 – 2 AZR 568/80 – EzA § 15 KSchG 1969 Nr. 29 = DB 1983, 2635; *D/R* § 102 Rz. 140; *GK-Kraft* § 102 Rz. 87; *S/W* § 102 Rz. 136). Alle Betriebe müssen den gleichen Arbeitgeber haben, d. h. also eine einheitliche Verwaltung. Denn nur dann ist der Arbeitgeber rechtlich und faktisch in der Lage, einen Arbeitnehmer von einem in den anderen Betrieb zu übernehmen (*Meisel* Rz. 527). Der Weiterbeschäftigung in einem anderen Betrieb dürfen auch keine sonstigen Hindernisse entgegenstehen, z. B. eine Weigerung des Betriebsrats des betreffenden Betriebes.· Der Betriebsrat des abgebenden Betriebes muß sich also vorher vergewissern und in seiner Widerspruchsbegründung darlegen, ob der Betriebsrat des aufnehmenden Betriebes mit der Beschäftigung des Arbeitnehmers einverstanden ist. Für den aufnehmenden Betriebsrat handelt es sich nämlich um eine Einstellung (vgl. § 99 Rz. 57 ff.). Liegt das Einverständnis des Betriebsrats des aufnehmenden Betriebes nicht vor, so kann der Betriebsrat des abgebenden Betriebes nicht wegen Ziff. 3 widersprechen.

Der **Widerspruch** des Betriebsrats nach Ziff. 3 muß darlegen, **auf welchem freien** 120 **Arbeitsplatz eine Weiterbeschäftigung des Arbeitnehmers in Betracht kommt**; der »disponible« Arbeitsplatz muß im Widerspruch des Betriebsrats konkret bezeichnet werden, anderenfalls es kein ordnungsgemäßer Widerspruch ist (*D/K/K/S* § 102 Rz. 84; KR-*Etzel* § 102 Rz. 163), zumindest muß der Arbeitsplatz in bestimmbarer Weise angegeben werden (*Heinze* Rz. 578; *S/W* § 102 Rz. 133; GK-*Kraft* § 102 Rz. 89; *LAG Düsseldorf/Köln* vom 26. 6. 1980 – 3 Sa 242/80 – DB 1980, 2043; *LAG Hamm* vom 28. 2. 1979 – 14 Sa 34/79 – ARSt. 1980, 79; **a. A.** *BAG* vom 31. 8. 1978 – 3 AZR 989/77 – EzA § 102 BetrVG 1972 Beschäftigungspflicht Nr. 6 = DB 1979, 652; *D/R* § 102 Rz. 160). Auch eine Pflicht des Arbeitgebers, dem Betriebsrat genaue Unterlagen über alle im Unternehmensbereich offenen Arbeitsplätze zu unterbreiten, läßt sich aus Ziff. 3 nicht entnehmen (GK-*Kraft* § 102 Rz. 88).

Ziff. 3 erfaßt nur die betriebs- und unternehmensbezogene **Weiterbeschäftigung**, 121 die **ohne Änderung der Vertragsbedingungen** möglich ist. Ist für eine Weiterbeschäftigung eine Änderung der Vertragsbedingungen erforderlich, so fällt dies unter Ziff. 5 (GK-*Kraft* § 102 Rz. 91; KR-*Etzel* § 102 Rz. 167; **a. A.** *G/L* § 102 Rz. 65; *S/W* § 102 Rz. 138; wegen der Weiterbeschäftigung im Unternehmen vgl. Rz. 119, 133). Ein Widerspruch nach Ziff. 3 ist also nur dann möglich, wenn der Arbeitgeber die Beschäftigung an dem anderen Arbeitsplatz kraft Direktionsrecht anordnen kann (vgl. § 99 Rz. 45). Aber auch dieser Widerspruch ist nur dann begründet,

§ 102   4. Teil 5. Abschn. *Personelle Angelegenheiten*

wenn der Arbeitnehmer mit der Beschäftigung auf dem anderen Arbeitsplatz **einverstanden** ist (*Meisel* Rz. 524; *S/W* § 102 Rz. 138; **a.A.** *D/R* § 102 Rz. 147; *G/L* § 102 Rz. 65; KR-*Etzel* § 102 Rz. 167). Das Gesetz spricht zwar nicht ausdrücklich davon, daß der Arbeitnehmer mit diesem Arbeitsplatz einverstanden sein muß – im Gegensatz zu § 102 Abs. 3 Ziff. 5. Nach diesen Bestimmungen muß der Arbeitnehmer sein Einverständnis zu einer Vertragsänderung geben. In Ziff. 5 ist aber die ausdrückliche Erwähnung des Einverständnisses auch durchaus erforderlich, da es sich hier um eine Vertragsänderung und in den meisten Fällen auch um eine Schlechterstellung des Arbeitnehmers gegenüber seiner bisherigen Position handelt. Dies ist jedoch in Ziff. 3 in der Regel nicht der Fall. Dennoch ist auch hier das Einverständnis des Arbeitnehmers sinnvoll. Eine theoretisch mögliche Weiterbeschäftigung des Arbeitnehmers an einem anderen Arbeitsplatz nutzt nichts, wenn dieser sie nicht akzeptiert und dann von sich aus das Arbeitsverhältnis löst.

122 **Widerspricht** der Betriebsrat einer Kündigung unter Hinweis auf die Weiterbeschäftigungsmöglichkeit nach **Ziff. 3**, so liegt hierin zugleich die **Zustimmung** zu einer Versetzung **nach § 99** (*F/A/K/H* § 102 Rz. 45; *G/L* § 102 Rz. 67; GK-*Kraft* § 102 Rz. 90; *S/W* § 102 Rz. 139; KR-*Etzel* § 102 Rz. 165). Soll der Arbeitnehmer in einem anderen Betrieb des Unternehmens weiterbeschäftigt werden, so muß der Betriebsrat des abgebenden Betriebes in seiner Widerspruchsbegründung die Zustimmung des Betriebsrats des aufnehmenden Betriebes zur Einstellung dartun (vgl. Rz. 119).

123 Auch wenn der **Betriebsrat nicht** gemäß Ziff. 3 **widerspricht**, kann sich der Arbeitnehmer im Kündigungsschutzprozeß darauf berufen (vgl. Rz. 143).

124 **d) Weiterbeschäftigungsmöglichkeit bei Umschulungsmaßnahmen**

Vor einer Kündigung nach Ziff. 4 muß der Arbeitgeber prüfen, ob die Weiterbeschäftigung des Arbeitnehmers nicht doch möglich ist, wenn entsprechende betriebliche oder außerbetriebliche **Umschulungs- oder Fortbildungsmaßnahmen** ergriffen werden. Besteht nämlich eine entsprechende Chance für den betroffenen Arbeitnehmer, nach Umschulung das Arbeitsverhältnis aufrechtzuerhalten, so kann der Betriebsrat hierauf sein Widerspruchsrecht stützen. Da das Gesetz nur von Umschulung und Fortbildung spricht, kann die Ausbildung in einem völlig anderen Ausbildungsberuf nicht verlangt werden (vgl. auch Rz. 126). Neben betriebsbedingten Kündigungen kann das Widerspruchsrecht der Ziff. 4 auch bei personenbedingten, dagegen nicht bei verhaltensbedingten Kündigungen in Betracht kommen (vgl. Rz. 88 ff., insbes. Rz. 96). Eine Weiterbeschäftigung nach Ziff. 4. kommt aber nur dann in Betracht, wenn nach Beendigung der Umschulung oder Fortbildung im **Betrieb** ein **freier Arbeitsplatz** verfügbar ist, der mit dem betroffenen Arbeitnehmer besetzt werden kann (*BAG* vom 7. 2. 1991 – 2 AZR 205/90 – BB 1991, 412 u. 1419). Der Arbeitgeber ist nicht verpflichtet, einen Arbeitsplatz zu schaffen. Eine Ausdehnung auch auf das Unternehmen, wie in Ziff. 3, ist nicht vorgesehen (*Meisel* Rz. 529; *S/W* § 102 Rz. 142 a; **a.A.** *D/R* § 102 Rz. 139; GK-*Kraft* § 102 Rz. 92; KR-*Etzel* § 102 Rz. 169; KR-*Becker* § 1 KSchG Rz. 395; *Hueck* KSchG § 1 Rz. 143; *F/A/K/H* § 102 Rz. 48). Eine ausdehnende Auslegung im Sinne der Ziff. 3 derart, daß sich auch die Widerspruchsgründe der Ziff. 4 und 5 auf das Unternehmen beziehen, würde der Systematik des Kündigungsschutzrechts und den Grundsätzen der Betriebsbedingtheit der Kündigung widersprechen. Hätte der Gesetzgeber einen solchen Eingriff in das geltende Kündigungsschutzrecht vornehmen wollen, so hätte dies wie in Ziff. 3 auch in Ziff. 4

und 5 ausdrücklich geregelt werden müssen. Es würde nämlich keine betriebsbedingte, sondern nur noch eine unternehmensbedingte Kündigung geben; der Kündigungsschutz stellt aber auf betriebliche Erfordernisse ab. Auch die Änderung des Kündigungsschutzgesetzes durch das Personalvertretungsgesetz vom 15. 3. 1974, die für die Ziff. 4 und 5 von einer entsprechenden Anwendung des § 1 Abs. 2 Satz 2 KSchG spricht, ändert hieran nichts, daß die entsprechende Anwendung sich nur auf die Rechtsfolge, nicht aber auf die Tatbestände bezieht. Das *Bundesarbeitsgericht* hat stets die Ansicht vertreten, daß der Kündigungsschutz des § 1 KSchG **betriebs- und nicht unternehmensbezogen** ist (*BAG* vom 7. 5. 1968 – 1 AZR 407/67 – EzA § 1 KSchG Nr. 10 = DB 1968, 1319; *BAG* vom 12. 3. 1968 – 1 AZR 413/67 – EzA § 1 KSchG Nr. 9 = DB 1968, 1273; *BAG* vom 28. 11. 1968 – 2 AZR 76/68 – EzA § 1 KSchG Nr. 12 = DB 1969, 445, 491, 710; offengelassen *BAG* vom 1. 10. 1976 – 3 AZR 576/75 – EzA § 1 KSchG 1969 Betriebsbedingte Kündigung Nr. 5 = DB 1977, 404). Eine Ausnahme von diesem Grundsatz gilt nur dann, wenn der Arbeitnehmer für das ganze Unternehmen eingestellt worden war (*BAG* vom 22. 11. 1973 – 2 AZR 543/72 – EzA § 1 KSchG 1969 Nr. 28 = DB 1974, 438). Neuerdings nimmt das *Bundesarbeitsgericht* allerdings auch an, daß der Kündigungsschutz hinsichtlich der Weiterbeschäftigung unternehmensbezogen ist (*BAG* vom 17. 5. 1984 – 2 AZR 109/83 – EzA § 1 KSchG 1969 Betriebsbedingte Kündigung Nr. 32 = DB 1985, 1190; vgl. auch Rz. 143).

Bei einer **personenbedingten Kündigung** kann der Widerspruchsgrund dann in Betracht kommen, wenn der Arbeitgeber die Kündigung gerade mit mangelnden Kenntnissen des Arbeitnehmers begründet. Es ist etwa an den Fall zu denken, daß der Arbeitgeber neue Arbeitsmethoden einführen will. Er kann dann die betroffenen Arbeitnehmer nicht einfach entlassen, sondern er muß ihnen Gelegenheit geben, die neuen Methoden zu erlernen (*BAG* vom 7. 5. 1968 – 1 AZR 407/67 – EzA § 1 KSchG Nr. 10 = DB 1968, 1319; *Meisel* BB 1963, 1060). Will der Arbeitgeber z. B. eine neue Datenverarbeitungsanlage einrichten, so wird er feststellen, daß die bisher beschäftigten Buchhalter die Anlage nicht bedienen können, weil sie nicht über die notwendigen technischen Kenntnisse zur Bedienung dieser komplizierten Anlage verfügen. Hier wird man vom Arbeitgeber verlangen müssen, daß er den betroffenen Buchhaltern zunächst einmal die Möglichkeit gibt, sich durch eine entsprechende Fortbildungs- oder Umschulungsmaßnahme auf die neuen Anforderungen einzustellen. Zu denken ist ferner an den Fall, daß ein langjährig beschäftigter Arbeitnehmer infolge einer erheblichen Erkrankung oder sogar eines Betriebsunfalls seine bisherige Aufgabe nicht mehr erfüllen kann. Hier wird der Arbeitgeber vor einer möglichen Entlassung aus in der Person des Arbeitnehmers liegenden Gründen prüfen müssen, ob das Arbeitsverhältnis nicht doch nach entsprechenden Umschulungs- oder auch Fortbildungsmaßnahmen aufrechterhalten werden kann, zumindest dann, wenn der Arbeitnehmer sinnvollerweise an einem anderen Arbeitsplatz eingesetzt werden kann (*S/W* § 102 Rz. 141).

Voraussetzung für den **Widerspruch** ist, daß Umschulungs- oder Fortbildungsmaßnahmen für **beide Teile zumutbar** sind. Sie müssen sich in einem vernünftigen, sachlich vertretbaren Rahmen halten. Die wirtschaftliche Leistungsfähigkeit des Betriebes wird dabei eine besondere Rolle spielen. Es kann vom Arbeitgeber nicht verlangt werden, außerordentlich kostspielige Aufwendungen zu machen, um gerade diesen oder jenen Arbeitnehmer zu behalten. Es wird auch sorgfältig zu prüfen sein, ob der Betroffene überhaupt für Umschulungs- oder Fortbildungsmaßnahmen geeignet ist, d. h. ob dieser aufgrund seiner körperlichen oder geisti-

§ 102   4. Teil 5. Abschn. Personelle Angelegenheiten

gen Beweglichkeit objektiv in der Lage ist, seinen bisherigen oder einen anderen Arbeitsplatz sinnvoll auszufüllen (*G/L* § 102 Rz. 70; *S/W* § 102 Rz. 143 f.). Auch soziale Gesichtspunkte sind im Rahmen der Zumutbarkeit zu berücksichtigen. Für langjährig beschäftigte Arbeitnehmer können vom Betrieb größere Aufwendungen erwartet werden als bei kurzfristig beschäftigten Arbeitnehmern (*Meisel* Rz. 529). Eine neue Berufsausbildung in einem anerkannten Ausbildungsberuf ist aber regelmäßig wegen der Dauer unzumutbar; auch spricht das Gesetz nur von Umschulung und Fortbildung. Eine Umschulung ist dem Arbeitgeber insbesondere auch dann nicht zumutbar, wenn sie in angemessener Zeit offenbar keinen Erfolg verspricht (*F/A/K/H* § 102 Rz. 48).

127 Die Maßnahmen müssen auch **für den Arbeitnehmer zumutbar sein** (*D/R* § 102 Rz. 142; *S/W* § 102 Rz. 144; *Meisel* Rz. 529; **a. A.** *G/L* § 102 Rz. 71; KR-*Etzel* § 102 Rz. 169). Der Arbeitnehmer seinerseits muß aufgrund seines Lebensalters, seines Ausbildungsstandes, aber auch in seinerr körperlichen und geistigen Beweglichkeit fähig sein, sich Umschulungs- oder Fortbildungsmaßnahmen zu unterziehen.

128 Der Widerspruch des Betriebsrats ist auch hier nur dann beachtlich, wenn der Arbeitnehmer **sein Einverständnis** erklärt hat, an entsprechenden Umschulungs- oder Fortbildungsmaßnahmen teilzunehmen (*G/L* § 102 Rz. 71; GK-*Kraft* § 102 Rz. 92; *S/W* § 102 Rz. 145; KR-*Etzel* § 102 Rz. 169 c; **a. A.** *D/R* § 102 Rz. 147). Der Widerspruch des Betriebsrats ist folglich unbeachtlich, wenn zwar objektiv geeignete Umschulungs- oder Fortbildungsmaßnahmen vorhanden sind, der Arbeitnehmer sich auch zumutbarerweise diesen Maßnahmen unterziehen könnte, er aber ablehnt, weil er die damit verbundene Einbuße seiner persönlichen Freizeit und die ebenfalls gegebenenfalls damit verbundenen Anstrengungen nicht hinzunehmen bereit ist. Kündigt der Arbeitgeber diesem Arbeitnehmer nach sorgfältiger Prüfung aller Umstände, so hat in der Regel eine vom Arbeitnehmer dennoch eingereichte Kündigungsschutzklage keine Aussicht auf Erfolg. In der Regel ist eine Weiterbeschäftigung nach Umschulungs- oder Fortbildungsmaßnahmen nur unter geänderten Vertragsbedingungen möglich, in diesem Fall ist der Widerspruch sowieso nur beachtlich, wenn der Arbeitnehmer mit der Änderung der Arbeitsbedingungen einverstanden ist, da § 1 Abs. 2 Satz 3 KSchG ausdrücklich bestimmt, daß das Einverständnis des Arbeitnehmers Voraussetzung des Kündigungsschutzes ist (*G/L*, GK-*Kraft*, *S/W* a. a. O.).

129 Der Arbeitnehmer muß auch **bereit sein**, nach der Umschulung bzw. Fortbildung **im Betrieb zu verbleiben**. Der Widerspruch kann also nicht darauf gestützt werden, daß eine Umschulungs- bzw. Fortbildungsmaßnahme dem Arbeitnehmer eine Stellensuche erleichtere; hierfür kann der Arbeitnehmer auf die Maßnahmen nach dem Arbeitsförderungsgesetz verwiesen werden (*Meisel* Rz. 529). Zur beruflichen Förderung und Umschulung vgl. §§ 46, 47 BBiG.

130 Der Arbeitgeber ist auch **nicht verpflichtet**, dem Arbeitnehmer **während der Umschulungs-** oder Fortbildungsmaßnahme eine Verdienstgarantie zu geben oder das **bisherige Arbeitsentgelt** für einen bestimmten Zeitraum **fortzuzahlen**. Bei betrieblichen Umschulungs- und Fortbildungsmaßnahmen gelten bezüglich der Finanzierung hierfür die im Betrieb festgelegten finanziellen Regelungen. Außerbetriebliche Maßnahmen sind jedoch vom Arbeitnehmer bzw. der öffentlichen Hand zu finanzieren (GK-*Kraft* § 102 Rz. 94; **a. A.** offensichtlich *Hanau* BB 1971, 489).

131 **Widerspricht** der Betriebsrat einer Kündigung unter Hinweis auf die Weiterbeschäftigungsmöglichkeit nach **Ziff. 4**, so liegt hierin zugleich die **Zustimmung** zu

einer **Versetzung** nach § 99 (vgl. Rz. 122; KR-*Etzel* § 102 Rz. 170). Das Vorliegen der **Voraussetzungen** für eine Weiterbeschäftigung nach zumutbaren Umschulungs- oder Fortbildungsmaßnahmen hat der **Betriebsrat darzulegen**.
Auch wenn der **Betriebsrat nicht** gem. Ziff. 4 **widerspricht**, kann sich der Arbeitnehmer im Kündigungsschutzprozeß auf den Tatbestand der Ziff. 4 berufen (vgl. Rz. 143). 132

e) Weiterbeschäftigungsmöglichkeit bei Vertragsänderung
Der Betriebsrat kann der Kündigung nach **Ziff.** 5 ferner widersprechen, wenn eine Weiterbeschäftigung unter **veränderten Vertragsbedingungen** möglich ist und der **Arbeitnehmer** sein **Einverständnis** hierzu erklärt hat. Das Widerspruchsrecht kommt bei betriebsbedingten, in Ausnahmefällen bei personenbedingten Kündigungen in Betracht, dagegen **nicht bei verhaltensbedingten** (vgl. Rz. 88 ff.; insbes. Rz. 96). Auch dieser Widerspruch bezieht sich nur auf eine Weiterbeschäftigung im **Betrieb**, dagegen **nicht** auf eine Weiterbeschäftigung in einem **anderen Betrieb desselben Unternehmens** (vgl. Rz. 119; a. A. KR-*Etzel* § 102 Rz. 172). 133

Grundgedanke dieser **Bestimmung** ist, daß das Arbeitsverhältnis, also das rechtliche Band zwischen Arbeitnehmer und Arbeitgeber, möglichst erhalten bleiben soll. Ehe der Arbeitnehmer also den Betrieb verlassen muß und damit Gefahr läuft, arbeitslos zu werden, soll untersucht werden, ob nicht doch das Arbeitsverhältnis, wenn auch unter geänderten und im Regelfall für den Arbeitnehmer **schlechteren Bedingungen** aufrecht erhalten werden kann. In Betracht kommen Kürzung eines außertariflichen Gehaltes oder außertariflichen Zulagen, die individuelle Umstellung auf Teilzeitarbeit, Wechsel von der Tagschicht in eine andere Schicht, Einsetzen als Springer, bei der Weiterbeschäftigung auf einem anderen Arbeitsplatz im Betrieb – also im Zusammenhang mit Ziff. 3 – tarifliche oder betriebliche Herabgruppierung (*G/L* § 102 Rz. 74; *S/W* § 102 Rz. 147). Kollektive Tatbestände wie die Einführung von Kurzarbeit begründen das Widerspruchsrecht des Betriebsrats nicht, da Ziff. 5 nur individuelle Maßnahmen betrifft (*F/A/K/H* § 102 Rz. 50a; *S/W* § 102 Rz. 148; *LAG Düsseldorf* vom 21. 6. 1974 – 15 Sa 633/74 – EzA § 102 BetrVG 1972 Beschäftigungspflicht Nr. 3 = DB 1974, 2113; *LAG Hamm* vom 8. 3. 1983 – 7 (10) Sa 1237/82 – BB 1983, 1349; **a. A.** *G/L* § 102 Rz. 74; KR-*Etzel* § 102 Rz. 172a). Die **Prüfung des Arbeitgebers**, ob eine Weiterbeschäftigung des Arbeitnehmers möglich ist, muß sich auch darauf erstrecken, ob der Arbeitnehmer etwa auf einen höherrangigen und damit besser bezahlten Arbeitsplatz umgesetzt werden kann. Allerdings wird hierzu Voraussetzung sein, daß dieser Arbeitnehmer auch die notwendige Eignung für diesen Platz besitzt. Eine Kündigung muß nicht schon deshalb zurückgestellt werden, weil im Betrieb irgendwo ein Arbeitsplatz vorhanden ist. Der in Aussicht genommene Arbeitsplatz, die neuen Arbeitsbedingungen müssen vielmehr für den Arbeitnehmer geeignet sein. Die vom Betriebsrat vorgeschlagene Vertragsänderung muß dem Arbeitgeber zumutbar sein. 134

Ein Widerspruch des Betriebsrats nach Ziff. 5 ist nur möglich und beachtlich, wenn der Arbeitnehmer **sein Einverständnis** mit der Änderung der Vertragsbedingungen **erklärt** hat (*D/R* § 102 Rz. 144 f.; *G/L* § 102 Rz. 76; *F/A/K/H* § 102 Rz. 49; GK-*Kraft* § 102 Rz. 95; KR-*Etzel* § 102 Rz. 172b; *S/W* § 102 Rz. 151; *Meisel* Rz. 530; *Adomeit* DB 1971, 2363). Die Zustimmung des Arbeitnehmers muß **vorbehaltlos** erfolgen (*G/L* § 102 Rz. 77 mit ausführlicher Begründung; *Heinze* Rz. 563 f.; *Adomeit* a. a. O.; *Meisel* a. a. O.; **a. A.** *D/R* § 102 Rz. 146; 135

F/A/K/H § 102 Rz. 50; KR-*Etzel* § 102 Rz. 173). Ist der Arbeitnehmer nicht mit der Änderung der Arbeitsbedingungen einverstanden oder nur unter Vorbehalt, so kann der Arbeitgeber kündigen bzw. eine Änderungskündigung aussprechen; das Widerspruchsrecht nach Ziff. 5 entfällt dann.

136 Der **Betriebsrat** hat die **Darlegungsfrist** für die geänderten Vertragsbedingungen, unter denen die Weiterbeschäftigung möglich ist.

137 Auch wenn der **Betriebsrat nicht** gem. Ziff. 5 **widerspricht**, kann sich der Arbeitnehmer im Kündigungsschutzprozeß darauf berufen (vgl. Rz. 143). Der Widerspruch des Betriebsrats ist gleichzeitig die Zustimmung zur Versetzung (vgl. Rz. 122, 131; KR-*Etzel* § 102 Rz. 174).

4. Schweigepflicht des Betriebsrats

138 Der Betriebsrat ist verpflichtet, über die ihm im Zusammenhang mit der Kündigung und dem Widerspruchsverfahren bekannt gewordenen persönlichen Verhältnisse und Angelegenheiten des Arbeitnehmers, die einer vertraulichen Behandlung bedürfen, **Stillschweigen zu bewahren** (§ 102 Abs. 2 Satz 5; vgl. im einzelnen § 99 Rz. 79; **h.M.**).

VIII. Kündigung trotz Widerspruchs

1. Keine Zustimmungserfordernis zur Kündigung

139 Die **Zustimmung** des Betriebsrates ist **nicht Voraussetzung** der Kündigung, es sei denn, es liegt eine Vereinbarung nach Abs. 6 vor (vgl. Rz. 190ff.). Der Arbeitgeber kann also trotz des frist- und ordnungsgemäßen Widerspruchs des Betriebsrats kündigen. In diesem Fall geht er allerdings das Risiko ein, daß der Widerspruch des Betriebsrats Auswirkungen im Kündigungsschutzprozeß hat (vgl. Rz. 142ff.).

140 Macht der Arbeitgeber trotz des Widerspruchs des Betriebsrats von seiner Kündigungsmöglichkeit Gebrauch, dann muß der Arbeitnehmer die **Stellungnahme des Betriebsrats zuleiten** (§ 102 Abs. 4). Dies hat gleichzeitig mit der Kündigung zu geschehen. Der Betriebsrat wird im Regelfall in seiner Stellungnahme zum Ausdruck bringen, auf welche Ziffer des Katalogs (Abs. 3) er seinen Widerspruch stützt und weshalb er seinen Widerspruch auf diese Tatbestandsmerkmale gründet. Dadurch soll der Arbeitnehmer sich darüber schlüssig werden können, ob er Kündigungsschutzklage – unterstellt, daß die Voraussetzungen des § 1 KSchG gegeben sind – erheben will oder nicht (vgl. BT-Drucks. VI/1786, 52). Auch bei der Kündigung eines Arbeitnehmers, der noch nicht unter das KSchG fällt, besteht bei einer Kündigung trotz Widerspruchs des Betriebsrats die Verpflichtung des Arbeitgebers, dem Arbeitnehmer die Stellungnahme des Betriebsrats mit der Kündigung zuzuleiten (*D/R* § 102 Rz. 162; GK-*Kraft* § 102 Rz. 101). Eine Verletzung dieser Pflicht durch der Arbeigeber führt nicht zur Unwirksamkeit der Kündigung, der Arbeitgeber kann sich jedoch möglicherweise schadensersatzpflichtig machen (*D/R* § 102 Rz. 164; *F/A/K/H* § 102 Rz. 53; *G/L* § 102 Rz. 84; GK-*Kraft* a.a.O.; *Stahlhacke* BlStSozArbR 1972, 58).

141 Durch **einstweilige Verfügung** kann dem Arbeitgeber nicht aufgegeben werden, **Kündigungen** bis zum Abschluß oder Scheitern eines Interessenausgleichs nach

§§ 111, 112 zu **unterlassen**, wenn das Anhörungsverfahren durchgeführt ist; dies gilt auch, wenn der Betriebsrat widersprochen hat (ausführlich: *Schlochauer* JArbR [1983], 61 Bd. 21 m. w. N.; *S/W* § 102 Rz. 156 a; **str.**).

2. Auswirkungen des Widerspruchs auf den Kündigungsschutzprozeß

Durch die Neufassung des Betriebsverfassungsgesetzes wurde eine **Verzahnung** 142 des **kollektivrechtlichen Kündigungsschutzes** des Betriebsverfassunsgesetzes mit dem **individualrechtlichen Kündigungsschutz** nach dem Kündigungsschutzgesetz bei der ordentlichen Kündigung **herbeigeführt**. **Kündigt** der Arbeitgeber **ordentlich** einem Arbeitnehmer, der unter das Kündigungsschutzgesetz fällt, **trotz frist- oder ordnungsgemäßen Widerspruchs** des Betriebsrats oder eines anderen nach dem Betriebsverfassungsgesetz zuständigen Gremiums nach Abs. 3 Ziff. 2–5, so ist die Kündigung sozial ungerechtfertigt nach § 1 Abs. 2 Satz 2 und 3 KSchG, falls eine Überprüfung durch das Gericht ergibt, daß die im Widerspruch genannten Gründe tatsächlich vorliegen. Es liegt dann ein **absoluter Grund für die Sozialwidrigkeit** der Kündigung vor. Bei einem Arbeitnehmer, der nicht unter das Kündigungsschutzgesetz fällt, ist der Widerspruch des Betriebsrats ohne Bedeutung, da dieser Arbeitnehmer keinen Kündigungsschutz hat. Er ist auch dann ohne Bedeutung, wenn der Arbeitnehmer nicht innerhalb der Dreiwochenfrist des § 4 KSchG Kündigungsschutzklage erhebt.

Auch wenn der **Betriebsrat nicht** aus den Gründen des Abs. 3 **widersprochen** hat, 143 kann der Arbeitnehmer sich **im Kündigungsschutzprozeß** auf das Vorliegen eines oder mehrerer dieser **Tatbestände** bei der betriebsbedingten, in Ausnahmefällen auch bei der personenbedingten Kündigung **berufen** (*D/R* § 102 Rz. 176; *F/A/K/H* § 102 Rz. 40, 54; *G/L* § 102 Rz. 93 ff.; *GK-Kraft* § 102 Rz. 111; *Hueck* KSchG § 1 Rz. 73 ff.; *BAG* vom 13. 9. 1973 – 2 AZR 601/72 – EzA § 102 BetrVG 1972 Nr. 7 = DB 1973, 2534; **a. A.** *Meisel* Rz. 619; *Gumpert* BB 1972, 49; **a. A.** lediglich für Ziff. 3 *S/W* § 102 Rz. 198). Dies gilt auch für Arbeitnehmer in nach § 1 betriebsratsfähigen, aber betriebsratslosen Betrieben. Der Gegenmeinung kann nicht gefolgt werden; sie führt nicht zu der vom Gesetz gewünschten Erweiterung, sondern im Gegenteil zu einer Einschränkung des bisherigen individuellen Kündigungsschutzes, da diese Tatbestände im wesentlichen schon bisher von der Rechtssprechung im Kündigungsschutzprozeß berücksichtigt wurden; außerdem würde dies zu ungerechtfertigten Nachteilen für Arbeitnehmer in betriebsratslosen Betrieben führen. Neu gegenüber der bisherigen Rechtsprechung ist lediglich der Widerspruchsgrund des Abs. 3 Nr. 3, nach dem die Kündigung auch dann sozial ungerechtfertigt ist, wenn die Weiterbeschäftigung in einem anderen Betrieb des **Unternehmens** möglich ist. Dies wurde bisher nur ausnahmsweise angenommen, z. B. wenn der Arbeitnehmer für das ganze Unternehmen eingestellt worden war (*BAG* vom 22. 11. 1973 – 2 AZR 543/72 – EzA § 1 KSchG 1969 Nr. 28 = DB 1974, 438). Es erscheint nicht gerechtfertigt, diese Erweiterung des Kündigungsschutzes davon abhängig zu machen, daß es im Betrieb einen Betriebsrat gibt und dieser widersprochen hat (*G/L* § 102 Rz. 94; *Löwisch* DB 1975, 350; *Otto* SAE 1975, 6; auch die o. a. bejahende Literatur; *BAG* vom 17. 5. 1984 – 2 AZR 109/83 – EzA § 1 KSchG 1969 Betriebsbedingte Kündigung Nr. 3 = DB 1985, 1190; **a. A.** *S/W* § 102 Rz. 198). Die Ausdehnung der Weiterbeschäftigungspflicht auf das Unternehmen durch den Gesetzgeber ist allerdings bedenklich.

144 Bei der **außerordentlichen Kündigung** gilt das in Rz. 142, 143 Ausgeführte nicht. Der Widerspruch des Betriebsrats hat nur insofern Bedeutung, als das Gericht seine Stellungnahme, sofern sie im Prozeß vorgelegt wird, berücksichtigen kann.

IX. Besonderheiten bei der außerordentlichen Kündigung

1. Allgemeines

145 Für die **außerordentliche Kündigung** gilt – soweit im Gesetz nicht ausdrücklich etwas anderes erwähnt – hinsichtlich der **Mitwirkungsrechte des Betriebsrats das gleiche** wie für die ordentliche Kündigung. Soweit Besonderheiten für die außerordentliche Kündigung bestehen, wurde in den vorangegangenen Ausführungen bereits darauf eingegangen. Genauso wie bei der außerordentlichen Kündigung ist jede ohne **vorherige** ordnungsgemäße Anhörung des Betriebsrats ausgesprochene außerordentliche Kündigung **absolut unwirksam** (Rz. 58 ff.). Im Gegensatz zur ordentlichen Kündigung hat der Betriebsrat aber nach Unterrichtung von der beabsichtigten Kündigung nur eine Äußerungsfrist von höchstens drei Tagen (vgl. Rz. 73 f.). Zum Zeitpunkt der Einleitung des Anhörungsverfahrens im Zusammenhang mit der Zweiwochenfrist des § 626 Abs. 2 BGB vgl. Rz. 21. Bei der außerordentlichen Kündigung kann der Betriebsrat nur **Bedenken** äußern, die Widerspruchsgründe gelten nur für die ordentliche Kündigung (vgl. Rz. 83 ff.). Der Weiterbeschäftigungsanspruch nach Abs. 5 besteht bei einer außerordentlichen Kündigung nicht. Zur Frage der Weiterbeschäftigung bei einer außerordentlichen Kündigung, die hilfsweise mit einer ordentlichen verbunden wird, vgl. Rz. 152.

2. Freistellung von der Arbeit (Suspendierung)

146 Die Regelung, daß auch die ordentliche Kündigung nur **nach Anhörung** des Betriebsrats ausgesprochen werden kann und diesem eine Äußerungsfrist von höchstens drei Tagen gegeben ist, hat zur Folge, daß zwischen dem Bekanntwerden des wichtigen Grundes, z.B. dem Aufdecken einer Unterschlagung, und dem Ausspruch der Kündigung nach Anhörung des Betriebsrats ein gewisser Zeitraum liegt. In besonders **eilbedürftigen Fällen** wird der Arbeitgeber allerdings berechtigt sein, ausnahmsweise die Dreitagefrist noch abzukürzen, so z.B. dann, wenn die Zweiwochenfrist des § 626 Abs. 2 BGB abzulaufen droht. So ist z.B. an den Fall zu denken, daß Unterschlagungen aufgedeckt werden, die Firma aber zunächst die fristlose Kündigung nicht aussprechen will, weil der betreffende Arbeitnehmer zur Wiedergutmachung bereit ist. Erklärt dann einige Tage später der betreffende Arbeitnehmer, er lehne eine Wiedergutmachung nach reiflicher Überlegung ab, so gerät der Arbeitgeber in Zeitdruck. Hier wird man dann vom Betriebsrat verlangen können, noch am gleichen Tage eine Stellungnahme abzugeben. Will der Arbeitgeber die dreitägige Äußerungsfrist abkürzen, muß er dies dem Betriebsrat mitteilen; ist die Abkürzung angemessen, so ist sie wirksam (*G/L* § 102 Rz. 37 a; KR-*Etzel* § 102 Rz. 9 f.; *S/W* § 102 Rz. 215 f.; **a.A.** *D/R* § 102 Rz. 75). Nicht angemessen ist eine Frist von 30 Minuten (*LAG Düsseldorf* vom 27.6.1973 – 4 Sa 610/73 – AuR 1974, 59; *LAG Frankfurt/M.* vom 25.10.1977 – 5 Sa 1001/76 –). Zum Meinungsstand allgemein vgl. Rz. 22.

Die **Lohnzahlungspflicht** endet erst mit wirksamer Kündigung. Der Arbeitgeber 147 kann aber bei der Kündigung aus wichtigem Grund den Arbeitnehmer für den Zeitraum bis zum Ausspruch der Kündigung nach Anhörung des Betriebsrats sofort **von der Arbeit freistellen** – suspendieren – (*LAG Hamm* vom 24. 10. 1974 – 8 TaBV 53/74 – EzA § 102 BetrVG 1972 Nr. 5 = DB 1975, 111). Grundsätzlich entfällt durch die Suspendierung des Arbeitsverhältnisses zwar nicht die Pflicht zur Lohnzahlung (*D/R* § 102 Rz. 78; *Hueck/Nipperdey* I, 386; *Nikisch* I, 516), auch das Vorliegen eines wichtigen Grundes allein führt nicht zu einer Befreiung des Arbeitgebers von der Lohnzahlungspflicht; es müssen vielmehr weitere Umstände hinzukommen (*BAG* vom 19. 8. 1975 – 1 AZR 613/74 – EzA § 102 BetrVG 1972 Nr. 15 m. Anm. *Meisel* = DB 1975, 2138; *BAG* vom 6. 6. 1974 – 2 AZR 278/73 – EzA § 9 MuSchG n. F. Nr. 15 = DB 1974, 2355; *BAG* vom 26. 4. 1956 – GS 1/56 – EzA § 615 BGB Nr. 1 = DB 1956, 426). Wenn aber der Kündigungsgrund so schwerwiegend ist, daß dem Arbeitgeber die Annahme der Arbeitsleistung nicht einmal bis zur Anhörung des Betriebsrats und dem darauffolgenden Anspruch der Kündigung zumutbar ist, so wird **der Arbeitgeber** von der **Lohnzahlungspflicht frei**, da auf seiten des Arbeitnehmers ein Fall verschuldeter Unmöglichkeit vorliegt, somit der Arbeitgeber nach § 297 BGB nicht in Annahmeverzug kommt und daher § 615 BGB keine Anwendung findet (*D/R* § 102 Rz. 78; *G/L* § 102 Rz. 50; *GK-Kraft* § 102 Rz. 118; *Meisel* Rz. 482 ff.; *ders.* SAE 1975, 2355; *Stahlhacke* BlStSozArbR 1972, 58; *S/W* § 102 Rz. 225; *Hanau* BB 1971, 490; *BAG* vom 19. 8. 1975 – 1 AZR 613/74 – EzA § 102 BetrVG 1972 Nr. 15 m. Anm. *Meisel* = DB 1975, 2138; **a. A.** *F/A/K/H* § 102 Rz. 13;). Dies gilt vor allem, wenn der Arbeitnehmer durch sein Verhalten die Suspendierung notwendig gemacht hat (*Hueck/Nipperdey* I, 386). Eine **Lohnfortzahlungspflicht** wird z. B. dann **entfallen**, wenn die beabsichtigte außerordentliche Kündigung auf einer schwerwiegenden Arbeitsvertragsverletzung, z. B. einer strafbaren Handlung, beruht und eine Weiterbeschäftigung des Arbeitnehmers für den Arbeitgeber unter diesen Voraussetzungen schlechthin unzumutbar ist. Eine ähnliche Regelung hat der Gesetzgeber in §§ 628 Abs. 1, 2 BGB getroffen, wonach der Arbeitnehmer keinen Anspruch auf die Vergütung hat, wenn er durch sein vertragswidriges Verhalten die Kündigung des Arbeitgebers veranlaßt und seine bisherigen Leistungen infolge der Kündigung für den Arbeitgeber kein Interesse mehr haben. Eine Entgeltfortzahlungspflicht wird aber auch dann entfallen, wennn eine weitere Zusammenarbeit nicht nur für den Arbeitgeber, sondern auch für die Arbeitskollegen unzumutbar ist, z. B. bei Kameradendiebstahl oder Sittlichkeitsdelikten.

3. Umdeutung in eine ordentliche Kündigung

Nach § 140 BGB ist eine **Umdeutung einer** wegen Mangels des wichtigen Grundes 148 unwirksamen **außerordentlichen Kündigung in eine ordentliche grundsätzlich möglich**. Das frühere Umdeutungsverbot im Kündigungsschutzgesetz ist durch das erste Arbeitsrechtsbereinigungsgesetz entfallen. Bei der Anwendung des § 140 BGB kommt es allerdings darauf an, ob die Umdeutung in eine ordentliche Kündigung nach den gegebenen Umständen dem mutmaßlichen Willen des Arbeitgebers entspricht und ob dieser Wille dem Arbeitnehmer erkennbar geworden ist (*BAG* vom 12. 8. 1976 – 2 AZR 311/75 – EzA § 102 BetrVG 1972 Nr. 25 m. Anm. *Löwisch, Schreiner* = DB 1976, 2163; *BAG* vom 18. 9. 1975 – 2 AZR 311/74 –

EzA § 626 BGB Druckkündigung Nr. 1 = DB 1976, 634). Ein solcher Wille des Arbeitgebers kann sich auch aus einer ausdrücklichen Vertragsbestimmung ergeben, eine unwirksame fristlose Kündigung gelte als fristgemäße Kündigung für den nächstzulässigen Kündigungszeitpunkt (*BAG* vom 12. 8. 1976 a. a. O.). Im Einzelfall wird es also darauf ankommen, ob sich aus den Umständen ergibt, daß der Arbeitgeber das Arbeitsverhältnis auf jeden Fall lösen wollte. In der betrieblichen Praxis ist der Klarheit wegen zu empfehlen, in Fällen, in denen nicht sicher ist, daß die fristlose Kündigung Aussicht auf Erfolg bietet, hilfsweise eine ordentliche auszusprechen; ist dies nicht geschehen, so sollte der Arbeitgeber sich spätestens in der ersten Instanz des Kündigungsschutzprozesses darauf berufen, daß die Kündigung notfalls als ordentliche gelten sollte (vgl. hierzu *LAG Berlin* vom 15. 3. 1977 – 3 Sa 114/76 – ARSt 1977, 159 Nr. 1171), da eine Umdeutung von Amts wegen in der Regel nicht möglich sein dürfte.

149 Die Umdeutung ist aber nur möglich, wenn die Kündigung auch **alle Voraussetzungen** für eine **ordentliche fristgerechte Kündigung erfüllt**; hierzu gehört auch die Anhörung des Betriebsrats zur ordentlichen Kündigung (vgl. Rz. 30). **Umstritten ist, ob in der Anhörung zur außerordentlichen Kündigung zugleich die Anhörung zu ordentlichen Kündigung liegt.** Will man dem Sinn der Vorschrift gerecht werden, so ist zur Lösung der Frage darauf abzustellen, ob die Anhörung zur ordentlichen Kündigung eine andere Bedeutung hat als die zur außerordentlichen, insbesondere, ob dem betroffenen Arbeitnehmer oder dem Betriebsrat, wenn lediglich eine Anhörung zur außerordentlichen Kündigung erfolgte, Rechte abgeschnitten werden. Ein Unterschied hinsichtllich außerordentlichen oder ordentlichen Kündigung besteht in diesem Zusammenhang lediglich bei der betriebsbedingten und allenfalls noch bei der personenbedingten ordentlichen Kündigung, weil der Betriebsrat im Gegensatz zur außerordentlichen Kündigung hier die Möglichkeit hat, von seinem Widerspruchsrecht nach § 102 Abs. 3 Gebrauch zu machen (*Schlochauer* RdA 1973, 159). Richtiger Ansicht nach ist daher mit der Anhörung zur außerordentlichen Kündigung auch die Anhörung zur ordentlichen Kündigung erfolgt, wenn es sich um verhaltensbedingte Kündigungsgründe handelt, dagegen nicht bei betriebsbedingter oder in Ausnahmefällen personenbedingter Kündigung (*Brill* AuR 1975, 18; *Eich* DB 1975, 1606; *Schlochauer* RdA 1973, 159; *LAG Düsseldorf* vom 21. 5. 1976 – 9 Sa 138/76 – rkr., DB 1977, 121). Bei betriebs- oder personenbedingten (soweit ein Widerspruch nach Abs. 3 in Betracht kommt) außerordentlichen Kündigungen bedarf es daher im Anhörungsverfahren zur außerordentlichen Kündigung des ausdrücklichen Hinweises, daß diese Kündigung notfalls auch als ordentliche Kündigung aufrechterhalten werden soll, wenn später im Kündigungsschutzprozeß eine Umdeutung erfolgen können soll. Dies gilt dann nicht, wenn eine Arbeitsordnung festlegt, daß jede außerordentliche Kündigung vorsorglich als ordentliche gelten soll; denn dann muß der Betriebsrat das Anhörungsverfahren als ein solches zu beiden Arten der Kündigung auffassen (*LAG Düsseldorf/Köln* vom 25. 11. 1975 – 8 Sa 377/75 –). Eine andere Meinung sieht, soweit der Betriebsrat der außerordentlichen Kündigung zustimmt, in der Anhörung zur außerordentlichen Kündigung stets zugleich eine zur ordentlichen und hält in diesen Fällen die Umdeutungsmöglichkeit stets für möglich (*LAG Hamm* vom 9. 7. 1975 – 2 Sa 348/75 – DB 1975, 1899; vom 21. 7. 1975 – 2 Sa 472/75 – rkr., ARSt. 1977, 30 Nr. 1032; *LAG Düsseldorf/Köln* vom 17. 3. 1976 – 2 Sa 712/74 – EzA § 102 BetrVG 1972 Nr. 22 [aufgehoben durch *BAG* vom 16. 3. 1978 s. u.]; *LAG Düsseldorf* vom 24. 3. 1976 – 6 Sa 1417/75 – BB 1976, 1128). Die überwiegende Meinung geht dagegen davon aus, daß die Anhörung zur außerordentlichen Kündigung in keinem Fall diejenige zur ordentlichen mit umfaßt und daß daher eine **Umdeutung** der außerordentlichen Kündigung in eine ordentliche im Kündigungsschutzprozeß **nur dann möglich ist**, wenn der Betriebsrat auch **ausdrücklich** darauf **hingewiesen** wurde, daß die Kündigung notfalls als **ordentliche aufrechterhalten werden soll**. Diese überwiegende Meinung differenziert dabei nicht danach, ob es sich um eine betriebs-, personen oder verhaltensbedingte Kündigung handelt (*D/R* § 102 Rz. 50; *F/A/K/H* § 102 Rz. 31; *G/L* § 102 Rz. 26a; *Hueck* KSchG § 13 Rz. 27; KR-*Etzel* § 102 Rz. 182; *Stahlhacke* BlStSozArbR 1972, 58; *BAG* vom 12. 8. 1976 – 2 AZR 311/75 – EzA § 102 BetrVG 1972 Nr. 25 m. Anm. *Löwisch, Schreiner* = DB 1976, 2163; vom 17. 12. 1976 – 1 AZR 605/75 – EzA Art. 9 GG Arbeitskampf Nr. 19 m. Anm. *Otto* = DB 1977, 824; vom 16. 3. 1978 – 2 AZR 424/76 – EzA § 102 BetrVG 1972 Nr. 32 = DB 1978, 1454). Nach dem *Bundesarbeitsgericht* (vom 16. 3. 1978 a. a. O.) gilt dann eine Ausnahme von diesem Grundsatz, wenn der Betriebsrat im Anhörungsverfahren der außerordentlichen Kündigung vorbehaltlos und audrücklich zugestimmt hat und aus keinen Umständen zu ersehen ist, daß er für den Fall von deren Unwirksamkeit einer ordentlichen Kündigung entgegengetreten wäre. Das gilt jedenfalls dann, wenn die Beteiligung des Betriebsrats auch unter dem Gesichtspunkt der ordentlichen Kündigung ordnungsgemäß war (*BAG* vom 3. 12. 1981 – 2 AZR 679/79 – unveröff.; KR-*Etzel* § 102 Rz. 182a). Für die Praxis ist daher, um kein finanzielles Risiko einzugehen, zu empfehlen, falls eine außerordentliche Kündigung im Kündigungsschutzprozeß umgedeutet werden soll, die Anhörung auch hilfsweise auf die fristgemäße Kündigung zu erstrecken (*Ebert* BB 1976, 1135; *S/W* § 102 Rz. 223).

Hinsichtlich der **Einlassungsfristen des Betriebsrats** von drei Tagen bzw. einer Woche gilt folgendes:
– leitet der Arbeitgeber das Anhörungsverfahren für eine beabsichtigte außerordentliche, hilfsweise ordentliche Kündigung ein, so kann er, äußert der Betriebsrat sich nicht vorher abschließend, spätestens nach drei Tagen die außerordentliche, spätestens nach einer Woche die ordentliche Kündigung aussprechen;
– leitet der Arbeitgeber nur das Anhörungsverfahren zu einer beabsichtigten außerordentlichen Kündigung ein, bringt aber eindeutig zum Ausdruck, daß diese notfalls im Prozeß in eine ordentliche umgedeutet werden soll, so gilt dasselbe wie zuvor ausgeführt hinsichtlich des Zeitpunkts der Kündigung.

X. Weiterbeschäftigungspflicht bei ordentlicher Kündigung

1. Voraussetzungen

Hat der Betriebsrat einer ordentlichen Kündigung aus den Gründen des § 102 Abs. 3 frist- und ordnungsgemäß widersprochen und hat der Arbeitnehmer Kündigungsschutzklage erhoben, so kann der Arbeitnehmer vom Arbeitgeber verlangen, ihn auch nach Ablauf der Kündigungsfrist bis zum rechtskräftigen Abschluß des Kündigungsschutzverfahrens **zu unveränderten Arbeitsbedingungen weiterzubeschäftigen** (§ 102 Abs. 5). **Voraussetzung** für den Weiterbeschäftigungsanspruch ist
– das Vorliegen einer **ordentlichen Kündigung**,

§ 102　4. Teil 5. Abschn. *Personelle Angelegenheiten*

- die Erhebung der **Kündigungsschutzklage** durch den Arbeitnehmer,
- der **ordnungsgemäße, form- und fristgerechte Widerspruch** des Betriebsrat,
- das **Verlangen** des Arbeitnehmers auf Weiterbeschäftigung.

152　Der Weiterbeschäftigungsanspruch nach Abs. 5 ist nur **bei einer ordentlichen Kündigung** gegeben, nicht dagegen bei einer außerordentlichen. Umstritten ist, ob der Weiterbeschäftigungsanspruch auch dann besteht, wenn die außerordentliche Kündigung hilfsweise mit einer ordentlichen Kündigung verbunden ist. Da in diesem Fall die Kündigung eine außerordentliche Kündigung ist und auf diese Rechtsfolge zielt, ist der Weiterbeschäftigungsanspruch zu verneinen (*D/R* § 102 Rz. 203; *G/L* § 102 Rz. 106; GK-*Kraft* § 102 Rz. 121; KR-*Etzel* § 102 Rz. 198; *S/W* § 102 Rz. 167; *Meisel* Rz. 537; *Bleistein* § 102 Rz. 521, 260; *Ebert* BB 1976, 1132; *Richardi* ZfA Sonderheft 1972, 29; *Schlochauer* RdA 1973, 161; *Stahlhacke* BlStSozArbR 1972, 59; *LAG Frankfurt/M.* vom 28. 5. 1973 – 7 Sa 292/73 – EzA § 102 BetrVG 1972 Beschäftigungspflicht Nr. 1; *LAG Hamm* vom 18. 5. 1982 – 11 Sa 311/82 – DB 1982, 1679; **a. A.** *F/A/K/H* § 102 Rz. 57; *G/K/S/B* § 102 Rz. 102; *Böhm* BB 1974, 1641; *Weber* BB 1974, 699). Handelt es sich allerdings um eine Gesetzesumgehung, d. h. schiebt der Arbeitgeber die außerordentliche Kündigung nur vor, um der Weiterbeschäftigungspflicht zu entgehen, so ist dies unbeachtlich und Abs. 5 anwendbar (*G/L* § 102 Rz. 106; **a. A.** GK-*Kraft* § 102 Rz. 121).

153　Weitere **Voraussetzung** für den Weiterbeschäftigungsanspruch nach Abs. 5 ist, daß der Arbeitnehmer die **persönlichen und formalen Voraussetzungen des Kündigungsschutzgesetzes** erfüllt, d. h. gem. § 1 Abs. 1 KSchG mindestens 6 Monate dem Betrieb angehört, innerhalb der Dreiwochenfrist des § 4 KSchG **Kündigungsschutzklage** erhoben hat und im Betrieb gem. § 23 KSchG das Kündigungsschutzgesetz gilt. Erfüllt der Arbeitnehmer diese Voraussetzungen nicht, so ist sein Verlangen auf Weiterbeschäftigung gegenstandslos. Das Arbeitsverhältnis endet mit Ablauf der Kündigungsfrist. Erhebt der Arbeitnehmer verspätet Klage, so entsteht der Beschäftigungsanspruch erst, wenn die Klage nachträglich rechtskräftig zugelassen worden ist (*D/R* § 102 Rz. 194; *G/L* § 102 Rz. 102, 107; KR-*Etzel* § 102 Rz. 207; *S/W* § 102 Rz. 164; GK-*Kraft* § 102 Rz. 124; *Meisel* 233 Rz. 547; *Schlochauer* RdA 1973, 163; *Stahlhacke* BlStSozArbR 1972, 59; **a. A.** *F/A/K/H* § 102 Rz. 61; *Fuchs* AuR 1973, 174, die den Weiterbeschäftigungsanspruch bei verspätet eingereichter Klage bis zur Entscheidung des Arbeitsgerichts nach § 5 KSchG annehmen).

154　**Nimmt** der Arbeitnehmer die **Kündigungsschutzklage zurück** oder stellt er einen **Auflösungsantrag** nach § 9 KSchG, so entfällt der Anspruch auf vorläufige Weiterbeschäftigung (*D/R* § 102 Rz. 196; *F/A/K/H* § 102 Rz. 61; *G/L* § 102 Rz. 103; KR-*Etzel* § 102 Rz. 208).

155　Macht der Arbeitnehmer die **Unwirksamkeit** der Kündigung **aus anderen** als in § 1 KSchG genannten Gründen geltend, z. B. wegen mangelnder Anhörung des Betriebsrats oder wegen eines Verstoßes gegen das Mutterschutzgesetz oder Schwerbehindertengesetz, so hat er keinen Anspruch auf vorläufige Weiterbeschäftigung nach Abs. 5 (*D/R* § 102 Rz. 195; *G/L* § 102 Rz. 101). Macht der Arbeitnehmer allerdings in einem solchen Verfahren nach § 6 KSchG auch die Unwirksamkeit wegen Sozialwidrigkeit geltend, so kann auch der Anspruch auf Weiterbeschäftigung ab diesem Zeitpunkt nach Abs. 5 bestehen (*D/R* § 102 Rz. 195; *G/L* § 102 Rz. 104; KR-*Etzel* § 102 Rz. 206; *Schlochauer* RdA 1973, 163; vgl. auch Rz. 59).

156　Weitere Voraussetzung für den Weiterbeschäftigungsanspruch ist der **ordnungsge-**

mäße, form- und fristgerechte **Widerspruch des Betriebsrats** aus den Gründen des Abs. 3 (vgl. Rz. 83 ff.); daraus folgt, daß bei einer verhaltensbedingten Kündigung kein Anspruch auf Weiterbeschäftigung besteht (vgl. Rz. 90 ff., insbes. Rz. 94). Diese vom Gesetzgeber gewollte **Abhängigkeit der Beschäftigungspflicht vom Widerspruch des Betriebsrats** ist nicht unproblematisch. Der Arbeitnehmer ist völlig auf ein Tätigwerden, und zwar ein ordnungsgemäßes frist- und formgerechtes Tätigwerden des Betriebsrats angewiesen. Schweigt der Betriebsrat, obwohl ein Tatbestand des § 102 Abs. 3 gegeben ist, oder versäumt der Betriebsrat die Einwochenfrist oder legt er den Widerspruch nur mündlich und nicht schriftlich ein, wie es das Gesetz vorschreibt, so erleidet der Arbeitnehmer einen empfindlichen Rechtsnachteil. Die Weiterbeschäftigungspflicht entfällt, ohne daß der Arbeitnehmer die Möglichkeit hätte, dies zu verhindern. Allerdings kann in diesem Verhalten des Betriebsrats unter Umständen eine Amtspflichtverletzung liegen (KR-*Etzel* § 102 Rz. 121). Ein Schadensersatzanspruch kann, da der Betriebsrat nicht vermögensfähig ist, nur gegen einzelne Betriebsratsmitglieder geltend gemacht werden (*D/R*, 5. Aufl., § 102 Rz. 113). Zum fristgemäßen Widerspruch des Betriebsrats vgl. Rz. 73 ff., zur Ordnungsgemäßheit vgl. Rz. 83 ff.

Keine Weiterbeschäftigungspflicht besteht z. B., wenn 157
- der Widerspruch verspätet, also nicht innerhalb der Wochenfrist erfolgt (*D/R* § 102 Rz. 188; *G/L* § 102 Rz. 98; *S/W* § 102 Rz. 165; *ArbG Saarbrücken* vom 13. und 14. 4. 1972 – 5 BV 12/72 und 6 BV 13/72 – EzA § 102 BetrVG 1972 Nr. 4; *LAG Düsseldorf* vom 21. 6. 1974 – 15 Sa 633/74 – EzA § 102 BetrVG 1972 Beschäftigungspflicht Nr. 3 = DB 1974, 2113);
- der Widerspruch nicht schriftlich, sondern nur mündlich erfolgt (vgl. Rz. 85);
- der Widerspruch ohne schriftliche Angabe von Gründen nach Abs. 3 erfolgt (vgl. Rz. 86 f.);
- der Widerspruch nicht auf einen der Gründe des Abs. 3 gestützt ist, es sich vielmehr nur um Bedenken handelt (vgl. Rz. 86; *S/W* § 102 Rz. 165; *LAG Düsseldorf* vom 21. 6. 1974 a. a. O.; vom 5. 1. 1976 – 9 Sa 1604/75 – DB 1976, 1065; *LAG Niedersachsen* vom 28. 8. 1975 – 7 a (3) Sa 80/75 – DB 1975, 1898; *LAG Hamburg* vom 29. 10. 1975 – 5 Sa 92/75 – BB 1976, 184; *LAG Berlin* vom 22. 8. 1974 – 7 Sa 67/74 – AuR 1975, 188 = ARSt. 1975 Nr. 101). Es genügt aber, daß der Betriebsrat Gründe nennt, die möglicherweise ein Widerspruchsrecht geben; sie müssen dagegen den Widerspruch nicht tatsächlich tragen (*D/R* § 102 Rz. 184; *G/L* § 102 Rz. 99; KR-*Etzel* § 102 Rz. 200). Die Unbegründetheit des Widerspruchs muß der Arbeitgeber im Verfahren auf Entbindung von der Weiterbeschäftigungspflicht geltend machen (Rz. 176 ff.);
- der Widerspruch sich auf eine verhaltensbedingte Kündigung bezieht, da die Widerspruchsgründe nur bei betriebsbedingten, in Ausnahmefällen auch bei personenbedingten Kündigungen gegeben sind (vgl. Rz. 88 ff.).

Ein **Widerruf des Widerspruchs** durch den Betriebsrat führt nicht zum Wegfall des 158 Weiterbeschäftigungsanspruchs, da der Widerspruch nicht wirksam zurückgenommen werden kann (vgl. Rz. 97; *D/R* § 102 Rz. 185; *G/L* § 102 Rz. 100; *F/A/K/H* § 102 Rz. 52; *D/K/K/S* § 102 Rz. 106; *Hanau* BB 1972, 454; *Meisel* Rz. 557; a. A. *S/W* § 102 Rz. 170; *Stahlhacke* Rz. 1270; enger: KR-*Etzel* § 102 Rz. 204). In diesem Fall hat der Arbeitgeber die Möglichkeit, eine einstweilige Verfügung auf Entbindung von der Weiterbeschäftigungspflicht zu beantragen (vgl. Rz. 181).

Besteht in einem Betrieb **kein Betriebsrat**, so entfällt die Weiterbeschäftigungs- 159 pflicht nach Abs. 5 (*D/R* § 102 Rz. 186; GK-*Kraft* § 102 Rz. 122; KR-*Etzel* § 102

§ 102   4. Teil 5. Abschn. Personelle Angelegenheiten

Rz. 202; a.A. *Braasch* BB 1976, 323). Es kann aber in engen Grenzen eine einstweilige Verfügung auf Weiterbeschäftigung nach § 940 ZPO in Betracht kommen (vgl. Rz. 176; KR-*Etzel* § 102 Rz. 197).

160 Weitere Voraussetzung für die Verpflichtung zur Weiterbeschäftigung ist, daß der Arbeitnehmer die Weiterbeschäftigung **ausdrücklich verlangt**. Ein solches Verlangen liegt nicht bereits in der Erhebung der Kündigungsschutzklage, da der Arbeitnehmer das Wahlrecht hat, ob er mit Ablauf der Kündigungsfrist aus dem Betrieb ausscheiden will oder ob er aufgrund des Abs. 5 weiterbeschäftigt werden will (*F/A/K/H* § 102 Rz. 58; *S/W* § 102 Rz. 171; GK-*Kraft* § 102 Rz. 125; KR-*Etzel* § 102 Rz. 209; a.A. *D/R* § 102 Rz. 194, 199). Das Gesetz sieht keine **Frist für den Antrag des Arbeitnehmers** an den Arbeitgeber vor, ihn weiterzubeschäftigen. Der Antrag ist unverzüglich, d.h. ohne schuldhaftes Zögern nach Erhebung der Kündigungsschutzklage zu stellen. Der Arbeitgeber muß nämlich in der Lage sein, rechtzeitig disponieren zu können, d.h. er muß wissen, ob er den Arbeitnehmer auch noch über den Ablauf der Kündigungsfrist hinaus weiterbeschäftigen muß. Der Antrag muß jedenfalls noch innerhalb der Kündigungsfrist gestellt werden; ist diese kürzer als drei Wochen, so genügt es, wenn der Arbeitnehmer nach Ablauf der Kündigungsfrist, aber unverzüglich nach Erhebung der Kündigungsschutzklage Weiterbeschäftigung verlangt (KR-*Etzel* § 102 Rz. 209; *Schlochauer* RdA 1973, 163; *S/W* § 102 Rz. 172, GK-*Kraft* § 102 Rz. 125; *LAG Hamm* vom 28. 4. 1976 – 1 Sa 311/76 – DB 1976, 1917; *LAG Baden-Württemberg/Freiburg* vom 9. 7. 1975 – 8 Sa 33/75 – unveröff.: enger, spätestens mit Erhebung der Kündigungsschutzklage: *F/A/K/H* § 102 Rz. 58; a.A., keine Frist: *D/R* § 102 Rz. 198; *G/L* § 102 Rz. 107a; *Braasch* BB 1976, 320; *Schaub* NJW 1981, 1811; *BAG* vom 31. 8. 1978 – 3 AZR 989/77 – EzA § 102 BetrVG 1972 Beschäftigungspflicht Nr. 6 = DB 1979, 652, das zu Unrecht ein Weiterbeschäftigungsverlangen noch 4 Monate nach Erhebung der Kündigungsschutzklage nicht als verspätet ansieht, dagegen *Weber* SAE 1979, 192).

2. Rechtsnatur und Inhalt des Weiterbeschäftigungsverhältnisses

161 Liegen alle Voraussetzungen vor, so hat der Arbeitnehmer nach Ablauf der Kündigungsfrist einen Anspruch auf Weiterbeschäftigung bei unveränderten Arbeitsbedingungen. Das **Weiterbeschäftigungsverhältnis** ist als ein **durch Gesetz begründetes Schuldverhältnis** anzusehen, welches durch die rechtskräftige Abweisung der Kündigungsschutzklage auflösend bedingt ist (*Schlochauer* RdA 1973, 163 mit ausführlicher Begründung; *F/A/K/H* § 102 Rz. 56; *G/L* § 102 Rz. 97; MK-*Schwerdtner* vor § 620 Rz. 320; *S/W* § 102 Rz. 177; *Lepke* DB 1975, 499; *Weber* BB 1974, 703; für faktisches Arbeitsverhältnis *Meisel* 238 Rz. 558; a.A. *BAG* vom 12. 9. 1985 – 2 AZR 324/84 – EzA § 102 BetrVG 1972 Nr. 61 = DB 1986, 752; *D/R* § 102 Rz. 206; *G/K/S/B* § 102 Rz. 97; KR-*Etzel* § 102 Rz. 215; offenlassend GK-*Kraft* § 102 Rz. 129, der zu Recht darauf hinweist, daß sich die unterschiedlichen Meinungen jedenfalls über die Behandlung und Folgen des Weiterbeschäftigungsverhältnisses einig seien). Wird die Kündigungsschutzklage abgewiesen, so endet dieses gesetzliche Schuldverhältnis mit rechtskräftiger Klageabweisung, ohne daß es einer erneuten Kündigung bzw. Kündigungsfrist bedarf (*D/R* § 102 Rz. 216, 218; *F/A/K/H* § 102 Rz. 64; *G/L* § 102 Rz. 114; KR-*Etzel* § 102 Rz. 236; *Meisel* DB 1972, 1678). Das bisherige Arbeitsverhältnis hat in diesem Fall mit Ablauf der

Kündigungsfrist geendet, daran anschließend hat das gesetzliche Weiterbeschäftigungsverhältnis bis zur rechtskräftigen Abweisung der Kündigungsschutzklage bestanden und hat automatisch mit dieser rechtskräftigen Entscheidung geendet. Das **gesetzliche Weiterbeschäftigungsverhältnis endet auch** mit der Rücknahme der Kündigungsschutzklage bzw. mit der Auflösung des Arbeitsverhältnisses nach § 9 KSchG oder wenn der Arbeitgeber durch einstweilige Verfügung davon entbunden wird (vgl. Rz. 176ff.). Da die Beendigung ohne Kündigung erfolgt, gelten besondere Kündigungsschutzvorschriften z. B. nach dem Mutterschutzgesetz, Schwerbehindertengesetz, Betriebsverfassungsgesetz usw. nicht. **Gewinnt der Arbeitnehmer** die **Kündigungsschutzklage**, so wird mit der rechtskräftigen Entscheidung festgestellt, daß das bisherige Arbeitsverhältnis nahtlos fortbestanden hat und fortbesteht. In diesem Fall sind ihm auch alle nicht tätigkeitsbezogenen Ansprüche, wie solche, die auf die Betriebszugehörigkeit abstellen, zugewachsen (vgl. hierzu Rz. 164; KR-*Etzel* § 102 Rz. 236).

Es besteht eine **Pflicht des Arbeitgebers**, den Arbeitnehmer bei Vorliegen der 162 Voraussetzungen weiterzubeschäftigen. Unter Weiterbeschäftigung bei unveränderten Arbeitsbedingungen ist grundsätzlich die **tatsächliche Weiterbeschäftigung** zu verstehen, nicht nur die Fortzahlung des Arbeitsentgelts unter Freistellung von der Arbeit (*D/R* § 102 Rz. 209; *F/A/K/H* § 102 Rz. 65; *G/L* § 102 Rz. 110; GK-*Kraft* § 102 Rz. 126; KR-*Etzel* § 102 BetrVG Rz. 214; *S/W* § 102 Rz. 175; *BAG* vom 26. 5. 1977 – 2 AZR 632/76 – EzA § 611 BGB Beschäftigungspflicht Nr. 2 = DB 1977, 1141, 2099, 2192; so wohl auch *BAG* vom 31. 8. 1978 – 3 AZR 989/77 – EzA § 102 BetrVG 1972 Beschäftigungspflicht Nr. 6 = DB 1979, 652; *LAG Berlin* vom 2. 6. 1976 – 3 Sa 56/76 – BB 1976, 1273; *LAG Düsseldorf* vom 21. 6. 1974 – 15 Sa 633/74 – EzA § 102 BetrVG 1972 Beschäftigungspflicht Nr. 3 – DB 1974, 2112; a. A. *Adomeit* DB 1971, 2363). Der Arbeitgeber kann von der Verpflichtung zur Weiterbeschäftigung grundsätzlich nur durch einstweilige Verfügung oder durch die Vereinbarung mit dem Arbeitnehmer, diesen unter Fortzahlung des Arbeitsentgelts von der Arbeit freizustellen, entbunden werden.

Ein Anspruch auf **tatsächliche Weiterbeschäftigung besteht** aber auch bei Vorlie- 163 gen der Voraussetzungen **nicht**, wenn der Arbeitgeber ein berechtigtes Interesse hierfür hat. Vor Ablauf der Kündigungsfrist ist nämlich der Arbeitgeber nicht verpflichtet, den Arbeitnehmer zu beschäftigen, wenn dieser kein beachtenswertes Interesse an der Beschäftigung hat oder wenn überwiegend Interessen des Arbeitgebers gegen die Beschäftigung sprechen; dies gilt auch für die Zeit nach Ablauf der Kündigungsfrist, da Abs. 5 die Rechtslage insoweit nicht geändert hat (*LAG Berlin* vom 27. 6. 1986 – 3 Sa 6/86 – rkr., DB 1987, 178). Der Arbeitgeber genügt der Weiterbeschäftigungspflicht durch die Lohnzahlung dann, wenn der Arbeitgeber bei Abwägung der beiderseitigen Interessen ein überwiegendes Interesse am Ausscheiden des Arbeitnehmers hat (*D/R* § 102 Rz. 210; *G/L* § 102 Rz. 110; KR-*Etzel* § 102 Rz. 214; *Hueck/Nipperdey* I, 384; *Schlochauer* RdA 1973, 164; *S/W* § 102 Rz. 175; a. A. GK-*Kraft* § 102 Rz. 126). Ein solcher Fall kann z. B. gegeben sein, wenn der Arbeitnehmer während seiner Weiterbeschäftigung möglicherweise Betriebsgeheimnisse erfährt oder auch sonst über Vorgänge unterrichtet werden müßte, deren Geheimhaltung im besonderen und berechtigten Interesse des Betriebes liegt. So ist z. B. daran zu denken, daß der betreffende Arbeitnehmer in einem Forschungslaboratorium einer großen Firma beschäftigt wird und dort länger anhaltende, komplizierte Untersuchungen durchgeführt werden. Es wäre dann für den Arbeitgeber unzumutbar, die erzielten Forschungsergebnisse diesem Arbeitnehmer mitzuteilen oder sie ihm auch nur zur Kenntnis gelangen zu lassen. Der Arbeitgeber kann unter diesen erschwerten Voraussetzungen eine Weiterbeschäftigungspflicht des Arbeitnehmers zumindest in diesem Forschungslaboratorium ablehnen und ihn unter Aufrechterhalten der bisherigen materiellen Arbeitsbedingungen an einem anderen vergleichbaren, gleichwertigen Arbeitsplatz einsetzen. Letzteres gilt in allen Fällen, in denen der Arbeitnehmer aus in seiner Person liegenden oder aus betrieblichen Gründen nicht mehr am bisherigen Arbeitsplatz beschäftigt werden kann (*Meisel* Rz. 555; *S/W* § 102 Rz. 176). Nach dem *Bundesarbeitsgericht* (vom 19. 8. 1976 – 3 AZR 173/75 – EzA § 611 BGB Beschäftigungspflicht Nr. 1 = DB 1976, 2308) ist eine Freistellung gegen den Willen des Arbeitnehmers nur möglich, wenn überwiegende und schutzwürdige Interessen dies gebieten. Ein überwiegendes Interesse des Arbeitgebers in diesem Sinne ist auch anzunehmen bei Wegfall der Beschäftigungsmöglichkeit wegen Stillegung des Betriebes oder einzelner Betriebsabteilungen, Absatzstockungen, Mangel an Aufträgen, Gefährdung von Betriebsanlagen (*F/A/K/H* § 102 Rz. 65; *G/L* § 102 Rz. 110; KR-*Etzel* § 102 Rz. 214; *Hueck/Nipperdey* I, 383 f.; *LAG Berlin* vom 27. 6. 1986 – a. a. O.; in diesen Fällen bleibt die Verpflichtung zur Fortzahlung des Arbeitsentgelts – anders als im Falle der Entbindung von der Weiterbeschäftigungspflicht durch einstweilige Verfügung – gem. § 615 BGB bestehen (*Etzel* 206; *G/L* § 102 Rz. 110; KR-*Etzel* a. a. O.; *F/A/K/H* § 102 Rz. 68). Andererseits darf nicht verkannt werden, daß eine Verweigerung der Beschäftigung für den Arbeitnehmer auch eine erhebliche Beeinträchtigung seiner Interessen darstellen kann. Unter Umständen hat der Arbeitnehmer ein besonderes Interesse an der Zuendeführung einer bestimmten Arbeit. Man muß also auch hier sehr sorgfältig die beidereitigen Interessen gegeneinander abwägen. Das Interesse des Arbeitgebers an dem Unterbleiben der Beschäftigung wird um so beachtlicher sein, je geringer das Interesse des Arbeitnehmers an der Beschäftigung ist. Der Arbeitgeber muß also der Beschäftigungspflicht aus § 102 Abs. 5 einen wichtigen Grund entgegensetzen, der diese Verpflichtung unter Berücksichtigung der Grundsätze von Treu und Glauben entfallen läßt. Die Weiterbeschäftigung muß für den Arbeitgeber unzumutbar sein. Liegen diese Voraussetzungen nicht vor, so kann der Arbeitnehmer auf Beschäftigung klagen (vgl. Rz. 169).

164 Beschäftigt der Arbeitgeber den Arbeitnehmer auf sein Verlangen hin weiter, so müssen beide Parteien alle **Rechte und Pflichten des bisherigen Arbeitsverhältnisses** beachten. Der Arbeitnehmer hat den Anspruch, das den unveränderten Arbeitsbedingungen entsprechende Arbeitsentgelt zu erhalten. Dieser Anspruch umfaßt auch tarifliche Lohn-/Gehaltserhöhungen und betriebliche Zulagen, soweit sie tätigkeitsbezogen sind (*Frauenkron* § 102 Rz. 16; *Schlochauer* RdA 1973, 164) sowie Urlaub, Urlaubsgeld, vermögenswirksame Leistungen und gegebenenfalls weitere **Nebenleistungen**, z. B. Werkdienstwohnung (*G/L* § 102 Rz. 109; *S/W* § 102 Rz. 174; *Otto* RdA 1975, 69; *Schlochauer* a. a. O.). Der **Arbeitnehmer erwirbt aber keine Ansprüche**, die an **seine Person** (Mutterschutz, Schwerbehindertengesetz), **seine Betriebszugehörigkeit** (z. B. betriebliche Altersversorgung, Jubiläumsgeld) oder ein **ungekündigtes Arbeitsverhältnis** anknüpfen (*Schlochauer* a. a. O.; *G/L* § 102 Rz. 109; *F/A/K/H* § 102 Rz. 65; *S/W* a. a. O.; **a. A.** KR-*Etzel* § 102 Rz. 219). So kann der Arbeitnehmer durch das Weiterbeschäftigungsverhältnis weder einen besonderen Kündigungsschutz noch betriebliche Leistungen erreichen, die bei einem ungekündigten Arbeitsverhältnis eintreten würden. Ist z. B.

Mitbestimmung bei Kündigungen § 102

im Tarifvertrag die Unkündbarkeit des Arbeitnehmers bei 15jähriger Betriebszugehörigkeit und Erreichung des 50. Lebensjahres vereinbart, so kann dieser Arbeitnehmer, falls ihm im 49. Lebensjahr und nach 14jähriger Betriebszugehörigkeit gekündigt wird, keine Rechte aus dem Tarifvertrag bzw. Einzelarbeitsvertrag herleiten, wenn er den Kündigungsschutzprozeß nach 2 Jahren verliert. Auch eine Arbeitnehmerin, die während des vorläufigen Weiterbeschäftigungsverhältnisses schwanger wird, kann sich bei Unterliegen im Kündigungsschutzprozeß nicht darauf berufen, daß sie nunmehr unter das Mutterschutzgesetz falle.

Die **Rechte** des Arbeitnehmers aus dem **Betriebsverfassungsgesetz**, insbesondere auch das aktive und passive Wahlrecht (vgl. § 7 Rz. 30; § 8 Rz. 4, 8) **bestehen** während des Weiterbeschäftigungsverhältnisses fort. 165

Der **Arbeitnehmer** ist während des vorläufigen Weiterbeschäftigungsverhältnisses seinerseits zur **Arbeitsleistung** entsprechend dem gekündigten Arbeitsvertrag **verpflichtet**. Ihn treffen auch alle Nebenpflichten aus diesem Vertrag (*Meisel* Rz. 569). 166

Sowohl der **Arbeitgeber** als auch der **Arbeitnehmer** können das vorläufige **Weiterbeschäftigungsverhältnis** vor Rechtskraft der Entscheidung des Kündigungsschutzprozesses **durch Kündigung**, sei es eine ordentliche, sei es eine außerordentliche, bei Vorliegen eines wichtigen Grundes **lösen**. Entsteht während des Weiterbeschäftigungsverhältnisses ein neuer Kündigungsgrund, so kann der Arbeitgeber dieses kündigen; es ist erneut ein Verfahren nach § 102 mit der Anhörung des Betriebsrats durchzuführen (*G/L* § 102 Rz. 116; KR-*Etzel* § 102 Rz. 238). Erhebt der Arbeitnehmer nicht gegen die erneute Kündigung Kündigungsschutzklage, so endet auch mit Ablauf der Kündigungsfrist für die erneute Kündigung bzw. mit Zugang der außerordentlichen Kündigung das ursprüngliche Arbeitsverhältnis. Auch der **Arbeitnehmer** kann das vorläufige Weiterbeschäftigungsverhältnis nur **unter Einhaltung der Kündigungsfrist**, die für das bisherige Arbeitsverhältnis galt, bzw. bei Vorliegen eines wichtigen Grundes nach § 626 BGB außerordentlich **kündigen**. Der Arbeitgeber muß nämlich das vorläufige Weiterbeschäftigungsverhältnis in seine Personalplanung einbeziehen und sich auf das Ausscheiden des Arbeitnehmers einstellen können (*F/A/K/H* § 102 Rz. 62; GK-*Kraft* § 102 Rz. 128; *S/W* § 102 Rz. 178; *Hoechst* AuR 1973, 335; *Meisel* 242 Rz. 569; *Schlochauer* RdA 1973, 174; *Stahlhacke* BlStSozArbR 1972, 59). 167

Beendet der Arbeitnehmer das vorläufige Weiterbeschäftigungsverhältnis durch Kündigung seinerseits, so wird man davon ausgehen können, daß er an einem Fortbestand des Arbeitsverhältnisses kein Interesse mehr hat. Die **Kündigungsschutzklage** bezüglich des ursprünglichen Arbeitsverhältnisses ist dann wegen Fehlens eines Rechtsschutzbedürfnisses abzuweisen. Die anhängig gemachte Klage kann nicht mit der Behauptung aufrechterhalten werden, der Arbeitnehmer habe ein schutzwertes Interesse an der Feststellung, ob die Kündigung rechtens war oder nicht. Der Arbeitnehmer kann sich auch nicht darauf berufen, daß er zu einem späteren Zeitpunkt im Falle seines Obsiegens wieder in den Betrieb zurückkehren möchte. Das wäre mit dem Grundgedanken des § 102 Abs. 5 unvereinbar. Diese Bestimmung will dem Arbeitnehmer gerade den Arbeitsplatz unverändert erhalten. Dies gilt allerdings dann in der Regel nicht, wenn der Arbeitnehmer für die Kündigung des vorläufigen Weiterbeschäftigungsverhältnisses einen wichtigen Grund hat (*Stahlhacke* BlStSozArbR 1972, 59). 168

Weigert sich der Arbeitgeber, den Arbeitnehmer trotz Vorliegens der Voraussetzungen (vgl. Rz. 151 ff.) weiterzubeschäftigen, so kann der **Arbeitnehmer auf Wei-** 169 terbeschäftigung im Urteilsverfahren klagen (*D/R* § 102 Rz. 241 ff.; *F/A/K/H* § 102 Rz. 67; *G/L* § 102 Rz. 113; GK-*Kraft* § 102 Rz. 133; KR-*Etzel* § 102 Rz. 222 ff.; *LAG Düsseldorf* vom 27. 11. 1974 – 6 TaBV 113/74 – AuR 1975, 122). Unter den Voraussetzungen der §§ 935, 940 ZPO kann dies auch im Wege der einstweiligen Verfügung geschehen (*LAG Frankfurt/M.* vom 18. 6. 1976 – 8 Sa Ga 302/76 –; *LAG Berlin* vom 2. 6. 1976 – 3 Sa 56/76 – BB 1976, 1273; *Dütz* ZfA 1972, 255; Lit. s. o.).

170 **Verlangt** der **Arbeitnehmer keine Weiterbeschäftigung**, so entfällt dadurch nicht der Annahmeverzug des Arbeitgebers, wenn die sonstigen Voraussetzungen vorliegen (*F/A/K/H* § 102 Rz. 63; *G/L* § 102 Rz. 108; a. A. *D/R* § 102 Rz. 215). Die gegenteilige Ansicht würde zu einer vom Gesetz nicht gewollten Verschlechterung der Rechtsposition des Arbeitnehmers führen.

3. Weiterbeschäftigungspflicht und Änderungskündigung

171 Bei einer **Änderungskündigung** sind die **Widerspruchsgründe** des Betriebsrats nach Abs. 3 deshalb **eingeschränkt**, weil der Arbeitgeber selbst die Fortsetzung des Arbeitsverhältnisses unter geänderten Vertragsbedingungen anbietet. Der Betriebsrat kann aber aus den Ziff. 1–3 widersprechen; wegen der Ziff. 4 und 5 kann er nur widersprechen, wenn er dartut, daß nach Umschulungs- oder Fortbildungsmaßnahmen die Weiterbeschäftigung an einem anderen vom Arbeitgeber nicht vorgesehenen Arbeitsplatz im Betrieb in Betracht käme bzw. eine Weiterbeschäftigungsmöglichkeit des Arbeitnehmers unter anderen als vom Arbeitgeber vorgesehenen Vertragsbedingungen im Betrieb möglich ist. Widersprich der Betriebsrat der Änderungskündigung in diesem Sinne ordnungsgemäß und fristgerecht (vgl. auch Rz. 17 ff.), so kann eine Weiterbeschäftigung des Arbeitnehmers zu ungeänderten Vertragsbedingungen nur in wenigen Fällen in Betracht kommen.

172 **Kündigungsschutzrechtlich**gesehen hat der Arbeitnehmer bei einer **Änderungskündigung** die Möglichkeit, nach § 2 KSchG unter veränderten Arbeitsbedingungen weiterzuarbeiten – also unter Aufrechterhaltung des Arbeitsverhältnisses – und dennoch Klage beim Arbeitsgericht zu erheben mit dem Feststellungsbegehren, daß diese veränderten Arbeitsbedingungen sozial nicht gerechtfertigt seien. Gewinnt er den Prozeß, so muß er zu den früheren Arbeitsbedingungen weiterbeschäftigt werden. Verliert er den Prozeß, so behält er seinen Arbeitsplatz. Der Arbeitnehmer kann aber auch die Weiterarbeit zu den veränderten Arbeitsbedingungen nach Ablauf der Kündigungsfrist ablehnen und allgemein wegen des Bestandes des Arbeitsverhältnisses Kündigungsschutzklage erheben. Gewinnt er den Rechtsstreit, so hat er keinerlei Einbußen hinnehmen müssen. Verliert er den Rechtsstreit, so ist das Arbeitsverhältnis beendet.

173 Bei einer **Änderungskündigung** kann der Arbeitnehmer daher nur dann **Weiterbeschäftigung** bei **unveränderten** Arbeitsbedingungen verlangen, wenn er sich nicht – wenn auch nur unter Vorbehalt – mit den geänderten Arbeitsbedingungen einverstanden erklärt, es also für ihn um den Bestand des Arbeitsverhältnisses geht. **Nimmt der Arbeitnehmer** dagegen die **geänderten Vertragsbedingungen** mit dem Vorbehalt des § 2 KSchG **an**, d. h. mit dem Vorbehalt, daß sich im Kündigungsschutzprozeß herausstellt, sie seien sozial gerechtfertigt, so hat er **kein Recht auf Weiterbeschäftigung** bis zum rechtskräftigen Abschluß des Kündigungsschutzprozesses zu unveränderten Arbeitsbedingungen; in diesem Fall kann der Arbeitge-

ber ihn während des Laufs des Kündigungsschutzprozesses zu den geänderten Arbeitsbedingungen beschäftigen (*BAG* vom 18.1. 1990 – 2 AZR 183/89 – NZA 90, 734; *D/R* § 102 Rz. 284; *F/A/K/H* § 102 Rz. 8a; *G/L* § 102 Rz. 105; GK-*Kraft* § 102 Rz. 131; KR-*Rost* § 2 KSchG Rz. 119; KR-*Etzel* § 102 BetrVG Rz. 199c; *S/W* § 102 Rz. 206a, f.; *Hueck* KSchG § 2 Rz. 31; *Meisel* 257 Rz. 616).

4. Weiterbeschäftigungspflicht außerhalb des Abs. 5

Grundsätzlich besteht der **Anspruch** des Arbeitnehmers auf **tatsächliche Beschäftigung** nur bis zum Ablauf der Kündigungsfrist bzw. bei der außerordentlichen Kündigung bis zum Zugang der Kündigung, d. h. während des unangefochtenen Arbeitsverhältnisses. In diesen Fällen wird der Beschäftigungsanspruch von der ganz überwiegenden Meinung anerkannt (*Hueck/Nipperdey* I, 380ff.; *Nikisch* I, 513; *Fabricius* ZfA 1972, 35ff.; *Frey* BB 1959, 529; *Gamillscheg* AcP 164, 423; *Isele* Das suspendierte Arbeitsverhältnis, in: Festschrift für *Molitor* 1962, 107, 118; *BAG* vom 4. 6. 1964 – 2 AZR 310/63 – EzA § 626 BGB Nr. 5 = DB 1964, 1229, 1266; *BAG* vom 4. 5. 1962 – 1 AZR 128/61 – AP Nr. 1 zu § 12 SchwBeschG = DB 1962, 1083; *BAG* vom 7. 8. 1964 – 1 AZR 27/64 – AP Nr. 3 zu § 12 SchwBeschG m. Anm. *Schnorr von Carolsfeld* = DB 1964, 1160, 1779; *BAG* vom 26. 10. 1971 – 1 AZR 113/68 – EzA Art. 9 GG Nr. 7 = DB 1972, 143; *BAG* vom 13. 9. 1967 – 4 AZR 337/66 – AP Nr. 3 zu § 611 BGB Beschäftigungspflicht m. Anm. *Zeiss* = DB 1967, 2166; *BAG* vom 19. 8. 1976 – 3 AZR 173/75 – EzA § 611 BGB Beschäftigungspflicht Nr. 1 = DB 1976, 2308); zur Freistellung von der Arbeitspflicht in diesen Fällen (Suspendierung) vgl. Rz. 147. Alle bisher von der Rechtsprechung entschiedenen Sachverhalte, in denen der Beschäftigungsanspruch bejaht wurde, bezogen sich auf die umstrittene Beschäftigung während solcher Zeiträume, in denen die rechtliche Bindung der Arbeitsvertragsparteien nicht im Zweifel sein konnte, das Arbeitsverhältnis vielmehr unangefochten bestand. Der **Weiterbeschäftigungsanspruch** nach dem **Betriebsverfassungsgesetz über** den Ablauf der Kündigungsfrist hinaus bei unveränderten Arbeitsbedingungen ist ein **Sonderfall** gegenüber dem Grundsatz, daß dieser Anspruch des Arbeitnehmers auf tatsächliche Beschäftigung nur für die Zeit besteht, in der das Arbeitsverhältnis unangefochten besteht, d. h. im Falle der ordentlichen Kündigung bis zum Ende der Kündigungsfrist, im Falle der außerordentlichen (fristlosen) Kündigung bis zu deren Zugang (*BAG* vom 26. 5. 1977 – 2 AZR 632/76 – EzA § 611 BGB Beschäftigungspflicht Nr. 2 = DB 1977, 1141, 2099, 2192). Eine ausdehnende Anwendung des § 102 Abs. 5 ist nicht möglich (*BAG* a. a. O.). **Ausnahmsweise** kann sich ein Weiterbeschäftigungsanspruch für die Dauer des Kündigungsschutzprozesses ergeben bei einer offensichtlich rechtsunwirksamen oder einer offenbar rechtsmißbräuchlichen oder willkürlichen Kündigung (*BAG* a. a. O.; *LAG Baden-Württemberg/ Mannheim* vom 26. 2. 1975 – 6 Sa 133/74 – BB 1975, 518; *LAG Frankfurt/M.* vom 28. 6. 1977 – 9 Sa 154/77 – BB 1977, 1401; vgl. *G/L* § 102 Rz. 125). Der Anspruch ist im Verfahren der einstweiligen Verfügung nach § 935, 940 ZPO durchsetzbar.

Äußerst umstritten ist, ob es einen **allgemeinen Weiterbeschäftigungsanspruch** über den Ablauf der Kündigungsfrist hinaus zumindest bis zum rechtskräftigen Abschluß des Kündigungsschutzprozesses gibt (zum Meinungsstand: *D/R* § 102 Rz. 247; *Hueck* KSchG Einl. Rz. 130ff.; *Berkowsky* NJW 1982, 905ff.; *Fechtinger* DB 1983, 939ff.; *Heinze* DB 1985, 111ff.; *Kamphausen* BlStSozArbR 1982, 65ff.;

174

175

§ 102 4. Teil 5. Abschn. Personelle Angelegenheiten

Mayer-Maly BB 1984, 1751 ff.). Nun hat der Große Senat des *Bundesarbeitsgerichts* einen solchen Weiterbeschäftigungsanspruch angenommen, wenn durch erstinstanzliches Urteil die Unwirksamkeit der Kündigung festgestellt worden ist (*BAG* vom 27. 2. 1985 – GS 1/84 – EzA § 611 BGB Beschäftigungspflicht Nr. 9 = DB 1985, 551, 2197; 1986, 168 m. Anm. *Bengelsdorf*, 692 m. Anm. *Eich*). Es hat in seinem Urteil auf die unterschiedlichen Meinungen der Instanzgerichte und in der Literatur hingewiesen (unter B 1 der Gründe). Der Ansicht, die einen **allgemeinen Beschäftigungsanspruch** während des Kündigungsrechtsstreits **annimmt** und davon ausgeht, daß das Arbeitsgericht, falls es im Kündigungsrechtsstreit zu dem Ergebnis gelangt, die Kündigung sei unberechtigt, im Urteil auf Antrag des Arbeitnehmers auszusprechen habe, diesen weiterzubeschäftigen und ihm das Arbeitsentgelt fortzuzahlen, kann nicht gefolgt werden (*D/R* Rz. 250; GK-*Kraft* § 102 Rz. 140 ff.; *S/W* § 102 Rz. 162; *Bötticher* BB 1981, 1954; *Heinze* a. a. O.; *Kraft* ZfA 1979, 123; *Mayer-Maly* DB 1979 Beilage Nr. 12, 8 ff.; *ders.* BB 1984, 1752; *Schwerdtner* DB 1979 Beil. 12; *LAG Frankfurt/M.* vom 28. 2. 1980 – 12 Sa Ga 71/80 – ARSt. 1980, 131; *LAG Hamm* vom 18. 5. 1982 – 11 Sa 311/82 – DB 1982, 1679; vom 16. 12. 1982 – 10 Sa 915/82 – DB 1983, 943; **a. A.** *BAG* vom 27. 2. 1985 a. a. O.; *G/L* § 102 Rz. 125 a; KR-*Wolf* Grunds. 473 ff.; *Dütz* DB 1978 Beilage Nr. 13/78; *Löwisch* DB 1978 Beilage Nr. 7, 1 ff. 4, 6; *Richardi* JZ 1978, 485 ff., 492; *Wolf/Pfeiffer* AuR 1985, 33 ff.). Diese Ansicht verkennt, daß eben doch ein Unterschied besteht zwischen dem Schutzzweck im angefochtenen und im unangefochtenen Arbeitsverhältnis (*Reuter* JuS 1978, 6 f.; *Schwerdtner* Fürsorgetheorie und Entgelttheorie im Recht der Arbeitsbedingungen 1970, 105 f.) und daß der Gesetzgeber dem Schutzzweck im angefochtenen Arbeitsverhältnis individualrechtlich durch die Ausgestaltung des Kündigungsschutzes Rechnung getragen hat. Auch die Rechtsprechung des Bundesarbeitsgerichts hat den Beschäftigungsanspruch stets nur während des Laufs der Kündigungsfrist anerkannt (vgl. Literaturangaben oben). Zurecht führt das *Bundesarbeitsgericht* (vom 26. 5. 1977 – 2 AZR 632/76 – EzA § 611 BGB Beschäftigungspflicht Nr. 2 = DB 1977, 1141, 2099, 2192) aus, der Gesetzgeber habe durch die Anerkennung des Weiterbeschäftigungsanspruchs nach § 102 Abs. 5 unter engen Voraussetzungen zum Ausdruck gebracht, daß er die Anerkennung eines allgemeinen Weiterbeschäftigungsanspruchs während des Kündigungsschutzprozesses ablehne (Bedenken von *Zöllner* Gutachten 52. Deutscher Juristentag, D 137 ff.). Das geltende Kündigungsschutzrecht kennt keinen vorläufigen Bestandsschutz des Arbeitsverhältnisses; dies ist deshalb von besonderer Bedeutung, da das Kündigungsschutzgesetz in dieser Hinsicht nicht geändert wurde, obwohl es seit seinem Inkrafttreten (1969) mehreren Änderungen unterlag (vgl. hierzu *Heinze* DB 1985, 118 f.). Nach dem geltenden individuellen Kündigungsschutzrecht gibt es nur eine nachträgliche Überprüfung der Rechtswirksamkeit der Kündigung. Ein Leistungsurteil auf Weiterbeschäftigung vor rechtskräftiger Feststellung der Rechtsunwirksamkeit der Kündigung würde dem geltenden individuellen Kündigungsschutzsystem widersprechen (*Mayer-Maly* BB 1984, 1756).

XI. Entbindung von der Weiterbeschäftigung

1. Gründe

Auf Antrag des Arbeitgebers kann das Arbeitsgericht diesen durch **einstweilige** 176
Verfügung von der Verpflichtung zur Weiterbeschäftigung **entbinden**, wenn
- die Klage des Arbeitnehmers keine hinreichende Aussicht auf Erfolg bietet oder mutwillig erscheint oder
- die Weiterbeschäftigung des Arbeitnehmers zu einer unzumutbaren wirtschaftlichen Belastung des Arbeitgebers führen würde oder
- der Widerspruch des Betriebsrats offensichtlich unbegründet war.

Für die Beurteilung der Frage, ob die **Klage hinreichend Aussicht auf Erfolg** bie- 177
tet, sind die **Beurteilungsgrundsätze** maßgebend, wie sie für die Bewilligung der Prozeßkostenhilfe nach § 115 ZPO entwickelt wurden (**h.M.** *D/R* § 102 Rz. 226; *F/A/K/H* § 102 Rz. 68; *G/L* § 102 Rz. 119; GK-*Kraft* § 102 Rz. 136; KR-*Etzel* § 102 Rz. 224; enger *S/W* § 102 Rz. 180). Danach muß als Voraussetzung für die Entbindung von der Weiterbeschäftigungspflicht die Kündigungsschutzklage nicht absolut aussichtslos sein; es genügt vielmehr, daß sie mit hinreichender Wahrscheinlichkeit keinen Erfolg haben wird (KR-*Etzel* § 102 Rz. 224). Dann ist die Weiterbeschäftigung dem Arbeitgeber nicht zuzumuten (*ArbG Hannover* vom 26. 6. 1972 – 5 Ga 9/72 – AuR 1972, 381; **a.A.** *LAG Berlin* vom 28. 4. 1975 – 5 Sa 30/75 – AuR 1975, 374 = ARSt. 1976, 19 Nr. 17, wonach bei gewisser Wahrscheinlichkeit der Erfolgsaussichten bereits der Entbindungsantrag abzulehnen ist und an die gewisse Wahrscheinlichkeit keine überspannten Forderungen gestellt werden dürfen). Beim Arbeitgeber liegt die Darlegungs- und Beweislast und damit im einstweiligen Verfügungsverfahren die Glaubhaftmachung dafür, daß der Arbeitnehmer mit der Kündigungsschutzklage keinen Erfolg haben wird (*D/R* § 102 Rz. 228; *F/A/K/H* § 102 Rz. 68; *G/L* § 102 Rz. 119; KR-*Etzel* § 102 Rz. 225; *S/W* § 102 Rz. 189). Macht er dies nicht glaubhaft, so kann dem Antrag auf Entbindung von der Weiterbeschäftigungspflicht nicht stattgegeben werden. Kein Erfolg wird mit hinreichender Wahrscheinlichkeit eine Kündigungsschutzklage haben, wenn der Arbeitnehmer gegen eine betriebsbedingte Kündigung gerichtlich vorgeht, obwohl die Gründe offensichtlich gegeben sind und er auch unter sozialen Gesichtspunkten entlassen werden kann oder wenn er einen für ihn zumutbaren anderen Arbeitsplatz aus Sturheit und Böswilligkeit abgelehnt hat. Das gleiche gilt, wenn die Klage nicht schlüssig ist, d.h. sich schon aus dem Vorbringen des Klägers ergibt, daß die Klage keinen Erfolg haben kann.

Mutwillig ist eine Kündigungsschutzklage, wenn eine verständige Partei ohne Pro- 178
zeßkostenhilfe ihr Recht nicht in gleicher Weise verfolgen würde (*Thomas/Putzo* ZPO, 16. Aufl., § 114 Rz. 3b). Dies kann z.B. der Fall sein, wenn ein Vergleichsvorschlag vorliegt, der voll die Interessen des Arbeitnehmers berücksichtigt (*Meisel* Rz. 576).

Eine **unzumutbare wirtschaftliche Belastung** des Arbeitgebers liegt nicht bereits in 179
der Tatsache, daß der Arbeigeber den Arbeitnehmer nicht mehr benötigt, denn dies würde bei jeder Kündigung vorliegen und der Anspruch auf Weiterbeschäftigung würde damit fast nie mehr zu verwirklichen sein. Es handelt sich um eine Interessenabwägung zwischen den berechtigten Belangen des Arbeitnehmers und den wirtschaftlichen Belangen des Arbeitgebers (*Meisel* Rz. 578; *S/W* § 102 Rz. 182 mit Beispielen). Auf Seiten des Arbeitnehmers sind z. B. zu berücksichti-

§ 102   4. Teil 5. Abschn. Personelle Angelegenheiten

gen die Arbeitsmarktsituation, seine persönlichen Verhältnisse, wie Alter, Gesundheitszustand. Für den Arbeitgeber müssen die **wirtschaftlichen Belange**, die durch die Weiterbeschäftigung entstehen, so **gravierend** sein, daß Auswirkungen für die Liquidität oder Wettbewerbsfähigkeit des Arbeitgebers nicht von der Hand zu weisen sind (*F/A/K/H* § 102 Rz. 68; *G/L* § 102 Rz. 120; KR-*Etzel* § 102 Rz. 226; *ArbG Rosenheim* vom 27. 2. 1974 – 2 Ga 2/74 – AuR 1974, 218; *ArbG Berlin* vom 5. 1. 1973 – 10 Ga 17/72 – DB 1973, 192). Da der Arbeitgeber den Arbeitnehmer bei überwiegendem Interesse seinerseits nicht tatsächlich weiterbeschäftigen muß (vgl. Rz. 163), ist bei der Unzumutbarkeit der wirtschaftlichen Belastung vor allem auf die Entgeltfortzahlung abzustellen. Hierbei ist aber eine Gesamtschau der wirtschaftlichen Belastungen vorzunehmen (*G/L* § 102 Rz. 120); es kann nicht etwa nur ein Vergleich des monatlichen Lohnkostenaufwands für den gekündigten Arbeitnehmer zum gesamten monatlichen Lohnkostenaufwand vorgenommen werden (so aber KR-*Etzel* § 102 Rz. 226; a. A. *D/R* § 102 Rz. 229; GK-*Kraft* § 102 Rz. 137; *ArbG Solingen* vom 24. 2. 1976 – 1 Ca 6/76 – DB 1976, 1385). Bei mehreren Arbeitnehmern soll der Lohnkostenaufwand, den diese zusammen verursachen, dem gesamten betrieblichen Lohnkostenaufwand gegenübergestellt werden (KR-*Etzel* § 102 Rz. 227). Dieser Ansicht kann nicht gefolgt werden; sie wird den wirtschaftlichen Gegebenheiten im Betrieb nicht gerecht und ist zu formelhaft. Der Lohnkostenaufwand kann zwar ein Kriterium für die wirtschaftliche Unzumutbarkeit der Weiterbeschäftigung sein, aber es kann nicht allein darauf abgestellt werden; es kommen andere wirtschaftliche Umstände hinzu, wie sonstige Verbindlichkeiten und auch unvorhergesehene Vorgänge wie plötzlicher Auftragsrückgang. Eine wirtschaftliche Unzumutbarkeit kann in einem **kleinen Betrieb** eher anzunehmen sein als in einem größeren; sie wird eher vorliegen bei der Entlassung mehrerer Arbeitnehmer oder Gruppen von Arbeitnehmern als bei der Entlassung nur eines Arbeitnehmers (**a. A.** *ArbG Siegburg* vom 4. 3. 1975 – 2 Ga 2/75 – DB 1975, 700). Bei Stillegung von Betrieben oder Betriebsabteilungen stellt die Weiterbeschäftigung in der Regel eine unzumutbare wirtschaftliche Belastung dar (*LAG Berlin* vom 22. 3. 1978 – 6 Sa 10/78 –).

180   Die **Tatsachen** für die wirtschaftliche Unzumutbarkeit muß der **Arbeitgeber glaubhaft** machen (KR-*Etzel* § 102 Rz. 229).

181   **Offensichtlich unbegründet** (Nr. 3) ist der Widerspruch, wenn der Widerspruch zwar ordnungsgemäß erhoben – also formell ordnungsgemäß ist (vgl. hierzu Rz. 73 ff., Rz. 83 ff., Rz. 156), aber die Begründung des Widerspruchs durch den Betriebsrat (vgl. Rz. 86 f.) entweder **nicht schlüssig** ist **oder** der Arbeitgeber glaubhaft machen kann, daß **die angegebenen Tatsachen** für jeden damit befaßten objektiven Dritten **offensichtlich** nicht zutreffen (*D/R* § 102 Rz. 231; *F/A/K/H* § 102 Rz. 68; *G/L* § 102 Rz. 121; GK-*Kraft* § 102 Rz. 138; KR-*Etzel* § 102 Rz. 230 f.; *S/W* § 102 Rz. 184, 498; *Meisel* Rz. 581). Die **Tatsachen**, z. B. daß gar kein anderer Arbeitsplatz vorhanden ist, müssen vom Arbeitgeber ohne weitere Aufklärung glaubhaft widerlegt werden können, z. B. durch Vorlage von Unterlagen, präsente Zeugen oder eidesstattliche Versicherung; es darf keine Beweiserhebung notwendig werden (*LAG Düsseldorf/Köln* vom 20. 10. 1976 – 16 Sa 840/76 – DB 1977, 1610). Ergibt sich bei Prüfung des Widerspruchs ohne weiteres aus der Begründung selbst im Rahmen einer **Schlüssigkeitsprüfung**, daß der Betriebsrat sein Widerspruchsrecht offensichtlich verkannt hat, so ist der Widerspruch ebenfalls offensichtlich unbegründet. Dies kann z. B. der Fall sein, wenn

der Betriebsrat den Inhalt von Auswahlrichtlinien oder die Merkmale der sozialen Auswahl offensichtlich verkennt (*G/L* § 102 Rz. 121).

Liegt schon **formell** gesehen ein **ordnungsgemäßer Widerspruch** des Betriebsrats i. S. d. § 102 Abs. 5 Satz 2 **nicht** vor, so besteht kein Weiterbeschäftigungsanspruch des Arbeitnehmers und es bedarf daher auch keiner einstweiligen Verfügung auf Entbindung von der Weiterbeschäftigungspflicht (*D/R* § 102 Rz. 232; *G/L* § 102 Rz. 122; *Meisel* Rz. 585). Dies ist der Fall, wenn z. B. die Schriftform des Widerspruchs fehlt, der Widerspruch keine Begründung enthält oder es an einem Betriebsratsbeschluß mangelt. Der Arbeitgeber kann in diesen Fällen die Weiterbeschäftigung ablehnen und den Arbeitnehmer auf den Rechtsweg verweisen (*Schlochauer* RdA 1973, 164). Allerdings trägt er dabei das Risiko, das Arbeitsentgelt unter dem Gesichtspunkt des Annahmeverzugs nachzahlen zu müssen, wenn der Arbeitnehmer mit seiner Klage auf Weiterbeschäftigung Erfolg hat. Es kann daher zweckmäßig sein, auch in diesen Fällen eine einstweilige Verfügung auf Entbindung von der Weiterbeschäftigungspflicht zu beantragen (vgl. Rz. 184). 182

In der Rechtsprechung der Instanzgerichte ist **umstritten**, ob in einem solchen Fall, wenn der Arbeitgeber dennoch eine einstweilige Verfügung beantragt, eine **einstweilige Verfügung** auf Entbindung von Weiterbeschäftigungspflicht wegen mangelnden **Rechtsschutzinteresses** erlassen werden kann (gegen Möglichkeit des Erlasses der einstweiligen Verfügung wegen mangelnden Rechtsschutzinteresses: *LAG Berlin* vom 11. 6. 1974 – 8 Sa 37/74 – DB 1974, 1629; vom 22. 8. 1974 – 7 Sa 67/74 – AuR 1975, 188; *LAG Düsseldorf* vom 5. 1. 1976 – 9 Sa 1604/75 – DB 1976, 1065; vom 21. 6. 1974 – 15 Sa 633/74 – EzA § 102 BetrVG 1972 Beschäftigungspflicht Nr. 3 = DB 1974, 2113; *LAG Niedersachsen* vom 22. 8. 1975 – 7 a (3) Sa 80/75 – DB 1975, 1898; **a. A.** *LAG Baden-Württemberg/Mannheim* vom 15. 5. 1974 – 6 Sa 35/74 – DB 1975, 43; *LAG Düsseldorf* vom 4. 6. 1975 – 12 Sa 423/75). Aus Gründen der Rechtsklarheit und des Rechtsfriedens ist der Ansicht zu folgen, die auch in den genannten Fällen ein Rechtsschutzinteresse auf Erlaß einer einstweiligen Verfügung zur Entbindung von der Weiterbeschäftigungspflicht bejaht (so *D/R* § 102 Rz. 232; *F/A/K/H* § 102 Rz. 68; *G/L* § 102 Rz. 122; KR-*Etzel* § 102 Rz. 232). Es ist dem Arbeitgeber nicht zuzumuten, von sich aus über die Ordnungsgemäßheit des Widerspruchs zu entscheiden mit der Folge, daß er bei Ablehnung des Weiterbeschäftigungsverlangens mit dem Risiko der Fortzahlung des Arbeitsentgelts belastet wird. Der Arbeitgeber kann also auch in den in Rz. 182 aufgeführten Fällen, falls ihm dies aus Gründen der Rechtsklarheit und der Vermeidung von Risiken zweckmäßig erscheint, eine einstweilige Verfügung auf Entbindung von der Weiterbeschäftigungspflicht beantragen. Dies gilt allerdings nicht für die Fälle, in denen völlig unzweifelhaft ist, daß keine Weiterbeschäftigungspflicht besteht, wie bei einem Arbeitnehmer, der nicht unter das Kündigungsschutzgesetz fällt. Der Antrag auf Entbindung von der Weiterbeschäftigungspflicht sollte mit dem **Hilfsantrag** verbunden sein, festzustellen, daß eine Weiterbeschäftigungspflicht nicht besteht; über diesen müssen auch die Gerichte entscheiden, die das Rechtsschutzinteresse für die einstweilige Verfügung verneinen. 183

Die offensichtliche Unbegründetheit des Widerspruchs hat der **Arbeitgeber glaubhaft** zu machen. 184

In folgenden Fällen hat die Rechtsprechung der Instanzgerichte (die Aufzählung besagt nicht, daß die Ansicht der Gerichte in jedem Fall geteilt wird) einer **einstweiligen Verfügung** auf **Entbindung** von der **Weiterbeschäftigungspflicht stattgegeben**: 185

186 Wegen offensichtlicher Unbegründetheit des Widerspruchs
- Widerspruch des Betriebsrats gegen eine betriebsbedingte Kündigung mit der Begründung, die Kündigung sei wegen des Alters, der Betriebszugehörigkeit und der geringen Vermittlungschance des Arbeitnehmers sozial ungerechtfertigt oder **soziale Gesichtspunkte** seien **nicht** genügend **berücksichtigt** (*ArbG Wuppertal* vom 8. 3. 1974 – 4 Ga 5/74 – rkr. = DB 1974, 1584; vom 9. 12. 1975 – 3 Ca 42/47 –; *ArbG Wesel* vom 15. 3. 1974 – 1 BV Ga 2/74 –);
- Widerspruch des Betriebsrats mit der Begründung, die Firma dürfe nicht Arbeiten, die von im Betrieb Beschäftigten ausgeführt werden könnten, von Fremdfirmen durchführen lassen (*ArbG Krefeld* vom 27. 3. 1974 – BV 5/74 –; ähnlich *ArbG Wuppertal* vom 25. 3. 1976 – 5 Ga 17/76 –);
- Widerspruch des Betriebsrats bei Kündigung von 13 von 49 Arbeitnehmern wegen Absatzschwierigkeiten mit der Begründung, die Firma könne Kurzarbeit einführen (*ArbG Wuppertal* vom 29. 3. 1974 – Ca 13/74 –; *LAG Düsseldorf* vom 2. 9. 1977 – 4 Sa 1060/77 – BB 1978, 963);
- Widerspruch bei personenbedingter Kündigung wegen nicht ausreichender Berücksichtigung sozialer Gesichtspunkte (*LAG Düsseldorf* vom 2. 9. 1975 – 5 Sa 323/75 – DB 1975, 1995);
- Der Arbeitsplatz, an dem der zu kündigende Arbeitnehmer nach den Vorstellungen des Betriebsrats gegebenenfalls nach Umschulungs- oder Fortbildungsmaßnahmen weiterbeschäftigt werden soll, mit einem anderen Arbeitnehmer besetzt ist (*LAG Düsseldorf* vom 2. 9. 1975 a. a. O.);
- Widerspruch des Betriebsrats mit der Begründung, die Möglichkeit zu prüfen, den Arbeitnehmer an einem anderen Arbeitsplatz einzusetzen, ohne diesen konkret anzugeben (*ArbG Wuppertal* vom 7. 1. 1976 – 3 Ga 52/75 –);
- Widerspruch aus nicht im Katalog des Abs. 3 aufgeführten Gründen (*LAG Frankfurt/M.* vom 6. 7. 1976 – 5 Sa 1218/75 –);
- Widerspruch gegen eine verhaltensbedingte Kündigung (*ArbG Wuppertal* vom 10. 4. 1973 – 1 Ga 1/73 –; *ArbG Siegburg* vom 24. 7. 1972 – Ga 4/72 – EzA § 102 BetrVG 1972 Nr. 3; *LAG Frankfurt/M.* vom 1. 6. 1977 – 4 Sa 234/77 – AuR 1978, 315; *LAG Düsseldorf* vom 15. 3. 1978 – 12 Sa 316/78 – DB 1978, 1282; vgl. aber zur verhaltensbedingten Kündigung *BAG* vom 22. 7. 1982 – 2 AZR 30/81 – EzA § 1 KSchG 1969 Verhaltensbedingte Kündigung Nr. 10 = DB 1983, 180 und Rz. 88 ff.).

187 wegen unzumutbarer wirtschaftlicher Belastungen
- des Arbeitgebers bei Weiterbeschäftigungsverlangen von sechs Arbeitnehmern bei einem unwidersprochenen Auftragsrückgang von 30 % (*ArbG Krefeld* vom 27. 3. 1974 – BV 4/74 –).

2. Verfahren

188 Der **Antrag** des Arbeitgebers auf Erlaß einer einstweiligen Verfügung, ihn von der **Weiterbeschäftigung zu entbinden, muß nicht unmittelbar nach Ausspruch der Kündigung** gestellt werden; der Erlaß kann auch erst zu einem späteren Zeitpunkt, z. B. nach dem Gütetermin, beantragt werden (*LAG Düsseldorf* vom 15. 3. 1978 – 12 Sa 316/76 – DB 1978, 1282). Über den Antrag des Arbeitgebers auf Entbindung von der Weiterbeschäftigungspflicht entscheiden nach ganz überwiegender Meinung die Arbeitsgerichte im **Urteilsverfahren**, weil es sich um eine

Streitigkeit aus dem Individualarbeitsrecht handelt und nicht um eine betriebsverfassungsrechtliche Streitigkeit (*D/R* § 102 Rz. 235; *F/A/K/H* § 102 Rz. 68; *G/L* § 102 Rz. 123; GK-*Kraft* § 102 Rz. 133; KR-*Etzel* § 102 Rz. 223; *S/W* § 102 Rz. 188; die von *Schlochauer* RdA 1973, 165 vertretene gegenteilige Meinung wird aufgegeben; Rechtsprechung für Urteilsverfahren: *LAG Düsseldorf* vom 29. 5. 1974 – 6 TaBV 39/74 – DB 1974, 1342; vom 21. 6. 1974 – 15 Sa 633/74 – EzA § 103 BetrVG Beschäftigungspflicht Nr. 3 = DB 1974, 2113; vom 23. 5. 1975 – 8 Sa 152/ 75 – EzA § 102 BetrVG 1972 Beschäftigungspflicht Nr. 4; *LAG Berlin* vom 11. 6. 1974 – 8 Sa 37/74 – DB 1974, 1629; vom 2. 7. 1974 – 4 Sa 41/74 – AuR 1975, 188; vom 22. 8. 1974 – 7 Sa 67/74 – AuR 1975, 188; vom 28. 4. 1975 – 5 Sa 30/75 – AuR 1975, 374; *LAG Nürnberg* vom 20. 1. 1975 – 1 Sa 180/74 – ARSt. 1975, 192 Nr. 1289; *LAG Hamm* vom 27. 2. 1975 – 8 Ta BV 10/75 – ARSt. 1977, 31 Nr. 1040; *LAG Baden-Württemberg/Mannheim* vom 15. 5. 1974 – 6 Sa 35/74 – BB 1975, 43; **a. A.** *LAG Baden-Württemberg/Stuttgart* vom 4. 5. 1972 – 3 Ta 6/72 – BB 1972, 835).

Die einstweilige Verfügung ist beim **Gericht der Hauptsache**, d. h. bei dem **189** Arbeitsgericht, bei dem der Kündigungsschutzprozeß anhängig ist, zu beantragen (§ 937 Abs. 1 ZPO). Der Antrag ist nicht fristgebunden (KR-*Etzel* § 102 Rz. 223 a; *S/W* § 102 Rz. 187). Die Gründe, auf die die einstweilige Verfügung gestützt wird, sind glaubhaft zu machen (§§ 936, 920 Abs. 2 ZPO). Dies kann durch Vorlage von Urkunden, Stellenbesetzungsplänen, Personalunterlagen, aber auch durch Versicherung an Eides Statt oder durch präsente Zeugen geschehen (§ 294 ZPO). Die Entscheidung kann in dringenden Fällen ohne mündliche Verhandlung ergehen, gegebenenfalls auch durch den Vorsitzenden allein (§§ 937 Abs. 2, 944 ZPO). Im Fall einer mündlichen Verhandlung ergeht die Entscheidung über den Antrag durch Endurteil, sonst durch Beschluß (§§ 936, 922 Abs. 1 ZPO). Gegen das Urteil erster Instanz kann **Berufung** eingelegt werden. Eine Revision ist ausgeschlossen (§§ 72 Abs. 2 ArbGG, 545 Abs. 2 ZPO). Wird die einstweilige Verfügung durch Beschluß erlassen, so kann der Arbeitnehmer hiergegen **Widerspruch** einlegen (§ 924 Abs. 1 ZPO). Über die Rechtmäßigkeit der einstweiligen Verfügung wird sodann durch Endurteil entschieden (§ 925 Abs. 1 ZPO). Eine Weiterbeschäftigungspflicht setzt erst ein, wenn die einstweilige Verfügung durch Endurteil aufgehoben worden ist. Wird der Antrag des Arbeitgebers durch Beschluß zurückgewiesen, so kann der Arbeitgeber einfache Beschwerde einlegen (§§ 567 ff. ZPO), über die das Landesarbeitsgericht entscheidet. Eine weitere Beschwerde ist ausgeschlossen (§ 78 ArbGG; *D/R* § 102 Rz. 238; *G/L* § 102 Rz. 123; *S/W* § 102 Rz. 195). Nach Abweisung seines Antrags kann der Arbeitgeber allerdings einen **neuen Antrag** stellen, wenn neue Tatsachen vorliegen, die er in dem früheren Verfahren nicht vorbringen konnte (KR-*Etzel* § 102 Rz. 233 b; *S/W* § 102 Rz. 195; *LAG Köln* vom 19. 5. 1983 – 3 Sa 268/83 – DB 1983, 2368).

XII. Erweiterung des Mitbestimmungsrechts

1. Zustimmungserfordernis bei Kündigung

Nach § 102 Abs. 6 können Arbeitgeber und Betriebsrat durch **freiwillige Betriebs- 190 vereinbarung** festlegen, daß Kündigungen der **Zustimmung des Betriebsrats bedürfen**. Die Betriebsvereinbarung muß den Erfordernissen des § 77 Abs. 2 genü-

§ 102 4. Teil 5. Abschn. Personelle Angelegenheiten

gen. Der Gesetzgeber eröffnet hier den betrieblichen Partnern die Möglichkeit, ein umfassendes Mitbestimmungsrecht bei der Kündigung für den Betriebsrat **erzwingbar**, da es sich um eine freiwillige Betriebsvereinbarung handelt (h.M., vgl. *D/R* § 102 Rz. 287). Das Zustimmungserfordernis des Betriebsrats zur Kündigung kann durch Betriebsvereinbarung generell für den Betrieb oder für einzelne Gruppen von Arbeitnehmern oder für bestimmte Arten der Kündigung – z.B. ordentliche, außerordentliche – vereinbart werden (*F/A/K/H* § 102 Rz. 69; *Hueck* KSchG Einl. Rz. 140). Durch eine solche Betriebsvereinbarung kann der **Kündigungsschutz** des einzelnen Arbeitnehmers nicht **eingeschränkt** werden, d.h. er kann unabhängig von der erfolgten Zustimmung des Betriebsrats oder der Entscheidung der Einigungsstelle Kündigungsschutzklage erheben (*D/R* § 102 Rz. 308; *F/A/K/H* § 102 Rz. 71; *G/L* § 102 Rz. 127; KR-*Etzel* § 102 Rz. 266; *Hueck* KSchG Einl. Rz. 141; für § 103 BAG vom 24. 4. 1975 – 2 AZR 118/74 – EzA § 103 BetrVG 1972 Nr. 8 m. Anm. *Dütz* = DB 1975, 1610). Eine **Erweiterung des Kündigungsschutzes** durch freiwillige Betriebsvereinbarung ist ebenfalls nicht möglich. Abs. 6 sieht nur die Möglichkeit vor, durch freiwillige Betriebsvereinbarung von den gesetzlichen Bestimmungen über die Mitbestimmung des Betriebsrats bei der Kündigung abzuweichen – also die verfahrensmäßige Sicherung des Zustimmungserfordernisses des Betriebsrats (*G/L* § 102 Rz. 128; a.A. *Schaub* Arbeitsrechtshandbuch § 123 VII 17; *Halberstadt* BB 1973, 1442ff.). Nach der amtlichen Begründung (BT-Drucks. VI/1786, 52) soll durch die Bestimmung lediglich dem Betriebsrat das volle Mitbestimmungsrecht eingeräumt werden (vgl. *D/R* § 102 Rz. 286). Insbesondere kann auch das Recht des Arbeitgebers zur außerordentlichen Kündigung nach § 626 BGB nicht durch Betriebsvereinbarung beschränkt werden, noch können über § 626 BGB hinausgehende Gründe als wichtige Gründe i. S. d. § 626 BGB vereinbart werden, da § 626 BGB zwingendes Recht enthält (sinngemäß *BAG* vom 6. 11. 1956 – 3 AZR 42/55 – AP Nr. 14 zu § 626 BGB m. Anm. *Bötticher* = DB 1956, 1211; vom 11. 7. 1958 – 1 AZR 366/55 – AP Nr. 27 zu § 626 BGB m. Anm. *Pohle*, A. *Hueck* = BB 1958, 912; vom 22. 11. 1973 – 2 AZR 580/72 – EzA § 626 BGB n. F. Nr. 33 = DB 1974, 878).

191 Nach dem Gesetzeswortlaut sind Kündigungen allgemein umfaßt, also sowohl die **ordentliche** als auch die **außerordentliche** Kündigung (*D/R* § 102 Rz. 292; *F/A/K/H* § 102 Rz. 69; *G/L* § 102 Rz. 136; *D/K/K/S* § 102 Rz. 124; GK-*Kraft* § 102 Rz. 145ff.). Da Abs. 6 nur das Verfahren der Mitbestimmung regelt (vgl. Rz. 190), bestehen keine Bedenken gegen das Zustimmungserfordernis wegen der zwingenden Regelung des § 626 BGB, soweit ein die Zustimmung verweigernder Beschluß des Betriebsrats oder der Einigungsstelle vom Arbeitsgericht in vollem Umfang dahingehend nachgeprüft werden kann, ob der Begriff des wichtigen Grundes verkannt wurde (*D/R* § 102 Rz. 293; *G/L* § 102 Rz. 136, 142; GK-*Kraft* § 102 Rz. 147; *Richardi* ZfA Sonderheft 1972, 33). Die Rechtsprechung und Literatur zum Betriebsverfassungsgesetz 1952 hatte nahezu einhellig angenommen, daß bei einer außerordentlichen Kündigung das Festlegen des Zustimmungserfordernisses des Betriebsrats durch Betriebsvereinbarung gegen die zwingende Natur des § 626 BGB verstoße.

192 Diese Frage ist nunmehr im Abs. 6 durch den Gesetzgeber geregelt. Aus dem Zweck der Bestimmung ergibt sich, daß diese trotz des allgemein gehaltenen Wortlauts **nur für die Kündigung durch den Arbeitgeber** dagegen nicht für alle Kündigungen des Arbeitnehmers **gelten** soll (*D/R* § 102 Rz. 291; *Richardi* ZfA Sonderheft 1972, 32).

Für die **außerordentliche Kündigung** von **Betriebsratsmitgliedern** und anderen 193
dort genannten Organmitgliedern gilt § 103 als zwingende Sonderregelung; Abs. 6
findet keine Anwendung (*F/A/K/H* § 102 Rz. 69; *G/L* § 102 Rz. 137).
Liegt eine **Betriebsvereinbarung** nach Abs. 6 sowohl für die ordentliche als auch 194
für die außerordentliche Kündigung **vor**, so kann die Kündigung der Personen, die
unter den Geltungsbereich der Betriebsvereinbarung fallen, erst **nach Zustimmung** des Betriebsrats oder der Einigungsstelle erfolgen. Die Zustimmung oder
die **Ersetzung** durch die Einigungsstelle oder das Arbeitsgericht ist also Wirksamkeitsvoraussetzung der Kündigung. Eine ohne Zustimmung des Betriebsrats ausgesprochene Kündigung ist unwirksam. Arbeitgeber und Betriebsrat können auch
vereinbaren, daß eine **nachträgliche Zustimmung** möglich ist, dann wird die zunächst unwirksame Kündigung mit der Erteilung der Genehmigung innerhalb der
Kündigungsfrist rückwirkend wirksam (§ 183 BGB; *G/L* § 102 Rz. 129 mit weiteren Nachweisen; *D/R* § 102 Rz. 301 f.; KR-*Etzel* § 102 Rz. 250, die aber keine
Rückwirkung der Zustimmung auf den Tag der Erklärung der Kündigung annehmen, sondern eine entsprechende Verlängerung der Kündigungsfrist annehmen).
Schwierigkeiten können sich bei der außerordentlichen Kündigung ergeben, wenn 195
der **Betriebsrat** die **Zustimmung** zur außerordentlichen Kündigung **nicht erteilt**, da
die Kündigung nur innerhalb **zwei Wochen** nach Bekanntwerden des wichtigen
Grundes ausgesprochen werden kann (§ 626 Abs. 2 BGB). In diesem Fall genügt
zur Einhaltung der Zweiwochenfrist, wenn der Arbeitgeber innerhalb dieser Frist
die Ersetzung der Zustimmung bei der Einigungsstelle oder dem Arbeitsgericht
beantragt (*D/R* § 102 Rz. 295; *G/L* § 102 Rz. 140; GK-*Kraft* § 102 Rz. 148; KR-*Etzel* § 102 Rz. 263; im übrigen vgl. zu der Frage § 103 Rz. 42 ff.). Diese Lösung
geht allerdings davon aus, daß auch, wenn die außerordentliche Kündigung der
Zustimmung des Betriebsrats bedarf, sich dieser spätestens innerhalb drei Tagen
äußern muß (so *G/L* § 102 Rz. 140). **Nach Ersetzung der Zustimmung** durch die
Einigungsstelle oder das Arbeitsgericht (dort nach Eintritt der Rechtskraft) hat
der **Arbeitgeber** die **außerordentliche Kündigung unverzüglich** auszusprechen; die
Zweiwochenfrist beginnt nicht etwa erst ab der Zustimmungserteilung zu laufen
(*D/R* § 102 Rz. 295; *G/L* § 102 Rz. 141; *BAG* zu § 103 vom 24. 4. 1975 – 2 AZR
118/74 – EzA § 103 BetrVG 1972 Nr. 8 m. Anm. *Dütz* = DB 1975, 1610).
Besteht eine **Betriebsvereinbarung nach Abs. 6**, so scheidet das **Anhörungsverfahren** 196
nach Abs. 1 aus, bei einer ordentlichen Kündigung auch das **Widerspruchsverfahren** nach Abs. 1–5 und auch die **Weiterbeschäftigungspflicht** nach Abs. 5 (*D/R*
§ 102 Rz. 309 f.; *F/A/K/H* § 102 Rz. 70; *G/L* § 102 Rz. 133; KR-*Etzel* § 102
Rz. 251; **a. A.** *D/K/K/S* § 102 Rz. 126; *Halberstadt* BB 1973, 1444 f.; nur teilweise
Meisel 265 Rz. 634).
Erteilt der Betriebsrat die **Zustimmung** zur Kündigung, so kann der **Arbeitnehmer** 197
nicht dagegen im arbeitsgerichtlichen Beschlußverfahren **vorgehen** (*F/A/K/H*
§ 102 Rz. 73; *G/L* § 102 Rz. 134; vgl. Rz. 71; **a. A.** *Blomeyer* Gedächtnisschrift für
Dietz 1973, 147 ff.). Wird die Zustimmung durch das Arbeitsgericht im Beschlußverfahren ersetzt (vgl. Rz. 201), so ist der Arbeitnehmer Beteiligter, nicht dagegen
im Verfahren vor der Einigungsstelle (*D/R* § 102 Rz. 306; *F/A/K/H* § 102 Rz. 73;
G/L § 102 Rz. 134; **a. A.** GK-*Kraft* § 102 Rz. 156).

§ 102   4. Teil 5. Abschn. Personelle Angelegenheiten

2. Erweiterung des Mitbestimmungsrechts nur durch Betriebsvereinbarung

198 Das Gesetz läßt nur eine Erweiterung der Mitbestimmung durch Vereinbarung zwischen Arbeitgeber und Betriebsrat, also durch **freiwillige, nicht erzwingbare Betriebsvereinbarung** zu. Eine Erweiterung der Mitbestimmung durch **Tarifvertrag** ist nicht möglich; da insoweit das Gesetz keine Öffnung enthält, bleibt es bei der grundsätzlich abschließenden Regelung der Mitbestimmungsrechte durch das Gesetz (vgl. Rz. 12; *D/R* § 102 Rz. 289f.; *Heinze* 292 Rz. 734; GK-*Kraft* § 102 Rz. 150; *S/W* § 102 Rz. 18; **a. A.** *G/L* vor § 92 Rz. 9; *D/K/K/S* § 102 Rz. 127; *F/A/K/H* § 102 Rz. 75; KR-*Etzel* § 102 Rz. 244; *BAG* vom 10. 2. 1988 – 1 ABR 70/86 – EzA § 1 TVG Nr. 34 = DB 1988, 1397; *BAG* vom 18. 8. 1987 – 1 ABR 30/86 – EzA § 77 BetrVG 1972 Nr. 18 = DB 1987, 2257, jeweils für Mitbestimmungsrechte allgemein; *BAG* vom 12. 3. 1987 – 2 AZR 176/86 – EzA § 102 BetrVG 1972 Nr. 71 = DB 1988, 658; *BAG* vom 10. 2. 1988 – 1 ABR 70/86 – EzA § 1 TVG Nr. 34 = DB 1988, 503; vgl. § 99 Rz. 10f.).

199 Es muß sich um eine förmliche Betriebsvereinbarung handeln, eine Betriebsabsprache genügt nicht. Die Betriebsvereinbarung muß also schriftlich abgesetzt sein und von Arbeitgeber und Betriebsrat unterzeichnet sein (h. M. *D/R* § 102 Rz. 287; KR-*Etzel* § 102 Rz. 243a; *BAG* vom 14. 2. 1978 – 1 AZR 154/76 – EzA § 102 BetrVG 1972 Nr. 33 m. Anm. *Herschel* = DB 1978, 1501).

3. Einschaltung der Einigungsstelle

200 Nach dem Wortlaut des Gesetzes ist die **Einschaltung** der **Einigungsstelle** vorgesehen. Die Betriebsvereinbarung muß eine Möglichkeit für die Überprüfung der Entscheidung des Betriebsrats enthalten, denn sonst würde es sich nicht mehr nur um eine Verfahrensregelung handeln, sondern das Kündigungsrecht des Arbeitgebers würde materiell beschränkt. Die Möglichkeit der Anrufung der Einigungsstelle kann also nicht derart ausgeschlossen werden, daß überhaupt keine übergeordnete Instanz vereinbart wird. Arbeitgeber und Betriebsrat können allerdings von Anfang an vereinbaren, daß das Arbeitsgericht direkt zuständig sein soll und nicht zuerst die Einigungsstelle (*D/R* § 102 Rz. 298; *G/L* § 102 Rz. 132; GK-*Kraft* § 103 Rz. 153; KR-*Etzel* § 102 Rz. 252, 256; *Brede* BlStSozArbR 1973, 20; *Richardi* ZfA Sonderheft 1972, 34; **a. A.** *F/A/K/H* § 102 Rz. 71; *Adomeit* DB 1971, 2363; *Gumpert* BB 1972, 48). Eine Betriebsvereinbarung, die lediglich das Zustimmungsrecht des Betriebsrats enthält, ohne daß sie die Möglichkeit der Überprüfung der Entscheidung des Betriebsrats vorsieht, wäre unwirksam (*D/R* § 102 Rz. 297; *G/L* § 102 Rz. 130; GK-*Kraft* § 102 Rz 150; *Hanau* BB 1971, 485; für eine Auslegung im Regelfall dahingehend, daß auch ohne ausdrückliche Bestimmung die Zuständigkeit der Einigungsstelle angenommen wird: *D/R* § 102 Rz. 297; KR-*Etzel* § 102 Rz. 255).

201 Ersetzt die **Einigungsstelle** die **Zustimmung** des Betriebsrats, so kann der **Arbeitgeber kündigen**, und zwar unabhängig von einer arbeitsgerichtlichen Nachprüfung der Entscheidung (*G/L* § 102 Rz. 130a). Die Entscheidung der Einigungsstelle hat nämlich die gleiche Wirkung wie die Zustimmung des Betriebsrats. Sieht die Betriebsvereinbarung vor, daß statt der Einigungsstelle das Arbeitsgericht zuständig ist, so wird der Arbeitgeber genauso wie im Falle des § 103 erst nach rechtskräftiger Ersetzung der Zustimmung kündigen können (vgl. § 103 Rz. 53). Der Arbeit-

nehmer ist im Zustimmungsersetzungsverfahren vor dem Arbeitsgericht und im Verfahren der Überprüfung der Entscheidung der Einigungsstelle Beteiligter; er kann nach Ersetzung der Zustimmung und Ausspruch der Kündigung Kündigungsschutzklage erheben (vgl. Rz. 190). Der Arbeitnehmer kann sich in der Kündigungsschutzklage auch auf die Sozialwidrigkeit der Kündigung nach § 1 Abs. 2 Satz 2 und 3 KSchG berufen (*D/R* § 102 Rz. 308; **a.A.** *F/A/K/H* § 102 Rz. 73), obwohl es bei einer Regelung nach Abs. 6 (vgl. Rz. 196) kein Widerspruchsrecht gibt; die mangelnde soziale Rechtfertigung in diesem Sinne kann nämlich auch ohne Widerspruch des Betriebsrats geltend gemacht werden (vgl. Rz. 143). Ist die Zustimmung zur Kündigung allerdings rechtskräftig durch das Arbeitsgericht ersetzt, so tritt eine Präklusionswirkung ein, d. h. der Arbeitnehmer kann im Kündigungsschutzprozeß die unrichtige Entscheidung der Vorfrage nur dann geltend machen, wenn er neue Tatsachen vorträgt, die im Beschlußverfahren noch nicht berücksichtigt werden konnten (*BAG* vom 24. 4. 1975 – 2 AZR 118/74 – EzA § 103 BetrVG 1972 Nr. 8 m. Anm. *Dütz* = DB 1975, 1610; *D/R* § 102 Rz. 308; *F/A/K/H* § 102 Rz. 73; *G/L* § 102 Rz. 134; KR-*Etzel* § 102 Rz. 265).

Verweigert die **Einigungsstelle** die Ersetzung der Zustimmung, bestätigt sie also 202 die Entscheidung des Betriebsrats, so ist diese Entscheidung im arbeitsgerichtlichen Beschlußverfahren **überprüfbar** (*D/R* § 102 Rz. 305; *G/L* § 102 Rz. 131; GK-*Kraft* § 102 Rz. 155; KR-*Etzel* § 102 Rz. 259). Sieht die Betriebsvereinbarung vor, daß statt der Einigungsstelle das Arbeitsgericht entscheidet, so ist die rechtskrätige Entscheidung für den Arbeitgeber bindend. Ersetzt das Arbeitsgericht die Zustimmung nicht rechtskrätig, so kann der Arbeitgeber nicht kündigen. Kündigt der Arbeitgeber trotzdem, so ist die Kündigung unwirksam. Dies kann genauso wie die mangelnde Anhörung jederzeit geltend gemacht werden (vgl. Rz. 59 ff.).

Die die Zustimmungsersetzung **ablehnende** Entscheidung der **Einigungsstelle** ist 203 vom **Arbeitsgericht** nicht nur auf Ermessensüberschreitungen wie üblicherweise die Entscheidung der Einigungsstelle (§ 76 Abs. 5), sondern in vollem Umfang nachprüfbar, da es sich um eine Rechtsfrage handelt (*Brech* BlStSozArbR 1973, 20; *D/R* § 102 Rz. 304 f.; *F/A/K/H* § 102 Rz. 72; *G/L* § 102 Rz. 131; KR-*Etzel* § 102 Rz. 259).

§ 103 Außerordentliche Kündigung in besonderen Fällen

(1) Die außerordentliche Kündigung von Mitgliedern des Betriebsrats, der Jugend- und Auszubildendenvertretung, der Bordvertretung und des Seebetriebsrats, des Wahlvorstands sowie von Wahlbewerbern bedarf der Zustimmung des Betriebsrats.
(2) Verweigert der Betriebsrat seine Zustimmung, so kann das Arbeitsgericht sie auf Antrag des Arbeitgebers ersetzen, wenn die außerordentliche Kündigung unter Berücksichtigung aller Umstände gerechtfertigt ist. In dem Verfahren vor dem Arbeitsgericht ist der betroffene Arbeitnehmer Beteiligter.

§ 103 4. Teil 5. Abschn. Personelle Angelegenheiten

Literaturübersicht

Bader Zur Zustimmungsbedürftigkeit der Kündigung von Betriebsratsmitgliedern bei Betriebsstillegung, BB 1978, 616; *Becker/Schaffner* Ist die außerordentliche Kündigung eines Wahlbewerbers in einem bisher betriebsratslosen Betrieb zustimmungsbedürftig?, BlStSozArbR 1973, 289; *Bieback* Der besondere Kündigungsschutz von Betriebsratsmitgliedern und ihre Rechtsstellung während des Kündigungsvorverfahrens, AuR 1977, 321; *ders.* Arbeitsverhältnis und Betriebsratsamt bei der außerordentlichen Kündigung von Betriebsratsmitgliedern, RdA, 1978, 82; *Boemke-Albrecht* Die Versetzung von Betriebsratsmitgliedern, BB 1991, 541; *Buus* Die Ersetzung der Zustimmung zur außerordentlichen Kündigung von Betriebs- und Personalratsmitgliedern, BB 1979, 1508; *Etzel* Kündigungsschutz für Wahlbewerber und Ersatzmitglieder betriebsverfassungsrechtlicher und verwandter Organe, BlStSozArbR 1976, 209; *Gamillscheg* Kündigung und Versetzung der Vertreter der Arbeitnehmer, ZfA 1977, 239; *Hanau* Der Kündigungsschutz der Betriebs- und Personalvertretungen, AR-Blattei, Betriebsverfassung IX, 1977; *Hassenpflug* Die Kündigung von Betriebsratsmitgliedern wegen Stillegung eines Betriebs oder einer Betriebsabteilung, 1989; *Klebe/Schumann* Unwirksamkeit der Kündigung von Organen der Betriebsverfassung bei fehlerhafter Zustimmung des Betriebsrats?, DB 1978, 1591; *Mareck* Die Kündigung von Betriebsratsmitgliedern, BB 1986, 1982; *Matthes* Probleme des Kündigungsschutzes von Betriebsratsmitgliedern, DB 1980, 1165; *Meyer, F.-J.* Bestandsschutz der Arbeitsverhältnisse von Betriebsratsmitgliedern, Diss. Bielefeld, 1980; *Nipperdey* Weiterbeschäftigung und Weiterbezahlung eines Betriebsratsmitglieds vorrechtskräftiger Ersetzung der Zustimmung zur Kündigung, DB 1975, 1891; *Oetker* Außerordentliche Kündigung von Betriebsratsmitgliedern, AuR 1987, 242; *Peter* Mandatsausübung und Arbeitsverhältnis, BlStSozArbR 1977, 257; *Schmidt* Die Kündigung gegenüber Betriebsratsmitgliedern, AuR 1973, 142; *Steinhäuer* Änderungskündigung gegenüber Arbeitnehmervertretern, betriebsverfassungskonforme Auslegung des § 15 KSchG, Diss. Mainz, 1979; *Vogt* Behinderung und Beeinflussung von Betriebsratswahlen, BB 1987, 189; *Weber* Die Kündigung eines Betriebsrasmitglieds aus wichtigem Grund, NJW 1973, 787; *Weisemann* Neue Aspekte bei der außerordentlichen Kündigung von Betriebsratsmitgliedern, DB 1974, 2476.

Inhaltsübersicht

		Rz.
I.	Allgemeines	1– 5
	1. Arbeitskampf	2
	2. Kündigungsschutz	3– 5
II.	Umfang des Kündigungsschutzes	6–24
	1. Persönlicher Geltungsbereich	6– 8
	2. Zeitliche Dauer	9–17
	a) Kündigungsschutz nach § 15 Abs. 1 Satz 1 und Abs. 3 Satz 1 KSchG i. V. m. § 103	9–14
	b) Nachwirkender Kündigungsschutz nach § 15 Abs. 1 Satz 2 und Abs. 3 Satz 2 KSchG	15–17
	3. Inhalt des Kündigungsschutzes	18–22
	4. Geltendmachung des besonderen Kündigungsschutzes	23, 24
III.	Kündigung aus wichtigem Grund	25–32
	1. Allgemeines	25–30
	2. Einzelfälle aus der Rechtsprechung	31, 32
IV.	Zustimmung des Betriebsrats zur außerordentlichen Kündigung	33–53
	1. Zustimmungserfordernis des Betriebsrats	34–41
	a) Zeitpunkt	34
	b) Zuständigkeit	35, 36

	c) Beschlußfassung	37–40
	d) Erteilung der Zustimmung	41
2.	Ausschlußfrist von zwei Wochen für den Ausspruch der Kündigung	42–46
3.	Nachschieben von Kündigungsgründen	47
4.	Ersetzung der Zustimmung durch das Arbeitsgericht	48–53
V.	Betriebsratsloser Betrieb	54, 55
VI.	Auswirkung des Zustimmungserfordernisses auf das Arbeitsverhältnis und die Rechte als Organmitglied	56–61
1.	Kündigungsschutzklage	56, 57
2.	Stellung während des Kündigungsschutzprozesses	58, 59
3.	Suspendierung	60, 61

I. Allgemeines

Nach § 15 Abs. 1 KSchG ist die **ordentliche Kündigung eines Mitglieds des Betriebsrats** der Jugend- **und Auszubildendenvertretung** oder eines anderen betriebsverfassungsrechtlichen Organs **unzulässig**, es sei denn, daß Tatsachen vorliegen, die den Arbeitgeber zur Kündigung aus wichtigem Grund ohne Einhaltung einer Kündigungsfrist berechtigen. § 103 Abs. 1 knüpft darüber hinaus die **außerordentliche Kündigung** aus wichtigem Grund von Mitgliedern des Betriebsrats oder anderer betriebsverfassungsrechtlicher Organe auch an die **Zustimmung des Betriebsrats**. Damit genießt diese Gruppe von Arbeitnehmern, die nach dem Betriebsverfassungsgesetz ein Ehrenamt innehaben, einen nahezu umfassenden Kündigungsschutz.

1. Arbeitskampf

Während eines **Arbeitskampfes** gelten für die Mitbestimmung des Betriebsrats nach § 103 die gleichen Grundsätze wie bei einer Kündigung eines Arbeitnehmers, der nicht Betriebsratsmitglied ist (vgl. hierzu § 102 Rz. 8f. und § 99 Rz. 12f.). Nach dem *Bundesarbeitsgericht* (vom 14. 2. 1978 – 1 AZR 54/76 – EzA § 15 KSchG 1969 Nr. 19 m. Anm. *Herschel* = DB 1978, 1231) ist bei einer außerordentlichen Kündigung, die eine »Kampfkündigung« darstellt, von Mitgliedern des Wahlvorstandes oder Wahlbewerbern oder sonstigen Organmitgliedern wegen Teilnahme am **rechtswidrigen Streik nicht die Zustimmung des Betriebsrats** nach § 103 Abs. 1 erforderlich. Dagegen soll der Arbeitgeber aber ebenso wie in einem betriebsratslosen Betrieb in entsprechender Anwendung des § 103 Abs. 2 alsbald die Erteilung der Zustimmung beim Arbeitsgericht beantragen. Abgesehen davon, daß schon die Ansicht des Bundesarbeitsgerichts, im betriebsratslosen Betrieb müsse vor einer außerordentlichen Kündigung von Wahlbewerbern und Wahlvorstandsmitgliedern die Zustimmung durch das Arbeitsgericht rechtskrätig ersetzt sein, nicht richtig erscheint (vgl. Rz. 54f.), ist der für den rechtswidrigen Streik bzw. offensichtlich auch generell für den Arbeitskampf bezüglich der Kündigung von Organmitgliedern vom Bundesarbeitsgericht vertretenen Meinung nicht zu folgen (vgl. auch *BAG* vom 26. 10. 1971 – 1 AZR 113/68 – EzA Art. 9 GG Nr. 7 = DB 1972, 143). Bei einem **rechtmäßigen Arbeitskampf** kommt als Kampfmaßnahme des Arbeitgebers nur die Aussperrung in Betracht, die bei Betriebsratsmitgliedern nur suspendierende Wirkung hat (*BVerfG* vom 19. 2. 1975 –

§ 103   *4. Teil 5. Abschn. Personelle Angelegenheiten*

1 BvR 418/71 – AP Nr. 50 zu Art. 9 GG Arbeitskampf = DB 1975, 792; § 24 Rz. 16 mit weiteren Literaturangaben); eine kampfbedingte Kündigung z.B. von Betriebsratsmitgliedern wird nur in Betracht kommen, wenn sie sich an Streikausschreitungen u. ä. beteiligen; es handelt sich dann um eine Kündigung als Individualmaßnahme (*Hueck* KSchG § 25 Rz. 4). In diesem Fall ist nicht einzusehen, warum Betriebsratsmitglieder, die die besondere Pflicht aufgrund ihrer Amtsstellung haben, sich im Arbeitskampf korrekt zu verhalten, besser gestellt sein sollen dadurch, daß bei ihnen die Mitbestimmungsrechte des Betriebsrats auch bei arbeitskampfbedingten Maßnahmen weiter gelten sollen bzw. das Arbeitsgerecht die Zustimmung soll ersetzen müssen, während dies bei anderen Arbeitnehmern nicht der Fall ist (vgl. § 102 Rz. 8f.). Die Argumentation des *Bundesarbeitsgerichts* (a.a.O.) – allerdings im Falle eines rechtswidrigen Streiks –, die Zustimmung des Betriebsrats sei erforderlich, weil sonst der Arbeitgeber den Organmitgliedern ohne Zwischenschaltung jeglicher Kontrolleinrichtung kündigen könne, überzeugt nicht. Der Sinn der Regelung, daß das Arbeitsgericht die Zustimmung ersetzen kann, besteht darin, die Entscheidung des Betriebsrats zu überprüfen (vgl. Rz. 54); ist aber die Zustimmung des Betriebsrats nach dem *Bundesarbeitsgericht* gar nicht erforderlich, so hat es auch keinen Sinn, das Zustimmungsersetzungsverfahren zu verlangen. Im übrigen ist es keineswegs so, daß die Kündigung des Arbeitgebers keinerlei Kontrolle unterliegt, das betroffene Organmitglied kann vielmehr Kündigungsschutzklage erheben. Die Ansicht des *Bundesarbeitsgerichts* (a.a.O.) würde darüber hinaus eine arbeitskampfbedingte Kündigung (»Kampfkündigung«) von Betriebsratsmitgliedern bzw. Wahlbewerbern und Wahlvorstandsmitgliedern praktisch unmöglich machen, denn eine »Kampfkündigung« ist nach rechtskräftiger Ersetzung der Zustimmung, also u.U. nach 2–3 Jahren, sinnlos und keine Kampfkündigung mehr. Bei einem **rechtswidrigen Arbeitskampf** ist der Betriebsrat verpflichtet, zusammen mit dem Arbeitgeber für die Beilegung des rechtswidrigen Zustands zu sorgen (vgl. § 102 Rz. 8); aus diesem Grunde erscheint nicht von Wahlbewerbern oder Mitgliedern des Wahlvorstandes; allerdings ist bei letzteren die Zustimmung des Betriebsrats erforderlich, da die Mitwirkungsrechte des Betriebsrats bei einem rechtswidrigen Arbeitskampf nicht eingeschränkt sind (**a.A.** *BAG* vom 14.2.1978 – 1 AZR 54/76 – EzA § 15 KSchG 1969 Nr. 19 m. Anm. *Herschel* = DB 1978, 1231). Dies gilt auch, wenn sich einige Betriebsratsmitglieder am rechtswidrigen Arbeitskampf beteiligen, der Betriebsrat aber evtl. nach Eintritt der Ersatzmitglieder noch beschlußfähig ist. Beteiligt sich der Betriebsrat selbst insgesamt mit den Ersatzmitgliedern am rechtswidrigen Arbeitskampf, verstößt er also gegen seine Pflicht, zusammen mit dem Arbeitgeber den rechtswidrigen Zustand zu beseitigen, so hat der Arbeitgeber die Möglichkeit, auch den Betriebsratsmitgliedern eine Kampfkündigung ohne Ersetzung der Zustimmung durch das Arbeitsgericht auszusprechen (**a.A.** *BAG* a.a.O.). Würde man auch hier die rechtskrätige Ersetzung der Zustimmung durch das Arbeitsgericht erlangen, so würde eine Kampfkündigung unmöglich (s.o.). Dem Arbeitgeber stehen in diesem Fall außerdem die Rechte aus § 23 (vgl. § 23 Rz. 41) zu, da es sich sowohl um eine Amtspflichtverletzung als auch um eine arbeitsvertragliche Pflichtverletzung handelt.
Ein rechtswidriger Streik liegt vor, wenn z.B. der Arbeitgeber durch ihn veranlaßt werden soll, den Antrag beim Arbeitsgericht auf Zustimmungsersetzung zwecks Kündigung eines Betriebsratsmitglieds zurückzunehmen (*BAG* vom 7.6.1988 – 1 AZR 372/86 – EzA Art. 9 GG Arbeitskampf Nr. 80 = DB 1988, 2102).

2. Kündigungsschutz

§ 103 gilt für **jede Art der Kündigung** durch den Arbeitgeber, dagegen nicht bei 3
einer Beendigung aus anderem Grund (§ 102 Rz. 15). Zum Begriff der Kündigung
vgl. § 102 Rz. 14 f.
Die Bestimmung des § 103 bezieht sich nur auf den **Kündigungsschutz** während 4
des **Bestehens der betriebsverfassungsrechtlichen Funktionen**. Nach Beendigung
dieser Funktionen greift der sog. **nachwirkende Kündigungsschutz** des § 15 KSchG
ein. Auch bei nachwirkendem Kündigungsschutz kommt grundsätzlich nur eine
außerordentliche Kündigung in Betracht, diese bedarf aber nicht der Zustimmung
des Betriebsrats nch § 103.
Wegen des Schutzes **Auszubildender**, die Mitglied eines betriebsverfassungsrecht- 5
lichen Organs sind, vgl. Anm. zu § 78 a.

II. Umfang des Kündigungsschutzes

1. Persönlicher Geltungsbereich

Der **persönliche Geltungsbereich** von § 15 KSchG deckt sich mit dem des § 103 6
(*Hueck* KSchG § 15 Rz. 10; *D/R* § 103 Rz. 3; *F/A/K/H* § 103 Rz. 3). Unzulässig
ist nach § 15 KSchG die ordentliche **Kündigung**, und die außerordentliche Kündi-
gung bedarf der **Zustimmung des Betriebsrats nach § 103 bei Mitgliedern des/der**
- Betriebsrats,
- Jugendvertretung,
- Bordvertretung (§ 115),
- Seebetriebsrats (§ 116),
- anderen Vertretungen der Arbeitnehmer nach § 3 Abs. 1 Nr. 2 (*D/R* § 103 Rz. 4; *F/A/K/H* § 103 Rz. 6; *G/L* § 103 Rz. 5; *Hueck* KSchG § 15 Rz. 10) oder einer Vertretung für im Flugbetrieb beschäftigte Arbeitnehmer (§ 117 Abs. 2),
- Wahlvorstandes für die genannten Organe,

sowie bei
- Wahlbewerbern für die genannten Organe außer bei solchen für den Wahlvorstand (vgl. Rz. 7),
- Vertrauensmann und Gesamtvertrauensmann der Schwerbehinderten (§§ 23 Abs. 3, 23 Abs. 6 KSchG),
- In Heimarbeit beschäftigten Mitgliedern solcher Organe (§ 29 a HAG).

Ist eine **Betriebsratswahl nichtig**, so besteht kein Vertrauensschutz zugunsten
eines aus solchen Wahlen hervorgegangenen Betriebsrats und damit auch nicht
der besondere Kündigungsschutz nach § 15 KSchG (vgl. § 19 Rz. 12 ff. und *BAG*
vom 27. 4. 1976 – 1 AZR 482/75 – EzA § 19 BetrVG 1972 Nr. 8).
Keinen besonderen Kündigungsschutz haben die Mitglieder zusätzlicher betriebs- 7
verfassungsrechtlicher Vertretungen nach § 3 Abs. 1 Nr. 1. Keinen besonderen
Kündigungsschutz haben ferner alle anderen nicht in § 15 KSchG, § 103 genannten
Funktionsträger; den Kündigungsschutz haben nur die in diesen Vorschriften ausdrücklich genannten Personen. Die Vorschriften des § 15 KSchG, § 103 sind nicht
ausdehnend auszulegen (*Hueck* § 15 KSchG Rz. 9). So haben **z. B. keinen Kündigungsschutz**
- Mitglieder des Wirtschaftsausschusses, falls sie nicht gleichzeitig Mitglied eines

§ 103   4. Teil 5. Abschn. Personelle Angelegenheiten

anderen in § 103 bzw. § 15 KSchG genannten Organs sind, der Einigungsstelle, einer tariflichen Schlichtungsstelle, betrieblichen Beschwerdestelle sowie zusätzlicher betriebsverfassungsrechtlicher Vertretungen;
- **Arbeitnehmervertreter im Aufsichtsrat** nach § 76ff. BetrVG 1952 und dem Mitbestimmungsgesetz (*D/R* § 103 Rz. 5; *F/A/K/H* § 103 Rz. 6; *F/W/W* § 26 Rz. 16ff. m.w.N.; *BAG* vom 4.4. 1974 – 2 AZR 452/73 – EzA § 15 KSchG 1969 Nr. 1 = DB 1974, 1067; **a.A.** *Meisel* 211);
- **Wahlbewerber** für den **Wahlvorstand**, da der Kündigungsschutz nach dem Gesetz nur Wahlbewerber für die in § 15 Abs. 1 KSchG genannten Organe betrifft (*Hueck* KSchG § 15 Rz. 7; vgl. § 16 Rz. 34; *LAG Baden-Württemberg* vom 31.5. 1974 – 7 Sa 68/74 – BB 1974, 885; *D/R* § 103 Rz. 9; *F/A/K/H* § 103 Rz. 6, 8; *G/L* § 103 Rz. 11; **a.A.** KR-*Etzel* § 103 BetrVG Rz. 13; *Stein* AuR 1975, 202); es kann aber ein gewisser Kündigungsschutz nach § 20 in Betracht kommen (vgl. Rz. 8);
- **Ersatzmitglieder von Betriebsverfassungsorganen,** solange sie nicht in das Organ nachgerückt sind oder vorübergehend in diesem tätig werden (vgl. Rz. 12 und § 25 Rz. 18f.).

Dieser Personenkreis ist aber in gewissem Umfang vor Kündigungen nach § 78 geschützt (vgl. Anm. dort und *BAG* vom 4.4. 1974 – 2 AZR 452/73 – EzA § 15 KSchG n.F. = DB 1974, 1067), wenn diese wegen ihrer betriebsverfassungsrechtlichen oder Aufsichtsratstätigkeit erfolgen. Solche Kündigungen verstoßen gegen § 78 als gesetzliches Verbot und sind nach § 134 BGB nichtig (*BAG* vom 22.2. 1979 – 2 AZR 115/78 – EzA § 103 BetrVG 1972 Nr. 23 = DB 1979, 1659). Das gleiche gilt generell, soweit § 15 KSchG, § 103 bei Kündigungen nicht eingreifen).

8 Das Gesetz verweist für **Wahlbewerber und den Wahlvorstand** für das Amt des **Vertrauensmannes der Schwerbehinderten** nicht auf den besonderen Kündigungsschutz, sondern nach § 24 Abs. 6 Satz 2 SchwbG lediglich auf die sinngemäße Anwendung der Vorschriften über das Wahlverfahren, den Wahlschutz und die Wahlkosten bei der Wahl des Betriebsrats; hierzu zählen nicht die Kündigungsschutzvorschriften der §§ 15 KSchG und 103 (so auch *Meisel* Rz. 651). Die überwiegende Meinung nimmt jedoch an, daß die sinngemäße Anwendung des Wahlschutzes gem. § 24 Abs. 6 Satz 2 SchwbG auch den besonderen Kündigungsschutz umfasse (*D/R* § 103 Rz. 8; *Dörner* § 24 SchwbG V 2; *F/A/K/H* § 103 Rz. 4; GK-*Kraft* § 103 Rz. 6; KR-*Etzel* § 103 Rz. 14; *W/N* § 24 SchwbG Rz. 41; *Heinze* Rz. 661). Der Wahlschutz erstreckt sich aber nur auf das Verbot von Behinderungen oder unlauterer Beeinflussung der Wahl (*N/B* § 24 SchwbG Rz. 14; *Schaub* Arbeitsrechtshandbuch § 218 I; *Vogt* BB 1987, 189f.) und damit auf den Regelungsbereich von § 20. Kündigungen können somit nur dann vom Wahlschutz erfaßt sein, wenn mit ihnen bezweckt wird, den Arbeitnehmer an seiner Amtsführung im Wahlvorstand bzw. seiner Kandidatur zu hindern. Eine solche Kündigung ist wegen Verstoßes gegen ein gesetzliches Verbot gem. § 134 BGB i.V.m. §§ 20 Abs. 1 BetrVG, 24 Abs. 6 Satz 2 SchwbG nichtig (vgl. *BAG* vom 13.10. 1977 – 2 AZR 387/76 – EzA § 74 BetrVG 1972 Nr. 3 m. Anm. *Löwisch* = DB 1978, 641; *Schaub* § 218 I2; *Vogt* BB 1987, 190). Der Wahlschutz erstreckt sich jedoch nicht auf den Kündigungsschutz, der ein Element der besonderen Rechtsstellung der Organmitglieder gegenüber dem Arbeitgeber ist. Eine den Begriff des Wahlschutzes erweiternde Auslegung, die trotzdem den Kündigungsschutz einbezieht, widerspricht dem Willen des Gesetzgebers. Dieser hat in § 26 SchwbG im Gegensatz zu § 24 Abs. 5 SchwbG allein die Vertrauensleute unter den Kündigungsschutz

gestellt, während er im Bundespersonalvertretungsrecht, das nahezu zeitgleich beraten wurde, einen Verweis auf den Kündigungsschutz bei Wahlvorstand und Wahlbewerbern in § 24 Abs. 1 Satz 2 BPersVG aufnahm. Im Unterschied zur Wahl des Betriebsrats bzw. Personalrats ist die zusätzliche Einräumung des Kündigungsschutzes bei den Wahlbewerbern und Mitgliedern des Wahlvorstandes für das Amt des Vertrauensmannes auch nicht vom Sinn und Zweck des Schwerbehindertengesetzes her geboten, da dem Vertrauensmann echte Mitbestimmungsrechte nicht zukommen und insofern eine Konfrontation mit dem Arbeitgeber, die schon zum Zeitpunkt der Wahl eine Rolle spielen könnte, kaum denkbar ist. Der Kündigungsschutz hat aber gerade die Funktion, den Arbeitnehmern eine unabhängige Stellung zu verschaffen, so daß sie das tun können, was sie für ihre Amtsführung für nötig erachten, ohne die Konfrontation mit dem Arbeitgeber fürchten zu müssen (*Schaub* Arbeitsrechtshandbuch § 141 I 1; KR-*Etzel* § 15 KSchG Rz. 9; *Hueck* KSchG § 15 Rz. 2; Begr. z. KSch f. Wahlvorstand und -bewerber in BT-Drucks. VI/1786, 60). Demzufolge ist Wahlbewerbern und dem Wahlvorstand für das Amt des Vertrauensmannes der Schwerbehinderten kein Kündigungsschutz nach § 15 KSchG und § 103 zu gewähren. Im übrigen bedarf eine Kündigung, falls es sich bei dem Wahlbewerber oder dem Wahlvorstandsmitglied um einen Schwerbehinderten handelt, der vorherigen Zustimmung der Hauptfürsorgestelle (§ 15, § 21 SchwbG).

2. Zeitliche Dauer

a) Kündigungsschutz nach § 15 Abs. 1 Satz 1 und Abs. 3 Satz 1 KSchG i. V. m. § 103

Der besondere Kündigungsschutz des § 15 Abs. 1 Satz 1 und Abs. 3 Satz 1 KSchG i. V. m. § 103, nach dem die ordentliche Kündigung ausgeschlossen ist und die außerordentliche nur mit Zustimmung des Betriebsrats möglich ist, besteht grundsätzlich nur für Amtsträger **während ihrer Amtszeit**. Entscheidend ist der Zeitpunkt des Zugangs der Kündigungserklärung, nicht der Zeitpunkt des Entstehens des Kündigungsgrundes bzw. des Absendens der Kündigung oder der Einleitung des Zustimmungsverfahrens (*D/R* § 103 Rz. 12; *S/W* § 103 Rz. 8; *Hueck* KSchG § 15 Rz. 32; *LAG Hamm* vom 29. 11. 1973 – 3 Sa 663/73 – rkr., DB 1974, 389; **a. A.** KR-*Etzel* § 103 Rz. 62; *F/A/K/H* § 103 Rz. 7). Eine außerordentliche Kündigung, die auf Ereignisse gestützt ist, die sich während der Amtszeit zugetragen haben, die aber erst nach Beendigung der Amtszeit dem Arbeitnehmer zugeht, kann ohne Beachtung des § 103 ausgesprochen werden (*G/L* § 103 Rz. 7; *LAG Düsseldorf* vom 5. 11. 1975 – 6 Ta BV 21/75 – DB 1976, 202). Im einzelnen gilt folgendes: Bei **Mitgliedern des Betriebsrats** und anderer Betriebsverfassungsorgane wie Jugendvertretung, Bordvertretung, Seebetriebsrat, anderer Vertretungen der Arbeitnehmer nach § 3 Abs. 1 Ziff. 2 und dem Vertrauensmann der Schwerbehinderten gilt der besondere Kündigungsschutz vom Beginn ihrer Amtszeit bis zu deren Beendigung (§§ 21, 64 Abs. 2, 115 Abs. 3, 116 Abs. 3). Die **Amtszeit beginnt**, wenn im Betrieb kein Betriebsrat mehr besteht, mit Bekanntgabe des Wahlergebnisses (vgl. § 21 Rz. 5ff.), und, wenn am Wahltag noch ein Betriebsrat im Amt ist, am Tage nach dem Ablauf der Amtszeit des alten Betriebsrats (vgl. § 21 Rz. 8ff.). Die **Amtszeit endet** im Regelfall spätestens am 31. Mai des Jahres, in dem die regelmäßigen Betriebsratswahlen stattfinden (vgl. § 21 Rz. 11ff.). Zur Beendigung der Amtszeit außerhalb dieses Turnus vgl. § 21 Rz. 15 ff.; zum Begriff der Amtszeit vgl. Rz. 16. Ist ein Rechtsstreit über die Nichtwählbarkeit eines Betriebsratsmitgliedes anhängig, so hat dieses den besonderen Kündigungsschutz, bis rechtskräftig seine Nichtwählbarkeit festgestellt ist (*BAG* vom 29. 9. 1983 – 2 AZR 212/82 – EzA § 15 KSchG 1969 Nr. 32 = DB 1984, 302). Vor Beginn der Amtszeit genießt das einzelne Betriebsratsmitglied den Schutz als Wahlbewerber (vgl. Rz. 14).

11 Der Kündigungsschutz besteht auch, solange der Betriebsrat oder ein anderes betriebsverfassungsrechtliches Organ die **Geschäfte** des Betriebsrats bzw. des anderen Organs **nach § 22 fortführt** (vgl. § 22 Rz. 9).

12 Ist ein **Ersatzmitglied** in den Betriebsrat nachgerückt, so hat es ab diesem Zeitpunkt den besonderen Kündigungsschutz nach §§ 15 Abs. 1 Satz 1 und Abs. 3 Satz 1 KSchG, 103 (vgl. § 25 Rz. 16; *G/L* § 103 Rz. 8). Für sie gilt auch der nachwirkende Kündigungsschutz nach § 15 Abs. 1 Satz 2 und Abs. 3 Satz 2 (vgl. Rz. 15 ff.). **Ersatzmitglieder**, die ein ordentliches Mitglied **zeitweilig vertreten**, haben den erweiterten Kündigungsschutz, solange diese zeitweilige Vertretung andauert (vgl. § 25 Rz. 17 m. w. N.; *BAG* vom 9. 11. 1977 – 5 AZR 175/76 – EzA § 15 KSchG 1969 Nr. 13 = DB 1978, 495). Nach dem *Bundesarbeitsgericht* (vom 17. 1. 1979 – 5 AZR 891/77 – EzA § 15 KSchG 1969 Nr. 21 m. Anm. *Dütz* = DB 1979, 1136) erstreckt sich der Schutz auf den gesamten Zeitraum, in dem mit der Sitzung in innerem Zusammenhang stehende Handlungen erfolgen können; dies soll auch für eine Vorbereitungszeit von bis zu drei Tagen gelten, falls in eine kurze Vertretungszeit oder an den Anfang einer längeren Vertretungszeit eine Betriebsratssitzung fällt (vgl. § 25 Rz. 17). Der Kündigungsschutz des verhinderten ordentlichen Betriebsratsmitglieds bleibt ebenfalls bestehen. Ist das Ersatzmitglied selbst wiederum zeitweilig an der Vertretung verhindert, so behält es dennoch den erweiterten Kündigungsschutz, wenn die Verhinderung im Verhältnis zur Dauer der Vertretung unerheblich ist (vgl. *BAG* vom 9. 11. 1977 a. a. O. und § 25 Rz. 17; *Matthes* DB 1980, 1170). Der nachwirkende Kündigungsschutz nach § 15 Abs. 1 Satz 2 und Abs. 3 Satz 2 gilt nicht für nur vorübergehend in den Betriebsrat nachrückende Ersatzmitglieder (vgl. § 25 Rz. 19 ff.). Ersatzmitglieder haben aber stets den nachwirkenden Kündigungsschutz als Wahlbewerber (vgl. Rz. 17). Für Ersatzmitglieder anderer betriebsverfassungsrechtlicher Organe gilt dies entsprechend.

13 Bei **Mitgliedern des Wahlvorstandes** für die Wahl des Betriebsrats und anderer betriebsverfassungsrechtlicher Gremien – nicht dagegen für den Wahlvorstand zur Wahl des Vertrauensmannes der Schwerbehinderten (vgl. Rz. 8) – gilt der besondere Kündigungsschutz vom Zeitpunkt der Bestellung an (vgl. § 16 Rz. 29, 34; §§ 16, 17, 63 Abs. 2, 115 Abs. 2, 116 Abs. 2; *LAG Hamm* vom 29. 11. 1973 – 3 Sa 663/73 – DB 1974, 389, rkr.) bis zur Bekanntgabe des Wahlergebnisses (vgl. § 18 Rz. 9 ff.; §§ 18 Abs. 3, 64 Abs. 2, 115 Abs. 2, 116 Abs. 2).

14 Bei **Wahlbewerbern** für eines der Betriebsverfassungsorgane – nicht dagegen für Wahlbewerber zum Wahlvorstand und für das Amt des Vertrauensmannes der Schwerbehinderten (vgl. Rz. 7, 8) – beginnt der besondere Kündigungsschutz mit der Aufstellung des Wahlvorschlags, nicht erst mit der Einreichung des Wahlvorschlags beim Wahlvorstand (*BAG* vom 4. 3. 1976 – 2 AZR 620/74 – EzA § 15 KSchG n. F. Nr. 8 = DB 1976, 1335; *BAG* vom 5. 12. 1980 – 7 AZR 781/78 – EzA § 15 KSchG n. F. Nr. 25 = DB 1981, 1142; *F/A/K/H* § 103 Rz. 8; *S/W* § 103 Rz. 20 ff.; KR-*Etzel* § 103 Rz. 23; **a. A.** *D/R* § 103 Rz. 15; *G/L* § 103 Rz. 9; GK-*Kraft* § 103 Rz. 14) und endet mit der Bekanntgabe des Wahlergebnisses (vgl. § 18

Rz. 9 ff.). Aufgestellt ist der Wahlvorschlag dann, wenn ein Wahlvorstand für die Wahl bestellt ist und ein Wahlvorschlag vorliegt, der die Mindestzahl von Stützunterschriften aufweist (*BAG* vom 4.3. 1976 a.a.O.). Nicht ausreichend für den Beginn des erweiterten Kündigungsschutzes ist dagegen die Benennung eines Arbeitnehmers als Betriebsratskandidat in einer Versammlung der gewerkschaftlichen Vertrauensleute und die Aufzeichnung seines Namens auf einen Zettel ohne Unterschriften (*BAG* vom 4.4. 1974 – 2 AZR 452/73 – EzA § 15 KSchG 1969 Nr. 1 = DB 1974, 1067). Der besondere Kündigungsschutz für den Wahlbewerber entfällt nicht dadurch, daß die Vorschlagsliste später ungültig wird (*BAG* vom 5.12. 1980 a.a.O.). Zum besonderen Kündigungsschutz von Wahlbewerbern vgl. § 8 Rz. 37).

b) Nachwirkender Kündigungsschutz nach § 15 Abs. 1 Satz 2 und Abs. 3 Satz 2 KSchG
Nach Ablauf der Zeit des besonderen Kündigungsschutzes, bei dem eine außerordentliche Kündigung nur mit Zustimmung des Betriebsrats bzw. des betreffenden Organs zulässig ist, besteht der **nachwirkende Kündigungsschutz** des § 15 Abs. 1 Satz 2 und Abs. 3 Satz 2 KSchG, bei dem eine Kündigung zwar ohne Zustimmung des Betriebsrats bzw. eines anderen betriebsverfassungsrechtlichen Organs möglich, aber nur aus wichtigem Grund i.S.d. § 626 BGB möglich ist. Beim nachwirkenden Kündigungsschutz ist also die ordentliche Kündigung ausgeschlossen, die fristlose Kündigung dagegen ohne Zustimmung des Betriebsrats möglich. Dieser nachwirkende Kündigungsschutz bedeutet im Einzelfall:
Mitgliedern des Betriebsrats, der Jugend- und Auszubildendenvertretung, des Seebetriebsrats und dem Vertrauensmann der Schwerbehinderten kann nach **Beendigung der Amtszeit** innerhalb eines Jahres, Mitgliedern der Bordvertretung innerhalb von sechs Monaten nur aus wichtigem Grund gekündigt werden. Es soll dabei nicht auf die Beendigung der Amtszeit des Organs, sondern der individuellen Amtszeit (zum Unterschied vgl. § 21 Rz. 4) ankommen (*BAG* vom 5.7. 1979 – 2 AZR 521/77 – EzA § 15 KSchG 1969 Nr. 22 = DB 1979, 2327; *D/R* § 103 Anh. Rz. 5; *F/A/K/H* § 24 Rz. 31, § 103 Rz. 39; *G/L* § 24 Rz. 38 ff., § 103 Rz. 42; *S/W* § 103 Rz. 26; GK-*Wiese* § 24 Rz. 52; GK-*Kraft* § 103 Rz. 26 in analoger Anwendung von § 103; *Hueck* KSchG § 15 Rz. 20 a ff.; KR-*Etzel* § 15 KSchG Rz. 61 ff.; *Barwasser* AuR 1977, 74; *Matthes* DB 1980, 1169). Der nachwirkende Kündigungsschutz soll also auch bestehen, wenn die Mitgliedschaft eines Arbeitnehmers im Betriebsrat oder einem vergleichbaren Organ endet, etwa durch freiwillige Amtsniederlegung, obwohl die Amtszeit des Organs noch nicht abgelaufen ist. Dieser Ansicht kann nicht gefolgt werden (vgl. § 24 Rz. 35a und § 25 Rz. 19), es kommt vielmehr auf die Beendigung der Amtszeit des Betriebsrats als Kollektivorgan an. § 15 Abs. 1 Satz 2 2. Halbsatz KSchG steht dem nicht entgegen, sondern dient der Klarstellung, weil **alle** Fälle der gerichtlichen Beendigung der Betriebsratsmitgliedschaft erfaßt werden. Folgt man der Ansicht des *Bundesarbeitsgerichts*, so hat bei kurzer Mitgliedschaft im Betriebsrat die Dauer der Nachwirkung in angemessenem Verhältnis zur Dauer der Amtszeit zu stehen. In entsprechender Anwendung der Regelung über die Bordvertretung in § 15 Abs. 1 KSchG beträgt die Nachwirkung beim Ausscheiden während des ersten Amtsjahres 6 Monate, danach 1 Jahr (*BAG* vom 5.7. 1979 a.a.O. unter III 4 der Gründe; *Hueck* KSchG § 15 Rz. 20b; *S/W* § 103 Rz. 26; vgl. auch § 25 Rz. 19). Der nachwirkende Kündigungsschutz beginnt im Falle der Weiterführung der Geschäfte durch den

Betriebsrat nach § 22 (vgl. Rz. 11) erst mit deren Beendigung (*F/A/K/H* § 103 Rz. 37; *G/L* § 103 Rz. 42; *Hueck* KSchG § 15 Rz. 20).

Ersatzmitglieder, die stellvertretend nachrücken, haben wegen der Auslegung des Begriffs »Amtszeit« nach der neueren Rechtsprechung des *Bundesarbeitsgerichts* (vgl. Stellungnahme oben und bei § 25 Rz. 19) ebenfalls nachwirkenden Kündigungsschutz, wenn sie die Aufgaben eines Betriebsratsmitglieds tatsächlich wahrgenommen haben (*BAG* vom 6. 9. 1979 – 2 AZR 548/77 – EzA § 15 KSchG 1969 Nr. 23 m. Anm. *Kraft* = DB 1980, 451; für die Jugendvertretung *BAG* vom 21. 8. 1979 – 6 AZR 789/77 – EzA § 78a BetrVG 1972 Nr. 6 = DB 1980, 454). Bei einem Betriebsübergang nach § 613a BGB gilt der nachwirkende Kündigungsschutz auch in dem übernehmenden Betrieb (*S/W* § 103 Rz. 26). Der nachwirkende Kündigungsschutz gilt **kraft Gesetzes**, falls die Beendigung der Amtszeit auf einer **gerichtlichen Entscheidung** beruht (vgl. § 23 Rz. 38, 52; § 15 Abs. 1 Satz 2 KSch), wie z. B. bei Auflösung des Betriebsrats nach § 23 Abs. 2, Wahlanfechtung des gesamten Betriebsrats nach § 19.

17 **Mitglieder des Wahlvorstandes und Wahlbewerber** haben den nachwirkenden Kündigungsschutz gem. § 15 Abs. 3 Satz KSchG für sechs Monate nach Bekanntgabe des Wahlergebnisses (vgl. § 18 Rz. 9 ff.; § 19 WO). Für Mitglieder eines Wahlvorstandes, der als Gremium durch gerichtliche Entscheidung durch einen anderen Wahlvorstand nach § 18 Abs. 1 Satz 2 (vgl. § 18 Rz. 12 ff.) ersetzt wurde, gilt kraft Gesetzes der nachwirkende Kündigungsschutz nicht. Der nachwirkende Kündigungsschutz gilt ebenfalls nicht für ein Mitglied eines Wahlvorstandes, das sein Amt freiwillig niederlegt (hierzu vgl. § 16 Rz. 30; *D/R* Anhang § 103 Rz. 6; **a. A.** *BAG* vom 9. 10. 1986 – 2 AZR 650/85 – EzA § 15 KSchG 1969 Nr. 35 = DB 1987, 792); insoweit gilt dasselbe wie für Betriebsratsmitglieder (vgl. Rz. 16). Das Gesetz gewährt den nachwirkenden Kündigungsschutz dem Wahlvorstand nur ab Bekanntgabe des Wahlergebnisses; dies setzt voraus, daß die Mitgliedschaft zum Zeitpunkt der Bekanntgabe des Wahlergebnisses noch bestand. Nach dem *Bundesarbeitsgericht* (vom 9. 10. 1986 – a. a. O.) soll der nachwirkende Kündigungsschutz auch nach Beendigung der persönlichen Mitgliedschaft bzw. der Kandidatur bestehen (KR-*Etzel* § 15 KSchG Rz. 68; *Gamillscheg* ZfA 1979, 269; **a. A.** *Hueck* KSchG § 15 Rz. 21a; *H/L* § 15 KSchG Rz. 31; *D/R* Anh. zu § 103 Rz. 6; *Schaub* Arbeitsrechtshandbuch § 143 III 2). Diese Gesetzesinterpretation setzt sich über den eindeutigen Wortlaut des § 15 Abs. 3 Satz 2 KSchG hinweg. Der nachwirkende Kündigungsschutz für Wahlbewerber besteht unabhängig davon, ob der Bewerber gewählt wurde oder die Wahl nach § 18 Abs. 2 WO ablehnt *F/A/K/H* § 103 Rz. 34). Wahlbewerber zum Wahlvorstand haben keinen Kündigungsschutz (vgl. Rz. 7). Für Ersatzmitglieder vgl. § 16 Rz. 20).

3. Inhalt des Kündigungsschutzes

18 Der Kündigungsschutz nach § 15 Abs. 1 und Abs. 3, § 103 gilt gegenüber **jeder Kündigung** durch den Arbeitgeber (vgl. Rz. 3), andere Beendigungstatbestände werden nicht erfaßt (vgl. § 102 Rz. 15). Kann der Arbeitgeber kraft Direktionsrecht, also ohne Änderungskündigung den Wechsel eines Arbeitnehmers von einem Betrieb des Unternehmens in einen anderen Betrieb des Unternehmens anordnen, so liegt im abgegebenen Betrieb kein Fall der Kündigung vor und damit finden §§ 15 KSchG, 103 keine Anwendung (vgl. hierzu auch § 99 Rz. 57 und § 24

Rz. 24; § 102 Rz. 52; GK-*Kraft* § 103 Rz. 19; *F/A/K/H* § 24 Rz. 19; **a. A.** *LAG Hamm* vom 1. 4. 1977 – 3 Sa 181/77 – EzA § 103 BetrVG 1972 Nr. 19, das wegen der Beendigung des Betriebsratsamtes § 103 für gegeben erachtet; *Stahlhacke* Rz. 997; KR-*Etzel* § 103 Rz. 60; *G/L* § 103 Rz. 4, die für eine analoge Anwendung plädieren; zweifelnd *BAG* vom 21. 9. 1989 – 1 ABR 32/89 – EzA § 99 BetrVG 1972 Nr. 76 = DB 1990, 891). Der Gesetzgeber wollte nämlich lediglich den Schutz gegen Kündigungen verstärken (Begr. z. BT-Drucks. VI/2729, S. 15; ausführlich *Boemke-Albrecht* BB 1991, 541 ff.). Bei Beendigung eines **befristeten Arbeitsverhältnisses gilt § 103 nicht** (*BAG* vom 17. 2. 1983 – 2 AZR 481/81 – EzA § 620 BGB Nr. 64 = DB 1983, 1551); dies gilt auch bei Befristung auf das 65. Lebensjahr durch Tarifvertrag oder Betriebsvereinbarung (KR-*Etzel* § 15 KSchG Rz. 14).

Auch eine **Änderungskündigung** (zum Begriff vgl. § 102 Rz. 14 und 171 f.) wird **19** von dem Kündigungsschutz erfaßt, soweit sie sich gegen den besonders geschützten Arbeitnehmer als einzelnen richtet (*BAG* vom 25. 2. 1958 – 3 AZR 184/55 – AP Nr. 10 zu § 13 KSchG = DB 1958, 548; *BAG* vom 12. 8. 1976 – 2 AZR 303/75 – EzA § 15 KSchG 1969 Nr. 9 = DB 1976, 2165; *BAG* vom 29. 1. 1981 – 2 AZR 778/78 – EzA § 15 KSchG 1969 Nr. 26 m. Anm. *Schwerdtner* = DB 1982, 2283; *BAG* vom 6. 3. 1986 – 2 ABR 15/85 – EzA § 15 KSchG 1969 Nr. 34 = DB 1986, 2605; *D/R* § 103 Anhang Rz. 26 m. Anm. *Schwerdtner*; *F/A/K/H* § 103 Rz. 10; *G/L* § 103 Rz. 48; *S/W* § 103 Rz. 3, 4; *Hueck* KSchG § 15 Rz. 18). Das *LAG Hamm* (vom 23. 6. 1978 – 3 Sa 598/78 – EzA § 15 KSchG 1969 Nr. 20 = DB 1978, 1745) vertritt eine andere Ansicht; danach steht § 15 KSchG einer Änderungskündigung gegenüber einem Organmitglied nicht entgegen. Der besondere Kündigungsschutz besteht nicht, wenn ein Tarifvertrag vorsieht, daß sich der Lohn ändert, wenn die Tätigkeit des Arbeitnehmers eine andere wird oder wenn sich generell die Tätigkeitsmerkmale und damit die Lohn- oder Gehaltsgruppen kraft Tarifvertrag ändern, denn in diesem Fall ist überhaupt keine Änderungskündigung erforderlich (*LAG Hamburg* vom 15. 3. 1956 – 1 Sa 5/56 – AP Nr. 6 zu § 13 KSchG m. Anm. *Dietz*; *LAG Hamm* vom 22. 7. 1958 – 2 Sa 71/58 – BB 1959, 55).

Der Auffassung des *Bundesarbeitsgerichts*, daß der besondere Kündigungsschutz **20** auch bei **Massen- oder Gruppenänderungskündigungen** gelten solle (*BAG* vom 24. 4. 1969 – 2 AZR 319/68 – EzA § 13 KSchG 1969 Nr. 2 = DB 1959, 1562; *BAG* vom 19. 1. 1981 – 2 AZR 778/78 – EzA § 15 KSchG 1969 Nr. 26 (= DB 1981, 2283); *BAG* vom 6. 3. 1986 – 2 AZR 15/85 – EzA § 15 KSchG n. F. Nr. 34 = DB 1986, 2605), kann mit der **h. M. nicht gefolgt werden**. Eine solche Handhabung des besonderen Kündigungsschutzes für Funktionsträger geht über den Zweck der Vorschrift hinaus und würde zu einer gegen §§ 75, 78 verstoßenden Bevorzugung der Funktionsträger gegenüber anderen Arbeitnehmern führen (*D/R* § 103 Anhang Rz. 26; *F/A/K/H* § 103 Rz. 10; *G/L* § 103 Rz. 49; GK-*Kraft* § 103 Rz. 23; *Meisel* Rz. 664; *Hueck* KSchG § 15 Rz. 29; *Herschel* SAE 1970, 87; *Schaub* RdA 1990, 236; **a. A.** KR-*Etzel* § 15 KSchG Rz. 18).

Der besondere Kündigungsschutz für Funktionsträger gilt nach § 15 Abs. 4 und 5 **21** nur eingeschränkt bei **Betriebsstillegungen** oder **Stillegungen von Betriebsabteilungen**. In diesen Fällen ist die **ordentliche Kündigung** von Funktionsträgern zulässig. **§ 103** findet **keine Anwendung**; die Anhörung nach § 102 hat aber zu erfolgen (*F/A/K/H* § 103 Rz. 12; *S/W* § 103 Rz. 36). Zum Begriff der Stillegung vgl. § 106 Rz. 44. Nach § 15 Abs. 4 KSchG ist die Kündigung der genannten Funktionsträger bei einer **Betriebsstillegung frühestens zum Zeitpunkt der Stillegung zuläs-**

§ 103   4. Teil 5. Abschn. Personelle Angelegenheiten

sig, es sei denn, daß ihre Kündigung zu einem früheren Zeitpunkt durch zwingende betriebliche Erfordernisse bedingt ist (vgl. auch § 21 Rz. 25). Die ordentliche Kündigung frühestens zum Zeitpunkt der Stillegung ist nur unter **Einhaltung der Kündigungsfristen** möglich (*BAG* vom 29. 3. 1977 – 1 AZR 46/75 – EzA § 102 BetrVG 1972 Nr. 27 = DB 1977, 1320; *F/A/K/H* § 103 Rz. 15; *G/L* § 103 Rz. 54; *Hueck* KSchG § 15 Rz. 73). Bei einem stufenweisen Abbau der Belegschaft wegen einer Betriebsstillegung kann zwar dem geschützten Personenkreis gekündigt werden, das Arbeitsverhältnis endet aber frühestens zum Zeitpunkt der Stillegung; dies bedeutet, daß Funktionsträger in der Regel erst mit der letzten Gruppe aus dem Betrieb ausscheiden (*BAG* vom 26. 10. 1967 – 2 AZR 422/66 – EzA § 66 BetrVG 1952 Nr. 7 = DB 1968, 134f.; *F/A/K/H* § 103 Rz. 15; *G/L* § 103 Rz. 51; *Hueck* KSchG § 15 Rz. 73). Etwas anderes gilt dann, wenn die Beendigung des Arbeitsverhältnisses zu einem früheren Zeitpunkt durch zwingende betriebliche Erfordernisse bedingt ist, z. B. wenn ein Betriebsratsmitglied Arbeiten zu verrichten hat, für die im Betrieb im Hinblick auf die geplante Stillegung kein Bedürfnis mehr vorhanden ist und das Betriebsratsmitglied auch nicht mit anderen Arbeiten beschäftigt werden kann (*Hueck* KSchG § 15 Rz. 73; *Hassenpflug* 106ff.). Die Beschäftigungsmöglichkeit spielt keine Rolle bei freigestellten Betriebsratsmitgliedern nach § 38, zumindest solange noch Arbeitnehmer im Rahmen der Staffel des § 38 Abs. 1 beschäftigt werden (*F/A/K/H* § 103 Rz. 15; *G/L* § 103 Rz. 51). Dementsprechend fällt der Betriebsrat auch gem. § 1 ganz weg, wenn die Zahl der ständigen, wahlberechtigten Arbeitnehmer unter 5 sinkt (*BAG* vom 29. 3. 1977 – 1 AZR 64/75 – a. a. O.; *F/A/K/H* § 103 Rz. 15). Verzögert sich die Betriebsstillegung, endet das Arbeitsverhältnis mit dem nächsten zulässigen Termin nach der Stillegung. Wird der Betrieb statt der Stillegung veräußert, ist die Kündigung gegenstandslos, das Arbeitsverhältnis geht auf den Erwerber über (*BAG* vom 23. 4. 1980 – 5 AZR 49/78 – EzA § 15 KSchG 1969 Nr. 24 = DB 1980, 1601; KR-*Etzel* § 15 KSchG Rz. 101 ff.). Der Betriebsrat oder einzelne Betriebsratsmitglieder können auch über die Stillegung hinaus noch weiter im Rahmen eines **Restmandats** zur Ausübung der Mitwirkungsrechte nach §§ 111, 112 weiteramtieren (vgl. § 21 Rz. 26 mit ausführl. Literaturangaben). Zur Wahrnehmung dieses **Restmandats** muß ein Betriebsratsmitglied bis zum Schluß im Betrieb bleiben (*F/A/K/H* § 103 Rz. 15; *G/L* § 103 Rz. 51).

22 Bei **Stillegung einer Betriebsabteilung** (vgl. § 106 Rz. 44), in der der Funktionsträger beschäftigt ist, kann dem Funktionsträger erst gekündigt werden, wenn dieser nicht in einer anderen Betriebsabteilung zu gleichen Arbeitsbedingungen beschäftigt werden kann (§ 103 Rz. 16; *F/A/K/H* § 103 Rz. 16; *G/L* § 103 Rz. 52; *Hueck* KSchG § 15 Rz. 76; *BAG* vom 1. 2. 1957 – 1 AZR 478/54 – AP Nr. 5 zu § 13 KSchG m. Anm. *Bühring* = DB 1957, 359; **a. A.** *Hassenpflug*, 264ff.; *Belling* NZA 1985, 48). Der Arbeitgeber muß im Prozeß den Umfang seiner Überlegungen, die alle denkbaren Übernahmemöglichkeiten beinhalten müssen, und deren Ergebnis detailliert darlegen, damit das Gericht die Unmöglichkeit anderweitiger Beschäftigung feststellen kann. Im einzelnen zur Darlegungslast *BAG* vom 25. 11. 1981 (– 7 AZR 382/79 – EzA § 15 KSchG 1969 Nr. 27 m. Anm. *Herschel* = DB 1982, 809). Der Arbeitgeber ist nicht verpflichtet, das Betriebsratsmitglied in einen anderen Betrieb desselben Unternehmens zu versetzen, da die Vorschrift des § 15 Abs. 5 KSchG eine Sonderregelung für Teilbetriebsstillegungen (Stillegung von Betriebsabteilungen) enthält und § 102 Abs. 3 Ziff. 3 nicht anwendbar ist (**a. A.** *Gamillscheg* ZfA 1977, 276; KR-*Etzel* § 15 KSchG Rz. 93, 94).

4. Geltendmachung des besonderen Kündigungsschutzes

Eine **gegen den besonderen Kündigungsschutz** des §§ 15 KSchG, 103 verstoßende **23** Kündigung **ist unwirksam** (*F/A/K/H* § 103 Rz. 17; *G/L* § 103 Rz. 45; *Hueck* KSchG § 15 Rz. 78). Unwirksam ist also die ordentliche Kündigung der Funktionsträger während der Schutzzeit (vgl. Rz. 9 ff.) und die außerordentliche Kündigung ohne Zustimmung des Betriebsrats bzw. des entsprechenden Organs ohne rechtskräftige Ersetzung der Zustimmung durch das Amtsgericht (vgl. Rz. 34, 35). Die Unwirksamkeit kann nach § 13 Abs. 3 KSchG genauso wie die mangelnde Anhörung des Betriebsrats (vgl. § 102 Rz. 58 ff.) jederzeit und **in jeder Weise geltend gemacht werden**; an die Drei-Wochen-Frist des § 4 KSchG ist der Funktionstäger nicht gebunden (*BAG* vom 1. 2. 1957 – 1 AZR 478/54 – AP Nr. 5 zu § 13 KSchG m. Anm. *Bührig* = DB 1957, 359; *BAG* vom 14. 2. 1978 – 1 AZR 54/76 – EzA § 15 KSchG 1969 Nr. 19 m. Anm. *Herschel*= DB 1978, 1231; *D/R* § 103 Anhang Rz. 16; *F/A/K/H* § 103 Rz. 42; *G/L* § 103 Rz. 45). Dies gilt aber nur insoweit, als es sich um den besonderen Kündigungsschutz des Funktionsträgers handelt; soll dagegen das Fehlen des wichtigen Grundes geltend gemacht werden, so ist die Drei-Wochen-Frist des § 4 KSchG einzuhalten (*D/R* § 103 Rz. 42 und § 103 Anhang Rz. 17; KR-*Etzel* § 15 Rz. 41; GK-*Kraft* § 103 Rz. 58; *S/W* § 103 Rz. 16; *Hueck* § 15 KSchG Rz. 63; *Lepke* BB 1973, 897; *BAG* vom 23. 1. 1958 – 2 AZR 71/56 – AP Nr. 11 zu § 13 KSchG m. Anm. A. *Hueck* = DB 1958, 803; **a. A.** *F/A/K/H* § 103 Rz. 42).

Stützt der Funktionsträger seine Kündigungsschutzklage bei der außerordentli- **24** chen Kündigung nicht nur auf die mangelnde oder mangelhafte Zustimmungserteilung, sondern auch oder nur auf das Fehlen des wichtigen Grundes, so kann der Funktionsträger seinerseits auch die **Auflösung des Arbeitsverhältnisses** und die Zahlung einer Abfindung verlangen nach § 13 Abs. 1 Satz 3 (*D/R* § 103 Anhang 18 und § 103 Rz. 54; *S/W* § 103 Rz. 16; KR-*Etzel* § 15 KSchG Rz. 38 *Hueck* KSchG § 15 Rz. 65; **a. A.** *F/A/K/H* § 103 Rz. 24, die die Auffassung vertreten, § 15 regele den Kündigungsschutz auch für die außerordentliche Kündigung für den dort genannten Personenkreis abschließend). Ausgeschlossen ist die Auflösung des Arbeitsverhältnisses auf Antrag des Arbeitgebers gegen Zahlung einer Abfindung (*BAG* vom 9. 10. 1979 – 6 AZR 1059/77 – EzA § 9 KSchG 1969 Nr. 9 = DB 1980, 501).

III. Kündigung aus wichtigem Grund

1. Allgemeines

Genauso wie bei der außerordentlichen Kündigung jedes anderen Arbeitnehmers **25** muß der Arbeitgeber bei der beabsichtigten außerordentlichen Kündigung eines Betriebsratsmitglieds oder anderen Funktionsträgers **vor Ausspruch** der **Kündigung** den **Betriebsrat anhören**, was hier in der Form der **Einleitung des Zustimmungsverfahrens** geschieht, für das die Grundsätze des Anhörungsverfahrens gelten (vgl. § 102 Rz. 19 ff.), da es sich um ein um das Zustimmungserfordernis erweitertes Anhörungsverfahren handelt. Der Arbeitgeber hat dem Betriebsrat hierbei die Gründe mitzuteilen, die nach seiner Ansicht die Kündigung rechtfertigen (vgl. § 102 Rz. 71 ff.; *LAG Frankfurt/M.* vom 8. 10. 1974 – 5 Ta BV 44/74 – AuR 1975,

§ 103   4. Teil 5. Abschn. Personelle Angelegenheiten

349; *LAG Hamm* vom 9. 7. 1975 – 2 Sa 612/75 – DB 1975, 185; GK-*Kraft* § 102 Rz. 82). Da der Betriebsrat zur Beschlußfassung über die Entscheidung der Zustimmung eine Äußerungsfrist von drei Tagen hat (vgl. Rz. 38) und die Zwei-Wochen-Frist des § 626 Abs. 2 BGB praktisch hierdurch verkürzt wird (vgl. § 102 Rz. 21), muß der Arbeitgeber den Betriebsrat so rechtzeitig unterrichten, daß die Zustimmung und der Ausspruch der Kündigung bzw. der Antrag auf Ersetzung der Zustimmung noch innerhalb der Zwei-Wochen-Frist erfolgen kann (*BAG* vom 18. 8. 1977 – 2 ABR 19/77 – EzA § 103 BetrVG 1972 Nr. 20 m. Anm. *Herschel* = DB 1978, 109 m. Anm. *Eich*). Zum Adressaten der Mitteilung des Arbeitgebers vgl. § 102 Rz. 53 ff. Der Ausspruch einer Kündigung aus wichtigem Grund ist nur zulässig, wenn der Betriebsrat seine Zustimmung erteilt hat oder diese rechtskräftig durch das Arbeitsgericht ersetzt worden ist (vgl. Rz. 34).

26 Ein **wichtiger Grund** i. S. v. **§ 626 BGB** für eine Kündigung ohne Einhaltung der Kündigungsfrist liegt dann vor, wenn aufgrund der gegebenen Tatsachen dem Arbeitgeber unter Berücksichtigung aller Umstände des Einzelfalles und unter Abwägung der Interessen beider Vertragsteile die Fortsetzung des Arbeitsverhältnisses selbst bis zum Ablauf der Kündigungsfrist oder bis zur vereinbarten Beendigung des Arbeitsverhältnisses nicht zugemutet werden kann (*BAG* vom 16. 6. 1976 – 3 AZR 1/75 – EzA § 626 BGB n. F. Nr. 47 = DB 1976, 2358; *BAG* vom 3. 11. 1955, – 2 AZR 39/54 – EzA § 626 BGB Nr. 1 = DB 1955, 1226; *D/R* § 103 Anhang Rz. 11; *F/A/K/H* § 103 Rz. 18). Bei einem **Betriebsratsmitglied** oder einem anderen Funktionsträger kann gemäß seiner Doppelfunktion – nämlich als Arbeitnehmer und als Organmitglied (vgl. § 23 Rz. 21 ff.) – die Pflichtverletzung, die einen wichtigen Grund i. S. d. § 626 BGB darstellen kann, in seinem **Amtsbereich** oder seinem **arbeitsvertraglichen Bereich** oder aber in beiden zusammen liegen. Die pflichtwidrige Handlung eines Betriebsratsmitglieds kann darstellen
– ausschließlich eine Amtspflichtverletzung,
– ausschließlich eine Verletzung der arbeitsvertraglichen Pflichten,
– sowohl eine Amtspflichtverletzung als auch eine Verletzung der arbeitsvertraglichen Pflichten.

27 Verletzt ein **Betriebsratsmitglied** oder ein anderer Funktionsträger allein seine **Amtspflicht** in grober Weise, so kommt keine außerordentliche Kündigung aus wichtigem Grund nach § 103 in Frage, sondern ausschließlich das Verfahren nach § 23 auf Ausschluß aus dem Betriebsrat (vgl. § 23 Rz. 22 m. w. N; *D/R* § 103 Anhang Rz. 12; *BAG* vom 3. 12. 1954 – 1 AZR 150/54 – AP Nr. 2 zu § 13 KSchG = DB 1955, 147; *BAG* vom 22. 8. 1974 – 2 AZR 17/74 – EzA § 103 BetrVG 1972 Nr. 6 = DB 1974, 2310, 2360).

28 Liegt der wichtige Grund i. S. d. des § 626 BGB **ausschließlich in einer Verletzung arbeitsvertraglicher Pflichten**, so kommt nur eine außerordentliche Kündigung nach § 103 in Frage, dagegen kein Verfahren nach § 23 (vgl. § 23 Rz. 23 m. w. N.). Der Maßstab hinsichtlich der arbeitsvertraglichen Pflichtverletzung ist der gleiche wie bei einem Arbeitnehmer, der keinem betriebsverfassungsrechtlichen Organ angehört (vgl. § 23 Rz. 23 m. w. N.). Die Pflichten aus dem Arbeitsverhältnis werden durch die Übernahme eines betriebsverfassungsrechtlichen Amtes weder gesteigert noch vermindert (*D/R* § 103 Anhang Rz. 14). Es ist zu bedenken, ob bei der Interessenabwägung die Tatsache des Ausschlusses oder ordentlichen Kündigung nicht dahingehend zu berücksichtigen ist, daß bei Dauertatbeständen oder Vorfällen mit Wiederholungsgefahr die Fortsetzung des Arbeitsverhältnisses eher für den Arbeitgeber unzumutbar wird als bei einem ordentlichen kündbaren Ar-

Außerordentliche Kündigung in besonderen Fällen § 103

beitnehmer (*BAG* vom 14. 11. 1984 – 7 AZR 474/83 – AP Nr. 83 zu § 626 BGB = DB 1985, 867, 1398).

Verletzt dieselbe Handlung des Betriebsratsmitglieds oder eines sonstigen Organmitglieds sowohl grob die Amtspflichten als auch die Pflichten aus dem **Arbeitsverhältnis** und stellt dies einen wichtigen Grund i. S. d. § 626 BGB dar, so kann sowohl ein Verfahren nach § 23 in Frage kommen als auch das Verfahren nach § 103. In diesem Fall ist zu differenzieren, ob die Betriebsratstätigkeit Ursache oder nur Anlaß für die pflichtwidrige Handlung war; ist sie Ursache der pflichtwidrigen Handlung, so kommt nur § 23 in Frage; ist sie dagegen nur Anlaß, so hat der Arbeitgeber die Wahl, ob er nach § 103 oder § 23 vorgehen will (vgl. im einzelnen § 23 Rz. 24). 29

Abzulehnen ist die Ansicht, die bei **gleichzeitigem Vorstoß** eines Funktionsträgers gegen **Amtspflichten** und **arbeitsvertragliche Pflichten besonders strenge Anforderungen** an das Vorliegen eines wichtigen Grundes stellt (vgl. § 23 Rz. 25 ff. m. w. N.; vgl. Rz. 28). 30

2. Einzelfälle aus der Rechtsprechung

Die Rechtsprechung hat u. a. in **folgenden Fällen einen wichtigen Grund** i. S. d. § 626 BGB für die Kündigung eines Funktionsträgers **angenommen**: 31
- wiederholte parteipolitische Agitation im Betrieb, die den Betriebsfrieden ernstlich und schwer gefährdet (*BAG* vom 3. 12. 1954 – 1 AZR 150/54 – AP Nr. 2 zu § 13 KSchG = DB 1955, 147;
- Veranstaltung einer im Auftrag und im parteipolitischen Interesse der KPD erfolgten Volksabstimmung unter der Belegschaft, die sowohl der Art der Durchführung nach gegen freiheitliche demokratische Grundsätze verstößt als auch ihrem Inhalt nach darauf gerichtet ist, die freiheitliche demokratische Grundordnung der Bundesrepublik Deutschland zu beseitigen (*BAG* vom 13. 1. 1956 – 1 AZR 167/55 – AP Nr. 4 zu § 13 KSchG = DB 1956, 162);
- Versuch, nicht demonstrationswillige Arbeitnehmer zum Verlassen ihres Arbeitsplatzes zu veranlassen (*BAG* vom 23. 10. 1969 – 2 AZR 127/69 – EzA § 13 KSchG 1969 Nr. 3 = DB 1970, 450);
- persönliche Bereicherung eines freigestellten Betriebsratsmitgliedes, die eine Verletzung einer wichtigen arbeitsvertraglichen Nebenpflicht, nämlich der Treuepflicht, darstellt (*BAG* vom 22. 8. 1974 – 2 ABR 17/74 – EzA § 103 BetrVG 1972 Nr. 6 = DB 1974, 2310 und 2360);
- öffentliche Aufstellung bewußt wahrheitswidriger Behauptungen über den Arbeitgeber in Flugblättern an alle Mitglieder des Betriebs (*BAG* vom 26. 5. 1977 – 2 AZR 632/76 – EzA § 611 BGB Beschäftigungspflicht Nr. 2 = DB 1977, 1141, 2099, 2192);
- unzulässige Wahlkampfwerbung durch Verunglimpfung sowie persönliche Ehrverletzung in einer Flugblattaktion und damit Beeinträchtigung der Persönlichkeitsrechte anderer Arbeitnehmer und des Arbeitgebers sowie Aufhetzung der Belegschaft (*BAG* vom 13. 10. 1977 – 2 AZR 387/76 – EzA § 74 BetrVG 1972 Nr. 3 m. Anm. *Löwisch* = DB 1978, 641);
- Verteilung von Flugblättern, die eine überzogene Systemkritik wie die Ausführung, das Betriebsverfassungsgesetz und insbesondere der Grundsatz der vertrauensvollen Zusammenarbeit sei ein Unterdrückungsinstrument gegen die

Arbeiterklasse, sowie außerdem Ehrverletzungen und parteipolitische Agitationen mit verfassungsfeindlicher Zielsetzung enthalten (*BAG* vom 15. 12. 1977 – 3 AZR 184/76 – EzA § 626 BGB n. F. Nr. 61 = DB 1978, 1038);
- gewerkschaftliche Werbung unter unbefugter Ausnutzung des Betriebsratsamts (*LAG Hamm* vom 9. 2. 1972 – 5 Sa 905/71 – DB 1972, 927);
- wiederholter Verstoß gegen die Betriebsordnung trotz Abmahnung und angedrohter fristloser Entlassung durch unbefugtes Verlassen des Arbeitsplatzes oder unentschuldigtes Fehlen (*LAG Hamm* vom 7. 4. 1972 – 2 Sa 102/72 – BB 1973, 141 = DB 1972, 1124; *LAG Hamm* vom 6. 7. 1981 – 3 Ta BV 59/81 – u. v. 7. 7. 1982 – 3 TaBV 18/82 –);
- gravierender Verdacht einer strafbaren Handlung (*LAG Baden-Württemberg* vom 25. 10. 1973 – 3 Sa 80/73 –); anders bei einem Diebstahlsverdacht, bei dem aber die Wahrscheinlichkeit einer falschen Anschuldigung gegeben war (*LAG Hamm* vom 12. 9. 1972 – 8 TaBV 11/72 – DB 1973, 484);
- Falschaussage gegen den Arbeitgeber (*BAG* vom 14. 10. 1986 – 2 ABR 71/85 – EzA § 626 n. F. BGB Nr. 105 = DB 1987, 1304; *LAG Berlin* vom 29. 8. 1988 – 9 TaBV 4/88 – DB 1989, 52);
- strafgerichtliche Verurteilung wegen im Betrieb begangener Unterschlagung (*LAG Baden-Württemberg* vom 4. 3. 1977 – 5 TaBV 13/76 –);
- Bezichtigung des Arbeitgebers des »ständigen Lohnraubs« und »Betruges« (*LAG Niedersachsen* vom 23. 7. 1974 – 2 Sa 404/74 –);
- Durchführung einer kommunistischen Veranstaltung im Betrieb (*LAG Schleswig-Holstein* vom 11. 3. 1977 – 5 Sa 8/77 –);
- Aufstellung bewußt wahrheitswidriger Angaben über den Arbeitgeber in Flugblättern (*BAG* vom 26. 5. 1977 – 2 AZR 632/76 – EzA § 611 BGB Beschäftigungspflicht Nr. 2 = DB 1977, 1141, 2099, 2192);
- Eindringen in den Betrieb entgegen einem vom Arbeitgeber ausgesprochenen Hausverbot und Widerstand gegen die Polizei und die Ordnungskräfte des Arbeitgebers (*BAG* vom 22. 3. 1979 – 2 AZR 361/77 – unveröff.);
- provozierende parteipolitische Betätigung im Betrieb (*LAG Hamm* vom 14. 8. 1980 – 10 Sa 221/80 – DB 1980, 1803; 1981, 106);
- Solidaritätstelegramm an den Betriebsrat eines Betriebs, in dem wild gestreikt wird und von dessen Lieferungen der Betrieb des absendenden Betriebsratsmitglieds abhängig ist (*BAG* vom 20. 3. 1979 – 1 AZR 450/76 – AuR 1980, 120);
- beharrliche Weigerung, trotz vertraglicher Verpflichtung in einem anderen Betrieb am gleichen Ort tätig zu werden (*LAG Düsseldorf* vom 11. 8. 1980 – 21 Ta BV 81/80 –; ebenso *BAG* vom 17. 9. 1981 – 2 AZR 402/79 – EzA § 103 BetrVG 1972 Nr. 28 = DB 1982, 2041);
- heimliche Tonbandaufnahme von einer Betriebsversammlung (*LAG Düsseldorf* vom 28. 3. 1980 – 9 Sa 67/80 – EzA § 626 BGB n. F. Nr. 74 = DB 1980, 2396);
- Betriebsratsmitglied, das die Personalkonten zu verwalten hat, nimmt wiederholt unerlaubt Eßwaren aus der Kantine mit (*BAG* vom 20. 1. 1982 – 2 AZR 776/79 – unveröff.);
- unsittliche Annäherung gegenüber weiblichen Angestellten und Auszubildenden (*BAG* vom 9. 1. 1986 – 2 ABR 24/85 – EzA § 626 n. F. BGB Nr. 98 = DB 1986, 1339);
- Betriebsstillegung bei Ausschluß der ordentlichen Kündigung durch Tarifver-

Außerordentliche Kündigung in besonderen Fällen § 103

trag und bei fehlender anderweitiger Unterbringungsmöglichkeit (*BAG* vom 28. 3. 1985 – 2 AZR 113/84 – EzA § 626 n. F. BGB Nr. 96 = DB 1985, 1743).

Keinen wichtigen Grund stellt dar: 32
- die abstrakte Gefährdung des Betriebsfriedens durch Mitgliedschaft in der oder Betätigung für die KPD ohne konkrete Berührung des Arbeitsverhältnisses (*BAG* vom 11. 12. 1975 – 2 AZR 426/74 – EzA § 15 KSchG 1969 Nr. 6 = DB 1976, 870);
- die Entwendung einiger Zigaretten aus einer für Besucher und leitendes Personal bestimmten Zigarettendose (*LAG Hamm* vom 17. 3. 1977 – 8 Sa 1348/76 – DB 1977, 2002).
- Tätlichkeiten, die aus Kontroversen wegen einer Liebesbeziehung zu dem kündigenden Vorgesetzten resultierten und gegen diesen gerichtet waren (*LAG Frankfurt/M.* vom 23. 7. 1987 – 9 Sa 1/87 – bisher unveröff.).

IV. Zustimmung des Betriebsrats zur außerordentlichen Kündigung

Für das **Zustimmungsverfahren** gelten zunächst die gleichen **Grundsätze** wie für 33 das **Anhörungsverfahren** bei einer fristlosen Kündigung durch den Arbeitgeber (vgl. § 102 Rz. 19 ff.).

1. Zustimmungserfordernis des Betriebsrats

a) Zeitpunkt

Liegt ein Grund zur außerordentlichen Kündigung vor, so ist die Kündigung durch 34 den Arbeitgeber nur zulässig, wenn die Zustimmung des Betriebsrats bzw. eines anderen betriebsverfassungsrechtlichen Organs (vgl. Rz. 35) vorliegt oder durch das Arbeitsgericht rechtskräftig ersetzt ist. Die **Zustimmung des Betriebsrats** muß **vor Ausspruch der Kündigung vorliegen**; es handelt sich um eine **Wirksamkeitsvoraussetzung** zur außerordentlichen Kündigung (h. M.; *BAG* vom 22. 8. 1974 – 2 BR 17/74 – EzA § 103 BetrVG 1972 Nr. 6 = DB 1974, 2310 und 2360; vom 20. 3. 1975 – 2 ABR 111/74 – EzA § 103 BetrVG 1972 Nr. 7 m. Anm. *Herschel* = DB 1975, 1321; vom 4. 3. 1976 – 2 AZR 15/75 – EzA § 103 BetrVG 1972 Nr. 11 = DB 1976, 1160; vom 25. 3. 1976 – 2 AZR 163/75 – EzA § 103 BetrVG 1972 Nr. 12 = DB 1976, 1337; *F/A/K/H* § 103 Rz. 17; *G/L* § 103 Rz. 12; *D/K/K/S* § 103 Rz. 17; GK-*Kraft* § 103 Rz. 33; KR-*Etzel* § 103 Rz. 102; *Heinze* Rz. 666; *Hueck* § 15 KSchG Rz. 59; *Meisel* 223; a. A. *D/R* § 103 Rz. 39, 40 ff.; *Richardi* ZFA Sonderheft 1972, 36; *ders.* RdA 1975, 78). Eine ohne Zustimmung des Betriebsrats bzw. rechtskräftige Ersetzung der Zustimmung durch das Arbeitsgericht ausgesprochene außerordentliche Kündigung ist – wie eine ohne Anhörung erfolgte – absolut unwirksam, d. h. nichtig (*BAG* vom 11. 11. 1976 – 2 AZR 457/75 – EzA § 103 BetrVG 1972 Nr. 17 m. zust. Anm. *Kraft* = DB 1977, 1190; *BAG* vom 30. 5. 1978 – 2 AZR 637/76 – EzA § 102 BetrVG 1972 Nr. 34 = DB 1979, 359). Die Unwirksamkeit kann jederzeit geltend gemacht werden, da es sich um eine Unwirksamkeit aus anderen Gründen i. S. d. § 13 Abs. 3 KSchG handelt (vgl. Rz. 23 f.). Eine **nachträgliche Zustimmung** ist rechtlich **bedeutungslos**, sie heilt die Unwirksamkeit der Kündigung nicht (Literaturangaben und Rechtsprechung wie vor); allerdings kann bei nachträglicher Erteilung der Zustimmung ein eingeleitetes Beschlußverfahren auf Ersetzung der Zustimmung gegenstandslos werden und für erledigt erklärt werden (*F/A/K/H* § 103 Rz. 23; *G/L* § 103 Rz. 20; GK-*Kraft* § 103 Rz. 34; KR-*Etzel* Rz. 81, 99; *S/W* § 103 Rz. 12a; vgl. auch Rz. 50). Der Arbeitgeber kann dann die Kündigung aussprechen, muß dies allerdings unverzüglich tun (*BAG* vom 17. 9. 1981 – 2 AZR 402/79 – EzA § 103 BetrVG 1972 Nr. 28 = DB 1982, 2041).

b) Zuständigkeit

35 **Zuständig** für die Erteilung oder Ablehnung der Zustimmung ist bei der beabsichtigten außerordentlichen Kündigung eines Betriebsrats- oder Wahlvorstandmitglieds oder eines Wahlbewerbers sowie des Vertrauensmanns der Schwerbehinderten der **Betriebsrat**. Bei der außerordentlichen Kündigung eines **Jugendvertreters** ist nicht die Jugendvertretung, sondern der Betriebsrat zuständig (*D/R* § 103 Rz. 23; *F/A/K/H* § 103 Rz. 20); die Jugendvertreter haben aber bei der Beschlußfassung Stimmrecht (vgl. § 67 Rz. 18; *D/R* § 103 Rz. 23; *F/A/K/H* § 103 Rz. 20; GK-*Kraft* § 103 Rz. 35). Der Betriebsrat kann die Entscheidung über die Zustimmung auf den Betriebsausschuß oder einen anderen gem. § 28 Abs. 1 gebildeten Ausschuß zur selbständigen Erledigung übertragen; dies muß aber in der schriftlichen Übertragung wegen der Bedeutung dieser Befugnis ausdrücklich erwähnt sein (§ 27 Abs. 3 Satz 2–4, § 28 Abs. 1 Satz 2; vgl. auch § 102 Rz. 53 ff.; *D/R* § 103 Rz. 22; *F/A/K/H* § 103 Rz. 20; GK-*Kraft* § 103 Rz. 35; **a. A.** *G/L* § 103 Rz. 13; *D/K/K/S* § 103 Rz. 22; *Heinze* Rz. 667).

36 Handelt es sich um die außerordentliche Kündigung eines Mitgliedes der **Bordvertretung** bzw. des Wahlvorstandes oder eines Wahlbewerbers, so ist gem. § 115 Abs. 1 Satz 2, Abs. 7 Nr. 1 die Bordvertretung zuständig, soweit der Kapitän die außerordentliche Kündigung erklären kann, sonst gem. § 116 Abs. 1 Satz 2, Abs. 6 Nr. 1c der Seebetriebsrat; für die Zustimmung zur außerordentlichen Kündigung eines Mitglieds des **Seebetriebsrats** bzw. des Wahlvorstandes oder eines Wahlbewerbers ist der Seebetriebsrat zuständig.

c) Beschlußfassung

37 Die Erteilung der Zustimmung bzw. deren Ablehnung muß durch **Beschluß des Betriebsrats** oder des anderen zuständigen Organs (vgl. Rz. 35f.) erfolgen. Es gelten die gleichen Grundsätze wie bei § 102 (vgl. Rz. 68, 69); dies gilt auch hinsichtlich der Vertretbarkeit etwaiger Mängel des Zustimmungsverfahrens (vgl. § 102 Rz. 78 f.).

38 Das Gesetz sieht **keine Äußerungspflicht** für das **Zustimmungsverfahren** vor. In analoger Anwendung von § 102 Abs. 2 Satz 2 muß der Betriebsrat jedoch unverzüglich zusammentreten und **spätestens** innerhalb von **drei Tagen Stellung** nehmen. (*D/R* § 103 Rz. 31; *G/L* § 103 Rz. 19; GK-*Kraft* § 103 Rz. 41; *S/W* § 103 Rz. 9; *Meisel* 222; *Hueck* KSchG § 15 Rz. 49; *BAG* vom 18. 8. 1977 – 2 ABR 19/77 – EzA § 103 BetrVG 1972 Nr. 20 m. Anm. *Herschel* = DB 1978, 109 m. Anm. *Eich*; *F/A/K/H* § 103 Rz. 21 bei entsprechender Fristsetzung des Arbeitgebers; **a. A.** *Lepke* BB 1973, 895; *Martens* AR-Blattei, Kündigung IV, B II 5; *Gamillscheg* FS BAG 1979, 126 f.). Das **Schweigen** des Betriebsrats **innerhalb der drei Tage gilt** aber **nicht als Zustimmung**, sondern als **Zustimmungsverweigerung** (*D/R* § 103 Rz. 32; *F/A/K/H* § 103 Rz. 21; *G/L* § 103 Rz. 19; GK-*Kraft* § 103 Rz. 41; *Hueck* KSchG § 15 Rz. 49b; *S/W* § 103 Rz. 9; *BAG* vom 18. 8. 1977 a. a. O.; *BAG* vom 17. 9. 1981 – 2 AZR 402/79 – EzA § 103

BetrVG 1972 Nr. 28 = DB 1982, 2041; *BAG* vom 7. 5. 1986 – 2 ABR 27/85 – EzA
§ 103 BetrVG 1972 Nr. 31 = DB 1986, 1882; **a. A.** *Herschel* Anm. zu *BAG* vom
18. 8. 1977 a. a. O., *Meisel* 222 f.), da die Fiktion des § 102 Abs. 2 Satz 2 nicht gilt
und Schweigen nach allgemeinen Rechtsgrundsätzen (*BAG* vom 18. 8. 1977
a. a. O. – m. w. N.) nur dann als Zustimmung gilt, wenn dies ausdrücklich festgelegt ist. Zur Bedeutung der Äußerungsfrist für die Zwei-Wochen-Frist des § 626
Abs. 2 BGB vgl. Rz. 25 und Rz. 42 f.

Das **betroffene Betriebsratsmitglied** darf an der **Beschlußfassung nicht teilneh-** 39
men; an seine Stelle tritt ein Ersatzmitglied (vgl. § 25 Rz. 11; *BAG* vom 26. 8. 1981
– 7 AZR 550/79 – EzA § 103 BetrVG 1972 Nr. 27 = DB 1981, 1937, 2627; *BAG*
vom 23. 8. 1984 – 2 AZR 391/83 – EzA § 103 BetrVG 1972 Nr. 30 = DB 1985, 554;
F/A/K/H § 103 Rz. 19; GK-*Kraft* § 103 Rz. 38; *Etzel* BlStSozArbR 1979, 88;
Lepke BB 1973, 985; **a. A.** *D/R* § 103 Rz. 34, die zwar eine Verhinderung an der
Abstimmung, aber keine zeitweilige Verhinderung i. S. d. § 25 annehmen). Soll
das Betriebsratsmitglied eines einköpfigen Betriebsrates außerordentlich gekündigt werden, so hat ebenfalls das Ersatzmitglied die Entscheidung zu treffen (*D/R*
§ 103 Rz. 28; *F/A/K/H* § 103 Rz. 19; *G/L* § 103 Rz. 14; GK-*Kraft* § 103 Rz. 38;
Stahlhacke Rz. 1006; *Mareck* BB 1986, 1083; *Oetker* AuR 1987, 242 ff.; offenlassend: *BAG* vom 16. 12. 1982 – 2 AZR 76/81 – EzA § 15 KSchG 1969 Nr. 29 = DB
1983, 1049; **a. A.** *D/K/K/S* § 103 Rz. 33; *Lepke* BB 1973, 895; *Schmidt* AuR 1973,
142 für sofortige Entscheidung des Arbeitsgerichts). Auch wenn der Arbeitgeber
allen Mitgliedern des Betriebsrats aus demselben Anlaß nach § 626 BGB außerordentlich **kündigen** will und keine Ersatzmitglieder vorhanden sind, die nachrücken
könnten, muß er, solange ein beschlußfähiger Betriebsrat (§ 33 Abs. 2) besteht,
vor Ausspruch der Kündigung die Zustimmung des Betriebsrats beantragen. Ein
Betriebsratsmitglied darf zwar an der Beschlußfassung über seine eigene Kündigung nicht teilnehmen, es kann aber an der Beschlußfassung über die Kündigung
eines anderes Betriebsratsmitglieds teilnehmen, wenn es selber aus dem gleichen
Grund gekündigt werden soll. Es ist jeweils nur dasjenige Mitglied des Betriebsrats als zeitweilig verhindert anzusehen, das durch die ihm gegenüber beabsichtigte außerordentliche Kündigung unmittelbar betroffen ist (*BAG* vom 25. 3. 1976
– 2 AZR 163/75 – EzA § 103 BetrVG 1972 Nr. 12 = DB 1976, 1337; *Oetker* AuR
1987, 242 ff.). Für das in diesem Sinne zeitweilig verhinderte Betriebsratsmitglied
ist ein Ersatzmitglied zu laden. Geschieht dies nicht, so ist der Betriebsrat an einer
wirksamen Beschlußfassung gehindert (vgl. § 33 Rz. 13). Nimmt das betroffene
Betriebsratsmitglied an der Beratung teil, die der Abstimmung vorausgeht, so
führt bereits dies zur **Unwirksamkeit des Betriebsratsbeschlusses** (*BAG* vom 23. 8.
1984 – 2 AZR 391/83 – a. a. O.; vom 26. 8. 1981 – 7 AZR 550/79 – a. a. O.; *F/A/K/H*
§ 33 Rz. 26; *G/L* § 103 Rz. 14; GK-*Wiese* § 33 Rz. 19; KR-*Etzel* § 103 Rz. 74; **a. A.**
D/R § 25 Rz. 14). Nach dem *Bundesarbeitsgericht* sollen die Grundsätze, die von
Rechtsprechung und Lehre für Mängel im Anhörungsverfahren des § 102 entwickelt worden sind (sog. Sphärentheorie, vgl. § 102 Rz. 78 ff.), nicht auf das Zustimmungsverfahren des § 103 übertragen werden können (*BAG* vom 23. 8. 1984
a. a. O.), weil die beiden Beteiligungsrechte sich unterschieden. Diese Ansicht begegnet erheblichen Bedenken, weil der Arbeitgeber keinerlei Einfluß auf das Verfahren der Zustimmungserteilung hat, sondern dies allein im Bereich des Betriebsrats liegt und somit die Sphärentheorie zur richtigen Lösung führt (*D/R* § 103
Rz. 51; *G/L* § 103 Rz. 15; KR-*Etzel* § 103 BetrVG Rz. 106). Dies bedeutet, daß
der Arbeitgeber zumindest dann von der Zustimmung des Betriebsrats ausgehen

kann, wenn der für die Außenvertretung zuständige Betriebsratsvorsitzende oder sein Stellvertreter dem Arbeitgeber die Zustimmung mitteilt, auch wenn sie auf einem unwirksamen Beschluß beruht, dessen Unwirksamkeit bzw. die Tatsachen, die dazu führen, dem Arbeitgeber nicht bekannt sind (so im Ergebnis auch *BAG* vom 23.8.1984 a.a.O. unter Berufung auf den Vertrauensschutz zugunsten des Arbeitgebers).

40 Der Betriebsrat hat **keinen Ermessensspielraum** bei der **Zustimmungserteilung** zur außerordentlichen Kündigung; er muß vielmehr, wenn die außerordentliche Kündigung unter Berücksichtigung aller Umstände gerechtfertigt ist – wenn also ein wichtiger Grund vorliegt – seine Zustimmung erteilen (*D/R* § 103 Rz. 33; *F/A/K/H* § 103 Rz. 19; *G/L* § 103 Rz. 17; *S/W* § 103 Rz. 9; KR-*Etzel* § 103 Rz. 85; *BAG* vom 25.3.1976 – a.a.O.; *BAG* vom 22.8.1974 – 2 ABR 17/74 – EzA § 103 BetrVG 1972 Nr. 6 = DB 1974, 2310 u. 2360 für die Überprüfung durch das Gericht; **a.A.** *Gamillscheg* ZfA 1977, 239). Der Betriebsrat hat also nur ein Mitbeurteilungsrecht, dagegen kein Mitbewirkungsrecht derart, daß er nach seinem freien oder pflichtmäßigen Ermessen entscheiden könnte.

d) Erteilung der Zustimmung

41 Für die **Erteilung oder Ablehnung der Zustimmung** des Betriebsrats ist **keine Form vorgeschrieben**; sie kann vielmehr formlos erfolgen (GK-*Kraft* § 103 Rz. 41; **a.A.** *Heinze* Rz. 688f., der nach § 102 Abs. 2 Satz 2 verfahren will). Unter der Beachtung des Gebots der vertrauensvollen Zusammenarbeit kann der Betriebsrat aber verpflichtet sein, die Ablehnung zu begründen (*D/R* § 103 Rz. 37). Erteilt der Betriebsrat seine Zustimmung, so ist diese, sobald sie dem Arbeitgeber zugegangen ist, unwiderruflich. Die Grundsätze zu § 102 gelten auch im Verfahren nach § 103 (vgl. § 102 Rz. 71; *F/A/K/H* § 103 Rz. 24). Das einzelne Betriebsratsmitglied bzw. Organmitglied kann auch nicht auf das Zustimmungserfordernis verzichten (*Weber* NJW 1973, 787); es kann lediglich ohne Kündigung, d.h. einverständlich oder aufgrund eines anderen Beendigungstatbestandes ausscheiden.

2. Ausschlußfrist von zwei Wochen für den Ausspruch der Kündigung

42 Nach § 626 Abs. 2 BGB kann der Ausspruch der Kündigung aus wichtigem Grund ohne Einhaltung einer Kündigungsfrist nur **innerhalb von zwei Wochen, nachdem** der Arbeitgeber von den für die Kündigung **maßgebenden Tatsachen Kenntnis erlangt** hat, erfolgen. Die Kenntnis gilt als erlangt, wenn der Arbeitgeber die Sachverhaltsaufklärung abgeschlossen hat. Eine Verwirkung des Kündigungsrechts, weil die Kündigungsgründe erst nach längerer Zeit einem Kündigungsberechtigten bekannt wurden, z.B. nach einem Jahr, ist neben der Sonderregelung des § 626 Abs. 2 BGB nicht möglich (*BAG* vom 7.5.1986 – 2 ABR 27/85 – EzA § 103 BetrVG 1972 Nr. 31 = DB 1986, 1882). Diese Zwei-Wochen-Frist gilt nach ganz herrschender Meinung im Verfahren nach § 103 (*BAG* vom 22.8.1974 – 2 ABR 17/74 – EzA § 103 BetrVG 1972 Nr. 6 = DB 1974, 2310 u. 2360; vom 20.3.1975 – 2 ABR 111/74 – EzA § 103 BetrVG 1972 Nr. 7 m. Anm. *Herschel* = DB 1975, 1321; vom 27.5.1975 – 2 ABR 125/74 – EzA § 103 BetrVG 1972 Nr. 9 m. Anm. *Dütz*, insbes. Bl. 62h = DB 1975, 1706; vom 18.8.1977 – 2 ABR 19/77 – EzA § 103 BetrVG 1972 Nr. 20 m. Anm. *Herschel* = DB 1978, 109 m. Anm. *Eich*; vom 9.1.1986 – 2 ABR 24/85 – EzA § 626 BGB n.F. Nr. 98 = DB 1986, 1339;

vom 7.5. 1986 – 2 ABR 27/85 – EzA § 103 BetrVG 1972 Nr. 31 = DB 1986, 1882; *F/A/K/H* § 103 Rz. 26ff.; *G/L* § 103 Rz. 21; vgl. auch Rz. KR-*Etzel* § 103 Rz. 42; ders. § 15 KSchG Rz. 30; *D/R* § 103 Rz. 41, 75 aber mit der Maßgabe, daß bei fehlender Zustimmung des Betriebsrats der Arbeitgeber auch ohne Zustimmung innerhalb der Zwei-Wochen-Frist kündigen könne; die Wirksamkeit der Kündigung sei dann bis zur Genehmigung hinausgeschoben oder bis zur Ersetzung der Zustimmung durch das Arbeitsgericht; a. A. *Etzel* BlStSozArbR 1972, 87; *Lepke* BB 1973, 898). Auf den Ablauf der Frist des § 626 Abs. Satz 2 BGB wirkt sich der Zeitraum, der dem Betriebsrat für seine Entscheidung über den Zustimmungsantrag gem. § 103 Abs. 1 zur Verfügung steht, nicht aus (vgl. Rz. 25). Der Betriebsrat ist aber verpflichtet, sich innerhalb von drei Tagen zu äußern; Schweigen gilt als Zustimmungsverweigerung (vgl. Rz. 38). **Erteilt** der Betriebsrat seine **Zustimmung innerhalb der zwei Wochen**, so kann der Arbeitgeber die außerordentliche fristlose Kündigung aussprechen.

Erteilt der **Betriebsrat** seine **Zustimmung nicht innerhalb** der **zwei Wochen**, so ist 43
in der Regel eine rechtskräftige Ersetzung der Zustimmung durch das Arbeitsgericht innerhalb der Zwei-Wochen-Frist nicht möglich. Der Arbeitgeber muß auch in diesem Fall alles tun, um die Voraussetzungen für den Ausspruch der Kündigung zu schaffen, d. h. der muß innerhalb der Ausschlußfrist des § 626 Abs. 2 BGB (2 Wochen) die Ersetzung der Zustimmung beim Arbeitsgericht beantragen; die Zwei-Wochen-Frist beginnt nach Verweigerung der Zustimmung nicht erneut zu laufen (*BAG* vom 24. 4. 1975 – 2 AZR 118/74 – EzA § 103 BetrVG 1972 Nr. 8 m. Anm. *Dütz* = DB 1975, 1610; *BAG* vom 18. 8. 1977 – 2 ABR 19/77 – EzA § 103 BetrVG 1972 Nr. 20 m. Anm. *Herschel* = DB 1978, 109 m. Anm. *Eich*; *F/A/K/H* § 103 Rz. 27; *G/L* § 103 Rz. 22 und 27; *S/W* § 103 Rz. 14; KR-*Etzel* § 103 Rz. 136; *D/R* § 103 Rz. 47; a. A. für erneuten Lauf der Zwei-Wochen-Frist nach Zustimmungsverweigerung *Hueck* KSchG § 15 Rz. 57; *Weisemann* DB 1974, 2478; *Müller, H. P.* DB 1975, 1363; *Otto* ZfA 1976, 404).

Umstritten ist, ob die **Zwei-Wochen-Frist** des § 217 BGB nur dadurch gewahrt 44
werden kann, daß innerhalb dieser Frist der Zustimmungsersetzungsantrag beim Arbeitsgericht eingereicht wird und nach Zustimmungsersetzung unverzüglich gekündigt wird (*BAG* vom 24. 4. 1975 a. a. O.). Das *Bundesarbeitsgericht* geht davon aus, daß im Regelungsbereich des § 103 an Stelle des Ausspruchs der Kündigung für die Wahrung der Frist des § 626 Abs. 2 BGB der Antrag an das Arbeitsgericht trete. Es werden folgende Ansichten hierzu vertreten: Der Antrag des Arbeitgebers beim Betriebsrat genügt zur Fristwahrung (*D/R* § 103 Rz. 40ff.; GK-*Kraft* § 103 Rz. 56f.; *Lepke* BB 1973, 894; *BAG* vom 18. 8. 1977 – a. a. O.; *Gamillscheg* FS BAG 1979, 126) bzw. die Hemmung der Ausschlußfrist tritt ein für die Dauer des Zustimmungsverfahrens beim Betriebsrat (*Meisel* Rz. 690; *Weisemann* DB 1974, 2476) oder die Frist des § 626 Abs. 2 BGB beginnt überhaupt erst nach rechtskräftiger Zustimmungsersetzung durch das Arbeitsgericht zu laufen, da eine Kündigung vorher unzulässig gewesen ist (*F/A/K/H* § 103 Rz. 29; *Müller, H. P.* DB 1975, 1363). Durch die Rechtsprechung des *Bundesarbeitsgerichts* gerät der Arbeitgeber in beträchtliche Zeitnot, die einseitig für ihn de facto zu einer Verkürzung der Kündigungsfrist führt (vgl. GK-*Kraft* § 103 Rz. 56). Dies ist in den arbeitsrechtlichen Vorschriften nicht berücksichtigt. Zur Lösung des Problems kommt eine analoge Anwendung der §§ 209, 217 BGB bezüglich des Zustimmungsersetzungsantrags in Betracht. Der Zweck der Ausschlußfrist des § 626 Abs. 2 BGB steht dem nicht entgegen (so aber *BAG* vom 24. 4. 1975 – a. a. O.).

§ 103   4. Teil 5. Abschn. Personelle Angelegenheiten

Denn diese Frist hat auch den Zweck, daß der Arbeitgeber sich darüber klar wird, ob er kündigen soll. Dies mag sich nach der Durchführung eines Rechtsstreites anders darstellen als zuvor. Eine Unterbrechung der Ausschlußfrist mit der Wirkung, daß die Kündigung innerhalb von vierzehn Tagen nach rechtskräftiger Entscheidung auszusprechen wäre, ist daher gerechtfertigt und könnte auch zugunsten des Arbeitnehmers wirken. Infolgedessen liegt eine analoge Anwendung von §§ 209, 217 BGB näher als die analoge Anwendung von § 21 Abs. 5 SchwbG (*BAG* a.a.O.). Das *Bundesarbeitsgericht* überträgt nämlich die Regelung für das Verfahren von der Hauptfürsorgestelle auf das Rechtsmittelverfahren beim Arbeitsgericht statt auf das Zustimmungsverfahren beim Betriebsrat (so aber GK-*Kraft* a.a.O. mit beachtlichen Gründen). Da die Rechtsprechung des *Bundesarbeitsgerichts* aber einen **unverzüglichen Ausspruch der Kündigung** nach rechtsfähiger Ersetzung in Analogie zu § 21 Abs. 5 SchwbG (*BAG* a.a.O.; so auch *G/L* § 103 Rz. 27; KR-*Etzel* § 103 Rz. 136) verlangt, ist für die Praxis zu empfehlen, sich hieran zu halten. Bei **schwerbehinderten Betriebsratsmitgliedern** genügt die Antragstellung innerhalb von 14 Tagen bei der Hauptfürsorgestelle und bei Zustimmung die unverzügliche Antragstellung beim Betriebsrat – wenn dieser nicht zustimmt, beim Arbeitsgericht – um die Frist des § 626 Abs. 2 BGB zu wahren (*BAG* vom 22. 1. 1987 – 2 ABR 6/86 – EzA § 103 BetrVG 1972 Nr. 32 = DB 1987, 1743; *W/N* § 21 SchwbG Rz. 29; *Mareck* BB 1986, 1083). Im übrigen muß die Zustimmung der Hauptfürsorgestelle vor Einholung der Zustimmung des Betriebsrats eingeholt werden (*BAG* vom 3. 7. 1980 – 2 AZR 340/78 – EzA § 18 SchwbG Nr. 3 = DB 1981, 103; *BAG* vom 22. 1. 1987 a.a.O.).

45 Nach der Rechtsprechung des *Bundesarbeitsgerichts* (*BAG* vom 18. 8. 1977 – 2 ABR 19/77 – EzA § 103 BetrVG 1972 Nr. 20 m. Anm. *Herschel* = DB 1978, 109 m. Anm. *Eich*) ist die **außerordentliche Kündigung** in Analogie zu § 21 Abs. 5 SchwbG **unverzüglich** nach **rechtskräftiger Ersetzung** durch das Arbeitsgericht **auszusprechen.** Unverzüglich bedeutet gem. § 121 Abs. 1 Satz BGB ohne schuldhaftes Zögern (*Mareck* BB 1986, 1083 läßt dafür eine Frist von drei Tagen genügen). Vor rechtskräftiger Ersetzung soll die Kündigung schon auszusprechen sein, wenn sich die offensichtliche Unstatthaftigkeit einer Divergenzrechtsbeschwerde aus den Entscheidungsgründen ergibt (*BAG* vom 25. 1. 1979 – 2 AZR 983/77 – EzA § 103 BetrVG 1972 Nr. 22 = DB 1979, 1704). Eine zu früh ausgesprochene Kündigung ist nichtig (*ArbG Berlin* vom 3. 11. 1988 – 27 Ca 282/88 – DB 1989, 486, rkr). Diese Rechtsprechung führt zur Rechtsunsicherheit und bringt praktische Probleme mit sich, da dem Arbeitgeber oft nicht bekannt ist, ob es sich um eine **rechtskräftige** Ersetzung der Zustimmung handelt oder nicht. Hierauf weist das *Arbeitsgericht Wiesbaden* (vom 11. 1. 1978 – 6 Ca 6423/77 – DB 1978, 796 = BB 1978, 1414) hin. Der Eintritt der Rechtskraft eines Beschlusses nach § 103 spielt sich zunächst außerhalb des Einflußbereichs und der Kenntnissphäre des Arbeitgebers ab. Es können sowohl der Betriebsrat als Gremium bzw. ein anderes betriebsverfassungsrechtliches Organ als auch das einzelne betroffene Organmitglied gegen den arbeitsgerichtlichen Beschluß nach § 103 mit Rechtsmitteln vorgehen (vgl. Rz. 48). Abgesehen von dem Sonderfall, in dem alle Beteiligten dem Arbeitgeber verbindlich mitgeteilt haben, daß sie kein Rechtsmittel eingelegt haben und auch nicht einlegen werden, liegt es im eigenen Interesse des Arbeitgebers, sich vom Eintritt der Rechtskraft durch schriftliche Anfragen beim Arbeitsgericht, die zweckmäßigerweise in der Form der Beantragung eines Rechtskraftzeugnisses erfolgen sollten, zu überzeugen (*ArbG Wiesbaden* a.a.O.).

Außerordentliche Kündigung in besonderen Fällen § 103

Die **Zwei-Wochen-Frist** beginnt nach dem Bundesarbeitsgericht auch dann **nicht** 46
erneut zu laufen, wenn während des Laufes des Verfahrens auf Ersetzung der
Zustimmung der Kündigungsschutz des § 103 entfällt, weil z. B. ein Wahlbewerber
nicht gewählt wurde und er nur noch den nachwirkenden Kündigungsschutz nach
§ 15 Abs. 3 Satz 2 KSchG hat (*BAG* vom 30. 5. 1978 – 2 AZR 637/76 – EzA § 102
BetrVG 1972 Nr. 34 = DB 1979, 359). Auch in diesem Fall muß der Arbeitgeber,
nachdem der Kündigungsschutz des § 103 weggefallen ist, unverzüglich nach Anhörung des Betriebsrats kündigen.

3. Nachschieben von Kündigungsgründen

Für das Nachschieben von Kündigungsgründen gilt grundsätzlich dasselbe wie zu 47
§ 102 ausgeführt (vgl. § 102 Rz. 43 ff.); es ist also sowohl das Nachschieben von
zum Zeitpunkt der Beantragung der Zustimmung bzw. der Zustimmungsersetzung beim Arbeitsgericht bekannten als auch unbekannten Kündigungsgründen
möglich (zum Meinungsstand vgl. § 102 Rz. 46, 47; vgl. auch KR-*Etzel* § 103
Rz. 118 ff.). **Voraussetzung** für das Nachschieben von Kündigungsgründen ist aber
hier – wie in § 102 die erneute Anhörung des Betriebsrats zu den nachgeschobenen
Gründen (vgl. § 102 Rz. 46 f.) –, daß der Arbeitgeber, bevor er die Kündigungsgründe in den Prozeß einbringt, **erneut beim Betriebsrat vergeblich die Zustimmung beantragt hat** (so zu später bekanntgewordenen Kündigungsgründen: *BAG*
vom 22. 8. 1974 – 2 ABR 17/74 – EzA § 103 BetrVG 1972 Nr. 6 = DB 1974, 2310
u. 2360; vom 27. 5. 1975 – 2 ABR 125/74 – EzA § 103 BetrVG 1972 Nr. 9 m. Anm.
Dütz = DB 1975, 1706; vom 27. 1. 1977 – 2 ABR 77/76 – EzA § 103 BetrVG 1972
Nr. 16 = DB 1977, 869; *F/A/K/H* § 103 Rz. 27; *G/L* § 103 Rz. 24; *S/W* § 103
Rz. 12). Bei nachgeschobenen Gründen muß der Betriebsrat innerhalb der Ausschlußfrist des § 626 Abs. 2 BGB um Zustimmung ersucht werden. In den Prozeß
eingeführt werden muß der nachgeschobene Kündigungsgrund innerhalb der Ausschlußfrist nicht (*BAG* vom 22. 8. 1974, a. a. O.; *G/L* § 103 Rz. 24; *S/W* Rz. 12).
Die erforderliche **Vorbehandlung nachgeschobener Kündigungsgründe** durch den
Betriebsrat wird **nicht** schon dann **überflüssig**, wenn der Vorsitzende des Betriebsrats von den neuen Umständen durch seine Teilnahme am Beschlußverfahren erfährt und der Verfahrensbevollmächtigte, der den Betriebsrat vertritt, im Einvernehmen mit ihm weiterhin beantragt, die vom Arbeitgeber begehrte Ersetzung
der Zustimmung zur Kündigung nicht zu erteilen (*BAG* vom 27. 5. 1975 a. a. O.).

4. Ersetzung der Zustimmung durch das Arbeitsgericht

Verweigert der Betriebsrat seine Zustimmung – dies gilt auch, falls er sich nicht 48
innerhalb der Drei-Tages-Frist äußert (vgl. Rz. 38) – zur außerordentlichen Kündigung, so **kann der Arbeitgeber die Ersetzung der Zustimmung im** Wege des
Beschlußverfahrens durch das Arbeitsgericht **beantragen**. Der betroffene **Arbeitnehmer ist Beteiligter** im Beschlußverfahren (Abs. 2 Satz 2) und zwar neben dem
Arbeitgeber und dem Betriebsrat. Als Beteiligter ist der Arbeitnehmer anzuhören
und berechtigt, gegen einen Beschluß des Arbeitsgerichts Beschwerde einzulegen
(*F/A/K/H* § 103 Rz. 27; *G/L* § 103 Rz. 28; *Heinze* Rz. 675). Anwaltskosten, die
dem Arbeitnehmer durch seine Beteiligung am Beschlußverfahren entstehen, sind

nicht nach § 40 Abs. 1 erstattungsfähig (*BAG* vom 3. 4. 1979 – 6 ABR 63/76 – EzA § 40 BetrVG 1972 Nr. 43 = DB 1979, 1706). Hat das Arbeitsgericht die vom Betriebsrat **verweigerte Zustimmung** zur fristlosen Entlassung eines Betriebsratsmitglieds **ersetzt,** so wird die Befugnis des betroffenen Betriebsratsmitglieds, hiergegen **Beschwerde** einzulegen, wegen der präjudiziellen Wirkung der Entscheidung nicht dadurch in Frage gestellt, daß sich im Betriebsrat für die Beschwerdeeinlegung keine Mehrheit findet und ein Rechtsmittel des Betriebsrats demgemäß unterbleibt (*BAG* vom 31. 1. 1990 – 7 ABR 39/89 – EzA § 40 BetrVG 1972 Nr. 64 = DB 1991, 495; *LAG Köln* vom 13. 12. 1984 – 8 TaBV 50/84 – AP Nr. 22 zu § 103 BetrVG 1972; *LAG Hamm* vom 12. 2. 1975 – 8 TaBV 73/74 – BB 1975, 939). Das gleiche gilt, wenn der Betriebsrat keine Beschwerde einlegt, weil er das Kündigungsschutzverfahren abwarten will (*LAG Hamm* vom 17. 4. 1975 – 8 TaBV 17/75 – AuR 1975, 347). Andererseits können Arbeitgeber und Betriebsrat ohne Rücksicht auf den Arbeitnehmer übereinstimmend das Verfahren für erledigt erklären (*G/L* § 103 Rz. 28a). Der Arbeitgeber muß dem Betriebsratsmitglied die Rechtsanwaltskosten im Beschwerdeverfahren ersetzen, wenn er in diesem unterliegt (*BAG* vom 31. 1. 1990 – 7 ABR 39/89 – a.a.O.). Dies ist eine Folge der präjudiziellen Wirkung des Zustimmungsverfahrens.

49 Das Arbeitsgericht hat von Amts wegen aufzuklären, ob Tatsachen vorliegen, die die Annahme eines wichtigen Grundes rechtfertigen (*D/R* § 103 Rz. 60; *F/A/K/H* § 103 Rz. 27; KR-*Etzel* § 103 Rz. 115) und ob die Ausschlußfrist eingehalten wurde; dabei hat es den **Beschluß des Betriebsrats nicht etwa nur auf Ermessensfehler** hin nachzuprüfen; es trifft vielmehr eine **Rechtsentscheidung** (*F/A/K/H* § 103 Rz. 27; *G/L* § 103 Rz. 23; GK-*Kraft* § 103 Rz. 44f.; *S/W* § 103 Rz. 11; *BAG* vom 22. 8. 1974 – 2 ABR 17/74 – EzA § 103 BetrVG 1972 Nr. 6 = DB 1974, 2310 und 2360; vom 27. 5. 1975 – 2 ABR 125/74 – EzA § 103 BetrVG 1972 Nr. 9 m. Anm. *Dütz* = DB 1975, 1706; vom 27. 1. 1977 – 2 ABR 77/76 – EzA § 103 BetrVG 1972 Nr. 16 = DB 1977, 869). Eine Ersetzung der Zustimmung durch das Arbeitsgericht hat zu erfolgen, wenn die außerordentliche Kündigung unter Berücksichtigung aller Umstände gerechtfertigt ist (vgl. Rz. 40 und *BAG* vom 22. 8. 1974 a.a.O.; vom 25. 3. 1976 – 2 AZR 163/75 – EzA § 103 BetrVG 1972 Nr. 12 = DB 1976, 1337). Zu den Umständen, die das Arbeitsgericht bei der Interessenabwägung zu berücksichtigen hat, gehören auch die Gründe, die der Betriebsrat für die Verweigerung seiner Zustimmung aufgeführt hat (*BAG* vom 22. 8. 1974 a.a.O.). Hingegen darf das Arbeitsgericht einen bestimmten Sachverhalt, der in dem Verfahren bekannt wird, zur Rechtfertigung der beabsichtigten Kündigung nicht heranziehen, wenn der Arbeitgeber sich nicht auf diesen Sachverhalt zur Rechtfertigung der beabsichtigten Kündigung stützt (*Etzel* 242; *BAG* vom 27. 1. 1977 a.a.O.).

50 Ein **Antrag auf Ersetzung** der nachträglichen **Zustimmung** zu einer **bereits erklärten Kündigung** durch das Arbeitsgericht ist von vornherein **unbegründet** (*BAG* vom 22. 8. 1974; vom 20. 3. 1975 – 2 ABR 111/74 – EzA § 103 BetrVG 1972 Nr. 7 m. Anm. *Herschel* = DB 1975, 1321), ebenso, wenn er unter der Bedingung gestellt wird, daß der Betriebsrat die Zustimmung verweigert (*BAG* vom 7. 5. 1986 – 2 ABR 27/85 – EzA § 103 BetrVG 1972 Nr. 31 = DB 1986, 1882). Unbegründet ist auch der Antrag auf Ersetzung der Zustimmung, wenn das Arbeitsverhältnis des Betriebsratsmitglieds schon vor der Entscheidung des Gerichts beendet war (§ 24 Abs. 1 Nr. 3; *BAG* vom 10. 2. 1977 – 2 ABR 80/76 – EzA § 103 BetrVG 1972 Nr. 18 = DB 1977, 1273). Das Gericht kann die Zustimmung auch nicht ersetzen,

wenn die **Zustimmungsbedürftigkeit** bis zur letzten mündlichen Verhandlung **weggefallen** ist, z. B. weil ein Wahlbewerber nicht gewählt wurde oder ein Organmitglied nicht wiedergewählt wurde oder aus anderen Gründen aus dem Organ ausgeschieden ist (*F/A/K/H* § 103 Rz. 32; KR-*Etzel* § 103 Rz. 131 ff.; *BAG* vom 30. 5. 1978 – AZR 637/76 – EzA § 102 BetrVG 1972 Nr. 34 = DB 1979, 359; **a. A.** *D/K/K/S* § 103 Rz. 44). In diesem Fall ist das Beschlußverfahren wegen mangelnden Rechtsschutzinteressen für erledigt zu erklären (*BAG* vom 8. 12. 1961 – 1 ABR 8/60 – DB 1962, 306). Der Arbeitgeber kann die Kündigung aussprechen, ohne daß er einer erneuten Anhörung des Betriebsrats bedarf, es sei denn, die Gründe für die außerordentliche Kündigung hätten sich geändert (*F/A/K/H* § 103 Rz. 32). Nur bei einem Wahlbewerber, der in einem zuvor betriebslosen Betrieb nicht gewählt wurde, hat dann eine Anhörung des neugewählten Betriebsrats zu erfolgen (*BAG* vom 30. 5. 1978 – 2 AZR 637/76 – a. a. O.).

Ist sowohl ein Antrag nach § 103 als auch ein Antrag nach § 23 möglich (vgl. dazu Rz. 29 f.), so kann der Arbeitgeber den **Antrag auf Ersetzung der Zustimmung mit dem Antrag auf Ausschluß aus dem Betriebsrat verbinden**, d. h. beide Anträge können jeweils hilfsweise gestellt werden (vgl. § 23 Rz. 26 und die dort angegebene Literatur; **a. A.** *F/A/K/H* § 103 Rz. 28; *Lepke* BB 1973, 899; *Weisemann* DB 1974, 2478, die die Verbindung des Zustimmungsersetzungsantrags mit einem hilfsweisen Ausschließungsantrag für zulässig halten, aber nicht umgekehrt). 51

Eine Ersetzung der Zustimmung des Betriebsrats zur Kündigung durch einstweilige Verfügung ist nicht zulässig. Nur die rechtskräftig ersetzte Zustimmung ist Wirksamkeitsvoraussetzung für eine Kündigung, sie kann daher nicht im Wege vorläufigen Rechtsschutzes (vorläufig) ersetzt werden (*D/R* § 103 Rz. 72; *F/A/K/H* § 103 Rz. 28; GK-*Kraft* § 103 Rz. 43; KR-*Etzel* § 103 Rz. 130; *S/W* § 103 Rz. 11). Entgegen *D/R* (§ 103 Rz. 82) sind Arbeitgeber und Betriebsrat daher nicht befugt, bei Zustimmungsverweigerung eine Zwischenregelung für die Dauer des Zustimmungsverfahrens zu treffen. Eine solche Regelung ist auch nicht durch einstweilige Verfügung erzwingbar (**a. A.** *D/R* § 103 Rz. 82 f.). Zur Weiterbeschäftigung während des Zustimmungsverfahrens vgl. Rz. 61. 52

Die **Zustimmung** ist erst dann **ersetzt, wenn** der entsprechende **Beschluß** des Gerichts **rechtskräftig** ist (*F/A/K/H* § 103 Rz. 29; *G/L* § 103 Rz. 25; *Hueck* KSchG § 15 Rz. 57; KR-*Etzel* § 103 Rz. 135; *Nipperdey* DB 1975, 1891; *Richardi* RdA 1975, 73 ff.; *BAG* vom 11. 11. 1976 – 2 AZR 457/75 = EzA § 103 BetrVG 1972 Nr. 17 m. zust. Anm. *Kraft* = DB 1977, 1190). Zur Rechtskraft des arbeitsgerichtlichen Beschlusses vgl. § 100 Rz. 38. Zur vom *Bundesarbeitsgericht* angenommenen Pflicht des Arbeitgebers, die Kündigung **unverzüglich** nach Rechtskraft auszusprechen, vgl. Rz. 45 f.. Eine ohne rechtskräftige Ersetzung der Zustimmung ausgesprochene Kündigung ist unheilbar nichtig, vgl. Rz. 34. 53

V. Betriebsratsloser Betrieb

Ist kein Betriebsrat bzw. ein anderes betriebsverfassungsrechtliches Organ vorhanden, so besteht der besondere Kündigungsschutz des § 15 Abs. 3 KSchG, § 103 dennoch nach der ganz überwiegenden Meinung für Wahlbewerber und Wahlvorstandsmitglieder. In diesem Fall hat der Arbeitgeber die **Erteilung der Zustimmung** unmittelbar beim Arbeitsgericht zu beantragen (*D/R* § 103 Rz. 27; *F/A/K/H* § 103 Rz. 9; *G/L* § 103 Rz. 33; *D/K/K/S* § 103 Rz. 51; GK-*Kraft* § 103 54

§ 103   4. Teil 5. Abschn. Personelle Angelegenheiten

Rz. 30; *Lepke* BB 1973, 895; *BAG* vom 12. 8. 1976 – 2 AZR 303/75 – EzA § 15 KSchG 1969 Nr. 9 = DB 1976, 2165; vom 30. 5. 1978 – 2 AZR 637/76 – EzA § 102 BetrVG 1972 Nr. 34 = DB 1979, 359; zusammenfassend *BAG* vom 16. 12. 1982 – 2 AZR 76/81 – EzA § 15 KSchG 1969 Nr. 29 = DB 1983, 1049; **a. A.** *Brecht* § 103 Rz. 3; *Hueck* KSchG § 15 Rz. 48; *Meisel* 221; *Etzel* DB 1973, 1017; ders. BlStSozArbR 1972, 92; *Glaubitz* Anm. zu *BAG* vom 12. 8. 1976 SAE 1977, 152; *LAG Baden-Württemberg/Stuttgart* vom 5. 12. 1975 – 5 Sa 120/75 – BB 1976, 363; *LAG Hamburg* vom 28. 1. 1975 – 4 Sa 148/75 –; zweifelnd KR-*Etzel* § 103 Rz. 53). Dies soll auch gelten, wenn der Betriebsrat funktionsunfähig ist (*G/L* § 103 Rz. 33; *LAG Düsseldorf* vom 16. 1. 1975 – 7 Sa 1101/75 – DB 1975, 745), auch bei der Kündigung des letzten übriggebliebenen Betriebsratsmitglieds (*F/A/K/H* § 103 Rz. 27; *LAG Düsseldorf/Köln* vom 20. 9. 1974 – 16 Sa 24/74 – EzA § 22 BetrVG 1972 Nr. 1 = DB 1975 f., 454; *BAG* vom 16. 12. 1982 a. a. O.) oder bei mangelnder Beschlußfähigkeit des Betriebsrats. Diese überwiegende Meinung wird damit begründet, daß der Sinn der Vorschrift sei, die willkürliche außerordentliche Kündigung mit der Folge der Entfernung des betreffenden Organmitglieds oder Wahlbewerbers aus dem Betrieb zu verhindern (*BAG* vom 12. 8. 1976 a. a. O., insbes. EzA § 103 BetrVG 1972 Nr. 9 Bl. 41; *BAG* vom 16. 12. 1982 a. a. O.). Dieser Meinung ist nicht zu folgen. Abgesehen davon, daß das Zustimmungserfordernis nach § 103 Abs. 1 nur wegen der Funktion innerhalb der Betriebsverfassung dem Betriebsrat eingeräumt worden ist, nicht aber zum Zwecke individualrechtlichen Kündigungsschutzes, läßt sich nicht aus dem Gesetz entnehmen, daß die Wirksamkeit einer Kündigung in einem betriebsratslosen Betrieb von der vorherigen Zustimmung des Arbeitsgerichts abhängt (GK-*Kraft* § 103 Rz. 16). Auch aus dem Sinn des Gesetzes ist die überwiegende Ansicht nicht zu begründen; denn dieser besteht darin, die ablehnende Entscheidung des Betriebsrats zu überprüfen oder sie zu ersetzen. Beides setzt voraus, daß ein Betriebsrat besteht. Besteht aber kein Betriebsrat, so bedarf es auch keiner Überprüfung von dessen Entscheidung. Das Arbeitsgericht ist kein Ersatzbetriebsrat. Es ist auch nicht zu ersehen, welche Nachteile einem Arbeitnehmer entstehen, der auf den Schutz des § 15 KSchG verwiesen wird, ohne daß zuvor die Zustimmung eines nicht vorhandenen Betriebsrats »ersetzt« wird.

55 Nach dem *Bundesarbeitsgericht* ist im **betriebslosen Betrieb** die Kündigung eines Wahlbewerbers oder Wahlvorstandsmitglieds auch erst nach **rechtskräftiger Ersetzung der Zustimmung** durch das Arbeitsgericht möglich (*BAG* vom 30. 5. 1978 – 2 AZR 637/76 – EzA § 102 BetrVG 1972 Nr. 34 = DB 1979, 359). Dies zeigt, daß die überwiegende Ansicht dazu führt, daß in einem betriebsratslosen Betrieb ein stärkerer Kündigungsschutz für Wahlbewerber oder Mitglieder des Wahlvorstandes gegeben ist, weil stets das Zustimmungsersetzungsverfahren durchzuführen ist. Dies erscheint vom Gleichheitsgrundsatz her nicht gerechtfertigt; die Meinung ist daher aus diesem Grund abzulehnen. Für die Praxis ist aber wegen des Prozeßrisikos zu empfehlen, die Ansicht des *Bundesarbeitsgerichts* zu berücksichtigen und einem Organträger im betriebsratslosen Betrieb erst nach rechtskräftiger Ersetzung der Zustimmung durch das Arbeitsgericht zu kündigen. Besteht der Betriebsrat **nur aus einem Mitglied**, so ist bei dessen Kündigung die Zustimmung des Ersatzmitgliedes einzuholen (vgl. Rz. 39). Gibt es kein Ersatzmitglied, so soll ebenfalls die gerichtliche Ersetzung zu verlangen sein (*BAG* vom 16. 12. 1982 – 2 AZR 76/81 – EzA § 15 KSchG 1969 Nr. 29 = DB 1983, 1049).

VI. Auswirkung des Zustimmungserfordernisses auf das Arbeitsverhältnis und die Rechte als Organmitglied

1. Kündigungsschutzklage

Das **individuelle Kündigungsverfahren** ist **unabhängig von dem kollektiven Kündigungsschutz** des § 103, d. h. auch wenn der Betriebsrat der außerordentlichen Kündigung zustimmt, kann der einzelne Arbeitnehmer Kündigungsschutzklage innerhalb der Frist des § 4 KSchG erheben (*D/R* § 103 Rz. 77; GK-*Kraft* § 103 Rz. 58).

Ist die **Zustimmung** durch das Arbeitsgericht rechtskräftig **ersetzt**, so kann der **Betroffene** ebenfalls **Kündigungsschutzklage erheben**, obwohl er Beteiligter im Beschlußverfahren war (*D/R* § 103 Rz. 77; *F/A/K/H* § 103 Rz. 30; *G/L* § 103 Rz. 29; *D/K/K/S* § 103 Rz. 59f.; GK-*Kraft* § 103 Rz. 58; *S/W* § 103 Rz. 32; *BAG* vom 24. 4. 1975 – 2 AZR 118/74 – EzA § 103 BetrVG 1972 Nr. 8 m. Anm. *Dütz* = DB 1975, 1620). Der Feststellungsklage fehlt weder das Rechtsschutzinteresse (*D/R* § 103 Rz. 78; *F/A/K/H* § 103 Rz. 30; *G/L* § 103 Rz. 29; **a. A.** *Meisel* 226 f.; *Adomeit* DB 1971, 2364; *Hanau* BB 1971, 489) noch steht ihr die Rechtskraft der im Beschlußverfahren ergangenen Entscheidung als negative Prozeßvoraussetzung entgegen (*BAG* a. a. O.). Die rechtskräftige Entscheidung über die Ersetzung der Zustimmung zur außerordentlichen Kündigung hat allerdings **präjudizielle Wirkung** für das Verfahren über die Kündigungsschutzklage, wenn der Betroffene **tatsächlich Beteiligter** war (Literatur wie vor; **a. A.** *Gumpert* BB 1972, 51). Wird durch arbeitsgerichtlichen Beschluß rechtskräftig die Zustimmung des Betriebsrats ersetzt, so wächst damit in materielle Rechtskraft, daß die außerordentliche Kündigung unter Berücksichtigung aller Umstände gerechtfertigt ist (vgl. Rz. 49; *D/R* § 103 Rz. 77). Hierdurch wird zugleich für den Kündigungsschutzprozeß eine bindende Feststellung getroffen; im Kündigungsschutzverfahren kann das Arbeitsgericht also nicht erneut nachprüfen, ob ein wichtiger Grund vorliegt oder nicht, die Klage ist daher regelmäßig unbegründet (*D/R* § 103 Rz. 80; *F/A/K/H* § 103 Rz. 30; *G/L* § 103 Rz. 29; *Hueck* KSchG § 15 Rz. 66; *Brede* BlStSozArbR 1973, 20; *Lepke* BB 1973, 900; *Maurer* BB 1972, 971; *Richardi* ZfA Sonderheft 1972, 37). Der Arbeitnehmer kann also die außerordentliche Kündigung im Kündigungsschutzverfahren nur dann mit Aussicht auf Erfolg angreifen, wenn er **neue Tatsachen** vorträgt, die im Beschlußverfahren auf Ersetzung der Zustimmung noch nicht berücksichtigt werden konnten. Zu diesen neuen Tatsachen, für die die **Präklusionswirkung nicht gilt**, gehören bei einer sogenannten Verdachtskündigung auch solche Umstände, die erst nach Abschluß des Beschlußverfahrens oder nach Ausspruch der Kündigung entstanden oder bekannt geworden sind und die den früheren Vorgängen ein anderes Gewicht geben (*BAG* a. a. O.). **Solche Tatsachen können auch sein**, daß der Arbeitgeber nach Ersetzung der Zustimmung die Kündigung nicht rechtzeitig ausgesprochen hat, die Kündigung nicht in der vorgeschriebenen Form erfolgt ist, das Kündigungsrecht verwirkt war oder Bestimmungen des Mutterschutzgesetzes verletzt sind u. ä. (*BAG* a. a. O.; *LAG Frankfurt/M.* vom 31. 7. 1987 – 14 TaBV 12/87 – DB 1988, 867).

§ 103 4. Teil 5. Abschn. Personelle Angelegenheiten

2. Stellung während des Kündigungsschutzprozesses

58 Ist einem **Betriebsratsmitglied** oder anderen Organmitgliedern aus wichtigem Grund außerordentlich **gekündigt**, so ist dieses für die Dauer des **Kündigungsschutzprozesses** an der **Ausübung** des **Amtes** verhindert; an seine Stelle tritt ein Ersatzmitglied (*LAG Düsseldorf* vom 3. 4. 1974 – 4 TaBV 19/74 – DB 1974, 2164; *LAG Schleswig-Holstein* vom 2. 9. 1976 – 4 TaBV 11/76 – DB 1976, 1974; *F/A/K/H* § 103 Rz. 28; *G/L* § 103 Rz. 39; *S/W* § 103 Rz. 32; vgl. auch § 25 Rz. 8).

59 Das außerordentliche Organmitglied hat während des Kündigungschutzprozesses grundsätzlich **keinen Anspruch auf Weiterbeschäftigung** (*BAG* vom 26. 5. 1977 – 2 AZR 632/76 – EzA § 611 BGB Beschäftigungspflicht Nr. 2 = DB 1977, 1141, 2099, 2192); es hat auch kein Recht, das Betriebsgelände zu betreten (*ArbG Bochum* vom 21. 3. 1973 – 1 BV Ga 1/73 – DB 1973, 1510). Es gelten die gleichen Grundsätze wie bei einem Arbeitnehmer, der nicht Organmitglied ist (vgl. § 102 Rz. 175). In der Regel kann ein mit Zustimmung des Betriebsrats gekündigtes Betriebsratsmitglied nicht im Wege der einstweiligen Verfügung sein Recht zum Betreten des Betriebs und zur Wahrnehmung seines Amtes durchsetzen; dies kann nur ausnahmsweise dann der Fall sein, wenn der Betroffene glaubhaft macht, daß die Kündigung offensichtlich rechtsmißbräuchlich oder willkürlich sei (*LAG Schleswig-Holstein* vom 2. 9. 1976 a. a. O.; *LAG Düsseldorf* vom 27. 2. 1975 – 3 TaBV 2/75 – EzA § 25 BetrVG 1972 Nr. 1 = DB 1975, 700; *LAG Hamm* vom 2. 10. 1973 – 7 Sa 617/73 – ARSt. 1975 Nr. 1154; *G/L* § 103 Rz. 37; *S/W* § 103 Rz. 32). Bei Ersetzung der Zustimmung durch das Arbeitsgericht wird eine einstweilige Verfügung wegen der Präklusionswirkung nicht denkbar sein (*G/L* § 103 Rz. 39).

3. Suspendierung

60 **Vor Erteilung** oder Ersetzung der **Zustimmung** hat das Organmitglied grundsätzlich **Anspruch** auf **Weiterbeschäftigung** und **Zugang** zum Betrieb (*LAG Hamm* vom 27. 4. 1972 – 8 TaBV 6/72 – DB 1972, 1119; *G/L* § 103 Rz. 34; *S/W* § 103 Rz. 32). Dies ist anders, wenn durch konkrete Tatsachen dargelegt werden kann, daß dieses Recht mißbräuchlich ausgeübt wird, z. B. durch Störung des Betriebsfriedens (*LAG Hamm* a. a. O.; *S/W* § 103 Rz. 32). Der Arbeitgeber kann sonst nur das Organmitglied unter Fortzahlung der Bezüge bis zum Abschluß des Zustimmungsverfahrens von der Arbeit freistellen (suspendieren), sofern er ihm weiterhin den Zutritt zum Betrieb zur Wahrnehmung seines Betriebsratsamtes oder eines anderen betriebsverfassungsrechtlichen Organs gestattet (*LAG Hamm* vom 24. 10. 1974 – 8 TaBV 53/74 – EzA § 103 BetrVG 1972 Nr. 5 = DB 1975, 111; *LAG Düsseldorf* vom 22. 2. 1977 – 11 TaBV 7/77 – DB 1977, 1053; vgl. auch § 102 Rz. 147; *G/L* § 103 Rz. 35; *GK-Kraft* § 103 Rz. 61 f.).

61 Eine **Suspendierung ohne** Verpflichtung zur **Entgeltzahlung** ist nur in Ausnahmefällen möglich (vgl. § 102 Rz. 147). Der Arbeitgeber, der im Falle einer unwirksamen Kündigung durch ein dem Betriebsratsmitglied erteiltes Hausverbot ernsthaft und endgültig die **Weiterbeschäftigung verweigert** hat, kommt auch ohne Leistungsangebot des Betriebsratsmitglieds in Annahmeverzug mit der Folge der Pflicht zur **Fortzahlung der Vergütung** (§ 615 BGB). Der Arbeitgeber kommt jedoch ausnahmsweise **dann nicht** in Annahmeverzug, wenn er wegen des Verhal-

tens des Arbeitnehmers nach Treu und Glauben und unter Berücksichtigung der Gepflogenheiten des Arbeitslebens die **Annahme der Leistung zu Recht abgelehnt** hat. Diese Voraussetzung wird aber durch einen Beschluß über die Ersetzung der Zutimmung des Betriebsrats für die Zeit vor Eintritt der Rechtskraft dieses Beschlusses nicht bindend festgestellt (*BAG* vom 11. 11. 1976 – 2 AZR 457/75 – EzA § 103 BetrVG 1972 Nr. 17 m. Anm. *Kraft* = DB 1977, 1190; *BAG* vom 30. 5. 1978 – 2 AZR 637/76 – EzA § 103 BetrVG 1972 Nr. 34 = DB 1979, 359).

§ 104 Entfernung betriebsstörender Arbeitnehmer

Hat ein Arbeitnehmer durch gesetzwidriges Verhalten oder durch grobe Verletzung der in § 75 Abs. 1 enthaltenen Grundsätze den Betriebsfrieden wiederholt ernstlich gestört, so kann der Betriebsrat vom Arbeitgeber die Entlassung oder Versetzung verlangen. Gibt das Arbeitsgericht einem Antrag des Betriebsrats statt, dem Arbeitgeber aufzugeben, die Entlassung oder Versetzung durchzuführen, und führt der Arbeitgeber die Entlassung oder Versetzung einer rechtskräftigen gerichtlichen Entscheidung zuwider nicht durch, so ist auf Antrag des Betriebsrats vom Arbeitsgericht zu erkennen, daß er zur Vornahme der Entlassung oder Versetzung durch Zwangsgeld anzuhalten sei. Das Höchstmaß des Zwangsgeldes beträgt für jeden Tag der Zuwiderhandlung 500 Deutsche Mark.

Literaturübersicht

Schimana Entlassung und Versetzung auf Verlangen des Betriebsrats, AR-Blattei, Kündigung XII 1980.

Inhaltsübersicht

		Rz.
I.	Allgemeines	1, 2
II.	Voraussetzungen	3– 7
III.	Durchführung der Maßnahme durch den Arbeitgeber	8–16
IV.	Anrufung des Arbeitsgerichts	17–23

I. Allgemeines

Nach **§ 99 Abs. 2 Ziff. 6** kann der Betriebsrat die **Zustimmung** zu einer personellen Maßnahme des Arbeitgebers **verweigern**, wenn die durch Tatsachen begründete **Besorgnis** besteht, daß der für die personelle Maßnahme in Aussicht genommene Bewerber oder Arbeitnehmer den **Betriebsfrieden** durch gesetzwidriges Verhalten oder durch grobe Verletzung der in § 75 Rz. 1 enthaltenen Grundsätze **stören wird** (vgl. § 99 Rz. 135 ff.). In gleicher Weise kann der Betriebsrat vom Arbeitgeber auch die **Entlassung** oder Versetzung solcher Arbeitnehmer **verlangen**, die durch gesetzwidriges Verhalten oder durch grobe Verletzung der in § 75 enthaltenen Grundsätze den **Betriebsfrieden wiederholt ernstlich gestört haben**. Ein gesetzwidriges Verhalten allein genügt somit nicht. Dieses Verhalten des Arbeitnehmers

1

§ 104   4. Teil 5. Abschn. Personelle Angelegenheiten

muß vielmehr zu einer ernstlichen Störung des Betriebsfriedens wiederholt geführt haben.

2 Die Vorschrift gilt **nur für alle Arbeitnehmer im Sinne des Betriebsverfassungsgesetzes** – also auch für betriebliche Führungskräfte, dagegen **nicht** für leitende Angestellte i. S. d. § 5 Abs. 3 und für den in § 5 Abs. 2 genannten Personenkreis. Der Betriebsrat kann hier aber ein Antragsrecht nach § 80 Abs. 1 Nr. 2 haben (*D/R* § 104 Rz. 11; *F/A/K/H* § 104 Rz. 2; KR-*Etzel* § 104 Rz. 4; GK-*Kraft* § 104 Rz. 5; *D/K/K/S* § 104 Rz. 5; vgl. § 80 Rz. 20 und *G/L* § 80 Rz. 14). Der Betriebsrat kann also die Entlassung eines leitenden Angestellten aufgrund dieser Vorschrift nicht verlangen.

II. Voraussetzungen

3 Der Arbeitnehmer muß sich **gesetzwidrig** verhalten oder **grob** die Grundsätze des § 75 Abs. 1 verletzt haben. **Gesetzwidriges Verhalten** liegt vor bei einem solchen, das von der Rechtsordnung mißbilligt wird, wie bei Verleumdung, übler Nachrede, Beleidigung, Körperverletzung, Tätlichkeiten, Diebstählen, Betrug, Nötigung oder unsittlichen Handlungen. Auch gesetzwidriges Verhalten **außerhalb des Betriebes** kann insoweit in Betracht kommen, sofern es für die betriebliche Zusammenarbeit objektiv von Belang ist (KR-*Etzel* § 104 Rz. 8, 15; GK-*Kraft* § 104 Rz. 6). **Unsittliches Verhalten** ist hierher allerdings nur zu rechnen, wenn die Handlung nach §§ 174 ff. StGB mit Strafe bedroht ist (KR-*Etzel* § 104 Rz. 8). Gesetzwidrig ist auch der Aufruf zum Streik mit dem Ziel der Entlassung eines Vorstandsmitgliedes (*BGH* vom 27. 3. 1961 – II ZR 24/60 – AP Nr. 5 zu § 626 BGB Druckkündigung = DB 1961, 637; *D/R* § 104 Rz. 3). Zur Verletzung der Grundsätze des § 75 Abs. 1 vgl. Anm. dort und § 99 Rz. 137. Es muß sich um eine besonders schwere Verletzung – eine **grobe** – dieser Grundsätze handeln. Eine **grobe Verletzung** ist vor allem dann gegeben, wenn ein Arbeitnehmer andere Arbeitnehmer in besonders auffälliger Weise diskriminiert oder grob gegen die Mindestregeln des sozialen Zusammenlebens im Betrieb verstößt (*LAG Frankfurt/M.*, vom 7. 9. 1984 – 14/4 TaBV 116/83 – rkr., unveröff.; *D/R* § 104 Rz. 4; *F/A/K/H* § 104 Rz. 4; *G/L* § 104 Rz. 3; KR-*Etzel* § 104 Rz. 9; *LAG Bremen* vom 27. 11. 1957 – 1 Sa B 1/57 – DB 1958, 200). Persönliche Verunglimpfung, bösartige oder negative Nörgeleien der Mitglieder eines betriebsverfassungsrechtlichen Organs bzw. absichtliche Unruhestiftung können einen solchen groben Verstoß gegen die Grundsätze des § 75 darstellen (*G/L* § 104 Rz. 3; *LAG Bremen* vom 21. 2. 1951 – Sa 65/50 – BB 1951, 225; *LAG München* vom 26. 4. 1951 – Ber.-Reg.-Nr. 980/50 III – SAE 1952 Nr. 37; *LAG Stuttgart* vom 3. 2. 1950 – II Sa 257/49 – BB 1950, 396; *LAG Düsseldorf/Köln* vom 23. 5. 1950 – 2 Sa 39/50 – BB 1950, 590). Keinen groben Verstoß gegen § 75 und auch kein gesetzwidriges Verhalten stellt es dar, wenn Arbeitnehmer sich kritisch gegenüber dem Betriebsrat äußern und Unterschriften zur Vorbereitung eines Antrags nach § 23 Abs. 1 Satz 2 sammeln; dieses Verhalten ist durch die Freiheit der Meinungsäußerung gedeckt (*LAG Hannover* vom 5. 9. 1952 – Sa 459/52 – BB 1952, 804).

4 Eine **Störung** des betrieblichen Friedens, **die weder** auf einem **gesetzwidrigen Verhalten** des Arbeitnehmers noch auf einer **groben Verletzung** der Grundsätze des § 75 **beruht**, erfüllt nicht die Voraussetzungen des § 104. So kann der Betriebsrat nicht die Entlassung eines anders oder nicht organisierten Arbeitnehmers verlan-

gen, weil etwa andere Arbeitnehmer nicht mit diesem zusammenarbeiten wollen. In diesem Fall ist das Verhalten der anderen Arbeitnehmer gesetzwidrig (*D/R* § 104 Rz. 5). Ebenso kann der Betriebsrat wegen § 75 Abs. 2 Satz 1 BetrVG nicht unter dem Vorwand »betriebsstörenden« Verhaltens die Entlassung von **Streikunwilligen** im Arbeitskampf verlangen (vgl. *Heinze* Rz. 721, 724, der auch insoweit eine »arbeitskampfkonforme« Reduktion des § 104 vorschlägt; wie hier: KR-*Etzel* § 104 Rz. 5a). Genausowenig kann die Entlassung verlangt werden, weil das Verhalten oder die Eigenart eines Arbeitnehmers im Betrieb auf Ablehnung stoßen, ohne daß es sich aber um gesetzwidriges Verhalten oder einen groben Verstoß gegen § 75 handelt (*D/R* § 104 Rz. 6; *G/L* § 104 Rz. 3), wie etwa bei Ungefälligkeit, Eigensinn, Faulheit, Unsauberkeit (KR-*Etzel* § 104 Rz. 9). Wird der Betriebsfrieden dadurch gestört, daß ein Arbeitnehmer einen rechtlich begründeten Anspruch geltend macht oder sich pflichtgetreu verhält, so kann dies niemals die Voraussetzungen des § 104 erfüllen (*G/L* § 104 Rz. 5; KR-*Etzel* § 104 Rz. 11).

Das gesetzwidrige oder grob gegen § 75 verstoßende Verhalten des Arbeitnehmers muß zu **einer ernstlichen Störung des Betriebsfriedens** geführt haben. Im Gegensatz zu § 99 Abs. 2 Nr. 6 reicht eine **Gefährdung** des Betriebsfriedens **nicht** aus; die Störung muß objektiv gegeben sein (*D/R* § 104 Rz. 7; *G/L* § 104 Rz. 5; GK-*Kraft* § 104 Rz. 8; *Meisel* 229; *LAG Bremen* vom 27. 11. 1957 a.a.O. Rz. 3). Auch bei **eindeutigem Tendenzbezug** des Fehlverhaltens kann gleichwohl eine ernstliche Störung des Betriebsfriedens vorliegen, etwa bei Gesetzwidrigkeit (*D/R* § 118 Rz. 145; KR-*Etzel* § 104 Rz. 56; a.A. *Heinze* Rz. 717, 720f.). Anderes gilt aber, sofern gerade aus Gründen der geistig-ideellen Zielsetzung entgegen den Grundsätzen in § 75 Abs. 1 zwischen den Arbeitnehmern eines **Tendenzbetriebes** differenziert wird (*D/R* § 118 Rz. 145; *G/L* § 118 Rz. 82; nur im Ergebnis wie hier: *Heinze* Rz. 720).

Der Arbeitnehmer muß den **Betriebsfrieden wiederholt ernstlich gestört** haben. Das setzt voraus, daß der Arbeitnehmer mindestens zwei Tatbestände gesetzt haben muß, die Unruhe in den Betrieb oder die Belegschaft gebracht haben (**h.M.** *LAG Frankfurt/M.* Beschl. vom 7. 9. 1984 – 14/4 TaBV 116/83 – rkr., unveröff.; *D/R* § 104 Rz. 8; *G/L* § 104 Rz. 6; GK-*Kraft* § 104 Rz. 9). Zwischen den Handlungen und den Störungen des Betriebsfriedens muß ein kausaler Zusammenhang gegeben sein (*F/A/K/H* § 104 Rz. 5). Unbeachtlich sind Handlungen, die Störungen erst durch das Eingreifen anderer herbeigeführt haben oder aber die außerhalb der Betriebssphäre liegen. Strafbare Handlungen, die außerhalb des Betriebs begangen werden, können aber dennoch zu einer Störung des Betriebsfriedens führen, weil die anderen Arbeitnehmer nicht mehr mit dem betreffenden Arbeitnehmer zusammenarbeiten wollen (*D/R* § 104 Rz. 3). Die Störung muß bei Antragstellung entweder **noch andauern**, oder es müssen **künftige Störungen** durch den betreffenden Arbeitnehmer ernstlich zu befürchten sein (KR-*Etzel* § 104 Rz. 13a; enger GK-*Kraft* § 104 Rz. 9; ferner *Heinze* Rz. 691). Die wiederholten Handlungen können unterschiedlicher Natur sein; sie müssen nicht gleichartig oder gleichgelagert sein (KR-*Etzel* § 104 Rz. 13; *LAG Frankfurt/M.* a.a.O.). Eine ernstliche Störung setzt voraus, daß die Zusammenarbeit unter den Arbeitnehmern oder zwischen dem Arbeitgeber und der Arbeitnehmerschaft erschüttert ist. Zumindest muß eine **erhebliche Beunruhigung** unter der Belegschaft entstanden sein, und zwar bei einer **erheblichen Anzahl von Belegschaftsmitgliedern** (KR-*Etzel* § 104 Rz. 12). Die Störung muß folglich von einer gewissen Dauer und generellen Wirkung sein. Es genügt mithin nicht, wenn das Verhalten nur zum Tages-

§ 104   4. Teil 5. Abschn. *Personelle Angelegenheiten*

gespräch im Betrieb wird. Das Verhalten des Arbeitnehmers muß vielmehr zur Äußerung berechtigten Unwillens geführt haben und die reibungslose Zusammenarbeit beeinträchtigen (etwa bei mehrfach unbefugtem Mitschneiden einer Dienstbesprechung auf Tonband, vgl. *LAG Frankfurt/M.* a.a.O.; *D/R* § 104 Rz.7; *F/A/K/H* § 104 Rz.5; *G/L* § 104 Rz.5; KR-*Etzel* § 104 Rz.12; GK-*Kraft* § 104 Rz.8; *Meisel* 229).

7 Das Verhalten muß schließlich dem Arbeitnehmer auch **vorwerfbar** sein. Ein objektiver Verstoß gegen ein Gesetz reicht nicht aus. Es genügt jedoch Fahrlässigkeit, Vorsatz ist nicht erforderlich (*D/R* § 104 Rz.9f.; *F/A/K/H* § 104 Rz.6; *D/K/K/S* § 104 Rz.4; GK-*Kraft* § 104 Rz.10). Voraussetzung ist folglich, daß der Arbeitnehmer sich nach reiflicher Überlegung zumindest hätte sagen müssen, daß dieses Verhalten so nicht fortgesetzt werden kann. Bei Fehlen der Verschuldensfähigkeit des Arbeitnehmers genügt objektives Fehlverhalten (*G/L* § 104 Rz.4; KR-*Etzel* § 104 Rz.15; GK-*Kraft* § 104 Rz.10).

III. Durchführung der Maßnahme durch den Arbeitgeber

8 Liegen die Voraussetzungen vor, so kann der Betriebsrat vom Arbeitgeber verlangen, daß der Arbeitnehmer **entlassen** oder **versetzt** wird. Das Verlangen kann nur vom Betriebsrat oder dem zuständigen Ausschuß (§§ 27, 28) als Gremium gestellt werden. Dies setzt einen ordnungsgemäßen **Beschluß des Betriebsrats** nach § 33 (vgl. Anm. dort) voraus, der nach pflichtgemäßem Ermessen zu erfolgen hat (KR-*Etzel* § 104 Rz.6; GK-*Kraft* § 104 Rz.5). Liegt dem Verlangen des Betriebsrats auf Entlassung eines Arbeitnehmers kein ordnungsgemäß zustande gekommener Beschluß des Betriebsrats zugrunde, braucht der Arbeitgeber die verlangte Kündigung nicht auszusprechen (KR-*Etzel* § 104 Rz.7; **a.A.** *LAG Hamm* vom 22.5. 1975 – 4 Sa 824/74 – ARSt. 1977, 14 Nr.1005 und *G/L* § 104 Rz.8 für den Fall, daß der Arbeitgeber sich erst im Zwangsgeldverfahren auf die Nichtigkeit des Betriebsratsbeschlusses beruft, obwohl er den Mangel kannte; *S/W* § 104 Rz.4). Stellt der Betriebsrat das Verlangen nach § 104, so **entfällt** in der Regel die **Anhörung** nach § 102 (vgl. § 102 Rz.17; *D/R* § 104 Rz.18; *G/L* § 104 Rz.9; GK-*Kraft* § 104 Rz.14, 16; *LAG München* vom 6.8. 1974 – 5 Sa 395/74 – DB 1975, 1180); dagegen in der Regel nicht das Zustimmungsverfahren nach § 99, es sei denn, der Arbeitgeber entspricht mit der Versetzung auf einen bestimmten Arbeitsplatz einem Vorschlag des Betriebsrats (*F/A/K/H* § 104 Rz.11; *D/K/K/S* § 104 Rz.7).

9 Im Hinblick auf den **Grundsatz der Verhältnismäßigkeit** muß der Betriebsrat in der Regel zunächst das **weniger einschneidende Mittel** – nämlich die Versetzung – **fordern** (*D/R* § 104 Rz.12; *F/A/K/H* § 104 Rz.7; *G/L* § 104 Rz.7; GK-*Kraft* § 104 Rz.4; KR-*Etzel* § 104 Rz.23). Erst wenn auch eine Versetzung von vornherein keine Aussicht auf eine Besserung verspricht, d.h. also das Verhalten des Arbeitnehmers im gesamten Betrieb oder Unternehmen voraussehbar zu Mißhelligkeiten und zur Unruhe führen wird, kann der Betriebsrat sofort die Entlassung des Arbeitnehmers fordern. Begnügt sich der Betriebsrat mit dem schwächeren Mittel, nämlich der Versetzung, so kann er zwar dem Arbeitgeber Vorschläge unterbreiten, wo der Arbeitnehmer aller Voraussicht nach tragbar ist, er kann aber den Arbeitsplatz nicht bestimmen (*D/R* § 104 Rz.20; *F/A/K/H* § 104 Rz.7; *G/L* § 104 Rz.12; KR-*Etzel* § 104 Rz.19, 23). Er hat aber gegebenenfalls ein Vetorecht nach § 99 mit allen sich hieraus ergebenden Möglichkeiten. Die Abwick-

lung der personellen Maßnahme obliegt dann dem Arbeitgeber (KR-*Etzel* § 104 Rz. 27 f.). Ist wegen der Versetzung eine Änderungskündigung erforderlich, so kann es auch erforderlich sein, den Betriebsrat nach § 102 anzuhören; es sei denn, der Betriebsrat habe diese konkrete Versetzung, zu der eine Änderungskündigung erforderlich ist, verlangt und der Arbeitgeber kommt diesem Verlangen nach (*D/R* § 104 Rz. 21; *F/A/K/H* § 104 Rz. 11; *G/L* § 104 Rz. 13; GK-*Kraft* § 104 Rz. 17).

Der Arbeitgeber hat den Sachverhalt nach Anhörung des betroffenen Arbeitneh- 10 mers (§ 82 Abs. 1; *G/L* § 104 Rz. 8; *Meisel* 230; KR-*Etzel* § 104 Rz. 26) in **eigener Verantwortung zu prüfen** (*D/R* § 104 Rz. 14; *F/A/K/H* § 104 Rz. 8; *G/L* § 104 Rz. 8; *Meisel* 230; *BAG* vom 18. 9. 1975 – 2 AZR 311/74 – EzA § 626 BGB Druckkündigung Nr. 1 = DB 1976, 634; *BAG* vom 26. 1. 1962 – 2 AZR 244/61 – AP Nr. 8 zu § 626 BGB Druckkündigung m. Anm. *Herschel* = DB 1962, 744; *BAG* vom 11. 2. 1960 – 5 AZR 210/58 – EzA § 611 BGB Nr. 2 = DB 1960, 527; *BAG* vom 10. 10. 1957 – 2 AZR 32/56 – EzA § 626 BGB Nr. 7). Besteht betrieblich keine Möglichkeit, den Arbeitnehmer zu versetzen, muß dies der Arbeitgeber geltend machen. Das Arbeitsgericht muß gegebenenfalls dann das Versetzungsverlangen des Betriebsrats zurückweisen, sofern dieser nicht nunmehr beantragt, dem Arbeitgeber eine Kündigung des Betreffenden aufzugeben (KR-*Etzel* § 104 Rz. 20) oder die Versetzung des Arbeitnehmers in einen anderen Betrieb des Unternehmens zu betreiben, falls dies ohne Änderungskündigung möglich ist (vgl. GK-*Kraft* § 104 Rz. 17). Eine **Änderungskündigung** als solche kann der Betriebsrat nach dem Gesetz **nicht verlangen** (KR-*Etzel* § 104 Rz. 21).

Das Initiativrecht des Betriebsrats nach § 104 schafft **keinen neuen Kündigungs-** 11 **grund**, sondern setzt einen solchen voraus (*D/R* § 104 Rz. 14 f.; *F/A/K/H* § 104 Rz. 8; *G/L* § 104 Rz. 8; KR-*Etzel* § 104 Rz. 14; GK-*Kraft* § 104 Rz. 14). Ob der Arbeitgeber bei Vorliegen eines wichtigen Grundes eine **außerordentliche** oder eine **ordentliche Kündigung** aussprechen will, steht ihm frei (*G/L* § 104 Rz. 9; KR-*Etzel* § 104 Rz. 31, 33; **a. A.** und für die Möglichkeit des Betriebsrats, eine bestimmte Art der Kündigung [z. B. außerordentliche] zu verlangen: *F/A/K/H* § 104 Rz. 7). Nach dem Grundsatz der Verhältnismäßigkeit der Mittel wird sich der Arbeitgeber im **Regelfall** dazu entscheiden, nur eine **ordentliche Kündigung** auszusprechen. Da auch der Betriebsrat verpflichtet ist, sehr sorgfältig unter dem Gesichtspunkt der Verhältnismäßigkeit abzuwägen, was er vom Arbeitgeber verlangen kann (*D/K/K/S* § 104 Rz. 8), wird er sich zunächst mit dem Mittel einer ordentlichen, fristgerechten Kündigung begnügen müssen. Verlangt aber der Betriebsrat eine außerordentliche Kündigung, bedarf es vor Ausspruch derselben **keiner weiteren Anhörung** des Betriebsrats nach § 102 oder eines Verfahrens nach § 103, weil **im Entlassungsverfahren bereits** die **Zustimmung** zur Kündigung liegt (*BAG* vom 30. 11. 1978 – 2 AZR 130/77 – nicht veröff.; KR-*Etzel* § 104 Rz. 33).

Allerdings kann der Arbeitgeber in **Ausnahmefällen** verpflichtet sein, den Arbeit- 12 nehmer während der Kündigungsfrist wegen des Grundsatzes der vertrauensvollen Zusammenarbeit unter Fortzahlung des Arbeitsentgelts zu **suspendieren** (KR-*Etzel* § 104 Rz. 15, 31, 33). Dies wird etwa dann in Betracht kommen, wenn das Verhalten des Arbeitnehmers zwar zu einer beträchtlichen Unruhe im Betrieb geführt hat, den Arbeitsfrieden auch ernstlich gestört hat, andererseits aber der Arbeitgeber dieses Verhalten des Arbeitnehmers nicht als so schwerwiegend angesehen hat. Spricht der Arbeitgeber eine **ordentliche Kündigung** aus, so muß er die dafür **vorgesehenen Fristen einhalten**. Der Arbeitnehmer kann Kündigungs-

§ 104   4. Teil 5. Abschn. Personelle Angelegenheiten

schutzklage erheben, soweit für sein Arbeitsverhältnis das Kündigungsschutzgesetz gilt. Die Einigung zwischen Arbeitgeber und Betriebsrat über die Vornahme der Kündigung bindet das Arbeitsgericht nicht (KR-*Etzel* § 104 Rz. 71).

13 Kommt der Arbeitgeber bei der Überprüfung des Sachverhalts zu dem **Ergebnis**, daß das **Verlangen des Betriebsrats sachlich nicht gerechtfertigt** oder erkennbar unangemessen ist, so darf er dem Verlangen des Betriebsrats nicht von vornherein nachgeben; er ist vielmehr aufgrund der Fürsorgepflicht gehalten, dem betroffenen Arbeitnehmer mit rechtlichen und tatsächlichen Mitteln zu helfen (*D/R* § 104 Rz. 14; *F/A/K/H* § 104 Rz. 8; *G/L* § 104 Rz. 10). Kündigt der Arbeitgeber in einem solchen Fall dennoch, so ist die **Kündigung** in der Regel **sozial nicht gerechtfertigt**; denn die Kündigung ist nicht schon deshalb betriebsbedingt, weil der Betriebsrat sie verlangt (*D/R* § 104 Rz. 14; *G/L* § 104 Rz. 10). Außerdem kann sich der Arbeitgeber, wenn er kündigt, obwohl das Verlangen des Betriebsrats sachlich nicht gerechtfertigt ist, schadensersatzpflichtig machen (*BAG* vom 24. 10. 1974 – 3 AZR 488/73 – EzA § 276 BGB Nr. 32 = DB 1974, 2406; GK-*Kraft* § 104 Rz. 20).

14 Richtigerweise muß es der Arbeitgeber **im Falle des unbegründeten Entlassungs- oder Versetzungsverlangens des Betriebsrats** auf eine gerichtliche Entscheidung ankommen lassen. Außerdem ist es seine Aufgabe, den Betriebsrat zu einer Rücknahme seines Verlangens zu bestimmen (GK-*Kraft* § 104 Rz. 15; KR-*Etzel* § 104 Rz. 32). Er kann darauf hinweisen, daß es ihm die Fürsorgepflicht gegenüber dem betroffenen Arbeitnehmer gebietet, sich schützend vor ihn zu stellen. Die Grenzen sind dort zu suchen, wo eine derartige Fürsorge zu einer erheblichen Gefährdung oder gar Vernichtung des Betriebsrats führen könnte (*F/A/K/H* § 104 Rz. 8; *BAG* vom 21. 2. 1957 – 2 AZR 410/54 – AP Nr. 22 zu § 1 KSchG m. Anm. *Herschel* = DB 1957, 311; *BAG* vom 10. 10. 1957 – 2 AZR 32/56 – EzA § 626 BGB Nr. 7; *BAG* vom 11. 2. 1960 – 5 AZR 210/58 – EzA § 611 BGB Nr. 2 = DB 1960, 527; *BAG* vom 26. 1. 1962 – 2 AZR 244/61 – AP Nr. 8 zu § 626 BGB Druckkündigung m. Anm. *Herschel* = DB 1962, 744; zur Druckkündigung vgl. auch *BAG* vom 10. 3. 1977 – 4 AZR 675/75 – EzA § 322 ZPO Nr. 3 = DB 1977, 1322). Andererseits wird man aber auch vom Arbeitnehmer selbst verlangen können, daß er zu einer möglichst friedlichen Lösung des Konflikts beiträgt, so z. B. indem er sich bereit erklärt, einen anderen gleichwertigen Arbeitsplatz in einem anderen Betrieb des Unternehmens zu übernehmen. Der Arbeitnehmer darf dann nicht eigensinnig auf seiner vermeintlichen Rechtsposition beharren und den Arbeitgeber bzw. den Betrieb dadurch in eine kritische Situation bringen (*BAG* vom 11. 2. 1960 a. a. O.; GK-*Kraft* § 104 Rz. 15). Zu beachten ist allerdings, daß der Arbeitgeber sich seinerseits bei der Kündigung nicht auf eine Drucksituation berufen darf, die er selbst herbeigeführt hat (*BAG* vom 26. 1. 1962 a. a. O.).

15 Erst wenn es dem Arbeitgeber nicht zumutbar ist, dem **Druck** des Betriebsrats bzw. der Arbeitnehmerschaft standzuhalten, kann eine an sich aus persönlichen Gründen nicht gerechtfertigte Kündigung dennoch betriebsbedingt i. S. d. § 1 Abs. 2 KSchG sein (*D/R* § 104 Rz. 16; *F/A/K/H* § 104 Rz. 8; *G/L* § 104 Rz. 11; *D/K/K/S* § 104 Rz. 9; KR-*Etzel* § 104 Rz. 32). Eine solche **Druckkündigung** ist aber nur dann zulässig, wenn sie der letzte Ausweg ist, um einen unzumutbaren eigenen Schaden des Arbeitgebers abzuwenden (*G/L* § 104 Rz. 11; *BAG* vom 10. 10. 1957 a. a. O.; *BAG* vom 18. 9. 1975 – 2 AZR 311/74 – EzA § 626 BGB Druckkündigung Nr. 1 = DB 1976, 634).
Fraglich ist allerdings, ob ein noch so starker Druck seitens des Betriebsrats als

ausreichender Grund für eine fristlose Entlassung anerkannt werden kann. Der *Bundesgerichtshof* (vom 27. 3. 1961 – II ZR 24/60 – AP Nr. 5 zu § 626 BGB Druckkündigung = DB 1961, 637) hat einen rechtswidrigen Streik, der mit dem Ziel geführt wurde, ein Vorstandsmitglied, das sich allerdings ordnungsgemäß verhalten hatte, zu entfernen, nicht als wichtigen Grund angesehen. Das Verlangen des Betriebsrats allein kann unter gar keinen Umständen als ein wichtiger Grund angesehen werden. Voraussetzung ist vielmehr, daß nach den besonderen Umständen des Falles dem Arbeitgeber nicht zugemutet werden kann, das Arbeitsverhältnis auch nur bis zum Ablauf der Kündigungsfrist fortzusetzen (*D/R* § 104 Rz. 15).

Verliert der Arbeitnehmer durch eine derartige Druckkündigung seinen Arbeits- **16** platz, ohne daß die Voraussetzungen des § 104 gegeben sind, so stehen ihm **Schadensersatzansprüche** nach § 823 Abs. 1 BGB gegen den Betriebsrat zu, u. U. auch aus § 826 BGB wegen sittenwidriger Schädigung. Nach **h. M.** wird nämlich das Recht am Arbeitsplatz als ein absolutes Recht im Sinne dieser Bestimmungen angesehen (*F/A/K/H* § 104 Rz. 9; *G/L* § 104 Rz. 11; zurückhaltender *D/R* § 104 Rz. 17; GK-*Kraft* § 104 Rz. 20). Der Anspruch richtet sich gegen jedes einzelne Betriebsratsmitglied, gegebenenfalls auch gegen jeden sonstigen Arbeitnehmer oder Dritten, der sich an der Ausübung des rechtswidrigen Drucks auf den Arbeitgeber beteiligt hat. Ein Anspruch gegen den Arbeitgeber auf Schadensersatz oder aus Aufopferung besteht nach **h. M.** nicht (*D/R* § 104 Rz. 17; *F/A/K/H* § 104 Rz. 9; GK-*Kraft* § 104 Rz. 20; KR-*Etzel* § 104 Rz. 69, 74; **a. A.** für einen Aufopferungsanspruch gegen den Arbeitgeber *G/L* § 104 Rz. 11; *Heinze* Rz. 696).

IV. Anrufung des Arbeitsgerichts

Kommt der Arbeitgeber dem Verlangen des Betriebsrats auf Kündigung oder **17** Versetzung des betreffenden Arbeitnehmers nicht nach, so kann der Betriebsrat das Arbeitsgericht anrufen mit dem Antrag, festzustellen, daß sein Verlangen begründet sei. Das Arbeitsgericht entscheidet sodann im Beschlußverfahren gem. § 80 Abs. 1 i. V. m. § 2a Abs. 1 Ziff. 1 und Abs. 2 ArbGG. In diesem Verfahren hat der Betriebsrat lediglich den Sachverhalt darzulegen, da im Beschlußverfahren das Arbeitsgericht von Amts wegen zur Aufklärung verpflichtet ist (*F/A/K/H* § 104 Rz. 12; *G/L* § 104 Rz. 15). Der betroffene Arbeitnehmer ist im Verfahren Beteiligter. Er muß insbesondere gem. § 83 Abs. 3 ArbGG gehört werden und ist beschwerdebefugt (*LAG Frankfurt/M.* Beschl. vom 7. 9. 1984 – 14/4 TaBV 116/83 – rkr., nicht veröff.; *G/L* § 104 Rz. 15; KR-*Etzel* § 104 Rz. 42).

Eine besondere **Frist für die Anrufung des Arbeitsgerichts** ist nicht festgelegt. Sie **18** ergibt sich aber aus der Natur der Sache. Verzögert der Betriebsrat den Antrag außergewöhnlich, so ist das entweder ein Zeichen, daß keine ernstliche Störung des Betriebsfriedens vorliegt oder daß sie wieder behoben ist. In beiden Fällen kann dem Antrag kein Erfolg beschieden sein (*D/R* § 104 Rz. 24). Es spielt also der Gesichtspunkt der Verwirkung eine Rolle. Zur **Konkretisierung des Zeitmoments** kann im Sinne eines **Richtwertes** die Frist von drei Monaten für die Stellung von Strafanträgen herangezogen werden (*D/R* § 104 Rz. 24; *F/A/K/H* § 104 Rz. 13; KR-*Etzel* § 104 Rz. 40; krit. *G/L* § 104 Rz. 16; GK-*Kraft* § 104 Rz. 12).

Gibt das Gericht dem **Antrag des Betriebsrats statt** und stellt damit fest, daß der **19** Antrag auf Entlassung oder Versetzung begründet ist, so ist der Arbeitgeber verpflichtet, entsprechend der Entscheidung des Gerichts zu verfahren. Der Arbeit-

§ 104   4. Teil 5. Abschn. Personelle Angelegenheiten

geber hat **unverzüglich**, d. h. ohne schuldhaftes Zögern **nach Eintritt der Rechtskraft** die ihm vom Gericht aufgegebene **Maßnahme durchzuführen** (KR-*Etzel* § 104 Rz. 44; GK-*Kraft* § 104 Rz. 13). Das Gericht muß bei der Entlassung beachten, daß in der Regel eine außerordentliche Kündigung nicht mehr in Frage kommen wird, weil die Zwei-Wochen-Frist des § 626 Abs. 2 BGB verstrichen ist; bei der ordentlichen Kündigung hat es dem Arbeitgeber die Zeit zur Einhaltung der Kündigungsfristen zu lassen (*D/R* § 104 Rz. 26, 28; *F/A/K/H* § 104 Rz. 15; *G/L* § 104 Rz. 17). Die für die außerordentliche Kündigung gegenteilige Ansicht, wonach mit der Rechtskraft der gerichtlichen Auflage die Zwei-Wochen-Frist des § 626 BGB (erst) zu laufen beginne (KR-*Etzel* § 104 Rz. 46ff., 57, 79) hat in systematischer Hinsicht gegen sich, daß damit zu Lasten des Arbeitgebers und ohne Grundlage im Gesetz **zweimal** eine **Zwei-Wochen-Frist** liefe; eine erste, binnen der der Arbeitgeber durch den Betriebsrat über den Kündigungssachverhalt unterrichtet sein muß (vgl.: KR-*Etzel* § 104 Rz. 47) und eine zweite ab Rechtskraft der gerichtlichen Entscheidung. Letzteres ist abzulehnen, weil es bei der **Durchsetzung** der rechtskräftigen richterlichen Anordnung nicht mehr um materielles Kündigungsrecht geht, sondern um eine **zwangsvollstreckungsrechtliche Frage**, bei der gegebenenfalls mit vollstreckungsgerichtlich gesetzten Fristen zu rechnen ist (vgl. Rz. 22; hierzu auch KR-*Etzel* § 104 Rz. 63). Deswegen kann auch der Arbeitnehmer gegen eine nicht sogleich ausgesprochene außerordentliche Kündigung nicht wegen Verfristung vorgehen (**a. A.** KR-*Etzel* § 104 Rz. 79). Ist für eine Kündigung z. B. die Zustimmung der Hauptfürsorgestelle erforderlich, so ist vor Ausspruch der Kündigung auch dieses Verfahren einzuhalten (*D/R* § 104 Rz. 26).

20 Die **rechtskräftige Entscheidung** des Arbeitsgerichts **beendet**, auch wenn sie auf Entlassung lautet, das Arbeitsverhältnis anders als in den Fällen des § 100 Abs. 3 **nicht automatisch** (vgl. § 100 Rz. 40f.; KR-*Etzel* § 104 Rz. 44, 46a). Kündigt der Arbeitgeber dem betreffenden Arbeitnehmer aufgrund der rechtskräftigen Entscheidung des Arbeitsgerichts, so kann der Arbeitnehmer, falls für ihn das Kündigungsschutzgesetz gilt, Kündigungsschutzklage erheben (*D/R* § 104 Rz. 26; *F/A/K/H* § 104 Rz. 15; *G/L* § 104 Rz. 19). Die Klage wird jedoch in der Regel als unbegründet abzuweisen sein, da der Arbeitnehmer wegen seiner Beteiligung im Beschlußverfahren **mit den Tatsachen präkludiert** ist, die er im Verfahren nach § 104 hätte vorbringen können (*F/A/K/H* § 104 Rz. 15; *LAG Frankfurt/M*. Beschl. v. 7. 9. 1984 – 14/4 TaBV 116/83 – rkr., unveröff.; *G/L* § 104 Rz. 19; KR-*Etzel* § 104 Rz. 78; GK-*Kraft* § 104 Rz. 22; **a.A.** *Heinze* Rz. 702; vgl. auch § 103 Rz. 57).

21 Lautet die **Entscheidung** des Gerichts auf eine **Versetzung**, so kann dem Arbeitgeber nicht die Versetzung auf einen bestimmten Arbeitsplatz aufgegeben werden, da das zugrunde liegende Recht des Betriebsrats nicht so weit reicht (vgl. Rz. 9), sondern nur ganz allgemein die Versetzung (*G/L* § 104 Rz. 17). Der Arbeitgeber muß die Versetzung vornehmen, falls im Betrieb die Möglichkeit besteht und er dies kraft Direktionsrechts kann. Ist eine Änderungskündigung erforderlich, so gelten die allgemeinen Vorschriften; der Betriebsrat ist hier auch nach §§ 102, 99 zu beteiligen, es sei denn, sein Verlangen wäre gerade auf Versetzung auf diesen bestimmten Arbeitsplatz gegangen (*F/A/K/H* § 104 Rz. 11; *G/L* § 104 Rz. 13; KR-*Etzel* § 104 Rz. 51; *D/K/K/S* § 104 Rz. 7). Der Arbeitnehmer kann Kündigungsschutzklage erheben. Ist im Betrieb kein geeigneter Arbeitsplatz vorhanden, so kann der Arbeitgeber den Arbeitnehmer entlassen;

es gilt gleiches, wie wenn die Entscheidung des Gerichts sofort auf Entlassung lautet (*D/R* § 104 Rz. 27; KR-*Etzel* § 104 Rz. 52); allerdings ist hier der Betriebsrat nach § 102 zu beteiligen.
Handelt der Arbeitgeber einer rechtskräftigen gerichtlichen Entscheidung zuwider, so hat das Arbeitsgericht auf Antrag des Betriebsrates und ohne vorherige Androhung (KR-*Etzel* § 104 Rz. 62, anders Rz. 63) gegen den Arbeitgeber für jeden Tag der **Zuwiderhandlung** ein **Zwangsgeld bis zu DM 500,-** zu verhängen gem. § 104 Satz 2 und 3. Es handelt sich um eine Maßnahme nach §§ 888ff. ZPO, wobei Ordnungs- oder **Zwangshaft** gem. § 85 Abs. 1 Satz 3 ArbGG **nicht** festgesetzt werden darf (*D/R* § 104 Rz. 29, 33; *G/L* § 104 Rz. 18; GK-*Kraft* § 104 Rz. 13; KR-*Etzel* § 104 Rz. 62). Für das Zwangsverfahren vgl. § 101 Rz. 14f. Daneben kommt ein **Verfahren** nach § 23 Abs. 3 nicht in Betracht (*D/R* § 105 Rz. 30; *F/A/K/H* § 108 Rz. 17; *Heinze* DB 1983 Beilage Nr. 9, 19). 22

Lehnt das Arbeitsgericht den **Antrag** des **Betriebsrats** ab, so bleibt die Rechtsstellung des Arbeitnehmers unberührt. War der Antrag offensichtlich unbegründet oder willkürlich, so können dem Arbeitnehmer auch hier Schadensersatzansprüche gegen die einzelnen Betriebsratsmitglieder zustehen (vgl. Rz. 16). 23

§ 105 Leitende Angestellte

Eine beabsichtigte Einstellung oder personelle Veränderung eines in § 5 Abs. 3 genannten leitenden Angestellten ist dem Betriebsrat rechtzeitig mitzuteilen.

Literaturübersicht

Becker Der kündigungsrechtliche Status von leitenden Angestellten, ZIP 1981, 1168.

Inhaltsübersicht

		Rz.
I.	Kein Mitwirkungsrecht des Betriebsrats	1, 2
II.	Personenkreis	3– 9
	1. Leitende Angestellte	3– 5
	2. Berufung auf fehlende Anhörung nach § 102	6– 9
III.	Gegenstand der Mitteilungspflicht	10
IV.	Mitteilung der personellen Maßnahme	11–13
	1. Inhalt	11
	2. Zeitpunkt	12
	3. Adressat	13
V.	Verletzung der Mitteilungspflicht	14

I. Kein Mitwirkungsrecht des Betriebsrats

Auf leitende Angestellte i. S. v. § 5 Abs. 3 finden die **Mitwirkungsrechte des Betriebsrats** in **personellen Angelegenheiten** (§§ 92–104) **keine Anwendung**, da das Gesetz keine ausdrückliche Anordnung ihrer Anwendung enthält, wie es § 5 1

§ 105   4. Teil 5. Abschn. Personelle Angelegenheiten

Abs. 3 fordert. Es besteht lediglich eine Mitteilungspflicht des Arbeitgebers nach § 105. Der Betriebsrat ist danach bei einer beabsichtigten Einstellung oder einer sonstigen personellen Veränderung eines leitenden Angestellten lediglich zu informieren. Dies ist auch ein Gebot der guten und vertrauensvollen Zusammenarbeit zwischen Arbeitgeber und Betriebsrat. Der Betriebsrat soll dadurch in die Lage versetzt werden, auch über die personelle Besetzung im Topmanagement Bescheid zu wissen und dem Arbeitgeber etwaige Bedenken aus der Sicht der Belegschaft oder Anregungen mitteilen zu können (*D/R* § 105 Rz. 9); *F/A/K/H* § 105 Rz. 5; *G/L* § 105 Rz. 1; GK-*Kraft* § 105 Rz. 10; KR-*Etzel* § 105 Rz. 2; **a. A.** *Hueck/ Nipperdey* II, 2, 1415 Fn. 12; *Nikisch* III, 477). Auf Bedenken und Gegenvorstellungen braucht der Arbeitgeber aber nicht einzugehen, er muß sie lediglich wegen des Grundsatzes der vertrauensvollen Zusammenarbeit anhören (*D/R* § 105 Rz. 7; *G/L* § 105 Rz. 6; GK-*Kraft* § 105 Rz. 9).

2 Die Vorschrift gilt nur für vom **Arbeitgeber beabsichtigte Maßnahmen**, dagegen nicht für solche, die der Arbeitnehmer beabsichtigt (*G/L* § 105 Rz. 2); sie gilt also nicht für eine Kündigung durch den leitenden Angestellten (h. M.; in diesem Fall ist der Arbeitgeber noch nicht einmal nach § 105 zur Mitteilung verpflichtet, dies kann sich aber aus dem Grundsatz der vertrauensvollen Zusammenarbeit ergeben *G/L* § 105 Rz. 2; KR-*Etzel* § 105 Rz. 24; allg. auch GK-*Kraft* § 105 Rz. 9). Die Informationspflicht aus § 105 entfällt, wenn der Betriebsrat funktionsunfähig ist (z. B. gleichzeitiger Urlaub aller Betriebsratsmitglieder, vgl. § 102 Rz. 16 und KR-*Etzel* § 105 Rz. 18).

II. Personenkreis

1. Leitende Angestellte

3 Die **Vorschrift gilt nur für leitende Angestellte i. S. d. § 5 Abs. 3**, nicht auch für Personen nach § 5 Abs. 2 (*D/R* § 105 Rz. 2; *F/A/K/H* § 105 Rz. 1; *G/L* § 105 Rz. 2; GK-*Kraft* § 105 Rz. 4; KR-*Etzel* § 105 Rz. 3 f.). Sie gilt aber auch für die »Beförderung« zum leitenden Angestellten, d. h. wird ein »normaler« Angestellter zum leitenden Angestellten befördert, unterliegt diese Maßnahme nicht dem Mitbestimmungsrecht des Betriebsrats, sondern löst lediglich die Mitteilungspflicht des Arbeitgebers nach § 105 aus; entscheidend ist für § 105 die Position, die der Angestellte künftig wahrnehmen soll (*BAG* vom 8. 2. 1977 – 1 ABR 22/76 – EzA § 5 BetrVG 1972 Nr. 27 = DB 1977, 1146; *BAG* vom 29. 1. 1980 – 1 ABR 49/ 78 – AP Nr. 24 zu § 5 BetrVG 1972 m. Anm. *Martens* = DB 1980, 1946; *D/R* § 105 Rz. 3; *F/A/K/H* § 105 Rz. 1 und § 99 Rz. 20; *G/L* § 105 Rz. 4 und § 99 Rz. 9; GK-*Kraft* § 105 Rz. 3). Werden dem **leitenden Angestellten Funktionen**, die seiner **Tätigkeit** die **Eigenschaft** eines **leitenden Angestellten geben, entzogen**, so besteht ebenfalls kein Mitbestimmungsrecht des Betriebsrats, § 105 findet Anwendung (*D/R* § 105 Rz. 5; *F/A/K/H* § 105 Rz. 1; *G/L* § 105 Rz. 4; GK-*Kraft* § 105 Rz. 3; KR-*Etzel* § 105 Rz. 16); hierzu zählen etwa der Widerruf einer Prokura, eine Änderungskündigung oder das Ausscheiden aus dem Betrieb durch Entlassung.

4 Die **Vereinbarung einer Probezeit** mit einem **leitenden Angestellten** ändert nichts an dessen Status als leitender Angestellter, wenn sie dazu dienen soll, seine persönliche Eignung gerade im Hinblick auf die Aufgabe zu erproben, die seine Stellung als leitender Angestellter begründen; **§ 105** ist also **anwendbar** (*BAG* vom

leitende Angestellte § 105

25. 3. 1976 – 1 AZR 192/75 – EzA § 5 BetrVG 1972 Nr. 23 = DB 1976, 1064). Werden jedoch während der Probezeit die (später einmal) die Eigenschaft eines leitenden Angestellten begründenden **Befugnisse temporär eingeschränkt** oder von vornherein vertraglich noch nicht (voll) gegeben, so hat dieser Angestellte in der Probezeit nicht die Stellung eines leitenden Angestellten; § 105 findet keine Anwendung, für eine Kündigung in der Probezeit **gilt § 102** (KR-*Etzel* § 105 Rz. 11).

Für die Anwendbarkeit des § 105 kommt es darauf an, ob ein Angestellter **objektiv leitender Angestellter ist**. Arbeitgeber und Betriebsrat können sich nicht mit rechtsbegründender Wirkung darüber einigen, ob ein Angestellter leitender Angestellter ist oder nicht, da § 5 Abs. 3 eine zwingende gesetzliche Regelung enthält (*BAG* vom 19. 8. 1975 – 1 AZR 613/74 – EzA § 102 BetrVG 1972 Nr. 15 m. Anm. *Meisel* = DB 1975, 2138; KR-*Etzel* § 105 Rz. 14). Verlangt der Betriebsrat die volle personelle Mitbestimmung mit der Behauptung, daß es sich um keinen leitenden Angestellten handelt, so kann der Betriebsrat mit einem Feststellungsantrag beim Arbeitsgericht seine Ansicht durchzusetzen versuchen. Bis dahin kann der Arbeitgeber den leitenden Angestellten als solchen behandeln. 5

2. Berufung auf fehlende Anhörung nach § 102

Da es auf die objektive Rechtslage für die Anwendbarkeit des § 105 ankommt, kann es zu Schwierigkeiten führen, wenn von **Arbeitgeber und/oder Betriebsrat** diese **Lage verkannt** wurde und z. B. nur eine Mitteilung nach § 105 erfolgte, obwohl eine Anhörung nach § 102 hätte erfolgen müssen. Selbst wenn nämlich die Parteien des Arbeitsverhältnisses einschließlich Betriebsrat einverständlich davon ausgehen, daß dieser ein leitender Angestellter sei, so ist dieser gleichwohl nicht gehindert, im **Kündigungsschutzprozeß geltend zu machen**, er falle **nicht unter den Personenkreis des § 5 Abs. 3** (*BAG* vom 19. 8. 1975 – 1 AZR 613/74 – EzA § 102 BetrVG 1972 Nr. 15 m. Anm. *Meisel* = DB 1975, 2138). Ob ein Arbeitnehmer leitender Angestellter i. S. d. § 5 Abs. 3 ist, kann in dessen **Kündigungsrechtsstreit als Vorfrage** geprüft werden (*BAG* vom 19. 8. 1975 – 1 AZR 565/74 – EzA § 102 BetrVG 1972 Nr. 16 m. Anm. *Meisel* = DB 1975, 2231; KR-*Etzel* § 105 Rz. 36). Kommt das Gericht im Kündigungsschutzprozeß zu dem Ergebnis, der betreffende Arbeitnehmer sei kein leitender Angestellter, so kann die Kündigung wegen mangelnder Anhörung des Betriebsrats nach § 102 unheilbar nichtig sein. 6

Eine **Information an den Betriebsrat** nach § 105 kann nämlich nicht ohne weiteres in die Einleitung eines **Anhörungsverfahrens** nach § 102 **umgedeutet** werden (*BAG* vom 19. 8. 1975 – 1 AZR 565/74 a. a. O.; *BAG* vom 7. 12. 1979 – 7 AZR 1063/77 – EzA § 102 BetrVG 1972 Nr. 42 = DB 1980, 742; *F/A/K/H* § 105 Rz. 1; *G/L* § 102 Rz. 27; *D/K/K/S* § 105 Rz. 9; *Heinze* Personalplanung Rz. 473; weitergehend KR-*Etzel* § 105 Rz. 37; vgl. auch § 102 Rz. 52). Dies gilt selbst dann, wenn dem Betriebsrat die Kündigungsgründe mitgeteilt werden, es aber zweifelhaft ist, ob der Arbeitnehmer objektiv gesehen leitender Angestellter ist. In diesem Fall muß der Arbeitgeber dem Betriebsrat eindeutig zu erkennen geben, daß er nicht nur eine Mitteilung nach § 105 bezweckt, sondern zugleich – **zumindest vorsorglich** – das **Anhörungsverfahren** nach § 102 Abs. 1 einleiten will; es bedarf also einer ausdrücklichen Aufforderung zur Stellungnahme (*BAG* vom 26. 5. 1977 – 2 AZR 135/76 – EzA § 102 BetrVG 1972 Nr. 29 m. Anm. *Klinkhammer* = DB 7

§ 105 4. Teil 5. Abschn. *Personelle Angelegenheiten*

1977, 1852). Für die **Praxis empfiehlt es sich** daher, in **Zweifelsfällen** über den Status des leitenden Angestellten stets vorsorglich das Anhörungsverfahren nach § 102 durchzuführen, da die Nichtanhörung zu erheblichen Nachzahlungen führen kann, falls im Kündigungsschutzprozeß festgestellt wird, der betreffende Arbeitnehmer sei nicht leitender Angestellter (KR-*Etzel* § 105 Rz. 37a).

8 Besteht über den **Status des leitenden Angestellten** im **Betrieb keinerlei Streit**, d. h. geht sowohl der Arbeitgeber, der Betriebsrat als auch der Arbeitnehmer davon aus, daß der Arbeitnehmer den Status des leitenden Angestellten habe und verhält sich dieser so und unterrichtet der Arbeitgeber bei einer Kündigung dieses Arbeitnehmers den Betriebsrat nach § 105, so ist fraglich, welche Rechtsfolge eintritt, wenn der Arbeitnehmer sich darauf beruft, er sei kein leitender Angestellter. Beruft er sich noch vor Ausspruch der Kündigung darauf, so muß vor Ausspruch der Kündigung – zumindest vorsorglich (vgl. Rz. 7) – das Verfahren nach § 102 durchgeführt werden. Beruft der Arbeitnehmer sich erst nach Ausspruch der Kündigung darauf, er sei kein leitender Angestellter, so ist zu verlangen, daß dies innerhalb angemessener Frist geschieht. Die Vorschrift des § 102 stellt zwar keine Kündigungsschutzvorschrift dar, sie ist aber eine betriebsverfassungsrechtliche Vorschrift zum Schutze des einzelnen Arbeitnehmers und führt vom Ergebnis her, falls die Anhörung nicht erfolgt ist, auch zu einem Kündigungsschutz; sie kann daher vom Schutzzweck her den Kündigungsschutzvorschriften gleichgestellt werden, zumindest soweit es das Sich-Berufen auf Tatsachen betrifft, die den Arbeitnehmer stützen. Es ist daher der allgemeine Rechtsgedanke aus dem Kündigungsschutzrecht anzuwenden, daß der Arbeitnehmer sich auf Tatbestände, die zur Unwirksamkeit der Kündigung führen können, innerhalb angemessener Frist beruft. Als angemessen wird man die 3-Wochen-Frist ansehen können, wenn innerhalb dieser die Kündigungsschutzklage erhoben werden kann. Das *Bundesarbeitsgericht* hat diesen Rechtsgedanken für das Schwerbehindertengesetz angenommen (*BAG* vom 23.2. 1978 – 2 AZR 462/76 – EzA § 12 SchwbG Nr. 5 = DB 1978, 1227; *BAG* vom 19.6. 1969 – 2 AZR 542/68 – unveröffentlicht) und ferner auch zur Konkretisierung des Umstandsmoments bei der Prozeßverwirkung (im Zusammenhang mit der richterlichen Kontrolle mehrfacher Befristungen, so *BAG* vom 7.3. 1980 – 7 AZR 177/78 – EzA § 4 KSchG 1969 Nr. 17 m. Anm. *Herschel* = DB 1980, 1498; *BAG* vom 11.11. 1982 – 2 AZR 552/81 – EzA § 620 BGB Nr. 61 = DB 1983, 1880; **a. A.** GK-*Kraft* § 105 Rz. 13). Dem Gedanken, daß der leitende Angestellte, der behauptet, keiner zu sein, sich innerhalb **angemessener Frist** auf diesen Umstand berufen muß, steht auch nicht entgegen, daß die mangelnde Anhörung nach § 102 jederzeit unabhängig von der Frist des § 4 KSchG geltend gemacht werden kann (vgl. § 102 Rz. 58ff.). Bei der mangelnden Anhörung nach § 102 hat der Arbeitgeber gegen eine klare gesetzliche Vorschrift verstoßen, während er sich im geschilderten Fall durch die Mitteilung nach § 105 gesetzestreu verhalten und hinsichtlich der Mitteilung an den Betriebsrat alles ihm Zumutbare getan hat. Bei jeder anderen Auslegung würde praktisch jedes Risiko des Anhörungsverfahrens bei einem Arbeitnehmer, der im Betrieb unstreitig als leitender Angestellter angesehen wird, sich aber nach der Kündigung darauf beruft, keiner zu sein, ganz einseitig zu Lasten des Arbeitgebers gehen und dazu führen, daß der Arbeitgeber **stets** – also in jedem nur denkbaren Fall, wenn er das große finanzielle Risiko vermeiden will – neben der Mitteilung nach § 105 **vorsorglich das Verfahren nach § 102 durchführt**. Nach Ansicht des *Bundesarbeitsgerichts* gilt allerdings auch in einem solchen Fall die Anhörung als nicht erfolgt (*BAG* vom *leitende Angestellte* § 105

30. 5. 1978 – 2 AZR 255/76 – EzA § 105 BetrVG 1972 Nr. 3); das *Bundesarbeitsgericht* legt also das Risiko einseitig dem Arbeitgeber auf. Will der Arbeitgeber also in der Praxis wegen des meistens **sehr hohen finanziellen Risikos** ganz sicher gehen, daß in einem Kündigungsschutzprozeß nicht etwa festgestellt werde, die Kündigung sei wegen mangelnder Anhörung unwirksam, da der Betreffende kein leitender Angestellter sei, so muß er **vorsorglich die Unterrichtung des Betriebsrats i. S. v. § 102** vornehmen. Der Betriebsrat ist, wenn er die Mitteilung nach § 105 erhält, aber der Ansicht ist, der Betreffende sei kein leitender Angestellter, verpflichtet, aus dem Gesichtspunkt der vertrauensvollen Zusammenarbeit dem Arbeitgeber mitzuteilen, daß er den Betreffenden nicht als leitenden Angestellten betrachte (GK-*Kraft* § 105 Rz. 12; für eine dahingehende Pflicht im Bereich des Personalvertretungsrechts allg. auch: *BAG* vom 31. 3. 1983 – 2 AZR 384/81 – AP Nr. 1 zu § 8 LPVG Hessen m. Anm. *Bichel*).

Folgt man der in Rz. 8 vertretenen Ansicht nicht, so gilt jedenfalls, daß ein Arbeitnehmer, der sich zunächst im Arbeitsverhältnis (und gegebenenfalls nachfolgend im Prozeß) als leitender Angestellter **geriert, rechtsmißbräuchlich** handelt, wenn er sich später im Prozeß auf das Fehlen dieser Eigenschaft berufen will (GK-*Kraft* § 105 Rz. 13; enger KR-*Etzel* § 105 Rz. 36; ferner *Meisel* Anm. zu BAG EzA § 102 BetrVG 1972 Nr. 16). Zu den allgemeinen Grundsätzen der **Verwirkung** vgl. § 102 Rz. 60. 9

III. Gegenstand der Mitteilungspflicht

Dem Betriebsrat ist die beabsichtigte Einstellung oder personelle Veränderung eines leitenden Angestellten mitzuteilen. Zum Begiff der **Einstellung** vgl. § 99 Rz. 15 ff. Eine **personelle Veränderung** ist neben Versetzungen und Entlassungen (Eingruppierung und Umgruppierungen gelten, da es sich um tarifvertragliche oder betriebsverfassungsrechtliche Maßnahmen handelt, nicht für den leitenden Angestellten, vgl. § 99 Rz. 27, 33 ff.; *D/R* § 105 Rz. 4; *S/W* § 105 Rz. 3; **a. A.** *F/A/K/H* § 105 Rz. 2; KR-*Etzel* § 105 Rz. 22; im Ergebnis wie hier GK-*Kraft* § 105 Rz. 7) jede Veränderung, die den Aufgabenbereich des einzelnen leitenden Angestellten innerhalb der Betriebsleitung berührt – also seine Stellung in der Organisation des Betriebes (Unternehmens) betrifft (*D/R* § 105 Rz. 5; *F/A/K/H* § 105 Rz. 2; *G/L* § 105 Rz. 4; KR-*Etzel* § 105 Rz. 23). Hierzu gehört die Veränderung des Aufgabenbereiches, sei es durch Entzug z. B. der Prokura bzw. deren Erteilung, Änderung der Stellung innerhalb der betrieblichen Organisation auch ohne Änderung des Arbeitsvertrages (*D/R* § 105 Rz. 5 f.; *F/A/K/H* § 105 Rz. 2; KR-*Etzel* § 105 Rz. 22; GK-*Kraft* § 105 Rz. 7). Handelt es sich nur um Änderungen der arbeitsvertraglichen Bedingungen, so liege keine Mitteilungspflicht nach § 105 vor. Das Gesetz bezweckt lediglich, den Betriebsrat darüber zu informieren, welcher (namentlich bezeichnete) an welcher Stelle welche Funktion (gegebenenfalls auch nicht mehr) ausübt (GK-*Kraft* § 105 Rz. 8; *F/A/K/H* § 105 Rz. 3). 10

Schlochauer 1557

IV. Mitteilung der personellen Maßnahme

1. Inhalt

11 Der Arbeitgeber ist verpflichtet, den Betriebsrat über die **Person** des **Bewerbers**, insbesondere die **künftige Funktion** des leitenden Angestellten, zu unterrichten. Er braucht jedoch keine Einzelheiten des Angestelltenvertrages mitzuteilen (*D/R* § 105 Rz. 9; *G/L* § 105 Rz. 5; *GK-Kraft* § 105 Rz. 6). Auch persönliche Verhältnisse des Arbeitnehmers wie Gesundheitszustand, bisheriger beruflicher Werdegang brauchen nicht mitgeteilt zu werden (*G/L* § 105 Rz. 5; KR-*Etzel* § 105 Rz. 25; *GK-Kraft* § 105 Rz. 6; zu weitgehend hinsichtlich der persönlichen Angaben und einer Mitteilungspflicht bei einer Eigenkündigung des leitenden Angestellten *F/A/K/H* § 105 Rz. 2f.). Eine Pflicht zur Mitteilung der Mitbewerber besteht nicht (KR-*Etzel* § 105 Rz. 25). Ebensowenig ist der Arbeitgeber gehalten, die beabsichtigte Maßnahme mit dem Betriebsrat zu **erörtern** (*G/L* § 105 Rz. 6; *GK-Kraft* § 105 Rz. 9) oder gar von ihr Abstand zu nehmen (KR-*Etzel* § 105 Rz. 33).

2. Zeitpunkt

12 Die Mitteilung muß **rechtzeitig vor der Einstellung** bzw. der personellen Änderung erfolgen. Für die Einstellung ist der Abschluß des Vertrages und nicht die effektive Eingliederung in den Betrieb maßgebend (*F/A/K/H* § 105 Rz. 4; *GK-Kraft* § 105 Rz. 10; *D/R* § 105 Rz. 12; a. A. *G/L* § 105 Rz. 8; vermittelnd KR-*Etzel* § 105 Rz. 21 und im Ergebnis wie hier Rz. 30). Bei den personellen Veränderungen allerdings muß der Arbeitgeber dem Betriebsrat so rechtzeitig Mitteilung machen, daß dieser seine eventuellen Gegenvorstellungen dem Arbeitgeber noch vortragen kann. Lediglich dann, wenn ausnahmsweise die **Arbeitsaufnahme vor Vertragsabschluß** bereits erfolgt ist, ist der Betriebsrat vor ersterer bereits rechtzeitig zu informieren (ähnl. im Ergebnis KR-*Etzel* § 105 Rz. 21). Die **Wirksamkeit** der beabsichtigten Maßnahme **hängt nicht davon** ab, ob eine z. T. im Schrifttum vorgeschlagene **Frist** zur Unterrichtung des Betriebsrats (spätestens eine Woche vor Durchführung der geplanten Maßnahme; so KR-*Etzel* § 105 Rz. 29) eingehalten ist (*D/R* § 105 Rz. 11; *GK-Kraft* § 105 Rz. 10; **a. A.** KR-*Etzel* § 105 Rz. 29; vermittelnd *G/L* § 105 Rz. 8). Eine **Verpflichtung** des Arbeitgebers, den Betriebsrat **vor Vertragsabschluß** bereits über den **Stand der Vertragsverhandlungen** zu unterrichten (so KR-*Etzel* § 105 Rz. 30), besteht nicht (*D/R* § 105 Rz. 12). In Fällen, in denen es dem Arbeitgeber wegen der besonderen **Geheimhaltungsbedürftigkeit** der vertraulich geführten Vertragsverhandlungen nicht zumutbar ist, den Betriebsrat schon vor Vertragsabschluß zu informieren, ist eine Unterrichtung erst **nach Vertragsabschluß, aber vor der Arbeitsaufnahme** des leitenden Angestellten ausreichend (*D/R* § 105 Rz. 12; *GK-Kraft* § 105 Rz. 11; **a. A.** KR-*Etzel* § 105 Rz. 30).

3. Adressat

Die Mitteilung ist an den **Betriebsrat des Betriebes** zu richten, in dem der **leitende** 13
Angestellte angestellt ist. Bezieht sich die Tätigkeit auf mehrere Betriebe, so ist
die Mitteilung an die einzelnen Betriebsräte zu richten (*G/L* § 105 Rz. 3). Eine
Zuständigkeit des **Gesamtbetriebsrats** oder des **Konzernbetriebsrats** kommt nur in
Betracht, wenn der leitende Angestellte Funktionen nur im Unternehmens- oder
Konzernbereich wahrnimmt (*G/L* § 105 Rz. 3; KR-*Etzel* § 105 Rz. 31; GK-*Kraft*
§ 105 Rz. 5; a.A. *D/R* § 105 Rz. 13; *F/A/K/H* § 105 Rz. 5a). Der Betriebsrat ist
im Rahmen der vertrauensvollen Zusammenarbeit nach § 79 Abs. 1 Satz 1 verpflichtet, den Inhalt der Unterrichtung **geheimzuhalten**, sofern der Arbeitgeber
ihn insoweit auf Betriebs- und Geschäftsgeheimnisse (etwa die beabsichtigte Entlassung eines leitenden Angestellten) ausdrücklich hinweist (KR-*Etzel* § 105
Rz. 34; *F/A/K/H* § 105 Rz. 4).

V. Verletzung der Mitteilungspflicht

Sanktionen sind für die Verletzung der Mitteilungspflicht nach § 105 **nicht vorge-** 14
schrieben. Die Verletzung der Mitteilungspflicht nach § 105 hat im Gegensatz zu
§ 31 Abs. 3 Satz 2 SprAuG auf die Wirksamkeit der Kündigung eines leitenden
Angestellten keinen Einfluß (*BAG* vom 25. 3. 1976 – 1 AZR 192/75 – EzA § 5
BetrVG 1972 Nr. 23 = DB 1976, 1064). Eine analoge Anwendung des § 101 scheidet ebenfalls aus. Verletzt der Arbeitgeber also schuldhaft seine Pflicht, dem Betriebsrat eine personelle Maßnahme nach § 105 mitzuteilen, so kann er nicht durch
eine analoge Anwendung des § 101 Satz 1 in einem Beschlußverfahren gezwungen
werden, die Maßnahme rückgängig zu machen (*LAG Düsseldorf/Köln* vom 13. 5.
1976 – 3 Ta BV 2/76 – rkr., DB 1976, 1383). Auch eine **Ordnungswidrigkeit** i. S. d.
§ 121 liegt nicht vor (*D/R* § 105 Rz. 16; KR-*Etzel* § 105 Rz. 39). Allenfalls kann ein
Ordnungs- oder Zwangsgeldverfahren nach § 23 Abs. 3 gegen den Arbeitgeber bei
mehrfachen Verstößen gegen § 105 in Betracht kommen (*D/R* § 105 Rz. 16; KR-*Etzel* § 105 Rz. 40; GK-*Kraft* § 105 Rz. 15).

Sechster Abschnitt
Wirtschaftliche Angelegenheiten

Erster Unterabschnitt
Unterrichtung in wirtschaftlichen Angelegenheiten

§ 106 Wirtschaftsausschuß

(1) In allen Unternehmen mit in der Regel mehr als einhundert ständig beschäftigten Arbeitnehmern ist ein Wirtschaftsausschuß zu bilden. Der Wirtschaftsausschuß hat die Aufgabe, wirtschaftliche Angelegenheiten mit dem Unternehmer zu
beraten und den Betriebsrat zu unterrichten.
(2) Der Unternehmer hat den Wirtschaftsausschuß rechtzeitig und umfassend
über die wirtschaftlichen Angelegenheiten des Unternehmens unter Vorlage der
erforderlichen Unterlagen zu unterrichten, soweit dadurch nicht die Betriebs- und

§ 106 4. Teil 6. Abschn. *Wirtschaftliche Angelegenheiten*

Geschäftsgeheimnisse des Unternehmens gefährdet werden, sowie die sich daraus ergebenden Auswirkungen auf die Personalplanung darzustellen.

(3) Zu den wirtschaftlichen Angelegenheiten im Sinne dieser Vorschrift gehören insbesondere

1. die wirtschaftliche und finanzielle Lage des Unternehmens;
2. die Produktions- und Absatzlage;
3. das Produktions- und Investitionsprogramm;
4. Rationalisierungsvorhaben;
5. Fabrikations- und Arbeitsmethoden, insbesondere die Einführung neuer Arbeitsmethoden;
6. die Einschränkung oder Stillegung von Betrieben oder von Betriebsteilen;
7. die Verlegung von Betrieben oder Betriebsteilen;
8. der Zusammenschluß von Betrieben;
9. die Änderung der Betriebsorganisation oder des Betriebszwecks sowie
10. sonstige Vorgänge und Vorhaben, welche die Interessen der Arbeitnehmer des Unternehmens wesentlich berühren können.

Literaturübersicht

Anders Die Informationsrechte des Wirtschaftsausschusses in einer Aktiengesellschaft, Diss. Köln, 1979; *Auffarth* Wirtschaftliches Mitbestimmungsrecht AR-Blattei Betriebsverfassung XIV; *Balz, E.* Der Sozialplan im Konkurs- und Vergleichsverfahren, DB 1985, 689–696; *Bauer/Moench* Sozialplanabfindungen im Konkurs (Verfassungswidrigkeit), NJW 1984, 468 ff.; *Bauer/Röder* Aufhebungsverträge bei Massenentlassungen und bei Betriebsänderungen, NZA 1985, 201–205; *dies.* Beiträge zur Reform des Insolvenzrechts, Vorträge und Diskussion des IDW-Insolvenz-Symposions am 11./12.6. 1987, Düsseldorf 1987; *Beuthin* Tarifverträge tarifverfassungsrechtlichen Inhalts, ZfA 1986, 131; *ders.* Sozialplan und Unternehmensverschuldung, 1980; *Binz/Hess* Der Konkurs der Insolvenzrechtsreform, 1987; *Birk* Auslandsbeziehungen und BetrVG, FS für *Schnorr v. Carolsfeld*, 61 ff.; *ders.* »Tendenzbereich« und Wirtschaftsausschuß, JZ 1983, 753 ff.; *ders.* Betriebsaufspaltung und Änderung der Konzernorganisation im Arbeitsrecht, ZGR 1984, 23 ff.; *Blank/Blanke/Klebe/Kümpel/Wendeling-Schröder/Wolter* Arbeitnehmerschutz bei Betriebsaufspaltung und Unternehmensteilung, 2. Aufl. 1987; *Bösche* Die Informationsrechte der Wirtschaftsausschußmitglieder, in: *Brehm/Pohl* (Hrsg.). Interessenvertretung durch Information, 1978, 154 ff.; *Bösche/Grimberg* Vorlage des Wirtschaftsprüferberichts im Wirtschaftsausschuß, AuR 1987, 133; *Bötticher* Sozialplananansprüche im Konkurs vor dem Gemeinsamen Senat der Obersten Gerichtshöfe des Bundes?, BB 1984, 539–543; *Boldt* Organisation und Aufgaben des Wirtschaftsausschusses nach dem BetrVG, Die AG 1972, 299; *Braun* Die Unterrichtung der Arbeitnehmer über die wirtschaftliche Lage und Entwicklung des Unternehmens, 1982; *Brill* Die Rechtsprechung zur wirtschaftlichen Mitbestimmung des Betriebsrats, DB 1978, Beilage Nr. 18; *Buchner* Sozialplanverpflichtungen: Entwicklung, Bedeutung und finanzwirtschaftliche Versorgungsmöglichkeiten, 1985; *Buschmann* Der vergessene Interessenausgleich, BB 1982, 510 ff.; *Däubler* Interessenausgleich und Sozialplan bei der Einführung von Bildschirmgeräten, DB 1985, 2297–2302; *Dehmer* Die Betriebsaufspaltung, 2. Aufl. 1987; *Denck* Bildschirmarbeitsplätze und Mitbestimmung des Betriebsrats, RdA 1982, 279–299; *Derleder* Betriebliche Mitbestimmung ohne vorbeugenden Rechtsschutz?, AuR 1983, 289 ff.; *ders.* Einstweiliger Rechtsschutz und Selbsthilfe im Betriebsverfassungsrecht, AuR 1985, 65 ff.; *Drukarczyk* Unternehmen und Insolvenz, 1987; *ders.* Zum Problem der wirtschaftlichen Vertretbarkeit von Sozialplänen, RdA 1986, 115–119; *Düttmann/Kehrmann/Muff* Gesetz über den Sozialplan im Konkurs- und Vergleichsverfahren – Ein Kurzkommentar, AiB 1985, 35; *Düring* Die Zuständigkeitsabgrenzung zwischen Gesamtbetriebsrat und Betriebsrat, DB

1980, 689; *Dütz* Betriebsverfassungsrechtliche Auskunftspflichten im Unternehmen, FS für *Westermann*, 1974, 37 ff.; *ders.* Erzwingbare Verpflichtungen des Arbeitgebers gegenüber dem Betriebsrat, DB 1984, 115–128, insbes. 125 ff.; *Ebenroth* Unternehmensrecht und Internationales Privatrecht, FS für *Meier-Hayoz*, 1982, 101–124; *Eich* Einstweilige Verfügung und Unterlassung der Betriebsänderung, DB 1983, 747 ff.; *Ehrmann* Betriebsstillegung und Mitbestimmung, 1978; *v. Elsner* Der Sozialplan. Eine arbeitsrechtliche Hoffnung ohne ausreichende unternehmensrechtliche Grundlage, BB 1983, 1169–1172; *Erdmann/Mager* Technik – Mitbestimmung – Zusammenarbeit, DB 1987, 46; *Fangemann* Rechtsprobleme der Kommunikaton in mitbestimmten Unternehmen, AuR 1980, 129 ff.; *Fehlberg/Wieczorek* Zur Arbeit des Wirtschaftsausschusses, BetrR 1973, 471; *Gege* Die Funktion des Wirtschaftsausschusses im Rahmen der wirtschaftlichen Mitbestimmung, DB 1979, 647 ff.; *Gessner/Plett* Der Sozialplan im Konkursunternehmen, 1982; *Gessner/Rhode/Strate/Ziegert* Die Praxis der Konkursabwicklung in der BRD, 1978; *Gitter* Gebrauchsüberlassungsverträge, Handbuch des Schuldrechts, Bd. 7, 1988; *Götz* Betriebsstillegungen und Sozialpläne in heutiger Zeit, in: *Rüthers/Hacker* Das BetrVG auf dem Prüfstand, 1983, 65 ff.; *Grub* Sozialplanwillkür? Thesen aus der Sicht eines Praktikers, ZIP-Report 1983, 873–875; *Hammelhoff* Abschlußprüfer-Berichte an den Wirtschaftsausschuß, ZIP 1990, 218; *Hammen* Die »richterliche Inhaltskontrolle« von Betriebsänderungen (Sozialplan) durch das *Bundesarbeitsgericht* insbesondere aus revisionsrechtlicher Sicht, RdA 1986, 23 ff.; *Hanau* Fragen der Mitbestimmung und Betriebsverfassung im Konzern, ZGR 1984, 468–494; *ders.* Der Regierungsentwurf eines Beschäftigungsförderungsgesetzes 1985 oder Hier hat der Chef selbst gekocht, NZA 1984, 345–348; *ders.* Probleme der Mitbestimmung des Betriebsrats über den Sozialplan, ZfA 1974, 89; *Hartung* Muß der Wirtschaftsausschuß über die eingeplante Tariferhöhung unterrichtet werden?, DB 1975, 885 ff.; *Heinze* Aktuelle Probleme der Mitbestimmung in wirtschaftlichen Angelegenheiten, Zeitschrift für Personalführung 1986, 511; *ders.* Die betriebsverfassungsrechtlichen Ansprüche gegenüber dem Arbeitgeber, DB 1983 Beilage Nr. 9; *ders.* Einstweiliger Rechtsschutz im arbeitsrechtlichen Verfahren, RdA 1986, 273–294; *ders.* Zur rechtzeitigen Information von Betriebsrat und Wirtschaftsausschuß über geplante Betriebsänderungen, NZA 1985, 555; *Heither* Betriebsänderungen (§ 111 BetrVG) in der Rechtsprechung des *BAG*, ZIP 1985, 513–520; *ders.* Wirtschaftliche Angelegenheiten, AR-Blattei XIV e; *ders.* Wirtschaftsausschuß, AR-Blattei Betriebsverfassung XIV D; *Hess* Das Gesetz über den Sozialplan im Konkurs- und Vergleichsverfahren, NZA 1985, 205 ff.; *ders.* Die Beteiligungsrechte des Betriebsrats bei konkursbedingten Entscheidungen des Konkursverwalters, ZIP 1985, 334; *Hess/Gotters* Die Neuregelung zum Sozialplan nach dem Beschäftigungsgesetz und nach dem Konkurssozialplangesetz, BlStSozArbR 1985, 264–265; *Hilger* Vertragsauslegung und Wegfall der Geschäftsgrundlage im betrieblich-kollektiven Bereich, FS für *Karl Larenz*, 1983, 241–255; *Hohmann-Dennhardt* Entscheidungsstrukturen im Unternehmen, 1980; *Hommelhoff* Die Konzernleitungspflicht, 1982; *v. Hoyningen-Huene* Das neue Beschäftigungsförderungsgesetz 1985, NJW 1985, 1801–1807; *ders.* Die Information der Belegschaft durch Aufsichtsrats- und Betriebsratsmitglieder, DB 1979, 2422–2427; *ders.* Die wirtschaftliche Vertretbarkeit von Sozialplänen und zugleich eine Rahmenformel zur Berechnung des Sozialplanvolumens, RdA 1986, 102–115; *Hüffner/Kerschner* Die Beteiligungsrechte des Betriebsrats im wirtschaftlichen Bereich, 1981; *Hunold* Ungelöste Probleme im Recht der Personalanpassung, BB 1984, 2275–2283; *Hüper* Der Betrieb im Unternehmerzugriff, Arbeitnehmerinteresse und Mitbestimmung bei Betriebsübergang, Betriebsaufspaltung und Betriebsparzellierung, 1986; Industriegewerkschaft Metall Das Sanierungsverfahren in einem zukünftigen Insolvenzrecht, 1982; *Kehrmann/Schneider* Die wirtschaftliche Mitbestimmung nach dem neuen BetrVG, BlStSozArbR 1972, 60; *dies.* Die Beteiligungsrechte der Arbeitnehmer in wirtschaftlichen Angelegenheiten nach dem neuen BetrVG, MitGespr. 1972, 71, 91; *Keim* Wann ist die Einschaltung des Wirtschaftsausschusses rechtzeitig?, BB 1980, 1330; Kommission für Insolvenzrecht, Bericht der Kommission für Insolvenzrecht, hrsg. v. Bundesministerium der Justiz, Erster Bericht 1985, Zweiter Bericht 1986; *Konzen* Arbeitsrechtliche Drittbeziehungen – Gedanken über Grundlagen und Wirkungen der »gespaltenen Arbeitgeberstellung«, ZfA 1982, 259 ff.; *ders.* Unter-

§ 106   4. Teil 6. Abschn. Wirtschaftliche Angelegenheiten

nehmensaufspaltung und Betriebseinheit, AuR 1985, 341 ff.; *ders.* Unternehmensaufspaltungen und Organisationsänderungen im Betriebsverfassungsrecht, 1986; *ders.* Gleichbehandlungsgrundsatz und personelle Grenzen der Kollektivautonomie, FS für *G. Müller,* 1981, 245–263; *ders.* Mehrere Unternehmen als Träger eines Betriebs im Sinne des BetrVG, FS für *Hilger/Stumpf,* 1983; *Krack/Strauß/Fehlberg* Informieren – Auswerten – Handeln – Der Wirtschaftsausschuß als Teil gewerkschaftlicher Interessenvertretung, BetrR 1981, 70; *Kraushaar* Sozial- und rechtspolitische Überlegungen zum Sozialplan im Konkurs, DB 1984, 772; *Kreutz* Vergangenheitsorientierung von Sozialplänen, FS für *E. Wolf,* 1985, 320 ff.; *Lahusen* Streitigkeiten zwischen Unternehmer und Wirtschaftsausschuß, BB 1989, 1399; *Lehmann* Zum Entwurf eines Gesetzes über arbeitsrechtliche Vorschriften zur Beschäftigungsförderung – BSchFG, AiB 1985, 3; *Lehmann, M.* Das Privileg der beschränkten Haftung und der Durchgriff im Gesellschafts- und Konzernrecht, ZGR 1986, 345–370; *Löwisch* Das Schicksal von Sozialplänen aus der Zeit zwischen Großem Senat (1978) und *BVerfG* (1983), DB 1984, 1246, 1247; *ders.* Die Erläuterung des Jaahresabschlusses gem. § 108 Abs. 5 BetrVG bei Personenhandelsgesellschaften und Einzelkaufleuten, FS *BAG,* 1979, 353–365; *ders.* Sozialplanleistungen und Gleichbehandlungsgebot, FS für *G. Müller,* 1981, 301–308; *ders.* Das Beschäftigungsförderungsgesetz 1985, BB 1985, 1200–1207; *Lorenz/ Schwedes* Das Beschäftigungsförderungsgesetz, DB 1985, 1077–1082; *Martens* Grundlagen des Konzernarbeitsrechts, ZGR 1984, 417–459; *Mayer* Kräfte und Spannungen im Arbeitsrecht/Tendenzen der Arbeitsrechtsentwicklung 1970–1985, 1986; *Muszynski* Wirtschaftliche Mitbestimmung aus der Sicht unterschiedlicher Konfliktansätze, MitGespr. 1977, 12; *Naendrup* Sozialrechtliche Fälle mit Auslandsberührung – Grundlagenbetrachtungen mit Beispielen, BlStSozArbR 1983, 229–236; *ders.* Einseitige Kürzung von Sozialplänen – Zur Bestandskraft kollektivvertraglicher Vereinbarungen, AuR 1984, 193; *v. Neumann-Cosel/ Rupp* Zur Qualifikation von Wirtschaftsausschußmitgliedern – Anspruch und Wirklichkeit, Mitbestimmung 1985, 30–32; *Oetker/Lunk* Der Betriebsrat – ein Ersatzorgan für den Wirtschaftsausschuß, DB 1990, 2320; *Otto* Der Sozialplan als Gegenstand neuer gesetzgeberischer Initiativen, ZfA 1985, 71–99; *Pottmeyer* Die Überleitung der Arbeitsverhältnisse im Falle des Betriebsinhaberwechsels nach § 613a BGB und die Mitbestimmung nach §§ 111 ff. BetrVG, 1987; *Pramann* Zum Begriff der Einsichtnahme in betriebsverfassungsrechtlichen Vorschriften (§§ 34, 80, 83, 108 BetrVG), DB 1983, 1922–1925; *Reuter* Der Sozialplan – Entschädigung für Arbeitsplatzverlust oder Steuerung unternehmerischen Handelns?, 1983; *ders.* Gibt es eine arbeitsrechtliche Methode? Ein Plädoyer für die Einheit der Rechtsordnung, FS für *Hilger/Stumpf,* 1983, 537–599; *Richardi* Anspruch auf den Sozialplan bei Betriebsänderungen, NZA 1984, 177–182; *ders.* Teilnahme eines Gewerkschaftsbeauftragten an Sitzungen des Wirtschaftsausschusses, AuR 1983, 33–40; *Ritter* Aktuelle Aspekte des Arbeitsrechts, Fest- und Jubiläumsschrift zum 65. Geburtstag von *Dieter Gaul,* 1987; *Rumpff* Mitbestimmung in wirtschaftlichen Angelegenheiten und bei der Unternehmensplanung und Personalplanung, 2. Aufl. 1978; *Säcker* Zehn Jahre BetrVG im Spiegel höchstrichterlicher Rechtsprechung, 1982, 83; *Schaub* Rechtsprobleme des Betriebsübergangs, ZIP 1984, 272 ff.; *Schellhaaß* Ein ökonomischer Vergleich finanzieller und rechtlicher Kündigungserschwernisse, ZfA 1984, 139–171; *Scherer* Die neue Sozialplanregelung des Beschäftigungsförderungsgesetzes 1985, NZA 1985, 764–768; *Schlochauer* Untersagung von Entlassungen oder Kündigungen durch einstweilige Verfügung bis zum Abschluß eines Interessenausgleichs, JArbR Bd. 20 (1982), 61 ff.; *Schultze-Scharnhorst* Partizipationspotential am Arbeitsplatz/Eine empirisch-soziologische Untersuchung in Gießereien zur Fortentwicklung der industriellen Mitbestimmung, 1985; *Simon* Arbeitsrechtliche und Haftungsprobleme bei der Betriebsaufspaltung, ZfA 1987, 311–352; *Spieker* Interessenausgleich bei Eigenkündigung im Insolvenzverfahren, DB 1987, 1839–1841; *Spinti* leitende Angestellte und Sozialplan – neu entschieden, DB 1986, 1571–1573; *Teichmüller* Interessenausgleich, Sozialplan, Konkurs/Handbuch mit zahlreichen Musterbeispielen und Checklisten, 1983; *Trittin* Der Unterlassungsanspruch des Betriebsrats zur Sicherung seiner Mitwirkungsrechte gem. §§ 90, 111, 112 BetrVG, DB 1983, 230 ff.; *ders.* Neue Technologien im Betrieb – die Hinzuziehung eines Sachverständigen durch den Betriebsrat, AiB 1985, 90 ff.; *Uhlenbruck* Das Gesetz über den Sozialplan im Konkurs- und Vergleichsverfahren, NJW 1985, 712 ff.; *Vogt* Personaleinschränkungen als Betriebsänderungen im Sinne der §§ 90, 106 und 111 ff. BetrVG, DB 1976, 625; *ders.* Zur Vorlagepflicht von Unterlagen bei der Erteilung wirtschaftlicher Informationen an Wirtschaftsausschuß und Betriebsrat, BB 1978, 1125; *ders.* Zu den Wechselbeziehungen von Informationsrechten und -pflichten im Unternehmens- und Betriebsverfassungsrecht, DB 1978, 1481; *ders.* Personalabbaumaßnahmen und neues Sozialrecht nach dem Beschäftigungsförderungsgesetz 1985, BB 1985, 2328–2334; *ders./Volkmann/Wendeling-Schröder* Divisionale Unternehmensorganisation und Interessenvertretung der Arbeitnehmer, WSI-Mitt. 1981, 287 ff.; *Wahsner* Durchsetzung von Verhandlungen über Interessenausgleich – vorläufiger Kündigungsstopp durch einstweilige Verfügung?, AiB 1982, 166 ff.; *Weihmann* Der Konzern im Arbeitsrecht aus der Sicht der Praxis, ZGR 1984, 460–464; *Weller* Der Sozialplan, AR-Blattei Sozialplan I; *ders.* Konkurs und Sozialplan, AR-Blattei Konkurs IV; *Wendeling-Schröder* Betriebsaufspaltungen und Unternehmensteilungen, eine Epidemie in Mittel- und Kleinbetrieben macht den Arbeitnehmern zu schaffen, Mitbestimmung 1983, 312; *dies.* Divisionalisierung, Mitbestimmung und Tarifvertrag 1984; *dies.* Mehrere Unternehmen – ein Betrieb, NZA 1984, 247 ff.; *dies.* Mitwirkungs- und Mitbestimmungsrechte des Betriebsrats bei Betriebs- und Unternehmensaufspaltungen?, AiB 1983, 58 ff.; *Wiese* Sitzungen des Wirtschaftsausschusses und die Behandlung geheimhaltungsbedürftiger, vertraulicher sowie sonstiger Tatsachen, FS für *Karl Molitor*, 1988; *Wisskirchen* Der Wirtschaftsausschuß nach dem BetrVG 1972, JArbR Bd. 13 (1975), 73 ff.; *Wlotzke* Zum arbeitsrechtlichen Teil des Regierungsentwurfs eines Beschäftigungsförderungsgesetzes 1985 – Ein Bericht –, NZA 1984, 217–222; *Wriedt* Unternehmerisches Gewinnstreben und Humanisierung der Arbeit, BB 1987, 1537–1541; *Zöllner* Betriebs- und unternehmensverfassungsrechtliche Fragen bei konzernrechtlichen Betriebsführungsverträgen, ZfA 1983, 93–106).

Inhaltsübersicht

		Rz.
I.	Allgemeines	1–11
II.	Bildung und Aufgaben des Wirtschaftsausschusses (Abs. 1)	12–21
	1. Die Voraussetzungen für die Bildung des Wirtschaftsausschusses	12–17
	2. Streitigkeiten über die Errichtung von Wirtschaftsausschüssen	18–20
	3. Die Aufgaben des Wirtschaftsausschusses	21
III.	Die Unterrichtung des Wirtschaftsausschusses durch den Unternehmer (Abs. 2)	22–31
	1. Gegenstand und Zeitpunkt der Unterrichtung	22–26
	2. Die Grenzen der Unterrichtung	27–29
	3. Die Durchsetzung der Unterrichtungsverpflichtung	30, 31
IV.	Wirtschaftliche Angelegenheiten (Abs. 3)	32–49
	1. Wirtschaftliche und finanzielle Lage des Unternehmens (Ziff. 1)	33–36
	2. Produktions- und Absatzlage (Ziff. 2)	37
	3. Produktions- und Investitionsprogramm (Ziff. 3)	38, 39
	4. Rationalisierungsvorhaben (Ziff. 4)	40
	5. Fabrikations- und Arbeitsmethoden (Ziff. 5)	41–43
	6. Die Einschränkung oder Stillegung von Betrieben (Ziff. 6)	44
	7. Die Verlegung von Betrieben (Ziff. 7)	45
	8. Der Zusammenschluß von Betrieben (Ziff. 8)	46
	9. Die Änderung der Betriebsorganisation bzw. des Betriebszwecks (Ziff. 9)	47, 48
	10. Sonstige Vorgänge und Vorhaben, die die Interessen der Arbeitnehmer des Unternehmens wesentlich berühren können (Ziff. 10)	49

§ 106   4. Teil 6. Abschn. Wirtschaftliche Angelegenheiten

I. Allgemeines

1   Die Vorschriften der §§ 106ff. enthalten die Regelungen über die **Beteiligungsrechte der Arbeitnehmer im wirtschaftlichen Bereich**. Da die Rechte des Wirtschaftsausschusses auf Beratung und Unterrichtung beschränkt sind, handelt es sich nicht um ein echtes Mitbestimmungsrecht (*D/R* Vorbem. zu § 106 Rz. 4).

2   Die **Bildung eines Wirtschaftsausschusses** aus Arbeitnehmervertretern **muß erfolgen, wenn die Voraussetzungen vorliegen**. Liegen die Voraussetzungen nicht vor, kann ein Wirtschaftsausschuß nicht gebildet werden (*D/R* § 106 Rz. 10; GK-*Fabricius* § 106 Rz. 10). Ein auf freiwilliger Basis aufgrund einer Betriebsvereinbarung gebildetes Gremium hat nicht die Befugnisse eines Wirtschaftsausschusses (*D/R* § 106 Rz. 10; *F/A/K/H* § 106 Rz. 6; GK-*Fabricius* § 106 Rz. 13).
In Kleinbetrieben kann der Betriebsrat nicht die Rechte des Wirtschaftsausschusses übernehmen (*D/R* § 106 Rz. 11; so auch *Oetker/Lunk* DB 1990, 2320ff.; a.A. GK-*Fabricius* § § 106 Rz. 11, 12).
Demgemäß hat der Betriebsrat auch kein allgemeines Recht auf Einblick in die Jahresbilanzen (*LAG Köln* vom 8. 9. 1987 – 11 TaBV 32/87 – NZA 1988, 210).

3   Die vom Gesetzgeber vorgeschriebene **Verpflichtung des Unternehmers**, den **Wirtschaftsausschuß umfassend und rechtzeitig zu unterrichten und die wirtschaftlichen Angelegenheiten zu beraten**, soll maßgeblich dazu dienen, Entscheidungen auf der Unternehmensebene, die sich für die Arbeitnehmer nachteilig auswirken können, frühzeitig zu erkennen und die partnerschaftliche vertrauensvolle Zusammenarbeit im Betrieb zu fördern (*BAG* vom 31. 10. 1975 – ABR 4/74 – EzA § 106 BetrVG 1972 Nr. 2 = DB 1976, 295; GK-*Wiese* § 106 Rz. 43).

4   Der **Wirtschaftsausschuß** wird **nicht in Tendenzbetrieben** gebildet (§ 118 Abs. 1 Satz 2), wenn die geistig ideelle Zielsetzung überwiegt (GK-*Fabricius* § 118 Rz. 523ff.).

5   **In Seebetrieben** ist für die wirtschaftlichen Beteiligungsrechte der **Seebetriebsrat zuständig** (§ 115 Abs. 7 Satz 1; GK-*Wiese* § 115 Rz. 47).

6   **Auch in den Landbetrieben von Luftfahrtunternehmen ist** ein **Wirtschaftsausschuß zu bilden,** wenn die Voraussetzungen vorliegen.

7   Da der Wirtschaftsausschuß auf der Unternehmensebene gebildet wird, ist **in einem Unternehmen mit mehreren Teilbetrieben nur ein Wirtschaftsausschuß** zu bilden (*D/R* § 106 Rz. 4 m.w.N.).

8   Streitig ist, ob für einen Konzern, bei dem mehrere Unternehmen verbunden sind und in der Regel mehr als 100 Arbeitskräfte beschäftigt werden, ein Wirtschaftsausschuß auf Konzernebene gebildet werden kann. Da § 106 nur auf »das« Unternehmen abstellt, kann selbst dann, wenn ein Konzernbetriebsrat gebildet ist, mangels Ermächtigung kein Konzernwirtschaftsausschuß gebildet werden (*G/L* § 106 Rz. 8; a.A. GK-*Fabricius* § 106 Rz. 14; vgl. auch *F/A/K/H* § 106 Rz. 3, die die Bildung eines Ausschusses auf freiwilliger Basis für möglich halten, ohne daß diesem Ausschuß die Rechte eines Wirtschaftsausschusses zustehen). *D/R* (§ 106 Rz. 4) halten für den Fall, daß ein Konzernbetriebsrat gewählt ist, auch die Bildung eines Wirtschaftsausschusses für zulässig.

9   **Umstritten ist die Frage, wann in Unternehmen mit Auslandsberührung Wirtschaftsausschüsse zu bilden sind.** Das *ArbG Hamburg* (vom 9. 10. 1972 GBV 21/72 – BB 1973 Beilage Nr. 3, 21) hat die Bildung eines Wirtschaftsausschusses in einem deutschen Betrieb eines multinationalen Unternehmens mit dem Hauptsitz im Ausland für unzulässig erklärt, da sich die Unternehmensspitze außerhalb des

Geltungsbereichs der Bundesrepublik Deutschland befinde. Die überwiegende Meinung stellt demgegenüber nicht mehr darauf ab, in welchem Land sich die Unternehmensleitung befindet, sondern stellt auf Sinn und Zweck der Beteiligungsrechte ab. Da auch in den inländischen Betrieben ausländischer Unternehmen das Bedürfnis der Arbeitnehmer besteht, in wirtschaftlichen Angelegenheiten informiert zu werden, geht man davon aus, daß die Regelung des § 106 **auch auf ein inländisches Unternehmen angewendet werden muß, das Teil eines umfassenden ausländischen Unternehmens ist** (*BAG* vom 1. 10. 1974 – 1 ABR 77/73 – EzA § 106 BetrVG 1972 Nr. 1 m. Anm. *Buchner* = DB 1975, 453; *D/R* § 106, Rz. 7; GK-*Fabricius* § 106 Rz. 15 ff.; *F/A/K/H* § 106 Rz. 5; *G/L* § 106 Rz. 9; *Birk* FS für *Schnorr v. Carolsfeld*, 73; *Simitis* FS für *Kegel*, 178; *BAG* vom 31. 10. 1975 – 1 ABR 4/74 – EzA § 106 BetrVG 1972 Nr. 2 = DB 1976, 295).

Da auf das gesamte Unternehmen abzustellen ist, ist für die Bildung des Wirtschaftsausschusses **nicht entscheidend, ob in dem inländischen Unternehmensteil in der Regel mehr als 100 Arbeitnehmer beschäftigt werden** (GK-*Fabricius* § 106 Rz. 36; *Birk* FS für *Schnorr v. Carolsfeld*, 82; *Simitis* FS für *Kegel*, 178; *Grasmann* ZGR 1973, 324; *Däubler* RabelsZ Rz. 39, 466; a.A. *D/R* § 106 Rz. 8 m. w. N.; *F/A/K/H* § 106 Rz. 5; *G/L* § 106 Rz. 11; *S/W* §§ 106–109 Rz. 3).

10

Zu der Frage, ob eine Beschränkung bzw. Erweiterung der Beteiligungsrechte in wirtschaftlichen Angelegenheiten durch Betriebsvereinbarungen bzw. Tarifvertrag möglich ist, siehe vor § 1 Rz. 71 ff.

11

II. Bildung und Aufgaben des Wirtschaftsausschusses (Abs. 1)

1. Die Voraussetzungen für die Bildung des Wirtschaftsausschusses

Der **Wirtschaftsausschuß ist in allen Unternehmen mit in der Regel mehr als 100 ständig beschäftigten wahlberechtigten Arbeitnehmern zu bilden.** Er wird auf der Unternehmensebene und nicht auf der Betriebsebene gebildet (*Rumpff* 111). Zum Unternehmensbegriff siehe GK-*Fabricius* § 106 Rz. 5.

12

Unter dem Unternehmen ist die wirschaftliche Organisationsform zu verstehen. Das **Unternehmen hat dann in der Regel mehr als 100 beschäftigte Arbeitnehmer, wenn unter gewöhnlichen und normalen Umständen diese Zahl erreicht wird** (*LAG Berlin* vom 25. 4. 1988 – 9 TaBV 2/88 – DB 1988, 1456 = BB 1988, 1288). Damit ist nicht die Jahresdurchschnittszahl der beschäftigten Arbeitnehmer gemeint, ebenso wie die vorübergehende Mehr- oder Minderbeschäftigung von Arbeitnehmern für die Feststellung der zahlenmäßigen Voraussetzung unerheblich ist; so hat ein vorübergehendes Absinken der Zahl der ständigen Belegschaft wegen des plötzlichen Ausscheidens von Arbeitnehmern, die nicht sofort ersetzt werden können, keine Bedeutung. Es kommt auf die Zahl der im ständigen Arbeitsverhältnis Beschäftigten an (**Stammarbeitnehmerschaft** – im Gegensatz zu den vorübergehend Beschäftigten), wobei das Gesamtunternehmen entscheidend ist, nicht die einzelnen Betriebe. Maßgeblich ist die Beschäftigtenzahl in der Vergangenheit und die Einschätzung, wie sich die Beschäftigtenzahl in der Zukunft entwickeln wird (*BAG* vom 12. 10. 1976 – 1 ABR 1/76 – EzA § 8 BetrVG 1972 Nr. 2 = DB 1977, 356).

13

14 **Ständig beschäftigte Arbeitnehmer** sind solche, die grundsätzlich auf unbestimmte Zeit eingestellt sind. Auf eine bestimmte Zeit eingestellte Arbeitnehmer sind dann ständige, wenn es sich um einen erheblichen Zeitraum handelt (GK-*Fabricius* § 106 Rz. 6).
Auch Auszubildende gehören zu den ständig beschäftigten Arbeitnehmern, so daß sie bei der Ermittlung der normalen Beschäftigtenzahl des Betriebes zu berücksichtigen sind. Sind einschließlich der Auszubildenden mehr als 100 ständig beschäftigte Arbeitnehmer beschäftigt, ist ein Wirtschaftsausschuß zu bilden (*LAG Niedersachsen* vom 27. 11. 1984 – 8 TaBV 6/84 – AuR 1986, 29, 30 = NZA 1985, 332).

15 Keine ständigen Arbeitnehmer sind Saisonarbeiter, befristet eingestellte Aushilfskräfte sowie auf unbestimmte Zeit eingestellte Aushilfskräfte, soweit das Arbeitsverhältnis vorübergehend bestehen soll.

16 Sind z. B. in einem Unternehmen regelmäßig 150 Arbeitnehmer beschäftigt, davon aber nur 90 Mann Stammbelegschaft, während die anderen immer nur für kurze Zeitperioden je nach Bedarf vom Arbeitsamt angefordert werden, so ist ein Wirtschaftsausschuß nicht zu bilden.

17 Bei **Kampagnebetrieben** sind der »regelmäßige« Zustand des Betriebs, die Kampagnezeit und die Zahl der Beschäftigten maßgebend, die während der Kampagne im Betrieb beschäftigt sind. Diese Arbeitnehmer sind als ständige anzusehen.
Keine Voraussetzung ist jedoch, daß bereits eine gewisse Dauer der Betriebszugehörigkeit vorliegt. Auch neu Eingestellte können ständig beschäftigt sein. **Nicht mitzuzählen sind leitende Angestellte** (GK-*Fabricius* § 106 Rz. 7; *F/A/K/H* § 106 Rz. 4).

2. Streitigkeiten über die Errichtung von Wirtschaftsausschüssen

18 **Streitigkeiten** über die Errichtung eines Wirtschaftsausschusses entscheidet das Arbeitsgericht **im Beschlußverfahren** (§§ 2 Abs. 1 Ziff. 4, 80 Abs. 1 ArbGG; GK-*Wiese* § 106 Rz. 109).

19 Parteien des Rechtsstreits sind der Unternehmer und der für die Unterrichtung des Wirtschaftsausschusses zuständige Betriebsrat. Örtlich zuständig ist das Arbeitsgericht, in dessen Bezirk das Unternehmen liegt. Befindet sich das Unternehmen im Ausland, so ist das Gericht zuständig, in dessen Bezirk ein inländischer Betrieb gelegen ist.

20 Die Festsetzung eines Gegenstandswertes von DM 8 000,00 gem. § 8 Abs. 2 BRAGO ist in diesem Zusammenhang als angemessen anzusehen (*LAG Bremen* vom 13. 12. 1984 – 4 TaBV 81/84 –).

3. Die Aufgaben des Wirtschaftsausschusses

21 Die **Aufgabe des Wirtschaftsausschusses** besteht darin, **nach Unterrichtung durch den Unternehmer wirtschaftliche Angelegenheiten mit dem Unternehmer zu beraten und den Betriebsrat hierüber zu unterrichten.** Er soll einer Unterrichtung von Betriebsrat und Arbeitnehmern über wirtschaftliche Angelegenheiten des Unternehmens und damit der Förderung der betrieblichen vertrauensvollen Zusammenarbeit dienen. Gemeinsame Ergebnisse und Beschlüsse werden nicht gefaßt, da dem **Wirtschaftsausschuß keine Entscheidungskompetenz** zukommt. Er ist kein eigenständiges Organ der Belegschaft, sondern **lediglich ein Informations- und Beratungsgremium** und damit ein Hilfsorgan des Betriebsrats bzw. des Gesamtbetriebsrats (*BAG* vom 18. 11. 1980 – 1 ABR 31/78 – EzA § 108 BetrVG 1972 Nr. 4 m. Anm. *Wohlgemuth* = DB 1981, 1240; GK-*Wiese* § 106 Rz. 1).

III. Die Unterrichtung des Wirtschaftsausschusses durch den Unternehmer (Abs. 2)

1. Gegenstand und Zeitpunkt der Unterrichtung

Damit der Wirtschaftsausschuß seine Aufgaben nach Abs. 1 in befriedigender Weise erfüllen kann, hat der Unternehmer den Wirtschaftsausschuß **rechtzeitig und umfassend** über die wirtschaftlichen Angelegenheiten des Unternehmens zu unterrichten, d. h. der Wirtschaftsausschuß muß sich aufgrund von Berichten, Plänen, Analysen und dergleichen mehr über die in Abs. 3 besonders genannten wirtschaftlichen Angelegenheiten ein genaues, zutreffendes und vollständiges Bild über die wirtschaftliche Situation des Unternehmens machen können (*BAG* vom 20. 11. 1984 – 1 ABR 64/82 – EzA § 106 BetrVG 1972 Nr. 6 = DB 1985, 924; *D/R* § 106 Rz. 14). Insoweit kann es erforderlich sein, daß der Arbeitgeber Unterlagen mit umfangreichen Daten und Zahlen schon vor der Sitzung vorzulegen hat (*BAG* vom 20. 11. 1984 a. a. O.; GK-*Fabricius* § 106 Rz. 57 ff.).
Grundsätzlich entscheidet jedoch der Arbeitgeber über die Form der Auskunftserteilung, wobei die mündliche Unterrichtung ausreichend sein kann. Der Unternehmer ist grundsätzlich nicht verpflichtet, vom Wirtschaftsausschuß vorgelegte Fragebogen auszufüllen (*LAG Baden-Württemberg* vom 22. 11. 1985 – 5 TaBV 6/85 – DB 1986, 334).
Der Auskunftspflicht unterliegen nur konkrete Fragen aus konkretem Anlaß (*LAG Baden-Württemberg* a. a. O.), so daß die mündliche Beantwortung von (nach gewerkschaftlichen Musterblättern angefertigten) Kennziffern-Katalogen, die aus Gründen statistischer Auswertbarkeit nicht auf die konkrete Situation des Unternehmens bezogene Standardfragen enthalten, nicht verlangt werden kann.
Rechtzeitig bedeutet, daß die Unterrichtung zu einem möglichst frühen Zeitpunkt nach Abschluß der Vorüberlegungen zu erfolgen hat, so daß die Vorschläge und Ansichten des Wirtschaftsausschusses bei einer möglicherweise zu treffenden endgültigen Entscheidung noch in gebührendem Maße berücksichtigt werden können (vgl. auch *Rumpff* 122 ff.; *G/L* § 106 Rz. 30; *D/R* § 106 Rz. 17; GK-*Wiese* § 106 Rz. 54; vom 25. 9. 1978 – 2 Ws [B] 82/78 – DB 1979, 112 und *OLG Hamburg* vom 4. 6. 1985 – 2 Sa 5/85 – OWi – DB 1985, 1846).
In Betrieben, in denen der Unternehmer nicht eine Einzelperson ist, kann die Unterrichtungspflicht erst entstehen, wenn die aus mehreren Personen bestehende Unternehmensleitung bereits konkrete Vorstellungen über den zu beratenden Gegenstand entwickelt hat, d. h. das Meinungsbildungsverfahren vollständig abgeschlossen ist.
Wenn die Unternehmenspflicht auch **umfassend** sein soll, so bedeutet dies nicht, daß schlechthin jede Angelegenheit mit wirtschaftlichem Bezugspunkt dem Wirtschaftsausschuß mitzuteilen wäre. Dies ging schon aus rein praktischen Gründen nicht. Der Unternehmer muß daher eine **Auswahl der wichtigsten Vorgänge nach**

pflichtgemäßem Ermessen treffen. Er hat darüber hinaus aber auf Fragen des Ausschusses Auskunft in allen wirtschaftlichen Angelegenheiten zu geben, sofern dadurch nicht Betriebs- oder Geschäftsgeheimnisse gefährdet werden.

25 Die Informationspflicht beinhaltet auch eine **Aufklärung über die sich aus den wirtschaftlichen Maßnahmen ergebenden Auswirkungen auf die Personalplanung** (*D/R* § 106 Rz. 15). Insofern wird zusammen mit § 92 Abs. 1 eine umfassende Information des Betriebsrats in den für die Personalfragen wichtigen Fragen sichergestellt. Hierzu gehören vor allem Auswirkungen der wirtschaftlichen Maßnahmen im Hinblick auf die Veränderung der Belegschaftszahl, notwendige Versetzungen, Umschulungen und sonstige sich unmittelbar auf das Personal auswirkende Maßnahmen.

26 Als **Informationsmittel** sind dem Wirtschaftsausschuß auch **Unterlagen vorzulegen**, die zum besseren Verständnis erforderlich sind. Hierzu gehören Bilanzen, Erfolgsrechnungen, Investitionsprogramme, Organisationspläne, Analysen (*D/R* § 106 Rz. 20; GK-*Fabricius* § 106 Rz. 60; *F/A/K/H* § 106 Rz. 10; *G/L* § 106 Rz. 28). Die Unterlagen müssen nicht ausgehändigt werden; dem Wirtschaftsausschuß ist vielmehr **nur Einsicht zu gewähren** (*D/R* § 106 Rz. 29; *S/W* §§ 106–109 Rz. 36; *Dietz* FS für *Westermann*, 39; *G/K/S/B* § 10 Rz. 14; *Kehrmann/Schneider* BlStSozArbR 1972, 62; a.A. *BAG* vom 20. 11. 1984 – 1 ABR 64/82 – EzA § 106 BetrVG 1972 Nr. 6 = DB 1985, 924; *F/A/K/H* § 106 Rz. 10; GK-*Fabricius* § 106 Rz. 62 ff.; *Fabricius* DB 1976, 1383, die die Übergabe der Unterlagen bejahen).
Anläßlich der Einsichtnahme in die Unterlagen dürfen die Mitglieder des Wirtschaftsausschusses sich Notizen fertigen (*BAG* vom 15. 6. 1976 – 1 ABR 116/74 – EzA § 80 BetrVG 1972 Nr. 14 = DB 1976, 1773), die jedoch nicht so umfangreich sein dürfen, daß sie einer Fotokopie gleichkommen (a.A. GK-*Fabricius* § 106 Rz. 61; *F/A/K/H* § 106 Rz. 10a). Ein zeitweises Überlassen der Unterlagen zur Vorbereitung auf die Sitzung kann von den Mitgliedern des Wirtschaftsausschusses verlangt werden, sofern Entwicklungen und Prognosen, die nur anhand umfangreicher Daten und Zahlen beurteilt werden können, beraten werden. Eine Abschrift oder Ablichtung ist hierbei jedoch ohne Zustimmung des Arbeitgebers nicht gestattet (*BAG* vom 20. 11. 1984 – 1 ABR 64/82 – EzA § 106 BetrVG 1972 Nr. 6 = DB 1985, 924; *LAG Düsseldorf* vom 21. 7. 1982 – 5 TaBV 43/82 – DB 1982, 2711).

2. Die Grenzen der Unterrichtung

27 Der **Anspruch auf Unterrichtung besteht nur insoweit, als dadurch nicht die Betriebs- und Geschäftsgeheimnisse des Unternehmens gefährdet werden** (zu dem Begriff des Betriebs- und Geschäftsgeheimnisses siehe § 79 Rz. 3). Soweit Betriebs- und Geschäftsgeheimnisse des Unternehmens gefährdet werden, braucht der Unternehmer die Unterlagen nicht vorzulegen, also weder Einsicht zu gestatten, noch die Unterlagen zu überlassen (*BAG* vom 20. 11. 1984 – 1 ABR 64/82 – EzA § 106 BetrVG 1972 Nr. 6 = DB 1985, 924).
Geschäftsgeheimnisse sind Tatsachen und Daten, die im Zusammenhang mit der wirtschaftlichen Betätigung oder dem technischen Betrieb des Unternehmens stehen, nur einem eng begrenzten Personenkreis bekannt sind und deren Offenbarung ein berechtigtes wirtschaftliches Interesse des Unternehmers verletzen

würde, weil die Konkurrenz ihre eigene Wettbewerbsfähigkeit steigern und infolgedessen wirtschaftlicher Schaden eintreten könnte (*BAG* vom 26. 2. 1987 – 1 ABR 46/84 – EzA § 79 BetrVG 1972 Nr. 1 = DB 1987, 2526). Betriebs- und Geschäftsgeheimnisse können im technischen Bereich sein: Unterlagen über neue technische Verfahren, Konstruktionszeichnungen und Beschreibungen, Modelle, Sammlungen von Mustern, die den Kunden vorgelegt werden sollen, Verbesserungen im Ablauf technischer Verfahren, technische Einzelheiten aus der Produktion, Erfindungen und Gebrauchsmuster, auch wenn sie keinen Schutz genießen, Besonderheiten bei an sich bekannten technischen Verfahren, Wirkung und Energieverbrauch bestimmter Maschinen, Stärken und Schwächen der hergestellten Waren. Im geschäftlichen Bereich können Betriebs- und Geschäftsgeheimnisse sein: Investitionspläne und -vorhaben, Kunden und Lieferantenkarteien, Vertreterverzeichnisse, Absatz, Planung, Kalkulation, Bezugsquellen, Vertragsabschlüsse, Bilanzen, Zahlungsbedingungen, die Kreditwürdigkeit, Inventare, Produktionsengpässe, Wettbewerbsverstöße des Arbeitgebers und ähnliches, die innerbetriebliche Lohngestaltung, wozu auch gehört die Aufschlüsselung der Lohn- und Gehaltsdaten, wie z. B. der Lohnsumme der gewerblichen Arbeitnehmer nach Lohngruppen, der Gehaltssumme der Tarifangestellten nach Gehaltsgruppen, die Gehaltssumme der AT-Angestellten, die Gehaltssumme der leitenden Angestellten sowie die jeweiligen tariflichen und übertariflichen Bestandteile der Lohn- und Gehaltssummen. Geschützt sind dabei nicht nur die Geheimnisse selbst, sondern auch alle Tatsachen, die einen Rückschluß auf sie zulassen (*G/L* § 106 Rz. 37; *D/R* § 106 Rz. 24).

Die **Beurteilung** der Frage, ob durch eine Unterrichtung Betriebs- und Geschäftsgeheimnisse gefährdet werden, kann **nur durch** den Unternehmer erfolgen, da allein er in der Lage ist, Bedeutung und Auswirkung einer Mitteilung in allen betrieblich und geschäftlich zu berücksichtigenden Zusammenhängen zu übersehen. Allerdings hat der Arbeitgeber dabei **nach pflichtgemäßem Ermessen** zu handeln (*D/R* § 106 Rz. 27; *G/L* § 106 Rz. 38). Auch die für den Wirtschaftsausschuß bestehende Geheimhaltungspflicht berechtigt nicht, vom Unternehmer Auskunft über Angelegenheiten zu verlangen, die Betriebs- und Geschäftsgeheimnisse gefährden (vgl. auch *Rumpff* 129 ff.; *S/W* §§ 106–109 Rz. 41, 42; *F/A/K/H* § 106 Rz. 11). 28

Umstritten ist die Frage, ob dem Wirtschaftsausschuß – insbesondere im Zusammenhang mit der Erläuterung des Jahresabschlusses gem. § 108 Abs. 5 – die jährlichen Wirtschaftsprüfungsberichte vorzulegen sind. Der Wirtschaftsprüfungsbericht (vgl. § 321 HGB) legt dar, ob die Buchführung, der Jahresabschluß und der Lagebericht den gesetzlichen Vorschriften entsprechen und ob die gesetzlichen Verteter die entsprechenden Nachweise gebracht haben. Grundsätzlich besteht weder ein unmittelbarer Anspruch noch ein absolutes Verbot, den Wirtschaftsprüfungsbericht dem Wirtschaftsausschuß vorzulegen (*LAG Frankfurt/M.* vom 19. 4. 1988 – 4 TaBV 99/87 – DB 1988, 1807 = BB 1988, 2246). Eine Vorlagepflicht ist abzulehnen, da der Wirtschaftsprüfungsbericht nur Informationen enthält, die auch anderweitig erteilt werden können. Er stellt keine weitergehende Informationsquelle dar, sondern eine Bewertung der bereits vorgegebenen Grunddaten. Eine Verpflichtung zur Vorlage des Wirtschaftsprüfungsberichts ist auch deshalb nicht gegeben, weil nach § 106 Abs. 2 BetrVG nicht die Verpflichtung besteht, ein Informationsgleichgewicht zwischen Betriebsrat und Unternehmer herzustellen. Der Unternehmer ist lediglich verpflichtet, solche Unterlagen, die wesentliche 29

§ 106 4. Teil 6. Abschn. Wirtschaftliche Angelegenheiten

Daten oder Grunddaten enthalten und somit eine allgemeine Aussage über die wirtschaftliche und finanzielle Lage des Unternehmens vermitteln, vorzulegen (vgl. *Martens* DB 1988, 1229, 1234; **a.A.** *Bösche/Krimberg* AuR 1987, 133, 137; *BAG* Beschl. vom 8.8.1989 – 1 ABR 61/88 – DB 1989, 2621, das davon ausgeht, daß der Wirtschaftsprüfungsbericht vom Arbeitgeber jedenfalls dann vorzulegen ist, wenn ein wirksamer Spruch der Einigungsstelle den Unternehmer zur Vorlage verpflichtet. *Hommelhoff* [ZIP 1990, 218], der sich mit der *BAG* Entscheidung eingehend auseinandergesetzt hat, weist zu Recht darauf hin, daß die Geschäftsleitung eines Unternehmens nur die Unterlagen dem Betriebsrat vorlegen kann, über die sie handels- und gesellschaftsrechtlich verfügen darf). Die Befugnis zur Veröffentlichung der Daten des Wirtschaftsprüferberichts obliegt bis zur Ausgabe dem Wirtschaftsprüfer und danach dem Berichtsadressaten, dem Aufsichtsrat bzw. dem GmbH Gesellschafter.

3. Die Durchsetzung der Unterrichtungsverpflichtung

30 Kommt es zum **Streit** darüber, ob eine Auskunft wegen Gefährdung von Betriebs- und Geschäftsgeheimnissen verweigert werden kann, so **entscheidet** nach § 109 hierüber die **Einigungsstelle** (*D/R* § 106 Rz. 27, 49).

31 **Erfüllt der Unternehmer** seine **Unterrichtungspflicht nicht**, sind die Auskünfte wahrheitswidrig, unvollständig oder verspätet, so **begeht er** eine **Ordnungswidrigkeit** (§ 121 Abs. 1), die entsprechend geahndet werden kann (*Rumpff* 125; *OLG Hamm* vom 7.12.1977 – 4 Ss OWi 1407/77 – DB 1978, 748).
Bestehen Meinungsverschiedenheiten zwischen dem Wirtschaftsausschuß und dem Unternehmer über den Umfang der Auskunftspflicht und/oder den Zeitpunkt der Unterrichtung i.S.d. § 106 BetrVG, so setzt das arbeitsgerichtliche Beschlußverfahren eine Entscheidung der Einigungsstelle voraus (*F/A/K/H* § 109 Rz. 2; *D/R* § 109 Rz. 5; *G/L* § 109 Rz. 7; *G/K/S/B* § 109 Rz. 4).
Ein pflichtwidriges und damit ordnungswidriges Verhalten des Unternehmers kann erst dann vorliegen, wenn aufgrund einer Entscheidung der Einigungsstelle der streitige Umfang der Unterrichtungspflicht konkretisiert worden ist (*OLG Karlsruhe* vom 7.6.1986 – 1 Ss 68/85 – DB 1986, 387).

IV. Wirtschaftliche Angelegenheiten (Abs. 3)

32 Der Wirtschaftsausschuß hat in allen wirtschaftlichen Angelegenheiten ein Unterrichtungsrecht. Die **Aufzählung** der einzelnen wichtigen Materien ist **nur beispielhaft und nicht erschöpfend** (ebenso *D/R* § 106 Rz. 30 m.w.N.; GK-*Fabricius* § 106 Rz. 78; *F/A/K/H* § 106 Rz. 24; **a.A.** *G/L* § 106 Rz. 42). Aus Ziff. 10 geht hervor, daß es sich nur dann um **wirtschaftliche Angelegenheiten i.S.d. § 106** handelt, **wenn sie die Interessen der Arbeitnehmer des Unternehmens wesentlich berühren**. Durch die Einschränkung dieser Generalklausel erhält der Katalog des § 106 keinen abschließenden Charakter (GK-*Fabricius* § 106 Rz. 79; *F/A/K/H* § 106 Rz. 13; **a.A.** *D/R* § 106 Rz. 30; *G/L* § 106 Rz. 42). Zu den wirtschaftlichen Angelegenheiten gehören nicht Fragen der laufenden Geschäftsführung (ebenso *D/R* § 106 Rz. 31).

1. Wirtschaftliche und finanzielle Lage des Unternehmens (Ziff. 1)

Der Wirtschaftsausschuß hat einen Anspruch auf Unterrichtung über die wirtschaftliche und finanzielle Situation des Unternehmens, d. h. über alle Faktoren, die für die wirtschaftliche Entwicklung des Unternehmens von Bedeutung sind. Hierzu gehören z. B. die **Konjunktur- und Wettbewerbslage, Kosten, Belastungen, Gewinne und Verluste,** nicht aber die Einzelheiten der Kalkulationsgrundlage und der Preisgestaltung (*ArbG Berlin* vom 27. 10. 1976 – 41 BV 4/76 – DB 1977, 963; *D/R* § 106 Rz. 34; *S/W* §§ 106–109 Rz. 50; **a. A.** *LAG Düsseldorf* vom 13. 3. 1978 – 21 TaBV 3/78 DB 1978, 1696; GK-*Fabricius* § 106 Rz. 88; *F/A/K/H* § 106 Rz. 14; *G/L* § 106 Rz. 47). 33

Der Anspruch auf Unterrichtung betrifft u. a. 34
– den Umsatz, auch die anteiligen Umsätze verschiedener Bereiche; Gründe für Umsatzveränderungen wie Aufwertung, Zölle, Weltmarktlage und Rohstoffsituation, sowie die Einschätzung der Umsatzerwartungen;
– den Auftragsbestand und die Lieferzeiten; im Trend auch die Auftragseingänge im Verhältnis zum Umsatz/zur Kapazität; im Grundsatz auch die Sicherung der Beschäftigung aufgrund des derzeitigen Auftragsbestandes;
– kurzfristige (konjunkturelle oder saisonale) oder langfristige (strukturelle) Veränderungen in der Beschäftigungslage;
– in groben Zügen die Ertragslage der vergangenen Jahre, im Trend auch die Ertragslage der letzten Monate;
– global die Ursachen der Entwicklung der Ertragslage (Preiserhöhungen, Preisrückgänge, Produktionssteigerungen, Konjunktur und ähnliches mehr);
– die Einschätzung der zukünftigen Entwicklung der Ertragslage.

Der Wirtschaftsausschuß ist zu unterrichten, wenn der Unternehmer beabsichtigt, 35 einen Antrag auf Eröffnung eines Vergleichs- oder Konkursverfahrens zu stellen (*D/R* § 106 Rz. 35; GK-*Fabricius* § 106 Rz. 89; *F/A/K/H* § 106 Rz. 14; *G/L* § 106 Rz. 45). Hat ein Gläubiger einen Konkursantrag gestellt, so ist der Wirtschaftsausschuß ebenfalls zu informieren.

Da das Informationsrecht des Wirtschaftsausschusses nur die wirtschaftliche Lage 36 des Unternehmens betrifft, hat er keinen Anspruch, über die wirtschaftliche Lage des Unternehmers unterrichtet zu werden (*D/R* § 106 Rz. 34 m. w. N.).

2. Produktions- und Absatzlage (Ziff. 2)

Diese Unterrichtungsverpflichtung wird zum Teil auch von Ziff. 1 und Ziff. 3 er- 37 faßt. Sie betrifft die gegenwärtige Lage. **Zur Produktionslage gehört die Unterrichtung über Menge und Art der tatsächlich produzierten Güter sowie das Verhältnis zur möglichen Produktionskapazität.** Hinsichtlich der **Absatzlage** ist der Wirtschaftsausschuß vor allem über die **vorhandenen Aufträge, Marktlage und mögliche Werbemaßnahmen** zu unterrichten, ebenso über die geplanten Maßnahmen zur Anpassung an Auftragsrückgänge (GK-*Fabricius* § 106 Rz. 91; *F/A/K/H* § 106 Rz. 15).

§ 106   4. Teil 6. Abschn. Wirtschaftliche Angelegenheiten

3. Produktions- und Investitionsprogramm (Ziff. 3)

38 Das **Produktionsprogramm** ist der **Plan für die in der Zukunft herzustellenden Güter nach Art und Menge** sowie die Einschränkung bisheriger Produktionszweige. Es kann auf einen längeren oder kürzeren Zeitraum abgestellt sein (GK-*Fabricius* § 106 Rz. 92).

39 Das **Investitionsprogramm** betrifft **langfristige Kapitalanlagen** im Unternehmen, insbesondere bezüglich der Produktionsanlagen und Gebäude (GK-*Fabricius* § 106 Rz. 95, weiter GK-*Fabricius* § 106 Rz. 93). Es umfaßt Ausmaß, Zeitplan, Finanzierung, Rentabilität geplanter maschineller oder baulicher Maßnahmen einschließlich der Auswirkungen auf den Arbeitskräftebedarf und auf das Entlohnungssystem.

4. Rationalisierungsvorhaben (Ziff. 4)

40 Hierunter fällt die Information über Umfang und Auswirkungen geplanter **Änderungen von Fertigungsvorgängen**, wie z. B. Übergang von Hand- zur Maschinenarbeit oder zur Fließbandarbeit. Die Unterrichtung erstreckt sich auf Umfang, technische, wirtschaftliche und finanzielle Vorteile sowie auf die sozialen Auswirkungen solcher Maßnahmen, die den Personalbedarf, den Zeit-, Energie- oder Materialaufwand herabsetzen (GK-*Fabricius* § 106 Rz. 97).

5. Fabrikations- und Arbeitsmethoden (Ziff. 5)

41 Diese Unterrichtungspflicht betrifft alles, was zum eigentlichen Fabrikations- und Arbeitsvorgang gehört, d. h. das **technische Verfahren zur Herstellung der Produkte und die technische, kaufmännische und organisatorische Seite des Arbeitsvorgangs**.

42 **Arbeitsmethoden** sind z. B. Fließbandarbeit, Einzel- oder Gruppenarbeit, Hand- oder Maschinenarbeit.

43 Vorrichtungen zur Erfassung der Produktivität betreffen weder Fabrikations- noch Arbeitsmethoden (*D/R* § 106 Rz. 41; GK-*Fabricius* § 106 Rz. 103; *G/L* § 106 Rz. 53; a. A. *F/A/K/H* § 106 Rz. 19).

6. Die Einschränkung oder Stillegung von Betrieben (Ziff. 6)

44 Die Vorschrift gibt dem Wirtschaftsausschuß ein Unterrichtungs- und Beratungsrecht über eine Angelegenheit, in der gem. § 111 auch der Betriebsrat zu informieren ist. Erfaßt wird die **Stillegung**, d. h. die **vollständige Einstellung der Arbeit** sowie die **Einschränkung von Betrieben**, d. h. die **teilweise Einstellung der betrieblichen Arbeit**. Die Unterrichtung hat nicht nur dann zu erfolgen, wenn wesentliche Betriebsteile stillgelegt werden, sondern schon dann, wenn unwesentliche Betriebsteile ihre Arbeit einstellen müssen (*D/R* § 106 Rz. 43).

7. Die Verlegung von Betrieben (Ziff. 7)

Eine Verlegung von Betrieben und Betriebsteilen liegt dann vor, wenn ein **Stand-** 45
ortwechsel vorgenommen wird. Diese Vorschrift entspricht der Regelung des
§ 111 Satz 2 Ziff. 2, wobei es jedoch ausreicht, daß unwesentliche Betriebsteile
verlegt werden.

8. Der Zusammenschluß von Betrieben (Ziff. 8)

Ein Zusammenschluß von Betrieben liegt vor, **wenn ein Betrieb in einem anderen** 46
aufgeht oder wenn aus mehreren Betrieben ein neuer dritter entsteht. Dies entspricht der Regelung des § 111 Ziff. 3.

9. Die Änderung der Betriebsorganisation bzw. des Betriebszwecks (Ziff. 9)

Eine **Änderung der Betriebsorganisation** liegt dann vor, **wenn der Betriebsablauf** 47
geändert wird. Unter dem **Betriebszweck** versteht man die von dem Betrieb verfolgten Ziele, also entweder **die herzustellenden Produkte oder die zu erbringenden Dienstleistungen.**
Im Gegensatz zu § 111 Ziff. 4 ist es im Rahmen des § 106 Abs. 3 Ziff. 9 nicht erfor- 48
derlich, daß eine grundlegende Änderung der Betriebsorganisation vorliegt (*D/R*
§ 106 Rz. 46).

10. Sonstige Vorgänge und Vorhaben, die die Interessen der Arbeitnehmer des Unternehmens wesentlich berühren können (Ziff. 10)

Diese Vorschrift enthält eine **Generalklausel**, wonach der Wirtschaftsausschuß 49
über sonstige Vorgänge, welche die Interessen der Arbeitnehmer des Unternehmens wesentlich berühren, zu unterrichten ist (*BAG* vom 1. 10. 1974 – 1 ABR 77/
73 – EzA § 106 BetrVG 1972 Nr. 1 m. Anm. *Buchner* = DB 1975, 453; *BAG* vom
31. 10. 1975 – 1 ABR 4/74 – EzA § 106 BetrVG 1972 Nr. 2 = DB 1976, 295; siehe
auch GK-*Fabricius* § 106 Rz. 107, 108). Ob ein Vorhaben oder bestimmte Vorgänge im wirtschaftlichen Bereich die Interessen der Arbeitnehmer wesentlich berühren, hängt von dem Einzelfall ab und kann auch nur aus der Situation des
einzelnen Unternehmens heraus entschieden werden. Als Maßnahmen die das
Unterrichtungsrecht auslösen können, kommen in Betracht: Unternehmenszusammenschlüsse, Betriebsübergang i. S. v. § 613 a BGB, der Antrag auf Eröffnung
des Vergleichs- oder Konkursverfahrens, eine wesentliche Personalreduzierung.

§ 107 Bestellung und Zusammensetzung des Wirtschaftsausschusses

(1) Der Wirtschaftsausschuß besteht aus mindestens drei und höchstens sieben
Mitgliedern, die dem Unternehmen angehören müssen, darunter mindestens einem
Betriebsratsmitglied. Zu Mitgliedern des Wirtschaftsausschusses können auch die
in § 5 Abs. 3 genannten Angestellten bestimmt werden. Die Mitglieder sollen die

zur Erfüllung ihrer Aufgaben erforderliche fachliche und persönliche Eignung besitzen.

(2) Die Mitglieder des Wirtschaftsausschusses werden vom Betriebsrat für die Dauer seiner Amtszeit bestimmt. Besteht ein Gesamtbetriebsrat, so bestimmt dieser die Mitglieder des Wirtschaftsausschusses; die Amtszeit der Mitglieder endet in diesem Fall in dem Zeitpunkt, in dem die Amtszeit der Mehrheit der Mitglieder des Gesamtbetriebsrats, die an der Bestimmung mitzuwirken berechtigt waren, abgelaufen ist. Die Mitglieder des Wirtschaftsausschusses können jederzeit abberufen werden; auf die Abberufung sind die Sätze 1 und 2 entsprechend anzuwenden.

(3) Der Betriebsrat kann mit der Mehrheit der Stimmen seiner Mitglieder beschließen, die Aufgaben des Wirtschaftsausschusses einem Ausschuß des Betriebsrats zu übertragen. Die Zahl der Mitglieder des Ausschusses darf die Zahl der Mitglieder des Betriebsausschusses nicht überschreiten. Der Betriebsrat kann jedoch weitere Arbeitnehmer einschließlich der in § 5 Abs. 3 genannten leitenden Angestellten bis zur selben Zahl, wie der Ausschuß Mitglieder hat, in den Ausschuß berufen; für die Beschlußfassung gilt Satz 1. Für die Verschwiegenheitspflicht der in Satz 3 bezeichneten weiteren Arbeitnehmer gilt § 79 entsprechend. Für die Abänderung und den Widerruf der Beschlüsse nach den Sätzen 1 bis 3 sind die gleichen Stimmenmehrheiten erforderlich wie für die Beschlüsse nach den Sätzen 1 bis 3. Ist in einem Unternehmen ein Gesamtbetriebsrat errichtet, so beschließt dieser über die anderweitige Wahrnehmung der Aufgaben des Wirtschaftsausschusses; die Sätze 1 bis 5 gelten entsprechend.

Literaturübersicht

Siehe § 106

Inhaltsübersicht

	Rz.
I. Zusammensetzung und Bestimmung der Mitglieder des Wirtschaftsausschusses (Abs. 1)	1–12
1. Anzahl der Mitglieder	1– 7
2. Fachliche und persönliche Eignung der Mitglieder	8–12
II. Die Bestellung, Amtszeit, Beendigung der Amtszeit und Rechtsstellung der Mitglieder des Wirtschaftsausschusses (Abs. 2)	13–31
1. Die Bestellung der Mitglieder	13–17
2. Die Amtszeit der Mitglieder	18
3. Die Beendigung der Amtszeit	19–22
4. Die Rechtsstellung der Mitglieder des Wirtschaftsausschusses	23–31
III. Die Übertragung der Aufgaben des Wirtschaftsausschusses auf einen Ausschuß des Betriebsrats (Abs. 3)	32–37
IV. Streitigkeiten	38–41

I. Zusammensetzung und Bestimmung der Mitglieder des Wirtschaftsausschusses (Abs. 1)

1. Anzahl der Mitglieder

Nach § 107 Abs. 1 Satz 1 besteht der Wirtschaftsausschuß aus **mindestens drei und** 1 **höchstens sieben Mitgliedern.**
Über die Anzahl der Mitglieder des Wirtschaftsausschusses **entscheidet** der **Be-** 2 **triebsrat** bzw. der **Gesamtbetriebsrat innerhalb des vorgeschriebenen gesetzlichen Rahmens. Auf die Größe des Unternehmens kommt es** hierbei **nicht an.**
Da der Wirtschaftsausschuß nur von dem Betriebsrat zu bilden ist (*Rumpff* 108), 3 ist eine **Abstimmung mit** dem **Unternehmer** über die Größe des Ausschusses **nicht erforderlich** (*D/R* § 107 Rz. 107 m. w. N.).
Die **Anzahl der Mitglieder** des Wirtschaftsausschusses ist **gesetzlich nicht vorge-** 4 **schrieben.** Daher besteht auch die Möglichkeit, einen Wirtschaftsausschuß mit vier oder sechs Mitgliedern zu bilden. Allein aus der Tatsache, daß mindestens drei Mitglieder vorhanden sein müssen, jedoch aber nicht mehr als höchstens sieben Mitglieder vorhanden sein dürfen, kann nicht geschlossen werden, daß der Wirtschaftsausschuß mit einer ungeraden Anzahl von Mitgliedern besetzt sein muß (GK-*Fabricius* § 107 Rz. 2; *F/A/K/H* § 107 Rz. 2; *Rumpff* 142; *G/L* § 107 Rz. 2; *D/R* § 107 Rz. 2).
Die Mitglieder müssen Angehörige des Unternehmens sein, d. h., sie müssen in 5 dem Unternehmen tätig sein. Hierunter fallen nicht nur die Arbeitnehmer i. S. d. § 5 Abs. 1, sondern **auch die leitenden Angestellten nach § 5 Abs. 3** (vgl. Abs. 1 Satz 2; GK-*Fabricius* § 107 Rz. 5; *D/R* § 107 Rz. 4 m. w. N.), da ihr Sachverstand für den Wirtschaftsausschuß nutzbar gemacht werden kann (*LAG Düsseldorf/ Köln* vom 25. 3. 1975 – 8 TaBV 3/75 – EzA § 108 BetrVG 1972 Nr. 1 m. Anm. *Gamillscheg* = DB 1975, 1418; *F/A/K/H* § 107 Rz. 3; *G/L* § 107 Rz. 4). Der Wirtschaftsausschuß kann sich der leitenden Angestellten als besonders Sachkundige bedienen, ohne daß es sich dabei um ein eigenes Recht und eine eigene Beteiligung der leitenden Angestellten handelt.
Keine Mitglieder können die in § 5 Abs. 2 genannten Personen sowie der Unter- 6 **nehmer selbst sein.** Der Unternehmer, sein Vertreter und die sonstigen leitenden Angestellten sind Partner des Wirtschaftsausschusses (*D/R* § 107 Rz. 5; GK-*Fabricius* § 107 Rz. 8; *F/A/K/H* § 107 Rz. 3).
Keine Angehörigen des Unternehmens i. S. d. § 107, der eine Eingliederung in die personelle Organisation des Unternehmens verlangt (*F/A/K/H* § 107 Rz. 3), sind die Mitglieder des Aufsichtsrats einer Gesellschaft (*D/R* § 107 Rz. 5 m. w. N.), die Aktionäre einer AG, die Genossen einer Genossenschaft, die nichtvertretungsberechtigten Gesellschafter einer OHG, einer KG oder einer GmbH, wenn diese Personen nicht im Unternehmen tätig sind (*D/R* § 107 Rz. 5 m. w. N.).
Auch die Arbeitnehmer ausländischer Betriebe des Unternehmens können nicht Mitglieder des Wirtschaftsausschusses werden (*F/A/K/H* § 107 Rz. 4; *G/L* § 107 Rz. 5; *D/R* § 107 Rz. 6; GK-*Fabricius* § 106 Rz. 38f.).
Mindestens ein Mitglied muß auch Betriebsratsmitglied sein. Die Auswahl obliegt 7 nach § 107 Abs. 2 dem Betriebsrat oder Gesamtbetriebsrat. Der Gesamtbetriebsrat muß nicht ein Mitglied aus seinen Reihen bestimmen (GK-*Fabricius* § 107 Rz. 12; *D/R* § 107 Rz. 7; **a. A.** *F/A/K/H* § 107 Rz. 5; *G/L* § 107 Rz. 6). Er kann auch mehr als nur ein Betriebsratsmitglied entsenden (*D/R* § 107 Rz. 7). Durch

§ 107   4. Teil 6. Abschn. Wirtschaftliche Angelegenheiten

die zwingend vorgeschriebene Mitgliedschaft eines Betriebsratsmitgliedes soll die enge Verbindung zum Betriebsrat gewährleistet werden.

2. Fachliche und persönliche Eignung der Mitglieder

8 Eine ordnungsgemäße Besetzung des Wirtschaftsausschusses ist nur dann gegeben, wenn die Mitglieder die erforderliche fachliche und persönliche Eignung besitzen (*LAG Düsseldorf/Köln* vom 25. 3. 1975 – 6 TaBV 3/75 – EzA § 108 BetrVG 1972 Nr. 2 = DB 1975, 1418). Die Formulierung »soll« bedeutet, daß sie in der Regel die erforderliche Eignung besitzen müssen und nur in ganz besonderen Ausnahmefällen davon abgesehen werden kann (vgl. *D/R* § 107 Rz. 8, 9).

9 **Fachliche Eignung** ist dann zu bejahen, wenn ein gewisses Maß von Kenntnis und Urteilsfähigkeit in wirtschaftlichen Angelegenheiten vorhanden ist; insbesondere soll das Mitglied in der Lage sein, die vom Unternehmer gegebenen Informationen in ihrem gesamtwirtschaftlichen Zusammenhang zu verstehen und zu beurteilen, damit es aufgrund einer eigenen Meinungsbildung bei den Beratungen mitwirken und den Betriebsrat zutreffend informieren kann (vgl. *BAG* vom 20. 1. 1976 – 1 ABR 44/75 – EzA § 89 ArbGG 1953 Nr. 4 = DB 1976, 729; *LAG Düsseldorf* vom 19. 11. 1976 – 9 Sa 1282/76 – DB 1977, 2004; *BAG* vom 18. 7. 1987 – 1 ABR 34/75 – EzA § 108 BetrVG 1972 Nr. 3 m. Anm. *Richardi* = DB 1978, 2223; *G/L* § 107 Rz. 10; *F/A/K/H* § 107 Rz. 6; GK-*Fabricius* § 107 Rz. 14).

10 **Persönliche Eignung** erfordert charakterliche Zuverlässigkeit, insbesondere im Hinblick auf die bestehende Geheimhaltungspflicht (§ 79) und die Bereitschaft zur Zusammenarbeit mit dem Unternehmer und dem Betriebsrat im Interesse des Wohles des Betriebes und der Arbeitnehmer (*D/R* § 107 Rz. 8; GK-*Fabricius* § 107 Rz. 16; *F/A/K/H* § 107 Rz. 7).
Geeignet ist derjenige, der in der Lage ist, unter Inanspruchnahme der gesetzlich zulässigen Schulungsmöglichkeiten, sich innerhalb einer überschaubaren Zeit so einzuarbeiten, daß er den Anforderungen an das Amt entspricht. Der Betriebsrat kann deshalb Mitglieder des Wirtschaftsausschusses zu einer besonderen Schulung über Probleme des Wirtschaftsausschusses und betriebswirtschaftlicher Themen entsenden, auch wenn diese schon an allgemeinen Betriebsratsschulungen teilgenommen haben (*LAG Bremen* vom 17. 1. 1984 – 4 TaBV 10/83 – AuR 1985, 132).

11 Die Entscheidung, ob diese Qualitäten vorliegen, obliegt dem Betriebsrat, der die Mitglieder gem. Abs. 2 zu bestimmen hat (*F/A/K/H* § 107 Rz. 8).

12 Werden von dem Betriebsrat offenkundig ungeeignete Mitglieder in den Wirtschaftsausschuß entsandt, so kann dies eine nach § 23 Abs. 1 zu verfolgende Amtspflichtverletzung darstellen (*G/L* § 107 Rz. 107 Rz. 10). Bei nicht ordnungsgemäßer Besetzung des Wirtschaftsausschusses ist der Arbeitgeber nicht verpflichtet, Informationen zu erteilen (GK-*Wiese* § 107 Rz. 17 m. w. N.).

II. Die Bestellung, Amtszeit, Beendigung der Amtszeit und Rechtsstellung der Mitglieder des Wirtschaftsausschusses (Abs. 2)

1. Die Bestellung der Mitglieder

Die **Bestellung** der Mitglieder des Wirtschaftsausschusses erfolgt in einem **Unter-** 13 **nehmen mit einem Betrieb durch** den **Betriebsrat**.
Hat ein **Unternehmen mehrere Betriebe, obliegt** die **Bestellung** der Mitglieder des 14 Wirtschaftsausschusses dem **Gesamtbetriebsrat**.
Ist ein **Gesamtbetriebsrat** entgegen der Regelung des § 47 **nicht gebildet, kann ein** 15 **Wirtschaftsausschuß nicht berufen werden**, da der eventuell vorhandene Betriebsrat für einen Betrieb hierzu unzuständig ist (ebenso *Boldt* Die AG 1972, 299, 301; *F/A/K/H* § 107 Rz. 10; *G/L* § 107 Rz. 13; *D/R* § 107 Rz. 23; **a. A.** GK-*Fabricius* § 107 Rz. 23 ff.).
Die Bestellung jedes einzelnen Mitgliedes des Wirtschaftsausschusses erfolgt 16 durch Beschluß des Betriebsrats bzw. des Gesamtbetriebsrats entsprechend den Regeln des § 33 bzw. der §§ 47 Abs. 7, 8, 51 Abs. 4 (*D/R* § 107 Rz. 13; *F/A/K/H* § 107 Rz. 10; GK-*Wiese* § 107 Rz. 20). Es können auch Ersatzmitglieder für den Wirtschaftsausschuß bestellt werden (GK-*Wiese* § 107 Rz. 22).
leitende Angestellte können vom Betriebsrat bzw. Gesamtbetriebsrat **nicht gegen** 17 **ihren Willen** in den Wirtschaftsausschuß berufen werden. Sie können, ebenso wie Betriebsratsmitglieder in der Annahme oder nachträglichen Aufgabe ihres Betriebsratsamtes frei sind, ihre Berufung oder eine weitere Mitarbeit im Wirtschaftsausschuß jederzeit ablehnen (vgl. *Boldt* DB 1972 Beilage Nr. 5, 9; *Rumpff* 143). Da leitende Angestellte der Unternehmensleitung angehören und Unternehmerfunktionen ausüben, ist ihre Beteiligung als Mitglied des Wirtschaftsausschusses, das vom Betriebsrat bzw. Gesamtbetriebsrat berufen und jederzeit abberufen werden kann, grundsätzlich nicht sinnvoll; sie kommen vielmehr als Gesprächspartner des Wirtschaftsausschusses nach § 108 Abs. 2 in Betracht (vgl. *Boldt* DB 1972 Beilage Nr. 5, 9).

2. Die Amtszeit der Mitglieder

Die **Bestimmung** der Mitglieder des Wirtschaftsausschusses **durch den Betriebsrat** 18 **erfolgt für die Dauer seiner Amtszeit** (vgl. § 21). **Besteht in dem Unternehmen ein Gesamtbetriebsrat** (vgl. §§ 47 ff.), so **bestimmt dieser die Mitglieder** mit der Folge, daß die Amtszeit der Mehrheit der Mitglieder des Gesamtbetriebsrats, die an der Bestimmung mitzuwirken berechtigt waren, abgelaufen ist. Mitwirkungsberechtigt sind alle diejenigen Mitglieder des Gesamtbetriebsrats, die am Tage der Bestimmung der Mitglieder des Wirtschaftsausschusses durch den Gesamtbetriebsrat diesem angehören. Da die Amtszeit der Mitglieder des Gesamtbetriebsrats von der Amtszeit des einzelnen Betriebsrats abhängig ist (vgl. § 49) und damit zu unterschiedlichen Zeiten enden kann, während der Gesamtbetriebsrat als Organ selbst auf unbestimmte Dauer besteht, ist die **Amtszeit** der von ihm in den Wirtschaftsausschuß entsandten Mitglieder **in dem Zeitpunkt zu Ende, in dem mehr als die Hälfte der Mitglieder, die dem Gesamtbetriebsrat bei der Bestellung angehört haben, ausgeschieden sind** (vgl. *D/R* § 107 Rz. 16 ff.; *G/L* § 107 Rz. 16 ff.).

§ 107   4. Teil 6. Abschn. Wirtschaftliche Angelegenheiten

3. Die Beendigung der Amtszeit

19 Die Mitglieder des Wirtschaftsausschusses **verlieren ihr Amt, wenn das Unternehmen auf Dauer weniger als 101 Arbeitnehmer beschäftigt** (§ 106 Abs. 1).

20 Darüber hinaus **endet das Amt eines Mitgliedes** des Wirtschaftsausschusses dann, **wenn es aus dem Unternehmen ausscheidet, sein Amt niederlegt oder abberufen wird**, weil beispielsweise die **persönliche fachliche Eignung fehlt oder nachträglich weggefallen ist**. Ein Grund für die Abberufung ist nicht erforderlich (*D/R* § 107 Rz. 21; GK-*Fabricius* § 107 Rz. 31 ff.; *G/L* § 107 Rz. 16; a.A. ArbG Hamburg vom 11. 9. 1975 – 12 BV 26/75 – DB 1975, 2331).

21 Die jederzeit mögliche Abberufung der Ausschußmitglieder hat unter Beachtung der Grundsätze zu erfolgen, die bei der Berufung in den Wirtschaftsausschuß gelten, d.h., sie erfolgt durch einfachen Mehrheitsbeschluß des Betriebsrats oder Gesamtbetriebsrats (GK-*Wiese* § 107 Rz. 32 m.w.N.).

22 Ausgeschiedene Mitglieder können vom Betriebsrat ersetzt werden, müssen es aber nicht, es sei denn, daß sonst die gesetzliche Mindestzahl von drei Mitgliedern unterschritten wird (GK-*Wiese* § 107 Rz. 34). Endet das Betriebsratsamt des Mitgliedes des Wirtschaftsausschusses, so scheidet es aus dem Wirtschaftsausschuß aus, wenn es das einzige Betriebsratsmitglied ist (*D/R* § 107 Rz. 23 m.w.N.; a.A. *F/A/K/H* § 107 Rz. 5; *G/L* § 107 Rz. 16).

4. Die Rechtsstellung der Mitglieder des Wirtschaftsausschusses

23 **Auf die Mitglieder des Wirtschaftsausschusses sind die Regeln über die Mitglieder des Betriebsrats entsprechend anwendbar,** da der Wirtschaftsausschuß seine Rechte vom Betriebsrat ableitet, Hilfsorgan des Betriebsrats ist und die Mitglieder des Wirtschaftsausschusses wie die Betriebsratsmitglieder gem. §§ 78, 79 erwähnt werden. Dementsprechend sind die allgemeinen Vorschriften über die Rechtsstellung der Betriebsratsmitglieder analog anzuwenden, soweit ein gleichartiger Sachverhalt gegeben ist. Hierzu wird folgendes vertreten:
GK-*Fabricius* § 107 Rz. 50 ff.; § 108 Rz. 8, 20, 30, 40 hält die §§ 37, 40 Abs. 1 und 2, 30 Satz 3 u. 4, 31 und § 15 KSchG anwendbar.
D/R § 107 Rz. 26 f. halten § 37 Abs. 1–3, § 37 Abs. 6 und § 40, nicht aber § 37 Abs. 7 und § 15 KSchG für anwendbar.
F/A/K/H § 107 Rz. 13, 13a wenden analog § 37 Abs. 1 und 2, § 40, eingeschränkt § 37 Abs. 6, nicht aber § 15 KSchG an.
Für *G/L* § 107 Rz. 20 kommt die Anwendung von §§ 37 ff., 103, 15 KSchG nicht in Betracht.

24 Die Tätigkeit des Wirtschaftsausschusses ist **ehrenamtlich** und dementsprechend **unentgeltlich** (§ 37 Abs. 1; *D/R* § 107 Rz. 26 m.w.N.). Notwendige Aufwendungen, die mit der Ausübung des Amtes als Mitglied des Wirtschaftsausschusses entstehen, sind zu ersetzen (*D/R* § 107 Rz. 26 m.w.N.).

25 **Es gilt** die allgemeine **Schutzvorschrift des § 78**, wonach unter anderem die Mitglieder des Wirtschaftsausschusses in der Ausübung ihrer Tätigkeit nicht gestört oder behindert und wegen ihrer Tätigkeit nicht begünstigt oder benachteiligt werden dürfen.

26 Den Mitgliedern des Wirtschaftsausschusses ist **Arbeitsbefreiung ohne Minderung**

des **Entgelts** zu gewähren, wenn dies zur Durchführung der Aufgaben erforderlich ist (§ 37 Abs. 2 analog).
Gem. § 37 Abs. 3 analog ist ein **Freizeitausgleich unter Fortzahlung des Arbeits-** 27 **entgelts** zu gewähren, **wenn** die **Sitzungen** des Wirtschaftsausschusses **aus betrieblichen Gründen außerhalb der Arbeitszeit durchzuführen sind.**
Eine entsprechende Anwendung des § 37 Abs. 6 für die Teilnahme an Schulungs- 28 und Bildungsveranstaltungen können nur die Mitglieder des Wirtschaftsausschusses verlangen, die auch Mitglieder des Betriebsrats sind (*BAG* Urt. vom 28. 4. 1988 – 6 AZR 39/86 – NZA 1989, 221; *BAG* vom 6. 11. 1973 – 1 ABR 8/73 – EzA § 37 BetrVG 1972 Nr. 16 m. Anm. *Richardi* = DB 1974, 781; *G/L* § 107 Rz. 23; **a. A.** *D/R* § 107 Rz. 27; GK-*Fabricius* § 107 Rz. 46; *F/A/K/H* § 37 Rz. 85).
Der **Unternehmer** hat analog § 40 Abs. 1 die durch die Tätigkeit des Wirtschafts- 29 ausschusses entstehenden **Kosten zu ersetzen und** die entsprechenden **Sachmittel zur Verfügung zu stellen** (§ 40 Abs. 2 analog; *D/R* § 107 Rz. 30; *F/A/K/H* § 107 Rz. 13 a).
Nicht entsprechend anwendbar ist die Ausnahmevorschrift des **§ 15 KSchG,** so- 30 fern nicht die Mitglieder des Wirtschaftsausschusses Mitglieder des Betriebsrats sind. Allerdings besteht insoweit ein relativer Kündigungsschutz, als ihnen nach § 78 wegen ihrer Tätigkeit im Wirtschaftsausschuß oder um die Arbeit im Wirtschaftsausschuß zu behindern, nicht gekündigt werden darf (*D/R* § 107 Rz. 28; *F/A/K/H* § 107 Rz. 13a; *G/L* § 107 Rz. 20; § 78 Rz. 18; **a. A.** GK-*Fabricius* § 107 Rz. 50).
Den Mitgliedern des Wirtschaftsausschusses ist nach § 79 Abs. 2 ausdrücklich eine 31 **Geheimhaltungspflicht** hinsichtlich der bei der Tätigkeit bekanntgewordenen Geschäftsgeheimnisse auferlegt worden.

III. Übertragung der Aufgaben des Wirtschaftsausschusses auf einen Ausschuß des Betriebsrat (Abs. 3)

Um eine Anpassung an etwaige besondere Verhältnisse in den einzelnen Unter- 32 nehmen offenzuhalten, gibt die Vorschrift des § 107 Abs. 3 dem Betriebsrat bzw. dem Gesamtbetriebsrat die Möglichkeit, mit der absoluten Mehrheit der Stimmen seiner Mitglieder die Aufgaben des Wirtschaftsausschusses einem **besonderen Betriebsratsausschuß oder dem Betriebsausschuß i. S. d. § 27** zu übertagen (BT-Drucks. VI/1786, 54).
Diese Möglichkeit entspricht der in der Praxis zu beobachtenden Tendenz, die wirtschaftlichen Angelegenheiten unmittelbar zwischen Unternehmer und Betriebsrat zu behandeln. Die Bildung des Ausschusses richtet sich nach §§ 27 ff. (*D/R* § 107 Rz. 32). Die Übertragung der Aufgaben des Wirtschaftsausschusses auf einen besonderen Ausschuß kommt nur in den Unternehmen in Betracht, in denen ein Betriebsausschuß gebildet wird, d. h. in Unternehmen mit mehr als 300 Arbeitnehmern (§§ 27, 9). Besteht in Betrieben mit weniger als 300 Arbeitnehmern kein Betriebsausschuß, so können auch dem Betriebsrat nicht die Aufgaben des Wirtschaftsausschusses übertragen werden (*D/R* § 107 Rz. 35; GK-*Fabricius* § 107 Rz. 65; **a. A.** *F/A/K/H* § 107 Rz. 14 a; *Dietz* FS für *Weitenauer*, 42).
Da die zum Teil geheimhaltungsbedürftigen Angelegenheiten nicht in allzu gro- 33 ßen Gremien beraten werden sollen, darf bei der Übertragung der Aufgaben auf einen Ausschuß dessen Mitgliederzahl nicht die Zahl des Betriebsausschusses

übersteigen. Das bedeutet gem. § 27 Abs. 1, daß in diesen Fällen der **beauftragte Ausschuß höchstens elf Mitglieder** haben kann.

34 Der Gesamtbetriebsrat kann die Befugnisse des Wirtschaftsausschusses nur einem seiner Ausschüsse, nicht aber einem Ausschuß eines Einzelbetriebsrats übertragen. Dies folgt aus § 107 Abs. 3 Satz 6, der § 107 Abs. 3 Satz 15 für entsprechend anwendbar erklärt (*G/L* § 107 Rz. 36; *D/R* § 107 Rz. 39).

35 **Werden die Aufgaben** des Wirtschaftsausschusses **einem Ausschuß des Betriebsrats oder Gesamtbetriebsrats übertragen**, so **können** jedoch **weitere Arbeitnehmer**, die nicht dem Betriebsrat bzw. dem Gesamtbetriebsrat angehören, einschließlich der leitenden Angestellten (§ 5 Abs. 3), **bis zur Zahl der Ausschußmitglieder noch zusätzlich in den Ausschuß berufen werden** (*D/R* § 107 Rz. 36; *F/A/K/H* § 107 Rz. 15; *G/L* § 107 Rz. 31). Das bedeutet, daß der Ausschuß bis zu 33 Mitglieder haben kann. Hierdurch soll entsprechend § 107 Abs. 1 die Möglichkeit eröffnet werden, weitere geeignete Arbeitnehmer, insbesondere aus Betriebsabteilungen, die nicht im Betriebsrat vertreten sind, für die Behandlung der dem Wirtschaftsausschuß obliegenden Angelegenheiten hinzuzuziehen. Die Hinzuziehung erfolgt – wie die Übertragung – durch Beschluß der Mehrheit der Betriebsratsmitglieder. Entsprechend § 107 Abs. 1 Satz 3 sollen die in den Ausschuß berufenen Mitglieder des Betriebsrats – wie auch die anderen Arbeitnehmer – die zur Erfüllung ihrer Aufgaben erforderliche fachliche und persönliche Eignung besitzen.

36 **Durch Beschluß mit qualifizierter Mehrheit** (Abs. 3 Satz 1) **kann** jederzeit die **Aufgabenübertragung an einen Ausschuß oder die Hinzuziehung weiterer Arbeitnehmer abgeändert oder widerrufen werden** (*F/A/K/H* § 107 Rz. 16; *G/L* § 107 Rz. 34; *D/R* § 107 Rz. 47).

37 Ist ein Gesamtbetriebsrat vorhanden, so tritt er in allen Angelegenheiten des Abs. 3 an die Stelle des Betriebsrats.

IV. Streitigkeiten

38 Streitigkeiten jeglicher Art (Errichtung, Tätigkeit, Amtszeit, Größe, Sachmittelausstattung, Erstattung von Aufwendungen), die im Zusammenhang mit dem Wirtschaftsausschuß entstehen, werden grundsätzlich vom Arbeitsgericht **im Beschlußverfahren** gem. §§ 2a Abs. 1 Nr. 1 Abs. 2, 80 Abs. 1 ArbGG entschieden (GK-*Wiese* § 107 Rz. 71). Eine Ausnahme gilt für die **Beilegung von Meinungsverschiedenheiten i. S. d. § 109**, wofür die **Einigungsstelle zuständig** ist.
Meinungsverschiedenheiten über die Fortzahlung des Arbeitsentgelts im Falle versäumter Arbeitszeit aus Anlaß der Sitzung des Wirtschaftsausschusses werden im Urteilsverfahren entschieden (*D/R* § 107 Rz. 51; *F/A/K/H* § 107 Rz. 17).

39 Der **Wirtschaftsausschuß** ist im arbeitsgerichtlichen Beschlußverfahren **weder antragsbefugt noch beteiligungsfähig** (*LAG Düsseldorf/Köln* vom 25. 3. 1975 – 8 TaBV 3/75 – EzA § 108 BetrVG 1972 Nr. 1 m. Anm. *Gamillscheg* = DB 1975, 1418; *G/L* § 107 Rz. 39; *Dietz/Nikisch* ArbGG § 10 Anm. 60, 81 Anm. 6; *F/A/K/H* § 107 Rz. 17; a.A. *Herschel* AuR 1980, 21, 23; GK-*Fabricius* § 107 Rz. 72, 73 bezüglich der Beteiligtenfähigkeit; *Grunsky* ArbGG § 10 Anm. 24).

40 Die schuldhafte Behinderung oder Störung der Tätigkeit des Wirtschaftsausschusses ist nach § 118 Abs. 1 Ziff. 2 strafbar. Die Mitglieder dürfen wegen ihrer Tätigkeit auch nicht benachteiligt oder begünstigt werden (§ 119 Abs. 1 Ziff. 3).

Die Verletzng der besonderen Geheimhaltungspflicht nach § 79 steht gem. § 120 **41**
Abs. 1 Ziff. 1 für alle Mitglieder des Wirtschaftsausschusses und Betriebsratsmitglieder unter Strafandrohung. Gleiches gilt gem. § 120 Abs. 1 Ziff. 4 für die anderen Arbeitnehmer, die vom Betriebsrat nach § 107 Abs. 3 Satz 3 hinzugezogen worden sind.

§ 108 Sitzungen

(1) Der Wirtschaftsaussschuß soll monatlich einmal zusammentreten.
(2) An den Sitzungen des Wirtschaftsausschusses hat der Unternehmer oder sein Vertreter teilzunehmen. Er kann sachkundige Arbeitnehmer des Unternehmens einschließlich der in § 5 Abs. 3 genannten Angestellten hinzuziehen. Für die Hinzuziehung und die Verschwiegenheitspflicht von Sachverständigen gilt § 80 Abs. 3 entsprechend.
(3) Die Mitglieder des Wirtschaftsausschusses sind berechtigt, in die nach § 106 Abs. 2 vorzulegenden Unterlagen Einsicht zu nehmen.
(4) Der Wirtschaftsausschuß hat über jede Sitzung dem Betriebsrat unverzüglich und vollständig zu berichten.
(5) Der Jahresabschluß ist dem Wirtschaftsausschuß unter Beteiligung des Betriebsrats zu erläutern.
(6) Hat der Betriebsrat oder der Gesamtbetriebsrat eine anderweitige Wahrnehmung der Aufgaben des Wirtschaftsausschusses beschlossen, so gelten die Absätze 1 bis 5 entsprechend.

Literaturübersicht

Fabricius Vorlage und Erläuterungen des Jahresabschlusses und des Prüfungsberichts nach dem BetrVG, AuR 1989, 121–128; *Herschel* der Sachverständige des Wirtschaftsausschusses, AuR 1980, 21 ff.; *Klinkhammer* Teilnahme eines Gewerkschaftsbeauftragten an den Sitzungen des Wirtschaftsausschusses, DB 1977, 1139ff.; *Löwisch* Die Erläuterungen des Jahresabschlusses gem. § 108 Abs. 5 BetrVG bei Personalhandelsgesellschaften und Einzelkaufleuten, FS *BAG*, 1979, 353–366; *Martens* Die Vorlage des Jahresabschlusses und des Prüfungsberichts gegenüber dem Wirtschaftsausschuß, DB 1988, 1229–1236; *Michaelis* Gewerkschaftsbeauftragte können am Wirtschaftsausschuß teilnehmen, BetrR 1981, 243; *Pramann* Zum Begriff der Einsichtnahme in betriebsverfassungsrechtliche Vorschriften (§§ 34, 80, 83, 108 BetrVG), DB 1983, 1922–1925; *Richardi* Teilnahme eines Gewerkschaftsbeauftragten an Sitzungen des Wirtschaftsausschusses, AuR 1983, 33–40; *Wiese* Sitzungen des Wirtschaftsausschusses und die Behandlung geheimhaltungsbedürftiger, vertraulicher sowie sonstiger Tatsachen, FS für *Molitor*, 1988, 365; *Zeuner* Teilnahme von Gewerkschaftsbeauftragten an den Sitzungen des Wirtschaftsausschusses?, DB 1976, 2474ff.

Inhaltsübersicht

		Rz.
I.	Sitzungen des Wirtschaftsausschusses	1, 2
	1. Geschäftsführung des Wirtschaftsausschusses	1
	2. Die Durchführung der Sitzungen	2
II.	Die Teilnahme des Unternehmers an den Sitzungen	3– 6

§ 108   4. Teil 6. Abschn. Wirtschaftliche Angelegenheiten

III. Die Zuziehung von sachkundigen Arbeitnehmern durch den Unternehmer	7, 8
IV. Die Zuziehung eines Sachverständigen und/oder eines Gewerkschaftsbeauftragten durch den Wirtschaftsausschuß	9–12
V. Das Einsichtsrecht in die Unterlagen	13
VI. Die Unterrichtung des Wirtschaftsausschusses durch den Unternehmer	14–23
VII. Die Unterrichtung des Betriebsrats durch den Wirtschaftsausschuß	24, 25
VIII. Anderweitige Wahrnehmung der Aufgaben	26
IX. Streitigkeiten	27–30

I. Sitzungen des Wirtschaftsausschusses

1. Geschäftsführung des Wirtschaftsausschusses

1   § 108 enthält die wichtigsten Vorschriften über das Zusammentreten und die Sitzungen des Wirtschaftsausschusses sowie über die Beteiligung des Unternehmers. Der Gesetzgeber hat bewußt davon abgesehen, nähere Verfahrensregeln für die Geschäftsführung des Wirtschaftsausschusses aufzustellen. Die Aufgaben sollen vielmehr so form- und zwanglos wie nur möglich wahrgenommen werden. Mit Rücksicht darauf, daß die Zahl der Mitglieder gering ist und die Befugnisse gesetzlich in einer Weise geregelt sind, die den Wirtschaftsausschuß weder zu einem Vertretungs- noch zu einem Beschlußorgan machen, dürfte es zweckmäßig sein, von einer formellen Geschäftsordnung abzusehen. **Einen eigentlichen Vorsitzenden hat der Wirtschaftsausschuß** daher **nicht**, obgleich in der Praxis gewisse geschäftsleitende Funktionen von einer Person wahrgenommen werden sollten. In der Regel wird es vernünftig sein, einen **Sprecher** zu bestimmen, der die notwendigen Vorbereitungen für die Sitzungen trifft und die erforderliche Verbindung mit der Unternehmensleitung aufrechterhält (vgl. *D/R* § 108 Rz. 3; GK-*Fabricius* § 108 Rz. 21, 13; *F/A/K/H* § 108 Rz. 4; abweichend *G/L* § 108 Rz. 1).

2. Die Durchführung der Sitzungen

2   Nach § 108 Abs. 1 **soll** der Wirtschaftsausschuß **monatlich einmal zusammentreten**. Von der Festlegung einer zwingenden monatlichen Zusammenkunft hat der Gesetzgeber im Interesse einer größeren Flexibilität der Sitzungen des Wirtschaftsausschusses abgesehen (vgl. hierzu BT-Drucks. VI/2729, 32). Bei mangelndem Beratungsstoff soll es nicht zu einer rein bürokratischen und formalen Zusammenkunft kommen müssen (GK-*Fabricius* § 108 Rz. 2; *D/R* § 108 Rz. 6; *F/A/K/H* § 108 Rz. 2; *G/L* § 108 Rz. 1). Die **Sitzungstermine sind mit** dem Unternehmer bzw. der **Unternehmensleitung abzustimmen**, damit diese sich in ausreichendem Maße auf die Sitzung vorbereiten können. Die **nichtöffentlichen Sitzungen** (*F/A/K/H* § 108 Rz. 3; *G/L* § 108 Rz. 2; *D/R* § 108 Rz. 7) finden **regelmäßig während der Arbeitszeit** statt (**analog § 30**; *F/A/K/H* § 108 Rz. 3; *G/L* § 108 Rz. 2; *D/R* § 108 Rz. 8). Ein Protokoll über die Sitzung muß nicht geführt werden (*D/R* § 108 Rz. 6; GK-*Wiese* § 108 Rz. 22). Soll ein Protokoll geführt werden, ist der Wirtschaftsausschuß nicht berechtigt, ein freigestelltes Mitglied des Gesamtbetriebsrats/Betriebsrats als Protokollführer bei Wirtschaftsausschußsitzungen hinzuziehen.

Der Gesamtbetriebsrat ist auch nicht berechtigt, dem Wirtschaftsausschuß auf Anforderung ein freigestelltes Mitglied des Gesamtbetriebsrats/Betriebsrat als Protokollführer für die Wirtschaftsausschußsitzung zur Verfügung zu stellen (*LAG Düsseldorf* vom 11. 8. 1989 – 9 TaBV 44/89 – NZA 1989, 940).

II. Die Teilnahme des Unternehmers an den Sitzungen

Nach § 108 Abs. 2 ist der **Unternehmer bzw. dessen Vertreter verpflichtet, an allen Sitzungen teilzunehmen.** Damit soll gewährleistet werden, daß der Unternehmer seine Informationspflicht ordnungsgemäß erfüllt. 3

Der Wirtschaftsausschuß kann auch tagen, ohne daß der Unternehmer oder sein Vertreter teilnimmt (*BAG* vom 16. 3. 1982 – 1 AZR 406/80 – EzA § 108 BetrVG 1972 Nr. 5 = DB 1982, 1326; *G/L* § 108 Rz. 7; GK-*Fabricius* § 108 Rz. 16; **a.A.** *D/R* § 108 Rz. 11). 4

Die gesetzliche Pflicht des Unternehmers zur Teilnahme an den Sitzungen des Wirtschaftsausschusses bedeutet nicht, daß ohne ihn eine Wirtschaftsausschußsitzung nicht stattfinden könne oder dürfe (*BAG* vom 16. 3. 1982 a. a. O.).

Die Zulässigkeit solcher Sitzungen ist nicht auf Sitzungen beschränkt, die eine Sitzung mit dem Unternehmer vorbereiten sollen (**a. A.** *D/R* § 108 Rz. 11).

Unternehmer ist der Inhaber einer Einzelfirma; bei einer juristischen Person sind die Mitglieder des Organs, das zur gesetzlichen Vertretung berufen ist, als Unternehmer i. S. d. § 108 anzusehen. Bei Personengesamtheiten sind diejenigen Personen als Unternehmer anzusehen, denen die Geschäftsführung obliegt (*D/R* § 108 Rz. 12). 5

Vertreter des Unternehmers ist nicht schon jede vom Unternehmer beauftragte Person. In Betracht kommen vielmehr nur solche Personen, die den Unternehmer allgemein oder zumindest in dem zur Frage stehenden größeren Bereich generell vertreten und über die erforderliche Sachkenntnis verfügen, vor allem Mitglieder der Unternehmensleitung (vgl. *D/R* § 108 Rz. 13; *Dütz* FS für *Westermann*, 37, 42f.; *Fabricius* § 108 Rz. 18; *F/A/K/H* § 108 Rz. 6; *Rumpff* 153; *G/L* § 108 Rz. 9). 6

Der Wirtschaftsausschuß kann nicht das Erscheinen des Unternehmers oder anderer bestimmter Personen verlangen.

III. Die Zuziehung von sachkundigen Arbeitnehmern durch den Unternehmer

Der **Unternehmer kann sachkundige Arbeitnehmer** des Unternehmens **einschließlich der leitenden Angestellten hinzuziehen.** Sachkundige Arbeitnehmer sind dabei vor allem die für die zur Erörterung stehenden Fragen maßgebenden Abteilungsleiter oder Sachbearbeiter. Eine zahlenmäßige Begrenzung der hinzuziehbaren sachkundigen Arbeitnehmer wie in § 107 Abs. 3 Satz 2 besteht für den Unternehmer nicht (*D/R* § 108 Rz. 16; *Dietz* FS für *Westermann*, 37, 43). 7

Die **als sachkundige Arbeitnehmer hinzugezogenen Personen** sind gem. § 120 Abs. 1 Ziff. 4 **zur Verschwiegenheit verpflichtet** (*D/R* § 108 Rz. 17; *G/L* § 108 Rz. 11; **a. A.** GK-*Fabricius* § 108 Rz. 25ff.). Insoweit, als der § 120 Abs. 1 Ziff. 4 davon ausgeht, daß der Wirtschaftsausschuß die Arbeitnehmer hinzuzieht und nicht der Unternehmer, handelt es sich um ein Redaktionsversehen. 8

§ 108   4. Teil 6. Abschn. Wirtschaftliche Angelegenheiten

IV. Die Zuziehung eines Sachverständigen und/oder eines Gewerkschaftsbeauftragten durch den Wirtschaftsausschuß

9   Der Unternehmer sowie der Wirtschaftsausschuß können zur ordnungsgemäßen Erfüllung ihrer Aufgaben Sachverständige beiziehen. Die hinzugezogenen Sachverständigen unterliegen der Geheimhaltungspflicht gem. §§ 80 Abs. 3 Satz 2, 79. Die Verweisung auf § 80 Abs. 3 bezieht sich nur auf den Wirtschaftsausschuß. Während der Unternehmer jederzeit sachkundige Arbeitnehmer hinzuziehen kann, ist dies dem Wirtschaftsausschuß nur unter den Voraussetzungen des § 80 Abs. 3 möglich, d. h., die **Hinzuziehung muß zur ordnungsgemäßen Erfüllung seiner Aufgaben erforderlich sein und kann erst nach näherer Vereinbarung mit dem Unternehmer erfolgen** (*D/R* § 108 Rz. 18; *BAG* vom 18. 7. 1978 – 1 ABR 34/75 – EzA § 108 BetrVG 1972 Nr. 3 m. Anm. *Richardi* = DB 1978, 2223).

10 Die Hinzuziehung eines Sachverständigen durch den Wirtschaftsausschuß ist der Ausnahmefall, da im Regelfall davon auszugehen ist, daß der Wirtschaftsausschuß die fachlichen Kenntnisse zur Bewältigung seiner Aufgaben besitzt (*LAG Düsseldorf/Köln* Beschl. vom 25. 3. 1975 – 8 TaBV 3/75 – EzA § 108 BetrVG 1972, Nr. 1 m. Anm. *Gamillscheg* = DB 1975, 1418; *BAG* vom 18. 7. 1978 – 1 ABR 34/75 a. a. O.; **a. A.** GK-*Fabricius* § 108 Rz. 29).

11 Streitig ist die Frage, ob für den Wirtschaftsausschuß die Möglichkeit besteht, zu seiner Unterstützung einen Gewerkschaftsbeauftragten hinzuzuziehen.
Die herrschende Meinung geht davon aus, daß die Vorschrift des § 31 über die Zuziehung eines Gewerkschaftsbeauftragten zu den Sitzungen des Betriebsrats auf die Sitzungen des Wirtschaftsausschusses entsprechend anzuwenden ist. Dies bedeutet, daß auf Antrag eines Viertels der Mitglieder des Betriebsrats oder der Mehrheit einer Gruppe des Betriebsrats (Gesamtbetriebsrats) oder auf Beschluß des Betriebsrats (Gesamtbetriebsrats) ein Beauftragter einer im Betriebsrat (Gesamtbetriebsrat) vertretenen Gewerkschaft an den Sitzungen des Wirtschaftsausschusses teilnehmen kann. Der Wirtschaftsausschuß kann die Zuziehung eines solchen Gewerkschaftsbeauftragten selbst beschließen, wenn ihm der Betriebsrat eine entsprechende Ermächtigung erteilt hat (*BAG* vom 18. 11. 1980 – 1 ABR 31/78 – EzA § 108 BetrVG 1972 Nr. 4 m. Anm. *Wohlgemuth* = DB 1981, 1240; *BAG* vom 25. 6. 1987 – 6 ABR 45/85 – EzA § 108 BetrVG 1972 Nr. 7 = DB 1987, 2468; *F/A/K/H* § 108 Rz. 8a; *D/R* § 108 Rz. 21; *Richardi* Gutachten für den Vorstand der IG Metall 1974; *Weiss* § 108 Rz. 6; *Däubler* Gewerkschaftsrechte im Betrieb, 3. Aufl. 1983, 76; *Klosterkemper* Das Zugangsrecht der Gewerkschaften zum Betrieb, 2. Aufl. 1980, 17; *Klinkhammer* DB 1977, 1139 = BB 1977, 239; *Düttmann* JArbR Bd. 17 [1979], 78; EzA § 108 BetrVG 1972 Nr. 3 m. Anm. *Richardi*; hier § 31 Rz. 20; **a. A.** *LAG Düsseldorf/Köln* vom 13. 2. 1978 – 19 TaBV 36/77 – EzA § 108 BetrVG 1972 Nr. 2; *ArbG Berlin* vom 27. 10. 1976 – 41 BV 4/76 – DB 1977, 963; *ArbG Köln* vom 31. 8. 1977 – 9 BV 48/77 – DB 1977, 2102; *Koch* SAE 1981, 248; *S/W* §§ 106–109 Rz. 0; *Zeuner* DB 1972, 2474; *LAG Düsseldorf* vom 13. 12. 1978 – 19 TaBV 36/77 –; siehe auch GK-*Fabricius* § 108 Rz. 33 ff.).
Die Teilnahme eines Gewerkschaftsbeauftragten kann jedoch nur für eine konkret bestimmte Sitzung des Wirtschaftsausschusses beschlossen werden. Eine generelle Einladung zu allen künftigen Sitzungen des Wirtschaftsausschusses ist unzulässig (*BAG* vom 25. 6. 1987 – 6 ABR 45/85 – EzA § 108 BetrVG 1972 Nr. 7 = DB 1987, 2468).
Der abweichenden Meinung ist der Vorzug einzuräumen, da die von der herr-

schenden Meinung gegebene Begründung nicht zu überzeugen vermag (vgl. aber auch § 31 Rz. 22). Wortlaut, Systematik und Entstehungsgeschichte des Gesetzes sprechen gegen die Zulassung eines externen Gewerkschaftsbeauftragten zu den Sitzungen des Wirtschaftsausschusses. Schon der Wortlaut des § 108 Abs. 2 läßt den gesetzgeberischen Willen erkennen, betriebsfremden Personen – mit Ausnahme der zur Verschwiegenheit verpflichteten Personen – kein Teilnahmerecht an den Sitzungen des Wirtschaftsausschusses zu gewähren.
Diese Auffassung wird auch aufgrund der Gesetzessystematik bestätigt. Hätte der Gesetzgeber ein Zutrittsrecht des Gewerkschaftsbeauftragten gewollt, hätte er eine Verweisungsnorm aufgenommen, wie dies beispielsweise in §§ 51, 59, 73 Abs. 2, 115 Abs. 4, 116 Abs. 3 der Fall ist.
Die Zulassung des Gewerkschaftsbeauftragten ist darüber hinaus mit dem Grundsatz der Nichtöffentlichkeit unvereinbar, den der Gesetzgeber ausdrücklich angeordnet hat.
Auch wenn der Gewerkschaftsbeauftragte im gleichen Umfang wie die Mitglieder des Wirtschaftsausschusses der Geheimhaltungspflicht unterliegt, bestehen erhebliche Bedenken, daß diese Verschwiegenheitsverpflichtung durch den Koalitionsgegner eingehalten werden kann. Es ist deshalb nicht ausreichend, daß der Unternehmer aus dem Gesichtspunkt der Unzumutbarkeit die Unterrichtung des Wirtschaftsausschusses verweigern kann, wenn vor oder in einer Tarifauseinandersetzung ein Gewerkschaftsbeauftragter hinzugezogen wird, der Partei der Tarifauseinandersetzung ist (*D/R* § 108 Rz. 24).

Der **Vertrauensmann der Schwerbehinderten** (jetzt Schwerbehindertenvertretung) ist berechtigt, an den Sitzungen des Wirtschaftsausschusses beratend teilzunehmen. Dies gilt nach § 22 Abs. 4 SchwbG a.F. (jetzt § 25 Abs. 4 SchwbG), wonach der Vertrauensmann der Schwerbehinderten (Schwerbehindertenvertretung) das Recht hat, an allen Sitzungen des Betriebsrats und dessen Ausschüssen, also auch des Wirtschaftsausschusses, beratend teilzunehmen. Gleiches gilt auch nach § 32 BetrVG, obwohl ein Teilnahmerecht an den Sitzungen der Ausschüsse des Betriebsrats nicht ausdrücklich erwähnt ist (*BAG* vom 4. 6. 1987 – 6 ABR 70/85 – EzA § 108 BetrVG 1972 Nr. 6 = DB 1987, 2467; **a. A.** GK-*Fabricius* § 108 Rz. 40 ff.). 12

V. Das Einsichtsrecht in die Unterlagen

§ 108 Abs. 3 gibt jedem Mitglied des Wirtschaftsausschusses ein umfassendes Einsichtsrecht in die vom Unternehmer nach § 106 Abs. 2 vorzulegenden Unterlagen. Es genügt nicht, wenn der Unternehmer nur einzelnen Mitgliedern des Wirtschaftsausschusses Einsicht gewährt. Die Mitglieder können sich auch **Notizen und Aufzeichnungen** aus den Unterlagen machen, sind **jedoch nicht berechtigt, vom Unternehmer die Aushändigung von Abschriften oder Fotokopien zu verlangen.** Dies wird von einem Einsichtsrecht nicht mehr erfaßt (*D/R* § 108 Rz. 27; *F/A/K/H* § 106 Rz. 10; *G/L* § 106 Rz. 29). 13

§ 108   4. Teil 6. Abschn. Wirtschaftliche Angelegenheiten

VI. Die Unterrichtung des Wirtschaftsausschusses durch den Unternehmer

14   Der Unternehmer hat den Wirtschaftsausschuß unter Vorlage der entsprechenden Unterlagen umfassend und vollständig über die wirtschaftlichen Belange des Unternehmens zu informieren.

15   Gem. § 108 Abs. 5 hat der Unternehmer dem Wirtschaftsausschuß unter Beteiligung des Betriebsrats **unverzüglich** nach Fertigstellung den **Jahresabschluß**, d. h. die **Handelsbilanz und gegebenenfalls die Gewinn- und Verlustrechnung, zu erläutern** (*D/R* § 108 Rz. 39; *G/L* § 108 Rz. 23).
Nur bei den Kapitalgesellschaften (AG, KG, AA, GmbH) und der eingetragenen Genossenschaft gehört zum Jahresabschluß auch der Anhang mit Erläuterungen der Bilanz sowie der Gewinn- und Verlustrechnung (§§ 264 Abs. 1, 336 Abs. 1 HGB). Nicht zum Jahresabschluß gehört der bei den Kapitalgesellschaften aufzustellende Lagebericht (*Baumbach/Duden/Haupt* HGB, 27. Aufl., § 264 Anm. 2 Ac).
Nicht erläutert zu werden braucht dem Wirtschaftsausschuß
– der Konzernabschluß (§§ 290ff. HGB), den das Mutterunternehmen erstmals für das nach dem 31. 12. 1989 beginnende Geschäftsjahr aufstellen muß (Art. 23 Abs. 2 Einführungsgesetz zum HGB), weil die Zuständigkeit des Wirtschaftsausschusses auf das Unternehmen beschränkt ist;
– der steuerliche Jahresabschluß, der vom Schutz des Steuergeheimnisses umfaßt wird.

16   Die **Jahresbilanz** hat den **handelsrechtlichen Vorschriften zu entsprechen**; so bei der Aktiengesellschaft (§§ 148 ff. AktG), bei der Kommanditgesellschaft auf Aktien (§§ 278 Abs. 3, 286 AktG), bei der Gesellschaft mit beschränkter Haftung (§§ 41, 42 GmbHG), bei den Genossenschaften (§§ 33ff. GenG) sowie bei dem Versicherungsverein auf Gegenseitigkeit (§ 55 VVaG) (*D/R* § 108 Rz. 31).

17   Bei der **offenen Handelsgesellschaft**, der **Kommanditgesellschaft sowie** den **Einzelkaufleuten braucht nur** eine **Handelsbilanz vorgelegt zu werden** (§§ 39, 40 HGB). Hierzu gehört auch die Gewinn- und Verlustrechnung (*Baumbach/Duden* HGB § 39 Anm. 1 D). Nur so wird den Grundsätzen einer ordnungsgemäßen Buchführung genügt, die sich in den Vorschriften für die Kapitalgesellschaften gesetzlich niedergeschlagen haben (vgl. Rz. 15). Durch die Vorlage von Bilanz und Gewinn- und Verlustrechnung wird auch dem Zweck der Rechenschaftspflicht Genüge getan, da ein Einblick in die Ertragslage der Gesellschaft gegeben werden soll.
Nicht vorgelegt werden muß die Steuerbilanz (*D/R* § 108 Rz. 34; *S/W* §§ 106–109 Rz. 3; *Neumann-Duesberg* Betriebsverfassungsrecht, 590; *Bötticher* FS für *Hueck* 1959, 169; a.A. GK-*Fabricius* § 108 Rz. 56f.; *F/A/K/H* § 108 Rz. 12).

18   § 108 Abs. 5 enthält eine **Verpflichtung nur zur Erläuterung**, d.h., es besteht keine Verpflichtung zur Vorlage des Jahresabschlusses und zur Vorlage weiterer Unterlagen an den Wirtschaftsausschuß (*S/W* §§ 106–109 Rz. 84; *Boldt* Die AG 1972, 306; *Rumpff* 140; a.A. *D/R* § 108 Rz. 37; GK-*Fabricius* § 108 Rz. 59ff.; *F/A/K/H* § 108 Rz. 14; *G/L* § 108 Rz. 22).
Da der Wortlaut des § 108 Abs. 5 eindeutig ist, kann nicht auf die Vorschrift des § 106 zurückgegriffen werden, um eine Vorlageverpflichtung zu begründen. Es gibt daher auch **keinen Anspruch auf Einsichtnahme in den Jahresabschluß**. Die Erläuterung muß allerdings so umfassend sein, daß sich der Wirtschaftsausschuß

ein genaues Bild davon machen kann. Dem Zweck der Bestimmungen über den Wirtschaftsausschuß entsprechend, beschränkt sich die Erläuterungspflicht auf die das Unternehmen betreffenden Aufgaben. Bei Einzelkaufleuten ist daher das dem Unternehmen nicht gewidmete Vermögen des Unternehmens in die Erläuterungen nicht mit einzubeziehen. Das gleiche gilt selbstverständlich auch für Personen- und Kapitalgesellschaften. Der **Wirtschaftsausschuß kann nicht verlangen, daß der Unternehmer sein Privatvermögen offenbart.**

Die **Erläuterung** hat **unter Beteiligung des Betriebsrats** zu erfolgen. Gesprächspartner des Unternehmers ist in erster Linie der Wirtschaftsausschuß. Der Betriebsrat hat jedoch dabeizusein. Dabei ist es nicht erforderlich, daß alle Mitglieder des Betriebsrats zugegen sind. Es genügt, wenn einige Mitglieder des Betriebsrats teilnehmen. Die Mitglieder des Betriebsrats können ebenfalls Fragen stellen und an der Erörterung teilnehmen. Die Erläuterung steht im engen Zusammenhang mit der Verpflichtung des Unternehmens, den Wirtschaftsausschuß gem. § 106 Abs. 3 Ziff. 1 über die wirtschaftliche und finanzielle Lage des Unternehmens zu unterrichten. Besteht ein Gesamtbetriebsrat, so ist dieser anstelle des Betriebsrats zu beteiligen (*D/R* § 108 Rz. 41; *F/A/K/H* § 108 Rz. 14; *G/L* § 108 Rz. 25). 19

Die Mitglieder des Wirtschaftsausschusses und des Betriebsrats sind berechtigt, während der Erläuterung des Jahresabschlusses sich schriftliche Notizen zu fertigen (*LAG Hamm* vom 9. 2. 1983 – 12 TaBV 65/82 – DB 1983, 1311). Nur so sind sie in der Lage, in der weiteren Beratung mit dem Unternehmer und dem Betriebsrat sich die Vielzahl der zur Verfügung gestellten Daten vergegenwärtigen zu können. 20
Die Gefahr eines Mißbrauchs rechtfertigt ein Verbot, Notizen zu machen, nicht, da auch ohne Aufzeichnungen die Gefahr des Mißbrauchs nicht ausgeschlossen wird.

Die Erläuterungen des Jahresabschlusses können sich an dem Aufbau der Bilanz bzw. der Gewinn- und Verlustrechnung orientieren. 21
Erstmals für das nach dem 31. 12. 1986 beginnende Geschäftsjahr sind die durch das Bilanzrichtliniengesetz vom 19. 12. 1985, BGBl. I S. 2355 eingeführten und geänderten Vorschriften zwingend anzuwenden. Danach gelten für die Aufstellung des Jahresabschlusses grundsätzlich die §§ 242–256 HGB. Ergänzende Vorschriften enthalten für die Kapitalgesellschaften die §§ 264–289 HGB und für die eingetragene Genossenschaft die §§ 336 ff. HGB. Weitere Sonderregelungen bestehen für die Aktiengesellschaft (§§ 150–160 Aktiengesetz), die Kommanditgesellschaft auf Aktien (§§ 278 Abs. 3, 286 Aktiengesetz), die GmbH (§ 42 GmbH-Gesetz) und Großunternehmen, die nicht Kapitalgesellschaften sind (§ 5 Publizitätsgesetz).
Kapitalgesellschaften haben die Bilanz grundsätzlich entsprechend dem in § 266 Abs. 2 HGB vorgegebenen Schema zu gliedern. Für kleine Kapitalgesellschaften (§ 267 Abs. 1 HGB) gilt dieses Schema jedoch nur in eingeschränktem Maße (§ 266 Abs. 1 Satz 3 HGB). Für alle Kapitalgesellschaften ist auch das Gliederungsschema für die Gewinn- und Verlustrechnung in § 275 HGB verbindlich vorgeschrieben. Dabei besteht ein Wahlrecht zwischen dem Gesamtkostenverfahren und dem Umsatzkostenverfahren. Für kleine und mittelgroße Kapitalgesellschaften bestehen Erleichterungen (§ 276 HGB).
Für einzelkaufmännische Unternehmen und Personenhandelsgesellschaften ist, sofern das Publizitätsgesetz nicht anzuwenden ist, die Gliederung der Bilanz sowie

§ 108   *4. Teil 6. Abschn. Wirtschaftliche Angelegenheiten*

der Gewinn- und Verlustrechnung im Gesetz nicht geregelt. Hier sind für die Gliederung allein die Grundsätze oordnungsgemäßer Buchführung maßgebend (§ 243 Abs. 1 HGB). Diese können mit der nachfolgenden Gliederung erfüllt werden. Weitere Aufgliederungen sind möglich und dürfen sich im Rahmen der mündlichen Erläuterungen ergeben.

Bilanz

Aktiva

1. Anlagevermögen
   (in der Entwicklung = Anlagespiegel)
2. Umlaufvermögen
3. Rechnungsabgrenzungsposten

Passiva

1. Eigenkapital
2. Wertberichtigungen
3. Rückstellungen
4. Fremdkapital
5. Gewinn

Gewinn- und Verlustrechnung (nach dem Gesamtkostenverfahren)

Aufwendungen

1. Materialaufwand
2. Personalaufwand
3. Abschreibungen und Wertberichtigungen
4. Zinsen u. ä.
5. Steuern
6. Sonstige Aufwendungen
7. Gewinn

Erträge

1. Umsatzerlöse
2. Bestandsveränderungen und andere aktivierte Eigenleistungen
3. Sonstige Erträge

22   Eine von der Unternehmensleitung eingeräumte weitere Aufschlüsselung der Jahresabschlußzahlen unterliegt keinen vorgegebenen Regeln. Die ausweispflichtigen Posten im gesetzlichen Gliederungsschema des Jahresabschlusses für Kapitalgesellschaften oder die Kontengruppen des vom Bundesverband der Deutschen Industrie herausgegebenen »Industriekontenrahmen« (IKR) können beispielsweise als Anhaltspunkt genommen werden. Dabei kann es sinnvoll sein, einzelne Posten zusammengefaßt und andere einzeln anzugeben. Es empfiehlt sich, zunächst zu klären, welche Einblicke im Interesse des notwendigen Geheimhaltungsschutzes nicht gewährt werden können und welche Aussagen andererseits für den Wirtschaftsausschuß zum Verständnis der Unternehmerpolitik wichtig sind, um sodann im Rahmen des danach Möglichen und Notwendigen ein klares Bild von der wirtschaftlichen Situation des Unternehmens zu geben. Als Untergliederungsanregungen können gelten:

Die Aktiva der Bilanz

a) Man kann aufteilen in
   – immaterielle Wirtschaftsgüter
   – unbewegliches Vermögen

- Maschinen
- Betriebs- und Geschäftsausstattung
- Finanzanlagen.

Dabei dürfte der Wirtschaftsausschuß keinen Anspruch darauf haben, die **Belastungen** des Grundvermögens zu erfahren. Bei den Finanzanlagen können noch Beteiligungen genannt werden, diese jedenfalls insoweit, als es sich um Schachtel- oder Mehrheitsbeteiligungen handelt. Dagegen muß nicht offenbart werden, welche Beteiligungen Gewinne erbringen. Auch könnten langfristige Ausleihungen (Hypotheken und langfristige Darlehen an Arbeitnehmer und Wertpapiere des Anlagevermögens) – aber nicht deren Gewinne – genannt werden.

b) Das Umlaufvermögen kann unterteilt werden in
- Vorräte, Roh-, Hilfs- und Betriebsstoffe, unfertige Erzeugnisse, Vorräte und Waren
- Forderungen und Wertpapiere
- flüssige Mittel.

Über die Bewertung des Vorratsvermögens brauchen keine Angaben gemacht zu werden. Bei den Forderungen kann auf Inlands- und Auslandsgeschäfte abgestellt werden. Geldmittel (z. B. Kassenbestand, Bank- und Postscheckguthaben) brauchen nur in einer Summe und ohne Angabe der Bankinstitute genannt zu werden.

Passiva der Bilanz

Aus der Entwicklung der **Kapitalposten** in Verbindung mit dem Jahresgewinn, der zumindest aus der Gewinn- und Verlustrechnung hervorgeht, sind auch die Entnahmen ersichtlich, auf deren Kenntnis der Wirtschaftsausschuß aber keinen Anspruch hat. Eine Aufteilung des Eigenkapitals auf verschiedene Gesellschafter ist nicht geboten.
Wertberichtigungen entfallen, wenn – wie meist üblich – das Anlagevermögen zu Nettowerten (d. h. nach Abschreibungen) ausgewiesen wird. Bei Kapitalgesellschaften ist nur noch dieser Nettoausweis zulässig.
Unterteilung nach Pensions- und sonstigen **Rückstellungen** ist möglich. Für unmittelbare Versorgungszusagen, die nach dem 1.1. 1987 erteilt werden, besteht eine Passivierungspflicht, da es sich um ungewisse Verbindlichkeiten i. S. v. § 249 Abs. 1 HGB handelt. Altzusagen und deren Erhöhungen sind hiervon ausgenommen (Art. 1 Satz 1 EGHGB).
Beim **Fremdkapital** kann man langfristige (in der Regel **dinglich gesicherte**) und kurzfristige **Verbindlichkeiten** unterscheiden.
Zu letzteren gehören
- Warenlieferungen und Leistungen
- Wechselverbindlichkeiten
- Anzahlungen
- Kontokorrentkredite von Banken
- sonstige Verbindlichkeiten.

In der Bilanz kann der **Gewinn** bei nicht publizitätspflichtigen Unternehmen in dem Betrag unter Ziff. 1 (Eigenkapital) mit erfaßt werden. Das entspricht auch der Praxis. Als eigener Posten erscheint der Gewinn jedoch in der Gewinn- und Verlustrechnung. Im übrigen dürfte die Angabe des Gesamtgewinns genügen.

23 Aufwendungen der Gewinn- und Verlustrechnung
Der Materialaufwand kann in Roh-, Hilfs- und Betriebsstoffe für bezogene Waren und für bezogene Leistungen unterteilt werden.
Der Personalaufwand kann nach Löhnen und Gehältern sowie sonstige (gesetzliche und freiwillige) Personalaufwendungen unterteilt werden. In die Personalaufwendungen kann eine angemessene Vergütung für die Tätigkeit des Unternehmers bzw. tätiger Gesellschafter eingerechnet werden.
Die Abschreibungen sind zu unterteilen in die Normal-, Sonderabschreibungen und sonstige Abschreibungen (z. B. bei Forderungsverlusten).
Der Zinsaufwand kann für lang- und kurzfristiges Fremdkapital differenziert werden. Nicht genannt werden müssen die einzelnen Bankverbindungen.
Eine Aufteilung nach den einzelnen Steuerarten ist nicht erforderlich.
Zu den sonstigen Aufwendungen gehören alle Aufwendungen, die hier nicht genannt werden, also Aufwendungen für Information und Kommunikation, für die Inanspruchnahme von Rechten und Diensten, für Beiträge und Schadensfälle sowie für Wertminderungen usw.
Erträge der Gewinn- und Verlustrechnung
Die Umsatzerlöse können unterteilt werden nach Inlands- und Auslandsumsätzen.
Die Bestandsveränderung ist eine rein rechnerische Größe, nämlich der Saldo aus der Erhöhung oder Verminderung des Bestandes an unfertigen oder fertigen Erzeugnissen.
Bei den sonstigen Erträgen kann nach Erträgen aus Nebenerlösen, aus Beteiligungen und Finanzanlagen unterschieden werden.

VII. Die Unterrichtung des Betriebsrats durch den Wirtschaftsausschuß

24 § 108 Abs. 4 sichert die unverzügliche und vollständige Kommunikation von Wirtschaftsausschuß und Betriebsrat, wie dies in § 106 Abs. 1 Satz 2 als Aufgabe des Wirtschaftsausschusses vorgesehen ist. **Unverzüglich** bedeutet ohne schuldhaftes Zögern (§ 121 BGB). **Vollständig** bedeutet, daß der Wirtschaftsausschuß die vom Unternehmer gem. § 106 Abs. 2 erhaltenen umfassenden Informationen an den Betriebsrat weiterzugeben und über die stattgefundenen Beratungen ausführlich zu berichten hat. Ein mündlicher Bericht ist im Gesetz nicht vorgeschrieben und deshalb nicht erforderlich, so daß es auch **genügt, wenn der Wirtschaftsausschuß dem Betriebsrat die erforderlichen Sitzungsprotokolle und gegebenenfalls entsprechende schriftliche Erläuterungen zur Verfügung stellt** (a.A. *D/R* § 108 Rz. 29; *Dütz* FS für *Westermann*, 37, 47; GK-*Fabricius* § 108 Rz. 47; *F/A/K/H* § 108 Rz. 10; *G/L* § 108 Rz. 29; *Weiss* § 108 Rz. 5).

25 Die Unterrichtung hat durch den Wirtschaftsausschuß zu erfolgen. Mit Zustimmung des Betriebsrats ist es aber **zulässig,** daß eine mündliche **Unterrichtung nur durch ein Mitglied des Wirtschaftsausschusses** erfolgt (GK-*Fabricius* § 108 Rz. 46; *F/A/K/H* § 108 Rz. 10; *G/L* § 108 Rz. 30; **a.A.** *D/R* § 108 Rz. 29, die eine Information durch nur ein Mitglied des Wirtschaftsausschusses auch dann zulassen, wenn der Betriebsrat seine Zustimmung zu dieser Art der Information versagt).

VIII. Anderweitige Wahrnehmung der Aufgaben

§ 108 Abs. 6 regelt die rechtstechnischen Folgen, die sich aus der Möglichkeit des Betriebsrats bzw. des Gesamtbetriebsrats ergeben, die Aufgaben des Wirtschaftsausschusses einem seiner Ausschüsse zu übertragen (§ 107 Abs. 1). In diesen Fällen gelten die Vorschriften des § 108 Abs. 1–5 entsprechend. 26

IX. Streitigkeiten

Streitigkeiten über die Zuständigkeit des Wirtschaftsausschusses, über die Auskunftspflicht des Unternehmers, über die Teilnahme des Unternehmers an Sitzungen, das Anwesenheitsrecht von Sachverständigen und Gewerkschaftsbeauftragten sowie Streitigkeiten über Zeitpunkt und Umfang der Unterrichtung im Rahmen des Jahresabschlusses entscheidet das Arbeisgericht **im Beschlußverfahren** (§ 2a Abs. 1 Nr. 1 Abs. 2, § 80 ArbGG). 27
Eine Gewerkschaft ist im Beschlußverfahren antragsberechtigt, wenn das Recht ihres Beauftragten auf Teilnahme an den Sitzungen des Wirtschaftsausschusses bestritten wird. 28
Streitigkeiten über die Frage, ob die erforderlichen Informationen rechtzeitig und genügend sind, entscheidet die Einigungsstelle (§ 109; vgl. im einzelnen *LAG Düsseldorf/Köln* vom 25. 3. 1975 – 8 TaBV 3/75 – EzA § 108 BetrVG 1972 Nr. 1 m. Anm. *Gamillscheg* – DB 1975, 1418; *ArbG Berlin* vom 27. 10. 1976 – 41 BV 4/ 76 – DB 1977, 963; *D/R* § 108 Rz. 44). 29
Der Unternehmer, der seine Erläuterungspflicht nach § 108 Abs. 5 nicht, wahrheitswidrig, unvollständig oder verspätet erfüllt, handelt ordnungswidrig (§§ 108 Abs. 5, 121; GK-*Fabricius* § 108 Rz. 91). 30

§ 109 Beilegung von Meinungsverschiedenheiten

Wird eine Auskunft über wirtschaftliche Angelegenheiten des Unternehmens im Sinne des § 106 entgegen dem Verlangen des Wirtschaftsausschusses nicht, nicht rechtzeitig oder nur ungenügend erteilt und kommt hierüber zwischen Unternehmer und Betriebsrat eine Einigung nicht zustande, so entscheidet die Einigungsstelle. Der Spruch der Einigungsstelle ersetzt die Einigung zwischen Arbeitgeber und Betriebsrat. Die Einigungsstelle kann, wenn dies für ihre Entscheidung erforderlich ist, Sachverständige anhören; § 80 Abs. 3 Satz 2 gilt entsprechend. Hat der Betriebsrat oder der Gesamtbetriebsrat eine anderweitige Wahrnehmung der Aufgaben des Wirtschaftsausschusses beschlossen, so gilt Satz 1 entsprechend.

Literaturübersicht

Bötticher Die Zuständigkeit der Einigungsstelle des § 70 Abs. 2 BetrVG in rechtsstaatlicher Sicht, FS für *A. Hueck*, 1959, 149; *Dütz*; *ders.* Betriebsverfassungsrechtliche Auskunftspflichten im Unternehmen, FS für *Westermann*, 1974 37 ff.; *ders.* Verbindliche Einigungsverfahren nach den Entwürfen zu einem neuen BetrVG, DB 1971, 674, 723; *Gail* Die betriebliche Einigungsstelle, 2. Aufl. Freiburg, 1980; *Herschel* Der Sachverständige des Wirtschafts-

§ 109   4. Teil 6. Abschn. Wirtschaftliche Angelegenheiten

ausschusses, AuR 1980, 21; *Jäcker* Die Einigungsstelle nach § 76 BetrVG, Diss. Bonn, 1974; *Pünnel* Die Einigungsstelle des BetrVG 1972, 2. Aufl. 1985; *Söllner* Mitbestimmung als Mitgestaltung und Mitbeurteilung, FS *BAG*, 1979, 605, 616; *Leipold* Die Einigungsstelle nach dem neuen BetrVG, FS für *Schnorr v. Carolsfeld*, 1972, 273 ff.

Inhaltsübersicht

		Rz.
I.	Zuständigkeit der Einigungsstelle	1– 6
II.	Auskunftsverlangen des Wirtschaftsausschusses	7
III.	Einigungsversuch zwischen Unternehmer und Betriebsrat	8
IV.	Das Verfahren vor der Einigungsstelle	9, 10
V.	Die arbeitsgerichtliche Kontrollbefugnis	11, 12
VI.	Prozessuales	13–16

I. Zuständigkeit der Einigungsstelle

1   **§ 109 regelt das Verfahren für die Beteiligung und Entscheidung von Meinungsverschiedenheiten über die Unterrichtungspflicht des Unternehmers in den wirtschaftlichen Angelegenheiten.**
Nach dem eindeutigen Wortlaut dieser Vorschrift handelt es sich um **Meinungsverschiedenheiten über Auskünfte i. S. d.** § 106 (GK-*Fabricius* § 109 Rz. 8). Sie findet deshalb keine Anwendung auf andere Meinungsverschiedenheiten in wirtschaftlichen Angelegenheiten über Auskunftspflichten, wie sie insbesondere in § 108 Abs. 5, § 110 festgelegt sind (ebenso *Dütz* FS für *Westermann*, 47, 53; **a. A.** *D/R* § 109 Rz. 2; *Rumpff* 198; *G/L* § 109 Rz. 3).
Die Gegenmeinung verkennt, daß diese Frage schon unter der Geltung des § 70 BetrVG 1952 streitig war, da dessen Wortlaut die Frage ebenfalls nicht erfaßte (zum Streitstand vgl. *Dietz* § 70 Rz. 1; *Fitting/Kraegeloh/Auffarth* § 70 Rz. 1; *Erdmann* § 70 BetrVG 1952 Rz. 1).
Wenn aber der Gesetzgeber **in Kenntnis** des Streitgegenstandes bestimmte Sachverhalte der Regelung nicht unterstellt, so liegt eine negative Regelung vor, die eine über den Wortlaut des Gesetzes hinausgehende Auslegung verbietet.

2   **Die Einigungsstelle entscheidet nur die Frage, ob eine konkret verlangte Auskunft** (GK-*Fabricius* § 109 Rz. 6), **die im Rahmen der Zuständigkeit des Wirtschaftsausschusses liegt, rechtzeitig und genügend erteilt wurde oder zu erteilen ist** (*D/R* § 109 Rz. 3; *G/L* § 109 Rz. 5).

3   Die Frage, ob das Auskunftsverlangen überhaupt in die Zuständigkeit des Wirtschaftsausschusses fällt, wird vom Arbeitsgericht im Beschlußverfahren entschieden (*D/R* § 109 Rz. 3 m. w. N.).

4   Die Frage, ob das Auskunftsverlangen in die Kompetenz des Wirtschaftsausschusses fällt, ist eine Vorfrage für die Tätigkeit der Einigungsstelle. Wird die Kompetenz des Wirtschaftsausschusses bestritten, hat die Einigungsstelle die Möglichkeit, das Verfahren bis zur Entscheidung des Arbeitsgerichts auszusetzen (*D/R* § 109 Rz. 4 m. w. N.; *F/A/K/H* § 109 Rz. 1; *G/L* § 109 Rz. 5; *S/W* §§ 106–109 Rz. 7, hier § 76 Rz. 21; **a. A.** GK-*Fabricius* § 109 Rz. 25 ff.).

5   Hat zunächst der Betriebsrat bzw. der Gesamtbetriebsrat die Erteilung bestimmter Auskünfte unter Vorlage an den Wirtschaftsausschuß verlangt, kann er – im

Falle der Weigerung des Arbeitgebers – nicht danach Vorlage an sich selbst nach § 80 Abs. 2 verlangen. § 109 enthält insoweit eine **speziellere gesetzliche Regelung**. Die Einigungsstelle ist dann primär zuständig (*LAG Frankfurt/M.* vom 1. 9. 1988 – 12 Ta BV 46/88 – DB 1988, 2519).

Besteht Streit darüber, ob eine konkrete Auskunft mit Rücksicht auf die Betriebs- und Geschäftsgeheimnisse verweigert werden kann, und soll die Einigungsstelle darüber entscheiden, so kann die Einigungsstelle nur nachprüfen, ob die Berufung des Unternehmers auf geheimzuhaltende Betriebs- oder Geschäftsgeheimnisse offensichtlich zu dem Zweck erfolgt, sich der Auskunftspflicht zu entziehen, ob also ein **offensichtlicher Rechtsmißbrauch** vorliegt (ebenso *Dietz* § 67 Rz. 22; *Neumann-Duesberg* Betriebsverfassungsrecht, 529 f.; *Hueck/Nipperdey* II/2, 1470; a. A. *Rumpff*, 199; *Böticher* FS für *Hueck*, 149, 164 ff.; *D/R* § 109 Rz. 4 m. w. N., die die Zuständigkeit der Einigungsstelle bejahen mit der Folge, daß der Unternehmer verpflichtet ist, seine Geschäftsgeheimnisse offenzulegen; vermittelnd *G/L* § 109 Rz. 7; GK-*Fabricius* § 109 Rz. 39, die dem Schutzinteresse des Unternehmers dadurch Rechnung tragen, daß der Unternehmer nur verpflichtet sein soll, die Gefährdung der Geschäfts- und Betriebsgeheimnisse der Einigungsstelle glaubhaft zu machen; vgl. auch *LAG Düsseldorf* vom 13. 3. 1978 – 21 TaBV 3/78 – DB 1978, 1695). Die Einigungsstelle kann insbesondere nicht darüber entscheiden, ob es sich bei der Offenbarung bestimmter Tatsachen tatsächlich um eine Geheimnisgefährdung handeln würde, denn dazu müßte der Unternehmer im einzelnen darlegen, warum ein Geschäftsgeheimnis insoweit besteht. Das aber würde gerade dem geschützten Interesse des Unternehmers an der Geheimhaltung entgegenstehen. 6

II. Auskunftsverlangen des Wirtschaftsausschusses

Voraussetzung für § 109 ist, daß aufgrund eines Beschlusses des Wirtschaftsausschusses ausdrücklich eine Auskunft verlangt wird und der Unternehmer die Auskunft nicht, nicht rechtzeitig oder nur ungenügend nach Ansicht des Wirtschaftsausschusses erteilt hat (*D/R* § 109 Rz. 8, 9; *F/A/K/H* § 109 Rz. 3; *G/L* § 109 Rz. 8; GK-*Fabricius* § 109 Rz. 6). 7

III. Einigungsversuch zwischen Unternehmer und Betriebsrat

Zunächst sollen Unternehmer und Betriebsrat versuchen, die Meinungsverschiedenheiten über Art und Umfang der vom Unternehmer zu erteilenden oder nicht zu erteilenden Auskunft durch Verhandlungen beizulegen. Hat das Unternehmen einen Gesamtbetriebsrat, so ist dieser für die Beilegung der Meinungsverschiedenheiten zuständig. Einigen sich Unternehmer und Betriebsrat bzw. Gesamtbetriebsrat über die Meinungsverschiedenheiten, so ist diese Eingigung für Unternehmer und Wirtschaftsausschuß bindend (*D/R* § 109 Rz. 11; GK-*Fabricius* § 109 Rz. 15; *F/A/K/H* § 109 Rz. 5; *G/L* § 109 Rz. 12). Die Einigung bedarf keiner Form (*D/R* § 109 Rz. 109 Rz. 12 m. w. N.). 8

§ 109   *4. Teil 6. Abschn. Wirtschaftliche Angelegenheiten*

IV. Das Verfahren vor der Einigungsstelle

9 Ist der Einigungsversuch zwischen Unternehmer und Betriebsrat bzw. Gesamtbetriebsrat gescheitert, so entscheidet die Einigungsstelle auf Antrag entweder des Betriebsrats oder des Unternehmers (*D/R* § 109 Rz. 14).

10 Die **überwiegende Meinung** geht davon aus, daß § 109 nicht expressis verbis wie § 70 Abs. 2 BetrVG 1952 die Ersetzung der Einigungsstelle durch eine tarifliche Schlichtungsstelle verbietet mit der Folge, daß die **Einsetzung der tariflichen Schlichtungsstelle für die Beilegung von Meinungsverschiedenheiten i. S. d. § 109 zulässig ist** (*G/L* § 109 Rz. 16; *Boldt* Die AG 1972, 299, 307; *D/R* § 109 Rz. 15; *Dütz* FS für *Westermann*, 37, 45; *F/A/K/H* § 109 Rz. 7; Bedenken äußert GK-*Fabricius* § 109 Rz. 47).
Es ist zwar richtig, daß allein die Vertraulichkeit der zu erörternden Fragen, auf die die zweite Auflage abgestellt ist, die Einsetzung der tariflichen Schlichtungsstelle nicht verbietet, da auch die Mitglieder der Schlichtungsstelle die Vertraulichkeit zu wahren haben (*G/L* § 109 Rz. 17); aus der Gesetzessystematik ergibt sich aber, daß die Bildung der Einigungsstelle bei Bedarf der Regelfall ist (*Brecht* § 76 Rz. 2).
Das hat zur Folge, daß von der **Einsetzung einer tariflichen Schlichtungsstelle** nur Gebrauch gemacht werden sollte, **wenn eine überbetriebliche Vereinheitlichung wünschenswert ist** (*Bischoff* Die Einigungsstelle, 117).
Da es sich im Rahmen des Auskunftsverlangens des Wirtschaftsausschusses um eine rein betriebliche Frage handelt, sollte auch dafür Sorge getragen werden, daß die betrieblichen Einigungsmöglichkeiten voll ausgeschöpft werden.

V. Die arbeitsgerichtliche Kontrollbefugnis

11 Die **Entscheidung** der Einigungsstelle **kann in vollem Umfang nachgeprüft werden** (siehe § 76 Rz. 59; *Dütz* FS für *Westermann*, 37, 45; *ders.* DB 1971, 723; *ders.* DB 1972, 383, 385, 388f.; *ders.* Die gerichtliche Überprüfung der Sprüche von betriebsverfassungsrechtlichen Einigungs- und Vermittlungsstellen, 88, 90, 94; GK-*Fabricius* § 109 Rz. 49; *F/A/K/H* § 109 Rz. 8; *G/L* § 109 Rz. 2; abweichend *Rumpff* 197f., der jegliche überprüfung ablehnt; eine Nachprüfung auf Ermessensfehler wollen zulassen: *D/R* § 109 Rz. 19; *Boldt* Die AG 1972, 299, 307).

12 Die **Einigungsstelle kann**, wenn sie es für ihre Entscheidung erforderlich hält, **Sachverständige hören**. Abweichend von der Vorschrift des § 80 Abs. 3 ist es nicht erforderlich, daß die Anhörung des Sachverständigen mit dem Arbeitgeber vereinbart wird (*D/R* § 109 Rz. 16; *F/A/K/H* § 109 Rz. 6a; *G/L* § 109 Rz. 19).
Ist die Anhörung des Sachverständigen nicht erforderlich, baucht der Unternehmer die Kosten nicht zu tragen. Er kann das Arbeitsgericht anrufen, das im Beschlußverfahren über die Erforderlichkeit der Kosten entscheidet (*D/R* § 109 Rz. 19).

VI. Prozessuales

Hat die Einigungsstelle dem Auskunftsanspruch des Betriebsrats bzw. des Gesamtbetriebsrats entsprochen, kann der **Arbeitgeber** bei dem zuständigen Arbeitsgericht im Beschlußverfahren **beantragen, »den Spruch der Einigungsstelle aufzuheben«** (*G/L* § 109 Rz. 24). 13

Kommt der Arbeitgeber dem Spruch der Einigungsstelle nicht nach und stellt er keinen Aufhebungsantrag, kann auf Antrag des Betriebsrats bzw. des Gesamtbetriebsrats der **Arbeitgeber** im arbeitsgerichtlichen Beschlußverfahren **auf Erfüllung in Anspruch genommen** werden (*D/R* § 109 Rz. 21; a. A. *Herschel* AuR 1980, 23, der sich für eine Antragsbefugnis des Wirtschaftsausschusses ausspricht). Auch in diesem Verfahren kann die Rechtmäßigkeit des Spruches der Einigungsstelle nachgeprüft werden. 14

Stellt das Arbeitsgericht die Verpflichtung des Arbeitgebers zur Auskunftserteilung fest, kann dieser Beschluß gem. § 85 Abs. 2 ArbGG i. V. m. § 888 ZPO vollstreckt werden (*D/R* § 109 Rz. 22 m. w. N.; *F/A/K/H* § 109 Rz. 8; *G/L* § 109 Rz. 23).

Hat die Einigungsstelle den Auskunftsanspruch abgelehnt, kann der **Betriebsrat** im arbeitsgerichtlichen Beschlußverfahren **beantragen, »den Spruch der Einigungsstelle aufzuheben und den Arbeitgeber darüber hinaus zu verpflichten, die erforderliche konkrete Auskunft zu erteilen«.** 15

Entspricht der Unternehmer einer im Rahmen ihrer Zuständigkeit gefällten Enscheidung der Einigungsstelle nicht, so kann dies eine Bestrafung nach § 121 zur Folge haben (*D/R* § 109 Rz. 21). 16

§ 110 Unterrichtung der Arbeitnehmer

(1) In Unternehmen mit in der Regel mehr als 1000 ständig beschäftigten Arbeitnehmern hat der Unternehmer mindestens einmal in jedem Kalendervierteljahr nach vorheriger Abstimmung mit dem Wirtschaftsausschuß oder den in § 107 Abs. 3 genannten Stellen und dem Betriebsrat die Arbeitnehmer schriftlich über die wirtschaftliche Lage und Entwicklung des Unternehmens zu unterrichten.
(2) In Unternehmen, die die Voraussetzungen des Absatzes 1 nicht erfüllen, aber in der Regel mehr als zwanzig wahlberechtigte ständige Arbeitnehmer beschäftigen, gilt Absatz 1 mit der Maßgabe, daß die Unterrichtung der Arbeitnehmer mündlich erfolgen kann. Ist in diesen Unternehmen ein Wirtschaftsausschuß nicht zu errichten, so erfolgt die Unterrichtung nach vorheriger Abstimmung mit dem Betriebsrat.

Literaturübersicht

Vgl. vor § 106 und *Vogt* Lagebericht des Arbeitgebers/Unternehmers und die Vorlagepflicht von Unterlagen in der Betriebsverfassung, BlStSozArbR 1979, 193.

§ 110 4. Teil 6. Abschn. *Wirtschaftliche Angelegenheiten*

Inhaltsübersicht

		Rz.
I.	Allgemeines	1
II.	Die Voraussetzungen und die Durchführung der Unterrichtungsverpflichtung	2–10
III.	Streitigkeiten	11

I. Allgemeines

1 Die Vorschrift soll sicherstellen, daß die Arbeitnehmer in Unternehmen mit regelmäßig mehr als 1000 ständig beschäftigten Arbeitnehmern in regelmäßigen Abständen über die wirtschaftliche Lage des Unternehmens unterrichtet werden. Daneben besteht die Verpflichtung des Arbeitgebers zu einem jährlichen Bericht vor der Betriebsversammlung und der Betriebsräteversammlung (§ 43 Abs. 2 Satz 3; § 53 Abs. 2 Ziff. 2).

II. Die Voraussetzungen und die Durchführung der Unterrichtungsverpflichtung

2 In Unternehmen mit in der Regel **mehr als 1000 Arbeitnehmern** – d. h. dann, wenn unter normalen Umständen diese Zahl der Arbeitnehmer erreicht wird – **hat die Unterrichtung schriftlich zu erfolgen** (§ 118 Abs. 1) (GK-*Fabricius* § 110 Rz. 1, 4).

In Unternehmen, in denen in der Regel **weniger als 1000 Arbeitnehmer** vorhanden sind, aber in der Regel **mehr als 20 wahlberechtigte Arbeitnehmer** ständig beschäftigt werden, hat die **Unterrichtung** ebenfalls zu erfolgen; sie **kann** jedoch **mündlich vorgenommen werden** (GK-*Fabricius* § 110 Rz. 8).

3 Die **Unterrichtung muß mindestens einmal in jedem Kalendervierteljahr erfolgen**. Die Bestimmungen des Termins innerhalb des einzelnen Kalendervierteljahres ist Sache des Unternehmers (GK-*Fabricius* § 110 Rz. 26).

Allerdings sollte darauf geachtet werden, daß zwischen den einzelnen Unterrichtungen vernünftige Zeitspannen liegen (etwa 2 bis 4 Monate). Aus organisatorischen Gründen kann es sinnvoll sein, den Termin mit der vierteljährlichen Betriebsversammlung zusammenzulegen. Der Unternehmer muß die Unterrichtung nicht selbst vornehmen, sondern kann dies auch einem Vertreter überlassen. Daß dies in § 110 Abs. 1 im Gegensatz zu §§ 43 Abs. 2 Satz 3, 108 Abs. 2 nicht ausdrücklich gesagt wird, kann noch nicht zu dem Umkehrschluß führen, daß dies bei der Unterrichtung gem. § 110 nicht möglich sein soll. Vielmehr ist auch hier entsprechend §§ 43 Abs. 2 Satz 2, 108 Abs. 2 die Unterrichtung durch Vertreter möglich.

4 Die Bestimmung, daß der Unternehmer die **Unterrichtung nach vorheriger Abstimmung mit dem Wirtschaftsausschuß oder den in § 107 Abs. 3 genannten Stellen sowie dem Betriebsrat** vorzunehmen hat, bedeutet, daß die Information nach vorheriger Beratung mit diesen Stellen zu erfolgen hat. Besteht ein Gesamtbetriebsrat, so ist dieser anstelle des Betriebsrats zuständig. Der Unternehmer muß diese Gremien vorher hören und ihre Stellungnahmen berücksichtigen (GK-*Fabricius* § 110 Rz. 19). Im Einzelfall kann es zweckmäßig sein, wenn der Unternehmer zunächst einen Bericht erstellt und diesen den anderen Stellen zuleitet, damit er dann als Beratungsgrundlage dient. Wenn auch eine Übereinstimmung mit den Ansichten der mitberatenden Gremien anzustreben ist, so entscheidet letztlich doch allein der Unternehmer über Art und Inhalt des von ihm zu erstattenden Berichts. Weder dem Wirtschaftsausschuß noch dem Betriebsrat steht hier ein Mitbestimmungsrecht zu. Verantwortlich für die Erstattung ist nur der Unternehmer (*BAG* vom 1. 3. 1966 – 1 ABR 14/65 – EzA § 69 BetrVG 1952 Nr. 1 = DB 1966, 384, 705, 706), so daß er letztlich den Bericht so zu erstatten hat, wie er es für richtig und vertretbar hält (*F/A/K/H* § 110 Rz. 2, 4; *G/L* § 110 Rz. 6; *D/R* § 110 Rz. 5).

Der **Bericht muß die Arbeitnehmer über die wirtschaftliche Lage und Entwicklung des Unternehmens unterrichten.** Er soll den Arbeitnehmern in großen Zügen einen Überblick über die Lage und die Entwicklung geben, die das Unternehmen nach Ansicht des Unternehmers voraussichtlich nehmen wird. Es genügt eine allgemeine Darstellung; Einzelangaben sind nicht erforderlich (*D/R* § 110 Rz. 8; GK-*Fabricius* § 110 Rz. 11; *F/A/K/H* § 110 Rz. 5; *G/L* § 110 Rz. 4). Insbesondere sind solche Angaben nicht erforderlich, deren Bekanntwerden in der Öffentlichkeit die Wettbewerbs- und Finanzsituation des Unternehmens beeinträchtigen oder gefährden könnte. Diese Beschränkung der Berichterstattungspflicht ergibt sich vor allem daraus, daß die Informationen einer breiten Öffentlichkeit zugänglich sein können, zumal die Erstempfänger der Informationen – die Belegschaftsmitglieder – hier keiner besonderen gesetzlichen Schweigepflicht unterworfen sind. 5

Die **Unterrichtung** hat **schriftlich** zu erfolgen. Dies kann insbesonders durch Abdruck in den Werkzeitungen, durch Anschläge am Schwarzen Brett (*D/R* § 110 Rz. 6; a. A. *G/L* § 110 Rz. 7 und GK-*Fabricius* § 110 Rz. 5, die einen Anschlag am Schwarzen Brett nicht für ausreichend erachten) oder Vervielfältigungen jeglicher Art erfolgen (*F/A/K/H* § 110 Rz. 3; *Dütz* FS für *Westermann*, 37, [52]), die den Arbeitnehmern zugänglich zu machen sind. Zweckmäßig wird oft die Verteilung des Berichts anläßlich der vierteljährlichen Betriebsversammlung sein (gegebenenfalls duch Auslage des hektographierten Berichts, den der Unternehmer in der Betriebsversammlung vorträgt). 6

In Unternehmen, die in der Regel **nicht mehr als 1 000, aber mehr als 20 wahlberechtigte ständige Arbeitnehmer** beschäftigen, gilt ebenfalls die Vorschrift des Abs. 1, allerdings mit dem Unterschied, daß die **Unterrichtung** der Arbeitnehmer **mündlich** erfolgen kann. Hierfür war in der Regel die vierteljährliche Betriebsversammlung in Betracht gekommen. 7

In Unternehmen, in denen ein **Wirtschaftsausschuß** gem. § 106 Abs. 1 **nicht besteht**, kann eine **Abstimmung** über den Bericht selbstverständlich **nur mit dem Betriebsrat** erfolgen. Dies betrifft die Unternehmen, die in der Regel mehr als 20 ständige wahlberechtigte Arbeitnehmer, aber nicht mehr als 100 ständige Arbeitnehmer beschäftigen. 8

§ 110 gibt dem **Betriebsrat oder Gesamtbetriebsrat kein Recht, ohne Mitwirkung und gegen den Willen des Unternehmers seinen Bericht zu erstatten** (*D/R* § 110 Rz. 9; *G/L* § 110 Rz. 5; *BAG* vom 1. 3. 1966 – 1 ABR 14/65 – EzA § 69 BetrVG 1952 Nr. 1 = DB 1966, 384, 705, 706), und zwar auch dann nicht, wenn ihm die für eine solche Berichterstattung erforderlichen Unterlagen zur Verfügung stehen (a. A. *G/K/S/B* § 110 Anm. 3, wonach die Berechtigung des Betriebsrats und des Wirtschaftsausschusses besteht, gegenüber den Arbeitnehmern eine andere Auffassung darzulegen; GK-*Fabricius* § 110 Rz. 20, der davon ausgeht, daß die abwei- 9 chende Auffassung des Betriebsrats bzw. des Wirtschaftsausschusses in den Bericht des Unternehmers aufzunehmen ist).

Der Betriebsrat ist lediglich in der Lage, seine Auffassung in dem von ihm nach § 43 Abs. 1 Satz 1 der Belegschaft vierteljährlich zu erstattenden Tätigkeitsbericht darzulegen (*D/R* § 110 Rz. 5; *F/A/K/H* § 110 Rz. 2; *G/L* § 110 Rz. 6; **a. A.** GK-*Fabricius* § 110 Rz. 21, der dies nicht für ausreichend hält).

Ein **einseitiges Unterrichtungsrecht des Betriebsrats** ist **auch nicht** dann **ausnahmsweise** gegeben, **wenn der Unternehmer sich weigert, seiner Berichtspflicht nachzukommen.** Dies deshalb, weil das Gesetz in diesem Falle eine Ersatzvornahme durch den Betriebsrat nicht vorsieht, sondern die Ahndung als Ordnungswidrigkeit gem. § 121 als ausreichend ansieht.

10 Ordnungswidrig handelt der Unternehmer gem. § 121, wenn er die in § 110 bezeichneten Aufklärungs- und Auskunftspflichten nicht wahrheitsgemäß, unvollständig oder verspätet erfüllt.

III. Streitigkeiten

11 Für im Zusammenhang mit § 110 sich ergebende **Streitigkeiten** über die Frage, ob und wie die Arbeitnehmer über die wirtschaftliche Lage zu unterrichten sind, ist nicht gem. § 109 die Einigungsstelle, sondern gem. §§ 2a Abs. 1 Nr. 1, Abs. 2, 80 Abs. 1 ArbGG das Arbeitsgericht **im Beschlußverfahren** zuständig (*F/A/K/H* § 110 Rz. 8; **a. A.** *D/R* § 110 Rz. 10; *G/L* § 110 Rz. 10, die grundsätzlich die Zuständigkeit des Arbeitsgerichts bejahen und die Einigungsstelle nur zuständig sein soll, wenn zwischen dem Unternehmer und dem Wirtschaftsausschuß über die »vorherige Abstimmung« gestritten wird).

Zweiter Unterabschnitt
Betriebsänderungen

§ 111 Betriebsänderungen

Der Unternehmer hat in Betrieben mit in der Regel mehr als zwanzig wahlberechtigten Arbeitnehmern den Betriebsrat über geplante Betriebsänderungen, die wesentliche Nachteile für die Belegschaft oder erhebliche Teile der Belegschaft zur Folge haben können, rechtzeitig und umfassend zu unterrichten und die geplanten Betriebsänderungen mit dem Betriebsrat zu beraten. Als Betriebsänderungen im Sinne des Satzes 1 gelten
1. **Einschränkung und Stillegung des ganzen Betriebs oder von wesentlichen Betriebsteilen,**
2. **Verlegung des ganzen Betriebs oder von wesentlichen Betriebsteilen,**
3. **Zusammenschluß mit anderen Betrieben,**
4. **grundlegende Änderungen der Betriebsorganisation, des Betriebszwecks oder der Betriebsanlagen,**
5. **Einführung grundlegend neuer Arbeitsmethoden und Fertigungsverfahren.**

Betriebsänderungen § 111

Literaturübersicht

I. BetrVG 1952

Becker Interessenausgleich und Sozialplan, BlStSozArbR 1974, 54; *Becker/Schaffner* Rechtsfragen zum Mitbestimmungsrecht des Betriebsrats bei der Aufstellung von Sozialplänen, BlStSozArbR 1976, 33; *Bengelsdorf* Unzulässigkeit einer Untersagungsverfügung bei Betriebsänderungen I, DB 1990, 1233; II, DB 1990, 1282; *Berges* Sozialplan trotz Insolvenz?, FS für *Friedrich Weber*, 1975, 57; *Bork* Arbeitnehmerschutz bei der Betriebsaufspaltung, BB 1989, 2181; *Beuthin* Interessenausgleich und Sozialplan im Konkurs, RdA 1976, 147; *Birk* Arbeitsrechtliche Probleme der Betriebsaufspaltung, BB 1976, 1227; *Boldt* Die Beteiligungsrechte des Betriebsrats bei Gestaltung und Änderung des Betriebs nach dem BetrVG 1972, NWB 1973 = Fach 26, 1143; *Bulla, W.* Verfahren bei Meinungsverschiedenheiten über eine geplante »Betriebsänderung« i.S. des § 111 BetrVG, DB 1976, 916; *ders.* Sind anzeigepflichtige Entlassungen Betriebseinschränkungen i.S.d. Betriebsverfassungsgesetzes?, RdA 1976, 233; *Buschmann* Einstweiliger Rechtsschutz nach dem BetrVG, BlStSozArbR 1984, 266; *Denck* Bildschirmarbeitsplätze und Mitbestimmung des Betriebsrats, RdA 1982, 279; *Derleder* Ist der Übergang der Arbeitnehmerrechte bei einer Betriebsveräußerung im Konkurs ausgeschlossen?, AuR 1976, 129; *Dütz* Betriebsverfassungsrechtliche Auskunftpflichten im Unternehmen, FS für *Westermann*, 1974, 37; *ders.* Erzwingbare Verpflichtungen des Arbeitgebers gegenüber dem Betriebsrat, DB 1984, 115; *Eich* Betriebsnachfolge als Betriebsänderung im Sinne des § 111 BetrVG?, DB 1980, 255; *ders.* Einstweilige Verfügung auf Unterlassung der Betriebsänderung, DB 1983, 657; *Engels* Gesellschaftsaufspaltung als eine die Beteiligungsrechte des Betriebsrats auslösende Betriebsänderung i.S. von §§ 111ff. BetrVG, DB 1979, 2227; *Fabricius* Zum Begriff der Betriebsänderungen i.S. des § 111 BetrVG, BlStSozArbR 1974, 193; *Galperin* Die Mitbestimmung des Betriebsräte in wirtschaftlichen Fragen bei der Aufstellung von Sozialplänen, BB 1967, 469; *Gamillscheg* Zur Abfindung bei Verlust des Arbeitsplatzes, FS für *Bosch*, 1976, 209; *Gitter* Betriebsübergang und Arbeitsverhältnis unter besonderer Berücksichtigung der Zustimmung des Arbeitnehmers, FS *BAG*, 1979, 153; *Hanau* Probleme der Mitbestimmung des Betriebsrats über den Sozialplan, ZfA 1974, 89; *Heilmann* Die Rechtslage des Arbeitnehmers bei Insolvenz seines Arbeitgebers, 1977; *Heither* Betriebsänderungen (§ 111 BetrVG) in der Rechtsprechung des *Bundesarbeitsgerichts*, ZIP 1985, 513; *Hess* Die Betriebsmittelveräußerung des Konkursverwalters als Veräußerung i.S. des § 613a BGB?, DB 1976, 1154; *Hess/Gotters* Die Neuregelungen zum Sozialplan nach dem Beschäftigungsförderungsgesetz und nach dem Konkurssozialplangesetz, BlStSozArbR 1985, 264; *Heinze* Die Ausübung von Arbeitgeberfunktionen durch Konkursverwalter und Testamentsvollstrecker, AuR 1976, 33; *Hohn* Einschränkung der Belegschaft und Stillegung von Betriebsteilen, DB 1978, 157; *Hunold* Personalanpassunsg in Recht und Praxis, 1982; *ders.* Probleme des Personalabbaues, insbesondere im Falle von Betriebsänderungen, BB 1975, 1439; *ders.* Das Recht der Personalanpassung nach den Grundsatzentscheidungen des *BAG* vom 22.5.1979, BB 1980, 1750; *Joe* Probleme der Bindung an Gerichtsentscheidungen im Rahmen von §§ 111, 113 BetrVG, NZA 1990, 424; *Kehrmann/Schneider* Die wirtschaftliche Mitbestimmung nach dem neuen BetrVG, BlStSozArbR 1972, 60; *Kilger* Der Konkurs des Konkurses, KTS 1975, 142; *Kraft* Betriebsübergang und Arbeitsverhältnis in der Rechtsprechung des *BAG*, FS *BAG*, 1979, 299; *Kraushaar* Sind Personaleinschränkungen zugleich Betriebseinschränkungen i.S. der §§ 111ff. BetrVG?, ArbuSozR 197, 34; *Kreßel* Betriebsverfassungsrechtliche Auswirkungen des Zusammenschlusses zweier Betriebe, DB 1989, 1623ff.; *Kreutz* Mitbestimmungsrecht des Betriebsrats bei der Ausgliederung von Betriebsteilen, BlStSozArbR 1971, 209; *Lorenz/Schwedes* Das Beschäftigungsförderungsgesetz, DB 1985, 1077; *Matthes* Das Mitbestimmungsrecht des Betriebsrats bei Betriebsänderungen, DB 1972, 286; *Maurer* Betriebsänderung i.S. des § 111 BetrVG, DB 1974, 2305; *Mertz* Betriebsstillegung und Einschränkung, AR-Blattei Stillegung und Einschränkung des Betriebes I; *Michaelis* EDV-Zentralisierung ist Betriebsänderung (§ 111 BetrVG), BetrR 1979, 334; *Mothes* Die Zuständigkeit des Gesamtbetriebsrats bei Betriebsänderungen, AuR 1974, 325; *Neumann-Duesberg* Betriebsver-

§ 111 4. Teil 6. Abschn. *Betriebsänderungen*

legung, AR-Blattei Betrieb II; *ders.* Die Betriebsstillegung, AR-Blattei Betrieb III; *Neyses* Betriebseinschränkung und Mitwirkung des Betriebsrats, BlStSozArbR 1977, 116; *Ohl* Zum Abfindungsrecht bei betriebsbedingtem Verlust des Arbeitsplatzes, AuR 1980, 108; *Reuter/ Körnig* Die Mitbestimmung des Betriebsrats bei Betriebsänderungen – Datensetzung oder unternehmerische Mitbestimmung?, Die AG 1978, 325; *Reuter/Streckel* Grundfragen der betriebsverfassungsrechtlichen Mitbestimmung, 1973, 56ff.; *Richardi* Betriebsverfassung und Privatautonomie, 1973; *ders.* Sozialplan und Konkurs, 1978; *ders.* Übergang von Arbeitsverhältnissen bei Zwangsvollstreckungsmaßnahmen im Rahmen einer Konkursabwicklung, RdA 1976, 56; *Ritze* Interessenausgleich, Sozialplan und Nachteilsausgleich im Konkursverfahren?, BB 1976, 325; *Rumpff* Mitbestimmung in wirtschaftlichen Angelegenheiten und bei der Unternehmensplanung und Personalplanung, 2. Aufl. 1978; *ders.* Die Mitbestimmung der Arbeitnehmervertretungen in wirtschaftlichen Angelegenheiten, BB 1972, 325; *Seegert* Betriebsverfassung in der Krise, BlStSozArbR 1982, 273; *Schlüter* SAE 1973, 75; *Spitzner* Betriebsverfassungsrechtliche Fragen bei der Einführung neuer Techniken, BlStSozArbR 1981, 257; *v. Stebut* Die Rechtsstellung von Arbeitnehmern bei Betriebsveräußerungen im Konkurs oder Vergleich (§ 613a BGB), DB 1975, 2438; *Stege/Weinspach* BetrVG, Ergänzungsband zu den ab 1. Mai 1985 geltenden Sozialplanregelungen der §§ 111–113 BetrVG, 1985; *Teubner* Interessenausgleich und Sozialplan – Gesetzesauslegung, Verfahren und Sanktionen der § 111–113 BetrVG, BB 1974, 982; *Trittin* Der Unterlassungsanspruch des Betriebsrats zur Sicherung seiner Mitwirkungsrechte gem. §§ 90, 111, 112 BetrVG, DB 1983, 230; *Uhlenbruck* Die Mitwirkung des Betriebsrats im Konkurs- und Vergleichsverfahren nach dem BetrVG 1972, KTS 1973, 81; *ders.* BetrVG 1972 und Insolvenzverfahren, RdA 1976, 248; *Vogt* Sozialpläne in der betrieblichen Praxis, 2. Aufl. 1981; *ders.* Sozialpläne – Schutzmaßnahmen bei Betriebsänderungen gem. §§ 111ff. BetrVG, DB 1974, 237; *ders.* Personaleinschränkungen als Betriebsänderung i. S. der §§ 90, 106 und 111ff. BetrVG, DB 1976, 625; *ders.* Personaleinschränkungen im Rahmen betriebsbedingter Kündigungen und sozialplanpflichtiger Betriebsänderungen, DB 1981, 1823.

II. BetrVG 1972
Bauer/Röder Aufhebungsverträge bei Massenentlassungen und bei Betriebsänderungen, NZA 1985, 201–205; *Birk* Arbeitsrechtliche Probleme der Betriebsaufspaltung, BB 1976, 1227; *Blank/Blanke/Klebe/Kümpel/Wendeling-Schröder/Wolter* Arbeitnehmerschutz bei Betriebsaufspaltung und Unternehmensteilung, 2. Aufl. 1987; *Bosch* Arbeitsplatzverlust, Die sozialen Folgen einer Betriebsstillegung, 1978; *Bulla* Sind anzeigenpflichtige Entlassungen Betriebseinschränkungen i. S. des BetrVG?, RdA 1976, 233; *ders.* Verfahren bei Meinungsverschiedenheiten über eine geplante »Betriebsänderung« i. S. des § 111 BetrVG, DB 1976, 916; *Büschges* (Hrsg.) Organisation und Herrschaft/Klassische und moderne Studientexte zur sozialwirtschaftlichen Organisationstheorie, 1976; *Dehmer* Die Betriebsaufspaltung, 2. Aufl. 1987; *Denck* Bildschirmarbeitsplätze und Mitbestimmung des Betriebsrats, RdA 1982, 279–299; *Dolde/Bauer* Probleme der Stillegung von Betrieben und Betriebsteilen, BB 1978, 1675; *Ehmann* Betriebsstillegung und Mitbestimmung, 1978; *Engels* Gesellschaftsaufspaltung als eine die Beteiligungsrechte des Betriebsrats auslösende Betriebsänderung i. S. von §§ 111ff. BetrVG, DB 1979, 2227; *Erich* Betriebsnachfolge als Betriebsänderung i. S. des § 111 BetrVG?, DB 1980, 255; *Fabricius* Zum Begriff der Betriebsänderung i. S. des § 111 BetrVG, BlStSozArbR 1974, 193; *Gaul* Die kollektiven und kollektivrechtlichen Auswirkungen des Betriebsinhaberwechsels, DB 1980, 98; *ders.* Weiterentwicklung zur Auslegung des § 613a BGB, in: *Boewer* (Hrsg.) Aktuelle Aspekte des Arbeitsrechts, 1987, 140ff.; *ders.* Der Unterlassungsanspruch durch einstweilige Verfügung im Arbeitsrecht, ebenda, 365ff.; *Gitter* Gebrauchsüberlassungsverträge, Tübingen 1988; *Heither* Betriebsänderungen (§ 111 BetrVG) in der Rechtsprechung des *BAG*, ZIP 1985, 513–520; *Henkel* Die Betriebsveräußerung im Konkurs, ZIP 1980, 2; *Hess* Die Beteiligungsrechte des Betriebsrats bei konkursbedingten Entscheidungen des Konkursverwalters, ZIP 1985, 334–339; *Hohn* Einschränkung der Belegschaft und Stillegung von Betriebsteilen, DB 1978, 157; *v. Hoyningen-Huene* Der Übergang von Betriebsteilen nach § 613a BGB, RdA 1977, 330; *Hüper* Der

Betrieb im Unternehmerzugriff. Arbeitnehmerinteresse und Mitbestimmung bei Betriebsübergang, Betriebsaufspaltung und Betriebsparzellierung, 1982; *Hunold* Personalabbau und Betriebsänderungen gem. § 111 Satz 2 Nr. 1 und 4 BetrVG, RdA 1976, 296; *ders.* Probleme des Personalabbaus, insbesondere im Fall von Betriebsänderungen, BB 1975, 1439, 1442; *ders.* Das Recht der Personalanpassung nach den Grundsatzentscheidungen des *BAG* vom 22. 5. 1979, BB 1980, 1750; *Irschlinger* Arbeitsrechtliche Probleme im Konkurs (Seminarschriften der Deutschen Anwaltsakademie, Bd. 7), 1988; *Jaeger, G.* Die Betriebsaufspaltung durch Ausgliederung einzelner Betriebsteile als sozialplanpflichtige Betriebsänderung, BB 1988, 1036–1040; *Konzen* Unternehmensaufspaltung und Betriebseinheit, AuR 1985, 341 ff.; *ders.* Unternehmensaufspaltungen und Organisationsänderungen im Betriebsverfassungsrecht, 1986; *Kraft* Betriebsübergang und Arbeitsverhältnis in der Rechtsprechung des *BAG*, FS *BAG*, 1979, 299 ff.; *Maurer* Betriebsänderungen i. S. des § 111 BetrVG, DB 1974, 2305; *Mothes* Die Zuständigkeit des Gruppenangehörigen bei Betriebsänderungen, AuR 1974, 325, 329; *Neyses* Betriebseinschränkungen und Mitwirkung des Betriebsrats, BlStSozArbR 1977, 116; *Pietzko, J.* Der Tatbestand des § 613a BGB, 1988; *Pottmeyer* Die Überleitung der Arbeitsverhältnisse im Falle des Betriebsinhaberwechsels nach § 613a BGB und die Mitbestimmung gem. §§ 111 ff. BetrVG, 1987; *ders.* Das Widerspruchsrecht des Arbeitnehmers im Falle des Betriebsinhaberwechsels und die Sperrzeit nach § 119 Abs. 1 AFG, NZA 1988, 521–528; *Reuther/König* Die Mitbestimmung des Betriebsrats bei Betriebsänderungen – Datensetzung oder unternehmerische Mitbestimmung?, Die AG 1978, 325; *Riedel* § 613a BGB und die Betriebsveräußerung durch den Konkursverwalter, NJW 1975, 765; *Salje* Betriebsaufspaltung und Arbeitnehmerschutz, NZA 1988, 449–455; *Schaub* Rechtsprobleme des Betriebsübergangs, ZIP 1984, 272 ff.; *Schönborn, A. Graf v.* Die Beteiligung des Betriebsrates bei Betriebsänderungen, Diss. Würzburg, 1976; *Seiter* Betriebsinhaberwechsel, 1980; *Sowka* Betriebsverfassungsrechtliche Probleme der Betriebsaufspaltung, DB 1988, 1318–1322; *Wendeling-Schröder* Betriebsaufspaltungen und Unternehmensteilungen/Eine Epidemie in Mittel- und Kleinbetrieben macht den Arbeitnehmern zu schaffen, Mitbestimmung 1983, 312; *dies.* Mitwirkungs- und Mitbestimmungsrecht des Betriebsrats bei Betriebs- und Unternehmensaufspaltungen?, AiB 1983, 58 ff.; *Willemsen* Arbeitnehmerschutz bei Betriebsänderungen im Konkurs. Zur Anwendung des § 111 ff. BetrVG bei Insolvenz des Arbeitgebers, 1980.

Inhaltsübersicht

		Rz.
I.	Allgemeines	1–11
II.	Voraussetzungen des Beteiligungsrechts	12–34
	1. Betriebsgröße	12
	2. Betriebsänderung	13, 14
	3. Das Verhältnis von Satz 1 zu Satz 2	15–18
	4. Wesentliche Nachteile für die Belegschaft	19–25
	5. Rechtzeitige und umfassende Unterrichtung sowie Beratung	26–34
III.	Die einzelnen Fälle der Betriebsänderung in Satz 2	35–82
	1. Einschränkung und Stillegung des ganzen Betriebs oder wesentlicher Betriebsteile	35–61
	2. Verlegung des ganzen Betriebs oder wesentlicher Betriebsteile	62–64
	3. Zusammenschluß mit anderen Betrieben	65–68
	4. Grundlegende Änderungen der Betriebsorganisation, des Betriebszwecks oder der Betriebsanlagen	69–76
	5. Einführung grundlegend neuer Arbeitsmethoden und Fertigungsverfahren	77–82
IV.	Streitigkeiten	83–92
V.	Kündigung wegen Betriebsänderung	93–96

§ 111 4. Teil 6. Abschn. *Betriebsänderungen*

I. Allgemeines

1 **Bei geplanten Betriebsänderungen** des Unternehmens, die wesentliche Nachteile für die Belegschaft im ganzen oder für wesentliche Teile davon zur Folge haben können, sieht § 111 i. V. m. §§ 112, 113 ein über das frühere Recht (vgl. §§ 72, 73, 74 BetrVG 1952) hinausgehendes **abgestuftes Mitwirkungs- und Mitbestimmungsrecht des Betriebsrats** vor. Der Regierungsentwurf knüpfte für die Beteiligungsrechte des Betriebsrats – entgegen der jetzigen endgültigen Gesetzesfassung – nicht an bestimmte, katalogmäßig umschriebene Formen der Betriebsänderung an, sondern lediglich daran, daß durch eine unternehmerische Maßnahme eine bestimmte Anzahl von Arbeitnehmern nachteilig betroffen werden könnte (BT-Drucks. VI/1786, 23). Der Gesetzgeber hat die Regelung des Regierungsentwurfs nicht übernommen, sondern an der **katalogmäßigen Umschreibung der Betriebsänderung**, wie sie bereits im § 72 BetrVG 1952 vorgesehen war, festgehalten. Dabei sind in § 111 allerdings die einschränkenden Halbsätze des § 72 Abs. 1 d und g BetrVG 1952 nicht wieder aufgenommen worden. Darüber hinaus ist der Katalog um zwei weitere Modalitäten erweitert worden, nämlich bezüglich grundlegender Änderungen der Betriebsorganisation (Ziff. 4) und der Einführung grundlegend neuer Fertigungsverfahren (Ziff. 5). Dagegen hat man die im Regierungsentwurf abgestuften Beteiligungsrechte des Betriebsrats, je nachdem, ob es sich um die unternehmerische Entscheidung über die Betriebsänderung als solche oder um den Ausgleich und die Milderung der wirtschaftlichen Nachteile für die Arbeitnehmer handelt, beibehalten (zum Unterschied vom Interessenausgleich und Sozialplan vgl. Rz. 2 ff. zu § 112).

2 Die Vorschrift des § 111 Satz 1 gibt dem Betriebsrat zunächst nur ein **Mitwirkungsrecht**, d. h. ein **Informations- und Beratungsrecht**. Dies ist nunmehr ausdrücklich vorgesehen. Der Unternehmer kann sich dabei nicht auf eine nur formelle Mitteilung der geplanten Maßnahmen beschränken. Er muß darüber hinaus im Zusammenhang mit § 112 den Versuch machen, die Zustimmung des Betriebsrats zu erreichen. **Besteht im Zeitpunkt des Planentschlusses über eine Betriebsänderung kein Betriebsrat, scheidet die Anwendung der §§ 111 ff. aus** (*BAG* vom 20. 4. 1982 – 1 ABR 3/80 – EzA § 112 BetrVG 1972 Nr. 25 = DB 1982, 961, 1727; *LAG Berlin* vom 15. 6. 1973 – 3 Sa 19/73 – DB 1973, 2097; *LAG Hamm* vom 11. 2. 1975 – 8 TaBV 60/74 – DB 1975, 697; *F/A/K/H* § 111 Rz. 5; *G/L* § 111 Rz. 7; *D/R* § 111 Rz. 11). Wird ein bisher betriebsratsloser Betrieb stillgelegt, so kann ein während der Durchführung der Betriebsstillegung gewählter Betriebsrat die Aufstellung eines Sozialplans nicht mehr verlangen (*BAG* vom 20. 4. 1982 – 1 ABR 3/80 – a. a. O.; *D/R* § 111 Rz. 11).

3 Auch in anderen Fällen, in denen eine Betriebsänderung mitbestimmungsfrei durchgeführt werden kann (beispielsweise bei einer arbeitskampfbedingten Betriebsänderung, vgl. *D/R* § 111 Rz. 13 m. w. N.) und diese bestehen bleibt, besteht nachträglich kein Recht des Betriebsrats, die Aufstellung eines Sozialplanes zu verlangen (*D/R* § 111 Rz. 14).

4 Dagegen steht dem **Betriebsrat kein Initiativrecht** der Art zu, daß er bestimmte wirtschaftliche Maßnahmen seinerseits fordern könnte.

5 Für die Ausübung der Beteiligungsrechte ist **grundsätzlich der Betriebsrat, nicht** der **Gesamtbetriebsrat zuständig** (*S/W* Ergänzungsband, Vorbem. zu

Betriebsänderungen **§ 111**

§§ 111–113 Rz. 5). Das folgt daraus, daß auf die Änderung des einzelnen Bertriebes abgestellt wird und das Beteiligungsrecht von der Arbeitnehmerzahl der einzelnen Betriebe abhängt. Der **Gesamtbetriebsrat bzw.** der **Konzernbetriebsrat** ist **ausnahmsweise** dann **zuständig**, wenn die Betriebsänderung das gesamte Unternehmen oder mehrere Betriebe betrifft und eine einheitliche Regelung für das Unternehmen zwingend geboten ist (*BAG* vom 23. 9. 1975 – 1 ABR 122/73 – EzA § 50 BetrVG 1972 Nr. 1 m. Anm. *Kittner* = DB 1976, 56; *BAG* vom 6. 4. 1976 – 1 ABR 27/74 – EzA § 50 BetrVG 1972 Nr. 2 = DB 1976, 1290; *G/L* § 111 Rz. 13). Beispielsweise ist dies dann der Fall, wenn in einem Unternehmen verschiedene Betriebe mit eigenständiger Verwaltung so umgestaltet werden, daß die Verwaltungen zusammengefaßt werden (*LAG Hamm* vom 8. 3. 1974 – 8 TaBV 65/73 – ARSt. 1976, 46).
Im Konkurs eines Unternehmens mit mehreren Betrieben ist im Falle der Stillegung aller Betriebe der Gesamtbetriebsrat ausschließlich zuständig (*BAG* vom 17. 2. 1981 – 1 AZR 290/78 – EzA § 112 BetrVG 1972 Nr. 21 = DB 1981, 1414). Für die betriebsratslosen Betriebe eines Unternehmens besteht kein Beteiligungsrecht des Gesamtbetriebsrates (*BAG* vom 16. 8. 1983 – 1 AZR 544/81 – EzA § 50 BetrVG 1972 Nr. 9 = DB 1984, 129, 1875; *D/R* § 111 Rz. 5; *G/L* § 111 Rz. 5, enger GK-*Fabricius* § 111 Rz. 53 m. w. N.).

Auf der Seite des Arbeitgebers ist der **Unternehmer** Adressat der Beteiligungs- 6 rechte. Ist über das Vermögen des Unternehmers das Konkursverfahren eröffnet, so tritt der **Konkursverwalter** in die Rechte und Pflichten des Gemeinschuldners ein (*BAG* vom 20. 11. 1970 – 1 AZR 409/69 – EzA § 72 BetrVG 1952 Nr. 3 = DB 1971, 534; *BAG* vom 17. 9. 1974 – 1 AZR 16/74 – EzA § 113 BetrVG 1972 Nr. 1 m. Anm. *Henckel* = DB 1974, 2207; *BAG* GS vom 13. 12. 1978 – 1/77 – EzA § 112 BetrVG 1972 Nr. 15 m. Anm. *Hess* = DB 1979, 261). Soweit die Entscheidung über eine Betriebsänderung der Gläubigerversammlung (§ 129 Abs. 2 KO) – entweder vorläufig oder abgeleitet aufgrund Übertragung durch die Gläubigerversammlung – zusteht, soll sich das Beteiligungsrecht gegen die Organe richten (*G/L* § 111 Rz. 17; GK-*Fabricius* § 111 Rz. 342 ff.; *v. Stebut* DB 1975 Beilage Nr. 9, 4; *Zeuner* JZ 1976, 1, 5; **a.A.** *D/R* § 111 Rz. 57; *BAG* vom 14. 11. 1979 – 4 AZR 3/78 – BAGE 32, 188, 190).

Kommt der Unternehmer seiner Unterrichtungs- und Beratungspflicht nicht, 7 wahrheitswidrig, unvollständig oder verspätet nach, so handelt er gem. § 121 ordnungswidrig. Solche Verstöße können mit Geldbußen bis zu DM 20 000,00 geahndet werden.

Außerdem kann der Unternehmer gem. § 113 Abs. 3 zur Zahlung von Abfindun- 8 gen herangezogen werden, wenn aufgrund der Betriebsänderung Arbeitnehmer entlassen werden oder diese andere wirtschaftliche Nachteile erleiden. Nach der Rechtsprechung des *BAG* muß sich der Unternehmer dabei so behandeln lassen, als ob eine Einigung vorläge, wonach die Maßnahme nicht durchzuführen ist (*BAG* vom 20. 11. 1970 – 1 AZR 408/69 – EzA § 72 BetrVG 1952 Nr. 2 = DB 1971, 389).

Sonstige rechtliche Folgen treten bei Mißachtung des Informations- und Bera- 9 tungsrechts des Betriebsrats nicht ein; insbesondere berührt sie nicht die Wirksamkeit getroffener Maßnahmen im Verhältnis zu Dritten, wozu auch die Belegschaft gehört (*D/R* § 111 Rz. 119).

Hat der Unternehmer die Betriebsänderung durchgeführt, ohne daß der Betriebs- 10 rat unterrichtet wurde, kann der Betriebsrat die Aufstellung eines Sozialplanes

§ 111   *4. Teil 6. Abschn. Betriebsänderungen*

verlangen (*BAG* vom 15. 10. 1979 – 1 ABR 49/77 – EzA § 111 BetrVG 1972 Nr. 6 = DB 1980, 549, 550; *D/R* § 112 Rz. 40 m. w. N.).

11   Bei groben Verstößen des Arbeitgebers, nämlich einer beharrlichen und gewollten Mißachtung des Beteiligungsrechts des Betriebsrats, kommt die Einleitung eines Zwangsverfahrens nach § 23 Abs. 3 in Frage (*F/A/K/H* § 111 Rz. 338, § 23 Rz. 38, 40; *D/R* § 111 Rz. 122).

II. Voraussetzungen des Beteiligungsrechts

1. Betriebsgröße

12   Die §§ 111 ff. stellen nicht auf das »Unternehmen«, sondern auf den »Betrieb« ab. Die Beteiligungsrechte bestehen jedoch allein **in Betrieben mit in der Regel mehr als 20 wahlberechtigten Arbeitnehmern**, wenn diese Betriebe von der Betriebsänderung betroffen sind (*D/R* § 111 Rz. 7; *G/L* § 111 Rz. 5; *S/W* § 111 Rz. 4; *Rumpff* 222 ff.; *LAG Düsseldorf* vom 22. 11. 1979 – 3 TaBV 30/79 – DB 1980, 213; *S/W* Ergänzungsband, Vorbem. zu §§ 111–113 Rz. 7; GK-*Fabricius* § 111 Rz. 30, 47; a. A. *Mothes* AuR 1974, 325, 329).
Der Ausschluß der Beteiligungs- und Mitbestimmungsrechte nach §§ 111 f. bei Betriebsänderungen in Betrieben mit bis zu 20 Arbeitnehmern verstößt jedenfalls dann nicht gegen Art. 3 GG, wenn der jeweils betroffene Betrieb der einzige eines Unternehmens ist (*BAG* Beschl. vom 17. 10. 1989 – 1 ABR 80/88 – BB 1990, 632 = NZA 1990, 443). Im Gegensatz zu §§ 106 Abs. 1, 110 kommt es dabei nicht darauf an, daß es sich um ständige (vgl. § 106 Rz. 12 ff.) Arbeitnehmer handelt (*D/R* § 111 Rz. 9; *G/L* § 111 Rz. 3). Wahlberechtigt sind nach § 7 alle Arbeitnehmer, die das 18. Lebensjahr vollendet haben (mit Ausnahme der leitenden Angestellten, § 5 Abs. 3). »In der Regel« bedeutet dies, daß während des größten Teils des Jahres mehr als 20 Arbeitnehmer beschäftigt sein müssen (*G/L* § 111 Rz. 3; vgl. hierzu auch *BAG* vom 19. 7. 1983 – 1 AZR 26/82 – DB 1983, 2634). Bei der Ermittlung der regelmäßigen Beschäftigtenzahl des Betriebes nach § 111 Satz 1 ist auf den Zeitpunkt abzustellen, in dem die Beteiligungsrechte des Betriebsrats nach den §§ 111, 112 entstehen. Maßgeblich ist jedoch nicht die zufällige tatsächliche Beschäftigtenzahl zu diesem Zeitpunkt, sondern die normale Beschäftigtenzahl des Betriebes, d. h. diejenige Personalstärke, die für den Betrieb im allgemeinen kennzeichnend ist. Zur Feststellung der regelmäßigen Beschäftigtenzahl bedarf es deshalb eines Rückblicks auf die bisherige personelle Stärke des Betriebs und – außer im Falle der Betriebsstillegung – auch einer Einschätzung der künftigen Entwicklung (*BAG* vom 22. 2. 1983 – 1 AZR 260/81 – EzA § 4 TVG Ausschlußfristen Nr. 54 = DB 1983, 1447; *BAG* vom 19. 7. 1983 – 1 AZR 26/82 – DB 1983, 2634; *BAG* vom 31. 7. 1986 – 2 AZR 594/85 – EzA § 17 KSchG 1969 Nr. 3 = DB 1987, 1592; *LAG Köln* vom 19. 10. 1983 – 5 TaBV 23/83 – DB 1984, 511). Das *LAG Hamm* (vom 30. 10. 1981 – 5 Sa 476/81 – DB 1982, 439) hatte auf den Personalbestand im Zeitraum des letzten Jahres vor der Betriebsänderung abgestellt und nicht auf den Zeitpunkt des Stillegungsbeschlusses. leitende Angestellte werden bei der Ermittlung der Betriebsgröße nicht mitgezählt. Mitgezählt werden jedoch unter Mutterschutz stehende Arbeitnehmerinnen und teilzeitbeschäftigte Arbeitnehmer (*BAG* vom 19. 7. 1983 – 1 AZR 26/82 – DB 1983, 2634).

2. Betriebsänderung

Ausweislich der in Satz 2 aufgeführten Fälle der Betriebsänderung ergibt sich, daß 13
eine **grundlegende Umgestaltung des Betriebs und der Betriebsorganisation** das
Beteiligungsrecht des Betriebsrats auslöst (*BAG* vom 17. 2. 1981 – 1 ABR 101/78 –
EzA § 111 BetrVG 1972 Nr. 13 = DB 1981, 1190, 1244 m. Anm. *Gutbrod*; *LAG
Frankfurt/M.* vom 13. 1. 1977 – 6 Sa 460/76 – DB 1977, 2054; GK-*Fabricius* § 111
Rz. 203).
Sofern eine grundlegende Umgestaltung des Betriebes nicht feststellbar ist, hat 14
dies zur Folge, daß nicht jede Maßnahme des Unternehmens mitbestimmungspflichtig ist, und zwar selbst dann nicht, wenn sie zu wesentlichen Nachteilen für
die Belegschaft führt (*D/R* § 111 Rz. 16).

3. Das Verhältnis von Satz 1 zu Satz 2

Trotz der Neuregelung sind die bereits im Rahmen des § 72 BetrVG 1952 erörter- 15
ten Streitfragen zum Verhältnis von Satz 2 zu Satz 1 noch nicht geklärt, nämlich ob
der Katalog in Satz 2 eine abschließende Regelung enthält oder ob mitbestimmungspflichtige Betriebsänderungen nach Satz 2 nur dann vorliegen, wenn die
Voraussetzungen des Satzes 1 erfüllt sind, die Maßnahmen also wesentliche Nachteile für die Belegschaft zur Folge haben können.
Der Katalog in **Satz 2** enthält **nach herrschender Meinung** nicht eine beispielhafte, 16
sondern eine erschöpfende **Aufzählung der Betriebsänderungen** (vgl. GK-*Fabricius* § 111 Rz. 85ff., 95ff., insbesondere Rz. 111 mit eingehender Begründung;
D/R § 111 Rz. 11 m. w. N.; *G/L* § 111 Rz. 19; *S/W* § 111 Rz. 20; *Galperin* Leitfaden, 134; *Vogt* Sozialpläne, 46f.; *Vogt* DB 1974, 237; *Kaven* Recht des Sozialplans, 33; *Mothes* DB 1972, 286; *Schlüter* SAE 1973, 75ff.; *Hanau* ZfA 1974, 93;
Hunold BB 1975, 1440; *ders.* RdA 1976, 296; *LAG Düsseldorf* vom 29. 3. 1978 –
2 Sa 701/77 – DB 1979, 114; offengelassen *BAG* vom 17. 2. 1981 – 1 ABR 101/78 –
EzA § 111 BetrVG 1972 Nr. 13 = DB 1981, 1190, 1244 m. Anm. *Gutbrod*; *BAG*
vom 4. 12. 1979 – 1 AZR 843/76 – EzA § 111 BetrVG 1972 Nr. 9 m. Anm. *Löwisch/Röder* = DB 1980, 743; *BAG* vom 21. 10. 1980 – 1 AZR 145/79 – EzA § 111
BetrVG 1972 Nr. 12 = DB 981, 698). Es kann dahingestellt sein, ob man dogmatisch im Satz 2 eine Legaldefinition des Begriffs Betriebsänderung sieht (*D/R*
§ 111 Rz. 8ff.), ob man von einer authentischen Interpretation (*BAG* AP Nr. 6 zu
§ 72 BetrVG) oder richtiger von einer Auslegungshilfe ausgeht. Eine Mindermeinung hält die Aufzählung für nicht abschließend (*F/A/K/H* § 111 Rz. 15; *Rumpff*
BB 1972, 326f.; *Kreutz* BlStSozArbR 1971, 209, 211; *Kehrmann/Schneider*
BlStSozArbR 1972, 63; *Becker* BlStSozArbR 1974, 55; *Maurer* DB 1974, 2305;
Engels DB 1979, 2227).
Der herrschenden Meinung ist der Vorzug zu geben, weil für sie Wortlaut und 17
Gesetzestechnik sprechen. Der Formulierung in Satz 2, daß die in dem Katalog
aufgezählten Maßnahmen »als Betriebsänderungen im Sinne des Satzes 1 gelten«,
ist zu entnehmen, daß nur diese Maßnahmen als »Betriebsänderungen« nach Satz
1 gelten sollen (vgl. auch *D/R* § 111 Rz. 19; *Hanau* ZfA 1974, 93).
Richtigerweise ist das **Verhältnis von Satz 1 zu der Aufzählung des Satzes 2** als 18
eine **Umkehr der Beweislast** anzusehen. Nach Satz 1 müßte grundsätzlich der
Betriebsrat, der sich auf ein Mitwirkungsrecht beruft, beweisen, daß es sich bei

der geplanten Maßnahme um eine Betriebsänderung handelt, die wesentliche Nachteile für die Belegschaft oder erhebliche Teile der Belegschaft zur Folge haben kann. Um diese für den Betriebsrat ungünstige Beweislastverteilung zu vermeiden, wird in Satz 2 vermutet, daß in den Fällen des Katalogs eine Betriebsänderung nach Satz 1 mit möglichen wesentlichen Nachteilen vorliegt. Bei **Satz 2** handelt es sich dabei nicht – wie vielfach behauptet – um eine gesetzgeberische Fiktion (vgl. z. B. *F/A/K/H* § 111 Rz. 7; *Hueck/Nipperdey* II/2, 1473; *Kreutz* BlStSozArbR 1971, 209, [210f.]), sondern um eine **Vermutung**. Von einer Fiktion könnte nämlich nur gesprochen werden, wenn in den Fällen der Ziff. 1–5 mit Sicherheit keine wesentlichen Nachteile für die Belegschaft zu befürchten wären und der Gesetzgeber dies entgegen der tatsächlichen Sachlage nur so beinhaltet wissen wollte (zur Fiktion als Mittel der Gesetzestechnik vgl. *Larenz* Methodenlehre, 2. Aufl. 1969, 199ff.; siehe hierzu auch GK-*Fabricius* § 111 Rz. 96, der der Fiktion einen anderen Sinngehalt beilegen will). Bei den Ziff. 1–5 handelt es sich aber um typische Fälle, in denen auch tatsächlich wesentliche Nachteile für die Belegschaft zu erwarten sind, so daß es sich dabei nicht um eine gesetzliche Fiktion, sondern um eine Vermutung handelt. Gesetzliche Vermutungen sind aber Beweislastnormen. Sie legen einen erfahrungsgemäßen Schluß aus der einen Tatsache (Vermutungsbasis) auf eine andere Tatsache nahe. Der im Fall des § 111 von der Vermutung begünstigte Betriebsrat braucht nur die Vermutungsbasis zu beweisen, d. h., er muß nachweisen, daß ein Fall des Katalogs der Ziff. 1–5 vorliegt. Daraus wird dann geschlossen, daß auch die Voraussetzungen des Satzes 1 gegeben sind. Es **obliegt** nun dem **Unternehmer**, den **möglichen Beweis des Gegenteils zu führen**, nämlich, **daß** trotz des Vorliegens einer Angelegenheit der Ziff. 1–5 **keine wesentlichen Nachteile** i. S. d. Satzes 1 für die Belegschaft oder erhebliche Teile der Gesamtbelegschaft **zu befürchten sind**. Dementsprechend wurde auch schon bisher angenommen, daß der Betriebsrat keine Beteiligungsrechte trotz Vorliegens einer im Katalog aufgeführten Betriebsänderung hat, wenn die Interessen der Arbeitnehmer überhaupt nicht berührt werden (ähnlich *D/R* § 111 Rz. 21ff. m. w. N.; *S/W* Ergänzungsband, Vorbem. zu §§ 111–113 Rz. 13, die davon ausgehen, daß der Betriebsrat in den Fällen des Satzes 2 zu beteiligen ist, wenn als weitere Voraussetzung für das Bestehen des Mitbestimmungsrechts die Gefahr wesentlicher Nachteile für die Belegschaft oder erhebliche Teile zu befürchten ist; **a. A.** das *BAG* und ein Teil des Schrifttums, die davon ausgehen, daß im Rahmen des Satzes 2 nicht mehr geprüft werden muß, ob die Betriebsänderung wesentliche Nachteile für die Belegschaft haben kann. *BAG* vom 10. 6. 1969 – 1 AZR 2/69 – EzA § 72 BetrVG 1952 Nr. 1 = DB 1969, 1706; *BAG* vom 29. 2. 1972 – 1 AZR 176/71 – AP Nr. 9 zu § 72 BetrVG 1952 m. Anm. *Küchenhoff* = DB 1972, 1118; *F/A/K/H* § 111 Rz. 15; *Rumpff* 233; *ders.* BB 1972, 325, 326; *Kehrmann/Schneider* BlStSozArbR 1972, 60, 63; *LAG Hamm* DB 1973, 2250; *G/L* § 111 Rz. 20; *Becker* BlStSozArbR 1974, 55; *Kreutz* BlStSozArbR 1971, 209, 211).

4. Wesentliche Nachteile für die Belegschaft

19 Wesentliche Nachteile für die Belegschaft oder erhebliche Teile derselben sind vor allem Entlassungen und die Umsetzung der Arbeitnehmer auf andere Tätigkeiten, für die das Arbeitsentgelt erheblich geringer ist (vgl. § 111 Abs. 1 Regierungsent-

§ 111 Betriebsänderungen

wurf, BT-Drucks. VI/1786, 12). Aber auch weniger schwere Nachteile, wie z. B. erheblich verlängerte Anmarschwege zum Betrieb, Verringerung der Bezahlung, Erschwerung der Arbeit, erhöhte Fahrtkosten, können noch wesentlich sein (*F/A/K/H* § 111 Rz. 8; *G/L* § 111 Rz. 20b; *GK-Fabricius* § 111 Rz. 216; *LAG Hamm* vom 8. 12. 1982 – 12 TaBV 51/82 – DB 1983, 832, 833; *LAG Baden-Württemberg* Beschl. vom 16. 6. 1987 – 8 (14) Ta BV 21/86 – LAGE § 111 BetrVG 1972 Nr. 6).

Allgemein wird nicht verlangt, daß der Eintritt nachteiliger Folgen mit Sicherheit 20 vorausgesehen werden kann (*F/A/K/H* § 111 Rz. 9). **Es kommt** vielmehr nur **darauf an, ob mit derartigen Nachteilen im konkreten Fall bei objektiver Beurteilung gerechnet werden muß** (*BAG* vom 22. 5. 1979 – 1 AZR 848/76 – EzA § 111 BetrVG 1972 Nr. 6 m. zust. Anm. *Löwisch/Schiff* = DB 1979, 1897; *BAG* vom 17. 8. 1987 – 1 ABR 40/80 – EzA § 111 BetrVG 1972 Nr. 14 = DB 1983, 344; *LAG Hamm* vom 2. 7. 1973 – 2 TaBV 3/73 – DB 1973, 2050).

Es müssen **Nachteile für die Belegschaft oder erhebliche Teile der Belegschaft** zu 21 besorgen sein. Kann es nur zu Nachteilen für einzelne Arbeitnehmer kommen, so sind die Voraussetzungen nicht erfüllt. Das Gesetz legt nicht ausdrücklich fest, was unter einem erheblichen Teil zu verstehen ist. Es verlangt nur, daß ein erheblicher Teil der Belegschaft, d. h. der Gesamtbelegschaft, betroffen ist (vgl. *BAG* vom 29. 2. 1972 – 1 AZR 176/71 – AP Nr. 9 zu § 72 BetrVG 1952 m. Anm. *Küchenhoff* = DB 1972, 1118; *BAG* vom 22. 5. 1979 – 1 AZR 848/76 – EzA § 111 BetrVG 1972 Nr. 6 m. Anm. *Löwisch, Schiff* = DB 1979, 1897). Deshalb ist stets auf das Verhältnis der Zahl der voraussichtlich betroffenen Arbeitnehmer zur Gesamtzahl der im Betrieb Beschäftigten abzustellen (weitergehend *GK-Fabricius* § 111 Rz. 232).

Teils wird die Ansicht vertreten, daß eine größere absolute Zahl von Arbeitneh- 22 mern unabhängig von dem Verhältnis zur Gesamtbelegschaft ausreiche, wobei für die Bestimmung der wesentlichen Nachteile die Zahlen und Prozentangaben des § 17 Abs. 1 KSchG als Anhaltspunkt herangezogen werden könnten (*D/R* § 111 Rz. 24 m. w. N.; *GK-Fabricius* § 219ff. Rz. 168f.; *F/A/K/H* § 111 Rz. 10; *BAG* vom 22. 5. 1979 – 1 AZR 848/76 – a.a.O.; *BAG* vom 22. 5. 1979 – 1 ABR 17/77 – EzA § 111 BetrVG 1972 Nr. 7 m. Anm. *Löwisch/Schiff* = DB 1979, 1134, 1896; *BAG* vom 15. 10. 1979 – 1 ABR 49/77 – EzA § 111 BetrVG 1972 Nr. 6 = DB 1980, 549, 550; *BAG* vom 4. 12. 1979 – 1 AZR 843/76 – EzA § 111 BetrVG 1972 Nr. 9 m. Anm. *Löwisch/Röder* = DB 1980, 743; *BAG* vom 21. 10. 1980 – 1 AZR 145/79 – EzA § 111 BetrVG 1972 Nr. 12 = DB 1981, 698; *BAG* vom 2. 8. 1983 – 1 AZR 516/80 – EzA § 111 BetrVG 1972 Nr. 16 m. Anm. *Mummenhof/Klinkhammer* = DB 1983, 2776; *LAG Hamm* vom 30. 8. 1973 – 8 TaBV 39/73 – DB 1973, 2250; *LAG Hamm* vom 28. 10. 1976 – 8 Sa 658/76 – DB 1977, 1054; **abweichend** *BAG* vom 29. 2. 1972 – 1 AZR 176/71 – AP Nr. 9 zu § 72 BetrVG 1952 m. Anm. *Küchenhoff* = DB 1972, 1118, wonach jedenfalls die Entlassung von ⅓ der Arbeitnehmer einen erheblichen Teil der Belegschaft darstellt). Diese Meinung ist mit dem Gesetzeswortlaut nicht vereinbar und für die Betriebe auch kaum praktikabel. Insoweit wird man wohl auf den in § 17 KSchG zugrunde gelegten Prozentsatz von 10% abstellen können, so daß zumindest 10% der Gesamtbelegschaft betroffen sein müssen, damit von einem erheblichen Teil der Belegschaft gesprochen werden kann (*G/L* § 111 Rz. 23; *GK-Fabricius* § 111 Rz. 222).

Das *BAG* hat die Staffelung des § 17 Abs. 1 Nr. 3 KSchG in der Fassung vom 25. 8. 23 1969 jedoch dahingehend eingeschränkt, daß eine Personalreduzierung nur dann

erheblich sei, wenn mindestens 5% der Belegschaft betroffen werden (*BAG* vom 2. 8. 1983 – 1 AZR 516/81 – EzA § 111 BetrVG 1972 Nr. 16 m. Anm. *Mummenhof/Klinkhammer* = DB 1983, 2776; *BAG* Beschl. vom 6. 12. 1988 – 1 ABR 47/87 – EzA § 111 BetrVG 1972 Nr. 23 = DB 1989, 883; vgl. auch *Heitker* ZIP 1985, 513, 515). Es ist jedoch zu beachten, daß durch die Neufassung von § 17 KSchG die untere Grenze auf 3% reduziert wurde, weil nach Nr. 3 statt mindesens 50 Arbeitnehmern nur noch 30 Arbeitnehmer betroffen sein müssen. Fabricius (GK-*Fabricius* § 111 Rz. 228) schlägt folgende Staffel für die §§ 111, 112 vor:
§ 17 Abs. 1 Nr. 1 KSchG bei 21 bis 59 Arbeitnehmern, damit 6 Arbeitnehmer, und zwar sowohl für §§ 111 und 112.
§ 17 Abs. 1 Nr. 2 KSchG zwischen 60 und 499 Arbeitnehmern, damit 10%, d. h. 6 bis 50 Arbeitnehmer
(26 Arbeitnehmer wären 5%).
Für § 111 sollen 10%, höchstens aber 26 Arbeitnehmer ausreichend sein. Bei § 112 sollen 10% der Maßstab sein.
§ 17 Abs. 1 Nr. 3 KSchG
Bei einem Minimum von 500 Arbeitnehmern genügen 30 Arbeitnehmer, was 6% entspricht.
Für § 111 sollen 30 Arbeitnehmer genügen.
Für § 112 gilt als Richtschnur 6%.
F/A/K/H (§ 111 Rz. 19 a) schlägt für die Frage, ob eine Betriebsänderung i. S. v. § 111 vorliegt, folgende Staffelung vor:

Betriebe mit 21– 59 Arbeitnehmern	6 Arbeitnehmer
Betriebe mit 60–499 Arbeitnehmern	entweder 10% der Arbeitnehmer, aber mehr als 25 Arbeitnehmer
Betriebe mit 500–599 Arbeitnehmern	30 Arbeitnehmer
Betriebe mit über 600 Arbeitnehmern	5% der Arbeitnehmer.

Zu der im Beschäftigungsförderungsgesetz für den sozialplanpflichtigen Personalabbau geschaffenen Staffel vgl. § 112 a.

24 Zur Frage der Sozialplanpflichtigkeit von Betriebsänderungen, die lediglich einen Personalabbau ohne Veränderung der sachlichen Betriebskapazität beinhalten, vgl. § 112 a.

25 Die Unterrichtungs- und Beratungspflicht besteht nur bei »**geplanten« Betriebsänderungen**. Als »geplant« können dabei nicht nur solche Betriebsänderungen bezeichnet werden, die im Rahmen der langfristigen Unternehmenspolitik durchgeführt werden, sondern auch diejenigen, die aufgrund besonderer wirtschaftlicher Umstände entgegen der langfristigen Unternehmensplanung veranlaßt werden. Dies bedeutet, daß die unternehmerische wirtschaftliche Entscheidung nicht auf längere Sicht vorbereitet sein muß und freier aktiver Unternehmerinitiative entspringen kann. Das Mitwirkungsrecht des Betriebsrats besteht schon, wenn die Betriebsänderung sich als spontane Reaktion des Unternehmens auf plötzlich eintretende besondere Umstände darstellt, z. B. bei Zerstörung von Betriebsteilen und bei Naturereignissen, einem plötzlichen Auftragsnotstand oder einer sonstigen wirtschaftlichen Zwangslage. »Geplant« hat damit nur noch insoweit Bedeutung, als sichergestellt sein muß, daß der Unternehmer den Betriebsrat vor der Durchführung zu beteiligen hat. Deshalb bestehen auch im Rahmen eines Konkursverfahrens bzw. Vergleichsverfahrens die Beteiligungsrechte des Betriebsrats (*Zeuner* JZ 1976, 1, 5; *G/L* § 111 Rz. 21; *BAG* vom 17. 9. 1974 – 1 AZR – 16/74 – EzA § 113 BetrVG 1972 Nr. 1 m. Anm. *Henckel* = DB 1974, 2207; *BAG* vom

23. 1. 1979 – 1 AZR 64/76 – EzA § 113 BetrVG 1972 Nr. 9 = DB 1979, 1139; *BAG* vom 13. 12. 1978 – GS 1/77 – EzA § 112 BetrVG 1972 Nr. 15 m. Anm. *Hess* = DB 1978, 261; *D/R* § 111 Rz. 75; *BAG* Urt. vom 18. 12. 1984 – 1 AZR 176/82 – EzA § 113 BetrVG 1972 Nr. 12 = DB 1985, 1293 m. Anm. *Nipperdey*; a. A. GK-*Fabricius* § 111 Rz. 66 ff.).

5. Rechtzeitige und umfassende Unterrichtung sowie Beratung

Der Betriebsrat muß von dem Unternehmer über eine geplante Betriebsänderung 26 rechtzeitig und umfassend unterrichtet werden, d. h., im Zeitpunkt der geplanten Betriebsänderung muß ein Betriebsrat grundsätzlich bestanden haben (*LAG Berlin* vom 15. 6. 1973 – 3 Sa 19/73 – DB 1973, 2097; *BAG* vom 20. 4. 1982 – 1 ABR 3/80 – EzA § 112 BetrVG 1972 Nr. 25 = DB 1982, 961, 1727; *S/W* Ergänzungsband, §§ 111–113 Rz. 18 m. w. N.).

Ausnahmsweise kann jedoch auch ein Restmandat des Betriebsrats über das Ende 27 seiner Amtszeit hinaus bestehen, soweit ansonsten – besonders im Falle der Betriebsstillegung (vgl. Rdn. 53) – die Beteiligungsrechte des Betriebsrats leerlaufen müßten, wenn nämlich der Betriebsrat nach der Beendigung der Arbeitsverhältnisse aller seiner Mitglieder nicht mehr tätig werden könnte (*BAG* vom 16. 6. 1987 – 1 AZR 528/85 – EzA § 111 BetrVG 1972 Nr. 21 = DB 1987, 2365).

Aufgrund der Unterrichtungspflicht sind dem Betriebsrat alle für die geplante Be- 28 triebsänderung maßgeblichen Daten durch den Arbeitgeber mitzuteilen, d. h., der Arbeitgeber hat die beabsichtigte Maßnahme detailliert darzustellen sowie ihre Gründe und Auswirkungen auf die Belegschaft erschöpfend anzugeben. Der Betriebsrat hat jedoch keinen Anspruch auf Angaben solcher Daten, die für die Planung keine Rolle gespielt haben und ggf. noch nicht einmal erstellt worden sind, denn das Informationsrecht aus § 111 Abs. 1 BetrVG soll den Betriebsrat lediglich in die Lage versetzen, die Planung des Arbeitgebers nachzuvollziehen (*LAG Hamm* vom 5. 3. 1986 – 12 TaBV 164/85 – BB 1986, 1291).

Für die Frage, bis zu welchem Zeitpunkt der Betriebsrat rechtzeitig unterrichtet 29 werden kann, ist auf folgendes abzustellen:
Es besteht noch keine Informationsverpflichtung, solange der Unternehmer Vorüberlegungen anstellt, ob und inwieweit eine Betriebsänderung geboten ist (*BAG* vom 14. 9. 1976 – 1 AZR 784/75 – EzA § 113 BetrVG 1972 Nr. 2 m. Anm. *Schwerdtner* = DB 1977, 309; *LAG Berlin* vom 4. 10. 1982 – 9 TaBV 4/82 – DB 1983, 888; *S/W* Ergänzungsband, §§ 111–113 Rz. 19 ff. m. w. N.).
Das Mitbestimmungsrecht des Betriebsrats bei Betriebsänderungen setzt vielmehr erst dann ein, wenn der Arbeitgeber ein bestimmtes Konzept zur Betriebsänderung entwickelt hat. Davon kann erst ausgegangen werden, wenn der Arbeitgeber einen entsprechenden, den Beratungen mit dem Betriebsrat noch zugänglichen Beschluß gefaßt hat (*LAG Düsseldorf* vom 27. 8. 1985 – 16 TaBV 52/85 – NZA 1986, 371).

Der frühestmögliche Zeitpunkt der Unterrichtung wird daher in der Regel erst 30 nach der Information des Wirtschaftsausschusses liegen.

Nach der Auffassung der Rechtsprechung hat die Beteiligung des Betriebsrats in 31 dem frühestmöglichen Zeitpunkt zu erfolgen (*BAG* vom 20. 1. 1961 – 1 AZR 53/60 – AP Nr. 2 zu § 72 BetrVG 1952 m. Anm. *Neumann-Duesberg* = DB 1961, 543; *BAG* vom 20. 11. 1970 – 1 AZR 409/69 – EzA § 72 BetrVG 1952 Nr. 3 = DB 1971,

§ 111   4. Teil 6. Abschn. Betriebsänderungen

534). Diese Rechtsprechung hat das *BAG* (vom 18. 7. 1972 – 1 AZR 189/72 – AP Nr. 10 zu § 72 BetrVG 1952 = DB 1972, 2021) übernommen und angeführt, daß die Unterrichtung zu erfolgen hat, wenn der Plan für eine Betriebsänderung noch nicht, auch noch nicht teilweise verwirklicht ist und der Plan überhaupt noch nicht abschließend feststeht (*BAG* vom 14. 9. 1976 – 1 AZR 784/77 – EzA § 113 BetrVG 1972 Nr. 2 m. Anm. *Schwerdtner* = DB 1977, 309; *BAG* vom 17. 9. 1974 – 1 AZR 16/74 – EzA § 113 BetrVG 1972 Nr. 1 mit Anm. *Henckel* = DB 1974, 2207).

32 Diese Auffassung ist zu weitgehend. Der Betriebsrat ist zu unterrichten, sobald aufgrund der Vorüberlegungen der Plan zu einer Betriebsänderung dem Grundsatz nach soweit gereift ist, daß der Unternehmer vorbehaltlich der Erörterung mit dem Betriebsrat zur Durchführung der Betriebsänderungen entschlossen ist und das in §§ 111, 112 vorgesehene Verfahren abgeschlossen werden kann, ehe mit der Verwirklichung des Planes begonnen wird (*D/R* § 111 Rz. 105 ff.; *G/L* § 111 Rz. 38 ff.; GK-*Fabricius* § 111 Rz. 73; *F/A/K/H* § 111 Rz. 36).

33 Der Unternehmer kann den Betriebsrat selbst dann noch rechtzeitig unterrichten, soweit er einen endgültigen Entschluß gefaßt hat, der auch von dem Aufsichtsgremium genehmigt ist, wenn aufgrund der Vorstellungen des Betriebsrats Modalitäten der geplanten Betriebsänderung abgeändert werden können.
Im Zusammenhang mit der Unterrichtungspflicht ist der Arbeitgeber auch verpflichtet, dem Betriebsrat die Unterlagen herauszugeben, die Grundlage des Entschlusses zu der Betriebsänderung waren. Das Informationsrecht soll den Betriebsrat in die Lage versetzen, die Planung des Arbeitgebers nachzuvollziehen. Ist bereits die Einigungsstelle über einen Interessenausgleich gebildet, so kann der Betriebsrat gleichwohl sein Informationsrecht gerichtlich geltend machen (*BAG* vom 10. 11. 1987 – 1 AZR 360/86 – EzA § 113 BetrVG 1972 Nr. 16 = DB 1988, 609, mit der Folge, daß die im Rahmen des § 113 angerufenen Gerichte an Entscheidungen gebunden sind; **a. A.** *Jose* NZA 1990, 424 ff.; *LAG Hamm* vom 5. 3. 1986 – 12 TaBV 164/85 – NZA 1986, 651).

34 Die **beabsichtigte Betriebsänderung** ist **mit** dem **Betriebsrat zu beraten**, d. h., es sind die sozialen und personellen Auswirkungen der unternehmerischen wirtschaftlichen Entscheidung zu erörtern (*D/R* § 111 Rz. 110 m. w. N.).

III. Die einzelnen Fälle der Betriebsänderung in Satz 2

1. Einschränkung und Stillegung des ganzen Betriebs oder wesentlicher Betriebsteile

35 § 111 Satz 2 Ziff. 1 nennt die Einschränkung und Stillegung des ganzen Betriebes oder von wesentlichen Betriebsteilen. Diese Bestimmung entspricht wörtlich § 72 Abs. 1 Satz 2a BetrVG 1952. Für den Wirtschaftsausschuß sieht § 106 Abs. 3 Ziff. 6 Entsprechendes vor.
Zu der Streitfrage, ob das Vorhandensein von Arbeitnehmern zum Merkmal des Betriebsbegriffes gehört, vgl. die eingehende Darstellung von *Fabricius* (GK-*Fabricius* § 111 Rz. 118 ff.), der entgegen der Rechtsprechung zu § 613a BGB (*BAG* vom 2. 8. 1983 – 1 AZR 516/81 – EzA § 111 BetrVG 1972 Nr. 16 m. Anm. *Mummenhof, Klinkhammer* = DB 1983, 2776) davon ausgeht, daß es sich bei dem Betrieb um eine sozioökonomische Untereinheit des Unternehmens handelt, die sich aus Personen, nämlich dem Unternehmer/Arbeitgeber und den Arbeitneh-

Betriebsänderungen § 111

mern zusammensetzt und zu der sachliche und immaterielle Rechtsgüter hinzukommen können, die den Unternehmenszielen und dem Unternehmenszweck dienen können (GK-*Fabricius* § 111 Rz. 143).

Betriebseinschränkung ist jede Maßnahme, die unter Verminderung der Betriebs- 36 anlagen zu einer Herabsetzung der Leistungskapazität führt, ohne daß dadurch der Betriebszweck berührt wird (*LAG Frankfurt/M.* vom 13. 1. 1977 – 6 Sa 460/76 – DB 1977, 2054). Es muß eine Auflösung von betrieblichen Einrichtungen, d. h. eine Außergebrauchstellung von betrieblichen Anlagen erfolgen. Dies liegt vor allem vor, wenn die Ausnutzung von Maschinen oder sonstigen Fertigungsanlagen eingestellt wird (*F/A/K/H* § 111 Rz. 18; *D/R* § 111 Rz. 43 m. w. N.; *Kaven* Recht des Sozialplans, 32; **a. A.** GK-*Fabricius* § 111 Rz. 156). Die Betriebseinschränkung muß auf Dauer gewollt sein oder doch zumindest einen nicht unerheblichen Zeitraum erfassen (**a. A.** GK-*Fabricius* § 111 Rz. 159). Nur kurze, vorübergehende Einschränkungen reichen nicht aus. Eine Betriebseinschränkung liegt auch nicht vor, wenn die Maßnahme einen Betriebszweck betrifft, dessen Verfolgung von vornherein nur auf eine beschränkte Dauer angelegt war (*LAG Hamm* vom 1. 2. 1977 – 3 TaBV 38/76 – EzA § 111 BetrVG 1972 Nr. 3 = DB 1977, 1099).

Entschließt sich ein Unternehmer, der wegen eines anhaltenden Auftragsrück- 37 gangs bereits wiederholt Personalreduzierungen vorgenommen hat, aufgrund einer durch ein unvorhergesehenes Ereignis eingetretenen weiteren Verschlechterung der Auftragslage erneut zu einer Produktionseinschränkung mit Personalabbau, so kommt es für die Beteiligungsrechte des Betriebsrats nach den §§ 111, 112 BetrVG darauf an, ob diese letzte Maßnahme für sich allein betrachtet eine Betriebseinschränkung i. S. v. § 111 Satz 2 Nr. 1 BetrVG ist, ob sie also den ganzen Betrieb oder wesentliche Betriebsteile betrifft.

Ist das nicht der Fall und macht der Unternehmer deshalb keinen Versuch eines Interessenausgleiches mit dem Betriebsrat, so kann der einzelne entlassene Arbeitnehmer auch dann keine Abfindung nach § 113 Abs. 3 i. V. m. Abs. 1 BetrVG verlangen, wenn die wiederholten Maßnahmen, wären sie auf eine einheitliche Entschließung des Unternehmens zurückzuführen, insgesamt gesehen eine Betriebsänderung i. S. v. § 111 BetrVG darstellen würden (*BAG* vom 6. 6. 1978 – 1 AZR 495/75 – EzA § 111 BetrVG 1972 Nr. 5 m. Anm. *Kittner* = DB 1978, 1650). Eine sozialplanpflichtige Betriebsänderung liegt jedoch vor, wenn der Unternehmer wegen anhaltenden Auftragsmangels wiederholt Personalreduzierungen vornimmt, die – ohne die in § 17 festgesetzte zeitliche Begrenzung – insgesamt das nunmehr in § 112a BetrVG normierte Ausmaß erreichen.

Für die Bewertung des stufenweisen Personalabbaus als einheitliche Personalabbaumaßnahme ist entscheidend, ob sich der Personalabbau auf ein und denselben Planungssachverhalt bezieht (*LAG Düsseldorf* vom 14. 5. 1986 – 6 TaBV 18/86 – EzA § 111 BetrVG 1972 Nr. 18 = DB 1987, 180; siehe auch *F/A/K/H* § 111 Rz. 11).

Nicht unter den Begriff der **Betriebseinschränkungen** fällt eine **verringerte Aus-** 38 **nutzung von Betriebsanlagen**, z. B. durch Herabsetzung der Schichtzahl oder Einführung von Kurzarbeit (*LAG Hamm* vom 28. 10. 1976 – 8 Sa 658/76 – DB 1977, 1054; *OLG Hamm* vom 7. 12. 1977 – 4 SsOWi 1407/77 – DB 1978, 748; *Rumpff* 237 ff.; *F/A/K/H* § 111 Rz. 18; *D/R* § 111 Rz. 47 m. w. N.; *Nikisch* III, 525; *Hueck/Nipperdey* II/2, 1774; **a. A.** GK-*Fabricius* § 111 Rz. 158; *Galperin/Siebert* § 72 BetrVG 1952 Rz. 7; *v. Götz* DB 1970, 782f.; *Kaven* Recht des Sozialplans, 33, 34; *ArbG Hamburg* vom 13. 8. 1975 – 3 Ca 80/75 – DB 1975, 2378). Die Verkür-

§ 111   4. Teil 6. Abschn. *Betriebsänderungen*

zung von Ladenöffnungszeiten eines Kaufhauses um eine Stunde im Monat stellt weder für sich allein noch im Zusammenhang mit daraus resultierenden Umsatzminderungen eine Betriebsänderung in Form einer Betriebseinschränkung dar (*BAG* vom 31. 8. 1982 – 1 ABR 27/80 – EzA § 87 BetrVG 1972 Arbeitszeit Nr. 13 1982, 1884; m. Anm. *Richardi* = DB 1983, 453).

39 Fraglich ist, ob die Entlassung von Arbeitnehmern eine Betriebseinschränkung sein kann. Aufgrund der Entstehungsgeschichte des § 111 (vgl. *D/R* § 111 Rz. 44) ist die herrschende Meinung davon ausgegangen, daß die Massenentlassung lediglich eine Folge von geplanten und schließlich durchgeführten Betriebsänderungen sei (*LAG Bayern* vom 30. 1. 1967 – 7 Sa 224/66 N – DB 1967, 2077; *D/R* 5. Aufl. § 111 Rz. 24; *Hueck/Nipperdey* II/2 1474; *Rumpff* BB 1972, 325, 326; v. *Götz* DB 1970, 782; *OLG Hamm* vom 7. 12. 1977 – 4 SsOWi 1407/77 – DB 1978, 748; *LAG Hamm* vom 7. 5. 1976 – 3 Sa 1093/75 – EzA § 102 BetrVG 1972 Nr. 24 = DB 1976, 1727; *LAG Düsseldorf* vom 28. 12. 1977 – 14 TaBV 85/77 – DB 1978, 211).

40 Das *BAG* hat einer Mindermeinung folgend den Begriff der Betriebseinschränkung auch auf die Fälle des bloßen Personalabbaus unter Beibehaltung der sächlichen Betriebsmittel erweitert (*BAG* vom 22. 5. 1979 – 1 AZR 848/76 – EzA § 111 BetrVG 1972 Nr. 7 m. zust. Anm. *Löwisch/Schiff* = DB 1979, 1897; *BAG* vom 22. 5. 1979 – 1 ABR 17/77 – EzA § 111 BetrVG 1972 Nr. 7 m. Anm. *Löwisch/ Schiff* = DB 1979, 1134, 1896; *BAG* vom 15. 10. 1979 – 1 ABR 49/77 – EzA § 111 BetrVG 1972 Nr. 6 = DB 1980, 549, 550; *BAG* vom 4. 12. 1979 – 1 AZR 843/76 – EzA § 111 BetrVG 1972 Nr. 9 m. Anm. *Löwisch/Röder* = DB 1980, 743; wiederholt bestätigt durch *BAG* vom 22. 1. 1980 – 1 ABR 28/78 – EzA § 111 BetrVG 1972 Nr. 11 m. Anm. *Fabricius/Cottmann* = DB 1980, 1402; ebenso GK-*Fabricius* § 111 Rz. 123; *G/L* § 106 Rz. 60; *G/K/S/B* § 111 Rz. 7; *Kehrmann/Schneider* BlStSozArbR 1972, 63; *Hanau* ZfA 1974, 98; *BAG* Urt. vom 21. 10. 1980 – 1 AZR 145/79 – EzA § 111 BetrVG 1972 Nr. 12 = DB 1981, 698; *BAG* vom 6. 6. 1978 – 1 AZR 495/75 – EzA § 111 BetrVG 1972 Nr. 5 m. Anm. *Kittner* = DB 1978, 1650; *ArbG Lörrach* vom 14. 5. 1975 – 4 BV 2/75 – DB 1975, 1804). Dabei stellen gewöhnliche Schwankungen der Betriebstätigkeit keine Betriebsänderungen dar (*BAG* vom 22. 5. 1979 – 1 ABR 17/77 – EzA § 111 BetrVG 1972 Nr. 7 m. Anm. *Löwisch/Schiff* = DB 1979, 1134, 1896; *BAG* vom 15. 10. 1979 – 1 ABR 49/77 – EzA § 111 BetrVG 1972 Nr. 6 = DB 1980, 549, 550).

41 Nach der Rechtsprechung verlangt der Begriff der Betriebseinschränkung eine erhebliche, ungewöhnliche und nicht nur vorübergehende Herabsetzung der Leistungsfähigkeit des Betriebes, gleichgültig ob die Herabsetzung der Leistungsfähigkeit durch die Außerbetriebsetzung von Betriebsanlagen oder durch Personalreduzierung erfolgt (*BAG* vom 22. 5. 1979 – 1 AZR 848/76 – EzA § 111 BetrVG 1972 Nr. 7 m. zust. Anm. *Löwisch/Schiff* = DB 1979, 1897; *BAG* vom 22. 5. 1979 – 1 ABR 17/77 – EzA § 111 BetrVG 1972 Nr. 7 m. Anm. *Löwisch/Schiff* = DB 1979, 1134, 1896; *BAG* vom 15. 10. 1979 – 1 ABR 49/77 – EzA § 111 BetrVG 1972 Nr. 6 = DB 1980, 549, 550; *BAG* vom 4. 12. 1979 – 1 AZR 843/76 – EzA § 111 BetrVG 1972 Nr. 9 m. Anm. *Löwisch/Röder* = DB 1980, 743; *BAG* vom 22. 1. 1980 – 1 ABR 28/78 – EzA § 111 BetrVG 1972 Nr. 11 m. Anm. *Fabricius/Cottmann* = DB 1980, 1402; *BAG* vom 21. 10. 1980 – 1 AZR 145/79 – EzA § 111 BetrVG 1972 Nr. 12 = DB 1981, 698; GK-*Fabricius* § 111 Rz. 144).

42 Bei der Prüfung, ob durch Personaleinschränkung eine Betriebsänderung vorgenommen wird, muß von dem regelmäßigen Erscheinungsbild des Unternehmens ausgegangen werden. Gewöhnliche Schwankungen der Betriebstätigkeit sind

selbst dann keine Betriebsänderungen, wenn eine größere Anzahl von Arbeitnehmern abgebaut wird (*BAG* vom 22. 5. 1979 – 1 AZR 848/76 – EzA § 111 BetrVG 1972 Nr. 6 m. zust. Anm. *Löwisch/Schiff* = DB 1979, 1897).
Für die Frage, ob eine erhebliche Personalreduzierung vorliegt, will das *BAG* 43 grundsätzlich auf die Zahlen und Prozentangaben des § 17 Abs. 1 KSchG abstellen (*BAG* a. a. O.; *BAG* vom 22. 5. 1979 – 1 ABR 17/77 – EzA § 111 BetrVG 1972 Nr. 7 m. Anm. *Löwisch/Schiff* = DB 1979, 1134, 1136). Bei Großbetrieben mit mehreren tausend Mitarbeitern kann auf die Zahlenangaben des § 17 KSchG für die Frage der Erheblichkeit der Personalreduzierung nicht zurückgegriffen werden (vgl. Rz. 23).
Entgegen § 17 Abs. 1 KSchG wird bei einem bloßen Personalabbau ein unbefristeter Zeitraum zugrunde gelegt, so daß die Personalreduzierung auch stufenweise erfolgen kann. Zahlenmäßig sind nur solche Arbeitnehmer zu berücksichtigen, die aus betriebsbedingten Gründen aus dem Betrieb ausscheiden. Außer Betracht bleiben diejenigen Arbeitnehmer, die aus personen- oder verhaltensbedingten Gründen entlassen werden oder deren Arbeitsverhältnis infolge Fristablaufs endet (vgl. § 112a Rz. 10).
Keine Betriebseinschränkung ist eine Personalreduzierung durch Ausnutzen der 44 normalen Personalfluktuation (*LAG Hamm* vom 8. 12. 1982 – 12 TaBV 51/82 – DB 1983, 832; *Heitker* ZIP 1985, 513, 518). Eine solche Personalreduzierung ist keine auf dem Willen des Unternehmers beruhende Maßnahme. Die Personalreduzierung geht auf Kündigungen der Arbeitnehmer zurück. Das Unterlassen des Arbeitgebers, das Personal wieder aufzustocken, ist nicht ein unter § 111 BetrVG zu erfassender Tatbestand.
Kündigen die Arbeitnehmer eines Betriebes wegen erheblicher Lohnrückstände ihre Arbeitsverhältnisse selbst fristlos, so liegt darin allein noch keine vom Arbeitgeber geplante oder durchgeführte Betriebsstillegung.
In der Nichtzahlung des Lohnes liegt eine Entlassung infolge einer Betriebsänderung durch den Arbeitgeber nur dann, wenn dieser mit Rücksicht auf eine von ihm geplante Betriebsstillegung durch die Nichtzahlung des Lohnes die Arbeitnehmer zu Eigenkündigungen veranlassen will (im Anschluß an die Entscheidung des Ersten Senats vom 23. 8. 1988 – 1 AZR 276/87 – AP Nr. 17 zu § 113 BetrVG 1972 = DB 1988, 2568; *BAG* vom 4. 7. 1989 – 1 ABR 35/88 – DB 1990, 485).
Ist ein Personalabbau eine Betriebseinschränkung i. S. d. § 111 und wird die Maß- 45 nahme ohne den Versuch eines Interessenausgleichs mit dem Betriebsrat durchgeführt, so sind die Voraussetzungen für einen Abfindungsanspruch nach § 113 Abs. 3 i. V. m. Abs. 1 erfüllt (*BAG* vom 22. 5. 1979 – 1 ABR 17/77 – EzA § 111 BetrVG 1972 Nr. 7 m. Anm. *Löwisch/Schiff* = DB 1979, 1134, 1896).
Die **Ausgliederung von Betriebsteilen** ist **keine Einschränkung** des Betriebes (vgl. 46 *Kreutz* BlStSozArbR 1971, 209ff.; *D/R* § 111 Rz. 58, 96 m. w. N.; **a. A.** *F/A/K/H* § 111 Rz. 24; GK-*Fabricius* § 111 Rz. 305). Es kann sich aber um eine unter Nr. 4 zu subsumierende grundlegende Betriebsänderung handeln.
Werden aus einem Unternehmen Betriebsabteilungen als neue selbständige Un- 47 ternehmen ausgegliedert, während die anderen Abteilungen bei der Alt-Gesellschaft verbleiben, so ist hierin eine Einschränkung des bisherigen Betriebs bzw. die Stillegung eines wesentlichen Betriebsteils zu sehen. Darüber hinaus wird in aller Regel eine grundlegende Änderung der Betriebsorganisation und des Betriebszwecks vorliegen (*LAG Frankfurt/M.* vom 12. 2. 1985 – 4 TaBV 70/83 – DB 1985, 1999).

§ 111 4. Teil 6. Abschn. Betriebsänderungen

Die (möglicherweise) durch Arbeitgeberwechsel, insbesondere durch eine Unternehmensaufspaltung herbeigeführte Verkürzung der Haftungsmasse erweist sich erst unter dem Aspekt als Nachteil, daß bei einem weiteren, späteren sozialplanpflichtigen Vorgang die zur Nachteilsausgleichung infolge dieses Vorgangs erforderlichen Finanzmittel nicht im bisherigen Umfang zur Verfügung stehen. Eine solche Gefährdung eines möglicherweise später erforderlichen Nachteilsausgleiches stellt jedoch selbst keinen Nachteil i. S. v. § 111 BetrVG dar (*LAG Frankfurt* a.a.O.). Auch durch den bloßen Entzug von Haftungsmasse entsteht zunächst unmittelbar kein Nachteil.

48 Der **Antrag** und die **Eröffnung eines Konkurs- oder Vergleichsverfahrens** sind **keine Betriebseinschränkung**, sondern gehen einer eventuellen Betriebseinschränkung oder Betriebsstillegung voraus (*D/R* § 111 Rz. 76ff. m.w.N.; *Fuchs* Sozialplan 46f.; *Gamillscheg* FS für *Bosch* 1976, 209; *Heinze* AuR 1976, 3340; *Lise* BB 1979, 282, 284; *Richardi* Sozialplan im Konkurs, DB 1976 Beilage Nr. 6, 36ff.). Insbesondere ist im Falle des Konkursverfahrens aus dem Übergang vom werbenden Unternehmen in einen zu liquidierenden Betrieb keine Betriebsänderung zu sehen (**a. A.** GK-*Fabricius* § 111 Rz. 335; *Kilger* DB 1975, 1145, 1148; *S/W* § 111 Rz. 25; *Uhlenbruck* KTS 1973, 81, 83).

49 Die Beteiligungsrechte des Betriebsrats bleiben jedoch im Konkurs des Unternehmens bestehen mit der Folge, daß der Konkursverwalter an die Stelle des Unternehmers tritt (vgl. oben Rz. 6; ebenso *D/R* § 111 Rz. 80 m.w.N.; *BAG* GS vom 4.12.1979 – 1 AZR 843/76 – EzA § 111 BetrVG 1972 Nr. 9 m. Anm. *Löwisch/Röder* = DB 1980, 743; GK-*Fabricius* § 111 Rz. 339).
Auch bei einer Betriebsveräußerung durch den Konkursverwalter greift zugunsten der Arbeitnehmer der Bestandsschutz nach § 613a Abs. 1 und 4 BGB ein. Eine Kündigung durch den bisherigen Arbeitgeber wegen des Betriebsübergangs i. S. d. § 613a Abs. 4 BGB liegt auch dann vor, wenn sie damit begründet wird, der neue Betriebsinhaber habe die Übernahme eines bestimmten Arbeitnehmers deshalb abgelehnt, weil er ihm zu teuer sei. Überträgt der Konkursverwalter bei einer Belegschaft von mehr als 20 Arbeitnehmern, die einen Betriebsrat gewählt haben, den Betrieb nicht nur teilweise, hat er einen Sozialplan zu erstellen (*BAG* vom 26.5.1983 – 2 AZR 477/81 – EzA § 613 BGB Nr. 34 = DB 1983, 2690).

50 Eine **durch Arbeitskampf veranlaßte Betriebspause** kann nicht als **Betriebseinschränkung** qualifiziert werden (*D/R* § 111 Rz. 31; GK-*Fabricius* § 111 Rz. 349; *Rumpff 243ff.*).

51 **Stillegung des Betriebes** setzt die Auflösung der zwischen Arbeitgeber und Arbeitnehmer bestehenden Betriebs- und Produktionsgemeinschaft voraus, die ihre Veranlassung und zugleich ihren sichtbaren Ausdruck darin findet, daß der Unternehmer die bisherige wirtschaftliche Betätigung in der ernstlichen Absicht einstellt, die Weiterverfolgung des bisherigen Betriebszwecks dauernd oder für eine ihrer Dauer nach unbestimmt wirtschaftlich nicht unerhebliche Zeitspanne aufzugeben (*BAG* vom 17.9.1957 – 1 AZR 352/56 – AP Nr. 8 zu § 13 KSchG a.F. m. Anm. *Dietz* = DB 1957, 1102; *F/A/K/H* § 111 Rz. 17; *D/R* § 111 Rz. 26 m.w.N.; *Hueck/Nipperdey* I, 686, II/2, 1474; *Neumann-Duesberg* Betriebsverfassungsrecht, 165; *G/L* § 106 Rz. 54; **a.A.** GK-*Fabricius* § 111 Rz. 147, der keine Auflösung der zwischen Arbeitgeber und Arbeitnehmer bestehenden Produktionsgemeinschaft fordert).

52 Deshalb liegt eine Stillegung auch vor, wenn der Unternehmer beabsichtigt, den Betrieb bei Wegfall der die Stillegung bedingenden Gründe wieder zu eröffnen,

sofern es sich um eine **von vornherein nicht übersehbare Betriebspause** handelt (*D/R* § 111 Rz. 29 m. w. N.). Erforderlich ist es jedoch stets, daß die betriebliche Organisation, die die verschiedenen Betriebsmittel zusammenhält, aufgelöst wird. Die **Produktionseinstellung** ist erst dann als Betriebsstillegung anzusehen, wenn 53 die Arbeitnehmer nicht nur nicht beschäftigt, sondern die Arbeitsverhältnisse aufgelöst werden (*D/R* § 111 Rz. 31 m. w. N.; **a. A.** GK-*Fabricius* § 111 Rz. 147). Ist ein Betrieb zeitlich begrenzt für eine bestimmte Aufgabe errichtet, stellt die Schließung des Betriebes keine Betriebsänderung i. S. d. § 111 dar (*D/R* § 111 Rz. 35; *LAG Hamm* vom 1. 2. 1977 – 3 TaBV 38/76 – EzA § 111 BetrVG 1972 Nr. 3 = DB 1977, 1099).

Macht der Arbeitgeber nach einem Brand im Betrieb von der durch Tarifvertrag 54 eingeräumten Möglichkeit Gebrauch, allen Arbeitnehmern unter Einräumung eines Anspruchs auf Wiedereinstellung für die Zeit nach Beseitigung der Brandschäden fristlos zu kündigen, so liegt darin keine Betriebsstillegung i. S. v. § 111 Satz 2 Nr. 1 BetrVG. Entschließt sich der Arbeitgeber jedoch später, den Betrieb nicht wieder aufzubauen und die Arbeitnehmer nicht wieder einzustellen, so liegt darin die Stillegung des Betriebes. Zur Wahrnehmung seiner Beteiligungsrechte anläßlich dieser Betriebsstillegung behält der Betriebsrat ein Restmandat, auch wenn die Arbeitsverhältnisse seiner Mitglieder im Anschluß an den Brand ebenfalls fristlos gekündigt wurden (*BAG* vom 16. 6. 1987 – 1 AZR 528/85 – EzA § 111 BetrVG 1972 Nr. 21 = DB 1987, 2365).

Die **Veräußerung des Betriebes** ist **keine Stillegung** und **keine Betriebsänderung**, 55 wenn der veräußerte Betrieb vom Erwerber fortgeführt wird (*F/A/K/H* § 111 Rz. 12; *D/R* § 111 Rz. 33, 84 ff. m. w. N.; *Hueck/Nipperdey* II/2, 1474; *LAG Düsseldorf* vom 14. 8. 1973 – 4 TaBV 41/73 – DB 1973, 2453; *LAG Düsseldorf* vom 29. 3. 1978 – 2 Sa 701/77 – DB 1979, 114; *BAG* Beschl. vom 16. 6. 1987 – 1 ABR 41/85 – EzA § 111 BetrVG 1972 Nr. 20 = DB 1987, 1842; *Rumpff* 250; *BAG* GS vom 4. 12. 1979 – 1 AZR 843/76 – EzA § 111 BetrVG 1972 Nr. 9 m. Anm. *Löwisch/Röder* = DB 1980, 743; *BAG* vom 24. 7. 1979 – 1 AZR 219/77 – DB 1980, 164; *Richardi* RdA 1976, 58; *Neumann-Duesberg* NJW 1972, 670; *S/W*. Ergänzungsband, § 111–113 Rz. 48), es sei denn, aus Anlaß der Betriebsveräußerung werden Maßnahmen ergriffen, die für sich eine Betriebsänderung darstellen (*BAG* vom 4. 12. 1979 – 1 AZR 843/76 – EzA § 111 BetrVG 1972 Nr. 9 m. Anm. *Löwisch/Röder* = DB 1980, 743; *BAG* vom 21. 10. 1980 – 1 AZR 145/79 – EzA § 111 BetrVG 1972 Nr. 12 = DB 1981, 698; **a. A.** GK-*Fabricius* § 111 Rz. 238 ff., 296, wonach die §§ 111 ff. durch § 613 a BGB nicht ausgeschlossen wurden).

Durch den rechtsgeschäftlichen Übergang tritt der Erwerber in die Rechte und 56 Pflichten aus den im Zeitpunkt des Übergangs bestehenden Arbeitsverhältnissen ein (§ 613 a BGB; vgl. *BAG* vom 17. 1. 1980 – 3 AZR 160/79 – EzA § 613 a BGB Nr. 24 = DB 1980, 308; *LAG Düsseldorf* vom 14. 8. 1973 – 4 TaBV 41/73 – DB 1973, 2454 = *LAG Frankfurt/M.* vom 2. 12. 1976 – 6 Sa 1150/75 – DB 1977, 2054; *D/R* § 111 Rz. 85).

Wird jedoch im Rahmen der Betriebsveräußerung eine nicht unerhebliche räumliche Verlegung des Betriebes vorgenommen, die alte Betriebsgemeinschaft tatsächlich und rechtsbeständig aufgelöst und der Betrieb an dem neuen Ort mit einer im wesentlichen neuen Belegschaft fortgeführt, so liegt eine Betriebsstillegung und deshalb kein Betriebsübergang nach § 613 a Abs. 2 BGB vor (*BAG* vom 12. 2. 1987 – 2 AZR 247/86 – EzA § 613 a BGB Nr. 64 = DB 1988, 126; s. auch

§ 111   4. Teil 6. Abschn. Betriebsänderungen

LAG Düsseldorf vom 14. 8. 1973 – a.a.O.; *LAG Frankfurt* vom 2. 12. 1976 – a.a.O.). Erfolgen im Zusammenhang mit der Betriebsveräußerung Maßnahmen, die den Betriebszweck und/oder die Organisation des ursprünglichen Betriebs ändern und deshalb eine Betriebsänderung i. S. d. § 111 Abs. 2 Nr. 4 darstellen, wird die Anmeldefrist des § 111 BetrVG nicht durch § 613a BGB ausgeschlossen (*BAG* vom 16. 6. 1987 – 1 ABR 41/85 – EzA § 111 BetrVG 1972 Nr. 20 = DB 1987, 1842).

57 Die gleichen Grundsätze gelten auch bei der **Verpachtung eines Betriebes** (*ArbG Elmshorn* vom 23. 10. 1958 – Ca 50/58 [rechtskräftig] – BB 1959, 230; *D/R* § 111 Rz. 86), da auch in der Betriebsverpachtung eine Betriebsveräußerung i. S. d. § 613a BGB zu sehen ist (*D/R* § 111 Rz. 86 m. w. N.; *S/W* Ergänzungsband, §§ 111–113 Rz. 48). Der Pächter selbst kann jedoch einen gepachteten Betrieb stillegen.
Die Verpachtung eines Betriebes zum Zwecke der Stillegung durch den Pächter kann eine dem Verpächter zuzurechnende Betriebsstillegung i. S. v. § 111 Satz 1 BetrVG darstellen (*BAG* vom 17. 3. 1987 – 1 ABR 47/85 – EzA § 111 BetrVG 1972 Nr. 19 = DB 1987, 1540).

58 Die **Aufspaltung** eines Unternehmens in je eine rechtlich selbständige Besitz- und Produktionsgesellschaft, derart, daß die Produktionsgesellschaft die Betriebsmittel von der Besitzgesellschaft pachtet und die Arbeitnehmer übernimmt, ist keine Betriebsänderung (*BAG* vom 17. 2. 1981 – 1 ABR 101/78 – EzA § 111 BetrVG 1972 Nr. 13 = DB 1981, 1190, 1244 m. Anm. *Gutbrod*; *D/R* § 111 Rz. 86 m. w. N.; *S/W* Ergänzungsband, §§ 111–113 Rz. 50). Die Betriebsaufspaltung kann jedoch dann eine Betriebsänderung i. S. v. § 111 Satz 2 Nr. 4 sein, wenn mit der Betriebsaufspaltung weitere Maßnahmen des Arbeitgebers verbunden sind, die die Organisation und den Zweck des ursprünglichen Betriebs grundlegend ändern (*BAG* vom 16. 6. 1987 – 1 ABR 41/85 – EzA § 111 BetrVG 1972 Nr. 20 = DB 1987, 1842; a. A. GK-*Fabricius* § 111 Rz. 312, der für die Frage der Betriebsänderung auf den Entzug des Haftungsvermögens abstellt; so auch *LAG Baden-Württemberg* vom 10. 11. 1978 – 9 TaBV 4/78 – DB 1979, 114). Zur Zuständigkeit des Betriebsrats bei der Unternehmensaufspaltung siehe *BAG* Urt. vom 23. 11. 1988 – 7 AZR 121/88 – EzA § 102 BetrVG 1972 Nr. 72 = DB 1989, 1194.
Bei der Funktionsaufspaltung, bei der nicht eine Betriebs- von der Besitzgesellschaft getrennt wird, sondern einzelne Betriebsabteilungen rechtlich verselbständigt werden (*Birk* BB 1989, 2181), kommt eine Organisationsänderung i. S. v. § 111 S. 2 Nr. 4 in Betracht, etwa wenn die Belegschaft auf zwei neue Betriebe aufgeteilt wird oder wenn wesentliche arbeitstechnische Zwecke in einem neuen Betrieb weiterverfolgt werden (*BAG* vom 16. 6. 1987 – 1 ABR 41/85 – EzA § 111 BetrVG 1972 Nr. 20 = DB 1987, 1842, 1843; *Birk* ZGR 1984, 23, 40f.; *Eich* DB 1980, 255, 258; *Schaub* NZA 1989, 5; *Bork* BB 1989, 2181, 2185).

59 Eine Stillegung liegt vor, wenn zwar der bisherige Betriebszweck weiterverfolgt wird, aber eine nicht ganz unerhebliche **räumliche Verlegung des Betriebes**, verbunden mit der Auflösung der alten Betriebsgemeinschaft und dem Aufbau einer im wesentlichen neuen Belegschaft, erfolgt (*BAG* vom 6. 11. 1959 – 1 AZR 329/58 – AP Nr. 15 zu § 13 KSchG a. F. m. Anm. *Dietz* = DB 1960, 267; *Byschelberg* DB 1960, 439; *D/R* § 111 Rz. 28).

60 Die **Ausgliederung von Betriebsteilen** ist **keine Teilstillegung** (vgl. *BAG* vom 24. 7. 1979 – 1 AZR 219/77 – DB 1980, 164; *D/R* § 111 Rz. 29; *Kreutz* BlStSozArbR 1971, 209 ff.).

Betriebsänderungen § 111

Den Einschränkungen und Stillegungen des ganzen Betriebes sind die wesentli- 61
chen Betriebsteile gleichgestellt. **Wesentliche Betriebsteile** werden dann betroffen, wenn die Maßnahmen und Betriebsteile von erheblicher Bedeutung für den wirtschaftlichen produktionstechnischen Status des Betriebes sind (*S/W* § 111 Rz. 24; **a. A.** *BAG* vom 21. 10. 1980 – 1 AZR 145/79 – EzA § 111 BetrVG 1972 Nr. 12 = DB 1981, 698; *BAG* vom 6. 12. 1988 – 1 ABR 47/87 – EzA § 112 BetrVG 1972 Nr. 23; *D/R* § 111 Rz. 38; GK-*Fabricius* § 111 Rz. 81; *F/A/ K/H* § 111 Rz. 25; *G/L* § 111 Rz. 23, die für die Frage, ob ein wesentlicher Betriebsteil betroffen ist, darauf abstellen, ob in ihm ein erheblicher Teil der Arbeitnehmer des Gesamtbetriebes beschäftigt wird).
Bei Stillegung eines wesentlichen Betriebsteils ist nicht (nur) ein in sich abgeschlossener und relativ selbständig organisierter Teil eines Betriebs erforderlich. Es genügt die Aufgabe eines Teils innerhalb einer einheitlichen Organisation, wenn der Anteil des stillgelegten Betriebsteils an der Gesamtproduktion erheblich ist und die diesem Anteil zuzurechnende Anzahl von Arbeitsplätzen ins Gewicht fällt (*LAG Hamm* vom 30. 8. 1973 – 8 TaBV 39/73 – DB 1973, 2250).
Der Wegfall einer Schicht kann nur dann eine Betriebseinschränkung darstellen, wenn er zu einer erheblichen, nicht nur vorübergehenden Verminderung der Leistungsfähigkeit des Betriebes führt (*ArbG Hamburg* vom 13. 8. 1975 – 3 Ca 80/75 – DB 1975, 2378 = BB 1975, 1302; vgl. auch *LAG Hamm* vom 28. 10. 1976 – 8 Sa 658/76 – DB 1977, 1054 und *BAG* vom 6. 6. 1978 – 1 AZR 495/75 – EzA § 111 BetrVG 1972 Nr. 5 m. Anm. *Kittner* = DB 1978, 1650, die davon ausgehen, daß eine Personalreduzierung, die keine Massenentlassung i. S. v. § 17 KSchG darstellt, keine Betriebsänderung ist, ebensowenig wie der Übergang von zwei Schichten auf eine Schicht).

2. Verlegung des ganzen Betriebs oder wesentlicher Betriebsteile

§ 111 Satz 2 Ziff. 2 nennt die Verlegung des ganzen Betriebs oder wesentlicher 62
Betriebsteile. Sie entspricht wörtlich § 72 Abs. 1 Satz 3 BetrVG 1952 und ist nur auf solche Betriebe anwendbar, die ihrem Wesen nach ortsgebunden sind (*D/R* § 111 Rz. 52; *G/L* § 106 Rz. 64; *F/A/K/H* § 111 Rz. 25). Für den Wirtschaftsausschuß sieht § 106 Abs. 3 Ziff. 7 Entsprechendes vor.
Verlegung ist jede wesentliche Veränderung der örtlichen Lage des Betriebes oder 63
von wesentlichen Betriebsteilen (*D/R* § 111 Rz. 49, 50; *F/A/K/H* § 111 Rz. 25, 26; *Neumann-Duesberg* AR-Blattei, Betrieb II, Betriebsverlegung II A I; *Hueck/ Nipperdey* II/2, 1474, 1475) bei Übernahme wesentlicher Teile der Belegschaft (*BAG* vom 6. 11. 1959 – 1 AZR 329/58 – AP Nr. 15 zu § 13 KSchG a. F. m. Anm. *Dietz* = DB 1969, 267). Keine wesentliche Veränderung liegt vor bei Umzug auf die andere Straßenseite oder in ein anderes, in der Nähe gelegenes Haus. Gleiches gilt für den Umzug einer Abteilung innerhalb eines großen Bürohauses. Die **Verlegung muß mit wesentlichen Nachteilen für die Belegschaft verbunden sein**, z. B. zu einer erheblichen Verlängerung der Anfahrtswege und der Fahrzeiten oder wesentlich erhöhten Fahrtkosten führen (*D/R* § 111 Rz. 50; *G/L* § 106 Rz. 63; *F/A/K/H* § 111 Rz. 25; **a. A.** GK-*Fabricius* § 111 Rz. 152). Eine Verlegung einer Verlagsabteilung in ein 4,3 km entferntes Gebäude ist nach Auffassung des *BAG* (vom 17. 8. 1982 – 1 ABR 40/80 – EzA § 111 BetrVG 1972 Nr. 14 = DB 1983, 344 = SAE 1984, 236 m. kritischer Anm. *Mayer-Maly*;) eine nicht geringfügige Verän-

derung der örtlichen Lage (ebenso *Heitker* ZIP 1985, 513, 517/518; **a.A.** *S/W* Ergänzungsband, §§ 111–113 Rz. 51).

64 Mit der **Ausgliederung von Betriebsteilen** ist in der Regel auch eine Verlegung verbunden, so daß die Ausgliederung meist von Ziff. 2 erfaßt wird (*Kreutz* BlSt-SozArbR 1971, 209; GK-*Fabricius* § 111 Rz. 303).

3. Zusammenschluß mit anderen Betrieben

65 § 111 Satz 2 Ziff. 3 nennt den Zusammenschluß mit anderen Betrieben. Diese Vorschrift entspricht wörtlich § 72 Abs. 1 Satz 2c BetrVG 1952. Für den Wirtschaftsausschuß sieht § 106 Abs. 3 Ziff. 8 Entsprechendes vor.

66 Der **Zusammenschluß** kann dadurch geschehen, daß der eine Betrieb in einem anderen aufgeht oder daß aus zwei Betrieben ein neuer dritter entsteht (*F/A/K/H* § 111 Rz. 27; *D/R* § 111 Rz. 53; *Hueck/Nipperdey* II/2, 1475; GK-*Fabricius* § 111 Rz. 173 ff.). Der Zusammenschluß kann mit Betrieben desselben oder anderer Unternehmen erfolgen; auf die Rechtsform kommt es nicht an.

67 Die **Zusammenlegung von Nebenbetrieben oder selbständigen Betriebsabteilungen** mit dem eigenen Hauptbetrieb wird hiervon nicht erfaßt (*Nikisch* III, 526; *Hueck/Nipperdey* II/2, 1475; **a.A.** *D/R* § 111 Rz. 55; GK-*Fabricius* § 111 Rz. 178; *F/A/K/H* § 111 Rz. 28; *G/L* § 106 Rz. 67; *Hanau* ZfA 1974, 96). Ein Zusammenschluß liegt nur vor, wenn dadurch Änderungen im Bestand der einzelnen Betriebe eintreten.

68 Der **rein wirtschaftliche Vorgang einer** auf der Unternehmensebene durchgeführten **Fusion**, der keine Auswirkung auf die einzelnen betrieblichen Einheiten der fusionierten Betriebe hat, löst kein Beteiligungsrecht aus (*D/R* § 111 Rz. 54; *G/L* § 106 Rz. 68).

4. Grundlegende Änderungen der Betriebsorganisation, des Betriebszwecks oder der Betriebsanlagen

69 Die Vorschrift des § 111 Satz 2 Ziff. 4 nennt grundlegende Änderungen der Betriebsorganisation, des Betriebszwecks oder der Betriebsanlagen. Sie knüpft an § 72 Abs. 1 Satz 2d BetrVG 1952 an, erweitert die Beteiligungsrechte aber in zwei Punkten gegenüber der alten Rechtslage, indem nunmehr auch die Änderung der Betriebsorganisation erfaßt wird und der frühere einschränkende Halbsatz wegfällt. Für den Wirtschaftsausschuß sieht § 106 Abs. 3 Ziff. 9 Entsprechendes vor.

70 **Änderung der Betriebsorganisation** bedeutet die Umwandlung des Betriebsaufbaus, insbesondere der Zuständigkeiten und der Verantwortung (vgl. *D/R* § 111 Rz. 61; *F/A/K/H* § 111 Rz. 30; *G/L* § 111 Rz. 30). Hierunter fällt z.B. auch die Einführung und Abschaffung von Einkaufs- oder Verkaufsabteilungen. Diese Änderungen müssen aber **für den Betrieb von grundlegender Bedeutung** sein (vgl. hierzu *BAG* vom 21. 10. 1980 – 1 AZR 145/79 – EzA § 111 BetrVG 1972 Nr. 12 = DB 1981, 698; *D/R* § 111 Rz. 64; *F/A/K/H* § 111 Rz. 29; *G/L* § 111 Rz. 30; *S/W* § 111 Rz. 34; siehe auch GK-*Fabricius* § 111 Rz. 184 ff.). Keine grundlegende Änderung der Betriebsorganisation ist die Ausgliederung einer Gaststätte aus einem Supermarkt (*BAG* a.a.O.).

71 Eine **Änderung des Betriebszwecks** liegt vor, wenn der arbeitstechnische Zweck

Betriebsänderungen § 111

eines Betriebes – nicht der wirtschaftliche – verändert wird (*BAG* vom 17. 12. 1985 – 1 ABR 78/83 – EzA § 111 BetrVG 1972 Nr. 17 = DB 1986, 2085). Dies trifft vor allem dann zu, wenn die Produktion vollständig umgestellt wird (GK-*Fabricius* § 111 Rz. 195; *D/R* § 111 Rz. 63; *G/L* § 111 Rz. 30; *Kaven* Recht des Sozialplans, 40 m. w. B.).

Der Betriebszweck kann sich auch dadurch ändern, daß dem bisherigen Betrieb ene weitere Abteilung mit einem weiteren arbeitstechnischen Betriebszweck hinzugefügt wird (*BAG* vom 17. 12. 1985 – 1 ABR 78/83 – EzA § 111 BetrVG 1972 Nr. 17 = DB 1986, 2085).

Eine **Änderung der Betriebsanlagen** liegt vor, wenn die technischen Einrichtungen, insbesondere die Produktionsanlagen des Betriebs verändert werden. Es muß sich aber auch hier um eine **grundlegende Änderung von besonderer Bedeutung** handeln, wie z. B. die Einführung völlig neuer Maschinen, eines neuen technischen Produktionsverfahrens oder die völlige Neugestaltung der Werkshallen (*F/A/K/H* § 111 Rz. 32; *D/R* § 111 Rz. 64; *G/L* § 111 Rz. 30; GK-*Fabricius* § 111 Rz. 199 mit Rechtsprechungshinweisen). 72

Die Änderung braucht nicht die Gesamtheit der Betriebsanlagen zu erfassen. Auch die Änderung von einzelnen (allerdings im Verhältnis innerhalb der Gesamtheit der Betriebsanlagen nicht unbedeutenden) Betriebsanlagen kann unter § 111 Satz 2 Nr. 4 fallen (*BAG* vom 26. 10. 1982 – 1 ABR 11/81 – EzA § 111 BetrVG 1972 Nr. 15 = DB 1982, 2358; 1983, 1766; vgl. auch *LAG Frankfurt/M.* vom 27. 10. 1987 – 4 TaBV 283/86 – NZA 1988, 407, das auf den Grad der technischen Änderung und das Ausmaß der nachteiligen Auswirkungen abstellt).

Nicht erfaßt werden der normale Ersatz abgenutzter Maschinen und die üblicherweise laufend erforderlichen kleinen Verbesserungen, wie sie in jedem modern geführten Betrieb üblich sind (*D/R* § 111 Rz. 67; *F/A/K/H* § 111 Rz. 32). Die Vorschrift kann sich mit § 90 Ziff. 1 und 2 überschneiden. **Insoweit geht** dann § 90 **Ziff. 1 und 2 als Sondervorschrift vor.**

Auch der Einsatz von Mikroprozessoren und Datensichtgeräten kann eine Änderung von Betriebsanlagen darstellen (*BAG* vom 26. 10. 1982 – a.a.O.; *D/R* § 111 Rz. 65 m. w. N.; *F/A/K/H* § 111 Rz. 32; *Däubler* DB 1985, 2297). 73

Betriebsanlagen i. S. v. § 111 sind nicht nur Produktionsanlagen, sondern alle Anlagen, die dem arbeitstechnischen Produktions- und Leistungsprozeß insgesamt dienen (GK-*Fabricius* § 111 Rz. 197). Einzelne Betriebsanlagen fallen dann unter die Vorschrift des § 111, wenn sie in der Gesamtheit von eigener Bedeutung für den gesamten Betriebsablauf sind (*BAG* vom 26. 10. 1982 – a.a.O.). 74

Für die Frage, ob auch der Einsatz von Datensichtgeräten eine grundlegende Änderung darstellt, muß darauf abgestellt werden, ob ein wesentlicher Teil der Belegschaft betroffen wird (vgl. *D/R* § 111 Rz. 69; *BAG* a. a. O.). 75

Bei der Frage, ob die Änderung der Betriebsanlagen »**grundlegend**« ist, kommt es auf den Grad der technischen Änderung an. Läßt sich der Grad der technischen Änderung und damit die Betriebsänderung nicht feststellen, ist auf den Grad der nachteiligen Auswirkungen auf den betroffenen Arbeitnehmer abzustellen (*BAG* a.a.O.). 76

Dabei ist an die Rechtsprechung zur Betriebseinschränkung i. S. d. § 111 Satz 2 Nr. 1 anzuknüpfen, also im Ergebnis an den Richtwert des § 17 Abs. 1 KSchG, wenn mindestens 5 % der Arbeitnehmer betroffen sind.

5. Einführung grundlegend neuer Arbeitsmethoden und Fertigungsverfahren

77 Die Vorschrift des § 111 Satz 2 Ziff. 5 nennt die Einführung grundlegend neuer Arbeitsmethoden und Fertigungsverfahren. Sie knüpft an § 72 Abs. 1 Satz 2e BetrVG 1952 an, erweitert die Beteiligungsrechte aber in zwei Punkten gegenüber der alten Rechtslage, indem nunmehr auch Fertigungsverfahren aufgezählt sind und der frühere einschränkende Halbsatz wegfiel. Bezüglich des Wirtschaftsausschusses vgl. § 106 Abs. 3 Ziff. 5.

78 Unter **Arbeitsmethoden** ist die Art und Weise zu verstehen, in der die Arbeit ausgeführt wird, d.h. wie die menschliche Arbeitskraft eingesetzt wird. Hierunter fällt z.B. der Übergang von Hand- zur Maschinenarbeit und weiter zur Fließbandarbeit. Vor allem können auch Rationalisierungsmaßnahmen hiervon betroffen werden (vgl. auch § 106 Abs. 3 Ziff. 5; *D/R* § 111 Rz. 71; *F/A/K/H* § 111 Rz. 33f.; *G/L* § 106 Rz. 52; *S/W* Ergänzungsband, §§ 111–113 Rz. 65).

79 Es muß sich um **grundlegend neue Arbeitsmethoden** handeln, d.h. um eine Veränderung der technischen Grundlage des Arbeitsprozesses, die eine grundsätzliche Umstellung des Arbeitsvorganges bedeutet (vgl. *D/R* § 111 Rz. 73; *F/A/K/H* § 111 Rz. 33f.; *G/L* § 111 Rz. 34; *S/W* § 111 Rz. 40).

80 Die **Arbeitsmethoden** müssen nur **für** den fraglichen **Betrieb** selbst **neu** sein (*F/A/K/H* § 111 Rz. 33).
   Bei der Installierung von Datensichtgeräten handelt es sich um die Einführung grundlegend neuer Arbeitsmethoden, wenn erhebliche Teile der Belegschaft (§ 17 Abs. 1 KSchG) betroffen sind (etwa 70 Datensichtgeräte bei 1 500 Arbeitsplätzen) (*BAG* vom 26.10.1982 – 1 ABR 11/81 – EzA § 111 BetrVG 1972 Nr. 15 = DB 1982, 2358; 1983, 1766; vgl. auch *BAG* vom 6.12.1983 – 1 ABR 43/81 – EzA § 87 BetrVG 1972 Bildschirmarbeitsplatz Nr. 1 m. Anm. *Ehmann* – DB 1984, 775; 1985, 1341 m. Anm. *Weng*).

81 Unter **Fertigungsverfahren** sind die Fabrikationsmethoden, Arbeitsverfahren und Arbeitsabläufe zu verstehen, wie z.B. die Einführung einer vollautomatischen Fertigung. Eine genaue Abgrenzung zu den Arbeitsmethoden ist nicht möglich, aber auch nicht erforderlich, da die Rechtsfolgen die gleichen sind (*D/R* § 111 Rz. 72; GK-*Fabricius* § 106 Rz. 98ff.; *F/A/K/H* § 106 Rz. 18; *G/L* § 111 Rz. 32; *S/W* Ergänzungsband, §§ 111–113 Rz. 66ff.).

82 Sofern sich Ziff. 5 mit § 90 Ziff. 3 überschneidet, geht § 90 Ziff. 3 als Sondervorschrift vor. Ziff. 5 steht auch in engem Zusammenhang mit Ziff. 4, stellt aber mehr auf die Art der Verwertung der menschlichen Arbeitskraft ab.

IV. Streitigkeiten

83 **Streitigkeiten** darüber, ob dem Betriebsrat ein Unterrichtungs- und Beratungsanspruch zusteht, entscheidet das Arbeitsgericht **im Beschlußverfahren** (*BAG* vom 18.3.1975 – 1 ABR 102/73 – EzA § 111 BetrVG 1972 Nr. 1 = DB 1975, 1322). Im Rahmen dieses Verfahrens wird inzidenter entschieden, ob eine Betriebsänderung vorliegt.

84 Stellt das Gericht fest, daß die geplante Maßnahme keine Betriebsänderung darstellt, sind die Gerichte in späteren Verfahren, in denen der Arbeitnehmer einen Nachteilsausgleich nach § 113 Abs. 3 fordert, an diese Entscheidung gebunden. Diese Bindungswirkung besteht auch dann, wenn das Gericht im Beschlußverfah-

ren feststellt, daß eine geplante Maßnahme die Beteiligungsrechte des Betriebsrats auslöst. Führt der Arbeitgeber die betriebsändernde Maßnahme vor Abschluß des Beschlußverfahrens durch, kann nur noch über die Verpflichtung zur Aufstellung eines Sozialplanes gestritten werden. Für die Feststellung, der Arbeitgeber müsse einen Interessenausgleich versuchen, besteht kein Rechtsschutzinteresse mehr. Das Erkenntnis in einem solchen Verfahren hat auf das Verfahren nach § 113 Abs. 3 BetrVG ebenfalls präjudizielle Bindungswirkung (*BAG* vom 10. 11. 1987 – 1 AZR 360/86 – EzA § 113 BetrVG 1972 Nr. 16 = DB 1988, 609).

Ist eine Betriebsänderung schon durchgeführt, fehlt einem Feststellungsantrag, **85** wonach der Betriebsrat gem. § 111 hätte beteiligt werden müssen, das Rechtsschutzbedürfnis, wenn nicht vorgetragen wird, daß die gerichtliche Entscheidung der Wiederherstellung des Betriebsfriedens dient, bzw. daß ähnliche Fälle im Betrieb unmittelbar zur Entscheidung anstehen (GK-*Fabricius* § 111 Rz. 365 m.w.N.; *G/L* § 111 Rz. 45).

Der Betriebsrat kann nicht verlangen, daß der Arbeitgeber die Durchführung einer geplanten Betriebsänderung ganz oder auch nur zeitweilig bis zum Abschluß der Beratungen und der Verhandlungen über einen Nachteilsausgleich unterlassen muß (*LAG Baden-Württemberg* vom 28. 8. 1985 – 2 TaBV 8/85 – DB 1986, 805 = BB 1986, 1015).

Streitig ist, ob durch Erlaß einer einstweiligen Verfügung auf Antrag des Betriebs- **86** rats dem Arbeitgeber aufgegeben werden kann, Maßnahmen zur Durchführung einer Betriebsänderung zu unterlassen, solange die Verhandlungen über den Interessenausgleich nicht abgeschlossen oder gescheitert sind.

Verstößt der Arbeitgeber gegen die ihm in §§ 111, 112 auferlegten Pflichten, so **87** gewährt ein Teil der erst- und zweitinstanzlichen Gerichte dem Betriebsrat einen Unterlassungsanspruch, der in Eilfällen gem. § 85 Abs. 2 ArbGG i. V. m. §§ 935, 940 ZPO durch Erlaß einer einstweiligen Verfügung durchgesetzt werden kann (*LAG Hamburg* Beschl. vom 5. 2. 1986 – 4 TaBV 12/85 – DB 1986, 598; *LAG Hamburg* vom 8. 6. 1983 – 6 TaBV 9/83 – DB 1983, 2368; *LAG Hamburg* vom 13. 11. 1981 – 6 TaBV 9/81 – DB 1982, 1522; *ArbG Frankfurt/M.* vom 2. 9. 1982 – 4 BV Ga 28/82 – DB 1983, 239; *LAG Frankfurt/M.* vom 21. 9. 1982 – 4a BV Ga 94/82 – DB 1983, 613; *LAG Frankfurt/M.* vom 30. 8. 1984 – 4 TaBV Ga 114/84 – DB 1985, 178 ff.; *ArbG Bamberg* vom 30. 11. 1984 – 3 BV Ga 3/84 – NZA 1985, 259; zustimmend *Trittin* DB 1983, 230 mit weiteren Hinweisen auf unveröffentlichte Entscheidungen; *Dütz* DB 1984, 115 ff.; *G/L* § 111 Rz. 252; *Buschmann* BB 1983, 510; *Derleder* AuR 1983, 289).

Zu Recht haben das *ArbG Oldenburg* (– 3 BV Ga 30/82 –) und das *ArbG Braun-* **88** *schweig* (vom 15. 6. 1982 – 5 BV Ga 5/82 – DB 1983, 239), das *LAG Baden-Württemberg* (vom 28. 8. 1985 – 2 TaBV 8/85 – DB 1986, 805), *LAG Düsseldorf* (vom 14. 11. 1983 – 12 TaBV 88/83 – DB 1984, 511), *ArbG Freiburg* (vom 22. 12. 1981 – 3 TaBV 1/81 –), *LAG Frankfurt/M.* (vom 21. 9. 1982 – 4 TaBV 94/82 – DB 1983, 613) entsprechende Anträge auf Erlaß einer einstweiligen Verfügung zurückgewiesen. Die Rechtsprechung hat in der Literatur Zustimmung erlangt (*v. Eich*, DB 1983, 675; *F/A/K/H* § 111 Rz. 41; *Heise* DB 1983 Beilage Nr. 9, 20; *Schlochauer* JArbR Bd. 20 [1982], 61 ff.; *Bengelsdorf* DB 1990, 1233 ff., 1282 ff.; *Schmidt* BB 1982, 48; enger *Konzen* Leistungspflichten, 76 ff. 106 ff.; GK-*Fabricius* § 111 Rz. 356 ff.).

Dem Betriebsrat steht zur Sicherung seiner Mitbestimmungs- und Mitwirkungs- **89** rechte kein Anspruch auf Erlaß einer einstweiligen Verfügung zu. Nach der ge-

§ 111 4. Teil 6. Abschn. Betriebsänderungen

setzgeberischen Konzeption steht dem Unternehmer ein einseitig durchsetzbares Recht auf Durchführung einer Betriebsänderung zu.

Dafür, daß der Unternehmer in einem solchen Falle nicht durch ein Verbot der Durchführung der Betriebsänderung in seiner unternehmerischen und wirtschaftlichen Entscheidungs- und Handlungsfreiheit eingeschränkt ist, spricht auch, daß der Gesetzgeber davon Abstand genommen hat, zu bestimmen, daß eine Betriebsänderung, welche der Unternehmer ohne Beachtung der aus §§ 111, 112 BetrVG folgenden Rechte des Betriebsrats durchführt, unwirksam ist (*LAG Baden-Württemberg* vom 28. 8. 1985 – 2 TaBV 8/85 – DB 1986, 805).

Führen das »Ob« und das »Wie« der Betriebsänderung zu Meinungsverschiedenheiten, so sind nicht die Gerichte, sondern ist die Einigungsstelle zuständig, die jedoch auch keinen bindenden Spruch fällen kann.

Führt der Unternehmer betriebsverfassungswidrig eine Betriebsänderung durch, ohne die Rechte des Betriebsrats zu achten, setzt er sich den individualrechtlich gestalteten Nachteilsausgleichsansprüchen der Arbeitnehmer aus (§ 113 Abs. 3), mit deren Androhung der Unternehmer indirekt zur Einhaltung und Durchführung des Nachteilsausgleichsverfahrens angehalten werden soll (*Eich* BB 1974, 1444; *LAG Baden-Württemberg* vom 28. 8. 1985 – 2 TaBV 8/85 – DB 1986, 805).

Mit der Möglichkeit, durch einstweilige Verfügung betriebsändernde Maßnahmen zu verhindern, werden daher dem Betriebsrat mehr Rechte eingeräumt als ihm betriebsverfassungsrechtlich zustehen (*Eich* DB 1983, 657ff.).

90 Der Unterlassungsanspruch kann auch nicht auf das Gebot der vertrauensvollen Zusammenarbeit zwischen Betriebsrat und Arbeitgeber (§ 2 Abs. 1) gestützt werden, da über den Grundsatz der vertrauensvollen Zusammenarbeit dem Betriebsrat keine weitergehenden Rechte eingeräumt werden sollen als gesetzlich vorgesehen (ähnlich *ArbG Braunschweig* vom 15. 6. 1982 – 5 BV Ga 5/82 – DB 1983, 239).

91 Auch auf die Vorschrift des § 23 Abs. 3 wird sich im Regelfall ein Unterlassungsanspruch nicht stützen lassen.

Zum einen greift § 23 Abs. 3 nur für den Fall der groben Pflichtverletzung (*BAG* vom 22. 2. 1983 – 1 ABR 27/81 – EzA § 23 BetrVG 1972 Nr. 9 m. Anm. *Rüthers/ Henssler* = DB 1983, 502, 1926) und bezweckt die Verhinderung künftiger Fehlverhaltens des Arbeitgebers (vgl. hierzu *F/A/K/H* § 23 Rz. 45; *BAG* vom 18. 4. 1985 – 6 ABR 19/84 – EzA § 23 BetrVG 1972 Nr. 10 = DB 1985, 2511). Zum anderen muß die Vorschrift des § 23 Abs. 3 deshalb zurücktreten, weil in § 113 eine speziellere Sanktionsnorm zur Verfügung steht. Erst recht können über § 23 Abs. 3 keine Ansprüche durchgesetzt werden, deren Durchsetzung gesetzlich nicht vorgesehen ist (*Eich* DB 1983, 657, 661).

92 Eine Mitteilung will das *LAG Frankfurt* (vom 30. 8. 1984 – 4 TaBV Ga 113 und 114/84 – ZIP 1984, 367) geben. Nach Auffassung des *LAG* ist eine einstweilige Verfügung auf Unterlassung von Kündigungen zur Sicherung der Beteiligungsrechte des Betriebsrates betreffend Herbeiführung eines Interessenausgleiches gem. § 111, 112 BetrVG grundsätzlich, wenn auch unter engen Voraussetzungen und mit Einschränkungen, zulässig. Eine solche einstweilige Verfügung soll Gelegenheit zu ernsthaften Verhandlungen geben oder die Fortsetzung begonnener Verhandlungen über einen Interessenausgleich ermöglichen. Wie weit eine diesem Zweck dienende gerichtliche Anordnung, insbesondere in zeitlicher Hinsicht, geht, hängt vom bisherigen Stand und Verlauf der Verhandlungen und der wirtschaftlichen Situation des Betriebes ab. Unter Umständen ist überhaupt

keine Gelegenheit oder nur eine (zeitlich) eng begrenzte zu eröffnen, um zu einem Abschluß der Verhandlungen über einen Interessenausgleich zu kommen. Diese Auffassung kann weder im Ergebnis noch hinsichtlich der dogmatischen Regelung überzeugen. Selbst wenn zu befürchten ist, daß das Mitbestimmungsrecht durch die vorweggenommene, einseitige Entscheidung des Arbeitgebers praktisch nicht mehr durchgesetzt werden kann, oder wenn der Rechtsfrieden gefährdet ist, kommt eine einstweilige Verfügung nicht in Betracht, da trotz Vorliegens eines Verfügungsgrundes (§§ 935, 940 ZPO) ein Verfügungsanspruch materiellrechtlich nicht zur Verfügung steht (*LAG Hamm* vom 4. 2. 1977 – 3 TaBV 75/76 (rechtskräftig) – EzA § 23 BetrVG 1972 Nr. 5 = DB 1977, 1189, 1514; *ArbG Braunschweig* vom 15. 6. 1982 – BV Ga 5/82 – DB 1983, 239; *D/R* § 23 Rz. 79; *F/A/K/H* § 23 Rz. 44; *G/L* § 23 Rz. 61; vgl. auch *Eich* Einstweilige Verfügung auf Unterlassung der Betriebsänderung, DB 1983, 657; eingehend *Schlochauer* Untersagung von Entlassungen oder Kündigungen durch einstweilige Verfügung bis zum Abschluß des Interessenausgleichs, JArbR Bd. 20 [1983], 61; a. A. *LAG Frankfurt/M.* vom 3. 4. 1978 – 5 TaBV Ga 27/78 – BB 1979, 942; *Dütz* ZfA 1972, 260; *Heinze* DB 1982 Beilage Nr. 9, 23; *Stein/Jonas/Grunsky* ZPO, 20. Aufl. 1981, vor § 935 Rz. 75; GK-*Thiele* § 23 Rz. 101; vgl. hierzu *Hess* EWiR 1/85; § 940 ZPO).

V. Kündigung wegen Betriebsänderung

Die Stillegung des gesamten Betriebes stellt ein dringendes betriebliches Erfordernis nach § 1 Abs. 2 Satz 1 KSchG dar. **93**
Eine hierauf gestützte Kündigung gehört zu den Kündigungen aus anderen Gründen i. S. d. § 613a Abs. 4 Satz 2 BGB.
Eine dem Kündigungsschutzgesetz unterliegende Kündigung, die auf eine Betriebsstillegung gestützt wird, ist jedoch dann nach § 1 Abs. 2 Satz 1 KSchG sozial **94** ungerechtfertigt, wenn eine solche Betriebsstillegung tatsächlich nicht erfolgt (*BAG* vom 27. 9. 1984 – 2 AZR 309/83 – EzA § 613a BGB Nr. 40 = DB 1985, 1399).
Selbst wenn es im zeitlichen Zusammenhang mit einer Kündigung zu einem Betriebsübergang gem. § 613a Abs. 1 Satz 1 BGB kommt, bedarf es keiner Überprüfung mehr, ob sie auch deswegen nach § 613a Abs. 4 Satz 1 BGB oder wegen Umgehung dieser Vorschrift rechtsunwirksam ist (*BAG* a. a. O.).
Grundsätzlich stellt eine Betriebsänderung keine Tatsache dar, die einen Arbeit- **95** geber zur außerordentlichen Kündigung von Arbeitsverhältnissen berechtigt, da sie in den Einfluß- und Verantwortungsbereich des Unternehmers fällt. Er ist Träger des Betriebsrisikos und kann es nicht auf die Arbeitnehmer abwälzen. Ist die ordentliche Kündigung jedoch durch Tarifvertrag ausgeschlossen, so ist eine Betriebsstillegung geeignet, eine außerordentliche Kündigung zu rechtfertigen. Hierbei ist die gesetzliche oder tarifvertragliche Kündigungsfrist (= Auslauffrist) einzuhalten, die gelten würde, wenn die ordentliche Kündigung nicht ausgeschlossen wäre (*BAG* vom 28. 3. 1985 – 2 AZR 113/84 – EzA § 626 n. F. BGB Nr. 96 = DB 1985, 1743 = NZA 1985, 559 = NJW 1985, 2606; *BAG* vom 9. 5. 1985 – 2 AZR 16/84 – EzA § 4 TVG Metallindustrie Nr. 25 = DB 1986, 2335; *ArbG München* vom 24. 5. 1984 – 20 Ca 9958/83 – NZA 1985, 64).
Dies gilt jedoch nur, soweit die Einhaltung der Auslauffrist vom Arbeitnehmer

§ 112   4. Teil 6. Abschn. *Betriebsänderungen*

gewünscht wird und sie dem Arbeitgeber zumutbar ist. Andernfalls ist der Arbeitgeber berechtigt, aus wichtigem Grund ohne Einhaltung einer Kündigungsfrist zum Zeitpunkt der Betriebsstillegung zu kündigen, so z. B. wenn der Arbeitgeber befürchten muß, nach § 128 AFG vom Arbeitsamt auf Erstattung des Arbeitslosengeldes in Anspruch genommen zu werden (*ArbG Siegen* vom 8. 4. 1986 – 2 Ca 1378/85) oder wenn der Arbeitnehmer kurzfristig eine andere Arbeit findet oder wenn aufgrund der Zahlung einer Abfindung aus einem Sozialplan der Anspruch auf Arbeitslosengeld nach § 117 Abs. 2 Satz 3 AFG ruhen würde (vgl. auch § 117 Abs. 3 Nr. 3 AFG).

96   Der tarifvertragliche Ausschluß der ordentlichen Kündigung für eine bestimmte Personengruppe kann auch dann aufgehoben werden, wenn die Kündigung mit einer durch eine Rationalisierungsmaßnahme bedingte Personalreduzierung begründet wird, die nach § 111 eine Betriebsänderung mit wesentlichen Nachteilen für die Belegschaft ist und nach § 112 zu einem Sozialplan geführt hat (*BAG* vom 8. 8. 1985 – 2 AZR 464/84 – EzA § 1 KSchG 1969 Soziale Auswahl Nr. 21 = DB 1986, 1577).

§ 112 Interessenausgleich über die Betriebsänderung, Sozialplan

(1) Kommt zwischen Unternehmer und Betriebsrat ein Interessenausgleich über die geplante Betriebsänderung zustande, so ist dieser schriftlich niederzulegen und vom Unternehmer und Betriebsrat zu unterschreiben. Das gleiche gilt für eine Einigung über den Ausgleich oder die Milderung der wirtschaftlichen Nachteile, die den Arbeitnehmern infolge der geplanten Betriebsänderung entstehen (Sozialplan). Der Sozialplan hat die Wirkung einer Betriebsvereinbarung. § 77 Abs. 3 ist auf den Sozialplan nicht anzuwenden.
(2) Kommt ein Interessenausgleich über die geplante Betriebsänderung oder eine Einigung über den Sozialplan nicht zustande, so können der Unternehmer oder der Betriebsrat den Präsidenten des Landesarbeitsamtes um Vermittlung ersuchen. Geschieht dies nicht oder bleibt der Vermittlungsversuch ergebnislos, so können der Unternehmer oder der Betriebsrat die Einigungsstelle anrufen. Auf Ersuchen des Vorsitzenden der Einigungsstelle nimmt der Präsident des Landesarbeitsamtes an der Verhandlung teil.
(3) Unternehmer und Betriebsrat sollen der Einigungsstelle Vorschläge zur Beilegung der Meinungsverschiedenheiten über den Interessenausgleich und den Sozialplan machen. Die Einigungsstelle hat eine Einigung der Parteien zu versuchen. Kommt eine Einigung zustande, so ist sie schriftlich niederzulegen und von den Parteien und vom Vorsitzenden zu unterschreiben.
(4) Kommt eine Einigung über den Sozialplan nicht zustande, so entscheidet die Einigungsstelle über die Aufstellung eines Sozialplans. Der Spruch der Einigungsstelle ersetzt die Einigung zwischen Arbeitgeber und Betriebsrat.
(5) Die Einigungsstelle hat bei ihrer Entscheidung nach Absatz 4 sowohl die sozialen Belange der betroffenen Arbeitnehmer zu berücksichtigen als auch auf die wirtschaftliche Vertretbarkeit ihrer Entscheidung für das Unternehmen zu achten. Dabei hat die Einigungsstelle sich im Rahmen billigen Ermessens insbesondere von folgenden Grundsätzen leiten zu lassen:
1. Sie soll beim Ausgleich oder bei der Milderung wirtschaftlicher Nachteile, insbesondere durch Einkommensminderung, Wegfall von Sonderleistungen oder

Verlust von Anwartschaften auf betriebliche Altersversorgung, Umzugskosten oder erhöhte Fahrtkosten, Leistungen vorsehen, die in der Regel den Gegebenheiten des Einzelfalles Rechnung tragen.
2. Sie hat die Aussichten der betroffenen Arbeitnehmer auf dem Arbeitsmarkt zu berücksichtigen. Sie soll Arbeitnehmer von Leistungen ausschließen, die in einem zumutbaren Arbeitsverhältnis im selben Betrieb oder in einem anderen Betrieb des Unternehmens oder eines zum Konzern gehörenden Unternehmens weiterbeschäftigt werden können und die Weiterbeschäftigung ablehnen; die mögliche Weiterbeschäftigung an einem anderen Ort begründet für sich allein nicht die Unzumutbarkeit.
3. Sie hat bei der Bemessung des Gesamtbetrages der Sozialplanleistungen darauf zu achten, daß der Fortbestand des Unternehmens oder die nach Durchführung der Betriebsänderung verbleibenden Arbeitsplätze nicht gefährdet werden.

Literaturübersicht

Abbrent Personalabbau im Konzern/Möglichkeiten kollektiven und individuellen Bestandsschutzes, BB 1988, 756–761; *Anders* Sozialplan und Insolvenzsicherung, BlStSozArbR 1975, 190; *Balz* Der Sozialplan im Konkurs- und Vergleichsverfahren, DB 1985, 689–696; *Barth* Einfluß des Sozialplans nach §§ 112 und 113 BetrVG auf die steuerliche Bewertung von Betriebsvermögen und Kapitalanteilen, DB 1974, 1084; *Bauer/Moench* Sozialplanabfindungen im Konkurs, NJW 1984, 468ff.; *Becker* Interessenausgleich und Sozialplan, BlStSozArbR 1974, 54; *Becker/Schaffner* Rechtsfragen zum Mitbestimmungsrecht des Betriebsrats bei der Aufstellung von Sozialplänen, BlStSozArbR 1976, 33; *Berges* Sozialplan trotz Insolvenz?, FS für *F. Weber*, 1975, 57; *Beuthien* Interessenausgleich und Sozialplan im Konkurs, RdA 1976, 147; *ders.* Sozialplangrenzen im Konkurs, ZIP 1980, 83; *ders.* Sozialplanzwangsschlichtung und Konkursgläubigerschutz, FS für *G. Müller*, 1981, 13; *ders.* Der Sozialauftrag des Sozialplans, ZfA 1982, 181; *ders.* Das Know-How des Belegschaftsstammes als innerbetriebliche Rechtstatsache des Sozialplans, RdA 1977, 271; *Beuthin* Interessenausgleich und Sozialplan im Konkurs, RdA 1976, 147, 156ff.; *ders.* Sozialplangrenzen im Konkurs (Auswirkungen des BAG-Beschlusses vom 13.12.1978 für die Insolvenzpraxis), ZIP 1980, 83; *ders.* Sozialplan und Unternehmensverschuldung, 1980; *ders.* Sozialplanzwangsschlichtung und Konkursgläubigerschutz, FS für *G. Müller*, 1981; *ders.* Der Sozialauftrag des Sozialplans, ZfA 1982, 181 ff.; *Binz/Hess* Der Konkurs der Insolvenzrechtsreform, 1987; *Bischoff, H.-J.*, Die Einigungsstelle im Betriebsverfassungsrecht, 1975; *Böhm* Konkurrenz von Ansprüchen aus dem Sozialplan mit dem gesetzlichen Abfindungsanspruch, BB 1973, 1077; *ders.* Höhe der Abfindung durch Festsetzung des ideellen Nachteils, BB 1973, 1079; *Bötticher* Begründet der Sozialplan des Konkursverwalters Messeschulden?, BB 1975, 977; *ders.* Sozialplananspüche im Konkurs vor den Gemeinsamen Senaten der Obersten Gerichtshöfe des Bundes?, BB 1984, 539–543; *Bogs* Probleme neuer Insolvenzsicherung für Arbeitnehmer, AuR 1975, 161; *Bovensiepen* Die Vermittlungstätigkeit des Landesarbeitsamtes nach § 112 Abs. 2 des BetrVG, RdA 1975, 288, 290; *Brechert* Abfindungsansprüche nach dem BetrVG als Masseschulden nach § 59 Abs. 1 Nr. 1 KO, Rechtspfleger 1975, 346; *Brede* Die finanzielle Sicherung von Sozialplänen, ZfbF 1977, 795; *Briese* Zur Frage der Passivierung von Sozialplanverpflichtungen, DB 1977, I 313, II 356; *Brill* Konkurs und Betriebsrat, AR-Blattei Konkurs IV; *ders.* Vergleichsverfahren und Betriebsrat, AR-Blattei Vergleichsverfahren II; *Brill/Matthes/Oehmann* Insolvenz und Zwangsvollstreckungsrecht. Die arbeitsrechtlichen Besonderheiten bei Konkurs-, Vergleichsverfahren, Zwangsvollstreckung, 1976; *Buchner* Sozialplanverpflichtung: Entwicklung, Bedeutung und finanzwirtschaftliche Vorsorgemöglichkeiten, 1985; *Buschmann* Der vergessene Interessenausgleich, BB 1983, 510;

§ 112   4. Teil 6. Abschn. Betriebsänderungen

Dangers Der Sozialplan, BlStSozArbR 1977, 354; *Däubler/Bösche* Zum Inhalt von Sozialplänen nach § 112 BetrVG, Rechtsgutachten, 1975; *Ditzen* Betriebliche Sozialpläne, 1980; *Dorndorf* Sozialplan im Konkurs, 1978; *Dressler/Thom* Sozialplan, 1974, *Drukarczyk* Unternehmen und Insolvenz, 1987; *ders.* Zum Problem der wirtschaftlichen Vertretbarkeit von Sozialplänen, RdA 1986, 115–119; *Durchlaub* Kürzung des Sozialplans im Falle wirtschaftlicher Schwierigkeiten, DB 1980, 496; *Ehmann* Betriebsstillegung und Mitbestimmung, 1978; *ders.* Der Schutzzweck des Sozialplans – Verwandler des ganzen Arbeitsrechts?, Festgabe für *Weitenauer*, 1980, 3; *Gamillscheg* Zur Abfindung bei Verlust des Arbeitsplatzes, FS für *Bosch*, 1976, 209; *Gaul* Zur geplanten Gesetzesregelung des Konkursranges von Sozialplananspüchen, DB 1983, 1363; *Gift* Der Sozialplan, JArbR, Bd. 15 (1977), 51; *Grunsky* Interessenausgleich und Sozialplan im Tendenzbetrieb, FS für *Mallmann*, 1978, 79; *ders.* Sozialplan und Konkurs des Arbeitgebers, RdA 1978, 174; *v. Elsner* Der Sozialplan/Eine arbeitsrechtliche Hoffnung ohne ausreichende unternehmensrechtliche Grundlage, BB 1983, 1169–1172; *Federlin* Verhandlungen über einen Interessenausgleich und den Abschluß eines Sozialplanes, ZfA 1988, 99–104; *Fritsch* Die Ausgestaltung von Sozialplänen – eine rechtstatsächliche Untersuchung, Diss. Bochum, 1976; *Fuchs* Der Sozialplan nach dem BetrVG 1972, 1977; *Gamillscheg* Zur Abfindung bei Verlust des Arbeitsplatzes, FS für *Bosch*; *Germann* Grenzen und Möglichkeiten des Sozialschutzes der Arbeitnehmer im Konkurs, Diss. Göttingen, 1976; *Gessner/Plett* Der Sozialplan im Konkursunternehmen, 1982; *Gift* Der Sozialplan, JArbR Bd. 15 (1977), 51; *Gitter* Gebrauchsüberlassungsverträge, Handbuch des Schuldrechts Bd. 7, Tübingen 1988; *Grub* Sozialplanwillkür? Thesen aus der Sicht eines Praktikers, ZIP-Report 1983, 873–875; *Grunsky* Sozialplan und Konkurs der Arbeitgeber, RdA 1978, 147, 174 ff.; *Haje* Quantifizierung von Sozialplanaufwendungen, DB 1980, 793; *Hammen* Die »richterliche Inhaltskontrolle« von Betriebsänderungen (Sozialplan) durch das *BAG*, insbesondere aus revisionsrechtlicher Sicht, RdA 1986, 23 ff.; *Hanau* Probleme der Mitbestimmung des Betriebsrats über den Sozialplan, ZfA 1974, 89, 93, 105, 115 ff.; *ders.* Mitbestimmungs- und kollektives Recht, ZGR 1977, 408; *ders.* Arbeits- und sozialrechtliches Teilgutachten für den 54. Deutschen Juristentag zu dem Thema: Möglichkeiten der Sanierung von Unternehmen durch Maßnahmen im Unternehmens-, Sozial- und Insolvenzrecht, Gutachten zum 54. DJT, Teil E, 1982; *Hartung* Die Risiken vorsorglicher Sozialpläne, DB 1976, 2064; *ders.* Die Sozialplanrückstellung als Beispiel für die Bilanzierung und Bewertung eines Einzelrisikos, BB 1988, 1421–1426; *Heilmann* Die Rechtslage der Arbeitnehmer im Konkurs des Arbeitgebers, NJW 1975, 1758, 1762 f.; *ders.* Die Rechtslage des Arbeitnehmers bei Insolvenz seines Arbeitgebers, 1977; *Heinze* Der Sozialplan im Konkurs und Vergleich, DB 1974, 1814; *ders.* Die betriebsverfassungsrechtlichen Aufgaben des Konkursverwalters, NJW 1980, 145; *ders.* Die Arbeitgeber-Nachteile bei Betriebsübergang – Die Regelungsstruktur des § 613a BGB und rechtliche Konsequenzen, insbesondere Konkurs, DB 1980, 205; *ders.* Die Ausübung von Arbeitgeberfunktionen durch Konkursverwalter und Testamentsvollstrecker, AuR 1976, 33; *ders.* Möglichkeiten der Sanierung von Unternehmen durch Maßnahmen im Unternehmens-, Arbeits-, Sozial- und Insolvenzrecht, NJW 1982, 1665 ff.; *Hess* Das Gesetz über den Sozialplan im Konkurs- und Vergleichsverfahren, NZA 1985, 205 ff.; *Hess/Gotters* Die Neuregelung zum Sozialplan nach dem Beschäftigungsförderungsgesetz und nach dem Konkurssozialplangesetz, BlStSozArbR 1985, 264–265; *Hoppe* Sozialplan durch Einigungsstelle und Anfechtung, BlStSozArbR 1977, 369; *v. Hoyningen-Huene* Die wirtschaftliche Vertretbarkeit von Sozialplänen – zugleich eine Rahmenformel zur Berechnung des Sozialplanvolumens, RdA 1986, 102–115; *Hunold* Probleme des Personalabbaus, insbesondere im Falle von Betriebsänderungen, BB 1975, 1439; *Industriegewerkschaft Metall* Das Sanierungsverfahren in einem zukünftigen Insolvenzrecht, 1982; *Jaeger, G.*, Die Betriebsaufspaltung durch Ausgliederung einzelner Betriebsteile als sozialplanpflichtige Betriebsänderung, BB 1988, 1036–1040; *Jäger-Henckel* Konkursordnung, 9. Aufl. 1990, 1977 ff; *Kaven* Das Recht des Sozialplans, Diss. Bielefeld, 1977; *Kehrmann/Schneider* Die wirtschaftliche Mitbestimmung nach dem neuen BetrVG, BlStSozArbR 1972, 60; *Kilger* Der Konkurs des Konkurses, DB 1975, 1445; *ders.* Der Konkurs des Konkurses, KTS 1975, 142; *ders.* Sozialplangestaltung im Insolvenzverfahren, ZIP 1980,

133; *Körnig* Rang des Sozialanspruchs im Konkurs, DB 1975, 1411 (1. Teil), 1459 (2. Teil); *Kracht* Steuerliche Behandlung von Abfindungen an ausscheidende Arbeitnehmer, BB 1975, 1452; *Kraushaar* Gefährdet der Sozialplan die Konkursmasse?, AuR 1978, 33ff., 42; *ders.* Sozial- und rechtspolitische Überlegungen zum Sozialplan im Konkurs, DB 1984, 772ff.; *Krejci* Der Sozialplan, 1983; *Kreutz* Die Beteiligung des Betriebsrats in wirtschaftlichen Angelegenheiten nach dem Regierungsentwurf, BlStSozArbR 1971, 277; *ders.* Vergangenheitsorientierung von Sozialplänen, FS für *E. Wolf*, 1985, 320; *Lichtenstein* Sozialpläne in der Praxis, BetrR 1974, 653; *Löwisch* Sozialplanleistungen und Gleichbehandlungsgebot, FS für *G. Müller*, 1981, 301, 307; *ders.* Das Schicksal von Sozialplänen aus der Zeit zwischen Großem Senat (1978) und *BVerfG* (1983), DB 1984, 1246, 1247; *Lux* Sozialplan und Nachteilsausgleich im Konkurs, BB 1979, 282; *Matthes* Abfindungen und Arbeitslosengeld nach § 117 AFG, DB 1969, 1699; *ders.* Das Mitbestimmungsrecht des Betriebsrats bei Betriebsänderungen, DB 1972, 286; *Mentzel-Kuhn* Konkursordnung, 9. Aufl. 1979; *Müller, A.* Der Sozialplan und seine finanzielle Ausstattung – Bemessung des materiellen Inhalts eines Sozialplans, MitGespr. 1975, 72; *Müller, H.-J.* Ist im Konkursverfahren ein Sozialplan zu erstellen?, KTS 1974, 69; *Naendrup, H.* Einseitige Kürzung von Sozialplänen – zur Bestandskraft kollektiver Vereinbarungen, AuR 1984, 194–204; *Ohl* Der Sozialplan, Recht und Praxis kompensatorischer Leistungen für den Verlust des Arbeitsplatzes, 1977; *ders.* Zum Abfindungsrecht bei betriebsbedingtem Verlust des Arbeitsplatzes, AuR 1980, 108; *Otto* Der Sozialplan als Gegenstand neuer gesetzgeberischer Initiativen, ZfA 1985, 71–99; *Pagels* Die Leistungen aus dem Sozialplan, AuR 1980, 151; *Reuter* Der Sozialplan – Entschädigung für Arbeitsplatzverlust oder Steuerung unternehmerischen Handelns?, 1983; *Richardi* Betriebsverfassung und Privatautonomie, 1973; *ders.* Sozialplan und Konkurs, 1975; *ders.* Sozialplan im Konkurs, DB 1976 Beilage Nr. 6; *ders.* Die Mitbestimmung über den Sozialplan im Konkurs, RdA 1979, 1983; *ders.* Anspruch auf den Sozialplan bei Betriebsveränderungen, NZA 1984, 177–182; *Ritzel* Interessenausgleich, Sozialplan und Nachteilsausgleich im Konkursverfahren?, BB 1976, 325; *Rose* Konkurs und Sozialplan, MitGespr. 1975, 84; *Rumpff* Mitbestimmung in wirtschaftlichen Angelegenheiten, 1972; *ders.* Die Mitbestimmung der Arbeitnehmervertretungen in wirtschaftlichen Angelegenheiten, BB 1972, 325; *Scherer* Die neue Sozialplanregelung des Beschäftigungsgesetzes, NZA 1985, 764–768; *Schils* Sozialplan und Konkurs, KTS 1976, 267ff., 275ff.; *Schlochauer* Untersagung von Entlassungen oder Kündigungen durch einstweilige Verfügung bis zum Abschluß eines Interessenausgleichs, JArbR Bd. 20 (1982), 61ff.; *Schlüter, M.* Die konkursrechtliche Einordnung der Kündigungsschutzabfindung, DB 1978, 299; *Schneider, W.* Interessenausgleich und Sozialplan im Rahmen der wirtschaftlichen Beteiligungsrechte nach dem BetrVG, MitGespr. 1975, 67; *Spieker* Interessenausgleich bei Eigenkündigung im Insolvenzverfahren, DB 1987, 1839–1841; *Spinti* leitende Angestellte und Sozialplan – neu entschieden, DB 1986, 1571–1573; *ders.* Die Ansprüche aus Sozialplan (§ 112 BetrVG 1972) und Nachteilsausgleich (§ 113 BetrVG 1972) bei Insolvenz des Arbeitgebers, 1989; *v. Stebut* Ansprüche aus Arbeitsverhältnissen bei Insolvenz des Arbeitgebers, DB 1975 Beilage Nr. 9; *ders.* Die Rechtsstellung von Arbeitnehmern bei Betriebsveräußerungen im Konkurs oder Vergleich (§ 613a BGB), DB 1975, 2438; *Stückemann* Vorkonkursliche Arbeitnehmerkündigung, BB 1981, 1102; *Teichmüller* Interessenausgleich, Sozialplan, Konkurs/Handbuch mit zahlreichen Musterbeispielen und Checklisten, 1983; *Teubner* Interessenausgleich und Sozialplan, BB 1974, 982, 983; *Tombers-Sauter* Steuerrechtliche Behandlung von Abfindungen, DB 1980, 709; *Tomicic* Interessenausgleich und Sozialplan im Konzern, Diss. München, 1981; *Uhlenbrock* Die Mitwirkung des Betriebsrats im Konkurs- und Vergleichsverfahren nach dem BetrVG 1972, KTS 1973, 81; *ders.* Sozialplan und Konkursrecht von Arbeitnehmeransprüchen, BB 1973, 1360; *ders.* Die Sozialplanansprüche der Arbeitnehmer beim treuhänderischen Liquidationsvergleich, DB 1974, 628; *ders.* Der Sozialplan als Prüfstein des Konkurses, BlStSozArbR 1976, 145; *ders.* BetrVG 1972 und Insolvenzrechtsreform, RdA 1976, 248; *ders.* Sozialpläne, Bedenkliche Entwicklung, ArbGeb. 1973, 316; *ders.* Das Gesetz über den Sozialplan und Konkurs, NJW 1985, 712; *Unterhinninghofen* Sozialplan und Konkurs, BetrR 1973, 658; *Vogt* Sozialpläne in der betrieblichen Praxis, 2. Aufl. 1981; *ders.* Sozialpläne – Schutz-

§ 112   4. Teil 6. Abschn. *Betriebsänderungen*

maßnahmen bei Betriebsänderungen gemäß §§ 111 ff. BetrVG, DB 1974, 237; *ders.* Der Sozialplan – wirtschaftlicher Nachteils- und/oder sozialer Lastenausgleich, BlStSozArbR 1982, 232; *ders.* Personalabbaumaßnahmen und neues Sozialplanrecht nach dem Beschäftigungsförderungsgesetz 1985, BB 1985, 2328–2334; *Wahsner* Durchsetzung von Verhandlungen über Interessenausgleich – vorläufiger Kündigungsstopp durch einstweilige Verfügung?, AiB 1982, 166 ff.; *Weitnauer* Der Sozialplan im Konkurs, ZfA 1977, 111; *Weller* Zum Problem von Sozialplänen im Konkurs, BB 1977, 599, 620 ff.; *ders.* Konkurs und Sozialplan, AR-Blattei Konkurs IV; *ders.* Der Sozialplan, AR-Blattei Sozialplan I; *Willemsen* Arbeitnehmerschutz bei Betriebsänderungen im Konkurs, Diss. Köln, 1980; *ders.* Zulässigkeit und Grenzen der Pauschalierung von Sozialplanabfindungen, ZIP 1981, 1058; *Wüst* Personaleinschränkung, Betriebsänderung, die Zuständigkeit der Einigungsstelle, Diss. Konstanz, 1980; *Zaun-Axler* Die Lage der Arbeitnehmer bei Konkurs, Vergleich und Betriebsstillegung, 1974, *Zeuner* Schutz des Arbeitnehmers im Konkurs des Arbeitgebers, JZ 1976, 2; *Zöllner* Die Stellung des Arbeitnehmers im Betrieb und Unternehmen, FS *BAG*, 1979, 745; vgl. auch die Literaturangaben zu § 111.

Inhaltsübersicht

		Rz
I.	Allgemeines	1– 11
II.	Der Interessenausgleich	12– 26
III.	Der Sozialplan	27–142
	1. Die Verfassungsmäßigkeit der Sozialplanregelung	27– 30
	2. Die Voraussetzungen für die Aufstellung eines Sozialplans	31– 35
	3. Der personelle Geltungsbereich des Sozialplans	36– 45
	4. Die rechtliche Einordnung des Sozialplans	46– 51
	5. Der Sozialplan nach Durchführung der Betriebsänderung ohne Beteiligung des Betriebsrats	52– 55
	6. Konkurrenz zwischen Ansprüchen aus Sozialplan und Nachteilsausgleich (§ 113)	56– 59
	7. Sozialplan und Tarifvertrag	60– 65
	8. Sozialplan und Einzelarbeitsvertrag	66
	9. Das Zustandekommen des Sozialplans	67– 89
	10. Die Rechtswirkung des Sozialplans	90– 97
	11. Der Inhalt des Sozialplans	98–117
	12. Die Beendigung des Sozialplans	118–123
	13. Die Sozialplanansprüche der Arbeitnehmer in der Zwangsvollstreckung	124–127
	14. Die steuerrechtliche und sozialversicherungsrechtliche Problematik der Sozialplanansprüche	128–136
	15. Der Sozialplan im Konkurs des Unternehmers	137
	16. Durchgriffshaftung des Konzerns	138–142
IV.	Die Leitlinien für die Ermessensentscheidung nach § 112 Abs. 5	143–163
	1. Allgemeines	143–148
	2. § 112 Abs. 5 Ziff. 1 BetrVG	149–152
	3. § 112 Abs. 5 Ziff. 2 BetrVG	153–161
	4. § 112 Abs. 5 Ziff. 3 BetrVG	162–163
V.	Streitigkeiten	164–175

I. Allgemeines

Die Vorschrift knüpft an §§ 72 Abs. 2, 73 BetrVG 1952 an, hat aber in vielen **1**
Punkten zu einer neuen Rechtslage geführt. § 112 enthält grundsätzlich **zwei
streng zu unterscheidende Mitwirkungs- und Mitbestimmungskomplexe** (Beteiligungsrechte).
Der eine Bereich, als **Interessensausgleich** bezeichnet, betrifft die unternehme- **2**
risch-wirtschaftliche Entscheidung als solche, d. h. die Fragen, ob, zu welchem
Zeitpunkt, in welchem Umfang und in welcher Form eine geplante Betriebsänderung (§ 111) durchgeführt werden soll (*BAG* vom 27. 10. 1987 – 1 ABR 9/86 – EzA
§ 112 BetrVG 1972 Nr. 41 = DB 1988, 558; *F/A/K/H* §§ 112, 112a Rz. 5; *G/L*
§ 112 Rz. 5; *D/R* § 112 Rz. 10 m. 2N.). Die Interessen, die ausgeglichen werden
sollen, sind die des Unternehmens an der Durchführung der beabsichtigten Maßnahme und die der Belegschaft an der Vermeidung von wesentlichen Nachteilen
i. S. v. § 111. In diesem Bereich hat der Betriebsrat über das Unterrichtungs- und
Beratungsrecht hinaus einen Anspruch auf Verhandlungen mit dem Unternehmer
darauf gerichtet, eine Einigung unter Berücksichtigung der beiderseitigen Interessen zu erzielen.
Kommt eine Einigung nicht zustande, so kann der Unternehmer oder der Be- **3**
triebsrat versuchen, eine gütliche Einigung durch Vermittlung des Präsidenten des
Landesarbeitsamtes (§ 112 Abs. 2) oder durch die Einigungsstelle (§ 113 Abs. 3)
zu erreichen (siehe unten Rz. 67 ff.).
§ 112 verlangt die Einhaltung des gütlichen Einigungsstellenverfahrens nicht zwin- **4**
gend. Im Hinblick auf die Sanktionen des § 113 und im Hinblick darauf, daß es
sehr streitig ist, ob es für einen ernsthaften Versuch zur Herbeiführung eines Interessenausgleichs ausreicht, daß der Unternehmer mit dem Betriebsrat die geplante Betriebsänderung berät (vgl. unten Rz. 22), ist es sinnvoll, daß der Unternehmer bei Untätigkeit des Betriebsrats seinerseits die Initiative ergreift und entweder den Präsidenten des Landesarbeitsamtes oder die Einigungsstelle anruft
(*F/A/K/H* §§ 112, 112a Rz. 7; weitergehend *LAG Hamm* vom 1. 3. 1972 –
8 TaBV 1/72 – DB 1972, 632, 648).
Aus § 113 Abs. 3 ergibt sich, daß Durchführungsmaßnahmen, die unter Mißach- **5**
tung der Beteiligungsrechte des Betriebsrats erfolgen, nicht unwirksam sind.
Kommt keine Einigung zustande, so ist das Verfahren ergebnislos beendet. Insbesondere hat die Einigungsstelle keine Kompetenz zu einer verbindlichen Entscheidung über den Interessenausgleich.
Damit soll letztlich ein unzulässiger Eingriff in die dem Unternehmer verfassungs- **6**
rechtlich garantierte Entscheidungsfreiheit auf wirtschaftlichem Gebiet vermieden
werden, zumal der Unternehmer in diesem Bereich auch allein die Verantwortung
und das Risiko seiner Maßnahmen zu tragen hat.
Ergänzt wird dieser Grundsatz dadurch, daß der Betriebsrat auch unter gewissen
Voraussetzungen nicht die Möglichkeit besitzt, die Einhaltung eines freiwilligen
Interessenausgleichs zu erzwingen (vgl. § 113).
Der andere Bereich des § 112, als **Sozialplan** bezeichnet, betrifft die sozialen Aus- **7**
wirkungen der unternehmerischen Maßnahme. Sozialpläne sollen die wirtschaftlichen Nachteile ausgleichen und mildern, die den Arbeitnehmern durch Betriebsänderungen entstehen; deshalb dürfen sie keine Regelungen enthalten, die ausschließlich zu Lasten der Arbeitnehmer wirken. Kündigungsabfindungen in Sozialplänen sind regelmäßig nicht dazu bestimmt, unverfallbare Versorgungsan-

wartschaften abzugelten (*BAG* vom 7.8. 1975 – 3 AZR 505/74 – EzA § 112 BetrVG 1972 Nr. 5 = DB 1975, 1991).

8 Die Aufstellung eines Sozialplanes bezweckt den Ausgleich oder zumindest eine Minderung der wirtschaftlichen Nachteile, die den einzelnen Arbeitnehmer aus der Durchführung der konkret geplanten Betriebsänderung treffen. Es besteht kein erzwingbares Mitbestimmungsrecht zum Abschluß eines Sozialplanes für noch gar nicht geplante, lediglich denkbare spätere Betriebsänderungen (*ArbG Mannheim* vom 2.7. 1987 – 5 BV 4/87 – NZA 1987, 682). Ein mit dem Betriebsrat vereinbarter, zeitlich unbefristeter Sozialplan, der für alle künftig aus betrieblichen Gründen zu entlassenden Arbeitnehmer die Zahlung von Abfindungen vorsieht, entbindet den Arbeitgeber nicht von seiner Pflicht, bei später von ihm geplanten Betriebsänderungen jeweils einen Interessenausgleich mit dem Betriebsrat zu versuchen. Unterläßt er dies, so können die von der Betriebsänderung betroffenen Arbeitnehmer Abfindungen nach § 113 Abs. 3 verlangen (*BAG* vom 29. 11. 1983 – 1 AZR 523/82 – EzA § 113 BetrVG 1972 Nr. 11 = DB 1984, 724).

9 Im Gegensatz zum Interessenausgleich hat der **Betriebsrat bei** der **Aufstellung des Sozialplans ein echtes Mitbestimmungsrecht**, das er gegebenenfalls über einen verbindlichen Spruch der Einigungsstelle durchsetzen kann (§ 112 Abs. 4).

10 Dem **Betriebsrat** steht in diesem Bereich auch ein **echtes Initiativrecht** zu. Dies ist unabhängig davon, ob ein Interessenausgleich zustande gekommen ist (*D/R* § 112 Rz. 4; *F/A/K/H* §§ 112, 112a Rz. 16).

11 Das Gesetz gibt mit Rücksicht auf die Vielfältigkeit der besonderen Umstände im Einzelfall keine Hinweise, was Gegenstand eines Sozialplanes sein muß. Der Sozialplan ist daher immer den konkreten Besonderheiten und der wirtschaftlichen Situation des betroffenen Unternehmens anzupassen.

II. Der Interessenausgleich

12 Der Interessenausgleich ist – wie sich aus dem Wortlaut des Gesetzes ergibt – keine Betriebsvereinbarung, sondern eine Kollektivvereinbarung eigener Art (*D/R* § 112 Rz. 20 m. w. N.). Gegenstand der Beteiligungsrechte des Betriebsrats nach den §§ 111, 112 ist die jeweilige auf eine Betriebsänderung i. S. v. § 111 abzielende Entscheidung des Unternehmers (*BAG* vom 6.6. 1978 – 1 AZR 495/75 – EzA § 111 BetrVG 1972 Nr. 5 m. Anm. *Kittner* = DB 1978, 1650).
Dabei muß der Betriebsrat in jedem Fall beteiligt werden, bevor der Unternehmer darüber entschieden hat, ob und wie die Betriebsänderung erfolgen soll. Hat der Unternehmer den Entschluß endgültig gefaßt, so kann ein Interessenausgleich nicht mehr nachgeholt werden (*BAG* vom 14.9. 1976 – 1 AZR 784/75 – EzA § 113 BetrVG 1972 Nr. 2 m. Anm. *Schwerdtner* = DB 1977, 309).
Soll durch eine Teilstillegung eines Unternehmens eine Sanierung erfolgen, erweist diese sich aber als aussichtslos, bevor überhaupt die Sanierungsmaßnahmen verwirklicht werden, so liegt ein wirtschaftliches Gesamtgeschehen vor, wenn unter diesen Umständen die Liquidation beschlossen wird. In einem solchen Fall müssen bei der Aufstellung des für die Liquidation geltenden Sozialplanes auch die von der ersten Maßnahme betroffenen Arbeitnehmer berücksichtigt werden, wenn für den für sie aufgestellten Sozialplan wegen der beabsichtigten teilweisen Fortführung des Unternehmens im Verhältnis zum zweiten Sozialplan erheblich geringere Mittel zur Verfügung gestellt werden (*BAG* vom 9. 12. 1981 – 5 AZR

549/79 – EzA § 112 BetrVG 1972 Nr. 24 = DB 1982, 908). Von einer Betriebsänderung in der Form einer Betriebsaufspaltung sind alle Arbeitnehmer des ursprünglich einheitlichen Betriebs betroffen. Diese Betriebsänderung löst einen Anspruch des Betriebsrats auf Verhandlungen über einen Sozialplan aus. Ob und welche wirtschaftlichen Nachteile für die betroffenen Arbeitnehmer entstanden sind und ausgeglichen oder gemildert werden sollen, haben Arbeitgeber und Betriebsrat sowie notfalls die Einigungsstelle zu prüfen (*BAG* vom 16.6. 1987 – 1 ABR 41/85 – EzA § 111 BetrVG 1972 Nr. 20 = DB 1987, 1842).

Bei dem Interessenausgleich handelt es sich um eine Naturalobligation, die – wie die Einhaltung der Vereinbarung zwischen Betriebsrat und Unternehmer – nicht erzwungen werden kann (*G/L* § 112 Rz. 13). 13

Weicht der Unternehmer vertragswidrig ohne zwingenden Grund von dem Interessenausgleich ab, haben die Arbeitnehmer die Ansprüche aus § 113 BetrVG.

Kommt zwischen Betriebsrat und Unternehmer ein Interessenausgleich über die geplante Betriebsänderung zustande, ist dieser kraft gesetzlicher Anordnung nur wirksam, wenn er **schriftlich niedergelegt** und vom Betriebsrat, der vertreten werden kann durch den Betriebsratsvorsitzenden oder dessen Stellvertreter, und vom Unternehmer unterschrieben wird GK-*Fabricius* § 112 Rz. 21; *F/A/K/H* §§ 112, 112a Rz. 8; *D/R* § 112 Rz. 18). Ein mündlich vereinbarter Interessenausgleich ist unwirksam (*BAG* vom 9.7. 1985 – 1 AZR 323/83 – EzA § 113 BetrVG 1972 Nr. 13 = DB 1985, 1533; 1986, 279). 14

Da es sich bei dem Interessenausgleich nicht um eine Betriebsvereinbarung handelt, für die eine Delegationsmöglichkeit ausgeschlossen ist (§ 27 Abs. 3 Satz 2, § 28 Abs. 1 Satz 2), kann der Betriebsrat einen Betriebsausschuß mit dem Abschluß des Interessenausgleichs beauftragen (a.A. *D/R* § 112 Rz. 19). 15

Der Betriebsrat kann seine Zustimmung zu einem Interessenausgleich nicht von der Aufstellung eines Sozialplanes abhängig machen (*S/W* § 112 Rz. 27; *Ehmann* Betriebsstillegung und Mitbestimmung 61 f., 65; a.A. *D/R* § 112 Rz. 14; GK-*Fabricius* §§ 112, 112a Rz. 12; *F/A/K/H* § 113 Rz. 9; *G/L* § 112 Rz. 8). 16

Das ergibt sich daraus, daß der Interessenausgleich nicht ein Instrument des Betriebsrats sein soll, möglicherweise auch in solchen Fällen Sozialpläne durchzusetzen, in denen ein Anspruch auf Abschluß eines Sozialplanes nicht besteht.

Hat eine Betriebsänderung keine nachteiligen Auswirkungen für die Arbeitnehmer, so besteht kein Anspruch auf den Abschluß eines Sozialplanes.

Hat eine Betriebsänderung nachteilige Auswirkungen, so kann der Betriebsrat einen Spozialplan notfalls durch den bindenden Spruch der Einigungsstelle durchsetzen, unabhängig davon, ob der Versuch, einen Interessenausgleich zustande zu bringen, Erfolg hatte oder nicht.

Auch aus den nachfolgenden Grundsätzen der Verfahrensabläufe ergibt sich, daß eine Abhängigkeit zwischen Interessenausgleich und Sozialplan nicht verlangt werden kann.

Das Beteiligungsverfahren des Betriebsrats bei **geplanten Betriebsänderungen** erfolgt in einem zweistufigen Verfahren, nämlich dem **Interessenausgleich** und dem **Sozialplan**. 17

Der **Interessenausgleich**, der nur freiwillig zustande kommen kann, betrifft das »**Ob**« und das »**Wie**« der geplanten Betriebsänderung. Der Sozialplan, über den die Einigungsstelle bindend entscheidet, betrifft die Minderung der für die Arbeitnehmer durch die Betriebsänderung entstehenden Nachteile. 18

§ 112   4. Teil 6. Abschn. Betriebsänderungen

19 Beide, der Interessenausgleich und der Sozialplan, können – müssen aber nicht – in einem einheitlichen Verfahren herbeigeführt werden (GK-*Fabricius* §§ 112, 112a Rz. 19; *G/L* § 113 Rz. 81; *D/R* § 112 Rz. 146 m. w. N.; **a. A.** *F/A/K/H* §§ 112, 112a Rz. 2, der in der Regel von einem einheitlichen Verfahren ausgeht; *Matthes* DB 1972, 291).

20 In der Regel wird zuerst über den Interessenausgleich verhandelt, da im Hinblick auf die nachteiligen Folgen des § 113 der Unternehmer den ernsthaften Versuch unternommen haben muß, mit dem Betriebsrat eine Einigung über den Interessenausgleich zu erzielen.

21 Kommt eine solche Einigung nicht zustande, kann der Unternehmer die Betriebsänderung durchführen, ohne daß er die Entscheidung der Einigungsstelle über die Aufstellung des Sozialplanes abwarten muß (*LAG Hamm* vom 1. 3. 1972 – 8 TaBV 1/72 – AP Nr. 1 zu § 112 BetrVG 1972 m. Anm. *Gaul* = DB 1972, 632, 648; *D/R* § 113 Rz. 19).

22 Ruft der Betriebsrat weder den Präsidenten des Landesarbeitsamtes noch die Einigungsstelle zur Vermittlung an (§ 112 Abs. 2), so kann nach dem Wortlaut des Gesetzes grundsätzlich der Unternehmer die Betriebsänderung durchführen, ohne daß er seinerseits die Einigungsstelle anrufen muß (sehr streitig: *LAG Hamm* vom 21. 7. 1975 – 2 Sa 392/75 – DB 1975, 1899 = BB 1976, 1270 m. abl. Anm. *Böhm*; *G/L* § 113 Rz. 46; *S/W* § 113 Rz. 8; *Ehmann* Betriebsstillegung und Mitbestimmung, 62f.; *Hanau* ZfA 1974, 111). Nach anderer Auffassung genügt nicht die Beratung mit dem Betriebsrat, vielmehr muß der Unternehmer den Versuch des Interessenausgleichs auch mit der Einigungsstelle unternommen haben (*D/R* § 113 Rz. 20; § 112 Rz. 58; *F/A/K/H* § 113 Rz. 7 ff.).

23 Stehen die Grundsätze über das »Ob« und »Wie« der Betriebsänderung fest, können die Sozialplanverhandlungen aufgenommen werden mit dem Ziel, die aus der Betriebsänderung sich ergebenden Nachteile für die Arbeitnehmer zu mindern.

24 Besteht ein Betriebsrat nicht oder ist die Betriebsänderung vor der Wahl eines Betriebsrats durchgeführt, besteht kein Mitwirkungsrecht (*LAG Hamm* vom 11. 2. 1975 – 8 TaBV 60/74 – DB 1975, 697; *LAG Berlin* vom 15. 6. 1973 – 3 Sa 19/73 – DB 1973, 2097; *LAG Hamm* vom 23. 10. 1975 – 8 TaBV 66/74 – EzA § 112 BetrVG 1972 Nr. 10 = DB 1976, 154).
Die Zuständigkeit des Gesamtbetriebsrats erstreckt sich nicht auf solche betriebsratsfähigen Betriebe des Unternehmens, in denen kein Betriebsrat gewählt worden ist. Diese betriebsratslosen Betriebe stehen außerhalb der Betriebsverfassung. Der Mitarbeiter eines betriebsratslosen Betriebes erhält keinen Anspruch nach § 113, weil mit dem Gesamtbetriebsrat kein Interessenausgleich und Sozialplan vereinbart werden kann (*BAG* vom 16. 8. 1983 – 1 AZR 544/81 – EzA § 50 BetrVG 1972 Nr. 9 = DB 1983, 1875; 1984, 129). Wird ein bisher betriebsratsloser Betrieb stillgelegt, so kann ein erst während der Durchführung der Betriebsstillegung gewählter Betriebsrat die Aufstellung eines Sozialplanes nicht mehr verlangen (*BAG* vom 20. 4. 1982 – 1 ABR 3/80 – EzA § 112 BetrVG 1972 Nr. 25 = DB 1982, 961, 1727; *LAG Düsseldorf/Köln* vom 22. 11. 1979 – 3 TaBV 30/79 – DB 1980, 213).

25 Besteht ein Betriebsrat, hat der Unternehmer jedoch unter Mißachtung des Mitwirkungsrechts des Betriebsrats die Betriebsänderung durchgeführt, kann der Abschluß eines Interessenausgleichs nicht mehr verlangt werden (*D/R* § 112 Rz. 12).

26 Zum Verfahren über das Zustandekommen des Sozialplanes durch Vermittlung des Präsidenten des Landesarbeitsamtes und vor der Einigungsstelle vgl. unten Rz. 67–89.

Interessenausgleich über die Betriebsänderung, Sozialplan § 112

III. Der Sozialplan

1. Die Verfassungsmäßigkeit der Sozialplanregelung

Zur Minderung der wirtschaftlichen Nachteile, die sich aus einer Betriebsänderung 27
ergeben, können dem Unternehmer in dem verbindlichen Einigungsstellenverfahren nicht unerhebliche wirtschaftliche Leistungen auferlegt werden. Deshalb wurden Zweifel an der Verfassungsmäßigkeit des § 112 geäußert, da unzulässigerweise in die unternehmerische Freiheit eingegriffen werde (vgl. *Erdmann/Jürging/Kammann* § 112 Rz. 5; *Kürger* Der Regierungsentwurf eines BetrVG, 1971, 44ff., 66; *Kreutz* BlStSozArbR 1971, 277, 282; *Galperin* Der Regierungsentwurf eines neuen BetrVG, 1971, 45f.).
Ein unzulässiger Eingriff in das aus Art. 14 GG geschützte **Eigentum liegt** jedoch 28
nicht vor. Nach der Rechtsprechung des *Bundesverfassungsgerichtes* schützt Art. 14 GG nicht das Vermögen gegen Eingriffe durch Auferlegung von Geldleistungen (*BVerfG* vom 20. 7. 1954 – 1 BvR 459, 484, 548, 555, 623, 651, 748, 783, 801/52; 5, 9/53; 96, 114/54 – *BVerfGE* 4, 17; *BVerfG* vom 24. 9. 1965 – 1 BvR 228/65 – *BVerfGE* 19/119ff.; *BVerfG* vom 15. 1. 1970 – 1 BvR 293/62 – *BVerfGE* 27, 326ff.; *BVerfG* vom 8. 12. 1970 – 2 BvR 61/70 – *BVerfGE* 27, 326ff.), da dem Unternehmer trotz der Sozialplanpflichtigkeit die Substanz des Eigentums erhalten bleibt (*D/R* § 112 Rz. 6ff.).
Auch unter dem Gesichtspunkt der Art. 2, 12, 20 GG ist die Regelung des § 112 29
verfassungsmäßig, da den Unternehmern hinreichende Entfaltungsmöglichkeiten belassen werden (*Kaven* Recht des Sozialplans, 27).
Ein Verstoß gegen Art. 3 Abs. 1 GG liegt nicht darin, daß nur die im Zusammen- 30
hang mit einer Betriebsänderung entlassenen Arbeitnehmer eine Abfindung erhalten, nicht aber andere, ebenfalls betriebsbedingt gekündigte Arbeitnehmer (*BAG* vom 22. 5. 1979 – 1 AZR 848/76 – EzA § 111 BetrVG 1972 Nr. 6 m. zust. Anm. *Löwisch/Schiff* = DB 1979, 1897). Zur Verletzung von Art. 3 Abs. 1 GG bei Ausschluß der leitenden Angestellten von einer Abfindung s. Rz. 36ff.

2. Die Voraussetzungen für die Aufstellung eines Sozialplans

Die Aufstellung eines Sozialplanes setzt die **Planung einer Betriebsänderung i. S. d.** 31
§ 111 voraus (vgl. hierzu § 111 Rz. 13, 35ff.).
Weitere Voraussetzung ist, daß aufgrund der geplanten Betriebsänderung zu er- 32
warten ist, daß ein **erheblicher Teil der Belegschaft wirtschaftliche Nachteile** (Entlassungen, Lohnminderung, erhöhte Fahrtkosten und dergleichen mehr) erleiden wird.
Der Sozialplan hat lediglich den Zweck, die aus der Betriebsänderung für die 33
Arbeitnehmer sich ergebenden Nachteile zumindest teilweise auszugleichen (*D/R* § 112 Rz. 27 m. w. N.; *BAG* vom 13. 12. 1978 – GS 1/77 – EzA § 112 BetrVG 1972 Nr. 15 m. Anm. *Hess* = DB 1979, 261). Der Zweck des Sozialplans ist weder auf eine Überbrückungs- noch auf eine Versorgefunktion gerichtet (*Hanau* ZfA 1974, 102; *G/L* § 112 Rz. 3, abweichend *F/A/K/H* §§ 112, 112a Rz. 19 m. w. N.), noch soll er der Wiedereingliederung dienen (*Beuthien* RdA 1976, 155). Entstehen der Arbeitnehmerschaft keine wirtschaftlichen Nachteile oder überwiegen die Vorteile gegenüber den Nachteilen, ist ein Sozialplan nicht aufzustellen (*G/L* § 112 Rz. 21).

§ 112 4. Teil 6. Abschn. Betriebsänderungen

34 Der Verlust des Arbeitsplatzes stellt immer einen Nachteil dar, so daß auch den Arbeitnehmern im Sozialplan selbst dann eine Abfindung zugesprochen werden kann, wenn im Einzelfall ein wirtschaftlicher Nachteil nicht festgestellt wird (*BAG* a. a. O.; *D/R* § 112 Rz. 35 m. w. N.).

35 Bei der Aufstellung von Sozialplänen haben der Betriebsrat und der Arbeitgeber Recht und Billigkeit zu wahren. In den Grenzen von Recht und Billigkeit sind die Betriebspartner und die Einigungsstelle frei, darüber zu entscheiden, welche Nachteile, die der Verlust eines Arbeitsplatzes mit sich bringt, durch eine Abfindung ausgeglichen werden sollen (*BAG* vom 29. 11. 1978 – 5 AZR 553/77 – EzA § 112 BetrVG 1972 Nr. 16 = DB 1979, 795; *BAG* Beschl. vom 27. 10. 1987 – 1 ABR 9/86 – EzA § 112 BetrVG 1972 Nr. 41 = DB 1988, 558; siehe auch die Erläuterungen bei GK-*Fabricius* §§ 112, 112a Rz. 81 ff.). Wird im Zuge einer beabsichtigten Sanierung ein Sozialplan für die von der Teilstillegung betroffenen Arbeitnehmer mit geringer Ausstattung abgeschlossen und wird dann das Unternehmen endgültig liquidiert, noch bevor Sanierungsmaßnahmen verwirklicht werden konnten, so liegt ein Gesamtgeschehen vor mit der Folge, daß bei der Aufstellung des für die Liquidation geltenden Sozialplanes auch die von der ersten Maßnahme betroffenen Arbeitnehmer berücksichtigt werden müssen, wenn der für die von der Liquidation betroffenen Arbeitnehmer aufgestellte Sozialplan wesentlich besser dotiert ist (*BAG* vom 9. 12. 1981 – 5 AZR 549/79 – EzA § 112 BetrVG 1972 Nr. 24 = DB 1982, 908).

3. Der personelle Geltungsbereich des Sozialplans

36 Der Sozialplan erfaßt alle Arbeitnehmer. Streitig ist, ob der Arbeitgeber nach dem arbeitsrechtlichen Gleichbehandlungsgrund verpflichtet ist, den leitenden Angestellten ebenfalls eine Abfindung für den Verlust ihres Arbeitsplatzes zu zahlen. In seiner Entscheidung (vom 31. 1. 1979 – 5 AZR 454/77 – EzA § 112 BetrVG 1972 Nr. 17 = DB 1979, 412, 1039) ging der 5. Senat des **Bundesarbeitsgerichts** zunächst davon aus, daß leitende Angestellte trotz ihrer herausgehobenen Stellung und der Regelung des § 5 Abs. 3 BetrVG ebenso wie alle anderen Arbeitnehmer des Bestandsschutzes bedürfen (zustimmend: *D/R* § 112 Rz. 72; *S/W* BetrVG, 5. Aufl., § 112 Rz. 14; *Mayer-Maly* AR-Blattei Anm. zu Gleichbehandlung im Arbeitsverhältnis, Entscheidung 54; *Konzen* Gleichbehandlung und personelle Grenzen der Kollektivautonomie, FS für *G. Müller* 1981, 245; *Hanau* Repräsentation des Arbeitgebers und der leitenden Angestellten durch den Betriebsrat?, RdA 1979, 324, 330 und schon früher: *ders.* Probleme der Mitbestimmung des Betriebsrats über den Sozialplan, ZfA 1974, 89, 108).

37 Die vorstehende Auffassung hat das *BAG* in seiner Entscheidung (vom 16. 7. 1985 – 1 AZR 206/81 – EzA § 112 BetrVG 1972 Nr. 38 m. Anm. *Mayer-Maly* = DB 1985, 1600, 2207; *F/A/K/H* § 112 Rz. 26) abgelehnt.
Zutreffend wird dargelegt, daß der Gleichbehandlungsgrundsatz nur bei freiwilligen Leistungen des Arbeitgebers anwendbar ist. Hat der Arbeitgeber jedoch aufgrund eines Sozialplanes den davon erfaßten Arbeitnehmern Abfindungen zu zahlen, erbringt er keine freiwilligen Leistungen, sondern erfüllt ein gesetzliches Gebot. Diese Verpflichtung besteht nur gegenüber den Arbeitnehmern, auf die die Vorschriften des BetrVG über den Sozialplan Anwendung finden, nicht aber gegenüber der Gruppe der leitenden Angestellten.

Mit der Herausnahme der leitenden Angestellten aus dem betriebsverfassungsrechtlich ausgestalteten Bestandsschutz hat der Gesetzgeber klar entschieden, daß dieser Bestandsschutz den leitenden Angestellten nicht zukommen soll. Diese Entscheidung des Gesetzgebers würde zu Lasten des Arbeitgebers korrigiert, wenn diesem aufgegeben würde, aus Gründen der Gleichbehandlung auch den leitenden Angestellten den betriebsverfassungsrechtlich ausgestalteten Teil des Bestandsschutzes für das Arbeitsverhältnis zukommen zu lassen (*Löwisch/Hetzel* SAE 1980, 55). Eine solche Ausdehnung des berechtigten Personenkreises widerspricht der gesetzlichen Anordnung und ist deshalb unzulässig.

Eine Ausnahme von dem Grundsatz, daß der Sozialplan die leitenden Angestell- **38** ten i. S. v. § 5 Abs. 2 nicht mit umfaßt, liegt dann vor, wenn Betriebsrat und Arbeitgeber durch Vertrag zugunsten Dritter die leitenden Angestellten in den Kreis der Bezugsberechtigten einbezogen haben (so *BAG* vom 31. 1. 1979 – 5 AZR 454/77 – EzA § 112 BetrVG 1972 Nr. 17 = DB 1979, 412, 1039). Das *BAG* (a. a. O.) ging danach davon aus, daß der Arbeitgeber nach dem Gleichbehandlungsgrundsatz verpflichtet sei, den leitenden Angestellten ebenso wie den vom Sozialplan begünstigten Arbeitnehmern eine Abfindung für den Verlust des Arbeitsplatzes zu zahlen (siehe auch *D/R* § 112 Rz. 72). Das Betriebsverfassungsgesetz schließe die leitenden Angestellten nicht von Ansprüchen aus, die sich aus allgemeinen arbeitsvertraglichen Grundsätzen ergäben (*BAG* vom 19. 2. 1975 – 1 ABR 55/73 – EzA § 5 BetrVG 1972 Nr. 18 = DB 1975, 1320).

Der Gleichbehandlungsgrundsatz bezieht sich aber nur auf freiwillige Leistungen des Arbeitgebers, während es im vorliegenden Fall darum geht, eine sich aus dem BetrVG ergebende Leistung auch auf Personen auszudehnen, die die Voraussetzungen für die Bezugsberechtigung kraft gesetzlicher Anordnung nicht erfüllen.

Kommt zwischen Arbeitgeber und Betriebsrat keine Einigung über den Sozialplan **39** zustande und wird dieser von der Einigungsstelle im Rahmen des Verfahrens nach § 112 Abs. 4 aufgestellt, so gilt dieser Sozialplan für leitende Angestellte nur dann, wenn Betriebsrat und Arbeitgeber gem. § 76 Abs. 6 einverständlich die Einigungsstelle mit der Festlegung von Sozialplanleistungen auch für leitende Angestellte betraut haben (*Löwisch* SAE 1980, 49, 55).

Nach Konkurseröffnung ist der Konkursverwalter nicht befugt, den leitenden An- **40** gestellten Ansprüche aus dem Sozialplan einzuräumen, da es regelmäßig dem Konkurszweck zuwiderlaufen wird, zu Lasten der Konkursmasse Ansprüche zu begründen, die gesetzlich nicht angeordnet sind und die nicht der Verwertung der Konkursmasse dienen (*Löwisch* SAE 1980, 49, 56).

Soweit die Arbeitnehmer, die aufgrund der geplanten Betriebsänderung ausge- **41** schieden sind, Nachteile erlitten haben, werden auch diese **ausgeschiedenen Arbeitnehmer** von dem Sozialplan erfaßt (*G/L* § 112 Rz. 32; *D/R* § 112 Rz. 73 m. w. N.; GK-*Fabricius* § 112 Rz. 41 ff.; *F/A/K/H* § 112 Rz. 28; *LAG Hamm* vom 1. 3. 1972 – 8 TaBV 1/72 – AP Nr. 1 zu § 112 BetrVG 1972 m. Anm. *Gaul* = DB 1972, 632, 648), wobei es unerheblich ist, ob das Ausscheiden der Arbeitnehmer aufgrund der Kündigung des Arbeitnehmers oder des Arbeitgebers erfolgte (*G/L* § 112 Rz. 33).

Wird nach Eröffnung des Konkursverfahrens allen Arbeitnehmern des Betriebs **42** vom Konkursverwalter vorsorglich fristgemäß gekündigt und vereinbaren die Betriebspartner einen Sozialplan, nach dem die Arbeitnehmer »als Härteausgleich für den Verlust des Arbeitsplatzes« eine Abfindung erhalten sollen, so entsteht für solche Arbeitnehmer kein Anspruch auf eine Abfindung, die infolge der Kündigung nicht aus dem Betrieb ausscheiden, sondern unbefristet weiterbeschäftigt werden (*BAG* vom 8. 11. 1988 – 1 AZR 721/87 – EzA § 112 BetrVG 1972 Nr. 50 = DB 1989, 587).

43 Fraglich ist, inwieweit auch Heimarbeiter in Sozialplänen zu berücksichtigen sind. Nach der gesetzlichen Fiktion des § 6 Abs. 1 Satz 2 bzw. Abs. 2 Satz 2 BetrVG gelten die Heimarbeiter, die in der Hauptsache für den fraglichen Betrieb arbeiten, »als Arbeiter« bzw. »als Angestellte«. Sie fallen somit unter den Anwendungsbereich des BetrVG und damit auch unter die Regelung der §§ 111 ff. Eine **vollkommene** Herausnahme aus den Sozialplanregelungen wäre daher ein unmittelbarer Verstoß gegen die gesetzliche Fiktion des §§ 6 Abs. 1 Satz 2, Abs. 2 Satz 2, BetrVG i. V. m. § 75 Abs. 1 BetrVG. Für Heimarbeiter können jedoch wegen des fehlenden Bestandsschutzes (vgl. § 29 HAG) geringere Abfindungen vorgesehen werden als für Betriebsarbeiter, insbesondere sind auch pauschale Abfindungen ohne Differenzierung nach der Beschäftigungsdauer zulässig (*Schmidt* Gleichbehandlung von Betriebs- und Heimarbeitern in Sozialplänen?, NZA 1989, 126; GK-*Fabricius* §§ 112, 112a Rz. 41).

44 Die Frage, ob ein Anspruch auf Abfindungszahlung aus einem Sozialplan vererblich ist, ist differenziert zu beantworten. Maßgeblich ist hierbei der Entstehungszeitpunkt des Abfindungsanspruchs.

Solange die Entstehung des Abfindungsanspruchs noch von im Sozialplan festgelegten negativen Voraussetzungen abhängig ist, besteht nur ein bedingtes Recht, das als höchstpersönliches Recht und nicht als vererbliche Anwartschaft auf die Abfindung zu begreifen ist. Mit dem vorzeitigen Tod des Arbeitnehmers kommt es nicht einfach zu einem Ausfall der Bedingung, sondern zum Wegfall der objektiven Grundlage für einen Bedingungseintritt überhaupt. Beispielhaft hierfür ist ein Sozialplan, der festlegt, daß gekündigte Arbeitnehmer »mit der letzten Lohn- und Gehaltszahlung« eine Abfindung erhalten; der Abfindungsanspruch entsteht dann erst mit dem Ablauf der Kündigungsfrist, wenn der Arbeitnehmer zu diesem Zeitpunkt aus dem Betrieb ausscheidet. Der Abfindungsanspruch hängt also vom Überleben des Arbeitnehmers bis zum Ablauf der die negative Bedingung begrenzenden Frist ab und ist daher nicht vererblich (*LAG Frankfurt/M.* vom 21. 8. 1984 – 4 Sa 114/84 – DB 1985, 870).

45 Ein Anspruch auf Abfindungszahlung aus einem Sozialplan ist jedoch gem. § 1922 BGB vererblich, wenn es sich um ein Vollrecht und nicht lediglich um ein Anwartschaftsrecht handelt. Stirbt der Arbeitnehmer z. B. zwischen dem Zeitpunkt der Erteilung der Ausgleichsquittung und dem Kündigungstermin, so geht der Abfindungsanspruch auf die Erben über, weil der Verlust des Arbeitsplatzes tatsächlich und rechtlich zu Lebzeiten des Erblassers eingetreten war. Dem Kündigungstermin kommt hierbei nur die Bedeutung eines Fälligkeitszeitpunktes zu (*LAG Frankfurt/M.* vom 1. 6. 1984 – 14/4 Sa 1614/83 – DB 1985, 876; vgl. auch F/A/K/H § 113 Rz. 26a; *Hansen* NZA 1985, 609).

4. Die rechtliche Einordnung des Sozialplans

46 Der Sozialplan ist ein **privatrechtlicher Kollektivvertrag**. Teilweise wird aus § 112 Abs. 1 Satz 3 gefolgert, daß der Sozialplan eine Betriebsvereinbarung sei (*D/R* § 112 Rz. 80 m. w. N.; *BAG* vom 29. 11. 1978 – 5 AZR 553/77 – EzA § 112 BetrVG 1972 Nr. 16 = DB 1979, 795; *BAG* vom 24. 3. 1981 – 1 AZR 805/78 – EzA § 112

Interessenausgleich über die Betriebsänderung, Sozialplan § 112

BetrVG 1972 Nr. 22 = DB 1981, 2178; *BAG* vom 9. 12. 1981 – 5 AZR 549/79 – EzA § 112 BetrVG 1972 Nr. 24 = DB 1982, 908; *G/L* § 112 Rz. 41; *BAG* vom 27. 8. 1975 – 4 AZR 454/74 – EzA § 112 BetrVG 1972 Nr. 4 = DB 1975, 2188 bezeichnen den Sozialplan als »Betriebsvereinbarung besonderer Art«; ähnlich GK-*Fabricius* § 112 Rz. 60 f., der von Fall zu Fall untersuchen will, ob der Sozialplan rechtlich wie eine Betriebsvereinbarung zu behandeln ist; s. auch *LAG Düsseldorf* vom 25. 9. 1975 – 14 Sa 764/75 – DB 1976, 203).

Verweist ein Sozialplan wegen der Voraussetzungen eines Anspruchs auf tarifvertragliche Bestimmungen, ohne diese nach Datum des Tarifvertrages und Paragraphen zu bezeichnen, so ist im Zweifel von den jeweils geltenden Bestimmungen auszugehen, auch soweit sie nach dem Abschluß des Sozialplanes geändert werden (*BAG* vom 22. 8. 1979 – 5 AZR 1066/77 – DB 1980, 502 = BB 1980, 417). 47

Aus dem Gesetzeswortlaut, wonach dem Sozialplan die Wirkung einer Betriebsvereinbarung zukommt, kann nur gefolgert werden, daß der Charakter einer Betriebsvereinbarung nicht notwendigerweise vorliegen muß (*F/A/K/H* § 112 Rz. 27). 48

Sofern der Sozialplan **generelle Regelungen** zum Inhalt hat, **handelt es sich um Betriebsvereinbarungen**, mit der Folge, daß Abs. 1 Satz 3 nur klarstellende Bedeutung zukommt. **Soweit** der Sozialplan **Einzelfallabreden** enthält, **war es erforderlich, dem Sozialplan ausdrücklich die Wirkung einer Betriebsvereinbarung zuzusprechen.** 49

Vereinbaren Arbeitgeber und Betriebsrat eines Betriebs mit nicht mehr als 20 Wahlberechtigten anläßlich der Stillegung des Betriebs einen »Sozialplan«, so ist diese Vereinbarung als freiwillige Betriebsvereinbarung wirksam, unterliegt aber den Beschränkungen gem. § 77 Abs. 3 BetrVG (*LAG München* vom 5. 9. 1986 – 3 Sa 446/86 – NZA 1987, 464). 50

Die in dem Sozialplan eingeräumten Ansprüche der Arbeitnehmer haben individualrechtlichen Charakter, da die causa für die Erbringung der Sozialplanleistung im Arbeitsverhältnis liegt. Sie gehören daher zu den Entgeltleistungen des Arbeitgebers (vgl. *Richardi* Der Anspruch auf den Sozialplan bei Betriebsänderungen, NZA 1984, 177 ff.). 51

5. Der Sozialplan nach Durchführung der Betriebsänderung ohne Beteiligung des Betriebsrats

Hat der Unternehmer, ohne den Betriebsrat einzuschalten, eine Betriebsänderung ausgeführt, können die Arbeitnehmer nicht gem. § 113 Abs. 3 alleine auf die Geltendmachung des Nachteilsausgleichs verwiesen werden, da der **Umfang der Sozialpläne weiter** sein kann **als der des Nachteilsausgleichs** (*BAG* vom 15. 10. 1979 – 1 ABR 49/77 – EzA § 111 BetrVG 1972 Nr. 6 = DB 1980, 549, 550; *LAG Hamm* vom 1. 3. 1972 – 8 Ta BV 1/72 – AP Nr. 1 zu § 112 BetrVG 1972 m. Anm. *Gaul* = DB 1972, 632, 648; GK-*Fabricius* §§ 112, 112 a Rz. 29; *F/A/K/H* §§ 112, 112 a Rz. 16; *G/L* § 112 Rz. 78; *D/R* § 112 Rz. 40 m. w. N.). 52

Damit das Mitbestimmungsrecht des Betriebsrats nicht dadurch umgangen wird, daß der Unternehmer die Betriebsänderungen einfach durchführt, **kann** der **Betriebsrat unverzüglich, nachdem er von der Betriebsänderung und deren Durchführung Kenntnis erlangt hat, die Aufstellung eines Sozialplanes verlangen** (*D/R* § 112 Rz. 42 m. w. N.; *Kaven* Recht des Sozialplans, 62 ff.). 53

§ 112 4. Teil 6. Abschn. *Betriebsänderungen*

54 Ist aufgrund eines Interessenausgleichs ein Sozialplan aufgestellt worden und weicht der Unternehmer von dem Interessenausgleich ohne zwingenden Grund ab, kann der Betriebsrat den Abschluß eines neuen Sozialplanes verlangen (*D/R* § 112 Rz. 43).

55 Da der Betriebsrat nach Durchführung einer Betriebsänderung noch einen Sozialplan verlangen kann, geht das *BAG* davon aus, daß im Falle einer Betriebsstillegung und trotz der damit verbundenen Auflösung der Betriebsorganisation dem Betriebsrat ein sogenanntes »Restmandat« verbleibt, um noch einen Sozialplan abzuschließen (*BAG* vom 30. 10. 1979 – 1 ABR 112/77 – EzA § 76 BetrVG 1972 Nr. 26 = DB 1980, 548; *BAG* vom 14. 11. 1978 – 6 ABR 85/75 – EzA § 40 BetrVG 1972 Nr. 39 = DB 1979, 849; *BAG* vom 24. 3. 1981 – 1 AZR 805/78 – EzA § 112 BetrVG 1972 Nr. 22 = DB 1983, 2178; *LAG Hamm* vom 23. 10. 1975 – 8 TaBV 66/74 – EzA § 112 BetrVG 1972 Nr. 10 = DB 1976, 154; *F/A/K/H* §§ 112, 112a Rz. 40; *Ehmann* Betriebsstillegung und Mitbestimmung 63 m. w. N.; zweifelnd *Reuter* SAE 1980, 97, Fn. 119; enger auch *D/R* § 112 Rz. 44; 45).

6. Konkurrenz zwischen Ansprüchen aus Sozialplan und Nachteilsausgleich (§ 113)

56 Eine Konkurrenz zwischen Ansprüchen aus einem Sozialplan und dem Nachteilsausgleich des § 113 kann dann entstehen, wenn der Unternehmer eine Betriebsänderung durchgeführt hat, ohne die Beteiligungsrechte des Betriebsrats zu wahren, und der Betriebsrat nachträglich die Aufstellung des Sozialplanes verlangt (vgl. Rz. 52, 53), oder aber, wenn die Beteiligungsrechte des Betriebsrats gewahrt wurden, der Unternehmer aber von dem vereinbarten Interessenausgleich ohne zwingenden Grund abweicht.

Hat der Unternehmer den Betrieb stillgelegt, ohne vorher einen Interessenausgleich mit dem Betriebsrat versucht zu haben, so können die infolge der Betriebsstillegung entlassenen Arbeitnehmer Abfindungsansprüche nach § 113 Abs. 3 i. V. m. § 1 dann nicht erhalten, wenn Ereignisse (z. B. die Zahlungsunfähigkeit) eingetreten sind, die eine sofortige Schließung des Betriebes unausweislich gemacht haben, und wenn ein Hinausschieben der Betriebsstillegung zum Zwecke des Versuchs eines Interessenausgleichs den betroffenen Arbeitnehmern nur weitere Nachteile hätte bringen können (*BAG* vom 23. 1. 1979 – 1 AZR 64/76 – EzA § 113 BetrVG 1972 Nr. 9 = DB 1979, 1139 = BB 1979, 782).

57 **Wegen der unterschiedlichen Zielsetzung der gesetzlichen Regelung** – der Sozialplan soll die wirtschaftlichen Nachteile einer Betriebsänderung ausgleichen oder mildern (*BAG* vom 13. 12. 1978 – GS 1/77 – EzA § 112 BetrVG 1972 Nr. 15 m. Anm. *Hess* = DB 1979, 261), der Nachteilsausgleich soll mittelbar die Herbeiführung eines Interessenausgleichs erzwingen – **stehen beide Ansprüche selbständig nebeneinander** (*F/A/K/H* § 113 Rz. 19; *Buchner* SAE 1972, 72; *D/R* § 112 Rz. 72, 142; *Becker* BlStSozArbR 1974, 54, 58; *G/L* § 113 Rz. 15).

58 Die Praxis kann dem Nebeneinander der Ansprüche durch **Anrechnungsklausel** begegnen, und zwar dergestalt, daß entweder bei Bemessung des Nachteilsausgleichs Sozialplanleistungen zu berücksichtigen sind (*LAG Hamm* vom 1. 3. 1972 – 8 TaBV 1/72 – AP Nr. 1 zu § 112 BetrVG 1972 m. Anm. *Gaul* = DB 1972, 632, 633; *F/A/K/H* § 113 Rz. 30) oder aber, daß der Sozialplan bestimmt, daß eventuelle Ansprüche aus § 113 auf seine Leistungen anzurechnen sind (*D/R* § 112

Rz. 142, § 113 Rz. 6; *Buchner* SAE 1972, 72). Auf keinen Fall kann der Arbeitnehmer eine doppelte Entschädigung verlangen (vgl. *D/R* § 112 Rz. 142).
Fraglich ist, ob eine Anrechnung der Sozialplanabfindung auf Lohnansprüche 59
eines Schwerbehinderten nach der Kündigung möglich ist. Erteilt die Hauptfürsorgestelle die Zustimmung zu einer beabsichtigten Kündigung eines Schwerbehinderten gem. § 16 Abs. 1 SchwbG unter der Bedingung, daß »zwischen dem Tag der Kündigung und dem Tage, bis zu dem Lohn gezahlt wird, mindestens 3 Monate liegen«, so hat die vom Arbeitgeber für diese 3 Monate erbrachte Zahlung keinen Lohncharakter. Mit dieser Lohnzahlung kann der Arbeitgeber nicht gegen einen Abfindungsanspruch des Schwerbehinderten aus einem Sozialplan aufrechnen, da der Abfindungsanspruch aus dem Sozialplan keinen Lohnanspruch darstellt und den Ansprüchen unterschiedliche Zweckrichtungen zugrunde liegen (*LAG Hamm* vom 23. 11. 1984 – 16 Sa 948/84 – DB 1985, 446 = BB 1985, 2244).

7. Sozialplan und Tarifvertrag

Um den Beteiligten volle Handlungsfreiheit bei der Aufstellung des Sozialplanes 60
zu gewährleisten, hat der Gesetzgeber den **Sozialplan von sich aus dem Vorrang des Tarifvertrages ergebenden Beschränkungen des § 77 Abs. 3 ausgenommen (§ 112 Abs. 1 Satz 4)**.
Die Sperrwirkung tariflicher Regelungen kann auch nicht aus § 87 Abs. 1 abgelei- 61
tet werden (*G/L* § 112 Abs. 52; *Kaven* a.a.O. 69).
Diese Regelung bedeutet, daß im Sozialplan Vereinbarungen über Arbeitsent- 62
gelte und sonstige Arbeitsbedingungen, die durch Tarifverträge geregelt sind oder üblicherweise geregelt werden, getroffen werden können (*D/R* § 112 Rz. 85 m.w.N.; GK-*Fabricius* § 112 Rz. 68; *G/L* § 112 Rz. 51 ff.).
Ein **Konkurrenzverhältnis** zwischen Tarifvertrag und Sozialplan kann **durch** die 63
üblich gewordenen **Rationalisierungsschutzabkommen** entstehen (vgl. Rationalisierungsschutzabkommen der Eisen-, Metall- und Elektroindustrie vom 27. 5. 1968, RdA 1968, 260 ff.; Rationalisierungsschutzabkommen im graphischen Gewerbe, RdA 1968, 222 f.; *Hagen* BB 1970, 129 ff.), da sich der Inhalt der Rationalisierungsschutzabkommen in weiten Bereichen mit den Sozialplänen überschneidet.
Im Verhältnis zwischen Tarifvertrag und Sozialplänen geht der Sozialplan vor, 64
soweit er günstiger ist (*D/R* § 112 Rz. 88 m.w.N.; *F/A/K/H* §§ 112, 112a Rz. 27; *G/L* § 112 Rz. 53; abweichend GK-*Fabricius* §§ 112, 112a Rz. 69 ff.).
Um eine Kumulierung der Ansprüche aus Tarifvertrag und Sozialplan zu vermei- 65
den, ist es sinnvoll, daß die Tarifvertragsparteien **Subsidiaritätsklauseln** vereinbaren, so daß die Leistungen aus den Rationalisierungsschutzabkommen auf die Leistungen aus dem Sozialplan angerechnet werden.

8. Sozialplan und Einzelarbeitsvertrag

Die **Regelung des Sozialplanes geht** den **Bestimmungen des Einzelarbeitsvertrages** 66
aufgrund der unmittelbaren und zwingenden Wirkung (§ 77 Abs. 3) **vor, es sei denn, die Regelung des Einzelarbeitsvertrages ist günstiger.**

§ 112   4. Teil 6. Abschn. Betriebsänderungen

9. Das Zustandekommen des Sozialplans

67 Für den **Abschluß** eines Sozialplanes **gelten** die **Regeln über** den **Abschluß von Betriebsvereinbarungen** (*BAG* vom 27.8. 1975 – 4 AZA 454/74 – EzA § 112 BetrVG 1972 Nr. 4 = DB 1975, 2188).

68 In der ersten Phase der Verhandlungen um das Zustandekommen eines Sozialplanes bemühen sich die Betriebspartner um eine Übereinkunft.

69 **War der Einigungsversuch der Betriebsparteien erfolglos, so können Unternehmer oder Betriebsrat den Präsidenten des Landesarbeitsamtes um Vermittlung ersuchen** (*D/R* § 112 Rz. 148).

70 Die **Anrufung des Präsidenten des Landesarbeitsamtes** ist **in das freie Ermessen** des Unternehmers und des Betriebsrats **gestellt und auch nicht Voraussetzung für eine Anrufung der Einigungsstelle** (*D/R* § 112 Rz. 153 ff.; GK-*Fabricius* §§ 112, 112a Rz. 130; *F/A/K/H* § 112 Rz. 9; *G/L* § 112 Rz. 86).

71 Zur Anrufung des Präsidenten sind Unternehmer und Betriebsrat berechtigt; ein übereinstimmendes gemeinsames Handeln ist dabei nicht erforderlich. Der Unternehmer ist aber aus dem Gesichtspunkt der vertrauensvollen Zusammenarbeit verpflichtet, mitzuwirken (*D/R* § 112 Rz. 154f. m. w. N.; GK-*Fabricius* §§ 112, 112a Rz. 130; *F/A/K/H* § 112, 112a Rz. 9; a.A. *G/L* § 112 Rz. 86).

72 Das **Verfahren in dem Vermittlungsstadium** ist **formfrei**, d. h., die **Gestaltung unterliegt** dem **freien Ermessen des Präsidenten**. Es wird dabei entsprechend Abs. 3 Satz 1 zweckmäßig sein, daß zunächst der Unternehmer und der Betriebsrat dem Präsidenten ihre Standpunkte darlegen und gegebenenfalls Vorschläge zur Beilegung der Meinungsverschiedenheiten machen.

73 Die Einschaltung des Präsidenten des Landesarbeitsamtes als Behörde ist im Hinblick auf seine Kenntnisse über die Verhältnisse am Arbeitsmarkt erfolgt (GK-*Fabricius* §§ 112, 112a Rz. 129). Dadurch soll sichergestellt werden, daß der mikroökonomische und der regionale Arbeitsmarkt mit in die Planung einbezogen werden. Eine Einschaltung dieser Behörde erschien auch im Hinblick auf die nach dem Arbeitsförderungsgesetz möglichen arbeitsmarktpolitischen Hilfestellungen – die Umschulungs- und Fortbildungsmaßnahmen und deren Finanzierung – geboten. Außerdem ist der Präsident des Landesarbeitsamtes durch die Meldepflicht des Arbeitgebers nach § 8 AFG über personelle Veränderungen durch Betriebsänderungen ohnehin unterrichtet und dadurch von Amts wegen mit ihnen befaßt. Im Gegensatz zum früheren Recht (§ 72 Abs. 2 BetrVG 1952) ist die Anrufung einer anderen behördlichen Stelle nicht möglich (GK-*Fabricius* §§ 112, 112a Rz. 131; *Rumpff* BB 1972, 325, 328; *D/R* § 112 Rz. 149), es sei denn, die Anrufung einer anderen behördlichen Stelle erfolgt zwischen Betriebsrat und Unternehmer einvernehmlich (*D/R* § 112 Rz. 149 m. w. N.; GK-*Fabricius* §§ 112, 112a Rz. 131, wonach lediglich der Betriebsrat eine im Betrieb vertretene Gewerkschaft um Vermittlung bitten kann).

74 Da der Präsident des Landesarbeitsamtes in seiner Eigenschaft als Behörde eingeschaltet wird, kann er Mitarbeiter seiner Behörde mit der Vermittlungstätigkeit befassen (*D/R* § 112 Rz. 150 m. w. N.; GK-*Fabricius* §§ 112, 112a Rz. 130; *G/L* § 112 Rz. 84).

75 Der Präsident des Landesarbeitsamtes ist verpflichtet, aufgrund eines Ermittlungsersuchens tätig zu werden (*D/R* § 112 Rz. 82; *F/A/K/H* §§ 112, 112a Rz. 9; *G/L* § 112 Rz. 85; GK-*Fabricius* §§ 112, 112a Rz. 130).

76 Er kann jedoch keinen die Parteien bindenden Vorschlag machen (*D/R* § 112

§ 112

Rz. 156 m. w. N.; *G/L* § 112 Rz. 88). Da er keinen bindenden Vorschlag machen kann, kann er auch von Betriebsrat und Unternehmer nicht im voraus ermächtigt werden, bindend zu entscheiden (*F/A/K/H* § 112 Rz. 9; *Küchenhoff* § 112 Rz. 8; GK-*Fabricius* §§ 112, 112a Rz. 133; **a. A.** *D/R* § 112 Rz. 156 m. w. N.; *G/L* § 112 Rz. 88; *Brede* BlStSozArbR 1974, 56).

Wird von einer Einschaltung des Präsidenten des Landesarbeitsamtes abgesehen oder bleibt sein Vermittlungsversuch ergebnislos (vgl. *D/R* § 112 Rz. 160), **so kann gem. Abs. 2 Satz 1 sowohl der Unternehmer als auch der Betriebsrat die Einigungsstelle anrufen.** Nach § 72 Abs. 2 BetrVG 1952 war die Einschaltung einer besonderen Vermittlungsstelle vorgesehen. Da jedoch nach Ansicht des Gesetzgebers kein sachlicher Grund dafür ersichtlich war, die Beilegung von Meinungsverschiedenheiten in wirtschaftlichen Angelegenheiten statt der Einigungsstelle einer besonderen Vermittlungsstelle zu übertragen, wurde die Vermittlungsstelle abgeschafft und durch die Einigungsstelle ersetzt. Dies war vor allem auch im Interesse einer Verfahrensvereinfachung und der jetzigen Bedeutung der Einigungsstelle geboten. Auch die **Anrufung der Einigungsstelle ist in das freie Ermessen des Unternehmers und des Betriebsrats gestellt** (vgl. oben Rz. 21). 77

Kommt zwischen Unternehmer und Betriebsrat ein Interessenausgleich nach § 112 Abs. 1 nicht zustande und sehen beide innerhalb angemessener Zeit davon ab, den Präsidenten des Landesarbeitsamtes um Vermittlung zu bitten oder die Einigungsstelle anzurufen, so kann der Unternehmer die beabsichtigte Betriebsänderung durchführen, ohne sich der Sanktion des § 113 Abs. 3 auszusetzen (*LAG Hamm* vom 21. 7. 1975 – 2 Sa 392/75 – DB 1975, 1899). 78

Will der Unternehmer die Rechtsfolgen des § 113 vermeiden, muß er seinerseits die Einigungsstelle anrufen (*D/R* § 112 Rz. 161; *F/A/K/H* §§ 112, 112a Rz. 10, 142; *G/L* § 112 Rz. 80). Allerdings kann dem Unternehmer nicht durch einstweilige Verfügung die Durchführung der Betriebsänderung vor endgültigem Abschluß des Versuchs eines Interessenausgleichs untersagt werden (**a. A.** GK-*Fabricius* §§ 112, 112a Rz. 134).

Um der **Einigungsstelle** eine sachgerechte Behandlung der Materie zu erleichtern, **kann** sie nach Abs. 2 Satz 3 **den Präsidenten des Landesarbeitsamtes als Sachverständigen zu den Verhandlungen hinzuziehen**. Das nähere Verfahren regeln Abs. 3 und Abs. 4. 79

Die Vorschrift des Abs. 3 regelt das Verfahren vor der Einigungsstelle in Anlehnung an die früher geltende Verfahrensregelung vor der Vermittlungsstelle gem. § 73 Abs. 1 BetrVG 1952. 80

Die Einigungsstelle hat auf eine gütliche Einigung der Parteien über einen Interessenausgleich und einen Sozialplan hinzuwirken, ohne aber von sich aus bezüglich des Interessenausgleichs einen bindenden Einigungsvorschlag unterbreiten zu können, wenn die Einigung nicht gelingt. Insoweit ergibt sich eine erhebliche Abweichuung zur früheren Rechtslage, zumindest aber hinsichtlich des Interessenausgleichs (für den Sozialplan gilt dann Abs. 4), da nach früherem Recht der Einigungsvorschlag der Vermittlungsstelle die gleichen Wirkungen wie die Einigung selbst hatte (§ 74 BetrVG 1952). 81

Die **Verhandlungen vor der Einigungsstelle** sollen **auf der Grundlage von Vorschlägen der Parteien** stattfinden (*D/R* § 112 Rz. 166; GK-*Fabricius* §§ 112, 112a Rz. 137). Sie sollen darlegen, in welcher Weise sie einen Interessenausgleich und den Sozialplan für realisierbar halten. Die Vorschläge können mündlich oder schriftlich gemacht werden. Vorschriften über die Verhandlung selbst sind im Ge- 82

§ 112   4. Teil 6. Abschn. Betriebsänderungen

setz nicht vorgesehen (*D/R* § 112 Rz. 163). Es ist **sinnvoll**, eine **mündliche Verhandlung** durchzuführen, da dies einem intensiven Gedankenaustausch der Beteiligten förderlich ist.

83 Aus Gründen des Wettbewerbsschutzes ist die **Verhandlung nicht öffentlich**.

84 Ansonsten kann die Einigungsstelle unter Berücksichtigung rechtsstaatlicher Grundsätze frei darüber entscheiden, wie das Verfahren im einzelnen gehandhabt werden soll. Sie entscheidet auch darüber, ob überhaupt ein Fall der Betriebsänderung vorliegt (*BAG* vom 18. 3. 1975 – 1 ABR 102/73 – EzA § 111 BetrVG 1972 Nr. 1 = DB 1975, 1322; *G/L* § 112 Rz. 92; *F/A/K/H* § 112 Rz. 12; GK-*Fabricius* §§ 112, 112a Rz. 136). Unabhängig von der Entscheidung der Einigungsstelle kann auch in dem arbeitsrechtlichen Beschlußverfahren die Frage der Zuständigkeit der Einigungsstelle geklärt werden (*LAG Hamm* vom 23. 10. 1975 – 8 TaBV 66/74 – EzA § 112 BetrVG 1972 Nr. 10 = DB 1976, 154; *G/L* § 112 Rz. 92; *F/A/K/H* §§ 112, 112a Rz. 38; GK-*Fabricius* §§ 112, 112a Rz. 136). Liegt eine Betriebsvereinbarung über weitere Einzelheiten des Verfahrens vor der Einigungsstelle gem. § 76 Abs. 4 (vgl. dazu § 76 Rz. 53) vor, so ist diese zu beachten.

85 **Kommt** eine **Einigung zustande**, so **ist sie im vollen Wortlaut schriftlich niederzulegen und von den Parteien und vom Vorsitzenden zu unterschreiben** (*D/R* § 112 Rz. 168; GK-*Fabricius* §§ 112, 112a Rz. 137). Der Betriebsratsvorsitzende kann die Einigung abschließen, wenn zuvor der Betriebsrat einen entsprechenden Beschluß nach § 33 gefaßt hat. Im Hinblick auf die verschiedenartigen Wirkungen von Interessenausgleich und Sozialplan sollen die Materien bei der schriftlichen Niederlegung klar voneinander getrennt werden, am besten auf zwei getrennten Urkunden.

86 Während die Tätigkeit der Einigungsstelle hinsichtlich des Interessenausgleichs auf die Herbeiführung einer gütlichen Einigung von Unternehmer und Betriebsrat beschränkt ist, eröffnet Abs. 4 auf Antrag – hinsichtlich der sozialen Auswirkungen der unternehmerischen Maßnahme – die **Möglichkeit, mit verbindlicher Wirkung einen Sozialplan aufzustellen, wenn eine Einigung der Parteien nicht erreichbar ist**. Die **Einigungsstelle ist** dabei **nicht an die vom Unternehmer und Betriebsrat gemachten Vorschläge gebunden, sondern in der Lage, nach freiem, pflichtgemäßem Ermessen** zu entscheiden (*D/R* § 112 Rz. 172; GK-*Fabricius* §§ 112, 112a Rz. 138).

87 Um sicherzustellen, daß der Sozialplan einen die Interessen beider Seiten angemessen berücksichtigenden Ausgleich schafft, wird die Einigungsstelle durch Abs. 4 Satz 2 verpflichtet, **bei ihrer Entscheidung sowohl die sozialen Belange der Arbeitnehmer zu berücksichtigen als auch auf die wirtschaftliche Vertretbarkeit ihrer Entscheidung für das Unternehmen** zu achten (*D/R* § 112 Rz. 173). Insoweit ist der Ermessensausübung aber nur ein ohnehin selbstverständlicher Rahmen gesetzt. Die Einhaltung dieser Rechtsgrenzen kann theoretisch vom Arbeitsgericht zwar überprüft werden, jedoch dürfte es sich letztlich dabei um **kaum justitiable Rechtsbegriffe von undefinierbarer Wertungsbreite** handeln (*Dütz* DB 1971, 723; zur Konkretisierung der Rechtsgrenzen vgl. *ArbG Berlin* vom 5. 2. 1975 – 12 BV 16/74 – DB 1975, 652; *D/R* § 112 Rz. 176 m.w.N.; *F/A/K/H* §§ 112, 112a Rz. 22b; *BAG* Beschl. vom 28. 9. 1988 – 1 ABR 23/87 – EzA § 112 BetrVG 1972 Nr. 49 = DB 1989, 48; GK-*Fabricius* §§ 112, 112a Rz. 141).

88 Soweit die Ermessensentscheidung der Einigungsstelle die wirtschaftliche Vertretbarkeit der Entscheidung für das Unternehmen zu beachten hat, kann nach dem eindeutigen Wortlaut des Gesetzes auch bei einem konzernangehörigen Unter-

Interessenausgleich über die Betriebsänderung, Sozialplan § 112

nehmen grundsätzlich nur auf das Unternehmen selbst und nicht etwa auf die Vertretbarkeit der Sozialplanentscheidung für den Konzern abgestellt werden (**a. A.** *D/R* § 112 Rz. 173). Etwas anderes kann in Ausnahmefällen nur dann gelten, wenn zwischen den konzernangehörigen Unternehmen Gewinn- und Verlustabführungsverträge bestehen oder wenn **Hindernisse** vorliegen, daß unternehmensschädigende Vermögensverlagerungen vorgenommen wurden.

Zur **Haftung der Mitglieder der Einigungsstelle** für Schäden, die aus ihrer Sprachpraxis, beispielsweise aus der Fehlbeurteilung der wirtschaftlichen Vertretbarkeit entstehen vgl. § 76 Rz. 58. 89

10. Die Rechtswirkung des Sozialplans

Da dem Sozialplan gem. § 112 Abs. 1 Satz 3 die Wirkung einer Betriebsvereinbarung zugesprochen wird, bestimmen die Regelungen des Sozialplanes als übergeordnete Normen von außen unmittelbar und zwingend die Arbeitsverhältnisse (*BAG* vom 16. 3. 1956 – GS 1/55 – AP Nr. 1 zu § 57 BetrVG 1952 = DB 1956, 573, 988 m. Anm. *Kaufmann*; *BAG* vom 27. 8. 1985 – 4 AZR 454/74 – EzA § 112 BetrVG 1972 Nr. 4 = BB 1975, 1481; *D/R* § 112 Rz. 83; GK-*Fabricius* §§ 112 112a Rz. 72). 90

Unmittelbar und zwingend bedeutet, daß zugunsten der Arbeitnehmer einklagbare Rechte unabdinglich begründet werden (*Becker* BlStSozArbR 1974, 54, 59; vgl. dazu *F/A/K/H* §§ 112, 112a Rz. 28). 91

Zu der Frage eines **Verzichts** auf Ansprüche aus dem Sozialplan und der Verwirkung von Ansprüchen aus dem Sozialplan vgl. § 77 und *D/R* § 77 Rz. 126. 92

Zur Rechtswirksamkeit von **Ausschlußfristen** für die Geltendmachung von Rechten vgl. § 77 Rz. 189 ff. 93

Es ist grundsätzlich unzulässig, in einem Sozialplan die Zahlung von Abfindungen davon abhängig zu machen, daß die wegen der Betriebsänderung entlassenen Arbeitnehmer gegen die Kündigung keine gerichtlichen Schritte unternehmen (*BAG* vom 20. 12. 1983 – 1 AZR 442/82 – EzA § 112 BetrVG 1972 Nr. 29 = DB 1984, 723; *BAG* vom 20. 6. 1985 – 2 AZR 427/84 – AP Nr. 33 zu § 112 BetrVG 1972 = DB 1985, 2357; h. M. in der Literatur: *D/R* § 112 Rz. 74; GK-*Fabricius* §§ 112, 112a Rz. 52; *G/L* § 112 Rz. 39; *G/K/S/B* § 112 Rz. 23; *Fuchs* Sozialplan, 40; *Hunold* Personalanpassung in Recht und Praxis 1982, 133). Es widerspräche dem sozialen Schutzzweck des Sozialplanes, wenn die Leistungen von dem Verzicht des betroffenen Arbeitnehmers auf die Inanspruchnahme gerichtlichen Rechtsschutzes und damit von der Hinnahme auch rechtswidriger Maßnahmen des Arbeitgebers abhängig gemacht werden könnten (*BAG* vom 20. 12. 1983 – 1 AZR 442/82 – EzA § 112 BetrVG 1972 Nr. 29 = DB 1984, 723). Außerdem fehlt es für eine solche Regelung an einer kollektiven Regelungsmacht der Betriebspartner. 94

Zulässig ist hingegen eine Vereinbarung in einem Sozialplan, nach der die Fälligkeit der Abfindung auf den Zeitpunkt des rechtskräftigen Abschlusses eines Kündigungsrechtsstreites hinausgeschoben wird und in der bestimmt wird, daß eine Abfindung nach §§ 9, 10 KSchG auf die Sozialplanabfindung anzurechnen ist (*BAG* vom 20. 6. 1985 – 2 AZR 427/84 – AP Nr. 33 zu § 112 BetrVG = DB 1985, 2357 = NZA 1986, 258). 95

Es ist funktionsgerecht, wenn die Fälligkeit von Abfindungen, die institutionell für den Verlust eines Arbeitsplatzes vorgesehen sind, erst dann eintritt, wenn der 96

§ 112   4. Teil 6. Abschn. Betriebsänderungen

Verlust des Arbeitsplatzes auch tatsächlich feststeht. Daher ist in diesem Zusammenhang auch eine Betagungsklausel i. S. d. § 163 BGB zulässig (vgl. *Heinze* Sozialplanleistung und Kündigungsschutz, NZA 1984, 19).

97 Bestimmt ein Sozialplan, daß bei einer fristlosen Kündigung die Ansprüche entfallen, so entfallen diese auch dann, wenn das Arbeitsverhältnis nicht durch die fristlose Kündigung des Arbeitgebers, sondern auf andere Weise beendet wurde, der Arbeitgeber jedoch aufgrund vertragswidrigen Verhaltens des Arbeitnehmers zur fristlosen Kündigung berechtigt war. Voraussetzung ist allerdings, daß der Arbeitgeber sich gegenüber dem Arbeitnehmer innerhalb der 2-Wochen-Frist des § 626 Abs. 2 BGB hierauf berufen hat (*BAG* vom 31. 1. 1979 – 5 AZR 454/77 – EzA § 112 BetrVG 1972 Nr. 17 = DB 1979, 412, 1039).

11. Der Inhalt des Sozialplans

98 Der mögliche Inhalt des Sozialplanes ergibt sich aus dem Zweck der Institution. Damit in dem Sozialplan Leistungen vereinbart werden können, die dem Zweck dienen sollen, die **wirtschaftlichen** Nachteile der Arbeitnehmer auszugleichen oder zu mildern, die sich aus einer Betriebsänderung ergeben, kann Gegenstand einer Vereinbarung alles werden, was geeignet ist, dieses Ziel zu erreichen. Unzulässig sind Regelungen, die ausschließlich zu Lasten der Arbeitnehmer wirken (*BAG* vom 7. 8. 1985 – 3 AZR 505/74 – EzA § 112 BetrVG 1972 Nr. 5 = DB 1975, 1991; GK-*Fabricius* §§ 112, 112 a Rz. 47; *D/R* § 112 Rz. 68).

99 Die Einigungsstelle kann die abzugeltenden Nachteile pauschaliert und mit einem Einheitsbetrag abgelten (*BAG* vom 27. 10. 1987 – 1 ABR 9/86 – EzA § 112 BetrVG 1972 Nr. 41 = DB 1988, 558).

100 Ebenfalls zulässig ist es, die Sozialplanleistungen nach den bekannten Verhältnissen der betroffenen Arbeitnehmer individuell festzulegen, wobei jedoch nicht von unzulässigen Kriterien, wie etwa der Gewerkschaftszugehörigkeit, ausgegangen werden darf (*BAG* vom 12. 2. 1985 – 1 AZR 40/84 – EzA § 112 BetrVG 1972 Nr. 23 = DB 1985, 1487).

101 Die **erforderlichen Maßnahmen** sind **von den Umständen des Einzelfalles abhängig**, so daß ein umfassender Katalog der möglichen Leistungen nicht gegeben werden kann. Unter anderem können **beispielsweise** vereinbart werden: **Entlassungsabfindungen** (vgl. im einzelnen *BAG* vom 13. 12. 1978 – GS 1/77 – EzA § 112 BetrVG 1972 Nr. 15 m. Anm. *Hess* = DB 1979, 261; *BAG* vom 8. 12. 1976 – 5 AZR 613/75 – EzA § 112 BetrVG 1972 Nr. 11 = DB 1977, 729; *LAG Hamm* vom 23. 2. 1977 – 2 Sa 1192/76 – DB 1977, 826), **Versetzungsabfindungen** (*Brill* DB 1978 Beilage Nr. 18, 6 m. w. N., **Ersatz von Fahrtkosten zu einer neuen Arbeitsstelle, Umzugskosten, Mietzuschüsse, Beihilfen für Umschulung und Weiterbildung, Trennungsentschädigung, Urlaubsregelungen, Urlaubsgeld** (*ArbG Paderborn* vom 4. 7. 1974 – 1 Ca 201/74 – BB 1974, 1349), **Gratifikationszahlungen, Jahresabschlußvergütungen, vorzeitige Ruhegeldleistungen für ältere Arbeitnehmer, Zahlung von Ausgleichsbeträgen bei zu erwartenden Rentenminderungen** (*D/R* § 112 Rz. 55 ff.). Durch einen Sozialplan können unverfallbare Versorgungsanwartschaften aus einer betrieblichen Altersversorgung nicht aufgehoben oder kapitalisiert werden (*BAG* vom 30. 10. 1980 – 3 AZR 364/79 – EzA § 112 BetrVG 1972 Nr. 20 = DB 1981, 699; siehe auch die Rechtsprechungsübersicht bei GK-*Fabricius* §§ 112, 112 a Rz. 53).

Interessenausgleich über die Betriebsänderung, Sozialplan § 112

Ein Sozialplan, der dem betroffenen Arbeitnehmer eine Abfindung oder eine vor- 102
gezogene Pensionierung zur Wahl anbietet, kann von Regelungen einer bestehenden Versorgungsordnung jedoch abweichen, um Wertungswidersprüche zu vermeiden. So ist es nicht zu beanstanden, wenn für diejenigen Arbeitnehmer, die sich für die Abfindungslösung entscheiden und gleichzeitig die flexible Altersgrenze in Anspruch nehmen, ein versicherungsmathematischer Abschlag eingeführt wird, obwohl die bestehende Versorgungsordnung einen solchen nicht vorsieht (*BAG* vom 25. 2. 1986 – 3 AZR 485/84 – EzA § 6 BetrAVG Nr. 11 = DB 1987, 53).

Der Sozialplan kann auch regeln, wer das Risiko zu tragen hat, wenn das Arbeits- 103
amt nach Abschluß eines Auflösungsvertrages eine Sperrfrist verhängt (*BAG* vom 27. 10. 1987 – 1 ABR 9/86 – EzA § 112 BetrVG 1972 Nr. 41 = DB 1988, 558). Bei der Mittelverwendung aus dem Sozialplan ist jedoch darauf zu achten, daß alle betroffenen Arbeitnehmer berücksichtigt werden. Übergangene Arbeitnehmer haben einen unmittelbaren Anspruch gegen den Arbeitgeber, wenn die bereitgestellten Mittel erschöpft sind (*LAG Düsseldorf* vom 23. 12. 1971 – 7 Sa 722/71 – DB 1972, 979).

Zulässig ist auch ein mit dem Betriebsrat vereinbarter, **zeitlich unbefristeter So-** 104
zialplan, der **für alle künftig aus betrieblichen Gründen entlassenen Arbeitnehmer** die Zahlung von Abfindungen vorsieht. In diesem Fall ist jedoch der Arbeitgeber nicht von seiner Pflicht entbunden, bei später von ihm geplanten Betriebsänderungen jeweils einen Interessenausgleich mit dem Betriebsrat zu versuchen. Unterläßt er dies, so können die von der Betriebsänderung betroffenen Arbeitnehmer Abfindungen nach § 113 Abs. 3 i. V. m. Abs. 1 BetrVG verlangen (*BAG* vom 29. 11. 1983 – 1 AZR 523/82 – EzA § 113 BetrVG 1972 Nr. 11 = DB 1984, 724).

Wird ein Betrieb stillgelegt, so können die Betriebspartner in einem Sozialplan 105
vereinbaren, daß Arbeitnehmer, die das **Angebot eines gleichwertigen und gleichbezahlten Arbeitsplatzes** in einem anderen Betrieb des Unternehmens an einem anderen Ort ablehnen, nur eine geringere Abfindung erhalten als diejenigen Arbeitnehmer, denen ein solches Angebot nicht gemacht werden kann (*BAG* vom 25. 10. 1983 – 1 AZR 260/82 – EzA § 112 BetrVG 1972 Nr. 28 = DB 1984, 725 im Anschluß an *BAG* vom 8. 12. 1976 – 5 AZR 613/75 – EzA § 112 BetrVG 1972 Nr. 11 = DB 1977, 729 m. Anm. *Weitnauer*). Der Arbeitgeber verstößt nicht gegen Treu und Glauben, wenn er einem Arbeitnehmer einen gleichwertigen und gleichbezahlten Arbeitsplatz in einem anderen Betrieb an einem anderen Ort anbietet, obwohl es diesem Arbeitnehmer aus persönlichen Gründen nicht zumutbar ist, das Arbeitsverhältnis an einem anderen Ort fortzusetzen (*BAG* vom 25. 10. 1983 – a. a. O.).

Es verstößt nicht gegen die Grundsätze von Recht und Billigkeit, wenn die Be- 106
triebspartner in einem Sozialplan Ausgleichsleistungen für **ältere Arbeitnehmer** nach den mit hoher Wahrscheinlichkeit zu erwartenden tatsächlichen Nachteilen bemessen und für **jüngere Arbeitnehmer** einen pauschalen Ausgleich in Form von Abfindungszahlungen vorsehen, deren Höhe sich an der Dauer der bisherigen Betriebszugehörigkeit orientiert. Art. 6 § 5 Abs. 1 Rentenreformgesetz vom 16. 10. 1972 verbietet nicht, bei der Festsetzung von Ausgleichsleistungen in einem Sozialplan den Umstand zu berücksichtigen, daß ältere Arbeitnehmer alsbald das vorgezogene Altersruhegeld in Anspruch nehmen können (*BAG* vom 14. 2. 1984 – 1 AZR 574/82 – EzA § 112 BetrVG 1972 Nr. 30 = DB 1984, 1527).

Es ist sogar zulässig und verstößt nicht gegen den arbeitsrechtlichen Gleichbe- 107

§ 112   4. Teil 6. Abschn. Betriebsänderungen

handlungsgrundsatz, diejenigen Arbeitnehmer von den Leistungen eines Sozialplanes auszuschließen, die vorgezogenes Altersruhegeld nach § 1248 RVO in Anspruch nehmen können (*BAG* vom 26.7. 1988 – 1 AZR 156/87 – EzA § 112 BetrVG 1972 Nr. 43 = DB 1988, 2464 ff.; *F/A/K/H* §§ 112, 112a Rz. 22a).

108 Es ist rechtlich nicht zu beanstanden, wenn die Einigungsstelle Sonderabfindungen für Schwerbehinderte nur für diejenigen vorsieht, die bei der Aufstellung des Sozialplanes als schwerbehindert bekannt waren (*BAG* vom 19.4. 1983 – 1 AZR 498/81 – EzA § 112 BetrVG 1972 Nr. 26 = DB 1983, 2372).

109 Die Betriebspartner sind nicht gehalten, Sozialplanleistungen stets nach einer bestimmten **Formel** zu bemessen. Sie können – insbesondere in kleineren Betrieben – solche Leistungen auch nach den ihnen bekannten Verhältnissen der betroffenen Arbeitnehmer **individuell** festlegen. Die Betriebspartner dürfen dabei jedoch nicht nach **unzulässigen Kriterien**, etwa nach der Gewerkschaftszugehörigkeit der einzelnen Arbeitnehmer, differenzieren (*BAG* vom 12.2. 1985 – 1 AZR 40/84 – EzA § 112 BetrVG 1972 Nr. 33 = DB 1985, 1487).

110 Beschließt die Einigungsstelle einen **Sozialplan** erst **geraume Zeit nach der Durchführung der Betriebsstillegung**, so kann sie bei der Bemessung der Sozialplanleistungen doch auf die wirtschaftlichen Nachteile der entlassenen Arbeitnehmer abstellen, mit denen im Zeitpunkt der Betriebsstillegung typischerweise zu rechnen war. Sie braucht nicht zu berücksichtigen, daß einzelne Arbeitnehmer diese Nachteile nicht erlitten haben (*BAG* vom 23.4. 1985 – 1 ABR 3/81 – EzA § 112 BetrVG 1972 Nr. 34 = DB 1985, 1030, 1593).

111 Neben diesen materiellen Regelungen können **formelle Regelungen** in den Sozialplan aufgenommen werden, **wie beispielsweise die Festlegung des Kreises der Berechtigten, Fälligkeitstermine** für die Leistungen sowie **Festlegung des Zeitpunktes der Betriebsänderung** und andere Punkte mehr (vgl. im einzelnen *Becker* BlStSozArbR 1974, 54, 59; *Vogt* mit einer Übersicht in: DB 1974, 234, 240; *Kaven* Recht des Sozialplans, 132–134).

112 Für die Leistungen aus dem Sozialplan hat der Gesetzgeber weder eine Mindestsumme noch eine Höchstgrenze vorgesehen. § 113 Abs. 1 oder Abs. 3 BetrVG mit den Höchstgrenzen des § 10 KSchG sind nicht entsprechend anwendbar. Betriebsrat und Unternehmer haben damit einen größtmöglichen Verhandlungsspielraum.

113 Höchst streitig ist jedoch, bis zu welcher Höchstgrenze der Unternehmer durch den verbindlichen Spruch der Einigungsstelle belastet werden kann. Teils wird angenommen, daß sich mittelbar eine Belastungsgrenze aus § 113 i.V.m. §§ 9, 10 KSchG ergebe (*LAG Baden-Württemberg* vom 12.2. 1975 – 2 TaBV 22/74 – BB 1976, 36; *LAG Baden-Württemberg* vom 15.3. 1976 – 1 TaBV 1/76 – BB 1977, 39; *Rumpff* 290; *D/R* § 112 Rz. 61, 62; *Becker* BlStSozArbR 1974, 59; *Heinze* DB 1974, 1819; *Vogt* BB 1975, 1585; *Reuter/Körnig* 325). Andererseits wird rechtssystematisch überwiegend darauf hingewiesen, daß die Abfindung aus dem Sozialplan und der Nachteilsausgleich des § 113 einen unterschiedlichen Regelungsinhalt haben und daß eine Festlegung einer Leistungsgrenze analog § 113 schon deshalb nicht in Betracht komme, weil der Gesetzgeber der Empfehlung des Bundesrates (BR-Drucks. 715/1/70, 16), eine Höchstgrenze für Leistungen aus dem Sozialplan einzuführen, nicht gefolgt sei (BT-Drucks. VI/1/786, 66f.; GK-*Fabricius* §§ 112, 112a Rz. 107 ff.; *F/A/K/H* §§ 112, 112a Rz. 37; *G/L* § 112 Rz. 24; *Kaven* Recht des Sozialplans, 134; *Hanau* ZfA 1974, 89, 104; *v. Stebut* DB 1975 Beilage Nr. 9, 10).

114 Auch wenn die überwiegend vertretene Auffassung, eine Höchstgrenze für die

Belastung des Unternehmens sei aus der gesetzlichen Regelung nicht erkennbar, formal überzeugend ist, muß berücksichtigt werden, daß im Hinblick auf die in Art. 12 Abs. 1 GG verfassungsrechtlich gewährleistete Betätigungsfreiheit und im Hinblick auf das in Art. 14 GG geschützte Eigentum der Unternehmer nicht unbeschränkt belastet werden kann. Die Höchstgrenze der Belastung muß jedoch in jedem Einzelfall hinsichtlich der Vertretbarkeit ermittelt werden, und es verbietet sich deshalb eine pauschale Orientierung an der Regelung des § 113 i. V. m. §§ 9, 10 KSchG; (*BAG* vom 27. 10. 1987 – 1 ABR 9/86 – EzA § 112 BetrVG 1972 Nr. 41 = DB 1988, 558; GK-*Fabricius* §§ 112, 112a Rz. 108).

Es ist jedoch zulässig, Höchstbegrenzungsklauseln für Abfindungen wegen des Verlustes des Arbeitsplatzes in Sozialplänen zu vereinbaren. Eine Sozialplanregelung, nach der der sich rechnerisch aus den Steigerungssätzen für Betriebszugehörigkeit, Lebensalter, Unterhaltsverpflichtung und Schwerbehinderung ergebende Betrag, soweit er die Höchstgrenzen übersteigt, an alle Arbeitnehmer gleichmäßig zu verteilen ist, begegnet keinen rechtlichen Bedenken, wenn wegen der besonders hohen Arbeitslosenquote in der Region auch jüngere Arbeitnehmer Gefahr laufen, langfristig arbeitslos zu werden (*BAG* vom 23. 8. 1988 – 1 AZR 284/87 – EzA § 112 BetrVG 1972 Nr. 44 = DB 1988, 2465).

In einem Sozialplan können Abfindungen ausgeschlossen werden, wenn in diesem **115** Sozialplan vorgesehen ist, daß dem Arbeitnehmer zumutbare andere Arbeitsplätze im eigenen oder in einem zum Konzern gehörenden Unternehmen angeboten werden. Wenn der einzelne Arbeitnehmer ein zumutbares Umsetzungs- oder Versetzungsgebot ausschlägt, kann er keine Abfindung beanspruchen. Im Sozialplan darf nach verschiedenen möglichen Nachteilen – Versetzung oder Entlassung – und nach der Vermeidbarkeit dieser Nachteile differenziert werden (*BAG* vom 8. 12. 1976 – 5 AZR 613/75 – EzA § 112 BetrVG 1972 Nr. 11 = DB 1977, 729). Wird ein Betrieb stillgelegt, so können die Betriebspartner in einem Sozialplan vereinbaren, daß Arbeitnehmer, die das Angebot eines gleichwertigen und gleichbezahlten Arbeitsplatzes in einem anderen Betrieb des Unternehmens an einem anderen Ort ablehnen, nur eine geringere Abfindung erhalten als diejenigen Arbeitnehmer, denen ein solches Angebot nicht gemacht werden kann. Der Arbeitgeber verstößt nicht gegen Treu und Glauben, wenn er einem Arbeitnehmer einen gleichwertigen und gleichbezahlten Arbeitsplatz in einem anderen Betrieb an einem anderen Ort anbietet, obwohl es diesem Arbeitnehmer aus persönlichen Gründen nicht zumutbar ist, das Arbeitsverhältnis an einem anderen Ort fortzusetzen (*BAG* vom 25. 10. 1983 – 1 AZR 260/82 – EzA § 112 BetrVG 1972 Nr. 28 = DB 1984, 725).

§ 112 Abs. 5 Satz 2 Nr. 2 Satz 2 verbietet in der Regel die Zuerkennung von Abfin- **116** dungsansprüchen an Arbeitnehmer, die einen angebotenen zumutbaren Arbeitsplatz ablehnen, bestimmt aber nicht, daß Arbeitnehmern eine Abfindung zuerkannt werden muß, wenn sie einen angebotenen anderen, ihnen zumutbaren Arbeitsplatz ablehnen. Es ist vom Regelungsermessen der Einigungsstelle gedeckt, wenn sie abschließend regelt, unter welchen Voraussetzungen Arbeitnehmer einen nach Art der Tätigkeit entsprechenden und in der Vergütung möglichst gleichwertigen Arbeitsplatz ablehnen können, ohne den Anspruch auf eine Abfindung zu verlieren. Die Einigungsstelle ist nicht gehalten, die Voraussetzungen für die Ablehnung eines Arbeitsplatzangebotes als unzumutbar generalklauselartig zu umschreiben (*BAG* vom 28. 9. 1988 – 1 ABR 23/87 – EzA § 112 BetrVG 1972 Nr. 49 = DB 1989, 48). Der Sozialplan kann Regelungen darüber treffen, unter

§ 112   4. Teil 6. Abschn. *Betriebsänderungen*

welchen Voraussetzungen das Angebot eines anderen Arbeitsplatzes für den von einer Betriebsänderung betroffenen Arbeitnehmer zumutbar ist. Die Einigungsstelle darf bei der Bemessung von Abfindungen wegen Verlustes des Arbeitsplatzes danach unterscheiden, ob dem Arbeitnehmer ein zumutbarer oder nur ein unzumutbarer Arbeitsplatz im Betrieb oder in einem anderen Betrieb desselben Unternehmens angeboten werden kann. Eine Regelung, wonach dem Arbeitnehmer bei Ausschlagung eines zumutbaren Arbeitsplatzes nur die Hälfte der Abfindung zusteht, die er bei Ablehnung eines unzumutbaren Arbeitsplatzes erhalten würde, ist auch aus Rechtsgründen nicht zu beanstanden. Bei Regelungen über die Zumutbarkeit eines angebotenen Arbeitsplatzes dürfen wirtschaftliche Kriterien (gleiche Tarifgruppe) berücksichtigt werden (*BAG* vom 27. 10. 1987 – 1 ABR 9/86 – EzA § 112 BetrVG 1972 Nr. 41 = DB 1988, 558).

117 Ein anderer Arbeitsplatz ist dem Arbeitnehmer nur dann zumutbar i. S. d. § 112 Abs. 5 Satz 2 Nr. 2 Satz 2, wenn er der bisherigen Vorbildung und Berufserfahrung entspricht und keine niedrigere Eingruppierung nach sich zieht. Das Arbeitsangebot an einem anderen Ort ist nur dann zumutbar, wenn der neue Arbeitsort von der Wohnung täglich erreichbar ist. Ist der Arbeitsort weiter entfernt, hängt die Zumutbarkeit eines Umzuges von den persönlichen Umständen ab. Regelt der Sozialplan die Unzumutbarkeit des Ortswechsels nicht durch eine Generalklausel, sondern durch eine enumerative von Unzumutbarkeitsfällen, sind die Ermessensgrenzen überschritten, wenn die Aufzählung lückenhaft bleibt und nicht alle Unzumutbarkeitsfälle erfaßt (*LAG Düsseldorf* vom 23. 10. 1986 – 17 TaBV 98/86 – DB 1987, 544, 1254).

Beschließt die Einigungsstelle einen Sozialplan erst geraume Zeit nach der Durchführung der Betriebsstillegung, so kann sie bei der Bemessung der Sozialplanleistungen auf die wirtschaftlichen Nachteile der entlassenen Arbeitnehmer abstellen, mit denen im Zeitpunkt der Betriebsstillegung typischerweise zu rechnen war. Sie braucht nicht zu berücksichtigen, daß einzelne Arbeitnehmer diese Nachteile tatsächlich nicht erlitten haben (*BAG* vom 23. 4. 1985 – 1 ABR 3/81 – EzA § 112 BetrVG 1972 Nr. 34 = DB 1985, 1030, 1593).

12. Die Beendigung des Sozialplans

118 Der **Sozialplan endet** grundsätzlich, **wenn die geschuldeten Leistungen erbracht sind**.

Eine **ordentliche Kündigung des Sozialplanes** kommt **nur** dann in Betracht, **wenn Dauerleistungen geschuldet werden** (*D/R* § 112 Rz. 90 m. w. N.; GK-*Fabricius* §§ 112, 112a Rz. 72, 74 m. w. N.; *F/A/K/H* §§ 112, 112a Rz. 31 gehen davon aus, daß an die Stelle der Kündbarkeit die Aufhebung oder die Anpassung des Sozialplanes nach den Grundsätzen des Wegfalls der Geschäftsgrundlage tritt).

Möglich ist aber eine **außerordentliche Kündigung aus wichtigem Grund** (*D/R* § 112 Rz. 91, GK-*Fabricius* §§ 112, 112a Rz. 74; *G/L* § 112 Rz. 43; vgl. auch *LAG Saarland* vom 3. 7. 1985 – 1 TaBV 3/84 – DB 1986, 48, das darauf hinweist, daß der Sozialplan aus wichtigem Grund auch gekündigt werden kann, wenn er befristet ist).

Aus § 77 Abs. 5 BetrVG, der über § 112 Abs. 1 Satz 4 BetrVG auch für den Sozialplan gilt (da § 112 Abs. 1 Satz 4 lediglich die Anwendung des § 77 Abs. 3 ausschließt), ergibt sich, daß ein Sozialplan mit einer Frist von 3 Monaten gekündigt werden kann (*LAG Saarland* vom 3.7. 1985 – a. a. O.), soweit Dauerleistungen geschuldet werden (*D/R* § 112 Rz. 90 m. w. N.; *G/L* § 112 Rz. 43).

Die außerordentliche Kündigung ist nicht geregelt. Aus dem Schweigen des Gesetzgebers zur Frage der außerordentlichen Kündigung kann jedoch nicht auf einen Ausschluß dieser Kündigungsmöglichkeiten geschlossen werden (*LAG Saarland* vom 3.7. 1985 – a. a. O.). Ausgehend davon, daß Dauerschuldverhältnisse nach dem Prinzip von Treu und Glauben jederzeit aus wichtigem Grund fristlos kündbar sind, ist das Schweigen des Gesetzgebers vielmehr ein deutliches Indiz für die Zulässigkeit einer außerordentlichen Kündigung von Sozialplänen (vgl. *Palandt/Heinrich*, 44. Aufl. 1985, § 242 Anm. 4f.; MK-*Kramer*, 2. Aufl. 1985, Bd. 2, Einleitung vor § 241 Rz. 88). 119

Ein wichtiger Grund zur fristlosen Kündigung eines Sozialplanes ist insbesondere dann anzunehmen, wenn es dem Arbeitgeber bei Abwägung der beiderseitigen Interessen nicht zugemutet werden kann, weiterhin an dem Sozialplan festzuhalten, wenn sich die Verhältnisse, von denen die Parteien bei Abschluß der Betriebsvereinbarung ausgegangen sind, grundlegend geändert haben, so etwa, weil eine überraschende Wende in der wirtschaftlichen Lage des Unternehmens eingetreten ist (vgl. *G/L* § 112 Rz. 14 und 43). 120

Bei der Prüfung der Frage, ob ein wichtiger Grund vorliegt, sind sämtliche Einzelumstände zu berücksichtigen, wobei ein Hinweis auf finanzielle Schwierigkeiten des Unternehmers allein nicht ausreicht (*BAG* vom 29. 5. 1964 – 1 AZR 281/63 – DB 1964, 1342). An das Vorliegen eines wichtigen Grundes sind demnach besonders strenge Anforderungen zu stellen (*BAG* a. a. O.). 121

Der Möglichkeit, den Sozialplan außerordentlich zu kündigen, steht nichts entgegen, wenn der zu kündigende Sozialplan befristet ist (*BAG* vom 19. 7. 1957 – 1 AZR 420/54 = DB 1957, 924). Die Befristung schließt allein die Möglichkeit der ordentlichen Kündigung aus. Die Stabilität einer Betriebsvereinbarung und die Anforderungen an den Betriebsfrieden erfordern jedoch, hohe Anforderungen an die Berechtigung einer fristlosen Kündigung zu stellen (*BAGE* vom 19. 7. 1957 – a. a. O.). 122

Neben einem einverständlichen **Aufhebungsvertrag** besteht auch die Möglichkeit der **einseitigen Lösung bzw. der Anpassung, wenn die Voraussetzungen des Wegfalls der Geschäftsgrundlage gegeben sind** (GK-*Fabricius* §§ 112, 112a Rz. 74). 123

13. Die Sozialplananspriiche der Arbeitnehmer in der Zwangsvollstreckung

Für die Frage, ob und inwieweit die sich aus den Sozialplänen ergebenden Ansprüche der **Zwangsvollstreckung** unterliegen, sind die Regelungen der §§ **850 ff. ZPO** einschlägig. 124

Die Frage nach der Pfändbarkeit bzw. der beschränkten Pfändbarkeit von Sozialansprüchen kann nicht pauschal beantwortet werden, sondern hängt in entscheidendem Maße davon ab, wie die Leistung zu qualifizieren ist. 125

Unbeschränkt pfändbar sind **einmalige Abfindungen** (*BAG* vom 12. 9. 1979 – 4 AZR 420/77 – EzA § 9 KSchG 1969 Nr. 8 = DB 1980, 358; *D/R* § 112 Rz. 134). Für den Pfändungsschutz gilt jedoch nicht § 850c ZPO, sondern § 850i ZPO (*D/R* § 112 Rz. 134; *F/A/K/H* § 113 Rz. 26; *G/L* § 112 Rz. 62; GK-*Fabricius* §§ 112, 112a Rz. 224). 126

Gem. § 850i ZPO ist dem Schuldner bei der Pfändung arbeitsrechtlicher Abfin- 127

§ 112   4. Teil 6. Abschn. Betriebsänderungen

dungsansprüche so viel zu belassen, wie er während eines angemessenen Zeitraumes für seinen notwendigen Unterhalt und den seiner Ehefrau sowie der unterhaltsberechtigten Kinder bedarf. Für diese Berechnung eignen sich die Regelsätze nach dem BSHG (*OLG Düsseldorf* vom 28. 8. 1979 – 3 W 191/79 – DB 1980, 112).

14. Die steuerliche und sozialversicherungsrechtliche Problematik der Sozialplanansprüche

128   Die Vielzahl der möglichen Leistungen hat zur Folge, daß die jeweilige Leistung auf ihre steuerliche Einordnung und Behandlung hin zu untersuchen ist.

129   Auf die häufig in Sozialplänen vereinbarten **Entlassungsabfindungen** ist die Vorschrift § 3 Nr. 9 EStG 1982 anzuwenden. Danach sind Abfindungen wegen einer vom Arbeitgeber veranlaßten oder gerichtlich ausgesprochenen Auflösung des Dienstverhältnisses, **höchstens** jedoch **DM 24 000,– steuerfrei**. Hat der Arbeitnehmer das **50. Lebensjahr vollendet** und hat das **Dienstverhältnis mindestens 15 Jahre bestanden**, so beträgt der **Höchstbetrag DM 30 000,–**. Hat der Arbeitnehmer das **55. Lebensjahr** vollendet und hat das **Dienstverhältnis mindestens 20 Jahre bestanden**, so beträgt der **Höchstbetrag DM 36 000,–**.

130   Es spricht eine **Vermutung** dafür, **daß die Auflösung des Arbeitsverhältnisses durch den Arbeitgeber veranlaßt wurde**, wenn ein Aufhebungsvertrag abgeschlossen wird oder der Arbeitgeber selbst kündigt und seine Abfindung gezahlt wird (*BFH* vom 3. 11. 1972 – VI R 341/69 – DB 1973, 262; *BFH* vom 4. 12. 1972 – VI R 246/70 – DB 1973, 263).

131   Abfindungen i. S. v. § 3 Nr. 9 EStG können auch dann vorliegen, wenn der Arbeitgeber dem früheren Arbeitnehmer für die Zeit nach Auflösung des Dienstverhältnisses Beträge zahlt, auf die dieser bei Fortbestand des Dienstverhältnisses einen Anspruch gehabt hätte, der aber durch die Auflösung des Dienstverhältnisses zivilrechtlich weggefallen ist. Auch wenn wiederkehrende Beträge gezahlt werden, können Abfindungen in diesem Sinne vorliegen, wenn diese mit der Auflösung des Dienstverhältnisses in kausalem Zusammenhang stehen (*BFH* vom 11. 1. 1980 – VI R 165/77 – DB 1980, 906).

132   Die Abfindung ist auch dann steuerfrei, wenn ein gekündigter Arbeitnehmer noch vorübergehend mit Abwicklungsarbeiten beschäftigt wird (*FG Hannover* vom 30. 10. 1978 – L 257/76 – DStR 1979, 388).

133   Abfindungen aufgrund der vorzeitigen Auflösung eines Dienstverhältnisses sind auch insoweit steuerfrei, als mit ihnen entgangene Verdienstmöglichkeiten für die Zeit bis zum Ende der Kündigungsfrist abgegolten werden (*BFH* vom 13. 10. 1978 – VI R 91/77 – EzA § 9 KSchG 1969 Nr. 6 = DB 1979, 481; *BFH* vom 6. 10. 1978 – VI R 157/76 – DB 1979, 726).

134   Da die in § 3 Nr. 9 EStG aufgeführten Summen als Höchstbeträge anzusehen sind, handelt es sich um **Steuerfreibeträge** mit der Folge, daß **bei Überschreiten dieser Grenzen nur der übersteigende Betrag einkommensteuerlich erfaßbar** ist. Für diesen **einkommensteuerrechtlich relevanten Betrag kann** die Steuerermäßigung des § 34 Abs. 1 EStG 1975 in Anspruch genommen werden (vgl. *D/R* § 112 Rz. 135).

135   **Andere Leistungen des Sozialplanes** sind **im Regelfall steuerpflichtiges Einkommen**, so z. B. Abgeltung vertraglicher Lohnansprüche oder Lohnausgleichsforderungen, Abgeltungen bestehender Urlaubsansprüche, Gratifikationen – mit Ausnahme der üblicherweise geltenden Freibeträge –, Verdienstausfallentschädigun-

gen und Mietzuschüsse; sie können aber gegebenenfalls als Werbungskosten geltend gemacht werden (GK-*Fabricius* §§ 112, 112a Rz. 218).
Abfindungen für den Verlust des Arbeitsplatzes sind nicht sozialversicherungsbeitragspflichtig (*D/R* § 112 Rz. 137). Zur Frage, inwieweit durch Sozialplanleistungen der Anspruch auf Arbeitslosengeld berührt wird, vgl. § 117 Abs. 2 und 3 AFG; *D/R* § 112 Rz. 138; *BAG* vom 13. 1. 1982 – 5 AZR 546/79 – EzA § 9 KSchG 1969 Nr. 13 = DB 1982, 1013. **136**

15. Der Sozialplan im Konkurs des Unternehmers

Die in der konkurs- und arbeitsrechtlichen Literatur höchst streitige Frage, ob die Regelung des § 112 über den Sozialplan, soweit darin Abfindungen als Ausgleich für den Verlust des Arbeitsplatzes vorgesehen sind, auch im Konkurs des Arbeitgebers Geltung beanspuchen kann, und welche Rangqualität einer solchen Forderung zukommt, hat der Gesetzgeber durch das **Gesetz über den Sozialplan im Konkurs- und Vergleichsverfahren** vom 20. 2. 1985 (BGBl. I S. 369), geändert durch das Gesetz vom 22. 12. 1989 (BGBl. I S. 2405) und zuletzt geändert durch das Gesetz vom 20. 10. 1991 (BGBl. I S. 2289) geregelt. (Vgl. zur Entstehungsgeschichte des Gesetzes sowie zum Inhalt die im Anhang abgedruckte Kommentierung; siehe auch zur rechtspolitischen Diskussion GK-*Fabricius* §§ 112, 112a Rz. 225 ff.). **137**

16. Durchgriffshaftung des Konzerns

Das *LAG Frankfurt/M.* (vom 11. 3. 1988 – 15/5 Sa 56/87 – NZA 1989, 107 und – 15/5 Sa 53/87 – DB 1988, 2568) hatte sich mit der Frage zu befassen, inwieweit das Aktienrecht bezüglich der Durchgriffshaftung auf eine GmbH, die einen Sozialplan erstellt hat und mit einem anderen Unternehmen einen Gewinnabführungsvertrag abgeschlossen hat, Anwendung findet. Das *LAG* hat in seinen Entscheidungen eine Durchgriffshaftung im Wege der analogen Anwendung des § 303 AktG bejaht. Es stützte sich hierbei auf die Entscheidung des *BGH* vom 16. 9. 1985 (– II ZR 275/84 – NJW 1986, 188 ff., die sog. Autokran-Entscheidung), wonach bei Vermögenslosigkeit einer abhängigen GmbH eine Ausfallhaftung des herrschenden Konzernunternehmens dann in Betracht kommt, wenn dieses die Geschäfte der abhängigen GmbH dauernd und umfassend selbst geführt hat und nicht dartun kann, daß der pflichtgemäß handelnde Geschäftsführer einer selbständigen GmbH die Geschäfte ebenso geführt hätte. **138**
Für eine Konzernbezogenheit des Sozialplanes spricht, daß es unbillig wäre, die eventuell vom Verlust ihres Arbeitsplatzes schon hart getroffenen Arbeitnehmer auch noch die konzernspezifischen Risiken interner Organisationsverlagerungen und damit den Ausfall der Sozialplanverpflichtung tragen zu lassen. **139**
Gegen eine Durchgriffshaftung des Konzerns spricht jedoch in erster Linie, daß das KSchG und damit auch die Abfindungsregelung des § 10 KSchG, die mit der Sozialplanabfindung vergleichbar ist, betriebsgezogen, allenfalls unternehmensbezogen, aber nicht konzernbezogen ausgestaltet ist (*BAG* vom 14. 10. 1982 – 2 AZR 568/80 – EzA § 15 KSchG 1969 Nr. 29 = DB 1983, 2635). Eine konzernbezogene Ausweitung des Kündigungsschutzgesetzes würde methodologisch eine unzulässige Rechtsfortbildung contra legem darstellen (*Larenz* Methodenlehre **140**

§ 112   4. Teil 6. Abschn. Betriebsänderungen

1979, 417ff. und *BAG* vom 22.5. 1986 – 2 AZR 612/85 – EzA § 1 KSchG 1969 Soziale Auswahl Nr. 22 = DB 1986, 2547).

141   Einer konzerndimensionalen Durchgriffshaftung steht bei der gegenwärtigen gesetzlichen Konzeption auch grundlegend der Umstand entgegen, daß es sich bei den Konzernunternehmen um jeweils rechtlich selbständige Unternehmen handelt (§ 17 Abs. 1 AktG), also um jeweils rechtlich selbständige Rechtspersönlichkeiten, die lediglich unter einer einheitlichen Leitung (Konzernleitung) zusammengefaßt sind (§ 18 AktG). Dieser unüberbrückbare Widerspruch zwischen einer konzernbezogenen Durchgriffshaftung und dem Grundsatz der rechtlichen Selbständigkeit der Konzernunternehmen wird noch verstärkt durch den schuldrechtlichen Grundsatz der Relativität des Schuldnerverhältnisses, d.h., durch das Schuldverhältnis werden grundsätzlich nur die an ihm Beteiligten berechtigt und verpflichtet (*Palandt/Heinrichs* Einl. vor § 241 Anm. 1 b). Die Forderung des Gläubigers – hier des einzelnen Arbeitnehmers –auf die Leistung besteht daher als relatives Recht nur gegenüber dem Schulder, also dem sozialplanabschließenden Betrieb. Eine konzerndimensionale Durchgriffshaftung ist damit grundsätzlich abzulehnen.

142   Sofern die Vermögenslosigkeit des Konzernunternehmens jedoch gerade auf einer Maßnahme der Konzernspitze beruht, also auf konzerninternen Gründen und nicht auf solchen der allgemeinen Marktsituation, kann eine Durchgriffshaftung im Einzelfall ausnahmsweise zu bejahen sein.

IV. Die Leitlinien für die Ermessensentscheidung nach § 112 Abs. 5

1. Allgemeines

143   Mit dem am 1. Mai 1985 in Kraft getretenen **Beschäftigungsförderungsgesetz** (BeschFG 1985) hat der Gesetzgeber die bisherige Fassung des § 112 Abs. 4 geändert und § 112 Abs. 5 eingefügt (BGBl. I 1985 S. 710).

144   Nach dem Wortlaut des § 112 Abs. 5 sind der Einigungsstelle **Leitlinien für** die **Ermessensentscheidungen vorgegeben worden**. Wird geltend gemacht, es sei unzulässig, in einem Sozialplan unabhängig von den individuellen unterschiedlichen Nachteilen für alle Arbeitnehmer pauschale Abfindungen zu beschließen, so handelt es sich um die Geltendmachung eines Ermessensfehlers nach § 112 Abs. 5 BetrVG, der innerhalb der Frist des § 76 Abs. 5 Satz 4 BetrVG (materiellrechtliche Ausschlußfrist) geltend gemacht werden muß (*BAG* vom 26. 5. 1988 – 1 ABR 11/87 – EzA § 76 BetrVG 1972 Nr. 41 = DB 1988, 2154).

145   § 112 Abs. 5 hat über seinen Wortlaut hinaus nicht nur für die Einigungsstelle, sondern **auch für Arbeitgeber und Betriebsrat Bedeutung**, wenn diese über den Abschluß von Sozialplänen verhandeln. § 112 Abs. 5 Satz 1 wiederholt den bisher in § 112 Abs. 4 Satz 2 enthaltenenen Grundsatz, daß die zur Entscheidung über die Aufstellung des Sozialplanes angerufene Einigungsstelle sowohl die **sozialen Belange der betroffenen Arbeitnehmer** als auch die **wirtschaftliche Vertretbarkeit** der Entscheidung für das Unternehmen zu achten hat. Zum theoretischen Begriff der Wirtschaftlichkeit vgl. GK-*Fabricius* § 112 Rz. 89ff.

146   Wie die **unbestimmten Rechtsbegriffe** »Die sozialen Belange der Arbeitnehmer« einerseits und die »Wirtschaftliche Vertretbarkeit« des Sozialplanvolumens für die Betriebe andererseits auszulegen sind, war bisher auch nicht andeutungsweise geregelt, mit der Folge, daß die Sozialplanvolumina ausgeufert sind. Dies war im we-

sentlichen darauf zurückzuführen, daß der Sozialplan nicht an die aus einer Betriebsänderung konkret den Arbeitnehmern entstehenden Nachteile angeknüpft hat, sondern dem Instrument des Sozialplanes **Überbrückungs- und Daseinsvorsorgefunktion** zugesprochen wurde (*G/L* § 112 Rz. 3 m. w. N.).
Durch die neu eingefügten Ermessensrichtlinien wird das bisherige freie **Ermessen** der Einigungsstelle (*BAG* vom 9. 12. 1981 – 5 AZR 549/77 – EzA § 112 BetrVG 1972 Nr. 24 = DB 1982, 908; *BAG* vom 29. 11. 1978 – 5 AZR 553/77 – EzA § 112 BetrVG 1972 Nr. 16 = DB 1979, 795) **eingeschränkt** und sollen nach dem Willen des Gesetzgebers den abzuschließenden Sozialplänen festere Konturen verliehen werden. 147

Um die wirtschaftliche Vertretbarkeit eines Sozialplanes beurteilen zu können, ist vorab die Gesamtheit der eingetretenen Nachteile bei den betroffenen Arbeitnehmern zu bestimmen. Dieser **Sozialplan** bildet die **Obergrenze** für das gesamte Sozialplanvolumen und wird durch die wirtschaftliche Vertretbarkeit für das Unternehmen eingeschränkt. Dabei ist die Gesamtheit der mindernden und erhöhenden Faktoren zu berücksichtigen, die gegebenenfalls durch einen Sachverständigen zu bewerten sind. 148

a) Sozialplanmindernde Faktoren können sein:
der tatsächliche Verlust des Unternehmens, geplante Investitionsvorhaben, soweit sie notwendig sind für die Substanzerhaltung oder Betriebsfortführung, Kreditschwierigkeiten, steuerliche Verpflichtungen, konkrete Zahlungsverpflichtungen für das Unternehmen aus Zulieferverträgen und dergleichen mehr sowie eine ungünstige Absatzlage der produzierten Produkte.

b) Sozialplanerhöhende Faktoren sind u. a.:
absehbare oder in der Tendenz steigende Gewinne (abzustellen ist auf den sog. Nettogewinn in der Handelsbilanz), Rückstellungen, soweit sie lediglich für nützliche Ausgaben vorgesehen sind, sowie Gewinnrückstellungen, Dividenden- und Gewinnausschüttungen an Gesellschafter und Aktionäre, der Bargeldbestand des Unternehmens sowie dessen freiverfügbare Guthaben.

c) Der optimale Sozialplanbedarf (B) als Obergrenze summiert sich aus den Abfindungen (Abf.) nach § 10 KSchG für die betroffenen Arbeitnehmer (AN). Da der Arbeitsplatzverlust auf rechtmäßigen Kündigungen beruht, ist der Sanktionsanteil von einem Drittel der in § 10 KSchG festgelegten Abfindungen abzuziehen. Damit ergibt sich als Sozialplanbedarf auf der Arbeitnehmerseite zunächst folgende Formel:

$$B = \text{Abf.} \times \text{AN} \times \tfrac{2}{3}$$

d) Demgegenüber errechnet sich die wirtschaftliche Vertretbarkeit für das Unternehmen aus den sozialplanmindernden (MF) und sozialplanerhöhenden (EF) Faktoren. Ausgehend von einer Gesamtbetrachtung dieser Faktoren ergibt sich für die wirtschaftlich noch vertretbare Belastung des Unternehmns (WV) folgende Formel:

$$WV = B - MF + EF$$

Sofern im konkreten Unternehmen die sozialplanerhöhenden Faktoren (EF) die sozialplanmindernden Faktoren (MF) übersteigen, würde sich das Sozialplanvolumen insgesamt erhöhen. Da Ziel des Sozialplanes jedoch lediglich der Ausgleich der entstandenen oder nach der Prognose zu erwartenden Nachteile der Arbeitnehmer ist und der Sozialplan zu keiner Bereicherung der Arbeitnehmer führen soll, hat das Unternehmen demnach nur den errechneten Sozialplanbedarf B als Obergrenze zur Verfügung zu stellen.

§ 112   *4. Teil 6. Abschn. Betriebsänderungen*

e) Der in § 112 Abs. 5 Satz 1 BetrVG geforderte Interessenkompromiß zwischen den Belangen der Arbeitnehmer – ausgedrückt im Sozialplanbedarf B – und der wirtschaftlichen Vertretbarkeit für das Unternehmen (WV) wird in der Regel im arithmetischen Mittel der beiden Forderungen liegen. Für die Bestimmung des Sozialplanvolumens (SV) ergibt sich daher rechnerisch folgende Rahmenformel:

$$SV = \frac{2 \times (Abf. \times AN \times \tfrac{2}{3}) - MF + EF}{2}$$

Hierbei handelt es sich jedoch nur um eine Rahmenformel, d. h., bei der Bestimmung des Sozialplanvolumens sind unter Umständen auch andere Nachteile als der Verlust des Arbeitsplatzes (wie z. B. Fahrtkostenzuschüsse, Umzugskostenerstattungen usw.) zu berücksichtigen (vgl. *v. Hoyningen-Huene* RdA 1986, 102).

Um die einzelnen Faktoren der Sozialplanformel mit Tatsachen auszufüllen, bedarf es eines erheblichen Arbeitsaufwandes. Dieser kann nicht mit dem Streben nach einer Pauschalierung des Sozialplanvolumens umgangen werden, weil dies praktikabler ist (so aber *Reuter* Der Sozialplan, 28), weil der Unternehmer verpflichtet ist, unter Einsatz der geringsten Mittel den größten Erfolg zu erzielen, und weil er dem Sparprinzip unterworfen ist.

2. § 112 Abs. 5 Ziff. 1 BetrVG

149 Mit § 112 Abs. 5 Ziff. 1 BetrVG stellt der Gesetzgeber klar, daß die **Basis des Sozialplanes die konkreten wirtschaftlichen Nachteile** sind, die nach den Gegebenheiten des jeweiligen Einzelfalles den Arbeitnehmern durch die Betriebsänderung entstehen und von der Einigungsstelle bei Ermittlung des Sozialplanvolumens zugrunde gelegt werden sollen.

150 Für eine pauschalisierte Verteilung des Gesamtsozialplanvolumens nach dem Gießkannenprinzip bleibt nur noch ein eingeschränkter Raum. Damit wird vielmehr verdeutlicht, daß die in den Sozialplan aufzunehmenden Leistungen sich an den **konkreten wirtschaftlichen Nachteilen der Arbeitnehmer** (GK-*Fabricius* §§ 112, 112a, Rz. 96) durch Einkommensänderung, Wegfall von Sonderleistungen oder Verlusten von Anwartschaften auf betriebliche Altersversorgung zu orientieren haben; sie beinhalten – je nach den Auswirkungen der Betriebsänderungen – **Ausgleichsleistungen** wie Entlassungs- und/oder Versetzungsabfindungen, Fahrtkostenersatz, Umzugskostenhilfen, Mietzuschüsse, Umschulungs- und Weiterbildungsbeihilfen, Trennungsentschädigungen und/oder Ausgleichszahlungen für den Verlust von Sonderleistungen, vorzeitigen Ruhegeldleistungen und/oder für zu erwartende Rentenminderungen, die in der Regel den Gegebenheiten des Einzelfalles Rechnung tragen.

151 Auch wenn die vorstehenden Aufzählungen wirtschaftlicher Ausgleichsleistungen nur **Beispiele** sind, die keine Vollständigkeit für sich beanspruchen, so verdeutlichen sie doch, daß dem Sozialplan **Schadensausgleichsfunktion** und **nur noch in Ausnahmefällen** eine Daseinsvorsorgefunktion zukommen kann. Bei der Ermittlung des Ausgleichsbetrages kann an typische individuelle Situationen wie Lebensalter, Unterhaltsverpflichtung und Sonderbelastung angeknüpft werden, ohne daß

dies zu einer Pauschalierung führen sollte (vgl. *S/W* Ergänzungsband, §§ 111–113 Rz. 128 f.).
Insbesondere verstößt es nicht gegen die Grundsätze von Recht und Billigkeit, **152** wenn die Betriebspartner in einem Sozialplan Ausgleichsleistungen für ältere Arbeitnehmer nach den mit hoher Wahrscheinlichkeit zu erwartenden tatsächlichen Nachteilen bemessen und für jüngere Arbeitnehmer einen pauschalen Ausgleich in Form von Abfindungszahlungen vorsehen, deren Höhe sich an der Dauer der bisherigen Betriebszugehörigkeit orientiert.
Auch verbietet Art. 6 § 5 Abs. 1 Rentenreformgesetz vom 16. 10. 1972 nicht, bei der Festsetzung von Ausgleichsleistungen in einem Sozialplan den Umstand zu berücksichtigen, daß ältere Arbeitnehmer alsbald das vorgezogene Altersruhegeld in Anspruch nehmen können (*BAG* vom 14. 2. 1984 – 1 AZR 574/82 – EzA § 112 BetrVG 1972 Nr. 30 = DB 1984, 1527).

3. § 112 Abs. 5 Ziff. 2 BetrVG

Mit der Ermessensleitlinie des § 112 Abs. 5 Ziff. 2 ist das Moment der **Daseins-** **153** **vorsorge** für berücksichtigungsfähig anerkannt worden, indem festgelegt wurde, daß bei der Erstellung des Soziaplanes zu berücksichtigen ist, wie sich die **Aussichten der betroffenen Arbeitnehmer auf dem Arbeitsmarkt** gestalten. Dies ist bisher bei der Aufstellung von Sozialplänen in der Regel nur dadurch geschehen, daß beispielsweise bei der Berechnung der Abfindung das Lebensalter der einzelnen Arbeitnehmer (oder auch eine Schwerbehinderteneigenschaft) in die Berechnungsformel eingeflossen ist.
Bei der Ermittlung einer Entlassungsabfindung ist häufig in den Sozialplänen von **154** der **Formel** ausgegangen worden: Bruttolohn multipliziert mit Lebensalter, multipliziert mit Betriebszugehörigkeit, dividiert durch einen Devisor, der sich je nach dem vorgestellten Sozialplanvolumen ermittelte. Dies ist nach der Neuregelung **nicht mehr ausreichend**.
Die ausdrückliche Formulierung, daß die Aussichten der betroffenen Arbeitnehmer auf dem Arbeitsmarkt zu berücksichtigen sind (GK-*Fabricius* §§ 112, 112a Rz. 100 ff.), ist weitergehend als die bisherige Praxis. Der qualifizierte Facharbeiter wird in der Regel auf dem Arbeitsmarkt besser zu vermitteln sein als der ungelernte Hilfsarbeiter, der Computerspezialist besser als die durch die Computereinführung immer mehr verdrängten Arbeitnehmer einzelner Berufsgruppen.
Es wird daher in Zukunft bei der Erstellung von Sozialplänen erforderlich, an- **155** hand von regionalen Statistiken die **Vermittelbarkeit der einzelnen Abeitnehmer bzw. der Berufsgruppen** zu analysieren und dementsprechend den Sozialplan besonders zu gestalten, was in Einzelfällen zu **modifizierten Sozialplanformeln** führen muß.
Mit der Regelung des § 112 Abs. 5 Ziff. 2 Satz 2 hat der Gesetzgeber die bisher **156** vom *BAG* (vom 8. 12. 1976 – 5 AZR 613/75 – EzA § 112 BetrVG 1972 Nr. 11 = DB 1977, 729 m. Anm. *Weitnauer)* tolerierte Auffassung, wonach derjenige Arbeitnehmer keine Abfindung oder nur eine gewisse Abfindung erhält, der ein **zumutbares Umsetzungs- oder Versetzungsangebot** ausschlägt, nicht nur gebilligt, sondern zum Regelfall erhoben.
Dabei ist es nicht nur erheblich, ob den Arbeitnehmern in demselben Betrieb oder in einem anderen Betrieb des Unternehmens oder Konzerns oder auch von

§ 112   4. Teil 6. Abschn. Betriebsänderungen

einem Drittunternehmer ein zumutbarer Arbeitsplatz angeboten wurde (F/A/ K/H §§ 112, 112a Rz. 35a, 23).
Obgleich das Angebot eines zumutbaren Arbeitsplatzes durch den Wortlaut des § 112 Abs. 5 Satz 2 Nr. 2 Satz 2 BetrVG hinausgeht, ist die Gleichstellung mit dem Sinn und Zweck dieser Vorschrift vereinbar. Danach ist der Ausschluß von Leistungen nur insoweit gerechtfertigt, als diese den **Verlust** des Arbeitsplatzes rechtfertigen sollen. Wird ein verbindliches, gleichwertiges und somit zumutbares Arbeitsplatzangebot abgelehnt, ist der Ausschluß von Leistungen aus dem Sozialplan vertretbar. Aus der Sicht des betroffenen Arbeitnehmers kann es nämlich keinen Unterschied machen, von welcher Seite ein solches zumutbares Arbeitsplatzangebot an ihn herangetragen wird, solange die Gleichwertigkeit der Arbeitsbedingungen in finanzieller und beruflicher Hinsicht gewährleistet ist. Eine solche sofortige Neueinstellung in einen anderen Betrieb, bei zudem gleichwertigen (wenn auch nicht unbedingt gleichartigen) Arbeitsbedingungen, ist angesichts angespannter Arbeitsmarktlage für den betroffenen Arbeitnehmer nur vorteilhaft.
Allgemein anerkannt ist, daß das Arbeitsplatzangebot eines anderen Arbeitgebers (außerhalb des Unternehmens oder des Konzerns) im Rahmen der Aussichten auf dem Arbeitsmarkt nach § 112 Abs. 5 Satz 2 Nr. 2 Satz 1 BetrVG eine Rolle spielen und von der Einigungsstelle zu berücksichtigen sein kann.
So konnten schon nach der bisherigen Rechtsprechung Abfindungen auf Arbeitnehmer beschränkt werden, denen kein zumutbarer anderer Arbeitsplatz angeboten werden kann oder die noch keine anderweitige Beschäftigung gefunden haben (vgl. *BAG* vom 17.2.1981 – 1 AZR 290/78 – EzA § 112 BetrVG 1972 Nr. 21 = DB 1981, 1414).

157 Danach sind die Betriebsparteien und entsprechend die Einigungsstelle frei, festzulegen, welche Nachteile der betroffenen Arbeitnehmer in welchem Umfang ausgeglichen oder gemildert werden sollen. Der Sozialplan kann Regelungen darüber treffen, unter welchen Voraussetzungen das Angebot eines anderen Arbeitsplatzes für den von einer Betriebsänderung betroffenen Arbeitnehmer zumutbar ist. Hierbei dürfen auch wirtschaftliche Kriterien (z.B. gleiche Tarifgruppe) berücksichtigt werden (*BAG* vom 27.10.1987 – 1 ABR 9/86 – EzA § 112 BetrVG Nr. 41 = DB 1988, 558).

158 Spricht die Einigungsstelle auch solchen Arbeitnehmern Abfindungen oder sonstige Sozialplanleistungen zu, die einen anderen zumutbaren Arbeitsplatz ablehnen, ist dies ermessensmißbräuchlich und kann angefochten werden. Insoweit tritt durch § 112 Abs. 5 BetrVG eine Ermessensbindung der Einigungsstelle ein. § 112 Abs. 5 Satz 2 Nr. 2 Satz 2 BetrVG bestimmt jedoch nicht, daß Arbeitnehmern eine Abfindung zuerkannt werden muß, wenn sie einen angebotenen anderen, ihnen unzumutbaren Arbeitsplatz ablehnen. Es ist daher vom Regelungsermessen der Einigungsstelle gedeckt, wenn sie abschließend regelt, unter welchen persönlichen Voraussetzungen Arbeitnehmer einen nach Art der Tätigkeit entsprechenden und in der Vergütung möglichst gleichwertigen Arbeitsplatz ablehnen können, ohne den Anspruch auf eine Abfindung zu verlieren. Die Voraussetzungn für die Ablehnung eines Arbeitsplatzangebotes als unzumutbar müssen nicht generalklauselartig umschrieben werden, sondern können konkrete, insbesondere familiäre Umstände, aber auch wirtschaftliche Kriterien benennen (*BAG* vom 28.9.1988 – 1 ABR 23/87 – EzA § 112 BetrVG 1972 Nr. 49 = DB 1989, 48 = *BAG* vom 27.10.1987 – 1 ABR 9/86 – EzA § 112 BetrVG 1972 Nr. 42 = DB 1988, 558).

159 Die Rechtsprechung wird diese Regelung anhand von Einzelfallentscheidungen

zur **Zumutbarkeit von Umsetzungs- und Versetzungsangeboten** zu konkretisieren haben. Hierbei können die Grundsätze, die bei der Gewährung von Arbeitslosengeld bzw. Arbeitslosenhilfe entwickelt worden sind, entsprechend angewendet werden (*Löwisch* BB 1985, 1205; a.A. GK-*Fabricius* §§ 112, 112a Rz. 104). Unproblematisch wird nach dieser gesetzlichen Regelung der Fall, in dem dem Arbeitnehmer für den Verlust des Arbeitsplatzes eine Sozialplanabfindung zugestanden hätte und dem bei der Umsetzung keine ausgleichsbedürftigen Nachteile entstanden wären.

Derjenige Arbeitnehmer aber, dem statt der Entlassung ein Angebot zur Umset- 160 zung oder Versetzung unterbreitet worden ist und dem bei Annahme dieses Angebots eine Sozialplanleistung wegen der Umsetzung oder Versetzung zugestanden hätten, dürfte bei der Ausschlagung des Angebotes auch diese Leistung nach dem Wortlaut des Gesetzes nicht erhalten. Der Gesetzestext bezieht sich auf alle Sozialplanleistungen und nicht nur auf solche wegen des Verlustes des Arbeitsplatzes. Sinn und Zweck dieses Gesetzes kann es aber nicht sein, den Arbeitnehmer zu bestrafen, der das Angebot nicht annimmt, so daß er die Abfindung erhalten muß, die er bei Annahme des Versetzungs- oder Umsetzungsangebotes auch erhalten hätte.

Muß der Arbeitnehmer seinen Arbeitsort räumlich verlegen, so haben die damit 161 verbundenen Erschwernisse keine Bedeutung für die Frage der Zumutbarkeit des angebotenen Arbeitsplatzes (*BAG* vom 25. 10. 1983 – 1 AZR 260/82 – EzA § 112 BetrVG 1972 Nr. 28 = DB 1984, 725; *BAG* vom 27. 10. 1987 – 1 ABR 9/86 – EzA § 112 BetrVG 1972 Nr. 41 = DB 1988, 558).

Durch Umstände des Einzelfalles (Alter, Schwerbehinderteneigenschaft, pflegebedürftiger Familienangehöriger, Immobilität wegen Grundbesitz, Umschulungsbedürfnis der Kinder, Aufwendungen, Umzugsaufwand u. dgl. mehr) kann das Arbeitsplatzangebot an einem anderen Arbeitsort nicht unzumutbar werden (*S/W* Ergänzungsband, §§ 111–113 Rz. 139; a.A. *F/A/K/H* §§ 112, 112a Rz. 36; *Wlotzke* NZA 1984, 721; GK-*Fabricius* §§ 112, 112a Rz. 105).

4. § 112 Abs. 5 Ziff. 3 BetrVG

Mit § 112 Abs. 5 Ziff. 3 hat der Gesetzgeber bezüglich der **wirtschaftlichen Ver-** 162 **tretbarkeit für das Unternehmen** eine Ermessensleitlinie aufgestellt, wonach der Fortbestand des Unternehmens oder der nach der Durchführung der Betriebsänderung verbleibenden Arbeitsplätze nicht durch die Erfüllung des Sozialplanes gefährdet werden darf.

Diese hiermit vorgegebene Beschränkung soll verhindern (GK-*Fabricius* §§ 112, 112a Rz. 106), daß bei einer Abwägung der sozialen Belange der Arbeitnehmer einerseits und der wirtschaftlichen Vertretbarkeit für den Arbeitgeber andererseits die sozialen Belange der Arbeitnehmer als so überragend angesehen werden, daß das Unternehmen durch das Sozialplanvolumen so viel an Eigenkapital verliert, daß die ordnungsgemäße kaufmännische Risikovorsorge nicht mehr gesichert ist (vgl. hierzu auch *BAG* vom 13. 12. 1978 – GS 1/77 – EzA § 112 BetrVG 1972 Nr. 15 m. Anm. *Hess* = DB 1979, 261).

Bei der arbeitsgerichtlichen Rechtskontrolle gem. § 76 Abs. 5 Satz 4 wird die Be- 163 achtung dieser Ermessensleitlinien im Sinne einer Überschreitung der Grenzen des Ermessens überprüft werden.

V. Streitigkeiten

164 Bei Streitigkeiten über das Vorliegen der Voraussetzungen für die Beteiligungsrechte des § 112 entscheidet das Arbeitsgericht gem. § 2a Abs. 1 Ziff. 2, Abs. 2, § 80 Abs. 1 ArbGG im Beschlußverfahren (GK-*Fabricius* § 112, 112a Rz. 239).

165 Das Arbeitsgericht kann die Entscheidung der Einigungsstelle über den Sozialplan nur in dem von § 112 Abs. 4 Satz 2 begrenzten Rahmen überprüfen. Der Antrag beim Arbeitsgericht auf Entscheidung über das Bestehen eines Beteiligungsrechtes kann auch noch dann gestellt werden, wenn das Verfahren nach § 112 bereits läuft. An die Entscheidung des Arbeitsgerichts ist die Einigungsstelle gebunden. Auch nach der Entscheidung der Einigungsstelle gem. § 112 Abs. 4 über den Sozialplan kann noch eine Entscheidung des Arbeitsgerichts beantragt werden. Verneint das Arbeitsgericht das Bestehen eines Mitbestimmungsrechts, wird die Entscheidung der Einigungsstelle rückwirkend unwirksam.

166 Zur gerichtlichen Überprüfung des Sozialplanes vgl. § 76 Rz. 59 ff.

167 Die richtige Auslegung des Sozialplanes kann der einzelne Arbeitnehmer durch das Arbeitsgericht im Urteilsverfahren prüfen lassen (*ArbG Wiesbaden* vom 13. 8. 1975 – 6 BV 4/75 – BB 1976, 845; *BAG* vom 8. 12. 1976 – 5 AZR 613/75 – EzA § 112 BetrVG 1972 Nr. 11 = DB 1977, 729 m. Anm. *Weitnauer*; *F/A/K/H* §§ 112 112a Rz. 41; GK-*Fabricius* §§ 112, 112a Rz. 240).
Auch bei der Auslegung von Sozialplänen als einer streitentscheidenden Tätigkeit auf dem Gebiet des Privatrechts ist die mittelbare Drittwirkung der Grundrechte (sog. Ausstrahlungswirkung) mit einzubeziehen, da das Grundgesetz mit den Grundrechten zugleich Elemente objektiver Ordnung aufgerichtet hat, die als verfassungsrechtliche Grundentscheidung für alle Bereiche des Rechts Geltung haben (*BVerfG* vom 23. 4. 1986 – 2 BvR 87/80 – DB 1987, 279).

168 Es ist jedoch im Individualprozeß des einzelnen Arbeitnehmers gegen seinen Arbeitgeber nicht möglich, die Angemessenheit der finanziellen Gesamtausstattung eines Sozialplanes der gerichtlichen Kontrolle zu unterziehen (*BAG* vom 17. 2. 1981 – 1 AZR 290/78 – EzA § 112 BetrVG 1972 Nr. 21 = DB 1981, 1414).

169 Die Betriebspartner können in einem Sozialplan auch nicht vereinbaren, daß Meinungsverschiedenheiten zwischen Arbeitgeber und Arbeitnehmern aus der Anwendung des Sozialplanes durch einen verbindlichen Spruch einer Einigungsstelle entschieden werden sollen. Eine solche Vereinbarung stellt eine unzulässige Schiedsabrede dar (*BAG* vom 27. 10. 1987 – 1 AZR 80/86 – EzA § 125 BGB Nr. 10 = DB 1988, 503).

170 Schreibt eine tarifliche Ausschlußklausel die Geltendmachung von Ansprüchen innerhalb bestimmter Fristen vor, so genügt zur ordnungsgemäßen Geltendmachung eines solchen Abfindungsanspruchs die Erhebung einer Klage, die die Höhe der zu zahlenden Abfindung in das Ermessen des Gerichts stellt, jedenfalls dann, wenn die für die Bemessung der Abfindung maßgebenden Umstände in der Klageschrift mitgeteilt werden. Einer Bezifferung des Abfindungsanspruchs bedarf es nicht (*BAG* vom 29. 11. 1983 – 1 AZR 523/82 – EzA § 113 BetrVG 1972 Nr. 11 = DB 1984, 724).

171 Hat sich die Einigungsstelle für unzuständig erklärt, weil keine sozialplanpflichtige Betriebsänderung vorliegt, so ist sie in dem anschließenden arbeitsgerichtlichen Beschlußverfahren über die Rechtswirksamkeit ihres Spruches nicht zu beteiligen (*BAG* vom 22. 1. 1980 – 1 ABR 28/78 – EzA § 111 BetrVG 1972 Nr. 11 m. Anm. *Fabricius*, *Cottmann* = DB 1980, 1402). Hat sich demgegenüber die Einigungs-

stelle nach § 112 Abs. 4 für die Aufstellung eines Sozialplanes für zuständig erklärt, so ist sie im arbeitsgerichtlichen Beschlußverfahren über die Rechtswirksamkeit ihres Spruches zu beteiligen (*ArbG Berlin* vom 5. 2. 1975 – 10 Bv 16/74 – DB 1975, 652).
Im arbeitsgerichtlichen Beschlußverfahren über die Rechtswirksamkeit des Spru- 172
ches einer betrieblichen Einigungsstelle nach § 112 Abs. 4 ist die Einigungsstelle ebenfalls zu beteiligten (*ArbG Berlin* vom 5. 2. 1975 – a. a. O.).
Sozialregelungen, die bei der Bemessung der Abfindung nicht nach der Art des 173
Arbeitsplatzverlustes (z. B. unbedingte Kündigungen, Ablehnung von zumutbaren Fortsetzungsangeboten im Rahmen von Änderungskündigungen, Eigenkündigungen, Aufhebungsverträgen) differenzieren, sind regelmäßig ermessensfehlerhaft (*LAG Frankfurt/M.* vom 17. 10. 1987 – 4 TaBV 180/86 – BB 1988, 1386). Die Einigungsstelle überschreitet ihre Ermessensgrenzen auch dann, wenn sie Pauschalabfindungen festsetzt, ohne die durch § 112 Abs. 4 aufgezeigten Kriterien zu beachten (*ArbG Hamburg* vom 23. 1. 1979 – 9 Bv 7, 8/79 – DB 1980, 884).
Grundsätzlich findet das Ermessen der Einigungsstelle seine Grenzen dort, wo aus 174
anderen rechtlichen Gesichtspunkten nach dem Willen des Gesetzgebers den Belangen einer Partei vorrangige Berücksichtigung zukommt (*ArbG Köln* vom 3. 9. 1975 – 3 Bv 55/75 – DB 1975, 2451).
Bei der Frist von 2 Wochen zur Geltendmachung der Überschreitung des Ermes- 175
sens nach § 76 Abs. 5 Satz 4 handelt es sich um eine materiell-rechtliche Ausschlußfrist.
Sie wird nicht gewahrt, wenn innerhalb von 2 Wochen beim Arbeitsgericht die Feststellung der Unwirksamkeit eines Sozialplanes ohne Begründung beantragt wird. Eine nach Ablauf der Frist nachgeschobene Begründung für den Feststellungsantrag heilt den Mangel nicht (*BAG* vom 26. 5. 1988 – 1 ABR 11/87 – EzA § 76 BetrVG 1972 Nr. 41 = DB 1988, 2154).

§ 112a
Erzwingbarer Sozialplan bei Personalabbau, Neugründungen

(1) Besteht eine geplante Betriebsänderung im Sinne von § 111 Satz 2 Nr. 1 allein in der Entlassung von Arbeitnehmern, so findet § 112 Abs. 4 und 5 nur Anwendung, wenn
1. **in Betrieben mit in der Regel mehr als 20 und weniger als 60 Arbeitnehmern 20 vom Hundert der regelmäßig beschäftigten Arbeitnehmer, aber mindestens 6 Arbeitnehmer,**
2. **in Betrieben mit in der Regel mindestens 60 und weniger als 250 Arbeitnehmern 20 vom Hundert der regelmäßig beschäftigten Arbeitnehmer oder mindestens 37 Arbeitnehmer,**
3. **in Betrieben mit in der Regel mindestens 250 und weniger als 500 Arbeitnehmern 15 vom Hundert der regelmäßig beschäftigten Arbeitnehmer oder mindestens 60 Arbeitnehmer,**
4. **in Betrieben mit in der Regel mindestens 500 Arbeitnehmern 10 vom Hundert der regelmäßig beschäftigten Arbeitnehmer, aber mindestens 60 Arbeitnehmer aus betriebsbedingten Gründen entlassen werden sollen. Als Entlassung gilt auch**

§ 112a   4. Teil 6. Abschn. Betriebsänderungen

das vom Arbeitgeber aus Gründen der Betriebsänderung veranlaßte Ausscheiden von Arbeitnehmern aufgrund von Aufhebungsverträgen.
(2) § 112 Abs. 4 und 5 findet keine Anwendung auf Betriebe eines Unternehmens in den ersten vier Jahren nach seiner Gründung. Dies gilt nicht für Neugründungen im Zusammenhang mit der rechtlichen Umstrukturierung von Unternehmen und Konzernen. Maßgebend für den Zeitpunkt der Gründung ist die Aufnahme einer Erwerbstätigkeit, die nach § 138 der Abgabenordnung dem Finanzamt mitzuteilen ist.

Literaturübersicht

Willemsen Zur Befreiung neugegründeter Unternehmen von der Sozialplanpflicht (§ 112a Abs. 2 BetrVG), DB 1990, 1405.

Inhaltsübersicht

		Rz.
I.	Der erzwingbare Sozialplan beim Personalabbau	1–10
II.	Die Sozialplanpflichtigkeit neugegründeter Unternehmen	11–12

1. Der erzwingbare Sozialplan beim Personalabbau

1 Mit der Einfügung dieser Vorschrift hat der Gesetzgeber die nicht unbestrittene Auffassung des Bundesarbeitsgerichts, wonach ein bloßer Personalabbau unter Beibehaltung der sächlichen Betriebsmittel eine Betriebseinschränkung und damit eine Betriebsänderung sein kann, bestätigt, andererseits aber die Durchführung der Betriebsänderung ohne soziale Folgekosten erleichtert.

2 Ausgangspunkt der Regelung ist die Rechtsprechung des BAG, wonach ein **Personalabbau in einem an § 17 KSchG ausgerichteten Umfang sozialplanpflichtig ist** (*BAG* vom 22.5. 1979 – 1 AZR 848/76 – EzA § 111 BetrVG 1972 Nr. 6 m. zust. Anm. *Birk* = DB 1979, 1897; *BAG* vom 22.5. 1979 – 1 ABR 17/77 – EzA § 111 BetrVG 1972 Nr. 7 m. Anm. *Löwisch/Schiff* = DB 1979, 1134, 1896; *BAG* vom 15.10. 1979 – 1 ABR 49/77 – EzA § 111 BetrVG 1972 Nr. 6 = DB 1980, 549, 550; *BAG* vom 22.1. 1980 – 1 ABR 28/78 – EzA § 111 BetrVG 1972 Nr. 11 m. Anm. *Fabricius/Cottmann* = DB 1980, 1402; *BAG* vom 2.8. 1983 – 1 AZR 516/81 – EzA § 111 BetrVG 1972 Nr. 16 m. Anm. *Mummenhof/Klinkhammer* = DB 1983, 2776). Sozialpläne können demnach bei **Entlassung von zwischen 5 % und 29 % der Belegschaft** erzwungen werden.

3 Nach der **Staffelung des § 112a** ist der Personalabbau nur dann erheblich und löst die erzwingbare Sozialplanpflichtigkeit aus, wenn in Betrieben
– mit 21 bis 59 Arbeitnehmern
  20 % der Arbeitnehmer, mindestens aber 6 Arbeitnehmer,
– mit mindestens 60 bis 249 Arbeitnehmern
  20 % der Arbeitnehmer oder mindestens 37 Arbeitnehmer,
– mit 250 bis 499 Arbeitnehmer
  15 % der Arbeitnehmer oder mindestens 60 Arbeitnehmer,
– mit mindestens 500 bis 599 Arbeitnehmern

Erzwingbarer Sozialplan bei Personalabbau, Neugründungen **§ 112a**

60 Arbeitnehmer,
- ab 600 Arbeitnehmer
10% der Arbeitnehmer

entlassen werden, d.h., die Sozialplanpflichtigkeit tritt ein bei **Entlassungen von zwischen 10% und 29% der Belegschaft.**
Die neuen Grenzzahlen des § 112a haben jedoch nur Bedeutung für die Frage der Sozialplanpflichtigkeit. Die Voraussetzungen der **Mitwirkungs- und Mitbestimmungsrechte** 4
- Unterrichtungs- und Beratungspflicht des Arbeitgebers (§ 111),
- Interessenausgleich (§ 112),
- Nachteilsausgleich (§ 113)

richten sich nach der Staffelung des **§ 17 KSchG** (vgl. *Heinen* NZA 1984, 348; *Wlotzke* NZA 1984, 221; *S/W* Ergänzungsband, §§ 111–113 Rz. 39), was folgende Staffelung bedeutet:
- von 21 bis 59 Arbeitnehmern
  mindestens 6 Arbeitnehmer,
- von 60 bis 249 Arbeitnehmern
  10% der Arbeitnehmer oder mindestens 26 Arbeitnehmer,
- von 250 bis 499 Arbeitnehmern
  10% der Arbeitnehmer oder mindestens 26 Arbeitnehmer,
- von 500 bis 599 Arbeitnehmern
  30 Arbeitnehmer,
- von mehr als 600 Arbeitnehmern
  5% der Arbeitnehmer

(vgl. GK-*Fabricius* §§ 112, 112a Rz. 126).

Eine sozialplanpflichtige Betriebsänderung liegt vor, wenn der Arbeitgeber wegen anhaltenden Auftragsmangels wiederholt Personalreduzierungen vornimmt, die – ohne die in § 17 KSchG festgelegte zeitliche Beschränkung – insgesamt das nunmehr in § 112a normierte Ausmaß erreichen. Für die Bewertung des stufenweisen Personalabbaues als einheitliche Maßnahme ist entscheidend, ob sie auf ein und demselben Planungssachverhalt beruhen (*LAG Düsseldorf* vom 14.5. 1986 – 6 TaBV 18/86 – DB 1987, 180). 5

Werden die **Grenzen des § 17 KSchG erreicht**, ist die Durchführung des Personalabbaues mit dem Betriebsrat zu beraten, ein Interessenausgleich herbeizuführen und ein Sozialplan abzuschließen, wenn sich die Betriebsänderung nicht in dem Personalabbau erschöpft (*BAG* vom 8.11. 1988 – 1 AZR 687/87 – EzA § 113 BetrVG 1972 Nr. 18 = DB 1989, 331). 6

Werden die Grenzen des § 17 KSchG erreicht, ist der bloße Personalabbau ebenfalls mit dem Betriebsrat zu beraten und ein Interessenausgleich herbeizuführen, jedoch **entfällt der erzwingbare Sozialplanabschluß, wenn die Grenzzahlen des § 112a nicht erreicht** sind. 7

Werden die **Grenzzahlen des § 112a im Rahmen eines bloßen Personalabbaues erreicht**, ist ein Sozialplan abzuschließen. 8

Zur **Ermittlung der Zahlengrenzen** nach § 17 KSchG und § 112 BetrVG vgl. den Überblick und die Beispiele bei *S/W* Ergänzungsband, §§ 111–113, Rz. 43c–47. 9

Bei der Ermittlung der relevanten Grenzzahlen nach § 17 KSchG und nach § 112a BetrVG werden die **Arbeitnehmer mitgerechnet**, die 10
a) aus betrieblichen Gründen entlassen werden,

§ 113 4. Teil 6. Abschn. *Betriebsänderungen*

b) über Aufhebungsverträge ausscheiden und bei denen der Anlaß des Aufhebungsvertrages die Betriebsänderung war,
c) Eigenkündigungen aussprechen, die vom Arbeitgeber aus Anlaß der Betriebsänderung veranlaßt wurden (GK-*Fabricius* §§ 112, 112a Rz. 127).

Nicht berücksichtigt werden die **Arbeitnehmer**, die ausscheiden
a) aufgrund verhaltens- oder personenbedingter Kündigungen des Arbeitgebers,
b) durch Eigenkündigung, die nicht vom Arbeitgeber aus Anlaß der Betriebsänderung veranlaßt wurde,
c) aufgrund einer Befristung des Arbeitsvertrages,
d) aufgrund von Vorruhestandsvereinbarungen.

II. Die Sozialplanpflichtigkeit neugegründeter Unternehmen

11 Als Neuregelung hat der Gesetzgeber mit § 112a Abs. 2 die **Befreiung von der Sozialplanpflicht für neugegründete Unternehmen in den ersten vier Jahren** geschaffen. Ausdrücklich festgehalten hat der Gesetzgeber in diesem Zusammenhang, daß die Sozialplanpflichtigkeit erhalten bleibt, wenn die Neugründungen aufgrund einer rechtlichen Umstrukturierung von bestehenden Unternehmen und Konzernen erfolgen. Mit der Reduzierung der Sozialplanpflichtigkeit will der Gesetzgeber die Neugründung von Unternehmen anregen und der Tatsache gerecht werden, daß neugegründete Unternehmen in der Anlaufphase keine Risikovorsorge durch Bildung auflösbarer Rücklagen betreiben können (*F/A/K/H* § 112a Rz. 18, 18a).

12 Das neu gegründete Unternehmen kann sich auf die Begünstigung durch § 112a nicht nur dann berufen, wenn der Betrieb, der rationalisiert werden soll, selbst neu gegründet ist, sondern auch dann, wenn ein Betrieb, der älter als 4 Jahre ist, erworben und rationalisiert werden soll (*BAG* vom 13. 6. 1989 – 1 ABR 14/88 – BB 1990, 418 = NZA 1989, 974; *Heinze* NZA 1987, 41, 49; *v. Hoyningen-Huene* NJW 1985, 1802; *F/A/K/H* §§ 112, 112a Rz. 18b; *Willemsen* DB 1990, 1405).

§ 113 Nachteilsausgleich

(1) Weicht der Unternehmer von einem Interessenausgleich über die geplante Betriebsänderung ohne zwingenden Grund ab, so können Arbeitnehmer, die infolge dieser Abweichung entlassen werden, beim Arbeitsgericht Klage erheben mit dem Antrag, den Arbeitgeber zur Zahlung von Abfindungen zu verurteilen; § 10 des Kündigungsschutzgesetzes gilt entsprechend.
(2) Erleiden Arbeitnehmer infolge einer Abweichung nach Absatz 1 andere wirtschaftliche Nachteile, so hat der Unternehmer diese Nachteile bis zu einem Zeitraum von zwölf Monaten auszugleichen.
(3) Die Absätze 1 und 2 gelten entsprechend, wenn der Unternehmer eine geplante Betriebsänderung nach § 111 durchführt, ohne über sie einen Interessenausgleich mit dem Betriebsrat versucht zu haben, und infolge der Maßnahme Arbeitnehmer entlassen werden oder andere wirtschaftliche Nachteile erleiden.

Literaturübersicht

Schäfer Zum Nachteilsausgleich bei Betriebsänderungen AuR 1982, 120.

Inhaltsübersicht

		Rz.
I.	Allgemeines	1, 2
II.	Abweichen vom Interessenausgleich (Abs. 1)	3–13
III.	Ausgleich anderer wirtschaftlicher Nachteile (Abs. 2)	14–18
IV.	Maßnahmen ohne Versuch eines Interessenausgleichs (Abs. 3)	19–46
V.	Streitigkeiten	47–51

I. Allgemeines

Die Vorschrift behandelt die Rechtswirkungen, die eintreten, wenn der Unternehmer die Beteiligungsrechte des Betriebsrats hinsichtlich des Interessenausgleichs nach § 112 verletzt (Abweichen von einem Interessenausgleich oder Fehlen des Versuchs eines Interessenausgleichs). Ist ein Betriebsrat nicht gebildet, scheidet ein Abfindungsanspruch aus (*LAG Berlin* vom 15. 6. 1973 – 3 Sa 19/73 – DB 1973, 2097). Der Gesetzgeber hat davon abgesehen, dem Betriebsrat Möglichkeiten an die Hand zu geben, mit denen die Einhaltung des zustande gekommenen Interessenausgleichs unmittelbar durchgesetzt werden kann. Der Unternehmer hat vielmehr grundsätzlich die Möglichkeit erhalten, von einem Interessenausgleich abzuweichen, ohne daß dies seine Maßnahmen unwirksam macht. Der Betriebsrat kann auch nicht verlangen, daß Maßnahmen, die unter Verstoß gegen seine Beteiligungsrechte vorgenommen wurden, wieder rückgängig gemacht werden (*BAG* vom 20. 1. 1961 – 1 AZR 53/60 – AP Nr. 2 zu § 72 BetrVG 1952 m. Anm. *Neumann-Duesberg* = DB 1961, 543). Der Unternehmer hat dann allerdings zusätzlich die wirtschaftlichen Risiken zu tragen, die ihm § 113 auferlegt. Durch diese **mittelbaren Sanktionen** soll einerseits die Einhaltung der Beteiligung des Betriebsrats bei unternehmerischen Maßnahmen abgesichert werden; zum anderen soll aber auch erreicht werden, daß Arbeitnehmer, die von solchen – ohne Beachtung des in § 112 vorgesehenen Verfahrens – durchgeführten Maßnahmen nachteilig getroffen werden, zunächst einen Ausgleich erhalten (vgl. *D/R* § 113 Rz. 1 ff.; siehe auch *BAG* vom 13. 12. 1978 – GS 1/77 – EzA § 112 BetrVG 1972 Nr. 15 m. Anm. *Hess* = DB 1979, 261). 1

Die Vorschrift entspricht zum großen Teil der früheren Regelung des § 74 BetrVG 1952 (§ 113 Abs. 1) und den von der Rechtsprechung hierzu entwickelten Grundsätzen (§ 113 Abs. 3; vgl. *BAG* vom 20. 11. 1970 – 1 AZR 408/69 – EzA § 72 BetrVG 1952 Nr. 2 = DB 1971, 389; *BAG* vom 20. 11. 1970 – 1 AZR 409/69 – EzA § 72 BetrVG 1952 Nr. 3 = DB 1971, 534). Eine Verschärfung der Sanktionen bedeutet allerdings die Regelung des § 113 Abs. 2. Während sich nach § 74 BetrVG 1952 die Rechtsfolgen einer Abweichung von einem Interessenausgleich auf Kündigungen beschränkten, sieht § 113 Abs. 2 darüber hinaus eine auf 12 Monate begrenzte Verpflichtung des Unternehmers zum Ausgleich der weitergehenden anderen wirtschaftlichen Nachteile der Arbeitnehmer vor. Die Ansprüche aus § 113 sind gegenüber den Sozialplanansprüchen subsidiär *GK-Fabricius* § 113, Rz. 95). 2

§ 113   4. Teil 6. Abschn. Betriebsänderungen

Dies bedeutet, daß es regelmäßig zu keiner Kumulation der Leistungen aus einem Sozialplan und einem Nachteilsausgleich kommen kann (GK-*Fabricius* § 113 Rz. 87). Dabei kann es dogmatisch dahinstehen, ob die Nachteilsansprüche gegenüber den Sozialplananspüchen zurücktreten, verrechnet, aufgerechnet oder angerechnet werden (*BAG* Urt. vom 13. 6. 1989 – 1 AZR 819/87 – NZA 1989, 894). § 113 ist jedoch anwendbar, wenn wegen § 112a ein Sozialplan nicht erzwungen werden kann (*BAG* Urt. vom 8. 11. 1988 – 1 AZR 687/87 – EzA § 113 BetrVG 1972 Nr. 18 = DB 1989, 331).

II. Abweichen vom Interessenausgleich (Abs. 1)

3   Abs. 1 trifft Regelungen für den Fall, daß der **Unternehmer ohne zwingenden Grund von einem vereinbarten Interessenausgleich abweicht.**

4   Die Rechtsfolgen des § 113 Abs. 1 treten nicht ein, wenn der Unternehmer **zwingende Gründe** für die Abweichung hat. Zwingende Gründe sind im allgemeinen nur nach der Vereinbarung über den Interessenausgleich entstandene oder zutage getretene – erkennbar gewordene – Umstände, die die Parteien eben mit Rücksicht auf die nachträgliche Entstehung oder Erkennbarkeit noch nicht oder nicht genügend berücksichtigt haben (GK-*Fabricius* § 113 Rz. 9). Es genügt nicht schon, wenn die ausgesprochenen Kündigungen betriebsbedingt i. S. v. § 1 KSchG sind (*BAG* vom 10. 6. 1969 – 1 AZR 2/69 – EzA § 72 BetrVG 1952 Nr. 1 = DB 1969, 1706). Das *BAG* hat ausdrücklich offengelassen, ob bei **offensichtlich unrichtiger Beurteilung der Wirtschaftslage**, bei Vorliegen sonstiger plausibler **Beweggründe**, »zwingende Gründe« im Sinne dieser Vorschrift vorliegen können. An die Beurteilung, ob ein zwingender **Abweichungsgrund** vorliegt, sind wie an alle Ausnahmeregelungen strenge Maßstäbe anzulegen (*D/R* § 113 Rz. 9, 10; GK-*Fabricius* § 113 Rz. 14; *G/L* § 113 Rz. 7, 8; *S/W* § 113 Rz. 36). Dabei ist vom Standpunkt eines verständigen, verantwortungsbewußten Unternehmens auszugehen. Es reicht nicht aus, daß die Maßnahme nur zweckmäßig war. Als **zwingende Gründe** können in Betracht kommen z. B. Scheitern von im Zeitpunkt der Einigung schwebenden Kreditverhandlungen, Ausbleiben von in diesem Zeitpunkt sicher erwarteten, für das Unternehmen entscheidenden Aufträgen, plötzlicher Rohstoffmangel auf dem Weltmarkt, Gesetzesänderungen, Einfuhrbeschränkungen, Konkurs eines bedeutenden Warenabnehmers, Störungen der Betriebseinrichtungen, Wettbewerbsrücksichten, nachträgliche Veränderung der Marktlage (*LAG Düsseldorf* vom 9. 5. 1968 – 2 Sa 66/68 – DB 1968, 1955; *D/R* § 113 Rz. 11; *F/A/K/H* § 113 Rz. 3; *G/L* § 113 Rz. 9; GK-*Fabricius* § 113 Rz. 17).

5   Es muß sich um die **Abweichung von einem vereinbarten Interessenausgleich** handeln, ohne Rücksicht darauf, ob er nach § 112 Abs. 1, Abs. 2 oder Abs. 3 zustande gekommen ist.

6   Die Regelung des **§ 113 Abs. 1 ist beschränkt auf den Fall, daß es infolge der Abweichung zu Entlassungen kommt. Änderungskündigungen sind nur ausreichend, wenn sie tatsächlich zu einer Entlassung führen oder andere wirtschaftliche Nachteile eintreten** (*D/R* § 113 Rz. 31; GK-*Fabricius* § 113 Rz. 61; *F/A/K/H* § 113 Rz. 18; *G/L* § 113 Rz. 22).

7   Entlassen infolge einer Betriebsänderung i. S. v. § 113 Abs. 3 wird ein Arbeitnehmer auch dann, wenn der Arbeitgeber ihn mit Rücksicht auf die von ihm geplante Betriebsstillegung dazu veranlaßt, sein Arbeitsverhältnis selbst zu kündigen – sog.

Eigenkündigung – (*BAG* vom 23. 8. 1988 – 1 AZR 276/87 – EzA § 113 BetrVG 1972 Nr. 17 = DB 1988, 2569; **a. A.** Vorinstanz, *LAG Hamm* vom 30. 1. 1987 – 17 Sa 1597/86 – BB 1987, 1464; *F/A/K/H* § 113 Rz. 12 a). Dies ergibt sich aus § 112 a Abs. 1 Satz 2 BetrVG, wonach als Entlassung auch das vom Arbeitgeber aus Gründen der Betriebsänderung veranlaßte Ausscheiden von Arbeitnehmern aufgrund von Aufhebungsverträgen gilt. Für die vom Arbeitgeber veranlaßte Eigenkündigung durch den Arbeitnehmer kann nichts anderes gelten, da § 112 a Abs. 1 Satz 2 BetrVG deutlich macht, daß es lediglich auf das Ausscheiden von Arbeitnehmern aus Gründen der geplanten Betriebsänderung ankommt, nicht aber auf die äußere Form, die zur Beendigung des Arbeitsverhältnisses führt. Maßgeblich ist nur der materielle Auflösungsgrund.

Sind die Eigenkündigungen der Arbeitnehmer jedoch auf Rat des Gewerkschafts- **8** sekretärs und des Betriebsratsvorsitzenden hin erfolgt, mit der Begründung, dies sei im Hinblick auf die Zahlung von Konkursausfallgeld die günstigste Verhaltensweise, dann besteht kein Abfindungsanspruch, wenn die geplante Betriebsstillegung nicht mehr durchgeführt wird, da die Arbeitnehmer dem mit ihrer Eigenkündigung zuvorgekommen sind (*BAG* a. a. O.).

Wird das Arbeitsverhältnis aber unter geänderten Bedingungen fortgesetzt, ist nur **9** § 113 Abs. 2 anwendbar. Die **Entlassungen müssen durch die Abweichungen vom Interessenausgleich in adäquater Weise verursacht und rechtswirksam sein** (*D/R* § 113 Rz. 14, 15; *F/A/K/H* § 113 Rz. 12; *G/L* § 113 Rz. 12; *S/W* § 113 Rz. 3 c; auf das Erfordernis der Rechtswirksamkeit der Kündigung verzichten *D/R* § 113 Rz. 28; GK-*Fabricius* § 113 Rz. 50, 64; *F/A/K/H* § 113 Rz. 12). Rechtsunwirksam sind die Kündigungen insbesondere, wenn sie nicht sozial gerechtfertigt i. S. d. § 1 KSchG sind. Meist sind Kündigungen aufgrund von Betriebsänderungen jedoch auch betriebsbedingt i. S. d. § 1 Abs. 2 KSchG und daher wirksam. Hält der Arbeitnehmer eine Kündigung für sozial ungerechtfertigt, so muß er Feststellungsklage nach dem Kündigungsschutzgesetz erheben. Er kann diese Klage aber **hilfsweise** für den Fall, daß das Arbeitsgericht die Kündigung für wirksam hält, mit einer Leistungsklage nach § 113 verbinden, wenn er der Ansicht ist, daß dann jedenfalls die Voraussetzungen des § 113 erfüllt sind (*BAG* vom 18. 3. 1975 – 1 ABR 102/73 – EzA § 111 BetrVG 1972 Nr. 1 = DB 1975, 1322; GK-*Fabricius* § 113 Rz. 58; *D/R* § 113 Rz. 35; *G/L* § 113 Rz. 35). Im Gegensatz zu der fristgebundenen Klage nach dem KSchG (§§ 4, 7) ist **für** die **Klage nach § 113 keine Ausschlußfrist** gesetzt, d. h., der Anspruch verjährt in 30 Jahren (*D/R* § 113 Rz. 39). Stellt das Arbeitsgericht die Rechtsunwirksamkeit der Kündigung fest, so ist für eine Anwendung des § 113 kein Raum mehr. Die Rechtsfolgen richten sich dann allein nach dem KSchG. Andererseits hat die Anwendung des § 113 keinen Einfluß auf die Wirksamkeit der Kündigung.

Der **Arbeitnehmer trägt** die **Beweislast** dafür, **daß** der **Unternehmer von dem ver- 10 einbarten Interessenausgleich abgewichen ist und dies adäquat kausal für seine Entlassung war** (GK-*Fabricius* § 113 Rz. 69; *G/L* § 113 Rz. 14; *D/R* § 113 Rz. 17). Der **Unternehmer hat bei Berufung auf einen zwingenden Grund diesen zu beweisen** (*D/R* § 113 Rz. 17).

Die **Abfindungsklage ist** eine **Leistungsklage und darauf gerichtet, den Arbeitge- 11 ber zur Zahlung von Abfindungen zu verurteilen**. Der Arbeitgeber ist regelmäßig identisch mit dem Unternehmer. Hinsichtlich der **Höhe der Abfindungen** ist dem Arbeitsgericht nur ein Rahmen nach **§ 10 KSchG** gesetzt (*D/R* § 113 Rz. 38). Hiernach kann die Abfindung grundsätzlich bis zu einem Betrag von 12 Monats-

§ 113   4. Teil 6. Abschn. Betriebsänderungen

verdiensten festgesetzt werden. Hat der klagende Arbeitnehmer das 50. Lebensjahr vollendet und hat das Arbeitsverhältnis mindestens 15 Jahre bestanden, so ist ein Betrag bis zu 15 Monatsverdiensten festsetzbar; hat der Arbeitnehmer das 55. Lebensjahr vollendet und hat das Arbeitsverhältnis mindestens 20 Jahre bestanden, so ist ein Betrag bis zu 18 Monatsverdiensten festsetzbar. **Bei der Festsetzung der Abfindung hat das Gericht die Dauer der Betriebszugehörigkeit des betroffenen Arbeitnehmers sowie die wirtschaftliche Lage des Arbeitnehmers und des Unternehmers gebührend zu berücksichtigen.** In diesem Rahmen ist das Gericht jedoch in seiner Entscheidung frei und setzt die Abfindungshöhe nach freiem richterlichem und billigem Ermessen (entsprechend § 287 ZPO) fest. Der Arbeitnehmer muß dabei grundsätzlich seinen Klageantrag nicht beziffern, da das Gericht die Abfindungssumme von Amts wegen festzusetzen hat. Bei solchen unbezifferten Anträgen besteht aber die Gefahr, daß der Kläger gegen die Festsetzung durch das Arbeitsgericht kein Rechtsmittel einlegen kann, da es an der erforderlichen Beschwerde fehlt. Eine Beschwerde ist nämlich zu verneinen, wenn der Arbeitnehmer lediglich behauptet, daß der zugesprochene Betrag hinter seinen im übrigen nicht erkennbar gewordenen Erwartungen zurückgeblieben ist (vgl. *BGH* vom 1. 2. 1966 – VI ZR 193/64 – NJW 1966, 780). Es ist daher zu empfehlen, zumindest in der Begründung der Klageschrift einen gewissen Rahmen für die vorgestellte Abfindungssumme anzugeben (vgl. zu der entsprechenden Frage eines unbezifferten Klageantrags auf Schmerzensgeld *Thomas/Putzo* ZPO, 12. Aufl., § 253 Rz. 2 c).

12   Die Abfindungen wegen Verlustes des Arbeitsplatzes sind steuerrechtlich, sozialversicherungsrechtlich, pfändungsrechtlich usw. wie die Abfindungen nach § 10 KSchG zu beurteilen. Sie sind insbesondere keine Lohnbestandteile und unterliegen daher nicht dem Lohnsteuerabzug. Sie sind im Rahmen des § 3 Nr. 9 EStG 1981 steuerfrei und unterfallen nicht der Beitragspflicht zur Sozialversicherung. Wird die Abfindung wegen des Verlustes des Arbeitsplatzes gepfändet, greift hinsichtlich der Pfandfreigabebeschränkungen § 850i ZPO ein (*D/R* § 113 Rz. 50–53).

13   Soweit die Abfindung Lohn- und Gehaltseinbußen ausgleichen soll, ist die geschuldete Lohnsteuer ebenso abzuführen wie die Sozialversicherungsbeiträge. Hinsichtlich der Pfändungsbeschränkungen greift § 850c ZPO ein (*D/R* § 113 Rz. 50–53).

III. Ausgleich anderer wirtschaftlicher Nachteile (Abs. 2)

14   **§ 113 Abs. 2** sieht eine **auf 12 Monate zeitlich begrenzte Verpflichtung des Unternehmers zum Ausgleich anderer wirtschaftlicher Nachteile der Arbeitnehmer vor, wenn der Unternehmer von dem vereinbarten Interessenausgleich** abweicht, und zwar selbst dann, wenn der Nachteil über den Zeitraum von 12 Monaten hinausgeht (*D/R* § 113 Rz. 45; *GK-Fabricius* § 113 Rz. 81; *F/A/K/H* § 113 Rz. 19; *G/L* § 113 Rz. 38).

15   Nach Abs. 2 können **nur solche Arbeitnehmer Ansprüche** geltend machen, **die nicht entlassen worden sind**. Für die entlassenen Arbeitnehmer findet nur gem. Abs. 1 ein globaler Ausgleich ihrer wirtschaftlichen Nachteile statt. Folgerichtig unterscheidet deshalb auch Abs. 3 zwischen Arbeitnehmern, die entlassen werden, und solchen, die nur andere wirtschaftliche Nachteile erleiden.

Andere wirtschaftliche Nachteile können zum Beispiel in geringerem Arbeitsverdienst, größeren Fahrtkosten bestehen (vgl. auch § 111 Rz. 13), ohne daß der Arbeitnehmer seinen Arbeitsplatz verliert (*D/R* § 113 Rz. 43). 16

Der Unternehmer muß diese Nachteile, solange sie bestehen, längstens aber **für einen Zeitraum von 12 Monaten** ausgleichen. **Die Frist beginnt in dem Augenblick, in dem die Abweichung vom Interessenausgleich wirksam wird**, d. h. tatsächliche Auswirkungen in dem Unternehmen entfaltet, ohne daß dadurch der einzelne Arbeitnehmer schon wirtschaftlich nachteilig betroffen sein muß. 17

Die **Beweislast für eingetretene wirtschaftliche Nachteile trägt** der **Arbeitnehmer**. Er muß konkret darlegen und beweisen, welche Nachteile für ihn durch die Abweichung eingetreten sind. Diese Nachteile hat der Unternehmer **entsprechend §§ 249ff. BGB** auszugleichen, obgleich es sich dabei nach Ansicht des *BAG* nicht um eine Schadensersatzverpflichtung handeln dürfte (vgl. *BAG* vom 10. 6. 1969 – 1 AZR 2/69 – EzA § 72 BetrVG 1952 Nr. 1 = DB 1969, 1706; *BAG* vom 20. 11. 1970 – 1 AZR 408/69 – EzA § 72 BetrVG 1952 Nr. 2 = DB 1971, 389). Können die auszugleichenden Nachteile nicht genau ermittelt werden, kann das Gericht entsprechend **§ 287 ZPO** einen angemessenen Betrag festsetzen (*D/R* § 113 Rz. 46; *F/A/K/H* § 113 Rz. 19). 18

IV. Maßnahmen ohne Versuch eines Interessenausgleichs (Abs. 3)

Diese Vorschrift greift den von der Rechtsprechung (vgl. *BAG* vom 20. 1. 1969 – 1 AZR 53/60 – AP Nr. 2 zu § 72 BetrVG 1952 m. Anm. *Neumann-Duesberg* = DB 1961, 543; *BAG* vom 10. 6. 1969 – 1 AZR 2/69 – EzA § 72 BetrVG 1952 Nr. 1 = DB 1969, 1706; *BAG* vom 20. 11. 1970 – 1 AZR 408/69 – EzA § 72 BetrVG 1952 Nr. 2 = DB 1971, 389; *BAG* vom 20. 11. 1970 – 1 AZR 409/69 – EzA § 72 BetrVG 1952 Nr. 3 = DB 1971, 534; *BAG* vom 29. 2. 1972 – 1 AZR 176/71 – AP Nr. 9 zu § 72 BetrVG 1952 m. Anm. *Küchenhoff* = DB 1972, 1118; *BAG* vom 18. 7. 1972 – 1 AZR 189/72 – AP Nr. 10 zu § 72 BetrVG 1952 = DB 1972, 2021) und Lehre (*F/A/K/H* § 113 Rz. 7; *D/R* § 113 Rz. 18) entwickelten Grundsatz auf, daß der gesetzwidrig handelnde Unternehmer, der überhaupt keinen Interessenausgleich nach § 112 mit dem Betriebsrat versucht, sich so behandeln lassen muß, als ob eine Einigung vorläge, nach der die geplante und durchgeführte wirtschaftliche Maßnahme nicht hätte durchgeführt werden dürfen (vgl. auch *BAG* vom 17. 9. 1974 – 1 AZR 16/84 – EzA § 113 BetrVG 1972 Nr. 1 m. Anm. *Henckel* = DB 1974, 2207). Gleichgestellt wurde der Unternehmer, der gesetzliche Verfahren nicht völlig ausgeschöpft hat (*BAG* vom 20. 1. 1961 – 1 AZR 53/60 – a. a. O.; *BAG* vom 10. 6. 1969 – 1 AZR 2/69 – a. a. O.; *BAG* vom 20. 11. 1970 – 1 AZR 408/69 – a. a. O.; *BAG* vom 20. 11. 1970 – 1 AZR 409/69 – a. a. O.; *BAG* vom 29. 2. 1972 – 1 AZR 176, 71 – a. a. O.; *BAG* vom 18. 7. 1972 – 1 AZR 189/72 – a. a. O.). Auf § 113 Abs. 3 übertragen bedeutet dies, daß der **Versuch eines Interessenausgleichs erst dann gemacht ist, wenn in der Verhandlung mit dem Betriebsrat (§ 112 Abs. 1), im Vermittlungsgespräch beim Präsidenten des Landesarbeitsamtes (§ 112 Abs. 2) und auch vor der Einigungsstelle (§ 112 Abs. 3) keine Einigung erzielt werden konnte** (*BAG* vom 14. 9. 1976 – 1 AZR 784/75 – EzA § 113 BetrVG 1972 Nr. 2 m. Anm. *Schwerdtner* = DB 1977, 309; *BAG* vom 18. 12. 1984 – 1 AZR 176/82 – EzA § 113 BetrVG 1972 Nr. 12 = DB 1985, 1293 m. Anm. *Nipperdey*; *BAG* vom 9. 7. 1985 – 1 AZR 323/83 – EzA § 113 BetrVG 1972 Nr. 13 = DB 1985, 19

§ 113 4. Teil 6. Abschn. Betriebsänderungen

1533; 1986, 279; vgl. *F/A/K/H* § 113 Rz. 8; *D/R* § 113 Rz. 19, 20; GK-*Fabricius* 2. Bearbeitung 1983, § 113 Rz. 24; *Weiß* BetrVG § 113 Rz. 8; *Matthes* DB 1972, 28, 289) **oder wenn ein Interessenausgleich nicht zustande gekommen ist und beide Parteien davon abgesehen haben, den Präsidenten des Landesarbeitsamtes um Vermittlung zu bitten oder die Einigungsstelle anzurufen** (*LAG Hamm* vom 21. 7. 1975 – 2 Sa 392/75 – DB 1975, 1899).

20 **Auf ein Verschulden seitens des Unternehmers oder eine Vorwerfbarkeit kommt es** dabei **nicht an** (*BAG* vom 10. 6. 1969 – 1 AZR 2/69 – EzA § 72 BetrVG 1952 Nr. 1 = DB 1969, 1706; *BAG* vom 20. 11. 1970 – 1 AZR 408/69 – EzA § 72 BetrVG 1952 Nr. 2 = DB 1971, 389; *LAG Düsseldorf* vom 26. 3. 1975 – 1 (9) TaBV 59/74 – BB 1976, 602; GK-*Fabricius* § 113 Rz. 24). Das aber bedeutet, daß der Unternehmer in allen Zweifelsfällen über ein bestehendes Beteiligungsrecht des Betriebsrats unter den Voraussetzungen des § 111 vorsorglich das im Gesetz vorgesehene Verfahren einhalten und es bei Untätigsein des Betriebsrats selbst betreiben muß, um den etwaigen Konsequenzen des § 113 von vornherein zu entgehen (vgl. *BAG* vom 18. 12. 1984 – 1 AZR 176/82 – EzA § 113 BetrVG 1972 Nr. 12 = DB 1985, 1293 m. Anm. *Nipperdey; Kreutz* BlStSozArbR 1971, 281; weitergehend *D/R* § 113 Rz. 20; GK-*Fabricius* § 113 Rz. 24). Zur Einhaltung der Formalien gehört u. a. auch, daß die Einigung zwischen den Parteien schriftlich niedergelegt wird (*BAG* vom 9. 7. 1985 – 1 AZR 323/83 – EzA § 113 BetrVG 1972 Nr. 13 = DB 1985, 1533; 1986, 279) und vom Unternehmer und Betriebsrat unterschrieben wird. Ein mündlich vereinbarter Interessenausgleich ist unwirksam.

Nach weiterer Auffassung reicht es aus, wenn der Arbeitgeber abwartet, ob der Betriebsrat das in § 112 BetrVG vorgeschriebene weitere Verfahren (Ersuchen des Präsidenten des Landesarbeitsamtes um Vermittlung und Anrufen der Einigungsstelle) einleitet, denn auch der Betriebsrat könne die Initiative ergreifen. Tue er das innerhalb angemessener Frist nicht, so könne der Unternehmer darauf vertrauen, daß der Betriebsrat keine Einwände gegen die Betriebsänderung mehr erhebt (*LAG Hamm* vom 21. 7. 1975 – 2 Sa 392/75 – DB 1975, 1899; *G/L* § 113 Rz. 46; *S/W* § 113 Rz. 8; *Ehmann* Betriebsstillegung und Mitbestimmung, 62 ff.; *Hanau* ZfA 1974, 89, 111; *Heinze* DB 1983 Beilage Nr. 9, 21; *Kraft* Anm. zu *BAG* vom 29. 11. 1983 – 1 AZR 523/82 – EzA § 113 BetrVG 1972 Nr. 11 = DB 1984, 724).

21 Der Wortlaut des § 113 Abs. 3 gibt keinen Aufschluß darüber, welche Initiative der Arbeitgeber entfalten muß, um die Entstehung von Ansprüchen auf Nachteilsausgleich zu vermeiden. Daß der Interessenausgleich nur »versucht« zu werden braucht, sagt nichts darüber aus, bis zu welchem Verfahrensabschnitt hin der Versuch unternommen werden muß oder zu welchem Zeitpunkt der Versuch gescheitert ist oder bei welchem Verfahrensstand der Versuch gescheitert ist. Aus dem Wortlaut des § 112 Abs. 2, 3 BetrVG lassen sich keine Anhaltspunkte gewinnen.

22 Dem Sinn und Zweck des § 113 Abs. 3 BetrVG entspricht es, wenn der Arbeitgber die Einigungsstelle anrufen muß, wenn dies der Betriebsrat nicht tut. In der neutralen Atmosphäre der Einigungsstelle ist der Unternehmer gehalten, seine Gründe darzulegen; der Betriebsrat muß sich dazu äußern, wie angesichts der wirtschaftlichen Tatsachen soziale und wirtschaftliche Belange der Arbeitnehmer noch gewahrt werden können. Außerdem können bei Verhandlungen in der Einigungsstelle Mißverständnisse bereinigt und Spannungen beseitigt werden, die eine Einigung erschweren.

23 Der Unternehmer kann daher einen Arbeitnehmer, der einen Nachteilsausgleich nach § 113 Abs. 2 fordert, nicht darauf verweisen, auch der Betriebsrat hätte initiativ werden können. Es ist zwar richtig, daß der Betriebsrat die Einigungsstelle anrufen kann; in erster Linie geht es jedoch um Ansprüche der Arbeitnehmer gegen ihren Arbeitgeber und nicht gegen den Betriebsrat. Der Arbeitgeber ist daher gegenüber dem Arbeitnehmer verpflichtet, die Einigungsversuche bis in die Einigungsstelle hinein fortzusetzen.

Zum anderen kann der Unternehmer aus der Untätigkeit des Betriebsrats kaum darauf schließen, daß dieser keine Einwände gegen die Betriebsänderung erhebt, da infolge der vorangegangenen Verhandlung dem Arbeitgeber bekannt ist oder bekannt sein müßte, daß der Betriebsrat nicht mit der Maßnahme oder den einzelnen Modalitäten der wirtschaftlichen Maßnahme einverstanden ist. Deshalb muß der Unternehmer, der die Betriebsänderung durchführen will, letztlich auch die Voraussetzungen dafür schaffen. **24**

Auch die Entstehungsgeschichte des BetrVG spricht für die hier vertretene Ansicht. Die Rechtsprechung des *BAG* hat die Regelung des § 72 Abs. 2 Satz 1, 2 BetrVG 1952, wonach der Unternehmer oder der Betriebsrat beim fehlgeschlagenen Interessenausgleich eine behördliche Stelle um Vermittlung ersucht und – wenn dies nicht geschah oder der Versuch erfolglos blieb – die Vermittlungsstelle anrufen konnte, stets dahin verstanden, daß der Unternehmer trotz des Wortes »kann« dieses Einigungsverfahren ausschöpfen mußte, wollte er Nachteilsausgleichsansprüche der Arbeitnehmer nach § 74 BetrVG 1952 vermeiden (*BAG* vom 20.11. 1970 – 1 AZR 408/69 – EzA § 72 BetrVG 1952 Nr. 2 = DB 1971, 389). Das BetrVG 1972 hat in Kenntnis dieser Rechtsprechung die frühere Regelung über das Einigungsverfahren in § 112 Abs. 2 Satz 1, 2, Abs. 3 nahezu wörtlich übernommen. Erst in § 112 Abs. 4 wird die Neuregelung der Beteiligungsrechte des Betriebsrats bei Betriebsänderungen deutlich, denn die Einigungsstelle entscheidet nun nicht mehr über die Betriebsänderung, den Interessenausgleich, sondern verbindlich über den Sozialplan. Der Unternehmer ist also hinsichtlich der Durchführung der Betriebsänderung von einem Spruch der Einigungsstelle, dem Vermittlungsvorschlag der Vermittlungsstelle, nicht mehr gebunden. Er kann die Betriebsänderung frei durchführen, ohne Nachteilsausgleichsansprüche befürchten zu müssen. Da der Unternehmer nunmehr allein die wirtschaftliche Entscheidung über die Betriebsänderung treffen kann, ist es geboten, die Einwirkungsmöglichkeiten des Betriebsrats auf diese Unternehmensentscheidung im bisherigen Umfang zu gewährleisten. **25**

Aber auch praktische Erwägungen sprechen für die hier vertretene Auffassung. Ob der Einigungsversuch in der Einigungsstelle selbst gescheitert ist, läßt sich anhand der Protokolle nachprüfen, während dies bei den Beratungen zwischen Betriebsrat und Arbeitgeber häufig nicht der Fall ist. **26**

Der Arbeitgeber muß dartun, daß ernsthafte Beratungen mit dem Willen zu einer Einigung geführt wurden, so daß die Einigungsversuche möglicherweise gescheitert sind (*BAG* vom 18.12. 1984 – 1 AZR 176/82 – EzA § 113 BetrVG 1972 Nr. 12 = DB 1985, 1293 m. Anm. *Nipperdey*). **27**

Ein Unternehmer, der Ansprüche auf Nachteilsausgleich (§ 113 Abs. 3 BetrVG) vermeiden will, muß daher das für den Versuch einer Einigung über den Interessenausgleich vorgesehene Verfahren voll ausschöpfen (**a.A.** *Nipperdey* DB 1988, 1296ff.). Hierzu ist er auch dann verpflichtet, wenn der Betriebsrat anläßlich der geplanten Betriebsänderung nach § 112a BetrVG einen Sozialplan nicht erzwingen kann (*BAG* vom 8.11. 1988 – 1 AZR 687/87 – EzA § 113 BetrVG 1972 Nr. 18 = DB 1989, 331). **28**

§ 113 4. Teil 6. Abschn. *Betriebsänderungen*

29 **Auf** die Entstehung der **Ansprüche aus § 113** ist es **ohne Einfluß, wenn später**, insbesondere nach Ausspruch der Kündigungen, **noch ein Interessenausgleich versucht oder sogar herbeigeführt wird** (*BAG* vom 20. 11. 1970 – 1 AZR 409/69 – EzA § 72 BetrVG 1952 Nr. 3 = DB 1971, 534). Der **nachträgliche Wegfall des Betriebsrats beseitigt den Anspruch aus § 113 nicht** (*LAG Düsseldorf* vom 26. 3. 1975 – 1 (9) TaBV 59/74 – BB 1976, 602).

30 Auch die nachträgliche Erklärung des Betriebsrats, er wolle keine rechtlichen Schritte wegen des unterbliebenen Versuchs eines Interessenausgleichs unternehmen, ändert nichts an dem Bestehen des Anspruchs auf einen Nachteilsausgleich, der einem Arbeitnehmer nach § 113 Abs. 3 erwachsen ist (*BAG* vom 14. 9. 1976 – 1 AZR 784/75 – EzA § 113 BetrVG 1972 Nr. 2 m. Anm. *Schwerdtner* = DB 1977, 309).

31 Ebenso wird der Anspruch auf Nachteilsausgleich nicht durch einen Sozialplan beseitigt, der nach der Einleitung der Betriebsänderung zustande kommt. Die Rechtsfolgen des § 113 Abs. bleiben unberührt (*BAG* vom 14. 9. 1976 – a. a. O.; *BAG* vom 13. 6. 1989 – 1 AZR 819/87 – NZA 1989, 894).

32 Beim Vorliegen der Voraussetzungen des Abs. 3 **kann** der **Unternehmer** in entsprechender Anwendung des Abs. 1 aber **geltend machen, daß er aus einem zwingenden Grund von der Einigung ohnehin hätte abweichen dürfen** (*LAG Düsseldorf* vom 9. 5. 1968 – 2 Sa 66/68 – DB 1968, 1955, 1956; *BAG* vom 20. 1. 1961 – 1 AZR 53/60 – AP Nr. 2 zu § 72 BetrVG 1952 m. Anm. *Neumann-Duesberg* = DB 1961, 543; *BAG* vom 10. 6. 1969 – 1 AZR 2/69 – EzA § 72 BetrVG 1952 Nr. 1 = DB 1969, 1706; *BAG* vom 20. 11. 1970 – 1 AZR 409/69 – EzA § 72 BetrVG 1952 Nr. 3 = DB 1971, 534; *F/A/K/H* § 113 Rz. 7; *GK-Fabricius* § 113 Rz. 26).

33 Hat der Unternehmer einen Betrieb stillgelegt, ohne vorher einen Interessenausgleich versucht zu haben, so können die infolge der Betriebsstillegung entlassenen Arbeitnehmer Abfindungsansprüche nach § 113 Abs. 3 i. V. m. Abs. 1 dann nicht erheben, wenn Ereignisse eingetreten sind, die eine sofortige Schließung des Betriebs unausweichlich gemacht haben, und ein Hinausschieben der Betriebsstillegung zum Zwecke des Versuchs eines Interessenausgleichs den betroffenen Arbeitnehmern nur weitere Nachteile bringen könnte (*BAG* vom 23. 1. 1979 – 1 AZR 64/76 – EzA § 113 BetrVG 1972 Nr. 9 = DB 1979, 1139).

34 Der Anspruch eines Arbeitnehmers auf eine Abfindung nach § 113 Abs. 2 ist im Konkurs eines Arbeitgebers nur eine einfache Konkursforderung (§ 61 Abs. 1 Nr. 6 KO), wenn der Arbeitnehmer vor Eröffnung des Konkursverfahrens infolge einer vom Sequester durchgeführten Betriebsstillegung entlassen worden ist (*BAG* vom 23. 8. 1988 – 1 AZR 276/87 – EzA § 113 BetrVG 1972 Nr. 17 = DB 1988, 2569).

35 Ein Abfindungsanspruch nach § 113 Abs. 3 BetrVG ist nur dann eine Masseforderung i. S. v. § 59 Abs. 1 Nr. 1 KO, wenn sie aus Handlungen des Konkursverwalters, d. h. nach Eröffnung des Konkurses entstanden ist (*BAG* vom 9. 7. 1985 – 1 AZR 323/83 – EzA § 113 BetrVG 1972 Nr. 13 = DB 1985, 1533; 1986, 279; *BAG* vom 13. 6. 1989 – 1 AZR 819/87 – NZA 1989, 894).

36 Das Gesetz über die Behandlung von Sozialplanansprüchen im Konkurs vom 20. 2. 1985 gilt nicht für Ansprüche auf einen Nachteilsausgleich. Für diese bleibt es bei den allgemein konkursrechtlichen Bestimmungen.

37 Eine tarifliche Ausschlußklausel, die alle Ansprüche aus dem Arbeitsverhältnis und auch solche erfaßt, die mit dem Arbeitsverhältnis in Verbindung stehen, ergreift auch Abfindungsansprüche dieser entlassenen Arbeitnehmer nach § 113

Abs. 3. Die Erhebung einer Klage, die die Höhe der zu zahlenden Abfindung in das Ermessen des Gerichts stellt, ist dann eine ordnungsgemäße Geltendmachung, wenn die für Bemessung der Abfindung maßgebenden Umstände in der Klageschrift mitgeteilt werden. Einer Bezifferung des Abfindungsanspruchs bedarf es in einem solchen Fall nicht (*BAG* vom 22. 2. 1983 – 1 AZR 260/81 – EzA § 4 TVG Ausschlußfristen Nr. 54 = DB 1983, 1447; *BAG* vom 29. 11. 1983 – 1 AZR 523/82 – EzA § 113 BetrVG 1972 Nr. 11 = DB 1984, 724).

Die tarifliche Ausschlußfrist zur Geltendmachung des Abfindungsanspruchs ge- **38** genüber dem Arbeitgeber beginnt mit dem Ausscheiden des Arbeitnehmers aus dem Arbeitsverhältnis, denn damit wird der Anspruch fällig (*BAG* vom 20. 6. 1978 – 1 AZR 102/76 – EzA § 4 TVG Ausschlußfristen Nr. 34 = DB 1978, 2034).

Beginnt eine tarifliche Ausschlußfrist mit der Fälligkeit des Anspruchs, so wird ein **39** Anspruch auf Abfindung nach § 113 Abs. 3 auch dann mit der Beendigung des Arbeitsverhältnisses fällig, wenn über die Kündigung, die zur Beendigung des Arbeitsverhältnisses geführt hat, noch ein Kündigungsschutzprozeß anhängig ist (*BAG* vom 3. 8. 1982 – 1 AZR 77/81 – EzA § 113 BetrVG 1972 Nr. 10 = DB 1982, 2631; *F/A/K/H* § 113 Rz. 22).

Die tarifliche Ausschlußklausel des § 16 Abs. 1 BRTV-Bau findet auch auf Abfin- **40** dungsansprüche nach § 113 Abs. 3 Anwendung (*BAG* vom 20. 6. 1978 – a. a. O.). Fraglich ist jedoch, ob die Verfallfrist des § 16 Abs. 1 BRTV-Bau unterbrochen wird, wenn während des Laufs der Frist über das Vermögen des Arbeitgebers der Konkurs eröffnet oder der geltend gemachte Anspruch dadurch zu einer Konkursforderung wird (für eine solche Fristunterbrechung: *LAG Düsseldorf* vom 12. 12. 1971 – 4 Sa 977/70 – DB 1971, 1774; *Gagel* Anm. zum Urteil des **BAG** vom 8. 6. 1983 – 5 AZR 632/80 – EzA § 4 TVG Ausschlußfristen Nr. 55 = DB 1984, 138; *Blumensaat/Sparner/Unkelbach/Weimer* BRTV für das Baugewerbe, 4. Aufl., § 16 Anm. 7).

Nach zutreffender Ansicht (*BAG* vom 18. 12. 1984 – 1 AZR 588/82 – EzA § 4 **41** TVG Ausschlußfristen Nr. 63 = DB 1985, 1297) sind auf solche Konkursforderungen die tariflichen Ausschlußfristen nicht anzuwenden. Konkursgläubiger können Befriedigung ihrer Konkursforderungen nur im Konkursverfahren (§§ 138 ff. KO) erlangen. Mit diesen gesetzlichen Bestimmungen sind tarifliche Ausschlußfristen, die einem Konkursgläubiger weitere Rechtshandlungen vorschreiben, die nur dem Erhalt und der Befriedigung der Forderung dienen, nicht vereinbar. Solche Tarifbestimmungen verstoßen gegen zwingendes Gesetzesrecht und sind daher nichtig (§ 134 BGB).

Sobald über das Vermögen des Arbeitgebers der Konkurs eröffnet wird, verlieren **42** Ausschlußfristen auch ihren Sinn, da dem Arbeitgeber (Gemeinschuldner) nicht mehr Klarheit über das Bestehen von Ansprüchen aus dem Arbeitsverhältnis verschafft werden muß. Im Konkurs des Arbeitgebers geht es vielmehr nur noch um die Feststellung von Teilungs- und Schuldenmasse im Zeitpunkt der Konkurseröffnung. Viele tarifliche Ausschlußfristen beanspruchen daher keine Geltung für den Fall, daß eine Forderung gegen die Vertragspartei zu einer Konkursforderung geworden ist (*Blumensaat/Sperner/Unkelbach/Weimer* a. a. O.).

Andererseits werden durch das nach der Konkursordnung vorgeschriebene An- **43** melde- und Prüfungsverfahren die Interessen des Arbeitgebers (Gemeinschuldners) und des Konkursverwalters ausreichend berücksichtigt (vgl. §§ 141, Abs. 2 144 Abs. 2 KO).

Nach anderer Auffassung soll der Lauf der Ausschlußfrist unterbrochen werden, **44**

§ 113   *4. Teil 6. Abschn. Betriebsänderungen*

soweit die Frist zur schriftlichen Geltendmachung des Anspruchs im Zeitpunkt der Konkurseröffnung noch nicht abgelaufen ist, das Arbeitsverhältnis jedoch schon vor diesem Zeitpunkt beendet worden ist (*BAG* vom 22. 9. 1982 – 5 AZR 421/80 – EzA § 4 TVG Ausschlußfristen Nr. 52 = DB 1983, 236; *LAG Düsseldorf* vom 12. 2. 1971 – 4 Sa 977/70 – DB 1971, 1774; *Gagel* Anm. zum Urteil des *BAG* vom 8. 6. 1983 – 5 AZR 632/80 – AP Nr. 78 zu § 4 TVG Ausschlußfrist = DB 1984, 138).

45 Anders ist jedoch der Fall zu beurteilen, wenn die Forderung des Arbeitnehmers bei Konkurseröffnung wegen Ablaufs einer tariflichen Ausschlußfrist bereits erloschen war. Die gesetzlichen Regelungen über die Behandlung von Konkursforderungen setzen voraus, daß eine Konkursforderung überhaupt bestand. Hier ist der Anspruch bereits vor Konkurseröffnung aus materiell-rechtlichen Gründen erloschen.

46 Etwas anderes gilt auch für solche Forderungen, die die Arbeitnehmr als Massegläubiger nach der Konkurseröffnung erwerben. Wenn das Arbeitsverhältnis im Zeitpunkt der Konkurseröffnung noch fortbesteht, tritt der Konkursverwalter als Rechtsnachfolger des Arbeitgebers in das bestehende Arbeitsverhältnis ein. In diesem Arbeitsverhältnis besteht ein berechtigtes Bedürfnis beider Seiten, gegenseitige Forderungen nach den Regeln abzuwickeln und durchzusetzen, die für das Arbeitsverhältnis mit dem Gemeinschuldner bestanden. Deshalb müssen in solchen Fällen die Ausschlußfristen in vollem Umfang angewendet werden (*BAG* vom 18. 12. 1984 – 1 AZR 588/82 – EzA § 4 TVG Ausschlußfristen Nr. 63 = DB 1985, 1297).

V. Streitigkeiten

47 Über Streitigkeiten im Rahmen des Nachteilsausgleichs entscheidet das Arbeitsgericht im Urteilsverfahren (§ 2 Abs. 1 Nr. 3 lit. a i. V. m. Abs. 5, §§ 46ff. ArbG; GK-*Fabricius* § 113 Rz. 83; *F/A/K/H* § 113 Rz. 21; *D/R* § 113 Rz. 46).

48 Zur ordnungsgemäßen Geltendmachung eines Abfindungsanspruchs nach § 113 Abs. 3 gegenüber dem Arbeitgeber genügt die Erhebung einer Klage, die die Höhe der zu zahlenden Abfindung in das Ermessen des Gerichts stellt, soweit die für die Bemessung der Abfindung maßgeblichen Umstände in der Klageschrift mitgeteilt werden (*BAG* vom 22. 2. 1983 – 1 AZR 260/81 – EzA § 4 TVG Ausschlußfristen Nr. 54 = DB 1983, 1447).

49 Stellt das Gericht vor der Durchführung einer Maßnahme im Beschlußverfahren fest, die geplante Maßnahme löse keine Beteiligungsrechte des Betriebsrats aus (der Arbeitgeber sei nicht verpflichtet, einen Interessenausgleich zu versuchen und einen Sozialplan aufzustellen), sind die Gerichte im späteren Verfahren, in denen ein Arbeitnehmer einen Nachteilsausgleich nach § 113 Abs. 3 fordert, an diese Entscheidung gebunden.

50 Wird umgekehrt im Beschlußverfahren festgestellt, daß eine geplante Maßnahme Beteiligungsrechte des Betriebsrats auslöst (z. B. den Arbeitgeber zum Versuch eines Interessenausgleichs verpflichtet), kann das Gericht in einem Verfahren über den Nachteilsausgleich nach § 113 Abs. 3 diese Rechtsfrage nicht anders beurteilen.

51 Führt der Arbeitgeber die Maßnahme vor Abschluß des Beschlußverfahrens durch, kann nur noch über die Verpflichtung zur Aufstellung eines Sozialplanes

gestritten werden. Für die Feststellung, der Arbeitgeber müsse einen Interessenausgleich versuchen, besteht kein Rechtsschutzinteresse mehr. Das Erkenntnis in einem solchen Verfahren hat auf das Verfahren nach § 113 Abs. 3 die gleiche präjudizielle Wirkung wie das Beschlußverfahren, in dem es um die Verpflichtung des Arbeitgebers zum Versuch eines Interessenausgleichs geht. Mit präjudizieller Wirkung wird festgestellt, daß die durchgeführte Maßnahme eine Betriebsänderung war, die die Beteiligungsrechte des Betriebsrats ausgelöst hat (*BAG* vom 10. 11. 1987 – 1 AZR 360/86 – EzA § 113 BetrVG 1972 Nr. 16 = DB 1988, 609).

Fünfter Teil
Besondere Vorschriften für einzelne Betriebsarten

Erster Abschnitt
Seeschiffahrt

§ 114 Grundsätze

(1) Auf Seeschiffahrtsunternehmen und ihre Betriebe ist dieses Gesetz anzuwenden, soweit sich aus den Vorschriften dieses Abschnitts nichts anderes ergibt.
(2) Seeschiffahrtsunternehmen im Sinne dieses Gesetzes ist ein Unternehmen, das Handelsschiffahrt betreibt und seinen Sitz im Geltungsbereich dieses Gesetzes hat. Ein Seeschiffahrtsunternehmen im Sinne dieses Abschnitts betreibt auch, wer als Korrespondentreeder, Vertragsreeder, Ausrüster oder aufgrund eines ähnlichen Rechtsverhältnisses Schiffe zum Erwerb durch die Seeschiffahrt verwendet, wenn er Arbeitgeber des Kapitäns und der Besatzungsmitglieder ist oder überwiegend die Befugnisse des Arbeitgebers ausübt.
(3) Als Seebetrieb im Sinne dieses Gesetzes gilt die Gesamtheit der Schiffe eines Seeschiffahrtsunternehmens einschließlich der in Absatz 2 Satz 2 genannten Schiffe.
(4) Schiffe im Sinne dieses Gesetzes sind Kauffahrteischiffe, die nach dem Flaggenrechtsgesetz die Bundesflagge führen. Schiffe, die in der Regel binnen 24 Stunden nach dem Auslaufen an den Sitz eines Landbetriebs zurückkehren, gelten als Teil dieses Landbetriebes des Seeschiffahrtsunternehmens.
(5) Jugend- und Auszubildendenvertretungen werden nur für die Landbetriebe von Seeschiffahrtsunternehmen gebildet.
(6) Besatzungsmitglieder sind die in § 3 des Seemannsgesetzes genannten Personen. leitende Angestellte im Sinne des § 5 Abs. 3 dieses Gesetzes sind nur die Kapitäne. Die Zuordnung der Besatzungsmitglieder zu den Gruppen der Arbeiter und Angestellten bestimmt sich, abweichend von den §§ 4 bis 6 des Seemannsgesetzes, nach § 6 dieses Gesetzes.

Literaturübersicht

Birk Auslandsbeziehungen und BetrVG, FS für *Schnorr v. Carolsfeld*, 1973, 61 ff.; *Stabenow* Betriebsverfassung im Seeschiffahrtsunternehmen, Hansa 1972, 1797 ff.; *ders.* Die Wahlen von Bordvertretungen und Seebetriebsräten, Hansa 1972, 1834 ff.; *Prüssmann* Seehandelsrecht, München 1968; *Reuter* Umfang und Schranken des gewerkschaftlichen Zutrittsrechts zum Betrieb unter besonderer Berücksichtigung der Seeschiffahrt, ZfA 1976, 107 ff.; *Ruhwedel* Die Partnerreederei, Bielefeld 1973; *Säcker* Inhalt und Grenzen des gewerkschaftlichen Zutrittsrechts zum Betrieb unter besonderer Berücksichtigung der Verhältnisse in der Seeschiffahrt, 1975; *Schaps, A.* Das Deutsche Seerecht, Köln 1961; *Segelken* Kapitänsrecht, 2. Aufl. Hamburg, 1974.

§ 114   5. Teil 1. Abschn. Seeschiffahrt

Inhaltsübersicht

		Rz.
I.	Allgemeines	1– 4
II.	Begriff des Seeschiffahrtsunternehmens	5–12
	1. Handelsschiffahrt	6
	2. Der Betreiber von Seeschiffahrtsunternehmen	7–12
III.	Die Abgrenzung des Seebetriebs vom Landbetrieb	13–19
IV.	Die Belegschaft des Seebetriebs	20–22
V.	Die Stellung der Gewerkschaften	23–24

I. Allgemeines

1 Durch die in §§ 114 bis 116 normierten Sonderbestimmungen für die Seeschiffahrt, mit denen die allgemeinen Bestimmungen des BetrVG modifiziert werden, soll gesichert werden, daß auch unter den besonderen Bedingungen der Seeschiffahrt handlungsfähige und effektive Betriebsverfassungsorgane geschaffen werden. Für die Binnenschiffahrt gelten die allgemeinen Regeln (*D/R* § 114 Rz. 8; GK-*Wiese* § 114 Rz. 1).

2 Das Gesetz legt den Geltungsbereich der Sonderbestimmungen dahin fest, daß nur Seeschiffahrtsunternehmen erfaßt werden, **die Handelsschiffahrt betreiben und ihren Sitz im Geltungsbereich des Gesetzes haben**. Eine weitere Einschränkung des Geltungsbereiches der Sonderbestimmngen ist darin zu sehen, daß **im Rahmen des Seebetriebs nur die Schiffe erfaßt** werden, **die nach dem Flaggenrechtsgesetz die Bundesflagge führen** (a. A. GK-*Wiese* § 114 Rz. 3, 19 f.).

3 Im einzelnen hat dies folgende Auswirkungen: das Gesetz findet **keine Anwendung für** die **Seebetriebe von Seeschiffahrtsunternehmen, die im Inland ihren Sitz haben, deren Schiffe jedoch nur fremde Flaggen führen**. Ebenfalls **keine Anwendung** findet das Gesetz **auf Seebetriebe von Seeschiffahrtsunternehmen, die im Ausland ihren Sitz haben und deren Schiffe die Bundesflagge führen** (*BAG* vom 26. 9. 1978 – 1 AZR 480/76 – EzA § 114 BetrVG 1972 Nr. 2 = DB 1979, 1140; *D/R* § 114 Rz. 12; a. A. *Brecht* § 115 Rz. 1; GK-*Wiese* § 114 Rz. 4 a u. 19). **Für die im Inland gelegenen Landbetriebe der Seeschiffahrtsunternehmen gelten die allgemeinen Vorschriften des BetrVG, unabhängig davon, ob die Seeschiffahrtsunternehmen ihren Sitz im Inland oder Ausland haben** (ebenso *D/R* § 114 Rz. 11; GK-*Wiese* § 114 Rz. 4, 15; a. A. *G/L* § 114 Rz. 11; *Birk* FS für *Schnorr v. Carolsfeld*, 6 a, 86). Für die Landbetriebe der inländischen Seeschiffahrtsbetriebe ergibt sich dies aus der Regelung des § 114; für die ausländischen Unternehmen ergibt sich dies aus dem allgemein geltenden Territorialprinzip, da die Sonderbestimmungen der §§ 114 ff. nur auf Seeschiffahrtsunternehmen anwendbar sind, die im Inland ihren Sitz haben.

4 Um effektive Betriebsvertretungen im Rahmen der Seeschiffahrt zu gewährleisten, sieht das Gesetz **für die Seebetriebe** ein **zweistufiges Betriebsverfassungsorgan** der Arbeitnehmer vor. Die Interessen der Besatzungsmitglieder eines Schiffes werden von der **Bordvertretung** (§ 115) wahrgenommen. Der **Seebetriebsrat** hat an Land die Interessen der Besatzungsmitglieder aller Schiffe des Seeschiffahrtsunternehmens wahrzunehmen. **Für die Landbetriebe** des Seeschiffahrtsunternehmens können **nach den allgemeinen Vorschriften Betriebsräte** gewählt werden.

Grundsätze § 114

II. Begriff des Seeschiffahrtsunternehmens

Ein **Seeschiffahrtsunternehmen ist ein Unternehmen, das Handelsschiffahrt be-** 5
treibt und seinen Sitz im Geltungsbereich des Gesetzes hat (§ 114 Abs. 2 Satz 1).
Zur Klarstellung wird darauf hingewiesen, daß auch derjenige ein Seeschiffahrtsunternehmen betreibt, der auch Korrespondentreeder (siehe hierzu GK-*Wiese*
§ 114 Rz. 9), Vertragsreeder (siehe hierzu GK-*Wiese* § 114 Rz. 10), Ausrüster,
oder aufgrund eines ähnlichen Rechtsverhältnisses Schiffe zum Erwerb durch die
Seeschiffahrt verwendet, wenn er Arbeitgeber des Kapitäns und der Besatzungsmitglieder ist oder überwiegend die Befugnisse eines Arbeitgebers (siehe hierzu
GK-*Wiese* § 114 Rz. 5) ausübt (§ 114 Abs. 2 Satz 2).

1. Handelsschiffahrt

Die besonderen Vorschriften der §§ 114ff. finden nur Anwendung, wenn das See- 6
schiffahrtsunternehmen Handelsschiffahrt betreibt. **Handelsschiffahrt betreibt,**
wer gegen Entgelt mit Kauffahrteischiffen Güter oder Personen befördert oder zu
anderen Zwecken Schiffe gegen Entgelt einsetzt (z. B. Eisbrecherschiffe). **Nicht**
erforderlich ist, daß die gewerbliche Nutzung von Seeschiffen **Hauptzweck oder**
der alleinige Zweck des Unternehmens ist (*D/R* § 114 Rz. 13; *G/L* § 114 Rz. 7;
GK-*Wiese* § 114 Rz. 3, 15).
Keine Handelsschiffe sind Privatjachten und Forschungsschiffe, soweit sie nicht
dem Erwerb dienen. Ebenfalls ausgenommen sind alle Seeschiffe, die hoheitlichen
Zwecken zu **dienen** bestimmt sind (*D/R* § 114 Rz. 13; *G/L* § 114 Rz. 8; GK-*Wiese*
§ 114 Rz. 3 und 15).

2. Der Betreiber von Seeschiffahrtsunternehmen

Ein Seeschiffahrtsunternehmen betreiben der Reeder (siehe hierzu GK-*Wiese* 7
§ 114 Rz. 76), der als Alleineigentümer eines Schiffes dieses zum Erwerb einsetzt
(§§ 484, 489 HGB), und die in § 114 Abs. 2 Satz 2 aufgeführten Rechtsträger (Korrespondentreeder, Vertragsreeder, Ausrüster; siehe hierzu GK-*Wiese* § 114 Rz. 8;
sowie Bereederung aufgrund eines ähnlichen Rechtsverhältnisses), die aus abgeleiteter Befugnis über den wirtschaftlichen Einsatz des Schiffes bestimmen, wenn
sie Arbeitgeber des Kapitäns und der Besatzungsmitglieder sind oder überwiegend die Befugnisse eines Arbeitgebers ausüben (*D/R* § 114 Rz. 17).
Der **Reeder** ist der Alleineigentümer eines Schiffes, das er aus wirtschaftlichen 8
Zwecken zur Seeschiffahrt einsetzt (§ 484 HGB; GK-*Wiese* § 114 Rz. 7). Alleineigentümer können natürliche Personen, Personengesamtheiten und juristische Personen sein (*D/R* § 114 Rz. 18 m. w. N.).
Der **Korrespondentreeder**, der ebenfalls eine natürliche Person, eine Personenge- 9
samtheit oder eine juristische Person sein kann, vertritt die Patenreederei (§ 492
HGB) nach außen. Er ist im Rahmen seiner Vertretungsmacht (§ 493 HGB) befugt, Heuerverträge abzuschließen und zu kündigen (GK-*Wiese* § 114 Rz. 9). Er ist
insbesondere auch befugt, den Kapitän anzustellen oder zu entlassen (§ 496 Abs. 2
HGB). Eine Patenreederei liegt vor, wenn mehrere Personen, ohne eine Handelsgesellschaft zu bilden, ein ihnen gemeinsam gehörendes Schiff auf gemeinschaftli-

§ 114 5. Teil 1. Abschn. Seeschiffahrt

che Rechnung zum Erwerb durch Seeschiffahrt nutzen (*Prüssmann* Seehandelsrecht 1968, § 489 Anm. B; *D/R* § 114 Rz. 20 m. w. N.).
Es ist möglich, daß der Korrespondentreeder eine oder mehrere Patenreedereien vertritt (vgl. *D/R* § 114 Rz. 23; *G/L* § 114 Rz. 14; GK-*Wiese* § 114 Rz. 9).

10 Der **Vertragsreeder**, der in der Praxis häufig ebenfalls als Korrespondentreeder bezeichnet wird, übernimmt aufgrund eines Bereederungsvertrags in Vertretung eines anderen Schiffeigentümers die Bewirtschaftung eines oder mehrerer Schiffe (GK-*Wiese* § 114 Rz. 10). Der Umfang der Vertretungsmacht richtet sich nach dem Bereederungsvertrag, wird aber im Regelfall mit der des Korrespondentreeders übereinstimmen (*D/R* § 114 Rz. 24 m. w. N.).

11 **Ausrüster** ist, wer ein ihm nicht gehörendes Schiff zum Erwerb durch die Seeschiffahrt auf eigene Rechnung verwendet und es entweder selbst führt oder die Führung einem Kapitän anvertraut (§ 510 Abs. 1 HGB). Ein Ausrüster i. S. d. Gesetzes liegt nur dann vor, wenn der Kapitän im Dienst des Verwenders steht, von ihm abhängig ist und seiner alleinigen Befehlsbefugnis untersteht (*BGH* vom 26. 11. 1956 – II ZR 323/55 – *BGHZ* 22, 197 (200); vgl. *D/R* § 114 Rz. 25 m. N.; GK-*Wiese* § 114 Rz. 8).

12 Eine **Bereederung aufgrund eines ähnlichen Rechtsverhältnisses** liegt dann vor, wenn sich in der Praxis Verwendungsformen aus abgeleitetem Recht entwickeln, die von den typisierten Formen abweichen. Maßgeblich ist jedoch, daß der Verwender **Arbeitgeberfunktionen** besitzt und überwiegend diese Funktion ausübt (*D/R* § 114 Rz. 26; GK-*Wiese* § 114 Rz. 11).

III. Die Abgrenzung des Seebetriebs vom Landbetrieb

13 Das BetrVG unterscheidet im Rahmen des Seeschiffahrtsunternehmens zwischen dem Seebetrieb und dem Landbetrieb.
Nach § 114 Abs. 3 und 4 gehört zu dem **Seebetrieb** die Gesamtheit der Kauffahrteischiffe eines Seeschiffahrtsunternehmens, die nach dem Flaggenrechtsgesetz die Bundesflagge führen und in der Regel nicht binnen 24 Stunden nach dem Auslaufen an den Sitz eines Landbetriebes zurückkehren (*D/R* § 114 Rz. 29; *G/L* § 114 Rz. 24; GK-*Wiese* § 114 Rz. 13).
Ein Verlassen des Landbetriebs i. S. v. § 114 Abs. 4 Satz 2 ist gegeben, wenn ein Arbeitnehmer auf ein unter ausländischer Flagge fahrendes Schiff überwechselt. Nimmt ein Arbeitnehmer, dessen Heuerverhältnis mit dem Landbetrieb während seines vorübergehenden Einsatzes auf einem ausländischen Schiff mit Anspruch auf Wiederverwendung geruht hat, seine Tätigkeit im Landbetrieb wieder auf, so liegt eine Einstellung i. S. v. § 99 Abs. 1 Satz 1 nicht vor (*LAG Schleswig-Holstein* vom 8. 12. 1982 – 2 TaBV 18/82 – BB 1983, 1161; a. A. GK-*Wiese* § 114 Rz. 12).

14 Soweit nicht der Seebetrieb nur aus einem Schiff besteht, werden alle Schiffe zu einem einheitlichen Ganzen zusammengezogen (*D/R* § 114 Rz. 30; *G/L* § 114 Rz. 22; GK-*Wiese* § 114 Rz. 12).

15 **Kauffahrteischiffe** sind Seeschiffe, die dem dauernden Erwerb durch Seefahrt bestimmt sind. Ein **Seeschiff** liegt dann vor, wenn es regelmäßig zur Seefahrt eingesetzt wird. Wenn ein Schiff sowohl in der Seeschiffahrt als auch auf Binnengewässern eingesetzt wird, kommt es darauf an, ob es nach Bauart und Ausrüstung für die Seefahrt geeignet ist (*G/L* § 114 Rz. 28; GK-*Wiese* § 114 Rz. 17).

16 Das **Kauffahrteischiff muß nach dem Flaggenrechtsgesetz die Bundesflagge füh-

Grundsätze § 114

ren. Insoweit kommt es nicht darauf an, daß gegebenenfalls ein Recht bzw. eine Verpflichtung zum Führen der Bundesflagge besteht, sondern nur darauf, ob tatsächlich die Flagge geführt wird (*D/R* § 114 Rz. 34; *G/L* § 114 Rz. 29; GK-*Wiese* § 114 Rz. 19).

Schiffe, die in der Regel binnen 24 Stunden wieder zu einem Landbetrieb des 17
Seeschiffahrtsunternehmens – nicht unbedingt dem Heimathafen des Schiffes oder dem Sitz des Seeschiffahrtsunternehmens – **zurückkehren, gelten als Teil des Landbetriebes** (*D/R* § 114 Rz. 35; vgl. auch *G/L* § 114 Rz. 36, 37; differenzierend GK-*Wiese* § 114 Rz. 21, 22).

Zum **Landbetrieb** des Seeschiffahrtsunternehmens gehören unter anderem die 18 kaufmännische Verwaltung, die Hafenbetriebe, wie Werften, Lagerhäuser, Werkstätten sowie die Binnenschiffe (*D/R* § 114 Rz. 38; GK-*Wiese* § 114 Rz. 15).

Für die Landbetriebe gelten die allgemeinen Normen des Betriebsverfassungsge- 19
setzes. Gem. § 114 Abs. 5 werden für die Landbetriebe der Seeschiffahrtsunternehmen Jugend- und Auszubildendenvertretungen gebildet (§§ 60–73; *D/R* § 114 Rz. 40; *G/L* § 114 Rz. 2, 21; GK-*Wiese* § 114 Rz. 14, 24).

IV. Die Belegschaft des Seebetriebs

Die Sonderregelungen der **§§ 114 ff. finden nur auf die Besatzungsmitglieder An-** 20
wendung. Besatzungsmitglieder sind nur die in § 3 SeemG bezeichneten Personen, nämlich die Schiffsoffiziere, die sonstigen Angestellten, die Schiffsleute und die Auszubildenden der Seefahrtberufe für die Dauer der Ausbildung (*D/R* § 114 Rz. 41, 42; GK-*Wiese* § 114 Rz. 25 ff.; eingehend *G/L* § 114 Rz. 43 ff.).
Leitende Angestellte i. S. d. § 5 Abs. 3 **sind nur die Kapitäne** (§ 114 Abs. 6 Satz 2; 21
D/R § 114 Rz. 47 ff.; *G/L* § 114 Rz. 49 ff.; GK-*Wiese* § 114 Rz. 27 f.).
Die Abgrenzung der Angestellten von den Arbeitern erfolgt gem. § 114 Abs. 6 22
Satz 3 nach § 6 (*D/R* § 114 Rz. 44; GK-*Wiese* § 114 Rz. 28).
§ 6 Abs. 2 Satz 1 verweist auf **§ 3 Abs. 1 Nr. 7 AVG**. Danach sind Angestellte der Kapitän, die Offiziere, die Schiffsärzte, der Zahlmeister, die Verwalter, die Verwaltungsassistenten.
Darüber hinaus werden nach **§ 5 des Manteltarifvertrages für die Deutsche Seeschiffahrt** Funker mit Seefunksonderzeugnis, Elektriker, Schiffsbetriebsmeister, Tauchermeister, Oberköche, Oberstewards, Zahlmeister, Assistenten, Oberkochassistenten, Oberstewardassistenten, Krankenschwestern, Heilgehilfen, Gepäckmeister sowie Bürogehilfen auf Fahrgastschiffen den Angestellten zugeordnet.
Gem. § 6 Abs. 2 Satz 3 gehören auch die **Auszubildenden**, die sich in Ausbildung zu einem Angestelltenberuf befinden, zu der Gruppe der Angestellten. Alle anderen Arbeitnehmer sind Arbeiter (*D/R* § 114 Rz. 45; GK-*Wiese* § 114 Rz. 29).

V. Die Stellung der Gewerkschaften

Die Gewerkschaften haben im Rahmen der Seebetriebsverfassung keine andere 23
Rechtsstellung als in der allgemeinen Betriebsverfassung. Sie können, soweit sie an Bord vertreten sind, die Bordvertretung unterstützen und haben zur Erfüllung ihrer betriebsverfassungsrechtlichen Aufgaben ein Zutrittsrecht zum Schiff (vgl. *D/R* § 114 Rz. 24 b; GK-*Wiese* § 114 Rz. 30).

§ 115   5. Teil 1. Abschn. Seeschiffahrt

24 Den Gewerkschaften steht jedoch aus Art. 9 Abs. 3 GG kein eigenständiges Zugangsrecht zu, um an Bord des Schiffes Mitgliederwerbung zu betreiben (*BVerfG* vom 17.2. 1981 – 2 BvR 384/78 – EzA Art. 9 GG Nr. 32 = DB 1981, 1467; *D/R* § 114 Rz. 54; GK-*Wiese* § 114 Rz. 31; **a.A.** *BAG* vom 14. 2. 1978 – 1 AZR 280/77 – AP Nr. 26 zu Art. 9 GG). Im Hinblick auf § 111 Abs. 1 Satz 2 SeemG bedürfen die Gewerksschaftsvertreter zum Zugang auf das Schiff der Erlaubnis, die jedoch wegen Art. 9 Abs. 3 GG nur verweigert werden darf, wenn ein Arbeitskampf vorbereitet oder durchgeführt werden soll (*Reuter* ZfA 1976, 107, 173 ff.; *LAG Baden-Württemberg* vom 8. 8. 1973 – 4 Sa 29/73 – AuR 1974, 316, 320; *D/R* § 114 Rz. 54; **a.A.** *Säcker* Inhalt und Grenzen des gewerkschaftlichen Zutrittsrechts zu Betrieben 25 ff., 51 ff.).

§ 115 Bordvertretung

(1) Auf Schiffen, die mit in der Regel mindestens fünf wahlberechtigten Besatzungsmitgliedern besetzt sind, von denen drei wählbar sind, wird eine Bordvertretung gewählt. Auf die Bordvertretung finden, soweit sich aus diesem Gesetz oder aus anderen gesetzlichen Vorschriften nicht etwas anderes ergibt, die Vorschriften über die Rechte und Pflichten des Betriebsrats und die Rechtsstellung seiner Mitglieder Anwendung.

(2) Die Vorschriften über die Wahl und Zusammensetzung des Betriebsrats finden mit folgender Maßgabe Anwendung:

1. Wahlberechtigt sind alle Besatzungsmitglieder des Schiffes.
2. Wählbar sind die Besatzungsmitglieder des Schiffes, die am Wahltag das 18. Lebensjahr vollendet haben und ein Jahr Besatzungsmitglied eines Schiffes waren, das nach dem Flaggenrechtsgesetz die Bundesflagge führt. § 8 Abs. 1 Satz 3 bleibt unberührt.
3. Die Bordvertretung besteht auf Schiffen mit in der Regel

    5 bis 20 wahlberechtigten Besatzungsmitgliedern   aus 1 Person,
    21 bis 75 wahlberechtigten Besatzungsmitgliedern   aus 3 Mitgliedern,
    über 75 wahlberechtigten Besatzungsmitgliedern   aus 5 Mitgliedern.

4. Die Minderheitengruppe erhält, abweichend von § 10 Abs. 2, in einer Bordvertretung, die aus mehr als einer Person besteht, bei bis zu 75 Gruppenangehörigen mindestens einen Vertreter, bei mehr als 75 Gruppenangehörigen mindestens zwei Vertreter.
5. § 13 Abs. 1 und 3 findet keine Anwendung. Die Bordvertretung ist vor Ablauf ihrer Amtszeit unter den in § 13 Abs. 2 Nr. 2 bis 5 genannten Voraussetzungen neu zu wählen.
6. Die wahlberechtigten Besatzungsmitglieder können mit der Mehrheit aller Stimmen beschließen, die Wahl der Bordvertretung binnen 24 Stunden durchzuführen.
7. Die in § 16 Abs. 1 Satz 1 genannte Frist wird auf zwei Wochen, die in § 16 Abs. 2 Satz 1 genannte Frist wird auf eine Woche verkürzt.
8. Bestellt die im Amt befindliche Bordvertretung nicht rechtzeitig einen Wahlvorstand oder besteht keine Bordvertretung, findet § 17 Abs. 1 und 2 entsprechende Anwendung. Kann aus Gründen der Aufrechterhaltung des ordnungsgemäßen Schiffsbetriebs eine Bordversammlung nicht stattfinden, so kann der Kapitän auf Antrag von drei Wahlberechtigten den Wahlvorstand bestellen.

Bestellt der Kapitän den Wahlvorstand nicht, so ist der Seebetriebsrat berechtigt, den Wahlvorstand zu bestellen. Die Vorschriften über die Bestellung des Wahlvorstands durch das Arbeitsgericht bleiben unberührt.
9. Die Frist für die Wahlanfechtung beginnt für Besatzungsmitglieder an Bord, wenn das Schiff nach Bekanntgabe des Wahlergebnisses erstmalig einen Hafen im Geltungsbereich dieses Gesetzes oder einen Hafen, in dem ein Seemannsamt seinen Sitz hat, anläuft. Die Wahlanfechtung kann auch zu Protokoll des Seemannsamtes erklärt werden. Wird die Wahl zur Bordvertretung angefochten, zieht das Seemannsamt die an Bord befindlichen Wahlunterlagen ein. Die Anfechtungserklärung und die eingezogenen Wahlunterlagen sind vom Seemannsamt unverzüglich an das für die Anfechtung zuständige Arbeitsgericht weiterzuleiten.
(3) Auf die Amtszeit der Bordvertretung finden die §§ 21 bis 25 mit der Maßgabe Anwendung, daß
1. die Amtszeit ein Jahr beträgt,
2. die Mitgliedschaft in der Bordvertretung auch endet, wenn das Besatzungsmitglied den Dienst an Bord beendet, es sei denn, daß es den Dienst an Bord vor Ablauf der Amtszeit nach Nummer 1 wieder antritt.
(4) Für die Geschäftsführung der Bordvertretung gelten die §§ 26 bis 36, § 37 Abs. 1 bis 3 sowie die §§ 39 bis 41 entsprechend. § 40 Abs. 2 ist mit der Maßgabe anzuwenden, daß die Bordvertretung in dem für ihre Tätigkeit erforderlichen Umfang auch die für die Verbindung des Schiffes zur Reederei eingerichteten Mittel zur beschleunigten Übermittlung von Nachrichten in Anspruch nehmen kann.
(5) Die §§ 42 bis 46 über die Betriebsversammlung finden für die Versammlung der Besatzungsmitglieder eines Schiffes (Bordversammlung) entsprechende Anwendung. Auf Verlangen der Bordvertretung hat der Kapitän der Bordversammlung einen Bericht über die Schiffsreise und die damit zusammenhängenden Angelegenheiten zu erstatten. Er hat Fragen, die den Schiffsbetrieb, die Schiffsreise und die Schiffssicherheit betreffen, zu beantworten.
(6) Die §§ 47 bis 59 über den Gesamtbetriebsrat und den Konzernbetriebsrat finden für die Bordvertretung keine Anwendung.
(7) Die §§ 74 bis 105 über die Mitwirkung und Mitbestimmung der Arbeitnehmer finden auf die Bordvertretung mit folgender Maßgabe Anwendung:
1. Die Bordvertretung ist zuständig für die Behandlung derjenigen nach diesem Gesetz der Mitwirkung und Mitbestimmung des Betriebsrats unterliegenden Angelegenheiten, die den Bordbetrieb oder die Besatzungsmitglieder des Schiffes betreffen und deren Regelung dem Kapitän aufgrund gesetzlicher Vorschriften oder der ihm von der Reederei übertragenen Befugnisse obliegt.
2. Kommt es zwischen Kapitän und Bordvertretung in einer der Mitwirkung oder Mitbestimmung der Bordvertretung unterliegenden Angelegenheit nicht zu einer Einigung, so kann die Angelegenheit von der Bordvertretung an den Seebetriebsrat abgegeben werden. Der Seebetriebsrat hat die Bordvertretung über die weitere Behandlung der Angelegenheit zu unterrichten. Bordvertretung und Kapitän dürfen die Einigungsstelle oder das Arbeitsgericht nur anrufen, wenn ein Seebetriebsrat nicht gewählt ist.
3. Bordvertretung und Kapitän können im Rahmen ihrer Zuständigkeiten Bordvereinbarungen abschließen. Die Vorschriften über Betriebsvereinbarungen gelten für Bordvereinbarungen entsprechend. Bordvereinbarungen sind unzu-

lässig, soweit eine Angelegenheit durch eine Betriebsvereinbarung zwischen Seebetriebsrat und Arbeitgeber geregelt ist.
4. In Angelegenheiten, die der Mitbestimmung der Bordvertretung unterliegen, kann der Kapitän, auch wenn eine Einigung mit der Bordvertretung noch nicht erzielt ist, vorläufige Regelungen treffen, wenn dies zur Aufrechterhaltung des ordnungsgemäßen Schiffsbetriebs dringend erforderlich ist. Den von der Anordnung betroffenen Besatzungsmitgliedern ist die Vorläufigkeit der Regelung bekanntzugeben. Soweit die vorläufige Regelung der endgültigen Regelung nicht entspricht, hat das Schiffahrtsunternehmen Nachteile auszugleichen, die den Besatzungsmitgliedern durch die vorläufige Regelung entstanden sind.
5. Die Bordvertretung hat das Recht auf regelmäßige und umfassende Unterrichtung über den Schiffsbetrieb. Die erforderlichen Unterlagen sind der Bordvertretung vorzulegen. Zum Schiffsbetrieb gehören insbesondere die Schiffssicherheit, die Reiserouten, die voraussichtlichen Ankunfts- und Abfahrtszeiten sowie die zu befördernde Ladung.
6. Auf Verlangen der Bordvertretung hat der Kapitän ihr Einsicht in die an Bord befindlichen Schiffstagebücher zu gewähren. In den Fällen, in denen der Kapitän eine Eintragung über Angelegenheiten macht, die der Mitwirkung oder Mitbestimmung der Bordvertretung unterliegen, kann diese eine Abschrift der Eintragung verlangen und Erklärungen zum Schiffstagebuch abgeben. In den Fällen, in denen über eine der Mitwirkung oder Mitbestimmung der Bordvertretung unterliegende Angelegenheit eine Einigung zwischen Kapitän und Bordvertretung nicht erzielt wird, kann die Bordvertretung dies zum Schiffstagebuch erklären und eine Abschrift dieser Eintragung verlangen.
7. Die Zuständigkeit der Bordvertretung im Rahmen des Arbeitsschutzes bezieht sich auch auf die Schiffssicherheit und die Zusammenarbeit mit den insoweit zuständigen Behörden und sonstigen in Betracht kommenden Stellen.

Literaturübersicht

Siehe § 114

Inhaltsübersicht

		Rz.
I.	Allgemeines	1– 3
II.	Wahl und Zusammensetzung der Bordvertretung (§ 115 Abs. 2 Ziff. 1–9)	4–17
	1. Wahlberechtigung (§ 115 Abs. 2 Ziff. 1)	5– 8
	2. Wählbarkeit der Bordvertretungsmitglieder (§ 115 Abs. 2 Ziff. 2)	9, 10
	3. Anzahl der Bordvertretungsmitglieder (§ 115 Abs. 2 Ziff. 3)	11
	4. Die Vertretung der Minderheitengruppe (§ 115 Abs. 2 Ziff. 4)	12, 13
	5. Der Zeitpunkt der Wahlen (§ 115 Abs. 2 Ziff. 5)	14
	6. Wahlverfahren (§ 115 Abs. 2 Ziff. 6)	15
	7. Die Bestellung des Wahlvorstandes (§ 115 Abs. 2 Ziff. 7 und 8)	16
	8. Die Wahlanfechtung (§ 115 Abs. 2 Ziff. 9)	17
III.	Die Amtszeit der Bordvertretung (§ 115 Abs. 3)	18–20
IV.	Die Geschäftsführung der Bordvertreung (§ 115 Abs. 4)	21, 22
V.	Die Bordversammlung (§ 115 Abs. 5)	23–25
VI.	Der Gesamt- und Konzernbetriebsrat (§ 115 Abs. 6)	26

VII. Die Beteiligungsrechte der Bordvertretung (§ 115 Abs. 7 Ziff. 1–7)	27–35
1. Die Zuständigkeit der Bordvertretung (§ 115 Abs. 7 Ziff. 1)	28
2. Beilegung von Meinungsverschiedenheiten (§ 115 Abs. 7 Ziff. 2)	29
3. Bordvereinbarungen (§ 115 Abs. 7 Ziff. 3)	30
4. Vorläufige Regelungen (§ 115 Abs. 7 Ziff. 4)	31, 32
5. Unterrichtungspflichten (§ 115 Abs. 7 Ziff. 5)	33
6. Einsichtsrecht in die Schiffstagebücher (§ 115 Abs. 7 Ziff. 6)	34
7. Arbeitsschutz und Betriebssicherheit (§ 115 Abs. 7 Ziff. 7)	35
VIII. Streitigkeiten	36

I. Allgemeines

In Abweichung von den allgemeinen Bestimmungen enthält § 115 im Rahmen der zweigliedrigen Seebetriebsverfassung (Bordvertretung/Seebetriebsrat) eine Sonderbestimmung für das Vertretungsorgan der Besatzungsmitglieder auf Kauffahrteischiffen von Seeschiffahrtsunternehmen, die im Geltungsbereich dieses Gesetzes ihren Sitz haben und deren Schiffe nach dem Flaggenrechtsgesetz die Bundesflagge führen. 1

Die Bordvertretung ist das Vertretungsorgan der Besatzungsmitglieder eines Schiffes (GK-*Wiese* § 115 Rz. 3). Ihr Verhandlungspartner ist der Kapitän, der eine arbeitgeberähnliche Position innehat (GK-*Wiese* § 114 Rz. 4, 5). 2

Eine Bordvertretung kann errichtet werden, wenn ein Schiff mit mindestens fünf wahlberechtigten Besatzungsmitgliedern besetzt ist, von denen drei wählbar sind (§ 115 Abs. 1 Satz 1). 3

II. Wahl und Zusammensetzung der Bordvertretung (§ 115 Abs. 2 Ziff. 1–9)

Nach § 115 Abs. 2 richtet sich die Wahl und Zusammensetzung der Bordvertretung grundsätzlich nach den allgemeinen Vorschriften, soweit nicht die Sonderregelung des § 115 Abs. 2 Ziff. 1–9 eingreift (GK-*Wiese* § 114 Rz. 7). 4

1. Wahlberechtigung (§ 115 Abs. 2 Ziff. 1)

Nach der allgemeinen Vorschrift des § 7 sind alle Arbeitnehmer wahlberechtigt, die das 18. Lebensjahr vollendet haben. In Abweichung hiervon **gewährt § 115 Abs. 2 Ziff. 1 allen Besatzungsmitgliedern das Wahlrecht**. Dies bedeutet, daß **auch die jugendlichen Besatzungsmitglieder wahlberechtigt** sind (GK-*Wiese* § 114 Rz. 8). Ihre Berechtigung findet diese Regelung darin, daß § 114 Abs. 5 die Bildung von eigenen Jugendvertretungen ausschließt. 5

Für die Frage der **Wahlberechtigung** ist es **ohne Bedeutung, ob sich die Besatzungsmitglieder an Bord befinden oder nicht** (*D/R* § 115 Rz. 10; GK-*Wiese* § 115 Rz. 8). 6

Die **Eigenschaft als Besatzungsmitglied beginnt** für die Schiffsoffiziere, die Angestellten und Schiffsleute **mit Abschluß des Heuervertrages und endet mit einer auf Dauer gerichteten Ablösung des Besatzungsmitglieds** (*D/R* § 115 Rz. 10; GK-*Wiese* § 115 Rz. 8, § 114 Rz. 8; a. A. *G/L* § 115 Rz. 6). **Vorübergehende Abwesen-** 7

§ 115 *5. Teil 1. Abschn. Seeschiffahrt*

heit vom Schiff **hat** auf die Eigenschaft als Besatzungsmitglied **keinen Einfluß** (*D/R* § 115 Rz. 10; GK-*Wiese* § 115 Rz. 8; *G/L* § 115 Rz. 6).

8 Die **Wahlausübung setzt die Anwesenheit** des Besatzungsmitgliedes **an Bord voraus**, da die Wahlordnung Seeschiffahrt (WOS) eine schriftliche Wahl nicht vorsieht (*D/R* § 115 Rz. 15; GK-*Wiese* § 115 Rz. 8; *G/L* § 115 Rz. 6).

2. Wählbarkeit der Bordvertretungsmitglieder (§ 115 Abs. 2 Ziff. 2)

9 In Abweichung von § 8 Abs. 1, der für die Wählbarkeit zum Betriebsrat eine sechsmonatige Betriebszugehörigkeit verlangt, sind nach § 115 Abs. 2 Ziff. 2 **nur die Besatzungsmitglieder wählbar, die am Wahltag das 18. Lebensjahr vollendet haben und eine einjährige Fahrzeit auf einem Kauffahrteischiff** i. S. d. § 114 Abs. 4 **absolviert haben**. Die einjährige Fahrzeit, deren Nachweis durch das Seefahrtsbuch zu erbringen ist, kann auf mehreren deutschen Schiffen abgeleistet worden sein (*D/R* § 115 Rz. 18; GK-*Wiese* § 115 Rz. 9; *G/L* § 115 Rz. 7).

10 Für die **Wählbarkeit** ist es **nicht erforderlich, daß sich das Besatzungsmitglied am Wahltag an Bord befindet** (*D/R* § 115 Rz. 9).

3. Anzahl der Bordvertretungsmitglieder (§ 115 Abs. 2 Ziff. 3)

11 In Abweichung von § 9 normiert § 115 Abs. 2 Ziff. 3, daß die **Bordvertretung aus maximal 5 Mitgliedern** besteht. Die Größe der Bordvertretung richtet sich nach der Anzahl der wahlberechtigten Besatzungsmitglieder (*D/R* § 115 Rz. 12; GK-*Wiese* § 114 Rz. 10).

4. Die Vertretung der Minderheitengruppe (§ 115 Abs. 2 Ziff. 4)

12 Nach der Grundvorschrift des § 10 Abs. 1 sollen Angestellte und Arbeiter im gleichen Verhältnis im Betriebsrat vertreten sein. Zum Schutze der Minderheiten sieht § 10 Abs. 2 eine Regelung vor, die eine Staffelung der Mitgliederzahl an der Größe der Minderheitengruppe orientiert.
In Abweichung von § 10 Abs. 2 erhält **nach** der Regelung des § 115 Abs. 2 Ziff. 4 die Minderheitengruppe bei bis zu 75 Gruppenangehörigen einen Vertreter, bei mehr als 75 Gruppenangehörigen zwei Vertreter.
Eine Minderheitengruppe erhält nach § 10 Abs. 3, der auch für die Bordvertreung gilt, keinen Vertreter, wenn ihr nicht fünf Besatzungsmitglieder angehören und diese nicht mehr als ¹/₁₀ der Besatzungsmitglieder darstellen (*D/R § 115 Rz. 24; GK-Wiese § 115 Rz. 12*).

13 Die in § 12 zugelassene abweichende Regelung, durch übereinstimmenden Beschluß der Arbeiter und Angestellten eine Entscheidung **über** eine **andere Verteilung der Sitze** des Betriebsrats **unter die Gruppenvertreter** zu treffen, **findet auch auf die Bordvertretung Anwendung.**

Bordvertretung § 115

5. Zeitpunkt der Wahlen (§ 115 Abs. 2 Ziff. 5)

Auf die Wahlen der Bordvertretung findet die Vorschrift des § 13 Abs. 1 und 3 keine Anwendung (§ 115 Abs. 2 Ziff. 5 Satz 1), so daß die Wahlen zur Bordvertretung nicht an kalendermäßig bestimmte Zeiträume gebunden sind (*D/R* § 115 Rz. 25). **Neuwahlen für Bordvertretungen finden außer nach Ablauf der einjährigen Amtszeit (§ 115 Abs. 3 Ziff. 1) in den in § 13 Abs. 2 Ziff. 2–5 genannten Fällen statt** (§ 115 Abs. 2 Ziff. 5 Satz 1; siehe hierzu GK-*Wiese* § 115 Rz. 13, 14). **14**

6. Wahlverfahren (§ 115 Abs. 2 Ziff. 6)

In Ergänzung der allgemeinen Wahlgrundsätze der §§ 14 ff. sieht § 115 Abs. 2 Ziff. 6 vor, daß die Besatzungsmitglieder mit der Mehrheit der Stimmen aller Wahlberechtigten die Wahl durchführen (vgl. hierzu *D/R* § 115 Rz. 27; *G/L* § 115 Rz. 11; siehe auch – teils abweichend – GK-*Wiese* § 115 Rz. 16). **15**

7. Die Bestellung des Wahlvorstandes (§ 115 Abs. 2 Ziff. 7 und 8)

Durch die Regelung des **§ 115 Abs. 2 Ziff. 7** sind die **Fristen für die Bestellung des Wahlvorstandes** nach der allgemeinen Regelung des § 16 **verkürzt** worden. Eine aus ihrem Amt ausscheidende Bordvertretung hat spätestens zwei Wochen vor Ablauf ihrer Amtszeit einen Wahlvorstand zu benennen. Ist die Bestellung des Wahlvorstandes unterblieben und besteht eine Woche vor Ablauf der Amtszeit kein Wahlvorstand, so kann auf Antrag von mindestens drei wahlberechtigten Besatzungsmitgliedern oder einer an Bord vertretenen Gewerkschaft ein Wahlvorstand durch das zuständige Arbeitsgericht bestellt werden. Da es häufig vorkommen kann, daß das Arbeitsgericht nicht erreichbar ist, sieht § 115 Abs. 8 Satz 1 vor, daß in den Fällen, in denen die Bordvertretung einen Wahlvorstand nicht rechtzeitig bestellt hat oder eine Bordvertretung nicht besteht, die Bordversammlung einen Wahlvorstand bestellen kann. Kann eine Bordversammlung aus Gründen der Aufrechterhaltung der Ordnung und Sicherheit auf dem Schiff nicht stattfinden, erfolgt die Bestellung des Wahlvorstandes durch den Kapitän (§ 115 Abs. 2 Ziff. 8 Satz 2). Bestellt der Kapitän den Wahlvorstand nicht, erfolgt die Bestellung durch den Seebetriebsrat (§ 115 Abs. 2 Ziff. 8 Satz 3; vgl. *D/R* § 115 Rz. 33; *G/L* § 115 Rz. 20; GK-*Wiese* § 115 Rz. 20, 21). In den Fällen, in denen keine Bordvertretung besteht und trotz Einladung keine Bordversammlung stattfindet, kann nach dem Wortlaut des Gesetzes weder der Kapitän noch der Seebetriebsrat einen Wahlvorstand bestellen. Es besteht nur die Möglichkeit der Bestellung des Wahlvorstandes durch das Arbeitsgericht (GK-*Wiese* § 115 Rz. 24; **a. A.** *D/R* § 115 Rz. 34; *G/L* § 115 Rz. 16). **16**

8. Die Wahlanfechtung (§ 115 Abs. 2 Ziff. 9)

Nach § 19 kann die Betriebsratswahl unter bestimmten Voraussetzungen binnen einer Frist von 2 Wochen, vom Tage der Bekanntgabe des Wahlergebnisses an gerechnet, beim Arbeitsgericht angefochten werden. Die für die Wahlanfechtung **17** geltende Frist, die auch für die Bordvertretung gilt, beginnt für die Besatzungsmitglieder an Bord und für den Kapitän erst dann zu laufen, wenn das Schiff nach Bekanntgabe des Wahlergebnisses einen Hafen im Geltungsbereich dieses Gesetzes oder einen Hafen, in dem ein Seemannsamt seinen Sitz hat, anläuft (*D/R* § 115 Rz. 38; GK-*Wiese* § 115 Rz. 29; a.A. *G/L* § 115 Rz. 17). Die Anfechtungserklärung kann schriftlich oder zu Protokoll eines Arbeitsgerichtes, aber auch durch Erklärung zu Protokoll des Seemannsamtes erfolgen (*D/R* § 115 Rz. 40).

III. Die Amtszeit der Bordvertretung (§ 115 Abs. 3)

18 In Abweichung von § 21 Satz 1 beträgt die **regelmäßige Amtszeit** der Bordvertretung **1 Jahr** (§ 115 Abs. 3 Ziff. 1).

19 Die Amtszeit beginnt mit der Bekanntgabe des Wahlergebnisses (§ 18 Abs. 2 WOS). Ist bei der Bekanntgabe des Wahlergebnisses die Amtszeit der Bordvertretung noch nicht abgelaufen, so beginnt die Amtszeit der neuen Bordvertretung mit Ablauf der Amtszeit der alten Bordvertretung (§ 21 Satz 2).

20 **Die Mitgliedschaft in der Bordvertretung erlischt in folgenden Fällen:**
 a) Ablauf der Amtszeit,
 b) Niederlegung des Amtes,
 c) Beendigung des Heuerverhältnisses (siehe hierzu GK-*Wiese* § 115 Rz. 33),
 d) Verlust der Wählbarkeit,
 e) Ausschluß aus der Bordvertretung,
 f) Nachträgliche Aberkennung der Wählbarkeit,
 g) wenn das Mitglied der Bordvertretung bei weiterbestehendem Heuerverhältnis den Dienst an Bord durch eine endgültige Ablösung beendet (§ 115 Abs. 3 Ziff. 2).
Bei einer vorübergehenden Abwesenheit von Bord, beispielsweise wegen Krankheit, **bleibt die Mitgliedschaft in der Bordvertretung erhalten** (*D/R* § 115 Rz. 45; *G/L* § 115 Rz. 20 GK-*Wiese* § 115 Rz. 34).

IV. Die Geschäftsführung der Bordvertretung (§ 115 Abs. 4)

21 Nach § 115 Abs. 2 Satz 1 gelten für die Geschäftsführung der Bordvertretung grundsätzlich die allgemeinen Vorschriften mit folgenden Ausnahmen:
Nicht anwendbar sind die §§ 27 Abs. 1–3, 28, die die Bildung von Betriebsausschüssen regeln. **Bordvertretungsausschüsse können nicht gebildet werden**, da die für die Bildung von Ausschüssen erforderliche Anzahl von neun Bordvertretungsmitgliedern nicht erreicht werden kann (*D/R* § 115 Rz. 50).
Unanwendbar sind die Bestimmungen über die Jugend- und Auszubildendenvertretungen (§§ 29 Abs. 2 Satz 4, 33 Abs. 3, 39 Abs. 2), weil **auf Schiffen keine Jugendvertretung** gebildet werden kann (*D/R* § 115 Rz. 51; *G/L* § 115 Rz. 22; GK-*Wiese* § 115 Rz. 37).
Für die Mitglieder der Bordvertretung ist die Anwendung der Vorschriften über die berufliche und finanzielle Sicherung der Betriebsratsmitglieder **(§ 37 Abs. 4, 5)** sowie der Bestimmungen über die Teilnahme an Sitzungen und Bildungsveranstaltungen **(§ 37 Abs. 6, 7) ausdrücklich ausgenommen** (§ 115 Abs. 4; vgl. eingehend *D/R* § 115 Rz. 56; *G/L* § 115 Rz. 22; GK-*Wiese* § 115 Rz. 35).

In diesem Zusammenhang ist jedoch zu berücksichtigen, daß die Bordvertretungsmitglieder während ihrer Amtszeit finanziell sichergestellt sein müssen, wie es § 78 gebietet. Lediglich die nach § 37 Abs. 5 vorgesehene berufliche und finanzielle Sicherung des Bordvertretungsmitgliedes nach Beendigung der Amtszeit entfällt mit Rücksicht auf die kurze Amtszeit der Bordvertretungsmitglieder.

Das in § **40 Abs. 2** normierte Gebot, wonach der Kapitän die für die Amtsführung 22 erforderlichen Sachmittel zur Verfügung zu stellen hat, **wird durch § 115 Abs. 4 Satz 2 ergänzt.** Danach hat der Kapitän die bei der Reederei zur beschleunigten Nachrichtenübermittlung vorhandenen Einrichtungen, wie Telexverbindung und Fernmeldeeinrichtungen, der Bordvertretung in dem für ihre Tätigkeit erforderlichen Umfang zur Verfügung zu stellen (*D/R* § 115 Rz. 59).

V. Die Bordversammlung (§ 115 Abs. 5)

An die Stelle der in §§ 42–46 geregelten Betriebsversammlung tritt die Bordver- 23
sammlung. Auf die Bordversammlung finden diese Vorschriften entsprechende Anwendung (GK-*Wiese* § 115 Rz. 39).

Die Versammlung der Besatzungsmitglieder wird von der Bordvertretung einbe- 24
rufen. Wegen der besonderen Informationsbedürfnisse der Besatzungsmitglieder hat der Kapitän persönlich den jährlichen Bericht über das Personal- und Sozialwesen an Bord und über die wirtschaftliche Lage und Entwicklung des Schiffes abzugeben, soweit er hierzu in der Lage ist. Dem Kapitän ist es verwehrt, sich bei der Abgabe dieses Berichts vertreten zu lassen (ebenso GK-*Wiese* § 115 Rz. 41; *G/L* § 115 Rz. 27; *D/R* § 115 Rz. 64).

Auf Verlangen der Bordvertretung hat der Kapitän der Bordversammlung einen 25
Bericht über die Schiffsreise abzugeben und Fragen zu beantworten, die den Schiffsbetrieb, die Schiffsreise und die Schiffssicherheit betreffen (§ 115 Abs. 5 Satz 2, 3; siehe hierzu GK-*Wiese* § 115 Rz. 43).

VI. Der Gesamt- und Konzernbetriebsrat (§ 115 Abs. 6)

Im Rahmen des beschränkten Aufgabenbereichs der Bordvertretung finden die 26
§§ 47–59 keine Anwendung (§ 115 Abs. 6). Wird in einem Seeschiffahrtsunternehmen ein Gesamt- oder Konzernbetriebsrat gebildet, so hat dieser die Aufgaben des Seebetriebsrats wahrzunehmen (§ 116 Abs. 5).

VII. Die Beteiligungsrechte der Bordvertretung (§ 115 Abs. 7 Ziff. 1–7)

In § 115 Abs. 7 sind die für die Bordvertretung geltenden Sonderregelungen be- 27
züglich der Mitwirkungs- und Mitbestimmungsrechte niedergelegt. Gem. § 115 Abs. 7 Satz 1 finden grundsätzlich die §§ 74–105 Anwendung. Keine Anwendung finden die Vorschriften über die Beteiligungsrechte in wirtschaftlichen Angelegenheiten, da diese dem Seebetriebsrat zugewiesen sind (GK-*Wiese* § 115 Rz. 47).

§ 115   5. Teil 1. Abschn. Seeschiffahrt

1. Die Zuständigkeit der Bordvertretung (§ 115 Abs. 7 Ziff. 1)

28 Wegen der Zweigliedrigkeit der Seebetriebsverfassung enthält § 115 Abs. 7 Ziff. 1 die Grundnorm für die Zuständigkeit der Bordvertretung im Hinblick auf die Beteiligungsrechte. Danach **kann die Bordvertretung nur in den Angelegenheiten tätig werden, die der Mitwirkung und Mitbestimmung des Betriebsrats unterliegen und den Bordbetrieb** (siehe hierzu GK-*Wiese* § 115 Rz. 49) **für die Besatzungsmitglieder betreffen und zu deren Regelung der Kapitän befugt ist** (GK-*Wiese* § 115 Rz. 48). Hat der Reeder die Befugnisse des Kapitäns vertraglich eingeengt, ist auch die Bordvertretung in ihrem Wirkungskreis eingeengt. Grundsätzlich ist der Kapitän befugt, die den konkreten Schiffsbetrieb und die Besatzungsmitglieder betreffenden Fragen zu regeln. Die Befugnisse des Kapitäns ergeben sich im wesentlichen aus der gesetzlichen Regelung des HGB (§§ 512, 513, 526 ff.) und des SeemG. Während die Bordvertretung die schiffsbezogenen Beteiligungen wahrnimmt, ist der **Seebetriebsrat** gem. § 116 Abs. 6 Ziff. 1 **für alle Angelegenheiten zuständig, die alle oder mehrere Schiffe des Seebetriebs oder die Besatzungsmitglieder aller oder mehrerer Schiffe des Seebetriebs** betreffen (vgl. *D/R* § 115 Rz. 69 ff.).

2. Beilegung von Meinungsverschiedenheiten (§ 115 Abs. 7 Ziff. 2)

29 Kommt bei **Meinungsverschiedenheiten** zwischen Kapitän und Bordvertretung über eine Angelegenheit, die der Mitbestimmung oder der Mitwirkung unterliegt, **eine Einigung nicht zustande, so kann die Angelegenheit sowohl von der Bordvertretung als auch von dem Kapitän an den Seebetriebsrat abgegeben werden** (§ 115 Abs. 7 Ziff. 2 Satz 1; *G/L* § 115 Rz. 34; GK-*Wiese* § 115 Rz. 51; **a.A.** *D/R* § 115 Rz. 76). Der Seebetriebsrat hat die Bordvertretung über die weitere Behandlung der Angelegenheit zu unterrichten. Lediglich in dem Fall, daß ein Seebetriebsrat nicht besteht, werden Kapitän und Bordvertretung die Einigungsstelle oder das Arbeitsgericht anrufen (§ 115 Abs. 7 Ziff. 2 Satz 3).

3. Bordvereinbarungen (§ 115 Abs. 7 Ziff. 3)

30 Für die Bordvereinbarungen gelten die Vorschriften der Betriebsvereinbarung (§ 77 Abs. 2–6) entsprechend (§ 115 Abs. 7 Ziff. 3 Satz 2), jedoch mit der Maßgabe, daß eine Bordvereinbarung unzulässig ist, soweit eine Angelegenheit durch eine Betriebsvereinbarung zwischen dem Seebetriebsrat und dem Arbeitgeber geregelt ist. Dies bedeutet, daß eine **Regelungsbefugnis der Bordvereinbarungsparteien entfällt, wenn der Seebetriebsrat und der Arbeitgeber tätig werden**. Besteht bezüglich einer Angelegenheit eine Bordvereinbarung und trifft der Seebetriebsrat mit dem Arbeitgeber über die gleiche Angelegenheit eine Vereinbarung, tritt die Bordvereinbarung außer Kraft (*D/R* § 115 Rz. 84; *G/L* § 115 Rz. 37; GK-*Wiese* § 115 Rz. 54; **a.A.** *Brecht* § 115 Rz. 5).

Bordvertretung § 115

4. Vorläufige Regelungen (§ 115 Abs. 7 Ziff. 4)

In mitbestimmungspflichtigen Angelegenheiten sehen die §§ 87 ff., mit der Ausnahme des § 100, einseitige vorläufige Regelungen des Arbeitgebers nicht vor (zum Streitstand siehe *BAG* vom 15. 12. 1961 – 1 AZR 492/59 – AP Nr. 1 zu § 56 BetrVG 1952 Arbeitszeit m. Anm. *Küchenhoff* = DB 1962, 442; *LAG Hamm* vom 23. 4. 1975 – 2 Sa 182/75 – DB 1975, 1515; *ArbG Siegburg* vom 3. 3. 1975 – 1 BV Ca 2/75 – DB 1975, 555; *Farthmann* RdA 1974, 65 (68 ff.); *F/A/K/H* § 87 Rz. 8; *Adomeit* BB 1972, 55). Demgegenüber ist gem. § 115 Abs. 7 Ziff. 4 Satz 1 der **Kapitän befugt, in Angelegenheiten, die der Mitwirkung der Bordvertretung unterliegen und in denen eine Einigung mit der Bordvertretung noch nicht erzielt wurde, vorläufige Regelungen zu treffen, wenn dies zur Aufrechterhaltung des ordnungsgemäßen Schiffsbetriebs dringend erforderlich ist** (*D/R* § 115 Rz. 78; *Dietz* ZfA 1972, 265; *Säcker* ZfA Sonderheft 1972, 60). Den von der Anordnung betroffenen Besatzungsmitgliedern ist die Vorläufigkeit der Regelung bekanntzugeben (§ 115 Abs. 7 Ziff. 4 Satz 2). Entspricht die endgültige Regelung nicht der vorläufigen, so hat das Schiffsunternehmen jegliche Nachteile auszugleichen, die den Besatzungsmitgliedern durch die vorläufigen Maßnahmen entstanden sind. Gegenüber der Regelung des § 100 ist **§ 115 Abs. 4** die speziellere Regelung und **schließt** deshalb die **Anwendung des § 100 aus** (*D/R* § 115 Rz. 79; *G/L* § 115 Rz. 42; *GK-Wiese* § 115 Rz. 56).

31

32

5. Unterrichtungspflichten (§ 115 Abs. 7 Ziff. 5)

Als eine gegenüber § 80 Abs. 2 geltende Sonderregelung regelt § 115 Abs. 7 Ziff. 5 die an den Besonderheiten der Seeschiffahrt orientierten Unterrichtungspflichten (*G/L* § 115 Rz. 43; **a. A.** *D/R* § 115 Rz. 86; *GK-Wiese* § 115 Rz. 63). Danach hat die **Bordvertretung** das **Recht auf regelmäßige und umfassende Unterrichtung über den Schiffsbetrieb.** Nach der Legaldefinition des § 115 Abs. 7 Ziff. 5 Satz 3 gehören zum Schiffsbetrieb alle Fragen der Seeschiffahrt, der Reiseroute, nach voraussichtlichem Aufenthalt und Abfahrtszeiten sowie der zu befördernden Ladung. Die hierzu bestehenden Unterlagen sind der Bordvertretung vorzulegen (§ 115 Abs. 7 Ziff. 5 Satz 2).

33

6. Einsichtsrecht in die Schiffstagebücher (§ 115 Abs. 7 Ziff. 6)

Auf Verlangen der Bordvertretung hat der Kapitän ihr gem. § 115 Abs. 7 Ziff. 6 Satz 1 Einsicht in die an Bord befindlichen Tagebücher – Schiffstagebücher, Maschinentagebücher, Öltagebücher, Betäubungsmittelbuch, Unfalltagebuch, Deviationstagebuch – zu gewähren, soweit nicht eine Geheimhaltungspflicht besteht, wie beispielsweise bei dem Krankheitsbuch und dem Fernmeldebuch (vgl. auch – in den Einzelheiten teils abweichend – *D/R* § 115 Rz. 88; *GK-Wiese* § 115 Rz. 67; *G/L* § 115 Rz. 44). Macht der Kapitän eine Eintragung über Angelegenheiten, die der Mitwirkung oder der Mitbestimmung unterliegen, kann die Bordvertretung eine Abschrift verlangen und selbst eine Erklärung zum Schiffstagebuch abgeben (§ 115 Abs. 7 Ziff. 7 Satz 2; *D/R* 115 Rz. 89; *GK-Wiese* § 115 Rz. 68).

34

§ 116   5. Teil 1. Abschn. Seeschiffahrt

Die Bordvertretung kann auch dann eine Eintragung in das Schiffstagebuch verlangen, wenn in einer Angelegenheit, die der Mitwirkung oder Mitbestimmung unterliegt, eine Einigung nicht erzielt werden kann (§ 115 Abs. 7 Ziff. 6 Satz 3; D/R § 115 Rz. 89).

7. Arbeitsschutz und Betriebssicherheit (§ 115 Abs. 7 Ziff. 7)

35   Die den einzelnen Arbeitnehmern eingeräumten Mitwirkungs- und Beschwerderechte (§§ 81–86) sowie die allgemeinen Zuständigkeiten des Betriebsrats im Rahmen des Arbeitsschutzes (§§ 87–89) gelten auch für die Bordvertretung analog. Darüber hinaus erweitert § 115 Abs. 7 Ziff. 7 die Zuständigkeit der Bordvertretung im Bereich des Arbeitsschutzes (vgl. hierzu eingehend D/R § 115 Rz. 90ff.; GK-*Wiese* § 115 Rz. 69).

VIII. Streitigkeiten

36   Soweit im Rahmen der Bordverfassung das Arbeitsgericht angerufen werden kann, ist das Arbeitsgericht zuständig, in dessen Bereich der Heimathafen des Schiffes liegt (siehe zu den Einzelheiten D/R § 115 Rz. 113ff.; G/L § 115 Rz. 5; GK-*Wiese* § 115 Rz. 71).

§ 116 Seebetriebsrat

(1) In Seebetrieben werden Seebetriebsräte gewählt. Auf die Seebetriebsräte finden, soweit sich aus diesem Gesetz oder aus anderen gesetzlichen Vorschriften nicht etwas anderes ergibt, die Vorschriften über die Rechte und Pflichten des Betriebsrats und die Rechtsstellung seiner Mitglieder Anwendung.

(2) Die Vorschriften über die Wahl, Zusammensetzung und Amtszeit des Betriebsrats finden mit folgender Maßgabe Anwendung:
1. Wahlberechtigt zum Seebetriebsrat sind alle zum Seeschiffahrtsunternehmen gehörenden Besatzungsmitglieder.
2. Für die Wählbarkeit zum Seebetriebsrat gilt § 8 mit der Maßgabe, daß
    a) in Seeschiffahrtsunternehmen, zu denen mehr als acht Schiffe gehören oder in denen in der Regel mehr als 250 Besatzungsmitglieder beschäftigt sind, nur nach § 115 Abs. 2 Nr. 2 wählbare Besatzungsmitglieder wählbar sind;
    b) in den Fällen, in denen die Voraussetzungen des Buchstabens a nicht vorliegen, nur Arbeitnehmer wählbar sind, die nach § 8 die Wählbarkeit im Landbetrieb der Seeschiffahrtsunternehmen besitzen, es sei denn, daß der Arbeitgeber mit der Wahl von Besatzungsmitgliedern einverstanden ist.
3. Der Betriebsrat besteht in Seebetrieben mit in der Regel
    5 bis 500 wahlberechtigten Besatzungsmitgliedern aus   einer Person,
    501 bis 1000 wahlberechtigten Besatzungsmitgliedern aus   drei Mitgliedern,
    über 1000 wahlberechtigten Besatzungsmitgliedern aus   fünf Mitgliedern.
4. Die Minderheitsgruppe erhält, abweichend von § 10 Abs. 2, in einem Seebetriebsrat, der aus mehr als einer Person besteht, bei bis zu 500 Gruppenange-

hörigen mindestens einen Vertreter, bei mehr als 500 Gruppenangehörigen mindestens zwei Vertreter.
5. Ein Wahlvorschlag ist gültig, wenn er im Fall des § 14 Abs. 6 Satz 1 erster Halbsatz und Satz 2 mindestens von drei wahlberechtigten gruppenangehörigen Besatzungsmitgliedern und im Fall des § 14 Abs. 7 mindestens von drei wahlberechtigten Besatzungsmitgliedern unterschrieben ist.
6. Die in § 16 Abs. 1 Satz 1 genannte Frist wird auf drei Monate, die in § 16 Abs. 2 Satz 1 genannte Frist auf zwei Monate verlängert.
7. Zu Mitgliedern des Wahlvorstands können auch im Landbetrieb des Seeschifffahrtsunternehmens beschäftigte Arbeitnehmer bestellt werden. § 17 Abs. 1 und 2 findet keine Anwendung. Besteht in einem Seebetrieb kein Seebetriebsrat, so wird der Wahlvorstand gemeinsam vom Arbeitgeber und den im Seebetrieb vertretenen Gewerkschaften bestellt. Einigen sich Arbeitgeber und Gewerkschaften nicht, so bestellt ihn das Arbeitsgericht auf Antrag des Arbeitgebers, einer im Seebetrieb vertretenen Gewerkschaft oder von mindestens drei wahlberechtigten Besatzungsmitgliedern. § 16 Abs. 2 Satz 2 und 3 gilt entsprechend.
8. Die Frist für die Wahlanfechtung nach § 19 Abs. 2 beginnt für Besatzungsmitglieder an Bord, wenn das Schiff nach Bekanntgabe des Wahlergebnisses erstmalig einen Hafen im Geltungsbereich dieses Gesetzes oder einen Hafen, in dem ein Seemannsamt seinen Sitz hat, anläuft. Nach Ablauf von drei Monaten seit Bekanntgabe des Wahlergebnisses ist eine Wahlanfechtung unzulässig. Die Wahlanfechtung kann auch zu Protokoll des Seemannsamtes erklärt werden. Die Anfechtungserklärung ist vom Seemannsamt unverzüglich an das für die Anfechtung zuständige Arbeitsgericht weiterzuleiten.
9. Die Mitgliedschaft im Seebetriebsrat endet, wenn der Seebetriebsrat aus Besatzungsmitgliedern besteht, auch, wenn das Mitglied des Seebetriebsrats nicht mehr Besatzungsmitglied ist. Die Eigenschaft als Besatzungsmitglied wird durch die Tätigkeit im Seebetriebsrat oder durch eine Beschäftigung gemäß Absatz 3 Nr. 2 nicht berührt.

(3) Die §§ 26 bis 41 über die Geschäftsführung des Betriebsrats finden auf den Seebetriebsrat mit folgender Maßgabe Anwendung:
1. In Angelegenheiten, in denen der Seebetriebsrat nach diesem Gesetz innerhalb einer bestimmten Frist Stellung zu nehmen hat, kann er, abweichend von § 33 Abs. 2, ohne Rücksicht auf die Zahl der zur Sitzung erschienenen Mitglieder einen Beschluß fassen, wenn die Mitglieder ordnungsgemäß geladen worden sind.
2. Soweit die Mitglieder des Seebetriebsrats nicht freizustellen sind, sind sie so zu beschäftigen, daß sie durch ihre Tätigkeit nicht gehindert sind, die Aufgaben des Seebetriebsrats wahrzunehmen. Der Arbeitsplatz soll den Fähigkeiten und Kenntnissen des Mitglieds des Seebetriebsrats und seiner bisherigen beruflichen Stellung entsprechen. Der Arbeitsplatz ist im Einvernehmen mit dem Seebetriebsrat zu bestimmen. Kommt eine Einigung über die Bestimmung des Arbeitsplatzes nicht zustande, so entscheidet die Einigungsstelle. Der Spruch der Einigungsstelle ersetzt die Einigung zwischen Arbeitgeber und Seebetriebsrat.
3. Den Mitgliedern des Seebetriebsrats, die Besatzungsmitglieder sind, ist die Heuer auch dann fortzuzahlen, wenn sie im Landbetrieb beschäftigt werden. Sachbezüge sind angemessen abzugelten. Ist der neue Arbeitsplatz höherwertig, so ist das diesem Arbeitsplatz entsprechende Arbeitsentgelt zu zahlen.

§ 116   5. Teil 1. Abschn. Seeschiffahrt

4. Unter Berücksichtigung der örtlichen Verhältnisse ist über die Unterkunft der in den Seebetriebsrat gewählten Besatzungsmitglieder eine Regelung zwischen dem Seebetriebsrat und dem Arbeitgeber zu treffen, wenn der Arbeitsplatz sich nicht am Wohnort befindet. Kommt eine Einigung nicht zustande, so entscheidet die Einigungsstelle. Der Spruch der Einigungsstelle ersetzt die Einigung zwischen Arbeitgeber und Seebtriebsrat.
5. Der Seebetriebsrat hat das Recht, jedes zum Seebetrieb gehörende Schiff zu betreten, dort im Rahmen seiner Aufgaben tätig zu werden sowie an den Sitzungen der Bordvertretung teilzunehmen. § 115 Abs. 7 Nr. 5 Satz 1 gilt entsprechend.
6. Liegt ein Schiff in einem Hafen innerhalb des Geltungsbereichs dieses Gesetzes, so kann der Seebetriebsrat nach Unterrichtung des Kapitäns Sprechstunden an Bord abhalten und Bordversammlungen der Besatzungsmitglieder durchführen.
7. Läuft ein Schiff innerhalb eines Kalenderjahres keinen Hafen im Geltungsbereich dieses Gesetzes an, so gelten die Nummern 5 bis 6 für europäische Häfen. Die Schleusen des Nordostseekanals gelten nicht als Häfen.
8. Im Einvernehmen mit dem Arbeitgeber können Sprechstunden und Bordversammlungen, abweichend von den Nummern 6 und 7, auch in anderen Liegehäfen des Schiffes durchgeführt werden, wenn ein dringendes Bedürfnis hierfür besteht. Kommt eine Einigung nicht zustande, so entscheidet die Einigungsstelle. Der Spruch der Einigungsstelle ersetzt die Einigung zwischen Arbeitgeber und Seebetriebsrat.

(4) Die §§ 42 bis 46 über die Betriebsversammlung finden auf den Seebetrieb keine Anwendung.
(5) Für den Seebetrieb nimmt der Seebetriebsrat die in den §§ 47 bis 59 dem Betriebsrat übertragenen Aufgaben, Befugnisse und Pflichten wahr.
(6) Die §§ 74 bis 113 über die Mitwirkung und Mitbestimmung der Arbeitnehmer finden auf den Seebetriebsrat mit folgender Maßgabe Anwendung:
1. Der Seebetriebsrat ist zuständig für die Behandlung derjenigen nach diesem Gesetz der Mitwirkung oder Mitbestimmung des Betriebsrats unterliegenden Angelegenheiten,
   a) die alle oder mehrere Schiffe des Seebetriebs oder die Besatzungsmitglieder aller oder mehrerer Schiffe des Seebetriebs betreffen,
   b) die nach § 115 Abs. 7 Nr. 2 von der Bordvertretung abgegeben worden sind oder
   c) für die nicht die Zuständigkeit der Bordvertretung nach § 115 Abs. 7 Nr. 1 gegeben ist.
2. Der Seebetriebsrat ist regelmäßig und umfassend über den Schiffsbetrieb des Seeschiffahrtsunternehmens zu unterrichten. Die erforderlichen Unterlagen sind ihm vorzulegen.

Literaturübersicht

Siehe Literatur zu § 114

Seebetriebsrat § 116

Inhaltsübersicht

		Rz.
I.	Allgemeines	1– 5
II.	Grundsätze (§ 116 Abs. 1)	6
III.	Wahl, Zusammensetzung und Amtszeit des Seebetriebsrats (§ 116 Abs. 2 Ziff. 1–9)	7–19
	1. Grundsätze (§ 116 Abs. 2 Ziff. 1)	7
	2. Wahlberechtigung (§ 116 Abs. 2 Ziff. 1)	8, 9
	3. Wählbarkeit (§ 116 Abs. 2 Ziff. 2)	10, 11
	4. Anzahl der Seebetriebsratsmitglieder (§ 116 Abs. 2 Ziff. 3)	12
	5. Die Vertretung der Minderheitengruppe (§ 116 Abs. 2 Ziff. 4)	13
	6. Wahlvorschläge (§ 116 Abs. 2 Ziff. 5)	14
	7. Bestellung des Wahlvorstandes (§ 116 Abs. 2 Ziff. 6, 7)	15–17
	8. Wahlanfechtung (§ 116 Abs. 2 Ziff. 8)	18
	9. Mitgliedschaft im Seebetriebsrat (§ 116 Abs. 2 Ziff. 9)	19
IV.	Die Geschäftsführung des Seebetriebsrats (§ 116 Abs. 3)	20–34
	1. Grundsätze	20
	2. Die Beschlußfähigkeit des Seebetriebsrats (§ 116 Abs. 3 Ziff. 1)	21
	3. Die Beschäftigung nicht freigestellter Seebetriebsratsmitglieder (§ 116 Abs. 3 Ziff. 2)	22
	4. Lohngarantie und Unterkunftsanspruch (§ 116 Abs. 3 Ziff. 3, 4)	23–26
	5. Das Betätigungsrecht des Seebetriebsrats an Bord (§ 116 Abs. 3 Ziff. 5–8)	27–34
V.	Die Betriebsversammlung (§ 116 Abs. 4)	35
VI.	Gesamt- und Konzernbetriebsrat (§ 116 Abs. 5)	36
VII.	Mitwirkung und Mitbestimmung des Seebetriebsrats (§ 116 Abs. 6)	37–39
VIII.	Streitigkeiten	40

I. Allgemeines

§ 116 enthält die von den allgemeinen Vorschriften abweichenden Sonderbestimmungen für die Bildung, Amtszeit und Aufgaben des Seebetriebsrats und ergänzt die Grundsätze über den persönlichen, sachlichen und räumlichen Geltungsbereich der in § 114 geregelten Seebetriebsnormen (GK-*Wiese* § 116 Rz. 1). **1**

Der **Seebetriebsrat ist das Betriebsverfassungsorgan, das an Land die Rechte der Besatzungsmitglieder aller nach § 114 Abs. 3 zu einem einheitlichen Seebetrieb zusammengefaßten Seeschiffe eines Seeschiffahrtsunternehmens wahrnimmt** (*D/R* § 116 Rz. 2; GK-*Wiese* § 116 Rz. 2). **2**

Die Verhandlungspartner des Seebetriebsrats sind der Reeder bzw. die dem Reeder gleichgestellten Korrespondentreeder, Vertragsreeder, Ausrüster und die sonstigen Rechtsträger, die aufgrund eines ähnlichen Rechtsverhältnisses Schiffe zum Erwerb durch die Seeschiffahrt verwenden. **3**

Die Zuständigkeit des Seebetriebsrats ist von der Bordvertretung abzugrenzen. Grundsätzlich stehen sich Bordvertretung und Seebetriebsrat als eigenständige betriebsverfassungsrechtliche Organe mit unterschiedlichen Aufgabenbereichen gegenüber. **4**

Die **Bordvertretung** ist **zuständig für die den Bordbetrieb betreffenden Angelegenheiten**. Der **Seebetriebsrat** ist **zuständig für alle Angelegenheiten, die den gesamten Seebetrieb bzw. die Besatzungsmitglieder aller oder mehrerer Schiffe betreffen**.

§ 116   5. Teil 1. Abschn. Seeschiffahrt

5 Der **Seebetriebsrat ist** der **Bordvertretung insoweit übergeordnet, als er** im Rahmen des § 116 Abs. 3 Ziff. 6–8 nach Unterrichtung des Kapitäns **Sprechstunden an Bord abhalten kann.** Die **Überordnung des Seebetriebsrats** ergibt sich auch daraus, daß **bei Meinungsverschiedenheiten** zwischen dem Kapitän und der Bordvertretung über eine Frage, die der Mitwirkung oder Mitbestimmung der Bordvertretung unterliegt, nicht die Einigungsstelle bzw. das Arbeitsgericht angerufen werden kann, wenn ein Seebetriebsrat gewählt ist (*D/R* § 116 Rz. 3).

Kommt eine Einigung nicht zustande, hat die Bordvertretung die **Angelegenheiten an den Seebetriebsrat abzugeben** (§ 115 Abs. 7 Ziff. 2 Satz 3).

Ein weiteres Indiz für eine gewisse **Überordnung des Seebetriebsrats** gegenüber der Bordvertretung liegt darin, daß **nur der Seebetriebsrat mit den übrigen Betriebsratsmitgliedern** des Seeschiffahrtsunternehmens den Gesamtbetriebsrat bildet.

II. Grundsätze (§ 116 Abs. 1)

6 In den Seebetrieben werden Seebetriebsräte gewählt. Auf die Seebetriebsräte finden die allgemeinen Vorschriften über die Rechte und Pflichten des Betriebsrats und die Rechtsstellung seiner Mitglieder Anwendung, ergänzt durch die Sonderbestimmungen der §§ 114, 116.

III. Wahl, Zusammensetzung und Amtszeit des Seebetriebsrats (§ 116 Abs. 2 Ziff. 1–9)

1. Grundsätze (§ 116 Abs. 2 Ziff. 1)

7 Nach § 116 Abs. 2 Ziff. 1 richtet sich die Wahl, die Zusammensetzung und Amtszeit des Seebetriebsrats grundsätzlich nach den allgemeinen Vorschriften i. V. m. den Sonderbestimmungen des § 116 Abs. 2 und ergänzt durch die Regelung der 2. Verordnung zur Durchführung des BetrVG vom 24. 10. 1972 – WOS (§§ 33–60; GK-*Wiese* § 116 Rz. 4).

2. Wahlberechtigung (§ 116 Abs. 2 Ziff. 1)

8 **Wahlberechtigt zum Seebetriebsrat sind alle zum Schiffahrtsunternehmen gehörenden Besatzungsmitglieder** (§ 116 Abs. 2 Ziff. 1). Zu den Besatzungsmitgliedern gehören nach § 116 Abs. 6 i. V. m. § 3 SeemG die Schiffsoffiziere, die sonstigen Angestellten, die Schiffsleute sowie die Auszubildenden für Seeberufe, die sich in einem Heuerverhältnis befinden, unabhängig davon, ob sie im Zeitpunkt der Wahl einem konkreten Schiff zugeordnet sind oder nicht. Wahlberechtigt sind daher auch die Besatzungsmitglieder, die sich zum Zeitpunkt der Wahl nicht an Bord befinden (*D/R* § 116 Rz. 8; siehe auch zu den Einzelheiten *BAG* vom 17. 9. 1974 – 1 ABR 85/73 – EzA § 116 BetrVG 1972 Nr. 1 = DB 1975, 216; *G/L* § 116 Rz. 6; GK-*Wiese* § 116 Rz. 5).

9 In Abweichung von § 7, der die Wahlberechtigung an die Vollendung des 18. Lebensjahres knüpft, gewährt § 116 allen – also **auch** den **minderjährigen**

Seebetriebsrat § 116

Besatzungsmitgliedern – das **Wahlrecht**, da bei den Seebetriebsräten eine Jugendvertretung nicht gewählt wird (§ 114 Abs. 5; *D/R* § 116 Rz. 9).

3. Wählbarkeit (§ 116 Abs. 2 Ziff. 2)

Hinsichtlich der Wählbarkeit der Seebetriebsratsmitglieder gilt § 8, modifiziert 10 durch die Regelung des § 116 Abs. 2 Ziff. 2 lit. a und b i. V. m. § 115 Abs. 2 Ziff. 2. Dies bedeutet, daß in Seeschiffahrtsunternehmen, zu denen **mehr als 8 Schiffe** gehören **und/oder** bei welchen **in der Regel mehr als 250 Besatzungsmitglieder** beschäftigt sind, **nur Besatzungsmitglieder zum Seebetriebsrat gewählt werden können, die dem Seebetrieb mindestens 6 Monate angehören und eine einjährige Fahrzeit auf dem Schiff nachweisen können, das** nach dem Flaggenrechtsgesetz **die Bundesflagge führt** (ebenso *G/L* § 116 Rz. 9, a. A. *D/R* § 116 Rz. 14; *GK-Wiese* § 116 Rz. 7).

In den Fällen, in denen dem Seebetrieb entweder **keine neun Schiffe** angehören 11 **oder** auf den vorhandenen Schiffen **regelmäßig weniger als 250 Arbeitnehmer** beschäftigt werden, sind **nur im Landbetrieb beschäftigte Arbeitnehmer wählbar**. Nach dem 2. Halbsatz des § 116 Abs. 2 Ziff. 1 lit. b **können** jedoch **Besatzungsmitglieder** dann **gewählt werden, wenn** der **Arbeitgeber** damit **einverstanden** ist (*D/R* § 116 Rz. 13; *GK-Wiese* § 116 Rz. 8).

Die zur Wahl vorgeschlagenen Besatzungsmitglieder und die Mitglieder des Landbetriebes sind gem. § 35 WOS in die Wählbarkeitsliste einzutragen (*D/R* § 116 Rz. 16).

4. Anzahl der Seebetriebsratsmitglieder (§ 116 Abs. 2 Ziff. 3)

Gegenüber der allgemeinen Vorschrift des § 9 reduziert die Sondervorschrift 12 des § 116 Abs. 2 Ziff. 3 die Zahl der Seebetriebsratsmitglieder. Nach § 116 Abs. 2 Ziff. 3 besteht der Seebetriebsrat bei in der Regel **5 bis 500** wahlberechtigten Besatzungsmitgliedern aus einem **Seebetriebsobmann**, bei **501 bis 1000** wahlberechtigten Besatzungsmitgliedern aus **drei Mitgliedern** und bei **mehr als 1000** wahlberechtigten Besatzungsmitgliedern aus **fünf Mitgliedern**. Hat der Seebetrieb nicht die ausreichende Zahl von wählbaren Arbeitnehmern, so ist für die Zahl der zu wählenden Seebetriebsratsmitglieder die der nächst niedrigeren Betriebsgröße zugrunde zu legen (§ 11; *D/R* § 116 Rz. 17; *GK-Wiese* § 116 Rz. 10).

5. Die Vertretung der Minderheitengruppe (§ 116 Abs. 2 Ziff. 4)

Nach der Vorschrift des § 10 Abs. 1 müssen Angestellte und Arbeiter entspre- 13 chend ihrem zahlenmäßigen Verhältnis im Betriebsrat vertreten sein, wenn dieser aus mindestens drei Mitgliedern besteht. Abweichend von § 10 Abs. 2 normiert § 116 Abs. 2 Ziff. 4, daß im Rahmen des Seebetriebsrats der Minderheitengruppe bei bis zu 500 Gruppenmitgliedern mindestens ein Vertreter und bei mehr als 500 Gruppenangehörigen mindestens zwei Vertreter zustehen. Eine Minderheitengruppe erhält dann keine Vertretung, wenn ihr nicht mehr als fünf

Arbeitnehmer angehören und diese nicht mehr als ¹/₂₀ Arbeitnehmer dieses Betriebes darstellen (§ 10 Abs. 3).
Nach § 12 Abs. 1 kann eine anderweitige Sitzverteilung erfolgen, wenn die beiden Gruppen dies in getrennten und geheimen Abstimmungen beschließen. Für die Abgrenzung der Arbeiter und Angestellten gilt § 114 Abs. 6 Satz 3 i. V. m. § 6 (*D/R* § 116 Rz. 19; GK-*Wiese* § 116 Rz. 11).

6. Wahlvorschläge (§ 116 Abs. 2 Ziff. 5)

14 Abweichend von der Regelung des § 14 Abs. 5 und Abs. 6, wonach die Wahlvorschläge zum Betriebsrat mindestens von ¹/₁₀ der wahlberechtigten Gruppenangehörigen bzw. der wahlberechtigten Arbeitnehmer unterzeichnet sein müssen, bestimmt § 116 Abs. 2 Ziff. 5, daß es für die Gültigkeit der Wahl im Falle des § 14 Abs. 5 bzw. Abs. 6 **ausreichend** ist, **wenn drei Gruppenangehörige wahlberechtigter Besatzungsmitglieder bzw. drei wahlberechtigte Arbeitnehmer die Wahlvorschläge unterzeichnen** (*D/R* § 116 Rz. 30; GK-*Wiese* § 116 Rz. 12).

7. Bestellung des Wahlvorstandes (§ 116 Abs. 2 Ziff. 6, 7)

15 Nach der allgemeinen Vorschrift des § 16 Abs. 1 Satz 1 hat in Betrieben, in denen ein Betriebsrat besteht, dieser spätestens acht Wochen vor Ablauf der Amtszeit einen Wahlvorstand zu bestellen. Bestellt sechs Wochen vor Ablauf der Amtszeit der Betriebsrat keinen Wahlvorstand, kann das Arbeitsgericht auf Antrag von drei Wahlberechtigten oder einer im Betrieb vertretenen Gewerkschaft einen Wahlvorstand einsetzen (§ 16 Abs. 2 Satz 1). Diese Fristen sind durch die Vorschrift des § 116 Abs. 2 Nr. 6 dahingehend modifiziert, daß der **Seebetriebsrat drei Monate vor Ablauf der Amtszeit die Bestellung eines Wahlvorstandes zu veranlassen** hat. Besteht zwei Monate vor Ablauf der Amtszeit des Seebetriebsrats noch kein Wahlvorstand, kann ein Ersatzwahlvorstand durch das Arbeitsgericht bestimmt werden (*D/R* § 116 Rz. 23; GK-*Wiese* § 116 Rz. 13 ff.).

16 **In Seebetrieben, in denen ein Seebetriebsrat entweder noch nicht oder nicht mehr besteht, wird** der **Wahlvorstand**, abweichend von der Vorschrift des § 17 Abs. 1, **durch** den **Arbeitgeber und die im Seebetrieb vertretenen Gewerkschaften bestellt** (§ 116 Abs. 2 Ziff. 7 Satz 3; GK-*Wiese* § 116 Rz. 15). Als Mitglied des Wahlvorstandes können nicht nur Besatzungsmitglieder, sondern auch in Landbetrieben des Seeschiffahrtsunternehmens beschäftigte Arbeitnehmer bestellt werden (§ 116 Abs. 2 Ziff. 7 Satz 1; *D/R* § 116 Rz. 26).

17 Einigen sich Arbeitgeber und Betriebsrat nicht über die Bestellung des Wahlvorstandes **(§ 116 Abs. 2 Ziff. 7 Satz 4)** oder bleibt der einmal eingesetzte Wahlvorstand untätig **(§ 18 Abs. 1 Satz 2)** oder im Falle der Auflösung des Seebetriebsrats wegen grober Verletzung seiner Pflichten **(§ 23 Abs. 1, 2), bestellt das Arbeitsgericht auf Antrag des Arbeitgebers, einer im Seebetrieb vertretenen Gewerkschaft oder mindestens dreier wahlberechtigter Besatzungsmitglieder einen Wahlvorstand.** Da die Vorschriften des § 16 Abs. 1 Satz 2 und 3 entsprechend gelten (§ 116 Abs. 2 Ziff. 7 Satz 5), können auch unter den in § 16 genannten Voraussetzungen Mitglieder einer im Betrieb vertretenen Gewerkschaft zu Mitgliedern des Wahlvorstandes bestellt werden, auch wenn sie nicht Arbeitnehmer des Seebetriebs sind.

Seebetriebsrat § **116**

8. Wahlanfechtung (§ 116 Abs. 2 Ziff. 8)

Wurde bei der Wahl zum Seebetriebsrat gegen wesentliche Vorschriften über das **18** Wahlrecht, die Wählbarkeit oder das Wahlverfahren verstoßen und liegen im übrigen die in § 19 bezeichneten Voraussetzungen vor, kann die Wahl angefochten werden. Die zweimonatige **Frist für** die **Wahlanfechtung beginnt für** die **Besatzungsmitglieder** nicht mit der Bekanntgabe des Wahlergebnisses, sondern **erst, wenn das Schiff** nach Bekanntgabe des Wahlergebnisses **erstmalig einen deutschen oder ausländischen Hafen anläuft,** in dem ein Seemannsamt seinen Sitz hat (§ 116 Abs. 2 Ziff. 8 Satz 1).
Nach Ablauf von 3 Monaten seit Bekanntgabe des Wahlergebnisses ist eine **Wahlanfechtung unzulässig** (§ 116 Abs. 2 Ziff. 8 Satz 2), und zwar selbst dann, wenn das Schiff keinen Hafen angelaufen haben sollte (*D/R* § 116 Rz. 31; *G/L* § 116 Rz. 18; GK-*Wiese* § 116 Rz. 20).

9. Mitgliedschaft im Seebetriebsrat (§ 116 Abs. 2 Ziff. 9)

Die Mitgliedschaft im Seebetriebsrat endet, sobald die in § 24 aufgeführten Vor- **19** aussetzungen vorliegen. Zur Klarstellung wird in § 116 Abs. 2 Ziff. 9 Satz 1 darauf hingewiesen, daß die Mitgliedschaft im Seebetriebsrat dann endet, wenn der Seebetriebsrat aus Besatzungsmitgliedern besteht und die Eigenschaft als Besatzungsmitglied verlorengeht.
Auch bei einer längeren Abwesenheit vom Schiff (Urlaub, Wehrdienst, Krankheit, Beschäftigung an Land wegen der Seebetriebsratstätigkeit) bleibt das Seebetriebsratsamt erhalten (*D/R* § 116 Rz. 35; *G/L* § 116 Rz. 20; GK-*Wiese* § 116 Rz. 21).

IV. Die Geschäftsführung des Seebetriebsrats (§ 116 Abs. 3)

1. Grundsätze

Grundsätzlich sind auf die Geschäftsführung des Seebetriebsrats die §§ 26 bis 41 **20** anzuwenden, es sei denn, es stehen allgemeine seebetriebsverfassungsrechtliche Grundsätze entgegen. **Keine Rechtswirkungen können die §§ 27 Abs. 1–3, 28 über die Bildung von Betriebsausschüssen entfalten**, da der Seebetriebsrat nach § 116 Abs. 2 Ziff. 3 nur aus maximal fünf Mitgliedern besteht, Betriebsausschüsse aber erst gebildet werden, wenn der Betriebsrat aus mindestens neun Mitgliedern besteht. Da nach § 114 Abs. 5 in Seebetrieben keine Jugendvertretungen gebildet werden, sind auch die **Bestimmungen über** die **Jugend- und Auszubildendenvertretung nicht anwendbar** (§§ 29 Abs. 2 Satz 4, 33 Abs. 3, 39 Abs. 2; *D/R* § 116 Rz. 36 ff.; *G/L* § 116 Rz. 21; GK-*Wiese* § 116 Rz. 22).

2. Die Beschlußfähigkeit des Seebetriebsrats (§ 116 Abs. 3 Ziff. 1)

21 Die Beschlüsse des beschlußfähigen Betriebsrats werden grundsätzlich mit der Mehrheit der Stimmen der anwesenden Mitglieder gefaßt (§ 33 Abs. 1). Der Betriebsrat ist beschlußfähig, wenn mindestens die Hälfte der Betriebsratsmitglieder bzw. der Ersatzmitglieder an der Beschlußfassung teilnimmt. Für den Fall, daß ein Teil der Seebetriebsratsmitglieder verhindert ist und gegebenenfalls die Ersatzmitglieder wegen einer Tätigkeit an Bord des Schiffes an der Sitzung des Seebetriebsrats nicht teilnehmen können, bestimmt § 116 Abs. 3 Ziffer 1, daß **in Angelegenheiten, in denen der Seebetriebsrat innerhalb einer bestimmten Frist eine Stellungnahme abzugeben hat, der Seebetriebsrat ohne Rücksicht auf die Zahl der zur Sitzung erschienenen Mitglieder beschlußfähig ist, wenn die Mitglieder ordnungsgemäß geladen sind** (*D/R* § 116 Rz. 43; GK-*Wiese* § 116 Rz. 26; a. A. *G/L* § 116 Rz. 22).

3. Die Beschäftigung nicht freigestellter Seebetriebsratsmitglieder (§ 116 Abs. 3 Ziff. 2)

22 Gem. § 38 i.V.m. § 116 Abs. 3 Ziff. 2 sind in Seebetrieben folgende Seebetriebsratsmitglieder von der beruflichen Tätigkeit freizustellen:
a) In Unternehmen mit 5–500 wahlberechtigten Besatzungsmitgliedern der Seebetriebsobmann, wenn in der Regel mindestens 300 Besatzungsmitglieder beschäftigt werden.
b) In Unternehmen mit 501–1000 wahlberechtigten Besatzungsmitgliedern aus dem aus drei Mitgliedern bestehenden Seebetriebsrat ein Mitglied, wenn in dem Seebetrieb nicht mehr als 600 Mitarbeiter beschäftigt werden; werden mehr als 600 Besatzungsmitglieder beschäftigt, zwei Mitglieder.
c) In Unternehmen mit mehr als 1000 wahlberechtigten Besatzungsmitgliedern aus dem aus fünf Mitgliedern bestehenden Seebetriebsrat
  drei Mitglieder   in Seebetrieben mit bis zu 2000 Besatzungsmitgliedern
  vier Mitglieder   in Seebetrieben mit bis zu 3000 Besatzungsmitgliedern
  fünf Mitglieder   in Seebetrieben mit mehr als 3000 Besatzungsmitgliedern

Soweit die Mitglieder des Seebetriebsrats nicht freizustellen sind, sind sie gem. § 116 Abs. 3 Ziff. 2 Satz 1 so zu beschäftigen, daß sie durch ihre Tätigkeit nicht gehindert sind, die Aufgaben des Seebetriebsrats wahrzunehmen.
Damit die **Mitglieder des Seebetriebsrats** ihren Aufgaben gerecht werden können, **werden diese im Regelfall im Landbetrieb des Seeunternehmens beschäftigt werden müssen** (enger *D/R* § 116 Rz. 48). Die Auswahl des Arbeitsplatzes soll den Fähigkeiten und Kenntnissen des Mitglieds des Seebetriebsrats sowie der bisherigen beruflichen Stellung entsprechen (§ 116 Abs. 3 Ziff. 2 Satz 2), wobei sich jedoch häufig das Aufgabengebiet ändern wird (GK-*Wiese* § 116 Rz. 28). Deshalb ist der Arbeitsplatz im Einvernehmen – Zustimmung – mit dem Seebetriebsrat zu bestimmen. Kommt eine Einigung über die Bestimmung des Arbeitsplatzes nicht zustande, entscheidet die Einigungsstelle, deren Spruch die Einigung zwischen Arbeitgeber und Seebetriebsrat ersetzt (*D/R* § 116 Rz. 49). Selbst für den Fall, daß die Seebetriebsratsmitglieder in einen anderen Betrieb des Seeschiffahrtsunternehmens versetzt würden, bleibt die gem. § 116 Abs. 2 Ziff. 9 fortbestehende Zugehörigkeit zum Seebetrieb erhalten.

Seebetriebsrat **§ 116**

4. Lohngarantie und Unterkunftsanspruch (§ 116 Abs. 3 Ziff. 3, 4)

Für die Zeit seiner Freistellung hat das Seebetriebsratsmitglied gem. § 37 Abs. 2, 4 einen **Anspruch auf den individuellen Lohn, den es erlangt hätte, wenn es während dieser Zeit gearbeitet hätte.** (*LAG Düsseldorf* vom 25. 1. 1973 – 7 Sa 988/72 – DB 1973, 577, 578). **Dies gilt gem. § 116 Abs. 3 Ziff. 3 auch für die Mitglieder des Seebetriebsrats, die Besatzungsmitglieder sind und im Landbetrieb beschäftigt werden.** Die den Besatzungsmitgliedern fortzuzahlende Heuer umfaßt die Grundheuer sowie die Zulagen und Zuschläge (siehe im einzelnen den Manteltarifvertrag See). Die Sachbezüge, wie beispielsweise Verpflegung (§§ 39, 40 SeemG) und Unterbringung (§ 41 SeemG), sind angemessen abzugelten (*D/R* § 116 Rz. 51, 52; *G/L* § 116 Rz. 26 ff.; *GK-Wiese* § 116 Rz. 31 ff.). 23

Ist der dem zum Betriebsrat gewählten Besatzungsmitglied **zugewiesene Arbeitsplatz** im Hinblick auf die Bezahlung **höherwertig, so ist das dem Arbeitsplatz entsprechende Entgelt zu zahlen** (§ 116 Abs. 3 Ziff. 3 Satz 3; *GK-Wiese* § 116 Rz. 34). 24

Anstelle des in § 41 SeemG geregelten Unterbringungsanspruches für die Besatzungsmitglieder gilt die Sonderregelung des § 116 Abs. 3 Ziff. 4. Dem zum Seebetriebsrat gewählten Besatzungsmitglied steht ein **Unterkunftsanspruch an Land** zu, wenn der Arbeitsplatz sich nicht am Wohnort befindet. Dieser Unterkunftsanspruch gilt auch für diejenigen Betriebsratsmitglieder, die infolge ständiger Freistellung keinen Arbeitsplatz mehr innehaben, entsprechend, wennn sie ihre Tätigkeit vom ständigen Wohnort entfernt ausüben müssen (*D/R* § 116 Rz. 55; *G/L* § 116 Rz. 29; *GK-Wiese* § 116 Rz. 35). 25

Über die Unterkunft ist zwischen dem Seebetriebsrat und dem Arbeitgeber eine Einigung herbeizuführen. Kommt eine Einigung nicht zustande, entscheidet die Einigungsstelle. Deren Spruch ersetzt die Einigung zwischen Arbeitgeber und Seebetriebsrat (§ 116 Abs. 3 Ziff. 4 Satz 2, 3). 26

5. Das Betätigungsrecht des Seebetriebsrats an Bord (§ 116 Abs. 3 Ziff. 5–8)

Damit der **Seebetriebsrat**, der seine Tätigkeit an Land ausübt, Kontakt zu den Besatzungsmitgliedern aufnehmen kann, gewähren die Sonderregelungen des § 116 Abs. 3 Ziff. 5–8 **schiffsbezogene Zutritts- und Betätigungsrechte**, die unterschiedlich danach gestaltet sind, ob sich die Schiffe in deutschen, europäischen oder außereuropäischen Häfen befinden (GK-*Wiese* § 116 Rz. 37 ff.). 27

Nach § 116 Abs. 3 Ziff. 5 Satz 1 hat der **Seebetriebsrat** das **Recht, jedes zum Seebetrieb gehörende Schiff zu betreten,** dort im Rahmen seiner Aufgaben tätig zu werden sowie an den Sitzungen der Bordvertretung beratend teilzunehmen. Darüber hinaus hat der Seebetriebsrat gem. § 116 Abs. 3 Ziff. 5 Satz 2 i. V. m. § 115 Abs. 7 Ziff. 5 einen **Anspruch gegen** den **Kapitän** des Schiffes **auf regelmäßige und umfassende Unterrichtung über den Bordbetrieb** (GK-*Wiese* § 116 Rz. 43; *G/L* § 116 Rz. 31; **a. A.** *D/R* § 117 Rz. 59; die meinen, § 116 Abs. 3 Nr. 5 Satz 2 verweise durch ein Redaktionsversehen auf § 115 Abs. 7 Nr. 5 Satz 1 statt auf § 115 Abs. 7 Nr. 6 Satz 1 mit der Folge, daß der Seebetriebsrat einen Anspruch auf Einsicht in die an Bord befindlichen Schiffstagebücher hat). 28

Das **Zutrittsrecht** des Seebetriebsrats ist **an keine besonderen Voraussetzungen geknüpft.** Der Kapitän, der für die Sicherheit des Schiffes verantwortlich ist, ist von dem beabsichtigten Zutritt formlos in Kenntnis zu setzen (*D/R* § 116 Rz. 57; 29

G/L § 116 Rz. 32; GK-*Wiese* § 116 Rz. 41). Analog § 115 Abs. 5 Ziff. 4 Satz 1 **kann der Kapitän** als Inhaber des Hausrechts dem Seebetriebsrat den **Zutritt verweigern, wenn dies zur Aufrechterhaltung des ordnungsgemäßen Schiffsbetriebs unerläßlich ist** (*G/L* § 116 Rz. 32; GK-*Wiese* § 116 Rz. 32; a. A. *D/R* § 116 Rz. 57, wonach der Kapitän lediglich bestimmte Tätigkeiten, nicht aber den Zutritt verbieten kann).

30 Damit der Seebetriebsrat an den Sitzungen der Bordvertretung teilnehmen kann, ist er analog § 31 vom Zeitpunkt und der Tagesordnung der Sitzung zu unterrichten.

31 **Liegt das Schiff in einem deutschen Hafen**, so **kann** der **Seebetriebsrat** abweichend von § 39 Abs. 1 **lediglich nach vorheriger Unterrichtung des Kapitäns Sprechstunden an Bord abhalten und Bordversammlungen durchführen** (§ 116 Abs. 3 Ziff. 6; *D/R* § 116 Rz. 60; *G/L* § 116 Rz. 34; GK-*Wiese* § 116 Rz. 44 ff.).

32 **Läuft das Schiff** nach dem Fahrtenplan **innerhalb eines Kalenderjahres keinen deutschen Hafen an**, so **kann der Seebetriebsrat**, nach Unterrichtung des Kapitäns, **einmal im Jahr die ihm** in § 116 Abs. 3 Ziff. 5 und 6 **eingeräumten Rechte auch in europäischen Häfen wahrnehmen** (§ 116 Abs. 3 Ziff. 3; *D/R* § 116 Rz. 63; GK-*Wiese* § 116 Rz. 39; *G/L* § 116 Rz. 37).

33 Ohne zahlenmäßige Beschränkung kann der Seebetriebsrat im Einvernehmen mit dem Schiffahrtsunternehmen **sowohl in europäischen als auch in außereuropäischen Häfen außerordentliche Sprechstunden abhalten, wenn hierfür ein dringendes Bedürfnis besteht** (§ 116 Abs. 3 Ziff. 8 Satz 1; *D/R* § 116 Rz. 64; *G/L* § 116 Rz. 38; GK-*Wiese* § 116 Rz. 39). Ein dringendes Bedürfnis besteht dann, wenn aufgrund eines besonderen Anlasses ein verantwortungsbewußter Seebetriebsrat davon ausgehen kann, daß die Durchführung einer Sprechstunde und Bordversammlung keinen Aufschub verträgt (*D/R* § 116 Rz. 64). **Gibt das Schiffahrtsunternehmen seine Zustimmung zur Durchführung der Sprechstunden nicht, so entscheidet die Einigungsstelle.** Der Spruch der Einigungsstelle ersetzt die Einigung zwischen dem Schiffahrtsunternehmen und dem Seebetriebsrat.

34 Muß der Seebetriebsrat in Wahrnehmung seiner Aufgaben zu den Liegeplätzen der Schiffe reisen, so sind die notwendigen **Reise- und Unterbringungskosten vom Arbeitgeber zu tragen** (§ 40 Abs. 1). Da hinsichtlich des Umfangs der erforderlichen Reisekosten auf die Belange des Arbeitgebers Rücksicht zu nehmen ist, werden regelmäßig nur die Reisekosten für ein Seebetriebsratsmitglied als erstattungsfähig angesehen werden können (*D/R* § 116 Rz. 63; *G/L* § 116 Rz. 39 f.; GK-*Wiese* § 116 Rz. 37).

V. Die Betriebsversammlung (§ 116 Abs. 4)

35 Nach § 116 Abs. 4 finden die Vorschriften des Gesetzes über die Betriebsversammlung keine Anwendung (GK-*Wiese* § 116 Rz. 51). Eine Betriebsversammlung aller Besatzungsmitglieder der zum Seebetrieb gehörenden Schiffe findet daher nicht statt.

VI. Gesamt- und Konzernbetriebsrat (§ 116 Abs. 5)

Nach § 116 Abs. 5 finden für den Seebetrieb auch die Bestimmungen der §§ 47–59 36
über die Bildung und Zuständigkeit von Gesamt- und Konzernbetriebsräten Anwendung. Die sich daraus ergebenden Rechte und Pflichten obliegen dem Seebetriebsrat (siehe zu den Einzelheiten *D/R* § 116 Rz. 68; GK-*Wiese* § 116 52).

VII. Mitwirkung und Mitbestimmung des Seebetriebsrats (§ 116 Abs. 6)

§ 116 Abs. 6 stellt klar, daß grundsätzlich dem Seebetriebsrat die in §§ 74–113 be- 37
zeichneten Beteiligungsrechte zustehen. Aufgrund der Zuständigkeitsregelung
des § 115 Abs. 7 Satz 1 ist der Seebetriebsrat für die wirtschaftlichen Angelegenheiten allein zuständig (GK-*Wiese* § 116 Rz. 53).
Die in § 116 Abs. 6 lit. a–c aufgeführte Sonderregelung trägt der Aufgabenteilung 38
des Seebetriebsrats und der Bordvertretung Rechnung. Nach § 116 Abs. 6 Ziff. 1
lit. a **übt der Seebetriebsrat die Beteiligungsrechte aus, die alle oder mehrere
Schiffe des Seebetriebs oder die Besatzungsmitglieder aller oder mehrerer Schiffe
des Seebetriebs betreffen.** Gem. § 116 Abs. 6 Ziff. 1 lit. b ist der **Seebetriebsrat
zuständig zur Regelung der schiffsbezogenen Angelegenheiten, in denen zwischen
der Bordvertretung und dem Kapitän keine Einigung erzielt werden konnte, worauf die Angelegenheiten an den Seebetriebsrat abgegeben wurden** (§ 115 Abs. 7
Ziff. 2). § 116 Abs. 6 Ziff. 1 lit. c weist dem Seebetriebsrat ganz allgemein die **Angelegenheiten** zu, **die von der Zuständigkeit der Bordvertretung ausgenommen
sind.**
§ 116 Abs. 6 Ziff. 2 räumt dem **Seebetriebsrat** das **Recht auf regelmäßige und um-** 39
fassende Unterrichtung über den Schiffsbetrieb des Schiffahrtsunternehmens ein.
Bei dieser Regelung handelt es sich um eine Konkretisierung der dem Arbeitgeber
schon nach § 80 Abs. 2 obliegenden Informationsverpflichtung über die Fragen
der Reisezeit, Reiserouten, der Landung, der Schiffssicherheit sowie des gesamten Arbeits- und Betriebsablaufs (*D/R* § 116 Rz. 72; GK-*Wiese* § 116 Rz. 56; a. M.
G/L § 116 Rz. 47). Zu einer regelmäßigen und rechtzeitigen Information gehört,
daß der Seebetriebsrat so **frühzeitig und umfassend** unterrichtet wird, daß er seine
Aufgaben wahrnehmen kann. Hierzu gehört auch, daß der Arbeitgeber dem Seebetriebsrat die Möglichkeit einräumt, in die Unterlagen Einblick zu nehmen
(§ 116 Abs. 6 Ziff. 2 Satz 2).

VIII. Streitigkeiten

Streitigkeiten seebetriebsverfassungsrechtlicher Art entscheidet ausschließlich das 40
Arbeitsgericht, in dessen Bezirk das Seeschiffahrtsunternehmen seinen Sitz hat
(*D/R* § 116 Rz. 76; *G/L* § 116 Rz. 48; GK-*Wiese* § 116 Rz. 57).

Zweiter Abschnitt
Luftfahrt

§ 117 Geltung für die Luftfahrt

(1) Auf Landbetriebe von Luftfahrtunternehmen ist dieses Gesetz anzuwenden.
(2) Für im Flugbetrieb beschäftigte Arbeitnehmer von Luftfahrtunternehmen kann durch Tarifvertrag eine Vertretung errichtet werden. Über die Zusammenarbeit dieser Vertretung mit den nach diesem Gesetz zu errichtenden Vertretungen der Arbeitnehmer der Landbetriebe des Luftfahrtunternehmens kann der Tarifvertrag von diesem Gesetz abweichende Regelungen vorsehen; § 3 Abs. 2 ist entsprechend anzuwenden.

Literaturübersicht

Grabherr Betriebsvertretungen für Luftfahrtpersonal nach § 117 BetrVG, NZA 1988, 532; *Mußgnug* Betriebsverfassungsrecht ohne BetrVG? – Verfassungsrechtliche Anmerkungen zu § 117 des BetrVG, FS für *Duden*, 1977, 335.

Inhaltsübersicht

		Rz.
I.	Luftfahrtunternehmen	1
II.	Abgrenzung Landbetrieb/Flugbetrieb	2– 6
III.	Sondervertretung für Arbeitnehmer im Flugbetrieb	7–13
IV.	Streitigkeiten	14, 15

I. Luftfahrtunternehmen

1 Ein **Luftfahrtunternehmen** betreibt, wer Personen oder Sachen durch Luftfahrzeuge gewerbsmäßig befördert (§ 20 Abs. 1 LuftVG; GK-*Wiese* § 117 Rz. 2). Flughafenbetriebe, Flugzeugwerkstätten und Zulieferungsbetriebe gehören nicht zu den Luftfahrtunternehmen.

II. Abgrenzung Landbetrieb/Flugbetrieb

2 Nach § 117 Abs. 1 **findet das BetrVG nur auf die Landbetriebe** des Luftfahrtunternehmens **Anwendung**. Zu dem Landbetrieb gehören die Verwaltungen, die Werkstätten, der Bodendienst sowie die Reisebüros (GK-*Wiese* § 117 Rz. 3), und zwar auch dann, wenn es sich um Zweigniederlassungen ausländischer Unternehmen handelt (*BAG* vom 6. 4. 1973 – 1 ABR 20/72 – EzA § 76 BetrVG 1972 Nr. 2 m. Anm. *Dütz* = DB 1973, 2197).

3 **Für die im Flugbetrieb tätigen Arbeitnehmer**, zu denen die Piloten, das technische Bodenpersonal, die Navigatoren und Flugingenieure, Fluglehrer und Stewards sowie Stewardessen gehören, **findet das Gesetz keine Anwendung** (*D/R* § 117 Rz. 1; *G/L* § 117 Rz. 3; GK-*Wiese* § 117 Rz. 5; **a.A.** *Grabherr* NZA 1988,

Geltung für die Luftfahrt § **117**

532; zur verfassungsrechtlichen Zulässigkeit: *Mußgnug* FS für *Duden*, 335, 338).

Zu den im Flugbetrieb beschäftigten Arbeitnehmern sind nur solche zu rechnen, **4** bei denen das Schwergewicht ihrer arbeitsvertraglichen Tätigkeiten im fliegenden Einsatz liegt (*BAG* vom 14.10.1986 – 1 ABR 13/85 – EzA § 117 BetrVG 1972 Nr. 3 = DB 1987, 2657; GK-*Wiese* § 117 Rz. 6). Die für das fliegende Personal zuständigen Dienststellenleiter, die nur zu Übungs- und Kontrollzwecken an Bord von Flugzeugen mitfliegen, deren Tätigkeit aber hauptsächlich auf die Wahrnehmung von Verwaltungs- und sonstigen bodengebundenen Aufgaben ausgerichtet ist, sind zum Landbetrieb des Luftfahrtunternehmens zu rechnen (*BAG* vom 13.10.1981 – 1 ABR 35/79 – AP Nr. 1 zu § 117 BetrVG 1972 = DB 1982, 754).

Neben dem zeitlichen Schwergewicht ist auch entscheidend, welche Tätigkeit der **5** Stellung des betreffenden Arbeitnehmers das Gepräge gibt (*BAG* vom 14.10. 1986 – a.a.O.).

Prägend für eine Beschäftigung im Flugbetrieb eines Luftfahrtunternehmens, das gem. § 20 Abs. 1 Satz 1 LuftVG Personen oder Güter durch Luftfahrzeuge gewerbsmäßig befördert, ist die unmittelbare bzw. tatsächliche Ausführung der Transportleistung. Dazu gehören die im Flugbetrieb tätigen Piloten, obwohl insbesondere bei Kurzstreckenflügen die Vor- bzw. Nachbereitung des Fluges am Boden, die Teilnahme an vorgeschriebenen Ausbildungen, Prüfungen und Untersuchungen einen zeitlich überwiegenden Teil der Arbeitsaufgaben darstellt. Das technische Bodenpersonal ist ausschließlich vorbereitend tätig, d.h. nur mittelbar mit der Beförderungsleistung befaßt (zur Abgrenzung siehe auch GK-*Wiese* § 117 Rz. 7).

§ 117, der die Angehörigen des fliegenden Personals vom Geltungsbereich des **6** BetrVG ausnimmt, ist verfassungsgemäß und verstößt insbesondere nicht gegen Art. 3 Abs. 1 GG.

Der Gleichheitsgrundsatz wäre nur dann verletzt, wenn wesentlich Gleiches ungleich behandelt würde und wenn sich ein vernünftiger, aus der Natur der Sache ergebender oder sonst wie einleuchtender Grund für die getroffene Differenzierung nicht finden ließe, dies vielmehr als willkürlich bezeichnet werden müßte (*BVerfG* vom 23.10.1951 – 2 BrG 1/51 – *BVerfGE* 1, 14, 52).

Der Gesetzgeber hat das fliegende Personal jedoch gerade im Hinblick auf dessen besondere, nicht ortsgebundene Art der Tätigkeit aus dem Geltungsbereich des BetrVG herausgenommen (vgl. die Begründung zum Regierungsentwurf BT-Drucks. VI 1786, 58). Die Differenzierung zwischen dem fliegenden Personal und den in den Landbetrieben beschäftigten Arbeitnehmern von Luftfahrtunternehmen beruht damit auf objektiv gegebenen Unterschieden. Da die nicht ortsgebundene Tätigkeit des fliegenden Personals seine Zuordnung zu einem Betrieb und seine Vertretung oder Mitvertretung durch den Betriebsrat schwierig macht, ist eine unterschiedliche Regelung sachgerecht (*BAG* vom 5.11.1985 – 1 ABR 56/83 – EzA § 117 BetrVG 1972 Nr. 2; sachgerechte Differenzierung auch *Mußgnug* FS für *Duden*, 343; *Grabherr* NZA 1988, 53 hält § 117 BetrVG insoweit für verfassungswidrig, als er in bezug auf das fliegende Personal gegenüber den Arbeitnehmern der Seeschiffahrt (§§ 114ff. BetrVG), der Tendenzbetriebe (§ 118 BetrVG) und der sonstigen mobil tätigen Arbeitnehmer differenziert.

§ 117   5. Teil 2. Abschn. Luftfahrt

III. Sondervertretung für Arbeitnehmer im Flugbetrieb

7 Für die im **Flugbetrieb beschäftigten Arbeitnehmer** von Luftfahrtunternehmen **können die Tarifvertragsparteien durch Tarifvertrag eine besondere Vertretung errichten** (§ 117 Abs. 2 Satz 1; GK-*Wiese* § 117 Rz. 8).

8 Die Tarifvertragsparteien haben infolge ihrer Gestaltungsmacht ein weites Betätigungsfeld. Sie können im Rahmen der Tarifverträge auf die Regelungen des BetrVG Bezug nehmen, aber auch eigenständige, nicht am BetrVG ausgerichtete Betriebsvertretungen schaffen (*D/R* § 117 Rz. 4; *F/A/K/H* § 117 Rz. 2; *G/L* § 117 Rz. 5; GK-*Wiese* § 117 Rz. 10).

9 Diese **Tarifverträge** sind **nicht genehmigungsbedürftig**, da § 117 Abs. 2 gegenüber § 3 Abs. 2 eine Sonderregelung darstellt (*D/R* § 117 Rz. 4; *G/L* § 117 Rz. 6; vgl. auch *F/A/K/H* § 117 Rz. 2; GK-*Wiese* § 117 Rz. 10).

10 Regelmäßig wird in den Tarifverträgen nach § 117 Abs. 2 BetrVG bestimmt, daß einzelne Mitarbeitergruppen eine Gruppenvertretung wählen können. Aus diesen Gruppenvertretungen wird nach einem bestimmten vorgegebenen Zahlenverhältnis eine Gesamtvertretung gebildet (siehe GK-*Wiese* § 117 Rz. 9).
Nach § 10 des Tarifvertrages über den Förderungsaufstieg und den Cockpit-Crew-Tausch vom 10. 4. 1979 bedarf die Versetzung von Bordpersonal, die auf dringenden betrieblichen Erfordernissen bei der Deutschen Lufthansa AG oder der Condor Flugdienst GmbH beruht, nur der Zustimmung der Konzernvertretung. Die Regelung des § 10 Abs. 2 Satz 3 dieses Tarifvertrages, wonach die Konzernvertretung bei der Ausübung dieses Mitbestimmungsrechts ihrerseits der Zustimmung der verschiedenen Gesamtvertretungen bedarf, betrifft nur das Innenverhältnis zwischen Konzern- und Gesamtvertretung. Bei fehlender Zustimmung einer Gesamtvertretung fällt das Mitbestimmungsrecht nicht an die zustimmungsversagende Gesamtvertretung. Dies wäre weder mit dem Wortlaut noch mit dem Zweck der Vorschrift vereinbar. Danach dient das Zustimmungserfordernis lediglich als ein Verfahren, in dem sich die Meinungsbildung auf Arbeitnehmerseite vollziehen soll. Zudem soll durch das Mitbestimmungsrecht der Konzernvertretung gerade eine unternehmensübergreifende Beurteilung sichergestellt werden.
Soll die Zustimmung der Konzernvertretung zu einer geplanten Versetzung im Beschlußverfahren ersetzt werden, so ist die Gesamtvertretung nicht nach § 83 Abs. 3 ArbGG zu beteiligen, da sie in ihrer betriebsverfassungsrechtlichen Stellung nicht unmittelbar betroffen oder berührt ist.
Die Gesamtvertretung kann daher gegen einen Beschluß des Arbeitsgerichts, das sie an dem Verfahren nicht beteiligt hatte, keine Beschwerde einlegen (*BAG* vom 10. 9. 1985 – 1 ABR 15/83 – EzA § 117 BetrVG 1972 Nr. 1).

11 Nach § 73 Abs. 1 des Tarifvertrages über die Personalvertretung für das Bordpersonal der LTU Lufttransportunternehmen GmbH & Co. KG vom 28. April 1981 haben die Gruppenvertretungen der im Flugbetrieb beschäftigten Arbeitnehmer dieses Unternehmens auch beim Einsatz von Leiharbeitnehmern mitzubestimmen (*BAG* vom 10. 9. 1985 – 1 ABR 28/83 – EzA § 99 BetrVG 1972 Nr. 41 = DB 1986, 331).
Dies ergibt sich daraus, daß das Beteiligungsrecht der Gruppenvertretung u. a. vor jeder »Einstellung« besteht. Darunter ist sowohl die Begründung eines Arbeitsverhältnisses als auch die tatsächliche Arbeitsaufnahme des Arbeitnehmers im Betrieb zu verstehen (*F/A/K/H* § 99 Rz. 10 m.w.N.). Einer solchen tatsächlichen Arbeitsaufnahme entspricht der Einsatz von Leiharbeitnehmern (*BAG* vom 14. 5.

1974 – 1 AZR 40/73 – EzA § 99 BetrVG 1972 Nr. 6 = DB 1974, 1071). Dieses Mitbestimmungsrecht gilt auch, wenn die Leiharbeitnehmer (Bordpersonal) auf ausländischen Teilstrecken eingesetzt werden (§ 1 Abs. 2 des Tarifvertrages beschreibt den räumlichen Geltungsbereich, der mit demjenigen des Betriebsverfassungsgesetzes übereinstimmt). Mit dem Hinweis, daß sich Aufgaben und Befugnisse der Personalvertretungen auf die von der LTU betriebenen Flugzeuge erstrecken, wird eine für den Luftbetrieb eines Luftfahrtunternehmens typische »Ausstrahlung« beschrieben (*BAG* vom 10. 9. 1985 – 1 ABR 28/83 – EzA § 99 BetrVG 1972 Nr. 41 = DB 1986, 331, im Anschluß an *BAG* vom 27. 5. 1982 – 6 ABR 28/80 – EzA § 42 BetrVG 1972 Nr. 3 = DB 1982, 2519).

Werden in den Tarifverträgen **Bestimmungen über die Zusammenarbeit der tarifvertraglich geschaffenen Sondervertretungen für die Arbeitnehmer des Flugbetriebs und der Betriebsräte des Landbetriebes** getroffen, so **bedürfen** diese Bestimmungen in analoger Anwendung des § 3 Abs. 2 **der Zustimmung des Bundesministers für Arbeit und Sozialordnung**. 12

Ein **besonderer Kündigungsschutz** der Mitglieder einer durch Tarifvertrag gem. § 117 Abs. 2 errichteten Vertretung für im Flugbetrieb beschäftigte Arbeitnehmer hängt von den hierüber in diesem Tarifvertrag getroffenen Bestimmungen ab. § 15 KSchG kommt dagegen nicht ohne weiteres und unmittelbar für Mitglieder einer solchen Vertretung zum Tragen (GK-*Wiese* § 117 Rz. 12; *LAG Frankfurt/M.* vom 4. 10. 1983 – 3 Sa 215/83 – AuR 1985, 29), auch wenn nach § 24 Abs. 1 KSchG die Vorschriften auch des Zweiten Abschnittes des KSchG auf Arbeitsverhältnisse der Besatzung von Luftfahrzeugen Anwendung finden sollen; § 24 Abs. 1 KSchG hat insoweit nur klarstellende Bedeutung dahin, daß durch Tarifvertrag gem. § 117 Abs. 2 der Zweite Abschnitt des KSchG zur Geltung gebracht werden kann. § 117 Abs. 2 enthält eine Sonderregelung gegenüber § 3 Abs. 1. Die durch Tarifvertrag gem. § 117 Abs. 2 gebildete Vertretung entspricht nicht einer gem. § 3 Abs. 1 Nr. 2 errichteten anderen Vertretung von Arbeitnehmern. 13

IV. Streitigkeiten

Rechtsstreitigkeiten über Angelegenheiten einer gem. § 117 Abs. 2 BetrVG durch Tarifvertrag errichteten Vertretung des fliegenden Personals eines Luftfahrtunternehmens sind nach § 2a Abs. 1 Nr. 1 ArbGG im Beschlußverfahren zu entscheiden (GK-*Wiese* § 117 Rz. 15). 14

§ 2a Abs. 1 Nr. 1 ArbGG ist auch dann anwendbar, wenn Rechte betriebsverfassungsrechtlicher Organe im Streit sind, die sich nicht aus dem BetrVG selbst ergeben, sondern ihre Grundlage in einem Tarifvertrag haben (*BAG* vom 16. 7. 1985 – 1 ABR 9/83 – EzA § 87 BetrVG 1972 Betriebliche Lohngestaltung Nr. 9 = DB 1986, 231; GK-*Wiese* § 117 Rz. 15), wie dies beispielsweise in § 117 Abs. 2 BetrVG der Fall ist.

Die gem. § 117 Abs. 2 BetrVG errichteten Personalvertretungen sind im Beschlußverfahren auch beteiligungsfähig nach § 10 ArbGG (*BAG* vom 5. 11. 1985 – 1 ABR 56/83 – EzA § 117 BetrVG 1972 Nr. 2). 15

Dritter Abschnitt
Tendenzbetriebe und Religionsgemeinschaften

§ 118 Geltung für Tendenzbetriebe und Religionsgemeinschaften

(1) Auf Unternehmen und Betriebe, die unmittelbar und überwiegend
1. politischen, koalitionspolitischen, konfessionellen, karitativen, erzieherischen, wissenschaftlichen oder künstlerischen Bestimmungen oder
2. Zwecken der Berichterstattung oder Meinungsäußerung, auf die Artikel 5 Abs. 1 Satz 2 des Grundgesetzes Anwendung findet,

dienen, finden die Vorschriften dieses Gesetzes keine Anwendung, soweit die Eigenart des Unternehmens oder des Betriebs dem entgegensteht. Die §§ 106 bis 110 sind nicht, die §§ 111 bis 113 nur insoweit anzuwenden, als sie den Ausgleich oder die Milderung wirtschaftlicher Nachteile für die Arbeitnehmer infolge von Betriebsänderungen regeln.

(2) Dieses Gesetz findet keine Anwendung auf Religionsgemeinschaften und ihre karitativen und erzieherischen Einrichtungen unbeschadet deren Rechtsform.

Literaturübersicht

I. Zu Absatz 1
Wegen der Übersichtlichkeit soll nur auf die wichtigsten Stellen im neueren Schrifttum hingewiesen werden. Weitere Nachweise, insbesondere zur älteren Literatur, siehe GK-*Fabricius* § 118.
Arras Wandel in der Rechtsprechung des *BAG* zum Tendenzbetrieb, BB 1971, 442; *Birk* »Tendenzbetrieb« und Wirtschaftsausschuß, JZ 1973, 753; *Blanke* Redaktionsvolontäre sind keine Tendenzträger, Film und Recht 1977, 84; *Buchner* Tendenzförderung als arbeitsrechtliche Pflicht, ZfA 1979, 335; *v. Camphausen* Die Verantwortung der Kirche und des Staates für die Regelung von Arbeitsverhältnissen im kirchlichen Bereich, Essener Gespräche zum Thema Staat und Kirche, 1984, 9–40; *Dietz* Zur Bestimmung des Tendenzunternehmens i. S. des § 81 Abs. 1 BetrVG, NJW 1967, 81; *Dütz* Tendenzschutz und Beteiligungsrechte des Betriebsrats, insbes. bei Kündigungen in Pressebetrieben, BB 1975, 1261–1270; *ders*. Gerichtsschutz für außerordentliche Arbeitnehmervertretungen im Betrieb, insbes. Redaktions- und Sprecherausschüsse, AfP 1980 (Sonderdruck); *ders*. Aktuelle kollektivrechtliche Fragen des kirchlichen Dienstes, in: Essener Gespräche zum Thema Staat und Kirche, 1984, 67–112; *ders*. Zur Beweislast beim Tendenzschutz (§ 118 Abs. 1 BetrVG), RdA 1976, 18; *ders*. Anm. zu den Entscheidungen des *BAG* vom 7. 11. 1975 (1 AZR 282/1974, 1 AZR 74/ 74, 1 ABR 78/74), EzA § 118 BetrVG 1972 Nr. 9, 72 ff.; *Frey* Der Tendenzschutz im BetrVG 1972, AuR 1972, 161; *ders*. Der Tendenzschutz im BetrVG 1972, 1974; *ders*. Tendenzunternehmen und Tendenzbetriebe nach dem BetrVG 1972, JArbR Bd. 10 (1972), 55 ff.; *Gaul/ Wamhoff* Zur Mitwirkung des Betriebsrats bei personellen Maßnahmen gegenüber Tendenzträgern, DB 1973, 2187; *Gerhardt* Grenzen und Möglichkeiten der personellen Mitbestimmung in der Redaktion, Herbsttagung des Studienkreises für Presserecht und Pressefreiheit, AfP 1972, 316; *Gerschel* Der Tendenzschutz in der Spruchpraxis des *BAG*, Film und Recht 1976, 215; *Grunsky* Interessenausgleich und Sozialplan im Tendenzbetrieb, FS für *Mallmann*, 1978, 79; *Hanau* Personelle Mitbestimmung des Betriebsrats in Tendenzbetrieben, insbesondere in Pressebetrieben, BB 1973, 901; *ders*. Pressefreiheit und paritätische Mitbestimmung, Gutachten, 1974; *ders*. Neue Rechtsprechung zum betriebsverfassungsrechtlichen Tendenzschutz, AfP 1982, 1; *Henkel* Das neue Recht der Betriebsverfassung nach den Beratungen des Bundestagsausschusses für Arbeit und Sozialordnung, BUV 1971, 177; *Herschel* Gewährleistung von Freiheit und Anspruch auf Kooperation, AuR 1977, 289;

ders. Innerbetriebliche Stellenausschreibung im Medienbereich, UFJTA Bd. 89 (1981) 47; *Ihlefeld* Die Begriffe »unmittelbar« und »überwiegend« im betriebsverfassungsrechtlichen Tendenzschutz, AuR 1975, 234; *ders.* Verfassungsrechtliche Probleme des § 118 BetrVG, insbesondere die Auswirkungen des Verhältnismäßigkeitsgrundsatzes auf den Tendenzschutz, RdA 1977, 223; *ders.* Betriebsverfassungsrechtlicher Tendenzschutz und Pressefreiheit, AuR 1980, 257; *Ihlefeld/Blanke* Der Tendenzschutz im neuen BetrVG, Film und Recht 1973, 160; *dies.* Neue Rechtsprechung zum Tendenzschutz, Film und Recht 1976, 678; *Kau* Die Mitbestimmung in Presseunternehmen, Eine rechtssoziologische Untersuchung, 1980; *Klein, W.* Der Tendenzschutz von Presseunternehmen und die Reform ihrer Binnenstruktur durch Redaktioonsstatute, Diss. Göttingen, 1976; *Knemeyer* Lehrfreiheit, 1969; *Kresse* Tendenzschutz bei Konzernverflechtung, 1982; *Kohte* Karitative Bestimmungen im Betriebsverfassungsrecht, BlStSozArbR 1983, 129–134; *Kunze* Zum Begriff des sog. Tendenzbetriebes, FS für *Ballerstedt*, 1975, 79; *Liemen* Zur Tendenzbetriebseigenschaft von Entwicklungshilfeorganisationen, RdA 1985, 85; *Löwisch* Musik als Kunst i.S. des Tendenzschutzes, FS für *v. Caemmerer*, 1978, 559; *ders.* Forschung als Wissenschaft i.S. des Tendenzschutzes, FS für *Müller-Freienfels*, 1987; *Loritz* Mitbestimmung und Tendenzschutz im Konzern, ZfA 1985, 497–539; *Mallmann* Pressefreiheit und Tendenzschutz (§ 81 BetrVG 1952), JZ 1971, 522; *Marino* Die verfassungsrechtlichen Grundlagen des sog. Tendenzschutzes im Betriebsverfassungsrecht und im Unternehmensverfassungsrecht, 1986; *Martens* Die Tendenzunternehmen im Konzern, Die AG 1980, 289; *Marx* Probleme der inneren Ordnung von Presseunternehmen, NJW 1972, 1547; *Mathy* Die Mitwirkung des Betriebsrats bei personellen Maßnahmen in Tendenzbetrieben, AfP 1972, 259; *Maydell* Praxis und Entwicklung des Tendenzschutzes in Presseunternehmen, AfP 1973, 512; *Mayer-Maly* Der Tendenzkonzern, FS für *Möhring*, 1975, 251–256; *ders.* Die innere Pressefreiheit und das Arbeitsrecht, DB 1971, 335; *ders.* Tendenzbetriebe und Religionsgemeinschaften nach dem künftigen BetrVG, DB 1971, 2259; *ders.* Grundsätzliches und Aktuelles zum »Tendenzbetrieb«, BB 1973, 761; *ders.* Das neue Betriebsverfassungsrecht der Presse, AfP 1972, 194; *ders.* Möglichkeiten und Grenzen der personellen Mitbestimmung in der Redaktion, AfP 1972, 298; *ders.* Tendenzbetrieb, AR-Blattei Tendenzbetrieb I 1974; *ders.* Mitbestimmung im Krankenhaus, DB 1974, 1431; *ders.* Die Entwicklung der Rechtsprechung zum Tendenzschutz in Pressebetrieben, AfP 1976, 3, 6; *ders.* Veränderung des »Tendenzschutzes« durch Tarifverträge?, AfP 1977, 209; *ders.* Die Rechtsstellung konzernangehöriger Verlagsdruckereien nach § 118 Abs. 1 BetrVG, FS für *Löffler*, 1980, 267; *Mäusel* Sind Großforschungseinrichtungen Tendenzbetriebe?, Zeitschrift für Recht und Verwaltung der wissenschaftlichen Hochschulen und der wissenschaftpflegenden Organisationen und Stiftungen, Bd. 17 (1984), 15–24; *Menzel* Die Rechte des Betriebsrats im Tendenzbetrieb nach dem BetrVG vom 15. Januar 1972, Diss. Regensburg, 1978; *Meusel* Mitbestimmung bei der Eingruppierung von Tendenzträgern?, NZA 1988, 658–659; *Mikat* Tendenzbetrieb und Betriebsverfassung, FS für *Küchenhoff*, 1972, Bd. I, 261; *ders.* Kirchen und Religionsgemeinschaften, in: *Bettermann/Nipperdey/Scheuner* Die Grundrechte, 1960, Bd. IV/1, 111ff.; *Neumann-Duesberg* Die GEMA als Tendenzunternehmen/Tendenzbetrieb (§ 118 Abs. 1 BetrVG), 1973; *ders.* Betriebsübergang und Tendenzbetrieb (§ 613a BGB, § 118 Abs. 1 BetrVG), NJW 1973, 268; *ders.* Die Gewerkschaften im Tendenzbetrieb und Tendenzunternehmen, DB 1973, 619; *ders.* Tendenztreuepflicht und Persönlichkeitsrecht, BB 1974, 334; *ders.* Betrieb »mit« und »ohne« Tendenz im Unternehmen, BB 1974, 334; *Niemann* Zum Theorienstreit über die Grenzen personeller Mitwirkung des Betriebsrats in Presseunternehmen, AfP 1972, 262; *Pelner* Wissenschaftsfreiheit und Tendenzschutz in den Personalvertretungsgesetzen des Bundes und der Länder, FS für *Gmür*, 1983, 345–358; *Plander* Die Mitwirkung des Betriebsrats bei Einstellung und Kündigung von Redakteuren und anderen Tendenzträgern, AuR 1976, 289; *ders.* Pressefreiheit und betriebliche Mitbestimmung, NJW 1980, 1084; *Reuter* Das Gewissen des Arbeitnehmers als Grenze des Direktionsrechts des Arbeitgebers/Kritische Anm. zu *BAG*, Urteil vom 20.12.1984 – 2 AZR 436/83 –, BB 1986, 385–391; *Richardi* Arbeitsrecht in der Kirche, 1984; *ders.* Mitbestimmung bei der Einstellung eines Sportredakteurs in einem Druckerei- und Verlagsunternehmen, AfP 1976, 107;

§ 118 5. Teil 3. Abschn. Tendenzbetriebe u. Religionsgemeinschaften

Rüthers Tarifmacht und Mitbestimmung in der Presse, 1975; *ders.* Paritätische Mitbestimmung und Tendenzschutz, AfP 1974, 542; *ders.* Tendenzschutz und Kirchenautonomie im Arbeitsrecht, NJW 1978, 2066; *ders.* Tendenzschutz und betriebsverfassungsrechtliche Mitbestimmung, AfP 1980, 2; *Schulin* Anm. zum Beschluß des *BAG* vom 9. 12. 1975 – 1 ABR 37/74 –, EzA § 118 BetrVG 1972 Nr. 10, 78 a ff.; *Sieger* Buchgemeinschaften heute – Betriebsverfassungsrechtlicher Tendenzschutz, 1983; *Stiebner* Tendenzschutz bei Mischunternehmen im Verlagswesen, Diss. Augsburg, 1979; *Tens* Die politischen Parteien als Tendenzbetriebe, Diss. Berlin, 1972; *Völpel* Betriebsrat und Krankenhaus, Arztrecht 1972, 107; *Wendeling-Schröder* Probleme der betriebsverfassungsrechtlichen Interessenvertretungen in Großforschungseinrichtungen, WSI-Mitt. 1983, 561–571.

II. Zu Absatz 2

Bauersachs Die Beteiligung der kirchlichen Mitarbeiter an der Gestaltung der kirchlichen Ordnung in den deutschen evangelischen Landeskirchen und ihren Zusammenschlüssen unter besonderer Berücksichtigung des kirchlichen Dienst- und Arbeitsrechts, Diss. Köln, 1969; *Berchtenbreiter* Kündigungsschutzprobleme im kirchlichen Arbeitsverhältnis, 1984; *Bietmann* Betriebliche Mitbestimmung im kirchlichen Dienst – arbeitsrechtliche Probleme der kirchlichen Mitarbeitervertretungsordnungen, Diss. Köln, 1982; *ders.* Rahmenordnung für eine Mitarbeitervertretungsordnung der katholischen Kirche, 1982; *Bleistein/Thiel* Kommentar zur Rahmenordnung für eine Mitarbeitervertretungsordnung (MAVO), 1987; *Briza* »Tarifvertrag« und »Dritter Weg«/Arbeitsrechtsregelungsverfahren der Kirchen, Diss. Straubing, 1987; *v. Campenhausen* Staatskirchenrecht, 2. Aufl. 1983; *ders.* Münchener Gutachten 1970–1980, 1983; *ders.* Die Verantwortung der Kirche und des Staates für die Regelung von Arbeitsverhältnissen im kirchlichen Bereich, Essener Gespräche zum Thema Staat und Kirche, Bd. 18, 1984, 9–40; *Christoph* Rechtsnatur und Geltungsbereich des kirchlichen Mitarbeitervertretungsrechts, ZevKR 32 (1987), 47–67; *Duhnenkamp* Das Mitarbeitervertretungsrecht im Bereich der evangelischen Kirche, Kommentar, 1986; *Dütz* Das arbeitsrechtliche Verhältnis der Kirche zu ihren Beschäftigten, AuR Sonderheft 1979, 2; *ders.* Aktuelle kollektivrechtliche Fragen des kirchlichen Dienstes, in: Essener Gespräche zum Thema Staat und Kirche, Bd. 18, 1984, 67–112; *ders.* Das *BVerfG* zur Kündigung kirchlicher Arbeitsverhältnisse, NZA Beilage Nr. 1/86, 11–15; *ders.* Gewerkschaftliche Betätigung in kirchlichen Einrichtungen, 1982; *Geiger* Die Rechtsprechung des *BVerfG* zum kirchlichen Selbstbestimmungsrecht, ZevKR 1981, 156; *Granzow* Die Entwicklung des Arbeitsrechts in der evangelischen Kirche, RdA 1971, 120; *Grethlein* Probleme des Dritten Weges der Kirchen, NZA Beilage Nr. 1/86, 18–23; *Hanau* Zum Verhältnis von Kirche und Arbeitsrecht, ZevKR 1980, 61; *Herschel* Kirchliche Einrichtungen und Betriebsverfassung, AuR 1978, 172; *ders.* Kirche und Fortschritt, 1980, 49; *ders.* Betriebliche Mitbestimmung im kirchlichen Dienst, Sozialer Fortschritt 1983, 183; *Hesse* Das Selbstbestimmungsrecht der Kirchen und Religionsgemeinschaften, in: Handbuch des Staatskirchenrechts der Bundesrepublik Deutschland, 1974, 409; *Hollerbach* Das Staatskirchenrecht in der Rechtsprechung des *BVerfG*, AöR 1981, 218; *Isensee* Kirchliche Loyalität im Rahmen des staatlichen Arbeitsrechts – Verfassungsrechtliche Aspekte des kirchlichen Arbeitsverhältnisses –, in: Rechtsstaat/Kirche/Sinnverantwortung, FS für *Obermayer*, 1986, 203–216; *Jurina* Die Subsidiarität arbeitsrechtlicher Gesetze gegenüber kircheneigenen Regelungen, NZA Beilage Nr. 1/86, 15–18; *ders.* Der Rechtsstatus der Kirchen und Religionsgemeinschaften im Bereich ihrer eigenen Angelegenheiten, 1972; *ders.* Das Dienst- und Arbeitsrecht im Bereich der Kirchen in der Bundesrepublik Deutschland, 1979; *Kluge* Arbeitsrechtliche Probleme im Bereich der freien gemeinnützigen Wohlfahrtspflege, Diss. Bonn, 1974; *Kothe* Die betriebsverfassungsrechtliche Sonderstellung von karitativen Einrichtungen der Religionsgemeinschaften, BlStSozArbR 1983, 145; *Kuper* Betriebliche und überbetriebliche Mitwirkung im kirchlichen Dienst, RdA 1979, 93; *Leisner* Das kirchliche Krankenhaus im Staatskirchenrecht der Bundesrepublik Deutschland, in: Essener Gespräche zum Thema Staat und Kirche, Bd. 17, 1983, 9; *List/Müller/Schmitz* Handbuch des katholischen Kirchenrechts, 1983; *Löwisch* Einrichtungen der Religionsgemeinschaften i. S. des § 118 Abs. 2 BetrVG und des § 112

BPersVG, AuR Sonderheft 1979, 33; *Mayer-Maly* Erwerbsabsicht und Arbeitnehmerbegriff 1965; *ders.* Betriebsverfassung und Religion, FS für *Plöchl*, 1967, 283; *ders.* Krankenhausstruktur, Betriebsverfassung und Kirchenautonomie, 1975; *ders.* Die arbeitsrechtliche Tragweite des kirchlichen Selbstbestimmungsrechts, BB 1977 Beilage Nr. 3; *ders.* Die Abstraktion von der Rechtsform kirchlicher Einrichtungen in der Freistellung vom BetrVG, BB 1977, 249; *ders.* Das staatliche Arbeitsrecht und die Kirchen, in: Essener Gespräche zum Thema Staat und Kirche, Bd. 10 1976, 127; *ders.* Die arbeitsrechtliche Tragweite des kirchlichen Selbstbestimmungsrechts, BB 1977 Beilage Nr. 3; *ders.* Kirchenfreiheit contra Koalitionsrecht?, BB 1979, 632; *Mikat* Tendenzbetrieb und Betriebsverfassung, FS für *Küchenhoff*, 1972, 261; *ders.* Staat, Kirchen und Religionsgemeinschaften, in: Handbuch des Verfassungsrechts, hrsg. von *Benda/Maihofer/Vogel*, 1983, 1059; *Müller, G.* Staatskirchenrecht und normatives Arbeitsrecht, RdA 1979, 71; *Müller-Volberg* Neue Minderheitenreligionen – aktuelle verfassungsrechtliche Probleme, JZ 1981, 41; *Naendrup* Tarifverträge mit kirchlichen Einrichtungen – Betrachtungen zu einem arbeitsverfassungsrechtlichen Werturteilsstreit –, BlStSozArbR 1979, 353; *ders.* Rechtsfragen der außerbetrieblichen beruflichen Rehabilitation, 1981; *v. Nell-Breuning* Arbeitnehmer in kirchlichem Dienst, AuR 1979, 1; *ders.* Besprechung zur betrieblichen Mitbestimmung im kirchlichen Dienst, AuR 1983, 21; *ders.* Besprechung von Kirche und Koalitionsrecht, AuR 1983, 340; *ders.* Besprechung von Arbeitsrecht in der Kirche, AuR 1984, 184; *Otto* Toleranz in den Arbeitsbeziehungen, AuR 1980, 289; *Pahlke* Kirche und Koalitionsrecht, 1983; *Richardi* Arbeitsrecht und kirchliche Ordnung, ZevKR 1970, 219; *ders.* Kirchlicher Dienst und Arbeitsrecht, ZevKR 1974, 275; *ders.* Kirchenautonomie und gesetzliche Betriebsverfassung, ZevKR 1978, 367, auch abgedruckt in: *Schöppe* (Hrsg.) Informationen zur Verfassungsbeschwerde der Orthopädischen Anstalten Volmarstein, Teil II, 1981, 122; *ders.* Die arbeitsrechtliche Regelungsautonomie der Kirchen, FS *BAG*, 1979, 429; *ders.* Arbeitsrecht in der Kirche, 1984; *ders.* Die arbeitsrechtliche Bedeutung der christlichen Dienstgemeinschaft für die Arbeitsverhältnisse kirchlicher Mitarbeiter, ZfA 1984, 109; *ders.* Das Selbstbestimmungsrecht der Kirchen im Arbeitsrecht, NZA Beilage Nr. 1/86, 3–10; *ders.* Das kollektive Arbeitsrecht der Kirchen in der Bundesrepublik Deutschland, in: *List/Schick* Straßburger Kolloquien Bd. 6 (1984), 95 ff.; *ders.* Anm. zu *BVerfG* Beschl. vom 4.6. 1985 – 2 BvR 1703/83 – u. a., JZ 1986, 135, 137; *Rüthers* Tendenzschutz und Kirchenautonomie im Arbeitsrecht, NJW 1978, 2066; *ders.* Individualrechtliche Aspekte des kirchlichen Arbeitsrechts in der Bundesrepublik Deutschland, in: *List/Schick* Straßburger Kolloquien, Bd. 6 (1984), 3 ff.; *ders.* Wie kirchentreu müssen kirchliche Arbeitnehmer sein?, NJW 1986, 356–359; *Ruf* Das Recht der katholischen Kirche nach dem neuen Codex Iuris Canonici, 1983; *Ruland* Die Sonderstellung der Religionsgemeinschaften im Kündigungsschutzrecht und in den staatlichen Mitbestimmungsordnungen, NJW 1980, 89; *Sander* Blankettverweisungen in kirchlichen Arbeitsrechtsregelungen des Dritten Weges, NZA Beilage Nr. 1/86, 23–28; *Schlaich* Der »dritte Weg« – eine kirchliche Alternative zum Tarifvertragssystem?, JZ 1980, 209; *Schulin* Das Verhältnis zwischen Staat und Kirche im Bereich des Sozialversicherungsrechts, FS für *Wannagat*, 1981, 521; *Schwerdtner* Kirchenautonomie und Betriebsverfassung, AuR Sonderheft 1979, 21; *Spengler* Die Rechtsprechung zum Arbeitsrecht in kirchlichen Angelegenheiten – insbesondere zur Loyalitätspflicht der kirchlichen Mitarbeiter, NZA 1987, 833–839; *Stein* Evangelisches Kirchenrecht, 1980; *Stolleis* Staatliche und kirchliche Zuständigkeiten im Datenschutzrecht, ZevKR 1978, 230; *Weber* Gelöste und ungelöste Probleme des Staatskirchenrechts, NJW 1983, 2541; *ders.* Anm. zu *BVerfG* Beschl. vom 4.6. 1985 – 2 BvR 1703, 1718/83, 2 Bv 856/84 –, NW 1986, 370, 371; *Wieland* Die Angelegenheiten der Religionsgesellschaften, Der Staat 25 (1986), 321–350; *ders.* Die verfassungsrechtliche Stellung der Kirchen als Arbeitgeber, DB 1987, 1633–1639; *Zeuner* Gedanken zum arbeitsrechtlichen Vertragsprinzip im Bereich des kirchlichen Dienstes – Eine Skizze –, ZfA 1985, 127–139.

III. Zur Inneren Ordnung der Presseunternehmen
Hensche/Kittner Mitbestimmung im Presseunternehmen, ZRP 1972, 177; *Kübler* Empfiehlt es sich, zum Schutze der Pressefreiheit gesetzliche Vorschriften über die innere Ordnung von

§ 118   5. Teil 3. Abschn. Tendenzbetriebe u. Religionsgemeinschaften

Presseunternehmen zu erlassen?, Verhandlungen des 49. DJT, 1973, Bd. II/2, N S 10; *Mayer-Maly* Das Redaktionsstatut als Mitbestimmungsinstrument, AfP 1970, 879; *ders.* Die innere Pressefreiheit und das Arbeitsrecht, DB 1971, 335; *ders.* Möglichkeit und Grenzen der personellen Mitbestimmung in der Redaktion, AfP 1972, 298; *Neumann-Duesberg* Redaktionsrat und Redaktionsausschuß als neue Mitbestimmungsorgane in Presseverlagen, DB 1970, 1052; *Rüthers* Tarifmacht und Mitbestimmung in der Presse, 1975; *ders.* Innere Pressefreiheit und Arbeitsrecht, DB 1972, 2471; *Schwerdtner* Der Entwurf eines Redaktionsstatuts und seine Folgen, ZRP 1970, 220; *ders.* Das Rechtsverhältnis zwischen Verleger und Redakteur. Innere Pressefreiheit und Arbeitsrecht, BB 1971, 833; *ders.* Innere Pressefreiheit – privatwirtschaftliche Organisation und öffentliche Aufgabe der Presse – oder: Der Versuch der Quadratur des Kreises, JR 1972, 357; *Weber* Mitbestimmung durch Redaktionsstatut?, NJW 1973, 1953.

Inhaltsübersicht

		Rz.
I.	Normzweck und verfassungsrechtlicher Bezug	1–3
II.	Die Voraussetzungen des Tendenzschutzes	4–11
III.	Betrieb und Unternehmen geistig-ideeller Zielsetzung (§ 118 Abs. 1 Ziff. 1)	12–20
IV.	Presseunternehmen (§ 118 Abs. 1 Ziff. 2)	21–25
V.	Die Einschränkung der Mitwirkungs- und Mitbestimmungsrechte in Tendenzunternehmen	26–63
	1. Allgemeines	26–28
	2. Die Tendenzträger	29–34
	3. Die Beschränkung der Mitbestimmung im personellen Bereich	35–52
	4. Die Beschränkung der Beteiligungsrechte im wirtschaftlichen Bereich	53–56
	5. Die Beschränkung der Beteiligungsrechte des Betriebsrats hinsichtlich der sozialen Angelegenheiten, des Betriebsablaufs und der Gestaltung des Arbeitsplatzes	57–59
	6. Beschränkungen bezüglich der Organisation und der allgemeinen Aufgaben des Betriebsrats sowie der Individualrechte der Arbeitnehmer in Tendenzunternehmen	60–64
VI.	Gesteigerte Treuepflichten der Arbeitnehmer in Tendenzbetrieben	65
VII.	Religionsgemeinschaften, karitative und erzieherische Einrichtungen	66–69
VIII.	Streitigkeiten	70–72

1. Normzweck und verfassungsrechtlicher Bezug

1 § 118 behandelt die Geltung des BetrVG für Tendenzbetriebe und Religionsgemeinschaften. Auf letztere findet dieses Gesetz keine Anwendung. Für erstere ist die Anwendung bestimmter Bestimmungen ausgeschlossen; andere Vorschriften des BetrVG finden keine Anwendung, soweit die Eigenart der Unternehmen oder Betriebe entgegensteht.

2 Die Bestimmung ist aus § 81 BetrVG 1952 entwickelt worden (siehe hierzu GK-*Fabricius* § 118 Rz. 27 ff.). Mit der Neufassung der Vorschrift sollte »eine **ausgewogene Regelung zwischen dem Sozialstaatsprinzip und den Freiheitsrechten der Tendenzträger**« gefunden werden (Bericht des Bundestagsausschusses für Arbeit- und Sozialordnung zur BT-Drucks. VI/2729, 17). Mit dieser Vorschrift stellt der Gesetzgeber klar, daß bei bestimmten Unternehmen, deren Betätigung unter gei-

stig-ideeller Zielsetzung steht und für deren Betätigung ein besonderer Grundrechtsschutz gewährt wird (vgl. Art. 2 Abs. 1, Art. 4, Art. 5, Art. 9 Abs. 3 GG), die von dem Sozialstaatsgedanken getragenen Beteiligungsrechte der Arbeitnehmer zugunsten der Grundrechtsgewährleistung in angemessenem Umfang eingeschränkt werden müssen (*Dietz* NJW 1967, 81, 84; *Mayer-Maly* RdA 1966, 441, 447 ff.; *Hueck/Nipperdey* II/2, 1125 f.; *Neumann-Duesberg* Betriebsverfassungsrecht, 104; *ders.* DB 1970, 1832, 1833; *Buchner* SAE 1969, 94; *Richardi* SAE 1969, 88; *Mikat* FS für *Küchenhoff* Bd. I, 261, 280; *Birk* JZ 1973, 753, 754; *D/R* § 118 Rz. 10 ff. m.w.N.; *Dütz* BB 1975, 1261, 1258; *F/A/K/H* § 118 Rz. 2; *Frey* Der Tendenzschutz im BetrVG 1972, 84; *Mayer-Maly* AR-Blattei, Tendenzbetrieb IG IV; *BAG* vom 13.7.1955 – 1 ABR 20/54 – AP Nr. 1 zu § 81 BetrVG 1952 = DB 1955, 898; *BAG* vom 22.4.1975 – 1 AZR 604/73 – EzA § 118 BetrVG 1972 Nr. 4 m. Anm. *Marthy* = DB 1975, 1516; *G/L* § 118 Rz. 2 ff.; vgl. auch ausführlich GK-*Fabricius* § 118 Rz. 48 ff., 82 ff.).

Die Vorschift des § 118 ist wegen des dargestellten Grundrechtsbezuges selbst **verfassungsgemäß und verstößt nicht gegen Art. 20 GG**. Aus Art. 20 GG läßt sich nur ableiten, daß gegebenenfalls ein Betriebsrat bestehen muß, nicht aber die Reichweite der betriebsverfassungsrechtlichen Beteiligung (*BAG* vom 14.1.1975 – 1 ABR 107/74 – EzA § 118 BetrVG 1972 Nr. 6 = DB 1976, 297; *BAG* vom 6.12.1977 – 1 ABR 28/77 – EzA § 118 BetrVG 1972 Nr. 16 m. Anm. *Rüthers/Klosterkemper* = DB 1978, 943). 3

II. Die Voraussetzungen des Tendenzschutzes

Unternehmen und Betriebe können als Tendenzbetrieb i. S. v. Abs. 1 Ziff. 1 oder 2 angesehen werden, wenn sie dem dort genannten Zweck **unmittelbar und überwiegend** dienen. 4

Für die Frage der Tendenzgebundenheit ist, entgegen dem Wortlaut des Gesetzes, **auf die Tendenz des Unternehmens abzustellen**. Der Betrieb im Rechtssinne mit seiner organisatorischen und technischen Zweck- und Zielsetzung kann als solcher nicht »tendenziös« sein; die Tendenz ist vielmehr bei dem hinter dem technischen Zweck liegenden Ziel des Unternehmens gegeben (*D/R* § 118 Rz. 22 m.w.N.; *G/L* § 118 Rz. 31; *F/A/K/H* § 118 Rz. 4; a. A. *Kunze* FS für *Ballerstedt*, 10; GK-*Fabricius* § 118 Rz. 130 ff.). 5

Hat ein Unternehmen mehrere Betriebe, selbständige Nebenbetriebe oder Betriebsabteilungen, so ist eine **Einschränkung der Beteiligungsrechte nur insoweit geboten, als sich die Tendenz des Unternehmens in dem jeweiligen Betrieb auswirkt** (*G/L* § 118 Rz. 32; *F/A/K/H* § 118 Rz. 4). 6

Ein **tendenzfreies Unternehmen kann keinen Tendenzbetrieb unterhalten**, da eine arbeitstechnische Teilorganisation keinen anderen Zweck verfolgen kann als das Unternehmen (*D/R* § 118 Rz. 88). 7

Der Tendenzschutz wird nur gewährt, wenn die Unternehmen und Betriebe unmittelbar und überwiegend den im Gesetz genannten Zielen dienen. Mit den Bewertungskriterien »unmittelbar« und »überwiegend« soll sichergestellt werden, daß **nur den Unternehmen und Betrieben** der **Tendenzschutz** zukommt, »**deren unternehmerisches Gepräge von einer geistig-ideellen Aufgabe bestimmt wird**« (Bericht des Bundestagsausschusses für Arbeit und Sozialordnung zur BT-Drucks. VI/2729, 17; siehe auch die Rechtsprechung zu § 81 BetrVG 1952, und zwar *BAG* 8

§ 118   5. Teil 3. Abschn. Tendenzbetriebe u. Religionsgemeinschaften

vom 22.2. 1966 – 1 ABR 9/65 – EzA § 81 BetrVG 1952 Nr. 1 = DB 1966, 345, 865; *BAG* vom 27.8. 1968 – 1 ABR 3/67 – EzA § 81 BetrVG 1952 Nr. 3 = DB 1968, 1584; 1969, 48; *BAG* vom 27.8. 1968 – 1 ABR 4/67 – EzA § 81 BetrVG 1952 Nr. 2 = DB 1968, 1584, 2222, 2224; *BAG* vom 29.5. 1970 – 1 ABR 17/69 – EzA § 81 BetrVG 1952 Nr. 5 = DB 1970, 1492).

9 Die »**Unmittelbarkeit**« ist dann gegeben, wenn der Unternehmenszweck auf die in Abs. 1 Ziff. 1 und 2 genannten Ziele gerichtet ist, wobei der Tendenzcharakter selbst dann gegeben ist, wenn mehrere Tendenzen verfolgt werden (*BAG* vom 14.11. 1975 – 1 ABR 107/74 – EzA § 118 BetrVG 1972 Nr. 6 = DB 1976, 297; *D/R* § 118 Rz. 35; *F/A/K/H* § 118 Rz. 6; *G/L* § 118 Rz. 36). Unbeachtlich für die Tendenzbestimmung ist die Motivation des Unternehmens und der auf Gewinnerzielung gerichtete Wille (*BAG* vom 14.11. 1975 – a.a.O.; *BAG* vom 31.10. 1975 – 1 ABR 64/74 – EzA § 118 BetrVG 1972 Nr. 5 = DB 1976, 151; *D/R* § 118 Rz. 29, 33, 37 m.w.N., 40; *F/A/K/H* § 118 Rz. 5, 8; *G/L* § 118 Rz. 36, 37; abweichend GK-*Fabricius* § 118 Rz. 146ff.).

10 Mit dem Merkmal »**überwiegend**« wird klargestellt, daß es für den Tendenzschutz auf den Gesamtcharakter des Unternehmens ankommt. »Tendenzsplitter« begründen die Sonderstellung als Tendenzbetrieb nicht (*D/R* § 118 Rz. 30). Darüber hinaus bietet der Wortlaut der Bestimmung keinen Anhaltspunkt dafür, nach welchen Gesichtspunkten die »überwiegende« Zielsetzung des Unternehmens ermittelt werden soll.

11 In Rechtsprechung und Literatur ist bis in die neuere Zeit **streitig, ob bei der Ermittlung des Gesamtgepräges eines Unternehmens auf »quantitative« Merkmale oder** ob **auf »qualitative« Gesichtspunkte abzustellen ist**. Die **Rechtsprechung ist uneinheitlich**. Während das *BAG* teilweise zur Ermittlung des Tendenzcharakters auf Umsatz, Prozente und Ergebnisanteile abstellen wollte (*BAG* vom 27.8. 1968 – 1 ABR 3/67 – EzA § 81 BetrVG 1952 Nr. 3 = DB 1968, 1584; 1969, 48; *BAG* vom 27.8. 1968 – 1 ABR 4/67 – EzA § 81 BetrVG 1972 Nr. 2 = DB 1968, 1584, 2222, 2224) und darauf hinweist, daß der Begriff des Überwiegens im Gegensatz zum Begriff des Gepräges einen quantitativen Gehalt habe (*BAG* vom 31.10. 1975 – 1 ABR 64/74 – EzA § 118 BetrVG 1972 Nr. 5 = DB 1976, 151), stellt das Gericht andererseits für die Beurteilung, ob ein Tendenzbetrieb vorliegt, auf die sogenannte »Geprägetheorie« ab, wonach es darauf ankomme, wie sich das Unternehmen nicht nur den Außenstehenden darstellt, sondern vor allem denen, die an seinem betriebsverfassungsrechtlichen Leben teilnehmen, also der Belegschaft, den Gewerkschaften und den Arbeitgebervereinigungen (*BAG* vom 29.5. 1970 – 1 ABR 17/69 – EzA § 81 BetrVG 1952 Nr. 5 = DB 1970, 1492).
Die **Literatur folgt überwiegend und zu Recht der Geprägetheorie** (*Birk* JZ 1973, 753, 756; *Brecht* § 118 Rz. 2; *D/R* § 118 Rz. 30ff. m.w.N; *Mayer-Maly* BB 1973, 761, 763; *G/L* § 118 Rz. 46; auf quantitative Merkmale stellen ab: *F/A/K/H* § 118 Rz. 8; *Frey* AuR 1972, 161, 162; *G/K/S/B* § 118 Rz. 7).
Die Einführung quantitativer Merkmale zur Beurteilung, wann die Voraussetzungen des Tendenzschutzes gegeben sind, würden – abgesehen vom Fehlen gesetzlicher Kriterien für die Quantifizierung – dazu führen, daß der Tendenzcharakter eines Unternehmens ständig wechseln könnte. Für die qualitative Festlegung des Tendenzcharakters spricht auch der Grundrechtsbezug des § 118. Da die gesetzliche Regelung der Grundrechtsgewährleistung dienen soll, ist die Entscheidung der Frage, ob mit Rücksicht auf die dem Unternehmer zustehenden

Freiheitsrechte die Beteiligung des Betriebsrats eingeschränkt werden soll, davon abhängig, wie der Unternehmenszweck bestimmt wird. Dies bedeutet, daß **quantitative Merkmale nur hilfsweise** herangezogen werden können, **wenn sich das Gesamtgepräge nicht ohne weiteres feststellen läßt** (vgl. *BAG* vom 9. 12. 1975 – 1 ABR 37/74 – EzA § 118 BetrVG 1972 Nr. 10 m. Anm. *Schulin* = DB 1976, 584).

III. Betrieb und Unternehmen geistig-ideeller Zielsetzung (§ 118 Abs. 1 Ziff. 1)

Der in § 118 Abs. 1 Ziff. 1 aufgeführte Katalog von Unternehmen und Betrieben, 12 auf die unter den vorstehend dargestellten Voraussetzungen der Tendenzschutz des § 118 Anwendung findet, entspricht im wesentlichen dem Katalog des § 81 BetrVG 1952. Der Begriff »gewerkschaftlich« wurde durch »koalitionspolitisch« ersetzt, um auch die Vereinigungen der Arbeitgeber ausdrücklich in den Tendenzschutz aufzunehmen (*F/A/K/H* § 118 Rz. 17). Dies ist gegenüber dem früheren Recht nur eine Klarstellung, die aber der Gleichbehandlung der Koalition in Art. 9 Abs. 3 GG entspricht. § 118 hat das bisherige unbestimmte Merkmal des § 81 BetrVG 1952»und ähnlichen Bestimmungen« nicht übernommen, woraus zu schließen ist, daß die im § 118 gegebene **Aufzählung** nach dem Willen des Gesetzgebers **abschließend** sein soll. Auch eine analoge Anwendung der Ausnahmevorschrift des § 118 scheidet aus (*Brecht* § 118 Rz. 4; *F/A/K/H* § 118 Rz. 3; *G/L* § 118 Rz. 30; a. A. *D/R* § 118 Rz. 43; *Mayer-Maly* BB 1973, 761, 764; ders. DB 1971, 2260).

Allen in dem Katalog genannten Unternehmenszielen ist gemeinsam, daß sie 13 einer geistig-ideellen, grundgesetzlich anerkannten und geschützten Zielsetzung dienen, und daß der Realisierung dieser Zielsetzung gegenüber den Beteiligungsrechten der Arbeitnehmer in dem Ausmaß Vorrang eingeräumt werden soll, in dem dies eben zur Realisierung dieser Ziele erforderlich ist. Im einzelnen gilt folgendes:

Der **Begriff politisch** ist **weit auszulegen** (siehe Bericht des Bundestagsausschusses 14 für Arbeit und Sozialordnung zur BT-Drucks. VI 2729, 17). Er umfaßt allgemein Organisationen, die bei der Gestaltung des staatlichen Lebens mitwirken wollen. Hierunter fallen, wie bisher, nicht nur parteipolitische Einrichtungen, also die örtlichen und überörtlichen Verwaltungen der Parteien und der mit ihnen verbundenen Organisationen (Jugendorganisationen, Frauenverbände, Informationsbüros, Geschäftsstellen), sondern ebenso wirtschaftspolitische und sozialpolitische Vereinigungen (z. B. die Unternehmensverbände und die Vertriebenenverbände; *D/R* § 118 Rz. 44, 45; *F/A/K/H* § 118 Rz. 16; GK-*Fabricius* § 117 Rz. 160ff.). **Kein Tendenzschutz** kommt den **Technischen Überwachungsvereinen** zu (*D/R* § 118 Rz. 45; *G/L* § 118 Rz. 10; GK-*Fabricius* § 117 Rz. 163). Das gleiche gilt auch für den Mieterschutzbund und den Haus- und Grundbesitzerverein (GK-*Fabricius* § 117 Rz. 163; *G/L* § 118 Rz. 10; *BAG* vom 28. 9. 1971 – 1 ABR 4/71 – AP Nr. 14 zu § 81 BetrVG 1952).

Koalitionspolitisch ist i. S. d. Art. 9 Abs. 3 GG zu verstehen. Unternehmen, die 15 koalitionspolitischen Zielen dienen, sind beispielsweise die Gewerkschaft, Arbeitgeberverbände sowie deren Geschäftsstellen und Einrichtungen, wie Bildungswerke, Forschungsinstitute und Institute für die Öffentlichkeitsarbeit (*D/R* § 118 Rz. 42; GK-*Fabricius* § 118 Rz. 171ff.).

§ 118   5. Teil 3. Abschn. Tendenzbetriebe u. Religionsgemeinschaften

Die von den Koalitionen abhängigen Erwerbsunternehmen, wie beispielsweise Wohnungsbaugesellschaften, Bausparkassen, Banken und ähnliche mehr, werden nicht erfaßt (*D/R* § 118 Rz. 47; *F/A/K/H* § 118 Rz. 17; *G/L* § 118 Rz. 12).

16 **Konfessionellen Zielen** dienen unter anderem die rechtlich selbständigen Einrichtungen der Religionsgemeinschaften, wie die Frauen-, Jugend- und Missionsverbände, die Heilsarmee, die Innere Mission, die Caritas, soweit sie nicht unter § 118 Rz. 2 fallen (*D/R* § 118 Rz. 50; *F/A/K/H* § 118 Rz. 18).

§ 118 Abs. 2 betrifft nicht nur die öffentlich-rechtlich organisierten Kirchen, sondern auch die Religionsgemeinschaften und karitativen und erzieherischen Einrichtungen, die privatrechtlich organisiert sind. Das BetrVG hat insoweit keinen Auffangcharakter, wonach es stets zur Anwendung kommt, wenn kirchliche Körperschaften des öffentlichen Rechts nicht unter den Geltungsbereich eines Landespersonalvertretungsgesetzes fallen sollten (*BAG* vom 30. 7. 1987 – 6 ABR 78/85 – EzA § 130 BetrVG 1972 Nr. 2 = DB 1987, 2658).

Die **Freidenkerverbände** und die anthroposophischen Vereinigungen, die keinen konfessionellen Zielen dienen, können wegen des bestehenden Analogieverbotes (vgl. Rz. 12) nur im Wege der teleologischen Auslegung den konfessionellen Unternehmen gleichgestellt werden, da sie zumindest gleichartigen Zielen dienen (*D/R* § 118 Rz. 51; GK-*Fabricius* § 118 Rz. 183, der sich für eine Analogie ausspricht; *G/L* § 118 Rz. 15, die von Auslegung sprechen).

17 **Karitativen Bestimmungen** dienen private Wohlfahrtseinrichtungen, die aus Nächstenliebe ihren Dienst zur Linderung von Not erbringen (GK-*Wiese* § 118 Rz. 193). Hierzu gehören die Arbeiterwohlfahrt, Fürsorgeheime, Heime für Drogenabhängige und -gefährdete, die Deutsche Gesellschaft zur Rettung Schiffbrüchiger (*F/A/K/H* § 118 Rz. 19; *D/R* § 118 Rz. 53) und sonstige Hilfsorganisationen, wie beispielsweise der Volksbund Deutscher Kriegsgräberfürsorge (*BAG* vom 8. 12. 1970 – 1 ABR 20/70 – AP Nr. 28 zu § 59 BetrVG 1952 m. Anm. *Fabricius* = DB 1971, 582), die Werkstätten für Behinderte (*BAG* vom 7. 4. 1981 – 1 ABR 83/78 – EzA § 118 BetrVG 1972 Nr. 26 = DB 1981, 999, 2623), Familienhilfswerke, das Müttergenesungswerk, Die Deutsche Krebshilfe, Berufsförderungswerke für Behinderte (*BAG* vom 29. 6. 1988 – 7 ABR 15/87 – EzA § 118 BetrVG 1972 Nr. 43 = DB 1989, 539; *BAG* vom 8. 11. 1988 – 1 ABR 17/87 – EzA § 118 BetrVG 1972 Nr. 44 = DB 1989, 1295). Karitativ bedeutet nicht, daß die fraglichen Einrichtungen kostenlos arbeiten müssen (*D/R* § 118 Rz. 52). Sie können kostendeckend kalkulieren (*BAG* vom 7. 4. 1981 – 1 ABR 83/78 – EzA § 118 BetrVG 1972 Nr. 26 = DB 1981, 999, 2623), so daß Einrichtungen kommerzieller Art keine Unternehmen mit karitativen Zielen sind (*D/R* § 118 Rz. 52; *F/A/K/H* § 118 Rz. 19; *G/L* § 118 Rz. 17; abweichend GK-*Fabricius* § 118 Rz. 197).

Übernimmt ein kirchlicher Träger durch Rechtsgeschäft ein bisher von einem nicht kirchlichen Träger betriebenes Krankenhaus, um dort in Gestalt der Krankenpflege tätige Nächstenliebe zu üben und damit ein Stück Auftrag der Kirche in der Welt wahrzunehmen, so wird das Krankenhaus allein durch den Trägerwechsel zu einer karitativen Einrichtung der Kirche i. S. v. § 118 Abs. 2, auf die das BetrVG keine Anwendung findet (*BAG* vom 9. 2. 1982 – 1 ABR 36/80 – EzA § 118 BetrVG 1972 Nr. 33 = DB 1982, 1414).

Eine Stiftung des privaten Rechts ist eine karitative Einrichtung einer Religionsgemeinschaft, wenn die von ihr wahrzunehmenden Aufgaben sich als Wesens- und Lebensäußerung der Kirche darstellen. Anstalten der Inneren Mission, die auf allen Gebieten der geschlossenen, halboffenen und offenen Fürsorge tätig sind,

sind Einrichtungen der evangelischen Kirche und unterfallen damit dem § 118 Abs. 2 (*BAG* vom 6. 12. 1977 – 1 ABR 28/77 – EzA § 118 BetrVG 1972 Nr. 16 = DB 1978, 943). Berufsförderungswerke für Behinderte, deren Ziel die berufliche Eingliederung dieser Personen in das Arbeitsleben ist, dienen unabhängig von der Art und dem Umfang staatlicher Förderung unmittelbar und überwiegend karitativen Bestimmungen und sind daher Tendenzbetriebe i. S. d. § 118 Abs. 1 Nr. 1 (*LAG Nürnberg* vom 29. 5. 1985 – 3 TaBV 2/84 –).

Soweit **öffentlich-rechtliche Träger** derartige Einrichtungen betreiben, **unterliegen** sie nach § 130 BetrVG nicht dem BetrVG, sondern dem **Personalvertretungsgesetz**. Sind Religionsgemeinschaften Träger, so ist das Gesetz gem. § 118 Abs. 2 nicht anwendbar (siehe auch Rz. 42).

Erzieherischen Bestimmungen dienen alle Bildungseinrichtungen i. S. d. Art. 7 **18** Abs. 4 Satz 1 GG, die auf eine gewisse Dauer angelegt sind und durch planmäßige und methodische Unterweisung in einer Mehrzahl allgemeinbildender oder berufsbildender Fächer die Persönlichkeit eines Menschen formen (*G/L* § 118 Rz. 19; *F/A/K/H* § 118 Rz. 21; weiter GK-*Fabricius* § 118 Rz. 213; *BAG* vom 7. 4. 1981 – 1 ABR 62/78 – EzA § 118 BetrVG 1972 Nr. 25 = DB 1981, 999, 2623). Erfaßt werden daher alle Privatschulen (*BAG* vom 13. 1. 1987 – 1 ABR 49/85 – EzA § 118 BetrVG 1972 Nr. 39 = BB 1987, 967), auch solche Privatschulen, die überwiegend als Ersatzschulen und zum Teil als Ergänzungsschulen betrieben werden (*BAG* vom 3. 12. 1987 – 6 ABR 38/86 – NZA 1988, 507). Lehranstalten, Internate, Kindergärten, Volkshochschulen, Fernlehrinstitute, Berufsbildungseinrichtungen (*BAG* vom 14. 4. 1988 – 6 ABR 36/86 – EzA § 118 BetrVG 1972 Nr. 42 = DB 1988, 1808; *G/L* § 118 Rz. 19; *D/R* § 118 Rz. 55) werden erfaßt, nicht aber Fahrschulen und Sprachschulen, die ausschließlich Fremdsprachen nach einer bestimmten Methode unterrichten (*BAG* vom 7. 4. 1981 a. a. O.). Soweit solche Einrichtungen von **öffentlich-rechtlichen Trägern** betrieben werden, **findet** auf sie gem. § 130 BetrVG nicht das BetrVG, sondern das **Personalvertretungsgesetz Anwendung**. Auf Einrichtungen dieser Art, deren **Träger Religionsgemeinschaften** sind, **findet das Gesetz** gem. § 118 Abs. 2 **keine Anwendung**.

Wissenschaftlichen Bestimmungen dienen alle Institutionen, deren Ziel es ist, auf **19** bestimmten Gebieten Kenntnisse zu mehren und Zusammenhänge zu erkennen, d. h. die Wahrheit zu erforschen (GK-*Fabricius* § 118 Rz. 243), wie z. B. unter anderem die privaten Hochschulen, Forschungsinstitute innerhalb und außerhalb der Hochschulen, es sei denn, sie betreiben die Forschung ausschließlich im Auftrag/zu Zwecken von Wirtschaftsunternehmen, wissenschaftlichen Bibliotheken, Museen (*D/R* § 118 Rz. 57; *F/A/K/H* § 118 Rz. 22; *G/L* § 118 Rz. 20).

Künstlerischen Bestimmungen dienen alle Betriebe, die freie schöpferische Ge- **20** staltung, Eindrücke, Erfahrungen und Erlebnisse durch das Medium einer Formensprache zum Ausdruck bringen (*BVerfG* vom 24. 2. 1971 – 1 BuR 435/68 = BVerfGE 30, 173 ff., 188 f.), wie z. B. unter anderem Symphonieorchester (*BAG* vom 7. 11. 1975 – 1 AZR 74/74 – EzA § 118 BetrVG 1972 Nr. 8 m. Anm. *Dütz* = DB 1976, 248), Theater (*BAG* vom 28. 10. 1986 – 6 ABR 16/85 – EzA § 118 BetrVG 1972 Nr. 38 = DB 1987, 847), Museen, Konzertunternehmen, Filmhersteller und -verleiher, Revue- und Zirkusunternehmen, Buch- und Schallplattenverlage (*G/L* § 118 Rz. 22 f.; *D/R* § 118 Rz. 61, 62; abweichend *F/A/K/H* § 118 Rz. 23, die den Zirkusunternehmen die künstlerische Zielsetzung absprechen). Keine Unternehmen mit künstlerischer Zielsetzung sind die Kinobetriebe, Tanz-

§ 118 5. Teil 3. Abschn. Tendenzbetriebe u. Religionsgemeinschaften

bars, Buch- und Schallplattenhandlungen (*D/R* § 118 Rz. 61, 62; *F/A/K/H* § 118 Rz. 15; *G/L* § 118 Rz. 24).
Auch die **GEMA** (Gesellschaft für musikalische Aufführungs- und mechanische Vervielfältigungsrechte) ist kein Tendenzunternehmen i. S. d. BetrVG, da sie nicht unmittelbar und überwiegend künstlerischen Zielen dient (*BAG* vom 8. 3. 1983 – 1 ABR 44/81 – EzA § 118 BetrVG 1972 Nr. 34 = DB 1983, 1875; *D/R* § 118 Rz. 62; *G/L* § 118 Rz. 24; *F/A/K/H* § 118 Rz. 15; GK-*Fabricius* § 118 Rz. 267).

IV. Presseunternehmen (§ 118 Abs. 1 Ziff. 2)

21 In § 118 Abs. 1 Ziff. 2 werden Unternehmen, die den Zwecken der Berichterstattung und Meinungsäußerung dienen und auf die Art. 5 Abs. 1 Satz 2 Anwendung findet, ausdrücklich als Tendenzbetriebe anerkannt (*D/R* § 118 Rz. 64 ff.).
22 Da ganz allgemein auf die Berichterstattung und die Meinungsäußerung abgestellt wird, **gilt der weite Pressebegriff des Art. 5 GG** (siehe hierzu *Maunz/ Dürig/Herzog/Scholz* Art. 5 GG Anm. 129 ff.; *G/L* § 118 Rz. 25; *D/R* § 118 Rz. 67 m. w. N.; GK-*Fabricius* § 118 Rz. 272 ff., 336; a. A. *G/K/S/B* § 118 Rz. 21).
23 Geschützt sind nicht nur die **Presseunternehmen**, die eine parteipolitische oder eine allgemeinpolitische Tendenz verfolgen, sondern auch die Unternehmen, die Zeitungen oder Zeitschriften ohne politische Tendenz veröffentlichen (*BAG* vom 9. 12. 1975 – 1 ABR 37/74 – EzA § 118 BetrVG 1972 Nr. 10 m. Anm. *Schulin* = DB 1976, 584), wie ein Generalanzeiger oder die Heimatpresse, ebenso Anzeigenblätter – unabhängig von dem Überwiegen des redaktionellen Teils –, sowie Rundfunk und Fernsehen, wenn sie privatrechtlich organisiert sind, Unternehmen des Films sowie Presse- und Nachrichtenagenturen (*Fitting/Kraegeloh/ Auffarth* § 81 BetrVG 1952 Rz. 8; *D/R* § 118 Rz. 68; *G/L* § 118 Rz. 26; *F/A/K/H* § 118 Rz. 24; GK-*Fabricius* § 118 Rz. 321 ff.; auf das Überwiegen eines redaktionellen Teils bei Presseunternehmen stellt *Neumann-Duesberg* BB 1973, 949 ab), nicht aber Zeitschriftenhandel oder Lesezirkelunternehmen (*D/R* § 118 Rz. 69; *F/A/K/H* § 118 Rz. 29).
24 **Buchverlage** sind in aller Regel Tendenzbetriebe i. S. d. § 118. Zwar weist Art. 5 Abs. 1 GG nur auf die Pressefreiheit und die Freiheit der Berichterstattung hin, während die Freiheit der Meinungsäußerung in Art. 5 Abs. 1 Satz 1 GG gewährleistet ist. Aber bereits im Ausschußbericht (a. a. O. 17) wurde ausdrücklich als ratio legis bezeichnet, daß »ausdrücklich aufgeführt« werden sollte, daß als Tendenzbetriebe solche Betriebe zu gelten hätten, die »Zwecken der Berichterstattung oder Meinungsäußerung« dienen. Im übrigen aber werden auf Buchverlage in aller Regel die in § 118 Abs. 1 Satz 1 erwähnten Merkmale »wissenschaftliche, künstlerische oder erzieherische Ziele« Anwendung finden, so daß schon, wie nach dem bisherigen Recht, aus dem Katalog des § 118 Abs. 1 Ziff. 1 der Tendenzcharakter der Buchverlage hervorgehen wird. Im übrigen wirft *Mayer-Maly* (Börsenblatt für den deutschen Buchhandel 1972, 810) zu Recht die Frage auf, ob eine Buchzensur eher erträglich wäre als eine Zeitungszensur und schließt aus der Verneinung dieser Frage auf die Notwendigkeit, Buchverlage auch hinsichtlich des Tendenzschutzes den Verlagen, die periodische Druckerzeugnisse herausgeben, gleichzustellen. Das war auch nach dem bisherigen Recht im wesentlichen unstreitig (vgl. *Dietz* § 81 BetrVG Rz. 15; *Fitting/Kraegeloh/Auffarth* § 81

BetrVG 1952 Rz. 11; *Galperin/Siebert* § 81 BetrVG 1952 Rz. 9; *D/R* § 118 Rz. 70; *G/L* § 118 Rz. 25; *Birk* JZ 1973, 755; *Buchner* SAE 1977, 86f.; *F/A/K/H* § 118 Rz. 26; GK-*Fabricius* § 118 Rz. 321 ff.; a. A. *Kunze* FS für *Ballerstedt*, 103). Der Schutz gilt für Fachverlage in gleicher Weise wie für Verlage der Belletristik (*D/R* § 118 Rz. 71, 72 m. w. N.).

Vom Schutz des § 118 sind jedoch **ausgenommen Verlage, die ausschließlich tendenzfreie Drucksachen verlegen**, wie Adreßbücher, Telefonbücher, Formularsammlungen, da in der Auswahl, Gestaltung und Wiedergabe von Adressen keine Meinungsäußerung, sondern lediglich die Wiedergabe von Fakten zu sehen ist (*D/R* § 118 Rz. 75; *F/A/K/H* § 118 Rz. 24; *Frey* AuR 1972, 161, 165; *Nikisch* III, 51; *Richardi* SAE 1969, 88; a. A. *G/L* § 118 Rz. 27; die Frage ist offengelassen in der Entscheidung des *BAG* vom 14. 11. 1975 – 1 ABR 107/74 – EzA § 118 BetrVG 1972 Nr. 6 = DB 1976, 297).

Bei einer **Druckerei**, die mit einem Tendenzbetrieb einen einheitlichen Betrieb 25 bildet, hat auch die Druckerei Tendenzcharakter (*BAG* vom 13. 7. 1955 – 1 ABR 20/54 – AP Nr. 1 zu § 81 BetrVG 1952 = DB 1955, 898; *BAG* vom 9. 12. 1975 – 1 ABR 37/74 – EzA § 118 BetrVG 1972 Nr. 10 m. Anm. *Schulin* = DB 1976, 584; *F/A/K/H* § 118, Rz. 27). Ist die Druckerei ein selbständiger Betrieb, so unterliegt sie jedenfalls dem Tendenzschutz, wenn sie auf den Inhalt der Publikation, die sie druckt, Einfluß nehmen kann oder wenn sie betrieben wird, um dadurch den Bestand eines anderen Teils des Unternehmens zu ermöglichen oder zu sichern, der die geistig-ideellen Vorstellungen i. S. d. § 118 verwirklichen will (*BAG* vom 29. 5. 1970 – 1 ABR 17/69 – EzA § 81 BetrVG 1952 Nr. 5 = DB 1970, 1492; *LAG Hamm* vom 16. 2. 1968 – 5 SA 928/67 – DB 1968, 714; *BAG* vom 31. 10. 1975 – 1 ABR 64/74 – EzA § 118 BetrVG 1972 Nr. 5 = DB 1976, 151; *D/R* § 118 Rz. 83).

Es reicht nicht aus, wenn das Druckunternehmen lediglich der technischen Herstellung von Zeitungen dient (*BAG* vom 30. 6. 1981 – 1 ABR 30/79 – EzA § 118 BetrVG 1972 Nr. 27 = DB 1981, 2624). Zum Tendenzschutz bei Mischunternehmen vgl. *D/R* § 118 Rz. 8 ff., 97.

Die reine **Lohndruckerei**, die keinen Einfluß auf das Verlagsprogramm hat, ist **kein Tendenzbetrieb** (*BAG* vom 31. 10. 1975 – 1 ABR 64/74 – EzA § 118 BetrVG 1972 Nr. 5 = DB 1976, 151; *BAG* vom 7. 11. 1975 – 1 AZR 74/74 – EzA § 118 BetrVG 1972 Nr. 8 m. Anm. *Dütz* = DB 1976, 248; *F/A/K/H* § 118 Rz. 27; *G/L* § 118 Rz. 40; *D/R* § 118 Rz. 79 m. w. N. auch zum früheren Recht; kritisch *Koch* SAE 1982, 235; kritisch auch GK-*Fabricius* § 118 Rz. 325, der die Kasuistik nicht für sachdienlich hält und meint, sie sei darauf zurückzuführen, daß in der Wissenschaft die innere Logik des Tatbestandes nicht aufgearbeitet wurde, a. a. O. Rz. 332, und daß außerdem der Gegenstand des Unternehmens mit den Zielen des Unternehmens gleichgesetzt werde).

V. Die Einschränkung der Mitwirkungs- und Mitbestimmungsrechte in Tendenzunternehmen

1. Allgemeines

26 Steht der Tendenzcharakter eines Unternehmens oder eines Betriebes fest, so können die Mitwirkungs- und Mitbestimmungsrechte um so mehr eingeschränkt sein, als die Rechte des Betriebsrats sich auf den Tendenzcharakter auswirken würden (*D/R* § 118 Rz. 106ff.).

27 Die Mitwirkungs- und Mitbestimmungsrechte sind nur insoweit nicht anwendbar, als die Eigenart des Unternehmens entgegensteht. Ob die Voraussetzungen gegeben sind, ist von Fall zu Fall zu entscheiden.

28 Die Einschränkung der Beteiligungsrechte des Betriebsrats kommt nur dann in Betracht, wenn in einem Tendenzunternehmen oder Tendenzbetrieb »Tendenzträger« betroffen sind und es sich zudem um eine tendenzbezogene Maßnahme handelt (so die herrschende Maßnahmetheorie; *BAG* vom 7. 11. 1975 – 1 AZR 282/74 – EzA § 118 BetrVG 1972 Nr. 9 m. Anm. *Dütz* = DB 1976, 585; *BAG* vom 7. 11. 1975 – 1 ABR 74/74 – EzA § 118 BetrVG 1972 Nr. 8 m. Anm. *Dütz* = DB 1976, 248; *BAG* vom 7. 11. 1975 – 1 ABR 78/74 – EzA § 118 BetrVG 1972 Nr. 7 m. Anm. *Dütz* = DB 1976, 152; *BAG* vom 22. 4. 1975 – 1 AZR 604/73 – EzA § 118 BetrVG 1972 Nr. 4 m. Anm. *Mathy* = DB 1975, 1516; GK-*Fabricius* § 118 Rz. 520ff.; *F/A/K/H* § 118 Rz. 30ff.; *Hanau* BB 1973, 901; *D/R* § 118 Rz. 107). Nicht durchgesetzt hat sich die Tendenzträgertheorie, wonach es für die Beschränkung der Beteiligungsrechte des Betriebsrats nur darauf ankommen soll, daß ein Tendenzträger betroffen wird (so aber *Mayer-Maly* AR-Blattei, Tendenzbetrieb JH III 3; *Gaul/Wamhoff* DB 1973, 2187, 2192).

2. Die Tendenzträger

29 Tendenzträger ist ein solcher Arbeitnehmer, dessen Aufgabe es ist, durch seine Tätigkeit die geistig-ideelle Zielsetzung des Unternehmens zu verwirklichen (*BAG* vom 7. 11. 1975 – 1 AZR 282/74 – EzA § 118 BetrVG 1972 Nr. 9 m. Anm. *Dütz* = DB 1976, 585; *D/R* § 118 Rz. 109). Tendenzträger ist also der Arbeitnehmer, für dessen Tätigkeit die Bestimmungen und Zwecke der in § 118 genannten Unternehmen und Betriebe prägend sind (*BAG* vom 24. 3. 1983 – 2 AZR 21/82 – EzA § 1 KSchG 1969 Betriebsbedingte Kündigung Nr. 21 = DB 1983, 830, 831, 1822).

Tendenzträger müssen einen maßgeblichen Einfluß nehmen können auf die Tendenzverwirklichung. Daran kann es fehlen, wenn der künstlerische Gestaltungsspielraum stark eingeschränkt ist. Unschädlich ist jedoch, wenn die Tendenzträger im Einzelfall nach gewissen vorgegebenen allgemeinen Richtlinien oder Weisungen zu arbeiten haben (*BAG* vom 28. 10. 1986 – 1 ABR 16/85 – EzA § 118 BetrVG 1972 Nr. 38 = DB 1987, 847).

30 Nicht zu diesen Tendenzträgern zählen solche Arbeitnehmer, die in einem Tendenzbetrieb keine tendenzbezogenen Aufgaben wahrzunehmen haben (*BAG* vom 24. 3. 1983 – 2 AZR 21/82 – a. a. O.; *BVerfG* vom 6. 11. 1979 – 1 BvR 81/76 – EzA § 118 BetrVG 1972 Nr. 23 = DB 1980, 259).

31 Im Bereich der **Presseunternehmen** sind Tendenzträger die Arbeitnehmer, die

unmittelbar für die Berichterstattung und Meinungsäußerung tätig sind (*BAG* vom 7.11. 1975 – 1 ABR 78/74 – EzA § 118 BetrVG 1972 Nr. 7 m. Anm. *Dütz* = DB 1976, 152; *BAG* vom 7.11. 1975 – 1 AZR 282/74 – EzA § 118 BetrVG 1972 Nr. 9 m. Anm. *Dütz* = DB 1976, 585), also Redakteure und Journalisten (*BVerfG* vom 6.11. 1979 – 1 BvR 81/76 – a.a.O.) und Redaktionsvolontäre (*BAG* vom 19.5. 1981 – 1 ABR 39/79 – EzA § 118 BetrVG 1972 Nr. 30 = DB 1981, 1191; 1982, 129; *LAG Berlin* vom 28.11. 1978 – 8 TaBV 3/78 – DB 1979, 2188; *D/R* § 118 Rz. 112).
Erfaßt werden alle Arten von Redakteuren, wie die Lokalredakteure (*BAG* vom 31.10. 1975 – 1 ABR 64/74 – EzA § 118 BetrVG 1972 Nr. 5 = DB 1976, 151), Sportredakteure (*BAG* vom 9.12. 1975 – 1 ABR 37/74 – EzA § 118 BetrVG 1972 Nr. 10 m. Anm. *Schulin* = DB 1976, 584), Anzeigenredakteure (*D/R* § 118 Rz. 111), unabhängig davon, ob diese Personen presserechtlich verantwortlich sind (*BAG* vom 7.11. 1975 – 1 AZR 282/74 – EzA § 118 BetrVG 1972 Nr. 9 m. Anm. *Dütz* = DB 1976, 585; *BAG* vom 9.12. 1975 – 1 ABR 37/74 – a.a.O.; *F/A/K/H* § 118 Rz. 36).

Keine Tendenzträger sind bei Presseunternehmen alle Angehörigen des technischen oder sonstigen, nicht mit dem Inhalt der Zeitung befaßten Personals (*BVerfG* vom 6.11. 1979 – 1 ABVR 81/76 – a.a.O.), wie die Buchhalter, die Sekretärinnen und die Zeitungsträger (*D/R* § 118 Rz. 112). **32**

Bei den **konfessionellen, erzieherischen, wissenschaftlichen und karitativen Einrichtungen** ist derjenige Arbeitnehmer als Tendenzträger zu ermitteln, der die mit der Tendenzverwirklichung verbundenen Aufgaben wahrnimmt (*BAG* vom 25.4. 1978 – 1 AZR 70/76 – EzA § 1 KSchG 1969 Tendenzbetrieb Nr. 4 m. Anm. *Dütz* = DB 1978, 2175; *BAG* vom 4.3. 1980 – 1 AZR 125/78 – EzA § 1 KSchG 1969 Tendenzbetrieb Nr. 8 = BB 1980, 1102; *BAG* vom 4.3. 1980 – 1 AZR 151/78 – EzA § 1 KSchG 1969 Tendenzbetrieb Nr. 9 = DB 1980, 2529; *BAG* vom 14.10. 1980 – 1 AZR 1274/79 – EzA § 1 KSchG 1969 Tendenzbetrieb Nr. 10 m. Anm. *Herschel* = DB 1981, 1290; *D/R* § 118 Rz. 115). **33**
Nicht jede Tätigkeit in einem Arbeitsverhältnis zur Kirche hat eine solche Nähe zu spezifisch kirchlichen Aufgaben, daß der sie ausübende Arbeitnehmer sich voll mit den Lehren der Kirche identifizieren muß und daß deshalb die Glaubwürdigkeit der Kirche berührt wird, wenn er sich in seiner privaten Lebensführung nicht an die tragenden Grundsätze der kirchlichen Glaubens- und Sittenlehre hält. Ein in einem katholischen Krankenhaus beschäftigter Arzt ist jedoch verpflichtet, sich öffentlicher Stellungnahmen für den legalen Schwangerschaftsabbruch zu enthalten (*BAG* vom 21.10. 1982 – 2 AZR 591/80 – EzA § 1 KSchG 1969 Tendenzbetrieb Nr. 12 = DB 1983, 2778). Als Tendenzträger in den einzelnen wissenschaftlichen Instituten sind auch alle Wissenschaftler anzusehen, die projektbezogene Forschungsarbeit leisten (*LAG Berlin* vom 18.10. 1982 – 12 TaBV 2/82 – BB 1983, 502).

Bei den **künstlerischen Unternehmen** sind die Künstler Tendenzträger. Hierzu **34** gehören im Bereich des Theaters auch die Orchestermusiker (*BAG* vom 7.11. 1975 – 1 AZR 74/74 – EzA § 118 BetrVG 1972 Nr. 8 m. Anm. *Dütz* = DB 1976, 248) und die Bühnenangestellten (*BAG* vom 4.8. 1981 – 1 ABR 106/79 – EzA § 87 BetrVG 1972 Arbeitszeit Nr. 10 = DB 1982, 705), nicht jedoch die Maskenbildner und Chefmaskenbildner, da sie weitgehend die Anweisungen des Regisseurs, des Bühnenbildners und Kostümbildners zu beachten haben (*BAG* vom 28.10. 1986 – 1 ABR 16/85 – § 118 BetrVG 1972 Nr. 38 = DB 1987, 847).

§ 118   5. Teil 3. Abschn. Tendenzbetriebe u. Religionsgemeinschaften

3. Die Beschränkung der Mitbestimmung im personellen Bereich

35   Der bedeutendste Anwendungsbereich des § 118 ist die personelle Mitbestimmung. Die Beteiligungsrechte des Betriebsrats werden insoweit beschränkt, als sie der Verwirklichung der geistig-ideellen Zielsetzung entgegenstehen. Das kann dann der Fall sein, wenn ein Tendenzträger betroffen ist und eine tendenzbezogene Maßnahme in Frage steht. Die Beteiligungsrechte des Betriebsrats werden in diesen Fällen aber nur dann ausgeschlossen oder teilweise beschränkt, wenn eine Einflußnahme auf die Tendenz des Unternehmens entsteht (*D/R* § 118 Rz. 131).

36   Im einzelnen sind folgende Grundsätze zu beachten:
Fragen der **Personalplanung**, die auf der Personalplanung aufbauenden **Personalfragebogen** (§ 92), die **Beurteilungsgrundsätze** (§ 94), die **Auswahlrichtlinien** sind mitbestimmungsfrei, soweit sie sog. Tendenzträger betreffen und tendenzbezogene Inhalte geregelt werden (*G/L* § 118 Rz. 67–69; *D/R* § 118 Rz. 132, 134–136; *Dütz* BB 1965, 1261, 1269, 1270; *Hanau* BB 1973, 901, 904, 905; a.A. GK-*Fabricius* § 118 Rz. 624).

37   Der Ausschluß der Beteiligungsrechte ist insoweit umfassend. Insbesondere ergibt sich auch aus § 80 Abs. 2 hinsichtlich der Einführung von Personalfragebogen, der Festlegung von Beurteilungsgrundsätzen und der Aufstellung von Auswahlrichtlinien **kein Unterrichtungsrecht** des Betriebsrats (*Dütz* BB 1975, 1270; a.A. *D/R* § 118 Rz. 136; GK-*Fabricius* § 118 Rz. 626).

38   Dem Verlangen des Betriebsrats, Arbeitsplätze, die besetzt werden sollen, innerbetrieblich auszuschreiben, steht die Eigenart des Tendenzunternehmens bzw. Tendenzbetriebes in aller Regel dann entgegen, wenn sich die Ausschreibung auf einen sog. Tendenzträger erstrecken soll (a.A. GK-*Wiese* § 118 Rz. 625 m.w.N.). Die Frage der Tendenzbeeinträchtigung stellt sich schon bei der Ausschreibung und nicht erst, wenn der Betriebsrat wegen einer unterbliebenen Ausschreibung seine Zustimmung verweigern will (*Kraft* Anm. zu *BAG* vom 30.1.1979 – 1 ABR 78/76 – EzA § 118 BetrVG 1972 Nr. 20 = DB 1979, 1609; a.A. *D/R* § 118 Rz. 133 m.w.N.; *F/A/K/H* § 118 Rz. 34; *G/L* § 118 Rz. 68).

39   Im Bereich der **Förderung der Berufsbildung** (§ 96) bleiben die Beratungsrechte des Betriebsrats auch in Tendenzunternehmen erhalten. Jedoch entfällt das Mitbestimmungsrecht des Betriebsrats bei der Durchführung von Maßnahmen der betrieblichen Berufsbildung (§ 98), soweit die berufliche Aus- bzw. Fortbildung der Tendenzträger in Frage steht (*D/R* § 118 Rz. 137 m.w.N.; *G/L* § 118 Rz. 70; a.A. GK-*Fabricius* § 118 Rz. 628f.).

40   Im Bereich der personellen Einzelmaßnahmen ist es sehr streitig, ob und inwieweit die Beteiligungsrechte des Betriebsrats eingeschränkt sind.

41   Die **Einstellung** eines Tendenzträgers ist eine tendenzbezogene Maßnahme mit der Folge, daß das Mitbestimmungsrecht des Betriebsrats nach § 99 entfällt (vgl. *BVerfG* vom 6.11.1979 – 1 BvR 81/76 – EzA § 118 BetrVG 1972 Nr. 23 = DB 1980, 259; *BAG* vom 7.11.1975 – 1 ABR 78/84 – EzA § 118 BetrVG 1972 Nr. 7 m. Anm. *Dütz* = DB 1976, 152; *BAG* vom 9.12.1975 – 1 ABR 37/74 – EzA § 118 BetrVG 1972 Nr. 10 m. Anm. *Schulin* = DB 1976, 584; *D/R* § 118 Rz. 139; *F/A/K/H* § 118 Rz. 37; *G/L* § 118 Rz. 76; a.A. *Hanau* BB 1973, 906; *Plander* AuR 1976, 296; *Ihlefeld* RdA 1977, 225; ders. AuR 1980, 267). Der Tendenzschutz nach § 118 Abs. 1 Nr. 2 steht aber einem Übernahmeanspruch eines Betriebsratsmitglieds nicht entgegen, da im Rahmen der Unzumutbarkeitsprüfung

nach § 78a Abs. 4 die Besonderheiten des Tendenzbetriebes berücksichtigt werden können (*BAG* vom 23. 6. 1983 – 6 AZR 595/80 – EzA § 78a BetrVG 1972 Nr. 11 = DB 1984, 1786).
Die Einstellung eines Redakteurs in einem Zeitschriftenverlag bedarf im Regelfall nicht der vorherigen Zustimmung des Betriebsrats (*BAG* vom 1. 9. 1987 – 1 ABR 23/86 – EzA § 118 BetrVG 1972 Nr. 41 = DB 1987, 2653). Das gleiche gilt für die Versetzung eines Redakteurs (*BAG* vom 1. 9. 1987 – 1 ABR 22/86 – EzA § 118 BetrVG 1972 Nr. 40 = DB 1987, 2656).
Obwohl das Mitbestimmungsrecht des Betriebsrats bei der Einstellung eines Tendenzträgers entfällt, muß der Arbeitgeber den Betriebsrat gem. § 99 Abs. 1 unterrichten (*BAG* vom 23. 6. 1983 – 6 AZR 595/80 – EzA § 78a BetrVG 1972 Nr. 11 = DB 1984, 1786; *BAG* vom 7. 11. 1975 – 1 ABR 78/74 – EzA § 118 BetrVG 1972 Nr. 7 m. Anm. *Dütz* = DB 1976, 152; *BAG* vom 1. 9. 1987 – 1 ABR 22/86 – EzA § 118 BetrVG 1972 Nr. 40 = DB 1987, 2656; GK-*Fabricius* § 118 Rz. 631 ff.). 42

Nach Auffassung des *BAG* (vom 19. 5. 1981 – 1 ABR 109/78 – EzA § 99 BetrVG 1972 Nr. 32 = DB 1981, 2384, 2385) hat der Arbeitgeber auch die Verpflichtung, die Bewerbungsunterlagen aller Bewerber, die sich um eine Einstellung bemüht haben, vorzulegen (zustimmend *D/R* § 118 Rz. 140). 43
Dieser Auffassung kann jedoch nicht gefolgt werden, da in der Regel individualrechtliche Interessen der Bewerber einer Verbreitung der Bewerbungsunterlagen entgegenstehen.
Hat der Arbeitgeber eine personelle Maßnahme (Einstellung/Versetzung) bezüglich eines Tendenzträgers ohne vorherige Anhörung des Betriebsrats bzw. dessen Unterrichtung durchgeführt, kann der Betriebsrat verlangen, daß der Arbeitgeber die personelle Maßnahme aufhebt (*BAG* vom 1. 9. 1987 – 1 ABR 22/86 – EzA § 118 BetrVG 1972 Nr. 40 = DB 1987, 2656; *BAG* vom 1. 9. 1987 – 1 ABR 23/86 – EzA § 118 BetrVG 1972 Nr. 41 = DB 1987, 2653).
Der Gesetzgeber hat in § 101 BetrVG jedoch die Aufhebung der personellen Maßnahme an die fehlende Zustimmung des Betriebsrats geknüpft. Diese ist aber bei Tendenzträgern nicht erforderlich (h. M.), so daß auch die analoge Anwendung des § 101 Satz 1 BetrVG mangels Vergleichbarkeit der Interessenlage nicht in Betracht kommt.

Die weiteren im Rahmen der Einstellung von Arbeitskräften bestehenden Beteiligungsrechte des Betriebsrats (vgl. §§ 99 Abs. 2–4, 100, 101) entfallen bei Tendenzträgern (*BAG* vom 7. 11. 1975 – 1 ABR 78/74 – EzA § 118 BetrVG 1972 Nr. 7 m. Anm. *Dütz* = DB 1976, 152; *BAG* vom 9. 12. 1975 – 1 ABR 37/74 – EzA § 118 BetrVG 1972 Nr. 10 m. Anm. *Schulin* = DB 1976, 584). 44

Für die Versetzung von Tendenzträgern gelten die gleichen Grundsätze wie für die Einstellung (*D/R* § 118 Rz. 141; einschränkend *G/L* § 118 Rz. 48). Die Versetzung eines Redakteurs in einem Zeitschriftenverlag bedarf in der Regel nicht der Zustimmung des Betriebsrats. Erfolgt die Versetzung des Redakteurs in der Absicht, ihm eine neue Aufgabenstellung zuzuweisen, so spricht eine tatsächliche Vermutung dafür, daß es sich um eine tendenzbedingte, also mitbestimmungsfreie Maßnahme handelt (*LAG Hamm* vom 5. 2. 1986 – 12 TaBV 145/85 – BB 1986, 1640). 45

Auch die Eingruppierung und Umgruppierung eines Tendenzträgers kann eine tendenzbezogene Maßnahme sein (*G/L* § 118 Rz. 78; **a.A.** *BAG* vom 14. 3. 1967 – 1 ABR 5/66 – AP Nr. 3 zu § 61 BetrVG 1972 m. Anm. *Küchenhoff* = DB 1967, 46

604, 911; *BAG* vom 31. 5. 1983 – 1 ABR 57/80 – EzA § 118 BetrVG 1972 Nr. 36 = DB 1984, 995; *F/A/K/H* § 118 Rz. 37; *D/R* § 118 Rz. 138 m. w. N.).

In Fortführung seiner Rechtsprechung hat das *BAG* entschieden, daß der Tendenzcharakter eines Unternehmens das Mitbestimmungsrecht des Betriebsrats bei der Eingruppierung nach im Unternehmen angewandten Tätigkeitsmerkmalen, z. B. dem BAT, nicht ausschließt (*BAG* vom 3. 12. 1985 – 4 ABR 80/83 – EzA § 118 BetrVG 1972 Nr. 37 = DB 1986, 1932; *BAG* vom 31. 5. 1983 – 1 ABR 57/80 – a. a. O.).

Dieses Mitbestimmungsrecht des Betriebsrats gilt auch dann, wenn etwa die Eingruppierungsregelungen des BAT durch einzelvertragliche Vereinbarungen zu einer betrieblichen Ordnung gemacht wurden (*BAG* vom 3. 12. 1985 – 4 ABR 80/83 – a. a. O.).

47 Die Kündigung eines Tendenzträgers ist ebenfalls eine tendenzbezogene Maßnahme, so daß das Mitbestimmungsrecht des Betriebsrats entfällt.

48 Nach Auffassung des *BAG* (vom 22. 4. 1975 – 1 AZR 604/73 – EzA § 118 BetrVG 1972 Nr. 4 m. Anm. *Mathy* = DB 1975, 1516; *BAG* vom 7. 11. 1975 – 1 AZR 282/74 – EzA § 118 BetrVG 1972 Nr. 9 m. Anm. *Dütz* = DB 1976, 585) ist der Betriebsrat jedoch gem. § 102 Abs. 1 vor einer Kündigung anzuhören, wobei es keinen Unterschied macht, ob die Kündigung aus wirtschaftlichen oder tendenzbedingten Gründen erfolgte. Unterläßt der Arbeitgeber die Anhörung, so soll die Kündigung unwirksam sein (*D/R* § 118 Rz. 142 m. w. N.; *F/A/K/H* § 118 Rz. 38; *G/L* § 118 Rz. 79; **a. A.** *Mayer-Maly* Anm. zu *BAG* vom 7. 11. 1975 – 1 AZR 282/74 – AP Nr. 4 zu § 118 BetrVG 1972 = DB 1976, 585; *Gaul/Wamhoff* DB 1973, 2187; *Dütz* BB 1975, 1261; *Mayer-Maly* AfP 1976, 14; *Neumann-Duesberg* NJW 1973, 269).

Die Auslegung des § 118 Abs. 1 Satz 1 geht dahin, daß diese Vorschrift bei der Kündigung eines Tendenzträgers die Pflicht zur vorherigen Anhörung des Betriebsrats nach § 102 Abs. 1 Satz 1 nicht ausschließt und dem Betriebsrat auch tendenzbedingte Kündigungsgründe mitzuteilen seien; es verstößt aber nicht gegen Artikel 5 Abs. 1 Satz 2 GG, daß der Betriebsrat Einwendungen auf soziale Gesichtspunkte beschränken muß (*BVerfG* vom 6. 11. 1979 – 1 BvR 81/76 – EzA § 118 BetrVG 1972 Nr. 23 = DB 1980, 259).

49 Trotz der vom *BAG* angenommenen Verpflichtung zur formalen Anhörung des Betriebsrats vor Ausspruch der Kündigung wird der Arbeitgeber nicht gehindert, die Kündigung auszusprechen, da ein Widerspruch des Betriebsrats, selbst wenn er für zulässig erachtet wird (*D/R* § 118 Rz. 144, **a. A.** *G/L* § 118 Rz. 79), nicht die Weiterbeschäftigungspflicht nach § 102 Abs. 5 auslöst (*LAG Hamburg* vom 17. 7. 1974 – 4 Sa 45/74 – EzA § 102 BetrVG 1972 Beschäftigungspflicht Nr. 2 = BB 1974, 1396; *D/R* § 118 Rz. 144; *G/L* § 118 Rz. 79; **a. A.** *Hanau* BB 1973, 907; *Plander* AuR 1976, 297).

Die im Bühnenarbeitsrecht für befristet beschäftigte Arbeitnehmer tariflich vorgesehene Nichtverlängerungsanzeige ist keine Kündigung und kann einer Kündigung i. S. v. § 102 Abs. 1 nicht gleichgestellt werden. Vor der Erklärung, der befristete Bühnenkünstlervertrag werde nicht verlängert, braucht der Arbeitgeber den Betriebsrat nicht zu hören (*BAG* vom 28. 10. 1986 – 1 ABR 16/85 – EzA § 118 BetrVG 1972 Nr. 38 = DB 1987, 847).

50 Auch im Anwendungsbereich des § 15 Abs. 1 Satz 1 KSchG sind im Rahmen einer tendenzschutzbedingten Gewährleistung und Sicherung von Grundrechten (insbes. Art. 5 GG) die Grundsätze zu beachten, die sich aus der in § 118

BetrVG enthaltenen Konkretisierung des Grundrechtsschutzes ergeben (*BAG* vom 3. 11. 1982 – 7 AZR 5/81 – EzA § 15 KSchG 1969 Nr. 28 = DB 1983, 830).
Konkret bedeutet dies, daß § 15 Abs. 1 Satz 1 KSchG jedenfalls auch solche ordentlichen Kündigungen verbietet, die ein Tendenzunternehmen gegenüber einem dem Betriebsrat angehörenden Tendenzträger wegen nicht tendenzbezogener Leisungsmängel erklärt.

Die Rechte des Betriebsrats aus §§ 104 und 105 werden in Tendenzunternehmen **51** nicht eingeschränkt (*D/R* § 118 Rz. 145, 146 m. w. N.; GK-*Fabricius* § 118 Rz. 663).

Ist das Unternehmen seinem Gepräge nach ein Tendenzunternehmen, so **entfällt** **52** **die Bildung des Wirtschaftsausschusses**, da die §§ 106 bis 110 für Tendenzbetriebe nicht anwendbar sind. Der Ausschluß der Vorschriften über den Wirtschaftsausschuß für Tendenzbetriebe ist nicht verfassungswidrig (*BAG* vom 7. 4. 1981 – 1 ABR 83/78 – EzA § 118 BetrVG 1972 Nr. 26 = DB 1981, 999, 2623).
Die Bildung des Wirtschaftsausschusses unterbleibt, weil der Unternehmer nicht verpflichtet sein soll, mit einem auf der Unternehmensebene zu bildenden Gremium die wirtschaftlichen Angelegenheiten zu beraten. Damit entfällt auch die in § 110 vorgesehene Unterrichtung der Arbeitnehmer (*G/L* § 118 Rz. 48; *D/R* § 118 Rz. 100; GK-*Fabricius* § 118 Rz. 523). Ein Wirtschaftsausschuß muß auch nicht für eine Privatschule gebildet werden, die überwiegend in Form einer Ersatzschule, zum Teil in der Form einer Ergänzungsschule betrieben wird (*BAG* vom 3. 12. 1987 – 6 ABR 38/86 – NZA 1988, 507).

4. Die Beschränkung der Beteiligungsrechte im wirtschaftlichen Bereich

Der von dem Unternehmen gem. § 43 Abs. 2 in der Betriebsversammlung über **53** das Personal- und Sozialwesen des Betriebes und über die wirtschaftliche Lage sowie die Entwicklung des Betriebes **abzugebende Bericht ist zu erstatten**, soweit nicht Betriebs- und Geschäftsgeheimnisse gefährdet werden und der mit § 118 verfolgte Schutz nicht ausgehöhlt wird (siehe *G/L* § 118 Rz. 59; *D/R* § 118 Rz. 121, die davon ausgehen, daß in der Betriebsversammlung nur noch ein allgemeiner Überblick über die wirtschaftliche Lage des Betriebes gegeben werden muß).

Hinsichtlich des Mitbestimmungsrechts des Betriebsrats bei Betriebsänderungen **54** gem. §§ 111 bis 113 ist zwischen dem Interessenausgleich und dem Sozialplan zu unterscheiden, da die Vorschriften nur insoweit anzuwenden sind, als sie den Ausgleich oder die Milderung wirtschaftlicher Nachteile für die Arbeitnehmer regeln.
Daraus ergibt sich, daß **auch in Tendenzbetrieben eine Unterrichtungspflicht des Arbeitgebers gem. § 111** besteht, soweit die Unterrichtung und Beratung darauf gerichtet ist, Nachteile für die Arbeitnehmer zu vermeiden (*D/R* § 118 Rz. 148; *F/A/K/H* § 118 Rz. 46; *G/L* § 118 Rz. 5).

Während der Interessenausgleich die unternehmerische wirtschaftliche Entschei- **55** dung als solche betrifft, soll der Sozialplan die sozialen Auswirkungen der unternehmerischen Maßnahme mildern. Da für die Mitwirkungsrechte in Tendenzbetrieben nur die Frage des Ausgleichs oder der Milderung wirtschaftlicher Nachteile erheblich ist, **beschränkt sich das Mitbestimmungsrecht darauf**, mit dem Arbeitgeber, gegebenenfalls unter Einschaltung des Präsidenten des Landesarbeits-

§ 118   5. Teil 3. Abschn. Tendenzbetriebe u. Religionsgemeinschaften

amtes, **über den Sozialplan zu verhandeln und** eventuell gem. § 112 Abs. 4 **einen Sozialplan über die Einigungsstelle herbeizuführen.** Die Beratung über den wirtschaftlichen Interessenausgleich ist ausgeschlossen (*D/R* § 118 Rz. 79; *F/A/K/H* § 118 Rz. 46; **a. A.** GK-*Fabricius* § 118 Rz. 537).

§ 113 ist für Tendenzbetriebe nicht anwendbar, da diese Vorschrift sich ausdrücklich mit den Rechtswirkungen befaßt, die eintreten, wenn der Unternehmer die Beteiligungsrechte des Betriebsrats hinsichtlich des Interessenausgleichs verletzt (vgl. *D/R* § 118 Rz. 100, 148, 149; *G/L* § 118 Rz. 53; *Dütz* FS für *Westermann*, 37, 51; **a. A.** *F/A/K/H* § 118 Rz. 46 m. w. N.; GK-*Fabricius* § 118 Rz. 533; *G/K/S/B/K* § 118 Rz. 32; *Kehrmann/Schneider* BlStSozArbR 1972, 64).

56   Fragen der betrieblichen Lohngestaltung sind in einem Tendenzbetrieb dann nicht nach § 118 Abs. 1 Satz 2 BetrVG dem Mitbestimmungsrecht des Betriebsrats entzogen, wenn die Ausgestaltung des betrieblichen Entgeltsystems keinen besonderen Tendenzbezug hat, sondern tendenzneutral ist (*BAG* vom 31. 1. 1984 – 1 AZR 174/81 – EzA § 87 BetrVG 1972 Betriebliche Lohngestaltung Nr. 8 = DB 1984, 1353).

5. Die Beschränkung der Beteiligungsrechte des Betriebsrats hinsichtlich der sozialen Angelegenheiten, des Betriebsablaufs und der Gestaltung des Arbeitsplatzes

57   Im Bereich der **Mitbestimmung in sozialen Angelegenheiten (§ 87 ff.)** wird eine **Einschränkung der Beteiligungsrechte des Betriebsrats in der Regel nicht erforderlich** sein (*D/R* § 118 Rz. 127; *F/A/K/H* § 118 Rz. 33; siehe auch eingehend GK-*Fabricius* § 118 Rz. 607 ff.; *G/L* § 118 Rz. 62; *BAG* vom 8. 11. 1983 – 1 ABR 57/81 – EzA § 81 ArbGG 1979 Nr. 4 = DB 1984, 1478).

58   Die Sicherung des äußeren **Betriebsablaufs** rechtfertigt in der Regel nicht die Einschränkung der dem Betriebsrat zustehenden Mitbestimmungsrechte, da der **Tendenzschutz der Sicherung der geistig-ideellen Werte und nicht dem reibungslosen Betriebsablauf dienen** soll (*G/L* § 118 Rz. 62; *Hanau* BB 1973, 901, 904; **a. A.** GK-*Fabricius* § 118 Rz. 615; einschränkend hinsichtlich der Arbeitszeit beim Theater: *D/R* § 118 Rz. 128 und *BAG* vom 22. 5. 1979 – 1 ABR 100/77 – EzA § 118 BetrVG 1972 Nr. 22 = DB 1979, 2174, wonach, wegen der Eigenart der Presseunternehmen, das Mitbestimmungsrecht bei der Überstunden- und Arbeitszeitverteilungsregelung zurückstehen muß). Die Entscheidung einer Privatschule, im Rahmen eines Ganztagsschulbetriebes Lehrer an den Nachmittagen zu Unterrichts- und Betreuungsstunden heranzuziehen, ist eine tendenzbezogene Entscheidung, die nicht der Mitbestimmung des Betriebsrats unterliegt (*BAG* vom 13. 1. 1987 – 1 ABR 49/85 – EzA § 118 BetrVG 1972 Nr. 39 = BB 1987, 967).

59   Auch **bei** der **Gestaltung des Arbeitsplatzes, des Arbeitsablaufes und der Arbeitsumgebung bleiben in der Regel die Mitwirkungsrechte des Betriebsrats erhalten**, es sei denn, von der Gestaltung dieses arbeitstechnischen Ablaufes hinge die Verwirklichung der ideellen Zielsetzung ab (*D/R* § 118 Rz. 129; *G/L* § 118 Rz. 66; **a. A.** *Mayer-Maly* AR-Blattei, Tendenzbetrieb I, H, III 2; *ders.* AfP 1972, 199).

6. Beschränkungen bezüglich der Organisation und der allgemeinen Aufgaben des Betriebsrats sowie der Individualrechte der Arbeitnehmer in Tendenzunternehmen

In Tendenzunternehmen unterliegt die Bildung des Betriebsrats, des Gesamtbe- 60
triebsrats, des Konzernbetriebsrats sowie die Stellung der Betriebsratsmitglieder keiner Beschränkung (*D/R* § 118 Rz. 117 ff.; GK-*Fabricius* § 118 Rz. 596).
Das Zugangsrecht der Gewerkschaften gem. § 1 Abs. 2 ist in den Fällen einge- 61
engt, in denen der Tendenzcharakter des Unternehmens einer Betätigung der Gewerkschaft entgegensteht (*D/R* § 118 Rz. 122 m. w. N.; **a. A.** GK-*Fabricius* § 118 Rz. 597 ff.).
Ein betriebsfremder Gewerkschaftsbeauftragter hat kein Zutrittsrecht zwecks Information, Betreuung und Werbung in kirchlichen Einrichtungen (*BVerfG* vom 17. 2. 1981 – 2 BvR 384/78 – EzA Art. 9 GG Nr. 32 = DB 1981, 1467).
Hinsichtlich der allgemeinen Aufgaben und der Informationsrechte des Betriebs- 62
rats kann es von Fall zu Fall Einschränkungen geben, wenn der Tendenzcharakter der Angelegenheiten in Frage steht.
Die Gewerkschaften haben jedenfalls dann keinen unmittelbar aus Art. 9 Abs. 3 GG ableitbaren Anspruch auf gewerkschaftliche Informationen und Betreuungstätigkeit, wenn sie im Betrieb bereits durch betriebsangehörige Mitglieder vertreten sind. Ob ihre betriebsangehörigen Mitglieder auch zu einer solchen gewerkschaftlichen Betätigung bereit sind, ist unerheblich (*BAG* vom 19. 1. 1982 – 1 AZR 279/81 – EzA Art. 9 GG Nr. 34 = DB 1982, 1015).
Nach Auffassung des *BAG* (vom 30. 4. 1974 – 1 ABR 33/73 – EzA § 80 BetrVG 63
1972 Nr. 6 = DB 1974, 1776; *BAG* vom 3. 2. 1976 – 1 ABR 121/74 – EzA § 118 BetrVG 1972 Nr. 12 = DB 1976, 823; *BAG* vom 30. 6. 1981 – 1 ABR 26/79 – EzA § 80 BetrVG 1972 Nr. 19 = DB 1981, 1469, 2386) und der fast einhelligen Meinung der Literatur (*D/R* § 118 Rz. 126; *F/A/K/H* § 118 Rz. 32; *G/L* § 118 Rz. 61) hat der Betriebsrat auch in Tendenzunternehmen ein Einblicksrecht in die Bruttolohn- und -gehaltslisten aller Arbeitnehmer.
Diese Auffassung läßt den Schutz der Individualsphäre der Arbeitnehmer gegenüber den Kontrollrechten des Betriebsrats, ohne daß das BetrVG hierzu Veranlassung gegeben hätte, ungerechtfertigterweise zurücktreten (*BAG* vom 30. 4. 1974 – 1 ABR 33/73 – EzA § 80 BetrVG 1972 Nr. 6 = DB 1974, 1776).
Die in §§ 81 ff. kodifizierten Individualrechte des Arbeitnehmers unterliegen 64
auch in Tendenzunternehmen keiner Einschränkung (*D/R* § 118 Rz. 152; einschränkend *Mayer-Maly* AR-Blattei, Tendenzbetrieb I H III 4 für das Einblicksrecht in die Personalakten).

VI. Gesteigerte Treuepflichten der Arbeitnehmer in Tendenzbetrieben

Die **Tendenz eines Unternehmens begründet in der Regel keine über das** 65
normale Maß hinausgehende Treuepflicht des Arbeitnehmers mit der Folge, daß der Tendenzträger alles zu unterlassen hat, was innerhalb und außerhalb des Dienstes in Widerspruch mit der Tendenz des Unternehmens steht (**a. A.** *D/R* § 118 Rz. 155 m. w. N.; einschränkend *F/A/K/H* § 118 Rz. 43; *G/L* § 118 Rz. 86; *Dudenbostel/Klas* AuR 1979, 296 ff.; *Ruland* NJW 1980, 89 ff., die darauf hinweisen, daß zumindest im außerdienstlichen Bereich eine ge-

§ 118   *5. Teil 3. Abschn. Tendenzbetriebe u. Religionsgemeinschaften*

steigerte Treuepflicht im Hinblick auf Art. 2 und 5 GG nicht verlangt werden könne).

VII. Religionsgemeinschaften, karitative und erzieherische Einrichtungen

66 Das Gesetz findet keine Anwendung auf Religionsgemeinschaften und ihre karitativen und erzieherischen Einrichtungen, weil die **Rechtsform**, in der die Einrichtung betrieben wird, **unerheblich** ist. So kann eine Stiftung des privaten Rechts eine karitative Einrichtung einer Religionsgemeinschaft sein, wenn die von ihr wahrzunehmenden Aufgaben sich als Wesens- und Lebensäußerung der Kirche darstellen (*BAG* vom 6. 12. 1977 – 1 ABR 28/77 – EzA § 118 BetrVG 1972 Nr. 16 = DB 1978, 943; *BVerfG* vom 11. 10. 1977 – 2 BVR 209/76 – EzA § 118 BetrVG 1972 Nr. 15 m. Anm. *Rüthers* = DB 1977, 2379; *BAG* vom 25. 4. 1978 – 1 AZR 70/76 – EzA § 1 KSchG 1969 Tendenzbetrieb Nr. 4 m. Anm. *Dütz* = DB 1978, 2175; *BVerfG* vom 21. 9. 1976 – 2 BVR 350/75 – AP Nr. 5 zu Art. 140 GG).

67 Übernimmt ein kirchlicher Träger ein bereits bestehendes Krankenhaus, so wird daraus eine kirchliche Einrichtung i. S. v. § 118 Abs. 2. Nach Auffassung des *LAG Düsseldorf* (vom 27. 5. 1980 – 19 TaBV 20/79 – EzA § 118 BetrVG 1972 Nr. 24) soll das BetrVG erst dann nicht mehr anwendbar sein, wenn mehr als die Hälfte der Arbeitnehmer ihre Bereitschaft erklärt haben, künftig im Sinne einer christlichen Dienstgemeinschaft zusammenwirken zu wollen.

68 Die **Definition der Religionsgemeinschaften ergibt sich aus Art. 137 WRV i. V. m. Rz. 140 GG**. Demnach sind Religionsgemeinschaften Verbände von Angehörigen ein und derselben Glaubens- oder Kultusgemeinschaft, beispielsweise der christlichen Kirchen. Zu den Religionsgemeinschaften i. S. d. § 118 Abs. 2 zählen **auch** die **Weltanschauungsgemeinschaften** (*F/A/K/H* § 118 Rz. 56; *G/L* § 118 Rz. 89; GK-*Fabricius* § 118 Rz. 753; *D/R* § 118 Rz. 172, 182).
Für die hier vertretene Auffassung spricht, daß in allen Religionen eine Weltanschauung enthalten ist. Während die Religion den Weltgrund – das Absolute im Gegensatz zum Relativen – durch Hinwendung zum Jenseitigen zu erfahren trachtet, suchen die Weltanschauungsgemeinschaften in säkularisierter Form Wesen und Sinn der Welt und des menschlichen Lebens zu begreifen.

69 Sofern die Voraussetzungen für eine Glaubens- oder Kultusgemeinschaft gegeben sind, findet das Gesetz **weder auf die Einrichtung der Religionsgemeinschaft selbst Anwendung noch auf deren selbständige Institutionen**, wie Orden oder Klöster. Ebensowenig findet das Gesetz Anwendung auf die karitativen und erzieherischen Einrichtungen der Religionsgemeinschaften, wie Krankenhäuser, Schulen, Priesterseminare, Seniorenwohnheime, Waisenhäuser, Anstalten der Inneren Mission, die auf allen Gebieten der geschlossenen, halboffenen und offenen Fürsorge tätig sind (vgl. *F/A/K/H* § 118 Rz. 49; *BAG* vom 21. 11. 1975 – 1 ABR 12/75 – EzA § 118 BetrVG 1972 Nr. 11 = DB 1977, 249 m. Anm. *Mayer-Maly*; *BAG* vom 6. 12. 1977 – 1 ABR 28/77 – EzA § 118 BetrVG 1972 Nr. 16 = DB 1978, 943; *BVerfG* vom 11. 10. 1977 – 23 BvR 209/76 – EzA § 118 BetrVG 1972 Nr. 15 m. Anm. *Rüthers* = DB 1977, 2379).

VIII. Streitigkeiten

Streitigkeiten über den **Umfang der** dem Betriebsrat in einem Tendenzunternehmen oder Tendenzbetrieb zustehenden **Beteiligungsrechte** entscheidet das Arbeitsgericht **im Beschlußverfahren** (§ 2a Abs. 1 Nr. 1 Abs. 2 i.V.m. §§ 80ff. ArbGG). Darüber hinaus kann die Frage, **ob** ein Unternehmen oder ein Betrieb als **Tendenzbetrieb** anzusehen ist oder ob das BetrVG überhaupt keine Anwendung findet, als **Vorlage** in einem einen anderen Streitgegenstand betreffenden Rechtsstreit geprüft werden (vgl. *BAG* vom 21. 11. 1975 – 1 ABR 12/75 – EzA § 118 BetrVG 1972 Nr. 11 = DB 1977, 249 m. Anm. *Mayer-Maly*; *BAG* vom 6. 12. 1977 – 1 ABR 28/77 – EzA § 118 BetrVG 1972 Nr. 16 m. Anm. *Rüthers/ Klosterkemper* = DB 1978, 943). 70

Streiten Arbeitgeber und Betriebsrat anläßlich einer zustimmungsfreien personellen Maßnahme, zu der der Betriebsrat seine Zustimmung nach § 99 Abs. 2 verweigert hat, darüber, ob die Maßnahme nach § 118 Abs. 1 Satz 1 der Zustimmung des Betriebsrats bedarf oder nicht, so ist der Arbeitgeber nicht gehalten, diesen Streit in einem Zustimmungsersetzungsverfahren nach § 99 Abs. 4 entscheiden zu lassen (*BAG* vom 1. 9. 1987 – 1 ABR 23/86 – EzA § 118 BetrVG 1972 Nr. 41 = DB 1987, 2653). 71

Zur Entscheidung der Rechtsfrage, welche Anforderungen die Religionsgesellschaften an die Wählbarkeit von Arbeitnehmern zu kirchlichen Mitarbeitervertretungen aufstellen dürfen, sind staatliche Gerichte nicht befugt (*BAG* vom 11. 3. 1986 – 1 ABR 26/84 – EzA § 611 BGB Kirchliche Arbeitnehmer Nr. 25 = DB 1986, 754). 72

Sechster Teil
Straf- und Bußgeldvorschriften

§ 119 Straftaten gegen Betriebsverfassungsorgane und ihre Mitglieder

(1) Mit Freiheitsstrafe bis zu einem Jahr oder mit Geldstrafe wird bestraft, wer
1. eine Wahl des Betriebsrats, der Jugend- und Auszubildendenvertretung, der Bordvertretung, des Seebetriebsrats oder der in § 3 Abs. 1 Nr. 1 oder 2 bezeichneten Vertretungen der Arbeitnehmer behindert oder durch Zufügung oder Androhung von Nachteilen oder durch Gewährung oder Versprechen von Vorteilen beeinflußt,
2. die Tätigkeit des Betriebsrats, des Gesamtbetriebsrats, des Konzernbetriebsrats, der Jugend- und Auszubildendenvertretung, der Gesamt-Jugend- und Auszubildendenvertretung, der Bordvertretung, des Seebetriebsrats, der in § 3 Abs. 1 Nr. 1 oder 2 bezeichneten Vertretungen der Arbeitnehmer, der Einigungsstelle, der in § 76 Abs. 8 bezeichneten tariflichen Schlichtungsstelle, der in § 86 bezeichneten betrieblichen Beschwerdestelle oder des Wirtschaftsausschusses behindert oder stört oder
3. ein Mitglied oder ein Ersatzmitglied des Betriebsrats, des Gesamtbetriebsrats, des Konzernbetriebsrats, der Jugend- und Auszubildendenvertretung, der Gesamt-Jugend- und Auszubildendenvertretung, der Bordvertretung, des Seebetriebsrats, der in § 3 Abs. 1 Nr. 1 oder 2 bezeichneten Vertretungen der Arbeitnehmer, der Einigungsstelle, der in § 76 Abs. 8 bezeichneten Schlichtungsstelle, der in § 86 bezeichneten betrieblichen Beschwerdestelle oder des Wirtschaftsausschusses um seiner Tätigkeit willen benachteiligt oder begünstigt.

(2) Die Tat wird nur auf Antrag des Betriebsrats, des Gesamtbetriebsrats, des Konzernbetriebsrats, der Bordvertretung, des Seebetriebsrats, des Wahlvorstands, des Unternehmers oder einer im Betrieb vertretenen Gewerkschaft verfolgt.

Literaturübersicht

Sax Die Strafbestimmungen des Betriebsverfassungsrechts, Diss. Würzburg, 1975; *Schneider/Rose* Die Strafbestimmungen des Betriebsverfassungsrechts in der Praxis, BetrR 1976, 407; *Schnorr v. Carolsfeld* Zu den Strafvorschriften des BetrVG RdA 1962, 400 ff.

Inhaltsübersicht

		Rz.
I.	Normzweck und Schutzbereich	1– 5
II.	Strafrechtliche Systematik	6–13
III.	Wahlbehinderung und Wahlbeeinflussung (§ 119 Abs. 1 Ziff. 1)	14–23
IV.	Behinderung oder Störung der Tätigkeit der Betriebsverfassungsorgane (§ 119 Abs. 1 Ziff. 2)	24–27

§ 119 6. Teil Straf- und Bußgeldvorschriften

V. Benachteiligung oder Begünstigung von Organmitgliedern
(§ 119 Abs. 1 Ziff. 3) 28–30

I. Normzweck und Schutzbereich

1 Der 6. Teil des BetrVG befaßt sich mit den Straf- und Bußgeldvorschriften.
2 § 119 ergänzt und verstärkt die in § 20 und § 78 enthaltenen Schutzvorschriften für betriebsverfassungsrechtliche Mandatsträger.
3 **Geschütztes Rechtsgut ist die von außen nicht gestörte Bildung der Betriebsverfassungsorgane sowie die von außen nicht behinderte Tätigkeit der Amtsträger.**
4 Da der Täterkreis nicht eingeschränkt ist, richtet sich die **Strafandrohung gegen jedermann, der nicht Mitglied des betreffenden Organs** ist. Täter können daher sowohl Betriebsangehörige als auch Betriebsfremde, wie Gewerkschaftsvertreter und Arbeitgeberverbandsvertreter sowie Mitglieder anderer betriebsverfassungsrechtlicher Organe sein, wenn sie störend in die Amtstätigkeit eingreifen (*G/L* § 119 Rz. 2; *D/R* § 119 Rz. 2; *GK-Kraft* § 119 Rz. 3; *S/W* § 119 Rz. 2; *F/A/K/H* § 119 Rz. 1).
5 Die **Mitglieder betriebsverfassungsrechtlicher Organe selbst** werden von der **Strafandrohung nicht erfaßt**. Verletzen diese ihre Pflichten als Mitglied des Organs, so greifen die Sanktionen des § 23 ein (*G/L* § 119 Rz. 3; *D/R* § 119 Rz. 16; *F/A/K/H* § 119 Rz. 6; a.A. *Schnorr v. Carolsfeld* RdA 1962, 401; *GK-Kraft* § 119 Rz. 6, der die restriktive Interpretation des Gesetzes für nicht gerechtfertigt hält, weil auch ein Betriebsratsmitglied z.B. durch Vernichtung von Unterlagen die Betriebsratstätigkeit störe).

II. Strafrechtliche Systematik

6 Da § 119 Abs. 1 eine Freiheitsstrafe bis zu einem Jahr oder Geldstrafe androht, handelt es sich um ein **Vergehen** (§ 12 StGB).
7 Der **Versuch** der in § 119 unter Strafe gestellten Verhaltensweisen ist **nicht strafbar**, da der Versuch eines Vergehens nur dann strafbar ist, wenn das Gesetz dies ausdrücklich bestimmt.
8 Hinsichtlich der Täterschaft gelten die allgemeinen Vorschriften. Es sind **alle Formen der Täterschaft** – eigene Täterschaft, Mittäterschaft (§ 25 Abs. 2 StGB), mittelbare Täterschaft (§ 25 Abs. 1 StGB) – **und alle Formen der Beteiligung** – Anstiftung (§ 26 StGB), Beihilfe (§ 27 StGB) – **strafbar**. Der Versuch ist nicht strafbar, da die Strafbarkeit nicht ausdrücklich angeordnet ist (§ 23 Abs. 1 StGB; *GK-Kraft* § 119 Rz. 12; *F/A/K/H* § 119 Rz. 8).
9 Da § 119 ein fahrlässiges Handeln nicht ausdrücklich unter Strafe stellt, ist Vorsatz erforderlich, wobei bedingter Vorsatz ausreichend ist (§ 15 StGB; *GK-Kraft* § 119 Rz. 10ff.; *F/A/K/H* § 119 Rz. 8). Direkter Vorsatz liegt vor, wenn der Täter in Kenntnis der Tatbestandsmerkmale die Tatbestandsverwirklichung anstrebt. Bedingter Vorsatz ist gegeben, wenn der Täter die Tatbestandsverwirklichung für möglich hält und den Eintritt des Erfolges billigend in Kauf nimmt.
10 Ein Irrtum über einen Umstand, der zum gesetzlichen Tatbestand gehört, schließt den Vorsatz aus (§ 16 StGB). Irrt sich der Täter über die Rechtswidrigkeit seines Handelns, so entfällt eine Strafbarkeit nur dann, wenn nach den Grundsätzen über den Verbotsirrtum dieser unvermeidbar war.

Grundlage für die Zumessung der Strafe ist die Schuld des Täters (§ 46 Abs. 1 **11**
StGB). Die Mindestfreiheitsstrafe beträgt 1 Monat (§ 38 Abs. 2 StGB). Eine
Freiheitsstrafe unter 6 Monaten kann das Gericht nur verhängen, wenn besondere Umstände, die in der Tat oder in der Persönlichkeit des Täters liegen, die
Verhängung einer Freiheitsstrafe zur Einwirkung auf den Täter oder zur Verteidigung der Rechtsordnung unerläßlich machen (§ 47 Abs. 1 StGB). Da ein Straf-
täter bei Vollstreckung einer kurzzeitigen Freiheitsstrafe nicht wirksam beeinflußt werden kann, setzt das Gericht bei einer Verurteilung zur Freiheitsstrafe
von nicht mehr als 1 Jahr die Vollstreckung der Strafe zur Bewährung aus, wenn
zu erwarten ist, daß der Verurteilte sich schon die Verurteilung zur Warnung
dienen läßt und auch künftig ohne die Einwirkung des Strafvollzugs keine Straftaten mehr begehen wird.
Das *AG Detmold* (vom 24. 8. 1978 – 4 NS 7 LS/2 – BB 1979, 783) hat den Inhaber eines Unternehmens bestraft, der einem Wahlvorstand die notwendigen Unterlagen für die Durchführung einer Betriebsratswahl vorenthalten hat, weil er
davon ausging, daß die Bestellung des Wahlvorstandes rechtswidrig gewesen sei.
Das Gericht hat ausgeführt, der Unternehmer habe sich in einem vermeidbaren
Verbotsirrtum befunden, der die Strafbarkeit nicht ausschließe, weil er lediglich
eine Auskunft des Einzelhandelsverbandes und nicht die Auskunft einer unparteiischen Person, etwa eines Rechtsanwalts, eingeholt habe.
Die **Geldstrafe wird in Tagessätzen verhängt**. Sie beträgt mindestens 5 und, **12**
wenn das Gesetz nichts anderes bestimmt, höchstens 360 volle Tagessätze. Die
Höhe des Tagessatzes bestimmt das Gericht unter Berücksichtigung der persönli-
chen und wirtschaftlichen Verhältnisse des Täters (*F/A/K/H* § 119 Rz. 9; GK-
Kraft § 119 Rz. 22). Ein Tagessatz wird auf mindestens DM 2,– und höchstens
DM 1 000,– festgesetzt (§ 40 StGB). Nur dann, wenn der Täter sich durch die Tat
bereichert oder den Versuch einer Bereicherung unternommen hat, kann neben
einer Freiheitsstrafe auch eine Geldstrafe verhängt werden (§ 41 StGB; GK-
Kraft § 119 Rz. 21).
Nach § 119 Abs. 2 wird die **Tat nur auf Antrag der betriebsverfassungsrechtlichen** **13**
**Organe oder auch des Unternehmers oder einer im Betrieb vertretenen Gewerk-
schaft** verfolgt (GK-*Kraft* § 119 Rz. 14, 15; *F/A/K/H* § 119 Rz. 10 ff.). Der Strafantrag nach § 77 StGB ist an eine **Antragsfrist von 3 Monaten** gebunden. Die
Frist beginnt mit dem Tag, an welchem der Antragsberechtigte – bei einem Kollegialorgan der Vorsitzende – von der Straftat und der Person des Täters Kenntnis erlangt hat (*G/L* § 119 Rz. 27 m. w. N.; GK-*Kraft* § 119 Rz. 16; *F/A/K/H*
§ 119 Rz. 14).

Die Zurücknahme des Strafantrags kann bis zum rechtskräftigen Abschluß des
Strafverfahrens erklärt werden (§ 77d Abs. 1 Satz 2 StGB; s. auch *D/R* § 119
Rz. 28; GK-*Kraft* § 119 Rz. 17; *F/A/K/H* § 119 Rz. 16).
Der Strafantrag muß bei der zuständigen Staatsanwaltschaft, dem Gericht oder
einer Polizeidienststelle schriftlich zu Protokoll erklärt werden (§ 158 Abs. 2
StPO; s. auch *D/R* § 119 Rz. 25; *G/L* § 119 Rz. 24; GK-*Kraft* § 119 Rz. 13).
War der Strafantrag nicht ordnungsgemäß gestellt, entfällt die Strafverfolgung.
Eine **Straftat nach § 119 verjährt in 3 Jahren** nach dem Tag, an welchem die
Handlung begangen worden ist (§ 78 Abs. 1 Ziff. 5 StGB; GK-*Kraft* § 119
Rz. 18).
Der **Strafantrag des Betriebsrats gegen** den **Arbeitgeber** stellt grundsätzlich **we-**

§ 119 6. Teil Straf- und Bußgeldvorschriften

der einen **Grund zur fristlosen Entlassung noch zur Einleitung eines Verfahrens nach § 23** dar. Etwas anderes ist nur dann anzunehmen, wenn der Antrag offensichtlich mißbräuchlich oder bewußt unberechtigt gestellt wurde (*F/A/K/H* § 119 Rz. 12; *G/L* § 119 Rz. 28; *D/R* § 119 Rz. 29; GK-*Kraft* § 119 Rz. 19; enger *Bychelberg* DB 1959, 1112).

Erstattet der **Betriebsrat** gegen den **Arbeitgeber Strafanzeige wegen einer Handlung, die mit der Betriebsverfassung nicht im Zusammenhang steht, so kann dies im Einzelfall einen wichtigen Grund zur außerordentlichen Kündigung oder für einen Auflösungsantrag nach § 23 darstellen** (*BAG* vom 5. 2. 1959 – 2 AZR 60/59 – AP Nr. 2 zu § 70 HGB).

III. Wahlbehinderung und Wahlbeeinflussung (§ 119 Abs. 1 Ziff. 1)

14 Nach § 119 Abs. 1 Ziff. 1 ist jede Behinderung und unzulässige Beeinflussung der Wahl des Betriebsrats, der Jugend- und Auszubildendenvertretung, der Bordvertretung, des Seebetriebsrats oder der in § 3 Abs. 1 Ziff. 1 oder 2 bezeichneten Vertretungen der Arbeitnehmer strafbar (*D/R* § 119 Rz. 9; *G/L* § 119 Rz. 6, 7; *F/A/K/H* § 119 Rz. 3; GK-*Kraft* § 119 Rz. 4). Die **Strafandrohung erstreckt sich nicht auf die Entsendung von Betriebsratsmitgliedern in den Gesamtbetriebsrat, den Konzernbetriebsrat, die Gesamtjugendvertretung sowie in den Wirtschaftsausschuß**, weil hierbei eine Wahl im eigentlichen Sinne nicht vorliegt (*D/R* § 119 Rz. 9). Die Mitglieder dieser Gremien werden vielmehr von den einzelnen Betriebsräten, Jugendvertretungen bzw. Gesamtbetriebsräten bestimmt (vgl. §§ 47, 55, 72, 107). **Nicht geschützt** ist auch die **Wahl der Arbeitnehmervertreter in den Aufsichtsrat** einer unter das Mitbestimmungsgesetz fallenden Gesellschaft (*G/L* § 119 Rz. 8; *F/A/K/H* § 119 Rz. 3; GK-*Kraft* § 119 Rz. 4). Da das Mitbestimmungsgesetz in § 20 nur einen Verbotstatbestand, aber keine Strafnorm enthält, muß auf die Strafvorschriften des Strafgesetzbuches zurückgegriffen werden, soweit diese eingreifen.

15 Unter den Begriff »Wahl« fallen auch die die Wahl vorbereitenden Maßnahmen (*Bay. OLG* v. 9. 7. 1980 – 4 St 173/80 – BB 1980, 1638; *AG Detmold* Urt. v. 24. 8. 1978 – 4 NS 7 LS/2 553/77 – BB 1979, 783).

16 Der Tatbestand ist erfüllt, wenn eine **vorsätzliche Behinderung** vorliegt. Es genügt jede Erschwerung der Wahl, jedes pflichtwidrige Unterlassen, das zu einem vom Gesetz abweichenden Verlauf des Wahlvorgangs führt. Nicht erforderlich ist, daß das Wahlergebnis verfälscht wird.

17 Der **Vorsatz** des Täters muß sich auf die unmittelbare Behinderung der Wahl richten, d. h. auch diesen Erfolg umfassen. Die Herbeiführung von Umständen, aus denen sich objektiv eine Behinderung der Wahl ergibt, genügt nicht, wenn die Behinderung selbst nicht gewollt ist (*D/R* § 119 Rz. 12; *G/L* § 119 Rz. 11).

18 Eine Behinderung durch **positives Handeln** liegt z. B. vor, wenn ein Arbeitnehmer an der Abgabe seiner Stimme gehindert wird. Eine Behinderung durch **Unterlassen** liegt vor, wenn eine Mitwirkungspflicht besteht und, entgegen der bestehenden Verpflichtung, nicht gehandelt wird. Eine Mitwirkungspflicht hat z. B. der Wahlvorstand. Der Wahlvorstand macht sich strafbar, wenn er im Rahmen seiner Aufgaben Maßnahmen nicht durchführt mit dem Ziel, die Wahl zu erschweren. Denkbar sind auch Unterlassungen des Arbeitgebers (*F/A/K/H* § 119 Rz. 8), so z. B. wenn er seinen Verpflichtungen zur Kostentragung nach § 20 Abs. 3 nicht nachkommt.

Die Nichtbeteiligung an der Wahl stellt keine strafbare Behinderung der Wahl dar, da lediglich ein **Wahlrecht, nicht** aber eine **Wahlpflicht** besteht (*F/A/K/H* § 119 Rz. 5).

Der Behinderung der Wahl ist eine **unzulässige Beeinflussung** der Wahl durch Zufügung oder Androhung von Nachteilen oder durch Gewährung oder Versprechen von Vorteilen **gleichgestellt**. Dabei ist es gleichgültig, ob das Ergebnis der Wahl tatsächlich beeinflußt worden ist. Die Beeinflussung kann durch jedermann geschehen. Sie braucht nicht notwendigerweise vom Arbeitgeber, seinem Vertreter oder den Arbeitnehmern erfolgen. Die angebotenen Vorteile bzw. angedrohten Nachteile brauchen sich nicht auf die Stellung des Arbeitnehmers im Betrieb zu beziehen (vgl. *G/L* § 119 Rz. 10 m. w. N.; *D/R* § 119 Rz. 13). 19

Schwierig kann die **Abgrenzung** der noch **zulässigen Wahlpropaganda** bei einzuhaltender Verbandsdisziplin **von** der **unzulässigen Wahlbeeinflussung** sein. Nach der Auffassung des *BAG* können die Gewerkschaften, selbst unter Androhung des Ausschlusses, auf ihre Mitglieder dahin einwirken, daß sie keine Listen konkurrierender Gewerkschaften oder sonstiger Gruppen unterstützen (*BAG* vom 2. 12. 1960 – 1 ABR 20/59 – AP Nr. 2 zu § 19 BetrVG 1952 m. Anm. *Neumann-Duesberg* = DB 1961, 377; zustimmend auch *Nikisch* III, 86; *D/R* § 20 Rz. 16; *G/L* § 20 Rz. 10). In dieser Allgemeinheit kann dem Postulat der Betätigungsfreiheit der Gewerkschaften kein Vorrang gegenüber dem Postulat der Freiheit der Wahl eingeräumt werden. Zu Recht hat der *BGH* darauf hingewiesen, daß die Androhung des Ausschlusses aus einer Gewerkschaft dann unzulässig ist, wenn sie einer Gruppe ihrer Mitglieder die Möglichkeit vorenthält, ihre Interessen auf der gewerkschaftlichen Liste angemessen wahrzunehmen (*BGH* vom 13. 6. 1966 – II ZR 130/64 – AP Nr. 5 zu § 19 BetrVG 1952 = DB 1966, 1195). 20

Zulässig ist die reine Wahlpropaganda (*F/A/K/H* § 119 Rz. 5). 21

Mit den besonderen Vorschriften des Strafgesetzbuches zum Schutz der Wahl besteht keine Konkurrenz, da diese nur für die allgemeinen Wahlen zu den Volksvertretungen gelten (*G/L* § 119 Rz. 12; *D/R* § 119 Rz. 14). 22 23

IV. Behinderung oder Störung der Tätigkeit der Betriebsverfassungsorgane (§ 119 Abs. 1 Ziff. 2)

Nach § 119 Abs. 1 Ziff. 2 ist jede Maßnahme verboten, die einen **unzulässigen Eingriff in die Geschäftsführung** der im Gesetz aufgeführten betriebsverfassungsrechtlichen Organe **oder eine Be- oder Verhinderung der Ausübung ihrer Tätigkeit** im Rahmen des BetrVG darstellt (*GK-Kraft* § 119 Rz. 5). Rechtsgut ist die von außen nicht gestörte Amtstätigkeit (*D/R* § 119 Rz. 16 m. w. N.). 24

Eine Behinderung kann **beispielsweise** in folgenden Fällen vorliegen:

a) in der hartnäckigen Nichterfüllung der Kostentragungspflicht nach § 20 Abs. 3 oder § 40,

b) in dem Verbot gegenüber den Arbeitnehmern, sich an den Betriebsrat zu wenden,

c) in der Verhinderung der Teilnahme von Gewerkschaftsvertretern an den Betriebsratssitzungen, wenn ein Beschluß nach § 31 vorliegt. Wird einem betriebsfremden Vertreter einer im Betrieb vertretenen Gewerkschaft verboten, den Betrieb zu betreten, so liegt darin nur dann eine Behinderung oder Störung i. S. d. § 119 Abs. 1 Nr. 2, wenn der Besuch zur Wahrnehmung einer der

§ 120 . 6. Teil Straf- und Bußgeldvorschriften

im BetrVG abschließend geregelten Aufgaben und Befugnisse dienen soll. Zu diesen Aufgaben gehört nicht die Beratung des Betriebsratsvorsitzenden im Rahmen der Betriebsratstätigkeit (*OLG Stuttgart* vom 21. 12. 1977 – 2 Ws 21/77 – DB 1978, 592; vgl. auch § 2 Rz. 82 ff.);
d) in der Weigerung, dem Betriebsrat die zur Durchführung seiner Aufgaben erforderlichen Unterlagen nach § 20 Abs. 2 zur Verfügung zu stellen;
e) in der Verweigerung der Teilnahme von Betriebsratsmitgliedern an Unfalluntersuchungen nach § 89,
f) in der Empfehlung des Arbeitgebers, eine Betriebsversammlung nicht zu besuchen (*OLG Stuttgart* vom 9. 9. 1988 – 1 Ws 237/88 – BB 1988, 2245).

25 Überschreiten die Amtsträger ihre Kompetenz, so stellen Abwehrmaßnahmen des Arbeitgebers schon tatbestandsmäßig keine Behinderung dar (*G/L* § 119 Rz. 14; GK-*Kraft* § 119 Rz. 5).

26 Soweit nur **Aufklärungs- und Auskunftspflichten verletzt** werden, ist dies nur eine nach § 121 zu ahndende **Ordnungswidrigkeit** (*S/W* § 119 Rz. 11; GK-*Kraft* § 119 Rz. 5; *F/A/K/H* § 119 Rz. 6).

27 Der **Arbeitgeber macht sich nicht dadurch strafbar, daß er Forderungen des Betriebsrats, die er für unberechtigt oder zu weitgehend hält, nicht erfüllt**. Der Arbeitgeber ist berechtigt, die gesetzlich vorgesehenen Möglichkeiten auszuschöpfen. Selbst pflichtwidrige Handlungen sind nicht immer eine strafbare Handlung. Das Tun oder Unterlassen des Arbeitgebers muß vielmehr in der Absicht geschehen, den Betriebsrat zu umgehen. Unterläßt z. B. der Arbeitgeber die Anhörung des Betriebsrats vor einer Kündigung (§ 102), so liegt darin nur dann eine strafbare Handlung, wenn der Arbeitgeber damit bewußt den Betriebsrat ausschalten will (*BAG* vom 20. 9. 1957 – 1 AZR 136/56 – AP Nr. 34 zu § 1 KSchG m. Anm. *Hueck, A.* = DB 1957, 1155, 1156; 1958, 543 m. Anm. *Schröder*; *D/R* § 119 Rz. 17).

V. Benachteiligung oder Begünstigung von Organmitgliedern (§ 119 Abs. 1 Ziff. 3)

28 Strafbar ist nach dieser Norm die vorsätzliche Begünstigung oder Benachteiligung der gewählten Mitglieder bzw. amtierenden Ersatzmitglieder der betriebsverfassungsrechtlichen Gremien (GK-*Kraft* § 119 Rz. 7; abweichend im Hinblick auf die Ersatzmitglieder *G/L* § 119 Rz. 18).

29 Die Begünstigung oder Nachteile brauchen nicht materieller Natur zu sein, sie müssen jedoch mit Rücksicht auf die Zugehörigkeit zum Betriebsrat erfolgen.

30 Das Mitglied des geschützten Gremiums, das sich eine Begünstigung gewähren läßt, ist nicht strafbar (GK-*Kraft* § 119 Rz. 9 m. w. N.), begeht aber eine Amtspflichtverletzung, die nach § 23 zur Amtsenthebung berechtigt (*D/R* § 119 Rz. 22; *F/A/K/H* § 119 Rz. 7; *G/L* § 119 Rz. 21; GK-*Kraft* § 119 Rz. 9).

§ 120 Verletzung von Geheimnissen

(1) Wer unbefugt ein fremdes Betriebs- oder Geschäftsgeheimnis offenbart, das ihm in seiner Eigenschaft als
1. Mitglied oder Ersatzmitglied des Betriebsrats oder einer der in § 79 Abs. 2 bezeichneten Stellen,

2. **Vertreter einer Gewerkschaft oder Arbeitgebervereinigung,**
3. **Sachverständiger,** der vom Betriebsrat nach § 80 Abs. 3 hinzugezogen oder von der Einigungsstelle nach § 109 Satz 3 angehört worden ist, oder
4. **Arbeitnehmer,** der vom Betriebsrat nach § 107 Abs. 3 Satz 3 oder vom Wirtschaftsausschuß nach § 108 Abs. 2 Satz 2 hinzugezogen worden ist,

bekanntgeworden und das vom Arbeitgeber ausdrücklich als geheimhaltungsbedürftig bezeichnet worden ist, wird mit Freiheitsstrafe bis zu einem Jahr oder mit Geldstrafe bestraft.

(2) Ebenso wird bestraft, wer unbefugt ein fremdes Geheimnis eines Arbeitnehmers, namentlich ein zu dessen persönlichen Lebensbereich gehörendes Geheimnis, offenbart, das ihm in seiner Eigenschaft als Mitglied oder Ersatzmitglied des Betriebsrats oder einer der in § 79 Abs. 2 bezeichneten Stellen bekanntgeworden ist und über das nach den Vorschriften dieses Gesetzes Stillschweigen zu bewahren ist.

(3) Handelt der Träger gegen Entgelt oder in der Absicht, sich oder einen anderen zu bereichern oder einen anderen zu schädigen, so ist die Strafe Freiheitsstrafe bis zu zwei Jahren oder Geldstrafe. Ebenso wird bestraft, wer unbefugt ein fremdes Geheimnis, namentlich ein Betriebs- oder Geschäftsgeheimnis, zu dessen Geheimhaltung er nach den Absätzen 1 oder 2 verpflichtet ist, verwertet.

(4) Die Absätze 1 bis 3 sind auch anzuwenden, wenn der Täter das fremde Geheimnis nach dem Tode des Betroffenen unbefugt offenbart oder verwertet.

(5) Die Tat wird nur auf Antrag des Verletzten verfolgt. Stirbt der Verletzte, so geht das Antragsrecht nach § 77 Abs. 2 des Strafgesetzbuches auf die Angehörigen über, wenn das Geheimnis zum persönlichen Lebensbereich des Verletzten gehört; in anderen Fällen geht es auf die Erben über. Offenbart der Täter das Geheimnis nach dem Tode des Betroffenen, so gilt Satz 2 sinngemäß.

Literaturübersicht

Simon Das Betriebsgeheimnis unter besonderer Berücksichtigung des BetrVG und des Gesetzes gegen den unlauteren Wettbewerb, Diss. Würzburg, 1971; *v. Stebut* Gesetzliche Vorschriften gegen den Mißbrauch von Insiderinformationen, DB 1974, 613.

Inhaltsübersicht

		Rz.
I.	Normzweck und Schutzbereich der Norm	1
II.	Strafrechtliche Systematik	2
III.	Offenbarung von Geschäfts- und Betriebsgeheimnissen	3–12
IV.	Offenbarung persönlicher Geheimnisse von Arbeitnehmern	13–18
V.	Erschwerungsgründe	19
VI.	Strafantrag	20
VII.	Konkurrenzen	21

§ 120   6. Teil Straf- und Bußgeldvorschriften

I. Normzweck und Schutzbereich der Norm

1 § 120 bewehrt die im BetrVG normierten Geheimhaltungspflichten mit Strafandrohung. Sie soll sowohl die Geschäfts- und Betriebsgeheimnisse als auch die Persönlichkeitssphäre des Arbeitnehmers schützen (*G/L* § 120 Rz. 1; GK-*Kraft* § 120 Rz. 4, 6).

II. Strafrechtliche Systematik

2 Bezüglich der strafrechtlichen Systematik der Norm wird auf § 119 Rz. 6–12 verwiesen.

III. Offenbarung von Geschäfts- und Betriebsgeheimnissen

3 Mit Strafe bedroht ist die unbefugte Offenbarung und Verwertung von fremden Geschäfts- und Betriebsgeheimnissen durch die in § 79 und § 120 Abs. 1 Ziff. 1–4 bezeichneten Personen. Die Verpflichtung gilt aber auch für Personen, die nach anderen Vorschriften des BetrVG der Geheimhaltungspflicht des § 79 unterworfen sind, so z. B. die Mitglieder des Wirtschaftsausschusses (§ 107 Abs. 3 Satz 3), die vom Betriebsrat oder anderen Stellen beigezogenen Sachverständigen (§§ 80 Abs. 3, 198 Abs. 2 Satz 2, 109 Satz 3; vgl. *G/L* § 120 Rz. 6, 7).

4 **Geschäfts- und Betriebsgeheimnisse** sind Tatsachen, die in Zusammenhang mit dem technischen Betrieb oder der wirtschaftlichen Beteiligung des Unternehmens stehen, nur einem kleinen Personenkreis bekannt, also nicht offenkundig sind, und an deren Geheimhaltung der Arbeitgeber ein objektiv begründetes Interesse hat (*RG* vom 22. 11. 1935 – II 128/35 – *RGZ* 149, 329, 334; *BGH* vom 15. 5. 1955 – I ZR 111/53 – AP Nr. 1 zu § 17 UWG m. Anm. *Vollmer*; *Baumbach/Hefermehl* § 17 Anm. 2). Der Wille des Arbeitgebers, Tatsachen geheimzuhalten, muß deutlich zum Ausdruck gekommen sein. Es reicht nicht aus, wenn sich nur aus den Umständen die Vertraulichkeit der Tatsachen ergibt (*D/R* § 120 Rz. 9).

5 **Beispiele für** mögliche **Geschäfts- und Betriebsgeheimnisse** sind Kundenlisten, Musterbücher, Preisrechnungen sowie getätigte oder beabsichtigte Vertragsabschlüsse (*Baumbach/Hefermehl* § 17 Anm. 3 m. w. N.).
Hat der Arbeitgeber ein begründetes Geheimhaltungsinteresse an bestimmten Tatsachen und ist diese Geheimhaltungsbedürftigkeit auch ausdrücklich gegenüber dem in § 120 bezeichneten Personenkreis kundgetan, so **kann** ein scheinbares oder tatsächliches **Informationsinteresse der Belegschaft eine Offenbarung nicht rechtfertigen** (*G/L* § 79 Rz. 7 u. § 120 Rz. 9).

6 Soweit ein Betriebs- oder Geschäftsgeheimnis nicht vorliegt, kann der Arbeitgeber, auch nicht durch ausdrückliche Bestimmung, als geheimhaltungsbedürftig bestimmten Tatsachen nicht die Funktion eines Betriebs- oder Geschäftsgeheimnisses beilegen.

7 Eine betriebsverfassungsrechtliche Geheimhaltungspflicht besteht hinsichtlich solcher vertraulichen Angaben, die dem betreffenden Mitglied eines betriebsverfassungsrechtlichen Organs nur in seiner Eigenschaft, d. h. im Hinblick auf die Erfüllung seiner Aufgaben bekannt werden.
Darüber hinaus besteht eine **arbeitsvertragliche Schweigepflicht aus der Treue-**

pflicht des Arbeitnehmers, soweit vertrauliche Angaben aufgrund der Tätigkeit im Betrieb bekannt werden, ohne daß dies im Zusammenhang mit der Tätigkeit im Rahmen der Betriebsverfassung steht.
Als Tathandlung kommen der **Geheimnisverrat** und die **unbefugte Verwertung** in Betracht. 8
Ein **Geheimnisverrat** liegt vor, wenn geheimzuhaltende Tatsachen ganz oder teilweise einem Dritten mitgeteilt werden, wodurch es dem Empfänger ermöglicht wird, die Tatsachen auszunutzen oder weiterzugeben (vgl. *D/R* § 120 Rz. 11).
Eine **Verwertung** ist die wirtschaftliche Ausnutzung eines fremden Geheimnisses, 9 beispielsweise durch Verkauf. Bei der Verwertungshandlung kommt es nur darauf an, daß eine Geheimhaltungspflicht besteht. Nicht nur die unerlaubt, sondern auch die erlaubt erlangten Kenntnisse dürfen nicht eigenen oder fremden wirtschaftlichen Erwerbszwecken dienen. Die Zerstörung beispielsweise einzigartiger Geschäftspapiere ist nur dann eine Verwertung, wenn hierfür ein Entgelt oder Leistungen erbracht werden (vgl. *D/R* § 120 Rz. 12).
Der Verrat von Geschäftsgeheimnissen und die Verwertung der Geheimnisse muß 10 unbefugt, d.h. unter Verletzung einer Schweigepflicht erfolgt sein, wobei der Tatbestand sowohl durch aktives Tun als auch durch Unterlassen erfüllt werden kann (*D/R* § 120 Rz. 12).
Unbefugt ist ein Tatbestandsmerkmal (*OLG Köln* vom 19. 10. 1961 – Zs 859/60 – 11 NJW 1962, 686). Die Offenbarung von Geschäftsgeheimnissen und die Verwertung ist dann nicht unbefugt, wenn sie mit Einwilligung des Verletzten erfolgt, wenn sie aufgrund besonderer gesetzlicher Regelung gegenüber bestimmten Stellen zugelassen ist (siehe § 79 Abs. 2) oder wenn eine Rechtspflicht zur Offenbarung besteht (*D/R* § 120 Rz. 13; *F/A/K/H* § 120 Rz. 3; *G/L* § 120 Rz. 5; GK-*Kraft* § 120 Rz. 4; *S/W* § 120 Rz. 3).
Für die Strafbarkeit ist **zumindest bedingter Vorsatz** erforderlich. Der Täter muß 12 von dem Vorliegen des Betriebs- und Geschäftsgeheimnisses Kenntnis haben und wissen, daß er mit der Offenbarung gegen die Geheimhaltungspflicht verstößt. Hat der Täter keine Kenntnis davon, daß eine Tatsache ein Geheimnis ist, oder irrt er über die Offenbarungsbefugnis, so liegt ein den Vorsatz ausschließender Tatbestandsirrtum vor.

IV. Offenbarung persönlicher Geheimnisse von Arbeitnehmern

§ 120 Abs. 2 dient dem Schutz des persönlichen Lebensbereichs des Arbeitnehmers (GK-*Kraft* § 120 Rz. 6; *F/A/K/H* § 120 Rz. 5). 13
Die Mitglieder des Betriebsrats oder der übrigen in § 78 Abs. 2 bezeichneten Stellen sind deshalb unter Strafandrohung verpflichtet, über die ihnen anläßlich ihrer Tätigkeit bekanntgewordenen persönlichen Verhältnisse und Angelegenheiten der Arbeitnehmer Stillschweigen zu bewahren, soweit diese ihrer Bedeutung und ihrem Inhalt nach einer vertraulichen Behandlung bedürfen. Dies sind **Tatsachen, die nicht offenkundig sind und an deren Geheimhaltung der Arbeitnehmer ein berechtigtes Interesse hat und die er ausdrücklich als geheimhaltungsbedürftig bezeichet hat** (a.A. *G/L* § 120 Rz. 11; GK-*Kraft* § 120 Rz. 6, die lediglich auf den mutmaßlichen Geheimhaltungswillen abstellen).
Der **Schutzbereich der Norm ist eingeschränkt.** Strafbar ist nur die Offenbarung 14 eines zum persönlichen Lebensbereich gehörenden Geheimnisses, das dem Or-

ganmitglied in seiner Eigenschaft als Mitglied des Betriebsrats oder der in § 79 Abs. 2 bezeichneten Stellen bekanntgeworden ist und über das nach den Vorschriften des Gesetzes Stillschweigen zu bewahren ist.

15 Die **Vorschriften dieses Gesetzes gebieten** ein **Stillschweigen** über Umstände, die den Organmitgliedern im Rahmen der Unterrichtung zu den personellen Einzelmaßnahmen anläßlich der Einstellung, Eingruppierung, Umgruppierung oder Kündigung bekannt wurden (**§§ 99 Abs. 1 Satz 3, 102 Abs. 2 Satz 5**). Darüber hinaus besteht eine Schweigepflicht für Organmitglieder über zum persönlichen Lebensbereich gehörende Umstände, deren Kenntnisse sie dadurch erlangen, daß sie auf Wunsch des Arbeitnehmers an einem in § 82 Abs. 2 Satz 1 bezeichneten Gespräch teilnehmen (§ 82 Abs. 2 Satz 3) oder wenn sie mit dem Arbeitnehmer in die Personalakte Einsicht nehmen (§ 83 Abs. 1 Satz 3).

16 Offenbaren die Organmitglieder zum persönlichen Lebensbereich gehörende **Geheimnisse, die ihnen durch Zufall**, also nicht in Erfüllung ihrer Aufgaben **bekanntgeworden sind**, oder haben sie ihre Kenntnisse nicht bei den in Rz. 15 aufgeführten Gelegenheiten erhalten, ist eine strafbare Handlung nicht gegeben (*D/R* § 120 Rz. 18; § 79 Rz. 14, 15).

17 Die Kundgabe des Geheimnisses an andere Organmitglieder oder an Dritte ist in den Fällen der §§ 82 Abs. 2, 83 Abs. 2 dann nicht strafbar, wenn das Organmitglied im Einzelfall **von der Schweigepflicht entbunden** wurde.

18 Kennt in den Fällen der §§ 99 Abs. 1 Satz 3 und 102 Abs. 2 und Satz 5 **nur ein Organmitglied** die zum persönlichen Lebensbereich gehörenden Geheimnisse, so **dürfen** diese ohne Verstoß gegen § 120 Abs. 2 **allen Organmitgliedern mitgeteilt werden**, auch wenn die Zustimmung des Arbeitnehmers hierzu nicht vorliegt, da die Vorschrift des § 79 Abs. 1 Satz 2–4 entsprechend gilt. Geben die Organmitglieder ihrerseits das Geheimnis kund, machen sie sich strafbar (*G/L* § 120 Rz. 13; abweichend *D/R* § 120 Rz. 18).

V. Erschwerungsgründe

19 Handelt der Täter bei der Verletzung von Betriebs- oder Geschäftsgeheimnissen oder bei der Verletzung von Privatgeheimnissen **gegen Entgelt oder in Bereicherungs- oder Schädigungsabsicht** (vgl. *G/L* § 120 Rz. 16–18; *GK-Kraft* § 120 Rz. 9), so ist gem. § 120 Abs. 3 die Strafe zu verschärfen. In diesem Falle beträgt die Strafe Freiheitsstrafe bis zu 2 Jahren oder Geldstrafe. Hat der Täter sich durch die Tat bereichert oder zu bereichern versucht, so kann neben der Freiheitsstrafe die nur wahlweise angedrohte Geldstrafe verhängt werden, wenn dies unter Berücksichtigung der persönlichen und wirtschaftlichen Verhältnisse des Täters angebracht ist (§ 41 StGB).

VI. Strafantrag

20 Die Straftaten nach § 120 werden **nur auf Antrag des Verletzten** verfolgt. Verletzte sind in Fällen des Abs. 1 der Arbeitgeber bzw. der Unternehmer und in den Fällen des Abs. 2 der einzelne Arbeitnehmer (*GK-Kraft* § 120 Rz. 15). **Stirbt der Verletzte, so geht das Antragsrecht bei Verletzung eines Betriebs- oder Geschäftsgeheimnisses auf die Erben, bei Verletzung eines zum persönlichen Lebensbereich**

gehörenden Geheimnisses auf die Angehörigen über. Über Form und Frist des Strafantrages siehe § 119 Rz. 13.

VII. Konkurrenzen

Erfolgt die Offenlegung eines Geschäfts- bzw. Betriebsgeheimnisses zu Zwecken 21
des Wettbewerbs oder aus Eigennutz oder in der Absicht, dem Inhaber des Geschäftsbetriebes Schaden zuzufügen, so ist **Idealkonkurrenz mit § 17 UWG möglich** (vgl. zu den Einzelheiten D/R § 120 Rz. 29; G/L § 120 Rz. 10; GK-*Kraft* § 120 Rz. 26).

§ 121 Bußgeldvorschriften

(1) Ordnungswidrig handelt, wer eine der in § 90 Abs. 1, 2 Satz 1, § 92 Abs. 1 Satz 1, § 99 Abs. 1, § 106 Abs. 2, § 108 Abs. 5, § 110 oder § 111 bezeichneten Aufklärungs- und Auskunftspflichten nicht, wahrheitswidrig, unvollständig oder verspätet erfüllt.
(2) Die Ordnungswidrigkeit kann mit einer Geldbuße bis zu 20 000 Deutsche Mark geahndet werden.

Inhaltsübersicht

		Rz.
I.	Normzweck und Schutzbereich	1
II.	Verletzung von Auskunfts- und Aufklärungspflichten	2–13
III.	Das Verfahren zur Ahndung der Ordnungswidrigkeiten	14–20

I. Normzweck und Schutzbereich

§ 121 dient der Durchsetzung der gesetzlich normierten Aufklärungs-, Auskunfts- 1
und Unterrichtungspflichten, soweit sie ausdrücklich aufgeführt worden sind. Da die Zuwiderhandlungen gegen diese Pflichten meist nicht ethisch vorwerfbar sind, aber im Interesse des Rechtsgüterschutzes bekämpft werden müssen, hat der Gesetzgeber sie als Ordnungswidrigkeiten bewertet.

II. Verletzung von Auskunfts- und Aufklärungspflichten

Das Gesetz zählt abschließend auf, welche Verstöße als Ordnungswidrigkeit mit 2
einer Geldbuße bedroht sind (D/R § 121 Rz. 2 m.w.N.; GK-*Kraft* § 121 Rz. 4). **Verstößt der Arbeitgeber gegen Informationspflichten, die in § 121 nicht genannt sind, so kann eine Ahndung nur erfolgen, soweit eine nach § 119 strafbare Behinderung der Amtstätigkeit gegeben ist.**
Im einzelnen werden folgende Zuwiderhandlungen gegen Aufklärungs- und Auskunftspflichten als Ordnungswidrigkeiten geahndet:
Verstöße gegen die Pflicht zur rechtzeitigen Unterrichtung des Betriebsrates über 3

§ 121   6. Teil Straf- und Bußgeldvorschriften

die Planung von Neubauten, technischen Anlagen, Arbeitsverfahren, Arbeitsabläufen oder Arbeitsplätzen und die Pflicht zur Beratung der vorgesehenen Maßnahmen mit dem Betriebsrat (§ 90 Satz 1; vgl. *OLG Düsseldorf* vom 8. 4. 1982 – 5 Ss (OWI) 136/82 I – DB 1982, 1575);

4 Verstöße gegen die Pflicht zur rechtzeitigen und umfassenden Unterrichtung des Betriebsrats über die Personalplanung (§ 92 Abs. 1 Satz 1; siehe *OLG Hamm* vom 7. 12. 1977 – 4 Ss (OWI) 1407/77 – DB 1978, 748);

5 Verstöße gegen die Pflicht zur Unterrichtung des Betriebrats vor jeder Einstellung, Eingruppierung, Umgruppierung und Versetzung, zur Auskunftserteilung über die Person des Beteiligten und zur Vorlage der Unterlagen und über die Auswirkungen der geplanten Maßnahmen zwecks Einholung der Zustimmung des Betriebsrats (§ 99 Abs. 1);

6 Verstöße gegen die Pflicht zur rechtzeitigen und umfassenden Unterrichtung des Wirtschaftsausschusses über die wirtschaftlichen Angelegenheiten des Unternehmens, unter Vorlage der erforderlichen Unterlagen und Darstellung von deren Auswirkungen auf die Personalplanung (§ 106 Abs. 2; vgl. *Kammergericht* – Beschl. vom 25. 9. 1978 – 2 WS (B) 82/78 – DB 1979, 112; *OLG Hamburg* vom 4. 5. 1985 – 2 Ss 5/85 – DB 1985, 1846).
Ein ordnungswidriges Verhalten des Unternehmers i. S. v. § 121 BetrVG kann jedoch erst vorliegen, wenn aufgrund einer Entscheidung der Einigungsstelle der zwischen Unternehmer und Wirtschaftsausschuß streitige Umfang der Unterrichtungspflicht konkretisiert worden ist (*OLG Karlsruhe* vom 7. 6. 1985 – 1 Ss 68/85 – AP Nr. 1 zu § 121 BetrVG 1972);

7 Verstöße gegen die Pflicht, dem Wirtschaftsausschuß unter Beteiligung des Betriebsrats den Jahresabschluß zu erläutern (§ 108 Abs. 5);

8 Verstöße gegen die Pflicht zur schriftlichen oder mündlichen Unterrichtung der Arbeitnehmer über die wirtschaftliche Lage und Entwicklung des Unternehmens (§ 110 Abs. 2);

9 Verstöße gegen die Verpflichtung zur rechtzeitigen und umfassenden Unterrichtung über geplante Betriebsänderungen, die erhebliche Nachteile für wesentliche Teile der Belegschaft zur Folge haben können, und Verstöße gegen die Pflicht zur Beratung der geplanten Betriebsänderungen mit dem Betriebsrat (§ 111).

10 Eine Ordnungswidrigkeit liegt jedoch nicht nur dann vor, wenn diese Aufklärungs- oder Auskunftspflichten nicht erfüllt werden. Der Tatbestand ist vielmehr auch dann erfüllt, wenn sie wahrheitswidrig, unvollständig oder verspätet erfüllt werden (vgl. z. B. §§ 90, 92, 106, 111).

11 **Wahrheitswidrig** ist die Auskunft, wenn sie objektiv falsch ist.

12 Wann die Auskunft wahrheitswidrig, unvollständig oder verspätet ist, läßt sich nur aus den Umständen des Einzelfalles ermitteln (*D/R* § 121 Rz. 14; *G/L* § 121 Rz. 7).

13 Die Ordnungswidrigkeit kann nur vorsätzlich begangen werden (§ 10 OWiG). Dies bedeutet, daß der Täter will und weiß, daß die Auskünfte wahrheitswidrig und/oder unvollständig und/oder verspätet erteilt werden (*OLG Hamm* vom 7. 12. 1974 – 4 Ss OWI 140/77 – DB 1978, 748, 749).

III. Das Verfahren zur Ahndung der Ordnungswidrigkeiten

Für das Verfahren zur Ahndung der in § 121 bezeichneten Ordnungswidrigkeiten ist das Gesetz über Ordnungswidrigkeiten vom 24. Mai 1968 (BGBl. I S. 481) maßgebend (GK-*Kraft* § 121 Rz. 5ff.). 14
Nach § 5 OWiG kann **nur** die **vorsätzliche** Verletzung der in § 121 bezeichneten Pflichten als Ordnungswidrigkeit geahndet werden, da das Gesetz eine fahrlässige Begehung nicht mit einer Geldbuße bedroht.
Die **Geldbuße** beträgt mindestens DM 5,– (§ 17 Abs. 1 OWiG), höchstens DM 20 000,– (§ 121 Abs. 2). Bei der Festsetzung der Geldbuße sind die Bedeutung der Ordnungswidrigkeit, die Schwere des Vorwurfs und die wirtschaftlichen Verhältnisse des Täters zu berücksichtigen (GK-*Kraft* § 121 Rz. 8). 15
Normadressat ist grundsätzlich der **Arbeitgeber**, der die Auskunfts- und Aufklärungspflichten zu erfüllen hat (*F/A/K/H* § 121 Rz. 2; *G/L* § 121 Rz. 6; *S/W* § 121 Rz. 8; GK-*Kraft* § 121 Rz. 4). Unterläßt jemand als vertretungsberechtigtes Organ einer juristischen Person oder als Mitglied eines solchen Organs, als vertretungsberechtigter Gesellschafter einer Personenhandelsgesellschaft oder als gesetzlicher Vertreter eines anderen die gebotene Information, so kann auch er mit einer Geldbuße belegt werden. Verantwortlich ist auch derjenige, der von dem Inhaber eines Betriebs damit beauftragt ist, den Betrieb ganz oder zu Teilen zu leiten, oder der beauftragt ist, in eigener Verantwortung Pflichten zu erfüllen, die den Inhaber des Betriebs treffen (§ 10 OWiG). Darüber hinaus kann auch als Nebenfolge gegen die juristische Person bzw. gegen die Personenvereinigung eine Geldbuße festgesetzt werden (§ 20 OWiG). 16
Für die Ahndung der Ordnungswidrigkeit ist nach § 36 Abs. 1 Ziff. 2 lit. a die **fachlich zuständige oberste Landesbehörde** berufen, es sei denn, daß die Landesregierung die Zuständigkeit durch Rechtsverordnung auf eine andere Behörde oder sonstige Stelle übertragen hat (§ 36 Abs. 2 OWiG; siehe GK-*Kraft* § 121 Rz. 6). 17
Örtlich zuständig ist die Behörde, in deren Bezirk die Verletzung der Aufklärungs- oder Auskunftspflicht begangen oder entdeckt worden ist oder der Auskunftspflichtige im Zeitpunkt der Einleitung des Ordnungswidrigkeitsverfahrens seinen Wohnsitz hatte (§ 37 OWiG). 18
Gegen den **Bußgeldbescheid** der Verwaltungsbehörde kann **innerhalb** von **einer Woche** nach Zustellung schriftlich oder zur Niederschrift bei der erlassenden Stelle **Einspruch** eingelegt werden. Zuständig für die Entscheidung über den Einspruch ist das Amtsgericht (§§ 67, 68; GK-*Kraft* § 121 Rz. 5). Es kann dabei von den in dem Bußgeldbescheid getroffenen Entscheidungen zum Nachteil des Betroffenen abweichen (*Göhler* Ordnungswidrigkeitengesetz 1968, § 71c; § 65; § 411 Abs. 3 StPO) und auch zum Strafverfahren übergehen (§ 81 OWiG). 19
Die Ahndung der Ordnungswidrigkeit **verjährt in 2 Jahren (§ 27 Abs. 2 Ziff. 2 OWiG).** 20

Siebenter Teil
Änderung von Gesetzen

§ 122 (betr. Änderung des BGB)
§ 123 (Betr. Änderung des Kündigungsschutzgesetzes)
§ 124 (betr. Änderung des Arbeitsgerichtsgesetzes)

Von einer Kommentierung der §§ 122–124 wird abgesehen.
Die geänderten Vorschriften des BGB, des Kündigungsschutzgesetzes und des Arbeitsgerichtsgesetzes sind mittlerweile geändert und/oder ergänzt worden (s. hierzu *D/R* Anm. §§ 122, 123, 124).

Achter Teil
Übergangs- und Schlußvorschriften

§ 125 Erstmalige Wahlen nach diesem Gesetz

(1) Die erstmaligen Betriebsratswahlen nach § 13 Abs. 1 finden im Jahre 1972 statt.
(2) Die erstmaligen Wahlen der Jugend- und Auszubildendenvertretung nach § 64 Abs. 1 Satz 1 finden im Jahre 1988 statt. Die Amtszeit der Jugendvertretung endet mit der Bekanntgabe des Wahlergebnisses der neu gewählten Jugend- und Auszubildendenvertretung, spätestens am 30. November 1988.
(3) § 13 Abs. 1 Satz 1 und Abs. 2 Nr. 1, § 21 Satz 1, § 26 Abs. 2 Satz 1, § 27 Abs. 1 und 2, die §§ 28, 38 Abs. 2, § 47 Abs. 2 Satz 3, § 51 Abs. 2 und § 55 Abs. 1 Satz 3 sind in geänderter Fassung erstmalig anzuwenden, wenn Betriebsräte nach dem 31. Dezember 1988 gewählt worden sind.

Aus dieser Vorschrift ergibt sich der Turnus der alle 3 Jahre stattfindenden Wahlen zum Betriebsrat bzw. der alle 2 Jahre stattfindenden Jugend- und Auszubildendenvertretung. **1**

Abs. 3 ist durch Art. 1 Nr. 26 des Gesetzes zur Änderung des BetrVG, über Sprecherausschüsse der leitenden Angestellten und zur Sicherung der Montan-Mitbestimmung vom 20. Dez. 1988 (BGBl. I S. 2316) eingefügt worden. Die Vorschrift regelt die Besetzung des Ausschusses unter der Voraussetzung, daß die Wahl zum Betriebsrat nach dem 31. Dez. 1988 erfolgt ist (GK-*Fabricius* § 125 Rz. 14). **2**

§ 126 Ermächtigung zum Erlaß von Wahlordnungen

Der Bundesminister für Arbeit und Sozialordnung wird ermächtigt, mit Zustimmung des Bundesrates Rechtsverordnungen zu erlassen zur Regelung der in den §§ 7 bis 20, 60 bis 63, 115 und 116 bezeichneten Wahlen über
1. die Vorbereitung der Wahl, insbesondere die Aufstellung der Wählerlisten und die Errechnung der Vertreterzahl;
2. die Frist für die Einsichtnahme in die Wählerlisten und die Erhebung von Einsprüchen gegen sie;
3. die Vorschlagslisten und die Frist für ihre Einreichung;
4. das Wahlausschreiben und die Fristen für seine Bekanntmachung;
5. die Stimmabgabe;
6. die Feststellung des Wahlergebnisses und die Fristen für seine Bekanntmachung;
7. die Aufbewahrung der Wahlakten.

1 Die Bestimmung ermächtigt den Bundesminister für Arbeit und Sozialordnung, mit Zustimmung des Bundesrates Rechtsverordnungen zu erlassen, die zur Regelung aller nach dem BetrVG vorgesehenen Wahlen erforderlich sind, wobei nur Wahlen der **betriebsverfassungsrechtlichen** Organe erfaßt werden (vgl. *F/A/K/H* § 126 Rz. 1; *D/R* § 126 Rz. 1, 2; *GK-Kraft* § 126 Rz. 1, 2).

2 Zu den Grenzen der dem Bundesminister für Arbeit und Sozialordnung eingeräumten Ermächtigung vgl. GK-*Fabricius* § 126 Rz. 6.

3 Die **erste Verordnung zur Durchführung des Betriebsverfassungsgesetzes** vom 16. 1. 1972 (BGBl. I S. 49) (Wahlordnung für die Wahl der Betriebsräte und der Jugend- und Auszubildendenvertretung) ist am 20. 1. 1972 in Kraft getreten (§ 35 WO 1972).

4 Die zweite Verordnung zur Durchführung des BetrVG (**Wahlordnung Seeschiffahrt** – WOS – vom 24. 10. 1972, BGBl. I S. 2029) ist am 29. 10. 1972 in Kraft getreten (§ 63 WOS) und enthält die Bestimmungen über die Wahl des Seebetriebsrats (§§ 33–60) und der Bordvertretung (§§ 1–32).

5 Für die **Wahlen der Arbeitnehmervertreter zum Aufsichtsrat** in den unter das BetrVG (Gesetz über die Mitbestimmung der Arbeitnehmer vom 4.5. 1976, BGBl. I S. 1153) fallenden Unternehmen gelten die Vorschriften der §§ 9–19 MitbestG (vgl. dazu *Matthes* Wahlordnung zum MitbestG, 13), die das Wahlverfahren allerdings nur in seinen Grundzügen regeln; die näheren Einzelheiten über die Vorbereitung der Wahl, die Bestellung der Wahlvorstände etc. werden in einer Wahlordnung geregelt, zu deren Erlaß § 39 MitbestG die Bundesregierung ermächtigt (*Matthes* a. a. O. 14).

6 Inzwischen sind drei am 26. 6. 1977 in Kraft getretene Wahlordnungen erlassen worden, von denen die erste (WO 1) das Wahlverfahren in nur aus einem Betrieb bestehenden Unternehmen regelt, während Unternehmen mit mehreren Betrieben dem Geltungsbereich der WO 2 unterfallen. Die dritte Wahlordnung (WO 3) regelt die Wahl von Aufsichtsratsmitgliedern, an der auch Arbeitnehmer anderer Unternehmen nach §§ 4, 5 MitbestG teilnehmen.

7 Zur Geltung von anderen Wahlordnungen während einer Übergangszeit vgl. *Matthes* a.a.O. 14f.

8 Das Mitbestimmungsgesetz – und damit auch die Wahlvorschriften – finden neue

Anwendung auf die Mitbestimmung in Organen von Unternehmen, in denen die Arbeitnehmer nach dem Montan-Mitbestimmungsgesetz oder dem Mitbestimmungsergänzungsgesetz ein Mitbestimmungsrecht haben, also Unternehmen des Bergbaus sowie der Eisen- und Stahlerzeugung (vgl. hins. der Einzelheiten § 1 Montan-MitbestG). In diesen Unternehmen richtet sich die Wahl der Aufsichtsratsmitglieder nach §§ 5ff. Montan-MitbestG (vgl. zum Verhältnis des MitbestG zur Montan-Mitbestimmung *Steinmeyer* Das neue Mitbestimmungsgesetz und die Montan-Mitbestimmung, in: Mitbestimmungsgesetz 1976, 135ff.).

Soweit nicht das fortbestehende Recht der §§ 76ff. BetrVG 1952 noch von Bedeu- 9 tung ist, bleibt die aufgrund § 87 BetrVG 1952 erlassene Wahlordnung vom 18.3. 1953 (BGBl. I S. 58) weiterhin in Kraft (§ 129; vgl. auch *F/A/K/H* § 126 Rz. 1).

Diese Form der Mitbestimmung und die dazugehörenden Wahlvorschriften gelten nur noch für Unternehmen mit weniger als 2000 Arbeitnehmern, die auch nicht unter das Montan-MitbestG fallen (vgl. § 1 Abs. 3 MitbestG sowie *Rumpff* GK-MitbestG § 1 Rz. 22–24). Der Gesetzgeber wollte in § 1 Abs. 3 MitbestG klarstellen, »daß es für den Fall, daß nicht höherrangige Mitstimmungsarten nach den Montan-Mitbestimmungsgesetzen oder nach dem Mitbestimmungsgesetz von 1976 eingreifen, für den Rest der Unternehmen, unter der Voraussetzung, daß die Erfordernisse des BetrVG 1952 erfüllt sind, zumindest bei der Mitbestimmung der Arbeitnehmer in Unternehmensorganen nach dem BetrVG 1952 verbleiben soll« (*Rumpff* a.a.O. Rz. 22 a. E.).

Zum Begriff des Unternehmens im Bereich der oben angesprochenen Mitbestim- 10 mungsvorschriften vgl. *Rumpff* a.a.O. Rz. 12 m.w. N.

Die Ermächtigung an den Bundesminister für Sozialordnung steht im Einklang 11 mit Art. 80 GG, da Inhalt, Zweck und Ausmaß der erteilten Ermächtigung im Gesetz hinreichend bestimmt worden sind.

Zum Erfordernis der Zustimmung des Bundesrates (Art. 80 Abs. 2 GG) vgl. 12 *F/A/K/H* § 126 Rz. 3 und *G/L* § 126 Rz. 1.

§ 127 Verweisungen

Soweit in anderen Vorschriften auf Vorschriften verwiesen wird oder Bezeichnungen verwendet werden, die durch dieses Gesetz aufgehoben oder geändert werden, treten an ihre Stelle die entsprechenden Vorschriften oder Bezeichnungen dieses Gesetzes.

Diese Vorschrift stellt sicher, daß, soweit in anderen Bestimmungen auf die ge- 1 setzliche Regelung des BetrVG 1952 verwiesen wird und diese Vorschriften aufgehoben sind, nunmehr die entsprechenden neuen Vorschriften dieses Gesetzes gelten. Beispiel: § 4 Abs. 2c BetrVG 1952 entspricht § 5 Abs. 3.

Zur Feststellung, ob die neuen Vorschriften und Bezeichnungen den aufgeho- 2 benen entsprechen, kommt es auf den zu regelnden Interessenkonflikt an (GK-*Fabricius* § 127 Rz. 4, 5).

§ 128 Bestehende abweichende Tarifverträge

Die im Zeitpunkt des Inkrafttretens dieses Gesetzes nach § 20 Abs. 3 des Betriebsverfassungsgesetzes vom 11. Oktober 1952 geltenden Tarifverträge über die Errichtung einer anderen Vertretung der Arbeitnehmer für Betriebe, in denen wegen ihrer Eigenart der Errichtung von Betriebsräten besondere Schwierigkeiten entgegenstehen, werden durch dieses Gesetz nicht berührt.

1 Aufgrund dieser Vorschrift bleiben alle Tarifverträge, die entsprechend § 20 Abs. 3 BetrVG 1952 eine andere Vertretung der Arbeitnehmer festgelegt haben, in Kraft (GK-*Fabricius* § 127 Rz. 1). Da eine dem § 20 Abs. 3 BetrVG 1952 entsprechende Vorschrift nunmehr in § 3 Abs. 1 Nr. 2 in Kraft getreten ist, dient die Vorschrift, daß die bestehenden Tarifverträge durch das Inkrafttreten des Betriebsverfassungsgesetzes nicht berührt werden, lediglich der Klarstellung.
2 Die Tarifverträge gelten selbst dann uneingeschränkt weiter, wenn von den Vorschriften dieses Gesetzes abgewichen wird und entsprechende Bestimmungen im BetrVG 1952 nicht enthalten waren (vgl. auch *F/A/K/H* § 128).

§ 129 Außerkrafttreten von Vorschriften

(1) Mit dem Inkrafttreten dieses Gesetzes tritt das Betriebsverfassungsgesetz vom 11. Oktober 1952 (BGBl. I S. 681), zuletzt geändert durch das Erste Arbeitsrechtsbereinigungsgesetz vom 14. August 1969 (BGBl. I S. 1106), mit Ausnahme der §§ 76 bis 77a, 81, 85 und 87 außer Kraft. In § 81 Abs. 1 Satz 1 werden die Worte »§§ 67 bis 77« durch die Worte »§§ 76 und 77« ersetzt; Satz 2 wird gestrichen. In § 87 werden die Worte »6 bis 20, 46 und 47«, gestrichen. Das Betriebsverfassungsgesetz vom 11. Oktober 1952 erhält die Bezeichnung »Betriebsverfassungsgesetz 1952«.
(2) Soweit in den nicht aufgehobenen Vorschriften des Betriebsverfassungsgesetzes 1952 auf Vorschriften verwiesen wird, die nach Absatz 1 aufgehoben sind, treten an ihre Stelle die entsprechenden Vorschriften dieses Gesetzes.

1 Diese Vorschrift regelt das Außerkrafttreten des BetrVG 1952 (GK-*Fabricius* § 129 Rz. 1).
2 Das BetrVG 1952 regelt die Beteiligung der Arbeitnehmer im Aufsichtsrat. Bis zur Neuregelung der Unternehmensverfassung gelten die §§ 76 ff. BetrVG 1952 für sämtliche Aktiengesellschaften und Kommanditgesellschaften auf Aktien (§ 76 Abs. 1 BetrVG 1952). Vgl. zu den Einzelheiten *F/A/K/H* § 76 BetrVG 1952 Rz. 1 ff.
3 Durch das Gesetz über die Mitbestimmung der Arbeitnehmer vom 4. 5. 1976 (BGBl. I S. 1153 – MitbestG –) ist das Unternehmensverfassungsrecht neu geregelt worden.
4 Die Geltungsbereiche des BetrVG im Verhältnis zu dem BetrVG 1952, zum MitbestG, zum Montan-MitbestG und zum MitbestEG sind klar voneinander getrennt (vgl. nur § 1 Abs. 2 und 3 MitbestG, § 1 Montan-MitbestG, §§ 2, 3 14 MitbestG, § 85 Abs. 2 BetrVG 1952 i. Verh. zu § 129; siehe auch die Erläuterungen zu § 126).
5 Die fortgeltenden Bestimmungen des BetrVG 1952 haben damit nur noch für die

Unternehmen Bedeutung, die die Voraussetzungen des § 1 Abs. 1 MitbestG nicht erfüllen und die ferner nicht unter das Gesetz über die Mitbestimmung der Arbeitnehmer in den Aufsichtsräten und Vorständen der Unternehmen des Bergbaus und der eisen- und stahlerzeugenden Industrie vom 21. 5. 1951 (BGBl. I S. 347) oder das Gesetz zur Ergänzung des Gesetzes über die Mitbestimmung der Arbeitnehmer in den Aufsichtsräten und Vorständen der Unternehmen des Bergbaus und der eisen- und stahlerzeugenden Industrie vom 7. 8. 1956 (BGBl. I S. 707) fallen (GK-*Fabricius* MitbestG § 136 Rz. 2).

Um Verwechslungen zu vermeiden, werden die noch in Kraft bleibenden Bestimmungen der §§ 76–77a, 81, 85 u. 87 mit dem Zusatz BetrVG 1952 zitiert (GK-*Fabricius* § 129 Rz. 2). 6

Durch Abs. 2 ist sichergestellt, daß an die Stelle von Bestimmungen, die aufgrund des Abs. 1 aufgehoben worden sind, auf die aber in fortbestehenden Regelungen des BetrVG 1952 verwiesen wird, die entsprechende Bestimmung des BetrVG 1972 tritt (GK-*Fabricius* § 129 Rz. 3). Dies gilt auch für den Fall, daß die neuen Bestimmungen nicht in vollem Umfange mit den aufgehobenen Bestimmungen inhaltlich übereinstimmen. 7

§ 130 Öffentlicher Dienst

Dieses Gesetz findet keine Anwendung auf Verwaltungen und Betriebe des Bundes, der Länder, der Gemeinden und sonstiger Körperschaften, Anstalten und Stiftungen des öffentlichen Rechts.

Literaturübersicht

Beitzke Arbeitsverhältnisse bei Stationierungsstreitkräften, AR-Blattei Stationierungsstreitkräfte I; *ders.* Die Änderung der Rechtsstellung von Zivilbediensteten bei den ausländischen Stationierungskräften, RdA 1959, 441; *ders.* Verbesserung der Rechtsstellung von Arbeitnehmern bei den Stationierungsstreitkräften, RdA 1973, 156; *ders.* Personalvertretung für die Beschäftigten bei den Stationierungsstreitkräften, RdA 1981, 380; *Neumann* Zur Abgrenzung von Betriebsrat und Personalrat am Beispiel der Betriebskrankenkassen, BB 1980, 1696; *Reichel* Die arbeitsrechtlichen Bestimmungen des Natotruppenstatus und seiner Zusatzvereinbarungen, BABl. 1961, 711; *ders.* BABl. 1973, 298.

Inhaltsübersicht

		Rz.
I.	Abgrenzung zum öffentlichen Dienst	1–3
II.	Internationale und zwischenstaatliche Organisationen	4, 5
III.	Betriebe der alliierten Streitkräfte	6

I. Abgrenzung zum öffentlichen Dienst

1 Die Vorschrift grenzt den Geltungsbereich des BetrVG und den der Personalvertretungsgesetze, nämlich des Bundespersonalvertetungsgesetzes und der Landespersonalvertretungsgesetze, ab (*BAG* vom 7. 11. 1975 – 1 AZR 74/74 – EzA § 118 BetrVG 1972 Nr. 8 m. Anm. *Dutz* = DB 1976, 248; *BAG* vom 30. 7. 1987 – 6 ABR 78/85 – DB 1987, 2658; GK-*Fabricius* § 130 Rz. 2).

2 Das BetrVG findet keine Anwendung auf alle Verwaltungen, Betriebe des Bundes, der Länder, der Gemeinden sowie der Körperschaften, Anstalten und Stiftungen des öffentlichen Rechts.

3 **Für** die **Abgrenzung**, ob ein Betrieb dem Privatrecht oder dem öffentlichen Recht zugehörig ist, **kommt es einzig** und allein **auf die Rechtsform an**. Ist der Betriebsinhaber eine natürliche Person oder eine juristische Person des Privatrechts, beispielsweise eine AG, so gilt das BetrVG selbst dann, wenn alle Aktien der öffentlichen Hand gehören. Ist der Betriebsinhaber eine öffentliche Körperschaft, gilt das Personalvertretungsgesetz (*BAG* vom 18. 4. 1967 – 1 ABR 10/66 – AP Nr. 3 zu § 63 BetrVG = 1952 m. Anm. *Neumann-Duesberg* = DB 1967, 776, 1330; *BAG* vom 7. 11. 1975 – AzR 74/74 – AP Nr. 1 zu § 130 BetrVG 1972 = BB 1976, 270 = DB 1976, 248; *G/L* § 130 Rz. 2, 3; *D/R* § 130 Rz. 3; GK-*Fabricius* § 130 Rz. 2, 3; *F/A/K/H* § 130 Rz. 4).

Wenn Ordensgemeinschaften der katholischen Kirche den Status einer Körperschaft des öffentlichen Rechts verliehen bekommen und behalten haben, so findet für ihre nicht verselbständigten Einrichtungen auch wirtschaftlicher Art das BetrVG gem. § 130 BetrVG keine Anwendung (*BAG* vom 30. 7. 1987 – 6 ABR 78/85 – AP Nr. 2 zu § 130 BetrVG 1972 = DB 1987, 2658). Betreibt z. B. ein katholischer Orden, dem die Rechtsform einer Körperschaft des öffentlichen Rechts verliehen ist, als Eigenbetrieb eine Brauerei, ist auf diese gem. § 130 BetrVG das BetrVG nicht anwendbar.

II. Internationale und zwischenstaatliche Organisationen

4 Für die Verwaltungen und Betriebe internationaler und zwischenstaatlicher Organisationen **findet das BetrVG Anwendung, soweit sie nicht das Recht der Exterritorialiät genießen oder eine abweichende Vereinbarung getroffen ist** (*D/R* § 130 Rz. 5; *G/L* § 130 Rz. 2; *F/A/K/H* § 130 Rz. 6).

5 Keine Anwendung findet das BetrVG auf die Betriebe und Verwaltungen der Europäischen Gemeinschaft (*D/R* § 130 Rz. 6; GK-*Fabricius* § 130 Rz. 4).

III. Betriebe der alliierten Streitkräfte

6 Auf die deutschen Arbeitnehmer der im Bundesgebiet stationierten Natostreitkräfte **gilt mit erheblichen Einschränkungen das Bundespersonalvertretungsgesetz** (*BAG* vom 19. 12. 1969 – 1 ABR 9/69 = DB 1970, 595; *LAG Frankfurt/M.* vom 27. 2. 1966 – 1 TaBV 5/65 – AP Nr. 5 zu § 42 PersVG; *Beitzke* RdA 1973, 156, 157; *D/R* § 130 Rz. 7–9 m. w. N.; *G/L* vor § 1 Rz. 8 m. w. N.; *F/A/K/H* § 130 Rz. 7, 9; GK-*Fabricius* § 130 Rz. 5).

§ 131 Berlin-Klausel
[gegenstandslos]

Dieses Gesetz gilt nach Maßgabe des § 13 Abs. 1 des Dritten Überleitungsgesetzes auch im Land Berlin. Rechtsverordnungen, die aufgrund dieses Gesetzes erlassen werden, gelten im Land Berlin nach § 14 des Dritten Überleitungsgesetzes.

Die Vorschrift enthielt die sogenannte Berlinklausel, wonach das Gesetz auch im Land Berlin gilt, sobald es durch Gesetz übernommen wurde (GK-*Kraft* § 131 Rz. 1). 1

Das Abgeordnetenhaus des Landes Berlin hat das BetrVG im Gesetz vom 10. 2. 1972 (GVBl. für Berlin 1972, 316) übernommen. Auch dort ist das Gesetz am 19. 1. 1972 in Kraft getreten. 2

Die erste Verordnung zur Durchführung des BetrVG (Wahlordnung 1972, BGBl. I 1972 S. 49) und die zweite Verordnung zur Durchführung des BetrVG (Wahlordnung Seeschiffahrt, BGBl. I 1972 S. 2029) sind in Berlin zur gleichen Zeit in Kraft getreten wie in dem Bundesgebiet, d. h. am 20. 1. 1972 und am 29. 10. 1972. 3

Für die fünf neuen Bundesländer erfolgt die Rechtsangliederung und die Rechtsanpassung aufgrund des Vertrages über die Schaffung einer Wirtschafts-, Währungs- und Sozialunion durch den 1. Staatsvertrag (siehe hierzu *Kissel* NZA 1990, 545). In Art. 17 des Vertrages ist u. a. festgelegt, daß ab 1. Juli 1990 auch in der DDR die Betriebsverfassung entsprechend dem Recht der BRD gilt, und zwar nach näherer Maßgabe des gemeinsamen Vertragsprotokolls über verbindliche Leitsätze und der Vertragsanlagen II (von der DDR einzuführende Bundesdeutsche Rechtsvorschriften) und III (von der DDR aufzuhebende oder zu ändernde eigene Rechtsvorschriften). 4

Die DDR setzte gemäß der übernommenen Pflichten (Art. 3 Satz 2 i. V.m.. Anlage II und I 1) zum 1. 7. 1990 das BetrVG, die bundesdeutschen Regelungen über die Unternehmensmitbestimmung, und zwar einschließlich der hierzu ergangenen Wahlordnungen, das Tarifvertragsgesetz und das Kündigungsschutzgesetz mit Übergangsvorschriften in Kraft (BGBl. I 1990 S. 357, 361, 362). 5

Bei der Übernahme des BetrVG wurde ein bis 31. 12. 1991 geltender § 6 geschaffen, der eine ausführliche Definition des Arbeiters und Angestellten enthält und sich im wesentlichen am bundesdeutschen Arbeiter- und Angestelltenversicherungsrecht orientiert. Ab 3. 10. 1990 gilt Bundesrecht für Berlin vorbehaltlos (§ 1 des 6. Überleitungsgesetz vom 25. 9. 1990; BGBl. I S. 2106). 6

Die erstmaligen Betriebsratswahlen nach dem BetrVG fanden bis zum 30. 6. 1991 statt. Die Amtzeit nicht nach dem BetrVG gewählter Arbeitnehmervertretungen lief mit der Wahl eines Betriebsrats spätestens am 30. 6. 1991 ab. 7

§ 132 Inkrafttreten

Dieses Gesetz tritt am Tage nach seiner Verkündung in Kraft.

Das Gesetz ist am 18. 1. 1972 im Bundesgesetzblatt (BGBl. I 1972 S. 13) verkündet und daher am 19. 1. 1972 in Kraft getreten (GK-*Fabricius* § 132 Rz. 1). 1

§§ 125–132   *Übergangs- und Schlußvorschriften*

2 Der Tag des Inkrafttretens ist bedeutsam für die §§ 125 Abs. 2, 128 und 129 Abs. 1.

Komm. z. Konkurssozialplangesetz **Anhang**

**Kommentar zum
Gesetz über den Sozialplan im Konkurs- und Vergleichsverfahren
vom 20. Februar 1985 (BGBl. I S. 369),
geändert durch Gesetz vom 20. 12. 1988
(BGBl. I S. 2450), geändert durch Gesetz
vom 22. 12. 1989 (BGBl. I S. 2405), zuletzt geändert durch Gesetz
vom 20. 12. 1991 (BGBl. I S. 2289)**

§ 1

Für die Behandlung eines Sozialplans (§ 112 des Betriebsverfassungsgesetzes) in dem Konkurs- oder Vergleichsverfahren über das Vermögen des Unternehmers gelten als besondere Vorschriften die §§ 2 bis 5.

§ 2

In einem Sozialplan, der nach der Eröffnung des Konkursfahrens aufgestellt wird, kann für den Ausgleich oder die Milderung der wirtschaftlichen Nachteile, die den Arbeitnehmern infolge der geplanten Betriebsänderung entstehen, ein Gesamtbetrag bis zu zweieinhalb Monatsverdiensten (§ 10 Abs. 3 des Kündigungsschutzgesetzes) der von einer Entlassung betroffenen Arbeitnehmer vorgesehen werden.

§ 3

Ein Sozialplan, der vor der Eröffnung des Konkursverfahrens, jedoch nicht früher als drei Monate vor dem Antrag auf Eröffnung des Konkurs- oder Vergleichsverfahrens aufgestellt wird, ist den Konkursgläubigern gegenüber insoweit unwirksam, als die Summe der Forderungen aus dem Sozialplan größer ist als der Gesamtbetrag von zweieinhalb Monatsverdiensten der von einer Entlassung betroffenen Arbeitnehmer. Eine Forderung aus dem Sozialplan kann im Konkursverfahren mit demjenigen Teil ihres Betrags geltend gemacht werden, der dem Verhältnis des in Satz 1 bestimmten Gesamtbetrags zu der Summe der Forderungen aus dem Sozialplan entspricht. Hat ein Arbeitnehmer auf seine Forderung aus dem Sozialplan vor der Eröffnung des Konkursverfahrens Leistungen empfangen, werden diese zunächst auf denjenigen Teil seiner Forderung angerechnet, der im Konkursverfahren geltend gemacht werden kann.

§ 4

Im Konkursverfahren werden Forderungen aus einem Sozialplan nach § 2 ebenso wie Forderungen aus einem Sozialplan nach § 3, soweit diese im Konkursverfahren geltend gemacht werden können, mit dem Rang des § 61 Abs. 1 Nr. 1 der Konkursordnung berichtigt. Für die Berichtigung dieser Forderungen darf jedoch nicht mehr als ein Drittel der für die Verteilung an die Konkursgläubiger zur Verfügung stehenden Konkursmasse verwendet werden; § 61 Abs. 2 Satz 2 der Konkursordnung gilt entsprechend. Sind Forderungen aus mehreren Sozialplänen mit dem Vorrecht nach Satz 1 zu berichtigen, gilt Satz 2 entsprechend für die Gesamtheit dieser Forderungen.

Anhang *Komm. z. Konkurssozialplangesetz*

§ 5

Am Vergleichsverfahren sind die Arbeitnehmer nicht beteiligt, soweit ihre Forderungen aus einem Sozialplan im Konkursverfahren geltend gemacht werden können und ein Vorrecht genießen; im übrigen sind sie Vergleichsgläubiger.

§ 6

(1) Ist das Konkurs- oder Vergleichsverfahren beim Inkrafttreten dieses Gesetzes anhängig, sind die §§ 2 bis 5 vorbehaltlich der folgenden Absätze anzuwenden.
(2) Auf einen Sozialplan nach § 2 oder § 3, der vor dem Inkrafttreten dieses Gesetzes aufgestellt worden ist, ist nur § 4 Satz 1 anzuwenden. Ist die Summe der Forderungen aus einem solchen Sozialplan größer als der Gesamtbetrag von zweieinhalb Monatsverdiensten der von einer Entlassung betroffenen Arbeitnehmer, wird jede Forderung im Konkursverfahren bis zu demjenigen Teil ihres Betrags, der dem Verhältnis des Gesamtbetrags zu der Summe der Forderungen aus dem Sozialplan entspricht, mit dem Rang des § 61 Abs. 1 Nr. 1 und im übrigen mit dem Rang des § 61 Abs. 1 Nr. 6 der Konkursordnung berichtigt. Hat ein Arbeitnehmer auf seine Forderung aus dem Sozialplan Leistungen empfangen, werden diese zunächst auf den bevorrechtigten Teil seiner Forderung angerechnet.
(3) Sind Forderungen für das Konkursverfahren mit einem Vorrecht vor den in § 61 Abs. 1 Nr. 1 der Konkursordnung aufgeführten Forderungen festgestellt worden, ist dieses Vorrecht in dem weiteren Verfahren unbeachtlich. Die Unbeachtlichkeit des Vorrechts wird von Amts wegen in der Tabelle vermerkt.
(4) Ein Vorrecht nach diesem Gesetz kann im Konkursverfahren auch dann nachträglich angemeldet und festgestellt werden, wenn Forderungen ohne Vorrecht oder mit einem Vorrecht vor den in § 61 Abs. 1 Nr. 1 der Konkursordnung aufgeführten Forderungen festgestellt worden sind. Wird das Vorrecht binnen zwei Monaten nach dem Inkrafttreten dieses Gesetzes angemeldet, fallen die Kosten eines besonderen Prüfungstermins der Konkursmasse zur Last.
(5) Ansprüche aus ungerechtfertigter Bereicherung sind ausgeschlossen. Ein angenommener Vergleich oder Zwangsvergleich bleibt unberührt.

§ 7

Dieses Gesetz gilt nach Maßgabe des § 13 Abs. 1 des Dritten Überleitungsgesetzes auch im Land Berlin.

§ 8

Dieses Gesetz tritt am Tage nach der Verkündung in Kraft. Es tritt mit Ablauf des 31. Dezember 1993 außer Kraft.

Literaturübersicht

Balz Das neue Gesetz über den Sozialplan im Konkurs- und Vergleichsverfahren, RWS-Skript 1985, 149; *ders.* Der Sozialplan im Konkurs- und Vergleichsverfahren, DB 1985, 689–696; *Barth* Einfluß des Sozialplans nach §§ 112 und 113 BetrVG auf die steuerliche Bewertung von Betriebsvermögen und Kapitalanteilen, DB 1974, 1084; *Bauer/Moench* Sozialplanabfindungen im Konkurs, NJW 1984, 468ff.; *Berges* Das Know-How des Belegschaftsstammes als innerbetriebliche Rechtstatsache des Sozialplans, RdA 1977, 271; *Beuthin* Interessenausgleich und Sozialplan im Konkurs, RdA 1976, 147, 156 ff.; *ders.* Sozialplangrenzen im Konkurs (Auswirkungen des *BAG*-Beschlusses vom 13. 12. 1978 für die Insolvenzpraxis) ZIP 1980, 83; *ders.* Sozialplan und Unternehmensverschuldung, 1980; *ders.* Sozialplanzwangsschlichtung und Konkursgläubigerschutz, FS für *G. Müller*, 1981; *ders.* Der Sozialauftrag des Sozialplans, ZfA 1982, 181 ff.; *Binz/Hess* Der Konkurs der Insolvenzrechtsreform, 1987; *Bötticher* Begründet der Sozialplan des Konkursverwalters Masseschulden?, BB 1975, 977; *ders.* Sozialplanansprüche im Konkurs vor den Gemeinsamen Senaten der obersten Gerichtshöfe des Bundes?, BB 1984, 539–543; *Brede* Die finanzielle Sicherung von Sozialplänen, ZfbF 1977, 795; *Brill* Konkurs und Betriebsrat, AR-Blattei Konkurs IV B II; *Danger* der Sozialplan, BlStSozArbR 1977, 354; *Dorndorf* Sozialplan im Konkurs, 1978; *Drischler* Der Sozialplan im Insolvenzverfahren, Rechtspfleger 1986, 122; *Drukarczyk* Unternehmen und Insolvenz, 1987; *ders.* Zum Problem der wirtschaftlichen Vertretbarkeit von Sozialplänen, RdA 1986, 115–119; *Durchlaub* Kürzung des Sozialplans im Falle wirtschaftlicher Schwierigkeiten, DB 1980, 496; *Eisenberger* Sozialplanabfindungen im Konkurs, ZIP 1984, 655; *Fitting/Auffahrt/Kaiser* Betriebsänderung, Sozialplan und Konkurs, 1985; *Fitting/Auffarth/Kaiser/Heiter* BetrVG, 16. Aufl. 1989, Anhang III. *Germann* Grenzen und Möglichkeiten des Sozialschutzes der Arbeitnehmer im Konkurs, Diss. Göttingen, 1976; *Gessner/Plett* Der Sozialplan im Konkursunternehmen, 1982; *Grub* Sozialplanwillkür? Thesen aus der Sicht eines Praktikers, ZIP-Report 1983, 873–875; *Grunsky* Sozialplan und Konkurs des Arbeitgebers, RdA 1978, 147; *Heilmann* Die Rechtslage des Arbeitnehmers bei Insolvenz seines Arbeitgebers, 1977; *ders.* Die Rechtslage des Arbeitnehmers im Konkurs des Arbeitgebers, NJW 1975, 1758; *Heinze* Die Ausübung von Arbeitgeberfunktionen durch Konkursverwalter und Testamentsvollstrecker, AuR 1976, 33; *ders.* Die betriebsverfassungsrechtlichen Aufgaben des Konkursverwalters, NJW 1980, 154; *ders.* Der Sozialplan im Konkurs und Vergleich, BB 1974, 1814; *ders.* Möglichkeiten der Sanierung von Unternehmen durch Maßnahmen im Unternehmens-, Arbeits-, Sozial- und Insolvenzrecht, NJW 1982, 1665 ff.; *Hess* Das Gesetz über den Sozialplan im Konkurs- und Vergleichsverfahren, NZA 1985, 205 ff.; *Hess/Gotters* Die Neuregelung zum Sozialplan nach dem Beschäftigungsförderungsgesetz und nach dem Konkurssozialplangesetz, BlStSozArbR 1985, 264–265; *Hess/Kropfshofer* Kommentar zur Konkursordnung, 3. Aufl. 1989, Anhang VII 1355; *Kilger* Sozialplangestaltung im Insolvenzverfahren, ZIP 1980, 133; *Körnig* Rang des Sozialplananspruchs im Konkurs, DB 1975, 1411 (1. Teil), 1459 (2. Teil); *Kraushaar* Gefährdet der Sozialplan die Konkursmasse?, AuR 1978, 33 ff., 42; *ders.* Sozial- und rechtspolitische Überlegungen zum Sozialplan im Konkurs, DB 1984, 772; *Löwisch* Das Schicksal von Sozialplänen aus der Zeit zwischen Großem Senat (1978) und *BVerfG* (1983), DB 1984, 1246–1247; *Lux* Sozialplan und Nachteilsausgleich im Konkurs, BB 1979, 282; *Müller, H.-J.* Ist im Konkursverfahren ein Sozialplan zu erstellen?, KTS 1974, 69; *Richardi* Die Mitbestimmung über den Sozialplan im Konkurs, RdA 1979, 1983; *ders.* Sozialplan und Konkurs, 1975; *ders.* Sozialplan und Konkurs, DB 1976 Beilage Nr. 6, 10; *Ritzel* Interessenausgleich, Sozialplan und Nachteilsausgleich im Konkursverfahren?, BB 1976, 325; *Rose* Konkurs und Sozialplan, MitGespr. 1975, 84; *Scherer* Die neue Sozialplanregelung des Beschäftigungsgesetzes, NZA 1985, 764–768; *Schils* Sozialplan und Konkurs, KTS 1976, 267 ff.; *Schlüter* Die konkursrechtliche Behandlung der Sozialplanansprüche und des Ausgleichsanspruchs nach § 113 BetrVG, Berlin 1977; *Schneider, W.* Interessenausgleich und Sozialplan im Rahmen der wirtschaftlichen Beteiligungsrechte nach dem BetrVG, MitGespr. 1975, 67; *Spieker* Interessenausgleich bei Eigenkündigung im Insolvenzverfahren, DB 1987, 1839–1841; *ders.* Die Ansprüche aus Sozialplan (§ 112 BetrVG 1972) und Nachteilsausgleich (§ 113 BetrVG 1972) bei Insolvenz des Arbeitgebers, 1989; *v. Stebut* Ansprüche aus Arbeitsverhältnissen bei Insolvenz des Arbeitgebers, DB 1975 Beilage Nr. 9; *Stege/Weinspach* BetrVG, Ergänzungsband zur 5. Aufl., §§ 111–113, 152 ff.; *Teichmüller* Interessenausgleich, Sozialplan, Konkurs/Handbuch mit zahlreichen Musterbeispielen und Checklisten, 1983; *Uhlenbruck* Das Gesetz über den Sozialplan im Konkurs- und Vergleichsverfahren, NJW 1985, 712; *ders.* BetrVG 1972 und Insolvenzrechtsreform, RdA 1976, 248;

Anhang   Komm. z. *Konkurssozialplangesetz*

ders. Der Sozialplan als Prüfstein des Konkurses, BlStSozArbR 1976, 145; *ders.* Das Gesetz über den Sozialplan im Konkurs- und Vergleichsverfahren, NJW 1985, 712 ff.; *Unterhinninghofen* Sozialplan und Konkurs, BetrR 1973, 658; *Weitnauer* Der Sozialplan im Konkurs, ZfA 1977, 111, 115, 137 ff.; *Weller* Zum Problem von Sozialplänen im Konkurs, BB 1977, 599, 620 f.; *ders.* AR-Blattei, Konkurs IV Konkurs und Sozialplan; *ders.* Der Sozialplan, AR-Blattei Sozialplan I; *Zaun-Axler* Die Lage der Arbeitnehmer bei Konkurs, Vergleich und Betriebsstillegung, 1974; *Zeuner* Schutz des Arbeitnehmers im Konkurs des Arbeitgebers, JZ 1976, 2.

Vorbemerkungen vor §§ 1 ff.

1 Das neue Gesetz über den Sozialplan im Konkurs- und Vergleichsverfahren ist der Abschluß eines lange währenden Streits, ob die Regelung des § 112 BetrVG über den Sozialplan, soweit darin Abfindungen als Ausgleich für den Verlust des Arbeitsplatzes vorgesehen sind, auch im Konkurs des Arbeitgebers gilt und welcher Rang diesem Anspruch gegebenenfalls zukommen soll.

2 Zum besseren Verständnis der Neuregelung soll der Streitstand zu den Problemen, die sich aus der Überschneidung kollektiv-rechtlichen Arbeitsrechts und Konkursrechts ergeben, eingehend dargestellt werden.

3 Die in der Literatur und Rechtsprechung diskutierte Frage wurde durch die Entscheidung des Großen Senats des *BAG* vom 13. 12. 1978 entschieden (EzA § 112 BetrVG 1972 Nr. 15 m. Anm. *Hess* = DB 1979, 261).

4 Der Große Senat des *BAG* hatte im einzelnen folgende Fragen zu entscheiden:
 a) Gilt § 112 BetrVG über den Sozialplan auch im Konkurs?
 b) Wenn nein: sind dennoch zustande gekommene Sozialpläne wirksam?
 c) Sind Ansprüche aus nach Konkurseröffnung zustande gekommenen Sozialplänen Masseschulden nach § 59 Abs. 1 Nr. 1 KO, wenn der Konkursverwalter den Betrieb stillgelegt hat?
 d) Wenn ja: sind Abfindungsansprüche auch dann Masseschulden, wenn bereits der Gemeinschuldner den Betrieb stillgelegt hatte, der Sozialplan jedoch erst nach Konkurseröffnung zustande gekommen ist?
 e) Wenn Sozialplanansprüche keine Masseschuldeigenschaften haben, sind sie nach § 61 Abs. 1 Nr. 1 KO bevorrechtigt oder nach § 61 Abs. 1 Nr. 6 KO einfache Konkursforderungen?

5 Der Große Senat des *BAG* hat die Fragen wie folgt entschieden:
Die Vorschriften des BetrVG über Interessenausgleich, Sozialplan und Nachteilsausgleich bei Betriebsänderungen (§§ 111–113 BetrVG) gelten auch im Konkurs des Unternehmers.

6 Ansprüche aus einem Sozialplan auf Abfindung für den Verlust des Arbeitsplatzes sind bevorrechtigte Konkursforderungen i. S. d. § 61 KO. Sie haben Rang vor Nr. 1 des § 61 Abs. 1 KO. Es kommt nicht darauf an, ob die Betriebsänderung vor oder nach der Konkurseröffnung stattgefunden hat, auch nicht darauf, ob der Sozialplan vor oder nach Konkurseröffnung zustande gekommen ist. Die Folgen der Entscheidung lassen sich wie folgt skizzieren:

7 Allen Meinungsverschiedenheiten zum Trotz ist man sich heute im wesentlichen insoweit einig, daß die §§ 111–113 BetrVG auch im Konkurs gelten. Dies wird, soweit ersichtlich, überwiegend auch von Kritikern akzeptiert (*Beuthien* a. a. O. 1 ff.; *ders.* ZIP 1980, 83 ff.; *Wille sen.* a. a. O. *Richardi* RdA 1979, 193 ff.; *Heinze*

Komm. z. Konkurssozialplangesetz **Anhang**

NJW 1980, 145; *Mentzel/Kuhn/Uhlenbruck* a. a. O.; **a. A.** *Böhle-Stamschräder/ Kilger* a. a. O. § 61 Anm. 3 III A b 266ff.).
Der **Rang der Sozialplanansprüche im Konkurs** war in Literatur und Rechtspre- 8
chung heftig umstritten (für die **Einordnung nach § 61 Abs. 1 Nr. 6 KO**: *Bötticher* BB 1975, 977ff.; *Uhlenbruck* KTS 1973, 81; *ders.* DB 1974, 628ff.; *ders.* BB 1973, 1360ff.; *ders.* Anm. zu *BAG* AP Nr. 1 zu § 113 BetrVG 1972; *Weitnauer* ZfA 1977, 111ff.; *Hess* Anm. zu *BAG* vom 13. 12. 1978 – GS 1/77 – EzA § 112 BetrVG 1972 Nr. 15; *Henckel* KTS 1979, 171ff.; *Mohrbutter* BB 1984, 296; *Beuthien* RdA 1976, 147, 156ff.; **für eine Einordnung als Masseschuld**: *BAG* AP Nr. 1 zu § 113 BetrVG 1972; *LAG Hamm* vom 23. 10. 1973 – 3 Sa 541/73 – DB 1974, 50; *LAG Baden-Württemberg* vom 15. 3. 1976 – 1 TaBV 1/76 – BB 1977, 39; *Hanau* ZfA 1974, 89; *Heinze* DB 1974, 1814; *Knörig* DB 1975, 1411ff., 1459ff.; *Richardi* DB 1976 Beilage Nr. 61, 4 Fn. 10; *ders.* Anm. zu *BAG* AP Nr. 1 zu § 113 BetrVG 1972; *Kraushaar* AuR 1978, 33; **für eine Einordnung entsprechend § 61 Abs. 1 Nr. 1 bzw. vor § 61 Abs. 1 KO**: *Kraushaar* DB 1984, 346; *Heinze* NJW 1980, 145ff.; **für die Einordnung vor § 61 Abs. 1 Nr. 1 KO**: *BAG* vom 13. 12. 1978 – GS 1/77 – EzA § 112 BetrVG 1972 Nr. 15 = DB 1979, 261). Gegen die Ansicht des *BAG* machte ein Teil der Literatur (*Hess, Henckel, Böhle-Stamschräder/Kilger* und *Beuthien,* jeweils a. a. O.) geltend, daß die Rechtsfortbildung des *BAG* **gegen Art. 20 Abs. 3, 100 Abs. 1 und Art. 3 GG verstößt**.
Mit seiner Entscheidung hat das **BAG** die **Grenzen der zulässigen Rechtsfortbil-** 9
dung überschritten. Dies ergibt sich daraus, daß unbestritten der Rang konkursrechtlicher Ansprüche einer Parteivereinbarung entzogen ist, und zum anderen daraus, daß der Wortlaut der konkursrechtlichen Vorschriften so eindeutig ist, daß sich sowohl eine extensive als auch eine restriktive Auslegung verbietet.
Auch der soziale Schutzzweck der Sozialplanregelung läßt eine andere Auslegung nicht zu. Der Gesetzgeber hat auch durch die Schaffung des Gesetzes über das Konkursausfallgeld (BGBl. I 1974 S. 1481) den Sozialschutz der Arbeitnehmer hinsichtlich rückständiger Ansprüche auf Arbeitsentgelt für die letzten 3 Monate vor Konkurseröffnung ausgedehnt und die Regelung der Konkursordnung hinsichtlich der Einordnung der Arbeitnehmeransprüche insoweit unverändert gelassen. Daraus kann auf den Willen des Gesetzgebers geschlossen werden, daß auch die Rangordnung der Arbeitnehmeransprüche unverändert nach den Regeln der Konkursordnung bestimmt werden soll.
Das **Bundesverfassungsgericht** hat mit seinem bedeutenden Beschluß vom 19. 10. 10
1983 (– 2 BvR 485/80 und 486/80 – EzA § 102 BetrVG 1972 Nr. 27 = DB 1984, 189, 346 und 772 m. Anm. *Kraushaar,* 1246 m. Anm. *Löwisch*) zwei Verfassungsbeschwerden stattgegeben und die auf der Entscheidung des Großen Senats beruhenden Entscheidungen des *BAG* aufgehoben, weil sie **mit der Verfassung unvereinbar** sei, die **Sozialplanforderungen kraft Richterrechts** als Konkursforderungen im Range **vor § 61 Abs. 1 Nr. 1 KO einzuordnen**.
Zur Begründung führt das **Bundesverfassungsgericht** zutreffend aus, die angefochtenen Urteile verletzten das Grundrecht aus Art. 2 Abs. 1 GG i. V. m. Art. 20 Abs. 3 GG. Die Auffassung des *BAG,* die Sozialplanabfindungen seien in das geltende System der Konkursordnung nicht einzuordnen, weil insoweit eine Gesetzeslücke bestehe, die im Wege richterlicher Rechtsfortbildung durch Schaffung eines neuen, sämtlichen Konkursforderungen vorgehenden Konkursrechts zu schließen sei, stehe mit dem rechtsstaatlichen Grundsatz des Art. 20 Abs. 3 GG nicht in Einklang.

Anhang *Komm. z. Konkurssozialplangesetz*

Weiterhin hat das **Bundesverfassungsgericht** in den Entscheidungsgründen ausgeführt, daß die Rechtsauffassung des **Bundesarbeitsgerichs**, wonach Sozialplanabfindungen nicht zu den Masseschulden nach § 59 KO gehören, verfassungsrechtlich unbedenklich sei, so daß im Konkursverfahren nur zu prüfen sei, ob und an welcher Stelle sie gem. § 61 Abs. 1–6 KO einzuordnen seien.

11 Im Anschluß an die Entscheidung des *BVerfG* geht **Kraushaar** (DB 1984, 346, 347) davon aus, daß **im Wege der Gesamtanalogie** zu den §§ 61 Abs. 1 Nr. 1, 59 Abs. 1 Nr. 3, 58 Nr. 3 KO i.V.m. § 27 Abs. 2 ArbNErfG die **Sozialplanansprüche** in die **Ranggruppe des § 61 Abs. 1 KO einzugruppieren** seien. Die **Voraussetzungen** für eine **Rechtsanalogie liegen nicht vor**. Die Befugnis einer auf einer Rechtsanalogie gestützten Rechtsfortbildung steht den Gerichten nur dann zu, wenn die vorhandenen Rechtssätze für den zur Entscheidung stehenden Sachverhalt lückenhaft sind und deshalb die Anwendung der Rechtsfolge bestimmter Rechtssätze auf einen anderen Sachverhalt als auf den, den seine Norm nach der Auslegung regelt, geboten ist. Eine Gesetzeslücke kann jedoch nur dann vorliegen, wenn der Gesetzgeber den zu entscheidenden Fall mit seinen gesetzlichen Vorschriften nicht geregelt hat oder nicht hat regeln wollen, da er diesen Fall nicht in den Kreis seiner rechtspolitischen Zwecksetzung aufgenommen hat. Demnach muß es sich um eine »planwidrige Unvollständigkeit« des Gesetzes handeln.

Ob eine solche Gesetzeslücke vorliegt, kann nur aus dem Gesetz selbst heraus beurteilt werden, indem die Regelungsabsicht, die verfolgten Zwecke und der gesetzgeberische Plan erschlossen werden. Eine **Gesetzeslücke besteht nicht**: das Konkursverfahren dient der planmäßigen Befriedigung alter Gläubiger durch Verwertung der Konkursmasse. Die Regelungen des § 61 Abs. 1 Nr. 1–5 KO bestimmen abschließend, welchen Konkursgläubigern eine vorzugsweise Befriedigung von Ansprüchen eingeräumt werden soll, so daß die Vorschrift – als Ausnahme von § 3 KO – restriktiv auszulegen ist (*BAG* vom 13.12.1978 – GS 1/77 – EzA § 112 BetrVG 1972 Nr. 15 m. Anm. *Hess* = DB 1979, 261; *BGH* vom 29.4.1957 – III ZR 236/55 – WM 1957, 1228; *BAG* vom 12.12. 1965 – 1 ABR 12/64 – BAGE 17, 84, 89; *BGH* vom 29.5.1969 – III ZR 172/68 – BGHZ 52, 155). Die Regelung des § 61 Abs. 1 KO ist auch nach Wortlaut, Systematik und Sinn abschließend, da die Konkursforderung entweder an einer der bevorrechtigten Stellen des § 61 Abs. 1 Nr. 1–5 KO am gemeinschaftlichen Befriedigungsverfahren teilnimmt oder als sonstige Konkursforderung dem letzten Rang des § 61 Abs. 1 Nr. 6 KO zuzuordnen ist. Eine gesetzliche Regelungslücke besteht nicht, da hier ein »beredtes Schweigen« des Gesetzes gegeben ist, indem es alle nicht ausdrücklich bezeichneten Forderungen in die Rangklasse des § 61 Abs. 1 Nr. 6 einordnet.

Das »beredte Schweigen« des Gesetzgebers dokumentiert sich auch daraus, daß der Gesetzgeber, obwohl die Frage der Einordnung der Sozialabfindungen in das Rangsystem der KO schon lange Jahre streitig ist, nicht tätig geworden ist. Weder aus dem BetrVG noch aus dem Gesetz über Konkursausfallgeld vom 17.7.1974 und der dadurch veranlaßten Novelle zur Konkursordnung, läßt sich ein Wille des Gesetzgebers herleiten, Sozialplanabfindungen einen höheren Rang als nach § 61 Abs. 1 Nr. 6 KO zukommen zu lassen.

Für eine Analogie besteht daher kein Raum. Die Zulässigkeit einer Analogie kann auch nicht damit begründet werden, daß das *Bundesverfassungsgericht* offengelassen habe, ob »eine Auslegung einfachen Rechts« möglich sei. Hier wird verkannt, daß die extensive Auslegung einer Norm nur über das hinausgeht, was der Gesetzgeber mit seinen Worten gesagt hat, aber im Rahmen dessen bleibt, was er gewollt hat und was im Rahmen seiner rechtspolitischen Zielsetzung lag. Die Analogie kann – dies gilt auch für die rechtsschöpferische Gesamtanalogie – zur Entscheidung von Fällen, in denen eine gesetzliche Regelungslücke nicht besteht, nicht herangezogen werden.

Selbst wenn eine Norm vermißt wird, die der Sozialplanabfindung Vorrangqualität einräumt und dies je nach der Einstellung auch rechtspolitisch erwünscht wäre und eventuell unter sozialpolitischen Gesichtspunkten auch zu rechtfertigen wäre, so macht ihr Fehlen das Gesetz nicht unvollständig, sondern allenfalls verbesserungsbedürftig. Ergibt sich die »Unvollständigkeit« nicht schon vom Standpunkt der dem Gesetz immanenten Zwecksetzung, sondern nur aus einer dem Gesez gegenüber selbständigen kritischen Würdigung, so liegt eine Regelungslücke nicht vor.

Zur Änderung der derzeitigen Rechtslage, nämlich der Einordnung der Sozialplanabfindungen in die Rangklasse des § 61 Abs. 1 Nr. 6 KO, ist daher nur der Gesetzgeber aufgerufen, wobei der Gesetzgeber abzuwägen hat, ob und inwieweit den Sozialplanabfindungen der Arbeitnehmer gegenüber den Forderungen der ungesicherten Gläubiger ein Vorrang eingeräumt werden soll. Diese rechtspolitische Frage braucht hier nicht entschieden zu werden. Es soll jedoch angemerkt werden, daß der Gesetzgeber schon jetzt einem großen Teil der Arbeitnehmerforderungen einen Vorrang eingeräumt hat, indem

a) den Arbeitsentgelten, die nach Konkurseröffnung anfallen, Masseschuldqualität zukommt (§ 59 Abs. 1 Nr. 2 KO);
b) die Zahlung der Arbeitsentgelte für die letzten 3 Monate vor Konkurseröffnung, denen ebenfalls Masseschuldqualität zukommt (§ 59 Abs. 1 Nr. 3 KO), durch die Versicherungsleistung des Konkursausfallgeldes gesichert ist
c) der rückständige Arbeitslohn für den 3. bis 6. Monat vor Konkurseröffnung ebenfalls als Masseschuld qualifiziert wird und diese Ansprüche den unter b) bezeichneten Ansprüchen vorgehen, da, soweit Konkursausfallgeld beantragt wird, der auf die Bundesanstalt für Arbeit übergegangene Lohnanspruch seine Masseschuldqualität verliert und nur nach § 61 Abs. 1 Nr. 1 KO i. V. m. § 59 Abs. 2 KO berichtigt wird.

Diese Auffassung, wonach nur der Gesetzgeber über die Vorrangqualität der Sozialplanordnung im Konkurs entscheiden kann, hat auch das *BAG* in den Entscheidungen vom 30. 4. 1984 (1 AzR 34/84 u. 1 AzR 35/84) bestätigt, wonach der Sozialplanforderung im Konkurs des Arbeitgebers kein Vorrecht zukommt. **12**

Für die seit 1979 **laufenden** und noch nicht abgeschlossenen **Konkursverfahren** werfen die Entscheidungen des *Bundesverfassungsgerichts* und des *Bundesarbeitsgerichts* eine Reihe materiell-rechtlicher und verfahrensrechtlicher Fragen auf. **13**

Hat der **Konkursverwalter** in Übereinstimmung und im Vertrauen auf die Rechtsbeständigkeit der höchstrichterlichen Rechtsprechung des *Bundesarbeitsgerichts* die Sozialplanforderungen der Arbeitnehmer mit dem **Vorrecht vor § 61 Abs. 1 Nr. 1 KO** zur Konkurstabelle **anerkannt** und im Rahmen einer Vorwegausschüttung (§ 149 KO) auf diese Forderungen Zahlungen geleistet, so ist zu **prüfen, ob** aufgrund der neuen Rechtsprechung des *Bundesarbeitsgerichts* der Konkursverwalter bzw. die Vorrechtsgläubiger gegenüber den Arbeitnehmern ein **Rückforderungsrechts** geltend machen können. **14**

Die von dem Konkursverwalter im Vertrauen auf die Rechtsprechung des *Bundesarbeitsgerichts* aus dem Jahre 1978 anerkannten und ausgezahlten Abfindungsbe-

Anhang Komm. z. *Konkurssozialplangesetz*

träge aus einem Sozialplan können von den Arbeitnehmern weder aus dem Gesichtspunkt der ungerechtfertigten Bereicherung noch aus dem Gesichtspunkt des Wegfalls der Geschäftsgrundlage zurückverlangt werden.
Die Zahlungen wurden von dem Konkursverwalter mit Rechtsgrund geleistet, weil nach § 145 Abs. 2 KO die Eintragung der Forderung in die Konkurstabelle gegenüber den Konkursgläubigern und dem Konkursverwalter sowohl dem Betrag nach als auch hinsichtlich des Vorrechts wie ein rechtskräftiges Urteil wirkt.
Ein **Wandel in der Rechtsprechung** läßt grundsätzlich die **Rechtskraftwirkung früherer Urteile unberührt** (*BGH* vom 11. 3. 1953 – II ZR 180/52 – LM Nr. 10 zu § 322 ZPO; *LG Köln* vom 27. 2. 1959 – 13 T 3/59 – MDR 1959, 582; *Stein/Jonas/ Münzberg* ZPO § 767 Anm. II 1; *Stein/Jonas/Schuchmann/Leipold* ZPO § 322 Anm. X 7), so daß ein Anspruch auf Rückgewähr von Zahlungen, die aufgrund eines einwandfrei herbeigeführten rechtskräftigen Urteils geleistet worden sind, nicht schon dann gegeben ist, wenn sich das Urteil aufgrund einer späteren Legalinterpretation einer Rechtsnorm als unrichtig erweist. Es bedarf deshalb im Hinblick auf die Rechtskraftwirkung des Tabelleneintrags nicht der analogen Anwendung des § 79 BVerfGG (so aber *Bauer/Mönch* NJW 1984, 468, 470).

15 Kann der Konkursverwalter ein zur Konkurstabelle festgestelltes Vorrecht vor § 61 Abs. 1 Nr. 1 KO kondizieren oder besteht ein Anspruch des Konkursverwalters bzw. der übrigen Vorrechtsgläubiger gegenüber den Arbeitnehmern, wenn der Abfindungsanspruch zur Konkurstabelle festgestellt ist, aber auf die festgestellte Vorrechtsforderung noch keine Zahlungen geleistet sind?
Das zur Konkurstabelle im Vertrauen auf die Rechtsbeständigkeit der bundesarbeitsgerichtlichen Rechtsprechung abgegebene **Vorrechtsanerkenntnis kann nicht kondiziert werden**. Die **Voraussetzungen** der gegen die Eintragung des wirklichen Prüfungsergebnisses zulässigen **Restitutionsklage** (§ 580 ZPO) liegen nicht vor. Einwendungen gegen die festgestellte Forderung, die durch die Vollstreckungsgegenklage (§ 767 ZPO) geltend gemacht werden können, sind nicht gegeben, da die Änderung der Legalinterpretation einer Norm keine Einwendungen i. S. d. § 767 ZPO darstellt. Auch eine **Tabellenberichtigung** ist **nicht zulässig** (a. A. *Bauer/ Mönch* NJW 1984, 468).
Eine Berichtigung der Tabelle ist möglich, wenn die Tabelleneintragung von dem wirklichen Prüfungsergebnis abweicht oder wenn eine Eintragung versehentlich unterblieben ist (*Mentzel/Kuhn/Uhlenbruck* KO § 145 Rz. 7). Diese Voraussetzungen liegen nicht vor, da die Eintragung des Vorrechts in die Tabelle dem Prüfungsergebnis entsprach.

16 Können diejenigen Arbeitnehmer, deren Abfindungsansprüche bisher nicht als Vorrechtsforderungen zur Konkurstabelle festgestellt sind, von dem Konkursverwalter trotz der neuen Rechtsprechung des *Bundesarbeitsgerichts* unter dem Gesichtspunkt der Gleichbehandlung ein Vorrechtsanerkenntnis verlangen, wenn hinsichtlich einiger Arbeitnehmer das Vorrecht des Abfindungsanspruchs festgestellt ist?
Ist ein Teil der Arbeitnehmerforderungen aufgrund der Entscheidungen des *Bundesarbeitsgerichts* aus dem Jahre 1978 mit einem Vorrecht festgestellt und steht die Prüfung eines weiteren Teils der Forderungen noch aus, kann aufgrund des Gleichbehandlungsgrundsatzes ein Vorrechtsanerkenntnis nicht verlangt werden. Der Gleichbehandlungsgrundsatz verbietet die unterschiedliche Behandlung gleicher Sachverhalte.
Da sich die höchstrichterliche Legalinterpretation zur Frage der Rangqualität des Sozialplanes geändert hat, kann lediglich aufgrund der Rechtskraftwirkung der

Tabellenfeststellung der schon festgestellte Rang nicht mehr der neuen Rechtslage angepaßt werden.

Falls der Konkursverwalter die ausgezahlten Beträge nicht zurückfordern bzw. das Vorrechtsanerkenntnis nicht kondizieren kann, ist zu prüfen, ob die **Vorrechtsgläubiger**, deren Quote durch die Erfüllung der Sozialplanansprüche gemindert wird, **Schadensersatzansprüche gegenüber** dem **Konkursverwalter** geltend machen können. Soweit der Konkursverwalter im Vertrauen auf die höchstrichterliche Rechtsprechung ein Vorrecht anerkannt und die Forderung bezahlt hat, hat er sich nicht schadensersatzpflichtig gemacht. Der Konkursverwalter haftet **nur** für **schuldhafte Pflichtverletzungen**. Hier hat der Konkursverwalter in einem entschuldbaren Rechtsirrtum über Inhalt und Tragweite einer Rechtsnorm gehandelt, da er sein Anerkenntnis in Übereinstimmung mit der höchstrichterlichen Rechtsprechung abgegeben hat. 17

Nach den Entscheidungen des *BVerfG* und des *BAG*, wonach dem Sozialplan ein Vorrang nicht zukommt, sah sich die Bundesregierung veranlaßt, durch eine gesetzgeberische Initiative eine bessere Absicherung der Sozialplanansprüche herbeizuführen. Im Vorgriff auf die langfristig geplante Reform des Insolvenzrechts sollte dies durch eine bis **31. 12. 1988 geltende Zwischenregelung** geschehen. Das Gesetz ist zuerst bis zum 31. 12. 1989 (Gesetz vom 20. 12. 1988, BGBl. I S. 2450), dann bis zum 31. 12. 1991 verlängert worden. Diese gesetzliche Maßnahme, die in dem Gesetz über den Sozialplan im Konkurs- und Vergleichsverfahren ihren Niederschlag gefunden hat, sieht folgende Regelung vor:
Für einen Sozialplan, der nach Eröffnung des Konkursverfahrens aufgestellt wird, kann ein Gesamtbetrag bis zu 2,5 Bruttomonatsverdiensten der von Entlassung betroffenen Arbeitnehmer vereinbart werden. Das Volumen des Sozialplanes darf jedoch ein Drittel der für die Befriedigung der Konkursgläubiger nach Berichtigung der Massekosten und Masseschulden zur Verfügung stehenden Konkursmasse nicht überschreiten. Der so ermittelte Betrag wird nach dem Sozialplan, der von dem Konkusverwalter mit dem Betriebsrat abgeschlossen wird, auf die betroffenen Arbeitnehmer verteilt. Die auf die einzelnen Arbeitnehmer entfallenden Sozialplanansprüche werden im Rang des § 61 Abs. 1 Nr. 1 KO berücksichtigt.
Damit wäre dann gesetzlich klargestellt, daß Sozialplanforderungen wie Leistungen aus der betrieblichen Altersversorgung und Beitragsforderungen der Sozialversicherung zu behandeln sind. 18

Diese nunmehr Gesetz gewordene Zwischenlösung sollte, einer Forderung der Insolvenzrechtskommission zufolge, die Gesamtreform des Insolvenzrechts nicht nachteilig präjudizieren (*Uhlenbruck* NJW 1985, 712). Das **Gesetz** ist dieser Forderung gerecht geworden, denn es **nimmt** das **Grundmodell der Insolvenzrechtskommission vorweg** (vgl. die Leitsätze 4.1. 1–4.1 5 des ersten Berichts der Kommission für Insolvenzrecht, RWS-Skript 1985, 149), wenn auch die Insolvenzrechtskommission sowohl die absolute als auch die relative Obergrenze des Sozialplanvolumens geringer bemessen will. 19

Die Regelung des neuen Gesetzes bestimmt entsprechend, daß zur angemessenen Absicherung (so auch *F/A/K/H* Anhang: SozplKonkG § 1 Rz. 5) der Arbeitnehmer im Konkurs des Arbeitgebers die Nachteile aus insolvenzbedingten Betriebsänderungen durch einen Sozialplan ausgeglichen oder gemildert werden sollen und daß diese Forderungen in dem Rang des § 61 Abs. 1 Nr. 1 KO befriedigt wer- 20

Anhang   *Komm. z. Konkurssozialplangesetz*

den sollen. Zur Begrenzung der durch das Vorrecht entstehenden Massebelastung wird das Gesamtvolumen sowohl absolut auf ein Mehrfaches des letzten Bruttomonatsverdienstes der von der Entlassung betroffenen Arbeitnehmer als auch relativ auf einen bestimmten Prozentsatz der Teilungsmasse beschränkt.

21 Das Gesetz ist **weder** eine **Konkursnovelle** noch eine **abschließende Kodifikation.** Es regelt für die alten Bundesländer eine komplexe, die Nahtstelle von Insolvenzrecht und Betriebsverfassungsrecht bildende Materie unmittelbar durch Spezialnormen, welche die allgemeinen Vorschriften der Konkursordnung und der Vergleichsordnung einerseits und der Betriebsverfassung andererseits überlagern oder ergänzen (vgl. zur Rechtsentwicklung auch GK-*Fabricius* §§ 112, 112a Rz. 146ff.; *F/A/K/H* Anhang: SozPlKonkG § 1 Rz. 1ff.).

§ 1 (Geltungsbereich)

Für die Behandlung eines Sozialplans (§ 112 des Betriebsverfassungsgesetzes) in dem Konkurs- oder Vergleichsverfahren über das Vermögen des Unternehmers gelten als besondere Vorschriften die §§ 2 bis 5.

Inhaltsübersicht

		Rz.
I.	Der Geltungsbereich des Gesetzes	1–11
II.	Pfändung der Sozialplanansprüche	12–28
III.	Die Verfassungsmäßigkeit des Gesetzes	29–32

I. Der Geltungsbereich des Gesetzes

1 Die Vorschrift des § 1 macht deutlich, daß die §§ 2 bis 5 des Gesetzes nur als besondere Vorschriften die Konkurs- und Vergleichsordnung ergänzen und damit das BetrVG im Konkurs des Unternehmens uneingeschränkt gilt (*BAG* vom 6.5. 1986 AP Nr. 8 zu § 128 HGB; *F/A/K/H* Anhang: SozPlKonkG § 1 Rz. 7 m.w.N.).

2 Die §§ 3 bis 5 regeln nur die Behandlung solcher Sozialpläne, die nicht früher als in den letzten 3 Monaten vor dem Antrag auf Eröffnung eines Insolvenzverfahrens aufgestellt wurden.

3 Für die früher aufgestellten Sozialpläne und für die Forderung aus einem Nachteilsausgleich gelten die allgemeinen Regeln.

4 **Sozialplanforderungen** aus Sozialplänen, die **früher als 3 Monate** vor dem Antrag auf Eröffnung eines Insolvenzverfahrens aufgestellt wurden, sind danach **einfache Konkursforderungen** i.S. d § 61 Abs. 1 Nr. 6 KO.

5 Der vor Konkurseröffnung abgeschlossene **Sozialplan kann** möglicherweise unter den Voraussetzungen der §§ 29ff. KO **von dem Konkursverwalter angefochten** werden (*D/R* § 112 Rz. 103ff. m.w.N.; vgl. auch *LAG Hamm* vom 20.1.1982 – 12 Ta 120/81 – DB 1982, 1119 = BB 1982, 925, das darauf hinweist, daß die begründete Anfechtung nicht eine allgemeine Unwirksamkeit des Sozialplanes, sondern nur seine Unwirksamkeit im Verhältnis zu den Konkursgläubigern zur Folge

hat und deshalb dem Konkursverwalter ein Leistungsverweigerungsrecht zusteht). Weiterhin kann dem **Konkursverwalter, falls** der **Sozialplan noch nicht abgewickelt** ist, wegen Wegfalls der Geschäftsgrundlage ein **Leistungsverweigerungsrecht** zustehen, möglicherweise kann er auch den noch nicht erfüllten Sozialplan wegen Veränderung der Verhältnisse **außerordentlich kündigen** (*BAG* vom 13. 12. 1978 – GS 1/77 – EzA § 112 BetrVG 1972 Nr. 15 m. Anm. *Hess* = DB 1979, 261).

Arbeitgeber und Sequester (i. S. v. § 106 Abs. 1 Satz 2 KO) können – gemeinsam handelnd – rechtswirksam einen **Sozialplan** vereinbaren (*BAG* vom 20. 11. 1984 – 1 ABR 59/80 – BB 1985, 658). Während nach der Entscheidung des Großen Senats des *BAG* (vom 13. Dezember 1978 – GS 1/77 – EzA §§ 112 BetrVG 1972 Nr. 15 m. Anm. *Hess* = DB 1979, 261) davon ausgegangen werden durfte, daß der Sequester nicht befugt ist, dem Abschluß eines Sozialplanes zuzustimmen, weil der Sequester nicht die Rechte der Konkursgläubiger beschneiden darf, stellte das *Bundesarbeitsgericht* nunmehr klar, daß Arbeitgeber und Sequester gemeinsam Konkursforderungen begründen können. Zu den weiteren Befugnissen des Sequesters zur Sicherung der Konkursmasse vgl. *Hess/Kropfshofer* KO § 106 Rz. 9 ff. und *Eickmann* RWS-Skript 1985, 88, 1 ff. 6

Soweit die zulässigen Leistungen des Sozialplanes darauf gerichtet sind, dem Arbeitnehmer Abfindungszahlungen zu gewähren, da sie sich **nicht als Gegenleistung für in der Vergangenheit geleistete Dienste, sondern als Anpassungshilfen für die Zukunft** darstellen, handelt es sich um **einfache Konkursforderungen gem. § 61 Ziff. 6 KO**, da die konkursrechtlichen Vorrechte nur den echten Arbeitslohnansprüchen gewährt werden (*G/L* § 112 Rz. 69; *LAG Hamm* vom 6. 11. 1973 – 3 Sa 651/73 – BB 1974, 39; *LAG Hamm* vom 9. 9. 1974 – 2 Sa 628/74 – DB 1974, 1964; *ArbG Wiesbaden* vom 2. 4. 1975 – 6 Ca 1778/75 – BB 1975, 1069; *LAG Baden-Württemberg* vom 4. 4. 1978 – 7 Sa 181/77 – DB 1978, 1087; *Böttcher* BB 1975, 977, 979; GK-*Fabricius* § 112 Rz. 138 ff.). 7

Werden in den Sozialplänen zulässigerweise Modalitäten hinsichtlich der **Zahlung rückständiger Bezüge** aus dem Arbeitsverhältnis vereinbart, so kommen für diese Ansprüche die **Konkursvorrechte der §§ 59 Abs. 1 Nr. 3a, 61 Ab. 1 Nr. 1 KO** in Betracht (*Brill* AR-Blattei Konkurs IVC1; *D/R* § 112 Rz. 111; *G/L* § 112 Rz. 70; *Hanau* ZfA 1974, 89, 112). 8

Soweit es sich bei den Arbeitnehmeransprüchen um **Masseforderungen** handelt, sind diese unmittelbar – notfalls auch klageweise – gegen den **Konkursverwalter** geltend zu machen. 9

Soweit es sich um **Konkursforderungen** – bevorrechtigte oder nichtbevorrechtigte – handelt, sind sie bei dem **Konkursgericht** zur Konkurstabelle anzumelden. Dies gilt insbesondere nach der Entscheidung des *BAG* auch für die Ansprüche aus Sozialplan bzw. auch Nachteilsausgleich (*BAG* vom 19. 12. 1979 – 5 AZR 96/76 – RdA 1980, 127). 10

Da die Einordnung der Arbeitnehmeransprüche in die eine oder andere Kategorie nicht immer leicht und eindeutig ist, wird man bei Zweifeln in der rechtsberatenden Praxis empfehlen, neben der Geltendmachung gegen den Konkursverwalter vorsorglich auch eine Anmeldung der Forderung zur Konkurstabelle vorzunehmen, was möglich ist, ohne daß der Anspruch seine »Rechtsqualität« verliert. 11

Anhang *Komm. z. Konkurssozialplangesetz*

II. Pfändung der Sozialplananspräche

12 Die Sozialplanabfindungen gem. §§ 111, 112 BetrVG **werden** ebenso wie die Abfindung wegen des Verlustes des Arbeitsplatzes nach §§ 9, 10 KSchG **von** einem formularmäßig erlassenen **Pfändungs- und Überweisungsbeschluß erfaßt**, mit dem das Arbeitseinkommen des Arbeitnehmers gepfändet wird.

13 Die **Abfindungen sind »Arbeitseinkommen« i. S. d.** § **850 ZPO** (so *OLG Düsseldorf* vom 28. 8. 1979 – 3 W 191/79 – DB 1980, 112; *BAG* vom 13. 7. 1959 – 2 AZR 398/58 – AP Nr. 1 zu § 850 ZPO; *BAG* vom 12. 9. 1979 – 4 AZR 420/77 – EzA § 9 KSchG 1969 Nr. 8 = DB 1980, 358; *Zöller* ZPO § 850i Anm. I 1; *Baumbach/Lauterbach* § 850i Anm. 2; *Stein/Jonas/Münzberg* ZPO § 850 Anm. VII 7c; *Thomas/Putzo* ZPO, 11. Aufl., § 850; *D/R* § 112 Rz. 134; *G/L* § 112 Rz. 62; diese Auffassung wird abgelehnt von: *Auffarth* DB 1969, 528; *Hueck/Nipperdey* 362, Fn. 40; *Nikisch* I, 421; *Rewolle* DB 1962, 936; *Schaub* Arbeitsrechtshandbuch § 141 VII 5; *Schmidt* DB 1965, 1629; *D/R* § 112 Rz. 134; *G/L* § 112 Rz. 62).

14 **Für** diese **Abfindungen gelten nicht** die **Pfändungsgrenzen des** § **850c ZPO**. Es handelt sich vielmehr um eine »nicht wiederkehrende zahlbare Vergütung« i. S. v. § 850 ZPO.

15 Für die Pfändung **sachlich zuständig** ist das **Amtsgericht** als Vollstreckungsgericht.

16 Der Pfändungsbeschluß wird zunächst wie beantragt, also ohne Pfändungsschutz, erlassen. Der **Schutz nach** § **850i ZPO** wird **nur auf Antrag** gewährt. Antragsberechtigt sind außer dem Schuldner auch seine unterhaltsberechtigten Angehörigen. **Zuständig** für die Entscheidung ist der Rechtspfleger gem. § 20 Nr. 17 RPflG.

17 Der **Antrag** ist **nicht mehr zulässig, wenn** der **Drittschuldner** bereits an den Gläubiger **geleistet hat**.

18 Hat der Schuldner noch nicht an den Gläubiger geleistet und stellt der Schuldner den **Antrag gem.** § **860 ZPO**, so entscheidet der Rechtspfleger über die dem Schuldner zu belassende Summe. Ist der Unterhalt des Schuldners und seiner unterhaltsberechtigten Angehörigen im Rahmen des § 850c gesichert, dann kann sich der Schuldner für das an sich nach § 850i zu beurteilende Einkommen nicht auf die Vorschrift berufen.

19 **Gegen** die **Entscheidung** des **Rechtspflegers** ist die **Vollstreckungserinnerung** gegeben.

20 Der **Drittschuldner** ist **berechtigt**, aufgrund des Pfändungs- und Überweisungsbeschlusses die Abfindung ohne Beschränkung **an den Gläubiger auszuzahlen**, sofern der Rechtspfleger keine dem Schuldner zu belassende Summe festgesetzt hat.

21 Da es zumindest noch als streitig angesehen werden kann, ob die Abfindungen nach dem Sozialplan als Arbeitslohn zu behandeln sind, sollte, **soweit Pfändungen vorliegen**, der dem Arbeitnehmer auszuzahlende **Betrag hinterlegt** werden, wenn der Arbeitnehmer nicht damit einverstanden ist, daß der volle Abfindungsbetrag an den Pfändungsgläubiger ausgezahlt wird.

22 Im Falle der Hinterlegung ist die dem Arbeitnehmer zustehende Abfindung unter Verzicht auf die Rücknahme zugunsten des Arbeitnehmers und des Pfändungsgläubigers **beim Amtsgericht zu hinterlegen**. Der auszuzahlende Betrag ist bar beim Amtsgericht – Hinterlegungsstelle – einzuzahlen.

23 § **113 gilt auch im Rahmen des Konkursverfahrens.** Da die Mitwirkungs- und

Mitbestimmungsrechte des Betriebsrats im Rahmen eines Konkursverfahrens nicht entfallen, können die Arbeitnehmer Abfindungsansprüche nach § 113 geltend machen, wenn der Konkursverwalter ohne zwingenden Grund von einem vereinbarten Interessenausgleich abweicht und eine Betriebsänderung durchführt, ohne einen Interessenausgleich mit dem Betriebsrat versucht zu haben (*BAG* vom 17. 9. 1974 – 1 AZR 16/74 – EzA § 113 BetrVG 1972 Nr. 1 m. Anm. *Heuckel* = DB 1974, 2207).

Forderungen aus einem **Nachteilsausgleich** (§ 113 BetrVG) sind **einfache Konkursforderungen** nach § 61 Nr. 6 KO, wenn der Unternehmer von einem vor Konkurseröffnung abgeschlossenen Interessenausgleich abweicht oder eine Betriebsänderung durchgeführt hat, ohne einen Interessenausgleich versucht zu haben (*F/A/K/H* Anhang: SozPlKonkG § 1 Rz. 13). 24

Weicht der Konkursverwalter von dem Interessenausgleich, der nach Konkurseröffnung abgeschlossen wurde, ab oder versucht einen solchen nicht, sind die **Forderungen nach § 113 BetrVG Masseschulden** nach § 59 Nr. 1 KO (*BAG* vom 9. 7. 1985 – 1 AZR 323/83 – EzA § 113 BetrVG 1972 Nr. 13 = DB 1985, 1533; 1986, 279; vgl. *F/A/K/H* Anhang: SozPlKonkG § 1 Rz. 14). 25

Nach der Auffassung des Großen Senats *BAG* vom 13. 12. 1978 – GS 1/77 – (EzA § 112 BetrVG 1972 Nr. 15 m. Anm. *Hess* = DB 1979, 261; s. auch *D/R* § 112 Rz. 121, § 113 Rz. 47 ff.) sollten die **Abfindungsansprüche nach § 113 bevorrechtigte Forderungen im Range vor Nr. 1 des § 61 KO** sein, unabhängig davon, ob die Betriebsänderung vor oder nach der Konkurseröffnung stattgefunden hat. Auf den Anspruch nach § 113, der mit dem Ausscheiden des entlassenen Arbeitnehmers fällig wird, sind eventuell bestehende **tarifliche Verfallvorschriften anwendbar** (*BAG* vom 29. 11. 1983 – 1 AZR 523/82 – EzA § 113 BetrVG 1972 Nr. 11 = DB 1984, 724; *Brill* DB 1978 Beilage Nr. 18, 8 m. w. N.). 26

Abfindungen nach §§ 9, 10 KSchG werden selbst dann, wenn sie die gleichen Zwecke verfolgen wie die Sozialplanabfindungen, **nicht** von der gesetzlichen Regelung über die Sozialpläne **erfaßt**, wenn sie unmittelbar vor der Eröffnung eines Insolvenzverfahrens vereinbart wurden. 27

Der **sachliche Anwendungsbereich** der **Übergangsvorschrift** (§ 6) reicht, wie sich aus § 6 Abs. 3 ergibt, über den Geltungsbereich der §§ 2 bis 5 hinaus. Soweit in anhängigen Konkursverfahren das Vorrecht für Sozialplanforderungen oder für Nachteilsausgleiche vor § 61 Abs. 1 Nr. 1 KO festgelegt ist, ist dieses Vorrecht in dem gesetzlich geregelten Umfang unbeachtlich, und zwar nicht nur für die Forderungen aus den Sozialplänen, sondern auch für die Forderungen aus dem Nachteilsausgleich. 28

III. Die Verfassungsmäßigkeit des Gesetzes

Die Übergangsregelung des § 6 Abs. 2 bestimmt, daß bei den beim Inkrafttreten des Gesetzes anhängigen Konkursverfahren die Forderung aus einem Sozialplan, der vor dem Inkrafttreten dieses Gesetzes aufgestellt worden ist, ebenfalls im Rahmen des Gesamtvolumens von 2,5 Monatsverdiensten der von der Entlassung betroffenen Arbeitnehmer mit dem Rang des § 61 Abs. 1 Nr. 1 KO berichtigt wird. Durch diese Regelung wird in die Quotenerwartung der übrigen Gläubiger eingegriffen. Da zumindest durch das letzte Urteil des *BAG* klargestellt war, daß der Sozialplanforderung kein Vorrang zukommen soll, wird nunmehr im Rahmen des 29

Anhang   *Komm. z. Konkurssozialplangesetz*

Gesamtvolumens und unter Berücksichtigung der relativen Verteilungssperre des § 4 bis zu ⅓ der Konkursmasse vorweg auf die Arbeitnehmer verteilt, so daß die Neuregelung des Ranges der Sozialplanforderung aus der Sicht der übrigen Gläubiger ein wirschaftlich belastendes **Rückwirkungsgesetz** darstellt.

Solche rückwirkend belastenden Gesetze stellen dann einen Verstoß gegen Art. 21, 19 GG dar, wenn **nicht vorhersehbare und nicht disponierbare Verhaltenspflichten** normiert werden, so daß der Mensch zum Gegenstand staatlichen Geschehens gemacht wird. Selbst wenn man die Zulässigkeit rückwirkend belastender Gesetze davon abhängig machen würde, daß die Belastung voraussehbar, von sachlichen Erwägungen gestützt und bedeutend mehr in die Sphäre des Bürgers eingegriffen würde, so wäre die vorgesehene Regelung als verfassungsgemäß anzusehen, da die Frage der rangmäßigen Einordnung der Sozialplananspüche in Literatur und Rechtsprechung höchst streitig war und deshalb mit einer solchen gesetzlichen Regelung gerechnet werden mußte. Dementsprechend haben das *BVerfG* vom 13. 8. 1985 – 1 BvR 925/85 – DB 1985, 1848 und *LG Bielefeld* (vom 27. 6. 1985 – 3 T 503/85 – DB 1985, 1847) die Verfassungsmäßigkeit des Gesetzes bejaht, da der Gesetzgeber die ihm zustehende Dispositionsbefugnis nicht überschritten habe.

30 Für die Verfassungsmäßigkeit des Gesetzes spricht auch, daß der Gesetzgeber nach dem **Grundsatz der Verhältnismäßigkeit** festgelegt hat, daß für die Berichtigung bevorrechtigter Sozialplanforderungen nicht mehr als ⅓ der Konkursmasse verwendet werden darf und dadurch sichergestellt ist, daß nicht ein unvertretbar großer Teil der Konkursmasse für die Sozialplanforderungen aufgezehrt wird.

31 Auch die **Ungleichbehandlung** der innerhalb des 3-Monats-Zeitraumes vor dem Insolvenzfall begründeten Sozialplanforderungen im Verhältnis zu der individualiter vereinbarten Abfindung nach §§ 9, 10 KSchG ist verfassungsrechtlich nicht zu beanstanden, da der Gesetzgeber insoweit unter sachlichen Gesichtspunkten differenziert, indem er eine Regelung getroffen hat mit der positiven Wirkung einer vom Betriebsrat mitgetragenen Kollektivvereinbarung und damit mittelbar das Mitbestimmungsrecht des Betriebsrates verstärkt (*F/A/K/H* Anhang: SozPlKonkG § 1 Rz. 20).

32 Auch die unterschiedliche Behandung der Sozialplananspüche nach dm Zeitpunkt der Aufstellung, die unterschiedliche Behandlung der Sozialplananspüche im Verhältnis zu den Ansprüchen aus dem Nachteilsausgleich und die unterschiedliche Behandlung der Arbeitnehmer, je nachdem ob sie in betriebsratsfähigen Betrieben oder Kleinbetrieben beschäftigt sind, ist unter verfassungsrechtlichen Gesichtspunkten nicht zu beanstanden (*F/A/K/H* Anhang: SozPlKonkG § 1 Rz. 21).

§ 2 (Sozialplan nach Konkurseröffnung)

In einem Sozialplan, der nach der Eröffnung des Konkursverfahrens aufgestellt wird, kann für den Ausgleich oder die Milderung der wirtschaftlichen Nachteile, die den Arbeitnehmern infolge der geplanten Betriebsänderung entstehen, ein Gesamtbetrag bis zu zweieinhalb Monatsverdiensten (§ 10 Abs. 3 des Kündigungsschutzgesetzes) der von einer Entlassung betroffenen Arbeitnehmer vorgesehen werden.

Komm. z. Konkurssozialplangesetz **Anhang**

Inhaltsübersicht

		Rz.
I.	Der Sozialplanumfang	1– 9
II.	Der Arbeitnehmerbegriff	10–13
III.	Die von Entlassung betroffenen Arbeitnehmer	14–18
IV.	Der Monatsverdienst	19–21

I. Der Sozialplanumfang

Die Vorschrift des § 2 über die Behandlung der nach Konkurseröffnung aufgestell- 1
ten Sozialpläne, d.h. die Einigung zwischen Unternehmer und Betriebsrat über
den Ausgleich oder die Milderung der wirtschaftlichen Nachteile aus einer geplanten Betriebsänderung, **setzt** die **Geltung der §§ 111ff. BetrVG voraus**. Von der
Betriebsänderung betroffen sind nicht nur die Arbeitnehmer, die entlassen werden, sondern alle Arbeitnehmer, die Nachteile erleiden, also auch die in dem
Betrieb verbleibenden (GK-*Fabricius* §§ 112, 112a Rz. 161; **a.A.** *F/A/K/H*
Anhang: SozPlKonkG § 2 Rz. 6). Es gelten damit alle für den Abschluß von Sozialplänen relevanten Vorschriften des BetrVG, nach Maßgabe der §§ 111, 112,
112a BetrVG (*F/A/K/H* Anhang: SozPlKonkG § 2 Rz. 1 ff.).
Dies bedeutet aber auch, daß in **betriebsratslosen Betrieben** Sozialpläne im Sinne 2
des Konkurssozialplangesetzes nicht abgeschlossen werden können (*F/A/K/H*
Anhang: SozPlKonkG § 1 Rz. 21).
Der Umfang des berücksichtigungsfähigen, d.h. anmeldbaren und feststellungsfä- 3
higen Sozialplanes darf den **Gesamtbetrag von 2,5 Monatsgehältern** der von Entlassung bedrohten Arbeitnehmern nicht übersteigen. Mit dieser Regelung, mit der
die Rechtsmacht des Betriebsrats beschränkt wird (*Balz* DB 1985, 689, 691), sollen die Interessen der übrigen Gläubiger geschützt werden, deren Befriedigungschancen durch einen unangemessenen Sozialplan beeinträchtigt würden.
Wird ein **höheres Sozialplanvolumen** vereinbart, so ist der **Sozialplan** nicht nur 4
gegenüber den Gläubigern, sondern auch gegenüber dem Gemeinschuldner **unwirksam** (*F/A/K/H* Anhang: SozPlKonkG § 2 Rz. 18ff.; GK-*Fabricius* §§ 112,
112a Rz. 172), wobei nach Maßgabe allgemeiner Grundsätze (vgl. *BAG* vom
28.4.1981 – 1 ABR 53/79 – EzA § 87 BetrVG 1972 Versorgungswesen Nr. 2 m.
Anm. *Kraft* = DB 1981, 1882) im Einzelfall zu prüfen ist, ob der Sozialplan teilweise aufrechterhalten werden kann (*F/A/K/H* Anhang: SozPlKonkG § 2 Rz. 20
m.w.N.; GK-*Fabricius* §§ 112, 112a Rz. 179). Zu Recht wird darauf hingewiesen,
daß bei Überschreiten des zulässigen Gesamtvolumens eine anteilige Kürzung aller Ansprüche in Frage kommt (*F/A/K/H* Anhang: SozPlKonkG § 2 Rz. 20; *Balz*
DB 1985, 691).
Ist der **Sozialplan von** der **Einigungsstelle aufgestellt**, so kann die Frage, ob das 5
höchstzulässige Volumen überschritten wurde, im Rahmen der Rechtskontrolle
geklärt werden. Die Zweiwochenfrist des § 76 Abs. 5 Satz 4 BetrVG, die nicht für
die Rechtskontrolle, sondern für die Ermessenskontrolle gilt, greift nicht ein
(*BAG* vom 14.5.1985 – 1 ABR 52/81 – DB 1985, 2153; *Balz* DB 1985, 689, 691;
F/A/K/H Anhang: SozPlKonkG § 2 Rz. 19).
Ob nur die innerhalb der Frist des § 76 Abs. 5 Satz 4 BetrVG vorgebrachten Tatsa- 6
chen bei der Ermessenskontrolle berücksichtigt werden können, hat das *BAG* ausdrücklich unentschieden gelassen. Es spricht jedoch vieles dafür, daß alle Tatsa-

Anhang   *Komm. z. Konkurssozialplangesetz*

chen, auch wenn sie außerhalb der Frist vorgebracht wurden, berücksichtigungsfähig sind.

7 In der Einigungsstelle, die einen Sozialplan aufzustellen hat, können Arbeitgeber und Betriebsrat Mitglieder sein. Wird im Konkurs des Arbeitgebers aus Anlaß einer Betriebsstillegung ein Sozialplan aufgestellt, brauchen Vertreter der Gläubiger nicht zu Mitgliedern der Einigungsstelle bestellt zu werden. Ist der Arbeitgeber eine KG, ist die Forderung eines Arbeitnehmers aus dem Sozialplan eine Verbindlichkeit der Gesellschaft. Für die Verbindlichkeit haftet der persönlich haftende Gesellschafter (§ 161 Abs. 1 HGB) persönlich (§ 161 Abs. 2 i.V.m. § 128 Satz 1 HGB), das gilt auch im Konkurs der Gesellschaft. Der in Anspruch genommene Gesellschafter kann nicht geltend machen, er hafte nur nach Abschluß des Konkursverfahrens und nur in Höhe der dem Gemeinschuldner ausgehändigten Restmenge (*BAG* Urt. vom 6.5. 1986 – 1 AZR 553/84 – ZIP 1986, 1202 = NZA 1986, 800).

8 Bei der Aufstellung eines Sozialplanes im Konkursverfahren sind die Interessen der übrigen Konkursgläubiger angemessen zu berücksichtigen. Dies erfolgt in rechtsähnlicher Anwendung des § 112 Abs. 4 Satz 2 BetrVG aus dem konkursrechtlichen Grundgedanken der Solidargemeinschaft aller Konkursgläubiger. Der besondere wirtschaftliche Wert, den der Arbeitsplatz für den Arbeitnehmer darstellt, wird bereits dadurch berücksichtigt, daß auch im Konkurs ein Sozialplan aufzustellen ist. Wenn die Einigungsstelle bei der Festlegung der Höhe des Sozialplanes die Interessen der Gläubiger überhaupt nicht berücksichtigt, überschreitet sie allein deswegen den ihr nach § 76 Abs. 5 Satz 4 zustehenden Ermessensspielraum (*ArbG Heilbronn* vom 27.9. 1974 – 1 Bv 8/84 – DB 1975, 261).

9 Beim Sozialplan im Konkurs sind die sozialen Belange der Arbeitnehmer gegen die Interessen des Gemeinschuldners und damit der Konkursgläubiger abzuwägen. Die Einigungsstelle hat bei der Höhe der Abfindungen §§ 113 Abs. 1 und 10 KSchG zu beachten (*LAG Baden-Württemberg* vom 15.3. 1975 – 1 TaBV 1/76 – BB 1977, 39; *LAG Baden-Württemberg* vom 12.2. 1975 – 2 TaBV 22/74 – BB 1976, 36; **a.a.** *LAG Frankfurt/M.* vom 15.6. 1976 – 5 TaBV 3/76 – BB 1976, 1463, das davon ausgeht, daß bei der Aufstellung eines Sozialplanes im Konkurs die wirtschaftliche Vertretbarkeit für das Unternehmen nicht mehr geprüft werden muß).

II. Der Arbeitnehmerbegriff

10 Bei der Berechnung des höchstzulässigen Sozialplanvolumens ist auf die **Arbeitnehmer** abzustellen, **die** aufgrund der Betriebsänderung **von** der **Entlassung betroffen** sind.

11 Dies sind grundsätzlich nur die Arbeiter, deren Arbeitsverhältnisse **bei Aufstellung des Sozialplanes noch nicht beendigt** sind (*BAG* vom 30.10. 1979 – 1 ABR 112/77 – EzA § 76 BetrVG 1972 Nr. 26 = DB 1980, 549, 550). Eine **Ausnahme** gilt nur für die Fälle, in denen die Arbeiter infolge einer Betriebsänderung, auf die sich der Sozialplan bezieht, ausgeschieden sind (*D/R* § 112 Rz. 73).

12 Es gilt der **betriebsverfassungs- und nicht der konkursrechtliche Arbeitnehmerbegriff**, da die Sozialpläne nur für die Arbeitnehmer aufgestellt werden können, die zur Belegschaft i.S.d. BetrVG gehören (*Balz* DB 1985, 689, 691; *F/A/K/H* Anhang: SozPlKonkG § 2 Rz. 10). Dazu gehören auch die Teilzeitbeschäftigten, die

befristet Eingestellten und die Heimarbeitnehmer (*F/A/K/H* Anhang: SozPl-KonkG § 2 Rz. 10). Keine Arbeitnehmer sind somit die Organmitglieder juristischer Personen und die übrigen in § 5 Abs. 2 BetrVG aufgeführten Personengruppen. Der Sozialplan gilt auch nicht unmittelbar für die leitenden Angestellten i. S. d. § 5 Abs. 3 BetrVG (*BAG* vom 16. 7. 1985 – 1 AZR 206/81 – EzA § 112 BetrVG 1972 Nr. 38 m. Anm. *Mayer-Maly* = DB 1985, 1600, 2207; *D/R* § 112 Rz. 7 m. w. N.; *F/A/K/H* Anhang: SozPlKonkG § 2 Rz. 10).

Soweit das *BAG* es für zulässig hält, daß Arbeitgeber und Betriebsrat bei der Aufstellung des **Sozialplanes** die **leitenden Angestellten** in den Kreis der Abfindungsberechtigten **mit einbeziehen** können (*BAG* vom 31. 1. 1979 – 5 AZR 454/77 – EzA § 112 BetrVG 1972 Nr. 17 = DB 1979, 412, 1039), steht ihnen aus einem Vertrag zugunsten Dritter ein Individualanspruch und nicht ein auf der normativen Wirkung der Betriebsvereinbarung beruhender Kolektivanspruch zu, so daß die Abfindung nicht in das Sozialplanvolumen einfließen und als nichtbevorrechtigte Forderungen zur Konkurstabelle angemeldet werden kann (*Balz* DB 1985, 689, 691). 13

III. Die von Entlassung betroffenen Arbeitnehmer

Für die Frage, wer **von** einer **Entlassung betroffen** ist, kann auf die zu § 17 KSchG entwickelten Rechtsgrundsätze zurückgegriffen werden. 14

Die **Entlassung** ist die von dem Arbeitgeber durch einseitige Willenserklärung im Wege der ordentlichen Kündigung herbeigeführte tatsächliche Beendigung des Arbeitsverhältnisses (*Hueck* KSchG § 17 Rz. 17 a). 15

Aufhebungsverträge aus Anlaß der Betriebsänderung und Eigenkündigungen auf Veranlassung des Arbeitgebers werden ebenfalls wie Entlassungen behandelt (*Balz* DB 1985, 689, 691; *F/A/K/H* Anhang: SozPlKonkG § 2 Rz. 11). 16

Keine Entlassung liegt vor, **wenn** der **Arbeitnehmer selbst kündigt** oder das Arbeitsverhältnis auf sonstige Weise, wie durch Zeitablauf oder durch **Anfechtung**, oder aber aufgrund einer Kündigung aus verhaltens- oder personenbedingten Gründen beendet wird. 17

Ausgeschiedene Arbeitnehmer sind in den Sozialplan einzubeziehen, wenn ihr Ausscheiden auf der Betriebsänderung beruht (*F/A/K/H* Anhang: SozPlKonkG § 2 Rz. 10 m. w. N.). 18

IV. Der Monatsverdienst

Der **Sozialplanumfang** kann **maximal 2,5 Monatsverdienste** der von einer Entlassung betroffenen Arbeitnehmer betragen, und zwar zu dem Zeitpunkt, zu dem die Mehrzahl der Arbeitnehmer ausscheidet (*F/A/K/H* Anhang: SozPlKonkG § 2 Rz. 13). 19

Monatsverdienst ist nach § 10 Abs. 3 KSchG, auf den der Gesetzgeber verweist, der Betrag, den der Arbeitnehmer bei der für ihn maßgebenden regelmäßigen Arbeitszeit im letzten Monat des Arbeitsverhältnisses verdient hat, und zwar der volle Bruttobetrag, ohne Abzug für Lohnsteuer und Sozialversicherungsbeiträge (*F/A/K/H* Anhang: SozPlKonkG § 2 Rz. 15), einschließlich aller Zulagen der Sonderzahlungen sowie eines eventuellen Aufwendungsersatzes. 20

Anhang *Komm. z. Konkurssozialplangesetz*

21 Für eventuelle **Sachbezüge** ist der Geldwert zu ermitteln. **Beträge, die bei besonderen Gelegenheiten** gezahlt werden, wie z. B. Jubiläumsgaben, sind **nicht mitzurechnen**, da sie nicht zu dem regelmäßigen Monatsverdienst gehören (*Hueck* KSchG § 10 Rz. 6 m. w. N.; *Balz* DB 1985, 689, 691; *S/W* Ergänzungsband, §§ 111–113 Rz. 158a), es sei denn, sie hätten Entgeltcharakter (*F/A/K/H* Anhang: SozPlKonkG § 2 Rz. 15).

§ 3 (Sozialplan vor Konkurseröffnung)

Ein Sozialplan, der vor der Eröffnung des Konkursverfahrens, jedoch nicht früher als drei Monate vor dem Antrag auf Eröffnung des Konkurs- oder Vergleichsverfahrens aufgestellt wird, ist den Konkursgläubigern gegenüber insoweit unwirksam, als die Summe der Forderungen aus dem Sozialplan größer ist als der Gesamtbetrag von zweieinhalb Monatsverdiensten der von einer Entlassung betroffenen Arbeitnehmer. Eine Forderung aus dem Sozialplan kann im Konkursverfahren mit demjenigen Teil ihres Betrags geltend gemacht werden, der dem Verhältnis des in Satz 1 bestimmten Gesamtbetrags zu der Summe der Forderungen aus dem Sozialplan entspricht. Hat ein Arbeitnehmer auf seine Forderung aus dem Sozialplan vor der Eröffnung des Konkursverfahrens Leistungen empfangen, werden diese zunächst auf denjenigen Teil seiner Forderung angerechnet, der im Konkursverfahren geltend gemacht werden kann.

1 Der Sozialplan, der **nicht früher als 3 Monate** vor dem Antrag auf Eröffnung eines Konkurs- bzw. Vergleichsverfahrens abgeschlossen ist, wird im Rahmen des Gesamtbetrages von 2,5 Monatsverdiensten der von der Entlassung betroffenen Arbeitnehmer den Sozialplänen nach der Konkurseröffnung gleichgestellt (*F/A/K/H* Anhang: SozPlKonkG § 3 Rz. 3ff.).
2 Der Sozialplan ist aufgestellt, wenn sich Arbeitgeber und Betriebsrat geeinigt haben und die schriftliche Vereinbarung (§ 77 Abs. 2 Satz 1, 2) unterzeichnet haben. Im Falle der Entscheidung durch die Einigungsstelle ist der Sozialplan aufgestellt, wenn der Vorsitzende diesen schriftlich niedergelegten Spruch unterzeichnet hat (GK-*Fabricius* §§ 112, 112a Rz. 187; *F/A/K/H* Anhang: SozPlKonkG § 3 Rz. 4).
3 Die 3-Monats-Frist vor dem Antrag auf Eröffnung des Konkursverfahrens berechnet sich nach den §§ 186ff. BGB, wobei bei der Rückwärtsberechnung, vom Eingang des Konkursantrags an, der letzte Tag der Frist nicht mitgerechnet wird (§ 187 Abs. 1 BGB; GK-*Fabricius* §§ 112, 112a Rz. 189).
4 Für die Fristberechnung ist der Eingang des Konkursantrages bei Gericht, bei mehreren Konkursanträgen der erste Antrag maßgeblich. Der Vergleichsantrag des Schuldners ist maßgeblich, wenn das Anschlußkonkursverfahren eröffnet wird (*F/A/K/H* Anhang: SozPlKonkG § 3 Rz. 5).
5 In dem konkursrelevanten Rahmen ist die Forderung nach § 61 Nr. 61 KO bevorrechtigt, während der darüber hinausgehende Teil der Forderung gegenüber den Konkursgläubigern unwirksam ist (*Uhlenbruck* NJW 1985, 712, 713; *F/A/K/H* Anhang: SozPlKonkG § 3 Rz. 2 und Rz. 9ff. mit einer Vielzahl von Beispielen).
6 Da während der Dauer des Konkursverfahrens eine Einzelzwangsvollstreckung unzulässig ist (§ 14 KO), kann **der darüber hinausgehende Teil** der Sozialplanforderung **erst nach Beendigung des Konkursverfahrens** gegen den Gemeinschuldner

Komm. z. Konkurssozialplangesetz **Anhang**

geltend gemacht werden (*Balz* DB 1985, 689, 692; *F/A/K/H* Anhang: SozPlKonkG § 3 Rz. 16).

Wegen dieses Teils der Sozialplanforderung, der im Konkursverfahren nicht anwendbar ist, **tritt** eine **Unterbrechung** der 2jährigen **Verlängerungsfrist nicht ein** (§§ 196 Nr. 8, 214 BGB). 7

Werden vor Konkurseröffnung auf die Sozialplanforderungen **Leistungen** erbracht, **werden** diese dem Arbeitnehmer zunächst **auf den Teil der Forderung angerechnet, der im Konkursverfahren geltend gemacht wurde** (GK-*Fabricius* §§ 112, 112a Rz. 139). Mit der Regelung soll die Gleichbehandlung der Arbeitnehmer gesichert werden (*Balz* DB 1985, 689; 692; ders. RWS-Skript 1985, 149, 66). Hat der Arbeitnehmer seine volle Sozialplanforderung erhalten, also mehr als er im Konkursverfahren geltend machen kann, kann nichts zurückgefordert werden (GK-*Fabricius* §§ 112, 112a Rz. 194; *F/A/K/H* Anhang: SozPlKonkG § 3 Rz. 14). 8

Ist der Sozialplan früher als 3 Monate vor Konkurseröffnung abgeschlossen, sind die hieraus sich ergebenden Forderungen einfache Konkursforderungen i.S.d. § 61 Ziff. 6 KO. Der Betriebsrat kann sich weder durch Anfechtung noch nach den Grundsätzen über den Wegfall der Geschäftsgrundlage von dem Sozialplan lösen und den Abschluß eines neuen Sozialplanes verlangen (a.A. *F/A/K/H* Anhang: SozPlKonkG § 3 Rz. 18, die davon ausgehen, daß für den hier vorliegenden Fall die allgemeinen zivilrechtlichen Grundsätze nicht eingreifen würden, und GK-*Fabricius* §§ 112, 122a Rz. 196, der dadurch die Möglichkeit eröffnen will, einen weiteren Sozialplan abzuschließen). 9

§ 4 (Sozialplanforderungen als Konkursforderungen)

Im Konkursverfahren werden Forderungen aus einem Sozialplan nach § 2 ebenso wie Forderungen aus einem Sozialplan nach § 3, soweit diese im Konkursverfahren geltend gemacht werden können, mit dem Rang des § 61 Abs. 1 Nr. 1 der Konkursordnung berichtigt. Für die Berichtigung dieser Forderungen darf jedoch nicht mehr als ein Drittel der für die Verteilung an die Konkursgläubiger zur Verfügung stehenden Konkursmasse verwendet werden; § 61 Abs. 2 Satz 2 der Konkursordnung gilt entsprechend. Sind Forderungen aus mehreren Sozialplänen mit dem Vorrecht nach Satz 1 zu berichtigen, gilt Satz 2 entsprechend für die Gesamtheit dieser Forderungen.

Inhaltsübersicht

		Rz.
I.	Die Sozialplanforderung als Konkursforderung	1– 5
II.	Die relative Begrenzung der Sozialplanforderungen	6–11
III.	Die Auszahlung der Sozialplanforderungen	12, 13

I. Die Sozialplanforderung als Konkursforderung

§ 4 Satz 1 stellt klar, daß die relativen Forderungen aus einem Sozialplan i.S.d. §§ 2, 3 **Konkursforderungen** sind und diesen Konkursforderungen der gleiche **Rang** zugewiesen ist wie den in **§ 61 Abs. 1 Nr. 1 KO** aufgeführten Forderungen 1

Anhang   *Komm. z. Konkurssozialplangesetz*

(*Balz* DB 1985, 689, 692; *Uhlenbruck* NJW 1985, 712, 713; *BAG* vom 3. 12. 1985 – 1 AZR 545/84 – KTS 1986, 350).

2 Forderungen aus Sozialplänen, die **früher als 3 Monate** vor dem Antrag auf Eröffnung eines Konkurs- oder Vergleichsverfahrens aufgestellt wurden, genießen dieses Vorrecht nicht (*Balz* DB 1985, 689, 691), so daß sie als **Konkursforderung im Range des § 61 Abs. 1 Nr. 6** berichtigt werden.

3 Die Sozialplanforderung ist unter Beachtung der hierfür vom Gericht gesetzten Frist schriftlich oder zu Protokoll der Geschäftsstelle des Konkursgerichts zur Konkurstabelle anzumelden (*Balz* DB 1985, 689, 692; *F/A/K/H* Anhang: SozPlKonkG § 4 Rz. 6, 9). Eine pauschale Anmeldung des Sozialplanvolumens ist unzulässig (*BAG* vom 3. 12. 1985 – 1 AZR 545/84 – DB 1986, 650). Forderungen, die außerhalb der Anmeldefrist angemeldet werden, werden nicht im allgemeinen Prüfungstermin, sondern in einem gesonderten Termin geprüft.

Dem **Konkursverwalter** obliegt es, die Forderung im Feststellungsverfahren zu prüfen und festzustellen, ob die absolute Begrenzung des Sozialplanvolumens eingehalten ist (*Balz* DB 1985, 689, 691).

Falls der Feststellung der Forderung oder des Vorrechts vom Konkursverwalter, den Gläubigern oder dem Gemeinschuldner widersprochen wird, kann der Anmeldende diese Forderung gegen den Widersprechenden mit der Feststellungsklage (§ 146 KO) weiterverfolgen (*F/A/K/H* Anhang: SozPlKonkG § 4 Rz. 10). Die vorausgegangene Anmeldung ist notwendige Prozeßvoraussetzung für eine solche Feststellungsklage.

4 Für eine allgemeine Feststellungsklage (§ 256 Abs. 1 ZPO), mit der ein Vorrecht für eine Konkursforderung festgestellt werden soll, besteht neben der Klage nach § 146 Abs. 1 Satz 1 KO kein Rechtsschutzinteresse (*BAG* vom 3. 12. 1985 – 1 AZR 545/84 – DB 1986, 650. Zur Feststellung des Vorrechts vgl. *BAG* vom 9. 7. 1985 – 1 AZR 419/83 – DB 1985, 2395).

5 Soweit den Forderungen nach § 4 Satz 1 ein Vorrecht zukommt, sind sie nach dem Grundsatz des § 61 Abs. 2 KO stets in dem gleichen Rang wie die übrigen in § 1 Abs. 61 Nr. 1 KO aufgeführten Forderungen zu berichtigen, was die Auszahlung der Sozialplanforderung gefährdet (*F/A/K/H* Anhang: SozPlKonkG § 4 Rz. 12).

II. Die relative Begrenzung der Sozialplanforderungen

6 In § 4 Satz 2 ist bestimmt, daß für die Berichtigung bevorrechtigter Sozialplanforderungen nicht mehr als ⅓ der Konkursmasse verwendet werden darf (**relative Begrenzung;** vgl. die Beispiele bei *Balz* RWS-Skript 1985, 149, 71, 72; *F/A/K/H* Anhang: SozPlKonkG § 4 Rz. 14ff. GK-*Fabricius* §§ 112, 112a Rz. 200ff.). Auch wenn mehrere Sozialpläne zu erfüllen sind, darf nach § 4 Satz 2 nicht mehr als ⅓ der Konkursmasse aufgewendet werden (*F/A/K/H* Anhang: SozPlKonkG § 4 Rz. 19ff.).

7 Diese Vorschrift schränkt lediglich die Berichtigung von Sozialplanforderungen ein und hat damit nur Bedeutung für die Verteilung der Masse (*F/A/K/H* Anhang: SozPlKonkG § 4 Rz. 14). Deshalb ist der Konkursverwalter nicht berechtigt, die Sozialplanforderung allein deshalb zu bestreiten, weil im Prüfungstermin noch nicht feststeht, wie hoch die zur Verteilung kommende Konkursmasse sein wird (*BAG* vom 16. 8. 1988 – 5 AZR 478/87 – DB 1988, 256).

8 Konkursmasse ist der Betrag, der nach Abzug der Massekosten, der Masseschulden, der Ab- und Aussonderungsrechte im Zeitpunkt der Auszahlung zur Verfügung steht (a. A. *Uhlenbruck* NJW 1985, 712, 713; *F/A/K/H* Anhang: SozPlKonkG § 4 Rz. 3, die von dem Begriff der freien Teilungsmasse des § 2 der Verordnung über die Vergütung des Konkursverwalters ausgehen).

Zur Verdeutlichung wird auf das **Verhältnis der absoluten** Begrenzung des § 2 **und** 9 **der relativen Begrenzung**, der Verteilungssperre, zu den einzelnen Sozialplanforderungen der Arbeitnehmer eingegangen. Die absolute Begrenzung des Sozialplanes nach § 2 hat nur Bedeutung für die Höhe der anmeldbaren und feststellbaren Forderung und hat keine Auswirkung auf das Volumen der tatsächlichen Leistung. Für die dem einzelnen zustehende Forderung aus dem Sozialplan gelten die allgemeinen Regeln über die Aufstellung von Sozialplänen. Dabei ist es möglich, daß nach den bei der Aufstellung festgelegten Kriterien – wie Alter, Betriebszugehörigkeit, Unterhaltsverpflichtung und besondere Bedürftigkeit – dem Arbeitnehmer im Einzelfall noch eine Abfindung zusteht, die 2,5 Monatsverdienste übersteigt. Während die absolute Begrenzung das konkurswirksame Sozialplanvolumen festlegt, mit dem die Verteilung nicht präjudiziert wird, errichtet die relative Begrenzung eine Verteilungssperre, die bei jeder Zahlung zu berücksichtigen ist. Ob die relative Begrenzung des Sozialvolumens wirksam wird, hängt vom Umfang der Teilungsmasse und zugleich von der Größe des nach §§ 2, 3 errechneten absoluten Volumens und von der in Rangklasse 1 erzielbaren Quote auf das nach §§ 2, 3 absolut errechnete Sozialplanvolumen ab. Wenn mehr als ⅓ der Teilungsmasse benötigt würde, ist der Sozialplananspruch jedes einzelnen Gläubigers anteilig zu kürzen. Bei mehreren gleichrangigen Sozialplänen, für die das Vorrecht zu gewähren ist, sind die Forderungen zusammenzurechnen.

Nach einer Entscheidung des *ArbG Nürnberg* (Urt. vom 9. 12. 1987 – 7 Ca 3205/ 10 87 –) soll der Konkursverwalter verpflichtet sein, eine Forderung aus einem konkreten zustande gekommenen Konkurssozialplan der Höhe nach zu bestreiten, wenn die relative Begrenzung des Sozialplanvolumens eingreifen kann. Mit Recht weist *Balz* (EWiR § 4 SozPlKonkG 1/88, 299) darauf hin, daß § 4 Satz 2 SozPlKonkG nicht als eine Vorschrift zur materiell-rechtlichen Inhaltsbestimmung der Forderung aus einem Sozialplan verstanden werden kann.

Soweit die Sozialplangläubiger **infolge** der **relativen Begrenzung** einen **Ausfall** hin- 11 nehmen müssen, können sie ihre zur Konkurstabelle festgestellte Forderung nach Abschluß des Konkursverfahrens gegen den Gemeinschuldner geltend machen (*F/A/K/H* Anhang: SozPlKonkG § 4 Rz. 23).

III. Die Auszahlung der Sozialplanforderungen

Im Hinblick auf die relative Begrenzung des Sozialplanvolumens wird der Kon- 12 kursverwalter aus Haftungsgründen gehalten sein, **erst dann** mit Zustimmung des Gerichts (§ 170 KO) **Abschlußzahlungen zu leisten, wenn** die **Teilungsmasse feststeht**. Da diese meist erst im Schlußtermin feststeht, ist grundsätzlich nicht mit einer schnellen Auszahlung zu rechnen (*Uhlenbruck* NJW 1985, 712, 713; auch *Balz* DB 1985, 689, 693, der zu Unrecht die Gefahr der Auszahlungsverzögerung relativiert). Ist hinreichend Masse vorhanden, können Abschlagszahlungen gewährt werden (*F/A/K/H* Anhang: SozPlKonkG § 4 Rz. 18).

Der Konkursverwalter kann nach Abhaltung des allgemeinen Prüfungstermins mit 13 Ermächtigung des Gerichts Abschlagszahlungen leisten, wenn ihm hinreichend

Anhang *Komm. z. Konkurssozialplangesetz*

Masse zur Verfügung steht (*F/A/K/H* Anhang: SozPlKonkG § 4 Rz. 18). Dabei wird er sicherzustellen haben, daß alle Masseschulden i. S. d. §§ 59 Abs. 1 Nr. 1 und 2 KO, die Massekosten i. S. d. § 58 Nr. 1 und 2 KO, die Massekosten des § 59 Abs. 1 Nr. 3 und 4 KO und die Massekosten des § 58 Nr. 3 KO vorab bedient werden können.

§ 5 (Sozialplan im Vergleichsverfahren)

Am Vergleichsverfahren sind die Arbeitnehmer nicht beteiligt, soweit ihre Forderungen aus einem Sozialplan im Konkursverfahren geltend gemacht werden können und ein Vorrecht genießen; im übrigen sind sie Vergleichsgläubiger.

§ 3 erweitert den **Regelungsinhalt des § 26 Abs. 1 VglO** und bestimmt, daß Sozialplangläubiger mit bevorrechtigten Forderungen nur insoweit nicht an dem Vergleichsverfahren teilnehmen, als ihre Forderungen im Konkursverfahren geltend gemacht werden können. Arbeitnehmer mit Forderungen aus einem Sozialplan i. S. d. § 3 nehmen deshalb mit einem Teilbetrag ihrer Forderungen an dem Vergleichsverfahren nicht teil, der dem Verhältnis des Gesamtbetrages von 2,5 Monatsverdiensten der von Entlassung betroffenen Arbeitnehmer zu der Summe der Sozialplanforderungen entspricht. Mit dem Teilbetrag, der im Konkursverfahren nicht geltend gemacht werden konnte, sind die Arbeitnehmer Vergleichsgläubiger (vgl. *Uhlenbruck* NJW 1985, 712, 713, 714; *Balz* DB 1985, 689, 691; *F/A/K/H* SozPlKonkG § 5 Rz. 6 ff.).

§ 6 (Übergangsregelung für bei Inkrafttreten des Gesetzes anhängige Insolvenzfälle)

(1) Ist das Konkurs- oder Vergleichsverfahren beim Inkrafttreten dieses Gesetzes anhängig, sind die §§ 2 bis 5 vorbehaltlich der folgenden Absätze anzuwenden.
(2) Auf einen Sozialplan nach § 2 oder 3, der vor dem Inkrafttreten dieses Gesetzes aufgestellt worden ist, ist nur § 4 Satz 1 anzuwenden. Ist die Summe der Forderungen aus einem solchen Sozialplan größer als der Gesamtbetrag von zweieinhalb Monatsverdiensten der von einer Entlassung betroffenen Arbeitnehmer, wird jede Forderung im Konkursverfahren bis zu demjenigen Teil ihres Betrags, der dem Verhältnis des Gesamtbetrags zu der Summe der Forderungen aus dem Sozialplan entspricht, mit dem Rang des § 61 Abs. 1 Nr. 1 und im übrigen mit dem Rang des § 61 Abs. 1 Nr. 6 der Konkursordnung berichtigt. Hat ein Arbeitnehmer auf seine Forderung aus dem Sozialplan Leistungen empfangen, werden diese zunächst auf den bevorrechtigten Teil seiner Forderung angerechnet.
(3) Sind Forderungen für das Konkursverfahren mit einem Vorrecht vor den in § 61 Abs. 1 Nr. 1 der Konkursordnung aufgeführten Forderungen festgestellt worden, ist dieses Vorrecht in dem weiteren Verfahren unbeachtlich. Die Unbeachtlichkeit des Vorrechts wird von Amts wegen in der Tabelle vermerkt.
(4) Ein Vorrecht nach diesem Gesetz kann im Konkursverfahren auch dann nachträglich angemeldet und festgestellt werden, wenn Forderungen ohne Vorrecht oder mit einem Vorrecht vor den in § 61 Abs. 1 Nr. 1 der Konkursordnung aufge-

führten Forderungen festgestellt worden sind. Wird das Vorrecht binnen zwei Monaten nach dem Inkrafttreten dieses Gesetzes angemeldet, fallen die Kosten eines besonderen Prüfungstermins der Konkursmasse zur Last.
(5) Ansprüche aus ungerechtfertigter Bereicherung sind ausgeschlossen. Ein angenommener Vergleich oder Zwangsvergleich bleibt unberührt.

Die Übergangsregelung für bei Inkrafttreten des Gesetzes anhängige Insolvenzverfahren setzt voraus, daß der **Antrag** auf Eröffnung eines Vergleichs- oder Konkursverfahrens **gestellt** und das **Verfahren noch nicht beendet** ist (*F/A/K/H* Anhang: SozPlKonkG § 8 Rz. 1). 1

Beim **Anschlußkonkurs** ist für die Frage der Anhängigkeit auf den Antrag auf Eröffnung eines Vergleichsverfahrens abzustellen. 2

Mit § 6 Abs. 1 soll verdeutlicht werden, daß für **Altsozialplangläubiger** im anhängigen Insolvenzverfahren der Anwendungsbereich des Gesetzes nach Maßgabe des § 6 Abs. 2 bis 5 erweitert und ergänzt wird (vgl. *Balz* RWS-Skript 1985, 149, 95; *ders*. DB 1985, 689, 694). 3

Nach § 6 Abs. 2 ist für **Altsozialpläne**, die **nicht früher als 3 Monate** vor einem Insolvenzverfahren aufgestellt wurden, der Grundsatz des § 4 Abs. 1 anwendbar, d. h., die Forderungen sind in dem gleichen Umfang wie künftige Sozialpläne bevorrechtigt. Die darüber hinausgehende Forderung kann in der Rangklasse des § 61 Abs. 1 Nr. 6 KO angemeldet werden, wobei aus der Konkursmasse schon erbrachte Leistungen auf den bevorrechtigten Teil der Forderung anzurechnen sind (*Balz* RWS-Skript 1985, 149, 100ff.; *ders*. DB 1985, 689, 695). Es tritt ein Rangstellensplitting ein, wenn die Summe aller Forderungen aus einem Altsozialplan größer ist als der Gesamtbetrag von zweieinhalb Monatsverdiensten aller von der Entlassung betroffenen Arbeitnehmer. In diesem Fall wird die Forderung des Arbeitnehmers teils nach § 61 Abs. 1 Nr. 1 KO, teils nach § 61 Abs. 1 Nr. 6 KO berichtigt (§ 6 Abs. 2 Satz 2 SozPlKonkG; *BAG* vom 9. 7. 1985 – 1 AZR 419/83 – DB 1985, 2359 und *BAG* vom 3. 12. 1985 – 1 AZR 545/84 – DB 1986, 650 = BB 1986, 463 = NZA 1986, 429; *F/A/K/H* Anhang: SozPlKonkG § 8 Rz. 6). 4

In § 6 Abs. 3 wird zur Beseitigung der durch die Rechtsprechung des *BAG* 1978 eingeleitete Fehlentwicklung gesetzlich normiert, daß die **Rechtskraft der Forderungsfeststellung** insoweit **durchbrochen** wird, als ein diesem Gesetz zuwiderlaufendes, **weitergehendes Vorrecht** in der Rangklasse 0 zur Konkurstabelle **festgestellt** ist. Die Tabelle ist von Amts wegen zu berichtigen (*Uhlenbruck* NJW 1985, 712, 714). 5

Von der Rückabwicklung sind solche Ansprüche ausgenommen, die bereits erfüllt sind (*LG Bielefeld* vom 27. 6. 1985 – 3 T 503/85 – DB 1985, 1847).

Dies verstößt nicht gegen den allgemeinen, aus dem Rechtsstaatsprinzip hergeleiteten Vertrauensschutzgrundsatz, da die Regelung des § 6 Abs. 3 nur eine unechte Rückwirkung enthält (*BVerfG* vom 13. 8. 1985 – 1 BvR 925/85 –). Darüber hinaus kann der Vertrauensschutz nur für eine Regelung in Anspruch genommen werden, die ihrerseits mit der Verfassung vereinbar ist (vgl. § 79 Abs. 2 BVerfGG).

Da die Rechtsprechung des *Bundesarbeitsgerichts* hinsichtlich der Rangqualität von Sozialplanforderungen vom *Bundesverfassungsgericht* für verfassungswidrig erklärt wurde, war der Gesetzgeber somit zu einer Neuregelung befugt (*LG Bielefeld* vom 27. 6. 1985 – 3 T 503/85 – DB 1985, 1847ff.).

§ 6 Abs. 6 stellt klar, daß das einer Sozialplanforderung zu gewährende **Vorrecht**, 6

Anhang *Komm. z. Konkurssozialplangesetz*

selbst wenn die Forderung ohne Vorrecht anerkannt ist, noch **nachträglich**, binnen 2 Monaten nach Inkrafttreten des Geetzes, ohne Kosten für den Arbeitnehmer **angemeldet** werden kann, wobei jedoch die verfahrensmäßigen Schranken der Konkursordnung für die nachträgliche Anmeldung zu beachten sind (vgl. beispielsweise § 152 KO; *Uhlenbruck* NJW 1985, 712, 714; *Balz* RWS-Skript 149, 103 ff.; *F/A/K/H* Anhang: SozPlKonkG § 18 Rz. 14ff.).

7 § 6 Abs. 5 verdeutlicht, daß ein Arbeitnehmer, der infolge eines zu Unrecht festgestellten Vorrechts mehr erhalten hat als ihm nach dem Konkurssozialplangesetz zustände, analog der Vorschrift des § 79 Abs. 2 BetrVG nicht aus dem Gesichtspunkt der ungerechtfertigten Bereicherung in Anspruch genommen werden kann (*Balz* RWS-Skript 1985, 149, 107 ff.; *Uhlenbruck* NJW 1985, 712, 714; *F/A/K/H* Anhang: SozPlKonkG § 8 Rz. 18).

8 In den Altkonkursverfahren, mit denen die Forderung aus dem Sozialplan noch mit dem Vorrecht vor § 61 Abs. 1 Nr. 1 KO festgestellt ist, hat der Konkursverwalter die Forderungen der Beteiligten im Schlußverzeichnis lediglich mit dem Rang des § 61 Abs. 1 Nr. 1 bzw. der Nr. 6 KO aufzuführen, und zwar aufgrund des zwischenzeitlich inkraftgetretenen Konkurssozialplangesetzes, welches gem. § 6 Abs. 1 auf die anhängigen Konkursverfahren Anwendung findet, in § 6 Abs. 2 die vom Konkursverwalter vorgenommene Aufteilung der Sozialplanforderungen auf die Rangklassen des § 61 Abs. 1 Nr. 1 und 6 KO vorsieht und in § 6 Abs. 3 ausdrücklich die Unbeachtlichkeit eines festgestellten Vorrechts »vor § 61 Abs. 1 Nr. 1 KO« für das weitere Verfahren normiert, wobei ein entsprechender Vermerk von Amts wegen in die Konkurstabelle aufzunehmen ist (*LG Essen* Beschl. vom 16. 8. 1986 – 7 T 65/86 –).

§ 7

Dieses Gesetz gilt nach Maßgabe des § 13 Abs. 1 des Dritten Überleitungsgesetzes auch im Land Berlin.

§ 8

Dieses Gesetz tritt am Tage nach der Verkündung in Kraft. Es tritt mit Ablauf des 31. Dezember 1993 außer Kraft.

Das Gesetz ist am 27. Februar 1985 verkündet worden (BGBl. I S. 369), und es ist am 28. Februar 1985 in Kraft getreten. Durch Gesetz vom 20. 12. 1988 (BGBl. I S. 2450) ist es bis zum 31. Dezember 1989 verlängert worden. Mit Gesetz vom 22. 12. 1989 (BGBl. I S. 2405) ist es bis zum 31. Dezember 1991 verlängert worden. Mit Gesetz vom 20. 12. 1991 (BGBl. I S. 2289) ist es bis zum 31. Dezember 1993 verlängert worden.

Fundstellen-Register der zitierten Entscheidungen

1. Nicht berücksichtigt sind die nicht veröffentlichten Entscheidungen.

2. Die Auswahl der ausgewerteten Periodika erfolgte nach den Gesichtspunkten der Verbreitung in der Praxis und der Dichte der veröffentlichten einschlägigen Entscheidungen.

Entscheidungsregister – Bundesarbeitsgericht

Bundesarbeitsgericht

Datum	Akten-zeichen	EzA (m. Anm. von ...)	AP Nr. zu § (m. Anm. von ...)	DB	BB	RdA	AuR	SAE	AR-Blattei	NJW	Sonstige
05.12.52	1 AZR 594/56	–	2 123 BGB	58, 282	58, 232	–	–	–	–	–	–
07.07.54	1 ABR 2/54	–	113 BetrVG 1952 (Bühlig)	54, 744 55, 289 (Popp)	54, 745 55, 289 (Popp)	54, 358	54, 378 (Hunn) 55, 85 (Popp)	54, 140 (Bohn)	–	54, 1420	JZ 60, 713
07.07.54	1 ABR 6/54	–	124 BetrVG 1952	54, 700	54, 685	–	–	–	–	–	–
07.07.54	1 ABR 14/54	–	2 13 BetrVG 1952	–	55, 162 (Hess)	–	–	–	Betriebsverf. VI, Entsch. 1 (Dietz)	–	–
10.10.54	1 AZR 19/53	–	137 BetrVG 1952 (Galperin)	54, 1107	55, 28	–	–	55, 53 (Osswald)	–	–	–
20.10.54	1 ABR 11/54	–	125 BetrVG 1952 (Dietz)	54, 955	54, 966	–	–	55, 30	–	–	–
20.10.54	1 ABR 17/54	–	176 BetrVG 1952 (Dietz)	54, 1003	54, 1028 (Dietz)	54, 478 58, 412 (Ordemann)	55, 121 (Mendigo)	55, 50 (Bohn)	Betriebsverf. XV, Entsch. 3	54, 1950	–
10.11.54	1 AZR 99/54	–	2 37 BetrVG 1952	54, 1072	54, 1108	–	–	55, 49 (Wagner)	–	–	–
10.11.54	1 AZR 19/53	–	137 BetrVG 1952	–	–	–	–	55, 53	Betriebsverf. X, Entsch. 4	–	–
03.12.54	1 AZR 150/54	–	2 13 KSchG	55, 147	55, 128	–	–	–	–	–	–
03.12.54	1 ABR 7/54	–	188 BetrVG 1952 (Küchenhoff)	54, 1072 55, 98	55, 65 58, 378 (Kunze, Spieker)	55, 79	55, 158 (Mendigo)	55, 76 (Bohn)	Betriebsverf. XV, Entsch. 5 (Fitting)	55, 277	–

Bundesarbeitsgericht – Entscheidungsregister

Datum	Az.		Thema								
15.01.55	1 AZR 3(5)/54	—	4 Art. 3 GG (Breitzke)	55, 98, 267, 316 363	55, 290 (Herschel)	55, 119 205 (H. Krüger) 361 (Gaul) 56, 254 (Gaul)	55, 250 (Mendigo)	—	56, 1 (Nikisch)	—	55, 684 (H. Krüger)
28.01.55	GS 1/54	—	1 Art. 9 GG Arbeitskpf.	55, 455, 725 (Meisinger) 945 (Meisinger) 56, 377 (A. Hueck) 1085 (Meisinger) 1958, 52 (Müller) 869 (Dietzhoff)	55, 454 (Molitor) 605 (Heinemann) 704 (Hoeninger) 799 (Hinterdobler) 56, 598 (Hessel) 57, 1281 (Brandner)	55, 198 56, 13 (Siebert) 201 (A. Hueck) 325 (Nikisch) 58, 449 (Hampel)	—	—	56, 1 (Nikisch)	—	55, 882, 972 (Meisinger)
02.03.55	ABR 19/54	—	118 BetrVG 1952 (Dietz)	55, 338	55, 317	55, 159	55, 160	55, 216 (Bohn)	—	—	—
02.03.55	1 ABR 3/53	—	116 Wo (Dietz)	55, 339	55, 316 (Hess)	55, 159	55, 160	55, 218 (Bohn)	—	55, 767	—
02.03.55	1 AZR 246/54	—	6 Art. 3 GG	55, 315	55, 288, 290	55, 159, 205 (Krüger) 361 (Gaul) 56, 254 (Gaul)	—	—	—	55, 684 (H. Krüger)	JZ 56, 105 (Galperin)
02.04.55	1 ABR 19/54	—	118 BetrVG 1952	55, 388	55, 317	—	—	—	—	—	—
06.04.55	1 AZR 365/54	—	7 Art. 3 GG	55, 263, 583, 803	55, 542	55, 205 (H. Krüger) 55, 361 (Gaul) 56, 254 (Gaul)	55, 284 (Mendigo)	—	—	55, 1005	JZ 56, 105 (Galperin)
04.05.55	1 ABR 4/53	—	144 BetrVG 1952 (Dietz)	55, 631	56, 77 57, 1112 (Radke)	—	—	—	—	—	—
06.07.55	1 AZR 510/54	—	120 BetrVG 1952 Jugendvertr.	55, 692, 828 56, 645 (Wünnenberg)	55, 734	—	—	55, 244 (Bohn)	—	55, 1414	Betriebsverf. XIII, Entsch. 1 (Bötticher)
13.07.55	1 ABR 20/54	—	181 BetrVG 1952	55, 898	55, 833	—	55, 349 (Frey)	56, 30 (Bohn)	—	55, 1574	—
12.10.55	1 ABR 1/54	—	163 BetrVG 1952	55, 1143	55, 1088	—	—	56, 163	—	—	—

Entscheidungsregister – Bundesarbeitsgericht

Datum	Akten- zeichen	EzA (m. Anm. von...)	AP Nr. zu § (m. Anm. von...)	DB	BB	RdA	AuR	SAE	AR-Blattei	NJW	Sonstige
12.10.55	1 ABR 13/54	–	156 BetrVG 1952 (Küchenhoff)	55, 1142	55, 1057	–	–	56, 85 (Walter)	–	–	–
13.10.55	2 AZR 106/54	–	3 13 KSchG	55, 1066	55, 994	–	–	–	–	–	–
02.11.55	1 ABR 6/55	–	127 BetrVG 1952	56, 115	56, 140	–	–	56, 90 (Osswald)	–	–	–
02.11.55	1 ABR 30/54	–	123 BetrVG 1952	56, 68	56, 77	–	–	56, 63	–	–	–
03.11.55	2 AZR 39/54	626 BGB Nr. 1	4 626 BGB (A. Hueck)	55, 1226	56, 44	–	–	–	–	56, 240 55, 1894	–
10.11.55	2 AZR 591/54	611 BGB Nr. 1	2 611 Beschäftigungspfl.	55, 1091 56, 114 58, 1462 (Röhsler)	56, 141, 176	–	–	56, 145 (Pieper)	–	–	–
15.12.55	2 AZR 228/54	–	167 HGB	56, 599	56, 241	–	–	–	–	–	–
13.01.56	1 AZR 167/55	–	4 13 KSchG	56, 162	56, 174	56, 119	56, 269 (Frey)	56, 98 (Osswald)	–	56, 398	–
09.02.56	2 AZR 176/55	–	110 Bergmanns Versorg. ScheinG NRW (Schmidt)	56, 236	56, 275	56, 159	57, 263 (Schmidt)	57, 233 (Schreiber)	–	–	–
18.02.56	2 AZR 294/54	–	15 ArbGG (Herschel)	57, 164 (Molitor)	–	56, 159	57, 59 (Schneider)	56, 102 (Gotzen)	–	56, 647	JR 60, 173 JZ 56, 377
28.02.56	3 AZR 90/54	–	1 242 BGB Betriebliche Übung (Neumann-Duesberg)	56, 1156 (Monjau) 57, 1200 (Heimeier)	–	56, 318	–	–	–	–	–

Bundesarbeitsgericht – Entscheidungsregister

Datum	Az.		Norm							
16.03.56	GS 1/55	–	1 57 BetrVG 1952	56, 573, 988 (Kauffmann)	56, 308, 560, 1149 (Hilger, Rau, Wilke)	56, 238 57, 401 (A. Hueck)	56, 217 (Mendigo) 57, 292 (Heissmann)	56, 156 (Molitor)	Ruhegeld, Entsch. 10 (Sitzler)	56, 1086	JZ 56, 504 JR 57, 333 (Jaerisch)
20.04.56	1 ABR 2/56	–	3 27 BetrVG 1952	56, 598	56, 593	56, 316	–	56, 207 (Osswald)	–	56, 1175	–
26.04.56	GS 1/56	615 BGB Nr. 1	5 9 MuSchG (A. Hueck)	56, 426	56, 435, 596, 788	56, 320, 359	57, 91 (H. Krüger)	–	–	56, 1454	–
03.05.56	2 AZR 388/54	–	9 626 BGB	–	–	–	58, 203 (Frey) 57, 196	56, 149	–	–	BARBBl 57, 321
22.06.56	1 AZR 116/54	–	11 611 BGB Urlaubsrecht (Dersch)	56, 800 57, 68 (Neumann) 58, 487 (Neumann)	56, 752 56, 754	56, 399	–	–	Urlaub, Entsch. 23 (Gros)	–	–
06.07.56	1 ABR 7/55·	–	4 27 BetrVG 1952 (Küchenhoff)	56, 822	56, 785	56, 358	–	57, 74 (Gift)	–	56, 1613	–
06.07.56	1 AZB 18/55	–	1 11 1 ArbGG (Bührig)	–	56, 721	56, 358	–	56, 204 (Sabin)	Arbeitsgerichtsbark. VI C, Entsch. 2 (Gros)	56, 1332, 1812	–
13.07.56	1 AZR 492/54	–	15 242 BGB Ruhegehalt	–	–	–	–	–	–	–	–
27.07.56	1 AZR 430/54	–	3 4 TVG Geltungsber.	56, 1812	56, 958	56, 400	57, 26 (Mendigo) 58, 306 (Frey)	56, 222 (Sabin)	Tarifvertr. IV, Entsch. 8 (A. Hueck)	–	JZ 56, 771
27.07.56	1 AZR 436/55	–	12 611 BGB Urlaubsrecht (Dersch)	56, 823 57, 68 (Neumann) 58, 487 (Neumann)	56, 818	56, 399	56, 287 (Schneider)	57, 57 (Gift)	Urlaub, Entsch. 24 (Gros)	56, 1533	JZ 56, 610
07.09.56	1 AZR 646/54	–	2 56 BetrVG 1952 (Dersch)	56, 895 57, 166	57, 183, 219 (Hilger), 853	56, 117	–	58, 8 (Pawelke)	–	–	–

1779

Entscheidungsregister – Bundesarbeitsgericht

Datum	Akten-zeichen	EzA (m. Anm. von ...)	AP Nr. zu § (m. Anm. von ...)	DB	BB	RdA	AuR	SAE	AR-Blattei	NJW	Sonstige
25.09.56	3 AZR 102/54	1 KSchG 1969 Nr. 18 (Herschel)	18 1 KSchG	56, 943, 1159 58, 52	56, 1142	57, 39	–	57, 43 (Pawelke)	–	57, 59	–
04.10.56	2 AZR 213/54	611 BGB Gratifik., Prämie, Nr. 1	4 611 BGB Gratifik., (A. Hueck)	56, 1039, 1156 (Monjau) 57, 1200 (Heimeier)	56, 1032, 1071 (Berger)	56, 479	–	56, 228	–	56, 1853	JZ 56, 771
09.10.56	3 AZR 643/54	–	2 1 TVG Auslegung (Tophoven)	57, 24	57, 77	57, 79	57, 311 (Hessel)	57, 22 (Sabin)	Tarifvertr. IX, Entsch. 1	57, 319	JR 57, 371 (Jaerisch)
26.10.56	1 ABR 26/54	–	1 43 BetrVG 1952 (Dietz)	57, 215	57, 219	57, 478	57, 190 (Schneider)	–	–	57, 764	–
26.10.56	1 AZR 350/55	–	15 611 BGB Urlaubsrecht (Küchenhoff)	57, 192	57, 442	57, 159	–	–	–	–	–
06.11.56	3 AZR 42/55	–	14 626 BGB (Bötticher)	56, 1211	57, 39, 40	57, 161 (Hilger), 310	–	–	–	56, 118	–
01.02.57	1 AZR 521/54	–	4 56 BetrVG 1952 (Küchenhoff)	57, 262, 286 58, 767 (Butz), 1392 (Rewolle)	57, 292, 327 (Gumport)	57, 158	58, 119 (Frey)	57, 169 (Nikisch) 59, 65 (Gaul)	Arbeitskampf II, Entsch. 7 (Bulle)	–	JZ 57, 389 JR 57, 371 (Jaerisch) 58, 287 (Jaerisch) 411 (Jaerisch)
01.02.57	1 AZR 195/55	–	1 32 SchwBeschG	–	57, 294	57, 160	58, 27 (Schroeder-Printzen)	–	Kurzarbeit, Entsch. 1	57, 966	–

Bundesarbeitsgericht – Entscheidungsregister

Date	Case No.		Law/§						
01.02.57	1 AZR 478/54	–	513 KSchG (Bührig)	57, 359	57, 198	57, 282 (Steinmann)	57, 194 (Bohn)	Betriebsverf. IX, Entsch. 6	57, 887	JR 57, 371 (Jaerisch)
08.02.57	1 ABR 11/55	–	182 BetrVG 1952 (Küchenhoff)	57, 263	57, 159	–	–	Arbeitsgerichtsbarkeit XII, Entsch. 3	–	JR 57, 333 (Jaerisch)
08.02.57	1 ABR 11/75	–	182 BetrVG 1952 (Küchenhoff)	57, 291	–	–	–	–	–	–
08.02.57	1 AZR 338/55	–	2 615 BGB Betr.Risiko (A. Hueck)	57, 165, 310 718 (Müller) 845 (Kauffmann) 58, 572 (Natzel)	57, 183, 366	57, 158	58, 119 (Frey)	57, 169 (Nikisch)	–	57, 687	JZ 57, 389 JR 57, 371 (Jaerisch)
15.02.57	1 ABR 10/55	–	3 56 BetrVG 1952 (Küchenhoff)	57, 261, 407	57, 329, 927 (Radke)	57, 159 58, 371 (Neumann-Duesberg)	58, 184 (Frey)	–	Arbeitsgerichtsbarkeit XII, Entsch. 4	–	–
21.02.57	2 AZR 410/54	–	221 KSchG (Herschel)	57, 311	57, 330	57, 158	–	57, 84 (Bohn)	Kündigung XII, Entsch. 1 (Molitor)	–	JR 57, 371 (Jaerisch)
22.02.57	1 AZR 426/56	–	2 2 TVG (Tophoven)	57, 382, 632 (Schröder)	57, 436, 549 (Mann)	57, 239	–	57, 119 (Sabin)	Tarifvertr. II, Entsch. 1 (A. Hueck)	–	JR 57, 371 (Jaerisch)
22.02.57	1 AZR 536/55	–	24 TVG Tarifkonkurrenz (Gumpert)	57, 358, 632 (Schröder)	57, 400, 549 (Mann)	57, 198	–	57, 110 (Sabin)	Tarifvertr. VI, Entsch. 1 (A. Hueck)	57, 845	JR 57, 371 (Jaerisch)
08.03.57	1 ABR 5/55	–	119 BetrVG 1952 (Küchenhoff)	57, 264, 607	57, 291, 644	57, 309	–	58, 181 (Bohn)	Betriebsverf. VI, Entsch. 7	57, 1086	–
08.03.57	1 AZR 113/55	–	437 BetrVG 1952 (Küchenhoff)	57, 263, 606	57, 291, 644	57, 308	–	–	Betriebsverf. X, Entsch. 10	57, 1086	–

Entscheidungsregister – Bundesarbeitsgericht

Datum	Aktenzeichen	EzA (m. Anm. von...)	AP Nr. zu § (m. Anm. von...)	DB	BB	RdA	AuR	SAE	AR-Blattei	NJW	Sonstige
16.03.57	1 Ta BV –	–	1 57 BetrVG 1952 (Molitor)	–	–	–	56, 217 (Sitzler)	–	Ruhegehalt, Entsch. 10	–	–
19.03.57	3 AZR 249/54	–	1 16 AOGÖ (Neumann-Duesberg)	57, 384 58, 367 (Reichel)	57, 401	57, 309	–	–	–	–	JR 57, 333 (Jaerisch)
23.03.57	1 AZR 64/56	–	18 Art. 3 GG	57, 776 60, 980	–	57, 359	–	–	Tarifvertr. IB, Entsch. 1 (Molitor)	–	–
23.03.57	1 AZR 203/56	–	17 Art. 3 GG	57, 775	–	57, 309	58, 95 (H. Krüger)	–	–	–	–
23.03.57	1 AZR 326/56	–	16 Art. 3 GG	57, 823	57, 857	57, 359	58, 87 (H. Krüger)	–	Gleichbeh. im Arbeitsverh., Entsch. 11 (Molitor)	–	–
28.03.57	2 AZR 307/55	–	25 1 KSchG (A. Hueck)	–	–	57, 310	–	–	–	–	–
29.03.57	1 AZR 208/55	–	4 4 TVG Tarifkonkurrenz (Gumpert)	57, 482, 632 (Schröder)	57, 544, 548	57, 310	58, 217 (Frey)	–	Tarifvertr. VI, Entsch. 2 (Herschel)	57, 1006	JR 58, 11 (Jaerisch)
03.04.57	1 AZR 289/55	–	46 2 ArbGG 1953 (Franke)	57, 511	57, 545	58, 438	–	57, 157 (Osswald)	Arbeitsgerichtsbarkeit XII, Entsch. 5	57, 1006	JR 58, 11 (Jaerisch) JZ 57, 641
16.04.57	1 Ta BV 37/56	–	8 56 BetrVG 1952	–	–	–	–	–	–	–	–
02.05.57	2 AZR 469/55	–	1 180 BGB (Lorenz)	–	–	57, 437	–	–	–	–	–

Datum	Az.											
15. 05. 57	1 AZR 134/55	—	—	—	—	—	—	57, 399	—	—	—	—
15. 05. 57	1 ABR 8/55	—	5 242 BGB unzulässige Rechtsausübung Verwirkung (Küchenhoff)	—	—	—	—	—	—	—	—	—
24. 05. 57	1 ABR 9/56	6 76 BetrVG 1952 (Dietz)	5 56 BetrVG	57, 723	—	—	—	—	—	—	—	—
19. 06. 57	1 AZR 84/55	—	—	57, 750, 1021 (Natzel)	57, 399	58, 198	—	—	—	—	JR 58, 11 (Jaerisch)	JR 59, 251
21. 06. 57	1 ABR 1/56	—	12 242 BGB Gleichbeh.	57, 775	—	58, 76	58, 63 (Herschel)	—	—	—	57, 1491	JR 58, 11 (Jaerisch)
21. 06. 57	1 AZR 465/56	—	2 81 ArbGG 1953 (Pohle)	57, 972	—	—	—	—	—	—	—	—
27. 06. 57	2 AZR 58/55	—	5 37 BetrVG 1952 Küchenhoff	57, 799	—	57, 399	58, 219 (Frey)	58, 109 (Reinecke) 59, 2 (Bohn)	—	—	57, 1454	JR 58, 11 (Jaerisch)
11. 07. 57	2 AZR 469/54	—	1 611 BGB Vertragsabschl. (Schnorr v. Carolsfeld)	57, 750	57, 785	57, 400	—	—	—	—	57, 1332	JR 60, 57
12. 07. 57	1 AZR 129/56	—	4 611 BGB Lohnzuschl. (Denecke)	—	—	57, 399	—	—	—	—	—	—
12. 07. 57	1 ABR 6/56	—	5 242 BGB Gleichbeh. (A. Hueck)	57, 947	—	57, 478	—	—	57, 155	—	—	—
19. 07. 57	1 AZR 420/54	—	1 54 BetrVG	—	—	—	58, 190	—	—	—	—	—
		—	1 52 BetrVG 1952 (A. Hueck)	57, 925	57, 966	58, 37	—	—	—	Betriebsverf. 14 Entsch. 2 58, 973 (Radke)	—	—

Bundesarbeitsgericht – Entscheidungsregister

1783

Entscheidungsregister – Bundesarbeitsgericht

Datum	Akten-zeichen	EzA (m. Anm. von ...)	AP Nr. zu § (m. Anm. von ...)	DB	BB	RdA	AuR	SAE	AR-Blattei	NJW	Sonstige
24.07.57	4 AZR 445/54	–	5 59 HGB	58, 93	–	–	–	58, 93	–	–	NzS 59, 148
25.07.57	1 AZR 194/56	–	3 615 BGB Betriebsrisiko (A. Hueck)	57, 922 58, 572 (Natzel)	57, 965	57, 437	58, 125 (Frey)	–	–	–	JR 158, 287 (Jae-risch) JZ 57, 762
17.09.57	1 AZR 312/56	–	4 1 TVG Auslegung (Neumann-Duesberg)	–	–	58, 40	–	–	–	–	–
17.09.57	1 AZR 352/56	–	8 13 KSchG a.F. (Dietz)	57, 1102	57, 1111	58, 120	–	–	–	57, 1855	–
20.09.57	1 AZR 136/56	–	34 1 KSchG a.F. (A. Hueck)	57, 1155 58, 543 (Schröder)	57, 1182	58, 40	–	57, 222 (Osswald)	Kündigungs-schutz, Entsch. 34	58, 37	–
26.09.57	2 AZR 148/55	–	10 1 TVG Auslegung (Neumann-Duesberg)	–	–	58, 200	–	–	–	–	–
27.09.57	1 ABR 493/55	–	7 13 KSchG a.F. (Küchenhoff)	57, 1155; 60, 1009	57, 1179, 1183	58, 80	–	58, 12 (Bohn)	–	–	–
10.10.57	2 AZR 32/56	626 BGB Nr. 7	1 626 BGB Druckkündi-gung (Herschel)	–	–	58, 78	–	–	–	–	–
08.11.57	1 AZR 274/56	–	7 256 ZPO (Tophoven)	58, 283	58, 237	58, 240	–	58, 177	Arbeitsge-richtsbarkt. VII B, Entsch. 3 (Bötticher)	58, 686	–

Bundesarbeitsgericht – Entscheidungsregister

Datum	Az.										
14. 11. 57	2 AZR 481/55	—	13 1 TVG Auslegung (Tophoven)	58, 167	58, 192	58, 318	—	—	—	58, 89 (Ziepke)	—
15. 11. 57	1 AZR 189/57	—	2 125 BGB	—	—	—	—	—	Arbeitsvertrag, Arbeitsverhältnis IV, Entsch. 3	—	—
05. 12. 57	1 AZR 594/56	123 BGB Nr. 1	2 123 BGB (A. Hueck)	58, 227, 282	58, 232, 1061 (Wägenbaur)	58, 198, 338 (Farthmann)	—	—	Anfechtung im Arbeitsrecht, Entsch. 1 Vorstrafen, Entsch. 2	58, 147 (Osswald)	58, 516
20. 12. 57	1 AZR 237/56	399 BGB Nr. 1	1 399 BGB (A. Hueck)	58, 489	58, 448	58, 238	58, 304 (Dietzhoff) 312 (Schneider)	—	Lohnsicherung III, Entsch. 1 (Herschel)	—	JR 58, 450
23. 01. 58	2 AZR 71/56	—	11 13 KSchG (A. Hueck)	58, 803	58, 739	58, 479	59, 27 (Frey)	58, 129 (Bohn)	Betriebsverf. IX, Entsch. 7 (Molitor)	58, 1557	—
05. 02. 58	4 AZR 501/55	—	8 4 TVG Geltungsber. (A. Hueck)	58, 1160	—	69, 40	—	—	—	—	—
25. 02. 58	3 AZR 184/55	—	10 13 KSchG (Küchenhoff)	58, 548	58, 523	58, 398	58, 286 (Herschel)	—	—	58, 963	—
28. 02. 58	1 ABR 3/57	—	1 29 BetrVG 1952 (Küchenhoff)	58, 603	58, 557	58, 357	59, 93 (Frey)	58, 184 (Bohn)	Betriebsverf. VI, Entsch. 8	—	JR 58, 450
28. 02. 58	1 AZR 491/56	—	1 14 AZo (Denecke)	58, 575	58, 558	58, 360 59, 81 (Herschel)	58, 378 (Frey)	58, 138 (Molitor)	Arbeitszeit III, Entsch. 3	—	JR 59, 373
05. 03. 58	4 AZR 501/55	—	8 4 TVG Geltungsbereich	—	—	—	—	—	—	—	—
06. 03. 58	2 AZR 230/57	—	1 59 BetrVG 1952 (Tophoven)	58, 548	58, 520	59, 200	—	—	—	—	—

Entscheidungsregister – Bundesarbeitsgericht

Datum	Aktenzeichen	EzA (m. Anm. von ...)	AP Nr. zu § (m. Anm. von ...)	DB	BB	RdA	AuR	SAE	AR-Blattei	NJW	Sonstige
28.03.58	1 AZR 336/57	–	28 Art. 3 GG (H. Krüger)	–	58, 523	58, 360	–	–	Gleichbeh. im Arbeitsverh., Entsch. 12	–	JR 58, 450
11.04.58	1 ABR 2/57	–	16 BetrVG 1952 (Dietz)	58, 658	58, 627	60, 34	–	–	–	–	JZ 58, 412 JR 58, 450
11.04.58	1 ABR 4/57	–	16 Wo (Dietz)	58, 742	58, 701	59, 199	59, 60 (Frey)	58, 186 (Bohn)	Betriebsverf. VI, Entsch. 9	–	JR 58, 450
09.05.58	1 ABR 7/57	–	1 56 BetrVG 1952 Wohlfahrtseinrichtungen (Bettermann)	58, 871	58, 808	59, 118	–	58, 189	–	–	JR 59, 252
09.05.58	1 ABR 5/57	–	13 BetrVG 1952 (Dietz)	58, 871	58, 808	60, 34	–	–	Betriebsverf. V, Entsch. 2	58, 1509	JR 59, 253
11.06.58	4 AZR 514/55	–	2 611 BGB Direktionsrecht (A. Hueck)	58, 1186	58, 1094	58, 119	–	60, 111 (Gotzen)	Direktionsrecht u. Gehorsamspfl., Entsch. 2	–	JR 59, 408
13.06.58	1 AZR 491/57	–	6 Art. 12 GG (Wertenbruck)	58, 932	58, 877 59, 73	59, 316	–	–	–	–	–
11.07.58	1 AZR 366/55	–	27 626 BGB (Pohle, A. Hueck)	–	58, 912 (Hilger)	58, 477	–	–	–	–	–
17.07.58	2 AZR 312/57	–	10 611 BGB Lohnanspruch	58, 1187	58, 1095	59, 440	–	–	Arbeitszeit III, Entsch. 4 (Herschel)	58, 1988	JR 60, 54

Bundesarbeitsgericht – Entscheidungsregister

Datum	Az.		Norm/Stichwort									
24.07.58	2 AZR 404/55	–	611 BGB Akkordlohn (Gaul)	59, 115	59, 83, 380 (Hiersemann)	59, 119	59, 37 (Berger)	59, 84 (Walter)	–	–	59, 407	JR 60, 255
01.08.58	1 ABR 6/58	–	183 ArbGG (Pohle)	–	–	–	–	59, 18	–	–	–	–
03.10.58	1 ABR 3/58	–	318 BetrVG 1952 (Dietz)	58, 1394	58, 1245	58, 438	–	–	–	–	–	JR 59, 253
31.10.58	1 AZR 632/57	–	21 TVG Friedenspfl.	59, 87, 143, 542 (Bulla) 651 (Gift)	58, 1132 59, 115, 416 (Hessel) 736 (Wiese) 1310 (Hessel)	58, 455 59, 79	58, 368 (Radke) 59, 63, 261 (Abendroth) 60, 289 (Reuss)	59, 41 (Molitor)	Arbeitskampf II, Entsch. 9 (Bulla)	59, 356, 865 (Lorenz), 908	–	–
07.11.58	2 AZR 465/55	–	1616 BGB Angestellter	59, 59	59, 80	–	–	–	–	–	–	BaubBl 59, 505
29.11.58	2 AZR 245/58	–	–	59, 290	59, 304	–	59, 190	–	Angestellter, Entsch. 4	–	–	BlStSoz ArbR 59, 127
05.02.59	2 AZR 60/59	–	70 HGB Nr. 1	59, 980	–	–	–	–	–	61, 44	–	WA 59, 138
25.02.59	4 AZR 549/57	–	611 BGB Fürsorgepfl.	59, 264, 684	59, 633	59, 440	59, 116, 284 (Neumann-Duesberg)	–	–	–	–	JR 60, 173
05.03.59	2 AZR 268/56	–	26 611 BGB Fürsorgepfl. (A. Hueck)	59, 322, 833	59, 305, 777	59, 440	59, 117, 316 (Herschel)	59, 145 (Bulla)	Haftung des Arbeitgebers, Entsch. 7 (Endemann)	59, 1555	–	JZ 59, 645 JR 60, 256
17.04.59	1 AZR 83/58	–	14 TVG Günstigkeitsprinzip (Tophoven)	59, 767	59, 704	60, 239	59, 287	–	Betriebsvereinb., Entsch. 2	–	–	JR 60, 409
09.05.59	2 AZR 474/58	–	3 zu Internat. Privatrecht, Arbeitsrecht (Gamillscheg)	59, 835, 836	–	59, 478	–	–	Probearbeitsverh., Entsch. 3 Rechtsquellen III, Entsch. 16	–	59, 1702	JR 60, 296

Entscheidungsregister – Bundesarbeitsgericht

Datum	Akten-zeichen	EzA (m. Anm. von ...)	AP Nr. zu § (m. Anm. von ...)	DB	BB	RdA	AuR	SAE	AR-Blattei	NJW	Sonstige
22.05.59	1 ABR 2/59	–	3 23 BetrVG 1952	59, 979	59, 848	59, 439	–	59, 178 (Bohn)	Betriebsverf. VI, Entsch. 10	–	JR 60, 296
24.09.59	2 AZR 28/57	–	11 611 BGB Akkordlohn (Nikisch)	59, 1403	59, 1247	60, 159	60, 23	60, 53 (Eichler)	–	–	JZ 60, 68
08.10.59	2 AZR 503/56	–	14 56 BetrVG 1952 (A. Hueck)	59, 1257	59, 1137, 1172 60, 453 (Galperin)	60, 159	60, 23	61, 140 (Wiedemann)	Arbeitsausfall I B, Entsch. 1 (Herschel)	–	JR 61, 372
06.11.59	1 AZR 329/58	–	15 513 KSchG (Dietz)	60, 267	60, 248	60, 399	60, 283 (Triesch-mann)	60, 99 (Lehmann)	Betriebsverf. IX, Entsch. 8	–	–
15.01.60	1 ABR 7/59	–	3 56 BetrVG 1952 Wohlfahrts-einrichtungen	60, 472	60, 445	60, 357	60, 249	60, 97 (Gaul)	Werkwoh-nung, Entsch. 5	–	–
22.01.60	1 AZR 449/57	–	9 6 1 TVG Auslegung	–	–	60, 476	–	–	–	–	–
27.01.60	4 AZR 189/59	–	12 16 AOGÖ	60, 471	–	60, 355	60, 216	–	–	–	–
11.02.60	5 AZR 210/58	6 1 1 BGB Nr. 2	3 626 BGB Druckkündig. (Herschel)	60, 527	60, 520	60, 359	–	61, 73 (Reckenfel-der-Baumer)	Fürsorgepfl. des Arbeitge-bers, Entsch. 4	60, 1269	JR 61, 133
12.02.60	1 ABR 13/59	–	11 18 BetrVG 1952 (Küchen-hoff)	60, 471	60, 444	60, 357	60, 250	61, 74 (Wiede-mann)	Betriebsverf. VI, Entsch. 11	–	–
11.03.60	1 ABR 15/59	–	13 18 BetrVG 1952 (Auffarth)	60, 846, 921	60, 824	60, 438	61, 29	–	Betriebsverf. VI, Entsch. 12	–	JR 61, 133
15.03.60	1 AZR 464/57	–	9 15 AZO (Schnorr von Carolsfeld)	60, 556, 582, 643	60, 554, 556	60, 477	60, 281, 282	60, 150 (Gerland)	–	–	JR 61, 372

Bundesarbeitsgericht – Entscheidungsregister

Datum	Az.										
17. 03. 60	5 AZR 395/58	670 BGB Nr. 1	8 670 BGB (Schnorr von Carolsfeld)	60, 642	60, 593	60, 399	60, 251	61, 16 (Horst)	Lohnsteuer, Entsch. 9 (Gros)	—	JR 61, 133
31. 03. 60	5 AZR 443/57	—	17 611 BGB Ärzte, Gehaltsanspr. (Böhm, Witting)	60, 879	—	61, 41	60, 216	—	Arzt, Entsch. 1 (Molitor)	60, 1413	—
22. 04. 60	1 ABR 14/59	—	1 2 ArbGG 1953 Betriebsverfassungsstreit (Bötticher)	60, 1188	60, 862	61, 129	60, 378	61, 2 (Nikisch)	Arbeitsgerichtsbarkt. XII, Entsch. 7	—	JR 62, 50
27. 05. 60	1 ABR 11/59	—	1 56 BetrVG 1952 Ordnung des Betriebes (Küchenhoff)	60, 669, 983 61, 914 (Schläcker)	60, 627, 938	61, 134	61, 356 (Musa)	62, 12 (Gaul)	Betriebsverf. XIV B, Entsch. 3	—	JR 62, 50
03. 06. 60	1 ABR 6/59	—	21 56 BetrVG 1952	—	60, 939	61, 130	—	—	—	—	—
15. 07. 60	1 ABR 3/59	—	10 76 BetrVG 1952 (Küchenhoff)	60, 1250, 1368	60, 1167	61, 137	61, 33 (Spieker) 58 (Radke)	—	Arbeitsgerichtsbarkt. XII, Entsch. 9 Betriebsverf. XV, Entsch. 8	60, 2165	JR 61, 133
21. 07. 60	5 AZR 510/58	—	18 611 BGB Ärzte, Gehaltsanspr.	60, 1160	—	61, 47	60, 377 61, 27	—	—	—	—
05. 09. 60	1 AZR 509/57	399 BGB Nr. 2	4 399 BGB (Lorenz)	60, 1309	60, 1202	61, 86	61, 56	61, 59 (Knevels)	Lohnabtretung, Entsch. 2	—	JR 62, 50
16. 09. 60	1 ABR 5/59	—	1 2 ArbGG Betriebsvereinb. (Auffarth)	60, 1459	60, 1329	61, 86	61, 92	62, 65 (Schirrmacher)	Arbeitsgerichtsbarkt. XII, Entsch. 10 Betriebsvereinb., Entsch. 3	—	JR 62, 50

Entscheidungsregister – Bundesarbeitsgericht

Datum	Aktenzeichen	EzA (m. Anm. von...)	AP Nr. zu § (m. Anm. von...)	DB	BB	RdA	AuR	SAE	AR-Blattei	NJW	Sonstige
23.09.60	1 ABR 9/59	–	43 BetrVG 1952 (Küchenhoff)	60, 1426	60, 1326	61, 87	61, 124	61, 211 (Gaul)	Betriebsverf. V, Entsch. 3 (Herschel)	–	JR 62, 50
23.09.60	1 AZR 508/59	–	1 I 1 Feiertagslohnzahlungsgesetz	60, 1310	60, 1203	61, 87	61, 91	–	Feiertage, Entsch. 10 61, 47	–	–
12.10.60	GS 1/59	620 BGB Nr. 2	16 620 BGB befrist. Arbeitsvertr.	–	60, 1218 61, 409	61, 93	61, 187	61, 125 (Bötticher)	Arbeitsvertrag Arbeitsverh. VIII, Entsch. 3 (Molitor)	61, 798	–
13.10.60	5 AZR 284/59	133 BGB Nr. 1	–	60, 1425	–	–	–	62, 100	Betriebsübern., Entsch. 1	–	WA 61, 13
14.10.60	1 AZR 254/58	123 GewO Nr. 2	24 123 GewO (Küchenhoff)	61, 172	61, 178	61, 93	61, 219	61, 58	Betriebsverf. XI, Entsch. 2	–	JR 61, 489
02.11.60	1 AZR 251/58	–	8 4 TVG Tarifkonkurrenz (A. Hueck)	–	–	61, 137	61, 25	–	–	–	–
04.11.60	1 ABR 4/60	–	2 16 BetrVG 1952 (Küchenhoff)	61, 208	–	61, 94	61, 219	61, 76 (Trieschmann)	Arbeitsgerichtsbarkt. XII, Entsch. 13	–	JR 62, 50
04.11.60	1 ABR 5/60	–	1 20 BetrVG 1952 (Neumann-Duesberg)	61, 71	61, 98	61, 91	61, 223	61, 65 (Bötticher)	Arbeitsgerichtsbarkt. XII, Entsch. 11	–	JR 62, 50
01.12.60	5 AZR 174/58	–	19 611 BGB Ärzte, Gehaltsanspr.	61, 506	61, 483	61, 138	61, 188	–	–	–	–

Bundesarbeitsgericht – Entscheidungsregister

Datum	Az.		Gesetz/Thema					Thema		Fundstelle
02.12.60	1 ABR 20/59	—	2 19 BetrVG 1952 (Neumann-Duesberg)	61, 377	61, 330	61, 178	61, 55 (219)	61, 60 (Molitor)	Betriebsverf. VI, Entsch. 13	61, 894	JR 62, 50
02.12.60	1 ABR 22/59	—	1 56 BetrVG 1952 Entlohnung (Küchenhoff)	61, 411	61, 368	61, 96	61, 55	—	—	—	JR 62, 50
16.12.60	1 AZR 429/58	—	3 133 c GewO (A. Hueck)	61, 310	61, 253	61, 96	61, 187	—	Kündigung IX, Entsch. 15	—	JR 61, 489
20.01.61	2 AZR 495/59	—	7 1 KSchG Betriebsbed. Kündigung (A. Hueck)	61, 475	61, 407	61, 179	61, 251	61, 188 (Herschel)	Kündigungsschutz, Entsch. 49	61, 940, 1390 (Lüke)	JR 61, 489
20.01.61	1 AZR 53/60	—	2 72 BetrVG 1952 (Neumann-Duesberg)	61, 543	61, 482	61, 179	61, 89	62, 8	—	61, 1040	JR 62, 50
23.02.61	5 AZR 110/60	—	2 611 BGB Akkordkolonne	61, 645, 646	61, 567, 568	61, 218	61, 121, 318 62, 55	61, 209 (Herschel)	Feiertage, Entsch. 12 Gruppenarbeit, Entsch. 2 (Röhsler)	—	—
14.03.61	3 AZR 83/60	—	78 242 BGB Ruhegehalt (Zeuner)	61, 881	61, 719	61, 298	61, 316	61, 240 (Heissmann)	Ruhegeld (-gehalt), Entsch. 23	—	—
02.06.61	1 AZR 573/59	—	68 Art. 3 GG (A. Hueck)	61, 1167	61, 974	61, 379	61, 382	—	Gleichbeh. im Arbeitsverh., Entsch. 15	61, 1837	JZ 61, 676
18.08.61	4 AZR 132/60	—	20 615 BGB Direktionsrecht (Zöllner)	61, 1360	61, 1128	61, 460	—	—	—	—	JZ 62, 68
22.09.61	1 AZR 241/60	123 BGB Nr. 4	15 123 BGB (Lorenz)	61, 1522	61, 1237	61, 460	61, 346	—	—	62, 74	JuS 62, 120

1791

Entscheidungsregister – Bundesarbeitsgericht

Datum	Akten-zeichen	EzA (m. Anm. von...)	AP Nr. zu § (m. Anm. von...)	DB	BB	RdA	AuR	SAE	AR-Blattei	NJW	Sonstige
12.10.61	5 AZR 423/60	–	84 611 BGB Urlaubsrecht (Neumann-Duesberg)	62, 70	62, 48, 51	62, 44	–	–	–	62, 268	–
01.12.61	1 ABR 15/60	–	–	62, 306	62, 220	–	–	62, 210	Betriebsverfassung XV, Entsch. 9	–	WA 62, 76
01.12.61	1 AZR 357/60	–	70 Art. 3 GG (G. Hueck)	62, 171	62, 180	62, 47	–	–	–	–	–
08.12.61	1 ABR 8/60	–	7 23 BetrVG 1952 (Neumann-Duesberg)	62, 306	62, 220	62, 88	–	–	–	–	–
15.12.61	1 ABR 6/60	–	1 47 BetrVG 1952 (Neumann-Duesberg)	62, 275	62, 219, 220	62, 88	–	62, 207 (Gaul)	–	–	–
15.12.61	1 AZR 207/59	6 15 BGB Nr. 4	16 15 BGB Kurzarbeit (Neumann-Duesberg)	62, 306	62, 220	62, 127	–	63, 13	–	–	–
15.12.61	1 AZR 310/60	–	2 56 BetrVG 1952 Arbeitszeit (Küchenhoff)	62, 338	63, 295	62, 127	62, 54	63, 15 (Neumann-Duesberg)	–	–	–
15.12.61	1 ABR 3/60	5 6 BetrVG 1952 Nr. 7	3 56 BetrVG 1952 Ordnung des Betriebes (Küchenhoff)	62, 274	62, 220	62, 88	–	62, 127 (Gaul)	–	–	–
15.12.61	1 AZR 492/59	–	1 56 BetrVG 1952 Arbeitszeit (Küchenhoff)	62, 442	62, 371	62, 127	–	63, 15 (Neumann-Duesberg)	–	–	–

Bundesarbeitsgericht – Entscheidungsregister

Datum	Az.		Norm							Fundstelle
20.12.61	4 AZR 213/60	—	7 59 BetrVG 1952	62, 375, 409	62, 220, 222	62, 127	—	Betriebsvereinb., Entsch. 4	—	JR 63, 54
20.12.61	1 AZR 404/61	—	16 13 KSchG	62, 104	62, 137	62, 88	—	—	—	—
18.01.62	2 AZR 179/59	66 BetrVG 1952 Nr. 2	20 66 BetrVG 1952 (A. Hueck)	62, 706	62, 596	62, 206	62, 203 (Bohn)	—	62, 1637	JZ 62, 579
19.01.62	1 ABR 14/60	—	13 2 TVG (Neumann-Duesberg)	62, 242	62, 218	62, 128	62, 57 (Nikisch)	Tarifvertrag II, Entsch. 3 (Bulla)	—	JR 63, 54
26.01.62	2 AZR 244/61	—	8 626 BGB Druckkündigung (Herschel)	62, 744	62, 598	62, 206	—	Betriebsverf. IX, Entsch. 9 Kündigung IX, Entsch. 24 Arbeitsgerichtsbarkt. X B, Entsch. 20	62, 1413	63, 128
02.02.62	1 ABR 5/61	—	10 13 BetrVG 1952 (Neumann-Duesberg)	62, 573	62, 447	62, 206	62, 241 (Zöllner)	Betriebsverf. VI A, Entsch. 1	—	JZ 62, 372 / JR 62, 54
28.02.62	4 AZR 141/61	—	16 11 BGB Abhängigkeit	—	—	62, 247	—	Arbeitnehmer, Entsch. 2 (Sommer)	—	JR 63, 407
23.03.62	1 ABR 7/60	—	1 56 BetrVG 1952 Akkord (Küchenhoff)	62, 743	62, 596	62, 248	62, 238 (Hiersemann)	Tarifvertrag IX, Entsch. 4 Akkordarbeit, Entsch. 8	62, 1637	JR 63, 128
04.05.62	1 AZR 128/61	—	112 SchwBeschG	62, 1083	62, 959	62, 358	—	Schwerbeschäd., Entsch. 12 (Nikisch)	62, 1836	JR 63, 128

Entscheidungsregister – Bundesarbeitsgericht

Datum	Akten-zeichen	EzA (m. Anm. von ...)	AP Nr. zu § (m. Anm. von ...)	DB	BB	RdA	AuR	SAE	AR-Blattei	NJW	Sonstige
04.05.62	1 AZR 250/61	–	32 242 BGB Gleichbeh. (G. Hueck)	62, 841	62, 714	62, 288	62, 182, 250, 255 (Frey)	62, 225 (Pleyer)	Gleichbeh. im Arbeitsverh., Entsch. 20 (Molitor)	62, 1459	JuS 62, 443 JZ 62, 641 (Mayer-Maly)
14.06.62	2 AZR 267/60	–	4 1 TVG Rückwirkung (A. Hueck)	62, 1278	62, 1081	62, 411	62, 380	63, 35 (Steindorff)	Tarifvertrag VI, Entsch. 8	62, 2029	JR 63, 258
19.06.62	3 AZR 413/61	–	5 1 TVG Rückwirkung	–	62, 1039	62, 411 63, 87 (Stückrath)	62, 248, 379	–	Tarifvertrag VI, Entsch. 7	–	JR 63, 128
22.06.62	1 AZR 344/60	–	2 52 BetrVG 1952	62, 1278	62, 1081	62, 411	62, 248, 379	63, 41 (Molitor)	–	62, 2029	JR 63, 128
06.07.62	1 ABR 16/60	63 BetrVG 1952 Nr. 1	2 63 BetrVG 1952 (Nikisch)	62, 1115	62, 920	62, 412	62, 316	63, 20 (Neumann-Duesberg)	Betriebsverf. XIV C., Entsch. 12 (Molitor)	62, 1886	JR 63, 128
06.07.62	1 AZR 488/60	–	7 37 BetrVG 1952 (Küchenhoff)	62, 1474	62, 1243	62, 447	62, 248 63, 28	63, 25 (Knevels)	Betriebsverf. X, Entsch. 12 (Herschel)	62, 2319	JR 63, 128
13.07.62	1 ABR 1/61	–	2 24 BetrVG 1952	62, 1280	62, 1161	62, 447	62, 379	–	Arbeitsgerichtsbarkt. XII, Entsch. 18	–	JR 63, 128
13.07.62	1 ABR 2/61	–	3 57 BetrVG 1952 (Küchenhoff)	62, 1473	62, 1243	62, 448	63, 28	63, 43 (Gaul)	Betriebsverf. XIV B, Entsch. 6 (Dietz)	62, 2367	JR 63, 128
13.07.62	1 AZR 496/60	–	–	–	–	–	–	–	Betriebsbußen Entsch. 1	62, 2268	WA 62, 198
13.09.62	1 ABR 2/61	–	3 57 BetrVG 1952	–	–	–	–	–	–	–	–

Bundesarbeitsgericht – Entscheidungsregister

Datum	Az.										
26.10.62	1 AZR 8/61	–	87 242 BGB Ruhegehalt (G. Hueck)	63, 310	62, 1286 63, 272	62, 378	63, 105 (Heissmann)	Ruhegeld (-gehalt), Entsch. 33	–	–	JR 63, 258 JuS 63, 454
30.10.62	3 AZR 405/61	–	1 4 TVG Ordnungsprinzip (Herschel)	63, 453	63, 435	63, 117	63, 188	63, 158 (Heissmann)	Ruhegeld (-gehalt), Entsch. 34	–	JR 64, 50
13.12.62	2 AZR 128/62	–	3 611 BGB Abhängigkeit (Schnorr von Carolsfeld)	63, 345	63, 310	63, 119	63, 153	–	Arbeitnehmer, Entsch. 4	–	JR 63, 407
30.01.63	2 AZR 143/62	626 BGB Nr. 4	50 626 GB (A. Hueck)	63, 555	63, 189, 475	63, 120	63, 249	63, 113 (Mayer-Maly)	Kündigung VIII, Entsch. 6 (Herschel)	63, 1267	–
01.02.63	1 ABR 6/61	–	8 59 BetrVG 1952 (Wlotzke)	–	63, 186, 538	63, 159	63, 284	–	–	–	–
01.02.63	1 ABR 1/62	–	5 3 BetrVG 1952 (Neumann-Duesberg)	63, 662	63, 601	63, 159	63, 223	63, 169 (Nikisch)	Betrieb, Entsch. 1	63, 1325	JR 64, 52
08.02.63	1 AZR 543/61	–	4 56 BetrVG 1952 Akkord (Dietz)	63, 697	63, 644	63, 160	63, 284	63, 175 (Gaul)	Betriebsverf. XIV B, Entsch. 8	–	JR 64, 131
14.02.63	2 AZR 364/62	–	22 66 BetrVG 1952 (Neumann-Duesberg)	63, 664, 801	63, 560, 561	–	63, 222	63, 146 (Bohn)	Betriebsverf. IX, Entsch. 12 Akkordarbeit, Entsch. 11 Betriebsverf. XIV C, Entsch. 15	–	JR 63, 202 64, 48
01.03.63	1 ABR 3/62	–	8 37 BetrVG 1952 (Neumann-Duesberg)	63, 869	63, 729	63, 203	63, 248	63, 207 (Gaul)	Betriebsverf. X, Entsch. 13	63, 1566	JR 64, 132

Entscheidungsregister – Bundesarbeitsgericht

Datum	Aktenzeichen	EzA (m. Anm. von ...)	AP Nr. zu § (m. Anm. von ...)	DB	BB	RdA	AuR	SAE	AR-Blattei	NJW	Sonstige
27.03.63	4 AZR 72/62	–	9 59 BetrVG 1952	63, 902	63, 687	–	63, 318	63, 203	Betriebsvereinb., Entsch. 5	–	MDR 63, 625
28.03.63	4 AZR 72/62	–	9 59 BetrVG 1952 (Neumann-Duesberg)	63, 902	63, 687	63, 246	63, 248, 250	63, 203 (Nikisch)	Betriebsvereinb., Entsch. 5 Ausschlußfristen, Entsch. 7	63, 1566	JR 64, 132
19.04.63	1 ABR 6/62	–	2 56 BetrVG 1952 Entlohnung (Küchenhoff)	63, 966	63, 514, 814	63, 287	63, 185, 316 64, 285 (Herschel)	64, 36 (Dietz)	Betriebsverf. XIV B, Entsch. 9 (Farthmann)	–	JR 64, 192
19.04.63	1 AZR 160/62	–	3 52 BetrVG 1952	63, 1053	63, 514, 897	63, 287	63, 316	63, 155 (Meisel)	–	–	JR 64, 247
19.06.63	4 AZR 125/62	–	11 61 TVG Auslegung	63, 1222	63, 1055	63, 354	64, 60	–	–	–	–
30.08.63	1 ABR 12/62	–	4 57 BetrVG 1952	63, 1290, 1718	63, 1096, 1483	63, 473	63, 315 64, 187	64, 40 (Heissmann)	Betriebsvereinb., Entsch. 6	–	JR 64, 247 65, 212
26.09.63	2 AZR 220/63	–	2 70 PersVG Kündigung (Richardi)	–	63, 1421	64, 473	64, 157	–	Personalvertr. XI D, Entsch. 2 (Dietz)	–	JR 64, 248
08.11.63	1 ABR 57/81	–	–	84, 1479	–	–	–	–	–	–	–
15.11.63	1 ABR 5/63	–	14 2 TVG	63, 1681 64, 590	63, 1377 64, 512	64, 118	64, 24, 219, 249	64, 193 (Mayer-Maly)	Arbeitsgerichtsbarkt. XII, Entsch. 22 Berufsverbände, Entsch. 4	–	JR 65, 212

Bundesarbeitsgericht – Entscheidungsregister

Datum	Aktenzeichen	§	§ / Sachgebiet								
22.11.63	1 ABR 6/63	56 BetrVG 1952 Nr. 3	3 56 BetrVG 1952 Entlohnung (G. Hueck)	63, 1647 64, 410	63, 1483 64, 306	64, 119	64, 24, 221	64, 183 (Knevels)	Betriebsverf. XIV B, Entsch. 11 (Sommer)	–	JR 65, 212
06.12.63	1 ABR 7/63	–	23 59 BetrVG 1952 (G. Hueck)	63, 1774 64, 411	64, 38, 307	64, 120	64, 57, 187	64, 166 (Neumann-Duesberg)	Betriebsvereinb., Entsch. 7	–	JR 65, 212
06.12.63	1 ABR 9/63	56 BetrVG 1952 Nr. 6	6 56 BetrVG 1952 Wohlfahrtseinrichtungen (Neumann-Duesberg)	63, 1718 64, 154	63, 1483 64, 130, 181 (Gumpert)	64, 40	64, 158	64, 57 (Nikisch)	Betriebsverf. XIV B, Entsch. 10 (Herschel)	64, 515	JR 65, 212
15.01.64	4 AZR 75/63	–	87 Art. 3 GG (Wertenbruch)	64, 553	64, 471	64, 195	64, 249	–	–	64, 1092	JZ 64, 463 JR 65, 96
24.01.64	1 ABR 14/63	–	63 BetrVG 1952 (Küchenhoff)	64, 156, 589	64, 174, 471, 472	64, 158	64, 249	64, 126 (Herschel)	Betriebsverf. VI, Entsch. 15	64, 1338	–
28.01.64	1 ABR 1/64	4 BetrVG 1952 Nr. 1	3 4 BetrVG 1952 Bl. 967	64, 1122	64, 883	–	–	–	–	–	–
07.02.64	1 AZR 251/63	123 BGB Nr. 5	6 276 BGB Verschulden bei Vertragsschluß (Schnorr von Carolsfeld)	64, 266, 555	64, 259, 472	64, 195	64, 122, 250	64, 217 (Herschel)	Arbeitsvertrag – Arbeitsverh. IX, Entsch. 5 (Sommer)	64, 1197	JuS 64, 331 JZ 64, 464 JR 65, 95
13.02.64	2 AZR 286/63	–	1 Art. 1 GG (Wertenbruch)	64, 302, 554	64, 472	64, 196	–	64, 122, 283	Kündigungsschutz, Entsch. 68 (Herschel)	–	JZ 64, 750 (Schneider), JR 65, 450
05.03.64	5 AZR 172/63	–	2 607 BGB	64, 737	64, 640	64, 159	–	–	–	–	JR 66, 408

Entscheidungsregister – Bundesarbeitsgericht

Datum	Akten-zeichen	EzA (m. Anm. von ...)	AP Nr. zu § (m. Anm. von ...)	DB	BB	RdA	AuR	SAE	AR-Blattei	NJW	Sonstige
18.03.64	1 ABR 10/63	–	4 56 BetrVG 1952 Entlohnung	64, 446, 993	64, 805	64, 239	64, 154, 346	65, 21 (Gaul)	Arbeitsgerichtsbarkt. XII, Entsch. 24 Betriebsverf. XIV B, Entsch. 12	–	JR 66, 53
18.03.64	1 ABR 12/63	–	1 45 BetrVG 1952 (Dietz)	64, 446, 992	64, 429, 804	64, 292	64, 346	64, 160 (Mayer-Maly)	Betriebsverf. XI, Entsch. 4 (Herschel)	–	JZ 65, 331
28.04.64	1 ABR 1/64	4 BetrVG 1952 Nr. 1	3 4 BetrVG 1952 (Dietz)	64, 1122	64, 883	64, 293	64, 346	65, 44 (Wiedemann)	Betriebsverf., Entsch. 4 (Nikisch)	64, 1873	JZ 65, 331
28.04.64	1 ABR 2/64	–	4 4 BetrVG 1952 (A Hueck)	–	64, 963	64, 356	–	65, 6 (Neumann-Duesberg)	Betriebsverf. V, Entsch. 5	64, 1873	JZ 65, 331
15.05.64	1 ABR 15/63	56 BetrVG 1952 Nr. 4	5 56 BetrVG 1952 Akkord (Dietz)	–	64, 639, 1004	64, 357	–	Betriebsverf-einb., Entsch. 8	–	–	JR 65, 450
29.05.64	1 AZR 281/63	–	24 59 BetrVG 1952 (Neumann-Duesberg)	64, 1342	64, 1083	64, 358	64, 218	Betriebsverf-einb., Entsch. 9	65, 48 (Natzel)	–	JR 65, 450
04.06.64	2 AZR 310/63	626 BGB Nr. 5	13 626 BGB Verdacht strafbarer Handlung (A. Hueck)	64, 1229, 1266	64, 1045	64, 398	65, 91 (Herschel)	65, 65 (Nikisch)	Arbeitsvertrag – Arbeitsverh. VII, Entsch. 4 Kündigung IX, Entsch. 28	64, 1918	JuS 64, 500 JZ 65, 331

05. 06. 64	1 ABR 11/63	–	7 3 BetrVG 1952 (Wiedemann)	–	–	64, 358	–	66, 69 (Dietz)	Arbeitsgerichtsbarkt. XII, Entsch. 25	–	JR 66, 53
15. 06. 64	1 AZR 356/63	–	36 9 GG Arbeitskampf (Mayer-Maly)	64, 922, 1159	64, 966	64, 359	64, 247	65, 38 (Hiersemann)	Arbeitskampf V, Entsch. 3	64, 1822	JZ 65, 331
25. 06. 64	2 AZR 382/63	–	14 1 KSchG Betriebsbed. Kündigung (Herschel)	64, 958	64, 1046	64, 399	64, 281 65, 57, 124 (Trieschmann)	–	Kündigungsschutz, Entsch. 75 (Hessel)	64, 1921	JZ 65, 331
26. 06. 64	2 AZR 373/63	–	14 1 KSchG Betriebsbed. Kündigung (Herschel)	64, 1487	64, 1214	64, 399	65, 57	–	Kündigungsschutz, Entsch. 71	64, 2369	JZ 65, 331
17. 07. 64	1 ABR 3/64	–	3 80 ArbGG 1953 (Küchenhoff)	64, 1743	64, 1380	64, 436	65, 121	65, 83 (Pohle)	Arbeitsgerichtsbarkt. XII, Entsch. 26	65, 320	JR 65, 450
07. 08. 64	1 AZR 27/64	3 12 SchwBeschG (Schnorr von Carolsfeld)	64, 1160, 1779	64, 1342	64, 400	64, 314 65, 122	65, 117 (Gotzen)	Schwerbeschädigte, Entsch. 16 (Nikisch)	65, 652	JR 65, 450	
04. 09. 64	5 AZR 511/63	–	3 339 BGB (Schnorr von Carolsfeld)	64, 1666	–	64, 438	65, 152	–	Gruppenarbeit, Entsch. 3	–	–
22. 10. 64	2 AZR 479/63	44 BetrVG 1952 Nr. 1	4 1 KSchG Verhaltensbed. Kündigung (Herschel)	64, 1557 65, 331	64, 1299 65, 332	65, 158	64, 373	65, 189 (Dietz)	Kündigung IX, Entsch. 30 Betriebsverf., Entsch. 6	–	JR 65, 450
22. 10. 64	2 AZR 515/63	1 KSchG Nr. 2	16 1 KSchG Betriebsbed. Kündigung (A. Hueck)	65, 38	65, 85	64, 478	65, 151	65, 102 (Rother)	Kündigungsschutz, Entsch. 72	–	JR 65, 450
13. 11. 64	1 ABR 6/64	56 BetrVG 1952 Nr. 5	26 56 BetrVG (Neumann-Duesberg)	65, 330	65, 371	65, 158	65, 185	65, 112 (Neumann-Duesberg)	Betriebsvereinb., Entsch. 10	–	JR 65, 450

Entscheidungsregister – Bundesarbeitsgericht

Datum	Aktenzeichen	EzA (m. Anm. von ...)	AP Nr. zu § (m. Anm. von ...)	DB	BB	RdA	AuR	SAE	AR-Blattei	NJW	Sonstige
26.11.64	5 AZR 124/64	10 BUrlG Nr. 1	1 10 BUrlG Schonzeit (Nikisch)	64, 1744 65, 75	64, 1424 65, 40	65, 39	–	65, 105 (Zöllner)	Urlaub, Entsch. 100	65, 556	JuS 65, 246 JR 65, 450
22.01.65	1 ABR 9/64	–	7 56 BetrVG 1952 Wohlfahrtseinrichtungen (Nikisch)	65, 147, 709	65, 541	65, 159	65, 87, 251	65, 196 (Neumann-Duesberg)	Betriebsverf. XIV B, Entsch. 13 (Herschel)	–	JR 65, 450
22.01.65	1 AZR 289/64	–	10 37 BetrVG 1952 (Neumann-Duesberg)	65, 147, 745	65, 541	65, 159	65, 87, 250, 285 (Herschel)	65, 167 (Bohn)	Betriebsverf. X, Entsch. 15	–	JR 66, 53
29.01.65	1 ABR 8/64	–	8 27 BetrVG 1952 (Neumann-Duesberg)	65, 222, 856	65, 584	65, 239	65, 88, 282	65, 233 (Wiedemann)	Betriebsverf. VI, Entsch. 16 (Isele)	–	JR 66, 53
05.02.65	1 ABR 14/64	–	1 56 BetrVG 1952 Urlaubsplan (Gaul)	65, 222, 898	65, 668	65, 314	65, 119, 317, 379 (Küchenhoff)	65, 192 (Pleyer)	Betriebsverf. XIV B, Entsch. 14	65, 1501	JR 67, 206
12.02.65	1 ABR 12/64	–	1 39 BetrVG 1952 (Böhle-Stamschräder)	65, 258, 711	–	65, 239	65, 251	–	Betriebsverf. X, Entsch. 16	65, 1245	JR 65, 450
18.03.65	2 AZR 270/64	–	25 66 BetrVG 1952 (A. Hueck)	65, 746	65, 584	65, 315	65, 251, 317 (Küchenhoff)	65, 127 (Mayer-Maly)	Betriebsverf. XIV C, Entsch. 17	–	JR 65, 450
18.05.65	2 AZR 329/64	56 BetrVG 1952 Nr. 10	26 56 BetrVG 1952 (Farthmann)	65, 1144	65, 908	65, 317	65, 376, 377	66, 127	Arbeitsgerichtsbarkt. VII, Entsch. 31	–	JR 66, 209

Bundesarbeitsgericht – Entscheidungsregister

Datum	Aktenzeichen										JR
24. 05. 65	1 ABR 1/65	—	14 18 BetrVG 1952 (Neumann-Duesberg)	65, 824, 1407	65, 1068	65, 357	65, 218, 377	66, 20 (Natzel)	Betriebsverf. VI, Entsch. 17	—	JR 66, 209
29. 06. 65	1 AZR 420/64	—	6 Art. 9 GG (Pohle)	65, 1365	65, 1071	65, 359	65, 375	—	Arbeitsgerichtsbarkt. V B, Entsch. 20	—	JR 66, 209
29. 06. 65	1 ABR 2/65	—	11 13 BetrVG 1952 (Küchenhoff)	65, 1253	65, 988	65, 359	65, 377	65, 259 (Richardi)	Betriebsverf. VI, Entsch. 18	—	JR 66, 408
14. 07. 65	4 AZR 347/63	—	19 611 BGB Direktionsrecht (Criselli)	65, 1446	65, 1109	65, 435	65, 61	65, 245 (Herschel)	Direktionsrecht und Gehorsampfl. Entsch. 4	65, 23 66	JR 67, 284
15. 09. 65	1 ABR 3/65	—	4 94 ArbGG 1953 (Zöllner)	65, 1707	65, 1357	65, 478	66, 59	66, 166 (Bötticher)	Arbeitsgerichtsbarkt. XII, Entsch. 28	—	JR 67, 206
14. 10. 65	2 AZR 455/64	66 BetrVG 1952 Nr. 5	26 66 BetrVG 1952 (A. Hueck)	66, 78	66, 81	66, 38	66, 125	66, 37 (Herschel)	Betriebsverf. XIV C, Entsch. 18	—	JR 66, 408
26. 10. 65	1 ABR 7/65	56 BetrVG 1952 Nr. 1	8 56 BetrVG 1952 Wohlfahrtseinrichtungen (Nikisch)	65, 1634 66, 77	65, 1270 66, 78 (Gumpert)	66, 39	66, 94 (Herschel), 124	66, 73 (Hiersemann)	Betriebsverf. XIV B, Entsch. 15 (Sommer)	66, 565	JR 67, 206
14. 12. 65	1 ABR 6/65	—	5 16 BetrVG 1952 (Neumann-Duesberg)	66, 37, 425	66, 367	66, 119	66, 58, 183, 184	67, 78 (Dietz)	Betriebsverf. VI, Entsch. 22 Arbeitsgerichtsbarkt. XII, Entsch. 29	—	JR 67, 48
08. 02. 66	1 AZR 365/66	—	4 12 SchwbG (Schnorr von Carolsfeld)	66, 667	66, 536	66, 158	66, 222	66, 238 (Mayer-Maly)	Schwerbeschädigte, Entsch. 21 (Becker)	66, 1429	JR 67, 206

Entscheidungsregister – Bundesarbeitsgericht

Datum	Aktenzeichen	EzA (m. Anm. von...)	AP Nr. zu § (m. Anm. von...)	DB	BB	RdA	AuR	SAE	AR-Blattei	NJW	Sonstige
22.02.66	1 ABR 9/65	81 BetrVG 1952 Nr. 1	4 81 BetrVG 1952 (Galperin)	66, 345, 865	66, 658 (Trinkner)	66, 198	66, 122, 198 (Frey), 222, 251	66, 172 (Mayer-Maly)	Tendenzbetrieb, Entsch. 2 (Herschel)	66, 1578 67, 81 (Dietz)	JR 67, 206
23.02.66	4 AZR 447/64	–	8 1 TVG Tarifverträge BAVAV (Crisolli)	–	–	66, 251	66, 251	–	Personalvertretung XI D, Entsch. 5	–	–
25.02.66	4 AZR 179/63	–	8 66 PersVG (Ballerstedt)	66, 745	66, 238, 699	–	66, 252, 382 (Herschel)	66, 129 (Nikisch)	Betriebsbußen, Entsch. 2 (Sommer) Personalvertretung XI C, Entsch. 1	66, 1430	JZ 66, 801 (Söllner) JR 67, 372
01.03.66	1 ABR 14/65	69 BetrVG 1952 Nr. 1	1 69 BetrVG 1952 (Neumann-Duesberg)	66, 384, 705	66, 286, 578	66, 238	66, 153, 251 67, 61 (Herschel)	–	Betriebsverf. X, Entsch. 17 (Dietz)	66, 1333	JR 68, 91
16.03.66	1 AZR 340/65	611 BGB Nr. 6	16 611 BGB Parkplatz (A. Hueck)	66, 465, 1056	66, 367, 778	66, 277	66, 153, 283, 348 (Frey)	67, 36 (Wiedemann)	Haftung des Arbeitgebers, Entsch. 22 (Falkenberg)	66, 1534	JZ 66, 614 JR 67, 284
31.03.66	5 AZR 516/65	611 BGB Nr. 17	54 611 BGB Gratifikation (Biedenkopf)	66, 587, 906	66, 739	66, 277	66, 182, 282	66, 231 (Wolf)	Gratifikation, Entsch. 25	66, 1625	JR 68, 9
26.04.66	1 AZR 242/65	242 BGB Nr. 5	11 71 TVG Auslegung (A. Hueck)	66, 705, 1237, 1278	66, 942, 943	66, 356	66, 347, 348	66, 249 (Mayer-Maly)	Tarifvertrag IX, Entsch. 10 (Herschel)	66, 1836	JZ 66, 754 JR 67, 284
01.06.66	1 ABR 16/65	–	1 6 Wo 1953	66, 1693	66, 1227	66, 394	66, 380	67, 85	Betriebsverf. VI, Entsch. 26	–	–

Bundesarbeitsgericht – Entscheidungsregister

01.06.66	1 ABR 17/65	–	15 18 BetrVG 1952 (Neumann-Duesberg)	66, 1438	66, 357	66, 379	67, 87 (Bohn)	Betriebs-verf. VI, Entsch. 24	–	JR 67, 372
01.06.66	1 ABR 18/65	27 BetrVG 1952 Nr. 1	16 18 BetrVG 1952 (Falperin)	66, 946, 1357	66, 357	66, 249, 345	67, 88 (Bohn)	Betriebs-verf. VI, Entsch. 25	66, 1939	JR 68, 91
02.06.66	2 AZR 322/65	399 BGB Nr. 3	8 399 BGB (Baumgärtel)	66, 945, 1237	66, 942	66, 250, 347	67, 101 (Westhaus)	Krankheit des Arbeit-nehmers, Entsch. 90	66, 1727	–
04.07.66	1 AZR 312/65	133 a GewO Nr. 2	11 8 1 TVG Auslegung (Gröbing)	66, 1521	66, 1062	66, 348	67, 69 (Herschel)	Angestellter, Entsch. 19	–	JR 67, 372
25.08.66	5 AZR 525/65	–	16 11 BGB Schweigepfl. (Neumann-Duesberg)	66, 1397, 2033	66, 1308	67, 57	67, 147 (Küchenhoff)	Geheimnis-schutz im Ar-beitsrecht, Entsch. 4	67, 125	JR 68, 12
21.09.6	1 AZR 504/65	–	2 675 BGB	–	–	–	67, 169	–	67, 414	MDR 67, 252
14.12.66	4 AZR 18/65	–	27 59 BetrVG 1952 (Rüthers)	66, 2033 67, 1181	67, 795	67, 355	67, 56, 285	–	Betriebs-bußen, Entsch. 4 (Sommer) Betriebsver-einb., Entsch. 12	67, 2176	JR 68, 331
14.02.67	1 AZR 494/65	Art. 9 GG Nr. 2	10 Art. 9 GG (Mayer-Maly)	67, 341, 815, 864 (Jürging, Kass)	67, 330	67, 105, 160 68, 161	67, 120, 158 69, 73	–	Vereinigungs-freiheit, Entsch. 2 (Sommer)	67, 843	JuS 67, 237
14.02.67	1 AZR 533/65	–	11 Art. 9 GG (Mayer-Maly)	67, 341	67, 458	67, 105, 160	67, 120, 222	–	Vereinigungs-freiheit, Entsch. 3	–	JuS 67, 237 70, 607 (Rü-thers)

Entscheidungsregister – Bundesarbeitsgericht

Datum	Akten-zeichen	EzA (m. Anm. von ...)	AP Nr. zu § (m. Anm. von ...)	DB	BB	RdA	AuR	SAE	AR-Blattei	NJW	Sonstige
14.02.67	1 ABR 6/66	56 BetrVG 1952 Nr. 12	9 56 BetrVG 1952 Wohlfahrts-einrichtung (Galperin)	67, 385, 777, 1500 (Peters)	67, 499	67, 198	67, 121, 221, 286 (Herschel)	68, 135 (Wiese)	Betriebsverf. XIV B, Entsch. 16	67, 1246	JuS 67, 478
14.02.67	1 ABR 7/66	45 BetrVG 1952 Nr. 1	2 45 BetrVG 1952 (Mayer-Maly)	67, 384, 775	67, 584	67, 198	67, 121, 221, 349 (Herschel)	67, 242 (Bohn)	Betriebs-verf. XI, Entsch. 8 (Wiese)	67, 1295	–
21.02.67	1 ABR 2/66	56 BetrVG 1952 Nr. 13	25 59 BetrVG 1952 (G. Hueck)	67, 385, 810	67, 585	67, 199	67, 121, 249	67, 293 (Richardi)	Betriebsverf. XIV B, Entsch. 17 (Wiese)	67, 1342	JR 68, 331
21.02.67	1 ABR 9/66	–	26 59 BetrVG 1952 (G. Hueck)	67, 385, 821	67, 627	67, 199	67, 122, 249	68, 13 (Säcker)	Betriebsverf-einb., Entsch. 13	–	JR 68, 331
21.02.67	1 AZR 495/65	–	12 Art. 9 GG	–	–	–	–	–	–	JZ 69, 105	–
23.02.67	5 AZR 234/66	611 BGB Gratifikation Prämie Nr. 18	57 611 BGB Gratifikation (A. Hueck)	67, 398, 778	67, 628, 698	67, 199	67, 222	67, 261 (Bötticher)	Gratifikation, Entsch. 31 (Falkenberg)	–	JR 68, 91
14.03.67	1 ABR 5/66	–	3 61 BetrVG 1952 (Küchen-hoff)	67, 604, 911	67, 584	67, 240	67, 222	68, 10 (Mayer-Maly)	Betriebsverf. XIV C, Entsch. 20	–	JR 68, 331
18.04.67	1 ABR 10/66	–	3 63 BetrVG 1952 (Neumann-Duesberg)	67, 776, 1330	67, 839	67, 279	67, 316	–	Betriebsverf. XIV C, Entsch. 21	67, 2167	JR 68, 331
18.04.67	1 ABR 11/66	39 BetrVG 1952 Nr. 1	7 39 BetrVG 1952 (Neumann-Duesberg)	67, 733, 1769	67, 1166	67, 279	67, 185 69, 153	69, 119 (Wiese)	Betriebsverf. X, Entsch. 19	67, 2377	JuS 68, 96 JR 69, 91

Bundesarbeitsgericht – Entscheidungsregister

Datum	Az.										
08.06.67	5 AZR 461/66	—	6 611 BGB Abhängigkeit (Schnorr von Carolsfeld)	67, 1095, 1374	67, 356	67, 959	68, 247, 380	68, 72 (Galperin)	67, 1982	Arbeitnehmerähnl. Personen, Entsch. 3 (Herschel)	JuS 68, 47 JZ 67, 607 JR 69, 95
05.07.67	4 AZR 162/66	—	101 TVG Tarifverträge	67, 1772	67, 398	—	68, 250	—	—	Öffentl. Dienst, Entsch. 57	JR 68, 331
05.09.67	1 ABR 1/67	23 BetrVG 1952 Nr. 1	8 23 BetrVG 1952 (Galperin)	67, 1335, 1947, 1990	67, 439	67, 1225, 1336	67, 344 68, 58	68, 93 (Richardi)	68, 73	Betriebsverf. VI, Entsch. 27	JR 69, 92
12.09.67	1 AZR 34/66	52 BetrVG 1952 Nr. 4	1 56 BetrVG 1952 Betriebsbuße (Dietz)	67, 1637 68, 45	68, 38	68, 41	67, 344 68, 92, 123 (Reuß)	68, 29 (Sieg)	68, 316	Betriebsbußen, Entsch. 5 (Sommer)	JuS 68, 183 JZ 68, 335 (Isele) JR 69, 250
13.09.67	4 AZR 337/66	—	3 611 BGB Beschäftigungspfl. (Zeiss)	67, 2166	68, 38	—	68, 58	—	—	—	—
14.09.67	5 AZR 101/66	—	1 242 BGB (Weitnauer)	67, 2080	67, 1378	—	68, 59	68, 108	68, 72	Ehrenschutz im Arbeitsverh., Entsch. 2 (Galerin)	JR 69, 255
26.10.67	2 AZR 422/66	66 BetrVG 1952 Nr. 7	1 713 KSchG (A. Hueck)	68, 134	68, 83	—	67, 379	68, 182 (Hiersemann)	—	Betriebsverf. IX, Entsch. 14 Betriebsverf. XIV C, Entsch. 22	JR 69, 93
16.11.67	5 AZR 157/67	611 BGB Gratifikation, Prämie Nr. 19	63 611 BGB Gratifikation (Gamillschegg)	67, 2032 68, 315	68, 107	—	68, 77	68, 24, 187	68, 121 (Küchenhoff)	Gratifikation, Entsch. 39	JR 69, 94

Entscheidungsregister – Bundesarbeitsgericht

Datum	Akten-zeichen	EzA (m. Anm. von . . .)	AP Nr. zu § (m. Anm. von . . .)	DB	BB	RdA	AuR	SAE	AR-Blattei	NJW	Sonstige
18.01.68	2 AZR 45/67	124 a GewO Nr. 7	28 66 BetrVG 1952 (Wiedemann)	68, 179, 1030	68, 589	68, 199	68, 10, 315	68, 240 (Pleyer)	Kündigung IX, Entsch. 34	68, 1648	JR 69, 251
22.02.68	5 AZR 221/67	611 BGB Gratifikation Prämie Nr. 20	64 611 BGB Gratifikation (Wiedemann)	68, 1028	68, 587	68, 200	68, 120, 286	68, 196 (Herschel)	Gratifikation, Entsch. 40	–	JR 69, 335
27.02.68	1 ABR 6/67	54 BetrVG 1952 Nr. 1	1 58 BetrVG 1952 (Dietz)	68, 447, 1224 70, 735 (Leinemann)	68, 831 69, 45 (Bitter)	68, 200	68, 121, 347	68, 228 (Meisel)	Betriebsverf. XIV A, Entsch. 3	68, 1903	JZ 68, 671 (Monjau) JR 69, 330
12.03.68	1 AZR 413/67	1 KSchG Nr. 9	1 1 KSchG Krankheit	68, 1273	68, 833	68, 240	68, 154, 347	68, 246 (Kraft)	Kündigung, Entsch. 97 (Hessel)	68, 1693	JR 69, 94
21.03.68	5 AZR 299/67	611 BGB Gratifikation, Prämie Nr. 23	33 242 BGB Gleichbeh.	68, 1273	68, 833	68, 359	–	68, 210	Gratifikation, Entsch. 41	–	–
07.05.68	1 AZR 407/67	1 KSchG Nr. 10	18 1 KSchG Betriebsbed. Kündigung (A. Hueck)	68, 1319	68, 834	68, 278	68, 216, 347 69, 30 (Hessel)	69, 56 (Hiersemann)	Kündigungs-schutz, Entsch. 100 (Herschel)	68, 1741	JR 69, 252
15.05.68	4 AZR 356/67	–	123 a BAT (Spiertz)	–	68, 912	68, 397	68, 380 69, 123 (Neumann-Duesberg)	69, 25 (Bohn)	Öffentl. Dienst III A, Entsch. 66	–	JR 70, 131
09.07.68	1 ABR 2/67	Art. 9 GG Nr. 4	25 2 TVG (Mayer-Maly)	68, 1715	68, 1119	68, 399	68, 283 69, 28	69, 137 (Zöllner)	Tarifvertrag II, Entsch. 7 (Herschel)	68, 2160	JR 69, 336
27.08.68	1 ABR 3/67	81 BetrVG 1952 Nr. 3	10 81 BetrVG 1952 (Mayer-Maly)	68, 1584 69, 58	69, 93 (Schmittner)	68, 501	68, 313 69, 155 70, 353 (Neumann-Duesberg)	69, 89 (Buchner)	Tendenz-betrieb, Entsch. 3 (Mayer-Maly)	–	JR 69, 330

Bundesarbeitsgericht – Entscheidungsregister

Datum	Az.	Norm 1	Norm 2	Fundstelle 1	Fundstelle 2	Fundstelle 3	Fundstelle 4	Stichwort	Anm.	Ref.
27.08.68	1 ABR 4/67	81 BetrVG 1952 Nr. 2	1181 BetrVG 1952	68, 1584, 2222	69, 84 (Schmittner)	68, 501	68, 313 69, 119, 155 70, 353 (Neumann-Duesberg)	69, 82 (Richardi)	Tendenzbetrieb, Entsch. 3 (Mayer-Maly) Betriebsverf. VI, Entsch. 30	—	JR 69, 331
10.09.68	1 ABR 5/68	22 BetrVG 1952 Nr. 1	524 BetrVG 1952 (Farthmann)	69, 46	69, 42	69, 58	68, 345 69, 155	69, 95 (Neumann-Duesberg)	Betriebsverf. VI, Entsch. 29 (Monjau)	69, 255	JR 69, 331
24.09.68	1 ABR 4/68	1 BetrVG 1952 Nr. 1	93 BetrVG 1952 (Küchenhoff)	68, 1751 69, 89	69, 135	69, 58	68, 345 69, 155	69, 97 (Blomeyer)	Betriebsverf. V, Entsch. 6	—	JR 69, 331
24.09.68	1 ABR 3/68	61 BetrVG 1952 Nr. 1	561 BetrVG 1952	69, 47, 574 (Schönherr)	69, 43	68, 508	68, 345 69, 155	69, 165 (Meisel)	Betriebsverf. XIV C, Entsch. 25	69, 255	JuS 69, 191 JR 71, 100
17.10.68	5 AZR 281/67	611 BGB Gratifikation, Prämie Nr. 24	66611 BGB Gratifikation (Böttcher)	68, 1953 69, 799	—	69, 189	68, 377 69, 252	69, 144 (Herschel)	Gratifikation, Entsch. 43	—	JR 71, 406
22.10.68	1 AZR 46/68	66 BetrVG 1952 Nr. 8	2966 BetrVG 1952 (A. Hueck)	69, 311	69, 272	69, 59, 93	68, 377 69, 186	70, 32 (Meisel)	Betriebsverf. XIV C, Entsch. 26	—	JR 69, 455
11.11.68	1 AZR 16/68	—	14 Art. 9 GG	69, 621, 622	69, 404	69, 60, 123	69, 25, 187	69, 226 (Seiter)	Vereinigungsfreiheit, Entsch. 4 (Herschel)	69, 861	JZ 69, 520 JR 69, 457
26.11.68	1 ABR 7/68	—	1876 BetrVG 1952 (A. Hueck)	69, 309	69, 227	69, 53	69, 187	69, 232 (Buchner)	Betriebsverf. XV, Entsch. 15 Arbeitsgerichtsbarkt. XII, Entsch. 35	69, 526	JR 69, 453
28.11.68	2 AZR 76/68	1 KSchG Nr. 12	191 KSchG Betriebsbed. Kündigung (A. Hueck)	69, 445, 491, 710	69, 315, 362	69, 219, 250	—	—	Kündigungsschutz, Entsch. 102 (Herschel)	69, 679	JR 69, 455

Entscheidungsregister – Bundesarbeitsgericht

Datum	Akten-zeichen	EzA (m. Anm. von …)	AP Nr. zu § (m. Anm. von …)	DB	BB	RdA	AuR	SAE	AR-Blattei	NJW	Sonstige
12.12.68	2 AZR 120/68	620 BGB Nr. 12	6 24 BetrVG 1952 (Herschel)	69, 488	69, 492	69, 62	69, 55, 220	70, 53 (G. Hueck)	Betriebsverf. IX, Entsch. 15	69, 813	JR 69, 454
17.12.68	1 AZR 178/68	56 BetrVG 1952 Nr. 16	27 56 BetrVG 1952 (Gaul)	69, 576	69, 444	69, 127	69, 55, 220	70, 25 (Bohn)	Betriebsverf. XIV B, Akkordarbeit, Entsch. 18 Entsch. 13	–	JR 69, 454
14.01.69	1 ABR 14/68	13 BetrVG 1952 Nr. 1	12 13 BetrVG 1952 (Galperin)	69, 664	69, 490	69, 127	69, 88, 187	69, 157 (Küchenhoff)	Betriebsverf. VI A, Entsch. 2 (Monjau)	69, 1134	–
17.01.69	3 AZR 96/67	242 BGB Nr. 22	1 242 BGB	69, 752	69, 445	69, 153	69, 115	70, 89	Ruhegeldeinrichtungen Entsch. 10	–	–
31.01.69	1 ABR 11/68	56 BetrVG 1952 Nr. 17	5 56 BetrVG 1952 Entlohnung (Dietz)	69, 311, 797	69, 534	69, 128	69, 116, 220	69, 179 (Richardi)	Betriebsverf. XIV B, Entsch. 19	–	–
31.01.69	1 ABR 18/68	56 BetrVG 1952 Nr. 18	1 56 BetrVG 1952 Berufsausbild. (Neumann-Duesberg)	69, 1020	69, 758	69, 159	69, 117, 315	70, 21 (Richardi)	Betriebsverf. XIV B, Entsch. 20	–	JR 69, 454
31.01.69	3 AZR 439/68	1 FeiertagslohnzahlungsG Nr. 9	26 1 FeiertagslohnzahlungsG (Canaris)	69, 1065	69, 717	69, 190	69, 117, 315	70, 99 (Schnorr von Carolsfeld)	Feiertage, Entsch. 27	–	JR 70, 377
11.02.69	1 ABR 12/68	28 BetrVG 1952 Nr. 1	1 28 BetrVG 1952 (Galperin)	69, 663	69, 491	69, 128, 158	69, 118, 187	70, 28 (Blomeyer)	Betriebsverf. VI A, Entsch. 3	69, 1134	–
28.02.69	5 AZR 215/68	–	1 177 EWG-Vertrag (Schnorr)	69, 743	69, 364	69, 188, 191	69, 185	–	Betriebszugehörigkeit, Entsch. 16	69, 999	–

Bundesarbeitsgericht – Entscheidungsregister

24.04.69	2 AZR 319/68	13 KSchG 1969 Nr. 2	18 13 KSchG (Wiese)	69, 1562	69, 1038	69, 284	69, 380	70, 84 (Herschel)	Betriebsverf. IX, Entsch. 16	69, 1791	—
24.04.69	5 AZR 438/68	—	18 5 ArbGG (G. Hueck)	69, 1514	—	69, 284	69, 184, 348	70, 41 (Herschel)	Arbeitsgerichtsbarkt. V B, Entsch. 31	69, 1824	JZ 69, 705 JR 71, 100
29.04.69	1 ABR 19/68	23 BetrVG 1952 Nr. 2	9 23 BetrVG 1952 (Dietz)	69, 1560	69, 1224	69, 285	69, 185, 348 70, 93 (Hessel)	69, 242 (Fenn)	Betriebsverf. VI, Entsch. 31 (Herschel)	69, 2220	—
20.05.69	1 ABR 20/68	—	1 5 BetrVG 1952 (Schnorr)	69, 1414	69, 996	69, 286	69, 246 70, 89	70, 113 (Blomeyer)	Angestellter, Entsch. 20	—	JR 70, 372
03.06.69	1 ABR 1/69	37 BetrVG 1952 Nr. 3	11 37 BetrVG 1952 (Richardi)	69, 1705	69, 1434	69, 286	69, 246, 380	70, 128 (Fabricius)	Betriebsverf. X, Entsch. 20	69, 2221	JR 70, 272
03.06.69	1 ABR 3/69	—	17 18 BetrVG 1952 (Galperin)	69, 1707	69, 996	69, 287	69, 246, 315	70, 165 (Buchner)	Betriebsverf. VI A, Entsch. 4 (Monjau)	69, 1735	—
04.06.69	3 AZR 180/68	—	1 16 BMT-G II (Herschel)	—	—	69, 315	69, 247 70, 59, 89		Öffentl. Dienst, Entsch. 78	—	—
10.06.69	1 AZR 2/69	72 BetrVG 1952 Nr. 1	6 72 BetrVG 1952 (Richardi)	69, 1706	69, 1434	69, 288	69, 248, 380	—	Betriebsverf. XIV E, 69, 2221 Entsch. 1	69, 2221	JR 71, 100
10.06.69	1 ABR 203/68	37 BetrVG 1952 Nr. 4	12 37 BetrVG 1952 (Tipke, Wiedemann)	69, 1755	69, 1433	69, 287	69, 248 70, 89	70, 141 (Däubler)	Betriebsverf. X, Entsch. 21	—	—
24.06.69	1 ABR 6/69	39 BetrVG 1952 Nr. 3	8 39 BetrVG 1952 (Neumann-Duesberg)	69, 1754	69, 1037	69, 288	69, 380	70, 170 (Bohn)	Betriebsverf. X, Entsch. 22	—	JR 70, 373
27.06.69	3 AZR 297/68	—	2 242 BGB Ruhegehalt	69, 1753	69, 1178	69, 313, 316	70, 188	70, 65 (Sieg)	Ruhegeldeinrichtungen Entsch. 12	69, 2165	MDR 70, 83

1809

Entscheidungsregister – Bundesarbeitsgericht

Datum	Akten-zeichen	EzA (m. Anm. von ...)	AP Nr. zu § (m. Anm. von ...)	DB	BB	RdA	AuR	SAE	AR-Blattei	NJW	Sonstige
10.07.69	5 AZR 323/68	615 BGB Nr. 11	1 615 BGB Kurzarbeit (Söllner)	69, 1512	69, 997	69, 317	69, 281, 381 (Herschel)	70, 1 (Beitzke)	Kurzarbeit, Entsch. 2 (Hessel)	69, 1734	JuS 70, 46
09.10.69	5 AZR 48/69	611 BGB Gratifikation, Prämie Nr. 3	68 611 BGB Gratifikation (Canaris)	70, 401 70, 39	70, 29, 31	70, 187	–	Gratifikation, Entsch. 46	–	–	–
10.10.69	1 AZR 5/69	–	1 8 ArbGG 1953 (Rüthers)	70, 65	70, 37	70, 31	69, 379 70, 217	70, 176 (Vollmer)	Arbeitsgerichtsbarkt. XII, Entsch. 42 Arbeitsgerichtsbarkt. X C, Entsch. 98	70, 349	–
21.10.69	1 ABR 8/69	–	10 3 BetrVG 1952 (Neumann-Duesberg)	70, 249	70, 301	70, 126	70, 250	71, 281 (Wiese)	Arbeitsgerichtsbarkt. XII, Entsch. 43	71, 100	–
23.10.69	2 AZR 127/69	13 KSchG 1969 Nr. 3	19 13 KSchG (A. Hueck)	70, 450	70, 488	70, 126	70, 26, 157	–	Betriebsverf. IX, Entsch. 17	70, 827	JuS 70, 361
04.12.69	5 AZR 84/69	–	32 620 BGB Befristeter Arbeitsvertrag	70, 399	70, 347	70, 62	70, 56, 285	70, 204 (Seiter)	Arbeitsvertrag – Arbeitsverh. VIII, Entsch. 9	–	–
05.12.69	5 AZR 215/68	6 ArbPlSchG Nr. 1	3 Art. 177 EWG-Vertrag (Boldt)	70, 307	70, 262	70, 94, 96	70, 155	70, 195 (Lorenz)	Ausländische Arbeitnehmer, Entsch. 7	70, 1014	JR 71, 155

Bundesarbeitsgericht – Entscheidungsregister

Datum	AZ										
19.12.69	1 ABR 9/69	—	1 Art. 56 ZA-Natotruppenstatut (Beitzke)	70, 595	70, 348		70, 127	70, 284, 286	—	Arbeitsgerichtsbarkt. XII, Stationierungsstreitkräfte, Entsch. 9	—	—
15.01.70	2 AZR 64/69	1 KSchG Nr. 16	7 1 KSchG Verhaltensbed. Kündigung (Herschel)	70, 1276	70, 803 (Gumpert)	70, 220	—	71, 132 (Hofmann)	Kündigung VIII, Entsch. 20 Vorstrafen, Entsch. 3	—	JR 71, 406
30.01.70	3 AZR 44/68	242 BGB Nr. 31	142 242 BGB Ruhegehalt (Richardi)	70, 1393	70, 1097 (V. Arnim)	70, 255	70, 88, 379	70, 262 (Säcker)	Ruhegeld (-gehalt), Entsch. 92	70, 1620	JuS 70, 478
17.03.70	5 AZR 263/69	611 BGB Fürsorgepfl. Nr. 9	78 611 BGB Fürsorgepfl. (Wolf)	70, 886	80, 619	70, 218, 222	70, 154, 380	70, 213 (Küchenhoff)	Fürsorgepfl. des Arbeitgebers, Entsch. 16	70, 1391	JZ 70, 510
28.04.70	1 ABR 16/69	—	2 Art. 56 ZA-Natotruppenstatut (Beitzke)	70, 1496	70, 969	70, 256	71, 93	—	Stationierungsstreitkräfte, Entsch. 10	—	—
29.05.70	1 ABR 17/69	81 BetrVG 1952 Nr. 5	13 81 BetrVG 1952 (Fabricius)	70, 1492	70, 1008 71, 441 (Arras)	70, 286	70, 353 (Neumann-Duesberg), 380	71, 77 (Mayer-Maly)	Tendenzbetrieb, Entsch. 5 (Herschel)	70, 1763	JR 71, 406
17.09.70	5 AZR 539/69	242 BGB Betriebl. Übung Nr. 1	9 242 BGB Betriebl. Übung (G. Hueck)	70, 2225	70, 1435	71, 61	—	71, 210 (Seiter)	Betriebsübung, Entsch. 4	71, 163	—
09.10.70	1 ABR 18/69	63 BetrVG 1952 Nr. 3	4 63 BetrVG 1952 (Richardi)	71, 53	71, 129	71, 148	70, 377 71, 123	71, 150 (Peterek)	Arbeitsgerichtsbarkt. XII, Entsch. 48	71, 480	JuS 71, 161
27.10.70	4 AZR 485/69	4 TVG Metallindustrie Nr. 1	46 256 ZPO (Schumann)	71, 198	71, 173	71, 149	70, 378 71, 154	71, 157 (Meisel)	Arbeitsgerichtsbarkt. VII, Entsch. 79	—	—

Entscheidungsregister – Bundesarbeitsgericht

Datum	Akten-zeichen	EzA (m. Anm. von...)	AP Nr. zu § (m. Anm. von...)	DB	BB	RdA	AuR	SAE	AR-Blattei	NJW	Sonstige
04.11.70	4 AZR 121/70	6 ArbPlSchG Nr. 2	1 §9 1 TVG Auslegung (Herschel)	71, 533	71, 566	71, 150	71, 212, 307	–	Tarifvertrag IX, Entsch. 11	–	–
20.11.70	1 AZR 408/69	72 BetrVG 1952 Nr. 2	7 72 BetrVG 1952 (Richardi)	71, 389	71, 437	71, 151	71, 24, 209, 311 (Herschel)	–	Betriebsverf. XIV E, Entsch. 4	71, 772	–
20.11.70	1 AZR 409/69	72 BetrVG 1952 Nr. 3	8 72 BetrVG 1952 (Richardi)	71, 534	71, 567	71, 151	71, 24, 306	–	Betriebsverf. XIV E, Entsch. 5	71, 774	JuS 71, 267
03.12.70	1 AZR 110/70	626 n.F. BGB Nr. 7	60 626 BGB	71, 397	–	–	71, 57	–	Konkurs, Entsch. 16 Nebentätigkeit d. Arbn., Entsch. 3	–	–
04.12.70	5 AZR 242/70	–	5 7 BUrlG (Löwisch, Friedrich)	71, 295	71, 220	71, 153	71, 252	71, 161 (Lepke)	Betriebsfeier, Entsch. 3 (Herschel)	–	–
08.12.70	1 ABR 20/70	–	28 59 BetrVG 1952 (Fabricius)	71, 582	71, 1054	71, 153	71, 249, 306	–	Betriebsvereinb., Entsch. 17	71, 1056	–
08.12.70	1 AZR 81/70	611 BGB Gefahrgeneigte Arbeit Nr. 6	4 636 RVO	–	71, 351	71, 774	–	–	Haftung d. Arbeitgebers, Entsch. 36	–	ARST 71, 72
04.02.71	2 AZR 144/70	620 BGB Nr. 14	35 620 BGB Befristeter Arbeitsvertrag (Wiedemann, M. Wolf)	71, 1164	71, 914	71, 252	71, 383	–	Arbeitsvertrag – Arbeitsverh. VIII, Entsch. 13	–	JR 72, 500
05.02.71	1 ABR 24/70	63 BetrVG 1952 Nr. 4	6 61 BetrVG 1952 71, 1528	71, 1153	–	–	–	–	–	–	–

Bundesarbeitsgericht – Entscheidungsregister

Datum	Az.	Norm	Thema					Entsch.		Zitate
12.02.71	3 AZR 83/70	242 BGB Nr. 3	3 242 BGB Ruhegehalt – Unterstützungskassen (Lukowsky)	71, 920	71, 784 (v. Arnim)	71, 253	71, 121, 383	71, 224 (Sieg)	Ruhegeldeinrichtungen, Entsch. 16	71, 1379	JuS 71, 604 JR 73, 324
25.03.71	2 AZR 185/70	620 BGB Nr. 15	5 57 BetrVG 1952 71, 1113	71, 1234	–	–	–	–	–	–	–
21.04.71	GS 1/68	Art. 9 GG Nr. 6	43 Art. 9 GG Arbeitskampf	71, 1061	71, 701	71, 185, 256 321 (Müller) 327 (Scheuner) 334 (Richardi)	71, 145, 353 (Reuß), 384	72, 1 (Richardi)	Arbeitskampf I, Entsch. 3 (Löwisch)	71, 1668	JuS 71, 490 73, 284 (Reuter)
23.04.71	ABT 26/70	2 TVG Nr. 2	297 ArbGG	71, 1577	71, 1322	71, 317	71, 205, 384	72, 229 (Löwisch, Friedrich)	Berufsverbände, Entsch. 10 (Herschel)	–	JR 74, 326
15.07.71	2 AZR 232/70	1 KSchG Nr. 19	831 KSchG (A. Hueck)	71, 2022	72, 662	71, 382	71, 304 72, 59	–	Kündigung IX, Entsch. 36	71, 2325	JZ 71, 785 JR 73, 323
26.08.71	2 AZR 233/70	23 KSchG Nr. 1	1 23 KSchG (A. Hueck)	71, 2319	–	71, 384	71, 347 72, 60	–	Betrieb, Entsch. 4 (Herschel)	–	JR 73, 323
30.09.71	5 AZR 123/71	1211 TVG Auslegung (Richardi)	–	–	72, 620	72, 63	72, 221, 248	–	–	–	JR 74, 499
28.09.71	1 ABR 4/71	1481 BetrVG	–	–	–	–	71, 377	73, 89	Betrieb, Entsch. 5	–	Gewerkschafter 72, 78
30.09.71	5 AZR 146/71	620 BGB Nr. 16	36 620 BGB Befristeter Arbeitsvertrag (Palenberg)	72, 49	–	72, 63	72, 186	–	Arbeitsvertrag – Arbeitsverh. VIII, Entsch. 15 (Herschel)	–	JR 74, 145

Entscheidungsregister – Bundesarbeitsgericht

Datum	Aktenzeichen	EzA (m. Anm. von...)	AP Nr. zu § (m. Anm. von...)	DB	BB	RdA	AuR	SAE	AR-Blattei	NJW	Sonstige
26.10.71	1 AZR 113/68	Art. 9 GG Nr. 7	44 Art. 9 GG Arbeitskampf (Richardi)	72, 143	71, 1366	72, 55, 64	71, 329 72, 122 (von Geldern), 249	73, 33 (Buchner)	Arbeitskampf I, Entsch. 4 (Löwisch)	72, 599	JuS 72, 480
09.11.71	1 AZR 417/70	–	28 ArbGG (Richardi)	72, 686	–	72, 126	72, 23, 249	–	Arbeitsgerichtsbarkt. XII, Entsch. 55	–	–
10.12.71	3 AZR 190/71	242 BGB Ruhegeld Nr. 10	154 242 BGB Ruhegehalt (G. Hueck)	72, 491	72, 317	72, 122, 127	72, 222	73, 246 (Richardi)	Arbeitsgerichtsbarkt. VII, Entsch. 98 Ruhegeld (gehalt), Entsch. 113	72, 733	JuS 72, 289 JR 73, 325
14.01.72	1 ABR 6/71	22 BetrVG 1952 Nr. 2	2 20 BetrVG Jugendvertreter	72, 686	–	–	–	73, 69 (Blomeyer)	–	–	–
29.02.72	1 AZR 176/71	–	9 72 BetrVG 1952 (Küchenhoff)	72, 1118	–	72, 254	72, 252	73, 73 (Schlüter)	–	72, 1342	ARSt 72, 148 JR 73, 496
23.03.72	2 AZR 226/71	626 BGB n.F. Nr. 11	63 626 BGB (Herschel)	72, 1539	–	72, 255	72, 341	–	Kündigung VIII, Entsch. 35	–	JR 74, 144
12.04.72	4 AZR 211/71	4 TVG Nr. 36	13 4 TVG Günstigkeitsprinzip (Wiedemann)	72, 1242	72, 797	72, 316	72, 283	73, 2 (Herschel)	–	72, 1775	JR 74, 499
25.04.72	1 AZR 322/71	–	–	–	–	–	–	–	Personalakten, Entsch. 2	–	–
14.06.72	4 AZR 315/71	–	54 22, 23 BAT (Wiedemann)	72, 2488	–	72, 386	72, 380	–	Personalvertretung XI D, Entsch. 7	72, 2103	–

Datum	Az.								
28.06.72	4 AZR 318/71	–	115 MTB II (Fettback)	–	72, 387	–	–	–	–
08.07.72	3 AZR 481/71	157 242 BGB Ruhegehalt (Uhlenbruck)	242 BGB Ruhegeld Nr. 15	72, 1409	73, 90	73, 96 (Sieg)	–	JR 74, 147	–
11.07.72	1 ABR 2/72	80 BetrVG 1972 Nr. 1	1 80 BetrVG 1972 (Richardi)	72, 2020	72, 389	72, 279 73, 29	74, 97 (Wiese)	Betriebsverf. XIV A, Entsch. 4	–	JR 74, 326
18.07.72	1 AZR 189/72	–	1072 BetrVG 1952 72, 2021	72, 1407	72, 390	–	–	72, 2328	JR 73, 496
17.08.72	2 AZR 415/71	626 BGB n.F. Nr. 22	65 626 BGB	73, 481	73, 1396	73, 122	74, 42 (Benthien)	Kündigungsschutz, Entsch. 135 (Herschel)	73, 553	JuS 73, 388 JR 74, 145
20.09.72	5 AZR 239/72	611 BGB Gratifikation, Prämie Nr. 33	76 611 BGB Gratifikation Bl. 32 (Blomeyer)	73, 85	72, 1503	73, 58	–	Gratifikation, Entsch. 56	–	–
28.09.72	2 AZR 469/71	1 KSchG 1969 Nr. 25	2134 BGB	72, 2356	–	72, 392 73, 60	72, 338 73, 57, 218	–	Kündigungsschutz, Entsch. 136	73, 77	JuS 73, 190
31.10.72	1 ABR 7/72	40 BetrVG 1972 Nr. 3 (Richardi)	2 40 BetrVG 1972 (Richardi)	73, 528	73, 243 287 (Hiersemann) 333 (Ohlgardt)	73, 155, 187 (Schwegler)	74, 129 (Buchner)	–	73, 822	JR 74, 325
09.11.72	5 AZR 224/72	242 BGB Gleichbehandlung Nr. 1	36 242 BGB Gleichbehandlung	73, 432	73, 245	–	–	Gleichbehandlung im Arbeitsverhältnis, Entsch. 35	–	WM IV 73
15.12.72	1 ABR 5/72	9 BetrVG 1972 Nr. 1	5 80 ArbGG	–	73, 520	73, 135	73, 186	73, 37 (Dütz)	Betriebsverf. VI, Entsch. 34	73, 1016	–
15.12.72	1 ABR 8/72	14 BetrVG 1972 Nr. 1	114 BetrVG 1972	73, 2052	73, 750	73, 203	73, 217	73, 234 (Bohn)	Betriebsverf. VI, Entsch. 35	–

Entscheidungsregister – Bundesarbeitsgericht

Datum	Akten-zeichen	EzA (m. Anm. von...)	AP Nr. zu § (m. Anm. von...)	DB	BB	RdA	AuR	SAE	AR-Blattei	NJW	Sonstige
11.01.73	5 AZR 467/72	6 BBiG Nr. 1	16 BBiG (Söllner)	73, 831	73, 566	73, 276	73, 88, 216	–	Berufsausbild., Entsch. 6	–	–
25.01.73	2 AZR 158/72	620 BGB Nr. 17	37 620 BGB Befristeter Arbeitsvertrag (Birk)	–	73, 520	73, 204	73, 216	–	Arbeitsvertrag – Arbeitsverh., Entsch. 16	–	JR 74, 145
30.01.73	1 ABR 22/72	37 BetrVG 1972 Nr. 5	137 BetrVG 1972 (Richardi)	73, 1025	73, 847	73, 205	73, 284, 382 (Söllner)	73, 236 (Bohn)	Betriebsverf. VIII A, Entsch. 3 Arbeitsgerichtsbarkt. XII, Entsch. 58 (Dütz)	73, 1391	–
30.01.73	1 ABR 1/73	40 BetrVG 1972 Nr. 4	3 40 BetrVG 1972 Bl. 2 (Buchner)	–	73, 474	73, 205	73, 186	74, 244 (Dütz)	Betriebsverf. VIII A, Entsch. 2 Ausschlußfristen, Entsch. 59	–	–
01.02.73	5 AZR 382/72	615 BGB Betriebsrisiko Nr. 2	29 615 BGB Betriebsrisiko (Mayer-Maly)	73, 827	73, 564	73, 205	73, 118, 281	75, 11 (Buchner)	Arbeitskampf I, Entsch. 6 (Löwisch)	73, 1295, 1629 (Becker)	JuS 73, 452 77, 92 (Schmidt) JZ 73, 521
16.02.73	1 ABR 18/72	19 BetrVG 1972 Nr. 1	119 BetrVG 1972 (Natzel)	73, 1254	73, 1071, 1634	73, 277	73, 118, 284	74, 233 (Galperin)	Betriebsverf. VI, Entsch. 38	–	JuS 73, 580 JR 74, 498
23.02.73	1 ABR 17/72	80 BetrVG 1972 Nr. 3	280 BetrVG 1972 (Hanau)	73, 799	73, 1255	73, 207	73, 120, 285	74, 237 (Thiele)	Betriebsverf. X, Entsch. 23	73, 147	–

Bundesarbeitsgericht – Entscheidungsregister

Datum	Az.										
01.03.73	5 AZR 453/72	611 BGB Nr. 10	1 611 BGB Persönlichkeitsrecht (Wiese)	73, 972	73, 704	73, 152, 281	73, 239 (Herschel)	Arbeitsvertrag – Arbeitsverh. II, Entsch. 8	73, 1247	JZ 75, 258
13.03.73	1 ABR 15/72	20 BetrVG 1972 Nr. 1 (Richardi)	1 20 BetrVG 1972 (Dütz)	73, 1257	73, 847, 849	73, 277	—	Betriebsverf. VIII A, Entsch. 4 Arbeitsgerichtsbarkt. XII, Entsch. 59	—	—
13.03.73	1 ABR 16/72	87 BetrVG 1972 Werkswohnungen Nr. 2	1 87 BetrVG 1972 Werkmietwohnungen (Richardi)	73, 1458	73, 845	73, 278	73, 153, 316	73, 229 (Böticher)	Betriebsverf. XIV B, Entsch. 21	73, 1900	JuS 73, 581
06.04.73	1 ABR 20/72	76 BetrVG 1972 Nr. 2 (Dütz)	1 76 BetrVG 1972	73, 2197	73, 1438	73, 239	73, 183	74, 211 (Hiersmann)	Einigungsstelle, Entsch. 1 (Martens)	73, 2222	—
06.04.73	1 ABR 13/72	99 BetrVG 1972 Nr. 4	1 99 BetrVG 1972 (Wiedemann)	73, 1456	73, 940 (Frey) 988 (Neef)	73, 273, 279	73, 182, 316	74, 61 (Meisel)	Betriebsverf. XIV C, Entsch. 32	73, 1630	—
10.04.73	4 AZR 180/72	242 BGB Gleichbehandl. Nr. 3	38 242 BGB Gleichbehandl. Nr. 3 (Crisolli)	73, 1755	73, 1357	73, 340	73, 348	—	Gleichbeh. im Arbeitsverh., Entsch. 38	—	—
10.05.73	2 AZR 328/72	15 BBiG Nr. 2	3 15 BBiG Nr. 2 (Söllner)	73, 1512	73, 1170	73, 280	73, 213, 347	74, 110 (Monjau)	Berufsausbild., Entsch. 7	—	—
11.05.73	1 ABR 3/73	20 BetrVG 1972 Nr. 2	2 20 BetrVG 1972 (Richardi)	73, 1659	73, 1071	73, 340	73, 315	—	—	—	—
22.05.73	1 ABR 2/73	38 BetrVG 1972 Nr. 5 (Hanau)	2 38 BetrVG 1972 (Richardi)	73, 1900	73, 1258	73, 341	73, 215, 348	75, 73 (Martens)	Betriebsverf. X, Entsch. 25	—	—

Entscheidungsregister – Bundesarbeitsgericht

Datum	Aktenzeichen	EzA (m. Anm. von ...)	AP Nr. zu § (m. Anm. von ...)	DB	BB	RdA	AuR	SAE	AR-Blattei	NJW	Sonstige
22.05.73	1 ABR 10/73	38 BetrVG 1972 Nr. 3	2 37 BetrVG 1972 (Meisel)	73, 1955	–	73, 341	73, 215, 349	75, 223 (Gitter)	Betriebsverf. X, Entsch. 26	–	–
22.05.73	1 ABR 26/72	38 BetrVG 1972 Nr. 4 (Hanau)	1 38 BetrVG 1972 (Richardi)	73, 1901	73, 1305	73, 341	73, 215, 348	75, 221 (Gitter)	Betriebsverf. X, Entsch. 24	–	–
26.06.73	1 ABR 170/73	20 BetrVG 1972 Nr. 4	4 20 BetrVG 1972 73, 1955	73, 1306	73, 343	73, 348	–	Betriebsverf. VIII A, Entsch. 6	–	–	–
13.06.73	4 AZR 445/72	1 TVG Nr. 1	1 23 1 TVG	73, 2203	–	–	–	–	Tarifvertrag IV Entsch. 20	–	–
26.06.73	1 ABR 24/72	2 BetrVG 1972 Nr. 5	2 2 BetrVG 1972 (Richardi)	73, 2146	73, 1437	73, 343	73, 279 74, 28, 157	74, 144 (Bohn)	Betriebsverf. V A, Entsch. 1	73, 2222	JuS 74, 59 JZ 74, 454 (Schwerdtner)
26.06.73	1 ABR 21/71	20 BetrVG 1972 Nr. 3 (Richardi)	3 20 BetrVG 1972 (Richardi)	73, 1954	73, 1354	73, 343	73, 279, 379, 382	75, 41 (Giese)	Betriebsverf. VIII A, Entsch. 5	–	–
28.06.73	5 AZR 19/73	611 BGB Nr. 13	10 611 BGB Abhängigkeit (G. Hueck)	73, 1804	73, 1398	73, 343	73, 280, 381 74, 188 (Woltereck)	74, 67 (Herschel)	Arbeitnehmer, Entsch. 12	–	–
13.09.73	2 AZR 601/72	102 BetrVG 1972 Nr. 7	2 1 KSchG	73, 2534	73, 1635	74, 62	73, 345 74, 59	75, 1 (Otto)	Kündigungsschutz, Entsch. 146 (Herschel)	–	JuS 74, 123
18.09.73	1 AZR 116/73	44 BetrVG 1972 Nr. 2	1 44 BetrVG 1972 (Kreutz)	74, 145 74, 90	73, 408	73, 345 74, 92	74, 209 (Bohn)	Betriebsverf. XI, Entsch. 9	74, 336	–	–
18.09.73	1 ABR 17/73	80 BetrVG 1972 Nr. 4	4 80 BetrVG 1972 (Richardi)	74, 296	74, 185	74, 62	74, 124	74, 207 (Monjau)	Betriebsverf. XIV A, Entsch. 6	74, 516	JR 77, 102

Bundesarbeitsgericht – Entscheidungsregister

Datum	Az.										
18.09.73	1 AZR 102/73	37 BetrVG 1972 Nr. 12	3 37 BetrVG 1972 (Weiss)	74, 147	74, 89	73, 408 74, 60	73, 345 74, 92	74, 134 (Bohn)	Betriebsverf. VIII A, Entsch. 7	74, 335	JuS 74, 193
18.09.73	1 ABR 7/73	80 BetrVG 1972 Nr. 5 (Buchner)	3 80 BetrVG 1972 (Richardi)	74, 143	74, 133	74, 62	74, 92	74, 239 (Thiele)	Betriebsverf. XIV A, Entsch. 5	74, 333	–
09.10.73	1 ABR 6/73	37 BetrVG 1972 Nr. 14 (Richardi)	4 37 BetrVG 1972 (Natzel)	74, 146	74, 88	74, 63	73, 378 74, 92	74, 177 (Kraft)	Betriebsverf. VIII A, Entsch. 8	–	–
06.11.73	1 ABR 8/73	37 BetrVG 1972 Nr. 16 (Richardi)	5 37 BetrVG 1972 (Kittner)	74, 780	74, 461	74, 124	74, 25, 188	75, 155 (Schlüter)	Betriebsverf. VIII A, Entsch. 10	–	NZA 84, 127
06.11.73	1 ABR 26/73	37 BetrVG 1972 Nr. 17 (Richardi)	6 37 BetrVG 1972 (Wiese)	74, 633	74, 416	–	74, 25, 153, 284 (Schoden)	75, 162 (Meisel)	Betriebsverf. VIII A, Entsch. 9	–	–
20.11.73	1 AZR 331/73	65 BetrVG 1972 Nr. 1	1 65 BetrVG 1972	74, 683	74, 416	74, 125	74, 26, 154	–	Betriebsverf. XIII, Entsch. 2	74, 879, 1349 (Lindner)	–
22.11.73	2 AZR 580/72	626 BGB n.F. Nr. 33	67 626 BGB	74, 878	74, 463	74, 125	74, 218	75, 127 (Wolf)	Kündigung VIII, Entsch. 43 (Herschel)	74, 1155	–
22.11.73	2 AZR 543/72	1 KSchG 1969 Nr. 28	2 21 KSchG 1969 Betriebsbed. Kündigung	74, 438	74, 323	–	–	75, 135	–	–	–
27.11.73	1 ABR 11/73	23 BetrVG 1972 Nr. 1	4 40 BetrVG 1972	74, 731	74, 368	74, 123, 126	74, 154	76, 198 (Gravenhorst)	Arbeitsgerichtsbarkt. XII, Entsch. 65	–	–

Entscheidungsregister – Bundesarbeitsgericht

Datum	Akten-zeichen	EzA (m. Anm. von …)	AP Nr. zu § (m. Anm. von …)	DB	BB	RdA	AuR	SAE	AR-Blattei	NJW	Sonstige
27.11.73	1 ABR 5/73	37 BetrVG 1972 Nr. 18 (Richardi)	9 89 ArbGG (Richardi)	74, 830	74, 507, 559	74, 126	74, 27, 278	–	Betriebsverf. VIII A, Entsch. 11 Arbeitsgerichtsbarkt. XII, Entsch. 64	74, 1156	–
11.12.73	1 ABR 37/73	37 BetrVG 1972 Nr. 19 (Richardi)	5 80 BetrVG 1972 (Thiele)	74, 880	74, 602	74, 189	74, 217	76, 263 (Kreutz)	Betriebsverf. VIII A, Entsch. 12	–	–
18.12.73	1 ABR 35/73	37 BetrVG 1972 Nr. 20 (Richardi)	7 37 BetrVG 1972 (Richardi)	74, 923	74, 601	74, 127	74, 54, 217	74, 136 (Streckel)	Betriebsverf. VIII A, Entsch. 117	74, 1016	–
15.01.74	1 AZR 234/73	–	–	75, 455	74, 885	–	–	–	–	–	–
17.01.74	5 AZR 380/73	1 BUrlG Nr. 17	3 1 BUrlG (Boldt)	74, 783	74, 509	74, 128	74, 90, 219	75, 123 (Blomeyer)	–	–	JR 76, 500
29.01.74	1 ABR 41/73	40 BetrVG 1972 Nr. 12 (Richardi)	5 40 BetrVG 1972 (Kraft)	74, 1292	74, 883, 1029 (Ohlgardt)	74, 250	74, 90, 251	76, 81 (Weisemann)	Betriebsverf. VIII A, Entsch. 15	–	–
29.01.74	1 ABR 34/73	40 BetrVG 1972 Nr. 14 (Dütz)	8 37 BetrVG 1972 74, 1535 75, 1707	74, 1023	74, 250	74, 281	–	Betriebsverf. VIII A, Entsch. 14	–	–	–
29.01.74	1 ABR 39/73	37 BetrVG 1972 Nr. 36	9 37 BetrVG 1972	–	–	74, 250	74, 90	–	–	–	–
05.02.74	1 ABR 46/73	–	–	–	–	–	–	75, 194 (Bohn)	–	–	–

14.02.74	5 AZR 298/73	611 BGB Nr. 16 (Gamillscheg)	611 BGB Abhängigkeit (Lieb)	74, 1487	74, 838	74, 251	74, 122, 284	74, 248 (Mayer-Maly)	—	—	—
14.02.74	5 AZR 235/73	611 BGB Gratifikation, Prämie Nr. 38	79 611 BGB Gratifikation (Schwerdtner)	74, 973	74, 604	74, 190	74, 121, 250	—	Gleichbehandl. im Arbeitsverh., Entsch. 39 (Mayer-Maly)	74, 1215	—
21.02.74	5 AZR 302/73	611 BGB Gratifikation, Prämie Nr. 39	81 611 BGB Gratifikation Bl. 1 (Buchner)	74, 1169	74, 695	74, 190	74, 148, 282	—	Gratifikation, Entsch. 60 und 62	—	JuS 74, 598
28.02.74	2 AZR 455/73	102 BetrVG 1972 Nr. 8 (Kraft)	2 102 BetrVG (Richardi)	74, 1294	74, 836	74, 251	74, 281	75, 119 (Meisel)	Betriebsverf. XIV C, Entsch. 33 (Herschel)	74, 1526	—
05.03.74	1 ABR 19/73	5 BetrVG 1972 Nr. 7 (Kraft)	1 5 BetrVG 1972 (Wiedemann, Wank)	74, 826, 1239 (Janert)	74, 553, 653 (Grüll)	—	74, 149, 188	74, 165 (Benthien)	Angestellter, Entsch. 21	74, 965, 1161 (Hoffmann)	JuS 74, 467 JZ 74, 625 (Rüthers), 647 JR 77, 100
05.03.74	1 AZR 50/73	20 BetrVG 1972 Nr. 5	5 20 BetrVG 1972	74, 1534	74, 1071	74, 251	74, 149, 280	75, 44 (Böhm)	Betriebsverf. VIII A, Entsch. 16	—	—
05.03.74	1 ABR 38/73	87 BetrVG 1972 Nr. 3 (Herschel)	1 87 BetrVG 1972 Kurzarbeit (Wiese)	74, 1389	74, 931	74, 251	74, 150, 281	74, 201 (Bötticher)	—	74, 1724	JuS 74, 572 JR 79, 56
19.03.74	1 ABR 87/73	17 BetrVG 1972 Nr. 1	1 17 BetrVG 1972	74, 1775	74, 1120	74, 252	74, 151, 314	—	Betriebsverf. VI, Entsch. 42 (Monjau)	—	—
19.03.74	1 ABR 44/73	26 BetrVG 1972 Nr. 1	1 26 BetrVG 1972 (Küchenhoff)	74, 1629	74, 1119, 1124	74, 252	74, 150, 280, 313, 314	—	Betriebsverf. X, Entsch. 29	—	—

Entscheidungsregister – Bundesarbeitsgericht

Datum	Aktenzeichen	EzA (m. Anm. von ...)	AP Nr. zu § (m. Anm. von ...)	DB	BB	RdA	AuR	SAE	AR-Blattei	NJW	Sonstige
28.03.74	2 AZR 472/73	102 BetrVG 1972 Nr. 9	3 102 BetrVG 1972	74, 1438	74, 980	74, 253	74, 281	75, 112 (Meisel)	Betriebsverf. XIV C, Entsch. 34	74, 1726	–
28.03.74	2 AZR 92/73	119 BGB Nr. 5	3 119 BGB (Küchenhoff)	74, 729, 1531	74, 933	74, 253	74, 151, 284	–	Anfechtung im Arbeitsrecht, Entsch. 12	–	–
29.03.74	1 ABR 37/73	19 BetrVG 1972 Nr. 2	219 BetrVG 1972 (Seipert)	74, 1342, 1680	74, 837, 838	74, 192	74, 152, 250	–	Betriebsverf. VI, Entsch. 39	74, 1526	–
02.04.74	1 ABR 43/73	37 BetrVG 1972 Nr. 21	10 37 BetrVG 1972	74, 1439	74, 1022	74, 253	74, 281	75, 78 (Bohn)	Betriebsverf. X, Entsch. 30	74, 1724	–
04.04.74	2 AZR 452/73	15 KSchG 1969 Nr. 1	1 626 BGB Arbeitnehmervertreter im Aufsichtsrat	74, 1067	74, 739	74, 253	74, 185, 283, 380 (Hensche)	75, 245 (Reuter)	–	74, 1399	–
23.04.74	1 ABR 59/73	–	–	–	–	–	74, 186	–	–	–	–
23.04.74	1 AZR 139/73	37 BetrVG 1972 Nr. 22	11 37 BetrVG 1972 (Blumensaat)	74, 1725	74, 1119	74, 254	74, 186, 314	–	Betriebsverf. VIII A, Entsch. 17	–	–
30.04.74	1 ABR 33/73	80 BetrVG 1972 Nr. 6	1 118 BetrVG 1972 (Mayer-Maly)	74, 1776	74, 1163	74, 254	74, 215, 350	–	Betriebsverf. XIV A, Entsch. 8	–	–
30.04.74	1 ABR 36/73	87 BetrVG 1972 Werkswohnung Nr. 3 (Herschel)	2 87 BetrVG 1972 Werkmietwohnungen (Natzel)	74, 1627	74, 1070	74, 254	74, 215, 314	75, 252 (Benthien)	Betriebsverf. XIV, Entsch. 22	74, 1672	–
10.05.74	1 ABR 47/73	65 BetrVG 1972 Nr. 4	2 65 BetrVG 1972	74, 2162	74, 1206	74, 255	74, 215, 378	–	Betriebsverf. VIII A, Entsch. 18	–	–

Bundesarbeitsgericht – Entscheidungsregister

10.05.74	1 ABR 57/73	65 BetrVG 1972 Nr. 2	3 65 BetrVG 1972	74, 1773	74, 1205	74, 255	74, 215, 349	—	—	Betriebsverf. VIII A, Entsch. 19	—
10.05.74	1 ABR 60/73	37 BetrVG 1972 Nr. 23	4 65 BetrVG 1972	74, 1772	74, 1205	74, 318	74, 350	—	—	Betriebsverf. VIII, Entsch. 20 Betriebsverf. VIII, Entsch. 5	—
14.05.74	1 ABR 40/73	99 BetrVG 1972 Nr. 6	2 99 BetrVG 1972 (Kraft)	74, 1580	74, 1071	74, 255	74, 216, 313	75, 145, 147 (G. Hueck)	74, 1966 (Becker)	Betriebsverf. XIV C, Entsch. 35	JuS 74, 810
14.05.74	1 ABR 45/73	87 BetrVG 1972 Kontrolleinrichtung Nr. 1	1 87 BetrVG 1972 Überwachung (Wiese)	74, 1868	74, 1164	74, 255	74, 216, 35	75, 151 (Buchner)	74, 2023	Betriebsverf. XVI B, Entsch. 23	—
21.05.74	1 ABR 73/73	37 BetrVG 1972 Nr. 24	12 37 BetrVG 1972	74, 1726	74, 1123	74, 255	74, 247, 313	75, 49 (Halbach)	74, 2024	Arbeitsgerichtsbarkt. XII, Entsch. 70	—
21.05.74	1 AZR 477/73	37 BetrVG 1972 Nr. 25	14 37 BetrVG 1972	74, 1823	74, 1163	74, 255	74, 246, 349	—	—	Betriebsverf. X, Entsch. 32	—
28.05.74	1 ABR 22/73	80 BetrVG 1972 Nr. 7	6 80 BetrVG 1972	74, 1917	74, 74, 1163	74, 256	74, 350	—	—	—	—
28.05.74	1 ABR 101/73	80 BetrVG 1972 Nr. 8	7 80 BetrVG 1972	74, 1868	74, 1206	74, 256	74, 378	—	—	Betriebsverf. XIV A, Entsch. 10	—
06.06.74	2 AZR 278/73	9 MuSchG n.F. Nr. 15	3 9 MuSchG 1968	74, 2355	74, 1581	74, 390	74, 247 75, 58	76, 61 (Schnoor von Carolsfeld)	74, 390	Mutterschutz, Entsch. 56	JR 78, 58
10.06.74	1 ABR 23/73	5 BetrVG 1972 Nr. 8 (Kraft)	8 80 BetrVG 1972	75, 60	74, 1641	74, 390	75, 56	75, 256 (Dütz)	75, 279	Arbeitsgerichtsbarkt. XII, Entsch. 72	—

Entscheidungsregister – Bundesarbeitsgericht

Datum	Aktenzeichen	EzA (m. Anm. von ...)	AP Nr. zu § (m. Anm. von ...)	DB	BB	RdA	AuR	SAE	AR-Blattei	NJW	Sonstige
18.06.74	1 ABR 25/73	87 BetrVG 1972 Urlaub Nr. 1	1 87 BetrVG 1972 Urlaub	74, 2263	74, 1639	74, 390	75, 55	76, 9 (Blomeyer)	Betriebsverf. XIV B, Entsch. 25	75, 80	78, 56
25.06.74	1 ABR 68/73	19 BetrVG 1972 Nr. 3	3 19 BetrVG 1972	74, 1341, 2115	74, 1399	74, 390	74, 248 75, 53	–	Betriebsverf. VI, Entsch. 40	–	–
22.08.74	1 ABR 17/74	103 BetrVG 1972 Nr. 6	1 103 BetrVG 1972 (G. Hueck)	74, 2310, 2360	74, 1578	74, 391 75, 144	74, 312 75, 57	75, 213 (Kraft)	Betriebsverf. IX, Entsch. 20 (Herschel)	75, 181	–
27.08.74	1 ABR 66/73	–	–	74, 1725 (Vorbericht)	–	–	–	–	–	–	–
28.08.74	4 AZR 496/73	–	3 9 MTB II	–	–	74, 392	75, 54	–	–	–	–
11.09.74	4 AZR 515/73	–	3 1 TVG Tarifverträge: Metallindustrie (Wiedemann)	74, 2485	75, 44	75, 145	75, 58	–	Lohn V, Entsch. 1	–	–
11.09.74	5 AZR 567/73	242 BGB Gleichbehandl. Nr. 9	39 242 BGB Gleichbehandl.	75, 551	75, 281	75, 145	73, 344 75, 189 (Frey)	–	Gleichbehandl. im Arbeitsverh., Entsch. 42	75, 751	JuS 75, 337
13.09.74	5 AZR 48/74	–	84 611 BGB Gratifikation (Schwerdtner)	74, 2483	74, 1639	74, 392	75, 54	–	–	75, 278	–
17.09.74	1 AZR 16/74	113 BetrVG 1972 Nr. 1 (Henckel)	1 113 BetrVG 1972 (Uhlenbruck Richardi)	74, 2207	74, 1483 76, 325 (Ritze)	74, 387, 392	74, 345 75, 56	76, 18 (Otto)	Betriebsverf. XIV E, Entsch. 7	75, 182	JuS 75, 254
17.09.74	1 ABR 85/73	116 BetrVG 1972 Nr. 1	1 116 BetrVG 1972	75, 216	75, 136	74, 392	75, 56	76, 1 (Galperin)	Seearbeitsrecht, Entsch. 6	–	–

Bundesarbeitsgericht – Entscheidungsregister

Datum	Az.							
17. 09. 74	1 ABR 98/73	40 BetrVG 1972 Nr. 18	6 40 BetrVG 1972	75, 452	75, 329	75, 146	74, 346 75, 122	75, 260 (Monjau)	Betriebsverf. VIII A, Entsch. 23	–	–
17. 09. 74	1 AZR 574/73	37 BetrVG 1972 Nr. 32	17 37 BetrVG 1972 (Dütz)	–	75, 283	75, 146	–	–	Arbeitsgerichtsbarkt. XII, Entsch. 73	–	–
27. 09. 74	1 ABR 67/73	40 BetrVG 1972 Nr. 15 (Herschel)	8 40 BetrVG 1972 (Weimar)	75, 505	75, 371	75, 147	74, 346 75, 155	–	Betriebsverf. XIV A, Entsch. 11	–	–
27. 09. 74	1 ABR 71/73	37 BetrVG 1972 Nr. 33 (Weiss)	18 37 BetrVG 1972 (Halberstadt)	75, 504	75, 372	75, 147	75, 154	76, 44 (Streckel)	Betriebsverf. VIII A, Entsch. 24	–	JR 77, 101
27. 09. 74	1 ABR 90/73	6 BetrVG 1972 Nr. 1	16 BetrVG 1972	75, 936	75, 651	75, 147	74, 347 75, 218	76, 28 (Peterek)	Betriebsverf. V, Entsch. 8	–	–
27. 09. 74	1 ABR 67/73	40 BetrVG 1972 Nr. 15 (Herschel)	8 40 BetrVG 1972 (Weimar)	75, 505	75, 371	75, 147	74, 346 75, 155	–	Betriebsverf. XIV A, Entsch. 11	–	–
01. 10. 74	1 AZR 394/73	44 BetrVG 1972 Nr. 3	2 44 BetrVG 1972	75, 310	75, 183	75, 147	–	76, 52 (Bohn)	Betriebsverf. XI, Entsch. 10	–	–
01. 10. 74	1 ABR 77/73	106 BetrVG 1972 Nr. 1 (Buchner)	1 106 BetrVG 1972 (Hinz)	75, 453	75, 327	75, 147	74, 374 75, 155	76, 144 (Schlüter)	Betriebsverf. XIV D, Entsch. 1	75, 1091	–
02. 10. 74	5 AZR 504/73	613 a BGB Nr. 1	1 613 a BGB	75, 601	75, 468 77, 501 (Hess)	75, 147	74, 375 75, 188, 379 (Herschel)	76, 74 (Stratmann)	Betriebsinhaberwechsel, Entsch. 9	75, 1378	JR 78, 58
02. 10. 74	5 AZR 507/73	7 BUrlG Nr. 17	2 7 BUrlG Betriebsferien (Natzel)	75, 157	75, 136	75, 148	–	75, 169 (Herschel)	–	–	JuS 75, 259
08. 10. 74	1 ABR 72/73	40 BetrVG 1972 Nr. 17	7 40 BetrVG 1972	75, 698	75, 371	75, 148	75, 51, 154	76, 47 (Streckel)	Betriebsverf. VIII A, Entsch. 25	–	–

Entscheidungsregister – Bundesarbeitsgericht

Datum	Aktenzeichen	EzA (m. Anm. von ...)	AP Nr. zu § (m. Anm. von ...)	DB	BB	RdA	AuR	SAE	AR-Blattei	NJW	Sonstige
24.10.74	3 AZR 488/73	276 BGB Nr. 32	2 276 BGB Vertragsverletzung	74, 2406	74, 1640	75, 149	75, 57	–	Kündigung VIII, Entsch. 45 (Herschel)	–	–
05.11.74	1 ABR 146/73	37 BetrVG 1972 Nr. 35	19 37 BetrVG 1972	75, 699	75, 372	75, 204	75, 155	–	Betriebsverf. VIII A, Entsch. 26	–	JR 77, 101
14.11.74	1 ABR 65/73	87 BetrVG 1972 Initiativrecht Nr. 2	1 87 BetrVG 1972 (Richardi)	75, 647	75, 420 (Gumpert)	75, 143, 150	75, 187, 252 (Nickel)	76, 14 (Reuter)	Betriebsverf. XIV B, Entsch. 24	–	JuS 75, 402 JR 77, 102
19.11.74	1 ABR 20/73	5 BetrVG 1972 Nr. 9 (Kraft)	2 5 BetrVG 1972 (Wiedemann, Wank)	75, 405	75, 279	75, 151	75, 122	75, 182 (Buchner)	–	75, 797, 1246 (Hoffmann)	–
19.11.74	1 ABR 50/73	5 BetrVG 1972 Nr. 10 (Kraft)	3 5 BetrVG 1972 (Wiedemann, Wank)	75, 406	75, 326	75, 151	75, 154	75, 187 (Buchner)	–	75, 1244 (Hoffmann)	–
26.11.74	1 ABR 16/74	20 BetrVG 1972 Nr. 7 (Heckelmann)	6 20 BetrVG 1972	75, 1178	75, 700	75, 204	75, 52, 217	76, 54 (Schukai)	Arbeitsgerichtsbarkt. XII, Entsch. 74 (Herschel)	–	–
04.12.74	1 ABR 48/73	5 BetrVG 1972 Nr. 14	4 5 BetrVG 1972	75, 1031	75, 743	75, 151	75, 53, 251	–	Angestelltler, Entsch. 25	–	–
17.12.74	1 ABR 105/73	5 BetrVG 1972 Nr. 15	7 5 BetrVG 1972	75, 1032	75, 788	75, 205	75, 251	76, 177 (Richardi)	Angestellter, Entsch. 26	75, 1720	JR 77, 101

Bundesarbeitsgericht – Entscheidungsregister

Datum	Az.	Norm						Entsch.		Anm.
17.12.74	1 ABR 113/73	5 BetrVG 1972 Nr. 12	75, 889, 984	75, 606	75, 205	—	75, 217	Arbeitsgerichtbarkt. XII, Entsch. 77	—	JR 77, 101
17.12.74	1 ABR 131/73	5 BetrVG 1972 Nr. 11	75, 887	75, 604	75, 206	—	75, 217, 218	Arbeitsgerichtbarkt. XII, Entsch. 79 / Angestellter, Entsch. 28	75, 1717	JR 77, 101
19.12.74	2 AZR 565/73	305 BGB Nr. 6 / 3 620 BGB Bedingung	65, 890	75, 651	75, 202, 206	75, 219, 220 (Wollenschläger)	76, 112 (Bickel)	Urlaub, Entsch. 215	75, 1531	JuS 75, 469
28.01.75	1 ABR 92/73	37 BetrVG 1972 Nr. 37	75, 1084, 1996	75, 703	75, 207	75, 251	—	Arbeitsgerichtbarkt. XII, Entsch. 80	—	JR 77, 101
28.01.75	1 ABR 52/73	5 5 BetrVG 1972 (Zöllner) Nr. 16	75, 1034	75, 743	75, 152	75, 251	—	Angestellter, Entsch. 29	75, 1295	JR 77, 101
12.02.75	5 AZR 79/74	78 BetrVG 1972 Nr. 4	75, 1226	75, 701	75, 267	75, 251	—	Berufsausbild., Entsch. 13 (Söllner)	—	—
19.02.75	1 ABR 55/73	5 BetrVG 1972 Nr. 18	75, 1320	75, 925	75, 208	75, 120, 349	76, 133 (Benthien)	Betriebsverf. V, Entsch. 9	75, 1941 (Bulla)	JuS 75, 601 / JR 78, 56
19.02.75	1 ABR 94/73	10 5 BetrVG 1972 (Richardi) Nr. 17	75, 1271, 1320	75, 927	75, 208	75, 120, 284	—	Betriebsverf. V, Entsch. 10	—	JuS 75, 601 / JR 78, 56
11.03.75	1 ABR 77/74	12 4 BetrVG 1972 (Ottow) Nr. 1	75, 1753	75, 967	75, 268	75, 349	—	Baugewerbe VI, Entsch. 1	—	—

Entscheidungsregister – Bundesarbeitsgericht

Datum	Aktenzeichen	EzA (m. Anm. von …)	AP Nr. zu § (m. Anm. von …)	DB	BB	RdA	AuR	SAE	AR-Blattei	NJW	Sonstige
13.03.75	3 AZR 44/67	242 BGB Ruhegehalt Nr. 41	167 242 BGB Ruhegehalt (Reuter)	75, 1563	75, 1113 (Gumpert)	75, 269	75, 378	–	Ruhegeld (-gehalt), Entsch. 141	–	–
18.03.75	1 ABR 102/73	111 BetrVG 1972 Nr. 1	1 111 BetrVG 1972 (Pfarr)	75, 1322	75, 884	75, 269	75, 284	–	Einigungsstelle, Entsch. 4 (Martens)	–	–
20.03.75	2 ABR 111/74	103 BetrVG 1972 Nr. 7 (Herschel)	2 103 BetrVG 1972 (Richardi)	75, 1321	75, 880	75, 270	75, 348	77, 1 (Rüthers)	–	75, 1575	–
22.04.75	1 AZR 604/73	118 BetrVG 1972 Nr. 4 (Mathy)	2 118 BetrVG 1972 (Mayer-Maly)	75, 1516	75, 1066	75, 327	75, 184 76, 27, 59 (Ihlefeld)	–	Tendenzbetrieb, Entsch. 6 (Hanau)	75, 1907	–
24.04.75	2 AZR 118/74	103 BetrVG 1972 Nr. 8 (Dütz)	3 103 BetrVG 1972 (G. Hueck)	75, 1620	75, 1014	75, 271	75, 184, 347	77, 3 (Rüthers)	Betriebsverf. IX, Entsch. 25 (Hanau)	75, 1752	JuS 75, 669
29.04.75	1 ABR 40/74	40 BetrVG 1972 Nr. 22 (Pfarr)	9 40 BetrVG 1972	75, 1708	75, 1111	75, 271	75, 377	–	Betriebsverf. VIII A, Entsch. 27	–	JR 77, 101
06.05.75	1 ABR 135/73	65 BetrVG 1972 Nr. 5	5 65 BetrVG 1972	75, 1706, 1947	75, 1112	75, 272	76, 27	–	Arbeitsgerichtsbarkt. XII, Entsch. 81 (Dütz)	–	JR 77, 101
27.05.75	2 ABR 125/74	103 BetrVG 1972 Nr. 9 (Dütz)	4 103 BetrVG 1972 (G. Hueck)	75, 1706	75, 1014, 1706	75, 388	75, 347	77, 8 (Rüthers)	Betriebsverf. IX, Entsch. 26	75, 1855	–

Bundesarbeitsgericht – Entscheidungsregister

Datum	Az.	Sp. 3	Sp. 4	Sp. 5	Sp. 6	Sp. 7	Sp. 8	Sp. 9	Sp. 10	Sp. 11	Sp. 12
28. 05. 75	5 AZR 172/74	—	—	75, 2330	—	—	—	—	—	—	—
03. 06. 75	1 ABR 98/74	5 BetrVG 1972 Nr. 19	1 5 BetrVG 1972 Rotes Kreuz	75, 2280	75, 1388	75, 328, 389	75, 216, 376 76, 28	—	Arbeitnehmer, Entsch. 14 (Fenn)	76, 386	—
03. 06. 75	1 ABR 118/73	87 BetrVG 1972 Werkswohnung Nr. 4	3 87 BetrVG 1972 Werkmietwohnungen (Dütz)	75, 1752	75, 1159	75, 389	75, 216, 377	—	Betriebsverf. XIV B, Entsch. 26	—	JR 78, 58
10. 06. 75	1 ABR 139/73	65 BetrVG 1972 Nr. 6	665 BetrVG 1972	75, 1947	75, 1112	75, 328	76, 27	—	Betriebsverf. VIII A, Entsch. 28	—	JR 77, 101
10. 06. 75	1 ABR 140/73	37 BetrVG 1972 Nr. 42	173 BetrVG 1972	75, 2092, 2234	75, 1344	75, 329	75, 376	76, 107 (Bohn)	Betriebsverf. XIII, Entsch. 7	—	—
11. 06. 75	5 AZR 217/74	77 BetrVG 1972 Nr. 1	177 BetrVG 1972 Auslegung	75, 1945, 2044	75, 1252	75, 329	75, 248, 377 76, 285 (Herschel)	76, 103 (Glaubitz)	Betriebsvereinb., Entsch. 19	76, 78	JuS 75, 817
12. 06. 75	3 ABR 137/73	87 BetrVG 1972 Lohn- und Arbeitsentgelt Nr. 2 (Birk)	287 BetrVG 1972 Altersversorgung (Steindorff)	75, 1224	75, 1064 76, 90 (Hanau) 605 (Gumpert)	75, 330	75, 248, 377	—	—	—	JuS 75, 742 JR 77, 102
12. 06. 75	3 ABR 13/74	87 BetrVG 1972 Lohn- und Arbeitsentgelt Nr. 4 (Birk)	187 BetrVG 1972 Altersversorgung (Richardi)	75, 1559	75, 1062 76, 90 (Hanau) 605 (Gumpert)	75, 323, 329	75, 248, 377	76, 37 (Kraft)	Betriebsverf. XIV B, Entsch. 27 (Buchner)	—	JuS 75, 742 JR 77, 102
12. 06. 75	1 ABR 66/74	87 BetrVG 1972 Lohn- und Arbeitsentgelt Nr. 3 (Birk)	3 87 BetrVG 1972 Altersversorgung (Blomeyer)	—	75, 1065 76, 90 (Hanau) 605 (Gumpert)	75, 330	75, 248, 377	—	—	—	JuS 75, 742 JR 77, 102
23. 06. 75	1 ABR 104/73	40 BetrVG 1972 Nr. 21	10 40 BetrVG 1972	75, 1707	75, 1111	75, 331	75, 377	—	Betriebsverf. VIII A, Entsch. 30	—	JR 78, 56

Entscheidungsregister – Bundesarbeitsgericht

Datum	Akten-zeichen	EzA (m. Anm. von ...)	AP Nr. zu § (m. Anm. von ...)	DB	BB	RdA	AuR	SAE	AR-Blattei	NJW	Sonstige
26.06.75	5 AZR 412/74	611 BGB Gratifikation, Prämie Nr. 47	86 611 BGB	75, 2089	75, 1531	–	–	–	–	–	JuS 76, 196
04.08.75	2 AZR 266/74	102 BetrVG 1972 Nr. 14 (Nickel, Pabst)	4 102 BetrVG 1972 (Meisel)	75, 2184	75, 1435	75, 390	76, 58	76, 185 (Bohn)	Betriebsverf. XIV C, Entsch. 37 (Hanau)	–	JuS 76, 126
07.08.75	3 AZR 505/74	112 BetrVG 1972 Nr. 5	169 242 BGB Ruhegehalt	75, 1991	75, 1390	75, 332	75, 377	76, 58 (Sieg)	Betriebsverein b., Entsch. 20	–	–
19.08.75	1 AZR 613/74	102 BetrVG 1972 Nr. 15 (Meisel)	5 102 BetrVG 1972 (Herschel)	75, 2138	75, 1483	75, 390	76, 57	76, 261 (Otto)	Angestellter, Entsch. 33	76, 310	JR 76, 498
19.08.75	1 AZR 565/74	102 BetrVG 1972 Nr. 16 (Meisel)	1 105 BetrVG 1972	75, 2231	75, 1483	75, 390	76, 58	76, 257 (Otto)	Angestellter, Entsch. 32	–	–
19.08.75	1 AZR 613/74	102 BetrVG 1972 Nr. 15 (Meisel)	5 102 BetrVG 1972	75, 2138	75, 1483	75, 390	76, 57	76, 261 (Otto)	Angestellter, Entsch. 33	76, 310	JR 76, 498
26.08.75	1 ABR 12/74	37 BetrVG 1972 Nr. 44	21 37 BetrVG 1972	75, 2450	75, 1577	75, 391	76, 56	–	Betriebs-verf. VIII A, Entsch. 31	–	JR 77, 101
27.08.75	4 AZR 454/74	112 BetrVG 1972 Nr. 4	2 112 BetrVG 1972 (Natzel)	75, 2188	75, 1481	75, 391	76, 27	–	Betriebsverf. XIV E, Entsch. 9	–	–
09.09.75	1 ABR 20/74	87 BetrVG 1972 Kontrollein-richtung Nr. 2	2 87 BetrVG 1972 Überwachung (Hinz, Wiese)	75, 2233	75, 1480	75, 386, 391	76, 27, 91 (Nickel)	76, 189 (Peterek)	Betriebsverf. XIV B, Entsch. 28	76, 261	–

1830

Bundesarbeitsgericht – Entscheidungsregister

18.09.75	2 AZR 311/74	626 BGB Druckkündigung Nr. 1	10 626 BGB Druckkündigung	76, 634	76, 465 (Leitsatz)	76, 141	76, 155	—	Kündigung XII, Entsch. 2 (Herschel)	76, 869	JZ 76, 323 JR 78, 323
18.09.75	2 AZR 594/74	102 BetrVG 1972 Nr. 17 (Schlüter)	6 102 BetrVG 1972	76, 344	76, 227	76, 141	76, 122	76, 141 (Glaubitz)	Kündigungsschutz, Entsch. 153 (Herschel)	76, 536	JR 76, 498
23.09.75	1 ABR 122/73	50 BetrVG 1972 Nr. 1 (Löwisch, Mikosch)	1 50 BetrVG 1972 (Löwisch, Mikosch)	76, 56	76, 314	76, 392	76, 89, 188 (Mathes)	76, 97 (Galperin)	Betriebsverf. XII, Entsch. 2	—	—
23.09.75	1 AZR 60/74	—	—	—	—	—	—	—	—	—	BetrR 76, 172
24.09.75	4 AZR 471/74	4 TVG Tarifkonkurrenz Nr. 1	114 TVG Tarifkonkurrenz (Wiedemann)	—	—	—	—	77, 56 (Konzen)	Baugewerbe VIII, Entsch. 28	—	JR 78, 57
03.10.75	5 AZR 445/74	611 BGB Arbeitnehmerbegriff Nr. 3	17 611 BGB Abhängigkeit	76, 392	76, 228	76, 142	76, 156	77, 1118 (Schnorr von Carolsfeld)	Arbeitsgerichtsbarkt. VII, Entsch. 131 b	—	—
03.10.75	5 AZR 162/74	611 BGB Arbeitnehmerbegriff Nr. 1	15 611 BGB Abhängigkeit	76, 393	76, 271	76, 141	76, 187	—	Arbeitnehmer, Entsch. 15 Arbeitsgerichtsbarkt. VII, Entsch. 131 a	—	—
03.10.75	5 AZR 427/74	611 BGB Arbeitnehmerbegriff Nr. 2	16 611 BGB Abhängigkeit (Benthien, Wehler)	76, 299	76, 184	76, 142	76, 122	—	Künstlerische Tätigkeit, Entsch. 22	—	JuS 76, 265
08.10.75	5 AZR 430/74	611 BGB Arbeitnehmerbegriff Nr. 4 (Lieb)	18 611 BGB Abhängigkeit (Benthien, Wehler)	76, 298	76, 184	76, 142	76, 122	—	—	—	JuS 76, 265

Entscheidungsregister – Bundesarbeitsgericht

Datum	Aktenzeichen	EzA (m. Anm. von...)	AP Nr. zu § (m. Anm. von...)	DB	BB	RdA	AuR	SAE	AR-Blattei	NJW	Sonstige
31.10.75	1 ABR 64/74	118 BetrVG 1972 Nr. 5	3 118 BetrVG 1972 (Mayer-Maly)	76, 151	76, 136	76, 143	76, 120, 122	76, 169 (Löwisch)	Tendenzbetrieb, Entsch. 7 (Herschel)	—	—
31.10.75	1 ABR 4/74	106 BetrVG 1972 Nr. 2	2 106 BetrVG 1972 (Hinz)	76, 295	76, 271	76, 143	76, 119, 122	—	Betriebsverf. XIV D, Entsch. 2	—	JR 78, 322
07.11.75	1 ABR 78/74	118 BetrVG 1972 Nr. 7 (Dütz)	3 99 BetrVG 1972 (Kraft, Geppert)	76, 152	76, 134	76, 143	76, 122, 153	77, 35 (Meisel)	Betriebsinhaberwechsel, Entsch. 12 (Seiter)	—	JR 78, 56
07.11.75	1 AZR 74/74	118 BetrVG 1972 Nr. 8 (Dütz)	1 130 BetrVG 1972 (Mayer-Maly)	76, 248	76, 270	76, 143	76, 121, 122	77, 33 (Meisel)	Tendenzbetrieb, Entsch. 8	—	—
07.11.75	1 AZR 282/74	118 BetrVG 1972 Nr. 9 (Dütz)	4 118 BetrVG 1972 (Mayer-Maly)	76, 585	76, 416	76, 144	76, 154	77, 81 (Buchner)	Betriebsverf. XIV C, Entsch. 41 (Hanau)	76, 727	JuS 76, 402
07.11.75	5 AZR 61/75	615 BGB Betriebsrisiko Nr. 4	30 615 BGB Betriebsrisiko (Seiter)	76, 776	76, 511	76, 207	76, 219	76, 249 (Löwisch)	Arbeitskampf I, Entsch. 10 (Herschel)	76, 990	JuS 77, 92 (Schmid)
13.11.75	2 AZR 610/74	102 BetrVG 1972 Nr. 20	7 102 BetrVG 1972	76, 969	76, 694	76, 207	76, 217	77, 207 (Kreutz, Geppert)	Betriebsverf. XIV C, Entsch. 42	76, 694, 1766	—
14.11.75	1 ABR 107/74	118 BetrVG 1972 Nr. 6	5 118 BetrVG 1972 (Mayer-Maly)	76, 297	76, 183	76, 144	76, 122	76, 172 (Löwisch)	Tendenzbetrieb, Entsch. 11	—	JZ 76, 519 (Mallmann)
14.11.75	1 ABR 61/75	16 BetrVG 1972 Nr. 4	118 BetrVG 1972	76, 300	76, 270	76, 144	76, 121	—	Arbeitsgerichtsbarkt. XII, Entsch. 83	—	JR 77, 101

Bundesarbeitsgericht – Entscheidungsregister

Datum	Az.										
21.11.75	1 ABR 12/75	118 BetrVG 1972 Nr. 11	6 118 BetrVG 1972 (Küchenhoff, Richardi)	77, 249 (Mayer-Maly)	76, 602	76, 145	76, 153	—	76, 1165	Arbeitsgerichtsbarkt. XII, Entsch. 84 Tendenzbetrieb, Entsch. 12	—
05.12.75	1 ABR 8/74	47 BetrVG 1972 Nr. 1	1 47 BetrVG 1972 (Wiedemann, Strohn)	76, 588	76, 414	76, 146	76, 154	77, 137 (Leipold)	76, 870	Betriebsverf. XII, Entsch. 3	JR 78, 321
05.12.75	1 AZR 94/74	87 BetrVG 1972 Betriebliche Ordnung Nr. 1 (Wiese)	1 87 BetrVG 1972 Betriebsbuße (Konzen)	76, 583	76, 415	—	76, 154	77, 88 (Meisel)	76, 909	Betriebsbußen, Entsch. 8 (Herschel)	—
09.12.75	1 ABR 80/73	5 BetrVG 1972 Nr. 22 (Kraft)	11 5 BetrVG 1972	76, 631	76, 414	76, 145	76, 154	77, 73 (G. Hueck)	—	Angestellter, Entsch. 34	JR 77, 101
09.12.75	1 ABR 37/74	118 BetrVG 1972 Nr. 10 (Schulin)	7 118 BetrVG 1972 (Löwisch)	76, 584	76, 416	76, 208	76, 154	77, 84 (Buchner)	—	Tendenzbetrieb, Entsch. 13	—
09.12.75	1 ABR 7/75	78 a BetrVG 1972 Nr. 2	17 8 a BetrVG 1972 (G. Hueck)	76, 442	76, 318	76, 146, 208	76, 121	—	—	Arbeitsgerichtsbarkt. XII, Entsch. 85	JR 78, 56
11.12.75	2 AZR 426/74	15 KSchG 1969 Nr. 6	1 15 KSchG 1969	76, 870	76, 464	76, 208	76, 185	—	—	Kündigung IX, Entsch. 48	JZ 76, 288 JR 77, 103
20.01.76	1 ABR 44/75	89 ArbGG 1953 Nr. 4	10 89 ArbGG 1953 (Fenn)	76, 729	76, 467	76, 209	76, 185	—	76, 727	Arbeitsgerichtsbarkt. XII, Entsch. 86 Betriebsverf. VIII A, Entsch. 33	—

Entscheidungsregister – Bundesarbeitsgericht

Datum	Aktenzeichen	EzA (m. Anm. von ...)	AP Nr. zu § (m. Anm. von ...)	DB	BB	RdA	AuR	SAE	AR-Blattei	NJW	Sonstige
20.01.76	1 ABR 48/75	171 ZPO Nr. 1	2 47 BetrVG	76, 828	–	–	–	–	Betriebsverf. XII Entsch. 4	–	–
03.02.76	1 ABR 121/74	118 BetrVG 1972 Nr. 12	8 118 BetrVG 1972 (Dütz)	76, 823	76, 509	76, 209	76, 186	76, 201 (Galpern)	Arbeitsgerichtsbarkt. XII, Entsch. 87	–	JR 78, 322
03.02.76	1 ABR 59/75	78 a BetrVG 1972 Nr. 3	2 78 a BetrVG 1972 (G. Hueck)	76, 777, 1285 (Herschel)	76, 512	76, 210	76, 186, 252 (Grunsky)	77, 109 (Thiele)	–	76, 1230	–
10.02.76	1 ABR 49/74	99 BetrVG 1972 Nr. 9	4 99 BetrVG 1972	76, 775	76, 510	76, 210	76, 186	77, 15 (Glaubitz)	Betriebsverf. XIV C, Entsch. 43	–	JR 78, 56
10.02.76	1 ABR 61/74	5 BetrVG 1972 Nr. 24	12 5 BetrVG 1972	–	–	–	–	78, 7	–	–	–
24.02.76	1 ABR 62/75	4 BetrVG 1972 Nr. 1	2 4 BetrVG 1972	76, 1579	76, 1075	–	76, 313	77, 52 (Fabricius, Decker)	Betrieb, Entsch. 8	–	JuS 76, 755
04.03.76	2 AZR 620/74	15 KSchG 1969 Nr. 8	1 15 KSchG 1969 Wahlbewerber	76, 1335	76, 1128	76, 272	76, 284	–	Kündigungsschutz, Entsch. 155 (Hanau)	76, 1652	JR 78, 323
04.03.76	2 AZR 15/75	103 BetrVG 1972 Nr. 11	5 103 BetrVG 1972	76, 1160	76, 1463	76, 336	76, 252	–	Kündigungsschutz, Entsch. 160	–	–
09.03.76	1 ABR 53/74	–	–	–	–	–	76, 152	–	–	–	–
09.03.76	1 ABR 74/74	44 BetrVG 1972 Nr. 4	3 44 BetrVG 1972 Bl. 3 (Meisel)	76, 1292	76, 977	76, 272	76, 250	78, 73	Betriebsverf. XI, Entsch. 11	–	JR 78, 321

Bundesarbeitsgericht – Entscheidungsregister

Datum	Az.	Gesetz 1	Gesetz 2	Sp. 1	Sp. 2	Sp. 3	Sp. 4	Sp. 5	Sachgebiet	Sp. 6	Sp. 7
10.03.76	5 AZR 34/75	618 BGB Nr. 2	17 618 BGB (Herschel)	–	76, 273	76, 347	77, 12 (Sieg)	–	Unfallverhütung, Entsch. 1 (Streckel)	–	–
11.03.76	2 AZR 43/75	95 BetrVG 1972 Nr. 1 (Gamillscheg)	195 BetrVG 1972	76, 1470	76, 883	76, 270, 273	76, 284	77, 145 (Peterek)	Kündigungsschutz, Entsch. 156	–	JR 78, 322
11.03.76	3 AZR 334/75	242 BGB Ruhegehalt Nr. 51	11 242 BGB Ruhegehalt – Unverfallbarkeit	76, 1236	76, 841	76, 336	76, 282	–	Ruhegeld (-gehalt), Entsch. 149	76, 1421	–
18.03.76	3 ABR 32/75	87 BetrVG 1972 Lohn- und Arbeitsentgelt Nr. 5 (Weiss)	4 87 BetrVG 1972 Altersversorgung (Hanau)	76, 1631	76, 337	76, 345	–	–		78, 56	–
23.03.76	1 ABR 7/76	–	3 78 a BetrVG 1972 (G. Hueck)	–	–	76, 210	–	–		–	–
23.03.76	1 AZR 314/75	5 BetrVG 1972 Nr. 25	14 5 BetrVG 1972	–	–	76, 273	76, 314	–		–	–
25.03.76	2 AZR 163/75	103 BetrVG 1972 Nr. 12	6 103 BetrVG 1972	76, 1337	76, 932	76, 273, 337	76, 346	–	Betriebsverf. IX, Entsch. 20 (Hanau)	–	–
25.03.76	1 AZR 192/75	5 BetrVG 1972 Nr. 23	13 5 BetrVG 1972	76, 1064	76, 743	76, 337	76, 250	–	Angestellter, Entsch. 36	76, 1285	–
25.03.76	2 AZR 136/75	123 BGB Nr. 16	19 123 BGB	76, 1240	76, 1128	76, 273	76, 251	–	Schwerbehinderte, Entsch. 36	–	–
01.04.76	2 AZR 179/75	102 BetrVG 1972 Nr. 23	8 102 BetrVG 1972	76, 1241	76, 884	76, 336	76, 252	–	Betriebsverf XIV C, Entsch. 44 Kündigungsschutz, Entsch. 161	–	–

Entscheidungsregister – Bundesarbeitsgericht

Datum	Akten-zeichen	EzA (m. Anm. von ...)	AP Nr. zu § (m. Anm. von ...)	DB	BB	RdA	AuR	SAE	AR-Blattei	NJW	Sonstige
02.04.76	2 AZR 513/75	102 BetrVG 1972 Nr. 21 (Buchner)	9 102 BetrVG 1972	76, 1063	76, 1127	76, 338	76, 251	77, 210 (Kreutz, Geppert)	Betriebsverf. XIV C, Entsch. 45	76, 1519	–
06.04.76	1 ABR 27/74	50 BetrVG 1972 Nr. 2	2 50 BetrVG 1972 Bl. 2 (Löwisch, Mikosch)	76, 1290	76, 791	–	76, 250	77, 41 (Körnig)	–	–	JuS 76, 607
06.04.76	1 ABR 96/74	37 BetrVG 1972 Nr. 48	23 37 BetrVG 1972	–	76, 338	76, 314	–	–	–	JR 78, 321	–
06.04.76	1 ABR 84/74	83 ArbGG Nr. 21	11 40 BetrVG 1972	76, 1628	76, 1384	–	–	–	Arbeitsge-richtsbar-keit XII Entsch. 90	–	–
27.04.76	1 AZR 482/75	19 BetrVG 1972 Nr. 8	4 19 BetrVG 1972	–	–	76, 338	76, 314	–	Betriebs-verf. VI, Entsch. 51	76, 2229	JR 79, 55
11.05.76	1 ABR 37/75	76 BetrVG 1972 Nr. 8	3 76 BetrVG 1972 (Dütz)	76, 1772	76, 1222	76, 339	76, 381	–	–	–	JR 79, 56
11.05.76	1 ABR 15/75	78 BetrVG 1972 Nr. 5	2 76 BetrVG 1972 (Dütz)	76, 1017	–	76, 339	76, 345	78, 132 (Wiese)	Einigungs-stelle, Entsch. 6	76, 2039	JR 79, 55
28.05.76	1 AZR 116/74	37 BetrVG 1972 Nr. 49 (Otto)	24 37 BetrVG 1972	–	–	76, 340	76, 314	77, 105 (Schlüter)	–	–	JR 78, 321
28.05.76	1 ABR 44/74	40 BetrVG 1972 Nr. 27	11 40 BetrVG 1972	76, 1628	76, 1233	76, 340	76, 381	–	Betriebs-verf. VIII A, Entsch. 35	–	–

Bundesarbeitsgericht – Entscheidungsregister

Datum	Aktenzeichen	Fundstelle 1	Fundstelle 2	Sp. 5	Sp. 6	Sp. 7	Sp. 8	Besprechung	Sp. 10	Sp. 11
01.06.76	1 ABR 99/74	28 BetrVG 1972 Nr. 3 (Herschel)	1 28 BetrVG 1972 Bl. 2 (Bulla)	76, 1819	—	76, 340	76, 312, 314	Betriebsverf. X, Entsch. 38	—	JR 78, 321
01.06.76	1 ABR 118/74	5 BetrVG 1972 Nr. 26	15 5 BetrVG 1972	—	—	—	—	—	—	—
02.06.76	5 AZR 131/75	611 BGB Arbeitnehmerbegriff Nr. 6	20 611 BGB Abhängigkeit	76, 2310	—	—	—	Arbeitnehmer Entsch. 16	—	—
15.06.76	1 ABR 116/74	80 BetrVG 1972 Nr. 14	9 80 BetrVG 1972 (unter III 3 der Gründe)	76, 1773	76, 1223	76, 341	76, 381 77, 125 (Schneider)	Betriebsverf. XVI, Entsch. 12	—	—
15.06.76	1 ABR 81/74	37 BetrVG 1972 Nr. 50 (Otto)	12 40 BetrVG 1972	—	—	76, 340	76, 314	Betriebsverf. VIII A, Entsch. 36	—	—
16.06.76	3 AZR 1/75	626 BGB n.F. Nr. 47	—	76, 2358	76, 1563	—	—	—	—	—
30.06.76	5 AZR 246/75	7 BUrlG Nr. 19	3 7 BUrlG Betriebsferien (Moritz)	76, 2167	76, 1419	76, 341	77, 28	Urlaub, Entsch. 218 (Herschel)	77, 456	JR 78, 324
05.07.76	5 AZR 264/75	12 AZO Nr. 2	10 12 AZO (Schlüter)	76, 1868	76, 1223	76, 342	76, 382	Betriebsverf. XIV B, Entsch. 30	—	JR 78, 324
29.07.76	3 AZR 50/75	1 KSchG Nr. 34	9 1 KSchG (Boden)	76, 2356	76, 1560	—	—	—	—	—
12.08.76	2 AZR 303/75	15 KSchG 1969 Nr. 9	2 15 KSchG 1969	76, 2165	76, 1415	76, 342	77, 30	Betriebsverf. IX, Entsch. 28 (Hanau)	77, 149 (Glaubitz)	—
12.08.76	2 AZR 311/75	102 BetrVG 1972 Nr. 25 (Löwisch, Schreiner)	10 102 BetrVG 1972	76, 2163	76, 1416	76, 398, 401	77, 30	Betriebsverf. XIV C, Entsch. 46 (Herschel)	78, 77 (v. Maydell)	—

Entscheidungsregister – Bundesarbeitsgericht

Datum	Aktenzeichen	EzA (m. Anm. von ...)	AP Nr. zu § (m. Anm. von ...)	DB	BB	RdA	AuR	SAE	AR-Blattei	NJW	Sonstige
19.08.76	3 AZR 173/75	611 BGB Beschäftigungspflicht Nr. 1	4 611 BGB Beschäftigungspflicht	76, 2308	76, 1561	76, 401	77, 60	78, 66 (Mayer-Maly)	Beschäftigungspflicht, Entsch. 4 (Buchner)	77, 215	JuS 77, 127 JR 78, 324
25.08.76	5 AZR 788/75	242 BGB Gleichbehandl. Nr. 1	41 242 BGB Gleichbehandl. (Hueck)	77, 358	77, 145	77, 60	77, 124	77, 164 (Neumann-Duesberg)	Gleichbehandl. im Arbeitsverh., Entsch. 44	–	–
14.09.76	1 AZR 784/75	113 BetrVG 1972 Nr. 2 (Schwerdtner)	2 113 BetrVG 1972 (Richardi)	77, 309	77, 142	77, 61	77, 123	77, 282 (Otto)	Betriebsverf. XIV E, Entsch. 10	77, 727	–
23.09.76	2 AZR 309/75	1 KSchG 1969 Nr. 35	1 1 KSchG 1969 Wartezeit	77, 213	77, 194	77, 61, 123	77, 156	77, 153 (Lepke)	Kündigungsschutz, Entsch. 168 (Herschel)	77, 1311	JR 78, 323
26.08.76	2 AZR 377/75	626 n.F. BGB Nr. 49	68 626 BGB	77, 544	–	–	–	–	Nebentätigkeit des Arbeitnehmers Entsch. 7	–	ARST 77, 163
01.10.76	3 AZR 576/75	1 KSchG 1969 Betriebsbed. Kündigung Nr. 5	–	77, 404	77, 246	–	–	–	–	–	–
12.10.76	1 ABR 1/76	8 BetrVG 1972 Nr. 2	1 8 BetrVG 1972	77, 356	77, 243	77, 62	77, 186	78, 1 (Dietz)	Betriebsverf. VI, Entsch. 50	77, 647	–
12.10.76	1 ABR 14/76	19 BetrVG 1972 Nr. 10	5 19 BetrVG 1972	77, 212	77, 244	77, 62	77, 123	77, 441 (Bohn)	Betriebsverf. VI, Entsch. 7 (Richardi)	–	JZ 77, 407

Bundesarbeitsgericht – Entscheidungsregister

12.10.76	1 ABR 17/76	26 BetrVG 1972 Nr. 2	2 26 BetrVG 1972 (Richardi)	77, 168	77, 245	77, 62	77, 89	77, 273 (Fabricius)	Betriebsverf. X, Entsch. 36 (Gast)	77, 831	—
19.10.76	1 AZR 611/75	1 TVG Nr. 7	6 1 TVG Form (Wiedemann)	77, 405	77, 94	77, 63	77, 122, 235 (Birk), 254	77, 70 (Thiele)	Arbeitskampf IV, Entsch. 2 (Säcker, Streckel) Tarifvertrag II, Entsch. 10 (Säcker, Streckel)	77, 318	JR 78, 323
11.11.76	2 AZR 457/75	103 BetrVG 1972 Nr. 17 (Kraft)	8 103 BetrVG 1972 (G. Hueck)	77, 1190	77, 895	77, 193	77, 280, 318	78, 96 (Grasmann)	Betriebsverf. IX, Entsch. 29 (Hanau) Arbeitsgerichtsbarkt. XIII, Entsch. 80	78, 72	—
12.11.76	3 TaBV 56/76	87 BetrVG 1972 Nr. 2 Betriebliche Ordnung	—					—		—	
06.12.76	2 AZR 470/75	1 KSchG 1969 Nr. 36	2 1 KSchG 1969 Wartezeit	77, 587	77, 445	77, 127	77, 216	77, 238 (Sieg)	Kündigungsschutz, Entsch. 172 (Herschel)	77, 1309	—
08.12.76	5 AZR 613/75	112 BetrVG 1972 Nr. 11	3 112 BetrVG 1972 (Wiedemann, Willemsen)	77, 729 (Weitnauer)	77, 495	77, 64	77, 186	77, 277 (Weitnauer)	Sozialplan, Entsch. 1	—	—

Entscheidungsregister – Bundesarbeitsgericht

Datum	Aktenzeichen	EzA (m. Anm. von ...)	AP Nr. zu § (m. Anm. von ...)	DB	BB	RdA	AuR	SAE	AR-Blattei	NJW	Sonstige
02.06.76	5 AZR 131/75	611 BGB Arbeitnehmerbegriff Nr. 6	20 611 BGB Abhängigkeit (Benthien, Wehler)	76, 2310	76, 1611	–	76, 383	77, 113 (Lieb)	Arbeitnehmer, Entsch. 16 Arbeitsgerichtsbarkt. VII, Entsch. 131 c Teilzeitarbeit, Entsch. 7 Arbeitsvertrag – Arbeitsverh. VIII, Entsch. 22	–	–
17.12.76	1 AZR 605/75	Art. 9 GG Nr. 19 (Otto)	51 Art. 9 GG	77, 824	77, 595	77, 194	77, 311 (Nickel) 318, 347	77, 233 (Konzen)	Arbeitskampf II, Entsch. 18 (Löwisch)	77, 1079	JZ 77, 475 JuS 77, 558 JR 78, 322
26.01.77	5 AZR 131/75	611 BGB Arbeitnehmerbegriff Nr. 8	13 611 BGB Lehrer, Dozenten	77, 1323	–	–	–	–	Freie Mitarbeit Entsch. 6	–	–
27.01.77	2 ABR 77/76	103 BetrVG 1972 Nr. 16	7 103 BetrVG 1972	77, 869	77, 544	77, 128	77, 281	77, 104	Betriebsverf. IX, Entsch. 30	–	JR 78, 322
03.02.77	2 AZR 476/75	1 KSchG 1969 Betriebsbed. Kündigung Nr. 7	4 1 KSchG 1969 Betriebsbed. Kündigung	77, 1326	77, 849	77, 194	77, 349	–	Kündigungsschutz, Entsch. 174 (Herschel)	77, 1846	JR 79, 56
08.02.77	1 ABR 82/74	70 BetrVG 1972 Nr. 1	10 80 BetrVG 1972	77, 914 78, 395 (Eich)	77, 647	77, 195	77, 281	78, 45 (Schlüter, Belling)	Betriebsverf. XIII, Entsch. 11	–	–

Bundesarbeitsgericht – Entscheidungsregister

08.02.77	1 ABR 124/74	37 BetrVG 1972	26 37 BetrVG 1972	77, 1323	77, 995	77, 195	77, 347	–	Betriebsverf. VIII A, Entsch. 38	–
08.02.77	1 ABR 22/76	5 BetrVG 1972 Nr. 27	16 5 BetrVG 1972	77, 1146	77, 945	77, 195	77, 281	78, 284 (Buchner)	Angestellter, Entsch. 39	–
10.02.77	2 ABR 80/76	103 BetrVG 1972 Nr. 18	9 103 BetrVG 1972 (Moritz)	77, 1273	77, 945, 1150	77, 195	77, 349, 380	78, 171 (Schnorr von Carolsfeld)	Leiharbeitsverhältnis, Entsch. 11 (Seiter)	77, 1413
08.03.77	1 ABR 18/75	43 BetrVG 1972 Nr. 1	1 43 BetrVG 1972	77, 962	77, 648	77, 263	77, 347	–	Betriebsverf. XI, Entsch. 12	–
08.03.77	1 ABR 33/75	87 BetrVG 1972 Lohn- und Arbeitsentgelt Nr. 6 (Klinkhammer)	1 87 BetrVG 1972 Auszahlung (Wiedemann, Moll)	77, 1464	77, 1199	77, 263	77, 378	78, 139 (Peterek)	Betriebsverf. XIV B, Entsch. 32	78, 775
09.03.77	5 AZR 110/76	611 BGB Arbeitnehmerbegriff Nr. 9	21 611 BGB Abhängigkeit	77, 2459	–	–	–	–	Arbeitnehmer Entsch. 17	–
10.03.77	4 AZR 675/75	322 ZPO Nr. 3	9 313 ZPO (Grunsky)	77, 1322	77, 948	77, 323	77, 379	78, 108 (Schreiber)	Kündigungsschutz, Entsch. 175 (Herschel)	77, 1504	JR 78, 323
10.03.77	2 AZR 79/76	1 KSchG 1969 Krankheit Nr. 4 (Falkenberg)	4 1 KSchG 1969 Krankheit	77, 1463	77, 1098	77, 263	77, 379	78, 22 (Schukai)	Kündigungsschutz, Entsch. 176 (Herschel)	77, 2132	JZ 77, 804 JuS 78, 156 (Denck)

Entscheidungsregister – Bundesarbeitsgericht

Datum	Aktenzeichen	EzA (m. Anm. von...)	AP Nr. zu § (m. Anm. von...)	DB	BB	RdA	AuR	SAE	AR-Blattei	NJW	Sonstige
15.03.77	1 ABR 16/75	2 TVG Nr. 12 (Dütz)	24 Art. 9 GG (Wiedemann)	77, 590, 772	77, 444, 593	77, 196, 258	77, 254, 281 (Däubler)	78, 37 (Kraft)	Tarifvertrag II, Entsch. 11 (Seiter)	77, 1551	JuS 77, 482 78, 524 (Herschel) JZ 77, 470 (Grunsky) JR 80, 60
15.03.77	1 ABR 29/76	–	–	78, 496	–	–	–	–	–	–	–
15.03.77	1 ABR 86/76	–	–	78, 496	–	–	–	–	–	–	–
18.03.77	1 ABR 54/74	37 BetrVG 1972 Nr. 53	27 37 BetrVG 1972	77, 1148	77, 995	77, 196	77, 281	78, 50 (Bohn)	Betriebsverf. VIII A, Entsch. 39	77, 1312	–
24.03.77	2 AZR 289/76	102 BetrVG 1972 Nr. 28 (Kittner)	12 102 BetrVG 1972 (G. Hueck)	77, 1853	77, 1249	77, 323	78, 124	78, 82 (Bohn)	Kündigungsschutz, Entsch. 178 (Herschel)	78, 122	–
29.03.77	1 ABR 123/74	87 BetrVG 1972 Leistungslohn Nr. 2 (Löwisch)	1 87 BetrVG 1972 Provision (Schulze-Osterloh)	77, 1650 (Bolten)	77, 1046	77, 264	77, 363 (Klinkhammer), 378	78, 91 (Lieb)	Betriebsverf. XIV B, Entsch. 33 (Jahnke)	77, 1654	JuS 77, 696
29.03.77	1 AZR 46/75	102 BetrVG 1972 Nr. 27	11 102 BetrVG 1972 (G. Hueck)	77, 1320	77, 947	77, 323	78, 57	78, 87 (Thiele)	Betriebsverf. IX, Entsch. 31 (Hanau)	77, 2182	–
29.03.77	1 ABR 31/76	–	–	–	–	–	78, 254	–	–	–	–

Bundesarbeitsgericht – Entscheidungsregister

27.04.77	5 ABR 110/76	611 BGB Arbeitnehmerbegriff Nr. 10	1 611 BGB Entwicklungshelfer	–	–	–	–	–	Entwicklungshelfer Enstsch. 1	–
05.05.77	3 ABR 24/76	50 BetrVG 1972 Nr. 4	3 50 BetrVG 1972	77, 1610	77, 1199	77, 325	78, 94	77, 231	Betriebsverf. XII, Entsch. 6	JR 80, 58
17.05.77	1 AZR 458/74	37 BetrVG 1972 Nr. 54	28 37 BetrVG 1972 Bl. 1 R	77, 1562	77, 1400	–	78, 94	78, 136 (Geppert)	Betriebsverf. VIII, Entsch. 1	–
18.05.77	3 AZR 371/76	242 BGB Ruhegeld Nr. 65	175 242 BGB Ruhegehalt	77, 1655	77, 1353	77, 325	78, 123	78, 27 (Riedel)	Betriebliche Altersversorgung, Entsch. 10	JuS 77, 840
26.05.77	2 AZR 135/76	102 BetrVG 1972 Nr. 29 (Klinkhammer)	13 102 BetrVG 1972 (Meisel)	77, 1852	77, 1351	77, 326	78, 95	77, 232	Arbeitsgerichtsbarkt. XIII, Entsch. 81 Betriebsverf. XIV C, Entsch. 49	–
26.05.77	2 AZR 201/76	102 BetrVG 1972 Nr. 30 (Käppler)	14 102 BetrVG 1972	77, 2455	78, 96	–	78, 155	78, 163 (Meisel)	Kündigungsschutz, Entsch. 180 (Herschel)	78, 603
26.05.77	2 AZR 632/76	611 BGB Beschäftigungspflicht Nr. 2	5 611 BGB Beschäftigungspflicht (Weber)	77, 1141, 2099 2192	77, 849, 1254 1504	–	78, 155 (Körnig, Reinecke), 188	78, 242 (Reuter)	Beschäftigungspflicht, Entsch. 6 (Buchner)	JuS 78, 61 JR 79, 58
14.06.77	1 ABR 92/74	–	30 37 BetrVG 1972	–	–	77, 389	–	–	Betriebsverf. VIII A, Entsch. 41	–
13.07.77	1 ABR 19/75	83 ArbGG 1953 Nr. 24	8 80 ArbGG 1953 Bl. 1 R	78, 168	78, 1062	–	–	78, 225 (Misua)	–	–
13.07.77	1 AZR 336/75	87 BetrVG 1972 Arbeitszeit Nr. 3	2 87 BetrVG 1972 Kurzarbeit (Löwisch)	77, 2235	77, 1702	77, 328	78, 188	79, 145 (Otto)	Bergarbeitsrecht Entsch. 14 (Boldt)	JuS 78, 140

Entscheidungsregister – Bundesarbeitsgericht

Datum	Aktenzeichen	EzA (m. Anm. von ...)	AP Nr. zu § (m. Anm. von ...)	DB	BB	RdA	AuR	SAE	AR-Blattei	NJW	Sonstige
19.07.77	1 AZR 302/74	37 BetrVG 1972 Nr. 57	31 37 BetrVG 1972	77, 2458	78, 153	77, 389	78, 187	78, 73	Betriebsverf. VIII, Entsch. 6	–	–
19.07.77	1 AZR 376/74	37 BetrVG 1972 Nr. 55	29 37 BetrVG 1972 (Schlüter)	77, 2101	77, 1601	77, 328	78, 187	78, 157 (Ehmann)	Betriebsverf. VIII, Entsch. 5 (Hunold)	–	JZ 77, 806
19.07.77	1 AZR 483/74	–	1 77 BetrVG 1972	–	–	77, 328	–	–	Betriebsverf. X, Entsch. 39	–	JR 79, 56
16.08.77	1 ABR 49/76	23 SchwbG Nr. 3	1 23 SchwbG	77, 2287	77, 1653	77, 391	78, 153, 154	77, 312	Schwerbehinderte Entsch. 39	–	–
18.08.77	2 ABR 19/77	103 BetrVG 1972 Nr. 20 (Herschel)	10 103 BetrVG 1972 (G. Hueck)	78, 109 (Eich)	78, 43	77, 391	78, 253	79, 194 (Richardi)	Betriebsverf. IX, Entsch. 32 (Hanau)	78, 661	JuS 78, 210
13.09.77	1 ABR 67/75	45 BetrVG 1972 Nr. 1 (Hanau)	1 42 BetrVG 1972	77, 1856, 2452	77, 1351 78, 43	–	78, 187, 216 220 (Zachert)	78, 126 (Weitnauer)	Betriebsverf. XI, Entsch. 13	78, 287	JZ 78, 153
21.09.77	5 AZR 373/76	19 MTB II Nr. 2	3 19 MTB II	–	–	–	–	–	Personalvertretung VII Entsch. 2	–	RiA 78, 96
04.10.77	1 ABR 37/77	8 BetrVG 1972 Nr. 3	2 18 BetrVG 1972	78, 449	78, 254	–	78, 282	78, 74	Betriebsverf. VI, Entsch. 52	–	–
13.10.77	2 AZR 387/76	74 BetrVG 1972 Nr. 3 (Löwisch)	11 KSchG 1969 Verhaltensbed. Kündigung (Pfarr)	78, 641	78, 660	78, 127, 197	78, 379, 380	79, 76	Betriebsverf. VI, Entsch. 53	78, 1872	JR 80, 59

Bundesarbeitsgericht – Entscheidungsregister

Datum	Az.										
25.10.77	1 AZR 452/74	615 BGB Nr. 1	1 87 BetrVG 1972 Arbeitszeit (Wiedemann, Moll)	78, 403	78, 610	78, 128	78, 280	78, 161 (Bohn)	Betriebsverf. XIV B, Entsch. 35	—	—
03.11.77	2 AZR 277/76	—	175 BPersVG (Richardi)	78, 1135	—	—	—	79, 201 (Dütz)	—	—	—
07.11.77	1 ABR 55/75	100 BetrVG 1972 Nr. 1	1 100 BetrVG 1972 (Richardi)	78, 447	78, 1166	78, 128	78, 282	78, 228 (Koller)	Betriebsverf. XIV C, Entsch. 51	78, 848	—
09.11.77	1 AZR 175/76	15 KSchG 1969 Nr. 13	3 15 KSchG 1969	78, 495	78, 359	78, 129	78, 316	80, 263 (Nickel, Kuznik)	Betriebsverf. IX, Entsch. 35 (Hanau)	78, 909	—
09.11.77	5 AZR 132/76	102 BetrVG 1972 Nr. 31	13 Internat. Privatrecht, Arbeitsrecht (Beitzke)	78, 451	78, 403	—	—	78, 236 (Birk)	—	—	—
10.11.77	3 AZR 705/76	242 BGB Ruhegeld Nr. 69	8 242 BGB Ruhegehalt Unterstützungskassen (Kraft)	78, 939	78, 762	78, 129	78, 316	79, 288 (Schnorr von Carolsfeld)	Betriebliche Altersversorgung, Entsch. 16 Juristische Personen, Entsch. 20	—	—
17.11.77	5 AZR 599/76	9 BUrlG Nr. 9	8 9 BUrlG (Trieschmann)	78, 499	78, 360	78, 129	78, 316 79, 30 (Frey)	78, 75	Ausländische Arbeitnehmer, Entsch. 24	—	—
24.11.77	3 AZR 732/76	242 BGB Ruhegeld Nr. 67	177 242 BGB Ruhegehalt	78, 545	78, 450	78, 130	78, 317	—	Betriebliche Altersversorgung, Entsch. 18	78, 1069	—
28.11.77	1 ABR 40/76	8 BetrVG 1972 Nr. 4	2 8 BetrVG 1972	78, 450	58, 255	78, 130	78, 282	79, 10 (Schlüter, Belling)	Betriebsverf. VI, Entsch. 54	78, 1072	—
28.11.77	1 ABR 36/76	19 BetrVG 1972 Nr. 14	6 19 BetrVG 1972	78, 643	78, 1011	78, 130	78, 345	78, 153 (Fabricius, Decker)	Betriebsverf. VI A, Entsch. 10	78, 1992	JR 80, 57

Entscheidungsregister – Bundesarbeitsgericht

Datum	Akten-zeichen	EzA (m. Anm. von...)	AP Nr. zu § (m. Anm. von...)	DB	BB	RdA	AuR	SAE	AR-Blattei	NJW	Sonstige
01.12.77	2 AZR 426/76	103 BetrVG 1972 Nr. 21	11 103 BetrVG 1972	78, 355	78, 450	78, 131	78, 253	78, 291 (Bulla)	Betriebsverf. IX, Entsch. 33 (Hanau)	78, 661	JR 79, 56
06.12.77	1 ABR 28/77	118 BetrVG 1972 Art. 9 GG Nr. 25 (Rüthers, Klosterkemper)	10 118 BetrVG 1972	78, 943	79, 165	78, 197	78, 378, 379	78, 207 (Küchenhoff)	Kirchenbedienstete, Entsch. 14 (Richardi)	–	–
08.12.77	3 AZR 530/76	242 BGB Ruhegeld Nr. 68	176 242 BGB Ruhegehalt (G. Hueck)	78, 991	78, 558	78, 131	78, 344	79, 56 (Mayer-Maly)	Gleichbehandl. im Arbeitsrecht, Entsch. 47 (Mayer-Maly)	–	–
15.12.77	3 AZR 184/76	626 BGB n.F. Nr. 61	69 626 BGB (Schriftltg.)	78, 1038	78, 812	78, 197	78, 380	78, 274 (Leipold)	Kündigung IX, Entsch. 52	78, 1874	–
17.01.78	1 ABR 71/76	1 BetrVG 1972 Nr. 1	11 BetrVG 1972 (Wiese, Starck)	78, 1133	78, 962	78, 198	78, 316	79, 15 (Fabricius, Decker)	Betriebsverf. VI, Entsch. 57	–	–

Bundesarbeitsgericht – Entscheidungsregister

Datum	Az.	Norm							
14.02.78	1 AZR 154/76	102 BetrVG 1972 Nr. 33 (Herschel)	60 Art. 9 GG Arbeitskampf	78, 1501	78, 1064	78, 395	79, 62, 92	80, 129 (Seiter)	Arbeitskampf I, Entsch. 15 Betriebsverfeinb. Entsch. 25 Betriebsverf. XIV C, Entsch. 54 Kündigungsschutz Entsch. 181 Betriebsinhaberwechsel, Entsch. 25	79, 233	—
14.02.78	1 AZR 280/77	Art. 9 GG Nr. 25 (Rüthers, Klosterkemper)	26 Art. 9 GG (Frank)	78, 892	78, 710	78, 199	78, 344 79, 39 (Säcker)	80, 108 (Schwerdtner)	Kirchenbedienstete, Entsch. 15 (Richardi)	78, 605 79, 1844	JuS 78, 573 JR 80, 60
14.02.78	1 ABR 46/77	19 BetrVG 1972 Nr. 16	7 19 BetrVG 1972	78, 1451	78, 1520	78, 270, 295	—	80, 72 (Kreutz)	Betriebsverf. VI A, Entsch. 11	—	—
14.02.78	1 AZR 76/76	Art. 9 GG Arbeitskampf Nr. 22	58 Art. 9 GG Arbeitskampf (Konzen)	78, 1403	78, 1115	78, 270	79, 29	80, 139 (Seiter)	Arbeitskampf I, Entsch. 14	79, 236	JuS 78, 791
14.02.78	1 AZR 103/76	Art. 9 GG Arbeitskampf Nr. 24	59 GG Arbeitskampf	78, 1403	78, 1115	—	79, 29	80, 145 (Seiter)	Kündigungsschutz Entsch. 181	79, 239	JuS 78, 791
14.02.78	1 AZR 54/76	15 KSchG 1969 Nr. 19 (Herschel)	57 Art. 9 GG Arbeitskampf (Konzen)	78, 1231	78, 913	78, 270	79, 27	80, 152 (Seiter)	Betriebsverf. IX, Entsch. 37 (Hanau)	78, 2054	—
21.02.78	1 ABR 54/76	74 BetrVG 1972 Nr. 4	1 74 BetrVG 1972 (Löwisch)	78, 1547	78, 1116	78, 271	—	79, 59 (Bohn)	Betriebsverf. XIV A, Entsch. 14	78, 2216	JR 80, 58
22.02.78	5 AZR 801/76	611 BGB Fürsorgepflicht Nr. 23	84 611 BGB Fürsorgepflicht	78, 1548	78, 1167	—	—	78, 269	Betriebsbußen Entsch. 9	—	—

Entscheidungsregister – Bundesarbeitsgericht

Datum	Aktenzeichen	EzA (m. Anm. von ...)	AP Nr. zu § (m. Anm. von ...)	DB	BB	RdA	AuR	SAE	AR-Blattei	NJW	Sonstige
23.02.78	2 AZR 462/76	12 SchwbG Nr. 5	3 12 SchwbG (Meisel)	78, 1227	78, 266	78, 271	79, 28	79, 27 (v. Maydell)	Schwerbehinderte Entsch. 44	78, 2568	–
14.03.78	1 ABR 2/76	–	30 2 TVG	78, 1278	78, 1213	78, 272	–	–	–	–	–
15.03.78	5 AZR 831/76	620 BGB Nr. 34 (Bunge)	45 620 BGB Befristeter Arbeitsvertrag	78, 1744	78, 1265	78, 396	79, 121	–	Probearbeitsverhältnis, Entsch. 17 (Falkenberg)	78, 2319	–
15.03.78	5 AZR 819/76	611 BGB Arbeitnehmerbegriff Nr. 17	26 611 BGB Abhängigkeit	78, 1035	78, 760	–	–	–	Freie Mitarbeit, Entsch. 12	–	–
16.03.78	2 AZR 424/76	102 BetrVG 1972 Nr. 32	15 102 BetrVG 1972 (Meisel)	78, 1454	79, 371	78, 272	79, 61	79, 4 (Heckelmann)	Betriebsverf. XIV C, Entsch. 55	79, 76	–
11.04.78	6 ABR 22/77	19 BetrVG 1972 Nr. 17	8 19 BetrVG 1972	78, 1452	78, 1467	–	79, 93	78, 212	Betriebsverf. VI A, Entsch. 12	–	JR 80, 57
23.04.78	1 ABR 59/73	–	–	–	–	–	74, 186	–	–	–	–
25.04.78	1 AZR 70/76	1 KSchG 1969 Tendenzbetrieb Nr. 4 (Dütz)	2 Art. 140 GG	78, 2175	78, 1779	78, 397	79, 153	78, 301	Kirchenbedienstete, Entsch. 16 (Richardi)	78, 2116	JR 80, 59
25.04.78	6 ABR 2/77	8 BetrVG 1972 Nr. 6	16 Internat. Privatrecht, Arbeitsrecht (Simitis)	78, 1840 (Simitis)	78, 1520	–	–	79, 221 (Lorenz)	–	–	–
25.04.78	6 ABR 9/75	80 BetrVG 1972 Nr. 15 (Blomeyer)	11 80 BetrVG 1972	78, 1747	79, 45	78, 397	79, 121, 123	78, 256	Betriebsverf. X, Entsch. 40 (Hunold)	–	JR 80, 58

Bundesarbeitsgericht – Entscheidungsregister

25.04.78	6 AZR 22/75	37 BetrVG 1972 Nr. 59 (Kittner)	33 37 BetrVG 1972	78, 1976	78, 1263	78, 397	78, 301	Betriebsverf. VIII A, Entsch. 44	—	JR 80, 57
19.05.78	6 ABR 41/75	46 BetrVG 1972 Nr. 2	3 43 BetrVG 1972	78, 2032	78, 1519	78, 398	80, 41	Betriebsverf. XI, Entsch. 15 Arbeitsgerichtsbarkt. XII, Entsch. 102	—	JR 80, 58
30.05.78	2 AZR 637/76	102 BetrVG 1972 Nr. 34	4 15 KSchG 1969 (Hueck)	79, 359	79, 323	—	79, 187	79, 235 (Thiele)	80, 80	—
30.05.78	2 AZR 255/76	105 BetrVG 1972 Nr. 3	—	—	—	—	—	Betriebsverf. IX, Entsch. 39 (Hanau)	—	—
01.06.78	3 AZR 216/77	6 BetrAVG Nr. 1	1 6 BetrAVG (Ahrend, Förster, Rößler)	78, 1793	78, 312 79, 789 (Heubeck)	78, 400	79, 155	79, 177 (Blomeyer, Seitz)	79, 124	—
06.06.78	1 ABR 66/75	99 BetrVG 1972 Nr. 19	6 99 BetrVG 1972 (Löwisch)	78, 1841	78, 1520	78, 400	79, 123	79, 1 (Herschel)	Betriebliche Altersversorgung, Entsch. 26 — Leiharbeitsverh. Entsch. 13	—
06.06.78	1 AZR 495/75	111 BetrVG 1972 Nr. 5 (Kittner)	2 111 BetrVG 1972 (Ehmann)	78, 1650	78, 1362	78, 400	—	78, 303	Betriebsverf. XIV E, Entsch. 11	—
20.06.78	1 ABR 65/75	99 BetrVG 1972 Nr. 20 (Löwisch, Schiff)	8 99 BetrVG 1972	78, 2033	78, 422	78, 401	79, 154	78, 303	Betriebsverf. XIV C, Entsch. 59	—
20.06.78	1 AZR 102/76	4 TVG Ausschlußfristen Nr. 34	3 113 BetrVG 1972	78, 2034	79, 44	78, 401	79, 155	78, 303	Ausschlußfristen Entsch. 85 (Herschel)	79, 126	JR 80, 58

Entscheidungsregister – Bundesarbeitsgericht

Datum	Aktenzeichen	EzA (m. Anm. von ...)	AP Nr. zu § (m. Anm. von ...)	DB	BB	RdA	AuR	SAE	AR-Blattei	NJW	Sonstige
06.07.78	2 AZR 810/76	102 BetrVG 1972 Nr. 37 (Hanau)	16 102 BetrVG 1972 (G. Hueck)	78, 2367 79, 316	76, 627	79, 58	79, 187	79, 125 (Reuter)	Betriebsverf. XIV C, Entsch. 56	79, 1672	JuS 79, 222
11.07.78	6 AZR 387/77	–	–	78, 2177	–	–	–	–	–	–	–
13.07.78	3 ABR 108/77	87 BetrVG 1972 Sozialeinrichtung Nr. 9	5 87 BetrVG 1972 Altersversorgung (Hanau)	78, 2129	78, 1617	78, 402	79, 154	79, 230 (Meisel)	Betriebsverf. XIV B, Entsch. 154	79, 2534	JuS 79, 71
13.07.78	2 AZR 798/77	102 BetrVG 1972 Nr. 36 (Otto)	18 102 BetrVG 1972	79, 313	79, 323	79, 58	79, 187	79, 210 (v. Hoyningen-Huene)	Betriebsverf. XIV C, Entsch. 58	79, 1675	–
13.07.78	2 AZR 717/76	102 BetrVG 1972 Nr. 35	17 102 BetrVG 1972	79, 314	79, 322	79, 58	79, 187	79, 206 (v. Hoyningen-Huene)	Betriebsverf. XIV C, Entsch. 57	79, 1677	–
18.07.78	1 ABR 8/75	99 BetrVG 1972 Nr. 22 (Peterek)	7 99 BetrVG 1972	78, 2320	78, 1719	75, 59	79, 188	79, 269 (Buchner)	Einstellung, Entsch. 4	–	–
18.07.78	1 ABR 20/75	87 BetrVG 1972 Werkswohnung Nr. 6	4 87 BetrVG 1972 Werkmietwohnungen	78, 2418	78, 1668	78, 403	79, 220	79, 151 (v. Hoyningen-Huene)	Betriebsverf. XIV B, Entsch. 38	–	–
18.07.78	1 ABR 34/75	108 BetrVG 1972 Nr. 3 (Richardi)	1 108 BetrVG 1972 (Boldt)	78, 2223	78, 1777	78, 403	79, 154 80, 21 (Herschel), 30	78, 304	Betriebsverf. XIV D, Entsch. 3	–	JR 80, 58
18.07.78	1 ABR 43/75	99 BetrVG 1972 Nr. 23 (Ehmann)	1 101 BetrVG 1972 (Meisel)	78, 2322	80, 157, 522 (Becker)	78, 403	79, 188	80, 98 (Misera)	Einstellung, Entsch. 5	79, 671	–

Bundesarbeitsgericht – Entscheidungsregister

Datum	Az.	Az. 2	Vorschrift										
18.07.78	1 ABR 79/75	99 BetrVG 1972 Nr. 21	9 99 BetrVG 1972	78, 2319	—	78, 1718 (Gumpert)	79, 59	79, 220	79, 276 (Schlüter, Belling)	Einstellung, Entsch. 6	—	—	—
18.07.78	1 ABR 80/75	—	—	—	—	—	—	78, 278	—	—	—	—	—
21.07.78	6 AZR 561/75	37 BetrVG 1972 Nr. 60	4 38 BetrVG 1972	78, 2371	79, 782	78, 403	78, 403	78, 219	79, 76	Betriebsverf. VIII A, Entsch. 45	—	—	—
15.08.78	6 ABR 10/76	23 BetrVG 1972 Nr. 7	1 23 BetrVG 1972	78, 2275	72, 2233	—	—	75, 52, 217	76, 54 (Schukai)	Arbeitsgerichtsbarkt. XII, Entsch. 74 (Herschel)	—	—	—
15.08.78	6 ABR 56/77	47 BetrVG 1972 Nr. 2	3 47 BetrVG 1972 Bl. 3 (Löwisch, Hetzel)	78, 2224	79, 987	78, 404	79, 187	79, 159 (Streckel)	Betriebsverf. XII, Entsch. 7	79, 2422	—	—
31.08.78	3 AZR 989/77	102 BetrVG 1972 Beschäftigungspflicht Nr. 6	1 102 BetrVG 1972 Weiterbeschäftigung (Grunsky)	79, 652	79, 523	79, 60	79, 252	79, 189 (Weber)	Beschäftigungspflicht	—	—	—
31.08.78	3 AZR 313/77	Art. 3 GG Nr. 6	1 1 BetrAVG Gleichberechtigung (Beitzke)	79, 553	79, 890	79, 60	79, 253	79, 252	Betriebliche Altersversorgung, Entsch. 33	79, 2223	—	—
26.09.78	1 AZR 480/76	114 BetrVG 1972 Nr. 2	1114 BetrVG 1972 (Fettback)	79, 1140	80, 367	79, 60	—	—	Seearbeitsrecht, Entsch. 12 (Jahnke)	79, 1791	BlSt-Soz-ArbR 79, 298	—
28.09.78	2 AZR 2/77	102 BetrVG 1972 Nr. 39	19 102 BetrVG 1972	79, 1135	79, 1094	79, 253	—	—	Kündigungsschutz Entsch. 187	79, 2421	—	—
03.10.78	6 ABR 102/76	40 BetrVG 1972 Nr. 37	14 40 BetrVG 1972 (Grunsky)	79, 107, 315	79, 163	79, 60	79, 156 (Däubler), 252	79, 215 (Hanau)	Arbeitsgerichtsbarkt. XII, Entsch. 100	80, 1486	—	—

Entscheidungsregister – Bundesarbeitsgericht

Datum	Akten-zeichen	EzA (m. Anm. von ...)	AP Nr. zu § (m. Anm. von ...)	DB	BB	RdA	AuR	SAE	AR-Blattei	NJW	Sonstige
03.10.78	6 ABR 46/76	5 BetrVG 1972 Nr. 33	18 5 BetrVG 1972	79, 1186	–	79, 60	79, 348	79, 139	Betriebsverf. XIV C, Entsch. 64	–	–
06.10.78	1 ABR 51/77	99 BetrVG 1972 Nr. 24	10 99 BetrVG 1972	79, 311	79, 373	79, 61	79, 253	79, 154 (Bohn)	Betriebsverf. XIV C, Entsch. 60	–	JR 80, 58
27.10.78	1 ABR 27/77	5 BetrVG 1972 Nr. 32	19 5 BetrVG 1972	–	–	–	–	–	Angestellter Entsch. 41	–	–
14.11.78	6 ABR 85/75	40 BetrVG 1972 Nr. 39	6 59 Ko (Uhlenbruck)	79, 849	79, 522	79, 135	79, 315	79, 140	Betriebsverf. X, Entsch. 41 Konkurs, Entsch. 31	–	–
14.11.78	6 ABR 11/77	40 BetrVG 1972 Nr. 38	39 242 BGB Verwirkung	79, 800	79, 577	79, 63	79, 282	–	Betriebsverf. VIII, Entsch. 8	–	–
15.11.78	5 AZR 199/77	613 a BGB Nr. 21	14 613 a BGB (Willemsen)	79, 702	79, 735	79, 135	79, 314, 315	–	Betriebsinhaberwechsel, Entsch. 30 (Seiter)	79, 2634	–
21.11.78	6 ABR 85/76	40 BetrVG 1972 Nr. 41	15 40 BetrVG 1972 (Meisel)	79, 751	79, 523	79, 63	79, 282	79, 164 (Roemheld)	Betriebsverf. X, Entsch. 42 (Hunold)	–	–
21.11.78	6 ABR 55/76	40 BetrVG 1972 Nr. 40	4 50 BetrVG 1972 (Meisel)	79, 703	79, 938	79, 63	79, 315	–	Betriebsverf. XII, Entsch. 9	–	–
21.11.78	6 ABR 10/77	37 BetrVG 1972 Nr. 62	35 37 BetrVG 1972	79, 507	79, 422	79, 135	79, 315	79, 167 (Peterek)	Betriebsverf. VIII A, Entsch. 46	–	–
21.11.78	6 AZR 247/76	37 BetrVG 1972 Nr. 63	34 37 BetrVG 1972 (Jülicher)	79, 899	79, 627	79, 135	79, 282	79, 297 (Otto)	Betriebsverf. VIII, Entsch. 9	–	–

Bundesarbeitsgericht – Entscheidungsregister

Datum	Az.	Norm	Stichwort	Fundstelle				Sachgebiet	EzA	Anmerkung
21.11.78	1 ABR 67/76	87 BetrVG Arbeitszeit Nr. 7		79, 655	79, 135	79, 283	–	Betriebsverf. XIV B, Entsch. 39	79, 1847	–
21.11.78	1 ABR 91/76	101 BetrVG 1972 Nr. 3	2 87 BetrVG 1972 Arbeitszeit (Wiedemann, Moll)	79, 749	79, 576	79, 63	79, 283	Betriebsverf. XIV C, Entsch. 64	–	–
21.11.78	1 ABR 91/76	101 BetrVG 1972 Nr. 3	3 101 BetrVG 1972 (Richardi)		79, 678	79, 63	80, 101 (Misera)	Betriebsverf. XI, Entsch. 17	–	–
28.11.78	6 ABR 101/77	42 BetrVG 1972 Nr. 2	2 42 BetrVG 1972	79, 109, 1185	79, 988	79, 63	79, 140	Bergarbeitsrecht Entsch. 18	–	–
29.11.78	4 AZR 276/77	–	18 611 BGB Bergbau (Boldt)	79, 995	79, 627	79, 189	–	Sozialplan, Entsch. 3	–	–
29.11.78	1 AZR 553/77	112 BetrVG 1972 Nr. 16	7 112 BetrVG 1972	79, 795	79, 474	79, 63	79, 140	Betriebsverf. XIV A, Entsch. 15	–	–
05.12.78	6 ABR 70/77	101 BetrVG 1972 Nr. 4	4 101 BetrVG 1972	79, 1282	79, 1556	79, 136	79, 140	Berufsverbände Entsch. 14 (Säcker)	–	–
08.12.78	1 AZR 303/77	Art. 9 GG Nr. 30 (Zöllner)	28 Art. 9 GG (Konzen)	79, 1043	79, 1400	79, 190	79, 175	Konkurs, Entsch. 33 (Arens)	79, 1847	JZ 79, 192 JuS 79, 300 JR 80, 58
13.12.78	GS 1/77	112 BetrVG 1972 Nr. 15 (Heß)	6 112 BetrVG 1972	79, 261	79, 267, 282 (Lux)	79, 64, 193 (Richardi)	80, 23 (Weitnauer)	Einigungsstelle Entsch. 12 (Hunold)	79, 774	–
15.12.78	6 ABR 64/77	76 BetrVG 1972 Nr. 21	5 76 BetrVG 1972	79, 64, 1467	79, 1293	–	79, 105 (Sieg)	Einigungsstelle Entsch. 13 (Hunold)	–	–
15.12.78	6 ABR 93/77	76 BetrVG 1972 Nr. 23 (Wohlgemuth)	6 76 BetrVG 1972 (Gaul)	79, 1800	79, 1242	79, 379	–		–	–
						79, 379	79, 265 (Herschel)			

Entscheidungsregister – Bundesarbeitsgericht

Datum	Akten-zeichen	EzA (m. Anm. von ...)	AP Nr. zu § (m. Anm. von ...)	DB	BB	RdA	AuR	SAE	AR-Blattei	NJW	Sonstige
16.01.79	6 AZR 683/76	38 BetrVG 1972 Nr. 9	5 38 BetrVG 1972	79, 1515	79, 1772	79, 253	79, 378, 379	80, 41	Betriebsverf. X, Entsch. 43 Arbeitsgerichtsbarkt. X B, Entsch. 93	–	–
16.01.79	6 AZR 153/77	78 a BetrVG 1972 Nr. 5	5 78 a BetrVG 1972 (Schwedes)	79, 1138	79, 1037	79, 190	79, 379	79, 281 (Reuter)	Betriebsverf. IX, Entsch. 40	–	–
17.01.79	5 AZR 891/77	15 KSchG 1969 Nr. 21 (Dütz)	5 15 KSchG 1969	79, 1136	79, 888	79, 190	79, 380	79, 176 80, 265 (Nickel, Kuznik)	Betriebsverf. IX, Entsch. 41 (Hanau)	–	–
19.01.79	3 AZR 330/77	670 BGB Nr. 13	21 670 BGB (Herschel)	79, 1281	79, 1040	79, 136	79, 349	–	Lohnsteuer, Entsch. 324	79, 2223	–
23.01.79	1 AZR 64/76	113 BetrVG 1972 Nr. 9	4 113 BetrVG 1972 (Meisel)	79, 1139	79, 782	79, 190	79, 380	79, 248 (Peterek)	Betriebsverf. XIV E, Entsch. 14	–	JuS 79, 600
23.01.79	1 ABR 101/76	–	–	81, 1144	–	–	–	–	–	–	–
25.01.79	2 AZR 983/77	103 BetrVG 1972 Nr. 22	12 103 BetrVG 1972	79, 1704	79, 1242	–	80, 56	–	Betriebsverf. IX Entsch. 42	–	–
30.01.79	1 AZR 342/76	87 BetrVG 1972 Betriebsbuße Nr. 3	2 87 BetrVG 1972 Betriebsbuße (Pfarr)	79, 1511	79, 1451	79, 254	80, 217	79, 242 (Grasman)	Betriebsbußen, Entsch. 10 (Herschel)	80, 856	–
30.01.79	1 ABR 78/76	118 BetrVG 1972 Nr. 20	11 118 BetrVG 1972 (Kraft)	79, 1609	79, 1555	79, 191	79, 380 80, 59 (Ihlefeld)	80, 42	Tendenzbetrieb, Entsch. 16 (Mayer-Maly)	–	–

Datum	AZ								
31.01.79	5 AZR 454/77	112 BetrVG 1972 Nr. 17	8 112 BetrVG 1972	79, 412, 1039	79, 833	79, 191	79, 380	80, 49 (Löwisch, Hetzel)	Gleichbehandl. im Arbeitsverh., Entsch. 54 (Mayer-Maly)	79, 1621
13.02.79	1 ABR 80/77	87 BetrVG 1972 Sozialeinrichtung Nr. 11	2 87 BetrVG 1972 Sozialeinrichtung	79, 2495	79, 1767 80, 891 (Schirdewahn)	80, 75	80, 180	81, 187 (Meisel)	Betriebsverf. XIV B, Entsch. 40 (Hanau)	—
21.02.79	5 AZR 568/77	847 BGB Nr. 3	13 847 BGB	79, 1513	79, 1558	79, 254	79, 350 80, 92 (Herschel)	81, 69 (Körnig)	Ehrenschutz im Arbeitsverf., Entsch. 6	79, 2532 80, 358 (Strauch)
22.02.79	2 AZR 115/78	103 BetrVG 1972 Nr. 23	—	79, 1659	79, 1347	—	—	—	—	—
23.02.79	1 AZR 172/78	Art. 9 GG Nr. 29 (Zöllner)	30 Art. 9 GG (Mayer-Maly)	79, 1089	79, 887	79, 192	79, 350 358 (Zachert) 381	80, 187 (Buchner)	Berufsverbände Entsch. 16 (Säcker)	79, 1847
23.02.79	1 AZR 540/77	Art. 9 GG Nr. 30 (Zöllner)	29 Art. 9 GG (Konzen)	79, 1185	79, 887	79, 192	79, 350	79, 176	Berufsverbände Entsch. 15 (Säcker)	—
06.03.79	1 AZR 866/77	102 BetrVG 1972 Nr. 40	20 102 BetrVG 1972 (Meisel)	79, 1464	79, 1142	79, 255	80, 29	80, 221 (Heinze)	Betriebsverf. XIV C, Entsch. 65 (Herschel)	79, 2635
20.03.79	1 AZR 450/76	—	—	—	—	—	80, 120	—	—	—
27.03.79	6 ABR 39/76	76 BetrVG 1972 Nr. 22	7 76 BetrVG 1972 (Gaul)	79, 1562	79, 1143	79, 256	78, 379	81, 46 (Fabricius, Decker)	Konkurs, Entsch. 36	—
27.03.79	6 ABR 15/77	87 ArbGG 1953 Nr. 9	7 80 ArbGG 1953	—	—	79, 256	79, 378	79, 262 (Wittimann)	Betriebsverf. VIII A, Entsch. 47	—
03.04.79	6 ABR 63/76	40 BetrVG 1972 Nr. 43	16 40 BetrVG 1972	79, 1706	80, 415	79, 316	79, 378	80, 43	Betriebsverf. IX, Entsch. 43	—

Entscheidungsregister – Bundesarbeitsgericht

Datum	Aktenzeichen	EzA (m. Anm. von ...)	AP Nr. zu § (m. Anm. von ...)	DB	BB	RdA	AuR	SAE	AR-Blattei	NJW	Sonstige
03.04.79	6 ABR 64/76	40 BetrVG 1972 Nr. 45	113 BetrVG 1972	79, 2091	79, 1504	79, 316	79, 378 80, 180	80, 68 (Grunsky)	Betriebsverf. VIII, Entsch. 10	–	–
03.04.79	6 ABR 70/76	40 BetrVG 1972 Nr. 44	17 40 BetrVG 1972 (Hunold)	79, 1799	79, 1662	79, 316	80, 29	80, 26 (Bohn)	Betriebsverf. VIII A, Entsch. 48	–	–
03.04.79	6 ABR 29/77	87 BetrVG 1972 Nr. 7	2 87 BetrVG 1972	79, 2186	79, 1604	–	–	80, 43	Betriebsverf. XIV B, Entsch. 41	–	–
10.04.79	1 ABR 34/77	87 BetrVG 1972 Arbeitssicherheit Nr. 2 (Gaul)	1 87 BetrVG 1972 Arbeitssicherheit (Hanau)	79, 1995	79, 1713	79, 317	80, 180	–	Betriebsarzt, Entsch. 3	79, 2362	–
24.04.79	1 ABR 43/77	Art. 9 GG Arbeitskampf Nr. 34	63 Art. 9 GG Arbeitskampf (Rüthers, Klosterkemper)	79, 994, 1655	79, 1348	–	–	79, 300 (Kraft)	–	–	–
24.04.79	6 AZR 409/77	–	1 87 LPVG Berlin	79, 2185	–	–	–	–	–	–	PersV 80, 328
24.04.79	6 AZR 69/77	82 BetrVG 1972 Nr. 1	1 82 BetrVG 1972	79, 1755	79, 1604	79, 317	79, 379	80, 43	Betriebsverf. XIV A, Entsch. 17	79, 2422	–
26.04.79	2 AZR 431/77	620 BGB Nr. 39	47 620 BGB Befristeter Arbeitsvertrag	79, 1991	79, 1557	79, 318	80, 48, 314 (V. Schmidt)	80, 345 (v. Hoyningen-Huene)	Arbeitsvertrag – Arbeitsverh. VIII, Entsch. 31	–	–
22.05.79	1 ABR 100/77	118 BetrVG 1972 Nr. 22	13 118 BetrVG 1972	79, 2174	79, 1555	79, 318	80, 180	80, 44	Tendenzbetrieb, Entsch. 18 (Mayer-Maly)	–	–

22.05.79	1 ABR 17/77	111 BetrVG 1972 Nr. 7 (Löwisch, Schiff)	4 111 BetrVG 1972 (Birk)	79, 1134, 1896	79, 1501	79, 318	–	Sozialplan, Entsch. 5 Betriebsverf. XIV E, Entsch. 15 (Hunold)	80, 90 (Reuter)	80, 83	JuS 80, 307
22.05.79	1 AZR 848/76	111 BetrVG 1972 Nr. 6 (Löwisch, Schiff)	3 111 BetrVG 1972 (Birk)	79, 1897	79, 1501	79, 318	80, 181	–	80, 85 (Reuter)	–	JuS 80, 307
22.05.79	1 ABR 45/77	118 BetrVG 1972 Nr. 21	12 118 BetrVG 1972	79, 2183	79, 1662	79, 318	–	Tendenzbetrieb, Entsch. 17 (Mayer-Maly)	80, 44	–	–
19.06.79	6 AZR 638/77	37 BetrVG 1972 Nr. 65	36 37 BetrVG 1972	80, 546	–	80, 76	–	Betriebsverf. VIII A, Entsch. 50	80, 44	–	–
21.06.79	3 ABR 3/78	87 BetrVG 1972 Sozialeinrichtung Nr. 10	1 87 BetrVG 1972 Sozialeinrichtung (Martens)	79, 2039	79, 1718	79, 320	–	Betriebliche Altersversorgung, Entsch. 42 (Hanau)	81, 31 (Dütz)	–	–
05.07.79	2 AZR 521/77	15 KSchG 1969	6 15 KSchG 1969 (Richardi)	79, 2327	79, 1769	79, 320	80, 57	Betriebsverf. IX, Entsch. 44 (Hanau)	80, 322 (Nickel, Kuznik)	80, 359	–
10.07.79	1 ABR 50/78	87 BetrVG 1972 Kontrolleinrichtung Nr. 6	3 87 BetrVG 1972 Überwachung (Moritz)	79, 2428	–	79, 320	80, 180	Betriebsverf. XIV B, Entsch. 46	80, 45	–	–
10.07.79	1 ABR 88/77	87 BetrVG 1972 Leistungslohn Nr. 3	2 87 BetrVG 1972 Lohngestaltung (Schulze-Osterloh)	79, 2496	79, 1824	80, 76	80, 180	Betriebsverf. XIV B, Entsch. 44	81, 41 (Lieb, Randerath)	–	–

Entscheidungsregister – Bundesarbeitsgericht

Datum	Aktenzeichen	EzA (m. Anm. von ...)	AP Nr. zu § (m. Anm. von ...)	DB	BB	RdA	AuR	SAE	AR-Blattei	NJW	Sonstige
10.07.79	1 ABR 97/77	87 BetrVG 1972 Kontrolleinrichtung Nr. 7	4 87 BetrVG 1972 Überwachung (Moritz)	79, 2427	79, 1714	80, 76	80, 180	80, 45	Betriebsverf. XIV B, Entsch. 45	80, 359	–
24.07.79	1 ABR 78/77	99 BetrVG 1972 Nr. 26	22 99 BetrVG 1972 (Kraft)	79, 2327	80, 104	80, 76	80, 185 (Bösche)	80, 45	Betriebsverf. XIV C, Entsch. 67	–	–
24.07.79	6 ABR 96/77	40 BetrVG 1972 Nr. 46	1 51 BetrVG 1972	80, 263	80, 578	80, 76	80, 91	81, 272 (Buchner)	–	80, 1128	–
24.07.79	1 AZR 219/77	–	–	80, 164	–	–	–	–	–	–	–
21.08.79	6 AZR 789/77	78 a BetrVG 1972 Nr. 6	6 78 a BetrVG 1972 (Kraft)	80, 454	80, 314	80, 77	80, 181	80, 127	Betriebsverf. IX, Entsch. 45	80, 1541	–
22.08.79	5 AZR 769/77	4 TVG Tariflohnerhöhung Nr. 3	11 4 TVG	80, 406	80, 680	–	–	–	Gleichbehandlung im Arbeitsverhältnis Entsch. 56	–	–
05.09.79	4 AZR 875/77	12 SchwbG Nr. 8	6 12 SchwbG	80, 445	80, 158	80, 78	80, 123	80, 47	Schwerbehinderte Entsch. 52	80, 1918	–
06.09.79	2 AZR 548/77	15 KSchG 1969 Nr. 23 (Kraft)	7 15 KSchG 1969	80, 451	80, 317	80, 78	80, 91	80, 329 (Nickel)	Betriebsverf. 46 (Hanau)	–	–
12.09.79	4 AZR 420/77	9 KSchG 1969 Nr. 8	10 850 ZPO (Walchshöfer)	80, 358	80, 728	80, 79	80, 184	80, 165 (Herschel)	Zwangsvollstreckung, Entsch. 29 Lohnpfändung, Entsch. 52	80, 800	–
09.10.79	6 AZR 1059/77	9 KSchG 1969 Nr. 9	4 9 KSchG 1969	80, 501	80, 369	80, 123	–	80, 127	–	80, 1484	–

1858

Bundesarbeitsgericht – Entscheidungsregister

12. 10. 79	7 AZR 959/77	1 KSchG 1969 Betriebsbed. Kündigung Nr. 12	71 KSchG 1969 Betriebsbed. Kündigung	80, 502	80, 1163	80, 80	–	80, 47	Kündigungsschutz Entsch. 192 (Herschel)	–	–
15. 10. 79	1 ABR 49/77	111 BetrVG 1972 Nr. 6	5 111 BetrVG 1972 (Birk)	80, 549	80, 524	–	80, 181	80, 83	Betriebsverf. XIV E, Entsch. 16	–	–
24. 10. 79	2 AZR 940/77	1 KSchG 1969 Betriebsbed. Kündigung Nr. 13	8 1 KSchG 1969 Betriebsbed. Kündigung	80, 1400	–80, 181	80, 182	81, 214 (v. Maydell, Borchert)	Kündigungsschutz Entsch. 194	81, 301	–	–
26. 10. 79	7 AZR 752/77	9 KSchG 1969 Nr. 7 5 9 KSchG 1969	80, 356	80, 315	80, 123	–	80, 57 (Sieg)	Kündigungsschutz Entsch. 196 (Herschel)	80, 1484	–	–
30. 10. 79	1 ABR 112/77	76 BetrVG 1972 Nr. 26	9 112 BetrVG 1972	80, 548	–	80, 123	80, 181	80, 316 (Benthien)	Sozialplan, Entsch. 7	80, 1542	–
07. 11. 79	5 AZR 962/77	87 BetrVG 1972 Betriebsbuße Nr. 4	3 87 BetrVG 1972 Betriebsbuße (Herschel)	80, 550	80, 414	80, 124	80, 89	81, 236 (Thiele)	Betriebsbußen, Entsch. 12	–	–
14. 11. 79	4 AZR 3/78	–	24 TVG gemeinsame Einrichtungen	80, 980	–	–	–	80, 211	Arbeitsgerichtsbarkeit Entsch. 50	80, 1710	–
04. 12. 79	6 ABR 37/76	40 BetrVG 1972 Nr. 47	18 40 BetrVG 1972 (Hanau)	80, 2091	80, 938	–	–	80, 170	–	–	–
04. 12. 79	1 AZR 843/76	111 BetrVG 1972 Nr. 9 (Löwisch, Röder)	6 111 BetrVG 1972 (Seiter)	80, 743	80, 679	–	–	80, 226 (Bohn)	–	–	MDR 80, 524
07. 12. 79	7 AZR 1063/77	102 BetrVG 1972 Nr. 42	21 102 BetrVG 1972	80, 742	80, 628	80, 126	80, 180	80, 127	Betriebsverf. XIV C, Entsch. 68	–	JZ 80, 106

Entscheidungsregister – Bundesarbeitsgericht

Datum	Aktenzeichen	EzA (m. Anm. von ...)	AP Nr. zu § (m. Anm. von ...)	DB	BB	RdA	AuR	SAE	AR-Blattei	NJW	Sonstige
07.12.79	7 AZR 1063/77	102 BetrVG 1972 Nr. 42	21 102 BetrVG 1972 (Meisel)	80, 742	80, 628	80, 126	80, 180	80, 127	Betriebsverf. XIV C, Entsch. 68	–	JZ 80, 106
19.12.79	5 AZR 96/97	–	10 112 BetrVG 1972	80, 1352	–	–	–	–	Konkurs Entsch. 40	–	ZIP 80, 378
15.01.80	6 AZR 726/79	78 a BetrVG 1972 Nr. 9 (Grunsky)	8 78 a BetrVG 1972	80, 1649	–	80, 183	80, 251	80, 171	Betriebsverf. IX, Entsch. 49	–	–
15.01.80	6 AZR 621/78	78 a BetrVG 1972 Nr. 9 (Grunsky)	7 78 a BetrVG 1972	80, 1648	80, 1213	80, 183	80, 251	80, 171	Betriebsverf. IX, Entsch. 47	–	–
15.01.80	6 AZR 361/79	78 a BetrVG 1972 Nr. 7 (Grunsky)	9 78 a BetrVG 1972	80, 1647	–	80, 236	80, 251	80, 257 (Misera)	Betriebsverf. IX, Entsch. 48 (Hanau)	80, 2271	–
17.01.80	3 AZR 456/78	242 BGB Ruhegeld Nr. 86	185 242 BGB Ruhegehalt	80, 1399	80, 941	80, 183	80, 250	81, 66 (Löwisch, Hetzel)	Betriebliche Altersversorgung, Entsch. 51	80, 1976	–
17.01.80	3 AZR 160/79	613 a BGB Nr. 24	18 613 a BGB	80, 308	80, 319	80, 128	80, 90	80, 176 (Roemheld)	Betriebliche Altersversorgung Entsch. 55 Konkurs, Entsch. 41	80, 1124	JuS 80, 538
18.01.80	7 AZR 75/78	1 KSchG Verhaltensbedingte Kündigung Nr. 7	3 1 KSchG 1969 Verhaltensbedingte Kündigung	–	80, 1269	–	–	–	Abmahnung, Entsch. 1	–	ARST 80, 133

Bundesarbeitsgericht – Entscheidungsregister

Datum	Az	Norm	Norm						Stichwort		
18.01.80	7 AZR 260/78	626 KSchG n.F. Nr. 71		80, 1350	80, 1160	80, 183	80, 219	80, 171	Kündigung IX, Entsch. 58 (Mayer-Maly)	80, 2486	—
22.01.80	1 ABR 48/77	1 626 BGB Nachschieben von Kündigungsgründen	87 BetrVG 1972 Lohn- und Arbeitsentgelt Nr. 11	80, 1895	82, 432	80, 286	80, 314 367 (v. Friesen) 382	81, 109 (Weber)	Betriebsverf. XIV B, Entsch. 47	81, 75	JuS 81, 68
22.01.80	1 ABR 28/78	3 87 BetrVG 1972 Lohngestaltung (Moll)	7 111 BetrVG 1972 Nr. 11 (Fabricius, Cottmann)	80, 1402	—	80, 236	80, 284, 285 81, 157 (Grunsky)	82, 220 (Kreutz)	Betriebsverf. XIV E, Entsch. 19 Einigungsstelle, Entsch. 17	80, 2094	—
29.01.80	1 ABR 49/78	111 BetrVG 1972 (Löwisch, Roeder)	24 5 BetrVG 1972 (Martens)	80, 1946	80, 1525	80, 282, 346	—	81, 24 (Hromadke)	Angestellter, Entsch. 46	—	—
29.01.80	1 ABR 45/79	—	22 5 BetrVG 1972 (Martens)	80, 1545	80, 1374	80, 281, 286	80, 313	80, 305 (Rüthers, Brodmann)	Angestellter, Entsch. 47	80, 2665 (Martens) 2724	—
29.01.80	1 ABR 38/78	5 BetrVG 1972 Nr. 35 (Kraft)	23 5 BetrVG 1972 (Martens)	80, 1947	80, 1857	80, 346	80, 313	80, 22	Angestellter, Entsch. 45	—	—
06.02.80	5 AZR 275/78	—	—	80, 1485	80, 1585	—	80, 348	81, 9	Betriebsinhaberwechsel Entsch. 36	80, 2149	—
12.02.80	6 ABR 2/78	613 a BGB	12 80 BetrVG 1972	80, 1699	80, 1157, 1331 (Marienhagen)	80, 237	80, 314	80, 239	Betriebsverf. XIV A, Entsch. 19	—	—
04.03.80	1 AZR 125/78	80 BetrVG 1972 Nr. 16	3 Art. 140 GG (Stein)	—	80, 1102	80, 237	80, 250	80, 172	Kirchenbedienstete, Entsch. 17 (Richardi)	80, 2211	—
04.03.80	1 AZR 1151/78	1 KSchG 1969 Tendenzbetrieb Nr. 8	—	80, 2529	80, 1639	80, 237	80, 250	80, 172	Kirchenbedienstete, Entsch. 18 (Mayer-Maly)	—	—
		1 KSchG 1969 Tendenzbetrieb Nr. 9									

Entscheidungsregister – Bundesarbeitsgericht

Datum	Akten-zeichen	EzA (m. Anm. von ...)	AP Nr. zu § (m. Anm. von ...)	DB	BB	RdA	AuR	SAE	AR-Blattei	NJW	Sonstige
05. 03. 80	5 AZR 881/78	242 BGB Gleichbe-handl. Nr. 21 (Falkenberg)	44 242 BGB Gleichbe-handl. (Mayer-Maly)	80, 1650	80, 1269	80, 238	80, 283	81, 1 (Reuter)	Gratifikation, Entsch. 80 (Herschel)	80, 2374	JuS 81, 155
07. 03. 80	7 AZR 177/78	4 KSchG n.F. Nr. 17 (Herschel)	54 620 BGB Befristeter Arbeitsvertrag	80, 1498	–	80, 238	80, 259	80, 172	Kündigungs-schutz Entsch. 202	–	–
27. 03. 80	2 AZR 506/78	611 BGB Direktions-recht Nr. 2	26 611 BGB Direktions-recht	80, 1603	80, 1267	80, 287	80, 311	81, 268 (Hanau)	Direktions-recht, Entsch. 16	–	–
23. 04. 80	5 AZR 426/79	611 BGB Arbeit-nehmerbegriff Nr. 21	34 611 BGB Abhängigkeit	–	–	–	–	–	–	–	–
23. 04. 80	5 AZR 49/78	15 KSchG 1969 Nr. 24	8 15 KSchG 1969 (Meisel)	80, 1601	81, 1335	80, 239	80, 311	81, 52 (Heckelmann)	Betriebsinha-berwechsel, Entsch. 38	80, 2543	–
07. 05. 80	5 AZR 293/78	611 BGB Arbeit-nehmerbegriff Nr. 22	35 611 BGB Abhängigkeit	–	–	–	–	–	–	–	–
04. 06. 80	4 AZR 530/78	4 TVG Tariflohn-erhöhung Nr. 5	13 4 TVG Übertarif-licher Lohn und Tariflohn-erhöhung (Herschel)	80, 2243	80, 1583	80, 347	80, 312	80, 303	Tariflohn-erhöhung, Entsch. 12 (Richardi)	–	–
10. 06. 80	1 AZR 168/79	Art. 9 GG Arbeitskampf Nr. 36 (Rüthers)	65 Art. 9 GG Arbeitskampf (Mayer-Maly)	80, 1274 1593 (Konzen, Scholz) 1594 (H. Müller) 2188 (Lieb)	80, 2141 (Wohlgemuth, Bobke) Beil. 4.2	80, 240	80, 259	80, 159, 273 (Kraft)	Arbeitskampf III, Entsch. 7 (Löwisch, Mikosch)	80, 1653	JuS 80, 766

Datum	AZR								
10.06.80	1 AZR 822/79	Art. 9 GG Arbeitskampf Nr. 37 (Rüthers)	64 Art. 9 GG Arbeitskampf (Mayer-Maly)	80, 1266 1593 (Konzen, Scholz) 1694 (H. Müller) 2188 (Lieb)	80, Beil. 4.13 2141	80, 240	80, 249	80, 169, 287 (Kraft)	Arbeitskampf III, Entsch. 6 (Löwisch, Mikosch)	80, 1642	JZ 80, 484 JuS 80, 766
19.06.80	3 AZR 958/79	1 BetrAVG Nr. 8	8 1 BetrAVG Wartezeit	81, 431	81, 911	81, 62	81, 91	81, 76	Betriebliche Altersversorgung, Entsch. 60	–	–
02.07.80	5 AZR 56/79	99 BetrVG 1972 Nr. 28	5 101 BetrVG 1972 (Misera)	–	81, 119	80, 348	80, 378	82, 149 (Martens)	Betriebsverf. IV, Entsch. 1	–	–
02.07.80	5 AZR 1241/79	99 BetrVG 1972 Nr. 28 (Löwisch, Röder)	9 Art. 33 Abs. 2 GG (Misera)	81, 272	81, 119	80, 341, 348	80, 378	82, 154 (Martens)	Öffentl. Dienst Entsch. 220 Personalvertretung XI D, Entsch. 18	81, 703	–
03.07.80	AZR 340/78	18 SchwbG Nr. 3	2 18 SchwbG	81, 103	82, 1115	81, 62	81, 29	81, 153 (Braasch)	Schwerbehinderte Entsch. 56 (Gröninger)	–	–
22.07.80	6 ABR 5/78	74 BetrVG 1972 Nr. 5	3 74 BetrVG 1972	81, 481	81, 494	80, 350	81, 30	–	Betriebsverf. X, Entsch. 47	81, 1800	–
29.07.80	6 AZR 231/78	37 BetrVG 1972 Nr. 70 (Kittner)	37 37 BetrVG 1972 (Bernert)	81, 427	81, 429	81, 62	81, 59	82, 69 (Misera)	Betriebsverf. VIII, Entsch. 11	–	–
13.08.80	5 AZR 325/78	77 BetrVG 1972 Nr. 8	2 77 BetrVG 1972	81, 274	81, 554	80, 350	80, 378	81, 38	Gleichbehandl. im Arbeitsverh., Entsch. 63 (Mayer-Maly)	–	–
11.09.80	3 AZR 606/79	242 BGB Gleichbehandl. Nr. 22	187 242 BGB Ruhegehalt (Herschel)	81, 943	81, 851	81, 133	81, 154	81, 140	Betriebliche Altersversorgung, Entsch. 70	81, 2773	–

Entscheidungsregister – Bundesarbeitsgericht

Datum	Aktenzeichen	EzA (m. Anm. von ...)	AP Nr. zu § (m. Anm. von ...)	DB	BB	RdA	AuR	SAE	AR-Blattei	NJW	Sonstige
23.09.80	6 ABR 8/78	47 BetrVG 1972 Nr. 3	4 47 BetrVG 1972	–	81, 1095	81, 63	81, 92	–	Betriebsverf. XII, Entsch. 11	–	–
07.10.80	6 ABR 56/79	27 BetrVG 1972 Nr. 6	127 BetrVG 1972	81, 803	81, 909	81, 63	81, 124	81, 140	Betriebsverf. X, Entsch. 48	–	–
14.10.80	1 AZR 1274/79	1 KSchG 1969 Tendenzbetrieb Nr. 10 (Herschel)	7 Art. 140 GG	81, 1290	–	81, 133	81, 122	81, 140	Kirchenbedienstete, Entsch. 20 (Richardi)	81, 1228	–
21.10.80	6 ABR 41/78	54 BetrVG 1972 Nr. 1	154 BetrVG 1972 (Fabricius)	81, 895	81, 1461	81, 134	81, 155	82, 208 (Dütz)	Betriebsverf. XII A, Entsch. 1	82, 1303	JuS 82, 72
21.10.80	6 AZR 640/79	102 BetrVG 1972 Nr. 43	17 Internat. Privatrecht, Arbeitsrecht (Beitzke)	81, 696	80, 1639 82, 618	81, 134	81, 124, 252 (Corts)	–	Auslandsarbeit, Entsch. 6 (Birk)	81, 1175	BlSt-Soz-ArbR 81, 135
21.10.80	1 AZR 145/79	111 BetrVG 1972 Nr. 12	8 111 BetrVG 1972 (Seiter)	81, 698	–	81, 134	81, 124	81, 140	Betriebsverf. XIV E, Entsch. 20	81, 2599	ZiP 81, 420
30.10.80	3 AZR 364/79	112 BetrVG 1972 Nr. 20	31 BetrAVG	81, 699	81, 555	81, 64	–	81, 122, 212 (Kraft)	–	81, 1632	–
18.11.80	1 ABR 31/78	108 BetrVG 1972 Nr. 4 (Wohlgemuth)	2 108 BetrVG 1972	81, 1240	82, 1030	81, 261	81, 220 83, 33 (Richardi), 60	81, 243 (Koch)	Betriebsverf. XIV D, Entsch. 4	–	–
18.11.80	1 ABR 63/78	93 BetrVG 1972 Nr. 1	193 BetrVG 1972 (Küchenhoff)	81, 998	81, 1463	81, 135	81, 63	81, 175	Betriebsverf. XIV C, Entsch. 73	–	–

Bundesarbeitsgericht – Entscheidungsregister

18.11.80	1 ABR 87/78	87 BetrVG 1972 Arbeitszeit Nr. 8 (Klinkhammer)	81, 946		81, 135	81, 156	81, 239 (Reuter)	Betriebsverf. XIV B, Entsch. 48	81, 1751	JuS 81, 851
25.11.80	6 ABR 108/78	3 87 BetrVG 1972 Arbeitszeit (Meisel)	81, 1047	81, 2135	81, 135	81, 155	82, 282 (Körnig)	Betrieb, Entsch. 9 (Löwisch)	–	–
25.11.80	6 ABR 62/79	1 BetrVG 1972 Nr. 2	81, 1242	–	81, 197	81, 220	81, 176	Betriebsverf. VI A, Entsch. 13 (Herschel)	–	–
05.12.80	7 AZR 781/78	3 18 BetrVG 1972 Nr. 4	81, 1142	81, 1274	81, 197	81, 219	81, 176	Betriebsverf. VI, Entsch. 59 (Herschel)	–	–
09.12.80	1 ABR 1/78	9 15 KSchG 1969 Nr. 25 (Löwisch, Arnold)	81, 1092	81, 973	81, 197	81, 220 82, 38 (Wohlgemuth)	81, 223	Betriebsverf. XIV B, Entsch. 49	–	–
09.12.80	1 ABR 80/77	2 87 BetrVG 1972 Ordnung des Betriebes (Pfarr)	81, 996	81, 735	81, 197	81, 189	81, 192 (Meisel)	Betriebsverf. XIV B, Entsch. 50 (Hanau)	82, 253	–
17.12.80	5 AZR 570/78	5 87 BetrVG 1972 Lohngestaltung Nr. 1 (Weiss)	81, 1045	81, 789	81, 136	81, 156	81, 251 (Bohn)	Betriebsverf. XIV B, Entsch. 51	–	–
18.12.80	2 AZR 1006/78	4 87 BetrVG 1972 Lohngestaltung Nr. 2 (Weiss)	81, 1624	81, 1895	81, 262	81, 249	82, 20 (Koller)	Kündigungsschutz Entsch. 210	81, 2316	–
		22 102 BetrVG 1972 Nr. 44 (Herschel)								

Entscheidungsregister – Bundesarbeitsgericht

Datum	Akten-zeichen	EzA (m. Anm. von ...)	AP Nr. zu § (m. Anm. von ...)	DB	BB	RdA	AuR	SAE	AR-Blattei	NJW	Sonstige
22.12.80	1 ABR 76/79	615 BGB Betriebsrisiko Nr. 8	71 Art. 9 GG Arbeitskampf (Richardi)	81, 327, 578 (Seiter)	81, 609	81, 130, 136	81, 90	81, 205 (Konzen)	Arbeitskampf I, Entsch. 19 (Hanau)	–	–
22.12.80	1 ABR 2/79	615 BGB Betriebsrisiko Nr. 7	70 Art. 9 GG Arbeitskampf (Richardi)	81, 321, 578 (Seiter)	81, 609	81, 124, 136	81, 90	81, 197 (Konzen)	Arbeitskampf I, Entsch. 18 (Hanau)	–	–
13.01.81	6 ABR 106/78	76 BetrVG 1972 Nr. 31	8 76 BetrVG 1972	81, 1192	81, 1274	81, 262	81, 220	81, 141 (Ottow)	Einigungsstelle, Entsch. 19	–	–
19.01.81	1 ABR 39/79	118 BetrVG 1972 Nr. 30	21 118 BetrVG 1972 (Herschel)	81, 1191 82, 129	81, 2071	81, 405	82, 36	82, 35	Tendenzbetrieb, Entsch. 25 (Mayer-Maly)	82, 846	–
29.01.81	2 AZR 778/78	15 KSchG 1969 Nr. 26 (Schwerdtner)	10 15 KSchG (Beitzke)	81, 2283	81, 2069	81, 402	81, 351	82, 35	Kündigungsschutz Entsch. 212 Betriebsverf. IX, Entsch. 51 (Hanau)	82, 252	–
05.02.81	2 AZR 1135/78	102 BetrVG 1972 Nr. 47	172 LPVGNW (Meisel)	82, 1171	–	81, 261	82, 163	82, 110	Personalvertretung XI D, Entsch. 23	–	–
10.02.81	6 ABR 86/78	5 BetrVG 1972 Nr. 37	25 5 BetrVG 1972 (Natzel)	81, 1935	81, 1901	81, 327	81, 321 82, 133 (Fangmann)	82, 133 (Fangmann)	Berufsausbildung Entsch. 30 (Knigge)	82, 350	JR 82, 264
10.02.81	6 ABR 91/78	54 BetrVG 1972 Nr. 2	2 54 BetrVG 1972	81, 1937	81, 1769	81, 262	81, 285	81, 255	Betriebsverf. XII A, Entsch. 2	81, 2600	JR 82, 264
16.02.81	6 ABR 86/78	5 BetrVG 1972 Nr. 37	25 5 BetrVG 1972	81, 1935	81, 1901	–	–	–	–	–	–

Bundesarbeitsgericht – Entscheidungsregister

Datum	Az.										
17. 02. 81	1 ABR 101/78	111 BetrVG 1972 Nr. 13	9 111 BetrVG 1972 (Kittner)	81, 1190, 1244 (Gutbrod)	81, 1214	81, 262, 325	81, 220, 386 (Herschel)	Betriebsverf. XIV E, Entsch. 21 (Seiter)	—	—	—
17. 02. 81	1 AZR 290/78	112 BetrVG 1972 Nr. 21	11 112 BetrVG 1972 (Kraft)	81, 1414	81, 1092	81, 262	81, 220	82, 43 (Schulin)	Sozialplan, Entsch. 12 (Herschel)	82, 69	JR 82, 144
25. 02. 81	5 AZR 991/78	613 a BGB Nr. 28	24 613 a BGB Bl. 1 (Lüke)	81, 1140	81, 848	81, 200, 260	81, 186	81, 219 (Roemheld)	Betriebsinhaberwechsel, Entsch. 40 (Seiter)	81, 2212	—
19. 03. 81	3 ABR 38/80	80 BetrVG 1972 Nr. 18	14 80 BetrVG 1972 (Kemper, Küpper)	81, 2181	81, 1952	81, 403	81, 353	82, 35	Betriebliche Altersversorgung, Entsch. 80	82, 2461	—
24. 03. 81	1 ABR 32/78	87 BetrVG 1972 Betriebliche Ordnung Nr. 6	2 87 BetrVG 1972 Arbeitssicherheit Bl. 3 (Wiese, Starck)	81, 1886	—	81, 403	81, 285	82, 203 (Schlüter, Belling)	Betriebsverf. XIV B, Entsch. 52	82, 404	JR 82, 264
24. 03. 81	1 AZR 805/78	112 BetrVG 1972 Nr. 22	12 112 BetrVG 1972 (Hilger)	83, 2178	83, 250	81, 403	81, 353	82, 76 (Mayer-Maly)	Sozialplan, Entsch. 13	82, 70	JuS 83, 401
01. 04. 81	7 AZR 1003/78	102 BetrVG 1972 Nr. 45 (Löwisch)	23 102 BetrVG 1972 (G. Hueck)	81, 2128	81, 2008	81, 403	81, 351	82, 37 (Streckel)	Betriebsverf. XIV C, Entsch. 77 (Gröninger)	81, 2772	JuS 82, 308
07. 04. 81	1 ABR 83/78	118 BetrVG 1972 Nr. 26	16 118 BetrVG 1972 (Birk)	81, 999, 2623	81, 2005	—	—	81, 256	—	—	—
07. 04. 81	1 ABR 62/78	118 BetrVG 1972 Nr. 25	17 118 BetrVG	—	—	—	—	—	Tendenzbetrieb Entsch. 22	—	—
28. 04. 81	1 ABR 53/79	87 BetrVG 1972 Vorschlagswesen Nr. 2 (Kraft)	1 87 BetrVG 1972 Vorschlagswesen (Herschel)	81, 1882	82, 861	81, 404	81, 284	82, 213 (Krauß)	Betriebsverf. XIV B, Entsch. 53	82, 405	—

Entscheidungsregister – Bundesarbeitsgericht

Datum	Akten-zeichen	EzA (m. Anm. von ...)	AP Nr. zu § (m. Anm. von ...)	DB	BB	RdA	AuR	SAE	AR-Blattei	NJW	Sonstige
30.04.81	6 ABR 59/78	95 BetrVG 1972 Nr. 4	12 99 BetrVG 1972 (Löwisch)	81, 1833	81, 1833	81, 404	81, 322, 354 (Bobke)	81, 256	Versetzung des Arbeitnehmers, Entsch. 2	81, 2375	–
30.04.81	6 ABR 77/78	80 BetrVG 1972 Nr. 17	13 80 BetrVG 1972	81, 2131	81, 1894	81, 328	81, 321	81, 256	Betriebsverf. XIV A, Entsch. 20	–	–
13.05.81	4 AZR 1076/78	59 HGB Nr. 2	24 59 HGB (v. Hoyningen-Huene)	81, 2547	–	81, 404	81, 282	81, 292	Angestellter, Entsch. 48	–	–
19.05.81	1 ABR 109/78	99 BetrVG 1972 Nr. 32	18 118 BetrVG 1972 (Meisel)	81, 2384	82, 1984	81, 405	82, 36	82, 124 (Kraft)	Tendenzbetrieb, Entsch. 24 (Mayer-Maly)	82, 124	–
25.06.81	6 ABR 92/79	37 BetrVG 1972 Nr. 71	38 37 BetrVG 1972 (Grunsky)	81, 2180	81, 2135 82, 1368 (Loritz)	81, 406	81, 352	84, 5 (Richardi)	Betriebsverf. VIII A, Entsch. 53a (Dütz)	82, 68	–
30.06.81	1 ABR 26/79	80 BetrVG 1972 Nr. 19	15 80 BetrVG 1972 (Kraft)	81, 1469, 2386	81, 1213, 1950	81, 406	81, 352 82, 245 (v. Friesen), 262	82, 119 (Meisel)	Tendenzbetrieb, Entsch. 26 (Mayer-Maly)	82, 123	JuS 82, 221 JZ 82, 211
30.06.81	1 ABR 30/79	118 BetrVG 1972 Nr. 27	20 118 BetrVG 1972	81, 2524	82, 990	–	–	82, 231	Tendenzbetrieb Entsch. 22	82, 125	–
23.07.81	6 ABR 44/79 und 6 ABR 74/78	–	5 Art. 56 ZA-Nato-Truppenstatut (Beitzke)	81, 1678	–	81, 407	82, 36	–	Stationierungsstreitkräfte, Entsch. 24 (Beitzke)	–	–

1868

Bundesarbeitsgericht – Entscheidungsregister

28. 07. 81	1 ABR 56/78	87 BetrVG 1972 Leistungslohn Nr. 4 (Gaul)	2 87 BetrVG 1972 Provision (Schulze-Osterloh)	81, 2031, 2336	82, 1050	81, 407	81, 353	82, 113 (Löwisch)	Betriebsverf. XIV B, Entsch. 54	—	JuS 82, 148 JR 82, 264
28. 07. 81	1 ABR 79/79	87 BetrVG 1972 Urlaub Nr. 4	2 87 BetrVG 1972 Urlaub (Boldt)	81, 1780, 2621	81, 1397 82, 616	82, 70, 129	82, 37	84, 114 (Birk)	Urlaub, Entsch. 243 (Boldt)	82, 959	—
28. 07. 81	1 ABR 65/79	87 BetrVG 1972 Arbeitszeit Nr. 9 (Kraft)	3 87 BetrVG 1972 Arbeitssicherheit (Richardi)	82, 386	82, 493	82, 131	82, 100	—	Betriebsverf. XIV B, Entsch. 55	82, 2140	—
28. 07. 81	1 ABR 90/79	6 AZO Nr. 1 (Kreutz)	4 87 BetrVG 1972 Arbeitszeit (Zwarzlik)	82, 117	81, 1337	82, 70	82, 68 83, 188 (Herschel)	82, 167 (Meisel)	Arbeitszeit III, Entsch. 26	82, 1116	—
04. 08. 81	1 ABR 54/78	87 BetrVG 1972 Nr. 8	1 87 BetrVG 1972 Tarifvorrang (Mayer-Maly)	82, 383	—	81, 407	82, 70	82, 293 (Buchner)	Betriebsverf. XIV B, Entsch. 56	—	—
04. 08. 81	1 ABR 106/79	87 BetrVG 1972 Arbeitszeit Nr. 10	5 87 BetrVG 1972 Arbeitszeit (Herschel)	82, 705	—	82, 71	82, 101	82, 110	Betriebsverf. XIV B, Entsch. 57	82, 671	—
06. 08. 81	6 AZR 505/78	37 BetrVG 1972 Nr. 73	39 37 BetrVG 1972	82, 758	—	82, 131	—	82, 111	Abmahnung, Entsch. 4 (Herschel)	—	—
06. 08. 81	6 AZR 1086/79	37 BetrVG 1972 Nr. 74	40 37 BetrVG 1972 (Joachim)	82, 758	82, 675	82, 131	82, 131	82, 111	Betriebsverf. X, Entsch. 50 (Herschel)	82, 758	—
26. 08. 81	7 AZR 550/79	103 BetrVG 1972 Nr. 27	12 103 BetrVG 1972 (Bickel)	81, 1937, 2627	82, 738	82, 71	82, 38	82, 67	Betriebsverf. IX, Entsch. 52	82, 1175	—
09. 09. 81	5 AZR 477/79	—	38 611 BGB Abhängigkeit	81, 2500	—	—	—	82, 271	Freie Mitarbeiter, Entsch. 15	—	—

1869

Entscheidungsregister – Bundesarbeitsgericht

Datum	Akten-zeichen	EzA (m. Anm. von …)	AP Nr. zu § Nr. Anm. von …	DB	BB	RdA	AuR	SAE	AR-Blattei	NJW	Sonstige
09.09.81	5 AZR 1182/79	242 BGB Gleichbe-handl. Nr. 6	117 Art. 3 GG (Pfarr)	82, 119	81, 1579 82, 676	82, 131	82, 86 (Bertelsmann, Pfarr), 102	82, 81 (Hromadka)	Gleichbe-handl. im Arbeitsverh., Entsch. 64	82, 461	–
17.09.81	2 AZR 402/79	103 BetrVG 1972 Nr. 28	14 103 BetrVG 1972	82, 2041	–	82, 387	82, 293 83, 156 (Grunsky)	82, 309 (Peterek)	Betriebs-verf. IX, Entsch. 53 (Hanau)	82, 2891	JuS 83, 231
24.09.81	6 ABR 7/81	–	26 5 BetrVG 1972 (Natzel)	82, 606	–	82, 198	82, 132	82, 277 (Gast)	Berufsaus-bildung Entsch. 33	–	–
13.10.81	1 ABR 35/79	–	1 117 BetrVG 1972	82, 754	82, 367	82, 133	82, 101	82, 111	–	–	–
22.10.81	6 ABR 69/79	76 BetrVG 1972 Nr. 32 (Herschel)	10 76 BetrVG 1972 (Hilger)	82, 811	82, 806	82, 198	82, 164	82, 228 (Gamp)	Einigungs-stelle, Entsch. 22	–	–
05.11.81	6 ABR 24/78	40 BetrVG 1972 Nr. 50	9 76 BetrVG 1972 (Sponer)	82, 604	82, 806	82, 135	82, 132	83, 329 (Hanau)	Einigungs-stelle, Entsch. 23	–	–
05.11.81	6 ABR 50/79	–	–	82, 704	–	–	–	–	–	–	–
24.11.81	1 ABR 42/79	76 BetrVG 1972 Nr. 33 (Gaul)	11 76 BetrVG 1972 (Grunsky)	82, 1413	–	82, 324	82, 228	83, 246 (Dütz)	Arbeitsge-richts-barkt. XII, Entsch. 110	–	–
24.11.81	1 ABR 108/79	87 BetrVG 1972 Betriebliche Ordnung Nr. 7 (Weiss)	3 87 BetrVG 1972 Ordnung des Betriebes (Herschel)	81, 1116	82, 1421	82, 261	82, 193	84, 102 (Ehmann)	Betriebsverf. XIV B, Entsch. 58	–	–

Datum	Az.								
25.11.81	7 AZR 382/79	15 KSchG 1969 Nr. 27 (Herschel)	1115 KSchG 1969	82, 809	82, 2047	82, 198	82, 163	83, 17 (Baumgärtel)	Betriebsverf. IX, Entsch. 54 (Hanau)	82, 1719	–
25.11.81	4 AZR 274/79	–	3 9 TVAL II (Beitzke)	82, 909	–	82, 135	82, 101	82, 148	Stationierungsstreitkräfte, Entsch. 26	–	–
03.12.81	6 ABR 60/79	80 BetrVG 1972 Nr. 21	16 80 BetrVG 1972	82, 855	82, 615	82, 199	82, 132	82, 112	Betriebsverf. XIV A, Entsch. 22 a	–	–
03.12.81	6 ABR 8/80	80 BetrVG 1972 Nr. 20	17 80 BetrVG 1972	82, 653	82, 615	82, 199	82, 132	82, 112	Betriebsverf. XIV A, Entsch. 22 b	82, 3299	–
08.12.81	1 ABR 91/79	87 BetrVG 1972 Betriebliche Ordnung Nr. 8	6 87 Lohngestaltung (Kraft)	82, 184, 960	82, 186, 989	82, 199	82, 164	83, 73 (Hanau)	Betriebsverf. XIV B, Entsch. 60	–	–
08.12.81	3 ABR 53/80	242 BGB Ruhegeld Nr. 96	11 BetrAVG Ablösung (Herschel)	82, 46, 336	81, 2139 82, 186, 565	82, 135, 256	82, 98	83, 191 (Reuter)	Betriebliche Altersversorgung, Entsch. 90	82, 1416	JuS 82, 786
08.12.81	3 AZR 518/80	242 BGB Ruhegeld Nr. 97	11 BetrAVG Unterstützungskassen (Herschel)	82, 50, 336	81, 2139 82, 246, 565 (Höfer, Küpper)	82, 136	82, 98	83, 197 (Reuter)	Betriebliche Altersversorgung, Entsch. 91	82, 1773	JuS 82, 787
08.12.81	1 ABR 55/79	87 BetrVG 1972 Leistungslohn Nr. 6 (Hanau)	1 87 BetrVG Prämie (Hilger)	82, 1276	82, 245, 2106 (Gaul)	82, 261	82, 193	84, 192 (Benthien)	Betriebsverf. XIV B, Entsch. 59	–	–
09.12.81	5 AZR 549/79	112 BetrVG 1972 Nr. 24	14 112 BetrVG 1972	82, 908	82, 1299	82, 199	82, 164	82, 299 (Wolf, Hammen)	Sozialplan, Entsch. 14	82, 1718	–
17.12.81	6 AZR 546/78	37 BetrVG 1972 Nr. 75	41 37 BetrVG 1972 (Grunsky)	–	82, 1546	82, 261	82, 164	84, 6 (Richardi)	Betriebsverf. VIII A, Entsch. 53 b	–	–

Entscheidungsregister – Bundesarbeitsgericht

Datum	Akten-zeichen	EzA (m. Anm. von ...)	AP Nr. zu § (m. Anm. von ...)	DB	BB	RdA	AuR	SAE	AR-Blattei	NJW	Sonstige
22.12.81	1 ABR 38/79	87 BetrVG Betriebliche Lohngestaltung Nr. 3	7 87 BetrVG 1972 Lohngestaltung (Heckelmann)	82, 1274	82, 1920	82, 200	82, 193	83, 12 (Löwisch, Röder)	Betriebsverf. XIV B, Entsch. 61	–	–
13.01.82	5 AZR 546/79	9 KSchG 1969 Nr. 13	–	82, 1013						–	–
19.01.82	1 AZR 279/81	Art. 9 GG Nr. 34	10 Art. 140 GG	82, 1015	82, 674				Kirchenbedienstete Entsch. 22	MDR 82, 610	–
21.01.82	6 ABR 17/79	70 BetrVG 1972 Nr. 2	1 70 BetrVG 1972 (Natzel)	82, 1277	82, 1236	82, 262	82, 193	82, 200 (Kraft)	Betriebsverf. XIII, Entsch. 13	82, 2088	–
26.01.82	1 AZR 610/80	Art. 9 GG Nr. 35	35 Art. 9 GG	82, 1327	82, 1173	82, 262	82, 225, 293 (Herschel)	–	Vereinigungsfreiheit, Entsch. 11 (v. Hoyningen-Huene, Hoffmann)	83, 3890	–
26.01.82	3 AZR 202/81	Art. 3 GG Nr. 12	11 Hausarb-TagsG Hamburg	82, 1471	82, 246 83, 964	82, 325	82, 226	82, 187	–	82, 2573	–
03.02.82	7 AZR 791/79	–	177 LPersVG Bayern	82, 1624	82, 1857	82, 263	82, 193	–	Personalvertretung XI D, Entsch. 21	–	–
09.02.82	1 ABR 36/80	118 BetrVG 1972 Nr. 33	24 118 BetrVG 1972	82, 1414	82, 367, 924	82, 263	82, 193	82, 286	Tendenzbetrieb, Entsch. 28	82, 1894	–
02.03.82	1 AZR 694/79	Art. 5 GG Nr. 10 (Löwisch, Schönfeld)	8 Art. 5 Abs. 1 GG	82, 2142	82, 619, 1730	82, 387	82, 322	83, 320	Grundgesetz, Entsch. 5	82, 2888	JZ 82, 869

02.03.82	1 ABR 74/79	87 BetrVG 1972 Arbeitszeit Nr. 11	6 87 BetrVG Arbeitszeit	82, 1115		82, 321		Betriebsverf. XIV B, Entsch. 62	—
04.03.82	6 AZR 594/79	77 BetrVG 1972 Nr. 10	3 77 BetrVG 1972	82, 1829	82, 1421	82, 293	82, 326	—	—
10.03.82	4 AZR 540/79	242 BGB Gleichbehandl. Nr. 29	47 242 BGB Gleichbehandl. (Wiedemann)	82, 1223	82, 675 83, 445	82, 192	82, 326	Tariflohnerhöhung Entsch. 13	82, 2575
11.03.82	6 AZR 136/79	5 BetrVG 1972 Nr. 41	28 5 BetrVG 1972	82, 1990	82, 1729	82, 293	82, 327	Angestellter, Entsch. 50	—
16.03.82	1 ABR 63/80	87 BetrVG 1972 Vorschlagswesen Nr. 3	2 87 BetrVG 1972 Vorschlagswesen (Misera)	82, 1468	83, 963	82, 228	82, 327	Betriebsverf. XIV B, Entsch. 68 (Jahnke)	—
16.03.82	1 AZR 406/80	108 BetrVG 1972 Nr. 5	3 108 BetrVG 1972	82, 1326	82, 675, 1857	82, 228	82, 327	Betriebsverf. XIV D, Entsch. 6	82, 1831
16.03.82	3 AZR 233/81	242 BGB Nachvertragliche Treuepflicht Nr. 1	1 611 BGB Betriebsgeheimnis	83, 2247	82, 1792	82, 321	82, 388	Geheimnisschutz im Arbeitsrecht, Entsch. 5	83, 134
16.03.82	3 AZR 83/79	—	1 622 BGB Betriebsgeheimnis		—	—	—	—	—
30.03.82	1 AZR 265/80	Art. 9 GG Arbeitskampf Nr. 46 (Buschmann)	74 Art. 9 GG Arbeitskampf (v. Stebut)	82, 2139	82, 675 83, 766	82, 352 83, 251 (Buschmann)	82, 388 83, 121	Arbeitskampf II, Entsch. 22 (Löwisch)	82, 2835
30.03.82	1 ABR 55/80	87 BetrVG 1972 Betriebliche Lohngestaltung Nr. 4	10 87 BetrVG 1972 Lohngestaltung (Weiss)	82, 1519	82, 1300	82, 228	82, 327	Betriebsverf. XIV B, Entsch. 63	—

Entscheidungsregister – Bundesarbeitsgericht

Datum	Aktenzeichen	EzA (m. Anm. von...)	AP Nr. zu § (m. Anm. von...)	DB	BB	RdA	AuR	SAE	AR-Blattei	NJW	Sonstige
06.04.82	3 AZR 134/79	1 BetrAVG Nr. 16	11 BetrAVG Gleichbehandl. (Pfarr)	82, 1466	82, 1176 83, 382 (v. Usslar)	82, 328, 384	82, 226	82, 256 (Sieg)	Betriebliche Altersversorgung, Entsch. 96	82, 2013	–
20.04.82	1 ABR 3/80	112 BetrVG 1972 Nr. 25	15 112 BetrVG 1972	82, 961, 1727	82, 804, 1423	82, 328	82, 293	82, 287	Sozialplan, Entsch. 16	82, 2334	–
20.04.82	1 ABR 22/80	–	–	82, 1674	–	–	–	–	–	–	–
21.04.82	4 AZR 671/79	4 TVG Eingruppierung Nr. 1	51 TVG	82, 2521	83, 193	82, 389	82, 321	83, 24	Bundesbahn, Entsch. 15 Lohnzahlung, Entsch. 16	–	–
28.04.82	7 AZR 962/79	87 BetrVG 1972 Betriebsbuße Nr. 5	4 87 BetrVG 1972 Betriebsbuße	83, 775	–	83, 121	83, 92	–	–	–	–
29.04.82	6 ABR 54/79	2 AZO Nr. 1	4 15 BAT	–	–	–	–	–	–	–	–
04.05.82	3 AZR 1202/79	87 BetrVG 1972 Lohn- und Arbeitsentgelt Nr. 13	6 87 BetrVG 1972 Altersversorgung (Moll)	83, 2159	82, 1249 83, 697	83, 69	82, 388	84, 72 (Belling)	Betriebliche Altersversorgung, Entsch. 99	–	JuS 84, 69
25.05.82	1 ABR 19/80	87 BetrVG 1972 Leistungslohn Nr. 7 (Gaul)	2 87 BetrVG 1972 Prämie (Gaul)	82, 2467	–	83, 69	82, 354	83, 173 (Kraft)	Betriebsverf. XIV B, Entsch. 64	–	–
25.05.82	1 AZR 1073/79	–	53 611 BGB Dienstordnungs-Angestellte (Stutzky)	82, 2712	83, 1343	82, 69	82, 355	–	Personalvertretung XI A, Entsch. 1	–	–

1874

Bundesarbeitsgericht – Entscheidungsregister

Datum	Az.									
27. 05. 82	6 AZR 28/80	42 BetrVG 1972 Nr. 3	3 42 BetrVG 1972 (Beitzke)	82, 2519	82, 2183	83, 70	82, 388	Auslandsarbeit, Entsch. 7	83, 413	–
27. 05. 82	6 ABR 66/79	34 BetrVG 1972 Nr. 1	1 34 BetrVG 1972	82, 2578	82, 2183	83, 69	82, 388	Betriebsverf. X, Entsch. 51	–	–
27. 05. 82	6 ABR 105/79	83 ArbGG 1979 Nr. 1	3 80 ArbGG 1979 (V. Schmidt)	82, 2410	83, 442	82, 391	82, 388	Arbeitsgerichtsbarkt. XII, Entsch. 112	83, 192	–
27. 05. 82	2 AZR 96/80	–	–	84, 620	85, 56	–	–	–	–	–
02. 06. 82	2 AZR 1237/79	Art. 2 GG Nr. 2	3 284 ZPO	83, 1827	–	–	–	Kündigung II Entsch. 29	83, 1691	ZiP 83, 741
08. 06. 82	1 ABR 56/80	87 BetrVG 1972 Arbeitszeit	7 87 BetrVG 1972 Arbeitszeit	82, 2356 (Marsch-Barner)	83, 59	82, 391	82, 354	Betriebsverf. XIV B, Entsch. 65	83, 144 (Jähnke)	–
09. 06. 82	4 AZR 766/79	–	1 107 BetrVG	82, 2711	–	–	–	Personalvertretung VII, Entsch. 7	–	RiA 82, 231
20. 07. 82	1 ABR 19/81	76 BetrVG 1972 Nr. 12	2 6 76 BetrVG 1972	82, 2087	82, 832	82, 392	82, 323	Betriebsverf. VI A, Entsch. 14	83, 334 (Otto)	83, 701
22. 07. 82	2 AZR 30/81	1 KSchG 1969 Verhaltensbed. Kündigung Nr. 10	5 1 KSchG 1969 Verhaltensbed. Kündigung (Otto)	83, 180	83, 834	83, 122	83, 58	Kündigungsschutz Entsch. 227 (Herschel)	83, 313 (Ottow)	JuS 83, 562
28. 07. 82	5 AZR 46/81	5 BBiG Nr. 4	3 5 BBiG (Herschel)	83, 290	83, 313	83, 122	83, 58	Berufsausbildung Entsch. 36	83, 213 (Gast)	–
29. 07. 82	6 ABR 41/79	–	–	–	–	–	82, 258	–	–	–
29. 07. 82	6 ABR 51/79	81 ArbGG 1972 Nr. 2	5 83 ArbGG 1972	83, 666	83, 1412	83, 122	83, 92	Arbeitsgerichtsbarkt. XII, Entsch. 113	83, 343 (Schreiber)	–

Entscheidungsregister – Bundesarbeitsgericht

Datum	Akten-zeichen	EzA (m. Anm. von ...)	AP Nr. zu § (m. Anm. von ...)	DB	BB	RdA	AuR	SAE	AR-Blattei	NJW	Sonstige
03. 08. 82	1 AZR 77/81	113 BetrVG 1972 Nr. 10	5 113 BetrVG 1972	82, 2631	–	–	–	–	–	–	ARST 83, 43
03. 08. 82	3 AZR 1219/79	87 BetrVG 1972 Betriebliche Lohngestaltung Nr. 5	12 87 BetrVG 1972 Lohngestaltung (Misera)	83, 237	83, 376	83, 123	83, 60	83, 317 (Hirschberg)	Betriebsverf. XIV B, Entsch. 70	83, 2519	JuS 84, 149
12. 08. 82	6 AZR 1117/79	77 BetrVG 1972 Nr. 9 (Buchner)	4 77 BetrVG 1972 (Hanau)	82, 1775, 2298	82, 1486, 2183	83, 71	82, 354 83, 284 (Wohlgemuth)	83, 125 (Lieb)	Betriebsverein., Entsch. 28	83, 68	–
12. 08. 82	6 ABR 98/79	–	5 77 BetrVG 1972	82, 2301	83, 249	83, 71	82, 388	83, 26	Betriebsverein., Entsch. 30	–	–
17. 08. 82	1 ABR 40/80	111 BetrVG 1972 Nr. 14	11 111 BetrVG 1972 (Richardi)	83, 344	83, 501	83, 123	83, 92	84, 234 (Mayer-Maly)	Betriebsverf. XIV E, Entsch. 22	83, 1870	–
17. 08. 82	1 ABR 50/80	87 BetrVG 1972 Betriebliche Ordnung Nr. 9	5 87 BetrVG 1972 Ordnung des Betriebes	82, 2579	82, 1920	83, 71	82, 388	–	Betriebsverf. XIV B, Entsch. 66	83, 646	–
18. 08. 82	7 AZR 437/80	102 BetrVG 1972 Nr. 48 (Heinze)	24 102 BetrVG 1972	83, 288	83, 251	83, 71	83, 60	84, 121 (Körnig)	Betriebsverf. XIV C, Entsch. 80 (Herschel)	83, 2836	–
18. 08. 82	5 AZR 493/80	618 BGB Nr. 4 (Herschel)	18 618 BGB (Lorenz)	83, 234	83, 637	83, 123	83, 58	83, 26	Unfallverhütung, Entsch. 3	–	–
25. 08. 82	5 AZR 107/80	242 BGB Gleichbehandl. Nr. 31	53 242 BGB Gleichbehandl.	82, 2354	82, 1546, 1921	83, 66, 72	82, 353 83, 219 (Pfarr)	–	Gleichbehandl. im Arbeitsverh., Entsch. 69 (Gröninger)	83, 190	–

1876

Bundesarbeitsgericht – Entscheidungsregister

27.08.82	7 AZR 30/80	102 BetrVG 1972 Nr. 49	83, 181	83, 377	83, 124	83, 27	83, 26	Betriebsverf. XIV C, Entsch. 81 (Herschel)	83, 2835	–
31.08.82	1 ABR 8/81	87 BetrVG 1972 Nr. 9	82, 1884, 2519	82, 1609 83, 60	83, 124	83, 60, 93 (Herschel)	–	Betriebsverf. XIV B, Entsch. 72	83, 2284	–
31.08.82	1 ABR 27/80	87 BetrVG 1972 Arbeitszeit (Rath-Glawetz)	82, 1884 83, 453	82, 1609 83, 1597	83, 124, 189	83, 92	83, 134 (Löwisch)	Betriebsverf. XIV B, Entsch. 71	83, 953	JuS 83, 564
16.09.82	2 AZR 271/80	1 KSchG 1969 Betriebsbed. Kündigung Nr. 18	83, 504	83, 314	83, 125	83, 90	–	Kündigungsschutz, Entsch. 229	83, 1341	–
16.09.82	2 AZR 228/80	123 BGB Nr. 22	83, 2780	–	–	–	–	Einstellung, Entsch. 12	84, 446	MDR 84, 151
22.09.82	5 AZR 421/80	4 TVG Ausschlußfristen Nr. 52	83, 236	–	83, 125	83, 59	83, 27	Ausschlußfristen, Entsch. 103	–	BlSt-Soz-ArbR 83, 85
23.09.82	6 ABR 42/81	1 BetrVG 1972 Nr. 3	83, 1498	83, 1534	83, 195	83, 188	–	Betrieb, Entsch. 10 (Löwisch)	–	–
23.09.82	6 ABR 86/79	37 BetrVG 1972 Nr. 76	83, 182	83, 382	83, 125	83, 59	83, 27	Betriebsverf. VIII A, Entsch. 55	–	–
07.10.82	2 AZR 455/80	5 620 BGB Teilkündigung (Wolf)	83, 1368	83, 1791	83, 195	83, 154	83, 185 (Beitzke)	Kündigung IB, Entsch. 3 (Gröninger)	83, 2284	–
14.10.82	6 ABR 37/79	40 BetrVG 1972 Nr. 52 (Otto)	83, 665	83, 1215	83, 195	83, 123	83, 209 (Peterek)	Betriebsverf. VIII A, Entsch. 54	–	–
14.10.82	2 AZR 568/80	15 KSchG 1969 Nr. 29 Konzern (Wiedemann)	83, 2635	–	83, 389	83, 378	84, 139 (Windbichler)	Kündigungsschutz Entsch. 233 (Herschel)	84, 381	–

Entscheidungsregister – Bundesarbeitsgericht

Datum	Aktenzeichen	EzA (m. Anm. von ...)	AP Nr. zu § Nr. Anm. von ...)	DB	BB	RdA	AuR	SAE	AR-Blattei	NJW	Sonstige
21.10.82	2 AZR 591/80	1 KSchG Tendenzbetrieb Nr. 12	14 Art. 140 GG	83, 2778	83, 2052	–	–	–	Kirchenbedienstete, Entsch. 23	84, 826	–
26.10.82	1 ABR 11/81	111 BetrVG 1972 Nr. 5	10 111 BetrVG 1972 (Richardi)	82, 2358 83, 1766	82, 1985	83, 323	83, 250	–	Betriebsverf. XIV E, Entsch. 23	83, 2838	–
03.11.82	15 n.F. KSchG Nr. 28	12 15 KSchG 1969	83, 830	83, 1097	–	–	83, 282	–	83, 1221	RiA 83, 129	–
11.11.82	2 AZR 552/81	620 BGB Nr. 61	71 620 BGB Befristeter Arbeitsvertrag	83, 1880	84, 1298	83, 128	83, 120	–	Arbeitsvertrag – Arbeitsverh. VIII, Entsch. 47	83, 1443	–
16.11.82	1 ABR 22/78	Art. 9 GG Nr. 36	32 2 TVG (Rüthers, Roth)	82, 2518 83, 1151	82, 2047	83, 196	83, 185, 438 (Herschel)	84, 133 (Konzen)	–	–	–
08.12.82	5 AZR 316/81	77 BetrVG 1972 Nr. 11	6 77 BetrVG 1972 (Hanau)	82, 2704 83, 346	83, 59, 312	83, 128	83, 60	83, 129 (Lieb)	–	83, 2904	–
09.12.82	2 AZR 620/80	626 BGB n.F. Nr. 86 (Löwisch, Schönfeld)	7 3 626 BGB	83, 2578	83, 2257	83, 390	83, 378 84, 122 (Kohte)	84, 158 (Roemheld)	Kündigung VIII, Entsch. 58 (Buchner)	84, 1142	JZ 84, 56
16.12.82	2 AZR 76/81	15 KSchG 1969 Nr. 29	13 15 KSchG 1969 (Kraft)	83, 1049	–	83, 197	83, 154	83, 277 (Coester)	Betriebsverf. IX, Entsch. 56	–	–
21.12.82	1 ABR 20/81	–	–	83, 996	–	–	–	–	–	–	–

Bundesarbeitsgericht – Entscheidungsregister

Datum	Az.	Norm									
21. 12. 82	1 ABR 14/81	87 BetrVG 1972 Arbeitszeit Nr. 16	83, 611		83, 503	–	83, 321	Betriebsverf. XIV B, Entsch. 73	–	–
21. 12. 82	1 ABR 14/81	87 BetrVG 1972 Arbeitszeit Nr. 16	83, 47, 611	9 87 BetrVG 1972 Arbeitszeit	83, 503	83, 198	83, 123	83, 321 (Wiese)	Betriebsverf. XIV B, Entsch. 73	83, 1135	–
14. 01. 83	6 ABR 39/82	81 ArbGG 1979 Nr. 1	83, 2142	9 87 BetrVG 1972 Arbeitszeit (Gast)	83, 1223	83, 199	83, 188	83, 171	Arbeitsgerichtsbarkt. XII, Entsch. 114	–	–
14. 01. 83	6 ABR 67/79	76 BetrVG 1972 Nr. 34	83, 2583	9 19 BetrVG 1972	84, 338	84, 390	83, 347	84, 154 (Meisel)	Einigungsstelle, Entsch. 24 (Herschel)	–	–
19. 01. 83	7 AZR 514/80	102 BetrVG 1972 Nr. 50	83, 1153	12 76 BetrVG 1972	83, 1920	83, 199	83, 156	83, 171	Betriebsverf. XIV B, Entsch. 82	83, 2047	–
17. 02. 83	2 AZR 208/81	620 BGB Nr. 62	83, 1880	28 102 BetrVG 1972	84, 59	83, 324	83, 185	–	–	83, 185	–
17. 02. 83	6 ABR 64/81	–	83, 2039	74 620 befristeter Arbeitsvertrag (Richardi)	83, 1790	–	–	–	Betrieb Entsch. 11	–	AuB 85, 94
17. 02. 83	2 AZR 481/81	620 BGB Nr. 64	83, 1551	4 4 BetrVG 1972	83, 1218	83, 260	83, 215, 217	84, 172	Betriebsverf. IX, Entsch. 57 Arbeitsvertrag – Arbeitsverh. VIII, Entsch. 51	83, 1927	–
17. 02. 83	6 ABR 64/81	–	83, 2039	14 15 KSchG 1969	83, 1790	83, 260	83, 283	83, 352	Betrieb, Entsch. 11	–	–
22. 02. 83	1 AZR 260/81	4 TVG Ausschlußfristen Nr. 54	83, 1447	4 4 BetrVG 1972	84, 61	–	–	–	Ausschlußfristen, Entsch. 105	84, 323	ZIP 83, 848

| | | 7 113 BetrVG 1972 | | | | | | | |

Entscheidungsregister – Bundesarbeitsgericht

Datum	Aktenzeichen	EzA (m. Anm. von …)	AP Nr. zu § (m. Anm. von …)	DB	BB	RdA	AuR	SAE	AR-Blattei	NJW	Sonstige
22.02.83	1 ABR 27/81	23 BetrVG 1972 Nr. 9 (Rüthers, Heussler)	2 23 BetrVG 1972 (v. Hoyningen-Huene)	83, 502, 1926	83, 1724	83, 261, 319	83, 284	84, 182 (Buchner)	Arbeitsgerichtsbarkt. XII, Entsch. 119 (Bertelsmann)	84, 196	JuS 84, 149
03.03.83	6 ABR 4/80	20 BetrVG 1972 Nr. 12	8 20 BetrVG 1972 (Löwisch)	83, 1366	83, 1922	83, 261	83, 218	83, 263	Haftung des Arbeitgebers, Entsch. 56 (Mayer-Maly)	84, 198	–
08.03.83	1 ABR 74/79	87 BetrVG 1972 Arbeitszeit Nr. 16	6 87 BetrVG 1972 (Gast)	82, 1115	82, 1236	–	–	82, 304 (Weber)	–	–	–
08.03.83	1 ABR 38/81	87 BetrVG 1972 Betriebliche Lohngestaltung Nr. 6	14 87 BetrVG 1972 Lohngestaltung (Weiß)	83, 2040	83, 2114	83, 261	83, 249	83, 263	Tarifliche Eingruppierung, Entsch. 4	–	–
08.03.83	1 ABR 44/81	118 BetrVG 1972 Nr. 34	26 118 BetrVG 1972 (Herschel)	83, 1875	83, 574, 2115	83, 261	83, 250	83, 263	Arbeitsgerichtsbarkt. XII, Entsch. 116 Tendenzbetrieb, Entsch. 29	84, 1144	–
17.03.83	6 ABR 33/80	80 BetrVG 1972 Nr. 24 (Kroll)	18 80 BetrVG 1972	83, 1607	83, 1280 (v. Friesen), 1282	83, 262	83, 249 84, 56 (Wohlgemuth)	83, 264	Datenschutz, Entsch. 5	83, 2463	–
22.03.83	1 ABR 49/81	101 BetrVG 1972 Nr. 5	6 101 BetrVG 1972 (Löwisch)	83, 2313	83, 1986	83, 325	83, 311	84, 59 (Kraft)	Arbeitsgerichtsbarkt. XII, Entsch. 117	–	–

Bundesarbeitsgericht – Entscheidungsregister

24. 03. 83	2 AZR 21/82	1 KSchG 1969 Betriebsbed. Kündigung Nr. 21		83, 830, 1822	83, 325	83, 312	84, 43 (Löwisch, Schüren)	Kündigungsschutz, Entsch. 239	84, 78	JuS 84, 309
31. 03. 83	2 AZR 384/81		1 8 LPVG Hessen (Bickel)	–	84, 124	84, 58 (D. Klinkhammer, H. Klinkhammer)	–	Personalvertretung XI D, Entsch. 24	–	JR 85, 396
19. 04. 83	1 AZR 498/91	112 BetrVG 1972 Nr. 26	124 Art. 9 GG (Kraft)	83, 2372	83, 325	83, 314	84, 79	Sozialplan, Entsch. 17 (Echterhölter)	84, 82	FN 2094, 3483
21. 04. 83	6 ABR 70/82	40 BetrVG 1972 Nr. 53 (Kreutz)	20 40 BetrVG 1972 (Naendrup)	83, 997 84, 248	84, 60	84, 54	84, 261 (Schwerdtner)	Betriebsverf. X, Entsch. 54	84, 2309	JR 84, 484
21. 04. 83	6 AZR 407/80	37 BetrVG 1972 Nr. 79	43 37 BetrVG 1972	83, 2253	83, 326	83, 283	84, 79	Betriebsverf. VIII, Entsch. 12	–	–
17. 05. 83	1 ABR 5/80	99 BetrVG 1972 Nr. 36	18 99 BetrVG 1972 (Faude)	84, 2638	84, 60	83, 380	84, 79	–	–	–
17. 05. 83	1 ABR 21/80	80 BetrVG 1972 Nr. 25	19 80 BetrVG 1972 (v. Hoyningen-Huene)	83, 1986	83, 326 84, 60	83, 313	85, 56 (Joost)	Betriebsverf. XIV A, Entsch. 25 Arbeitsgerichtsbarkt. XII, Entsch. 118	–	JR 84, 484
19. 05. 83	6 AZR 290/81	37 BetrVG 1972 Nr. 77	44 37 BetrVG 1972 (Weiss)	83, 2038	83, 326	83, 314	84, 79	Betriebsverf. X, Entsch. 52	83, 2720	JR 84, 528
19. 05. 83	2 AZR 171/81	123 BGB Nr. 23 (Wank)	25 123 BGB (Mühl)	84, 298	84, 60	84, 51	84, 173 (Misera)	Wettbewerbsverbot Entsch. 137 (Buchner)	–	–
26. 05. 83	*2 AZR 477/81	6130 BGB Nr. 34	34 613 a BGB	83, 2690	83, 2116	–	–	–	84, 627	AuB 83, 346

Entscheidungsregister – Bundesarbeitsgericht

Datum	Akten-zeichen	EzA (m. Anm. von...)	AP Nr. zu § (m. Anm. von...)	DB	BB	RdA	AuR	SAE	AR-Blattei	NJW	Sonstige
27.05.83	7 AZR 482/81	12 SchwbG Nr. 12	12 12 SchwbG	84, 134	84, 121	83, 327	83, 346	84, 14 (Corts)	Schwerbehinderte Entsch. 74 (Gröninger)	84, 1420	–
31.05.83	1 ABR 57/80	118 BetrVG 1972 Nr. 36	27 118 BetrVG 1972 (Misera)	84, 995	–	83, 327 84, 61	83, 348	84, 62 (Kraft)	Betriebsverf. XIV C, Entsch. 83 Tendenzbetrieb, Entsch. 30	84, 1143	JR 84, 484
31.05.83	1 ABR 6/80	95 BetrVG 1972 Nr. 6	2 95 BetrVG 1972 (Löwisch)	83, 2311	84, 275	83, 391	83, 347 85, 100 (Zachert)	84, 108 (Weber)	Betriebsverf. XIV A, Entsch. 25	–	JR 84, 484
08.06.83	5 AZR 632/80	4 TVG Ausschlußfristen Nr. 55	78 4 TVG Ausschlußfristen	84, 138	–	–	–	–	Konkurs Entsch. 52	84, 510	ZIP 83, 1374
10.06.83	6 ABR 50/82	19 BetrVG 1972 Nr. 19	10 19 BetrVG 1972	83, 2142	–	83, 328	83, 313	84, 80	Betriebsverf. VI A, Entsch. 15	–	–
23.06.83	6 AZR 595/80	78 a BetrVG 1972 Nr. 11	10 78 a BetrVG 1972 (Natzel)	84, 1786	–	83, 391	83, 380	84, 253	Berufsausbildung Entsch. 39	84, 1179	–
23.06.83	2 AZR 15/82	1 KSchG 1969 Krankheit Nr. 12	10 1 KSchG 1969 Krankheit (Neyses)	83, 2524	83, 1988	84, 61	83, 378 84, 315 (Coen)	84, 21 (Sieg)	Kündigungsschutz Entsch. 242	84, 1836	–
23.06.83	6 ABR 65/80	37 BetrVG 1972 Nr. 78	45 37 BetrVG 1972 (Löwisch, Reimann)	83, 2419	84, 598	83, 328	83, 313	84, 196 (Meisel)	Betriebsverf. X, Entsch. 53	–	JR 84, 484
19.07.83	1 AZR 26/82	–	–	83, 2634	83, 2118	–	–	–	–	–	–

Bundesarbeitsgericht – Entscheidungsregister

19.07.83	1 AZR 307/81	611 BGB Fürsorgepfl. Nr. 34	5 87 BetrVG 1972 Betriebsbuße (Herschel)	83, 2695	83, 392	83, 377 84, 220 (Weiss)	—	Abmahnung, Entsch. 9 (Buchner)	—	—
02.08.83	1 AZR 516/81	111 BetrVG 1972 Nr. 16 (Mummenhof, Klinkhammer)	12 111 BetrVG 1972 (Fabricius, Pottmeyer)	83, 2776	83, 392	83, 379	84, 148 (Gitter)	Arzt, Entsch. 23 a	84, 1420	ZIP 84, 359
16.08.83	1 AZR 544/81	50 BetrVG 1972 Nr. 9	5 50 BetrVG 1972	83, 1875 84, 129	84, 62	83, 380	84, 334 (Dütz)	Betriebsverf. XII, Entsch. 12	84, 2966	JR 85, 264
16.08.83	1 ABR 11/82	81 ArbGG 1979 Nr. 3	2 81 ArbGG 1979	84, 408	84, 62	84, 91	—	Arbeitsgerichtsbarkt. XII, Entsch. 120	—	—
25.08.83	6 ABR 52/80	59 KO Nr. 11	14 59 KO (Gerhardt)	84, 303	84, 124	84, 54	—	Einigungsstelle, Entsch. 26	—	—
25.08.83	6 ABR 40/82	77 BetrVG 1972 Nr. 12	7 77 BetrVG 1972 (Misera)	84, 1302	84, 192	84, 156	84, 254	Betriebsverb. einb., Entsch. 32 (Säcker)	—	JR 85, 264
30.08.83	1 AZR 121/81	Art. 9 GG Nr. 37	38 Art. 9 GG (Herschel)	84, 462	84, 63	—	—	Vereinigungsfreiheit, Entsch. 13	—	—
13.09.83	3 AZR 343/81	—	11 19 HAG (Brecht)	85, 2047	84, 255	84, 217	—	Heimarbeit, Entsch. 23	—	NZA 84, 41
13.09.83	1 ABR 32/81	87 BetrVG 1972 Leistungslohn Nr. 8 (Löwisch, Reimann)	3 87 BetrVG 1972 Prämien (Hanau)	83, 2038 2470	84, 55, 63	83, 380 84, 92 (Pornschlegel)	—	Betriebsverf. XIV B, Entsch. 78 (v. Hoyningen-Huene)	—	—
22.09.83	6 AZR 323/81	78 a BetrVG 1972 Nr. 12	11 78 a BetrVG 1972 (Löwisch)	84, 936	84, 1682	84, 190	—	Betriebsverf. XIII, Entsch. 15 (Hanau)	84, 2599	NZA 84, 45 JR 85, 264

Entscheidungsregister – Bundesarbeitsgericht

Datum	Aktenzeichen	EzA (m. Anm. von ...)	AP Nr. zu § (m. Anm. von ...)	DB	BB	RdA	AuR	SAE	AR-Blattei	NJW	Sonstige
28.09.83	7 AZR 266/82	102 BetrVG 1972 Nr. 56	121 BetrVG 1972 (Gast)	84, 833	–	84, 192	84, 190	84, 256	Betriebsverf. X, Entsch. 55	–	JR 85, 264
29.09.83	2 AZR 212/82	15 KSchG 1969 Nr. 32	15 15 KSchG 1969 (Richardi)	84, 302	84, 1097	84, 64	84, 52	85, 115 (Schulin)	Betriebsverf. IX, Entsch. 6 (Hanau)	–	–
20.10.83	2 AZR 211/82	1 KSchG 1969 Betriebsbed. Kündigung Nr. 28 (Kraft)	13 1 KSchG 1969 Betriebsbed. Kündigung (v. Hoyningen-Huene)	84, 563	84, 671	84, 126	84, 121	85, 215 (Otto)	Kündigungsschutz Entsch. 240 (Ehmann)	84, 1648	JR 85, 440
25.10.83	1 AZR 260/82	112 BetrVG 1972 Nr. 28	18 112 BetrVG 1972	84, 725	84, 598	84, 126, 193	84, 121	84, 326 (Hromadka)	Sozialplan, Entsch. 18	–	JuS 84, 651
26.10.83	4 AZR 219/81	3 TVG Nr. 4	3 3 TVG	84, 1303	–	–	–	84, 339	–	–	–
02.11.83	7 AZR 65/82	102 BetrVG 1972 Nr. 53 (Streckel)	29 102 BetrVG 1972	84, 407	84, 1749	84, 126	84, 90	84, 299	Betriebsverf. XIV C, Entsch. 84 (Echterhölter)	–	JR 85, 264
02.11.83	7 AZR 272/82	1 KSchG 1969 Krankheit Nr. 13 (Peterek)	12 1 KSchG 1969 Krankheit	84, 831	84, 1165	84, 193	84, 119	84, 299	Kündigungsschutz Entsch. 246	84, 1837	–
08.11.83	1 ABR 57/81	81 ArbGG 1979 Nr. 4	11 87 BetrVG 1972 Arbeitszeit (Grunsky)	84, 1478	85, 269	84, 193	84, 219	84, 299	Arbeitsgerichtsbarkt. XII, Entsch. 121	–	JR 86, 44
24.11.83	2 AZR 347/82	102 BetrVG 1972 Nr. 54 (Grunsky)	30 102 BetrVG 1972	84, 1149	84, 1045	84, 193	84, 190	84, 300	Krankheit des Arbeitnehmers, Entsch. 167	–	NZA 84, 93

Bundesarbeitsgericht – Entscheidungsregister

Datum	Aktenzeichen	Gesetz/Stichwort 1	Gesetz/Stichwort 2	Weitere	Sp. 5	Sp. 6	Sp. 7	Sp. 8	Sp. 9	Sp. 10	Sp. 11
29.11.83	1 AZR 523/82	113 BetrVG 1972 Nr. 11	—	—	84, 724	—	84, 194	84, 257 (Kraft)	Ausschlußfristen Entsch. 108 / Betriebsverf. XIV E, Entsch. 25	84, 1650	—
01.12.83	6 ABR 6/81	40 BetrVG 1972 Nr. 54	10 113 BetrVG 1972	13 76 BetrVG 1972 (Weiss)	84, 934	84, 598	84, 194	84, 156	—	84, 301	Einigungsstelle Entsch. 29
06.12.83	1 AZR 43/81	87 BetrVG 1972 Bildschirmarbeitsplatz Nr. 1 (Ehmann)	7 87 BetrVG 1972 Überwachung (Richardi)	—	84, 775; 85, 1341 (Weng)	84, 850; 85, 531 (Schwarz)	84, 194	84, 156, 191 (Heinze)	85, 225 (Heinze)	Betriebsverf. XIV B, Entsch. 74	84, 1475	NZA 84, 47 / JR 85, 264 / JuS 84, 900
15.12.83	1 BvR 309/83	—	—	—	—	—	—	—	—	—	84, 419	—
15.12.83	6 AZR 60/83	78 a BetrVG 1972 Nr. 13	12, 78 a BetrVG 1972	—	84, 1101	84, 1364	—	—	—	Betriebsverf. XIII Entsch. 16	84, 2598	NZA 84, 44
20.12.83	1 AZR 442/82	112 BetrVG 1972 Nr. 29	17 112 BetrVG 1972	—	84, 723	84, 2003	—	—	—	Sozialplan Entsch. 19	84, 1581	ZIP 84, 476
19.01.84	6 ABR 19/83	—	4 74 BetrVG 1972	—	84, 1529	85, 269	84, 256	84, 190	—	Schwerbehinderte Entsch. 75	—	—
31.01.84	1 ABR 46/81	87 BetrVG 1972 Betriebliche Lohngestaltung Nr. 7	3 87 BetrVG 1972 Tarifvorrang (Wiedemann)	—	84, 1351	84, 532	84, 256	84, 219	85, 290 (v. Hoyningen-Huene)	Betriebsverf. XIV B, Entsch. 76	—	JZA 84, 47
31.01.84	1 ABR 63/81	95 BetrVG 1972 Nr. 7	3 95 BetrVG 1972 (Löwisch)	—	84, 1199	84, 915	84, 256	84, 190	84, 302	Betriebsverf. XIV B, Entsch. 75	84, 1709	JZA 84, 51

Entscheidungsregister – Bundesarbeitsgericht

Datum	Aktenzeichen	EzA (m. Anm. von ...)	AP Nr. zu § (m. Anm. von ...)	DB	BB	RdA	AuR	SAE	AR-Blattei	NJW	Sonstige
31.01.84	1 AZR 174/81	87 BetrVG 1972 Betriebliche Lohngestaltung Nr. 8	15 87 BetrVG 1972 Lohngestaltung (Satzky)	84, 1353	85, 398	84, 195	84, 219	–	Betriebsverf. XIV B, Entsch. 77 Arbeitsgerichtsbarkt. X B 1979, Entsch. 23 Tendenzbetrieb Entsch. 31	–	JuS 85, 420
09.02.84	6 ABR 10/81	77 BetrVG 1972 Nr. 13	9 77 BetrVG 1972	84, 1477	84, 1746		–	–	–	–	NZA 84, 96
14.02.84	1 AZR 574/82	112 BetrVG 1972 Nr. 30	21 112 BetrVG 1972	84, 1527	–	84, 257	84, 219	84, 321 (Bittner)	Sozialplan, Entsch. 20	–	NZA 84, 201
23.02.84	6 ABR 22/81	82 BetrVG 1972 Nr. 2	2 82 BetrVG 1972 (Schreiber)	84, 2098	84, 1874	84, 317	84, 314 85, 27 (Peterek)	85, 27	Betriebsverv. XIV C, Entsch. 87	–	–
28.02.84	1 ABR 37/82	87 BetrVG 1972 Leistungslohn Nr. 9	4 87 BetrVG 1972 Tarifvorrang	84, 1682	85, 462	84, 258	84, 254	85, 293 (v. Hoyningen-Huene)	Betriebsverf. XIV B, Entsch. 79	–	NZA 84, 230
13.03.84	1 ABR 57/82	87 BetrVG 1972 Leistungslohn Nr. 10 (Otto)	4 87 BetrVG 1972 Provision (Hanau)	84, 2145	84, 2128	84, 318	84, 347	85, 120 (Meisel)	Betriebsverf. XIV B, Entsch. 80	85, 399	NZA 84, 296 JR 85, 308
13.03.84	1 ABR 49/82	–	9 83 ArbGG 1979	84, 2148	–	84, 258	84, 255	84, 304	Arbeitsgerichtsbarkt. XII, Entsch. 124	–	–
21.03.84	5 AZR 320/82	2 ArbGG 1972 Nr. 3	12 ArbGG 1979 (Brackmann)	85, 136	85, 200	84, 318	84, 347	84, 353	Lohnzahlung Entsch. 18	–	NZA 84, 365

Bundesarbeitsgericht – Entscheidungsregister

Datum	Az.	Norm	Fundstelle 1	Fundstelle 2	Fundstelle 3	Fundstelle 4	Stichwort	Fundstelle 5	Fundstelle 6
23.03.84	7 AZR 515/82	23 KSchG Nr. 7	4 23 KSchG 1969	84, 1684			85, 127	Betrieb Entsch. 12	—	NZA 84, 88
29.03.84	2 AZR 429/83 A	102 BetrVG 1972 Nr. 55 (Moll)	31 102 BetrVG 1972 (v. Hoyningen-Huene)	84, 1990	84, 318	84, 314	85, 88 (Reuter)	Kündigungsschutz Entsch. 252 (Löwisch)	84, 2374	JR 85, 308
29.03.84	2 AZR 429/83 B	—	12 611 BGB Beschäftigungspfl. (Lüke)	84, 1887	84, 318	84, 312	84, 304	—	—	—
05.04.84	6 AZR 495/81	37 BetrVG 1972 Nr. 80	46 37 BetrVG 1972 (Löwisch, Riehle)	84, 1785	84, 319 85, 187	84, 254	84, 304	Betriebsverf. VIII A, Entsch. 56	—	NZA 84, 127
05.04.84	6 AZR 70/83	78 a BetrVG 1972 Nr. 14	1 378 a BetrVG 1972	85, 1797	84, 319	84, 314	—	Betriebsverf. XIII, Entsch. 14 Betriebsverf. IX, Entsch. 59	84, 2599	NZA 84, 333 JR 86, 132
10.04.84	1 ABR 69/82	87 BetrVG 1972 Betriebliche Ordnung Nr. 10	8 87 BetrVG 1972 Ordnung des Betriebes	84, 2097	84, 319	84, 314	86, 20 (Kreutz)	Betriebsverf. XIV B, Entsch. 81	84, 2431	—
10.04.84	1 ABR 67/82	95 BetrVG 1972 Nr. 8	4 95 BetrVG 1972 (Hönn)	84, 2198	84, 319	84, 314	85, 29	Versetzung des Arbeitnehmers, Entsch. 3	—	NZA 84, 233
03.05.84	6 ABR 60/80	40 BetrVG 1972 Nr. 56	15 76 BetrVG 1972	84, 2307	84, 320	84, 314	84, 355	Einigungsstelle, Entsch. 30	—	NZA 84, 330
03.05.84	6 ABR 68/81	81 ArbGG 1979 Nr. 6	5 95 BetrVG 1972 (Fabricius)	84, 2413	84, 385	84, 347	84, 355	Arbeitsgerichtsbarkt. XII, Entsch. 128	—	—

Entscheidungsregister – Bundesarbeitsgericht

Datum	Akten-zeichen	EzA (m. Anm. von...)	AP Nr. zu § (m. Anm. von...)	DB	BB	RdA	AuR	SAE	AR-Blattei	NJW	Sonstige
09.05.84	5 AZR 412/81	1 LohnFG Nr. 71 (Söllner)	58 1 LohnFG	84, 2099	84, 1687	84, 320	84, 312	85, 30	Betriebsverb einb., Entsch. 34 (Fastrich)	–	JR 85, 396
17.05.84	2 AZR 109/83	1 KSchG 1969 Betriebsbed. Kündigung Nr. 32	21 1 KSchG 1969 Betriebsbed. Kündigung (v. Hoyningen-Huene)	85, 1190	–	85, 249	85, 195	86, 273 (Schulin)	Kündigungs-schutz Entsch. 254	–	NZA 85, 489
06.06.84	5 AZR 286/81	Art. 2 GG Nr. 4	76 11 BGB Persönlichkeitsrecht (Echterhölter)	84, 2626	84, 2130	84, 385	84, 378	85, 95 (Krause)	–	84, 2910	JR 86, 176
07.06.84	6 ABR 66/81	40 BetrVG 1972 Nr. 57	24 40 BetrVG 1972	84, 2200	84, 2192	84, 323	84, 314	84, 356	Betriebs-verf. VIII A, Entsch. 57	–	NZA 84, 362
07.06.84	6 AZR 3/82	20 BetrVG 1972 Nr. 13	10 20 BetrVG 1972	84, 2358	85, 397	84, 323	84, 347	86, 144 (Färber)	Betriebs-verf. VIII A, Entsch. 59	–	NZA 85, 66
07.06.84	2 AZR 270/83	123 BGB Nr. 24, Nr. 25 (Peterek)	26 123 BGB	84, 2706	85, 1398	84, 386	85, 28	85, 165 (Naendrup)	Anfechtung, Entsch. 20	85, 645	NZA 85, 57
19.06.84	1 ABR 6/83	92 BetrVG 1972 Nr. 1	2 92 BetrVG 1972 (Kraft)	84, 2305	84, 2265	84, 323	84, 347	–	Betriebsverf. XIV C, Entsch. 88	85, 343	NZA 84, 329
28.06.84	6 ABR 5/83	85 BetrVG 1972 Nr. 1	1 85 BetrVG 1972	85, 1138	85, 1196	–	–	85, 265	Einigungs-stelle, Entsch. 31	–	NZA 85, 189

Bundesarbeitsgericht – Entscheidungsregister

Datum	Az.	Gegenstand						
03.07.84	1 ABR 74/82	99 BetrVG 1972 Nr. 37	84, 2304	85, 199	84, 324	84, 347 85, 229 (Bösche, Grimberg)	85, 31	Betriebsverf. XIV C, Entsch. 89	—	NZA 84, 191 85, 57 JR 86, 132
12.07.84	2 AZR 320/83	102 BetrVG 1972 Nr. 57	85, 340	85, 1599	84, 387	85, 31	85, 31	Abmahnung, Entsch. 10	—	NZA 85, 96
09.08.84	2 AZR 400/83	1 KSchG Verhaltensbedingte Kündigung Nr. 11	84, 2703	—	—	—	—	—	85, 823	JZ 85, 148
23.08.84	2 AZR 391/83	103 BetrVG 1972 Nr. 30	85, 554	85, 335	85, 127	85, 99	—	Betriebsverf. IX, Entsch. 61 (Hanau)	85, 1976	NZA 85, 254 JR 86, 264
23.08.84	6 AZR 520/82	102 BetrVG 1972 Nr. 59 (Wiese)	85, 1085	85, 1066	85, 249	85, 163	86, 117 (Meisel)	Betriebsverf. XIV C, Entsch. 93	—	NZA 85, 566
12.09.84	4 AZR 336/84	1 TVG Auslegung Nr. 14	85, 130	85, 1465	84, 388	85, 30	86, 169 (Fabricius)	Lohnzahlung, Entsch. 21 Tarifvertrag IX, Entsch. 54	—	NZA 85, 160 JR 86, 44
13.09.84	6 ABR 43/83	19 BetrVG 1972 Nr. 20	85, 711	85, 997	85, 127	85, 132	—	—	—	NZA 85, 293 JR 86, 132
14.09.84	1 ABR 23/82	87 BetrVG 1972 Kontrolleinrichtung Nr. 11 (Löwisch, Rieble)	84, 2045, 2513 85, 1341	84, 1808 85, 193 (Hunold) 531 (Schwarz)	85, 62	85, 31, 233 (Walz), 261	85, 181 (Ehmann) 193	Betriebsverf. XIV B, Entsch. 83 (Marsch-Barner)	85, 450 (Kilian)	NZA 85, 28 JuS 85, 321 JR 86, 132
27.09.84	2 AZR 309/83	613 a BGB Nr. 40	85, 1399	85, 1333	—	—	86, 147	Kündigungsschutz, Entsch. 258	86, 91	NZA 85, 493

Entscheidungsregister – Bundesarbeitsgericht

Datum	Aktenzeichen	EzA (m. Anm. von...)	AP Nr. zu § (m. Anm. von...)	DB	BB	RdA	AuR	SAE	AR-Blattei	NJW	Sonstige
23.10.84	1 ABR 2/83	94 BetrVG 1972 Nr. 1	8 87 BetrVG 1972 Ordnung des Betriebes (v. Hoyningen-Huene)	84, 2353 85, 495	84, 2002	85, 63	85, 99	–	Betriebsverf. XIV A, Entsch. 27	85, 1045	NZA 85, 224 JR 86, 132
14.11.84	7 AZR 474/83	–	83 626 BGB	85, 867, 1398	85, 867	85, 189	85, 195	85, 179	Kündigung VII, Entsch. 13	85, 1851	NZA 85, 426 JuS 85, 378
15.11.84	2 AZR 341/83	102 BetrVG 1972 Nr. 58	2 25 BetrVG 1972	85, 1028	85, 866	85, 189	85, 163	85, 135	Betriebsverf. XIV C, Entsch. 92	–	NZA 85, 367 JR 86, 132
20.11.84	1 ABR 59/80	112 BetrVG 1972 Nr. 32	24 112 BetrVG 1972	85, 926	85, 458	–	–	–	Sozialplan, Entsch. 21	85, 1484	NZA 85, 227
20.11.84	1 ABR 64/82	106 BetrVG 1972 Nr. 6	3 106 BetrVG 1972 (Kraft)	85, 924	85, 927	85, 128	85, 163	85, 350 (Eich)	Betriebsverf. XIV D, Entsch. 8	85, 2663	NZA 85, 432 JR 86, 132
22.11.84	6 ABR 9/84	64 BetrVG 1972 Nr. 1	1 64 BetrVG 1972	85, 1534	85, 1197	85, 128	85, 164	85, 135	Betriebsverf. XIII, Entsch. 17	–	NZA 85, 665
18.12.84	1 AZR 176/82	113 BetrVG 1972 Nr. 12	11 113 BetrVG 1972	85, 1293 (Nipperdey)	85, 55, 1394	85, 190	85, 197	86, 125 (Buchner)	Betriebsverf. XIV E, Entsch. 26 (Löwisch)	–	NZA 85, 400 JR 86, 132
18.12.84	1 AZR 518/82	4 TVG Ausschlußfristen Nr. 63	88 4 TVG Ausschlußfristen	85, 1297	85, 1067	–	–	–	Ausschlußfristen Entsch. 116	–	NZA 85, 396
07.02.85	6 AZR 370/82	37 BetrVG 1972 Nr. 81	48 37 BetrVG 1972	85, 1346	85, 1263	85, 253	85, 197	85, 180	–	–	–

Bundesarbeitsgericht – Entscheidungsregister

07.02.85	2 AZR 91/84	1 KSchG 1969 Soziale Auswahl Nr. 20	86, 436	86, 805	–	–	Kündigungsschutz, Entsch. 261	86, 2336	–
07.02.85	–	1 KSchG 1969 Soziale Auswahl	85, 1699	85, 1396	–	–	Personalvertretung VII, Entsch. 261	–	–
12.02.85	1 ABR 11/84	3 46 BPersVG	–	–	–	–	Personalvertretung VII, Entsch. 9	–	–
12.02.85	1 ABR 11/84	19 BetrVG 1972 Nr. 21	85, 1799	85, 1330	–	86, 23	Betriebsverf. VI A, Entsch. 16	–	NZA 85, 786
12.02.85	1 AZR 40/84	112 BetrVG 1972 Nr. 23	85, 1487	85, 1129	85, 197	85, 224	Sozialplan, Entsch. 22	–	NZA 85, 717
27.02.85	GS 1/84	611 BGB Beschäftigungspfl. Nr. 9	85, 551, 2197 86, 168 (Bengelsdorf) 692 (Eich)	85, 463, 1978 86, 795 (Berkowski) 799 (Bauer)	85, 380	85, 221, 368 86, 326 (Ramm)	86, 37 (Lieb) 233 (Pahle)	Beschäftigungspfl. Entsch. 15 (Buchner)	85, 2968	NZA 85, 702. 85, JuS 86, 240 JR 86, 527
28.03.85	2 AZR 113/84	14 611 BGB Beschäftigungspfl.	85, 1743	85, 1915	–	–	Kündigung VIII, Entsch. 65	–	NZA 85, 559
11.04.85	2 AZR 239/84	86 626 BGB Nr. 96	85, 1726	–	86, 266	86, 218	–	86, 3159	NZA 86, 674
17.04.85	3 AZR 72/83	102 BetrVG 1972 Nr. 62 (Kraft)	86, 228	–	–	86, 89	Betriebliche Altersversorgung, Entsch. 159	–	NZA 86, 57
18.04.85	6 ABR 19/84	4 1 BetrAVG Unterstützungskasse Nr. 2	85, 2511	86, 1358	–	–	–	–	NZA 85, 783
23.04.85	1 ABR 3/81	23 BetrVG 1972 Nr. 10	85, 1030	85, 929	85, 318	85, 261 (Reuter)	Sozialplan, Entsch. 23	86, 150	NZA 85, 628
		112 BetrVG 1972 Nr. 34							

Entscheidungsregister – Bundesarbeitsgericht

Datum	Akten-zeichen	EzA (m. Anm. von...)	AP Nr. zu § (m. Anm. von...)	DB	BB	RdA	AuR	SAE	AR-Blattei	NJW	Sonstige
23.04.85	1 ABR 2/82	17 BetrVG 1972 Kontrolleinrichtung Nr. 13	12 17 BetrVG 1972 Überwachung	85, 1898	85, 1664	85, 318	86, 29	85, 273 (Ehmann)	Betriebsverf. XIV B, Entsch. 84 b (Marsch-Barner)	86, 152	NZA 85, 671
23.04.85	1 ABR 39/81	17 BetrVG 1972 Kontrolleinrichtung Nr. 12	11 87 BetrVG 1972 Überwachung	85, 1897	85, 1666	–	–	85, 284	Betriebsverf. XIV B, Entsch. 84	–	NZA 85, 669
23.04.85	3 AZR 194/83	1 BetrAVG Unterstützungskasse Nr. 1	6 1 BetrAVG Unterstützungskassen	85, 2615	–	–	–	86, 94	Betriebliche Altersversorgung Entsch. 164	–	NZA 86, 60
25.04.85	2 AZR 140/84	1 KSchG Betriebsbedingte Kündigung Nr. 35	7 1 KSchG 1969 Soziale Auswahl	85, 2205	–	–	–	86, 110	Kündigungsschutz, Entsch. 262	86, 274	NZA 86, 64
30.04.85	3 AZR 611/83	77 BetrVG 1972 Nr. 14	4 1 BetrAVG Ablösung	85, 2514	85, 2239	–	–	–	–	–	NZA 86, 63
09.05.85	2 AZR 16/84	4 TVG Metallindustrie Nr. 25	14 TVG Verdienstsicherung	86, 2335	–	–	–	–	Tarifliche Alters- und Verdienstversicherung, Entsch. 1	–	NZA 86, 743
14.05.85	1 ABR 52/81	76 BetrVG 1972 Nr. 35	16 76 BetrVG 1972	85, 2153	–	–	–	–	–	–	NZA 85, 715
13.06.85	2 AZR 452/84	1 KSchG Nr. 1	9 1 KSchG 1969	86, 1287	–	–	–	–	–	–	NZA 86, 600

Bundesarbeitsgericht – Entscheidungsregister

Datum	Az.	Norm							
20.06.85	2 AZR 427/84	4 KSchG Ausgleichsquittung Nr. 1	85, 2357	–	–	–	–	–	NZA 86, 258
27.06.85	2 AZR 412/84	33 112 BetrVG 1972	86, 332	86, 321	–	–	86, 309	Betriebsverf. XIV G, Entsch. 94	NZA 86, 426
27.06.85	6 AZR 392/81	§ 102 BetrVG 1972 Nr. 60	86, 596	–	–	–	–	Betriebsvereinb., Entsch. 35	NZA 86, 401
09.07.85	1 AZR 323/83	77 BetrVG 1972 Nr. 16	85, 1533	85, 1333	85, 383	86, 29	86, 87	Konkurs, Entsch. 64 (Richardi)	NZA 85, 529
09.07.85	1 AZR 419/83	113 BetrVG 1972 Nr. 13	85, 2359	–	–	–	86, 103	Konkurs Entsch. 62	NZA 86, 129
09.07.85	1 AZR 631/86	61 KO Nr. 9	86, 230	–	–	–	–	Personalvertretung XI C, Entsch. 4	–
09.07.85	3 AZR 546/82	2 6 SozplKonkG	86, 1231	86, 1088	–	–	87, 195	Betriebliche Altersversorgung, Entsch. 163 a	NZA 86, 517
16.07.85	AZR 206/81	1 6 75 BPersVG	85, 1600	85, 1395	85, 383	85, 398	85, 398	Sozialplan Entsch. 26	NZA 85, 713
16.07.85	1 ABR 35/83	1 BetrAVG Ablösung	86, 124	86, 525	–	–	86, 180	Betriebsverf. XIV C, Entsch. 95	–
16.07.85	1 ABR 9/83	32 112 BetrVG 1972 Nr. 38 (Mayer-Maly)	86, 231	–	–	–	–	Betriebsverf. XIV B, Entsch. 86	–
08.08.85	2 AZR 464/84	99 BetrVG 1972 Nr. 40	86, 1577	–	–	–	–	–	NZA 86, 679
		87 BetrVG 1972 Betriebliche Lohngestaltung Nr. 9							
		10 1 KSchG 1969 Soziale Auswahl							
		1 KSchG Soziale Auswahl Nr. 21							

1893

Entscheidungsregister – Bundesarbeitsgericht

Datum	Akten-zeichen	EzA (m. Anm. von ...)	AP Nr. zu § (m. Anm. von ...)	DB	BB	RdA	AuR	SAE	AR-Blattei	NJW	Sonstige
22.08.85	6 AZR 504/83	37 BetrVG 1972 Nr. 82	50 37 BetrVG 1972	86, 599	–	–	–	–	Betriebsverf. VIII, Entsch. 13	–	NZA 86, 263
29.08.85	6 ABR 63/83	–	13 83 ArbGG 1979	86, 1024	–	–	–	–	Arbeitsgerichtsbarkt. XII, Entsch. 133	–	NZA 86, 400
04.09.85	1 ABR 15/83	117 BetrVG 1972 Nr. 1	–	–	–	–	–	–	Betriebsverf. XIV C, Entsch. 98	–	–
10.09.85	1 ABR 28/83	99 BetrVG 1972 Nr. 41	3 117 BetrVG 1972	86, 331	–	–	–	–	Betriebsverf. XIV B, Entsch. 87	–	–
10.09.85	1 ABR 32/83	2 TVG Nr. 14	34 2 TVG	86, 755	–	–	–	86, 229	Berufsverbände, Entsch. 24	86, 1708	NZA 86, 332
12.09.85	2 AZR 324/84	102 BetrVG 1972 Nr. 61	7 102 BetrVG 1972	86, 752	86, 802	–	–	–	Annahmeverzug, Entsch. 30	–	NZA 86, 424
19.09.85	2 AZR 188/83	77 BetrVG 1972 Nr. 15	11 77 BetrVG 1972	86, 281	86, 191	–	–	–	–	–	NZA 86, 368
19.09.85	6 ABR 4/85	19 BetrVG 1972 Nr. 22	12 19 BetrVG 1972	86, 864	–	–	–	–	Betriebsverf. VI A, Entsch. 17	–	–
08.10.85	1 ABR 40/83	99 BetrVG 1972 Nr. 42	22 99 BetrVG 1972	86, 594	–	–	–	–	Betriebsverf. XIV C, Entsch. 96	–	–
22.10.85	1 ABR 38/83	87 BetrVG 1972 Betriebl. Lohngestaltung Nr. 10	18 87 BetrVG 1972 Lohngestaltung	86, 384	–	–	–	86, 157	Betriebsbußen, Entsch. 13	–	NZA 86, 299

Bundesarbeitsgericht – Entscheidungsregister

Datum	Az.									
22.10.85	1 ABR 42/84	99 BetrVG 1972 Nr. 44	23 99 BetrVG 1972	–	86, 593	–	–	86, 190	Betriebsverf. XIV C, Entsch. 100	–	NZA 86, 366
22.10.85	1 ABR 47/83	87 BetrVG 1972 Werkwohnung Nr. 7	5 87 BetrVG 1972 Werkmietwohnungen	–	86, 704	–	–	–	–	–	–
22.10.85	1 ABR 67/83	87 BetrVG 1972 Leistungslohn Nr. 11	3 87 BetrVG 1972 Leistungslohn	86, 1224	86, 544	–	–	86, 248	Betriebsverf. XIV B, Entsch. 88	–	NZA 86, 296
31.10.85	6 AZR 557/84	37 BetrVG 1972 Nr. 83	52 37 BetrVG 1972	–	86, 1026	–	–	–	Betriebsverf. VIII, Entsch. 14	–	–
05.11.85	1 ABR 49/83	98 BetrVG 1972 Nr. 2	2 98 BetrVG 1972	–	86, 1341	–	–	–	–	–	NZA 86, 535
05.11.85	1 ABR 56/83	117 BetrVG 1972 Nr. 2	4 117 BetrVG 1972	–	–	–	–	–	–	–	–
13.11.85	6 AZR 234/84	Art. 3 GG Nr. 18	136 Art. 3 GG	86, 1085	86, 542	–	–	86, 161	Gleichbehandlung im Arbeitsverhältnis Entsch. 82	86, 1006	NZA 86, 321
27.11.85	5 AZR 101/84	611 BGB Fürsorgepflicht Nr. 38	93 611 BGB Fürsorgepflicht	86, 594	86, 489	–	–	86, 197	–	86, 1065	NZA 86, 227
03.12.85	1 ABR 29/84	4 BetrVG 1972 Nr. 4	28 99 BetrVG 1972	–	86, 1076	–	–	–	Betriebsverf. V, Entsch. 11	–	NZA 86, 334
03.12.85	1 ABR 58/83	95 BetrVG 1972 Nr. 10	8 95 BetrVG 1972	–	86, 915	–	–	87, 151	Berufsbildung, Entsch. 48	–	NZA 86, 532
03.12.85	1 ABR 72/83	99 BetrVG 1972 Nr. 46	29 99 BetrVG 1972	86, 876	86, 917	–	–	–	Betriebsverf. XIV C, Entsch. 101	–	NZA 86, 335
03.12.85	1 AZR 545/84	146 KO Nr. 1	3 146 KO	–	86, 650	–	–	–	Konkurs, Entsch. 67	86, 1896	NZA 86, 429

Entscheidungsregister – Bundesarbeitsgericht

Datum	Aktenzeichen	EzA (m. Anm. von ...)	AP Nr. zu § (m. Anm. von ...)	DB	BB	RdA	AuR	SAE	AR-Blattei	NJW	Sonstige
03.12.85	4 AZR 80/83	118 BetrVG 1972 Nr. 37	31 99 BetrVG 1972	–	–	–	–	–	Betriebsverf. XIV C, Entsch. 102	–	NZA 86, 364
17.12.85	1 ABR 6/84	87 BetrVG Betriebliche Lohngestaltung Nr. 11	5 87 BetrVG 1972 Tarifvertrag	86, 914	86, 734	–	–	–	Betriebsverf. XIV B, Entsch. 91	–	NZA 86, 804
17.12.85	1 ABR 78/83	111 BetrVG 1972 Nr. 17	15 111 BetrVG 1972	86, 2085	–	–	–	–	Betriebsverf. XIV E, Entsch. 27	–	–
09.01.86	2 ABR 24/85	626 BGB n.F. Nr. 98	20 626 BGB Ausschlußfrist	86, 1339	–	–	–	–	Kündigung VIII, Entsch. 67	–	NZA 86, 467
14.01.86	1 ABR 75/83	87 BetrVG 1972 Betriebliche Ordnung Nr. 11	10 87 BetrVG 1972 Ordnung des Betriebes	86, 1025	–	–	–	87, 40	–	86, 1952	NZA 86, 435
14.01.86	1 ABR 82/83	95 BetrVG 1972 Nr. 11	21 87 BetrVG 1972 Lohngestaltung	86, 1286	–	–	–	–	Betriebsverf. XIV B, Entsch. 92	–	NZA 86, 531
15.01.86	5 AZR 70/84	611 BGB Fürsorgepflicht Nr. 39	96 611 BGB Fürsorgepflicht	86, 1075	86, 943	–	–	86, 200	Abmahnung, Entsch. 14	86, 1777	JZ 86, 603
23.01.86	6 ABR 22/82	5 BetrVG 1972 Nr. 43	30 5 BetrVG 1972	86, 1983	–	–	–	–	Bergarbeitsrecht Entsch. 31	–	NZA 86, 487
23.01.86	6 ABR 51/81	5 BetrVG 1972 Nr. 42	32 5 BetrVG 1972	86, 1131	–	–	–	87, 85	Angestelllter, Entsch. 53	–	NZA 86, 484
28.01.86	1 ABR 10/84	99 BetrVG 1972 Nr. 48	34 99 BetrVG 1972	86, 1077	86, 1778	–	–	87, 54	Betriebsverf. XIV C, Entsch. 105	–	NZA 86, 490

Bundesarbeitsgericht – Entscheidungsregister

Datum	Az.									NZA
28. 01. 86	1 ABR 8/84	99 BetrVG 1972 Nr. 47	32 99 BetrVG 1972	86, 1398	–	–	Betriebsverf. XIV C, Entsch. 104	–	NZA 86, 536
29. 01. 86	7 AZR 257/84	102 BetrVG 1972 Nr. 64	42 102 BetrVG 1972	86, 2549	–	–	–	–	NZA 87, 32
05. 02. 86	5 AZR 564/84	339 BGB Nr. 2	12 339 BGB	86, 1979	–	–	Sport, Entsch. 16	–	NZA 86, 782
18. 02. 86	1 ABR 21/84	87 BetrVG 1972 Kontrolleinrichtung Nr. 14	13 87 BetrVG 1972 Überwachung	86, 1178	86, 1154	–	Betriebsverf. XIV B, Entsch. 1	86, 2069	NZA 86, 488
18. 02. 86	1 ABR 27/84	95 BetrVG 1972 Nr. 12	33 99 BetrVG 1972	86, 1523	86, 2056	–	Versetzung des Arbeitnehmers, Entsch. 7	–	NZA 86, 616
20. 02. 86	2 AZR 244/85	123 BGB Nr. 27	31 123 BGB	86, 2287	86, 1852	–	Mutterschutz, Entsch. 81	87, 397	NZA 86, 739
20. 02. 86	6 ABR 5/85	5 BetrVG 1972 Nr. 45	2 5 BetrVG 1972 Rotes Kreuz	–	–	–	Arbeitnehmer, Entsch. 28	–	–
25. 02. 86	3 AZR 485/84	6 BetrAVG Nr. 11	13 6 BetrAVG	87, 53	–	–	–	–	NZA 87, 199
04. 03. 86	1 ABR 15/84	87 BetrVG 1972 Arbeitszeit Nr. 17	3 87 BetrVG 1972 Kurzarbeit	86, 1395	86, 1641	87, 34	Betriebsverf. XIV B, Entsch. 93	87, 1844	NZA 86, 432
06. 03. 86	2 ABR 15/85	15 KSchG n.F. Nr. 34	19 15 KSchG 1969	86, 2605	–	–	Betriebsverf. IX, Entsch. 62	–	NZA 87, 102
06. 03. 86	2 AZR 262/85	620 BGB Bedingung Nr. 6	1 620 BGB Altersgrenze	–	–	–	–	–	–

Entscheidungsregister – Bundesarbeitsgericht

Datum	Akten-zeichen	EzA (m. Anm. von...)	AP Nr. zu § Nr. Anm. (m. Anm. von...)	DB	BB	RdA	AuR	SAE	AR-Blattei	NJW	Sonstige
11.03.86	1 ABR 12/84	87 BetrVG 1972 Kontrolleinrichtung Nr. 15	14 87 BetrVG 1972 Überwachung	86, 1469	86, 1292	–	–	87, 94	Betriebsverf. XIV B I, Entsch. 2	86, 2724	NZA 86, 526
11.03.86	1 ABR 26/84	611 BGB Kirchliche Arbeitnehmer Nr. 25	25 Art. 140 GG	–	–	–	–	–	Kirchenbedienstete, Entsch. 32	86, 2591	NZA 86, 685
13.03.86	6 AZR 381/85	78 a BetrVG 1972 Nr. 16	2 9 BPersVG	–	–	–	–	–	–	–	–
03.04.86	2 AZR 324/85	102 BetrVG 1972 Nr. 63	18 626 BGB Verdacht strafbarer Handlung	86, 2187	87, 1114	–	–	–	Kündigung IX, Entsch. 71	–	NZA 86, 677
15.04.86	1 ABR 44/84	99 BetrVG 1972 Nr. 50	36 99 BetrVG 1972	–	86, 1986	–	–	–	Betriebsverf. XIV C, Entsch. 107	–	NZA 86, 755
22.04.86	3 AZR 100/83	87 BetrVG 1972 Altersversorgung Nr. 1	13 87 BetrVG 1972 Altersversorgung	86, 1343	86, 1989	–	–	86, 303	Betriebliche Altersversorgung, Entsch. 180	–	NZA 86, 574
24.04.86	6 AZR 607/83	1 BetrVG 1972 Nr. 4	7 87 BetrVG 1972 Sozialeinrichtung	86, 2680	87, 545	–	–	–	Betriebsverf. VII, Entsch. 4	–	NZA 87, 100
06.05.86	1 AZR 553/84	112 BetrVG 1972 Nr. 39	8 128 HGB	86, 2027	87, 1739	–	–	–	Einigungsstelle, Entsch. 33	87, 92	NZA 86, 800
07.05.86	2 ABR 27/85	103 BetrVG 1972 Nr. 31	18 103 BetrVG 1972	86, 1882	–	–	–	87, 58	Betriebsverf. IX, Entsch. 63	–	NZA 86, 719

Bundesarbeitsgericht – Entscheidungsregister

Datum	Az.							
15.05.86	6 ABR 64/83	37 BetrVG 1972 Nr. 84	53 37 BetrVG 1972	86, 2189	87, 332	–	–	Betriebsverf. VIII A, Entsch. 62	–	NZA 86, 803
15.05.86	6 ABR 74/83	37 BetrVG 1972	–	86, 2496	–	–	–	Betriebsverf. VIII A, Entsch. 60	–	NZA 87, 63
22.05.86	2 AZR 612/85	1 KSchG Soziale Auswahl Nr. 22	4 1 KSchG 1969 Konzen	86, 2547	–	–	87, 129	–	–	NZA 87, 125
22.05.86	6 AZR 526/83	–	8 45 BPersVG	–	–	–	–	Personalvertretung VII, Entsch. 10	–	–
27.05.86	1 ABR 48/84	–	15 87 BetrVG 1972 Überwachung	86, 2080	86, 2333	–	89, 283	Betriebsverf. XIV B 1, Entsch. 3	87, 674	NZA 86, 643
10.06.86	1 ABR 59/84	80 BetrVG 1972 Nr. 26	–	86, 2393	87, 62	–	88, 275	–	–	NZA 87, 28
10.06.86	1 ABR 61/84	87 BetrVG 1972 Arbeitszeit Nr. 18	18 87 BetrVG 1972 Arbeitszeit	86, 2391	87, 543	–	88, 184	–	–	NZA 86, 840
10.06.86	1 ABR 65/84	87 BetrVG 1972 Betriebliche Lohngestaltung Nr. 12	22 87 BetrVG 1972 Lohngestaltung	86, 2340	–	–	–	Betriebsverf. XIV B, Entsch. 94	–	NZA 87, 30
12.06.86	6 ABR 67/84	74 BetrVG 1972 Nr. 7	5 74 BetrVG 1972	87, 1810	–	–	–	–	–	–
12.06.86	6 ABR 8/83	5 BetrVG 1972 Nr. 44	33 5 BetrVG 1972	–	–	–	–	–	–	–
24.06.86	1 ABR 31/84	99 BetrVG 1972 Nr. 51	37 99 BetrVG 1972	86, 2392	87, 60	–	–	Betriebsverf. XIV C, Entsch. 109	–	NZA 87, 31

Entscheidungsregister – Bundesarbeitsgericht

Datum	Aktenzeichen	EzA (m. Anm. von ...)	AP Nr. zu § (m. Anm. von ...)	DB	BB	RdA	AuR	SAE	AR-Blattei	NJW	Sonstige
26.06.86	2 AZR 358/85	4 n.F. KSchG Nr. 25	14 4 KSchG 1969	–	–	–	–	–	Kündigungsschutz, Entsch. 275	86, 3224	NZA 86, 761
31.07.86	2 AZR 594/85	17 KSchG Nr. 3	5 17 KSchG	87, 587	–	–	–	88, 33	Kündigungsschutz II, Entsch. 2	–	–
31.07.86	6 ABR 79/83	76 BetrVG 1972 Nr. 36	19 76 BetrVG 1972	87, 441	–	–	–	87, 155	Einigungsstelle, Entsch. 32	–	–
31.07.86	6 AZR 298/84	37 BetrVG 1972 Nr. 86	55 37 BetrVG 1972	87, 1845	–	–	–	–	Baugewerbe VIII, Entsch. 79	–	NZA 87, 528
07.08.86	6 ABR 57/85	4 BetrVG 1972 Nr. 5	5 1 BetrVG 1972	87, 176	87, 193	–	–	88, 91	Betrieb, Entsch. 13	–	NZA 87, 131
07.08.86	6 ABR 77/83	80 BetrVG 1972 Nr. 27	25 80 BetrVG 1972	87, 101	87, 195	–	–	87, 230	Betriebsverf. XIV G, Entsch. 1	–	NZA 87, 134
14.08.86	2 AZR 561/75	102 BetrVG 1972 Nr. 69	43 102 BetrVG 1972	87, 1050	–	–	–	87, 288	Betriebsverf. XIV C, Entsch. 110	–	NZA 87, 601
20.08.86	4 AZR 272/85	242 BGB Gleichbehandlung Nr. 44	6 1 TVG Tarifverträge Seniorität	87, 693	–	–	–	–	Gleichbehandlung im Arbeitsverhältnis	–	–
16.09.86	GS 1/82	77 BetrVG 1972 Nr. 17	17 77 BetrVG 1972	87, 383	87, 265	–	–	87, 175	Betriebsvereinb., Entsch. 38	–	NZA 87, 168
21.09.86	4 AZR 543/85	–	–	87, 695	–	–	–	–	–	–	–
23.09.86	1 AZR 597/85	Art. 9 GG Nr. 40	45 Art. 9 GG	87, 440	–	–	–	–	Berufsverbände, Entsch. 27	87, 2891	NZA 87, 164

Datum	Az.									
23.09.86	1 AZR 83/85	87 BetrVG 1972 Betriebliche Ordnung Nr. 12	2075 BPersVG	87, 337	–	–	–	–	–	NZA 87, 250
24.09.86	6 AZR 543/85	1 Feiert-LohnzG Nr. 32	501 FeiertLohnzG	87, 695	–	–	–	–	–	NZA 87, 315
25.09.86	6 ABR 68/84	1 BetrVG 1972 Nr. 6	71 BetrVG 1972	87, 1202	87, 1668	–	Betriebsverf. VI, Entsch. 62	87, 224	–	NZA 87, 708
09.10.86	2 AZR 650/85	15 n.F. KSchG Nr. 35	23 15 KSchG 1969	87, 792	87, 613	–	Betriebsverf. IX, Entsch. 65	87, 315	–	–
14.10.86	1 ABR 13/85	117 BetrVG 1972 Nr. 3	5 117 BetrVG 1972	87, 1048	–	–	Betriebsverf. IV, Entsch. 2	–	–	–
14.10.86	3 AZR 66/83	1 BetrAVG Gleichberechtigung Nr. 1	11 Art. 119 EWG-Vertrag	87, 994	87, 829	–	Betriebl. Altersversorgung, Entsch. 183	–	–	NZA 87, 445
16.10.86	2 ABR 71/85	626 n.F. BGB Nr. 105	95 626 BGB	87, 1304	87, 1952	–	–	–	–	–
16.10.86	6 ABR 12/83	40 BetrVG 1972 Nr. 58	26 40 BetrVG 1972	87, 1541	87, 2018	–	Betriebsverf. IX, Entsch. 66	–	–	NZA 87, 752
16.10.86	6 ABR 14/84	37 BetrVG 1972 Nr. 87	58 37 BetrVG 1972	87, 891	87, 1459	–	Vergleichsverfahren, Entsch. 3	88, 22	–	NZA 87, 643
22.10.86	5 AZR 660/85	23 BDSG Nr. 4	2 23 BDSG	87, 1048	87, 1461	–	Betriebsverf. VIII A, Entsch. 61	88, 150	87, 2459	NZA 87, 415
28.10.86	1 ABR 16/85	118 BetrVG 1972 Nr. 38	32 118 BetrVG 1972	87, 847	87, 2298	–	Datenschutz, Entsch. 8	–	87, 2540	NZA 87, 530
30.10.86	2 AZR 101/85	613 a BGB Nr. 54	55 613 a BGB	87, 942	87, 970	–	Betriebsverf. XIV C, Entsch. 111	–	–	NZA 87, 524
							Betriebsverf. XII A, Entsch. 3			

Entscheidungsregister – Bundesarbeitsgericht

Datum	Aktenzeichen	EzA (m. Anm. von ...)	AP Nr. zu § (m. Anm. von ...)	DB	BB	RdA	AuR	SAE	AR-Blattei	NJW	Sonstige
30.10.86	6 ABR 19/85	54 BetrVG 1972 Nr. 3	1 55 BetrVG 1972	87, 1691	–	–	–	88, 178	–	–	–
30.10.86	6 ABR 52/83	47 BetrVG 1972 Nr. 4	6 47 BetrVG 1972	87, 1642	87, 1881	–	–	88, 1	Arbeitsgerichtsbarkt. XII, Entsch. 142	–	NZA 88, 27
11.11.86	1 ABR 17/85	87 BetrVG 1972 Arbeitszeit Nr. 21	21 87 BetrVG 1972 Arbeitszeit	87, 336	87, 544	–	–	–	Betriebsverf. XIV B, Entsch. 98	–	NZA 87, 207
04.12.86	6 ABR 48/85	19 BetrVG 1972 Nr. 24	13 19 BetrVG 1972	87, 232	–	–	–	87, 220	Betriebsverf. VI A, Entsch. 10	–	NZA 87, 166
16.12.86	1 ABR 26/85	87 BetrVG 1972 Leistungslohn Nr. 14	8 87 BetrVG 1972 Prämie	87, 1198	87, 2450	–	–	88, 257	–	–	NZA 87, 568
16.12.86	1 ABR 35/85	Art. 9 GG Arbeitskampf Nr. 64	13 87 BetrVG 1972 Ordnung des Betriebes	87, 791	87, 683	–	–	88, 243	Arbeitskampf I, Entsch. 26	–	NZA 87, 355
16.12.86	1 ABR 52/85	99 BetrVG 1972 Nr. 54	40 99 BetrVG 1972	87, 747	87, 900	–	–	–	–	–	NZA 87, 424
13.01.87	1 ABR 49/85	118 BetrVG 1972 Nr. 39	33 118 BetrVG 1972	–	–	–	–	–	Tendenzbetrieb, Entsch. 34	–	–
13.01.87	1 ABR 51/85	87 BetrVG 1972 Betriebliche Lohngestaltung Nr. 14	26 87 BetrVG 1972 Lohngestaltung	87, 1096	–	–	–	–	Betriebsverf. XIV B, Entsch. 100	–	NZA 87, 386

Bundesarbeitsgericht – Entscheidungsregister

Datum	Az	Norm	Norm	Fundstelle			Sachgebiet		Fundstelle
13.01.87	1 ABR 69/85	87 BetrVG 1972 Arbeitszeit Nr. 22	22 87 BetrVG 1972 Arbeitszeit	87, 892	–	–	Betriebsverf. XIV B, Entsch. 101	–	NZA 87, 388
13.01.87	1 AZR 267/85	87 BetrVG 1972 Kontrolleinrichtung Nr. 17	3 23 BDSG	87, 1153	–	88, 114	Datenschutz Nr. 9	–	NZA 87, 515
15.01.87	6 AZR 589/89	4 TVG Rundfunk Nr. 14	21 75 BPersVG	87, 2315	–	–	Personalvertretung XI C, Entsch. 6	–	–
21.01.87	2 ABR 6/86	103 BetrVG 1972 Nr. 32	24 103 BetrVG 1972	87, 1743	–	–	Betriebsverf. IX, Entsch. 68	–	NZA 87, 563
27.01.87	1 ABR 66/85	99 BetrVG 1972 Nr. 55	92 99 BetrVG 1972	–	–	–	Betriebsverf. XIV C, Entsch. 113	–	NZA 87, 489
29.01.87	6 ABR 23/85	1 BetrVG 1972 Nr. 5	6 1 BetrVG 1972	87, 1539	–	–	Betrieb, Entsch. 13	–	NZA 87, 707
10.02.87	1 ABR 43/84	80 BetrVG 1972, Nr. 28	27 80 BetrVG 1972	87, 1152	–	–	–	–	NZA 87, 385
12.02.87	2 AZR 247/86	613 a BGB Nr. 64	67 613 a BGB	88, 126	–	–	–	–	NZA 88, 170
24.02.87	1 ABR 18/85	87 BetrVG 1972 Nr. 10	21 77 BetrVG 1972	87, 1435	–	89, 1	Betriebsverf. XIV B, Entsch. 102	–	NZA 87, 639
25.02.87	8 AZR 430/84	Art. 3 GG Nr. 21	3 52 BAT	87, 2047	–	–	Grundgesetz, Entsch. 9	87, 2458	NZA 87, 667
26.02.87	6 ABR 46/84	79 BetrVG 1972 Nr. 1	2 79 BetrVG 1972	87, 2526	–	88, 58	Geheimnisschutz im Arbeitsrecht, Entsch. 6	–	NZA 88, 63
26.02.87	6 ABR 54/85	38 BetrVG 1972 Nr. 10	7 38 BetrVG 1972	–	–	–	Betriebsverf. VII, Entsch. 5	–	NZA 87, 750

Entscheidungsregister – Bundesarbeitsgericht

Datum	Akten-zeichen	EzA (m. Anm. von ...)	AP Nr. zu § (m. Anm. von ...)	DB	BB	RdA	AuR	SAE	AR-Blattei	NJW	Sonstige
26.02.87	6 ABR 55/85	26 BetrVG 1972 Nr. 4	5 26 BetrVG 1972	87, 1995	–	–	–	–	–	–	–
05.03.87	2 AZR 623/85	15 n.F. KSchG Nr. 38	30 15 KSchG 1969	87, 2362	87, 2304	–	–	89, 46	Betriebs-verf. IX, Entsch. 67	–	NZA 88, 32
12.03.87	2 AZR 176/86	102 BetrVG 1972 Nr. 71	47 102 BetrVG 1972	88, 658	–	–	–	–	–	–	NZA 88, 137
17.03.87	1 ABR 47/85	111 BetrVG 1972 Nr. 19	18 111 BetrVG 1972	87, 1540	87, 1603	–	–	–	Betriebsverf. XIV E, Entsch. 29	–	NZA 87, 523
17.03.87	1 ABR 59/85	80 BetrVG 1972 Nr. 30	29 80 BetrVG 1972	87, 1491	87, 1806	–	–	88, 106	Betriebsverf. XIV A, Entsch. 30	–	NZA 87, 747
17.03.87	1 ABR 65/85	23 BetrVG 1972 Nr. 16	7 23 BetrVG 1972	87, 2051	87, 1878	–	–	89, 24	Arbeitsge-richts-barkt. XII, Entsch. 149	–	NZA 87, 786
17.03.87	3 AZR 64/84	1 BetrAVG Nr. 48	9 1 BetrAVG Ablösung	87, 1639	–	–	–	87, 281	Betriebl. Altersver-sorgung, Entsch. 193	–	NZA 87, 855
26.03.87	6 ABR 1/86	26 BetrVG 1972 Nr. 3	7 26 BetrVG 1972	87, 2108	–	–	–	–	Betriebs-verf. III, Entsch. 16	–	NZA 88, 65
09.04.87	2 AZR 279/86	15 n.F. KSchG Nr. 37	28 15 KSchG 1969	87, 2209	–	–	–	–	Betriebs-verf. IX, Entsch. 70	–	NZA 87, 807
30.04.87	2 AZR 192/86	12 SchwbG Nr. 15	15 12 SchwbG	87, 1897	87, 1670	–	–	89, 326	Auslands-arbeit, Entsch. 12	87, 2766	NZA 88, 135

Bundesarbeitsgericht – Entscheidungsregister

Datum	Az.						NZA
05. 05. 87	1 AZR 292/85	44 BetrVG 1972 Nr. 7	4 44 BetrVG 1972	87, 2154	88, 343	–	–	Betriebsverf. XI, Entsch. 20	–	NZA 87, 853
05. 05. 87	1 AZR 665/85	44 BetrVG 1972 Nr. 5	5 44 BetrVG 1972	87, 1945	87, 1809	–	–	Betriebsverf. XI, Entsch. 21	–	NZA 87, 712
05. 05. 87	1 AZR 666/85	44 BetrVG 1972 Nr. 6	6 44 BetrVG 1972	87, 1947	–	–	–	Betriebsverf. XI, Entsch. 22	–	NZA 87, 714
14. 05. 87	6 AZR 498/85	78 a BetrVG 1972 Nr. 18	4 9 BPersVG	87, 2104	–	–	88, 231	Berufsausbildung, Entsch. 55	–	NZA 87, 820
02. 06. 87	1 AZR 651/85	Art. 9 GG Nr. 43	49 Art. 9 GG	87, 2312	–	–	–	Vereinigungsfreiheit, Entsch. 16	87, 2893	NZA 88, 64
03. 06. 87	4 AZR 44/87	4 TVG Metallindustrie Nr. 31	58 1 TVG Tarifverträge Metallindustrie	87, 1943	–	–	89, 322	Tariflohnerhöhung, Entsch. 20	–	NZA 87, 848
04. 06. 87	6 ABR 63/85	80 BetrVG 1972 Nr. 31	30 80 BetrVG 1972	–	–	–	–	–	–	NZA 88, 50
04. 06. 87	6 ABR 70/85	108 BetrVG 1972 Nr. 6	2 22 SchwbG	87, 2467	–	–	–	Schwerbehinderte, Entsch. 21	–	NZA 87, 861
16. 06. 87	1 AZR 528/85	111 BetrVG 1972 Nr. 21	20 111 BetrVG 1972	87, 2365	87, 2231	–	88, 138	Betrieb, Entsch. 15	–	NZA 87, 858
25. 06. 87	6 ABR 45/85	108 BetrVG 1972 Nr. 7 Mitbestimmung	6 108 BetrVG 1972	87, 2468	–	–	–	Betriebsverf. XIV B, Entsch. 16	–	NZA 88, 167
15. 07. 87	5 AZR 215/86	611 BGB Persönlichkeitsrecht Nr. 5	14 611 BGB Persönlichkeitsrecht	87, 2571	87, 2300	–	–	Personalakten, Entsch. 10	88, 791	NZA 88, 53

Entscheidungsregister – Bundesarbeitsgericht

Datum	Akten-zeichen	EzA (m. Anm. von ...)	AP Nr. zu § (m. Anm. von ...)	DB	BB	RdA	AuR	SAE	AR-Blattei	NJW	Sonstige
30.07.87	6 ABR 78/85	130 BetrVG 1972 Nr. 2	3 130 BetrVG 1972	87, 2658	–	–	–	–	Betriebsverf. IV, Entsch. 3	88, 933	NZA 88, 402
18.08.87	1 ABR 30/86	77 BetrVG 1972 Nr. 18	23 77 BetrVG 1972	87, 2257	87, 2161	–	–	88, 97	Betriebsvereinb., Entsch. 39	–	NZA 87, 779
18.08.87	1 ABR 65/86	81 ArbGG 1979 Nr. 11	6 81 ArbGG 1979	–	–	–	–	–	Arbeitsgerichtsbarkt. XII, Entsch. 146	–	NZA 88, 26
01.09.87	1 ABR 22/86	118 BetrVG 1972 Nr. 40	10 101 BetrVG 1972	87, 2656	–	–	–	–	Tendenzbetrieb, Entsch. 35	88, 370	NZA 88, 99
01.09.87	1 ABR 23/86	118 BetrVG 1972 Nr. 41	11 101 BetrVG 1972	87, 2653	88, 67	–	–	–	Tendenzbetrieb, Entsch. 36	88, 372	NZA 88, 97
15.09.87	1 ABR 29/86	99 BetrVG 1972 Nr. 56	45 99 BetrVG 1972	88, 235	–	–	–	88, 192	Versetzung des Arbeitnehmers, Entsch. 8	–	NZA 88, 625
15.09.87	1 ABR 31/86	87 BetrVG 1972 Sozialeinrichtung Nr. 15	9 87 BetrVG 1972 Sozialeinrichtung	88, 404	–	–	–	88, 271	Betriebsverf. XIV B, Entsch. 103	–	NZA 88, 104
15.09.87	1 ABR 44/86	99 BetrVG 1972 Nr. 57	46 99 BetrVG 1972	88, 128	88, 482	–	–	88, 194	Betriebsverf. XIV C, Entsch. 115	–	NZA 88, 101
18.09.87	7 AZR 507/86	123 BGB Nr. 28	32 123 BGB	88, 815	88, 632	–	–	–	–	–	NZA 88, 731
07.10.87	5 AZR 116/86	611 BGB Persönlichkeitsrecht Nr. 6	15 611 BGB Persönlichkeitsrecht	88, 403	88, 137	–	–	–	–	–	NZA 88, 92

Bundesarbeitsgericht – Entscheidungsregister

Datum	Az.	Norm	Nr.					Stichwort		NZA
13.10.87	1 ABR 10/86	87 BetrVG 1972 Arbeitszeit Nr. 25	24 87 BetrVG 1972 Arbeitszeit	88, 341	—	—	88, 217	Betriebsverf. XIV B, Entsch. 104	—	NZA 88, 251
13.10.87	1 ABR 51/86	611 BGB Teilzeitarbeit Nr. 2	—	88, 345	—	—	—	Betriebsvereinb., Entsch. 41	—	NZA 88, 253
16.10.87	6 ABR 2/85	—	31 40 BetrVG 1972	—	—	—	—		—	NZA 87, 753
16.10.87	7 AZR 519/86	613 a BGB Nr. 66	69 613 a BGB	88, 712	—	—	—		—	—
27.10.87	1 ABR 9/86	112 BetrVG 1972 Nr. 41	—	88, 558	—	—	88, 262	Sozialplan, Entsch. 30	—	NZA 88, 203
28.10.87	4 AZR 242/87	—	—	—	—	—	—		—	—
03.11.87	8 AZR 316/81	77 BetrVG 1972 Nr. 20	—	88, 966	—	—	88, 311	Betriebsvereinb., Entsch. 44	—	NZA 88, 509
10.11.87	1 ABR 55/86	77 BetrVG 1972 Nr. 19	24 77 BetrVG 1972	88, 611	—	—	—	Betriebsvereinb., Entsch. 42	88, 1687	NZA 88, 255
10.11.87	1 AZR 360/86	113 BetrVG 1972 Nr. 16	15 113 BetrVG 1972	88, 609	—	—	88, 228	Arbeitsgerichtsbarkt. XII, Entsch. 147	—	NZA 88, 287
13.11.87	7 AZR 246/87	78 a BetrVG 1972 Nr. 19	18 78 a BetrVG 1972	88, 2414	—	—	89, 144	Berufsausbildung, Entsch. 59	—	NZA 89, 439
13.11.87	7 AZR 550/86	37 BetrVG 1972 Nr. 88	61 37 BetrVG 1972	—	—	—	88, 317	Betriebsverf. VIII, Entsch. 17	—	NZA 88, 403
20.11.87	2 AZR 284/86	620 BGB Altersgrenze Nr. 1	2 620 BGB Altersgrenze	88, 1501	—	88, 1820	89, 84	Betriebsvereinb., Entsch. 43	—	NZA 88, 617

Entscheidungsregister – Bundesarbeitsgericht

Datum	Aktenzeichen	EzA (m. Anm. von . . .)	AP Nr. zu § (m. Anm. von . . .)	DB	BB	RdA	AuR	SAE	AR-Blattei	NJW	Sonstige
24.11.87	1 ABR 12/86	87 BetrVG 1972 Leisungslohn Nr. 15	6 87 BetrVG 1972 Akkord	88, 811	88, 977	–	–	–	Betriebsverf. XIV B, Entsch. 105	–	NZA 88, 320
24.11.87	1 ABR 25/86	87 BetrVG 1972 Lohn- u. Arbeitsentgelt Nr. 14	6 87 BetrVG 1972 Auszahlung	88, 813	88, 1387	–	–	–	Betriebsverf. XIV B, Entsch. 107	–	NZA 88, 405
24.11.87	1 ABR 57/86	87 BetrVG 1972 Betriebliche Lohngestaltung Nr. 17	31 87 BetrVG 1972 Lohngestaltung	88, 556	88, 697	–	–	–	Tariflohnerhöhung, Entsch. 22	–	NZA 88, 322
27.11.87	7 AZR 29/87	44 BetrVG 1972 Nr. 8	7 44 BetrVG 1972	88, 810	–	–	–	88, 169	Betriebsverf. XI, Entsch. 23	–	NZA 88, 661
03.12.87	6 ABR 38/86	–	–	–	–	–	–	–	–	–	NZA 88, 506
03.12.87	6 ABR 79/85	20 BetrVG 1972 Nr. 14	13 20 BetrVG 1972	88, 862	–	–	–	88, 225	Betriebsverf. VI, Entsch. 64	–	NZA 88, 440
03.12.87	6 AZR 569/85	37 BetrVG 1972 Nr. 89	62 37 BetrVG 1972	–	–	–	–	–	Betriebsverf. X, Entsch. 57	–	NZA 88, 437
08.12.87	1 ABR 32/86	98 BetrVG 1972 Nr. 3	4 98 BetrVG 1972	88, 760	88, 1183	–	–	–	Betriebsverf. XIV G, Entsch. 2	–	NZA 88, 401
11.12.87	7 ABR 49/87	47 BetrVG 1972 Nr. 5	7 47 BetrVG 1972	88, 759	–	–	–	–	Betriebsverf. XII, Entsch. 14	–	–
12.01.88	1 ABR 54/86	87 BetrVG 1972 Nr. 26	8 81 BetrVG 1972	88, 1272	88, 1331	–	–	–	Betriebsverf. XIV B, Entsch. 106	–	NZA 88, 517

Bundesarbeitsgericht – Entscheidungsregister

12.01.88	1 AZR 352/86	–	23 75 BPersVG	88, 1552	–	–	–	Datenschutz, Entsch. 11	NZA 88, 621
26.01.88	1 ABR 34/86	80 BetrVG 1972 Nr. 32	31 80 BetrVG 1972	88, 1551	–	–	–	Betriebsverf. XIV A, Entsch. 32	NZA 88, 620
26.01.88	1 AZR 531/86	99 BetrVG 1972 Nr. 58	50 99 BetrVG 1972	88, 1167	88, 1327	–	89, 73	Versetzung des Arbeitnehmers, Entsch. 9	NZA 88, 476
10.02.88	1 ABR 39/86	98 BetrVG 1972 Nr. 4	5 98 BetrVG 1972	88, 1325	–	–	–	Betriebsverf. XIV A, Entsch. 33	NZA 88, 549
10.02.88	1 ABR 56/86	87 BetrVG 1972 Betriebliche Lohngestaltung Nr. 18	33 87 BetrVG 1972 Lohngestaltung	88, 1223	88, 1118	–	–	Tariflohnerhöhung, Entsch. 23	NZA 88, 479
10.02.88	1 ABR 70/86	1 TVG Nr. 34	53 99 BetrVG 1972	88, 1397	–	–	91, 352	Betriebsverf. XIV A, Entsch. 34	NZA 88, 699
10.02.88	7 AZR 36/87	37 BetrVG 1972 Nr. 91	64 37 BetrVG 1972	88, 2006	–	–	–	Betriebsverf. VIII, Entsch. 18	NZA 89, 112
23.02.88	1 ABR 75/86	81 ArbGG 1979 Nr. 13	9 81 ArbGG 1979	–	–	–	–	–	NZA 89, 229
23.02.88	1 ABR 82/86	93 BetrVG 1972 Nr. 3	2 93 BetrVG 1972	88, 1452	–	–	–	Betriebsverf. XIV A, Entsch. 35	88, 2558 NZA 88, 551
16.03.88	7 AZR 557/87	37 BetrVG 1972 Nr. 90	6 37 BetrVG 1972	–	–	–	–	Betriebsverf. VIII A, Entsch. 63	–
24.03.88	2 AZR 369/87	9 AsiG Nr. 1	1 9 AsiG Nr. 1	89, 227	–	–	89, 290	Betriebsarzt, Entsch. 5	NZA 89, 60
13.04.88	5 AZR 537/86	611 BGB Fürsorgepflicht Nr. 47	100 611 Fürsorgepflicht	88, 1702	88, 1893	–	–	–	88, 2693 AZR 88, 654

1909

Entscheidungsregister – Bundesarbeitsgericht

Datum	Aktenzeichen	EzA (m. Anm. von …)	AP Nr. zu § (m. Anm. von …)	DB	BB	RdA	AuR	SAE	AR-Blattei	NJW	Sonstige
14.04.88	6 ABR 36/86	228 BetrVG 1972 Nr. 42	36 118 BetrVG 1972	–	–	–	–	–	Kirchenbedienstete, Entsch. 33	88, 3283	–
26.04.88	3 AZR 168/86	87 BetrVG 1972	–	–	88, 2249	–	–	89, 209	Betriebliche Altersversorgung III, Entsch. 2	–	NZA 89, 219
27.04.88	7 ABR 5/87	5 BetrVG 1972 Nr. 47	37 5 BetrVG 1972	88, 2003	88, 2030	–	–	–	–	89, 998	NZA 88, 809
28.04.88	6 AZR 39/86	–	–	–	–	–	–	–	–	–	NZA 89, 221
28.04.88	6 AZR 405/86	29 BetrVG 1972 Nr. 1	2 29 BetrVG 1972	88, 2259	–	–	–	–	Betriebsverf. XIV A, Entsch. 36	–	NZA 89, 223
11.05.88	5 AZR 334/87	4 TVG Tariflohnerhöhung Nr. 16	–	–	–	–	–	–	–	–	NZA 89, 854
26.05.88	1 ABR 11/87	76 BetrVG 1972 Nr. 41	26 76 BetrVG 1972	88, 2154	88, 2174	–	–	–	Sozialplan, Entsch. 32	–	NZA 89, 26
26.05.88	1 ABR 18/87	95 BetrVG 1972 Nr. 13	13 95 BetrVG 1972	88, 2158	88, 2100	–	–	–	Versetzung des Arbeitnehmers, Entsch. 12	–	NZA 89, 438
26.05.88	1 ABR 9/87	87 BetrVG 1972 Nr. 11	–	88, 2055	88, 2316	–	–	89, 138	Betriebsverf. XIV A, Entsch. 37	–	NZA 88, 811
07.06.88	1 AZR 372/86	Art. 9 GG Arbeitskampf Nr. 80	106 Art. 9 GG Arbeitskampf	88, 2102	89, 503	–	–	–	Arbeitskampf II, Entsch. 33	89, 63	NZA 88, 883
29.06.88	7 ABR 15/87	118 BetrVG 1972 Nr. 43	37 118 BetrVG 1972	89, 536	89, 628	–	–	–	Tendenzbetrieb, Entsch. 38	–	NZA 89, 431

Bundesarbeitsgericht – Entscheidungsregister

29. 06. 88	7 AZR 651/87	37 BetrVG 1972 Nr. 97	1 24 BPersVG	–	–	–	Personalvertr. VII, Entsch. 14	–	–
12. 07. 88	1 ABR 85/86	99 BetrVG 1972 Nr. 59	89, 633	88, 2176	–	–	Lufthansa, Entsch. 10	–	–
26. 07. 88	1 AZR 156/87	112 BetrVG 1972 Nr. 43	88, 2464	88, 2385	–	89, 163	Sozialplan, Entsch. 23	89, 480	NZA 89, 25
26. 07. 88	1 AZR 54/87	6 87 BetrVG 1972 Leistungslohn Nr. 16	89, 384	–	–	–	Betriebsverf. XIV B, Entsch. 109	–	NZA 89, 109
10. 08. 88	5 AZR 478/87	5 146 KO Nr. 2	88, 2567	89, 500	–	–	–	89, 480	NZA 89, 187
23. 08. 88	1 AZR 276/87	113 BetrVG 1972 Nr. 17	88, 2413	88, 2387	–	–	Betriebsverf. XIV E, Entsch. 31	89, 1054	NZA 89, 31
23. 08. 88	1 AZR 284/87	112 BetrVG 1972 Nr. 44	88, 2465	89, 144	–	89, 165	Sozialplan, Entsch. 34	89, 480	NZA 89, 28
08. 09. 88	2 AZR 103/88	102 BetrVG 1972 Nr. 73	89, 1575	–	–	89, 299	Kündigungsschutz, Entsch. 298	89, 69	NZA 89, 852
14. 09. 88	7 ABR 10/87	1 BetrVG 1972 Nr. 7	89, 127	89, 495	–	–	Betrieb, Entsch. 16	–	NZA 89, 196
14. 09. 88	7 ABR 93/87	16 BetrVG 1972 Nr. 6	89, 50	89, 496	–	–	–	–	NZA 89, 360
14. 04. 88	7 AZR 753/87	–	89, 1775	–	–	–	–	–	NZA 89, 856
28. 09. 88	1 ABR 23/87	112 BetrVG 1972 Nr. 49	89, 48	89, 498	–	89, 219	Sozialplan, Entsch. 37	89, 290	NZA 89, 186

Entscheidungsregister – Bundesarbeitsgericht

Datum	Akten-zeichen	EzA (m. Anm. von ...)	AP Nr. zu § (m. Anm. von ...)	DB	BB	RdA	AuR	SAE	AR-Blattei	NJW	Sonstige
28.09.88	1 ABR 37/87	95 BetrVG 1972 Nr. 14	55 99 BetrVG 1972	89, 386	89, 286	–	–	89, 149	Versetzung des Arbeit-nehmers, Entsch. 10	–	NZA 89, 188
28.08.88	1 ABR 41/87	87 BetrVG 1972 Arbeitszeit Nr. 30	29 87 BetrVG 1972 Arbeitszeit	89, 1033	89, 423	–	–	90, 74	–	–	NZA 89, 184
28.09.88	1 ABR 85/87	99 BetrVG 1972 Nr. 68	60 99 BetrVG 1972	89, 433	89, 910	–	–		–	–	NZA 89, 358
18.10.88	1 ABR 26/87	95 BetrVG 1972 Nr. 15	56 99 BetrVG 1972	89, 732	89, 422	–	–		–	–	NZA 89, 402
18.10.88	1 ABR 31/87	83 ArbGG 1979 Nr. 8	10 81 ArbGG 1979	89, 733	89, 705	–	–		–	–	NZA 89, 396
18.10.88	1 ABR 33/87	99 BetrVG 1972 Nr. 69	57 99 BetrVG 1972	89, 530	89, 626	–	–		Betriebsverf. XIV C, Entsch. 119	–	NZA 89, 355
18.10.88	1 ABR 36/87	100 BetrVG 1972 Nr. 4	4 100 BetrVG 1972	89, 487	89, 700	–	–	90, 245	–	–	NZA 89, 183
25.10.88	1 AZR 368/87	Art. 9 GG Arbeitskampf Nr. 89	110 Art. 9 GG Arbeitskampf	89, 682	89, 1055	–	–	90, 202	Arbeits-kampf III, Entsch. 14	89, 2076	NZA 89, 353
25.10.88	3 AZR 483/86	77 BetrVG 1972 86	11 BetrAVG Betriebsver-einbarung	89, 1195	89, 1548	–	–	–	Betriebsver-einbarung, Entsch. 45	–	NZA 89, 522
27.10.88	2 AZR 109/88	620 BGB Bedingung Nr. 9	16 620 BGB Bedingung	89, 1730	–	–	–	–	–	–	NZA 89, 643

1912

Bundesarbeitsgericht – Entscheidungsregister

Datum	Az.								NZA
08.11.88	1 ABR 17/87	118 BetrVG 1972 Nr. 44	38 118 BetrVG 1972	89, 1295	–	–	–	Tendenzbetrieb, Entsch. 37	NZA 89, 429
08.11.88	1 AZR 687/87	113 BetrVG 1972 Nr. 18	18 113 BetrVG 1972	89, 331	89, 773	–	–	Betriebsverf. XIV E, Entsch. 32	NZA 89, 278
08.11.88	1 AZR 721/87	112 BetrVG 1972 Nr. 50	48 112 BetrVG 1972	89, 587	89, 911	–	–	–	NZA 89, 401
23.11.88	7 AZR 121/88	102 BetrVG 1972 Nr. 72	77 613 a BGB	89, 1194	89, 1054	–	–	Betriebsinhaberwechsel, Entsch. 81	NZA 89, 433
06.12.88	1 ABR 44/87	87 BetrVG 1972 Betriebl. Lohngestaltung Nr. 23	37 87 BetrVG 1972 Lohngestaltung	89, 984	89, 1822	90, 1	–	Betriebsverf. XIV B, Entsch. 111	NZA 89, 479
06.12.88	1 ABR 47/87	111 BetrVG 1972 Nr. 23	15 19 BetrVG 1972	89, 883	89, 1058	89, 160	–	Sozialplan Entsch. 39	NZA 89, 399
14.12.88	7 ABR 73/87	76 BetrVG 1972 Nr. 47	30 76 BetrVG 1972	89, 888	89, 983	–	–	Einigungsstelle, Entsch. 36	NZA 89, 515
20.12.88	1 ABR 57/87	87 BetrVG 1972 Nr. 12	9 87 BetrVG 1972 Auszahlung	89, 1340	89, 1056	–	–	Betriebsverf. XIV B, Entsch. 112	NZA 89, 564
20.12.88	1 ABR 63/87	80 BetrVG 1972 Nr. 33	5 92 ArbGG 1979	89, 1032	89, 1268	–	–	Betriebsverf. XIV A, Entsch. 38	NZA 89, 393
20.12.88	1 ABR 68/87	99 BetrVG 1972 Nr. 70	62 99 BetrVG 1972	89, 1240	89, 1549	89, 307	–	Betriebsverf. XIV C, Entsch. 120	NZA 89, 518
18.01.89	7 ABR 21/88	9 BetrVG 1972 Nr. 4	1 9 BetrVG 1972	89, 1420	89, 1406	–	–	–	NZA 89, 724

Entscheidungsregister – Bundesarbeitsgericht

Datum	Akten-zeichen	EzA (m. Anm. von ...)	AP Nr. zu § (m. Anm. von ...)	DB	BB	RdA	AuR	SAE	AR-Blattei	NJW	Sonstige
18.01.89	7 ABR 62/87	14 AÜG Nr. 1	2 14 AÜG	89, 1419	89, 1408	–	90, 55	–	Leiharbeitsverhältnis, Entsch. 19	89, 2838	NZA 89, 728
18.01.89	7 ABR 89/87	40 BetrVG 1972 Nr. 60	28 40 BetrVG 1972	89, 1829	89, 1618	–	–	–	Zinsen, Entsch. 15	–	NZA 89, 641
31.01.89	1 ABR 60/87	81 ArbGG 1979 Nr. 14	12 81 ArbGG 1979	–	–	–	–	–	Arbeitsgerichtsbarkt. XII, Entsch. 154	–	NZA 89, 606
31.01.89	1 ABR 67/87	87 BetrVG 1972 Arbeitszeit Nr. 31	15 87 BetrVG 1972 Tarifvertrag	89, 1630	89, 1339	–	–	–	–	–	NZA 89, 604
31.01.89	1 ABR 69/87	87 BetrVG 1972 Arbeitszeit Nr. 32	31 87 BetrVG 1972 Arbeitszeit	89, 1631	–	–	–	–	Betriebsverf. XIV B, Entsch. 118	–	NZA 89, 646
31.01.89	1 ABR 72/87	80 BetrVG 1972 Nr. 34	–	89, 982	89, 1693	–	–	90, 69	Leiharbeitsverhältnis, Entsch. 20	–	NZA 89, 932
09.02.89	8 AZR 310/87	77 BetrVG 1972 Nr. 27	40 77 BetrVG 1972	89, 2339	89, 2112	–	–	–	–	–	NZA 89, 756
14.02.89	1 AZR 97/88	87 BetrVG 1972 Leistungslohn Nr. 17	8 87 BetrVG 1972 Akkord	89, 1929	–	–	–	–	Akkordarbeit, Entsch. 24	–	NZA 89 648
15.02.89	7 ABR 9/88	19 BetrVG 1972 Nr. 28	17 19 BetrVG 1972	89, 2626	–	–	–	90, 289	Betriebsverf. VI A, Entsch. 21	–	NZA 90, 115
15.02.89	7 AZR 193/88	37 BetrVG 1972 Nr. 101	70 37 BetrVG 1972	90, 1141	90, 777	–	–	–	Betriebsverf. X, Entsch. 60	–	NZA 90, 447

Datum	Aktenzeichen	Vorschrift	Vorschrift					Sachgebiet		NZA
14.03.89	1 ABR 80/87	99 BetrVG 1972 Nr. 71	64 99 BetrVG 1972	89, 1523	—	—	—	Betriebsverf. XIV C, Entsch. 21	—	NZA 89, 639
18.04.89	1 ABR 100/87	87 BetrVG 1972 Nr. 13	18 87 BetrVG 1972 Tarifvorrang	89, 1676	89, 2039	—	90, 18	Betriebsverf. XIV A, Entsch. 41	—	NZA 89, 887
18.05.89	1 ABR 2/88	76 BetrVG 1972 Nr. 48	34 87 BetrVG 1972 Arbeitszeit	89, 1926	—	—	90, 145	Einigungsstelle, Entsch. 38	89, 2771	NZA 89, 807
19.04.89	7 ABR 6/88	40 BetrVG 1972 Nr. 62	29 40 BetrVG 1972	90, 740	—	—	90, 296	Betriebsverf. X, Entsch. 61	90, 853	NZA 90, 233
19.04.89	7 ABR 87/87	80 BetrVG 1972 Nr. 35	35 80 BetrVG 1972	89, 1774	89, 1696	—	90, 8	Betriebsverf. XI, Entsch. 24	—	NZA 89, 936
19.04.89	7 AZR 128/88	37 BetrVG 1972 99	68 37 BetrVG 1972 99	90, 696	90, 281	—	—	Betriebsverf. VIII A, Entsch. 64	—	NZA 90, 317
25.04.89	1 ABR 91/87	98 ArbGG 1979 Nr. 6	3 98 ArbGG 1979	89, 1928	—	—	91, 37	Arbeitsgerichtsbarkt. XI, Entsch. 108	—	NZA 1989, 976
09.05.89	3 AZR 439/88	87 BetrVG 1972 Altersversorgung Nr. 3	18 87 BetrVG 1972 Altersversorgung	89, 2491	—	—	90, 156	Betriebliche Altersversorgung Entsch. 227	—	NZA 89, 889
31.05.89	7 AZR 277/88	37 BetrVG 1972 Nr. 100	9 38 BetrVG 1972	—	90, 491	—	—	Betriebsverf. X, Entsch. 62	—	NZA 90, 313
07.06.89	7 ABR 26/88	37 BetrVG 1972 Nr. 98	67 37 BetrVG 1972	90, 230	90, 137	—	—	Betriebsverf. VIII A, Entsch. 65	—	NZA 90, 149
07.06.89	7 AZR 500/88	37 BetrVG 1972 Nr. 102	72 37 BetrVG 1972	90, 995	90, 993	—	—	—	—	NZA 90, 531
13.06.89	1 ABR 11/88	99 BetrVG 1972 Nr. 74	66 99 BetrVG 1972	90, 283	89, 2328	—	—	—	—	NZA 89, 937

Entscheidungsregister – Bundesarbeitsgericht

Datum	Akten-zeichen	EzA (m. Anm. von...)	AP Nr. zu § (m. Anm. von...)	DB	BB	RdA	AuR	SAE	AR-Blattei	NJW	Sonstige
13.06.89	1 ABR 14/88	112 a BetrVG 1972 Nr. 4	3 112 a BetrVG 1972	89, 2335	90, 418	—	—	—	Sozialplan, Entsch. 40	—	NZA 89, 974
13.06.89	1 ABR 4/88	80 BetrVG 1972 Nr. 36	36 80 BetrVG 1972	89, 2439	—	—	—	—	Betriebsverf. X, Entsch. 59	—	NZA 89, 934
13.06.89	1 AZR 819/87	113 BetrVG 1972 Nr. 19	19 113 BetrVG 1972	89, 2026	—	—	—	—	Betriebsverf. XIV E, Entsch. 34	89, 2771	NZA 89, 894
15.06.89	2 AZR 580/88	1 KSchG Soziale Auswahl Nr. 27	1 8 1 KSchG 1969 Soziale Auswahl	90, 380	90, 351	—	—	90, 208	Kündigungs-schutz, Entsch. 304	—	NZA 90, 226
21.06.89	7 ABR 78/87	40 BetrVG 1972 Nr. 61	34 76 BetrVG 1972	89, 2436	90, 138	—	—	90, 105	Einigungs-stelle, Entsch. 40	90, 404	NZA 90, 107
27.06.89	1 ABR 19/88	80 BetrVG 1972 Nr. 37	37 80 BetrVG 1972	90, 181	—	—	—	—	—	—	NZA 89, 929
27.06.89	1 ABR 28/88	42 BetrVG 1972 Nr. 4	5 42 BetrVG 1972	89, 2543	—	—	—	90, 162	Betriebsverf. XI, Entsch. 25	—	NZA 90, 113
27.06.89	1 ABR 33/88	87 BetrVG 1972 Arbeitszeit Nr. 36	35 87 BetrVG 1972 Arbeitszeit	89, 2386	—	—	—	—	Betriebsverf. XIV B, Entsch. 119	—	NZA 90, 35
27.06.89	1 AZR 404/88	Art. 9 GG Arbeitskampf Nr. 94	113 Art. 9 GG Arbeitskampf	89, 2228	—	—	—	—	Arbeits-kampf I, Entsch. 31	—	NZA 89, 969
04.07.89	1 ABR 35/88	111 BetrVG 1972 Nr. 24	27 111 BetrVG 1972	90, 485	—	—	—	—	—	—	NZA 90, 29

Bundesarbeitsgericht – Entscheidungsregister

Datum	Az.	Norm 1	Norm 2							NZA
04. 07. 89	1 ABR 40/88	87 BetrVG 1972 Betriebliche Lohngestaltung Nr. 24	20 87 BetrVG 1972 Tarifvorrang	90, 127	—	—	—	Betriebsverf. XIV B, Entsch. 120	—	—
06. 07. 89	6 AZR 771/87	611 BGB Arbeitgeberbegriff Nr. 3	4 705 BGB	89, 1973	—	—	—	—	89, 3034	NZA 89, 961
25. 07. 89	1 ABR 41/88	80 BetrVG 1972 Nr. 38	38 80 BetrVG 1972	90, 434	—	—	—	Arbeitgeber, Entsch. 4	—	NZA 90, 33
25. 07. 89	1 ABR 46/88	87 BetrVG 1972 Arbeitszeit Nr. 38	38 87 BetrVG 1972 Arbeitszeit	90, 791	—	—	—	—	—	NZA 89, 979
26. 07. 89	7 ABR 64/88	38 BetrVG 1972 Nr. 11	10 38 BetrVG 1972	90, 1290	—	—	—	—	—	NZA 90, 621
01. 08. 89	1 ABR 51/88	95 BetrVG 1972 Nr. 16	17 95 BetrVG 1972	90, 382	—	—	—	Versetzung des Arbeitnehmers, Entsch. 13	—	NZA 90, 196
01. 08. 89	1 ABR 54/88	99 BetrVG 1972 Nr. 75	68 99 BetrVG 1972	90, 483	—	—	90, 356	Einstellung, Entsch. 15	—	NZA 90, 229
08. 08. 89	1 ABR 59/88	23 BetrVG 1972 Nr. 27	11 23 BetrVG 1972	90, 1191	—	—	91, 63	—	—	NZA 90, 569
08. 08. 89	1 ABR 61/88	106 BetrVG 1972 Nr. 8	6 106 BetrVG 1972	89, 2621	—	—	91, 225	Betriebsverf. XIV D, Entsch. 11	—	NZA 90, 150
08. 08. 89	1 ABR 62/88	87 BetrVG 1972 Initiativrecht Nr. 5	3 87 BetrVG 1972 Initiativrecht	90, 281	—	—	91, 285	Betriebsverf. XIV B, Entsch. 122	—	NZA 90, 322

Entscheidungsregister – Bundesarbeitsgericht

Datum	Aktenzeichen	EzA (m. Anm. von...)	AP Nr. zu § (m. Anm. von...)	DB	BB	RdA	AuR	SAE	AR-Blattei	NJW	Sonstige
08.08.89	1 ABR 63/88	95 BetrVG 1972 Nr. 18	18 95 BetrVG 1972	90, 537	–	–	–	90, 187	Versetzung des Arbeitnehmers, Entsch. 14	–	NZA 90, 198
08.08.89	1 ABR 65/88	87 BetrVG 1972 betriebliche Ordnung Nr. 13	15 87 BetrVG 1972 Ordnung des Betriebes	90, 893	–	–	–	90, 340	–	–	NZA 90, 320
23.08.89	5 AZR 569/88	565 b-e BGB Nr. 3	3 565 e BGB	90, 740	–	–	–	–	Werkwohnung, Entsch. 2	–	NZA 90, 191
23.08.89	7 ABR 39/88	106 BetrVG 1972 Nr. 9	7 106 BetrVG 1972	90, 1519	–	–	–	–	Betriebsverf. XIV D, Entsch. 12	–	NZA 90, 863
30.08.89	7 ABR 65/87	37 BetrVG 1972 Nr. 103	73 37 BetrVG 1972	90, 1241	90, 1556	–	–	–	Betriebsverf. VIII A, Entsch. 66	–	NZA 90, 483
31.08.89	2 AZR 453/88	102 BetrVG 1972 Nr. 75	177 LPVG	–	–	–	–	–	Personalvertretung XI D, Entsch. 28	–	–
21.09.89	1 ABR 32/89	99 BetrVG 1972 Nr. 76	72 99 BetrVG 1972	90, 891	90, 631	–	–	92, 9	Arbeitsgerichtsbarkt. XI, Entsch. 110	–	NZA 90, 314
21.09.89	1 AZR 465/88	14 SchwbG 1986 Nr. 2	–	90, 796	–	–	–	–	–	–	NZA 90, 362
03.10.89	1 ABR 66/88	99 BetrVG 1972 Nr. 83	75 99 BetrVG 1972	90, 1092	–	–	–	–	–	–	NZA 90, 359
03.10.89	1 ABR 73/88	99 BetrVG 1972 Nr. 77	74 99 BetrVG 1972	90, 995	–	–	–	–	Einstellung, Entsch. 16	–	NZA 90, 231

Datum	Aktenzeichen	Fundstelle								NZA
11.10.89	2 AZR 61/89	§ 1 KSchG Betriebsbedingte Kündigung Nr. 64		90, 2024	90, 1628	—	—	—	—	NZA 90, 607
11.10.89	2 AZR 88/89	§ 47 1 KSchG 1969 Betriebsbedingte Kündigung	§ 55 102 BetrVG 1972	90, 1974	90, 1701	—	—	—	90, 2489	NZA 90, 748
17.10.89	1 ABR 100/88	§ 102 BetrVG 1972 Nr. 78	§ 12 87 BetrVG 1972 Betriebsbuße	90, 483	90, 705	—	91, 21	Betriebsbußen, Entsch. 16	—	NZA 90, 193
17.10.89	1 ABR 31/87	§ 87 BetrVG 1972 Betriebsbuße Nr. 8	§ 39 76 BetrVG 1972	90, 589	90, 853	—	90, 170	Provision, Entsch. 41	—	NZA 90, 399
17.10.89	1 ABR 86/88	§ 76 BetrVG 1972 Nr. 54	§ 29 111 BetrVG 1972	90, 694	90, 632	—	—	—	—	NZA 90, 443
25.10.89	7 ABR 1/88	§ 111 BetrVG 1972 Nr. 26	§ 40 5 BetrVG 1972	90, 1192	—	—	—	Arbeitnehmer, Entsch. 30	—	—
25.10.89	7 ABR 60/88	§ 5 BetrVG 1972 Nr. 48	§ 42 5 BetrVG 1972	90, 1775	90, 1700	—	—	Angestellter, Entsch. 55	—	NZA 90, 820
07.11.89	GS 3/85	§ 5 BetrVG 1972 Nr. 49	§ 46 77 BetrVG 1972	90, 1724	90, 1840	—	—	Betriebsvereinb., Entsch. 52	—	NZA 90, 816
14.11.89	1 ABR 87/88	§ 77 BetrVG 1972 Nr. 34	§ 76 99 BetrVG 1972	90, 1093	90, 1129	—	—	Betriebsverf. V, Entsch. 17	—	NZA 90, 357
14.11.89	1 ABR 88/88	§ 99 BetrVG 1972 Nr. 85	§ 77 99 BetrVG 1972	90, 636	90, 421	—	90, 192	—	—	NZA 90, 368
28.11.89	1 ABR 90/88	§ 99 BetrVG 1972 Nr. 84	§ 5 14 AÜG	90, 1139	90, 1343	—	—	Zeitarbeit Entsch. 21	—	NZA 90, 364

§ 14 AÜG Nr. 2

Entscheidungsregister – Bundesarbeitsgericht

Datum	Akten-zeichen	EzA (m. Anm. von...)	AP Nr. zu § (m. Anm. von...)	DB	BB	RdA	AuR	SAE	AR-Blattei	NJW	Sonstige
28.11.89	1 ABR 97/88	87 BetrVG 1972 Kontrolleinrichtung Nr. 18	4 87 BetrVG 1972 Initiativrecht	90, 743	90, 1062	–	–	–	Betriebsverf. XIV B, Entsch. 4	–	NZA 90, 406
29.11.89	7 ABR 42/89	40 BetrVG 1972 Nr. 63	32 40 BetrVG 1972	90, 1093	90, 633	–	–	–	Betriebsverf. X, Entsch. 64	–	NZA 90, 448
29.11.89	7 ABR 64/87	47 BetrVG 1972 Nr. 6	3 10 ArbGG 1979	90, 1568	–	–	–	–	Betriebsverf. XII, Entsch. 17	–	NZA 90, 615
29.11.89	7 ABR 67/88	78 a BetrVG 1972 Nr. 20	20 78 a BetrVG 1972	91, 234	91, 65	–	–	91, 373	Berufsausbildung, Entsch. 71	–	NZA 91, 233
30.11.89	2 AZR 197/89	102 BetrVG 1972 Nr. 77	53 102 BetrVG 1972	90, 993	90, 704	–	–	91, 128	–	–	NZA 90, 529
30.11.89	1 ABR 72/84	–	–	–	–	–	–	90, 69	–	–	–
07.12.89	2 AZR 228/89	102 BetrVG 1972 Nr. 74	27 Internationales Privatrecht	90, 992	90, 707	–	–	90, 248	Auslandsarbeit, Entsch. 11	90, 3104	NZA 90, 658
16.01.90	1 ABR 10/89	2 TVG Nr. 18	39 2 TVG	90, 839	–	–	–	91, 97	Berufsverbände, Entsch. 30	–	NZA 90, 623
16.01.90	1 ABR 93/88	2 TVG Nr. 19	38 2 TVG	–	–	–	–	–	Berufsverbände, Entsch. 31	–	NZA 90, 626
18.01.90	2 AZR 183/89	1 KSchG betriebsbedingte Kündigung Nr. 65	27 2 KSchG 1969	90, 1773	90, 1843	–	–	91, 11	Kündigungsschutz I A, Entsch. 10	–	NZA 90, 734

Bundesarbeitsgericht – Entscheidungsregister

Datum	Az.							
18.01.90	2 AZR 357/89	1 KSchG Soziale Auswahl Nr. 28	1 9 1 KSchG 1969 Soziale Auswahl	90, 1335	—	—	Kündigungsschutz, Entsch. 310	NZA 90, 729
24.01.90	5 AZR 749/87	2 ArbGG 1979 Nr. 17	—	91, 1839	—	—	Werkswohnung, Entsch. 13	NZA 90, 539
30.01.90	1 ABR 2/89	87 BetrVG 1972 Betriebliche Lohngestaltung Nr. 27	41 87 BetrVG 1972 Lohngestaltung	90, 1842	90, 1842	—	Betriebsverf. XIV, Entsch. 124	NZA 90, 571
30.01.90	1 ABR 98/88	99 BetrVG 1972	78 99 BetrVG 1972 Nr. 86	90, 2023	90, 1626	—	—	NZA 90, 493
31.01.90	1 ABR 39/89	40 BetrVG 1972 Nr. 64	28 103 BetrVG 1972	91, 495	91, 205	—	—	NZA 91, 152
13.02.90	1 ABR 11/89	—	—	—	—	—	—	AiB 91, 272
13.02.90	1 ABR 35/87	87 BetrVG 1972 Betriebl. Lohngestaltung Nr. 25	43 87 BetrVG 1972 Lohngestaltung	90, 1238	90, 1485	90, 221	Tariflohnerhöhung, Entsch. 24	—
14.02.90	7 ABR 13/88	—	—	—	90, 1625	—	—	AiB 90, 422
28.02.90	7 ABR 22/89	31 BetrVG 1972 Nr. 1	1 31 BetrVG 1972	90, 1288	90, 1347	91, 31	Betriebsverf. X, Entsch. 66	NZA 90, 660
13.02.90	1 ABR 35/87	87 BetrVG 1972 Betriebliche Lohngestaltung Nr. 25	43 87 BetrVG 1972 Lohngestaltung	90, 1238	—	—	—	—
14.03.90	7 AZR 147/89	26 SchwbG 1986 Nr. 1	2 26 SchwbG	90, 1623	90, 1413	—	Schwerbehinderte, Entsch. 98	NZA 90, 698

1921

Entscheidungsregister – Bundesarbeitsgericht

Datum	Akten-zeichen	EzA (m. Anm. von...)	AP Nr. zu § (m. Anm. von...)	DB	BB	RdA	AuR	SAE	AR-Blattei	NJW	Sonstige
20.03.90	1 ABR 20/89	99 BetrVG 1972 Nr. 87	79 99 BetrVG 1972	90, 1671	90, 1271	–	–	–	–	–	NZA 90, 699
29.03.90	2 AZR 420/89	102 BetrVG 1972 Nr. 79	56 102 BetrVG 1972	90, 2124	90, 2118	–	–	–	–	–	NZA 90, 894
08.05.90	1 ABR 7/89	99 BetrVG 1972 Nr. 88	80 99 BetrVG 1972	90, 2124	90, 2118	–	–	–	Volontär und Praktikant, Entsch. 3	–	NZA 90, 896
26.06.90	1 AZR 263/88	112 BetrVG 1972 Nr. 55	56 112 BetrVG 1972	90, 2477	91, 621	–	–	91, 172	Sozialplan, Entsch. 41	91, 317	NZA 91, 111
27.06.90	7 ABR 43/89	37 BetrVG 1972 Nr. 105	–	91, 973	91, 759	–	–	–	–	–	–
27.06.90	7 AZR 292/89	37 BetrVG 1972 Nr. 104	76 37 BetrVG 1972	91, 49	91, 272	–	–	–	Betriebsverf. VIII A, Entsch. 67	–	NZA 91, 200
03.07.90	1 ABR 36/89	99 BetrVG 1972 Nr. 90	81 99 BetrVG 1972	–	90, 2188	–	–	91, 189	–	–	NZA 90, 903
11.07.90	5 AZR 557/89	615 BGB Betriebsrisiko Nr. 11	32 615 BGB Betriebsrisiko	91, 392	90, 2493	–	–	–	Kurzarbeit, Entsch. 6	–	NZA 91, 67
07.08.90	1 ABR 68/89	99 BetrVG 1972 Nr. 91	82 99 BetrVG 1972	91, 46	90, 2489	–	–	–	Probearbeits-verhältnis, Entsch. 22	–	NZA 91, 150
21.08.90	1 AZR 567/89	87 BetrVG 1972 Betriebliche Ordnung Nr. 16	17 87 BetrVG 1972 Ordnung des Betriebes	91, 394	–	–	–	–	Pausen und Ruhezeiten, Entsch. 4	–	NZA 91, 154

Bundesarbeitsgericht – Entscheidungsregister

Datum	Az.	Norm	Norm								Fundstelle
20.09.90	1 ABR 17/90	99 BetrVG 1972 Nr. 96	83 99 BetrVG 1972	91, 552	—	—	—	—	Heimarbeit Entsch. 32	—	NZA 91, 244
20.09.90	1 ABR 37/90	99 BetrVG 1972 Nr. 95	84 99 BetrVG 1972	91, 335	91, 550	—	—	—	—	—	NZA 91, 195
06.11.90	1 ABR 60/89	—	—	91, 654	—	—	—	—	—	—	—
06.11.90	1 ABR 88/89	87 BetrVG 1972 Nr. 15	4 3 AZO Kr	91, 418	91, 219	—	—	—	—	—	NZA 91, 355
27.11.90	1 ABR 77/89	87 BetrVG 1972 Arbeitszeit Nr. 40 (Kraft)	41 87 BetrVG 1972 Arbeitszeit	91, 706	91, 548	—	—	—	—	—	NZA 91, 382
04.12.90	1 ABR 10/90	98 BetrVG 1972 Nr. 6	1 97 BetrVG 1972	91, 971	—	91, 261	—	—	—	—	NZA 91, 388
18.12.90	1 ABR 11/90	4 TVG Metallindustrie 79	—	91, 1076	91, 770	—	—	—	—	—	NZA 91, 484
15.01.91	1 AZR 178/90	Art. 9 GG Arbeitskampf Nr. 96	114 Art. 9 GG Arbeitskampf	91, 1465	91, 1194	91, 344	—	—	Arbeitskampf II, Entsch. 35	—	NZA 91, 604
07.02.91	2 AZR 205/90	1 KSchG Personenbedingte Kündigung	11 KSchG 1969 Umschulung	91, 1730	92, 214	—	—	—	—	—	NZA 91, 806
14.02.91	2 AZR 415/90	87 BetrVG 1972 Kurzarbeit Nr. 1	4 615 BGB Kurzarbeit	91, 1990	91, 1050	—	—	—	—	—	NZA 91, 607
19.02.91	1 ABR 36/90	95 BetrVG 1972 Nr. 24	16 95 BetrVG 1972	91, 1627	91, 1486	—	—	—	—	—	NZA 91, 565
05.03.91	1 ABR 39/90	99 BetrVG 1972 Nr. 59	90 99 BetrVG 1972	91, 654	91, 549	—	—	—	—	—	NZA 91, 686

Entscheidungsregister – Bundesarbeitsgericht

Datum	Aktenzeichen	EzA (m. Anm. von...)	AP Nr. zu § (m. Anm. von...)	DB	BB	RdA	AuR	SAE	AR-Blattei	NJW	Sonstige
13.03.91	7 ABR 89/89	60 BetrVG 1972 Nr. 2	–	91, 99	91, 2380	–	–	–	–	–	NZA 91, 223
13.03.91	7 ABR 5/90	19 BetrVG 1972 Nr. 29	–	91, 2495	91, 2163	–	–	–	–	–	NZA 91, 946
21.03.91	2 AZR 616/90	622 n.F. BGB Nr. 31	–	91, 1879	91, 977	–	–	–	–	–	NZA 91, 803
26.03.91	1 ABR 26/90	87 BetrVG 1972 Überwachung Nr. 1	21 87 BetrVG 1972 Überwachung	91, 1834	91, 1566	–	–	–	–	–	–
23.04.91	1 ABR 49/90	98 BetrVG 1972 Nr. 7	7 98 BetrVG 1972	91, 2347	92, 565	–	–	–	–	–	NZA 91, 817
29.05.91	7 ABR 67/90	19 BetrVG 1972 Nr. 31	2 19 BetrVG 1972	92, 46	91, 2308	–	–	–	–	–	NZA 92, 36
29.05.91	7 ABR 54/90	4 BetrVG 1972 Nr. 6	–	92, 231	92, 136	–	–	–	–	–	NZA 92, 74
18.06.91	1 ABR 60/90	99 BetrVG 1972 Nr. 101	9 1 99 BetrVG 1972	91, 2140	91, 1860	–	–	–	–	–	NZA 91, 903
09.07.91	1 ABR 57/90	–	–	92, 143	–	–	–	–	–	–	–
16.07.91	1 ABR 69/90	87 BetrVG 1972 Arbeitszeit Nr. 48	–	91, 2492	91, 2156	–	–	–	–	–	NZA 92, 86
24.07.91	7 ABR 12/90	–	–	92, 482	–	–	–	–	–	–	–

Bundesarbeitsgericht – Entscheidungsregister

20.08.91	1 ABR 85/90	77 BetrVG 1972 Nr. 41 NZA 92, 317	–	–	–	–	–	–	–	NZA 92, 72
28.08.91	7 ABR 46/90	40 BetrVG 1972 Nr. 66	39 40 BetrVG 1972	91, 2594	–	–	–	–	–	–
17.09.91	1 ABR 23/91	–	–	91, 2535	–	–	–	–	–	–
18.09.91	7 ABR 63/90	–	–	–	–	–	–	–	–	–
23.10.91	7 AZR 249/90	43 BetrVG 1972 Nr. 2	–	92, 434	–	–	–	–	–	–
13.11.91	5 AZR 74/91	611 BGB Abmahnung Nr. 21	–	–	–	–	–	–	–	–
03.12.91	GS 2/90	87 BetrVG 1972 Betriebliche Lohngestaltung Nr. 30	–	92, 1577	–	–	–	–	–	–
28.01.92	1 ABR 41/91	–	–	–	–	–	–	–	92, 1488	–
29.01.92	7 ABR 27/91	–	–	92, 1429	–	–	–	–	–	–

1925

Entscheidungsregister – Landesarbeitsgerichte

Landesarbeitsgerichte

Gerichtsort	Datum	Akten-zeichen	EzA (m. Anm. von …)	AP Nr. zu § (m. Anm. von …)	DB	BB	RdA	AuR	SAE	AR-Blattei	NJW	Sonstige
Baden-Württemberg	15.10.56	V Sa 64/56	–	–	–	–	–	–	57, 68	–	–	–
	25.10.57	VII Sa 39/57	–	2 78 BetrVG 1952	58, 256	–	59, 399	–	–	–	–	–
	16.11.59	IV Sa 44/79	–	–	60, 179	60, 174	–	–	–	–	–	–
	18.07.60	6 TaBV 2/60	–	–	61, 1034	–	–	–	–	–	–	–
	07.09.61	7 TaBV 1/61	–	2 61 BetrVG 1952	61, 1396	61, 1201	–	–	–	–	–	–
	31.10.62	4 TaBV 1/62	–	–	62, 1612	–	–	–	–	–	–	–
	28.09.64	4 TaBV 3/64	–	–	64, 1666	65, 456	–	–	–	–	–	–
	17.03.70	7 Sa 1/70	–	9 11 BUrlG (Meisel)	70, 1279	70, 1479	71, 159	71, 211	–	Urlaub, Entsch. 185	–	–
	26.01.72	8 Sa 109/71	–	–	–	–	–	–	–	–	76, 310	–
	03.03.72	7 Sa 177/71	–	–	–	–	–	72, 252	–	–	–	–
	04.05.72	3 Ta 6/72	–	–	–	72, 835	–	–	–	–	–	–
	31.05.72	4 TaBV 1/72	–	–	72, 1392	72, 918	–	73, 350	–	–	–	–
	16.08.72	4 Sa 58/72	37 BetrVG 1972 Nr. 6	–	–	–	–	–	–	–	–	–
	14.05.73	4 TaBV 1/73	–	–	–	–	–	–	–	–	–	–
	08.08.73	4 Sa 29/73	–	–	–	–	–	74, 316	–	–	–	ARST 74, 88
	20.09.73	7 TaBV 5/73	–	–	–	–	–	–	–	–	–	–

Landesarbeitsgerichte – Entscheidungsregister

Datum	Az.															
25.10.73	3 Sa 80/73	–	–	–	–	–	–	–	–	–	–	75, 232	–	–	–	–
15.05.74	6 Sa 35/74	–	–	75, 43	–	–	–	–	–	–	–	–	–	–	–	–
31.05.74	7 Sa 68/74	–	–	–	74, 885	–	–	–	–	–	–	–	–	–	–	–
24.06.74	1 TaBV 3/74	–	–	–	–	–	–	–	–	–	–	–	–	–	–	–
25.06.74	7 TaBV 3/74	–	–	–	74, 1206	–	–	–	–	–	–	–	–	–	–	–
04.08.74	2 TaBV 24/74	–	–	75, 60	–	–	–	–	–	–	–	–	–	–	–	–
12.02.75	2 TaBV 22/74	–	–	–	76, 36	–	–	–	–	–	–	–	–	–	–	–
26.02.75	6 Sa 133/74	–	–	–	75, 518	–	–	–	–	–	–	–	–	–	–	–
30.04.75	8 TaBV 2/74	–	–	75, 2378	75, 1253	–	–	–	–	–	–	–	–	–	–	–
29.08.75	6 TaBV 4/75	–	–	–	76, 1318	–	–	–	–	–	–	–	–	–	–	–
05.12.75	5 Sa 120/75	–	–	–	76, 363	–	–	–	–	–	–	–	–	–	–	–
29.04.76	7 Sa 16/76	–	2 611 BGB Persönlichkeitsrecht	77, 766	–	–	–	–	–	–	–	–	–	–	–	–
01.06.76	7 TaBV 3/76	–	–	76, 1820	76, 1662	–	–	–	77, 123	–	–	–	–	–	–	–
05.07.76	2 Sa 37/76	–	25 37 BetrVG 1972	–	76, 1662	–	–	–	–	–	Betriebsverf. VIII, Entsch. 2	–	–	JR 78, 321	–	–
14.09.76	7 Sa 69/76	–	–	–	–	–	–	–	–	–	–	–	–	–	–	–
23.09.76	1 b Sa 15/76	–	–	77, 778	–	–	–	–	–	–	–	–	–	–	–	–
03.11.76	6 Sa 84/76	–	–	77, 777	–	–	–	–	–	–	–	–	–	–	–	–
08.11.76	1 a TaBV 6/76	–	–	–	–	–	–	–	–	–	–	–	–	–	–	–
30.11.76	4 Sa 108/76	–	–	–	77, 294	–	–	–	–	–	–	–	–	–	–	–

Zusätzlich:
25.10.73 – JR 78, 59

Entscheidungsregister – Landesarbeitsgerichte

Gerichtsort	Datum	Aktenzeichen	EzA (m. Anm. von...)	AP Nr. zu § (m. Anm. von...)	DB	BB	RdA	AuR	SAE	AR-Blattei	NJW	Sonstige
	04.03.77	5 TaBV 13/76	–	–	–	–	–	–	–	–	–	–
	31.03.77	7 TaBV 11/76	–	175 BetrVG 1972	78, 497, 2315 (Sohnius, Schirdewahn)	78, 499	–	78, 132	–	Betriebsarzt, Entsch. 1	–	–
	27.04.77	8 Sa 203/76	–	–	77, 1706	–	–	–	–	–	–	–
	15.09.77	9 TaBV 3/77	–	–	–	–	–	–	–	–	–	–
	13.10.77	7 Sa 134/77	–	478a BetrVG 1972	78, 548	–	–	78, 122	–	Betriebsverf. IX, Entsch. 34	–	–
	10.11.77	2 TaBV 2/77	–	–	78, 798	–	–	–	–	–	–	–
	09.12.77	7 Sa 163/77	611 BGB Nr. 22 Fürsorgepfl.	–	78, 213	–	–	–	–	–	–	–
	08.03.78	6 TaBV 9/77	–	–	78, 843	–	–	–	–	–	–	–
	06.04.78	1 b Sa 141/77	–	–	79, 118	–	–	–	–	–	–	–
	23.05.78	7 TaBV 1/78	–	–	78, 1600	–	–	–	–	–	–	–
	27.10.78	9 TaBV 3/78	–	–	79, 316	–	–	–	–	–	–	–
	12.07.79	9 TaBV 3/79	–	–	–	80, 1267	–	–	–	–	–	–
	31.10.79	2 TaBV 5/79	–	–	–	–	–	–	–	–	–	–

Landesarbeitsgerichte – Entscheidungsregister

Datum	Az.	Thema														
			—	—	—	—	NZA 87, 478	—	—	NZA 88, 185	ArbGeb 55, 636	NZA 92, 189	ARSt XXII, 468	ArbGeb 60, 124	—	—
28.02.80	11 TaBV 15/79	87 BetrVG 1972 Initiativrecht Nr. 4 (Schwerdtner)	—	—	—	—	—	—	—	—	—	—	—	—	—	—
25.03.80	7 TaBV 2/79	—	—	80, 1076	80, 981	—	—	—	—	—	—	—	—	—	—	—
18.02.81	2 TaBV 5/80	—	—	81, 1781	81, 1577	—	—	—	—	—	—	—	—	—	—	—
01.09.81	TaBV 1/81	—	82, 356 (Naendrup)	—	—	—	—	—	—	—	—	—	—	—	—	—
16.04.82	9 TaBV 1/82	—	—	82, 1628	—	—	—	—	—	—	—	—	—	—	—	—
04.11.86	14 TaBV 4/86	—	—	—	—	—	—	—	—	—	—	—	—	—	—	—
21.04.82	3 Sa 2/82	—	—	—	—	—	—	—	—	—	—	—	—	—	—	—
10.11.87	8 TaBV 3/87	—	—	—	—	—	—	—	—	—	—	—	—	—	—	—
29.09.83	7 TaBV 12/82	—	—	84, 409	—	—	—	—	—	—	—	—	—	—	—	—
05.03.91	14 TaBV 15/90	—	—	—	—	—	—	—	—	—	—	—	—	—	—	—
12.07.55	IV 719/55	—	—	—	—	—	—	—	—	—	—	—	—	—	—	—
23.05.58	Sa 71/58/ VJN	—	—	58, 900	—	—	—	—	—	—	—	—	—	—	—	—
31.07.58	Sa 628/78	—	—	—	—	—	—	—	—	—	—	—	—	—	—	—
22.11.59	Sa 190/59 VN	—	—	—	—	—	—	—	—	—	—	—	—	—	—	—
30.01.67	7 Sa 224/66 N	—	—	67, 2077	—	—	—	—	—	—	—	—	—	—	—	—
25.01.73	1 TaBV 77/72	—	—	—	—	—	—	—	—	—	—	—	—	—	—	—

Bayern

Entscheidungsregister – Landesarbeitsgerichte

Gerichtsort	Datum	Aktenzeichen	EzA (m. Anm. von…)	AP Nr. zu § (m. Anm. von…)	DB	BB	RdA	AuR	SAE	AR-Blattei	NJW	Sonstige
Berlin	29.03.73	3 TaBV 54/72	–	–	–	73, 1115	–	–	–	–	–	–
	27.11.73	4 TaBV 70/72	–	–	–	–	–	74, 217	–	–	–	–
	26.10.62	3 TaBV 2/62	–	–	63, 1327	–	–	–	–	–	–	–
	07.02.67	5 Sa 114/66	–	1 4 BetrVG 1972	–	67, 1424	–	–	–	–	–	–
	23.02.72	10 BV 3/72	–	1 102 BetrVG 1972	–	–	–	–	–	–	–	–
	09.02.73	3 Sa 130/72	–	–	–	–	–	73, 284	–	–	–	ARSt 73, 132 JR 74, 498
	03.05.73	7 Sa 14/73	–	–	73, 2097	75, 517	–	74, 56	–	–	–	–
	15.06.73	3 Sa 19/73	–	–	73, 2097	–	–	–	–	–	–	–
	09.07.73	3 Sa 48/73	–	–	–	73, 510	–	–	–	–	–	–
	24.09.73	5 TaBV 4/73	–	–	–	74, 786	–	–	–	–	–	–
	01.10.73	5 TaBV 5/73	–	–	–	74, 1439	–	–	–	–	–	–
	19.02.74	4 Sa 94/73	–	–	74, 1243	74, 1535	–	–	–	–	–	–
	11.06.74	8 Sa 42/76	–	–	–	–	–	75, 189	–	–	–	–
	11.06.74	8 Sa 37/74	–	–	74, 1629	74, 1024	–	–	–	–	–	–
	01.07.74	5 TaBV 4/74	–	–	–	–	–	75, 186	–	–	–	–
	02.07.74	4 Sa 41/74	–	–	–	–	–	75, 188	–	–	–	ARSt 75 Nr. 101
	22.08.74	7 Sa 67/74	–	–	–	–	–	75, 188	–	–	–	–
	01.10.74	8 Sa 54/74	–	–	–	75, 422	–	–	–	–	–	–

1930

Landesarbeitsgerichte – Entscheidungsregister

Datum	Az.									
16.12.74	5 Sa 91/74	–	–	–	75, 837	–	–	–	–	–
28.04.75	5 Sa 30/73	–	–	–	–	75, 374	–	–	–	ARSt 76, 19 Nr. 17
11.07.75	3 TaBV 4/75	–	–	–	75, 1577	–	–	–	–	–
25.11.75	4 TaBV 5/75	–	–	–	76, 363	–	–	–	–	–
19.01.76	5 Sa 106/75	–	–	–	76, 602	–	–	–	–	–
22.03.76	5 TaBV 7/75	–	–	76, 1727	–	–	–	–	–	–
02.06.76	3 Sa 56/76	–	–	–	76, 1273	–	–	–	–	ARSt 77, 62
03.06.76	7 Sa 33/76	–	–	–	–	–	–	–	–	ARSt 77, 159 Nr. 1171
15.03.77	3 Sa 114/76	–	–	–	–	–	–	–	–	–
23.05.77	9 Sa 75/76	–	–	–	77, 1302	–	–	–	–	–
15.06.77	9 TaBV 1/77	87 BetrVG 1972 Nr. 6	–	78, 115	–	–	–	–	–	–
19.09.77	9 TaBV 2/77	–	4 76 BetrVG 1972	–	–	–	78, 218	–	–	–
28.02.78	8 TaBV 1/77	–	–	78, 1283	–	–	–	–	–	–
22.03.78	6 Sa 10/78	–	–	–	–	–	–	–	–	–
10.04.78	10 TaBV 1/78	–	–	–	79, 45	–	–	–	–	–
16.05.78	9 Sa 138/77	626 n.F. BGB Nr. 62	–	–	78, 1570	–	–	BetrVG II, Entsch. 2	–	–
31.05.78	6 TaBV 7/77	–	–	–	78, 2491	–	–	–	–	–

Entscheidungsregister – Landesarbeitsgerichte

Gerichtsort	Datum	Akten-zeichen	EzA (m. Anm. von ...)	AP Nr. zu § (m. Anm. von ...)	DB	BB	RdA	AuR	SAE	AR-Blattei	NJW	Sonstige
	19.06.78	9 TaBV 1/78	–	–	79, 112	–	–	–	–	–	–	–
	02.10.78	9 TaBV 8/78	–	–	79, 944	–	–	–	–	–	–	–
	28.11.78	3 TaBV 3/78	–	–	79, 2188	–	–	–	–	–	–	–
	28.11.78	3 TaBV 3/78	–	–	79, 2188	–	–	–	–	–	–	–
	12.12.78	3 TaBV 5/78	–	–	79, 1850	–	–	–	–	–	–	–
	09.01.79	3 TaBV 6/78	–	–	–	79, 1036	–	–	–	–	–	–
	22.01.79	31 BV 2/78	–	–	–	79, 1293	–	–	–	–	–	–
	26.02.79	10 Sa 50/78	–	–	–	–	–	79, 284	–	–	–	–
	11.04.79	5 TaBV 4/78	–	–	–	80, 1525	–	–	–	–	–	–
	10.09.79	9 TaBV 3/79	–	–	79, 2091	–	–	–	–	–	–	–
	23.06.80	9 TaBV 2/80	–	–	80, 1704	–	–	–	–	–	–	–
	18.02.80	9 TaBV 5/79	98 ArbGG 1979 Nr. 1	198 ArbGG 1979	80, 2091	80, 1046	–	–	–	–	–	–
	15.09.80	12 Sa 42/80	–	–	80, 2449	–	–	–	–	–	–	–
	10.10.80	10 TaBV 4/80	–	–	81, 1416	–	–	–	–	–	–	–
	03.11.80	9 Sa 52/80	39 BetrVG 1972 Nr. 1	–	–	–	–	–	–	–	–	–

1932

Landesarbeitsgerichte – Entscheidungsregister

Datum	Az.											
05.11.80	5 TaBV 2/80	—	—	81, 1730	—	—	—	—	—	—	—	—
31.03.81	8 TaBV 5/80 und 6/80	—	—	81, 1519	—	—	—	—	—	—	—	—
14.09.81	9 Sa 63/81	102 BetrVG 1972 Nr. 46	—	—	—	—	—	—	—	—	—	—
25.04.82	9 Sa 13/82	—	—	—	—	—	83, 91	—	—	—	—	—
17.08.82	8 TaBV 1/82	—	—	83, 2584	—	—	—	—	—	—	—	—
27.09.82	9 TaBV 3/82	—	—	83, 775	83, 574	—	—	—	—	—	—	—
04.10.82	9 TaBV 4/82	—	—	83, 888	—	—	—	—	—	—	—	—
18.10.82	12 TaBV 2/82	—	—	83, 502	—	—	83, 314	—	—	—	—	—
25.04.83	43 BV 14/82	—	—	83, 2633	—	—	—	—	—	—	—	—
09.01.84	12 Sa 127/83	—	—	84, 2098	—	—	—	—	—	—	—	—
28.06.84	12 TaBV 3/84	—	—	—	—	—	85, 163	—	—	NZA 85, 405	—	—
06.12.84	4 TaBV 2/84	—	—	—	85, 1199	—	—	—	—	—	—	—
11.02.85	9 TaBV 5/84	—	—	—	—	—	86, 59	—	—	NZA 85, 604	—	—
06.08.85	11 Sa 6/85	—	—	86, 808	—	—	—	—	—	NZA 86, 758	—	—
01.02.86	2 TaBV 5/85	—	—	—	—	—	—	—	—	NZA 86, 758	—	—
21.02.86	2 TaBV 5/85	—	—	—	—	—	—	—	—	—	—	—
27.06.86	13 Sa 6/86	—	—	87, 178	—	—	—	—	—	—	—	—
12.08.86	8 TaBV 4/86	—	—	87, 544	87, 334	—	—	—	—	—	—	—

Entscheidungsregister – Landesarbeitsgerichte

Gerichtsort	Datum	Akten-zeichen	EzA (m. Anm. von…)	AP Nr. zu § (m. Anm. von…)	DB	BB	RdA	AuR	SAE	AR-Blattei	NJW	Sonstige
	22.09.86	9 TaBV 5/86	–	–	–	87, 234	–	–	–	–	–	NZA 87, 209
	27.11.86	14 TaBV 5/86	–	–	87, 2206	87, 901	–	–	–	–	–	–
	26.01.87	9 TaBV 7/86	–	25 40 BetrVG 1972	87, 848	–	–	88, 122	–	–	–	NZA 87, 645
	16.11.87	12 TaBV 6/87	19 BetrVG 1972 Nr. 27	–	88, 504	88, 1117	–	89, 289	–	–	–	NZA 88, 481
	25.04.88	9 TaBV 2/88	106 BetrVG 1972 Nr. 7	–	88, 1456	88, 1388	–	–	–	–	–	–
	13.06.88	9 TaBV 1/88	–	–	88, 1860	–	–	–	–	–	–	–
	19.08.88	2 TaBV 4/88	–	–	88, 2060	88, 2040	–	89, 259	–	–	–	NZA 88, 852
	09.08.88	9 TaBV 4/88	–	–	89, 52	88, 2109	–	–	–	–	–	NZA 89, 280
	10.10.88	19 TaBV 6/88	–	–	89, 683	–	–	–	–	–	–	NZA 89, 193
	16.02.89	14 TaBV 2/88	–	–	–	89, 984	–	–	–	–	–	NZA 89, 732
	11.12.89	9 TaBV 2/89	–	–	90, 696	–	–	–	–	–	–	–
	15.01.90	9 TaBV 5/89	–	–	–	90, 490	–	90, 389	–	Betriebsverf. XIV B, Entsch. 123	–	NZA 90, 452
	20.01.90	8 Sa 86/89	–	–	91, 49	90, 1062	–	–	–	–	–	NZA 90, 578
	05.03.90	9 TaBV 6/89	–	–	91, 48	90, 994	–	91, 61	–	–	–	NZA 90, 577

1934

Landesarbeitsgerichte – Entscheidungsregister

	Datum	Aktenzeichen											
Bremen	24.10.90	8 Sa 64/90	–	–	91, 51	91, 142	–	–	91, 256	–	–	–	NZA 91, 281
	21.02.51	Sa 65/50	–	–	–	51, 225	–	–	–	–	–	–	–
	13.06.53	SaB 1/53	–	–	–	53, 559	–	–	–	–	–	–	–
	21.10.53	SaB 5/53	–	–	–	53, 946	–	–	–	–	–	–	–
	01.08.56	I Sa 51/56	14 TVG Tarifkonkurrenz (Gumpert)	–	–	–	–	57, 27 (Sabin)	–	–	–	–	–
	27.11.57	1 SaB 1/57	–	–	58, 200	58, 40	–	–	–	–	–	–	–
	15.07.59	I SaB 1/59	9 76 BetrVG 1972	–	59, 1115	–	61, 44	–	–	–	–	–	–
	30.06.61	1 TaBV 14/61	–	–	61, 1103	61, 933	–	–	–	–	–	–	–
	16.08.62	1 TaBV 1/62	–	–	62, 1442	–	–	–	62, 380	–	–	–	–
	11.10.74	1 Sa 73/74	–	–	–	75, 838	–	–	–	–	–	–	–
	25.09.75	3 TaBV 4/75	–	–	–	76, 1414	–	–	–	–	–	–	–
	27.01.77	11 TaBV 12/77	–	–	–	–	–	–	–	–	–	–	–
	04.03.77	1 Sa 303/76	–	–	77, 1006	77, 648	–	–	–	–	–	–	BlSt-Soz-ArbR 80, 68
	24.04.78	3 TaBV 3/77	–	–	–	79, 1096	–	–	–	–	–	–	–
	01.09.78	1 TaBV 12/77	–	–	78, 2488	79, 1035	–	–	–	–	–	–	–
	27.10.78	1 TaBV 5/78	1 87 BetrVG 1972 Lohngestaltung	–	78, 2489	78, 1668 79, 213 (Thomanek)	–	–	–	–	–	–	JR 80, 58

1935

Entscheidungsregister – Landesarbeitsgerichte

Gerichtsort	Datum	Aktenzeichen	EzA (m. Anm. von...)	AP Nr. zu § (m. Anm. von...)	DB	BB	RdA	AuR	SAE	AR-Blattei	NJW	Sonstige
	03.11.78	3 TaBV 96/78	87 BetrVG 1972 Nr. 6 Arbeitszeit (Seiter)	–	79, 216	–	–	–	–	–	–	–
	05.03.82	1 Sa 374-378/81	–	–	82, 1573	–	–	–	–	–	–	–
	26.10.82	4 Sa 185/82	–	26 102 BetrVG 1972	83, 345, 2145	–	–	83, 123	–	–	–	–
	14.01.83	1 Sa 117/82	–	–	–	83, 312	–	83, 345	–	–	–	–
	17.01.84	4 TaBV 10/83	–	711 ArbGG 1979 Prozeßvertreter	–	–	–	85, 132	–	–	–	–
	15.06.84	3 TaBV 12/84	–	–	84, 1935	–	–	85, 99	–	Betriebsversammlung XIV B, Entsch. 82	–	–
	13.12.84	4 Ta 81/84	–	–	85, 768	–	–	–	–	–	–	–
	25.07.86	2 TaBV 50/86	23 BetrVG 1972 Nr. 15	–	–	–	–	87, 35	–	–	–	–
	31.10.86	4 Sa 75/86	–	–	–	87, 195	–	–	–	Betriebsverf. V, Entsch. 14	–	–
	20.03.87	2 TaBV 8/87	–	–	87, 1539	–	–	88, 59	–	Betriebsverf. VI, Entsch. 63	–	–

Landesarbeitsgerichte – Entscheidungsregister

		15.07.87	2 TaBV 6/86	7 BetrVG 1972 Arbeitszeit Nr. 27	—	87, 1945	87, 1812	—	88, 122	—	—	—	NZA 87, 677
		28.06.89	2 Sa 39/89	—	—	90, 742	—	—	—	—	—	—	—
		23.05.50	2 Sa 39/50	—	—	—	50, 590	—	—	—	—	—	—
		16.12.52	3 Sa 165/52	—	—	53, 256	—	—	—	—	—	—	—
		20.03.53	4 Sa 175/52	—	—	—	53, 443	—	—	—	—	—	—
		20.12.57	2 Sa 442/57	—	—	—	58, 412	—	—	—	—	—	—
Düsseldorf		07.01.58	3 BVTa 3/57	—	—	—	58, 701	—	—	—	—	—	—
		16.12.60	4 BVTa 2/66	—	—	61, 311	—	—	—	—	—	—	—
		24.01.61	8 BVTa 2/60	—	—	61, 312	—	—	—	—	—	—	—
		15.01.62	1 Sa 376/61	—	—	62, 806	—	—	—	—	—	—	—
		16.01.63	3 Sa 434/62	—	—	—	63, 729	—	—	—	—	—	—
		05.02.63	8 Sa 5/63	—	—	63, 1055	—	—	—	—	—	—	—
		08.04.64	1 BVTa 1/64	—	—	—	64, 759	—	—	—	—	—	—
		19.08.64	3 BVTa 1/64	39 BetrVG 1952 Nr. 2	2 39 BetrVG 1952 (Tschischgab)	65, 185	—	65, 360	—	—	—	—	—
		27.09.65	1a BVTa 14/65	—	—	—	65, 1823	—	—	—	—	—	—
		26.09.66	2 BVTa 3/66	—	—	—	66, 1453	—	—	—	—	—	—
		27.02.67	4 BVTa 2/67	—	—	67, 866	67, 1123	—	—	67, 221	—	—	—

Entscheidungsregister – Landesarbeitsgerichte

Gerichtsort	Datum	Aktenzeichen	EzA (m. Anm. von...)	AP Nr. zu § (m. Anm. von...)	DB	BB	RdA	AuR	SAE	AR-Blattei	NJW	Sonstige
	21.11.67	8 BVTa 5/67	56 BetrVG 1952 Nr. 15	–	67, 2230	–	–	–	–	–	–	–
	02.01.68	8 Sa 350/67	–	–	68, 623	68, 628	–	–	–	–	–	–
	19.04.68	6 BVTa 3/68	–	–	68, 897	–	–	–	–	–	–	–
	09.05.68	2 Sa 66/68	–	–	68, 1955	70, 79	–	–	–	–	–	–
	22.08.68	7 TaBV 4/68	–	–	–	–	–	–	–	–	–	–
	29.08.68	2 RVTa 4/68	–	–	68, 1997	68, 1245	–	–	–	–	–	–
	28.10.68	12 Sa 391/68	–	–	–	69, 1086	–	–	–	–	–	–
	08.05.70	3 Sa 89/70	–	–	70, 1136	–	–	–	–	–	–	–
	30.07.70	7 Sa 371/70	–	–	70, 2035	–	–	–	–	–	–	–
	22.07.71	7 TaBV 84/70	–	–	–	–	–	72, 190	–	–	–	–
	30.09.71	3 Sa 305/71	9 n.F. MuSchG Nr. 10	–	71, 2071	–	–	–	–	–	–	–
	24.10.72	11 (6) TaBV 43/72	–	–	72, 2212	72, 2212	–	–	–	–	–	–
	14.11.72	8 BVTa 11/72	5 BetrVG 1972 Nr. 3	–	73, 576	–	–	–	–	–	–	–
	08.12.72	4 Sa 945/72	44 BetrVG 1972 Nr. 1	–	73, 386	–	–	–	–	–	–	–

1938

Landesarbeitsgerichte – Entscheidungsregister

Datum	Az.					
11.12.72	10 Sa 810/72	—	—	—	73, 1395	—
21.12.72	3 Sa 489/72	—	—	—	—	—
23.12.73	7 Sa 722/71	—	72, 979	—	—	—
25.01.73	7 Sa 988/72	—	73, 577	—	—	—
10.02.73	10 TaBV 64/73	—	74, 1628	74, 1250	—	—
08.05.73	5 TaB 10/73	—	75, 2050	—	—	—
07.06.73	3 Sa 489/72	—	—	—	—	—
27.06.73	4 Sa 610/73	—	—	—	—	74, 69
17.07.73	8 TaBV 11/73	87 BetrVG 1972 Initiativrecht Nr. 1 (Rüthers)	—	73, 1168	—	—
14.08.73	4 TaBV 41/73	—	73, 2453	73, 1488	—	—
03.09.73	1 TaBV 49/73	—	—	—	—	74, 92
27.09.73	3 BVTa 10/73	5 BetrVG 1972 Nr. 5	73, 2144	—	—	—
12.10.73	4 TaBV 58/73	—	74, 97	74, 507	—	—
22.11.73	3 TaBV 22/73	5 BetrVG 1972 Nr. 4	—	—	—	—
10.12.73	10 TaBV 64/73	—	74, 1638	74, 1250	—	—

Entscheidungsregister – Landesarbeitsgerichte

Gerichtsort	Datum	Akten-zeichen	EzA (m. Anm. von...)	AP Nr. zu § (m. Anm. von...)	DB	BB	RdA	AuR	SAE	AR-Blattei	NJW	Sonstige
	04.03.74	TaBV 19/74	–	–	74, 2164	–	–	–	–	–	–	–
	09.03.74	11 TaBV 43/73	–	–	–	–	–	–	–	–	–	–
	03.04.74	4 TaBV 19/74	–	–	74, 2164	–	–	–	–	–	–	–
	29.05.74	6 TaBV 39/74	–	–	74, 1342	74, 1299	–	–	–	–	–	–
	21.06.74	15 Sa 633/74	102 BetrVG 1972 Beschäfti-gungspfl. Nr. 3	–	74, 2113	–	–	–	–	–	–	–
	01.07.74	10 (1) Sa 85/74	–	–	–	–	–	75, 156	–	–	–	–
	26.07.74	4 TaBV 47/74	–	–	75, 135	–	–	–	–	–	–	–
	26.07.74	8 TaBV 42/74	–	–	74, 2486	–	–	–	–	–	–	–
	01.08.74	7 Sa 469/74	–	–	74, 1917	–	–	–	–	–	–	–
	11.09.74	4 Sa 988/74	–	–	75, 747	–	–	–	–	–	–	–
	20.09.74	16 Sa 24/74	22 BetrVG 1972 Nr. 1	–	75, 454	–	–	–	–	–	–	–
	17.10.74	3 Sa 313/74	–	–	75, 650	75, 559	–	–	–	–	–	–
	25.10.74	4 Sa 1184/74	–	–	75, 359	–	–	–	–	–	–	–

1940

Landesarbeitsgerichte – Entscheidungsregister

Datum	Az.								
31.10.74	14 (5) TaBV 100/73	–	–	–	75, 795	–	–	–	–
07.11.74	7 TaBV 87/73	–	–	–	75, 260	–	–	–	–
25.11.74	10 TaBV 60/74	18 AktG Nr. 1	–	–	–	77, 795	–	–	–
27.11.74	6 TaBV 113/74	–	–	75, 122	–	–	–	–	–
04.12.74	12 Sa 947/74	–	–	75, 157	–	–	–	–	–
10.12.74	10 TaBV 64/73	–	–	–	74, 1628	74, 1250	–	–	–
23.12.74	11 TaBV 125/74	–	–	–	75, 1371	–	–	–	–
03.01.75	4 Sa 1489/74	–	–	–	75, 651	–	–	–	–
16.01.75	7 Sa 1101/75	–	–	–	75, 745	–	–	–	–
17.01.75	9 TaBV 115/74	–	–	–	75, 556	75, 318	–	–	–
21.01.75	8 TaBV 102/74	80 BetrVG 1972 Nr. 9	–	–	–	–	–	–	–
27.02.75	16 TaBV 113/74	–	1 87 BetrVG 1972 Lohn- u. Arbeitsentgelt (Blomeyer)	–	–	–	–	–	–
27.02.75	3 TaBV 2/75	25 BetrVG 1972 Nr. 1	–	–	75, 700	–	–	–	–
07.03.75	16 Sa 690/74	102 BetrVG 1972 Nr. 12	–	–	75, 743	–	–	–	–

1941

Entscheidungsregister – Landesarbeitsgerichte

Gerichtsort	Datum	Aktenzeichen	EzA (m. Anm. von...)	AP Nr. zu § (m. Anm. von...)	DB	BB	RdA	AuR	SAE	AR-Blattei	NJW	Sonstige
	25.03.75	8 TaBV 3/75	108 BetrVG 1972 Nr. 1 (Gamillscheg)	–	75, 1418	–	–	–	–	–	–	–
	26.03.75	12 BVTa 29/75	–	–	75, 840	75, 516	–	–	–	–	–	–
	26.03.75	1 (9) TaBV 59/74	–	–	–	76, 602	–	75, 349	–	–	–	–
	27.03.75	11 TaBV 28/75	–	–	75, 837	75, 788	–	–	–	–	–	–
	10.04.75	14 TaBV 137/74	–	–	75, 1897	–	–	–	–	–	–	–
	25.04.75	(15) Sa 364/75	–	–	75, 2041	75, 301	–	–	–	–	–	–
	23.05.75	8 Sa 152/75	102 BetrVG 1972 Beschäftigungspfl. Nr. 4	–	–	–	–	–	–	–	–	–
	04.06.75	12 Sa 432/75	–	–	75, 1995	–	–	–	–	–	–	–
	12.06.75	3 TaBV 106/74	–	–	75, 1463	–	–	–	–	–	–	–
	19.06.75	7 Sa 805/74	–	–	75, 1995	–	–	–	–	–	–	–
	02.09.75	5 Sa 323/75	–	–	75, 1995	–	–	–	–	–	–	–
	09.10.75	7 TaBV 114/74	–	–	77, 172	–	–	–	–	–	–	–
	21.10.75	11 TaBV 37/75	–	–	76, 1115	–	–	–	–	–	–	–

1942

Landesarbeitsgerichte – Entscheidungsregister

05.11.75	6 TaBV 21/75	–	–	–	–	–	–	–	–	–	–
13.11.75	14 Sa 1259/75	–	–	76, 202	76, 464	–	–	–	–	–	–
18.11.75	17 TaBV 72/75	–	–	76, 1438	–	–	–	–	–	–	–
25.11.75	8 Sa 377/75	–	–	–	–	–	–	–	–	–	–
05.01.76	9 Sa 1604/75	–	–	76, 1065	76, 1462	–	–	–	–	–	–
04.03.76	1 TaBV 97/75	–	–	76, 779	76, 510	–	–	–	–	–	–
10.03.76	14 TaBV 9/76	–	–	76, 2072	–	–	–	–	–	–	–
17.03.76	2 Sa 712/74	102 BetrVG 1972 Nr. 22	–	–	–	–	–	–	–	–	–
24.03.76	6 Sa 1417/75	–	–	–	76, 1128	–	–	–	–	–	–
29.03.76	15 TaBV 92/75	–	–	–	76, 1366	–	–	–	–	–	–
01.04.76	2 TaBV 46/73	–	–	76, 1824	76, 1075	–	–	–	–	–	–
03.05.76	16 TaBV 41/75	40 BetrVG 1972 Nr. 28 (Kittner)	–	76, 1580	76, 978	–	–	–	–	–	–
04.05.76	5 TaBV 13/76	–	–	–	–	–	–	76, 283	–	–	–
13.05.76	3 TaBV 2/76	–	–	76, 1383	–	–	–	–	–	–	–
21.05.76	9 Sa 138/76	–	–	77, 121	–	–	–	–	–	–	–
25.05.76	15 TaBV 10/76	–	–	77, 453	–	–	–	–	–	–	–

Entscheidungsregister – Landesarbeitsgerichte

Gerichtsort	Datum	Aktenzeichen	EzA (m. Anm. von …)	AP Nr. zu § (m. Anm. von …)	DB	BB	RdA	AuR	SAE	AR-Blattei	NJW	Sonstige
	28.05.76	17 Sa 377/76	–	–	–	–	–	77, 281	–	–	–	–
	14.06.76	9 Sa 416/76	–	–	77, 122	–	–	–	–	–	–	–
	11.08.76	6 TaBV 36/76	–	–	76, 2021	–	–	–	–	–	–	–
	07.09.76	8 Sa 750/75	102 BetrVG 1972 Betriebsbed. Kündigung Nr. 3	–		–	–	–	–	–	–	–
	19.10.76	8 TaBV 18/76	99 BetrVG 1972 Nr. 11	–	–	–	–	–	–	–	–	–
	20.10.76	16 Sa 840/76	–	–	77, 1610	–	–	–	–	–	–	–
	19.11.76	9 Sa 1282/76	–	–	77, 2004	–	–	–	–	–	–	–
	10.12.76	4 Sa 1611/76	–	–	–	–	–	–	–	–	–	–
	28.01.77	17 TaBV 99/76	–	–	77, 1707	–	–	–	–	–	–	–
	28.12.77	14 TaBV 85/77	–	–	78, 211	–	–	–	–	–	–	–
	22.02.77	11 TaBV 7/77	–	–	77, 1053	–	–	–	–	–	–	–
	25.03.77	4 Sa 171/77	–	–	77, 915	–	–	–	–	–	–	–
	16.06.77	14 TaBV 41/77	–	–	77, 1755	–	–	–	–	–	–	–
	23.06.77	3 TaBV 8/77	–	–	77, 2191	–	–	–	–	–	–	–

Landesarbeitsgerichte – Entscheidungsregister

–	–	–	–	–	–	–	–	–	–	–	–	–	–	–
–	–	–	–	–	–	–	–	–	–	–	–	–	–	–
–	–	–	–	–	–	–	–	–	–	–	–	–	–	–
–	–	–	–	–	–	–	–	–	–	–	–	–	–	–
–	–	–	–	–	–	–	–	–	–	–	–	–	–	–
–	–	–	78, 963	–	78, 202	–	78, 611	–	79, 784	–	–	78, 861	–	–	78, 810
–	–	–	–	–	–	77, 2334	–	78, 211	–	–	–	78, 1182	–	78, 1695	78, 1282
–	–	–	–	–	–	–	–	–	–	–	–	–	–	–	–
–	37 BetrVG 1972 Nr. 56	–	–	–	–	87 BetrVG 1972 Kontrolleinrichtung Nr. 4	–	–	–	87 BetrVG 1972 Vorschlagswesen Nr. 1	108 BetrVG 1972 Nr. 2	76 BetrVG 1972 Nr. 20	–	–	–
8 Sa 201/77	2 Sa 383/77	4 Sa 1060/77	4 Sa 60/77	11 TaBV 116/76	3 TaBV 22/77	11 Sa 1005/77	14 TaBV 123/77	20 Sa 1562/77	8 TaBV 33/77	19 TaBV 36/77	16 TaBV 35/77	5 TaBV 100/77	21 TaBV 3/78	12 Sa 316/76
23.08.77	31.08.77	02.09.77	02.09.77	20.09.77	13.10.77	08.11.77	28.12.77	16.01.78	24.01.78	13.02.78	22.02.78	01.03.78	13.03.78	15.03.78

1945

Entscheidungsregister – Landesarbeitsgerichte

Gerichtsort	Datum	Akten-zeichen	EzA (m. Anm. von...)	AP Nr. zu § (m. Anm. von...)	DB	BB	RdA	AuR	SAE	AR-Blattei	NJW	Sonstige
	29.03.78	2 Sa 701/77	–	–	79, 114	–	–	–	–	–	–	–
	06.04.78	14 TaBV 123/77	–	–	79, 110	78, 1310	–	–	–	–	–	–
	20.06.78	5 TaBV 90/77	–	–	79, 115	–	–	–	–	–	–	–
	27.06.78	5 TaBV 32/78	–	–	–	78, 1413	–	–	–	–	–	–
	04.09.78	21 TaBV 43/78	–	–	79, 109	–	–	–	–	–	–	–
	19.10.78	3 TaBV 35/78	–	–	79, 994	–	–	–	–	–	–	–
	09.11.78	22 TaBV 23/78	5 BetrVG 1972 Nr. 30	20 5 BetrVG 1972	79, 104	79, 107	–	–	–	–	–	–
	21.11.78	19 TaBV 39/78	–	–	79, 459	–	–	–	–	–	–	–
	07.12.78	22 TaBV 26/78	–	21 5 BetrVG 1972	–	–	–	–	–	–	–	–
	13.12.78	19 TaBV 36/77	–	–	–	–	–	–	–	–	–	–
	20.12.78	6 TaBV 60/78	–	–	–	–	–	–	–	–	–	–
	14.02.79	16 TaBV 52/78	–	–	79, 2233	–	–	–	–	–	–	–
	09.04.79	20 TaBV 11/79	–	–	79, 2140	–	–	–	–	–	–	–
	13.08.79	18 TaBV 49/79	–	–	79, 2136	–	–	–	–	–	–	–

Landesarbeitsgerichte – Entscheidungsregister

Datum	Az.				
10. 10. 79	2 Sa 336/79	615 BGB Betriebsrisiko Nr. 6	–	80, 165	–
22. 11. 79	3 TaBV 30/79	–	–	80, 213	–
14. 12. 79	16 TaBV 41/79	50 BetrVG 1972 Nr. 5	–	–	–
20. 12. 79	25/3 TaBV 56/78	–	–	–	80, 523
19. 03. 80	2 Sa 685/79	–	–	80, 1222	–
28. 03. 80	9 Sa 67/80	626 BGB n.F. Nr. 74	–	80, 2396	–
15. 04. 80	8 TaBV 3/80	–	–	81, 119	–
27. 05. 80	19 TaBV 20/79	118 BetrVG 1972 Nr. 24	15 118 BetrVG 1972	–	–
27. 05. 80	5 TaBV 2/80	–	–	81, 1780	–
26. 06. 80	3 Sa 242/80	–	–	80, 2043	–
01. 08. 80	9 TaBV 60/80	–	–	–	–
11. 08. 80	21 TaBV 54/80	–	–	–	–
11. 08. 80	21 TaBV 81/80	–	–	–	–
28. 10. 80	19 TaBV 14/80	–	–	81, 149	–

Entscheidungsregister – Landesarbeitsgerichte

Gerichtsort	Datum	Aktenzeichen	EzA (m. Anm. von ...)	AP Nr. zu § (m. Anm. von ...)	DB	BB	RdA	AuR	SAE	AR-Blattei	NJW	Sonstige
	28.11.80	16 TaBV 13/80	87 BetrVG 1972 Kontrolleinrichtung Nr. 9	–	81, 379	81, 495	–	–	–	–	–	–
	03.12.80	12 TaBV 74/80	–	–	–	–	–	–	–	–	–	–
	29.01.81	14 Sa 1208/80	–	–	81, 1986	–	–	–	–	–	–	–
	30.01.81	16 TaBV 21/80	40 BetrVG 1972 Nr. 49	–	81, 1093	81, 429	–	–	–	–	–	–
	10.03.81	11 Sa 1453/80	–	–	81, 1729	–	–	–	–	–	–	–
	03.04.81	8 TaBV 11/81	76 BetrVG 1972 Nr. 30	–	–	81, 733	–	–	–	–	–	–
	27.04.81	20 TaBV 12/81	–	–	81, 1677	–	–	–	–	–	–	–
	05.06.81	16 TaBV 13/81	–	–	81, 1783	–	–	–	–	–	–	–
	01.07.81	5 Sa 1605/80	–	–	81, 1538	–	–	–	–	–	–	–
	03.07.81	13 TaBV 20/81	–	–	81, 1676	–	–	–	–	–	–	–
	24.08.81	26 TaBV 46/81	87 BetrVG 1972 Leistungslohn Nr. 5 (Gaul)	–	–	–	–	–	–	–	–	–
	11.11.81	22 Sa 421/81	242 BGB Gleichbeh. Nr. 27	–	82, 2715	–	–	–	–	–	–	–

1948

Landesarbeitsgerichte – Entscheidungsregister

Datum	Aktenzeichen	Norm	Stichwort										NZA		
14.12.81	26 TaBV 80/81	87 BetrVG 1972	Kontroll-einrichtung Nr. 10	—	—	—	82, 550	—	—	—	—	—	NZA 86, 371	—	—
18.01.82	10 TaBV 85/81	—	—	—	—	—	82, 1628	—	—	—	—	—	—	—	—
02.02.82	11 TaBV 102/81	—	—	—	—	—	82, 962	—	—	—	—	—	—	—	—
11.02.82	21 TaBV 109/8	—	—	—	—	—	82, 1066	—	—	—	—	—	—	—	—
21.07.82	5 TaBV 43/82	—	—	—	—	—	82, 2711	—	—	—	—	—	—	—	—
30.07.82	2 TaBV 27/82	—	—	—	—	—	82, 1990	—	—	—	—	—	—	—	—
18.03.83	3 TaBV 132/82	—	—	—	—	—	—	—	—	—	—	—	—	—	—
23.08.83	11 TaBV 35/83	—	—	—	—	—	—	83, 2052	—	—	—	—	—	—	—
14.11.83	12 TaBV 88/83	—	—	—	—	—	84, 511	—	—	—	—	—	—	—	—
30.04.84	10 (12) TaBV 10/84	—	—	—	—	—	84, 2624	—	—	—	—	—	—	—	—
14.06.84	14 Sa 332/84	—	—	—	—	—	85, 135	84, 1619	—	—	—	—	—	—	—
24.07.84	3 TaBV 67/84	—	—	—	—	—	85, 135	85, 55	—	—	—	—	—	—	—
09.08.85	2 TaBV 52/85	—	—	—	—	—	85, 2463	—	—	—	—	—	—	—	—
27.08.85	16 TaBV 52/85	—	—	—	—	—	—	—	—	—	—	—	—	—	—
15.12.85	2 TaBv 14/85	—	—	—	—	—	85, 872	—	—	—	—	—	—	—	—
05.05.86	5 TaBV 31/86	—	—	—	—	—	87, 947	—	—	—	—	—	—	—	—

Entscheidungsregister – Landesarbeitsgerichte

Gerichtsort	Datum	Aktenzeichen	EzA (m. Anm. von ...)	AP Nr. zu § (m. Anm. von ...)	DB	BB	RdA	AuR	SAE	AR-Blattei	NJW	Sonstige
1950	07.05.86	15 TaBV 12/86	–	–	–	86, 1851	–	–	–	–	–	–
	14.05.86	6 TaBV 18/86	111 BetrVG 1972 Nr. 18	–	87, 180	–	–	–	–	–	–	–
	29.08.86	10 Sa 845/86	–	–	86, 2061	–	–	87, 116	–	–	–	NZA 86, 34
	23.10.86	17 TaBV 98/86	–	–	87, 544	–	–	87, 244	–	–	–	NZA 88, 69
	28.01.87	6 TaBV 116/86	–	–	87, 1439	–	–	–	–	–	–	NZA 87, 679
	22.05.87	4 Sa 178, 87	–	–	–	–	–	–	–	–	–	NZA 88, 211
	21.08.87	9 TaBV 132/86	–	–	–	–	–	–	–	–	–	–
	20.10.87	16 TaBV 83/87	–	–	88, 293	–	–	–	–	–	88, 725	–
	23.11.87	17 Sa 1153/87	4 TVG Ausschluß-fristen Nr. 75	–	88, 450	88, 348	–	–	–	–	–	–
	12.04.88	11 TaBV 147/87	–	–	88, 1072	88, 912	–	88, 323	–	–	–	–
	01.09.88	4 TaBV 44/88	–	–	89, 127	88, 2386	–	89, 186	–	–	–	NZA 89, 146
	04.11.88	17 TaBV 114/88	–	–	–	–	–	–	–	–	–	NZA 89, 236
	05.12.88	4 TaBV 140/88	–	–	89, 1036	89, 286	–	89, 149	–	–	–	NZA 89, 404
	23.12.88	2 Sa 1118/88	–	–	–	–	–	–	–	–	–	NZA 89, 733
	03.01.89	11 TaBV 160/88	–	–	–	–	–	–	–	–	–	

Landesarbeitsgerichte – Entscheidungsregister

Datum	Aktenzeichen	C1	C2	C3	C4	C5	C6	C7	C8	C9	C10	C11	C12
		—	NZA 89, 735	NZA 89, 650	—	—	NZA 89, 940	NZA 91, 29	NZA 89, 940	—	—	—	LAGE § 87 BetrVG 1972 Nr. 7
		—	—	—	—	—	—	—	—	—	—	—	—
		—	—	—	—	—	—	—	—	—	—	—	—
		—	—	—	—	—	—	—	—	—	—	—	—
		—	—	—	—	—	—	—	—	—	—	—	—
		—	—	—	—	—	—	—	—	—	—	—	—
09.01.89	4 TaBV 127/87	—	—	—	89, 501	—	—	—	—	—	—	—	—
22.03.89	4 TaBV 196/88	—	—	89, 1034	89, 1559	—	—	—	—	—	—	—	—
30.03.89	5 TaBV 3/89	—	—	—	—	—	—	—	—	—	—	—	—
31.03.89	2 Sa 1638/88	4 TVG Tariflohnerhöhung Nr. 19	—	89, 1830	89, 1408	—	—	—	—	—	—	—	—
11.04.89	12 TaBV 9/89	—	—	89, 2284	—	—	—	—	—	—	—	—	—
11.08.89	9 TaBV 44/89	—	—	—	—	—	—	—	—	—	—	—	—
26.09.89	8 TaBV 82/89	—	—	90, 743	89, 2331	—	—	—	—	—	—	—	—
16.05.90	12 TaBV 9/90	—	—	—	—	—	—	—	—	—	—	—	—
31.05.90	5 TaBV 16/90	—	—	—	90, 1977	—	—	—	—	—	—	—	—
26.09.90	12 TaBV 74/90	—	—	91, 238	—	—	—	—	—	—	—	—	—
06.02.91	4 TaBV 106/90	—	—	91, 1330	—	—	—	—	—	—	—	—	—
19.06.91	4 TaBV 70/91	—	92, 637	91, 2528	—	—	—	—	—	—	—	—	—
04.09.91	4 TaBV 60/91	—	—	91, 2552	91, 2375	—	—	—	—	—	—	—	—
08.10.91	13 Sa 1450/90	—	—	92, 636	—	—	—	—	—	—	—	—	—
26.02.92	12 Sa 1341/91	—	—	—	—	—	—	—	—	—	—	—	—

Entscheidungsregister – Landesarbeitsgerichte

Gerichtsort	Datum	Aktenzeichen	EzA (m. Anm. von...)	AP Nr. zu § (m. Anm. von...)	DB	BB	RdA	AuR	SAE	AR-Blattei	NJW	Sonstige
Frankfurt	04.03.92	5 TaBV 116/91	–	–	–	–	–	–	–	–	–	NZA 92, 613
	18.02.53	II LA 22/53	–	–	53, 404	53, 472	–	–	–	–	–	–
	15.05.53	I LBR 3/53	–	–	53, 651	–	–	–	–	–	–	–
	29.05.53	IV LBR 1/53	–	–	–	53, 885	–	–	–	–	–	–
	22.12.53	IV LBR 8/53	–	–	–	–	54, 155	–	–	–	–	–
	05.04.56	IV LA 597/55	–	–	56, 647	–	–	–	–	–	–	–
	04.06.57	I LAQ 191/57	–	225 BetrVG 1972 (Küchenhoff)	57, 971	57, 965	58, 439	–	–	–	57, 1574	–
	15.10.57	IV LA 82/57	–	45 I KSchG (Herschel)	58, 140	58, 158	58, 240	–	58, 161 (Osswald)	–	–	–
	19.10.62	5 aBV 2/62	–	–	–	63, 1016	–	–	–	–	58, 687	–
	05.07.65	1 TaBV 1/65	–	–	–	65, 1395	–	–	–	Ausländischer Arbeitnehmer, Entsch. 23	–	–
	06.09.65	1 Sa 337/65	–	–	–	–	–	66, 60	–	–	–	–
	27.02.66	1 TaBV 5/65	–	5 42 PersVG	67, 122	–	66, 439	66, 281	–	–	–	–
	23.08.66	1 TaBV 2/66	–	–	–	67, 251	–	–	–	–	–	–
	04.02.72	5 TaBV 3/71	–	–	72, 2214	–	–	–	–	–	–	–

1952

Landesarbeitsgerichte – Entscheidungsregister

		–	–	–	–	–	–	–		–	–	–	–	–	–
		–	–	–	–	–	–	–		–	–	–	–	–	–
		–	–	–	–	–	–	–		–	–	–	–	–	–
		–	–	–	–	–	–	–		–	–	–	–	–	–
		74, 28	–	–	–	–	–	–		–	75, 349	–	–	–	–
		–	–	–	–	–	–	–		–	–	–	–	–	–
		–	–	73, 1394	–	74, 789	–	74, 785	–	–	–	75, 1635	76, 1271	76, 1599	76, 1559	77, 1048
		–	–	73, 1607	–	–	73, 1806	–	–	73, 245	74, 289	–	–	77, 124	77, 125	–
		–	–	–	–	–	–	–	–	–	–	–	–	–	–	–
	2 BetrVG 1972 Nr. 3	–	–	–	–	–	–	–	102 BetrVG 1972 Beschäftigungspfl. Nr. 1	–	–	–	–	–	–	–
5 TaBV 6/72	5 TaBV 33/72	5 Sa 611/72	3 Sa 668/72	6 Sa 725/72	7 Sa 667/72	5 TaBV 6/73	7 Sa 292/73	5 TaBV 30/73	5 TaBV 4/73	5 TaBV 44/74	5 TaBV 47/74	5 TaBV 38/75	4 Sa 549/75	6 Sa 645/75	9 Sa 118/75
08. 09. 72	09. 01. 73	16. 01. 73	27. 02. 73	02. 03. 73	21. 03. 73	08. 05. 73	28. 05. 73	21. 08. 73	12. 10. 73	08. 10. 74	14. 01. 75	27. 01. 76	12. 03. 76	17. 03. 76	23. 03. 76

Entscheidungsregister – Landesarbeitsgerichte

Gerichtsort	Datum	Aktenzeichen	EzA (m. Anm. von...)	AP Nr. zu § (m. Anm. von...)	DB	BB	RdA	AuR	SAE	AR-Blattei	NJW	Sonstige
	23.03.76	9 Sa 1182/75	–	–	–	–	–	–	–	–	–	–
	13.04.76	5 Sa 715/75	–	–	–	77, 1084	–	–	–	–	–	–
	04.05.76	5 TaBV 47/75	–	–	–	–	–	77, 187	–	–	–	–
	15.06.76	5 TaBV 3/76	–	–	–	76, 1463	–	–	–	–	–	–
	18.06.76	8 Sa Ga 302/76	–	–	–	–	–	–	–	–	78, 76	–
	06.07.76	5 Sa 1218/75	–	–	–	–	–	–	–	–	–	–
	06.07.76	5 TaBV 34/75	–	–	–	–	–	77, 185	–	–	–	ARSt 77, 142
	20.10.76	6 Sa Ga 891/76	–	–	–	–	–	78, 57	–	–	–	ARSt 77, 130
	20.10.76	6 Sa Ga 884/76	–	–	–	–	–	–	–	–	–	–
	02.12.76	6 Sa 1150/75	–	–	77, 2054	–	–	78, 93	–	–	–	–
	21.12.76	5 TaBV 59/75	–	–	77, 2056	77, 1503	–	–	–	–	–	–
	13.01.77	6 Sa 460/76	–	–	77, 2054	77, 1549	–	–	–	–	–	–
	10.03.77	6 Sa 779/76	–	–	78, 167	–	–	78, 315	–	–	–	ARSt 78, 29
	01.06.77	4 Sa 234/77	–	–	–	–	–	78, 315	–	–	–	–
	14.06.77	5 TaBV 7/77	–	–	–	–	–	–	–	–	–	–

1954

Landesarbeitsgerichte – Entscheidungsregister

Datum	Aktenzeichen									
15.06.77	10 TaBV 110/77	—	—	—	—	—	—	—	ARSt 80,14	ARSt 80,131
28.06.77	9 Sa 154/77	—	—	77, 1401	—	—	—	78, 445	—	—
07.07.77	6 Sa 1300/76	—	78, 1237	—	—	—	—	—	—	—
03.08.77	10 Sa 57/77	—	77, 2000	—	—	—	—	—	—	—
23.08.77	5 TaBV 84/77	—	—	78, 810	—	—	—	—	—	—
25.10.77	5 Sa 1001/76	—	—	—	—	—	—	—	—	—
03.04.78	5 TaBV Ga 27/78	—	—	79, 942	—	—	79, 783	—	—	—
25.04.78	5 TaBV 34/77	—	—	79, 1604	—	—	—	—	—	—
18.04.79	10/7 Sa 788/78	—	—	—	—	—	—	—	—	—
20.06.79	10/7 Sa 821/78	—	—	—	—	80, 251	—	—	—	—
24.08.79	6/7 Sa 700/79	—	—	—	—	—	—	—	—	—
28.02.80	12 Sa Ga 71/80	—	—	—	—	—	—	—	—	—
29.10.80	1 BV 11/80	—	—	—	—	—	—	—	—	—
10.02.71	4 TaBV 61/80	—	—	—	—	—	—	—	—	—
21.07.81	7 Sa 204/81	—	—	—	—	—	—	—	—	—
08.06.82	4 TaBV 76/81	—	—	—	—	83, 284	—	—	—	—
30.07.82	13 Sa 483/82	—	—	—	—	—	—	—	—	—

Entscheidungsregister – Landesarbeitsgerichte

Gerichtsort	Datum	Aktenzeichen	EzA (m. Anm. von …)	AP Nr. zu § (m. Anm. von …)	DB	BB	RdA	AuR	SAE	AR-Blattei	NJW	Sonstige
	21.09.82	4 TaBV Ga 94/82	–	–	83, 613	–	–	–	–	–	–	–
	05.11.82	6 Sa 644/82	–	–	–	83, 966	–	–	–	–	–	–
	22.12.82	12 TaBV 53/82	–	–	83, 85	–	–	–	–	–	–	–
	22.02.83	5 TaBV 88/82	–	–	83, 2143	–	–	–	–	–	–	–
	01.09.83	4 TaBV 9/83	–	–	84, 460	84, 402	–	–	–	–	–	–
	04.10.83	3 Sa 215/83	–	–	–	–	–	85, 29	–	–	–	–
	08.11.83	5 TaBV 74/83	–	–	84, 672	–	–	–	–	–	–	–
	06.12.83	5 Sa 76/83	–	–	–	84, 1043	–	–	–	–	–	ZIP 85, 367
	24.01.84	4 TaBV 47/83	–	–	–	84, 1684	–	–	–	–	–	–
	01.06.84	1414 Sa 1614/83	–	–	85, 876	–	–	–	–	–	–	NZA 85, 634
	30.08.84	4 TaBV Ga 113 u. 114/84	–	–	–	–	–	–	–	–	–	–
	31.08.84	14/5 TaBV 42/84	–	–	–	–	–	–	–	Arbeitskampf I, Entsch. 23	–	–
	03.10.84	2 Sa 310/84	–	–	86, 178	–	–	–	–	–	–	–
	09.10.84	5 TaBV 10/84	–	–	85, 2110	–	–	–	–	–	–	–
	16.10.84	4 TaBV 98/83	–	–	85, 1534	–	–	–	–	–	–	–

Landesarbeitsgerichte – Entscheidungsregister

13.11.84	4 TaBV 39/84	–	–	85, 1535	–	–	–
12.02.85	4 TaBV 70/83	–	–	85, 1999	–	86, 157	–
26.02.85	4 TaBV 97/84	–	86, 259	85, 1799	–	86, 124	–
31.05.85	13 Sa 833/84	–	–	85, 2689	–	86, 220	–
28.06.85	14 TaBV 61/85	–	86, 600	–	–	86, 226	–
05.07.85	14/5 TaBV 54/85	–	–	86, 756	–	86, 249	–
03.12.85	5 TaBV 140/84	–	–	87, 54	–	–	–
18.03.86	5 TaBV 108/85	–	87, 968	–	–	–	NZA 86, 650
07.08.86	12 Sa 361/86	–	–	–	–	87, 276	–
14.08.86	12 Sa 1225/85	–	86, 2199	87, 442	–	87, 418	NZA 87, 645
16.09.86	4 TaBV 134/85	–	–	–	–	88, 54	–
16.02.87	11 Sa 609/86	–	87, 1461	–	–	88, 59	NZA 87, 609
24.02.87	5 TaBV 118/86	23 BetrVG 1972 Nr. 16	87, 1077	–	–	89, 287	–
23.07.87	9 Sa 1/87	–	–	88, 867	–	89, 322	NZA 88, 740
31.07.87	14 TaBV 12/87	–	88, 1041	–	–	88, 91	–
04.08.87	5 TaBV Ga 82/87	–	–	–	–	88, 258	–
11.08.87	5 TaBV Ga 88/87	23 BetrVG 1972 Nr. 21	87, 68	–	–		

Entscheidungsregister – Landesarbeitsgerichte

Gerichtsort	Datum	Aktenzeichen	EzA (m. Anm. von...)	AP Nr. zu § (m. Anm. von...)	DB	BB	RdA	AuR	SAE	AR-Blattei	NJW	Sonstige
	14.08.87	14 Sa Ga 967/87	–	–	87, 2160	–	–	88, 123	–	–	–	–
	20.08.87	12 TaBV 56/87	–	–	88, 51	87, 2452	–	89, 321	–	–	–	NZA 88, 173
	25.08.87	4 TaBV 266/86	87 BetrVG 1972 Arbeitszeit Nr. 28	–	88, 449	–	–	–	–	–	–	–
	31.08.87	14 Sa 1003/86	37 BetrVG 1972 Nr. 94	–	–	–	–	–	–	–	–	NZA 88, 817
	24.09.87	12 TaBV Ga 70/87	111 BetrVG 1972 Nr. 25	–	–	–	–	88, 221	–	–	–	NZA 88, 266
	17.10.87	4 TaBV 180/86	–	–	–	88, 1386	–	–	–	–	–	–
	27.10.87	4 TaBV 283/86	–	–	–	–	–	–	–	–	–	NZA 88, 407
	17.11.87	4 TaBV 180/86	112 BetrVG 1972 Nr. 47	–	–	88, 1386	–	88, 386	–	–	–	–
	24.11.87	5 TaBV GA	–	–	–	88, 1461	–	89, 321	–	–	–	–
	26.11.87	12 TaBV 64/87	–	–	–	–	–	88, 221	–	–	–	–
	01.12.87	5 TaBV 98/87	23 BetrVG 1972 Nr. 23	–	–	–	–	89, 150	–	–	–	–
	15.12.87	4 TaBV Ga 160/87	–	–	88, 915	–	–	–	–	–	–	NZA 89, 232

Landesarbeitsgerichte – Entscheidungsregister

Datum	Az.									NZA
03.03.88	12 Sa 898/87	37 BetrVG 1972 Nr. 96	–	88, 1706	–	89, 28	–	–	–	NZA 88, 740
11.03.88	15/5 Sa 53/87	–	–	88, 2568	89, 224	–	–	–	–	–
11.03.88	15/5 Sa 56/87	–	–	–	–	–	–	–	–	NZA 89, 107
19.04.88	4 TaBV 99/87	–	–	88, 1807	89, 187	89, 258	–	–	–	–
19.04.88	5 TaBV Ga 52/88	99 BetrVG 1972 Nr. 62	–	89, 128	88, 2464	89, 321	–	–	–	–
03.05.88	4 TaBV 47/87	–	–	89, 983	–	–	–	–	–	–
19.05.88	12 TaBV 123/87	–	–	89, 486	–	89, 258	–	–	–	NZA 89, 193
14.06.88	4 TaBV 167/87	–	–	89, 332	89, 145	–	–	–	–	NZA 88, 2173
23.06.88	12 TaBV 66/88	–	–	88, 2520	–	89, 186	–	–	–	–
12.07.88	5 TaBV GA 89/88	87 BetrVG 1972 Arbeitszeit Nr. 29	–	89, 332	–	89, 186	–	–	–	–
28.07.88	12 TaBV 42/88	–	–	–	88, 2460	89, 150	–	–	–	NZA 89, 441
01.09.88	12 TaBV 46/88	–	–	88, 2519	–	89, 186	–	–	–	NZA 89, 193
13.09.88	4 TaBV 43/88	–	–	89, 1092	89, 706	89, 186	–	–	–	–
06.10.88	12 TaBV 12/88	–	–	89, 2132	–	–	–	–	–	NZA 89, 943
24.01.89	5 TaBV 123/88	–	–	–	–	90, 28	–	–	–	NZA 89, 943
26.01.89	12 TaBV 147/88	–	–	89, 1473	89, 1619	90, 164	–	–	–	NZA 89, 733

1959

Entscheidungsregister – Landesarbeitsgerichte

Gerichtsort	Datum	Aktenzeichen	EzA (m. Anm. von ...)	AP Nr. zu § (m. Anm. von ...)	DB	BB	RdA	AuR	SAE	AR-Blattei	NJW	Sonstige
	26.01.89	9 Sa Ga 1583/88	–	–	89, 2030	–	–	–	–	–	–	–
	06.07.89	9 Sa 1295/88	–	–	90, 1193	90, 781	–	–	–	–	–	–
	05.09.89	5 TaBV 20/89	–	–	–	90, 777	–	90, 295	–	–	–	NZA 90, 501
	12.09.89	5 TaBV 38/89	–	–	90, 1571	–	–	90, 263	–	–	–	–
	24.10.89	5 TaBV Ga 155/89	–	–	90, 2126	90, 1348	–	90, 263	–	–	–	–
	28.11.89	4 TaBV 98/88	–	–	90, 1728	90, 1488	–	91, 28	–	–	–	–
	22.02.90	12 TaBV Ga 1/90	–	–	91, 707	–	–	91, 154	–	–	–	–
	06.03.90	5 Sa 1202/89	–	–	90, 1975	90, 1628	–	91, 62	–	–	–	–
	13.03.90	4 TaBV 133/89	–	–	91, 183	90, 2339	–	91, 151	–	–	–	NZA 91, 282
	31.05.90	12 TaBV 26/90	–	–	90, 2125	–	–	91, 93	–	–	–	–
	14.08.90	5 TaBV 7/90	87 BetrVG 1972 Arbeitszeit Nr. 45	–	91, 708	–	–	91, 251	–	–	–	–
	08.01.91	5 TaBV 162/90	–	–	–	–	–	–	–	–	–	LAGE § 611 BGB Akkord Nr. 1
	07.02.91	12 TaBV 177/90	–	–	91, 2494	–	–	–	–	–	–	–

1960

Landesarbeitsgerichte – Entscheidungsregister

	21.03.91	12 TaBV 191/90	–	–	–	91, 1712	–	–	NZA 92, 565	–	–	–	–
	01.08.91	2 TaBV 40/91	–	–	91, 2494	–	–	–	–	–	–	–	–
	12.09.91	4 TaBV 93/91	–	–	–	–	–	–	–	–	–	–	–
Freiburg	17.05.54	1 Sa 71/54	3 37 BetrVG 1952, 54	–	–	54, 910	–	–	–	–	–	–	–
Hamburg	13.10.54	3 Sa 161/54	–	–	54, 978	54, 995	–	–	–	–	–	–	–
	15.03.56	1 Sa 5/56	6 13 KSchG (Dietz)	–	–	–	57, 198	–	–	–	–	–	–
	17.03.70	1 TaBV 1/70	–	–	–	74, 1479	–	–	–	–	–	–	–
	17.07.74	4 Sa 45/74	102 BetrVG 1972 Beschäfti- gungspfl. Nr. 2	–	–	74, 1396	–	–	–	–	–	–	–
	28.01.75	4 Sa 148/75	–	–	–	–	–	–	–	–	–	–	–
	30.04.75	5 TaBV 1/75	–	–	–	–	–	–	–	–	–	–	–
	29.10.75	5 Sa 92/75	–	–	–	76, 184	–	–	–	–	–	–	–
	02.03.76	6 (H) Sa 8/76	–	–	–	–	–	–	–	–	–	–	–
	24.01.77	2 Sa 119/76	–	–	77, 1097	77, 695	–	–	–	–	–	–	–
	06.06.77	2 TaBV 7/76	–	–	78, 118	78, 610	–	–	–	–	–	–	–
	04.07.77	5 Sa 464/76	–	–	78, 113	77, 1602	–	–	–	–	–	–	–
	13.11.81	6 TaBV 9/81	–	–	82, 1522	–	–	–	–	–	–	83, 91	–
	28.07.82	5 Sa 23/82	–	–	–	–	–	–	–	–	–	–	–

1961

Entscheidungsregister – Landesarbeitsgerichte

Gerichtsort	Datum	Aktenzeichen	EzA (m. Anm. von ...)	AP Nr. zu § (m. Anm. von ...)	DB	BB	RdA	AuR	SAE	AR-Blattei	NJW	Sonstige
	27.09.82	5 Sa 91/82	–	–	83, 126	–	–	–	–	–	–	–
	01.11.82	2 TaBV 8/82	–	–	–	83, 1095	–	–	–	–	–	–
	08.06.83	6 TaBV 9/83	–	–	83, 2369	–	–	–	–	–	–	–
	12.12.83	4 TaBV 3/83	–	–	84, 567	–	–	–	–	–	–	–
	13.03.84	1 TaBV 7/83	–	–	–	–	–	85, 292	–	–	–	–
	28.05.84	5 TaBV 4/84	615 BGB Betriebsrisiko Nr. 10	–	–	84, 1488	–	–	–	–	–	NZA 84, 404
	07.03.85	1 TaBV 1/84	–	–	85, 1798	–	–	85, 292	–	–	–	NZA 86, 604
	31.05.85	8 Sa 30/85 (Rev. eingelegt)	–	–	–	85, 1397	–	–	–	–	–	–
	20.06.85	7 TaBV 10/84	–	–	85, 2308	85, 2110	–	85, 29	–	–	–	–
	31.01.86	8 TaBV 1/85	23 BUSG Nr. 2	–	86, 702	86, 529	–	86, 316	–	–	–	NZA 86, 403
	05.02.86	4 TaBV 12/85	23 BetrVG 1972 Nr. 13	–	–	–	–	–	–	–	–	–
	17.03.86	2 TaBV 5/85	–	–	86, 1473	87, 1461	–	–	–	–	–	NZA 89, 733
	15.12.88	2 TaBV 13/88	–	–	–	89, 628	–	89, 386	–	–	–	–

Landesarbeitsgerichte – Entscheidungsregister

										LAGE §87 BetrVG 1972 Betriebl. Ordnung Nr. 8
Hamm	10.07.91	8 TaBV 3/91	–	–	–	–	–	–	–	–
	11.06.52	3 Sa 167/52	–	52, 595	52, 550	–	–	–	–	–
	21.08.53	2 BVTa 55/53	–	53, 848	–	–	–	–	–	–
	27.10.53	BV 5/53	–	–	–	–	–	–	–	ArbGeb 54, 114
	23.09.54	3 ATa 87/54	115 BetrVG 1952 (Schnorr)	54, 1108	55, 129	–	55, 17 (Walter)	–	–	–
	23.09.55	4 Sa 269/55	–	–	56, 41	–	–	–	–	–
	22.07.58	2 Sa 71/58	–	–	59, 55	–	–	–	–	–
	25.09.58	3 BVTa 84/58	–	–	59, 376	–	–	–	–	–
	25.09.59	5 BVTa 48/59	–	–	59, 1227	–	–	–	–	–
	09.10.59	BV 3/59	–	–	60, 292	–	–	–	–	–
	22.10.59	4 TaBV 75/55	–	–	60, 288	–	–	–	–	–
	25.08.61	5 BVTa 7/61	–	61, 1327	61, 1127	–	–	–	–	–
	29.09.61	4 BVTa 5/61	–	61, 1491	–	–	–	–	–	–
	23.02.65	3 Sa 763/64	–	65, 1052	–	–	–	–	–	–
	16.02.68	5 Sa 928/67	–	68, 714	–	–	–	–	–	–

1963

Entscheidungsregister – Landesarbeitsgerichte

Gerichtsort	Datum	Aktenzeichen	EzA (m. Anm. von...)	AP Nr. zu § (m. Anm. von...)	DB	BB	RdA	AuR	SAE	AR-Blattei	NJW	Sonstige
	13.05.68	3 BVTa 2/68	–	–	69, 135	–	–	–	–	–	–	–
	02.08.68	5 BVTa 3/68	–	–	68, 1631	68, 1079	–	–	–	–	–	–
	18.02.71	8 Sa 618/70	–	–	–	71, 1054	–	–	–	–	–	–
	09.02.72	5 Sa 905/71	–	–	72, 927	–	–	–	–	–	–	–
	01.03.72	8 TaBV 1/72	–	1 112 BetrVG 1972 (Gaul)	72, 632, 648	72, 356, 539	–	72, 158	–	Betriebsverf. IXV E, Entsch. 6	–	NR 73, 496
	09.03.72	8 BVTa 2/72	2 BetrVG 1972 Nr. 1	1 2 BetrVG 1972 (Richardi)	72, 777	72, 493	–	72, 221	–	–	–	JR 73, 496
	07.04.72	2 Sa 102/72	–	–	72, 1124	73, 141	–	–	–	–	–	–
	27.04.72	8 BVTa 5/72	5 BetrVG 1972 Nr. 1	–	72, 1297	72, 796	–	–	–	–	–	–
	27.04.72	8 TaBV 6/72	–	–	72, 1119	72, 751	–	–	–	–	–	–
	03.08.72	8 BVTa 14/72	–	–	72, 1829	72, 1138	–	–	–	–	–	–
	18.08.72	2 Sa 332/72	102 BetrVG 1972 Nr. 5	–	72, 2408	–	–	–	–	–	–	–
	31.08.72	8 BVTa 18/72	–	–	72, 2213	72, 1408	–	–	–	–	–	–
	12.09.72	8 TaBV 11/72	–	–	73, 484	–	–	–	–	–	–	–

Landesarbeitsgerichte – Entscheidungsregister

05.10.72	8 BVTa 23/72	2 BetrVG 1972 Nr. 4	–	73, 141	–	–	–	–	–	–	–	–	–	–
23.11.72	8 BVTa 37/72	37 BetrVG 1972 Nr. 3	–	72, 2489	72, 1560	–	–	–	–	–	–	–	–	–
23.11.72	8 BVTa 26/72	–	–	73, 433	–	–	–	–	–	–	–	–	–	–
01.03.73	8 BVTa 41/72	–	–	–	73, 610	–	–	–	–	–	–	–	–	–
19.04.73	8 TaBV 9/73	–	–	73, 1024	–	–	–	–	–	–	–	–	–	–
17.05.73	8 TaBV 11/73	–	–	73, 1403	73, 939	–	–	–	–	–	–	–	–	–
28.05.73	8 TaBV 3/73	–	–	73, 1407	74, 135	–	–	–	–	–	–	–	–	–
02.07.73	2 TaBV 3/73	–	–	73, 2050	–	–	–	–	–	–	–	–	–	–
21.08.73	7 Sa 327/73	–	–	–	73, Beil. 15, S. 3 Nr. 6	–	–	–	–	–	–	–	–	–
30.08.73	8 TaBV 39/73	–	–	73, 2250	–	–	–	–	–	–	–	–	–	–
28.09.73	8 TaBV 20/73	–	–	74, 244	–	–	–	–	–	–	–	–	–	–
28.09.73	8 TaBV 17/73	–	–	73, 2353	–	–	–	–	–	–	–	–	–	–
02.10.73	7 Sa 617/73	–	–	–	–	–	–	–	–	–	–	–	–	–
23.10.73	3 Sa 541/73	–	–	74, 50	–	–	–	–	–	–	ARSt 75, Nr. 1154	–	–	–
12.11.73	8 TaBV 63/73	–	–	–	–	–	–	–	–	–	–	–	–	–
22.11.73	8 TaBV 62/73	–	–	74, 291	74, 183	–	–	–	–	–	–	–	–	–

1965

Entscheidungsregister – Landesarbeitsgerichte

Gerichtsort	Datum	Aktenzeichen	EzA (m. Anm. von …)	AP Nr. zu § (m. Anm. von …)	DB	BB	RdA	AuR	SAE	AR-Blattei	NJW	Sonstige
	29.11.73	3 Sa 663/73	–	–	74, 389	–	–	–	–	–	–	–
	06.12.73	8 TaBV 66/73	20 BetrVG 1972 Nr. 5 (Reuter)	–	–	–	–	–	–	–	–	ARSt 76, 46
	07.03.74	8 TaBV 65/73	–	–	–	–	–	–	–	–	–	–
	20.05.74	2 Sa 252/74	102 BetrVG 1972 Nr. 3 (Naendrup)	–	74, 1344	–	–	–	–	–	–	–
	27.05.74	2 Sa 282/74	102 BetrVG 1972 Nr. 11	–	74, 1343	–	–	–	–	–	–	–
	11.07.74	8 TaBV 48/73	–	–	74, 2012	–	–	–	–	–	–	–
	09.09.74	2 Sa 382/74	–	–	74, 2063	–	–	–	–	–	–	–
	09.09.74	2 Sa 628/74	–	–	75, 939	75, 968	–	–	–	–	–	–
	03.10.74	8 TaBV 44/74	–	–	–	74, 1486	–	–	–	–	–	–
	10.10.74	8 TaBV 17/74	–	–	–	74, 1439	–	–	–	–	–	–
	24.10.74	8 TaBV 53/74	102 BetrVG 1972 Nr. 5	–	75, 111	74, 1638	–	–	–	–	–	–
	05.12.74	8 TaBV 48/74	–	–	75, 360	75, 183	–	–	–	–	–	–
	05.12.74	8 TaBV 40/74	–	–	–	75, 109	–	–	–	–	–	–

Landesarbeitsgerichte – Entscheidungsregister

Datum	Az.													ARSt
19.12.74	6 Sa 1168/74	—	—	75, 699	—	—	—	—	—	—	—	—	—	—
11.02.75	8 TaBV 60/74	—	—	75, 697	76, 560	—	—	—	—	—	—	—	—	—
13.02.75	8 TaBV 73/74	—	—	—	75, 939	—	—	—	—	—	—	—	—	—
18.02.75	6 Sa 1076/74	—	—	—	—	75, 250	—	—	—	—	—	—	—	—
20.02.75	8 TaBV 74/74	—	—	75, 985	76, 551	—	—	—	—	—	—	—	—	—
27.02.75	8 TaBV 10/75	—	—	—	—	—	—	—	—	—	—	—	—	ARSt 77, 31 Nr. 1040
09.03.75	2 Sa 612/75	—	—	75, 1851	—	—	—	—	—	—	—	—	—	—
10.04.75	8 TaBV 29/75	85 ArbGG Nr. 2 (Herschel)	—	75, 1176	—	—	—	—	—	—	—	—	—	—
17.04.75	8 TaBV 17/75	—	—	—	—	75, 347	—	—	—	—	—	—	—	—
23.04.75	2 Sa 182/75	—	—	75, 1515	—	—	—	—	—	—	—	—	—	—
22.05.75	4 Sa 824/74	—	—	—	—	—	—	—	—	—	—	—	—	—
20.06.75	8 TaBV 38/75	—	—	—	75, 880	—	—	—	—	—	—	—	—	ARSt 77, 14 Nr. 1005
09.07.75	2 Sa 348/75	—	—	75, 1899	—	—	—	—	—	—	—	—	—	—
09.07.75	2 Sa 612/75	—	—	75, 185	—	—	—	—	—	—	—	—	—	—
21.07.75	2 Sa 392/1270	—	—	75, 1899	76, 127	—	—	—	—	—	—	—	—	—
21.07.75	2 Sa 472/75	—	—	—	—	—	—	—	—	—	—	—	—	ARSt 77, 30 Nr. 1032

Entscheidungsregister – Landesarbeitsgerichte

Gerichtsort	Datum	Aktenzeichen	EzA (m. Anm. von ...)	AP Nr. zu § (m. Anm. von ...)	DB	BB	RdA	AuR	SAE	AR-Blattei	NJW	Sonstige
	21.07.75	2 Sa 392/75	–	–	75, 1899	76, 1270 (Böhm)	–	–	–	–	–	–
	18.09.75	8 TaBV 65, 67, 68/75	23 BetrVG 1972 Nr. 2	–	–	75, 1302	–	–	–	–	–	–
	08.10.75	8 TaBV 49/75	–	–	75, 2282	–	–	–	–	–	–	–
	23.10.75	8 TaBV 66/74	112 BetrVG 1972 Nr. 10	–	76, 154	76, 87	–	–	–	–	–	–
	06.11.75	8 TaBV 21/75	–	–	76, 343	–	–	–	–	–	–	–
	06.11.75	8 TaBV 70/75	–	–	76, 343	76, 363	–	–	–	–	–	–
	27.11.75	8 TaBV 88/75	87 BetrVG 1972 Nr. 6	–	76, 201	76, 37	–	–	–	–	–	–
	05.12.75	9 Sa 1149/75	–	–	76, 680	–	–	–	–	–	–	–
	12.02.76	8 TaBV 90/75	–	–	76, 922	–	–	–	–	–	–	–
	26.02.76	8 TaBV 74/75	–	–	76, 1920	75, 358	–	–	–	–	–	–
	26.02.76	8 TaBV 103/75	–	–	76, 921	76, 1075	–	–	–	–	–	–
	29.03.76	3 TaBV 1/76	99 BetrVG 1972 Nr. 10	–	76, 2023	–	–	–	–	–	–	–
	12.04.76	9 Sa 29/76	–	–	76, 1112	–	–	76, 218	–	–	–	–
	13.04.76	9 Sa 29/76	–	–	76, 1112	–	–	–	–	–	–	ARSt 77, 192 Nr. 1123

1968

Landesarbeitsgerichte – Entscheidungsregister

14.04.76	3 TaBV 18/76	–	–	–	–	–	76, 1919	–	–	–	–	–	–
28.04.76	1 Sa 311/76	–	–	–	–	–	76, 1917	76, 1462	–	–	–	–	–
07.05.76	3 Sa 1093/75	102 BetrVG 1972 Nr. 24	–	–	–	–	76, 1727	76, 1368	–	–	–	–	–
14.05.76	3 TaBV 16/76	87 BetrVG 1972 Leistungs-lohn Nr. 4	–	–	–	–	76, 1973	76, 1028	–	–	–	–	–
14.05.76	3 TaBV 11/76	19 BetrVG 1972 Nr. 7	–	–	–	–	76, 2020	–	–	–	–	–	–
30.07.76	3 TaBV 22/76	–	–	–	–	–	76, 1917	76, 1607	–	–	–	–	–
30.07.75	3 TaBV 27/76	23 BetrVG 1972 Nr. 4	–	–	–	–	76, 1917	76, 1607	–	–	–	–	–
16.08.76	3 TaBV 43/76	76 BetrVG 1972 Nr. 7	–	–	–	–	76, 2069 77, 1468	–	–	–	–	–	–
08.10.76	3 TaBV 29/76	40 BetrVG 1972 Nr. 31	–	–	–	–	77, 778	–	–	–	–	–	–
28.10.76	8 Sa 658/76	–	–	–	–	–	77, 1054	–	–	–	–	–	–
28.10.76	8 Sa 928/76	–	–	–	–	–	–	–	–	–	–	–	–
03.12.76	3 TaBV 68/76	90 BetrVG 1972 Nr. 1	–	–	–	–	77, 2190	–	–	–	–	–	–
09.12.76	8 Sa 1098/76	102 BetrVG 1972 Nr. 26	–	–	–	–	77, 1515	77, 1098	–	–	–	–	–
21.01.77	3 Sa 941/76	Art. 9 GG Nr. 21	–	–	–	–	77, 1052	77, 747	–	–	–	–	–

1969

Entscheidungsregister – Landesarbeitsgerichte

Gerichtsort	Datum	Akten-zeichen	EzA (m. Anm. von …)	AP Nr. zu § (m. Anm. von …)	DB	BB	RdA	AuR	SAE	AR-Blattei	NJW	Sonstige
	01.02.77	3 TaBV 38/76	111 BetrVG 1972 Nr. 3	–	77, 1099	77, 695	–	–	–	–	–	–
	04.02.77	3 TaBV 75/76	23 BetrVG 1972 Nr. 5	–	77, 1189, 1514	77, 1606	–	–	–	–	–	–
	04.02.77	3 TaBV 69/76	40 BetrVG 1972 Nr. 33	–	–	–	–	–	–	–	–	–
	23.02.77	2 Sa 1192/76	–	–	77, 826	–	–	–	–	–	–	–
	17.03.77	8 Sa 1348/76	–	–	77, 2002	–	–	–	–	–	–	–
	01.04.77	3 Sa 181/77	103 BetrVG 1972 Nr. 19	–	–	77, 696	–	–	–	–	–	–
	13.05.77	3 Sa 381/77	–	–	78, 260	–	–	–	–	–	–	–
	24.05.77	3 TaBV 84/76	–	–	–	–	–	–	–	–	–	ARSt 78, 30
	19.08.77	3 TaBV 52/77	87 BetrVG 1972 Nr. 2 Urlaub	–	77, 2191	–	–	–	–	–	–	–
	24.08.77	3 TaBV 34/77	87 BetrVG 1972 Kontrollein-richtung Nr. 3	–	77, 2189	77, 1449	–	–	–	–	–	–
	30.09.77	3 TaBV 59/77	2 BetrVG 1972 Nr. 8	–	78, 844	–	–	–	–	–	–	–

1970

Landesarbeitsgerichte – Entscheidungsregister

Datum	Aktenzeichen	Norm		Fundstelle			
21.10.77	3 TaBV 57/77	76 BetrVG 1972 Nr. 19	–	78, 1452	–	–	–
09.11.77	11 Sa 951/77	–	–	78, 216	–	–	–
09.12.77	3 TaBV 68/77	–	–	78, 592	–	–	–
09.12.77	3 TaBV 71/77	4 BetrVG 1972 Nr. 3	–	78, 1282	–	–	–
16.12.77	3 TaBV 50/77	5 BetrVG 1972 Nr. 28	–	78, 400	–	–	–
22.12.77	8 Sa 1258/77	–	–	78, 752	–	–	–
22.02.78	10 Sa 1210/77	–	78, 912	–	–	–	–
17.03.78	3 TaBV 29/78	87 BetrVG 1972 Kontrolleinrichtung Nr. 5	–	78, 1987	–	–	–
17.03.78	5 Sa 1475/77	15 KSchG n.F. Nr. 17	–	78, 1747	–	–	–
19.05.78	3 TaBV 19/78	5 BetrVG 1972 Nr. 29	–	78, 1407	–	–	–
02.06.78	3 TaBV 23/78	87 BetrVG 1972 Arbeitszeit Nr. 5	–	–	–	–	–
08.06.78	3 Sa 568/78	37 BetrVG 1972 Nr. 58	–	78, 1698	–	–	–
16.06.78	3 TaBV 49/78	99 BetrVG 1972 Nr. 17	–	–	–	–	–

Entscheidungsregister – Landesarbeitsgerichte

Gerichtsort	Datum	Aktenzeichen	EzA (m. Anm. von …)	AP Nr. zu § (m. Anm. von …)	DB	BB	RdA	AuR	SAE	AR-Blattei	NJW	Sonstige
	16.06.78	3 TaBV 83/77	87 BetrVG 1972 Arbeitssicherheit Nr. 1	–	–	79, 213	–	–	–	–	–	–
	22.06.78	8 Ta 85/78	148 ZPO Nr. 6	–	78, 1699	78, 1014	–	–	–	–	–	–
	23.06.78	3 Sa 598/78	15 KSchG 1969 Nr. 20	–	78, 1745	79, 1604	–	–	–	–	–	–
	14.07.78	3 Sa 368/78	37 BetrVG 1972 Nr. 61	–	–	–	–	–	–	–	–	–
	06.10.78	3 TaBV 64/78	9 BetrVG 1972 Nr. 3	–	79, 1563	–	–	–	–	–	–	–
	06.10.78	3 Sa 998/78	78 a BetrVG 1972 Nr. 4	–	–	–	–	–	–	–	–	–
	09.11.78	3 TaBV 96/78	76 BetrVG 1972 Arbeitszeit Nr. 6	–	–	–	–	–	–	–	–	–
	24.11.78	3 TaBV 92/78	–	–	79, 1468	–	–	–	–	–	–	–
	05.01.79	3 TaBV 118/78	40 BetrVG 1972 Nr. 42	–	79, 1659, 1804	–	–	–	–	–	–	–
	31.01.79	8 Sa 1578/78	102 Beschäftigungspfl. Nr. 6	–	79, 1232	–	–	–	–	–	–	–
	20.02.79	3 TaBV 123/78	–	–	–	–	–	–	–	–	–	ARSt 80, 95

1972

Landesarbeitsgerichte – Entscheidungsregister

Datum	Az.	Norm										ARSt 80, 79
28.02.79	14 Sa 34/79	–	–	–	–	–	–	–	–	–	–	–
13.03.79	3 TaBV 121/78	27 BetrVG 1972 Nr. 5	–	–	–	–	–	–	–	–	–	–
16.03.79	3 TaBV 6/79	Art. 9 GG Arbeitskampf Nr. 33	–	–	79, 1196	–	–	–	–	–	–	–
11.05.79	3 TaBV 9/79	6 BetrVG 1972 Nr. 2	–	–	79, 1364	–	–	–	–	–	–	–
30.05.79	12 TaBV 27/79	–	–	–	79, 2380	–	–	–	–	–	–	–
07.06.79	3 TaBV 24/79	–	–	–	79, 1657	–	–	–	–	–	–	–
29.06.79	3 TaBV 40/79	37 BetrVG 1972 Nr. 67	–	–	80, 213	–	–	–	–	–	–	–
01.08.79	12 TaBV 39/79	–	–	–	80, 838	–	–	–	–	–	–	–
08.08.79	12 TaBV 44/79	–	–	–	79, 2499	–	–	–	–	–	–	–
24.08.79	3 Sa 362/79	37 BetrVG 1972 Nr. 66	–	–	79, 2236	–	–	–	–	–	–	–
26.10.79	3 TaBV 64/79	20 BetrVG 1972 Nr. 9	–	–	80, 694	–	–	–	–	–	–	–
31.10.79	2 Sa 970/79	–	–	–	80, 214	–	–	–	–	–	–	–
15.11.79	8 Ta 180/79	61 ArbGG 1979 Nr. 1	–	–	80, 118	–	–	–	79, 1829	–	–	–
09.01.80	3 Sa 1059/79	–	–	–	80, 1030							
					80, 1222							

1973

Entscheidungsregister – Landesarbeitsgerichte

Gerichtsort	Datum	Aktenzeichen	EzA (m. Anm. von …)	AP Nr. zu § (m. Anm. von …)	DB	BB	RdA	AuR	SAE	AR-Blattei	NJW	Sonstige
	06.02.80	3 TaBV 79/79	20 BetrVG 1972 Nr. 11	–	80, 1223	–	–	–	–	–	–	–
	06.02.80	3 TaBV 84/79	20 BetrVG 1972 Nr. 10	–	80, 1223	–	–	–	–	–	–	–
	12.03.80	3 TaBV 7/80	–	–	80, 1030	–	–	–	–	–	–	–
	13.08.80	12 TaBV 12/80	–	–	–	80, 1582	–	–	–	–	–	–
	13.08.80	3 TaBV 17/80	–	–	81, 848	–	–	–	–	–	–	–
	14.08.80	10 Sa 221/80	–	–	80, 1803 81, 106	81, 1095	–	–	–	–	–	–
	05.11.80	2 Sa 959/80	–	–	81, 800	–	–	–	–	–	–	–
	17.12.80	12 TaBV 61/80	–	–	81, 1336	–	–	–	–	–	–	–
	11.03.81	3 TaBV 125/80	–	–	81, 1678	–	–	–	–	–	–	–
	13.05.81	3 Sa 1310/80	–	–	–	–	–	–	–	–	–	–
	23.09.81	12 TaBV 90/81	–	–	82, 385	–	–	–	–	–	–	ARSt 82, 143
	28.10.81	12 TaBV 107/80	–	–	82, 1113	82, 1236	–	–	–	–	–	–
	28.10.82	12 TaBV 107/81	–	–	82, 1173	–	–	–	–	–	–	–
	30.10.81	5 Sa 476/81	–	–	82, 439	82, 1665	–	–	–	–	–	–
	17.12.81	10 Sa 729/81	–	–	82, 2716	–	–	–	–	–	–	–

1974

Landesarbeitsgerichte – Entscheidungsregister

Datum	Aktenzeichen															
06. 01. 82	3 TaBV 86/81	–	–	–	–	–	–	–	–	–	–	–	–	–	–	–
20. 01. 82	12 TaBV 120/81	–	–	–	–	–	–	–	–	82, 1119	–	–	–	82, 925	–
17. 02. 82	3 TaBV 115/81	–	–	–	–	–	–	–	–	82, 1574	–	–	–	–	–
31. 03. 82	12 TaBV 93/81	–	–	–	–	–	–	–	–	82, 2710	–	–	–	–	–
21. 04. 82	3 Sa 188/82	–	–	–	–	–	–	–	–	82, 2709	–	–	–	83, 832	–
05. 05. 82	3 TaBV 130/81	–	–	–	–	–	–	–	–	82, 2709	–	–	–	–	–
18. 05. 82	11 Sa 311/82	–	–	–	–	–	–	–	–	82, 1679	–	–	–	–	–
09. 06. 82	3 Sa 265/82	–	–	–	–	–	–	–	–	83, 614	–	–	–	–	–
14. 07. 82	12 TaBV 27/82	–	–	–	–	–	–	–	–	82, 2303	–	–	–	–	–
17. 08. 82	13 Sa 331/82	–	–	–	–	–	–	–	–	83, 48	–	–	–	–	–
08. 12. 82	12 TaBV 51/82	–	–	–	–	–	–	–	–	83, 832	–	–	–	–	–
09. 12. 82	8 Sa 408/79	–	–	–	–	–	–	Art. 9 GG Nr. 49	–	83, 558	–	–	–	–	–
16. 12. 82	10 Sa 915/82	–	–	–	–	–	–	–	–	83, 943	–	–	–	–	–
22. 12. 82	12 TaBV 53/82	–	–	–	–	–	–	–	–	83, 1985	–	–	–	–	–
09. 02. 83	12 TaBV 65/82	–	–	–	–	–	–	–	–	83, 1311	–	–	–	–	–
08. 03. 83	7/10 Sa 1237/82	–	–	–	–	–	–	–	–	–	–	–	–	83, 1349	–
28. 05. 83	8 TaBV 3/73	–	–	–	–	–	–	–	–	73, 1407	–	–	–	–	–

Entscheidungsregister – Landesarbeitsgerichte

Gerichtsort	Datum	Akten-zeichen	EzA (m. Anm. von ...)	AP Nr. zu § (m. Anm. von ...)	DB	BB	RdA	AuR	SAE	AR-Blattei	NJW	Sonstige
	16.05.84	12 TaBV 12/84	–	–	84, 2043	–	–	–	–	–	–	–
	01.08.84	3 Sa 281/84	–	–	–	–	–	–	–	–	–	NZA 84, 363
	23.11.84	16 Sa 948/84	–	–	85, 446	85, 2244	–	85, 292	–	–	–	–
	12.12.84	12 TaBV 104/84	–	–	–	–	–	–	–	–	–	ARSt 86, 45
	16.01.85	3 TaBV 129/84	–	–	85, 871	–	–	–	–	–	–	NZA 85, 631
	27.03.85	12 TaBV 129/84	–	–	–	–	–	–	–	–	–	NZA 85, 673
	05.06.85	3 TaBV 113/84	–	–	–	85, 1792	–	–	–	–	–	–
	25.09.85	12 TaBV 66/85	–	–	86, 919	–	–	–	–	–	–	–
	26.09.85	8 TaBV 118/85	–	–	86, 132	–	–	–	–	–	–	–
	04.12.85	3 TaBV 101/85	–	–	86, 547	86, 258	–	–	–	–	–	–
	22.01.86	12 TaBV 131/85	–	–	86, 806	–	–	–	–	–	–	–
	05.02.86	12 TaBV 145/85	–	–	–	86, 1640	–	–	–	–	–	–
	05.03.86	12 TaBV 164/85	–	–	–	86, 1291	–	–	–	–	–	NZA 86, 651
	16.04.86	12 TaBV 170/85	–	–	–	86, 1359	–	–	–	–	–	–
	11.06.86	12 TaBV 16/86	–	–	–	–	–	–	–	–	–	NZA 87, 35
	09.07.86	3 TaBV 31/86	–	–	–	87, 192	–	–	–	–	–	–

1976

Landesarbeitsgerichte – Entscheidungsregister

Datum	Az.	Vorschrift								NZA
03.12.86	3 Sa 1229/86	—	—	—	87, 2659	87, 685	88, 59	—	—	NZA 86, 842
30.01.87	17 Sa 1597/86	—	—	—	87, 1592	87, 1464	88, 258	—	—	—
11.02.87	12 TaBV 103/86	87 BetrVG 1972 Betriebliche Lohngestaltung Nr. 20	—	—	—	87, 827	—	—	—	—
11.03.87	12 TaBV 22/86	17 BetrVG 1972 Betriebliche Lohngestaltung Nr. 19	—	—	—	—	—	—	—	—
24.06.87	3 TaBV 128/86	—	—	—	87, 2052	—	—	—	—	—
09.10.87	17 Sa 494/87	—	—	—	88, 916	—	89, 322	—	—	—
25.04.88	17 Sa 1793/87	—	—	—	88, 2651	—	89, 149	—	—	NZA 89, 182
19.08.88	16 Sa 788/88	—	—	—	88, 2570	89, 353	—	—	—	NZA 89, 192
11.01.89	3 Sa 573/88	—	—	—	—	89, 1422	—	—	—	—
08.02.89	3 TaBV 126/88	—	—	—	89, 1244	89, 1058	—	—	—	—
14.12.89	17 Sa 994/89	—	—	—	—	90, 1571	—	—	—	—
31.01.90	3 Sa 1539/89	—	—	—	90, 2274	90, 927	—	—	—	NZA 90, 704
24.04.90	3 TaBV 56/90	—	—	—	—	90, 1628	—	—	—	—
23.10.91	3 TaBV 97/90	—	—	—	—	92, 278	—	—	—	—

Entscheidungsregister – Landesarbeitsgerichte

Gerichtsort	Datum	Aktenzeichen	EzA (m. Anm. von...)	AP Nr. zu § (m. Anm. von...)	DB	BB	RdA	AuR	SAE	AR-Blattei	NJW	Sonstige
Hannover	13.11.91	3 TaBV 110/91	–	–	92, 711	–	–	–	–	–	–	–
	05.09.52	Sa 459/52	–	–	–	52, 804	–	–	–	–	–	–
	13.12.55	1 Ta 144/55	–	–	56, 163	–	–	–	–	–	–	–
	25.01.61	4 TaBV 4/60	–	–	–	61, 529	–	–	–	–	–	–
	01.08.79	4 Sa 29/79	37 BetrVG 1972 Nr. 68	–	–	–	–	–	–	–	–	–
	21.04.80	3 TaBV 1/80	40 BetrVG 1972 Nr. 48	–	–	–	–	–	–	–	–	–
	21.10.81	4 TaBV 5/81	–	–	–	–	–	–	–	–	–	ZIP 82, 488
	30.08.82	11 TaBV 8/81	–	–	83, 1312	–	–	–	–	–	–	–
	27.11.84	8 TaBV 6/84	–	–	–	–	–	86, 29	–	–	–	NZA 85, 332
	30.05.85	2 Sa 15/85	–	–	–	–	–	–	–	–	–	AiB 86, 94
	17.09.85	6 TaBV 4/85	–	–	86, 335	–	–	–	–	–	–	–
	01.07.86	6 Sa 122/86	–	–	–	–	–	–	–	–	–	NZA 87, 33
	19.12.86	6 Ta 446/86	–	–	–	87, 1440	–	–	–	–	–	–
	05.06.87	12 TaBV 17/87	23 BetrVG 1972 Nr. 20	–	–	–	–	–	–	–	–	–
	14.08.87	15 Sa 161/85	–	–	–	–	–	–	–	–	–	NZA 88, 408

Landesarbeitsgerichte – Entscheidungsregister

Gericht	Datum	Az.	Norm	Ref.	Ref.	Ref.	Ref.	Ref.	Ref.	Fundstelle
	14.08.87	3 Sa 538/86	–	–	–	–	89, 60	–	–	AiB 88, 284
	18.08.87	1 TaBV 6/87	–	–	–	–	–	–	–	NZA 88, 290
	13.12.88	1 TaBV 60/88	–	–	–	–	–	–	–	NZA 89, 442
	22.10.91	13 TaBV 36/91	–	–	–	–	–	–	–	LAGE § 611 BGB Direktionsrecht Nr. 1
Köln	19.01.83	5 TaBV 16/82	–	83, 1101	–	–	–	–	–	–
	27.01.83	3 TaBV 33/82	–	83, 2143	–	–	–	–	–	–
	12.04.83	6 TaBV 6/83	98 BetrVG 1972 Nr. 1	–	–	–	–	–	–	–
	19.05.83	3 Sa 268/83	–	83, 2368	–	–	–	–	–	–
	19.10.83	5 TaBV 23/83	–	84, 511	–	–	–	–	–	AiB 84, 48
	20.12.83	1 Sa 1143/83	–	84, 937	–	–	–	–	–	–
	20.06.84	TaBV 20/84	–	84, 2202	–	–	–	–	–	–
	21.08.84	3 TaBV 27/84	–	85, 135	–	–	–	85, 292	–	ZIP 84, 1253
	13.09.84	10 SA 583/84	–	85, 394	–	–	–	–	–	–
	20.09.84	8 Sa 442/84	74 BetrVG 1972 Nr. 6	–	–	–	–	–	–	–
	16.11.84	7 TaBV 40/84	–	85, 1240	85, 524	–	–	–	–	NZA 86, 191

Entscheidungsregister – Landesarbeitsgerichte

Gerichtsort	Datum	Akten-zeichen	EzA (m. Anm. von...)	AP Nr. zu § (m. Anm. von...)	DB	BB	RdA	AuR	SAE	AR-Blattei	NJW	Sonstige
	13.12.84	8 TaBV 50/84	–	22 103 BetrVG 1972	–	–	–	–	–	–	–	–
	06.11.86	3/4 Sa 649/85	Art. 5 GG 18	–	87, 54	–	–	–	–	–	–	–
	05.06.87	6 TaBV 28/87	–	–	87, 1996	–	–	88, 59	–	–	–	–
	12.06.87	4 TaBV 10/87	–	–	87, 2106	–	–	–	–	–	–	–
	03.07.87	5 TaBV 11/87	–	–	87, 2107	–	–	–	–	–	–	–
	08.09.87	11 TaBV 32/87 NZA 88, 210	–	–	–	–	–	–	–	–	–	NZA 88, 589
	06.10.87	11 TaBV 50/87	–	–	–	–	–	–	–	–	–	NZA 89, 73
	29.02.88	6/8 TaBV 67/87	95 BetrVG 1972 Nr. 21	–	–	–	–	–	–	–	–	–
	23.03.88	7 Sa 1378/87	–	–	88, 1403	–	–	–	–	–	–	–
	19.04.88	11 TaBV 24/88	–	–	88, 1400	88, 1326	–	–	–	–	–	–
	29.04.88	5 TaBV 3/88	99 BetrVG 1972 Nr. 63	–	88, 1859	–	–	–	–	–	–	–
	08.06.88	5 TaBV 19/88	–	–	89, 684	–	–	–	–	–	–	–
	17.05.89	2 Sa 203/89	–	–	–	–	–	–	–	–	–	NZA 89, 943

Landesarbeitsgerichte – Entscheidungsregister

Kiel

Datum	Aktenzeichen	Sp. 1	Sp. 2	Sp. 3	Sp. 4	Sp. 5	Sp. 6	Sp. 7	Sp. 8	Sp. 9	Sp. 10
14.06.89	2 TaBV 17/89	—	—	—	—	—	—	—	89, 939	—	—
20.09.89	7 Sa 393/89	—	—	90, 1291	—	—	—	—	—	—	—
06.06.90	5 Sa 281/90	—	—	90, 2530	—	—	—	—	—	—	—
21.04.53	3 Sa 79/53	—	—	—	53, 768	—	—	—	—	—	—
07.07.53	3 Sa 174/53	—	—	53, 764	53, 708	—	—	—	—	—	—
27.07.53	1 Ta 6/53 B	—	—	53, 716	—	—	—	—	—	—	—
27.07.53	1 Ta 31/53 B	—	—	—	53, 768	—	—	—	—	—	—
26.08.53	1 Sa 206/53	—	—	—	—	—	—	—	—	—	—
11.08.59	3 TaBV 1/59	14 WO z. BetrVG	—	59, 1200	59, 1207	61, 44	—	—	—	—	—
23.06.60	1 TaBV 1/60	—	—	60, 1338	60, 1243	—	—	—	—	—	—
12.08.60	3 Sa 97/60	—	—	—	61, 718	—	—	—	—	—	—
25.05.67	2 TaBV 3/67	—	—	67, 1992	67, 1334	—	—	—	—	—	—
14.11.72	1 TaBV 20/72	38 BetrVG 1972 Nr. 2	—	—	—	—	—	—	—	—	—
09.06.82	5 TaBV 4/82	—	—	—	—	—	—	—	ZIP 82, 1118	—	—
08.12.82	2 TaBV 18/82	—	—	—	83, 1161	—	—	—	—	—	—
27.05.83	3 (4) TaBV 31/82	—	—	83, 2145	83, 1282	—	—	—	—	—	—
16.08.84	2 Sa 33/84	—	—	85, 47	—	—	—	—	—	—	—
15.11.84	2 TaBV 26/84	—	—	—	85, 997	—	—	—	—	—	—

Entscheidungsregister – Landesarbeitsgerichte

Gerichtsort	Datum	Akten-zeichen	EzA (m. Anm. von ...)	AP Nr. zu § (m. Anm. von ...)	DB	BB	RdA	AuR	SAE	AR-Blattei	NJW	Sonstige
	25.03.85	5 Sa 65/85	–	–	85, 2412	85, 1797	–	–	–	–	–	–
	12.08.86	5 (6) TaBV 42/85	76 BetrVG 1972 Nr. 43	–	87, 104	87, 63	–	87, 277	–	Einigungs-stelle, Entsch. 34	–	–
	14.11.86	6 TaBV 12/86	–	–	–	87, 901	–	–	–	–	–	NZA 87, 714
	05.12.86	6 TaBV 16/86	–	–	–	87, 549	–	–	–	–	–	NZA 87, 754
	29.01.87	4 TaBV 19/86	–	–	–	–	–	–	–	–	–	NZA 88, 68
	13.08.87	4 Sa 317/87	–	–	87, 2302	–	–	–	–	–	–	–
	20.08.87	4 Sa 37/87	–	–	87, 2528	87, 2298	–	–	–	–	–	NZA 88, 35
	03.09.87	4 TaBV 25/87	–	–	–	88, 348	–	89, 94	–	–	–	–
	23.09.87	5 Sa 409/87	37 BetrVG 1972 Nr. 95	–	88, 713	88, 1389	–	–	–	–	–	NZA 88, 590
	24.08.88	5 TaBV 13/88	–	–	–	–	–	–	–	–	–	NZA 89, 690
	15.09.88	4 TaBV 22/88	–	–	89, 52	–	–	–	–	–	–	–
	28.09.89	4 Sa 339/89	–	–	–	–	–	–	–	–	–	NZA 90, 288
	21.12.89	4 TaBV 42/89	–	–	–	–	–	–	–	–	–	NZA 90, 703
	04.12.90	1 TaBV 21/90	–	–	–	91, 139	–	–	–	–	–	–
Mainz	28.10.53	2 Sa 197/53	–	–	–	54, 129	–	–	–	–	–	–

1982

Landesarbeitsgerichte – Entscheidungsregister

05.04.60	1 Sa BV 1/60	–	–	–	60, 982	–	–	–	–	–	–	–
03.06.80	3 Sa 134/80	37 BetrVG 1972 Nr. 69	–	–	–	–	–	–	–	–	–	–
20.03.81	6 Sa 815/80	611 Fürsorgepflicht Nr. 28	–	82, 438	–	–	–	–	–	–	–	–
02.07.82	6 Sa 150/82	64 ArbGG 1979 Nr. 9	Arbeitsgerichtsbarkeit XB 1979, Entsch. 18	82, 2091	82, 1799	83, 124	–	–	–	–	–	–
23.06.83	4 TaBV 12/83	–	–	84, 56	–	–	–	NZA 85, 430	–	–	–	–
10.09.84	1 Ta 197/84	–	–	–	–	–	–	NZA 85, 190	–	–	–	–
17.01.85	5 TaBV 36, 84	–	–	–	–	–	–	NZA 86, 618	–	–	–	–
13.01.86	5 TaBV 61/85	–	–	–	86, 1629	–	–	–	–	–	–	–
30.04.86	2 TaBV 17/86	–	–	–	–	–	52 Nr. 37	–	–	–	–	–
26.04.51	Ber.-Reg. 980/50 III	–	–	–	–	–	–	–	–	–	–	–
17.07.53	Reg. I 10/53	–	–	53, 848	–	–	–	–	–	–	–	–
30.07.53	Beschl. Beschw. Reg. I 8/53 S	–	–	53, 908	–	–	–	–	–	–	–	–
30.07.73	1 TaBV 69/73	–	–	–	75, 968	–	–	–	–	–	–	–
06.08.74	5 Sa 395/74	–	–	75, 1228	–	–	–	ARSt 77, 52	–	–	–	–

München

1983

Entscheidungsregister – Landesarbeitsgerichte

Gerichtsort	Datum	Akten-zeichen	EzA (m. Anm. von...)	AP Nr. zu § (m. Anm. von...)	DB	BB	RdA	AuR	SAE	AR-Blattei	NJW	Sonstige
	15.07.75	5 TaBV 27/75	–	–	75, 2452	–	–	–	–	–	–	–
	23.09.75	5 Sa 590/75	–	–	76, 465	–	–	–	–	–	–	–
	10.02.76	5 Sa 763/75	–	–	76, 1439	–	–	–	–	–	–	–
	15.11.77	5 TaBV 34/77	–	–	78, 894	79, 732	–	–	–	–	–	–
	23.03.78	3 (4) TaBV 41/77	–	–	–	–	–	–	–	–	–	–
	16.11.78	8 TaBV 6/78	95 BetrVG 1972 Nr. 2	–	79, 1561	79, 1092	–	–	–	–	–	–
	30.10.81	3 TaBV 29/81	–	–	82, 1679	–	–	–	–	–	–	–
	09.09.82	6 Sa 236/82	–	–	82, 2630	–	–	–	–	–	–	–
	11.11.82	7 TaBV 4/82	–	–	83, 2788	–	–	–	–	–	–	ARSt 85, 125
1984	02.08.83	6 Sa 439/83	–	–	–	–	–	–	–	–	–	
	04.10.84	2 Sa 29/84	–	–	85, 1539	–	–	85, 291	–	–	–	–
	30.10.85	8 TaBV 15/85	–	–	–	–	–	–	–	–	–	LAGE 87 BetrVG 1972 Betrieb- liche Ord- nung Nr. 2

Landesarbeitsgerichte – Entscheidungsregister

Datum	Aktenzeichen											
13.03.86	7 TaBV 5/86	—	—	—	—	—	—	87, 479	—	—	—	NZA 87, 210
06.08.86	8 TaBV 34/86	—	—	—	—	—	—	87, 281	87, 615	—	—	—
05.09.86	3 Sa 446/86	—	—	—	—	—	—	—	87, 194	—	—	NZA 87, 464
14.01.87	5 (6) TaBV 41/86	—	—	—	—	88, 122	—	87, 685	87, 1156	—	—	NZA 87, 428
11.02.87	5 Sa 715/86	—	—	—	—	—	—	87, 1156	—	—	—	—
06.04.87	8 TaBV 56/86	—	—	—	—	—	—	88, 186	—	—	—	—
14.04.87	2 TaBV 14/87	—	—	—	—	—	—	88, 347	—	—	—	—
16.04.87	8 (9) TaBV 56/86	—	—	—	—	—	—	88, 186	—	—	—	NZA 88, 69
21.10.87	5 TaBV 9/87	—	—	—	—	—	—	—	88, 1182	—	—	—
23.03.88	8 Sa 1060/88	611 BGB Abmahnung Nr. 15	—	—	—	—	—	—	88, 2175	—	—	—
11.05.88	5 Sa 1193/87	—	—	—	—	—	—	88, 2651	88, 2175	—	—	NZA 89 280
06.09.88	3 TaBV 30/87	—	—	—	—	—	—	—	—	—	—	ZIP 89, 87
08.11.88	2 Sa 691/88	—	—	—	—	—	—	89, 1879	—	—	—	—
31.01.89	3 TaBV 62/88	—	—	—	—	—	—	—	89, 916	—	—	NZA 89, 525
30.08.89	5 Sa 419/89	—	—	—	—	—	—	89, 2236	89, 2111	—	—	NZA 90, 28
04.10.89	7 TaBV 19/89	—	—	—	—	—	—	89, 2628	—	—	—	—

Entscheidungsregister – Landesarbeitsgerichte

Gerichtsort	Datum	Aktenzeichen	EzA (m. Anm. von...)	AP Nr. zu § (m. Anm. von...)	DB	BB	RdA	AuR	SAE	AR-Blattei	NJW	Sonstige
	02.03.90	6 Sa 88/90	–	–	–	90, 1910	–	–	–	–	–	–
	17.07.90	6 TaBV 62/89	–	–	–	–	–	–	–	–	–	NZA 91, 905
Niedersachsen	14.09.55	1 TaBV 101/55	–	–	–	56, 109	–	–	–	–	–	–
	08.12.59	3 BTa 3/58	–	–	59, 115	59, 447	–	–	–	–	–	–
	23.07.74	2 Sa 404/74	–	–	–	–	–	–	–	–	–	–
	08.04.75	2 TaBV 60/74	–	–	75, 1224	–	–	–	–	–	–	–
	22.08.75	7a (3) Sa 80/75	–	–	75, 1898	–	–	–	–	–	–	–
	28.08.75	7a (3) Sa 80/75	–	–	75, 1898	–	–	–	–	–	–	–
	25.02.76	4 Sa 168/75	–	–	–	–	–	76, 312	–	–	–	–
	29.08.77	7 (2) Sa 141/76	–	–	–	77, 1503	–	–	–	–	–	–
	20.04.78	8 TaBV 1/78	–	–	–	–	–	–	–	–	–	BABL 79, 32
	19.05.78	9 TaBV 10/77	–	–	–	–	–	–	–	–	–	–
	28.09.79	3 TaBV 3/79	37 BetrVG 1972 Nr. 64	–	–	–	–	–	–	–	–	–
	25.02.80	3 TaBV 4/79	87 BetrVG 1972 Lohn- u. Arbeitsentgelt Nr. 12	–	80, 1849	–	–	–	–	–	–	–

Landesarbeitsgerichte – Entscheidungsregister

Datum	Aktenzeichen	Norm	Sp. 1	Sp. 2	Sp. 3	Sp. 4
30.04.80	4 Sa 87/79	78 a BetrVG 1972 Nr. 10	—	—	—	—
31.03.81	2 Sa 79/80	—	81, 1623	—	—	—
04.02.82	7 TaBV 8/81	—	82, 1992	—	—	—
25.03.82	11 TaBV 7/81	—	82, 2039	82, 1609	—	—
30.08.82	11 TaBV 8/81	—	83, 1312	—	—	—
24.01.84	8 TaBV 5/83	—	—	84, 1096	—	NZA 89, 442
13.12.88	6 TaBV 40/88	—	—	—	—	ARSt 75, 192
07.08.74	6 TaBV 13/73	—	—	—	—	ARSt 86, 173
29.05.85	3 TaBV 2/84	—	—	—	—	ARSt 88, 23
21.11.85	3 TaBV 7/84	—	—	—	—	NZA 87, 572
29.01.87	5 TaBV 4/86	—	—	—	—	NZA 90, 503
29.09.89	4 TaBV 40/89	—	—	—	91, 219	NZA 91, 281
06.11.90	4 TaBV 13/90	—	91, 707	91, 1863	—	—
17.12.90	7 TaBV 14/90	—	91, 1178	—	—	NZA 91, 281
06.11.90	4 TaBV 13/90	—	—	91, 707	—	NZA 91, 281
17.12.90	7 TaBV 14/90	—	91, 1178	—	—	—
12.06.72	4 Sa 107/72	—	—	—	73, 331	—

Nürnberg

Rheinland-Pfalz

Entscheidungsregister – Landesarbeitsgerichte

Gerichtsort	Datum	Aktenzeichen	EzA (m. Anm. von …)	AP Nr. zu § (m. Anm. von …)	DB	BB	RdA	AuR	SAE	AR-Blattei	NJW	Sonstige
	11.08.78	6 TaBV 5/78	–	–	–	–	–	79, 315	–	–	–	–
	20.01.81	3 TaBV 15/80	5 BetrVG 1972 Nr. 36	–	81, 899	–	–	–	–	–	–	–
	10.12.81	4 TaBV 27/81	–	–	82, 652	–	–	–	–	–	–	–
	21.02.83	7 TaBV 27/82	–	–	–	–	–	–	–	–	–	–
	08.03.91	6 TaBV 98/90	–	–	91, 1119	–	–	–	–	–	–	–
Saarbrücken	08.04.59	TaBV 9/58	–	–	–	59, 632	–	–	–	–	–	–
	21.12.60	Ta 6/58	–	2 43 BetrVG 1952 (Küchenhoff)	61, 171	61, 448	61, 380	61, 156	–	Betriebsverf. XI, Entsch. 3	–	–
	11.11.64	Sa 141/63	–	2 29 BetrVG 1952 (Neumann-Duesberg)	65, 148	65, 163	65, 360	65, 121	–	–	–	–
	02.02.66	1 Sa 60/65	–	–	–	–	–	–	–	–	66, 2137	–
	03.07.85	1 TaBV 3/84	–	–	86, 48	–	–	–	–	–	–	–
Saarland	30.11.74	1 SaBV 14/73	–	–	–	–	–	74, 217	–	–	–	–
	03.07.85	1 TaBV 3/84	–	–	86, 48	–	–	–	–	–	–	–
Schleswig-Holstein	27.05.53	2 Ta 24/53 B	–	–	53, 535	–	–	–	–	–	–	–

Landesarbeitsgerichte – Entscheidungsregister

	Datum	Aktenzeichen												
	19.08.66	1 TaBV 3/66	4 24 BetrVG 1952	66, 1893	—	66, 1452	67, 360	67, 58	—	—	—	Betriebsverf. X, Entsch. 18	—	JR 68, 91
	11.05.73	4 Sa 84/73	—	73, 1606	—	—	—	—	—	—	—	—	—	—
	24.10.75	4 TaBV 22/75	—	—	75, 1636	—	—	—	—	—	—	—	—	—
	31.05.76	3 TaBV 5/76	—	—	76, 1418	—	—	—	—	—	—	—	—	—
	02.09.76	4 TaBV 11/76	—	76, 1974	76, 1319	—	—	—	—	—	—	—	—	—
	26.11.76	5 Sa 464/76	—	77, 777	—	—	—	—	—	—	—	—	—	—
	11.03.77	5 Sa 8/77	—	—	—	—	—	—	—	—	—	—	—	—
	17.03.83	2 (3) Sa 548/62	—	—	84, 140	—	—	—	—	—	—	—	—	NZA 85, 673
	19.04.83	1 TaBV 19/82	—	—	84, 533	—	—	—	—	—	—	—	—	NZA 89, 68
	04.07.85	5 TaBV 15/85	—	—	85, 1791	—	—	—	—	—	—	—	—	NZA 88, 35
	29.01.87	4 TaBV 11/86	—	—	—	—	—	—	—	—	—	—	—	NZA 90, 703
	20.08.87	4 Sa 37/87	—	—	—	—	—	—	—	—	—	—	—	—
	21.12.89	4 TaBV 42/89	—	—	—	—	—	—	—	—	—	—	—	—
Stuttgart	04.04.78	7 Sa 181/77	111 BetrVG 1972 Nr. 10	—	78, 1064	—	—	—	—	—	78, 1655	—	—	—
	11.10.78	9 TaBV 4/78	—	—	—	—	—	—	—	—	—	—	—	—
	13.08.81	11 TaBV 5/81	—	82, 705	—	—	—	—	—	—	—	—	—	—
	16.04.82	9 TaBV 1/82	—	82, 1628	—	—	—	—	—	—	—	—	—	—

Entscheidungsregister – Landesarbeitsgerichte

Gerichtsort	Datum	Aktenzeichen	EzA (m. Anm. von ...)	AP Nr. zu § (m. Anm. von ...)	DB	BB	RdA	AuR	SAE	AR-Blattei	NJW	Sonstige
	04.05.83	2 TaBV 7/82	–	–	–	–	–	–	–	–	–	ZIP 83, 1238
	24.09.84	14 TaBV 6/85	–	–	86, 334	–	–	–	–	–	–	–
	24.01.86	14 TaBV 6/85	–	–	–	–	–	–	–	–	–	LAGE 87 BetrVG 1972 Arbeitszeit Nr. 6
	04.11.86	14 TaBV 4/86	–	–	–	–	–	–	–	–	–	NZA 87, 428
	17.02.87	8 (14) Sa 106/86	–	–	87, 1441	–	–	88, 121	–	–	–	–
	16.06.87	8 (14) TaBV 21/86	–	–	–	–	–	–	–	–	–	–
	10.11.87	8 TaBV 3/87	–	–	–	–	–	89, 149	–	–	–	NZA 88, 325
	08.12.87	14 TaBV 18/87	–	–	–	–	–	–	–	–	–	NZA 88, 515
	17.12.87	11 Sa 94/87	–	–	–	–	–	–	–	–	–	AiB 88, 314
	26.08.88	1 Sa 14/88	–	–	–	–	–	89, 288	–	–	–	NZA 89, 567
	14.06.89	9 Sa 145/88	–	–	89, 2028	–	–	–	–	–	–	–
Tübingen	12.07.65	4 TaBV 1/65	–	–	–	–	–	–	–	–	–	AG 65, 365

1990

Arbeitsgerichte – Entscheidungsregister

Arbeitsgerichte

Gerichtsort	Datum	Aktenzeichen	EzA (m. Anm. von ...)	AP Nr. zu § (m. Anm. von ...)	DB	BB	RdA	AuR	SAE	AR-Blattei	NJW	Sonstige
Aachen	01.09.75	2 BVGa 9/75	–	–	–	76, 1511	–	–	–	–	–	–
Bamberg	05.10.76	2 Ca 453/76	–	–	–	–	–	–	–	–	–	ARSt 77, 85
	30.11.84	3 BVGa 3/84	–	–	–	–	–	–	–	–	–	NZA 85, 259
Berlin	21.04.72	10 BV 1/72	–	–	–	–	–	–	–	–	–	BUV 72, 254
	25.01.73	39 BV 3/72	–	–	73, 387	73, 289	–	–	–	–	–	–
	27.09.73	7 Ca 123/73	–	–	73, 2406	74, 230	–	–	–	–	–	–
	03.04.74	10 BV 2/74	–	–	74, 1167	–	–	–	–	–	–	–
	03.04.74	10 BVGa 3/74	–	–	74, 830	74, 838	–	–	–	–	–	–
	05.02.75	16 BV 16/74	–	–	75, 652	75, 421	–	–	–	–	–	–
	27.10.76	41 BV 4/76	–	–	77, 963	–	–	–	–	–	–	–
	23.01.78	26 BV 2/77	–	–	78, 1085	–	–	–	–	–	–	–
	24.09.79	7 Ca 250/79	–	–	80, 1176	–	–	80, 180	–	–	–	–
	09.08.83	6 Ca 216/83	–	–	83, 2476	–	–	–	–	–	–	–
	16.07.86	8 Ca 141/86	–	–	–	86, 1853	–	87, 32	–	–	–	–

Entscheidungsregister – Arbeitsgerichte

Gerichtsort	Datum	Aktenzeichen	EzA (m. Anm. von ...)	AP Nr. zu § (m. Anm. von ...)	DB	BB	RdA	AuR	SAE	AR-Blattei	NJW	Sonstige
	24.09.87	10 Ca 159/87	–	–	88, 133	88, 70	–	88, 320	–	–	–	–
	24.03.88	5 BV 7/87	–	–	–	–	–	–	–	–	–	AiB 88, 287
	03.11.88	27 Ca 282/88	–	–	89, 486	89, 493	–	–	–	–	–	–
	18.12.89	9 Ca 324/89	–	–	–	90, 283	–	90, 295	–	–	–	–
Bielefeld	16.06.87	2 (5) BVGa 10/87	–	–	87, 2663	–	–	–	–	–	–	NZA 87, 757
	20.04.90	2 BVGa 12/90	–	–	90, 1776	–	–	–	–	–	–	–
Bochum	21.03.73	1 BV/Ca 1/73	–	–	73, 1510	–	–	–	–	–	–	–
	22.11.73	2 Ca 1452/73	–	–	74, 98	74, 276	–	–	–	–	–	–
Braunschweig	15.06.82	5 BVGa 5/82	–	–	82, 239	–	–	–	–	–	–	–
	16.03.83	2 BV 59/82	–	–	84, 672	–	–	–	–	–	–	–
	14.11.84	2 BV 52/84	–	–	85, 1488	–	–	–	–	–	–	–
Bremen	19.12.91	6 BV 100/91	–	–	–	92, 1352	–	–	–	–	–	–
Darmstadt	08.01.81	1 Ca 444/80	–	–	–	–	–	–	–	–	–	ARSt 81, 103
	14.01.92	3 BVG 381/91	–	–	92, 1298	–	–	–	–	–	–	–

Arbeitsgerichte – Entscheidungsregister

Ort	Datum	Aktenzeichen	Norm												
Düsseldorf	09.01.80	10 BV 79/79	87 BetrVG 1972 Kontrolleinrichtung Nr. 8	–	–	–	–	–	–	–	–	–	–	–	–
	21.07.81	1 Ca 2201/81	–	–	–	81, 1579	–	–	–	–	–	–	–	–	–
	22.06.83	10 BVGa 10/83	–	–	–	–	84, 55	–	–	–	–	–	–	–	–
	02.09.87	4 BVGa 26/87	–	–	–	88, 482	88, 91	–	–	–	–	–	–	–	–
Elmshorn	23.10.58	Ca 50/58	–	–	59, 208	59, 230	–	–	–	–	–	–	–	–	–
	03.03.78	2 BV 6/78	–	–	78, 962	78, 1695	–	–	–	–	–	–	–	–	–
Emden	12.11.75	Ca 402/74	–	–	–	–	–	–	–	–	–	–	–	–	–
Frankfurt	12.04.72	2 BV 2/72	–	–	72, 1634	72, 963	72, 344	–	ARSt 76, 120	–	–	–	–	–	–
	09.05.72	4 BV 1/72	5 BetrVG 1972 Nr. 2	–	–	72, 962	–	–	–	–	–	–	–	–	–
	02.09.82	4 BVGa 28/82	–	–	83, 239	–	–	–	–	–	–	–	–	–	–
	01.08.89	4 BV 11/89	–	–	89, 2041	–	90, 202	–	NZA 89, 941	–	–	–	–	–	–
Gießen	26.02.86	3 Ca 687/85	–	–	–	–	–	–	NZA 86, 614	–	–	–	–	–	–
Göttingen	16.06.81	1 BV 4/81	–	–	82, 334	–	–	–	–	–	–	–	–	–	–
	17.11.81	1 Ca 525/81	–	–	82, 760	–	–	–	–	–	–	–	–	–	–
	11.04.88	3 BVGa 2/88	–	–	–	–	–	–	–	–	–	–	–	–	–
Hagen	16.05.88	1 BV 4/87	–	–	88, 2056	–	–	–	–	AiB 88, 284	–	–	–	–	–
	28.05.68	BV 2/68	–	–	68, 1180	68, 749	69, 154	–	–	–	–	–	–	–	–
	18.12.74	1 BV 22/74	–	–	75, 2378	75, 1302	–	–	–	–	–	–	–	–	–

Entscheidungsregister – Arbeitsgerichte

1994

Gerichtsort	Datum	Aktenzeichen	EzA (m. Anm. von …)	AP Nr. zu § (m. Anm. von …)	DB	BB	RdA	AuR	SAE	AR-Blattei	NJW	Sonstige
Hamburg	16.06.76	6 BV 5/76	–	–	–	77, 590	–	–	–	–	–	–
	23.01.80	9 BV 7/79	–	–	–	–	–	–	–	–	–	ZiP 80, 205
	29.05.81	13 BV 12/80	–	–	–	81, 1213	–	–	–	–	–	–
	15.04.82	H 12 BV 24/81	–	–	–	–	–	–	–	–	–	AiB 89, 254
	24.01.84	13 GaBV 1/84	–	–	–	–	–	–	–	–	–	–
	03.10.84	23 BV 6/84	–	–	84, 2625	84, 2191	–	84, 347	–	–	–	–
	19.12.84	6 BV 14/83	–	–	–	–	–	–	–	–	–	NZA 85, 599
	11.06.87	6 GaBV 9/87	–	–	87, 2658	–	–	86, 89	–	–	–	–
Hamm	14.07.82	3 BV 14/82	–	–	82, 2632	–	–	–	–	–	–	–
Hannover	16.10.86	7 Ca 341/86	–	–	87, 179	87, 2409	–	–	–	–	–	–
Heilbronn	18.02.75	1 Ca 548/74	–	–	75, 2043	75, 1205	–	–	–	–	–	–
	17.02.84	4 BV 10/83	–	–	–	84, 982	–	84, 379	–	–	–	–
	13.06.89	4 Ca 116, 89	–	–	–	89, 1897	–	–	–	–	–	–
Karlsruhe	02.09.76	3 Ca 346/76	–	–	–	–	–	–	–	–	–	NZA 86, 236
	22.08.85	5 BVGa 1/85	–	–	–	–	–	–	–	–	–	–
Kassel	19.03.62	1 Ca 1/62	–	–	62, 1115	–	–	–	–	–	–	–

Arbeitsgerichte – Entscheidungsregister

Ort	Datum	Az.												
	17.04.72	3 Ca 643/71	—	—	—	72, 1121	73, 563	—	—	—	—	—	—	—
	12.06.75	1 BV 6/75	—	—	—	—	—	—	—	—	—	—	—	EZB BetrVG 78a Nr. 8
	05.08.76	1 Ca 217/76	Art. 9 GG Nr. 18	—	—	76, 1675	—	77, 157	—	—	—	—	—	—
	13.01.83	1 Ca 663, 82	—	—	—	83, 1876	—	—	—	—	—	—	—	—
	16.12.85	1 BV 10/85	—	—	—	—	—	—	—	—	—	—	—	NZA 86, 723
	12.11.86	6 Ca 163/86	—	—	—	—	—	—	—	—	—	—	—	NZA 87, 534
	03.09.87	4 Ca 307/87	—	—	—	87, 2418	—	87, 378	—	—	—	—	—	—
	23.01.74	2 Ca 1293/73	23 1 KSchG Betriebsbedingte Kündigung	—	—	74, 437	—	—	—	—	—	—	—	—
Kiel	25.07.74	46 BV 10/74	—	—	—	—	74, 1250	—	—	—	—	—	—	—
	16.06.76	2c Ca 782/76	—	—	—	76, 1917	—	—	—	—	—	—	—	—
	28.09.77	2a Ca 1320/77	—	—	—	—	78, 152	—	—	—	—	—	—	—
	13.11.78	4a BV 23/78	—	—	—	79, 1236	—	89, 150	—	—	—	—	—	AiB 89, 79
	03.05.88	5 Ca 1196/87	—	—	—	—	—	—	—	—	—	—	—	—
Koblenz	03.09.75	3 BV 55/75	—	—	—	—	75, 2451	—	—	—	—	—	—	—
Köln	09.06.76	3 BV 3/76	—	—	—	76, 2068	—	—	—	—	—	—	—	—

Entscheidungsregister – Arbeitsgerichte

Gerichtsort	Datum	Aktenzeichen	EzA (m. Anm. von...)	AP Nr. zu § (m. Anm. von...)	DB	BB	RdA	AuR	SAE	AR-Blattei	NJW	Sonstige
	13.07.89	13 BV 61/89	87 BetrVG 1972 Betriebliche Ordnung Nr. 14	–	–	–	90, 232	–	–	–	–	–
	28.05.91	4 BV 83/91	–	–	91, 2294	–	–	–	–	–	–	–
Ludwigshafen	06.03.72	2 Ca 173/72	102 BetrVG 1972 Nr. 1	–	–	–	–	–	–	–	–	–
	18.03.87	2 Ca 281/87	–	–	87, 1364	87, 1464	–	–	–	–	–	–
Lörrach	13.08.73	1 Ca 565/73	–	–	–	73, 1214	–	–	–	–	–	–
Mainz	15.02.80	5 BV 15/79	–	–	80, 1174	–	–	–	–	–	–	–
Mannheim	27.01.53	2 Ca 1692/52	–	–	–	53, 320	–	–	–	–	–	–
	26.02.73	6 BV 1/73	–	–	–	73, 1170	–	–	–	–	–	–
	20.12.78	2 BV 11/78	–	–	–	79, 833	–	–	–	–	–	–
	20.01.82	5 Ca 378/81	–	–	–	–	–	–	–	–	–	–
	25.01.82	4 Ca 467/81	–	–	–	82, 1421	–	–	–	–	–	–
	02.07.87	BBV 4/87	–	–	–	–	–	–	Betriebsfeier Entsch. 2	–	–	–
Marburg	27.11.62	Ca 651/62	–	20 611 BGB	63, 522	63, 514	63, 248	63, 189	–	–	–	–
Minden	04.06.74	GA 7/74	–	–	74, 1918	–	–	74, 379	–	–	–	NZA 87, 682

1996

Arbeitsgerichte – Entscheidungsregister

Ort	Datum	Az.								Betriebsverf. X, Entsch. 33			
München	14.03.74	20 Br 57/73	–	–	–	74, 1118	74, 1022	–	–	Betriebsverf. X, Entsch. 33	–	–	–
	24.05.84	20 Ca 9958/83	–	–	–	–	–	–	–	–	–	–	NZA 85, 64
	06.11.84	15 Ca 7995/84	–	–	85, 818	–	86, 27	–	–	–	–	–	NZA 85, 221
	03.02.86	22 BVGA 17/86	–	–	–	–	–	–	–	–	–	–	NZA 86, 235
Münster	11.04.75	BV 3/75	–	–	75, 1460	–	–	–	–	–	–	–	–
	08.09.86	3 BVGA 7/86	–	–	–	–	–	–	–	–	–	–	AiB 86, 236
Neumünster	12.07.85	3 BV 21/85	–	–	–	–	–	–	–	–	–	–	AiB 85, 788
Nürnberg	06.06.89	8 BV 30/89 A	2 BetrVG 1972 Nr. 12	–	89, 2284	89, 2331	–	–	–	–	–	–	NZA 90, 288
Oberhausen	12.11.63	3 Ca 762/63	–	–	–	64, 1123	–	–	–	–	–	–	–
Oldenburg	24.04.87	2 Ca 2743/86	–	–	–	87, 1671	–	–	–	–	–	–	NZA 89, 692
	29.05.89	5 BVGa 1/89	–	–	–	89, 1482	89, 353	–	–	–	–	–	–
Osnabrück	01.02.84	2 BV 14/83	–	–	–	–	84, 380	–	–	–	–	–	–
Pforzheim	25.10.56	Ca 519/56	–	–	–	57, 185	–	–	–	–	–	–	–
Reutlingen	08.05.81	2 BV 12/81	–	–	–	81, 1092	–	–	–	–	–	–	–
Saarbrücken	13.04.72	5 BV 12/72	102 BetrVG 1972 Nr. 4	–	–	–	–	–	–	–	–	–	–
Siegburg	30.03.72	1 BV 6/72	2 BetrVG 1972	–	–	–	–	–	–	–	–	–	–

Entscheidungsregister – Arbeitsgerichte

Gerichtsort	Datum	Aktenzeichen	EzA (m. Anm. von ...)	AP Nr. zu § (m. Anm. von ...)	DB	BB	RdA	AuR	SAE	AR-Blattei	NJW	Sonstige
	24.07.72	GA 4/72	102 BetrVG 1972 Nr. 3	–	–	–	–	–	–	–	–	–
	03.03.75	1 BVGa 2/75	–	–	–	75, 421	–	–	–	–	–	–
	03.08.77	2 Ca 1689/76	–	–	78, 1281	–	–	–	–	–	–	–
Siegen	08.04.86	2 Ca 1378/85	–	–	–	–	–	–	–	–	–	NZA 86, 683
Solingen	09.01.86	4 BVGa 1/86	–	–	–	86, 1027	–	–	–	–	–	–
Stuttgart	13.01.76	4 BV 10/75	–	–	76, 1160	–	–	–	–	–	–	–
	16.03.83	2 BV 1/83	–	–	83, 1718	83, 1215	–	–	–	–	–	–
	27.02.86	17 Ca 317/85	–	–	–	–	–	86, 316	–	–	–	–
Verden	25.04.90	1 BV 1/90	–	–	–	90, 1626	–	90, 389	–	–	–	–
Wesel	12.04.88	1 BV 4/88	–	–	–	–	–	89, 60	–	–	–	–
Wetzlar	12.06.72	BV 4/72	–	–	72, 1731	–	–	72, 345	–	–	–	–
Wiesbaden	13.08.75	6 BV 4/75	–	–	–	76, 845	–	–	–	–	–	–
	11.01.78	6 Ca 6423/77	–	–	78, 796	78, 1414	–	–	–	–	–	–
Wilhelmshafen	27.10.88	1 BVGa 57/88	–	–	–	–	–	–	–	–	–	NZA 89, 571
Wuppertal	08.03.74	4 Ga 5/74	–	–	74, 1584	74, 649	–	–	–	–	–	–
	07.01.75	1 BV 33/73	–	–	–	75, 561	–	–	–	–	–	–
	23.04.75	4 BVGa 4/75	–	–	75, 1177	75, 1344	–	–	–	–	–	–
	13.06.85	2 BV 24/85	–	–	–	–	–	–	–	–	–	NZA 85, 675

Bundesverfassungsgericht – Entscheidungsregister

Bundesverfassungsgericht

Datum	Akten-zeichen	EzA (m. Anm. von …)	AP Nr. zu § (m. Anm. von …)	DB	BB	RdA	AuR	SAE	AR-Blattei	NJW	Sonstige
20.07.54	1 BvR 459, 484 548, 555, 623, 651 748, 783, 801/52 5, 9/53, 96, 114/ 54	–	–	–	–	–	–	–	–	–	BVerfGE 4 (17 [19]) 7ff.
01.12.54	2 BvG 1/54	–	–	–	–	–	–	–	–	–	BVerfGE 4 (119 [128]) 115ff.
15.01.58	1 BvR 400/57	–	–	–	–	–	–	–	–	58, 267	JZ 58, 119
19.12.61	2 BvL 6/59	–	–	–	–	–	–	–	–	–	BVerfGE 13, 261
26.02.64	1 BvR 79/62	–	–	–	–	–	–	–	–	–	BVerfGE 18, 18
06.05.64	1 BvR 79/62	2 TVG Nr. 5	15 2 TVG	64, 700	64, 594, 1311 (Kunze)	64, 240, 362 (Reuss) 65, 9 (Reichel)	–	64, 137 (Nikisch)	Tarifvertrag II, Entsch. 3 a (Bulla)	64, 1267	JR 65, 212 JZ 65, 103
31.03.65	2 BvL 17/73	–	–	–	–	–	–	–	–	–	BVerfGE 18, 429

1999

Entscheidungsregister – Bundesverfassungsgericht

Datum	Aktenzeichen	EzA (m. Anm. von...)	AP Nr. zu § (m. Anm. von...)	DB	BB	RdA	AuR	SAE	AR-Blattei	NJW	Sonstige
24.09.65	1 BvR 228/65	–	–	–	–	–	–	–	–	–	BVerfGE 19, 119
16.11.65	2 BvL 8/64	–	4 Art. 20 GG	66, 19	66, 24	66, 358	–	–	–	66, 293	–
30.11.65	2 BvR 54/62	Art. 9 GG Nr. 11	7 Art. 9 GG	66, 229	66, 206	–	–	66, 157 (Zöllner)	–	–	–
19.10.66	1 BvL 24/65	2 TVG Nr. 6	24 2 TVG	66, 1772	66, 1267	66, 480	67, 1 (Reuß)	–	Tarifvertrag II, Entsch. 6	66, 2305	JuS 67, 85
03.12.69	1 BvR 624/56	–	–	–	–	–	–	–	–	–	BVerfGE 27, 253
15.01.70	1 BvR 293/62	–	–	–	–	–	–	–	–	–	BVerfGE 27, 326
26.05.70	2 BvR 311/67	–	18 Art. 9 GG	70, 1597	–	70, 320	–	–	Vereinigungsfreiheit, Entsch. 8 (Säcker)	–	JR 71, 406
26.05.70	2 BvR 664/65	–	16 Art. 9 GG	70, 1443	70, 1135	70, 320	–	–	–	70, 1637	JR 71, 406
22.07.70	1 BvR 285/66 1 BvR 445/67 1 BvR 192/69	–	1 6 a EStG	70, 1519	–	70, 382	–	–	–	70, 1787	JuS 70, 539
08.12.70	2 BvR 61/70	–	–	–	–	–	–	–	–	–	BVerfGE 27, 326

Bundesverfassungsgericht – Entscheidungsregister

Datum	Az.	Col3	Col4	Col5	Col6	Col7	Col8	Col9	Col10	Col11
19. 02. 75	1 BvR 418/71	–	50 Art. 9 GG	75, 792	75, 515	–	–	–	75, 968	JZ 75, 321
22. 05. 75	2 BvL 13/73	Art. 13 GG Nr. 4	2 Art. 33 Abs. 5 GG	75, 1555	–	–	–	Öffentlicher Dienst, Entsch. 169	75, 1641, 2169 (Schick) 76, 1809 (Lange)	JZ 75, 561 JuS 75, 695 (Zuck), 730
28. 04. 76	1 BvR 71/73	74 BetrVG 1972 Nr. 1	2 74 BetrVG 1972	76, 1485	76, 1026	–	–	Betriebsverf. IX V A, Entsch. 15 (Hanau)	76, 1627	JuS 76, 681 78, 163 (Pauly)
21. 09. 76	2 BvR 350/75	–	5 Art. 140 GG	–	–	–	–	Kirchenbedienstete, Entsch. 11 (Richardi)	76, 2123	–
11. 10. 77	2 BvR 209/76	118 BetrVG 1972 Nr. 15 (Rüthers)	1 Art. 140 GG	77, 2379	77, 1702	–	78, 172, 189	Kirchenbedienstete, Entsch. 15 (Richardi) Tendenzbetrieb, Entsch. 15 (Mayer-Maly)	78, 581	JuS 78, 559
14. 02. 78	1 BvR 466/75	–	–	78, 843	78, 499	–	–	–	78, 1310	–
01. 03. 79	1 BvR 532/77 u. 1 BvL 21/78	7 MitbestG Nr. 1	1 1 MitbestG (Wiedemann)	79, 593, Beil. 5 (G. Müller)	79, Beil 2, 398 (Ulmer)	79, 380 (Säcker)	–	Mitbestimmung, Entsch. 2	79, 593, 833 (Meissen)	JZ 79, 743 (Ritter) JuS 79, 897
27. 03. 79	2 BvR 1011/78	–	31 Art. 9 GG	79, 1231	–	–	79, 219	Personalvertretung VII, Entsch. 3	79, 1875	–
03. 04. 79	1 BvR 1460, 1482/78 27, 169/79	–	–	–	–	–	–	–	79, 1541	–

Entscheidungsregister – Bundesverfassungsgericht

Datum	Aktenzeichen	EzA (m. Anm. von ...)	AP Nr. zu § (m. Anm. von ...)	DB	BB	RdA	AuR	SAE	AR-Blattei	NJW	Sonstige
06.11.79	1 BvR 81/76	118 BetrVG 1972 Nr. 23	14 118 BetrVG 1972	80, 259	80, 886	—	80, 122, 257 (Ihlefeld), 285	—	Trendenzbetrieb, Entsch. 19 (Mayer-Maly)	80, 1084 (Plander), 1093	JZ 80, 185
17.02.81	2 BvR 384/78	Art. 9 GG Nr. 32	9 Art. 140 GG	81, 1467	81, 1150	—	81, 320	81, 257	Kirchenbedienstete, Entsch. 22 (Richardi)	81, 1829	JZ 81, 531
24.11.81	2 BvL 4/80	5 BetrVG 1972 Nr. 40	27 5 BetrVG 1972	82, 697 (Engels), 703	82, 738	—	82, 261	—	Angestellter, Entsch. 49	82, 1275	JZ 82, 286
09.02.82	1 BvR 799/78	—	—	—	—	—	—	—	—	82, 1635	—
19.10.83	2 BvR 485/80 u. 2 BvR 486/80	102 BetrVG 1972 Nr. 27	22 112 BetrVG 1972	84, 189 (Kraushaar) 346 (Kraushaar) 772 (Kraushaar) 1246 (Löwisch)	84, 141 296 (Mohrbutter) 539 (Bötticher)	—	84, 121	84, 81 (Benthien, Krause)	Konkurs, Entsch. 54	84, 468 (Bauer, Moench)	JZ 84, 184
15.12.83	1 BvR 209/83	—	—	84, 36	—	—	—	—	—	—	—
16.10.84	2 BvL 20/82	—	—	—	—	—	—	—	—	84, 419	DVBl. 84, 128
13.08.85	1 BvR 925/85	—	—	85, 1848	—	—	—	—	—	—	NVwZ 85, 179
10.12.85	1 BvR 1724/83	—	—	86, 647	—	—	—	—	—	85, 3005	—
18.12.85	1 BvR 143/83	—	15 87 BetrVG 1972 Arbeitszeit	86, 486	86, 593	—	86, 157	—	—	86, 1601	NZA 86, 199
23.04.86	2 BvR 487/80	—	—	87, 279	87, 126	—	—	—	—	87, 827	JZ 87, 873
18.10.86	1 BvR 563/85	—	—	88, 709	—	—	—	89, 33	—	88, 1899	DVBl 88, 855

Bundesgerichtshof

Datum	Aktenzeichen	EzA (m. Anm. von...)	AP Nr. zu § (m. Anm. von...)	DB	BB	RdA	AuR	SAE	AR-Blattei	NJW	Sonstige
11.03.53	II ZR 180/52	–	1 242 BGB Ruhegehalt (A. Hueck)	55, 118	55, 166	55, 160	–	–	–	55, 501	–
18.12.54	II ZR 281/53	–	–	–	53, 273	–	–	–	–	53, 745	–
15.05.55	I ZR 111/53	–	117 UnlWG (Vollmer)	–	–	56, 79	–	–	–	–	–
12.07.56	VI ZB 9/56	–	14 242 BGB Ruhegehalt (Lorenz)	–	–	–	57, 292 (Heissmann)	–	Ruhegeld (-gehalt), Entsch. 15 (Molitor)	–	–
26.11.56	II ZR 323/55	–	–	–	–	–	–	–	–	–	BGHZ 22, 197 ff.
28.11.57	VII ZR 42/57	–	–	–	–	–	–	–	–	–	BGHZ 26, 142
10.07.59	VI ZR 149/58	–	2 630 BGB	59, 979	59, 919	60, 36	–	–	–	59, 2011	JZ 59, 645
27.03.61	II ZR 24/60	–	5 626 BGB Druckkündigung	61, 637	61, 498, 547	61, 380	–	–	–	61, 1306	JR 61, 379 (Paulick) JZ 61, 610
29.05.69	III ZR 172/68	–	–	69, 1420	–	–	–	–	–	69, 1434	–

2003

Entscheidungsregister – Bundesgerichtshof

Datum	Aktenzeichen	EzA (m. Anm. von ...)	AP Nr. zu § (m. Anm. von ...)	DB	BB	RdA	AuR	SAE	AR-Blattei	NJW	Sonstige
27.02.63	V ZR 100/61 (Celle)	–	–	–	–	–	–	–	–	63, 1451	–
01.02.66	VI ZR 193/64	–	–	–	–	–	–	–	–	66, 780	–
13.06.66	II ZR 130/64	–	5 19 BetrVG 1972	66, 1195	66, 860	66, 400	–	–	Betriebsverf. VI, Entsch. 23	66, 1751	NR 67, 206 JZ 67, 30 (Herschel)
27.02.78	II ZR 17/77	–	–	78, 1272	78, 1062	–	–	–	–	78, 1370	JZ 78, 448
19.01.81	II ZR 20/80	–	–	82, 130	–	–	–	–	–	81, 2178	–
08.07.82	III ZR 103/80	–	–	82, 2125	–	–	–	–	–	82, 2369	MDR 82, 912
16.09.85	II ZR 275/84	–	–	85, 2341	–	–	–	–	–	86, 188	JuS 86, 236

2004

Oberlandesgerichte

Gerichtsort	Datum	Aktenzeichen	EzA (m. Anm. von...)	AP Nr. zu § (m. Anm. von...)	DB	BB	RdA	AuR	SAE	AR-Blattei	NJW	Sonstige
Bayern	09.07.80	4 St 173/80	–	–	–	80, 1638	–	–	–	–	–	–
Düsseldorf	28.08.79	3 W 191/79	–	–	80, 112	80, 44	–	–	–	–	79, 2520	–
	08.04.82	5 Ss (OWi) 136/82 I	–	–	82, 1575	82, 1113	–	–	–	–	–	–
Frankfurt	03.06.71	6 U 47/70	–	–	78, 1617	–	–	–	–	–	–	–
Hamburg	22.01.80	11 W 38/79	–	–	80, 635	–	–	–	–	–	–	–
Hamm	08.12.74	4 Ss OWi 1407/77	–	–	78, 748, 749	–	–	–	–	–	–	–
	07.12.77	4 Ss OWi 1407/77	–	–	78, 748	–	–	–	–	–	–	–
Köln	19.10.61	Zs 859/60	–	–	–	–	–	–	–	–	62, 686	–
Stuttgart	21.12.77	2 Ws 21/77	–	–	78, 592	78, 450	–	–	–	–	–	–
	09.09.88	1 Ws 237/88	–	–	88, 2245	–	–	–	–	–	–	–

Entscheidungsregister – Bundesverwaltungsgericht

Bundesverwaltungsgericht

Datum	Akten-zeichen	EzA (m. Anm. von...)	AP Nr. zu § (m. Anm. von...)	DB	BB	RdA	AuR	SAE	AR-Blattei	NJW	Sonstige
24.10.57	II CO 6, 56	–	–	–	–	–	–	–	–	58, 433	–
03.10.58	VII P 9, 57	–	57 PersVG (Galperin)	–	–	60, 119	–	–	–	–	–
09.10.59	VII P 1, 59	–	227 PersVG	–	–	–	–	–	–	–	–
27.11.59	VII P 18, 58	–	16 WahlO zum PersVG	59, 1448	–	–	–	–	–	–	–
11.11.60	VII P 9, 59	–	2 66 PersVG (Küchenhoff)	61, 848	–	61, 140	–	–	–	–	–
08.12.61	VII P 7, 59	–	2 68 PersVG	–	–	62, 360	–	–	–	–	–
26.10.62	VII P 1, 62	–	2 20 ArbGG 1953	63, 138	–	–	–	–	–	–	DVBl 63, 184
29.04.66	VII P 16, 64	–	1 3 PersVG Baden-Württemberg	–	–	66, 400	67, 203 (v. Maydell) 223	–	–	–	–
14.02.69	VII P 11, 67	–	–	–	–	–	–	–	–	–	–
03.12.76	VII C 47, 75	–	–	77, 899	–	–	–	–	–	–	–
25.06.86	6 P 27/84	–	–	–	–	–	–	–	87, 669	NVwZ 87, 329	–
16.12.87	6 P 32/84	–	–	88, 2002	–	–	–	–	–	88, 1750	NZA 88, 513
31.08.88	6 P 35/85	–	25, 75 BPersVG	–	–	–	–	–	–	89, 848	DVBl 88, 355
12.10.89	6 P 9/88	–	–	–	–	–	–	–	–	90, 1248	DVBl 90, 313

2006

(Ober)Verwaltungsgerichte – Entscheidungsregister

(Ober)Verwaltungsgerichte

Gerichtsort	Datum	Akten-zeichen	EzA (m. Anm. von...)	AP Nr. zu § (m. Anm. von...)	DB	BB	RdA	AuR	SAE	AR-Blattei	NJW	Sonstige
Hamburg	04.10.60	OVG BS PH	–	–	–	–	–	61, 350	–	–	–	–
Münster	09.08.89	CB 12/88	–	–	–	–	–	–	–	–	90, 852	–
Mannheim (VGH)	27.11.84	15 S 266/83	–	–	–	–	–	–	–	–	–	ZPR 86, 27
Hamburg (VG)	06.03.79	X 2099/78	–	–	–	–	–	–	–	–	79, 2164	

Bundessozialgericht

Datum	Aktenzeichen	EzA (m. Anm. von...)	AP Nr. zu § (m. Anm. von...)	DB	BB	RdA	AuR	SAE	AR-Blattei	NJW	Sonstige
29.11.56	2 RU 279/55	–	5 611 BGB Fürsorgepfl. (G. Hueck)	–	57, 114	57, 199	–	–	–	–	–
20.12.57	Az. 7 RKg 4/56	–	11 KindGG (Wertenbruch)	–	–	58, 479	–	–	–	58, 1252	–
29.07.70	7 RAr 44/68	–	9 37 AVAVG	–	–	–	–	–	–	71, 691	JuS 71, 108

Bundesfinanzhof

Datum	Akten-zeichen	EzA (m. Anm. von …)	AP Nr. zu § (m. Anm. von …)	DB	BB	RdA	AuR	SAE	AR-Blattei	NJW	Sonstige
03.11.72	VI R 341/69	–	–	73, 262	73, 180	–	–	–	–	–	–
04.12.72	VI RF 246/70	–	–	73, 263	–	–	–	–	–	73, 2092	–
03.05.74	VI R 211/71	–	–	74, 1991	–	–	–	–	–	–	–
06.10.78	VI R 157/76	–	–	79, 726	79, 87	–	–	–	–	79, 1424	DStR 79, 144
13.10.78	VI R 91/77	9 KSchG 1969 Nr. 6	–	79, 481	79, 304	–	–	–	–	–	–
11.01.80	VI R 165/77	–	–	80, 906	80, 667	–	–	–	–	–	–
15.05.81	VI R 23/77	–	–	81, 1960	–	–	–	–	–	–	BStBl II 81, 636 DStZ/E 81, 288 FR 81, 495

Entscheidungsregister – Finanzgerichte

Finanzgerichte

Gerichtsort	Datum	Akten-zeichen	EzA (m. Anm. von ...)	AP Nr. zu § (m. Anm. von ...)	DB	BB	RdA	AuR	SAE	AR-Blattei	NJW	Sonstige
Hannover (FG)	30.10.78	IX L 257/76	–	–	–	–	–	–	–	–	–	DStR 79, 388

Europäischer Gerichtshof

Datum	Akten-zeichen	EzA (m. Anm. von...)	AP Nr. zu § (m. Anm. von...)	DB	BB	RdA	AuR	SAE	AR-Blattei	NJW	Sonstige
15.10.69	15/69	–	2 Art. 177 EWG-Vertrag	–	69, 1313	70, 58	–	70, 192	–	–	–
08.11.90	177/88	–	–	91, 286	–	–	–	–	–	–	–
05.05.88	144/87	613 a Nr. 89	–	–	91, 208	–	–	–	–	–	NZA 90, 885
04.06.92	360/90	37 BetrVG 1972 Nr. 108	–	92, 1481	–	–	–	–	–	–	–

Sachverzeichnis

Abfindung
- bei wirtschaftlichen Nachteilen § 113 11
- Konkurs § 113 34
- Konkursforderung § 113 34
- Masseforderung § 113 35
- Sozialversicherung § 113 12
- Steuerfreiheit § 113 12
- unbezifferter Antrag § 113 11

Abmahnung
- Beschwerde beim Betriebsrat § 85 13
- Entfernung aus der Personalakte § 83 25
- Mitbestimmung § 87 120ff
- Personalakte § 87 125
- Rechtsgrundlage § 87 123
- von Betriebsratsmitgliedern § 87 124

Abwehraussperrung § 87 220

Allgemeinverbindlichkeit § 3 8

Amtspflichtverletzung, grobe § 23 14ff
- Betriebsrat § 23 41

Amtstätigkeit
- Abmahnung § 78 12
- Änderungskündigung § 78 12
- Behinderung der Tätigkeit § 78 6
- Beispiel der Störung der § 78 6
- geschützte Tätigkeit § 78 5
- Kündigungsschutz § 78 12
- Kurzarbeit § 78 12
- Massenkündigungen § 78 12
- Störung durch Unterlassen § 78 7
- Verbot der Begünstigung § 78 10ff
- Verbot der Benachteiligung § 78 10ff
- Verbot der Störung § 78 3
- vorsätzliche Behinderung § 78 9

Amtsträger
- Benachteiligungs- oder Begünstigungsverbot § 78 2
- geschützter Personenkreis § 78 4

Amtszeit des Betriebsrats
- Amtsende § 21 12
- Beginn § 21 5ff
- Bekanntgabe des Wahlergebnisses § 21 5, 16
- Betrieb mit Betriebsrat § 21 8
- betriebsratsloser Betrieb § 21 5
- Betriebsstillegung § 21 24ff
- Betriebsunterbrechung § 21 27
- Ende der Geschäftsführungsbefugnis § 22 10
- Ende der § 21 11ff, 17ff
- formelle Voraussetzung § 21 10
- Fortführung der Geschäfte § 21 22
- regelmäßige § 21 11
- Restmandat § 21 26
- Sonderfälle § 21 20ff
- Treuhänder § 21 26
- Wirkung der Beendigung § 21 33
- Zusammenlegung von Betrieben § 21 28ff

Änderungskündigung
- Anhörung des Betriebsrats § 102 17, 30
- Betriebsratsmitglied § 37 11
- Betriebsvereinbarung § 77 94, 233
- Mitwirkungsrecht des Betriebsrats § 102 17
- Umgruppierung § 102 17
- Versetzung § 102 17
- Weiterbeschäftigungspflicht § 102 18

Angelegenheiten
- wirtschaftliche § 106 32

Angestellte § 6 1
- Heimarbeiter § 6 4
- Begriff § 6 8
- Beispiele § 6 9
- leitende vor § 1 84f; § 1 26
- Streitigkeiten über Statusfragen § 6 15

Angestellte, leitende § 5 2, 22, 32
- Anforderungen § 5 57
- Anhörung des Sprecherausschusses vor Kündigung § 5 168
- Anhörung nach § 102 § 105 6ff
- Anhörungsverfahren nach § 102 § 105 7
- Aufsichtsfunktion § 5 60
- Auslegungsregel § 5 114ff, 117
- Außenkontakte § 5 104, 108
- Begriff § 5 32ff
- Beispiele § 5 78ff
- Berufsausbildung § 5 87
- Besondere Erfahrungen und Kenntnisse § 5 72
- Betriebsvereinbarung § 77 13
- Budgetverantwortung § 5 92, 98, 102, 106
- Definition § 5 35ff
- dritte Führungsebene § 5 65
- Eigenverantwortlichkeit § 5 45, 95
- Einordnung in die betriebliche Organisation § 5 90

2013

Sachverzeichnis

- Einstellung § 105 10
- Entscheidungen über personelle Grundsatzfragen § 5 84
- Entscheidungsspielraum § 5 88, 109
- Fachaufgaben § 5 107
- Gehaltsstruktur § 5 128ff
- Generalvollmacht § 5 40
- Interessengegensatz § 5 68ff, 81
- Jahresarbeitsentgelt § 5 129
- Jahreseinkommen § 5 89
- Kriterien für eine erhöhte Sachverantwortung § 5 93
- Kündigung § 5 168; § 105 7
- Leitungsebene § 5 125
- Leitungsfunktionen § 5 58
- Leitungsstrukturen § 5 127
- Linienfunktion § 5 66, 125
- Mitteilung der personellen Maßnahme § 105 11ff
- Mitteilungspflicht des Arbeitgebers gegenüber dem Betriebsrat in personellen Angelegenheiten § 105 10
- Mitwirkungsrechte des Betriebsrats in personellen Angelegenheiten § 105 1
- Personalbetreuung § 5 103
- personelle Veränderung § 105 10
- Personenkreis § 105 3ff
- Probezeit § 105 4
- Prokura § 5 40
- Sachverantwortung § 5 86
- Seebetrieb § 114 21
- selbständige Einstellung § 5 40ff
- selbständige Entlassung § 5 40
- Selbständigkeit § 5 45
- sonstige Aufgaben für Bestand und Entwicklung des Unternehmens § 5 73ff
- Sprecherausschüsse § 5 32
- Sprecherausschußwahl § 18a 7
- Stabsfunktion § 5 66, 125
- Statusfragen § 18a 28
- tätigkeitsbezogene Abgrenzungskriterien § 5 80ff
- Tätigkeitsfeld § 5 83
- Unternehmenssprecherausschuß § 18a 5
- unternehmerische Nähe § 5 85ff
- unternehmerische Tätigkeit § 5 62, 67
- unternehmerische Teilaufgaben § 5 55ff
- Verletzung der Mitteilungspflicht § 105 14
- Versammlung § 5 158
- Vorgesetzteneignung § 5 44, 54
- Vorgesetztenstellung § 5 63, 82, 97
- Wirtschaftsausschuß § 107 17
- Zuordnung zur Unternehmerseite § 5 60, 121
- Zuordnungsverfahren § 5 118; § 18a 2

Anhörung des Betriebsrats
- Änderungskündigung § 102 26
- Anforderungen an die Kündigungsmitteilung § 102 30ff
- Anhörung des Arbeitnehmers § 102 67
- Anhörungspflicht bei Kündigung § 102 16ff
- außerordentliche Kündigung § 102 61, 145
- Beendigung des Anhörungsverfahrens § 102 81
- Beendigungskündigung § 102 26
- Beschlußfassung § 102 68
- Betriebsausschuß § 102 55
- betriebsbedingte Kündigung § 102 34
- Betriebsvereinbarung § 102 196
- Darlegungs- und Beweislast für die erfolgte Anhörung § 102 64
- Geltungsbereich des § 102 § 102 3ff
- Inhalt der Kündigungsmitteilung § 102 30ff
- Kündigung eines Tendenzträgers § 118 48
- Kündigung von Schwerbehinderten § 102 27
- Kündigung § 102 1
- leitende Angestellte § 102 6
- Mängel des Anhörungsverfahrens § 102 79
- Massenentlassung § 102 74
- Mitteilung der Kündigung § 102 28ff
- Mitteilung der Kündigungsgründe § 102 31ff
- Mitteilungspflicht des Arbeitgebers § 102 101
- Schweigepflicht des Betriebsrats § 102 138
- Tendenzträger § 102 7
- Verlängerung der Äußerungsfrist § 102 74
- Verzicht § 102 63
- Wahrnehmung der Mitwirkungsrechte § 102 55ff

Anhörungsrecht vor § 81 1
- Arbeitnehmer § 82 2
- Durchführung § 82 14
- Hinzuziehung eines Betriebsratsmitglieds § 82 6

Arbeiter § 6 1
- Begriff § 6 2
- Heimarbeiter § 6 4

2014

Sachverzeichnis

- Streitigkeiten über Statusfragen § 6 15
Arbeitgeber
- Beratungspflicht bei Betriebsänderung § 112 4
- Betriebsräteversammlung § 53 37
- Betriebsratssitzung § 29 47
- Datenschutz § 80 3
- Direktionsrecht § 2 5
- Fragerecht § 75 16
- Gebot der vertrauensvollen Zusammenarbeit § 2 9
- grobe Pflichtverletzung § 23 12
- Haftungsausschluß durch Betriebsvereinbarung § 77 36
- Informationspflicht § 80 28
- Organisationsrecht § 2 5
- Pflicht zur Offenlegung der Gehaltsstruktur § 5 131ff
- Recht auf Teilnahme an Betriebs- und Abteilungsversammlungen § 43 42
- Rechtsstellung § 2 4
- Sachherrschaft § 2 5ff
- Sanktionen gegen den § 23 60
- Unterrichtung des Arbeitnehmers § 81 1
- Unterrichtungsverpflichtung § 80 28
- Verpflichtung zur Unterrichtung § 80 29
- Verpflichtung zur Vorlage von Unterlagen § 80 29
- Verstöße gegen das Betriebsverfassungsgesetz § 23 60
Arbeitgeberverbände
- Beteiligungsrecht § 2 126
- Gebot des vertrauensvollen Zusammenwirkens § 2 117
- Industrieverbandsprinzip § 2 80
- Organisation § 2 80
- Pflichten § 2 117
- Rechte § 2 118
- Rechtsform § 2 79
Arbeitgebervertretung
- abweichende organisatorische Regelungen § 3 1ff
Arbeitnehmer
- Abgrenzung Arbeiter/Angestellte § 5 1
- Abgrenzung freie Mitarbeiter § 5 18
- Abmahnung § 39 24
- älterer § 80 26
- Angehörige christlicher Orden § 5 25
- Angestellte § 5 4
- Arbeiter § 5 4
- Aufstiegschancen § 82 5
- ausländischer § 80 27

- Begriff § 5 3
- Beschäftigung aus erzieherischen Gründen § 5 27
- Beschäftigung aus medizinischen Gründen § 5 27
- Diskriminierung § 75 1
- enge Verwandte des Arbeitgebers § 5 28
- Entgeltfortzahlung bei Inanspruchnahme § 39 23
- Erläuterungen des Arbeitsentgelts § 82 4
- Erörterung der beruflichen Leistung § 82 5
- Handelsreisende § 5 5
- Heimarbeit § 5 8
- Inanspruchnahme der Sprechstunde § 39 23ff
- mittelbarer § 5 14
- Monteure § 5 5
- nebenberuflich § 5 7
- persönlicher Arbeitsplatz § 82 1
- Recht zur Stellungnahme § 82 3
- Sonderfälle § 5 29
- Sondervertretung im Flugbetrieb § 117 7
- Teilzeitarbeitnehmer § 5 7
- Treuepflicht in Tendenzbetrieben § 118 65
- Unterrichtung über Aufgabe § 81 1
Arbeitnehmerkammern § 2 65
Arbeitnehmerüberlassung § 5 9
Arbeitsbefreiung von Betriebsratsmitgliedern
- Anspruch auf Arbeitsbefreiung § 37 17
- Durchführung § 37 37
- Erforderlichkeit § 37 26
- Rückmeldepflicht § 37 40
- Voraussetzung § 37 21ff
Arbeitsbereich
- Belehrung § 81 3
- Unterrichtung § 81 3
- Veränderung § 81 3
Arbeitskampf § 87 215ff
- Beteiligung einzelner Betriebsratsmitglieder § 74 26
- Betriebsratsamt § 74 27
- Einschränkung des Mitbestimmungsrechts § 74 28
- Entgeltzahlung § 87 225ff
- Kündigung § 74 28
- Mitbestimmung bei Produktionseinschränkung § 87 233ff
- Mitbestimmung des Betriebsrats § 103 2

2015

Sachverzeichnis

- Mitbestimmung im personellen Bereich § 74 28
- tarifvertragliche Mitbestimmungserweiterungen vor § 1 79
- Zulässigkeit vor § 1 79ff

Arbeitskampfverbot § 74 11, 16, 29
- Amtsenthebung § 74 18
- Kündigung § 74 18
- Unterlassungsanspruch § 74 15
- Verstöße des Betriebsrats § 74 15

Arbeitsplatz
- Mitbestimmung bei Änderung § 91 3ff
- arbeitswissenschaftliche Erkenntnisse § 91 6ff
- Widerspruch zu den arbeitswissenschaftlichen Erkenntnissen § 91 6ff
- Bildschirmarbeitsplätze § 91 7a
- besondere Belastung der Arbeitnehmer § 91 8

Arbeitsschutz § 89 1ff
- arbeitswissenschaftliche Erkenntnisse § 91 6ff
- Ausschreibungspflicht § 93 3
- Beratungsrecht § 90 1ff
- besondere Belastung der Arbeitnehmer § 91 9
- Beteiligung des Betriebsrats § 89 19
- Betriebsrat § 89 9
- Bildschirmarbeitsplätze § 91 7a
- Mitbestimmung bei Änderung § 91 3ff
- Rechtsfolgen der Nichterfüllung der gesetzlichen Aufgabe § 89 29
- Unterrichtung des Betriebsrats § 89 18; § 90 2
- Unterrichtungsrecht § 90 1a ff
- Widerspruch zu den arbeitswissenschaftlichen Erkenntnissen § 91 6ff
- zuständige Behörden § 89 4ff

Arbeitswissenschaft § 90 18
- Arbeitsstätten-Richtlinien § 90 19a
- DIN-Normen § 90 19a
- Erkenntnisse in gesetzlichen Vorschriften § 90 19a
- Sanktionen § 90 22
- Sicherheitsregeln der Berufsgenossenschaften § 90 19a

Arbeitszeit
- Legaldefinition § 87 141

Auflösung des Betriebsrats § 23 6
- Amtspflichtverletzung § 23 42
- Antragsbefugnis § 23 9ff
- Auflösungsbeschluß § 23 48
- Auflösungsverfahren § 23 48

- Bestellung des Wahlvorstandes durch das Arbeitsgericht § 23 57ff
- einstweilige Verfügung § 23 50
- Einzelfälle § 23 45ff
- grobe Verletzung seiner gesetzlichen Pflichten § 23 41
- Rechtsfolge des Auflösungsbeschlusses § 23 52
- Rechtskraft des Auflösungsbeschlusses § 23 52
- Rechtsschutzinteresse für den Auflösungsantrag § 23 54
- Wiederwahl § 23 55

Ausgleichsquittung § 77 183

Ausschluß aus dem Betriebsrat § 23 6
- Amtsenthebung § 23 31
- Amtspflichtverletzung § 23 21
- Antragsbefugnis § 23 9ff
- Ausschließungsantrag § 23 18, 21
- einstweilige Verfügung § 23 35
- Einzelfälle der Rechtsprechung § 23 28ff
- Entscheidung durch das Arbeitsgericht § 23 31
- Ersatzmitglieder § 23 27
- Kündigungsschutz § 23 39
- passives Wahlrecht § 23 33
- Pflichtverletzung während der Amtsperiode § 23 19
- Rechtsfolge § 23 38
- Rechtsschutzinteresse § 23 32
- Verletzung arbeitsvertraglicher Pflichten § 23 23
- Verletzung gesetzlicher Pflichten § 23 15
- Vertragsverletzung § 23 21

Ausschreibung von Arbeitsplätzen
- außerbetriebliche Stellenausschreibung § 93 14
- im Betrieb § 93 12f
- Sanktionen § 93 16
- Tendenzbetrieb § 93 3
- Umfang § 93 3
- Zweck der Vorschrift § 93 1ff

Ausschüsse
- Abberufung vom Amt § 28 14
- Allgemeines § 28 1
- Anzahl der Ausschußmitglieder § 28 8
- Aufgaben § 28 18
- Aufgabenübertragung § 28 24
- Ersatzmitglieder § 28 9
- Geschäftsführung § 28 16
- Gruppenschutz § 28 11
- laufendes Geschäft § 28 21ff

Sachverzeichnis

- Mitglieder § 28 7
- Niederlegung des Amtes § 28 14
- Rechtsstellung § 28 15
- Übertragung von Aufgaben § 28 21
- Voraussetzung § 28 5f
- Vorsitzende § 28 16
- Wahl der Mitglieder § 28 10
- Zusammensetzung § 28 7ff

Ausschuß, gemeinsamer § 28 27
- Aufgabe § 28 37
- Beschlußfassung § 28 33
- Geschäftsführung § 28 33
- Geschäftsordnung § 28 34
- Pattsituation § 28 35
- Voraussetzung § 28 25
- Zusammensetzung § 28 31

Aussetzung von Beschlüssen
- Antrag der Jugend- und Auszubildendenvertretung § 35 13
- Antrag der Schwerbehindertenvertretung § 35 24
- Antragsbegründung § 35 12
- Antragsrecht § 35 7
- Antragstellung § 35 15
- Aussetzung § 35 17
- erneute Beschlußfassung § 35 29ff
- Jugend- und Auszubildendenvertretung § 35 10
- laufende Fristen § 35 24
- Wirkung der Aussetzung § 35 21, 29

Aussperrung
- Kündigung § 102 9
- Schadensersatzpflicht § 74 17

Ausstrahlung vor § 1 4ff, 9; § 1 11

Auswahlrichtlinien
- AIDS-Erkrankung § 95 20
- ärztliche Untersuchungen § 95 20
- Bedeutung der § 95 10
- Begriff § 95 4ff
- Eingruppierung § 95 24
- Einigungsstelle § 95 46
- Einstellungsrichtlinien § 95 16ff
- Ermessensspielräume § 95 10
- Gleichbehandlungsgrundsatz § 95 19
- HIV-Infektion § 95 20
- Inhalt § 95 7
- Initiativrecht § 95 38, 43
- Personalinformationssystem § 95 15
- persönliche Voraussetzung § 95 26
- psychologische Tests § 95 20
- soziale Gesichtspunkte § 95 27
- Stellenbeschreibungen § 95 11
- Umfang des Mitbestimmungsrechts § 95 38

- Umgruppierung § 95 23
- Versetzungen § 95 22
- Verstoß gegen die § 95 45
- Zustimmung des Betriebsrats § 95 1ff
- Zustimmungsrecht des Betriebsrats in Betrieben bis zu 1000 Arbeitnehmern § 95 36ff
- Zustimmungsrecht des Betriebsrats in Betrieben mit mehr als 1000 Arbeitnehmern § 95 42ff
- Zweck § 95 4

Baugewerbe § 3 4
Beamte § 5 31
Belegschaftsmitglieder
- Streik § 74 20

Benachteiligung
- mittelbare § 75 11
- unmittelbare § 75 11

Benachteiligungsverbot § 37 76; § 84 11
Beratungsrecht des Betriebsrats § 90 12ff
Berufsausbildung
- Abschlußprüfung § 98 16
- Anlernlinge § 5 15
- Ausbildungsleiter § 98 14ff
- Ausübung der Mitbestimmung § 98 35
- Berichtsheft § 98 14
- fachliche Eignung § 98 29
- im Sinne des BetrVG § 5 15
- Lehrlinge § 5 15
- Mitbestimmung § 98 12
- persönliche Eignung § 98 27

Berufsbildung
- Begriff § 96 3
- Beratungspflicht des Auftraggebers § 96 13ff
- Förderung der § 96 8ff
- Teilnahme an Maßnahmen § 96 16
- Vorschlagsrecht des Betriebsrats § 96 13ff
- zuständige Stellen § 96 11

Berufsbildungsmaßnahme
- Auswahl der Arbeitnehmer § 98 53ff
- Auswahlrichtlinien § 98 61
- außerbetriebliche § 97 6
- betriebliche § 98 7
- Mitbestimmung § 98 7, 53
- Mitbestimmungsrecht bei der Teilnehmerauswahl § 98 54ff
- Umfang der Mitbestimmung § 98 7
- Zulassungsvoraussetzungen § 98 57

Beschlüsse des Betriebsrats § 33 1
- Abstimmung § 33 15

2017

Sachverzeichnis

- Änderung von Beschlüssen § 33 31
- Anfechtung § 33 23
- Beschlußfähigkeit § 33 6ff
- Beschlußmängel § 33 21ff
- Mängel der Einberufung § 33 14
- Mängel der Einladung § 33 14
- Mehrheit der Stimmen § 33 15
- Mitteilung der Tagesordnung § 33 12
- ordnungsgemäße Ladung § 33 12
- schlüssiges Verhalten § 33 4
- Stillschweigen § 33 4
- Verfahrensmängel § 33 25ff
- Voraussetzung der Beschlußfassung § 33 4
- Zeitpunkt der Beschlußfähigkeit § 33 8

Beschlußverfahren § 2 133
Beschwerde beim Arbeitgeber § 84 1ff
- Benachrichtigungspflicht § 84 9
- Beschwerdestelle § 84 6
- Entscheidung § 84 8ff
- gegen andere Arbeitnehmer § 84 5
- gegen betriebliche Vorgesetzte § 84 5
- gegen Betriebsratsmitglieder § 84 5
- gegen den Arbeitgeber § 84 5
- gegen den Betriebsrat § 84 5
- gegen leitende Angestellte § 84 5
- Gegenstand § 84 4
- Hinzuziehung eines Betriebsratsmitglieds § 84 7

Beschwerde beim Betriebsrat § 85 1ff
- Abmahnung § 85 13
- Anrufung der Einigungsstelle § 85 11
- Aufgabe des Betriebsrats § 85 5
- Berechtigung der Beschwerde § 85 8
- Form § 85 6
- Frist § 85 6
- Gegenstand § 85 1
- krankheitsbedingte Fehlzeit § 85 14
- Unterrichtungspflicht des Arbeitgebers § 85 12
- Verfahren § 85 4
- Verfahren vor der Einigungsstelle § 85 9
- Verhandlung mit dem Arbeitgeber § 85 8
- Vorprüfung durch Betriebsrat § 85 7

Beschwerdestelle
- betriebliche § 86 5
- Mitglieder § 86 6
- tarifliche Schlichtungsstelle § 86 7
- Zuständigkeit § 86 5

Beschwerdeverfahren
- betriebliche Beschwerdestelle § 86 4ff
- Betriebsvereinbarung § 86 1

- Regelungsgegenstand § 86 2f
- Tarifvertrag § 86 1

Besprechung
- Beteiligung von Gewerkschaftsvertretern § 74 5
- Form § 74 4
- monatliche § 74 2ff
- Teilnahmerecht des Vertrauensmanns § 74 4
- Verletzung des Gebots § 74 8

Betrieb
- Begriff § 1 2
- Betriebsabbruch § 1 23
- Betriebsabgrenzung § 1 15
- Betriebsinhaber § 1 7
- Betriebsstillegung § 1 23
- Betriebsteile § 1 17
- Betriebsverlegung § 1 21
- Definition § 1 2ff; § 4 4
- einheitliche Betriebsorganisation § 1 3
- einheitlicher arbeitstechnischer Zweck § 1 3
- einheitlicher Leistungsapparat § 4 9
- einheitlicher § 1 3, § 1 7
- Ergebnisabführung § 4 5
- Filialbetriebe § 1 8
- gemeinsamer § 1 7; § 4 17
- institutionelle Leitung § 4 10
- Leitung § 1 12
- Nebenbetriebe § 1 17
- organisatorische Einheit § 4 7, 9
- Organschaftsvertrag § 4 5
- Privatunternehmen § 1 4
- Produktionsstätte § 1 5, 16
- räumliche Einheit § 1 10; § 4 8
- Verlegung § 1 19
- Wechsel des Betriebsinhabers § 1 18
- Zusammenlegung § 1 22

Betriebliches Vorschlagswesen
- Ausübung des Mitbestimmungsrechts § 87 596
- Initiativrecht § 87 593
- Mitbestimmungsrecht § 87 581
- Rechtsfolgen der Nichtbeachtung des Mitbestimmungsrechts § 87 597
- Schranken des Mitbestimmungsrechts § 87 590
- Voraussetzung des Mitbestimmungsrechts § 87 587
- Zweck des Mitbestimmungsrechts § 87 586

Betriebsänderung
- Abfindung § 111 8
- Abfindungsanspruch § 111 45

2018

Sachverzeichnis

- Änderung der Betriebsanlage § 111 72
- Änderung der Betriebsorganisation § 111 47, 70
- Änderung des Betriebszwecks § 111 47, 71
- Anzahl der betroffenen Arbeitnehmer § 111 21
- Arbeitskampf § 111 50
- Arbeitsmethoden § 111 78
- Ausgliederung von Betriebsteilen § 111 46, 60, 64
- Begriff § 111 13
- Beratungsrecht § 111 2
- Beschlußverfahren § 111 83
- Betriebsanlagen § 111 74
- Betriebsaufspaltung § 111 58
- Betriebseinschränkung § 111 36ff
- Betriebspause § 111 52
- betriebsratsloser Betrieb § 111 2
- Betriebsstillegung § 111 51ff
- Betriebsübergang § 111 56
- Betriebsveräußerung § 111 55
- Betriebsverlegung § 111 59, 63
- Betriebsverpachtung § 111 57
- Brand im Betrieb § 111 54
- Datensichtgerät § 111 73, 80
- Eigenkündigung § 111 44
- Einigungsstelle § 111 89
- einstweilige Verfügung § 111 87
- Einzelfälle § 111 34
- Fertigungsverfahren § 111 81
- Funktionsaufspaltung § 111 58
- Fusion § 111 68
- Geldbuße § 111 7
- Herabsetzung der Schichtzahl § 111 38
- Herausgabe von Unterlagen § 111 33
- Informationsrecht § 111 2, 33
- Initiativrecht § 111 4
- Interessenausgleich § 111 45
- Konkursantrag § 111 48
- Konkursverfahren § 111 6, 48
- Konkursverwalter § 111 6
- Kurzarbeit § 111 38
- Massenentlassung § 111 39f
- Mikroprozessor § 111 73
- Mitbestimmungsrecht des Betriebsrats § 111 1ff
- Mitwirkungsrecht § 111 2
- Nichtzahlung des Lohnes § 111 44
- ohne Einschaltung des Betriebsrats § 112 52
- Personalfluktuation § 111 44
- Personalreduzierung § 111 37; § 112a 5
- Produktionseinschränkung § 111 37
- Produktionseinstellung § 111 53
- Rationalisierungsmaßnahmen § 111 78
- Stillegung von wesentlichen Betriebsteilen § 111 35, 47, 61
- Tarifvertrag § 111 54
- Umfang der Mitteilungspflicht § 111 28
- Unterlassungsanspruch § 111 87
- Vergleichsverfahren § 111 48
- Voraussetzungen des Beteiligungsrechts § 111 12
- wesentliche Betriebsteile § 111 61
- wesentliche Nachteile § 111 19ff
- Zeitpunkt der Unterrichtung § 111 30ff
- Zusammenlegung selbständiger Betriebsabteilungen § 111 67
- Zusammenlegung von Nebenbetrieben § 111 67
- Zusammenschluß mit anderen Betrieben § 111 65ff
- Zwangsverfahren § 111 11

Betriebsausschuß
- Abberufung vom Amt § 27 34
- Anfechtung § 27 17
- Aufgaben § 27 44ff
- Aufgaben kraft Übertragung § 27 51
- Betriebsvereinbarung § 27 53
- Dauer der Übertragung § 27 62
- Einblick in Lohnlisten § 80 42
- Einblicksrecht § 80 44
- Einsichtsrecht in die Personalakten § 80 40
- Ersatzmitglieder § 27 18
- Gemeinschaftswahl § 27 29
- Geschäftsführung § 27 37
- Größe § 27 11
- Gruppenschutz § 27 3, 13
- Gruppenwahl § 27 29
- Jugend- und Auszubildendenvertretung § 27 39
- kleinere Betriebe § 27 64
- laufendes Geschäft § 27 44ff
- Mehrheitswahl § 27 4, 25
- Minderheitenschutz § 27 25ff
- Mindestgröße des Betriebes § 27 8
- Mitbestimmungsrecht § 27 49, 52
- Mitgliedszahl § 27 2
- Nichtigkeitsgründe für die Wahl § 27 32
- Niederlegung des Amtes § 27 33
- Rechtsstellung § 27 35
- Schriftform § 27 57
- Schwerbehindertenvertretung § 27 40
- selbständige Erledigung § 27 5, 51
- Verhältniswahl § 27 4, 25

2019

Sachverzeichnis

- Vertauensmann der Zivildienstleistenden § 27 41
- Verteilung der Ausschußsitze § 27 14
- vertrauensvolle Zusammenarbeit § 27 59
- Vorsitzender § 27 37
- Wahl der Mitglieder § 27 19ff
- Wahl § 27 12
- Zusammensetzung § 27 16

Betriebsbuße
- Festsetzung § 87 137
- Geldbuße § 87 133
- gerichtliche Billigkeitskontrolle § 87 134
- gerichtliche Nachprüfung § 87 140
- Inhalt § 87 131
- Rechtsgrundlage § 87 128
- Vereinbarung § 87 129ff
- Voraussetzung § 87 135

Betriebsfrieden § 2 89, 93
Betriebsgeheimnis § 120 4ff
Betriebsobmann § 9 16
Betriebsrat vor § 1 64; § 12 1
- Abhängigkeit von der Belegschaft § 2 15
- älterer Arbeitnehmer § 80 26
- Amtstheorie vor § 1 20
- Anregungen von Arbeitnehmern § 80 21
- Antragsrecht § 80 20
- Arbeitskampf § 74 14
- Arbeitsschutz § 89 3
- Aufgaben § 37 22
- Aufgabenbeispiele § 37 23
- Auflösung des § 13 29
- ausländischer Arbeitnehmer § 80 27
- Ausschluß eines Mitglieds § 23 11
- Beendigung § 13 32
- Beispiele für die Zusammenarbeit mit der Gewerkschaft § 2 29
- Beteiligungsrechte im Konkurs § 111 49
- Betriebsführung § 80 6
- Betriebsvereinbarung § 77 171
- Bindung aufgrund des Verhaltens § 26 46
- Büropersonal § 40 102ff
- Datenschutz § 80 3
- des Verleiherbetriebes § 5 12
- des Entleiherbetriebes § 5 12
- Diktiergerät § 40 85
- Einsichtsrecht in die Personalakten § 80 40
- Einsichtsrecht in Lohnlisten § 80 41ff
- Entgegennahme von Erklärungen § 26 51
- Errichtung des § 1 1
- Ersatzmitglieder § 12 23
- Erweiterung von Befugnissen vor § 1 61
- Fachliteratur § 40 87
- Fehlen § 13 31
- Fotokopiergerät § 40 85
- Fragebogenaktion § 80 35
- Gebot der rationellen Arbeitsgestaltung § 37 28ff
- Gebot der vertrauensvollen Zusammenarbeit § 2 11
- Gefährdung der Funktionsfähigkeit § 30 28
- Geschäftsführungsbefugnis § 22 7ff
- gesetzlicher Vertreter sui generis vor § 1 24
- gewerkschaftlicher Vertrauensmann § 2 28
- Gewerkschaftsmitglieder § 74 40
- Grenzen der Zusammenarbeit mit der Gewerkschaft § 2 30
- Grundsatz der Unabhängigkeit § 2 26ff
- Gruppenschutz § 26 5ff
- Haftung für Auskünfte § 39 28
- Haftungsansprüche gegen den § 87 31
- Handlungsunfähigkeit § 26 3
- Hinzuziehung eines Sachverständigen § 80 53
- Informationsanspruch § 80 30
- Informationsblatt § 40 99
- Informationsrecht § 80 19, 28
- Konzentration der Aufgabenerledigung § 37 32
- Kündigungsschutz § 78 16
- Listenwahl § 14 39
- mehrgliedriger § 9 17
- Minderheitsgruppe § 26 6
- Mindestzahl der Gruppenvertreter § 12 3
- Mitbestimmung bei Betriebsänderung § 111 1ff
- Mitbestimmung bei der Eingruppierung eines leitenden Angestellten § 5 111ff
- Mitgliederzahl § 9 1ff, 15ff
- Neutralität § 74 41
- Organtheorie vor § 1 23
- Personalakten § 80 40
- Personalcomputer § 40 85
- Pflichtverletzung § 27 10
- Privatanschriften der Arbeitnehmer § 80 40
- privatrechtlicher Amtswalter vor § 1 21

2020

Sachverzeichnis

- Raum § **40** 82
- Recht auf Mitwirkung beim Abschluß von Tarifverträgen § **80** 12
- Rechte § **2** 10ff
- Rechtsnatur vor § **1** 16ff
- Rechtsschein § **26** 46
- Repräsentant der Belegschaft vor § **1** 22
- Restmandat § **112** 55
- Rücktritt des § **13** 22
- Sachmittel § **40** 85
- Schreibmaschine § **40** 85
- Schwarzes Brett § **40** 95
- Schwerbehinderte § **80** 24
- Sitzung § **29** 15
- Sondervertretung für Arbeitnehmer im Flugbetrieb § **117** 7
- Sprechstunden § **39** 1ff
- Stellvertretertheorie vor § **1** 19
- Tagespresse § **40** 94
- Telefon § **40** 85
- Überwachungsrecht § **80** 8ff
- Unentgeltlichkeit § **37** 6
- Unfallverhütungsvorschrift § **80** 8
- Unterrichtung der Jugend- und Auszubildendenvertretung § **70** 15
- Unterrichtung in wirtschaftlichen Angelegenheiten § **80** 31
- Verbot des Arbeitskampfes § **74** 12ff
- Verhältnis zum Arbeitgeber § **2** 17
- Verhältnis zum Sprecherausschuß § **5** 161
- Verhältnis zur Belegschaft § **2** 12
- Verhältnis zur Jugendvertretung § **80** 22f
- Verringerung der Mitgliederzahl § **11** 3ff
- Verteilung der Sitze § **12** 10
- vertrauensvolle Zusammenarbeit § **2** 17
- Vorlage von Unterlagen § **80** 33, 36ff
- Wahlanfechtung § **13** 26
- Wegezeiten § **37** 34
- Weiterführung der Geschäfte § **22** 4ff
- Werbung § **2** 96
- Willensbildung § **29** 15
- Zahl der Gruppenvertreter § **26** 11
- Zusammenarbeit mit den Arbeitgeberverbänden § **2** 31f
- Zusammenarbeit mit den Gewerkschaften § **2** 27
- Zusammensetzung nach dem Verhältnis der Gruppen § **10** 6ff
- Zusammensetzung § **15** 1ff

Betriebsräteversammlung
- Arbeitgeber § **53** 7, 37
- Arbeitnehmervertreter im Aufsichtsrat § **53** 10
- Aufgabe § **53** 13ff
- Beauftragte des Arbeitgeberverbandes § **53** 8
- Einberufung § **53** 20
- Entgelt § **53** 34
- Ersatzmitgliedern § **53** 5
- Gesamtschwerbehindertenvertretung § **53** 10
- Gewerkschaft § **53** 9
- Gruppenschutz § **53** 6
- Jugend- und Auszubildendenvertretung § **53** 10
- Konzernbetriebsrat § **53** 10
- Kosten § **53** 35
- Leitung § **53** 32
- Mitglieder § **53** 4ff
- Öffentlichkeit § **53** 12
- Sachaufwand § **53** 34
- Tagesordnung § **53** 25
- Teilnahmerecht § **53** 4ff
- Wirtschaftsausschuß § **53** 10

Betriebsratsamt
- Repräsentant der Belegschaft § **37** 5ff

Betriebsratsbeschluß
- Antrag auf Aussetzung § **35** 5

Betriebsratsfähigkeit § **1** 26ff
- Betriebsteile § **1** 30
- gemeinsamer Betrieb § **1** 31
- Mindestgröße § **1** 26ff
- Nebenbetriebe § **1** 30
- Streitigkeiten § **1** 32

Betriebsratsmitglied
- Abgeltung § **37** 72
- Abgeltungsanspruch § **37** 64
- Abmahnung § **37** 36
- Absicherung des Arbeitsentgelts § **37** 76
- allgemeine Zuwendungen § **37** 45
- Amtspflichtverletzung § **37** 36
- Änderungskündigung § **37** 11
- Anspruch auf Freizeitausgleich § **37** 55
- Arbeitsentgelt § **37** 71
- Aufgaben § **37** 22
- Aussperrung § **37** 48
- außerordentliche Kündigung § **102** 193
- Befreiung von der Arbeitspflicht § **37** 16ff
- Bergbau § **37** 49
- Entgeltausfallprinzip § **37** 71
- Entgeltfortzahlung § **37** 36
- Entgeltzahlung § **37** 43, 51
- Erlöschen des Anspruchs auf Freizeitausgleich § **37** 69

2021

Sachverzeichnis

- Ersatzmitglieder § 12 23
- Folgewirkung von Arbeitskampf § 37 48
- Freizeitausgleich § 37 54
- Frist für den Freizeitausgleich § 37 68
- Gewerkschaft § 74 41
- Gruppenzugehörigkeit § 12 1
- Haftung für Auskünfte § 39 28
- Kündigung § 37 36
- Kündigungsschutz § 21 9; § 103 3ff
- Kurzarbeit § 37 46
- Lehrer § 37 59
- Listenwahl § 14 39
- Lohnausfallprinzip § 37 43
- Mehrarbeitszuschlag § 37 75
- Mitglied des Wahlvorstandes § 16 15
- nachwirkender Kündigungsschutz § 103 4
- Persönlichkeitsschutz § 37 91
- Schlechtwettergeld § 37 46
- Schulungs- und Bildungsveranstaltung § 37 134
- Sozialversicherungsrecht § 37 7
- Streik § 37 48; § 74 18
- Teilzeitbeschäftigung § 37 60
- Überstunden § 37 45
- Umfang des Kündigungsschutzes § 103 6ff
- Verjährung des Anspruchs auf Freizeitausgleich § 37 70
- Verringerung der § 13 18
- Verschwiegenheitspflicht § 79 14
- Versetzung § 78 8
- Voraussetzung des Ausgleichsanspruchs § 37 55
- Wechselschicht § 37 57
- Wegezeit § 37 61
- Werbung § 2 97
- Zeugnis § 78 14

Betriebsratssitzung
- Amtszeit des bisherigen Betriebsrats § 29 3
- Auszubildendenvertretung § 29 28
- Beauftragter der Gewerkschaft § 31 13
- Beauftragter des Arbeitgeberverbandes § 29 48
- betriebliche Notwendigkeit § 30 4ff
- betriebsfremde Personen § 29 45
- Betriebsratssitzungsleitung § 29 11
- Betriebsratssitzungsplanung § 29 8
- Einberufung § 29 16
- einstweilige Verfügung § 30 12
- Ersatzmitglied § 29 32
- Form der Ladung § 29 26
- Gewerkschaft § 29 35
- Gewerkschaftsbeauftragter § 31 3
- Hausrecht im Sitzungsraum § 29 55
- konstituierende § 29 2
- Ladung des Arbeitgebers § 29 34
- Leitung § 29 55ff
- Mitteilung der Tagesordnung § 29 37
- Öffentlichkeit § 29 9; § 30 18
- Protokollführer § 30 23
- Rechtsanwalt § 29 45
- Sachbearbeiter § 29 45
- Sachverständiger § 30 21
- Schichtbetrieb § 30 8
- Schwerbehindertenvertretung § 29 10, 29
- Sitzungseinberufung § 29 20ff
- Sitzungsplanung § 29 25
- Sprecherausschuß für leitende Angestellte § 29 36
- Tagesordnung § 29 36
- Teilnahme § 29 41ff
- Teilnahmepflicht § 29 42
- Teilnahmerecht § 29 9; § 30 20
- Teilzeitbeschäftigung § 30 9
- Unterrichtung des Arbeitgebers § 30 14ff
- Verschwiegenheitspflicht § 29 52; § 30 25, 27
- Vertrauensmann der Zivildienstleistenden § 29 10, 31
- Wahlleiter § 29 12
- Wahlvorstand § 29 6
- zeitliche Lage § 30 3ff

Betriebsratstätigkeit
- Begünstigungsverbot § 37 9
- Behinderung § 78 8
- Unentgeltlichkeit § 37 19ff
- Zeugnis § 37 8

Betriebsratsvorsitzender
- Abberufung § 26 33
- Anfechtungsfrist der Wahl § 26 28
- Antragsberechtigte für die Anfechtung der Wahl § 26 29
- Aufgabe § 26 38
- Ausschlußverfahren § 26 50
- Befugnisse § 26 42
- eigenmächtiges Handeln § 26 50
- Entgegennahme von Erklärungen § 26 51
- Ermächtigung § 26 43
- Ersatzbestellung § 26 4
- Fristbeginn § 26 51
- grobe Verstöße § 26 50
- Gruppenschutz § 26 5ff

Sachverzeichnis

- Kündigung der Betriebsvereinbarung § **77** 214
- Losentscheid § **26** 12
- Minderheitsgruppe § **26** 6
- Nichtigkeitsgründe der Wahl § **26** 26
- Niederlegung des Amtes § **26** 32
- Rechtsstellung § **26** 38
- Schadenersatz § **26** 50
- Stellvertreter § **26** 53
- Übertragung der Vertretungsbefugnis § **26** 60
- Unwirksamkeit der Wahl § **26** 28
- Verhinderung des Stellvertreters § **26** 58
- Verhinderung § **26** 55
- Verletzung von Amtspflichten § **26** 50
- Vertretungsmacht § **26** 40, 47
- Wahl § **26** 1, 18, 25; § **29** 12
- weitere Stellvertreter § **26** 59

Betriebsratswahlen
- Anfechtung § **4** 17

Betriebsrisiko § **87** 31, 216

Betriebssprecherausschuß § **5** 143

Betriebsteile § **3** 5
- Beispiele § **4** 11
- Betriebsratsfähigkeit § **4** 17
- Definition § **4** 11
- eigener Betriebsrat § **4** 3
- Eigenständigkeit § **4** 17
- Kriterien § **4** 4
- räumliche Entfernung § **4** 16
- Selbständigkeit § **4** 15ff
- Streitigkeiten § **4** 18

Betriebsvereinbarung § **3** 1, 7
- Abänderungsvorbehalt § **77** 45
- Abschlußverbote § **77** 18
- abweichende § **77** 164
- Abwesenheitsregelung § **77** 35
- Aktie § **77** 24
- Altersgrenze § **77** 31, 33
- Änderungskündigung § **77** 94, 233
- Anfechtung mit Rückwirkung § **77** 220
- Anfechtung § **77** 220
- Anzeigepflicht § **77** 27
- Aufhebung der § **77** 125
- Aufhebungsmöglichkeiten § **77** 216ff
- Aufhebungsverpflichtung § **77** 218
- Auslegung im Betrieb § **77** 123ff
- Auslegung § **77** 61ff, 65
- Ausschlußfirst § **77** 180, 189ff
- außerordentliche Kündigung § **77** 198, 207, 210ff
- Beendigung der Nachwirkung § **77** 231ff
- Beendigung der Tarifüblichkeit § **77** 157f
- Beendigung von Arbeitsverhältnissen § **77** 39
- Beendigung § **77** 196ff
- befristete § **77** 205
- Begriff der Vereinbarung § **77** 103
- Begriff § **77** 3
- Beispiele § **88** 6ff
- betriebliche Sportgemeinschaft § **77** 25
- betriebliche Übung § **77** 87, 173
- Betriebsabsprache § **77** 96
- Betriebsausflüge § **77** 26
- Betriebsausschuß § **27** 53
- Betriebsferien § **77** 26
- Betriebspartner § **77** 223
- Betriebsverfassung § **77** 38
- betriebsverfassungsrechtliche Fragen § **77** 17
- betriebsverfassungsrechtliche Organisationsfragen § **77** 76
- Billigkeitskontrolle § **77** 51, 53
- bisherige Tarifübung § **77** 61
- Bordvereinbarung § **77** 86
- Dauerwirkung § **77** 172, 201
- Direktionsrecht § **77** 108, 113
- dispositive Gesetzesvorschrift § **77** 77f
- Durchführung der § **77** 101
- einseitige Handlungen des Betriebsrats § **77** 112
- Einwand unzulässiger Rechtsausübung § **77** 194
- Einzelanspruch des Arbeitnehmers § **77** 30
- Einzelarbeitsvertrag § **77** 87
- einzelvertragliche Abänderung § **77** 233
- Erfüllungsanspruch § **77** 16
- Erholungsheim § **77** 25
- Ersetzung der § **77** 204
- Erweiterung der Beteiligungsrechte § **2** 130
- Erweiterung der Mitbestimmungsrechte im sozialen Bereich **vor** § **1** 68
- Erweiterung der Mitbestimmungsrechte im personellen Bereich **vor** § **1** 69
- Erweiterung der Mitbestimmungsrechte im wirtschaftlichen Bereich **vor** § **1** 71
- erzwingbare Mitbestimmung § **77** 229
- erzwingbare Vereinbarung § **77** 107
- Erzwingbarkeit § **77** 82
- falsche Bezeichnung § **77** 64
- Feierschicht § **77** 19
- Feiertag § **77** 19
- Firmentarifvertrag § **77** 145

2023

Sachverzeichnis

- Form der Aufhebung § 77 217
- Form der Kündigung § 77 212
- formbedürftige § 77 105
- formelle Arbeitsbedingungen § 77 84, 133
- freie Entfaltung der Persönlichkeit § 77 22
- freiwillige Betriebsvereinbarung und Nachwirkung § 77 235
- freiwillige Kollektivvereinbarung § 77 75
- freiwillige § 77 14, 77, 82, 229; § 88 1ff
- Gegenstand einer freiwilligen § 77 16
- Geltungsbereich § 77 8ff
- Geltungsdauer § 77 206
- Gerichtsverfahren § 77 66
- Gesamtinteresse der betroffenen Arbeitnehmer § 77 82
- Gesamtnichtigkeit § 77 225
- Gesetz des Betriebes § 77 181
- Gewerkschaftsbeitrag § 77 23
- Grenze für die Vereinbarungsbefugnis § 77 54
- Günstigkeitsprinzip § 77 49, 58, 81, 88ff, 159
- Haftungsausschluß des Arbeitgebers § 77 36
- höherrangige Regelung § 77 67
- Impfzwang § 77 29
- Individualrechte § 77 20
- Individualsphäre § 77 21
- individueller Günstigkeitsvergleich § 77 93
- individuelles Arbeitsverhältnis § 77 19
- Jahresurlaub § 77 25
- kollektiver Günstigkeitsvergleich § 77 93
- Konto beim Arbeitgeber § 77 24
- Kündbarkeit § 77 196ff
- Kündigungsausschuß § 77 204, 210
- Kündigungsbeschränkung § 77 40
- Kündigungsfrist § 77 210
- Kündigungsschutzbestimmung § 77 40
- Kündigungsschutzklage § 77 41
- Leistungsverweigerungsrecht § 77 16
- leitende Angestellte § 77 13, 116
- Lohnabtretungsverbot § 77 30
- Lohnpfändung § 77 34
- materielle Arbeitsbedingungen § 77 83, 133
- mehrgliedrige § 77 115
- mündliche Vereinbarung § 77 121
- Nachwirkung als dispositives Recht § 77 234

- Nachwirkung der § 77 229ff
- Nebenbeschäftigungsverbote § 77 27
- Neuregelung § 77 232
- Neutralitätsverbot § 77 23
- Nichtigkeit § 77 169ff, 224
- normative Wirkung § 77 7
- notwendige Mitbestimmung § 77 230
- obligatorische § 77 14
- Pausenregelung § 77 35
- Pensionäre § 77 10
- personelle Angelegenheit § 77 74
- persönlicher Geltungsbereich § 77 9, 12
- Pflichten des Arbeitnehmers § 77 35
- Rauchverbot § 77 35
- räumlicher Geltungsbereich § 77 8
- Rechte des Arbeitgebers § 77 35
- Rechtskontrolle § 77 53
- Rechtsnatur § 77 4
- Rechtswirkung § 77 179
- Regelungsabrede § 77 96ff
- Regelungsinhalt § 88 3ff
- Regelungskompetenz § 77 13
- Rücktritt § 77 221
- Rückwirkung § 77 55ff
- Ruhegeldvereinbarung § 77 11
- Ruheständler § 77 10
- Satzungstheorie § 77 4
- Schriftform § 77 119f
- schriftliche Niederlegung der § 77 118ff
- schwarzes Brett § 77 123
- selbständige Entscheidungen des Betriebsrats § 77 111
- sonstige Arbeitsbedingungen § 77 132
- soziale Angelegenheit § 77 73
- Sozialplan § 77 10, 41, 51, 134
- Sperrwirkung § 77 130; § 88 11
- Sprecherausschuß § 77 116
- Spruch der Einigungsstelle § 77 122, 172
- Stillegung eines Betriebes § 77 227
- Streikrecht § 77 73
- Streitigkeit § 77 175
- Tarifautonomie § 77 126ff
- Tarifüblichkeit § 77 137, 146ff
- Tarifvertrag § 77 80ff
- tarifvertragliche Öffnungsklausel § 77 168
- tarifvertragliche Zulassung § 77 163
- tarifvertragsübernehmende § 77 160
- Teilkündigung § 77 215
- Teilnichtigkeit § 77 225
- Telefon § 77 35
- Trinkverbot § 77 35
- Unabdingbarkeit § 77 182
- Unterzeichnung § 77 118

Sachverzeichnis

- Unwirksamkeit § 77 170, 172
- unzulässige Rechtsausübung § 77 187
- Verbandstarifvertrag § 77 145
- Vereinbarungen über die Durchführung der § 77 110
- Vereinbarungen § 77 101ff
- Vereinbarungstheorie § 77 5
- Verfassungsvorschrift § 77 68
- Verhältnis zu anderen Normen § 77 67ff
- Verhältnismäßigkeitsprinzip § 77 43, 50f
- Verjährung § 77 195
- Verletzung der Auslegungspflicht § 77 124
- verschlechternde § 77 92, 94
- Verschlechterung von Ansprüchen § 77 42
- Verschlechterung von Sozialleistungen § 77 33
- Versorgungsanwartschaft § 77 44ff
- Vertragstheorie § 77 6
- Verwaltungskosten § 77 34
- Verwirkung von Rechten § 77 186ff
- Verwirkung § 77 180
- Verwirkungsverbot § 77 187
- Verzicht auf Rechte aus der § 77 183ff
- Verzicht durch Vergleich § 77 185
- Verzicht mit Zustimmung des Betriebsrats § 77 184
- Vorrang der späteren Regelung § 77 85
- Vorrang der Tarifautonomie § 77 1ff
- Wechsel der Betriebspartner § 77 226
- Wegfall der Geschäftsgrundlage § 77 222
- Weihnachtsgratifikation § 77 19
- Weitergeltung § 77 167
- Wettbewerbsverbot § 77 28
- wichtiger Grund § 77 211
- Widerruf der Sozialleistung § 77 94
- Widerruf § 77 46f, 221
- Widerrufsverbot § 77 10
- wirtschaftliche Notlage § 77 10, 30, 46
- Wohnsitz § 77 25
- zeitlicher Geltungsbereich § 77 56
- Zulässigkeit der Rückwirkung § 77 57
- Zulässigkeit § 77 20
- Zulassung ergänzender § 77 164
- zur Erweiterung des Mitbestimmungskatalogs im sozialen Bereich vor § 1 66f
- Zustandekommen der § 77 115ff
- Zweischrankentheorie § 77 136
- zwingende Gesetzesvorschrift § 77 70
- zwingende Tarifvorschrift § 77 81

Betriebsverfassung § 1 35

- Abänderung vor § 1 40ff
- Zuordnung vor § 1 15

Betriebsverfassungsgesetz
- Anwendung des § 5 33
- Mitbestimmung des Betriebsrates § 5 33

Betriebsversammlung § 2 16
- Ablauf § 42 36ff
- Abteilungsversammlung § 42 55ff; § 43 2
- Akkordlohn § 44 30
- Arbeitgeber § 42 19
- Arbeitnehmer im Ausland § 42 3
- Arbeitnehmervertreter im Aufsichtsrat § 43 15
- Arbeitskampf § 42 29; § 44 33
- Arbeitskampfmaßnahme § 44 20; § 45 14
- Arbeitszeit § 44 4
- Aufwendungsersatz § 44 30
- Aufzeichnungen § 42 43
- Aussprachegruppe § 42 38
- Außendienst § 42 15
- außerordentliche Betriebs- und Abteilungsversammlungen § 43 28ff
- außerordentliche § 43 1
- Beauftragte der im Betrieb vertretenen Gewerkschaften § 42 19
- Beauftragte des Arbeitgeberverbandes § 42 19; § 46 18f
- Befugnisse § 42 10
- Befugnisse des Arbeitgebers § 43 49
- Begriff § 42 4
- Belegschaftsversammlung § 42 6
- Beschlußfassung § 45 21ff
- betriebsfremde Personen § 42 17
- Betriebsteil § 42 13
- Betriebsvereinbarung § 42 37
- Dolmetscher § 42 21
- Einberufung auf Antrag der Gewerkschaft § 43 34
- Einberufung der § 17 4
- Einberufung durch den Betriebsrat § 43 7, 19ff
- Einhaltung der gesetzlichen Ordnung § 45 27
- Einladungsfrist § 42 27
- Entgeltanspruch § 44 18
- Entgeltzahlung § 44 1, 21ff
- Entgeltzahlungsanspruch § 42 25
- Entleiherbetrieb § 42 14
- Ergänzung der Tagesordnung § 43 31
- Fahrtkosten § 44 37
- Fahrtkostenerstattung § 44 40
- Fernsehen § 42 24

Sachverzeichnis

- Film § 42 24
- Formvorschrift § 42 27
- Friedenspflicht § 45 12
- Funk § 42 24
- Gäste § 42 23
- Gewerkschaft § 43 9
- gewerkschaftliche Angelegenheiten § 45 6
- gewerkschaftliches Initiativrecht § 43 3
- Grenze § 42 29
- Heimarbeit § 42 13
- Heimarbeiter § 44 24
- Höchstdauer § 44 11
- Höhe des Entgelts § 44 29
- Inhalt des Teilnahmerechts § 46 14
- Inhalt § 42 36ff
- Initiativrecht der Gewerkschaften § 43 29
- Lage außerhalb der Arbeitszeit § 44 12
- Lagebericht des Arbeitgebers § 43 19ff
- Lautsprecherübertragung § 42 44
- Leiharbeitnehmer § 42 14
- leitende Angestellte § 42 12
- Leiter § 42 32
- Mehrarbeitszuschlag § 44 31
- Nebenbetrieb § 42 13
- Niederschrift § 42 32
- Öffentlichkeit § 42 17ff
- ordentliche § 43 1
- parteipolitische Betätigung § 45 15ff
- Presse § 42 24
- Raum § 42 30
- Rechtsstellung § 42 8ff
- Rederecht des Arbeitgebers § 43 45
- Referent § 42 23
- regelmäßige Abteilungsversammlungen § 43 19ff
- regelmäßige § 43 7ff
- Schichtbetrieb § 44 16
- Seeschiffahrtsunternehmen § 116 35
- Sozialpolitik § 45 9
- Störung des Arbeitsablaufs § 45 19
- Tagesordnung § 42 28; § 43 9, 11ff
- Tarifpolitik § 45 8
- Tätigkeitsbericht § 42 36
- Teilnahme von Gewerkschaftsbeauftragten § 46 3ff
- Teilnahmerecht der Arbeitnehmer § 42 12ff
- Teilversammlung § 42 45ff
- Tendenzunternehmen § 43 19
- Themen § 45 4ff
- Tonbandaufnahme § 42 41
- Tumult § 42 34
- Unterrichtung der Gewerkschaften § 46 4ff
- Unterrichtung des Arbeitgebers § 43 41
- Verleiherbetrieb § 42 14
- Versammlungen außerhalb der Arbeitszeit § 44 17
- Versammlungsleiter § 42 34
- Versammlungsrecht § 42 6
- Voraussetzung § 42 6f
- Vorstellung von Kandidaten für die Betriebsratswahl § 45 7
- Warenhaus § 44 15
- Wegezeit § 44 33
- wirtschaftliche Angelegenheiten § 45 10
- wirtschaftliche Unzumutbarkeit § 44 13
- Wirtschaftsausschuß § 43 14
- Zusammensetzung § 42 12
- Zutritt zum Betrieb § 42 35
- Zweck § 42 4

Beurteilungsgrundsätze
- Arbeitsausführung § 94 21
- Arbeitseinsatz § 94 21
- Arbeitsergebnis § 94 21
- Arbeitssorgfalt § 94 21, 23
- Begriff 94 19
- Beispiel § 94 20
- Gegenstand des Mitbestimmungsrechts § 94 19ff
- Grenzen der Mitbestimmung § 94 30
- Initiativrecht § 94 32
- Vetorecht § 94 32
- Zusammenarbeit § 94 24

Bildungseinrichtung
- Änderung bereits bestehender Einrichtungen § 97 3
- Ausstattung § 97 3
- Beispiel für § 97 4
- Beratungspflicht des Arbeitgebers § 97 2
- betriebliche § 97 1
- Einführung § 97 5
- Errichtung § 97 3

Bildungsmaßnahmen
- Allgemeinbildung § 98 64
- sonstige § 98 63

Bildungsurlaub
- Mitbestimmungsrecht § 98 62

Bordvertretung § 114 4; § 115 2ff
- Amtszeit § 115 14; § 115 18
- Anfechtungserklärung § 115 17
- Anfechtungsfrist § 115 17
- Arbeitsschutz § 115 35
- Beteiligungsrechte § 115 27ff
- Betriebssicherheit § 115 35

Sachverzeichnis

- Bordvereinbarungen § 115 30
- Bordversammlung § 115 16, 23ff
- Bordvertretungsausschüsse § 115 21
- Einsichtsrecht in die Schiffstagebücher § 115 34
- Ende der Mitgliedschaft § 115 20
- Gesamtbetriebsrat § 115 26
- Geschäftsführung § 115 21
- Jugendvertretung § 115 21
- Konzernbetriebsrat § 115 26
- Kündigungsschutz § 78 16
- Meinungsverschiedenheiten § 115 29
- Minderheitengruppe § 115 12
- Mitgliederzahl § 115 11
- Neuwahlen § 115 14
- ordnungsgemäßer Schiffsbetrieb § 115 31
- Sachmittel § 115 22
- Schiffstagebücher § 115 34
- Seebetriebsrat § 115 28
- Unterrichtungspflicht § 115 33
- vorläufige Regelung § 115 31
- Wahl § 115 4
- Wahlanfechtung § 115 17
- Wählbarkeit der Bordvertretungsmitglieder § 115 9
- Wahlberechtigung § 115 5
- Wahlverfahren § 115 15
- Wahlvorstand § 115 16
- Zeitpunkt der Wahlen § 115 14
- Zuständigkeit § 115 28

Brett, schwarzes § 40 95
- Entfernungsrecht des Arbeitgebers § 40 98
- parteipolitische Anschläge § 40 97

Christlicher Gewerkschaftsbund Deutschlands § 2 57

Daten
- Auskunftsrecht § 83 9

Datenschutz
- personenbezogene Daten § 80 3
- Speicherung von Daten § 80 2

Deutsche Angestelltengewerkschaft § 2 57
Deutscher Beamtenbund § 2 57
Dienstverhältnis
- öffentlich-rechtliches § 5 17

Druckkündigung § 104 15

Ehrenamt § 37 6ff
Einblicksrecht
- Abschrift § 80 50
- außertarifliche Angestellte § 80 47
- Bruttolöhne § 80 48
- Nettolöhne § 80 48
- Sonderzahlung § 80 47
- Umfang § 80 46

Eingruppierung
- Auswahlrichtlinien § 95 24
- Mitbestimmung bei der Eingruppierung eines leitenden Angestellten § 5 111ff
- vorläufige § 100 42

Einigungsstelle vor § 1 43ff; § 76 1ff
- Ablehnungsrecht der Beisitzer § 76 38
- Änderung des Verfahrensablaufes **vor** § 1 47ff
- Änderung durch Betriebsvereinbarung **vor** § 1 47
- Änderung durch Tarifvertrag **vor** § 1 48f
- Anfechtung der Entscheidung § 76 59ff
- Anrufung der § 76 4
- Antrag § 76 9f
- Anwesenheit des Arbeitgebers § 76 46
- Anwesenheit des Betriebsratsvorsitzenden § 76 46
- Arbeitsbefreiung § 76a 12
- arbeitsgerichtliches Beschlußverfahren § 76 21
- Aufwendungsersatz § 76a 23
- Aufwendungsersatzanspruch § 76a 14f
- Ausschlußfrist § 76 52, 60, 62
- Auswahl der Beisitzer § 76 35
- Auswahl des Vorsitzenden durch das Arbeitsgericht § 76 41
- Auswahl des Vorsitzenden § 76 40
- Beauftragung eines Rechtsanwalts § 76a 10
- Behinderung § 76 32
- Beisitzer § 76 33
- Beisitzerzahl § 76 33ff
- Beispiele der offensichtlichen Unzuständigkeit § 76 18
- Bemessungsgrundlage für den Honoraranspruch § 76a 33
- Benennung des Vorsitzenden § 76 31
- Beschluß § 76 52
- Beschlußfähigkeit § 76 47
- Beschlußfassung § 76 47ff
- Bestellung des Vorsitzenden § 76 19
- betriebsfremde Beisitzer § 76 36
- Betriebsvereinbarung § 76 18

Sachverzeichnis

- Beurteilungsspielraum § 76 64
- Beweis § 76 45
- Bildschirmarbeitsplätze § 76 18
- Bildung der § 76 22ff
- billiges Ermessen § 76 64
- bindende Entscheidung § 76 4
- Bundesrechtsanwaltsgebührenordnung § 76 73
- Durchsetzung der Kosten § 76a 38ff
- Einigungsstellenkosten § 76a 10
- Einladung zur Sitzung § 76 43
- Einlassungszwang § 76 47
- Einschränkung der Zuständigkeit **vor** § 1 45
- einstweilige Verfügung § 76 68
- Entscheidung des Gerichts § 76 19
- Entscheidungskompetenz § 76 3, 17
- Ermessensbindung § 87 65
- Ermessensmißbrauch § 76 62
- Ermessensspielraum § 76 62
- Ermessensüberschreitung § 76 56
- Erweiterung der Zuständigkeit **vor § 1** 43f
- Festsetzung der Kosten § 76a 5
- Fortzahlung des Arbeitsentgelts § 76a 12
- Gegenstandswert § 76 73
- Geheimhaltungspflicht § 76 32
- gerichtliche Überprüfung § 76 59
- Gewerkschaftsfunktionär § 76a 26
- Haftung der Mitglieder § 76 58
- Haftungsbeschränkung § 76 58
- Hinzuziehung eines Rechtsanwalts § 76a 9
- Höhe der Kosten § 76a 28ff
- Honoraranspruch des Vorsitzenden § 76a 19
- Honoraranspruch § 76a 7, 11, 13, 22
- Honorarvereinbarung § 76a 26
- Interessenausgleich § 112 86
- Kompetenz § 76 4, 11
- Konkurs § 76 18, § 76 65
- Konkurseröffnung § 76a 20
- Kosten der Einigungsstelle § 76 57
- Kosten des Einigungsstellenvorsitzenden § 76a 15ff
- Kosten des nicht unternehmensangehörigen Einigungsstellenbeisitzers § 76a 22ff
- Kosten des Rechtsanwalts § 76a 9
- Kosten unternehmensangehöriger Einigungsstellenbeisitzer § 76a 11
- Kostentragungspflicht des Arbeitgebers § 76a 6ff

- Kündigungsschutz § 76 32
- Ladenöffnungszeiten § 76 65
- Lohnfortzahlungsanspruch § 76a 24
- Masseschuld § 76a 19
- Mehrheitsbeschluß § 76 47
- mündliche Beratung § 76 44ff
- Pauschalabfindungen § 76 65
- pflichtgemäßes Ermessen § 76 64
- Provisionsregelung § 76 64
- Rechtsanwalt § 76 73; § 76a 36
- Rechtsfehler § 76 60
- Rechtsfragen § 76 60
- Rechtsunwirksamkeit des Spruchs § 76 71
- Regelstreitwert § 76 72
- Regelungsstreitigkeiten § 76 61f, 64
- Sachentscheidung § 76 64
- Sachkosten § 76a 6
- Sachverständigenkosten § 76a 7
- Sachverständiger § 76 45
- Säumnisspruch § 76 43
- Sozialplan § 76 63, 65
- Spruch § 76 54
- ständige § 76 23
- Stimme des Vorsitzenden § 76 47
- Stimmenthaltung der Beisitzer § 76 48f
- Stimmenthaltung des Vorsitzenden § 76 50
- Streitigkeiten § 76 67
- suspendierende Wirkung § 76 71
- Teilwirksamkeit des Spruchs § 76 65
- Verdienstausfall § 76a 17, 24
- Verfahren vor der § 76 22ff
- Verfahren zur Bildung § 76 31
- Verfahrensbevollmächtigter § 76 46
- Verfahrensmangel § 76 68
- Verfahrensregelung § 76 42
- Verfahrensvorschriften § 76 53
- Vergütung des außerbetrieblichen Beisitzers § 76a 2
- Vergütung des Einigungsstellenbeisitzenden § 76a 34
- Vergütung des Vorsitzenden § 76a 2, 30ff
- Vergütungsanspruch der Gewerkschaftssekretäre § 76a 3
- Vergütungsgrundsatz § 76a 37
- Vergütungszusage § 76a 25
- Vollstreckungstitel § 76 56
- Vorsitzender § 76 39ff
- Wirkung des Spruches § 76 54ff
- Wirtschaftsausschuß § 109 2
- Zahl der Beisitzer § 76 31, 33ff
- Zeuge § 76 45

- Zuleitung des Beschlusses § 76 52
- Zusammensetzung § 76 30ff
- Zuständigkeit § 76 6ff, 16ff
- Zuständigkeitsprüfung § 76 17
- Zwangsmittel § 76 45
- Zwangsschlichtung § 76 4

Einigungsstellenverfahren
- Einigungsvorschlag § 76 15
- freiwilliges § 76 14
- Nachprüfbarkeit der Sprüche § 76 12
- über Rechtsfragen § 76 12
- Unterwerfung § 76 15
- verbindliches § 76 6ff
- Zuständigkeit § 76 6

Einigungsverfahren
- Beschlußfähigkeit im verbindlichen § 76 47

Einsichtsrecht
- Nebenakten § 83 11
- Sonderakten § 83 11

Entfernung betriebsstörender Arbeitnehmer
- Änderungskündigung § 104 10
- Anhörung des Betriebsrats nach § 102 § 104 11
- Anrufung des Arbeitsgerichts § 104 17
- außerordentliche Kündigung § 104 11
- Betriebsfrieden § 104 4
- Beunruhigung unter der Belegschaft § 104 6
- Druckkündigung § 104 15
- Fahrlässigkeit § 104 7
- Frist für die Anrufung des Arbeitsgerichts § 104 18
- Fürsorgepflicht § 104 14
- Grundsatz der Verhältnismäßigkeit § 104 9
- Initiativrecht § 104 11
- ordentliche Kündigung § 104 11
- Schadensersatzansprüche § 104 16
- Störung des betrieblichen Friedens § 104 4
- Streikunwillige § 104 4
- Tendenzbetrieb § 104 5
- Tendenzbezug § 104 5
- unsittliches Verhalten § 104 3
- Voraussetzung § 104 3
- Vorsatz § 104 7
- Zwangsgeld § 105 22
- Zwangsgeldverfahren § 104 8

Entgeltschutz
- Anpassung § 37 88
- berufliche Entwicklung § 37 84ff
- Dauer § 37 90

- Entgeltabrechnungszeitraum § 37 88
- Maßstab § 37 77
- Umfang § 37 89
- vergleichbarer Arbeitnehmer § 37 80ff

Entgeltzahlung
- Arbeitskampf § 87 225ff

Entleiherbetrieb § 5 10ff
- Wahlrecht § 5 12
- Betriebsrat § 5 12

Erlöschen der Mitgliedschaft im Betriebsrat
- Ablauf der Amtszeit § 24 5
- Anfechtbarkeit § 24 14
- Aufhebungsvertrag § 24 13
- Ausgliederung eines Betriebsteils § 24 25
- Ausschluß aus dem Betriebsrat § 24 27
- Aussperrung § 24 16
- Beendigung des Arbeitsverhältnisses § 24 9
- Ersatzmitglieder § 24 3, 17
- Feststellung der Nichtwählbarkeit § 24 28
- Fristablauf § 24 15
- Konkurs § 24 20
- kraft Gesetzes § 24 1
- nachwirkender Kündigungsschutz § 24 35
- Nichtigkeit § 24 14
- Niederlegung des Betriebsratsamtes § 24 6
- Rechtsfolge § 24 33ff
- Streik § 24 16
- Unterbrechung des Arbeitsverhältnisses § 24 19
- Veräußerung eines Betriebes § 24 22
- Verlust der Wählbarkeit § 24 23ff
- Versetzung § 24 24
- Wechsel der Gruppenzugehörigkeit § 24 37
- Wehrdienst § 24 18

Erörterungsrecht vor § 81 1

Ersatzmitglied
- Ausscheiden eines Betriebsratsmitglieds § 25 5
- Begriff § 25 4
- einstweilige Verfügung § 25 14
- Ende der Ersatzmitgliedschaft § 25 22
- erweiterter Kündigungsschutz § 25 17f
- Kündigungsschutz § 25 16
- nachwirkender Kündigungsschutz § 25 19
- Rechtsstellung der § 25 16
- Reihenfolge des Nachrückens § 25 23ff
- Schulungsveranstaltungen § 25 20

2029

Sachverzeichnis

- tatsächliche Verhinderung § 25 6
- Voraussetzungen des Nachrückens § 25 5ff
- zeitweilige Verhinderung eines Betriebsratsmitglieds § 25 7ff

Familienhaushalt § 1 6
Firmentarifvertrag § 74 23
Flugblätter § 87 113
Formulararbeitsverträge
- Mitbestimmung des Betriebsrats § 94 6

Fortbildung § 98 16
Fragebogen § 80 35
Franchise-Nehmer § 5 18
Freistellung von Betriebsratsmitgliedern § 38 6
- Amtspflicht § 38 48
- Amtszeit § 38 55
- Anderweitige Regelung § 38 20ff
- Anspruch auf bevorzugte Teilnahme an Bildungsmaßnahmen § 38 64
- Anzahl der freizustellenden § 38 9
- Arbeitsentgelt § 38 51
- Arbeitszeit § 38 44
- Benachteiligungsverbot § 38 61
- Beratung mit dem Arbeitgeber § 38 25
- berufliche Weiterentwicklung § 38 60ff
- Berufsbildung § 38 61
- Betriebe mit weniger als 300 Arbeitnehmern § 38 16ff
- betriebliche Ordnung § 38 46
- Betriebsvereinbarung § 38 20f
- Direktionsrecht § 38 45
- Durchführung der Freistellung § 38 23
- Einigungsstelle § 38 37, § 38 69
- Entgeltausfall § 38 51
- Entgeltschutz § 38 53
- Entgeltzahlung § 38 49
- Freizeitausgleich § 38 52
- Gruppenschutz § 38 11
- Gruppenwahl § 38 33
- Kurzarbeit § 38 51
- Mehrheitswahl § 38 30
- Minderheitenschutz § 38 11, 30
- Mindestregelung § 38 9
- Schichtbetrieb § 38 44
- Schulungs- und Bildungsveranstaltungen § 38 50
- Schutzzeitraum § 38 54
- Tarifvertrag § 38 20, 22
- Tätigkeitsschutz § 38 53
- Teilfreistellung § 38 19
- Überstunden § 38 51

- Unterrichtung des Arbeitgebers § 38 36
- Verhältniswahl § 38 23, 30
- Wahl § 38 23
- zusätzliche Freistellung § 38 12

Friedenspflicht § 2 114; § 74 1, 29ff
- Arbeitskampf § 74 10ff
- Einschränkung § 74 31
- Verbot der parteipolitischen Betätigung § 74 10

Fürsorgepflicht vor § 1 50, 52ff

Gebot der Sachlichkeit § 2 89
Geheimhaltungspflicht
- Aufsichtsrat § 79 10
- Betriebsgeheimnisse § 79 3
- Betriebsrat § 79 10
- Betriebsratssitzung § 79 6
- Bordvertretung § 79 11
- Einigungsstelle § 79 11
- Erklärung des Arbeitgebers § 79 4
- Ersatzmitglieder § 79 10
- Gegenstand § 79 1ff
- Gehalt § 79 3
- Gesamtbetriebsrat § 79 11
- Geschäftsgeheimnisse § 79 3
- Hinweis auf die Geheimhaltung § 79 12
- Koalition § 79 10
- Konzernbetriebsrat § 79 11
- Lohn § 79 3
- Mandatsträger § 79 5
- Offenbarung § 79 9
- Sachverständige § 79 13
- Schadensersatz § 79 17
- Schlichtungsstelle § 79 11
- Seebetriebsrat § 79 11
- Streitigkeiten § 79 19
- Umfang § 79 8f
- verpflichteter Personenkreis § 79 10ff
- Verstoß § 79 15
- Verwertung § 79 9
- Wirtschaftsausschuß § 79 11

Geheimnisverrat
- arbeitsvertragliche Treuepflicht § 120 7
- Erschwerungsgründe § 120 19
- Konkurrenzen § 120 21
- objektive Tatbestände § 120 3
- Schutz der Arbeitnehmer § 120 13ff
- Strafantrag § 120 20
- Strafmaß § 120 19
- unbefugte Verwertung § 120 8ff
- Vorsatz § 120 12

Geltungsbereich des Betriebsverfassungsgesetzes vor § 1 1ff

Sachverzeichnis

- ausländisches Unternehmen vor § 1 2
- Auslandsmitarbeiter vor § 1 4
- Betriebe der alliierten Streitkräfte vor § 1 11; § 130 6
- Betriebe der eisen- und stahlerzeugenden Industrie vor § 1 14
- Betriebe des Bergbaus vor § 1 14
- Betriebe des öffentlichen Dienstes vor § 1 12
- Betriebe deutscher Unternehmer im Ausland vor § 1 3
- Einzelfälle vor § 1 10
- fünf neue Bundesländer § 131 4
- im Inland vor § 1 2
- internationale Organisationen § 130 4
- Kleinbetriebe vor § 1 12
- Luftfahrtunternehmen vor § 1 13; § 117 1
- öffentlicher Dienst § 130 1ff
- Religionsgemeinschaften vor § 1 12
- Seeschiffahrt vor § 1 13
- Verwaltungen der Europäischen Gemeinschaft § 130 5
- Zweigniederlassung vor § 1 2

Gemeinschaftswahl
- Abstimmung § 14 24ff
- Kosten § 14 30
- Mehrheitsbeschluß § 14 26

Generalvollmacht § 5 32, 47ff

Gesamtbetriebsausschuß
- Aufgabe § 51 49
- Ersatzmitglieder § 51 39
- Gruppenwahl § 51 41
- Zusammensetzung § 51 36

Gesamtbetriebsrat § 1 24; § 76 2; § 77 8, 115
- Abberufung durch den Betriebsrat § 49 12ff
- Abberufung vom Amt § 47 55f
- allgemeine Aufgaben § 50 17
- Amtsniederlegung § 49 7
- Annahme des Amtes § 47 52
- Antragsberechtigte für den Ausschluß § 48 6ff
- Arbeitskampf § 47 32
- Arbeitszeit § 50 20
- Aufbau der Betriebsverfassung § 50 38
- Ausschluß § 48 4ff
- Ausschreibung von Arbeitsplätzen § 50 33
- Ausschüsse § 51 50
- Auswahlrichtlinie § 50 33
- Auszahlung der Arbeitsentgelte § 50 22
- Beendigung der Mitgliedschaft § 49 3
- Berufsbildung § 50 34
- Beschlußfähigkeit § 51 8
- Bestandsdauer § 47 64
- Betriebe im Ausland § 47 14
- betriebliche Sozialleistung § 50 26
- betriebliches Vorschlagswesen § 50 30
- Betriebsänderung § 50 37
- Betriebsvereinbarung § 47 34f
- Beurteilungsgrundsatz § 50 33
- Dauereinrichtung § 47 64
- Einigungsstelle § 50 52
- Entlohnung § 50 28
- Entsendung bei vom Gesetz abweichender Regelung der Mitgliederzahl § 47 50
- Entsendung § 47 43ff
- Entsendungsgremium § 47 50
- Erlöschen der Mitgliedschaft im Betriebsrat § 49 5
- Errichtung des § 47 17
- Ersatzmitglieder § 47 53; § 51 55
- Formulararbeitsvertrag § 50 33
- Funktion § 47 1
- gemeinsame Ausschüsse § 51 53
- gemeinsame Wahl § 47 27
- gerichtlicher Ausschluß § 49 11
- gesetzliche Zuweisung § 50 38ff
- Gestaltung von Arbeitsplatz Arbeitsablauf und Arbeitsumgebung § 50 31
- grobe Pflichtverletzung § 48 4
- Gruppenschutz § 47 21
- Gruppenvertreter § 47 46
- Gruppenwahl § 47 27, 48ff
- imperatives Mandat § 47 63
- konstituierende Sitzung § 51 13ff
- Konzernbetriebsrat § 50 39
- Kosten § 51 60ff
- mehrere Betriebsräte § 47 13
- Mitgliederzahl § 47 4, 20, 22
- Ordnung des Betriebes § 50 19
- Pattsituation § 47 46
- Personalfragebogen § 50 33
- Personalplanung § 50 33
- personelle Angelegenheiten § 50 32
- personelle Einzelmaßnahme § 50 35
- Rahmenregelung § 50 16
- Rechtsfolgen der Beendigung der Mitgliedschaft § 49 15
- Rechtsfolgen des Ausschlusses § 48 10
- Rechtsstellung des § 51 63f
- Rücktritt § 48 1
- Sachaufwand § 51 60ff
- Sitzung § 51 7, 23ff
- soziale Aufgaben § 50 18

2031

Sachverzeichnis

- Sprechstunden § **51** 59
- Stimmrecht § **47** 5, 29ff, 57ff
- technische Einrichtungen § **50** 24
- Teilnahmerecht der Gesamtschwerbehindertenvertretung § **52** 1
- Tendenzschutz § **47** 10
- Unfall- und Gesundheitsschutz § **50** 25
- unternehmensbezogene Mitbestimmung § **50** 38
- Urlaubsplan § **50** 23
- Verhältnis zu den Einzelbetriebsräten § **50** 5
- Verkleinerung § **47** 36ff
- Voraussetzung der Einrichtung § **47** 8ff
- Vorsitzende § **51** 34
- Wahl der Arbeitnehmervertreter im Aufsichtsrat § **50** 40
- Wahlmänner § **47** 50
- Werkwohnungswesen § **50** 27
- Willensbildung § **51** 7
- wirtschaftliche Angelegenheit § **50** 36
- Wirtschaftsausschuß § **50** 36
- Wohlfahrtspflege § **47** 10
- Zusammensetzung § **47** 19
- Zuständigkeit § **50** 6ff
- Zuständigkeit kraft Auftrag § **50** 41ff
- Zuständigkeit kraft Gesetzes § **50** 8

Gesamtbetriebsratssitzung
- Beschluß § **51** 33
- Einberufung § **51** 24
- Ladung § **51** 27
- Leitung § **51** 32
- Tagesordnung § **51** 30
- Teilnahme § **51** 31

Gesamtbetriebsvereinbarung § **50** 50

Gesamtjugend- und Auszubildendenvertretung
- Abberufung eines Mitglieds § **72** 9
- Abweichende Regelung der Mitgliederzahl § **72** 12f
- Amtszeit § **72** 7
- Ausschluß § **73** 17
- Beschlußfassung § **73** 20
- ehrenamtliche Tätigkeit § **73** 14
- Erlöschen der Mitgliedschaft § **73** 18, 27
- Errichtung § **72** 4
- Ersatzmitglied § **72** 10; § **73** 8
- Funktion § **73** 5ff
- Geschäftsführung § **73** 5ff
- Geschäftsordnung § **73** 13
- Kosten § **73** 15
- Kündigungsschutz § **73** 26
- Sachaufwand § **73** 15
- Sitzung § **73** 1, 10
- Sitzungsniederschrift § **73** 12
- Teilnahme an gemeinsamen Besprechungen zwischen Gesamtbetriebsrat und Unternehmer § **73** 24
- Teilnahme an Sitzungen des Gesamtbetriebsrats § **73** 23
- Teilnahmerecht des Arbeitgebers § **73** 4
- Teilnahmerecht der Gewerkschaft § **73** 4
- Umlageverbot § **73** 16
- Verständigung des Gesamtbetriebsrats § **73** 4
- Verständigung des Arbeitgebers § **73** 4
- Voraussetzung der Errichtung § **72** 4ff
- Wahl des Vorsitzenden § **72** 8; § **73** 9
- Wahlleiter § **72** 8
- Zahl der Mitglieder § **72** 11
- Zusammensetzung § **72** 8ff
- Zuständigkeit § **73** 5ff

Gesamtjugendvertretung § **1** 24
Gesamtschwerbehindertenvertretung § **32** 9
Gesamtsprecherausschuß § **5** 150
Geschäftsführer § **5** 21
Geschäftsgeheimnis § **120** 4ff
- Begriff § **106** 27

Geschäftsordnung des Betriebsrats
- Änderung § **36** 13
- Dauer § **36** 12
- Erlaß § **36** 9ff
- Inhalt § **36** 4ff
- Rechtswirkung § **36** 14
- Schriftform § **36** 10

Gesellschafter § **5** 23
Gesundheitsgefahr § **81** 2
Gewerkschaft § **2** 55
- Abhängigkeit von Staat, Partei oder Kirche § **2** 70
- Abschlüsse von Tarifverträgen § **2** 71
- Anforderungen § **2** 63
- Antrag auf Einberufung der Betriebsversammlung § **43** 34
- Antragsbefugnis § **2** 135
- Antragsrecht § **2** 103
- ausländische § **2** 63
- Bereitschaft zum Arbeitskampf § **2** 72
- Beteiligungsrechte § **2** 126
- Betriebsratsmitglied § **74** 41
- Bordvertretung § **114** 23
- Einzelgewerkschaft § **2** 57
- Ermittlungsrecht § **2** 103
- Förderung von Arbeits- und Wirtschaftsbedingungen § **2** 71, 74
- Freiwilligkeit der Bildung § **2** 65

Sachverzeichnis

- Gegnerfreiheit § 2 67, 69
- geschichtliche Entwicklung § 2 55
- gewerkschaftliches Zutrittsrecht § 2 64
- Gewerkschaftszeitung § 2 92
- Grenze des Art. 9 Abs. 2 GG § 2 77
- im Betrieb vertreten § 2 62
- Industrieverbandsprinzip § 2 57
- Kontrollbefugnis § 2 104
- Mitgliederwerbung § 2 83, 90ff
- Pflichten § 2 81
- Rechte § 2 82
- Rechtsfähigkeit § 2 75
- Rechtsform § 2 59ff
- Richtungsgewerkschaft § 2 57
- Seebetrieb § 114 23
- Streitigkeiten über die Tariffähigkeit § 2 78
- Teilnahme an Betriebsratssitzung § 31 3
- Überbetrieblichkeit § 2 66
- Vereinigung auf Dauer § 2 76
- Vermögen § 2 61
- Verschwiegenheitspflicht § 2 81
- Verteilung gewerkschaftlicher Werbe- und Informationsschriften § 2 95
- Verteilung § 2 92
- vertrauensvolle Zusammenarbeit § 2 81
- Wahlpropaganda § 2 83
- Wahlvorschlagsrecht § 14 60
- Werbeplakate § 2 92
- Werbung einer im Betrieb vertretenen § 2 91, 98ff
- zahlenmäßige Mindeststärke § 2 73
- Zugang zu den Arbeitnehmern § 2 114
- Zugangsersuchen § 2 102
- Zugangsrecht zum Betrieb § 2 99
- Zugangsrecht § 2 105, 109, 114
Gewerkschaftsvertreter § 2 100, 113f
Gleichbehandlung
- Betriebsrat § 80 15
Gleichbehandlungsgrundsatz § 75 3ff
- Abstammung § 75 5
- altersmäßige Benachteiligung § 75 14
- Benachteiligungsverbot § 75 14
- Differenzierungsverbot § 75 4
- Geschlecht § 75 11
- gewerkschaftliche Betätigung oder Einstellung § 75 10
- Gleichbehandlungsgebot § 75 13
- Herkunft § 75 8
- Nationalität § 75 6
- politische Betätigung § 75 9
- Religion § 75 7
Gruppen

- Verteilung der Sitze im Betriebsrat § 10 2
Gruppenschutz
- Neuwahl § 26 16
- Rechtsfolgen bei Nichtbeachtung § 26 7
- verstärkter § 26 9
- Verteilung der Betriebsratssitze § 10 5
- Verzicht § 26 8
- Vorschlag zur Wahl des Betriebsratsvorsitzenden § 26 14
Gruppenwahl § 12 18ff
- Grundsatz § 14 17
Gruppenwechsel § 24 37
Günstigkeitsprinzip § 2 34
- Betriebsvereinbarung § 77 89ff, 159
- Sozialplan § 112 64
- Tarifvertrag § 77 159

Haftung
- Arbeitgeber vor § 1 30
- Ausschluß durch Betriebsvereinbarung § 77 36
- Belegschaft vor § 1 28
- Betriebsrat vor § 1 27
- Betriebsratsmitglied vor § 1 31ff
- Mitglieder der Einigungsstelle § 112 89
- Schadensersatzpflicht vor § 1 27
- Schadenszufügung vor § 1 38
- Schutzgesetz vor § 1 35ff
- Unerlaubte Handlung vor § 1 32ff
Handelsreisende § 5 5
Harmonieverein § 2 68
Hausgewerbetreibende § 6 7
Hausrecht § 2 109
Heimarbeit § 5 8; § 6 4
- Betriebsratsmitglieder § 37 50
Heimarbeiter
- arbeitnehmerähnliche Personen § 5 16
- Betriebszugehörigkeit § 6 5
- Definition § 6 6

Individualrechte der Arbeitnehmer vor § 1 50ff
- Abänderung durch Betriebsvereinbarung vor § 1 58ff
- Abänderung durch Tarifvertrag vor § 1 63
- einzelvertragliche Abänderung vor § 1 50
- Erweiterung auch durch den Tarifvertrag vor § 1 63

2033

Sachverzeichnis

- Erweiterung durch Arbeitskampfmaßnahmen vor § 1 63
- Erweiterung durch Betriebsvereinbarung- vor § 1 60, 62
- Persönlichkeit, freie Gestaltung der vor § 1 51

Individualrechte vor § 81 1ff
- Durchsetzung vor § 81 4
- Erfüllungsanspruch vor § 81 7
- Geltungsbereich vor § 81 2
- Schutzgesetz vor § 81 12

Informationspflicht
- Planung technischer Anlagen § 81 8

Informationsrecht § 80 28ff

Initiativrecht § 87 42
- Sozialplan § 112 11

Innungen § 2 65

Interessenausgleich Anhang/Vorbem. vor §§ 1 ff. 5
- Begriff § 112 12
- betriebsratslose Betriebe § 112 24
- Betriebsvereinbarung § 112 15
- Einigung § 112 21
- Einigungsstelle § 112 5
- Freiwilligkeit § 112 18
- Naturalobligation § 112 13
- Personalabbau § 112a 7
- Schriftform § 112 14
- Verhältnis zum Sozialplan § 112 18ff
- Versuch der Einigung § 112 22

Jugend- und Auszubildendenversammlung
- Aufgabenbereich § 71 19
- Durchführung § 71 15ff
- Einberufung § 71 6ff
- Leitung § 71 6ff
- Teilnahmeberechtigung § 71 13
- Zusammensetzung § 71 12ff
- Zuständigkeit § 71 19
- Zustimmung des Betriebsrats § 71 7

Jugend- und Auszubildendenvertretung
- Amtsenthebung § 65 2
- Amtszeit § 64 5ff
- Anregungsrecht § 70 11ff
- Antragsrecht gegenüber dem Betriebsrat § 67 3, 24
- Antragsrecht § 70 5ff
- Arbeitgeber § 65 20
- Arbeitsversäumnis § 65 12
- Aufgabe § 60 11; § 70 3ff
- Aufgaben des Vorsitzenden § 65 6
- Auflösung § 65 2
- Aufsuchen der Sprechstunde § 69 8ff
- Aussetzung von Beschlüssen des Betriebsrats § 66 1ff
- Beschlußfähigkeit § 65 9, 23
- Beschlußfassung § 65 9, 23
- Besprechung mit dem Arbeitgeber § 68 2
- Betriebs- oder Geschäftsgeheimnisse § 70 21
- ehrenamtliche Tätigkeit § 65 12
- Einberufung der Sitzung durch den Vorsitzenden § 65 21
- Entgeltschutz § 65 12
- Entmündigung § 61 2
- Erlöschen der Mitgliedschaft § 65 3
- Errichtung § 60 4ff
- Freistellung § 65 12, 17
- Geschäftsführung § 65 1ff
- Geschäftsordnung § 65 11
- Gewerkschaft § 63 4
- Kosten der Sprechstunde § 69 6f
- Kosten § 65 13
- Kündigungsschutz § 63 12, 18
- Mehrheitswahl § 63 6
- Minderheitenschutz § 62 5
- Mitgliederzahl § 62 1ff
- Mitgliedschaft im Betriebsrat § 61 7f
- Nachrücken von Ersatzmitgliedern § 65 4
- Rechtsstellung § 60 8ff
- Sachaufwand § 65 13
- Schulungs- und Bildungsveranstaltungen § 65 12, 15, 17
- Sitzung § 65 7, 18ff
- Sitzungsbeantragung § 65 22
- Sitzungsniederschrift § 65 10
- Sprechstunde § 69 1ff
- Stimmberechtigung § 65 23
- Stimmengleichheit § 63 6
- Stimmrecht bei Betriebsratsbeschlüssen § 67 2
- Stimmrecht der Jugendvertreter in der Betriebsratssitzung § 67 18ff
- Teilnahmerecht an Betriebsratssitzungen § 67 1
- Teilnahmerecht des beauftragten Betriebsratsmitglieds § 69 12
- Teilnahmerecht der gesamten Jugendvertretung an Betriebsratssitzungen § 67 9ff
- Teilnahmerecht des Betriebsratsvorsitzenden § 69 12
- Teilnahmerecht einer Gewerkschaft § 65 8

2034

- Überwachungsrecht § 70 9f
- Umlageverbot § 65 14
- Unterrichtung des Arbeitgebers § 65 20
- Unterrichtung des Betriebsrats § 65 19
- Unterrichtungspflicht des Betriebsrats § 70 15ff
- Verhältniswahl § 63 5
- Verlassen des Arbeitsplatzes § 69 10
- Vollendung des 24. Lebensjahres § 64 8
- Voraussetzung für die Errichtung § 60 4
- Vorlage von Unterlagen durch den Betriebsrat § 70 18ff
- Vormundschaft § 61 2
- Wahl außerhalb des regelmäßigen Wahlturnus § 64 2ff
- Wahl des Vorsitzenden § 65 5
- Wahl § 60 6
- Wahlanfechtung § 63 9
- Wählbarkeit § 61 3ff
- Wahlberechtigung § 61 1ff
- Wählerliste § 61 5
- Wahlgrundsätze § 63 2
- Wahlkosten § 63 11
- Wahlverfahren § 63 1ff
- Wahlvorschlag § 61 5; § 63 3
- Wahlvorstand § 60 6; § 63 13ff
- Zeitpunkt der Wahlen § 64 1
- Zusammensetzung § 62 4

Jugendvertretung
- Betriebsrat § 80 25
- Kündigungsschutz § 78 16
- Verhältnis zum Betriebsrat § 80 22f

Kampagnebetriebe § 1 28
Kernbereich der Koalitionsbetätigung § 2 47
Koalition § 2 40, 43, 65
- Abschlüsse von Tarifverträgen § 2 71
- Bereitschaft zum Arbeitskampf § 2 72
- Beschränkung der Beteiligungsrechte § 2 128
- Erweiterung der Beteiligungsrechte durch Betriebsvereinbarung § 2 130
- Erweiterung der Beteiligungsrechte durch Tarifvertrag § 2 128
- Förderung von Arbeits- und Wirtschaftsbedingungen § 2 71, 121
- Grenzen der Beteiligung § 2 122
- Streitigkeiten § 2 133
- Übermaßverbot § 2 123
- Vertretung von Mitgliederinteressen § 2 121
- Waffengleichheit § 2 124
- zahlenmäßige Mindeststärke § 2 73

Koalitionsfreiheit § 2 125
- Garantie § 2 41
- kollektive § 2 40
- negative § 2 40ff, 65
- positive § 2 65

Konkurs
- Abfindungsanspruch nach § 113 **Anhang/Vorbem. zu § 1** 26
- Abschlagszahlung **Anhang/Vorbem. zu § 4** 13
- Abweichung von Interessenausgleich **Anhang/Vorbem. zu § 1** 23
- Anschlußkonkurs **Anhang/Vorbem. zu § 6** 2
- Ansprüche aus **Anhang/Vorbem. vor §§ 1 ff.** 6
- Arbeitsentgelt **Anhang/Vorbem. vor §§ 1 ff.** 11
- Ausschlußfristen § 113 41ff
- Auszahlung der Sozialplanforderung **Anhang/Vorbem. zu § 4** 12f
- Begrenzung der Sozialplanforderung **Anhang/Vorbem. zu § 4** 6ff
- Forderung nach § 113 BetrVG **Anhang/Vorbem. zu § 1** 25
- Konkursgericht **Anhang/Vorbem. zu § 1** 10
- Konkursmasse **Anhang/Vorbem. zu § 4** 8
- Konkurstabelle **Anhang/Vorbem. zu §§ 1** 10, 15
- Konkursverfahren **Anhang/Vorbem. vor §§ 1 ff.** 13
- Konkursverwalter **Anhang/Vorbem. vor §§ 1 ff.** 14
- Kündigungsabfindung **Anhang/Vorbem. zu § 1** 27
- Masseschulden **Anhang/Vorbem. vor §§ 1 ff.** 10
- Nachteilsausgleich **Anhang/Vorbem. zu § 1** 24
- Rang der Sozialplanabfindungen **Anhang/Vorbem. vor §§ 1 ff.** 11
- Rang der Sozialplanansprüche **Anhang/Vorbem. vor §§ 1 ff.** 8
- Reform des Insolvenzrechts **Anhang/Vorbem. vor §§ 1 ff.** 18
- Restitutionsklage **Anhang/Vorbem. vor §§ 1 ff.** 15
- Rückforderungsrecht **Anhang/Vorbem. vor §§ 1 ff.** 14
- Sozialplanforderung **Anhang/Vorbem. zu § 4** 1ff

Sachverzeichnis

- Vollstreckungsgegenklage **Anhang/ Vorbem. vor §§ 1 ff.** 15
- Volumen des Sozialplanes **Anhang/Vorbem. vor §§ 1 ff.** 18
- Vorrechtsanerkenntnis **Anhang/Vorbem. vor §§ 1 ff.** 15
- Vorrechtsgläubiger **Anhang/Vorbem. vor §§ 1 ff.** 17
- Vorwegausschüttung **Anhang/Vorbem. vor §§ 1 ff.** 14

Konkurs- und Vergleichsordnung
- Geltungsbereich **Anhang/Vorbem. zu § 1** 1
- Grundsatz der Verhältnismäßigkeit **Anhang/Vorbem. zu § 1** 30
- Verfassungsmäßigkeit **Anhang/Vorbem. zu § 1** 29ff

Konkursausfallgeld Anhang/Vorbem. vor §§ 1 ff. 9

Konzern
- Begriff **§ 1** 25

Konzernbetriebsrat § 76 2; **§ 77** 8, 115
- Abberufung durch Gesamtbetriebsrat **§ 57** 7
- Abberufung vom Amt **§ 55** 15
- Amtsniederlegung **§ 57** 5
- Amtszeit **§ 54** 29
- Ausschluß durch gerichtliche Entscheidung **§ 57** 6
- Ausschluß **§ 56** 3ff
- Aussetzung von Beschlüssen **§ 59** 28
- Beendigung der Mitgliedschaft **§ 57** 2f
- Begriff des Konzerns **§ 54** 6ff
- Beschlußfähigkeit **§ 59** 4
- Beschlußfassung **§ 58** 20
- Betriebsänderungen **§ 58** 16
- Betriebsvereinbarung **§ 55** 8
- Erlöschen der Mitgliedschaft **§ 57** 4
- Errichtung **§ 54** 4ff, 21
- Ersatzmitglieder **§ 59** 38
- faktischer Konzern **§ 54** 13
- gesetzliche Zuweisung **§ 58** 17
- Gestaltung von Arbeitsplatz, Arbeitsablauf und Arbeitsumgebung **§ 58** 11
- Gewerkschaft **§ 59** 24
- Gleichordnungskonzern **§ 54** 9
- Gruppenschutz **§ 55** 1, 12
- Gruppenwahl **§ 55** 11
- herrschendes Unternehmen **§ 54** 11
- konstituierende Sitzung **§ 59** 6ff
- Konzernbetriebsausschuß **§ 59** 31ff
- Konzernvermutung **§ 54** 14
- Kosten **§ 59** 41
- Ladung **§ 59** 20
- Leitung **§ 59** 27
- Mitgliederzahl **§ 55** 3
- personelle Angelegenheiten **§ 58** 12
- personelle Einzelmaßnahme **§ 58** 14
- Rechtsfolgen der Beendigung der Mitgliedschaft **§ 57** 8
- Rechtsfolgen des Ausschlusses **§ 56** 9
- Rechtsstellung **§ 59** 42
- Sachaufwand **§ 59** 41
- Sitzung **§ 59** 3
- soziale Angelegenheiten **§ 58** 10
- Stimmrecht **§ 55** 17
- Tarifvertrag **§ 55** 7
- Unternehmen im Ausland **§ 54** 20
- Unterordnungskonzern **§ 54** 9
- Verhältnis zu Gesamtbetriebsräten und Betriebsräten **§ 58** 4
- Verhältnis zum Gesamtbetriebsrat **§ 54** 1
- Vertragskonzern **§ 54** 12
- Voraussetzung **§ 54** 8
- Vorsitzender **§ 59** 29
- Wahl der Aufsichtsratsmitglieder **§ 58** 17
- Wahl des Vorsitzenden **§ 59** 14
- weitere Ausschüsse **§ 59** 34
- weitere Sitzungen **§ 59** 17
- Willensbildung **§ 59** 3
- wirtschaftliche Angelegenheit **§ 58** 15
- Zusammensetzung **§ 55** 1
- Zuständigkeit kraft Auftrags **§ 58** 19ff
- Zuständigkeit kraft Gesetzes **§ 58** 7ff

Konzernbetriebsvereinbarung
- Zuständigkeit für den Abschluß **§ 58** 22

Konzernsprecherausschuß § 5 151

Kosten des Betriebsrats § 40 6
- Abweichung vom Regelstreitwert **§ 40** 31ff
- Bestellungsverfahren **§ 40** 35
- Dolmetscher **§ 40** 11
- Erforderlichkeit **§ 40** 8, 10
- Gebührenhöhe **§ 40** 28
- Gegenstandswert **§ 40** 28
- gerichtliches Streitverfahren **§ 40** 14
- Geschäftsführung **§ 40** 11
- Gewerkschaftsbeauftragter **§ 40** 23f
- Gruppenverfahren **§ 40** 27
- Mieterbund **§ 40** 13
- Notwendigkeit **§ 40** 17
- Raum **§ 40** 82
- Rechtsanwalt **§ 40** 12, 14, 20
- Regelstreitwert **§ 40** 30, 33, 35
- Reisekosten des Anwalts **§ 40** 37
- Sachverständiger **§ 40** 12

Sachverzeichnis

- Umsatzsteuer § 40 36
- Verhältnismäßigkeit § 40 8
- vermeidbare Kosten § 40 17
- vertrauensvolle Zusammenarbeit § 40 9
- Voraussetzung für die Kostentragungspflicht § 40 16
- vorläufiger Rechtsschutz § 40 34
- Vorschuß § 40 73

Kosten einzelner Betriebsratsmitglieder § 40 38
- Ausschluß eines Betriebsratsmitglieds § 40 51
- Ausschlußfrist § 40 78
- Beispiele § 40 47ff
- Gruppenschutz § 52
- Heilungskosten § 40 39
- individuelles Arbeitsverhältnis § 40 48
- Konkurs § 40 80
- kostengünstigere Veranstaltung § 40 68
- Pauschalierung § 40 77
- Rechtsanwalt § 40 47
- Reisekosten § 40 62
- Reisekostenordnung § 40 43
- Reisen § 40 41
- Schaden am Kraftfahrzeug § 40 40
- Schulungs- und Bildungsveranstaltungen § 40 55
- Streitigkeiten über die Rechtsstellung eines Betriebsratsmitglieds § 40 51
- Teilnehmergebühr § 40 65
- Verlust von Vermögenswerten § 40 39
- Verwirkung § 40 79
- Vorschuß § 40 73
- Zehrgeld § 40 64

Kündigung
- abgestufte Kampfmaßnahme § 102 8
- Abmahnung § 102 33
- absoluter Grund für die Sozialwidrigkeit § 102 142
- Änderungskündigung § 102 14
- Anfechtung des Widerspruchs § 102 97
- Anfechtung § 102 15
- Anhörung des Arbeitnehmers § 102 67
- Anhörung des Betriebsrats als Wirksamkeitsvoraussetzung § 102 58ff
- Anhörung des Betriebsrats § 102 53ff
- Anhörungspflicht § 102 16
- Anhörungsverfahren § 102 19ff, 28
- Arbeitskampf § 102 8ff, 16
- Art der Kündigung § 102 30
- Auflösung des Arbeitsverhältnisses § 102 15
- Auflösungsantrag § 102 154
- Aussperrung § 102 9
- Auswahlrichtlinie § 102 95
- Auswirkungen des Widerspruchs § 102 142
- außerordentliche Kündigung § 102 14, 144
- Äußerungsfrist des Betriebsrats § 102 73
- Äußerungsfrist § 102 21
- Bedenken des Betriebsrats § 102 70
- Begriff § 102 14ff
- Begründetheit des Widerspruchs § 102 87
- betriebliche Erfordernisse § 102 31
- Betriebsänderung § 111 93
- Betriebsratsanhörung § 102 32
- Betriebsratsmitglied § 37 36
- Bundesdatenschutzgesetz § 102 38
- des Ausbilders § 98 51
- durch Konkursverwalter Anhang/Vorbem. zu § 1 6
- Eilbedürftigkeit § 102 22
- Eilfälle § 102 22
- Einigungsstelle § 102 200ff
- Einsicht in die Personalakte § 102 40
- Eintritt der auflösenden Bedingung § 102 15
- Erweiterung der Mitbestimmung § 102 12
- Erweiterung des Mitbestimmungsrechts durch Betriebsvereinbarung § 102 198f
- Erweiterung des Mitbestimmungsrechts durch Tarifvertrag § 102 198
- Erweiterung des Mitbestimmungsrechts § 102 190ff
- Fehler im Anhörungsverfahren § 102 73
- Form der Mitteilung § 102 46
- freier Mitarbeiter § 102 15
- Funktionsunfähigkeit des Betriebsrates § 102 16
- Gegenstand der Anhörung § 102 13
- Geheimhaltungspflicht des Betriebsrats § 102 51
- Geltendmachung der Nichtigkeit § 102 15
- Gründe für die soziale Auswahl § 102 36
- Grundsatz der vertrauensvollen Zusammenarbeit § 102 41
- Hauptfürsorgestelle § 102 27
- Heimarbeit § 102 14
- in der Person des Arbeitgebers liegende Gründe § 102 31
- Inhalt und Form der Stellungnahme § 102 70

Sachverzeichnis

- Katalog der Widerspruchsgründe § 102 2
- Kenntnisnahme des Betriebsrats § 102 33
- krankheitsbedingte Kündigung § 102 39ff
- Kündigung des Konkursverwalters § 102 14
- Kündigung in der Probezeit § 102 42
- Kündigung trotz Widerspruch des Betriebsrats § 102 139
- Kündigung vor Dienstantritt § 102 42
- Kündigungsabsicht § 102 16
- Kündigungsfrist § 102 23, 30
- Kündigungsgründe § 102 30
- Leistungsgesichtspunkte § 102 106
- leitender Angestellter § 102 52
- Mängel des Anhörungsverfahrens § 102 79
- Massenentlassung § 102 11
- Mitteilung der Kündigungsabsicht § 102 50ff
- Mitteilung der Sozialdaten § 102 35
- Mitteilung der Stellungnahme an den Arbeitgeber § 102 77
- Nachschieben von Kündigungsgründen § 102 43ff
- nachträgliche Anhörung § 102 46
- nachträgliche Zustimmung des Betriebsrats § 102 62
- Nichtberücksichtigung sozialer Gesichtspunkte § 102 98
- Nichtverlängerung befristeter Arbeitsverträge § 102 14
- Öffnungsklausel § 102 12
- ordnungsgemäßer Widerspruch § 102 84
- Person § 102 30
- Personalakte § 102 40
- Sozialdaten § 102 35
- soziale Verhältnisse § 102 30
- Spezialkenntnisse § 102 106
- Stellungnahme des Betriebsrats § 102 65ff, 69
- Suspendierung § 102 24
- Teilkündigung § 102 15
- Tendenzträger § 102 87
- Umdeutung § 102 30
- Umfang der Betriebsratsanhörung § 102 33
- Unwirksamkeit des Arbeitsvertrages § 102 15
- verhaltensbedingte Gründe § 102 31
- Verlängerung der Äußerungsfrist § 102 74
- Verstoß gegen eine Richtlinie § 102 111
- Voraussetzungen des Widerspruchs § 102 83ff
- Weiterbeschäftigung § 102 99
- Weiterbeschäftigungsmöglichkeit bei Umschulungsmaßnahmen § 102 124ff
- Weiterbeschäftigungsmöglichkeit bei Vertragsänderung § 102 133ff
- Weiterbeschäftigungsmöglichkeit im Betrieb bzw. Unternehmen § 102 115ff
- Weiterbeschäftigungspflicht § 102 151
- Widerruf des Widerspruchs § 102 97
- Widerruf § 102 15
- Widerspruch bei personen- und verhaltensbedingten Gründen § 102 92
- Widerspruch des Betriebsrats § 102 70, 72
- Widerspruch § 102 2
- Widerspruchsgründe § 102 73ff, 98ff
- Widerspruchsverfahren § 102 83ff
- Zeitablauf § 102 15
- Zeitpunkt der Anhörung § 102 19ff
- Zustimmung des Betriebsrats § 102 71
- Zustimmungserfordernis § 102 139
- Zweckerreichung § 102 15

Kündigung, außerordentliche
- Amtspflicht § 103 27
- Anhörung des Betriebsrats § 102 145
- Arbeitskampf § 103 2
- Ausschlußfrist § 103 42
- Äußerungsfrist § 103 38
- Besonderheiten § 102 145
- Betriebsänderung § 111 95
- betriebsratsloser Betrieb § 103 54
- betroffenes Betriebsratsmitglied § 103 39
- Einlassungsfristen des Betriebsrats § 102 150
- Einzelfälle aus der Rechtsprechung § 103 31
- Ersetzung der Zustimmung § 103 48
- Erteilung der Zustimmung § 103 41
- Falschaussage gegen den Arbeitgeber § 103 31
- Flugblätter § 103 31
- Freistellung § 102 146
- gewerkschaftliche Werbung § 103 31
- Hausverbot § 103 31
- Kampfkündigung § 103 2
- Kündigungsschutzklage § 103 56
- Kündigungsschutzprozeß § 103 58ff

Sachverzeichnis

- Lohnzahlungspflicht § 102 147
- Nachschieben von Kündigungsgründen § 103 47
- nachträgliche Zustimmung § 103 34, 50
- parteipolitische Agitation § 103 31
- persönliche Bereicherung § 103 31
- schwerbehindertes Betriebsratsmitglied § 103 44
- Solidaritätstelegramm § 103 31
- strafbare Handlung § 103 31
- Suspendierung § 103 60f
- tarifvertraglicher Ausschluß § 111 96
- Tonbandaufnahme § 103 31
- Umdeutung § 102 148ff
- unsittliche Annäherung § 103 32
- Verletzung vertraglicher Pflichten § 103 28
- Verstoß gegen die Betriebsordnung § 103 31
- Wahlkampfwerbung § 103 31
- Weiterbeschäftigung § 103 59
- wichtiger Grund § 103 26
- Zuständigkeit für das Anhörungsverfahren § 103 35
- Zustimmung des Betriebsrats § 103 33ff
- Zustimmung § 103 41
- Zustimmungsbedürftigkeit § 103 50

Kündigungsrichtlinien
- Begriff § 95 28
- fachliche Kriterien § 95 33
- personelle Auswahl § 95 30
- Punktesystem § 95 33
- soziale Auswahl § 95 31

Kündigungsschutz
- Amtstätigkeit § 78 12
- Ausschluß aus dem Betriebsrat § 23 38
- Betriebsrat § 78 16
- Betriebsratsmitglied § 21 9
- Bordvertretung § 78 16
- der Wahlbewerber § 8 37
- Einigungsstelle § 76 32
- Ersatzmitglied § 25 16ff
- Gesamtjugend- und Auszubildendenvertretung § 73 26
- Jugend- und Auszubildendenvertretung § 63 18
- Mandatsträger § 78 16
- nachwirkender § 24 35
- Seebetriebsrat § 78 16
- Vertrauensmann § 32 8

Kündigungsschutz, besonderer
- Änderungskündigung § 103 18f
- befristetes Arbeitsverhältnis § 103 18
- Betriebsratsmitglieder § 103 10
- Betriebsstillegungen § 103 21
- Ersatzmitglied § 103 12
- Geltendmachung § 103 23
- Inhalt § 103 18ff
- Massen- oder Gruppenänderungskündigungen § 103 20
- Mitglieder des Betriebsrats § 103 10
- Restmandat § 103 22
- Stillegung von Betriebsabteilungen § 103 21
- Umfang § 103 7ff
- Vertrauensmann der Schwerbehinderten § 103 13
- Wahlbewerber § 103 14
- Wahlvorstand § 103 13
- zeitliche Dauer § 103 9ff

Kündigungsschutz, nachwirkender
- Beginn § 103 16
- Betriebsratsmitglieder § 103 16
- Betriebsübergang § 103 16
- Bordvertretung § 103 16
- Ersatzmitglieder § 103 16
- Jugendvertretung § 103 16
- Seebetriebsrat § 103 16
- Vertrauensmann der Schwerbehinderten § 103 16
- Wahlbewerber § 103 17
- Wahlvorstand § 103 17

Lehrer
- Betriebsratsmitglied § 37 59

Leiharbeitnehmer § 5 10ff
- Einsatz in Luftfahrtunternehmen § 117 11

Leiharbeitsverhältnis
- echtes § 5 9, 11ff
- Entleiher § 5 9
- unechtes § 5 9, 10
- Verleiher § 5 9

Leistungsbezogenes Entgelt
- Akkordsatz § 87 535
- Ausübung des Mitbestimmungsrechts § 87 573ff
- Feststellung der Akkordsätze § 87 542
- Grundsätze über das betriebliche Vorschlagswesen § 87 578
- Heimarbeiter § 87 563
- Initiativrecht § 87 548, 573
- Mitbestimmung § 87 532ff
- Prämienentlohnung § 87 551
- Prämiensatz § 87 554
- Rechtsfolgen der Nichtbeachtung des Mitbestimmungsrechts § 87 577

Sachverzeichnis

- Schranken des Mitbestimmungsrechts § 87 568
- vergleichbare leistungsbezogene Entgelte § 87 561ff
- Verteilzeiten § 87 547
- Voraussetzung der Mitbestimmung § 87 534
- Wartezeiten § 87 547, 552
- Zweck der Mitbestimmung § 87 532

Lohngestaltung
- Akkordbezahlung § 87 491
- Akkordentlohnung § 87 499
- Ausübung des Mitbestimmungsrechts § 87 523
- betriebliche Sozialleistung § 87 506
- Einzelfallregelung § 87 484
- Entgelthöhe § 87 474
- erfolgsabhängige Vergütung § 87 495
- Gewinnbeteiligung § 87 495
- Heimarbeit § 87 491
- Initiativrecht § 87 521
- Mitbestimmungsrecht § 87 463
- Prämienvergütung § 87 501
- Provision § 87 493
- Rechtsfolgen der Nichtbeachtung des Mitbestimmungsrechts § 87 527
- Schranken der Mitbestimmung § 87 507
- tarifliche Leistungszulage § 87 486
- Umfang der Mitbestimmung § 87 464
- Zulage § 87 484

Lohnlisten
- Einblick des Betriebsrats § 80 41

Luftfahrtunternehmen
- Abgrenzung Landbetrieb/Flugbetrieb § 117 2
- Arbeitnehmer im Flugbetrieb § 117 3
- Begriff § 117 1
- fliegendes Personal § 117 4
- Gleichheitsgrundsatz § 117 6
- Gruppenvertretung § 117 10
- Sondervertretung für Arbeitnehmer § 117 7

Mandatsträger
- Gleichbehandlungsgrundsatz § 78 13
- Kündigungsschutz § 78 16
- Schutzvorschriften § 78 16

Massenentlassung § 102 11

Maßnahme, personelle
- Anordnung der Aufhebung § 101 2
- Antrag des Betriebsrats § 101 3ff, 10
- arbeitsgerichtliches Verfahren § 101 11ff
- Beschluß § 101 13
- Beschlußverfahren § 101 11, 15
- Beteiligte § 101 11
- Rechtsfolgen der arbeitsgerichtlichen Entscheidung § 101 12
- Richtigkeitskontrolle § 101 9
- Zwangsgeld § 101 15
- Zwangsgeldverfahren § 101 14ff

Maßnahme, vorläufige personelle
- Antrag § 100 27ff
- arbeitsgerichtliches Verfahren § 100 25ff
- Aufklärungspflicht gegenüber dem Arbeitnehmer § 100 12ff
- Ausschlußfrist § 100 25
- Beendigung der vorläufigen Maßnahme § 100 38
- Beispiele für einen sachlichen Grund § 100 8
- Beschlußverfahren § 100 31
- Bestreiten der dringenden Erforderlichkeit § 100 21
- Dreitagefrist § 100 26
- Eingruppierung § 100 4, 10
- Einstellung § 100 10
- Einwendungen des Betriebsrats § 100 17ff
- Entscheidung des Arbeitsgerichts § 100 31ff
- Erforderlichkeit § 100 7
- Ersetzung der Zustimmung § 100 33
- Fehlen der Unterrichtung des Betriebsrats § 100 6
- Frist für die Anrufung des Arbeitsgerichts durch Arbeitgeber § 100 25
- Fristberechnung § 100 39
- Reaktion des Betriebsrats § 100 17ff
- sachlicher Grund § 100 7
- Umgruppierung § 100 4, 10
- Unterrichtung des Betriebsrats § 100 16
- Versetzung § 100 4, 10
- Voraussetzung § 100 4ff
- vorläufige Durchführung der Maßnahme § 100 12ff
- vorläufige Eingruppierung § 100 42
- vorläufige Einstellung § 100 41
- vorläufige Versetzung § 100 43
- Zustimmungsverweigerung § 100 5
- Zweck § 100 1
- Zweiwochenfrist § 100 39

Mehrheitswahl
- Ersatzmitglieder § 14 45
- Gruppenwahl § 14 43
- Persönlichkeitswahl § 14 42

Sachverzeichnis

- Voraussetzung § **14** 41
Minderheitenschutz
- Antrag auf Aussetzung eines Betriebsratsbeschlusses § **35** 5
- Betriebsratssitze § **10** 12ff
- Minderheitsgruppe § **10** 12ff
- Vertretung der Minderheitsgruppe § **10** 16
Minderheitsgruppe
- Vetorecht § **35** 1
Mitarbeiter, freie § **5** 16
- Abgrenzung Arbeitnehmer § **5** 18
- Abbau von Überstunden § **99** 80
- abgebender Betrieb § **99** 57
- Abschlußgebote § **99** 115
- Abschlußverbote § **99** 115
- Änderung der Arbeitsbedingungen § **99** 54
- Änderung der Tätigkeit § **99** 49
- Änderungskündigung § **99** 42, 130
- Anfechtung des Beschlusses § **99** 93
- Anrufung des Arbeitsgerichts durch den Arbeitgeber § **99** 140
- Arbeitnehmerzahl § **99** 3
- Arbeitskampf § **99** 12
- AT-Angestellte § **99** 29
- aufnehmender Betrieb § **99** 57
- Ausgestaltung des Mitbestimmungsrechts § **99** 9
- Auskunftspflicht des Arbeitgebers § **99** 66, 72
- Ausländer § **99** 7
- Auslandstätigkeit § **99** 6
- Ausschlußfrist § **99** 106
- Ausschreibung im Betrieb § **99** 132
- Ausstrahlung § **99** 6
- Auswahlrichtlinie § **99** 119ff
- Auswirkungen der geplanten Maßnahme § **99** 80
- Äußerungsfrist § **99** 104ff
- Beförderung § **99** 38
- Beförderungschancen § **99** 125
- Begriff der Umgruppierung § **99** 33ff
- Begriff der Versetzung § **99** 43
- Beschäftigungsverbot § **99** 110
- Beteiligter § **99** 67
- Betrieb eines ausländischen Unternehmens § **99** 7
- Betriebsausschuß § **99** 2, 91
- Betriebsfriede § **99** 135
- Betriebsgröße § **99** 1
- betriebsratsloser Betrieb § **99** 3
- Betriebsvereinbarung § **99** 11, 109
- Beweislast § **99** 127, 131, 142

- Bewerbungsunterlagen § **99** 74
- Datenschutzbeauftragte § **99** 8, 111
- Drittbetriebe § **99** 12
- Durchführung der Mitbestimmung § **99** 60
- Eingliederung in die betriebliche Organisation § **99** 50
- Eingruppierung § **99** 27ff
- Einstellung § **99** 15ff
- Einstellungsgespräch § **99** 76
- Einzelfälle § **99** 14ff
- Entleiherfirma § **99** 73
- Erweiterung der Mitbestimmung § **99** 10
- faktisches Arbeitsverhältnis § **99** 18
- Folge der Verweigerung § **99** 138
- Fragerecht § **99** 72
- freie Mitarbeiter § **99** 8
- Fremdfirmen § **99** 17
- Frist zur Anrufung des Arbeitsgerichts § **99** 144
- Heimarbeiter § **99** 20, 32
- Hemmung der Frist § **99** 107
- Höhergruppierung § **99** 38
- Korrektur einer Eingruppierung § **99** 35
- Kurzarbeit § **99** 80
- kurzfristige Maßnahme § **99** 53
- Leiharbeitnehmer § **99** 8, 19
- leitende Angestellte § **99** 41
- Massenneueinstellungen § **99** 34
- Mindestarbeitsbedingungen § **99** 115
- mitbestimmungsfreie Vereinbarung § **99** 30
- Mitteilung der Eingruppierung § **99** 82
- Mitteilung der Versetzung § **99** 85
- Mitteilung des Arbeitsplatzes § **99** 81
- Nachteil für den betroffenen Arbeitnehmer § **99** 128
- Nachteile für andere betriebsangehörige Arbeitnehmer § **99** 122
- Neueingruppierung § **99** 34
- Neueinstellungen § **99** 80
- Ordnungswidrigkeit § **99** 87
- Personalakten § **99** 75
- Personalausschuß § **99** 2, 90f
- persönlicher Geltungsbereich § **99** 5ff
- Persönlichkeitssphäre § **99** 72
- Praktikanten § **99** 17
- Richtigkeitskontrolle § **99** 9, 42
- Schriftform der Zustimmungsverweigerung § **99** 103
- Schülerpraktikanten § **99** 17
- Stationierungsstreitkräfte § **99** 7
- Störung des Betriebsfriedens § **99** 135ff

2041

Sachverzeichnis

- Strafgefangener § 99 8, 25
- Tarifvertrag § 99 11, 115
- Tendenzträger § 99 8
- Umgruppierung § 99 33ff
- Umschüler § 99 17
- Unfallverhütungsvorschrift § 99 109, 114
- Unterbrechung der Frist § 99 107
- Unternehmensberatungsfirma § 99 70
- Unterrichtung des Betriebsrats § 99 61ff
- Untersuchungsgrundsatz § 99 142
- Verleiherfirma § 99 73
- Verletzung der Unterrichtungspflicht § 99 86
- Versäumnis der Abschreibung § 99 132ff
- Versetzung eines Betriebsratsmitglieds § 99 57
- Versetzung im betriebsverfassungsrechtlichen Sinn § 99 46
- Versetzung § 99 33, 43
- Verstoß gegen Gesetz § 99 109
- Verweigerung der Zustimmung § 99 96ff
- Verweigerungsgründe § 99 109ff
- Vetorecht § 99 90
- Vorlage von Bewerbungsunterlagen § 99 74
- Vorstellung des Bewerbers § 99 76
- Vorstrafen § 99 72
- Wachmänner § 99 17
- Zulagen § 99 32
- Zustimmung des Betriebsrats § 99 90ff
- Zustimmung § 99 94
- Zustimmungsersetzung § 99 140
- Zustimmungsverweigerungsrecht § 99 23
- Zuweisung des ersten Arbeitsplatzes § 99 31

Mitbestimmung § 74 1
- abgestufte Mitwirkungsordnung § 87 65
- Arbeitskampf § 87 70ff
- Ausübung § 87 74
- Auswirkung auf die Arbeitnehmer § 87 93
- Auswirkung auf Dritte § 87 94
- Bedingung § 87 77
- Begriff der erzwingbaren Mitbestimmung § 87 91
- Beispiele § 76 7
- Berufsbildung § 98 8
- Beschränkung § 87 67
- Betriebsvereinbarung § 87 78
- Gebot zur vertrauensvollen Zusammenarbeit § 87 75
- Gleichbehandlungsgrundsatz § 87 76
- Rechtsfolgen der Nichtberatung § 87 79
- Strafantrag bei Mißachtung § 87 87
- Treu und Glauben § 87 74
- Zuständigkeit § 87 78

Mitbestimmung bei personeller Einzelmaßnahme
- Abbau von Überstunden § 99 80
- abgebender Betrieb § 99 57
- Abschlußgebote § 99 115
- Änderung der Arbeitsbedingungen § 99 54
- Änderung der Tätigkeit § 99 49
- Änderungskündigung § 99 42, 130
- Anfechtung des Beschlusses § 99 93
- Anrufung des Arbeitsgerichts durch den Arbeitgeber § 99 140
- Arbeitnehmerzahl § 99 3
- Arbeitskampf § 99 12
- AT-Angestellte § 99 29
- aufnehmender Betrieb § 99 57
- Ausgestaltung des Mitbestimmungsrechts § 99 9
- Auskunftspflicht des Arbeitgebers § 99 66, 72
- Ausländer § 99 7
- Auslandstätigkeit § 99 6
- Ausschlußfrist § 99 106
- Ausschreibung im Betrieb § 99 132
- Ausstrahlung § 99 6
- Auswahlrichtlinie § 99 119ff
- Auswirkungen der geplanten Maßnahme § 99 80
- Äußerungsfrist § 99 104ff
- Beförderung § 99 38
- Beförderungschancen § 99 125
- Begriff der Umgruppierung § 99 33ff
- Begriff der Versetzung § 99 43
- Beschäftigungsverbot § 99 110
- Beteiligter § 99 67
- Betrieb eines ausländischen Unternehmens § 99 7
- Betriebsausschuß § 99 2, 91
- Betriebsfriede § 99 135
- Betriebsgröße § 99 1
- betriebsratsloser Betrieb § 99 3
- Betriebsvereinbarung § 99 11, 109
- Beweislast § 99 127, 131, 142
- Bewerbungsunterlagen § 99 74
- Datenschutzbeauftragte § 99 8, 111
- Drittbetriebe § 99 12

Sachverzeichnis

- Durchführung der Mitbestimmung § 99 60
- Eingliederung in die betriebliche Organisation § 99 50
- Eingruppierung § 99 27ff
- Einstellung § 99 15ff
- Einstellungsgespräch § 99 76
- Einzelfälle § 99 14ff
- Entleiherfirma § 99 73
- Erweiterung der Mitbestimmung § 99 10
- faktisches Arbeitsverhältnis § 99 18
- Folge der Verweigerung § 99 138
- Fragerecht § 99 72
- freie Mitarbeiter § 99 8
- Fremdfirmen § 99 17
- Frist zur Anrufung des Arbeitsgerichts § 99 144
- Heimarbeiter § 99 20, 32
- Hemmung der Frist § 99 107
- Höhergruppierung § 99 38
- Korrektur einer Eingruppierung § 99 35
- Kurzarbeit § 99 80
- kurzfristige Maßnahme § 99 53
- Leiharbeitnehmer § 99 8, 19
- leitende Angestellte § 99 41
- Massenneueinstellungen § 99 34
- Mindestarbeitsbedingungen § 99 115
- mitbestimmungsfreie Vereinbarung § 99 30
- Mitteilung der Eingruppierung § 99 82
- Mitteilung der Versetzung § 99 85
- Mitteilung des Arbeitsplatzes § 99 81
- Nachteil für den betroffenen Arbeitnehmer § 99 128
- Nachteile für andere betriebsangehörige Arbeitnehmer § 99 122
- Neueingruppierung § 99 34
- Neueinstellungen § 99 80
- Ordnungswidrigkeit § 99 87
- Personalakten § 99 75
- Personalausschuß § 99 2, 90f
- persönlicher Geltungsbereich § 99 5ff
- Persönlichkeitssphäre § 99 72
- Praktikanten § 99 17
- Richtigkeitskontrolle § 99 9, 42
- Schriftform der Zustimmungsverweigerung § 99 103
- Schülerpraktikanten § 99 17
- Stationierungsstreitkräfte § 99 7
- Störung des Betriebsfriedens § 99 135ff
- Strafgefangener § 99 8, 25
- Tarifvertrag § 99 11, 115

- Tendenzträger § 99 8
- Umgruppierung § 99 33ff
- Umschüler § 99 17
- Unfallverhütungsvorschrift § 99 109, 114
- Unterbrechung der Frist § 99 107
- Unternehmensberatungsfirma § 99 70
- Unterrichtung des Betriebsrats § 99 61ff
- Untersuchungsgrundsatz § 99 142
- Verleiherfirma § 99 73
- Verletzung der Unterrichtungspflicht § 99 86
- Versäumnis der Abschreibung § 99 132ff
- Versetzung eines Betriebsratsmitglieds § 99 57
- Versetzung im betriebsverfassungsrechtlichen Sinn § 99 46
- Versetzung § 99 33, 43
- Verstoß gegen Gesetz § 99 109
- Verweigerung der Zustimmung § 99 96ff
- Verweigerungsgründe § 99 109ff
- Vetorecht § 99 90
- Vorlage von Bewerbungsunterlagen § 99 74
- Vorstellung des Bewerbers § 99 76
- Vorstrafen § 99 72
- Wachmänner § 99 17
- Zulagen § 99 32
- Zustimmung des Betriebsrats § 99 90ff, 94
- Zustimmungsersetzung § 99 140
- Zustimmungsverweigerungsrecht § 99 23
- Zuweisung des ersten Arbeitsplatzes § 99 31

Mitbestimmung, erzwingbare § 76 7
Mitbestimmung in sozialen Angelegenheiten
- Abbau von Überstunden § 87 195
- Abmahnung § 87 120ff
- Änderungskündigung § 87 127
- Anwesenheitslisten § 87 113
- Arbeitsentgelt § 87 240ff
- Arbeitskampfrisiko § 87 214
- Arbeitsschutzausschuß § 87 386
- Arbeitssicherheitsgesetz § 87 370ff
- Arbeitszeit von Teilzeitbeschäftigten § 87 163
- Arbeitszeit § 87 152ff
- Arbeitszeitverlegung § 87 153
- Art der Auszahlung des Arbeitsentgelts § 87 248ff

2043

Sachverzeichnis

- Ausübung des Mitbestimmungsrechts § 87 117
- Auszahlung des Arbeitsengelts § 87 243ff
- Bereitschaftsdienst § 87 167
- Berufskrankheit § 87 340
- Bestimmung zur Überwachung § 87 293
- Betreten und Verlassen des Betriebs § 87 113
- betriebliche Ordnung § 87 99
- Betriebsarzt § 87 350, 376
- Betriebsbuße § 87 126ff
- Betriebsferien § 87 268
- Bildschirmarbeitsplatz § 87 355
- Bildungsurlaub § 87 264
- Datensichtgerät § 87 309
- Dauer der Arbeitszeit § 87 155
- Einrichtung zur Verarbeitung von Informationen § 87 313
- Entgelt § 87 457
- Fahrtenschreiber § 87 297, 309
- Feiertagsarbeit § 87 172
- Fernwirkung von Arbeitskämpfen § 87 213ff
- Filmkamera § 87 297, 309
- Flugblätter § 87 113
- Fragen der Ordnung des Betriebs § 87 98ff
- Gesundheitsschutz § 87 332ff, 341
- Gleitzeitarbeit § 87 165
- Grundsätze über das betriebliche Vorschlagswesen § 87 578
- Initiativrecht § 87 325
- Job-sharing § 87 166
- Kontrolle § 87 294
- Lärmpause § 87 356
- leistungsbezogenes Entgelt § 87 531ff
- Mehrarbeit § 87 190ff
- mitbestimmungsfreie Anordnungen über das Arbeitsverhalten § 87 114f
- mitbestimmungspflichtige Verhaltensregeln § 87 104
- mitbestimmungspflichtige Ordnungsregeln § 87 113
- Multimomentkamera § 87 309
- Ort der Auszahlung des Arbeitsentgelts § 87 247
- Pause § 87 168
- Personalakte § 87 113
- Personalinformationssystem § 87 314
- Persönlichkeitsrecht § 87 286
- Plaketten § 87 113
- Produktographen § 87 297
- Rauchverbot § 87 113
- Rechtsfolgen der Nichtbeachtung § 87 180, 209, 277, 330, 369, 431
- Rolliersystem § 87 159
- Rückgruppierung § 87 128
- Schichtarbeit § 87 161
- Schranken des Mitbestimmungsrechts § 87 117, 198, 253, 273, 319, 412ff
- Sicherheitsfachkraft § 87 350, 376
- Sonntagsarbeit § 87 171, 191
- Sozialeinrichtung § 87 390ff
- Stechuhr § 87 309
- Tarifvertrag § 87 174
- technische Einrichtung § 87 309ff
- technische Überwachungseinrichtungen § 87 283ff
- Telefonanlage § 87 309
- Tendenzbetrieb § 87 177
- Überstunden § 87 190ff
- Überwachung § 87 294
- Unfallverhütung § 87 332ff
- Urlaubslisten § 87 266
- Urlaubsplan § 87 270
- Verhalten der Arbeitnehmer § 87 98ff
- Verkürzung der Arbeitszeit § 87 194ff
- Verlängerung der Arbeitszeit § 87 190ff
- Verwaltung der Sozialeinrichtungen § 87 407
- Videoanlage § 87 309
- Voraussetzung der Mitbestimmung bei Unfallverhütung und Unfallschutz § 87 336
- Werkmietwohnungen § 87 434
- Wochenfeiertag § 87 191
- Zeit der Auszahlung des Arbeitsentgelts § 87 245
- zeitliche Lage des Urlaubs für einzelne Arbeitnehmer § 87 278ff
- Zeitstempler § 87 309

Mitbestimmungsrecht § 87 387
- Aufstellung des Sozialplans § 112 9
- bei Abschluß eines Sozialplans § 112 8
- Einschränkung **vor** § 1 64ff
- Erweiterung durch Betriebsvereinbarung im personellen Bereich **vor** § 1 69
- Erweiterung durch Betriebsvereinbarung im sozialen Bereich **vor** § 1 65ff
- Erweiterung durch Tarifvertrag im personellen Bereich **vor** § 1 70
- Erweiterung durch Tarifvertrag im sozialen Bereich **vor** § 1 68
- Erweiterung im wirtschaftlichen Bereich durch Tarifvertrag **vor** § 1 72
- Erweiterung in wirtschaftlichen Angelegenheiten **vor** § 1 71

Sachverzeichnis

- Gestaltung des Arbeitsplatzes § 91 2f
- personelle vor § 1 64
- soziale vor § 1 64
- wirtschaftliche vor § 1 64

Mitbestimmungsrecht des Betriebsrats
- Allgemeines § 87 1
- Betriebsvereinbarung § 87 40
- eilbedürftige Fälle § 87 29
- freiwillige Betriebsvereinbarung § 87 62
- geschichtliche Entwicklung § 87 3ff
- Gesetzesvorbehalt § 87 47ff
- Grundrechte des Arbeitgebers § 87 14
- Heimarbeit § 87 54
- Individualtatbestand § 87 17
- Initiativrecht § 87 42
- Kollektivtatbestand § 87 18ff
- Notfälle § 87 35
- Öffnungsklausel § 87 59
- Richterrecht § 87 47
- Schranke § 87 45ff, 65
- Tarifvertrag § 87 41
- Tarifvorbehalt § 87 52
- Umfang in sozialen Angelegenheiten § 87 37ff
- unternehmerische Entscheidungsfreiheit § 87 64ff
- Voraussetzung des Mitbestimmungsrechts § 87 9ff
- Vorrang des Tarifvertrages § 87 58
- Zweck der Mitbestimmung § 87 7f

Mitwirkung
- wirtschaftliche Angelegenheit § 80 31

Montan-Mitbestimmung § 5 32
Montan-Mitbestimmungsgesetz § 126 8
Monteure § 5 5
Mutterschutz § 5 6

Nachteilsausgleich Anhang/Vorbem. vor §§ 1 ff. 5
- Abfindungsklage § 113 11
- andere wirtschaftliche Nachteile § 113 14ff
- Änderungskündigung § 113 6
- Aufhebungsvertrag § 113 6
- Ausschlußfrist § 113 9
- Beweislast § 113 10
- Eigenkündigung § 113 6
- Einigungsverfahren § 113 25
- Einigungsversuche § 113 27
- Höhe der Abfindung § 113 11
- Konkurs § 113 34
- Konkursforderung § 113 34
- ohne Versuch eines Interessenausgleichs § 113 19ff
- Sozialplan § 113 31
- tarifliche Ausschlußklausel § 113 37ff
- Verhältnis zum Sozialplan § 113 2
- Verjährung § 113 9
- Versuch des Interessenausgleichs § 113 21ff
- Wegfall des Betriebsrats § 113 29
- Zweck § 113 1ff
- zwingende Gründe für die Abweichung § 113 4

Nebenbetrieb § 3 5
- eigener Betriebsrat § 4 3
- eigenständige Organisation § 4 13
- Hilfsfunktion § 4 12
- Kriterien § 4 4
- Streitigkeiten § 4 18

Neutralitätspflicht § 2 30; § 74 11
- Verstoß § 74 24

Neuwahl des Betriebsrats
- Absinken der Zahl der Betriebsratsmitglieder § 13 18
- Rücktritt des Betriebsrates § 13 22
- Veränderung der Belegschaftsstärke § 13 13ff

Nichtarbeitnehmer § 75 3

Öffentlicher Dienst
- Abgrenzung zu kirchlichen Einrichtungen § 130 3
- Abgrenzung zum privaten Unternehmen § 130 3
- Geltungsbereich Betriebsverfassungsgesetz § 130 1

Ordnungsgeld
- unzulässige Bestellung des Ausbilders § 98 39ff

Ordnungshaft
- unzulässige Bestellung des Ausbilders § 98 40

Ordnungswidrigkeit § 121 1ff
- Beispiele § 121 3ff
- Einspruch gegen Bußgeldbescheid § 121 19
- Geldbuße § 121 15
- Normadressat § 121 15f
- Schutzbereich § 121 1
- Verjährung § 121 20
- Vorsatz § 121 14

Organisationsnormen
- Abänderung vor § 1 42

2045

Sachverzeichnis

Parteipolitische Betätigung
- Anti-Kernkraft-Plaketten § 74 33
- Anti-Politiker-Plaketten § 74 33
- Betätigung in unmittelbarer Betriebsnähe § 74 33
- betriebliche Friedensinitiative § 74 37
- Duldung § 74 35
- Flugblätter § 74 33
- Freiheit der Meinungsäußerung § 74 32, 37
- Parteipolitik § 74 33
- politische Resolutionen § 74 33
- Unterlassungsanspruch § 74 37
- Unterschriftensammlungen § 74 33
- Verbot § 74 32ff
- Verstöße § 74 37

Pensionssicherungsverein § 77 10

Personalabbau
- Grenzzahlen § 112a 4
- Sozialplan § 112a 1ff

Personalakte § 83 1ff
- Abmahnung § 83 25
- Begriff § 83 10
- Berichtigung § 83 24
- Beseitigung der Beeinträchtigung § 83 27
- Bevollmächtigter § 83 18
- Einsichtnahme durch den Betriebsrat § 83 6
- Einsichtsrecht des Arbeitnehmers § 83 14
- Erklärungen des Arbeitnehmers § 83 23
- Fotokopie § 83 14
- Mitbestimmung § 87 113
- mitbestimmungsfreie Abmahnung § 83 28
- Mitbestimmungsrecht des Betriebsrats § 83 26
- Pensionär § 83 19
- Recht der Gegendarstellung § 83 25
- Schmerzensgeldanspruch § 83 8
- tarifliche Ausschlußklausel § 83 29
- unrichtige Tatsachenbehauptung § 83 27
- vorvertragliches Vertrauensverhältnis § 83 21
- Widerruf § 83 27

Personalfragebogen
- AIDS-Erkrankung § 94 10
- Altfragebögen § 94 17
- Begriff § 94 2
- Datenerhebung § 94 5
- Datenkatalog § 94 3
- Datenverarbeitung § 94 5
- Gegenstand des Mitbestimmungsrechts § 94 2ff
- Gesundheitszustand § 94 9
- Gewerkschaftszugehörigkeit § 94 13
- HIV-Infektion § 94 10
- Initiativrecht § 94 16
- Körperbehinderung § 94 9
- Lohn- und Gehaltspfändungen § 94 14
- Mitbestimmungsrecht des Betriebsrats § 94 1ff
- Parteizugehörigkeit § 94 13
- Personalinformationssystem § 94 3
- Rasse § 94 13
- Religion § 94 13
- Schwangerschaft § 94 11
- Schwerbehinderteneigenschaft § 94 9
- Tendenzbetriebe § 94 13
- Vermögensverhältnisse § 94 14
- Vorstrafen § 94 12
- zulässige Fragestellungen § 94 7

Personalplanung § 92 2
- Anwendungsbereich § 92 4
- Begriff § 92 11ff
- Beratungsrecht des Betriebsrats § 92 4
- Beteiligungsrechte des Betriebsrats § 92 3ff
- Gegenstand § 92 13ff
- Gesamtbetriebsrat § 92 8
- Konzernbetriebsrat § 92 8
- Personalbedarfsplanung § 92 13f
- Personaldeckungsplanung § 92 15
- Personalentwicklungsplanung § 92 17
- Personalplanungsausschuß § 92 10
- Planung von Maßnahmen § 92 22
- Sanktionen bei Verletzung der Unterrichtungs- und Beratungspflicht § 92 32
- Umfang der Mitbestimmung § 92 7
- Umfang des Unterrichtsrechts § 92 23
- Unterrichtungsrecht des Betriebsrats § 92 4
- Unterrichtungsrecht § 92 23ff
- Voraussetzung der Mitbestimmung § 92 6
- Vorschlagsrecht des Betriebsrats § 92 4
- Vorschlagsrecht § 92 31f

Persönlichkeit
- Beispiele § 75 16
- freie Entfaltung der § 75 15ff
- Grenzen der freien Entfaltung § 75 15
- Mitwirkung des Betriebsrats § 75 15

Persönlichkeitsrecht
- graphologische Gutachten § 75 16

Sachverzeichnis

- Verstöße § 75 16
- **Pflichtverletzung, grobe**
- Begriff § 23 16
- schuldhafte § 23 17
- Verletzung von Amtspflichten § 23 17
- **Praktikant** § 5 15; § 96 5
- **Prioritätsprinzip** § 2 37
- **Prokura** § 5 32, 47ff
- Einzelprokura § 5 50
- Titularprokurist § 5 49

Rahmenfunktion
- Art. 9 Abs. 3 GG § 2 44
- **Rauchverbot** § 87 113
- **Raum**
- des Betriebsrats § 40 82ff
- **Rechtsanwalt**
- Vergütung § 80 52
- **Reeder**
- Ausrüster § 114 11
- Korrespondentreeder § 114 9
- Vertragsreeder § 114 10
- **Regionaltarifvertrag** § 74 22
- **Religionsgemeinschaft** vor § 1 84; § 118 1ff
- Betriebsverfassungsgesetz vor § 1 91
- Definition § 118 68
- Glaubensgemeinschaft § 118 69
- Weltanschauungsgemeinschaften § 118 68
- **Restmandat**
- des Betriebsrats § 21 26
- siehe auch Übergangsmandat § 22 4

- **Sachverständiger**
- Hinzuziehung § 80 53
- Kosten § 80 54
- Rechtsanwalt § 80 52
- **Saisonbetriebe** § 1 28
- **Schadensersatz**
- Benachteiligungsverbot § 78 13
- Geheimhaltungspflicht § 79 17
- **Schadensersatzpflicht**
- Haftung vor § 1 27
- **Schlichtungsstelle**
- Einigungsstellenvorsitzender § 76 28
- Nachprüfbarkeit der Entscheidungen § 76 29
- tarifliche § 76 24ff
- Zuständigkeit § 76 25
- **Schulungs- und Bildungsveranstaltung** § 37 97ff

- Allgemeinbildung § 37 157
- Anerkennung § 37 169
- Anforderung an den Antrag auf Anerkennung § 37 162
- Anforderung an Veranstaltung § 37 115
- Begriff § 37 102
- Berechnung der Freistellungsdauer § 37 170
- Beschlußverfahren beim Arbeitsgericht § 37 141
- betriebliche Notwendigkeit § 37 143
- Dauer der Freistellung § 37 114
- Durchführung der Arbeitsbefreiung § 37 137
- Einigungsstelle § 37 143
- einstweilige Verfügung § 37 146
- Entgeltfortzahlung bei Streik § 37 149
- Entgeltfortzahlung § 37 149
- Erforderlichkeit § 37 102ff, 106ff
- Erforderlichkeit der Arbeitsbefreiung § 37 140ff, § 37 143
- Ersatzmitglieder § 37 129
- freiwillige Einigungsstellenverfahren § 37 143
- Geeignetheit § 37 152ff
- Grundkenntnisse des allgemeinen Arbeitsrechts § 37 123
- Höchstdauer der Freistellung § 37 166ff
- Jugend- und Auszubildendenvertretung § 37 130
- Kenntnisse § 37 156
- Kreis der möglichen Teilnehmer § 37 129
- Mitglieder des Wirtschaftsausschusses § 37 129
- Rechtsprechung zur Erforderlichkeit § 37 126f
- Schulungsdauer § 37 121, 124
- sonstige Kenntnisse § 37 125
- Teilnehmerzahl § 37 131
- Unterrichtungsanspruch des Arbeitgebers § 37 137
- Untersagungsverfügung § 37 141
- Wahlvorstand § 37 130
- zeitliche Lage § 37 135
- **Schutz des Auszubildenden**
- Aufhebungsvertrag § 78a 11
- Auflösungsantrag § 78a 16ff
- befristete Arbeitsplätze § 78a 25
- Benachteiligungsverbot § 78a 3
- Beschränkung der Berufsausübung § 78a 11
- einstweilige Verfügung § 78a 28f, 31, 35
- Ersatzmitglieder § 78a 8

2047

Sachverzeichnis

- Frist § 78a 12
- kirchlicher Bereich § 78a 5
- Kündigung § 78a 30
- Kündigungsschutz § 78a 9
- minderjährig § 78a 14
- Mitteilungspflicht § 78a 10
- nachwirkender § 78a 8
- Nichtbegründung des Arbeitsverhältnis § 78a 16ff
- Nichtweiterbeschäftigung § 78a 10
- öffentlicher Dienst § 78a 27
- Personenkreis § 78a 5ff
- Praktikant § 78a 7
- Schadensersatz § 78a 10
- Schriftform des Weiterbeschäftigungsverlangens § 78a 13
- Stellvertreter § 78a 8
- Streitigkeiten § 78a 27
- Teilzeitarbeitsplatz § 78a 25
- Teilzeitarbeitsverhältnis § 78a 11
- Tendenzbetrieb § 78a 7
- Übernahme § 78a 2
- Umschulungsverhältnisse § 78a 6
- Unzumutbarkeit der Weiterbeschäftigung § 78a 21, 26
- vergleichbare Arbeitnehmer § 78a 15
- Verzicht § 78a 11
- Volontär § 78a 7
- Wahlbewerber § 78a 9
- Weiterbeschäftigung unzumutbar § 78a 16ff
- Weiterbeschäftigungsverlangen § 78a 11ff
- Widerruf § 78a 15

Schwerbehinderte
- Eingliederung § 80 24

Schwerbehindertenvertretung § 32 3ff
- Amtszeit § 32 6
- Arbeitsbefreiung § 32 15
- Arbeitsentgelt § 32 15
- Aufgabe § 32 5ff
- Betriebsausschuß § 32 16
- Freizeitausgleich § 32 8
- Kosten § 32 8
- Kündigungsschutz § 32 8
- Rechte § 32 7
- Rechtsstellung des Vertrauensmanns § 32 8
- Stellung § 32 5ff
- Teilnahme an Betriebsratssitzung § 32 9ff
- Wählbarkeit § 32 6
- wahlberechtigt § 32 6
- weitere Ausschüsse § 32 16

Seebetriebsrat § 114 4; § 116 1ff
- Amtszeit § 116 7
- Anfechtungsfrist § 116 18
- außerordentliche Sprechstunde § 116 33
- Behinderungsverbot § 116 22
- Beschlußfähigkeit § 116 21
- Betätigungsrecht an Bord § 116 27ff
- Ende der Mitgliedschaft § 116 19
- Freistellung § 116 22
- Geschäftsführung § 116 20ff
- Kündigungsschutz § 78 16
- Lohngarantie § 116 23f
- Minderheitengruppe § 116 13
- Mitbestimmung § 116 37
- Mitglieder des Wahlvorstandes § 116 16
- Mitgliederzahl § 116 12
- Mitwirkung § 116 37
- Reisekosten § 116 34
- Sprechstunde an Bord § 116 5, 31
- Unterbringungsanspruch § 116 25f
- Unterbringungskosten § 116 34
- Unterrichtung über den Bordbetrieb § 116 28
- Wahl § 116 7
- Wahlanfechtung § 116 18
- Wählbarkeit § 116 10
- Wahlberechtigung § 116 8
- Wahlrecht § 116 9
- Wahlvorstand § 116 15ff
- Zusammensetzung § 116 7
- Zuständigkeit § 116 2ff, 37
- Zutrittsrecht § 116 27, 29

Seeschiffahrtsunternehmen
- ausländische § 114 3
- Begriff § 114 5
- Handelsschiffahrt § 114 6
- inländische § 114 3
- Kauffahrteischiffe § 114 15f
- Landbetrieb § 114 18
- Seebetrieb § 114 13

Selbstverwaltung
- soziale § 2 42

Sicherheitsbeauftragter § 81 4
Sicherheitsvorschriften § 2 111
Sitzungsniederschrift § 34 3ff
- Ablichtung § 34 28
- Anspruch auf Aushändigung einer Abschrift § 34 18
- Anwesenheitsliste § 34 11
- Einsichtsrecht § 34 24ff
- Einwendungen § 34 19ff
- Mindestinhalt § 34 4
- Notiz § 34 28
- Schriftform § 34 12

Sachverzeichnis

- Schriftführer § 34 8
- Tonaufnahmen § 34 13
- Unterschrift § 34 10

Sondervertretung im Flugbetrieb § 117 7ff
- besonderer Kündigungsschutz der Mitglieder § 117 13

Sozialbindung des Eigentums § 2 53f

Sozialeinrichtung
- Ausübung des Mitbestimmungsrechts § 87 421
- Beispiel mitbestimmungspflichtiger Verwaltungsentscheidungen § 87 410
- Beispiele § 87 394f
- Betriebsvereinbarung § 87 422
- Initiativrecht § 87 423
- Kantine § 87 392
- Kündigung § 87 387ff
- Mitbestimmung bei Verwaltungsmaßnahmen § 87 408ff
- Mitbestimmung des Betriebsrats der § 87 433
- Rechtsfolgen der Nichtbeachtung des Mitbestimmungsrechts § 87 431
- Schranken der Mitbestimmung § 87 412ff
- selbständige § 87 426
- unselbständige § 87 425
- Voraussetzung der Mitbestimmung § 87 396
- Zuweisung § 87 387ff

Sozialpartner § 2 43; § 77 127

Sozialplan § 112 27ff
- Abfindung nach §§ 9, 10 KSchG § 112 95
- Ablehnung eines Arbeitsplatzangebotes § 112 158
- Abschluß § 112 67
- Altersruhegeld § 112 106
- Altkonkursverfahren **Anhang/Vorbem. zu § 6** 8
- Altsozialplan **Anhang/Vorbem. zu § 6** 4
- Altsozialplangläubiger **Anhang/Vorbem. zu § 6** 3
- Anfechtung im Konkurs **Anhang/Vorbem. zu § 1** 5
- Angebot eines zumutbaren Arbeitsplatzes § 112 156
- Anrechnung auf Lohnansprüche § 112 59
- Anrechnungsklauseln § 112 58
- Anrufung des Präsidenten des Landesarbeitsamtes § 112 70ff
- Anrufung einer behördlichen Stelle § 112 73
- Anspruch auf Abschluß § 112 16
- Arbeitseinkommen **Anhang/Vorbem. zu § 1** 13
- arbeitsgerichtliche Rechtskontrolle § 112 163
- Arbeitsplatz in einem anderen Betrieb § 112 105, 115
- Arbeitsplatzangebot § 112 156
- auf Verlangen des Betriebsrats § 112 53
- Aufhebungsvertrag § 112 123
- Auflösungsvertrag § 112 103
- Ausfallhaftung § 112 138
- Ausschlußfristen § 112 93
- Aussichten der betroffenen Arbeitnehmer auf dem Arbeitsmarkt § 112 153
- außerordentliche Kündigung § 112 118ff
- Beendigung § 112 118
- Befristung § 112 122
- Beispiele der inhaltlichen Ausgestaltung § 112 100ff
- Berechtigte § 112 111
- Beschlußverfahren § 112 171
- Betriebsvereinbarung § 112 48ff
- Daseinsvorsorgefunktion § 112 151
- Drittschuldner **Anhang/Vorbem. zu § 1** 17ff
- Durchgriffshaftung § 112 138ff
- Einigung § 112 39
- Einigungsstelle § 112 16, 77ff
- Einzelarbeitsvertrag § 112 66
- Entlassung § 112 115
- Entlassungsabfindung § 112 154
- Ermessenseinschränkung § 112 147
- Ermessensspielraum § 112 87
- Ermittlung einer Entlassungsabfindung § 112 154
- Fälligkeit § 112 112
- Form des Vermittlungsverfahrens § 112 72
- fristlose Kündigung § 112 97
- Gewerkschaftszugehörigkeit § 112 109
- Gewinn- und Verlustabführungsverträge § 112 88
- Gewinnabführungsvertrag § 112 138
- Grenze § 112 35
- Günstigkeitsprinzip § 112 64
- Heimarbeiter § 112 43
- Hinterlegung **Anhang/Vorbem. zu § 1** 21f
- Höchstbegrenzungsklauseln § 112 114

2049

Sachverzeichnis

- Höchstgrenze § 112 112ff
- Inhalt § 112 98ff
- Kompetenz der Einigungsstelle § 112 81
- konkreter wirtschaftlicher Nachteil § 112 150
- Konkurs § 112 137
- Konkurseröffnung § 112 40ff
- Konkursforderung **Anhang/Vorbem. vor §§ 1 ff.** 6
- Konkursverwalter § 112 40ff
- Konkursvorrechte **Anhang/Vorbem. zu § 1** 8
- Konzern § 112 88
- Konzernbezogenheit § 112 139ff
- Kündigung durch Konkursverwalter **Anhang/Vorbem. zu § 1** 6
- Kündigungsabfindungen § 112 7ff
- Leistungsverweigerungsrecht für Konkursverwalter **Anhang/Vorbem. zu § 1** 5
- leitende Angestellte § 112 36ff
- Leitlinien für die Ermessensentscheidung § 112 144
- Mindestsumme § 112 112ff
- Nachteilsausgleich § 113 2
- neugegründete Unternehmen § 112a 11
- ordentliche Kündigung § 112 118
- Ortswechsel § 112 117
- Pensionierung § 112 102
- Personalabbau § 112a 1ff
- personeller Geltungsbereich § 112 36ff
- Pfändung der Ansprüche § 112 125
- Pfändung **Anhang/Vorbem. zu § 1** 12ff
- Pfändungsgrenze **Anhang/Vorbem. zu § 1** 14
- Pfändungsschutz **Anhang/Vorbem. zu § 1** 16
- privatrechtlicher Kollektivvertrag § 112 46
- Rangqualität von Sozialplanforderungen **Anhang/Vorbem. zu § 6** 5
- Rationalisierungsschutzabkommen § 112 63
- rechtliche Einordnung § 112 46ff
- Rechtswirkung § 112 90
- Schadensausgleichsfunktion § 112 151
- Schutzzweck **Anhang/Vorbem. vor §§ 1 ff.** 9
- Sequester **Anhang/Vorbem. zu § 1** 6
- Sozialplanbedarf § 112 148
- sozialplanerhöhende Faktoren § 112 148
- sozialplanmindernde Faktoren § 112 148
- Sozialplanvolumen § 112 148
- Sperrfrist § 112 103
- Sperrwirkung tariflicher Regelung § 112 61
- Steuerfreiheit der Abfindungszahlung § 112 129
- steuerpflichtiges Einkommen § 112 135
- Tarifvertrag § 112 60
- Unternehmen § 112 88
- Unzumutbarkeit des Ortswechsels § 112 117
- Vererbbarkeit des Anspruchs § 112 44
- Vergleichsverfahren **Anhang/Vorbem. zu § 5** 1
- Verhältnis zum Interessenausgleich § 112 18ff
- Verhältnis zum Nachteilsausgleich § 112 56
- Verlust des Arbeitsplatzes § 112 34
- Versetzung § 112 115
- Versorgungsanwartschaften § 112 7ff
- Verzicht auf Ansprüche § 112 92
- Verzicht auf Kündigungsschutz § 112 94
- Vollstreckungsgericht **Anhang/Vorbem. zu § 1** 15
- Volumen § 112 148; **Anhang/Vorbem. vor §§ 1 ff.** 18
- Voraussetzung § 112 31ff
- wirtschaftliche Nachteile für die Belegschaft § 112 32
- wirtschaftliche Vertretbarkeit § 112 148, 162
- Zahlung rückständiger Bezüge **Anhang/Vorbem. zu § 1** 8
- Zumutbarkeit eines angebotenen Arbeitsplatzes § 112 116, 156
- Zustandekommen § 112 67ff
- Zwangsvollstreckung der Ansprüche § 112 124
- Zweck § 112 33, 57

Sozialplan nach Konkurseröffnung Anhang/Vorbem. zu § 2 1ff
- Arbeitnehmerbegriff **Anhang/Vorbem. zu § 2** 10ff
- Aufhebungsvertrag **Anhang/Vorbem. zu § 2** 16
- Befristung **Anhang/Vorbem. zu § 2** 12
- betriebsratsloser Betrieb **Anhang/Vorbem. zu § 2** 2
- Einigungsstelle **Anhang/Vorbem. zu § 2** 5
- Entlassung **Anhang/Vorbem. zu § 2** 15ff
- Ermessenskontrolle **Anhang/Vorbem. zu § 2** 6

Sachverzeichnis

- Gesamtbetrag **Anhang/Vorbem. zu § 2** 3
- Haftung des Gesellschafters **Anhang/ Vorbem. zu § 2** 7
- Heimarbeitnehmer **Anhang/Vorbem. zu § 2** 12
- Interesse der übrigen Konkursgläubiger **Anhang/Vorbem. zu § 2** 8
- Kündigung **Anhang/Vorbem. zu § 2** 14ff
- leitende Angestellte **Anhang/Vorbem. zu § 2** 12f
- Monatsverdienst **Anhang/Vorbem. zu § 2** 20f
- Teilunwirksamkeit **Anhang/Vorbem. zu § 2** 4
- Teilzeitbeschäftigte **Anhang/Vorbem. zu § 2** 12
- Umfang **Anhang/Vorbem. zu § 2** 1ff

Sozialplan vor Konkurseröffnung Anhang/ Vorbem. zu § 3 1ff
- Fristberechnung **Anhang/Vorbem. zu § 3** 4
- Leistung vor Konkurseröffnung **Anhang/Vorbem. zu § 3** 9
- Verlängerungsfrist **Anhang/Vorbem. zu § 3** 8

Sozialstaatsprinzip § 2 48
Sperrwirkung vor § 1 84; **§ 77** 130
- mehrere Tarifverträge **§ 77** 144
- Monopolstellung der **§ 77** 141
- persönlicher und fachlicher Umfang der **§ 77** 142f
- räumlicher Bereich **§ 77** 140
- tarifgebundene Betriebe **§ 77** 141

Spezialitätsprinzip § 2 37
Sprecherausschuß § 5 2, 32, 34, 152
- Anhörung vor Kündigung **§ 5** 168f
- Anhörungspflicht vor einer Betriebsvereinbarung **§ 5** 164
- Anzahl der Mitglieder **§ 5** 155
- Betriebsvereinbarung **§ 5** 164
- der leitenden Angestellten **§ 5** 113, 138
- Kostentragung des Arbeitgebers **§ 5** 141, 156
- Kündigungsschutz **§ 5** 157
- Mitwirkungsrechte bei Betriebsvereinbarungen **§ 5** 173
- Mitwirkungsrechte in personellen Angelegenheiten **§ 5** 166
- Mitwirkungsrechte in wirtschaftlichen Angelegenheiten **§ 5** 170ff
- Rechtsstellung der Mitglieder **§ 5** 157

- repräsentationsrechtliches Mandat **§ 5** 140
- Richtlinienkompetenz **§ 5** 175
- Streitigkeiten **§ 5** 142, 180
- Überwachungsrecht **§ 5** 179
- Unterstützungsrecht für die einzelnen leitenden Angestellten **§ 5** 178
- Verhältnis zum Betriebsrat **§ 5** 159
- vertrauensvolle Zusammenarbeit **§ 5** 165
- Voraussetzungen für die Einrichtung **§ 5** 143ff
- Wahlanfechtung **§ 5** 154
- wahlberechtigt **§ 5** 153
- Wahlen **§ 5** 152
- Wahlkosten **§ 5** 154
- Wahlschutz **§ 5** 154
- Wahlverfahren **§ 5** 154
- Zuordnungsverfahren **§ 5** 113

Sprecherausschußwahl § 13 9
Sprechstunden des Betriebsrats § 39 1ff
- Anspruch auf Besuch der **§ 39** 20
- Beauftragter der Gewerkschaft **§ 39** 19
- Durchführung **§ 39** 16ff
- Einigungsstelle **§ 39** 10
- Einrichtung **§ 39** 5ff
- Jugend- und Auszubildendenvertretung **§ 39** 11
- Ort **§ 39** 6, 9
- Sachverständiger **§ 39** 18
- Zeit **§ 39** 6, 8
- Zweck **§ 39** 4

Strafgefangener § 5 29
Straftatbestände
- Antragsdelikt **§ 119** 13
- Antragsfrist **§ 119** 13
- Begünstigung von Organmitgliedern **§ 119** 28
- Beispiele für Behinderung bzw. Störung der Betriebsverfassungsorgane **§ 119** 24
- Benachteiligung von Organmitgliedern **§ 119** 28
- Formen der Täterschaft **§ 119** 8
- Geldstrafe **§ 119** 12
- geschütztes Rechtsgut **§ 119** 3
- Irrtum **§ 119** 10
- Mindestfreiheitsstrafe **§ 119** 11
- Täterkreis **§ 119** 4
- Vergehen **§ 119** 6
- Verjährung **§ 119** 13
- Versuch **§ 119** 7
- Vorsatz **§ 119** 9
- Wahlbeeinflussung **§ 119** 14ff
- Wahlbehinderung **§ 119** 14ff

2051

Sachverzeichnis

Streik
- Schadensersatzpflicht § 74 16

Tarifautonomie § 77 126ff
Tarifgebundenheit § 2 35
Tarifpartner § 3 7
Tarifüblichkeit § 77 126
Tarifvertrag § 3 1f, 8
- Akkord- und Prämienlohn § 77 155
- Anwesenheits- und Pünktlichkeitsprämien § 77 154
- Ausschlußfrist § 77 189
- Beendigung der Tarifüblichkeit § 77 157f
- Betriebsvereinbarung § 77 80ff, 126ff
- bindend § 2 36
- ergänzende Betriebsvereinbarung § 77 163, 165f
- Erteilung der arbeitsbehördlichen Zustimmung § 3 13f
- Erweiterung der Beteiligungsrechte § 2 129
- Erweiterung der Mitbestimmungsrechte im personellen Bereich vor § 1 70
- Erweiterung der Mitbestimmungsrechte im wirtschaftlichen Bereich vor § 1 72ff
- Firmentarifvertrag § 77 145
- Geltung § 128 1
- Grenzen der Regelungsbefugnis § 2 119
- Günstigkeitsprinzip § 77 159
- Inkrafttreten § 3 10
- Laufdauer § 77 149
- Lohntarifvertrag § 77 149
- Manteltarifvertrag § 77 148
- mehrere § 2 37
- Nachwirkung § 3 11; § 77 165
- persönlicher Geltungsbereich § 77 161
- Recht des Betriebsrats auf Mitwirkung beim Abschluß § 80 12
- Selbstbeschränkung § 87 145
- Spezialitätsprinzip § 77 144
- Streitigkeiten § 3 12ff
- tarifliche oder tarifübliche Regelung § 77 152
- Tarifordnungen § 77 147
- Tarifüblichkeit § 77 148
- Vertretungen durch § 3 3
- Voraussetzung für die Zulässigkeit nach § 3 Abs. 1 Ziff. 1 § 3 3
- Vorrang des § 2 120; § 77 127
- Zulagen § 77 153
- Zulässigkeit § 3 6
- Zusatzurlaub § 77 156

- Zustimmung § 3 9
Tarifvertragspartei
- Monopolstellung § 77 133
Tätigkeitsschutz § 37 91ff
- Anwendungsbereich § 37 92
- Ausschluß des Schutzanspruchs § 37 95
- Dauer § 37 96
- Vergleichsmaßstab § 37 93
Telefondatenerfassung § 75 16
Tendenzbetrieb vor § 1 14, 84, 86; § 77 128
- Analogieverbot § 118 16
- Anhörung des Betriebsrats bei Kündigung eines Tendenzträgers § 118 48
- antroposophische Vereinigungen § 118 16
- Ausschreiben von Arbeitsplätzen § 118 38
- Auswahlrichtlinien § 118 36
- Berufsförderungswerke für Behinderte § 118 17
- Beschränkung der Beteiligungsrechte im wirtschaftlichen Bereich § 118 53ff
- betriebliche Lohngestaltung § 118 56
- Betriebsänderung § 118 54
- Beurteilungsgrundsätze § 118 36
- Bewerbungsunterlagen § 118 43
- Bildung des Betriebsrats § 118 60
- Buchverlag § 118 24
- Druckerei § 118 25
- Einschränkung der Beteiligungsrechte § 118 28
- Einschränkung der Mitbestimmungsrechte § 118 26ff
- Einsichtsrecht in Lohnlisten § 118 63
- Einstellung § 118 41ff
- Ermittlung des Gesamtgepräges § 118 11
- erzieherische Bestimmung § 118 18
- Förderung der Berufsbildung § 118 39
- Freidenkerverbände § 118 16
- Geprägetheorie § 118 11
- Gestaltung des Arbeitsplatzes § 118 59
- Informationsrechte des Betriebsrats § 118 62
- Interessenausgleich § 118 55
- karitative Bestimmungen § 118 17
- koalitionspolitische Bestimmungen § 118 15
- konfessionelle Ziele § 118 16
- Kündigung § 102 7
- künstlerische Bestimmung § 118 20
- Lohndruckerei § 118 25
- Mischunternehmen § 118 25

Sachverzeichnis

- Mitbestimmung in personellen Angelegenheiten § 118 35
- Mitwirkung des Betriebsrats **vor § 1** 87
- öffentlich-rechtliche Träger § 118 17f
- Personalfragebogen § 118 36
- Personalplanung § 118 36
- personelle Einzelmaßnahmen § 118 40ff
- politische Organisationen § 118 14
- Presseunternehmen § 118 21ff
- Religionsgemeinschaft § 118 66
- Schutz des Auszubildenden § 78a 7
- soziale Angelegenheit § 118 57
- Sozialplan § 118 55
- Stiftung des privaten Rechts § 118 17
- teleologische Auslegung § 118 16
- tendenzbezogene Maßnahme § 118 28ff
- Tendenzcharakter § 118 11
- tendenzfreie Drucksache § 118 24
- Tendenzgebundenheit § 118 5
- Tendenzträger § 118 2
- Unternehmenszweck § 118 11
- Unterrichtsrecht des Betriebsrats § 118 37
- Weiterbeschäftigungspflicht nach § 102 Abs. 5 § 118 49
- Wirtschaftsausschuß § 118 52
- wissenschaftliche Bestimmung § 118 19
- Zugangsrecht der Gewerkschaften § 118 61

Tendenzschutz
- Betriebsbezogenheit § 118 6
- Tendenzsplitter § 118 10
- Unternehmerzweck § 118 9

Tendenzträger
- Begriff § 118 29ff
- Eingruppierung § 118 46
- Kündigung § 118 47ff
- künstlerische Unternehmen § 118 34
- Presseunternehmen § 118 31
- Redakteur § 118 31
- tendenzbezogene Aufgaben § 118 30
- Tendenzverwirklichung § 118 33
- Umgruppierung § 118 46
- Versetzung von § 118 45

Tendenzunternehmen § 5 171
- Einblicksrecht in die Gehaltslisten § 80 46

Übergangsmandat
- durch Treuhand verwaltete Unternehmen § 21 23, 31

Überwachung
- Betriebsvereinbarung § 80 11, 17
- Gesetz § 80 9

- Gleichbehandlung § 80 15
- Grenze § 80 19ff
- leitende Angestellte § 80 16
- Spruch der Einigungsstelle § 80 17
- Tarifvertrag § 80 11
- Verordnung § 80 9

Umgruppierung
- Auswahlrichtlinien § 95 23
- vorläufige § 100 42

Umlageverbot § 41 1ff
Umschüler § 5 15
Umschulung § 98 16
Unabdingbarkeitsgrundsatz § 77 81
Unfallgefahr § 81 2
Unfallverhütung § 89 11
Unternehmen
- Definition § 4 4
- Ergebnisabführung § 4 5
- Hauptverwaltung § 4 6
- Organschaftsvertrag § 4 5
- Produktionsstätten § 4 6
- wirtschaftliche Einheit § 1 24

Unternehmenssprecherausschuß § 5 145
Unternehmer
- Begriff § 108 5
- persönliche verwandtschaftliche Beziehung § 5 19

Unterrichtung der Arbeitnehmer in wirtschaftlichen Angelegenheiten
- Voraussetzung § 110 2ff
- Durchführung § 110 2ff
- schriftlich § 110 6
- mündlich § 110 7
- Wirtschaftsausschuß § 110 8
- Betriebsrat § 110 8
- Gesamtbetriebsrat § 110 9

Unterrichtungspflicht
- Arbeitsablauf § 90 7f
- Arbeitsplätze § 90 9
- Arbeitsplatzgestaltung § 90 9
- Arbeitsverfahren § 90 7f
- Durchführung der Unterrichtung § 90 10
- Erweiterungsbauten § 90 5
- Neubauten § 90 5
- technische Anlagen § 90 6
- Umbauten § 90 5
- Verarbeitung personenbezogener Daten § 90 4a

Unterrichtungsrecht vor § 81 1
Urlaub
- Urlaubsgrundsätze § 87 266ff
- Urlaubsplan § 87 270

Urteilsverfahren § 2 133

2053

Sachverzeichnis

Verband
- Begriff § 2 55ff
- Beteiligung § 2 38, 48
- Sozialbindung des Eigentums als Grundlage für die Beteiligung § 2 54
- verfassungsrechtliche Stellung § 2 52

Verbandsbeteiligung § 2 51
Verein § 2 39; § 5 24
Vereinigung § 2 39
Verhältniswahl
- Begriff § 14 32
- bei gemeinsamer Wahl § 14 31
- bei Gruppenwahl § 14 31
- Beispiel bei Gruppenwahl § 14 33
- Ersatzmitglieder § 14 37
- gemeinsame Wahl § 14 38
- Listenwahl § 14 32

Verkaufsorganisation § 4 17
Verleiher
- Kündigung des Arbeitsverhältnisses § 5 13

Verleiherbetrieb
- Betriebsrat § 5 12

Versetzung
- von Bordpersonal § 117 10
- vorläufige § 100 4ff, 43

Verstoß des Arbeitgebers gegen das Betriebsverfassungsgesetz § 23 60
- allgemeiner Unterlassungsanspruch § 23 80
- einstweilige Verfügung § 23 70
- Einzelfälle § 23 64f
- Erfüllungsanspruch § 23 80
- Erkenntnisverfahren § 23 66ff
- grober Verstoß § 23 61
- rechtskräftiger Beschluß § 23 76
- Verfahren § 23 66ff
- Vollstreckung § 23 71
- Zuwiderhandlung von Rechtskraft § 23 75
- Zwangsgeld § 23 76

Verteilung der Sitze § 10 10
Vertrauensleute § 3 1
- Betriebsrat § 2 88
- Betriebsratsmitglieder § 2 88
- Diskriminierungsverbot § 2 86
- gewerkschaftliche § 2 84ff, 89
- Kündigungsschutz § 2 85
- Sonderrechte aufgrund Tarifvertrag § 2 85
- Tätigkeit der § 2 84
- Versammlungen § 2 85
- Wahl der § 2 84
- Wahlwerbung § 2 89

- Zugangsrecht zum Betrieb § 2 87

Vertretungsorgan
- Bildung vor § 1 83ff

Vertretungsorgan, gesetzliches § 5 20
Volontär § 5 15; § 96 5
Vorrang des Tarifrechts § 2 35

Wahl
- allgemeine § 14 13
- Arbeitnehmer im Außendienst § 7 5
- Arbeitsentgelt § 20 42
- befristeter Arbeitsvertrag § 7 7
- Beginn des Arbeitsverhältnisses § 7 4
- Bekanntgabe der Wahlergebnisse § 18 9ff
- Betriebsteil § 7 8; § 18 17ff
- Beurlaubte § 7 5
- Briefwahl § 14 5
- einköpfiger Betriebsrat § 14 46
- Einleitung des Wahlverfahrens § 18 5
- Einzelfälle der Nichtigkeit § 19 18
- Erziehungsurlaub § 7 5
- Feststellung des Wahlergebnisses § 18 9ff
- freie § 14 15
- geheime § 14 6ff
- Geltendmachung der Nichtigkeit § 19 16
- gemeinsame § 14 21
- gleiche § 14 14
- Gruppenvertreter § 14 46
- Gruppenwahl § 12 18ff
- Initiativrecht § 12 14
- Kosten § 12 16; § 14 16
- Nebenbetrieb § 7 9; § 18 17ff
- Neuwahl § 13 13ff
- Nichtigkeit § 1 36; § 19 12ff
- notwendige Kosten § 20 40f
- Offenkundigkeit der Nichtigkeit § 19 13
- Öffentlichkeit der Auszählung § 18 9
- Ort § 14 16
- persönliche Kosten § 20 36ff
- Rechtsanwalt § 20 38
- regelmäßige Betriebsratswahlen § 13 4
- sachliche Kosten § 20 35
- Stichtag für die Neuwahl § 13 16
- Stichtag § 9 12
- Stimmberechtigung § 12 14
- unmittelbare § 14 5
- unregelmäßige Betriebsratswahl § 13 11
- Veränderung der Belegschaftsstärke § 9 13ff; § 13 13ff
- Versäumnis von Arbeitszeit § 20 42

- Wahlgrundsätze § 14 5ff
- Zeit § 14 16
- Zeitraum § 13 1ff

Wahl des Betriebsratsvorsitzenden
- Form § 26 18
- Koalitionsabsprachen § 26 23
- Losentscheid § 26 21
- Mindestteilnehmerzahl § 26 18
- relative Mehrheit § 26 20
- verhindertes Betriebsratsmitglied § 26 20
- Wählbarkeit § 26 22
- Wahlberechtigung § 26 21
- Wahlvorstand § 26 18

Wahlanfechtung
- Anfechtungsantrag § 19 33
- Anfechtungsbegründung § 19 33
- Anfechtungsberechtigung § 19 26ff
- Anfechtungsbeschränkung § 18a 30
- Anfechtungsfrist § 19 31
- Anfechtungsgegner § 19 29
- Antrag § 19 30
- Antragsberechtigung § 19 5
- ausscheidende Arbeitnehmer § 19 5
- Beispiele für Rechtsverstöße § 19 3
- Berichtigung des Wahlergebnisses § 19 23
- Bordvertretung § 19 2
- der Wahl einer Gruppe § 19 46f
- der Wahl eines Betriebsratsmitglieds § 19 48
- Einspruch als Voraussetzung § 19 11
- Einspruch gegen die Wählerliste § 19 21
- einstweilige Verfügung auf Aufschiebung der Betriebsratswahl § 19 4
- Einzelfälle § 19 22
- einzelne Anfechtungsgründe § 19 38ff
- Feststellung der Ungültigkeit § 19 30
- Frist § 18 10; § 19 31
- gerichtliche Geltendmachung von Wahlverstößen § 19 3
- Jugendvertretung § 19 2
- Korrektur des Wahlergebnisses § 19 30, 41
- Kosten § 20 35
- Kündigungsschutz § 19 43
- Mängel der Wählbarkeit § 19 35
- rechtliches Interesse § 19 28
- Rechtsschutzinteresse § 19 6, 36
- Rechtsverstöße bei Durchführung der Betriebsratswahl § 19 3
- Seebetriebsrat § 19 2
- Verfahren § 19 29
- Verstöße gegen das Wahlrecht § 19 38ff
- Verstöße gegen das Wahlverfahren § 19 40
- Verstöße gegen die Wählbarkeit § 19 39
- Voraussetzung § 19 19ff
- Wirkung der § 19 41ff
- Zuordnung fehlerhaft § 18a 29ff

Wählbarkeit § 8 1ff
- Arbeitnehmer im Ausland § 8 10
- Arbeitnehmer in mehreren Betrieben § 8 11
- Betriebszugehörigkeit § 8 18ff
- Kampagnebetrieb § 8 27
- Kündigung § 8 4
- Kündigungsschutz der Wahlbewerber § 8 37
- Leiharbeitnehmer § 8 10
- neu errichteter Betrieb § 8 35f
- Saisonbetrieb § 8 27
- Teilzeitarbeitnehmer § 8 10
- unechte Leiharbeitnehmer § 8 14
- Unterbrechung des Arbeitsverhältnisses § 8 21ff
- Verlust der § 8 29f; § 24 24ff
- Voraussetzungen der § 8 2ff, 15
- Wehrdienst § 8 10

Wahlbeeinflussung
- Flugblattaktion § 20 30
- Gewerkschaft § 20 26
- Maßregelungsverbot § 20 29
- Nachteil § 20 23
- Rechtsfolgen § 20 31
- Systemkritik § 20 30
- Verbot § 20 22ff
- Vorteil § 20 23
- Wahlkampfwerbung § 20 30
- Wahlwerbung § 20 24

Wahlbehinderung § 20 12ff
- Arbeitgeber § 20 12f
- Arbeitnehmer § 20 15
- Kündigung § 20 14
- Propaganda § 20 20f
- Versetzung § 20 14
- Wahlvorstand § 20 12f
- Wahlwerbung § 20 19

Wahlberechtigung
- Anfechtung des Arbeitsvertrages § 7 32
- Arbeitnehmer in mehreren Betrieben § 7 19
- Arbeitsgemeinschaft § 7 26
- ausländische Arbeitnehmer § 7 15
- Auslandstätigkeit § 7 16
- Ausstrahlungstheorie § 7 16
- Entmündigung § 7 33
- Heimarbeiter § 7 20

Sachverzeichnis

- Kündigung § 7 28
- Lebensalter § 7 11
- Leiharbeitnehmer § 7 21
- mittelbares Arbeitsverhältnis § 7 10
- Nichtigkeit § 7 32
- Teilzeitarbeitnehmer § 7 17
- Wehrdienst § 7 27

Wählerliste
- Aufstellung § 18a 24
- Einspruch gegen die § 19 7
- Einsprüche § 18 8
- Einspruchsberechtigung § 19 7
- Einspruchsfrist § 19 7
- Einspruchsrecht der im Betrieb vertretenen Gewerkschaften § 19 8
- Einspruchsrecht des Arbeitgebers § 19 8
- Eintragung § 7 12; § 18a 21
- Wirkung der Zuordnung § 18a 26ff

Wahlordnung
- Seeschiffahrt § 126 3
- Wahl der Betriebsräte § 126 2
- Wahl der Jugend- und Auszubildendenvertretung § 126 2

Wahlrecht
- Aushilfe § 1 27
- befristetes Arbeitsverhältnis § 1 27
- im Entleiherbetrieb § 5 12
- Leiharbeitnehmer § 1 27
- Probearbeitsverhältnis § 1 27
- Saisonarbeiter § 1 27
- Teilzeitbeschäftigte § 1 27
- Verlust § 23 33
- Vertretung § 1 27
- vorübergehend beschäftigte Arbeitnehmer § 1 27

Wahlschutz
- Anwendungsbereich § 20 7
- Kündigungsschutz § 103 8
- Umfang § 20 6
- vorbereitende Maßnahmen § 20 7
- Wahlwerbung § 20 8

Wahlvorschlag § 14 48ff
- Gemeinschaftswahl § 14 53ff
- Gruppenwahl § 14 52ff
- Unterzeichnung § 15 54
- Vorschlagsrecht der Arbeitnehmer § 14 51
- Vorschlagsrecht der Gewerkschaften § 14 60

Wahlvorstand § 16 2
- Ablösung § 18 12
- Antragsberechtigung für die Ersetzung § 18 14ff
- Antragsberechtigung § 16 24f
- Aufgabe § 16 32; § 18 4
- Auswahl der Mitglieder § 16 15
- Beendigung § 16 31
- Bekanntgabe der Wahlergebnisse § 18 9ff
- Beschlußfassung § 16 8
- Bestellung des Vorsitzenden § 16 9
- Bestellung durch das Arbeitsgericht im betriebsratslosen Betrieb § 17 18ff
- Bestellung durch das Arbeitsgericht § 16 6, 21ff
- Bestellung durch den Betriebsrat § 16 4ff
- Bestellung im betriebsratslosen Betrieb § 17 12
- Bestellung von Betriebsfremden § 16 26ff
- betriebsfremde Gewerkschaftsvertreter § 16 14
- betriebsratsloser Betrieb § 17 3
- Durchführung der Wahl § 18 8
- Ende des Amtes § 16 29ff
- Ersatzmitglieder § 16 18ff
- Ersetzung durch das Arbeitsgericht § 18 12ff
- Ersetzungsbeschluß § 18 15
- Feststellung des Wahlergebnisses § 18 9ff
- gemeinsame Sitzung § 18a 9
- Gruppenschutz § 17 14
- Kosten § 16 35
- Kündigungsschutz § 16 20, 34
- Minderheitsgruppe § 16 16
- nachwirkender Kündigungsschutz § 18 16
- Niederlegung des Amtes § 16 30
- Niederschrift über das vorläufige Wahlergebnis § 18 9
- Pflichten § 18 1
- Rechtsanwalt § 20 38
- Rechtsstellung § 16 29ff
- Sachschäden § 20 39
- Säumigkeit § 18 12
- Schulungsveranstaltung § 20 37
- Untätigkeit § 18 12
- Vergrößerung § 16 11
- Vermittler § 18a 12
- Vorschlagsrecht § 16 24f
- Vorsitzender § 16 9
- Wahl des § 17 3
- Wahlversammlung § 17 9
- zukünftiges Betriebsratsmitglied § 16 15
- Zusammensetzung § 16 10

Sachverzeichnis

Wahlwerbung § 20 8ff
- Gewerkschaften § 20 10

Weiterbeschäftigungsanspruch
- allgemeiner Weiterbeschäftigungsanspruch § 102 175
- Änderungskündigung § 102 171
- außerhalb des Betriebsverfassungsgesetzes § 102 174f
- einstweilige Verfügung auf Entbindung von der Weiterbeschäftigungspflicht § 102 183
- einstweilige Verfügung § 102 176
- Entbindung von der Weiterbeschäftigung § 102 176ff
- Frist für den Antrag § 102 160
- Inhalt § 102 161
- offensichtliche Unbegründetheit des Widerspruchs § 102 186
- Rechtsnatur § 102 161
- unzumutbare wirtschaftliche Belastung des Arbeitgebers § 102 179
- unzumutbare wirtschaftliche Belastungen § 102 187
- Voraussetzungen § 102 151
- Widerruf des Widerspruchs § 102 158
- Widerspruch des Betriebsrats § 102 156
- zuständiges Gericht § 102 189

Werkmietwohnung
- Aufhebungsvertrag § 87 445
- Ausübung des Mitbestimmungsrechts § 87 451
- Kündigung § 87 387ff, 440, 442
- Mietzins § 87 446
- Rechtsfolgen der Nichtbeachtung des Mitbestimmungsrechts § 87 453
- Schranken des Mitbestimmungsrechts § 87 447
- Voraussetzung der Mitbestimmung § 87 434
- Werksdienstwohnung § 87 438
- Zuweisung § 87 387ff, 440

Werksstudent § 5 7

Widerruf des Widerspruchs
- Anhörung des Betriebsrats § 102 97

Wirtschaftsausschuß § 1 24; § 2 106; § 80 31
- Absatzlage § 106 37
- Amtszeit der Mitglieder § 107 18
- Änderung der Betriebsorganisation § 106 47
- Anzahl der Mitglieder § 107 4
- Arbeitsbefreiung § 107 26
- Arbeitsmethoden § 106 42
- Aufgabe § 106 21
- Aufschlüsselung der Jahresabschlußzahlen § 108 22
- Aushilfskräfte § 106 15
- Auskunftspflicht § 106 22
- Auskunftsverlangen § 109 7
- Auswirkung auf die Personalplanung § 106 25
- Beendigung der Amtszeit § 107 19ff
- Beratungspflicht des Arbeitgebers § 106 3
- beschäftigte Arbeitnehmer § 106 14
- besonderer Betriebsratsausschuß § 107 32
- Bestellung der Mitglieder § 107 13ff
- Betriebsausschuß § 107 32
- Betriebsgeheimnisse § 106 24
- Betriebsrat § 106 2
- Durchführung der Sitzungen § 108 2
- Durchsetzung der Unterrichtsverpflichtung § 106 30ff
- Einigungsstelle § 109 1
- Einigungsversuch § 109 8
- Einschränkung von Betrieben § 106 44
- Einsichtsrecht in die Unterlagen § 108 13
- Erläuterung § 108 18
- Fabrikationsmethoden § 106 41
- fachliche Eignung § 107 9
- Freizeitausgleich § 107 27
- Geheimhaltungspflicht § 106 28; § 107 31
- Generalklausel § 106 49
- Gesamtbetriebsrat § 107 14
- Geschäftsführung § 108 1
- Geschäftsgeheimnisse § 106 24, 27
- Gewerkschaftsbeauftragter § 108 11
- Grenzen der Unterrichtung § 106 27ff
- Hilfsorgan des Betriebsrats § 106 21
- Inhalt der Unterrichtungspflicht § 108 15
- Investitionsprogramm § 106 39
- Jahresabschluß § 108 15ff, 18
- Kampagnebetriebe § 106 17
- Konkursantrag § 106 35
- Konkursverfahren § 106 35
- Konzern § 106 8
- Kosten § 107 29
- Kündigungsschutz § 107 30
- leitende Angestellte § 107 5, 17
- Mitglieder § 107 1
- notwendige Aufwendungen § 107 24
- offenkundig ungeeignete Mitglieder § 107 12
- Ordnungswidrigkeit § 106 31

2057

Sachverzeichnis

- persönliche Eignung § **107** 10
- Privatvermögen § **108** 18
- Produktionslage § **106** 37
- Produktionsprogramm § **106** 38
- Prozessuales § **109** 13
- Rationalisierungsvorhaben § **106** 40
- Rechtsstellung der Mitglieder § **107** 23ff
- rechtzeitige Unterrichtung § **106** 23
- sachkundige Arbeitnehmer § **108** 7f
- Sachverständiger § **108** 9
- Sachverständiger § **80** 51
- Saisonarbeiter § **106** 15
- Seebetrieb § **106** 5
- Sitzungen § **108** 1ff
- Steuerbilanz § **108** 17
- Stillegung von Betrieben § **106** 44
- Strafandrohung § **107** 41
- Streitigkeiten über die Errichtung § **106** 18ff
- tarifliche Schlichtungsstelle § **109** 10
- Teilnahme des Unternehmens § **108** 3ff
- Tendenzbetrieb § **106** 4
- Überlassen der Unterlagen § **106** 26
- Umfang der Unterrichtungspflicht § **106** 33; § **108** 15
- Unternehmen mit Auslandsberührung § **106** 9
- Unternehmen mit mehreren Teilbetrieben § **106** 7
- Unterrichtung des Betriebsrats § **108** 24f
- Unterrichtung durch den Arbeitnehmer § **106** 22ff
- Unterrichtung durch den Unternehmer § **108** 14ff
- Unterrichtungspflicht des Arbeitgebers § **106** 3
- Verfahren vor der Einigungsstelle § **109** 9f
- Vergleichsverfahren § **106** 35
- Verlegung von Betrieben § **106** 45
- Vertrauensmann der Schwerbehinderten § **108** 12
- Voraussetzung für die Bildung des § **106** 12ff
- vorzulegende Unterlagen § **106** 26
- wirtschaftliche Angelegenheiten § **106** 32
- Wirtschaftsprüfungsbericht § **106** 29
- Zusammenschluß von Betrieben § **106** 46

Wohlfahrtsverband § **5** 26

Zeiterfassung § **75** 16
Zeugnis
- Betriebsratstätigkeit § **37** 8; § **78** 14

Zivildienstleistender § **5** 30
Zugangsrecht
- Zugang eines Gewerkschaftsbeauftragten § **2** 108

Zugangsverweigerung § **2** 110, 112ff
Zuordnungsstelle, betriebliche § **5** 119
Zusammenarbeit
- Adressaten § **2** 23
- Beispiele für die Verletzung § **2** 25
- Beispiele § **2** 21
- geschichtliche Entwicklung § **2** 18
- Grenzen § **2** 24, 33
- Pflicht § **2** 20
- Sinn § **2** 22
- Vorrang des Tarifvertrages § **2** 34
- Wohl der Arbeitnehmer als Grenze § **2** 33
- Ziel § **2** 19f

Zusammenarbeit, vertrauensvolle § **2** 1, 18, 33, 113f; § **74** 1
Zusammenwirken
- Arbeitgeberverbände § **2** 117

Zustimmungsverfahren § **3** 8
Zwangsgeld
- personelle Maßnahme § **101** 14
- unzulässige Bestellung des Ausbilders § **98** 43
- zweistufiges Verfahren § **101** 1

Zwangsschlichtung § **76** 8
Zweigbetrieb § **4** 14

Kommentar zum Sprecherausschußgesetz

Wolfgang Hromadka

1. Auflage 1991, 407 Seiten, gebunden, DM 148,–
ISBN 3-472-14285-5

Mit Wirkung vom 1. Januar 1989 hat der Gesetzgeber das Gesetz über Sprecherausschüsse für leitende Angestellte (Sprecherausschußgesetz) erlassen. Bis zu diesem Zeitpunkt war die Stellung der leitenden Angestellten im Betriebsverfassungsrecht geregelt, jedoch in unzureichender Weise. Im wesentlichen war nur die Nichtanwendbarkeit des BetrVG erklärt.

Nun ist die eigenständige Wahrnehmung der Interessen der leitenden Angestellten durch gewählte Sprecherausschüsse gesetzlich verankert worden. Das Gesetz regelt die Voraussetzungen zur Errichtung und Wahl der Ausschüsse und legt Geschäftsführung und Beteiligungsrechte fest.

Der Kommentar wird den neu geschaffenen Vertretungen durch seine umfassende Darstellung des neuen Gesetzes eine wertvolle Hilfe beim Start in die Tätigkeit sein. Er hilft auch allen anderen Vertretungsorganen beim Umgang mit dieser neuen Institution.

Autor:

Prof. Dr. Wolfgang Hromadka hat den Lehrstuhl für Bürgerliches Recht und Abeitsrecht an der Universität Passau. Er war lange Zeit als Personaldirektor eines großen Unternehmens Gesprächspartner eines freiwillig errichteten Sprecherausschusses.

Gagel/Vogt

Beendigung von Arbeitsverhältnissen – Sozial- und steuerrechtliche Konsequenzen

1992, 280 Seiten, gebunden, DM 78,–
ISBN 3-472-00249-2

Die meisten Kündigungsschutzprozesse enden in einem Vergleich. Mit den daraus resultierenden Problemen beschäftigen sich die Autoren eingehend. Sie schaffen Klarheit durch Beispiele, in denen beitrags- und leistungsrechtliche Konsequenzen in der

- Arbeitslosenversicherung
- Krankenversicherung
- Rentenversicherung
- und der Besteuerung der Abfindung bei der Lohn- und Einkommensteuer aufgezeigt werden.

Ein ideales Buch für Prozeßvertreter und Betroffene beider Parteien.

Bestellen Sie bei Ihrer Buchhandlung oder direkt beim Verlag.

Luchterhand Verlag
Postfach 23 52
5450 Neuwied

Notizen

Notizen

Notizen

Notizen